KB195301

2025년판 T A X   A F F A I R S

지방세 이해와 실무

박광현(공인회계사) 저

SAMIL | 삼일인포마인

머리말

　현 정부가 지방분권에 힘을 쏟고 있으나, 지방분권보다는 재정분권이 더 시급하다는 목소리가 높습니다. 현재 불균형적인 국세와 지방세 구조를 합리적으로 개선하고, 지방재정 확충을 통해 지방의 자율성을 확보함으로써 국가와 지방의 지속가능한 발전을 추진하고자 부가가치세를 과세표준으로 삼는 지방소비세의 규모를 확대하여 15%인 지방소비세의 세율을 2020년부터 21%로 인상하였습니다. 이러한 개편에도 불구하고 경기침체, 복지비 지원 등으로 인하여 지방재정이 날로 어려워지고 있어서 지방세가 상당히 중요하게 대두되고 있는 실정입니다.

　2010.3.31.자로 종전 「지방세법」을 성격별로 분법화를 통한 세목의 통합 등의 전문화・선진화를 기하기 위하여 「지방세기본법」, 「지방세법」 및 「지방세특례제한법」으로 분법하여 2011.1.1. 이후 시행하고 있고, 2014년 지방소득세가 독립세로 전환하였으며, 2015년 「조세특례제한법」에 있던 일부 감면 규정을 「지방세특례제한법」으로 이관하여 한눈에 쉽게 법문을 볼 수 있게 되었습니다. 또한 2016년 「국세징수법」의 체납처분 규정을 「지방세기본법」에 직접 규정하여 적용하여 오다가, 2017년 「지방세징수법」으로 분법하여 시행되고 있습니다. 그리고 2020년부터는 외국인투자에 대한 감면 규정이 「조세특례제한법」에서 「지방세특례제한법」으로 이관되는 등 지방세제를 보기 쉽게 하여 납세자들에게 편의를 제공하고 있습니다.

　한편, 2020.8.12. 지방세법령을 개정하여 법인 및 다주택자 주택 취득에 따른 중과세율 적용, 매입임대주택감면 폐지 등을 통한 투기억제 등의 조치를 취하고 있으며, 2021.12.28. 지방세 과세표준을 사실상 취득가격, 시가인정액으로, 취득시기를 유상승계취득 시 사실상 잔금지급일로 개정하여 개인・법인 구분 없이 2023년 이후 적용하도록 규정하고 있고, 2023.3.14. 이후 특수관계인의 범위를 각각 구분하여 제2차 납세의무 등에, 과점주주 간주취득세 적용 시 특수관계인의 범위를 축소하여 적용하고 있으며, 2024년 이후에는 유상승계취득의 취득세 과세표준 개념에서 지급 주체를 명확히 하여 신탁회사 등이 지급한 금액을 포함하도록 규정하고 있습니다.

Preface

머리말

　지방세제 분야에서는 최근 체계적으로 세제를 개편하고 있지만, 납세자들은 조문의 내용이 불명확하고 과세편의 위주로 해석하고 있다는 느낌을 받고 있는 것이 현실입니다. 그리고 지방자치단체별로 해석을 다르게 하는 등 납세자들에게 혼란을 주는 경우가 다소 있습니다. 특히 최근 불복 사건에서 대법원판결 등으로 인하여 납세자가 승소하는 사례가 많아 납세자의 지방세 관심이 상당히 높아지고 있는 실정입니다.

　24년 동안 지방세 서면 상담(현재 연간 500여 건)과 36년간 세무전문가로서 실무 경험을 바탕으로 집필된 본 책자에서는 사례를 중심으로 지방세 관계법의 올바른 해석·적용을 위한 최선의 접근 방법을 모색하였으며, 구체적이고 실제적인 해석·적용 사례를 제시하여 지방세의 이해와 실무적용에 도움을 주고자 노력하였습니다.

　따라서 본 책자를 통해 지방세 관련 지식과 이해를 높일 뿐만 아니라 업무 수행에 도움이 되며, 지방세제가 좀 더 체계적으로 개선됨과 동시에 일관성이 있는 적용을 통해 납세자들에게 불이익이 없게 되기를 기대합니다.

　본 책자를 출간하기까지 많은 지도와 격려를 해주시고 상담해 주신 납세자와 세무공무원들, 24년간 상담할 수 있는 자리를 주신 업체에게 감사드리며, 끝으로 본 책자의 편집과 교정 등 여러 가지 도움을 주신 삼일피더블유씨솔루션 이희태 대표이사님을 비롯한 관계자님들께 깊은 감사를 드립니다.

2025년 2월
박 광 현

차례

차례

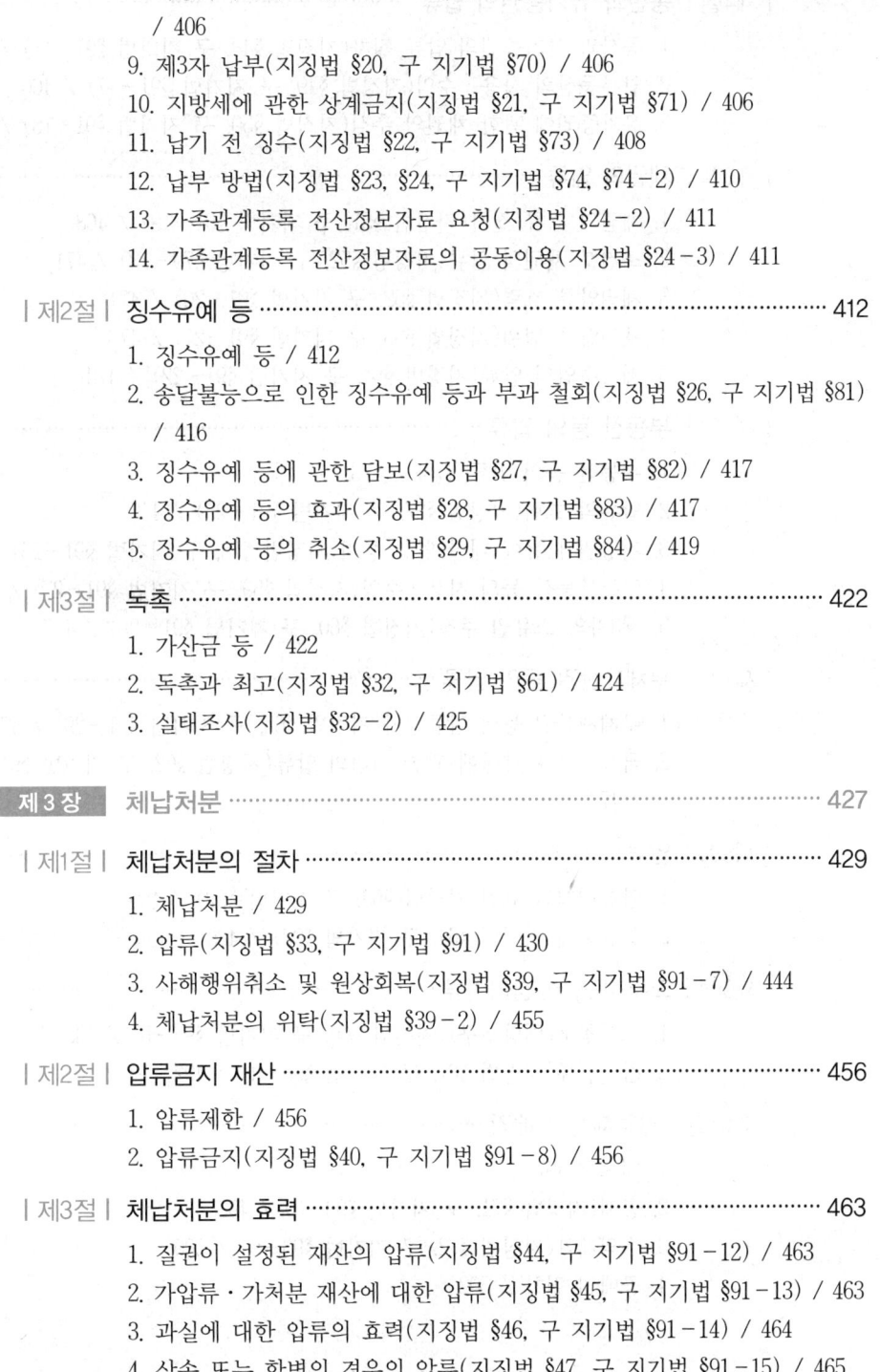

차례

제3편 「지방세법」

차례

차례

차례

제1편

「지방세기본법」

제1장

총칙

제1절 통칙

❶ 목적(지기법 §1)

지방세에 관한 기본적이고 공통적인 사항과 납세자의 권리·의무 및 권리구제에 관한 사항 등을 규정함으로써 지방세에 관한 법률관계를 명확하게 하고, 공정한 과세를 추구하며, 지방자치단체 주민의 납세의무의 원활한 이행에 기여함을 목적으로 한다.

'지방세'라 함은 특별시·광역시·도세 또는 시·군·구세를 말하며 이에는 가산세가 포함된다(지기예 법2-1).

❷ 용어 정의(지기법 §2)

(1) 일반 정의

① 지방자치단체

특별시·광역시·특별자치시·도·특별자치도·시·군·구(자치구를 말함)를 말하므로 지방세관계법에서는 「지방자치법」 제3조 제3항에 의한 행정구는 포함하지 않고, 행정구가 속한 특별시·광역시 및 특별자치시만을 지방자치단체로 보고 있다.

> **"구"의 의미**
>
> 지방세관계법상의 "구"라 함은 자치구만을 말하나, 예외적으로 「지방세특례제한법 시행령」 제34조 제2항 제2호(토지수용 등으로 인한 대체취득에 대한 감면 - 수용 등이 된 부동산이 농지가 아닌 경우 부재부동산 소유자 판단)의 경우 "자치구가 아닌 구를 포함"하도록 규정되어 있어서 이 경우에는 포항시, 성남시, 안양시, 용인시 등과 행정구도 포함하는 것으로 하고 있음.
>
> 「지방자치법」 제2조 【지방자치단체의 종류】
> ① 지방자치단체는 다음의 두 가지 종류로 구분한다.
> 　　ㄱ 특별시, 광역시, 특별자치시, 도, 특별자치도
> 　　ㄴ 시, 군, 구
> ② 지방자치단체인 구(이하 "자치구"라 한다)는 특별시와 광역시의 관할구역 안의 구만을 말하며, 자치구의 자치권의 범위는 법령으로 정하는 바에 따라 시·군과 다르게 할 수 있다.
>
> 「지방자치법」 제3조 【지방자치단체의 법인격과 관할】
> ③ 특별시·광역시 및 특별자치시가 아닌 인구 50만 이상의 시에는 자치구가 아닌 구를 둘 수 있고, 군에는 읍·면을 두며, 시와 구(자치구를 포함한다)에는 동을, 읍·면에는 리를 둔다.
> ➡ 이 규정에 따른 구를 "행정구"라 함.

납세지의 착오로 인하여 해당 납세지 관할지방자치단체에 신고납부하지 않은 경우 가산세 부담이 있다. 이 경우 착오로 납부된 지방자치단체에는 환급신청을 하여야 한다.

참고로, 취득세가 도세·특별시세·광역시세이므로 동일한 도·특별시·광역시 지역 내에서 신고납부하더라도 유효한 것으로 보고 있다(세정 22670-11787, 1985.10.2.). 이 경우에는 가산세는 없는데 이는 도세에 적용되는 것으로, 이를 확대하여 해석하면 시·군세의 경우에도 같은 시·군 지역 내인 경우에도 유효한 것으로 보아야 할 것이다. 그런데 과세관청은 당해 과세객체의 소재지를 관할하는 시장·구청장·군수에게 위임한다라고 규정하고 있다는 이유로 가산세 부과가 타당하다는 것으로, 같은 도내라 하더라도 시·군이 다르면 가산세를 부과하고 있다.

사례 동일 도내의 다른 지방자치단체에 신고납부 시(조심 2014지1273, 2015.3.17.)

○○○ 도세인 취득세에 대하여 쟁점토지 관할 시·군이 아닌 도내 다른 시·군에 납부하였다고 하여 청구법인이 최종 취득세 귀속 주체인 경기도에 대한 취득세 납세의무를 이행하지 아니하였다고 보기는 어려운 점, 청구법인이 쟁점토지에 대한 잔금지급이 완료될 시기에 쟁점토지의 행정구역이 ○○○로 변경될 예정인 사실을 인지한 상태로 매매계약을 체결한 점, ○○○이 청구법인의 이 건 취득세 신고를 그대로 납부받은 이상 청구법인으로서는 적법하게 신고납부된 것으로 믿을 수밖에 없어 청구법인으로 하여금 새로이 관할 지방자치단체에 신고납부할 것을 기대하는 것은 무리인 점, 청구법인이 이 건 취득세를 ○○○에게 신고납부하여 경기도의 취득세 과세권 행사에 지장을 초래하였다고 볼 수 없는 점 등에 비추어 청구법인이 이 건 취득세 납세의무를 이행하지 아니한 정당한 사유가 있다고 보는 것이 타당하다 할 것임.

☞ 종전에 주민세는 시세이지만 「서울특별시세조례」 제6조의 규정을 보면 「지방세법」 제4조의 규정에 따라 서울특별시세의 부과징수에 관한 사무를 당해 과세객체의 소재지를 관할하는 구청장에게 위임한다라고 규정하고 있다는 이유로 가산세 부과가 타당하다라고 결정한 바 있었음(행심 2005-008, 2005.2.21.).

② 지방자치단체장

특별시장·광역시장·특별자치시장·도지사·특별자치도지사·시장·군수·구청장(자치구의 구청장을 말함)을 말한다.

③ 지방세

특별시세, 광역시세, 특별자치시세, 도세, 특별자치도세 또는 시·군세, 구세(지방자치단체인 구의 구세를 말함)를 말한다. 이에는 가산세가 포함된다(지기예 법2-1).

④ 지방세관계법

「지방세징수법」, 「지방세법」, 「지방세특례제한법」, 「조세특례제한법」 및 「제주특별자치도 설치 및 국제자유도시 조성을 위한 특별법」을 말한다.

⑤ 과세표준

「지방세법」에 따라 직접적으로 세액산출의 기초가 되는 과세물건의 수량·면적 또는 가액 등을 말한다.

⑥ 표준세율

지방자치단체가 지방세를 부과할 경우에 통상 적용하여야 할 세율로서 재정상의 사유 또는 그 밖의 특별한 사유가 있는 경우에는 이에 따르지 아니할 수 있는 세율을 말한다.

⑦ 과세표준 신고서

지방세의 과세표준·세율·납부세액 등 지방세의 납부 또는 환급을 위하여 필요한 사항을 기재한 신고서를 말한다.

⑧ 과세표준 수정신고서

처음 제출한 과세표준 신고서의 기재사항을 수정하는 신고서를 말한다.

⑨ 법정신고기한

「지방세기본법」 또는 지방세관계법에 따라 과세표준 신고서를 제출할 기한을 말한다.

⑩ 세무공무원

지방자치단체장 또는 지방세의 부과·징수 등에 관한 사무에 대하여 그 위임을 받은 공무원을 말한다.

⑪ 납세의무자

「지방세법」에 따라 지방세를 납부할 의무(지방세를 특별징수하여 납부할 의무는 제외)가 있는 자를 말한다.

⑫ 납세자

납세의무자(연대납세의무자, 제2차 납세의무자 및 보증인 포함)와 「지방세법」에 따라 지방세를 특별징수하여 납부할 의무를 지는 자를 말한다.

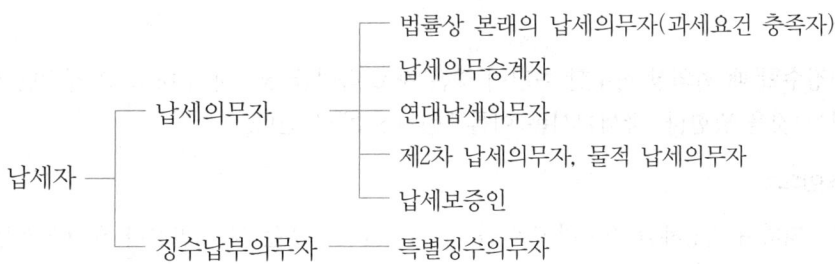

⑬ 제2차 납세의무자

납세자가 납세의무를 이행할 수 없는 경우에 납세자를 갈음하여 납세의무가 있는 자를 말한다.

⑭ 보증인

납세자의 지방세·가산금(2023.12.31. 이전만 적용) 또는 체납처분비의 납부를 보증한 자를 말한다.

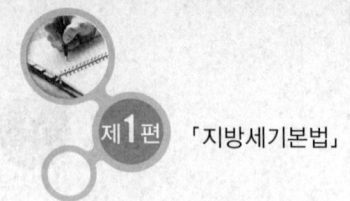

⑮ 납세고지서

납세자가 납부할 지방세에 대하여 그 부과의 근거가 되는 법률 및 해당 지방자치단체의 조례의 규정, 납세자의 주소, 성명, 과세표준, 세율, 세액, 납부기한, 납부장소, 납부기한까지 납부하지 아니한 경우에 취하여지는 조치 및 부과의 위법 또는 착오가 있는 경우의 구제방법 등을 기재한 문서로서 세무공무원이 작성한 것을 말한다.

납세의무자가 부과처분의 내용을 상세하게 알 수 있도록 과세대상 재산을 특정하고, 그에 대한 과세표준액, 세율, 세액 산출방법 등 세액산출의 근거가 납세고지서에 구체적으로 기재되어 있는 경우, 납세고지서 법정서식의 기재사항에 일부 오류가 있다하더라도 적법한 것으로 본다(지기예법2-3).

⑯ 신고납부

납세의무자가 그 납부할 지방세의 과세표준과 세액을 신고하고 그 신고한 세금을 납부하는 것을 말한다.

⑰ 부과

지방자치단체장이 「지방세기본법」 또는 지방세관계법에 따라 납세의무자에게 지방세를 부담하게 하는 것을 말한다.

⑱ 징수

지방자치단체장이 「지방세기본법」 또는 지방세관계법에 따라 납세자로부터 지방자치단체의 징수금을 거두어들이는 것을 말한다.

⑲ 보통징수

세무공무원이 납세고지서를 해당 납세자에게 발급하여 지방세를 징수하는 것을 말한다.

⑳ 특별징수

지방세를 징수할 때 편의상 징수할 여건이 좋은 자로 하여금 징수하게 하고 그 징수한 세금을 납부하게 하는 것을 말한다. 국세에서는 이를 "원천징수"라 한다.

㉑ 특별징수의무자

특별징수에 의하여 지방세를 징수하고 이를 납부할 의무가 있는 자를 말한다. 국세에서는 이를 "원천징수의무자"라 한다.

㉒ 지방자치단체의 징수금

지방세와 가산금(2023.12.31. 이전만 적용) 및 체납처분비를 말한다.

㉓ 가산세

「지방세기본법」 또는 지방세관계법에서 규정하는 의무의 성실한 이행을 확보하기 위하여 의무를 이행하지 아니할 경우에 「지방세기본법」 또는 지방세관계법에 따라 산출한 세액에 가산하여 징수하는 금액을 말한다. 다만, 2023.12.31. 이전에는 가산금은 이에 포함하지 아니한다.

㉔ 가산금(2023.12.31. 이전만 적용)

지방세를 납부기한까지 납부하지 아니할 때에 지방세기본법 또는 지방세관계법에 따라 가산하여 징수하는 금액과 납부기한이 지난 후 일정기한까지 납부하지 아니할 때에 그 금액에 다시 가산하여 징수하는 금액을 말한다. 가산금과 중가산금으로 구분되며, 전자는 지방세를 납부기한까지 완납하지 아니할 때에는 그 납부기한이 지난 날부터 체납된 지방세의 3%에 상당하는 금액을 말하며(지기법 §59), 후자는 체납된 지방세를 납부하지 아니한 때에는 납부기한이 지난 날부터 1개월이 지날 때마다 체납된 지방세의 0.75%(2019.1.1. 당시 체납된 지방세를 납부하지 아니한 경우로서 납부기한이 지난 날부터 적용되며, 그 전은 1.2%)에 상당하는 금액을 말한다. 이 경우 중가산금을 가산하여 징수하는 기간은 60개월을 초과하지 못한다(지기법 §60).

㉕ 체납처분비

「지방세징수법」 제3장의 체납처분에 관한 규정에 따른 재산의 압류·보관·운반과 매각에 드는 비용(매각을 대행시키는 경우 그 수수료 포함)을 말한다.

㉖ 공과금

「지방세징수법」 또는 「국세징수법」에서 규정하는 체납처분의 예에 따라 징수할 수 있는 채권 중 국세·관세·임시수입부가세 및 지방세와 이에 관계되는 가산금(2023.12.31. 이전만 적용) 및 체납처분비 외의 것을 말한다.

㉗ 지방자치단체조합

「지방자치법」 제159조 제1항에 따른 지방자치단체조합을 말하며, 2개 이상의 지방자치단체가 하나 또는 둘 이상의 사무를 공동으로 처리할 필요가 있을 때에는 규약을 정하여 그 지방의회의 의결을 거쳐 시·도는 행정안전부장관의, 시·군 및 자치구는 시·도지사의 승인을 받아 지방자치단체조합을 설립할 수 있다. 다만, 지방자치단체조합의 구성원인 시·군 및 자치구가 2개 이상의 시·도에 걸치는 지방자치단체조합은 행정안전부장관의 승인을 받아야 하며, 지방자치단체조합은 법인으로 한다(「지방자치법」 §159 ①).

㉘ 지방세(통합)정보통신망과 연계정보통신망

「전자정부법」 제2조 제10호에 따른 정보통신망으로서 행정안전부령으로 정하는 기준에 따라 행정안전부장관이 고시하는 지방세에 관한 지방세통합정보통신망(2023.1.24. 이전은 지방세정보통신망)을 말한다.

"연계정보통신망"이란 「정보통신망 이용촉진 및 정보보호 등에 관한 법률」 제2조 제1항 제1호의 정보통신망으로서 이 법이나 지방세관계법에 따른 신고 또는 송달을 위하여 지방세통합정보통신망과 연계하여 사용하는 정보통신망을 말한다(2022.1.1. 이후 적용).

㉙ **전자신고**

　과세표준신고서 등 「지방세기본법」이나 지방세관계법에 따른 신고 관련 서류를 지방세통합정
보통신망(2023.1.24. 이전은 지방세정보통신망)을 통하여 신고하는 것을 말한다.

㉚ **전자납부**

　지방자치단체의 징수금을 지방세정보통신망 또는 「지방세기본법」 제136조 제1항 제1호에 따
른 지방세통합정보통신망(2023.1.24. 이전은 지방세정보통신망) 또는 연계정보통신망(2022.1.1.
이후)과 지방세수납대행기관 정보통신망의 연계 방식을 통하여 인터넷, 전화통신장치, 자동입출
금기 등의 전자매체를 이용하여 납부하는 것을 말한다.

㉛ **전자송달**

　「지방세기본법」이나 지방세관계법에 따라 지방세통합정보통신망(2023.1.24. 이전은 지방세정
보통신망) 또는 연계정보통신망을 이용하여 송달을 하는 것을 말한다.

㉜ **체납자**

　납세자로서 지방세를 납부기한까지 납부하지 아니한 자를 말한다.

㉝ **체납액**

　체납된 지방세와 그 가산금(2023.12.31. 이전만 적용), 체납처분비를 말한다.

㉞ **특수관계인**

　본인과 다음 어느 하나에 해당하는 관계에 있는 자를 말한다. 이 경우 「지방세기본법」 및 지방
세관계법을 적용할 때 본인도 그 특수관계인의 특수관계인으로 본다.

　㉠ **혈족·인척 등 다음의 친족관계**

　　㉮ 4촌(2024.3.25. 이전은 6촌) 이내의 혈족

　　　☞ 국세에서는 2023.3.1. 이후 4촌 이내의 혈족

　　㉯ 3촌(2024.3.25. 이전은 4촌) 이내의 인척

　　　☞ 국세에서는 2023.3.1. 이후 3촌 이내의 혈족

　　㉰ 배우자(사실상의 혼인관계에 있는 사람을 포함한다)

　　㉱ 친생자로서 다른 사람에게 친양자로 입양된 사람 및 그 배우자·직계비속

　　　☞ 국세에서는 2023.3.1. 이후 본인이 「민법」에 따라 인지한 혼인 외 출생자의 생부나 생모(본인
　　　　의 금전이나 그 밖의 재산으로 생계를 유지하는 사람 또는 생계를 함께하는 사람으로 한정함.

　　㉲ 본인이 「민법」에 따라 인지한 혼인 외 출생자의 생부나 생모(본인의 금전이나 그 밖의 재산
　　　으로 생계를 유지하는 사람 또는 생계를 함께하는 사람으로 한정)(2024.3.26. 이후 적용)

　㉡ **임원·사용인 등 다음의 경제적 연관관계**

　　㉮ 임원과 그 밖의 사용인

ⓘ 본인의 금전이나 그 밖의 재산으로 생계를 유지하는 사람

ⓓ ㉮ 및 ㉯의 사람과 생계를 함께하는 친족

© 주주·출자자 등 다음의 경영지배관계

㉮ 본인이 개인인 경우

ⓐ 본인이 직접 또는 그와 친족관계 또는 경제적 연관관계에 있는 자를 통하여 법인의 경영에 대하여 지배적인 영향력을 행사하고 있는 경우 그 법인

ⓑ 본인이 직접 또는 그와 친족관계, 경제적 연관관계 또는 상기 ⓐ의 법인을 통하여 법인의 경영에 대하여 지배적인 영향력을 행사하고 있는 경우 그 법인(2023.3.14. 이후 적용)

㉯ 본인이 법인인 경우

ⓐ 개인 또는 법인이 직접 또는 그와 친족관계 또는 경제적 연관관계에 있는 자를 통하여 본인인 법인의 경영에 대하여 지배적인 영향력을 행사하고 있는 경우 그 개인 또는 법인

ⓑ 본인이 직접 또는 그와 경제적 연관관계 또는 ⓐ의 개인 또는 법인을 통하여 어느 법인의 경영에 대하여 지배적인 영향력을 행사하고 있는 경우 그 법인

ⓒ 본인이 직접 또는 그와 친족관계 또는 경제적 연관관계, ⓐ의 개인 또는 법인, ⓑ의 법인을 통하여 어느 법인의 경영에 대하여 지배적인 영향력을 행사하고 있는 경우 그 법인(2023.3.14. 이후 적용)

ⓓ 본인이 「독점규제 및 공정거래에 관한 법률」에 따른 기업집단에 속하는 경우 그 기업집단에 속하는 다른 계열회사 및 그 임원(2023.3.14. 이후 적용)

구분	특수관계인 범위
친족관계	① 4촌(2024.3.25. 이전은 6촌) 이내의 혈족, 3촌(2024.3.25. 이전은 4촌) 이내의 인척, 배우자(사실상의 혼인관계에 있는 사람 포함) 및 친생자로서 다른 사람에게 친양자로 입양된 사람 및 그 배우자·직계비속, 2024.3.26. 이후 본인이 「민법」에 따라 인지한 혼인 외 출생자의 생부나 생모(본인의 금전이나 그 밖의 재산으로 생계를 유지하는 사람 또는 생계를 함께하는 사람으로 한정)
경제적 연관관계	② 임원·사용인 등의 금전 기타 자산에 의하여 생계를 유지하는 자와 이들과 생계를 함께하는 친족
경영지배 관계	③ 본인인 개인이 직접 또는 그와 ①~②에 해당하는 자를 통하여 법인의 경영에 지배적인 영향력을 행사하고 있는 법인 ④ 본인인 개인이 직접 또는 그와 ①~③에 해당하는 자를 통하여 법인의 경영에 지배적인 영향력을 행사하고 있는 법인 ⑤ 개인 또는 법인이 직접 또는 그와 ①~②에 해당하는 자를 통하여 본인인 법인의 경영에 대하여 지배적인 영향력을 행사하고 있는 경우 그 개인 또는 법인 ⑥ 본인인 법인이 직접 또는 그와 ②, ⑤에 해당하는 자를 통하여 어느 법인의 경영에 대하여 지배적인 영향력을 행사하고 있는 법인

구분	특수관계인 범위
	⑦ 본인이 직접 또는 그와 ②, ⑤, ⑥에 해당하는 자를 통하여 어느 법인의 경영에 대하여 지배적인 영향력을 행사하고 있는 법인
기타	⑧ 본인이 「독점규제 및 공정거래에 관한 법률」에 의한 기업집단에 속하는 법인인 경우 그 기업집단에 소속된 다른 계열회사 및 그 계열회사의 임원

┃ 해당 법인의 경영에 대하여 지배적인 영향력을 행사하고 있는 것으로 보는 경우 ┃

① 영리법인인 경우
  ㉠ 법인의 발행주식 총수 또는 출자총액의 30%(2023.3.13. 이전은 50%[1]) 이상을 출자한 경우
  ㉡ 임원의 임면권의 행사, 사업방침의 결정 등 법인의 경영에 대하여 사실상 영향력을 행사하고 있다고 인정되는 경우
② 비영리법인인 경우
  ㉠ 법인의 이사의 과반수를 차지하는 경우
  ㉡ 법인의 출연재산(설립을 위한 출연재산만 해당)의 100분의 30 이상을 출연하고 그 중 1인이 설립자인 경우

● 특수관계인 종합 도해

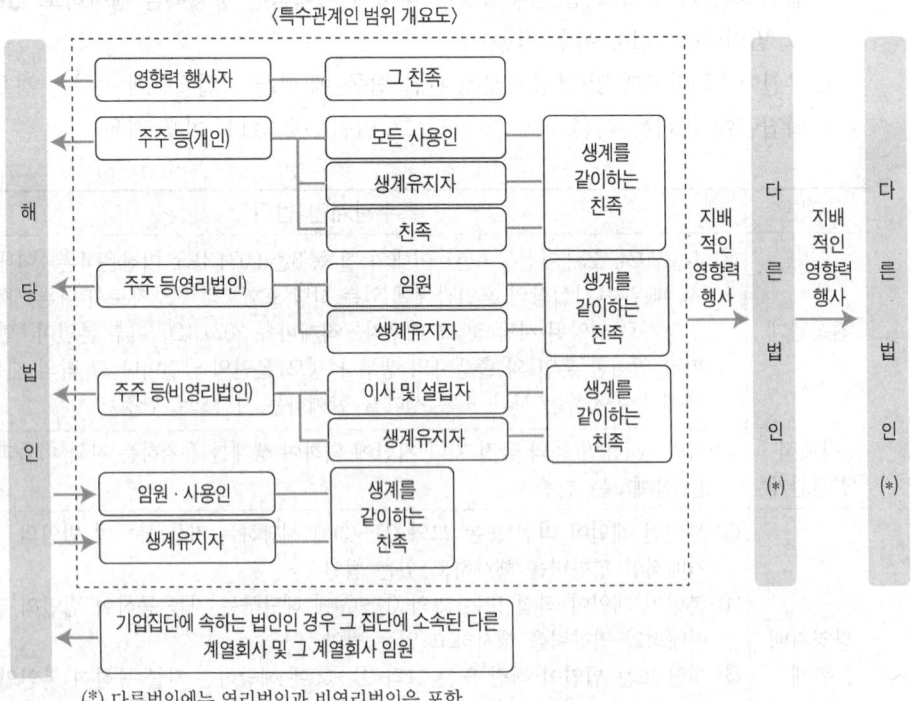

〈특수관계인 범위 개요도〉

(*) 다른법인에는 영리법인과 비영리법인을 포함

---

1) 「국세기본법」에서는 30% 이상을 출자한 경우로 규정되어 있음에 유의하여야 한다.

㉟ **과세자료**

「지방세기본법」제127조에 따른 과세자료제출기관이 직무상 작성하거나 취득하여 관리하는 자료로서 지방세의 부과·징수와 납세의 관리에 필요한 자료를 말한다.

㊱ **세무조사**

지방세의 부과·징수를 위하여 질문을 하거나 해당 장부·서류 또는 그 밖의 물건(이하 "장부 등"이라 한다)을 검사·조사하거나 그 제출을 명하는 활동을 말한다.

㊲ **특별시와 광역시의 도에 관한 규정, 구의 시·군에 관한 규정 준용**

「지방세기본법」또는 지방세관계법에 별도의 규정이 있는 경우를 제외하고는 특별시와 광역시에 관하여는 도(道)에 관한 규정을, 특별자치시와 특별자치도에 관하여는 도와 시·군에 관한 규정을, 구(區)에 관하여는 시·군에 관한 규정을 각각 준용한다. 이 경우 "도", "도세", "도지사" 또는 "도 공무원"은 각각 "특별시, 광역시, 특별자치시 또는 특별자치도", "특별시세, 광역시세, 특별자치시세 또는 특별자치도세", "특별시장, 광역시장, 특별자치시장 또는 특별자치도지사" 또는 "특별시 공무원, 광역시 공무원, 특별자치시 공무원 또는 특별자치도 공무원"으로, "시·군", "시·군세", "시장·군수" 또는 "시·군 공무원"은 각각 "특별자치시, 특별자치도 또는 구", "특별자치시세, 특별자치도세 또는 구세", "특별자치시장, 특별자치도지사 또는 구청장" 또는 "특별자치시 공무원, 특별자치도 공무원 또는 구 공무원"으로 본다.

㊳ **납부기간**

지방세의 납부를 명하는 납세고지서에 지정한 지방세 납부의 시한을 말하며 공시송달에 의한 납부기한을 포함한다. 다만, 「지방세기본법」제26조(천재지변 등으로 인한 기한의 연장) 등의 규정에 의하여 납부기한이 연장되는 경우에는 그 연장되는 납부기한을 말하며, 「지방세징수법」제22조(납기 전 징수) 및 같은 법 제25조(징수유예 등의 요건) 규정에 의하여 납부기한이 변경되는 경우에는 그 변경되는 납부기한을 말한다(지기예 법2-2).

(2) 특수관계인의 범위

특수관계 있는 자의 범위는 다음과 같다(지기법 §2, 지기령 §2-2).

1) 혈족·인척 등 친족관계

① 4촌(2024.3.25. 이전은 6촌) 이내의 혈족
② 3촌(2024.3.25. 이전은 4촌) 이내의 인척
③ 배우자(사실상의 혼인관계에 있는 사람 포함)
④ 친생자로서 다른 사람에게 친양자로 입양된 사람 및 그 배우자·직계비속
⑤ 본인이 「민법」에 따라 인지한 혼인 외 출생자의 생부나 생모(본인의 금전이나 그 밖의 재산

41

으로 생계를 유지하는 사람 또는 생계를 함께 하는 사람으로 한정)(2024.3.26. 이후)

친족관계의 발생·소멸 여부에 관하여는 「지방세기본법」 또는 「국세기본법」 등에 특별한 규정이 있는 경우를 제외하고는 「민법」의 규정에 의하며, 「민법」상 자연혈족인 친족관계[2]는 사망

---

2) 「민법」 제767조【친족의 정의】 배우자, 혈족 및 인척을 친족으로 한다.
「민법」 제768조【혈족의 정의】 자기의 직계존속과 직계비속을 직계혈족이라 하고 자기의 형제자매와 형제자매의 직계비속, 직계존속의 형제자매 및 그 형제자매의 직계비속을 방계혈족이라 한다.
「민법」 제769조【인척의 계원】 혈족의 배우자, 배우자의 혈족, 배우자의 혈족의 배우자를 인척으로 한다.
친족은 법률적인 용어로 그 범위가 제한되어 있는데 대하여, 친척은 일반 사회에서 사용하는 말로 범위가 제한이 없으므로 친족보다 친척이 넓은 개념으로, 친족은 배우자, 그리고 혈족과 인척을 합친 개념이다. 혈족은 혈연관계가 있는 친족을 말하는 것으로 양자와 같이 법률적인 혈연관계까지 포함한다.

○ 친족 관계(親族關係)
혼인과 혈연으로 결합된 사람 사이의 관계를 말한다. 친족관계는 혼인과 혈연을 기초로 하여 생기는 것이다.

○ 혈족(血族)
혈족에는 자연혈족과 법정혈족이 있다.
① 자연혈족(혈연의 연락이 서로 있는 자로서, 예컨대 부모의 자, 형제자매, 숙질 사이를 말한다. 이 자연혈족관계는 원칙적으로 출생에 의하여 발생한다)
② 법정혈족(법률이 입양 등의 사실에 입각하여 혈연관계가 없는 자 상호간에 자연혈족과 동일한 관계를 인정한 자를 말한다)

○ 인척(姻戚)
혈족의 배우자(예컨대 형제의 처, 자매의 부), 배우자의 혈족(예컨대 배우자의 부모, 고모의 자), 배우자의 혈족의 배우자(예컨대 처남댁, 동서)를 말한다.
인척관계는 혼인, 입양, 출생, 인지 등으로 말미암아 발생하며, 법정혈족관계의 성립에 의하여도 인척관계가 발생할 수 있는데, 이러한 경우에는 법정인척이라고도 할 수 있다. 예컨대 양자와 양친의 인척 사이가 이에 속한다. 인척관계는 그 발생 원인이 해소되는 때에 소멸하는데, 혼인에 의하여 발생한 것은 부와 처에 따라서 인척관계의 존속 여부가 달라진다. 즉 부가 사망한 경우에는 처가 친가 복적 또는 재혼한 때에 한하여 소멸하고, 이에 비하여 처가 사망한 경우에는 부가 재혼하더라도 그 망처의 혈족과의 인척관계는 소멸하지 않는다. 일반적으로 법률에 특별한 규정이 없는 한, 법률상 효력이 미치는 인척의 범위는 4촌 이내의 인척에 지나지 않는다. 그리고 8촌 이내의 인척이거나 인척이었던 자 사이에서는 혼인하지 못한다.

○ 배우자(配偶者, Spouse)
혼인에 의하여 결합한 남녀를 서로 배우자라고 한다. 따라서 사실혼의 부부나 첩은 배우자가 아니다. 그러나 사실혼의 부부도 특별법이나 판례, 학설상 배우자로 보는 경우가 많다. 친족관계는 촌수가 반드시 있는 데 반하여 배우자는 촌수가 없다. 배우자관계는 혼인의 성립에 의하여 발생하며, 당사자 일방의 사망, 혼인의 무효, 취소 또는 이혼으로 인하여 소멸한다.
*** 남계(男系)혈족의 배우자, 남편의 혈족 및 기타 8촌 이내의 인척이거나 인척이었던 자 사이에서는 혼인하지 못한다.
*** 남계혈족의 배우자란 형수, 제수, 백모, 숙모 등을 의미한다.
*** 남편의 혈족은 시동생, 시숙, 시삼촌 등을 의미한다.
*** 8촌 이내의 인척이란 혈족의 배우자(형부, 제부, 고숙 등), 배우자의 혈족(처제, 처형 등), 배우자의 혈족의 배우자(처남댁, 시누이의 남편 등)를 의미한다.
① 처남댁(妻男宅, 배우자의 혈족의 배우자) : 처남의 아내, 아내의 올케
* 처남(妻男) : 아내의 남자 형제
② 형수(兄嫂, 혈족의 배우자) : 형의 아내
③ 동서(同壻, 배우자의 혈족의 배우자) : 형제의 아내끼리나 자매의 남편끼리의 관계, 또는 그런 관계의 사람끼리 서로를 일컫는 말.
④ 고모부(姑母夫, 혈족의 배우자) : 고모의 남편, 고숙(姑叔), 인숙(姻叔)
⑤ 처당숙 : 5촌

에 의하여서만 소멸하므로 입양되거나 외국국적을 취득하더라도 그 관계에는 변함이 없다(지기 예 법2···영2-1).

⑥ 친족관계

㉠ 2013.1.1. 이후 납세의무성립분부터(국세는 2012.2.2. 이후 납세의무성립분부터)

구분	분류	세분류	예시
4촌 이내의 혈족	본가	자연혈족	고조부모, 증조부모, 조부모(생조부모), 부모(생부모), 고모, 백부, 숙부, 형제자매, 사촌형제자매
6촌 이내의 혈족 (2024.3.25. 이전)	본가	자연혈족	고조부모, 증조부모, 조부모(생조부모), 부모(생부모), 고모, 백부, 숙부, 당숙, 당고모, 형제자매, 사촌형제자매, 육촌형제자매

    * 당숙(堂叔) : "종숙(從叔, 아버지의 사촌 형제)"을 친근하게 일컫는 말.
○ 8촌 이내의 혈족(친가)
  1촌 아버지(부자지간)
  2촌 할아버지, 그리고 자신의 친형제
  3촌 백부(큰아버지), 숙부(작은 아버지), 고모(아버지의 누이) 아버지의 형제
  4촌 종형제(사촌형제), 내종(고종사촌)
  5촌 당숙(아버지의 사촌형제), 당고모(아버지의 사촌누이)
  6촌 재종형제(당숙의 자식)
  7촌 재당숙(아버지와 재종간)
  8촌 삼종형제(재당숙의 자식)
○ 4촌 이내의 인척(혼인으로 비롯된 친척관계, 외가)
  3촌 외숙 혹은 외삼촌(어머니의 오빠나 남동생), 이모(어머니의 자매)
  4촌 외사촌(외삼촌의 자식), 이종사촌(이모의 자식)
○ 친가와 외가로 구분한 기준
  부부는 무촌
  짝수는 나의 형제항렬로
  친형제(2촌), 종형제, 고종(4촌), 재종형제(6촌), 삼종형제(8촌)이고
  홀수촌수는 아버지의 형제항렬로
  아버지의 형제(3촌), 당숙(5촌), 재당숙(7촌)
[사례]
1. 입양된 양자와 같은 경우가 아닌 때에는 쉽게 피가 섞인 사람을 혈족이라고 보면 된다(§768). 부계혈족과 모계혈족을 현행 「민법」은 구분하고 있지 않고 있다.
2. 혈족의 배우자는 인척이다(§769).
  인척에 대한 촌수도 그 혈족에 대한 촌수에 따르는데(§771), 큰어머니를 예로 들면 직계존속이라고 할 수 있는 할아버지까지 2촌 + 할아버지부터 큰아버지까지 1촌해서 큰아버지가 3촌이고 그 배우자인 큰어머니는 3촌의 인척이 된다. 작은어머니와 고모부도 마찬가지이다.
3. 이모부나 외숙모도 모계일 뿐 2번과 동일하게 3촌 인척이다.
4. 4촌 이내의 인척은 친족에 해당된다(§777). 따라서 3촌의 인척인 큰어머니 등은 친족에 해당된다.
5. 종전에는 부계와 모계 간 차별이 있었으나, 현행은 부계와 모계를 구분하지 않고 동일하게 다루고 있어서 친족의 여부나 상속 등의 문제에서 차이를 두지 않고 있다.

구분	분류	세분류	예시
3촌 이내의 인척	본가	혈족의 배우자	형수, 제수, 매형, 매제, 고모부, 백모, 숙모
		배우자의 혈족	외조부모, 외숙, 이모
		배우자의 혈족의 배우자	외숙모, 이모부
	시가	배우자의 혈족	시부모, 시삼촌, 시숙, 시동생, 시누이
		배우자의 혈족의 배우자	시숙모, 형님, 동서, 시누이 남편
	처가	배우자의 혈족	장인, 장모, 처숙부, 처외숙부, 처고모, 처남, 처형, 처제
		배우자의 혈족의 배우자	처숙모, 처외숙모, 처고모부, 처남댁, 동서
4촌 이내의 인척 (2024.3.25. 이전)	본가	혈족의 배우자	형수, 제수, 매형, 매제, 고모부, 백모, 숙모, 사촌형수, 사촌제수, 사촌 매형, 사촌 매제
		배우자의 혈족	고종사촌형제자매, 외조부모, 외숙, 외사촌형제자매, 이모, 이종사촌형제자매
		배우자의 혈족의 배우자	외숙모, 외사촌형수, 외사촌제수, 외사촌매형, 외사촌매제, 이모부, 이종사촌형수, 이종사촌제수, 이종사촌매형, 이종사촌매제
	시가	배우자의 혈족	시부모, 시삼촌, 시숙, 시동생, 시누이, 시사촌형제자매, 시고종사촌형제자매, 시이종사촌형제자매, 조카(시동생 자녀, 시누이 자녀)
		배우자의 혈족의 배우자	시숙모, 형님, 동서, 시누이 남편, 조카 며느리, 조카 사위
	처가	배우자의 혈족	장인, 장모, 처숙부, 처외숙부, 처고모, 처남, 처형, 처제, 처조카
		배우자의 혈족의 배우자	처숙모, 처외숙모, 처고모부, 처남댁, 동서, 처조카 며느리, 처조카 사위
배우자		배우자(사실상 혼인관계에 있는 자 포함)	남편, 처
입양자		친생자로서 다른 사람에게 친양자로 입양된 사람 및 그 배우자·직계비속	입양자, 입양자 배우자, 입양자의 자녀
생부모		본인이 「민법」에 따라 인지한 혼인 외 출생자의 생부나 생모(주)	생부모

☞ 부계와 모계를 구분하지 않고 같게 다루고 있으며, 결혼한 여성은 그 남편과의 관계에 따르지 않고 본인과의 관계에 따라 판단한다.

☞ 「민법」의 촌수계산에 관한 규정은 다음과 같다.
　① 방계혈족은 자기로부터 동원(同源)의 직계존속에 이르는 세간의 수와 그 동원의 직계존속으로부터 다른 직계비속에 이르는 세간의 수를 통산하여 그 촌수를 정한다(「민법」 §770 ②).
　② 인척(姻戚)은 배우자의 혈족에 대하여는 배우자의 그 혈족에 대한 촌수에 따르고, 혈족의 배우자에 대하여는 그 혈족에 대한 촌수에 따른다(「민법」 §771).

③ 양자와 양부모 및 그 혈족·인척간의 촌수는 입양한 때부터 혼인중의 출생자의 경우와 동일한 것으로 본다(「민법」 §770 ①).

④ 양자의 배우자·직계비속과 그 배우자는 양자의 친계를 기준으로 하여 촌수를 정한다(「민법」 §772 ②).

⑤ 인척관계는 혼인의 취소 또는 이혼으로 인하여 종료하며, 부부의 일방이 사망한 경우 생존배우자가 재혼한 때에도 종료한다(「민법」 §777).

⑥ 입양으로 인한 친족관계는 입양의 취소 또는 파양으로 인하여 종료한다(「민법」 §778).

☞ (주) 2024.3.26. 이후 적용되며 본인의 금전이나 그 밖의 재산으로 생계를 유지하는 사람 또는 생계를 함께 하는 사람으로 한정

제수씨의 여동생, 사돈관계는 인척관계가 아니며, 누나(누이)의 배우자 즉 매형(자형), 매제는 인척이 되며, 누나(누이)의 자녀 즉 조카는 혈족의 직계비속(4촌)은 방계혈족에 속하여 인척에 해당되지만, 누나(누이)의 시부모는 사돈 간으로 인척에 포함되지 아니한다.[3]

> **사례** 「법인세법 시행령」 제87조에 따른 특수관계인을 판정할 때 "배우자의 3촌 이내 혈족과 사실상의 혼인관계에 있는 배우자"는 「국세기본법 시행령」 제1조의 2 제1항 제2호의 "4촌 이내의 인척"에 해당하지 아니하는 것임(서면법규과-897, 2013.8.20.).

ⓛ 2012.12.31. 이전 납세의무성립분까지(국세는 2012.2.1. 이전 납세의무성립분까지)

구분	분류	예시
부계	① 6촌 이내의 부계혈족 및 4촌 이내의 부계혈족의 처	고모, 백부, 숙부, 백모, 사촌형제자매, 육촌형제자매 백모, 숙모, 형수, 제수
	② 3촌 이내의 부계혈족의 남편 및 자녀	고모부, 고종사촌형제자매
모계	③ 3촌 이내의 모계혈족과 그 배우자 및 자녀	외숙, 외숙모, 외사촌형제자매, 이모, 이모부, 이종사촌형제자매
처가	④ 처의 2촌 이내의 부계혈족 및 그 배우자	처남, 처남댁, 처형, 처제, 동서
배우자	⑤ 배우자(사실상 혼인관계에 있는 자 포함)	처
입·출양자	⑥ 입양자의 생가의 직계존속	입양자의 친부모, 친조부모
	⑦ 출양자 및 그 배우자와 출양자의 양가의 직계비속	출양자의 자녀 등
생모	⑧ 혼인 외의 출생자의 생모	생모

친족관계에 있는 상기 '① 내지 ⑧'의 경우 결혼한 여성인 경우는 그 남편과의 관계에 의하므로 4·5·6촌의 여자 형제가 미혼인 경우에는 특수관계인에 포함되나 결혼한 경우에는 남편과의 관계에 의하므로 특수관계인이 되지 아니한다(고모의 경우 남편과의 관계에 의하더라도 3촌 이내의 부계혈족녀의 부에 해당하므로 특수관계인에 해당됨). 따라서 동일인이라고 하더라도 결혼 여부에 따라 특수관계인의 범위가 달라졌으나, 2013.1.1. 이후부터는 결혼 여부와 무관하게 친족관계를 따진다.

---

3) 「상속세 및 증여세법 시행령」 제12조의 2 규정에서는 "직계비속의 배우자의 2촌 이내의 혈족과 그 배우자"이므로 사돈 간에도 특수관계인이 됨에 유의하여야 한다.

본인을 중심으로 동서, 처남관계, 사위, 며느리, 이모·이모부, 이모의 자, 고모·고모부, 고모의 자는 특수관계인에 해당되고 사돈 상호 간은 친족 기타 특수관계에 있는 자에 해당하지 아니하는 것이나, 자 또는 출가녀가 해당 법인의 주주인 경우 그 자녀를 기준으로 사돈 간은 친족 기타 특수관계인에 해당하며(서삼 46019-11710, 2003.10.31., 징세 46101-41, 1999.9.11.), 이혼한 생모도 특수관계인에 해당한다(행심 2004-206, 2004.8.30.).

ⓒ 입·출양자

「민법」상 자연혈족인 친족관계는 사망에 의하여서만 소멸하므로 입양되거나 외국국적을 취득하더라도 그 관계에는 변함이 없다(구 지기통 47…2.2-2). 따라서 생모와 출양한 자녀는 혈족으로 직계존비속으로 입양자의 생부, 생모, 친조부모는 친족에 해당된다.

또한 양자와 양부모 및 그 혈족, 인척사이의 친계와 촌수는 입양한 때로부터 혼인중의 출생자와 동일한 것으로 보고 있으며, 입양으로 인한 친족관계는 입양의 취소 또는 파양으로 인하여 종료한다. 따라서 친생자로서 다른 사람에게 친양자로 입양된 사람 및 그 배우자·직계비속도 친족에 해당한다.

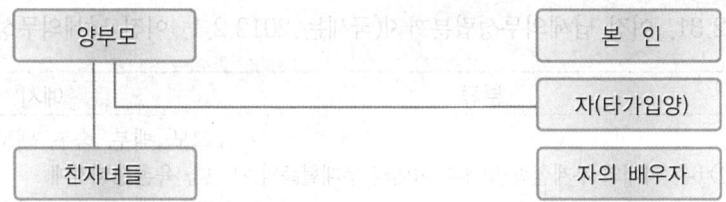

ⓔ 특수관계인 판단 사례 1

㉮ 법인의 주주현황

주주	관계	지분
A	본인-대표이사	40%
B	A의 배우자	20%
C	A의 형수의 여동생의 배우자	20%
D	A의 형수의 여동생	10%
E	기타	10%

㉯ A와 C, D는 특수관계인에 해당되는지 여부

4촌 이내의 인척은 특수관계인이 되나, 혈족의 배우자, 배우자의 혈족, 배우자의 혈족의 배우자를 인척으로 한다라고 규정되어 있고, 배우자의 혈족에 대하여는 배우자의 그 혈족에 대한 촌수에 따르고, 혈족의 배우자에 대하여는 그 혈족에 대한 촌수에 따른다라고 규정되어 있다. 형수는 혈족의 배우자로 인척에 해당하나, 형수의 여동생은 혈족의 배우자의 혈족이므로 인척에 해당되지 아니하므로 특수관계인이 아니며, 형수 여동생의 남편도 마찬가지이다.

참고로, 2012.12.31. 이전 납세의무성립분까지(국세는 2012.2.1. 이전 납세의무성립분까지)는 4촌 이내의 부계혈족의 처는 특수관계인이 되며, 출가녀는 남편과의 관계에 따른다고 규정되어 있는바, 형수는 특수관계인이 되나, 형수 여동생의 남편은 특수관계인이 되지 아니한다. 형수 여동생은 출가녀로 남편과의 관계에 따르도록 규정되어 있어서 마찬가지로 특수관계인이 되지 아니한다.

 ⑩ 특수관계인 판단 사례 2

  ㉮ A법인의 주주 현황

주주	관계	주식이동 전 지분	주식이동 후 지분
갑개인	본인	30%	30%
을개인	차남	20%	20%
병개인	장남 처제	30%	-
정개인	장남 처제 남편	20%	-
무개인	장남	-	50%

  ㉯ 특수관계인 여부

2013.1.1. 이후 납세의무성립분부터 출가녀의 경우 남편과의 관계를 판단하는 규정은 적용되지 아니하므로 처제와 장남과의 관계로 판단하여야 한다. 처제는 배우자의 혈족으로 4촌 이내의 인척에 해당되어 특수관계인에 해당된다. 그리고 처제의 남편 즉 동서도 배우자의 혈족의 배우자로 4촌 이내의 인척에 해당되어 특수관계인에 해당된다. 그런데 본인 또는 차남과의 관계에서는 처제와 처제 남편은 특수관계인에 해당되지 아니한다.

한편, 2012.12.31. 이전 납세의무성립분까지는 처제가 출가녀로 남편과의 관계에 따라 특수관계 여부를 판단하며, 처의 2촌 이내의 부계혈족 및 그 배우자는 특수관계인에 해당된다. 따라서 장남과 처제의 남편이 특수관계인에 해당되며, 처제도 남편과의 관계에 따라 장남과 처제 또한 특수관계인이 되는 것이다.

2) 임원·사용인 등 경제적 연관관계

① 임원과 그 밖의 사용인
② 본인의 금전이나 그 밖의 재산으로 생계를 유지하는 사람
③ ① 및 ②의 사람과 생계를 함께하는 친족

① 임원과 그 밖의 사용인의 범위

 법인의 특정주주 1인과 임원·사용인 관계에 있지 않고 단순히 해당 법인의 임원·사용인은 그 특정주주 1인과는 임원·사용인 관계에 있는 자에 해당하지 아니한다(지기예 법2…영2-2).[4)]

예를 들어 임원·사용인의 판단은 주주(A)가 사용주이고, 다른 주주(B)가 당해 법인에 출자를 하고 있을 때, 주주(A)와 다른 주주(B)가 임원·사용인 관계에 있을 때, A·B 주주는 특수관계인에 해당하는 것이다.

갑법인	← A법인 ← A법인 이사 ← A법인 부장	A법인이 출자하였으므로 A법인 기준으로 이사, 부장은 임원·사용인에 해당되어 A법인, 이사, 부장은 특수관계 있음.

A는 개인사업자이거나 법인사업자이어도 관계없으며, B는 A의 임원·사용인 관계에만 있으면 A+B는 특수관계인에 해당하는 것이다. 따라서 법인사업자의 경우 B는 이사, 대표이사, 사장 등 지배인은 물론 부장·과장 등 사용인 관계에 있는 경우도 이에 해당하는 것이다.

갑법인	← A개인 ← A개인사업체 이사 ← A개인사업체 부장	A개인이 출자하였으므로 A개인 기준으로 이사, 부장은 임원·사용인에 해당되어 A개인, 이사, 부장은 특수관계 있음.

그리고 A법인이 갑법인에 출자를 하지 아니하고 A법인의 임원·사용인인 B, C, D는 출자를 한 경우에는 B, C, D는 특수관계가 되지 아니한다.

갑법인	← B(A법인 이사) ← C(A법인 부장) ← D(A법인 과장)	A법인이 출자한 것이 아니므로 이사, 부장, 과장의 친족관계로서 특수관계 여부를 판단해야 함(즉 친족관계가 없다면 이사, 부장, 과장 간에는 특수관계 없음).

한편, 을·병개인이 A법인의 대표이사 및 감사로, 을·병개인·A법인이 대상법인에 대한 실질적인 지배력이 있으므로 특수관계가 아니라고 볼 수는 없을 것이나, 대상법인에 대하여 신규로 주식을 취득한 A법인에 있어 을·병개인은 A법인의 임원으로 재직하고 있으므로 A법인의 입장에서는 을·병개인이 사용인 기타 고용관계에 있다고 볼 수 있지만, A법인의 임원인 을·병개인의 입장에서는 A법인을 을·병개인의 사용인이나 고용관계에 있는 자라고 할 수는 없을 것으로 을·병개인을 기준으로 특수관계 여부를 판단할 경우 을·병개인과 A법인과의 관계에서 특수관계가 성립된다고 볼 수 없다(지방세운영과-5116, 2010.10.27. 참조)라고 해석한 바 있었다. 그런데 2013.1.1. 이후부터는 「지방세기본법」 제2조 제1항 제34호에 "본인도 그 특수관계인의 특수관계인으로 본다"라고 규정하고 있어서 쌍방관계로 해석하여야 한다는 점에서 을·병개인을 기준으로 특수관계 여부를 판단할 경우 을·병개인과 A법인 간에도 특수관계인에 해당될 것으로 판단된다.

---

4) 종전규정(2012.12.31. 이전)에서는 "임원과 그 밖의 사용인"이라 하지 않고 "사용인 또는 그 밖에 고용관계에 있는 자"라고 표현하고 있었으나, 여기서의 사용인은 사용자인 임원도 포함한 개념으로 해석하고 있었음에 유의하여야 할 것이다(「근로기준법」 상 사용인의 범위에는 업무집행권이 있는 임원은 제외하고 있어서 해석상 논란이 될 수 있음). 현행에서는 임원과 사용인을 구분하여 표시하고 있어서 해석상 문제는 전혀 없다.

② '생계를 유지하는 사람'의 의미

해당 주주 등으로부터 급부받은 금전, 기타의 재산 및 그 급부받은 금전이나 기타 재산의 운용에 의하여 발생하는 수입을 일상생활비의 주된 원천으로 하고 있는 자를 말한다(지기예 법2…영2-3).

③ '생계를 함께 하는 자'의 의미

서로 도와서 일상생활비 등을 공통으로 부담하고 있는 자를 말하며, 반드시 동거하고 있는 것을 필요로 하지 않는다(지기예 법2…영2-4).

④ 특수관계인 판단 사례

㉠ A법인의 주주현황

주주	관계	주식이동 전 지분	주식이동 후 지분
갑법인	–	100%	–
을개인	갑법인 대표이사	–	80%
병개인	갑법인 감사(을의 배우자)		10%
정개인	을의 자	–	10%

☞ 을개인과 병개인이 갑법인의 지분을 각각 25%씩 소유
☞ 정개인은 갑법인의 주식도 없고, 고용관계도 없음.

㉡ 특수관계인 여부

사용인 기타 고용관계에 있는 자의 범위판단에 있어서 법인의 특정주주의 1인과 친족·기타 고용관계에 있지 않고 단순히 해당 법인의 사용인·기타 고용관계에 있는 주주는 그 특정주주와 사용인 기타 고용관계에 있는 자에 해당되지 아니한다. 즉 사용인 기타 고용관계의 판단은 주주(A)가 사용주이고, 다른 주주(B)가 해당 법인에 출자를 하고 있을 때, 주주(A)와 다른 주주(B)가 사용인·고용관계에 있을 때, A, B주주는 특수관계인에 해당하는 것이다.

갑법인 기준으로는 갑법인과 갑법인 대표이사, 갑법인 감사는 임원 및 사용인에 해당되어 이들 관계는 특수관계인에 해당될 것이다. 그런데 이들이 특수관계인이 되기 위해서는 갑법인과 대표이사, 감사가 동시에 A법인의 주주로 있어야 하는데, 갑법인이 양도를 하여 대표이사 등이 주주로만 있으므로 대표이사를 기준으로 본다면 갑법인은 특수관계인이 아니라고 판단할 수 있다. 이 경우에는 내부이동으로 볼 수 없을 것이다.

한편, 갑법인 주주로 대표이사와 감사가 있는데, 이들이 보유한 주식이 30%(2023.3.13. 이전은 50%) 이상이거나 실질지배력이 있다면 갑법인과 대표이사, 감사와 대표이사의 자도 모두 특수관계인이 되는 것이다.

☞ 실질지배력 기준은 2013.1.1. 이후부터 적용되며, "실질지배력"이란 임원의 임면권의 행사, 사업방침의 결정 등 법인의 경영에 대하여 사실상 영향력을 행사하고 있다고 인정되는 경우를 말함.

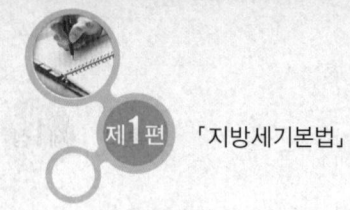

> 사례 사용인이나 고용관계에 있는 자 여부(대법원 2020두49324, 2021.5.7.)
>
> A법인의 입장에서는 A법인 임원의 배우자와 자녀들인 소외 1 등은 임원의 친족이라는 이유로는 특수관계인에 해당되지 아니하지만, 이들이 A법인 임원과 생계를 함께한다면 'A법인의 임원과 생계를 함께하는 친족'으로서 「지방세기본법」 제2조 제1항 제34호 (나)목, 같은 법 시행령 제2조 제2항 제3호에 따라 A법인의 특수관계인에 해당되는 것이다. 더 나아가 이들이 A법인의 특수관계인에 해당하면 A법인도 이들의 특수관계인으로 보아야 함["이 법 및 지방세관계법을 적용할 때 본인도 그 특수관계인의 특수관계인으로 본다(지기법 §34 후단)"라고 규정되어 있기 때문임].[5]

3) 주주 · 출자자 등 경영지배관계

① 본인이 개인인 경우

㉠ 본인이 직접 또는 그와 친족관계 또는 경제적 연관관계에 있는 자를 통하여 법인의 경영에 대하여 지배적인 영향력을 행사하고 있는 경우 그 법인[6]

---

5) 갑개인이 A · C법인의 회장 및 임원으로 갑개인 · A · C법인이 대상법인에 대한 실질적인 지배력이 있으므로 특수관계가 아니라고 볼 수는 없을 것임. 대상법인에 대하여 신규로 주식을 취득한 갑개인은 A · C법인의 임원으로 재직하고 있으므로 A · C법인의 입장에서는 갑개인이 사용인 기타 고용관계에 있다고 볼 수 있지만, A · C법인의 임원인 갑개인의 입장에서는 A · C법인을 갑개인의 사용인이나 고용관계에 있는 자라고 할 수는 없을 것으로(조심 2008지345, 2008.12.11. 참조) 갑개인을 기준으로 특수관계 여부를 판단할 경우 갑개인과 A · C법인과의 관계에서 특수관계가 성립된다고 볼 수 없을 것으로 사료됨(지방세운영−2937, 2010.7.12.).

☞ 2013.1.1. 이후부터는 「지방세기본법」 제2조 제1항 제34호에 "본인도 그 특수관계인의 특수관계인으로 본다"라고 규정하고 있어서 쌍방관계로 해석하여야 한다는 점에서 갑개인을 기준으로 특수관계 여부를 판단할 경우 B법인은 사용인 등에 해당되지 아니하지만 갑개인과 B법인과도 특수관계인에 해당될 것으로 판단됨.

6) 「국세기본법 시행령」 제1조의 2 제3항 제1호 가목(이하 "쟁점조항"이라 한다)은 위와 같은 '특수관계인'의 하나로 '본인이 직접 또는 그와 친족관계 또는 경제적 연관관계에 있는 자를 통하여 법인의 경영에 대하여 지배적인 영향력을 행사하고 있는 경우 그 법인'을 들고 있으며, 같은 조 제4항은 영리법인의 경우 '발행주식 총수의 100분의 30 이상을 출자'한 경우를 지배적인 영향력을 행사하고 있는 것으로 보도록 규정하고 있다. 쟁점조항은 구 「소득세법 시행령」(2012.2.2. 대통령령 제23588호로 개정되기 전의 것) 제98조 제4호(이하 "종전조항"이라 한다)의 '당해 거주자 및 그와 제1호 내지 제3호에 규정하는 자가 소유한 주식 또는 출자지분의 합계가 총발행주식수의 100분의 30 이상인 법인'을 개정한 것인데, 과세당국은 쟁점조항의 개정이유에 대해 '세법상 특수관계인의 범위를 통합 · 단순화하기 위하여 특수관계인의 정의규정을 신설하였다'고 밝히고 있는 점 등에 비추어, 쟁점조항은 종전조항을 단순히 문구정리한 것에 지나지 아니하여 종전조항과 다른 의미로 해석할 것은 아니고, 쟁점조항의 '본인이 직접 또는 그와 친족관계 또는 경제적 연관관계에 있는 자를 통하여'를 '본인이 직접 또는 본인의 친족관계 또는 경제적 연관관계에 있는 자가'로 볼 수 없는 이상 종전조항에서와 같이 본인이 단독으로 또는 본인의 친족관계 등에 있는 자와 함께 소유한 주식 등의 합계가 총발행주식수 등의 100분의 30 이상인 법인이어야 하고, 본인은 그 주식 등을 소유하지 아니한 채 그와 친족관계 있는 자만이 그 주식 등을 소유한 법인은 개정조항의 특수관계인에 해당하지 않음(조심 2019중3517, 2021.3.22.).
'본인이 법인의 경영에 대하여 지배적인 영향력을 행사하고 있다고 하기 위해서는 본인이 친족관계 등에 있는 자의 의사결정을 좌우함으로써 본인이 직접 지배적인 영향력을 행사하는 것과 동등하게 볼 수 있는 정도에 이르러야 하고, 단순히 친족관계 등에 있는 자가 본인의 영향 없이 영향력을 행사하거나 본인과 공동으로 영향력을 행사하는 것만으로는 특수관계인이라고 볼 수 없다'는 것임(대법원 2021두48342, 2021.11.25. 심불). 이러한 판례 등이 있음에도 불구하고 국세에서는 여전히 본인이 참여하지 않더라도 특수관계인이 되는 것으로 해석하고 있음. 본인이 특정 법인의 주식을 보유하고 있지 않더라도 그와 친족관계에 있는 자가 그 특정 법인에 30% 이상 출자한 경우 본인과 그 특정 법인 사이에도 「국세기본법 시행령」 제1조의 2 제3항 제1호 가목에서 정하는 경영지

ⓛ 본인이 직접 또는 그와 친족관계, 경제적 연관관계 또는 상기 ㉠의 관계에 있는 자를 통하여 법인의 경영에 대하여 지배적인 영향력을 행사하고 있는 경우 그 법인(2023.3.14. 이후)

ⓒ 특수관계인 판단 사례 1

㉮ 법인의 주주현황

주주	관계	주식이동 전 지분	주식이동 후 지분
A개인	–	20%	–
B법인	A의 배우자가 70% 지분소유	20%	–
C법인	A의 배우자가 90% 지분소유	60%	100%

☞ A개인은 B법인과 C법인의 주식이 없으며, 고용인관계도 아님.
☞ B법인 C법인 간에는 실질지배력이 없음.

㉯ 특수관계인 여부

종전에는 1주라도 있어야 특수관계인 여부를 판단하는 것으로 해석하여 왔으나, 현행은 그렇지 아니하다. 주주 또는 유한책임사원이 법인인 경우에는 그 법인의 소유주식금액 등이 발행주식총액 등의 30%(2023.3.13. 이전은 50%)인 법인, 소유주식금액 등이 해당 법인의 발행주식총액 등의 30%(2023.3.13. 이전은 50%) 이상인 법인 또는 개인은 특수관계인이 되는 것이다. 예를 들어 어떤 법인의 주식 등을 다른 제3의 법인, 제4의 법인, 제5의 법인과 개인의 소유주식 지분 합계가 50% 이상 되나, 법인과 개인이 각각 소유하고 있는 주식 금액이 30%(2023.3.13. 이전은 50%) 미만일 경우에는 개인과 법인은 과점주주가 될 수 없다. 그러나 다른 제3의 법인에 대하여 제4의 법인이 30%(2023.3.13. 이전은 50%) 이상 출자하고, 제4의 법인에 대하여 제5의 법인이나 개인이 30%(2023.3.13. 이전은 50%) 이상 출자하고 있다면 이들 제3의 법인, 제4의 법인·제5의 법인 및 개인은 과점주주가 되는 것이다.

A의 배우자가 B법인과 C법인에 50% 이상을 출자하고 있으므로 B법인과 A의 배우자 간, C법인과 A의 배우자는 특수관계인이 되나, B법인과 C법인 간에는 특수관계인이 되지 아니한다(C법인이 B법인에 실질 지배력이 있는 것도 아니므로 특수관계인이 아님)라고 해석하여 왔으나, 법조문상 B법인과 C법인은 직접 소유관계가 아니더라도 특수관계가 성립되는 것이다(법인세법 집행기준 2-2-1 특수관계인 범위 개요도, 부동산세제과-45, 2019.7.30. 참조). 만약 지분관계로 특수관계인이 되지 아니하는 경우라 하여도 2013.1.1. 이후부터 A법인이 C법인에 임원 임면권의 행사, 사업방침의 결정 등 법인의 경영에 대하여 사실상 영향력을 행사하고 있다면 실질적으로 지배하고 있다고 보아야 할 것이다. 그리고 A는 A의 배우자 간 특수관계인이 되므로 A의 배우자가 50% 이상 출자하고 있어서 A와 B법인 간, A와 C법인 간은 특수관계인이 되는 것이다.

배관계에 따른 특수관계가 성립하는 것임(기획재정부 조세법령운용과-759, 2022.7.15.).

참고로, 조문상 "법인이 직접 또는 그와 친족관계 또는 경제적 연관관계에 있는 자를 통하여 본인인 법인의 경영에 대하여 지배적인 영향력을 행사하고 있는 경우"라고 되어 있어서 50% 이상을 따질 때에 자회사 지분은 포함하지 아니하는 것이다.

㉣ 특수관계인 판단 사례 2

㉮ A법인의 주주 현황

주주	관계	지분
갑개인	–	100%

㉯ B법인의 주주 현황

주주	관계	지분
갑개인	B법인 임원	20%
A법인	–	15%
C법인	–	30%
기타	–	35%

㉰ C법인의 주주 현황

주주	관계	지분
갑개인	B법인 임원	49%
A법인	–	51%

㉱ 다음 거래 시 과점주주 간주 취득세 과세대상 여부

ⓐ 특수관계인 여부

– C법인의 주주변동 현황

주주	관계	주식이동 전 지분	주식이동 후 지분
갑개인	–	49%	49%
A법인	–	51%	–
B법인	–	–	51%

30%(2023.3.13. 이전은 50%) 이상 출자관계이므로 갑개인과 A법인은 특수관계인이 될 것이며, B법인 기준으로는 갑개인과 B법인(임원이므로 사용인)도 특수관계인이 될 것이나, 갑개인 기준으로 보면 B법인은 사용인 등에 해당되지 아니하고, A법인과 B법인 역시 특수관계인이 되지 아니하지만, A법인 단독[7]으로 30%(2023.3.13. 이전은 50%)

---

7) 조문상 "법인이 직접 또는 그와 친족관계 또는 경제적 연관관계에 있는 자를 통하여 본인인 법인의 경영에 대하여 지배적인 영향력을 행사하고 있는 경우"라고 되어 있어서 30%(2023.3.13. 이전은 50%) 이상을 따질 때에 자회사 지분은 포함하지 아니하는 것임.

이상 출자하고 있지 않고 있으나, 2023.3.14. 이후에는 갑개인과 A법인이 지분 30% 보유하고 있고, 갑개인이 B법인의 사용인 등(2023.3.13. 이전에는 이 사유만으로)이므로 특수관계인이 된다.

그런데 2012.12.31. 이전에는 실질지배력 기준이 없었는바, 주식 이동 후 갑개인 기준으로 보면 B법인은 사용인 등에 해당되지 아니하므로 사용인 등에 의한 특수관계인이 되지 아니한다. 따라서 B법인 기준으로 판단할 경우 과점주주 지분이 100%이다. 그런데 갑개인은 종전에 이미 과점주주로 있었기 때문에 이를 제외한 양수한 지분 51%에 대하여 과점주주 간주취득세 납세의무는 있는 것이다.

한편, 2013.1.1. 이후부터는 「지방세기본법」제2조 제1항 제34호에 "본인도 그 특수관계인의 특수관계인으로 본다"라고 규정하고 있어서 쌍방관계로 해석하여야 한다는 점에서 갑개인을 기준으로 특수관계인 여부를 판단할 경우 B법인은 사용인 등에 해당되지 아니하지만 갑개인과 B법인과도 특수관계인에 해당될 것으로 판단된다.

ⓑ A법인과 갑개인이 C법인 주식 전부를 B법인에게 양도하는 경우

– C법인의 주주변동 현황

주주	관계	주식이동 전 지분	주식이동 후 지분
갑개인	–	49%	–
A법인	–	51%	–
B법인	–	–	100%

갑개인과 A법인, 갑개인과 B법인 간에는 특수관계인이 될 것이나, A법인과 B법인 역시 특수관계인이 되지 아니하지만, A법인 단독으로 30%(2023.3.13. 이전은 50%) 이상 출자하고 있지 않고 있으나, 2023.3.14. 이후에는 갑개인과 A법인이 지분 30% 보유하고 있고, 갑개인이 B법인의 사용인 등(2023.3.13. 이전에는 이 사유만으로)이므로 특수관계인이 된다.

☞ 사용인 기타 고용관계에 있는 자의 범위 판단에 있어서 법인의 특정주주의 1인과 친족 · 기타 고용관계에 있지 않고 단순히 당해 법인의 사용인 · 기타 고용관계에 있는 주주는 그 특정주주와 사용인 기타 고용관계에 있는 자에 해당되지 아니한다. 즉 사용인 기타 고용관계의 판단은 주주(A)가 사용주이고, 다른 주주(B)가 당해 법인에 출자를 하고 있을 때, 주주(A)와 다른 주주(B)가 사용인 · 고용관계에 있을 때, A, B주주는 특수관계에 해당하는 것이다.

사례 B법인과 갑(등기이사)은 사용인고용관계에 있는 자에 해당됨으로 B법인과 갑은 주식발행법인의 과점주주에 해당되는 것임(행자부 세정 13430-242, 1999.2.24.).

② 본인이 법인인 경우

㉠ 개인 또는 법인이 직접 또는 그와 친족관계 또는 경제적 연관관계에 있는 자를 통하여 본인인 법인의 경영에 대하여 지배적인 영향력을 행사하고 있는 경우 그 개인 또는 법인

ⓛ 본인이 직접 또는 그와 경제적 연관관계 또는 상기 ㉠의 관계에 있는 자를 통하여 어느 법인의 경영에 대하여 지배적인 영향력을 행사하고 있는 경우 그 법인

㉢ 본인이 직접 또는 그와 경제적 연관관계, 상기 ㉠ 또는 ⓛ의 관계에 있는 자를 통하여 어느 법인의 경영에 대하여 지배적인 영향력을 행사하고 있는 경우 그 법인(2023.3.14. 이후 적용)[8]

㉣ 본인이 「독점규제 및 공정거래에 관한 법률」에 따른 기업집단에 속하는 경우 그 기업집단에 속하는 다른 계열회사 및 그 임원(2023.3.14. 이후 적용)

㉤ 특수관계인 판단 사례

㉮ 갑법인의 주주 현황

주주	관계	주식이동 전 지분	주식이동 후 지분
A법인	-	70%	-
B법인	-	30%	-
C법인	-	-	100%

㉯ C법인의 주주 현황

주주	관계	지분
D법인	-	70%
기타	-	30%

㉰ D법인의 주주 현황

주주	관계	지분
A법인	-	60%
기타	-	40%

㉱ 특수관계인 여부

2023.3.13. 이전에는 손자회사 등 간접 소유에 대하여는 특수관계인 여부를 판단하지 않고 직접 소유만 특수관계인으로 보고 있다. A법인과 C법인이 직접 소유관계가 아니므로 그들 간에는 특수관계인이 되지 아니한다. 그런데 2023.3.14. 이후에는 손자회사

---

8) 영리법인으로 주주가 구성된 경우 과점주주의 특수관계인 여부를 판단하면 주주가 법인인 경우 법인주주가 다른 법인에 30%(2023.3.13. 이전은 50%) 이상 출자를 하고 법인주주의 출자한 출자금액이 해당 법인의 발행주식금액의 30%(2023.3.13. 이전은 50%) 이상이어야 한다. 따라서 A법인이 B법인의 주식을 100% 소유하고 B법인은 C법인의 주식을 100% 소유하는 상태라면 A법인과 B법인, B법인과 C법인은 각각 특수관계에 해당하나, A법인과 C법인은 특수관계에 해당하지 아니한다(지방세운영과-4921, 2011.10.20.)라고 해석한 바 있음. 이는 2012.12.31. 이전만 적용되는 것으로, 2023.3.14. 이후 손자회사도 특수관계인이 되나, 2023.3.13. 이전에는 A법인은 모회사, B법인은 자회사, C법인은 손자회사로 지분관계 등 형식적으로는 모회사와 손자회사 간에는 특수관계인이 될 수 없으나, 2013.1.1. 이후부터는 A법인은 C법인의 경영에 대하여 지배적인 영향력을 행사하고 있다면 A법인과 C법인은 특수관계인에 해당될 것임.

도 특수관계인에 포함되는바, A법인과 C법인 간에는 특수관계인에 해당될 것이다(과점주주 제2차 납세의무와 과점주주 간주취득세에서는 손자회사는 지분관계만으로는 특수관계인이 되지 아니함).

한편, 2013.1.1. 이후부터는 실질지배력이 있는 경우에도 특수관계인이 된다는 점에서 A법인과 C법인이 직접 소유관계가 아니지만 A법인이 C법인을 임원 임면권의 행사, 사업방침의 결정 등 법인의 경영에 대하여 사실상 영향력을 행사하고 있어서 실질적으로 지배하고 있다면 특수관계인에 해당될 것이다.

사례 「지방세법」상 특수관계 여부 및 간주취득세(세제-16237, 2013.12.17.)

최상위 모법인 乙2법인이 乙1법인을 통하여 甲법인의 과점주주(지분율 : 100%)인 乙법인을 지배하고 있는 상태에서 향후 乙2법인이 丙1 ~ 丙10의 총 10개의 법인을 통하여 최종적으로 丙법인을 지배하고 丙법인은 甲법인을 지배하는 것으로 지배구조 변경 시 乙2 법인의 경우 乙1법인을 통하여 乙법인을 지배하고 있으므로 乙2법인과 乙법인의 관계는 위 「지방세기본법 시행령」제2조의 2 제3항 제2호 가목에 따른 "주주·출자자 등 대통령령으로 정하는 경영지배관계"에 해당하지 않는다고 할 것이며, 이에 따라 丙법인은 乙법인의 특수관계인에 해당하지 않으므로, 丙법인은 甲법인의 취득세 과세대상 부동산에 대한 간주취득세 납세의무가 있음.

☞ 2013.1.1. 이후부터 乙2법인이 乙법인에 임원 임면권의 행사, 사업방침의 결정 등 법인의 경영에 대하여 사실상 영향력을 행사하고 있는 경우 실질적으로 지배하고 있다고 보아야 할 것임.

사례 간접 지분 소유 시 특수관계인 여부(지방세운영과-4921, 2011.10.20.) - 종전 해석

A법인이 B법인의 주식을 100% 소유하고 B법인은 C법인의 주식을 100% 소유하는 상태라면 A법인과 B법인, B법인과 C법인은 각각 특수관계이나, A법인과 C법인은 특수관계가 아닌 것임.

☞ "본인이 법인인 경우로 본인이 직접 또는 그와 경제적 연관관계 또는 가목의 관계에 있는 자를 통하여 어느 법인의 경영에 대하여 지배적인 영향력을 행사하고 있는 경우"라는 법조문상 A법인과 C법인은 직접 소유관계가 아니더라도 특수관계가 성립되는 것이며(「법인세법 집행기준」 2-2-1 특수관계인 범위 개요도, 부동산세제과-45, 2019.7.30. 참조), 만약 지분관계로 특수관계인이 되지 아니하는 경우라 하여도 2013.1.1. 이후부터 A법인이 C법인에 임원 임면권의 행사, 사업방침의 결정 등 법인의 경영에 대하여 사실상 영향력을 행사하고 있다면 실질적으로 지배하고 있다고 보아야 할 것임.

제2절 과세권 등

❶ 지방자치단체의 과세권(지기법 §4)

(1) 지방세 조례 제정

지방자치단체는 「지방세기본법」또는 지방세관계법에서 정하는 바에 따라 지방세의 과세권을 가지며, 지방세의 세목, 과세대상, 과세표준, 세율, 그 밖에 부과·징수에 필요한 사항을 정할 때

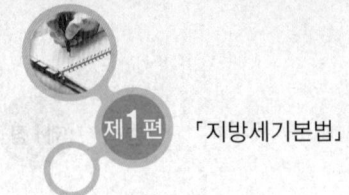

에는 「지방세기본법」 또는 지방세관계법에서 정하는 범위에서 조례(감면조례 포함)로 정하여야 하고, 지방자치단체장은 조례의 시행에 따르는 절차와 그 밖에 그 시행에 필요한 사항을 규칙으로 정할 수 있지만, 지방의회의 의결을 거쳐야 한다. 조례는 지방세관계법령 등의 구체적인 위임 범위 내에서 제정할 수 있는 것이므로 위임을 벗어나 제정할 수 없으므로 지방세관계법령을 시행하기 위한 하위 법규이다.

(2) 지방세 조례와 조세법률주의 관계(지기법 §5)

지방세 조례는 조세법률주의 원칙에 따라 법률에 정한 범위 내에서만 제정되어야 하지만 지방자치 측면에서는 지방세는 원칙적으로 지방세기본법령과 지방세관계법에 의하여 과세되는 것으로 법령 등의 위임에 따라 제정된 지방세 조례에 의해 실제로 주민들이 부담하고 있다는 점에서 지방세조례주의라고도 불리고 있다. 이 지방세 조례주의는 지방세의 과세근거는 주민동의에 의하여 과세한다는 원칙으로서 자주재정권(과세자주권, 조례제정권), 탄력세율, 과세표준결정권이 조례에 근거하고 있다. 그러나 조례로 지방세 관련 모든 것을 규정하고 있지 아니하므로 세목, 과세객체, 과세표준, 세율 기타 부과징수에 관하여 지방세법령 등 기타 따로 정하는 것을 제외하고는 조례의 정하는 바에 의한다고 규정되어 있는 것이 일반적이다.

> **사례** 재산세 과세기준일 이전에 개정 「지방세법」에 따른 조례를 개정하지 아니한 경우로 적용세율을 개정 「지방세법」에 따라 조례로써 세율을 정하지 않았을 경우 개정 「지방세법」의 표준세율을 적용할 수 있는 것임(지방세정팀-844, 2005.5.23.).
>
> 자치단체의회 운영사정으로 인해 재산세 과세기준일 이전에 개정 「지방세법」에 따른 **구세조례를 개정하지 않았을 경우에는 **구세조례 제1조 및 「지방세법」 제2조 및 제3조에 근거한 「지방세법」의 준거법 내지 보정효력 등을 감안할 때 개정 지방세법령의 관련규정을 적용할 수 있다고 보아야 할 것이며, 적용세율의 경우에도 개정 「지방세법」에 따라 조례로써 세율을 정하지 않았을 경우에는 개정 「지방세법」의 표준세율을 적용할 수 있다고 보아야 할 것으로 생각됨.

② 지방자치단체장의 권한 위탁·위임 등(지기법 §6)

지방자치단체장은 「지방세기본법」 또는 지방세관계법에 규정된 권한의 일부를 소속 공무원 또는 다른 지방자치단체장에게 위임하거나 중앙행정기관장(소속기관장 포함), 다른 지방자치단체장 또는 2021.12.30. 이후 지방자치단체조합에게 위탁 또는 위임할 수 있다. 이 규정에 따라 권한을 위임 또는 위탁받은 중앙행정기관장이나 다른 지방자치단체장 또는 지방자치단체조합장(2021.12.31. 이후 적용)은 그 권한의 일부를 소속 공무원(지방세조합장의 경우 지방자치단체 등에서 파견된 공무원을 말함)에게 재위임할 수 있으며, 이 경우 중앙행정기관장, 다른 지방자치단체장 또는 지방자치단체조합장 및 그 소속 공무원은 세무공무원으로 본다.

③ 지방세 세목

(1) 보통세와 목적세(지기법 §7)

조세수입의 용도에 따른 분류에 의한 명칭으로, '보통세'란 일반 경비를 채우기 위하여 거두어들이는 조세를 의미하며, '목적세'는 특정 경비를 채우기 위하여 거두어들이는 조세를 말하는데, 목적세를 제외한 모든 조세가 보통세에 포함된다.

○ **보통세(9)**

취득세, 등록면허세, 레저세, 담배소비세, 지방소비세, 주민세, 지방소득세, 재산세, 자동차세

○ **목적세(2)**

지역자원시설세, 지방교육세

---

(2) 지방자치단체의 세목(지기법 §8, §9, §10, §11, §11-2)

1) 특별시와 광역시세(광역시의 군 제외)

○ **보통세(7)**

취득세, 레저세, 담배소비세, 지방소비세, 주민세, 지방소득세, 자동차세

- 재산세(선박 및 항공기 재산세, 재산세 도시지역분 제외) : 특별시는 특별시와 자치구가 공동과세(50%씩),[9] 특별시는 특별시분 재산세 50%를 자치구에 균등(1/25) 재배분(지기법 §9)
- 재산세 도시지역분 : 특별시는 특별시세, 광역시는 구세(지기법 §9)
- 광역시의 경우 주민세 사업소분(2020.12.31. 이전은 재산분)과 종업원분은 구세이므로 특별시와 광역시세에서 제외(지기법 §11)
- 「지방세법」 제71조 제3항 제3호 가목 및 나목에 따라 시·군·구에 납입된 금액은 시·군·구세로 함(지기법 §11-2).

○ **목적세(2)**

지역자원시설세, 지방교육세

---

9) 「지방세기본법」 제9조에 따른 특별시분 재산세의 감면은 해당 재산세 과세대상 물건이 소재하는 자치구의 구세 감면조례가 정하는 바에 따른다.

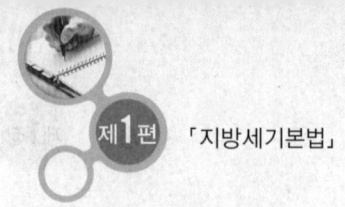

2) 도세(광역시의 군 포함)

○ 보통세(4)

취득세, 등록면허세, 레저세, 지방소비세

○ 목적세(2)

지역자원시설세, 지방교육세

- 2023.3.14. 이후 특별자치도의 관할 구역 안에 시·군이 있는 경우 도세를 해당 특별자치도의 특별자치도세로 함(지기법 §8 ⑥).

3) 구세

○ 보통세(2)

등록면허세, 재산세

- 광역시의 경우 주민세 재산분과 종업원분은 구세로 함(지기법 §11).
- 재산세(선박 및 항공기 재산세, 재산세 도시지역분 제외) : 특별시는 특별시와 자치구가 공동과세(50%씩), 특별시는 특별시분 재산세 전액을 자치구에 균등(1/25) 재배분
- 재산세 도시지역분 : 특별시는 특별시세, 광역시는 구세
- 「지방세법」 제71조 제3항 제3호 가목 및 나목에 따라 구에 납입된 금액은 구세로 함(지기법 §11-2).

4) 시·군세(광역시의 군 포함)

○ 보통세(5)

담배소비세, 주민세, 지방소득세, 재산세, 자동차세

- 광역시의 경우 주민세 사업소분(2020.12.31. 이전은 재산분)과 종업원분은 구세로 함(지기법 §11)
- 재산세(선박 및 항공기 재산세, 재산세 도시지역분 제외) : 특별시는 특별시와 자치구가 공동과세(50%씩), 특별시는 특별시분 재산세 전액을 자치구에 균등(1/25) 재배분
- 재산세 도시지역분 : 특별시는 특별시세, 광역시는 구세
- 「지방세법」 제71조 제3항 제3호 가목 및 나목에 따라 시·군에 납입된 금액은 시·군세로 함(지기법 §11-2).
- 2023.3.14. 이후 특별자치도의 관할 구역 안에 시·군이 있는 경우 시·군세를 해당 시·군의 시·군세로 함(지기법 §8 ⑥).

5) 특별자치시세 또는 특별자치도세

○ **보통세(9)**
  취득세, 등록면허세, 레저세, 담배소비세, 지방소비세, 주민세, 지방소득세, 재산세, 자동차세

○ **목적세(2)**
  지역자원시설세, 지방교육세
  – 2023.3.14. 이후 특별자치도의 관할 구역 안에 시·군이 있는 경우 도세를 해당 특별자치도의 특별자치도세로, 시·군세를 해당 시·군의 시·군세로 함(지기법 §8 ⑥).

(3) 지방세 과세권 조정(지기법 §12)

지방자치단체장은 과세권의 귀속이나 그 밖에 「지방세기본법」 또는 지방세관계법을 적용할 때 다른 지방자치단체장과 의견을 달리하여 합의되지 아니할 경우에는 하나의 특별시·광역시·도("시·도")내에 관한 것은 특별시장·광역시장·도지사("시장·도지사"), 둘 이상의 특별시·광역시·특별자치시·도·특별자치도("시·도등")에 걸쳐 있는 것에 관하여는 행정안전부장관에게 그에 관한 결정을 청구하여야 하고, 시장·도지사 또는 행정안전부장관이 관계 지방자치단체장으로부터 이 결정의 청구를 받아 수리하였을 때에는 그 청구를 수리한 날부터 60일 이내에 결정하고, 지체 없이 그 결과를 관계 지방자치단체장에게 통지하여야 한다. 그리고 시장·도지사의 결정에 불복하는 시장·군수·구청장은 그 통지를 받은 날부터 30일 이내에 행정안전부장관에게 심사를 청구할 수 있으며, 행정안전부장관은 심사의 청구를 수리한 때에는 수리한 날부터 60일 이내에 그에 대한 재결을 하여 그 뜻을 지체 없이 관계 지방자치단체장에게 통지하여야 한다.

과세권 분쟁은 주로 공유수면매립지에 대하여 행정경계구역이 정해지지 아니한 상태에서 건물을 준공한 경우 재산세의 과세권행사 문제 등이 이에 해당한다.

한편, 「공유수면법」이 위와 같이 공유수면 관리주체를 구분한 취지는, 해양수산부장관과 지방자치단체장으로 하여금 각자가 관리하는 공유수면과 관련하여 방치 선박 등의 제거, 공유수면의 점용·사용허가 내지 협의, 승인, 공유수면 점용료·사용료 및 변상금의 징수, 공유수면 점용·사용 실시계획의 승인, 공유수면매립 기본계획의 수립, 공유수면 매립면허에 관한 업무를 나누어 처리하게 함으로써 공유수면을 지속적으로 이용할 수 있도록 친환경적이고 효율적으로 보전·관리하기 위함에 있다 할 것이다. 이와 같은 취지에 비추어 보면, 위 규정이 배타적 경제수역이나 무역항, 연안항의 항만구역 안에 위치한 공유수면은 해양수산부장관이 관리하도록 정하고 있다 하더라도, 그러한 사정만으로 위 구역 바다에 대한 지방자치단체의 과세권이 배제된다고 볼 수는 없다(대법원 2020두31859, 2020.4.29. 심불, 부산고법 2019누20426, 2019.12.13.).

사례 공유수면과 매립지의 관할구역 경계(헌재 2003헌라1, 2006.8.31.)
이 사건 매립지에서 "종전"에 해당하는 관할구역 경계에 대하여는 조선총독부 임시토지조사국 훈령

인 일반도측량실시규정(1914년)에 의거하여 1918년에 제작된 지형도상의 해상경계선이 그 기준이 된다. 그리고 종래 특정한 지방자치단체의 관할구역에 속하던 공유수면이 매립되는 경우에도, 법률 또는 대통령령 등에 의한 경계변경이 없는 한, 그 매립지는 당해 지방자치단체의 관할구역에 편입된다. 「지방자치법」 제4조 제1항에 규정된 지방자치단체의 구역은 주민·자치권과 함께 지방자치단체의 구성요소로서 자치권을 행사할 수 있는 장소적 범위를 말하며, 자치권이 미치는 관할구역의 범위에는 육지는 물론 바다도 포함되므로, 공유수면에 대한 지방자치단체의 자치권한이 존재함.

사례 국립지리원 간행 지형도상 해상경계선 기준으로 판단(지방세정팀-2212, 2005.8.18.)

헌법재판소의 결정문에 따르면 지방자치단체의 구역의 범위에는 육지는 물론 바다도 포함되므로 공유수면에 대한 지방자치단체의 자치권한이 존재한다고 하면서, 공유수면의 행정구역 경계에 대하여는 법률상 존재하지 않지만 어업에 관한 관할권 행사 등 행정관행이 오랜 기간 존재하고, 지형도상 해상경계선이 해상에서의 행정구역 경계선이라는 점에 대한 지방자치단체들과 일반 국민들의 법적 확신이 존재한다고 할 것이므로 국립지리원이 간행한 지형도상의 해상경계선은 불문법상의 해상경계가 된다고 하고 있고, 따라서 해역에 관한 관할구역과 그 해역 위에 매립된 토지에 관한 관할구역이 일치하여야 하므로 공유수면에 매립된 토지에 대한 관할권한은 당연히 당해 공유수면을 관할하는 지방자치단체에 귀속된다고 판시(2000헌라2, 2004.9.23. 선고)하고 있으므로 공유수면 매립으로 행정구역이 확정되지 않았다 하더라도 취득세 및 등록세 과세대상이 되는 기계장비와 항만 배후 물류부지 취득에 따른 납세지는 국립지리원이 간행한 지형도상의 해상경계선을 기준으로 판단하는 것이 타당함.

☞ 2006년 헌법재판소 결정문(헌재 2003헌라1, 2006.8.31.)에서도 동일하게 판시하고 있음.

사례 공유수면의 행정구역 관할은 해상경계기준에 따름(헌재 2000헌라2, 2004.9.23.).

지방자치단체가 관할하는 공유수면의 행정구역경계에 관하여는 법률로 규정하지 않고 있어서, 공유수면에 대한 행정구역을 구분하는 법률상의 경계는 존재하지 않지만, 지방자치단체 등의 행정기관이 수산업법상의 어업허가 내지 어업면허, 어업단속행위, 공유수면관리법상의 공유수면에 대한 점용 내지 사용허가 등 개별 법률들에 의한 행정권한을 행사함에서 있어서 국립지리원이 간행한 지형도상의 해상경계선을 행정구역경계선으로 인정해온 행정관행이 존재하고, 이러한 행정관행이 오랜 기간 동안 존재하여 왔고, 지형도상 해상경계선이 해상에서의 행정구역경계선이라는 점에 대한 지방자치단체들과 일반국민들의 법적 확신이 존재한다고 할 것이므로, 국립지리원이 간행한 지형도상의 해상경계선은 행정관습법상 해상경계선으로 인정될 뿐만 아니라 행정판례법상으로도 인정되고 있기 때문에, 불문법상의 해상경계가 됨.

사례 영해 및 접속수역법 제1조의 규정에 의거 대한민국의 영해는 기선으로부터 측정하여 그 외측 12해리의 선까지에 이르는 수역으로 하도록 규정하고 있으므로 대한민국의 주권이 미치는 지역에 한해 지방세를 과세할 수 있음(세정 13407-284, 2003.4.17.).

(4) 과세권 승계

1) 시·군·구를 폐지·설치·분리·병합한 경우(지기법 §13)

① 징수금에 관한 권리

특별자치시·특별자치도·시·군·구("시·군·구")를 폐지·설치·분리·병합한 경우 그로 인하여 소멸한 시·군·구("소멸 시·군·구")의 징수금의 징수를 목적으로 하는 권리("징수금에 관한 권리")는 그 소멸 시·군·구의 지역이 새로 편입하게 된 시·군·구("승계 시·군·구")의 구역에 따라 해당 승계 시·군·구가 각각 승계한다. 이 경우 소멸 시·군·구의 부과·징수, 그 밖의 절차와 이미 접수된 신고, 심사청구(2019년 이전만 적용), 그 밖의 절차는 각각 승계 시·군·구의 부과·징수 및 그 밖의 절차 또는 이미 접수된 신고, 심사청구(2019년 이전만 적용), 그 밖의 절차로 본다.

승계 시·군·구가 소멸 시·군·구의 징수금에 관한 권리를 승계하여 부과·징수하는 경우에는 소멸 시·군·구의 부과·징수의 예에 따른다.

상기에서 "시·군·구를 폐지·설치·분리·병합한 경우"라 함은 「지방자치법」 제4조에 규정한 지방자치단체의 폐지·설치·분리·병합하는 경우와 시·군 및 자치구의 관할구역 경계변경의 경우를 말한다(예 : 어떤 시·군·구의 일부 읍·면·동을 다른 시·군·구의 관할지역으로 하는 경우 등 : 지기예 법13-1).

② 의견을 달리하여 합의가 되지 아니할 경우

소멸 시·군·구의 징수금에 관한 권리를 승계할 승계 시·군·구가 둘 이상 있는 경우에 각각 승계할 그 소멸 시·군·구의 징수금에 관한 권리에 대하여 해당 승계 시·군·구의 장 사이에 의견이 달라 합의가 되지 아니할 때에는 하나의 시·도 내에 있는 것에 관하여는 시장·도지사, 둘 이상의 시·도등에 걸쳐 있는 것에 관하여는 행정안전부장관에게 그에 관한 결정을 청구하여야 한다. 이 청구와 그 청구에 대한 시장·도지사 또는 행정안전부장관의 결정에 관하여는 과세권 조정 규정을 준용한다.

시장·도지사 또는 행정안전부장관이 관계 지방자치단체장으로부터 제1항에 따른 결정의 청구를 받아 수리하였을 때에는 그 청구를 수리한 날부터 60일 이내에 결정하여 지체 없이 그 뜻을 관계 지방자치단체장에게 통지하여야 한다. 그리고 시장·도지사의 결정에 불복하는 시장 또는 군수는 그 통지를 받은 날부터 30일 이내에 행정안전부장관에게 심사를 청구할 수 있으며, 행정안전부장관은 심사의 청구를 수리한 때에는 수리한 날부터 60일 이내에 그에 대한 재결을 하여 그 뜻을 지체 없이 관계 지방자치단체장에게 통지하여야 한다.

2) 시·군·구의 경계변경의 경우(지기법 §14)

시·군·구의 경계변경이 있는 경우 또는 시·군·구의 폐지·설치·분리·병합으로 새로 설치된 시·군·구의 전부 또는 일부가 종래 속하였던 시·군·구가 아직 존속할 경우에는 그 경계

변경이 있었던 구역이 종래 속하였던 시·군·구 또는 새로 설치된 시·군·구 지역의 전부 또는 일부가 종래 속하였던 시·군·구[이하 "구 시·군·구"라 한다]의 해당 구역 또는 지역에 대한 지방자치단체의 징수금으로서 아래의 징수금(하기 ②의 지방자치단체의 징수금은 그 경계변경 또는 폐지·설치·분리·병합이 있는 날이 속하는 연도분 후의 연도분으로 과세되는 것으로 한정)에 관한 권리는 해당 구역 또는 지역이 새로 속하게 된 시·군·구[이하 "신 시·군·구"라 한다]이 승계한다. 다만, 구 시·군·구와 신 시·군·구가 협의하여 이와 다른 결정을 하였을 때에는 그 결정한 바에 따라 승계할 수 있다.

① 신고납부의 방법으로 징수하는 지방자치단체의 징수금은 그 경계변경 또는 폐지·설치·분리·병합이 있은 날 이전에 납부기한이 도래하지 아니한 것으로서 해당 구 시·군·구에 수입되지 아니한 것

② 상기 ① 외의 지방자치단체의 징수금은 그 경계변경 또는 폐지·설치·분리·병합을 한 날 이전에 해당 구 시·군·구에 수입되지 아니한 것

상기 본문에 따라 승계하는 경우에는 소멸 시·군·구의 부과·징수, 그 밖의 절차와 이미 접수된 신고, 심사청구, 그 밖의 절차는 각각 승계 시·군·구의 부과·징수 및 그 밖의 절차 또는 이미 접수된 신고, 심사청구, 그 밖의 절차로 본다.

소멸 시·군·구의 징수금에 관한 권리를 승계할 승계 시·군·구가 둘 이상 있는 경우에 각각 승계할 그 소멸 시·군·구의 징수금에 관한 권리에 관하여 해당 승계 시·군·구의 장 사이에 의견을 달리하여 합의가 되지 아니할 경우에는 하나의 도 내에 관한 것은 시장·도지사, 둘 이상의 도에 걸쳐 있는 것에 관하여는 행정안전부장관에게 그에 관한 결정을 청구하여야 하며, 시장·도지사 또는 행정안전부장관이 관계 지방자치단체장으로부터 결정의 청구를 받아 수리하였을 때에는 그 청구를 수리한 날부터 60일 이내에 결정하여 지체 없이 그 뜻을 관계 지방자치단체장에게 통지하여야 한다. 그리고 시장·도지사의 결정에 불복하는 시장 또는 군수는 그 통지를 받은 날부터 30일 이내에 행정안전부장관에게 심사를 청구할 수 있으며, 행정안전부장관은 심사의 청구를 수리한 때에는 수리한 날부터 60일 이내에 그에 대한 재결을 하여 그 뜻을 지체 없이 관계 지방자치단체장에게 통지하여야 한다. 승계 시·군·구가 소멸 시·군·구의 징수금에 관한 권리를 승계하여 부과·징수하는 경우에는 소멸 시·군의 부과·징수의 예에 따른다.

상기 단서에 따라 승계하는 경우에는 소멸 시·군·구의 부과·징수, 그 밖의 절차와 이미 접수된 신고, 심사청구, 그 밖의 절차는 각각 승계 시·군·구의 부과·징수 및 그 밖의 절차 또는 이미 접수된 신고, 심사청구, 그 밖의 절차로 보며, 승계 시·군·구가 소멸 시·군·구의 징수금에 관한 권리를 승계하여 부과·징수하는 경우에는 소멸 시·군·구의 부과·징수의 예에 따른다.

지방자치단체의 징수금을 승계한 경우에는 구 시·군·구는 신 시·군·구의 요구에 따라 그 징수금의 부과·징수에 편의를 제공하여야 한다.

3) 시·도등의 경계변경의 경우(지기법 §15)

시·도등의 경계가 변경된 경우에 그 경계변경된 구역에서의 시·도등의 징수금에 관한 권리의 승계는 「지방세기본법」 제13조와 제14조에서 규정한 방법에 준하여 관계 시·도등이 협의하여 정한다. 그런데 협의가 되지 아니할 경우에는 「지방세기본법」 제12조를 준용하고, 제1항의 협의에 따라 경계변경을 한 구역에 대한 도의 징수금에 관한 권리를 승계하는 경우에는 「지방세기본법」 제13조 제1항 후단 및 같은 조 제4항을 준용한다.

제3절 지방세 부과 원칙

❶ 지방세 부과 원칙

(1) 실질과세 원칙(지기법 §17)

1) 의의

「지방세기본법」 제17조에 의하면 귀속 주체(납세 주체)를 파악하는 데 실질에 따라 판단하도록 규정하고 있는바, 과세의 대상이 되는 소득, 수익, 재산, 행위 또는 거래의 귀속이 명의일 뿐 사실상의 귀속자가 따로 있을 때에는 사실상 귀속되는 자를 납세의무자로 하여 「지방세기본법」 또는 지방세관계법을 적용하여야 하고, 과세 객체(거래 내용), 과세표준 또는 세액의 계산에 관한 규정도 소득·수익·재산·행위 또는 거래의 명칭이나 형식에 관계없이 그 실질내용에 따라 적용하여야 한다는 원칙을 말하며, 조세관계에서 형식과 실질이 차이가 있는 경우에는 실질적인 내용에 의하여 과세하는 것이 공평과세를 실현하는 데 기여하므로 세법에 내재된 선언적·확정적인 규정에 해당하는 것이다.

2) 지방세관계법상 실질과세 적용한계

조세는 부담능력이 있는 자에게 부과하여야 할 것이므로 형식적인 것보다는 실질을 중요시하여야 하나 현실적으로 이 원칙을 지켜간다는 것은 어려운 점이 많다. 즉 복잡한 경제구조와 거래의 다양화 등으로 실질을 구분하기가 용이하지 않을 것이다. 「지방세법」에서는 취득세의 경우 사실상의 취득자 또는 사실상의 취득가격 및 취득시기에 대하여 규정하고 있고, 재산세의 경우에도 사실상의 소유자에 관한 규정이 있다. 실질과세가 원칙이라 하더라도 취득세의 경우에도 형식적인 것을 중요시하여 부과하는 경우가 있으며, 등록면허세는 사실상의 소유자와 관계없이 공부상의 등기·등록을 한 자, 면허를 득한 자가 납세의무자가 된다. 그리고 재산세는 재산세 납세의무자는 과세기준일 현재 "사실상 소유자"로 보는 것이 원칙이며, 소유권 변동이 있었음에도 신고하지 아니하여 "사실상 소유자"를 알 수 없는 경우 등 예외적인 경우에는 공부상 소유자를 납세

의무자로 볼 수 있는데, 매수자의 신고 해태로 등기부상 명의자가 과세당하는 경우는 불합리하므로 소유권 변경 입증서류와 함께 납세자 변경신고를 할 경우 이를 인정하여 "사실상 소유자"로 확인된 자는 재산세 납세의무자가 된다.

(2) 신의성실 원칙(지기법 §18)

1) 의의

조세법률주의의 원칙상 과세요건이거나 비과세 요건 또는 조세감면 요건을 막론하고 조세법규의 해석은 특별한 사정이 없는 한 법문대로 해석할 것이고 합리적 이유 없이 확장해석하거나 유추해석하는 것은 허용되지 아니하며, 특히 감면요건 규정 가운데에 명백히 특혜규정이라고 볼 수 있는 것은 엄격하게 해석하는 것이 조세공평의 원칙에도 부합되는 것(대법원 2002두9537, 2003.1.24. 참조)이므로 납세의무 성립일 현재 적용되는 지방세관계법상 과세요건의 충족 여부를 판단하여야 하는 것이다.

일반적으로 조세법률관계에서 과세관청의 행위에 대하여 신의성실의 원칙이 적용되기 위해서는, ① 과세관청이 납세자에게 신뢰의 대상이 되는 공적인 견해를 표명하여야 하고, ② 납세자가 과세관청의 견해표명이 정당하다고 신뢰한 데 대하여 납세자에게 귀책사유가 없어야 하며, ③ 납세자가 그 견해표명을 신뢰하고 이에 따라 무엇인가 행위를 하여야 하고, ④ 과세관청이 위 견해표명에 반하는 처분을 함으로써 납세자의 이익이 침해되는 결과가 초래되어야 한다(대법원 2007두5004, 2009.12.24.).

과세관청의 공적인 견해표명은 원칙적으로 일정한 책임있는 지위에 있는 세무공무원에 의하여 이루어짐을 요하는 것이나, 이러한 신의성실의 원칙 또한 합법성을 희생하여서라도 납세자의 신뢰를 보호함이 정의, 형평에 부합하는 것으로 인정되는 특별한 사정이 있는 경우에 적용되는 것으로서(대법원 2007두7741, 2009.10.29.) 납세자의 신뢰보호라는 점에 그 법리의 핵심적 요소가 있는 것이므로, 위 요건의 하나인 과세관청의 공적인 견해표명이 있었는지의 여부를 판단하는 데 있어 반드시 행정조직상의 형식적인 권한분장에 구애될 것은 아니고 담당자의 조직상의 지위와 임무, 당해 언동을 하게 된 구체적인 경위 및 그에 대한 납세자의 신뢰가능성에 비추어 실질에 의하여 판단하여야 하는 것이고(대법원 95누13746, 1996.1.23.), 신의칙 내지 비과세 관행이 성립되었다고 하려면 장기간에 걸쳐 어떤 사항에 대하여 과세하지 아니하였다는 객관적 사실이 존재할 뿐만 아니라 과세관청 자신이 그 사항에 대하여 과세할 수 있음을 알면서도 어떤 특별한 사정에 의하여 과세하지 않는다는 의사가 있고 이와 같은 의사가 대외적으로 명시적 또는 묵시적으로 표시될 것임을 요한다고 해석되며,[10] 특히 그 의사표시가 납세자의 추상적인 질의에 대한 일반론적인 견해표

---

10) 「국세기본법」 제18조 제3항에서 말하는 비과세관행이 성립하려면 상당한 기간에 걸쳐 과세를 하지 아니한 객관적 사실이 존재할 뿐만 아니라 과세관청 자신이 그 사항에 관하여 과세할 수 있음을 알면서도 어떤 특별한 사정 때문에 과세하지 않는다는 의사가 있어야 하며, 위와 같은 공적 견해나 의사는 명시적 또는 묵시적으로 표시되어야 하지만 묵시적 표시가 있다고 하기 위하여는 단순한 과세누락과는 달리 과세관청의 상당기간의 불과세 상태에 대하여 과세하지 않겠다는 의사표시를 한 것으로 볼 수 있는 사정이 있어야 한다

명에 불과한 경우에는 위 원칙의 적용을 부정하여야 한다(대법원 90누10384, 1993.7.27.).

예를 들어 법령 해석 등을 잘못하여 지방세 비과세 결정 통지서 또는 등록세 비과세·감면 확인서 등을 교부하여 주었다고 하더라도 그것은 공적 견해표명에 해당한다고 볼 수 없고, 이전등기 신청 전에 이미 주사무소를 이전하였으며 그 과정에서 이전등기가 비과세 대상인지 여부가 고려되었다고 볼 만한 사정이 보이지 않는 점 등에 비추어 과세관청의 언동을 신뢰하여 주사무소를 이전하였다거나 이전등기를 마친 것으로 볼 수 없다는 이유로 처분이 신뢰보호의 원칙에 반하는 것으로 볼 수 없다. 그리고 처분청이 감면통지서 등을 교부하였다는 사실만으로는 처분청의 공적인 견해표명으로 보기 어렵다(조심 2021지3303, 2023.10.12.).

한편, 신의성실 원칙은 납세자와 과세관청 모두에게 적용되며, 신의성실 원칙의 위반을 이유로 처분의 효력을 다툴 경우 처분이 적법한 이상 원칙적으로 납세자가 과거 과세관청의 언동과 이에 반하는 처분으로 인한 불이익을 입증하여야 한다(국기법 집행기준 15-0-1).

2) 세무공무원의 신고안내 행위

세무공무원의 신고 안내행위는 행정서비스의 한 방법으로서 과세관청의 공적인 견해표명이 아니라고 할 것이므로 납세자가 세무공무원의 잘못된 안내를 믿고 그에 따라 신고·납부의무를 이행하였다 하더라도 그것이 관련법령에 어긋나는 것임이 명백한 때에는 가산세 감면의 정당한 사유가 있는 경우에 해당하지 아니한다.

> **사례** 세무공무원 신고 안내행위는 공적인 견해표명 아님(조심 2012중5392, 2013.3.14.).
> 부가가치세는 자진신고·납부의무를 원칙으로 하고 있고, 세무공무원의 신고 안내행위는 행정서비스의 한 방법으로서 과세관청의 공적인 견해표명이 아니라고 할 것이므로 청구인은 세무공무원의 신고안내를 참고하여 자기 책임 하에 적법한 부가가치세 과세표준과 세액을 계산하여 신고·납부를 이행하였어야 하는 점, 법령의 무지 또는 오인은 가산세 면제의 정당한 사유에 해당한다고 인정할 수 없으며, 한편으로 납세자가 세무공무원의 잘못된 안내를 믿고 그에 따라 신고·납부의무를 이행하였다 하더라도 그것이 관련법령에 어긋나는 것임이 명백한 때에는 정당한 사유가 있는 경우에 해당한다고 할 수 없음.

> **사례** 피고 측 담당자가 세금을 부과하지 않겠다는 약속을 하였다고 하더라도 사업자에 대한 세금은 그 과세요건이 충족되면 부과할 수 있는 것으로 그러한 약속은 효력이 없어 이 사건 처분의 효력에 영향을 미치지 못한다 할 것임(대법원 2012두19731, 2012.12.13.).

3) 개정 세법 해설 책자와 지시공문

신의성실의 원칙은 조세법률주의를 본질적으로 훼손하지 아니하는 범위 내에서 제한적으로 적용되어야 하고 나아가 법령상 명백한 것은 적용대상이 되지 못하고, 구 재정경제부 발간 "2002 간추린 개정 세법", 국세청 발간 "2002 개정 세법 해설" 및 서울지방국세청장의 지시공문은 외부

(대법원 1991.5.28. 선고, 90누8947 판결, 대법원 1997.7.11. 선고, 96누17486 판결 등 참조).

에 공표되지 아니하는 내부문서 또는 개정된 세법에 대한 설명이 담겨 있는 책자에 불과하여 납세자에게 일반적으로 받아들여질 수 있고 신뢰의 대상이 되는 공적인 견해의 표명이라고 보기는 사실상 어려운 점 등을 감안할 때, 신의성실의 원칙을 적용하는 것은 무리라고 판단된다(조심 2010서3577, 2013.5.20.).

4) 신의성실원칙 요건(국기법 집행기준 15-0-2)

① 일반적으로 조세법률 관계에서 과세관청의 행위에 대해 신의성실원칙이 적용되기 위한 요건 (대법원 87누156, 1988.3.8.)

　㉠ 과세관청이 납세자에게 신뢰의 대상이 되는 공적인 견해표명을 하였을 것

　㉡ 과세관청의 견해표명이 정당하다고 신뢰한 데 대하여 납세자에게 귀책사유가 없을 것

　㉢ 납세자가 그 견해표명을 신뢰하고 이에 따라 무엇인가 행위를 하였을 것

　㉣ 과세관청이 예전의 견해표명에 반하여 처분을 함으로써 납세자의 이익이 침해되는 결과가 초래되었을 것

　☞ 조세법령의 규정내용 및 행정규칙 자체는 과세관청의 공적 견해표명에 해당하지 아니함(대법원 2001두 403, 2003.9.5. 참조).

② 납세자에 대한 신의성실 원칙의 적용 요건(대법원 95누18383, 1997.3.20.)

　㉠ 객관적으로 모순되는 행태가 존재할 것

　㉡ 그 행태가 납세의무자의 심한 배신행위에 기인하였을 것

　㉢ 그에 기하여 야기된 과세관청의 신뢰가 보호받을 가치가 있을 것

5) 신의성실 원칙 요건으로서 공적 견해표명

공적 견해나 의사는 명시적 또는 묵시적으로 표시되어야 하지만 묵시적 표시가 있다고 하기 위해서는 단순한 과세누락과는 달리 과세관청이 상당기간의 과세되지 않은 상태에 대하여 과세하지 않겠다는 의사표시를 한 것으로 볼 수 있는 사정이 있어야 하고, 이 경우 특히 과세관청의 의사표시가 일반론적인 견해표명에 불과한 경우에는 신의성실원칙이 적용되지 않는다.

일반적으로 조세법률관계에서 과세관청이 납세자에게 신뢰의 대상이 되는 공적인 견해를 표명한 경우 그에 반하는 과세관청의 행위에 대하여는 신의성실의 원칙이 적용될 수 있지만, 이는 과세관청이 공적인 견해를 표명할 당시의 사정이 그대로 유지됨을 전제로 하는 것이 원칙이므로 사후에 그와 같은 사정이 변경된 경우에는 그 공적 견해는 더 이상 납세자에게 신뢰의 대상이 된다고 보기 어려운 만큼 특별한 사정이 없는 한 과세관청이 그 견해표명에 반하는 처분을 하더라도 신의성실의 원칙에 위반된다고 할 수 없다(대법원 2008두19659, 2011.5.13.).

공적 견해표명으로 보지 않은 사례(국기법 집행기준 15 - 0 - 4 참조)

① 세무공무원의 상담
② 납세자가 제시한 자료에 근거한 세액계산
③ 실가로 수정신고한 양도소득세를 기준시가로의 경정
④ 수정신고권장행위
⑤ 조사복명서 및 의견서
⑥ 국세청장의 업무지침
⑦ 면세사업자등록증 교부
⑧ 국세종합상담센터의 답변은 단순한 상담내지 안내수준인 행정서비스의 한 방법이고, 국세청 예규 또한 과세관청 내부의 세법해석 기준 및 집행기준을 시달한 행정규칙에 불과하므로 과세관청의 상담 및 예규는 공적인 견해표명에 해당되지 않음(의정부지방법원 2008구합4430, 2009.12.22.).
⑨ 과세쟁점자문위원회의 의결, 그에 따른 선행처분과 이 사건 처분이 있기까지의 경위에 비추어 원고에게 유리한 과세쟁점자문위원회의 의결과 그에 따른 이 사건 선행처분이 있었다는 것만으로 원고에게 신뢰의 대상이 되는 공적 견해표명이 확정적으로 이루어졌다고 보기는 어려움(광주지방법원 2009구합2337, 2009.12.17.).
⑩ 과세처분을 지연하여 과세처분을 빨리 했을 때보다 많은 가산세를 부담하게 하였다 하더라도 원고가 정당한 이유없이 법에 규정된 납세의무를 위반한 이상 신의성실의 원칙에 반하지 않음(서울행정법원 2008구합15862, 2008.11.12.).
⑪ 당초 부과처분이 법령해석에 오류가 있다하여 취소하였다가 다시 부과처분을 하였다고 하더라도 그것만으로 신의성실의 원칙 및 일사부재리의 원칙에 위배된다고 볼 수 없음(서울고법 99누5056, 1999.10.22.).
⑫ 국세청장이 원고와 동종의 훈련교육용역의 제공이 부가가치세 면세사업인 사업경영상담업에 해당한다는 견해를 명시적으로 표명하였다가 원고가 폐업한 후에 비로소 위 용역의 제공이 상담업에 해당하지 않는다고 하면서 부가가치세 부과처분을 한 것이 신의칙에 위배됨(대법원 93누22517, 1994.3.22.).
⑬ 납세의무자가 명의신탁받은 부동산을 신탁자 등에게 임대한 것처럼 가장하여 사업자등록을 마치고 그 중 건물 등의 취득가액에 대한 매입세액까지 환급받은 다음, 임대사업의 폐업신고 후 잔존재화의 자가공급 의제규정에 따른 부가가치세 부과처분 등에 대하여 그 부동산은 명의신탁된 것이므로 임대차계약이 통정 허위표시로서 무효라고 주장하는 것은 신의성실의 원칙에 위배됨(대법원 2006두14865, 2009.4.23.).
⑭ 국고 유출에 해당하는 금지금 부정거래인데도 납세자가 조세수입의 감소를 초래한다는 사정을 알았거나 중대한 과실로 이를 알지 못하고 부가가치세 매입세액의 공제 환급을 구하는 것이라면 이는 신의성실의 원칙에 반하여 허용될 수 없음(대법원 2009두13474, 2011.1.20.).
⑮ 일반적으로 조세법률관계에서 과세관청이 납세자에게 신뢰의 대상이 되는 공적인 견해를 표명한 경우 그에 반하는 과세관청의 행위에 대하여는 신의성실의 원칙이 적용될 수 있지만, 이는 과세관청이 공적인 견해를 표명할 당시의 사정이 그대로 유지됨을 전제로 하는 것이 원칙이므로 사후에 그와 같은 사정이 변경된 경우에는 그 공적 견해는 더 이상 납세자에

게 신뢰의 대상이 된다고 보기 어려운 만큼 특별한 사정이 없는 한 과세관청이 그 견해표명에 반하는 처분을 하더라도 신의성실의 원칙에 위반된다고 할 수 없음(대법원 2008두19659, 2011.5.13.).

⑯ 업무편람은 행정청 내부의 업무처리 편의를 위하여 마련된 것이고, 지방자치단체의 질의회신은 민원인의 민원사항을 토대로 일반적인 법령해석에 관한 회신을 한 것이며, 법제처의 법령해석 또한 정부 내 통일성 있는 법령집행과 행정운영을 위해 법령해석에 관한 지침을 제시하기 위한 것에 불과하고, 지방자치단체나 법제처가 질의회신이나 법령해석을 통하여 어떤 견해를 표명하였다고 하더라도 그것이 중요한 사실관계와 법적인 쟁점을 드러내지 아니한 채 질의한 것이고, 더욱이 그 상대방이 원고들이 아닌 이상 이와 같은 공적인 견해표명에 의하여 원고들로 하여금 정당한 기대를 가지게 할 만한 신뢰가 부여된 경우라고 볼 수 없음(대법원 2020두56957, 2021.3.25.).

사례 소급과세금지의 원칙, 신의성실의 원칙에 위배되는지 여부(감심 2011-142, 2011.7.29.)

2010.11.24. 행정안전부에서 제출한 "외국인투자기업 증자등기 등록세 과세 현황"에 따르면, 2004. 11.부터 2009.10.까지 174건의 증자등기의 등록세에 대하여 93건(53.4%)은 감면하고 나머지 81건(46.6%)은 과세한 것으로 나타나 외국인투자기업의 증자등기에 대한 등록세 비과세관행이 성립되었다고 볼 수 없다. 살피건대, 처분청의 상급기관으로서 지방세의 부과·징수에 관한 지도·감독과 지방세에 관한 질의회신 등의 업무를 관장하고 있는 구 행정자치부장관 등이 외국인투자기업의 증자등기는 등록세 감면대상이라고 회신한 점, 비록 인정사실 "(4)항의 (나)"에서 본 바와 같이 서울특별시장은 외국인투자기업의 증자등기에 대한 등록세가 감면대상이 아니라고 회신하였으나 동 회신내용과는 달리 서울특별시에서도 외국인투자기업의 증자등기에 대하여 등록세를 감면해 준 사실이 있는 점, 과세관청에 따라 질의회신의 내용이 다를 경우에 납세자가 자신에게 유리한 회신내용을 믿었다면 거기에 귀책사유가 있다고 하기도 어려운 점, 법적 안정성 측면에서도 인정사실 "(4)항"의 2009.12.19.자 행정안전부장관의 통보 이후 납세의무가 성립한 분부터 적용하는 것이 타당한 점 등을 종합적으로 고려할 때, 처분청의 이 사건 부과처분은 신의성실의 원칙에 위배됨.

☞ 유권해석이 개정되어 현행 감면이 되지 아니함(2009.12.19.자 행정안전부장관의 통보 이후 납세의무가 성립한 분부터 적용함).

사례 개정 이후 등록면허세 비과세 규정이 없는 경우(조심 2012지0396, 2012.9.11.)

건축물을 신축하여 준공과 동시에 시설물 일체를 무상기부하는 도서관건립사업협약을 2005.10.6. 체결하여 2005.11.14. 쟁점 건축물신축승인을 받아 2008.10.30. 착공한 후 2011.12.16. 미준공 상태에서 채권자대위등기신청에 기하여 소유권보존등기를 한 사실이 제출된 관련 자료에서 확인되고 있는바, 쟁점건축물 신축을 위한 도서관건립사업협약체결, 쟁점건축물신축승인 및 착공할 당시의 「지방세법」(2010.3.31. 법률 제10221호로 개정되기 전의 것) 제126조 제2항에서는 기부채납하기 위하여 취득하는 부동산등기에 대하여 등록세를 비과세하도록 규정하고 있었기 때문에 납세자는 장차 취득할 쟁점건축물의 소유권보존등기에 대한 등록세가 비과세된다는 사실을 신뢰하였다가 쟁점건축물에 대한 소유권보존등기 당시에는 관련 규정이 불리하게 개정되어 등록면허세(종전의 등록세) 비과세 규정이 삭제됨에 따라 납세자의 이익이 침해된 결과를 초래하였다고 보여지므로 개정 법령을 적용하여 등록면허세 비과세대상이 아니라고 보아 부과고지한 처분은 신의성실의 원칙에 부합되지 아니한다. 따라서 개정된 「지방세법」에 의거 기부채납을 조건으로 취득하는 부동산을 등 기하는 경우 등록면허세가 과세대상이나 신의성실의 원칙에 의거 비과세대상으로 하는 것임.

사례 행정자치부장관의 질의회신은 공적견해임(대법원 2009두8717, 2009.9.24.)

행정자치부와 그 소속기관 직제(2005.12.9. 대통령령 제19167호로 개정되기 전의 것) 제14조 제3항 제36호, 제37호 등에 비추어 보면, 지방세에 관한 질의회신 등의 업무와 지방세과세표준의 적정운영 을 위한 제도의 개발·개선 및 표준지침을 시달하는 업무를 관장하는 행정자치부장관이 2003.7.18. 원고에게 진입도로 공사비가 취득가격에 포함되지 않는다고 회신한 것은 과세관청의 공적인 견해 표명으로 봄이 상당하고, 위와 같은 회신을 믿은 데 원고에게 어떠한 귀책사유가 있다고 볼 수 없으 므로, 원고의 신뢰에 반하여 진입도로 공사비를 취득세과세표준에 포함시켜 부과한 이 사건 처분은 신뢰보호의 원칙에 위배된다고 할 것임.

사례 상당기간 비과세한 경우 비과세 관행 성립 여부(대법원 97누19724, 1998.2.27.)

원심이 피고가 원고에게 재산세 등을 부과할 수 있음을 알고 있으면서도 어떠한 사정에 의하여 과 세하지 않겠다는 의사가 있고 그러한 의사를 명시적 또는 묵시적으로 표시하였다고 인정할 수 없다 는 이유로 이 사건 과세처분이 비과세관행 등에 어긋나는 위법한 처분이라는 원고의 주장을 배척한 것은 정당하고, 거기에 소론과 같이 세법해석에 있어서 법리오해나 심리미진 등의 위법이 없음.

사례 지방해운항만청장의 지역개발세 감면에 대한 견해표명을 신의칙 적용의 요건인 과세관청의 견해표명으로 볼 수 없음(대법원 96누11495, 1997.11.28.).

울산지방해운항만청장은 같은달 22일 울산상공회의소와 원고들을 포함한 수출입업체에 컨테이너 선의 취항사실을 알리면서 울산항을 이용하여 컨테이너를 수출입하는 경우 항만시설이용료가 50% 감면될 뿐만 아니라 지역개발세의 부담도 없다는 취지의 안내공문을 발송한 사실 및 울산지방해운 항만청장이 위와 같은 안내공문을 발송함에 있어 지역개발세의 과세관청인 피고나 경상남도 지사 로부터 동의를 받거나 그에 관하여 협의를 한 바가 전혀 없는 사실을 인정한 다음, 국가기관인 울산 지방해운항만청장이 도세인 지역개발세의 과세관청이나 그 상급관청과 아무런 상의없이 이를 면제 한다는 취지의 공적인 견해를 표명하였다고 하더라도 이로써 지역개발세 면제에 관한 과세관청의 견해표명이 있었다거나, 그와 마찬가지로 볼 수는 없다고 판단하였는바, 기록과 앞서 본 법리에 비 추어 살펴보면 원심의 위와 같은 판단은 정당함.

☞ 과세관청의 공적인 견해표명은 원칙적으로 일정한 책임있는 지위에 있는 세무공무원에 의하여 이루어짐을 요함.

사례 구청장 지시에 따른 총무과 직원의 면제 약속(대법원 94누12159, 1995.6.16.)

구청장의 지시에 따라 그 소속직원이 적극적으로 나서서 대체 부동산 취득에 대한 취득세면제를 제의함에 따라 그 약속을 그대로 믿고 구에 대하여 그 소유부동산에 대한 매각의사를 결정하게 되 었다면, 구청장은 「지방세법」 제4조 및 서울특별시세조례 제6조 제1항의 규정에 의하여 서울특별시 세인 취득세에 대한 부과징수권을 위임받아 처리하는 과세관청의 지위에 있으므로 부동산매매계약 을 체결함에 있어 표명된 취득세 면제약속은 과세관청의 지위에서 이루어진 것이라고 볼 여지가 충분하고, 또한 위 직원이 비록 총무과에 소속되어 있다고 하더라도 그가 한 언동은 구청장의 지시 에 의한 것으로 이 역시 과세관청의 견해표명으로 봄.

(3) 근거과세 원칙(지기법 §19)

과세를 함에 있어서는 납세의무자가 비치기장한 장부와 증거자료에 의하여 과세하여야 된다는 것이다. 장부와 증빙서류에 의한 조사결정을 함에 있어서 기장의 내용이 사실과 다르거나 기장에 누락된 것이 있는 때에는 그 부분에 대하여만 지방자치단체가 조사한 사실에 따라 결정할 수 있는 것이다. 이와 같이 납세자가 기장한 내용과는 상이한 사실이나 기장에 누락된 것을 조사하여 결정한 때에는 지방자치단체가 조사한 사실과 결정 근거를 결정서에 덧붙여 적어야 한다.

근거과세의 원칙은 납세자의 재산권을 보장하기 위하여 추계과세(확정과세)를 지양하고 신고납세제도를 유도하기 위한 대전제가 되는 것이다. 이러한 근거과세의 원칙에 충실하기 위하여 각 세법은 장부와 증빙서류에 의한 실지조사결정을 원칙으로 하고 예외적으로 기장내용이 허위임이 명백하게 실지조사결정이 불가능한 때에 한하여 추계결정할 수 있도록 추계결정의 범위를 극히 제한적으로 열거하고 있다.

지방자치단체장은 해당 납세의무자 또는 그 대리인의 요구가 있는 때에는 지방자치단체 결정서를 열람하게 하거나 등본 또는 초본을 발급하거나 그 등본 또는 초본이 원본과 다름이 없음을 확인하여 주도록 하고 있으며, 납세의무자의 등·초본은 구술에 의하여서 요구할 수 있도록 하고 있다. 다만, 해당 지방자치단체장이 필요하다고 인정하면 열람하거나 등본 또는 초본을 발급받은 사람의 서명을 요구할 수 있다.

이러한 과세근거에 관한 입증책임은 원칙적으로 과세관청에 있다고 할 것이나 납세의무자가 세법이 규정한 기장 등의 의무를 이행하지 아니한 경우에 그로 인하여 생기는 문제에 대하여는 납세의무자가 입증책임을 져야 할 것이다.

근거과세의 원칙은 과세함에 있어서 객관성을 유지하기 위하여 과세의 근거가 되는 증빙자료에 의하여 과세하여야 한다는 것이지, 세무공무원이 수사기관에서 통보한 수사서류의 진부나 실지조사가 없이 이를 진실한 것으로 믿고 과세하는 것은 근거과세에 위배되는 것이라고 할 것이다(대법원 85누680, 1987.12.8. 참조).

(4) 조세감면의 사후관리[11]

정부는 국세를 감면한 경우에 그 감면의 취지를 성취하거나 국가정책을 수행하기 위하여 필요하다고 인정하면 세법에서 정하는 바에 따라 감면한 세액에 상당하는 자금 또는 자산의 운용 범위를 정할 수 있다(국기법 §17 ①). 즉 감면의 혜택을 주는 대신에 일정한 조건을 붙여 그 조건을 이행하지 아니하는 경우 추징하고 있다. 이러한 조건을 이행하지 아니하면 그 이행하지 아니한 자금 또는 자산에 상당한 감면세액은 그 감면을 취소하고 징수할 수 있도록 하였다(국기법 §17 ②).

---

11) 「지방세기본법」 상 규정되어 있지 아니하나, 「국세기본법」에는 원칙으로 규정되어 있음.

② 지방세 적용 원칙

(1) 세법 해석의 기준(지기법 §20)

「지방세기본법」또는 지방세관계법을 해석·적용할 때에는 과세의 형평과 해당 조항의 합목적성에 비추어 납세자의 재산권이 부당하게 침해되지 아니하도록 하여야 한다.

① 과세의 형평이 유지되도록 하여야 한다.

조세는 납세자의 부담능력에 따라 부과하는 것이 이상적인 조세이며 응능부담이 될 때에 조세의 공평이 실현되는 것이므로 세법을 해석하고 적용할 때는 이러한 원칙이 기준이 되어야 한다.

② 해당 조항의 합목적성에 비추어 해석·적용되어야 한다.

세법 중 해석·적용을 필요로 하는 조항의 제·개정 취지가 무엇인가를 알고 그 취지에 맞는 해석·적용이 되어야 한다는 것이다. 그러나 각 조항의 합목적성의 판단은 공평성이 결여되거나 조세법률주의 본질적 논리에 부합되도록 해석하여야 할 것이다.

③ 납세자의 재산권이 부당히 침해되지 아니하도록 하여야 한다.

지방자치단체가 세법을 해석·적용함에 있어 재정권의 침해를 방지하여야 하는 한편, 납세자의 재산권이 침해되지 아니하도록 엄격하고 중립적인 해석·적용이 되어야 한다.

「지방세기본법」의 당해 조항이 납세자의 재산권 침해를 방지하자는 명문규정만을 둔 것은 과세행정이 법치행정이라고는 하나 권력적 작용이 강한 점을 감안하여 행정집행상 국민의 재산권 침해가 없도록 하자는 데 뜻이 있으므로 "의심스러운 것은 피고인의 이익"으로 한다는 형사상의 법언과도 일맥상통하는 규정이라고 보아 "의심스러운 것은 납세자의 이익"으로 해석해야 할 것으로 본다.

④ 확대해석이나 유추해석의 금지

세법을 해석함에 있어서 세법 공평의 원칙이나 경제적 실질의 파악을 위하여는 유추해석이나 확대해석이 허용되어야 한다는 설이 있는가 하면 세법이 재산권의 침해 법규이며 법적 안정성이 강하게 요청되는 법률이므로 그 해석을 유추하거나 확대하는 것은 금지되어야 한다는 견해가 있으나, 조세법률주의에 충실한 해석이 되려면 무엇보다도 그 문언에 충실한 해석이 근간이 되어야 할 것이며, 다만 그 문언의 개념에는 상대성이 있음을 인정하지 않을 수 없으므로 용어가 수반하는 법적 안정성이나 예측가능성을 저해하지 않는 한계에서 법률규정의 취지·목적에 따른 목적론적 해석이 허용될 뿐이라고 하여야 할 것이다.

> **사례** 개정 실수임이 분명하여 바로잡아 적용하는 경우(대법원 2005다60949, 2006.2.23.)
>
> 구 「신용협동조합법」(2003.7.30. 법률 제6957호로 개정되기 전의 것)과 현행 「신용협동조합법」 관련 규정들의 전체적인 체계 및 법률 제6957호의 개정 목적과 경위 등에 비추어 보면, 법률 개정과정

에서 현행 「신용협동조합법」 제89조 제5항이 신설되고 종전의 제5항이 제6항으로 항이 바뀌었으므로 제7항에서 인용하는 제5항도 "제6항"으로 변경하였어야 할 것인데 이를 변경하지 않고 그대로 둔 것은 법률 개정과정상의 실수에서 비롯된 것이 분명하므로, 현행 「신용협동조합법」 제89조 제7항이 인용하고 있는 "제5항"을 "제6항"으로 바로잡아 적용한다고 하더라도 이것이 법규정의 가능한 의미를 벗어나 법 형성이나 법 창조행위에 이른 것이라고는 할 수 없음.

(2) 소급과세의 금지

지방세를 납부할 의무(「지방세기본법」 또는 지방세관계법에 징수의무자가 따로 규정되어 있는 지방세의 경우에는 이를 징수하여 납부할 의무를 말함)가 성립된 소득·수익·재산·행위 또는 거래에 대하여는 그 성립 후의 새로운 법에 따라 소급하여 과세하지 아니한다.

「지방세기본법」 및 지방세관계법의 해석 또는 지방세 행정의 관행이 일반적으로 납세자에게 받아들여진 후에는 그 해석 또는 관행에 따른 행위 또는 계산은 정당한 것으로 보며 새로운 해석 또는 관행에 따라 소급하여 과세되지 아니한다.

법률의 소급효를 금지하는 것은 국민의 법적 안정성과 법에 대한 예측가능성을 갖도록 함으로써 국민들이 법에 적합한 계획과 생활의 안정을 보장하고자 하는 데 있다. 이는 행위 시에 적법하던 행위가 그 후 법률의 개정 또는 새로운 해석에 의하여 기왕에 완결된 행위 또는 예측할 수 없었던 행위에 불이익한 법률효과를 부여하면 기득권을 박탈하는 결과가 되기 때문이다.

「지방세기본법」에서 소급효를 금지하는 것은 이미 제정된 세법에 대한 새로운 해석이나 관행에 의하여 기왕의 행위에까지 소급효를 부여하여서는 안된다는 행정집행상의 불소급의 원칙을 천명한 것이다. 법률의 소급효에 관한 문제는 입법상의 소급효 문제와 해석적용상의 소급효 문제를 생각할 수 있다. 이를 나누어 설명하면 다음과 같다.

1) 입법상의 소급효 문제

지방세를 납부할 의무(「지방세기본법」 또는 지방세관계법에 징수의무자가 따로 규정되어 있는 지방세의 경우에는 이를 징수하여 납부할 의무를 말함)가 성립된 소득·수익·재산·행위 또는 거래에 대하여는 그 성립 후의 새로운 법에 따라 소급하여 과세하지 아니한다.

조세법령불소급의 원칙 또는 소급과세금지의 원칙이란 조세법령의 제정 또는 개정이나 과세관청의 법령에 대한 해석 또는 처리지침의 변경이 있은 경우 그 효력 발생 전에 종결한 과세요건 사실에 대하여 해당 법령 등을 적용할 수 없다는 것이지, 이전부터 계속되어 오던 사실이나 그 이후에 발생한 과세요건 사실에 대하여 새로운 법령 등을 적용하는 것을 제한하는 것은 아니다(대법원 96누9423, 1996.10.29.).

2) 해석 적용상의 소급효 문제

세법의 해석이나 관행에 의한 불소급의 원칙으로 시간적 소급의 기준은 납세의무성립일을 기준으로 하여야 할 것이고 새로운 유권해석을 결정하는 시점이나 관행이 형성되는 시점이 되어서는 아니될 것이다. 여기서 '새로운 해석'이라 함은 이미 있었던 해석의 내용이 바뀌어 법적용을 달리하게 되는 경우를 말하는 것이므로 어떠한 법 규정이 제정된 후에 처음으로 해석을 하는 경우에는 새로운 해석이라고 할 수 없을 것이며, 관행이라 함은 과세 또는 비과세의 행위가 상당한 기간에 반복되어 그것이 적법한 것으로 믿을 만한 상태에 이른 것을 의미한다고 할 것이다.

해석이나 관행이 일반적으로 납세자에게 받아들여진 후에는 정당한 것으로 보기 때문에 불소급원칙이 지켜져야 하는 것이다. 즉 어떠한 해석 또는 관행이 일반적으로 납세자에게 받아들여진 후에는 납세자는 이를 적법한 것으로 신뢰하고 이를 행하게 되는 것이므로 이를 번복하면 신뢰를 배반하는 결과가 되어 이는 신의성실의 원칙을 지키지 않는 결과를 초래하게 된다. 그러므로 새로운 해석이나 관행이 형성된 이후의 행위에 대하여 이를 적용하는 것은 당연한 논리이며 한번 해석이나 관행이 형성되었다고 하여 계속하여 법률해석을 제한하지는 못한다. 여기서 '세법의 해석 또는 국세 행정의 관행이 일반적으로 납세자에게 받아들여진 후'라 함은 성문화의 여부에 관계없이 행정처분의 선례가 반복됨으로써 납세자가 그 존재를 일반적으로 확신하게 된 것을 말하며 명백히 법령위반인 경우는 제외하며(지기예 법20-1), 비록 잘못된 해석 또는 관행이라도 특정한 납세자가 아닌 불특정한 일반 납세자에게 그 해석 또는 관행이 정당한 것으로 이의없이 받아들여지고 그 해석 또는 관행을 신뢰하는 것이 무리가 아니라고 인정될 정도에 이른 것을 말한다 (대법원. 2005두2858, 2006.6.29.).

한편, 새로운 세법 해석이 종전의 해석과 상이한 경우에는 새로운 해석이 있은 날 이후에 납세의무가 성립하는 분부터 새로운 해석을 적용한다(지기예 법20-2). 그리고 행정처분은 일단 취소한 후에는, 그 취소처분의 위법이 중대하고 명백하여 무효선언으로서 취소와 행정쟁송절차에 의한 취소의 경우를 제외하고는, 그 취소처분 자체의 위법을 이유로 다시 그 취소처분을 취소함으로써 시초의 행정처분 효력을 회복시킬 수 없다(국기통 18-0…3).

| 세법 해석의 기준 사례(국기법 집행기준 18-0-1) |

① 일정기간 동안 과세누락이 있었다는 사실만으로는 「국세기본법」 제18조 제2항 소정의 일반적으로 납세자들에게 받아들여진 국세관행이 있는 것이라고 볼 수 없고, 과세관청이 과세할 수 있는 점을 알면서도 납세자에 대하여 불과세를 시사하는 언동이 있었고 또 어떠한 공익상 필요에서 상당기간 이를 부과하지 아니함으로써 납세자가 그것을 신뢰하는 것이 무리가 아니라고 인정할 만한 사정이 있는 때에 비과세관행이 성립되었다고 인정할 여지가 있다(대법원 85누1009, 1986.6.10.).

② 행정상의 법률관계에 있어서 특정의 사항에 대해 신뢰보호의 원칙상 처분청이 그와 배치되는 조치를 할 수 없다고 할 수 있을 정도의 행정관행이 성립되었다고 하려면 상당한 기간에 걸쳐 그 사항에 대해 동일한 처분을 하였다는 객관적 사실이 존재할 뿐만 아니라, 처분청이 그 사항에 관해 다른 내용의 처분을 할 수 있음을 알면서도 어떤 특별한 사정 때문에 그러한 처분을 하지 않는다는 의사가 있고 이와 같은 의사가 명시적 또는 묵시적으로 표시되어야 한다 할 것이므로, 단순히 착오로 어떠한 처분을 계속한 경우는 이에 해당되지 않는다 할

것이고, 따라서 처분청이 추후 그 오류를 발견하여 합리적인 방법으로 이를 변경하는 것은 위 원칙에 위배되지 않는다 할 것이다(대법원 92누14021, 1993.6.11.).

○ **소급과세금지의 원칙(국기법 집행기준 18-0-3)**

국세를 납부할 의무(세법에 징수의무자가 따로 규정되어 있는 국세의 경우에는 이를 징수하여 납부할 의무. 이하 같다)가 성립한 소득, 수익, 재산, 행위 또는 거래에 대해서는 그 성립 후의 새로운 세법에 따라 소급하여 과세하지 아니한다.

① 소급과세금지의 원칙은 조세법령의 제정 또는 개정이나 과세관청의 법령에 대한 해석 또는 처리지침 등의 변경이 있는 경우 그 효력발생 전에 종결한 과세요건사실에 대하여 해당 법령 등을 적용할 수 없다는 것이지, 그 이전부터 계속되어 오던 사실이나 그 이후에 발생한 과세요건사실에 대하여 새로운 법령 등을 적용하는 것을 제한하는 것은 아니다(대법원 2001두10790, 2004.3.26.).

② 신의성실의 원칙이나 소급과세금지의 원칙은 과세청의 과거의 언동에 반하여 소급하여 처분을 하는 것을 금지할 뿐이고 과세청이 과거의 언동을 시정하여 장래에 향하여 처분하는 것은 적법하다 할 것이므로, 과거의 견해표명을 시정하여 한 재산세 중과처분을 신의성실의 원칙이나 소급과세금지의 원칙에 위반된 처분이라 할 수 없다(대법원 92누5478, 1993.2.12.).

③ 개별공시지가가 토지 특성조사의 착오 등 지가산정에 명백한 잘못이 있어 경정·결정되어 공고된 이상 당초에 결정·공고된 개별공시지가는 그 효력을 상실하고 경정·결정된 새로운 개별공시지가가 그 공시기준일에 소급하여 효력을 발생하므로, 과세처분을 함에 있어서 기준이 되는 개별공시지가가 경정된 경우에는 경정된 개별공시지가에 의하여야 하고, 위와 같이 경정된 개별공시지가를 소급적용하여 과세처분을 한다고 하여 납세자의 신뢰를 저버리는 것이라거나 불이익변경금지의 원칙에 반한다거나 소급과세로서 조세법률주의에 어긋나는 것이라고 볼 수 없다(대법원 98두2669, 1999.10.26.).

④ 법인세는 과세기간인 사업연도 개시와 더불어 과세요건이 생성되어 사업연도 종료 시에 완성하고, 그 때 납세의무가 성립하며 그 확정절차도 과세기간 종료 후에 이루어지므로, 사업연도 진행 중 세법이 개정되었을 때에도 그 사업연도 종료 시의 법에 의하여 과세 여부 및 납세의무의 범위가 결정되는바, 이에 따라 사업연도 개시 시부터 개정 법이 적용된다고 하여 이를 법적 안정성을 심히 해하는 소급과세라거나 「국세기본법」 제18조 제2항이 금하는 납세의무 성립 후의 새로운 세법에 의한 소급과세라 할 수 없고, 신의성실의 원칙에 위배되는 것이라 할 수도 없다(대법원 2005두50, 2006.9.8.).

3) 납세자에게 불리하게 개정된 경우 적용 여부

세법의 개정이 있을 경우에 일반적으로는 법률불소급의 원칙상 개정 전후의 법 중에서 납세의무가 성립될 당시의 세법을 적용하여야 하나, 개정된 세법 부칙이 "이 법 시행 당시 종전의 규정에 의하여 부과 또는 감면하여야 할 지방세에 대하여는 종전의 예에 의한다"는 경과규정을 두고 있다면, 이는 세법이 납세의무자에게 불리하게 개정된 경우에 납세의무자의 기득권 내지 신뢰보호를 위하여 납세의무자에게 유리한 구법을 적용하도록 하는 특별 규정이므로, 구법을 적용하여야 할 것이다(대법원 2007두1545, 2007.3.16., 대법원 93누5666, 1994.5.24.).

> **사례** 추징 규정 개정으로 납세자 불리한 경우 종전 규정 적용(대법원 2007두1545, 2007.3.16.)
> 감면된 취득세 등의 추징에 관하여 원고에게 불리하게 「지방세법」이 개정된 이 사건에서는 위의 법리에 따라 구 「지방세법」 제276조 제4항 단서가 적용되어야 할 것이고, 이와 다른 전제에 선 피고의 위 주장은 이유 없음.

4) 법 개정 시 소급과세금지 원칙에 근거한 경과규정

법 개정으로 불이익을 당하는 납세자가 최소한이 되도록 지방세관계법을 좀 더 체계적으로 하여야 할 것이다. 법 개정 시 간과하였던 것으로 소급과세금지 원칙에 위배되었다고 판단될 수 있는 내용은 다음과 같다.

① 소급입법에 대한 법원의 판단

대도시 외로 이전하는 경우 취득세 비과세(구 「지방세법」 제110조의 2 : 1994.12.22. 삭제)규정이 현행 「지방세법」에서는 삭제되었으나 삭제될 시점에 소급과세 문제가 대두된 것이었다. 이에 대하여 대법원의 판례를 살펴보면 "오랜 기간 동안 지속적으로 시행되어 온 제도이고, 1994.12.22. 법률 제4794호로 개정된 「지방세법」에서 개정 법 제275조로 조문 정리되면서 같은 법 부칙 제2조에 의하면 1997.12.31.까지 적용한다고 규정하였으므로 같은 법 부칙 제2조에서 법률 조항의 지속을 보장한 1997.12.31.이 되기 전인 1995.8.21. 갑자기 부산광역시나 대구광역시를 종전과 달리 대도시의 범위에서 제외하는 것으로 시행령을 개정하여 유예기간도 없이 동일부터 시행되게 함으로써 모법에서 보장한 과세면제의 혜택을 배제한 것은 당사자들이 예상하기 어려운 사정이라 할 수밖에 없고, 1995.6.15. 건축허가를 받아 공장 건축공사에 착공까지 한 일단의 원인행위가 모두 개정령 시행 이전으로서, 이와 같은 원인행위 시 이미 원고에게는 종전 규정에 의하여 취득세를 면제받을 것이라고 하는 신뢰가 발생하였고, 이러한 신뢰는 기득권에 갈음하는 것으로서 마땅히 보호되어야 하는 것이 대법원판례의 정신이다(대법원 97누201, 1998.11.13., 대법원 93누5666, 1994.5.24. 등 다수)"라고 판시하고 있다.

② 소급입법 관련 사례

㉠ 본점사무소용 등으로 취득한 부동산에 대한 중과(종전규정)

1991.12.14. 「지방세법」 개정으로 「수도권정비계획법」 제8조의 규정에 의한 이전촉진지역 및 제한정비권역(현행 과밀억제권역으로 개정됨) 내에서 본점 또는 주사무소의 사업용부동산을 취득할 경우의 중과세 적용을 하도록 하였다. 개정 당시의 부칙에 따르면 "이 법 시행 당시 종전의 규정에 의하여 부과 또는 감면하였거나 부과 또는 감면하여야 할 지방

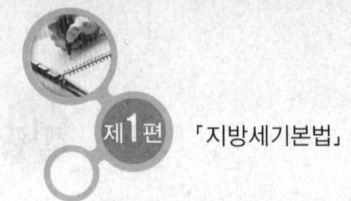

세에 대하여는 종전의 예에 의한다"는 규정에 따라 동 규정이 1992.1.1. 이후 취득하는 부동산은 취득세 부과가 1992년 이후에 이루어지므로 무조건 본점 등 사용한 부동산에 대하여 중과세를 적용하였다. 그런데 동 규정을 개정할 당시에 소급과세 문제가 있었다고 볼 수 있다. 그 이유로는 당시 개정(안)이 발표되기 전에 매매계약이 이루어졌거나 공사가 진행 중인 부동산은 지방세 개정으로 엄청난 세부담을 하게 되었다. 종전 법령에 의하여 자금조달 등을 계획하였으나 법 개정으로 자금조달 등에 차질이 생기게 된 결과로 나타나게 된 것이었다. 이러한 법 개정의 경우에는 국세처럼 경과규정을 세밀하게 만들어 이 법 시행 전에 매매계약이 체결되었거나 공사가 진행 중에 있는 부동산은 제외한다는 규정을 만들어 납세자들의 편익을 도모할 책임이 있다고 본다.

ⓒ 토지수용 등으로 인한 대체취득에 대한 비과세(종전규정)

1990.12.31. 이전까지는 보상금을 마지막으로 받은 날로부터 1년 이내 대체 취득시 비과세하던 것을 1991.1.1. 이후부터는 계약일 또는 사업인정고시일부터 1년 이상 주민등록을 하여 실제로 거주한 거주자로 한정하였으나, 1997.1.1. 이후부터는 계약일 또는 사업인정고시일부터 1년 전부터 계속하여 주민등록을 하여 실제로 거주한 거주자로 범위를 축소 한정하였다. 이 경우에 종전의 경우에는 통산한 기간이 1년 이상일 때 비과세를 하였지만 개정 이후에는 계속하여 1년 이상 거주하여야 한다고 규정하였다. 같은 규정 개정 시 경과조치를 두어 1997.1.1. 이후 대체 취득하는 분부터 적용한다고 규정하고 있다. 이러한 규정은 이 법 시행 후 최초로 계약하거나 사업인정고시되는 분부터 적용한다라고 규정했어야 했다. 왜냐하면 1997.1.1. 현재 종전규정에 따라 계약일 또는 사업인정고시일부터 1년 이상 주민등록한 자로서 실제 거주한 자가 계속하여 거주하지 못한 경우에는 비과세 혜택을 받을 수 없는 사례가 발생하였기 때문이다.

ⓒ 고급주택(공동주택) 중과세 관련 종전 부칙 규정 적용 여부

취득세를 중과세하는 고급주택(공동주택)의 면적요건이 구 「지방세법 시행령」 제84조의 3 제1항 제2호(1994.12.31. 대통령령 제14481호로 개정)에 따라 '종전 1구의 건물의 연면적(공유면적을 포함한다)이 298제곱미터 초과하는 주거용 공동주택'에서 '1구의 건물의 연면적(공용면적을 제외한다)이 245제곱미터 초과하는 주거용 공동주택'으로 개정되었고, 같은 영 부칙 제3조 (고급주택의 기준변경에 따른 취득세 중과세에 관한 경과조치)에서 '이 영 시행 당시 건축허가를 받아 건축 중이거나 사용검사를 받은 건축물로서 공용면적을 포함한 연면적이 298제곱미터 이하인 주거용 공동주택에 부과하는 취득세에 대하여는 제84조의 3 제1항 제2호 라목의 개정규정에 불구하고 종전의 규정에 의한다(이하 "종전 부칙 규정"이라 한다)'라고 규정하고 있었으나, 「지방세법」이 분법되면서 전면개정·시행(2011.1.1.)된 「지방세법 시행령」에는 종전 부칙 규정이 반영되지 아니하였다. 위 규정 종전의 부칙 규정은 공동주택에 대한 고급주택 중과세 면적요건이 1995.1.1.부터 강화되더라도 1994.12.31. 이전에 건축허가를 받아 건축 중이거나 사용검사를 받은 공동주택은 납세

자 신뢰보호 차원에서 종전규정에 따르도록 규정되었다고 할 것인 점, 1994.12.31. 이전에 건축한 공동주택의 경우 분법 시행 전까지는 종전 부칙 규정을 적용하였던 점(세정 13407 -958, 2000.7.31, 2010.9.20. 참조), 지방세 체계의 간소화 등을 통해 지방세에 대한 국민이해도 증진 등을 위한 「지방세법」 분법의 입법 취지에 비추어 볼 때, 「지방세법」 분법 시 종전 부칙 규정을 의도적으로 삭제하려는 입법 취지는 아니었다고 할 것인바, 종전의 부칙 규정은 분법에 따른 「지방세법」 전면 개정 시 누락되었다고 봄이 타당하므로 이는 종전 부칙 규정의 효력이 상실되지 아니한 '특별한 사유'에 해당된다고 할 것인 점(대법원 2002.7.26. 선고, 2001두11168 판결 참조) 등을 종합적으로 고려해 볼 때, 1994.12.31. 이전에 건축한 공동주택을 2011.1.1. 이후 승계취득하는 경우에도 종전 부칙 규정을 적용하는 것이 합리적이라고 판단된다(지방세운영과-109, 2013.4.1.).

☞ 1994년 법 개정 시에는 "1994.12.31. 이전에 건축허가를 받아 건축 중이거나 사용검사를 받은 공동주택 제외"하는 내용은 납세자의 불이익을 방지하기 위한 제도로 좋았지만, 분법 시 삭제된 것은 문제가 있으므로 종전규정에 따라야 한다는 내용임.

ㄹ 법 개정 전 기부채납 예정 토지에 대한 등록면허세 과세 여부

신축을 위한 도서관 건립사업 협약체결, 건축물 신축 승인 및 착공할 당시의 「지방세법」 (2010.3.31. 법률 제10221호로 개정되기 전의 것) 제126조 제2항에서는 기부채납하기 위하여 취득하는 부동산등기에 대하여 등록세를 비과세하도록 규정하고 있었기 때문에 납세자는 장차 취득할 건축물의 소유권보존등기에 대한 등록세가 비과세된다는 사실을 신뢰하였다가 건축물에 대한 소유권보존등기 당시에는 관련 규정이 불리하게 개정되어 등록면허세 (구 등록세) 비과세 규정이 삭제됨에 따라 납세자의 이익이 침해된 결과를 초래하였다고 보여지므로 개정 법령을 적용하여 등록면허세 비과세대상이 아니라고 보아 부과고지한 처분은 신의성실의 원칙에 부합되지 아니한다(조심 2012지0396, 2012.9.11.).

5) 전부 개정 또는 일부 개정 시 경과규정과 소급과세금지 원칙의 관계

구 「서울특별시세 감면조례」 제19조에서 재개발주택 조합원에 대한 감면대상이 사업시행인가일 당시 소유자에서 정비구역지정일 현재 소유자가 사업시행자로부터 취득하는 85제곱미터 이하 주택에 대하여 취·등록세를 감면한다고 개정(2008.3.12. 제4611호), 부칙 제2조에서 "제19조의 개정규정은 이 조례 시행 이후 최초 정비구역으로 지정 고시일 현재 소유자가 취득하는 부동산에 적용한다"고 명시하여 납세의무자의 기득권 내지 신뢰보호를 위하여 종전규정을 적용하도록 개별적 경과규정을 두었으나, 분법으로 「지방세특례제한법」이 전면 개정되어 재건축조합원과 관련된 감면규정이 같은 법 제74조 제3항으로 신설되면서 기존 조례의 부칙규정이 반영되지 않았다.

법률의 일부 개정인 경우에는 종전 법률 부칙의 경과규정을 개정하거나 삭제하는 명시적인 규정이 없고 개정 법률에 다시 경과규정을 두지 않았다고 하여도 부칙의 경과규정이 당연히 실효하는 것은 아니지만, 개정 법률이 전문 개정인 경우에는 기존 법률을 폐지하고 새로운 법률을 제정

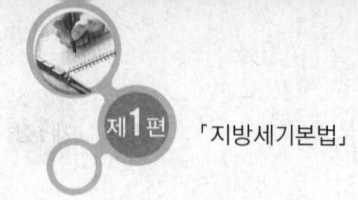

하는 것과 같은 것으로 종전의 본칙은 물론 부칙규정도 모두 소멸된 것으로 보아야 할 것이므로 특별한 사정이 없는 한 종전의 법률 부칙의 경과규정도 모두 실효된다 할 것인바(대법원 2001두 11168, 2002.7.26. 참조).[12] 전부 개정할 때에 그 효력 여부를 확인하여 전부 개정된 법령의 부칙에 구체적으로 감면요건이 되는 규정을 두어야 하는 것이고, 만일 명시적인 조항이 없다면 누락된 부칙 규정은 그 효력을 상실하는 것으로 보아야 할 것으로, 분법된 새 「지방세특례제한법」은 제정 법률로서 부칙 제3조에 일반적인 경과규정을 두고 있으나 이는 종전 처분에 대한 것으로 부칙 규정 그 자체에 대한 것은 아니며, 종전의 감면조례가 폐지되어 감면 혜택을 받을 수 있었던 자의 기대이익을 충족시키지 못하는 면이 있다고 하더라도, 제정된 부칙에서 종전의 규정을 소급적으로 적용한다는 명백한 규정을 두지 아니한 이상, 관련 경과규정인 부칙의 해석에 있어 그 범위를 함부로 확장해석 할 것은 아니다(지방세운영과-786, 2011.2.22.).

(3) 세무공무원의 재량과 한계(지기법 §21)

세무공무원은 「지방세기본법」 또는 지방세관계법의 목적에 따른 한계를 준수하여야 한다. 즉 세무공무원이 직무를 수행함에 있어서는 재량에 속하는 사항이라 할지라도 과세의 형평과 당해 세법의 목적에 비추어 일반적으로 적당하다고 인정되는 한계를 엄수하여야 한다. 여기서 재량의 한계를 엄수하여야 한다는 것은 자유재량을 허용하지 않는다고 볼 수 있다. 세무공무원은 그 재량의 범위를 법규재량 및 기속재량에 한정된다고 보아야 할 것이다.

따라서 재량의 한계를 벗어나면 위법한 것으로 행정소송의 대상이 되며 재량의 한계 내에서도 그 재량을 그르치면 부당한 처분으로서 행정심판의 대상이 된다.

(4) 기업회계의 존중(지기법 §22)

지방세의 과세표준과 세액을 조사·결정할 때에는 해당 납세의무자가 계속하여 적용하고 있는 기업회계의 기준 또는 관행으로서 일반적으로 공정·타당하다고 인정되는 것은 존중하여야 한다. 다만, 지방세관계법에 특별한 규정이 있는 경우에는 그러하지 아니하다.

세무회계는 기업회계의 이론과 기준에 터 잡아 발전하고 또 기업회계와 관련하여 과세표준을 구하는 회계구조를 가지고 있기 때문에 세법이 특별히 규정하지 아니한 것은 기업회계에 의하여 이를 처리하여도 존중하여 유효한 것으로 받아들인다는 원칙이다.

---

12) 법령의 전부 개정은 기존 법령을 폐지하고 새로운 법령을 제정하는 것과 마찬가지여서 특별한 사정이 없는 한 새로운 법령이 효력을 발생한 이후의 행위에 대하여는 기존 법령의 본칙은 물론 부칙의 경과규정도 모두 실효되어 더는 적용할 수 없지만, 법령이 일부 개정된 경우에는 기존 법령 부칙의 경과규정을 개정 또는 삭제하거나 이를 대체하는 별도의 규정을 두는 등의 특별한 조치가 없는 한 개정 법령에 다시 경과규정을 두지 않았다고 하여 기존 법령 부칙의 경과규정이 당연히 실효되는 것은 아님(대법원 2011두18229, 2014.4.30. 참조).

제4절 기간과 기한

① 기간 계산(지기법 §23)

(1) 기간의 의의

'기간(期間)'이란 어느 한 시점에서 다른 시점까지의 계속되는 시간의 구분으로서 기간의 경과로 권리 또는 효과가 발생·변경·소멸되는 법률적 사실의 하나이다.

예를 들면, "…부터 60일 내", "…부터 3개월 이내"라고 하는 것 등은 시간의 경과를 내용으로 하는 것이므로 "6.30.에 지급한다"는 것과 같은 일정한 시점을 의미하는 기일(期日)과는 다르다. 즉 기일에는 계속의 관념이 없다.

법률이 정하거나 또는 계약 당사자 간의 계약에 의해서 기간의 경과나 만료 등이 법률효력 발생의 요건이 되는 경우가 많다. 세법에서의 기간은 부과제척기간과 소멸시효의 계산, 결정·경정·불복청구와 각 세법상의 신고·신청·납부 및 과세기간 등 세법이 정하는 바에 따라 그 기간의 제한을 받게 되며, 이러한 기간의 경과로 조세채권채무에 대한 법률관계가 발생된다.

1) 「민법」 상의 기간 계산

① 자연적 계산방법(自然的 計算方法)

기간을 자연적 시간에 따라서 순간으로부터 순간까지 계산하는 방법이다(「민법」 §156). 즉 정해진 시점을 기산점으로 즉시로부터 기산하여 정해진 시·분·초의 종료시에 기간은 만료한다. 이 방법은 자연적 시간의 흐름에 의하므로 정확하기는 하나 계산이 번거롭고 불편하며, 장기의 기간을 계산하는 데는 적합하지 않다. 예를 들면, 오전 7시부터 8시간 후 등과 같이 기간을 시·분·초로 짧게 정한 경우에 적용되는 방법이다.

② 역법적 계산방법(曆法的 計算方法)

기간을 일·주·월 또는 연으로 정한 때에 적용되는 방법으로서 역(달력)에 따라 기간을 계산하는 방법이다(「민법」 §157~§160). 세법의 기간 계산은 원칙적으로 이 방법에 의한다. 이는 부정확하지만 계산상 간편하다는 장점이 있다.

㉠ **기산점**(지기예 법23-1)

기간을 일·주·월 또는 연으로 정한 때에는 초일은 산입하지 아니하고 다음 날 오전 0시부터 기산한다(「민법」 §157). 이를 '초일불산입의 원칙'이라 한다. 다만, 초일의 오전 0시부터 시작하는 경우와 연령 계산의 경우에는 초일을 산입한다(「민법」 §158).

㉡ **만료점**(지기예 법23-2)

㉮ 기간을 일·주·월·연으로 정한 때에는 기간 말일의 종료로 기간이 만료한다(「민법」

§159). 즉 말일 24시가 기간의 만료점이다.

㉯ 기간을 주·월·연으로 정한 때에는 역에 의하여 계산한다(「민법」 §160 ①).

연(年)의 평윤(平潤), 월의 대소를 따지지 않고 한결같이 1년 또는 1월로 계산한다.

㉰ 기간을 주·월·연으로 정한 때에는 주·월·연의 처음으로부터 기간을 기산하지 아니한 때에는 최후의 주·월·연에서 그 기산일에 해당하는 날의 전일로 기간은 만료하며(「민법」 §160 ②), 처음으로부터 기간을 기산하는 때에는 최후의 주·월·연의 말일로서 기간이 만료된다. 이 규정은 기간을 일로 정한 때에는 적용되지 않는다.

㉱ 윤년인 관계로 최후의 월에 해당일이 없는 때에는 그 월의 말일로 기간이 만료한다(「민법」 §160 ③).

㉲ 기간의 말일이 토요일 또는 공휴일에 해당하는 때에는 그 다음 날로 만료된다(「민법」 §161). 그러나 기산일이 토요일 또는 공휴일인 경우에는 다음 날부터 기산하는 것이 아니라 위 "㉠"의 규정대로 기산한다.

> **사례** 기간의 만료일이 공휴일에 해당함으로써 발생할 불이익을 막자고 함에 그 뜻이 있는 것이므로 기간 기산의 초일은 이의 적용이 없다고 풀이하여야 할 것임(대법원 81누204, 1982.2.23.).

2) 지방세관계법 상의 기간 계산

「지방세기본법」 또는 지방세관계법과 지방세에 관한 조례에서 규정하는 기간의 계산은 「지방세기본법」 또는 지방세관계법과 해당 조례에 특별한 규정이 있는 것을 제외하고는 「민법」을 따른다.

① '1년'의 의미

예를 들어 가설건축물의 존치기간이 2012.6.26.~2013.6.26.로 신고를 한 경우 가설건축물의 존치기간이 1년으로 되어 있는바, 1년 초과 가설건축물이 아니므로 존치기간 신고시에는 취득세 과세대상이 되지 아니한다(「지방세기본법」 제23조와 「국세기본법」 제4조 기간의 계산 규정에 의하면 초일은 산입하지 아니한다라고 규정되어 있어 2012.6.26.로부터 1년 되는 시점이 2013.6.26.이 되므로 1년 초과일은 2013.6.27.이 되는 것임).

☞ '1년'의 의미[13] – 기산일 : 2012.6.27., 만료일 : 2013.6.26.

☞ 감면유예기간 산정(지특통 40의 2-3)

감면유예기간의 기산일은 감면 대상주택 취득일의 다음 날이 되며, 만료일은 감면대상 주택 취득일로부터 2년이 도래하는 당해 기산일에 해당한 날의 전일이 됨.[14]

---

13) 자동차보험 계약의 경우에도 보험계약일이 2013.3.5.이라면 1년 기간의 보험 적용기간은 2014.3.5.(24시)이므로 1년 초과는 2014.3.6.에 보험 효력이 없는 것임.

14) 「지방세기본법」 제23조(기간의 계산)에서 "이 법 또는 지방세관계법과 지방세에 관한 조례에서 규정하는 기간의 계산은 이 법 또는 지방세관계법과 해당 조례에 특별한 규정이 있는 것을 제외하고는 「민법」을 따른다."라고 규정하고 있고 기간계산에 관한 특별한 규정이라 함은 해당 조문에 '~부터 기산한다' 또는 '~일을 산

☞ 자동차 취득세를 면제받은 장애인이 해당 자동차를 2015.12.7. 취득·등록하였다가 2016.12.7. 그 소유권을 타에 이전한 경우, 지특법 §17 ②에 따른 취득세 감면 특례제한기간은 등록일을 산입하지 아니한 2015.12.8.을 기산일로 삼아 1년을 계산한 2016.12.7.까지 됨(대법원 2018두65477, 2019.3.28.).

② '경과한 날'의 의미

2011.4.14. 「상법」 개정 시 부칙(2011.4.14. 법률 제10600호) 제1조에 따르면 "이 법은 공포 후 1년이 경과한 날부터 시행한다"라고 규정되어 있는데, 여기서 1년의 경과한 날은 2012.4.14.인지 아니면 2012.4.15.인지를 검토하여 보면 다음과 같다.

「민법」상 1년이 되는 날은 상기에서 보는 바와 같이 2012.4.14.이 되고, 그 날을 경과한 날은 2012.4.15.이 되는 것이다.[15]

③ '과세기준일 현재'의 의미

과세기준일 현재는 과세기준일 24시 기준으로 판단하여야 한다.[16] 예를 들어 재산세의 경우 현재의 소유자에게 재산세의 납세의무가 있는데, 과세기준일에 잔금을 지급하고 소유권이 변경되는 승계취득의 경우 매도자가 아닌 매수자가 재산세 납세의무가 있는 것이다.[17] 따라서 재산세 과세기준일인 6.1.에 준공검사를 받았다면 당해 연도분 재산세의 납세의무가 있다.

④ '사업연도 종료일 현재'의 의미

사업연도 종료일 현재의 개념이 종료일자의 24시를 의미하는 것으로 해석하여야 할 것이다. 이는 「민법」에서도 어느 날을 정한 경우에도 24시 기준으로 판단하여야 할 것으로 판단된다. 합병기일을 12.31.로 정한 경우와 1.1.로 정한 경우에는 차이가 있다고 본다.

> **사례** 사업연도 종료일 현재의 개념이 종료일자의 24시를 의미하고는 있으나, 일반적인 의미처럼 퇴사일자도 근무한 것으로 간주된다면 동 일자의 근무인원으로 보아야 한다는 것임.

⑤ 유예기간이 있는 경우 '추징사유일'의 의미

지방세 감면의 경우 유예기간을 두어 그 기간 이내에 고유목적사업에 직접사용 등을 하는 경우 감면이 되나, 그 기간 이내에 정당한 사유없이 직접 사용하지 아니하는 경우에는 추징대상이 된다. 예를 들어 종교단체가 2014.3.3. 부동산을 취득하여 취득세를 면제받고 정당한 사유없이 그

입한다'라는 기산점을 명시함으로 인해 그 초일을 산입하는 것을 의미한다 할 것임(조심 2018지1090, 2018.11.5.).

15) 시행일이 경과한 날 등으로 표현되어 있는 경우 정확한 시행일은 법제처의 국가법령정보센터에서 법령(연혁) 검색해 보면 이를 확인할 수 있다.

16) 「주민등록법」 제17조의 7 제2항에 따르면 "제1항의 규정에 의하여 주민등록지를 공법관계에 있어서의 주소로 하는 경우에 신고의무자가 신거주지에 전입신고를 한 때에는 전입신고일에 신거주지에서의 주민등록이 된 것으로 본다"라고 규정되어 있다는 점에서 전입신고를 하였다면 전입신고일에 거주하는 것으로 보아야 한다.

17) 「지방세법」 제106조 규정의 과세기준일 현재 재산세 과세대상물건의 소유권이 양도·양수된 때에는 양수인을 당해 연도의 납세의무자로 본다(지예 법106-1).

취득일부터 3년 이내에 종교용으로 직접 사용하지 아니한 경우에는 면제된 취득세를 추징하는데, 추징사유발생일은 3년이 경과되는 날이 된다. 주·월·연의 처음으로부터 기간을 기산하지 아니한 때에는 최후의 주·월·연에서 그 기산일에 해당하는 날의 전일로 기간은 만료하므로(「민법」 §160 ②) 3년이 되는 날은 2014.3.3.(24시)이 되고, 이 날을 경과한 날(2014.3.4. 0시)부터 30일 이내이므로 2014.4.2.이 되는 것이다. 그 이유는 초일의 오전 0시부터 시작하는 경우와 연령 계산의 경우에는 초일을 산입하기 때문이다(「민법」 §158).

> **사례** 일시적 2주택자로 감면받은 후 2년(현행 3년)이 경과 후에도 2주택자일 경우 감면 유예기간 2년(현행 3년)이 경과한 날부터 30일 이내에 신고·납부하지 않을 경우, 그 익일부터 가산세 적용됨(지방세운영과-559, 2011.2.7.).

⑥ 유예기간 만료일이 토요일 또는 공휴일인 경우

「지방세기본법」 또는 지방세관계법에서 규정하는 신고, 신청, 청구, 그 밖의 서류의 제출, 통지, 납부 또는 징수에 관한 기한이 공휴일, 토요일이거나 「근로자의 날 제정에 관한 법률」에 따른 근로자의 날일 때에는 그 다음 날을 기한으로 하지만, 유예기간 만료일은 이 규정이 적용되지 아니한다. 한편, 「지방세기본법」 또는 지방세관계법과 지방세에 관한 조례에서 규정하는 기간의 계산은 「지방세기본법」 또는 지방세관계법과 해당 조례에 특별한 규정이 있는 것을 제외하고는 「민법」을 따르도록 규정하고 있고, 「민법」 제161조는 "기간의 말일이 토요일 또는 공휴일에 해당한 때에는 기간은 그 익일로 만료한다"고 규정하고 있으므로 유예기간 만료일이 토요일 또는 공휴일에 해당할 경우에는 그 익일이 만료일이 될 것이다.

❷ 기한특례(지기법 §24)

(1) 기한의 의의

'기한(期限)'이란 법률행위나 사실행위의 이행 또는 법률행위의 효력의 발생·소멸 및 채무의 이행이 확정된 어떤 일정시점의 도래에 달려 있는 경우 법률행위의 부관(附款)으로서 그 일정시점을 말하며, 일반적으로 "일(日)"로 나타낸다.

기한은 도달하는 것이 객관적으로 확실한 사실인 점에 있어서 조건과 다르다. 기한에는 시기(始期)와 종기(終期)가 있다. '시기(始期)'란 법률행위의 효력이 발생하는 시기(時期) 또는 채무의 이행이 가능한 시기(時期)를 말하고, '종기'란 법률행위의 효력이 소멸되는 시기 또는 채무를 이행할 최후의 시기(時期)를 말한다.

시기(始期)는 지방세 등에 관한 납세신고서를 제출하여야 할 기한이고, 종기(終期)는 조세를 납부하여야 할 최후의 시기를 말한다.

기한은 기간의 말일로 정하는 경우와 다음 달 10일(원천징수세액의 납부기한), 다음 달 말일(지급조서 제출기한) 등과 같이 확정기일로 정하는 경우가 있다.

세법상 기한은 신고·신청기한, 납부·징수기한, 서류제출기한, 청구기한 등이 있다.

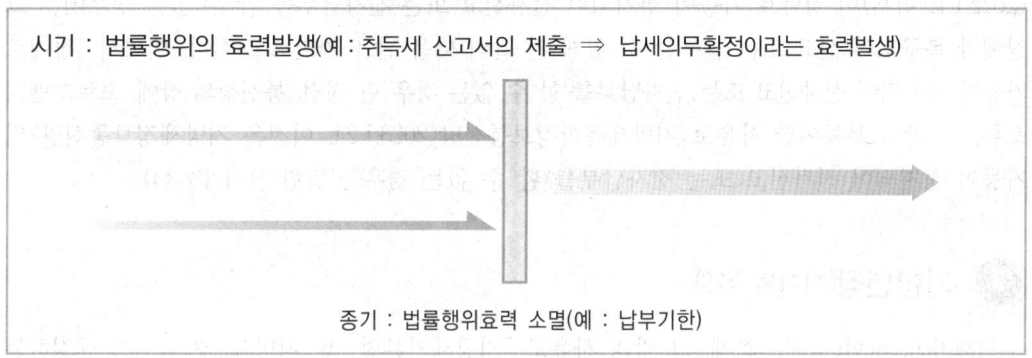

(2) 특수한 경우의 기한과 기한연장

1) 기한이 토요일·일요일, 공휴일·대체공휴일 및 근로자의 날에 해당하는 때

「지방세기본법」 또는 지방세관계법에서 규정하는 신고, 신청, 청구, 그 밖의 서류의 제출, 통지, 납부 또는 징수에 관한 기한이 토요일·일요일, 공휴일·대체공휴일이거나 「근로자의 날 제정에 관한 법률」에 따른 근로자의 날일 때에는 그 다음 날을 기한으로 한다. 여기서 '공휴일'이라 함은 「관공서의 공휴일에 관한 규정」(대통령령 제13155호)에 의하여 규정된 공휴일을 말한다(지기예 법 24-1).

2) 우편신고(지기법 §25)

우편으로 과세표준 신고서, 과세표준 수정신고서, 경정청구에 필요사항을 기재한 경정청구서 또는 이와 관련된 서류를 제출한 경우 우편법령에 따른 우편날짜도장이 찍힌 날[우편날짜도장이 찍히지 아니하였거나 찍힌 날짜가 분명하지 아니할 때에는 통상 걸리는 우편 송달 일수를 기준으로 발송한 날에 해당한다고 인정되는 날]에 신고되거나 청구된 것으로 본다(발신주의).

3) 전자신고(지기법 §24, §25)

과세표준 신고서, 과세표준 수정신고서, 경정청구에 필요한 사항을 기재한 경정청구서 또는 이와 관련된 서류를 지방세통합정보통신망(2023.1.24. 이전은 지방세정보통신망) 또는 연계정보통신망(2022.1.1. 이후)으로 제출하는 경우에는 지방세통합정보통신망(2023.1.24. 이전은 지방세정보통신망) 또는 연계정보통신망(2022.1.1. 이후)에 저장된 때에 신고되거나 청구된 것으로 본다.

「지방세기본법」 또는 지방세관계법에서 규정하는 신고기한일[18](2015.5.17. 이전 신고일) 또는

---

18) 당초 신고기한이 3일 이상 남아있는 상태에서 장애가 복구되면 오히려 기한이 단축되는 불합리한 결과가 초래될 수 있었다. 이에 따라 "신고일"을 "신고기한일"로 변경하여 신고기한일에 지방세정보통신망의 장애가 발생되어 신고·납부할 수 없게 될 경우 복구일의 다음 날로 기한이 연장되도록 조정하였다.

납부기한일에 지방세통합정보통신망(2023.1.24. 이전은 지방세정보통신망) 또는 연계정보통신망(2022.1.1. 이후)이 장애로 가동이 정지되어 전자신고 또는 전자납부를 할 수 없는 경우에는 그 장애가 복구되어 신고 또는 납부할 수 있게 된 날의 다음 날을 기한으로 한다. 여기서 "장애로 가동이 정지되어 전자신고 또는 전자납부를 할 수 없는 경우"란 정전, 통신상의 장애, 프로그램의 오류, 그 밖의 부득이한 사유로 지방세통합정보통신망(2023.1.24. 이전은 지방세정보통신망)의 가동이 정지되어 전자신고 또는 전자납부를 할 수 없는 경우를 말한다(지기령 §4).

❸ 기한연장(지기법 §26)

천재지변, 사변(事變), 화재, 그 밖의 사유로 「지방세기본법」 및 지방세관계법에서 규정하는 신고·신청·청구, 그 밖에 서류의 제출·통지나 납부를 정하여진 기한까지 할 수 없다고 지방자치단체장이 인정하는 경우와 납세자가 기한연장을 신청한 경우에는 지방자치단체장은 그 기한을 연장할 수 있다(지기법 §26 ①). 여기서 '납부'란 「지방세기본법」 또는 지방세관계법에 따라 신고납부하는 지방세를 납부기한까지 납부하는 것을 말한다(2017.3.28. 이후).

(1) 그 밖의 사유(지기령 §6)

① 납세자가 「재난 및 안전관리 기본법」에 따른 재난이나 도난으로 재산에 심한 손실을 입은 경우(2021년 이전은 재해를 입거나 도난을 당한 경우)
  이 경우 '재해'란 화약류·가스류 등의 폭발사고, 광해, 교통사고, 건물의 도괴 기타 이에 준하는 물리적인 재해를 말한다. 다만, 조세포탈 목적의 고의적인 행동에 의한 재해는 제외한다(국기통 6-2…1).

② 납세자나 그 동거가족이 질병으로 위독하거나 사망하여 상중(喪中)인 경우

☞ 「상중」이란 상제로 있는 동안, 즉 상(喪)을 당한 날로부터 장례를 치를 때까지의 동안을 말하는 것이며, 여기서 「상제」는 부모나 조부모가 세상을 떠나서 거상 중에 있는 사람을 말함.

③ 권한 있는 기관에 장부·서류 또는 그 밖의 물건("장부 등")이 압수되거나 영치된 경우

④ 납세자가 경영하는 사업에 현저한 손실이 발생하거나 부도 또는 도산 등(2021년 이전은 그 사업에 심각한 손해를 입거나) 그 사업이 중대한 위기에 처한 경우(납부의 경우에 한정하므로 신고기한 등은 연장되지 아니함)

⑤ 정전, 프로그램의 오류, 그 밖의 부득이한 사유로 다음 어느 하나에 해당하는 정보처리장치나 시스템을 정상적으로 가동시킬 수 없는 경우

  ㉠ 지방자치단체의 금고가 운영하는 정보처리장치

  ㉡ 「지방회계법 시행령」 제49조 제1항 및 제2항에 따라 지방자치단체 금고업무의 일부를 대행하는 금융회사 등(이하 제61조 및 제112조의 2에서 "지방세수납대행기관"이라 한다)이 운영하는 정보처리장치

    ⓒ 「지방회계법 시행령」 제62조에 따른 세입금통합수납처리시스템

⑥ 지방자치단체의 금고 또는 지방세수납대행기관의 휴무, 그 밖에 부득이한 사유로 정상적인 신고 또는 납부가 곤란하다고 행정안전부장관이나 지방자치단체장(2022년 이후)이 인정하는 경우

⑦ 2021년 이후 납세자의 장부 작성을 대행하는 세무사(세무법인 포함) 또는 세무대리업무등록부에 등록한 공인회계사(회계법인 포함)가 재난 등으로 피해(2021년 이전은 재해 등)를 입거나 해당 납세자의 장부(장부 작성에 필요한 자료 포함)를 도난당한 경우(지방소득세에 관하여 신고·신청·청구 또는 그 밖의 서류 제출·통지를 하거나 납부하는 경우로 한정)

⑧ ①부터 ⑥까지의 규정에 준하는 사유가 있는 경우

(2) 기한연장과 분납기한(지기령 §8)

① 상기 (1)의 기한연장은 6개월 이내로 하되, 해당 기한연장의 사유가 소멸되지 아니하는 경우 지방자치단체장은 6개월의 범위에서 한 차례에 한정하여 그 기한을 다시 연장할 수 있다.

② "①"에 따른 기한연장의 기간 중의 분납기한 및 분납금액은 지방자치단체장이 정할 수 있으며, 이 경우 지방자치단체장은 가능한 한 매회 같은 금액을 분납할 수 있도록 정하여야 한다.

(3) 기한연장과 분납한도의 특례

2018.6.26. 이후 기한연장을 결정(납세자가 신청한 경우 승인)하는 분부터 다음 어느 하나에 해당하는 자에 대하여 「지방세기본법 시행령」 제6조 제1호·제2호 또는 제4호의 사유(이에 준하는 사유 포함)에 해당하는 경우 「지방세기본법」 제26조 제1항에 따른 기한연장의 기간은 그 기한연장을 결정한 날(납세자가 신청한 경우 기한연장을 승인한 날)의 다음 날부터 1년 이내로 한다. 다만, 이에 따라 기한을 연장한 후에도 해당 기한연장의 사유가 소멸되지 아니하는 경우에는 제3항에 따른 기간의 범위에서 6개월마다 그 기한을 다시 연장할 수 있다.

① 다음 어느 하나의 지역에 사업장이 소재한 「조세특례제한법 시행령」 제2조에 따른 중소기업
    ㉠ 「고용정책 기본법」 제32조의 2 제2항에 따라 선포된 고용재난지역
    ㉡ 「고용정책 기본법 시행령」 제29조 제1항에 따라 지정·고시된 지역
    ㉢ 「국가균형발전 특별법」 제17조 제2항에 따라 지정된 산업위기대응특별지역

② 「재난 및 안전관리 기본법」 제60조 제3항에 따라 선포된 특별재난지역(선포일부터 2년으로 한정) 내에서 피해를 입은 납세자

상기의 1년 이내 납부기한의 연장은 「지방세기본법 시행령」 제6조 제1호·제2호 또는 제4호의 사유로 제8조에 따라 납부 관련 기한연장을 받고 그 연장된 기간 중에 있는 경우에도 할 수 있다.

상기 단서(연장된 기간 중에 있는 경우로 납부기한 연장된 경우 포함)에 따른 납부기한을 최대로 연장할 수 있는 기간은 2년으로 하되, 다음의 기간을 포함하여 산정한다.

① 상기의 1년 이내 납부기한 연장된 기간

② 일반 납부기한 연장과 연장된 기간 중에 있는 경우로 납부기한 연장된 경우 연장된 기간이 특례에 따라 납부기한을 연장하는 경우 연장된 기간 중의 분납기한 및 분납금액은 지방자치단체장이 정한다.

(4) 기한연장의 신청과 승인(지기령 §7)

기한연장을 신청하려는 납세자는 기한 만료일 3일 전까지 별지 제1호 서식(지방세 기한연장승인신청서), 별지 제2호 서식(지방세 납부기한 연장 승인신청서)을 해당 지방자치단체장에게 제출해야 한다. 다만, 지방자치단체장은 기한연장을 신청하는 자가 기한 만료일 3일 전까지 신청할 수 없다고 인정하는 경우에는 기한의 만료일까지 신청하게 할 수 있다.

지방자치단체장이 기한의 연장을 결정하였을 때에는 별지 제3호 서식(지방세 기한연장 승인여부 통지), 별지 제4호 서식(지방세 납부기한 연장 승인 여부 통지)을 지체 없이 납세자에게 통지하여야 하며, 기한 만료일 3일 전까지 신청할 수 없다고 인정되어 신청한 경우 기한 만료일까지 그 승인 여부를 통지하여야 한다.

지방자치단체장은 다음의 경우에는 지방세통합정보통신망(2023.1.24. 이전은 지방세정보통신망) 또는 해당 지방자치단체의 게시판에 게시하거나 관보·공보 또는 일간신문에 게재하는 방법으로 통지를 갈음할 수 있다. 이 경우 지방세통합정보통신망(2023.1.24. 이전은 지방세정보통신망)에 게시하는 방법으로 통지를 갈음할 때에는 해당 지방자치단체의 게시판에 게시하거나 관보·공보 또는 일간신문에 게재하는 방법 중 하나의 방법과 함께 하여야 한다.

① 위 (1)의 기한연장사유 중 ④에 해당하는 사유가 전국적으로 한꺼번에 발생하는 경우
② 기한연장의 통지대상자가 불특정 다수인인 경우
③ 기한연장의 사실을 그 대상자에게 개별적으로 통지할 시간적 여유가 없는 경우

(5) 담보제공(지기령 §9)

납부기한을 연장하는 경우 지방자치단체장은 납부할 금액에 상당하는 담보제공을 요구할 수 있다. 다만, 사망·질병, 위 (1)의 기한연장사유 중 "①·②·⑤·⑥(2022년 이후), ④에 해당하는 경우로서 지방자치단체장이 그 납세자가 납부해야 할 금액, 납부기한의 연장기간과 납세자의 과거 지방세 납부명세 등을 고려하여 납세자가 그 연장기간 내에 해당 지방세를 납부할 수 있다고 인정하는 경우(2022년 이후)"에 해당하는 사유와 그 밖에 이에 준하는 사유로 담보 제공을 요구하기 곤란하다고 인정될 때에는 담보를 요구하지 아니한다.

지방자치단체장이 담보제공을 요구할 경우 그 담보의 종류 등에 관하여는 「지방세징수법」 제3장(징수) 제1절(체납처분의 절차)을 준용한다.

(6) 납부기한 연장신청에 대한 승인간주

「지방세기본법」 또는 지방세관계법에서 정한 납부기한 만료일 10일 전에 제1항에 따른 납세자의 납부기한연장신청에 대하여 지방자치단체장이 신청일부터 10일 이내에 승인 여부를 통지하지 아니하면 그 10일이 되는 날에 납부기한의 연장을 승인한 것으로 본다.

(7) 지방세(통합)정보통신망의 장애로 인한 신고기한의 연장

「지방세기본법」 또는 지방세관계법에서 규정하는 신고일 또는 납부기한이 되는 날에 지방세통합정보통신망(2023.1.24. 이전은 지방세정보통신망)이 정전, 통신상의 장애, 프로그램의 오류, 그 밖의 부득이한 사유로 지방세통합정보통신망(2023.1.24. 이전은 지방세정보통신망)의 가동이 정지되어 전자신고 또는 전자납부를 할 수 없는 경우에는 그 장애가 복구되어 신고 또는 납부할 수 있게 된 날의 다음 날을 기한으로 한다(지기법 §24, 지기령 §4).

(8) 송달지연으로 인한 납부기한의 연장(지기법 §31)

기한을 정하여 납세고지서, 납부통지서, 독촉장 또는 납부최고서를 송달한 때에는 도달한 날에 이미 납부기한이 지났거나 도달한 날부터 7일 이내(국세의 경우 14일 이내이나, 2007.12.31. 이전에는 7일 이내)에 납부기한이 도래하는 경우 지방자치단체의 징수금의 납부기한은 해당 서류가 도달한 날부터 14일이 지난 날을 납부기한으로 한다. 다만, 납기 전 징수의 고지의 경우 고지서가 납부기한 지난 후에 도달한 경우 도달한 날을 납부기한으로 하고, 고지서가 납부기한이 지나기 전에 도달한 경우에는 원래 납부기한이 되는 날로 한다.

(9) 납부기한 연장의 취소(지기법 §27)

지방자치단체장은 납부기한을 연장한 경우 그 납세자가 다음에 해당되면 그 기한의 연장을 취소하고, 그 연장되었던 지방세를 즉시 징수할 수 있다.
① 담보의 제공 등 지방자치단체장의 요구에 따르지 아니할 때
② 납기 전 징수사유(지징법 §22 ①)에 해당되어 그 연장한 기한까지 연장된 해당 지방세 전액을 징수할 수 없다고 인정될 때
③ 위 (1)의 ④에 해당하여 납부기한이 연장된 경우 재산상황의 변동 등으로 인해 그 사유가 소멸되어 정상적인 세금납부가 가능하여 그 연장의 필요가 없다고 인정될 때
지방자치단체장은 납부기한의 연장을 취소하였을 때에는 취소연월일과 취소이유를 적은 지방세 납부기한 연장 취소통지서로 납세자에게 그 사실을 통지하여야 한다.

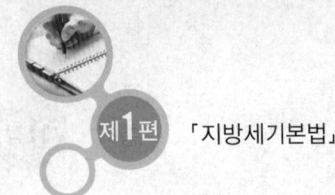

사례 납부기한 1일 전 납기연장 승인신청서를 제출하여 납기연장 요건을 충족하지 못하였으므로 납부불성실가산세를 부과한 사례(조심 2013서1110, 2013.4.30.)

청구법인은 납부기한 만료 1일 전인 2012.7.24. 문서로 납부기한연장승인신청서를 제출한 점, 처분청은 2012.7.24. 청구법인이 제출한 납부기한 연장승인신청서를 검토한 후, 승인요건이 미비하다 하여 납부기한 연장신청을 승인하지 아니한 점 등에 비추어 청구법인의 주장은 받아들이기 어렵다 할 것이다. 따라서 처분청이 청구법인에게 쟁점 납부불성실가산세를 과세한 처분은 잘못이 없는 것으로 판단됨.

제5절 서류송달과 공시송달

❶ 서류송달(지기법 §28)

(1) 의의

'서류의 송달'이라 함은 과세관청이 지방세에 관한 처분 및 통지에 관한 서류를 처분대상자 등에게 보내는 절차를 말한다. 서류의 송달시기 및 방법은 지방세처분의 효력발생 여부 및 시기에 직접적으로 영향을 미친다.

(2) 송달을 받아야 할 자와 장소

① 「지방세기본법」 또는 지방세관계법에서 규정하는 서류

명의인(그 서류에 수신인으로 지정되어 있는 자)의 주소 또는 영업소

② 연대납세의무자에게 서류를 송달하고자 하는 경우

대표자(대표자가 없을 때 : 연대납세의무자 중 지방세를 징수하기 유리한 자)의 주소 또는 영업소

☞ 납세의 고지와 독촉에 관한 서류는 연대납세의무자 모두에게 각각 송달하여야 함.

③ 상속이 개시된 경우에 상속재산관리인이 있을 때

상속재산관리인의 주소 또는 영업소

④ 납세관리인이 있을 때(납세의 고지와 독촉에 관한 서류에 한정함)

납세관리인의 주소 또는 영업소

⑤ 법인의 소재가 불명한 때에는 법인 대표자의 주소지를 알 수 있는 경우(지기예 법30-1)

법인 대표자(청산 중인 경우 청산인)의 주소지(대표자와 청산인의 주소지도 불명한 때에는

공시송달함)

⑥ 명의인이 무능력자(「민법」에 의한 미성년자, 한정치산자, 금치산자)인 경우(지기예 법30-2)

　법정대리인의 주소 또는 영업소

⑦ 파산선고의 경우(지기예 법30-3)

　파산관재인의 주소 또는 영업소

⑧ 교정시설 또는 국가경찰관서의 유치장에 체포·구속 또는 유치(留置)된 사실이 확인된 경우 (2025년 이후 송달하는 서류분부터)

　해당 교정시설장 또는 국가경찰관서장에게 송달

　👉 〈종전 규정〉

　　교도소 등에 수감 중이거나 이에 준하는 사유가 있는 경우(지기예 법30-4)
　　그 사람의 주소지(주소가 불명인 경우와 서류를 대신 받아야 할 자가 없는 경우 : 그 사람이 수감되어 있는 교도소 등)

⑨ 주소 또는 영업소

　주소, 거소, 영업소 또는 사무소("주소 또는 영업소")

　전자송달인 경우에는 지방세통합정보통신망(2023.1.24. 이전은 지방세정보통신망)에 가입된 명의인의 전자우편주소나 지방세통합정보통신망(2023.1.24. 이전은 지방세정보통신망)의 전자사서함[「전자서명법」 제2조 제6호에 따른 인증서로서 서명자의 실지명의를 확인할 수 있는 인증서(2020.12.9. 이전은 같은 조 제8호에 따른 인증서)를 이용하여 접근할 수 있는 곳을 말함] 또는 2019년 이후 연계정보통신망의 전자고지함(연계정보통신망의 이용자가 접속하여 본인의 지방세 고지내역을 확인할 수 있는 곳을 말함)에 송달한다.

　㉠ 주소

　　생활의 근거가 되는 곳을 말하며, 이는 생계를 같이 하는 가족 및 자산의 유무 등 생활관계의 객관적 사실에 따라 판정한다. 이 경우 주소가 2 이상인 때에는 「주민등록법」상 등록된 곳을 말하며, 법인의 주소는 본점 또는 주사무소의 소재지에 있는 것으로 한다(지기예 법28-1).

　㉡ 거소

　　다소의 기간 계속하여 거주하는 장소로서 주소와 같이 밀접한 일반적 생활관계가 발생하지 아니하는 장소를 말하며, 주소를 알 수 없는 때와 국내에 주소가 없는 경우에는 거소를 주소로 한다(지기예 법28-2).

　사례 법인에게 등기우송한 고지서가 같은 번지 내 다른 사업체 직원이 수령한 것은 적법한 송달 아니므로 가산금 징수결의 및 재산압류처분은 부당함(행심 2006-19, 2006.1.23.).

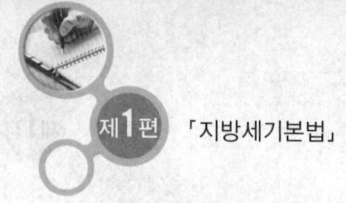

② 송달받을 장소의 신고(지기법 §29)

서류를 송달받을 자가 주소 또는 영업소 중에서 송달받을 장소를 별지 제6호 서식[서류송달장소 신고서(변경신고서)]으로 지방자치단체에 신고하였을 때에는 그 신고된 장소에 송달하여야 한다. 이를 변경하였을 때에도 또한 같다.

③ 서류송달 방법(지기법 §30)

서류의 송달방법에는 교부송달·우편송달·전자송달·공시송달의 네 가지 방법이 있다. 과세관청은 교부송달 또는 우편송달 중 선택할 수 있으나, 전자송달은 송달을 받아야 할 자가 신청하는 경우에 행할 수 있으며, 공시송달은 교부송달 또는 우편송달이 불가능할 경우에 한하여 적용할 수 있다.

(1) 교부송달

1) 개요

교부송달은 해당 행정기관의 소속공무원이 서류를 송달할 장소에서 그 송달을 받아야 할 자에게 서류를 교부함으로써 행한다. 교부송달은 다음의 두 가지 요건을 충족할 때 송달 효력이 있다.
① 송달받아야 할 자에게 건네주어야 할 것. 다만, 송달을 받아야 할 자를 만나지 못하였을 때에는 그 사용인, 그 밖의 종업원[19] 또는 동거인[20]으로서 사리를 판별할 수 있는 자[21]에게 서류를 송달할 수 있다.
② 송달장소에서 교부할 것. 다만, 송달을 받아야 할 자가 송달받기를 거부하지 아니하면 다른 장소에서 교부할 수 있다.

2) 송달절차

서류를 교부한 때에는 송달서에 수령인으로 하여금 서명 또는 날인하게 하여야 한다. 이 경우에 수령인이 서명 또는 날인을 거부한 때에는 그 사실을 송달서에 부기하여야 한다. 서류를 송달함에 있어서 그 송달을 받아야 할 자가 주소 또는 영업소를 이전하였을 때에는 주민등록표 등에 의하여 이를 확인하고 그 이전한 장소에 송달해야 한다.

---

19) "종업원"이라 함은 송달을 받아야 할 자와 고용관계에 있는 자를 말한다(지기예 법30-5).
20) "동거인"이라 함은 송달을 받을 자와 동일장소 내에서 공동생활을 하고 있는 자를 말하며, 생계를 같이 하는 것을 요하지 않는다(지기예 법30-6).
21) "사리를 판별할 수 있는 사람"이라 함은 서류의 송달 취지를 이해하고, 수령한 서류를 송달받아야 할 자에게 교부할 것이라고 기대될 수 있는 능력이 있는 자를 말한다(지기예 법30-7).

3) 수령거부 시 유치송달

서류의 송달을 받아야 할 자 또는 그 사용인, 그 밖의 종업원 또는 동거인으로서 사리를 판별할수 있는 자가 정당한 사유없이 서류의 수령을 거부하면 송달할 장소에 서류를 둘 수 있다. 여기서 '서류의 수령을 거부'라 함은 적법한 방법으로 서류를 송달하고자 하였으나 고의로 그 수령을 거부한 경우를 말한다(지기예 법30-8).

4) 효력 발생(지기법 §32)

교부송달의 효력이 발생하는 시기는 송달을 받아야 할 자에게 서류가 도달한 때로 한다. 여기서 '도달'이라 함은 송달을 받아야 할 자에게 직접 교부하지 않더라도, 상대방의 지배권 내에 들어가 사회통념상 일반적으로 그 사실을 알 수 있는 상태에 있는 때(예컨대, 우편이 수신함에 투입된 때 또는 사리를 판별할 수 있는 자로서 동거하는 가족, 사용인이나 종업원이 수령한 때)를 말하며, 일단 이러한 상태에 들어간 후에 교부된 서류가 반송되더라도 송달의 효력에는 영향이 없다(지기예 법32-1).

> **사례** 재산세와 같은 부과방식의 조세에 있어서는 과세관청이 조사 확인한 과세표준과 세액을 부과결정(경정결정을 포함)한 때에 그 납세의무가 구체적으로 확정되지만, 그 확정의 효력은 납세의무자에게 그 결정이 고지된 때에 발생하고, 그 결정의 고지가 납세고지서에 의하여 행하여지는 경우에는 납세고지서에 기재된 대로 그 효력을 발생함(대법원 94누5052, 1995.2.28.).

(2) 우편송달

1) 개요

우편에 의하여 송달하는 경우 납세의 고지·독촉·체납처분 또는 세법에 의한 정부의 명령에 관계되는 서류 및 지방세환급금 송금통지서는 등기우편에 의하여야 하며, 그 이외의 경우에는 일반우편에 의할 수 있다. 일반우편에 의하여 서류를 송달한 때에는 지방자치단체장은 송달에 관한 기록을 작성·비치하여야 한다. 등기우편송달에 있어서 송달받아야 할 자 이외의 자에 대한 송달, 주소 등 이전 시의 송달 및 유치송달에 관하여는 교부송달에서와 같다.

2) 효력 발생(지기법 §32)

우편송달의 효력이 발생하는 시기는 교부송달에서와 같이 송달을 받아야 할 자에게 서류가 도달한 때이다.

> **사례** 일반우편으로 납세고지서 송달 여부(조심 2022지0202, 2022.12.7.)
> 「우편법 시행규칙」 제12조 제2항 등에 비추어 일반우편이라고 하더라도 통상 3~7일 이내로 도달되는 것으로 보이므로(조심 2013지284, 2013.4.22. 같은 뜻임), 청구인이 이 건 심판청구를 제기한

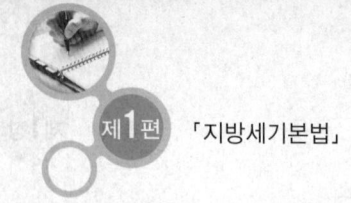

2021.12.22.경에는 이미 처분청이 2021.7.10. 발송한 2021년도 주택분 재산세(제1기분) 및 2021.9.10. 발송한 2021년도 주택분 재산세(제2기분) 부과처분의 각 심판청구기간(처분을 고지받은 날로부터 90일)이 도과되었다고 보임.

> **사례** 종합소득세 납세고지서 송달 시 소득세할 주민세 납세고지서도 함께 송달한 것임(조심 2019 지3858, 2020.7.29.)

○○○세무서장이 부과제척기간 내인 2019.5.15. 2008년 귀속 종합소득세 고지서를 피상속인에게 송달한 후 2019.6.3. 청구인에게 납부통지한 것으로 나타나고, 소득세할 주민세는 세무서장이 소득세를 부과고지할 때 함께 부과고지하고 있어 종합소득세 납세고지서 송달 시 소득세할 주민세 납세고지서도 함께 송달한 것으로 보이고, 청구인은 그로부터 90일이 도과한 2019.10.28. 이 건 심판청구를 제기하였으므로 2008년도분 주민세에 대한 심판청구는 청구기간을 도과하여 부적법한 것으로 판단된다. 소득분 지방소득세는 「소득세법」에 따라 신고하거나 결정·경정된 소득세로서 납세의무자가 납부하여야 할 세액의 총액에 표준세율을 적용하여 계산한 세액을 소득세와 함께 신고·납부 또는 부과·징수[「지방세법」(2014.1.1. 법률 제12153호로 개정되기 전의 것) 제93조, 제94조]하는 지방세로, 그 과세표준이 되는 소득세가 취소·경정되지 않는 한 그에 대한 소득분 지방소득세도 취소·경정되기 어려운바(조심 2019지3607, 2020.3.24. 같은 뜻임), 청구인에게 부과된 이 건 지방소득세의 과세표준이 되는 소득세가 이 건 심리일 현재까지 취소 또는 경정 결정이 되지 아니하였으므로 처분청이 청구인에게 이 건 지방소득세를 부과한 처분은 달리 잘못이 없음.

(3) 전자송달

전자송달은 정보통신망을 이용한 송달을 말하며 그 송달을 받아야 할 자가 신청하는 경우에 한하여 행한다. 지방세통합정보통신망(2023.1.24. 이전은 지방세정보통신망) 또는 연계정보통신망의 장애로 인하여 전자송달이 불가능한 경우에는 교부 또는 우편송달할 수 있다.

> **⊙ 전자송달이 불가능한 경우**
> ① 전화(戰禍), 사변(事變) 등으로 납세자가 전자송달을 받을 수 없는 경우
> ② 정보통신망의 장애 등으로 지방자치단체장이 전자송달이 불가능하다고 인정하는 경우

1) 전자송달할 수 있는 서류와 서류 열람

① 납세고지서, 납부통지서, 지방세환급금 지급통지서
   지방세통합정보통신망(2023.1.24. 이전은 지방세정보통신망)에 저장하여 송달을 받아야 할 자가 접속·열람하는 방식
② 결정서, 신고안내문 및 그 밖에 행정안전부장관이 고시하는 서류
   해당 송달을 받아야 할 자가 지정한 전자우편주소에 입력하는 방식

「정보통신망 이용촉진 및 정보보호 등에 관한 법률」 제2조 제1항 제1호에 따른 정보통신망으로서 법에 따른 송달을 위하여 지방세정보통신망과 연계된 정보통신망으로 송달할 수 있는 서류는 납세고지서로 한다.

지방자치단체장이 지방세통합정보통신망(2023.1.24. 이전은 지방세정보통신망)을 통해 상시 서류를 전자송달하는 경우에는 해당 납세자로 하여금 지방세통합정보통신망(2023.1.24. 이전은 지방세정보통신망)에 접속하여 해당 서류를 열람할 수 있게 하여야 하고, 연계정보통신망을 통해 납세고지서를 전자송달하는 경우에는 해당 납세자로 하여금 연계정보통신망에 접속하여 해당 납세고지서를 열람할 수 있게 하여야 하며, 납세자가 상기 서류를 지방세통합정보통신망(2023.1.24. 이전은 지방세정보통신망)이나 연계정보통신망 외에 전자우편주소로도 송달받고자 신청하는 경우에는 해당 납세자가 지방세통합정보통신망(2023.1.24. 이전은 지방세정보통신망)에서 지정한 전자우편주소로 송달하여야 한다.

2) 효력 발생(지기법 §32)

전자송달의 경우에는 송달받을 자가 지정한 전자우편주소, 지방세통합정보통신망(2023.1.24. 이전은 지방세정보통신망)의 전자사서함 또는 연계정보통신망의 전자고지함("전자우편주소 등")에 저장된 때(2016년 이전은 전자우편주소의 경우 입력된 때) 입력에 그 송달을 받아야 할 자에게 도달된 것으로 보며, 그 때 전자송달의 효력이 발생하는 것이다.

3) 전자송달의 신청 및 철회

전자송달을 신청하거나 그 신청을 철회하려는 자는 문서[별지 제8호 서식 : 전자송달 신청서(철회신청서)]로 지방자치단체에게 제출해야 한다.

전자송달을 신청한 자가 기존의 전자송달을 철회하지 아니하고 종전과 다른 전자우편주소 등을 적어 전자송달을 새로 신청한 경우에는 그 신청서를 접수한 날이 속하는 달의 다음 달 1일(2018년 이전 접수한 날의 다음 날)에 전자송달을 받을 전자우편주소 등을 변경한 것으로 보며, 전자송달의 신청 및 철회는 신청서를 접수한 날이 속하는 달의 다음 달(2018년 이전 접수한 날의 다음 날)부터 효력이 발생하며, 전자송달의 신청을 철회한 자가 전자송달을 재신청하는 경우에는 철회신청일부터 30일이 지난 날 이후에 신청할 수 있다.

한편, 지방세통합정보통신망(2023.1.24. 이전은 지방세정보통신망)에 접속하여 서류를 열람할 수 있게 하였음에도 불구하고 전자송달을 받을 자가 다음의 사유가 발생한 날이 속하는 달의 다음 달 1일(2018년 이전 사유가 발생한 날의 다음 날)에 전자송달 신청을 철회한 것으로 본다(2016.1.1. 이후 지방세정보통신망에 접속하여 서류를 열람할 수 있게 하는 분부터).

① 신청서에 기재된 전자우편주소 등이 행정안전부장관이 고시하는 기준에 맞지 않아 더 이상 전자송달을 할 수 없는 것으로 확인된 경우
② 전자송달을 받을 자가 전자송달된 서류를 5회 연속하여 송달의 효력이 발생한 때부터 60일 동안 확인 또는 열람하지 아니한 경우(단, 2023.3.14. 이후 납세자가 전자송달된 납부고지서에 의한 세액을 그 납부기한까지 전액 납부한 경우 제외)

④ 공시송달(지기법 §33)

(1) 의의

공시송달은 교부송달 또는 우편송달에 의하여 서류를 송달할 수 없는 경우 공공의 장소 또는 지면에 공시함으로써 송달이 있은 것으로 간주하는 제도이다. 이는 주민등록표상의 주소에 거주하지 아니하는 등 고의로 서류의 수령을 회피하는 경우 공시를 통하여 송달의 효력을 발생시킬 수 있도록 한 것이다. 일반적으로 공시한 것을 당사자가 보는 경우는 드물기 때문에 공시송달의 요건을 가능한 한 엄격히 할 필요가 있다.

(2) 공시송달사유

다음에 해당하는 경우에 한하여 공시송달할 수 있다.
① 주소 또는 영업소가 국외에 있고 그 송달이 곤란한 경우
② 주소 또는 영업소가 분명하지 아니한 경우

여기서 '주소 또는 영업소가 불분명할 경우'라 함은 납세자의 주소 또는 영업소로 서류를 송달하였으나, 송달되지 아니한 경우 송달받아야 할 자의 주소 또는 영업소를 다시 조사(시·읍·면·동의 주민등록사항, 인근자, 거래처 및 관계자 탐문, 등기부 등의 조사)하여도 그 주소 또는 영업소를 알 수 없는 경우를 말한다(지기예 법33-1).

한편, 법인에 대한 납세고지서의 송달은 본점 소재지에서 그 대표이사가 이를 수령할 수 있도록 함이 원칙이나 그와 같은 송달이 불능인 경우 법인등기부등본 등을 조사하여 본점 소재지의 이전 여부 및 대표이사의 변경 여부나 대표이사의 주소지 등을 확인하여 그에게 송달을 하여 본 후에 그 송달이 불능한 때에 비로소 공시송달을 할 수 있다(대법원 91누12813, 1992.2.25. 참조)할 것인바, 처분청이 법인에게 폐업된 사업장 소재지로 발송한 납세고지서가 수취인 없음으로 반송되었다면 대표이사의 주소지로 재차 발송하는 등의 조치를 취하였어야 함에도 이를 이행하지 아니하고 곧 바로 공시송달을 한 경우 납세고지서의 송달이 적법하게 이루어졌다고 보기는 어렵다(조심 2015지648, 2015.6.19.). 그리고 납세자의 '송달할 장소'가 여러 곳이어서 각각의 장소에 송달을 시도할 수 있었는데도 세무공무원이 그 중 일부 장소에만 방문하여 수취인이 부재 중인 것으로 확인된 경우에는 납세고지서를 공시송달할 수 있는 경우에 해당하지 않는다(대법원 2015두43599, 2015.10.29.).

③ 서류를 우편으로 송달하였으나 받을 사람이 없는 것으로 확인되어 반송됨으로써 납부기한 내 송달하기 곤란하다고 인정되는 경우와 세무공무원이 2회 이상 납세자를 방문[첫 방문이 2021년 이후인 경우부터 처음 방문한 날과 마지막 방문한 날 사이의 기간이 3일(기간을 계산할 때 공휴일, 대체공휴일, 토요일 및 일요일은 산입하지 않음) 이상이어야 함]하여 서류를 교부하고자 하였으나 받을 사람(그의 사용인, 그 밖의 종업원 또는 동거인으로서 사리를 분별할 수 있는 사람 포함)이 없는 것으로 확인되어 납부기한 내 송달하기 곤란하다고 인정

되는 경우

이는 납세고지서가 폐문 부재의 사유로 반송되었다는 이유만으로 공시송달이 가능한 것이 아니고, 세무공무원이 전화 연락이나 직접 교부 등 별도의 방법에 의하여 송달하고자 노력한 결과 송달이 곤란하다고 인정되는 경우에 한하여 공시송달이 가능하다고 보는 것이 타당하다(조심 2015지400, 2015.6.18.).

> **사례** 적법한 공시송달 여부(조심 2019인1921, 2019.7.19.)
>
> 우편물이 '수취인 부재'로 반송되었다고 하여 바로 공시송달이 가능하다는 것은 아니고, 과세관청이 선량한 관리자의 주의를 다하여 조사하였으나 송달이 곤란하다고 인정되는 경우에 한하여 공시송달이 가능하다고 봄이 타당하다 할 것인데(조심 2017중4178, 2017.12.14. 등, 같은 뜻임), 이 건의 경우, 쟁점납세고지서가 '폐문 부재'로 두 차례 반송된 사실은 있으나 그 후 발송한 독촉장이 정상적으로 송달된 것으로 볼 때 쟁점납세고지서 발송 당시 청구인이 일시부재 중이었던 것으로 보이고, 담당공무원이 전화 연락이나 직접 교부 등 별도의 방법에 의하여 송달하고자 한 노력 없이 쟁점납세고지서가 반송되자 바로 공시송달한 것으로 나타나므로 적법한 공시송달로 보기 어렵고, 그렇다면, 이 건 종합소득세 부과처분은 무효인 납세고지서 송달에 기초하여 행해진 것이므로 취소하는 것이 타당함.

> **사례** 반송된 쟁점 고지서가 송달을 위한 별도의 노력없이 바로 공시송달된 것으로 나타나므로 쟁점 고지서는 이를 취소하여야 하고 이를 근거로 한 압류처분도 이를 해제하여야 한다고 판단됨 (국심 2004전1513, 2004.10.16. 외 다수 같은 뜻)(조심 2010중2682, 2010.9.28.).

> **사례** 적법한 공시송달 여부(국심 2005부3742, 2006.4.24.)
>
> 고지서를 청구인의 주소지로 등기우편으로 송달하였으나 수취인 부재로 반송되고, 이후 직접 교부 송달시 청구인 자녀가 수취를 거절함에 따라 청구인이 납세고지 및 송달사실을 알 수 있도록 납세고지서 도착 안내문을 부착하였으며 사업장 탐문 등 송달을 위한 적극적인 조치를 취하였음에도 납부기한 내 송달이 곤란한 것으로 조사되어 부득이 이를 공시송달한 것으로 확인되므로 이 건 공시절차에 하자가 있었다고 보기는 어려운 것으로 보임.

(3) 공시송달 절차

공시송달 절차는 다음 중 한 가지 방법으로 송달할 서류의 요지를 공고하는 것이다.

① 게시

지방세정보통신망, 지방자치단체의 정보통신망이나 게시판에 게시하는 방법. 단, 지방세통합정보통신망(2023.1.24. 이전은 지방세정보통신망)이나 지방자치단체의 정보통신망에 게시하는 경우 다른 공시송달과 함께 하여야 한다.

② 게재

관보·공보 또는 일간신문에 게재하는 방법

제2장

납세의무

납세의무의 성립 및 소멸

❶ 납세의무성립시기(지기법 §34)

지방세의 납세의무는 과세요건의 충족, 즉 특정시기에 특정사실 또는 상태가 존재함으로써 과세대상(물건 또는 행위)이 납세의무자에게 귀속됨으로써 법이 정하는 바에 따라 과세표준의 산정 및 세율의 적용이 가능하게 되는 때에 구체적으로 성립한다(지기예 법34-1).[22]

(1) 세목별 성립시기

「지방세기본법」상 납세의무의 성립시기, 즉 과세요건이 충족되는 시기는 세목별로 다음과 같이 규정되어 있다.

구분	세목	납세의무성립시기	비고
신고납부 또는 보통징수의 경우	취득세	과세물건을 취득하는 때	
	등록에 대한 등록면허세	재산권 그 밖의 권리를 등기 또는 등록을 한 때	
	면허에 대한 등록면허세	각종의 면허를 받는 때와 납기가 있는 달의 1일	면허기간이 여러 해에 걸치는 음식점허가 등은 매년 1.1.에 면허가 갱신되는 것으로 보아 납세의무가 성립됨
	레저세	승자투표권·승마투표권 등을 발매하는 때	
	담배소비세	담배를 제조장 또는 보세구역으로부터 반출하거나 국내로 반입하는 때	
	지방소비세	「국세기본법」에 따른 부가가치세의 납세의무가 성립하는 때	
	주민세 개인분 및 사업소분 (2020년 이전은 균등분 및 재산분)	과세기준일	
	주민세 종업원분	종업원에게 급여를 지급하는 때(단, 「법인세법」 §67에 따라 처분되는 상여(賞與)에 대한 주민세 종업원분[23]	

---

22) 「지방세법」상 납세의무성립시기는 1995.1.1. 시행 개정 「지방세법」에서 신설되었음(구 지법 §29).

23) 2015.5.18. 이후 「소득세법」 제131조 제2항에 따라 원천징수하는 분부터 단서가 적용되며, 인정상여에 대한 소득 귀속 간주자는 그 귀속 시기에 귀속 여부를 정확히 판단할 수 없어 이에 대한 주민세를 신고·납부하기 어려운데도 불구하고 납세의무 성립시기가 "급여를 지급하는 때" 즉 "인정상여가 귀속되는 때"여서 대

구분	세목	납세의무성립시기	비고
신고납부 또는 보통징수의 경우	주민세 종업원분	① 법인세 과세표준을 결정 또는 경정하는 경우 : 소득금액변동통지서를 받은 날 ② 법인세 과세표준을 신고하는 경우 : 신고일 또는 수정신고일)	
	지방소득세	그 과세표준이 되는 소득세·법인세의 납세의무가 성립하는 때	
	재산세	과세기준일	
	자동차보유에 대한 자동차세[24]	자동차세 납기가 있는 달의 1일	신규등록, 말소등록 시 그 등록일
	자동차 주행에 대한 자동차세	그 과세표준인 교통·에너지·환경세의 납세의무가 성립하는 때	
	지역자원시설세	① 발전용수 : 발전용수를 수력발전(양수발전은 제외한다)에 사용하는 때 ② 지하수 : 지하수를 채수하는 때 ③ 지하자원 : 지하자원을 채광하는 때 ④ 컨테이너 : 컨테이너를 취급하는 부두를 이용하기 위하여 컨테이너를 입·출항하는 때 ⑤ 원자력발전 : 원자력발전소에서 발전하는 때 ⑥ 화력발전 : 화력발전소에서 발전하는 때 ⑦ 건축물 또는 선박(2020년 이전은 특정부동산) : 과세기준일	
	지방교육세	그 과세표준이 되는 세목의 납세의무가 성립하는 때	
특별징수	특별징수 지방소득세	그 과세표준이 되는 소득에 대하여 소득세·법인세를 원천징수하는 때	
수시부과		수시부과할 사유가 발생하는 때	

부분 불성실 가산세를 부과받는 상황이었으며, 국세의 경정통보 자료를 통해 상여처분 사실을 인지할 수밖에 없어 인정상여에 대한 주민세(종업원분) 과세권이 소득세보다 빨리 소멸함에 따라 인정상여에 대한 납세의무 성립시기를 「소득세법」상 지급시기와 동일하게 규정하여 세원 탈루를 방지하고자 단서를 신설하였음. 그리고 인정상여에 대한 주민세(종업원분)의 납세의무 성립시기를 국세와 동일하게 소득금액변동통지서를 받은 날 또는 수정신고일(소법 §131) 등으로 규정하여 가산세 발생을 최소화하고 징세행정의 효율화를 도모하였다.

24) 자동차세는 연세액 제도로 되어 있으나 행정적으로는 납기가 있는 달의 1일을 기준으로 과세한다. 다만, 자동차를 원시취득하거나 사용을 폐지한 경우에는 그 취득일 또는 사용 폐지일을 기준으로 수시 과세한다.

구분	세목	납세의무성립시기	비고
가산세		하기의 시기(단, ①~⑤에 따른 경우 출자자의 제2차 납세의무 적용 시 지방세관계법에 법정납부기한이 경과하는 때로 하며, 2023.12.31. 이전은 본세 납세의무성립일) ① 무신고가산세 및 과소신고·초과환급신고가산세 : 법정신고기한이 경과하는 때 ② 지기법 §55 ① 1호 납부지연가산세 및 §56 ① 2호 특별징수 납부지연가산세 : 법정납부기한 경과 후 1일마다 그 날이 경과하는 때 ③ 지기법 §55 ① 2호 납부지연가산세 : 환급받은 날 경과 후 1일마다 그 날이 경과하는 때 ④ 지기법 §55 ① 3호 납부지연가산세 및 §56 ① 2호의 2에 따른 특별징수 납부지연가산세[25] : 납세고지서에 따른 납부기한이 경과하는 때 ⑤ 지기법 §55 ① 4호 납부지연가산세 및 §56 ① 3호 특별징수 납부지연가산세 : 납세고지서에 따른 납부기한 경과 후 1개월마다 그 날이 경과하는 때 ⑥ 지기법 §56 ① 1호 특별징수 납부지연가산세 : 법정납부기한이 경과하는 때 ⑦ 그 밖의 가산세 : 가산세를 가산할 사유가 발생하는 때(단, 가산세를 가산할 사유가 발생하는 때를 특정할 수 없거나 가산할 지방세의 납세의무가 성립하기 전에 가산세를 가산할 사유가 발생하는 경우 가산할 지방세의 납세의무가 성립하는 때)	
가산금		부과고지한 지방세의 납부기한이 경과되는 때(판례)	

(2) 지방소득세 법인세 경정분의 납세의무성립시기

1) 2014.1.1. 이후 개시 사업연도분

2014.1.1. 이후 개시하는 사업연도분부터는 법인세의 부가세 과세방식에서 독립세 과세방식으로 전환되었으므로 법인세 경정 즉 익금산입 등으로 인하여 별도의 지방소득세 과세표준 등이 경정된 것이므로 납세의무성립시기는 사업연도 종료일로 보아야 할 것이다.

---

25) 제2호의 2에 따른 특별징수 납부지연가산세는 2025년 이후 특별징수 납부지연가산세를 부과하는 경우부터 적용됨.

2) 2013.12.31. 이전 개시 사업연도분

대법원 판례[26](대법원 2002두7852, 2004.7.8.)에 따르면 법인세 납세의무자가 법인세 신고를 하지 아니하였거나 그 신고내용에 오류·탈루가 있어 세무서장이 결정 또는 경정을 하는 경우에는 그 결정 또는 경정처분을 한 때에 비로소 과세물건인 법인세액이 확정되어 법인세분 지방소득세의 납세의무가 성립한다고 할 것이다라고 판시하고 있으며, 종전의 심사례(행심 2004-364, 2004.11.30.)에서는 상기의 대법원 판례를 근거로 경정일로 보고 있었다.

한편, 감사원 심사례(감심 2009-189, 2009.10.1.)에서는 법인세할 주민세를 경정 여부와 관계없이 사업연도 종료일로 보고 있으며, 과점주주의 제2차 납세의무에 관한 유권해석(지방세운영과-2471, 2009.6.18.)에서도 이와 같이 해석하고 있다.[27]

제2차 납세의무를 제외한 부분(예 : 개정 가산세 부과, 회생채권 여부 등)에 대하여는 법원에서는 대도시 내 구 등록세 중과에 대한 대법원 판례[28] 취지처럼 경정일을 납세의무성립일로 볼 가능성이 매우 높다.

> **사례** 처분청이 이 사건 주민세 채권을 정리채권으로 신고하지 아니한 채 정리계획인가결정 이후에 한 결손처분을 취소하여 부과권을 행사하는 것은 부과권이 소멸된 뒤에 한 위법한 과세처분으로 그 하자가 중대하고 명백하다고 할 것임(감심 2009-189, 2009.10.1.).

---

26) 법인세할 주민세의 납세의무는 원칙적으로 법인세 납세의무성립일인 당해 사업연도 종료일에 성립하는 것이어서 이 경우 납세의무자는 그 사업연도 종료일로부터 120일 내에 관할시장·군수에게 주민세를 신고납부하여야 하는 것이지만, 법인세납세의무자가 법인세신고를 하지 아니하였거나 그 신고내용에 오류·탈루가 있어 세무서장이 결정 또는 경정을 하는 경우에는 그 결정 또는 경정처분을 한 때에 비로소 과세물건인 법인세액이 확정되어 법인세할 주민세의 납세의무가 성립한다고 할 것이므로 이 경우에 납세의무자는 그 고지서의 납부기한으로부터 30일 내에 관할시장·군수에게 주민세를 신고납부하여야 하고, 이를 게을리한 때에는 관할시장·군수는 구 「지방세법」(1999.12.28. 법률 제6060호로 개정되기 전의 것) 제178조 제2항이 정하는 바에 따라 그 결정 또는 결정된 법인세액을 과세표준으로 하여 세액을 결정한 다음 가산세를 더하여 법인세할 주민세를 추징할 수 있다.

27) 2003.12.30. 「지방세법」 개정 시 가산세(위헌 판결로 인해 신고불성실가산세와 납부불성실가산세 분리 - 2004.1.1. 이후 납세의무성립분부터) 적용을 2003년 귀속 정기 신고(2003.12월 말 법인은 2004.4월까지)분은 종전 가산세(20%)만 부과하고, 법인세 경정 등에 의한 신고분 중 2004년 이후 신고분은 개정된 가산세 규정을 적용하도록 하였는데, 이는 경정일을 기준으로 판단하였다는 점에서 일관성이 없다. 그런데 법인세분 지방소득세에 대한 제2차 납세의무는 법인세에 대한 제2차 납세의무와 동일하게 처리하여야 할 것으로 판단되는데, 법인세의 경우 법인세의 납세의무는 사업연도 종료일(청산소득은 해산일 또는 합병일)이라고 규정하고 있다(국기법 §21 1). 따라서 법인세의 제2차 납세의무도 귀속 사업연도 종료일 현재의 과점주주에게만 부과하여야 할 것이고, 법인세분 지방소득세도 당연히 법인세와 마찬가지로 귀속 사업연도 종료일로 보아야 할 것이라 판단된다.

28) 대도시 내에서의 법인의 지점설치에 따른 부동산등기에 대하여 중과하는 등록세의 과세요건은 대도시 내에서의 부동산등기 및 이후 지점설치의 2가지라 할 것이고, 따라서 대도시 내에서 부동산등기를 먼저 경료하였다 하더라도 이후 지점이 설치되었을 경우에 비로소 중과되는 등록세의 과세요건이 충족되어 그 때 납세의무가 성립하는 것임(대법원 1992.5.12. 선고, 91누10619 판결 참조). - 등기하는 때가 아닌 수시부과하여 징수하는 지방세는 수시부과할 사유가 발생하는 때로 규정되어 있는바, 이 규정의 취지를 근거로 판결한 것으로 보여진다.

청구인은 2004.1.16. ○○○세무서장으로부터 1990년도 귀속분 법인세에 대하여 경정결정을 받았음에도, 그 고지서의 납부기한으로부터 1월 내에 주민세를 신고납부하지 아니한 이상, 처분청이 가산세를 포함하여 이 사건 주민세를 부과한 처분은 적법하다 할 것임(행심 2004-364, 2004.11.30.).

(3) 특별징수(원천징수) 소득세, 법인세의 납세의무성립시기

1) 소득세

원천징수하는 소득세·법인세는 소득금액 또는 수입금액을 지급하는 때에 납세의무가 성립하는 것이다(국기법 §21 ② 2).

원천징수하는 소득세의 경우 납세의무성립일은 급여를 지급하는 때이고, 12월을 경과하여 지급하는 때는 그 지급일(1~11월분 급여 : 12.31, 12월분 급여 : 다음 연도 2월 말까지 미지급 시 다음 연도 2월 말)이 납세의무성립일이 된다는 것인데, 연말정산에 의하여 세액을 신고납부하지 아니하여 종합소득세 신고의무가 있는 경우 소득세의 납세의무성립일인 과세기간 종료일(매년 12월 31일)이 되는 것이다.[29] 여기서 '지급하는 때'라 함은 지급시기 의제 규정이 적용되는 경우 그 시기를 말하며 지급시기 의제는 다음과 같다.

구분	지급시기 의제
근로·퇴직소득 원천징수의무자가 1월부터 11월까지의 급여액을 당해 연도 12월 31일까지 지급하지 아니한 경우	해당 연도 12월 31일
근로·퇴직소득 원천징수의무자가 12월분 급여액을 다음 연도 2월 말일까지 지급하지 아니한 경우	다음 연도 2월 말
법인이 이익 또는 잉여금의 처분에 의하여 지급하여야 할 배당·상여·기타소득을 그 처분을 결정한 날로부터 3월이 되는 날까지 지급하지 아니한 경우	그 3월이 되는 날 단, 그 처분이 11월 1일부터 12월 31일까지의 사이에 결정된 경우로 다음 연도 2월 말일까지 그 상여를 지급하지 아니한 때 2월 말일
「법인세법」에 의해 처분되는 배당·상여·기타소득	소득금액변동통지서를 받은 날
법인의 소득금액을 신고함에 있어서 「법인세법 시행령」 제106조의 규정에 의하여 처분되는 배당·상여·기타소득	법인세 과세표준 신고일 '신고일'이라 함은 「법인세법」 제60조의 규정에 의한 당해 법인의 과세표준과 세액의 신고기한 종료일을 말함(소기통 132-192…1)
「국세기본법」 제45조 제1항의 규정에 의하여 법인세 과세표준 금액을 수정신고함에 있어서 「법인세법 시행령」 제106조의 규정에 의하여 처분되는 배당·상여·기타소득	수정신고일

---

29) 원칙적으로 근로소득만 있는 경우 종합소득세 신고의무가 없으나, 원천징수의무자가 연말정산에 의하여 소득세를 납부하지 아니한 경우에는 종합소득세 신고의무가 있는 것이다(소법 §73).

2) 특별징수 지방소득세

① 근로소득 등

특별징수하는 지방소득세는 그 과세표준이 되는 소득에 대하여 소득세·법인세를 원천징수하는 때이므로 연말정산에 의하여 원천징수하는 날이 특별징수분 납세의무성립일이 되는 것이다 (지기법 §34 ② 1).[30]

따라서 특별징수 지방소득세의 경우 2007년도는 연말정산 원천징수일인 익년도 1월분 급여지급일, 2008년도 이후에는 2월 급여지급일[2월분 급여를 2월 말일까지 지급하지 아니하거나 2월분의 근로소득이 없는 경우 2월 말일로 하여 특별징수하여야 함(소법 §134 ② 1)]이 되는 것이다.

「국세기본법」제21조에 의거 원천징수하는 소득세 또는 법인세에 있어서는 소득금액[31] 또는 수입금액을 지급하는 때 납세의무가 성립하며, 그 성립일 현재를 기준으로 출자자의 제2차 납세의무를 지는지를 판단하는 것인데(제2차 납세의무는 주된 납세의무의 납부기한이 경과하여 체납이 되어야 납세의무가 성립되는 것임), 지방세에서는 소득세·법인세를 원천징수하는 때 납세의무가 성립되는 것으로 규정되어 있는바, 급여 등을 지급하는 때에 원천징수를 하도록 규정되어 있어서 차이가 없는 것으로 볼 수 있다. 그런데 연말정산에 의한 원천징수의 납세의무성립시기가 국세와 지방세 간의 차이가 있다. 즉 국세의 경우 연말정산 원천징수세액의 납세의무는 급여를 지급하는 때이므로 12월 급여를 지급하는 때가 될 것인데, 지방세에서는 연말정산하는 때가 납세의무가 성립되는 것으로 이들 간에 차이가 있다는 것이다. 따라서 제2차 납세의무를 지움에 있어서 약간의 차이가 있을 수 있다.

국세와 지방세 간의 납세의무성립시기가 다르다는 것은 논리적으로 모순이 있는 것이다. 따라서 이들 간의 차이가 있는 부분은 일치시켜야 할 것이다.

② 법인세 신고 시 처분된 배당·상여 및 기타소득

법인세 과세표준 신고 시 처분되는 배당·상여 및 기타소득은 법인세 과세표준 신고일 또는 수정신고일에 지급한 것으로 보는 것이므로(소법 §131 ②, §133 ④, §145) 이에 따른 특별징수 지방소득세의 납세의무성립시기는 법인세 과세표준 신고일 또는 수정신고일이 되는 것이다.

③ 경정 등에 의하여 소득금액 변동 통지서가 송달된 경우

법인 소득금액을 결정 또는 경정함에 있어서 처분되는 배당·상여 및 기타소득은 소득금액변동통지서를 받은 날에 지급한 것으로 보는 것이므로(소법 §131 ②, §133 ④, §145-2) 소득금액 변동 통지에 따른 원천징수분 근로소득세의 납세의무는 소득금액 변동 통지서가 송달된 때에 성립함과 동시에 확정되므로(대법원 2012두23365, 2013.2.28.) 특별징수 지방소득세도 그 날에 납세의무가

---

30) 2010년 이전에도 구 「지방세법」 제29조 제2항 제1호에 의하여 현행과 동일하게 규정되어 있었다.

31) 「소득세법 시행령」 제192조에 의거 「법인세법」에 의하여 세무서장이 법인 소득금액을 결정 또는 경정함에 있어서 처분되는 배당·상여 및 기타소득은 소득금액 변동 통지서를 받은 날에 지급한 것으로 보는 것이므로 「법인세법」에 의하여 상여처분된 근로소득세의 납세의무성립일은 소득금액 변동 통지일로 보아야 함(국심 2001중1164, 2001.7.27., 징세 46101-1525, 1997.6.24.).

성립되는 것이다.

> **사례** 소득금액 변동 통지를 회생절차개시 후에 송달되었다면 회생절차개시 후의 원인으로 생긴
> 것으로서 회생채권에 해당하지 아니함(대법원 2012두23365, 2013.2.28.)
>
> 과세관청이 법인의 사외유출금에 대하여 대표자 상여로 소득처분을 하고 소득금액 변동 통지를 하
> 는 경우 그에 따른 원천징수분 근로소득세의 납세의무는 소득금액 변동 통지서가 송달된 때에 성립
> 함과 동시에 확정되므로, 소득금액변동통지서가 당해 법인에 대한 회생절차개시 후에 송달되었다
> 면 그 원천징수분 근로소득세 채권은 회생절차개시 후의 원인으로 생긴 것으로서 채무자회생법 상
> 의 회생채권에 해당하지 않는다고 할 것이다(대법원 2010.1.28. 선고, 2007두20959 판결 등 참조).
> 원심판결 이유에 의하면, 이 사건 회사의 대표이사 가지급금 채권이 사외로 유출되었음을 이유로
> 한 이 사건 소득금액 변동 통지가 이 사건 회사에 대한 회생절차개시결정 후에 이루어진 사실을
> 알 수 있는바, 이러한 사실을 위 법리에 비추어 보면 그에 따른 이 사건 원천징수분 근로소득세 채
> 권은 회생채권에 해당하지 않는다고 할 것임.

> **사례** 소득금액 변동 통지 시 종합소득 납세의무성립시기(서울행법 2011구합30120, 2012.6.29.)
>
> 비록 「소득세법 시행령」 제134조 제1항에 의하면 종합소득 과세표준 확정신고기한 경과 후에 소득
> 처분에 의하여 변동이 생긴 소득금액에 대한 세액의 추가 납부불이행에 대한 제재로서 부과되는 납
> 부불성실가산세는 그 법정 추가 납부기한이 소득금액 변동 통지서를 받은 날이 속하는 달의 다음
> 달 말일의 다음 날부터 기산할 수 있으나, 위 규정은 원고의 종합소득세 납세의무의 성립과는 관계가
> 없고, 다만 원천납세의무의 확정신고기한이 경과한 이후에 소득금액 변동 통지가 이루어져 원천납세
> 의무자가 사전에 위 소득금액 변동 통지 결과를 예상할 수 없었던 경우에도 이미 경과된 기간에 대
> 한 납부불성실 가산세를 부과하는 것이 가혹하다는 정책적 고려에 따른 것이지, 소득의 귀속자에 대
> 한 소득금액 변동 통지의 성격에 어떠한 영향을 미친다고 볼 수 없는 점 등을 고려할 때, 사외 유출된
> 소득금액의 귀속자에 대한 소득금액 변동 통지 자체만으로는 소득금액 귀속자의 종합소득세 납세의
> 무의 존부나 범위에 어떠한 영향을 미친다고 할 수 없다 할 것임.

3) 중과와 추징사유 발생 시 취득세 납세의무성립시기

① 납세의무성립시기

세금의 부과는 납세의무의 성립 시, 즉 과세요건의 완성 당시에 유효한 법령의 규정에 의하여
야 하며, 세법의 개정이 있을 경우에도 개정 전후의 법령 중에서 납세의무가 성립될 당시의 법령
을 적용하여야 한다(대법원 90누7050, 1991.2.26.).

중과의 경우 대법원판례(91누10619, 1992.5.12.)에 따르면 납세의무성립은 중과사유발생일이 될 것
이다. 한편, 취득세 등의 면제에 관한 「지방세법」이 개정된 경우에 있어서 면제대상이 되는 것인지
여부는 그 취득 당시의 법률에 따라 판단되어져야 할 것이지만, 추징사유에 해당하는지 여부는 특
별한 사정이 없는 한 그 과세요건이 갖추어졌는지 여부가 문제된 사유발생 당시의 법률에 따라 판
단되어야 할 것이다(행심 2002-121, 2002.3.25.). 이러한 이유는 대법원판례(2006두14926, 2009.1.15.)에
의하면 추징사유의 경우 납세의무성립은 추징사유발생일이기 때문이다. 그런데 부칙 등 경과규정
에 의하여 달리 판단될 수 있는데, 예를 들어 "납세의무성립분부터"로 규정되어 있는지 아니면 "취

득분부터"로 규정되어 있는지에 따라 감면 당시의 법률에 따라 추징대상 여부를 판단할 수도 있다.

한편, 별도의 규정이 없다면 납세자에게 불리하게 적용되는 경우를 제외하고는 개정 법률이 적용되는 것이다. 이는 세법의 개정이 있을 경우에 일반적으로는 법률불소급의 원칙상 개정 전후의 법 중에서 납세의무가 성립될 당시의 세법을 적용하여야 하나, 개정된 세법 부칙이 "이 법 시행 당시 종전의 규정에 의하여 부과 또는 감면하여야 할 지방세에 대하여는 종전의 예에 의한다"는 경과규정을 두고 있다면, 이는 세법이 납세의무자에게 불리하게 개정된 경우에 납세의무자의 기득권 내지 신뢰보호를 위하여 납세의무자에게 유리한 구법을 적용하도록 하는 특별규정이므로, 구법을 적용하여야 할 것이기 때문이다(대법원 2007두1545, 2007.3.16., 대법원 93누5666, 1994.5.24. 참고).

② 추징의 경우 세율 적용

세금의 부과는 납세의무의 성립 시, 즉 과세요건의 완성 당시에 유효한 법령의 규정에 의하여야 하며, 세법의 개정이 있을 경우에도 개정 전후의 법령 중에서 납세의무가 성립될 당시의 법령을 적용하여야 할 것이다(대법원 90누7050, 1991.2.26.).

그런데 일반적으로 추징규정 법조문상 "경감(면제)된 취득세 등을 추징한다"라고 되어 있어서 감면세액 산정 시 적용된 과세표준과 세율 즉 일반적으로 취득(등기) 당시의 과세표준과 세율로 추징하여야 할 것으로 보여진다. 이는 「경감된 취득세」라 함은 감면세액 즉 일반적으로 취득(등기) 당시의 과세표준과 세율로 산정되었기 때문이다.

한편, 2010.12.31. 이전 취득 등기분에 대하여 2011.1.1. 이후 추징되는 경우 추징 당시의 법조문에는 "경감(면제)된 취득세를 추징한다"라는 규정되어 있어서 취득세만 추징하는 것으로 해석하여야 할 것이다. 그런데 경감(면제)된 세액은 취득세 4%가 아닌 구 취득세(2%)와 구 등록세(2%)이므로 부칙에 구 등록세 추징에 대하여 별도로 규정하지 아니한 것은 문제가 있으나, 법 취지상 구 취득세(2%)와 구 등록세(2%)를 추징하는 것이 타당할 것이다.

③ 중과의 경우 세율적용

중과의 경우 감사원 심사례(감심 2011-50, 2011.3.24.)에서 구 등록세 중과 유예기간 이내에 부동산을 매각한 때의 중과세율을 적용하여 구 등록세를 부과하기 위한 과세요건이 갖추어져 납세의무가 성립되었다고 보아야 할 것이고, 이때 적용할 중과세율은 취득 당시 표준세율(3%)이 아닌 매각당시 표준세율(2%)의 3배로 하여야 할 것이다. 이는 추징의 경우와는 다른 것이다.

④ 2010.12.31. 이전 취득분에 대한 구 등록세

구 등록세는 등기 시점에 납세의무가 성립되는 것이므로 납세의무성립 시점의 「지방세법」을 따라야 할 것이지만, 2010.12.31. 이전 취득분으로 2011.1.1. 이후 등기하는 경우 구 등록세는 종전 「지방세법」(2010.12.31. 현재의 「지방세법」을 말함)에 의하여 등록 시에 부과하여야 하도록 규정되어 있다. 이는 종전의 취득세와 등록세를 취득세로 통·폐합하면서 종전에 취득한 과세물건을 2011.1.1. 이후에 등기·등록하는 경우에 대한 경과규정을 명확히 한 것이므로 2010.12.31. 현재의 등록세 규정이 적용되는 것이다.

> **사례** 2010.12.31. 취득분의 대지권 등기에 대한 등록세의 감면은 구「지방세법」제273조의 2의
> 규정(2006.9.1. 개정)을 적용하여야 하는 것임(지방세운영과 - 209, 2012.1.16.)
> 「지방세법」부칙(2011.1.1. 법률 제10221호 개정) 제6조는 세목체계간소화 계획에 따라 종전의 취득
> 세와 등록세를 취득세로 통·폐합하면서 종전에 취득한 과세물건을 이 법 시행 이후에 등기·등록
> 하는 경우에 대한 경과규정을 명확히 한 것이며, 동 부칙에서 종전의 규정이라 함은 개정 법률 직전
> 의 규정을 의미하는 것임. 따라서 대지권 등기에 대한 등록세의 감면은 종전규정인 구「지방세법」
> 제273조의 2의 규정(2006.9.1. 개정)을 적용하여야 할 것임.

4) 과점주주 제2차 납세의무 성립시기

법인의 과점주주 등이 부담하는 제2차 납세의무에 대해서는 주된 납세의무와 별도로 부과제척
기간이 진행하고 그 부과제척기간은 특별한 사정이 없는 한 이를 부과할 수 있는 날인 제2차 납
세의무가 성립한 날로부터 5년간으로 봄이 상당하다(대법원 2006두11750, 2008.10.23. 참조). 한편 제2
차 납세의무가 성립하기 위하여는 주된 납세의무자의 체납이나 그 재산에 대하여 체납처분을 집
행하여도 징수액에 부족하다는 등의 요건에 해당하는 사실이 발생하여야 하므로 그 성립시기는
적어도 "주된 납세의무의 납부기한"이 경과한 이후라고 할 것이다(대법원 2010두13234, 2012.5.9., 대
법원 2003두13083, 2005.4.15. 참조).

제2차 납세의무는 주된 납세의무가 성립된 시점에는 징수부족액이 생길지 여부가 불명확한 상태
이므로 그 때를 성립시기로 볼 수 없고 주된 납세의무가 성립하고 난 다음 납부기한까지 조세채무
가 이행되지 않았을 때 비로소 성립하는 것이다(조심 2011광1997, 2012.3.20.). 즉 제2차 납세의무자에
대한 부과제척기간의 기산일은 주된 납세의무의 납부기한의 다음 날이 되는 것이다. 그리고 부과제
척기간은 불변기간으로 한다고 해석하고 있으므로 기간계산에 있어서 권리관계를 조속히 확정 안
정시키려는 것으로서 지방세징수권 소멸시효와는 달리 기간의 중단이나 정지가 없다. 따라서 주된
납세자의 체납세액에 대하여 압류를 하였다고 하더라도 정지나 중단이 없으므로 제2차 납세의무자
에 대한 부과제척기간의 기산일은 무조건 주된 납세의무의 납부기한의 다음 날이 되는 것이다.

한편, 제2차 납세의무의 성립요건 역시 과세요건에 해당하므로 주된 납세의무자의 재산에 대
하여 체납처분을 집행하여도 징수액에 부족하다는 등의 요건에 대하여는 과세관청에서 이를 증
명하여야 한다.

> **사례** 과점주주 등의 제2차 납세의무 부과제척기간 등(대법원 2010두13234, 2012.5.9.)
> 당초 법인세 부과처분은 과세관청이 이를 직권으로 취소한 이상 제2차 납세의무성립의 전제가 되는
> 주된 납세의무에 관한 부과처분이라고 할 수 없고, 을의 제2차 납세의무에 대한 부과제척기간은 빨라
> 야 새로운 법인세 부과처분의 납부기한 다음 날부터 5년이 경과한 때 만료하므로, 그 전에 을에 대하
> 여 이루어진 위 처분은 부과제척기간 내에 이루어진 것으로서 적법함.

> **사례** 제2차 납세의무 성립시기(조심 2011광1997, 2012.3.20.)
> 처분청이 2010년 11월 체납법인에게 쟁점원천세액에 대한 납세의무성립 이후 그 법정납부기한으로
> 부터 징수권의 소멸시효 및 부과제척기간 내에 체납액을 결정·고지하였으나, 체납법인이 이를 납부

기한(2010.11.30.)까지 납부하지 아니하자 체납법인의 체납을 원인으로 청구법인에게 쟁점체납액에 대하여 제2차 납세의무자 지정 및 납부 통지한 바, 이는 주된 납세의무자인 체납법인의 쟁점원천세액에 대한 납세의무의 성립 및 체납법인에 대한 징수 또는 부과처분과는 별도로 비로소 청구법인에 대한 쟁점체납액 관련 조세채권이 생겼다 할 것이고, 이 조세채권은 청구법인의 회생절차 개시결정일(2009.6.11.) 이후에 성립하여 「채무자 회생 및 파산에 관한 법률」 제118조(회생채권) 제1호의 회생채권으로 볼 수 없으므로 동 조세채권이 회생채권에 해당함.

> **사례** [1] 주된 납세의무자에 대한 과세처분의 효력발생 전에 한 제2차 납세의무자에 대한 납부고지의 적법 여부(소극) [2] 행정행위 하자의 치유가 허용되기 위한 요건 [3] 주된 납세의무자에 대한 과세처분의 효력발생 전에 한 제2차 납세의무자에 대한 납부고지처분의 절차상의 하자가 그 후 주된 납세의무자에 대한 과세처분의 효력발생으로 치유되었다고 본 사례(대법원 98두4535, 1998.10.27.)
> 피고는 원고에 대한 이 사건 납부고지결정과 동시에 ○○호텔에 대하여도 과세결정을 하고 그 납세고지서를 송달하기 위하여 ○○호텔의 사무실이 없는 관계로 청산인의 주소지를 직접 찾아갔으나 청산인이 주소를 옮긴 것을 발견하고 다음 날 배달증명우편으로 옮긴 주소지로 납세고지서를 송달하여 그 다음 날 송달이 이루어진 반면, 원고에 대한 납부통지서는 원고의 직원이 결정 당일에 피고의 사무실을 직접 방문하여 수령하여 갔다는 것인바, 사실관계가 이와 같다면, 이 사건에서는 제2차 납세의무자인 원고에 대한 이 사건 납부고지처분이 주된 납세의무자에 대한 과세처분의 효력이 발생하기 전에 이루어진 절차상의 하자는 있지만, 그 후 주된 납세의무자에 대한 과세처분의 효력이 발생함으로써 그 하자가 치유되었다고 보아야 할 예외적인 사정이 있음.

5) 납세의무성립 전에 신고·납부한 경우

취득세 납세의무가 성립되기 전에 신고하고 납부한 취득세 등을 전액 환부한 다음 보통징수의 방법으로 징수하여야 하며 이미 신고·납부의 의무를 이행한 이상 가산세는 제외되어야 할 것이다(조심 2008지0601, 2009.3.17.). 이 심판례에 의하면 정당한 사유와 관계없이 취득세 납세의무성립 전에 신고·납부하였다면 가산세를 부과하지 않아야 하는 것으로 결정하고 있지만, 대법원의 판례(대법원 2014두3266, 2014.6.26.)는 이와 좀 다르게 접근하고 있다. 가산세를 배제하려면 정당한 사유가 있어야 한다는 것이다. 즉 외관상 종전 신고에 따른 취득세 등의 체납상태가 계속되고 있었으므로 이를 우선 해소할 필요가 있었던 것으로 보이는데, 종전 신고에 따라 원고가 납부하여야 할 세액만도 16억 원이 넘는 거액이었다. 이런 상황에서 원고는 우선 종전 신고에 따른 취득세 등의 명목으로 17억 원을 납부하였는데, 원고가 다시 위 등기일을 취득시기로 한 취득세 등을 추가로 신고·납부하기는 어려움이 있는 등 정당한 사유가 있는 것으로 보아 가산세를 배제하려고 한다라고 판시하고 있음에 유의하여야 할 것이다.

6) 가산세 납세의무

납부불성실가산세는 본세의 납세의무자가 법령에서 정한 기간 내에 신고·납부하여야 할 세액을 납부하지 아니하였거나 산출세액에 미달하게 납부한 때에 부과·징수하는 것이므로 본세의 납세의무가 성립하지 아니한 경우에는 부과·징수할 수 없고, 이러한 법리는 불복기간 등의 경과로 본세의 납세의무를 더 이상 다툴 수 없게 되었다고 하더라도 마찬가지이다(대법원 2013두27128, 2014.4.24.).

② **납세의무 확정**(지기법 §35)

지방세의 납부 또는 징수를 위하여 법이 정하는 바에 따라 납부할 지방세액을 납세의무자 또는 지방자치단체의 일정한 행위나 절차를 거쳐서 구체적으로 확정하는 것을 말하며, 납세의무의 성립과 동시에 법률상 당연히 확정되는 것(예 : 특별징수하는 지방소득세)과 납세의무성립 후 특별한 절차가 요구되는 것으로서 납세자의 신고에 의하여 확정되는 것(예 : 취득세 등) 및 지방자치단체의 결정에 의하여 확정되는 것(예 : 자동차세 등)이 있다(지기예 법35-1).

지방세는 다음 시기에 그 세액이 확정된다.

① 납세의무자가 과세표준과 세액을 지방자치단체에 신고·납부하는 지방세 : 신고하는 때 (단, 2021년 이후 납세의무자가 과세표준과 세액의 신고를 하지 아니하거나 신고한 과세표준과 세액이 지방세관계법에 어긋나는 경우에는 지방자치단체가 과세표준과 세액을 결정하거나 경정하는 때)

② 2020년 이전은 신고·납부하는 지방세의 과세표준과 세액을 지방자치단체가 결정하는 경우 : 결정하는 때

③ ① 외의 지방세 : 해당 지방세의 과세표준과 세액을 해당 지방자치단체가 결정하는 때

④ 특별징수하는 지방소득세, 「지방세기본법」 제55조 제1항 제3호 및 제4호에 따른 납부기한 경과된 후 납부지연가산세(2024.1.1. 이후 납세의무성립분부터 적용) 및 같은 법 제56조 제1항 제2호의 2(2025.1.1. 이후 납세의무성립분부터 적용) 및 제3호에 따른 특별징수 납부지연가산세[32](2024.1.1. 이후 납세의무성립분부터 적용)는 ①~③에도 불구하고 납세의무가 성립하는 때에 특별한 절차 없이 그 세액이 확정된다.

> **사례** 특별징수하는 도축세의 경우 납세의무가 성립하는 때에 특별한 절차없이 과세표준 및 납입세액 등이 확정된다 할 것이므로 귀문 도축세의 경우 「지방세법」 제30조 제2항에 준하여 납세의무가 성립하는 때(소·돼지를 도살하는 때) 특별한 절차없이 납세의무가 확정된다고 판단됨(지방세정팀-2159, 2005.8.11.).

③ **수정신고의 효력**(지기법 §35-2)

수정신고(과세표준 신고서를 법정신고기한까지 제출한 자의 수정신고로 한정함)는 당초의 신고에 따라 확정된 과세표준과 세액을 증액하여 확정하는 효력을 가지며, 수정신고는 당초 신고에 따라 확정된 세액에 관한 지방세관계법에서 규정하는 권리·의무관계에 영향을 미치지 아니한다.

---

32) 제2호의 2에 따른 특별징수 납부지연가산세는 2025년 이후 특별징수 납부지연가산세를 부과하는 경우부터 적용됨.

④ 경정 등의 효력[33](지기법 §36)

지방세관계법에 따라 당초 확정된 세액을 증가시키는 경정은 당초 확정된 세액에 관한 「지방세기본법」 또는 지방세관계법에서 규정하는 권리·의무관계에 영향을 미치지 아니하며,[34] 지방세관계법에 따라 당초 확정된 세액을 감소시키는 경정은 그 경정에 따라 감소되는 세액 외의 세액에 관한 「지방세기본법」 또는 지방세관계법에서 규정하는 권리·의무관계에 영향을 미치지 아니한다.

(1) 병존설과 흡수설의 관계

병존설과 흡수설은 다음과 같다.

병존설	흡수설
• 당초 처분과 경정처분이 형식적으로 볼 때 독립하여 별개의 형태로 존재하므로 당초 처분과 경정처분(수정신고 포함)을 별개 독립의 불복대상으로 함.	• 당초 처분은 경정처분에 흡수되어 소멸하고 경정처분(수정신고 포함)의 효력은 처음부터 다시 조사 결정한 과세표준 및 세액 전체에 미친다고 보아 당초 처분을 포함하여 불복대상으로 함.
• 당초 처분과 경정처분은 서로 무관한 것이 아니라 동일한 추상적 조세채무의 구체적 확정을 위한 일련의 절차로서 밀접한 관계가 있다는 점을 도외시하여 각 처분의 당부에 관한 판단이 다르게 나올 위험성이 있음. • 납세자에게 불리	• 당초 처분의 존재를 전제로 한 체납처분 역시 그 효력을 상실한다고 보게 되므로 징수권 확보에 불리한 결론을 가져오게 되며, 감액경정처분의 경우를 설명할 수 없음. • 납세자에게 유리

(2) 증액경정처분이 있는 경우(흡수설)

대법원 판례를 살펴보면 2002.12.18. 법률 제6782호로 개정된 「국세기본법」에서 신설된 제22조의 2는 "경정 등의 효력"이라는 제목으로 그 제1항에서 "세법의 규정에 의하여 당초 확정된 세액을 증가시키는 경정은 당초 확정된 세액에 관한 이 법 또는 세법에서 규정하는 권리·의무관계에 영향을 미치지 아니한다"고 규정하고 있는바, 증액경정처분은 당초 신고하거나 결정된 세액을 그대로 둔 채 탈루된 부분만을 추가하는 것이 아니라 증액되는 부분을 포함시켜 전체로서 하나의

---

33) 이 내용은 「국세기본법」 제22조의 2와 동일한 내용으로 2002.2.18. 신설 시행 공포되어 이 날 이후 최초로 경정하는 분부터 적용하였다.

34) 「지방세기본법」 제36조 제1항의 주된 입법 취지는 증액경정처분이 있더라도 불복기간의 경과 등으로 확정된 당초 신고 또는 결정에서의 세액만큼은 그 불복을 제한하려는 데 있으므로 증액경정처분이 있는 경우 당초 신고나 결정은 증액경정처분에 흡수됨으로써 독립된 존재가치를 잃게 된다고 보아야 할 것이므로, 원칙적으로는 당초 신고나 결정에 대한 불복기간의 경과 여부 등에 관계없이 증액경정처분만이 항고소송의 심판대상이 되고, 납세의무자는 그 항고소송에서 당초 신고나 결정에 대한 위법사유도 함께 주장할 수 있다고 해석함이 타당하나(대법원 2006두17390, 2009.5.14.), 증액경정처분에 의하여 증액된 세액의 범위 내에서만 취소를 구할 수 있다고 할 것이다(대법원 2011두4855, 2012.3.29.).

세액을 다시 결정하는 것인 점(대법원 91누9596, 1992.5.26., 대법원 2003두12721, 2005.6.10. 등 참조), 부과처분취소소송 또는 경정거부처분취소 소송의 소송물은 과세관청이 결정하거나 과세표준신고서에 기재된 세액의 객관적 존부로서 청구취지만으로 그 동일성이 특정되므로 개개의 위법사유는 자기의 청구가 정당하다고 주장하는 공격방어 방법에 불과한 점(대법원 91누6108, 1992.2.25., 대법원 96누8796, 1997.5.16., 대법원 2002두9261, 2004.8.16. 등 참조)과 「국세기본법」 제22조의 2 제1항의 주된 입법 취지는 증액경정처분이 있더라도 불복기간의 경과 등으로 확정된 당초 신고 또는 결정에서의 세액만큼은 그 불복을 제한하려는 데 있는 점 등을 종합하여 볼 때, 「국세기본법」 제22조의 2의 시행 이후에도 증액경정처분이 있는 경우 당초 신고나 결정은 증액경정처분에 흡수됨으로써 독립된 존재가치를 잃게 된다고 보아야 할 것이므로, 원칙적으로는 당초 신고나 결정에 대한 불복기간의 경과 여부 등에 관계없이 증액경정처분만이 항고소송 심판대상이 되고, 납세의무자는 그 항고소송에서 당초 신고나 결정에 대한 위법사유도 함께 주장할 수 있다(대법원 2006두17390, 2009.5.14.).

당초 신고나 결정은 증액경정처분에 흡수됨으로써 독립한 존재가치를 잃게 되어 원칙적으로는 증액경정처분만이 항고소송의 심판대상이 되고 납세자는 그 항고소송에서 당초 신고나 결정에 대한 위법사유도 함께 주장할 수 있으나, 불복기간이나 경정청구기간의 도과로 더 이상 다툴 수 없게 된 세액에 관하여는 그 취소를 구할 수 없고 증액경정처분에 의하여 증액된 세액의 범위 내에서만 취소를 구할 수 있다고 할 것이다(대법원 2011두4855, 2012.3.29., 대법원 2006두17390, 2009.5.14., 대법원 2008두22280, 2011.4.14. 등 참조).

> **사례** 당초 처분의 위법사유가 증액경정처분에도 존재하고 있는 경우로서 특별한 사정이 없는 한, 소송 계속 중에 전심절차 진행 중 이루어진 증액경정처분에 대하여 청구취지를 변경하는 형식으로 증액경정처분의 취소를 구할 수 있으며, 이때 제소기간의 준수 여부는 당초의 소 제기 시를 기준으로 판단하여야 함(대법원 2011두25005, 2013.2.14.)
>
> 납세자가 이와 같은 과정을 거쳐 행정소송을 제기하면서 당초의 과세처분의 취소를 구하는 것으로 청구취지를 기재하였다 하더라도, 이는 잘못된 판단에 따라 소송의 대상에 관한 청구취지를 잘못 기재한 것이라 할 것이고, 그 제소에 이른 경위나 증액경정처분의 성질 등에 비추어 납세자의 진정한 의사는 증액경정처분에 흡수됨으로써 이미 독립된 존재가치를 상실한 당초의 과세처분이 아니라 증액경정처분 자체의 취소를 구하는 데에 있다고 보아야 할 것이다. 따라서 납세자는 그 소송 계속 중에 청구취지를 변경하는 형식으로 증액경정처분의 취소를 구하는 것으로 청구취지를 바로잡을 수 있는 것이고, 이때 제소기간의 준수 여부는 형식적인 청구취지의 변경 시가 아니라 증액경정처분에 대한 불복의 의사가 담긴 당초의 소 제기 시를 기준으로 판단하여야 함.

(3) 감액경정처분이 있는 경우(병존설)

과세표준과 세액을 감액하는 경정처분은 당초 부과처분과 별개 독립의 과세처분이 아니라 그 실질은 당초 부과처분의 변경이고, 그에 의하여 세액의 일부 취소라는 납세자에게 유리한 효과를 가져 오는 처분이라 할 것이므로, 그 감액경정결정으로도 아직 취소되지 않고 남아 있는 부분이 위법하다 하여 다투는 경우 불복청구대상은 당초의 부과처분 중 경정결정에 의하여 취소되지 않

고 남은 부분이고, 감액경정한 처분이 불복청구대상이 되는 것은 아니라 할 것이며, 이 경우 적법한 전심 절차를 거쳤는지 여부도 당초 처분을 기준으로 하여 판단하여야 한다(대법원 93누9989, 1993.11.9., 대법원 95누351, 1995.8.11.).

> **사례** 감액경정결정의 불복청구대상은 당초의 부과처분 중 취소되지 않고 남은 부분이고, 적법한 전심절차를 거쳤는지 여부도 당초 처분을 기준으로 판단하여야 하므로, 당초 처분일을 기준으로 청구기간을 도과한 것이 확인되는 이상 본안심의대상에 해당하지 않음(행심 2005-2, 2005.2.3.).

⑤ 납부의무의 소멸(지기법 §37)

(1) 개요

이미 성립된 납세의무는 그 의무를 이행함으로써 소멸되기도 하고 납부의무를 이행하지 않는 경우에도 일정한 사유가 생김으로써 소멸하기도 한다. 납부의무가 이행됨으로써 소멸하는 경우는 납부 또는 충당되는 것이 일반적이고 또한 이상적이라고 할 것이며, 기타의 경우로는 부과취소·부과제척기간의 만료·소멸시효의 완성을 들 수 있다.

(2) 납부의무 소멸사유

지방자치단체의 징수금을 납부할 의무는 다음과 같은 사유가 있는 때에 소멸한다.

1) 납부

납세의무를 현실적으로 이행하기 위하여 금전을 시금고에 수납하는 것을 말하는 바 궁극적인 조세채권의 실현을 말한다. 여기서 "납부"라 함은 당해 지방세의 납세자는 물론 납세보증인 및 기타 이해관계가 있는 제3자 등에 의한 납부를 모두 포함한다(지기예 법37-1).

2) 충당

납세의무자에게 환급해 주어야 할 금액이 있거나 체납처분·교부청구 등에 의한 청산절차에 따라 세액에 충당할 수 있는 대금이 있는 경우에 납세자가 납부해야 할 세액과 상계하는 것을 말한다. 이로써 납부한 것과 동일한 효력을 부여하여 충당된 범위 안에서 납세의무는 소멸한다. 여기서 "충당"이라 함은 납세의무자에게 환급할 지방세환급금과 당해 납세의무자가 납부할 지방세·가산금 및 체납처분비 상당액을 서로 상계시켜 지방세 세입으로 하는 것을 말한다(지기예 법 37-2). 한편, 지방세 외 세외수입 충당 등은 불가하며, 이 경우 채권확보(압류 등) 절차를 준용해야 할 것이다.

3) 부과취소

납세에 관한 부과처분이 취소되면 납세의무는 소멸한다. 그 취소는 과세관청의 직권에 의한 취소이거나 납세자의 신청에 의한 취소이거나 관계가 없으며 부과처분의 취소는 그 부과한 날에 소급하여 효력을 상실시킨다.

4) 부과제척기간의 만료

'제척기간'이란 권리의 행사를 배제하는 효력을 생기게 하는 기간을 말한다. 납세의무자가 법령에 의한 납세의무를 이행하지 않는 경우에 지방자치단체는 그 납세의무자에게 부과 및 징수권을 행사할 수 있는바, 부과권이 완성되는 기간을 지방세부과의 제척기간으로 하였다. 따라서 제척기간이 만료된 후에는 당해 지방세를 부과할 수 없으며(납세의무가 성립된 후 과세권자가 일정기간 부과권을 행사하지 않으면 그 권한이 소멸됨), 이 기간은 불변기간으로 한다고 해석하고 있으므로 기간계산에 있어서 권리관계를 조속히 확정 안정시키려는 것으로서 지방세징수권 소멸시효와는 달리 기간의 중단이나 정지가 없다.

각 세목별 납세의무성립일로부터 부과제척기간인 5년(7년, 10년)의 기간이 경과하면 지방자치단체의 부과권은 소멸되어 과세표준이나 세액을 변경하는 어떤 결정 또는 경정도 할 수 없으나, 「지방세기본법」 제38조 제2항의 당해 판결·결정 또는 상호합의를 이행하기 위한 경정결정 기타 필요한 처분은 예외로 하고 있다(지기예 법38-1).

(3) 회생채권과 납부의무소멸 관계

회생회사에 대한 조세채권이 법률에 의한 과세요건을 충족하여 회생절차 개시결정 전에 성립되어 있는 이상 과세관청이 부과처분을 하지 아니하여 조세채권이 구체적으로 확정되어 있지 아니하더라도 「채무자 회생 및 파산에 관한 법률」 제118조의 규정에 의하여 회생채권이 되는 것이므로 같은 법 제148조의 규정에 따라 늦어도 회생계획안 심리기일 이전으로 통상 제2회 관계인집회일 전까지 신고하여야 할 것이다. 회생회사에 대한 조세채권은 지체없이 회생계획(안) 수립에 장애가 되지 않는 시기 즉 늦어도 회생계획(안) 심리기일 이전으로서 통상 제2회 관계인집회일 전까지 신고하지 아니하면 실권소멸되므로(대법원 93누14417, 1994.3.25. 판결 등) 회생채권으로서 징수 가능한 가산금과 중가산금이라 하더라도 제2차 관계인집회 전까지 회생채권으로 신고하지 않은 경우 실권소멸하는 것이므로 납부의무가 소멸되는 것이다.

(4) 정리보류(2022.1.27. 이전은 결손처분)와 납부의무소멸 관계

체납자의 행방불명과 무재산 또는 체납처분 중지나 체납처분 후 부족액에 대한 정리보류(2021년 이전 결손처분)는 지방세 징수절차를 중지·유보하는 것이지 납부의무를 소멸시키는 것이 아니므로 정리보류(2021년 이전 결손처분) 기간 중 징수권에 대한 시효는 계속 진행되는 것이다.

(5) 파산선고에 따른 면책과 납부의무소멸 관계

조세채권의 경우 파산으로 인한 면책범위에 포함되지 아니한다(「채무자 회생 및 파산에 관한 법률」 §566). 따라서 파산으로 면책되더라도 납부의무가 소멸되는 것이 아니므로 파산 전에 발생한 체납 조세채권에 대하여 파산선고가 있은 후에는 새롭게 취득하는 재산은 체납처분을 할 수가 있다.

6 부과제척기간(지기법 §38)

(1) 개요

지방세는 부과할 수 있는 날부터 다음에서 정하는 기간이 만료되는 날까지 부과하지 아니한 경우 에는 부과할 수 없다. 다만, 조세의 이중과세방지를 위하여 체결한 조약(이하 "조세조약")에 따라 상호합의절차가 진행 중인 경우에는 「국제조세조정에 관한 법률」 제25조에서 정하는 바에 따른다.

부과제척기간 내에 지방세가 결정되어 고지서가 발부되었다 하더라도 과세처분이 그 효력을 발생하기 위하여는 납세고지서가 「지방세기본법」 제36조 규정에 의한 지방세 부과제척기간이 만 료되기 전에 납세의무자에게 도달되어야 하는 것이다.[35] 부과제척기간 만료일이 공휴일인 경우 그 다음 날이 만료일이 되는 것으로 해석하여야 한다. 그 이유는 「지방세기본법」 제24조(국기법 §5)에 따르면 통지의 경우도 기간 만료일이 공휴일인 경우에는 익일로 보도록 규정하고 있기 때 문이다.

한편, 부과제척기간은 과세표준과 세액의 신고 여부에 관계없이 적용하는 것이다(징세 46101 - 2053, 1999.8.19.).

구분		부과제척기간
사기 기타 부정한 행위로 지방세 포탈·환급·경감받는 경우		10년
원칙	① 상속 또는 증여(2023.3.13. 이후 부담부 증여 포함)를 원인으로 취득하는 경우(2015.12.31. 이전 상속을 원인으로 취득하는 경우^(주1)) ② 「부동산 실권리자명의 등기에 관한 법률」 §2 1에 따른 명의신탁약정으로 실권리자가 사실상 취득하는 경우^(주2) ③ 법인의 주식 또는 지분을 타인의 명의로 취득함으로써 해당 주식 또는 지분의 실권리자가 되어 「지방세법」 §7 ⑤에 따른 과점주주에 해당하게 되는 경우(2017.3.28. 이후 납세의무성립분부터 적용)	10년

---

35) 부과제척기간 내에 지방세가 결정되어 고지서가 발부되었다 하더라도 과세처분이 그 효력을 발생하기 위하여는 납세고지서가 「국세기본법」 제26조의 2의 규정에 의한 국세 부과의 제척기간이 만료되기 전에 납세의무자에게 도달되어야 하는 것임(징세 01254 - 6121, 1992.12.2.).

36) 납세자가 법정신고기한 내에 소득세 또는 법인세의 과세표준 신고서를 제출하지 아니하여 해당 소득세분 또는 법인세분을 부과할 수 없는 경우에 부과제척기간을 연장(5년 → 7년)하여 과세권을 보호하기 위함이며

구분		부과제척기간
원칙	납세자가 법정신고기한까지 과세표준 신고서를 제출하지 아니한 경우^(주2)(2015.12.31. 이전 법정신고기한 내에 소득세, 법인세 또는 부가가치세의 과세표준 신고서를 제출하지 아니하여 해당 지방소득세 또는 지방소비세를 부과할 수 없는 경우36)^(주3))	7년
	위에 해당하지 아니하는 경우	5년
특례	이의신청·심판청구, 감사원 심사청구 또는 행정소송에 대한 결정·판결이 확정되는 경우[결정 또는 판결에서 다음에 해당되는 경우 당초 부과처분을 취소하고 다음의 자에게 경정(2023.3.13. 이전은 경정결정)이나 그 밖에 필요한 처분을 하는 경우 포함] ① 명의대여 사실이 확인된 경우: 실제로 사업을 경영한 자 ② 과세의 대상이 되는 재산의 취득자가 명의자일 뿐이고 사실상 취득한 자가 따로 있다는 사실이 확인된 경우: 재산을 사실상 취득한 자(2023.3.14. 이후 적용)³⁷⁾	결정·판결일부터 1년
	조세조약에 적합하지 아니하는 과세의 원인이 되는 조치가 있는 경우에 그 조치가 있음을 안 날부터 3년 이내(조세조약에서 따로 규정하는 경우에는 그에 따름)에 그 조세조약에 따른 상호합의의 신청이 있는 것으로서 그에 대한 상호합의가 있는 경우	상호합의종결일부터 1년
	「지방세기본법」 §50 ①·② 및 ⑥에 따른 경정청구가 있는 경우(2018년 이전 경정청구분은 ②만)	경정청구일부터 2개월
	「지방세법」 §103-59 ① 1·2·5 및 같은 조 ② 1·2·5에 따라 세무서장 또는 지방국세청장이 지방소득세 관련 소득세 또는 법인세 과세표준과 세액의 결정·경정 등에 관한 자료를 통보한 경우(2019년 이후 세무서장 또는 지방국세청장이 지방소득세 관련 소득세 또는 법인세 과세표준과 세액의 결정·경정 등에 관한 자료를 통보받은 분부터)	지방소득세 관련 자료 통보일부터 2개월
	조세조약에 따라 상호합의절차가 진행 중인 경우	「국제조세조정에 관한 법률」 제25조에서 정하는 바에 따른다.

☞ (주1) 종전에는 5년이었으나, 2014년 이후 최초로 해당 지방세를 부과할 수 있는 날(신고기한의 익일)이 개시되는 경우부터 10년 적용됨[2013.7.1 이후 상속(실종선고)분, 납세자가 외국에 주소를 둔 경우 2013.4.1. 이후 상속(실종선고)분부터]. 이는 미등기 상속 부동산 즉 상속재산 분할협의 지연으로 등기 명의인을 소급하여 변경하는 경우, 부과제척기간(5년)이 짧아 과세권자의 과세권 행사 곤란하여 부과제척기간을 5년에서 10년으로 연장하여 부과제척기간을 이용한 고의적인 취득세 탈루를 방지하고자 함.

(주2) 2016.1.1. 이후 지방세를 부과할 수 있는 날이 개시되는 분부터 적용함.

(주3) 2013년 이전에는 지방소득세가 아닌 지방소득세 소득분이었는데, 종전에는 현행 주민세 종업원분이 지방소득세 종업원으로 세목으로 되어 있어서 소득분과 종업원을 구분하기 위한 것이었음.

2004.1.1. 이후부터 최초로 법인세분 및 소득세분의 납세의무가 성립되는 분부터 적용하였다.

37) 이의신청·심판청구, 감사원 심사청구 또는 행정소송에 대한 결정이나 판결이 확정되어 재산을 사실상 취득한 자가 따로 있다는 사실이 확인되는 경우(2023.3.13. 이전에 부과의 제척기간이 만료된 경우 제외)부터 적용함(부칙 §2).

쟁송·합의절차의 진행이 장기화됨에 따라 제척기간 만료 후 결정 등이 되는 경우에도 그 결정 등에 따라 과세당국이 처분할 수 있도록 하기 위하여 제척기간을 연장한 것이다. 따라서 판결에 따라 부과취소·감액경정을 하는 것이 가능해지며 고지의 하자로 인한 처분취소판결의 경우 하자를 치유하여 새로이 고지하는 처분(증액경정)도 가능하다(대법원 99두6972, 1999.9.21.).

(2) 조세쟁송(불복청구)에 대한 결정·판결이 있는 경우

「국세기본법」제26조의 2 제2항의 규정(결정이나 판결이 확정된 날로부터 1년 이내 부과고지 가능)은 과세제척기간이 만료되면 과세권자는 새로운 결정이나 증액결정은 물론 감액경정결정 등 어떠한 처분도 할 수 없게 되는 결과 과세처분에 대한 행정심판 또는 행정소송 등의 쟁송절차 가 장기간 지연되어 그 결정 또는 판결이 과세제척기간이 지난 후에 행하여지는 경우 그 결정이 나 판결에 따른 처분조차도 할 수 없게 되는 불합리한 사례가 발생하는 것을 방지하기 위하여 마련된 것임에 비추어 과세권자로서는 당해 판결 또는 결정에 따른 경정결정이나 그에 부수되는 처분만을 할 수 있을 뿐, 판결 또는 결정이 확정된 날로부터 1년 내라 하여 당해 판결이나 결정에 따르지 아니하는 새로운 결정이나 증액경정결정까지도 할 수 있다는 것은 아니라고 할 것이나, 그렇다고 하여 위 규정을 오로지 납세자에게 유리한 결정이나 판결을 이행하기 위하여만 허용된 다고 볼 근거가 없으므로 납세고지서의 위법을 이유로 과세처분이 취소된 경우 과세관청이 그 판결확정일로부터 1년 내에 그 잘못을 바로잡아 다시 부과처분을 하는 경우 제척기간의 적용을 받지 아니한다고 되어 있는바(대법원 94다3667, 1994.8.26., 대법원 93누4885, 1996.5.10. 외 다수), 이는 당초 납세고지서의 송달이 적법하게 이루어졌는데도 그 고지서 내용상의 흠결을 들어 과세처분 이 취소된 경우 그에 대한 하자를 치유하여 재고지하는 경우에는 국세부과제척기간을 적용받지 아니하나, 납세고지서의 송달이 적법하게 이루어지지 아니하면 부과처분 자체가 무효이므로 이 에 대한 재고지처분은 새로운 결정으로 보아야 하고 부과제척기간 이내에만 가능한 것으로 해석 해야 할 것으로 판단된다(국심 98경2143, 1999.8.23., 심사기타 99-1001, 1999.10.8. 외 다수).[38] 그리고 당해 판결 또는 결정에 따라 경정결정을 하거나 기타 필요한 처분(당초 납세고지서의 송달이 적 법하게 이루어졌는데도 그 고지서 내용상의 흠결을 들어 과세처분이 취소된 경우 고지절차상의 하자를 보완해 재고지처분, 당초의 부과처분의 세액을 한도로 종전 판결에서 적시한 위법 사유를 보완하여 같은 세목으로 다시 부과하는 처분)을 할 수 있는 것이다(서삼 46019-11005, 2003.6.23.).

그리고 불복청구 또는 행정소송에 의한 결정 또는 판결이 있은 경우 확정된 날로부터 1년이 경과되기 전까지는 당해 판결 또는 결정에 따라 경정결정을 하거나 기타 필요한 처분(고지절차 상의 하자를 보완해 재고지처분, 당초의 부과처분의 세액을 한도로 종전 판결에서 적시한 위법사 유를 보완하여 같은 세목으로 다시 부과하는 처분)을 할 수 있는 것이다.[39]

---

38) 같은 뜻 : 국심 2005중332, 2005.9.1., 국심 2004중1248, 2005.3.10.

39) 납세자가 항고소송 등 불복절차를 통하여 당초의 부과처분을 다투고 있는 경우에 과세관청이 납세자의 불복 내용의 전부 또는 일부를 받아들여 당초의 부과처분을 감액경정하거나 취소하는 것은 물론 납세고지의 하자

그런데 과세권자로서는 당해 판결 또는 결정에 따른 경정결정이나 그에 부수되는 처분만을 할 수 있을 뿐, 판결 또는 결정이 확정된 날로부터 1년 내라 하여 당해 판결이나 결정에 따르지 아니하는 새로운 결정이나 증액경정결정까지도 할 수 있다는 것은 아니다(대법원 94다3667, 2010.6.24.).

한편, 납세고지서의 송달이 적법하게 이루어지지 아니하면 부과처분 자체가 무효이므로 이에 대한 재고지처분은 새로운 결정으로 보아야 하고 부과제척기간 이내에만 가능한 것으로 해석해야 할 것이다(심사부가 99-949, 2000.1.21.).

> **사례** 납세고지서에 가산세 산출 근거를 미기재하여 판결에 따라 부과처분을 취소한 후 특례제척기간을 적용하여 재고지한 사례(조심 2013서2817, 2013.8.5.)
>
> 국세부과제척기간이 경과한 후 과세관청이 행한 처분이 행정쟁송의 결정·판결 등의 취지를 수용하는 것이라면, 동 처분은 결정·판결 등에 따른 처분이라 할 수 있어 「국세기본법」 제26조의 2 제2항의 규정에 적합한 것이라 할 것인바, 이 건에서와 같이 ○○○행정법원이 납세고지의 하자를 이유로 당해 처분이 위법하다고 판결하자, 처분청이 그 판결 확정일로부터 1년 내에 당초의 위법한 처분을 취소하고 그 잘못을 바로잡아 다시 부과한 처분은 잘못이 없다고 판단됨(조심 2013서1552, 2013.5.30., 조심 2011서2325, 2011.11.16. 같은 뜻).

(3) 과세단위를 달리하는 경우

구 「국세기본법」 제26조의 2 제2항 제1호에서는 「행정소송법」에 따른 소송에 대한 판결이 있는 경우, 판결이 확정된 날부터 1년이 지나기 전까지는 해당 판결에 따라 경정결정이나 그 밖에 필요한 처분을 할 수 있다고 규정하고 있다. 그러나 이 규정이 과세단위를 달리하는 경우에도 적용된다고 볼 수 없다(대법원 2002두11011, 2004.1.27. 참조).

귀속 사업연도의 적용 잘못을 들어 인용결정을 하면서 A사업연도가 아닌 B사업연도의 익금에 산입하여야 할 금액이라는 취지의 심판결정을 하였다고 하더라도 그 당시 B사업연도의 법인세에 대한 부과권의 제척기간이 이미 경과하였다면 이러한 경우에는 「국세기본법」 제26조의 2 제2항 제1호 소정의 "결정이 확정된 날로부터 1년이 경과되기 전까지는 당해 결정에 따라 경정결정 기타 필요한 처분을 할 수 있는 경우"에 해당하지 않는다(대법원 2001두11011, 2004.1.27.).

(4) 부과제척기간 특례상 필요한 처분의 범위(국기법 집행기준 26의 2-0-6)

① 당초 부과된 납세의무자가 소송에 의해 사실과 다름이 확정된 경우로서 부과제척기간이 경과한 경우에는 변경된 납세의무자에게 새로이 부과할 수 없다(재조세 22601-704, 1991.6.1.).
② 납세고지절차의 부적법으로 고지서 송달효력이 발생하지 아니하여 과세처분이 취소된 경우 과세관청은 해당 결정 또는 판결이 확정된 날로부터 1년 이내에 고지절차의 잘못을 바

를 보완하여 다시 부과처분을 하는 것은, 그 불복절차의 계속 중 언제든지 가능하고 이 경우에는 구 「국세기본법」 제26조의 2 제1항의 제척기간이 적용되지 아니한다고 봄이 상당함(대법원 1996.5.10. 선고, 93누4885 판결, 대법원 2002.9.24. 선고, 2000두6657 판결, 대법원 2011.10.27. 선고, 2010두5127 판결 참조).

로잡아 재고지처분을 할 수 있는 것이다(서면1팀-397, 2005.4.12.).

③ 당초 양도소득세 과세에 대해 양도소득이 아니라 사업소득이라는 법원의 확정판결이 있는 경우 그 판결에 따라 판결이 확정된 날부터 1년이 경과되기 전까지는 당초 양도소득세를 취소하고 당초 양도소득세의 부과세액을 한도로 하여 다시 종합소득세로 부과할 수 있다(재조세-1629, 2004.12.21.).

④ 구 「국세기본법」(1989.12.30. 법률 제4177호로 개정되기 전의 것) 제26조의 2 제2항의 "판결"이란 그 판결에 따라 경정결정 기타 필요한 처분을 행하지 않으면 안 되는 판결, 즉 조세부과처분이나 경정거부처분에 대한 취소판결 등을 의미하는 것이고, 원고의 청구를 기각하는 판결이나 소를 각하하는 판결은 여기에 해당하지 않는다(대법원 2004두11459, 2005.2.25.).

⑤ 부과제척기간에 관한 특별규정인 구 「국세기본법」(1993.12.31. 법률 제4672호로 개정되기 전의 것) 제26조의 2 제2항의 문언상 과세권자로서는 당해 판결 등에 따른 경정결정이나 그에 부수되는 처분만을 할 수 있을 뿐, 판결 등이 확정된 날로부터 1년 내라 하여 당해 판결 등에 따르지 아니하는 새로운 결정이나 증액경정결정까지도 할 수 있는 것은 아니라 할 것이고, 또한 납세의무가 승계되는 등의 특별한 사정이 없는 한, 당해 판결 등을 받은 자로서 그 판결 등이 취소하거나 변경하고 있는 과세처분의 효력이 미치는 납세의무자에 대하여서만 그 판결 등에 따른 경정처분 등을 할 수 있을 뿐 그 취소나 변경 대상이 되고 있는 과세처분의 효력이 미치지 아니하는 제3자에 대하여서까지 위 규정을 적용할 수 있는 것은 아니다(대법원 2003두1752, 2004.6.10.).

> **사례** 과세처분과 과세기간을 달리하는 경우(대법원 2012두6636, 2012.10.11.)
>
> 원심은 변호사인 원고가 동작세무서장을 상대로, 의뢰인으로부터 받은 이 사건 금원을 2000년에 발생한 사업소득으로 본 것은 부당하다고 주장하면서 2000년 귀속 종합소득세 부과처분의 취소를 구하는 행정소송을 제기한 사실, 서울행정법원은 2008.11.19. 이 사건 금원은 변호사 선임료인 착수금 명목으로 지급된 것이지만, 그에 대한 원고의 용역제공이 2002년도에 완료되었다고 보는 것은 별론으로 하더라도 적어도 2000년도에 완료되었다고 볼 수는 없다는 이유로 당초 처분을 취소하는 판결을 선고하였고 그 판결은 그 무렵 그대로 확정된 사실, 이에 피고는 이 사건 금원을 2002년에 발생한 사업소득으로 보아 2002년 귀속 종합소득세를 부과하는 이 사건 처분을 한 사실을 인정하였다. 그리고 이를 토대로, 이 사건 처분은 그 부과제척기간인 5년이 도과한 후에 이루어진 것으로서 위법하고, 이에 대하여는 구 「국세기본법」 제26조의 2 제2항 제1호에서 정한 특례제척기간이 적용되지 않는다고 판단하였다. 원심의 이러한 판단은 앞서 본 법리에 따른 것으로서 정당하고, 거기에 상고이유의 주장과 같은 쟁송 후 특례제척기간의 적용에 관한 법리오해의 위법은 없음.

> **사례** 소득처분에 의한 원천징수의무는 법인에 대한 것임(국심 2005중332, 2005.9.1.).
>
> 법인의 익금가산에 의한 법인세 과세처분 및 그 소득처분에 의한 원천징수의무의 부과는 당해 법인에 대한 처분이므로 청구인을 납세의무자로 한 이 건 종합소득세의 부과처분과는 납세의무자와 세목이 별개라 하겠고, 그러하다면 ○○○의 법인세 과세처분에 대한 심판결정이 종합소득세 과세처분에까지 효력이 미친다고 할 수 없으므로 종합소득세의 부과처분은 심판결정에 따라 행하는 경정결정 또는 기타 필요한 처분에 해당된다고 볼 수 없다. 따라서 1998년에 발생한 쟁점 사례금의 종합

소득세 과세표준 신고기한은 1999.5.31.이고 그 익일로부터 5년을 경과하여 2004.11.1. 부과한 이 건 처분은 부과제척기간이 경과되어 부당함.

사례 당초 부과처분의 무효에 따른 재고지처분의 적법 여부(심사부가 99-949, 2000.1.21.)

납세고지서의 송달이 적법하게 이루어지지 아니하면 부과처분 자체가 무효이므로 이에 대한 재고 지처분은 새로운 결정으로 보아야 하고 부과제척기간 이내에만 가능한 것으로 해석해야 할 것임(국 심 98경2143, 1999.8.23., 심사기타 99-1001, 1999.10.8. 외 다수 같은 뜻).

(5) '사기나 그 밖의 부정한 행위'

1) 의의

조세의 포탈을 가능하게 하는 행위로서 사회통념상 부정이라고 인정되는 행위, 즉 조세의 부과 징수를 불능 또는 현저히 곤란하게 하는 위계, 기타 부정한 적극적인 행위를 말하는데, 어떤 다른 행위를 수반함이 없이 단순한 세법상의 신고를 하지 아니하거나 허위의 신고를 하는 데에 그치는 것은 이에 해당하지 않는다(대법원 2010도13345, 2011.3.24. 참조). 또한 일반적으로 다른 사람 명의의 예금계좌를 빌려 예금하였다 하여 그 차명계좌 이용행위 한 가지만으로써 구체적 행위의 동기, 경위 등 정황을 떠나 어느 경우에나 소득은닉 행위가 된다고 단정할 것은 아니며, 이는 무신고가 산세(§53, 구 §53-2), 과소·초과환급신고가산세(§54, 구 §53-3) 및 지방세의 포탈(§102, 구 §129), 「조세범 처벌법」(§3)에서도 동일하게 적용된다.

> ① 이중장부의 작성 등 장부의 거짓 기장
> ② 거짓 증빙 또는 거짓 문서의 작성 및 수취
> ③ 장부와 기록의 파기
> ④ 재산의 은닉, 소득·수익·행위·거래의 조작 또는 은폐
> ⑤ 고의적으로 장부를 작성하지 아니하거나 비치하지 아니하는 행위
> ⑥ 그 밖에 위계(僞計)에 의한 행위

2) '사기 기타 부정한 행위'의 의미

조세법률관계의 신속한 확정을 위하여 원칙적으로 국세부과권의 제척기간을 5년으로 하면서 도 국세에 관한 과세요건 사실의 발견을 곤란하게 하거나 허위의 사실을 작출하는 등의 부정한 행위가 있는 경우에 과세관청으로서는 탈루신고임을 발견하기가 쉽지 아니하여 부과권의 행사를 기대하기가 어려우므로 당해 국세에 대한 부과제척기간을 10년으로 연장하는 데에 있다. 따라서 '사기 기타 부정한 행위'라 함은 조세의 부과와 징수를 불가능하게 하거나 현저히 곤란하게 하는 위계 기타 부정한 적극적인 행위를 말하고, 다른 어떤 행위를 수반함이 없이 단순히 세법상의 신고를 하지 아니하거나 허위의 신고를 함에 그치는 것은 여기에 해당하지 않는다. 예를 들어 명의를 위장하여 소득을 얻더라도 그것이 조세포탈과 관련이 없는 행위인 때에는 명의위장 사실

만으로 '사기 기타 부정한 행위'에 해당한다고 할 수 없으나, 그것이 누진세율 회피, 수입의 분산, 감면특례의 적용, 세금 납부를 하지 아니할 무자력자의 명의사용 등과 같이 명의위장이 조세회피의 목적에서 비롯되고 나아가 여기에 허위 매매계약서의 작성과 대금의 허위지급, 허위의 양도소득세 신고, 허위의 등기·등록, 허위의 회계장부 작성·비치 등과 같은 적극적인 행위까지 부가된다면 이는 조세의 부과와 징수를 불가능하게 하거나 현저히 곤란하게 하는 '사기 기타 부정한 행위'에 해당한다(대법원 2013두7667, 2013.12.12.).

> **사례** 취득 당시부터 숙박업으로 사용할 목적이 있었으나, 노인복지시설로 신고하여 취득세 등을
> 청구법인이 취득 당시부터 쟁점부분에 대하여 일반인에게도 숙박업으로 사용할 목적이었음에도
> 처분청(세무부서)에 노인복지시설로 신고하여 취득세 및 등록세 등을 감면받음으로써 지방세를
> 회피한 것으로 볼 수 있는바, 이러한 행위는 노인복지시설 설치신고만 하면 지방세를 회피할 수
> 있다는 사실을 인식하고 부당하게 감면신청을 하는 적극적인 행위를 한 것으로서 사기 그 밖의
> 부정한 행위로 지방세를 포탈하거나 환부 또는 경감받은 경우에 해당하여 10년의 부과제척기간
> 을 적용하는 것이 타당함.

> **사례** 부당행위계산의 대상이 되지 않는 자의 명의로 거래하고 적극적으로 서류를 조작하고 장부
> 상 허위기재를 하는 경우(대법원 2013두7667, 2013.12.12.)
> 원고가 소외 5등의 명의로 이 사건 주식을 취득하고 양도한 행위는 다른 법률상 규제를 피하기 위한
> 목적 외에도 「법인세법」상 부당행위계산에 해당하는 거래임을 은폐하기 위한 목적에서 이루어진
> 것이고 나아가 그 사실이 발각되지 않도록 허위 매매계약서의 작성과 대금의 허위지급 등과 같은
> 적극적인 행위를 한 것으로서 구 「국세기본법」 제26조의 2 제1항 제1호 소정의 '사기 기타 부정한
> 행위'에 해당하며, 나중에 원고가 이 사건 주식의 실제 취득자 및 양도자로 밝혀져 「법인세법」상
> 부당행위계산 부인으로 인한 세무조정금액이 발생하였다고 하더라도 이는 원고가 위와 같은 사기
> 기타 부정한 행위로 얻은 소득금액으로 보아야 하므로, 그에 관한 법인세의 부과제척기간은 10년이
> 된다. 그런데도 원심은 이와 달리 원고가 이 사건 주식을 소외 5 등에게 명의신탁한 행위는 '사기
> 기타 부정한 행위로써 국세를 포탈한 경우'에 해당한다고 볼 수 없다는 이유로 그 부과제척기간을
> 5년으로 보아야 한다고 판단하였으니, 이러한 원심판단에는 구 「국세기본법」 제26조의 2 제1항 제1
> 호 소정의 '사기 기타 부정한 행위로써 국세를 포탈하는 경우의 부과제척기간'에 관한 법리를 오해
> 하여 판결에 영향을 미친 위법이 있음.

3) 부당한 방법의 예시

① 이중장부의 작성 등 장부의 거짓 기장

- ㉠ 최대주주 등 이중장부의 작성을 알 수 있다고 인정되는 지위에 있는 자가 당해 이중장부를 근거로 주식·출자지분 등을 실질과 다르게 평가한 경우
- ㉡ 상속재산 및 증여재산 평가와 관련된 장부를 실질거래 내용과 다르게 작성하거나 허위 작성한 경우

② 거짓 증빙 또는 거짓 문서 작성

　㉠ 부당한 방법으로 재산을 평가하여 작성하거나 상속·증여계약서 등을 허위로 작성한 경우

　㉡ 당해 재산에 대한 매매 사실이 있는 경우 그 거래가액에 대한 허위계약서를 작성 제출한 경우

③ 거짓 증빙 등의 수취(허위임을 알고 수취한 경우에 한함)

　거래사실 없이 또는 거래사실과 다르게 계약서, 입금표 등을 수취한 경우

④ 장부와 기록의 파기

　장부·기록·문서 및 증빙을 고의로 파기·삭제·소각하여 거래의 사실을 확인할 수 없는 경우

⑤ 재산은닉 및 소득·수익·행위·거래의 조작·은폐

　㉠ 조세탈루 및 증거인멸 등의 목적으로 상속재산을 은닉하거나 등기원인 등을 다르게 하여 증여행위를 은폐한 경우

　㉡ 부동산, 주식, 예금 등을 미등기·명의신탁·차명계좌 등의 방법으로 재산을 은닉하여 상속·증여세를 탈루한 경우

　㉢ 특수관계인 간의 증여 행위를 매매 행위로 가장하여 상속·증여세를 탈루한 경우

　㉣ 재산을 은닉하거나 소득·수익·행위·거래를 조작·은폐하여 사실과 다르게 신고한 경우

⑥ 지방세포탈 및 환급·공제받기 위한 사기 기타 부정한 행위

　당사자 간의 통정에 의해 사실조사가 제대로 이루어지지 아니한 판결문(궐석 재판) 등을 근거로 부당하게 환급·공제받거나 과소 신고한 경우

4) 사례별 부당한 방법 해당 여부

① 부동산 명의신탁의 경우 부당한 방법 해당 여부

　㉠ 부과제척기간 5년이라는 해석

　　대법원에서 명의수탁자가 명의신탁부동산을 양도하고 신고 납부하였더라도 명의신탁자인 실소유자에게 과세할 경우 국세부과제척기간은 명의신탁자가 법정신고기한 내에 과세표준 신고서를 제출하지 아니한 경우로 보아 7년(무신고이기 때문에 5년이 아님)이 적용된다고 할 것이다(대법원 2011두25180, 2014.5.29.)라고 판시하고 있는바, 여기서 10년으로 보지 않았다는 점에서 이를 지방세에 적용한다면 5년으로 보아야 한다는 것으로 해석할 여지가 있다. 그리고 「부동산 명의신탁」은 부동산을 사실상 취득하거나 취득하려고 하는 자가 타인과의 사이에서 대내적으로는 실권리자가 부동산에 관한 물권을 보유하거나 보유하기로 하고 그에 관한 등기는 타인의 명의로 하기로 하는 행위이며, 「부동산 실권리자 명의 등기에 관한 법률」 제3조 제1항에 명의수탁자의 명의로 등기하는 것을 금지하고, 이를 위반 시에는 같은 법 제5조 의거 과징금을 부과토록 규정하고 있다. 그러나 여타의 사정으로 인하여 명의신탁하였더라도 취득세를 명의수탁자 명의로 자진신고 납부하였고,

단순한 세법상의 신고를 하지 아니하거나 허위의 신고를 하는 것은 「조세범 처벌법」 제3조에서 규정한 "사기 기타 부정한 행위"로 볼 수 없다는 대법원판례(대법원 2001도3797, 2003.2.14. 참조)와 명의신탁 행위가 사기 기타 부정한 행위에 해당하는 것을 인식하고 그 행위로 인하여 조세포탈의 결과가 발생한다는 사실을 인식하면서 부정행위를 감행하는 것으로 보기 어렵다는 조세심판원 심판결정 사례(조심 2009지1029, 2010.5.4.) 등을 종합해 볼 때 이 경우 지방세 부과제척기간은 5년이 되는 것이다. 그리고 토지를 취득하고도 법인 명의로 등기를 하지 아니하고 법인의 임직원 명의로 등기를 하였더라도, 이는 법인 명의로 농지를 소유할 수가 없었고 토지거래허가구역으로 묶여 있는 등 법률상 제약으로 인한 불가피한 사정이 있는 것으로 보이고, 법인이 토지를 취득하고 매매대금을 법인이 지출한 사실이 법인장부에 나타나고 토지를 취득한 후 취득세 등을 실제로 납부한 사실이 나타나는바, 법인이 조세의 부과와 징수를 불가능하게 하거나 현저히 곤란하게 하는 위계 기타 부정한 적극적인 행위를 하였다는 사실을 처분청이 구체적인 입증을 하지 못한 채 취득세 부과제척기간을 10년으로 적용한 처분은 무리가 있다(조심 2011지0932, 2012.7.26.)라고 결정한 바 있다.

그런데 심판례(조심 2013지0547, 2013.8.13.)에서는 명의신탁의 경우에도 법인 명의로 농지를 소유할 수가 없었고 토지거래허가구역으로 묶여 있는 등 법률상 제약으로 인한 불가피한 사정이 있는 것으로 보이고, 법인이 토지를 취득하고 매매대금을 법인이 지출한 사실이 법인장부에 나타나고 토지를 취득한 후 취득세 등을 실제로 납부한 사실이 있는 경우 5년을 적용하고, 이러한 예외를 제외한 명의신탁의 경우 부과제척기간이 10년이라고 결정하고 있어서 논란의 쟁점이 되고 있다.[40]

> **사례** 명의신탁 시 부과제척기간을 5년으로 본 경우(대법원 2019다301623, 2020.8.20.)
>
> 청구인이 토지를 취득하였으나 이○○○에게 명의신탁한 행위는 청구인 자신에 대한 조세의 부과·원고에게 이 사건 간주배당소득에 대한 조세포탈의 목적이 일부 있었던 것으로 평가할 수 있다고 하더라도, 피고가 주장하는 사정만으로는 원고가 소외인에 대한 명의위장 외에 적극적인 행위를 하였다고 인정하기 어렵고, 달리 이를 인정할 만한 특별한 사정이 인정되지 않으므로, 이 사건 간주배당소득에 관한 종합소득세에는 10년의 제척기간이 아니라 5년의 제척기간이 적용되어야 함.

> **사례** 명의신탁 부동산 취득세 부과제척기간(조심 2009지1029, 2010.5.4.)
>
> 개발제한구역에 속하는 토지로서 청구인과 ○○○이 체결한 부동산 매매계약에서 특약으로 매도인이 건물 준공 즉시 주택의 용도를 근린생활시설로 변경하고 근린시설로 용도변경 후 소유권이전하는 것으로 한 사실, 청구인이 이 건 건축물에 취득에 따른 사용승인, 보존등기 및 취득세 납부를 ○○○ 명의로 하고, 법무사 ○○○이 ○○○에게 발행한 소유권보존 관련 수수료 등의 영수증을 청구인이 제출한 사실, 청구인은 이 건 건축물 취득에 따른 취득세를 법무사 ○○○에게 지불하여 ○○○ 명의로 취득세 등을 신고납부한 것으로 보이는 사정 등으로 보아, 청구인은 위 청구인의 행위

---

40) 이러한 논쟁은 법원에서 최종판단할 사항으로 보여지므로 10년으로 적용한 경우 이의제기 등이 필요하다고 본다.

가 사기 기타 부정한 행위에 해당하는 것을 인식하고 그 행위로 인하여 조세포탈의 결과가 발생한다는 사실을 인식하면서 부정행위를 감행한 것으로 보기 어렵다 할 것임. 그렇다면, 이 건 취득세 등의 부과의 제척기간은 「지방세법」 제30조의 4 제1항 제3호의 5년으로 보는 것이 타당하다 할 것임.

> **사례** 명의신탁 부동산 양도소득세 부과제척기간(서울행법 2010구합9372, 2010.11.4.)
>
> 부동산을 제3자에게 명의신탁한 경우 명의신탁자가 부동산을 양도하여 그 양도로 인한 소득이 명의신탁자에게 귀속되었다면, 토지의 양도로 인한 양도소득세의 확정신고·납부의무자는 토지의 명의신탁자인 원고라고 할 것인데, 명의수탁자인 김AA의 양도소득세 확정신고·납부만 있었을 뿐인 이 사건에 있어서 양도소득세의 부과제척기간은 "납세자가 법정신고기한 내에 과세표준 신고서를 제출하지 아니한 경우"에 적용되는 7년이라고 봄이 상당함. 그렇다면 그 제척기간 기산일인 2004.6.1.부터 7년 내인 2009.7.1. 이루어진 이 사건 양도소득세 부과처분은 부과제척기간 만료 이전에 이루어진 것임 – 대법원에서 이를 확정함. 명의수탁자가 명의신탁 부동산을 양도하고 신고 납부하였더라도 명의신탁자인 실소유자에게 과세할 경우 국세부과제척기간은 명의신탁자가 법정신고기한 내에 과세표준 신고서를 제출하지 아니한 경우로 보아 7년이 적용된다고 할 것임(대법원 2011두25180, 2014.5.29.).
>
> ☞ 소득세를 미신고하였으므로 7년인 것으로, 지방세에서는 별도의 규정이 없어서 지방세 자체를 미신고하더라도 5년(2016년 이후 7년)임.

> **사례** 명의신탁 주식의 부과제척기간(조심 2010중1755, 2010.12.28.)
>
> 주식을 송○애에게 명의신탁하여 그에 대한 배당금을 송○애의 배당소득으로 하여 종합소득세를 신고한 점, 주식의 명의신탁에 대하여 증여의제하여 증여세를 부과하고 있는 점 및 청구인이 법정신고기한 내에 종합소득세를 신고한 점 등을 감안할 때, 청구인이 쟁점 주식을 명의신탁한 사실만으로 조세의 부과·징수를 불가능하게 하거나 또는 현저히 곤란하게 하는 위계 기타 부정한 적극적인 행위를 하였다고 보기는 어렵다 하겠음.

Ⓛ 부과제척기간 10년이라는 해석

원고는 소외인과 이 사건 부동산의 매수자를 주식회사 ○○○○○○ 등으로 변경하기로 합의하였고, 그에 따라 주식회사 ○○○○○○ 등이 소외인으로부터 직접 위 부동산을 매수하는 내용의 매매계약서가 작성되었으며, 실제로 소유권이전등기도 원고를 거치지 아니한 채 바로 주식회사 ○○○○○○ 앞으로 마쳐진 점, ② 그 결과 취득세 등의 부과권자인 피고로서는 원고가 위 부동산을 취득한 사실을 알기 어렵게 되었고, 이와 같은 상황에서 피고가 통상의 제척기간 안에 취득세 등을 부과하는 것을 기대하기는 어려운 점, ③ 원고가 자신의 명의로 소유권이전등기를 마치지 아니한 것은 그에 따른 비용이나 조세부담 등을 회피하기 위한 것으로 보일 뿐이고, 이에 관하여 납득할 만한 다른 이유나 사정도 밝혀지지 아니한 점 등에 비추어 보면, 원고는 위 부동산의 취득과 관련하여 조세의 부과징수를 곤란하게 하는 적극적인 부정행위를 하였다고 봄이 타당하므로, 원고의 위 부동산 취득에 관해서는 10년의 부과제척기간이 적용되어야 한다(대법원 2015두39026, 2017.9.12.). 그리고 명의신탁의 경우 특별한 사정이 없는 한 부동산을 취득한 자가 그의 명의로 소유권이전등기를 하여야 하는 것임에도 「부동산 실권리자명의 등기에 관한 법률」

을 위반하여 타인 명의로 이전등기를 하는 행위는 사실상 취득한 행위에 대하여 통상 당국에 의하여 적발되기 이전에는 취득세를 납부하지 아니하는 점에 비추어 여기에 조세를 포탈할 의심의 여지가 없는 적극적인 행위에 해당한다고 보아야 한다(조심 2009지0940, 2010.4.7., 조심 2011지0305, 2011.5.23.). 즉 명의신탁의 경우 실질적인 소유자와 명의자가 달리하는 구조로 되어 있기 때문에 취득세의 경우 실질 소유자는 취득세를 납부하지 아니한 채 명의자만이 취득세를 납부하게 되는 것이다.[41] 따라서 조세회피 등을 목적으로 명의신탁을 하는 경우 실질적인 취득자가 취득세를 신고하여야 하나 신고하지 아니하고 명의신탁이라는 적극적인 방법으로 취득 사실을 은폐하는 경우라면 이는 지방세의 부과와 징수를 불가능하게 하거나 현저히 곤란하게 하는 적극적인 행위에 해당하는 것으로 볼 수가 있다.

사례 명의신탁한 경우 부과제척기간을 10년으로 본 경우(조심 2013지0547, 2013.8.12.)

청구인이 토지를 취득하였으나 이○○○에게 명의신탁한 행위는 청구인 자신에 대한 조세의 부과·징수를 곤란하게 하기 위하여 쟁점 토지의 취득사실을 은폐한 것으로 이는 위계 또는 기타 부정한 방법으로 취득세 등을 포탈하기 위한 것으로 볼 수 있을 뿐 아니라, 조세포탈을 이유로 「조세범 처벌법」에 따른 처벌을 받은 사실이 확인된 이상 취득세 부과제척기간 10년을 적용한 것은 타당함.

사례 세법상 신고하지 않거나 허위 신고에 그치는 경우(심사양도 2012-260, 2013.4.9.)

청구인이 양도소득세 신고 시 쟁점 부동산의 취득가액을 실지거래가액이 아닌 환산가액으로 신고함으로써 단순히 허위신고를 한 경우에 해당한다 하겠으므로 「국세기본법」 제26조의 2 제1항 제1호의 규정에 의한 부과제척기간 10년을 적용할 것이 아니라 같은 항 제3호에 의한 부과제척기간 5년을 적용함이 타당함.

② 부동산 미등기전매

부동산 미등기전매는 타인의 부동산을 매수한 이후 등기를 하지 않은 채 그 부동산을 제3자에게 매도하는 행위이며, 「부동산등기 특별조치법」 제11조는 미등기전매 시 과태료 처분토록 규정하고 있다. 이러한 미등기 전매 행위는 당초 매수자가 부동산을 취득한 후 제3자에게 매각하였으나, 당초 매수자가 전 소유자로부터 작성한 매매계약서를 조작, 제3자와 계약한 것으로 작성 하는 등 거래를 조작한 점 등을 「조세범 처벌법」 제3조 제6항 제4호의 규정에 해당하는 것으로, 적극적인 행위를 하였다 할 것이다. 본인의 행위로 조세포탈의 결과가 발생한다는 사실을 인식하고 부정행위를 감행한 경우는 "사기 기타 부정한 행위"에 포함된다는 대법원판례(대법원 98도667, 1999.4.9.)와 미등기전매는 "사기 기타 부정한 적극적인 행위로서 조세범칙행위에 해당하며, 단순

---

41) "납세자가 사기 그 밖의 부정한 행위로 지방세를 포탈하거나 환부 또는 경감받은 경우"에는 부과제척기간을 10년으로 한다고 규정하고 있고, 여기에서 사기 기타 부정한 행위라 함은 납세자가 조세의 부과·징수를 불가능하게 하거나 또는 현저히 곤란하게 하는 위계 기타 부정한 적극적 행위를 말하는 것인바, 토지를 취득하였으나 명의신탁한 행위는 자신에 대한 조세의 부과징수를 곤란하게 하기 위하여 토지의 취득사실을 은폐한 것으로 이는 위계 또는 기타 부정한 방법으로 취득세 등을 포탈하기 위한 것으로 볼 수 있을 뿐 아니라(조심 2011지832, 2012.1.3. 같은 뜻), 조세포탈을 이유로 「조세범 처벌법」에 따른 처벌을 받은 사실이 확인된 이상 취득세 부과제척기간 10년을 적용한 것은 타당함(조심 2013지0547, 2013.8.13.).

히 세법상의 신고를 하지 아니한 행위로 볼 수 없다"는 대법원 판례(대법원 91도318, 1991.6.25.), 미등기전매를 실시한 이후 취득세를 신고납부하지 않은 점 등을 감안할 때, 이 경우 "사기 기타 부정한 행위"의 범주에 포함하여 지방세 부과제척기간을 10년이 되는 것이다.

과세대상의 미신고나 과소신고와 아울러 장부상의 허위기장 행위, 수표 등 지급수단의 교환반복행위 기타의 은닉행위가 곁들여져 있다거나, 차명계좌의 예입에 의한 은닉행위에 있어서도 여러 곳의 차명계좌에 분산 입금한다거나 순차 다른 차명계좌에의 입금을 반복하거나 단 1회의 예입이라도 그 명의자와의 특수한 관계 때문에 은닉의 효과가 현저해지는 등으로 적극적 은닉의도가 나타나는 사정이 덧붙여진 경우에는 조세의 부과징수를 불능 또는 현저히 곤란하게 만든 것으로 인정할 수 있을 것이다(대법원 1999.4.9. 선고, 98도667 판결 참조).

> **사례** 미등기전매 행위의 부과제척기간(지방세운영과-5588, 2010.11.26.)
> 납세의무자 본인의 행위가 "사기 기타 부정한 행위"에 해당하는 것을 인식하고, 그 행위로 인하여 조세포탈의 결과가 발생한다는 사실을 인식하면서 부정행위를 감행하거나 하려고 하는 것을 조세포탈죄에 있어서의 범위로 보고 있음(대법원 2004도817, 2006.6.29. 참조).

③ 사실상 잔금지급

취득세 등 신고납부 세목은 신고기한의 익일이 부과제척기간 기산일이 되는 것이므로 과세물건을 취득한 날로부터 60일(2010.12.31. 이전 30일 : 이 날 전에 등기한 경우 등기일)의 익일이 기산일이 되며, 미등기전매의 경우 부과제척기간은 10년이 될 것이다.

그런데 사실상 잔금지급인 경우 잔금이 완납이 되지 아니하였는바, 등기의무가 있는지를 판단하여야 할 것으로 잔금이 지급되지 아니한 이상 등기의무는 없다고 보여진다. 다만, 사실상의 잔금지급으로 인한 취득세 신고납부 의무만 있는 것이므로 미등기전매로 볼 수 없을 것으로 일반적인 부과제척기간인 5년으로 보아야 할 것이다.

④ 이중(허위)계약서 작성

납세자가 신고한 가액에 의하여 과세표준이 결정되는 조세에 있어서 납세자가 신고가액을 과소신고하면서 허위 신고가액에 신빙성을 부여하고 실제 거래가액을 은닉하기 위하여 매도가격을 과소하게 기재한 허위의 이중계약서를 작성하여 함께 제출하는 것은 적극적인 기망행위로서 조세의 부과징수를 현저히 곤란하게 만드는 "사기·기타 부정한 행위"에 해당된다(대법원 2004도2391, 2004.6.11. 참조).

⑤ 소득처분

㉠ 국세

㉮ 2011.12.31. 이전 소득처분 금액

법인의 대표자가 법인의 자금을 횡령하는 과정에서 법인의 장부를 조작하는 등의 행위를 한 것은 그 횡령금을 빼돌린 사실을 은폐하기 위한 것일 뿐, 그 횡령금에 대하여

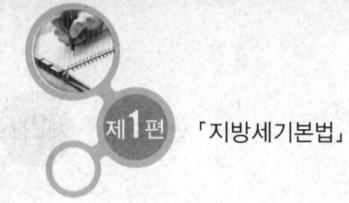

향후 과세관청의 소득처분이 이루어질 것까지 예상하여 그로인해 자신에게 귀속될 상여에 대한 소득세를 포탈하기 위한 것으로 보기 어려우므로, 구 「국세기본법」 제26조의 2 제1항 제1호에서 정한 "납세자가 사기 기타 부정한 행위로써 국세를 포탈한 경우"에 해당하지 않는다(대법원 2007두20959, 2010.1.28. 참조). 「국세기본법」 제26조의 2 제1항 제1호의 개정 연혁에 비추어 볼 때, 향후 자신의 횡령행위 등이 밝혀지게 됨에 따라 과세관청의 소득처분이 이루어질 것을 예상하여 그에 대한 종합소득세를 포탈하려는 고의까지 있었다고 보기는 어렵고, 이러한 소득세 포탈의 고의 유무는 귀속이 분명한지 여부 등에 따라 달라진다고 볼 수 없다.

㉯ 2012.1.1. 이후 소득처분 금액

구 「국세기본법」은 제26조의 2 제1항 제1호에서 국세의 부과제척기간에 관하여 "납세자가 사기, 그 밖의 부정한 행위로 국세를 포탈하거나 환급·공제받은 경우에는 그 국세를 부과할 수 있는 날부터 10년간"이라고만 규정하고 있다가 2011.12.31. 법률 제11124호로 개정되면서 "이 경우 부정행위로 포탈하거나 환급·공제받은 국세가 법인세이면 이와 관련하여 「법인세법」 제67조에 따라 처분된 금액에 대한 소득세 또는 법인세에 대해서도 그 소득세 또는 법인세를 부과할 수 있는 날부터 10년간으로 한다"라는 내용이 추가되었는바, 이는 부정행위로 포탈한 법인세와 관련하여 상여, 배당 등으로 처분한 금액에 대한 국세의 부과제척기간도 포탈한 법인세와 마찬가지로 10년으로 함으로써 기존의 「국세기본법」에 따른 일부 미비점을 개선·보완하려는 것으로서, 종전에는 소득처분에 따른 소득세의 경우 일반적으로 소득세 포탈의 고의를 인정하기 어려워 위와 같은 추가 입법이 이루어진 것으로 보인다.

㉡ 지방세

2012.1.1. 이후에도 지방세에서는 별도의 부과제척기간이 없으므로 5년(2016년 이후 7년)으로 보아야 할 것이나, 소득처분으로 인해 법정신고기한 내에 소득세, 법인세 또는 부가가치세의 과세표준 신고서를 제출하지 아니하여 해당 지방소득세 또는 지방소비세를 부과할 수 없는 경우에는 7년으로 보아야 할 것이다.

(6) 부과제척기간의 기산일

1) 개요

부과제척기간계산의 기산일은 지방세를 부과할 수 있는 날부터이며 부과제척기간의 기산일은 다음과 같다.

구분		부과할 수 있는 날(부과제척기간 기산일)
원칙	과세표준 신고의무가 있는 지방세(신고·납부세목)	과세표준 신고기한 다음 날[주]
	과세표준 신고의무가 없는 지방세	납세의무성립일
예외	특별징수의무자 또는 납세조합에 대하여 부과되는 지방세	법정납부기한의 다음 날
	과세표준 신고기한 또는 법정납부기한이 연장되는 경우	연장된 기한의 다음 날
	비과세 또는 감면받은 세액 등에 대한 추징 사유가 발생하여 추징하는 경우[42]	
	① 신고납부하도록 규정되어 있는 경우	신고기한의 다음 날(2017.3.28. 이후 적용되나 그 전에는 해당 징수사유 발생일)
	② ① 이외	해당 징수사유 발생일[43]

☞ [주] 예정신고기한, 중간예납기한 및 수정신고기한은 신고기한에 포함되지 아니하고, 해당 지방세의 과세표준과 세액에 대한 정기분 확정신고기한의 다음 날을 그 기산일로 보는 것임(지기예 법38…영18-1).

2) 취득 후 중과 시

일반 부동산을 취득한 후에 취득세 중과사유가 발생되어 중과세 해당되는 경우 부과제척기간은 중과세 사유가 발생한 날로부터 60일(2018.12.31. 이전에 30일 경과된 것은 30일) 이내에 신고납부하도록 규정하고 있는바, 중과사유 발생일부터 60일(2018.12.31. 이전에 30일 경과된 것은 30일) 경과한 날부터 부과제척기간의 기산일이 되는 것이다.

---

42) 2010.12.31. 이전 납세의무성립분(추징사유발생분)까지는 추징사유가 발생한 후 그 신고기한 만료일 다음 날

43) 이는 2011.1.1. 이후부터 적용되는 것으로 국세와 일치하기 위한 것으로 종전 "그 신고기한의 다음 날"로 규정한 것을 개정하였는바, 부과고지 세목(예 : 재산세 추징 – 산업단지개발사업의 시행자가 산업단지 또는 산업기술단지를 조성하기 위하여 취득한 부동산의 취득일부터 3년 이내에 정당한 사유 없이 산업단지 또는 산업기술단지를 조성하지 아니하는 경우에 해당 부분에 대하여는 감면된 취득세 및 재산세를 추징한다)의 경우에는 신고의무가 없으므로 종전처럼 "그 신고납부기한의 다음 날"로 할 수는 없는 것이며, 하기 심판례에 의하면 신고납부 세목의 경우 그 신고납부기한의 다음 날로부터 기산하는 것으로 해석할 수 있을 것으로 판단된다. 「국세 부과의 제척기간」이란 당해 국세를 부과할 수 있는 날로부터 국가 또는 납세자가 당해 국세의 납세의무를 확정할 수 있는 권리의 법정존속기간을 말하는 것으로, 「국세기본법 시행령」 제12조의 3은 과세표준과 세액을 신고하는 국세의 경우에는 신고기한 또는 신고서 제출기한의 다음 날, 공제·면제·비과세 또는 낮은 세율의 적용 등에 따른 세액을 의무불이행 등의 사유로 인하여 징수하는 경우에는 당해 공제세액 등을 징수할 수 있는 사유가 발생한 날을 국세 부과제척기간의 기산일로 규정하고 있는바, 신고납부제도를 채택하고 있는 법인세는 원칙적으로 납세자의 신고가 있을 때 납세의무가 확정되지만 납세자의 신고가 없을 때에는 국가가 조세를 부과하여 이를 확정하며, 구 「조세감면규제법」 부칙 제23조 제2항은 재평가를 취소하는 경우 각 사업연도소득에 대한 법인세를 재계산하여 취소한 날이 속하는 사업연도의 법인세 과세표준 신고와 함께 신고·납부하도록 규정하고 있으므로 재평가를 취소한 날이 속하는 2003사업연도 법인세 신고기한의 다음 날부터 국세 부과제척기간이 기산된다. 따라서 국세 부과제척기간이 경과하였다는 청구법인의 주장은 받아들일 수 없는 것으로 판단된다(국심 2004서3215, 2005.5.10.).

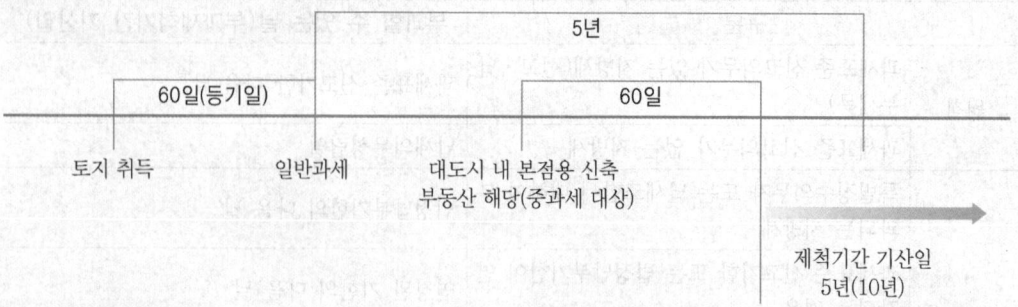

토지를 취득한 후 5년 이내에 대도시 내 본점용 신축 부동산에 해당되는 경우 이 날로부터 60일(2018.12.31. 이전에 30일 경과된 것은 30일)이 신고납부기한이 되며, 이 날의 다음 날부터 중과세 부과제척기간의 기산일이 되므로 그로부터 5년이 경과되어버리면 부과제척기간이 완성하여 소멸되어버린다.

3) 비과세 또는 감면받은 후 추징 시

비과세 또는 감면받은 세액 등에 대한 추징사유가 발생하여 추징하는 경우 종전에는 추징사유가 발생한 후 그 신고기한 만료일 다음 날부터이었으나 2011.1.1. 이후 납세의무가 성립하는 분부터는 비과세 또는 감면받은 세액 등을 징수할 수 있는 사유가 발생한 날로부터 부과제척기간일이 기산된다. 한편, 2010.12.31. 이전 추징사유 발생분까지는 추징사유가 발생한 후 그 신고기한 만료일 다음 날부터 부과제척기간이 기산되었다.

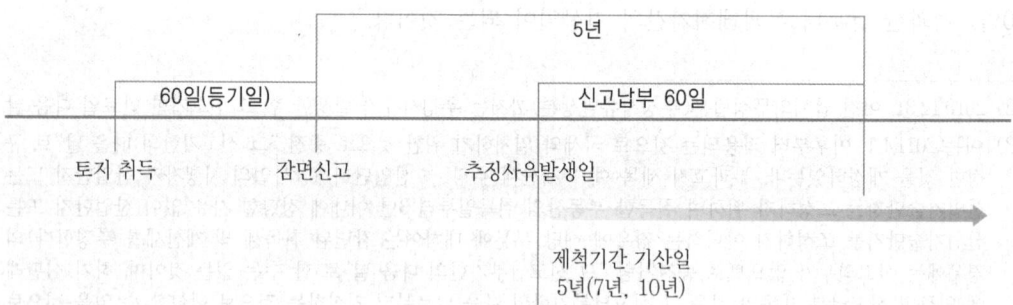

(7) 부과제척기간 관련 사례

1) 국세부과의 제척기간과 원천징수의무

「법인세법」에 의하여 처분되는 상여는 「소득세법」 제135조 제4항 및 같은 법 시행령 제192조 제1항 및 제2항에 따라 법인이 소득금액변동통지서를 받은 날에 그 소득금액을 지급한 것으로 의제되어 법인의 원천징수의무가 성립하나 그 소득금액의 귀속사업연도 소득에 대한 지방세부과의 제척기간이 만료되면 원천징수의무도 소멸한다(국기통 26의 2-0…2).

제척기간 내 제출 후 심리 중 제척기간 도과한 경우(조심 2012서1276, 2013.5.31.)

이 건 거부처분 당시 국세부과제척기간이 경과되었다 하여 그 경정청구내용에 대하여 살펴보지도 아니하고 거부한 처분은 잘못이 있는 것으로 판단됨.

☞ 「국세기본법」 제45조의 2 제1항에 의해 법정신고기한 경과 후 3년(현행 5년) 이내에 처분청에 임시투자세액공제와 관련한 2005사업연도 법인세 경정청구를 하였고, 처분청은 같은 법 같은 조 제3항에 의해 그 청구를 받은 날부터 2월 이내에 과세표준 및 세액을 결정 또는 경정하거나 결정 또는 경정하여야 할 이유가 없다는 뜻을 그 청구한 자인 청구 법인에게 통지하여야 하나, 이를 준수하지 아니하다가 2011.12.26. 「국세기본법」 제26조의 2 제1항 제3호에 의한 국세부과제척기간이 만료되었다는 사유만으로 경정청구 거부처분을 한 사례임.

❼ 징수권 소멸시효 완성(지기법 §39)

(1) 소멸시효

'시효'란 시간의 경과에 따라 법률 효과에 변동을 가져오도록 하는 것을 말하며 그 시간의 경과로 법률효과가 소멸되는 제도를 '소멸시효'라고 한다.

지방자치단체 징수금의 징수를 목적으로 하는 권리, 즉 지방세 징수권은 이를 행사할 수 있는 때로부터 5년간[2020년 납세의무성립분부터(부칙 §3) 5천만 원 이상의 지방세(2024.1.1. 이후 납세의무성립분부터 가산세를 제외한 지방세) 10년간] 행사하지 아니하면 시효로 인하여 소멸한다. 여기서 "시효로 인하여 소멸한다"라 함은 시효기간의 경과로 소멸시효가 완성하면 지방세징수권이 당연히 소멸하는 것을 말한다(지기예 법39-1).

(2) 소멸시효 효과

시효기간의 경과로 소멸시효가 완성하면 지방세징수권이 당연히 소멸하는 것이므로 상대적으로 납세의무자의 납세의무가 소멸된다.

지방세의 소멸시효가 완성한 때에는 그 지방세의 가산금(2023.12.31. 이전 납세의무성립분만 적용), 체납처분비 및 이자상당액에도 그 효력이 미치며, 주된 납세의무자의 지방세가 소멸시효의 완성으로 인하여 소멸한 때에는 제2차 납세의무자, 납세보증인에도 그 효력이 미친다(지기예 법39-2).

(3) 소멸시효 기간

시효기간의 계산은 다음과 같이한다. 지방세징수권의 시효에 관하여는 「지방세기본법」 또는 지방세관계법에 규정되어 있는 것을 제외하고는 「민법」을 따른다.

1) 기산일(지기령 §19)

기간의 계산은 지방자치단체 징수금의 징수를 목적으로 하는 권리를 행사할 수 있는 때로부터 계산한다. 이 경우 2024.1.1. 이후 납세의무성립분부터는 '징수권을 행사할 수 있는 때'는 다음의

날로 한다.

① 과세표준과 세액의 신고에 의하여 납세의무가 확정되는 지방세의 경우 신고한 당해 세액

그 법정신고 납부기한(법정신고 납부기한이 연장되는 경우에는 그 연장된 기한)의 다음 날

② 과세표준과 세액을 지방자치단체가 결정·경정하는 경우 납세고지한 세액

그 납세고지서에 따른 납부기한의 다음 날

지방세 부과의 제척기간 내에는 관련 규정에 따라 경정고지할 수 있고, 이 경우 과세표준과 세액을 정부가 결정·경정 또는 수시부과 결정하는 경우에 고지한 당해 세액에 대하여는 그 납세고지에 의한 납부기한의 다음 날로 지방세징수권 소멸시효가 진행된다(조심 2008서229, 2008.3.27.). 이는 납세고지에 의한 납부기한의 다음 날을 기산일이 되는 것으로 규정하고 있으며, 납세고지에 의하여 시효중단사유가 발생한 때에는 그 중단사유가 종료한 때로부터 새로이 소멸시효가 진행하는 것이기 때문이다.

③ 특별징수의무자로부터 징수하는 지방세의 경우 납세고지한 특별징수세액

그 납세고지서에 따른 납부기한의 다음 날

④ 수정신고

신고납세방식 조세에서의 수정신고는 당초의 신고와 마찬가지로 조세채무를 확정하는 효력이 있는바, 법정신고기한의 다음 날부터 징수금 소멸시효 기산이 된다. 따라서 수정신고를 한다고 징수권 소멸시효 기산일이 변경되는 것은 아니다. 그런데 수정신고분을 무납부 또는 과소납부한 경우 납세고지서에 의하여 징수절차가 진행되며 그 납세고지서상 납부기한의 다음 날부터 징수권의 소멸시효가 진행되는 것이다.

⑤ 기한 후 신고

기한 후 신고는 납세의무를 확정하는 효력이 없으므로 법정신고기한까지 과세표준신고서를 제출하지 아니하였으므로 기한 후 신고세액을 무납부 또는 과소납부한 경우 납세고지서에 의하여 납세의무가 확정됨과 동시에 징수절차가 진행되며 그 납세고지서상 납부기한의 다음 날부터 징수권의 소멸시효가 진행되는 것이다(조심 2013중1055, 2013.4.17. 참조).

> **사례**　「소득세법」의 규정에 의한 근로소득에 대하여 근로소득세를 원천징수의무자에게 과세하는 경우의 국세징수권 소멸시효 기산일은 「국세기본법 시행령」 제12조의 4 제2항 제1호의 규정에 의하여 당해 근로소득세액을 연말정산하는 시기의 다음 달 10일의 다음 날임(징세 46101-719, 1999.3.29.).

2) 소멸시효의 만료일

징수권의 소멸시효는 연을 단위로 기간을 계산하는 것이므로 일수로 환산하지 아니하고 역에 따라 계산한다(지기법 §39 ②, 「민법」 §160 ①). 그러므로 소멸시효기간은 최후의 연(5년째)에서 기산일에 해당하는 날의 전일로 만료된다(「민법」 §160 ②). 최후의 월이 윤년 등의 이유로 해당일이 없는 경우에는 그 월의 말일로서 소멸시효기간의 말일로 삼는다(「민법」 §160 ③).

⑧ 소멸시효 중단과 정지(지기법 §40)

(1) 소멸시효 중단

'시효의 중단'이라 함은 시효의 진행 중에 어떤 사유의 발생으로 인하여 이미 경과한 기간의 효력이 소멸되어버리고 그 중단사유가 해소된 후에 그 때부터 새로이 시효가 진행되는 것을 말한다. 즉 처분의 효력의 발생으로 인하여 이미 경과한 시효기간의 효력이 상실되는 것을 말한다(지기예 법40-1).

1) 시효의 중단사유

① 납세고지

징수권의 소멸시효를 부과권의 소멸시효로 보지 아니하는 입장에서는 납세고지에 의한 중단은 그 의미를 잃었다고 보아야 할 것이다. 고지는 부과권 행사의 표시행위로 보아야 하기 때문이다.

> **사례** 과세전적부심 심리기간은 소멸시효 정지사유 아니며, 통지는 소멸시효 중단 사유 아님(대법원 2014두8650, 2016.12.1.).
>
> 외국법인에게 지급한 배당소득에 관하여 법인세 징수권의 소멸시효가 완성되기 전에 과세전적부심사청구가 제기되었다고 하더라도 그 심리기간 동안 징수권의 소멸시효가 정지되었다고 볼 수 없고, 배당소득에 관하여 통지는 「국세기본법」에 정한 징수권의 소멸시효 중단사유에 해당하거나 「민법」상 최고에 해당한다고 할 수도 없으므로, 이로써 징수권의 소멸시효가 중단되었다고 볼 수 없음.

② 독촉 · 납부최고

시효중단의 효력이 있는 독촉은 「국세징수법」 제23조 제1항에 의거 납기경과 후 15일(현행 10일, 지방세는 50일) 내에 발부한 것으로 1회에 한하는 것이다(징세 46101-1576, 2000.11.14.).

③ 교부청구

'교부청구'는 납세자의 재산에 대하여 타기관의 강제 환가절차가 개시된 경우에 당해 재산의 환가대금 중에서 조세채권을 징수하고자 관계집행기관에 대하여 그 배당을 요구하는 강제징수 절차를 말한다(국징법 §56).

교부청구 후 교부청구를 받은 집행기관의 체납처분, 강제집행 또는 경매의 절차가 해제되거나 취소되는 경우에는 교부청구는 그 효력을 상실한다(국징통 56-0…5).

④ 압류(2025년 이후 「지방세징수법」 제40조, 제63조 제1항 제2호·제3호 또는 같은 조 제2항 제5호의 사유로 압류를 해제하는 경우 제외)

'압류'란 세무공무원이 「국세징수법」 제24조 이하의 규정에 따라 납세자의 재산에 대한 압류절차에 착수하는 것을 말한다. 따라서 세무공무원이 「국세징수법」 제26조에 의하여 체납자의 가옥·선박·창고 기타의 장소를 수색하였으나 압류할 목적물을 찾아내지 못하여 압류를 실행하지 못하고 수색조서를 작성하는 데 그친 경우에도 소멸시효 중단의 효력이 있다(대법원 2000다12419, 2001.8.21.).

2) 「민법」 상 승인은 중단사유 아님

체납액의 일부 납부를 「민법」 상 소멸시효 중단사유인 '승인'에 해당한다고 하여 지방세 징수권의 소멸시효가 중단된다고 볼 경우에는 지방세 징수권의 소멸시효 중단사유 적용범위의 모호성과 납세자의 법적안정성 등이 저해되는 결과를 가져오며, 사실상 지방세관계법에서 정하고 있는 소멸시효 중단 및 정지사유가 형해화될 수 있다. 또한 징수편의상 일부 납부한 것을 소멸시효 중단으로 인정할 경우 일부 납부하지 않은 납세자는 5년의 기간이 경과하여 시효가 완성되는 반면, 일부 납부한 납세자는 납세의무가 계속적으로 유지되어 납세자 간 불형평이 발생하고, 납세자의 납부 여부에 따라 조세채권·채무 권리관계에 영향을 미치는 소멸시효 기간을 달리 적용받는 문제점이 발생된다. 그리고 소멸시효가 중단되는 독촉은 독촉장 또는 납부최고서만 해당하고, 1회 독촉 이후의 독촉고지서 및 체납세액 고지서는 과세관청의 납부독려 과정에 해당하는 것이어서 소멸시효 중단사유로 보지 않는다고 한 기존 유권해석(지방세분석과-1032, 2013.5.29.)을 고려할 때, 체납세액의 일부 납부를 소멸시효 중단사유로 보지 않는 것이 조세행정의 일관성 및 신뢰성 측면에서 타당하다고 판단된다. 추가적으로 소멸시효가 완성된 조세채권은 납세의무가 소멸된 것이므로 소멸시효가 완성된 이후에는 납세자가 납부하였다 하더라도 과오납금에 해당하여 과세관청은 지방세 환급절차에 따라 납세자에게 환급하여야 할 것으로 판단된다(지방세정책과-3390, 2019.12.23.).

한편, 시효완성 전에 채무의 일부를 변제한 경우에는 그 수액에 관하여 다툼이 없는 한 채무승인으로서의 효력이 있어 시효중단의 효과가 발생한다고 한 바 있다(대법원 95다39854, 1996.1.23.). 이 대법원 판례는 「민법」과 관련된 것으로 공법인 세법에서도 적용할 수 있는지 의문이 든다는 것이다. 「국세기본법」과 「지방세기본법」에서는 "납세고지, 독촉 또는 납부최고, 교부청구, 압류" 이외에 별도로 시효중단 사유로 규정된 것이 없는바, 「민법」 상의 승인이 시효중단 사유가 될 수 없다고 주장할 수 있다. 세법에서 승인도 소멸시효 중단 사유가 되는 것으로 해석이 되어진다면 체납세액을 분납하는 경우 승인으로 보아 시효중단의 효과가 있는 것으로 판단되지만 세법상 시효중단 사유에 승인이 규정되어 있지 않다는 점에서 승인은 시효중단 사유로 볼 수 없다는 것이다. 이에 대하여 지방세 징수권의 시효중단 사유는 "납세고지, 독촉 또는 납부최고, 교부청구, 압류"에 국한되는 것이 아니며, 「민법」 상 규정된 시효중단 사유도 시효중단의 효력이 있다(징세 46101-695, 1999.3.26.)라고 해석, 즉 「민법」 상의 시효중단 사유도 시효중단 사유가 된다라고 해석하고 있는데, 일부를 납부하였다면 이는 승인으로 보아 시효중단이 될 것이지만 세법상 시효중단 사유에 승인이 규정되어 있지 않다는 점에서 승인을 시효중단 사유로 볼 수 없으므로 이 해석이 잘못된 것으로 볼 수 있다.

한편, 채무금의 일부 변제, 이자지급, 담보제공 등이 승인에 해당된다.

「민법」 제168조 【소멸시효의 중단사유】

소멸시효는 다음 각 호의 사유로 인하여 중단된다.
① 청구
② 압류 또는 가압류, 가처분
③ 승인

3) 중단된 소멸시효의 시효 진행

중단된 소멸시효는 다음의 기간 또는 기한이 경과된 때. 즉 중단사유가 해소된 때로부터 새로 진행된다. 여기서 '새로 진행한다'라 함은 시효가 중단된 때까지에 경과한 시효기간은 효력을 상실하고 중단사유가 종료한 때로부터 새로이 시효가 진행하는 것을 말한다(지기예 법40-3).
① 고지한 납부기간
② 독촉·납부최고에 따른 납부기간
③ 교부청구 중의 기간
④ 압류해제까지의 기간

(2) 소멸시효 정지

1) 개요

'시효의 정지'는 시효의 진행이 일시적으로 정지, 즉 멈추는 것을 말한다. 시효정지의 경우에는 이미 경과한 시효기간은 그대로 효력을 가지고 정지 후에 새로 진행된 기간과 합산하여 시효기간을 계산한다. 즉 시효의 기산일로부터 시효의 만료일까지의 기간 중 정지기간만을 시효기간에 계산하지 아니하는 것이다. 즉 일정한 기간 동안 시효의 완성을 유예하는 것을 말하며, 이 경우에는 그 정지사유가 종료한 후 다시 잔여 시효기간이 경과하면 소멸시효가 완성한다(지기예 법40-2 참조).

2) 시효정지 사유와 정지 기간

① 분납기간이 있는 경우 그 기간
② 징수유예기간이 있는 경우 그 기간

③ 연부연납기간이 있는 경우 그 기간

④ 체납처분유예기간이 있는 경우 그 기간

⑤ 지방자치단체장이 「지방세징수법」 제39조[구 「지방세기본법」 제91조의 7(2015년 이전 제 97조)]에 따른 사해행위취소를 제기하여 그 소송이 진행 중인 기간. 단, 사해행위취소의 소의 제기로 인한 시효정지는 소송이 각하·기각 또는 취하된 경우에는 효력이 없다(지기법 §40 ④).

⑥ 지방자치단체장이 「민법」 제404조에 따른 채권자대위 소송을 제기하여 그 소송이 진행 중인 기간. 단, 채권자대위 소송의 제기로 인한 시효정지는 소송이 각하·기각 또는 취하된 경우에는 효력이 없다(지기법 §40 ④).

⑦ 체납자가 국외에 6개월 이상 계속하여 체류하는 경우 해당 국외 체류기간(2019년 이후 이 법 시행 이후 신고 또는 고지하는 분부터)

┃ 지방세 부과 제척기간과 지방세 징수권 소멸시효(국기법 집행기준 28-0-1) ┃

| 납세의무 성립 | → | 부과권 | 행사→ | 납세의무 확정(변경) | → | 징수권 | 행사→ | 납세의무 소멸 |

제척기간

조세채권 행사가능기간

소멸시효

권리가 장기간 행사하지 않을 경우 권리를 소멸시키는 제도

┃ 시효중단과 정지 사례(국기법 집행기준 28-0-1 외) ┃

① 납세고지에 의한 소멸시효 중단효력은 해당 부과처분취소에 의해 소멸되지 아니한다(대법원 85누686, 1986.7.8.).

② 체납처분에 의한 채권압류의 효력이 적어도 채권압류에 기한 배당절차가 종료될 때까지 존속한다(대법원 2003두7019, 2004.4.16.).

③ 국세징수의 시효중단사유는 "납세고지, 독촉 또는 납부최고, 교부청구, 압류"에 국한되는 것이 아니며, 「민법」 상 규정된 시효중단 사유도 시효중단의 효력이 있다(징세 46101-695, 1999.3.26.).

☞ 공법인 세법에서 「민법」 상의 승인이 중단사유라고 규정되어 있지 아니하여 승인은 중단사유가 될 수 없을 것으로 판단됨.

④ 압류를 위해 수색하였으나 압류할 재산이 없어 압류할 수 없는 경우에도 그 수색 착수 시에 시효중단의 효력이 있고, 제3자의 주거 등에 수색하는 경우에는 수색조서 등을 체납자에게 통지해야 그 시효중단의 효력이 발생한다(서삼 46019-11307, 2002.8.7.).

⑤ 「국세기본법」 제28조 제1항은 국세징수권의 소멸시효의 중단사유로서 납세고지, 독촉 또는

납부최고, 교부청구 외에 "압류"를 규정하고 있는바, 여기서의 "압류"란 세무공무원이 「국세징수법」 제24조 이하의 규정에 따라 납세자의 재산에 대한 압류절차에 착수하는 것을 가리키는 것이므로, 세무공무원이 「국세징수법」 제26조에 의하여 체납자의 가옥·선박·창고 기타의 장소를 수색하였으나 압류할 목적물을 찾아내지 못하여 압류를 실행하지 못하고 수색조서를 작성하는 데 그친 경우에도 소멸시효 중단의 효력이 있다(대법원 2000다12419, 2001.8.21.).

⑥ 매매계약에 의한 가등기의 본등기 이행으로 가등기 이후에 설정된 압류등기가 직권말소된 경우에는 압류로 인한 국세징수권 소멸시효의 중단효력은 유효하다(서면3팀-165, 2004.2.3.).

⑦ 송달되지 않은 납세고지서에 기인한 압류는 무효로서 시효중단의 효력이 없으나, 독촉절차 없이 행하여진 압류의 경우에는 적법 절차에 의하여 취소되기 전까지는 유효한 것으로 소멸시효 중단의 효력이 있다(징세과-889, 2011.9.2.).

⑧ 압류 당시 체납자 이외의 자에게 귀속되고 있는 재산에 대한 압류처분은 시효중단의 효력이 없다(징세 01254-739, 1990.2.17.).

제2절 납세의무 확장 및 보충적 납세의무

❶ 납세의무승계

(1) 합병으로 인한 납세의무승계(지기법 §41)

법인이 합병한 경우에 합병 후 존속하는 법인(흡수합병) 또는 합병으로 인하여 신설되는 법인(신설합병)은 합병으로 인하여 소멸한 법인(피합병법인)에게 부과되거나 그 법인이 납부할 지방자치단체의 징수금을 납부할 의무가 있다. 여기서 '부과되거나 … 납부할 지방자치단체의 징수금'이라 함은 합병(상속)으로 인하여 소멸된 법인(피상속인)에게 귀속되는 지방세·체납처분비 및 가산금과 세법에 정한 납세의무의 확정절차에 따라 장차 부과되거나 납부하여야 할 지방세·체납처분비 및 가산금을 말한다(지기예 법41-3).

1) 합병시점

'합병한 경우'라 함은 합병계약에 불구하고 합병 후의 존속법인 또는 합병으로 인한 신설법인이 그 본점 소재지에서 합병등기를 한 때를 말한다(지기예 법41-2). 즉 합병의 효력 발생 시기는 법인의 합병등기를 마친 때이다(지기예 법41-1).

2) 승계범위

승계되는 납세의무의 범위는 피합병법인에게 부과되거나 납부할 지방자치단체의 징수금으로서 합병일 현재 이미 피합병법인에게 부과되어 있는 것뿐만 아니라 장래 부과되어야 할 것까지도

무제한으로 승계되는 것으로 하며, 합병 전에 피합병법인에게 한 징수유예·물납승인·담보제공 조치 등은 합병법인에게도 그대로 효력이 승계된 것으로 본다. 여기서 '부과되거나 납부할 지방 자치단체의 징수금'이라 함은 합병으로 인하여 소멸된 법인에게 귀속되는 지방세·체납처분비 및 가산금과 세법에 정한 납세의무의 확정절차에 따라 장차 부과되거나 납부하여야 할 지방세· 체납처분비 및 가산금을 말한다(지기예 법41-3). 또한 피합병법인에 대하여 행한 고지, 독촉, 압류 는 합병법인에 대한 처분으로 간주한다(대법원 77누265, 1980.3.25. 참조).

① 납세유예 등에 관한 효력의 승인

소멸법인에 대하여 다음의 경우에는 합병 후 존속법인 또는 합병으로 인한 신설법인은 해당 처분 등이 있는 상태로 그 지방세 등을 승계한다(지기예 법41-4, 국기통 23-0…3 참조).

> ㉠ 납기연장의 신청, 징수유예의 신청 또는 물납의 신청
> ㉡ 납기연장, 징수 또는 체납처분에 관한 유예
> ㉢ 물납의 승인
> ㉣ 담보의 제공 등(국기통 23-0…3)

② 합병 이후 납세고지서 명의

법인의 합병시점인 합병등기일 이후에는 납세고지서 명의를 합병 후 존속하는 법인인 합병법 인 명의로 한다(지기예 법41-5).

> **사례** 합병시점인 합병등기일 이후에는 납세고지서 명의를 합병 후 합병법인 명의로 하여야 함에 도 불구하고 결정고지 당시 피합병법인의 명의로 발행하여 송달한 처분은 과세내용이 적법하다 하더라도 부과절차상 흠결로서 당연 취소대상에 해당되어 잘못이라 할 것임(국심 2007전3256, 2008.6.13.).

③ 피합병법인의 과세표준과 세액을 경정결정 시 고지서 명의는 합병법인

법인의 합병으로 인하여 해산하는 경우 의제사업연도 기간의 각사업연도소득과 청산소득에 대한 법인세의 과세표준과 세액은 당해 납세의무자인 피합병법인이 「법인세법」 제60조 및 같은 법 제84의 규정에 의하여 납세지 관할세무서장에게 신고하여야 하는 것이며, 이 경우 피합병법인 의 납세지는 「법인세법」 제9조 또는 제11조 및 같은 법 시행령 제9조 제3항의 규정에 의하는 것 이다. 다만, 피합병법인이 신고 후 무납부 또는 과소납부하는 경우의 법인세는 「국세기본법」 제 23조 또는 「법인세법 시행령」 제127조 제2항에 의해 합병법인이 납부할 의무가 있는 것이며, 이 경우 피합병법인의 관할세무서장(합병법인의 납세지로 변경된 경우는 합병법인의 관할세무서 장)이 피합병법인의 과세표준과 세액을 경정결정하여 합병법인 명의로 고지하는 것이다.

④ 피합병법인의 법인세(지방소득세) 과세표준 신고

내국법인이 사업연도 기간 중에 합병에 의하여 소멸한 경우에 그 사업연도의 개시일로부터 합

병등기일까지의 기간을 그 소멸한 법인(피합병법인)의 1사업연도로 보아 법 제60조의 규정에 의하여 법인세를 신고할 경우 법인세신고서 및 신고서에 첨부되는 재무제표에 표시한 명칭은 피합병법인으로 한다(법기통 60-0…1).

⑤ 합병법인에의 환급

법인이 합병한 후에 합병으로 인하여 소멸한 법인에 지방세환급금이 발생한 경우에는 합병 후 존속하는 법인 또는 합병으로 인하여 신설된 법인에게 충당 또는 환급한다(지기예 법60-9).

⑥ 청산종결의 등기를 한 법인의 납세의무

주식회사 등이 '부과되거나 납부할 지방자치단체의 징수금'을 완납하지 아니하고 청산종결의 등기를 한 경우에도 처리되지 아니한 지방세 채무에 대해서는 여전히 법인의 청산사무가 존속하는 것으로 보아 '부과되거나 납부할 지방자치단체의 징수금'에 대한 납부의무는 소멸하지 아니한다(지기예 법45-8).

(2) 상속으로 인한 납세의무승계(지기법 §42)

1) 개요

상속이 개시된 경우에 그 상속인[수유자(受遺者)[44]를 포함] 또는 「민법」 제1053조에 따른 상속재산관리인은 피상속인에게 부과되거나 그 피상속인이 납부할 지방자치단체의 징수금을 상속으로 인하여 얻은 재산을 한도로 하여 납부할 의무를 지며, 2021년 이후 상속개시분부터 납세의무 승계를 피하면서 재산을 상속받기 위하여 피상속인이 상속인을 수익자로 하는 보험계약을 체결하고 상속인은 「민법」 제1019조 제1항에 따라 상속을 포기한 것으로 인정되는 경우로서 상속포기자가 피상속인의 사망으로 보험금(「상속세 및 증여세법」 제8조에 따른 보험금을 말함)을 받는 때에는 상속포기자를 상속인으로 보고, 보험금을 상속받은 재산으로 보아 이를 적용한다.[45] 2017.3.28. 이후 납세의무성립분부터는 이 납세의무 승계를 피하면서 재산을 상속받기 위하여 피상속인이 상속인을 수익자로 하는 보험계약을 체결하고 상속인은 「민법」 제1019조 제1항에 따라 상속을 포기한 것으로 인정되는 경우로서 상속포기자가 피상속인의 사망으로 인하여 보험금(「상속세 및 증여세법」 제8조에 따른 보험금을 말함)을 받는 때에는 상속포기자를 상속인으로 보고, 보험금을 상속으로 인하여 얻은 재산으로 보아 이를 적용한다. 상속인이 얻은 자산·부채 및 납부할 상속세와 상속재산으로 보는 보험금 및 그 보험금을 받은 자가 납부할 상속세를 포함하여

---

44) 유언에 의하여 유증을 받을 자로 정하여진 자를 말하며, "수유자"에는 사인증여(「민법」 제562조)를 받는 자를 포함한다('사인증여'라 함은 증여자의 사망으로 효력을 발생하는 증여를 말함)(지기예 법42-3).

45) 납세의무 승계를 피하면서 재산을 상속받기 위하여 피상속인이 상속인을 수익자로 하는 보험계약을 체결하고 상속인이 상속을 포기한 것으로 인정되는 경우에는 그 상속을 포기한 자가 피상속인의 사망으로 보험금을 지급받는 경우에 상속포기자를 상속인으로 보고 해당 보험금을 상속받은 재산으로 보아 피상속인의 납세의무를 승계하도록 함.

상속으로 얻은 재산의 가액을 계산하며, 각각의 상속인(수유자와 상속포기자 포함)이 상속으로 얻은 재산의 가액을 각각의 상속인이 상속으로 얻은 재산 가액의 합계액으로 나누어 계산한 비율을 말한다.

상속인이 2명 이상일 때에는 각 상속인은 피상속인의 지방자치단체의 징수금을 「민법」 제1009조·제1010조·제1012조 및 제1013조에 따른 그 상속분(2021년 이후 다음에 해당되는 경우 상속 개시분부터 각각의 상속인의 상기에 따라 계산한 상속으로 얻은 재산의 가액을 각각의 상속인이 상속으로 얻은 재산 가액의 합계액으로 나누어 계산한 비율)에 따라 나누어 계산한 금액을 상속받은 재산을 한도로 연대하여 납부할 의무를 진다.[46]
① 상속인 중 수유자가 있는 경우
② 상속인 중 「민법」 제1019조 제1항에 따라 상속을 포기한 사람이 있는 경우
③ 상속인 중 「민법」 제1112조에 따른 유류분을 받은 사람이 있는 경우(2023.3.14. 이후 상속분부터 적용)
④ 상속으로 받은 재산에 보험금이 포함되어 있는 경우

이 경우 각 상속인은 상속인 중에서 피상속인의 지방자치단체의 징수금을 납부할 대표자를 정하고, 상속인 대표자의 신고는 상속개시일부터 30일 이내에 대표자의 성명과 주소 또는 영업소, 그 밖에 필요한 사항을 적은 문서로 지방자치단체장에게 신고하여야 한다. 지방자치단체장은 이 신고가 없을 때에는 상속인 중 1인을 대표자로 지정할 수 있으며, 지정 시 지방자치단체장은 그 뜻을 적은 문서로 지체 없이 각 상속인에게 통지해야 한다.

2) 승계인

납세의무를 승계하는 자는 상속인 또는 상속재산관리인이다. 이 경우 상속인은 수유자를 포함한다. 상속인의 존부가 분명하지 아니한 때에는 상속인에게 하여야 할 납세의 고지·독촉·기타 필요한 사항은 상속재산관리인에게 이를 하여야 하며, 상속재산관리인이 없는 때에는 지방자치단체장은 상속개시지를 관할하는 법원에 상속재산관리인의 선임을 청구할 수 있다.

① 수유자

'수유자'라 함은 유언에 의하여 유증을 받을 자로 정하여진 자를 말하며, "수유자"에는 사인증여(「민법」 §562)를 받는 자를 포함한다(지기예 법42-3).
☞ '사인증여'라 함은 증여자의 사망으로 효력이 발생하는 증여를 말함.

---

46) 여기서 "연대하여"라는 문구가 있는 것은 입법자의 입법의도가 공동 상속인들에게 피상속인의 조세채무 전부에 관하여 연대납세의무를 부과하려는 취지라고 하더라도, 그 문언상 납세의무승계자로서 각 공동상속인이 부담하는 납세의무의 범위는 "상속분에 따라 안분하여 계산한 지방세 등"에 한정된다고 보아야 하고, 위 조항에 "연대하여"라는 문구가 추가되었다고 하더라도 각 공동상속인이 부담하는 납세의무의 범위는 달라진다고 볼 수 없으며, 위 "연대하여"의 의미는 상속으로 받은 재산을 한도로 공동상속인들 상호간에 다른 공동상속인에 대한 부과세액에 관하여도 연대납부의무를 부담하는 것으로 해석될 뿐임(서울고법 2009누33845, 2010.5.6.).

② 태아

태아에게 상속이 된 경우 그 태아가 출생한 때 상속으로 인한 납세의무가 승계된다(지기예 법42-4).

③ 상속포기자

원래 상속을 포기한 자는 상속포기의 소급효에 의하여 상속개시 당시부터 상속인이 아니었던 것과 같은 지위에 놓이게 되는 점(「민법」 §1042), 「상속세 및 증여세법」 제3조 제1항은 상속세에 관하여는 상속포기자도 상속인에 포함되도록 규정하고 있으나 이는 사전증여를 받은 자가 상속을 포기함으로써 상속세 납세의무를 면하는 것을 방지하기 위한 것으로서, 「국세기본법」 제24조 제1항에 의한 납세의무 승계자와 「상속세 및 증여세법」 제3조 제1항에 의한 상속세 납세의무자의 범위가 서로 일치하여야 할 이유는 없는 점, 조세법률주의의 원칙상 과세요건은 법률로써 명확하게 규정하여야 하고 조세법규의 해석에 있어서도 특별한 사정이 없는 한 법문대로 해석하여야 하며 합리적 이유 없이 확장해석하거나 유추해석하는 것은 허용되지 않는 점 등을 종합하여 보면, 적법하게 상속을 포기한 자는 「국세기본법」 제24조 제1항이 피상속인의 국세 등 납세의무를 승계하는 자로 규정하고 있는 '상속인'에는 포함되지 아니한다(대법원 2013두1041, 2013.5.23.).

> **사례** 상속인의 존재가 분명하지 아니한 때에는 상속인에게 하여야 할 납세의 고지 등은 상속재산 관리인에게 하여야 하는 것인바, 이 건은 그 상속인의 존재가 분명하지 아니하므로 상속재산관리인인 청구인에 취득세 등을 부과한 처분 또한 잘못이 없다 할 것임(조심 2012지359, 2012.6.29.).

④ 상속인이 명료하지 아니한 경우

피상속인이 혼인무효의 소 또는 조정이 계류 중에 있거나 기타 상속의 효과를 가지는 신분관계의 존부확정에 관하여 쟁송중인 경우 등 상속인이 명확하지 아니한 경우에는, 원칙적으로 그 무효의 소 기타 그 쟁송사유가 없는 것으로 보는 경우의 상속인에 대하여 납세의무승계 규정을 적용한다(지기예 법42-5).
  ㉠ 이혼무효심판 중 : 이혼한 상태로 봄.
  ㉡ 친생자부인심판 중 : 친생자로 봄.
  ㉢ 상속신분부존재청구 중 : 상속신분존재로 봄.

⑤ 상속재산 분할방법의 지정이 명백하지 아니한 경우

상속재산 분할방법의 지정에 관한 유언의 효력에 대하여 분쟁이 있는 등 상속재산의 분할방법이 명백하지 아니한 경우와 상속재산의 분할방법을 정할 것을 위탁받은 자가 그 위탁을 승낙하지 않는 경우에는 「민법」 제1009조의 규정에 의한 법정상속분에 대하여 「지방세기본법」 제42조 제2항을 적용한다(지기예 법42-6).

⑥ 피상속인에게 독촉된 지방세의 납부촉구

피상속인이 사망하기 전에 독촉을 한 체납액에 관하여 그 상속인의 재산을 압류하고자 하는

경우에는 「지방세기본법」 제91조 제2항에 규정하는 사유가 있는 경우를 제외하고는 사전에 그 상속인에 대하여 승계세액의 납부를 촉구하여야 한다(지기예 법42-7).

⑦ 상속절차 중의 체납처분

상속재산에 대하여는 「민법」 제1032조(채권자에 대한 공고, 최고) 및 제1056조(상속인 없는 재산의 청산)의 규정에 의한 채권 신청기간 내라도 체납처분을 할 수 있다(지기예 법42-8).

⑧ 상속인 등에게 변동이 생길 경우

인지, 태아의 출생, 지정상속인의 판명, 유산의 분할 및 기타 사유에 의하여 상속인, 상속지분 또는 상속재산에 변동이 있는 경우라도 그 이전에 발생한 승계 지방세 및 납부책임에 대하여는 영향을 미치지 아니한다(지기예 법42-9).

상속신분존재확인청구 중인 경우 상속신분부존재로 본다.

3) 승계범위

'부과되거나 납부할 지방자치단체의 징수금'이라 함은 상속으로 인하여 피상속인에게 귀속되는 지방세·체납처분비 및 가산금(2023.12.31. 이전만 적용)과 세법에 정한 납세의무의 확정절차에 따라 장차 부과되거나 납부하여야 할 지방세·체납처분비 및 가산금(2023.12.31. 이전만 적용)을 말한다(지기예 법41-3). 즉 피상속인에게 부과되거나 납부할 세액 등은 상속개시일 현재 피상속인에게 납세의무가 성립되어 있는 것으로서 승계의 요건은 충족되었다고 해석하여야 할 것이며 과세관청의 부과처분이 있었음을 필요로 하는 것은 아니라고 할 것이다. 왜냐하면 상속인은 피상속인의 권리·의무를 포괄적으로 승계하는 지위에 있으므로 납세의무의 성립만으로 채무는 발생되었다고 보기 때문이다.

① 제2차 납세의무와 납세보증의무도 승계범위에 포함

피상속인의 제2차 납세의무나 납세보증의무도 승계하는 것으로 보아야 할 것이다. 이러한 제2차 납세의무의 승계에는 반드시 피상속인의 생전에 「지방세기본법」 제55조(납세의 고지)에 의한 납부고지가 있어야 하는 것은 아니다(지기예 법42-1).

② 납세의무 승계에 관한 처리절차

상속이 개시된 경우에 피상속인에게 부과되거나 피상속인이 납부할 지방세, 가산금(2023. 12.31. 이전만 적용) 및 체납처분비는 상속인 또는 상속재산관리인에게 납세의무에 대한 별도의 지정조치 없이 법에 의하여 당연히 승계되며, 피상속인의 생전에 피상속인에게 행한 처분 또는 절차는 상속인 또는 상속재산관리인에 대하여도 효력이 있다. 그러나 피상속인이 사망한 후 그 승계되는 지방세 등의 부과징수를 위한 잔여절차는 상속인 또는 상속재산관리인을 대상으로 하여야 한다(지기예 법42-2).

4) 승계의 한도

상속인이 승계하는 납세의무는 상속으로 인하여 얻은 재산가액을 한도로 한다. 즉 상속재산가액을 초과하는 금액에 대하여는 납세의무를 지지 아니한다. 따라서 상속으로 인한 납세의무의 승계는 피상속인의 체납액(체납된 국세, 그 가산금과 체납처분비 포함)과 피상속인에게 부과되거나 장차 납부하여야 할 국세·가산금과 체납처분비를 상속인에게 납부의무를 지우는 것으로 이 경우 상속인은 상속으로 인하여 얻은 재산을 한도로 하여 납부할 의무를 지는 것이다(재경부 조세 46019-106, 2003.3.15.).

○ **상속으로 인하여 얻은 재산**

상속으로 인하여 얻은 자산총액 - (상속으로 인하여 얻은 부채총액 + 상속으로 인하여 부과되거나 납부할 상속세 및 취득세)

☞ 다음의 가액을 포함하여 상속으로 얻은 재산의 가액을 계산함.
   ① 「지방세기본법」 제42조 제2항에 따라 상속재산으로 보는 보험금
   ② 「지방세기본법」 제42조 제2항에 따라 상속재산으로 보는 보험금을 받은 자가 납부할 상속세

☞ 자산총액과 부채총액의 가액은 「상속세 및 증여세법」 제60조부터 제66조까지의 규정을 준용하여 평가함.

☞ 취득세는 2019.12.31. 이전에 상속이 개시된 경우에 대해서는 개정규정에도 불구하고 종전 규정에 따름(영 부칙 §3).

○ **'자산총액'과 '부채총액' 산정 시 유의사항**(지기예 법42…영21-1 참조)

   ① 상속재산에는 사인증여 및 유증의 목적이 된 재산을 포함하나, 「상속세 및 증여세법」 제15조 제1항에 따라 상속재산가액에 가산하는 증여재산은 포함하지 아니함(재산 01254-189, 1987.1.23.).
   ② 생명침해 등으로 인한 피상속인의 손해배상청구권도 상속재산에 포함됨.
   ③ 피상속인의 일신에 전속하는 권리의무는 제외
      예 : ○ 대리권(상행위의 위임으로 인한 것 제외)
           ○ 부양청구권(이행지체분 제외)
           ○ 상속개시 전에 구체화되지 아니한 신원보증채무와 신용보증채무
           ○ 피상속인이 예술가, 저술가인 경우 예술, 저술의 행위 채무 등
           ○ 피상속인이 부담하는 벌금, 과료
   ④ 피상속인이 수탁하고 있는 신탁재산은 수탁자의 상속재산에 속하지 아니함.

사례 상속재산 자산총액과 부채총액의 범위(서면1팀-502, 2004.3.31.)

자산총액 및 부채총액은 「상속세 및 증여세법」 제66조 및 같은 법 시행령 제63조 제1항 제3호 등을 준용하여 평가하는 것임. "부채총액"에는 명칭 여하에 불구하고 상속개시 당시 피상속인이 부담하여야 할 확정된 채무가 포함되는 것이지만, "2순위 근저당채무" 또는 "가압류된 연대보증채무"가 이에 해당되는지 여부는 소관세무서장이 구체적인 사실관계를 확인하여 판단할 사항임.

제1편 「지방세기본법」

사례 상증법 상 상속재산으로 보는 보험금은 상속재산 아님(대법원 2013두1041, 2013.5.23.).

「상속세 및 증여세법」(이하 '상증세법') 제8조가 규정하는 보험금의 경우 보험수익자가 가지는 보험금 지급청구권은 본래 상속재산이 아니라 상속인의 고유재산이므로, 상증세법 제8조가 규정하는 보험금 역시 「국세기본법」 제24조 제1항이 말하는 '상속으로 받은 재산'에는 포함되지 아니함.

사례 상속으로 인하여 얻은 재산에는 피상속인이 상속개시 전에 증여한 재산은 포함되지 않으므로 상속받은 다른 재산이 없는 경우에는 납세의무는 승계되지 않는 것임(징세과-67, 2010.1.21.).

5) 상속인 연대납세의무 특징

상속재산의 한도 내에서 연대납세의무를 통지하여야 함에도 정확한 상속재산 분배내역을 확인하지 아니하고 단독 상속으로 보아 1인에게 납부통지를 한 처분은 부당하다. 따라서 다른 상속인들에게는 납부통지를 생략하고, 대표자 1인에게만 납세의무를 전부 승계시켜 1인에게만 납부통지를 한 경우는 잘못이다. 이는 공유물 등의 연대납세의무는 대표자 1인에게 전부를 납세의무를 지울 수 있다는 점에서 차이가 있는 것이지만, 연대납세의무자 1인에게만 납세고지한 것은 효력이 있으나 납세고지를 받지 아니한 다른 연대납세의무자에게는 효력이 없는 것으로, 연대납세의무자 1인이 체납하여 공유재산을 압류한 경우에는 다른 연대납세의무자의 지분에 대한 압류 효력에 영향이 없는 것은 차이가 없다.

사례 상속재산의 한도 내에서 연대납세의무를 통지하여야 함(조심 2012전4155, 2012.12.3.).

상속재산 분배내역을 재조사하여 각 상속인들 상속으로 인하여 받은 재산의 내역을 확인한 다음, 각 상속인이 「민법」 제1009조의 상속지분에 따라 위 양도소득세의 납세의무를 승계한 것으로 보되, 상속으로 인하여 받은 상속재산의 한도 내에서 연대납세의무가 있는 것으로 보아 각 상속인에게 납부통지를 하는 것이 타당함.

사례 상속인별로 세액 등을 특정하여 납세고지하여야 함(심사소득 2009-77, 2009.7.15.).

이 건 납세고지는 상속인별로 과세표준과 세액을 특정하여 통지하지 아니하였음이 사실로 확인되어 위법한 처분에 해당되므로 이 건 납세고지는 취소되는 것이 타당함.

사례 연대납세의무자별 개별적으로 부과고지의 범위(대법원 2011두4121, 2011.5.26.)

이 사건 대체농지가 양도됨으로써 종전 농지의 양도소득세 감면요건이 충족되지 아니함에 따라 망인의 생존 당시에 성립된 양도소득세 납세 의무가 망인의 사망으로 인해 원고들에게 상속된 이상 원고들은 「상속세 및 증여세법」이 정하는 바에 따라 연대납세의무를 부담한다고 할 것이고, 종전 토지에 대해 양도소득세 감면요건이 충족되지 아니한 경위에 상속인들이 이복형제 관계에 있는 사정이 있다고 하여 원고들이 이 사건 양도소득세 납부의무를 부담하지 아니한다고 할 수 없으며 위와 같이 원고들이 연대납세의무를 부담하는 것이 자기책임의 원리에 반하는 것이라고 할 수 없음.

사례 상속인들의 상속재산 유류분 청구소송 중인 경우(심사양도 2003-3048, 2004.2.2.)

처분청이 상속인들의 상속재산이 얼마인지도 확정하지 아니하고 피상속인이 납부하여야 할 국세를 청구인에게 승계시켜 결정 고지한 처분은 잘못이 있으므로(국심 97서411, 1997.4.15.와 같은 뜻) 상속세결정을 통하여 각 상속인이 상속받을 재산을 결정한 후 다시 과세하는 것은 별론으로 하고 이 건 부과처분은 취소하여야 할 것임.

> **사례** 납세의무승계 후 가산금 상속재산 한도에 포함되지 않음(조심 2010서818, 2010.9.8.).
>
> 청구인은 「국세징수법」 제21조, 제22조에 따라 납세의무 승계금액에 대하여는 가산금 및 중가산금 납부의무를 부담한다 할 것이고, 이는 「국세징수법」에 따른 청구인 고유의 의무로서 상속으로 받은 재산의 한도에 제한되지 아니함.

> **사례** 피상속인의 체납된 국세는 「상속세 및 증여세법」 제4조 규정에 따라 상속세 과세가액을 계산하는 때에는 이를 상속재산가액에서 공제하는 것이나, 「국세기본법 시행령」 제11조 제1항 규정의 부채에는 포함되지 아니하는 것임(재산 01254-2136, 1987.8.10.).

> **사례** 상속인이 조부모로부터 대습상속받은 상속재산은 부모의 상속으로 인하여 얻은 재산에 해당되지 않는 것임(징세과-551, 2009.6.15.).

> **사례** 피상속인 사망 후 토지가 양도된 경우(국심 2005중1329, 2005.9.28.)
>
> 피상속인은 쟁점 토지의 양도시기(2002.11.19.) 이전인 2002.10.29.에 사망하였음이 제적등본에 의하여 확인되므로, 쟁점 토지의 경우 피상속인이 매수인에게 직접 양도한 것이 아니라 상속인인 청구인 등이 이를 상속받았다가 양도하였다고 봄이 타당함. 처분청이 쟁점 토지를 2002.11.19. 피상속인이 양도한 것으로 하여 피상속인에게 양도소득세를 부과한 후에 상속인인 청구인 등에게 납세의무를 승계시켜 과세한 이 건 처분은 잘못이므로 취소함이 타당함.

6) 상속포기 또는 한정승인 상속

① 상속포기

'상속포기'란 상속인이 돌아가신 피상속인의 재산과 부채 모두를 포기해서 상속받지 않는 것을 말한다. 상속을 포기하고자 하는 경우 상속개시가 있다는 사실을 인지한 날로부터 3개월 이내에 가정법원에 상속포기를 하면 된다. 이 경우 별도의 상속재산 및 부채에 대한 목록을 첨부하지 않아도 된다. 이렇게 상속포기 절차를 밟고 나면 피상속인의 재산상 모든 권리와 의무는 상속을 포기한 상속인에게 승계되지 아니한다.

한편, 상속포기 선택 시 선순위 상속인인 배우자나 자녀가 상속포기할 경우, 다음 순위의 상속인인 직계존속이나 형제자매, 4촌 이내의 방계혈족에게 순차적으로 상속이 이루어진다. 후순위 상속인도 채무를 부담하지 않으려면 선순위 상속인처럼 상속포기 절차를 거쳐야 하는 불편함이 있다. 상속인이 가정법원에 상속포기 신고를 하여 법원으로부터 상속포기 결정을 받은 경우는 「민법」 제1042조에 의거 그 상속개시된 때에 소급하여 처음부터 상속인의 지위를 승계하지 않았던 것으로 되고, 상속포기 효과는 강행규정으로서 일단 포기하면 이를 취소할 수 없다.

참고로, 「상속세 및 증여세법」 제3조 제1항은 상속세에 관하여는 상속포기자도 상속인에 포함

되도록 규정하고 있으나 이는 사전증여를 받은 자가 상속을 포기함으로써 상속세 납세의무를 면하는 것을 방지하기 위한 것이며, 적법하게 상속을 포기한 자는 「국세기본법」 제24조 제1항이 피상속인의 국세 등 납세의무를 승계하는 자로 규정하고 있는 '상속인'에는 포함되지 아니한다 (대법원 2013두1041, 2013.5.23.).

② 한정승인 상속

일반적으로 피상속인의 재산상 권리와 의무는 상속인의 의사와 관계없이 법률상 상속인에게 승계된다. 상속인은 재산을 상속받는 것뿐만 아니라 부채도 상속받아야 한다는 것이다. 이때 상속재산이 부채보다 많을 때는 그리 문제가 되지 않지만, 문제는 부채가 상속재산보다 많은 경우이다. 상속인은 상속받은 재산으로 부채를 갚는 것이 힘들고, 결국 본인이 갖고 있는 고유재산으로 부채를 갚아야 하는 상황이 발생한다. 「민법」에서는 이런 경우 상속인의 고유재산을 보호하기 위해 상속포기와 한정승인이란 제도를 마련해 두고 있다.

부채가 상속재산보다 더 많은지 알 수 없는 경우 또는 현재 확인된 부채 외에 다른 부채가 있는지 알 수 없는 경우에는 한정승인을 통해 상속을 받으면 된다. 한정승인이란 상속인이 상속받은 재산을 한도로 해서 부채를 부담할 것을 조건으로 상속을 승인하는 것을 말한다. 상속포기처럼 상속개시가 있음을 인지한 날로부터 3개월 이내에 가정법원에 재산상속한정승인심판청구서를 제출하면 된다.

한편, 상속포기 선택 시 선순위 상속인이 상속포기할 경우, 후순위 상속인도 채무를 부담하지 않으려면 선순위 상속인처럼 상속포기 절차를 거쳐야 하는 불편함이 있다. 선순위 상속인인 배우자나 자녀 중에 1명은 한정승인을 하고, 다른 공동상속인은 상속포기를 하면, 후순위 상속인이 또다시 상속포기 절차를 밟아야 하는 번거로움이 없을 것이다.

한정승인심판청구 시 목록이 없는 재산도 추후 피상속인의 재산임을 확인될 때 그 재산도 한정승인 상속이 되는 것이다. 즉 재산목록에 부동산 등이 없다고 되어 있을지라도 추후 부동산이 확인될 때에도 한정승인 상속이 되는 것이다. 「민법」에서 규정하는 '한정승인'이란 상속인이 상속으로 인하여 얻은 재산의 한도에서 피상속인의 채무와 유증을 변제하는 상속형태로서 피상속인의 모든 권리 의무를 승계하는 단순승인과는 그 성격을 달리한다 하겠으나 한정승인을 받은 자라도 한정승인을 신청한 상속재산 외에 추가로 상속재산이 나타나는 경우에는 한정승인과는 별도로 그 재산의 상속받을 권리를 한정승인자가 가는 것이다.

한정승인 상속은 상속으로 인한 채무만 상속재산 범위 내에서 상환하면 되는 것이므로 채무보다 많은 상속재산은 상속인의 소유가 되는 것이다. 상속 당시 몰랐던 부채가 더 있다는 것을 알게 되면 남아 있는 상속재산 범위 내에서만 채무를 부담하면 되는 것이므로 한정승인 상속을 승인받으면 추후 발견된 상속재산에 대한 상속인의 권리가 없어지는 것이 아니다.

한정승인을 하여 채권자에게 손해를 가하는 경우가 있을 수 있으므로, 「민법」은 한정승인 전에 상속재산을 처분하였거나, 한정승인을 위하여 법원에 제출한 재산목록에 고의로 상속재산을 기입하지 않은 경우 등에는 한정승인이 불가능하다고 규정하고 있다. 이때 '고의로 재산목록에 기입하지 않은 때'라 함은 상속재산을 은닉하여 상속 채권자를 사해할 의사로서 재산목록에 기입하지 않은 때를 의미한다. 상속의 한정승인은 채무의 존재를 한정하는 것이 아니라 단순히 그 책임의 범위를 한정하는 것에 불과하기 때문에, 상속의 한정승인이 인정되는 경우에도 상속채무가 존재하는 것으로 인정되는 이상, 법원으로서는 상속재산이 없거나 그 상속재산이 상속채무의 변제에 부족하다고 하더라도 상속채무 전부에 대한 이행판결을 선고하여야 하고, 다만, 그 채무가 상속인의 고유재산에 대해서는 강제집행을 할 수 없는 성질을 가지고 있으므로, 집행력을 제한하기 위하여 이행판결의 주문에 상속재산의 한도에서만 집행할 수 있다는 취지를 명시하여야 한다. 사망자의 장례목적 등을 위하여 상속재산인 보험해지환급금을 재산목록에 기입하지 않은 다음 사용한 것은 위 사유에 해당하지 아니한다. 따라서 이러한 경우에는 한정승인이 가능하다는 것이 판례의 입장이다(대법원 2003다30968, 2003.11.14. 참조).

법원이 한정승인신고를 수리하게 되면 피상속인의 채무에 대한 상속인의 책임은 상속재산으로 한정되고, 그 결과 상속채권자는 특별한 사정이 없는 한 상속인의 고유재산에 대하여 강제집행을 할 수 없다. 그런데 「민법」은 한정승인을 한 상속인(이하 '한정승인자')에 관하여 그가 상속재산을 은닉하거나 부정소비한 경우 단순승인을 한 것으로 간주하는 것(§1026 3) 외에는 상속재산의 처분행위 자체를 직접적으로 제한하는 규정을 두고 있지 않기 때문에, 한정승인으로 발생하는 위와 같은 책임제한 효과로 인하여 한정승인자의 상속재산 처분행위가 당연히 제한된다고 할 수는 없다. 또한 「민법」은 한정승인자가 상속재산으로 상속채권자 등에게 변제하는 절차는 규정하고 있으나(§1032 이하), 한정승인만으로 상속채권자에게 상속재산에 관하여 한정승인자로부터 물권을 취득한 제3자에 대하여 우선적 지위를 부여하는 규정은 두고 있지 않으며, 「민법」 제1045조 이하의 재산분리 제도와 달리 한정승인이 이루어진 상속재산임을 등기하여 제3자에 대항할 수 있게 하는 규정도 마련하고 있지 않다. 따라서 한정승인자로부터 상속재산에 관하여 저당권 등의 담보권을 취득한 사람과 상속채권자 사이의 우열관계는 「민법」 상의 일반원칙에 따라야 하고, 상속채권자가 한정승인의 사유만으로 우선적 지위를 주장할 수는 없다. 그리고 이러한 이치는 한정승인자가 그 저당권 등의 피담보채무를 상속개시 전부터 부담하고 있었다고 하여 달리 볼 것이 아니다(대법원 2007다77781, 2010.3.18.).

③ 상속포기와 한정승인 상속 비교

「민법」의 규정에 의한 한정승인은 상속인이 상속으로 인하여 얻은 재산의 한도 내에서 피상속인의 채무와 유증을 변제하는 조건이 상속포기와는 다른 것이다.

> **사례** 상속재산가액과 채무가 법원 한정상속결정과 다른 경우(조심 2012서2980, 2012.11.6.)
>
> 상속인이 상속을 포기(한정승인 상속)하여 얻은 재산이 없다면 납세의무를 승계하지 아니하는 것인바, 이 건의 경우 처분청이 결정한 상속재산가액이나 채무액이 법원의 한정상속 재산목록과 달리 나타나고, 심판청구과정에서 쟁점 임야의 처분대금에 대한 사용처를 추가로 제시하고 있어 청구인이 상속으로 인하여 얻은 재산의 가액이 불분명하다 할 것이므로, 처분청이 이를 다시 확인·조사하여 그 재산의 범위 내에서 청구인에게 양도소득세 납세의무를 승계시키는 것이 타당한 것임.

사례 피상속인의 상속 포기자에게 납세의무를 승계 안됨(국심 2004서2564, 2005.4.6.).

상속인이 피상속인의 재산에 대해 법원에 상속 포기 신고한 사실을 과세관청에 신고하지 아니하여 과세된 이 건의 경우, 과세관청에 상속 포기한 사실을 단지 신고하지 아니하였다는 사유만으로 납세자의 행위를 "중대한 과실이 있는 행위로 보아 확정력(불가변력ㆍ불가쟁력)이 발생한 것으로 볼 수는 없다 할 것임. 따라서 피상속인의 재산상속을 포기한 청구인에게 피상속인의 납세의무를 승계시켜 이 건 양도소득세를 고지하는 것은 중대ㆍ명백한 하자가 있는 처분이라 할 것임.

사례 한정승인 상속의 경우 제2차 납세의무 부과 가능(징세 23620-5177, 1992.9.22.)

「민법」의 규정에 의한 한정승인이란 상속인이 상속으로 인하여 얻은 재산의 한도 내에서 피상속인의 채무와 유증을 변제하는 조건이지 상속포기와는 다르므로, 법인의 주주명부나 주권의 명의개서와는 상관없이 상속개시일 이후 납세의무가 성립한 국세에 대하여는 「국세기본법」 제39조의 규정에 의한 출자자의 제2차 납세의무를 지울 수 있는 것임.

7) 피상속인에 대한 처분 등의 효력

상속으로 인하여 납세의무가 승계되는 경우에 피상속인에게 이미 행한 처분 또는 절차는 상속인 또는 상속재산관리인에게도 효력이 미친다. 예를 들면 피상속인에게 한 독촉ㆍ압류ㆍ징수유예 등의 조치는 계속하여 유효한 것이다.

8) 승계인에 대한 체납처분

피상속인이 사망하기 전에 독촉을 한 체납액에 관하여 그 상속인의 재산을 압류하려는 경우에는 「국세징수법」 제24조 제2항에 규정하는 사유가 있는 경우를 제외하고는, 사전에 그 상속인에 대하여 승계세액의 납부를 촉구하여야 하며(국기통 24-0…7), 상속재산에 대하여는 「민법」 제1032조(채권자에 대한 공고, 최고) 및 제1056조(상속인 없는 재산의 청산)의 규정에 의한 채권신청기간 내라도 체납처분을 할 수 있다(지기예 법42-8).

사례 상속인이 피상속인의 납세의무를 승계한 경우 상속개시 당시의 상속으로 인하여 얻은 재산 가액의 범위 내에서 상속인의 고유재산에 대하여도 체납처분을 할 수 있는 것임(징세 46101-575, 2002.12.3.).

9) 상속재산 분할방법의 지정이 명백하지 아니한 경우

상속재산 분할방법의 지정에 관한 유언의 효력에 대하여 분쟁이 있는 등 상속재산의 분할방법이 명백하지 아니한 경우와 상속재산의 분할방법을 정할 것을 위탁받은 자가 그 위탁을 승낙하지 않는 경우에는 「민법」 제1009조의 규정에 의한 법정상속분에 대하여 「지방세기본법」 제42조 제2항을 적용한다(지기예 법42-6).

10) 피상속인에게 독촉된 지방세의 납부촉구

피상속인이 사망하기 전에 독촉을 한 체납액에 관하여 그 상속인의 재산을 압류하고자 하는 경우에는 「지방세기본법」 제91조 제2항에 규정하는 사유가 있는 경우를 제외하고는 사전에 그 상속인에 대하여 승계세액의 납부를 촉구하여야 한다(지기예 법42-7).

11) 상속인 등에게 변동이 생길 경우

인지, 태아의 출생, 지정상속인의 판명, 유산의 분할 및 기타 사유에 의하여 상속인, 상속지분 또는 상속재산에 변동이 있는 경우라도 그 이전에 발생한 승계 지방세 및 납부책임에 대하여는 영향을 미치지 아니한다(지기예 법42-9).

(3) 상속재산관리인(지기법 §43)

상속인이 있는지 분명하지 아니할 때에는 상속인에게 하여야 할 납세의 고지, 독촉, 그 밖에 필요한 사항은 상속재산관리인에게 하여야 한다. 여기서 '상속재산의 관리인'이라 함은 「민법」 제1053조의 규정에 의하여 상속인이 없거나 존부가 분명하지 아니한 경우에 법원이 피상속인의 친족·기타 이해관계인 또는 검사의 청구에 의하여 선임하는 상속재산관리인을 말한다(지기예 법43-1).

한편, 상속인이 있는지가 분명하지 아니하고 상속재산관리인도 없을 때에는 지방자치단체장은 그 상속 개시지를 관할하는 법원에 상속재산관리인의 선임을 청구할 수 있다.

피상속인에게 한 처분 또는 절차는 상속인 또는 상속재산관리인에게도 효력이 미친다.

❷ 연대납세의무(지기법 §44)

(1) 개요

「민법」상 연대의무는 개인 간의 계약에 기인한 것이고 공유물에 대해서는 그 지분에 반해 공동사업에 있어서는 그 손익분배비율 등에 의해 그 부담을 충당하는 것으로 원칙을 삼고 그 사이에는 연대관계는 없다. 그러나 국세와 지방세의 채권·채무관계가 법률의 규정에 기인하여 성립, 확정되는 특수성이 있고 확정된 국세와 지방세 채권의 확보를 용이하게 하기 위해 특정의 경우 연대채무관계가 성립하는 것으로 규정하고 있다. 즉 납부의무를 확장시키는 방법으로 이용하고 있다. 「국세기본법」, 「지방세기본법」 및 세법에 의하여 국세(지방세), 가산금과 체납처분비를 연대하여 납부할 의무에 관하여는 「민법」상의 연대채무의 내용(「민법」 §413), 연대채무에 있어서의 이행청구방법(「민법」 §414), 일부 채무자에 대한 무효취소사유의 절대적 효력(「민법」 §415), 이행청구의 절대적 효력(「민법」 §416), 채무면제의 절대적 효력(「민법」 §419), 소멸시효의 절대적 효력(「민법」 §421), 효력의 상대성의 원칙(「민법」 §423), 구상권(「민법」 §425), 구상요건으로서의 통지(「민법」 §426), 상환 무자력자의 부담부분(「민법」 §427) 등에 관한 규정은 국세(지방세), 가산금과 체납처분비를 연대하여 납부할 의무에 준용된다(국기법 §25-2, 지기법 §44). 「상속세 및 증여세법」은 상

속인과 수유자, 증여자와 수증자에 대하여 연대납세의무를 지우는 규정을 두고 있다.

연대납세의무의 법률적 성질은 「민법」상의 연대채무와 근본적으로 다르지 아니하여, 각 연대납세의무자는 개별 세법에 특별한 규정이 없는 한 원칙적으로 고유의 납세의무 부분이 없이 공동사업 등에 관계된 지방세의 전부에 대하여 전원이 연대하여 납세의무를 부담하는 것이므로, 지방세를 부과함에 있어서는 연대납세의무자인 각 공유자 또는 공동사업자에게 개별적으로 당해 지방세 전부에 대하여 납세의 고지를 할 수 있고, 또 연대납세의무자의 1인에 대한 과세처분의 하자는 상대적 효력만을 가지므로, 연대납세의무자의 1인에 대한 과세처분의 무효 또는 취소 등의 사유는 다른 연대납세의무자에게 그 효력이 미치지 않는다(대법원 99두2222, 1999.7.13. 참조).

연대납세의무 지정의 취지를 살펴 볼 때는 우선 당초 납세자에게도 체납처분의 절차를 취하여야 할 것이며, 이러한 절차를 취하지 아니하고 한 연대납세의무 지정은 행정편의적인 조치라 판단되지만 법규정상 문제는 없다.[47] 그리고 지방자치단체장은 어느 연대납세의무자에 대하여 동시에 또는 순차로 의무이행을 청구할 수 있다.

연대납세의무자에게 서류를 송달하고자 하는 때에는 그 대표자를 명의인으로 하며, 대표자가 없는 때에는 연대납세의무자 중 징수한 유리한 자를 명의인으로 한다. 다만, 납세의 고지와 독촉에 관한 서류는 연대납세의무자 모두에게 각각 송달하여야 한다. 즉 대표자를 명의인으로 하여 송달할 수 있는 납세고지는 이미 확정된 구체적 조세채권에 대하여 그 이행을 명하는 이른바 징수처분으로서의 납세고지에만 한하는 것이며, 부과과세방식의 조세(예 : 소득세)에 있어서 그 부과결정의 통지를 납세고지서에 의하여 하는 경우 또는 신고납세방식의 조세(예 : 부가가치세)에 있어서 무신고 또는 과소신고 시에 과세표준과 세액을 결정 또는 경정하고 그 통지를 납세고지서에 의하여 하는 경우의 납세고지는 연대납세의무자 각자에게 개별적으로 하여야 하고, 그 대표자나 국세징수상 편의한 자만을 명의인으로 하여 고지할 수 없는 것이다(국심 96부406, 1996.5.22., 대법원 87누545, 1988.11.22.).

1) 납세고지서에 연대납세의무자 전원을 기재하지 아니한 경우의 효력

부가가치세 연대납세의무자 각자에게 공동사업으로 인한 부가가치세 전액을 부과할 수 있으므로 각자 부담하여야 할 부분을 특정하지 아니하였다거나 납세고지서에 연대납세의무자 전원의 이름이 기재되지 아니하였다는 사정만으로는 고지방식이 위법하다고 할 수 없다. 연대납세의무자의 납세의무를 구체적으로 확정시키는 효력을 지닌 납세고지를 연대납세자별로 각자에게 개별적으로 하여야 할 것이나 부과금액에 대하여는 연대채무의 성질에 비추어 연대납세자 각자에게 부가가치세 전액을 부과할 수 있다고 한 다음, 과세관청은 연대납세의무자 각자에게 공동사업으로 인한 부가가치세 전액을 부과할 수 있다고 할 것이므로 내부적으로 부담하여야 할 부분을 특정하지 아니하였다 하여 이를 위법하다고 할 수 없고, 또 처분을 하면서 다른 연대납세의무자 전원을 기재하지 아니한 것은 「국세징수법 기본통칙」에 위반된 것이기는 하나 위 기본통칙은 행

[47) 체납처분의 절차를 취한 후에도 체납이 될 경우에 연대납세의무를 지정하는 것이 연대납세의무자의 권리를 보호하는 것일진대, 제2차 납세의무와는 달리 체납처분 여부와도 관계없이 지정해도 되는 것이다.

정규칙으로 법원이나 국민을 기속하는 효력이 있는 것이 아니므로 이를 위반하였다고 하여 위법하다고 할 수 없다(대법원 2000두4200, 2000.10.13.).

2) 연대납세자 1인에게 한 납세고지와 압류의 효력

연대납세의무자의 상호 연대관계는 이미 확정된 조세채무의 이행에 관한 것이지 조세채무의 성립과 확정에 관한 것은 아니므로 연대납세의무자라 할지라도 각자의 구체적인 납세의무는 개별로 성립·확정됨을 요하는 것이어서 구체적인 납세의무확정의 효력발생요건인 과세처분은 별도로 되어야 한다. 따라서 연대납세의무자 중 1인에게 납세고지서를 송달하였다고 하여 다른 의무자에게도 적법한 납세고지로서 효력이 발생할 수는 없다(대법원 94누2077, 1994.5.10. 참조).

모든 연대납세의무자에게 각자의 납세액을 고지하거나 연대납세액을 고지하여야만 그 효력이 있으며 고지되지 않은 다른 연대납세의무자에게는 고지의 효력이 없다. 따라서 대표자 1인에게만 납세고지한 것은 효력이 있으나 납세고지를 받지 아니한 다른 연대납세의무자에게는 효력이 없는 것으로, 그 대표자 1인이 체납하여 공유재산을 압류한 경우 다른 연대납세의무자 지분에 대한 압류 효력에는 영향이 없는 것이다.

> **사례** 세금 전액을 연대납세의무자에게 납세고지한 경우(부산고법 2008나19973, 2009.5.28.)
>
> 원고와 김○선이 공동사업자로서 연대납세의무를 부담하고 있으므로, 모텔의 양도행위로 인한 부가가치세 전액을 납세액으로 하여 행해진 과세처분에 어떤 하자가 있다고 볼 수 없고, 다른 공동사업자(연대납세의무자)인 김○선에게 적법·유효한 과세처분(납세고지 및 징수고지)이 없었다고 하더라도 원고에 대한 이 사건 과세처분의 효력에 영향을 미친다고 볼 수 없음.
>
> ☞ ○○세무서장은 2003년 원고에 대한 세무조사를 한 뒤, 이 사건 모텔의 양도는 사업의 포괄양도에 해당하지 아니하고 부동산매매계약에 따른 재화의 공급에 해당하여 부가가치세 과세대상이라고 판단하고 원고가 부동산매매업으로서 위 모텔을 매각함에 있어 건물분 공급가액 25억 원에 대한 세금계산서 미발행 및 부가가치세 신고를 누락하였다는 내용의 과세자료를 피고 산하 ○○○세무서장에게 통보하였다. 이에 ○○○세무서장은 원고에게 2004.1.2. 2002년 제2기 해당분 부가가치세 342,500,095원을 부과·고지(이하 "이 사건 과세처분"이라 한다)하였음(전액 부가가치세를 부과하였음).

> **사례** 세무서장이 연대납세의무자 중 1인의 재산을 압류한 경우 그 압류로 인한 국세징수권 소멸시효의 중단효력은 「민법」 제169조 및 제423조에 의거 그 1인에게만 미치므로, 그 1인의 체납처분을 위하여 국세징수권 소멸시효가 완성된 다른 연대납세의무자의 재산을 압류할 수 없는 것임(징세 46101-766, 2001.12.12.).

3) 연대납세의무자에 대한 독촉

공유물·공동사업자 등 연대납세의무자에 대한 독촉은 연대납세의무자 각 개인별로 독촉장을 발부하여야 하며, 각각 독촉장을 발부하지 아니한 경우에는 그 효력이 없다(지징예 법32-1).

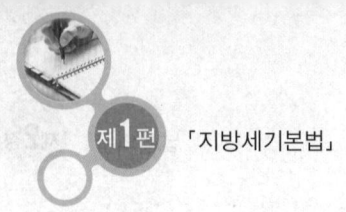

4) 연대납세의무자에의 환급

연대납세의무자로서 납부한 후 연대납세의무자가 아닌 것이 밝혀진 때에는 당해 연대납세의무자가 실지로 부담 납부한 지방세 등을 지방자치단체장이 구체적으로 확인하여 충당 또는 환급하며, 2인 이상의 연대납세의무자가 납부한 지방세 등에 대하여 발생한 지방세환급금은 각자가 납부한 금액에 따라 안분한 금액을 각자에게 충당 또는 환급할 수 있다(지기예 법60-7).

(2) 공유물·공동사업 연대납세의무

공유물(공동주택 공유물 제외 : 2017년 이전은 공동주택 제외), 공동사업 또는 그 공동사업에 속하는 재산에 관계되는 지방자치단체의 징수금은 그 공유자 또는 공동사업자가 연대하여 납부할 의무를 진다. 공유물에 대한 연대납세의무자는 공유물이 아니라 권리능력이 있는 자에게 있는 것이므로 공유자에게 있는 것이다. 그 공유물이 공동주택일 경우에는 연대납세의무를 배제하고 있다. 공동주택은 여러 사람이 각 호수를 지분별로 소유하고 있기 때문에 다른 사람에게 부과된 세금을 공동주택 입주민이 연대하여 납세의무를 지도록 하는 것이 불합리하기 때문이다. 그런데 공동주택 중 특정 세대를 부부 등이 공동소유하는 경우에도 공동주택 자체를 배제시키고 있기 때문에 연대납세의무가 없게 되어 있다.[48] 여기서 '공유물'이라 함은 「민법」 제262조(물건의 공유)의 규정에 의한 공동소유의 물건을 말하며, '공동사업'이라 함은 그 사업이 당사자 전원의 공동의 것으로서, 공동으로 경영되고 당사자 전원이 그 사업의 성공 여부에 대하여 이익배분 등 이해관계를 가지는 사업을 말한다(지기예 법44-1).

연대납세의무의 법률적 성질은 「민법」상의 연대채무와 근본적으로 다르지 아니하여, 각 연대납세의무자는 개별 세법에 특별한 규정이 없는 한 원칙적으로 고유의 납세의무부분이 없이 공동사업 등에 관계된 지방세의 전부에 대하여 전원이 연대하여 납세의무를 부담하는 것이므로, 지방세를 부과함에 있어서는 연대납세의무자인 각 공유자 또는 공동사업자에게 개별적으로 당해 지방세 전부에 대하여 납세의 고지를 할 수 있고, 또 연대납세의무자의 1인에 대한 과세처분의 하자는 상대적 효력만을 가지므로, 연대납세의무자의 1인에 대한 과세처분의 무효 또는 취소 등의

---

48) 「국세기본법」상 공유물(共有物), 공동사업 또는 그 공동사업에 속하는 재산에 관계되는 국세·가산금과 체납처분비는 공유자 또는 공동사업자가 연대하여 납부할 의무를 진다라고 규정되어 있어서 공동주택을 배제한다는 규정은 없지만 공동주택은 여러 사람이 각 호수를 지분별로 소유하고 있기 때문에 다른 사람에게 부과된 세금을 공동주택 입주민이 연대하여 납세의무를 지도록 하는 것이 불합리할 것이다. 「민법」상으로도 굳이 공동주택일 경우에는 연대납세의무를 배제하는 것으로 규정할 이유가 없다고 본다. 「국세기본법」에서는 이에 대한 언급이 없다. 여기서 공동주택은 구분등기되는 다세대주택이나 아파트가 아닌 다가구주택(대법원에서 각자 소유로 보는 것으로 해석하고 있음)으로서 소유는 각자이나 구분등기 되지 아니하는 주택에 한정하여야 한다면 구분등기 되지 아니한 다가구주택도 실질적으로 공유물로 볼 수 없다라고 해석하여야 할 것이다. 굳이 공동주택 제외할 이유가 없다는 것인바, 「국세기본법」처럼 공유물로만 규정하여도 문제가 없다고 본다. 공동주택 중 어느 한 세대를 부부 등이 공동소유하는 경우에도 공동주택 자체를 배제시키고 있기 때문에 연대납세의무가 없게 된다라는 주장은 타인들이 공유하는 경우에는 연대납세의무가 없어도 되고 부부는 연대납세의무가 있어야 한다는 것은 부부 별산제 제도 하에서는 논리적으로 문제가 있다고 본다.

사유는 다른 연대납세의무자에게 그 효력이 미치지 않는다(대법원 99두2222, 1999.7.13.).

납세의무성립일을 기준으로 그 당시의 공동사업자는 납세의무가 성립된 지방세 중 납부되지 아니한 세액에 대해 공동사업자 전원이 연대하여 납세의무를 지는 것이며(징세-2801, 2004.8.25.), 공동사업을 탈퇴한 경우에도 해당 공동사업에 관련된 국세 등은 납세의무성립일 현재 공동사업자 전원에게 연대납세의무가 있다(서면1팀-989, 2005.8.18.).

> **사례** 공동사업체의 투자나 경영에 관여한 바 없고, 그 경제적 귀속체도 아니어서 오직 명의상으로만 공동사업자로 등록된 자는 공동사업자라고 볼 수 없는 것임(대법원 2007두12705, 2007.10.26. 같은 뜻)(심사부가 2010-176, 2010.11.1.).

> **사례** 지입회사와 지입차주가 각각 사업자등록을 하고 각자 자기계산과 위험부담 아래 독립운영 하고 있는 경우에는 공동사업자에 해당되지 않는 것이므로 지입회사와 지입차주는 상호 지방세에 대한 연대납세의무가 없다고 하겠는바, 지입차주가 지입회사와 별개로 사업을 운영하는 경우라면 지입회사의 지방세체납 등을 이유로 당해 지입차주의 재산(자동차 등)을 압류할 수 없는 것임(세정-371, 2003.7.4.).

(3) 분할에 따른 연대납세의무

1) 분할되거나 분할합병되는 경우

법인이 분할되거나 분할합병되는 경우 분할되는 법인("분할법인")이 존속하는 경우 다음의 법인은 분할등기일(2020년 이전에 분할되거나 분할합병된 경우 분할일 또는 분할합병일) 이전에 부과되거나 납세의무가 성립된 지방자치단체의 징수금에 대하여 분할로 승계된 재산가액을 한도(2021년 이후에 분할되거나 분할합병된 경우부터 적용)로 연대하여 납부할 의무를 진다.[49]

① 분할되는 법인

② 분할 또는 분할합병으로 인하여 설립되는 법인("분할신설법인")

③ 분할되는 법인의 일부가 다른 법인과 합병하여 그 다른 법인이 존속하는 경우 그 다른 법인 ("존속하는 분할합병의 상대방 법인")

지방세 납세의무가 분합합병일 전에 성립한 경우 가산금이 비록 분할합병일 이후에 발생하여도 연대납부의무를 부담하는 것이다. 분할합병법인의 연대납세의무는 상속세 및 공동사업의 연대납세의무와 달리 부종적 납세의무로서 분할되는 법인에게만 부과제척기간 내에 부과처분을 하면 족하고, 연대납세의무자인 분할합병법인에게는 별도의 부과처분 없이 징수권 소멸시효기간

---

49) 회사의 분할은 하나의 회사가 둘 이상의 독립된 회사로 분리되는 현상으로서 「상법」상의 조직변경에 해당하는 것을 말하며, 그 결과 본래의 회사는 소멸·축소된 상태로 존속되고 그 회사의 주주는 본래의 회사의 권리와 의무를 승계한 회사의 주식을 취득하게 되는 것이다. 분할되는 회사의 주주 중 전부 또는 일부가 새로이 신설되는 회사의 주주로 바뀌는 경우 이를 '인적분할'이라고 하며, 분할로 인하여 신설회사 또는 분할합병의 상대방회사의 주식을 분할되는 회사의 주주에게 귀속시키지 아니하고 분할되는 회사가 그대로 소유하는 경우를 '물적분할'이라고 한다.

이내에 납부통지만 하면 되는 것이다(심사법인 2011-53, 2011.11.21.).

2) 분할되거나 분할합병된 후 소멸하는 경우

법인이 분할되거나 분할합병된 후 분할법인이 소멸하는 경우 다음의 법인은 분할법인에게 부과되거나 그 법인이 납부할 지방자치단체의 징수금에 대하여 분할로 승계된 재산가액을 한도(2021년 이후에 분할되거나 분할합병된 경우부터 적용)로 연대하여 납부할 의무를 진다.
① 분할신설법인
② 존속하는 분할합병의 상대방 법인

(4) 「채무자 회생 및 파산에 관한 법률」에 의한 신회사 연대납세의무

법인이 「채무자 회생 및 파산에 관한 법률」 제215조[50)에 따라 신회사를 설립하는 경우 기존의 법인에 부과되거나 납세의무가 성립한 지방자치단체의 징수금은 신회사가 연대하여 납부할 의무를 진다. 연대납세의무에 대하여 정리계획에서 달리 정한 바가 있는 경우에는 그 계획에 따라야 할 것이다(서삼 46019-11624, 2003.10.15.).

(5) 기타 세법상 연대납세의무

상기 이외에 「지방세기본법」 또는 지방세관계법에서 정하는 연대납세의무로는 다음과 같은 것이 있다.

① 피상속인의 지방세징수금에 대한 공동상속인의 연대납세의무

공동상속 시 피상속인의 지방세징수금 등에 대한 공동상속인의 연대납세의무가 있다(지기법 §42 ②). 이 연대납세의무는 상속분에 따라 안분하여 계산한 금액을 상속받은 재산을 한도로 부담하는 점과 대표자 1인에게만 납세의무를 전부 승계시켜 1인에게만 납부통지를 하고 다른 상속인에게 납부통지를 생략한 경우 그 납부통지는 효력이 없다. 그런데 공유물 등의 연대납세의무는 대표자 1인에게 전부를 납세의무를 지울 수 있다.

② 취득세 납세의무를 지는 과점주주 연대납세의무

「지방세기본법」 제44조(연대납세의무)를 준용하도록 규정하고 있다(지법 §7 ⑤). 이 규정은 2014.1.1. 이후 과점주주가 되는 자부터 적용되는 것으로 2011~2013년까지 규정이 되어 있지 아니하였지만 유권해석으로 연대납세의무가 있는 것으로 해석하고 있으며, 구 「지방세법」(2010.12.31.까지 적용된 것)에서는 취득세 납세의무를 지는 과점주주에 대하여는 구 「지방세법」 제18조(공유물 등에 대한 연대납세의무)를 준용하도록 규정하고 있었다(구 지법 §105 ⑦).

---

50) 1. 회생채권자·회생담보권자·주주·지분권자에 대하여 새로 납입 또는 현물출자를 하지 아니하고 주식 또는 출자지분을 인수하게 함으로써 신회사(주식회사 또는 유한회사에 한한다. 이하 같다)를 설립하는 방법
2. 주식의 포괄적 이전·합병·분할 또는 분할합병에 의하지 아니하고 신회사를 설립하는 방법

㉠ 2011.1.1.~2013.12.31. 과점주주가 된 자

2010.12.31. 이전에는 과점주주 간주취득세에 대하여 연대납세의무가 별도로 규정하고 있었는데, 2011.1.1.~2013.12.31.에는 이 연대납세의무 규정이 삭제되어 연대납세의무가 없는 것처럼 규정되어 있었는데도 불구하고 유권해석에 따르면 과점주주 집단에게 실질적·경제적으로 공동 귀속되어 과점주주 집단의 공유물로 볼 수 있는 점,「지방세기본법」제44조 제1항에서 공유물에 대해서는 그 공유자들이 연대하여 납세의무를 진다고 규정하고 있는 점 등을 감안했을 때 과점주주 구성원들에게는「지방세법」제7조 제5항의 취득세에 대한 연대납세의무가 있다는 것이다(지방세운영과-1148, 2013.6.24.).

한편, 2010.12.31. 이전의 과점주주 간주취득세 연대납세의무 규정이 합헌으로 결정된 것으로서, 연대납세의무 규정을 별도로 두어야 효력이 있다는 점에서 공유물의 연대납세의무 규정 이외에 별도의 연대납세의무 규정을 두어야 할 것이다. 이 점에서 별도 규정이 없음에도 공유로 보아 연대납세의무가 있다고 판단하였는바, 상기 유권해석은 문제가 있다고 본다.

㉡ 2014.1.1. 이후 과점주주가 되는 자

과점주주에 대한 연대납세의무 규정 미비로 체납발생 시 연대납세의무 부여 등에 대한 운영상 혼선 초래를 예방하고, 과점주주에 대한 연대납세의무 규정을 명문화하여 체납방지를 도모하였다. 2010.12.31. 이전처럼 연대납세의무 규정을 별도로 두어 과점주주 간 간주취득세 연대납세의무가 지우고 있다(지법 §7 ⑤).

③ 상속인의 취득세 연대납세의무

상속인으로 인하여 취득한 과세물건에 대한 취득세 납부의무에 관하여는 공유물 등에 대한 연대납세의무를 진다(지법 §7 ⑦).

> **사례** 청구인은 상속세 연대납세의무자로서 아직 체납된 상속세액이 상당하고, 압류의 효력은 그 대상물의 전체에 미치는 것으로서 그 일부만을 해제하기는 어렵다고 보임(조심 2012중3777, 2012.10.30.).

③ 제2차 납세의무(구 지기법 §45)

(1) 개요

제2차 납세의무는 본래의 납세의무자의 지방세징수금을 징수하기 위하여 본래의 납세의무자의 재산에 대하여 체납처분을 하여도 그 징수할 금액에 부족하다고 인정되는 경우에 그 본래의 납세의무자와 특수한 관계에 있는 자에 대하여 보충적 납세의무를 지우게 됨으로써 납세의무자의 범위를 확장할 수 있는 제도를 말한다.

제2차 납세의무를 지는 특수관계에 있는 자는 ① 청산인 또는 청산인으로부터 분배를 받은 자,

② 법인의 과점주주 출자자, ③ 과점출자자가 출자한 법인, ④ 사업양수인을 들 수 있으며, ⑤ 제2차 납세의무자와 비슷한 관계로 볼 수 있는 물적 납세의무를 들 수 있다.

제2차 납세의무 제도는 납세자의 징수회피행위에 대하여 신속하고 효과적으로 대처할 수 있어 과세관청의 입장에서 보면 조세의 징수확보에 매우 유용한 제도인 반면 제2차 납세의무자의 입장에서 보면 타인이 체납한 조세의 징수를 위하여 언제 자기에게 납부책임이 지워질지 알 수 없는 불안한 상태에 있게 되어 사법상 거래안전을 해하고 제2차 납세의무자의 재산권을 침해할 우려가 있다.

1) 「민법」 준용

제2차 납세의무는 본래의 납세의무자의 재산으로는 납부할 재산이 없는 경우에 한하여 부차적으로 납세의무를 지는 점에서 민사상의 보증채무(「민법」 §428~§448)와 비슷하나, 제2차 납세의무는 법정요건이 충족됨으로써 당연히 발생하는 의무인 데 대하여 민사상의 보증채무는 당사자의 의사표시에 따라 발생하는 점에서 다르다. 또한 「국세기본법」 제29조 제5호에 규정한 납세보증은 종된 납세의무를 진다는 점에서는 제2차 납세의무와 비슷하나 이는 보증인의 의사표시에 의하여 채무자가 되는 점에서 민사상의 보증채무에 더 가깝다고 할 수 있다. 다만, 제2차 납세의무가 생기는 시기는 과세관청의 제2차 납세의무 지정통지와 납부통지(고지)가 있는 때로 한다.

▌제2차 납세의무자로부터 징수할 금액(지징예 법15 - 4) ▐

'제2차 납세의무자로부터 징수하고자 하는 금액'이라 함은 다음의 금액을 말하되, 주된 납세자에 대한 체납처분을 종결하기 전이라도 징수할 금액에 부족하다고 인정되는 범위 내에서 납부통지를 할 수 있다.

① 출자자의 제2차 납세의무

법인에 대하여 체납처분을 집행하여도 징수할 금액에 부족한 체납액 중 출자지분율에 해당하는 금액

② 청산인·법인·사업양수인의 재산 등의 가액을 한도로 하는 제2차 납세의무

주된 납세자에 대하여 체납처분을 집행하여도 징수할 금액에 부족한 체납액의 범위 안에서 그 재산 등의 가액을 한도로 하는 금액

※ '제2차 납세의무자로부터 징수할 금액'을 징수하기 위하여 필요한 체납처분비는 그 '징수할 금액' 외로 징수 가능(지징예 법15 - 5)

---

2) 제2차 납세의무자 상호 간의 관계

제2차 납세의무자가 2인 이상인 경우에 제2차 납세의무자 상호 간의 관계는 다음과 같다(지기예 법45 - 10).

① 제2차 납세의무자 1인에 대하여 발생한 이행(납부, 충당 등) 이외의 사유는 다른 제2차 납세의무자의 제2차 납세의무에는 영향을 미치지 아니한다.

② 제2차 납세의무자 1인이 그의 제2차 납세의무를 이행한 경우에는 그 이행에 의하여 제2차 납세의무가 소멸된 세액이 다른 제2차 납세의무자의 제2차 납세의무의 범위에 포함되어 있

으면 그 제2차 납세의무도 소멸한다. 이 경우 '범위에 포함되어 있는지'에 관하여는 분배 등을 한 재산의 가액을 기준으로 하여 판정한다.

3) 제2차 납세의무의 이행효과

제2차 납세의무자가 제2차 납세의무를 이행한 경우에는 제2차 납세의무의 목적이 된 주된 납세자의 납세의무는 그 이행된 금액의 범위 안에서 소멸하는 것이나, 주된 납세자가 납세의무의 일부를 이행한 경우에 아직 징수할 잔액의 범위 안에서 제2차 납세의무자의 제2차 납세의무는 존속한다(국징법 집행기준 12-0-3).

4) 회생채권이 면책된 경우 제2차 납세의무에 대한 영향

주된 납세자가 「채무자 회생 및 파산에 관한 법률」 제251조(회생채권 등의 면책 등)에 따라 지방세의 납세의무에 대하여 면책된 경우에 있어서도 제2차 납세의무에 관한 지방세의 납세의무에는 영향을 미치지 아니한다(같은 법 §250 ② 참조)(지징예 법15-2).

한편, 제2차 납세의무 성립시기는 주된 납세의무의 납부기한이 경과한 이후이므로(대법원 2005. 4.15. 선고, 2003두13083 판결 참조) 청구법인의 체납법인의 체납액에 대한 출자자의 제2차 납세의무 성립시기는 주된 납세의무자의 납부기한이 경과한 이후인 2018.1.1.인 점, 청구법인은 2018.1.19. ○○○지방법원으로부터 회생절차개시결정을 받았으므로, 2018.1.1. 성립된 처분청의 청구법인에 대한 조세채권은 회생절차개시 전의 원인으로 생긴 재산상 청구권(회생채권)에 해당함에도 처분청은 신고기간 안에 회생채권의 신고를 하지 않은 점, 회생인가결정이 있었던 2018.2.21. 청구법인의 체납법인에 대한 제2차 납세의무는 「채무자 회생 및 파산에 관한 법률」 제251조에 따라 면책되었고 처분청의 청구법인에 대한 회생채권은 실권된 것으로 보이는 점, 조세채권에 관하여 회생인가결정 후에 한 부과처분은 부과권이 소멸된 뒤에 한 위법한 과세처분으로 그 하자가 중대하고 명백하여 무효사유에 해당하는 점(대법원 2004.12.10. 선고, 2003두8814 판결 참조) 등에 비추어 볼 때, 처분청이 청구법인의 회생인가결정 이후 부과권을 행사하여 청구법인을 제2차 납세의무자로 지정하고 체납법인의 체납액 중 청구법인의 보유주식 비율에 해당하는 금액을 납부통지한 이 건 처분은 잘못이 있는 것으로 판단된다(조심 2018구4341, 2019.1.28.).

5) 회생법인에 대한 출자자 제2차 납세의무

회생개시절차 중이라고 하더라도 회생법인에 대한 출자자나 과점주주를 제2차 납세의무자로 지정할 수가 있는 것이다. 이의 근거로는 조세심판원에서 "체납법인에 대한 기업회생인가결정 회생계획안은 "조세 등 채무는 회생계획인가 결정일 전일까지 발생한 조세 등 채권의 가산금 및 중가산금을 포함한 금액을 회생계획인가 결정일로부터 3년간 매년 인가결정일과 동일한 날짜에 균등한 변제(그 기간만큼 징수 및 체납처분 유예)를 한다"고 한 것으로 이는 어디까지나 「국세징수법」에 의한 징수 및 체납처분을 유예한 것일 뿐, 체납법인의 과점주주이자 회사를 지배한 자로, 체납법인의 재산으로 그 법인에게 부과되거나 그 법인이 납부할 국세·가산금 및 체납처분비에

충당하여도 부족한 것으로 보이고, 「채무자 회생 및 파산에 관한 법률」 제49조에 의하여 회생절차 개시결정이 있는 때에는 같은 법 제58조 제3항에 의해 체납처분을 할 수 없는 기간 내에는 회생채권 또는 회생담보권에 기한 체납자의 재산에 대하여 새로운 압류를 할 수 없으나, 제2차 납세의무자에 대한 지정 및 납부통지는 체납법인에 대한 처분과 독립된 별개의 처분이라는 점 등을 감안하면, 「채무자 회생 및 파산에 관한 법률」에 의한 회생인가결정과 관계없이 제2차 납세의무 지정 및 납부통지가 가능하다 할 것이다(조심 2010중1161, 2010.11.18.)"라고 결정하고 있다는 것이다.

한편, 법원이 회생절차개시 결정을 하고 채무자인 법인의 대표자이자 최대주주인 주주를 관리인으로 선임하는 경우 그 주주는 「국세기본법」 제39조 제2호에 따른 소유주식에 관한 권리를 실질적으로 행사하는 자에 해당하지 아니하는 것으로서 법원의 회생절차개시 결정 이후에 납세의무가 성립한 국세에 대하여 제2차 납세의무를 지지 아니하는 것이다(재조세법령운용-659, 2019.6.3.).

6) 시효의 중단

주된 납세자의 납세의무의 시효중단의 효력은 제2차 납세의무에 미치나, 제2차 납세의무자에 대한 납부최고·압류처분 등으로 인한 시효중단의 효력은 주된 납세자의 납세의무에 미치지 아니한다(조세정책-1160, 2010.12.16.).[51]

(2) 제2차 납세의무 체납액에 대한 제2차 납세의무 재지정 가능 여부

대법원에서 「국세기본법」 제39조 제2호에 따라 법인의 과점주주에게 부과되는 제2차 납세의무는 주된 납세의무자에 대한 과점주주인 ○○○까지만 적용되고, 단지 원고가 ○○○의 과점주주라는 사정만으로 원고에게까지 확대하여 적용될 수는 없다는 이유로, 피고가 원고를 ○○○의 제2차 납세의무자로 지정하고 법인세를 납부통지한 이 처분은 위법하다(대법원 2018두36110, 2019.5.16.)라고 판시하고 있다. 따라서 제2차 납세의무 체납액에 대한 제2차 납세의무자인 법인의 과점주주에게 제2차 납세의무 재지정이 불가능하다.[52]

---

51) 제2차 납세의무자에 대한 납부최고·압류처분 등으로 인한 시효중단의 효력도 주된 납세자의 납세의무에 대하여 그 효력이 미친다(구 지기통 45-3)라고 규정하고 있는데, 이는 국세에 관한 제2차 납세의무는 그 발생, 소멸에 있어 주된 납세의무에 부종하는 것이므로 주된 납세의무자에 대한 시효의 중단은 제2차 납세의무자에 대하여도 그 효력이 있다고 할 것이다(대법원 85누488, 1985.11.12.)라고 판시한 바에 따른 것이다. 이 판례 이후 주된 납세의무자에 대한 국세징수권과 제2차 납세의무자에 대한 국세징수권은 각각 독립된 것으로서 후자가 전자의 부종적인 것에 불과한 이상, 제2차 납세의무자에 대한 국세징수권에 관하여 소멸시효 중단사유가 발생하였다고 하여 주된 납세의무자에 대한 국세징수권의 소멸시효 또한 당연히 중단된다고 볼 수 없다(대법원 2005다13875, 2005.5.26.)라고 판결하여 기본통칙 규정은 잘못된 것이다.
52) 대법원판결 전의 심판례에서는 "체납법인의 체납세액을 청구법인①이 납부할 국세로 보아 청구법인①의 과점주주인 청구법인②를 청구법인①의 제2차 납세의무자로 지정·납부통지한 처분은 잘못이 없다고 판단된다(조심 2015서4135, 2015.12.15.)"라고 결정하고 있었다.

❹ 청산인 등의 제2차 납세의무(지기법 §45, 구 §46)

법인이 해산한 경우에 그 법인에 부과되거나 그 법인이 납부할 지방자치단체의 징수금을 납부하지 아니하고 잔여재산을 분배하거나 인도함으로 인하여 그 법인에 대하여 체납처분을 집행하여도 징수할 금액보다 적은 경우에는 청산인과 잔여재산의 분배 또는 인도를 받은 자는 그 부족액에 대하여 제2차 납세의무를 지며, 청산인에게는 분배 또는 인도한 재산의 가액을, 잔여재산의 분배 또는 인도를 받은 자에게는 각자가 받은 재산의 가액을 한도로 한다. 여기서 "그 법인에 부과되거나 그 법인이 납부할 지방자치단체의 징수금"이라 함은 당해 법인이 결과적으로 납부하여야 할 지방자치단체의 모든 징수금을 말한다(지기예 법45-2).

(1) 요건

① 본래의 납세의무자는 해산한 법인임

법인의 해산에 관한 개념은 「상법」 및 「민법」의 규정에 따라야 하겠으나 그 해산으로 보는 시기는 해산등기일에 불구하고 실질적으로 해산한 날이라고 볼 수 있는바, 주주총회에서 해산하기로 결의한 날 또는 정관에서 정한 해산사유가 발생한 날, 법원의 해산명령이나 주무관청의 해산명령으로 그 효력이 생기는 날로 한다고 해석하고 있다.

▌법인이 해산한 경우(지기예 법45-1) ▌

'법인이 해산한 경우'라 함은 해산등기의 유무에 관계없이 다음의 경우를 말한다.
① 주주총회 기타 이에 준하는 총회 등에서 해산한 날을 정한 경우에는 그 날이 경과한 때
② 해산할 날을 정하지 아니한 경우에는 해산결의를 한 때
③ 해산사유(존립기간의 만료, 정관에 정한 사유의 발생, 파산, 합병 등)의 발생으로 해산하는 경우에는 그 사유가 발생한 때
④ 법원의 명령 또는 판결에 의하여 해산하는 경우에는 그 명령 또는 판결이 확정된 때
⑤ 주무관청이 설립허가를 취소한 경우에는 그 취소의 효력이 발생하는 때 등

청산인 등의 제2차 납세의무는 법인이 "해산"하여야 하는바, "해산"에는 파산의 경우도 포함되는 것이다(서삼 46019-10915, 2001.12.19.).

제2차 납세의무자에 대한 납부고지는 형식적으로는 독립된 과세처분이지만, 실질적으로는 과세처분 등에 의하여 확정된 주된 납세의무에 대한 징수절차상의 처분으로서의 성격을 가지는 것이므로, 제2차 납세의무자에 대하여 납부고지를 하려면 먼저 주된 납세의무자에 대하여 과세처분 등을 하여 그의 구체적인 납세의무를 확정하는 절차를 거쳐야 하고, 그러한 절차를 거침이 없이 바로 제2차 납세의무자에 대하여 납부고지를 하는 것은 위법하다(대법원 1988.6.14. 선고, 87누375 판결 참조). 납부고지 처분이 주된 납세의무자에 대한 과세처분의 효력이 발생하기 전에 이루어진 절차상의 하자는 있지만, 그 후 주된 납세의무자에 대한 과세처분의 효력이 발생함으로써

그 하자가 치유되었다고 보아야 할 예외적인 사정이 있다.[53]

제2차 납세의무자는 주된 납세의무자가 납부할 지방세징수금에 대하여 주된 납세의무자에 대한 체납처분의 집행으로도 충당하기에 부족한 경우 그 부족액에 대하여 제2차 납세의무를 진다고 규정되어 있으므로, 제2차 납세의무자는 주된 납세의무자가 납부할 가산세와 가산금에 대하여도 이를 납부할 의무가 있다(대법원 98두4535, 1998.10.27.).

청산인과 잔여재산 분배받은 자 모두에게 반드시 제2차 납세의무를 지우는 것이 아니라 체납세액을 징수하기 위하여 둘 중에 어느 하나에게 제2차 납세의무를 지울 수 있는 것이다. 한편, 해산등기 전의 납세의무가 성립된 체납세액은 성립 당시의 과점주주에게 제2차 납세의무를 지울 수 있을 것이지만, 해산 후의 납세의무가 성립되는 체납세액을 성립 당시의 과점주주에게 제2차 납세의무를 지울 수 없을 것이다.[54]

> **사례** 쟁점 체납액을 「채무자 회생 및 파산에 관한 법률」상 공익채권에 해당하는 것으로 보아 청구법인을 체납액의 제2차 납세의무자로 지정하고 쟁점 체납액을 납부통지한 처분은 달리 잘못이 없는 것으로 판단됨(심사기타 2012-44, 2013.5.6.).

> **사례** 「국세기본법」 등 관련 법령에 따라 파산선고된 법인에게 체납법인의 제2차 납세의무자로 지정하고 체납액을 납부통지한 처분은 잘못이 없음(조심 2011구682, 2011.9.8.).

☞ 주식에 관한 권리를 실질적으로 행사하는 과점주주에 해당하는 자들은 모두 제2차 납세의무를 부담하는 것으로서, 주식에 관한 권리 행사는 반드시 현실적으로 주주권을 행사한 실적이 있어야 할 것을 요구하는 것은 아니고, 납세의무성립일 현재 소유하고 있는 주식에 관하여 주주권을 행사할 수 있는 지위에 있으면 족하다고 할 것임(대법원 2008두983, 2008.9.11.).

> **사례** 제2차 납세의무는 체납법인 파산의 경우에도 존속함(서삼 46019-10135, 2002.1.28.).

출자자가 제2차 납세의무를 지는지 여부는 체납법인 당해 국세의 납세의무성립일 현재를 기준으로 하여 판단하는 것으로 이미 성립한 출자자의 제2차 납세의무는 추후 체납법인이 파산한 경우에도 존속하는 것이나, 당해 국세의 납세의무성립일 전에 출자자인 법인이 파산선고된 경우에는 파산법인이 파산선고 시에 가진 모든 재산은 이를 파산재단으로 귀속되고 파산재단을 관리 및 처분할 권리는 파산관재인에게 속하므로 파산법인이 체납법인의 주식 또는 출자지분에 관한 권리를 실질적으로 행사하거나 그 법인의 경영을 사실상 지배하는 것이 불가능하여 파산법인에게 출자자의 제2차 납세의무를 지울 수 없는 것임.

---

53) 하자 있는 행정행위에 있어서 하자의 치유는 행정행위의 성질이나 법치주의의 관점에서 볼 때, 원칙적으로는 허용될 수 없으나 행정행위의 무용한 반복을 피하고 당사자의 법적 안정성을 보호하기 위하여 국민의 권리와 이익을 침해하지 아니하는 범위 내에서 구체적인 사정에 따라 예외적으로 허용될 수 있다(대법원 1992.5.8. 선고, 91누13274 판결 참조).

54) '해산'이라 함은 회사의 법인격, 즉 권리능력을 소멸시키는 원인이 되는 사실을 말하는 것으로 영업능력은 잃게 되나 청산목적의 범위 내에서는 권리능력이 있는 것인바, 해산의 절차를 취하여 청산 중에 있는 경우에는 그 기간 중에 납세의무가 성립되는 체납액에 대하여는 과점주주의 제2차 납세의무는 없을 것으로 판단된다.

> **사례** 파산도 해산에 포함되어 제2차 납세의무 규정이 적용됨(징세 46101-189, 1999.10.5.).
>
> 「국세기본법」제38조의 규정에 의한 청산인 등의 제2차 납세의무는 법인이 "해산"하여야 하는바, "해산"에는 파산의 경우도 포함되는 것이며, A사는 B사의 지분을 100% 소유하고 있어 「국세기본법」제39조의 규정에 의한 출자자의 제2차 납세의무는 물론 동법 제38조의 규정에 의한 청산인 등의 제2차 납세의무에도 해당될 수 있으며, 「국세기본법」제39조 규정에 의한 출자자로서 부담하는 제2차 납세의무는 같은 법 시행령 제20조의 규정에 해당하는 특수관계인에게 부과되거나 특수관계인이 납부할 국세 등은 물론 특수관계인의 제2차 납세의무자로서 부담하여야 할 국세 등도 포함됨.

② 해산법인에게 부과되거나 해산된 법인이 납부할 지방세징수금을 납부하지 아니하고 잔여재산을 분배한 경우

해산법인에게 부과되거나 해산된 법인이 납부할 지방세 등은 해산한 법인이 종국적으로 부담해야 할 모든 지방세징수금을 말하는 것이므로 제2차 납세의무를 지는 날 현재 납세의무가 성립된 것만으로 족하고 납세의무가 확정된 것을 요하지 않는다. 그리고 해산할 때나 잔여재산을 분배 또는 인도하는 때에 이미 부과하였거나 부과하여야 할 지방세를 포함하는 것이다(지기예 법45-2). 여기서 "그 법인에 부과되거나 그 법인이 납부할 지방자치단체의 징수금"이라 함은 당해 법인이 결과적으로 납부하여야 할 지방자치단체의 모든 징수금을 말하며, 해산할 때나 잔여재산을 분배 또는 인도하는 때에 이미 부과하였거나 부과하여야 할 지방세를 포함하는 것이다.

납세의무가 성립된 지방세에 한하지 아니하고 동 법인이 납부하여야 할 모든 지방세를 포함하는 개념으로 보아야 하고, 또한 관련법령상 법인의 해산 시 해당 조세채권의 신고기한을 별도로 정한 바도 없으므로 부과제척기간 내의 조세에 대하여는 청산인에게 제2차 납세의무를 부담시키는 것이 적법하다고 할 것이다. 체납법인의 청산인에게 해당 법인의 잔여재산가액을 분배한 이후 세무조사로 추징한 세액에 대하여도 청산인에게 제2차 납세의무를 부담시키는 것이다(국심 2003 서3480, 2004.2.11.).

③ 잔여재산을 분배 또는 인도한 경우

잔여재산을 분배하기 전에는 그 잔여재산에서 지방세징수금을 납부하면 되는 것이므로 제2차 납세의무에 관한 문제가 생기지 아니하나 납부할 세액을 납부하지 아니한 채로 분배가 되었다면 지방세가 우선변제받지 못하는 결과를 가져오기 때문에 잘못 분배를 한 책임을 물어 제2차 납세의무를 지우게 되는 것이다. 여기서 '분배'라 함은 법인이 청산하는 경우에 있어서 잔여재산을 사원, 주주, 조합원, 회원 등에게 원칙적으로 출자액에 따라 분배하는 것을 말하며(「민법」§724 ②, 「상법」§260, §269, §538, §612 참조), '인도'라 함은 법인이 청산하는 경우에 있어서 잔여재산을 「민법」제80조(잔여재산의 귀속) 등의 규정에 의하여 처분하는 것을 말한다(지기예 법45-3).

> **사례** 잔여재산을 환가하지 아니하고 현물로 분배하는 경우에는 현물로 분배한 자산의 시가를 분배한 자산가액으로 보는 것인바, 당해 현물로 분배한 자산의 시가 또한 책임한도금액에 포함됨(국심 2003서3480, 2004.2.11.).

(2) 제2차 납세의무를 지는 자

해산법인의 지방세 등에 대하여는 청산인과 청산인으로부터 분배를 받은 사람이 연대하여 제2차 납세의무를 져야 한다. 여기서 '청산인'이라 함은 「민법」 §82∼§84, 「상법」 §251·§252·§287·§531·§613에 의하여 청산업무를 담당하는 사람을 말하며, 청산인으로부터 분배를 받는 자는 해산법인의 출자자로서 해산에 의한 잔여재산의 분배를 받는 자를 말한다. 청산인은 청산에 관한 책임을 기하여 제2차 납세의무를 지는 것이며 분배를 받는 자는 납부할 지방세 등을 납부하지 아니하고 분배됨으로써 그 국세 등에 상당한 금액을 과다하게 분배받았기 때문에 이를 환급하는 의미에서의 제2차 납세의무를 지게 된다.

(3) 제2차 납세의무의 한도

해산법인에 체납처분을 하여도 징수할 국세 등에 부족한 금액에 대하여 제2차 납세의무를 지되 다음과 같은 한도 내에서 책임이 있다.

1) 청산인

청산인이 분배 또는 인도(처분)한 잔여재산의 가액을 한도로 한다. 이때 수인의 청산인이 있는 경우에는 다음과 같이 책임한도를 정한다.

① 각 청산인이 각각 별도로 분배 등을 한 경우에는 그 분배 등을 한 재산가액을 각각 그 한도로 한다.

② 분배 등에 관한 청산인 회의 결의에 찬성한 청산인의 경우에는 그 결의에 의하여 분배 등을 한 재산가액 전액을 각각 그 한도로 한다.

③ 공동행위에 의하여 분배 등을 한 청산인은 그 분배 등을 한 재산가액 전액을 각각 그 한도로 한다.

여기서 '청산인'이라 함은 「민법」 또는 「상법」의 규정에 따라 선임 또는 지정되어 다음과 같은 해산법인의 청산사무를 집행하는 자를 말한다(지기예 법45−5).

① 현존사무의 종결

② 채권의 추심과 채무의 변제

③ 재산의 환가처분

④ 잔여재산의 분배, 인도 등

한편, 청산인이 2인 이상 있는 경우에는 제2차 납세의무의 범위는 다음과 같다(지기예 법45−6).

① 각 청산인이 각각 별도로 분배 등을 한 경우에는 그 분배 등을 한 재산가액을 각각 그 한도로 한다.

② 분배 등에 관한 청산인 간 결의에 의한 경우에는 그 결의에 의하여 분배 등을 한 재산가액 전액을 각각 그 한도로 한다.

③ 공동행위에 의하여 분배 등을 한 청산인의 경우에는 그 분배 등을 한 재산가액 전액을 각각

그 한도로 한다.

2) 잔여재산의 분배를 받은 자

청산인으로부터 분배 또는 인도를 받은 자는 각자가 받은 재산의 가액을 한도로 하여 제2차 납세의무를 진다.

3) 제2차 납세의무자의 한계

'징수할 금액보다 적은 경우'라 함은 주된 납세의무자에게 귀속하는 재산(제3자 소유의 납세담보재산 및 보증인의 납세보증 포함)을 체납처분(교부청구 및 참가압류 포함)으로 징수할 수 있는 가액이 그 법인이 부담할 지방자치단체의 징수금 총액에 부족한 경우를 말하며, 부족 여부의 판정은 납부통지를 하는 때의 현황에 의한다. 재산의 가액은 해당 잔여재산(殘餘財産)을 분배하거나 인도한 날 현재의 시가로 한다. 이 경우 상기의 재산가액 산정에 있어서는 다음 사항을 유의하여야 한다(지기예 법45-4).

① 매각하여 지방세 등을 징수하고자 하는 재산(이하 "재산"이라 한다)에 「지방세법」 또는 기타 법률의 규정에 의하여 지방세에 우선하는 채권, 공과금, 국세 등이 있는 경우에는 그 우선하는 채권액에 상당하는 금액을 그 재산의 처분예정가액에서 공제하여 그 재산가액을 산정한다.

② 교부청구 등을 한 경우에는 장차 분배받을 수 있다고 인정되는 금액을 기준으로 하여 재산가액을 산정한다.

③ 재산 중에 「국세징수법」 제31조(압류금지재산)의 규정 등에 의하여 체납처분을 할 수 없는 재산이 있을 때에는 이를 제외하여 재산가액을 산정한다.

④ 재산의 종류가 채권인 경우에는 그 채권을 환가하는 경우의 평가액을 기준으로 하고, 장래의 채권 또는 계속수입 등의 채권은 장래의 이행가능성을 추정한 금액을 재산가액으로 산정한다.

⑤ 체납처분비가 필요하다고 인정되는 경우에는 그 징수예상가액은 체납처분비를 공제하여 재산가액을 산정한다.

4) 임의청산 · 채권자의 보호 등과의 관계

임의청산 중의 합명회사가 「상법」 제247조(임의청산) 제3항에서 준용하고 있는 제232조(채권자의 이의) 제1항 또는 제3항 규정을 위반하여 재산처분을 한 경우에 있어서도 그 처분이 잔여재산의 분배에 해당될 때에는 「지방세기본법」 제45조의 규정을 적용한다. 그리고 분배 이외에 기타의 처분을 한 때에는 지방자치단체장은 「상법」 제248조(임의청산과 채권자보호)의 규정에 의하여 그 처분의 취소를 법원에 청구할 수 있다. 이는 합자회사의 경우에도 또한 같다(지기예 법45-7).

5) 청산종결 등기와의 관계

주식회사 등이 '부과되거나 납부할 지방자치단체의 징수금'을 완납하지 아니하고 청산종결의 등기를 한 경우에도 처리되지 아니한 지방세 채무에 대해서는 여전히 법인의 청산사무가 존속하는 것으로 보아 '부과되거나 납부할 지방자치단체의 징수금'에 대한 납부의무는 소멸하지 아니한다(지기예 법45-8).

6) 회사계속의 특별결의가 있는 경우

주식회사, 유한회사 등이 해산하고 잔여재산을 분배한 후에 「상법」 제519조(회사의 계속) 및 제610조(회사의 계속) 등의 규정에 의하여 회사를 계속하는 경우에는 계속의 특별결의에 의한 잔여재산 분배의 효과는 장래를 향하여 소멸한다. 따라서 회사계속의 특별결의 후에는 제2차 납세의무를 지울 수 없다(지기예 법45-9).

❺ 출자자 등의 제2차 납세의무(지기법 §46, 구 §47)

법인(주식을 「자본시장과 금융투자업에 관한 법률」 제9조 제13항 제1호에 따른 유가증권시장에 상장한 법인 및 2023.1.1. 이후 지방자치단체의 징수금의 과세기준일 또는 납세의무성립일(이에 관한 규정이 없는 세목의 경우에는 납기개시일)이 도래하는 경우부터 대통령령 제24697호 자본시장과 금융투자업에 관한 법률 시행령 일부개정령 부칙 제8조에 따른 코스닥시장[55]) 제외)의 재산으로 그 법인에 부과되거나 그 법인이 납부할 지방자치단체의 징수금에 충당하여도 부족한 경우에는 그 지방자치단체의 징수금의 과세기준일 또는 납세의무성립일(이에 관한 규정이 없는 세목에 있어서는 납기개시일) 현재 무한책임사원 또는 과점주주[56])에 해당하는 자는 그 부족액에 대하여 제2차 납세의무를 진다. 다만, 과점주주의 경우에는 그 부족액을 그 법인의 발행주식총수(의결권이 없는 주식 제외) 또는 출자총액으로 나눈 금액에 해당 과점주주가 실질적으로 권리를 행사하는 소유주식수(의결권이 없는 주식 제외) 또는 출자액을 곱하여 산출한 금액을 한도로 한다.

한편, 국세의 경우 2015.1.1. 이후 법인의 납세의무가 성립하는 분부터 제2차 납세의무 대상에 유가증권시장 상장법인의 과점주주를 포함하고 있다.

(1) 무한책임사원

무한책임사원은 「상법」 상 합명회사와 합자회사의 사원으로서 출자한 재산뿐만 아니라 자기

---

55) 2022.12.31. 이전에는 코스닥 상장법인은 여기에 포함되지 아니하였는바, 코스닥상장법인의 과점주주는 출자자 등의 제2차 납세의무와 과점주주 간주취득세 납세의무가 있었다.

56) 주주 또는 유한책임사원 1명과 그의 특수관계인 중 해당 주주 또는 유한책임사원과 「지방세기본법 시행령」 제2조의 2의 어느 하나에 해당하는 관계에 있는 자로서 그들의 소유주식의 합계 또는 출자액의 합계가 해당 법인의 발행주식 총수 또는 출자총액의 100분의 50을 초과하면서 그에 관한 권리를 실질적으로 행사하는 자들

재산까지도 변상책임이 있는 사원이 이에 해당한다. 무한책임사원의 책임은 퇴사등기 후 2년 또는 해산등기 후 5년이 경과하면 소멸(「상법」§225, §267)하므로 제2차 납세의무를 지우기 위해서는 이 기간 내에 제2차 납세의무자에 대한 납부통지를 해야 한다. 단, 퇴사등기 또는 해산등기를 하기 전에 무한책임사원이 소속된 법인에게 지방세 납세의무가 이미 성립되어 있는 경우에 한한다(지기예 법46-1).

(2) 과점주주

과점주주의 판정은 지방세의 납세의무성립일 현재 주주 또는 유한책임사원과 그 친족 기타 특수관계에 있는 자의 소유주식 또는 출자액을 합계하여 그 점유비율이 50%를 초과하는지를 계산하는 것이며, 이 요건에 해당되면 당사자 개개인을 전부 과점주주로 본다(지기예 법46-4).

법인의 주주에 대하여 제2차 납세의무를 지우기 위해서는 과점주주가 주금을 납입하는 등 출자한 사실이 있거나 주주총회에 참석하는 등 운영에 참여하여 그 법인을 실질적으로 지배할 수 있는 위치에 있음을 요하며, 형식상 주주명부에 등재되어 있는 것만으로는 과점주주라 할 수 없다(지기예 법46-3). 여기서 '주주'라 함은 주식의 소유자로서 주주명부 등에 기재유무와 관계없이 사실상의 주주권을 행사할 수 있는 자(실명주)를 말하므로 형식적인 명의자(차명주)는 이에 해당되지 아니하며, 주권의 발행 전에 주식 또는 주주권이 양도된 경우에는 그의 양수인을 말한다(지기예 법46-2).

어느 특정주주와 그와 친족·기타 특수관계에 있는 주주들의 소유주식의 합계 또는 출자액의 합계가 해당 법인의 발행주식총수 또는 출자총액의 50%를 초과하게 되면, 특정주주를 제외한 여타주주들 사이에 친족 기타 특수관계가 없더라도 그 주주 전원을 과점주주로 본다(지기예 법46-3).

$$과점주주 = \frac{주주 \ 1인과 \ 그와 \ 특수관계 \ 있는 \ 자의 \ 소유주식수(출자액)}{당해 \ 법인의 \ 발행주식총수(출자총액)} > 50\%$$

☞ 소유주식수와 발행주식총수에 무의결권주(자기주식, 무의결권 우선주 등)는 제외

특히 제2차 납세의무를 부담하는 출자자 중 하나인 과점주주는 "해당 법인의 발행주식 총수 또는 출자총액의 50%를 초과"라는 형식적인 기준뿐만 아니라 "권리를 실질적으로 행사하는 자"라는 획일적 판단이 어려운 기준을 추가적으로 정하고 있어 많은 분쟁이 발생하고 있다. 본인이 모르는 사이에 주주명의를 도용당하였거나 또는 주주명부에 주주로 등재되어 있기는 하나 단순히 타인에게 명의를 빌려 주었을 뿐 실질적인 주주가 아닌 자는 제2차 납세의무를 지는 과점주주에 해당하지 않는다. 과점주주에 대한 제2차 납세의무의 입법목적은 회사의 경영을 사실상 지배하는 실질적인 운영자인 과점주주가 회사의 수익은 자신에게 귀속시키고 그 손실은 회사에 떠넘김으로써 회사의 법인격을 악용하여 이를 형해화시킬 우려가 크므로 이를 방지하여 실질적인 조

세평등을 이루려는 데 있는 것인데(헌법재판소 93헌바49, 94헌바38·41, 95헌바64, 1997.6.26. 전원재판부 결정), 명의를 도용당한 자나 차명주주는 회사의 법인격을 악용할 우려가 없기 때문이다. 대법원 또한 ① 부(夫)가 처 모르게 회사의 주주명부에 처 명의로 등재하였고 처가 국세 납세의무성립일 까지 이를 몰랐다면 처는 형식상 회사의 주주명부에 등재된 자로서 「국세기본법」 제39조 제2호 소정의 과점주주에 해당하지 아니한다고 판시하거나(대법원 86누747, 1987.2.24.), ② 「국세기본법」 제39조 제2호에 의하여 법인의 주주에게 제2차 납세의무를 부담시키기 위하여는 과점주주로서 그 법인의 운영을 실질적으로 지배할 수 있는 위치에 있음을 요하고 단지 형식상으로 법인의 주 주명부에 주주로 등재되어 있는 사유만으로 곧 과점주주라고 하여 납세의무를 부담시킬 수는 없 다(대법원 85누55, 1985.5.28.)고 판시하여, 명의를 도용당한 자 및 차명주주의 경우에는 과점주주에 해당하지 아니함을 분명히 하고 있다.

한편, 법인의 과점주주에 해당하는지 여부는 과세관청이 주주명부나 주식등변동상황명세서 등 에 의하여 이를 증명하면 충분한 점, 청구인과 같은 주주가 해당 법인의 실제 과점주주가 아니라 고 주장하는 경우 그 주주가 법원의 확정판결 등과 같은 객관적 자료로 이를 입증하여야만 그 입증책임을 다하였다고 할 것인데(조심 2010지683, 2010.12.16. 외 다수, 같은 뜻임), 청구인이 제출한 사실확인서 등은 사인 간에 작성된 것으로 그 문서만으로 청구인이 이 건 법인의 과점주주가 아 니라는 사실이 객관적으로 입증되었다고 보기는 어려운 점, 청구인이 2012.9.5. 쟁점주식을 ○○ ○ 등에게 양도하였다면 그 사실을 과세관청에 신고하여야 함에도 이를 이행하지 아니한 이상 그 이유가 무엇이든 이에 대한 책임은 청구인이 져야 한다고 보이는 점 등에 비추어 처분청이 이 건 법인의 주식등변동상황명세서 등을 근거로 청구인을 이 건 징수금의 제2차 납세의무자로 지정하고 납부·통지를 한 처분은 달리 잘못이 없다(조심 2020지0425, 2020.4.1.).

사례 확인서에 의한 실질 주주 입증 가능 여부(대법원 2020두40150, 2020.9.10. 심불, 대전고법(청주) 2019누1990, 2019.5.27.)

① 원고들도 OOO 명의로 주금납입통장에 입금된 300만 원을 원고 AAA이 부담하였음을 인정하고 있고, 당심에 증인으로 나온 양관승도 '직속 상관인 원고 BBB로부터 주식 명의를 받아두라는 지시 를 받았다'고 밝히면서도, 원고 BBB가 CCC 및 원고 AAA과 동업자로서 동등한 지위에 있었는지 여부나 원고 BBB가 실질적인 주주였는지 여부를 명확하게 진술하지 못한 점, ② 갑 제20호증의 1 내지 6, 제21호증의 1, 2, 3의 각 기재 및 당심 증인 CCC의 증언만으로 위 ******주식의 실질적인 소유관계가 확인된다고 보기 어렵고, 유사한 방식으로 동일 업종의 회사를 설립한 적이 있다는 사 정은 증명하고자 하는 사실(원고 BBB가 이 사건 회사의 설립 당시부터 실질적인 주주였는지 여부) 과의 관련성이 떨어지는 점, ③ 원고 BBB가 군산사업장의 팀장이라는 점은 주식변동 소명서에도 기재되어 있고, 근로소득으로 변경신고한 사실은 일반 영업사원이 아닌 임원의 지위에 있음을 나타 낼 뿐, 이를 통해 원고 BBB가 이 사건 회사 설립 당시부터 실질적인 주주였음이 당연히 추론된다고 보기는 어려운 점, ④ 원고 BBB의 2017년 소득신고액(93,295,391원)은 CCC(250,979,081원)과 원고 AAA(223,918,684원)이 신고한 액수의 절반에도 미치지 못하여 주장하는 지분비율(원고 BBB 30%, CCC 40%, 원고 AAA 30%)과는 큰 차이가 있는 점 등에 비추어 보면, 원고들이 근거로 제시 한 사정들만으로는 위 문답형 진술서 및 주식변동 소명서 기재 내용의 신빙성을 배척하기 어려움.

사례 회사의 설립 및 증자 당시의 주식인수대금 납입과 주식 인수는 타인에 의하여 이루어졌음에 도 주식등변동상황명세서에 원고가 주식을 취득하여 보유하고 있는 것으로 기재되어 있어 소외 회사의 과점주주에 해당한다고 볼 수 없음(대법원 2012두20939, 2013.1.25.).

사례 납세의무성립일 주주권 행사 가능성이 없는 경우(대법원 2011두9287, 2012.12.26.)
기존의 대법원 판례의 입장은 "권리를 실질적으로 행사하는 자"의 의미를 명의를 도용당한 자나 차명주주가 과점주주에 해당하지 않는다는 점을 재확인하는 정도의 제한적인 의미로 해석하고, ① 배당 또는 주주의결권 행사와 같이 주주권을 현실적으로 행사하여야지만 과점주주에 해당하는 것 은 아니라는 점을 재확인하면서도, ② 최소한 납세의무 성립일 현재 주주로서의 권리를 행사할 수 있는 "현실적인 가능성"이 있어야지만 과점주주에 해당하고, ③ 납세의무 성립일 현재 주주로서의 권리를 행사할 수 있는 현실적인 가능성이 없다면 납세의무 성립일 당시 주주로서의 "지위"를 가지 고 있었다는 점만으로는 과점주주라고 할 수 없음.

사례 주된 납세의무에 대하여 발생한 사유는 제2차 납세의무자의 납세의무에도 영향이 미치는 부종성을 가지는바, 제2차 납세의무자는 주된 납세의무의 위법 여부에 대한 확정에 관계없이 자 신에 대한 제2차 납세의무 부과처분의 취소소송에서 주된 납세의무자에 대한 부과처분의 하자를 주장 가능함(서울고법 2009누25097, 2010.3.24.).

(3) 특수관계인의 범위

특수관계 있는 자의 범위는 제1장 총칙 제1절 통칙 2. 용어 정의 (2) 특수관계인의 범위를 참고 하기 바란다.

한편, 특수관계인의 범위 개정규정은 2023.1.1. 이후 지방자치단체의 징수금의 과세기준일 또 는 납세의무성립일(이에 관한 규정이 없는 세목의 경우에는 납기개시일)이 도래하는 경우부터 적용한다.

① 2023.1.1. 이후

㉠ 혈족 · 인척 등 다음의 친족관계

㉮ 4촌(2024.3.25. 이전은 6촌) 이내의 혈족

㉯ 3촌(2024.3.25. 이전은 4촌) 이내의 인척

㉰ 배우자(사실상의 혼인관계에 있는 사람을 포함한다)

㉱ 친생자로서 다른 사람에게 친양자로 입양된 사람 및 그 배우자 · 직계비속

㉲ 본인이 「민법」에 따라 인지한 혼인 외 출생자의 생부나 생모(본인의 금전이나 그 밖의 재산으로 생계를 유지하는 사람 또는 생계를 함께 하는 사람으로 한정)(2024.3.26. 이후)

㉡ 임원 · 사용인 등 다음의 경제적 연관관계

㉮ 임원과 그 밖의 사용인

㉯ 본인의 금전이나 그 밖의 재산으로 생계를 유지하는 사람

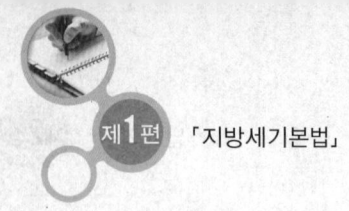

ⓒ ㉮ 및 ㉯의 사람과 생계를 함께하는 친족

ⓒ 주주·출자자 등 다음의 경영지배관계

㉮ 본인이 개인인 경우

본인이 직접 또는 그와 친족관계 또는 경제적 연관관계에 있는 자를 통하여 법인의 경영에 대하여 지배적인 영향력을 행사하고 있는 경우 그 법인

㉯ 본인이 법인인 경우

ⓐ 개인 또는 법인이 직접 또는 그와 친족관계 또는 경제적 연관관계에 있는 자를 통하여 본인인 법인의 경영에 대하여 지배적인 영향력을 행사하고 있는 경우 그 개인 또는 법인

ⓑ 본인이 직접 또는 그와 경제적 연관관계 또는 ⓐ의 개인 또는 법인을 통하여 어느 법인의 경영에 대하여 지배적인 영향력을 행사하고 있는 경우 그 법인

┃ 해당 법인의 경영에 대하여 지배적인 영향력을 행사하고 있는 것으로 보는 경우 ┃

① 영리법인인 경우

㉠ 법인의 발행주식 총수 또는 출자총액의 50%[주] 이상을 출자한 경우

☞ (주) 지기령 §2 ④ 2에서는 30%임에 유의하여야 함.

㉡ 임원의 임면권의 행사, 사업방침의 결정 등 법인의 경영에 대하여 사실상 영향력을 행사하고 있다고 인정되는 경우

② 비영리법인인 경우

㉠ 법인의 이사의 과반수를 차지하는 경우

㉡ 법인의 출연재산(설립을 위한 출연재산만 해당)의 50%[주] 이상을 출연하고 그 중 1인이 설립자인 경우

☞ (주) 지기령 §2 ④ 2에서는 30%임에 유의하여야 함.

---

② 2022.12.31. 이전(지기령 §2)

「지방세기본법」 제2조와 같은 법 시행령 제2조와 동일하다.

(4) 과점주주의 제2차 납세의무 한도액

과점주주의 제2차 납세의무 요건은 ① 비상장법인일 것, ② 법인이 체납하였거나 부과된 징수금이 있을 것, ③ 체납처분 등 방법에 의해서도 부족금이 있을 것, ④ 징수금의 과세기준일 또는 납세의무성립일(그에 관한 규정이 없는 경우에는 납기개시일) 현재로 무한책임사원이거나 과점주주일 것이다. 이 경우 제2차 납세의무의 범위는 무한책임사원은 소유한 재산 범위 내에서, 과점주주는 출자액범위 내에서 납세의무가 있다.

① 무한책임사원은 법인이 납부할 지방세·가산금과 체납처분비 중 징수하지 못한 금액 전액

에 대하여 납부의무를 지므로, 인적 무한책임을 진다고 할 수 있다.

② 과점주주는 징수부족액 전액이 아닌 과점주주의 지분에 따른 부분에 대하여만 각자 제2차 납세의무를 진다.

□ 한도액

$$징수부족액 \times \frac{과점주주의\ 소유주식수(무의결권주\ 제외)\ 또는\ 출자액^*}{법인의\ 발행주식총수(무의결권주\ 제외)\ 또는\ 출자총액}$$

☞ 50% 초과 지분에 관한 권리를 실질 행사하는 주주와 경영의 사실상 지배자인 과점주주의 경우에는 당해 주주의 소유주식수 또는 출자액 중 실질적으로 권리를 행사하는 주식수 또는 출자액에 한함.

사례 회생채권인 체납세액의 제2차 납세의무자 지정은 정당함(심사기타 2012-44, 2013.5.6.).

처분청이 2011.6.1. 체납법인에게 종합부동산세에 대한 납세의무성립일 이후 그 법정납부기한으로부터 징수권의 소멸시효 및 부과제척기간 내에 체납세액을 결정·고지하였으나, 체납법인이 이를 납부기한(2011.6.30.)까지 납부하지 아니하자 체납법인의 체납을 원인으로 청구법인에게 쟁점 체납세액에 대하여 2012.5.22. 제2차 납세의무자 지정 및 납부통지한바, 이는 주된 납세의무자인 체납법인의 종합부동산세에 대한 납세의무의 성립 및 체납법인에 대한 징수 또는 부과처분과는 별도로 비로소 청구법인에 대한 쟁점 체납액 관련 조세채권이 생겼다 할 것이고, 이 조세채권은 회생절차 개시결정일(2011.8.10.) 이후에 성립하여 처분청이 청구법인에 대하여 쟁점 체납액을 「채무자 회생 및 파산에 관한 법률」상 공익채권에 해당하는 것으로 보아 청구법인을 체납액의 제2차 납세의무자로 지정하고 쟁점 체납액을 납부통지한 처분은 달리 잘못이 없는 것임.

⑥ 법인의 제2차 납세의무(지기법 §47, 구 §48)

(1) 개요

법인의 제2차 납세의무는 지방세(둘 이상의 지방세의 경우에는 납부기한이 뒤에 도래하는 지방세를 말함)의 납부기간 종료일 현재 법인의 무한책임사원 또는 과점주주("출자자")의 재산(그 법인의 발행주식 또는 출자지분 제외)으로 그 출자자가 납부할 지방자치단체의 징수금에 충당하여도 부족한 경우에는 그 법인은 다음 어느 하나에 해당하는 경우에만 그 출자자의 소유주식 또는 출자지분의 가액을 한도로 그 부족액에 대하여 제2차 납세의무를 진다.

① 지방자치단체장이 출자자의 소유주식 또는 출자지분을 재공매하거나 수의계약에 따라 매각하려 하여도 매수희망자가 없는 경우

② 출자자의 소유주식 또는 출자지분이 법률 또는 그 법인의 정관에 따라 양도를 제한하고 있는 경우[57](2024.1.1. 이후 「지방세징수법」 제71조 제5항 본문에 따라 공매할 수 없는 경우 제외)

---

57) 양도 제한이 없는 경우에는 비록 체납이 발생하여도 주식발행법인을 제2차 납세의무자로 할 수가 없는 것임.

③ 그 법인이 외국법인인 경우로서 출자자의 소유주식 또는 출자지분이 외국에 있는 재산에 해당하여 「지방세징수법」에 따른 압류 등 체납처분이 제한되는 경우(2024.1.1. 이후 출자자의 납세의무성립분부터 적용)

주된 납세자인 무한책임사원 또는 과점주주가 출자하고 있는 법인의 제2차 납세의무 적용 시 무한책임사원과 과점주주 해당 여부 판단은 주된 납세자에게 고지된 지방세(둘 이상의 지방세의 경우에는 납부기한이 뒤에 오는 지방세)의 납부기한 현재를 기준으로 한다.

> ① 무한책임사원, 과점주주가 있는 법인일 것
> ② 무한책임사원, 과점주주가 체납액이 있을 것
> ③ 무한책임사원, 과점주주의 재산(당해 법인 출자분 제외)으로 징수금에 부족이 있을 것
> ④ 주식 또는 출자지분의 공매 또는 매각이 불가능하거나 양도가 제한[58]된 경우일 것(「상법」 상 무한책임사원의 경우 지분양도를 금지하기 때문임)

> **사례** 해당 법인이 그 법인의 과점주주 중 한 특정주주의 징수부족액에 대하여 지는 법인의 제2차 납세의무를 무재산 등으로 이행할 수 없을 때에는 그 징수부족액을 해당 법인의 과점주주 중 다른 주주에게 출자자로서의 제2차 납세의무를 지울 수 있는 것임(징세 46101-363, 2001.5.24.).

(2) 한도

법인의 제2차 납세의무는 주된 납세자인 무한책임사원이나 과점주주의 재산으로 징수 부족된 금액의 범위 내에서 그 법인의 자산총액에서 부채총액을 뺀 가액을 그 법인의 발행주식총액 또는 출자총액으로 나눈 가액에 그 출자자의 소유 주식금액 또는 출자액을 곱하여 산출한 금액을 한도로 한다.

> **□ 한도액**
>
> $$(\text{자산총액} - \text{부채총액}) \times \frac{\text{출자자의 소유 주식금액(출자금액)}}{\text{발행주식총액(출자총액)}}$$
>
> ☞ 무의결권주 포함

위의 산식에서 부채총액에는 평가일 현재 납세의무가 성립한 해당 법인의 국세와 지방세가 포함되며(국기통 40-21…1, 지기예 법47-3), 또한 자산총액과 부채총액의 평가는 해당 지방세의 납부기간종료일 현재의 시가로 한다(지기령 §25).

---

58) 주식에 대한 보전압류의 효과로서 그 양도가 제한된다거나 위 주권인도거절 등의 사실상의 장애사유로 말미암아 해당 주식을 양도받지 못한 경우까지 양도제한 요건에 해당하는 것으로는 볼 수 없음(대법원 1995.9.26. 선고, 95누8591 판결, 대법원 1993.7.27. 선고, 93누8467 판결 등. 참조).
주식이 담보로 제공된 경우에도 양도제한된 것으로 볼 수 없음(징세 46101-571, 1999.11.29.).

(3) 합명회사 등의 지분양도의 제한

합명회사 및 합자회사의 지분은 「상법」 제197조, 제269조, 제276조의 규정에 의하여 다른 무한책임사원 전원의 동의가 없으면 양도할 수 없으므로, 환가 전에 무한책임사원 중 1인이라도 환가에 의한 지분양도에 대하여 반대의사를 표시하는 경우는 「지방세기본법」 제47조 제1항 제2호에 규정하는 '양도가 제한되어 있을 때'에 해당한다(지기예 법47-1).

(4) 주권 미발행법인에 대한 제2차 납세의무

법인이 「상법」 제355조에 정한 주권의 발행시기가 경과하였음에도 불구하고 주권을 발행하지 아니한 경우, 지방자치단체장은 체납자인 주주가 회사에 대하여 가지는 주주권을 압류하고 일정 기간 내에 주권을 발행하여 세무공무원에게 인도하라는 뜻을 통지하여야 하며, 이 기간 내에 주권을 발행하지 아니하고 「상법」 제335조 제3항 후단(회사성립 후 또는 신주의 납입기일 후 6월이 경과한 때)의 규정에 해당하는 때에는 주식에 대한 매각절차를 진행하여야 하며, 그 결과 매수 희망자가 없고 당해 체납자가 과점주주인 경우에는 「지방세기본법」 제47조의 규정에 의한 제2차 납세의무를 지울 수 있다(지기예 법47-2).

❼ 사업양수인의 제2차 납세의무(지기법 §48, 구 §49)

(1) 개요

사업의 양도·양수가 있는 경우 양도일 이전에 양도인의 납세의무가 확정된 그 사업에 관한 지방자치단체의 징수금을 양도인의 재산으로 충당하여도 부족할 때에는 양수인은 그 부족액에 대하여 양수한 재산의 가액을 한도로 제2차 납세의무를 진다.

여기서 '양도인'이라 함은 사업을 타인에게 양도하는 자를 말한다. 그리고 '양수인'이라 함은 사업장별로 그 사업에 관한 모든 권리(미수금에 관한 것 제외)와 의무(미지급금에 관한 것 제외)를 포괄적으로 승계한 자로서 다음 어느 하나에 해당하는 자를 말한다.

① 양도인과 특수관계인인 자

② 양도인의 조세회피를 목적으로 사업을 양수한 자

2023.12.31. 이전에 사업이 양도·양수된 경우로서 2023.12.31. 이전에 제2차 납세의무자로서 납부통지를 받은 경우에는 사업장별로 그 사업에 관한 모든 권리와 의무를 포괄승계(미수금에 관한 권리와 미지급금에 관한 의무의 경우에는 그 전부를 승계하지 아니하더라도 포괄승계로 봄)한 자로서 양도인이 사업을 경영하던 장소에서 양도인이 경영하던 사업과 같거나 유사한 종목의 사업을 경영하는 자를 말하는데, "양도인과 동일한 장소에서 동일한 종목 또는 유사한 종목의 사업을 경영하는 자를 말한다"고 규정하고 있는바, 그 규정 중의 '사업의 양수인'이란 경제적 목적을 달성할 수 있는 인적·물적 수단의 조직적 경영단위로서 담세력이 있다고 인정되는 정도의 기업체를 양도인과의 법률행위에 의하여 포괄적으로 이전받은 사람으로서 사회통념상 사업장

의 경영자로서의 양도인의 법적 지위와 동일시되는 정도의 변동이 인정된 양수인을 의미하고, 이때 '사업의 포괄적 이전'이라 함은 양수인이 양도인으로부터 그의 모든 사업시설뿐만 아니라 영업권 및 그 사업에 관한 채권, 채무 등 일체의 인적, 물적 권리와 의무를 양수함으로써 양도인 과 동일시되는 정도로 법률상의 지위를 그대로 승계하는 것을 의미하며(대법원 2000두4095, 2002. 6.14.), 사업장별로 그 사업에 관한 모든 권리와 의무를 포괄승계(미수금에 관한 권리와 미지급금 에 관한 의무의 경우에는 그 전부를 승계하지 아니하더라도 포괄승계로 본다)한 자로서 양도인 이 사업을 경영하던 장소에서 양도인이 경영하던 사업과 같거나 유사한 종목의 사업을 경영하는 자를 말한다(지기법 §49 ②).

한편, 다음과 같은 요건이 충족될 경우에만 제2차 납세의무를 진다.
① 사업의 양도·양수가 있어야 한다.
② 양도일 이전에 양도인의 납세의무가 확정된 것으로서 양도한 해당 사업에 관한 지방세이어 야 한다. 사업양수인이 지는 제2차 납세의무는 양도·양수가 이루어진 당해 사업에 관한 국세·가산금·체납처분비이어야 하고 해당 사업에 관련없는 지방세·가산금 등은 제2차 납세의무가 없는 것이다.
③ 주된 납세자인 사업양도인의 재산으로 그 양도인에게 부과되거나 그 양도인이 납부할 지방 세·가산금과 체납처분비에 충당하여도 부족한 경우이어야 한다.

사례 양수인이 사업용 자산 일부를 임의경매절차에서 낙찰받아 취득, 나머지를 양도계약에 의하 여 연달아 취득한 경우 포괄승계에 해당함(대법원 2000두4095, 2002.6.14.).
사업을 포괄적으로 양도·양수하려는 의도로 양수인이 사업용 자산의 일부를 실질상 매매에 해당 하는 임의경매 집행절차에 의하여 낙찰받아 취득하면서 나머지 사업용 자산, 영업권 및 그 사업에 관한 모든 권리와 의무를 양도인과의 별도의 양도계약에 의하여 연달아 취득하는 등으로 사회통념 상 전체적으로 보아 양도인과 동일시되는 정도로 법률상의 지위를 그대로 승계한 것으로 볼 상황이 라면, 이는 제2차 납세의무를 지게 되는 사업의 포괄적 승계에 해당함.

사례 채권자(양수인)가 법원의 확정판결로 자동차운송사업 면허권을 채무자(양도인)로부터 취득 하여 양도인과 동일시되는 정도의 법률적 지위를 그대로 승계하였다면 채권자(양수인)는 당연히 사업양수인으로서의 제2차 납세의무를 지는 것임(징세 46101-195, 2001.2.27.).

(2) 사업의 양도·양수[59]의 범위

'사업의 양도·양수'란 계약의 명칭이나 형식에 관계없이 사실상 사업에 관한 권리와 의무 일 체를 포괄적으로 양도·양수하는 것을 말하며, 개인 간 및 법인 간은 물론 개인과 법인 사이의

---

59) 사업의 양도에 대하여는 다음 사항에 유의하여야 한다.
  1. 합명회사, 합자회사의 영업의 일부나 전부를 양도함에는 총사원 과반수의 결의가 필요하다.
  2. 주식회사의 영업의 양도에는 특별결의가 필요하다.
  3. 유한회사의 영업의 양도에는 특별결의가 필요하다.
  4. 보험회사는 그 영업을 양도하지 못한다.

사업의 양도·양수도 포함하며, 사업의 양도·양수계약이 그 사업장 내의 시설물, 비품, 재고상품, 건물 및 대지 등 대상목적에 따라 부분별, 시차별로 별도로 이루어졌다 하더라도 결과적으로 사회통념상 사업 전부에 관하여 행하여진 것이라면 사업의 양도·양수에 해당하되, 사업의 양도에 대하여는 다음 사항에 유의하여야 한다(지기예 법48-1).

① 합명회사, 합자회사의 영업의 일부나 전부를 양도함에는 총사원 과반수의 결의가 필요하다.
② 주식회사의 영업의 양도에는 특별결의가 필요하다.
③ 유한회사의 영업의 양도에는 특별결의가 필요하다.
④ 보험회사는 그 영업을 양도하지 못한다.

영업에 관한 일부의 권리와 의무만을 승계한 경우, 강제집행절차에 의하여 경락된 재산을 양수한 경우 및 「보험업법」에 의한 자산 등의 강제이전의 경우에는 사업의 양도·양수로 보지 아니한다(지기예 법48-2).

(3) 한도

사업의 양도·양수가 있는 경우 양도일 이전에 양도인의 납세의무가 확정된 그 사업에 관한 지방자치단체의 징수금을 양도인의 재산으로 충당하여도 부족할 때에는 양수인은 그 부족액에 대하여 양수한 재산의 가액을 한도로 제2차 납세의무를 진다. 여기서 양수한 재산의 가액은 다음의 가액으로 한다. 다만, ①에 따른 금액과 시가의 차액이 3억 원 이상이거나 시가의 30% 이상인 경우 ① 금액과 ② 금액 중 큰 금액으로 한다(지기령 §27).

① 사업 양수인이 양도인에게 지급하였거나 지급하여야 할 금액이 있는 경우 그 금액
② ①에 따른 금액이 없거나 그 금액이 불분명한 경우에는 양수한 자산 및 부채를 「상속세 및 증여세법」 제60조부터 제66조까지의 규정을 준용하여 평가한 후 그 자산총액에서 부채총액을 뺀 가액

사업의 양도인에게 둘 이상의 사업장이 있는 경우에는 하나의 사업장을 양수한 자는 양수한 사업장과 관계되는 지방자치단체의 징수금(둘 이상의 사업장에 공통되는 지방자치단체의 징수금이 있는 경우에는 양수한 사업장에 배분되는 금액 포함)에 대해서만 제2차 납세의무를 진다(지기령 §26). '양수한 사업장에 배분되는 금액'의 계산은 구체적인 사례에 따라 그 계산방법을 달리하여야 할 것이나, 일반적으로는 다음의 예에 의하여 계산한다(국기통 41-23…1 참조).

□ 한도액
① 사업장별로 소득금액을 계산할 수 있는 경우

$$공통되는 지방세징수금 \times \frac{양수한 사업장에서 발생한 소득금액}{각 사업연도의 소득금액}$$

② 사업장별로 소득금액을 계산할 수 없는 경우

$$공통되는 지방세징수금 \times \frac{양수한 사업장의 수입금액}{공통하는 사업장의 수입금액 합계액}$$

(4) 그 사업에 관한 지방자치단체의 징수금의 범위

'그 사업에 관한 지방자치단체의 징수금'에는 사업용 부동산을 양도함으로 인하여 발생한 양도소득세분 지방소득세 및 법인특별부가세분 지방소득세를 포함하지 아니하며(국기통 41-0…3 참조), 사업용 부동산(토지·건물 등)을 양도함으로써 납부하여야 할 양도소득세분 지방소득세 및 법인특별부가세분 지방소득세는 그 사업에 관한 지방자치단체의 징수금이 아니므로 동 양수자는 사업양수인으로서의 제2차 납세의무를 지지 않는다(국기통 41-0…4 참조).

> **사례** 사업양도일 후 가산세, 가산금, 중가산금은 미포함(대법원 2010두3428, 2011.12.8.)
>
> 가산세 납세의무는 납부고지를 함으로써 가산세에 대한 부과처분이 이루어진 시점에 확정되었고, 가산금 및 중가산금은 납부고지에서 정한 납부기한이 경과한 후에 비로소 발생하여 확정되었다고 할 것이므로, 그 전에 사업을 양수한 경우 가산세 및 가산금과 중가산금에 대하여 제2차 납세의무를 부담하지 아니함.

> **사례** 사업양도일 이전 신고한 법인세 경정 시 제2차 납세의무 없음(조세 46019-89, 1999.12.2.).
>
> 사업양도인이 사업양도일 이전에 법인세 과세표준 및 세액을 신고하였으나 동 신고내용에 오류 또는 탈루가 있어 관할세무서장이 사업양도일 이후에 과세표준 및 세액을 경정하여 사업양도인에게 법인세를 부과한 경우 동 부과세액에 대해서는 사업양수인에게 제2차 납세의무가 없음.

(5) 사업을 재차 양도·양수한 경우

법인의 사업을 갑이 양수하고, 갑이 다시 그 사업을 을에게 양도한 경우에 을은 법인의 제2차 납세의무를 지지 않는다. 그러나 갑이 을에게 사업을 양도할 당시에 법인에 대한 제2차 납세의무의 지정을 받았을 경우에는 그러하지 아니하며, 사업의 양도로 인한 제2차 납세의무는 사업의 양도·양수 사실이 발생할 때마다 그 요건에 해당되면 제2차 납세의무의 지정을 해야 한다(지기예 법48-3).

⑧ 건물 소유자의 주민세 재산분의 제2차 납세의무

사업소용 건축물의 소유자와 사업주가 다른 경우에는 건축물의 소유자에게 제2차 납세의무를 지울 수 있다(지법 §75 ②). 이미 부과된 재산분을 사업주의 재산으로 징수해도 부족액이 있는 경우로 한정하여 그 부족액에 대하여 그 건축물의 소유자를 제2차 납세의무를 지울 수 있는 것으로, 사업소용 건축물의 소유자가 「지방세법」 제77조에 따른 주민세 재산분 비과세대상자인 경우에도 제2차 납세의무를 지울 수 있으며, 건축물 소유자의 제2차 납세의무에 대해서는 「지방세기본법」 제45조 및 제61조 제2항·제3항을 준용한다(지령 §80).

제**3**장

부과

❶ 수정신고(지기법 §49, 구 §50)

(1) 개요

'수정신고'란 납세의무자가 과세표준과 세액을 법정신고기한[60] 내에 과세표준 신고서, 납기 후 과세표준 신고서[2019년 이전 기한 후 신고서 제출 후 2020년 이후 수정신고하는 분부터(부칙 §3)]를 신고한 후 그 기재사항에 오류·탈루가 있음을 발견한 경우에 이를 수정하여 신고하는 제도를 말한다.

「지방세기본법」 또는 지방세관계법에 따른 법정신고기한까지 과세표준 신고서, 납기 후 과세표준 신고서[2019년 이전 기한 후 신고서 제출 후 2020년 이후 수정신고하는 분부터(부칙 §3)]를 제출한 자가 다음에 해당할 때에는 지방자치단체장이 지방세관계법에 따라 그 지방세의 과세표준과 세액을 결정 또는 경정하여 통지를 하기 전으로서 부과제척기간이 끝나기 전까지는 과세표준 수정신고서를 제출할 수 있다.

① 과세표준 신고서 또는 납기 후 과세표준 신고서에 기재된 과세표준 및 세액이 지방세관계법에 따라 신고하여야 할 과세표준 및 세액보다 적을 때

② 과세표준 신고서 또는 납기 후 과세표준 신고서에 기재된 환급세액이 지방세관계법에 따라 신고하여야 할 환급세액을 초과할 때

③ 그 밖에 특별징수의무자의 정산과정에서 누락 등이 발생하여 그 과세표준 및 세액이 지방세관계법에 따라 신고하여야 할 과세표준 및 세액 등보다 적을 때

수정신고는 당초의 신고에 대하여 납세자가 스스로 수정하는 것이므로 과세관청의 조사결정이나 경정사항에 대하여는 수정신고의 개념이 없고, 과세관청의 결정·경정에 대하여는 이의나 불복만이 가능하다. 한편, 수정신고제도는 2011.1.1. 이후에 최초로 납세의무가 성립되는 지방세부터 적용한다. 그 전에는 취득세와 등록세의 수정신고납부제도와 지방소득세 법인세분의 수정신고납부 제도가 있었으나 현행 수정신고제도와는 차이가 있었다.

(2) 대상 세목

신고납부 세목은 수정신고대상이 되나, 부과고지 세목은 수정신고를 할 수 없다.

(3) 수정신고대상자

수정신고자는 법정신고기한 내에 과세표준 신고서를 제출한 자이어야 하므로 법정신고기한 내에 과세표준 신고서를 제출하지 아니한 자는 수정신고할 수 없다. 당초 과세표준 신고서를 신

---

60) 지방세관계법에 규정하는 과세표준과 세액에 대한 신고기한 또는 신고서의 제출기한을 말한다. 다만, 「지방세기본법」 제24조 및 제26조의 규정에 의하여 신고기한이 연장된 경우에는 그 연장된 기한을 법정신고기한으로 본다(지기예 법49-1). 이 내용은 이하 같다.

고만 하고 납부하지 아니하는 경우에도 수정신고대상에 해당된다(대법원 99두5955, 2001.2.9. 참조).

당초 과세표준 신고서를 제출한 자, 특별징수의무자도 그 징수한 지방세의 과세표준액 및 세액을 신고하는 동시에 세금을 납부하기 때문에 수정신고대상자에 포함된다(예 : 지방소득세 특별징수분). 또한 당초신고납부한 자의 상속인 경우 상속인, 법인합병의 경우 존속법인, 포괄승계 시에는 포괄양수인도 수정신고대상자가 될 수 있다.

> **사례** 적법한 절차에 따라 결산을 확정하고 과세표준 신고 후에는 확정된 재무제표를 수정신고하거나 경정 등의 청구를 할 수 없는 것임(서면1팀-47, 2008.1.10.)(징세 46101-86, 2000.1.17.).

(4) 수정신고의 효력 및 혜택

자진신고납세 제도에서는 당초의 신고가 납세의무를 확정하는 효력을 가지므로 수정신고를 하는 경우 정부의 경정 여부 및 추가자진납부의 이행 여부와 무관하게 당연히 납세의무 증액에 대한 확정력을 가진다. 그러나 부과과세 제도에서는 당초 신고 및 수정신고 모두 확정력을 가지지 못하고 정부의 결정·경정을 거쳐 확정되게 된다.

수정신고로 인하여 추가 납부세액이 발생한 경우에는 그 수정신고를 한 자는 수정신고와 동시에 납부하여야 가산세 감면 혜택이 있다. 그런데 2013.1.1.~2015.12.31. 수정신고분은 미납부 시에는 가산세 감면규정이 적용되지 아니한다.

(5) 수정신고기한

지방세관계법에 따라 해당 지방세징수금의 과세표준과 세액을 결정·경정하여 통지하기 전으로서 부과제척기간이 끝나기 전까지 과세표준 수정신고서를 제출할 수 있다.

그런데 수정신고는 지방세 부과제척기간 내에 가능한 것이다(징세과-96, 2012.1.20. 참조).[61]

(6) 수정신고의 관할

수정신고를 하려는 자는 종전에 제출한 지방자치단체장에게 과세표준 수정신고서를 제출하여야 한다(지기령 §29). 신고기한 경과 후 수정신고기한 내에 납세지가 변경된 경우에도 당초 과세표준 신고서를 제출한 지지방자치단체장에게 수정신고서를 제출하여야 한다.

---

61) 법을 개정하여 2020년 이후부터는 이를 명문화하였다. 한편, 국세에서는 이를 반영하여 「국세기본법」 제45조에서 "관할 세무서장이 각 세법에 따라 해당 국세의 과세표준과 세액을 결정 또는 경정하여 통지하기 전으로서 제26조의 2(국세 부과의 제척기간) 제1항에 따른 기간이 끝나기 전까지 과세표준 수정신고서를 제출할 수 있다"라고 규정하고 있다.

(7)「지방세법」상 수정신고 관련 규정

1) 지방소득세 소득분의 수정신고납부(지법 §96 ②, §103-24 ②)

동일한 수정신고납부라는 용어를 사용하나 당초 신고납부한 법인세분·소득세분의 납세지 또는 법인세분의 지방자치단체별 안분세액에 오류가 있음을 발견하였을 때에는 지방자치단체장이 보통징수의 방법으로 부과고지를 하기 전까지 관할 지방자치단체장에게「지방세기본법」제50조 및 제51조에 따른 수정신고납부 또는 경정 등의 청구를 할 수 있다. 이 또한「지방세기본법」상의 수정신고와 경정청구와 유사한 개념으로 보아야 할 것이나, 추가납부세액에 대하여는「지방세기본법」제54조 또는 제55조에 따른 가산세를 부과하지 아니하며, 환급받을 세액에 대하여는 경정 등의 청구를 할 수 있으며, 법인세분의 경우에는 다음 연도분 법인세분에서 환급받을 세액을 공제하고 신고납부할 수 있다. 이 경우 환급하는 세액에 대하여는 지방세환급가산금을 지급하지 아니한다.

가산세와 환급가산금을 부과 또는 지급하지 아니하는 것이 수정신고와 차이가 있는 것이다.

2) 종전 수정신고납부 제도

구「지방세법」제71조의 수정신고납부제도는 신고납부를 이행할 당시의 기초가 되는 사정에 당사자의 예기치 못한 사정변경이 발생하는 경우(공사비의 정산, 건설자금의 이자계산, 법원의 확정판결 등으로 인하여 과소납부 또는 과다납부세액이 발생하였을 경우)에는 그 사정에 맞게 수정신고납부를 할 수 있도록 하였다. 이는 취득세·등록세 등 신고납부 세목에 적용되는 것으로 일부 세목에 한정되어 있었다. 그리고 수정신고사유발생일로부터 60일 이내만 수정신고납부가 되는 것이다. 이 수정신고납부도 가산세와 환급가산금을 부과 또는 지급하지 아니하는 것이 수정신고와 차이가 있는 것이다. 여기서 확정판결이 있었음을 이유로 수정신고를 하려면 해당 확정판결이 과세대상과 관련한 사실관계를 신고납부의 전제가 된 사실관계와 다른 내용으로 변경·확정시키는 내용이어야 하고, 기존의 신고납부 당시의 사실관계를 바탕으로 하여 단지 과세대상인지 여부의 판단만을 달리하는 내용의 확정판결은 확정판결에 해당하지 않는다(대법원 2008.7.24. 선고, 2006두10023 판결 등 참조).

● 지방세의 종전 수정신고 등과 비교

구분	종전	현행
근거	구 지법 §71	지기법 §50, §51, §52
수정신고	사정변경일로부터 60일 이내	당초신고납부 이후부터 세액결정 통지 전
경정청구	-	법정신고기한 후 5년(90일)
기한 후 신고	취득세만 1개월 이내	세무서장 통지 전까지
가산세, 환급가산금	없음	있음(과소신고가산세 감면)

(8) 수정신고에 대한 불복청구

1) 2011.1.1. 이후 납세의무성립분(현행 수정신고)

납세의무자가 자진신고납부하는 경우 그 자진납부한 세금을 과세관청이 수령하는 행위는 단순한 사실행위에 불과하므로 수정신고와 함께 세액을 자진납부하고 처분청이 수령한 행위는 과세처분으로 볼 수 없어 불복대상이 될 수 없다(대법원 88누1837, 1990.2.27.). 따라서 수정신고분에 대하여 경정청구의 절차를 취하여 거부처분이 있어야 불복절차를 취할 수 있다. 한편, 경정청구를 통한 거부 처분없이 수정신고 자체를 납세고지서로 보고 불복을 한 경우에는 처분이 없으므로 각하 대상이 되는 것이다. 또한 신고납부 조세에서의 수정신고는 당초의 신고와 마찬가지로 조세채무를 확정하는 효력이 있는바, 수정신고 무납부 고지는 이미 확정된 세액을 징수하기 위한 징수절차에 불과할 뿐 불복청구의 대상이 되는 부과처분에 해당하지 않는다(심사소득 2012-173, 2013.1.9.).

2) 2010.12.31. 이전 납세의무성립분(종전 수정신고납부)[62]

당초의 신고납부에 대하여 불복청구를 하지 않았을 때 수정신고납부에 의하여 당초의 신고납부한 것을 포함하여 불복청구할 수 있는지는 명확하지 아니하지만 추가납부의 경우와 초과납부의 경우로 나누어 다음과 같이 판단하고 있다.

병존설	흡수설
• 당초처분과 경정처분이 형식적으로 볼 때 독립하여 별개의 형태로 존재하므로 당초처분과 경정처분(수정신고 포함)을 별개 독립의 불복대상으로 함.	• 당초처분은 경정처분에 흡수되어 소멸하고 경정처분(수정신고 포함)의 효력은 처음부터 다시 조사 결정한 과세표준 및 세액 전체에 미친다고 보아 당초 처분을 포함하여 불복대상으로 함.
• 당초처분과 경정처분은 서로 무관한 것이 아니라 동일한 추상적 조세채무의 구체적 확정을 위한 일련의 절차로서 밀접한 관계가 있다는 점을 도외시하여 각 처분의 당부에 관한 판단이 다르게 나올 위험성이 있음.	• 당초처분의 존재를 전제로 한 체납처분 역시 그 효력을 상실한다고 보게 되므로 징수권 확보에 불리한 결론을 가져오게 되며, 감액경정처분의 경우를 설명할 수 없음.
• 납세자에게 불리	• 납세자에게 유리

---

62) 구 「지방세법」 개정 전(1997.8.30. 법률 제5406호)에는 신고납부의무가 있는 지방세(취득세, 등록세, 주민세, 사업소세, 담배소비세 등)에 대하여 신고납부 행위를 과세관청의 단순한 사무적 행위일 뿐 행정처분으로 볼 수 없어 과다신고납부한 지방세에 대해 정식 불복청구할 수 없다는 해석을 하였었다(대법원 88누5877, 1989.5.23., 대법원 88누12066, 1989.9.12., 대법원 88누3406, 1988.12.20.). 그러나 이와 같은 대법원의 판례는 신고납부를 기한 내에 하지 않거나 정당세액에 미달하여 신고하면 20%의 가산세를 벌과금적 성격으로 추가징수하면서 정당세액보다 높게 또는 납부하지 않아도 될 것을 착오로 납부한 것은 행정처분에 해당되지 아니하여 권리구제를 위한 불복청구의 대상이 아니라고 한다면 항상 세법에 접할 수 있는 입장에 있지 않은 납세자에게 지나친 불이익을 주고 있다고 보아 이와 같은 문제점을 반영하여 구 「지방세법」(1997.8.30. 개정된 법률 제5406호)에서는 신고납부 또는 수정신고납부한 것에 대하여도 불복청구가 가능하도록 규정하고 있다.

① 수정신고에 의한 추가 납부세액이 있는 경우

취소의 범위가 증액경정처분에 의하여 증액된 부분에 한정되는지, 아니면 당초처분의 세액도 취소할 수 있는지에 대하여 실무상 논란이 있었으나, 대법원은 제소기간의 경과 등으로 불가쟁력이 발생하려 확정된 당초신고나 결정에서의 세액에 관하여는 취소를 구할 수 없고, 증액경정처분에 의하여 증액된 세액의 한도 내에서만 취소를 구할 수 있다고 판시하였으므로 이미 확정된 당초처분의 세액은 「국세기본법」 제22조의 2 제1항에 따라 그 취소를 구할 수 없다(대법원 2008두 22280, 2011.4.14. 참조).

따라서 당초 신고에 대하여는 불복청구기간이 경과하게 되면 불복청구대상에서 제외되나 추가로 수정신고가 있을 경우에는 당초 신고를 포함하여 추가 수정신고와 함께 불복청구가 가능하지만 수정신고로 인해 증액된 세액의 한도 내에서만 가능한 것이다.

● 수정신고로 추가납부한 경우

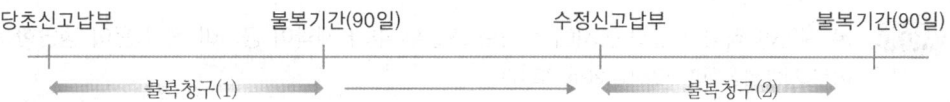

☞ 불복청구기간(1)이 경과 후 수정신고납부 후 당초신고를 포함하여 불복청구가능(1+2)하나, 수정신고세액 범위 내에서만 가능

② 감액 수정신고한 경우

당초처분이 있은 뒤 감액경정처분이 행하여진 경우에는 당초처분의 전부를 취소한 다음 새로이 잔액에 대하여 구체적 조세채무를 확정시키는 처분이 아니라 당초처분의 일부를 취소하는 효력을 갖는 것에 불과하며, 감액경정처분은 그에 의하여 감소된 세액부분에 관하여만 법적 효과를 미치는 것으로서 이는 당초처분과 별개 독립된 것이 아니고, 실질적으로 당초처분의 변경이라고 판시하였다(대법원 91누391, 1998.5.26.). 따라서 감액경정처분은 세액의 일부 취소라는 납세의무자에게 유리한 효과를 가져오는 처분으로서 그 취소를 구할 소의 이익이 없고, 항고소송의 대상이 되는 것은 당초처분 중 경정결정에 의하여 취소되지 않고 남아있는 부분, 즉 감액된 당초처분인 것이다. 즉 감액결정세액에 대하여는 별도의 불복대상은 감액결정부분만 해당된다.

● 수정신고로 감액신청한 경우

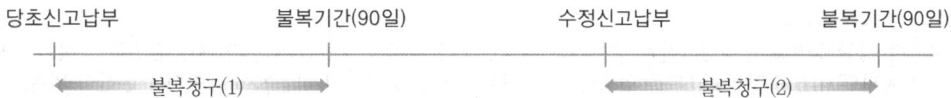

☞ 불복청구기간(1)이 경과 후 불복청구가 불가능하므로 초과납부세액에 대하여 불복청구(2)만 불복청구기간 내에 가능함.

(9) 수정신고와 가산세 감면

1) 정당한 사유가 있는 경우

납세자가 해당 의무를 이행하지 아니한 정당한 사유가 있을 때에는 그 가산세를 부과하지 아니한다. 예를 들어 공사비 정산 등은 수정신고 시 정당한 사유가 있는 것으로 보아 가산세를 감면하여야 할 것이나, 조세심판원에서는 「지방세기본법」 제54조 제2항에서 수정신고에 대한 가산세의 감면을 규정을 하고 있는바, 이는 수정신고에 대한 가산세 부과를 전제하고 있는 것으로 볼 수 있는 점, 건축물의 공사비 증액분과 관련한 취득세액을 경정 통지하기 전에 그 과세표준 및 세액을 수정신고 하였다고 하더라도 이러한 사실만으로 가산세를 면제할 만한 정당한 사유가 있다고 보기 어렵다(조심 2015지1089, 2015.10.27.)라고 결정하고 있으며, 유권해석도 마찬가지로 해석하고 있다. 한편, 신고납부기한 경과에 따른 납부지연가산세(2023.12.31. 이전 납세의무성립분은 납부불성실가산세)는 당연히 부과되는 것이다.[63]

> **사례** 본 계약이 작성된 날과 동시에 작성된 조건부 추가 계약이 공사비 정산 등이 정당한 사유 해당 여부(지방세정책과-3241, 2019.12.17)
>
> 본 계약과 함께 작성된 조건부 추가 계약에 따라 등기를 마친 이후에 지급한 추가 대금이 당초 신고 당시 과세표준에 포함되지 않았다면 과세관청이 과세표준과 세액을 결정하거나 경정하여 통지하기 전까지 수정신고서를 제출할 수 있으며, 수정신고 시 과소신고 가산세를 감면할 납세자의 정당한 사유에는 해당되지 않은 것으로 판단됨.
>
> ☞ 「지방세기본법 운영예규」 법57-2에서 "수분양자" 입장에서 정당한 사유로 본다는 것으로 "시행사" 입장에서는 원시취득 시 정당한 사유로 보지 아니하는 것으로 해석하여야 할 것임.

> **사례** 신고납부할 수 없는 불가피한 상황으로 부득이한 사유 여부(조심 2011지297, 2012.6.21.)
>
> 점유취득시효 완성일부터 확정판결일 사이의 가산세 부과에 있어서는 점유취득 시효완성에 따른 소유권 주장의 소를 법원에 제기하여 소송이 진행 중에 있어 법원의 확정판결일 이전에는 취득세를 신고납부할 수 없는 불가피한 상황으로 부득이하게 신고납부기간을 경과한 경우에는 정당한 사유가 있는 것으로 보아 가산세를 부과하지 아니한 것이 타당함.

> **사례** 법정신고기한 경과 후 공사비 정산 등으로 인하여 추가 납부세액이 발생된 경우 수정신고 대상이라 사료됨. 신고불성실가산세는 기간이 맞는 가산세 감면을 적용하여 가산세를 가산한 금액으로 수정신고납부하여야 한다고 사료됨(지방세운영과-1043, 2011.3.8.).

---

63) 공사비 정산 등으로 수정신고하는 경우에는 정당한 사유가 있는 것이므로 가산세를 감면하는 것이 타당할 것으로 판단되나, 수정신고납부를 언제까지 할 경우에 감면을 하여야 하는지에 대해서는 논란이 있다. 즉 공사비 정산일로부터 60일 아니면 30일인지도 명확하지 아니하다. 일반적인 「지방세법」 상 추징이나 일반세율이 사후에 중과세율로 적용될 때에는 그 사유발생일로부터 60일 이내에 신고납부하도록 규정되어 있다는 점에서는 60일 내에 신고납부할 경우 가산세를 부과하지 아니하는 것으로 하든지 아니면 종전 수정신고제도하에서 사유발생일로부터 60일 이내로 신고납부하는 경우 가산세를 부과하지 아니하는 것으로 해석변경하여야 할 것이다.

2) 정당한 사유가 없는 경우

① 2020년 이후 수정신고분

구분	감면율	비고
법정신고기한이 지난 후 1개월 이내	90%	과소·초과환급신고가산세만
법정신고기한이 지난 후 1개월 경과 3개월 이내	75%	과소·초과환급신고가산세만
법정신고기한이 지난 후 3개월 경과 6개월 이내	50%	과소·초과환급신고가산세만
법정신고기한이 지난 후 6개월 경과 1년 이내	30%	과소·초과환급신고가산세만
법정신고기한이 지난 후 1년 경과 1년 6개월 이내	20%	과소·초과환급신고가산세만
법정신고기한이 지난 후 1년 6개월 경과 2년 이내	10%	과소·초과환급신고가산세만

☞ 납부불성실가산세는 감면이 되지 아니함.

② 2019년 이전 수정신고분[2020년 이후 다시 한 수정신고분 포함(부칙 §14)]

구분	감면율	비고
법정신고기한이 지난 후 6개월 이내	50%	과소신고가산세만
법정신고기한이 지난 후 6개월 경과 1년 이내	20%	과소신고가산세만
법정신고기한이 지난 후 1년 경과 2년 이내	10%	과소신고가산세만

☞ 수정신고만 한 경우 감면됨(2015.12.31. 이전 수정신고분은 수정신고세액과 가산세를 납부하지 아니한 경우 가산세 감면 배제).

☞ 납부불성실가산세는 감면이 되지 아니함.

㉠ 2016.1.1. 이후 수정신고분

정당한 사유가 없이 수정신고하는 경우 신고만 하고 납부하지 않아도 가산세 감면을 받을 수 있다(지기법 §50 ② 참조, 구 지기법 §54 ③ 삭제).

㉡ 2013.1.1.~2015.12.31. 수정신고분

정당한 사유가 없이 수정신고하는 경우 신고와 동시에 납부를 하여야만 가산세 감면을 받을 수 있다(지기법 §54 ③).[64]

---

64) 국세도 마찬가지로 신고와 동시에 납부하여만 감면이 된다(국기법 §46 ②). 수정신고의 취지는 과세표준 등을 과소신고한 것을 납세자가 스스로 신고할 수 있는 제도로 이는 부과고지 전에 가산세 등의 부담을 완화하기 위한 것이다. 수정신고의 활성화를 위하여 일정기간 내에 수정신고납부하는 경우에는 신고불성실가산세를 감면하고 있는바, 자금의 여력이 없어서 수정신고만 하고 납부를 하지 아니한 경우까지 가산세 감면규정을 배제하는 것은 수정신고의 활성화를 저해하는 요인이 되며, 납부하지 아니할 경우에는 납부불성실가산세의 불이익 규정을 적용하면 되는 것인바, 가산세 감면규정을 반드시 수정신고하고 납부하는 경우로 한정하는 것은 형평성 차원에서도 문제가 있다. 가산세 감면규정 배제는 바람직한 수정신고의 정착을 위해 불필요한 것이며, 자금부담이 있는 납세자에게 불이익을 줄 수 있다고 판단된다. 따라서 수정신고만 하는 경우에도 가산세 감면이 적용되도록 개정할 필요가 있으며, 이와 더불어 기한 후 신고 또한 신고만 하는 경우 가산세 감면이 적용되도록 개정할 필요가 있다고 본다.

ⓒ 2011.1.1. 이후 납세의무성립분 중 2012.12.31. 이전 수정신고분

수정신고와 동시에 납부하지 않아도 가산세 감면을 받을 수 있었다.[65]

(10) 수정신고에 따른 징수권의 소멸시효

1) 2011.1.1. 이후 납세의무성립분(현행 수정신고)

수정신고는 지방세 부과제척기간 내에 가능한 것이므로 지방세 징수권의 소멸시효가 신고납부 세목의 경우 당초의 신고와 마찬가지로 조세채무를 확정하는 효력이 있는바, 법정신고기한 익일부터 기산하는 것이므로 당초 신고에 대하여 수정신고를 하였다고 하더라도 수정신고분에 대하여는 당초 법정신고기한 익일부터 징수권 소멸시효의 기산일이 되는 것이다. 따라서 수정신고를 한다고 징수권 소멸시효 기산일이 변경되는 것은 아니다.

그런데 수정신고분을 납부하지 아니하거나 과소납부한 경우에는 납세고지서에 의하여 징수절차가 진행되며 그 납세고지서상 납부기한의 다음 날부터 징수권의 소멸시효가 진행되는 것이다.

2) 2010.12.31. 이전 납세의무성립분(종전 수정신고납부)

2010.12.31. 이전 납세의무성립분까지 적용된 종전 수정신고납부의 경우에는 수정신고납부기한이 수정사유발생일로부터 60일이고, 그 다음 날이 부과제척기간의 기산일이 되는 것이다. 따라서 지방세 징수권의 소멸시효도 수정신고납부기한의 다음 날부터 기산하는 것이므로 당초 신고납부분에 대하여 수정신고납부를 하였다고 하더라도 수정신고납부분에 대하여는 수정신고 납부기한의 다음 날부터 소멸시효의 기산일이 된다라고 해석하여야 할 것이다.

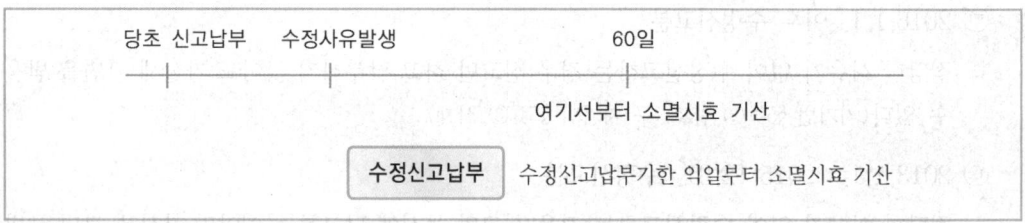

(11) 수정신고에 따른 환급청구권

초과납부세액의 환급세액의 청구권은 수정신고납부일 다음 날부터 기산하여 5년간을 계산하게 된다.

---

65) 국세의 경우 지방세와 달리 2012.12.31. 이전에도 납부하여야만 감면이 되었다.

❷ 경정청구(지기법 §50, 구 §51)

(1) 개요

납세의무자가 과세표준과 세액을 신고한 후에 그 신고내용에 오류·누락 등으로 인하여 과세표준과 세액을 과다하게 신고한 경우와 정당하게 신고납부하였다 하더라도 신고 후에 발생한 사유에 의하여 당초 신고내용에 차이가 발생하는 경우 납세의무자로 하여금 스스로 보정할 수 있도록 하는 제도이다. 일정한 요건에 해당하는 경우 납세자가 초과납부한 세액을 돌려받을 수 있다. 그런데 법정신고기한 내에 신고서 및 납기 후 과세표준 신고서[2020년 이전 기한 후 신고서 제출 후 2021년 이후 경정청구하는 분부터(부칙 §3)]를 제출하지 아니한 경우 경정청구를 할 수 없다. 다만, 예외적인 단기 경정청구대상인 경우에는 법정신고기한 내에 과세표준 신고서 또는 납기 후 과세표준 신고서를 제출한 자는 물론이거니와 신고 여부와 관계없이 정부의 결정·경정처분을 받은 자도 경정 등의 청구를 할 수 있다.

경정청구는 과소신고의 경우에는 지방자치단체장이 이를 적극적으로 증액경정하여 추징하지만, 과다신고의 경우 지방자치단체장의 적극적인 감액경정을 기대함이 현실적인 무리가 있을 것이고, 따라서 납세의무자 스스로에게 감액경정의 권리를 부여하고자 함이 본 제도의 취지이다.

한편, 경정청구제도는 2011.1.1. 이후에 최초로 납세의무가 성립되는 지방세부터 적용한다. 그 전에는 취득세와 등록세의 수정신고납부제도와 지방소득세 법인세분의 수정신고납부 제도로 환급하는 절차가 있었으나 이 제도와는 차이가 있었다. 그리고 2010.12.31. 이전에는 신고 자체를 처분으로 인정하여 과다신고한 경우 경정청구 대신에 이의신청 등을 취하여 환급받을 수 있었다.

(2) 경정청구대상과 청구기한

1) 일반적인 경정청구

2010년까지는 취득세에 한하여 감액청구도 수정신고를 하도록 했으나, 2011년부터는 국세와 동일하게 경정청구제도를 도입하여 모든 신고납부 세목을 대상으로 하였다. 「지방세기본법」 또는 지방세관계법에 따른 과세표준 신고서를 법정신고기한까지 제출한 자 및 납기 후 과세표준 신고서를 제출한 자[2019년 이전 기한 후 신고서 제출 후 2020년 이후 경정청구하는 분부터(부칙 §3)]는 다음의 경우 법정신고기한이 지난 후 5년[2015.5.17. 현재 3년 경정청구기한 경과된 분까지는 3년 - 2015.5.18. 현재 기존 청구기간(3년)이 경과하지 아니한 경우 5년 적용 가능] 이내에 최초 신고와 수정신고를 한 지방세의 과세표준 및 세액(「지방세법」에 따른 결정 또는 경정이 있는 경우에는 그 결정 또는 경정 후의 과세표준 및 세액 등을 말함)의 결정 또는 경정을 지방자치단체장에게 청구할 수 있다.

① 과세표준 신고서 또는 납기 후 과세표준 신고서[2019년 이전 기한 후 신고서 제출 후 2020년 이후 경정청구하는 분부터(부칙 §3)]에 기재된 과세표준 및 세액(「지방세법」에 따른 결정 또는 경정이 있는 경우에는 그 결정 또는 경정 후의 과세표준 및 세액)이 「지방세법」에 따라

신고하여야 할 과세표준 및 세액을 초과할 때

☞ 조기 상환된 대출금에 대해 주택도시보증공사에 지급한 보증수수료 경정청구 대상인지 여부

이 사건 취득세 경정청구 사유는 "과세표준 신고서 중 토지 취득세 과세표준 금액의 오기·탈루 등"이 아니고 "2018.2.23.자 토지 취득세 과세표준 금액의 환급"인 사실이 인정된다. 따라서 이 사건 취득세 경정청구는 후발적 이유에 의하여 과세표준이나 세액 등의 계산의 기초에 변동이 생겼음을 이유로 한 것이라고 봄이 상당함. 따라서 이 사건 취득세 경정청구가 「지방세기본법」 제51조 제1항 제1호의 통상의 경정청구에도 해당한다는 원고의 주장은 이유 없음. 나아가 이 사건 보증수수료 전액이 이 사건 토지의 취득가격에 포함되어야 함은 앞서 판단한 바와 같으므로, 원고가 과세표준 신고서에 기재한 과세표준이나 세액이 「지방세법」에 따라 신고하여야 할 과세표준이나 세액을 잘못 기재한 것이라고 볼 수도 없어 이 사건에 「지방세기본법」 제51조 제1항 제1호의 통상의 경정청구의 사유가 존재한다고 볼 수도 없음(대법원 2020두33572, 2020.5.14. 심불. 광주고법(전주) 2019누1284, 2020.1.8.).

② 조세조약에 따른 상호합의가 최초의 신고·결정 또는 경정의 내용과 다르게 이루어졌을 때
③ 과세표준 신고서 또는 납기 후 과세표준 신고서[2019년 이전 기한 후 신고서 제출 후 2020년 이후 경정청구하는 분부터(부칙 §3)]에 기재된 환급세액(「지방세법」에 따른 결정 또는 경정이 있는 경우에는 그 결정 또는 경정 후의 환급세액)이 「지방세법」에 따라 신고하여야 할 환급세액보다 적을 때

2010년 이전에는 경정청구제도가 없었고 그 대신 신고납부를 처분으로 보도록 하여 90일 이내에 이의신청이나 심판청구 또는 행정소송 등을 할 수 있도록 하였다. 2011년부터는 경정청구제도가 도입되면서 신고납부를 처분으로 보도록 한 규정을 삭제하고 경정청구를 하도록 하였다. 물론 경정청구를 과세관청에서 거부하면 그 거부처분에 대하여 이의신청 등을 할 수 있다.

2) 수정신고에 대한 경정청구

수정신고의 경우에도 당초 법정신고기한으로부터 5년(2015.5.17. 현재 3년 경정청구기한 경과된 분까지는 3년) 이내만 경정청구가 가능하므로 이를 경과한 경정청구는 경정청구기한의 경과로 적법하지 아니하다. 따라서 감액경정청구할 예정으로 수정신고하는 경우 당초 법정신고기한으로부터 5년(2015.5.17. 현재 3년 경정청구기한 경과된 분까지는 3년) 이내만 경정청구가 가능하므로 이를 경과할 것이 예상되는 경우에는 수정신고를 하지 않아야 할 것이다.

3) 부과고지 세목의 불복청구기간이 경과한 과세처분에 대한 경정청구

① 개요

「지방세법」에 따른 결정 또는 경정이 있는 경우에는 그 결정 또는 경정이 있음을 안 날(결정 또는 경정의 통지를 받은 때에는 그 받은 날)부터 90일 이내[법정신고기한이 지난 후 5년(2015.5. 17. 현재 3년 경정청구기한 경과된 분까지는 3년) 이내로 한정]에 그 결정 또는 경정 후의 과세표준 및 세액 등의 경정청구할 수 있다.

이는 결정 또는 경정이 있는 경우 이와 관련된 과세표준 및 세액에 대한 경정청구는 불복청구

가 가능한 기간 이내로 제한하여 불복청구기간의 경과로 확정된 과세처분에 대하여는 경정청구가 허용되지 아니한다.[66]

여기서 결정 또는 경정이라고 규정되어 있어서 부과고지 세목과 신고납부 세목에 대한 조사결정 모두를 말하는 것으로 해석하여야 하므로 부과고지 세목인 경우(예 : 재산세 등)에는 「지방세법」에 따른 결정 또는 경정이 있는 경우에는 이의신청, 심사청구 또는 심판청구 기간[90일 내 : 법정신고기한이 지난 후 5년(2015.5.17. 현재 3년 경정청구기한 경과된 분까지는 3년) 이내로 한정]에는 경정청구를 허용하고 있는바, 이는 불복청구기간 중에 경정청구를 하거나 불복청구를 선택적으로 행사를 하도록 하고 있다. 그런데 납세의무자는 불복청구와 경정청구가 동시에 진행을 할 수도 있으며 과세관청은 불복청구에 대한 심리기간 중에는 경정청구를 처리하거나 불복청구에 대한 심리를 하여야 하는 것이다.

② '「지방세법」에 따른 결정 또는 경정이 있는 경우'의 의미

감액경정처분이 있더라도 이는 당초의 신고나 결정의 일부를 취소하는 것으로서 당초의 신고 등과 독립된 것이 아니어서 감액경정처분에 대하여 이의신청 등의 불복이 허용되지 아니하므로, 이를 납세자의 경정청구기간이 제한되는 '세법에 따른 결정 또는 경정이 있는 경우'로 볼 수 없을 것이다. 한편, 증액경정처분이 있는 경우에 당초의 신고 등은 증액경정처분에 흡수되는 것이지만 경정청구나 부과처분에 대한 항고소송은 모두 정당한 과세표준과 세액의 존부를 정하고자 하는 동일한 목적을 가진 불복수단이므로 납세의무자는 증액경정처분에 대하여 소정의 불복기간 내에 항고소송으로 다툴 수 있을 뿐만 아니라 경정청구기간 내에서는 경정청구로도 다툴 수 있다(대법원 2010두11733, 2013.4.18. 참조). 그런데 과세표준 신고서를 법정신고기한 내에 제출한 납세의무자에게 결정이나 경정으로 인한 처분을 불복대상으로 삼아 하나의 불복절차에서 다툴 수 있도록 한 것은 소송경제나 납세자의 권익보호를 위한 것이지 납세자의 경정청구권을 제한하려는 것은 아니고, 당초의 신고 등에 관한 경정청구기간이 남아 있는 도중에 과세관청의 결정이나 경정이 있다고 하여 납세자가 당초의 신고 등에 관하여 가지는 별개의 불복수단인 경정청구권 행사가 제한된다고 보는 것도 불합리하며, 조세법률 관계의 조속한 안정을 도모하고자 하는 개정 전 규정의 입법 목적은 새로이 증가된 과세표준과 세액에 관한 경정청구권의 행사만을 제한하는 것으로 충분히 달성할 수 있다. 이러한 경정청구제도에 관한 「국세기본법」의 개정 경과와 경정청구제도의 취지 및 관련 법리 등에 비추어 보면, 과세표준 신고서를 법정신고기한 내에 제출한 납세자가 그 후 이루어진 과세관청의 결정이나 경정으로 인한 처분에 대하여 소정의 불복기간 내에 다투지 아니하였더라도 5년(3년)의 경정청구기간 내에서는 당초 신고한 과세표준과 세액에 대한 경정청구권을 행사하는 데에는 아무런 영향이 없다고 보아야 하며, 개정 전 규정에 의하여 경정

---

66) 국세에서도 결정·경정이 있는 경우 결정·경정분뿐만 아니라 최초신고·수정신고분에 대한 경정청구 기간도 "법정신고기한 경과 후 3년"이 아니라 "결정·경정 후 90일"로 해석될 소지가 있는 규정의 문제점을 해결하고자 이를 개정하여 2008.1.1.부터 적용하고 있다. 종전에는 불복청구기간이 경과하여 불가쟁력이 발생한 경우에도 경정청구가 가능한 것으로 해석되어 불복청구와 경정청구를 중복 허용하는 것으로 오해할 소지가 있었다.

청구기간이 이의신청 등 기간으로 제한되는 '세법에 따른 결정 또는 경정이 있는 경우'란 과세관청의 결정 또는 경정으로 인하여 증가된 과세표준 및 세액 부분만을 뜻한다고 할 것이다(대법원 2012두12822, 2014.6.26.).

> **사례** 경정청구기한은 결정 또는 경정으로 인하여 해당 처분이 있음을 안 날부터 90일 이내이나 청구법인은 그 기한을 경과하여 경정청구를 제기한 점 등을 감안할 때, 처분청이 청구법인의 경정청구를 거부한 처분은 달리 잘못이 없는 것임(조심 2011중1359, 2012.12.31.).

4) 후발적 사유발생에 의한 경정청구

과세표준 신고서를 법정신고기한까지 제출한 자[67] 또는 지방세의 과세표준 및 세액의 결정을 받은 자[68]는 다음 사유가 발생하였을 때에는 그 사유가 발생한 것을 안 날부터 90일[2017.3.28. 현재 2개월 경과한 분부터 2019.12.31. 이전에 3개월이 경과되지 아니한 분까지는 3개월(부칙 §13), 2017.3.27. 현재 2개월 경과분까지는 2개월] 이내에 결정 또는 경정을 청구할 수 있다.

2024년 이전에는 하기 ①, ②는 부과고지 세목도 후발적 경정청구가 가능하였으나,[69] ③~⑥은 "해당 지방세의 법정신고기한이 지난 후에 발생하였을 때"로 규정되어 있어서 부과고지 세목은 후발적 경정청구가 불가능한 것으로 해석하여 왔는데, 2025년 이후에는 이 문구를 삭제하여 부과고지 세목도 후발적 경정청구가 가능하게 되었다.[70]

① 최초의 신고·결정 또는 경정에서 과세표준 및 세액의 계산 근거가 된 거래 또는 행위 등이 그에 관한 심판청구, 감사원 심사청구에 대한 결정(2023.1.1. 이후 결정 확정분부터 적용[71])

---

67) "납기 후의 과세표준 신고서 제출한 자"는 "지방세의 과세표준 및 세액의 결정을 받은 자"에 해당되어 후발적 경정청구가 가능할 것이다.

68) '과세표준 신고서를 제출한 자'와 '국세의 과세표준 및 세액의 결정을 받은 자'는 문언상 서로 연관성 없이 열거된 것으로 해석되므로 법정신고기한 내에 과세표준 신고서를 제출한 후 그에 대하여 과세표준 및 세액의 결정을 받은 자뿐만 아니라 법정신고기한 내에 과세표준 신고서를 제출하지 아니하였지만 과세표준 및 세액의 결정을 받은 자도 후발적 사유가 발생한 경우에는 경정청구권자가 될 수 있다고 판단된다(최명근, 세법학총론, 2007, p.405).

69) 대법원(2019.1.31. 선고, 2017다216028 판결)에서는 부과과세방식의 재산세의 경우에도 후발적 사유에 의한 경정청구가 가능함을 확인한바 있으며, 서울행정법원(2018.1.11. 선고, 2017구합57424 판결) 역시 재산세 등 경정청구거부처분 취소소송에서 신고납세방식의 세목뿐 아니라 부과방식의 세목의 경우에도 후발적 사유에 의한 경정청구가 가능하다고 판시하였음. 후발적 경정청구는 '과세표준 신고서를 법정신고기한까지 제출한 자'뿐 아니라, '지방세의 과세표준 및 세액의 결정을 받은 자'를 포함하도록 규정하고 있으므로 후발적 경정청구는 신고납세방식의 세목뿐 아니라 부과과세방식의 세목의 경우에도 가능하다고 할 것임(대법원 2019.2.28. 선고, 2018두61932 판결, 조심 2021지977, 2022.5.23., 같은 뜻임)(조심 2022지0491, 2023.7.19.).

70) 당초 개정안은 후발적 경정청구 사유 중 신고·납부 세목에만 해당되는 "법정신고기한이 지난 후"라는 표현을 삭제하면서 "이 법 시행 이후 결정 또는 경정을 청구하는 경우부터 적용"하도록 적용례를 두려 했는데, 국회 행안위에서 동 개정내용은 단순 표현 변경으로서 규정의 효력이 변경되는 것이 아니며 적용례를 두는 것이 오히려 기존 규정에 대한 해석상 오해를 야기할 수 있다고 하여 경과규정을 두지 않기로 함.

71) 2023.1.1.부터 2023.3.13. 이전에 결정이 확정된 경우에는 2023.3.14.부터 90일 이내에 경정을 청구할 수 있음(부칙 §4 ②).

이나 소송에 대한 판결[72](판결과 동일한 효력을 가지는 화해나 그 밖의 행위 포함)에 의하여 다른 것으로 확정되었을 때[73]

② 조세조약에 따른 상호합의가 최초의 신고·결정 또는 경정의 내용과 다르게 이루어졌을 때

③ 최초의 신고·결정 또는 경정(更正)을 할 때 과세표준 및 세액의 계산근거가 된 거래 또는 행위 등의 효력과 관계되는 관청의 허가나 그 밖의 처분이 취소된 경우

④ 최초의 신고·결정 또는 경정을 할 때 과세표준 및 세액의 계산근거가 된 거래 또는 행위 등의 효력과 관계되는 계약이 해당 계약의 성립 후 발생한 부득이한 사유로 해제되거나 취소된 경우[74]

---

72) 형사사건 판결은 후발적 경정청구 사유 아님(서면-2019-징세-2983, 2019.10.24.). 대법원에서도 이와 동일한 취지로 "원고에게 무죄를 선고한 관련 형사판결에 의하여 당초 부과처분의 과세표준과 세액의 계산근거가 된 거래 또는 행위, 즉 원고가 이 사건 물품을 해외 판매자로부터 수입하여 국내 소비자에게 판매하였다는 내용의 거래 또는 행위가 다른 내용의 것으로 확정되었다고 판단하였다. 원심의 이와 같은 판단에는 「관세법」 제38조의 3 제3항의 후발적 경정청구 사유로서의 판결의 의미 및 범위, 후발적 경정청구에 관한 법리를 오해하여 판결에 영향을 미친 잘못이 있다(대법원 2020.1.9. 선고, 2018두61888 판결)"라고 판시함.

73) 최초의 신고 등이 이루어진 후 과세표준 및 세액의 계산근거가 된 거래 또는 행위 등에 관한 분쟁이 발생하여 그에 관한 소송에서 판결에 의하여 그 거래 또는 행위 등의 존부나 그 법률 효과 등이 다른 내용의 것으로 확정됨으로써 최초의 신고 등이 정당하게 유지될 수 없게 된 경우를 의미함(대법원 2009두22379, 2011.7.28. 등 참조).

74) 「국세기본법 시행령」 제25조의 2 제2호는 후발적 경정청구 사유의 하나로 '최초의 신고·결정 또는 경정을 할 때 과세표준 및 세액의 계산 근거가 된 거래 또는 행위 등의 효력과 관계되는 계약이 해제권의 행사에 의하여 해제되거나 해당 계약의 성립 후 발생한 부득이한 사유로 해제되거나 취소된 경우'를 들고 있다. 그런데 여기에서는 "계약이 해제권의 행사에 의하여 해제"는 후발적 경정청구 사유에 포함되어 있지 아니함에 유의하여야 할 것이다.

참고 판례 : 매매계약 해제에 관한 소송이 진행 중인 경우 후발적 경정청구 가능 여부(대법원 2016두59188, 2020.1.30.)
계약이 해제권의 행사에 의하여 해제되었음이 증명된 이상 그에 관한 소송의 판결에 의하여 해제 여부가 확정되지 않았다 하더라도 후발적 경정청구 사유에 해당한다고 판단하였다.
한편, 법인세에서도 구 「국세기본법」 제45조의 2 제2항 제5호, 구 「국세기본법 시행령」 제25조의 2 제2호에서 정한 '해제권의 행사나 부득이한 사유로 인한 계약의 해제'는 원칙적으로 후발적 경정청구 사유가 된다. 다만, 「법인세법」이나 관련 규정에서 일정한 계약의 해제에 대하여 그로 말미암아 실현되지 아니한 소득금액을 그 해제일이 속하는 사업연도의 소득금액에 대한 차감사유 등으로 별도로 규정하고 있거나 경상적·반복적으로 발생하는 상품판매계약 등의 해제에 대하여 납세의무자가 기업회계의 기준이나 관행에 따라 그 해제일이 속한 사업연도의 소득금액을 차감하는 방식으로 법인세를 신고해 왔다는 등의 특별한 사정이 있는 경우에는, 그러한 계약의 해제가 당초 성립하였던 납세의무에 영향을 미칠 수 없으므로 후발적 경정청구 사유가 될 수 없다(대법원 2014.3.13. 선고, 2012두10611 판결 등 참조).
이 사건의 쟁점은 철도운송업을 영위하는 법인이 소유하고 있던 토지에 대한 매매계약을 체결하여 토지를 양도하였으나 이후 매매계약이 해제되면서 해제에 관한 소송이 진행 중인 경우 법인세의 후발적 경정청구가 가능한지 여부로, 이에 대하여 서울고등법원은 후발적 경정청구의 요건으로 '해제에 관한 소송이 확정될 것'이 규정되어 있지 않는 점과 '해제에 관한 소송이 확정되지 않았다'는 사유로 경정청구를 거부하는 것은 후발적 경정청구 제도의 취지에도 부합하지 않는 점을 들면서 계약이 해제권의 행사에 의하여 해제되었음이 증명된 이상 해제에 관한 소송의 판결에 의하여 해제 여부가 확정되지 않았다 하더라도 후발적 경정청구 사유에 해당한다고 판시하였으며, 대법원은 이러한 서울고등법원의 판결을 수긍하여 원고 승소 판결하였다.
이 대법원 판결은 계약 해제에 관한 소송이 진행 중이어서 해제 여부가 확정되지 않았다고 하더라도 계약이

⑤ 최초의 신고·결정 또는 경정을 할 때 장부 및 증명서류의 압수, 그 밖의 부득이한 사유로 과세표준 및 세액을 계산할 수 없었으나 그 후 해당 사유가 소멸한 경우

⑥ ③부터 ⑤까지의 규정에 준하는 사유가 있는 경우

과세표준 신고서를 법정신고기한까지 제출한 자 또는 지방세의 과세표준 및 세액의 결정을 받은 자가 후발적 사유가 발생한 경우에 그 사유가 발생한 것을 안 날부터 90일[2017.3.28. 현재 2개월 경과한 분부터 2019.12.31. 이전에 3개월이 경과되지 아니한 분까지는 3개월(부칙 §13), 2017.3.27. 현재 2개월 경과분까지는 2개월] 이내에 할 수 있다. 후발적 경정청구 사유는 최초의 신고·결정 또는 경정에서 과세표준 및 세액의 계산근거가 된 거래 또는 행위 등이 그에 관한 소송에 대한 판결에 따라 다른 것으로 확정되었을 때, 조세조약에 따른 상호합의가 최초의 신고·결정 또는 경정의 내용과 다르게 이루어졌을 때, 과세표준·세액의 근거가 된 거래·행위 등의 효력의 근거인 허가 등이 취소된 경우 부득이한 사유로 해제·취소된 경우, 장부·서류의 압수 등으로 과세표준계산 등을 정확하게 할 수 없었던 경우 등이다. 그리고 과세관청이 당초의 확정된 지방세를 증액시키거나 감액시키더라도 당초의 확정된 세액에 대한 권리·의무관계에는 영향을 미치지 않도록 명문의 규정을 두었다.

그런데 후발적 경정청구는 조세법규에서 정한 과세요건이 충족됨으로써 일단 조세채무가 성립·확정되어 납세자가 세액을 납부하였다 하더라도 후발적 사유의 발생으로 과세의 기초가 해소되거나 감축되었다면 결과적으로 조세채무의 전부 또는 일부가 실체적으로 존재하지 않는 것이 되고 이미 납부된 세액은 아무런 근거가 없는 것이 되므로 실질적 조세법률주의 및 재산권 보장의 관점에서 납세자에게 그 납부세액의 반환을 청구할 권리를 인정하는 데에 그 취지가 있고, 제척기간의 특례를 규정한 「지방세기본법」 제38조 제2항 제1호에서는 「행정소송법」에 따른 소송에 대한 결정 또는 판결'이라 하여 행정판결임을 명확히 한 반면 「지방세기본법」 제51조 제1항 제1호에서는 소송 유형을 특정하지 않은 채 단순히 '판결'에 의한 확정이라고만 규정한 점 등에 비추어 보면, 행정처분이 위법하여 취소하거나 무효임을 확인하는 판결의 경우에도 그 재판과정에서 당사자인 행정청과 사인 간에 과세표준과 세액의 계산근거가 된 거래 또는 행위 등의 실체에 관하여 다투어졌고 판결이유에서 실제로 존재하였던 거래사실이나 행위가 무엇인지 명확하게 드러난다면 그 행정판결도 판결에 해당한다고 보아야 한다(수원지법 2014구합56728, 2015.7.9. 참조).

한편, 상기에서 '판결'이라 함은 '과세표준 및 세액산출의 근거가 된 거래 또는 행위에 관한 소송에 대한 것으로서 그로 말미암아 당해 거래 또는 행위의 법률효과 내지 법적 의미에 관하여 직접적인 영향을 미치는 것'을 말하고, 특정 사건에 대한 법원의 판결은 원칙적으로 당해 사건의 해결을 위한 것으로 그 이외의 사건에 있어서 과세관청을 기속하는 효력이 없으므로 유사 사건에 대한 대법원판결이 후발적 경정청구 사유에 해당한다고 보기 어렵다(조심 2015서3556, 2015.9.30.).

그리고 대법원판결(대법원 2012.10.11. 선고, 2012두6636 판결)의 취지 및 「국세기본법」상 특례제 척기간 규정의 개정 경과에다가 앞서 살펴본 특례제척기간의 입법취지 등을 종합하면, 부가가치

적법하게 해제된 경우라면 후발적 경정청구가 가능하다고 판시한 최초의 사례로서 의미가 있는 것임.

세 부과처분인 이 사건 종전처분을 취소한 이 사건 확정판결은 법인세 부과처분인 이 사건 처분에 관하여, 이 사건에 적용되는 「국세기본법」 상 특례제척기간의 요건인 '판결'에 해당하지 않는다고 해석함이 타당하다(대법원 2020두38447, 2020.8.27. 심불, 서울고법 2019누58874, 2020.4.22.).

> **사례** 취득 신고 후 법원에 의한 조정에 의하여 취득금액이 감액된 경우 후발적 경정청구대상으로 볼 수 있는지(대법원 2014두39272, 2014.11.27.)
> 이 사건 조정에서 이 사건 각 부동산의 매매대금이 감액된 것은 「지방세기본법」 제51조 제2항 제1호에서 정한 후발적 경정청구사유에 해당한다고 봄이 옳다는 이유로, 원고가 당초 이 사건 각 부동산의 취득가액을 2,070,000,000원으로 하여 신고·납부하였던 취득세 등에 대하여 한 경정청구를 거부한 피고의 처분은 위법함.

5) 경정청구 결과통지와 효력

결정 또는 경정의 청구를 받은 지방자치단체장은 그 청구받은 날부터 2개월 이내에 그 청구를 한 자에게 과세표준 및 세액을 결정 또는 경정하거나 결정 또는 경정하여야 할 이유가 없다는 것을 통지하여야 한다. 다만, 2015.5.18. 이후 청구를 한 자가 2개월 이내에 아무런 통지를 받지 못한 경우에는 통지를 받기 전이라도 그 2개월이 되는 날의 다음 날부터 이의신청, 심사청구, 심판청구 또는 「감사원법」에 따른 심사청구를 할 수 있으며, 2022년 경정청구분부터 결정 또는 경정의 청구를 받은 지방자치단체장이 정한 기간 내에 과세표준 및 세액의 결정 또는 경정이 곤란한 경우에는 청구를 한 자에게 관련 진행상황과 이에 따라 이의신청, 심판청구나 「감사원법」에 따른 심사청구를 할 수 있다는 사실을 통지하여야 한다.

지방자치단체장이 경정 등의 청구에 대하여 필요한 처분을 하지 않거나 경정청구에 대한 처분통지가 거부처분인 경우에는 청구인은 「지방세기본법」에 의한 불복청구(이의신청, 심사청구 또는 심판청구)를 제기할 수 있다.

6) 지방소득세 특별징수에 대한 경정청구(2019년 이후 개시하는 과세기간분 또는 사업연도분부터 적용)

「국세기본법」 제45조의 2 제5항에 따른 원천징수대상자가 지방소득세의 결정 또는 경정의 청구를 하는 경우에는 상기의 규정을 준용한다. 이 경우 일반적인 경정청구 대상자인 "과세표준 신고서를 법정신고기한까지 제출한 자 및 납기 후의 과세표준 신고서를 제출한 자[2019년 이전 기한 후 신고서 제출 후 2020년 이후 경정청구하는 분부터(부칙 §3)]"는 "「지방세법」 제103조의 13, 제103조의 18, 제103조의 29, 제103조의 52에 따라 특별징수를 통하여 지방소득세를 납부한 특별징수의무자 또는 해당 특별징수 대상 소득이 있는 자"로, "법정신고기한이 지난 후"는 "지방세법 제103조의 13, 제103조의 29에 따른 지방소득세 특별징수세액의 납부기한이 지난 후"로, "과세표준신고서에 기재된 과세표준 및 세액"은 "지방소득세 특별징수 계산서 및 명세서나 법인지방소득세 특별징수명세서에 기재된 과세표준 및 세액"으로, "과세표준 신고서에 기재된 결손

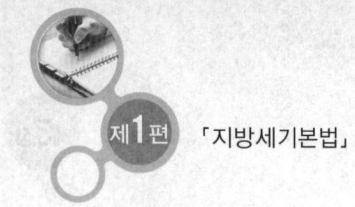

금액 또는 환급세액"은 "지방소득세 특별징수 계산서 및 명세서나 법인지방소득세 특별징수명세서에 기재된 환급세액"으로 보며, 후발적인 경정청구 대상자인 "과세표준 신고서를 법정신고기한까지 제출한 자"는 "「지방세법」 제103조의 13, 제103조의 18, 제103조의 29, 제103조의 52에 따라 특별징수를 통하여 지방소득세를 납부한 특별징수의무자나 해당 특별징수 대상 소득이 있는 자"로 본다.

7) 재경정청구 가능

재경정청구 권한에 대하여 별도의 규정은 없으므로 경정처분이 있는 경우에는 그 경정처분에 대한 경정을 경정청구기간[5년(2015.5.17. 현재 3년 경정청구기한 경과된 분까지는 3년)] 내 다시 청구를 할 수가 있는 것이다.

대법원은 "거부처분은 관할 행정청이 국민의 처분신청에 대하여 거절의 의사표시를 함으로써 성립되고, 그 이후 동일한 내용의 새로운 신청에 대하여 다시 거절의 의사표시를 한 경우에는 새로운 거부처분이 있는 것으로 보아야 할 것이다(대법원 2002.3.9. 선고, 2000두6084 판결)"라고 판시하여 동일한 내용으로 하는 재경정청구를 인정하고 있다.

그런데 납세의무자가 과세관청으로부터 경정청구에 대한 거부처분을 받은 경우, 거부처분에 대한 불복절차를 이행하지 아니하고 「국세기본법」 상 경정청구기간 내라고 하여 언제든지 과세관청에 동일한 경정청구를 다시 할 수 있다고 한다면, 결과적으로 경정청구거부처분에 대한 불복청구기간(처분일로부터 90일)이 경정청구기간[법정신고기한으로부터 5년(2015.5.17. 현재 3년 경정청구기한 경과된 분까지는 3년)]으로 연장되는 것과 같게 되어 「국세기본법」이 불복청구기간을 단기의 불변기간으로 규정하고 있는 취지에 반하게 되는 점, 이미 경정청구 거부처분에 대하여 불복을 한 납세의무자가 다시 동일한 취지의 경정청구를 할 수 있게 됨으로써 양 절차가 중복 진행되어 처분에 대한 불복제도와 경정청구제도의 기능이 중첩적으로 작용, 상호 충돌될 소지가 있는 점 등에 비추어 볼 때, 경정청구기간 내라고 하더라도 납세의무자가 이미 과세관청에 자신이 신고한 과세표준과 세액에 대하여 경정청구를 하여 과세관청으로부터 그에 대한 경정청구거부처분을 이미 받은 경우에는 당초의 경정청구와 동일한 취지의 경정청구를 다시 할 수 없고, 경정청구거부처분에 대한 불복절차를 통하여 그 과세표준과 세액을 다투어야 한다고 하는 것이 처분에 대한 불복제도와 함께 경정청구제도를 규정하고 있는 「국세기본법」에 대한 체계적 해석 및 법규의 합목적적 해석에 부합할 것이다(조심 2014중3361, 2014.9.5.).

> **사례** 증액경정처분이 있는 경우(국심 2006서1035, 2006.11.7.)
> 증액경정처분이 있는 경우 경정 후의 과세표준 및 세액 전액에 대하여 경정청구를 할 수 있는 것이 아니라 경정처분으로 인하여 변경되지 아니하고 남아 있는 당초 세액에 대하여만 경정청구를 할 수 있다고 할 것임(같은 뜻 : 국심 2005서4430, 2006.9.14.). 따라서 추가세액고지시의 경정사유와는 별개의 사유에 의하여 경정청구를 하는 경우 추가고지세액에 대하여는 불복청구만 할 수 있을 뿐 경정청구를 할 수 없다 하더라도, 당초 신고세액 15,840,400원에 대하여는 경정청구를 할 수 있는 것임.

> **사례** 과세표준 신고서를 법정신고기한 내에 제출한 자는 법정신고기한 경과 후 2년(현행 5년) 이내에 최초에 신고한 국세의 과세표준 및 세액의 추가적인 결정 또는 경정을 재차 관할세무서장에게 청구할 수 있는 것임(징세 46101 - 473, 2002.10.2.).

(3) 경정청구에 의한 환급금의 청구기한

경정청구에 의하여 환급세액이 있는 경우 환급세액의 청구권은 경정청구 결정일 다음 날부터 기산하여 5년간을 계산하게 된다.

> **사례** 화해권고나 임의조정 등 소송절차를 이용하여 매매대금을 감액한 경우 후발적 경정청구 사유 아님(서울고법(춘천) 2012누404, 2013.4.3.)
>
> 매매계약의 당사자들이 임의로 소송절차를 이용하여(화해권고나 임의조정 등) 매매대금을 감액한 경우까지를 "거래 또는 행위 등이 그에 관한 소송에 대한 판결에 의하여 다른 것으로 확정된 때"로 보게 된다면, 이미 확정된 납세의무와 그에 따라 구체화된 국가의 과세권을 당사자들의 의사에 따라 언제라도 실효시킬 가능성이 발생하게 되는바, 이러한 경우를 최초의 신고 등이 정당하게 유지될 수 없게 된 경우에 포함시킬 수 없음.

> **사례** 납세자의 질의에 대한 과세관청의 회신 또는 유권해석은 후발적 경정청구사유에 해당되지 아니함(서면1팀 - 1518, 2007.11.5.).

(4) 신고납부 세목에서 착오로 과다신고된 경우 직권 경정결정 가능

납세자의 신고에 의하여 과세표준이 확정되는 신고납부제도를 채택하고 있는 세목의 경우, 납세자가 착오 등에 의하여 과세표준이나 세액을 과다하게 신고한 경우에도 원칙적으로 적법한 경정청구의 절차가 없는 한 정부가 이를 감액하여야 할 의무는 없는 것이나, 과세표준과 세액의 신고내용에 명백한 오류 등이 있는 경우 경정결정할 수 있는 것이다(서면2팀 - 13, 2006.1.4.).

그리고 「지방세기본법」 제58조에 따르면 "지방자치단체장은 지방자치단체의 징수금의 부과·징수가 위법 또는 부당한 것임을 확인하면 즉시 그 처분을 취소하거나 변경하여야 한다"라고 규정되어 있다는 점에서 과세표준과 세액의 신고내용에 명백한 오류 등이 있는 경우 경정결정을 하여야 하는 것이다.

(5) 경정청구와 불복청구

1) 개요

지방세에 관한 행정처분이 납세의무확정행위라는 개념과 일치되는 것은 아니다. 지방자치단체의 처분이 납세의무를 확정하는 효력을 갖는 것도 있으나 처분을 필요로 하지 아니하고 납세의무자의 신고로써 확정되기도 하기 때문이다. 반대로 신고로써 납세의무가 확정되는 조세는 신고가 확정의 효력은 발생하더라도 그 신고행위를 행정처분이라고 볼 수는 없는 것이므로 신고의 오류

를 이유로 불복청구를 할 수는 없을 것이다. 다만, 당초신고의 오류를 경정청구하고 경정청구에 대한 결정통지를 받고 이에 불복할 수는 있다고 하겠으나 경정청구기한이 경과한 후에 신고로써 확정된 납세의무를 불복청구는 할 수 없다.

2) 판결 등에 의하여 법정신고기한 경과 후 신고분에 대한 경정청구와 불복청구

당초에는 신고납부의무가 없었으나, 법원판결에 의해 취득세 신고납부의무가 성립된 경우에는 판결에 의해 당초 납세의무성립시기로 효력이 소급되는 경우(상속 유류분 반환청구 승소 시 당초 상속개시일에는 납세의무가 없었으나, 승소로 인하여 상속개시에 소급하여 상속개시가 되는 것임) 당초 납세의무성립시기를 기준으로 하여 신고납부의무도 발생되는 것이다. 이처럼 판결에 의해 납세의무를 소급하여 신고할 때 이 신고를 법정신고로 보기에는 어려움이 있을 것이다. 이 경우 당초 법정신고기한 내에 신고를 하지 아니하였으므로 경정청구 대상이 되지 아니할 것이다.

그런데 이러한 신고에 대하여 경정청구가 불가능하다면 형평성 문제가 있다고 판단된다. 당초 납세의무성립시기에는 신고를 할 수 없는 상황이었으므로 판결로 인한 신고를 예외적으로 법정신고로 보아 경정청구를 할 수 있도록 하는 방안을 도입할 필요가 있다.

한편, 지방세의 결정 또는 경정이 있는 경우 이와 관련된 과세표준 및 세액에 대한 경정청구를 허용하고 있는바, 이는 불복청구기간 중에 경정청구를 하거나 불복청구를 선택적으로 행사를 하도록 하고 있는 것인데, 이 또한 법정신고기한이 지난 날부터 5년(종전 3년) 이내만 가능한 것이다. 따라서 법정신고기한이 지난 날부터 5년(종전 3년) 후라면 경정청구 또한 불가능한 것이다. 그렇지만 법정신고기한 경과 후 신고는 기한 후 신고에 해당하므로 기한 후 신고일로부터 3개월의 결정을 하여야 하므로 이 결정에 대한 불복청구는 가능할 것이다.

「지방세기본법」 또는 지방세관계법에 따른 과세표준 신고서를 제출한 경우라 하더라도 「지방세법」에 따른 결정 또는 경정이 있는 경우에는 「국세기본법」 제90조 및 제91조에 따른 이의신청, 심사청구 또는 심판청구 대상으로 한다(지기예 법50-1).

참고로, 법원판결일로부터 3개월(2016년 이전 2개월)의 후발적 경정청구 사유는 이미 법정신고기한 내에 신고를 하였지만 5년(종전 3년)이 경과하였더라도 법원의 판결로 인하여 당초 신고분을 경정청구하는 경우에 적용되는 것으로서 위의 경우처럼 법원판결에 의해 취득세를 신고납부한 경우에는 후발적 사유에 의한 경정청구가 적용되는 것이 아니다.

③ 기한 후 신고(지기법 §51, 구 §52)

(1) 개요

2010년까지는 취득세만 기한 후 신고가 가능했으나 2011년부터는 모든 신고납부세목으로 확대하였다. 법정신고기한 내에 과세표준 신고서를 제출하지 아니한 자는 지방자치단체장이 「지방세법」에 따라 그 지방세의 과세표준과 세액(가산세 포함)을 결정하여 통지하기 전까지 기한 후 과세표준 신고서를 제출할 수 있다. 법정신고기한 및 자진납부기한 내에 신고 및 납부를 이행하지 아니하였더라도 관할세무서장이 고지하기 전에 기한 후 신고를 하고 세액과 가산세를 납부할 수 있다. 또한 과세표준 신고서를 법정신고기한 내에 제출하였으나 과세표준 신고액에 상당하는 세액의 전부 또는 일부를 납부하지 아니한 자는 해당 세액과 가산세를 세무서장이 고지하기 전에 납부할 수 있다.

　기한 후 신고를 하였더라도 신고납세 세목인 경우 신고로 인한 납세의무의 확정력은 없다. 기한 후 신고납부가 있는 경우 지방자치단체장은 「지방세법」에 의하여 그 지방세의 과세표준과 세액을 결정하여야 하며, 납세자는 기한 후 신고납부를 하더라도 수정신고나 경정청구를 할 수 있는 지위에 있는 것도 아니며 단지 무신고 및 무납부 가산세의 부담을 일부 경감시키기 위하여 추가 신고·납부기회를 준 것에 불과하다(조심 2010서714, 2010.7.6. 같은 뜻임). 즉 납부불성실가산세는 자진납부기한의 다음 날부터 실제 납부일까지의 기간에 대하여만 적용하기 때문에 지방자치단체장이 결정하여 고지하기 전에 기한 후 납부를 하는 경우 지방자치단체장의 고지에 의하여 납부하는 것에 비하면 납부불성실가산세가 적게 계산된다.

　한편, 기한 후 신고제도는 2011.1.1. 이후에 최초로 납세의무가 성립되는 지방세부터 적용한다. 2010년까지는 취득세만 기한 후 신고가 가능했으나 신고기한만료일부터 30일을 경과하지 아니한 경우에만 가능하였다는 점에서 차이가 있으며, 신고불성실가산세의 50%를 경감받은 것은 현행과 동일하였다. 2006.12.30. 「국세기본법」 개정[75]으로 2007.1.1. 이후 최초로 법정신고기한이 도래하는 분부터는 환급받을 세액이 있는 자도 기한 후 신고 제도를 이용하여 과다납부된 세액을 환급받을 수 있도록 하였으며, 이는 종전에 세무서장이 환급을 결정하여 주기 전에는 납세자가 환급을 요구할 법적 근거가 전혀 없었던 점에 비추어 보면 획기적인 변화라고 할 수 있다.

(2) 기한 후 신고의 요건

① 법정신고기한 내에 과세표준 신고를 하지 아니한 자이어야 한다.
② 해당 지방세의 과세표준과 세액(가산세 포함)을 과세관청이 결정하여 통지하기 전까지 신고할 수 있다.
③ 기한 후 과세표준 신고서의 제출하여 납부하여야 할 세액이 있는 자는 세액을 납부하여야 한다.

---

75) 2006.12.30. 「국세기본법」 개정 이유 및 주요 내용
　다. 기한 후 신고 대상자의 범위 확대(국기법 §45-3)
　환급받을 세액이 있는 자의 경우에도 기한 후 신고 제도를 이용하여 세액을 환급받을 수 있도록 기한 후 신고 대상자의 범위를 확대함.

(3) 기한 후 신고와 가산세 감면

① 2020년 이후 기한 후 신고분

구분	감면율	비고
법정신고기한이 지난 후 1개월 이내	50%	무신고가산세만
법정신고기한이 지난 후 1개월 경과 3개월 이내	30%	무신고가산세만
법정신고기한이 지난 후 3개월 경과 6개월 이내	20%	무신고가산세만

☞ 납부불성실가산세는 감면이 되지 아니함.

② 2019년 이전 기한 후 신고분[2020년 이후 다시 한 기한 후 신고분 포함(부칙 §14)]

구분	감면율	비고
법정신고기한이 지난 후 1개월 이내	50%	무신고가산세만
법정신고기한이 지난 후 1개월 경과 6개월 이내	20%	무신고가산세만(2017.3.28. 이후 기한 후 신고분부터 적용)

☞ 기한 후 신고만 한 경우 감면됨(2015.12.31. 이전 기한 후 신고분은 기한 후 신고세액과 가산세를 납부하지 아니한 경우 가산세 감면 배제).

☞ 납부불성실가산세는 감면이 되지 아니함.

㉠ 2016.1.1. 이후 기한 후 신고분

기한 후 신고만 하고 납부하지 아니한 경우 가산세 감면을 받을 수 있다(지기법 §52 ② 참조, 구 지기법 §54 ③ 삭제).

㉡ 2013.1.1.~2015.12.31. 기한 후 신고분

기한 후 신고와 동시에 납부(가산세 포함)를 하여야만 가산세 감면을 받을 수 있다(지기법 §54 ③).

㉢ 2011.1.1. 이후 납세의무성립분 중 2012.12.31. 이전 기한 후 신고분

기한 후 신고는 국세는 신고납부를 하여야만 가산세 감면을 하였으나, 지방세에서는 국세와 달리 기한 후 신고의 경우 신고만 하고 납부를 하지 않아도 가산세 감면을 적용하여 해석할 수 있었다.[76] 그런데 심판례에서는 납부를 하지 아니할 경우 가산세 감면규정이 배제되는 것으로 해석하고 있다는 점에 유의하여야 한다.

---

76) 「국세기본법」 제48조(가산세의 감면 등) 제2항 제2호에 의하면 "기한 후 신고납부한 경우"에 감면하는 것으로 규정되어 있어서 국세의 경우에는 기한 후 신고는 신고하고 납부하여야만 가산세 감면을 받을 수 있는 것이다. 그런데 「지방세기본법」에서는 제54조(가산세의 감면 등) 제2항에서 기한 후 신고는 "기한 후 신고를 한 경우"라고 표현되어 있는바, 국세와 달리 판단할 수 있었다는 것인데, 2013년~2015년에는 감면이 불가한 것으로 규정하고 있다.

기한 후 신고만 하고 납부 않은 경우 가산세 감면 배제(조심 2013지22, 2013.2.14.)

'신고불성실 가산세 50%의 감면대상이 되는 기한 후 신고를 한 경우'라 함은 법정신고기한이 지난 후 1개월 이내에 기한 후 신고서를 제출하고 그 세액을 납부한 경우라고 보는 것이 타당하므로 청구인들은 신고불성실가산세 50% 감면대상에 해당되지 아니함.

☞ 종전규정에 따른 결정례로, 가산세 감면규정에 「국세기본법」은 "기한 후 신고납부한 경우"라 표현되어 있지만 「지방세기본법」 제54조 제2항에서는 "기한 후 신고한 경우"로 표현되어 있는바, 가산세 감면이 되어야 할 것이다. 그리고 상기 심판례에서 「지방세기본법」 제52조 제2항의 규정에 의하면 제1항에 따라 기한 후 신고서를 제출한 자로서 지방세관계법에 따라 납부하여야 할 세액이 있는 자는 기한 후 신고서의 제출과 동시에 그 세액을 납부하여야 한다고 규정하고 있다. 아울러, 같은 조 제3항의 규정에 의하면 제1항에 따라 기한 후 신고서를 제출한 경우(납부할 세액이 있는 경우에는 그 세액을 납부한 경우만 해당한다) 지방자치단체장은 「지방세법」에 따라 신고일부터 3개월 이내에 그 지방세의 과세표준과 세액을 결정하여야 한다고 규정하고 있다는 이유로 납부를 하지 아니할 경우 가산세 감면을 배제하여야 한다라고 결정하고 있는데, 법정신고의 경우에도 취득일로부터 60일 이내(60일 전에 등기 시 등기일) 신고납부하여야 한다라고 규정되어 있지만 신고만 했더라도 법정신고로 보아 신고불성실가산세를 부과하지 아니하는 것과 같은 맥락으로 보아야 한다는 점에서 이 심판례는 문제가 있다고 판단됨.

(4) 기한 후 신고 결정과 불복청구

기한 후 신고서를 제출하거나(2013.1.1.~2015.12.31. 기한 후 신고분은 납부할 세액이 있는 경우 해당 세액을 납부한 경우에 한정함) 기한 후 신고서를 제출한 자가 과세표준 수정신고서를 제출한 경우[2020년 이후 수정신고분부터(부칙 §3)] 지방자치단체장은 「지방세법」에 따라 신고일로부터 3개월 이내에 그 지방세의 과세표준과 세액을 결정 또는 경정(2020년 이후 수정신고분부터)하여 신고인에게 통지하여야 한다(통지의무는 2019년 이후). 조사 등에 장기간이 걸리는 등 부득이한 사유로 신고일부터 3개월 이내에 결정 또는 경정(2020년 이후 수정신고분부터)할 수 없는 경우에는 그 사유를 신고인에게 통지하여야 한다. 기한 후 신고자에 대한 불이익을 방지하기 위한 것으로 결정통지를 하지 아니한다면 불복 등의 조치를 취할 수 없으므로 무작정 기다릴 수도 없는바, 3개월의 결정기한을 정하여 다른 조치를 할 수 있도록 규정한 것이다. 법정신고의 경우에는 경정청구의 제도를 납세자의 권리를 보장받을 수 있으나, 기한 후 신고가 잘못된 경우에는 경정청구의 대상이 아니고 불복 등의 조치를 취하여야 환급 등을 받을 수 있는 것이다.

한편, 대법원은 신고시인통지서(외형상 납세고지서의 형식을 갖추고 있지 않고 그 내용도 자진납부한 세액이 정당하므로 더 이상 고지할 세액이 없다는 통지에 불과함)를 단순한 사실행위로 본다면 납세자가 세액의 위법사유를 다툴 수 있는 아무런 방법이 없다는 점을 고려하여 취소소송의 대상이 된다(대법원 2013두6633, 2014.10.27.)라고 판시하고 있다. 그리고 기한 후 신고납부에 대하여 그 신고일부터 3개월 이내에 그 취득세 등의 과세표준과 세액을 결정하였어야 함에도 신고일부터 3개월이 경과한 심리일 현재까지 결정통지하지 아니한 경우 이는 부작위 처분에 해당하며, 처분청의 부작위로 인하여 권리 또는 이익의 침해를 당하고 있다고 볼 수 있으므로 심판청구는 적법한 청구에 해당된다(조심 2014지1408, 2015.5.18.).

> **사례** 기한 후 신고 결정결과 통지가 없는 경우의 불복청구(조심 2015지738, 2015.7.6.)
>
> 처분청이 2014.9.26. 청구인에게 한 경정청구 거부통지는 경정청구 거부처분에 해당하지 아니한 것으로 보는 것이 타당한 점 등에 비추어 향후 처분청이 청구인의 이 건 부동산의 취득세 등의 기한 후 신고에 따른 결정·통지를 하는 경우 청구인은 결정·통지를 받은 날부터 90일 이내에 심판청구를 제기할 수 있음을 별론으로 하고, 이 건 심판청구는 심판청구의 대상이 되는 처분이 없는 상태에서 제기되어 부적법한 청구에 해당함.

> **사례** 기한 후 신고 결정결과 통지가 처분에 해당함(조심 2011중844, 2011.5.18.).
>
> 청구인의 기한 후 신고에 대하여 결정을 하고, 그 결정결과를 통지한 것이 「국세기본법」 제55조 제1항의 규정에 의한 불복대상이 되는 처분으로 판단됨.
>
> ☞ 환급할 수 없다는 결정통지를 받는 경우 불복대상이 되지만, 결정통지 전에는 경정청구나 불복청구는 원칙적으로 불가능하므로 환급해주지 않는다면 결정 통지를 해 달라고 요청하여야 할 것임.

(5) 기한 후 신고 시 징수권 소멸시효 기산일

기한 후 신고는 납세의무를 확정하는 효력이 없으므로 법정신고기한까지 과세표준 신고서를 제출하지 아니하였으므로 기한 후 신고세액을 무납부 또는 과소납부 시 납세고지서에 의하여 납세의무가 확정됨과 동시에 징수절차가 진행되며 그 납세고지서상 납부기한의 다음 날부터 징수권의 소멸시효가 진행되는 것이다(조심 2013중1055, 2013.4.17. 참조).

④ 가산세 부과(지기법 §52, 구 §53)

지방자치단체장은 「지방세기본법」 또는 지방세관계법에 따른 의무를 위반한 자에게 지방세기본법 또는 지방세관계법에서 정하는 바에 따라 가산세를 본세에 가산하여 부과할 수 있다. 가산세는 해당 의무가 규정된 지방세관계법의 해당 지방세의 세목으로 하는 것이므로 이를 본세와 구분하여 가산세라고 할 뿐이다. 한편, 지방세를 감면하는 경우에 가산세는 그 감면대상에 포함시키지 아니한다. 세법상 가산세는 과세권의 행사 및 조세채권의 실현을 용이하게 하기 위하여 납세자가 정당한 이유없이 법에 규정된 신고·납부의무 등을 위반한 경우에 법이 정하는 바에 의하여 부과하는 행정상의 제재로서 납세자의 고의·과실은 고려되지 아니하는 것이며, 법령의 부지는 그 정당한 사유에 해당한다고 볼 수 없다(대법원 93누20467, 1994.8.26.).

(1) 무신고가산세[77](지기법 §53, 구 §53 - 2)

납세의무자가 법정신고기한까지 과세표준 신고를 하지 아니한 경우에 부과하는 가산세이다. 2016.1.1. 이후 가산세를 가산할 지방세의 납세의무성립분[78]부터 신고로 납부하여야 할 세액[「지

---

77) 무신고가산세와 과소·초과환급신고가산세를 구분 각각 20%, 10%, 부정행위의 경우 둘 다 40%를 적용하는 것으로 하여 2013.1.1. 이후 가산세를 가산할 지방세의 납세의무가 성립하는 분부터 적용하고 있으나, 2012.12.31. 이전에는 신고불성실가산세 20%로 단일화되어 있었다.

방세기본법」및 지방세관계법에 따른 가산세와 가산하여 납부하여야 할 이자상당액(2020년 이전은 이자 상당 가산액)이 있는 경우 그 금액은 제외하며, "무신고 납부세액"]을 기준으로 무신고가산세를 부과한다. 2014.1.1.~2015.12.31. 가산세를 가산할 지방세의 납세의무성립분은 「지방세법」에 따라 산출한 세액("산출세액")을 기준으로 무신고가산세를 부과하였는데, 2012.12.31. 이전 가산세를 가산할 지방세의 납세의무성립분은 '해당 산출세액'으로 되어 있어서 「지방세법」에 의한 산출세액으로 이와 동일한 것으로 해석하여야 할 것이다.

한편, 2013년 가산세를 가산할 지방세의 납세의무성립분은 지방세관계법에 따라 산출된 세액으로 되어 있었다. 이는 「지방세기본법」 제53조 제3항에서는 지방세를 감면하는 경우에도 가산세는 그 감면대상에서 제외하는 것으로 규정하고 있으나, 같은 법 제53조의 2 제1항에서는 지방세관계법에 따라 산출한 세액에 가산세를 과세하도록 규정하고 있으므로, 「지방세특례제한법」의 면제규정에 따라 산출세액이 0이 되는 경우, 가산세를 부과할 수 없는 문제가 발생하여 납세자의 성실신고 유도 등을 위해 산출세액의 산출기준을 "지방세관계법"에서 "「지방세법」"으로 변경하였다. 즉 가산세의 산출기준을 지방세관계법 중 「지방세특례제한법」에 따라 감면이나 면제가 적용된 후의 세액에서 감면이나 면제가 이루어지기 전인 「지방세법」에 따라 산출한 세액으로 변경하였다. 이에 따른 무신고가산세와 과소신고가산세 규정을 보완하는 한편, 취약계층 등에 대한 무신고가산세 적용은 배제하도록 하였다. 이에 대하여 심판례(조심 2014지2136, 2015.1.15., 조심 2013지740, 2014.3.10.)에서는 상기의 이유로 무신고가산세를 부과할 수 없다라고 결정한바 있지만, 감사원 심사례(감심 2015-138, 2015.5.7.)에서 가산세는 취득세 감면·면제 여부와 무관하게 산정한다는 의미로 해석되므로 무신고가산세액도 감면규정이 적용되기 전의 산출세액을 기준으로 산정하는 것이 타당하며, 이러한 입법예고 및 개정 취지가 대외적 구속력이 있다고 볼 수 없다는 점 등을 들어 무신고가산세를 부과하는 것이 타당하다라고 결정하였다.

참고로, 국세는 2015.7.1. 이후(2015.1.1. 이후 개시 과세기간)부터는 납부하여야 할 세액(가산세와 세법에 따라 가산하여 납부하여야 할 이자상당액 제외)을 기준으로 무신고가산세와 과소신고 가산세를 부과하는 것으로 개정한 바 있다.

1) 무신고가산세를 부과하지 아니하는 경우(2014.1.1.~2015.12.31. 가산세를 가산할 지방세의 납세의무성립분만 적용)

① 등록면허세 면제

㉠ 자경농민의 점용허가에 대한 등록면허세 면제(지특법 §6 ③)

㉡ 어업권에 관한 면허 중 설정을 제외한 등록에 해당하는 면허로 새로 면허를 받거나 그 면허를 변경하는 경우 등록면허세 면제(지특법 §9 ③)

㉢ 사회복지법인 등의 사업에 직접 사용하기 위한 면허에 대한 등록면허세 면제(지특법 §22 ③ 본문)

---

78) '가산세를 가산할 지방세 납세의무성립분'의 의미는 취득세의 경우 납세의무성립분, 즉 취득하는 분을 말함 (조심 2016지34, 2016.11.30.).

ㄹ 국가유공자 관련 단체의 고유사업에 직접 사용하기 위한 면허에 대한 등록면허세 면제(지특법 §29 ② 2 나)

ㅁ 학교 및 외국교육기관의 사업에 직접 사용하기 위한 면허에 대한 등록면허세 면제(지특법 §41 ③ 본문)

ㅂ 평생교육단체 등의 사업에 직접 사용하기 위한 면허에 대한 등록면허세 면제(지특법 §43 ③ 본문)

ㅅ 종교 및 제사 단체의 사업에 직접 사용하기 위한 면허에 대한 등록면허세 면제(지특법 §50 ③ 본문)

ㅇ 광업권 설정·변경·이전, 그 밖의 등록에 대한 면허를 새로 받거나 변경받는 경우 등록면허세 면제(지특법 §62 ①)

ㅈ 정당의 사업에 직접 사용하기 위한 면허에 대한 등록면허세 면제(지특법 §89 ③ 본문)

ㅊ 천재지변, 소실, 도괴, 그 밖의 불가항력으로 멸실 또는 파손된 건축물·선박·자동차·기계장비의 말소등기 또는 말소등록과 멸실 또는 파손된 건축물을 복구하기 위하여 그 멸실일 또는 파손일부터 2년 이내에 신축 또는 개축을 위한 건축허가 면허에 대한 등록면허세 면제(지특법 §92 ②)

② 취득세 면제

ㄱ 농기계류에 대한 취득세 면제(지특법 §7 ①)

ㄴ 농업용수의 공급을 위한 관정시설에 대한 취득세 면제(지특법 §7 ②)

ㄷ 20톤 미만 소형어선[79]에 대한 취득세 면제(지특법 §9 ②)

ㄹ 출원에 의한 어업권에 대한 취득세 면제(지특법 §7 ③)

2) 「지방세법」상 세율특례 적용 시 무신고가산세 산정방법

무신고가산세 적용되는 산출세액의 범위를 판단하여 보면 합병의 경우 「지방세법」 제15조의 세율특례도 세율의 경감이라 볼 수 있는지는 명확하지 않다. 문제는 「지방세법」 제15조의 세율특례도 지방세 특례로 본다면 중복감면 배제 규정이 적용되는 것으로 오해할 소지가 충분히 있다고 보여지는바(합병 시 구 취득세분은 「지방세법」 제15조에 의해 비과세, 구 「조세특례제한법」 제120조 소비성서비스업을 제외한 1년 이상인 법인간의 합병 시 구 등록세분 면제되는데 중복감면으로 보지 않고 있으므로 중복감면이라는 오해소지)에 혼란을 줄 수 있다는 것이다.[80] 그렇다면

---

79) 「선박법」 제1조의 2【정의】
  ② 이 법에서 "소형선박"이란 다음 각 호의 어느 하나에 해당하는 선박을 말한다.
  1. 총톤수 20톤 미만인 기선 및 범선
  2. 총톤수 100톤 미만인 부선

80) 「지방세특례제한법」 제180조(종전 제96조) 중복감면의 배제규정에 "이 법에서 …"라는 문구가 없어서 「지방세특례제한법」에만 적용되는 것인지 명확하지 않지만, 구 「조세특례제한법」 제120조의 창업중소기업 감면과 「지방세특례제한법」 제78조 산업단지 감면규정이 중복 적용이 되지 아니하고 있는바, 「지방세특례제한법」만 한정해서는 안 될 것이다.

「지방세법」의 제15조의 세율특례는 특례라기보다는 구 등록세분 과세하지 않기 위한 것이나 구 취득세분이 비과세되는 것을 그대로 유지하기 위하여 세율을 별도로 구분하기 위한 것으로 판단되므로 이는 「지방세특례제한법」 상의 세율특례 즉 감면으로 볼 수 없다는 것으로 해석하여야 할 것이다.

「지방세법」 제15조의 세율특례를 감면으로 본다면 감면신청서를 작성하여 감면을 받아야 하는데, 합병으로 인한 구 취득세분은 종전에는 비과세하는 것으로 규정하고 있었는바, 이를 해결하기 위하여 구 등록세분만 과세하는 것으로 세율을 별도로 적용한 것이다. 이는 결국 세율특례 즉 감면으로 보지 말고 세율적용이라고 보아야 한다는 점에서 합병으로 인한 취득세의 세율은 결국 1.5%(3.5%-2%)라고 보아야 한다는 것이다. 한편, 구 「조세특례제한법」 제120조에 의하여 구 등록세분도 소비성서비스업을 제외하고 사업영위기간이 1년 이상인 법인간의 합병 시에는 구 등록세분은 면제가 되는 것이다. 따라서 감면신청서에도 1.5%를 감면하는 것으로 작성될 것이다. 그렇다면 기한 후 신고를 한 경우에는 무신고가산세는 1.5%의 세율을 적용한 취득세만 감면이 되는 것으로 하여 가산세를 부과하여야 할 것이다[법정신고기한으로부터 1개월 이내 기한 후 신고납부(가산세 포함) 시 무신고가산세는 50% 감면됨]. 그리고 과세표준은 법인장부가액이 아닌 시가표준액이 된다.

3) 일반 무신고가산세

> ❑ **법정신고기한까지 신고하지 아니한 경우**
> 무신고납부세액(2015년 이전 산출세액) × 20%

4) 부정행위 무신고가산세

> ❑ **사기나 그 밖의 부정행위로 법정신고기한까지 산출세액을 신고하지 아니한 경우**
> 무신고납부세액(2015년 이전 산출세액) × 40%
>
> ☛ 사기나 그 밖의 부정행위 - 부과제척기간편 참조

사례 '부당한 방법으로 한 과세표준의 과소신고'의 의미(대법원 2013두12362, 2013.11.28.)

'부당한 방법으로 한 과세표준의 과소신고'란 국세에 관한 과세요건 사실의 발견을 곤란하게 하거나 허위의 사실을 작출하는 등의 부정한 적극적인 행위에 의하여 과세표준을 과소신고하는 경우로서 그 과소신고가 누진세율의 회피, 이월결손금 규정의 적용 등과 같은 조세포탈의 목적에서 비롯된 것을 의미한다고 보아야 할 것임. 2007사업연도 및 2008사업연도에 익금을 과소계상한 행위는 2000사업연도 내지 2002사업연도에 작업진행률을 조작하여 익금을 과다계상한 결과로 행해진 것으로서 새롭게 부정한 적극적인 행위가 있다고 하기 어려울 뿐 아니라 그 행위가 조세포탈의 목적에서 비롯된 것으로 단정하기도 어려워 보이므로, 이는 일반 과소신고에 해당할 뿐 '부당한 방법'으로 과세표준을 과소신고한 경우에 해당한다고 할 수 없음.

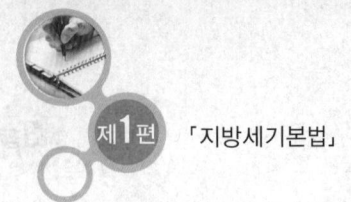

(2) 과소·초과환급신고가산세(지기법 §54, 구 §53-3)

납세의무자가 법정신고기한까지 지방세관계법에 따라 과세표준을 신고한 경우로서 신고하여야 할 납부세액보다 적게 신고("과소신고")하거나 지방소득세 과세표준 신고를 하면서 환급받을 세액을 신고하여야 할 금액보다 많이 신고("초과환급신고")한 경우에 과소신고한 납부세액과 초과환급신고한 환급세액을 합한 금액[가산세와 가산하여 납부하여야 할 이자상당액(2020년 이전은 이자 상당 가산액)이 있는 경우 그 금액은 제외하며, "과소신고 납부세액등"]에 부과하는 가산세이다. 2014.1.1.~2015.12.31. 가산세를 가산할 지방세의 납세의무성립분은 「지방세법」에 따라 산출한 세액을 기준으로 과소신고가산세를 부과하였다.

한편, 다음의 경우 과소신고·초과환급가산세를 부과하지 아니한다.

① 신고 당시 소유권에 대한 소송으로 상속재산으로 확정되지 아니하여 과소신고한 경우(2017.3.28. 이후부터 적용)

② 「법인세법」 제66조에 따라 법인세 과세표준 및 세액의 결정·경정으로 「상속세 및 증여세법」 제45조의 3부터 제45조의 5까지의 규정에 따른 증여의제 이익이 변경되는 경우(부정행위로 인하여 법인세의 과세표준 및 세액을 결정·경정하는 경우 제외)에 해당하여 「소득세법」 제88조 제2호에 따른 주식등의 취득가액이 감소됨에 따라 양도소득에 대한 지방소득세 과세표준을 과소신고한 경우(2018.1.1. 이후 양도소득에 대한 지방소득세 과세표준을 수정신고하거나 결정 또는 경정하는 경우부터 적용)

1) 일반 과소·초과환급신고가산세

□ 법정신고기한까지 과소·초과환급신고한 경우

과소신고납부세액 × 10%

2) 부정행위 과소·초과환급신고가산세

□ 사기나 그 밖의 부정행위로 법정신고기한까지 산출세액을 과소·초과환급신고한 경우

과소신고납부세액 × 40%

☞ 사기나 그 밖의 부정행위 – 부과제척기간편 참조

☞ 부정과소신고납부세액등과 일반과소신고납부세액등을 구분하기 곤란한 경우 부정과소신고납부세액등은 다음 계산식에 따라 계산한 금액으로 함.

$$\text{과소신고납부세액등} \times \frac{\text{부정과소·초과환급신고분 과세표준}}{\text{과소·초과환급신고분 과세표준}}$$

(3) 납부지연가산세(2023.12.31. 이전 납세의무성립분은 납부·환급불성실 가산세) (지기법 §55, 구 §53 – 4)

납세의무자(2024.1.1. 이후 납세의무성립분부터 연대납세의무자, 제2차 납세의무자 및 보증인을 포함)가 지방세관계법에 따른 납부기한까지 지방세를 납부하지 아니하거나 납부하여야 할 세액보다 적게 납부("과소납부")하거나 환급받아야 할 세액보다 많이 환급("초과환급")받은 경우에는 다음의 계산식에 따라 산출한 금액을 가산세로 부과한다. 하기 1)의 납부지연가산세(2023.12.31. 이전 납세의무성립분은 2015.5.18. 이후 최초로 해당 납부불성실가산세)를 부과하는 분부터 납부지연가산세(2023.12.31. 이전 납세의무성립분은 납부불성실가산세) 부과는 미납부, 과소납부분 또는 초과환급분 세액의 75%를 한도로 하며, 2024.1.1. 이후 납세의무성립분부터 하기 3)의 납부지연가산세를 부과하는 기간은 60개월(1개월 미만은 없는 것으로 봄)을 초과할 수 없다.

한편, 지방소득세를 과세기간을 잘못 적용하여 신고납부한 경우에는 상기를 적용할 때 실제 신고납부한 날에 실제 신고납부한 금액의 범위에서 당초 신고납부하였어야 할 과세기간에 대한 지방소득세를 신고납부한 것으로 본다. 다만, 해당 지방소득세의 신고가 부정행위로 무신고한 경우 또는 부정행위로 과소신고·초과환급신고한 경우에는 그러하지 아니하다(2019년 이후 개시하는 과세기간분 또는 사업연도분부터 적용).

한편, 「법인세법」 제66조에 따라 법인세 과세표준 및 세액의 결정·경정으로 「상속세 및 증여세법」 제45조의 3부터 제45조의 5까지의 규정에 따른 증여의제이익이 변경되는 경우(부정행위로 인하여 법인세의 과세표준 및 세액을 결정·경정하는 경우 제외)에 해당하여 「소득세법」 제88조 제2호에 따른 주식등의 취득가액이 감소됨에 따라 양도소득에 대한 지방소득세를 과소납부하거나 초과환급받은 경우에는 하기 1)의 가산세를 적용하지 아니한다(2018.1.1. 이후 양도소득에 대한 지방소득세 과세표준을 수정신고하거나 결정 또는 경정하는 경우부터 적용).

구 「국세기본법」에 제47조의 5 제1항의 납부불성실가산세를 계산함에 있어 해당 가산세 대상 세액(납부하지 아니한 세액 또는 부족한 세액)에는 「소득세법」 제81조 제4항(지급조서 미제출가산세, 증빙불비가산세 등)에 따른 가산세가 포함되지 않는 것이다(징세-685, 2012.6.22.)라고 해석하고 있고, 가산세에 가산세를 부과함에 문제가 있으므로 지방소득세의 지출증빙서류 미수취가산세 등에 납부지연가산세(2023.12.31. 이전 납세의무성립분은 납부불성실가산세)를 부과하지 아니하는 것으로 판단된다.

1) 과세표준과 세액을 지방자치단체에 신고납부하는 지방세의 법정납부기한까지 납부하지 아니한 세액 또는 과소납부·초과환급분 세액의 납부지연가산세

법정납부기한까지 납부하지 아니한 세액 또는 과소납부·초과환급분 세액 × 지연일수 × 2.2[주] (2019.1.1.~2022.6.6.은 2.5, 2018년 이전 3)/10,000

☞ 지연일수 : 법정납부기한 또는 환급받은 날의 다음 날부터 자진납부일 또는 납세고지일까지의 일수

☞ 과소납부·초과환급분 세액에는 지방세관계법에 따라 가산하여 납부하여야 할 이자상당액(2023.12.31. 이전 납

세의무성립분은 이자 상당 가산액)이 있는 경우 그 금액을 더함(2019년 이후).

☞ ㈜ 2019.1.1.~2022.6.6.까지 기간분은 개정규정에도 불구하고 종전의 규정(2.5)에 따르며, 2018.12.31. 이전 부과해야 하는 사유가 발생한 경우에는 개정규정에도 불구하고 종전의 규정(3)에 따름.

2) 납세고지서에 따른 납부기한까지 납부하지 아니한 세액 또는 과소납부분 세액의 납부지연가산세

납세의무자가 지방자치단체 또는 지방자치단체조합인 경우 이 가산세가 적용되지 아니한다.

납부기한까지 납부하지 아니한 세액 또는 과소납부분 세액 × 3/100

☞ 과소납부분 세액에는 지방세관계법에 따라 가산하여 납부하여야 할 이자상당액이 있는 경우 그 금액을 더함.

3) 납세고지서에 따른 납부기한이 지난 후의 납부지연가산세

다음 계산식에 따라 납세고지서에 따른 납부기한이 지난 날부터 1개월이 지날 때마다 계산한 금액[단, 납세고지서별·세목별 세액이 45만 원(2023.12.31. 이전은 30만 원) 미만인 경우 이 가산세가 적용되지 아니하며, 납세의무자가 지방자치단체 또는 지방자치단체조합인 경우 이 가산세가 적용되지 아니함]

납부하지 아니한 세액 또는 과소납부분 세액 × 6.6(2023년 이전은 7.5)/100,000

☞ 과소납부분 세액에는 지방세관계법에 따라 가산하여 납부하여야 할 이자상당액이 있는 경우 그 금액을 더함.

(4) 특별징수 납부지연가산세(2023.12.31. 이전 납세의무성립분은 납부 등 불성실가산세)(지기법 §56, 구 §53-5)

MIN〔미납부세액 또는 과소납부세액의 50%, 1)+2)+3)〕

1) 특별징수의무자가 징수하여야 할 세액을 법정납부기한까지 납부하지 아니한 세액 또는 과소납부분 세액의 납부지연가산세

MIN(미납부세액 또는 과소납부세액의 10%, ①+②)

① 납부하지 아니한 세액 또는 과소납부분 세액의 3%(2015.1.1. 이전 가산세를 가산할 지방세의 납세의무성립분은 5%)에 상당하는 금액

② 다음의 계산식에 따라 산출한 금액

납부하지 아니한 세액 또는 과소납부분 세액 × 지연일수 × 2.2㈜(2019.1.1.~2022.6.6.은 2.5, 2018년 이전 3)/10,000

☞ 지연일수 : 법정납부기한의 다음 날부터 자진납부일 또는 납세고지일까지의 기간
☞ ㈜ 2019.1.1.~2022.6.6.까지 기간분은 개정규정에도 불구하고 종전의 규정(2.5)에 따르며, 2018.12.31. 이전 부과해야 하는 사유가 발생한 경우에는 개정규정에도 불구하고 종전의 규정(3)에 따름.

2) 납세고지서에 따른 납부기한까지 납부하지 아니한 세액 또는 과소납부분 세액의 납부지연가산세

납세의무자가 지방자치단체 또는 지방자치단체조합인 경우 이 가산세가 적용되지 아니한다.

납부기한까지 납부하지 아니한 세액 또는 과소납부분 세액 × 3/100

3) 납세고지서에 따른 납부기한 경과에 따른 납부지연가산세(2025년 이후 특별징수 납부지연가산세를 부과하는 경우부터 적용)

납세고지서에 따른 납부기한까지 납부하지 아니한 세액 또는 과소납부분 세액(가산세 제외) × 6.6/100,000

4) 납세고지서에 따른 납부기한이 지난 후의 납부지연가산세

다음 계산식에 따라 납세고지서에 따른 납부기한이 지난 날부터 1개월이 지날 때마다 계산한 금액[단, 납세고지서별·세목별 세액이 45만 원(2023.12.31. 이전은 30만 원) 미만인 경우 이 가산세가 적용되지 아니함]. 이 경우 가산세를 부과하는 기간은 60개월(1개월 미만은 없는 것으로 봄)을 초과할 수 없다.

납부하지 아니한 세액 또는 과소납부분 세액(가산세 제외) × 6.6(2023년 이전은 7.5)/100,000

(5) 비과세·감면세액 미신고 또는 과소신고 시 가산세 부과

1) 비과세

지방세 비과세 대상자의 경우 산출세액이 없는 것이므로 신고불성실 가산세를 부과할 수 없을 것이다. 비과세인 경우에는 산출세액 자체가 없는 것이고, 납부할 세액도 없는 것이므로 신고불

성실(무신고가산세), 납부불성실 가산세는 부과되지 아니한다.

한편, 지방세관계법 조문상 "비과세한다"라는 표현과 "면제한다"라는 표현이 있는데, 둘 다 납부할 세액이 없는 것인데 전자만 비과세로 보아야 할 것이고, 후자는 감면으로 보아야 할 것이다.

2) 감면

납세의무자가 법정신고기한까지 과세표준 신고를 하지 아니한 경우에 부과하는 가산세이다. 2016.1.1. 이후 가산세를 가산할 지방세의 납세의무성립분부터 신고로 납부하여야 할 세액(「지방세기본법」 및 지방세관계법에 따른 가산세와 가산하여 납부하여야 할 이자상당액이 있는 경우 그 금액은 제외하며, "납부세액")을 기준으로 무신고가산세를 부과한다. 2014.1.1.~2015.12.31. 가산세를 가산할 지방세의 납세의무성립분은 「지방세법」에 따라 산출한 세액("산출세액")을 기준으로 무신고 가산세를 부과하였는데, 2012.12.31. 이전 가산세를 가산할 지방세의 납세의무성립분은 '해당 산출세액'으로 되어 있어서 「지방세법」에 의한 산출세액으로 이와 동일한 것으로 해석하여야 할 것이다.

① 2012.12.31. 이전 가산세를 가산할 지방세 납세의무성립분

100% 감면의 경우 산출세액이 있으나 감면으로 인한 납부할 세액이 없는 것이므로 법조문상 산출세액 기준으로 신고불성실가산세를 부과하는 것으로 되어 있으므로 신고불성실 가산세를 부과하여야 한다. 유권해석에 따르면 감면으로 인하여 납부할 세액이 없다 하더라도 산출세액이 있는 경우 산출세액 기준으로 신고불성실가산세를 부과하는 것으로 규정하고 있다. 또한 산출세액을 미달하여 신고함으로써 과소신고분 세액이 발생된 경우 과소신고분 세액에 대하여 신고불성실가산세는 부과될 것이며, 납부도 지연된 것이므로 납부기한 다음 날부터 납부불성실가산세가 부과된다. 이에 대하여 납부할 세액과 무관하게 산출세액만 정확히 신고된 경우 신고불성실가산세를 부과하지 아니하는 국세와 달리 납부할 세액이 산출세액에 미달한다고 하여 가산세를 적용하는 것에 대하여 조세저항이 거셀 것으로 판단되어 불복을 제기할 가능성이 매우 높다.

한편, 2010.12.31. 이전 가산세 규정인 구 「지방세법」 제121조에 의하면 신고세액(납부할 세액으로 판단됨[81])이 산출세액 미달하는 경우 신고불성실 가산세를 부과하도록 되어 있다는 점에서 산출세액이 아닌 납부할 세액을 기준으로 신고불성실가산세 부과대상 여부를 판단하고 있는데, 이는 "신고세액이 산출세액 미달하는 경우"로 규정되어 있어서 납부할 세액이 아닌 산출세액을

---

81) 토지 취득에 따른 취득세 등의 납세의무가 당연히 성립함에도 이를 납부하지 아니하고 지방세비과세 신청서를 처분청에 제출하였고, 처분청은 사실관계를 오인하고 착오에 의하여 이 건 토지에 대한 취득세 등을 비과세하였다고 하더라도 「지방세법」 제121조 제1항 제1호 및 같은 법 제151조 제1호에서 신고불성실가산세는 신고하지 아니하였거나 신고한 세액이 산출세액에 미달하는 때에 징수한다고 규정하고 있으며, 여기서 신고한 세액이라 함은 납세자가 납부하여야 할 세액을 신고한 세액이라고 보아야 하고, 산출세액은 납세자가 납부하여야 할 정당세액으로 각각 보아야 하는 것이어서, 청구인의 경우 납부세액이 없는 것으로 신고하였으므로 산출세액에 미달하는 그 세액에 대하여는 신고불성실가산세 납부의무가 있는 것이고, 또한 이 건 토지의 취득과 관련하여 취득세 등에 대하여 납부한 세액도 없으므로 납부불성실가산세 납부의무가 있는 것임 (조심 2008지492, 2008.11.28.).

기준으로 가산세를 부과하여야 한다는 점에서 문제가 있다. 그런데 실무적으로 납부할 세액을 기준으로 신고불성실가산세를 부과하여 왔다는 점에서 100% 감면 시에는 신고를 하지 아니하더라도 신고불성실가산세가 없는 것으로, 일부 감면인 경우 당초 신고는 신고납부기한 이내에 제대로 하여 산출세액은 신고하였으나, 감면 적용 잘못으로 인하여 납부할 세액이 발생한 경우 신고불성실 가산세를 부과한다는 이상한 가산세 제도로 변질된 것이다. 법조문상으로는 산출세액에 미달하는 경우 등으로 규정되어 있는 바, 납부할 세액 기준이 아니라 산출세액 기준으로 신고불성실 가산세를 부과하여야 할 것이다. 이와 관련한 대법원판례도 동일하게 해석하고 있다. 즉 구 「지방세법」(2010.3.31. 법률 제10221호로 전부 개정되기 전의 것, 이하 같다) 제120조 제1항, 제121조 제1항 제1호, 제150조의 2 제1항, 제151조 제1호의 문언과 체계, 특히 구 「지방세법」 제121조 제1항 본문은 취득세 신고불성실 가산세의 산정기초가 되는 '산출세액'을 '제111조 및 제112조의 규정에 의하여 산출한 세액'으로, 제151조 본문은 등록세 신고불성실 가산세의 산정기초가 되는 '산출세액'을 '제130조 내지 제143조, 제145조 및 제146조의 규정에 의하여 산출한 세액'으로 정하고 있을 뿐 구 「지방세법」 상 제261조 이하에서 별도로 정하고 있는 감면세액을 고려하도록 정하고 있지 아니한 점, 그리고 납부불성실 가산세는 원칙적으로 납세의무자가 최종적으로 납부하여야 할 세액의 납부의무를 이행하지 아니한 것에 대한 제재인 데 비하여 신고불성실 가산세는 납세의무자가 과세표준이나 산출세액 등의 신고의무를 이행하지 아니한 것에 대한 제재로서 입법정책에 따라 세목별로 신고의무의 대상과 신고불성실 가산세의 산정기초를 다양하게 정하고 있는 것으로 보이는 점 등을 종합하여 보면, 취득세와 등록세의 납세의무자가 각 과세표준에 세율을 곱한 '산출세액'을 정당하게 신고한 이상 감면세액에 관한 판단을 그르쳐 최종적으로 납부하여야 할 세액을 잘못 신고하였다고 하더라도 취득세와 등록세의 각 신고불성실가산세를 부과할 수 없다(대법원 2014두12505, 2015.5.28.).

하여튼 2011.1.1.~2012.12.31. 가산세를 가산할 지방세 납세의무성립분은 가산세 규정인 「지방세법」 제21조와 「지방세기본법」 제53조에 따르면 종전규정과 약간의 차이가 있는바, 즉 "「지방세법」 제190조부터 제15조까지의 규정에 따라 산출한 세액"이라 규정하여 납부할 세액 기준이 아니라 산출세액 기준으로 신고불성실가산세를 부과하여야 할 것이다.

② 2013년 가산세를 가산할 지방세 납세의무성립분

㉠ 무신고가산세

2013.1.1. 이후 가산세를 가산할 지방세 납세의무가 성립하는 분부터는 법조문이 개정되어 국세와 동일하게 산출세액이나 과소신고분 세액 기준으로 무신고 또는 과소신고가산세를 부과하는 것으로 규정되어 있다.

따라서 100% 감면대상인줄 알고 감면신청도 없이 취득세 신고 자체를 하지 아니한 경우에는 감면으로 인하여 신고불성실가산세를 부과하지 아니하였지만, 「지방세기본법」 상으로는 무신고 가산세와 과소신고 가산세를 부과할 수밖에 없을 것이다.

그런데 「지방세법」에 따른 취득세 부과대상이면서 「지방세특례제한법」에 따라 취득세 전액 면제대상인 물건을 취득한 경우 지방세관계법(「지방세법」과 「지방세특례제한법」)에 따른 산출세액은 0원이 되고, 이 경우 「지방세기본법」 제53조의 2 제1항에 따라 동 산출세액의 100분의 20에 상당하는 금액도 0원이 되어 무신고가산세를 부과할 수 없다 할 것이며,[82] 2014년 법 개정 이유에서 취득세 전액 면제대상 물건을 취득하여 법정신고납부 기한 내 취득신고 의무를 다하지 아니하더라도 무신고가산세를 부과할 수 없는 위와 같은 문제점을 인식하여 2014.1.1. 개정된 「지방세기본법」 제53조의 2 제1항에 무신고가산세액 산출의 기준이 되는 산출세액의 정의를 기존 지방세관계법에 따라 산출한 세액에서 「지방세법」에 따라 산출한 세액으로 변경하게 되었다라고 기재되어 있다. 따라서 2013년 납세의무성립분은 무신고하였더라도 100% 감면의 경우 무신고가산세를 부과할 수 없다고 해석할 수 있다. 이에 심판례(조심 2014지2136, 2015.1.15., 조심 2013지740, 2014.3.10.)에서는 상기의 이유로 무신고가산세를 부과할 수 없다라고 결정한바 있다. 그런데 감사원 심사례(감심 2015-138, 2015.5.7.)에서 가산세는 취득세 감면·면제 여부와 무관하게 산정한다는 의미로 해석되므로 이 사건 무신고가산세액도 감면규정이 적용되기 전의 산출세액을 기준으로 산정하는 것이 타당하며, 이러한 입법예고 및 개정 취지가 대외적 구속력이 있다고 볼 수 없다는 점 등을 들어 무신고 가산세를 부과하는 것이 타당하다라고 결정하였다.[83]

---

82) 건축물을 종교용(성당)으로 사용하기 위해 취득한 것으로 「지방세특례제한법」 제50조 제1항에 따른 종교 목적의 단체가 해당 사업에 직접 사용하는 부동산에 해당되는 사실에 대해서는 청구인과 처분청 모두 이견이 없는바, 비록 청구법인이 법정 신고납부기한 내에 취득신고를 하지 아니하였다 하더라도 「지방세법」과 「지방세특례제한법」을 적용하여 산출한 취득세 산출세액은 0원이 되므로 이에 대한 「지방세기본법」 제53조의 2에 따라 동 산출세액에 100분의 20에 상당하는 금액도 0원이 되어 무신고가산세 부과대상이 아닌데도 청구법인이 2013.2.27. 쟁점 건축물을 취득하여 법정신고납부 기한(2013.4.29.)이 지난 후 1개월 내인 2013. 5.20. 무신고가산세 ○○○원을 기한 후 신고납부한 데 대해 처분청이 2014.1.8. 동 기한 후 신고납부가 적정하다는 취지로 결정통지한 처분은 잘못이 있는 것으로 판단됨(조심 2013지740, 2014.3.10.). - 같은 뜻 : 조심 2014지22, 2014.4.29.

83) 감사원 심사례 이유는 다음과 같다.
① 「지방세법」 제20조에서 신고의무를 두고 있는 사유는 과세자료 관리 및 감면·면제의 적정성에 대한 검토 필요성 등을 고려한 것이므로 「지방세특례제한법」에 따라 취득세가 면제되는 경우라도 신고의무까지 면제된다고 볼 수 없어 법령상 신고의무를 이행하지 않은 청구인이 무신고가산세 부과 대상이 된다는 점은 다툼이 없고, ② 구 「지방세기본법」 제52조에서 '가산세는 감면대상에서 제외한다고 규정하고 있고 그 취지는 가산세는 취득세 감면·면제 여부와 무관하게 산정한다는 의미로 해석되므로 이 사건 무신고가산세액도 감면규정이 적용되기 전의 산출세액을 기분으로 산정하는 것이 타당하며, ③ 구 「지방세기본법」 제53조의 제1항에서 '지방세관계법('지방세법」과 「지방세특례제한법」)에 따라 산출한 세액의 20/100'을 무신고가산세액으로 규정하고 있는바, 「지방세특례제한법」에서는 세액의 산출과 관련된 정의나 기준이 규정되어 있지 않은 반면, 「지방세법」 제20조에서는 취득세액 산출기준(과세표준×세율)을 명시하고 있고, 「지방세특례제한법」 제2조에서 용어의 정의는 「지방세법」을 따르도록 규정하고 있는 점. ④ 청구인의 주장대로 산출세액을 감면규정 적용 이후의 금액인 0원으로 해석한다면 취득세 면제대상자는 신고의무를 해태하여도 납부할 무신고가산세액이 없어 사실상 아무런 제재가 없기 때문에 신고의무를 유도하기 위해 무신고가산세를 두고 있는 취지와 맞지 않는 점 등을 종합적으로 고려할 때 구 「지방세기본법」 제53조의 2 제1항에 규정된 산출세액은 「지방세특례제한법」 제41조에 따른 취득세 감면이 적용되기 이전의 산출세액. 즉 「지방세법」 제20조에 따른 산출세액(과세표준×세율)으로 보는 것이 합리적이다.
한편, 「지방세법」 개정을 위한 입법예고(안전행정부 공고 제2013-155호) 중 ''「지방세특례제한법」의 면제규

ⓒ 과소신고 가산세

과세표준을 과소신고한 경우에는 감면 후 세액, 즉 납부할 세액을 기준으로 가산세를 부과하여야 할 것이다.

그런데 과세표준은 제대로 신고하였으나 감면율을 잘못 적용하여 신고한 경우 과소신고 가산세는 부과되지 아니할 것이다. 그 이유는 2013년에는 「지방세기본법」 제53조의 2(무신고 가산세)와 제53조의 3(과소신고 가산세)에서의 산출세액의 의미는 동일하다.[84] 따라서 2013년 세법 규정에서의 무신고가산세의 산출세액 개념에 지방세관계법에 의한 산출세액이므로 「지방세법」, 「지방세특례제한법」에 의하여 산출세액을 제대로 신고되었다면 이를 과소신고로 볼 수 없다. 그 이유는 감면 전의 산출세액, 즉 「지방세법」에 의하여 산출세액이 제대로 신고되었기 때문이다.

③ 2014.1.1. 이후 가산세를 가산할 지방세 납세의무성립분

2014.1.1. 이후 가산세를 가산할 지방세 납세의무성립분부터 「지방세법」에 따라 산출한 세액을 기준으로 부과하는 것으로 개정되었다. 따라서 2014.1.1. 이후 가산세를 가산할 지방세 납세의무성립분부터 가산세의 산출기준을 지방세관계법 중 「지방세특례제한법」에 따라 감면이나 면제가 적용된 후의 세액에서 감면이나 면제가 이루어지기 전인 「지방세법」에 따라 산출한 세액으로 변경하여 100% 감면의 경우에도 무신고가산세를 부과할 수 있게 되었다.[85]

정에 따라 산출세액이 0이 되는 경우, 가산세를 부과할 수 없는 문제'라는 문언과 「지방세기본법」(2014.1.1. 법률 제12152호로 개정된 것) 개정 주요내용 중 '가산세의 산출기준을 지방세관계법 중 「지방세특례제한법」에 따라 감면이나 면제가 적용된 후의 세액에서 감면이나 면제가 이루어지기 전인 「지방세법」에 따라 산출한 세액으로 변경함'이라는 개정 취지 문언을 보면, 취득세가 면제된 경우 산출세액이 0원이 되어 무신고가산세를 부과할 수 없는 것으로 해석될 여지가 있으나, 입법예고 및 개정취지가 대외적 구속력이 있다고 볼 수 없고, 안전행정부가 의견서를 통해 입법예고의 문언이 청구인의 주장과 같은 오해를 불러일으킬 소지가 있으나 해당 문언의 실제 의도는 무신고 가산세액은 감면 전의 산출세액을 바탕으로 산정된다는 점을 명확히 하는데 있었다고 밝히고 있으며, 이러한 안전행정부의 주장이 '2013년 시행 지방세법령 적용요령'[신설된 지방세 감면(비과세는 제외)에 대한 가산세는 효율적인 과세자료 관리를 위하여 가산세 규정을 신설한 것이므로 입법 취지에 맞게 취득세 등 감면대상자라도 신고기간이 경과하거나, 신고하지 아니한 경우 일반 가산세와 동일하게 과세하도록 해석하고 있음]에서 안전행정부의 문서를 통해 뒷받침되며, 법리적 해석에도 부합하는 이상 입법예고의 문언에 다소 미비한 점이 있었다 하더라도 이를 근거로 무신고가산세액을 산정하기 위한 산출세액을 0원으로 보아야 한다는 청구인의 주장은 이유 없다.

84) 「지방세기본법」 제53조의 2 제1항에서 이하 "산출세액"이라고 함으로 규정되어 있기 때문이다.

85) 개정 내용에는 "지방세관계법에 따라 산출한 세액"이 아니라 "「지방세법」에 따라 산출한 세액"으로 개정하는 것으로 되어 있으며, 개정 취지에서 따르면 2013.12.31. 이전 납세의무성립분까지 납부할세액을 산출세액으로 보고 있다는 점에서 법조문 해석상 문제가 될 여지도 있지만 조세심판원에서 무신고가산세를 부과하지 아니하는 것으로 결론을 내리고 있음(조심 2013지740, 2014.3.10. 참조).

(6) 부가(附加)되는 세의 가산세

1) 농어촌특별세

① 2012.1.1. 이후 취득 또는 등기·등록하거나 발매하는 분

「국세기본법」 제47조의 2와 제47조의 3에 따르면 "납세의무자가 법정신고기한까지 세법에 따른 국세의 과세표준 신고(예정신고 및 중간신고를 포함하며, 「교육세법」, 「농어촌특별세법」 및 「종합부동산세법」에 따른 신고 제외)를 …"라고 규정되어 있어서 취득세·등록면허세 또는 레저세를 본세로 하는 농어촌특별세에 대한 무신고가산세와 과소신고 가산세를 적용할 수 없다. 이는 2012.1.1. 이후 최초로 취득 또는 등기·등록하거나 발매하는 분부터 적용한다.

납세의무성립(추징사유발생)이나 신고분부터 적용한다라고 규정되어 있지 않아서 2011.12.31. 이전에 취득 또는 등기·등록한 분에 대하여 2012.1.1. 이후 추징사유가 발생되어 그 사유일로부터 30일 이내 신고납부하지 아니한 경우 무신고 가산세 또는 과소신고 가산세를 부과하여야 하는 것이다.

한편, 무신고 가산세와 과소신고 가산세를 부과하지 아니하지만, 납부불성실가산세는 부과하는 것이다. 그리고 당초에는 과세로 하여 취득세를 신고납부하였으나, 추후 감면임을 알고서 감면신청서를 제출하여 감면을 받은 경우 감면분에 대한 농어촌특별세액을 당초 취득세 납부기한까지 농어촌특별세를 신고·납부하지 아니하였다 하더라도 신고불성실(무신고, 과소신고)가산세가 적용되지 아니할 것이나, 납부불성실가산세는 부과된다.

② 2011.12.31. 이전 취득 또는 등기·등록하거나 발매하는 분

2011.12.31. 이전 취득 또는 등기·등록하거나 발매하는 분은 무신고 가산세와 과소신고 가산세를 부과하였다.

한편, 취득세가 감면으로 인하여 농어촌특별세가 과세되는 경우 「농어촌특별세법」 제7조 제1항에 따르면 농어촌특별세는 당해 본세를 신고·납부(중간예납 제외)하는 때에 그에 대한 농어촌특별세도 함께 신고·납부하여야 하며, 신고·납부할 본세가 없는 경우에는 당해 본세의 신고·납부의 예에 따라 신고·납부하여야 한다라고 규정되어 있다. 따라서 취득세 납부기한 이내에 신고·납부하지 아니하였으므로 가산세를 부과하는 것으로 해석되어 지며, 유권해석에서도 가산세 부과되는 것으로 해석하고 있는 것 같다(세정 13407-1357, 1997.11.23.). 그 이유는 「농어촌특별세법」 제3조 제1호에 의하면 납세의무자가 취득세의 감면을 받는 자라고 규정되어 있어 감면받은 자로 한정하는 것이 아니고 감면받을 자도 포함하는 것으로 해석되어지기 때문이다. 따라서 당초에는 과세로 하여 취득세를 신고·납부하였으나, 추후 감면임을 알고서 감면신청서를 제출하여 감면을 받은 경우 감면분에 대한 농어촌특별세액을 당초 취득세 납부기한까지 농어촌특별세를 신고·납부하지 아니하였다면 가산세를 부과하여야 할 것이다.

> **사례** 무신고에 따른 가산세 부과 정당성 여부(세정 13407-1357, 1997.11.23.)
> 자진납부서를 교부하는 행위는 납세의무자의 편의를 도모하기 위한 단순한 사무적 행위에 불과할 뿐 이를 확인적 부과처분 또는 농어촌특별세를 감면결정한다는 과세관청의 공적인 견해표명이라고

볼 수 없으므로 귀 공단에서 스포츠센터 부지를 1995.10.16. 취득한 날로부터 30일 이내에 농어촌특별세를 신고납부하지 아니하였다면 신고납부하지 아니한 농어촌특별세의 100분의 10에 해당하는 가산세가 가산되어 부과고지되는 것이 타당함.

2) 지방교육세

① 2013.1.1. 이후 지방세 납세의무성립분

지방교육세를 신고하고 납부하여야 하는 자가 신고의무를 다하지 아니한 경우에도 「지방세기본법」 제53조(무신고가산세) 또는 제54조(과소신고 가산세)에 따른 가산세를 부과하지 아니한다(지법 §153 ①).

상기의 농어촌특별세와 마찬가지로 본세의 부가세인 지방교육세도 신고불성실(무신고, 과소신고)가산세가 적용되지 아니할 것이나, 납부불성실가산세는 부과된다.

② 2012.12.31. 이전 지방세 납세의무성립분

지방교육세를 신고하고 납부하여야 할 자가 신고 또는 납부의무를 다하지 아니한 때에는 산출세액 또는 그 부족세액에 신고불성실가산세(산출세액 또는 부족세액 × 10%), 납부불성실가산세를 부과한다.

⑤ 가산세 감면[86](지기법 §57, 구 §54)

(1) 개요

지방자치단체장은 「지방세기본법」 또는 지방세관계법에 따라 가산세를 부과하는 경우 그 부과의 원인이 되는 사유가 기한연장사유에 해당하거나 납세자가 해당 의무를 이행하지 아니한 정당한 사유가 있을 때에는 그 가산세를 부과하지 아니한다.

지방세의 가산세를 면제하고자 하는 경우에는 기한의 연장사유와 동일한 사유 또는 정당한 사유가 있어야 하는 것이므로 그 내용은 다음과 같다.

○ **가산세 면제 사유**
① 납세자가 재해를 입거나 도난을 당한 경우
  이 경우 '재해'란 화약류·가스류 등의 폭발사고, 광해, 교통사고, 건물의 도괴 기타 이에 준하는 물리적인 재해를 말한다. 다만, 조세포탈 목적의 고의적인 행동에 의한 재해는 제외한다(국기통 6-2…1).
② 납세자 또는 그 동거가족이 질병으로 위독하거나 사망하여 상중(喪中)인 경우
  ☞ '상중'이란 상제로 있는 동안, 즉 상(喪)을 당한 날로부터 장례를 치를 때까지의 동안을 말하는 것이며, 여기

---

86) 2011.1.1. 이후 최초로 제34조에 따른 납세의무가 성립하는 지방자치단체의 지방세부터 적용함.

서 '상제'는 부모나 조부모가 세상을 떠나서 거상 중에 있는 사람을 말함.

③ 권한 있는 기관에 장부·서류가 압수되거나 영치된 경우

④ 정전, 프로그램의 오류, 그 밖의 부득이한 사유로 다음 어느 하나에 해당하는 정보처리장치나 시스템을 정상적으로 가동시킬 수 없는 경우

　ⓐ 지방자치단체의 금고가 운영하는 정보처리장치

　ⓑ 「지방회계법 시행령」 제49조 제1항 및 제2항에 따라 지방자치단체 금고업무의 일부를 대행하는 금융회사 등("지방세수납대행기관")이 운영하는 정보처리장치

　ⓒ 「지방회계법 시행령」 제62조에 따른 세입금통합수납처리시스템

⑤ 납세자가 그 사업에 심각한 손해를 입거나 그 사업이 중대한 위기에 처한 경우(납부의 경우에 한정하므로 신고기한 등은 연장되지 아니함)

⑥ ①부터 ③까지의 규정에 준하는 사유가 있는 경우

○ **정당한 사유**(지기예 법57-2)

① 납세자가 수분양자의 지위에서 과세물건을 취득하고 법정신고기한까지 과세표준신고서를 제출하였으나 추후 분양자의 공사비 정산 등으로 인해 수정신고를 하는 경우에는 이에 따른 과소신고 가산세와 납부불성실 가산세를 부과하지 아니함.

② 납부불성실 가산세를 가산하여 납세의 고지를 하였으나 기재사항 누락으로 위법한 부과처분이 되어 당초의 고지를 취소하고 다시 고지를 하는 경우에는 추가로 늘어나는 기간에 대한 납부불성실 가산세는 부과하지 아니함.

가산세의 부과원인이 되는 기한, 즉 세법의 규정에 의한 의무 이행기한 내 「지방세기본법」 제57조에서 규정하는 사유가 발생한 경우 가산세를 감면할 수 있다(지기예 법57-1). 그리고 「지방세기본법」 제7조에 의한 기한연장의 승인이 있는 때에는 그 승인된 기한까지는 「지방세기본법」 제55조 가산세는 부과하지 아니한다(지기예 법57-3).

지방세 가산세의 감면 등을 받으려는 자는 감면 등을 받으려는 가산세와 관계되는 세목 및 부과연도와 가산세의 종류 및 금액 및 해당 의무를 이행할 수 없었던 사유를 기재한 신청서를 지방자치단체장에게 제출하여야 하고, 그 사유를 증명할 수 있는 서류가 있을 때에는 이를 첨부하여야 한다. 또한 지방자치단체장은 「지방세기본법」 제57조에 따라 가산세의 감면 등을 하였을 때에는 지체 없이 그 뜻을 문서로 해당 납세자에게 통지하여야 하며, 가산세 감면신청이 있는 것에 대해서는 그 승인 여부를 신청일부터 5일 이내에 통지하여야 한다.

한편, 「지방세기본법」 제57조 제1항에 규정하는 사유가 집단적으로 발생한 경우에는 납세자의 신청이 없는 경우에도 지방자치단체장이 조사하여 직권으로 가산세를 감면할 수 있다(지기예 법57-5).

사례 담당공무원 적극 개입으로 잘못 신고납부 시(대법원 2016두36529, 2016.6.23.)

개정된 구 「지방세법이 시행된 초기인 당시로서는 피고도 개정으로 인한 법령 적용에 혼란을 겪고 있었던 것으로 보이고, 더구나 원고로서는 피고가 공식적으로 세목 및 세액을 특정하여 발부한 납부서 및 납세고지서에 대하여 그것이 관계 법령에 명백히 어긋나는 것이라고는 판단하기 어려웠을

것으로 보임. 원고가 위 납부서 및 납세고지서상의 세목 및 세액을 신뢰한 데 대하여 원고에게 그 책임을 돌리는 것은 옳지 않음.

사례 납세의무자의 사업이 중대한 위기에 처하면 상황에 따라서는 주민세 등 지방세의 신고의무조차 이행할 수 없는 경우도 있을 수 있는 점 등을 고려하면, 구 「지방세법 시행령」 제11조 제1항 제4호의 사유가 원천적으로 신고불성실가산세에는 적용될 수 없음(대법원 2012두10987, 2012.9.27.).

사례 신의성실 원칙과 가산세 부과 관계(조심 2010서3577, 2013.5.20.)

구 재정경제부의 「조세특례제한법」 제7조의 개정요강 등의 보도자료 내용과 자체 발간한 "2002년 간추린 개정세법"의 홍보내용, 이를 따르는 국세청의 "2002 개정세법해설"의 홍보내용 및 서울지방국세청장의 업무지시공문 등을 신뢰하고 그 것에 대한 아무런 이의 없이 법인세를 자진하여 신고·납부한 점, 그 내용이 청구법인의 업종은 같은 법 제7조의 적용대상이라고 되어 있을 뿐만 아니라 표현 또한 납세자가 혼동을 일으킬 만한 것으로 되어 있어 입법·해설·집행의 과정에서 전후 사정에 관심이 있는 경우 적용대상에 해당한다고 믿을 수밖에 없었을 것인 점, 게다가 청구법인은 이건 처분에 신의성실의 원칙이 적용되어야 한다고 주장하고 있는 사정을 감안하여야 하는 점 등을 고려할 때, 청구법인이 같은 법 제7조의 적용대상으로 하여 쟁점 사업연도의 법인세를 신고·납부한 것에 대하여 가산세의 부과요건에 해당된다고 하는 것은 지나치게 가혹하다 할 것이고 또한 청구법인에게 책임이 있다고 속단하기도 어려운 바, 사실관계가 이러하다면 청구법인에게는 예외적으로 그 의무의 이행을 탓할 수 없는 정당한 사유가 있다고 보는 것이 타당하다고 판단되므로 납부불성실가산세는 감면되어야 할 것임.

☞ 산출세액을 제대로 신고하였으므로 신고불성실가산세는 없음.

(2) 가산세 감면 범위

1) 수정신고납부(과세표준 신고서를 법정신고기한까지 제출한 자)

① 2020년 이후 수정신고분

구분	감면율	비고
법정신고기한이 지난 후 1개월 이내	90%	과소·초과환급신고가산세만
법정신고기한이 지난 후 1개월 경과 3개월 이내	75%	과소·초과환급신고가산세만
법정신고기한이 지난 후 3개월 경과 6개월 이내	50%	과소·초과환급신고가산세만
법정신고기한이 지난 후 6개월 경과 1년 이내	30%	과소·초과환급신고가산세만
법정신고기한이 지난 후 1년 경과 1년 6개월 이내	20%	과소·초과환급신고가산세만
법정신고기한이 지난 후 1년 6개월 경과 2년 이내	10%	과소·초과환급신고가산세만

☞ 납부불성실가산세는 감면이 되지 아니함.

② 2019년 이전 수정신고분[2020년 이후 다시 한 수정신고분 포함(부칙 §14)]

구분	감면율	비고
법정신고기한이 지난 후 6개월 이내	50%	과소·초과환급신고가산세만
법정신고기한이 지난 후 6개월 경과 1년 이내	20%	과소·초과환급신고가산세만
법정신고기한이 지난 후 1년 경과 2년 이내	10%	과소·초과환급신고가산세만

☞ 수정신고만 한 경우 감면됨(2015.12.31. 이전 수정신고분은 수정신고세액과 가산세를 납부하지 아니한 경우 가산세 감면 배제).
☞ 납부불성실가산세는 감면이 되지 아니함.

2) 기한 후 신고납부(과세표준 신고서를 법정신고기한까지 제출하지 아니한 자)

① 2020년 이후 기한 후 신고분

구분	감면율	비고
법정신고기한이 지난 후 1개월 이내	50%	무신고가산세만
법정신고기한이 지난 후 1개월 경과 3개월 이내	30%	무신고가산세만
법정신고기한이 지난 후 3개월 경과 6개월 이내	20%	무신고가산세만

☞ 납부불성실가산세는 감면이 되지 아니함.

② 2019년 이전 기한 후 신고분[2020년 이후 다시 한 기한 후 신고분 포함(부칙 §14)]

구분	감면율	비고
법정신고기한이 지난 후 1개월 이내	50%	무신고가산세만
법정신고기한이 지난 후 1개월 경과 6개월 이내	20%	무신고가산세만, 2017.3.27. 이전 기한 후 신고분은 배제(국세는 감면됨)

☞ 기한 후 신고만 한 경우 감면됨(2015.12.31. 이전 기한 후 신고분은 기한 후 신고세액과 가산세를 납부하지 아니한 경우 가산세 감면 배제).
☞ 납부불성실가산세는 감면이 되지 아니함.

3) 과세전적부심사 결정·통지기간 이내에 그 결과를 통지하지 아니한 경우

결정·통지가 지연됨으로써 해당 기간에 부과되는 납부불성실가산세의 50%

4) 양도소득에 대한 개인지방소득세 예정신고기한 이후 확정신고기한까지 과세표준 신고 및 수정신고한 경우(2018.1.1. 이후 도래하는 확정신고기한까지 신고하거나 수정신고하는 경우부터 적용)

① 예정신고를 하지 아니하였으나 확정신고기한까지 과세표준 신고를 한 경우
무신고가산세의 50%(지방자치단체의 장이 과세표준과 세액을 경정할 것을 미리 알고 과세표준 신고를 하는 경우 제외)

② 예정신고를 하였으나 납부하여야 할 세액보다 적게 신고하거나 환급받을 세액을 신고하여

야 할 금액보다 많이 신고한 경우로서 확정신고기한까지 과세표준을 수정신고한 경우 과소신고가산세 또는 초과환급신고가산세의 50%(지방자치단체의 장이 과세표준과 세액을 경정할 것을 미리 알고 과세표준 신고를 하는 경우 제외)

(3) 가산세 감면 배제

조세포탈을 위한 증거인멸을 목적으로 하거나 납세자의 고의적인 행동에 의하여 「지방세기본법」 제57조 제1항에 규정하는 사유가 발생한 경우에는 가산세 감면규정을 적용하지 아니하며(지기예 법57-4), 경정이 있을 것을 미리 알고 제출하거나 신고한 경우는 해당 지방세에 관하여 세무공무원(2016.1.1. 이후 지방소득세의 경우 「국세기본법」 제2조에 따른 세무공무원 포함)이 조사를 시작한 것을 알고 과세표준 신고서, 과세표준 수정신고서 또는 기한 후 신고서를 제출한 경우로 보아 가산세가 감면이 배제된다(지기령 §34). 그리고 당초 신고한 과세표준과 세액의 과소신고로 인하여 부과되는 가산세가 아니고 과세표준 신고에 있어서 필수적인 첨부서류 등을 제출하지 아니하여 신고된 것으로 보지 않음으로써 부과되는 가산세는 수정신고서를 제출하더라도 감면되지 아니한다(지기예 법57-6).

한편, 2013.1.1. 이후 수정신고와 기한 후 신고하는 분부터 신고와 동시에 납부하지 아니할 경우에는 가산세 감면이 적용되지 아니하며, 2011.1.1. 이후 납세의무성립분 중에 2012.12.31. 이전 기한 후 신고하는 분은 가산세 감면이 적용되는 것으로 조문상 해석할 수 있는데 기한 후 신고의 경우 심판례에서 납부하지 아니할 경우 가산세 감면이 배제되는 것으로 해석하고 있다.

(4) 정당한 사유의 범위

'정당한 사유'란 납세자가 그 의무를 알지 못한 것이 무리가 아니었다고 할 수 있어서 이를 정당화할 수 있는 사정이 있거나, 그 의무이행을 당사자에게 기대하는 것이 무리라고 할 만한 사정이 있을 때를 말하는 것으로 이에 해당하는지 여부는 개별적 사안에 따라 판단하는 것이다.

국세의 경우 정당한 사유 여부에 대한 사례는 다음과 같다(국기법 집행기준 48-0-2).

| 정당한 사유로
본 사례 | ① 법률의 오해나 부지를 넘어 세법해석상의 의의(疑意)가 있는 경우
② 행위 당시에는 적법한 의무이행이었으나 사정변경으로 인하여 소급적으로 부적법한 것이 되어 외관상 의무이행이 없었던 것처럼 된 경우(대법원 86누460, 1987.10.28.)
③ 국세청 질의회신을 근거로 양도세 예정신고하였고 과세관청이 이를 받아들이는 결정을 하였으나 감사원 지적사항으로 감면세액을 추징하는 경우
④ 의무이행이 수용, 도시계획이나 법률 규정 때문에 불가능한 경우
⑤ 거래상대방이 위장사업자라는 사실을 몰랐고 이에 대해 과실이 없는 선의의 거래당사자가 위장사업자로부터 교부받은 세금계산서에 의해 소정기간 내에 부가가치세 예정신고 및 확정신고를 한 경우(대법원 89누2134, 1989.10.24.) |

정당한 사유로 본 사례	⑥ 납세의무자가 과세표준확정신고를 하는데 있어 필요한 장부와 증빙서류가 수사기관이나 과세관청에 압수 또는 영치되어 있는 관계로 의무이행을 하지 못한 경우(대법원 85누229, 1987.2.24.) ⑦ 당초 관할세무서가 정당하게 경정·고지하여 납세자가 납부한 종합소득세액을 관할지방국세청이 고충민원처리로 시정의결하여 납세자에게 환급하였다가 감사원의 시정요구에 의하여 다시 고지한 경우(조세정책과-945, 2009.9.22.) ⑧ 상속세 신고가 납세의무자들이 아닌 유언집행자들에 의하여 행해졌고, 유언집행을 위하여 필요한 범위 내에서는 유언집행자의 상속재산에 대한 관리처분권이 상속인의 그것보다 우선할 뿐만 아니라 위 상속세 신고 당시 상속재산의 일부를 장학기금으로 출연하라는 망인의 유언이 효력이 미확정인 상태에 있었던 경우(대법원 2004두930, 2005.11.25.) ⑨ 「국세기본법」 제48조 제1항에 따른 가산세 감면의 정당한 사유에 해당하는지 여부는 재활용폐자원 수집업자와 거래상대방 간의 거래기간, 금액, 횟수 등을 종합적으로 고려하여 사실 판단할 사항임. 만일 납세자가 의무를 불이행한 것에 대하여 정당한 사유가 있다고 판단되는 경우에는 「국세기본법」 제48조 제1항에 따라 과소신고가산세 및 납부불성실가산세가 모두 감면되는 것임(조세정책과-36, 2011.1.13.).
정당한 사유로 보지 아니한 사례	① 법령의 부지·착오 ② 세무공무원의 잘못된 설명을 믿고 그 신고납부 의무를 이행하지 아니하였다 하더라도 그것이 관계법령에 어긋나는 것임이 명백한 경우 ③ 과세관청이 기재누락을 시정할 수 있었다하더라도 납세자 측의 과실로 근로소득원천징수영수증에 소득자의 주소나 주민등록번호를 기재할 의무를 제대로 이행하지 못한 경우 ④ 쟁송 중이어서 납세의무의 이행을 기대할 수 없다거나 회사정리절차개시 단계에 있었던 경우 ⑤ 징수유예사유가 발생하였다는 사정이 있다거나 납부기간 경과 전에 징수유예신청을 한 경우라도 과세관청이 납부기한 경과 전에 징수유예결정을 하지 않은 경우 ⑥ 납세자가 형사범으로 수감되어 세법상 의무이행을 법정신고기한까지 못한 경우(대법원 90구2705, 1990.10.23.) ⑦ 할증평가 없이 산정한 매매가격으로 주식을 양도하였다고 할지라도, 주식의 양도거래와 관련하여 신고·납부하여야 할 양도소득세를 과소신고하게 된 것은 행정청의 공적인 견해표명에 해당되지 않는 국세종합상담센터의 구두답변 및 예규를 원고 스스로에게 적용되는 것이라고 잘못 해석되므로 가산세 부과는 정당함(서울고법 2010누3758, 2010.7.8.). ⑧ 세무사로부터 게임장 과표 산정 시 상품권 액면가액을 공제한다는 말을 들었고 다른 게임장들도 그렇게 신고하는 것이 일반적이었고, 과세관청도 명확한 입장표명을 하지 않았다는 사유만으로는 신고·납세의무의 해태를 탓할 수 없는 정당한 사유로 볼 수 없음(대법원 2009두3538, 2009.4.23.). ⑨ 자기 나름의 해석에 의하여 경품으로 제공한 상품권의 가액을 부가가치세 과세표준에서 공제된다고 판단한 것은 단순한 법령의 부지 내지는 오해에 불과하여 정당한 사유에 해당 안됨(대법원 2009두3873, 2009.4.23.).

해석상 이의가 있을 시 정당한 사유로 본 경우(조심 2015지78, 2015.10.22.)

자본시장법 제276조 제1항에서 그 요건을 충족한 날부터 10년이 되는 날까지는 공정거래법의 지주회사에 관한 규정을 적용하지 아니한다고 규정하고 있는바, 이러한 자본시장법의 규정으로 인하여 투자목적회사의 경우에는 과점주주에 대한 취득세 감면대상에서 제외되는지 여부에 대하여 해석상의 견해 대립이 생길 수 있었다고 보이고, 실제로 여러 지방자치단체에서 당초 투자목적회사 등에 대하여 취득세를 감면하였다가 구 행정안전부장관의 세정운영기준 통보에 따라 당초 감면을 취소하고 취득세를 부과한 처분에 대한 소송에서 여러 하급심 판결이 서로 엇갈려 판결되었다가 2014.1.16. 대법원에서 최종적으로 청구법인과 같은 투자목적회사의 경우에는 지주회사요건을 충족하였다 하더라도 과점주주에 대한 취득세 면제대상에 해당되지 아니한다고 판결한 점 등의 사정과 청구법인이 쟁점주식을 취득하기 이전에 취득세 과세대상 물건이 소재하는 여러 지방자치단체 중 ○○○에게 질의회신을 하여 감면대상에 해당된다는 회신을 받았고, 이에 따라 청구법인이 쟁점주식을 취득한 후 처분청에 감면신청을 하자 처분청도 이를 수용하여 청구법인에게 취득세를 감면하였던 과정을 감안하면, 청구법인이 쟁점주식을 취득하여 처분청에 감면신청을 하여 처분청으로부터 감면을 받고서 그 이후 이를 잘못된 것으로 보아 감면한 취득세에 대한 신고납부의무의 이행을 기대하는 것은 무리가 있다 할 것임.

부과제척기간이 경과하였다고 구두로 안내에 기인한 경우 신고불성실가산세 부과는 잘못임 (조심 2013지584, 2013.11.21.).

⑥ 부과취소 및 변경(지기법 §58)

(1) 요건

지방자치단체장은 지방자치단체의 징수금의 부과·징수가 위법 또는 부당한 것임을 확인하면 즉시 그 처분을 취소하거나 변경하여야 한다.

(2) 효과

부과취소를 하게 되면 당초의 납세의무가 없음을 전제로 소급하여 취소하게 되는 것이므로 납부의무가 소멸하게 되고 그 결과 기납부한 지방세는 과오납으로 되어 납세자에게는 지방세환급청구권이 발생하게 되는 것이다.

(3) 부과취소처분의 취소

부과처분을 취소함으로써 당초의 처분 자체가 처음부터 무효가 되었기 때문에 다시 취소를 한다고 하더라도 무효인 처분을 취소할 수 없는 것이므로 다시 부과하여야 하는 것이다. 따라서 부과처분 이후 취소를 한 경우 부과처분을 5년이 경과되어서 다시 하는 경우에는 부과제척기간 경과로 새로이 부과할 수가 없는 것이다.

(4) 과오납환급청구권

지방세 과오납금의 발생 여부와 그 범위에 대하여 의견차이가 발생될 수도 있고 납세자는 과 오납이라고 생각하는데 과세권자는 그러하지 아니한다고 생각하여 과오납 환부결정조차도 하지 아니하는 경우에는 납세자로서는 과세권자에 대하여 과오납금 결정을 요청할 수밖에 없는 것이 다. 그런데 과세권자가 그 요청 이유가 타당하다고 인정하여 직권으로 부과취소하거나 변경하는 경우에는 문제가 없으나, 이에 응하지 아니하는 경우에는 납세자가 적극적으로 과세권자에게 과 오납 환급청구권을 행사할 수가 있는 것이다.

1) 불복절차를 거친 경우

적극적으로 지방세 과오납을 환급청구하기 위해서는 먼저 기왕에 납부한 지방세가 과오납이 라는 것을 먼저 확인되어야 하는 것이므로 이를 위해서는 납세자는 이의신청, 심사청구 또는 행 정소송을 통하여 과오납존부를 확인하고 그와 같은 불복절차에 기인하여 취소결정이 되면 비로 소 과오납으로 먼저 확인되고 결정된 후에 환급통지를 하며, 그에 기하여 과오납환급청구권이 발생되는 것이다. 이와 같이 불복절차를 거친 경우에는 과오납을 환급받는 경우에는 문제가 없는 것이다.

2) 불복절차를 거치지 않은 경우

납세자가 불복절차를 거치지 아니하거나 불복기간을 경과하여 불복을 할 수가 없는 경우에 납 세자의 권익을 보호하기 위해서는 과오납존부확인청구권을 인정하여야 하며, 특히 「헌법」 제26 조는 모든 국민은 국가기관에 대한 청원을 인정하고 국가는 이를 심사할 의무가 있다고 규정하고 「행정소송법」 제4조에 의하면 행정청의 부작위가 위법한 경우 그 확인을 구하는 항고소송의 1종 으로 규정하고 있음을 볼 때에 과오납금의 환부를 청구할 수 있는 권리는 인정하고 나아가 이의 존부 여부를 확인할 수 있는 권리도 인정하여야 하는 것이나, 「지방세기본법」 제76조 제5항의 규정은 과오납된 지방자치단체의 징수금과 제77조의 환급가산금은 다른 미납의 지방자치단체의 징수금에 충당하고, 그 잔여금은 납세의무자 또는 특별징수의무자에게 지체없이 환급하여야 한 다라고 규정하고 있는 것은 이미 납세의무자의 환급청구권이 확정된 지방세환급금 및 환급가산 금 등에 대하여 내부적 사무처리절차로서 과세관청의 환급절차를 규정한 것에 지나지 않고 그 규정에 의한 지방세환급금(환급가산금 포함)결정에 의하여 비로소 환급청구권이 확정되는 것은 아니므로, 지방세환급금 결정이나 이 결정을 구하는 신청에 대한 환급거부 결정 등은 납세의무자 가 갖는 환급청구권의 존부나 범위에 구체적이고 직접적인 영향을 미치는 처분이 아니어서 항고 소송의 대상이 되는 처분이라고 볼 수 없다고 보는 것이 판례의 입장이다.

> **사례** 국세환급금 결정이나 이 결정을 구하는 신청에 대한 환급거부 결정 등은 납세의무자가 갖는 환급청구권의 존부나 범위에 구체적이고 직접적인 영향을 미치는 처분이 아니어서 항고소송 대 상이 되는 처분이라고 볼 수 없음(대법원 88누6436, 1989.6.15. 참조)(대법원 88누6436, 1989.6.15.).

☞ 경정청구에 의한 환급청구 거부는 처분으로 보아 불복청구 대상이 됨.

(5) 동일 사안에 대한 부과취소

3개 법인에 대하여 지방세를 부과하였으나, 1개 법인이 불복절차를 진행하여 조세심판원에서 부과취소결정이 난 경우 다른 2개 법인에게도 적용하여야 하는지에 대하여 「지방세기본법」 제58 조에 따르면 "징수금의 부과, 징수가 위법 또는 부당한 것임을 확인하면 즉시 그 처분을 취소하 거나 변경하여야 한다"라고 규정되어 있어서 동일한 사안이라면 당연히 부과취소를 하여야 할 것이다. 그런데 지방자치단체가 환급 거부를 할 수도 있는바, 거부 시 항고소송의 대상이 되지 아니하는 것이나, 부당이득금반환소송을 할 수는 있지만 부당이득금 요건에 해당되어야만 소송 제기가 가능하다. 일반적으로 동일 사안에 대하여는 대법원 판례, 심판원 결정례가 있으면 과세 관청에서 직권취소하고 있는 것으로 알고 있는데, 이는 납세자 권익을 보호하고 있기 때문이다.

> **사례** 과세전적부심사청구 시 고지결정 않았다가 1년여 후인 2003.6.30. 위 판단이 잘못임을 알고 쟁점 부동산 양도를 사업용 고정자산의 양도로 보아 과세예고통지서를 송달하였고 이에 대하여 청구인이 다시 과세전적부심사를 청구하자 청구인에게 불채택결정서를 통지한 후 이 건 과세하 였음이 과세전적부심사청구서 및 경정결의서 등에 의하여 확인됨. 이 건 처분은 세법적용의 판단 착오를 바로잡은 것에 불과한 것이므로 신의성실에 위배된다는 청구주장은 타당하지 않다고 판 단됨(국심 2003서3541, 2004.3.12.).

> **사례** 과세물건의 공동소유자 중 1인이 취득세 등 과세전적부심사청구를 한 상태에서 관련규정이 위헌결정된 경우 나머지 지분소유자에 대하여도 같은 기준으로 적용하는 것임(세정 13407-451, 2001.4.23.).

> **사례** 국세에 관하여 「국세기본법」 제65조 및 제78조에 규정된 행정쟁송에 의한 결정이나 행정소 송에 의한 법원의 확정판결의 효력은 당해 사안에 국한하는 것이며 이 경우 '당해 사안'이라 함은 소득, 수익, 재산, 행위 또는 거래로써 과세대상이 되는 하나의 과세물건을 말하는 것임(재일 01254-369, 1992.2.13.).

(6) 부당이득금 반환청구권 소송

과세처분이 부존재하거나 당연무효인 경우에 이 과세처분에 의하여 납세의무자가 납부하거나 징수당한 오납금은 국가가 법률상 원인없이 취득한 부당이득에 해당하고, 이러한 오납금에 대한 과세의무자의 부당이득금 반환청구권은 처음부터 법률상 원인이 없이 납부 또는 징수된 것이므 로 납부 또는 징수 시에 발생하여 확정된다. 과세처분이 명백하고도 중대한 하자가 있는 당연무 효의 것이라면 그로 인한 부당이득금 반환청구권은 과세처분으로 인한 오납이 있었던 때를 기준 으로 하여 소멸시효를 기산한다. 왜냐하면, 당연무효의 과세처분은 그에 대하여 적법한 기관 또

는 행정쟁송절차에서 무효의 선언이 있고 없음에 관계없이 처음부터 무효인 것이어서 그 납세의 무자는 그 과세처분으로 인한 오납이 있는 때부터 곧 그로 인한 민사상의 부당이득금 반환청구권을 행사할 수 있을 뿐만 아니라 그에 대한 행정쟁송절차나 판결은 그 소멸시효의 진행에 아무런 장애가 될 수 없기 때문이다(대법원 87다카54, 1987.7.7.).

「지방세기본법」 제79조에서는 납세자의 환급금에 관한 권리는 이를 행사할 수 있는 때로부터 5년간 행사하지 아니하면 소멸시효가 완성하는 것으로 규정하고 있다. 따라서 처음부터 당연무효인 세금의 납부는 납부일부터 5년이 경과하면 부당이득금 반환청구권이 시효로 소멸하게 된다.

> **사례** 분리과세대상을 종합합산 과세대상 등으로 본 재산세와 종합부동산세 부과의 당연무효 여부
> (대법원 2021다277556, 2021.12.16. 심불, 서울고법 2020나2041789, 2021.8.26.)
>
> 쟁점토지를 종합합산 과세대상 내지 별도합산 과세대상으로 분류하여 내려진 이 사건 토지에 관한 재산세 부과처분은 그 위법이 중대·명백하고, 쟁점토지가 종합부동산세의 과세대상인 종합합산 과세대상 내지 별도합산 과세대상에 해당함을 전제로 내려진 이 사건 토지에 관한 종합부동산세 부과처분 역시 그 위법이 중대·명백함.

> **사례** 취득세 신고행위의 당연무효 여부(대법원 2011다15476, 2014.4.10.)
>
> 이 사건 각 부동산에 관한 이 사건 본등기가 위와 같은 사유로 효력이 없어 위 취득세 신고행위가 과세요건을 갖추지 못한 중대한 하자가 있다는 사정과 아울러 이를 무효로 보지 아니할 경우에 이 사건 각 부동산의 소유권을 실질적으로 취득하지 아니한 원고에게 발생될 수 있는 불이익이나 이에 관한 법적 구제수단 등을 고려한다고 하더라도, 위 취득세 신고행위에 관한 위 하자가 객관적으로 명백하다고 볼 수 없으며 또한 위 취득세 신고행위가 무효라고 볼 만한 특별한 사정이 있다고 보기도 부족하므로, 위 취득세 신고행위를 당연무효라고 할 수 없음.

> **사례** 심사결정례는 원칙적 당해 청구대상 건만 기속함(지방세정팀-2309, 2006.6.8.).
>
> 고소작업차가 취득세 과세대상에 해당하지 않는 것으로 결정이 된 경우 당해 심사결정사례는 원칙적으로 당해 심사청구대상 건에 대하여 기속하는 것이므로 종전 부과분에 대하여 당연히 환부를 하여야 하는 것은 아니라고 하겠으나, 납세의무자가 과거 5년간 납부한 부분에 대하여 부당이득금 반환청구소송을 통해 승소할 경우에는 환부하여야 하는 것임.

⑦ 「국고금관리법」 준용(지기법 §59, 구 §75)

지방자치단체 징수금에 관하여 「지방세기본법」에서 정하지 아니한 사항은 「국고금관리법」 제47조를 준용한다. 이 경우 "국고금"은 "지방자치단체의 징수금"으로 본다. 즉 10원 미만의 단수가 있을 때에는 그 단수는 절사되나 단수처리는 총액에 대해서만 적용되고 분납으로 하여 발생하는 단수는 최초의 수입금 또는 지급금에 합산하여 판단하는 것이다.

제4장

지방세환급금과 납세담보

1 지방세환급금(지기법 §60, 구 §76)

(1) 개요

지방자치단체장은 납세자가 납부한 지방자치단체의 징수금 중 과오납한 금액이 있거나 「지방세법」에 따라 환급하여야 할 환급세액(지방세관계법에 따라 환급세액에서 공제하여야 할 세액이 있을 때에는 공제한 후 남은 금액을 말한다)이 있을 때에는 즉시 그 오납액(誤納額), 초과납부액 또는 환급세액을 지방세환급금으로 결정하여야 한다. 지방세환급금으로 결정한 금액을 지방세징수금에 충당하여야 하고, 충당한 후 남은 금액은 지방세환급금의 결정을 한 날부터 지체 없이 납세자에게 환급하여야 하며, 지체 없이 그 지급금액, 지급이유, 지급절차, 지급장소, 그 밖에 필요한 사항을 권리자에게 통지하여야 한다.

납세의무자 또는 특별징수의무자와 그 자에 대한 지방자치단체의 징수금의 제2차 납세의무자가 각각 그 일부를 납부한 지방세에 지방세환급금이 생겼을 경우에는 그 지방세환급금의 환급 또는 충당에 관하여는 우선 제2차 납세의무자가 납부한 금액에 대하여 지방세환급금이 생긴 것으로 보며, 이에 따라 환급하거나 충당하였을 때에는 그 뜻을 납세의무자 또는 특별징수의무자와 제2차 납세의무자에게 통지하여야 한다.

한편, 2019년 이후 개시하는 과세기간분 또는 사업연도분부터 납부불성실·환급불성실가산세 계산 시 지방소득세를 과세기간을 잘못 적용하여 신고납부한 경우에는 실제 신고납부한 날에 실제 신고납부한 금액의 범위에서 당초 신고납부하였어야 할 과세기간에 대한 지방소득세를 신고납부한 것으로 보는데, 이 경우 상기를 적용하지 아니한다(지기법 §60 ⑤).

1) 환급금의 회계연도

지방세환급금(지방세환급가산금 포함)의 환급은 「지방재정법」 제7조에도 불구하고 환급하는 연도의 수입금 중에서 환급한다.

2) 환급금 결정의 취소

지방자치단체장이 지방세환급금의 결정이 취소됨에 따라 이미 충당되거나 지급된 금액의 반환을 청구할 때에는 「지방세징수법」에 따른 고지·독촉 및 체납처분을 준용한다.

3) 지방세환급금의 지급절차

지방자치단체의 금고는 지방세환급금의 권리자로부터 지급청구를 받으면 즉시 이를 지급하고, 지방세환급금 지급확인통지서를 지방자치단체의 장에게 송부하여야 한다. 이 경우 지방세환급금 지급명령서를 전자적 형태로 송부받은 경우에는 지방세환급금 지급확인통지서를 전자적 형태로

송부할 수 있다. 이에 따라 지방세환급금을 지급할 때에는 주민등록증(모바일 주민등록증 포함)이나 그 밖의 신분증을 제시하도록 하여 상대방이 정당한 권리자인지를 확인하고, 지방세환급금 지급명령서의 권리자란에 수령인의 주민등록번호 등을 적은 후 그 서명을 받아야 한다.

지방세환급금의 권리자가 금융회사 또는 체신관서에 계좌를 개설하고 이체입금하는 방법으로 지급청구를 하는 경우에는 그 계좌에 이체입금하는 방법으로 지방세환급금을 지급할 수 있다.

시·도세에 대한 지방세환급금은 시장·군수·구청장이 지급하되, 이에 필요한 자금은 시·도세 수납액 중에서 충당한다. 다만, 시·도세 수납액이 환급하여야 할 금액보다 적을 경우에는 시장·군수·구청장의 요구에 따라 시장·도지사가 그 부족액을 직접 환급할 수 있으며, 시장·도지사가 지방세환급금을 환급하는 경우와 지방세환급금을 환급받을 자가 다른 시·도의 시·군·구에 있는 경우에는 송금의 방법으로 지급할 수 있다.

4) 지방세환급금의 직권 지급

지방자치단체장은 다음 어느 하나에 해당하는 경우 지방세환급금 권리자의 별도의 지급청구가 없더라도 해당 계좌에 이체입금하는 방법으로 지방세환급금을 지급할 수 있다.

① 「지방세징수법」 제23조에 따라 지방세를 자동계좌이체로 납부한 자 중 지방세환급금의 직권지급에 동의한 경우

② 경정청구서, 지방세 환급청구서, 지방세환급금 양도신청서에 지급계좌를 기재한 경우(해당 지방세환급금으로 한정)

③ 지방세환급금의 지급계좌를 신고한 경우

상기에 따라 지방세환급금을 직권으로 지급한 경우에는 그 사실을 지방세환급금의 권리자에게 통지하여야 한다.

5) 지방세환급금 지급계좌의 신고

납세자가 지방세환급금이 발생할 때마다 계좌에 이체입금하는 방법으로 지급받고자 할 경우에는 금융회사 또는 체신관서의 계좌를 지방자치단체장에게 신고하여야 한다.

(2) 충당

1) 충당가능 지방세징수금

① 납세고지에 따라 납부하는 지방세

납세자 동의 필요하나 납기 전 징수 사유 시 동의 불필요하며, 충당 후 남은 금액이 10만 원(2015.5.17. 이전 지급결정을 한 지방세환급금까지는 3만 원) 이하이고, 지급결정을 한 날부터 6개월 이내에 환급이 이루어지지 아니하는 경우에는 납세자가 납세고지에 따라 납부하는 지방세로 한정하여 지방세에 충당할 수 있다. 이 경우 동의가 있는 것으로 보며, 다음 기준에 따른다. 다만, 지역실정을 고려하여 필요한 경우 도조례로 충당 기준을 달리 정할 수 있다.

　㉠ 과세기준일이 정해져 있는 세목이 있는 경우 해당 세목에 우선 충당
　㉡ 지방세에 부가되는 지방교육세가 있는 경우 해당 지방세에 우선 충당
　㉢ 납세자에게 같은 세목으로 여러 건이 부과되는 경우 과세번호가 빠른 세목에 우선 충당

② 체납된 지방자치단체의 징수금

체납된 지방자치단체의 징수금과 지방세환급금은 체납된 지방세의 법정납부기한과 「지방세기본법 시행령」 제43조(2021년 이전은 「지방세기본법」 제62조) 제1항 각 호에서 정하는 지방세환급금 발생일 중 늦은 때로 소급하여 같은 금액만큼 소멸한 것으로 본다.

③ 「지방세기본법」 또는 지방세관계법에 따라 신고·납부하는 지방세

납세자 동의가 필요하다.

2) 충당 순위

지방세환급금을 충당할 경우에는 체납된 지방자치단체 징수금에 우선 충당하여야 하며, 그 뜻을 권리자에게 통지하여야 한다. 충당할 지방세환급금이 2건 이상인 경우에는 소멸시효가 먼저 도래하는 것부터 충당하여야 한다.

지방세 등에 충당하는 때에는 다음 순위에 따라 충당한다. 다만, 동 순위에 따라 충당함으로써 조세채권이 일실될 우려가 있다고 인정되는 때에는 그러하지 아니하다(지기예 법60-1). 한편, 국세의 경우 지방세와 달리 납기 중에 있는 고지세액에 충당, 체납액에 충당 순으로 하고 있다는 점에서 차이가 있다.

① 체납액에 충당

체납액은 체납처분비, 지방세, 가산금의 순으로 충당하며, 2 이상의 체납액이 있는 때에는 납부기한이 나중에 경과한 체납액부터 순차로 소급하여 순차적으로 충당한다.

여기서 구 「지방세기본법」 제62조 제2항(도세가 시·군세보다 우선 징수되어야 함)은 충당 시 준용한다는 규정이 없으므로 이는 적용되지 아니하는 것이며, "납부기한이 나중에 경과한 체납액"이란 납부기한이 최근 도래분을 말하는 것으로 이해된다. 이는 가산금 산정에 있어서 납세자에게 유리할 수 있기 때문으로 판단된다.

② 납기 중에 있는 고지세액에 충당

고지된 지방세가 2 이상인 때에는 고지납부기한이 먼저 도래하는 지방세부터 순차적으로 충당(납세자가 충당에 동의하거나 충당을 청구하는 경우에 한함. 단 납기 전 징수사유가 있을 경우 제외)

③ 「지방세기본법」에 의하여 자진납부하는 지방세에 충당(납세자가 충당에 동의하거나 충당을 청구하는 경우에 한함)

3) 지방세환급금의 충당시기

지방자치단체장은 지방세환급금을 지급결정한 후에는 지방세 등에 충당할 수 있으나, 지방세

환급금의 환급결정을 하고 이를 지방자치단체의 금고에 지급청구한 후에는 납세자가 지방세의 충당에 동의하거나 체납된 지방세가 있더라도 그 환급금으로 충당할 수 없다(지기예 법60-17).

4) 다른 지방자치단체의 체납액에 충당 방법

지방세 과오납금을 결정한 지방자치단체장은 다른 지방자치단체장이 소관 체납액에 충당을 요구하는 경우 그 지방세환급금을 「지방세기본법」 제60조의 규정에 의하여 그 체납액에 충당할 수 있다.

지방세 과오납금을 결정한 지방자치단체장은 체납조회(전국 체납조회 포함)를 하여야 하며, 「지방세기본법」 제60조 제2항에 따른 충당 후 지방세환급금의 잔여액이 있고 타 지방자치단체에 체납액이 있는 경우에는 즉시 해당 지방자치단체에게 지방세환급금에 관한 사안을 알려야 한다. 이의 통보를 받은 지방자치단체장은 즉시 지방세환급금을 압류하여야 한다(지기예 법60-2).

5) 유예기간 중의 지방세환급금의 충당

징수유예기간 중에 납세자에 대하여 「지방세기본법」 제60조(지방세환급금의 충당과 환급)의 규정에 의한 지방세환급금의 결정이 있는 경우에는 지방자치단체장은 징수유예가 「지방세징수법」 제29조(징수유예 등의 취소)의 규정에 의한 취소사유에 해당되는지 여부를 검토하여 취소가 되는 때에 한하여 지방세환급금을 징수유예한 세액에 충당한다(지기예 법60-3).

6) 납세자의 충당 청구

납세자가 지방세관계법에 따라 환급받을 환급세액이 있는 경우에는 납세고지에 따라 납부하는 지방세, 신고·납부하는 지방세에 충당할 것을 청구할 수 있다. 이 경우 충당된 세액의 충당청구를 한 날에 그 지방세를 납부한 것으로 본다.

7) 지방세환급금에 대하여 채권가압류 시 충당 가능 여부

국세환급금에 대한 채권가압류의 효력은 가압류결정문에 명시하고 있는 금액에 달하는 때까지 미치는 것(대법원 2001다14757, 2001.4.25. 참고)이고, 국세환급금에 대한 가압류를 본압류로 전이하는 채권압류 및 추심명령을 받은 압류채권자로부터 동 환급금에 대한 추심요구가 있는 경우 추심된 환급금을 지급하기 전까지 발생된 체납국세·가산금 또는 체납처분비가 있는 때에는 동 환급금을 「국세기본법」 제51조(「지방세기본법」 제60조) 제2항 제2호에 의거 그 체납국세 등에 충당하고 잔여금에 대하여 추심요구에 응하는 것이며, 그러고도 가압류된 환급금이 잔존하는 경우 추가적인 추심명령이나 전부명령이 있을 때까지 세입세출외현금출납공무원 명의의 보통예금 통장에 입금하여 보관금으로 계속 관리하여야 하는 것이다(징세 46101-276, 2002.6.5.).

(3) 지방세환급금의 환급대상자

지방세환급금을 받을 수 있는 자는 환급하여야 할 지방세, 가산금 또는 체납처분비를 납부한 지방세 납부고지서 등에 기재된 납세의무자 또는 특별징수의무자를 원칙으로 한다. 다만, 「지방세법」 또는 다른 법령에 특별한 규정이 있는 때에는 그러하지 아니하다(지기예 법60-4).

1) 제2차 납세의무자에의 환급(지기예 법60-5)

① 제2차 납세의무가 없는 것으로 밝혀진 경우

제2차 납세의무자가 지방세 등을 납부한 후에 제2차 납세의무가 없는 것으로 밝혀진 때에는 지방자치단체장이 제2차 납세의무자가 실제로 납부한 지방세 등을 확인하여 제2차 납세의무자에게 충당 또는 환급한다.

② 체납자에게 환급할 지방세환급금이 발생한 경우

제2차 납세의무자가 체납자의 지방세 등을 납부한 후 체납자에게 환급할 지방세환급금이 발생한 경우에 제2차 납세의무자가 동 환급금의 환급을 청구한 때에는 지방자치단체장은 구상권 행사 여부를 조사하여 제2차 납세의무자가 승계납부한 한도 내에서 환급할 수 있다.

③ 2인 이상의 제2차 납세의무자가 납부한 경우

2인 이상의 제2차 납세의무자가 납부한 지방세 등에 대하여 발생한 지방세환급금은 체납자와의 구상권 행사 여부를 조사하여 각자가 납부한 금액에 비례하여 안분계산한 환급금을 각자에게 충당 또는 환급한다.

2) 보증인에의 환급

「지방세기본법」에 의한 보증인이 납부한 지방세 등에 대하여 지방세환급금이 발생한 때에는 피보증인인 납세자에게 충당 또는 환급한다. 다만, 보증인이 보증채무의 금액을 초과하여 납부함으로써 발생한 환급금은 당해 보증인에게 충당 또는 환급한다(지기예 법60-6).

3) 연대납세의무자에의 환급(지기예 법60-7)

① 연대납세의무가 없는 것으로 밝혀진 경우

연대납세의무자로서 납부한 후 연대납세의무자가 아닌 것이 밝혀진 때에는 당해 연대납세의무자가 실지로 부담 납부한 지방세 등을 지방자치단체장이 구체적으로 확인하여 충당 또는 환급한다.

② 2인 이상의 연대보증인이 납부한 경우

2인 이상의 연대납세의무자가 납부한 지방세 등에 대하여 발생한 지방세환급금은 각자가 납부한 금액에 따라 안분한 금액을 각자에게 충당 또는 환급할 수 있다.

4) 상속인에의 환급(지기예 법60-8)

2015.5.18. 이후 지급 결정을 한 지방세환급금부터 지방세를 납부한 납세자가 사망한 경우로서

충당한 후 남은 금액이 10만 원 이하이고, 지급결정을 한 날부터 6개월 이내에 환급이 이루어지지 않은 경우에는 지방세환급금을 주된 상속자(「민법」 상 상속지분이 가장 높은 사람으로 하되, 상속지분이 가장 높은 사람이 두 명 이상이면 그 중 나이가 가장 많은 사람)에게 지급할 수 있다.

그리고 상속이 개시된 후에 피상속인에게 지방세환급금이 발생한 때에는 상속인 또는 상속재산관리인에게 충당 또는 환급한다. 이 경우 상속인이 2인 이상인 때에는 다음의 규정에 의하여 충당 또는 환급한다.

① 지방세환급금이 상속재산으로 분할된 경우

분할된 바에 의하여 각 상속인에게 충당 또는 환급한다.

② 지방세환급금이 상속재산으로 분할되지 아니한 경우

「민법」 제1009조 내지 제1013조(법정상속분 등)의 규정에 의한 상속분에 따라 안분한 지방세환급금을 각 상속인에게 충당 또는 환급한다.

5) 합병법인에의 환급

법인이 합병한 후에 합병으로 인하여 소멸한 법인에 지방세환급금이 발생한 경우에는 합병 후 존속하는 법인 또는 합병으로 인하여 신설된 법인에게 충당 또는 환급한다(지기예 법60-9).

6) 청산인에의 환급

정상적인 청산 중인 법인에 발생한 지방세환급금은 대표청산인에게 환급하되, 청산 중인 재건축·재개발 조합인 경우에는 조합원 1/3 이상의 동의서를 첨부하거나 조합원들에게 환부사실, 환부일자, 환부받은 자(조합장 등), 환부금액, 지급계좌 등이 포함된 안내서신을 발송한다(지기예 법60-10).

7) 청산종료법인에의 환급

법인이 해산된 후 경정결정 등으로 환급금이 발생한 경우에 법인이 청산종결등기를 필한 때에는 법인격이 소멸하고 실체 또한 존재하지 아니하며 권리능력을 상실하게 되므로 청산종결등기를 필한 법인에게는 지방세환급금을 환급할 수 없다. 다만, 「지방세기본법」 또는 지방세관계법의 규정에 의하여 납세의무가 존속하는 때에는 충당 또는 환급할 수 있다(지기예 법60-14).

8) 무능력자 등에의 환급

지방세환급금의 환급을 받을 납세자가 무능력자 또는 한정치산자인 경우에도 당해 납세자에게 환급한다. 다만, 법정대리인이 명백히 존재하는 경우에는 환급받을 자를 명시하여 법정대리인에게 환급한다(지기예 법60-11).

9) 전부명령이 있는 경우의 환급

지방세환급금의 청구권이 「민사집행법」 제227조(금전채권의 압류)의 규정에 의하여 압류되어 전부명령 또는 추심명령이 있는 경우에는 지방자치단체장은 동 명령에 관한 지방세환급금을 그 압류채권자에게 충당 또는 환급한다(지기예 법60-12).

10) 체납처분에 의한 압류채권자에의 환급

지방세환급금의 청구권이 법에 의한 체납처분(체납처분의 예에 의한 처분을 포함한다)에 의하여 압류된 경우에는 지방세환급금을 그 압류채권자에게 환급한다(지기예 법60-13).

11) 채권·질권자에의 환급

지방자치단체장이 압류한 체납자의 채권에 제3자의 질권이 설정되어 있는 경우에 있어서 그 채무자로부터 지방세를 우선 지급받은 후 당해 지방세의 감액결정으로 지방세환급금이 발생한 경우에, 채권·질권자가 질권에 의하여 담보된 채권 중 변제받지 못한 금액의 범위 안에서 동 환급금의 지급을 청구한 때에는 이를 확인하여 당해 질권자에게 충당 또는 환급할 수 있다(지기예 법60-15).

12) 납세관리인에의 환급

「지방세기본법」 제135조의 규정에 의한 '납세관리인'이 지방세환급금의 지급을 받고자 할 때에는 지방세환급금 송금통지서에 소관 지방자치단체장이 발행한 납세관리인지정통지서와 납세관리인의 인감증명서를 첨부하여 제출하여야 한다(지기예 법60-16).

(4) 가산세, 가산금, 체납처분비 및 연부연납이자세액도 환급대상임

경정 등에 의하여 가산세가 부과되었다가 추후 이를 재경정하여 부과취소가 된 경우 추가납부한 무신고가산세, 과소신고가산세 및 납부불성실가산세도 환급이 되어야 하는 것이다.

한편, 「국세기본법 집행기준」 52-0-2에 따르면 "① 법 제52조에 따른 국세환급가산금의 계산에 있어서 그 대상이 되는 금액에는 본세, 가산금, 중가산금, 체납처분비 및 연부연납이자세액이 포함된다. ② 법 제47조 제2항은 "가산세는 해당 의무가 규정된 세법의 해당 국세의 세목으로 한다"고 규정하고 있으므로, 같은 법 제51조의 '국세'에는 '가산세'가 당연히 포함되어 있는 것으로 가산세도 국세환급가산금의 대상이 된다(대법원 2009다11808, 2009.9.10.)"라고 규정하고 있으므로 가산금도 환급이 되어야 할 것이다. 또 가산금을 환급하여야 하는 다른 이유로는 납부세액을 계속하여 납부하지 아니할 경우 가산금이 부과되는데, 부과취소 시 당연히 가산금도 취소가 되는 것으로, 가산금을 납부하지 아니하는 자는 부과취소로 가산금을 내지 않아도 되지만, 가산금 납부자에게 환급을 하지 아니한다면 납부자는 가산금이 부과되는 것인바, 형평성에 문제가 있기 때문이다.

> **사례** 경정청구에 의해 경정한 과세표준이 당초 신고한 과세표준에 미달한 경우에는 추가납부한 과소신고가산세 및 납부불성실가산세를 환급하는 것임(징세과-446, 2009.12.18.).

(5) 물납재산의 환급(지기법 §61, 구 §76-2)

납세자가 「지방세법」 제117조에 따라 재산세를 물납(物納)한 후 그 부과의 전부 또는 일부를 취소하거나 감액하는 경정 결정에 따라 환급하는 경우에는 해당 물납재산으로 환급하여야 한다. 다만, 그 물납재산이 매각되었거나 다른 용도로 사용되고 있는 경우 등 다음 어느 하나에 해당하는 경우에는 「지방세기본법」 제76조를 준용한다.

① 해당 물납재산의 성질상 분할하여 환급하는 것이 곤란한 경우
② 해당 물납재산이 임대 중이거나 다른 행정용도로 사용되고 있는 경우
③ 해당 물납재산에 대한 사용계획이 수립되어 해당 물납재산으로 환급하는 것이 곤란하다고 인정되는 경우

물납재산을 환급하는 경우 「지방세기본법」 제62조(지방세환급가산금)를 적용하지 아니하며, 지방자치단체가 물납재산을 유지 또는 관리하기 위하여 지출한 비용은 지방자치단체의 부담으로 한다. 다만, 지방자치단체가 물납재산에 대하여 「법인세법 시행령」 제31조 제2항에 따른 자본적 지출을 한 경우에는 이를 납세자의 부담으로 한다. 한편, 물납재산의 수납 이후 발생한 과실(법정과실 및 천연과실을 말함)은 납세자에게 환급하지 아니한다.

(6) 환급금 권리의 양도(지기법 §63, 구 §78)

납세자의 지방세환급금(환급가산금 포함)에 관한 권리는 타인에게 양도할 수 있으며, 타인에게 양도하려는 경우 다음 각 호의 사항을 적은 요구서를 해당 지방자치단체장에게 제출하여야 한다.

> ① 권리자(양도인)의 주소 또는 영업소와 성명
> ② 양수인의 주소 또는 영업소와 성명
> ③ 양도하려는 지방세환급금이 발생한 연도·세목과 금액
> ☛ 양도인과 양수인의 신분증 사본, 양수인 본인 명의의 통장 사본

2023.6.1. 이후 양도 요구분부터 지방자치단체장은 지방세환급금에 관한 권리의 양도 요구가 있는 경우에 양도인 또는 양수인이 납부할 지방자치단체의 징수금이 있으면 그 지방자치단체의 징수금에 충당하고, 남은 금액에 대해서는 양도의 요구에 지체 없이 따라야 한다.

2023.5.31. 이전에 지방세환급금 양도 신청서를 제출한 경우의 지방세환급금의 양도에 관하여는 종전의 규정에 따라 지방자치단체장은 신청서를 접수하였을 때에는 양도인과 양수인의 다른 체납액이 없으면 이에 응하여야 하며, 지방세환급금 양도 신청이 있는 경우 지방자치단체장은

그 처리 결과를 7일 이내에 양도인과 양수인에게 통지하여야 한다(부칙 §6).

한편, 지방세환급금의 양도신청을 접수한 지방자치단체장은 양도자와 양수자의 체납조회(전국 체납조회 포함)를 하여야 하며, 체납액(타 지방자치단체의 체납액 포함)이 있을 경우에는 양도를 허가하지 않아야 한다(지기예 법63…영44-1).

② 환급가산금(지기령 §43, 구 지기법 §62)

지방자치단체장은 지방세환급금을 충당 또는 지급할 때에는 기산일부터 충당하는 날 또는 지급결정을 하는 날까지의 기간과 금융회사의 예금이자율 등을 고려하여 시행령에서 정하는 이율에 따라 계산한 금액("지방세환급가산금")을 지방세환급금에 가산하여야 한다.

(1) 환급가산금 계산의 대상금액

환급가산금의 계산에 있어서 그 대상이 되는 금액에는 납세자가 납부한 본세, 가산금, 중가산금, 체납처분비 및 연부연납이자세액이 포함된다(지기예 법62-1). 환급금에 가산세가 포함되어 있다면 가산세[무신고가산세, 과소·초과환급신고가산세 및 납부지연가산세(2023년 이전 납세의무성립분은 납부불성실가산세)]도 당연히 포함되는 것이다.

> **사례** 체납처분 절차에서 지방세에 잘못 배분된 과오납금 환급(대법원 2007다84697, 2009.1.30.)
>
> 「체납처분 절차에서 지방세에 잘못 배분된 금액의 환급에 있어서도 마찬가지로 「지방세법」 제46조의 규정에 의한 환부이자를 가산하여 지급해야 한다고 해석하는 것이 타당함. 「국세징수법」 제81조 제5항도 "…교부청구의 부당…"이라고 하여 교부청구에 의하여 잘못 배분받은 경우에도 위 규정이 적용된다는 취지로 규정하고 있으므로, 지방자치단체장이 체납처분절차에서 잘못 배분받은 금액이면 그것이 스스로 개시한 체납처분절차에서 잘못 배분한 것이든 교부청구를 하여 잘못 배분받은 것이든 이를 환급함에 있어서는 환급이자가 가산되어야 함.

> **사례** 환급세액만 발생하여 환급세액을 청구한 경우(지방세운영과-4494, 2011.9.21.)
>
> 2010년 결손으로 인해 가감조정할 세액 없이 환급세액만 발생하여 A법인이 환급세액을 청구한 경우 타 지방세 환급과 마찬가지로 「지방세기본법」 제76조 및 「지방세기본법」 제77조에 따른 지방세환급금과 지방세환급가산금을 적용하는 것이 타당함.

(2) 환급가산금 이자율

「지방세기본법 시행령」 제43조 제2항에 「국세기본법 시행령」 제43조의3 제2항에 따른 국세환급가산금의 이자율("기본이자율")을 적용한다라고 규정하고 있으며, 이에 따라 같은 법 시행규칙 제19조의3에서 규정하고 있는 국세환급가산금의 이율은 현재 연간 35/1,000이며, 개정규정은 2024.3.22. 이후 기간분에 대하여 적용한다(국기칙 부칙 §3). 다만, 2022년 이후 납세자가 이의신청, 심판청구, 「감사원법」에 따른 심사청구 또는 「행정소송법」에 따른 소송을 제기하여 그 결정 또는 판결에 의하여 지방자치단체장이 지방세 환급금을 지급하는 경우로서 그 결정 또는 판결이 확정

된 날부터 40일 이후에 납세자에게 지방세 환급금을 지급하는 경우에는 기본이자율의 1.5배에 해당하는 이자율로 한다.

환급가산금 이자율 연혁은 다음과 같다.

기간	이율	근거
2024.3.22.~	연간 1,000분의 35	국기칙 §19-3
2023.3.20.~2024.3.21.	연간 1,000분의 29	
2021.3.16.~2023.3.19.	연간 1,000분의 12	
2020.3.13.~2021.3.15.	연간 1,000분의 18	
2019.3.20.~2020.3.12.	연간 1,000분의 21	
2018.3.19.~2019.3.19.	연간 1,000분의 18	
2017.3.15.~2018.3.18.	연간 1,000분의 16	
2016.3.17.~2017.3.14.	연간 1,000분의 18	
2015.3.6.~2016.3.16	연간 1,000분의 25	
2014.3.14.~2015.3.5.	연간 1,000분의 29	
2013.3.1.~2014.3.13.	연간 1,000분의 34	
2012.3.1.~2013.2.28.	연간 1,000분의 40	

(3) 환급가산금 기산일(지기령 §43, 구 지기법 §62)

2010.12.31. 이전에는 구 「지방세법」 제65조에서 지방세의 부과와 징수에 관하여 「지방세기본법」 및 기타 법령으로 규정한 것을 제외하고는 「국세기본법」과 「국세징수법」을 준용한다고 규정하고 있으므로 상기에서 "환급금에 관한 권리를 행사할 수 있는 때"라 함은 「국세기본법」 제52조 각 호의 날을 말한다(국기통 6-0-25…54).[87] 이는 2015년 이전의 구 「지방세기본법」과 동일한 내용으로 되어 있었던 것이다.[88]

1) 원칙

환급가산금의 기산일은 다음과 같다.

---

[87] 2000.12.29. 「국세기본법」 제52조(국세환급가산금)의 개정으로 2000.12.29. 이후 최초로 국세환급금을 충당 또는 지급하는 분부터는 그 환급발생 원인이 납세자의 신고납부나 정부부과에 잘못이 있어 환급하는 국세에 있어서는 같은 법 제52조 제1호에 의거 당초 신고납부일 또는 고지납부일의 다음 날부터 환급가산금을 기산하는 것이며, 그 국세환급금이 2회 이상 분할납부된 것인 때에는 그 최후의 납부일의 다음 날부터 기산하되, 국세환급금이 최후에 납부된 금액을 초과하는 경우에는 그 금액에 달할 때까지 납부일의 순서로 소급하여 계산한 국세환급금의 각 납부일의 다음 날부터 기산하는 것이다.

[88] 현행 「지방세기본법 운영예규」 법64-1 【지방세환급금의 소멸시효 기산일】에서 「지방세기본법」 제64조 제1항에서 "행사할 수 있는 때"라 함은 「지방세기본법」 제62조 제1항 각 호의 날을 말한다라고 규정하여 「국세기본법」과 「지방세기본법」이 동일함.

① 착오납부·이중납부 또는 납부 후 그 납부의 기초가 된 신고 또는 부과를 경정[⑥, 2021년 이전에 환급세액 신고, 환급신청 및 신고한 환급세액 경정·결정을 하는 분까지(영 부칙 §2 ②) ⑦ 제외]하거나 또는 취소함에 따라 환급하는 경우

그 지방세 납부일(2016.1.1. 이후 특별징수에 의한 납부액은 해당 세목의 법정신고기한 만료일에 납부된 것으로 봄)의 다음 날. 다만, 그 지방세가 2회 이상 분할납부된 것인 경우에는 그 마지막 납부일로 하되, 지방세환급금이 마지막에 납부된 금액을 초과하는 경우에는 그 금액이 될 때까지 납부일의 순서로 소급하여 계산한 지방세의 각 납부일의 다음 날

2022년 이후 경정청구분도 이에 따른 기산일이 적용되나, 2021년 이전에 경정청구되어 2022년 이후 그 경정에 따라 산정하는 지방세환급가산금도 적용된다(영 부칙 §2 ①).

② 「지방세법」 제128조 제3항에 따라 연세액을 일시납부한 경우로서 같은 법 제130조에 따른 세액의 일할계산으로 환급하는 경우

소유권이전등록일·양도일 또는 사용을 폐지한 날[2021년 이후 연세액을 일시납부하는 분부터(부칙 §6) 납부일이 소유권이전등록일·양도일 또는 사용을 폐지한 날 이후일 경우 그 납부일]의 다음 날

③ 적법하게 납부된 지방세의 감면으로 환급하는 경우

그 감면 결정일의 다음 날

당초부터 감면대상이 아니나 추후 법률 등에서 감면을 규정하여 소급하여 감면하는 경우를 말하므로 당초부터 감면대상이나 이를 잘못 알고 감면신청하지 아니한 경우에는 이 규정에 해당하지 아니한다.

④ 적법하게 납부된 후 법령 또는 조례가 개정되어 환급하는 경우

그 개정된 법령 또는 조례의 시행일의 다음 날

⑤ 경정 또는 결정에 의한 환급

㉠ 「지방세기본법」, 지방세관계법에 따른 환급세액의 신고, 환급신청이나 신고한 환급세액의 경정·결정으로 환급하는 경우[2021년 이전에 환급세액 신고, 환급신청 및 신고한 환급세액 경정·결정을 하는 분까지(영 부칙 §2 ②) 「지방세기본법」, 지방세관계법에 따른 환급세액의 신고, 잘못 신고함에 따른 경정(⑥ 경우 제외)으로 인하여 환급하는 경우]

그 신고일(신고한 날이 법정신고기일 전인 경우 해당 법정신고기일) 또는 신청을 한 날부터 30일이 지난 날의 다음 날

당초 신고 시에 기납부세액으로 인하여 환급세액이 발생되는 경우에 적용되는 것이다. 이 경우 법정신고기일로부터 30일 이내 환급하도록 규정하고 있는바, 이 날을 경과한 경우에는 가산금이 지급되는 것이다. 예를 들면 종합소득세 신고로 인하여 지방소득세가 환급되는 경우 종합소득 법정신고기일인 5.31.부터 30일 이내인 6.30.까지 환급하여야 하는데, 이

날을 경과하여 7.1. 이후 환급하는 경우 가산금을 지급하여야 한다.

2015.12.31. 이전 경정청구에 의한 환급 시 환급가산금 기산일을 신고한 날(법정신고기일 전에 신고한 경우 법정신고기일)로부터 30일. 환급세액을 신고하지 아니함에 따른 결정으로 발생한 환급세액인 경우 그 결정일로부터 30일의 다음 날이 되는 것으로 해석하고 있는데, 이는 잘못된 것으로 경정청구 대상 환급세액이 사유에 따라 달리 판단하여야 하는 것이다. 즉 경정청구로 인한 환급세액이 초과납부 또는 이중납부인 경우에는 납부일의 다음 날이 되는 것이고,[89] 지방소득세 소득세분에서 기납부세액을 잘못 기재함에 따른 환급세액을 경정하여 환급되는 경우에는 해당 결정일부터 30일이 지난 날의 다음 날이 될 것이다. 이처럼 당초 납부 시는 각 세법에 따라 마땅히 납부할 세액이었으나 그 후 각 세법에 따라 일정 기간의 세액을 정산한 결과 발생하는 환급세액에 대하여는 신고한 날(법정신고기한 전에 신고한 경우 법정신고기일)부터 30일이 지난 날의 다음 날이 적용되는 것이다.

그런데 2016년~2021년 경정청구분[2021년 이전에 경정청구되어 2022년 이후 그 경정에 따라 산정하는 지방세환급가산금은 개정규정이 적용됨(영 부칙 §2 ①)]은 하기 ⑦을 적용한다.

ⓛ 환급세액을 신고하지 아니함에 따른 결정으로 인하여 발생한 환급세액

해당 결정일부터 30일이 지난 날의 다음 날

⑥ 다음의 사유로 환급하는 경우

지방자치단체장이 지방세환급금으로 결정하거나 경정한 날부터 30일이 지난 날의 다음 날

ㄱ 「지방세기본법」 제50조에 따른 경정청구 없이 세무서장 또는 지방국세청장이 결정하거나 경정한 자료에 따라 지방소득세를 환급하는 경우(2017.3.28. 이후 지방세환급금이 발생하는 분부터 2024.12.31.까지 지방세환급금을 결정하거나 경정한 경우까지만 적용)

ㄴ 「지방세법」 제103조의 62에 따라 법인지방소득세 특별징수세액을 환급하는 경우(2017. 3.28. 이후 지방세환급금이 발생하는 분부터 적용)

---

89) '국세환급금'이란 조세채무가 처음부터 존재하지 않거나 그 후 소멸되었음에도 불구하고 국가가 법률상 원인 없이 수령하거나 보유하고 있는 "부당이득"에 해당하고, 환급가산금은 환급금 채권·채무에 대한 법정이자의 성격을 가지고 있다(대법원 2002.1.11. 선고, 2001다60767 판결 등 참조). 그러므로 입법론으로는 국세환급금의 기산일도 「민법」상의 부당이득의 법리에 따라 수익자인 국가의 선의·악의 여부에 따라 달리 정하거나, 외국의 입법례와 같이 과세관청에 귀책사유가 있다고 인정되는 경우와 납세자에게 귀책사유가 있다고 인정되는 경우를 구체적으로 구분한 다음, 전자의 경우에는 납부일의 다음 날부터, 후자의 경우에는 과세관청이 국세환급금의 존재를 안 날로부터 환급에 통상 소요되는 기간이 경과한 날부터 환급가산금을 가산하도록 규정하는 것이 바람직하다고 할 것이다. 그러나 현행 「국세기본법」 제52조는 이를 구분하여 규정하고 있지 않으므로, 「국세기본법」 제52조 제1호에서 말하는 "납부 후 그 납부의 기초가 된 신고 또는 부과를 경정하거나 취소함으로 인한 국세환급금"을 "당초부터 위법사유가 있어 경정되거나 취소됨으로 인한 국세환급금"만을 의미하는 것으로 한정하여 해석할 수는 없다고 할 것이다. 이는 「국세기본법」 제51조 제1항, 제52조, 같은 법 시행령 제30조의 체계상 당초의 신고 또는 부과처분이 적법하였음에도 「국세기본법」 제45조의 2 제2항에서 정한 후발적 경정청구가 받아들여져 국세환급금이 발생하는 경우에도 원칙적으로 「국세기본법」 제52조 제1호를 적용하여 환급가산금의 기산일을 결정할 수밖에 없는 점에 비추어 보더라도 명백함(서울고법 2008누25090, 2009.2.4.).

ⓒ 「지방세법」 제103조의 64 제3항 제2호에 따라 지방소득세를 환급하는 경우(2018.1.1. 이후 내국법인이 해산하는 경우부터 적용)

⑦ 「지방세기본법」 제50조에 따른 경정의 청구에 따라 납부한 세액 또는 환급한 세액을 경정함으로 인하여 환급하는 경우[2016년~2021년 경정청구분만 적용되나, 2021년 이전에 경정청구되어 2022년 이후 그 경정에 따라 산정하는 지방세환급가산금은 개정규정이 적용됨(영 부칙 §2 ①)]

그 경정청구일(경정청구일이 지방세 납부일보다 빠른 경우 지방세 납부일)의 다음 날

> **사례** 한미FTA에 따른 자동차 소유에 대한 자동차세 세율이 인하로 인한 환급가산금 기산일(지방세운영과-5693, 2011.12.14.)
>
> 「지방세기본법」 제77조 제4호에 따라 발효일(「지방세법」 개정 시행) 기준으로 과다 납부된 연세액은 환급금 및 환급이자를 지급하며, 한미FTA 발효일부터는 일할계산을 통한 산출세액 부과 즉 2012.1.1.부터 발효 전일까지는 현재 세율, 발효일 이후부터는 인하된 세율을 적용하여 부과 조치함.

> **사례** 부과의 취소·경정결정의 경우 환급가산금 기산일(국심 2003부1829, 2003.10.23.)
>
> 신고납세의 경우의 신고는 부과납세의 경우의 부과처분에 상응하는 개념이며, '신고 또는 부과처분이 당연무효는 아니지만 그 후 취소 또는 경정됨으로써 그 전부 또는 일부가 감소된 초과납부액'은 신고 또는 부과처분이 취소 또는 경정됨으로써 그 전부 또는 일부가 감소된 세액을 말하는 것이므로, 「국세기본법」 제52조 제1호에서 "… 그 부과의 취소·경정결정 …"이라 함은 부과과세의 경우만을 가리키는 것으로 해석하여서는 안 될 것임(대법원 91다6689, 1991.7.23. 같은 뜻임). 그러므로 신고납부하는 세목이라 하여 모두 「국세기본법」 제52조 제6호(현행 국기령 제43조의 3 제4호)의 규정이 적용되는 것이 아니라, 당초 납부 시는 각 세법에 따라 마땅히 납부할 세액이었으나 그 후 각 세법에 따라 일정기간의 세액을 정산한 결과 발생하는 환급세액에 대하여는 그 규정이 적용되고, 당초 납부 시부터 마땅히 납부할 세액이 아님에도 납부하였거나 마땅히 납부하여야 할 금액을 초과하여 납부한 초과납부액에 대하여는 「국세기본법」 제52조 제1호의 규정이 적용되는 것이라 할 것임(국심 2003부1829, 2003.10.23., 국심 2003서1502, 2003.8.20. 같은 뜻임).

> **사례** 후발적 사유 경정청구 시 환급가산금 기산일(징세과-67, 2009.9.15.)
>
> 후발적 사유로 경정청구하는 경우에 국세환급가산금의 기산일은 같은 법 제52조의 규정을 적용하는 것으로서 상속세를 납부 후 그 납부의 기초가 된 신고 또는 부과를 경정하거나 취소함으로 인한 환급이므로 납부일의 다음 날인 것임.

> **사례** 법령에 따라 면제대상임에도 착오납부한 경우 착오로 납부한 경우에는 착오로 납부한 날의 익일부터 이자가 기산되어야 할 것으로 판단됨(지방세운영과-571, 2008.8.11.)

> **사례** 감액경정 취소에 따라 환급가산금을 추징할 수 없음(서삼 46019-11748, 2003.11.8.)
>
> 당초 신고내용에 대하여 감액경정을 한 후 당초 신고내용과 같은 내용으로 경정하는 경우 감액경정을 취소함으로써 이를 소생시킬 수 없고, 새로운 부과처분으로서 과세하는 것이므로 감액경정 시 기지급한 환급가산금은 추징할 수 없는 것임.

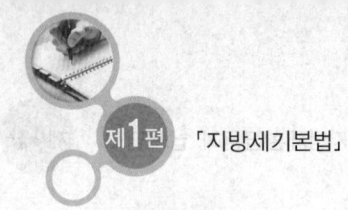

법인세액 경정결정으로 지방소득세 환급가산금 기산일(세정 13407 – 413, 2001.4.13.)

법인세액의 경정결정으로 법인세할 주민세가 환부대상이 된 경우라면 그 납부일의 익일부터 기산하여야 하는 것임.

2) 수회 납부 시

당초 법인세를 신고납부한 후 법인세 경정으로 추가 법인세액을 납부하였는데, 추후 환급이 된 경우 환급가산금은 환급대상이 어느 납부분에 대한 것인지를 구분하여 기산하여야 하는 것이다.[90] 예를 들어 2007년도에 법인세를 신고납부하고 그 후 2011년 법인세 경정결정으로 추가로 법인세액을 납부하였으나, 법인세 추가납부 이후 발생한 환급세액이 2011년 경정에 따른 추가납부한 법인세액과 관계없이 당초 2007년도에 신고납부한 세액의 경정에 따라 발생한 것이 명백하다면 그에 대한 환급금은 2007년 납부일부터 기산해야 하는 것이다(지방세분석과 – 793, 2013.5.10.).

한편, 2016.1.1. 이후 경정청구에 의하여 환급이 되는 경우에는 경정청구일(경정청구일이 지방세 납부일보다 빠른 경우 지방세 납부일)이 된다.

3) 기납부세액 과소신고분 경정청구 시

원천징수세액으로 인한 기납부세액이 있어서 환급신고를 한 경우(예를 들어 법인지방소득세를 산출세액에서 원천징수 기납부세액을 차감하여 납부할 세액을 신고하는 경우)로 당초 신고 시 산출세액이 기납부세액보다 많아서 납부하였는데 기 신고분에 기납부세액을 과소신고하여 이를 경정청구한 경우 환급가산금 기산일은 당초 신고에 의한 납부일의 다음 날이다. 그리고 당초 신고 시 납부세액이 아닌 환급세액이 있어서 환급을 받았다 하더라도 환급가산금 기산일은 당초 신고에 의한 신고납부일의 다음 날이다(감심 2002 – 150, 2002.9.27. 참조).

---

90) 관련 규정의 내용과 체계 및 국세환급가산금은 국세환급금에 대한 법정이자로서의 성질을 가진 지급금이라는 점 등을 고려하면, 납부 후 그 납부의 기초가 된 신고 또는 부과를 취소함에 따라 발생한 국세환급금의 경우 국세환급가산금의 기산일은 구 「국세기본법 시행령」 제43조의 3 제1항 제1호 단서에 따라 '그 국세가 2회 이상 분할납부된 경우' 등이 아닌 이상 같은 호 본문에 따라 '국세 납부일의 다음 날'로 봄이 타당하다. 따라서 동일한 과세기간 및 세목의 국세에 대하여 당초 신고 또는 부과에 따른 납부 이후에 증액경정처분 및 그에 따른 납부가 이루어진 경우 국세환급가산금의 기산일은 같은 호 본문에 따라 각각의 국세환급금이 발생한 국세 납부일의 다음 날로 보아야 한다. 그 이유는 다음과 같다.
첫째, 위와 같은 경우 이는 납세자가 당초의 신고 또는 부과나 각 증액경정처분마다 그에 따른 각각의 세액을 별도로 납부한 것일 뿐 구 「국세기본법 시행령」 제43조의 3 제1항 제1호 단서의 '분할납부'에 해당한다고 보기 어렵다. 둘째, 과세처분이 판결 또는 직권에 의해 취소된 경우에 취소의 효력은 그 취소된 국세 부과처분이 있었을 당시에 소급하여 발생하므로(대법원 1995.9.15. 선고, 94다16045 판결, 대법원 2013.3.14. 선고, 2012다51097 판결 등 참조), 증액경정처분 이후 전체 세액 중 일부가 경정 또는 취소됨에 따라 발생한 국세환급금의 경우 그 취소사유에 따른 환급세액이 각 신고 또는 부과에 따라 납부한 각각의 세액 중 일부로 특정된다면 그 국세환급금은 각각의 납부일에 소급하여 발생한 것으로 보아야 한다. 셋째, 과세표준과 세액을 증액하는 증액경정처분이 당초 신고나 결정에서의 과세표준과 세액을 그대로 둔 채 탈루된 부분만을 추가로 확정하는 처분이 아니라 이를 포함하여 전체로서 하나의 과세표준과 세액을 다시 결정하는 것이라 하더라도, 이로써 당초 신고나 결정에 따라 이미 이루어진 납부 등에 관한 실체적 법률관계까지 실효된다고 볼 수는 없다.

참고로, 대법원판결에 따라 국세의 경우 2015.2.3.~2021.2.16. 경정청구분까지는 경정청구일(경정청구일이 국세 납부일보다 빠른 경우에는 국세 납부일)이 기산일이 되었는데, 「지방세기본법」에서는 국세처럼 경정청구한 경우 별도의 규정을 두지 않고 있다가 2016년~2021년 경정청구분[2021년 이전에 경정청구되어 2022년 이후 그 경정에 따라 산정하는 지방세환급가산금은 개정규정이 적용됨(영 부칙 §2 ①)]은 경정청구일(경정청구일이 지방세 납부일보다 빠른 경우 지방세 납부일)이 기산일이 되는 것으로 개정하여 적용하여 왔었다.

> **사례** 기납부세액이 산출세액보다 초과하여 환급세액을 신고한 경우 환급가산금 기산일(감심 2002-150, 2002.9.27.)
>
> 기납부세액이 산출세액에 미달하여 이를 신고·납부한 경우는 물론이고 이 사건 국세환급과 같이 기납부세액이 산출세액보다 초과하여 환급세액을 신고한 경우라 하더라도 신고 후 이를 취소 또는 경정결정하는 등 과오납으로 인하여 당초부터 법률상 원인없이 납부한 금액을 환급할 때는 「국세기본법」 제52조 제1호의 규정을 우선 적용하여 국세환급가산금의 기산일을 「신고·납부일의 다음 날」로 보아야 할 것임.

> **사례** 외국납부세액공제 증가로 인하여 환급세액이 발생하는 경우 환급가산금 기산일은 「국세기본법 시행령」 제43조의 3 제1항 제1호에 따라 내국법인의 법인세 납부일의 다음 날로 하는 것임 (징세과-1667, 2014.12.8.).

(4) 경정청구 등 불복제기 기한의 경과로 고충민원으로 하여 환급된 경우 환급가산금 지급 불가(지기법 §62 ③)

1) 2022.1.1. 이후 지방세환급금 결정분

다음 어느 하나에 해당하는 사유 없이 지방세와 관련하여 납세자가 「지방세기본법」 제62조 제3항 각 호의 불복청구 등을 그 기한까지 제기하지 않은 사항에 대하여 지방자치단체장에게 직권으로 「지방세기본법」 또는 지방세관계법에 따른 처분의 취소, 변경이나 그 밖에 필요한 처분을 해 줄 것을 요청하는 민원("고충민원")의 처리에 따라 지방세환급금을 충당하거나 지급하는 경우에는 지방세환급가산금을 가산하지 아니한다.

① 경정청구
② 이의신청, 심판청구, 「감사원법」에 따른 심사청구나 「행정소송법」에 따른 소송에 대한 결정이나 판결

2) 2021.12.31. 이전 납세의무성립분

2010년 이전 납세의무가 성립된 것은 경정청구대상이 되지 아니하는 것이다. 그렇다면 구 「지방세법」 제25조의 2에 따르면 "지방자치단체장은 지방세의 부과징수가 위법 또는 부당한 것임을 확인한 때에는 즉시 그 처분을 취소하거나 변경하여야 한다."라는 규정에 의거 환급대상임이 명

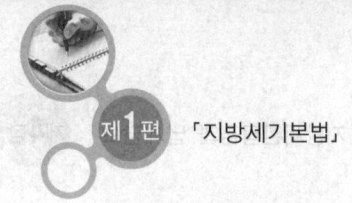

확한 경우에는 환급을 하여야 하는 것인데, 이는 결국 고충민원 등에 따른 환급이므로 국세의 경우 가산금을 지급하지 아니하는 것으로 해석하고 있으나, 지방세에서는 2010년 이전에는 불복제도는 있었으나 청구기한(처분을 안 날로부터 90일 이내)이 단기간이라는 점을 고려하여야 할 것이고, 경정청구 제도 자체가 없었으므로 환급가산금을 배제할 수는 없을 것으로 판단된다.

한편, 2011년~2021년에는 납세의무성립분부터 경정청구 제도가 도입이 되었는바, 환급가산금 지급 여부에 대하여 국세처럼 배제하여야 하는지 논란이 있을 수 있으나 과세관청은 지급하고 있다.

③ 환급금과 환급가산금 소멸시효(지기법 §64, 구 §79)

(1) 기산일

지방세환급금과 지방세환급가산금에 관한 권리는 이를 행사할 수 있는 때부터 5년간 행사하지 아니하면 시효로 인하여 소멸한다라고 규정하고 있는데, "지방세환급금 발생일"이란 상기 환급가산금의 기산일과 동일하나, 특별징수의무자가 연말정산이나 특별징수하여 납부한 지방소득세를 경정청구에 따라 환급하는 경우 연말정산세액 또는 특별징수세액의 납부기한 만료일이 된다(지령 §37-2).[91]

취득세를 비과세, 과세면제 또는 경감 받은 후에 해당 과세물건이 취득세 부과대상 또는 추징대상이 되었을 때 발생하는 농어촌특별세의 환급금에 대한 소멸시효 기산일은 그 본세인 취득세의 경정결정일을 말한다(지기예 법64-2).

일반적으로 「지방세기본법」 제62조 각 호의 규정을 적용하여 납부일 다음 날부터 환급청구권의 소멸시효 기산일이 되는 것이므로 개인지방소득세와 법인지방소득세도 마찬가지이나, 2013.12.31. 이전 개시 사업연도 귀속 지방소득세 소득세분은 소득세 환급결정일로부터 5년간 환급청구권이 발생하며, 2013.12.31. 이전 개시사업연도의 법인세 환급으로 인하여 지방소득세 환급은 법인세 환급결정일이 되는 것이다.

한편, 부동산을 취득·등기한 후 법원에서 법률상 원인무효에 해당하여 소유권이전등기의 말소등기 절차를 이행하라는 확정판결을 받은 경우 원인무효 사유로 그 말소를 명하는 판결이 확정된 시점에 매수인의 해당 부동산 취득은 법률상 무효가 되어 취득으로 볼 수 없는 것이라 하겠으므로 소유권말소등기가 이행되지 않은 상태라 하더라도 기납부한 취득세는 원인무효 확정판결일로부터 5년 이내에 지방세 환급청구를 할 수 있는 것이다(지방세운영과-1710, 2009.4.29.).

---

91) 2021년 이전은 「그 권리를 행사할 수가 있는 때」라 함은 「지방세기본법」 제62조의 각 호의 날이라고 규정하고 있다. 다만, 납부 후 그 납부의 기초가 된 신고 또는 부과를 경정하거나 취소하여 지방세환급금이 발생된 경우에는 경정결정일 또는 부과취소일을 말하며, 연부계약의 경개계약이나 해제로 지방세환급금이 발생한 경우에는 계약해제일을 말한다(지기예 법64-1). 따라서 환급가산금의 기산일과 동일하게 소멸시효가 진행되는 것이다.

또한 상속세 신고납부 후 고충청구에 의하여 장애자공제를 받아 감액경정결정으로 환급금을 지급하는 경우 「국세기본법」 제54조 제1항의 규정에 의한 국세환급금과 국세환급가산금의 소멸시효기산일은 그 경정결정일이 되는 것이다(조세 46019-104, 2003.3.14.). 이 해석처럼 지방세 부과의 제척기간은 증액경정이나 직권 감액경정 시 모두 적용하는 것으로 지방세 부과제척기간이 만료된 후에는 어떠한 처분(새로운 결정·증액경정·감액경정)도 할 수 없는 것이다. 그런데 일반적으로 「지방세기본법」 제62조 각 호의 규정을 적용하여 납부일 다음 날부터 환급청구권의 소멸시효 기산일이 되는 것이나, 부과제척기간 경과로 인하여 환급청구권이 없어 지방세를 환급할 의무가 없음에도 이를 지방세 환급금으로 결정한 처분은 납세자의 고충을 해결해준 것으로 판단된다. 이 경우 환급청구권의 기산일은 납부일이 아니라 감액 결정일이 되는 것이다.

> 사례 법인세 환급 시 법인세분 지방소득세 환급청구권 기산일(세정 13407-56, 1994.5.17.)
> ☞ 2013.12.31. 이전 개시사업연도의 법인세 환급에만 적용됨.

(2) 시효중단과 시효정지

「지방세기본법」 제64조에 따르면 "납세자의 지방세환급금과 지방세환급가산금에 관한 권리는 이를 행사할 수 있는 때부터 5년간 행사하지 아니하면 시효로 인하여 소멸한다. 그리고 이 소멸시효에 관하여는 「지방세기본법」 또는 지방세관계법에 별도의 규정이 있는 것을 제외하고는 「민법」을 따른다라고 규정되어 있다. 즉 지방세환급금에 대하여 「지방세기본법」 등에서 별도 정함이 없는 것은 「민법」 제1편 총칙 제7장(소멸시효)의 규정을 따른다. 따라서 시효중단으로는 「민법」 제168조 소정의 「청구」, 「압류 또는 가압류, 가처분」 및 「승인」 등이 있을 것이고 시효정지는 「민법」 제179조 등이 있다. 이 경우 지방세환급금 또는 지방세환급가산금과 관련된 과세처분의 취소 또는 무효확인 청구의 소 등 행정소송을 청구한 경우 그 시효의 중단에 관하여는 「민법」 제168조 제1호에 따른 청구를 한 것으로 본다.

한편, 2019년 이후 소멸시효는 지방자치단체장이 납세자의 지방세 환급청구를 촉구하기 위하여 납세자에게 하는 지방세 환급청구의 안내·통지 등으로 인하여 중단되지 아니한다.

> 사례 환급금 소멸시효 중단사유(국심 2007서5238, 2008.10.15.)
> 오납한 조세에 대한 반환청구권을 실현하기 위한 수단이 되는 과세처분의 무효 또는 취소확인을 구하는 소송은 그 소송물이 객관적인 조세채무의 존부확인으로서 실질적으로 민사소송인 채권의 부존재 확인소송과 유사할 뿐만 아니라 과세처분의 유효여부는 그 과세처분과 납세자 사이의 양면적 법률관계라고 볼 수 있으므로 이와 같은 경우에는 과세처분의 취소 또는 무효확인의 소가 비록 행정소송이라 할지라도 조세환급을 구하는 부당이득금 반환청구권의 소멸시효 중단사유인 「재판상 청구」에 해당된다 할 것임.

> 사례 당초 5년 기간 내에 부과처분을 하였다면 추후 사기 기타 부정한 행위가 인정되더라도 직권에 의한 감액경정을 위해 10년의 제척기간 적용 불가능(조세정책과-340, 2005.3.23.)

④ 경정청구와 환급청구권

2011.1.1. 이후 취득분부터 경정청구 제도가 도입되어 당초 취득세 신고납부기한으로부터 5년 (2015.5.17. 현재 3년 경정청구기한 경과된 분까지는 3년) 이내에 환급신청을 하면 환급을 받을 수 있는 것이나, 2010.12.31. 이전 취득분은 당초 납부일 5년 이내에 환급신청을 하여야 할 것이다 (구 「지방세법」 제25조의 2(부과취소 및 변경)에 "지방자치단체장은 지방세의 부과징수가 위법 또는 부당한 것임을 확인한 때에는 즉시 그 처분을 취소하거나 변경하여야 한다"라고 규정하고 있기 때문임).

그리고 2011.1.1. 이후 납세의무성립분부터 적용되는 경정청구 제도가 있음에도 불구하고, 구 「지방세법」 제25조의 2와 동일하게 「지방세기본법」 제58조(부과취소 및 변경)에 "지방자치단체 장은 지방자치단체의 징수금의 부과·징수가 위법 또는 부당한 것임을 확인하면 즉시 그 처분을 취소하거나 변경하여야 한다."라고 규정되어 있는바, 경정청구기간이 경과하였더라도 감면대상 임이 명백할 경우에는 환급을 하여야 할 것이다(환급금 청구기한인 납부일로부터 5년 이내만 가 능). 그런데 지방자치단체에서 환급해 주지 않을 경우에는 부당이득금반환소송대상이 되지 아니 하는 한 별도의 소송 등을 제기할 수 없다.

한편, 지방세가 감면됨에도 감면신청을 하지 않은 관계로 지방세를 납부한 사실이 있어 이를 환급받고자 할 경우 과세권자가 지방세과오납된 것을 확인하고 그 환급금에 관한 권리를 행사가 능한 때로부터 5년 미경과 시 환급신청이 가능하다(세정 13407-191, 1996.2.15.). 그런데 부과제척기 간이 만료되면 과세관청의 부과권은 소멸되므로 설사 명백히 과세표준을 증감시켜야 하는 사유 가 발생하더라도 과세표준이나 세액을 변경하는 결정(해당 판결 또는 결정을 이행하기 위한 경 정결정 기타 필요한 처분은 제외)을 할 수 없다. 그렇다면 환급금 청구기한 내이지만 부과제척기 간이 경과된 경우에는 이들을 어떻게 적용하여야 할 것인지는 명확하게 해석하고 있지 아니하지 만, 이중납부 등 명백한 것인 경우에는 환급금에 관한 권리를 행사가능한 때부터 5년 미경과 시 환급이 가능한 것이나, 명백하지 않아 과세표준이나 세액을 변경하는 결정을 하여 환급하는 경우 에는 부과제척기간 내에만 부과취소 등의 환급결정을 할 수 있는 것으로 해석하면 될 것 같다.

> **사례** 부과제척기간 경과 이후 해당 경정내용이 명백히 과세표준을 감소시켜야 하는 사유가 발생 한 경우라도 과세표준이나 세액 변경 불가능(조세 22601-880, 1989.8.17.)

⑤ 부과제척기간 완료 후의 환급청구권

각 세목별 납세의무성립일로부터 부과제척기간인 5년(7년, 10년)의 기간이 경과하면 지방자치 단체의 부과권은 소멸되어 과세표준이나 세액을 변경하는 어떤 결정 또는 경정(「지방세기본법」 제38조 제2항의 당해 판결·결정 또는 상호합의를 이행하기 위한 경정결정 기타 필요한 처분은 제외한다)도 할 수 없다(지기예 법38-1).

한편, 지방세 부과제척기간 만료 전에 매매원인무효의 소가 제기되어 부과제척기간 경과 후에 확정판결을 받은 경우에는 그 판결이 확정된 날로부터 1년이 경과되기 전까지는 환급 등 필요한 처분을 받을 수 있다(국세청 재일 46014-2390, 1996.10.23. 참조).

> **사례** 판결에 따른 처분을 부과제척기간 경과 후라도 판결결정일부터 1년 내 환급 가능(징세 46101
> -2277, 1998.8.24.)

❻ 부당이득금 반환청구 소송

과세처분이 부존재하거나 당연무효인 경우에 이 과세처분에 의하여 납세의무자가 납부하거나 징수당한 오납금은 국가가 법률상 원인 없이 취득한 부당이득에 해당하고, 이러한 오납금에 대한 과세의무자의 부당이득금 반환청구권은 처음부터 법률상 원인이 없이 납부 또는 징수된 것이므로 납부 또는 징수 시에 발생하여 확정된다. 과세처분이 명백하고도 중대한 하자가 있는 당연무효의 것이라면 그로 인한 부당이득금 반환청구권은 과세처분으로 인한 오납이 있었던 때를 기준으로 하여 소멸시효를 기산한다.[92] 왜냐하면, 당연무효의 과세처분은 그에 대하여 적법한 기관 또는 행정쟁송절차에서 무효의 선언이 있고 없음에 관계없이 처음부터 무효인 것이어서 그 납세의무자는 그 과세처분으로 인한 오납이 있는 때부터 곧 그로 인한 민사상의 부당이득금 반환청구권을 행사할 수 있을 뿐만 아니라 그에 대한 행정쟁송절차나 판결은 그 소멸시효의 진행에 아무

---

92) 조세의 오납이 취소할 수 있는 위법한 과세처분에 의하여 납부한 것이라면 그 과세처분은 행정행위의 공정력 또는 집행력이 있으므로 그것이 적법한 기관 또는 행정쟁송절차에 의하여 취소되기까지는 유효하다. 따라서 과세처분의 취소에 인한 과오납금의 부당이득금 반환청구는 그 과세처분이 적법하게 취소될 때부터 행사할 수 있고 그에 대한 소멸시효도 그때부터 진행한다. 즉 대법원에서도 산업재해보상보험금의 추징부과처분은 행정행위로서 공정력이 있어 이를 취소하는 행정소송의 판결이 확정됨으로써 위 추징부과처분은 그 효력을 잃고 그 반환청구채권이 발생하여 이때부터 그 소멸시효가 진행되는 것으로 보고 있는데(대법원 85다카748, 1986.3.25.), 조세 부과처분 또한 행정처분으로서 마찬가지이다.

소멸시효는 객관적으로 권리가 발생하여 그 권리를 행사할 수 있는 때로부터 진행하고 그 권리를 행사할 수 없는 동안만은 진행하지 않는바, "권리를 행사할 수 없는" 경우라 함은 그 권리행사에 법률상의 장애사유, 예컨대 기간의 미도래나 조건부성취 등이 있는 경우를 말하는 것이고, 사실상 권리는 존재나 권리행사가능성을 알지 못하였고 알지 못함에 과실이 없다고 하여도 이러한 사유는 법률상 장애사유에 해당하지 않는다. 과세처분의 하자가 중대하고 명백하여 당연무효에 해당하는 여부를 당사자로서는 현실적으로 판단하기 어렵다거나, 당사자에게 처음부터 과세처분의 취소소송과 부당이득금 반환청구 소송을 동시에 제기할 것을 기대할 수 없다고 하여도 이러한 사유는 법률상 장애사유가 아니라 사실상의 장애사유에 지나지 않는다.

과세처분의 취소를 구하였으나 재판과정에서 과세처분이 무효로 밝혀졌다고 하여도 그 과세처분은 처음부터 무효이고 무효선언으로서의 취소판결이 확정됨으로써 비로소 무효로 되는 것은 아니므로 오납 시부터 그 반환청구권의 소멸시효가 진행한다.

시효제도의 존재 이유는 영속된 사실 상태를 존중하고 권리 위에 잠자는 자를 보호하지 않는다는 데에 있고 특히 소멸시효에 있어서는 후자의 의미가 강하므로, 권리자가 재판상 그 권리를 주장하여 권리 위에 잠자는 것이 아님을 표명한 때에는 시효중단사유가 되는바, 이러한 시효중단사유로서의 재판상의 청구에는 그 권리 자체의 이행청구나 확인청구를 하는 경우만이 아니라, 그 권리가 발생한 기본적 법률관계에 관한 확인청구가 이로부터 발생한 권리의 실현수단이 될 수 있어 권리 위에 잠자는 것이 아님을 표명한 것으로 볼 수 있을 때에는 그 기본적 법률관계에 관한 확인청구도 이에 포함된다고 보는 것이 타당하다.

런 장애가 될 수 없기 때문이다(대법원 87다카54, 1987.7.7.).

「국세기본법」제54조 및 「지방세기본법」제79조에서는 납세자의 환급금에 관한 권리는 이를 행사할 수 있는 때로부터 5년간 행사하지 아니하면 소멸시효가 완성하는 것으로 규정하고 있다. 따라서 처음부터 당연무효인 세금의 납부는 납부일부터 5년이 경과하면 부당이득금 반환청구권이 시효로 소멸하게 된다. 따라서 과오납금 납부일로부터 5년 동안 환급신청이나 이의신청 등을 하지 않는 경우 경과 시점에서는 부당이득금 반환소송도 할 수 없게 된다.

한편, 일반적으로 위법한 행정처분의 취소, 변경을 구하는 행정소송은 사권을 행사하는 것으로 볼 수 없으므로 사권에 대한 시효중단사유가 되지 못하는 것이나, 다만 과오납한 조세에 대한 부당이득금 반환청구권을 실현하기 위한 수단이 되는 과세처분의 취소 또는 무효확인을 구하는 소는 그 소송물이 객관적인 조세채무의 존부확인으로서 실질적으로 민사소송인 채무부존재 확인의 소와 유사할 뿐 아니라, 과세처분의 유효 여부는 그 과세처분으로 납부한 조세에 대한 환급청구권의 존부와 표리관계에 있어 실질적으로 동일 당사자인 조세부과권자와 납세의무자 사이의 양면적 법률관계라고 볼 수 있으므로, 위와 같은 경우에는 과세처분의 취소 또는 무효확인 청구의 소가 비록 행정소송이라고 할지라도 조세환급을 구하는 부당이득금 반환청구권의 소멸시효 중단사유인 재판상 청구에 해당한다고 볼 수 있다(대법원 91다32053, 1992.3.31.).

> **사례** 분리과세대상을 종합합산 과세대상 등으로 본 재산세와 종합부동산세 부과의 당연무효 여부 (대법원 2021다277556, 2021.12.16. 심불, 서울고법 2020나2041789, 2021.8.26.)
> 쟁점토지를 종합합산 과세대상 내지 별도합산 과세대상으로 분류하여 내려진 이 사건 토지에 관한 재산세 부과처분은 그 위법이 중대·명백하고, 쟁점토지가 종합부동산세의 과세대상인 종합합산 과세대상 내지 별도합산 과세대상에 해당함을 전제로 내려진 이 사건 토지에 관한 종합부동산세 부과처분 역시 그 위법이 중대·명백함.

> **사례** 환급청구권 기한 경과 시 부당이득금 반환청구 불가(서울지법 2008가합95675, 2009.5.1.)
> 이 사건 각 처분으로 인한 세금을 최종적으로 모두 징수당한 때로부터 5년이 훨씬 경과한 2006.5.9.경 이 사건 소가 제기되었음은 기록상 명백한바, 원고회사가 자신의 권리 불행사로 인하여 소멸시효가 완성됨으로써 부당이득금 반환청구권을 행사할 수 없게 되었다고 하여 예외적으로 이 사건 각 처분에 대하여 부존재 내지 무효확인을 구할 법률상의 이익이 있다고는 볼 수 없음.

> **사례** 취득세와 등록세의 신고·납부에 있어서, '무상취득'에 의한 세액만을 신고·납부하면 되는 데도 이를 초과하여 '유상취득'임을 전제로 하여 계산된 세액을 신고·납부한 경우 그 초과 부분에 해당하는 신고·납부행위에는 조세채무의 확정력을 인정하기 어려운 중대하고 명백한 하자가 있어 당연무효에 해당함(대법원 2004다64340, 2006.1.13.).

> **사례** 과세관청이 기한 후 신고에 따른 경정을 거부하는 때에는 납세의무자로서는 행정쟁송의 절차에 따라 거부처분을 취소받음으로써 비로소 기한 후 신고로 인한 납세의무 등을 확정할 수 있는 것이므로 위와 같은 절차를 거쳐 환급청구권이 확정되기 전에는 국가에 대하여 환급세액의 반환을 곧바로 민사소송으로 청구할 수 없음(대법원 96다42222, 1997.3.28.).

> **사례** 5년의 소멸시효기간이 적용되는 징수금의 오납에는, 납부 또는 징수의 기초가 된 신고(신고납세의 경우) 또는 부과처분(부과과세의 경우)에 단순히 취소할 수 있는 위법사유가 있는 경우뿐만 아니라 그 위법이 중대하고도 명백하여 당연무효이거나 신고 또는 부과처분이 부존재하여 그로 인한 부당이득금 반환청구권을 바로 행사할 수 있는 경우도 포함됨(대법원 96다29878, 1996.11.12.).

> **사례** 과세대상이 되는 법률관계나 사실관계가 있는 것으로 오인할 만한 객관적인 사정이 있고 사실관계를 정확히 조사하여야만 과세대상이 되는지 여부가 밝혀질 수 있는 경우라면, 그 하자는 외관상 명백하다고 할 수 없으므로 과세대상의 법률관계 내지 사실관계를 오인한 과세처분은 비록 그 하자가 중대하다 하더라도 당연무효로 볼 수 없다(대법원 94다44248, 1995.11.21.).

제2절 납세담보

❶ 납세담보 종류(지기법 §65, 구 §85)

「지방세기본법」 또는 지방세관계법에 따라 제공하는 담보("납세담보")는 다음 어느 하나에 해당하는 것이어야 한다.

● 납세담보 종류

① 금전

② 국채 또는 지방채

③ 지방자치단체장이 확실하다고 인정하는 유가증권

👉 지방자치단체장이 확실하다고 인정하는 유가증권에 다음의 증권을 포함함(지기예 법65-1).

    ㉠ 한국은행 통화안정증권 등 특별법에 의하여 설립된 법인이 발행한 채권

    ㉡ 한국증권거래소에 상장된 법인의 사채권 중 보증사채 및 전환사채

    ㉢ 한국증권거래소에 상장된 유가증권 또는 금융투자협회에 등록된 유가증권 중 매매사실이 있는 것

    ㉣ 양도성 예금증서

    ㉤ 「자본시장과 금융투자업에 관한 법률」에 의한 수익증권 중 무기명 수익증권

    ㉥ 「증권투자신탁업법」에 의한 수익증권 중 환매청구 가능한 수익증권

④ 납세보증보험증권

⑤ 지방자치단체장이 확실하다고 인정하는 보증인의 납세보증서

👉 지방자치단체장이 확실하다고 인정하는 보증인(지기예 법65-2)

    ㉠ 「은행법」의 규정에 의한 금융기관

    ㉡ 「신용보증기금법」의 규정에 의한 신용보증기금

    ㉢ 보증채무를 이행할 수 있는 자력이 충분하다고 지방자치단체장이 인정하는 자

⑥ 토지

⑦ 보험에 든 등기되거나 등록된 건물·공장재단·광업재단·선박·항공기 또는 건설기계

☞ "보험에 든 재산"인 경우 당해 재산의 보험계약금액은 그 재산에 의하여 담보된 국세·가산금과 체납처분비의 합계액(선순위에 피담보채권이 있을 때는 그 피담보채권액을 가산한 금액) 이상이어야 함(지기예 법65-3).

사례 「국세기본법」 제29조 및 같은 법 기본통칙 3-5-1…29에 의거 비상장주식의 납세담보물 제공 불가능함(징세 46101-1269, 2000.8.25.).

사례 담보로 제공하고자 하는 토지의 동일 지번 상에 건물이 정착되어 있을 경우 토지만으로도 담보의 여력이 충분하다고 인정될 경우에는 토지만을 담보로 제공할 수 있음(징세 01254-987, 1992.3.10.).

사례 기술신용보증기금은 「국세기본법」 제29조 제5호의 세무서장이 확실하다고 인정하는 보증인의 범위에 포함됨(징세 01254-3116, 1989.6.22.).

사례 공탁서를 국채·지방채 또는 유가증권으로 볼 수 없음(조심 2010서4033, 2011.4.14.).

② 납세담보의 평가(지기법 §66, 구 §86)

납세담보의 가액 평가는 다음에 따른다.

담보종류	평가
국채 또는 지방채	담보로 제공하는 날의 전날을 평가기준일로 하여 「상속세 및 증여세법 시행령」 제58조 제1항을 준용하여 계산한 가액(2015.12.31. 이전은 시가)
유가증권	담보로 제공하는 날의 전날을 평가기준일로 하여 「상속세 및 증여세법 시행령」 제58조 제1항을 준용하여 계산한 가액 ☞ 유가증권시장 또는 코스닥시장에 상장된 유가증권 중 매매된 사실이 있는 것은 담보로 제공하는 날의 전일에 유가증권시장 또는 코스닥시장에서 공표하는 최종시세가액으로 하고, 그 이외의 유가증권은 담보로 제공하는 날의 전일에 「상속세 및 증여세법 시행령」 제58조 제1항 제2호의 규정을 준용하여 계산한 가액으로 함.
납세보증보험증권	보험금액
납세보증서	보증금액
토지, 주택, 주택 외 건축물, 선박, 항공기 및 건설기계	시가표준액[93]
공장재단, 광업재단	감정기관이나 그 재산의 감정평가에 관하여 전문적 기술을 보유하는 자의 평가액[94]

사례 납세보증인의 납세의무 범위(납세보증의 한도)(국심 2003서1607, 2003.9.17.)

「국세기본법」제30조 제4호에 의하면 "납세담보가액의 평가 시 납세보증서는 보증액에 의한다"라고 규정되어 있고, 청구인이 당초 ○○○(주)에 대한 납세보증 당시 ○○○(주)의 추후 발생할 국세체납액까지 부담하겠다는 의사표시가 없었던 사실로 보아, 처분청은 청구인이 ○○○(주)에 대하여 납세보증한 총 금액 80,000천 원 한도 내에서 ○○○(주)에 대한 납세의무를 이행하여야 할 것으로 판단됨.

③ 담보의 제공방법(지기법 §67, 구 §87)

납세담보를 제공할 때에는 담보할 지방세의 100분의 120(현금 또는 납세보증보험증권의 경우에는 100분의 110[95]) 이상의 가액에 상당하는 담보를 제공하여야 한다. 다만, 그 지방세가 확정되지 아니한 경우에는 지방자치단체장이 정하는 가액으로 하여야 한다.

납세담보의 제공방법은 다음과 같다.

담보종류	제공방법
금전 또는 유가증권	공탁하고 그 공탁영수증 지방자치단체장에게 제출. 다만, 등록된 국채·지방채 또는 사채의 경우에는 담보제공의 뜻을 등록하고 그 등록확인증 제출
납세보증보험증권 또는 납세보증서	보험증권 또는 보증서 지방자치단체장에게 제출 ☞ 납세보증보험증권의 보험기간이 납세담보를 필요로 하는 기간에 30일 이상을 더한 것. 다만, 납부기한이 확정되지 아니한 지방세의 경우 지방자치단체장이 정하는 기간
토지, 주택, 주택 외 건물, 선박, 항공기, 건설기계 또는 공장재단·광업재단	등기필증, 등기완료 통지서 또는 등록 확인증 지방자치단체장에게 제시, 지방자치단체장은 이에 따라 저당권의 설정을 위한 등기 또는 등록의 절차를 밟아야 함.

☞ '공탁'이라 함은 금전, 유가증권, 기타의 물품을 「공탁법」제4조의 공탁절차에 따라 공탁서를 작성하고 지정된 공탁소(대법원장이 지정하는 은행 또는 창고업자)에 임치하는 것을 말한다.

☞ '담보제공의 뜻을 등록한다'라 함은 「국채법」제6조(등록국채의 이전)와 「공사채등록법」제8조(등록공사채의 담보충용) 등의 규정에 의하여 등록하는 것을 말한다(지기예 법67-1 참조).

---

93) 국세 : 토지와 건축물은 「상속세 및 증여세법」제61조를 준용하여 평가한 가액

94) 국세 : 공장재단, 광업재단 선박, 항공기 및 건설기계는 「감정평가 및 감정평가사에 관한 법률」에 따른 감정평가업자의 평가가액 또는 「지방세법」에 따른 시가표준액

95) 은행지급보증서의 경우 납세담보비율을 담보할 국세의 100분의 120에서 100분의 110으로 개정한 「국세기본법 시행령」제14조 제1항 본문 규정은 2012.6.26. 이후 최초로 납세담보를 제공하는 경우에 적용되는 것이고, 납세자가 2012.6.26. 이전에 발급받은 은행지급보증서의 납세담보비율을 100분의 110으로 변경하여 재발급받아 제출하는 경우에는 적용되지 아니함(징세과-1060, 2012.9.28.).
〈종전 해석〉
은행지급보증서를 납세담보 제공 시 보증서가액의 범위(징세 46101-1136, 1996.4.15.)
100분의 120 이상의 가액에 상당하는 담보를 제공하여야 하는 것임.

☞ 제시된 등기필증 또는 등록확인증이 사실과 부합하는지 조사하여 다음 어느 하나에 해당하는 경우에는 다른 담보를 제공하게 하여야 한다.

　ⓐ 「지방세기본법」 또는 지방세관계법에 따라 담보제공이 금지되거나 제한된 경우. 다만, 주무관청의 허가를 받아 제공하는 경우는 제외한다.
　ⓑ 「지방세기본법」 또는 지방세관계법에 따라 사용·수익이 제한된 것으로 담보의 목적을 달성할 수 없다고 인정된 경우
　ⓒ ⓐ, ⓑ 외에 담보의 목적을 달성할 수 없다고 인정된 경우

보험에 든 주택, 주택 외의 건축물, 공장재단·광업재단, 선박, 항공기 또는 건설기계를 납세담보로 제공하려는 자는 그 화재보험증권을 제출하여야 한다. 이 경우 그 보험기간은 납세담보를 필요로 하는 기간에 30일 이상을 더한 것이어야 하며, 저당권을 설정하기 위한 등기 또는 등록을 하려는 경우에는 다음 사항을 적은 문서로 등기·등록관서에 촉탁하여야 한다.

> ① 재산의 표시
> ② 등기 또는 등록의 원인과 그 연월일
> ③ 등기 또는 등록의 목적
> ④ 저당권의 범위
> ⑤ 등기 또는 등록 권리자
> ⑥ 등기 또는 등록 의무자의 주소 또는 영업소와 성명

> **사례** 납세담보로 제공한 건설기계는 「국세기본법」에서 규정하고 있는 보험에 가입된 것인지 여부가 불분명하고, 동 건설기계를 납세담보로 제공하면서 화재보험증권을 제출하지 아니하여 연부연납 허가조건을 충족하였다고 볼 수 없음(심사기타 2006－39, 2006.6.26.).

> **사례** 세법에서 납세담보의 제공을 필요로 하는 경우에만 제3자 소유의 부동산을 납세담보로 제공할 수 있으며, 부동산의 납세담보 제공방법은 「국세기본법」 제31조 제3항의 규정에 의하여 "부동산등기필증"을 세무서장에게 제시하고 세무서장은 이에 의하여 저당권의 설정을 위한 등기절차를 밟는 것임(징세 46101－965, 1995.4.19.).

> **사례** 사법상 계약에 의한 납세보증은 조세법상 무효임(대법원 83누715, 1986.12.31.).
> 부족되는 체납세액의 징수를 확보할 목적으로 위 소외 회사 소유이었던 공장 건물과 그 기계기구를 XXXX은행으로부터 매수하여 새로 사업장을 개설하고자 사업자등록증의 발급을 신청한 원고에게 사업자등록증의 발급을 구실삼아 위 소외 회사의 체납세액에 대한 납세보증을 요구하여 원고로부터 그 판시와 같은 내용의 납세보증서를 제출받았다는 것이니 사실이 이와 같다면 위의 납세보증행위는 조세법상의 규정에 의한 납세담보의 제공이 아니라 사법상의 보증계약에 의한 납세의 보증이라 할 것이므로 이와 같은 납세보증은 위에서 본 법리에 따라 무효라 할 것임.

> **사례** 체납자 처벌을 면하기 위해 수증 부동산 납세담보 제공(국심 99전729, 2001.11.26.)
> 청구인들이 한 납세보증행위는 조세법상의 규정에 의한 납세담보의 제공이 아니라 체납자의 체납처분을 목적으로 하여 청구인들이 체납자로부터 증여받은 부동산을 납세담보로 제공한 것이므로 이는 사법상의 보증계약에 의한 납세의 보증에 불과한 것으로 판단됨. 이 건 사실관계와 전시 법리

의 취지를 종합하여 보면, 청구인들의 납세담보제공은 무효라 할 것이므로 청구인들이 납세담보를 제공한 후 이에 기하여 처분청이 1998.6.16. ○○지방법원 접수 제36458호로써 나라 앞으로 경료된 채권최고액 400,000,000원으로 된 근저당권설정등기는 이를 말소등기 촉탁하여야 할 것이고 동 근저당권 설정등기에 기하여 진행 중인 공매처분 또한 무효임을 선언하는 뜻에서 취소함이 마땅하다 할 것임(국심 93구1818, 1993.10.7. 참조).

④ 담보의 변경과 보충(지기법 §68, 구 §88)

납세담보를 제공한 자는 지방자치단체장의 승인을 받아 그 담보를 변경할 수 있으며, 납세담보물의 가액 또는 보증인의 지급능력의 감소, 그 밖의 사유로 그 납세담보로써 지방자치단체의 징수금의 납부를 담보할 수 없다고 인정하면 담보를 제공한 자에게 담보물의 추가제공 또는 보증인의 변경을 요구할 수 있다.

┌─ **그 밖의 사유(국기통 32-0…1)** ─┐

① 담보로 제공된 후 그 담보물에 대하여 소유권의 귀속에 관한 소가 제기된 경우 등으로 담보로서의 효력에 영향이 있다고 인정된 때
② 담보물에 설정된 보험계약이 효력을 잃은 때
③ 담보로 제공된 후에 압류조세채권이 증가함으로써 그 담보물로서는 지방세, 가산금 및 체납처분비의 납부를 담보할 수 없다고 인정된 때

지방자치단체장은 납세자가 이미 제공한 납세담보를 변경하려는 경우에 다음 어느 하나에 해당하면 이를 승인하여야 한다.

① 보증인의 납세보증서를 갈음하여 다른 담보재산을 제공한 경우
② 제공한 납세담보의 가액이 변동되어 과다하게 된 경우
③ 납세담보로 제공한 유가증권 중 상환기간이 정해진 것이 그 상환시기에 이른 경우

납세담보의 변경승인신청은 [별지 제57호 서식](납세담보 변경승인 신청서)으로, 납세담보물의 추가제공이나 보증인의 변경요구는 [별지 제58호 서식](납세담보물의 추가제공(보증인의 변경) 요구서)으로 하여야 한다.

한편, 공시지가 상승으로 납세담보 평가액이 과다하게 된 경우 납세담보의 변경승인 신청사유가 되는 것이다(서면1팀-742, 2007.6.7.).

⑤ 담보에 따른 납부와 징수(지기법 §69, 구 §89)

납세담보로써 금전을 제공한 자는 그 금전으로 담보한 지방자치단체의 징수금을 납부할 수 있으며 신청한 금액에 상당하는 지방자치단체의 징수금을 납부한 것으로 본다.

납세담보의 제공을 받은 지방자치단체의 징수금이 담보의 기간 내에 납부되지 아니할 때에는 그 담보로써 그 지방자치단체의 징수금을 징수한다. 이 경우 납세담보가 금전이면 그 금전을 해당 지방자치단체의 징수금에 충당하고, 납세담보가 금전 외의 것이면 다음의 구분에 따른 방법으로 징수하거나 환가한 금전을 해당 지방자치단체의 징수금에 충당한다.

> ① 국채·지방채나 그 밖의 유가증권, 토지, 주택, 주택 외의 건축물, 공장재단·광업재단, 선박,
>   항공기 또는 건설기계인 경우
>   - 「지방세기본법」 제5장 제10절(압류재산의 매각)에서 정하는 공매절차에 따라 매각
> ② 납세보증보험증권인 경우
>   - 해당 납세보증보험사업자에게 보험금의 지급을 청구
> ③ 납세보증서인 경우
>   - 납세보증인으로부터의 징수절차에 따라 징수

'공매절차에 따라 매각'이란 압류 등의 절차없이 담보권의 행사로서 지방자치단체장이 매각하는 것을 말하며, 납세담보를 환가한 금액이 징수할 지방세·가산금과 체납처분비에 충당하고 남은 경우에는 「지방세징수법」 제3장 제11절(청산, 구 「지방세기본법」 5장 11절, 2015년 이전 「지방세기본법」 제98조)에서 정하는 공매대금의 배분방법에 따라 배분한 후 납세자에게 지급한다. 그리고 납세담보를 제공하고 담보의 기간 내에 지방세·가산금과 체납처분비를 납부하지 않은 경우 별도의 고지나 압류 등의 절차없이 담보권의 행사로서 납세담보물을 매각하여 징수할 수 있다. 지방자치단체장은 납세담보로 지방자치단체의 징수금을 징수하였을 때에는 지체 없이 납세담보에 의한 징수통지서를 납세담보를 제공한 자에게 보내야 한다.

> **사례** 담보로 제공받은 유가증권에 대한 처분 조치를 하지 아니하여 정당한 사유로 가산세 부과할
> 수 없는 경우(대법원 95누17274, 1996.10.11.)
> 납세자에게는 납세담보를 제공할 아무런 이유도 없고 담보를 제공한 후에도 언제든지 처분청으로부터 반환받아 처분할 수 있었던 경우 처분청으로서는 납세자가 자금사정으로 납부기한에 세액을 납부할 수 없을 것을 예상하고 미리 환가 및 세액 충당 신청을 하였을 때 담보로 제공받은 유가증권을 반환하여 납세자로 하여금 이를 처분하여 세액을 납부할 수 있도록 하는 등의 조치를 하였어야 함에도 이러한 조치를 하지 아니하였다면, 심한 경영난을 겪고 있던 납세자가 연장된 납부기한에도 세액을 납부하지 못한 데에는 정당한 사유가 있어 가산세를 부과할 수 없음.

⑥ 담보의 해제(지기법 §70, 구 §90)

지방자치단체장은 납세담보의 제공을 받은 지방자치단체의 징수금이 납부되면 지체 없이 담보해제의 절차를 밟아야 하며, 저당권의 등기 또는 등록을 촉탁한 경우 [별지 제61호 서식](납세담보 해제에 따른 저당권말소 등기(등록)촉탁서)에 따라 등기·등록 관서에 저당권 말소의 등기 또는 등록을 촉탁하여야 한다.

납세담보의 해제는 그 뜻을 적은 문서를 납세담보를 제공한 자에게 통지함으로써 한다. 이 경우 납세담보를 제공할 때 제출한 관계 서류가 있으면 그 서류를 첨부하여야 한다.

사례 납부기한 연장을 위해 납세담보를 제공하는 자가 납세담보를 제공하고 담보제공에 관련된 국세·가산금과 체납처분비를 납부하고 납세담보 해제 요청을 한 경우 동 근저당과 관련한 납세담보의 효력은 담보제공에 관련된 국세에만 효력을 미치는 것임(징세과-634, 2011.6.27.).

사례 연부연납세액 각 회분 납부 시 일부 담보 해제 가능(재산상속 46014-1328, 2000.11.4.)

지방세와 다른 채권의 관계

❶ 지방세 우선 징수(지기법 §71, 구 §99)

(1) 지방세 우선 원칙

지방자치단체의 징수금은 다른 공과금과 기타의 채권에 우선하여 징수한다. 여기에서 '공과금'이라 함은 지방자치단체의 징수금과 국세 이외에 체납처분의 예에 의하여 징수할 수 있는 채권을 말하는데, 예를 들면 지방자치단체가 과하는 사용료, 수수료, 부담금, 공공조합의 조합비 등에 이에 해당한다. 여기서 '우선하여 징수한다'라고 함은 납세자의 재산을 강제매각절차에 의하여 매각하는 경우에 그 매각대금 또는 추심금액 중에서 지방세를 우선하여 징수하는 것을 말한다(지기예 법71-1).

(2) 예외

다음의 채권에는 우선하지 못한다.
① 국세 또는 공과금의 체납처분에 있어서 그 체납처분금액 중에서 지방세징수금을 징수하는 경우의 그 국세 또는 공과금의 가산금 또는 체납처분비
② 강제집행, 경매 또는 파산절차로 인하여 생긴 금액 중에서 지방세(2023.12.31. 이전 납세의무성립분은 가산금 포함)를 징수하는 경우 그 강제집행, 경매 또는 파산절차에 든 비용
③ 법정기일 전에 전세권·질권·저당권의 설정을 등기·등록한 사실 또는 「주택임대차보호법」 제3조의 2 제2항 및 「상가건물 임대차보호법」 제5조 제2항에 따른 대항요건과 임대차계약증서상의 확정일자를 갖춘 사실이 대통령령으로 정하는 바에 따라 증명되는 재산의 매각에서 그 매각금액 중 지방세(2023.12.31. 이전 납세의무성립분은 가산금 포함)[그 재산에 대하여 부과된 지방세(2023.12.31. 이전 납세의무성립분은 가산금 포함) 제외]를 징수하는 경우의 그 전세권·질권·저당권에 따라 담보된 채권, 등기 또는 확정일자를 갖춘 임대차계약증서상의 보증금
④ 「주택임대차보호법」 제8조 또는 「상가건물 임대차보호법」 제14조가 적용되는 임대차관계에 있는 주택 또는 건물을 매각할 때 그 매각금액 중에서 지방세(2023.12.31. 이전 납세의무성립분은 가산금 포함)를 징수하는 경우에는 임대차에 관한 보증금 중 일정액으로서 각 규정에 따라 임차인이 우선하여 변제받을 수 있는 금액에 관한 채권
⑤ 사용자의 재산을 매각하거나 추심할 때 그 매각금액 또는 추심금액 중에서 지방세(2023.12.31. 이전 납세의무성립분은 가산금 포함)를 징수하는 경우에는 「근로기준법」 제38조 제2항 및 「근로자퇴직급여 보장법」 제12조 제2항에 따라 지방세(2023.12.31. 이전 납세의무성립분은 가산금 포함)에 우선하여 변제되는 임금, 퇴직금, 재해보상금
⑥ 「채무자 회생 및 파산에 관한 법률」 제477조(재단부족의 경우 변제방법)의 규정에 의거 재단채권으로 있는 지방세가 타의 공익채권 또는 재단채권과 동등 변제되는 것(지기예 법71-17)
⑦ 「관세법」 제3조(관세징수의 우선)의 규정에 의한 관세를 납부하여야 할 물품에 대하여는

관세가 다른 조세 등에 우선하여 관세 징수하나(지기예 법71-17), 국세징수의 예에 따라 관세를 징수하는 경우 체납처분의 대상이 해당 관세를 납부하여야 하는 물품이 아닌 재산인 경우에는 관세의 우선순위는 「국세기본법」에 따른 국세와 동일

1) 강제집행, 경매 또는 파산 절차에 든 비용

'강제집행, 경매 또는 파산 절차에 든 비용'에는 다음에 계기하는 비용이 포함된다(지기예 법71-2).

① 강제집행의 경우

강제집행의 준비비용인 집행문의 부여, 판결의 송달, 집행신청을 하기 위한 출석에 필요한 비용(재판 외의 비용에 한함) 등과 강제집행의 개시에 의하여 발생한 비용인 집달관의 수수료, 체당금(위임사무처리의 비용), 감정비용, 담보공여의 비용, 압류재산의 보존비용 등에서 채무자가 부담하여야 할 비용

② 「민사소송법」에 의한 경매절차의 경우

①에 준하는 비용

③ 파산절차의 경우

「채무자 회생 및 파산에 관한 법률」 제473조(재단채권의 범위) 제3호에 규정한 관리, 환가 및 배당에 관한 비용, 같은 법 제348조 제1항 단서의 규정에 의거 파산관재인이 파산재단을 위한 강제집행 등의 절차를 속행하는 경우의 비용 등

2) 전세권 · 질권 · 저당권 · 주택임대차보증금 · 임금채권

① 전세권

'전세권'이라 함은 전세금을 지급하고 타인의 부동산을 점유하여 그 부동산의 용도에 좇아 사용 · 수익하는 것을 내용으로 하는 권리로서 등기된 것을 말하며(지기예 법71-4), 전세권에 의하여 담보되는 채권액의 범위는 전세금 외에 위약금이나 배상금 등으로 등기된 금액을 포함한다(지기예 법71-5).

② 질권

질권에는 납세자에 대한 채권으로 납세자의 재산에 질권을 설정하고 있는 경우와 납세자 이외의 자에 대한 채권으로 납세자의 재산에 질권을 설정하고 있는 경우(납세자가 물상보증인이 되고 있는 경우 등)를 포함하며(지기예 법71-6), 질권에 의하여 담보되는 채권액의 범위에는 설정행위에 특별한 규정이 없는 한 「민법」 제334조에서 규정하는 원본, 이자, 위약금, 질권실행비용, 질물보존의 비용 및 채무불이행 또는 질물의 하자로 인한 손해배상금 등이 포함된다(지기예 법71-7).

③ 저당권

'저당권'이라 함은 채무자 또는 제3자(물상보증인)가 채무의 담보로 제공한 부동산 기타의 목

적물을 채권자가 인도받지 아니하고 담보제공자의 사용·수익에 맡겨두면서 변제가 없을 때에 그 목적물로부터 우선변제를 받는 것을 목적으로 하는 담보물권을 말하며, 저당권에는 「민법」 제357조의 근저당을 포함하며, 지방세채권보다 우선하는 지방세의 법정기일 전에 설정등기된 저 당권의 범위에는 본인의 채무를 담보하기 위해 설정등기한 저당권은 물론, 제3자를 위한 연대보 증채무를 담보하기 위해 설정등기한 저당권도 포함된다(지기예 법71-8). 지방세에 우선하는 채권 액은 저당권이 설정된 재산의 가액을 한도로 하며, 그 '매각대금'에는 부합물, 종물, 과실 등 저당 권의 효력이 미치는 것의 매각대금을 포함한다(지기예 법71-9).

　㉠ 저당권에 의하여 담보되는 채권액의 범위

　　채권의 원금, 이자, 위약금, 채무불이행으로 인한 손해배상 및 저당권실행비용을 포함하되 등기된 채권최고액의 범위 이내에 한한다(지기예 법71-10).

　㉡ 후순위저당채권 등에의 배당

　　저당채권 등에 우선하는 지방세채권에 대한 배당없이 저당권 등이 경락대금 등을 배당받았 으면 지방세채권을 부당이득한 것으로 본다(지기예 법71-11).

④ 대항요건과 임대차계약증서상의 확정일자를 갖춘 임대차보증금

⑤ 입증서류

　전세권·질권·저당권의 설정을 등기·등록한 사실 또는 「주택임대차보호법」 제3조의 2 제2 항 및 「상가건물 임대차보호법」 제5조 제2항에 따른 대항요건과 임대차계약증서상의 확정일자를 갖춘 사실은 다음 어느 하나에 해당하는 것으로 증명한다.

　㉠ 부동산등기부 등본
　㉡ 공증인의 증명
　㉢ 질권에 대한 증명으로서 지방자치단체장이 인정하는 것
　㉣ 금융회사 등의 장부 등으로 증명되는 것으로서 지방자치단체장이 인정하는 것
　㉤ 그 밖에 공부(公簿)상으로 증명되는 것

3) 소액 임대차보증금

○ 임차인이 우선변제 받을 수 있는 채권(지기예 법71-12)
　① 「주택임대차보호법」 제8조의 경우
　　㉠ 서울특별시 : 보증금 7,500만 원 이하인 경우에 대하여 2,500만 원 이하의 금액
　　㉡ 「수도권정비계획법」에 따른 과밀억제권역(서울특별시는 제외) : 보증금 6,500만 원 이 하인 경우에 대하여 2,200만 원 이하의 금액
　　㉢ 광역시(「수도권정비계획법」에 따른 과밀억제권역에 포함된 지역과 군지역은 제외), 안 산시, 용인시, 김포시 및 광주시 : 보증금 5,500만 원 이하인 경우에 대하여 1,900만 원

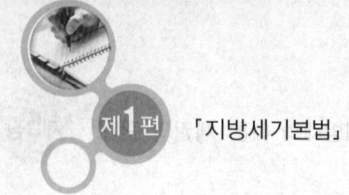
이하의 금액

ⓛ 그 밖의 지역 : 보증금 4,000만 원 이하인 경우에 대하여 1,400만 원 이하의 금액

② 「상가건물임대차보호법」 제14조의 경우

ㄱ 서울특별시 : 보증금 5,000만 원 이하인 경우에 대하여 1,500만 원 이하의 금액

ㄴ 「수도권정비계획법」에 따른 과밀억제권역(서울특별시 제외) : 보증금 4,500만 원 이하인 경우에 대하여 1,350만 원 이하의 금액

ㄷ 광역시(「수도권정비계획법」에 따른 과밀억제권역에 포함된 지역과 군지역은 제외), 안산시, 용인시, 김포시 및 광주시 : 보증금 3,000만 원 이하인 경우에 대하여 900만 원 이하의 금액

ㄹ 그 밖의 지역 : 보증금 2,500만 원 이하인 경우에 대하여 750만 원 이하의 금액

 「주택임대차보호법」 제8조 또는 「상가건물임대차보호법」 제14조에 의한 소액임차보증금이 지방세보다 우선하기 위하여는 「국세징수법」 제67조의 공매공고일 이전에 「주택임대차보호법」 제3조 또는 「상가건물임대차보호법」 제3조에 의한 대항력을 갖추어야 함.

4) 임금채권

○ **임금채권 등의 우선변제(지기예 법71 - 13)**

임차인의 보증금 중 일정액 및 임금채권과 지방세 등 다른 채권과의 우선순위에 관하여는 「지방세기본법」 제99조 제1항 제4호 및 제5호, 「주택임대차보호법」 제8조 그리고 「근로기준법」 제38조 제2항의 규정을 종합하여 판단하여야 하는바, 그 우선순위는 다음과 같다.

① 압류재산에 법정기일 전에 질권 또는 저당권에 의하여 담보된 채권이나 등기 또는 확정일자를 갖춘 임대차계약증서상의 보증금이 있는 경우

(1순위) 임차인의 보증금 중 일정액, 최종 3월분의 임금과 최종 3년간의 퇴직금 및 재해보상금

(2순위) 질권 또는 저당권에 의하여 담보된 채권

(3순위) 최종 3월분 이외의 임금 및 기타 근로관계로 인한 채권

(4순위) 지방세

(5순위) 일반채권

② 압류재산에 지방세의 법정기일 이후에 질권 또는 저당권에 의하여 담보된 채권이나 등기 또는 확정일자를 갖춘 임대차계약증서상의 보증금이 있는 경우

(1순위) 임차인의 보증금 중 일정액, 최종 3월분의 임금과 최종 3년간의 퇴직금 및 재해보상금

(2순위) 지방세

(3순위) 질권 또는 저당권에 의하여 담보된 채권

(4순위) 최종 3월분 이외의 임금 및 기타 근로관계로 인한 채권

(5순위) 일반채권

③ 압류재산에 질권 또는 저당권에 의하여 담보된 채권이나 등기 또는 확정일자를 갖춘 임대차계약증서상의 보증금이 없는 경우
(1순위) 임차인의 보증금 중 일정액, 최종 3월분의 임금과 최종 3년간의 퇴직금 및 재해보상금
(2순위) 최종 3월분 이외의 임금 및 기타 근로관계로 인한 채권
(3순위) 지방세
(4순위) 일반채권

「근로기준법」 제38조 제2항 및 「근로자퇴직급여 보장법」 제11조 제2항에 따라 지방세와 가산금에 우선하여 변제되는 임금, 퇴직금, 재해보상금이라 함은 최종 3개월분의 임금과 퇴직금 및 재해보상금은 사용자의 총재산에 대하여 질권 또는 저당권에 의하여 담보된 채권, 조세, 공과금 및 다른 채권에 우선하여 변제되는 것을 말한다.

지방세(국세) 등을 징수하기 위하여 사용자의 재산을 매각하거나 추심하는 경우 「근로기준법」 제37조 제2항 각호에 해당하는 임금채권은 항상 국세에 우선하여 변제되나 그 외의 임금채권은 지방세(국세)의 법정기일 전에 질권 또는 저당권에 의하여 담보된 채권이 있는 경우에 한하여 지방세(국세)보다 우선 변제되는 것이다(서면1팀-1012, 2005.8.26.).

우선권 있는 임금채권자 및 소액임차인은 지방자치단체장(세무서장)이 배분계산서작성 전까지 노동부지방사무소에서 발급하는 체불임금사실확인원, 임대차계약서 및 주민등록등본 등 우선권 및 채권을 증명하는 서류를 첨부하여 교부청구하여야 한다.

「근로기준법」 제37조(현행 제38조 제2항)가 규정하고 있는 임금채권의 지방세(국세)에 대한 우선변제권은 채무자의 재산에 대하여 강제집행을 하였을 경우에 그 강제집행에 의한 환가금에서 지방세(국세)에 우선하여 변제받을 수 있음에 그치는 것이고, 이미 과세관청에 의하여 이루어진 압류처분의 효력까지도 배제하여 그보다 우선적으로 직접 지급을 구할 수 있는 권한을 부여한 것으로 볼 수 없는 것이므로, 제3채무자가 전부명령 도달 전에 과세관청에 의하여 압류된 채무를 과세관청에게 지급한 것은 정당한 것이다(징세 46101-3066, 1998.11.4.).[96]

한편, 「국세징수법」 제81조 제1항 제3호의 규정은 압류재산의 매각대금을 배분받을 수 있는 우선권 있는 채권을 예시한 것에 불과할 뿐 이를 한정적으로 열거한 것은 아니라고 할 것이므로, 「근로기준법」 제37조 소정의 임금채권도 「국세기본법」 제35조 제1항 제5호가 규정한 바와 같이 그것이 일반채권에 우선하는 채권인 이상 체납처분의 청산절차에서 압류재산의 매각대금을 배분받을 채권에 당연히 포함된다고 할 것이고, 이와 같이 임금채권이 압류재산 매각대금의 분배대상에 포함되는 이상 체납처분절차를 주관하는 기관은 그에 대하여 배분할 금액을 직권으로 확정하여 배분계산서를 작성하여야 한다. 임금채권자가 체납처분의 청산절차에서 압류재산 매각대금 배분 시까지 배분요구를 하지 아니하였다는 등의 사유로 그에게 배분되어야 할 금액 상당의 금원

---

96) 이 해석은 지급 자체가 정당하다는 의미이지 부당이득금반환소송이 불가능하다는 의미는 아닌 것으로 판단됨.

이 후순위채권자에게 배분되었다면, 임금채권자는 자신의 우선변제권을 주장하여 후순위채권자를 상대로 그 금원의 반환을 구하는 부당이득금반환청구를 할 수 있다(대법원 2000다15869, 2000.6.9., 대법원 2002다64254, 2003.1.24.)라고 판시하고 있어서 전부명령 절차를 취하지 않거나 배분요구를 하지 아니하였다는 등의 사유로 후순위자에게 배분 또는 지급 등이 되었더라도 「근로기준법」 제38조 제2항 또는 「근로자퇴직급여 보장법」 제12조 제2항에 따라 지방세(국세)(2023.12.31. 이전 납세의무성립분은 가산금 포함)에 우선하여 변제되는 임금, 퇴직금, 재해보상금, 그 밖에 근로관계로 인한 채권은 우선변제권을 주장하여 부당이득금반환소송을 할 수 있을 것으로 판단된다.

> **사례** 임금채권자가 공매대금으로부터 배분을 받기 위해서는 배분계산서가 작성되기 전까지 배분요구를 해야 하는 것임(기법 46101-207, 1997.6.7.).
>
> 임금채권자가 당해 채권을 보전하기 위하여 세무서장이 압류한 부동산을 가압류한 상황에서 동 부동산의 공매절차가 진행 중인 경우 임금채권자의 가압류는 공매대금에 대한 배분요구의 효력이 없는 것이며, 임금채권자가 공매대금으로부터 배분을 받기 위해서는 「국세징수법」 제83조의 규정에 의한 배분계산서가 작성되기 전까지 배분요구를 해야 하는 것임.

5) 채무자 회생절차와 지방세의 우선 적용 판단

「채무자 회생 및 파산에 관한 법률」[97]에 의하여 회생절차가 개시된 경우에는 당해 법률에 의하여 다른 공익채권 또는 재단채권과 동등하게 변제되는 것이며 지방세 우선의 효력이 미치지 아니한다.

「채무자 회생 및 파산에 관한 법률」에서는 회사재산 부족의 경우의 변제방법에 있어서 회사재산이 공익채권의 총액을 변제하기에 부족한 것이 명백하게 된 때에는 공익채권은 법령에 정하는 우선권에 불구하고 아직 변제하지 아니한 채권액의 비율에 따라 변제한다(단, 공익채권에 관하여 존재하는 유치권, 질권, 저당권, 전세권과 우선특권의 효력에 영향을 미치지 아니한다). 따라서 지방세 채권의 우선과 「채무자 회생 및 파산에 관한 법률」 상의 공익채권의 변제방법이 상이한 경우 공익채권은 채권액의 비율에 따라 변제되는 것이므로 지방세 채권의 경우에도 동일한 회생채권의 연장선상에서 판단되어야 한다. 따라서 공익채권 또는 재단채권과 동등 변제된다고 규정하고 있다.

「채무자 회생 및 파산에 관한 법률」 제118조, 제179조, 제180조, 제251조에 의하면 조세채권중 납부기한이 도래하지 아니한 것은 공익채권으로 회생절차의 제한 없이 수시로 회생채권에 우선하여 변제를 받을 수 있으나, 납부기한이 도래한 경우 비록 조세채권이라 하더라도 다른 회생채권과 마찬가지로 신고가 필요하고, 개별적인 권리행사가 금지됨과 아울러 회생계획에 의하여만 변제받을 수 있으며, 회생계획에 의해 인정되지 아니하는 경우 해당 조세채권은 실권·면책되는데, 「채무자 회생 및 파산에 관한 법률」 제179조 제9호가 규정하는 납부기한은 과세관청의 의사에 따라 결정되는 지정납부기한이 아니라 개별 세법이 객관적이고 명확하게 규정하고 있는 법

---

97) 구 「회사정리법」은 2006.4.1.부터 「채무자 회생 및 파산에 관한 법률」이 제정(법률 제7428호, 2005.3.31., 공포 후 1년이 경과한 날부터 시행)되면서 폐지되었음.

정납부기한을 의미한다(대법원 2010두27523, 2012.3.22. 참조).[98]

회생채권인 조세채권은 다른 회생채권과 마찬가지로 신고가 필요하고(§156 ①), 개별적인 권리행사가 금지됨과 아울러 회생계획에 의하여만 변제받을 수 있으며(§131), 회생계획에서 감면이 이루어질 수도 있음에 반하여(§140), 공익채권인 조세채권은 회생절차에 의하지 않고 수시로 변제받을 수 있고(§180 ①), 회생채권과 회생담보권에 우선하여 변제받을 수 있다(§180 ②). 이처럼 회생채권과 공익채권은 회생절차에서 인정되는 지위가 달라 어떠한 조세채권이 회생채권과 공익채권 중 어디에 해당하는지는 채권자·주주·지분권자 등 다른 이해관계인에게 미치는 영향이 지대하므로 다수 이해관계인의 법률관계를 조절하는 회생절차의 특성상 회생채권과 공익채권은 객관적이고 명확한 기준에 의하여 구분되어야만 한다. 조세채권의 납세의무성립일이 회생절차개시결정일 이후에 도래하는 경우 공익채권에 해당하며,[99] 제179조 제9호는 회생절차개시 당시 아직 납부기한이 도래하지 아니한 원천징수하는 조세(다만,「법인세법」제67조의 규정에 의하여 대표자에게 귀속된 것으로 보는 상여에 대한 조세는 원천징수된 것에 한한다), 부가가치세·개별소비세·주세 및 교통·에너지·환경세, 본세의 부과징수의 예에 따라 부과징수하는 교육세 및 농어촌특별세, 특별징수의무자가 징수하여 납부하여야 하는 지방세를 공익채권으로 규정함으로써, 이들 조세의 경우 납부기한의 도래 여부를 공익채권이 되는 기준으로 삼고 있다.

「채무자 회생 및 파산에 관한 법률」은 원칙적으로 조세채권을 일반채권과 동등하게 취급하여 회생절차개시 전의 원인으로 생긴 조세채권을 회생채권에 포함시키되(§118 1), 회생절차개시 후에 생긴 조세채권은 채무자의 업무 및 재산의 관리와 처분에 관하여 성립한 것과 같이 예외적인 경우에만 공익채권으로 인정하고 있다(§179 각 호 등). 여기서 '회생절차개시 전의 원인으로 생긴 조세채권'이란 회생절차개시결정 전에 법률에 따른 과세요건이 충족된 조세채권을 의미하므로(대법원 93누14417, 1994.3.25. 참조), 어느 조세채권이 회생채권에 해당하는지는 회생절차개시 당시 납세의무가 성립하였는지에 따라 결정된다.

> **사례** 공매대금 완납 이후 성립된 조세채권의 배분대상 포함 여부(대법원 2014두4085, 2016.11.24.)
> 세무서장 등은 늦어도 매각대금이 완납되어 압류재산이 매수인에게 이전되기 전까지 성립·확정된 조세채권에 관해서만 교부청구를 할 수 있고, 그 이후에 성립·확정된 조세채권은 설령 배분계산서 작성 전까지 교부청구를 하였더라도 압류재산 매각대금 등의 배분대상에 포함될 수 없다고 보아야 할 것임.

---

98) 부가가치세는 납부기한으로 규정되어 있음.
99) 회사정리절차개시결정일 이후 정리채권으로 신고되지 아니한 중가산금의 실권 여부(징세과-237, 2004.1.31.)
회사정리절차개시결정일 이후에 가산금에 대하여 정리채권으로 신고하지 않은 상태에서 세무서장이 정리계획 안 확정에 동의하여 당해 정리계획인가의 결정이 있은 때에는 당해 신고하지 아니한 가산금은 「회사정리법」 제241조의 규정에 의거 실권소멸되는 것이고, 당해 국세의 납세의무성립일이 회사정리절차개시결정일 이후에 도래하는 경우 「회사정리법」 제102조에 의하여 공익채권에 해당하고, 공익채권은 같은 제209조 제1항에 의하여 정리절차에 의하지 아니하고 수시로 변제받을 수 있는 것임.

> **사례** 회생개시결정 이후 미신고 조세부과처분의 무효성(대법원 2005다43883, 2007.9.6.)
>
> 과세처분의 하자가 단지 취소할 수 있는 정도에 불과할 때에는 과세관청이 이를 스스로 취소하거나 항고소송절차에 의하여 취소되지 않는 한 그로 인한 조세의 납부가 부당이득이 된다고 할 수 없으나, 과세처분의 하자가 중대하고 명백하여 당연무효인 경우에 이 과세처분에 의하여 납세의무자가 납부하거나 징수당한 오납금은 국가 또는 지방자치단체가 법률상 원인 없이 취득한 부당이득에 해당함(대법원 선고 94다28000 판결, 1994.11.11., 대법원 선고 91다32053 전원합의체 판결, 1992.3.31. 등 참조).

> **사례** 소득금액변동통지서가 당해 법인에 대한 회생절차개시 후에 송달되었다면 그 원천징수분 근로소득세 채권은 회생절차개시 후의 원인으로 생긴 것으로서 채무자회생법 상의 회생채권에 해당하지 않는다고 할 것임(대법원 2010.1.28. 선고, 2007두20959 판결 등 참조)(대법원 2012두 23365, 2013.2.28.).

> **사례** 공익채권 판단 시 개별 세법상 법정납부기한으로 함(대법원 2010두27523, 2012.3.22.)
>
> 회생절차에서 과세관청의 의사에 따라 공익채권 해당 여부가 좌우되는 결과를 가져오는 해석은 집단적 이해관계의 합리적 조절이라는 회생절차의 취지에 부합하지 않고, 조세채권이 갖는 공공성을 이유로 정당화되기도 어렵다. 따라서 채무자회생법 제179조 제9호가 규정하는 납부기한은 원칙적으로 과세관청의 의사에 따라 결정되는 지정납부기한이 아니라 개별 세법이 객관적이고 명확하게 규정하고 있는 법정납부기한을 의미하는 것으로 보아야 함.

> **사례** 정리채권으로서 징수 가능한 가산금과 중가산금이라 하더라도 제2차 관계인집회 전까지 정리채권으로 신고하지 않은 경우 실권소멸하는 것으로 판단됨(국심 2003서210, 2003.5.10.).

6) 관세

관세를 납부하여야 할 물품에 대하여는 관세가 다른 조세 등에 우선하여 관세 징수하나, 국세 징수의 예에 따라 관세를 징수하는 경우 체납처분의 대상이 해당 관세를 납부하여야 하는 물품이 아닌 재산인 경우에는 관세의 우선순위는 「국세기본법」에 따른 국세와 동일하다.

> **사례** 국세와 관세의 우선순위 관계(총괄 1231-760, 1971.5.13.)
>
> 「관세법」 제20조에 의하면 관세를 납부하지 아니한 물품은 관세의 담보로 될 뿐만 아니라 당해 미납관세에 대하여는 다른 공과금과 채권에 우선하여 징수하도록 규정하고 있는바, 이 경우에 있어 "다른 공과금"이라 함은 관세를 제외한 국가 및 공공단체의 모든 과징금을 뜻하는 것으로서 국세도 이에 포함하는 것으로 보아야 함. 뿐만 아니라 다른 법률의 규정에 의하여 담보권에 우선한다는 담보권배제규정이 있지 아니하는 한 담보권이 설정되어 있는 채권(국가채권을 포함한다)은 모든 다른 채권에 우선하는 것임.

7) 당해세

법정기일 이전에 저당권이 설정된 채권이라 하더라도 당해세인 경우 지방세 채권이 우선한다.

① 당해 재산에 대하여 부과된 지방세(이하 "당해세")의 범위

재산세, 자동차세(자동차소유에 대한 자동차세에 한정), 지역자원시설세[소방분(2020년 이전은 특정부동산)에 대한 지역자원시설세에 한정] 및 지방교육세(재산세와 자동차세분에 한함)(지기법 §99 ⑤). 한편, 당해세의 범위는 구 「지방세법 시행령」과 관련하여 볼 때 종전(1996년 이후부터 1999년까지)에는 거래과세(취득세, 등록세)가 당해세에 포함되어 있었으나, 2000.1.1.부터는 거래과세가 제외되도록 하였는바, 압류재산에 대한 매각대금으로 배당을 하는 경우에는 당해세의 적용문제는 납세의무성립 당시의 법령을 적용하여 당해세를 인정하여야 하는 것인지 아니면 비록 당해세로 인정하지만 거래과세는 헌법재판소의 결정례에 의거 위헌결정된 만큼 당해세로 인정을 하지 아니할 것인지가 대립되나 현재는 후자처럼 헌법재판소의 결정례에 따라 위헌결정된 만큼 당해세로 인정을 하지 아니한다. 한편, 지방교육세의 경우 2005.1.5. 이후 납세의무가 성립되는 분부터 당해세로서 우선의 원칙이 적용된다.

② 당해세 우선원칙 적용시기

1995.12.6. 개정된 「지방세법」(제4995호) 제31조 제2항 제3호 중 "(그 재산에 대하여 부과된 지방세와 가산금을 제외한다)"는 규정은 1996.1.1.부터 시행되는 것으로서 그 재산에 대하여 부과된 지방세와 가산금이라 하더라도 「지방세법」 제31조 제2항 제3호에서 말하는 법정기일 이전에 설정된 저당권 등에 의하여 담보된 채권으로서 그 설정시기가 이 법 시행일 이전이라면 지방자치단체 징수금이 우선할 수는 없는 것이다(세정 13407-202, 1996.2.22.).

첫째, 1996.1.1. 이후 납세의무가 성립하는 지방세에 대하여는 납세의무성립 당시의 「지방세법」을 적용하여야 하는 것이므로 1996.1.1. 이후에 납세의무가 성립하는 것이라면 당연히 법정기일 이전에 저당권이 설정된 채권이라 하더라도 당해세인 경우에는 지방세 채권이 우선하는 데는 이견이 없는 것이다(대법원 97가단52503, 1998.2.4. 참조).

둘째, 1995.12.31. 이전에 납세의무가 성립하는 지방세에 대하여는 성립 당시의 법령을 적용하여야 하므로 1996.1.1. 이후에는 법정기일 전에 설정한 전세권 등에 의하여 담보된 채권은 지방세에 우선되고(당해세 우선원칙 배제), 1992.1.1.~1995.12.31.에는 '과세기준일' 또는 '납세의무성립일'을 기준으로 그 이전에 설정한 전세권 등에 의하여 담보된 채권은 지방세에 우선된다. 따라서 1995.12.31. 이전에 납세의무가 성립하는 지방세에 대하여 1996.1.1. 이후에 배당을 하는 경우에는 배당시점에서 개정 「지방세법」(1995.12.6.)에 의거 당해세 우선의 원칙을 적용하는 것은 곤란한 것이다. 판례(지방법원, 고등법원 판례)를 분석하여 보더라도 납세의무성립일을 기준으로 판단하도록 규정하고 있으며, 따라서 1995.12.31. 이전에 납세의무가 성립하는 경우로서 그 이전에 저당권 등이 설정된 담보채권에 대하여는 지방세가 우선 적용될 수 없는 것이다. 그러므로 1996.1.1. 이후 납세의무가 성립된 지방세에 대하여 그 이전에 저당권 등이 설정되었다고 하더라도 당해세가 우선되나, 1995.12.31. 이전에 납세의무가 성립된 지방세에 대하여는 그 이전에 저당권 등이 설정된 경우 당해세가 우선하지 못한다.

③ 제3자에게 소유권이 이전된 경우 종전 소유자의 당해세 우선원칙

제3자에게 소유권이 이전된 경우 종전 소유자의 당해세는 우선원칙이 적용되지 아니한다. 이의 근거는 다음과 같다.

첫째, 국세와 지방세의 우선권은 납세자의 재산에 대한 강제집행, 경매, 체납처분 등의 강제환가절차에서 국세를 다른 공과금 기타 채권에 우선하여 징수하는 효력을 의미할 뿐 그 이상으로 납세자의 총재산에 대하여 조세채권을 위한 일반의 선취특권이나 특별담보권을 인정하는 것은 아니므로, 우선권을 근거로 이미 제3자 앞으로 소유권이 이전된 재산권을 압류할 수는 없고, 이는 당해 재산에 대하여 부과된 국세의 경우도 마찬가지이다(대법원 96다17424, 1996.10.15.).

둘째, 납세의무자의 소유가 아닌 재산에 의하여 지방세를 징수할 수는 없으므로 체납처분 등에 의하여 납세의무자의 재산이 압류되기 전에 제3자가 그 소유권을 취득하였다면 그 재산에 대하여는 원칙적으로 우선징수권이 미치지 아니한다(대법원 83다카1105, 1983.11.22. 참조). 그러므로 부동산에 대한 강제집행절차가 진행되는 도중에 그 목적물이 제3자에게 양도된 경우에도 그 이전에 양도인의 체납국세에 관하여 체납처분 등으로 압류를 한 바 없다면 그 이후에 그 체납국세에 관하여 교부청구를 하더라도 낙찰대금으로부터 우선 배당을 받을 수 없고, 따라서 그러한 교부청구에 기하여 우선 배당을 받았다면 이는 다른 배당권자에 대한 관계에서 부당이득이 된다고 할 것이다(대법원 98다24396, 1998.8.21.).

셋째, 압류의 대상을 납세자의 재산에 국한하고 있으므로, 납세자가 아닌 제3자의 재산을 대상으로 한 압류처분은 그 처분의 내용이 법률상 실현될 수 없는 것이어서 당연무효라 할 것이다.

④ 신탁재산에 대한 당해세 우선 원칙

「신탁법」 제21조 제1항 단서에서 예외적으로 신탁재산에 대하여 강제집행 또는 경매를 할 수 있다고 규정한 "신탁사무의 처리상 발생한 권리"에는 수탁자를 채무자로 하는 것만이 포함되며, 위탁자를 채무자로 하는 것은 여기에 포함되지 아니한다고 할 것이다(대법원 2012.4.12. 선고, 2010두4612 판결, 대법원 2012.4.13. 선고, 2011두686 판결 등 참조). 따라서 위탁자에 대한 조세채권에 기하여는 수탁자 소유의 신탁재산을 압류하거나 그 신탁재산에 대한 집행법원의 경매절차에서 배당을 받을 수 없음에도 불구하고, 원심은 이와 달리 위탁자인 소외회사에 대한 재산세 및 가산금 채권이 「신탁법」 제21조 제1항 단서의 "신탁사무의 처리상 발생한 권리"에 해당하여 수탁자인 원고 소유의 신탁재산에 대한 경매절차에서 배당받을 수 있다고 판단하였다. 이러한 원심의 판단에는 「신탁법」 제21조 제1항 단서의 "신탁사무의 처리상 발생한 권리"에 관한 법리를 오해하여 판결 결과에 영향을 미친 위법이 있다고 할 것이다(대법원 2010다67593, 2012.7.12.)라고 판시하고 있으며,[100] 「국세기본법」 제35조에 의하여 인정되는 국세의 우선권은 납세자의 재산에 대한 강제집

---

100) 「신탁법」 제21조 제1항에서 신탁재산에 대하여는 강제집행 또는 경매를 할 수 없도록 규정하면서 그 단서에서 신탁 전의 원인으로 발생한 권리 또는 신탁사무의 처리상 발생한 권리에 기한 경우에는 예외로 한다고 규정하고 있는바, 「신탁법」 제21조 제1항 단서에 의하여 강제집행이 허용되는 "신탁사무의 처리상 발생한 권리"라 함은 신탁설정 후에 신탁재산의 관리, 처분으로 인하여 발생한 권리를 의미하므로, 수탁자가 신탁사무를 처리하는 과정인 신탁재산의 보유, 관리하는 과정에서 발생한 당해 조세채권은 「신탁법」 제21조

행, 경매, 체납처분 등의 강제환가절차에서 국세를 다른 공과금 기타 채권에 우선하여 징수하는 효력을 의미할 뿐 그 이상으로 납세자의 총재산에 대하여 조세채권을 위한 일반의 선취특권이나 특별담보권을 인정하는 것은 아니므로, 국세의 우선권을 근거로 이미 제3자 앞으로 소유권이 이전된 재산권을 압류할 수는 없고, 이는 당해 재산에 대하여 부과된 국세의 경우도 마찬가지이다 (대법원 96다17424, 1996.10.15.)라고 판시하고 있다.

상기의 내용을 잘 살펴보면 위탁자(2014년부터는 수탁자)에게 부과된 재산세는 수탁자에게 부과된 재산세가 아니므로 압류 등을 할 수 없다는 것인데, 수탁자 명의로 부과된 당해세는 당연히 지방세 우선원칙에 따라야 하는 것이라는 것이다. 즉 신탁 시 당해세가 우선원칙이 배제되지 아니하는 것이나, 위탁자 명의로 부과된 당해세는 우선원칙이 배제되는 것이다.

참고로, 「신탁법」 제21조 제1항은 신탁재산에 대하여 신탁 전의 원인으로 발생한 권리 또는 신탁사무의 처리상 발생한 권리에 기한 경우에만 강제집행 또는 경매를 허용하고 있는바, 신탁대상 재산이 신탁자에게 상속됨으로써 부과된 국세라 하더라도 「신탁법」 상의 신탁이 이루어지기 전에 압류를 하지 아니한 이상, 그 조세채권이 「신탁법」 제21조 제1항 소정의 "신탁 전의 원인으로 발생한 권리"에 해당된다고 볼 수 없다(대법원 96다17424, 1996.10.15.).

⑤ 원인무효에 의한 원상회복의 경우 당해세 우선 원칙

원인무효에 의해 원상회복되는 경우 원상회복자가 그 당시 공부상 소유자나 실제 사용자가 아니므로 종전 재산세의 부과취소를 하고 원상회복자에게 재부과할 수는 없는 것이다. 이는 변동신고를 하지 아니한 경우 공부상 소유자에게 재산세를 부과한다는 입장이다. 이 경우 재산세 납세의무자가 원상회복자가 아닌 공부상 소유자이므로 원상회복 전에 부과된 재산세가 당해세이므로 전 소유자 명의의 재산세 체납으로 소유권이전 전에 압류된 경우에는 당해세 우선 원칙에 따라 압류가 유효할 수 있다고 볼 수 있으나, 원인무효에 의한 원상회복이므로 등기의 효력이 소급하여 상실되는 것으로서 당초 소유자가 원상회복자로 소급하므로 제3자의 재산세 체납에 대한 압류는 무효라고 판단된다.

(3) 가등기[101]를 담보로 하는 채권

1) 개요

납세의무자를 등기의무자로 하고 채무불이행을 정지조건으로 하는 대물변제의 예약을 근거로

제1항 단서의 "신탁사무의 처리상 발생한 권리" 범위에 포함되는 것으로 봄이 타당하다 할 것이어서, 신탁 재산에 대하여 부과된 재산세 등의 조세채권이 위탁자에게 부과되었다고 하더라도 이는 "신탁사무의 처리상 발생한 권리"에 해당한다고 보아야 할 것이다(조심 2011지664, 2011.11.23.). 이 결정례는 이 대법원판례 (대법원 2010다67593, 2012.7.12.)와 상위한바, 실효된 것으로 보아야 할 것이다.

101) '가등기', '가등록'이라 함은 본등기 또는 본등록을 할 수 있는 형식적 또는 실질적 요건을 완비하지 못한 경우에 장래의 본등기 또는 본등록의 순위보존을 위하여 하는 등기, 등록을 말하며 가등기, 가등록에 기한 본등기, 본등록의 순위는 가등기, 가등록의 순위에 의한다(지기예 법71 - 15).

하여 권리이전의 청구권 보전을 위한 가등기(가등록 포함)와 그 밖에 이와 유사한 담보의 대상으로 된 가등기가 되어 있는 재산을 압류하는 경우에 그 가등기를 근거로 한 본등기가 압류 후에 되었을 때에는 그 가등기의 권리자는 그 재산에 대한 체납처분에 대하여 그 가등기를 근거로 한 권리를 주장할 수 없다. 다만, 지방세(2023.12.31. 이전 납세의무성립분은 가산금 포함)[그 재산에 대하여 부과된 지방세(2023.12.31. 이전 납세의무성립분은 가산금 포함) 제외]의 법정기일 전에 가등기된 재산의 경우에는 그 권리를 주장할 수 있다(지기법 §71 ②).

여기서 '정지조건부 대물변제의 예약'이라 함은 소비대차의 당사자 간에서 채무자가 기한 내에 변제를 하지 않으면 채권담보의 목적물의 소유권이 당연히 채권자에게 이전된다고 미리 약정하는 것을 말하며(지기예 법71-14), 가등기 재산을 압류하거나 공매할 때에는 가등기권리자에게 지체 없이 알려야 한다. 그런데 이 통지를 받지 못한 자라도 지방세보다 우선하는 채권임이 확인되는 경우에는 지방세보다 우선 변제된다(지기예 법71-16).

2) 가등기권리자에 대한 압류 통지

가등기권리자에 대한 압류의 통지는 문서로 한다.

(4) 사해행위의 취소

납세자가 제3자와 짜고 거짓으로 그 재산에 임대차계약, 전세권·질권 또는 저당권의 설정계약, 가등기설정계약 또는 양도담보설정계약을 하고 확정일자를 갖추거나 그 등기 또는 등록 등을 함으로써 그 재산의 매각금액으로 지방자치단체의 징수금을 징수하기가 곤란하다고 인정하면 그 행위의 취소를 법원에 청구할 수 있다. 이 경우 납세자가 지방세의 법정기일 전 1년 내에 그의 특수관계인과 「주택임대차보호법」 또는 「상가건물 임대차보호법」에 따른 임대차계약, 전세권·질권 또는 저당권의 설정계약, 가등기설정계약 또는 양도담보설정계약을 한 경우 통정한 거짓계약으로 추정한다(지기법 §71 ④, 지기령 §87).

☞ 짜고 한 거짓계약으로 추정되는 계약의 특수관계인의 범위

　① 2023.1.1. 이후 : 지기법 §46에 따른 제2차 납세의무를 지는 특수관계인의 범위와 동일

　　이 개정규정은 2023.1.1. 이후 「주택임대차보호법」 또는 「상가건물 임대차보호법」에 따른 임대차계약, 전세권·질권 또는 저당권의 설정계약, 가등기설정계약 또는 양도담보설정계약을 하는 경우부터 적용됨(부칙 §4).

　② 2022.12.31. 이전 : 「지방세기본법 시행령」 제2조의 2의 어느 하나에 해당하는 관계에 있는 자

(5) 지방세 우선하는 채권과 관계있는 재산 압류 통지

지방세에 우선하는 채권과 관계있는 재산을 압류한 경우에는 그 사실을 해당 채권자에게 다음 각 호의 사항을 적은 문서로 통지하여야 한다. 다만, 채권을 가진 자가 여러 명인 경우에는 지방자치단체장이 선정하는 대표자에게 통지할 수 있으며 통지를 받은 대표자는 공고 또는 게시의

방법으로 그 사실을 해당 채권의 다른 채권자에게 알려야 한다.
  ① 체납자의 성명과 주소 또는 영업소
  ② 압류와 관계되는 지방세의 과세연도·세목·세액과 납부기한
  ③ 압류재산의 종류·수량 및 품질과 소재지
  ④ 압류 연월일

(6) 법정기일

'법정기일'은 지방세 채권과 저당권 등에 의하여 담보된 채권간의 우선 여부를 결정하는 기준일을 말한다.

법정기일

  ① 과세표준과 세액의 신고에 의하여 납세의무가 확정되는 지방세
    신고한 당해 세액에 대하여 그 신고일
  ② 과세표준과 세액(2024.1.1. 이후 납세의무성립분부터는 법정납부기한 경과된 후 납부지연가산세[102] 포함)을 지방자치단체가 결정, 경정(2023.12.31. 이전 납세의무성립분은 수시부과 결정 포함)하는 경우
    고지한 당해 세액에 대하여 그 납세고지서의 발송일
  ③ 특별징수의무자로부터 징수하는 지방세
    위의 신고납부규정과 고지하는 규정에 불구하고 그 납세의무자의 확정일
  ④ 양도담보재산 또는 제2차 납세의무자(보증인 포함[103])의 재산에서 지방세를 징수하는 경우
    납부통지서의 발송일
  ⑤ '납기 전 징수' 요건이 성립된 경우로 그 압류와 관련하여 확정된 세액
    그 압류등기일 또는 등록일
  ⑥ 가산세
    납세고지서의 발송일이나(대법원 2000다10076, 2001.4.24.) 본세와 함께 신고된 경우 그 신고일
  ⑦ 가산금[2023.12.31. 이전 납세의무성립분만 적용되며, 2016.1.1. 이후 가산금을 가산하는 고지세액의 납부기한이 지나는 분부터 : 종전도 동일함(대법원 2000다52899, 2001.12.28.).]
    그 가산금을 가산하는 고지세액의 납부기한이 지난 날

☞ '신고일' : 「지방세기본법」 및 같은 법 시행령, 지방세관계법령에 의한 신고서를 지방자치단체장에게 제출하는 날(지기예법71-3)

---

102) 「지방세기본법」 제55조 제1항 제3호·제4호, 제56조 제1항 제2호의 2·제3호에 따른 납부지연가산세를 말함. 여기서 제56조 제1항 제2호의 2에 따른 특별징수 납부지연가산세는 2025년 이후 특별징수 납부지연가산세를 부과하는 경우부터 적용됨.
103) 보증인이 포함되는 이유는 「지방세기본법」 제45조에 제2차 납세의무자(보증인을 포함한다. 이하 같다)라고 규정되어 있기 때문임.

제1편 「지방세기본법」

☛ '발송일'이라 함은 다음의 구분에 의한 날(지기예 법71-3)

① 우편송달의 경우 : 통신일부인이 찍힌 날

② 교부송달의 경우 : 고지서 등을 받아야 할 자에게 교부한 때

③ 공시송달의 경우 : 반송 또는 수령거부된 당초 고지서 등의 발송일. 다만, 주소 불분명 등으로 처음부터 공시송달에 의하는 경우에는 「지방세기본법」 제33조의 규정에 의한 공고일

④ 전자송달의 경우 : 지방세통합정보통신망(2023.1.24. 이전은 지방세정보통신망)에 저장된 때

☛ '압류등기일 또는 등록일' : 등기부 또는 등록부에 기재된 압류서류의 접수일(지기예 법71-3)

사례 체납처분 시 공과금 가산금 공매대금 우선 아님(국심 2007부1043, 2007.5.28.).

「국세징수법」 제57조 및 제58조는 교부청구에 갈음하는 참가압류에 대한 규정인 반면, 이 건은 공과금의 체납처분 시가 아닌 국세의 체납처분 시 그 공매대금 배분에 관한 것이므로 공과금의 가산금이 국세 및 지방세보다 우선배분권이 있다고 해석하기에는 어렵다고 할 것임. 또한, 「국세기본법」 제36조 제1항 및 제2항에 의하면, 국세 및 지방세의 체납처분 시에는 압류선착주의를 규정하고 있으나 공과금에 대하여는 아무런 규정이 없으므로 공과금의 가산금에 대하여 압류선착주의를 적용하여 그 공매대금을 우선 배분하기는 어렵다고 할 것임.

사례 제2차 납세의무자 지정에 따라 납부통지서 발송일 이전에 발생된 가산금 및 중가산금은 근저당권설정일 전으로 배분에 부당하지 않음(조심 2013중2211, 2013.7.12.).

처분청이 강○○에게 가산세를 포함한 납부통지서를 발송한 날(2010.1.14.)이 청구법인의 근저당권설정일(2010.2.12.)보다 앞선다고 할 것임. 그리고 가산금의 법정기일은 「국세기본법」 제35조 제1항 제3호 다목의 규정을 유추하여 가산금 자체의 납세의무가 확정되는 때, 즉 납부고지에서 고지된 납부기한을 도과하는 때로 보아야 하는 바(2010.12.9. 선고, 대법원 2010다70605 판결 참조), 가산금 및 중가산금 중 제2차 납세의무자 지정에 따라 납부통지서 발송일(2010.1.14.) 이전에 발생된 가산금 및 중가산금 또한 청구법인의 근저당권설정일(2010.2.12.)보다 앞서므로 당초 배분에 달리 잘못이 없는 것임.

사례 가산금, 중가산금 및 담보된 채권 간 우선순위(대법원 2000다52899, 2001.12.28.)

가산금 및 중가산금과 저당권 등에 의하여 담보된 채권 사이의 우선순위를 가리는 "법정기일"은 본세가 아니라 가산금 자체를 기준으로 하여 결정하는 것이 타당하다 할 것인바, 가산금은 납기한 또는 그 이후 소정의 기한까지 체납된 세액을 납부하지 아니하면 과세관청의 가산금 확정절차없이 당연히 발생하고 그 액수도 확정되는 점에 비추어 보면, 가산금의 법정기일은 납기한이 경과하여 그 납세의무가 확정되는 날로 봄이 상당함.

사례 가산세 채권과 저당권 등에 의하여 담보된 채권과의 우선순위 기준과 취득세의 신고납부의 무불이행 시 가산세 법정기일(대법원 2000다10076, 2001.4.24.)

「지방세법」 상 가산세 채권과 저당권 등에 의하여 담보된 채권과의 우열을 가릴 때에는 가산세 자체의 법정기일을 기준으로 하여야 함. 구 「지방세법」(1995.12.6. 법률 제4995호로 개정되기 전의 것) 제1조 제1항 제6호에 따르면 보통징수는 세무공무원이 납세고지서를 당해 납세의무자에게 교부하여 지방세를 징수하는 것을 뜻하므로, 같은 법 제31조 제2항 제3호 (나)목에 따라 가산세의 법정기일은 납세고지서의 발송일이 됨.

사례 채권압류 이전에 가압류에 기한 법원으로부터의 전부명령이 없다면 가압류된 채권보다 국세·가산금·체납처분비가 우선하는 것임(서면1팀-126, 2006.2.1.).

1. 「민사소송법」에 의하여 가압류된 채권에 대하여 세무서장의 채권압류 이전에 가압류에 기한 법원으로부터의 유효한 전부명령이 없다면 「국세기본법」 제35조의 국세우선의 원칙에 따라 국세·가산금·체납처분비가 가압류와 관련된 채권보다 우선하는 것임.

① 징세 46101-5572(1994.6.28.)

「민사소송법」에 의하여 가압류가 된 채권을 세무서장이 압류한 경우에 가압류에 관련된 채권과 국세와의 우선권은 그 가압류의 시기에 관계없이 「국세기본법」 제35조 제1항의 규정에 의하여 국세·가산금 또는 체납처분비가 우선하는 것임.

② 징세 46101-766(2000.5.23.)

「국세징수법」 제35조에 의하면 "체납처분은 재판상의 가압류 또는 가처분으로 인하여 그 집행에 영향을 받지 아니한다"라고 규정하고 있으므로 제3채무자는 체납자의 공사대금 미수채권에 대하여 세무서장의 채권압류통지서가 도달하기 이전에 가압류권자로부터의 가압류가 있었더라도 가압류에 기한 법원으로부터의 유효한 전부명령이 없다면 세무서장의 압류내용대로 이행하여야 함.

③ 징세 46101-2965(1994.4.7.)

「민사소송법」에 의한 가압류 또는 그 가압류가 본압류로 이행된 경우에 가압류 또는 본압류에 관련된 채권과 국세와의 우선권은 그 가압류 또는 본압류의 시기에 관계없이 「국세기본법」 제35조 제1항의 규정에 의하여 국세·가산금 또는 체납처분비가 우선하는 것임.

④ 징세 46101-540(1999.3.8.)

납세자의 급여에 대하여 채권자가 가압류 및 추심명령을 받고 채권을 추심하고 있는 중에 세무서장이 급여에 대하여 채권압류를 한 경우 제3채무자는 세무서장의 채권압류통지서를 수령한 날 이후의 지급하는 급여에 대하여는 「국세기본법」 제35조의 국세우선의 원칙에 따라 압류권자인 세무서장에게 지급해야 하며, 재판상 가압류 및 가처분은 체납처분의 집행에 영향을 미치지 아니하므로 제3채무자는 납세자의 급여에 대하여 가압류권자가 있더라도 세무서장의 채권압류 이전에 가압류에 기한 유효한 전부명령이 없다면 세무서장의 압류에 따라 이행하여야 함.

⑤ 징세 46101-8637(1994.11.14.)

「국세기본법」 제35조 제1항 제5호의 규정에 의하여 사용자의 재산을 매각하거나 추심함에 있어서 그 매각금액 또는 추심금액 중에서 국세 또는 가산금을 징수하는 경우에 「근로기준법」 제30조의 2(1989.3.29. 개정된 것) 제2항의 규정에 의하여 국세 또는 가산금에 우선하여 변제되는 최종 3개월분의 임금과 퇴직금 및 재해보상금은 국세·가산금 또는 체납처분비에 우선하는 것이나, 귀 질의의 체불임금이 여기에 해당하는지 여부는 사실판단할 사항임.

❷ 직접 체납처분비의 우선(지기법 §72, 구 §100)

납세자의 재산을 지방자치단체의 징수금 체납으로 인하여 체납처분을 하였을 경우에 그 체납처분비는 당해세나 담보채권에 의한 우선순위에도 불구하고 지방자치단체의 징수금과 국세 및 그 밖의 채권에 우선하여 징수한다.

체납처분비의 범위에는 서류송달비용, 한국자산공사 공매비용 등 체납처분에 소요되는 제반비용이 포함된다.

③ 조세채권 상호 간 우선순위 조정

(1) 압류에 의한 지방세 우선(지기법 §73, 구 §101)

납세자의 재산을 지방자치단체의 징수금의 체납처분에 따라 압류한 경우에 다른 지방자치단체의 징수금 또는 국세의 교부청구가 있으면 압류에 관계되는 지방자치단체의 징수금은 교부청구한 다른 지방자치단체의 징수금 또는 국세에 우선하여 징수한다.

납세자의 재산을 다른 지방자치단체의 징수금 또는 국세의 체납처분에 따라 압류하였을 경우에 지방자치단체의 징수금 교부청구를 하였으면 교부청구에 관계되는 지방자치단체의 징수금은 압류에 관계되는 지방자치단체의 징수금 또는 국세의 다음으로 징수한다.

여기서 '교부청구'라 함은 「국세징수법」 제56조(교부청구), 제57조(참가압류) 등에 의한 교부청구를 말하며, 교부청구는 배당요구종기일(첫 매각기일)까지 해야 한다(「민사집행법」 §84).

1) 압류선착주의

일반채권과 조세채권의 우선순위는 법정기일을 기준으로 판단하면 되는 것이나, 지방세 채권과 동일한 국세의 채권 즉 조세채권의 우선순위를 판단함에 있어서는 채권을 우선 행사하는 날인 채권을 선착수하여 압류하는 날을 기준으로 판단한다. 즉 국세 및 지방세의 체납처분에 의하여 납세자의 재산을 압류한 경우에는 「국세기본법」 제36조[압류에 의한 우선(압류선착주의)]에 의하여 징수 순위를 가리는 것이다(서면1팀-886, 2005.7.21.). 압류선착주의는 국세와 지방세 상호 간 및 지방세 상호 간에는 먼저 압류한 조세가 교부청구한 조세보다 우선한다는 이른바 압류선착주의를 선언함으로써 「민사소송법」 상 평등주의의 예외를 인정하고 있다(대법원 004다44384, 2005.5.27. 참조).

"압류선착주의"의 취지는 다른 조세 채권자보다 조세 채무자의 자산 상태에 주의를 기울이고 조세징수에 열의를 가지고 있는 징수권자에게 우선권을 부여하고자 하는 것이므로, 압류선착주의는 조세채권 사이의 우선순위를 정하는 데 적용할 수 있을 뿐 조세채권과 공시를 수반하는 담보물권 사이의 우선순위를 정하는 데 적용할 수는 없다(대법원 2005두9088, 2005.11.24. 참조).

한편, 압류선착주의는 당해세에는 적용되지 아니한다.

> **사례** 최선순위 압류가 된 이후 참가압류를 하여 이는 교부청구로서의 효력에 불과하므로 압류선착주의가 적용된다고 볼 수 없음(대전지법 2014나101376, 2014.8.14.)
>
> 체납처분에 의하여 선행 압류가 되어 있는 재산에 체납처분을 하고자 하는 자는 교부청구 또는 참가압류의 방식으로 선행의 체납처분 절차에 참가할 수 있을 뿐이고, 이중으로 압류를 하는 것은 허용되지 않는다고 보아야 할 것이며, 이는 선행 압류가 국민건강보험공단의 보험료 등에 대한 체납처분에 의한 것이라도 마찬가지이다. 따라서 이중으로 압류하였다고 하더라도 이는 교부청구 또는 참가압류의 효력밖에는 없으므로(대법원 2008다47732, 2008.10.23. 등 참조), 이와 관계되는 지방세는 이를 교부청구 또는 참가압류한 다른 지방세 또는 국세에 우선하여 징수할 수 없고 그와 동일한 순위로 보아 안분배당하여야 함.

사례 매각처분이 당연무효가 되지 않는 이상 압류만 하고 직접 공매처분 절차를 집행하지 아니한 경우 배분절차에서 우선징수권 없음(대법원 2008다47732, 2008.10.23.)

「지방세기본법」 제99조 제2항 제1호는 그 문언이나 법 규정의 형식상, 자력집행권이 있는 공과금 관련 기관이 납세자의 재산에 압류를 하고 그 압류에 기하여 매각을 한 후 그 매각대금을 배분하는 경우에 한하여 지방세 우선의 원칙에 대한 예외를 인정한 것으로 해석함이 상당하고, 위 조항을 공과금의 가산금 및 체납처분비에 대하여서까지 압류선착주의를 인정한 규정으로 보기는 어렵다고 할 것임.

사례 압류선착주의 원칙은 공매대상 부동산 자체에 대하여 부과된 조세와 가산금(당해세)에 대하여는 적용되지 않음(대법원 2007두2197, 2007.5.10.).

2) 압류선착주의와 충당의 효력

압류선착주의는 체납처분절차에서만 적용될 수 있는 법리인데도 압류에 의하여 개시된 체납처분절차에 의한 것이 아닌 사건에서 먼저 압류통지를 하였다고 하여 우선권이 부여되는 것이 아니라, 충당이 압류통지보다 나중에 이루어졌고 그 효력이 장래에 향하여만 발생하므로 충당함으로써 대항할 수 없는 경우에 해당한다고 할 것이다. 즉 충당이 압류 및 추심 명령이 있은 후 행하여진 이상 그 보다 앞서 이루어진 추심통지의 압류 채권자에게 충당을 들어 대항할 수 없다는 것이다(대법원 2009다27735, 2009.6.11.).

(2) 담보가 있는 지방세의 우선(지기법 §74, 구 §102)

납세담보가 되어 있는 재산을 매각하였을 때에는 압류에 의한 지방세 우선(지기법 §101)에도 불구하고 해당 지방자치단체에서 다른 지방자치단체의 징수금과 국세에 우선하여 징수한다. 여기서 "납세담보물"이라 함은 「지방세기본법」 제29조(담보의 종류) 제2호, 제3호, 제6호 및 제7호의 재산으로 국세에 관한 법률의 규정에 의하여 담보로 제공된 재산(물상보증으로 제공된 제3자의 재산도 포함)을 말한다.

(3) 지방세우선권 등에 배당순위에 대한 이의제기 절차

배당결정에 따른 배당순위에 이의를 제기한 후 법원이 공탁한 제주세무서장 지분의 공탁금을 수령할 경우에는 이 건 배당결정처분은 종결되어 결국 배당순위에 승복하는 효력이 발생한다고 할 것이므로 공탁금수령을 유보한 채 부당이득금반환청구소송 또는 배당이의소송을 제기하여야 하며, 굳이 공탁금을 수령하려고 하면 "공탁금청구서사유란"에 세무서배당금 193,336천 원 중 일부금인 68,261천 원의 출급을 청구합니다라고 표시하여 청구하되, 특히 청구서 사유란의 기재에 유의하여야 할 것이며, 일부금의 청구의 법원의 공탁공무원의 출급을 거부할 경우에는 계속 공탁된 상태가 되는 것이다(징세 01254-4032, 1986.9.1.).

④ 양도담보권자 등의 물적 납세의무(지기법 §75, 구 §103)

(1) 양도담보

양도 물건 자체를 채권자에게 양도하는 방법에 의한 물적담보의 일종으로써 양도담보의 목적은 담보에 있으나 목적물의 소유권은 대외적으로 채권자에게 이전되고 다만, 채권자는 이전받은 권리를 담보 목적 이외에는 행사하여서는 아니된다. 즉 목적물의 사용권은 여전히 채무자에게 남아있고 채권자는 담보목적을 위한 제한된 권리만 취득할 뿐이다.

따라서 '양도담보계약'이란 채권자가 채무변제를 확보하기 위하여 채무자 소유의 부동산을 양도담보로 제공하여 채권자명의로 신탁적인 매매의 형식으로 소유권이전등기를 하여주고 금원을 차용하여 변제기일 안에 이를 변제하면 위 부동산의 소유권이전등기를 말소하기로 한 계약으로서 애초부터 소유권 이전목적이 아니라 채무변제의 확보가 목적이다.[104]

채권담보의 목적으로 담보물의 소유권을 채권자에게 이전하고, 채무자가 변제기에 이행하지 않으면 채권자가 그 목적물로부터 우선변제를 받게 되나, 채무자가 이행을 하는 경우에는 목적물을 그 소유자에게 반환하는 방법에 의한 담보를 말한다. 「민법」이 규정하고 있는 담보제도는 아니지만 경제적 필요에 의해 많이 이용되고 있으며, 판례법상 인정된 제도이다. 그러나 「가등기담보 등에 관한 법률」이 제정됨으로써 소유권 이전등기에 의한 양도담보의 규율이 가능하게 되었다.

양도담보에는 담보목적의 권리가 대외적 관계에서만 이전되는 경우와 대외적으로 뿐만 아니라 당사자 간의 관계에서도 이전되는 2가지 경우가 있다. 이 중 어느 것이든 당사자의 의사가 불분명한 때는 전자, 즉 약한 의미의 양도담보가 행해진 것으로 본다. 양도담보가 행해지면 제3자에 대한 외부관계에서 그 담보물은 완전히 채권자의 소유물이 된다. 그러나 채권자·채무자 당사자 간의 내부관계에서 채권자는 담보의 목적으로만 그 물건의 소유자인 것에 불과하다. 목적물을 점유·이용하는 권리를 누가 갖는가에 대하여는 합의에 의하여 정하나, 실제 관행상 설정자가 갖는 것이 보통이다.

양도담보에서 목적물의 점유를 채권자에게 이전하는 것을 양도질(讓渡質)이라 하고, 채무자가 계속해서 목적물을 점유·이용하는 경우를 양도저당(讓渡抵當)이라고 한다. 채무자가 약정기일까지 변제를 하지 않는 경우 현행 「민법」 하에서 양도담보는 인정되지 않으므로 목적물을 환가 또는 평가해서 피담보채권의 변제에 충당하고 잉여가 있으면 설정자에게 반환해야 한다. 그러나 채권자가 목적물을 처분하기 전까지 채무자는 언제든지 채무를 변제하고 양도담보를 소멸시킬 수 있다. 한편 제3자가 담보목적물에 대한 침해행위를 하면 설정자는 목적물을 점유하는 경우 점유보호청구권을 행사할 수 있을 뿐만 아니라, 소유권에 기한 물권적 청구권을 행사할 수 있고,

---

104) 정상적인 채무변제가 일어나는 경우 당초의 취득거래가 성립되지 않는다고 판단될 수 있으나 현행 「지방세법」의 판례에서는 "대여금 채권에 대한 양도담보조 부동산의 소유권 이전등기를 경료받는 양도담보목적의 승계취득도 취득세 과세대상이 되는 부동산의 취득에 해당"(대법원 79누305, 1980.1.29.)한다 하여 취득세 과세대상이 되는 것으로 보고 있다.

담보권자는 질권·저당권에 기한 물권적 청구권에 준하여 제3자의 침해배제청구권을 행사할 수도 있다.

(2) 양도담보권자 등의 물적 납세의무(지기법 §75, 구 §103)

납세자가 지방자치단체의 징수금을 체납한 경우에 그 납세자에게 양도담보재산이 있을 때에는 그 납세자의 다른 재산에 대하여 체납처분을 집행하고도 징수할 금액이 부족한 경우에만 그 양도담보재산으로써 납세자의 지방자치단체의 징수금을 징수할 수 있다. 다만, 지방자치단체의 징수금의 법정기일 전에 담보의 대상이 된 양도담보재산에 대하여는 지방자치단체의 징수금을 징수할 수 없다.

여기서 '양도담보재산'이란 당사자 간의 양도담보설정계약에 따라 납세자가 그 재산을 양도한 때에 실질적으로 양도인에 대한 채권담보의 대상이 된 재산을 말한다.

한편, 2021년 이후 납세의무성립분부터 납세자가 종중(宗中)인 경우로서 지방자치단체의 징수금을 체납한 경우에 그 납세자에게 「부동산 실권리자명의 등기에 관한 법률」제8조 제1호에 따라 종중 외의 자에게 명의신탁한 재산이 있을 때에는 그 납세자의 다른 재산에 대하여 체납처분을 집행하고도 징수할 금액이 부족한 경우에만 그 명의신탁한 재산으로써 납세자에 대한 지방자치단체의 징수금을 징수할 수 있다.

(3) 양도담보권자로부터의 징수 절차(구 지기법 §104)

양도담보권자로부터 납세자의 지방자치단체의 징수금을 징수할 때에는 제45조를 준용하여 미리 납부의 고지를 하여야 한다. 이 경우 납기 전 징수 규정을 준용하며, [별지 제67호 서식](양도담보권자에 대한 납부통지서)으로 고지하여야 한다.

납부고지를 하거나 양도담보재산을 압류한 후 그 재산의 양도에 따라 담보된 채권이 채무불이행이나 그 밖의 변제 외의 이유로 소멸된 경우(양도담보재산의 환매, 재매매의 예약, 그 밖에 이와 유사한 계약을 체결한 경우 기한의 경과나 그 밖에 그 계약의 이행 외의 이유로 계약의 효력을 잃은 때 포함)에도 양도담보재산으로 존속하는 것으로 본다.

1) 채무 불이행 등 변제 외의 이유

양도담보재산에 의하여 담보되는 채권이 소멸되는 경우에 있어서 양도담보재산이 납세자에 복귀하지 아니하게 되는 경우를 말한다. 따라서 상계(「민법」 §492), 면제(「민법」 §506), 혼동(「민법」 §507), 소멸시효의 완성(「민법」 §162) 등으로 인하여 양도담보재산에 의하여 담보되는 채권이 소멸되는 경우에는 이에 해당하지 아니한다.

2) 기한의 경과

환매조건부 매매에 있어 환매기간이 경과하거나 재매매의 예약에 있어 예약기간이 경과하는

등의 사유로 인하여 납세자가 양도담보재산을 자기에게 복귀하도록 청구할 수 없게 되는 것을 말한다.

3) 계약의 이행 외의 이유

납세자가 양도담보재산을 자기에게 복귀시킬 것을 청구할 수 있는 권리가 소멸하게 되는 이유 중 기한의 경과 기타 그 계약의 이행 외의 이유를 말한다. 따라서 환매권 또는 재매매의 예약의 완결권의 소멸시효의 완성 등은 이에 해당되나 계약에 관한 채권의 소멸 등(상계, 면제, 혼동, 소멸시효의 완성 등)에 의한 것은 해당되지 아니한다.

(4) 양도담보재산의 양도의 경우

양도담보재산이 양도담보권자로부터 다시 제3자에게 양도가 된 경우에는 납부고지 후에 양도가 된 경우에도 압류가 되기 전에 양도된 때에는 물적 납세의무는 소멸한다. 그 이유는 물적 납세의무의 고지가 있었다고 하더라도 그 고지만으로는 당해 양도담보재산의 소유권을 제한하는 물권적 효력이 없으며 압류등기가 있음으로써 비로소 소유권을 제한하는 제3자의 권리가 공시되는 것이므로 양도담보재산의 선의 취득자를 보호하기 위한 법리에 합당하기 때문이다.

사례 양도담보권자에게 물적 납세의무를 부과한 처분의 당부(국심 2002전1554, 2003.5.29.)

이 건 양도담보는 물품양도계약에 따른 추가협약서상 청구법인이 청구 외 법인으로부터 양도받은 쟁점 파일을 청구 외 법인의 동의 없이 임의대로 처분하거나 타인에게 재양도할 수 없도록 한 점과 쟁점 파일의 가액이 피담보채무액을 크게 초과하고 있는 점 및 청구 외 법인의 부도가 나자마자 즉시 공증계약을 한 점 등으로 보아 일반적인 양도담보계약과는 다른 요소를 포함하고 있다고 보여지나, 「민법」 제189조 및 제372조의 법정요건을 갖추었다고 보여지므로 양도담보계약 자체가 성립되지 않았거나 효력이 없는 것이라고 보기는 어려운 것으로 판단되고, 국세의 법정기일(2001.12.12.) 이전인 2001.7.14. 양도담보권이 설정된 사실이 확인되므로 양도담보권자인 청구법인에게 물적 납세의무를 부과하기는 어려운 것으로 판단됨.

제6장

납세자의 권리

① 납세자권리헌장(지기법 §76, 구 §105)

지방자치단체장은 「지방세기본법」 제78조부터 제87조까지의 사항과 그 밖에 납세자의 권리보호에 관한 사항을 포함하는 납세자권리헌장을 제정하여 고시하여야 한다.

세무공무원은 다음 어느 하나에 해당하는 경우에는 납세자권리헌장의 내용이 수록된 문서를 납세자에게 내주어야 한다.

① 지방세에 관한 범칙사건을 조사하는 경우

② 세무조사를 하는 경우

2019년 이후 개시하는 범칙사건조사 또는 세무조사부터 세무공무원은 범칙사건조사나 세무조사를 시작할 때 신분을 증명하는 증표를 납세자 또는 관계인에게 제시한 후 납세자권리헌장을 교부하고 그 요지를 직접 낭독해 주어야 하며, 조사사유, 조사기간, 제77조 제2항에 따른 납세자보호관("납세자보호관")의 납세자권리보호 업무에 관한 사항·절차 및 권리구제 절차 등을 설명하여야 하며, 세무공무원은 범칙사건조사나 세무조사를 서면으로 하는 경우에는 제3항에 따라 낭독해 주어야 하는 납세자권리헌장의 요지와 설명하여야 하는 사항을 납세자 또는 관계인에게 서면으로 알려주어야 한다.

② 납세자권리보호(지기법 §77, 구 §106)

지방자치단체장은 직무를 수행할 때 납세자의 권리가 보호되고 실현될 수 있도록 하여야 하며, 납세자보호관을 배치하여 납세 관련 고충민원의 처리, 세무상담, 납세자권리헌장의 준수 및 이행 여부 심사, 지방세 관련 제도개선에 관한 의견표명 등 납세자의 권익보호를 위한 업무를 전담하여 수행하게 할 수 있다(2017년 이전은 조례로 정하는 바에 따라 납세자보호관을 배치하였음).

① 납세자 권리보호업무

 ㉠ 지방세 관련 고충민원의 처리, 세무상담 등에 관한 사항

 ㉡ 세무조사·체납처분 등 권리보호요청에 관한 사항

 ㉢ 납세자권리헌장 준수 등에 관한 사항

 ㉣ 세무조사 기간 연장 및 연기에 관한 사항

 ㉤ 지방자치단체 선정 대리인의 운영에 관한 사항

 ㉥ 그 밖에 납세자 권리보호와 관련하여 조례로 정하는 사항

② 납세자보호관이 업무를 처리하기 위한 권한

 ㉠ 위법·부당한 처분에 대한 시정요구

 ㉡ 위법·부당한 세무조사의 일시중지 요구 및 중지 요구

 ㉢ 세무조사 과정에서 위법·부당한 행위를 한 세무공무원 교체 명령 요구 및 징계 요구
  (2021년 이후 적용)

 ㉣ 위법·부당한 처분이 행하여질 수 있다고 인정되는 경우 그 처분 절차의 일시중지 요구

ⓜ 그 밖에 납세자의 권리보호와 관련하여 조례로 정하는 사항

③ 납세자보호관은 지방자치단체 소속 공무원 또는 조세·법률·회계 분야의 전문지식과 경험을 갖춘 사람 중에서 그 직급 또는 경력 등을 고려하여 해당 지방자치단체의 조례로 정하는 바에 따라 지방자치단체의 장이 임명하거나 위촉한다.

④ 지방자치단체의 장은 납세자보호관의 납세자 권리보호 업무 추진실적을 「지방세기본법」 제149조에 따른 통계자료의 공개시기 및 방법에 준하여 정기적으로 공개하여야 한다.

⑤ 지방세 관련 고충민원의 처리 등 납세자보호관의 업무처리 기간 및 방법, 그 밖의 납세자보호관 제도의 운영에 필요한 사항은 조례로 정한다.

심사청구 등 사후적 권리구제수단으로는 납세자의 사전적 권리구제와 절차적 권익침해의 구제에는 한계가 있고, 권리가 침해되었거나 침해될 우려가 있는 경우 신속하게 납세자의 고충을 해결할 필요가 있다. 납세자의 권리보호규정은 선언적인 의미가 있을 뿐 이에 대한 구체적인 보호절차 등이 마련되지 않아 납세자의 실질적인 권리보호를 하기 위하여 지방자치단체에 납세자보호관제도를 설치한 것이다. 전문가의 조력을 받을 수 없는 경우 납세자보호관을 활용함으로써 납세자의 경제적인 부담을 해소할 수 있을 뿐만 아니라 구제절차 개선 및 준사법적절차 본격도입 등에 따른 지방자치단체 구제기능을 보완하는 데 그 목적이 있다.

❸ 납세자의 성실성 추정과 납세자 협력(지기법 §78, §79, 구 §107, 구 §107-2)

세무공무원은 납세자가 다음 어느 하나에 해당하는 경우를 제외하고는 납세자가 성실하며 납세자가 제출한 서류 등이 진실한 것으로 추정하여야 한다. 그러나 납세자의 성실성이 추정되더라도 납세자에 대한 세무조사는 실시 가능하다.

┃ **성실성 추정이 배제되는 경우** ┃

① 납세자가 「지방세기본법」 또는 지방세관계법에서 정하는 신고·납부, 담배의 제조·수입 등에 관한 장부의 기록 및 보관 등 납세협력의무를 이행하지 아니한 경우
② 납세자에 대한 구체적인 탈세제보가 있는 경우
③ 신고내용에 탈루나 오류의 혐의를 인정할 만한 명백한 자료가 있는 경우
④ 무자료거래, 위장·가공거래 등 거래 내용이 사실과 다른 혐의가 있는 경우(2022년 이후)
⑤ 납세자가 세무공무원에게 직무와 관련하여 금품을 제공하거나 금품제공을 알선한 경우 (2022년 이후)

납세자는 세무공무원의 적법한 질문·조사, 제출명령에 대하여 성실하게 협력하여야 한다.

❹ 세무조사권 남용 금지(지기법 §80, 구 §108)

적절하고 공평한 과세의 실현을 위하여 필요한 최소한의 범위에서 세무조사를 하여야 하며,

다른 목적 등을 위하여 조사권을 남용하여서는 아니된다. 또한 다음 어느 하나에 해당하는 경우가 아니면 같은 세목 및 같은 과세연도에 대하여 재조사를 할 수 없다.

① 지방세 탈루의 혐의를 인정할 만한 명백한 자료가 있는 경우

'지방세 탈루의 혐의를 인정할 만큼 명백한 자료가 있는 경우'라 함은 "중복된 세무조사를 정당화시킬 정도의 조세탈루에 관한 명백한 자료가 중복된 세무조사의 실시 전에 이미 존재하고 있는 경우"를 의미한다.

② 거래상대방에 대한 조사가 필요한 경우

③ 둘 이상의 사업연도와 관련하여 잘못이 있는 경우

④ 「지방세기본법」 제88조 제5항(2019년 이전은 제4항) 제2호 단서(2018년 이후 적용) 또는 제96조 제1항 제3호 단서(2019년 이전은 「지방세기본법」 제100조에 따라 「국세기본법」 제81조에서 준용하는 경우 포함) 또는 제100조에 따라 심판청구에 관하여 준용하는 「국세기본법」 제65조 제1항 제3호 단서에 따른 필요한 처분의 결정에 따라 조사하는 경우

　☞ 과세전적부심사, 심사청구, 이의신청, 심판청구에 의하여 경정 등을 하는 경우

⑤ 납세자가 세무공무원에게 직무와 관련하여 금품을 제공하거나 금품제공을 알선한 경우(2019년 이후 금품을 제공하거나 금품제공을 알선하는 분부터 적용)

⑥ 「지방세기본법」 제84조의 3 제3항에 따른 조사를 실시한 후 해당 조사에 포함되지 아니한 부분에 대하여 조사하는 경우[2021년 이후 개시하는 세무조사부터(부칙 §7)]

⑦ 지방세 범칙사건(「지방세기본법」 제102조부터 제109조까지의 규정에 따른 범칙사건을 말함)을 조사하는 경우

⑧ 「지방세기본법」 제76조 제2항 제2호에 따른 지방세의 부과·징수에 필요한 조사(이하 "세무조사"라 한다) 중 서면조사만 하였으나 같은 법 또는 지방세관계법에 따른 경정을 다시 할 필요가 있는 경우

⑨ 각종 과세정보의 처리를 위한 재조사나 지방세환급금의 결정을 위한 확인조사 등을 하는 경우

재조사를 금지하는 규정을 둔 입법 취지는 무분별한 세무조사로 인하여 발생하는 세무조사권의 남용을 견제하고 세무조사 기법의 선진화를 유도하는 한편, 납세자의 정신적·경제적 위축을 방지하고 안정감을 확보하여 납세자의 권리를 실질적으로 보호하려는 데 있고(대법원 2007두16547, 2007.10.25. 참조), 다만 예외적으로 조세탈루혐의를 인정할 만한 명백한 자료가 있는 경우 재조사를 실시할 수 있도록 규정하고 있는바, '조세탈루 혐의를 인정할 만한 명백한 자료'라 함은 조세탈루 금액을 확정할 수 있는 증빙서류 일체가 있어 동 서류만으로 바로 과세를 할 수 있는 경우뿐만 아니라 제보자료 또는 기타 자료에 의한 탈루혐의내용이 상당히 구체적이어서 세무조사를 실시하면 탈루사실이 확인될 가능성이 높은 자료도 포함되는 것이다. 한편, 조세의 탈루사실에 대한 개연성이 객관성과 합리성 있는 자료에 의하여 상당한 정도로 인정되는 경우로 한정되어야 하며(대법원 2008두10461, 2010.12.23. 참조) 이러한 자료에는 종전 세무조사에서 이미 조사된 자료는

포함되지 않는다고 해석함이 상당하다고 할 것이다(대법원 2010두6083, 2011.1.27.). 또한 감사목적에서 실시한 상급 과세관청의 조사도 '세무조사'에 해당하는지에 대하여 명칭과 형식이 어떠하든 실질적으로 질문 및 조사가 이루어졌다면 세무조사에 해당하는 것으로 보아야 하고, 세무조사가 상급 과세관청의 업무감사 과정에서 이루어졌다고 하여 달리 볼 까닭이 없다. 과세관청은 소송과정에서 중복세무조사라고 하더라도 법령이 규정한 예외사유의 하나인 "각종 과세자료의 처리를 위한 재조사"에 해당하므로 적법한 세무조사라고 주장하였다. 그러나 대법원은 위 규정에서 말하는 과세자료란 과세관청 외의 기관이 그 직무상 목적을 위하여 작성하거나 취득하여 과세관청에 제공한 자료를 의미하고, 이러한 자료에는 과세관청이 종전 세무조사에서 작성하거나 취득한 과세자료는 포함되지 아니한다(대법원 2014두43257, 2015.5.28.)고 해석하고 있다.

세무공무원은 세무조사를 하기 위하여 필요한 최소한의 범위에서 장부 등의 제출을 요구하여야 하며, 조사대상 세목 및 과세연도의 과세표준과 세액의 계산과 관련 없는 장부 등의 제출을 요구해서는 아니되며, 누구든지 세무공무원으로 하여금 법령을 위반하게 하거나 지위 또는 권한을 남용하게 하는 등 공정한 세무조사를 저해하는 행위를 하여서는 아니된다.

> **사례** 적용 사례
>
> ① 처분청이 2014.10.31. ○○○ 1호기에 대한 세무조사를 완료한 후 처분청이 청구법인의 지방세 탈루 혐의를 인정할 만한 명백한 자료를 확보한 사실은 없다고 보이는 점 등에 비추어 처분청은 재조사한 것으로 보이므로 처분청이 ○○○ 1호기에 대하여 취득세 등을 부과한 처분은 잘못이 있다고 판단됨(조심 2017지0948, 2018.12.5.).
>
> ② 처분청이 청구법인의 법인장부 등을 제출받지 못했음에도 법인장부의 제출을 요청했다는 사정만을 들어 세무조사를 한 것으로 보기는 어려운 점 등에 비추어 이 건 취득세 등을 재조사에 따른 처분으로 보기는 어려움(조심 2018지0081, 2018.5.29.).
>
> ③ 서면조사의 경우도 세무조사에 해당한다 할 것이나 이는 정기조사에 해당한다 할 것이고, 정기조사 외에 「지방세기본법」 제110조 제2항에 따른 세무조사(직접조사, 특별조사)를 할 수 있고, 이 경우 세무조사 대상에 대하여는 사업연도 및 지방세의 세목 등에 관한 규제를 받지 않고 조사를 할 수 있음. 따라서 일정기간을 대상으로 하여 서면조사를 받았다면 그 기간에 대하여 다시 서면조사를 받을 수 없는 것이나 실지세무조사(직접조사, 특별조사)는 할 수 있음(세제-12686, 2013.10.7.).
>
> ④ 청구인이 주장하는 세무서장의 질문조사는 납세자 등의 사무실·사업장 또는 주소지 등에서 납세자 등을 직접 접촉하여 상당 기간 질문하거나 장부·서류 등을 검사·조사하는 것 등을 요건으로 하는 세무조사가 아닌 그 전 단계에 해당하는 것으로 보이는바, 쟁점세무조사는 금하는 재조사(중복 세무조사)에 해당하지 않는 것으로 판단됨(조심 2018광2781, 2018.12.5.).
>
> ⑤ 현장확인은 세무조사에 해당되지 않으나, 세무공무원의 조사행위가 실질적으로 납세자 등으로 하여금 질문에 대답하고 검사를 수인하도록 함으로써 납세자의 영업의 자유 등에 영향을 미치는 경우에는 국세청 훈령인 조사사무처리규정에서 정한 '현장확인'의 절차에 따른 것이라고 하더라도 그것은 '세무조사'에 해당됨(대법원 2017두66190, 2018.11.29.).
>
> ☞ 사후관리 차원의 현장확인이어서 일반적인 세무조사와는 그 성격이 다르다고 볼 수 있음(조심 2018지1086, 2019.3.13.).
>
> ⑥ 선행조사의 주식의 자금출처와 관련하여 명의신탁 또는 증여가 있었는지에 관한 세무조사인 반

면, 이 사건 조사는 취득한 이 사건 주식의 자금출처에 관한 것으로 조사목적과 조사대상을 달리 하여 중복조사에 해당하지 아니함(대법원 2018두56978, 2018.12.28. 심불, 광주고법 2017누4597, 2018.8.23.).

⑦ 세무공무원의 조사행위가 사업장의 현황 확인, 기장 여부의 단순 확인, 특정한 매출사실의 확인, 행정민원서류의 발급을 통한 확인, 납세자 등이 자발적으로 제출한 자료의 수령 등과 같이 단순한 사실관계의 확인이나 통상적으로 이에 수반되는 간단한 질문조사에 그치는 것이어서 납세자 등으로서도 손쉽게 응답할 수 있을 것으로 기대되거나 납세자의 영업의 자유 등에도 큰 영향이 없는 경우에는 원칙적으로 재조사가 금지되는 세무조사로 보기 어려움(대법원 2017.3.16. 선고, 2014두8360 판결, 같은 뜻임). 과밀억제권역 안의 부동산 취득 등에 따른 취득세 중과세율의 적용에 관한 것으로서 기존 과세자료(취득세 신고내역 등)의 확인을 통하여 취득세 등을 부과한 것으로 보이는 점, 이 부동산의 소재지 등 단순한 사실관계의 확인에 따른 과세처분이라 보는 것이 타당한 점 등에 비추어 과세예고통지 없이 이루어진 이 건 취득세 등 부과처분이 형식·절차적 하자에 해당하여 부당한 과세처분으로 볼 수 없음(조심 2020지0545, 2020.8.24. 참조).

⑧ 처분청의 1차 현지확인은 사전에 세무조사 안내공문의 발송이나 별도의 자료요청이 수반되지 않고 단지 유선통화로 사전에 방문일정을 통보하고 방문하여 이 건 골프장의 현황을 확인한 것이므로 이는 세무조사라기보다는 '사업장의 현황확인' 등 단순한 사실관계의 확인이라 보는 것이 타당해 보이는 점, 처분청은 이후 1차 세무조사(2019.12.16.)를 통하여 이 건 재산세 등을 부과한 점 등에 비추어 이 건이 중복조사 아님(조심 2020지1114, 2020.11.13.).

사례 조세탈루 혐의 인정할 만한 명백한 자료가 있는 경우(대법원 2010두6083, 2011.1.27.)

2003년 제2기분 부가가치세 중 그 나머지 부분에 관하여는, 국세청장은 중부지방국세청이 원고에 대한 최초 세무조사에서 획득한 자료만에 의하여 원고가 분양대행수수료를 과다계상한 혐의, 즉 조세탈루의 혐의가 있다는 이유로 중부지방국세청장에게 원고에 대한 재조사를 지시한 것으로 보이고 달리 "조세탈루의 혐의를 인정할 만한 명백한 자료"가 새로 밝혀졌다는 등의 사정은 알아볼 수 없으므로, 구 「국세기본법」 제81조의 3 제2항에 의하여 재조사가 허용되는 예외적인 경우에 해당한다고 볼 수 없음.

사례 명의신탁과 중복조사 관계(조심 2010서1511, 2010.10.12.)

'조세탈루 혐의를 인정할 만한 명백한 자료'라 함은 조세탈루 금액을 확정할 수 있는 증빙서류 일체가 있어 동 서류만으로 바로 과세를 할 수 있는 경우뿐만 아니라 제보자료 또는 기타 자료에 의한 탈루혐의내용이 상당히 구체적이어서 세무조사를 실시하면 탈루사실이 확인될 가능성이 높은 자료도 포함되는 것임(조심 2008서○○○, 2008.6.19. 같은 뜻).

사례 중복조사 해당 여부(조심 2009부3835, 2010.1.15.)

당초 조사 시에는 청구인이 ○○정보종합건설에게 송금한 공사대금과 세금계산서 및 계산서 수취 금액과의 차액 460,000천 원은 ○○정보종합건설이 매출누락한 것으로 보아 ○○○세무서장에게 과세자료로 통보하였으나, ○○○세무서장이 ○○정보종합건설이 당초 신고한 내용이 정당하다고 보아 처분청에 위 과세자료를 반송하였는바, 위 과세자료의 확인을 위하여 청구인을 재조사한 것은 「국세기본법」 제81조의 4 제2항에서 규정하고 있는 중복조사로 보기 어려운 것으로 판단됨. 2차 세무조사는 김○○의 명의신탁 혐의 내용이 구체적인 것으로 세무조사를 실시하면 탈루사실이 확인될 가능성이 높은 자료가 확인되어 실시된 것으로 보이고, 실질적으로 1차 세무조사의 연장으로 볼

수 있어 중복조사로 보기 어렵다 할 것임.

⑤ 세무조사 범위 확대의 제한(지기법 §80-2)

2023.3.14. 이후 세무조사분부터 세무공무원은 구체적인 세금탈루 혐의가 여러 과세기간 또는 다른 세목까지 관련되는 것으로 확인되는 경우 등을 제외하고는 조사진행 중 세무조사의 범위를 확대할 수 없고, 이에 따라 세무조사의 범위를 확대하는 경우에는 그 사유와 범위를 납세자에게 문서로 통지하여야 한다.

상기에서 "구체적인 세금탈루 혐의가 여러 과세기간 또는 다른 세목까지 관련되는 것으로 확인되는 경우"란 다음의 어느 하나에 해당하는 경우를 말한다(2023.3.14. 이후 세무조사를 개시하는 경우부터 적용).

① 다른 과세기간·세목 또는 항목에 대한 구체적인 세금탈루 증거자료가 확인되어 다른 과세기간·세목 또는 항목에 대한 조사가 필요한 경우

② 명백한 세금탈루 혐의나 「지방세기본법」 또는 지방세관계법 적용의 착오 등이 있는 조사대상 과세기간의 특정 항목이 다른 과세기간에도 있어 동일하거나 유사한 세금탈루 혐의나 「지방세기본법」 또는 지방세관계법 적용 착오 등이 있을 것으로 의심되어 다른 과세기간의 그 항목에 대한 조사가 필요한 경우

⑥ 세무조사 등에 따른 도움을 받을 권리(지기법 §81, 구 §109)

납세자는 범칙사건의 조사 및 세무조사를 받는 경우에 변호사, 공인회계사, 세무사로 하여금 조사에 참석하게 하거나 의견을 진술하게 할 수 있다.

⑦ 세무조사 대상자 선정(지기법 §82, 구 §110)

다음 어느 하나에 해당하는 경우 정기적으로 신고의 적정성을 검증하기 위하여 대상을 선정("정기선정")하여 세무조사를 할 수 있다. 이 경우 지방세심의위원회의 심의를 거쳐[2021년 이후 개시하는 세무조사 대상자 선정분부터(부칙 §8)] 객관적 기준에 따라 공정하게 그 대상을 선정하여야 한다.

① 지방자치단체장이 납세자의 신고내용에 대한 성실도 분석결과 불성실 혐의가 있다고 인정하는 경우

② 최근 4년 이상 지방세와 관련한 세무조사를 받지 아니한 납세자에 대하여 업종, 규모 등을 고려하여 신고내용이 적절한지를 검증할 필요가 있는 경우

이 경우 납세자의 이력 또는 세무정보 등을 고려하여 지방자치단체장이 정하는 기준(자치단체별 지방세세무조사규칙)에 따른다.

③ 무작위추출방식으로 표본조사를 하려는 경우

한편, 정기선정에 의한 조사 외 다음 어느 하나인 경우에는 세무조사를 할 수 있다.

① 납세자가 「지방세기본법」 또는 지방세관계법에서 정하는 신고·납부, 담배의 제조·수입 등에 관한 장부의 기록 및 보관 등 납세협력의무를 이행하지 아니한 경우

② 납세자에 대한 구체적인 탈세제보가 있는 경우

③ 신고내용에 탈루나 오류의 혐의를 인정할 만한 명백한 자료가 있는 경우

④ 납세자가 세무조사를 신청하는 경우

⑤ 무자료거래, 위장·가공거래 등 거래 내용이 사실과 다른 혐의가 있는 경우(2022년 이후)

⑥ 납세자가 세무공무원에게 직무와 관련하여 금품을 제공하거나 금품제공을 알선한 경우 (2022년 이후)

⑧ 세무조사의 사전통지와 연기신청(지기법 §83, 구 §111)

(1) 사전통지

세무공무원이 지방세에 관한 세무조사를 하는 경우에는 조사를 받을 납세자(제135조에 따른 납세관리인이 정하여져 있는 경우에는 납세관리인 포함)에게 조사 개시 15일(2017년 이전에 세무조사의 사전통지를 하는 경우까지는 10일) 전에 조사대상 세목, 조사기간, 조사사유, 납세자 및 납세관리인의 성명과 주소 또는 영업소, 조사기간, 조사대상 세목 및 조사사유, 조사공무원의 인적사항, 그 밖에 필요한 사항을 알려야 한다.

그런데 범칙사건에 대한 조사이거나 사전에 알릴 경우 증거인멸 등으로 세무조사의 목적을 달성할 수 없다고 인정되는 경우에는 사전통지를 생략할 수 있으며, 2019년 이후 개시하는 범칙사건조사 또는 세무조사부터 세무공무원은 사전통지를 생략하고 세무조사를 하는 경우 세무조사를 개시할 때 다음 사항이 포함된 세무조사통지서를 세무조사받을 납세자에게 교부하여야 한다. 다만, 납세자가 세무조사 대상이 된 사업을 폐업한 경우, 납세자가 납세관리인을 정하지 아니하고 국내에 주소 또는 거소를 두지 아니한 경우 및 납세자 또는 납세관리인이 세무조사통지서의 수령을 거부하거나 회피하는 경우에는 그러하지 아니한다.

① 사전통지 사항

② 사전통지를 하지 아니한 사유

③ 그 밖에 세무조사의 시작과 관련된 사항으로서 대통령령으로 정하는 사항(2023.3.14. 이후 세무조사분부터)

④ 조사를 긴급히 시작하여야 하는 사유(조세채권을 확보하기 위하여 조사를 긴급히 시작할 필요가 있다고 인정되는 사유로 세무조사를 시작하는 경우로 한정, 2023.3.14. 이후 세무조사분부터)

(2) 연기신청

통지를 받은 납세자가 천재지변, 화재나 그 밖의 재해로 사업상 심한 어려움이 있는 경우, 납세자 또는 납세관리인의 질병, 장기출장 등으로 세무조사를 받는 것이 곤란하다고 판단되는 경우, 권한 있는 기관에 장부·증빙서류가 압수 또는 영치된 경우, 이에 준하는 사유가 있는 경우로 조사를 받기 곤란한 경우에는 [별지 제69호 서식](세무조사 연기신청서)으로 조사를 연기하여 줄 것을 신청할 수 있으며, 이 연기신청을 받은 지방자치단체장은 연기신청 승인 여부를 결정하고 그 결과(2023.3.14. 이후 세무조사분부터 연기 결정 시 연기한 기간 포함)를 [별지 제70호 서식](세무조사 연기신청에 대한 승인 여부 통지)으로 조사 개시 전까지 납세자에게 알려야 한다.

한편, 2023.3.14. 이후 세무조사분부터 지방자치단체장은 다음 어느 하나에 해당하는 사유가 있는 경우에는 연기한 기간이 만료되기 전에 조사를 시작할 수 있다.

① 연기 사유가 소멸한 경우

② 조세채권을 확보하기 위하여 조사를 긴급히 시작할 필요가 있다고 인정되는 경우

지방자치단체장은 상기 ①의 사유로 조사를 시작하려는 경우에는 조사를 시작하기 5일 전까지 조사를 받을 납세자에게 연기 사유가 소멸한 사실과 조사기간을 통지하여야 한다.

⑨ 세무조사 기간(지기법 §84, 구 §112)

조사대상 세목·업종·규모, 조사 난이도 등을 고려하여 세무조사 기간은 20일 이내로 하여야 한다. 다만, 다음 어느 하나에 해당하는 사유가 있는 경우에는 그 사유가 종료되는 날부터 20일 이내로 세무조사 기간을 연장할 수 있다.

① 납세자가 장부 등의 은닉, 제출지연, 제출거부 등 조사를 기피하는 행위가 명백한 경우

② 거래처 조사, 거래처 현지 확인 또는 금융거래 현지 확인이 필요한 경우

③ 지방세 탈루 혐의가 포착되거나 조사 과정에서 범칙사건으로 조사 유형이 전환되는 경우

④ 천재지변, 노동쟁의로 조사가 중단되는 등 지방자치단체장이 정하는 사유에 해당하는 경우

⑤ 세무조사 대상자가 세금 탈루 혐의에 대한 해명 등을 위하여 세무조사 기간의 연장을 신청한 경우(2018년 이후 적용)

⑥ 납세자보호관이 세무조사 대상자의 세금 탈루 혐의의 해명과 관련하여 추가적인 사실 확인이 필요하다고 인정하는 경우(2019년 이후 개시하는 범칙사건조사 또는 세무조사부터 적용)

지방자치단체장은 납세자가 자료의 제출을 지연하는 등 다음 어느 하나에 해당하는 경우 세무조사를 진행하기 어려운 경우에는 세무조사를 중지할 수 있다. 이 경우 그 중지기간은 세무조사 기간 및 세무조사 연장기간에 산입하지 아니하며, 2019년 이후 세무공무원은 세무조사의 중지기간 중에는 납세자에 대하여 세무조사와 관련한 질문을 하거나 장부 등의 검사·조사 또는 그 제출을 요구할 수 없다(2019.1.1. 당시 진행 중인 세무조사에 대해서도 적용).

세무조사를 중지한 경우에는 그 중지사유가 소멸하게 되면 즉시 조사를 재개하여야 하나, 조세

채권의 확보 등 긴급히 조사를 재개하여야 할 필요가 있는 경우에는 중지사유가 소멸되기 전이라도 세무조사를 재개할 수 있다.

① 세무조사 연기신청 사유(지기법 §111 ②, 지기령 §92 ②)에 해당되어 납세자가 조사중지를 신청한 경우
② 국외자료의 수집·제출 또는 상호합의절차 개시에 따라 외국 과세기관과의 협의가 필요한 경우
③ 다음의 어느 하나에 해당하여 세무조사를 정상적으로 진행하기 어려운 경우
  ㉠ 납세자의 소재가 불명한 경우
  ㉡ 납세자가 해외로 출국한 경우
  ㉢ 납세자가 장부·서류 등을 은닉하거나 그 제출을 지연 또는 거부한 경우
  ㉣ 노동쟁의가 발생한 경우
  ㉤ 그 밖에 이와 유사한 사유가 있는 경우
④ 납세자보호관이 세무조사의 일시중지 또는 중지를 요구하는 경우

세무조사 기간을 연장할 때에는 연장사유와 그 기간을 미리 납세자(납세관리인이 정하여져 있는 경우 납세관리인 포함)에게 문서로 통지하여야 하고, 세무조사를 중지 또는 재개하는 경우에는 그 사유를 문서로 통지하여야 한다.

지방자치단체장은 세무조사 기간을 단축하기 위하여 노력하여야 하며, 장부기록 및 회계처리의 투명성 등 납세성실도를 검토하여 더 이상 조사할 사항이 없다고 판단될 때에는 조사기간 종료 전이라도 조사를 조기에 종결할 수 있다.

⑩ 장부 등의 보관 금지(지기법 §84-2)

세무공무원은 세무조사(범칙사건조사 포함)의 목적으로 납세자의 장부 등을 지방자치단체에 임의로 보관할 수 없다. 이 규정에도 불구하고 세무공무원은 「지방세기본법」 제82조 제2항 각 호의 어느 하나의 사유에 해당하는 경우에는 조사 목적에 필요한 최소한의 범위에서 납세자, 소지자 또는 보관자 등 정당한 권한이 있는 자가 임의로 제출한 장부 등을 납세자의 동의를 받아 지방자치단체에 일시 보관할 수 있다. 세무공무원은 이에 따라 납세자의 장부 등을 지방자치단체에 일시 보관하려는 경우 납세자로부터 일시 보관 동의서를 받아야 하며, 일시 보관증을 교부하여야 한다.

일시 보관하고 있는 장부 등에 대하여 납세자가 반환을 요청한 경우에는 그 반환을 요청한 날부터 14일 이내에 장부 등을 반환하여야 한다. 다만, 조사목적을 달성하기 위하여 필요한 경우에는 납세자보호관의 승인을 거쳐 한 차례만 14일 이내의 범위에서 보관 기간을 연장할 수 있다. 이에 불구하고 세무공무원은 납세자가 일시 보관하고 있는 장부 등의 반환을 요청한 경우로서 세무조사에 지장이 없다고 판단될 때에는 요청한 장부 등을 즉시 반환하여야 한다.

상기에 따라 납세자에게 장부 등을 반환하는 경우 세무공무원은 장부 등의 사본을 보관할 수

있고, 그 사본이 원본과 다름 없다는 사실을 확인하는 납세자의 서명 또는 날인을 요구할 수 있다.

세무공무원은 장부 등을 일시 보관하려는 경우 장부 등의 일시 보관 전에 납세자, 소지자 또는 보관자 등 정당한 권한이 있는 자("납세자 등")에게 다음의 사항을 고지하여야 한다.

① 장부 등을 일시 보관하는 사유

② 납세자 등이 동의하지 아니하는 경우에는 장부 등을 일시 보관할 수 없다는 내용

③ 납세자 등이 임의로 제출한 장부 등에 대해서만 일시 보관할 수 있다는 내용

④ 납세자 등이 요청하는 경우 일시 보관 중인 장부 등을 반환받을 수 있다는 내용

납세자 등은 조사목적이나 조사범위와 관련이 없는 등의 사유로 일시 보관에 동의하지 아니하는 장부 등에 대해서는 세무공무원에게 일시 보관할 장부 등에서 제외할 것을 요청할 수 있다. 이 경우 세무공무원은 정당한 사유 없이 해당 장부 등을 일시 보관할 수 없다.

장부 등을 반환한 경우를 제외하고 세무공무원은 해당 세무조사를 종결할 때까지 일시 보관한 장부 등을 모두 반환해야 한다.

⑪ 통합조사의 원칙(지기법 §84-3)

2021년 이후 세무조사분부터 「지방세기본법」 및 지방세관계법에 따라 납세자가 납부하여야 하는 모든 지방세 세목을 통합하여 실시하는 것을 원칙으로 한다. 이에 불구하고 다음 어느 하나에 해당하는 경우에는 특정한 세목만을 조사할 수 있다.

① 세목의 특성, 납세자의 신고유형, 사업규모 또는 세금탈루 혐의 등을 고려하여 특정 세목만을 조사할 필요가 있는 경우

② 조세채권의 확보 등을 위하여 특정 세목만을 긴급히 조사할 필요가 있는 경우

③ 그 밖에 세무조사의 효율성 및 납세자의 편의 등을 고려하여 특정 세목만을 조사할 필요가 있는 경우로서 납세자가 특정 세목에 대하여 세무조사를 신청한 경우

상기에도 불구하고 다음 어느 하나에 해당하는 경우에는 해당 사항에 대한 확인을 위하여 필요한 부분에 한정한 조사를 실시할 수 있다.

① 「지방세기본법」 제50조 제3항에 따른 경정 등의 청구에 따른 처리, 제58조에 따른 부과취소 및 변경 또는 제60조 제1항에 따른 지방세환급금의 결정을 위하여 확인이 필요한 경우

② 「지방세기본법」 제88조 제5항 제2호 단서, 제96조 제1항 제3호 단서 또는 제100조에 따라 심판청구에 관하여 준용하는 「국세기본법」 제65조 제1항 제3호 단서에 따른 재조사 결정에 따라 사실관계의 확인이 필요한 경우

③ 거래상대방에 대한 세무조사 중에 거래 일부의 확인이 필요한 경우

④ 납세자에 대한 구체적인 탈세 제보가 있는 경우로서 해당 탈세 혐의에 대한 확인이 필요한 경우

⑤ 명의위장, 차명계좌의 이용을 통하여 세금을 탈루한 혐의에 대한 확인이 필요한 경우

⑥ 그 밖에 세무조사의 효율성 및 납세자의 편의 등을 고려하여 특정 사업장, 특정 항목 또는

특정 거래에 대한 조사가 필요한 경우로서 무자료 거래, 위장·가공 거래 등 특정 거래 내용이 사실과 다른 구체적인 혐의가 있는 경우로서 조세채권의 확보 등을 위하여 긴급한 조사가 필요한 경우

⑫ 세무조사의 결과통지(지기법 §85, 구 §113)

세무공무원은 범칙사건의 조사 및 세무조사(2021년 이후 범칙사건조사 또는 세무조사를 개시하는 경우부터 서면조사 포함)를 마친 날부터 20일(공시송달 요건에 해당하는 경우 40일) 이내(2019.1.1. 당시 진행 중인 세무조사분부터 2020년 이전 범칙사건조사 또는 세무조사를 개시하는 경우까지는 빠른 시일 내)에 서면으로 세무조사 내용, 결정 또는 경정할 과세표준, 세액 및 산출근거, 세무조사 대상 기간 및 세목, 과세표준 및 세액을 결정 또는 경정하는 경우 그 사유, 과세표준 수정신고서를 제출할 수 있다는 사실 및 과세전적부심사를 청구할 수 있다는 사실(2018년 이전 조사결과)을 납세자(납세관리인이 정하여져 있는 경우 납세관리인 포함)에게 [별지 제72호 서식](세무조사결과 통지)으로 알려야 한다. 다만, 조사결과를 통지하기 곤란한 경우로서 다음의 경우 결과통지를 생략할 수 있다.

① 납기 전 징수의 사유가 있는 경우

② 조사결과를 통지하려는 날부터 부과제척기간의 만료일 또는 징수권의 소멸시효 완성일까지의 기간이 3개월 이하인 경우

③ 폐업으로 통지가 불가능한 경우

④ 납세관리인을 정하지 아니하고 국내에 주소 또는 영업소를 두지 아니한 경우

⑤ 「지방세기본법」 제88조 제5항 제2호 단서 또는 제96조 제1항 제3호 단서, 제96조 제7항 [2020.1.1. 이후 재조사를 마친 경우부터(영 부칙 §2)] 및 「국세기본법」 제81조에 따라 준용되는 같은 법 제65조 제1항 제3호[2020.1.1. 이후 재조사를 마친 경우부터(영 부칙 §2)]에 따른 재조사 결정에 따라 조사를 마친 경우(2018.1.1. 이후 적용)

⑥ 세무조사결과통지서 수령을 거부하거나 회피하는 경우(2019년 이후)

한편, 2021년 이후 범칙사건조사 또는 세무조사를 개시하는 경우부터는 세무공무원은 상기에도 불구하고 다음 어느 하나에 해당하는 사유로 상기에 따른 기간 이내에 조사결과를 통지할 수 없는 부분이 있는 경우 납세자의 동의를 얻어 그 부분을 제외한 조사결과를 납세자에게 설명하고, 이를 서면으로 통지할 수 있다. 그런데 사유가 해소된 때에는 그 사유가 해소된 날부터 20일(공시송달 요건에 해당하는 경우 40일) 이내에 기 통지한 부분 외에 대한 조사결과를 납세자에게 설명하고, 이를 서면으로 통지하여야 한다.

① 「국제조세조정에 관한 법률」 및 조세조약에 따른 국외자료의 수집·제출 또는 상호합의절차 개시에 따라 외국과세기관과의 협의가 진행 중인 경우

② 해당 세무조사와 관련하여 지방세관계법의 해석 또는 사실관계 확정을 위하여 행정안전부장관에 대한 질의 절차가 진행 중인 경우

⑬ 과세정보 비밀유지(지기법 §86, 구 §114)

지방세 과세정보의 제공을 원칙적으로 금지하고 있고 예외적으로 과세정보를 제공할 수 있는 경우를 정하고 있으며, 「공공기관의 정보공개에 관한 법률」 제4조 제1항은 "정보의 공개에 관하여는 다른 법률에 특별한 규정이 있는 경우를 제외하고는 이 법이 정하는 바에 의한다"고 정하고 있으므로, 지방세 과세정보의 제공에 대해서는 「지방세기본법」 제86조(종전 제114조)가 우선적으로 적용된다고 할 것이다. 특정 납세자의 과세정보는 그와 사적 채권관계에 있는 제3자가 요구한다 하여 공개하여서는 아니되는 비공개대상정보에 해당된다.

세무공무원은 납세자가 「지방세기본법」 또는 지방세관계법에서 정한 납세의무를 이행하기 위하여 제출한 자료나 지방세의 부과 또는 징수를 목적으로 업무상 취득한 자료 등(이하 "과세정보"라 한다)을 다른 사람에게 제공 또는 누설하거나 그 사용 목적 외의 용도로 사용하여서는 아니 된다. 다만, 다음 어느 하나에 해당하는 경우 그 사용 목적에 맞는 범위에서 납세자의 과세정보를 제공할 수 있다.

① 국가기관이 조세의 부과 또는 징수의 목적에 사용하기 위하여 과세정보를 요구하는 경우

② 국가기관이 조세쟁송을 하거나 조세범을 소추할 목적으로 과세정보를 요구하는 경우

③ 법원의 제출명령 또는 법관이 발급한 영장에 따라 과세정보를 요구하는 경우

④ 지방자치단체 상호 간 또는 지방자치단체와 지방자치단체조합 간(2022.2.3. 이후)에 지방세의 부과·징수, 조세 불복(2021년 이후)·쟁송, 조세범 소추, 범칙사건조사(2021년 이후)·세무조사(2021년 이후)·질문·검사, 체납확인(2021년 이후), 체납처분(2021년 이후) 또는 지방세 정책의 수립·평가·연구(2021년 이후)상 필요하여 과세정보를 요구하는 경우[105]

⑤ 행정안전부장관이 「지방세기본법」 제132조 제2항 각 호, 제150조 제2항 및 「지방세징수법」 제11조 제4항에 따른 업무 또는 지방세 정책의 수립·평가·연구에 관한 업무(2021년 이후)를 처리하기 위하여 과세정보를 요구하는 경우

⑥ 통계청장이 국가통계작성 목적으로 과세정보를 요구하는 경우

⑦ 「사회보장기본법」 제3조 제2호에 따른 사회보험의 운영을 목적으로 설립된 기관이 관련 법률에 따른 소관업무의 수행을 위하여 과세정보를 요구하는 경우

⑧ 국가기관, 지방자치단체 및 「공공기관의 운영에 관한 법률」에 따른 공공기관이 급부·지원 등을 위한 자격심사에 필요한 과세정보를 당사자의 동의를 받아 요구하는 경우

⑨ 지방자치단체조합장이 「지방세징수법」 제8조, 제9조, 제11조 및 제71조 제5항에 따른 업무를 처리하기 위하여 과세정보를 요구하는 경우(2022.2.3. 이후)

⑩ 다른 법률에 따라 과세정보를 요구하는 경우

상기 ①, ②, ④[지방세통합정보통신망(2023.1.24. 이전은 지방세정보통신망)을 이용하여 다른 지방자치단체장에게 과세정보를 요구하는 경우 제외] 및 ⑥~⑩(2020년 이전은 ⑨)의 규정에 따

---

105) 2015.5.18. 이후 세무공무원이 조세쟁송을 하거나 조세범을 고발한 경우에도 과세정보를 제공받을 수 있도록 개정된 것임.

라 과세정보의 제공을 요구하는 자는 다음 사항을 기재한 문서로 해당 지방자치단체장 또는 지방자치단체조합장(2022.2.3. 이후)에게 요구하여야 한다.

① 납세자의 인적사항(납세자의 성명·주소 등)

② 사용목적

③ 요구하는 정보의 내용

세무공무원은 상기를 위반하여 과세정보의 제공을 요구받는 경우에는 거부하여야 하며, 과세정보를 알게 된 자(행정안전부장관으로부터 과세정보를 제공받아 알게 된 자 포함)는 이를 다른 사람에게 제공 또는 누설하거나 그 목적 외의 용도로 사용하여서는 아니된다. 다만, 행정안전부장관이 상기 ⑤에 따라 알게 된 과세정보를「지방세기본법」제135조 제2항에 따라 지방세통합정보통신망(2023.1.24. 이전은 지방세정보통신망)을 이용하여 제공하는 경우는 그러하지 아니하다. 또한 세무공무원(지방자치단체장 또는 행정안전부장관 포함)은 상기 ④, ⑤에 따라 지방세 정책의 수립·평가·연구를 목적으로 과세정보를 이용하려는 자가 과세정보의 일부의 제공을 요구하는 경우에는 그 사용 목적에 맞는 범위에서 개별 납세자의 과세정보를 직접적 또는 간접적 방법으로 확인할 수 없는 상태로 가공하여 제공하여야 한다.

그리고 과세정보를 제공받아 알게 된 사람 중 공무원이 아닌 사람은「형법」이나 그 밖의 법률에 따른 벌칙을 적용하는 경우에는 공무원으로 본다.

과세정보 비밀유지의 입법 취지는 세무공무원이 수집·축적한 과세정보가 부당하게 공개 또는 유용되는 것을 금지하고 사적 비밀을 보호해 줌으로써 납세자의 사생활을 보장하고 납세자들이 세정에 신뢰하여 성실한 납세협력의무를 이행할 수 있도록 하기 위함이므로, 납세의무자가 아닌 제3자가 과세정보를 요구할 경우에는 납세의무자가 위임을 했다는 증빙서류(위임장 등)를 갖추어야 할 것이다.

문서를 가진 사람에게 그것을 제출하도록 명할 것을 신청하는 것은 서증을 신청하는 방식 중의 하나이므로(「민사소송법」§343), 법원은 그 제출명령신청의 대상이 된 문서가 서증으로서 필요하지 아니하다고 인정할 때에는 그 제출명령신청을 받아들이지 아니할 수 있다(「민사소송법」§290, 대법원 2006마1301, 2008.3.14. 참조).

사례 지방의회의 과세정보 제공 요구(지방세정책과-3216, 2020.7.31.)

과세정보는 민감한 개인정보를 포함하고 있으므로 개인정보보호법 등 관계법령이 정한 한계 내에서 제공할 수 있다고 할 것임.「개인정보보호법」제18조는 개인정보의 제3자 제공을 엄격히 제한하고 있고,「지방자치법 시행령」제45조에서는 행정사무감사·조사 시 개인 사생활 금지 등의 한계를 규정하고 있으므로「지방자치법」제40조 및 제41조의 규정에도 불구하고 과세정보의 제공이 제한된다고 판단되며, 결국 지방의회가「지방자치법」제40조 또는 제41조를 근거로 그 심의나 감사 등에 활용하기 위하여 과세정보를 요구하는 것은「지방세기본법」제86조 제1항 단서 규정에 따라 과세정보를 제공할 수 있는 경우에 해당하지 아니하고「개인정보보호법」제18조 및「지방자치법 시행령」제45조에 의해 제공이 제한된다고 할 수 있으므로, 세무공무원이 지방의회에 납세자의 개인정보 및 재산정보 등을 식별 가능한 형태로 제공하거나 특정 납세자의 과세정보를 여과 없이 제공할

수는 없다고 판단됨.

> **사례** 채권·채무관계가 있음을 증명하는 법원의 판결문으로는 해당 채권자에게 채무자의 과세정보를 제공할 수 없다고 볼 것임(지방세정팀-1532, 2006.4.14.).

채권·채무관계가 있음을 증명하는 법원의 판결문은 법원의 제출명령 또는 법관이 발부한 영장에 해당하지 않는다고 할 것이므로, 채권자가 채권·채무관계가 있음을 증명하는 법원의 채무존재(부존재) 확인판결 또는 채무이행 판결 등을 제시하면서 채무자명의로 부과·징수된 과세정보를 공개하여 줄 것을 청구하는 경우라 하더라도, 과세관청은 해당 채권자에게 채무자의 과세정보를 제공할 수 없다고 볼 것임. 다만 「민사집행법」 제74조에 의하여 재산명시절차의 관할법원이 재산명시를 신청한 채권자의 신청에 따라 채무자 명의의 재산에 관한 과세정보의 조회를 요구하는 경우, 과세관청은 채무자의 과세정보를 해당 법원에 제출할 수 있다고 판단됨.

> **사례** 공공기관 등이 소관업무의 사용 목적 범위 내에서 납세자의 동의를 받아 사업자등록 국세정보를 직접 조회 가능(지방세정팀-1532, 2006.4.14.)

「전자정부법」 제22조의 2(공공기관의 행정정보 공동이용)에 따라 공공기관 등이 소관업무의 사용 목적 범위 내에서 납세자의 동의를 받아 "사업자등록 계속상태정보", "휴·폐업상태정보" 등을 확인하기 위하여 국세정보를 직접 조회하는 경우, 동 정보는 과세정보를 가공한 단순한 민원정보에 해당하므로 공공기관 등이 제공하더라도 「국세기본법」 제81조의 10과 상충되지 아니함(재경부 조세정책과-1469, 2007.12.26.).

> **사례** 납세자의 성명·주소 등 인적사항도 과세정보 해당함(징세 46101-1347, 1998.5.27.).

납세자의 성명·주소 등 인적사항도 「국세기본법」 제81조의 8에서 규정한 과세정보로 볼 수 있는 것이며, 세무관서의 장에게 납세자의 과세정보의 제공을 요구하고자 하는 경우 동조 제1항 단서 각호 및 제2항의 규정에 의하여 요구할 수 있는 것임.

⑭ 납세자 권리 행사에 필요한 정보 제공(지기법 §87, 구 §115)

세무공무원은 납세자가 본인의 권리 행사에 필요한 정보를 납세자(2016.1.1. 이후부터 세무사 등 납세자로부터 세무업무를 위임받은 자 포함)가 요구하는 경우 신속하게 제공하여야 하며, 세무공무원이 제공하는 정보의 범위는 다음의 구분에 따른다.

① 납세자 본인이 요구하는 경우

　납세자 본인의 납세와 관련된 정보와 납세자 본인에 대한 체납처분, 행정제재 및 고발 등과 관련된 정보

② 납세자로부터 세무업무를 위임받은 자가 요구하는 경우

　납세자 본인의 과세 및 체납처분, 행정제재, 고발 등 징수와 관련된 정보로서 「개인정보 보호법」 제23조에 따른 민감정보에 해당하지 아니하는 정보

세무공무원은 정보를 제공하는 경우에는 주민등록증(모바일 주민등록증 포함) 등 신분증명서에 의하여 정보를 요구하는 자가 납세자 본인 또는 납세자로부터 세무업무를 위임받은 자임을

확인하여야 한다. 다만, 세무공무원이 지방세정보통신망을 통하여 정보를 제공하는 경우에는 전자서명 등으로 그 신원을 확인하여야 한다. 이외에 납세자의 권리 행사에 필요한 정보의 제공 방법·절차 등에 관하여 필요한 사항은 행정안전부장관이 정한다.

⑮ 과세전적부심사(지기법 §88, 구 §116)

(1) 개요

과세전적부심사제도는 과세처분 이후의 사후적 구제제도와는 별도로 과세처분 이전의 단계에서 납세자의 주장을 반영함으로써 권리구제의 실효성을 높이기 위하여 마련된 사전적 구제제도이기는 하지만, 조세 부과의 제척기간이 임박한 경우에는 이를 생략할 수 있는 등 과세처분의 필수적 전제가 되는 것은 아닐 뿐만 아니라 납세자에게 신용실추, 자력상실 등의 사정이 발생하여 납기 전 징수의 사유가 있는 경우에도 조세징수권의 조기 확보를 위하여 그 대상이나 심사의 범위를 제한할 필요가 있다.

(2) 과세예고통지대상

지방자치단체장은 다음 어느 하나에 해당하는 경우에는 미리 납세자에게 그 내용을 서면으로 통지("과세예고통지")하여야 한다.

① 지방세 업무에 대한 감사나 지도·점검 결과 등에 따라 과세하는 경우[106] (다만, 2021년 이후부터는 「지방세기본법」 제150조, 「감사원법」 제33조, 「지방자치법」 제169조 및 제171조에 따른 시정요구에 따라 과세처분하는 경우로서 시정요구 전에 과세처분 대상자가 지적사항에 대한 소명안내를 받은 경우 제외)

② 세무조사에서 확인된 해당 납세자 외의 자에 대한 과세자료 및 현지 확인조사에 따라 과세하는 경우

③ 비과세 또는 감면 신청을 반려하여 과세하는 경우(2020년까지는 반려하여 통지하는 경우로 규정하고 있어서 통지가 없는 경우 청구대상이 아니었으나, 2021년 이후부터는 반려하여 과세하는 경우이지만 「지방세법」에서 정한 납기에 따라 납세고지하는 경우 제외)

비과세 또는 감면의 신청을 반려하는 통지는 과세전적부심사청구대상이 되는 것으로 규정되어 있는바, 즉 감면신청을 반려되는 경우에는 원칙적으로 과세전적부심사를 거쳐야 하는 것이다. 그런데 감면신청기한 내(취득세는 취득일로부터 60일)에 감면신청을 하였으나 반

---

106) 현지조사 등에 따른 감면세액의 추징대상 중 지방자치단체장이 과세예고통지가 필요하다고 인정하는 경우는 과세예고통지대상에 포함되나(지기예 법88…영58-1), 감사원 감사결과 처분지시 또는 시정요구에 따라 과세하는 경우는 과세예고통지대상에서 제외됨(지기예 법88…영58-2). 그런데 국세에서는 대법원판결(대법원 2015두52326, 2016.4.15.) 이후 문제가 된 훈령 과세전적부심사 사무처리규정을 보완, 즉 "감사원 감사결과 처분지시 또는 시정요구에 따라 고지하는 경우"를 삭제하여 2016.7.1. 이후 적용하지 않고 있는바, 지방세에서도 과세예고통지대상에 포함되어야 할 것임.

려통지를 받은 경우에는 통지받은 날로부터 30일 이내에 과세전적부심사청구는 가능할 것으로 판단되지만, 비과세 또는 감면의 신청을 반려하는 통지는 과세전적부심사청구대상이 되는 것으로만 규정되어 있어서 감면신청기간 내에 감면신청을 하지 아니하고 신청기간 경과 후에 한 경우라도 반려통지가 되었다면 무조건 과세전적부심사청구대상이 되는 것으로도 해석할 수 있는바, 이에 대한 명확한 해석은 없지만, 심사례(행심 2000-312, 2000.4.26.)에 따르면 과세전적부심사 대상이 되는 것으로 판단된다.

참고로, 과세전적부심사청구를 거치지 아니하였다고 하여 경정청구를 배제할 수는 없으므로 감면신청기간 내에 감면신청을 하지 아니한 경우에는 과세전적부심사청구보다는 경정청구를 거쳐서 이의신청 등의 불복절차를 취하는 것이 더 좋을 것으로 판단된다.

2011.1.1. 이후부터는 경정청구 제도가 도입이 되었는바, 자진신고납부분에 대하여는 착오신고 즉 감면대상임에도 감면신청을 신고납부 후에 하는 경우에는 신고납부기한으로부터 5년 이내에 우선 경정청구를 하여야 하며, 과세관청에서 경정청구를 받아들이지 아니할 경우에는 이의신청 등의 불복절차를 취할 수 있다.

④ 비과세 또는 감면한 세액을 추징하는 경우(2021년 이후 통지받은 분부터 적용)

⑤ 납세고지하려는 세액이 30만 원 이상인 경우[다음의 경우(㉠ 제외)로 2021년 이후 통지받은 분부터 과세예고통지 배제]

㉠ 「지방세법」에서 정한 납기에 따라 납세고지하는 경우(2020년 이후부터 적용)

㉡ 납세의무자가 신고한 후 납부하지 않은 세액에 대하여 납세고지하는 경우

㉢ 세무서장 또는 지방국세청장이 결정 또는 경정한 자료에 따라 지방소득세를 납세고지하는 경우

㉣ 「지방세징수법」 제22조 제2항 전단에 따라 납기 전에 징수하기 위하여 고지하는 경우

㉤ 「지방세법」 제62조·제98조·제103조의 9·제103조의 26 및 제128조 제2항 단서에 따라 수시로 그 세액을 결정하여 부과·징수하는 경우

㉥ 「지방세기본법」 제88조 제5항 제2호 단서, 제96조 제1항 제3호 단서 또는 제96조 제7항 및 「국세기본법」 제81조에 따라 준용되는 같은 법 제65조 제1항 제3호 단서에 따른 재조사 결정을 하여 그 재조사한 결과에 따라 과세하는 경우

(3) 청구대상

다음 어느 하나에 해당하는 통지를 받은 자는 그 통지를 받은 날부터 30일 이내에 지방자치단체장에게 통지 내용의 적법성에 관하여 심사("과세전적부심사")를 청구할 수 있으나, 과세전적부심사를 청구하지 아니하고 통지받은 내용의 전부 또는 일부에 대하여 과세표준 및 세액을 조기에 결정 또는 경정결정하여 줄 것을 신청할 수 있다. 이 경우 해당 지방자치단체장은 신청받은 내용대로 즉시 결정 또는 경정결정을 하여야 한다.

① 세무조사결과에 대한 서면통지

② 상기 과세예고통지(2016.1.1. 이후 과세전적부심사를 청구하는 분부터 적용하며, 그 전에는 과세예고통지)

상기에 해당되는 경우에만 과세전적부심사를 할 수 있는바, 예를 들어 지방세 과세표준 결정·통지 및 열람, 제2차 납세의무자의 지정통지, 과세 압류예고통지, 납세 안내문 등은 과세전적부심사청구대상이 되지 아니한다.

한편, 과세전적부심사청구가 배제되는 경우는 다음과 같다.

▐ 과세전적부심사청구가 배제되는 경우 ▌

① 납기 전 징수의 사유가 있거나 지방세관계법에서 규정하는 수시부과의 사유가 있는 경우
② 범칙사건조사를 하는 경우
③ 세무조사결과통지 및 과세예고통지를 하는 날부터 지방세 부과제척기간의 만료일까지의 기간이 3개월 이하인 경우
④ 법령(2017.3.27. 이전 「지방세기본법」 또는 지방세관계법)과 관련하여 유권해석을 변경하여야 하거나 새로운 해석이 필요한 경우(2017.3.28. 이후)
⑤ 「국제조세조정에 관한 법률」에 따라 조세조약을 체결한 상대국이 상호합의절차의 개시를 요청한 경우(2017.3.28. 이후)
⑥ 「지방세법」에서 정한 납기에 따라 납세고지하는 경우
⑦ 납세의무자가 신고한 후 납부하지 않은 세액에 대하여 납세고지하는 경우(2021년 이후 통지받은 분부터 적용되나, 2020년 통지받는 분은 법정신고기한까지 신고한 세액에 대한 납세고지)
⑧ 세무서장 또는 지방국세청장이 결정 또는 경정한 자료에 따라 지방소득세를 납세고지하는 경우(2020년 이후 적용)
⑨ 「지방세기본법」 제88조 제5항 제2호 단서, 제96조 제1항 제3호 단서 또는 제6항 및 「국세기본법」 제81조에서 준용되는 제65조 제1항 제3호 단서에 따른 재조사 결정에 따라 조사하는 경우(2019년 이후)

과세전적부심사청구 당시 납기 전 징수 사유가 발생하지 아니하여 과세전적부심사청구가 허용된 경우라도 그 후 납기 전 징수 사유가 발생하였다면 과세전적부심사청구에 대한 결정이 있기 전이라도 과세처분을 할 수 있다(대법원 2010두19713, 2012.10.11.).

사례 감면신청 반려통지 시 과세전적부심사청구 가능(행심 2000-312, 2000.4.26.)

청구인은 등록세 신고납부일로부터는 109일, 취득세고지서를 받은 날부터는 71일이 되는 1999.11.24. 처분청에 지방세 감면신청서를 제출하였고, 처분청은 1999.11.29. 지방세 감면 불가 통지를 하면서 과세전적부심사청구대상이 된다고 통보함에 따라 1999.12.17.에 과세전적부심사청구를 제출하였고, 그 결정에 불복하여 청구인이 2000.3.30.에 심사청구를 한 사실을 알 수 있으므로 1999.12.17.에 제출한 과세전적부심사청구를 이의신청으로 본다고 하더라도 등록세와 취득세 모두 이의신청기간을 경과한 것이 되어 본안심의대상이 될 수 없는 것임.

☞ 종전에는 신고납부 자체가 처분으로 보아 이의신청 등의 불복절차를 취할 수 있었으나, 신고납부 세목은

2011.1.1. 이후 납세의무성립분부터는 경정청구를 거치고 반려하는 경우 이의신청 등의 절차를 취하도록 개정되어 있음.

> **사례** 과세전적부심사청구 당시 납기 전 징수 사유가 발생하지 아니하여 과세전적부심사청구가 허용된 경우라도 그 후 납기 전 징수 사유가 발생하였다면 과세전적부심사청구에 대한 결정이 있기 전이라도 과세처분 가능(대법원 2010두19713, 2012.10.11.)
>
> 원고가 과세전적부심사를 청구한 2006.7.5. 이후 원고의 2001년 제1기분 부가가치세 체납으로 원고 소유의 토지 지분 등이 적법하게 압류된 이상 원고에게는 「국세징수법」 제14조에 규정하는 납기 전 징수의 사유가 발생하였다고 할 것이므로, 피고가 과세전적부심사청구에 대한 결정을 하지 아니한 채 2007.1.3.에 2001년 제2기분 부가가치세 부과처분을, 2007.6.1.에 2002년 제1기분 부가가치세 부과처분을 한 것에 절차상 위법이 있다고 할 수 없음.

> **사례** 과세예고통지 등 없이 납세고지한 경우 고지 효력 없음(대법원 2015두52326, 2016.4.15.).
>
> 과세관청이 과세처분에 앞서 필수적으로 행하여야 할 과세예고 통지를 하지 아니함으로써 납세자에게 과세전적부심사의 기회를 부여하지 아니한 채 과세처분을 하였다면, 이는 납세자의 절차적 권리를 침해한 것으로서 과세처분의 효력을 부정하는 방법으로 통제할 수밖에 없는 중대한 절차적 하자가 존재하는 경우에 해당하므로, 그 과세처분은 위법함.
>
> ☞ 「국세기본법」(2010.12.27. 법률 제10405호로 개정된 이후) 제81조의 15 제2항 제3호에 해당되는 경우에는 과세예고통지 등을 생략할 수 있는 것이므로 과세예고통지 등이 없이 납세고지를 하였다 하더라도 그 고지의 효력에는 영향이 없는 것임. 납세지관할세무서장 또는 지방국세청장이 과세표준과 세액을 결정 또는 경정한 후 그 결정 또는 경정에 탈루 또는 오류가 있는 것이 발견된 때 이를 다시 경정한다는 사정만으로는 납세자의 재산권을 부당히 침해하였다고 말할 수 없는 것이며 신의 · 성실의 원칙에 위반되는 것이 아님(징세과-686, 2012.6.22.).

(4) 청구적격자

세무조사결과에 대한 서면통지, 과세예고통지 및 비과세 또는 감면의 신청을 반려하는 통지를 받은 납세자가 과세전적부심사청구를 할 수 있다. 과세예고통지 등을 받은 자가 청구할 수 있는 것이므로, 이미 확정된 본래의 납세의무승계, 보충적 납세의무를 지는 제2차 납세의무자, 물적 납세의무자, 납세보증인은 과세전적부심사청구를 할 수 없다.

(5) 청구기한과 청구방법

그 통지를 받은 날부터 30일 이내에 청구하여야 하며, 과세전적부심사를 청구하려는 자는 과세전적부심사청구서에 증거서류나 증거물을 첨부(증거서류나 증거물이 있는 경우 한정)하여 시장 · 군수 또는 도지사에게 제출하여야 한다. 이 경우 지방세의 세목별 과세전적부심사청구서 제출대상 기관에 관하여는 이의신청 규정을 준용한다.

(6) 결정처리 기한

과세전적부심사청구를 받은 시장·군수 또는 도지사는 지방세심의위원회의 심사를 거쳐 청구에 대한 결정을 하고 그 결과를 청구받은 날부터 30일 이내에 청구인에게 알려야 한다. 다른 기관에 법령해석을 요청하는 경우와 풍수해, 화재, 천재지변 등으로 지방세심의위원회를 소집할 수 없는 경우 및 2015.5.18. 당시 과세전적부심사가 진행 중인 경우부터 청구인의 요청이 있거나 추가 자료의 조사 등을 위하여 필요한 경우로서 지방세심의위원회에서 심사기간을 연장하는 결정을 하는 경우 및 대리인의 선정 등을 위해 필요한 경우(2020년 이후) 30일의 범위 내에서 1회에 한정하여 심사기간을 연장할 수 있다.

① 청구가 이유 없다고 인정되는 경우 : 채택하지 아니한다는 결정
② 청구가 이유 있다고 인정되는 경우 : 채택하거나 일부 채택한다는 결정. 다만, 구체적인 채택의 범위를 정하기 위하여 사실관계 확인 등 추가적으로 조사가 필요한 경우에는 통지를 한 지방자치단체장으로 하여금 이를 재조사하여 그 결과에 따라 당초 통지 내용을 수정하여 통지하도록 하는 재조사 결정을 할 수 있다.
③ 청구기간이 지났거나 보정기간 내에 보정을 하지 아니하는 경우 : 심사하지 아니한다는 결정

과세전적부심사에 관하여는 「행정심판법」 제15조, 제16조, 제20조부터 제22조까지, 제29조, 제36조 제1항 및 제39부터 제42조[107)를 준용한다. 이 경우 "위원회"는 "지방세심의위원회"로 본다.

(7) 과세표준 및 세액 결정 등 유보

과세전적부심사청구서를 제출받은 지방자치단체장은 그 청구부분에 대하여 결정이 있을 때까지 과세표준 및 세액의 결정이나 경정결정을 유보하여야 하지만, 과세전적부심사청구가 배제되는 경우에 해당하면 그러하지 아니하다.

(8) 과세전적부심사 결정의 기속력

「지방세기본법」 제96조(구 제123조) 제2항에서 이의신청 또는 심사청구의 지방세심의위원회의 결정은 해당 처분청을 기속한다라고 규정하고 있다. 과세전적부심사청구도 이의신청 등과 마찬가지로 지방세심의위원회의 결정은 해당 처분청을 기속한다.

> 사례 과세전적부심사위원회 결정은 결정효력에 가변력 없음(서면1팀-1381, 2006.10.2.).
> 사후적 권리구제제도인 심사청구·심판청구·행정소송과 마찬가지로 과세관청의 위법·부당한 처분을 사전에 바로잡아 납세자의 권리를 구제하는 데 그 목적을 두고 있으므로 과세전적부심사위원회에서 결정된 내용은 명백히 위법·부당한 경우가 아니라면 설령, 그 판단근거가 부분적으로 잘못이 있다 하더라도 그 결정내용은 존중되어야 할 것임(서면1팀-1352, 2005.11.8. 참조).

107) 제41조 준용은 2015.5.18. 이후 제기하는 과세전적부심사분부터 적용됨.

(9) 과세전적부심사청구에 대한 처분이 불복가능 여부

「지방세기본법」 제98조(구 제117조) 제1항과 제2항 제4호에 따르면 "「지방세기본법」 제88조(구 제116조)에 따른 과세전적부심사의 청구에 대한 처분"은 이의신청, 심사청구 또는 심판청구를 할 수 없도록 규정되어 있다.

한편, 구 「지방세법」 제70조, 제72조의 규정 내용에 비추어, 지방세 과세예고통지는 미리 납세자에게 장차 있을 과세처분의 내용을 알리고 그로 하여금 그 과세의 적법 여부를 과세전적부심사에서 다툴 수 있도록 하기 위하여 행해지는 것일 뿐 이로써 납세자에게 최종적인 납세의무를 형성하거나 그 범위를 확정하는 것이 아니므로, 과세예고는 행정소송의 대상이 되는 처분이라 할 수 없다(창원지법 2007구합1871, 2008.4.10.)라고 판시하고 있다.

그런데 과세예고에 대하여는 이를 처분으로 보지 아니하므로 행정소송 대상이 되지 아니하나, 과세전적부심사청구에 대한 처분이 행정소송 대상인지는 명확하지 아니하다. 상기 창원지법의 판결문의 취지에 따르면 납세고지서를 부과하기 전에는 납세자에게 최종적인 납세의무를 형성하거나 그 범위를 확정하는 것이 아니기 때문에 행정소송의 대상이 되는 처분으로 볼 수 없는 것으로 판단된다.[108]

> **사례** 과세예고통지에 불복한 경우 처분 미존재로 부적법 청구(조심 2014광69, 2014.1.29.)
>
> 불복대상인 처분이라 함은 과세권자인 정부가 조세채권 성립요건의 충족사실을 조사확정하고 이에 관련법령을 적용하여 과세표준과 세액을 확정한 후 이를 납세고지서에 의하여 납세의무자에게 통지함으로써 구체적으로 확정된 조세채권을 뜻한다고 할 것이므로 심판청구를 제기하기 위해서는 「국세기본법」 제55조 제1항에 규정된 처분이 있어야 할 것인데(조심 2010전3564, 2010.12.3. 등 참조) 청구인은 처분청의 과세예고통지에 불복하여 이 건 심판청구를 제기하였으므로 이 건 심판청구는 불복대상인 처분이 존재하지 아니하는 부적법한 청구에 해당함.

(10) 납부지연가산세(2023.12.31. 이전은 납부불성실가산세) 50% 감면

과세전적부심사청구를 한 경우라도 납부지연가산세(2023.12.31. 이전 납세의무성립분은 납부불성실가산세)는 계속 부과되는 것이나, 과세전적부심사청구 결정·통지기간(30일) 이내에 그 결과를 통지하지 아니한 경우 결정·통지가 지연됨으로써 해당 기간에 부과되는 납부지연가산세(2023.12.31. 이전은 납부불성실가산세)는 50% 감면된다(지기법 §54 ② 3).

> **사례** 과세전적부심사 청구기간 중 발급된 납세고지서 효력(징세 46101-2070, 1999.8.20.)
>
> 납세자가 과세적부심사청구서를 제출하면 세무서장은 그 결정이 있을 때까지 청구한 부분에 대한 수입금액, 과세표준 또는 세액의 결정이나 경정을 유보하게 되나, 「과세전적부심사 사무처리규정」

---

108) 과세전적부심사의 절차상의 문제인 경우에는 행정소송이 가능하나 이러한 이유가 아닌 경우 창원지부의 판례의 취지처럼 납세고지의 부과처분이 있어야 행정소송이 가능하다고 하므로 과세전적부심사결정에 대하여는 행정소송 대상이 아니라는 것임.

제9조 제2항의 사유에 해당하는 경우 과세적부심사청구에 대한 결정 전에 납세고지를 할 수 있음.

(11) 이의신청 준용

과세전적부심사에 관하여는 「지방세기본법」 제92조(구 제120조)(관계 서류의 열람 및 의견진술권), 제93조(구 제120조의 2)(이의신청 등의 대리인), 제94조(구 제121조) 제2항(청구기한 후 우편 도달 시 특례), 제95조(구 제122조)(보정요구) 및 제96조(구 제123조) 제1항 각 호 외의 단서(청구기간이 지난 후에 제기된 경우 지방세심의위원회의 의결을 거치지 아니하고 결정 가능) 및 같은 조 제4항·제5항(재조사 결정 : 2018년 이후 적용)을 준용한다.

2025.1.1. 당시 과세전적부심사기관이 아닌 다른 기관에 과세전적부심사청구서가 접수·제출되어 있는 경우부터 과세전적부심사청구서의 제출·접수 및 이송, 심사기간의 계산, 의견서의 제출 등에 대해서는 제59조 제2항부터 제6항까지의 규정을 준용한다. 이 경우 "처분청"은 각각 "법 제88조 제2항 각 호의 통지를 한 지방자치단체의 장"으로, "이의신청기관"은 각각 "과세전적부심사기관"으로, "이의신청서"는 각각 "과세전적부심사청구서"로, "이의신청을 하려는 자"는 "과세전적부심사를 청구하려는 자"로, "법 제96조 제1항"을 "법 제88조 제4항"으로, "법 제88조 제4항에 따른 과세전적부심사에 대한 결정서(결정이 있은 경우만 해당한다)"를 "법 제88조 제2항 제1호에 따른 세무조사 결과에 대한 서면 통지 또는 같은 항 제2호에 따른 과세예고 통지"로 본다.

제7장

불복청구

1 개요

심사청구 또는 심판청구는 행정처분에 대한 심사를 요구한다는 뜻이므로 일상적인 용어로는 당초의 처분을 받아들이지 아니한다는 뜻으로서 불복한다는 말로 쓰이기도 하며, 심사청구의 내용은 행정처분으로부터 납세자를 구제한다는 뜻으로 행정구제라는 말로도 쓰이고 있다. 이와 같은 청구의 대상이 되는 것은 과세관청의 지방세에 관한 처분이 위법하거나 또는 부당한 것을 전제로 한다.

'지방세에 관한 처분'이라 함은 「지방세기본법」 및 지방세관계법에 의한 작위처분뿐만 아니라 부작위에 대하여 그 작위를 요구하는 부작위처분을 포함한다. '작위처분'이라 함은 과세관청의 의사표시로 이루어진 행정행위를 말하는 것으로, 예컨대 납세고지서의 송달·체납처분의 통지와 같은 것을 말하며, '부작위처분'이라 함은 과세관청이 납세자에게 하여 주어야 할 일을 하여 주지 아니하는 것으로 예를 들면 사업자등록신청을 하였는데 이를 등록하여 주지 아니하는 등의 경우이다.

이를 표로 보면 다음과 같다.

① 위법하게 처분을 하였거나 필요적 처분을 하지 아니한 경우이다. '위법한 처분'이란 법에 위반한 처분이란 뜻으로 좁게는 금지규정이나 단속규정에 대한 위반이라고 보며 넓게는 법의 이념, 즉 선량한 풍속 기타 사회질서에 대한 위반까지를 의미하기도 한다.
② 부당하게 처분을 하였거나 필요한 처분을 하지 아니한 경우이다. '부당한 처분'이란 법률위반은 아니지만 제도의 목적에서 보아 적당치 않은 처분이란 뜻이다. 일반적으로 위법이 되지 않는 재량으로서 그 재량을 그르친 처분을 말한다.

'처분이 있었다고 함'은 과세관청의 지방세에 관한 의사표시가 상대방에게 송달되었음을 말하는 것이며, 하나의 납세의무에 대하여 수개의 처분. 예를 들면 납세고지처분·압류처분·제2차 납세의무지정처분 등이 있을 수 있으므로 이로 인하여 권리 또는 이익을 침해받은 자는 각각 독립하여 청구를 할 수 있다.

지방세에 관한 행정처분이 납세의무 확정행위라는 개념과 일치되는 것은 아니다. 지방자치단체의 처분이 납세의무를 확정하는 효력을 갖는 것도 있으나 처분을 필요로 하지 아니하고 납세의무자의 신고로써 확정되기도 하기 때문이다. 반대로 신고로써 납세의무가 확정되는 조세는 신고

가 확정의 효력은 발생하더라도 그 신고행위를 행정처분이라고 볼 수는 없는 것이므로 신고의 오류를 이유로 불복청구를 할 수는 없을 것이다. 다만, 당초 신고의 오류를 경정청구하고 경정청구에 대한 결정통지를 받고 이에 불복할 수는 있다고 하겠으나 경정청구기한이 경과한 후에 신고로써 확정된 납세의무를 불복청구는 할 수 없다.

한편, 「지방세기본법」 제90조 제1항 및 같은 법 시행령 제59조 제1항에 의하면 이의신청은 불복의 사유 등 일정한 사항을 기재한 이의신청서에 의하도록 규정하고 있으므로 「지방세기본법」상 이의신청은 서면행위로서 구두에 의한 이의신청은 인정되지 아니한다(대법원 1993.10.12. 선고, 93누12190 판결 참조).

❷ 청구대상(지기법 §89, 구 §117)

「지방세기본법」 또는 지방세관계법에 따른 처분으로서 위법·부당한 처분을 받았거나 필요한 처분을 받지 못하여 권리 또는 이익을 침해당한 자는 이의신청, 심사청구(2021.1.1. 현재 청구 중 사건까지) 또는 심판청구를 할 수 있다. 여기서 '필요한 처분을 받지 못한 경우'라 함은 처분청이 다음 사항을 명시적 또는 묵시적으로 거부하거나(거부처분) 아무런 의사 표시를 하지 아니하는 것(부작위)을 말한다(지기예 법89-2).

① 비과세·감면신청에 대한 결정
② 지방세의 환급
③ 압류해제
④ 기타 상기에 준하는 것

'권리 또는 이익의 침해를 당한 자'라 함은 위법·부당한 처분을 받거나 필요한 처분을 받지 못한 직접적인 당사자를 말하며, 제3자적 지위에 있는 자도 당해 위법·부당한 처분으로 인하여 자신의 권리 또는 이익의 침해를 당한 경우는 불복청구할 수 있다. 다만, 간접적 반사적인 이익의 침해를 받은 자는 불복청구를 할 수 없다(지기예 법89-3).

(1) 청구대상이 되는 처분

① 감사원장의 시정요구에 따른 처분(지기예 법89-1)
② 체납처분에 대한 불복(지기예 법89-6)
  ㉠ 납세자에 대한 재산의 압류·매각 및 청산(배분)의 체납처분은 불복청구의 대상이 된다.
  ㉡ 체납처분으로 압류한 재산이 제3자의 소유인 경우 제3자는 압류처분에 대하여 불복청구를 할 수 있다.

(2) 청구대상 제외

행정관청의 처분이라 하더라도 다음과 같은 처분에 대하여는 「지방세기본법」상의 심사 또는 심판청구의 대상이 되지 아니한다[지기법 §89(구 §117) ①].

① 이의신청·심사청구(2021.1.1. 현재 청구 중 사건까지)·심판청구에 대한 각 처분, 즉 결정

2016.1.1. 이후 2019.12.31. 이전에 재조사를 실시하고 2020.1.1. 이후 그에 따른 처분을 받은 경우까지(부칙 §9)는 당초 처분의 적법성에 관하여 재조사하여 그 결과에 따라 과세표준과 세액을 경정하거나 당초 처분을 유지하는 등의 처분을 하도록 하는 결정에 따른 처분을 포함하였지만, 이의신청에 대한 처분에 대하여 심사청구(2021.1.1. 현재 청구 중 사건까지) 또는 심판청구를 하는 경우는 제외한다.

이러한 결정은 당초 처분에 대하여 다시 심리한 결과를 표시하는 행위이므로 이에 대한 재신청 또는 재청구는 배제한다는 뜻이며, 상급의 행정심판을 청구하는 것은 당연히 허용된다.

② 「지방세기본법」 제121조(구 제133조의 9) 제1항에 의한 통고처분

「지방세기본법」 제121조(구 제133조의 9)에 의한 통고처분은 행정관청이 행하는 처분이기는 하나 이는 사법 행위에 속하므로 행정심판의 대상으로 하지 아니하고 사법 절차에 따라 불복하도록 한 것이다.

③ 「감사원법」에 따라 심사청구를 한 처분이나 그 심사청구에 대한 처분

감사원에 심사청구를 한 것은 「지방세기본법」에 의한 불복을 할 수 없다. 따라서 지방세에 관한 처분에 불복하고자 하는 자는 「지방세기본법」에 의한 심사청구 등의 절차를 취하거나 「감사원법」에 의한 심사청구절차를 취하거나 선택하여야 한다. 또한 감사원 심사청구에 대한 결정에 대하여도 「지방세기본법」에 의한 불복의 대상이 되지 아니하므로 행정소송을 제기하여 구제를 받아야 한다.

동일한 처분에 대하여 이의신청, 심사청구(2021.1.1. 현재 청구 중 사건까지) 또는 심판청구와 감사원 심사청구를 중복 제기한 경우에는 청구인에게 감사원 심사청구를 취하하지 아니하면 불복신청이 각하됨을 통지하여야 한다. 다만, 감사원 심사청구가 청구기간을 경과한 때에는 이의신청, 심사청구(2021.1.1. 현재 청구 중 사건까지) 또는 심판청구의 기간 내에 제기된 불복청구를 처리한다(지기예 법89-4).

④ 과세전적부심사청구에 대한 처분

⑤ 「지방세기본법」에 따른 과태료의 부과(2016년 이후)

⑥ 다음의 처분(이의신청은 배제)

　㉠ 행정안전부장관의 과세표준 조사·결정에 따른 처분

　㉡ 행정안전부에 대한 감사결과로서의 시정지시에 따른 처분

　㉢ 행정안전부의 세무사찰 결과에 따른 처분

　㉣ ㉠~㉢의 처분 외에 행정안전부장관의 특별한 지시에 따른 처분

　　「감사원법」 제33조에 따른 감사원장의 시정요구에 의하여 지방자치단체장이 지시한 과세처분은 행정안전부장관의 특별한 지시에 의한 처분으로서 이의신청의 대상이 아니고 심사

청구의 대상이다.

　㉲ 세법에 따라 행정안전부장관이 하여야 할 처분

상기 ㉲은 이의신청이 배제되는 처분으로, 이에 대한 처분에 대하여 불복청구인이 이의신청서에 의하여 불복을 제기한 경우에는 행정안전부장관에게 심사청구를 한 것으로 본다.

한편, 2010.12.31. 이전에는 신고납부 세목에 대하여 경정청구 제도가 없어서 신고도 처분으로 보아 불복청구 대상이 되었으나, 2011.1.1. 이후 납세의무성립분부터는 신고 자체는 처분으로 보지 않아 불복청구를 할 수 없게 되었다. 이 경우 경정청구를 할 수 있을 뿐이다. 그런데 신고납세방식의 조세에 있어서는 납세의무자가 과세표준과 세액을 과세관청에 제출하는 납세신고에 의하여 조세채무가 확정되고, 이때 조세채무를 확정시키기 위해서는 기한 내에 신고가 있어야 할 것이나, 신고납세방식의 조세라 하더라도 납세의무자가 법정신고 기한 내에 신고하지 아니하여 그 기한이 경과된 경우에는 부과납세방식의 조세로 변경된다고 보아야 할 것이다(대법원 2003다66271, 2005.5.27. 참조). 따라서 신고를 하지 않아 부과처분되는 경우에는 불복청구대상이 되는 것이다. 그런데 미납부 또는 부족납부에 따른 납부고지는 확정된 세액을 징수하기 위한 징수절차에 불과할 뿐 불복청구대상이 되는 부과처분에 해당하지 아니한다(조심 2012전4017, 2012.11.13.).

　사례　신고납부 세목에서 무납부고지는 불복청구 대상 처분 아님(조심 2015서1423, 2015.9.1.).

소득세 등 신고납세제도를 채택하고 있는 세목의 경우 납세의무자의 과세표준 신고에 대한 무납부고지 행위는 단순한 징수절차로서 양도소득세의 부과처분이 아니라 예정신고 무납부세액에 대하여 조세납부를 촉구하는 이행청구로서 행하는 절차에 불과한 것으로서 불복청구의 대상이 되는 처분으로 보지 아니하는 것임.

　사례　기타 사례

① 가산금이라 함은 국세를 납부기한까지 납부하지 아니한 때에 고지세액에 가산하여 징수하는 금원을 말하고 이는 「국세징수법」에 의하여 당연히 발생하는 것으로서, 가산금 및 중가산금 부분은 「국세기본법」에서의 불복대상이 아니라 할 것임(조심 2010광2394, 2010.10.5.).

② 청구인의 양도소득세 등의 부과처분에 대한 불복청구기간은 경과하였으며, 고충민원은 정식의 불복절차가 아닌 민원회신에 불과하여 불복청구의 대상이 되는 "처분"으로 보기 어려움(조심 2010부0119, 2010.9.29.).

③ 과세표준 신고서를 법정신고기한 내에 제출한 자는 과세표준 신고서에 기재된 결손금액이 세법에 의하여 신고하여야 결손금액에 미달하는 경우 「국세기본법」 제45조의 2에 의한 경정청구를 할 수 있으며, 처분청이 동 경정청구에 대한 결정 또는 경정을 명시적 또는 묵시적으로 거부함으로써 권리 또는 이익의 침해를 당한 때에는 「국세기본법」 제55조에 의하여 필요한 처분을 청구할 수 있는 것임(서면1팀-1418, 2005.11.23.).

④ 세금의 납부 여부는 불복청구 및 그 심사에 영향을 미치지 아니하는 것이므로 부과된 세금을 납부한 후에도 부당한 처분에 대하여는 불복 청구할 수 있음(서면1팀-1203, 2004.8.30.).

⑤ 구 「조세범 처벌법」 제6조 및 구 「조세범 처벌 절차법」 제12조의 규정에 의한 고발은 「국세기본법」 제55조 제1항의 규정에 의한 불복청구의 대상이 아님(법무과-3089, 2005.8.5.).

(3) 청구 적격자

1) 당사자

위법·부당한 처분을 받거나 필요한 처분을 받지 못한 직접적인 당사자는 불복청구를 할 수 있다. 한편, 친권자, 후견인, 재산관리인, 상속재산 관리인 등의 법정대리인은 본인을 대리하여 불복청구를 할 수 있다. 이 경우 법정대리인임을 입증하는 서면을 제출하여야 한다(지기예 법89-8).

2) 제3자적 지위에 있는 자

2023.1.1. 이후 이의신청 또는 심판청구를 하는 경우부터(부칙 §7) 제3자적 지위에 있는 자도 당해 위법·부당한 처분으로 인하여 자신의 권리 또는 이익의 침해를 당한 경우에도 불복청구할 수 있다. 다만, 간접적 반사적인 이익의 침해를 받은 자는 불복청구를 할 수 없다.

① 제2차 납세의무자로서 납부통지서를 받은 자

　제2차 납세의무자로 지정되어 납부통지서를 받은 납세의무자는 그 납부통지에 대하여 불복청구를 할 수 있으며, 제2차 납세의무자 또는 납세보증인은 납부통지된 처분에 대하여 불복한 경우에 그 납부통지의 원천이 된 본래 납세의무자에 대한 처분의 확정 여부에 관계 없이 독립하여 납부통지된 세액의 내용에 관하여 다툴 수 있다(지기예 법89-5).

② 물적 납세의무를 지는 자로서 납부통지서를 받은 자

③ 보증인

④ 그 밖에 대통령령으로 정하는 자

> **사례** 압류 부동산의 세입자는 심사청구 청구자격 없음(행심 2007-62, 2007.2.26.).
>
> 불복청구의 대상이 된 처분에 의하여 권리 또는 이익의 침해를 당하지 않은 자의 불복은 당사자 부적격으로 보아 각하결정하도록 규정하고 있으므로 동 규정에서 법률상 이익이라 함은 당해 처분의 근거가 되는 법규에 의하여 보호되는 직접적이고 구체적인 이익을 말하고 단지 간접적이거나 사실적, 경제적 이해관계를 가지는 데 불과한 경우에는 포함되지 아니하는 바(대법원 91누6023 판결, 1992.3.31. 선고), 청구인의 경우를 보면 청구인은 이 사건 부동산에 대하여 세입자로서 사실적이고 간접적인 이해관계를 가질 뿐 법률상 직접적이고 구체적인 이익을 가지는 이 사건 부동산의 소유자는 아니라 할 것이므로 그 압류처분의 취소를 구할 당사자 적격이 없다고 판단되는바, 이 사건 심사청구는 본안심리대상으로 볼 수 없음.

> **사례** 제2차 납세의무자 지정 처분에 대한 심판청구를 당초 납세의무자가 제기한 경우 부적법함 (국심 2005서1335, 2005.10.25.).
>
> 조○○에 대하여 제2차 납세의무자로 지정한 것은 처분을 받은 자가 청구법인이 아닌 조○○이므로 동 처분에 대하여 청구법인이 제기한 심판청구는 부적법한 심판청구로 판단됨.

(4) 이의신청·심사청구와 감사원 심사청구와의 관계

① 동일한 처분에 대하여 이의신청과 심사청구를 중복제기하였을 경우에는 심사청구를 제기

한 것으로 본다. 다만, 심사청구가 청구기간을 경과한 때에는 청구기간 내에 제기된 이의신
청을 심리한다.

② 동일한 처분에 대하여 이의신청, 심사청구(2021.1.1. 현재 청구 중인 사건까지) 또는 심판청
구와 감사원 심사청구를 중복 제기한 경우에는 청구인에게 감사원 심사청구를 취하하지 아
니하면 불복신청이 각하됨을 통지하여야 한다. 다만, 감사원 심사청구가 청구기간을 경과한
때에는 이의신청, 심사청구(2021.1.1. 현재 청구 중인 사건까지) 또는 심판청구의 기간 내에
제기된 불복청구를 처리한다.

(5) 청구의 기산일

이의신청, 심사청구(2021.1.1. 현재 청구 중인 사건까지) 또는 심판청구 기간의 기산일은 다음
과 같다.

① 공시송달 사유에 해당하여 공시송달한 처분
   공시송달의 공지일로부터 14일 경과한 날
② 부과의 결정을 철회하였다가 재결정하여 통지한 처분
   재결정의 통지를 받은 날의 다음 날
③ 처분의 통지서를 사용인, 기타 종업원 또는 동거인이 받은 경우
   사용인, 기타 종업원 또는 동거인이 처분의 통지를 받은 날의 다음 날
④ 피상속인의 사망 전에 피상속인에게 행하여진 처분에 대하여 상속인이 불복청구를 하는 경우
   피상속인이 당해 처분의 통지를 받은 날의 다음 날

(6) 취하한 사건에 대한 불복

청구인이 이의신청 또는 심사청구(2021.1.1. 현재 청구 중인 사건까지)를 취하한 경우에도 청
구기간 내에는 다시 이의신청 또는 심사청구(2021.1.1. 현재 청구 중인 사건까지)를 할 수 있다
(지기예 법91-2).

(7) 이의신청 결정통지를 받지 못한 경우의 심판청구

이의신청 결정기간 내에 결정통지를 받지 못한 경우에는 그 결정기간이 지난 날부터 90일 이
내(2023.3.14. 이후 적용되나, 2023.3.13. 이전에 이의신청을 제기한 경우로서 2023.3.14. 현재 같은
개정규정에 따른 청구기간이 경과하지 아니한 경우에도 적용) 심판청구[심사청구(2021.1.1. 현재
청구 중인 사건까지)]를 할 수 있다. 다만, 결정기간이 경과한 후에 이의신청을 기각하는 결정의
통지를 받은 경우에는 그 결정통지를 받은 날로부터 90일 내에 심사청구(2021.1.1. 현재 청구 중
사건까지) 또는 심판청구를 하여야 한다(지기예 법91-3).

한편, 2023.3.14. 이후(2023.3.13. 이전에 이의신청을 제기한 경우로서 2023.3.14. 현재 같은 개정

규정에 따른 청구기간이 경과하지 아니한 경우에도 적용) 이의신청에 대한 재조사 결정이 있은 후 재조사 처분기간 내에 처분 결과의 통지를 받지 못한 경우에는 그 처분기간이 지난 날부터 90일 이내 심판청구를 할 수 있다.

(8) 관계 서류의 열람 및 의견진술권(지기법 §92, 구 §120)

이의신청인, 심사청구인(2021.1.1. 현재 청구 중인 사건까지) 또는 심판청구인 또는 처분청[처분청의 경우 심사청구(2021.1.1. 현재 청구 중인 사건까지) 또는 심판청구에 한정]은 그 신청 또는 청구에 관계되는 서류를 열람할 수 있으며, 지방자치단체장 또는 조세심판원장에게 의견을 진술할 수 있다.

이의신청, 심사청구(2021.1.1. 현재 청구 중인 사건까지) 또는 심판청구와 관계되는 서류를 열람하거나 그 내용에 동조(同調)하려는 자는 이를 구술로 해당 재결청에 요구할 수 있다. 요구를 받은 재결청은 그 서류를 열람 또는 복사하게 하거나 그 등본 또는 초본이 원본과 다르지 않음을 확인하여야 하며, 필요하다고 인정하는 경우에는 열람하거나 복사하는 자의 서명을 요구할 수 있다.

1) 의견진술 신청

의견을 진술하려는 자는 진술자의 주소 또는 영업소 및 성명(진술자가 처분청인 경우 처분청의 소재지와 명칭)과 진술하려는 내용의 개요를 적은 문서로 해당 지방자치단체장 또는 조세심판원장에게 신청하여야 하며, 신청을 받은 지방자치단체장 또는 조세심판원장은 출석 일시 및 장소와 필요하다고 인정되는 진술시간을 정하여 「지방세기본법」 제147조에 따른 지방세심의위원회, 「지방세기본법」 제96조 제7항에 따라 준용하는 「국세기본법」 제7장 제3절에 따른 조세심판관회의 또는 조세심판관합동회의 회의개최일 3일 전까지 신청인에게 통지하여 의견진술의 기회를 주어야 한다(2020년 이전까지는 다음 어느 하나에 해당하는 경우는 의견진술의 기회를 주지 아니해도 됨).

　① 이의신청, 심사청구(2021.1.1. 현재 청구 중인 사건까지) 또는 심판청구의 목적이 된 사항이 경미하거나 기일이 경과한 후 그 신청 또는 청구가 있은 경우
　② 이의신청, 심사청구(2021.1.1. 현재 청구 중인 사건까지) 또는 심판청구의 목적이 된 사항이 법령해석에 관한 것으로서 신청인 또는 청구인의 의견진술이 필요 없다고 인정되는 경우

의견진술은 간단명료하게 하여야 하며, 필요한 경우에는 이에 관한 증거와 그 밖의 자료를 제시할 수 있으며, 진술하려는 의견을 기록한 문서의 제출로 갈음할 수 있다.

2) 의견진술 신청 거부

2020년 이전까지는 의견진술이 필요 없다고 인정되면 지방자치단체장 또는 조세심판원장은 이유를 구체적으로 밝혀 그 뜻을 신청인에게 통지하여야 한다(청구서에 적힌 전화, 휴대전화를

이용한 문자전송, 팩시밀리 또는 전자우편 등의 방법으로 통지 가능).

3) 의견진술 관련 통지

의견진술 출석통지는 [별지 80호 서식](출석통지서)으로, 의견진술 신청 거부통지(2020년 이전만 적용)는 [별지 제81호 서식](의견진술신청 거부 통지서)으로 하거나 심사청구서 및 심판청구서에 적힌 전화, 휴대전화를 이용한 문자전송, 팩시밀리 또는 전자우편 등 간편한 통지 방법으로 할 수 있다.

(9) 대리인(지기법 §93, 구 §120-2)

이의신청인, 심사청구인(2021.1.1. 현재 청구 중인 사건까지) 또는 심판청구인과 처분청은 변호사, 세무사 또는 「세무사법」 제20조의 2 제1항에 따라 등록한 공인회계사를 대리인으로 선임할 수 있으며, 신청금액이 2천만 원(2025.1.1. 당시 이의신청 사건 완료분까지는 1천만 원) 미만인 경우에는 그 배우자, 4촌 이내의 혈족 또는 그 배우자의 4촌 이내의 혈족을 대리인으로 선임할 수 있다. 대리인의 권한은 서면으로 증명하여야 하며, 대리인을 해임하였을 때에는 그 사실을 서면으로 신고하여야 한다.

대리인은 본인을 위하여 그 신청에 관한 모든 행위를 할 수 있다. 다만, 그 신청 또는 청구의 취하는 특별한 위임을 받은 경우에만 할 수 있으며, 친권자, 후견인, 법원이 선임한 부재자의 재산관리인, 상속재산관리인 등의 법정대리인은 본인을 대리하여 불복청구를 할 수 있다. 이 경우 법정대리인임을 입증하는 서면을 제출하여야 한다(지기예 법89-8).

> **사례** 위임자란 도장날인 없고, 위임장 받지 아니한 경우(조심 2010구1007, 2010.6.29.)
>
> 제출된 심판청구서를 보면 위임자(청구인)란에 청구인의 도장이 날인되어 있지 아니하고(2009.11. 4. 위임에 의함이라고만 기재되어 있음), 대리인은 청구인으로부터 위임장을 받지 아니한 사실이 확인됨. 따라서 청구인의 위임이 없이 대리인이 제기한 이 건 심판청구는 「국세기본법」 제55조 제1항 및 제59조 제1항과 제2항에 의하여 적법하게 제기한 것이 아니기 때문에 본안심리대상에 해당하지 아니함.

(10) 지방자치단체 선정 대리인(지기법 §93-2)

2020.3.1. 이전에 과세전적부심사청구 또는 이의신청을 하고 2020.3.2. 이후 대리인 선정을 신청하는 경우부터(부칙 §10) 과세전적부심사 청구인 또는 이의신청인("이의신청인 등")은 지방자치단체장에게 다음의 요건을 모두 갖추어 변호사, 세무사 또는 「세무사법」 제20조의 2 제1항에 따라 등록한 공인회계사를 대리인으로 선정하여 줄 것을 신청할 수 있다.

① 이의신청인 등이 다음의 어느 하나에 해당할 것(2025.1.1. 이후 지방자치단체 선정 대리인의 선정을 신청하는 경우부터 적용됨)

㉠ 개인의 경우

「소득세법」 제14조 제2항에 따른 종합소득금액과 소유 재산의 가액이 각각 다음의 금액 이하일 것

㉮ 종합소득금액의 경우

5천만 원(2024년 이전에는 배우자의 종합소득금액 포함). 이 경우 「소득세법」 제70조에 따른 신고기한 이전에 대리인의 선정을 신청하는 경우 그 신청일이 속하는 과세기간의 전전 과세기간의 종합소득금액을 대상으로 하고, 그 신고기한이 지난 후 신청하는 경우 그 신청일이 속하는 과세기간의 직전 과세기간의 종합소득금액을 대상으로 한다.

㉯ 소유 재산의 가액의 경우

다음에 따른 재산(2024년 이전에는 배우자 소유 재산의 가액 포함)의 평가가액 합계액이 5억 원(다만, 지역 실정을 고려하여 필요한 경우 5억 원을 초과하지 않는 범위에서 조례로 달리 정할 수 있음)

ⓐ 「지방세법」 제6조 제2호에 따른 부동산

ⓑ 「지방세법」 제6조 제14호부터 제18호까지의 회원권

ⓒ 「지방세법 시행령」 제123조 제1호 및 제2호에 따른 승용자동차

㉡ 법인(「법인세법」 제2조 제1호에 따른 내국법인 및 같은 조 제3호에 따른 외국법인을 말하며, 제153조에 따라 준용되는 「국세기본법」 제13조에 따라 법인으로 보는 단체 포함)인 경우

「법인세법」 제43조의 기업회계기준에 따라 계산한 매출액과 자산이 각각 다음의 구분에 따른 금액 이하일 것(이 경우 「법인세법」 제60조에 따른 신고기한 이전에 지방자치단체 대리인의 선정을 신청하는 경우에는 그 신청일이 속하는 사업연도의 전전 사업연도를 기준으로 해당 사업연도의 매출액과 해당 사업연도말의 자산가액을 대상으로 하고, 해당 신고기한 후에 신청하는 경우에는 그 신청일이 속하는 사업연도의 직전 사업연도를 기준으로 해당 사업연도의 매출액과 해당 사업연도말 자산가액을 대상으로 함)

㉮ 매출액의 경우 : 3억 원

㉯ 자산가액의 경우 : 5억 원

2024년 이전은 이의신청인 등이 법인(「국세기본법」 제13조에 따라 법인으로 보는 단체 포함)이 아닐 것으로 규정되어 있었다.

② 고액·상습 체납자(「지방세징수법」 제8조에 따른 출국금지 대상자 및 같은 법 제11조에 따른 명단공개 대상자를 말함) 등이 아닐 것

③ 2천만 원(2024.12.31. 이전에 지방자치단체 선정 대리인의 선정을 신청하는 경우부터 1천만 원) 이하인 청구 또는 신청일 것

④ 담배소비세, 지방소비세 및 레저세가 아닌 세목에 대한 청구 또는 신청일 것

대리인의 선정을 신청하려는 자는 다음의 사항을 적은 문서를 지방자치단체장에게 제출해야 한다.

① 과세전적부심사 청구인 또는 이의신청인("이의신청인 등")의 성명과 주소 또는 거소

② 이의신청인 등이 상기 신청의 요건을 충족한다는 사실

③ 지방자치단체장이 이의신청인의 상기 신청의 요건 충족 여부를 확인할 수 있다는 것에 대한 동의에 관한 사항

지방자치단체장은 상기에 따른 신청이 상기 요건을 모두 충족하는 경우 지체 없이 대리인을 선정하고, 신청을 받은 날부터 7일 이내에 그 결과를 이의신청인 등과 대리인에게 각각 통지해야 한다. 이 경우 대리인의 권한에 관하여는 「지방세기본법」 제93조 제4항을 준용한다.

특별시장·광역시장·특별자치시장·도지사 또는 특별자치도지사는 대리인을 선정하는 경우 미리 위촉한 사람 중에서 선정하고, 시장·군수·구청장은 특별시장·광역시장·도지사가 위촉한 사람 중에서 선정할 수 있다.

상기에서 규정한 사항 외에 소유 재산의 평가 방법, 대리인의 임기·위촉, 대리인 선정을 위한 신청 방법·절차 등 지방자치단체 선정 대리인 제도의 운영에 필요한 사항은 해당 지방자치단체의 조례로 정한다.

(11) 청구기한의 연장 등(지기법 §94, 구 §121)

이의신청인, 심사청구인(2021.1.1. 현재 청구 중인 사건까지) 또는 심판청구인이 「지방세기본법」 제26조 제1항에서 규정하는 사유(신고·신청·청구 및 그 밖의 서류의 제출·통지에 관한 기한연장사유만 해당)로 인하여 이의신청, 심사청구(2021.1.1. 현재 청구 중인 사건까지) 또는 심판청구기간 내에 이의신청, 심사청구(2021.1.1. 현재 청구 중인 사건까지) 또는 심판청구를 할 수 없을 때에는 그 사유가 소멸한 날부터 14일 이내에 이의신청, 심사청구(2021.1.1. 현재 청구 중인 사건까지) 또는 심판청구를 할 수 있다. 이 경우 신청인 또는 청구인은 그 기간 내에 이의신청, 심사청구(2021.1.1. 현재 청구 중인 사건까지) 또는 심판청구를 할 수 없었던 사유, 그 사유가 발생한 날 및 소멸한 날, 그 밖에 필요한 사항을 기재한 문서를 함께 제출하여야 한다.

청구기한까지 우편으로 제출[우편날짜도장이 찍힌 날(우편날짜도장이 찍히지 아니하였거나 찍힌 날짜가 분명하지 아니할 때에는 통상 걸리는 우편 송달 일수를 기준으로 발송한 날에 해당한다고 인정되는 날)을 기준으로 함]한 이의신청서 또는 심판청구서가 신청기간 또는 청구기간이 지나서 도달한 경우에는 그 기간만료일에 적법한 신청 또는 청구를 한 것으로 본다.

(12) 청구서의 보정(지기법 §95, 구 §122)

1) 개요

이의신청, 심사청구(2021.1.1. 현재 청구 중인 사건까지) 또는 심판청구의 내용이나 절차가 「지방세기본법」 또는 지방세관계법에 적합하지 아니하나 보정(補正)할 수 있다고 인정되면 20일 이내의 기간을 정하여 보정할 것을 요구할 수 있다. 다만, 보정할 사항이 경미한 경우에는 직권으로 보정할 수 있으며, 직권보정의 경우에는 그 뜻을 적은 문서로 해당 이의신청인, 심사청구인(2021.1.1. 현재 청구 중 사건까지) 또는 심판청구인에게 통지해야 한다.

> ◎ **경미한 사항의 직권보정**(지기예 법95-3)
> 불복청구서가 법정양식과 상위(구 양식, 「국세기본법」의 양식 사용 등)하거나 경미한 사항에 착오 또는 누락 등이 있는 경우에는 직권으로 보정할 수 있다.

보정요구를 받은 이의신청인, 심사청구인(2021.1.1. 현재 청구 중인 사건까지) 또는 심판청구인은 도·시·군, 조세심판원에 출석하여 보정할 사항을 구술하고 그 구술 내용을 소속 공무원이 기록한 서면에 날인함으로써 보정할 수 있다.

이의신청서·심사청구서(2021.1.1. 현재 청구 중인 사건까지) 또는 심판청구서의 형식을 취하지 아니하고 처분의 취소·경정 또는 필요한 처분을 요구하는 서면이 제출되었을 경우에는 보정을 요구하여 심리할 수 있다(지기예 법95-1).

2) 보정요구의 당사자

대리인을 선임하여 불복청구를 한 경우 보정요구서의 송달은 본인 또는 대리인 중 누구에게도 할 수 있다(지기예 법95-2).

3) 보정요구에 따른 결정기간 연장

보정요구기간(20일)은 이의신청기간 또는 심사청구기간에 산입하지 아니하므로 실제 보정하여 제출한 기간이 20일 이내라 하더라도 결정기간이 20일만큼 연장되는 것이다.

(13) 결정 등(지기법 §96, 구 §123)

이의신청 또는 심사청구(2021.1.1. 현재 청구 중인 사건까지)를 받은 지방자치단체장은 그 신청·청구를 받은 날부터 90일 이내에 지방세심의위원회의 의결에 따라 다음 어느 하나에 해당하는 결정을 하고 신청인 또는 청구인에게 이유를 함께 기재한 결정서를 송달해야 한다. 다만, 2015.5.18. 이후 제기하는 분부터 이의신청 또는 심사청구(2021.1.1. 현재 청구 중인 사건까지) 기간이 지난 후에 제기된 이의신청 또는 심사청구(2021.1.1. 현재 청구 중인 사건까지) 등의 경우에는 지방세심의위원회의 의결을 거치지 아니하고 결정할 수 있는데, 2018.1.1. 이후 과세전적

부심사를 청구하거나 이의신청 또는 심사청구(2021.1.1. 현재 청구 중인 사건까지)를 제기하는 경우[2017.12.31. 이전에 종전규정에 따라 이의신청을 제기한 경우로서 2018.1.1. 이후 심사청구(2021.1.1. 현재 청구 중인 사건까지)를 제기하는 경우에는 개정규정에도 불구하고 종전규정에 따름]부터는 하기 사유에 해당하는 경우에는 지방세심의위원회의 의결을 거치지 아니하고 결정할 수 있다. 이는 지방세심의위원회의 의결 없이 재결청이 각하 결정을 할 수 있도록 하고, 지방세심의위원회에 대한 비공개 규정을 두어 심의의 공정성을 제고하고자 한 것이다.

이 결정은 해당 처분청을 기속하며, 결정을 하였을 때에는 해당 처분청은 결정의 취지에 따라 즉시 필요한 처분을 하여야 한다.

① 이의신청 또는 심사청구가 적법하지 아니한 때[행정소송, 심판청구 또는 「감사원법」에 따른 심사청구를 제기하고 이의신청을 제기한 경우 포함하며, 2020년 이전에는 행정소송, 심판청구 또는 심사청구(2021.1.1. 현재 청구 중인 사건까지)를 제기하고 이의신청을 제기하거나 행정소송 또는 심판청구를 제기하고 심사청구를 제기한 경우를 포함] 또는 이의신청·심사청구(2021.1.1. 현재 청구 중인 사건까지) 기간이 지났거나 보정기간 내에 필요한 보정을 하지 아니할 때

그 신청·청구를 각하하는 결정

② 이의신청 또는 심사청구(2021.1.1. 현재 청구 중인 사건까지)가 이유 없다고 인정될 때
그 신청·청구를 기각하는 결정

③ 이의신청 또는 심사청구(2021.1.1. 현재 청구 중인 사건까지)가 이유 있다고 인정될 때
신청·청구의 대상이 된 처분의 취소, 경정 또는 필요한 처분의 결정. 단, 처분의 취소·경정 또는 필요한 처분의 결정을 하기 위하여 사실관계 확인 등 추가적으로 조사가 필요한 경우에는 처분청으로 하여금 이를 재조사하여 그 결과에 따라 취소·경정하거나 필요한 처분을 하도록 하는 재조사 결정을 할 수 있다(단서는 2018년 이후 적용).

재조사 결정이 있는 경우 처분청은 재조사 결정일부터 60일 이내에 결정서 주문에 기재된 범위에 한정하여 조사하고, 그 결과에 따라 취소·경정하거나 필요한 처분을 하여야 한다. 이 경우 처분청은 조사를 연기하거나 조사기간을 연장하거나 조사를 중지할 수 있다.

처분청은 재조사 결정(과세전적부심사의 재조사 결정 포함)에 따라 신청 또는 청구의 대상이 된 처분의 취소·경정을 하거나 필요한 처분을 하였을 때에는 그 처분결과를, 당초의 처분을 취소·경정하지 않았을 때에는 그 사실을 지체 없이 서면으로 이의신청인·심사청구인(과세전적부심사 재조사 결정 시 과세전적부심사 청구인)에게 통지하여야 한다.

○ **지방세심의위원회의 의결을 거치지 아니하고 결정할 수 있는 사유**
　① 이의신청 또는 심사청구(2021.1.1. 현재 청구 중인 사건까지)의 내용이 다음의 어느 하나에 해당하는 경우

ⓐ 각하결정사유에 해당하는 경우

ⓛ 이의신청 또는 심사청구(2021.1.1. 현재 청구 중인 사건까지) 금액이 100만 원 이하로서 유사한 이의신청 또는 심사청구에 대하여 지방세심의위원회 의결을 거쳐 결정이 있었던 경우. 단, 다음의 경우 의결을 거쳐야 함.

　　ⓐ 지방세심의위원회의 의결사항과 배치되는 새로운 조세심판, 법원 판결 또는 행정안전부장관의 해석 등이 있는 경우

　　ⓑ 지방세심의위원회의 위원장이 지방세심의위원회 의결을 거쳐 결정할 필요가 있다고 인정하는 경우

ⓔ 이의신청 또는 심사청구(2021.1.1. 현재 청구 중인 사건까지)가 그 신청 또는 청구기간이 지난 후에 제기된 경우

○ **각하결정 사항(지기예 법96 - 1)**

① 각하결정을 하여야 하는 때에는 다음의 경우 포함

　ⓐ 불복청구의 대상이 된 처분이 존재하지 않을 때(처분의 부존재)

　ⓛ 불복청구의 대상이 된 처분에 의하여 권리 또는 이익의 침해를 당하지 않은 자의 불복(당사자 적격의 부존재)

　ⓔ 불복청구의 대상이 되지 아니하는 처분에 대한 불복(청구대상 적격의 부존재)

② 이의신청 또는 심사청구(2021.1.1. 현재 청구 중인 사건까지)를 한 동일한 처분에 대하여 감사원 심사청구가 불복제기 기간 내에 중복 제기되었을 때에는 이의신청 또는 심사청구(2021.1.1. 현재 청구 중인 사건까지) 각하

결정기관은 결정을 한 때에는 주문(主文)과 이유를 붙인 결정서를 정본(正本)과 부본(副本)으로 작성하여 정본은 신청인 또는 청구인에게 송달하고, 부본은 도지사 또는 시장·군수에게 송달하여야 한다. 다만, 심판청구에 관한 사항은 「국세기본법」 제78조 제5항을 준용한다.

결정서를 송달할 때 이의신청의 경우에는 그 결정서를 받은 날부터 90일 이내에 이의신청인이 심사청구(2021.1.1. 현재 청구 중 사건까지), 심판청구 또는 행정소송을 제기할 수 있다는 뜻과 제기하여야 하는 기관을 함께 적어야 하며, 심사청구(2021.1.1. 현재 청구 중인 사건까지) 또는 심판청구의 경우에는 그 결정서를 받은 날부터 90일 이내에 심사청구인(2021.1.1. 현재 청구 중인 사건까지) 또는 심판청구인이 행정소송을 제기할 수 있다는 뜻을 적어야 한다.

이의신청, 심사청구(2021.1.1. 현재 청구 중인 사건까지) 또는 심판청구의 결정기관은 해당 신청 또는 청구에 대한 결정기간이 지나도 그 결정을 하지 못했을 때에는 지체 없이 결정기간이 경과된 날부터 이의신청인은 심사청구(2021.1.1. 현재 청구 중인 사건까지), 심판청구(2021.1.1. 현재 청구 중인 사건까지는 행정소송)를 제기할 수 있다는 뜻과 제기해야 하는 기관을, 심사청구인(2021.1.1. 현재 청구 중인 사건까지) 또는 심판청구인에게는 결정기간이 경과한 날부터 행정소송을 제기할 수 있다는 뜻을 통지해야 한다.

지방자치단체장은 이의신청 또는 심사청구(2021.1.1. 현재 청구 중인 사건까지)의 대상이 되는

처분이 「지방세법」 제91조, 제103조, 제103조의 19, 제103조의 34, 제103조의 41 및 제103조의 47에 따른 지방소득세의 과세표준 산정에 관한 사항인 경우에는 「소득세법」 제6조 또는 「법인세법」 제9조에 따른 납세지를 관할하는 국세청장 또는 세무서장에게 의견을 조회할 수 있다.

(14) 결정의 경정(지기법 §97, 구 §124)

이의신청 또는 심사청구(2021.1.1. 현재 청구 중인 사건까지)에 대한 결정에 오기, 계산착오, 그 밖에 이와 비슷한 잘못이 있는 것이 명백할 때에는 시장·군수 또는 도지사는 직권 또는 이의신청인·심사청구인(2021.1.1. 현재 청구 중인 사건까지)의 신청을 받아 결정을 경정할 수 있으며, 이 경우 지방세심의위원회의 의결을 거쳐야 한다.

결정의 경정을 하였을 때에는 경정서를 작성하여 지체 없이 이의신청인 또는 심사청구인 (2021.1.1. 현재 청구 중인 사건까지)에게 통지해야 한다.

한편, 2023.3.14. 이후 처분청은 재조사 결과 신청인의 주장과 재조사 과정에서 확인한 사실관계가 다른 경우 등 다음의 경우에는 해당 신청의 대상이 된 당초의 처분을 취소·경정하지 아니할 수 있다.

① 신청인의 주장과 재조사 과정에서 확인한 사실관계가 달라 당초의 처분을 유지할 필요가 있는 경우

② 신청인의 주장에 대한 사실관계를 확인할 수 없는 경우

(15) 다른 법률과의 관계(지기법 §98, 구 §125)

「지방세기본법」 또는 지방세관계법에 따른 이의신청 또는 심사청구(2021.1.1. 현재 청구 중인 사건까지)의 대상이 되는 처분에 관한 사항에 대하여는 「행정심판법」을 적용하지 아니한다. 다만, 이의신청 또는 심사청구(2021.1.1. 현재 청구 중인 사건까지)에 대하여는 같은 법 제15조, 제16조, 제20조부터 제22조까지, 제29조, 제36조 제1항 및 제39조부터 제42조[109]까지의 규정을 준용하되, 이 경우 "위원회"는 "지방세심의위원회"로 본다.

2021.1.1. 이후 심판청구의 대상이 되는 처분에 관한 사항에 대하여는 「국세기본법」 제56조 제1항을 준용하고, 2021.1.1. 이후 행정소송을 제기하는 경우부터(부칙 §11 ①) 「지방세기본법」 제89조에 규정된 위법한 처분에 대한 행정소송은 「행정소송법」 제18조 제1항 본문, 같은 조 제2항 및 제3항에도 불구하고 「지방세기본법」에 따른 심판청구와 그에 대한 결정을 거치지 아니하면 제기할 수 없다. 다만, 심판청구에 대한 재조사 결정(제100조에 따라 심판청구에 관하여 준용하는 「국세기본법」 제65조 제1항 제3호 단서에 따른 재조사 결정을 말한다)에 따른 처분청의 처분에 대한 행정소송은 그러하지 아니하다. 이 경우 이에 따른 행정소송은 「행정소송법」 제20조에도 불구하고 심판청구에 대한 결정의 통지를 받은 날부터 90일 이내에 제기하여야 하며, 이 기간은

---

109) 제41조와 제42조 준용은 2015.5.18. 이후 제기분부터 적용됨.

불변기간(不變期間)으로 한다. 그리고 2021.1.1. 당시 종전의 심사청구를 거쳤거나 부칙 제12조에 따른 심사청구를 거친 경우에는 상기의 개정규정에 따른 심판청구와 그에 대한 결정을 거친 것으로 보며(부칙 §11 ②), 「감사원법」에 따른 심사청구를 거친 경우에는 「지방세기본법」에 따른 심판청구를 거친 것으로 보고 이를 준용한다.

한편, 2021.1.1. 이후 「지방세기본법」 제100조에 따라 심판청구에 관하여 준용하는 「국세기본법」 제65조 제2항에 따른 결정기간("결정기간") 내에 결정의 통지를 받지 못한 경우에는 결정의 통지를 받기 전이라도 그 결정기간이 지난 날부터 행정소송을 제기할 수 있으며, 이에 따른 행정소송은 「행정소송법」 제20조에도 불구하고 다음의 기간 내에 제기하여야 한다.

① 「지방세기본법」에 따른 심판청구를 거치지 아니하고 제기하는 경우

재조사 후 행한 처분청의 처분의 결과 통지를 받은 날부터 90일 이내[다만, 「지방세기본법」 제100조에 따라 심판청구에 관하여 준용하는 「국세기본법」 제65조 제5항에 따른 처분기간(「국세기본법」 제65조 제5항 후단에 따라 조사를 연기하거나 조사기간을 연장하거나 조사를 중지한 경우에는 해당 기간 포함) 내에 처분청의 처분 결과 통지를 받지 못하는 경우에는 그 처분기간이 지난 날부터 90일 이내(2023.3.14. 이후 적용되나, 2023.3.13. 이전에 이의신청을 제기한 경우로서 2023.3.14. 현재 같은 개정규정에 따른 청구기간이 경과하지 아니한 경우에도 적용) 행정소송 제기 가능]

② 「지방세기본법」에 따른 심판청구를 거쳐 제기하는 경우

재조사 후 행한 처분청의 처분에 대하여 제기한 심판청구에 대한 결정의 통지를 받은 날부터 90일 이내(다만, 결정기간 내에 결정의 통지를 받지 못하는 경우에는 그 결정기간이 지난 날부터 90일 이내(2023.3.14. 이후 적용되나, 2023.3.13. 이전에 이의신청을 제기한 경우로서 2023.3.14. 현재 같은 개정규정에 따른 청구기간이 경과하지 아니한 경우에도 적용) 행정소송 제기 가능)

(16) 청구 효력(지기법 §99, 구 §126)

1) 원칙(집행부정지)

이의신청, 심사청구(2021.1.1. 현재 청구 중인 사건까지) 또는 심판청구는 세법에 특별한 규정이 있는 것을 제외하고는 해당 처분의 집행에 효력을 미치지 아니하므로 불복기간 중에도 행정관청은 독촉·압류 등을 할 수 있다. 이러한 효력을 행정처분의 집행부정지의 효력이라고 하는바, 이는 행정행위의 공정력·집행력에 의하여 그 처분이 취소될 때까지는 적법한 처분으로 추정되기 때문에 계속하여 집행을 할 수 있는 힘을 부여한 것이다.

2) 예외(집행정지)

① 재결청(결정기관)의 중지결정

해당 재결청(裁決廳)이 필요하다고 인정할 때에는 그 처분의 집행을 중지하게 하거나 중지할

수 있다. 여기서 처분의 집행중지는 이의신청인, 심사청구인(2021.1.1. 현재 청구 중인 사건까지) 또는 심판청구인이 심각한 재해를 입은 경우에 이를 정부가 조사하기 위하여 상당한 시일이 필요하다고 인정되는 경우에만 할 수 있다.

② 공매유보(지징법 §71 ④)

이의신청·심사청구(2021.1.1. 현재 청구 중인 사건까지) 또는 심판청구 절차가 진행 중이거나 행정소송이 계속 중인 지방세의 체납으로 압류한 재산은 그 신청 또는 청구에 대한 결정이나 소(訴)에 대한 판결이 확정되기 전에는 공매할 수 없다. 다만, 그 재산이 부패·변질 또는 감량되기 쉬운 재산으로서 속히 매각하지 아니하면 그 재산가액이 줄어들 우려가 있는 경우에는 예외로 한다.

이는 조세채권을 확보하기 위하여 압류까지는 허용되나 이를 공매한 후 처분의 취소결정이 되면 청구인의 권리를 회복할 수 없기 때문에 공매는 유보하는 것이다. 그런데 공매처분을 보류할 수 있는 기한은 이의신청, 심사청구(2021.1.1. 현재 청구 중인 사건까지) 또는 심판청구의 결정처분이 있는 날부터 30일까지로 한다.[110]

한편, 처분이 취소될 때까지는 쟁송에 관련된 지방세의 체납에 기하여 재산을 압류할 수 있다 (구 지기통 91-8).

3) 불복청구 중인 지방세와 다른 체납액이 있는 경우의 공매

이의신청, 심사청구(2021.1.1. 현재 청구 중인 사건까지) 또는 심판청구가 계류 중이거나 행정소송이 계속 중("불복청구 중")에 있는 지방세와 다른 체납액이 있는 경우의 압류재산의 공매는 다음에 의한다.

불복청구 중인 지방세에 관계되는 압류재산과 기타의 체납액에 관계되는 압류재산이 서로 다른 재산인 때에는 후자만 공매한다. 불복청구 중인 지방세에 관계되는 압류재산과 기타의 체납액에 관계되는 압류재산이 동일한 재산인 경우에는 기타의 체납액 징수를 위하여 필요한 경우에는 매각할 수 있다.

(17) 부과 등의 처분에 쟁송이 있는 경우 압류 가능

과세에 관한 처분, 고지 등에 대하여 이의신청, 심사(2021.1.1. 현재 청구 중인 사건까지), 심판의 청구, 소송 등이 계속 중인 경우에도 그 처분이 취소될 때까지는 쟁송에 관련된 지방세의 체납에 기하여 재산을 압류할 수 있다(구 지기통 91-8).

---

110) 「행정소송법」 제23조(집행정지)에 따라 법원이 체납처분에 대한 집행정지결정을 한 때에는 공매를 하지 아니한다.

(18) 불이익 변경금지의 원칙

이의신청 또는 심사청구(2021.1.1. 현재 청구 중인 사건까지)에 있어서는 청구인의 주장하지 아니한 내용에 대하여도 불이익한 변경이 아닌 한도 안에서 심사하여 결정할 수 있다(지기예 법89-7).

(19) 이의신청 시 주장하지 아니한 이유도 추가 주장 가능

동일한 처분내용에 대한 불복청구인 경우 이의신청 과정에서 주장하지 아니한 불복 이유를 추가하여 심사청구(2021.1.1. 현재 청구 중인 사건까지) 또는 심판청구를 하였을 경우에는 그 추가 이유를 심사·심판하여야 한다.

> **사례** 상고심에서의 새롭게 주장하는 경우(대법원 97누5015, 1999.9.17.)
> 상고이유의 요지는 이 사건 과세처분에는 납세고지서에 원고 이외의 납세의무자를 각기 명시하지 않고 상속분에 상응한 세액 또한 특정하지 않는 등 공동상속인에 대한 상속세 납세고지 방법을 위반한 위법이 있는데도 원심은 이를 간과하여 판결에 영향을 미친 위법을 범하였다는 것이나, 이는 원심에서 하지 아니한 새로운 주장으로서 적법한 상고이유가 될 수 없음.
> ☞ 이는 대법원 상고심에 한하여 적용되어야 할 것임.

(20) 「국세기본법」의 준용(지기법 §100, 구 §127)

「지방세기본법」 제7장에서 규정한 사항을 제외한 이의신청 등에 관한 사항은 「국세기본법」 제7장(2020년 이전에는 같은 법 제56조 제외)을 준용한다.

「국세기본법」 제56조 제3항에 의하면 "행정소송은 「행정소송법」 제20조에도 불구하고 심사청구 또는 심판청구에 대한 결정의 통지를 받은 날부터 90일 이내에 제기하여야 한다. 다만, 제65조 제2항 또는 제81조에 따른 결정기간에 결정의 통지를 받지 못한 경우에는 결정의 통지를 받기 전이라도 그 결정기간이 지난 날부터 행정소송을 제기할 수 있다"라고 규정되어 있는데, 이는 국세의 경우 "행정소송은 「행정소송법」 제18조 제1항 본문, 제2항 및 제3항에도 불구하고 이 법에 따른 심사청구 또는 심판청구와 그에 대한 결정을 거치지 아니하면 제기할 수 없다"라는 전심주의에 따른 규정으로, 지방세의 경우 전심주의를 따르지 않고 있어서 「국세기본법」 제56조 제3항의 규정을 준용할 이유가 없는 것이다.

한편, 조세심판원에 심판청구된 처분에 대해 조세심판원 결정이 나지 않은 상태에서 심판청구인이 동일 처분에 대해 행정소송을 제기할 수 있는 지에 대하여 "「국세기본법」 제7장(같은 법 제56조 제외)을 준용한다"라는 규정에서 다음과 같은 문제가 있다.

「행정소송법」 제18조 제2항 제1호에 의하면 행정심판청구가 있은 날로부터 60일이 지나도 재결이 없는 때 행정소송을 제기할 수 있도록 규정되어 있다. 한편, 「지방세기본법」 제123조 제4항에 따라 지방세 심판청구는 「국세기본법」 제7장 제3절(심판청구)을 준용하도록 규정되어 있고, 「국세기본법」 제56조 제3항에 의하면 심판청구 결정기간(90일)이 지난 경우에는 행정소송을 제

기할 수 있도록 규정되어 있다. 그런데 「지방세기본법」 제127조에서 이의신청 등에 대하여 별도의 규정 이외에는 「국세기본법」 제7장을 준용하면서 「국세기본법」 제56조는 제외하는 것으로 되어 있어서 「국세기본법」 제56조 제3항의 결정기간 경과 시 행정소송을 제기할 수 있다는 내용을 준용할 수 없는 것으로 해석할 수 있으나, 「국세기본법」 제56조 준용배제는 전심주의를 배제하기 위한 것으로 심판청구 결정기간(90일) 지나도록 결정이 없는 경우에는 상기 「행정소송법」의 규정에서 보는 바와 같이 행정소송을 제기할 수 있을 것으로 판단된다. 이에 대하여 법조문을 "「국세기본법」 제7장(같은 법 제56조 제2항은 제외한다)을 준용한다"로 개정할 필요가 있다고 본다.

❸ 이의신청(지기법 §90, 구 §118)

(1) 청구기간

1) 개요

이의신청을 하려면 그 처분이 있은 것을 안 날(처분의 통지를 받았을 때에는 그 통지를 받은 날)부터 90일 이내에 불복의 사유 등을 구비하여 청구하여야 한다. 이 기간은 불변기간(不變期間)으로 부과처분이 있은 것을 안 날부터 90일 이내에 불복청구를 하지 아니한 경우에는 「지방세법」에 의한 구제대상에 해당되지 않는 것이다.

서면에 의한 통지가 없는 경우에도 그 처분이 있은 것을 안 때에는 그 안 날부터 청구기간을 기산하여야 할 것이며, 처분의 통지를 받은 날과 통지 이외의 사실에 의하여 알게 된 날이 각각 다른 때에는 먼저 만료되는 기간이 경과함으로써 청구기간이 경과하게 된다.

기한 내에 우편으로 제출(우편법령에 따른 통신날짜도장이 찍힌 날을 기준으로 한다)한 이의신청서, 심사청구서 또는 심판청구서가 신청기간 또는 청구기간이 지나서 도달한 경우에는 그 기간만료일에 적법한 신청 또는 청구를 한 것으로 본다.

2) '처분이 있음을 안 날'의 의미

'처분이 있은 것을 안 날'이라 함은 당사자가 통지·공고 기타의 방법에 의하여 당해 처분이 있었다는 사실을 현실적으로 안 날을 의미하고, 추상적으로 알 수 있었던 날을 의미하는 것은 아니라 할 것이며, 다만 처분을 기재한 서류가 당사자의 주소에 송달되는 등으로 사회통념상 처분이 있음을 당사자가 알 수 있는 상태에 놓여 진 때에는 반증이 없는 한 그 처분이 있음을 알았다고 추정할 수는 있다. 과세처분의 상대방인 경우에는 "처분의 통지를 받은 날"을 기준으로 기간을 계산하여야 하며, 과세처분의 상대방인 납세의무자 등 서류의 송달을 받을 자가 다른 사람에게 우편물 기타 서류의 수령권한을 명시적 또는 묵시적으로 위임한 경우에는 그 수임자가 해당 서류를 수령함으로써 그 송달받을 자 본인에게 해당 서류가 적법하게 송달된 것으로 보아야 하고, 세법에 규정하는 서류의 송달은 교부·우편 또는 전자송달에 의하고, 그 송달을 받아야 할 자에게 도달한 때로부터 효력이 발생한다고 규정하고 있는데, 여기서 '도달'이라 함은 송달을 받아야 할 자에게 직접 교부할 것을 요하는 것이 아니고, 상대방의 지배권 내에 들어가 사회통념상 일반적으로 그 사실을 알 수 있는 상태에 있는 때를 의미하고 있다.

'처분이 있은 것을 안 날'이라 함은 통지, 공고, 기타의 방법에 의하여 당해 처분이 있었다는 사실을 현실적으로 안 날을 의미하나, 이는 처분의 상대방이나 법령에 의하여 처분의 통지를 받도록 규정된 자 이외의 자가 이의신청을 하는 경우의 그 기간에 관한 규정이고, 과세처분의 상대방인 경우에는 처분의 통지를 받은 날을 기준으로 기간을 계산하여야 하며(대법원 2000두1164, 2000.7.4. 참조), 과세처분의 상대방인 납세의무자 등 서류의 송달을 받을 자가 다른 사람에게 우편물 기타 서류의 수령권한을 명시적 또는 묵시적으로 위임한 경우에는 그 수임자가 해당 서류를 수령함으로써 그 송달받을 자 본인에게 해당 서류가 적법하게 송달된 것으로 보아야 한다(대법원 98두1161, 1998.4.10. 참조). 그러한 수령권한을 위임받은 자는 반드시 위임인의 종업원이거나 동거인일 필요가 없다고 할 것이다(대법원 2000두1164, 2000.7.4. 참조).

> **사례** '통지'의 의미(대법원 82누565, 1983.4.12.)
>
> 「지방세법」 제58조 제6항의 "통지함으로써"나 제9항의 결정의 "통지가 없을 때"의 통지의 뜻은 모두 당해 결정기관이 재조사 또는 심사청구를 한 자에게 알리는 것이므로 상대방에게 알리기 위하여 통지를 발송하는 것만으로는 부족하고 상대방이 알았거나 알 수 있는 상태에 있어야 비로소 통지로서의 효과가 발생함.

> **사례** 고충민원을 이의신청에 해당하는 것으로 보더라도 불복기간이 경과되어 심판청구는 적법한 전심절차를 거치지 아니하여 부적법함(조심 2011서3301, 2011.11.16.)
>
> 고충민원은 「국세기본법」에서 정하는 정식의 불복절차가 아니므로 이에 대한 처분청의 고충처리결과통지는 단순한 민원회신에 불과하여 불복청구의 대상이 되는 같은 법 제55조에서 정하는 "처분"으로 보기 어렵다 할 것이다(조심 2010부119, 2010.9.29., 같은 뜻임). 또한, 청구법인의 고충민원을 내용상 이의신청에 해당하는 것으로 보더라도 청구기간이 경과되어 적법한 이의신청으로 갈음할 수 없으므로, 부적법한 이의신청에 터잡은 이 건 심판청구도 적법한 전심절차를 거치지 아니하여 부적법한 청구에 해당하는 것으로 판단됨(조심 2009전1738, 2009.5.13., 같은 뜻임).

3) 이의신청 기간의 기산일

이의신청, 심사청구 또는 심판청구 기간의 기산일은 다음과 같다(지기예 법91-1).

① 공시송달한 처분

　공시송달의 공지일로부터 14일 경과한 날

② 부과의 결정을 철회하였다가 재결정하여 통지한 처분

　재결정의 통지를 받은 날의 다음 날

③ 처분의 통지서를 사용인, 기타 종업원 또는 동거인이 받은 경우

　사용인, 기타 종업원 또는 동거인이 처분의 통지를 받은 날의 다음 날

④ 피상속인의 사망 전 피상속인에게 행하여진 처분에 대하여 상속인이 불복청구를 하는 경우

　피상속인이 당해 처분의 통지를 받은 날의 다음 날

4) 기한연장 사유가 있는 경우

이의신청인이 「지방세기본법」 제26조 제1항에서 규정하는 사유(신고·신청·청구 및 그 밖의 서류의 제출·통지에 관한 기한연장사유만 해당)로 인하여 이의신청기간 내에 이의신청을 할 수 없을 때에는 그 사유가 소멸한 날부터 14일 이내에 이의신청을 할 수 있다. 이 경우 신청인 또는 청구인은 그 기간 내에 이의신청을 할 수 없었던 사유, 그 사유가 발생한 날 및 소멸한 날, 그 밖에 필요한 사항을 기재한 문서를 함께 제출하여야 한다.

(2) 이의신청 관할청

1) 원칙

① 특별시세·광역시세·도세[도세 중 소방분(2020년 이전은 특정부동산)에 대한 지역자원시설세 및 시·군세에 부가하여 징수하는 지방교육세와 특별시세·광역시세 중 특별시분 재산세, 소방분(2020년 이전은 특정부동산)에 대한 지역자원시설세 및 구세(군세 및 특별시분 재산세 포함)에 부가하여 징수하는 지방교육세 제외] : 시장·도지사

② 특별자치시세·특별자치도세 : 특별자치시장·특별자치도지사

③ 시·군·구세[도세 중 소방분(2020년 이전은 특정부동산)에 대한 지역자원시설세 및 시·군세에 부가하여 징수하는 지방교육세와 특별시세·광역시세 중 특별시분 재산세, 소방분(2020년 이전은 특정부동산)에 대한 지역자원시설세 및 구세(군세 및 특별시분 재산세 포함)에 부가하여 징수하는 지방교육세 포함] : 시장·군수·구청장

특별시세·광역시세·도세 : 특별시장·광역시장·도지사
특별자치시세·특별자치도세 : 특별자치시장·특별자치도지사
자치구세·시세·군세 : 시장·군수·구청장

---

2) 관할구역 변경으로 처분통지 지방자치단체와 불복청구 시 지방자치단체가 다른 경우

지방자치단체의 관할구역 변경으로 처분의 통지를 한 자치단체와 불복청구할 때의 지방자치단체가 다른 경우에는 불복청구를 할 당시의 납세지를 관할하는 지방자치단체장이 이의신청의 관할청이 된다(지기예 법90-1).

3) 납세자 주소 또는 사업장이 변경된 경우

납세자가 부과처분의 통지를 받은 후 주소 또는 사업장을 변경한 경우에는 처분의 통지를 한 지방자치단체장(납세지 변경 전 지방자치단체장)이 이의신청의 관할청이 된다(지기예 법90-1).

(3) 이의신청 절차

이의신청을 하려는 자는 다음 사항 등을 적은 [별지 제75호 서식](이의신청서) 2부에 증명서류를 각각 첨부하여 같은 조의 도세와 시·군세 구분에 따라 도지사 또는 시장·군수에게 제출해야 한다.

① 신청인의 성명과 주소 또는 영업소
② 통지를 받은 연월일 또는 처분이 있은 것을 안 연월일
③ 통지된 사항 또는 처분의 내용
④ 불복의 사유

처분청이 이의신청기관을 잘못 통지하여 이의신청서가 다른 기관에 접수된 경우 또는 이의신청을 하려는 자가 이의신청서를 처분청에 제출하여 접수된 경우에는 정당한 기관에 해당 이의신청서가 접수된 것으로 보며, 정당한 기관이 아닌 다른 기관이 이의신청서를 접수했을 때에는 이를 정당한 기관에 지체 없이 이송하고 그 뜻을 신청인에게 통지해야 한다. 이 경우 처분청이 이의신청서를 접수했을 때에는 그 중 1부만을 이송한다. 결정기간을 계산하는 경우 정당한 기관이 이의신청서를 이송받은 날을 기산일로 한다.

도지사는 이의신청서를 제출했을 때에는 지체 없이 그 중 1부를 처분청에 송부하고, 처분청은 그 이의신청서를 송부받은 날부터 10일 이내에 의견서를 도지사에게 제출해야 한다. 이 의견서에는 과세전적부심사에 대한 결정서(결정이 있은 경우만 해당), 처분의 근거·이유 및 그 사실을 증명할 서류, 청구인이 제출한 증거서류 및 증거물, 그 밖의 심리자료 모두를 첨부해야 한다.

(4) 이의신청 청구기간 내 고충민원을 제기한 경우 이의신청으로 봄

과세처분에 대한 이의신청기간 이내에 "그 처분의 취소를 구하는 취지"의 고충민원을 제기하였다면, 이는 이의신청으로 봄이 타당하다(조심 2011서2012, 2011.10.4.).

> **사례** 고충민원의 형식이라도 이의신청으로 보아야 함(서울고법 2008누36670, 2010.1.21.)
> 고충민원은 과세관청인 피고를 상대로 이 사건 처분의 취소를 구하는 불복의 취지를 담고 있음이 인정되므로, 이와 같은 고충민원이 비록 이의신청서와는 그 명칭과 서식의 점에서 다르더라도 이의신청으로 봄이 타당함(대법원 1986누540, 1986.10.28. 참조).

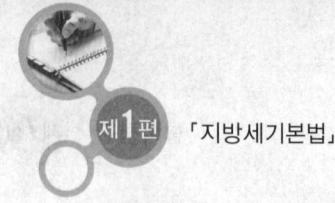

④ 심판청구(지기법 §91, 구 §119)

(1) 청구기한

1) 이의신청을 거친 경우

이의신청을 거친 후에 심사청구(2021.1.1. 현재 청구 중인 사건까지) 또는 심판청구를 할 때에는 이의신청에 대한 결정 통지를 받은 날부터 90일 이내에 불복의 사유 등을 구비하여 청구하여야 한다. 이 기간은 불변기간(不變期間)으로 한다.

2) 이의신청을 거치지 아니한 경우

이의신청을 거치지 아니하고 바로 심사청구(2021.1.1. 현재 청구 중인 사건까지) 또는 심판청구를 할 때에는 그 처분이 있은 것을 안 날(처분의 통지를 받았을 때에는 그 통지를 받은 날)부터 90일 이내에 불복의 사유 등을 구비하여 청구하여야 한다. 이 기간은 불변기간(不變期間)으로 한다.

서면에 의한 통지가 없는 경우에도 그 처분이 있은 것을 안 때에는 그 안 날부터 청구기간을 기산하여야 할 것이며, 처분의 통지를 받은 날과 통지 이외의 사실에 의하여 알게 된 날이 각각 다른 때에는 먼저 만료되는 기간이 경과함으로써 청구기간이 경과하게 된다.

(2) 관할청

1) 이의신청을 거친 경우

특별시장·광역시장·특별자치시장·도지사 및 특별자치도지사의 결정, 시장·군수·구청장에 대하여는 조세심판원장에게 심판청구를 청구하여야 하나, 2021.1.1. 현재 청구 중인 사건까지 시장·군수·구청장의 결정에 대하여는 시장·도지사에게 심사청구를 하거나 조세심판원장에게 심판청구를 하여야 한다. 한편, 이의신청 결정기간(신청일로부터 90일) 내에 이의신청에 대한 결정 통지를 받지 못한 경우에는 결정 통지를 받기 전이라도 그 결정기간이 지난 날부터 심사청구(2021.1.1. 현재 청구 중인 사건까지) 또는 심판청구를 할 수 있다.

> 특별시장·광역시장·특별자치시장·도지사 및 특별자치도지사에게 이의신청 시 : 조세심판원 장에게 심판청구
>
> 시장·군수·구청장에게 이의신청 시 : 조세심판원장에게 심판청구(2021.1.1. 현재 청구 중인 사건까지 시장·도지사에게 심사청구 또는 심판청구 임의적 선택 가능)

2) 이의신청을 거치지 아니한 경우

① 특별시세·광역시세·도세[도세 중 소방분(2020년 이전은 특정부동산)에 대한 지역자원시

설세 및 시·군세에 부가하여 징수하는 지방교육세와 특별시세·광역시세 중 특별시분 재산세, 소방분(2020년 이전은 특정부동산)에 대한 지역자원시설세 및 구세(군세 및 특별시분 재산세 포함)에 부가하여 징수하는 지방교육세 제외] : 조세심판원장에게 심판청구

② 특별자치시세·특별자치도세 : 조세심판원장에게 심판청구

③ 시·군·구세[도세 중 소방분(2020년 이전은 특정부동산)에 대한 지역자원시설세 및 시·군세에 부가하여 징수하는 지방교육세와 특별시세·광역시세 중 특별시분 재산세, 소방분(2020년 이전은 특정부동산)에 대한 지역자원시설세 및 구세(군세 및 특별시분 재산세 포함)에 부가하여 징수하는 지방교육세 포함] : 조세심판원장에게 심판청구(2021.1.1. 현재 청구 중인 사건까지 시장·도지사에게 심사청구 또는 임의적 선택 가능)

> **특별시세·광역시세·도세** : 조세심판원장에게 심판청구
> **특별자치시세·특별자치도세** : 조세심판원장에게 심판청구
> **자치구세·시세·군세** : 조세심판원장에게 심판청구(2021.1.1. 현재 청구 중인 사건까지 시장·도지사에게 심사청구 또는 심판청구 임의적 선택 가능)

(3) 절차

심사청구(2021.1.1. 현재 청구 중 사건까지) 또는 심판청구를 하려는 자는 다음 사항 등을 적은 심사청구서 또는 심판청구서 2부에 증명서류를 각각 첨부하여 도지사 또는 조세심판원장에게 제출해야 한다.

① 청구인의 성명과 주소 또는 영업소

② 이의신청에 대한 결정의 통지를 받은 연월일 또는 이의신청을 한 연월일

③ 이의신청에 대한 결정사항

④ 불복의 사유

심사청구서(2021.1.1. 현재 청구 중인 사건까지) 또는 심판청구서의 제출·접수 및 이송, 청구기간의 계산, 의견서의 제출 등에 관하여는 이의신청의 규정을 준용한다. 이 경우 "처분청"은 "이의신청에 대한 결정을 한 기관"으로, "이의신청기관"은 "심사청구기관 또는 심판청구기관"으로, "이의신청서"는 "심사청구서 또는 심판청구서"로, "도지사"는 "도지사 또는 조세심판원장"으로, "과세전적부심사"는 "과세전적부심사 또는 이의신청"으로 본다.

도지사 또는 조세심판원장은 심사청구서(2021.1.1. 현재 청구 중인 사건까지) 또는 심판청구서를 접수받은 때에는 지체 없이 그 중 1부를 처분청에 송부하여야 하며, 처분청은 그 심사청구서 또는 심판청구서를 송부받은 날부터 10일 이내에 의견서(조세심판원장이 도세에 관한 심판청구서를 제출받은 경우에는 도지사의 의견서 말함) 및 「지방세기본법 시행령」 제95조 제6항에 따른 자료 일체를 도지사 또는 조세심판원장에게 제출하여야 한다.

심판청구에 관하여는 「지방세기본법」 또는 지방세관계법에서 규정한 것을 제외하고는 「국세

기본법」제7장 제3절을 준용한다.

⑤ 감사원 심사청구

감사원의 감사를 받는 자의 직무에 관한 처분이나 그 밖의 행위에 관하여 이해관계가 있는 자는 감사원에 그 심사의 청구를 할 수 있으며, 이 심사청구는 감사원규칙으로 정하는 바에 따라 청구의 취지와 이유를 적은 심사청구서로 하되 청구의 원인이 되는 처분이나 그 밖의 행위를 한 기관("관계기관") 장에게 처분의 통지를 받은 날로부터 90일 이내에 제출하여야 한다(제출부수 4부).

청구서를 접수한 관계기관의 장이 이를 1개월 이내에 감사원에 송부하지 아니한 경우에는 그 관계기관을 거치지 아니하고 감사원에 직접 심사를 청구할 수 있다.

이의신청을 하여 그 결정을 받은 경우에는 행정안전부 심사청구나 조세심판원 심판청구를 제기할 수는 있어도 감사원 심사청구는 제기할 수 없으므로 이의신청 결정 후에 감사원 심사청구를 제기하면 각하대상이 된다.

> **사례** 감사원 심사청구가 일반 행정심판 특례 해당 여부(서울고법 2001누14794, 2002.11.29.)
>
> 행정심판의 특례로서의 성질을 가지는 심사청구결정문의 송달에 관하여 「감사원법」에서 아무런 규정도 두고 있지 않은 이상, 「행정심판법」에서 정한 송달의 규정이 적용되어야 한다고 볼 것인데, 「행정심판법」 제41조에서는 서류의 송달에 대하여는 「민사소송법」의 규정을 준용하도록 규정하고 있으므로, 결국 감사원의 심사청구에 대한 결정문의 송달에 있어서도 「민사소송법」의 규정이 준용된다. 교도소에 수감 중인 자에 대한 감사원의 심사청구결정문을 교도소장에게 송달하지 아니하고, 가족들이 거주하는 주소지로 송달한 것은 부적법함.

(1) 청구기한(제척기간)

이해관계인은 심사청구의 원인이 되는 행위가 있음을 안 날부터 90일 이내에, 그 행위가 있은 날부터 180일 이내에 심사의 청구를 하여야 하며, 이 기간은 불변기간(不變期間)으로 한다. 관계기관에 심사청구서가 접수된 때에 심사청구가 제기된 것으로 본다.

(2) 절차

1) 신청

청구인은 심사청구서에 기명날인하고 청구이유를 입증할 수 있는 관계증거서류를 첨부하여 그 처분 기타 행위를 한 관계기관장을 거쳐 제출하여야 하나, 관계기관을 거치지 아니하고 감사원에 직접 심사의 청구를 할 때에는 심사청구서를 관계기관에 제출한 후 1월이 경과하였다는 사실을 서면으로 입증하여야 한다.

2) 청구변경 및 보충서면 제출

청구인은 청구의 기초에 변경이 없는 범위에서 [별지 서식 2]의 소정사항을 기재한 청구변경 신청서로 청구의 취지나 이유를 변경할 수 있으며, 심사청구서 등에서 주장한 사실을 보충하기 위해 보충서면을 제출할 수 있다.

3) 대리인의 선임 등

청구인은 다음에 해당하는 자를 대리인으로 선임할 수 있으며, 선임한 때에는 그 위임장을 심사청구서에 첨부하여야 한다.
  ① 청구인의 배우자, 직계존·비속 또는 형제·자매
  ② 청구인인 법인(법인 아닌 사단 또는 재단 포함)의 임원 또는 직원
  ③ 다른 법률 규정에 의하여 이의신청, 심판청구 등 불복 신청을 대리할 수 있는 자
다수자가 공동으로 심사의 청구를 하는 때에는 대표자 1인을 선정할 수 있으며, 대표자 1인을 선정한 때에는 그 위임장을 심사청구서에 첨부하여야 한다.

4) 심리 등

심사청구의 심리는 심사청구서와 그 밖에 관계기관이 제출한 문서에 의하여 한다. 다만, 감사원은 필요하다고 인정하면 심사청구자나 관계자에 대하여 자료의 제출 또는 의견의 진술을 요구하거나 필요한 조사를 할 수 있다.

청구인이 주장하는 사항에 대해서 심리한다. 다만, 필요하다고 인정할 때에는 청구인이 주장하지 아니한 사실에 대하여도 심리할 수 있다.

(3) 결정

심사청구의 대상인 처분 기타 행위 외의 사항에 대하여는 결정할 수 없으며 그 처분 기타 행위보다 청구인에게 불이익한 결정은 하지 못한다.

심사의 청구가 「감사원법」 제43조 및 제44조와 감사원심사규칙으로 정하는 요건과 절차를 갖추지 못한 경우에는 이를 각하한다. 이해관계인이 아닌 자가 제출한 경우에도 또한 같다. 각하를 한 때에는 청구인과 관계기관의 장에게 그 뜻을 문서로 각각 통보하여야 한다.

각하대상
  ① 감사원의 감사를 받는 자의 직무에 관한 처분, 기타 행위가 아닌 경우
  ② 이해관계인이 아닌 경우
  ③ 청구기간이 경과한 경우
  ④ 행정심판법의 규정에 의한 행정심판(다른 법률의 규정에 의한 행정심판절차 포함)의 재결

이 있은 사안인 경우. 다만, 각하재결이 있은 경우 제외
⑤ 소송이 제기된 사안인 경우(심사청구의 심리 중에 소송이 제기된 경우 포함)
⑥ 기타 법 또는 이 규칙이 정하는 요건 및 절차를 갖추지 못한 경우

☞ ⑥의 경우 보정할 수 있다고 인정하는 때에는 상당한 기간을 정하여 그 보정을 요구할 수 있으며, 그 기간 내에 보정이 있는 경우에는 처음부터 적법한 심사청구가 제기된 것으로 본다. 다만, 소정기간 내에 보정하지 아니한 때에는 심사청구를 각하한다.

심리 결과 심사청구의 이유가 있다고 인정하는 경우에는 관계기관장에게 시정이나 그 밖에 필요한 조치를 요구하고, 심사청구의 이유가 없다고 인정한 경우에는 이를 기각하며, 이러한 결정을 하였을 때에는 7일 이내에 심사청구자와 관계기관장에게 심사결정서 등본을 첨부하여 통지하여야 한다.

심사청구에 대한 결정은 특별한 사유가 없으면 그 청구를 접수한 날부터 3개월 이내에 하여야 한다.

(4) 취하

청구인은 심사청구에 대한 감사원의 결정이 있을 때까지 서면으로 심사청구를 취하할 수 있다.

(5) 행정소송과의 관계

1) 행정소송 제기

청구인은 심사청구 및 결정을 거친 행정기관장의 처분에 대하여는 해당 처분청을 당사자로 하여 해당 결정의 통지를 받은 날부터 90일 이내에 행정소송을 제기할 수 있다.

2) 소송제기 등 통보

관계기관장은 감사원의 심사결정이 있은 사안에 대하여 소송이 제기된 경우에는 소송이 제기된 사실 및 그 소송결과를 지체없이 감사원에 통보(「정보통신망 및 정보보호 등에 관한 법률」에 따른 정보통신망을 이용한 통보 포함)하여야 한다.

관계기관장은 감사원의 심사청구 중에 있는 사안에 대하여 행정심판 또는 소송이 제기된 때에는 지체없이 이를 감사원에 통보(「정보통신망 및 정보보호 등에 관한 법률」에 따른 정보통신망을 이용한 통보 포함)하여야 한다.

(6) 관계기관의 조치

1) 접수

관계기관장이 심사청구서를 접수한 때에는 청구인에게 접수일자가 명시된 접수증을 교부하여야 하고, 접수한 날로부터 1개월 이내에 다음의 구분에 따라 처리하여야 한다.

① 심사청구가 이유있다고 인정할 때에는 이에 대한 시정조치를 취하고 심사청구서에 시정조치한 내용과 기타 의견서를 첨부하여 이를 감사원에 송부하는 동시에 청구인에게 그 조치결과를 통지하여야 한다.

② 심사청구가 이유없다고 인정할 때에는 심사청구서에 청구에 대한 변명서와 관계증거서류를 첨부하여 이를 감사원에 송부하여야 한다. 다만, 내국세에 관한 심사청구서로서 그 처분이 국세청장 또는 지방국세청장이 조사·결정한 것인 경우에는 국세청장 또는 지방국세청장의 변명서와 관계증거서류를 첨부하여야 한다.

③ ②의 규정에 의하여 심사청구서를 감사원에 송부한 후 감사원의 심사결정이 있을 때까지 심사청구가 이유 있다고 인정하여 이에 대한 시정조치를 한 때에는 그 조치결과를 지체없이 감사원과 청구인에게 통보하여야 한다.

④ 감사원의 처분요구에 의하여 관계기관에서 취한 조치에 대한 심사청구는 ①의 규정에 불구하고 의견서를 첨부하여 감사원에 송부하여야 한다.

관계기관장이 상기에 의하여 심사청구서를 감사원에 송부함에 있어서는 그 소속 중앙행정기관의 장 또는 감독기관의 장(국가기관 이외의 경우에 한하여 그 기관을 감독하는 중앙행정기관장)을 거쳐야 하며, 중앙행정기관장 또는 감독기관장은 심사청구에 대한 의견서를 첨부하여 이를 감사원에 송부하여야 한다.

2) 결정에 따른 조치

관계기관장은 「감사원법」 제46조에 따른 시정이나 그 밖에 필요한 조치를 요구하는 결정의 통지를 받으면 특별한 사유가 없으면 2개월 이내에 그 결정에 따른 조치를 취하고 그 결과를 지체없이 감사원에 통보(「정보통신망 및 정보보호 등에 관한 법률」에 따른 정보통신망을 이용한 통보 포함)하여야 한다.

(7) 일사부재리 원칙

「감사원법」 제46조에 따른 심사결정이 있은 사항에 대하여는 다시 심사를 청구할 수 없다. 다만, 각하한 사항에 대하여는 그러하지 아니하다.

(8) 재심의청구 처리절차의 준용

감사원의 감사결과 처분요구사항과 관련된 심사청구는 감사원재심의규칙에서 정하는 재심의청구 처리절차를 준용한다.

제1편 「지방세기본법」

❻ 행정소송

(1) 행정심판 전심주의

2021.1.1. 이후 행정소송을 제기하는 경우부터(부칙 §11 ①) 위법한 처분에 대한 행정소송은 「행정소송법」 제18조 제1항 본문, 제2항 및 제3항에도 불구하고 「지방세기본법」에 따른 심판청구와 그에 대한 결정을 거치지 아니하면 제기할 수 없지만, 심판청구에 대한 재조사 결정(제100조에 따라 심판청구에 관하여 준용하는 「국세기본법」 제65조 제1항 제3호 단서에 따른 재조사 결정을 말함)에 따른 처분청의 처분에 대한 행정소송은 그러하지 아니하다(지기법 §98 ③). 이 경우 2021.1.1. 당시 종전의 심사청구를 거쳤거나 부칙 제12조에 따른 심사청구를 거친 경우에는 상기의 개정규정에 따른 심판청구와 그에 대한 결정을 거친 것으로 본다(부칙 §11 ②). 그런데 2020. 12.31. 이전 행정소송 제기분까지는 이의신청, 심사청구(2021.1.1. 현재 청구 중 사건까지) 또는 심판청구와 그에 대한 결정을 거치지 아니하여도 제기할 수 있었다.

「감사원법」에 따라 심사청구를 거친 경우에는 「지방세기본법」에 따른 심사청구(2021.1.1. 현재 청구 중 사건까지) 또는 심판청구를 거친 것으로 보고 행정소송을 제기할 수 있다.

한편, 국세의 경우에도 필요적 전심주의 규정에 따라 반드시 전심을 거쳐야 소송을 제기할 수 있다.[111]

> **사례** 전심주의 등
>
> ① 법인소득계산 시 익금산입함에 따른 상여처분에 의한 종합소득세와 법인세는 세목, 과세관청, 납세의무자가 전혀 다르므로 법인세과세에 대한 전심절차에서 소득처분에 대하여 청구하였다 하더라도 상여처분에 따른 종합소득세의 전심절차를 거쳤다고 볼 수 없음(대법원 2005두4106, 2006.12.7.).
>
> ② 부가가치세 부과처분에 대한 전심절차를 거쳤다고 하여 그와 독립한 별개의 처분인 종합소득세 부과처분에 대한 행정소송은 전심절차를 거치지 않아도 된다고 할 수는 없음(대법원 2004두2837, 2007.5.10.).
>
> ③ 조세부과처분 취소소송의 계속 중 과세관청인 피고가 종전처분에 내재하는 법적인 하자를 이유로 이를 취소하고 그 하자를 보완하여 실질적으로는 종전 처분과 동일한 내용의 처분을 다시 한 경우 처분변경에 해당한다고 할 것이므로, 별도의 전심절차를 거칠 필요는 없음(대법원 2006두1609[3심] → 대구고등법원 2008누700[5심]).
>
> ④ 행정심판의 대상인 처분에 행정소송의 대상인 처분은 원칙적으로 동일하여야 하므로, 대상인 처분이 다르면 설령 불복의 이유가 공통된다 하더라도 따로 따로 행정심판 재결을 거쳐야 하고 어느 하나의 처분에 대하여 행정심판 재결을 거쳤다고 하여 다른 처분에 대하여 전치의 요건을 충족하였다고 할 수 없음(서울고등법원 2008누35042, 2009.7.7.).

---

111) 「국세기본법」 제56조 【다른 법률과의 관계】
 ② 제55조에 규정된 위법한 처분에 대한 행정소송은 「행정소송법」 제18조 제1항 본문, 제2항 및 제3항에도 불구하고 이 법에 따른 심사청구 또는 심판청구와 그에 대한 결정을 거치지 아니하면 제기할 수 없다.
 「지방세기본법」에서는 이러한 전심주의에 대한 별도의 규정이 없으므로 임의적 전치주의를 따르고 있다.

(2) 행정소송 제기기간

행정소송은 「행정소송법」 제20조에도 불구하고 이의신청, 심사청구(2021.1.1. 현재 청구 중 사건까지) 또는 심판청구에 대한 결정의 통지를 받은 날부터 90일 이내에 제기하여야 한다. 다만, 이의신청, 심사청구(2021.1.1. 현재 청구 중 사건까지) 또는 심판청구에 대한 결정기간에 결정의 통지를 받지 못한 경우에는 결정의 통지를 받기 전이라도 그 결정기간이 지난 날부터 행정소송을 제기할 수 있다. 이 기간은 불변기간(不變期間)으로 한다.

(3) '처분이 있음을 안 날'의 의미

「행정심판법」 제18조 제1항 소정의 심판청구기간 기산점인 "처분이 있음을 안 날"이라 함은 당사자가 통지·공고 기타의 방법에 의하여 당해 처분이 있었다는 사실을 현실적으로 안 날을 의미하고, 추상적으로 알 수 있었던 날을 의미하는 것은 아니라 할 것이며, 다만 처분을 기재한 서류가 당사자의 주소에 송달되는 등으로 사회통념상 처분이 있음을 당사자가 알 수 있는 상태에 놓여 진 때에는 반증이 없는 한 그 처분이 있음을 알았다고 추정할 수는 있다.

> **사례** 아파트 경비원에게 납부고지서가 송달된 경우(대법원 95누11535, 1995.11.24.)
>
> 아파트 경비원이 관례에 따라 부재중인 납부의무자에게 배달되는 택지초과소유부담금 납부고지서를 수령한 경우 납부의무자가 아파트 경비원에게 단순한 등기우편물 등의 수령권한을 위임한 것으로 볼 수는 있을지언정, 택지초과소유부담금 부과처분의 대상으로 된 사항에 관하여 납부의무자를 대신하여 처리할 권한까지 위임한 것으로 볼 수는 없고, 설사 위 경비원이 위 납부고지서를 수령한 때에 위 부과처분이 있음을 알았다고 하더라도 이로써 납부의무자 자신이 그 부과처분이 있음을 안 것과 동일하게 볼 수는 없음.

> **사례** 행정심판 제기없이 취소소송 제기 가능 동종사건 범위(대법원 97누19908, 1998.3.27.)
>
> 이 사건에서 원고가 동종사건이라고 주장하는 사건은 국세심판소장이 1986.9.12. 국심 86중1058호로 결정한 사건으로서 그 사안이 이 사건과 법률적·사실적 쟁점이 비슷하여 이 사건의 실체 판단에 도움이 될 수 있는 사건이기는 하나, 이는 이 사건 부과처분과 납세의무자, 과세관청, 과세기간, 과세대상이 되는 재화의 공급 등이 전혀 다른 별개의 사안임을 알 수 있으므로, 전심절차의 무용한 중복을 피하려는 것 등을 목적으로 하는 위 법조의 입법 취지에 비추어 볼 때 이를 가리켜 당해 사건인 이 사건과 기본적인 점에서 동질성이 인정되는 사건이라고 볼 수 없다 할 것이니, 이를 「행정소송법」 제18조 제3항 제1호 소정의 이 사건의 동종사건이라 할 수 없다. 이와 같은 취지에서 이 사건 취소소송이 국세심판청구를 하지 않고서도 제기할 수 있는 경우에 해당한다고 하는 원고의 주장을 배척한 원심은 정당함.

> **사례** 형사판결 내용이 행정소송 증거자료 가능 여부(대법원 97누18509, 1998.2.27.)
>
> 형사판결에서 인정된 사실은 달리 특별한 사정이 없는 한 민사소송이나 행정소송에서도 유력한 증거자료가 되나, 행정소송에 제출된 다른 증거내용에 비추어 형사판결의 사실인정을 그대로 채용하기 어렵다고 판단되는 경우에는 그러하지 아니함(대법원 96다14470, 1997.8.29. 참조).

> **사례** 조세 부과징수처분에 대하여 「감사원법」 제43조 제1항에 정한 심사청구를 하여 그 절차를 거친 경우에는 이를 위 「국세기본법」, 「관세법」, 「지방세법」에 정한 불복절차를 거친 경우에서와 같이 그 처분의 취소소송제기에 앞서 필요한 요건으로서의 당해 처분에 대한 행정심판을 거친 것으로 봄(대법원 90누7944, 1991.2.26.).

> **사례** 재심사유가 재심대상 판결 상고심에서 주장한 사유와 실질적으로 동일한 경우(서울고법 2012재나808, 2012.12.7.)
>
> 이 사건 재심대상판결이 2008.3.21. 선고되어 2008.3.28. 원고에게 그 판결 정본이 송달되고, 원고의 상고가 심리불속행으로 기각되어 2008.6.17. 위 판결이 확정되었는바, 원고는 재심대상판결의 정본을 송달받아 이를 읽어봄으로써 재심대상판결에 그 주장과 같은 판단유탈의 재심사유가 존재한다는 것을 알았다고 봄이 상당하므로 이 사건 재심사유의 존재를 안 이후로서 재심대상판결이 확정된 2008.6.17.로부터 30일 이내에 재심의 소를 제기했어야 하는데, 이 사건 재심의 소는 재심제기의 기간이 경과한 후인 2012.8.7. 제기되었음이 기록상 명백하여 부적법함.

⑦ 고충민원(국민권익위원회)

(1) 개요

「고충민원」이란 행정기관 등의 위법·부당하거나 소극적인 처분(사실행위 및 부작위를 포함) 및 불합리한 행정제도로 인하여 국민의 권리를 침해하거나 국민에게 불편 또는 부담을 주는 사항에 관한 민원(현역장병 및 군 관련 의무복무자의 고충민원을 포함)으로 다음 사항을 말한다(「부패방지 및 국민권익위원회의 설치와 운영에 관한 법률」 §2 ⑤).

① 행정기관 등의 위법·부당한 처분(사실행위를 포함)이나 부작위 등으로 인하여 권리·이익이 침해되거나 불편 또는 부담이 되는 사항의 해결 요구
② 민원사무의 처리기준 및 절차가 불투명하거나 담당 공무원의 처리지연 등 행정기관 등의 소극적인 행정행위나 부작위로 인하여 불편 또는 부담이 되는 사항의 해소요청
③ 불합리한 행정제도·법령·시책 등으로 인하여 권리·이익이 침해되거나 불편 또는 부담이 되는 사항의 시정요구
④ 그 밖에 행정과 관련한 권리·이익의 침해나 부당한 대우에 관한 시정요구

1) 고충민원의 대상 제외

다음 어느 하나에 해당하면 고충민원 대상에서 제외한다.
① 「국세기본법」, 「감사원법」, 「행정소송법」 등에 따른 불복절차가 진행 중이거나 결정이 완료되어 확정된 사항
② 「국세기본법」에 따른 과세전적부심사가 진행 중이거나 결정이 완료된 사항
③ 감사원장, 국세청장, 지방국세청장의 감사결과에 따른 시정지시에 의하여 처분하였거나 처분할 사항

④ 탈세제보, 외화도피 신고, 세금계산서 미발행 등 세금관련 고소·고발

⑤ 「조세범처벌절차법」에 따른 통고처분

⑥ 「국세기본법」 등에 따른 불복 및 과세전적부심사 청구기한이 지나지 않은 것으로서 청구금액 1천만 원 이상인 사항

납세자보호담당관은 청구금액 1천만 원 미만인 사항으로 「국세기본법」 등에 따른 불복 등을 청구할 수 있음에도 고충민원을 신청하는 경우에는 「국세기본법」에 따른 불복절차 등을 경유하도록 유도하되 민원인이 고충민원으로 신청을 원하는 경우 그대로 접수하여야 한다. 다만, 고충민원으로 처리 시 불복을 청구할 수 있는 기한의 이익을 상실할 수 있음을 알려야 한다. 그리고 고충민원을 접수한 납세자보호담당관은 즉시 고충민원 대상에서 제외됨을 민원인에게 통지하여야 한다.

2) 고충민원의 대상

고충민원의 대상은 국세와 지방세 관련된 모든 고충이 그 대상이다.

사례 고충민원 대상 여부

① 과세관청의 증액경정처분에 대하여 행정법원의 비과세 판결에 의하여 납세자가 추가 경정세액은 환급받았으나 당초 납세자가 자진신고납부한 세액에 대해서는 환급을 하지 않자 세무관서에 고충민원을 제기하여 환급받는 경우

㉠ 대법원 판례(98두12161, 98두7619, 1999.12.28.)를 들어 「민원사무처리에 관한 법률」 제29조에 따라 이의 취소를 요구하는 고충민원을 하였고(「지방세법」 상 불복청구기한경과로 각하결정 되었기 때문임), 이를 접수하였던 국민고충처리위원회에서는 의결을 거쳐 본 사건에 대하여 처분청인 ○○시장에게 2회에 걸쳐 당초 고지를 취소하는 시정권고를 하였음에도 ○○시장은 "1997.10.1. 시행 법률(1997.8.30. 법률 제5406호 개정)에서는 주주 또는 사원으로부터가 삭제되었으므로 이 사건 명의신탁해지(실명전환일 1998.12.15.)를 원인으로 한 주식취득은 새로운 주식취득에 해당된다" 하여 이의 시정권고를 받아들이지 않고 있음.

㉡ 공유토지를 소유한 양도인들 중 소송을 제기하여 법원의 조정안에 따라 양도소득세가 감액된 자 외에 소송에 참여하지 아니한 양도인들이 고충청구를 통하여 양도소득세가 감액되는 경우 환급가산금을 지급받을 수 있는지 여부

㉢ 「국세기본법」 제26조의 2 제1항 제1호의 사유에 해당하여 10년의 국세 부과제척기간을 적용하여 증액경정한 종합소득세를 고충민원처리로 「소득세법」 제80조 제3항에 따라 추계로 감액하여 직권재경정하는 경우 10년의 부과제척기간을 적용할 수 있는 것임.

㉣ 당해 처분에 대한 불복청구기간 경과 후 가지급금이 중복 계산되었음을 발견하여 고충청구한 결과, 법인세 등이 감액경정되어 국세 환급하였으나 국세환급가산금은 지급하지 아니함.

㉤ 상속인 을 외 1인은 소송을 제기하여 서울고등법원의 조정안에 따라 과세관청은 직권으로 상속재산의 양도가액을 기준시가로 정정하여 감액경정함. 이에 따라 소송에 참여하지 아니한 나머지 상속인들도 고충신청을 통하여 환급을 신청할 예정임.

② 고충민원신청에 대한 처리결과, 과세관청이 과세표준과 세액의 착오계산 및 명백한 사실판단 오류 등을 인정하여 경정결정으로 세액을 환급하는 경우

상속세신고 시 상속재산평가 착오로 상속세를 과다 납부하였음을 확인하고 ○○지방국세청에 고충민원을 신청하였으며 2011.11.월경 인용 결정됨.

사례 행정소송에 의한 결정이 완료되었다 하더라도 행정소송에서 다투지 아니한 새로운 주장과 관련 증빙을 제출하며 고충민원을 제기하는 경우 고충민원으로 처리가 가능한 것임(서면3팀-160, 2004.2.3.).

사례 과세처분에 대한 이의신청기간 이내에 그 처분의 취소를 구하는 취지의 고충민원을 제기하였다면, 이의신청으로 봄(조심 2011서2012, 2011.10.4.).

이의신청은 세법에 의한 처분으로서 위법 또는 부당한 처분으로 인하여 권리 또는 이익의 침해를 당한 자를 구제하기 위한 불복제도라는 근본취지에 비추어 볼 때, 그 제기에 엄격한 형식을 요구하지 않는다 할 것이므로 과세처분에 대한 이의신청기간 이내에 "그 처분의 취소를 구하는 취지"의 고충민원을 제기하였다면, 이는 「국세기본법」 제66조의 이의신청으로 봄이 타당한 것으로 판단됨 (대법원 1986누540, 1986.10.28., 조심 2010중1241, 2010.9.27. 등 다수 같은 뜻임).

사례 적법한 심판청구인지 여부(조심 2012서4652, 2012.12.28.)

청구인은 납세고지서를 수취한 날로부터 90일 이내에 이의신청이나 심판청구를 제기하지 아니하고 고충민원을 제기한 점, 처분청이 2011.10.7. 납세고지서를 발송한 이후 382일이 지난 2012.10.23. 심판청구를 제기한 점, 청구인이 2012.9.5. 제기한 고충민원은 「국세기본법」에서 정하는 정식의 불복절차가 아니고, 처분청의 2012.9.19.자 고충민원결과 통지는 단순한 민원서류에 대한 회신에 불과한 것으로서 「국세기본법」 제55조 제1항에서 규정하는 불복청구의 대상이 되는 처분에 해당되지 아니한 점 등으로 보아, 이 건 심판청구는 불복청구기간이 이미 경과한 처분에 대하여 제기한 부적법한 청구에 해당된다고 판단됨.

사례 경정청구, 고충민원, 불복(조심 2012중5119, 2013.2.22.)

청구인은 법정신고기한 이후 3년이 되는 날(2008.5.31.부터 2010.5.31.)이 경과된 2012.4.17. 고충신청을 하였는바, 청구인의 고충신청에 대해 처분청이 이를 받아들일 수 없다는 고충처리결과통지를 하였다 하더라도 이는 단순한 민원서류에 대한 회신이라 할 것이고, 처분청의 고충처리결과통지는 「국세기본법」 제55조(불복) 제1항에 규정하는 불복청구의 대상(처분)에 해당하지 아니하며, 같은 법 제45조의 2(경정 등의 청구) 제1항의 규정에 따른 경정청구기한을 경과한 청구에 해당된다 할 것이므로, 청구인이 제기한 심판청구는 부적법한 청구에 해당하는 것으로 판단됨(조심 2008중4116, 2009.7.7. 외 다수 같은 뜻임).

사례 고충민원 신청서 제출을 예외적 행정 심판청구로 보는 경우(대법원 95누5332, 1995.9.29.)

국민고충처리위원회에 접수된 신청서가 행정기관의 처분에 대하여 시정을 구하는 취지임이 내용상 분명한 것으로서 국민고충처리위원회가 이를 당해 처분청 또는 그 재결청에 송부한 경우에 한하여 「행정심판법」 제17조 제2항, 제7항의 규정에 의하여 그 신청서가 국민고충처리위원회에 접수된 때에 행정심판청구가 제기된 것으로 볼 수 있음.

사례 고충민원, 국민권익위원회 민원 전심절차 아님(서울고법 2011누39808, 2012.4.25.).

압류처분의 위법을 이유로 그 취소를 구하는 행정소송을 제기하기 위해서는 「국세기본법」에서 정한 심사청구 또는 심판청구를 거쳐야 한다 할 것인데, 원고가 「국세기본법」 소정의 국세청장에 대한 심사청구 또는 조세심판원에 대한 심판청구를 거치지 아니한 채 이 사건 소를 제기하였음은 앞서 본 바와 같으므로, 이 사건 소는 필요적 전심절차를 거치지 아니한 채 제기된 것으로서 부적법하고, 이를 지적하는 피고의 본안전 항변은 이유 있음.

(2) 고충민원 처리 절차

1) 상담 및 신청

누구든지 본인 또는 대리인을 통하여 서면으로 직접 신청하거나 우편, 인터넷, 팩스 등을 통하여 신청할 수 있다. 접수된 민원은 60일 이내에 처리하나, 부득이한 경우 60일 연장 가능하다.

2) 민원조사

접수된 고충민원은 위원회 또는 위원회의 지시를 받은 조사관이 관계행정 기관에 대한 설명요구와 관계자료, 서류 등의 제출을 요구할 수 있으며, 신청인, 이해관계인, 참고인 또는 관계 직원의 출석 및 의견진술 요구할 수 있다. 관계행정기관 등에 대한 실지조사 또는 전문가 감정의뢰 등을 통하여 민원사안의 사실관계를 조사하게 된다.

3) 심의 의결

조사가 완료되면 전원 위원회 또는 소위원회에서 사실관계와 증거 등을 심의(필요시 출석조사 실시)하고, 재적위원 과반수의 출석과 출석위원 과반수의 찬성(위원회는 구성위원 전원의 출석과 출석위원 전원 찬성)으로 시정조치를 권고하거나, 법령, 제도, 정책 등의 개선권고 또는 의견표명 등을 하게 된다.

4) 처리결과 통보

위원회는 의결이 있는 날로부터 3일 이내에 처리 결과(단, 시정권고·의견표명인 경우 의결서 첨부)를 양 당사자에게 송달하여야 한다. 위원회의 권고 또는 의견을 받은 관계 행정기관의 장은 정당한 사유가 있는 경우를 제외하고는 이를 존중하여야 하며, 당해 권고 또는 의견을 받은 날로부터 30일 이내에 그 처리결과를 위원회로 통보하게 된다.

행정기관 등이 위원회의 의결에 대하여 이의가 있는 경우에는 처리 결과 통보를 받은 날로부터 30일 이내에 그 사유를 서면으로 작성하여 위원회에 이의를 제기할 수 있고, 이 경우 위원회는 당해 사안을 재심의할 수 있다.

(3) 고충민원으로 환급 시 환급가산금 지급 여부

1) 2022.1.1. 이후 지방세환급금 결정분

다음 어느 하나에 해당하는 사유 없이 지방세와 관련하여 납세자가 「지방세기본법」 제62조 제3항 각 호의 불복청구 등을 그 기한까지 제기하지 않은 사항에 대하여 지방자치단체장에게 직권

으로 「지방세기본법」 또는 지방세관계법에 따른 처분의 취소, 변경이나 그 밖에 필요한 처분을 해 줄 것을 요청하는 민원("고충민원")의 처리에 따라 지방세환급금을 충당하거나 지급하는 경우에는 지방세환급가산금을 가산하지 아니한다.

① 경정청구
② 이의신청, 심판청구, 「감사원법」에 따른 심사청구나 「행정소송법」에 따른 소송에 대한 결정이나 판결

2) 2021.12.31. 이전 납세의무성립분

2010년 이전 납세의무가 성립된 것은 경정청구대상이 되지 아니하는 것이다. 그렇다면 구 「지방세법」 제25조의 2에 따르면 "지방자치단체장은 지방세의 부과징수가 위법 또는 부당한 것임을 확인한 때에는 즉시 그 처분을 취소하거나 변경하여야 한다."라는 규정에 의거 환급대상임이 명확한 경우에는 환급을 하여야 하는 것인데, 이는 결국 고충민원 등에 따른 환급이므로 국세의 경우 가산금을 지급하지 아니하는 것으로 해석하고 있으나, 지방세에서는 2010년 이전에는 불복제도는 있었으나 청구기한(처분을 안 날로부터 90일 이내)이 단기간이라는 점을 고려하여야 할 것이고, 경정청구 제도 자체가 없었으므로 환급가산금을 배제할 수는 없을 것으로 판단된다.

한편, 2011년~2021년에는 납세의무성립분부터 경정청구 제도가 도입이 되었는바, 환급가산금 지급 여부에 대하여 국세처럼 배제하여야 하는지 논란이 있을 수 있으나 과세관청은 지급하고 있다.

> **사례** 고충민원으로 세액 환급 시 국세환급가산금 지급 않음(징세과-1164, 2011.11.18.).
>
> 경정청구기간 또는 불복청구기간 경과 등으로 과세표준과 세액이 확정된 후 고충민원으로 세액을 환급하는 경우 국세환급가산금을 지급하지 아니하는 것임(징세과-555, 2010.5.25. 참조).
> ① 징세과-1370, 2009.3.11.
> 경정청구기간 또는 불복청구기간 경과 등으로 과세표준과 세액이 확정된 후에 처분청이 납세자의 고충민원으로 당해 세액을 환급하는 경우에는 「국세기본법」 제52조의 국세환급가산금을 지급하지 아니함.
> ② 징세과-271, 2009.1.13.
> 경정청구기간 또는 불복청구기간 경과 등으로 과세표준과 세액이 확정된 후에 고충민원으로 세액을 환급하는 경우 국세환급가산금을 지급하지 아니함.

제8장

범칙행위 등에 대한
처벌 및 처벌절차

제**1**절 통칙

처벌(지기법 §101, 구 §128)

「지방세기본법」 또는 지방세관계법을 위반한 자에 대하여는 범칙행위 처벌, 범칙행위 처벌절차, 과세자료 비밀유지 의무 위반에 대한 처벌 및 징역과 벌금의 병과 규정에 정한 바에 따라 처벌한다. 과세자료를 타인에게 제공 또는 누설하거나 목적 외의 용도로 사용한 자는 3년 이하의 징역 또는 1천만 원 이하의 벌금에 처한다. 여기서 징역과 벌금은 병과할 수 있다.

제**2**절 범칙행위 처벌

지방세 포탈(지기법 §102, 구 §129)

사기나 그 밖의 부정한 행위로써 지방세를 포탈하거나 지방세를 환급·공제받은 자는 2년 이하의 징역 또는 포탈세액이나 환급·공제받은 세액(이하 "포탈세액 등"이라 한다)의 2배 이하에 상당하는 벌금에 처한다. 다만, 다음 어느 하나에 해당하는 경우 3년 이하의 징역 또는 포탈세액 등의 3배 이하에 상당하는 벌금에 처한다.

① 포탈세액 등이 3억 원 이상이고, 그 포탈세액 등이 신고납부하여야 할 세액의 100분의 30 이상인 경우
② 포탈세액 등이 5억 원 이상인 경우

포탈하거나 포탈하려한 세액 또는 환급·공제를 받은 세액은 즉시 징수하며, 이런 죄를 범한 자에 대해서는 정상(情狀)에 따라 징역형과 벌금형을 병과할 수 있다. 이런 죄를 범한 자가 포탈세액 등에 대하여 「지방세기본법」 제49조에 따라 법정신고기한이 지난 후 2년 이내에 기한 후 신고를 하거나 「지방세기본법」 제51조에 따라 법정신고기한이 지난 후 6개월 이내에 기한 후 신고를 하였을 때에는 형을 감경할 수 있으나, 이런 죄를 상습적으로 범한 자는 형의 2분의 1을 가중한다.

사기 기타 부정한 행위로 조세를 포탈함으로써 성립하는 조세포탈범은 고의범이지 목적범이 아니므로 피고인에게 조세를 회피하거나 포탈할 목적까지 가질 것을 요하는 것은 아니며, 이러한 '조세포탈죄에 있어서 범의가 있다'고 함은 납세의무를 지는 사람이 자기의 행위가 사기 기타 부정한 행위에 해당하는 것을 인식하고 그 행위로 인하여 조세포탈의 결과가 발생한다는 사실을 인식하면서 부정행위를 감행하거나 하려고 하는 것을 의미한다(대법원 98도667, 1999.4.9. 참조).

포탈범칙행위의 기수 시기는 다음 구분에 따른다.

① 납세의무자의 신고에 의하여 지방세가 확정되는 세목 : 그 신고기한이 지난 때
② 지방자치단체장이 세액을 결정하여 부과하는 세목 : 그 납부기한이 지난 때

② 체납처분 면탈(지기법 §103, 구 §130)

납세의무자 또는 납세의무자의 재산을 점유하는 자가 체납처분의 집행을 면탈하거나 면탈하게 할 목적으로 그 재산을 은닉·탈루하거나 거짓 계약을 하였을 때에는 3년 이하의 징역 또는 3천만 원 이하의 벌금에 처하며, 「형사소송법」 제130조 제1항에 따른 압수물건의 보관자 또는 제98조에 따라 준용되는 「지방징수법」 제49조 제1항에 따른 압류물건의 보관자가 그 보관한 물건을 은닉·탈루하거나 손괴 또는 소비하였을 때에도 3년 이하의 징역 또는 3천만 원 이하의 벌금에 처한다. 이러한 사정을 알고도 이러한 행위를 방조하거나 거짓 계약을 승낙한 자는 2년 이하의 징역 또는 2천만 원 이하의 벌금에 처한다.

③ 장부의 소각·파기 등(지기법 §104, 구 §130-2)

지방세를 포탈하기 위한 증거인멸의 목적으로 「지방세기본법」 또는 지방세관계법에서 비치하도록 하는 장부 또는 증거서류(「지방세기본법」 제144조 제3항에 따른 전산조직을 이용하여 작성한 장부 또는 증거서류 포함)를 해당 지방세의 법정신고기한이 지난 날부터 5년 이내에 소각·파기 또는 은닉한 자는 2년 이하의 징역 또는 2천만 원 이하의 벌금에 처한다.

④ 성실신고 방해 행위(지기법 §105, 구 §130-3)

납세의무자를 대리하여 세무신고를 하는 자가 지방세의 부과 또는 징수를 면하게 하기 위하여 타인의 지방세에 관하여 거짓으로 신고를 하였을 때에는 2년 이하의 징역 또는 2천만 원 이하의 벌금에 처하고, 납세의무자로 하여금 과세표준의 신고(신고의 수정 포함)를 하지 아니하게 하거나 거짓으로 신고하게 한 자 또는 지방세의 징수나 납부를 하지 않을 것을 선동하거나 교사한 자는 1년 이하의 징역 또는 1천만 원 이하의 벌금에 처한다. 이는 조세탈세범은 본인인 납세의무자나 사업주 등에 해당하지만 확장적 탈세범의 경우에는 그와 같은 관계에 있지 아니하더라도 탈세범으로 성립하는 것으로 보고 있는 것이다.

⑤ 명의대여 행위 등(지기법 §106, 구 §130-4)

지방세의 회피 또는 강제집행의 면탈을 목적으로 타인의 명의로 사업자등록을 하거나 타인의 명의로 등록된 사업자등록을 이용하여 사업을 영위한 자는 2년 이하의 징역 또는 2천만 원 이하의 벌금에 처하며, 지방세의 회피 또는 강제집행의 면탈을 목적으로 타인이 자신의 명의로 사업자등록을 할 것을 허락하거나 자신의 명의로 등록한 사업자등록을 타인이 이용하여 사업을 영위하도록 허락한 자는 1년 이하의 징역 또는 1천만 원 이하의 벌금에 처한다.

⑥ 특별징수 불이행범(지기법 §107, 구 §131)

특별징수의무자가 정당한 사유 없이 지방세를 징수하지 아니한 경우에는 1천만 원 이하의 벌금에 처하며, 정당한 사유 없이 징수한 세금을 납부하지 아니한 경우에는 2년 이하의 징역 또는 2천만 원 이하의 벌금에 처한다.

⑦ 명령사항 위반 등에 대한 과태료 부과(지기법 §108, 구 §131-2)

지방자치단체장은 다음 각 호의 어느 하나에 해당하는 자에게는 500만 원 이하의 과태료를 부과한다.

① 「지방세기본법」 제91조의 24 제2항에 따른 건설기계 또는 자동차의 인도명령을 위반한 자[112] (2015.5.17. 이전에는 「지방세기본법」 제147조에 따라 준용되는 「국세징수법」 제46조 제2항에 따른 건설기계 또는 자동차의 인도명령을 위반한 자)

② 「지방세기본법」 또는 지방세관계법의 질문·검사권 규정에 따른 세무공무원의 질문에 대하여 거짓으로 진술하거나 그 직무집행을 거부 또는 기피한 자

상기의 과태료는 「지방세법 시행령」 [별표 1]에 따라 지방자치단체장이 부과·징수한다.

⑧ 양벌 규정(지기법 §109, 구 §131-3)

법인(「지방세기본법」 제153조에 따라 준용되는 「국세기본법」 제13조에 따른 법인으로 보는 단체 포함)의 대표자, 법인 또는 개인의 대리인, 사용인, 그 밖의 종업원이 그 법인 또는 개인의 업무에 관하여 이 절에서 규정하는 범칙행위를 하면 그 행위자를 벌할 뿐만 아니라 그 법인 또는 개인에게도 해당 조문의 벌금형을 과(科)한다. 다만, 법인 또는 개인이 그 위반행위를 방지하기 위하여 해당 업무에 관하여 상당한 주의와 감독을 게을리 하지 아니한 경우 그러하지 아니하다.

⑨ 「형법」 적용의 일부 배제(지기법 §110, 구 §131-4)

지방세의 포탈 및 특별징수 불이행범에 따른 범칙행위를 한 자에 대해서는 「형법」 제38조 제1항 제2호 중 벌금경합에 관한 제한 가중규정을 적용하지 아니한다.

---

112) 2015.5.17. 이전에는 지방세 체납자에게 건설기계 또는 자동차의 인도명령을 할 수 있고, 그 위반자에 대하여 500만 원 이하의 과태료를 부과할 수 있었으나, 2015.5.18. 이후 건설기계 또는 자동차를 압류한 후 소유권이 이전된 경우와 사실상 점유하여 운행하는 경우 등 제3자에게도 인도명령을 할 수 있도록 개선하여 징수효율을 제고하고, 인도명령의 효력 담보를 위해 제3자가 위반한 경우에도 과태료를 부과할 수 있도록 한 것임.

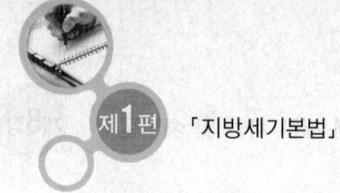

⑩ 고발(지기법 §111, 구 §132)

상기의 범칙행위는 지방자치단체장(2020년 이전에는 범칙사건조사공무원 포함)의 고발이 있어야 하므로 조세범 범칙행위에 대해서는 이러한 고발이 없으면 검사는 공소를 제기할 수 없다. 이 경우 범칙사건조사공무원의 범위는 세무공무원 중 지방자치단체장의 제청으로 지방검찰청 검사장이 지명한 사람으로 한다.

⑪ 공소시효의 기간(지기법 §112, 구 §133)

「지방세기본법」제102조~제107조 및 제109조(구 제129조, 제130조, 제130조의 2부터 제130조의 4까지, 제131조 및 제131조의 3)에 따른 범칙행위의 공소시효는 7년(2018년 이전 5년)으로 한다. 다만, 제109조(구 제131조의 3)에 따른 행위자가 「특정범죄가중처벌 등에 관한 법률」제8조의 적용을 받는 경우 제109조(구 제131조의 3)에 따른 법인에 대한 공소시효는 10년이 지나면 완성된다.

제3절 범칙행위 처벌절차

❶ 범칙사건조사의 요건 및 범칙 혐의자 등에 대한 심문·압수·수색 (지기법 §113, 구 §133-2)

세무공무원 중 근무지 등을 고려하여 세무공무원 중 지방자치단체장의 제청으로 그 근무지를 관할하는 지방검찰청 검사장이 지명한 사람("범칙사건조사공무원")은 다음의 어느 하나에 해당하는 경우에는 범칙사건조사를 하여야 한다.

① 범칙사건의 혐의가 있는 자를 처벌하기 위하여 증거수집 등이 필요한 경우
② 연간 지방세 포탈 혐의금액 등이 다음의 어느 하나에 해당하는 경우
   ㉠ 연간 지방세 포탈 혐의금액이 3천만 원(가산세 제외) 이상인 경우
     👉 포탈 혐의금액 : 사기나 그 밖의 부정한 행위로써 지방세를 포탈하거나 지방세의 환급·공제를 받은 혐의가 있는 금액
   ㉡ 법정신고기한까지 과세표준 신고를 하지 아니한 경우로서 과세표준의 연간 합계액이 10억 원 이상인 경우(납부세액이 없는 경우 제외)
   ㉢ 신고하여야 할 납부세액보다 50% 이하로 과소신고한 경우로서 과세표준의 연간 합계액이 20억 원 이상인 경우

❷ 범칙 혐의자 등에 대한 심문ㆍ압수ㆍ수색(지기법 §114, 구 §133-2)

범칙사건조사공무원은 범칙사건조사를 위하여 필요한 경우에는 범칙 혐의자나 참고인을 심문하거나 압수 또는 수색할 수 있다. 이 경우 압수 또는 수색을 할 때에는 다음의 어느 하나에 해당하는 사람을 참여하게 하여야 한다.

① 범칙 혐의자

② 범칙행위와 관련된 물건의 소유자 또는 소지자

③ 변호사, 세무사 또는 「세무사법」 제20조의 2 제1항에 따라 등록한 공인회계사로서 범칙 혐의자의 대리인

④ ① 및 ②에 해당하는 사람의 동거인, 사용인 또는 그 밖의 종업원으로서 사리를 분별할 수 있는 성년인 사람(①~③의 규정에 해당하는 사람이 참여할 수 없거나 참여를 거부하는 경우에만 해당)

❸ 압수ㆍ수색영장(지기법 §115, 구 §133-3)

범칙사건조사공무원이 범칙사건조사를 하기 위하여 압수 또는 수색을 할 때에는 근무지 관할 검사에게 신청하여 검사의 청구를 받은 관할 지방법원판사가 발부한 압수 또는 수색영장이 있어야 한다.

범칙 혐의자 및 다음 어느 하나에 해당하는 경우에는 상기 2. ②~④의 자에게 그 사유를 알리고 영장 없이 압수ㆍ수색할 수 있으며, 영장 없이 압수 또는 수색한 경우에는 압수 또는 수색한 날부터 48시간 이내에 관할 지방법원 판사로부터 압수 또는 수색영장을 발부받아야 한다. 그런데 압수 또는 수색영장을 발부받지 못한 경우에는 즉시 압수한 물건을 압수당한 본인에게 반환하여야 한다.

① 「지방세기본법」 제102조부터 제107조까지의 범칙행위가 진행 중인 경우

② 범칙혐의자가 도피 또는 증거를 인멸할 염려가 있어 압수ㆍ수색영장을 발부받을 시간적 여유가 없는 경우

범칙사건조사공무원은 압수하거나 영치한 물건, 장부, 서류 등을 소유자, 소지자 또는 관공서로 하여금 보관하게 하는 경우에는 그 보관자로부터 보관증을 영수하고, 봉인, 그 밖의 방법으로 압수 또는 영치의 사실을 명백히 하여야 한다.

「형사소송법」 제132조에 따라 압수물건 또는 영치물건을 공매하는 경우에는 물건의 품명, 수량, 공매사유, 공매장소와 그 일시, 그 밖의 필요한 사항을 공고하여야 하며, 범칙사건조사공무원은 압수물건, 영치물건 또는 몰수물건을 직접 또는 간접으로 매수(買收)할 수 없다. 지방자치단체장은 「형사소송법」 제132조에 따라 압수물건 또는 영치물건을 공매하는 경우에는 물건의 품명, 수량, 공매사유, 공매장소와 그 일시, 그 밖의 필요한 사항을 공고하여야 한다.

범칙사건조사공무원은 압수한 물건의 운반 또는 보관이 곤란한 경우에는 압수한 물건을 소유

자, 소지자 또는 관공서("소유자등")로 하여금 보관하게 할 수 있다. 이 경우 소유자등으로부터 보관증을 받고 봉인(封印)이나 그 밖의 방법으로 압수한 물건임을 명백히 하여야 한다.

④ 「형사소송법」의 준용(지기법 §116, 구 §133-4)

압수·수색과 압수·수색영장에 관하여 「지방세기본법」에서 규정한 것을 제외하고는 「형사소송법」 중 압수·수색과 압수·수색영장에 관한 규정을 준용하며, 범칙사건조사공무원은 「형사소송법」의 규정에 준하여 문서를 작성하고 송달하여야 한다.

⑤ 심문조서의 작성(지기법 §117, 구 §133-5)

범칙사건조사공무원은 범칙사건조사를 하는 과정에서 심문, 수색, 압수 또는 영치(領置)를 하였을 때에는 그 경위(經緯)를 기록하여 참여자 또는 심문을 받은 사람에게 확인하게 한 후 그와 함께 서명날인을 하여야 하며, 참여자 또는 심문을 받은 사람이 서명날인을 하지 아니하거나 할 수 없을 때에는 그 사유를 기록하여야 한다.

⑥ 범칙사건의 관할 및 인계(지기법 §118, 구 §133-6)

범칙사건은 지방세의 과세권 또는 징수권(「지방세기본법」 제6조에 따라 위탁한 경우와 「지방세징수법」 제18조에 따라 징수촉탁을 받은 경우 제외)이 있는 지방자치단체에 소속된 범칙사건조사공무원이 담당한다. 이 규정에도 불구하고 시·도에 소속된 범칙사건조사공무원은 그 관할구역 안의 시·군·구에 소속된 범칙사건조사공무원과 공동으로 시·군세 및 구세에 관한 범칙사건을 담당할 수 있다.

범칙사건을 관할하는 지방자치단체가 아닌 지방자치단체나 국가기관에 소속된 공무원이 인지한 범칙사건은 해당 범칙사건을 관할하는 지방자치단체의 범칙사건조사공무원에게 지체 없이 인계하여야 하며, 다른 지방자치단체 관할 범칙사건의 증거를 발견한 때에는 해당 지방자치단체에 소속된 범칙사건조사공무원에게 지체 없이 인계하여야 한다.

⑦ 국가기관 등에의 협조 요청(지기법 §119, 구 §133-7)

지방자치단체장은 범칙사건조사하거나 직무를 집행할 때 필요하면 국가기관 또는 다른 지방자치단체에 협조를 요청할 수 있으며, 협조 요청을 받은 국가기관 및 지방자치단체는 정당한 사유가 없으면 협조하여야 한다.

⑧ 범칙처분의 종류 및 보고(지기법 §120, 구 §133-8)

범칙사건에 대한 처분의 종류는 통고처분, 고발, 무혐의가 있으며, 범칙사건조사공무원은 범칙사건조사를 마쳤을 때에는 지방자치단체장에게 보고하여야 한다.

⑨ 통고처분(지기법 §121, 구 §133-9)

지방자치단체장은 범칙사건조사를 하여 범칙의 확증(確證)을 갖게 되었을 때에는 대통령령으로 정하는 바에 따라 그 대상이 되는 자에게 그 이유를 명시하여 벌금에 해당하는 금액("벌금상당액") 또는 몰수에 해당하는 물품, 추징금에 해당하는 금액, 서류의 송달비용 및 압수물건의 운반·보관비용을 지정한 장소에 납부할 것을 통고하여야 한다. 다만, 몰수에 해당하는 물품에 대해서는 물품을 납부하겠다는 의사표시("납부신청")를 하도록 통고할 수 있다. 이 통고처분을 하는 경우에는 범칙사건조사를 마친 날부터 10일 이내에 범칙자 및 법인 또는 개인에게 각각 통고서를 작성하여 통고하여야 한다. 통고처분을 받은 자가 그 통고에 따라 납부신청을 하고 몰수에 해당하는 물품을 가지고 있는 경우에는 공매나 그 밖에 필요한 처분을 할 때까지 그 물품을 보관하여야 한다. 한편, 통고처분을 받은 자가 통고대로 이행하였을 때에는 동일한 사건에 대하여 다시 범칙사건조사를 받거나 처벌받지 아니한다.

벌금 상당액의 부과기준은 「지방세기본법 시행령」 별표 3과 같으며, 범칙사건조사공무원은 「형사소송법」의 규정에 준하여 문서를 작성하고 송달하여야 한다.

⑩ 공소시효의 중단(지기법 §122, 구 §133-10)

통고처분이 있는 때에는 공소시효는 중단된다.

⑪ 일사부재리(지기법 §123, 구 §133-11)

범칙자가 통고대로 이행하였을 때에는 동일한 사건에 대하여 소추받지 아니한다.

⑫ 고발의무(지기법 §124, 구 §133-12)

지방자치단체장은 통고처분을 받은 자가 통고서를 송달받은 날부터 15일 이내에 통고대로 이행하지 아니한 경우에는 고발하여야 한다. 다만, 15일이 지났더라도 고발되기 전에 통고대로 이행하였을 때에는 그러하지 아니하다.

지방자치단체장은 다음의 어느 하나에 해당하는 경우에는 통고처분을 거치지 아니하고 그 대상자를 즉시 고발하여야 한다.

① 정상(情狀)에 따라 징역형에 처할 것으로 판단되는 경우
② 통고대로 이행할 자금이나 납부 능력이 없다고 인정되는 경우
③ 거소가 분명하지 아니하거나 서류의 수령을 거부하여 통고처분을 할 수 없는 경우
④ 도주하거나 증거를 인멸할 우려가 있는 경우

⑬ 압수물건의 인계(지기법 §125, 구 §133-13)

지방자치단체장이 고발한 경우 압수물건이 있을 때에는 압수목록을 첨부하여 검사 또는 사법경찰관(2021.12.28. 이후)에게 인계하여야 한다. 압수물건으로서 소유자·소지자 또는 다른 지방자치단체가 보관하는 것에 대해서는 검사 또는 사법경찰관(2021.12.28. 이후)에게 보관증을 인계하고, 소유자등에게 압수물건을 검사 또는 사법경찰관(2021.12.28. 이후)에게 인계하였다는 사실을 통지하여야 한다. 한편, 지방자치단체장은 「형사소송법」제132조에 따라 압수물건 또는 영치물건을 공매하는 경우에는 물건의 품명, 수량, 공매사유, 공매장소와 그 일시, 그 밖의 필요한 사항을 공고하여야 한다.

⑭ 무혐의 통지 및 압수의 해제(지기법 §126, 구 §133-14)

지방자치단체장은 범칙사건조사를 하여 범칙의 심증을 갖지 못하였을 때에는 그 뜻을 범칙 혐의자에게 통지하고 물건을 압수하였을 때에는 그 해제를 명하여야 한다.

제**9**장

과세자료의 제출 및 관리

❶ 과세자료의 정의(지기법 §2, 구 §134-2)

'과세자료'란 과세제출기관이 직무상 작성하거나 취득하여 관리하는 자료로서 지방세의 부과·징수와 납세의 관리에 필요한 자료를 말한다.

❷ 과세자료제출기관의 범위(지기법 §127, 구 §134-3)

과세자료를 제출하여야 하는 기관 등("과세자료제출기관")은 다음과 같다.

① 「국가재정법」 제6조에 따른 독립기관 및 중앙관서(독립기관 및 중앙관서의 업무를 위임받거나 위탁받은 기관 포함)와 그 하급행정기관 및 보조기관

② 지방자치단체 및 지방자치단체의 업무를 위임받거나 위탁받은 기관과 지방자치단체조합("지방자치단체 등")

③ 「금융위원회의 설치 등에 관한 법률」에 따른 금융감독원과 「금융실명거래 및 비밀보장에 관한 법률」 제2조 제1호 각 목에 규정된 은행, 회사, 조합 및 그 중앙회, 금고 및 그 연합회, 보험회사, 체신관서 등 법인·기관 또는 단체

④ 공공기관 및 정부의 출연·보조를 받는 기관이나 단체

⑤ 「지방공기업법」에 따른 지방공사·지방공단 및 지방자치단체의 출연·보조를 받는 기관이나 단체

⑥ 「민법」 외의 다른 법률에 따라 설립되거나 국가 또는 지방자치단체의 지원을 받는 기관이나 단체로서 이들의 업무에 관하여 제1호나 제2호에 따른 기관으로부터 감독 또는 감사·검사를 받는 기관이나 단체, 그 밖에 공익 목적으로 설립된 기관이나 단체 중 다음의 기관이나 단체

　㉠ 「국민건강보험법」에 따른 국민건강보험공단

　㉡ 「변호사법」에 따른 대한변호사회(2015.5.17. 이전 지방변호사회)

　㉢ 「법무사법」에 따른 대한법무사회(2015.5.17. 이전 지방법무사회)

　㉣ 「세무사법」에 따른 세무사회

　㉤ 「환경영향평가법」에 따른 환경영향평가협회

　㉥ 「공인노무사법」에 따른 공인노무사회

　㉦ 「관세사법」에 따른 관세사회

　㉧ 「기술사법」에 따른 기술사회

　㉨ 「해외건설촉진법」에 따른 해외건설협회

　㉩ 「여신전문금융업법」에 따른 여신전문금융업협회(2015.5.18. 이후)

　㉪ 「건설산업기본법」에 따른 건설공제조합(2015.5.18. 이후)

　㉫ 「국민연금법」에 따른 국민연금공단(2017.1.1. 이후)

　㉬ 「산업재해보상보험법」에 따른 근로복지공단(2017.1.1. 이후)

ⓗ「보험업법」에 따른 보험개발원(2017.1.1. 이후)

③ 과세자료의 범위(지기법 §128, 구 §134-4)

과세자료제출기관이 제출하여야 하는 과세자료는 다음 어느 하나에 해당하는 자료로서 지방세의 부과·징수와 납세의 관리에 직접적으로 필요한 자료로 한다.
① 법률에 따라 인가·허가·특허·등기·등록·신고 등을 하거나 받는 경우 그에 관한 자료
② 법률에 따라 실시하는 조사·검사 등의 결과에 관한 자료
③ 법률에 따라 보고받은 영업·판매·생산·공사 등의 실적에 관한 자료
④ 과세자료제출기관이 지급하는 각종 보조금·보험급여·공제금 등 지급 현황 및 「지방세기본법」 제134조의 3 제6호에 따른 기관이나 단체의 회원·사업자 등 사업실적에 관한 자료
⑤ 「지방세기본법」 및 지방세관계법에 따라 체납된 지방세(지방세와 함께 부과하는 국세 포함)의 징수를 위하여 필요한 자료

과세자료제출기관이 제출하여야 하는 과세자료의 구체적인 범위와 과세자료를 제출받을 기관 및 그 제출시기는 「지방세기본법 시행령」 별표 2와 같다.

④ 과세자료의 제출방법(지기법 §129, 구 §134-5)

과세자료제출기관장은 분기별로 분기 만료일이 속하는 달의 다음 달 말일까지 소정의 절차와 방법에 따라 행정안전부장관 또는 지방자치단체장에게 과세자료를 제출하여야 한다. 다만, 과세자료의 발생빈도와 활용시기 등을 고려하여 대통령령으로 그 과세자료의 제출시기를 달리 정할 수 있다. 과세자료제출기관장은 과세자료를 제출하는 경우에는 그 기관이 접수하거나 작성한 과세자료의 목록을 함께 제출하여야 한다.

과세자료의 목록을 제출받은 행정안전부장관 또는 지방자치단체장은 이를 확인한 후 제출받은 과세자료에 빠진 것이 있거나 보완이 필요하다고 인정되면 그 과세자료를 제출한 기관에 대하여 과세자료를 추가하거나 보완하여 제출할 것을 요구할 수 있으며, 과세자료제출기관은 행정안전부장관으로부터 과세자료의 추가 또는 보완을 요구받은 경우에는 정당한 사유가 없으면 요구받은 날부터 15일 이내에 요구에 따라야 한다.

⑤ 과세자료의 수집에 관한 협조 요청(지기법 §130, 구 §134-6)

행정안전부장관은 지방세통합정보통신망(2023.1.24. 이전 지방세정보통신망)의 운영을 위하여 필요하다고 인정하는 경우에는 「지방세기본법」 제128조에 따른 과세자료 외의 자료로서 과세자료로 활용할 가치가 있다고 인정되는 자료가 있으면 해당 자료를 보유하고 있는 과세자료제출기관장에게 그 자료의 수집에 협조하여 줄 것을 요청할 수 있고, 지방자치단체장은 「지방세기본법」

제128조에 따른 과세자료 외의 자료로서 과세자료로 활용할 가치가 있다고 인정되는 자료가 있으면 해당 자료를 보유하고 있는 과세자료제출기관장에게 그 자료의 수집에 협조하여 줄 것을 요청할 수 있으며, 협조 요청을 받은 해당 과세자료제출기관장은 정당한 사유가 없으면 협조하여야 한다.

❻ 과세자료제출기관의 책임(지기법 §131, 구 §134-7)

과세자료제출기관장은 그 소속 공무원이나 임직원이 이 장에 따른 과세자료의 제출의무를 성실하게 이행하는지를 수시로 점검하여야 한다. 행정안전부장관 또는 지방자치단체장은 과세자료제출기관 또는 그 소속 공무원이나 임직원이 이 장에 따른 과세자료의 제출의무를 성실하게 이행하지 아니하면 그 기관을 감독 또는 감사·검사하는 기관의 장에게 그 사실을 통보하여야 한다.

❼ 비밀유지의무(지기법 §132, 구 §134-8)

행정안전부 및 지방자치단체 소속 공무원은 제출받은 과세자료(「지방세기본법」 제130조(구 제134조의 6)에 따라 수집한 자료 포함)를 타인에게 제공 또는 누설하거나 목적 외의 용도로 사용하여서는 아니 된다. 다만, 「지방세기본법」 제86조(구 제114조) 제1항 단서 및 같은 조 제2항에 따라 제공하는 경우, 제135조 제2항(구 제142조 제3항)에 따라 제공하는 경우에는 그러하지 아니하나, 이 경우 과세자료를 제공받은 자는 이를 타인에게 제공 또는 누설하거나 그 목적 외의 용도로 사용하여서는 아니 된다. 그리고 행정안전부 및 지방자치단체 소속 공무원은 이를 위반하는 과세자료의 제공을 요구받으면 이를 거부하여야 한다.

❽ 과세자료 비밀유지 의무 위반에 대한 처벌(지기법 §133, 구 §134-9)

비밀유지 의무를 위반하여 과세자료를 타인에게 제공 또는 누설하거나 목적 외의 용도로 사용한 자는 3년 이하의 징역 또는 3천만 원(2015.12.31. 이전에 과세자료 비밀유지의무를 위반한 분은 1천만 원) 이하의 벌금에 처하는데, 징역과 벌금은 병과할 수 있다.

제10장

지방세 업무의 정보화

① 지방세 업무의 정보화(지기법 §135, 구 §142)

지방자치단체장 또는 지방자치단체조합장(2022.2.3. 이후)은 지방세업무의 효율성과 투명성을 높이기 위하여 지방세통합정보통신망(2023.1.24. 이전 지방세정보통신망)을 이용하여 「지방세기본법」 또는 지방세관계법에 규정된 업무를 처리하여야 한다. 다만, 「지방세기본법」 제24조 제2항에 따른 장애가 있는 경우에는 그러하지 아니하다.

행정안전부장관은 지방세 관련 정보의 효율적 관리와 전자신고, 전자납부, 전자송달 등 납세편의를 위하여 지방세정보통신망을 설치하여 다음 업무를 처리한다.

① 「지방세기본법」 제129조(구 제134조의 5)에 따라 제출받은 과세자료 및 제130조(구 제134조의 6)에 따라 수집한 자료의 제공(지방자치단체장에게 제공하는 경우로 한정) 및 관리

② 「지방세기본법」 제86조(구 제114조) 제1항 제5호에 따라 제공받은 과세정보의 제공. 다만, 다음 어느 하나에 해당하는 경우에 한정하여 제공할 수 있다.

ㄱ 국가기관이 조세의 부과 또는 징수의 목적에 사용하기 위하여 요구하는 경우

ㄴ 통계청장이 국가통계작성 목적으로 요구하는 경우

ㄷ 「사회보장기본법」 제3조 제2호에 따른 사회보험의 운영을 목적으로 설립된 기관이 관련 법률에 따른 소관업무의 수행을 위하여 요구하는 경우

ㄹ 국가기관, 지방자치단체 및 「공공기관의 운영에 관한 법률」에 따른 공공기관이 급부・지원 등을 위한 자격심사를 위하여 당사자의 동의를 받아 요구하는 경우

ㅁ 「지방행정제재・부과금의 징수 등에 관한 법률」 제20조 제2항 제1호 및 제2호에 따른 업무를 처리하기 위하여 필요하다고 인정하는 경우

ㅂ 다른 법률에 따라 요구하는 경우

③ 지방자치단체장 또는 지방자치단체조합장(2022.2.3. 이후)이 필요로 하는 지방세 부과・징수, 조세 불복(2021년 이후)・쟁송, 범칙사건조사(2021년 이후)・세무조사, 질문(2021년 이후)・검사(2021년 이후), 체납확인, 체납처분 또는 지방세 정책의 수립・평가・연구(2021년 이후)상 필요하여 과세정보를 요구하는 경우[113]

④ 「지방세기본법」 제149조(구 제144조)에 따라 지방자치단체로부터 제출받은 지방세 통계자료 등의 관리

⑤ 전자신고, 전자납부, 전자송달 등 납세편의를 위한 서비스 제공

⑥ 그 밖에 납세자의 편의를 위한 서비스 제공

행정안전부장관은 지방세 업무의 효율성 및 투명성을 높이고, 납세자의 편의를 위하여 지방세 업무와 관련된 다른 정보처리시스템과의 연계방안을 마련하여 시행할 수 있다.

2023.1.25. 이후 행정안전부장관은 지방세통합정보통신망을 통하여 수집한 과세정보를 분석・가공하여 작성한 통계를 지방자치단체 간 공동이용이나 대국민 공개를 위한 자료로 활용

---

113) 2015.5.18. 이후 세무공무원이 조세쟁송을 하거나 조세범을 고발한 경우에도 과세정보를 제공받을 수 있도록 개정된 것임.

할 수 있다. 이 업무수행을 위하여 필요한 경우에는 지방자치단체장 또는 지방자치단체조합장 (2022.2.3. 이후)에게 정보를 요구할 수 있으며, 지방자치단체장 또는 지방자치단체조합장(2022. 2.3. 이후)은 특별한 사정이 없으면 이에 협조하여야 한다.

행정안전부장관 및 지방자치단체장은 지방세통합정보통신망(2023.1.24. 이전 지방세정보통신망)의 운영 등 지방세와 관련된 정보화 사업의 효율적인 추진을 위하여 지방세 관련 정보화 업무를 「전자정부법」 제72조에 따른 한국지역정보개발원에 위탁할 수 있다. 그리고 지방세 관련 정보화 업무를 위탁하는 경우 지방세정보통신망 개발·운영에 관한 사항 등을 심의·의결하기 위하여 한국지역정보개발원에 지방세정보통신망 개발·운영 위원회를 둘 수 있다(지기칙 §49-2).

2 지방세수납정보시스템 운영계획의 수립·시행(지기법 §136, 구 §142-2)

행정안전부장관은 납세자가 모든 지방자치단체의 지방세를 편리하게 조회하고 납부할 수 있도록 하기 위하여 다음 사항을 포함하는 지방세수납정보시스템 운영계획을 수립·시행하여야 한다.

① 지방세정보통신망과 지방세수납대행기관 정보통신망의 연계
② 지방세 납부의 실시간 처리 및 안전한 관리와 수납통합처리시스템의 운영
③ 지방세 납부의 편의성 제고를 위한 각종 서식의 개선
④ 지방세의 전국적인 조회, 납부, 수납처리 절차 및 성능개선과 안전성 제고에 관한 사항
⑤ 그 밖의 다음 지방세수납정보시스템과 관련된 기관의 범위 등 운영계획의 수립·시행에 필요한 사항

◉ 지방세수납정보시스템 관련 기관의 범위
① 지방자치단체
② 지방자치단체의 금고
③ 지방세수납대행기관
④ 「지방회계법 시행령」 제62조에 따른 세입금통합수납처리시스템의 약정 당사자 중 같은 조 제3호 및 제4호에 규정된 자
⑤ 「지방세법 시행령」 제52조 제1항에 따라 면허에 대한 등록면허세의 납부 여부를 확인하여야 하는 면허부여기관

행정안전부장관은 지방세수납정보시스템 운영계획을 수립·시행할 때에는 납세자의 편의성 제고를 우선적으로 반영하여야 하며, 지방세수납정보시스템의 이용에 지역 간 차별이 없도록 하여야 한다.

③ **지방세입 정보관리 전담기구의 설치 등**(지기법 §137, 구 §142-3)

지방세입(지방세와 지방세외수입을 말함)의 부과·징수에 필요한 자료 등의 수집·관리 및 제공을 위하여 행정안전부에 지방세입 정보관리 전담기구를 설치할 수 있으며, 지방세입 정보관리 전담기구의 조직 및 운영 등에 관하여 필요한 사항은 대통령령으로 정한다.

④ **전자송달, 전자납부 등에 대한 우대**(지기법 §138, 구 §143)

지방세통합정보통신망(2023.1.24. 이전 지방세정보통신망) 또는 연계정보통신망을 통한 전자 송달을 신청한 자와 전자납부를 한 자 또는 납부기한보다 먼저 지방세를 납부한 자에 대하여는 지방자치단체가 조례로 정하는 바에 따라 우대할 수 있다.

제11장

보칙

❶ 납세관리인(지기법 §139, 구 §135)

(1) 개요

납세자 또는 특별징수의무자가 국내에 주소 또는 거소를 두지 아니하거나 국외로 주소 또는 거소를 이전하려는 경우에는 지방세에 관한 사항을 처리하기 위하여 납세관리인을 정하여야 한다. 이에 따라 납세관리인을 정한 납세자는 납세관리인 설정 신고서로 지방자치단체장에게 신고하여야 하며, 변경하거나 해임할 때 [별지 제97호 서식](납세관리인 변경(해임) 신고서)으로 신고하여야 한다.

그런데 지방자치단체장은 신고한 납세관리인이 부적당하다고 인정할 때에는 납세자에 대하여 기한을 지정하여 그 변경을 요구할 수 있으며, 요구받은 납세자가 그 지정기한까지 납세관리인 변경의 신고를 하지 아니하였을 때에는 납세관리인의 설정이 없는 것으로 보고, 지방자치단체장은 납세자의 재산이나 사업의 관리인을 납세관리인으로 지정할 수 있다. 그리고 납세자가 신고를 하지 아니할 때에는 납세자의 재산이나 사업의 관리인을 납세관리인으로 지정할 수 있다. 납세관리인을 지정하였을 때에는 그 납세자와 그 납세관리인에게 지체 없이 납세관리인 지정 통지하여야 한다.

(2) 특례

2020년 이전에는 재산세의 납세의무자는 해당 재산을 직접 사용·수익하지 아니하는 경우에는 그 재산의 사용자·수익자를 납세관리인으로 지정하여 신고할 수 있다. 지방자치단체장은 재산세의 납세의무자가 그 재산의 사용자·수익자를 납세관리인으로 지정하여 신고하지 아니하는 경우에도 해당 재산의 사용자·수익자를 납세관리인으로 지정할 수 있으며, 신탁재산의 재산세 납세의무자는 위탁자를 납세관리인으로 지정하여 신고할 수 있다.

(3) 납세관리인의 권한소멸

납세관리인은 다음에 게기하는 사유가 발생한 때 그 권한이 소멸한다(지기예 법139-2).
① 납세자의 해임행위(「민법」 §128)
② 납세자의 사망
③ 납세관리인의 사망, 피성년후견인 지정 또는 파산 등
납세관리인의 권한 소멸 후 그 소멸한 사실을 모르고 납세관리인에게 행한 행위 또는 그 납세관리인이 행한 행위는 당해 납세자(납세의무승계자 포함)에게 효력이 있다(지기예 법139-3).

(4) 납세관리인에의 지방세환급금 지급

납세관리인이 지방세환급금의 지급을 받고자 할 때에는 지방세환급금 송금통지서에 소관 지

방자치단체장이 발행한 납세관리인지정통지서와 납세관리인의 인감증명서를 첨부하여 제출하여야 한다.

② 세무공무원의 질문·검사권(지기법 §140, 구 §136)

세무공무원은 지방세의 부과·징수에 관한 조사를 하기 위하여 필요할 때에는 다음에 열거하는 자에게 질문하거나 그 자의 장부 등을 검사할 수 있다.
① 납세의무자 또는 납세의무가 있다고 인정되는 자
② 특별징수의무자
③ ①과 ②의 열거자와 금전 또는 물품을 거래자 또는 이러한 거래를 하였다고 인정되는 자
④ 그 밖의 자로서 지방세의 부과·징수에 직접 관계가 있다고 인정되는 자

질문은 구두 또는 서면에 의하여 할 수 있으며, 구두에 의한 질문의 내용이 중요한 사항인 때에는 그 전말을 기록하여야 하고, 전말을 기록한 서류에는 답변자의 서명날인을 받아야 하며, 답변자가 서명날인을 거부할 때는 그 뜻을 부기하여야 한다(지기예 법140-1).

세무공무원은 그 신분을 증명하는 증표를 지니고 이를 관계인에게 내보여야 하며, 증표는 세무공무원에 대하여 지방자치단체장이 다음 사항을 증명한 증표로 한다.
① 소속
② 직위, 성명 및 생년월일
③ 질문·검사·수사 또는 지방세 체납자의 재산압류 권한에 관한 사항

세무공무원은 조사 상 필요할 때에는 상기 열거하는 자로 하여금 보고하게 하거나 그 밖에 필요한 장부 등의 제출을 요구할 수 있다.

③ 매각·등기·등록 관계 서류의 열람 등(지기법 §141, 구 §137)

세무공무원이 취득세 및 재산세를 부과·징수하기 위하여 토지·건축물 등 과세물건의 매각·등기·등록 및 그 밖의 현황에 대한 관계 서류의 열람 또는 복사를 요청하는 경우에는 관계 기관은 협조하여야 한다.

④ 지급명세서 자료의 이용(지기법 §142, 구 §139-2)

「금융실명거래 및 비밀보장에 관한 법률」 제4조 제4항에도 불구하고 지방자치단체장은 「지방세법」 제103조의 13 및 제103조의 29에 따라 제출받은 이자소득 또는 배당소득에 대한 지급명세서를 다음의 어느 하나에 해당하는 용도에 이용할 수 있다.
① 지방세 탈루의 혐의를 인정할 만한 명백한 자료의 확인
② 체납자의 재산조회와 체납처분

⑤ 교부금전의 예탁(지기법 §143, 구 §72)

「지방세기본법」 또는 지방세관계법과 그 법의 위임에 따라 제정된 조례에 의하여 채권자, 납세자, 그 밖의 자에게 교부할 금전은 「지방회계법」 제38조에 따라 지정된 금고에 예탁할 수 있으며, 세무공무원은 이에 따라 예탁하였을 때에는 그 채권자, 납세자, 그 밖의 자에게 알려야 한다.

⑥ 장부 등의 비치와 보존(지기법 §144, 구 §139-3)

(1) 개요

납세자는 「지방세기본법」 및 지방세관계법에서 규정하는 바에 따라 장부 및 증거서류를 성실하게 작성하여 갖춰 두어야 하며, 장부 및 증거서류는 법정신고기한이 지난 날부터 5년간 보존하여야 한다. 납세자는 장부와 증거서류의 전부 또는 일부를 전산조직을 이용하여 작성할 수 있다. 이 경우 그 처리과정 등을 다음의 요건에 따라 자기테이프, 디스켓 또는 그 밖의 정보보존 장치에 보존하여야 하며, 정보보존 장치에 대한 세부기준 등에 관하여 필요한 사항은 행정안전부장관이 정한다.

① 자료를 저장하거나 저장된 자료를 수정·추가 또는 삭제하는 절차·방법 등 정보보존 장치의 생산과 이용에 관련된 전자계산조직의 개발과 운영에 관한 기록을 보관할 것

② 정보보존 장치에 저장된 자료의 내용을 쉽게 확인할 수 있도록 하거나 이를 문서화할 수 있는 장치와 절차가 마련되어 있어야 하며, 필요 시 다른 정보보존 장치에 복제가 가능하도록 되어 있을 것

③ 정보보존 장치가 거래 내용 및 변동사항을 포괄하고 있어야 하며, 과세표준과 세액을 결정할 수 있도록 검색과 이용이 가능한 형태로 보존되어 있을 것

상기를 적용하는 경우 「전자문서 및 전자거래 기본법」 제5조 제2항에 따른 전자화문서로 변환하여 같은 법 제31조의 2에 따른 공인전자문서센터에 보관한 경우에는 제1항에 따라 장부 및 증거서류를 갖춘 것으로 본다. 다만, 계약서 등 위조·변조하기 쉬운 장부 및 증거서류로서 다음 어느 하나에 해당하는 문서는 그러하지 아니하다.

① 「상법 시행령」 등 다른 법령에 따라 원본을 보존하여야 하는 문서

② 등기·등록 또는 명의개서가 필요한 자산의 취득 및 양도와 관련하여 기명날인 또는 서명한 계약서

③ 소송과 관련하여 제출·접수한 서류 및 판결문 사본(재발급이 가능한 경우 제외)

④ 인가·허가와 관련하여 제출·접수한 서류 및 인·허가증(재발급이 가능한 경우 제외)

(2) 전자기록의 보존

장부와 증거서류의 전부 또는 일부를 전산조직을 이용하여 작성하는 경우에는 이와 관계되는 전자기록과 가시(可視)방법이 모두 보존되어야 한다. 전자기록을 작성한 전산조직이 기존 전자

기록과 호환될 수 없는 다른 전산조직으로 교체되는 경우에는 기존 전자기록이 새로운 시스템에 맞는 구조로 변환되어 보존되거나 기존 전자기록이 가시(可視)화 될 수 있어야 한다(지기예 법144…영80-1).

(3) 전자기록의 복구

전자기록 중 일부라도 분실·손상되어 가시(可視)화될 수 없는 경우에는 해당 파일이 지체 없이 복구되거나 재작성 되어야 하며, 분실·손상된 파일이 복구되거나 재작성 되지 못하는 경우의 관련자료 입증책임은 납세자에게 지운다(지기예 법144…영80-2).

(4) 제재 규정

전자기록 등의 제출요구에 정당한 사유 없이 응하지 아니하는 경우에는 500만 원 이하의 과태료를 부과한다(지기예 법144…영80-3).

⑦ 서류접수증 교부(지기법 §145, 구 §139)

지방자치단체장은 과세표준 신고서, 과세표준기한 후 신고서, 경정청구서 또는 과세표준 신고·과세표준기한 후 신고·경정청구와 관련된 서류 및 그 밖에 다음 서류를 제출받으면 접수증을 내주어야 한다. 다만, 과세표준 신고서 등의 서류를 우편이나 팩스로 제출하는 경우에는 접수증을 내주지 아니할 수 있고, 신고서 등을 지방세통합정보통신망(2023.1.24. 이전 지방세정보통신망)으로 제출받은 경우에는 그 접수사실을 전자적 형태로 통보할 수 있다.

① 과세전적부심사청구서, 이의신청서, 심사청구서(2021.1.1. 현재 청구 중 사건까지) 및 심판청구서
② 「지방세기본법」 또는 지방세관계법에 따라 제출기한이 정해진 서류
③ 그 밖에 지방자치단체장이 납세자의 권익보호에 필요하다고 인정하여 지정한 서류

⑧ 포상금 지급(지기법 §146, 구 §138)

(1) 포상자

지방자치단체장 또는 지방자치단체조합장(2021.12.30. 이후 적용)은 다음 어느 하나에 해당하는 자에게 예산의 범위에서 포상금을 지급할 수 있다. 이 경우 그 포상금은 1억 원[2015.12.31. 이전에 어느 하나에 해당하는 자(지방자치단체장이 부과·징수에 또는 지방자치단체조합장(2021.12.30. 이후 적용)이 지방세 징수에 특별한 공적이 있다고 인정하는 자)는 3천만 원]을 초과할 수 없다.

① 지방세를 탈루한 자에 대한 탈루세액 또는 부당하게 환급·감면받은 세액을 산정하는 데 중요한 자료를 제공한 자
② 체납자의 은닉재산을 신고한 자
③ 버려지거나 숨은 세원[114]을 찾아내어 부과하게 한 자
④ 행정안전부령으로 정하는 체납액 징수에 기여한 자
⑤ ①~④에 준하는 경우로서 지방자치단체장이 지방세의 부과·징수에 또는 지방자치단체조합장(2021.12.30. 이후 적용)이 지방세 징수에 특별한 공적이 있다고 인정하는 자

○ **은닉재산**
체납자가 은닉한 현금, 예금, 주식, 그 밖에 재산적 가치가 있는 유형·무형의 재산. 다만, 다음 어느 하나에 해당하는 재산은 제외
① 사해행위취소 소송의 대상이 되어 있는 재산
② 세무공무원이 은닉사실을 알고 조사 또는 체납처분 절차에 착수한 재산
③ 그 밖에 체납자의 은닉재산을 신고받을 필요가 없다고 인정되는 재산으로서 본인의 명의로 등기·등록된 국내에 있는 재산

○ **중요한 자료**
① 지방세탈루 또는 부당하게 환급·감면받은 내용을 확인할 수 있는 거래처, 거래일 또는 거래기간, 거래품목, 거래수량 및 금액 등 구체적 사실이 기재된 자료 또는 장부(자료 또는 장부 제출 당시에 납세자의 부도·폐업 또는 파산 등으로 인하여 과세실익이 없다고 인정되는 것과 세무조사가 진행 중인 것은 제외한다. "자료 등")
② 자료 등의 소재를 확인할 수 있는 구체적인 정보
③ 그 밖에 지방세탈루 또는 부당하게 환급·감면받은 수법, 내용, 규모 등의 정황으로 보아 중요하다고 인정할 만한 자료 등으로서 다음 자료 등
　㉠ 지방세탈루 또는 부당한 환급·감면과 관련된 회계부정 등에 관한 자료 등
　㉡ 그 밖에 지방세탈루 또는 부당한 환급·감면의 수법, 내용, 규모 등 정황으로 보아 중요하다고 인정되는 자료 등

상기 ①과 ②에 따른 자료의 제공 또는 신고는 성명 및 주소를 분명히 적고 서명 또는 날인한 문서로 하여야 하며, 이 경우 객관적으로 확인되는 증거자료 등을 첨부하여야 한다.

---

114) 과세대상임이 명확하지 않거나 외견상으로는 과세대상임을 알 수 없어 과세관청이 과세하지 않았던 소득이나 재산 등을 말하는 것으로 판단되며, 과세대상임이 명확하여 과세관청이 언제든지 과세권을 행사할 수 있는 소득이나 재산까지 포함한다고 보기는 어렵다고 할 것임(지방세정책과-2379, 2020.6.22.).

(2) 포상금

① 지방세를 탈루한 자에 대한 탈루세액 또는 부당하게 환급·감면받은 세액을 산정하는 데 중요한 자료를 제공한 자의 포상금[단, 1억 원(2015년 이전 3천만 원) 이내]

탈루세액 등	지급률
3천만 원 이상 1억 원 이하	15%(5%)
1억 원 초과 5억 원 이하	15백만 원(5백만 원) + 1억 원을 초과하는 금액의 10%(3%)
5억 원 초과	55백만 원(17백만 원) + 5억 원을 초과하는 금액의 5%(2%)

☞ 괄호 안은 2015.12.31. 이전에 어느 하나에 해당하는 자(지방자치단체장이 지방세 징수에 특별한 공적이 있다고 인정하는 자)

② 체납자의 은닉재산을 신고한 자의 포상금[단, 1억 원(2015년 이전 3천만 원) 이내]

탈루세액 등	지급률
1천만 원 이상 5천만 원 이하	15%(5%)
5천만 원 초과 1억 원 이하	750만 원(250만 원) + 5천만 원을 초과하는 금액의 10%(3%)
1억 원 초과	1,250만 원(400만 원) + 1억 원을 초과하는 금액의 5%(2%)

☞ 괄호 안은 2015.12.31. 이전에 어느 하나에 해당하는 자(지방자치단체장이 지방세 징수에 특별한 공적이 있다고 인정하는 자)

③ 상기 (1) ③~⑤

지방자치단체의 조례 또는 「지방자치법」 제178조 제1항에 따른 지방자치단체조합회의의 심의·의결을 거쳐 정하는 포상금 관련 규정(2021.12.31. 이후 적용)으로 정한 포상금[단, 1억 원 (2015년 이전 3천만 원) 이내]

상기 (1) ①과 ②의 경우 탈루세액, 부당하게 환급·감면받은 세액, 은닉재산의 신고를 통하여 징수된 금액이 탈루세액 등의 경우에는 3천만 원(징수금액의 경우 1천만 원) 미만인 경우 또는 공무원이 그 직무와 관련하여 자료를 제공하거나 은닉재산을 신고한 경우에는 포상금을 지급하지 아니한다.

(3) 비밀유지

포상금 지급과 관련된 업무를 담당하는 공무원은 자료 제공자 또는 신고자의 신원 등 신고 또는 제보와 관련된 사항을 그 목적 외의 용도로 사용하거나 타인에게 제공 또는 누설해서는 아니 된다.

(4) 제한

지방자치단체장 또는 지방자치단체조합장(2021.12.30. 이후 적용)은 「지방세기본법」이나 그 밖의 법령에서 정한 포상금에 관한 규정에 따르지 아니하고는 어떠한 금전이나 유가물(有價物)

도 지방세의 납부 등 세수증대에 기여하였다는 이유로 지급할 수 없다.

❾ 지방세심의위원회 등의 설치·운영(지기법 §147, 구 §141)

다음 사항을 심의 또는 의결하기 위하여 지방자치단체에 지방세심의위원회를 둔다.
① 세무조사대상자 선정에 관한 사항(2020.1.1. 이후)
② 과세전적부심사에 관한 사항
③ 이의신청 및 심사청구(2021.1.1. 현재 청구 중인 사건까지)에 관한 사항
④ 「지방세징수법」 제11조 제1항(지방자치단체조합은 2021.12.30. 이후 적용)과 제3항에 따른 체납자의 체납정보 공개 여부에 관한 사항
⑤ 「지방세징수법」 제11조의 4에 따른 감치에 관한 사항(2023.3.14. 이후)
⑥ 「지방세법」 제10조의 2에 따른 시가인정액의 산정 등에 관한 사항(2023.3.14. 이후)
⑦ 「지방재정법」 제44조의 2에 따라 예산안에 첨부되는 자료로서 「지방재정법 시행령」 제49조의 2 제2호의 2의 세입예산 추계분석보고서(지방세에 관한 사항으로 한정)에 관한 사항(2023.3.14. 이후)
⑧ 지방세관계법에 따라 지방세심의위원회의 심의를 받도록 규정한 사항
⑨ 그 밖에 지방자치단체장이 필요하다고 인정하는 사항
2021.12.30. 이후부터 상기 ④, ⑨의 사항을 심의하거나 의결하기 위하여 지방자치단체조합에 지방세징수심의위원회를 둔다. 이 경우 ⑨ 중 "지방자치단체장"은 "지방자치단체조합장"으로 본다. 한편, 지방세심의위원회 및 지방세징수심의위원회의 위원 중 공무원이 아닌 사람은 「형법」과 그 밖의 법률에 따른 벌칙을 적용할 때에는 공무원으로 본다.
2023.3.14. 이후 시·도 등에 두는 지방세심의위원회의 업무를 전문적·효율적으로 수행하기 위해 필요한 경우에는 해당 지방세심의위원회에 분과위원회를 둘 수 있으며, 분과위원회의 구성 및 운영 등에 필요한 사항은 해당 지방세심의위원회의 의결을 거쳐 위원장이 정한다.

❿ 지방세법규해석심사위원회(지기법 §148)

「지방세기본법」 및 지방세관계법과 지방세 관련 예규 등의 해석에 관한 사항을 심의하기 위하여 행정안전부에 지방세법규해석심사위원회(2019.12.31. 이전은 지방세예규심사위원회)를 둔다.
지방세법규해석심사위원회는 다음 사항 중 위원장이 위원회의 회의에 부치는 사항을 심의한다.
① 「지방세기본법」 및 지방세관계법의 입법 취지에 따른 해석이 필요한 사항
② 「지방세기본법」 및 지방세관계법에 관한 기존 유권해석 또는 일반화된 지방세 업무의 관행을 변경하는 사항
③ 지방자치단체 간 운영이 달라 조정이 필요하다고 판단되는 사항
④ 그 밖에 납세자의 권리와 의무에 중대한 영향을 미치는 사항

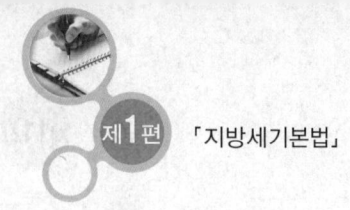

⑪ 통계의 작성 및 공개(지기법 §149, 구 §144)

지방자치단체장은 지방세 관련 자료를 분석·가공한 통계를 작성하여 공개하여야 하며, 지방세 통계자료 및 추계자료 등 지방세 운용 관련 자료를 행정안전부장관에게 제출하여야 한다. 행정안전부장관은 제출받은 자료를 토대로 지방세 운용상황을 분석하고 그 결과를 공개하여야 한다.

⑫ 지방세 운영에 대한 지도 등(지기법 §150, 구 §144-2)

행정안전부장관 또는 도지사는 지방세의 부과·징수, 그 밖에 「지방세기본법」이나 지방세관계법에서 정한 사항의 원활한 운영 및 집행을 위하여 필요한 경우에는 지방자치단체(도지사는 도 내에 있는 시·군으로 한정)에 대하여 지도·조언을 하거나 그 운영·집행에 위법사항이 있는지에 대하여 점검할 수 있으며, 행정안전부장관 또는 도지사는 지도·점검을 위하여 필요한 경우에는 지방자치단체에 자료의 제출을 요구할 수 있다.

2025년 이후 행정안전부장관은 지방세 부과·징수 등에 공적이 있다고 인정되는 지방자치단체와 공무원에 대해서는 포상금 지급, 「정부 표창 규정」에 따른 표창 등을 할 수 있다.

⑬ 지방세 소송 등의 지원(지기법 §150-2)

행정안전부장관은 「지방세기본법」 또는 지방세관계법에 따른 처분 등에 대한 다음의 불복·쟁송 관련 업무를 체계적으로 관리하고 해당 업무를 수행하는 지방자치단체장을 효율적으로 지원하기 위한 방안을 마련하여 시행할 수 있다.

① 「지방세기본법」 제7장에 따른 심판청구

② 「감사원법」에 따른 심사청구

③ 행정소송 및 「민사소송법」에 따른 소송

2024.7.1. 이후부터는 지방자치단체장은 상기의 불복·쟁송의 청구서 또는 소장 등을 접수하거나 송달받은 경우로서 상기에 따른 지원을 받기 위하여 필요한 경우에는 청구번호 또는 사건번호, 사건명, 청구일 또는 소 제기일, 답변서의 제출기한, 사실관계, 처분내용 및 쟁점 등 사건의 개요 및 관계 법령 등을 행정안전부장관에게 제출할 수 있고, 상기의 불복·쟁송에 대한 결정 또는 판결 등이 있는 경우로서 상기에 따른 지원을 받기 위하여 필요한 경우에는 그 결과를 행정안전부장관에게 제출할 수 있다.

지방자치단체장은 「지방세기본법」 또는 지방세관계법에 따른 처분에 대한 심판청구 또는 행정소송에 대한 지원이 필요한 경우에는 행정안전부장관 또는 시·도지사에게 조세심판 또는 행정소송의 참가를 요청할 수 있다.

⑭ 지방세연구기관의 설립·운영(지기법 §151, 구 §145)

(1) 개요

지방세입(세외수입 포함) 제도의 발전에 필요한 연구·조사·교육 및 이와 관계된 지방자치단체 사업을 위한 지원 등을 하기 위하여 지방자치단체가 출연·운영하는 법인으로 지방세연구기관("지방세연구원")을 설립한다.

지방세연구원의 이사회는 이사장 및 원장을 포함한 12명 이내의 이사로 구성하고, 감사 2명(2015.5.17. 이전 1명)을 둔다. 이 경우 이사는 특별시장·광역시장·도지사 및 시장·군수·구청장이 각각 협의하여 공무원, 교수 등 지방세에 대한 조예가 있는 사람을 각각 같은 수로 추천·선출하되, 이사장은 특별시장·광역시장·도지사가 협의하여 추천한 사람 중에서 이사회의 의결을 거쳐 선출한다.

지방세연구원의 원장 및 감사는 이사회의 의결을 거쳐 이사장이 임명하며, 이사장과 감사는 비상근으로 한다. 지방세연구원의 설립·운영에 관한 사항은 정관으로 정하되, 「지방세기본법」에서 정하지 아니한 그 밖의 사항은 「민법」 제32조와 「공익법인의 설립·운영에 관한 법률」(같은 법 제5조 제외)을 준용한다.

행정안전부장관은 지방세연구원에 지방세입과 관련한 연구·조사 등의 업무를 수행하게 할수 있다. 이 경우 행정안전부장관은 해당 업무를 수행하는 데 필요한 비용을 지원하기 위하여 지방세연구원에 출연할 수 있다.

(2) 공무원 파견 요청

지방세연구원은 그 설립 목적의 달성과 전문성 향상을 위하여 필요할 때에는 국가기관 및 지방자치단체 소속 공무원의 파견을 요청할 수 있으며, 소속 공무원의 파견을 요청받은 국가기관 및 지방자치단체장은 그 소속 공무원 중 지방세에 관하여 전문지식과 경험이 풍부한 자를 지방세연구원에 파견할 수 있다.

⑮ 과세자료제출기관협의회의 설치 및 운영(지기령 §93-2)

2020.3.31. 이후 과세자료 및 과세정보의 제출·관리와 지방세 업무의 정보화 등에 관한 다음의 사항을 협의하기 위하여 행정안전부에 과세자료제출기관협의회("협의회")를 둔다.

① 「지방세기본법」 제86조 제1항 각 호 외의 부분 단서에 따른 과세정보의 제공

② 「지방세기본법」 제128조에 따른 과세자료의 제출

③ 「지방세기본법」 제135조 제2항에 따른 지방세정보통신망 및 같은 조 제3항에 따른 다른 정보처리시스템과의 연계

④ 그 밖에 ①~③의 사항과 관련하여 협의가 필요한 사항

협의회의 장은 행정안전부의 지방세 관련 업무를 총괄하는 고위공무원단에 속하는 공무원이 되며, 구성원은 다음의 사람이 된다.

① 「지방세기본법」 제127조에 따른 과세자료제출기관 중 행정안전부장관이 정하는 기관의 과장급 직위의 공무원

② 「지방자치법」 제165조 제1항 제1호 및 제3호에 따른 전국적 협의체의 대표자가 장으로 있는 지방자치단체의 과장급 직위의 공무원

③ 「전자정부법」 제72조 제1항에 따른 한국지역정보개발원의 직원으로서 「지방세기본법」 제135조 제5항에 따라 위탁업무를 수행하는 사람

⑯ 세무공무원 교육훈련(지기령 §93-3)

2020.3.31. 이후 행정안전부장관은 세무공무원의 직무역량 강화를 위한 교육과정을 운영해야 하며, 지방자치단체장은 소속 세무공무원이 이에 따른 교육과정을 이수할 수 있도록 노력해야 한다.

⑰ 지방세 관련 사무의 공동 수행을 위한 지방자치단체조합의 설립(지기법 §151-2)

2021.12.30. 이후 지방세의 납부, 체납, 징수, 불복 등 지방세 관련 사무 중 복수의 지방자치단체에 걸쳐 있어서 통합적으로 처리하는 것이 효율적이라고 판단되는 다음의 사무(지령 §93-2)를 지방자치단체가 공동으로 수행하기 위하여 지방자치단체조합을 설립한다.

① 「지방세법」 제71조에 따른 지방소비세의 납입 관리에 관한 사무(2022년 이후)

② 「지방세징수법」 제8조·제9조 및 제11조에 따른 출국금지 요청, 체납 또는 결손처분 자료의 제공과 고액·상습체납자의 명단공개에 관한 사무(2022.2.3. 이후)

③ 「지방세징수법」 제103조의 2 제1항 각 호의 업무의 대행에 관한 사무(2021.12.31. 이후)

④ 「지방세기본법」 또는 지방세관계법에서 위탁·대행하는 사무(2021.12.31. 이후)

⑤ 「지방세기본법」 또는 지방세관계법에 따른 처분에 대한 심판청구 또는 행정소송의 공동 대응을 위한 지원 사무(2021.12.31. 이후)

⑥ 그 밖에 지방자치단체가 공동으로 지방세 관련 사무를 수행하기 위하여 법 제151조의 2 제1항에 따른 지방자치단체조합의 규약으로 정하는 사무(2021.12.31. 이후)

⑱ 지방세발전기금의 설치·운용(지기법 §152, 구 §146)

(1) 개요

지방자치단체는 지방세에 대한 연구·조사 및 평가 등에 사용되는 경비를 충당하기 위하여 지방세발전기금을 설치·운용하여야 한다. 이 경우 지방자치단체는 매년 전전년도 보통세 세입결산액(특별시의 경우 특별시분 재산세 제외, 특별시 관할구역의 자치구의 경우 교부받은 특별시분 재산세 포함)에 규정된 적립비율을 적용하여 산출한 금액을 지방세발전기금으로 적립하여야 한다. 지방세발전기금으로 적립하여 지방세연구원에 출연하여야 하는 금액을 예산에 반영하여 지방세연구원에 출연한 경우 그 부분에 한정하여 지방세발전기금 적립 의무를 이행한 것으로 본다.

(2) 적립 비율

매년 전전년도 보통세 세입결산액(특별시의 경우 특별시분 재산세는 제외하고, 특별시 관할구역의 자치구의 경우 교부받은 특별시분 재산세 포함)에 다음 구분에 따른 비율을 적용하여 산출한 금액을 지방세발전기금으로 적립하여야 한다.

① 2011.1.1.~2012.12.31.은 다음 비율을 합한 비율
  ㉠ 1만분의 1
  ㉡ 1만분의 1의 범위에서 해당 지방자치단체의 조례로 정하는 비율
② 2013.1.1.부터는 다음 비율을 합한 비율
  ㉠ 1만분의 1.5
  ㉡ 1만분의 0.5의 범위에서 해당 지방자치단체의 조례로 따로 정하는 경우 그 비율

(3) 사용용도

① 지방세연구원에 대한 출연
②「지방세특례제한법」제4조 제3항 후단에 따른 지방세 감면의 필요성, 성과 및 효율성 등에 관한 분석·평가
③ 지방세 연구·홍보
④ 지방세 담당 공무원의 교육
⑤ 그 밖에 지방세 발전 및 세정운영을 위한 용도

(4) 지방세연구원 출연의무 금액

지방자치단체는 지방세발전기금 중 지방세연구원이 설립되는 연도와 그 다음 연도에는 해당 지방자치단체의 직전 연도 보통세 세입결산액의 1만분의 1에 해당하는 금액, 지방세연구원이 설

립된 연도의 다음다음 연도부터는 해당 지방자치단체의 전전연도 보통세 세입결산액의 1만분의 1.2에 해당하는 금액을 지방세연구원에 출연한다.

지방자치단체는 출연의무 금액을 해당 연도의 3.31.까지 지방세연구원에 출연하여야 한다. 다만, 지방세연구원이 설립되는 연도에는 그 설립일부터 3개월 이내(그 기한이 해당 연도의 12.31.보다 늦은 경우 12.31. 이내)에 출연하여야 한다.

지방자치단체는 해당 연도에 실제로 출연한 금액이 출연의무 금액과 다를 경우 그 차액에 해당하는 금액을 그 다음 연도의 지방세발전기금 예산에 반영하여 정산하여야 한다.

지방세발전기금의 운용 및 관리에 관하여는 「지방자치단체 기금관리기본법」 및 같은 법 시행령을 적용한다.

⑲ 가족관계등록 전산정보의 공동이용(지기법 §152-2)

행정안전부장관이나 지방자치단체장은 다음 업무를 처리하기 위하여 필요한 경우에는 법원행정처장에게 「가족관계의 등록 등에 관한 법률」 제11조 제6항에 따른 등록전산정보자료의 제공을 요청할 수 있다. 이 경우 법원행정처장은 특별한 사유가 없으면 이에 협조하여야 한다.

① 「지방세기본법」 제42조에 따른 상속인에 대한 피상속인의 납세의무 승계
② 「지방세기본법」 제46조에 따른 과점주주에 대한 제2차 납세의무 부여
③ 「지방세기본법」 제60조 제7항에 따른 주된 상속자에 대한 사망자 지방세환급금의 지급
④ 「지방세기본법」 제88조 제6항(2019년 이전은 제5항) 및 「지방세기본법」 제98조 제1항 단서(심판청구에 대한 재조사 결정에 대한 행정소송, 2021년 이후 적용)에서 준용하는 「행정심판법」 제42조에 따른 과세전적부심사·이의신청 및 심사청구(2021.1.1. 현재 청구 중 사건까지)의 신청인·청구인 지위 승계의 신고 또는 허가

한편, 행정안전부장관은 상기에 따라 제공받은 등록전산정보자료를 지방세정보통신망을 통하여 지방자치단체장에게 제공할 수 있다.

⑳ 민감정보 및 고유식별정보의 처리(지기령 §95, 구 §115)

행정안전부장관, 세무공무원, 권한을 위탁 또는 위임받은 중앙행정기관장(소속기관 포함), 지방자치단체장이나 지방자치단체조합장, 「지방세기본법」 제151조의 2 제2항에 따라 권한을 재위임받은 소속 공무원(지방자치단체조합의 경우 지방자치단체에서 파견된 공무원) 및 과세자료제출기관은 법 또는 지방세관계법에 따른 지방세에 관한 사무를 수행하기 위하여 불가피한 경우 「개인정보 보호법」 제23조에 따른 건강에 관한 정보 또는 같은 법 시행령 제18조 제2호에 따른 범죄경력자료에 해당하는 정보("건강정보 등")나 「개인정보 보호법」 제24조 및 같은 법 시행령 제19조에 따른 주민등록번호, 여권번호, 운전면허의 면허번호 또는 외국인등록번호("주민등록번호 등")가 포함된 자료를 처리할 수 있다.

특별징수의무자는 특별징수 사무를 수행하기 위하여 불가피한 경우 주민등록번호 등이 포함된 자료를 처리할 수 있다.

조세심판원장은 지방세 심판청구에 관한 사무를 수행하기 위하여 불가피한 경우 건강정보 등 또는 주민등록번호 등이 포함된 자료를 처리할 수 있다.

지방세심의위원회는 「지방세기본법」 제147조 제1항 각 호의 사무를 처리하기 위하여 불가피한 경우 건강정보 등 또는 주민등록번호 등이 포함된 자료를 처리할 수 있다.

「전자정부법」 제72조에 따른 한국지역정보개발원은 위탁받은 지방세 관련 정보화 업무를 수행하기 위하여 불가피한 경우 건강정보 등 또는 주민등록번호 등이 포함된 자료를 처리할 수 있다.

한편, 지방자치단체조합에 두는 지방세징수심의위원회는 「지방세기본법」 제147조 제1항 제3호 및 제6호의 사항을 처리하기 위하여 불가피한 경우 건강정보 등 또는 주민등록번호 등이 포함된 자료를 처리할 수 있다.

㉑ 「국세기본법」 등의 준용(지기법 §153, 구 §147)

(1) 개요

지방세의 부과·징수에 관하여 「지방세기본법」 또는 지방세관계법에서 규정한 것을 제외하고는 「국세기본법」과 「국세징수법」을 준용하며, 지방세의 부과와 징수에 관하여 「지방세기본법 운영예규」 또는 「지방세징수법 운영예규」에서 규정한 것을 제외하고는 「국세기본법 기본통칙」과 「국세징수법 기본통칙」을 준용한다(지기예 법153-1 참조).

현행 「지방세기본법」 또는 「지방세징수법」에서는 「국세기본법」과 「국세징수법」, 「조세범 처벌법」에 있는 대부분의 내용들이 규정되어 있다. 조세법률 요건으로서 부과뿐만 아니라 징수, 소멸, 구제, 처벌에 관한 것도 포함하여 ① 부과요건, ② 징수요건, ③ 소멸요건, ④ 구제요건, ⑤ 처벌요건을 들고 있다.[115]

현재 조세요건 중에서 부과 요건은 「지방세법」에서 11개의 세목에 대하여 규정하고 있고, 소멸요건의 경우 감면에 관한 것은 「지방세특례제한법」에서 규정하고 있다. 「지방세기본법」 또는 「지방세징수법」에서는 감면 이외의 소멸 요건을 포함하여 나머지 4개의 사항에 대하여 규정하고 있다. 징수요건의 경우 체납처분에 관한 대부분의 것은 「국세징수법」을 준용하고 있으며, 나머지 구제 요건이나 처벌 요건은 「지방세기본법」 또는 「지방세징수법」에서 상세하게 규정하고 있다.

그런데 현행 「지방세기본법」 또는 「지방세징수법」을 보면 「국세기본법」과 「국세징수법」의 준용과 관련해서 완전포괄적 준용규정(지기법 §147)을 두면서, 다시 개별적 사항에서 구체적 준용규정[116] 또는 준포괄적 준용규정[117]을 두고 있다. 체납처분과 관련해서는 「지방세징수법」 제107조

---

115) 송쌍종, 「조세법학 총론」, 2012, pp.272~279
116) "○○법 제○○조를 준용"하는 형식을 말한다.

(구 「지방세기본법」 제98조), 불복과 관련해서는 「지방세기본법」 제107조(구 제127조)에서 준포괄적 준용규정을 두고 있다. 그리고 구체적 준용규정으로서 불복과 관련해서 「지방세기본법」 제96조(구 제123조) 제4항 및 제98조(구 제125조) 제2항을 두고 있고, 질문검사권과 관련해서 구 「지방세기본법」 제136조 제4항[118]을 두고 있다.

이처럼 「지방세기본법」에 정하지 아니한 사항에 대하여는 「국세기본법」과 「국세징수법」을 준용한다는 완전포괄규정을 두면서, 다시 각 사안별로 준포괄적 규정 또는 구체적 준용규정을 둠으로써 준용에 있어서 혼란을 초래하고 있다.[119]

(2) 준용의 범위

「국세기본법」과 「국세징수법」을 준용한다고 하여 「지방세기본법」과 「지방세징수법」에서 달리하고 규정하고 있는 부분까지 적용할 수는 없는 것이므로 「지방세기본법」과 「지방세징수법」의 규정을 우선 적용하고, 「지방세기본법」과 「지방세징수법」에 규정되어 있지 아니하는 규정에 대하여 적용하여야 할 것이다.

㉒ 전환 국립대학법인의 납세의무에 대한 특례(지기법 §154)

2020.1.1. 이후 성립하는 납세의무부터(부칙 §16) 지방세관계법에서 규정하는 납세의무에도 불구하고 종전에 국립대학 또는 공립대학이었다가 전환된 국립대학법인에 대한 지방세의 납세의무를 적용할 때에는 전환 국립대학법인을 별도의 법인으로 보지 아니하고 국립대학법인으로 전환되기 전의 국립학교 또는 공립학교로 본다. 다만, 전환국립대학법인이 해당 법인의 설립근거가 되는 법률에 따른 교육·연구 활동에 지장이 없는 범위 외의 수익사업에 사용된 과세대상에 대한 납세의무에 대해서는 그러하지 아니하다.

2019.12.31. 이전에 전환된 국립대학법인에 대해서도 상기를 적용한다(부칙 §16).

---

117) "체납처분에 관하여 이 법에 규정한 것을 제외하고는 ○○법을 준용"하는 형식을 말한다.

118) 2015.12.29.자로 삭제되었음.

119) 김태호, 지방세제 발전방향에 관한 연구(한국지방세연구회), 2013, p.7

제2편

「지방세징수법」

제1장

총칙

① 목적과 정의

(1) 목적(지징법 §1)

지방세 징수에 필요한 사항을 규정함으로써 지방세수입을 확보함을 목적으로 한다.

(2) 정의(지징법 §2)

「지방세징수법」에서 사용하는 용어의 뜻은 다음과 같다.

① 체납자

납세자로서 지방세를 납부기한까지 납부하지 아니한 자를 말한다.

② 체납액

체납된 지방세와 그 가산금(2023.12.31. 이전 납세의무성립분만 적용), 체납처분비를 말한다. 상기 외에 「지방세징수법」에서 사용하는 용어의 뜻은 「지방세기본법」에서 정하는 바에 따른다.

② 다른 법률과의 관계(지징법 §3)

「지방세징수법」에서 규정한 사항 중 「지방세기본법」이나 같은 법 제2조 제1항 제4호에 따른 지방세관계법(「지방세징수법」 제외. 이하 "지방세관계법")에 특별한 규정이 있는 것에 관하여는 그 법률에서 정하는 바에 따른다.

③ 지방자치단체의 징수금 중의 우선순위(지징법 §4, 구 지기법 §62)

지방자치단체의 징수금의 징수순위는 다음에 따른다.

> 체납처분비 → 지방세(2024.1.1. 이후 납세의무성립분은 가산세 제외) → 가산세(2023.12.31. 이전 납세의무성립분까지는 가산금)

지방세 중에서 도세의 위임에 따른 도세(취득세 등)는 시·군세(재산세 등)에 우선하여 징수한다.

(1) 체납처분비

1) 범위

'체납처분비'라 함은 체납처분에 관한 규정에 의한 재산의 압류·보관·운반과 매각에 소요된 비용(매각을 대행시키는 경우 그 수수료 포함)을 말한다. 지방자치단체장은 납세자가 체납액[1]

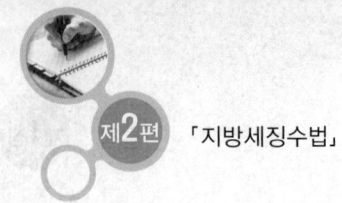

중 지방세와 가산금만을 완납한 경우에 체납처분비를 징수할 때에는 납세자에게 문서로 고지하여야 한다(지징법 §12 ②). 이 경우 체납처분비의 납부고지시에는 체납처분비고지서에 다음의 사항을 적어야 한다.

① 체납처분비의 징수에 관계되는 지방세의 과세연도와 세목

② 체납처분비와 그 산출근거·납부기한 및 납부장소

납세의무자 또는 특별징수의무자의 재산을 지방자치단체의 징수금의 체납으로 인하여 체납처분을 하였을 경우에 당해 체납처분비는 당해세나 담보채권에 의한 우선순위에 불구하고 다른 지방자치단체의 징수금과 국세 기타 채권에 우선하여 징수한다.

○ **강제집행 등에 소요된 비용**

다음에 게기하는 비용이 포함된다(지기예 법71-2).

① 강제집행의 경우에는 강제집행의 준비비용인 집행문의 부여, 판결의 송달, 집행신청을 하기 위한 출석에 필요한 비용(재판 외의 비용에 한함) 등과 강제집행의 개시에 의하여 발생한 비용인 집달관의 수수료, 체당금(위임사무처리의 비용), 감정비용, 담보공여의 비용, 압류재산의 보존비용 등에서 채무자가 부담하여야 할 비용

② 「민사소송법」에 의한 경매절차의 경우에는 전호에 준하는 비용

③ 파산절차의 경우에는 파산법 제38조(재단채권의 범위) 제3호에 규정한 관리, 환가 및 배당에 관한 비용, 동법 제61조 제1항 단서의 규정에 의거 파산관재인이 파산재단을 위한 강제집행 등의 절차를 속행하는 경우의 비용 등

체납처분비의 범위에는 서류송달비용, 한국자산공사공매비용 등 체납처분에 소요되는 제반비용이 포함된다.

2) 대위등기비용

대위등기가 체납세액과 관련하여 압류하기 위한 비용에 해당하는 경우라면 면제받지 못하는 등록면허세·인지세 등은 체납처분비로 징수한다라고 규정되어 있는바, 압류재산의 보존비용 등에서 채무자가 부담하여야 할 비용으로 대위등기 시 취득세와 자동차세[2]는 체납처분비로 우선 징수할 수 있을 것으로 보여진다.

압류재산을 보관함에 따라 작성하는 문서에 관하여는 인지세를 면제하며, 압류 또는 압류해제

---

1) 체납액에는 체납된 지방세와 그 가산금, 체납처분비를 포함한다.

2) 「지방세법」 제132조 규정에서 자동차의 「자동차관리법」 제12조 이전등록과 「건설기계관리법」 제5조에 따른 건설기계의 소유권이전으로 인한 변경신고를 하려는 자는 자동차세 영수증 등 자동차세를 납부한 증명서를 제출하거나 내보이도록 규정하고 있는바, 이는 체납된 자동차세의 납부 등 지방세 납세의무의 이행을 강제하기 위한 것이다. 따라서 채권자가 대위하여 소유권을 이전할 경우에도 별다른 규정이 없으므로 이 규정이 적용되는 것으로 채무자의 자동차가 완납이 되어야 이전등록이 가능할 것으로 사료된다.

의 등기 또는 등록에 관하여는 등록면허세를 면제하나(국징법 §55). 미등기부동산의 보존등기에 대하여는 등록면허세가 면제되지 아니하며, 면제받지 못한 등록면허세·인지세 등은 체납처분비로 징수한다(국징통 55-0…1).

> **사례** 필지별 대위등기비용을 갑·을·병 소유지분으로 안분한 후 갑·을·병의 관서별 체납액을 기준으로 다시 안분하여 체납처분비로 징수하고 국민주택채권에 대한 압류는 각 관서별로 따로 행하여야 하며 그 보관은 3개 관서가 합의하여 정하시기 바람(징세 46101-291, 2002.6.19.).

❹ 납세증명서의 제출 및 발급(지징법 §5, 구 지기법 §63)

(1) 개요

간접적인 지방세 채권을 확보하는 방안으로는 관허사업의 제한, 납세증명서의 발급이 있다.

납세증명서는 사실증명과는 달리 지방세를 보전하기 위하여 「지방세징수법」 제5조의 규정에 의한 증명서를 말하며(지징예 법5-1), 세목별과세증명서는 신청일 현재 당해 세목에 대한 지방세 과세사실을 「지방세기본법」 제115조 및 「민원사무 처리에 관한 법률」에 의하여 증명하는 증명서를 말하고, 지방세 납세증명서를 제출하는 경우는 「지방세징수법」 제5조 제1항 각 호의 경우로 한정하고 제5조 제2항에 따라 발급하며(지징예 법5-1), 세목별 과세증명서의 발급용도는 신청인의 요구에 따라 처리한다.

납세증명서는 종전에 납세완납증명서, 징수유예증명서, 체납처분유예증명서, 미과세증명서로 세분화되어 있었는데, 징수유예증명서와 체납처분유예증명서는 발급사례가 거의 없었으며, 납세완납증명서와 미과세증명서는 지방세징수 목적 이외의 목적(신용대출용, 입찰용, 의료보험조합 제출용 등)으로 대부분 발급되었으므로 민원서류의 간소화 차원에서 종래의 4가지 서식이 단일화되었다.

(2) 납세증명서의 유효기간

납세증명서의 유효기간은 발급일부터 30일간으로 한다. 다만, 발급일 현재 해당 신청인에게 고지된 지방세가 있거나 발급일부터 30일 이내에 법정 납부기한의 말일이 도래하는 지방세(신고납부하거나 특별징수하여 납부하는 지방세 제외)가 있는 때에는 그 유효기간을 납부기한까지로 할 수 있다. 세무공무원은 이 단서에 따라 유효기간을 정하였을 때에는 해당 납세증명서에 그 사유와 유효기간을 분명히 밝혀 적어야 한다.

(3) 납세증명서의 제출

납세자(미과세된 자 포함)는 다음에 해당하는 경우에는 납세증명서를 제출하여야 한다. 다만, ④에 따라 납세증명서를 제출할 때에는 이전하는 부동산의 소유자에게 부과된 해당 부동산에 대

한 취득세, 재산세, 지방교육세 및 지역자원시설세의 납세증명서로 한정한다.

① 국가, 지방자치단체 또는 「감사원법」 제22조 제1항 제3호 및 제4호의 규정에 의하여 검사대상이 되는 법인으로부터 대금을 지급받을 경우[3]

② 「출입국 관리법」 제31조에 따른 외국인등록 또는 「재외동포의 출입국과 법적 지위에 관한 법률」 제6조에 따른 국내거소신고를 한 외국인이 체류기간 연장허가 등 다음의 체류 관련 허가 등을 법무부장관에게 신청하는 경우[2020.4.29. 이전은 지방세를 납부할 의무(징수하여 납부할 의무 포함)가 있는 외국인이 출국할 경우]

　㉠ 「재외동포의 출입국과 법적 지위에 관한 법률」 제6조에 따른 국내거소신고

　㉡ 「출입국 관리법」 제20조에 따른 체류자격 외 활동허가

　㉢ 「출입국 관리법」 제21조에 따른 근무처 변경·추가에 관한 허가 또는 신고

　㉣ 「출입국 관리법」 제23조에 따른 체류자격부여

　㉤ 「출입국 관리법」 제24조에 따른 체류자격 변경허가

　㉥ 「출입국 관리법」 제25조에 따른 체류기간 연장허가

　㉦ 「출입국 관리법」 제31조에 따른 외국인등록

③ 내국인이 해외이주 목적으로 「해외이주법」 제6조에 따라 재외동포청장에게 해외이주신고를 하는 경우(2020.4.29. 이전은 내국인이 외국으로 이주하거나 1년을 초과하여 외국에 체류할 목적으로 외교통상부장관에게 거주목적의 여권을 신청하는 경우)

④ 「신탁법」에 따른 신탁을 원인으로 부동산의 소유권을 수탁자에게 이전하기 위하여 등기관서의 장에게 등기를 신청할 때(2019년 이후 판결 등 집행권원에 의해 신탁을 원인으로 소유권이전등기를 신청하는 경우 제외)

---

3) "대금(代金)"의 사전적 의미가 물건의 값으로 치르는 돈을 의미(각주 : 국립국어원 표준국어대사전 참조)하는 것임을 고려하면 해당 규정에서의 대금이란 반드시 계약의 방법으로 이루어진 금전 거래로 한정되는 것은 아니고 대가로서의 금전을 의미한다고 보는 것이 타당하다. 해당 법령에서 "보상금"이라는 용어를 사용하고 있지만 토지등 보상금은 토지 및 건물 등을 공익사업에 제공하고 받게 되는 반대급부 성격의 금전으로 볼 수 있다는 점에서 「지방세징수법」 제5조 제1호에 따른 "대금"의 범위에 포함된다고 할 것이다. 한편, 「지방세징수법」 제5조 제1항에서 납세증명서를 제출하도록 한 취지는 납세자의 조세납부를 간접적으로 강제하여 조세의 적기 징수를 용이하게 해 주는 것(각주 : 헌법재판소 1990.9.3. 선고, 89헌가95 결정 및 대법원 1980.6.24. 선고, 80다622 판결 참조)인데 지방자치단체에서 지방세를 징수해야 할 지방세 체납자에게 토지등을 수용하는 대가로 지급되는 금전을 지급하도록 하는 것은 불합리하다는 점도 이 사안을 해석할 때 고려해야 한다. 앞에서 살펴본 바와 같이 「지방세징수법」 제5조 제1항 제1호에 따른 "대금"이란 반드시 계약의 방법으로 이루어진 금전 거래로 한정되는 것은 아니고 대가로서의 금전을 의미한다고 보는 것이 타당하다. 그러나 토지보상법 시행규칙 제54조 제2항 및 제55조 제2항에서는 공익사업의 시행으로 인하여 이주하게 되는 주거용 건축물의 세입자에 대한 주거이전비 및 공익사업시행지구에 편입되는 주거용 건축물의 거주자가 해당 공익사업시행지구 밖으로 이사를 하는 경우에 대한 이사비 등의 세입자주거이전비등을 보상하도록 규정하고 있는바, 이는 공익사업의 시행으로 인해 주거를 이전하게 됨에 따라 특별한 어려움을 겪게 될 세입자 및 거주자를 대상으로 하는 사회보장적인 차원에서 지급되는 금원의 성격(각주 : 대법원 2008.5.29. 선고, 2007다8129 판결 참조)을 가지는 것으로서 순수하게 이주로 인한 피해를 보상하는 금전이라는 점에서 대가로서의 금전을 의미한다고 볼 수는 없으므로 「지방세징수법」 제5조 제1항 제1호에 따른 "대금"에 포함되지 아니한다(법제처 19-718, 2019.12.30.).

이는 2014.1.1. 신설되어 신탁재산의 체납세액이 증가하고, 신탁을 조세회피 수단으로 악용하는 등 신탁재산의 체납문제 해소를 위한 적극적인 대책 마련 필요하여 신탁재산의 소유권이전등기 시 위탁자의 체납세액이 없음을 증명하는 납세증명서를 등기소에 제출하도록 의무화한 것이므로 2014.1.1. 이후 최초로 부동산의 소유권을 이전하기 위하여 등기관서장에게 등기를 신청하는 경우부터 적용한다.

상기 ①~④ 외에 따른 납세증명서는 발급일 현재 다음의 금액을 제외하고는 다른 체납액이 없다는 사실을 증명하는 것으로 한다.

① 「지방세징수법」 제25조(납기 시작 전의 징수유예), 제25조의 2(고지된 지방세 등의 징수유예 : 2022년 이후 적용), 제26조(송달 불능으로 인한 징수유예와 부과철회) 및 제105조(체납처분 유예)에 따른 유예액

② 「채무자 회생 및 파산에 관한 법률」 제140조에 따른 징수유예액 또는 체납처분에 의하여 압류된 재산의 환가유예와 관련된 체납액

③ 「신탁법」 제2조에 따른 수탁자("수탁자다")가 「지방세법」 제119조의 2에 따라 그 신탁재산으로써 위탁자의 재산세·가산금 또는 체납처분비("재산세 등")를 납부할 물적납세의무가 있는 경우 그 수탁자의 물적납세의무와 관련하여 체납한 재산세 등[2021.4.27. 이후 재산세 등을 부과하는 경우부터 적용(영 부칙 §2)]

④ 양도담보권자가 「지방세기본법」 제75조 제1항에 따라 그 양도담보재산으로써 양도인의 지방자치단체의 징수금을 납부할 물적납세의무가 있는 경우 그 양도담보권자의 물적납세의무와 관련하여 체납한 지방자치단체의 징수금[2021.4.27. 이후 재산세 등을 부과하는 경우부터 적용(영 부칙 §2)]

⑤ 종중 재산의 명의수탁자("명의수탁자")가 「지방세기본법」 제75조 제3항에 따라 종중이 명의신탁한 재산으로써 종중의 지방자치단체의 징수금을 납부할 물적납세의무가 있는 경우 그 명의수탁자의 물적납세의무와 관련하여 체납한 지방자치단체의 징수금[2021.4.27. 이후 재산세 등을 부과하는 경우부터 적용(영 부칙 §2)]

⑥ 「지방세특례제한법」 제167조의 4 제1항 각 호에 따른 체납액 징수특례를 적용받은 개인지방소득세 체납액

해당 주무관청 등은 지방자치단체장에게 조회(지방세정보통신망을 통한 조회 한정)하거나 납세자의 동의를 받아 「전자정부법」 제36조 제1항 또는 제2항에 따른 행정정보의 공동이용을 통하여 그 체납사실 여부를 확인함으로써 납세증명서의 제출을 생략하게 할 수 있다.

대금을 지급받는 자가 원래의 계약자 외의 자인 경우에는 다음 구분에 따라 납세증명서를 제출하여야 한다.

① 채권양도로 인한 경우에는 양도인과 양수인 양쪽의 납세증명서를 제출한다.

② 법원의 전부명령(轉付命令)에 의한 경우에는 압류채권자의 납세증명서를 제출한다.

③ 「하도급거래 공정화에 관한 법률」 제14조 제1항 제1호에 따라 건설공사의 하도급대금을 직접 지급받는 경우에는 수급사업자의 납세증명서를 제출한다.

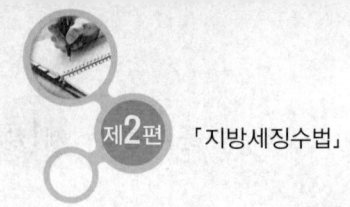

> **사례** 전부명령 압류채권자 채권양도 시 납세증명서 제출 유무(징세과-388, 2009.12.7.)
>
> 「국세징수법」 제5조 제1호에 따라 국가·지방자치단체 또는 대통령령이 정하는 정부 관리기관으로부터 대금의 지급을 받을 때에 대금을 지급받을 당초 계약자의 공사대금 채권이 법원의 전부명령에 의하여 압류채권자에게 전부되고 압류채권자가 다시 동 공사대금 채권을 제3자에게 양도한 경우에는 양도한 압류채권자와 양수한 제3자 모두 국가 등에 「국세징수법 시행령」 제2조의 납세증명서를 제출하는 것임.

> **사례** 국가·지방자치단체 또는 「국세징수법 시행령」 제3조에서 정하는 정부관리기관이 무상으로 전시·출판·공표하거나 일부를 기본 및 실시설계에 사용할 수 있도록 하는 건물 증축공사 설계용역에 대한 현상공모를 실시하고 우수작품 당선자에게 참가보수비를 지급하는 경우, 우수작품 당선자는 납세증명서를 제출하여야 하는 것임(징세과-846, 2009.2.13.).

(4) 납세증명서 제출 예외

다음의 경우 납세증명서를 제출하지 아니하여도 된다.

① 「국가를 당사자로 하는 계약에 관한 법률 시행령」 제26조 제1항 각 호의 규정(같은 항 제1호 라목 제외) 및 「지방자치단체를 당사자로 하는 계약에 관한 법률 시행령」 제25조 제1항 각 호의 규정(같은 항 제7호 가목 제외)에 해당하는 수의계약과 관련하여 대금을 지급받는 경우

② 국가 또는 지방자치단체가 대금을 지급받아 그 대금이 국고 또는 지방자치단체의 금고에 귀속되는 경우

③ 지방세의 체납처분에 의한 채권압류에 의하여 세무공무원이 그 대금을 지급받는 경우

④ 「채무자 회생 및 파산에 관한 법률」에 따른 파산관재인이 납세증명서를 발급받지 못하여 파산절차의 진행이 곤란하다고 관할법원이 인정하고, 해당 법원이 납세증명서의 제출 예외를 지방자치단체장에게 요청하는 경우

⑤ 납세자가 계약대금 전액을 체납세액으로 납부하거나 계약대금 중 일부금액으로 체납세액 전액을 납부하려는 경우

(5) 납세증명서 신청과 발급의무

납세증명서를 발급받으려는 자는 세무공무원에게 다음 사항을 적은 문서(전자문서 포함)로 신청해야 한다.

① 납세자의 성명(법인인 경우에는 법인명)과 주소, 거소, 영업소 또는 사무소[지방세정보통신망 또는 연계정보통신망을 이용하여 송달하는 경우에는 다음 각 목에 따른 전자우편주소, 전자사서함 또는 전자고지함을 말함. "주소 또는 영업소"]

  ㉠ 지방세정보통신망에 가입된 명의인의 전자우편주소

  ㉡ 지방세정보통신망의 전자사서함[「전자서명법」 제2조 제6호에 따른 인증서로서 서명자의 실지명의를 확인할 수 있는 인증서(2020.12.9. 이전은 같은 조 제8호에 따른 인증서)

를 이용하여 접근할 수 있는 곳을 말함]

ⓒ 연계정보통신망의 전자고지함(연계정보통신망의 이용자가 접속하여 본인의 지방세 고지내역을 확인할 수 있는 곳을 말함)

② 납세증명서의 사용목적

③ 납세증명서의 수량

발급신청을 받은 세무공무원은 납세증명서를 발급하여야 한다. 납세자로부터 납세증명서의 발급신청을 받으면 세무공무원은 해당 납세자의 체납세액(다른 지방자치단체의 체납세액을 포함한다)을 확인하여 즉시 발급하여야 한다.

지방세납세증명서를 제출하는 경우는 「지방세기본법」 제63조 제1항 각 호의 경우에 한하고, 세목별과세증명서의 발급신청 시 발급 용도는 신청인의 요구에 따라 처리한다.

납세증명서의 발급신청은 본인 이외의 제3자도 할 수 있으며, 우편에 의하여도 할 수 있다. 다만, 제3자가 신청할 경우에는 위임장, 본인의 신분증(사본 포함), 제3자의 신분증, 재직증명서 등 본인의 동의 여부를 확인할 수 있는 서류를 함께 제출하여야 한다(지징예 법5-2 참조).

❺ 미납지방세 등의 열람(지징법 §6, 구 지기법 §64)

(1) 개요

납세증명서는 본인 및 위임을 받은 자만이 발급이 가능하므로 임차인은 임대인의 미납국세규모를 알 수 없게 되고, 따라서 지방세의 우선 징수로 인한 임차인의 불의의 피해를 방지하기 위해 주택과 상가의 임차인이 임대차계약 전에 미리 임대인의 미납 지방세를 열람할 수 있도록 하여 임차인을 보호하기 위한 제도이다.

「주택임대차보호법」 제2조에 따른 주거용 건물 또는 「상가건물 임대차보호법」 제2조에 따른 상가건물을 임차하여 사용하려는 자("임차인")는 그 건물에 대한 임대차계약을 하기 전 또는 임대차계약을 체결하고 임대차기간이 시작되는 날까지(2023.4.1. 이후 적용되나, 2023.3.31. 이전에 임대차계약을 체결한 경우로서 2023.4.1. 이후 열람을 신청하는 경우에도 적용됨) 임대인의 동의를 받아 임대인이 납부하지 아니한 지방세의 열람을 지방자치단체장에게 신청할 수 있다. 이 경우 지방자치단체장은 열람신청에 응하여야 한다.

2023.4.1. 이후(2023.3.31. 이전에 임대차계약을 체결한 경우로서 2023.4.1. 이후 열람을 신청하는 경우에도 적용됨) 상기에도 불구하고 임차인이 체결한 임대차계약에 따른 보증금이 1천만 원을 초과하는 경우 임차인은 임대차기간이 시작되는 날까지 임대인의 동의 없이 상기에 따른 열람신청을 할 수 있다. 이 경우 열람신청을 접수한 지방자치단체장은 지체 없이 열람 사실을 임대인에게 통지하여야 한다.

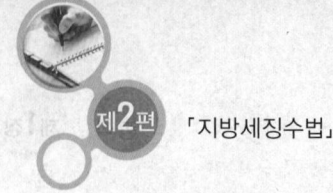

(2) 임차인이 열람할 수 있는 지방세

① 임대인의 체납액

② 납세고지서 또는 납부통지서를 발급한 후 납기가 되지 아니한 지방세

③ 「지방세법」에 따라 신고기한까지 신고한 지방세 중 납부하지 아니한 지방세

(3) 열람신청 및 응대기간

미납지방세 등의 열람을 신청하는 자는 [별지 제24호 서식] 미납지방세 등 열람신청서에 임대인의 동의를 증명할 수 있는 서류와 임차하는 자의 신분을 증명할 수 있는 서류를 첨부하여 지방자치단체장에게 제출하여야 한다. 열람신청을 받은 지방자치단체장은 지방세관계법에 따른 과세표준 및 세액의 신고기한까지 임대인이 신고한 지방세 중 납부하지 아니한 지방세에 대해서는 신고기한부터 30일이 경과한 때부터 열람신청에 응하여야 한다.

6 관허사업 제한(지징법 §7, 구 지기법 §65)

(1) 개요

「관허사업 제한제도」는 납세자가 정당한 사유 없이 지방세를 체납한 때에, 그 체납자가 새로 경영(기존의 허가 등 포함)하고자 하는 사업이 관허사업(허가·인가·등록 등)이면, 과세권자는 주무관청에 당해 체납자에게 허가 등을 하지 않을 것을 요구함으로써, 체납액 납부를 유도하는 조세채권 보전조치이다.

지방자치단체장은 납세자가 아래의 정당한 사유 없이 지방세를 체납하면 허가·인가·면허·등록 및 「지방세법 시행령」[별표 1]에서 규정된 사업을 적법하게 영위하기 위하여 필요한 신고, 즉 면허분 등록면허세를 부과할 면허 신고와 그 갱신("허가 등")이 필요한 사업의 주무관청에 그 납세자에게 그 허가 등을 하지 아니할 것을 요구할 수 있다.

● 관허사업의 제한의 정당한 사유

사전적 제한 (허가 등의 제한요구) (지징령 §9 ①)	① 공시송달의 방법에 의하여 납세가 고지된 경우 ② 납세자가 풍수해, 벼락, 화재, 전쟁, 그 밖의 재해 또는 도난으로 재산에 심한 손실을 입어 납부가 곤란한 경우 ③ 납세자나 그 동거가족이 질병이나 중상해(重傷害)로 6개월 이상의 치료가 필요한 경우 또는 사망하여 상중(喪中)으로 납부가 곤란한 경우 ④ 납세자가 그 사업에 심한 손해를 입어서 납부가 곤란한 경우 ⑤ 납세자에게 다음의 어느 하나에 해당하는 사유가 있는 경우 　㉠ 강제집행을 받은 경우 　㉡ 파산의 선고를 받은 경우 　㉢ 경매가 개시된 경우 　㉣ 법인이 해산한 경우 ⑥ 납세자의 재산이 체납처분의 중지사유에 해당하는 경우(지징법 §104 ①) 　• 체납처분의 목적물인 총재산의 추산가액이 체납처분비에 충당하고 남을 여지가 없을 때에는 체납처분을 중지하여야 함. 　• 체납처분의 목적물인 재산이 「지방세기본법」 제71조 제1항 제3호에 따른 채권의 담보가 된 재산인 경우에 그 추산가액이 체납처분비와 해당 채권금액에 충당하고 남을 여지가 없을 때에도 체납처분을 중지하여야 함. ⑦ 물적납세의무가 있는 경우가 그 물적납세의무와 관련하여 지방자치단체의 징수금을 체납한 경우(2021.4.27.~2023.3.13.에는 「지방세법 시행령」 제119조의 2에 따라 물적납세의무가 있는 수탁자가 그 물적납세의무와 관련하여 재산세 등을 체납한 경우만 적용) ⑧ 「지방세기본법」 제75조 제1항에 따라 물적납세의무가 있는 양도담보권자가 그 물적납세의무와 관련하여 지방자치단체의 징수금을 체납한 경우(2023.3.14. 이후 적용) ⑨ 「지방세기본법」 제75조 제3항에 따라 물적납세의무가 있는 명의수탁자가 그 물적납세의무와 관련하여 지방자치단체의 징수금을 체납한 경우(2023.3.14. 이후 적용) ⑩ ①~⑥ 규정에 준하는 사유가 있는 경우
사후적 제한 (사업의 정지 또는 허가 등의 취소요구)	① 허가 등을 받아 사업을 경영하는 자가 지방세를 3회 이상 체납한 경우로서 그 체납액이 30만 원 이상인 때(지징법 §7 ②). 단, 다음의 경우 제외(지징령 §12 ②) 　㉠ 사전적 제한에 있어서의 체납의 정당한 사유에 해당하는 경우로서 지방자치단체장이 그 사유를 인정하는 경우 　㉡ 납세자에게 납세가 곤란한 사정이 있은 사실을 지방자치단체장이 인정하는 경우 ② 제1항에 규정하는 3회의 체납횟수는 납세고지서 1매를 1회로 보아 계산(지징령 §12 ①)

'납세자에게 곤란한 사정이 있는 사실을 지방자치단체장이 인정하는 때'란 관허사업을 영위하는 납세자가 체납세액의 납부를 하지 못하는 일시적인 곤란한 사정이 있으나 지방저치단체장이 납세자에게 관허사업제한을 하지 않아도 당해 조세채권의 확보가 가능하다고 판단하는 경우를 말하는 것이다(징세 46101－58, 1999.1.6. 참조). 관허사업의 제한을 요구할 당시 납세자에게 강제집행 또는 경매개시의 사유가 있을 때에는 관허사업의 제한을 요구할 수 없는 것이나 체납 지방세

의 과세요건 성립 원인이 경매인 경우에는 이에 해당하지 아니한다(징세 46101-3763, 1995.11.23. 참조). 그리고 납세의무자가 지방세를 체납한 데 정당한 사유가 있었다는 점은 그 처분이 위법함을 납세의무자가 주장·입증하여야 하는 것이다(대법원 92누8071, 1992.10.13.).

「지방세징수법 시행령」 제9조 제1항에 해당하는 경우에는 관허사업의 제한의 예외로 인정되는바, 납세자의 재산이 「지방세징수법」 제104조(체납처분의 중지와 그 공고) 제1항 및 제2항에 해당하는 경우와 이에 준하는 사유가 있는 경우(지징령 §9 ① 6)에도 예외에 포함된다.

한편, 「채무자 회생 및 파산에 관한 법률」 제58조 제1항과 제2항에 국세징수의 예에 의하여 징수할 수 있는 청구권으로서 그 징수우선순위가 일반 회생채권보다 우선하지 아니한 것에 기한 체납처분을 할 수 없으며, 기 체납처분도 중지하도록 하고 있는바, 이 규정에 따른 체납처분 중지도 관허사업 제한의 예외로 인정하여야 할 것이다.

> **사례** 체납에 정당한 사유가 있다고 인정 여부(대법원 2006두15349, 2006.12.21.)
>
> 관허사업제한의 제한요건인 국세 체납에 정당한 사유가 있는지 여부에 있어 「국세기본법」상의 요건을 충족하는 담보를 제공하고 분할납부를 요구하였다고 보기 어려우며 손익계산서상 당기순이익이 발생하는 등 국세체납에 정당한 사유가 있다고 인정할 수 없고, 면허가 취소되지 않는 다수의 사례와 비교하여 재량권 남용이라 할 수 없음.

> **사례** 3회의 체납횟수의 의미(대법원 90누8831, 1991.9.10.)
>
> 세무서장이 면허의 취소를 요구하기 위한 요건인 "국세를 3회 이상 체납한 때"라 함은 면허 등의 취소 요구시점에서 1년 전까지의 기간 내에 납세고지서 1통을 1회로 보아 계산하여 체납된 국세가 3가지 이상 동시에 존재하는 경우라야 하고 그 체납상태가 취소 시점에도 계속되어야 한다고 해석하여야 할 것임.

(2) 관허사업 범위

관허사업은 허가, 인가, 면허, 등록, 신고 등 그 용어에 구애됨이 없이 법령에 의한 일반적인 제한·금지를 특정한 경우에 해제하거나 권리를 설정하여 적법하게 일정한 사실행위 또는 법률행위를 할 수 있게 하는 행정처분을 거쳐서 영위하는 각종 사업을 말한다(지징예 법7-1). 단, 자동차등록·부동산등기 등 특정한 사실 및 법률관계의 존재 여부를 판단·증명하는 행정행위나 신고사항을 수리하는 행정행위는 제외된다. 따라서 관허사업 제한대상에 포함 여부를 판단할 경우에는 허가·인가·면허 및 등록과 갱신을 요하는 사업인지 여부 및 주무관청(허가, 인가, 면허, 등록 등을 직접 행하는 행정관청을 말함 ; 지징예 법7-3)으로부터 허가·인가 등을 얻어 지속적으로 경영하는 사업에 포함되는지 여부를 먼저 고려하여야 할 것이다.

통상 허가, 면허, 등록 등 그 용어에 구애됨에 없이 법령에 의한 일반적인 제한·금지를 특정한 경우에 해제하거나 권리를 설정하여 적법하게 일정한 사실행위 또는 법률행위를 할 수 있게 하는 행정처분을 거쳐서 영위하는 각종 사업을 의미하며, 권리의 설정, 금지를 해제하는 행정처분이 아닌 준법률적 행정행위(신고, 확인, 공증 등)는 관허사업의 범위에 해당되지 아니한다. 따라서 관허사업의 명칭에 불구하고 관허사업이 일반적인 금지의 해제 또는 권리설정적 행위에 해당되면 관허사업에 해당된다.

　관련 법령에서 형식적으로 "신고"라는 용어를 사용한다 해도 신고의 성격이 새로운 권리를 설정하는 것으로써 인가, 허가 및 면허 등과 실질적으로 동일한 효과가 있다면 실질과세 원칙 상 관허사업제한 대상인 사업에 해당되며, 국세의 경우 「국세징수법」 제7조의 규정에 의한 관허사업의 경우에도 동일하게 적용하고 있고, 이런 점을 고려하여 「지방세징수법」에서도 "신고"의 경우를 관허사업제한 대상으로 명문으로 규정하고 있으며, 여기서 '신고'란 「지방세법 시행령」 별표(면허에 대한 등록면허세를 부과할 면허의 종류와 종별 구분)에서 규정된 사업을 적법하게 영위하기 위하여 필요한 신고를 말한다(지징령 §10).

> ① 행정처분(법률적인 행정행위)이 있을 것 ＋ 「지방세법 시행령」 [별표 1]의 면허 종류
> ② 그 행정처분에 기하여 영업이나 사업을 영위할 것

　예를 들어 「지방세법 시행령」 [별표 1]에 따르면 건축사 사무소의 개설, 「신문 등의 진흥에 관한 법률」에 따른 신문, 인터넷신문, 인터넷 뉴스서비스의 발행 및 외국신문의 지사 설치, 「잡지 등 정기간행물의 진흥에 관한 법률」에 따른 정기간행물 발행 및 외국 정기간행물의 국내 지사·지국의 설치의 국내 지사·지국의 설치, 열생산시설의 신설·개설 및 증설, 주택건설사업자 등록 및 대지조성사업자 등록, 주택임대사업자 등록, 화물자동차 운송사업, 화물자동차 운송주선사업 등이 포함되어 있다. 따라서 이러한 사업은 관허사업제한 대상 신고(갱신 포함)에 해당될 것으로 판단된다.

사례 봉안시설 설치허가를 받은 이후 관허사업 제한

　재단법인 설립허가가 되어 법인설립된 법인에 대하여 허가 갱신 등의 절차는 없는 것으로 보여지며, 납골당 등을 건축 준공 시에 봉안사실 설치허가 등을 받는 절차는 있다고 하나, 한번 설치허가된 경우 주기적으로 갱신 등의 절차는 없는 것으로, 주기적인 허가 등의 절차가 없다면 관허사업의 제한을 할 수 없을 것으로 판단되며, 관허사업의 제한 요구는 체납 등을 한 경우에만 하는 것이므로 법인설립 후 아무 행위도 하지 않아 법인 봉안시설 설치신고도 이행불능 상태라는 이유만으로는 관허사업의 제한을 할 수는 없는 것이다. 한편, 법인설립 허가부서의 비영리법인의 설립 및 감독에 관한 규칙에 의하여 허가부서에서 허가취소 등을 할 수는 있을 것으로 판단됨.

사례 행정사업의 관허사업 제한대상에 포함 여부(지방세운영과-2082, 2010.5.17.)

　행정사법 제8조에서 "행정사의 자격이 있는 자가 행정사업을 하고자 하는 경우에는 대통령령으로 정하는 바에 의하여 영업소의 소재지 시장·군수 또는 구청장(자치구의 구청장)에게 신고하여야 한다."고 규정하고 있는바, 행정사 자격만 가지고 있다하여 바로 행정사업을 영위할 수 있는 것이 아니라 신고를 하여야만 비로소 새로이 행정사업을 영위할 수 있는 권리가 부여되는 것이어서 「행정사법」 제8조의 규정에 의하여 신고하고 영위하는 행정사업은 「지방세법」 제40조 제2항의 규정에 의하여 정지를 요구할 수 있는 관허사업 제한대상에 해당됨.

> **사례** "인쇄사"가 관허사업 제한대상에 포함 여부(지방세운영과-5608, 2010.11.29.)

「지방세법」 제40조 제1항 및 지방세법 해석운용 매뉴얼 40-1, 법제처 유권해석을 종합해 볼 때, 현행 「지방세법」 상 "인쇄사 신고"는 "관허사업 제한대상"에 포함되지 않음. 다만, 2011.1.1.부터 시행되는 「지방세 기본법」 제65조 제1항은 "대통령령으로 정하는 신고"를 관허사업 제한대상 범주에 포함하고 있음.

> **사례** 복합단지 개발사업자 관허사업 제한대상 포함 여부(지방세운영과-4178, 2011.9.6.)

「지방세기본법 시행령」 제48조 제1항 각 호 및 제50조에서 규정하는 바와 같이 관허사업제한의 예외적인 사유인 납세자의 파산 또는 곤란한 사정 등이 발생하여 이를 지방자치단체장이 인정할 수 있는 정당한 사유가 없는 한 복합단지 개발사업 시행자 지정 및 실시계획의 승인을 받아 복합단지 개발사업을 영위하고 있는 사업자도 당연히 이에 포함되고, 「지방세기본법」 제65조 제2항을 적용하여 주무관청에 사업의 정지 또는 허가 등의 취소를 요구할 수 있다 할 것임.

> **사례** 치과의사 면허는 치과의사 자격에 대한 면허로서 치과의료사업의 면허를 의미하는 것이 아니므로, 귀 질의의 치과의사면허증에 대하여 「국세징수법」 제7조 제2항에 의한 사업의 정지 또는 허가의 취소를 요구할 수 없는 것임(징세 46101-3763, 1995.11.23.).

> **사례** 「하천법」 제33조에 의한 하천의 점용허가는 「국세징수법」 제7조에 의한 관허사업의 제한대상에 해당하지 않음(서면1팀-621, 2005.6.4.).

(3) 관허사업 제한 요구

지방자치단체장은 허가 등을 받아 사업을 경영하는 자가 지방세를 3회 이상 체납한 경우로서 그 체납액이 30만 원[4] 이상일 때에는 정당한 사유가 있는 제외하고, 그 주무관청에 사업의 정지 또는 허가 등의 취소를 요구할 수 있으며, 30만 원 이상 100만 원 이하의 범위에서 사업의 정지 또는 허가 등의 취소를 요구할 수 있는 기준이 되는 체납액을 해당 지방자치단체의 조례로 달리 정할 수 있다. 여기서 체납횟수는 납세고지서 1매를 1회로 보아 계산하는 것이다.

한편, 관허사업의 제한 요구에 대하여 당해 주무관청은 정당한 사유가 없는 한 이에 응하여야 하며, 이 경우 개별법령에 지방세 체납이 허가 등의 취소사유로 규정되어 있지 않다는 것은 정당한 사유에 해당하지 아니하고, 다만 주무관청은 요구받은 범위 내에서 어느 정도로 제한을 할 것인지(사업의 폐지·정지의 명령)에 대한 재량은 있다(대법원 84누615, 1985.2.26. 참조) 할 것이다. 반면 구 「지방세법」 제39조에 의한 등록면허세를 면허의 취소·정지 요구에 대하여는 즉시 취소·정지하도록(같은 조 ②) 하고 있으므로, 주무관청은 그에 따라야 할 것이며, 관허사업 관련법령에 체납으로 인한 행정처분의 근거 규정이 없더라도 당해 주무관서는 정당한 사유가 없는 한 이에 응하여야 하는 것이다(서면1팀-1041, 2006.7.25. 참조).

---

4) 2011년부터는 100만 원 이상으로 요건이 강화되었으나(2011.1.1. 이후 최초로 관허사업 제한을 요구하는 것부터 적용), 이를 2013.1.1. 개정하여 2013.4.1.부터 30만 원으로 조정하여 조례로 100만 원까지 달리 정할 수 있음.

> ○ **주무관청**(지징예 법7-3)
> 허가, 인가, 면허, 등록 등을 직접 행하는 행정관청

　지방세를 체납하였을 때 취하는 관허사업제한은 면허를 받아 사업을 하는 것만 가능한 반면, 등록면허세를 체납하였을 경우 사업 여부와 관계없이 그 면허의 취소 등을 요구할 수 있다. 한편, 사업의 정지 또는 허가 등의 취소를 요구한 후 해당 지방세를 징수하였을 때에는 지체 없이 그 요구를 철회하여야 한다. 3회의 체납횟수 중 1회가 납부되더라도 그 요구를 철회하여야 하는 것은 아니다.

(4) 체납의 범위

　관허사업자가 체납자인 경우에 관허사업 제한을 할 수 있는 것이고 체납자가 아닌 자에 대하여는 관허사업 제한을 할 수 없는 것이며, 3회 이상의 체납횟수 계산의 기초가 되는 체납에는 관허사업 자체에 관한 것에 국한하지 아니하고 기타의 원인으로 인한 체납과 본래의 납세의무 외에 제2차 납세의무, 납세보증인의 의무, 연대납세의무, 양도담보권자의 물적납세의무 등에 기인하는 체납액이 포함되는 것이다(징세과-659, 2009.7.13.).

> ○ **체납횟수 계산 방법과 계산 시점**(지징예 법7-2)
> 3회 이상의 체납횟수 계산의 기초가 되는 체납에는 관허사업 자체에 관한 것에 국한하지 아니하고 기타의 원인으로 인한 지방세의 체납과 본래의 납세의무 외의 제2차 납세의무, 납세보증인의 의무, 연대납세의무 등에 기인하는 체납액이 포함되며, 그 체납액은 30만 원 이상인 경우를 말하고 '3회 이상 체납한 때'라 함은 관허사업제한 요구 시점에 3건 이상의 체납이 있어야 하는 것으로 함.

❼ 출국금지 요청 등(지징법 §8, 구 지기법 §65-2)

　지방자치단체장 또는 지방자치단체조합장(2022.2.3. 이후 적용되나, 지방자치단체장으로부터 체납된 지방세의 징수에 관한 업무를 위탁받은 경우로 한정)은 다음에 정하는 자에 대하여 법무부장관에게 「출입국 관리법」 제4조 제3항에 따라 출국금지를 요청하여야 하며, 법무부장관이 출국금지를 한 경우에는 지방자치단체장 또는 지방자치단체조합장(2022.2.3. 이후 적용)에게 그 결과를 「정보통신망 이용촉진 및 정보보호 등에 관한 법률」 제2조 제1항 제1호에 따른 정보통신망 등을 통하여 통보하여야 한다.

　이 경우 지방자치단체장 또는 지방자치단체조합장(2022.2.3. 이후 적용)은 법무부장관에게 체납자에 대한 출국금지를 요청하는 경우에 해당 체납자가 출국금지 요청 대상자에 해당하는지와 조세채권을 확보할 수 없고 체납처분을 회피할 우려가 있다고 인정하는 사유를 구체적으로 밝혀야 한다.

출국금지 요청 대상자

정당한 사유 없이 3천만 원(2022.2.3. 이후 지방자치단체조합장의 경우 각 지방자치단체장으로부터 징수를 위탁받은 체납 지방세를 합산한 금액이 3천만 원 이상인 경우를 말하며, 2018.6.26. 이전은 5천만 원)[5] 이상의 지방세를 체납한 자 중 다음 어느 하나에 해당하는 사람으로서 지방자치단체장 또는 지방자치단체조합장(자치단체장으로부터 체납된 지방세의 징수에 관한 업무를 위탁받은 경우로 한정)이 압류·공매, 담보 제공, 보증인의 납세보증서 등으로 조세채권을 확보할 수 없고, 체납처분을 회피할 우려가 있다고 인정되는 사람

㉠ 배우자 또는 직계존비속이 국외로 이주(국외에 3년 이상 장기체류 중인 경우 포함)한 사람

㉡ 출국금지 요청일 현재 최근 2년간 미화 3만 달러(2020.12.31. 이전 종전규정의 출국금지 요청 요건을 충족한 사람은 5만 달러) 상당액 이상을 국외로 송금한 사람

㉢ 미화 3만 달러(2020.12.31. 이전 종전규정의 출국금지 요청 요건을 충족한 사람은 5만 달러) 상당액 이상의 국외자산이 발견된 사람

㉣ 「지방세징수법」 제11조 제1항에 따라 명단이 공개된 고액·상습 체납자

㉤ 출국금지 요청일 기준으로 체납액이 3천만 원 이상인 상태에서 사업목적, 질병치료, 직계존비속의 사망 등 정당한 사유 없이 최근 1년간 국외 출입 횟수가 3회 이상이거나 국외 체류 일수가 6개월 이상인 사람

㉥ 「지방세징수법」 제36조에 따라 사해행위(詐害行爲) 취소소송 중이거나 「지방세기본법」 제71조 제4항에 따라 제3자와 짜고 한 거짓계약에 대한 취소소송 중인 사람

한편, 지방자치단체장 또는 지방자치단체조합장(2022.2.3. 이후 적용)은 다음 어느 하나에 해당하는 경우에는 즉시 법무부장관에게 출국금지의 해제를 요청하여야 한다.

① 체납자가 체납액을 전부 납부한 경우

② 체납자 재산의 압류, 담보 제공 등으로 출국금지 사유가 해소된 경우

③ 지방세 징수권의 소멸시효가 완성된 경우

④ 체납액의 납부 또는 부과결정의 취소 등에 따라 체납액이 3천만 원(2018.6.26. 이전은 5천만 원) 미만으로 된 경우

⑤ 상기 출국금지 요청의 요건이 해소된 경우

또한, 지방자치단체장 또는 지방자치단체조합장(2022.2.3. 이후 적용)은 출국금지 중인 사람에게 다음 어느 하나에 해당하는 사유가 발생한 경우로서 체납처분을 회피할 목적으로 국외로 도피할 우려가 없다고 인정할 때에는 법무부장관에게 출국금지의 해제를 요청할 수 있다.

① 국외건설계약 체결, 수출신용장 개설, 외국인과의 합작사업 계약 체결 등 구체적인 사업계획을 가지고 출국하려는 경우

② 국외에 거주하는 직계존비속이 사망하여 출국하려는 경우

---

5) 가산금은 「국세징수법」 제7조의 4 제1항의 '국세'에 해당하지는 않는 것이나 출국금지 요청 대상에 해당하는지는 관할세무서장이 구체적인 사실관계를 확인하여 판단하는 것임(서면−2019−징세−1273, 2019.4.23.).

③ ① 및 ② 사유 외에 본인의 신병 치료 등 불가피한 사유로 출국금지를 해제할 필요가 있다고 인정되는 경우

상기 내용은 2015.5.18. 이후 신설되었으나 기존에도 「국세징수법」을 준용하여 운영되고 있었다.

⑧ 체납 또는 정리보류(종전 결손처분) 자료의 제공(지징법 §9, 구 지기법 §66)

(1) 개요

지방자치단체장은 지방세 징수 또는 공익목적을 위하여 필요한 경우로서 「신용정보의 이용 및 보호에 관한 법률」 제25조 제2항 제1호에 따른 종합신용정보집중기관, 그 밖에 대통령령으로 정하는 자가 다음 어느 하나에 해당하는 체납자 또는 정리보류자(종전 결손처분자)의 인적사항, 체납액 또는 정리보류액(종전 결손처분액)에 관한 자료를 요구한 경우에는 자료를 제공할 수 있다. 단, 체납된 지방세와 관련하여 이의신청, 심판청구, 감사원 심사청구 또는 행정소송("심판청구등")이 계속 중인 경우, 아래 '자료제공 제외' 경우에는 그러하지 아니하다.

① 체납 발생일부터 1년이 지나고 체납액[정리보류액(종전 결손처분하였으나 징수권 소멸시효가 완성되지 아니한 분) 포함]이 500만 원(2022.2.3. 이후 지방자치단체조합장의 경우에는 각 지방자치단체장으로부터 징수를 위탁받은 체납액을 합산한 금액이 500만 원) 이상인 자

"체납 발생일부터 1년이 경과하고"의 의미는 최초 체납 발생일부터 1년이 경과한 것을 말한다고 해석하고 있다(재경부 조세 46019-100, 2003.3.12.). 따라서 체납액이 500만 원 이상으로서 최초 체납 발생일로부터 1년이 경과한 경우로 해석하여야 할 것이다(체납액 건별로 판단하지 않음).

② 1년에 3회 이상 체납하고 체납액이 500만 원(2022.2.3. 이후 지방자치단체조합장의 경우에는 각 지방자치단체장으로부터 징수를 위탁받은 체납액을 합산한 금액이 500만 원) 이상인 자

◉ 자료제공 제외

① 「지방세징수법」 제25조 제1호부터 제3호까지의 징수유예 등 사유에 해당되는 경우
　㉠ 풍수해, 벼락, 화재, 전쟁, 그 밖의 재해 또는 도난으로 재산에 심한 손실을 입은 경우
　㉡ 사업에 현저한 손실을 입은 경우
　㉢ 사업이 중대한 위기에 처한 경우

② 「지방세징수법」 제105조 제1항에 따라 체납처분이 유예된 경우
　㉠ 지방자치단체의 조례로 정하는 기준에 따른 성실납부자로 인정될 때
　㉡ 재산의 압류나 압류재산의 매각을 유예함으로써 사업을 정상적으로 운영할 수 있게 되어 체납액을 징수할 수 있다고 인정될 때

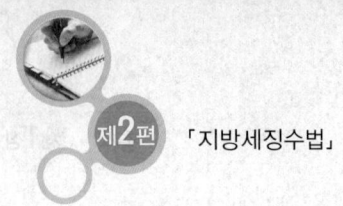

③ 「지방세법」 제119조의 2에 따라 물적납세의무가 있는 수탁자가 그 물적납세의무와 관련하여 재산세 등을 체납한 경우
④ 「지방세기본법」 제75조 제1항에 따라 물적납세의무가 있는 양도담보권자가 그 물적납세의무와 관련하여 지방자치단체의 징수금을 체납한 경우(2023.3.14. 이후 적용)
⑤ 「지방세기본법」 제75조 제3항에 따라 물적납세의무가 있는 명의수탁자가 그 물적납세의무와 관련하여 지방자치단체의 징수금을 체납한 경우(2023.3.14. 이후 적용)

(2) 자료제공 요구

지방자치단체장 등은 체납 또는 정리보류(종전 결손처분) 자료를 전산정보처리조직에 의하여 처리하는 경우에는 체납 또는 정리보류(종전 결손처분) 자료파일[자료보관장치, 그 밖에 이와 유사한 매체에 체납 또는 정리보류(종전 결손처분) 자료가 기록·보관된 것을 말함]을 작성할 수 있으며, 체납 또는 정리보류(종전 결손처분) 자료파일의 정리·관리·보관 등에 필요한 사항은 지방자치단체장 등이 정한다.

지방세 체납에 기하여 체납 또는 정리보류(종전 결손처분) 자료가 기록되었으나 그 후 체납된 지방세의 일부납부 또는 결정취소로 인하여 체납액이 500만 원 이하로 된 경우에 기록을 제외하여야 한다.

체납 또는 정리보류(종전 결손처분) 자료를 요구하는 자("요구자")는 요구자의 이름 및 주소 또는 영업소, 요구하는 자료의 내용 및 이용목적을 적은 문서를 지방자치단체장 등에게 제출하여야 하며, 체납 또는 정리보류(종전 결손처분) 자료를 요구받은 지방자치단체장 등은 체납 또는 정리보류(종전 결손처분) 자료파일 또는 문서로 이를 제공할 수 있다.

제공한 상기 체납 또는 정리보류(종전 결손처분) 자료가 체납액의 납부, 정리보류(종전 결손처분)의 취소 등의 사유로 인하여 제공대상 자료에 해당되지 아니하게 된 경우에는 그 사실을 사유발생일부터 15일 이내에 요구자에게 통지하여야 하며, 상기 체납 또는 정리보류(종전 결손처분) 자료를 제공받은 자는 이를 업무 외의 목적으로 누설하거나 이용하여서는 아니된다.

(3) 신용정보기관에 등록 해제요구

체납 또는 정리보류(종전 결손처분) 자료가 체납액의 일부 납부 또는 결정취소로 인하여 체납액이 500만 원 이하로 된 경우 제공대상 자료에 해당하지 아니하는 경우에 신용불량 등록대상자에게 해제하도록 신용정보기관 등에 요구할 수 있는 법적 근거가 없으므로 이러한 해제 요구는 국가·지자체 등 해당기관에서 자체 판단하여 처리할 사항이며, 아울러 체납자 신용불량기록의 해제 여부는 해당기관으로부터 해제요구를 받은 신용정보기관 등이 판단할 사항이다(조세 46019-240, 2002.9.3.).

사례 지방세 체납에 기하여 신용불량자로 등록되었으나 그 후 체납된 지방세의 일부를 납부하여 체납액이 500만 원 이하로 된 경우에도 신용불량자등록 해제요구를 할 수 있는 규정이 없으므로, 신용불량자등록 제외요구를 할 수 없는 것임(세정 13407-864, 2002.9.14.).

사례 등록사유 발생일부터 7년 경과 이후 재등록 불가능(지방세운영과-2175, 2010.5.24.)

신용정보업감독규정 제11조 제5항에서 "신용정보집중기관(은행연합회)에게 등록되는 어음부도거래정보를 제외한 약정한 기일 내에 채무를 변제하지 아니한 정보와 금융질서문란정보는 등록사유 발생일로부터 7년이 경과한 경우에는 7년이 경과한 날을 당해 정보의 해제사유 발생일로 보아 7년 이후에는 등록할 수 없다."라고 규정하고 있음. 따라서 과세권자는 납세의무자가 지방세를 체납하여 1년이 지나고 체납액이 500만 원 이상인 경우, 1년에 3회 이상 체납하고 체납액이 500만 원 이상인 경우, 결손처분액이 500만 원 이상인 경우에는 지방세 징수를 위하여 각각의 사유별로 체납자 또는 결손처분자에 대한 자료를 은행연합회에 제공할 수 있으나, 지방세 체납을 이유로 신용정보등록을 한 후 해당 체납액을 결손처분한 경우라면 이는 신용정보업감독규정에서 정하고 있는 신용정보 등록사유가 동일한 것으로 보아 등록사유발생일(지방세 체납으로 인한 등록)로부터 7년이 경과한 날 이후 결손처분을 이유로 신용정보를 재등록할 수 없는 것으로 판단됨.

사례 지방세 체납액의 납부, 결손처분의 취소 등 신용정보등록 해제 사유가 발생한 경우 신용정보 집중기관(은행연합회)에 15일 이내에 통지하도록 규정하고 있으나, 법인의 폐업·청산이 신용정보등록 해제사유에 포함되어 이를 해제할지 여부는 신용정보 집중기관(은행연합회)이 최종적으로 판단할 사항임(지방세운영과-2681, 2009.7.3.).

사례 징수권 소멸시효 미완성 중 제외규정 없다면 자료제공 가능(징세과-366, 2009.4.20.)

과세관청은 조세징수 또는 공익목적을 위하여 필요한 경우로서 「신용정보의 이용 및 보호에 관한 법률」 제2조에 따른 신용정보업자 또는 신용정보집중기관 기타 대통령령이 정하는 자가 「국세징수법」 제7조의 2 제1항 각 호에 해당하는 체납자 또는 결손처분자의 "체납 또는 결손처분자료"를 요구한 경우에는 징수권 소멸시효가 완성되지 않는 한 「국세징수법」 제7조의 2 제1항 단서에 해당하는 경우를 제외하고 이를 제공할 수 있는 것임.

❾ 외국인 체납자료 제공 등(지징법 §10)

행정안전부장관 또는 지방자치단체장은 지방세를 체납한 외국인에 대한 관리와 지방세 징수 등을 위하여 법무부장관에게 다음 어느 하나에 해당하는 외국인 체납자의 인적사항, 체납액에 관한 자료를 제공할 수 있다.

① 체납 발생일부터 1년이 지나고 체납액이 100만 원 이상인 자
② 지방세를 3회 이상 체납하고, 체납액이 5만 원 이상인 자

상기에 따른 체납액에 관한 자료의 제공방법 및 절차, 그 밖에 필요한 사항은 「지방세징수법 시행령」 제16조 및 제17조에 준하여 행정안전부장관과 법무부장관이 협의하여 정하며, 체납액에 관한 자료를 제공받은 법무부장관은 이를 업무 외의 목적으로 누설하거나 이용해서는 아니된다.

⑩ 고액·상습체납자의 명단공개(지징법 §11, 구 지기법 §140)

(1) 명단공개 대상자 요건

지방자치단체장 또는 지방자치단체조합장(2022.2.3. 이후 적용)은 「지방세기본법」 제86조에도 불구하고 체납 발생일부터 1년이 지난 지방세(결손처분한 지방세로서 징수권 소멸시효가 완성되지 아니한 것 포함)가 1천만 원(2022.2.3. 이후 지방자치단체조합장의 경우에는 각 지방자치단체장으로부터 징수를 위탁받은 체납액을 합산한 금액이 1천만 원, 2015.12.31. 이전 최초로 지방세심의위원회의 심의를 거쳐 명단을 공개하는 분까지는 3천만 원) 이상[1천만 원 이상에서 3천만 원 이하(2015.12.31. 이전 최초로 지방세심의위원회의 심의를 거쳐 명단을 공개(2021년 이후는 지방자치단체장이 공개하는 경우로 한정)하는 분까지는 3천만 원 이상에서 5천만 원 이하) 범위에서 조례로 정할 수 있음]인 체납자에 대하여는 지방세심의위원회(지방자치단체조합장의 경우에는 지방세징수심의위원회)의 심의를 거쳐 그 인적사항 및 체납액 등("체납정보")을 공개할 수 있다. 다만, 체납된 지방세와 관련하여 이의신청, 심판청구, 감사원 심사청구 또는 행정소송이 계류 중이거나 그 밖에 다음 사유가 있는 경우에는 체납정보를 공개할 수 없다.

① 체납액(가산금 포함)의 50%(2020.12.31. 이전 명단공개 대상을 정하는 경우까지는 30%) 이상을 납부한 경우
② 「채무자 회생 및 파산에 관한 법률」 제243조에 따른 회생계획인가의 결정에 따라 체납된 지방세의 징수를 유예받고 그 유예기간 중에 있거나 체납된 지방세를 회생계획의 납부일정에 따라 납부하고 있는 경우
③ 재산 상황, 미성년자 해당 여부 및 그 밖의 사정 등을 고려할 때 지방세심의위원회 또는 지방세징수심의위원회가 공개할 실익이 없거나 공개하는 것이 부적절하다고 인정하는 경우
④ 「지방세법」 제119조의 2에 따라 물적납세의무가 있는 수탁자가 그 물적납세의무와 관련하여 재산세 등을 체납한 경우
⑤ 「지방세기본법」 제75조 제1항에 따라 물적납세의무가 있는 양도담보권자가 그 물적납세의무와 관련하여 지방자치단체의 징수금을 체납한 경우(2023.3.14. 이후 적용)
⑥ 「지방세기본법」 제75조 제3항에 따라 물적납세의무가 있는 명의수탁자가 그 물적납세의무와 관련하여 지방자치단체의 징수금을 체납한 경우(2023.3.14. 이후 적용)

체납자 명단공개 대상자 요건으로는 첫째, 체납자별로 판단하여야 하므로 체납자가 법인이거나 개인이더라도 개별 체납자별로 판단하여야 한다. 따라서 원칙적으로 당해 체납자의 체납액만으로 판단하여야 하는 것이나 승계납세의무, 제2차 납세의무 및 연대납세의무를 체납자에게 부담되어 체납이 된 경우에도 이를 체납자에 포함하지 않아야 한다.

둘째, 체납액이 체납발생일로부터 2년이 경과한 체납액이 있어야 하므로 결손처분한 지방세로서 징수권 소멸시효가 완성되지 아니한 것을 포함한다. 이는 지방세심의위원회 등에서 명단공개 대상으로 심의할 대상자를 선정하기 위해서 역산하여 2년이 경과된 체납액을 기준으로 하되 체

납발생일은 신고납부 세목인 경우 신고납부기한이 종료일 익일로부터 기산하여야 하며 부과고지 세목의 경우에는 납부기한 종료일 익일로부터 기산하여야 한다. 따라서 체납액이 있더라도 체납 발생일로부터 2년이 경과되지 아니한 체납액은 제외하고 나머지 체납발생일로부터 2년이 경과된 체납액으로 하여야 한다.

셋째, 체납자의 지방세 체납액 총액이 3천만 원 이상이어야 한다. 체납액의 범위는 광역자치단체의 세목이거나 기초자치단체의 세목에 불구하고 전부 포함하여 3천만 원 여부를 판단하되 가산세, 가산금을 포함하여야 한다. 체납액 중 결손처분한 지방세로서 징수권 소멸시효가 완성되지 아니한 것을 포함하기 때문에 압류 등을 한 채권이 확보되어 있는 체납액은 당연히 포함되나 압류등 채권확보조치가 없어 징수권 소멸시효가 완성된 경우에는 포함하여야 한다.

넷째, 지방세 정보공개 대상 제외 요건이 아니어야 하므로 체납된 지방세가 이의신청·심사청구 등 불복청구 중에 있는 경우에는 지방세심의위원회의 등 심의 대상에서 제외하여야 하고, 지방세심의위원회의 심의 후 공개대상으로 결정되었다고 하더라도 체납액(2023.12.31. 이전 납세의무성립분은 가산금 포함)의 50%(2020년 이전 명단공개 대상을 정하는 경우까지는 30%) 이상을 납부한 경우, 「채무자 회생 및 파산에 관한 법률」 제243조에 따른 회생계획인가의 결정에 따라 체납된 지방세의 징수를 유예받고 그 유예기간 중에 있거나 체납된 지방세를 회생계획의 납부일정에 따라 납부하고 있는 경우 및 재산 상황, 미성년자 해당 여부 및 그 밖의 사정 등을 고려할 때 지방세심의위원회 또는 지방세징수심의위원회가 공개할 실익이 없거나 공개하는 것이 부적절하다고 인정하는 경우 공개대상에서 제외하여야 한다.

(2) 공개절차

지방자치단체장 또는 지방자치단체조합장(2022.2.3. 이후)은 지방세심의위원회(지방자치단체조합장의 경우에는 지방세징수심의위원회)의 심의를 하기 위하여 우선 공개대상자를 선정하여야 하고, 선정대상자 요건에 구비되었는지를 검토하여야 한다. 지방세심의위원회 등의 심의를 거쳐 공개대상자로 결정된 경우에는 체납자에게 명단공개 대상자임을 통지하여 소명기회를 부여하여야 하며, 지방자치단체장 등은 그 통지일부터 6월이 경과한 후 위원회로 하여금 체납액의 납부이행 등을 감안하여 체납자 명단공개 여부를 재심의하게 하여 최종적으로 공개대상자를 선정한다. 이 경우 공개대상자에게 체납자 명단 공개 대상자임을 소정의 서식에 의거 통지하는 경우에는 체납된 세금을 납부하도록 촉구하고, 공개제외 사유가 있는 경우에는 이에 관한 소명자료를 제출하도록 안내하여야 한다.

(3) 공개방법

관보 또는 공보 게재, 행정안전부(2016.1.1. 이후 명단공개하는 분부터 적용) 또는 지방자치단체의 정보통신망이나 게시판에 게시하는 방법, 「언론중재 및 피해구제 등에 관한 법률」 제2조제1호에 따른 언론이 요청하는 경우 체납정보를 제공하는 방법으로 한다.

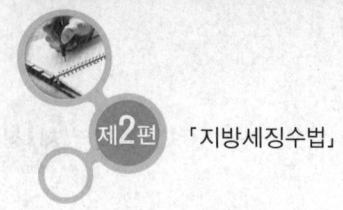

(4) 공개범위

납자명단 공개 시 공개할 사항은 체납자의 성명·상호(법인의 명칭 포함), 나이, 직업, 주소 또는 영업소(「도로명주소법」 제2조 제3호에 따른 도로명 및 같은 조 제5호에 따른 건물번호까지로 함 : 도로명 및 건물번호는 2016.1.1. 이후 최초로 지방세심의위원회의 심의를 거쳐 명단을 공개하는 분부터 적용함), 체납액의 세목·납부기한 및 체납요지 등으로 하고, 법인인 체납자의 명단을 공개하는 경우에는 법인의 대표자를 함께 공개할 수 있다.

⑪ 둘 이상의 지방자치단체에 체납액이 있는 경우의 처리(지징법 §11-2)

다음의 구분에 따른 지방자치단체장 또는 지방자치단체조합장(2022.2.3. 이후)은 체납자가 둘 이상의 지방자치단체에 체납한 지방세, 체납액[정리보류(종전 결손처분하였으나 징수권 소멸시효가 완성되지 아니한 분) 포함] 또는 체납 횟수 등("체납액 등")을 다음의 구분에 따라 합산하여 「지방세징수법」 제8조 제1항, 제9조 제1항 또는 제11조 제1항의 기준에 해당하는 경우에는 제8조에 따른 출국금지 요청, 제9조에 따른 체납·결손처분 자료의 제공 또는 제11조에 따른 체납정보 공개를 할 수 있다.

① 동일한 특별시·광역시·도·특별자치도(관할 구역 안에 지방자치단체인 시·군이 있는 특별자치도에 한정)의 체납액 등 또는 그 관할 지방자치단체의 체납액 등을 합산하는 경우 (2021.1.1. 이후 둘 이상의 지방자치단체의 체납액 등을 합산하여 각 기준에 해당하는 경우부터 적용)

해당 특별시장·광역시장, 도지사 또는 특별자치도지사

② 전국 단위로 체납액 등을 합산하는 경우(2022.2.3. 이후 둘 이상의 지방자치단체의 체납액 등을 합산하여 각 기준에 해당하는 경우부터 적용)

해당 특별시·광역시·특별자치시·도·특별자치도 또는 그 관할 지방자치단체의 체납액 등을 합산한 금액이 가장 많은 특별시장·광역시장·특별자치시장·도지사·특별자치도지사 또는 지방자치단체조합장

⑫ 체납자의 거래정보등의 제공 요구(지징법 §11-3)

지방자치단체조합장은 각 지방자치단체장으로부터 징수를 위탁받은 체납액을 합산한 금액이 1천만 원 이상인 체납자에 대한 재산조회를 위하여 「금융실명거래 및 비밀보장에 관한 법률」 제2조 제3호에 따른 금융거래의 내용에 대한 정보 또는 자료("거래정보 등")의 제공을 같은 법 제4조 제2항 각 호 외의 부분 단서에 따라 거래정보 등을 보관 또는 관리하는 부서에 요구할 수 있다 (2022.2.3. 이후 시행).

⑬ 고액·상습체납자의 감치(지징법 §11-4)

2022.7.29. 이후 지방세를 체납하는 분부터 법원은 검사의 청구에 따라 체납자가 다음의 요건에 모두 해당하는 경우 결정으로 30일의 범위에서 체납된 지방세가 납부될 때까지 그 체납자를 감치(監置)에 처할 수 있다. 감치에 처하여진 체납자는 동일한 체납 사실로 인하여 다시 감치되지 아니하며, 감치에 처하는 재판을 받은 체납자가 그 감치의 집행 중에 체납된 지방세를 납부한 경우 감치집행을 종료하여야 하며, 세무공무원은 감치집행 시 감치대상자에게 감치사유, 감치기간, 감치집행의 종료 등 감치결정에 대한 사항을 설명하고 그 밖에 감치집행에 필요한 절차에 협력하여야 함. 감치에 처하는 재판의 절차 및 그 집행, 그 밖에 필요한 사항은 대법원규칙으로 정한다.

① 지방세를 3회 이상 체납하고 있을 것
② 체납된 지방세가 체납 발생일부터 각각 1년 이상이 경과하였을 것
③ 체납된 지방세의 합계액이 5천만 원 이상일 것
④ 체납된 지방세의 납부능력이 있음에도 불구하고 정당한 사유 없이 체납하였을 것
⑤ 해당 체납자에 대한 감치 필요성에 대하여 「지방세기본법」 제147조에 따른 지방세심의위원회의 의결을 거쳤을 것

지방자치단체장은 체납자가 상기의 요건에 모두 해당하는 경우 체납자의 주소 또는 거소를 관할하는 지방검찰청 또는 지청의 검사에게 체납자의 감치를 신청할 수 있으며, 이에 따라 체납자의 감치를 신청하기 전에 체납자에게 소명자료를 제출하거나 의견을 진술할 수 있는 기회를 주어야 하며, 이 결정에 대해서는 즉시항고를 할 수 있다.

한편, 지방자치단체장은 체납자의 의견진술 신청을 받은 경우 지방세심의위원회의 회의 개최일 3일 전까지 해당 체납자에게 회의 일시 및 장소를 통지해야 한다(2022.7.29. 이후 적용).

제2장

징수

제1절 징수절차

① 납세고지 등(지징법 §12, 구 지기법 §55)

(1) 개요

지방세를 징수하려면 지방자치단체장은 납세자에게 그 지방세의 과세연도·세목·세액 및 그 산출근거·납부기한과 납부장소를 구체적으로 밝힌 문서(전자문서 포함)로 고지하여야 한다. 이 문서를 납세고지서라 한다. 지방자치단체장은 납세자가 체납액 중 지방세(2023.12.31. 이전 납세의무성립분은 가산금 포함)만을 완납한 경우에 체납처분비를 징수할 때에는 납세자에게 체납처분비의 징수에 관계되는 지방세의 과세연도와 세목, 체납처분비와 그 산출근거·납부기한 및 납부장소를 문서로 고지하여야 한다.

① 과세기간

과세관청이 지방세를 부과한 회계연도를 말한다. 따라서 일반적으로 고지일이 속하는 역년을 표시하는 것이다.

② 세목

지방세의 종목을 뜻한다. 예컨대 취득세, 재산세 등이다.

③ 세액 및 산출근거

세액은 과세표준에 세율을 곱하여 산출하는 것이므로 과세표준과 세액의 계산내역이 기재되어야 한다. 다만, 하나의 납세고지서 또는 납부통지서로 둘 이상의 과세대상을 동시에 고지하는 경우에는 세액의 산출근거를 생략할 수 있으며, 이 경우 납세자가 세액 산출근거의 열람을 신청하는 때에는 세무공무원은 지체 없이 열람할 수 있도록 하여야 한다.

④ 납부기한

납세의무자에게 납부할 기회를 명시하여 주는 것이며 그 기한을 경과할 때에는 납부지연가산세(2023.12.31. 이전 납세의무성립분은 가산금)의 부과와 독촉 등 체납처분절차를 시행할 수 있는 근거가 되는 것이다.

⑤ 납부장소

납부하여야 할 지방자치단체를 기재하는 것이며 실제로 납부하는 행위는 지방자치단체의 금고 또는 지방세 수납대리점인 금융기관(지방자치단체의 금고업무를 대행하는 기관 포함) 납부함으로써 해당 납부장소에 납부하는 것이 된다. 이러한 납세고지의 성격은 조세채권을 확정하여 통지하는 부과절차로서의 의미와 확정된 조세채무를 이행할 것을 청구하는 징세절차로서의 의미를 함께 가지고 있다고 할 것이다.

🌑 지방세의 징수절차

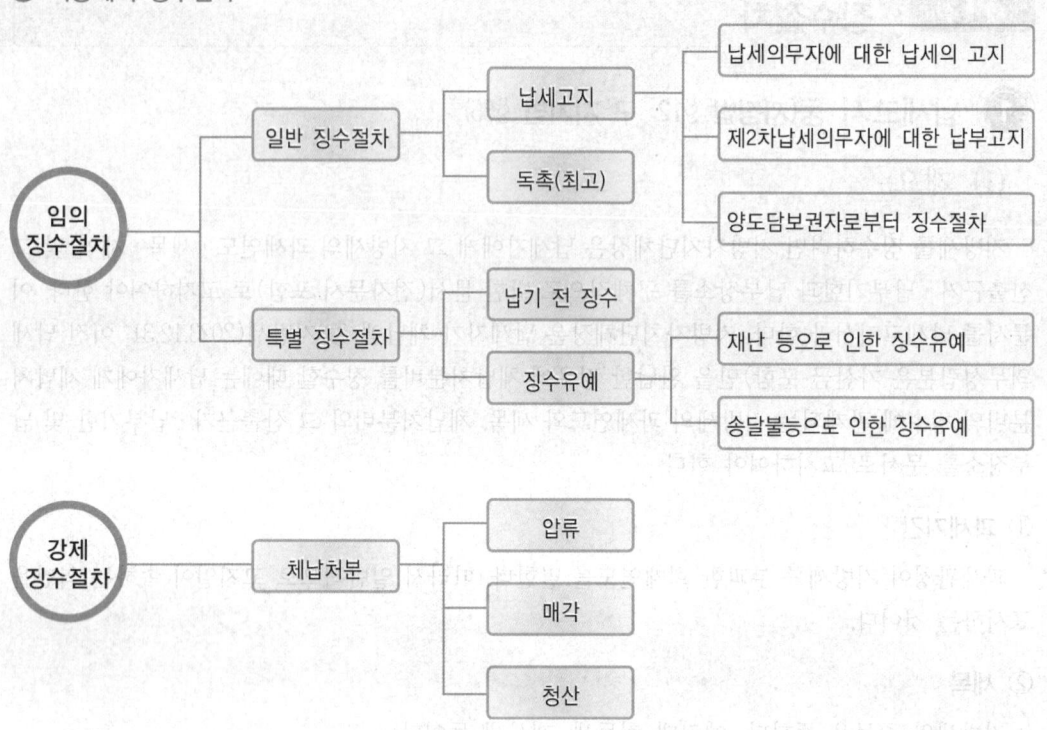

사례 과세관청이 법인세 등을 부과하면서 사업연도 및 납부할 총세액과 그 산출근거인 과세표준, 세율, 공제세액 등을 기재한 법정의 납세고지서에 의하여 부과·고지한 데 대해, 익금과 손금 등 세액 산출의 실질적 근거나 경로, 경위, 근거법령 등을 기재하지 아니하였다고 하더라도 위법하지 아니함(대법원 2001두11014, 2004.1.27.).

(2) 연대납세의무자에 대한 납세고지

연대납세의무를 지는 자에게 납세고지를 하는 경우에는 연대납세의무자 전원을 고지서에 기재하여야 하며, 각자에게 모두 고지서를 발부하여야 한다(국징통 9-0…1).

연대납세의무자 일부가 납세고지서를 제때 송달받지 못한 상태에서 고지된 납세고지서의 납부기한이 경과 시 송달받지 못한 자에게 당초 송달한 고지서(동일 고지세액과 납부기한)로 송달하고 지연송달로 인한 납부기한은 연장으로 처리해야 한다(조세정책과-55, 2005.1.11.).

(3) 납세고지서의 하자(가산세 합계액만 부과 시)

하나의 납세고지서에 의하여 본세와 가산세를 함께 부과할 때에는 납세고지서에 본세와 가산세 각각의 세액과 산출근거 등을 구분하여 기재해야 하는 것이고, 또 여러 종류의 가산세를 함께 부과하는 경우에는 그 가산세 상호 간에도 종류별로 세액과 산출근거 등을 구분하여 기재함으로써 납세의무자가 납세고지서 자체로 각 과세처분의 내용을 알 수 있도록 하는 것이 당연한 원칙이므로 가산세 부과처분이라고 하여 그 종류와 세액의 산출근거 등을 전혀 밝히지 않고 가산세의 합계액만을 기재한 경우에는 그 부과처분은 위법함을 면할 수 없다. 다만, 과세예고통지서 등에 납세고지서의 필요적 기재사항이 이미 모두 기재되어 있는 경우 이로써 납세고지의 하자는 보완되거나 치유될 수 있다(대법원 2010두12347, 2012.10.18.).

(4) 과세예고통지서에 의한 하자 치유

납세고지에 관계 법령에서 요구하는 기재사항을 누락한 하자가 있더라도 과세관청이 과세처분에 앞서 납세의무자에게 보낸 과세예고통지서 등에 납세고지서의 필요적 기재사항이 이미 모두 기재되어 있어 납세의무자가 그 처분에 대한 불복 여부의 결정 및 불복신청에 전혀 지장을 받지 않은 것이 명백하다면 이로써 납세고지의 하자는 보완되거나 치유될 수 있다(대법원 2010두 12347, 2012.10.18.).

한편, 납세고지서에는 취득세, 지방교육세, 농어촌특별세("취득세 등")의 세액과 취득세의 과세표준만이 기재되어 있을 뿐 취득세 등의 산출근거가 제대로 기재되어 있지 않은 사실, 처분청이 납세고지서에 앞서 납세의무자에게 보낸 과세예고통지서에도 취득세와 농어촌특별세의 세액, 취득세의 과세표준 등은 기재되어 있으나, 취득세 등의 세율 및 지방교육세와 농어촌특별세의 과세표준은 기재되어 있지 않은 사실을 알 수 있다. 이러한 사실관계를 앞서 본 법리에 비추어 살펴보면, 취득세 등의 납세고지는 관계 법령에서 요구하는 기재사항을 일부 누락한 하자가 있고, 납세의무자가 취득세 등을 신고할 당시 이미 취득세 등의 세율과 과세표준을 알고 있었더라도 그 하자가 보완되거나 치유되었다고 볼 수도 없으므로 취득세 등의 부과처분은 위법하다고 할 것이다(대법원 2015두38948, 2015.9.24.).

(5) 납세고지서의 하자치유 후 재고지

납세고지처분에 하자가 있는 경우, 그 하자의 정도가 납세의무자가 당초의 과세처분에 대하여 불복 여부의 결정 및 불복신청에 지장을 받지 않을 정도의 것일 경우에는 추가의 정정처분이 당초 과세처분의 흠결을 보완하거나 하자를 치유할 수 있는바, 이러한 사유에 해당하는 정도의 고지처분에 대한 하자는 치유되어 당초 처분이 존속되는 것으로 본다(징세 46101-377, 1999.11.2.). 하자 있는 행정행위에 있어서 하자의 치유는 행정행위의 성질이나 법치주의의 관점에서 볼 때, 원칙적으로는 허용될 수 없으나 행정행위의 무용한 반복을 피하고 당사자의 법적 안정성을 보호하기 위하여 국민의 권리와 이익을 침해하지 아니하는 범위 내에서 구체적인 사정에 따라 예외적으로 허용될 수 있다. 예를 들어 주된 납세의무자에 대한 과세처분의 효력발생 전에 한 제2차 납세의무자에 대한 납부고지처분의 절차상의 하자가 그 후 주된 납세의무자에 대한 과세처분의 효력발생으로 치유된 것으로 보고 있다(대법원 98두4535, 1998.10.27.). 그리고 고지의 하자로 인한 처분취소판결의 경우 하자를 치유하여 새로이 고지하는 처분(증액경정)도 가능하다(대법원 99두6972, 1999.9.21.).

당초 납세고지서의 송달이 적법하게 이루어졌는데도 그 고지서 내용상의 흠결을 들어 과세처분이 취소된 경우 그에 대한 하자를 치유하여 재고지하는 경우에는 국세부과제척기간을 적용받지 아니하나, 납세고지서의 송달이 적법하게 이루어지지 아니하면 부과처분 자체가 무효이므로 이에 대한 재고지처분은 새로운 결정으로 보아야 하고 부과제척기간 이내에만 가능한 것으로 해석해야 할 것으로 판단된다(국심 98경2143, 1999.8.23. 및 심사기타 99-1001, 1999.10.8. 외 다수 같은 뜻).

또한, 당해 판결 또는 결정에 따라 경정결정을 하거나 기타 필요한 처분(당초 납세고지서의 송달이 적법하게 이루어졌는데도 그 고지서 내용상의 흠결을 들어 과세처분이 취소된 경우 고지절차상의 하자를 보완해 재고지처분, 당초의 부과처분의 세액을 한도로 종전 판결에서 적시한 위법사유를 보완하여 같은 세목으로 다시 부과하는 처분)을 할 수 있는 것이다(서삼 46019-11005, 2003.6.23.).

> **사례** 납세고지서에 가산세 산출근거를 미기재하여 판결에 따라 부과처분을 취소한 후 특례제척기간을 적용하여 재고지한 사례(조심 2013서2817, 2013.8.5.)
>
> OOO행정법원이 납세고지의 하자를 이유로 당해 처분이 위법하다고 판결하자, 처분청이 그 판결확정일로부터 1년 내에 당초의 위법한 처분을 취소하고 그 잘못을 바로잡아 다시 부과한 처분은 잘못이 없다고 판단됨(조심 2013서1552, 2013.5.30., 조심 2011서2325, 2011.11.16. 같은 뜻).

(6) 납세고지서 상 세목을 단순 오기한 경우

'납세고지서'에 '지방소득세(종업원분) 납세고지서(수시분)'라고 기재하기는 하였으나, '과세대상 종업원분, 귀속연월 2009.8., 2006년 경정사항(세무조사), 2007년 경정사항(세무조사)'으로 기재한 사실을 인정할 수 있는바, 개정 「지방세법」 상 지방소득세(종업원분)는 구 「지방세법」 상 사업소세(종업원할)와 과세표준, 세율, 부과징수 체계 등이 동일하며 다만 명칭만 변경된 것에 불과한 점, 납세고지서를 통하여 구체적 세액과 그 산출근거를 알 수 있는 점, 세목의 명칭으로 인하여 원고의 불복 여부 결정이나 불복 신청에 장애가 되지는 않는 점 등을 고려하면, 세목 표시는 단순한 오기에 불과하여 그것만으로 처분 자체가 위법하게 된다고 할 수는 없다(대법원 2014두37313, 2014.9.5. 참조).

(7) 세무조사 사전통지 등을 거치지 않고 한 처분의 위법 여부

일반적으로 세무공무원이 부동산의 실제 사용현황을 조사할 때 사전에 당사자에게 그 조사사실을 알리게 되면 당사자가 사용현황을 사실과 다르게 조작하여 세무조사의 목적을 달성할 수 없게 할 우려가 있으므로, 이 경우는 구 「지방세기본법」 제111조 제1항 단서에 따라 사전통지의 생략이 가능하다고 봄이 상당한 점, 과세전적부심사를 통하여 원고에게 위 현장조사 결과에 대한 의견을 제출할 기회가 부여된 것으로 볼 수 있는 점 등을 종합하여 보면, 이 처분에 세무조사절차를 위반한 위법이 있다고 보기 어렵다. 설령 일부 절차를 거치지 아니한 위법이 있다고 하더라도, 그것이 실질적으로 전혀 조사가 없었던 경우와 같거나 선량한 풍속 기타 사회질서에 위반되는 방법으로 과세처분의 기준이 되는 자료를 수집하는 등 중대한 것이라고 보기 어려우므로, 그러한 사정만으로는 이 처분이 위법하다고 할 수 없다(대법원 2014두10318, 2014.10.27. 참조).

> **사례** 당초 부과처분의 무효에 따른 재고지처분의 적법 여부
>
> 당초 납세고지서의 송달이 적법하게 이루어졌는데도 그 고지서내용상의 흠결을 들어 과세처분이 취소된 경우 그에 대한 하자를 치유하여 재고지하는 경우에는 국세부과제척기간을 적용받지 아니하나, 납세고지서의 송달이 적법하게 이루어지지 아니하면 부과처분자체가 무효이므로 이에 대한 재고지처분은 새로운 결정으로 보아야 하고 부과제척기간 이내에만 가능한 것으로 해석해야 할 것으로 판단됨(국심 98경2143, 1999.8.23. 외 다수 같은 뜻).
> – 같은 뜻 : 국심 2005중332, 2005.9.1., 국심 2004중1248, 2005.3.10.

☞ 부과제척기간이 경과되었다 하더라도 판결이 확정된 날로부터 1년 이내 당초 납세고지서의 송달이 적법하게 이루어졌는데도 과세고지의 절차상 하자가 있어서 이를 보완하여 재고지처분은 가능한 것이라고 판시하고 있으나, 서울고법판례(2011누20415, 2012.2.15.)에 따르면 당초 구「국세기본법」제26조의 2 제2항 제호에 따른 특별제척기간은 쟁송 후 판결 등에 따라 납세자에게 유리한 경정결정 기타 필요한 처분을 할 수 있도록 하기 위한 목적으로 신설되었으므로, 그 적용범위를 지나치게 확장하는 것은 입법 취지에도 반한다라고 판시하고 있고, 대법원판례(94두3667, 2010.6.24.)에 따르면 과세권자로서는 당해 판결 또는 결정에 따른 경정결정이나 그에 부수되는 처분만을 할 수 있을 뿐, 판결 또는 결정이 확정된 날로부터 1년 내라 하여 당해 판결이나 결정에 따르지 아니하는 새로운 결정이나 증액경정결정까지도 할 수 있다는 것은 아니다라고 판시하고 있어서 논란이 됨.

② 납세고지서 발급시기(지징법 §13, 구 지기법 §56)

「지방세법」상에서 규정하고 있는 납세고지서의 발급시기는 다음과 같다.

구분	납세고지서 발급시기
납부기한이 일정한 경우	납기가 시작되기 5일 전
납부기한이 일정하지 아니한 경우	징수결정 즉시
법령에 따라 기간을 정하여 징수유예한 경우	징수유예기간이 끝난 날의 다음 날

☞ 징수결정 : 지방세를 징수하고자 수입징수관이 수입연도, 수입과목, 세액, 납부기한 등 징수에 필요한 사항에 관하여 내부적인 의사결정을 하는 것을 말함.

☞ 수입징수관은 부과결정통보를 받은 때에는 지체없이 징수결정을 하여야 함.

납세고지서 등의 발송은 납기개시 전에 납세고지서가 납세의무자에게 도달되어 납세의무를 이행하기 위함이므로 납기개시 전에 발송하는 것이 타당하나 납세고지서의 발급시기에 관한 상기 규정은 훈시규정이므로, 상기 발급시기 이후에 발급된 고지서도 그 효력에는 영향이 없다(지징예 법13-1).

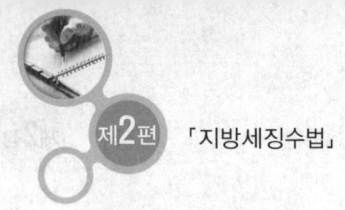

③ 납부기한의 지정(지징법 §14, 구 지기법 §57)

지방자치단체장은 지방자치단체의 징수금의 납부기한을 납세 또는 납부의 고지를 하는 날부터 30일 이내로 지정할 수 있다.

④ 제2차 납세의무자에 대한 납세고지(지징법 §15, 구 지기법 §45)

(1) 납세고지 방법

납세자의 체납액을 제2차 납세의무자(보증인 포함)로부터 징수하려면 제2차 납세의무자에게 징수하려는 체납액의 과세기간, 세목, 세액 및 그 산출 근거, 납부기한, 납부장소와 제2차 납세의무자로부터 징수할 금액 및 그 산출 근거와 그 밖에 필요한 사항을 적은 납부통지서로 고지하여야 하며, 이 경우 납세자에게 그 사실을 통지하여야 한다.[6]

'제2차 납세의무자 또는 납세보증인으로부터 징수할 금액'[7]이라 함은 다음의 금액을 말하되, 주된 납세자에 대한 체납처분을 종결하기 전이라도 징수할 금액에 부족하다고 인정되는 범위 내에서 납부통지를 할 수 있다(국징법 집행기준 12-0-1).

① 출자자의 제2차 납세의무

법인에 대하여 체납처분을 집행하여도 징수할 금액에 부족한 출자지분율에 해당하는 금액

② 청산인·법인·사업양수인의 재산 등의 가액을 한도로 하는 제2차 납세의무

주된 납세자에 대하여 체납처분을 집행하여도 징수할 금액에 부족한 체납액의 범위 안에서 그 재산 등의 가액을 한도로 하는 금액

③ "제2차 납세의무자로부터 징수할 금액"을 징수하기 위하여 필요한 체납처분비는 그 "징수할 금액" 외로 징수할 수 있다.

④ 납기 전 징수와 징수유예의 규정은 제2차 납세의무자로부터의 징수에 관하여 준용한다.

한편, 제2차 납세의무자가 2인 이상인 경우에 제2차 납세의무자 상호 간의 관계는 다음과 같다(지징예 법15-1).

---

6) 제2차 납세의무자에 대한 납부고지가 주된 납세의무자에 대한 부과처분과는 독립된 부과처분으로서의 성격도 가지고 있는 이상 제2차 납세의무에 대해서도 주된 납세의무와는 별도로 그 부과의 제척기간이 진행한다고 할 것이고, 그 부과제척기간은 특별한 사정이 없는 한 이를 부과할 수 있는 날인 제2차 납세의무가 성립한 날로부터 5년간으로 봄이 타당하다(대법원 2008.10.23. 선고, 2006두11750 판결 참조). 그런데 제2차 납세의무가 성립하기 위해서는 주된 납세의무자의 체납 등 그 요건에 해당되는 사실이 발생하여야 하므로 그 성립시기는 적어도 "주된 납세의무의 납부기한이 경과한 이후"라 할 것이고(대법원 2003두13083, 2005.4.15. 참조), 과세관청으로서는 주된 납세의무의 납부기한이 경과한 다음 날부터는 제2차 납세의무를 부과하는 데에 어떠한 법률상 장애가 없으므로 제2차 납세의무에 대하여는 "주된 납세의무의 납부기한이 경과한 다음 날"로부터 5년간의 제척기간이 적용되는 것으로 봄이 타당함(대법원 2006두11750, 2008.10.23. 참조).

7) "제2차 납세의무자로부터 징수할 금액"을 징수하기 위하여 필요한 체납처분비는 그 "징수할 금액" 외로 징수할 수 있다(지징예 법15-5).

① 제2차 납세의무자 1인에 대하여 발생한 이행(납부, 충당 등) 이외의 사유는 다른 제2차 납세의무자의 제2차 납세의무에는 영향을 미치지 아니한다.

② 제2차 납세의무자 1인이 그의 제2차 납세의무를 이행한 경우에는 그 이행에 의하여 제2차 납세의무가 소멸된 세액이 다른 제2차 납세의무자의 제2차 납세의무의 범위에 포함되어 있으면 그 제2차 납세의무도 소멸한다. 이 경우 '범위에 포함되어 있는지'에 관하여는 분배 등을 한 재산의 가액을 기준으로 하여 판정한다.

> **사례** 제2차 납세의무자에 대하여 납부고지를 하려면 먼저 주된 납세의무자에 대하여 과세처분 등을 하여 그의 구체적인 납세의무를 확정하는 절차를 거쳐야 하고, 그러한 절차를 거침이 없이 바로 제2차 납세의무자에 대하여 납부고지를 하는 것은 절차상 하자있는 처분이지만 그 후 주된 납세의무자에 대한 과세처분의 효력발생으로 그 하자가 치유되었다고 할 수 있음(대법원 98두4535, 1998.10.27.).

(2) 징수유예 등과의 관계

주된 납세자(제2차 납세의무의 원인이 된 납세의무를 지는 자다)의 지방세에 관하여 징수를 유예한 기간 중에 있어서는 그 지방세의 제2차 납세의무자에 대하여 납부통지서 또는 납부최고서를 발부하거나 체납처분을 하지 아니한다. 그러나 제2차 납세의무자에 대하여 한 징수유예는 주된 납세자에 대하여 효력을 미치지 아니한다. 주된 납세자의 지방세에 대하여 환가의 유예를 한 경우에는 제2차 납세의무자에 대하여 납부통지서 또는 납부최고서를 발부하거나 체납처분을 할 수 있다(국기통 12-0…1 참조).

5 양도담보권자로부터의 징수절차(지징법 §16, 구 지기법 §104)

양도담보권자나 2022년 이후 납세의무성립분부터 종중(宗中) 재산의 명의수탁자("양도담보권자 등")에게 납세자에 대한 지방자치단체의 징수금을 징수하려면 양도담보권자 등에게 납부고지를 하여야 한다. 이 경우에는 양도담보권자 등의 주소 또는 거소(居所)를 관할하는 지방자치단체장과 납세자에게 그 사실을 통지하여야 한다(국징법 §13 참조). 납부 고지가 있은 후 해당 재산의 양도에 의하여 담보된 채권이 채무불이행 등 변제 외의 이유로 소멸된 경우(양도담보재산의 환매, 재매매의 예약, 그 밖에 이와 유사한 계약을 체결한 경우에 기한의 경과 등 그 계약의 이행 외의 이유로 계약의 효력이 상실되었을 때를 포함한다)에도 양도담보재산으로서 존속하는 것으로 본다.

여기서 '채무불이행 등 변제 외의 이유'라 함은 양도담보재산에 의하여 담보되는 채권이 소멸되는 경우에 있어서 양도담보재산이 납세자에 복귀하지 아니하게 되는 경우를 말한다. 따라서 상계(「민법」 §492), 면제(「민법」 §506), 혼동(「민법」 §507), 소멸시효의 완성(「민법」 §162) 등으로 인하여 양도담보재산에 의하여 담보되는 채권이 소멸되는 경우에는 이에 해당하지 아니하며(국징통

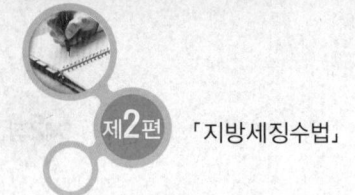

13-0…2), '기한의 경과'라 함은 환매조건부 매매에 있어 환매기간이 경과하거나 재매매의 예약에 있어 예약기간이 경과하는 등의 사유로 인하여 납세자가 양도담보재산을 자기에게 복귀하도록 청구할 수 없게 되는 것을 말한다(국징통 13-0…3). 그리고 '계약의 이행 외의 이유'라 함은 납세자가 양도담보재산을 자기에게 복귀시킬 것을 청구할 수 있는 권리가 소멸하게 되는 이유 중 기한의 경과 기타 그 계약의 이행 외의 이유를 말하므로 환매권 또는 재매매의 예약의 완결권의 소멸시효의 완성 등은 이에 해당되나 계약에 관한 채권의 소멸 등(상계, 면제, 혼동, 소멸시효의 완성 등)에 의한 것은 해당되지 아니한다(국징통 13-0…4).

한편, 양도담보재산이 양도담보권자 등으로부터 다시 제3자에게 양도가 된 경우에는 「국세징수법」 제13조 제1항의 고지 후에 양도가 된 경우에도 압류가 되기 전에 양도된 때에는 같은 조의 물적납세의무는 소멸한다(국징통 13-0…1).

❻ 도세 등에 대한 징수의 위임(지징법 §17, 구 지기법 §67)

시장·군수·구청장은 그 시·군·구 내의 특별시세·광역시세·도세·특별자치도세("시·도세")를 징수하여 특별시·광역시·도·특별자치도(관할 구역 안에 지방자치단체인 시·군이 있는 특별자치도에 한정)에 납입할 의무를 진다. 다만, 필요할 때에는 특별시장·광역시장·도지사·특별자치도지사(관할 구역 안에 지방자치단체인 시·군이 있는 특별자치도의 도지사에 한정)는 납세자에게 직접 납세고지서를 발급할 수 있다. 시·도세 징수의 비용은 시·군·구가 부담하고, 3% 교부율(시·군 및 자치구에서 징수하여 특별시·광역시 및 도·특별자치도(관할 구역 안에 지방자치단체인 시·군이 있는 특별자치도에 한정)에 납입한 징수금액에 대한 각 시·군 및 자치구별 분배 금액의 합계액의 비율)과 교부기준에 따라 특별시·광역시·도·특별자치도(관할 구역 안에 지방자치단체인 시·군이 있는 특별자치도에 한정)의 조례로 정하는 바에 따라 그 처리비용으로 시·군·구에 징수교부금을 교부하여야 한다. 다만, 해당 지방세와 함께 징수하는 특별시·광역시·도·특별자치도(관할 구역 안에 지방자치단체인 시·군이 있는 특별자치도에 한정)세와 「지방세기본법」 제9조에 따른 특별시분 재산세를 해당 지방세의 고지서에 병기하여 징수하는 경우에는 징수교부금을 교부하지 아니한다.

시장·군수·구청장이 그 시·군·구 내의 시·도세에 대하여 체납처분을 하는 경우에 드는 비용은 시·군·구의 부담으로 하고, 체납처분 후에 징수되는 체납처분비는 시·군·구의 수입으로 한다.

시·군 및 구별 교부기준(징수교부금으로 확정된 특별시세·광역시세·도세·특별자치도세 징수금의 일정부분을 각 시·군 및 구에 분배하는 기준을 말함)은 각 시·군 및 구에서 징수한 도세 징수금액의 100분의 3으로 한다. 다만, 지역 실정을 고려하여 필요할 경우 조례로 징수금액 외에 징수 건수를 반영하는 등 교부기준을 달리 정할 수 있으며, 징수 건수를 반영할 경우 레저세의 징수 건수는 포함하지 아니한다. 시장·군수가 징수한 특별시세·광역시세·도세·특별자치도세는 납부서를 첨부하여 다음의 구분에 따라 지정된 기한 내에 특별시·광역시·도·특별자치도의 금고에 납입하거나 지정된 은행 또는 체신관서를 통하여 특별시·광역시·도·특별자치도의 금고에 납입하여야 한다. 세무공무원이 징수한 시·군세를 시·군의 금고에 납입할 때도 마찬가지로 이와 같다.

① 특별시·광역시·도·특별자치도의 금고, 지정된 은행 또는 체신관서 소재지에 있는 시·군은 수납한 날의 다음 날까지

② 특별시·광역시·도·특별자치도의 금고, 지정된 은행 또는 체신관서 소재지 외에 있는 시·군은 수납한 날부터 5일 이내

> ◉ **해당 지방세와 함께 징수하는 특별시세·광역시세·도세·특별자치도세**
> 부가세(예 : 지방교육세)로 징수하는 세금을 말하나, 재산세 과세특례분(특별시세)이나 특정 부동산 지역자원시설세는 포함되지 아니함.

❼ 징수촉탁(지징법 §18, 구 지기법 §68)

「지방세기본법」 또는 지방세관계법에 따라 지방자치단체의 징수금을 납부할 자의 주소 또는 재산이 다른 지방자치단체에 있을 때에는 세무공무원은 그 주소지 또는 재산 소재지의 세무공무원에게 그 징수를 촉탁할 수 있다. 이 경우 촉탁받은 세무공무원이 속하는 지방자치단체는 촉탁받은 사무의 비용과 송금비용 및 체납처분비를 부담하고, 징수한 지방자치단체의 징수금에서 다음 각 호의 금액을 뺀 나머지 금액을 촉탁한 세무공무원이 속하는 지방자치단체에 송금하여야 한다.

송금 금액 = 징수금 − (지방자치단체의 징수금 − 체납처분비) × 30% − 체납처분비

지방자치단체는 상호 간에 지방세의 징수촉탁에 관한 협약을 체결할 수 있다. 이 경우 징수촉탁에 관한 협약에는 징수촉탁사무의 내용과 범위, 촉탁사무의 관리 및 처리비용, 경비의 부담 등에 관한 사항을 정하여야 한다.

징수촉탁을 하려는 세무공무원은 징수촉탁 문서로 하여야 하며, 징수촉탁을 받은 세무공무원은 징수촉탁을 한 세무공무원에게 지체 없이 인수서를 발송하여야 한다. 징수촉탁의 경우 그 징수가 지연되거나 그 밖에 특별한 사유가 있을 때에는 징수촉탁을 한 세무공무원은 징수촉탁을 받은 세무공무원과 협의하여 직접 징수촉탁을 받은 지방자치단체의 구역에서 해당 체납자에 대하여 체납처분을 할 수 있다.

8 지방자치단체의 징수금에 대한 납부의무 면제(지징법 §19, 구 지기법 §69)

시·군·구세 또는 특별시세·광역시세·도세의 특별징수의무자는 불가피한 사고로 인하여 받았던 지방자치단체의 징수금을 잃어버렸을 때에는 그 사실을 증명하여 시·군·구세는 시장·군수·구청장에게, 특별시세·광역시세·특별자치시세·도세·특별자치도세는 특별시장·광역시장·특별자치시장·도지사·특별자치도지사에게 징수금 납부의무의 면제를 신청할 수 있으며, 지방자치단체장은 이 신청을 받은 날부터 30일 이내에 이를 결정하여야 한다. 이 결정에 불복하는 자는 결정의 통지를 받은 날부터 14일 이내에 특별시세·광역시세·특별자치시세·도세·특별자치도세의 경우에는 행정안전부장관에게, 시·군·구세의 경우에는 특별시장·광역시장·도지사·특별자치도지사(관할 구역 안에 지방자치단체인 시·군이 있는 특별자치도의 도지사에 한정)에게 심사를 청구할 수 있으며, 행정안전부장관 또는 특별시장·광역시장·도지사·특별자치도지사는 제3항의 심사청구를 받은 날부터 30일 이내에 이를 결정하여야 한다.

○ **불가피한 사고**
    선량한 관리자의 주의를 다하고도 예방하거나 방지할 수 없는 사고

9 제3자 납부(지징법 §20, 구 지기법 §70)

지방자치단체 징수금은 그 납세자를 위하여 제3자가 납부할 수 있는데, 이 제3자의 납부는 납세자의 명의로 납부하는 것으로 한정하되, 납세자를 위하여 지방자치단체 징수금을 납부한 제3자는 지방자치단체에 대하여 그 반환을 청구할 수 없다.

10 지방세에 관한 상계금지(지징법 §21, 구 지기법 §71)

지방자치단체 징수금과 지방자치단체에 대한 채권으로서 금전의 급부를 목적으로 하는 것은 법률에 따로 규정이 있는 것을 제외하고는 상계할 수 없다. 환급금에 관한 채권과 지방자치단체에 대한 채무로서 금전의 급부를 목적으로 하는 것에 대하여도 또한 같다.

채권이 압류된 경우 제3채무자가 가지는 반대채권과 피압류채권과의 상계에 관하여는 다음에 유의한다(지징예 법21-1).

① 제3채무자는 수동채권[8]이 압류된 후에 취득한 채권을 자동채권으로 하여 상계할 수 없다(「민법」§498 참조).

---

8) '자동채권'이란 채권·채무관계에서 상계적상에 있을 경우 상계를 신청하는 자의 채권이 자동채권이고, 그 상대방의 채권이 수동채권이다. 예로서 '갑'이 '을'에게 금 100만 원의 대여금 반환청구 채권이 있고, '을'은 '갑'에게 금 200만 원의 물품대금반환청구채권이 있다면 이때 '갑'이 '을'에게 금 100만 원에 대하여 상계를 주장할 경우 '갑'의 채권이 자동채권이 되고, '을'의 채권이 수동채권이 된다.

② 제3채무자가 압류 전에 자동채권을 취득한 경우에도 압류 시에 상계적상에 있지 아니하면 상계로써 지방자치단체에 대항하지 못한다.

③ 제3채무자가 가지는 자동채권은 수동채권의 압류 전에 변제기가 도래하였으나 수동채권은 변제기가 도래하지 아니한 경우에도 수동채권에 관하여 제3채무자가 기한의 이익을 포기할 수 있는 때에는 압류 후에 있어서도 상계할 수 있다(대법원 79다662, 1979.6.12. 참조).

'상계적상에 있다'라는 의미는 당사자가 서로 같은 종류의 채권을 가지고 있어서, 이행기(履行期)에 이르러 서로의 채권을 같은 액수만큼 없앨 수 있는 상태에 있는 경우를 말한다. 상계적상에 있기 위하여는 다음과 같은 요건을 갖추어야 한다.

① 채권이 대립하고 있을 것. 자동채권은 원칙적으로 상계자 자신이 피상계자에 대하여 가지는 채권이어야 하고, 수동채권은 상계자가 상계자에 대하여 가지는 채권이어야 한다.

② 양채권이 동종의 목적을 가진 것. 따라서 상계를 할 수 있는 것은 종류채권에 한한다.

③ 양채권이 변제기에 있을 것. 자동채권은 반드시 변제기에 있어야 한다. 그러나 수동채권은 반드시 변제기가 도래하고 있어야 하는 것은 아니다. 즉 상계자가 기한의 이익을 포기할 수 있는 때에는 이를 포기해서 상계할 수 있다.

④ 채권의 성질이 상계가 허용되는 것일 것. 서로 현실의 이행을 하지 않으면 채권의 목적을 달성할 수 없는 것이 채권의 성질상 상계가 허용되지 않는 것이다. 부작위채무(예 : 서로 경업을 하지 않는다는 채무)나 '하는 채무'(예 : 서로 노무를 제공하는 채무)와 같은 것이 이에 속한다.

⑤ 상계가 금지되어 있지 않은 채권일 것. 상계의 금지는 당사자의 의사표시에 의할 수 있음은 물론이고, 법률에 의한 금지로서 고의의 불법행위채권을 수동채권으로 하여 상계하는 것, 압류금지채권을 수동채권으로 상계하는 것, 지급금지채권, 질권이 설정된 채권 등이 있다.

예를 들어 은행의 대출채권이 자동채권이 될 것이고, 체납자의 예금이 수동채권이 된다. 여기서 제3채무자가 압류 전에 자동채권을 취득한 경우에도 압류 시에 상계적상에 있지 아니하면 상계로써 국가에 대항하지 못한다라고 규정되어 있는바, 상계적상에 있는 경우에는 은행에서 대출채권을 상계 가능할 것이다. 한편, 제3채무자인 은행이 가지는 자동채권은 수동채권의 압류 전에 변제기가 도래하였으나 수동채권은 변제기가 도래하지 아니한 경우에도 수동채권에 관하여 제3채무자가 기한의 이익을 포기할 수 있는 때에는 압류 후에 있어서도 상계할 수 있다(대법원 79다662, 1979.6.12. 참조)라고 규정되어 있는바, 은행이 기한의 이익을 포기할 수 있는 때에는 압류 후에도 대출채권이 상계가 가능한 것으로 해석하여야 할 것이다.

금전채권에 대한 압류 및 전부명령이 있는 때에는 압류된 채권은 동일성을 유지한 채로 압류채무자로부터 압류채권자에게 이전되고, 제3채무자는 채권이 압류되기 전에 압류채무자에게 대항할 수 있는 사유로서 압류채권자에게 대항할 수 있는 것이므로, 제3채무자의 압류채무자에 대한 자동채권이 수동채권인 피압류채권과 동시 이행의 관계에 있는 경우에는, 압류명령이 제3채무자에게 송달되어 압류의 효력이 생긴 후에 자동채권이 발생하였다고 하더라도 제3채무자는 동시이행의 항변권을 주장할 수 있다. 이 경우에 자동채권이 발생한 기초가 되는 원인은 수동채권

이 압류되기 전에 이미 성립하여 존재하고 있었던 것이므로, 그 자동채권은 「민법」 제498조의 '지급을 금지하는 명령을 받은 제3채무자가 그 후에 취득한 채권'에 해당하지 않는다고 봄이 상당하고, 제3채무자는 그 자동채권에 의한 상계로 압류채권자에게 대항할 수 있다.

그리고 임금채권의 우선변제권은 채무자의 재산에 대하여 강제집행에 의한 환가금에서 일반채권에 우선하여 변제받을 수 있음에 그치는 것이므로 원고들의 소외 회사에 대한 임금채권을 집행채권으로 하여 예금채권에 관한 압류 및 추심명령을 얻었다고 하더라도 그 압류 및 추심명령 당시 이미 있던 예금채권과 대출금채권과의 상계를 허용하는 것이 임금채권 우선변제 원칙에 반한다거나 저당권 등 다른 담보권자에 대한 관계에서 형평 또는 신의칙에 반한다고 볼 수 없다(대법원 99다31551, 2000.5.26.).

⑪ 납기 전 징수(지징법 §22, 구 지기법 §73)

(1) 개요

'납기 전'이라 함은 「지방세기본법 운영예규」 법2-2에 게기하는 법정 납부기한 도래 전을 말하며(지징예 법22-1), 지방자치단체장은 2015.5.18. 이후 납세자에게 납기 전 징수 사유가 있는 경우 납기 전이라도 이미 납세의무가 성립된 지방자치단체의 징수금을 확정하여 징수할 수 있다. 즉 납세의무가 성립된 지방세에 대하여 납부기한 전이라도 세액을 확정하여 납기 전 징수를 할 수 있도록 개선된 것이다.[9] 그런데 확정절차는 거쳐야 하므로 납기 전 징수를 위해서는 반드시 과세관청의 부과처분 등이 있어야 한다.

한편, 2015.5.17. 이전 납기 전 징수 사유발생분까지는 납세의무가 확정된 지방자치단체의 징수금을 납기 전 징수할 수 있었는데, 신고납부(2016년 이후)를 하거나 납세의 고지를 하는 지방세, 특별징수하는 지방세, 납세조합이 징수하는 지방세로서 지방자치단체장이 납부기한까지 기다려서는 해당 지방세를 징수할 수 없다고 인정하는 경우에만 할 수 있다. 여기서 '납세의무 확정'이란 「지방세기본법」 제35조 제1항 및 제2항 각호에 해당되어 세액이 확정되는 것을 말한다(지징예 법22-2).

---

9) 납기 전 징수는 신속한 징수 및 채권확보 등을 위한 제도로서 개정 전에는 납세의무가 확정된 경우에만 적용이 가능했다. 즉 납세자의 신고가 있거나 과세관청에서 부과를 한 경우에만 납부기한이 경과하지 않았더라도 징수를 할 수 있었다. 따라서 납세의무 성립시기와 확정시기 사이에 경매가 진행되는 등 납기 전 징수사유가 발생되더라도 징수가 어려운 상황이었으나, 개정을 통해 취득 후 신고·납부기한이 경과되지 않더라도 특정 사유 발생 시 적극적으로 징수활동을 할 수 있는 등 일부 신고·납부세목에 대해서도 납기 전 징수를 할 수 있는 근거가 마련되었다.

○ **납기 전 징수사유**

① 국세, 지방세, 그 밖의 공과금의 체납으로 강제징수 또는 체납처분이 시작된 경우

　☞ 공과금 : 「지방세기본법」 또는 「국세징수법」에서 규정하는 체납처분의 예에 따라 징수할 수 있는 채권 중 국세·관세·임시수입부가세 및 지방세와 이에 관계되는 가산금(2023.12.31. 이전 납세의무성립분만 적용) 및 체납처분비 외의 것을 말함(지징예 법22-3).

② 「민사집행법」에 따른 강제집행이 시작되거나 「채무자 회생 및 파산에 관한 법률」에 따른 파산선고를 받은 경우(2023.3.14. 이후 파산선고를 받는 경우부터 적용)

　☞ "강제집행"이라 함은 「민사집행법」 제2편에 의한 강제집행을 말하는 것이나 가압류 및 가처분은 포함되지 아니함(지징예 법22-4).

③ 경매가 시작된 경우

④ 법인이 해산한 경우

　☞ "해산"에는 파산의 경우도 포함되는 것이므로(징세 46101-189, 1999.10.5.) 파산선고 시 납기 전 징수사유가 됨.

⑤ 지방자치단체 징수금을 포탈하려는 행위가 있다고 인정되는 경우

　☞ "지방자치단체의 징수금을 포탈하려는 행위"라 함은 사기, 기타 부정한 방법으로 지방세 등을 면하거나 면하고자 하는 행위, 지방세 등의 환급·공제를 받거나 받고자 하는 행위 또는 지방세 등의 체납처분의 집행을 면하거나 면하고자 하는 행위를 말함(지징예 법22-5).

⑥ 「어음법」 및 「수표법」에 따른 어음교환소에서 거래정지처분을 받은 경우

⑦ 납세자가 납세관리인을 정하지 아니하고 국내에 주소 또는 거소를 두지 아니하게 된 경우

⑧ 「신탁법」에 따른 신탁을 원인으로 납세의무가 성립된 부동산의 소유권을 이전하기 위하여 등기관서의 장에게 등기를 신청하는 경우(2017.3.28. 이후)

　　납기 전 징수하려면 납부기한을 정하여 그 취지를 납세자에게 고지하여야 하는데, 납기 전에 징수를 하는 뜻을 납세고지서 또는 납부통지서에 기재하여야 한다. 다만, 이미 납세의 고지를 하였거나 납세의 고지를 요하지 아니하는 경우에는 납부기한을 변경하는 뜻을 적은 문서(전자문서 포함)로 고지하여야 한다.

> **사례** 체납처분집행을 면하거나 면하고자 하는 행위 여부(지방세운영과-1003, 2010.3.12.)
>
> "신탁등기"를 하였다거나 "가등기"를 한 사실만으로 일률적으로 "체납처분의 집행을 면하거나 면하고자 하는 행위"로 단정할 수 없는 것이므로, "체납처분의 집행을 면하거나 면하고자 하는 행위"를 "취득한 부동산에 대한 취득세를 납부하지 않은 상태에서 신탁등기 또는 가등기를 하는 경우"와 동일시할 수 없는 것임.

(2) 신고납부 세목의 납기 전 징수

납기 전 징수는 납세의무가 확정된 지방세만 가능하며, 신고납부하는 지방세의 경우 신고한

것만 가능하고, 미신고한 경우에는 과세관청에서 고지서를 보낸 후에 납기 단축을 해야 한다.

(3) 효력

「지방세징수법」 제22조 제1항 제2호에 납기 전에 징수하는 경우 지정된 기한까지 완납하지 아니할 때 독촉절차없이 납세의무자의 재산을 압류한다고 규정하고 있는바, 납기 전 징수를 한 경우에는 독촉의 절차를 거치지 아니하고 해당 지방세에 관하여 체납처분을 개시할 수 있다.

⑫ 납부 방법(지징법 §23, §24, 구 지기법 §74, §74-2)

구분	납부방법
① 현금·증권 등에 의한 납부 (지징법 §23)	• 납세자가 납세고지서(체납처분비고지서와 납부통지서를 포함) 또는 독촉장 (납부최고서 포함)을 받은 경우에는 현금(수납대행기관에 개설된 계좌에서 다른 계좌로 「전자금융거래법」 제2조 제8호에 따른 전자적 장치를 이용해 자금을 이체하는 경우 포함) 또는 「증권에 의한 세입납부에 관한 법률」에 따른 증권으로 납부하여야 함. • 납부장소 : 지방자치단체의 금고 또는 다음의 지방세수납대행기관 　㉠ 「지방회계법 시행령」 제49조 제1항 및 제2항에 따라 지방자치단체 금고업무의 일부를 대행하는 자 　㉡ 정보통신망을 이용하여 신용카드, 직불카드, 통신과금서비스 등에 의한 결제를 수행하는 기관으로서 지방자치단체장이 지방세수납대행기관으로 지정하는 자 • 납세자는 「지방세기본법」 제35조 제1항 제3호에 따른 지방세(수시부과 지방세 제외)를 지방세수납대행기관에 설치된 예금계좌로부터 자동이체하는 방법으로 납부 가능(단, 납부기한이 지난 지방세 자동이체 불가)
② 신용카드 등 결제수단에 의한 납부 (지징법 §23)	• 지방세수납대행기관을 통해 처리되는 다음의 결제수단[자동차 주행에 대한 자동차세를 제외한 모든 지방자치단체 징수금(부가되는 농어촌특별세 포함)을 납부하는 경우만 해당] 　① 「여신전문금융업법」 제2조 제3호에 따른 신용카드 또는 같은 조 제6호에 따른 직불카드 　• 납세자는 지방세수납대행기관을 통하여 신용카드로 납부 가능. 다만, 지방세에 부가되는 농어촌특별세, 가산세 및 납부기한 경과된 후 납부지연가산세(2023.12.31. 이전 납세의무성립분은 가산금) 포함되나, 자동차 주행분 자동차세는 불가 　• 「지방세기본법」 제35조 제1항 제3호에 따른 지방세(수시부과 지방세 제외)도 지방세수납대행기관을 통하여 신용카드로 납부 가능. 다만, 납부기한이 지난 지방세 불가 　• 3건 이상 지방세를 체납하고 체납세액 총액이 1백만 원 이상인 자는 제한 가능(2018년 이전만)

구분	납부방법
	• 승인일이 납부일임. ② 「정보통신망 이용촉진 및 정보보호 등에 관한 법률」 제2조 제10호에 따른 통신과금서비스 ③ 그 밖에 ① 또는 ②와 유사한 것으로서 대통령령으로 정하는 결제수단
③ 세무공무원이 직접 수납	• 지방자치단체의 금고 및 지방세 수납대행기관이 없는 도서·오지 등으로서 지방자치단체의 조례로 정하는 지역에서 수납하는 경우 • 지방자치단체의 조례로 정하는 금액 이하의 소액 지방자치단체의 징수금을 수납하는 경우
④ 전자매체에 의한 납부	• 납세자는 「국고금 관리법」 제36조 제1항 및 제2항에 따라 국고금 출납사무를 취급하는 금융회사 등 또는 「여신전문금융업법」 제3조 제1항에 따라 신용카드업의 허가를 받은 자를 통하여 인터넷, 전화통신 장치, 자동입출금기 등의 전자매체를 활용하여 계좌이체의 방법으로 지방세를 납부할 수 있다. 이 경우 납세자는 전자매체를 활용한 납부확인서 등 납부증명서류를 세법에서 정한 수납기관이 발급한 영수증을 갈음하여 사용할 수 있다.

⑬ 가족관계등록 전산정보자료 요청(지징법 §24-2)

행정안전부장관 또는 지방자치단체장은 다음의 업무를 처리하기 위하여 필요한 경우 법원행정처장에게 「가족관계의 등록 등에 관한 법률」 제11조 제4항에 따른 전산정보자료의 제공을 요청할 수 있다. 이 경우 요청을 받은 법원행정처장은 특별한 사유가 없으면 이에 협조하여야 한다.

① 출국금지 요청
② 「지방세징수법」 제36조 제7호에 해당하는 자에 대한 질문·검사
③ 「지방세징수법」 제47조에 따른 상속인에 대한 체납처분
④ 「지방세징수법」 제71조 제1항·제2항 또는 제72조에 따른 압류재산 매각
⑤ 「금융실명거래 및 비밀보장에 관한 법률」 제4조 제1항 제2호에 따른 재산조회 등을 위하여 필요로 하는 거래정보등의 제공

행정안전부장관은 상기에 따라 제공받은 전산정보자료를 지방세정보통신망을 통해 지방자치단체장에게 제공할 수 있다.

⑭ 가족관계등록 전산정보자료의 공동이용(지징법 §24-3)

2023.3.14. 이후 「한국자산관리공사 설립 등에 관한 법률」에 따른 한국자산관리공사 또는 지방세조합은 「지방세징수법」 제103조의 3 제1항 각 호의 업무를 대행하기 위하여 필요한 경우 「전자정부법」 제36조 제1항에 따라 전산정보자료를 공동이용(「개인정보 보호법」 제2조 제2호에 따른 처리 포함)할 수 있다.

제2절 징수유예 등

❶ 징수유예 등

(1) 납기 전 징수유예 요건(지징법 §25, 구 지기법 §80)

지방자치단체장은 납세자가 납기가 시작되기 전에 다음 어느 하나에 해당하는 사유로 인하여 지방세를 납부할 수 없다고 인정할 때에는 납세 고지를 유예("고지유예")하거나 결정한 세액을 분할하여 고지("분할고지")할 것을 결정할 수 있다.

┃ 징수유예 등 사유 ┃

① 풍수해, 벼락, 화재, 전쟁, 그 밖의 재해 또는 도난으로 재산에 심한 손실을 입은 경우

☞ 그 밖의 재해 : 한해, 냉해 기타 자연현상의 이변에 의한 재해와 화재, 화약류의 폭발, 광해, 교통사고 기타의 인위에 의한 이상한 재해 포함(지징예 법25-4)

② 사업에 현저한 손실을 입은 경우

☞ 사업에 현저한 손실 : 납세자가 경영하는 사업에 관하여 현저한 결손을 받은 것을 말하며, 그 손실에는 사업에 관하여 생긴 손실 이외의 사유로 인한 손실은 포함하지 아니함(지징예 법25-5).

③ 사업이 중대한 위기에 처한 경우

☞ 사업이 중대한 위기 : 판매의 급격한 감소, 재고의 누적, 매출채권의 회수곤란, 노동쟁의로 인한 조업중단, 기타의 사정에 의한 자금경색으로 부도발생 또는 기업도산의 우려가 있는 경우 등을 말함(지징예 법25-6).

④ 납세자 또는 동거가족이 질병이나 중상해(重傷害)로 6개월 이상의 치료가 필요한 경우 또는 사망하여 상중(喪中)인 경우(2023.3.13. 이전은 장기치료를 받아야 하는 경우)

☞ 동거가족 : 납세자와 「민법」 제779조(가족의 범위)의 규정에 의한 가족관계에 있는 자로서 생계를 같이하는 자를 말함(지징예 법25-7).

⑤ 조세조약에 따라 외국의 권한 있는 당국과 상호합의절차가 진행 중인 경우. 이 경우 「국제조세조정에 관한 법률」 제49조에 따른 납부기한등의 연장 등의 적용(2020년 이전은 제24조 제2항, 제4항 및 제6항까지의 규정에 따른 징수유예) 특례에 따른다.

⑥ ①~④의 규정에 준하는 사유가 있는 경우
지방세의 징수절차를 즉시 강행하는 경우, 납세자에게 돌이킬 수 없는 손해를 가하여 그의 경제생활을 위태롭게 할 우려가 있는 모든 사유를 포함하는 것으로 다음에 게기한 경우 등을 말한다(지징예 법25-8).

　㉠ 동거가족 이외의 자로 납세자의 친족 기타 납세자와 특수관계에 있는 자의 질병으로 그 납세자가 그 비용의 부담을 하지 아니하면 아니되는 때

　㉡ 사업을 영위하지 아니하는 납세자의 소득이 현저히 감소하거나 전혀 없는 때

　㉢ 납세자의 거래처 등이 채무자에 대하여 다음에 게기한 사유가 발생함으로 인하여 그 채무자에 대한 매출채권 등이 회수곤란하게 된 때

　　㉮ 파산선고를 받았을 때

⑭ 회사정리절차의 개시결정이 있는 때

⑮ 어음교환소에서 거래정지처분을 받은 때

⑯ 사업의 부진 또는 부도로 인하여 휴·폐업을 한 때

⑰ 위 ㉮ 내지 ㉭에 준하는 유사한 사유가 있는 때

㉣ 「채무자 회생 및 파산에 관한 법률」에 따라 회생결정을 받고 납부계획서를 제출한 경우

㉤ ㉠~㉣의 경우와 유사한 경우

징수유예 등의 결정은 다음 구분에 따른다.

① 고지유예

납부기간 개시 전에 징수유예 등의 사유가 발생하여 납세의 고지를 유예하는 경우

☞ 납기 개시 전 : 지방자치단체장이 납세의 고지를 하는 날의 전(지징예 법25…영31-1)

② 분할고지

납세의 고지를 하기 전에 징수유예 등의 사유가 발생하여 결정된 세액을 분할하여 고지하는 경우

(2) 고지된 지방세 등의 징수유예 요건(지징법 §25-2, 구 지기법 §80)

지방자치단체장은 납세자가 납세의 고지 또는 독촉을 받은 후에 상기 납기 전 징수유예 요건에 해당하는 사유로 고지된 지방세 또는 체납액을 납부기한까지 납부할 수 없다고 인정할 때에는 납부기한을 다시 정하여 징수를 유예("징수유예")할 수 있다. 다만, 외국의 권한 있는 당국과 상호합의절차가 진행 중인 경우 징수유예는 「국제조세조정에 관한 법률」 제49조에 따른 납부기한 등의 연장 등의 적용 특례에 따른다.

① 징수유예

고지한 지방세의 납부기한이 끝나기 전에 징수유예 등의 사유가 발생하여 그 납부기한을 연장하는 경우

② 체납액의 징수유예

납세자가 납세의 독촉을 받은 후에 징수유예 등의 사유가 발생하여 그 납부기한을 연장하는 경우

(3) 고지된 지방세 등의 징수유예 요건(지징법 §25-3, 구 지기법 §80)

고지유예, 분할고지, 징수유예, 체납액의 징수유예 등 유예를 할 수 있는 지방세의 금액은 징수유예 등 사유를 원인으로 하여 납부할 수 없다고 인정되는 범위의 금액을 한도로 한다(지징예

법25 - 2).

고지유예, 분할고지 또는 징수유예("징수유예 등")를 받으려는 납세자[10]는 2021년 이후 징수유예 등을 신청하는 경우부터 고지 예정이거나 고지된 지방세의 납부기한, 체납된 지방세의 독촉기한 또는 최고기한("납부기한 등")의 3일 전까지 별지 제26호 서식(징수유예 등의 신청서)을 지방자치단체장에게 제출해야 한다. 다만, 지방자치단체장이 납부기한 등의 3일 전까지 신청서를 제출할 수 없다고 인정하는 납세자의 경우에는 납부기한 등의 만료일까지 제출할 수 있다. 이에 따라 징수유예 등을 신청받은 지방자치단체장은 고지 예정이거나 고지된 지방세의 납부기한, 체납된 지방세의 독촉기한 또는 최고기한("납부기한 등")의 만료일까지 해당 납세자에게 승인 여부를 통지하여야 한다.

그리고 징수유예 등의 사유가 있을 때에는 지방자치단체장 직권으로 징수유예 등을 할 수 있다. 납세자가 납부기한 등의 만료일 10일 전까지 상기에 따른 신청을 한 경우로서 지방자치단체장이 신청일부터 10일 이내에 승인 여부를 통지하지 아니하면 그 10일이 되는 날에 상기에 따른 신청을 승인한 것으로 본다.

2021년 이후 징수유예 등에 관한 결정하는 경우부터 지방자치단체장은 징수유예 등을 승인하거나 통지하는 경우 별지 제27호 서식(징수유예 등의 통지)으로 납세자에게 그 사실을 알려야 하며, 징수유예 등을 하지 않기로 결정했을 경우에는 그 사유를 적은 문서로 납세자에게 알려야 한다.

(4) 징수유예 등의 결정 및 유예기간의 특례(지징령 §31 - 2)

2018.6.26. 이후 징수유예 등을 결정하는 분부터 다음 어느 하나에 해당하는 자에 대하여 「지방세징수법」 제25조 제1호부터 제4호까지 또는 제6호의 사유로 징수유예 등을 결정하는 경우 그 징수유예 등의 기간은 징수유예 등을 결정한 날의 다음 날부터 1년 이내로 한다. 다만, 이에 따라 징수유예 등을 결정한 후에도 해당 징수유예 등의 사유가 지속되는 경우에는 상기 기간의 범위에서 6개월마다 징수유예 등의 결정을 다시 할 수 있다.

① 다음 어느 하나의 지역에 사업장이 소재한 「조세특례제한법 시행령」 제2조에 따른 중소기업
  ㉠ 「고용정책 기본법」 제32조의 2 제2항에 따라 선포된 고용재난지역
  ㉡ 「고용정책 기본법 시행령」 제29조 제1항에 따라 지정·고시된 지역
  ㉢ 「국가균형발전 특별법」 제17조 제2항에 따라 지정된 산업위기대응특별지역
② 「재난 및 안전관리 기본법」 제60조 제3항에 따라 선포된 특별재난지역(선포일부터 2년으로 한정) 내에서 피해를 입은 납세자

상기의 1년 이내 징수유예 등의 결정은 「지방세징수법」 제25조 제1항 제1호부터 제4호까지 또는 제6호의 사유로 일반 징수유예 등의 결정을 받고 그 징수유예 등의 기간 중에 있는 경우에도

---

10) "납세자"에는 특별징수의무자, 승계납세의무자, 연대납세의무자, 제2차 납세의무자 및 보증인이 포함된다(지징예 법25 - 1).

할 수 있다.

상기 단서(징수유예 등의 기간 중에 있는 경우로 징수유예 등을 결정한 경우 포함)에 따라 징수유예 등을 결정할 수 있는 기간은 최대 2년으로 하되, 다음의 기간을 포함하여 산정한다.

① 상기의 1년 이내 징수유예 등이 된 기간

② 일반 징수유예 등과 상기 ②에 따라 징수유예 등이 된 기간

이 특례에 따라 징수유예 등을 결정하는 경우 그 기간 중의 분납기한과 분납금액은 지방자치단체장이 정한다.

(5) 회생계획에 따른 징수유예(「채무자 회생 및 파산에 관한 법률」 §58)

「지방세징수법」 제28조 제2항의 내용은 국세청 유권해석에 따르면 정리회사가 구 「회사정리법」 제122조의 규정에 의하여 2년 이상의 징수유예를 받고자 하는 경우에는 그 뜻을 법원에 제출하는 회생계획안에 포함하여야 한다(징세 46101-1758, 1999.7.29.). 또한 구 「회사정리법」 제122조의 규정에 의하여 지방세를 징수유예받고자 하는 경우에는 과세권자의 동의 여부에 불구하고 그 뜻을 법원에 제출하는 회생계획안에 포함하여야 회사정리개시결정 이후부터 징수유예의 효력이 있는 것이다(세정 13407-500, 2000.4.12.)라고 해석하고 있어서 회생계획안에 포함시켜 법원의 인가를 받아야 회생계획안에 의한 징수유예가 가능할 것이다. 회생개시결정 전에 회생계획안에 의한 징수유예를 말하는 것으로 늦어도 회생계획안 심리기일 이전으로 통상 제2회 관계인 집회일 전까지 법원에 제출하면 될 것으로 본다.

회생회사에 대한 조세채권이 법률에 의한 과세요건을 충족하여 회생절차 개시결정 전에 성립되어 있는 이상 과세관청이 부과처분을 하지 아니하여 조세채권이 구체적으로 확정되어 있지 아니하더라도 「채무자 회생 및 파산에 관한 법률」 제118조의 규정에 의하여 회생채권이 되는 것이므로 같은 법 제148조의 규정에 따라 늦어도 회생계획안 심리기일 이전으로 통상 제2회 관계인 집회일 전까지 신고하여야 할 것이다. 회생회사에 대한 조세채권은 지체없이 회생계획(안) 수립에 장애가 되지 않는 시기, 즉 늦어도 회생계획(안) 심리기일 이전으로서 통상 제2회 관계인집회일 전까지 신고하지 아니하면 실권소멸되므로(대법원 93누14417 판결 등) 회생채권으로서 징수 가능한 납부기한 경과된 후의 납부지연가산세(2023.12.31. 이전 납세의무성립분은 가산금과 중가산금)라 하더라도 제2차 관계인집회 전까지 회생채권으로 신고하지 않은 경우 실권소멸하는 것이다.

한편, 회생계획안에 포함되지 않은 세액 등에 대하여 징수유예 신청을 할 수 있는바, 이 경우에는 「채무자 회생 및 파산에 관한 법률」 제140조 제2항에 따른 것이 아니라 「지방세징수법」에 따라 신청하는 것이다. 회사정리의 개시결정은 법원에서 결정하는 것이며 지방세의 징수유예 등에 해당 여부는 지방자치단체장이 징수유예 등의 사유, 징수가능성 등을 고려하여 결정할 사항이다(세정 13407-726, 2000.6.10.)라고 해석하고 있는바, 「지방세징수법」 상의 징수유예 신청 사유는 충분할 것으로 별도로 신청하여야 할 것이다.

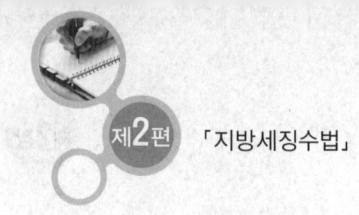

(6) 징수유예 등 기간

징수유예 등의 기간은 그 징수유예 등을 결정한 날의 다음 날부터 6개월 이내로 하고 그 기간 중의 분납기한과 분납금액은 관할 지방자치단체장이 정한다. 징수유예 등의 기간이 만료될 때까지 징수유예의 사유가 지속되는 경우 납세자의 신청에 의하여 징수유예기간의 범위(1회에 한하여 6개월 안의 기간을 정하여) 안에서 이미 유예한 유예기간을 다시 연장할 수 있으며(지징예 법25…영31-3), 그 기간 중의 분납기한과 분납금액은 관할 지방자치단체장이 정한다.

조세조약에 따라 외국의 권한 있는 당국과 상호합의절차가 진행 중인 사유로 인한 징수유예 등의 기간은 세액의 납부기한 다음 날 또는 상호합의 개시일 중 나중에 도래하는 날부터 상호합의절차의 종료일까지로 한다. 유예기간의 시기는 당초 지정 납부기한이 종료하는 날로 한다. 다만, 그 날이 부적당하다고 인정하는 때에는 별도로 그 시기를 지정할 수 있다.

유예기간의 시작일은 납기나 납입기한이 종료하는 날로 한다. 다만, 그날이 부적당하다고 인정하는 때에는 과세권자가 별도로 그 시작일을 지정할 수 있다(지징예 법25-3, 지징예 법25…영31-2).

(7) 징수유예를 받을 수 있는 납세자

징수유예를 받을 수 있는 납세자에는 특별징수의무자, 승계납세의무자, 연대납세의무자, 제2차 납세의무자 및 보증인이 포함된다(지징예 법25-1).

(8) 결정 효력

징수유예 등의 결정의 효력은 납세자의 신청에 의하여 결정하는 경우 그 신청일, 직권으로 결정하는 경우 그 통지서의 발급일에 발생한다.

(9) 징수유예가 취소된 체납액의 유예

고지된 지방세를 징수유예를 한 후에 그 유예를 취소한 경우에는 그 지방세를 다시 징수유예를 할 수 없다(지징예 법25-9).

❷ 송달불능으로 인한 징수유예 등과 부과 철회(지징법 §26, 구 지기법 §81)

(1) 송달불능으로 인한 징수유예 등

지방자치단체장은 주소 또는 영업소가 분명하지 아니하는 등 납세고지서를 다음의 경우로 송달할 수 없을 때에는 징수유예 등을 결정한 날부터 6개월 이내로 징수유예 등을 할 수 있다. 여기서 '주소 또는 영업소가 분명하지 아니하여 납세고지서를 다음의 경우로 송달할 수 없을 때'라 함은 「지방세기본법」 제30조(서류송달의 방법)의 규정에 의한 송달을 할 수 없는 때를 말하며,

「지방세기본법」 제33조(공시송달)는 이에 포함되지 아니한다(지징예 법26-1). 그리고 징수유예 등을 한 후 납세자의 행방 또는 재산을 발견하였을 때에는 지체 없이 부과 또는 징수의 절차를 밟아야 한다.

---

① 납세자의 주소 또는 영업소가 분명하지 아니하여 등기우편에 의한 고지를 하여도 반송된 경우
② 납세자의 주소 또는 영업소가 국외에 있어 고지할 수 없는 경우
③ ① 및 ②에 준하는 사유가 있는 경우

---

(2) 지방세의 징수를 확보할 수 없다고 인정한 경우

송달불능으로 인한 징수유예 등을 한 지방세의 징수를 확보할 수 없다고 인정할 때는 그 부과 결정을 철회할 수 있다. 여기서 '지방세의 징수를 확보할 수 없다고 인정'이라 함은 당해 납세자 로부터 지방세를 징수할 수 없을 뿐 아니라 제2차 납세의무자(지기법 §45~§48) 등도 발견되지 아 니하여 지방세의 징수를 확보할 수 없다고 판단되는 것을 말한다(지징예 법26-2). 납세고지서의 송달불능으로 인한 부과철회의 경우에는 고지의 효력이 발생하지 아니하므로 조세채권에 대한 시효중단의 효력이 없다(지징예 법26-3).

부과결정을 철회한 후 납세자의 행방 또는 재산을 발견하였을 때에는 지체 없이 부과 또는 징 수의 절차를 밟아야 한다.

❸ 징수유예 등에 관한 담보(지징법 §27, 구 지기법 §82)

지방자치단체장은 징수유예 등을 결정할 때에는 그 유예에 관계되는 금액에 상당하는 납세담 보의 제공을 요구할 수 있다. 여기서 '그 유예에 관계되는 금액에 상당한 담보'란 징수유예하는 지방세액을 초과하는 담보를 말하며, 이미 저당권설정 등의 우선순위 담보가 있는 경우에는 그 담보를 제외하고도 지방세를 확보할 수 있어야 한다(지징예 법27-1).

담보의 변경요구, 그 밖에 담보를 확보하기 위한 지방자치단체장의 명령에 따르지 아니할 때에 는 징수유예를 취소할 수 있다. 취소일은 납세담보변경 마감일의 익일자로 취소하여야 할 것이다.

❹ 징수유예 등의 효과(지징법 §28, 구 지기법 §83)

(1) 납부기한 경과된 후의 납부지연가산세와 특별징수 납부지연가산세 (2023.12.31. 이전 납세의무성립분은 가산금·중가산금) 징수 및 체납처분 불가

지방자치단체장은 고지된 지방세 등의 징수유예를 한 기간 중에는 그 유예한 지방세와 체납액 에 대하여 납부기한 경과된 후의 「지방세기본법」 제55조 제1항 제4호에 따른 납부지연가산세와 같은 법 제56조 제1항 제2호·제2호의 2·제3호에 따른 특별징수 납부지연가산세(2023.12.31. 이

전 납세의무성립분은 가산금·중가산금)의 징수 또는 체납처분(교부청구 제외)을 할 수 없으며, 「채무자 회생 및 파산에 관한 법률」 제140조에 따라 징수가 유예되었을 경우 그 유예기간은 가산금·중가산금의 계산기간에 산입하지 아니한다.

고지된 국세 등의 징수유예의 효과(국징법 집행기준 19-0-1)

① 세무서장은 고지된 국세의 납부기한이 도래하기 전에 「국세징수법」 제17조에 따라 국세 등의 징수를 유예한 경우에는 그 징수유예기간이 지날 때까지 같은 법 제21조 제1항에 따른 가산금을 징수하지 아니한다.

② 세무서장이 고지된 국세의 납부기한이 지난 후 「국세징수법」 제17조에 따라 체납액의 징수를 유예한 경우에는 같은 법 제21조 제2항에 따른 가산금을 징수할 때 그 징수유예기간은 가산금 계산기간에 산입하지 아니한다.

③ 세무서장은 「국세징수법」 제17조에 따라 징수를 유예한 기간 중에는 그 유예한 국세 또는 체납액에 대하여 체납처분(교부청구 제외)을 할 수 없다. 이 경우 '교부청구'라 함은 같은 법 제56조(교부청구)의 규정에 의하는 것을 말하고, 같은 법 제57조(참가압류)의 규정에 의한 참가압류는 포함하지 아니한다.

④ 납세자가 납세의 고지 또는 독촉을 받은 후에 「채무자 회생 및 파산에 관한 법률」 제140조에 따른 징수의 유예를 받았을 때에는 가산금 징수에 있어 ① 및 ②를 적용한다.

⑤ 상호합의절차가 진행 중이라는 이유로 국세의 징수를 유예한 때에는 「국제조세조정에 관한 법률」 제49조 제5항에 따른 가산금에 대한 특례를 적용한다.

○ 참고 – 채무자회생법 제140조에 따른 징수유예 경우
  ※ 회생계획 인가결정 시점별 가산금·중가산금 징수가능 여부

```
-----△----------▲-------△---------▲--------△----------▲--------
  고지    ① 인가결정  고지납기 ② 인가결정  독촉납기   ③ 인가결정
```

  ① 가산금 미징수
  ② 가산금 징수, 중가산금 미징수
  ③ 가산금 징수, 중가산금 인가결정 전까지 징수하고 결정 이후 미징수

「채무자 회생 및 파산에 관한 법률」 제140조에 따라 징수가 유예되었을 경우 그 유예기간은 그 유예한 지방세와 체납액에 대하여 납부기한 경과된 후의 「지방세기본법」 제55조 제1항 제4호에 따른 납부지연가산세와 같은 법 제56조 제1항 제2호·제2호의 2·제3호에 따른 특별징수 납부지연가산세(2023.12.31. 이전 납세의무성립분은 가산금·중가산금)의 계산기간에 산입하지 아니한다. 또한 외국의 권한 있는 당국과의 상호합의절차가 진행 중이라는 이유로 지방세 또는 체납액의 징수를 유예한 경우에는 납부기한 경과된 후의 납부지연가산세와 특별징수 납부지연가산세(2023.12.31. 이전 납세의무성립분은 가산금·중가산금)를 적용하지 아니하며, 「국제조세조정에 관한 법률」 제24조 제5항을 적용한다.

사례 회생계획에서 징수유예 규정을 둔 경우(대법원 2007마1584, 2009.1.30.)

> 회생계획에서 위 규정과 달리 체납액의 납부기한이 경과된 후에 징수유예를 정하였다고 하여 그러한 회생계획에 대한 인가결정이 구 「국세징수법」을 위반하여 위법하다거나 무효라고 볼 것은 아님.

(2) 유예기간 중 지방세환급금의 충당

징수유예기간 중에 납세자에 대하여 지방세환급금의 결정이 있는 경우 지방자치단체장은 징수유예가 취소사유에 해당되는지 여부를 검토하여 징수유예 등의 취소가 되는 때에 한하여 지방세환급금을 징수유예한 지방세액에 충당한다(지기예 법60-3).

⑤ 징수유예 등의 취소(지징법 §29, 구 지기법 §84)

(1) 요건

징수유예 등을 받은 자가 다음 어느 하나에 해당하게 되면 지방자치단체장은 그 징수유예 등을 취소하고 그 징수유예에 관계되는 지방세 또는 체납액을 한꺼번에 징수할 수 있다. 여기서 '한꺼번에 징수'라 함은 분할고지를 허용한 경우에 기한 미도래의 유예금액까지 징수하는 것을 말한다(지징예 법29-1). 하기 ④의 사유를 제외하고는 유예를 받은 자의 사전변명을 들어 참고하여야 한다(지징예 법29-5).[11] 그리고 납부자력의 증가 등의 사유가 생긴 경우에는 징수유예의 취소 대신에 유예기간을 단축하는 것도 허용된다(지징예 법29-4).

한편, 지방세 징수유예의 담보를 제공한 납세보증인이 소유 부동산을 매각한 경우로서 담보로 제공한 부동산 이외에도 다수의 부동산을 소유하고 있는 경우라면 징수유예 취소사유(납기 전 징수사유)인 '징수금을 포탈하려는 행위'로 볼 수 없다(대법원 2016두36482, 2016.7.14.).

---

11) 조건 성취로 당연 징수유예 등을 취소할 수 있을 것이나, 납세자의 이익을 위해 사전변명을 들어 취소할 것인지에 대한 결정에 참고하도록 하고 있는 것 같다. 「지방세기본법 운영예규」 법29-5에 사전변명을 들어 참고하라고 규정되어 있는바, 취소 전에 사전변명을 들 필요는 있다. 이 규정에서 "참고하여야 한다"라고만 되어 있어서 반드시 이행하여야 할 사항은 아닌 것으로 이해되나, 납세자의 이익을 위한 일련의 과정을 거칠 필요는 있다고 보여진다. 사전변명은 취소를 할지 여부에 대한 결정의 참고사항일 것이므로 취소일자는 납세담보 변경 기한일의 익일로 소급하여 할 수도 있을 것이고, 취소 결정하는 날을 취소일로 할 수도 있을 것이다. 이는 납세담보 변경 요청하는 사유에 따라 달리 판단하여야 할 것으로, 과세당국에서 납세담보 변경이 기존 납세담보된 것의 담보가치가 체납세액 등보다 훨씬 낮은 경우에는 변경 기한일까지 성취되지 아니하였다면 변경 기한의 이익에 취소하여 그 날부터 가산금을 징수하는 것이 타당할 것이고, 그렇지 않다면 결정일을 취소일로 보아 취소일의 익일부터 가산금을 징수하는 것이 타당할 것이다.

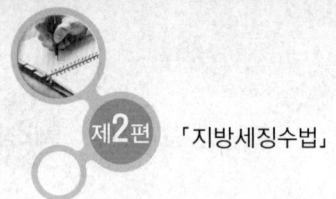

○ **한꺼번에 징수할 수 있는 경우**

① 지방세와 체납액을 지정된 기한까지 납부하지 아니하였을 때

👉 '지정된 기한' : 분할납부하는 경우의 각 분납기한(지징예 법29-3)

👉 징수를 유예한 금액을 유예한 기한까지 납부하지 않는 때에는 그 징수유예의 취소절차를 밟을 필요 없이 바로 독촉 또는 체납처분을 할 수 있다(지징예 법29-2).

② 담보의 변경요구, 그 밖에 담보 보전에 필요한 지방자치단체장의 명령에 따르지 아니할 때

③ 징수유예 등을 받은 자의 재산상황, 그 밖에 사업의 변화로 인하여 유예할 필요가 없다고 인정될 때

④ 납기 전 징수사유(지징법 §22 ①)에 해당되어 그 유예한 기한까지 유예에 관계되는 지방자치단체의 징수금 또는 체납액의 전액을 징수할 수 없다고 인정될 때

지방세와 체납액을 지정된 기한까지 납부하지 아니할 때, 담보의 변경요구, 그 밖에 담보 보전에 필요한 지방자치단체장의 명령에 따르지 아니할 때에는 징수유예를 취소할 수 있으며, 취소일은 납세담보변경 마감일의 다음 날이 되는 것이다.

> **사례** 회생계획인가결정이 조기 확정된 사유로 징수유예 취소(국심 2000서263, 2000.8.10.)
>
> 처분청의 입장에서 정리계획인가 결정이 조기에 확정됨으로써 징수유예처분을 철회하지 않고서는 가산금, 중가산금 등 미래에 징수할 것으로 예상되는 조세채권을 일실할 우려가 있었던 사실이 징수유예 처분을 취소하는 "기타 사정의 변화"에 해당되는 것으로 보이므로, 처분청이 청구법인에 승인하였던 징수유예를 취소한 처분은 달리 잘못이 없는 것으로 판단됨.

> **사례** 과세관청으로부터 징수유예받은 당해 지방세에 대하여 조세불복절차로서 감사원 심사청구를 하였다 하더라도 그 심사청구행위는 징수유예 취소사유에 해당되지 아니함(세정 13407-817, 1997.7.15.).

(2) 취소 통지 및 효과

징수유예 등을 취소하였을 때에는 납세자에게 그 사실을 통지하여야 하며, 2021년 이후부터는 상기 징수유예 등 취소 요건 (1) ①, ② 및 ④에 따라 징수유예를 취소한 경우 그 지방세 또는 체납액에 대하여 다시 징수유예를 할 수 없다.

징수유예를 취소한 경우에는 그 취소의 효과는 당초 징수유예를 결정한 날로 소급하여 취소가 되는 것이 아니라 철회에 해당하는 것이다. 따라서 납부기한 경과된 후의 납부지연가산세[2022. 2.2. 이전 납세의무성립분은 가산금(중가산금)] 징수와 체납처분이 가능하며, 징수유예된 지방세 또는 체납액을 납부기한까지 납부하지 않는 때에는 그 징수유예의 취소절차를 밟을 필요 없이 바로 독촉 또는 체납처분을 할 수 있다.

(3) 징수유예가 취소된 체납액의 재유예 불가

고지된 지방세를 징수유예를 한 후에 그 유예를 취소한 경우에는 그 지방세를 다시 징수유예를 할 수 없다.

(4) 징수유예가 취소된 체납액 가산금 부과

징수유예된 지방세 또는 체납액을 납부기한까지 납부하지 아니하는 경우, 담보변경 명령상 기한까지 변경하지 아니한 경우 납부기한 또는 변경기한의 익일부터 가산금을 징수한다.

> **사례** 징수유예세액을 기한까지 미납하여 일시징수 시 가산금 기산일(서삼 46019 - 11398, 2003.8.29.)
>
> 납세자가 「국세징수법」 제17조의 규정에 의하여 징수유예된 국세 또는 체납액을 지정된 기한까지 납부하지 아니하여 세무서장이 같은 법 제20조의 규정에 의하여 그 징수유예를 취소하고 유예에 관계된 국세 또는 체납액을 일시에 징수하는 경우 일시에 징수하는 국세 또는 체납액의 가산금은 당해 지정된 기한이 경과한 날부터 징수하는 것임(기법 46101 - 313, 1996.10.15. 참조).

> **사례** 납세담보제공기한 내 세액의 일부를 현금납부한 경우(조세 46019 - 110, 1999.5.7.)
>
> 일정기한 내에 납세담보를 제공할 것을 조건으로 납기연장(징수유예) 승인을 하였으나 납세자가 지정된 기한까지 납세담보를 제공하지 않아 납기연장(징수유예) 승인을 취소한 경우에도 당초 납세담보 제공기한 내에 세액의 일부를 현금납부한 경우 당해 현금납부액에 대하여는 가산세(가산금)를 부과하지 않음.

> **사례** 경기침체로 매각 곤란 등은 징수유예사유 아님(서울고법 2009누2438, 2009.7.23.).
>
> 「국세징수법」 제15조 제1항 제6호 소정의 "제1호 내지 제4호에 준하는 사유"라 함은 제1호 내지 제4호에 열거한 사유들에 비추어 국세의 징수절차를 즉시 강행하는 경우 납세자에게 돌이킬 수 없는 손해를 가하여 그의 경제생활을 위태롭게 할 우려가 있는 모든 사유를 포괄하는 것이라 할 것이다(1984.7.24. 선고, 84누62 판결). 그러나 원고가 징수유예가 필요한 이유라고 주장하는 대주주의 주식 대량 매도로 인한 주가하락 및 경영혼란 또는 경기침체에 따른 자산의 매각곤란 등은 대규모 주식매도에 따른 당연한 결과이거나 경기침체에도 불구하고 자산을 높은 가격에 처분하려고 하는 원고의 욕심에서 비롯된 것으로서 이 사실들을 들어 「국세징수법」 제15조 제1항의 각 호가 규정하고 있는 징수유예의 요건 사실에 해당한다고 볼 수 없을 뿐만 아니라 원고가 이미 한번 납부기한 연장을 받은 후 이를 이행하지 않았다는 점을 참작하면, 원고의 징수유예신청을 거부한 이 사건 처분은 적법하고, 이러한 점은 원고가 금융기관과 자금 차입을 위하여 협의 중에 있다거나 담보 제공이 가능하고 세금 납부에 충분한 자력이 있다는 사정이 있다고 하더라도 달리 볼 것은 아님.

> **사례** 법원 직권 회생절차 종결결정 시 징수유예 취소 가능(징세 46101 - 1880, 1997.7.28.)
>
> 법원의 직권으로 정리회사에 대하여 정리절차의 종결결정이 있는 경우 「회사정리법」 상(같은 법 제122조)의 징수유예의 취소에 대하여는 「국세징수법」 제20조의 규정이 적용되는 것으로 본건의 경우가 이에 해당되는지의 여부는 관할세무서장이 구체적인 사실을 확인하여 판단할 사항이며 적법한 징수유예의 취소 후에는 「국세징수법」에 의한 체납처분이 가능한 것임.

제3절 독촉

1 가산금 등

(1) 가산금(지징법 §30, 구 지기법 §59)(2023.12.31. 이전 납세의무성립분만 적용)

지방세를 납부기한까지 완납하지 아니할 때에는 그 납부기한이 지난 날부터 체납된 지방세의 3%에 상당하는 가산금을 징수한다. 다만, 국가와 지방자치단체(지방자치단체조합 포함)에 대하여는 가산금을 징수하지 아니하며, 외국의 권한 있는 당국과 상호합의절차가 진행 중이라는 이유로 체납액의 징수를 유예한 경우에는 가산금과 중가산금에 관한 규정을 적용하지 아니하고 「국제조세조정에 관한 법률」 제24조 제5항에 따른 가산금에 대한 특례를 적용한다. 즉 「국제조세조정에 관한 법률」 제24조 제5항의 규정에 의하여 가산하는 이자상당액은 가산금 또는 중가산금에 해당하는 것이다(재경부 국조 46017-88, 2002.6.4.).

고지된 지방세 중 일부가 체납된 경우에도 당해 체납된 지방세에 대한 가산금을 징수하며(지징예 법30-1), '체납된 지방세'의 범위는 납세고지서의 건별·세목별로 계산한다(지징예 법30-2).

(2) 중가산금(지징법 §31, 구 지기법 §60)(2023.12.31. 이전 납세의무성립분만 적용)

체납된 지방세를 납부하지 아니한 때에는 납부기한이 지난 날부터 1개월이 지날 때마다 체납된 지방세의 0.75%(2019.1.1. 당시 체납된 지방세를 납부하지 아니한 경우로서 납부기한이 지난 날부터 적용되며, 그 전은 1.2%)에 상당하는 가산금("중가산금")을 다시 가산하여 징수한다. 이 경우 중가산금을 가산하여 징수하는 기간은 60개월을 초과하지 못한다. 다만, 국가와 지방자치단체(지방자치단체조합 포함)와 체납된 납세고지서별 세액이 30만 원 미만일 때에는 중가산금을 적용하지 아니한다. 이 경우 같은 납세고지서에 둘 이상의 세목이 함께 적혀 있는 경우에는 세목별로 판단한다.

외국의 권한 있는 당국과 상호합의절차가 진행 중이라는 이유로 체납액의 징수를 유예한 경우에는 가산금과 중가산금에 관한 규정을 적용하지 아니하고 「국제조세조정에 관한 법률」 제24조 제5항에 따른 가산금에 대한 특례를 적용한다. 즉 「국제조세조정에 관한 법률」 제24조 제5항의 규정에 의하여 가산하는 이자 상당액은 가산금 또는 중가산금에 해당하는 것이다(재경부 국조 46017-88, 2002.6.4.). 한편, 농어촌특별세는 국세이므로 100만 원 이상인 경우에만 중가산금을 가산한다. 그 이유는 국세는 2008.1.1.부터는 100만 원(2007.12.31.까지는 50만 원) 이상인 경우에만 중가산금을 가산하도록 규정하고 있기 때문이다.

(3) 중가산금(2023.12.31. 이전 납세의무성립분만 적용) 기간 계산(지징예 법31-1)

중가산금 가산 시 기간계산은 「민법」의 기간 계산의 방법에 따르며, 특히 다음에 유의하여야 한다.

① 기간의 말일이 공휴일에 해당한 때에는 기간은 그 익일로 만료한다.

② 징수유예 등의 요건(지징법 §25, 구 지기법 §80)의 규정에 의한 징수유예 등의 기간은 이 기간 계산에 포함하지 아니한다.

③ 결손처분(지징법 §106, 구 지기법 §96 ②)의 규정에 의하여 결손처분을 취소한 때에는 결손처분기간을 이 기간계산에 포함하여 당초 결손처분이 없는 것으로 보아 다시 중가산금을 계산한다.

(4) 납부기한 경과 후 가산금(2023.12.31. 이전 납세의무성립분만 적용) 및 납부방법

① 납부기한 경과 후 1개월까지는 3%의 가산금이 가산된 금액을 고지서에 기재된 납부장소나 전국 우체국에 납부할 수 있으며, 납부기한으로부터 1개월이 경과된 후에는 과세기관을 방문하여 고지서를 재교부받아서 납부하여야 한다.

② 납부기한으로부터 1개월 경과 시는 3%의 가산금이 가산되고 그 후 매 1개월마다 0.75%의 중가산금(최고 45%)이 추가(고지된 금액이 30만 원 이상인 경우에 한한다)되며 독촉장에 기재된 납부기한까지 완납하지 아니하면 재산의 압류 등 체납처분을 하게 된다.

> 본세 + 가산금(본세의 3%) + 중가산금〔본세 체납액 × 0.75% × 경과월수(최장 60개월)〕

사례 가산금 불복청구로 당초 부과처분을 불복할 수 없음(서울고법 2012누9415, 2013.1.9.).

가산금은 국세가 납부기한까지 납부되지 않는 경우, 미납분에 관한 지연이자의 의미로 부과되는 부대세의 일종으로 과세권자의 가산금 확정절차 없이 국세를 납부기한까지 납부하지 아니하면 위 법 규정에 의하여 가산금이 당연히 발생하고 그 액수도 확정된다고 할 것이고, 다만 그에 관한 징수절차를 개시하려면 독촉장에 의하여 그 납부를 독촉함으로써 가능한 것이고 그 가산금 납부독촉이 부당하거나 그 절차에 하자가 있는 경우에는 그 징수처분에 대하여 취소소송에 의한 불복이 가능할 뿐이라 할 것이므로(대법원 1990.5.8. 선고, 90누1168 판결 등 참조), 원고가 주장하는 바와 같은 목적을 달성하기 위하여는 가산금 징수처분에 대하여 불복해야 할 것이고, 위와 같은 사유로 이 사건 제1처분이 항고소송의 심판대상이 된다고 할 수 없음.

사례 회생절차에 참가하여 조세채권을 상업채권으로 잘못 신고할 경우 회생기간 중 발생한 가산금의 실권 여부(국심 2003서210, 2003.5.10.)

정리계획안을 확정하기 위하여는 제2회 관계인집회일 전까지 확정된 금액으로 신고되어야 할 것으로 확정된 금액으로 신고하지 아니하여 정리계획인가결정에서 조세채권이 실권소멸된 후에는 청구법인이 조세채권에 대하여 아무런 책임을 지지 아니한다는 것을 의미하므로 국세부과제척기간 이내라 하더라도 다시 부과할 수는 없는 것으로 판단됨(국심 94서5595, 1995.7.21.). 따라서, 처분청이 회사정리절차개시 이후 발생한 중가산금을 체납액으로 하여 청구법인의 재산을 압류한 처분은

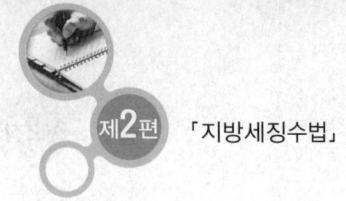

부당한 것으로 판단됨.

(5) 가산세와 비교

구분	가산세	가산금(2023.12.31. 이전 납세의무성립분만 적용)
성격	세법상 의무불이행에 대한 행정상 제재	연체이자적 성격
근거	각 세법의 규정	「지방세기본법」
징수방법	해당 지방세 세목으로 징수 (지방세 포함)	고지세액에 가산하여 징수 (지방세 불포함)
청산소득에 대한 지방소득세의 가산세 등 적용	적용	미적용
납세의무성립일	본세 납세의무성립일	부과고지한 지방세의 납부기한 경과되는 때(판례)
법정기일	납세고지서 발송일	납부기한(소정의 기한)
부과제척기간 기산일	본세와 동일	–

❷ 독촉과 최고(지징법 §32, 구 지기법 §61)

(1) 의의

지방자치단체장은 납세자(제2차 납세의무자 제외)가 지방세를 납부기한까지 완납하지 아니하면 납부기한이 지난 날부터 50일 이내에 독촉장을 문서로 고지하여야 한다(납기 전 징수하는 때에는 그러하지 아니함).

독촉장 또는 납부최고서를 발급할 때에는 납부기한을 발급일부터 20일(2018년 이전 10일) 이내로 한다. 한편, 납부기한으로부터 50일이 경과한 후에 발부한 독촉장도 그 효력에는 영향이 없으며, 독촉장에서 납부기한을 발부일로부터 10일(현행 20일) 후로 지정하더라도 10일(현행 20일) 이내의 납부기한을 붙인 독촉장을 발부한 것으로 본다(지징예 법32-2).

(2) 방법과 효력

독촉장은 1차에 한하여 발부하며 납세고지서 또는 납부통지서의 수에 따라 발부하여야 하기 때문에 2차·3차 독촉을 하더라도 독촉의 효력은 1차 독촉으로 효력이 발생되며, 2차·3차 독촉을 할 수가 없는 것이다. 또한 연대납세의무자에 대하여는 각각 개인별로 독촉장을 발부하여야 하며, 각각 독촉장을 발부하지 아니한 경우에는 그 효력이 없다(지징예 법32-1 참조). 양도담보권자인 물적납세의무자에 대하여는 독촉장을 발부하지 아니한다. 독촉의 효과는 독촉기간 내 지방세 미납 시 체납처분이 가능하기 때문에 압류를 할 수가 있으며 납부지연가산세(2023.12.31. 이전 납세의무성립분은 가산금과 중가산금)를 부과할 수가 있다. 독촉장 또는 납부최고서를 발급할 때에는 납부기한을 발급일부터 20일(2018년 이전 10일) 이내로 한다.

(3) 독촉을 생략할 수 있는 경우

독촉은 체납처분의 전제가 되나 "자동차세"의 경우에는 독촉없이 체납처분이 가능하며(지법 §133 참조), 납기 전 징수의 규정에 의하여 납기 전 징수를 하는 경우와 「지방세징수법」 제33조 제2항의 규정에 의하여 확정 전 보전압류(납세의무가 확정되리라고 추정되는 금액을 한도로 하는 재산압류)를 하는 경우에는 독촉을 요하지 아니한다(지징예 법32-3). 즉 독촉을 요하지 아니하는 경우 독촉 없이 징수할 수가 있으며 자동차세의 경우 독촉 없이 즉시 체납처분을 실시할 수가 있는 것이다.

(4) 제2차 납세의무자에 대한 납부최고

지방자치단체장은 제2차 납세의무자(2015.5.18. 이후 보증인 포함[12])가 체납액을 그 납부기한까지 완납하지 아니하면 납기 전 징수할 경우를 제외하고는 납부기한이 지난 후 10일(2015년 이전 납부기한이 경과하여 납부최고서를 발급하는 경우는 50일) 이내에 납부최고서를 발급하여야 한다. 이 경우 제2차 납세의무자에 대한 납부최고(納付催告)는 다음 사항을 적은 문서로 하여야 한다.
① 납세자의 주소 또는 영업소와 성명
② 제2차 납세의무자로부터 징수하려는 지방세의 과세연도·세목·세액·가산금(2023.12.31. 이전 납세의무성립분만 적용)·납부기한과 납부장소

❸ 실태조사(지징법 §32-2)

2023.3.14. 이후 지방자치단체장은 독촉과 최고를 하였음에도 납부기한까지 납부하지 아니한 납세자에 대한 현황을 파악하기 위하여 다음의 어느 하나에 해당하는 경우에 조사("실태조사")를 실시할 수 있다.
① 압류, 사해행위의 취소 및 원상회복 청구, 압류금지 재산 등의 확인 및 압류의 해제를 위하여 필요한 경우
② 압류재산 매각 절차를 위하여 필요한 경우
③ 체납처분의 유예 및 정리보류와 그 사후관리를 위하여 필요한 경우
④ 그 밖의 체납액 징수를 위해 지방자치단체장이 필요하다고 인정하는 경우

---

12) 보증인이 포함되는 이유는 「지방세기본법」 제45조에 "제2차 납세의무자(보증인을 포함한다. 이하 같다)"라고 규정되어 있기 때문이다.

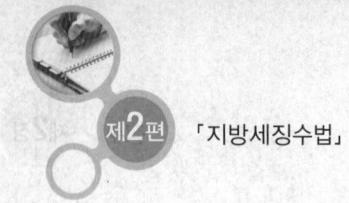

　　지방자치단체장은 실태조사를 실시할 경우 매년 체납자 실태조사 계획을 수립하여야 하며, 실태조사를 위하여 필요한 경우 지방세정보통신망을 통하여 체납자 현황을 확인할 수 있고, 실태조사는 서면, 전화 또는 현장조사의 방법으로 실시한다.

　　한편, 지방자치단체장은 실태조사 결과에 대한 관리를 위하여 납세자 관리대장("관리대장")을 비치하고 필요한 사항을 기재하여야 한다. 이 경우 해당 사항을 전산처리하는 경우에는 관리대장을 갖춘 것으로 본다. 그리고 국가기관, 지방자치단체가 「사회보장기본법」에서 규정한 사회보장 정책을 원활하게 수립·추진하기 위하여 관리대장을 요청하는 경우 그 목적에 맞게 관리대장을 제공할 수 있다.

　　관리대장에는 다음의 사항이 포함되어야 한다.

① 납세자의 인적사항
② 납세자의 체납현황
③ 체납처분 및 행정제재 내역
④ 생활실태 및 재산조사 현황
⑤ 체납사유 및 징수대책

　　한편, 실태조사 결과를 지방세통합정보통신망을 활용하여 전자적 형태로 관리할 수 있으며, 「사회보장기본법」에 규정한 사회보장 정책을 수립·추진하기 위해 관리대장의 정보를 요청받은 경우, 생계유지 곤란의 사유로 정리보류된 체납자의 인적사항을 지방세통합정보통신망과 연계된 정보통신망을 통해 제공할 수 있다.

제**3**장

체납처분

① 체납처분

'체납처분'이라 함은 지방자치단체징수금의 납부의무가 있는 자에 대하여 독촉 또는 최고를 하였음에도 그 독촉 또는 최고기한까지 해당 지방자치단체의 징수금을 납부하지 않을 경우에, 그 체납자의 재산을 압류 또는 교부청구를 하고 공매처분에 의하여 환가하며 환가된 금액을 체납된 지방자치단체징수금에 충당하고 잔여금액을 각 채권자와 소유자에 배당하는 일련의 강제징수절차를 말한다.

「지방세기본법」에서는 지방세의 부과·징수에 관하여 「지방세기본법」 및 지방세관계법에서 규정한 것을 제외하고는 「국세기본법」 및 「국세징수법」을 준용하고(지기법 §153) 있으므로 지방세채권 확보에 관한 사항에 대해서는 국세관계법을 잘 살펴보아야 한다.

한편, 납세자가 납부기한까지 조세를 완납하지 않는 경우 체납 처분에 앞서 이행을 최고하는 독촉장을 발부하여야 하고, 독촉은 압류의 필요적 전제 요건이므로 독촉절차 없이 한 압류처분은 위법하나, 이는 취소사유에 불과하고 이러한 사유만으로는 압류처분이 당연 무효가 되는 것은 아니므로(대법원 81누360, 1982.7.13. 참조), 독촉장을 송달받지 못하였다고 하더라도 이를 이유로 체납처분이 당연 무효라고 할 수는 없는 것이다.

> **사례** 독촉절차 없는 압류처분 당부(행심 98-278, 1998.7.1.)
>
> 납기 전 징수가 아닌 지방세 체납에 대한 압류처분을 하기 위해서는 납세고지서송달, 독촉장발부 등이 선행되어야 하는 것으로서 처분청이 독촉절차없이 한 이 건 압류처분은 위법하다 하겠으므로 청구인의 다른 주장을 살펴 볼 필요도 없이 이 건 압류처분은 취소되어야 한다고 판단됨.

> **사례** 위법한 부과처분에 대한 체납처분(대법원 87누383, 1987.9.22.)
>
> 조세의 부과처분과 압류 등의 체납처분은 별개의 행정처분으로서 독립성을 가지므로 그 부과처분에 하자가 있더라도 그 부과처분의 취소가 있기 전에 한 체납처분은 위법이라고 할 수 없으나 그 부과처분에 중대하고 명백한 하자가 있어 무효인 경우에는 그 부과처분의 집행을 위한 체납처분도 무효라 할 것임.

> **사례** 독촉절차 없이 압류처분한 경우에도 압류 무효는 아님(대법원 87누1009, 1988.6.28.).
>
> 납세의무자가 세금을 납부기한까지 납부하지 아니하여 과세관청이 그 징수를 위하여 압류처분에 이른 것이라면 비록 독촉절차 없이 압류처분을 하였더라도 이러한 사유만으로는 압류처분을 무효로 되게 하는 중대하고 명백한 하자가 아님.

② 압류(지징법 §33, 구 지기법 §91)

(1) 요건

지방자치단체장(2015.12.31. 이전은 세무공무원[13])은 다음 어느 하나에 해당하는 경우 납세자의 재산을 압류한다. 압류재산을 선택함에 있어서는 체납처분의 집행에 지장이 없는 한 그 재산에 관하여 제3자가 가진 권리(질권, 저당권, 유치권, 전세권, 임차권, 사용대차권, 지상권 등)를 해하지 아니하도록 선택하여야 한다(지징예 법33-9).

> ① 납세자가 독촉장(납부최고서 포함)을 받고 지정된 기한까지 지방자치단체의 징수금을 완납하지 아니할 때
> ② 납세자가 납부기한 전에 지방자치단체의 징수금의 납부고지를 받고 지정된 기한까지 이를 완납하지 아니할 때

독촉장, 납부최고서 또는 양도담보권자에 대한 고지서를 발부한 후 6월 이상을 지나서 압류를 하려 할 때에는 미리 납부를 촉구하여야 한다(지징예 법33-10). 즉 압류 전에 최고를 하여야 한다. 지방자치단체장은 야간, 토요일, 일요일, 기타 공휴일에는 특히 필요하다고 인정하는 경우를 제외하고는 압류를 하지 아니한다(지징예 법33-11).

재산을 압류하였으면 해당 납세자에게 [별지 제63호 서식](압류통지서)으로 통지하여야 한다.

(2) 납세담보 요구에 응하지 아니할 경우 압류 가능

지방자치단체장은 상기 (1)에도 불구하고 납기 전 징수사유가 있어 지방세가 확정된 후에는 그 지방세를 징수할 수 없다고 인정하면 납세의무가 확정되리라고 추정되는 금액의 한도에서 납세자의 재산을 압류할 수 있다. 이 경우 납세자가 이에 따르지 아니할 때에는 납세의무가 확정되리라고 추정되는 금액을 한도로 하여 납세자의 재산을 압류할 수 있다.

납세담보 요구에 응하지 아니하여 압류한 경우로서 다음 어느 하나에 해당할 때에는 재산의 압류를 즉시 해제하여야 한다.

① 압류통지를 받은 자가 납세담보를 제공하고 압류해제를 요구할 때
② 압류를 한 날부터 3개월이 지날 때까지 압류에 따라 징수하려는 지방세를 확정하지 아니하였을 때

지방자치단체장은 압류한 재산이 금전, 납부기한까지 추심할 수 있는 예금 또는 유가증권인 경우 납세자가 신청할 때에는 확정된 지방자치단체 징수금에 충당할 수 있다.

---

13) 납세자의 지방세를 관할하는 지방자치단체장과 그 위임을 받은 공무원을 말한다.

(3) 압류절차

1) 신분증의 제시 등(지징법 §34, 구 지기법 §91-2)

세무공무원이 체납처분을 하기 위하여 질문, 검사 또는 수색을 하거나 재산을 압류할 때에는 소속, 직위, 성명과 생년월일, 질문, 검사, 수색 또는 재산압류의 권한에 관한 사항 등 신분을 표시하는 증표를 휴대하고 이를 관계자에게 제시하여야 한다. 여기서 "관계자"라 함은 「지방세징수법」 제36조(체납처분에 따른 질문·검사권), 제35조(수색의 권한과 방법), 제33조(압류) 등의 규정에 의하여 질문·검사 또는 수색을 받거나 재산의 압류를 당하는 자와 법 제37조(참여자 설정)의 규정에 의한 수색·검사에의 참여자, 영 제43조(체납처분집행중의 출입제한)의 규정에 의한 출입제한을 받는 자 등을 말한다(지징예 법34-1).

2) 수색의 권한과 방법(지징법 §35, 구 지기법 §91-3)

세무공무원은 재산을 압류하기 위하여 필요한 때에는 체납자의 가옥, 선박, 창고 그 밖의 장소[14]를 수색하거나 폐쇄된 문, 금고 또는 기구를 열게 하거나 열 수 있으며,[15] 체납자의 재산을 점유·보관하는 제3자[16]가 재산의 인도 또는 이전을 거부한 때[17] 또는 제3자의 가옥, 선박, 창고 기타의 장소에 체납자의 재산을 은닉한 혐의가 있다고 인정되는 경우에도 제3자에 대하여 강제 수색을 하거나 폐쇄된 문, 금고 또는 기구를 열게 하거나 열 수 있다.

체납처분을 위한 수색은 해뜰 때부터 해질 때까지에 한한다. 다만, 해가 지기 전에 개시한 수색은 해가 진 이후에도 계속할 수 있다. 주로 야간에 다음의 영업을 하는 장소에 대해서는 상기에도 불구하고 해가 진 후에도 영업 중에는 수색을 시작할 수 있다. 여기서 "해뜰 때부터 해질 때까지"는 역에 따른 지방별 해의 일출·일몰시간을 기준으로 한다(지징예 법35-5).

○ **해가 진 이후에도 영업시간 중에 한하여 수색을 개시할 수 있는 장소(지징령 §42)**
  ① 객실을 설비하여 요리나 주류를 제공하고, 접객부로 하여금 객을 유흥하게 하는 영업
  ② 무도장을 설치하여 공중에게 이용하게 하는 영업

---

14) "그 밖의 장소"에는 체납자 또는 제3자가 사용하거나 사용하고 있다고 인정되는 사무실, 영업소, 공장, 헛간 등의 건물 외에 숙박 중의 여관방 등, 건물의 부지 등을 포함한다(지징예 법35-1).
15) 세무공무원은 수색에 임하였을 때는 체납자 또는 제3자가 사용하거나 사용하고 있다고 인정되는 폐쇄된 문, 금고 또는 기구를 사용자에게 열게 하거나 세무공무원 자신이 열 수 있다. 그러나 세무공무원 자신이 열 경우에는 체납자등이 세무공무원의 요구에 따르지 않거나 수색장소에 없는 등 부득이할 때에 한한다(지징예 법35-2).
16) "체납자의 재산을 점유하는 제3자"라 함은 정당한 권한의 유무에 관계없이 체납자의 재산을 자기의 점유로 이전, 사실상 지배하는 제3자를 말한다(지징예 법35-3).
17) "인도를 거부할 때"에는 법 제44조(질권이 설정된 재산의 압류)의 규정에 의하여 인도요구를 받은 자 또는 법 제48조(동산과 유가증권의 압류)의 규정에 의하여 보관하는 자가 인도를 하지 아니한 때를 포함한다(지징예 법35-4).

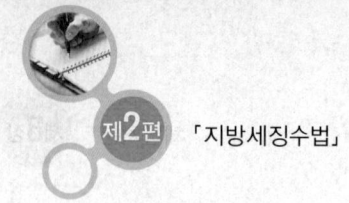

③ 주류, 식사 기타 음식물을 제공하는 영업

④ ①부터 ③까지와 유사한 영업

수색을 하였으나 압류할 재산이 없는 때에는 수색조서를 작성하여 체납자와 다음에 설명하는 체납처분 현장 참여자와 함께 서명날인하고, 참여자가 서명날인을 거부할 경우 그 사실을 수색조서에 함께 적어야 하며, 수색조서를 작성하였을 때에는 그 등본을 수색을 받은 체납자 또는 참여자에게 내주어야 한다. 압류를 수색에 의하여 한 경우에는 압류조서에 수색한 뜻과 수색의 목적 및 장소를 적어야 한다(국징통 29-0…1).

> 체납자의 주소 또는 거소와 성명, 제3자의 가옥, 선박, 창고 기타의 장소를 수색한 경우에는 그 주소 또는 거소와 성명, 체납한 지방세의 과세연도, 세목, 세액과 납부기한, 수색한 일시, 수색한 재산 또는 가옥 기타의 장소의 표시

압류하기 위하여 수색을 하였으나 압류할 재산이 없어 압류할 수 없는 경우에도 그 수색을 착수했을 때에 시효중단의 효력이 발생한다. 이 경우에 그 수색이 제3자의 주거 등에 대하여 행하여진 경우에는 수색한 취지를 수색조서의 등본 등에 의거 체납자에게 통지하여야 시효중단의 효력이 발생한다(지기법 §40 ① 4, 「민법」 §176 참조)(지징예 법35-6).

3) 체납처분에 따른 질문[18]·검사권(지징법 §36, 구 지기법 §91-4)

체납처분을 집행함에 있어서 압류할 재산의 소재 또는 수량을 알고자 할 때에는 체납자, 체납자와 거래관계가 있는 자, 체납자의 재산을 점유하는 자, 체납자와 채권·채무관계가 있는 자, 체납자가 주주 또는 사원의 법인, 체납자인 법인의 주주 또는 사원인 자 및 친족(「지방세기본법 시행령」 제2조의 2 제1항의 친족관계를 말함)으로서 체납자의 재산을 은닉한 혐의가 있다고 인정되는 자에 대하여 질문하거나 장부·서류 기타의 물건을 검사할 수 있다. 여기에서 '체납자가 주주 또는 사원의 법인'이라 함은, 주식회사, 합병회사, 합자회사, 유한회사, 「민법」에 의한 비영리사단법인, 특별법에 의한 법인, 법인격 없는 사단을 말한다(지징예 법36-2).

4) 출입제한권

집행함에 있어서 재산을 압류할 때, 수색을 할 때, 질문·검사를 할 때에 필요하다고 인정하는 때에는 체납처분 집행 중 장소에 있는 관계인 아닌 자에게 나가 달라고 하거나 그 장소에 출입하는 것을 제한할 수 있다(지징령 §43).

---

18) "질문"은 구두 또는 서면에 의하여 할 수 있으며, 구두에 의한 질문의 내용이 중요한 사항인 때에는 그 전말을 기록하여야 하고, 전말을 기록한 서류에는 답변자의 서명날인을 받아야 하며, 답변자가 서명날인을 거부할 때는 그 뜻을 부기하여야 한다(지징예 법36-1).

5) 참여자 설정(지징법 §37, 구 지기법 §91 - 5)

세무공무원은 수색 또는 검사를 할 때에는 그 수색 또는 검사를 받는 자, 그 가족, 동거인, 사무원, 그 밖의 종업원을 증인으로 참여시켜야 하며, 참여자가 없는 때 또는 참여 요청에 따르지 아니한 때에는 성년자 2인 이상 또는 지방자치단체의 다른 공무원이나 경찰공무원을 증인으로 참여시켜야 한다. 여기서 "성년자"란 「민법」 제4조(성년)에 따른 19세 이상인 자 외에 같은 법 제826조의 2(성년의제)에 따른 혼인한 미성년자를 포함하며(지징예 법37 - 1), "경찰공무원"은 가능한 한 수색 또는 검사하는 장소를 관할하는 경찰관서의 경찰공무원으로 한다(지징예 법37 - 2).

6) 압류조서(지징법 §38, 구 지기법 §91 - 6)

세무공무원은 납세자의 재산을 압류할 때에는 다음 사항을 적은 압류조서를 작성하여야 한다. 이 경우에 압류재산이 동산 또는 유가증권, 채권 및 채권과 소유권을 제외한 재산권("무체재산권 등")에 해당할 때에는 그 등본을 체납자에게 내주어야 한다. 그리고 세무공무원은 압류조서에 상기 5)에 따른 참여자의 서명날인을 받아야 하며, 참여자가 서명날인을 거부하였을 때에는 그 사실을 압류조서에 함께 적어야 한다.

압류를 수색에 의하여 한 경우에는 압류조서에 「지방세징수법」 제35조(수색의 권한과 방법)의 규정에 의하여 수색한 뜻과 수색의 목적 및 장소를 부기하여야 한다(지징예 법38 - 1).

---

① 체납자의 주소 또는 영업소와 성명
② 압류에 관계되는 지방세의 과세연도·세목·세액과 납부기한
③ 압류재산의 종류·수량 및 품질과 소재지
④ 압류 연월일

세무공무원은 질권이 설정된 동산 또는 유가증권을 압류하였을 때에는 그 동산 또는 유가증권의 질권자에게 압류조서의 등본을 내주어야 하며, 채권을 압류하였을 때에는 채권의 추심이나 그 밖의 처분을 금지한다는 뜻을 압류조서에 함께 적어야 한다.

압류조서는 압류의 사실을 기록증명하는 것으로 그 작성이 압류처분의 효력발생 요건인 것은 아니다(지징예 법38 - 2). 한편, 참가압류가 압류의 효력이 생긴 때에는 압류조서를 작성하지 아니한다(지징예 법38 - 3). 그리고 「지방세징수법」 제33조 제2항(납기 전 압류)의 규정에 의하여 보전압류를 하는 경우에는 이 규정에 의하여 납세의무가 있다고 인정되는 자 또는 납세자를 체납자로 보아 압류조서를 작성하는 것으로 하며, 이 경우 「지방세징수법 시행규칙」 제26조(압류조서)의 "지방세의 과세연도, 세목, 세액과 납부기한"은 보전압류금액, 보전압류금액의 결정근거가 되는 지방세의 연도 및 세목을 기재한다(지징예 법38 - 5).

> **사례** 원심이 압류조서가 작성되지 않았다는 이유를 들어 이 사건 압류가 무효라고 판단한 것은 잘못이지만, 압류가 무효라는 전제에서 원고의 배당 이의 주장을 받아들인 것은 그 결론에 있어 정당함(대법원 2017다213678, 2017.6.15.).

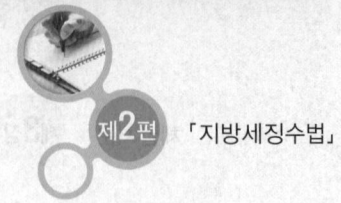

사례   절차상 사소한 하자 압류 효력 영향 없음(대법원 88다카19033, 1989.11.14.).

압류조서에 「국세징수법」 제28조의 규정에 의한 참여인의 기재와 그 서명날인이 없다거나, 압류조서나 채권압류처분통지서의 체납자의 주소가 법인등기부상의 주소와 일치하지 아니하고 체납자에 대한 채권압류통지서의 압류채권 표시란에 목적 토지 아닌 다른 토지에 대한 소유권이전등기청구권이 기재되어 있다거나, 체납자에게 위 압류조서의 등본을 교부하였는지의 여부 등 압류의 본질적 요소를 이루지 아니하는 사소한 절차상의 잘못을 이유로 하여서는 당해 압류자체를 무효라고 볼 것이 아님.

(4) 압류대상

제3자의 권리를 해하지 아니하는 재산이어야 하며, 환가에 편리한 재산이어야 한다. 또한, 보관 또는 운반에 편리한 재산이어야 하며, 체납자의 생활유지 또는 사업에 지장이 적은 재산이어야 한다. 징수하고자 하는 지방세 채권에 충당할만한 재산이어야 한다.

1) 재산의 귀속이 체납자일 것(지징예 법33-1)

압류의 대상이 되는 재산은 압류 당시에 체납자에게 귀속되고 있는 것이어야 한다.

┃ 체납자에게 귀속되는 것으로 추정되는 재산(지징예 법33-1) ┃

① 동산 및 유가증권
    체납자가 소지하고 있을 것(「민법」 제197조 참조)

☞ 동산은 「민법」 제99조 제2항(동산)에 따른 동산 중 법 제45조(부동산 등의 압류절차)에 따른 선박과 법 제46조(항공기 등의 압류절차)에 따른 항공기·건설기계 또는 자동차 등을 제외한 것으로 하며, 유가증권은 재산권을 표시하는 증권으로 그 권리의 행사 또는 이전이 증권에 의하여 행하여지는 것을 말함(지징예 법38-4).

② 등록공사채 등
    등록명의가 체납자일 것(「국채법」 §5, 「공사채등록법」 §6 참조)
③ 등기 또는 등록된 부동산, 선박, 건설기계, 자동차, 항공기 및 전화가입권, 지상권, 광업권 등의 권리와 특허권 기타의 무체재산권 등
    등기 또는 등록의 명의인이 체납자일 것
④ 미등기의 부동산소유권, 기타의 부동산에 관한 권리 및 미등록의 저작권 점유의 사실, 가옥대장, 토지대장 기타 장부서류의 기재 등에 의해 체납자에게 귀속한다고 인정되는 것
⑤ 합명회사 및 합자회사의 사원의 지분
    정관 또는 상업등기부상 사원의 명의가 체납자일 것(「상법」 §37, §179, §180, §183, §269, 「상업등기처리규칙」 §66 참조)
⑥ 유한회사의 사원의 지분
    정관, 사원명부 또는 상업등기부상 명의인이 체납자일 것(「상법」 §543, §549, §557 참조)
⑦ 채권
    차용증서, 예금통장, 매출장 기타 거래관계 장부서류 등에 의해 체납자에게 귀속한다고 인정되는 것
⑧ 부부 또는 동거친족재산의 귀속(지징예 법33-2)

배우자(사실혼 관계 포함) 또는 동거친족이 납세자의 재산 또는 수입에 의하여 생계를 유지하고 있을 때에는 납세자의 주거에 있는 재산은 납세자에 귀속한 것으로 추정한다. 다만, 「민법」 기타 법령에 특별한 규정이 있는 경우에는 그러하지 아니하다.

① 명의신탁의 경우

압류대상이 된 재산이 부동산인 경우에 그 재산이 납세자의 소유에 속하는지 여부는 등기의 효력에 의하여 판단하여야 할 것이고, 압류대상인 부동산에 관한 체납자 명의(명의수탁자)의 소유권이전등기가 명의신탁에 의하여 이루어진 것이라도, 그 소유권은 명의신탁의 법리에 따라 대외적으로는 체납자에게 귀속되었다고 보아야 할 것이므로 대외적으로 체납자에게 소유권이 귀속되어 있는 재산을 압류한 이상 그 압류처분은 유효하다 할 것이다(대법원 82누61, 1984.7.10.).

한편, 부동산의 소유권이 명의신탁의 법리에 따라 체납자인 명의수탁자에게 귀속되었다가 위 법률의 시행에 따라 유예기간 내에 실명등기를 마치지 아니함으로써 그 명의신탁이 무효로 되었다 하더라도, 부동산의 소유권이 명의수탁자에게 있음을 전제로 압류함으로써 새로운 이해관계를 맺은 제3자인 과세관청에 대하여 그 명의신탁의 무효로써 대항할 수 없다 할 것이므로 결국 부동산에 관한 압류는 유효하다고 할 것이다(대법원 2008두17325, 2009.1.15.).[19]

> **사례** 압류 당시 명의신탁재산인 경우라도 그 소유권은 대외적으로 명의자에게 귀속되므로 특별한 사정없는 한 당해 압류처분은 유효함(대법원 92누39, 1992.5.26.).

> **사례** 명의신탁재산에 대한 압류처분 효과(대법원 83누506, 1984.2.24.)
> 재산이 납세자에게 귀속되는지 여부는 등기의 효력에 의하여 판단하여야 할 것이므로 납세자 앞으로 명의신탁된 재산에 대한 압류처분은 유효하며 세무관청이 그 명의신탁의 사실을 알고 있었다 하여 그 압류처분의 효력을 부정할 수 없다. 또한 납세자가 타인에게 당해 재산을 매도한 경우에도 아직 소유권이전등기를 매수인 앞으로 넘기기 전에 한 압류는 유효한 것이 되는 것임(대법원 83누527, 1984.1.24. 참조).

② 유지재단 명의로 된 교회재산

㉠ 유지재단의 체납세액에 대한 압류 효력

「민법」 제186조가 부동산에 관한 법률행위로 인한 권리의 득실변경은 등기하여야 그 효력

---

19) 「부동산 실권리자 명의등기에 관한 법률」 시행 전에 위와 같이 부동산에 관한 물권을 명의신탁한 자가 위 법 시행일로부터 1년의 기간(이하 "유예기간"이라 한다) 이내에 실명등기를 하지 아니하는 경우, 위 법이 정하고 있는 예외규정에 해당하는 경우를 제외하고는 유예기간이 경과한 날 이후부터 그 명의신탁약정 및 이에 따라 행하여진 등기에 의한 부동산의 물권변동은 무효로 되나(위 법 제4조 제1항, 제2항 본문, 제11조 제1항 본문, 제12조 제1항), 그 무효는 제3자에게 대항하지 못하는 바(위 법 제4조 제3항), 여기서의 "제3자"라 함은, 수탁자가 물권자임을 기초로 그와의 사이에 새로운 이해관계를 맺는 자를 말하고, 여기에는 소유권이나 저당권 등 물권을 취득한 자뿐만 아니라 가압류채권자도 포함되며, 제3자의 선의·악의를 묻지 않는다 할 것이다(대법원 2000.3.28. 선고, 99다56529 판결).

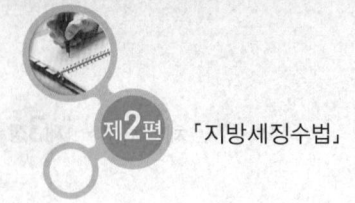
이 생긴다고 되어 있고, 「국세징수법」 규정에 의한 체납처분으로서의 압류는 납세자의 재산을 대상으로 하여야 하는데, 그 압류대상으로 된 재산이 등기되어 있는 부동산의 경우에 그 재산이 납세자의 소유에 속하는지의 여부는 등기의 효력에 의하여 판단하여야 하는바, 체납자의 체납세액에 대하여 등기부상 체납자 명의로 되어있는 부동산을 압류한 처분은 달리 잘못이 없는 것이다(국심 95전3827, 1996.10.25., 대법원 90누5375, 1991.2.26.). 따라서 유지재단의 체납세액에 대하여 유지재단 소유로 되어 있어서 부동산 압류는 일단은 적법한 것이다. 그런데 압류재산에 대한 제3자의 소유권 주장이 상당한 이유가 있다고 인정하는 때에는 압류를 해제하여야 한다. 즉 민사소송의 결과 압류된 재산이 압류 당시 이미 제3자의 소유라는 사실이 확정된 경우에는 체납자의 소유라고 보고 한 압류는 해제하여야 되어야 하는 것이다. 따라서 유지재단이나 실제 소유자가 제3자의 소유라는 사실을 입증하는 경우 압류를 해제하면 될 것이다.

사례 유지재단 체납세액에 대한 압류처분이 정당한지 여부(국심 1998경0695, 1998.12.31.)

「민법」 제186조가 부동산에 관한 법률행위로 인한 권리의 득실변경은 등기하여야 그 효력이 생긴다고 되어 있고, 「국세징수법」 규정에 의한 체납처분으로서의 압류는 납세자의 재산을 대상으로 하여야 하는데, 그 압류대상으로 된 재산이 등기되어 있는 부동산의 경우에 그 재산이 납세자의 소유에 속하는지의 여부는 등기의 효력에 의하여 판단하여야 하는바, 청구인의 체납세액에 대하여 처분청이 등기부상 청구인 명의로 되어 있는 부동산을 압류한 처분은 달리 잘못이 없음.

ⓛ 교회 체납세액에 대한 압류 효력

압류할 재산이 유지재단 명의로 되어 있는바, 재단소속 개별교회가 그 재산을 사용하고 있더라도 체납세액에 대한 압류처분은 그 재산이 유지재단 소속 개별교회의 재산임을 입증하지 아니한다면 압류를 할 수 없을 것이다. 즉 유지재단 명의로 된 재산이 소속 개별교회의 재산임을 먼저 입증하여야 압류가 가능할 것이다.

③ 「신탁법」에 의한 신탁재산

부동산 소유권이 이전된 「신탁법」에 의한 신탁관계인 경우 위탁자에 대한 조세채권에 기하여 수탁자 명의의 신탁재산에 대해 압류할 수 없다. 체납처분으로서의 압류의 요건을 규정하고 있는 「국세징수법」 제24조 각 항의 규정을 보면 어느 경우에나 압류의 대상을 납세자의 재산에 국한하고 있으므로, 납세자가 아닌 제3자의 재산을 대상으로 한 압류처분은 그 처분의 내용이 법률상 실현될 수 없는 것이어서 당연무효이다. 위탁자가 수탁자에게 부동산의 소유권을 이전하여 당사자 사이에 「신탁법」에 의한 신탁관계가 설정되면 단순한 명의신탁과는 달리 신탁재산은 수탁자에게 귀속되고, 신탁 후에도 여전히 위탁자의 재산이라고 볼 수는 없으므로, 위탁자에 대한 조세채권에 기하여 수탁자 명의의 신탁재산에 대하여 압류할 수 없다. 그리고 「국세기본법」 제35조에 의하여 인정되는 국세의 우선권은 납세자의 재산에 대한 강제집행, 경매, 체납처분 등의 강제환가절차에서 국세를 다른 공과금 기타 채권에 우선하여 징수하는 효력을 의미할 뿐 그 이상으로 납세자의 총재산에 대하여 조세채권을 위한 일반의 선취특권이나 특별담보권을 인정하는 것은 아니므로, 국세의 우선권을 근거로 이미 제3자 앞으로 소유권이 이전된 재산권을 압류할 수는 없고, 이는 당해 재산에 대하여 부과된 국세의 경우도 마찬가지이다. 「신탁법」 제21조 제1항은 신탁재산에 대하여 신탁 전의 원인으로 발생한 권리 또는 신탁사무의 처리상 발생한 권리에 기한 경우에만 강제집행 또는 경매를 허용하고 있는바, 신탁대상 재산이 신탁자에게 상속됨으로써 부과된 국세라 하더라도 「신탁법」 상의 신탁이 이루어지기 전에 압류를 하지 아니한 이상, 그 조세채권이 「신탁법」 제21조 제1항 소정의 '신탁 전의 원인으로 발생한 권리'에 해당된다고 볼 수 없다(대법원 96다17424, 1996.10.15.).

한편, 2014년~2020년 납세의무성립분은 「신탁법」에 따라 수탁자 명의로 등기된 신탁재산에 대한 재산세가 체납된 경우 「지방세기본법」 제91조에도 불구하고 재산세가 체납된 해당 재산에 대해서만 압류할 수 있었다. 다만, 재산세가 체납된 재산이 속한 신탁에 다른 재산이 있는 경우에는 그 다른 재산에 대하여 압류할 수 있었다(구 지법 §119-2).

2021년 이후 납세의무성립분부터 수탁자에게 신탁재산 물적납세의무를 지울 수 있다.

> **사례** 신탁재산은 수탁자 귀속이므로 압류처분은 무효임(대법원 2011다99931, 2012.4.26.).
> 위탁자인 BBBB에 대한 이 사건 조세채권에 기하여 수탁자인 원고 소유의 이 사건 부동산에 관하여 이 사건 압류처분을 하였으므로 이 사건 압류처분은 적법한 근거 없이 체납자 아닌 제3자의 재산에 대하여 한 압류로서 당연무효이고, 위 무효의 압류처분에 기한 이 사건 압류등기 역시 무효임.

2) 재산의 소재

압류의 대상이 되는 재산은 「지방세기본법」 효력이 미치는 지역 내에 있는 재산이어야 하며, 재산의 소재지 결정에 있어서는 「상속세 및 증여세법」 제5조(상속재산 등의 소재지)의 규정을 준용한다(지징예 법33-3). 따라서 재산의 소재지가 외국인 경우에는 그 재산은 압류의 대상이 되지 아니한다.

3) 재산의 금전적 가치

압류의 대상이 되는 재산은 금전적 가치를 가진 것이어야 한다. 따라서 금전 또는 물건의 급부를 목적으로 하지 않는 행위(예 : 연주를 하는 것 등) 또는 부작위(예 : 경업금지)를 목적으로 하는 채권 등은 압류의 대상이 되지 아니한다(지징예 법33-4).

4) 재산의 양도 또는 추심할 수 있는 것

재산이 양도 또는 추심할 수 없는 것은 압류의 대상이 될 수 없다. 즉 채권 이외의 재산은 매각방법에 의하여 환가하는 것이므로 양도성이 없는 것은 매각할 수 없으므로 압류의 대상으로 될 수 없고, 채권은 채권자에 대위해서 추심하여 조세채권에 충당하는 것이므로 추심할 수 없는 채권은 압류의 대상으로 할 수 없다.

압류의 대상이 되는 재산은 양도 또는 추심할 수 있는 것이어야 하는데, 양도 또는 추심가능성에 관하여는 다음 사항에 유의한다(지징예 법33-5).

① 유가증권 중 지시금지어음 및 수표는「어음법」제11조(당연한 지시증권성) 또는「수표법」제14조(당연한 지시증권성)의 규정에 의하며 지명채권의 양도방식에 따라 양도할 수 있다(「민법」§508 참조).

② 상속권, 부양청구권, 위자료청구권, 재산분할청구권 등과 같이 납세자의 일신에 전속하는 권리는 양도할 수 없다. 다만, 그 권리의 행사로 인하여 금전적 채권 등으로 전환되었을 때는 예외이다.

③ 요역지의 소유권에 부종하는 지역권 또는 채권에 부종하는 유치권, 질권, 저당권 등은 주된 권리와 분리하여 양도할 수 없다.

④ 상호는 영업을 폐지하거나 영업과 함께 하는 경우가 아니면 양도할 수 없다(「상법」§25 참조).

5) 양도금지의 특약이 있는 재산

당사자 간의 계약에 의하여 양도금지의 특약이 있는 재산도 압류의 대상이 된다(지징예 법33-6).

6) 부과 등의 처분에 쟁송이 있는 경우 압류 가능

과세에 관한 처분, 고지 등에 대하여 이의신청, 심사, 심판의 청구, 소송 등이 계속 중인 경우에도 그 처분이 취소될 때까지는 쟁송에 관련된 지방세의 체납에 기하여 재산을 압류할 수 있다(지징예 법33-7).

7) 재산의 선택

세무공무원이 압류재산을 선택하는 것은 재량에 속하나 압류재산이 환가하기에 편리하고 보관 및 인도에 편리할 것과 압류재산이 납세자의 생계유지 및 사업계속에 지장이 적을 것의 사항을 고려하여 선택하여야 한다(지징예 법33-8).

8) 압류재산상에 제3자가 가진 권리의 보호

세무공무원이 압류재산을 선택함에 있어서는 체납처분의 집행에 지장이 없는 한 그 재산에 관하여 제3자가 가진 권리(질권, 저당권, 유치권, 전세권, 임차권, 사용대차권, 지상권 등)를 해하지 아니하도록 선택하여야 한다(지징예 법33-9).

9) 초과압류의 금지(지징법 §43, 구 지기법 §91-11)

재산의 압류는 지방세를 징수하기 위하여 필요한 범위를 초과할 수 없다. 다만, 불가분물 등 부득이한 경우는 예외로 한다(지징예 법33-16).

(5) 압류효력

1) 일반적인 효과

압류는 그 대상이 된 재산의 법률상 또는 사실상 처분을 금지하는 효력이 있다. 따라서 압류 후에 있어서의 그 재산의 양도 또는 권리설정 등의 법률상 처분은 압류채권자인 지방자치단체에 대항하지 못한다. 이 경우 압류에 의하여 금지되는 법률상 또는 사실상의 처분은 압류채권자인 지방자치단체에 불이익한 것에 한하므로 지방자치단체에 유리한 처분은 포함되지 아니한다(예 : 압류재산에 관한 전세계약의 해제)(지징예 법33-19).

압류 시에는 징수권의 시효가 중단되고 독촉 또는 납입최고에 의한 납부기간, 압류해제까지의 기간이 경과한 때부터 새로이 진행한다고 규정하고 있으므로, 지방세 체납과 관련하여 압류처분이 없는 경우에는 일반적으로 독촉에 의한 납부기간이 경과한 때부터 소멸시효가 새로이 기산되나, 압류처분이 이루어진 이후 그 압류가 해제되지 아니한 경우라면 그 압류가 해제될 때까지 징수권의 소멸시효는 중단된다(지방세정팀-5199, 2006.10.24.).

압류에 관계되는 지방세는 참가압류 또는 교부청구한 다른 지방세 또는 국세에 우선하여 징수한다.

> **사례** 압류한 부동산에 대한 무효청구 적격성(대법원 91누6023, 1992.3.31.)
>
> 조세관청이 조세의 징수를 위하여 납세의무자 소유의 부동산을 압류한 경우 그 이후에 압류등기가 된 부동산을 양도받아 소유권이전등기를 마친 사람은, 위 압류처분이나 그에 터 잡아 이루어지는 「국세징수법」상의 공매처분에 대하여 사실상이고 간접적인 이해관계를 가질 뿐 법률상 직접적이고 구체적인 이익을 가지는 것은 아니어서 그 압류처분이나 공매처분의 실효나 무효 확인을 구할 당사자 적격이 없음.

2) 개별적 효력

질권이 설정된 재산을 압류하고자 할 때에는 그 질권자는 질권의 설정 시기 여하에 불구하고 그 질물을 세무공무원에게 인도하여야 한다. 질권자가 그 질물을 인도하지 아니한 때에는 문서로서 그 인도를 요구하여야 한다. 인도 요구에 응하지 아니할 때는 그 질물을 압류할 수 있다. 또한, 체납처분은 재판상의 가압류 또는 가처분으로 인하여 그 집행에 영향을 미치지 아니한다. 가압류 또는 가처분을 받은 재산을 압류할 때에는 그 뜻을 당해 법원·집행공무원에게 통지해야 함. 또한 그 압류를 해제한 때도 같다.

압류의 효력은 압류재산으로부터 생기는 천연과실 또는 법정과실에도 미치므로 압류한 지방자치단체는 천연과실 및 법정과실의 인도를 요구할 수 있다. 다만, 체납자 또는 제3자가 압류재산을 사용·수익을 하는 경우에 그 재산으로부터 생기는 천연과실에 대하여는 압류의 효력이 미치지 아니한다.

3) 체납세액 납부완료 후 다시 체납세액 발생 시 압류 효력

「국세징수법」 제47조 제2항의 취지는 부동산, 공장재단, 광업재단 또는 선박, 항공기, 건설기계 및 자동차 압류 시 한 번 압류등기를 하고 나면 동일한 사람에 대한 압류등기 이후에 발생한 체납액에 대하여도 새로운 압류등기를 거칠 필요 없이 당연히 압류의 효력이 미친다는 것으로서(대법원 2003두6115, 2004.11.12. 참조), 여기에서 말하는 '체납액'이란 납세의무가 성립·확정된 이후에 그 납부 기한까지 납부되지 아니한 국세와 그 가산금 등을 말한다(국징법 §3 ①).

한편, 「국세징수법」 상 채권압류에 의하여 보전되는 국세의 범위는 압류의 원인이 된 체납국세 로서 채무자에게 통지된 당해 국세만에 한정되는 것으로(대법원 92누831, 1992.11.10.), 세무서장이 체납자의 채권을 압류하는 경우 「국세징수법」 제42조 및 제43조에 따라 압류 당시 채권압류통지 서에 기재된 체납액에 한하여 채권 압류의 효력이 미치는 것이다(서면-2014-법령해석기본-21895, 2015.6.19.). 이 경우 과세관청이 채권압류통지서에 '국세체납자가 제3자로부터 받을 매출채권 중 국세체납액에 이를 때까지의 금액'이라고 압류채권의 표시를 한 경우, 채권압류의 효력은 채권발 생의 기초가 확정되어 있어 특정이 가능하고 가까운 장래에 발생할 것이 상당한 정도로 기대되는 매출채권에도 미친다(법규과-1103, 2012.9.21.).

> **사례** 압류 미해제 시 다른 체납액에 효력 있음(대법원 2010다50625, 2010.7.26.).
> 「국세징수법」 제45조 부동산 등의 압류는 압류 당시의 체납액이 납부되었다고 하여 당연히 실효되 지 아니하고, 그 압류가 유효하게 존속하는 한 압류등기 이후에 발생한 체납액에 대하여도 효력이 미친다(대법원 88다카17174, 1989.5.9. 참조). 사실관계를 이와 같은 법리 및 관련 규정에 비추어 살 펴보면, 원고 지분에 대한 애초의 압류는 그 기초가 된 체납액인 제1차 국세가 납부되었다고 해서 당연히 실효되지 아니하고 그 압류가 해제되지 아니한 상태에서 새로이 발생한 체납액인 제2차 국 세에 대하여도 효력이 미침.

① 압류 후 소유권이전이 없는 경우

부동산 등의 압류 시 한 번 압류등기를 하고 나면 동일한 사람에 대한 압류등기 이후에 발생한 체납액에 대하여도 새로운 압류등기를 거칠 필요 없이 당연히 압류의 효력이 미친다는 것으로서 (대법원 2003두6115, 2004.11.12.), 이는 소유권이전이 없는 경우에 적용되는 것이다.

② 압류 후 소유권이전된 경우

압류의 효력은 「국세징수법」 제47조 제2항에 의거 당해 압류재산의 소유권이 이전되기 전에 법정기일이 도래한 모든 국세에 대하여 그 효력이 미치는 것으로, 세무서장이 한 개 국세의 체납 으로 부동산에 대하여 압류등기를 한 경우, 당해 재산의 소유권이전 시까지 법정기일이 도래한 다른 체납국세는 재차 압류처분 없이도 압류의 효력이 미치는 것이다(징세 46101-612, 2000.4.20.). 그리고 부동산에 대한 압류의 효력은 「국세징수법」 제47조 제2항에 의거 당해 압류재산의 소유 권이 이전되기 전에 「국세기본법」 제35조 제1항의 규정에 의한 법정기일이 도래한 국세에 대한 체납액에 대하여도 그 효력이 미치는 것이므로 압류의 효력이 미치는 체납액 전액을 납부하여야 압류해제가 가능한 것이다(서삼 46019-10258, 2003.2.13.).

따라서 압류 후에 소유권이 이전된 경우라면 당해 재산의 소유권이전 시까지 법정기일이 도래한 다른 체납세액은 재차 압류처분 없이도 압류의 효력이 미친다.

> **사례** 체납자의 재산을 압류한 후 체납자가 사망한 경우에도 압류의 효력은 체납자의 재산을 상속받은 상속인에 대하여도 효력이 있는 것이며, 상속인이 체납된 국세, 가산금 및 체납처분비를 완납하지 않은 이상 「국세징수법」 제53조 제1항에 따른 압류해제를 할 수 없는 것임(징세과-716, 2012.6.29.).

> **사례** 소유권이전 전 법정기일 도래한 체납액 압류효력 있음(조세정책과-303, 2007.2.26.).
> 「국세기본법」 상 압류는 같은 법 제47조 제2항에 따라 당해 압류재산의 소유권이 이전되기 전에 「국세기본법」 제35조 제1항의 규정에 의한 법정기일이 도래한 국세에 대한 체납액에도 그 효력이 미치므로 가등기 이전에 이루어진 압류는 가등기 이후 본등기 이전에 법정기일이 도래한 가산금 및 중가산금에도 그 효력이 미치는 것임.

> **사례** 다른 체납세액에도 압류효력 있음(서면1팀-1258, 2005.10.20.).
> 부동산이 압류 등기된 경우 그 소유권이전 시까지 「국세기본법」 제35조 제1항의 규정에 의한 법정기일이 도래한 다른 체납국세에 대하여 압류의 효력이 미치는 것이며, 납부기한이 남아있는 국세에 대하여 압류의 효력이 미치는 것이 아님. 국세의 체납으로 압류 등기된 부동산이 해당 체납액의 납부로 「국세징수법」 제53조의 압류해제의 요건을 충족하였으나 압류해제등기가 안된 상태에서 다른 국세가 체납된 경우 그 압류효력은 그 다른 체납국세에도 미치는 것임.
> 이와 관련있는 법령 및 예규(징세 46101-3296, 1997.12.22. 외 4건)를 참고하기 바람.
> 참고예규 : ① 징세 46101-3296(1997.12.22.)
> 1. 「국세징수법」 제86조 제1항에 의하여 결손처분된 국세는 그 결손처분으로 인하여 소멸(1996. 12.29. 이전 결손처분된 체납액에 한함)하는 것이나, 같은 법 제86조 제2항에 의하여 결손처분이 취소되면 당해 결손처분은 당초부터 없었던 것으로 보는 것임.

4) 압류통지서가 송달되지 아니한 경우 압류 효력

재산을 압류하였으면 해당 납세자에게 [별지 제63호 서식](압류통지서)으로 통지하여야 하는데, (채권)압류통지서가 체납자에게 송달되지 아니하였다 하여 당해 압류처분이 무효라 할 수 없다. 즉 체납자에게 (채권)압류통지를 누락하였다 하더라도 (채권)압류 후 추심하여 충당한 처분은 잘못이 없는 것이다.

「국세징수법」 제41조 제3항에 따르면 세무서장은 제1항의 채권을 압류하였을 때에는 그 사실을 체납자에게 통지하여야 한다라고 규정되어 있으나, 같은 법 제42조에서는 제3의 채무자에게 송달된 때에 효력이 발생한다라고 규정하고 있을 뿐 체납자에게 통지하여야만 효력이 있는 것으로 규정되어 있지 아니하므로 체납자에게 채권압류통지를 하지 않았다고 하여 채권압류가 무효가 되는 것은 아니다. 다만, 「국세징수법」 제41조의 규정에 의하여 세무서장은 채권을 압류한 때에는 그 뜻을 같은 법 시행규칙 제25조의 규정에 의한 서식으로 채무자와 체납자에게 채권압류통

지를 하여야 하고, 이러한 채권압류통지를 한 때에는 「국세징수법 기본통칙」 41-0…13에 따라 세무서장이 피압류채권의 채권자인 체납자에 대위하여 그 채권을 제3채무자로부터 자기의 이름으로 추심하는 것이다.

무효가 아니라는 해석으로는 "「국세징수법」 제41조와 같은 법 시행규칙 제25조에서는 채권을 압류할 때에는 그 뜻을 채권압류통지서에 의해 채무자에게 통지하도록 규정하고 있고, 같은 법 제42조에 의하면 채권압류의 효력은 채권압류통지서가 채무자에게 송달된 때에 발생한다고 규정하고 있는바, 체납자인 청구인에 대한 압류사실의 통지는 압류를 한 후의 사후적 절차로서 압류효력의 발생 여부와는 무관하므로 청구인에게 채권압류통지서가 송달되지 아니하였다 하여 당해 압류처분이 무효라 할 수 없는 것이다. 따라서 처분청이 청구인을 쟁점 사업장의 공동사업자로 보아 쟁점 채권을 압류하고 체납세액에 충당한 처분은 잘못이 없다고 판단된다(국심 2006구103, 2006.6.15.)."라는 심판례가 있다.

한편, 「국세징수법 기본통칙」 41-0…10 【추심의 책임】에서 "세무공무원이 피압류채권에 대하여 추심절차를 태만히 하여 시효가 완성하는 등 추심권의 행사에 있어서 고의 또는 과실로 위법하게 체납자에게 손해를 끼친 때에는 국가는 「국가배상법」에 따라 체납자에게 그 손해를 배상하여야 한다"라고 규정되어 있는바, 고의 또는 과실로 인하여 체납자에게 통지를 하지 않음으로써 체납자에게 위법하게 손해를 끼친 경우에는 국가는 그 손해를 배상하여야 할 것이다.

5) 종물에 대한 압류효력

주물을 압류한 때에는 종물에도 효력이 미친다(「민법」 §100 ② 2 참조)(지징예 법33-17).

6) 과실에 대한 압류의 효력(지징법 §46, 구 지기법 §91-14)

압류의 효력은 압류재산으로부터 생기는 천연과실(天然果實) 또는 법정과실(法定果實)에 미친다. 다만, 체납자 또는 제3자가 압류재산의 사용 또는 수익을 하는 경우에는 그 재산으로부터 생기는 천연과실(그 재산의 매각으로 인하여 권리를 이전할 때까지 수취되지 아니한 천연과실 제외)에 대하여는 미치지 아니한다. 그런데 천연과실(天然果實) 중 성숙한 것은 토지 또는 입목(立木)과 분리하여 동산으로 볼 수 있다(지징령 §49).

① 수취의 방법과 비용

천연과실을 수취하는 경우에는 징수직원이 스스로 수취하거나 제3자 또는 체납자로 하여금 수취하게 할 수 있으며, 수취에 필요한 비용은 체납처분비로서 징수할 수 있다(국징통 36-0…1).

② 법정과실에 대한 압류

압류의 효력이 법정과실에 미치는 경우 원본에 대한 압류와 동시에 그 과실의 지급의무를 지는 제3채무자에 대하여 압류의 통지를 하여야 하며, 원본에 대한 압류의 효력은 그 압류 후에 생긴 법정과실에도 미치는 것이나 압류 시까지 이미 발생한 법정과실에 대하여는 별도의 압류를 하지 아니하는 한 압류의 효력이 미치지 아니한다(국징통 36-0…2).

7) 압류부동산 분할 후에도 계속 효력 유지됨

압류 등기 이후에 공유물이 분할되었다고 하더라도 압류의 효력은 분할 후 토지에도 미치게 된다.

> **사례** 압류의 효력은 분할 후 토지에도 미침(조심 2013구1101, 2013.7.11.).
>
> 공유자 중 1인의 지분에 대하여 가압류 내지 압류가 이루어진 이후 공유물이 분할되었다하여 그 가압류 내지 압류의 효력이 당연히 그 공유자가 공유물분할로 취득한 부동산에 집중하여 존속하게 되는 것은 아니고 다른 공유자가 취득하는 부동산 부분에 대하여도 분할 전과 같이 미친다 할 것(○○○법원 2008나789, 2008.8.20. 외 다수 참조)인바, 체납자 이○○의 공유지분에 대한 처분청의 압류 등기 이후에 공유물이 분할되었다고 하더라도 압류의 효력은 청구인의 분할 후 토지에도 미치게 된다 할 것이므로, 처분청이 청구인의 압류등기 해제신청을 받아들이지 아니한 것에 달리 잘못이 없음.

(6) 재산형태별 압류

1) 양도담보재산 압류

양도담보재산은 양도담보권자에게 속하는 재산으로서 그 양도담보권자의 체납액의 징수를 위하여 압류할 수 있으며, 또한 그 양도인의 체납액의 징수를 위하여 「지방세기본법」 제75조(양도담보권자의 물적납세 책임)의 규정에 의하여 압류할 수 있다(지징예 법33-12).

2) 공유재산 압류

압류할 재산이 법률의 규정 또는 당사자의 의사표시에 의하여 공유로 된 경우에 각자의 지분이 정하여지지 아니하거나 불명인 때에는 그 지분이 균등한 것으로 추정하여 압류한다(「민법」 §262 ② 참조). 압류 외의 체납처분 시에도 마찬가지이다(지징예 법33-13).

3) 조건부·기한부 법률행위에 의하여 재산이 이전된 경우 등

조건부 또는 기한부 법률행위의 목적이 된 재산을 압류한 경우 압류 후에 그 조건의 성취 또는 기한의 도래에 의하여 권리를 취득한 자는 그 권리의 취득으로 지방자치단체에 대항하지 못한다. 매매계약 또는 재매매의 예약의 목적이 된 재산을 압류한 경우 압류 후에 그 매매를 완결하는 의사표시에 의하여 소유권을 취득한 자 또한 같다. 다만, 이들 권리를 보전하기 위하여 압류 전에 가등기가 된 경우에는 「지방세징수법 운영예규」 법33-15에 의한다(지징예 법33-14).

4) 가등기된 재산 압류(지징예 법33-15)

가등기된 재산의 압류에 대하여는 다음에 유의한다.

① 가등기된 재산에 대하여는 등기의 명의인의 재산으로 압류할 수 있으나 압류 후 가등기에 기한 본등기가 되는 때에는 그 본등기의 순위는 가등기의 순위에 따르므로(「부동산등기법」 §6 참조) 그 본등기가 압류의 대상인 권리를 이전하는 것인 경우에는 압류의 효력이 상실된다. 다만, 담보목적의 가등기를 한 재산인 경우에는 「지방세기본법」 제71조 제2항에 따른다.

② ①의 본문의 경우에 세무공무원은 가등기원인을 조사하여 담보의 목적으로 가등기가 된 것
으로 인정되는 때에는 일단 압류한 후 본등기 이전 시에는 가등기권자에게 「지방세기본법」
제75조(양도담보권자의 물적납세책임)의 규정에 의한 양도담보권자로서 물적납세책임을
지정할 것을 검토하여 조세채권의 일실을 방지하여야 한다.

5) 보험에 가입된 재산

압류재산이 보험에 가입된 경우 화재 등에 의하여 멸실된 때에는 지방자치단체장은 지체없이
보험계약에 기한 보험금청구권에 대하여 압류절차를 밟아야 한다(지징예 법33-18).

6) 근저당부 채권 압류

채무자가 다른 사람에게 근저당권 양도를 할 염려가 있는 경우 양도하지 못하도록 근저당권부
채권가압류 신청을 해야 하며, 채무자를 상대로 대여금 소송을 제기하여 승소판결이 있을 경우
위 가압류를 본 압류로 전이하는 채권압류 및 전부나 추심명령 신청을 하여야 하는데, 근저당권
이 있는 채권에 대하여는 전부명령을 얻은 때에는 근저당권이 압류채권자에게로 이전되므로 압
류채권자가 근저당권자로서 근저당권을 실행할 수 있다(근거법령 등 : 민사집행실무 저당권이 있는
채권의 압류, 저당권이 있는 채권의 전부와 저당권이전등기, 「민사집행법」 §228, §230, 「민사집행법 시행규칙」
§167, §168).

> **사례** 채권압류 시 채무자는 세무공무원에게만 지급해야 함(제도 46019-10157, 2001.3.20.).
>
> 「국세징수법」 제41조의 규정에 따라 채권이 국세체납으로 인하여 압류된 경우에 채무자는 채권자
> 에게 그 채무를 지급할 수 없고, 오직 소관 세무공무원에게만 지급하여야 함. 「국세징수법」 제41조
> 및 같은 법 시행령 제44조의 정함에 따라 세무서장의 채권압류통지서를 받은 채무자는 세무서장의
> 채권자 대위에 따라 국세·가산금·체납처분비를 한도로 하여 변제하여야 하며, 압류통지서가 송달
> 된 이후 채권의 양도는 압류채권자인 국가에 대항할 수 없는 것임. 「국세징수법 기본통칙」, 3-5-
> 17…42의 규정에 의거 제3채무자가 압류통지 후에 취득한 체납자에 대한 채권을 가지고 압류된 채
> 권과 상계하는 것은 허용되지 않는 것임.

> **사례** 국세 체납자의 거래처에 대한 채권(미수금)을 제3자에게 양도한 경우로서, 세무서장이 그
> 채권을 압류한 때에는 당해 채권압류통지서가 채무자에게 송달된 때까지 채권양도사실을 양도인
> 이 채무자에게 통지하거나 채무자가 승낙하였음을 확정일자 있는 증서로 증명하지 못하는 한, 당
> 해 세무서장의 압류는 유효한 것임(징세 46101-4696, 1993.11.5.).

❸ 사해행위취소 및 원상회복(지징법 §39, 구 지기법 §91-7)

(1) 개요

지방자치단체장은 체납처분을 집행할 때 체납자가 지방세의 징수를 피하기 위하여 재산권을 목
적으로 한 법률행위(「신탁법」에 따른 사해신탁 포함)를 한 경우에는 「민법」 제406조·제407조 및

「신탁법」 제8조를 준용하여 사해행위의 취소 및 원상회복을 법원에 청구할 수 있으며, 사해행위(詐害行爲)의 취소 및 원상회복[20]을 요구할 때에는 「민법」과 「민사소송법」에 따라 체납자 또는 재산 양수인을 상대로 소송을 제기하여야 한다.[21] 사해행위(詐害行爲)의 취소 및 원상회복을 동시에 청구할 수 있으나 사해행위(詐害行爲)의 취소만을 먼저 청구한 다음 추후에 원상회복을 청구할 수 있다(대법원 2001다14108, 2001.9.4.). 여기서 '체납처분을 집행할 때'라 함은 지방자치단체장이 사해행위의 취소를 요구할 수 있는 시점을 정한 것으로서 사해행위의 시점을 정한 것이 아니다(지징예 법39-2).

「민법」상 채권자가 채무자의 재산에 대하여 강제집행을 하고자 하여도 채무자가 채권자를 해함을 알면서도 자기의 재산을 은닉·손괴 또는 제3자에게 증여하는 등의 방법으로 채무자의 총재산을 감소하는 행위를 하여 채권자의 강제집행을 어렵게 하는 경우를 '사해(詐害)행위'라 한다. 이런 경우 채권자는 채무자 및 제3자를 대상으로 법원에 '사해행위취소 소송'을 제기하여 채무자의 재산을 회복시키고 채권을 행사할 수 있다. 예를 들어 채무자가 부동산을 양도하거나 채권을 양도하면 채무자 자신이 갖고 있는 재산보다 빚이 더 많게 된다는 것을 알면서도 그러한 법률행위를 한 경우에, 채권자는 법원에 그 법률행위의 취소 및 원상회복을 청구할 수 있다. 이와 같은 채권자의 권리를 '채권자 취소권'이라고 하고, 그러한 소송을 '사해행위취소 소송'이라고 한다. 한마디로 사해행위취소 소송이란 채무자가 빼돌린 재산을 되찾아오는 소송이다.

지방세가 목적물의 가액보다 적은 경우의 처리(지징예 법39-3)

사해행위취소의 소를 제기하는 경우에 있어 지방세의 액이 사해행위의 목적이 된 재산의 처분예정가액보다 적은 때에는 다음에 의한다.
① 사해행위의 목적이 된 재산이 가분인 때에는 지방세에 상당하는 사해행위의 일부의 취소와 재산의 일부의 반환을 청구하는 것으로 한다.
② 사해행위의 목적이 된 재산이 불가분인 때에는 사해행위의 전부취소와 재산의 반환을 청구하는 것으로 한다. 다만, 그 재산의 처분예정가액이 현저히 지방세를 초과할 때는 그 재산의 반환 대신에 상당액의 손해배상을 청구하여도 무방하다.

사해행위의 취소를 요구할 수 있는 경우는 압류를 면하고자 양도한 재산 이외에 다른 자력이 없어 지방세를 완납할 수 없는 경우로 하며, 제2차 납세의무자, 보증인 등으로부터 지방세의 전액을 징수할 수 있는 경우에는 납세의무자를 무자력으로 인정하지 아니한다(국징법 집행기준 30-0-1).

---

20) 2011.12.31. 「지방세기본법」 개정으로 원상회복청구 근거 마련(§97) : 체납자가 지방세 징수를 피하기 위하여 한 법률행위에 대하여 사해행위취소 외에 원상회복도 청구할 수 있도록 함(시행은 2011.12.31.부터).

21) 항변 또는 공격방어 방법으로 주장하는 것은 허용되지 않고 소송을 통하여 반드시 청구취지에 취소를 주장할 수 있음.

사례　사해행위 해당 여부

① 적극 재산만으로 이를 모두 변제할 수 없는 상태였음에도 당시 자신의 유일한 재산으로 취득하게 될 이 사건 부동산지분을 수익자인 피고에게 명의신탁한 것은 원고를 비롯한 채권자들에 대한 관계에서 사해행위가 된다 할 것임(대법원 2009다9843, 2009.4.23.).

② 부동산 매매가액이 공시지가보다 높은 금액이고 대금의 대부분이 매도인의 채권자들에게 송금된 사실 등으로 보아 매도인이 기존 채권자들에 대한 정당한 변제에 충당하기 위하여 부동산을 상당한 가격으로 매도하였다고 볼 여지도 있으므로, 매매가격이 공시지가와 어느 정도 차이가 나는지, 매매대금이 기존 채권자들에 대한 정당한 변제에 사용된 것인지를 검토하여 사해행위 여부를 판단하여야 함(대법원 2008다84878, 2009.3.26.).

③ 신탁계약이 사해행위인지 여부를 판단하는 시적 기준은 이 사건 신탁계약의 체결 당시이고, 피고가 주장하는 바와 같이 그 전에 있었던 공사도급계약 당사자들 사이의 이해관계라든지, 수급인이 법에 의하여 유치권, 저당권을 취득, 행사할 수 있는 가능성이 있었는지 여부의 과거의 사정을 일일이 고려하여 신탁계약 체결 당시의 사해행위성 여부를 판단하는 것은 아니라고 할 것임(대법원 2008다89323, 2009.2.26.).

④ 수개의 재산처분행위가 있는 경우 원칙은 각 재산별로 사행성 여부를 판단하지만 특별한 사정이 있는 경우 일괄하여 사해성 여부를 판단하며, 소극적 재산이 적극적 재산을 초과하여야만 사해행위에 해당됨(대법원 2008다72745, 2008.12.11.).

(2) 사해행위취소권의 요건

채권자가 사해행위취소소송을 제기할 수 있는 요건은 ① 채권자에게 채권이 존재해야 하고 ② 채무자의 재산을 빼돌리는 법률행위가 있어야 하고(사해행위) ③ 사해행위로 인해 재산보다 채무가 더 많아져야 하고(무자력) ④ 채무자가 사해행위로 인해 채권자를 해하게 된다는 것을 알면서 한 것이어야 하고(채무자의 악의) ⑤ 채권자는 사해행위 사실을 안 날로부터 1년, 사해행위가 있은 날로부터 5년 내에 소송을 제기해야 한다.

① 객관적 요건

㉠ 채무자가 법률행위를 하였고, ㉡ 그것이 채권자를 해하여야 한다.

② 주관적 요건

㉢ 채무자가 채권자를 해하는 것을 알았어야 하고(사해의사), ㉣ 상대방(수익자 또는 전득자)이 채권자를 해하는 것을 알고 있어야 한다.

통설, 판례에 의하면 취소채권자는 ㉠~㉢ 요건을 주장 입증하면 족하고, ㉣의 요건은 상대방이 항변으로서 선의를 주장·입증하여야 한다.

1) 피보전채권이 존재하여야 함(샤해행위 이전에 채권이 있어야 함)

채권자취소권에 의하여 보호될 수 있는 채권은 원칙적으로 채무자가 채권자를 해함을 알고 재산권을 목적으로 한 법률행위를 하기 전에 발생된 것이어야 하지만, 그 법률행위 당시에 이미 채권성립의 기초가 되는 법률관계가 성립되어 있고, 가까운 장래에 그 법률관계에 기하여 채권이 발생하리라는 점에 대한 고도의 개연성이 있으며, 실제로 가까운 장래에 그 개연성이 현실화되어 채권이 발생한 경우에는, 그 채권도 채권자취소권의 피보전채권이 될 수 있다.

이행기 도래는 사해행위의 요건이 아니므로 조건부, 기한부 채권자도 사해행위취소 가능하다.

> **사례** 가공원가를 계상한 연도에 이미 조세채권발생의 기초적 법률관계가 발생하였고, 법인세 조사결과 밝혀진 위 가공원가에 따라 소득처분 등의 일련의 절차를 거쳐 조세채권이 성립한 점에 비추어 채권자취소권의 피보전채권이 될 수 있음(대법원 2000다37821, 2001.3.23.).

2) 사해의사가 있을 것

사해의사의 판단 시기는 사해행위 시점이 되는 것이다. 채무자가 행한 법률행위에 한하여 취소 가능하며, 예외적으로 준법률행위(채권양도 통지, 시효중단을 위한 채무승인)도 포함된다. 채무자의 책임재산을 처분하는 행위, 즉 재산상의 행위만을 말하고 또한 채무자의 직접적인 행위만 의미한다. 재산처분행위가 아닌 혼인, 이혼, 상속포기, 노무계약제공 등은 취소대상이 아니다. 그리고 유효한 법률행위일 것을 요건으로 하지 않는다. 증여나 유증의 거절같은 간접적인 행위는 취소불가능하다.

사해행위의 주관적 요건인 채무자의 사해의사는 채권의 공통담보에 부족이 생기는 것을 인식하는 것을 말하는 것으로서 채권자를 해할 것을 기도하거나 의욕하는 것을 요하지 아니한다. 채무자, 수익자, 전득자에게 사해의사가 있어야 한다. 채무자의 사해의사는 채권자가 입증해야 하나, 유일한 부동산 매각 시 채무자의 사해의사는 추정한다. 수익자와 전득자의 사해의사는 채무자의 사해의사가 입증되면 추정되므로 수익자와 전득자는 자신에게 사해의사가 없음을 입증하여야 한다.

채무자가 증여행위를 하여 그 증여채무가 소극재산에 산입됨으로써 채무초과 상태에 빠지게 된 경우에는 그 증여행위 당시 채무자의 사해의사는 추정되며(대법원 99다2515, 1999.4.9., 대법원 2000다41875, 2001.4.24. 등 참조), 수익자의 악의는 추정되므로 수익자가 사해행위임을 몰랐다는 사실은 수익자에게 증명책임이 있다(대법원 2006다5710, 2006.4.14., 대법원 2004다61280, 2006.7.4. 등 참조).

「민법」 제406조가 규정하는 채권자취소권의 요건인 "채권자를 해하는 법률행위"나 「국세징수법」 제30조가 규정하는 사해행위취소의 요건인 "압류를 면하고자 고의로 하는 재산의 양도"는 모두 채무자의 재산적 법률행위로 말미암아 채무자의 적극재산이 채무의 총액보다 적게 되거나, 이미 부족상태에 있는 공동담보가 한층 더 부족하게 됨으로써, 채권자의 채권을 완전하게 만족시킬 수 없게 되는 것을 말하는 것이므로, 채무자의 재산적 법률행위로 말미암아 채무자의 채무총액이 적극재산을 초과한다는 것이 확정되지 아니하고서는 채무자에게 채권자를 해하는 법률행위가 있었다고 단정할 수 없다.

3) 무자력

사해행위의 취소를 요구할 수 있는 경우는 압류를 면하고자 양도한 재산 이외에 다른 자력이 없어 지방세를 완납할 수 없는 경우로 한다(지징예 법39-1). 즉 납세자의 무자력 상태에 있어야

제2편 「지방세징수법」

한다. 여기서 '무자력'이란 특정인이 부담하는 채무의 총액이 그 자가 현재 소유하는 적극재산의 총액을 초과하는 것을 말한다. 채무자의 재산처분행위가 사해행위가 되기 위해서는 그 행위로 말미암아 채무자의 총재산의 감소가 초래되어 채권의 공동담보에 부족이 생기게 되는 것, 즉 채무자의 소극재산이 적극재산보다 많아져야 하는 것인바, 채무자의 적극재산을 산정함에 있어서는 다른 특별한 사정이 없는 한 실질적으로 재산가치가 없어 채권의 공동담보로서의 역할을 할 수 없는 재산은 제외하여야 할 것이나(대법원 2001다32533, 2001.10.12., 대법원 2004다58963, 2005.1.28. 참조), 실질적으로 재산가치가 있는 재산을 강제집행이나 현금화의 용이성이 다소 떨어진다는 이유만으로 채무자의 적극재산에서 제외할 수는 없다.

'사해성'이란 채무자의 무자력을 의미하고 무자력의 판단은 사해행위 당시가 기준이지만 이러한 무자력 상태는 사실심 변론종결 시까지 유지되어야 한다. 법률행위 당시는 사해행위가 아니었으나, 그 후 무자력이 된 경우에는 사해행위가 아니다.

채권자취소권 행사의 요건인 채무자의 무자력 여부를 판단함에 있어서 그 대상이 되는 소극재산은 원칙적으로 사해행위라고 볼 수 있는 행위가 행하여지기 전에 발생된 것임을 요하지만, 그 사해행위 당시에 이미 채무 성립의 기초가 되는 법률관계가 성립되어 있고, 가까운 장래에 그 법률관계에 터잡아 채무가 성립되리라는 점에 대한 고도의 개연성이 있으며, 실제로 가까운 장래에 그 개연성이 현실화되어 채무가 성립된 경우에는 그 채무도 채무자의 소극재산에 포함시켜야 한다(대법원 2000다30639, 2000.9.26., 대법원 2010다68084, 2011.1.13. 등 참조).

① 채무자의 적극재산을 산정할 때에는 실질적인 재산적 가치를 반영하여 평가해야 한다.
② 원칙적인 연대보증인이 사해해위의 채무자인 경우 그 주채무자의 자력은 고려되지 않는다.
③ 채무자가 동일한 사해의사로 연속하여 수개의 재산처분을 한 경우 각 행위시마다 무자력 여부를 판단한다.

채권자취소권의 요건인 "채권자를 해하는 법률행위"는 채무자의 재산을 처분하는 행위로 인하여 채무자의 재산이 감소하여 채권의 공동담보에 부족이 생기거나 이마 부족 상태에 있는 공동담보가 한층 더 부족하게 됨으로써 채권자의 채권을 완전하게 만족시킬 수 없게 되는 것을 말하므로, 이러한 사해행위는 채무자가 재산을 처분하기 이전에 이미 채무초과 상태에 있는 경우는 물론이요, 금전의 증여 등 문제된 처분행위로 말미암아 비로소 채무초과 상태에 빠지는 경우에도 성립할 수 있다(대법원 2005다6808, 2005.4.29. 참조).

사례 소규모 비상장법인 주식도 적극재산에 해당(대법원 2010다85102, 2012.10.11.)

채무자인 양BB이 이 사건 증여 전에 이 사건 부동산을 양도함으로써 원고에게 납부하여야 할 이 사건 양도소득세에 따른 신고 및 납부불성실로 인한 가산세는 이 사건 증여 당시 이미 그 발생의 기초가 되는 법률관계가 성립되어 있었고, 가까운 장래에 그 법률관계에 의하여 납세의무가 성립되리라는 점에 대한 고도의 개연성이 있었으며 그 후 실제로 그 신고 및 납부절차 등을 이행하지 아니하여 그 개연성이 현실화되었음을 알 수 있으므로, 원심이 같은 취지에서 이 사건 증여 당시 양BB의 무자력 여부를 판단함에 있어 위 신고 및 납부 불성실 가산세액을 포함한 양도소득세액을 양BB의 소극재산으로 산정한 것은 위에서 본 법리에 비추어 볼 때 정당한 것으로 수긍할 수 있음.

4) 채무자, 수익자, 전득자의 사해행위

① 원칙적으로 금전채권(지방자치단체의 조세채권이 금전채권에 해당함)에 한정되고 특정채권의 보전을 위해서는 불가능하나, 특정채권이 손해배상청구권으로 변할 가능성이 있는 경우에는 일정한 요건 하에 취소권행사 가능
② 인적담보로 보전되는 채권은 사해행위취소권행사로 가능(보증인도 무자력일 가능성이 있기 때문임)
③ 물적담보로 보전되는 채권은 담보가액 한도 내에서는 사해행위취소 불가능

(3) 사해행위취소의 범위

채권자의 채권액이 기준으로서 가액 초과라면 일부 취소가 원칙이며, 예외적으로 목적물이 불가분적이거나, 다른 채권자의 배당가입 신청이 분명한 경우라면 자신의 채권을 넘어서 전부 취소 가능하다. 대위권과 같이 자신에게 인도할 것을 청구하는 것도 가능하다.

(4) 사해행위취소 방법

수익자 또는 전득자를 피고로 하여 자신의 이름으로 재판상으로 청구하며, 모두 사해의사가 있다면 선택적으로 청구 가능하다. 그러나 수익자를 피고로 가액 반환을 청구할 수 있고, 전득자를 피고로 원물반환을 청구할 수 있다.

세무공무원은 「민법」 제406조 및 제407조의 규정을 준용하여 사해행위의 취소를 법원에 청구할 수 있다(지징예 법39-5).

(5) 사해행위취소 행사기간

「지방세기본법」이나 「국세징수법」에서 별도의 규정을 두고 있지 아니하므로 「민법」에 따라야 할 것으로, 취소원인을 안 날로부터 1년 이내이며, 법률행위가 있은 날로부터 5년 이내 행사 가능하다.

> **사례** 채권자취소권 행사 시 "취소원인을 안 날"의 의미(대법원 2001다11239, 2002.11.26.)
>
> 채권자가 채무자의 재산 상태를 조사한 결과 자신의 채권 총액과 비교하여 채무자 소유의 부동산의 가액이 그에 미치지 못하는 것을 이미 파악하고 있었던 상태에서 채무자의 재산에 대하여 가압류를 하는 과정에서 그 중 일부 부동산에 관하여 제3자 가등기가 경료된 사실을 확인하였다면, 다른 특별한 사정이 없는 한 채권자는 그 가압류 무렵에는 채무자가 채권자를 해함을 알면서 사해행위를 한 사실을 알았다고 봄이 상당하다고 판단하여 채권자취소권의 제척기간이 도과하지 아니하였다고 봄.

(6) 사해행위취소의 효력

사해행위취소의 효력은 상대적이기 때문에 소송당사자인 채권자와 수익자 또는 전득자 사이에만 발생할 뿐 소송의 상대방 아닌 제3자에게는 아무런 효력이 미치지 아니한다. 다만, 사해행위 후 목적물을 새로운 법률관계에 의해 취득한 수익자 또는 전득자는 악의인 경우에만 효력이 미치나, 이들을 피고로 하여 사해행위소송을 제기하여야만 한다.

(7) 사해행위취소 후의 체납처분 등(지징예 법39 - 4)

사해행위의 취소에 의하여 납세자의 일반 재산에 복귀한 재산 또는 재산의 반환에 대신한 손해배상금에 대한 체납처분은 다음에 의한다.

① 인도를 받은 동산 · 유가증권에 대하여는 압류를 한다. 또한 판결이 있음에도 불구하고 피고가 인도하지 아니할 때에도 같다.

② 등기를 말소하여야 할 취지의 판결을 받은 부동산 기타 재산에 관하여는 즉시 그 판결에 의하여 등기말소를 함과 동시에 압류를 한다.

③ 손해의 배상금액의 지급을 받은 경우에는 채권압류 시에 있어서 제3채무자로부터 급부를 받은 금전에 준하여 처리한다. 또한 판결이 있음에도 불구하고 피고가 지급을 하지 아니할 때에는 집행문 부여를 받아 「민사집행법」에 의하여 강제집행을 한다.

④ 반환을 받은 재산에 대하여 체납처분을 하고 지방세에 충당한 후 잔여가 있는 경우에는 그 잔여분은 체납자에게 주지 아니하고 그 재산의 반환을 한 수익자 또는 전득자에게 반환한다.

> **사례** 사해행위 해당 여부 등
>
> ① 채무초과 상태에서 자신의 부당이득 반환채권을 피고에게 양도한 행위는 사해행위에 해당하고, 채권양도당시 채무자의 재산상황, 채무자와 피고 사이의 관계에 비추어 채무자는 채권양도행위가 원고 등 채권자들을 해한다는 점을 알았다고 봄이 상당하며, 수익자인 피고의 악의는 추정됨(대법원 2012다117331, 2013.4.11.).
>
> ② 증여계약 당시 조세채권의 발생을 충분히 예견하고 부동산에 관한 체납절차를 피하고자 했던 점이 인정되므로 사해행위에 해당함(대법원 2012다202703, 2013.1.31.).
>
> ③ 증여계약이 채무자가 배우자와 협의이혼하면서 재산분할 및 위자료 지급 명목으로 체결한 것이라고 하더라도 총재산가액에서 채무액을 공제하면 남는 금액이 없는 경우로서 채무자의 재산분할이 상당한 정도를 벗어난 과대한 것으로서 사해행위에 해당함(대법원 2012다82862, 2013.1.10.).
>
> ④ 가까운 장래에 조세채권이 성립될 고도의 개연성이 있었고 그 개연성이 현실화되어 조세채권이 성립되었으며 채무초과상태에서 피고에게 골프회원권을 매도한 것은 사해행위에 해당함(대법원 2012다79781, 2012.11.29.).
>
> ⑤ 양도소득세 부과 대상인 이 사건 부동산을 매도하고 유일한 재산인 그 매각대금의 대부분을 아들들인 피고들에게 증여함으로써 무자력이 되었다면 특별한 사정이 없는 한 그와 같은 증여행위는 원고(국가)에 대하여 사해행위가 되고, 이 경우 사해의 의사는 추정된다고 할 것이므로, 이를 증여받은 피고들의 사해의사가 없었다는 점은 피고들이 입증하여야 함(대법원 2012다57224, 2012.10.11.).
>
> ⑥ 저축은행으로부터 신규자금을 융통하기 위한 방법으로 신탁계약을 체결하였다 인정되므로 사해

행위에 해당하지 아니함(대법원 2011다106815, 2012.2.23.).

⑦ 사해행위취소대상이 되는 금원이 양도자를 위해 사용되었으므로 이는 사해행위에 해당하지 아니함(대법원 2011다90842, 2012.1.12.).

⑧ 상가 신축분양 시행사인 법인이 분양매출에 따른 납세의무를 회피하고자 대표이사와 그 친인척에게 상가와 오피스텔을 가장 분양한 것은 사해행위에 해당함(대법원 2011두13125, 2011.9.29.).

⑨ 체납자가 사업장에서 발생한 소득을 배우자에게 송금한 것은 무상증여한 것으로 사해행위에 해당한다고 봄이 상당하고, 이 경우 체납자의 사해의사는 추정되는 것으로 보아 원고 일부 승소 판결함(대법원 2009다32768, 2009.7.23.).

⑩ 세무서장의 체납자 부동산의 압류 당시 매수인 명의의 근저당권 설정등기가 경료되어 처분행위를 알 수 있었으므로 압류일로부터 제척기간이 기산된다 주장하나 처분행위 및 그 행위에 사해의사가 있었다는 사실을 안 날부터 기산됨(대법원 2009다23825, 2009.5.28.).

⑪ 매수인이 양수한 사업에 진출하려고 시도했던 실수요자로서 통상적인 거래에 의해 자산을 매수했고 매매대금이 모두 지급되었고 사해행위에 해당함을 알면서도 자산을 인수할 만한 동기를 찾기 어려운 점으로 보아 피고는 선의의 수익자라고 볼 수 있음(대법원 2009다17431, 2009.5.28.).

⑫ 적극재산만으로 이를 모두 변제할 수 없는 상태였음에도 당시 자신의 유일한 재산으로 취득하게 될 이 사건 부동산 지분을 수익자인 피고에게 명의신탁한 것은 원고를 비롯한 채권자들에 대한 관계에서 사해행위가 된다 할 것임(대법원 2009다9843, 2009.4.23.).

⑬ 채무자의 재산이 채무의 전부를 변제하기에 부족한 경우에 그의 재산을 어느 특정채권자에게 대물변제나 담보조로 제공하는 경우 특별한 사정이 없는 한 사해행위에 해당하고 그 재산이 채무자의 유일한 재산이 아니거나 채권액에 미달한 경우에도 마찬가지임(대법원 2009다2057, 2009.3.26.).

⑭ 부가가치세를 체납한 자가 지인이나 동업관계의 임원 자녀인 피고들에게 유일한 부동산 및 주식을 매매를 원인으로 하여 소유권이전등기 및 소유권이전청구권가등기를 경료한 것은 사해행위로 볼 수 있음(대법원 2008다46739, 2008.9.17.).

⑮ 친남매 사이로 서로의 사정을 잘 알고 있고, 채무를 대위변제하고도 1년 동안 별다른 조치를 취하지 않다가 조세 부과가 곧 이루어질 시점에 구상금 채무의 대물변제라는 명목으로 부동산 소유권을 이전받았던 점 등을 고려하면 사해행위임을 알고 있었다고 봄이 상당함(대법원 2008다43679, 2008.9.12.).

⑯ 조세포탈사실이 발각된 상태에서 회사의 유일한 재산을 특정인에게 양도한 것은 다른 채권자들에 대한 공동담보가 감소하게 되는 사해행위에 해당함(대법원 2008다50530, 2008.9.11.).

⑰ 양도소득세가 부과될 것이라는 과세 전 통지와 세무조사결과통지를 받은 이후 별다른 적극재산이 없는 상태에서 부동산에 근저당설정계약 및 매매계약을 체결한 것은 특별한 사정이 없는 한 사해행위에 해당하고 수익자의 악의 또한 추정됨(대법원 2008다48193, 2008.9.3.).

⑱ 사해행위일 이전에 설정된 근저당권이 사해행위일 이후 말소된 때에는 가액배상을 명하는 것이 공평하나, 이는 사해행위 당시 설정되어 있던 근저당권의 피담보채무가 실제로 존재하는 경우에 한하여 적용되는 것임(대법원 2008다42119, 2008.8.21.).

⑲ 부동산을 시가보다 저렴한 가격으로 매수함으로써 채권자들의 공동담보에 부족이 생기게 된 이상 매매대금의 지급 여부와는 관계없이 사해행위에 해당한다 할 것이고 부동산 매수자가 선의의 수익자라는 점을 인정할 증거를 찾아 볼 수 없음(대법원 2008다37599, 2008.8.21.).

⑳ 채권자취소권의 대상이 되는 것은 채무자가 채권자를 해함을 알고 재산권을 목적으로 한 법률행위로, 계약은 물론 계약의 해제 의사표시와 같은 단독행위도 포함되는 것임(대법원 2008다36367, 2008.8.21.).

㉑ 사건 부동산에 관한 위탁자 지위를 승계받음에 따라 향후 원고를 비롯한 총채권자들의 채권의 공동담보가 증가하게 될 가능성이 높아 위탁자 지위를 승계받기 전과 비교하여 더 불리해지는 것도 아니므로 사건 신탁계약은 사해행위에 해당하지 않음(대법원 2008다24487, 2008.8.21.).

㉒ 조세채무를 체납하게 될 고도의 개연성이 있는 상태에서 부동산을 매도하고 나머지 부동산은 처에게 증여하거나 그 남은 가액 상당의 위자료를 지급하기로 하였다면 이 사건 각 부동산의 매각대금으로 다른 채무를 변제하였다고 하더라도 특별한 사정이 없는 사해행위로 평가될 수 있다 할 것임(대법원 2006다70820, 2006.12.27.).

㉓ 이 사건 매매계약 체결 이전에 이미 이 사건 조세채권 발생의 기초적 법률관계가 발생하였고, 가까운 장래에 위 법률관계에 터 잡아 조세채권이 성립되리라는 점에 대한 고도의 개연성도 있었으며, 실제로 가까운 장래에 그 개연성이 현실화되어 조세채권이 성립하였으므로, 원고의 이 사건 조세채권은 채권자취소권의 피보전채권이 될 수 있다 할 것이므로 이 사건 매매계약은 사해행위에 해당함(대법원 2004다35465, 2006.9.29.).

㉔ 채무자에게 부동산 명의신탁 후 진정명의 회복으로 소유권이전등기한 것이므로 채무자의 책임재산에 포함되지 아니하므로 사해행위로 볼 수 없음(대법원 2006다26441, 2006.8.31.).

㉕ 매도자의 사업자금 마련 및 채무변제에 관한 증빙이 없고, 매도인의 사업관련 세무조사결과통지 직후 부동산매매계약 및 중개인 없이 거래한 사실, 매매가액이 저가인 점 등으로 보아 매수인의 선의를 인정하기에 부족하므로 사해행위에 해당함(대법원 2008다64546, 2008.11.13.).

㉖ 과점주주로서 이사의 직위에 있는 자가 자기소유의 자산을 배우자에게 증여한 것은 재산분할약정의 상당한 정도를 벗어난 과다한 것으로서 사해행위에 해당함(대법원 2008다54051, 2008.10.9.).

㉗ 수개의 재산처분행위가 있는 경우 원칙은 각 재산별로 사행성 여부를 판단하지만 특별한 사정이 있는 경우 일괄하여 사해성 여부를 판단하며, 소극적 재산이 적극적 재산을 초과하여야만 사해행위에 해당됨(대법원 2008다72745, 2008.12.11.).

사례 채권양도행위가 사해행위에 해당하지 않는 경우(대법원 2011다32785, 2012.8.30.)

이 사건 임대차보증금반환채권은 원고와 CC 사이의 채권양도계약으로 이미 원고에게 이전되는 효력이 발생한 것이니, 이는 그 이후에 피보전권리를 취득한 피고 BBB에 대한 관계에서는 채권자취소권에 의하여 보전할 책임 재산에 포함되지 않는 것이고, 결국 위 채권양도행위가 사해행위에 해당하지 않는 이상 그 이후에 이루어진 채권양도 통지만이 채권자취소의 대상이 될 수는 없다. 따라서 원심판결의 판사 중 채권양도 통지가 채무자에 대한 관계에서 양도행위의 효력발생요건이라고 한 부분은 부적절하지만, 이 사건 임대차보증금반환채권의 양도통지가 채권자취소권 행사의 대상이 되지 않는다고 한 결론은 정당하고, 원심판결에 달리 상고이유의 주장과 같은 채권자취소권 등 관련 법리를 오해한 위법은 없음.

사례 사해행위의 취소와 원상회복은 채권자와 수익자에 대한 관계에서만 효력 발생함(대법원 2012두8151, 2012.8.23.).

사례 체납자가 금전 관리를 위해 승낙 또는 양해한 경우(대법원 2012다30861, 2012.7.26.)

이BB이 피고들의 예금계좌로 각 송금한 금전에 관하여 통정허위 표시에 의한 증여계약이 성립하였다고 하려면, 무엇보다도 우선 객관적으로 이BB과 피고들 사이에서 그와 같이 송금한 금전을 피고들에게 종국적으로 귀속되는 것으로서 "증여"하여 무상 공여한다는 데에 관한 당사자들 사이의 의사 합치가 있는 것으로 해석 되어야 한다. 그리고 그에 관한 입증책임은 위와 같은 각 송금행위가 채권자취소권의 대상이 되는 사해행위임을 주장하는 원고에게 있다고 할 것이다. 한편 다른 사람의 예금계좌에 금전을 이체하는 등으로 송금하는 경우에 그 송금은 다양한 법적 원인에 기하여 행하여 질 수 있는 것으로서, 과세당국 등의 추적을 피하기 위하여 일정한 인적 관계에 있는 사람이 그 소유의 금전을 자신의 예금계좌로 송금한다는 사실을 알면서 그에게 자신의 예금계좌로 송금할 것을 승낙 또는 양해하였다거나 그러한 목적으로 자신의 예금계좌를 사실상 지배하도록 용인하였다는 것만으로는 다른 특별한 사정이 없는 한 객관적으로 송금인과 계좌명의인 사이에 그 송금액을 계좌명의인에게 위와 같이 무상 공여한다는 의사의 합치가 있었다고 추단된다고 쉽사리 말할 수 없다. 이는 금융실명제 아래에서 설명확인절차를 거쳐 개설된 예금계좌의 경우에 특별한 사정이 없는 한 그 명의인이 예금계약의 당사자로서 예금반환청구권을 가진다고 하여도(대법원 2009.3.19. 선고, 2008다45828 전원합의체 판결 등 참조), 이는 그 계좌가 개설된 금융기관에 대한 관계에 관한 것으로서 그 점을 들어 곧바로 송금인과 계좌명의인 사이의 법률관계를 달리 볼 것이 아니다. 이BB의 처인 피고 안AA은 자신의 명의로 개설되어 있던 계좌를 이BB으로 하여금 사용하도록 하였고, 이BB의 처형인 피고 안CC은 채무자의 부탁으로 자신의 명의로 예금계좌를 개설하여 이BB에게 이를 사용하도록 승낙한 사실, 이에 따라 이BB은 피고들 명의의 위 각 예금계좌에 관한 통장과 거래인장을 소지하고 있으면서 과세 당국의 자금 추적을 피하기 위하여 임의로 피고들의 명의로 개설된 계좌에 원심 판시와 같이 금전을 송금하였다가 그로부터 불과 2개월도 되지 아니한 기간 안에 다시 대부분의 금액을 인출한 다음(피고 안CC의 계좌에서는 송금한 000원보다 더 많은 000원이 인출되었는데, 이는 원심 판시와 같은 송금일 전에 이BB이 이미 입금한 금액이 포함되어 있었기 때문으로 보인다) 이를 자신에 관한 형사사건의 합의금 등 개인적인 용도에 소비한 사실이 인정된다. 이러한 사실관계에서라면 이BB의 송금경위나 그 목적, 송금한 돈의 인출자·인출시기 및 인출금액, 그 사용용도, 이BB과 피고들 사이의 관계 등 피고들 명의의 예금 계좌의 이용을 둘러싼 여러 사정에 비추어 볼 때, 다른 특별한 사정이 없는 한 이BB은 자신의 금전을 관리하기 위하여 피고들의 승낙 또는 양해 아래 이들 명의의 각 예금계좌를 개인적인 용도로 이용한 것에 그치고, 객관적으로 피고들과의 사이에서 위 예금계좌에 입금한 금전 또는 그 금액 상당의 재산적 이익을 피고들에게 종국적으로 귀속되는 것으로 무상 공여한다는 데에 관한 의사의 합치가 있었다고 해석되지 아니한다. 그렇다면 원심이 그 판시와 같은 이유만으로 이BB의 각 송금행위가 피고들에 대한 각 증여계약에 해당함을 전제로 그것이 채권자취소권의 대상이 되는 사해행위라고 본 것은 증여계약 또는 채권자취소권에 관한 법리를 오해하거나 논리와 경험칙에 반하여 사실을 인정함으로써 판결에 영향을 미친 위법이 있음.

사례 변제를 사해행위로 볼 수 있는지 여부(대법원 2011다61448, 2012.2.9.)

백BB이 원고에 대하여 납세의무성립일이 2007.7.31.인 양도소득세 208,015,500원 및 그 가산세, 납세의무성립일이 2008.2.29.인 양도소득세 15,900,000원 및 그 가산세 등을 체납하고 있었던 사실, 그런데 백BB은 2008.3.31. 2억 원을 외삼촌인 피고에게 지급한 사실, 그 중 1억 원은 백BB이 2007. 10.12. 피고에게서 차용한 1억 원을 변제한 것이고, 나머지 1억 원은 2007.12.14. 백○열의 어머니 김CC가 피고로부터 차용하고 백BB이 변제를 약속하였던 것을 변제한 것인 사실 등을 인정한 다음, 위 변제 당시에 백BB과 피고 사이에 원고 등 다른 채권자를 해한다는 통모가 있었다거나 다른 채권자를 해할 의도가 있었다고 인정할 증거가 없어 위 변제를 사해행위에 해당하는 것으로 볼 수 없다는 취지로 판단하였다. 위 법리와 기록에 비추어 살펴보면, 원심의 판단은 정당한 것으로 수긍이 가고, 거기에 상고이유로 주장하는 것과 같은 법리 오해나 채증법칙 위반 또는 심리미진 등의 위법이 없음.

사례 금전지급은 증여로서 사해행위에 해당 여부(대법원 2011다92619, 2012.1.27.)

원심이 유AA이 2008.8.1. 피고 유BB에게 1억 3천만 원 피고 유CC에게 2억 5천만 원을 각 지급하였고 위 금전지급이 증여에 해당한다고 하더라도 그 금액이 유AA의 순적극재산보다 적은 점에 비추어 위 금전지급행위를 사해행위라 할 수 없다고 판단한 것은 수긍할 수 있고, 거기에 상고이유의 주장과 같이 논리와 경험의 법칙을 위반하여 사실을 인정하거나 사해행위에 관한 법리를 오해한 위법이 있다고 할 수 없다. 원심은, 피고 유BB이 유AA으로부터 2008.8.1. 1억 3천만 원을, 2008.10.6. 11억 8,500만 원을 각 지급받았다는 사실에 관하여 한 자백이 진실에 반하고 착오로 인한 것임을 인정할 증거가 부족하다고 하여 그 자백 취소의 효력을 부인하였다. 기록에 비추어 살펴보면, 원심의 위와 같은 조치는 수긍할 수 있고, 거기에 상고이유의 주장과 같이 논리와 경험의 법칙을 위반하여 사실을 인정하거나 자백의 취소에 관한 법리를 오해한 위법이 있다고 할 수 없다. 관련 법리와 기록에 비추어 살펴보면, 원심이 그 판시와 같은 이유로 유AA의 피고 유BB에 대한 2008.10.6.자 금전지급은 증여로서 사해행위에 해당한다고 판단한 것은 수긍할 수 있고, 거기에 상고이유의 주장과 같이 사해행위의 입증책임에 관한 법리를 오해한 위법이 있다고 할 수 없음.

사례 사해행위취소 소송을 위하여 지출한 소송비용 등은 강제집행에 필요한 비용이 아님(대법원 2010다79565, 2011.2.10.).

사해행위취소 소송을 위하여 지출한 소송비용, 사해행위취소를 원인으로 한 말소등기청구권 보전을 위한 부동산처분금지가처분 비용, 사해행위로 마쳐진 소유권이전등기의 말소등기 비용은 사해행위취소 소송으로 원상회복된 채무자의 재산에 대한 집행에 의하여 우선적으로 변상받을 수 있는 집행비용에 해당하지 않는다고 할 것이다. 그런데도 원심은 판시 사해행위취소 소송을 위하여 지출한 소송비용 등을 이 사건 아파트에 대한 집행에 의하여 우선적으로 변상받을 수 있는 집행비용이라는 전제하에 원고의 이 사건 청구를 인용하고 말았으니, 원심판결에는 집행비용의 범위에 관한 법리를 오해함으로써 판결 결과에 영향을 미친 위법이 있음.

사례 사해행위로서 채권자취소권 대상인지 여부(대법원 2009다53437, 2009.11.12.)

원심이 이 사건 제2차 신탁계약은 종전의 약정과 일련의 과정에 연속하여 체결된 계약으로서 위 취득세 등의 납세의무가 성립하기 이전에 체결된 법률행위의 이행이라고 보아 사해행위로서 채권자취소권의 대상이 될 수 없다고 판단한 데에는, 채권자취소권의 대상에 관한 법리를 오해함으로써 판결에 영향을 미친 위법이 있다고 할 것이다. 한편, 기록에 의하면, 피고는 원심에서, 채권자취소권의 제척기간이 도과하였다는 주장과 더불어 이 사건 제2차 신탁계약당시 소외 회사가 채무초과 상태가 아니었다는 주장을 한 바 있으므로, 이 점에 대한 별도의 판단이 필요하다는 점을 지적하여 둠.

사례 매매가격이 공시지가와 차이가 나는지 등 매매대금이 기존 채권자에 정당하게 변제된 것인지 검토하여 사해행위 여부 판단해야 함(대법원 2008다84878, 2009.3.26.).

이 사건 부동산에 대한 공시지가는 이 사건 매매계약일 전후하여 2005년도 공시지가로는 34,044,414원이고, 2006년도 공시지가로는 40,746,670원인 사실, 이○찬이 피고로부터 송금받은 사실이 인정되는바, 이에 의하면 피고가 주장하는 바와 같이 이○찬이 기존의 채권자들에 대한 정당한 변제에 충당하기 위하여 이 사건 부동산을 상당한 가격으로 매도하였다고 볼 여지도 없지 않으므로, 원심으로서는 이 사건 부동산의 시세가 위 공시지가와 어느 정도 차이가 있는지, 위 매매대금이 기존 채권자들에 대한 정당한 변제에 사용된 것인지 등에 대하여 더 나아가 심리한 후 사해행위 성립 여부를 판단하였어야 할 것임에도, 이에 대한 충분한 심리없이 피고의 주장을 배척하고 말았으니 여기에는

454

필요한 심리를 다하지 아니하고 채증법칙을 위반하여 판결에 영향을 미친 위법이 있고, 이 점을 지적하는 상고이유의 주장은 이유있음.

사례 이혼에 따른 재산분할이 사해행위 해당 여부(대법원 2008다77009, 2008.12.24.)

피고는 먼저, 피고가 김○중과 2004.9.16. 협의이혼하게 되면서 이혼에 따른 위자료 및 재산분할을 요구하였고, 이에 김○중이 이 사건 각 부동산을 부친인 김○출로부터 장남 몫으로 받았다고 하면서 위자료 및 재산분할 조로 이를 피고에게 양도한 것이므로 이 사건 각 매매계약은 사해행위에 해당하지 아니한다고 주장하나, 김○중이 이 사건 각 부동산을 부친인 김○출로부터 장남 몫으로 증여받았다는 점을 인정할 증거가 없을 뿐 아니라, 이 사건 각 부동산은 김○중의 소유가 아닌 김○출의 소유 재산이라 할 것이어서, 이 사건 각 부동산이 이혼에 따른 재산분할 등의 대상이 될 수도 없다 할 것이므로, 피고의 위 주장은 이유없음.

사례 명의신탁된 재산의 사해행위 여부(대법원 2008다68951, 2008.12.11.)

이 사건 토지가 ○○건설의 책임재산에 속하고, 이 사건 증여 당시 ○○건설에게는 별다른 재산이 없었던 이상, 이 사건 증여행위는 ○○건설의 채권자를 해치기 위한 사해행위로서 ○○건설에게 사해의 의사가 있었다고 보아야 하고, 피고들이 이○진의 자녀로서 유상계약이 아니라 무상으로 이 사건 토지를 취득한 점에 비추어 볼 때, 피고들이 ○○건설의 사해행위에 대하여 선의였다고도 볼 수 없다. 따라서 이 사건 증여계약은 사해행위로 취소되어야 할 것이고, 그 원상회복으로서 피고들은 ○○건설에게 이 사건 이전등기의 말소등기절차를 이행할 의무가 있음.

사례 명의신탁약정의 명의수탁자가 채무초과 상태에서 명의신탁자나 그가 지정하는 사람에게 신탁부동산 양도 시 사해행위에 해당됨(대법원 2007다74874, 2008.9.25.).

명의수탁자가 취득한 부동산은 채무자인 명의수탁자의 일반 채권자들의 공동담보에 제공되는 책임재산이 되고, 명의신탁자는 명의수탁자에 대한 관계에서 금전채권자 중 한 명에 지나지 않으므로, 명의수탁자의 재산이 채무의 전부를 변제하기에 부족한 경우 명의수탁자가 위 부동산을 명의신탁자 또는 그가 지정하는 자에게 양도하는 행위는 특별한 사정이 없는 한 다른 채권자의 이익을 해하는 것으로서 다른 채권자들에 대한 관계에서 사해행위가 됨.

사례 사해행위취소의 요건 및 판단기준 시점(대법원 99다36518, 1999.11.9.)

채무자의 행위가 채권자를 해하는 법률행위인지의 여부는 원칙적으로 그 법률행위가 이루어진 당시의 사정을 기준으로 판단되어야 할 것이고, 당시 예측할 수 없었던 그 후의 물가의 변동 및 기타 사정까지 고려하여야 할 필요는 없다 할 것이므로, 송○○의 적극재산인 위 공장용지 및 그 지상건물을 가액으로 평가함에 있어서는 그 증여계약이 이루어진 1997.3.3.경의 시가가 기준이 되어야 할 것임.

④ 체납처분의 위탁(지징법 §39-2)

2021년 이후 지방자치단체장은 명단공개 기준에 해당하는 고액·상습체납자의 수입물품에 대한 체납처분을 세관장에게 위탁할 수 있다. 이에 따른 체납처분을 위탁하려면 명단공개 기준에 해당하는 고액·상습체납자("고액·상습체납자")에게 1개월 이내의 기간을 정하여 체납된 세금

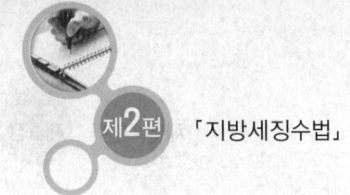

을 납부하지 않는 경우 수입물품에 대한 체납처분을 세관장에게 위탁할 수 있다는 사실을 미리 알려야 한다.

지방자치단체장은 세관장에게 체납처분을 위탁한 경우 즉시 그 위탁사실을 고액·상습체납자에게 알려야 한다. 고액·상습체납자가 다음 어느 하나에 해당하는 경우 즉시 해당 고액·상습체납자의 수입물품에 대한 체납처분의 위탁을 철회해야 한다.

① 체납된 지방세의 전부 또는 일부를 납부하여 고액·상습체납자의 범위에서 제외되는 경우
② 체납된 지방세와 관련하여 이의신청, 심판청구, 감사원 심사청구 또는 행정소송이 계류 중이거나 그 밖에 정보공개 불필요한 사유(지징령 §19 ①)가 있는 경우

제2절 압류금지 재산

❶ 압류제한

압류를 제한하는 경우는 다음과 같다.
① 독촉을 한 체납세에 대하여 「지방세징수법」 제22조의 규정에 의해 징수유예를 한 경우(단, 교부청구는 가능)(국징법 §19 ③)
② 독촉을 한 지방세에 대하여 부과처분에 관한 행정소송에 의해 법원으로부터 행정처분정지 가처분명령이 있는 경우. 그러나 지방세의 처분에 대하여 불복신청이나 행정소송이 제기된 경우에도 그 처분의 효력이나 그 집행 또는 절차의 속행에 영향을 주지 아니하므로(국기법 §57, 「행정소송법」 §23 ⑤) 납세자의 재산을 압류할 수 있으나 불복신청에 대하여도 재결이 확정되기 전에는 이를 공매할 수 없다(국징법 §61 ②).
③ 「채무자 회생 및 파산에 관한 법률」 제140조의 규정에 의하여 징수유예를 한 경우
④ 「채무자 회생 및 파산에 관한 법률」 상 회생채권으로 취급되는 지방세 채권에 있어서는 같은 법 제140조의 규정에 의하여 체납처분을 할 수 없는 기간 중에는 새로 압류할 수 없다.

❷ 압류금지(지징법 §40, 구 지기법 §91-8)

(1) 개요

'압류금지'라 함은 절대적으로 압류를 금하는 것을 말하며 압류금지재산인 것이 외관상으로 명백한 것을 압류한 때에는 그 압류는 무효가 된다. 다만, 외관상 명백하지 아니한 것을 압류한 때에는 세무공무원의 인정착오로서 취소의 원인이 될 수 있는 것이다(지징예 법40-1). 압류금지의 취지는 납세자에게 권리가 귀속하고 금전으로 환가할 수 있는 모든 재산은 압류의 대상이 됨이 원칙이나 납세자와 그 동거가족의 최저생활의 보장 등을 목적으로 법률상 압류를 금지하거나

조건부 압류를 금지하고 있다.

1) 무익한 압류의 금지

① 체납처분의 목적물인 총재산의 추산가액이 체납처분비에 충당하고, 잔여가 생길 여지가 없는 때에는 체납처분을 중지하여야 한다(지징법 §104 ①, 구 지기법 §94 ①).

② 체납처분의 목적물인 재산이 「지방세기본법」 제99조 제1항 제3호에서 규정하는 채권의 담보가 된 재산인 경우에 그 추산가액이 체납처분비와 당해 채권금액에 충당하고 잔여가 생길 여지가 없을 때에는 체납처분을 중지하여야 한다(지징법 §104 ②, 구 지기법 §94 ①).

2) 법정압류금지 물건

납세자의 최저생활의 보장, 생업의 유지, 정신적 생활안녕의 보장, 사회보장제도의 유지 등을 위한 재산, 절대적 압류금지재산과 상대적 압류금지재산으로 구분한다.

① 절대적 압류금지재산(지징법 §40, 구 지기법 §91-8)

다음의 재산은 납세자가 임의로 제공하거나 동의하더라도 압류금지된다.

㉠ 체납자와 그 동거가족의 생활에 없어서는 아니 될 의복, 침구, 가구와 주방기구

㉡ 체납자와 그 동거가족에게 필요한 3개월간의 식료와 연료

'체납자와 그 동거가족의 생활에 필요한 3월간의 식료와 연료'라 함은 식료는 기본적인 주·부식품과 조미료를 말하며, 연료는 취사용 및 난방용·연탄·유류·가스 등의 연료를 말한다. 그 소요량에 있어서는 보통의 건강유지에 필요한 범위로 한다(지징예 법40-3).

㉢ 인감도장이나 그 밖에 직업에 필요한 인장(印章)

'직업에 필요한 인장'이라 함은 회사의 사인, 공무원·회사원·변호사·공증인·공인회계사·세무사 등이 직무상 사용하는 인장 및 화가·서예가의 낙관 등 직업 및 생활에 필요불가결한 인장으로 현재 사용하고 있는 것을 말한다(지징예 법40-4).

㉣ 제사·예배에 필요한 물건, 비석 및 묘지

'제사·예배에 필요한 물건'이라 함은 체납자 또는 그 동거가족의 제사 또는 예배에 실제로 사용되는 제구 등을 말하며, 단순히 상품 또는 골동품으로서 소장하고 있는 것은 제외된다(지징예 법40-5). 압류금지재산인 '묘지'란 공부상 지목에 관계없이 사실상 사람의 시체나 유골이 매장된 토지와 그 부속시설물의 부수토지를 말하는 것으로 임야 일부에 분묘가 설치되어 있는 경우 임야 전체를 압류금지재산인 묘지로 볼 것인지 여부는 「장사 등에 관한 법률」 제16조에 의한 묘지의 점유면적, 분묘 등의 설치상황, 쟁점 임야가 묘지로서 시·군·구청장으로부터 허가된 사실이 있는지 여부 등을 종합적으로 판단하여야 할 것이다(징세과-1116, 2004.4.12.).

사례 압류금지재산에 해당하는 묘지라 함은 사실상 사람의 시체나 유골이 매장된 토지와 이에 접속된 부속시설물의 부지를 말하며, 선산의 임야까지 포함되지는 않는 것임(징세 01254 - 3397, 1989.7.3.).

㉺ 체납자 또는 그 동거가족의 상사(喪事)·장례에 필요한 물건

㉯ 족보나 그 밖에 체납자의 가정에 필요한 장부·서류

"족보 기타 체납자의 가정에 필요한 장부·서류"에는 예술품 또는 골동품 등으로서 가지고 있는 것을 제외한다(지징예 법40-6).

㉑ 직무상 필요한 제복·법의(法衣)

㉞ 훈장이나 그 밖의 명예의 증표

'훈장, 기타 명예의 증표'라 함은 체납자 또는 그 동거가족이 받은 것으로 훈장은 국내외 것을 불문하고 약장 등도 포함하며, 기타 명예의 증표는 경기, 학예, 기예 등의 표창으로서 수여된 상패, 상배, 메달 등을 말한다(지징예 법40-7).

㉣ 체납자와 그 동거가족의 학업에 필요한 서적과 기구

'학업에 필요한 서적과 기구'란 「초·중등교육법」 제2조, 「고등교육법」 제2조에 따른 학교 에서 수학하거나 이와 동등 정도의 수학을 하는 데 필요한 교과서, 참고서, 사전 등의 서적 과 책상, 서가, 문방구 등 기구를 말한다(지징예 법40-8).

㉧ 발명 또는 저작에 관한 것으로서 공표되지 아니한 것

'발명'이란 자연법칙을 이용한 기술적 사상의 창작으로서 고도의 것을 말하며, '저작'이란 표 현의 방법 또는 형식의 여하를 막론하고 문서, 연술, 회화, 조각, 공예, 건축, 지도, 도형, 모형, 사진, 악보, 연주, 가창, 무보, 각본, 연출, 음반, 녹음필름, 영화와 기타 학문 또는 예술의 범위 에 속하는 일체의 물건을 말한다. 발명의 특허를 받거나 발명 또는 저작한 것을 간행흥업 또는 전람에 공한 때에는 공표한 것이 된다(「특허법」 §2, 「저작권법」 §2 참조)(지징예 법40-9).

㉠ 법령에 따라 급여하는 사망급여금과 상이급여금(傷痍給與金)(지징예 법40-10)

사망급여금과 상이급여금의 급여를 규정하는 법령으로는 다음과 같은 것이 있다.

    ㉮ 「국가유공자등예우 및 지원에 관한 법률」 제12조(보상금), 제14조(생활조정수당), 제15조 (간호수당), 제17조(사망일시금)

    ㉯ 「근로기준법」 제78조(요양보상), 제79조(휴업보상), 제80조(장해보상), 제82조(유족보상), 제83조(장의비)

    ㉰ 「선원법」 제94조(요양보상), 제96조(상병보상), 제97조(장해보상), 제99조(유족보상), 제 100조(장제비)

    ㉱ 「산업재해 보상보험법」 제40조(요양급여), 제52조(휴업급여), 제57조(장해급여), 제62조 (유족급여), 제71조(장의비), 제78조(장해특별급여), 제79조(유족특별급여)

㉡ 의료·조산(助産)의 업(業) 또는 동물진료업에 필요한 기구·약품과 그 밖의 재료

'의료·조산의 업 또는 동물진료업'이란 「의료법」 제2조 및 제3조에 따른 의료인이 의료기

관에서 행하는 의료·조산의 업과 「수의사법」 제2조에 따른 동물진료업을 말한다(지징예법40-11).

ⓜ 「주택임대차보호법」 제8조 및 같은 법 시행령에 따라 우선변제를 받을 수 있는 금액(2016.1.1. 이후)

ⓗ 체납자의 생계유지에 필요한 소액금융재산으로서 다음의 것

　㉮ 다음의 구분에 따른 보장성보험의 보험금, 해약환급금 및 만기환급금과 개인별 잔액이 250만 원(2019.4.1.~2024.3.25.은 185만 원, 2013.2.15.~2019.3.31.은 150만 원) 이하인 예금(적금, 부금, 예탁금과 우편대체를 포함)

　　ⓐ 사망보험금 중 1천5백만 원(2024.3.25. 이전은 1천만 원) 이하의 보험금

　　ⓑ 상해·질병·사고 등을 원인으로 체납자가 지급받는 보장성보험의 보험금 중 다음에 해당하는 보험금

　　　ㅇ 진료비, 치료비, 수술비, 입원비, 약제비 등 치료 및 장애 회복을 위하여 실제 지출되는 비용을 보장하기 위한 보험금

　　　ㅇ 치료 및 장애 회복을 위한 보험금 중 가목에 해당하는 보험금을 제외한 보험금의 2분의 1에 해당하는 금액

　　ⓒ 보장성보험의 해약환급금 중 250만 원(2013.2.15.~2024.3.25.은 150만 원) 이하의 금액

　　ⓓ 보장성보험의 만기환급금 중 250만 원(2013.2.15.~2024.3.25.은 150만 원) 이하의 금액

　㉯ 체납자가 보장성보험의 보험금, 해약환급금 또는 만기환급금 채권을 취득하는 보험계약이 둘 이상인 경우에는 다음의 구분에 따라 ㉮의 금액을 계산한다.

　　ⓐ ㉮의 ⓐ, ⓒ, ⓓ : 보험계약별 사망보험금, 해약환급금, 만기환급금을 각각 합산한 금액

　　ⓑ ㉮의 ⓑ : 보험계약별 금액

2013.2.14. 이전에는 납입액이 300만 원 미만인 보장성보험의 보험금, 해약환급금, 만기환급금과 개인별 잔액이 120만 원 미만인 예금(적금, 부금, 예탁금과 우편대체 포함)이 압류금지재산으로 규정되어 있었다. 종전규정에는 보장성보험의 보험금, 해약환급금의 납입액이 300만 원 미만일 경우에 압류금지재산이었는데, 여기서 납입액 300만 원 미만의 의미는 압류 당시 체납자의 보험계약별 납입액이 300만 원 미만인 경우를 말하는 것이다(징세과-573, 2009.6.18.). 즉 총납입한 금액이 300만 원 미만이라는 것이다. 또한 "개인별 잔액이 185만 원(2013.2.15.~2019.3.31.은 150만 원) 미만인 예금"을 판단함에 있어 개인별 잔액은 체납자의 전체 금융기관에 개설한 계좌의 잔액을 의미하는 것이다(징세과-1247, 2009.3.4.). 한편, 개인별 예금 등 잔액이 185만 원(2013.2.15.~2019.3.31.은 150만 원) 미만인 경우로 한 법 취지로 보아 185만 원(2013.2.15.~2019.3.31.은 150만 원) 초과 예금이 있는 경우라 하더라도 추심은 150만 원(동일 은행의 다른 예금계좌도 포함한 금액임) 초과분만 가능할 것이다[185만 원(2013.2.15.~2019.3.31.은 150만 원) 미만 예금자와 형평성 차원에서도 타당할 것임].

사례 국징법 집행기준 31 - 0 - 4 참조

① 압류금지채권의 목적물이 채무자의 예금계좌에 입금된 경우에는 그 채권은 채무자의 당해 금융 기관에 대한 예금채권으로 변하여 종전의 채권과의 동일성을 상실하고, 당해 예금으로 입금된 금원의 성격이 압류금지채권의 목적물인지 혹은 그에 해당하지 아니하는 금원인지, 두 가지 금 원이 혼입되어 있다면 예금액 중 압류금지채권액이 얼마인지를 가려낼 수 없는 것인바, 신속한 채권집행을 실현하기 위해서는 압류 단계에서는 피압류채권을 형식적·획일적으로 판단하여야 하므로 압류금지채권의 목적물이 채무자의 예금계좌에 입금된 경우, 채무자의 제3채무자 금융기 관에 대한 예금채권에 대하여는 압류금지의 효력이 미치지 아니함(대법원 99마4857, 1999.10.6., 대법원 96마1302,1303, 1996.12.24.).

② 「국세징수법 시행령」(2008.2.22. 대통령령 제20623호로 개정된 것) 제36조의 압류금지 재산인 "개인별 잔액이 120만 원 미만인 예금"을 판단함에 있어 개인별 잔액은 체납자의 전체 금융기관 에 개설한 계좌의 잔액을 의미하는 것임(징세과 - 1247, 2009.3.4.).

③ 납입액이 300만 원 미만인 보장성보험의 의미는 압류 당시 체납자의 보험계약별 납입액이 300만 원 미만인 경우를 말하는 것임(징세과 - 573, 2009.6.18.).

④ 「국세징수법」 제31조 및 같은 법 시행령 제36조의 압류금지재산인 "납입액이 300만 원 미만인 보장성보험의 보험금·해약환급금·만기환급금"이라 함은 압류 당시 체납자의 보험계약별 납 입액이 300만 원 미만인 경우를 말하는 것이다. 「국세징수법」 제31조 및 같은 법 시행령 제36조 의 "납입액이 300만 원 미만인 보장성보험"에 해당되는 경우 납입액을 기준으로 압류금지대상 여부를 판단하는 것임(징세과 - 624, 2009.2.3.).

⑤ 일반 보험금은 「국세징수법」 제31조에서 정하는 압류금지재산에 포함되지 아니하고, 같은 법 제 33조의 압류제한 급여채권에도 해당되지 아니함(조세정책과 - 135, 2007.1.24.).

사례 유류보조금에 대한 압류가능 여부(대법원 2006마1367, 2007.2.7.)

압류 및 추심명령의 대상이 된 채권은 항고인의 인천광역시에 대한 유류보조금 및 재정지원 보조금 지급청구채권 내지 인천광역시가 위 채권에 대한 채권가압류명령을 원인으로 항고인인 피공탁자로 하여 변제공탁한 공탁금에 관한 출금청구권이므로 압류가 금지되어 있는 채권이라 할 것이고, 채권 자의 항고인에 대한 집행채권에 유류대금채권이 포함되어 있다고 하더라도 그러한 사정만으로 위 집행채권에 대여금 채권도 포함되어 있는 점에 비추어 위 집행채권에 기한 이 시간 압류 및 추심명 령이 여객자동차 운수사업자에게 지급되는 보조금의 사용 목적에 바로 부합하는 것이어서 허용된 다고 보기 어려움.

② **특별법에 의한 압류제한(지징예 법40 - 2)**

「지방세징수법」 이외의 압류를 제한한 특별법의 규정으로 다음과 같은 것이 있다.

㉠ 「국가유공자 등 예우 및 지원에 관한 법률」 제19조(권리의 보호)

㉡ 「선원법」 제152조(양도 또는 압류의 금지)

㉢ 「산업재해보상 보험법」 제88조(수급권의 보호)

㉣ 「국민기초생활 보장법」 제35조(압류금지)

㉤ 「우편법」 제8조(우편물의 압류거부권)

㉥ 「국민건강보험법」 제59조(수급권의 보호)

ⓐ 「자동차 손해배상 보장법」 제40조(압류 등의 금지)

ⓞ 「형사보상 및 명예회복에 관한 법률」 제23조(보상청구권의 양도 및 압류의 금지)

ⓩ 「상법」 제744조(선박의 압류·가압류)

ⓧ 「채무자 회생 및 파산에 관한 법률」 제58조(다른 절차의 중지 등)

ⓚ 「공장 및 광업재단 저당법」 제14조(공장재단 구성물의 양도 등 금지)

ⓣ 「의료법」 제13조(의료기재의 압류금지)

ⓟ 「국민연금법」 제58조(수급권의 보호)

ⓗ 「건설산업 기본법」 제88조(임금에 대한 압류의 금지)

Ⓐ 「공무원연금법」 제39조(권리의 보호)

③ 조건부 압류금지재산(지징법 §41, 구 지기법 §91-9)

다음의 재산은 체납자가 체납액[지방세, 가산금(2023.12.31. 이전 납세의무성립분만 적용) 및 체납처분비]에 충당할 만한 다른 재산을 제공하는 때에는 이를 압류할 수 없다. 여기서 '체납액에 충당할 만한 다른 재산을 제공하는 때'라 함은 국세 등의 전액을 징수할 수 있는 재산(이미 압류된 재산이 있는 때에는 그와 합산하여 산정)을 즉시 압류할 수 있는 상태로 제공하는 것을 말한다(지징예 법41-1).

㉠ 농업에 필요한 기계, 기구, 가축류, 사료, 종자와 비료

㉡ 어업에 필요한 어망, 어구와 어선

㉢ 직업 또는 사업에 필요한 기계, 기구와 비품

'농업에 필요한 기계', '어업에 필요한 어망', '직업 또는 사업에 필요한 기계' 등이라 함은 현실적으로 당해 사업을 영위하는 자가 그 기계 등 재산을 압류당함으로써 당해 사업의 현재정도의 계속유지에 지장을 초래한다고 인정될 정도로 당해 사업에 관계가 있는 기계 등을 말한다. 따라서 당해 사업에 필요불가결한 것에 한정되는 것은 아니다(지징예 법41-2).

④ 급여의 압류제한(지징법 §42, 구 지기법 §91-10)

급료·연금·임금·봉급·상여금·세비·퇴직연금, 그 밖에 이와 비슷한 성질을 가진 급여채권[22]에 대하여는 그 총액(지급받을 수 있는 급여금의 전액에서 그 근로소득 또는 퇴직소득에 대한 소득세 및 지방소득세 소득분을 공제한 금액)의 2분의 1에 해당하는 금액은 압류하지 못한다. 다만, 그 금액이 표준적인 가구의 「국민기초생활 보장법」에 따른 최저생계비를 고려하여 월 250만 원(2019.4.1.~2024.3.25.은 185만 원, 2013.2.15.~2019.3.31.은 150만 원)[23]에 미치지 못하는 경우 185만 원(2013.2.15.~2019.3.31.은 150만 원)을, 다음의 ㉠과 ㉡(㉡ 금액이 0보다 작은 경우에는 0으로 봄)의 금액을 합산한 금액을 초과하는 경우 (㉠+㉡)의 금액을 압류하지 못한다.

---

22) "그 밖에 이와 비슷한 성질을 가진 급여채권"이라 함은 일직료·숙직료·통근수당 및 현물급여를 포함하는 것으로 한다(지징예 법42-1).

23) 2013.2.14. 이전 압류하는 분까지는 120만 원이었으나, 2013.2.15. 이후 압류분부터는 150만 원으로 증액되었고, 2019.4.1. 이후 압류분부터는 185만 원으로 증액됨.

㉠ 월 300만 원

㉡ [「지방세징수법」 제42조 제1항 본문에 따른 압류금지금액(월액으로 계산한 금액) - 300만 원] × 1/2

또한 퇴직금 그 밖에 이와 비슷한 성질을 가진 급여채권에 대하여는 그 총액의 2분의 1에 해당하는 금액은 압류하지 못한다.

사례 급여채권에 대한 지방세 압류요령(「국세징수법 집행기준」 42-0-1 참조)

① 급여의 범위
 - 급료·연금·임금·봉급·상여금·세비·퇴직연금. 그 밖에 이와 비슷한 성질을 가진 급여로서 그 명칭을 불문하고 근로를 제공하는 등 그 대가로 받는 일체의 금원을 말함.
 - 일직료, 숙직료, 통근수당 및 현물급여를 포함함.
② 월급여 총액
 - "총액"이라 함은 지급받을 수 있는 급여금의 전액에서 그 근로소득 또는 퇴직소득에 대한 소득세 및 소득분 지방소득세를 공제한 금액을 말함.
 - 월급여 총액 : 근로소득 - (소득세 + 소득세분 지방소득세)
   퇴직소득 - (소득세 + 소득세분 지방소득세)
   〈예시〉월급여액이 400만 원으로서 원천징수 소득세 40만 원, 소득세분 지방소득세 4만 원인 경우 압류대상 범위를 판단하기 위한 월급여 총액의 범위는?
   ⇒ 400만 원 - (40만 원 + 4만 원) = 356만 원
③ 급여의 구체적 압류금지 범위
 ㉠「국민기초생활 보장법」에 의한 최저생계비인 월 250만 원 이하는 전액금지
 ㉡ 총액이 월 250만 원 초과 500만 원 미만인 경우 : 250만 원(압류가능 한도금액 = 총액 - 250만 원)
 ㉢ 총액이 500만 원 이상 600만 원 이하인 경우 : 총액 × 1/2(압류가능 한도금액 = 총액 × 1/2)
 ㉣ 총액이 600만 원 초과인 경우 : 300만 원 + (총액 × 1/2 - 300만 원) × 1/2(압류가능 한도금액 = 총액 × 3/4 - 150만 원)
 ※ 채무자가 여러 직장을 다니는 경우에는 모든 급여를 합산한 금액을 기준으로 계산
  예) A직장에서 130만 원, B직장에서 130만 원의 월급여를 받는 경우 합산한 260만 원이 기준이 되고, 압류가능금액은 260만 원에서 250만 원을 제외한 10만 원이 됨.

| 월급여 총액별 압류 가능 범위 |

월급여 총액	급여 압류 범위
월 250만 원 이하	전액 압류금지(0원)
월 250만 원 초과~500만 원 이하	월급여-250만 원
월 500만 원 초과~600만 원 이하	월급여 / 2
월 600만 원 초과	월급여-{300만 원+[(월급여 / 2)-300만 원] / 2} = (월급여 × 3 / 4) - 150만 원

급여액	100	250	300	400	500	700	900	1,000
압류가능금액	0	0	50	150	250	375	525	600

| 금액별 압류 가능액 예 | (단위 : 만 원)

3) 초과압류의 금지(지징법 §43, 구 지기법 §91-11)

지방세를 징수하기 위하여 필요한 재산 이외의 재산을 압류할 수 없다. 따라서 당초 압류한 재산가액이 체납세액을 초과하는 경우에는 다른 재산을 압류할 수는 없을 것이다.

> **사례** 당초 압류재산 가액이 체납액 초과 시 타 재산 압류 불가(국심 2005서1002, 2005.7.5.)
>
> 처분청이 2004.9.21. 쟁점 부동산을 압류할 당시 기왕에 압류한 청구인의 재산(공동상속재산 중 1,089분의 261 지분) 가액을 보면, 상속개시당시 개별공시지가로 평가한 가액이 4억 5,104만 원, 1998.9.12. 감정평가액을 기준으로 평가한 가액이 4억 9,538만 원으로서 청구인이 연대납부의무가 있는 쟁점 상속세 884,652,170원을 징수하기에 부족하므로 처분청이 쟁점 상속세를 징수하기 위하여 공매의 편의성 등을 고려하여 건물과 함께 추가로 쟁점 부동산을 압류한 처분은 정당한 것으로 판단됨(처분청이 당초 평가한 청구인 지분가액 4억 9,601만 원, 이의신청 결정 시 평가액 6억 6,346만 원을 기준으로 하더라도 쟁점 상속세에 미달하는 점은 동일함).

제3절 체납처분의 효력

① 질권이 설정된 재산의 압류(지징법 §44, 구 지기법 §91-12)

세무공무원이 질권(質權)이 설정된 재산을 압류하려는 경우에는 그 질권자에게 문서로써 해당 질물의 인도를 요구하여야 한다. 이 경우 질권자는 질권의 설정 시기에 관계없이 질물(質物)을 세무공무원에게 인도하여야 한다. 그리고 세무공무원은 질권자가 질물을 인도하지 아니하는 경우에는 즉시 그 질물을 압류하여야 한다.

② 가압류·가처분 재산에 대한 압류(지징법 §45, 구 지기법 §91-13)

재판상의 가압류 또는 가처분 재산이 체납처분 대상인 경우에도 「지방세기본법」에 따른 체납처분을 한다. 재판상의 가압류 또는 가처분을 받은 재산을 압류할 때에는 그 뜻을 해당 법원, 집행공무원 또는 강제관리인에게 통지하여야 한다. 그 압류를 해제할 때에도 또한 같다.

① '가압류'의 의미

법원의 판결 또는 결정에 의한 가압류로서 「민사집행법」 제4편(보전처분)에 의한 강제집행을

보전하기 위한 가압류뿐 아니라 「채무자 회생 및 파산에 관한 법률」 제43조(가압류·가처분 그밖의 보전처분), 제323조(파산선고 전의 보전처분), 제592조(보전처분) 등에 따른 가압류를 포함한다(지징예 법45-1).

② '가처분'의 의미

법원의 판결 또는 결정에 의한 가처분으로서 「민사집행법」 제300조 제1항(다툼의 대상에 관한 가처분)에 따른 가처분뿐 아니라 「채무자 회생 및 파산에 관한 법률」 제43조(가압류·가처분 그밖의 보전처분), 제323조(파산선고 전의 보전처분), 제592조(보전처분) 등에 따른 가처분을 포함한다. 다만, 「민사집행법」 제300조 제2항(지위에 관한 가처분) 등에 따른 가지위를 정하는 가처분 등은 금전 지급을 내용으로 하는 체납처분과의 경합이 생기지 아니하므로 이 조의 가처분에는 포함하지 아니한다(지징예 법45-2).

③ '가압류 또는 가처분으로 인하여 그 집행에 영향을 받지 아니한다'의 의미

지방자치단체장이 가압류 또는 가처분 받은 재산을 압류하여 매각하는 경우에 가압류 또는 가처분에 의하여 저지되지 아니하고 집행할 수 있는 것을 말한다. 다만, 처분금지가처분이 된 재산을 압류한 경우로서 가처분권자가 본안소송에서 승소하여 자기 앞으로 소유권이전을 하는 경우에는 가처분 이후에 이루어진 체납처분에 의한 압류등기를 말소신청할 수 있으므로(대법원등기예규 제1061호) 지방자치단체장은 당해 가처분에 대한 본안소송의 확정결정을 기다려 그 결과에 따라 공매 여부를 결정하여야 한다(지징예 법45-3).

❸ 과실에 대한 압류의 효력(지징법 §46, 구 지기법 §91-14)

압류의 효력은 압류재산으로부터 생기는 천연과실(天然果實) 또는 법정과실(法定果實)에 미친다. 다만, 체납자 또는 제3자가 압류재산의 사용 또는 수익을 하는 경우에는 그 재산으로부터 생기는 천연과실(그 재산의 매각으로 인하여 권리를 이전할 때까지 수취되지 아니한 천연과실 제외)에 대하여는 미치지 아니한다. 그런데 천연과실(天然果實) 중 성숙한 것은 토지 또는 입목(立木)과 분리하여 동산으로 볼 수 있다(지징령 §49).

① 수취의 방법과 비용

천연과실을 수취하는 경우에는 징수직원이 스스로 수취하거나 제3자 또는 체납자로 하여금 수취하게 할 수 있으며, 수취에 필요한 비용은 체납처분비로서 징수할 수 있다(지징예 법46-1).

② 법정과실에 대한 압류

압류의 효력이 법정과실에 미치는 경우 원본에 대한 압류와 동시에 그 과실의 지급의무를 지는 제3채무자에 대하여 압류의 통지를 하여야 하며, 원본에 대한 압류의 효력은 그 압류 후에 생긴 법정과실에도 미치는 것이나 압류 시까지 이미 발생한 법정과실에 대하여는 별도의 압류를 하지 아니하는 한 압류의 효력이 미치지 아니한다(지징예 법46-2).

④ 상속 또는 합병의 경우의 압류(지징법 §47, 구 지기법 §91-15)

　체납자의 재산에 대하여 체납처분을 집행한 후 체납자가 사망하였거나 체납자인 법인이 합병에 의하여 소멸되었을 때에도 그 재산에 대한 체납처분은 계속 진행하여야 하며, 체납자가 사망한 후 체납자 명의의 재산에 대하여 한 압류는 그 재산을 상속한 상속인에 대하여 한 것으로 본다. 여기서 '체납자 명의의 재산'이라 함은 압류를 함에 있어서 세무공무원이 재산의 귀속을 명의에 의하여 판단하는 재산, 예를 들면 부동산, 선박, 항공기, 자동차, 건설기계 또는 각종 기명식 유가증권으로서, 체납자의 명의로 되어 있는 재산에 국한되지 아니하고 기타의 재산이라도 사회통념상 체납자의 소유의 재산이라고 인정되는 것은 포함하는 것으로 한다(지징예 법47-1).

제4절　동산과 유가증권의 압류

① 동산과 유가증권의 압류 절차(지징법 §48, 구 지기법 §91-16)

　동산 또는 유가증권의 압류는 세무공무원이 점유함으로써 행한다. 다만, 운반하기 곤란한 재산은 체납자 또는 제3자로 하여금 보관하게 할 수 있다. 이 경우 봉인(封印) 또는 기타의 방법으로 압류재산임을 표시하여야 한다. 압류재산임을 표시할 때에는 압류 연월일과 압류한 세무공무원이 소속된 지방자치단체의 명칭을 명백히 하여야 한다.

　2021년 이후 세무공무원은 체납자와 그 배우자의 공유재산으로서 체납자가 단독으로 점유하거나 배우자와 공동으로 점유하고 있는 동산 또는 유가증권을 상기에 따라 압류할 수 있다.

① 동산 또는 유가증권에 대한 압류의 효력발생시기

　동산 또는 유가증권에 대한 압류의 효력은 세무공무원이 그 재산을 점유한 때에 발생한다(지징예 법48-1).

② 금전의 압류

　세무공무원이 금전을 압류한 경우에는 그 금전만큼 체납자의 압류에 관계되는 체납액을 징수한 것으로 본다(지징예 법48-2).

③ 등기되지 아니한 선박 등

　「지방세징수법」 제55조(부동산 등의 압류절차)의 규정을 적용받지 아니하는 선박과 제56조(자동차 등의 압류절차)의 규정을 적용받지 아니하는 등록되지 아니한 항공기, 건설기계, 자동차 등은 동산으로서 압류한다(지징예 법48-3).

④ 공장저당목적물, 재단소속물과의 관계

압류할 동산이 「공장 및 광업재단저당법」에 의하여 공장저당의 목적이 되고 있는 토지 또는 건물에 설치되어 있는 기계, 기구 기타 공장에 이용하고 있는 동산인 때에는 같은 법의 규정에 의하여 원칙으로는 토지 또는 건물과 별개로 압류하지 못하며, 공장재단, 광업재단에 속하는 동산은 원칙으로 각각의 동산으로서 압류하지 못한다(지징예 법48-4).

⑤ 화물상환증 등이 발행된 물건

화물상환증, 창고증권 또는 선화증권이 발행된 물건에 대하여는 동산으로 압류할 수 없고, 이들 증권을 유가증권으로서 압류하여야 한다(「상법」 §129~§133, §156, §157 참조)(지징예 법48-5).

⑥ 유가증권이 아닌 것의 압류

'유가증권'이란 재산권을 표시하는 증권으로서 그 권리의 행사 또는 이전을 증권으로써 하는 것을 말하는 것으로 재산권을 표시하는 것이 아닌 차용증서 또는 수취증권과 같은 증거증권은 유가증권이 아니므로 채권의 압류절차에 따라 압류한다(지징예 법48-6).

⑦ 유가증권의 종류

유가증권에는 어음, 수표, 국채증권, 지방채증권, 사채권, 주권, 출자증권, 신탁의 무기명 수익증권, 창고증권, 화물상환증, 선화증권, 상품권 등이 있다(지징예 법48-7).

⑧ 제3자 등에 대한 인도요구

압류할 재산을 제3자가 질권 이외의 사유로서 점유하는 경우에 세무공무원은 특히 체납처분의 집행상 지장이 있다고 인정되는 경우를 제외하고는 「지방세징수법」 제44조(질권이 설정된 재산의 압류)의 규정을 준용하여 그 인도요구를 문서에 의하여야 한다(지징예 법48-8).

❷ 압류동산의 사용·수익(지징법 §49, 구 지기법 §91-17)

운반하기 곤란한 동산은 체납자 또는 제3자로 하여금 보관하게 할 수 있다. 이 경우 봉인(封印)이나 그 밖의 방법으로 압류재산임을 명백히 하여야 하며, 지방자치단체장은 이에 따라 압류한 동산을 체납자 또는 이를 사용하거나 수익할 권리를 가진 제3자에게 보관하게 한 경우에는 지방세 징수에 지장이 없다고 인정되면 그 동산의 사용 또는 수익을 허가할 수 있다.

압류된 동산을 사용하거나 수익하려는 자는 압류재산 사용·수익 허가신청서를 지방자치단체장에게 제출하여야 하며, 압류재산 사용·수익 허가신청서를 받은 지방자치단체장은 해당 사용·수익 행위가 압류재산의 보전(保全)에 지장을 주는지를 조사하여 그 허가 여부를 신청인에게 통지하여야 한다.

허가를 받은 자는 압류재산을 사용하거나 수익할 때 선량한 관리자의 주의를 다하여야 하며, 지방자치단체장이 해당 재산의 인도를 요구하는 경우에는 지체 없이 이에 따라야 한다.

① 압류재산의 보관과 책임

압류한 동산 또는 유가증권(「지방세징수법」 제49조 제1항에 따라 체납자 또는 제3자가 보관하는 것은 제외)은 지방자치단체장이 선량한 관리자의 주의로서 관리하여야 하며, 지방자치단체장이 그 직무를 행함에 있어서 고의 또는 과실에 의하여 위법하게 압류한 재산을 망실하거나 훼손하여 체납자 등에게 손해를 끼친 경우에는 지방자치단체는 국가배상법이 정하는 바에 따라 체납자 등에 대하여 그 손해를 배상할 책임을 진다(지징예 법49-1).

② 운반하기 곤란한 재산(지징예 법49-2)

압류물건을 체납자 또는 제3자에게 보관하게 할 수 있는 사유가 되는 "운반하기 곤란한 동산"이란 다음의 재산을 말한다.
- ㉠ 압류물건이 상당히 중량물인 것, 그 기초가 견고하게 부착되어 분리하기 곤란한 것, 대형물인 것, 산간벽지의 공장현장 등에 있는 것, 분량이 많은 것 등 운반에 곤란함이 있다고 인정되는 것
- ㉡ 압류물건을 체납자와의 계약에 의한 임차권, 사용대차권, 기타 동산의 사용, 수익할 권리에 기하여 제3자가 점유하는 경우로서 「지방세징수법」 제49조(압류동산의 사용, 수익) 제2항의 규정에 의하여 사용, 수익을 허가할 필요가 있다고 인정하는 것

③ 봉인 또는 그 밖의 방법

"봉인"이라 함은 압류재산임을 표지하는 표식을 말하고 "그 밖의 방법"이라 함은 공시문, 입찰, 목찰, 새끼치기 등에 의하여 압류재산임을 명백히 하는 방법을 말한다(지징예 법49-3).

④ 봉인 등의 효과

봉인, 그 밖의 방법에 의한 압류의 표시가 된 때에는 그 재산의 양수로써 압류에 대항할 수 없다(지징예 법49-4).

⑤ 보관증의 제출

운반하기 곤란한 동산을 체납자 또는 제3자에게 보관하게 할 경우에는 원칙으로 보관자로부터 보관증을 제출하게 하여야 하며, 이 보관증은 압류조서의 여백을 사용하여 작성하게 할 수 있다(지징예 법49-5).

⑥ 사용 또는 수익

"압류한 동산을 사용하거나 수익할 권리를 가진 제3자"라 함은 체납자와의 계약에 의한 임차권, 사용대차권, 기타 동산의 사용 또는 수익을 할 권리[예를 들면 수치인이 임치인(체납자)의 동의를 얻어 임치물을 사용하는 경우 등] 등을 가진 자를 말한다(지징예 법49-6).

⑦ 지방세징수에 지장이 있는 경우

"지방세징수에 지장"이 있는 경우라 함은 압류동산을 본래의 용법과 다르게 사용 또는 수익함

으로써 징수에 지장이 있는 경우와 그 재산을 본래의 용법에 따라 사용 또는 수익함으로써 압류 당시의 가치를 현저히 감소시키는 경우를 포함하나 그 판정에 있어서는 동산의 종류, 성질, 체납처분의 긴급도, 납세자의 성실성 등을 참작한다(지징예 법49-7).

⑧ 허가의 내용

압류한 동산의 사용·수익은 통상의 용법에 따라 종래의 사용 또는 수익을 계속하는 정도의 범위 안에서 허가한다(지징예 법49-8).

③ 유가증권에 관한 채권의 추심(지징법 §50, 구 지기법 §91-18)

지방자치단체장은 유가증권을 압류한 때에는 그 유가증권에 관계되는 금전채권을 추심할 수 있다. 금전채권 추심 시에는 그 한도에서 체납자의 압류에 관계되는 체납액을 징수한 것으로 본다. 이는 지방자치단체장이 압류된 유가증권의 채권자를 대위하여 그 권리를 행사하는 것이다.

지방자치단체장은 채권 압류의 통지를 받은 채무자가 채무이행의 기한이 지나도 이행하지 아니하는 경우에는 최고를 하여야 한다. 최고를 받은 채무자가 최고한 기한까지 채무를 이행하지 아니하는 경우에는 채권자를 대위(代位)하여 채무자를 상대로 소송을 제기하여야 한다. 다만, 채무이행의 자력(資力)이 없다고 인정하는 경우에는 채권의 압류를 해제할 수 있다.

① 추심하는 유가증권

"유가증권에 관계되는 금전채권"이라 함은 압류한 유가증권에 기하여 행사할 수 있는 채권 중 금전의 급부를 목적으로 하는 것을 말한다. 따라서 금전의 급부를 목적으로 하는 채권 이외의 재산권을 표시하는 유가증권(창고증권 등)에 있어서는 같은 조의 규정을 적용하지 아니하고 직접 그 유가증권을 매각한다(지징예 법50-1).

② 추심하는 경우

추심을 하는 유가증권은 그 유가증권에 관한 금전채권의 이행기일이 이미 도래하였거나 가까운 장래에 도래하는 것으로서 매각하는 것보다 추심하는 것이 징수상 유리하다고 인정되는 것에 한한다(지징예 법50-2).

제5절 채권의 압류

① 채권의 압류 절차(지징법 §51, 구 지기법 §91-19)

지방자치단체장은 채권을 압류할 때에는 그 뜻을 해당 채권의 채무자("제3채무자")에게 통지하여야 한다. 따라서 채권의 압류는 채무자에게 압류통지를 함으로써 이루어진다. 채권을 압류한 때에는 채권자에게도 통지하여야 하는데 채권자에게 압류 통지를 한 때에는 체납액[지방세·가산금(2023.12.31. 이전 납세의무성립분만 적용)·체납처분비]을 한도로 하여 채권자를 대위한다. 즉 체납액의 한도 내에서는 채권자를 대위하여 채무자에게 채무의 이행을 최고하고 채무자는 지방자치단체장에 대하여 채무를 지는 것이며, 채무자가 그 채무를 이행하지 아니한 때에는 채권자를 대위하여 채무불이행을 이유로 채무자를 당사자로 하는 민사소송을 제기하여 채권을 회수하여야 한다. 그리고 지방자치단체장은 채권을 압류하였을 때에는 그 사실을 체납자에게 통지하여야 한다.

① 채권

"채권"이란 금전 또는 매각할 수 있는 재산의 지급을 목적으로 하는 것을 말하며, 장래 발생하는 채권이라도 압류당시에 그 원인이 확정되어 있고 그 발생이 확실하다고 인정하는 것(예를 들면 장래 발생하는 급료채권 등) 및 당사자 간에 양도금지의 특약이 있는 것도 압류할 수 있으며, 기타 추심할 수 없는 권리는 무체재산권의 압류절차를 밟아 압류한다(지징예 법51-1).

② 채무자의 범위

"채무자"란 체납자에 대하여 금전 또는 매각할 수 있는 재산의 지급을 목적으로 하는 채무를 부담하는 자를 말한다(지징예 법51-2).

③ 연대채무자가 있는 채권

2인 이상의 채무자가 있는 채권으로 이들 채무자가 연대채무를 지고 있는 것을 압류하는 경우에는 모든 채무자를 제3채무자로 하여 압류절차를 밟아야 한다. 이 경우에 제3채무자가 임의로 이행을 하지 아니할 때에는 어느 채무자에 대하여도 「민사집행법」에 따라 강제집행을 할 수가 있다(「민법」 §414 참조)(지징예 법51-3).

④ 보증인이 있는 채권

보증인이 있는 채권을 압류한 경우에는 주된 채권의 압류와 동시에 보증인을 제3채무자로 하여 그 보증인에 대한 채권을 별개로 압류하며, 보증인이 있는 채권을 압류한 경우 그 보증인은 「민법」에 따른 최고의 항변권과 검색의 항변권을 가진다. 다만, 연대보증인의 경우에 있어서는 그러하지 아니하다(「민법」 §437 참조)(지징예 법51-4).

⑤ 저당권에 의하여 담보되는 채권의 압류

저당권에 의하여 담보된 채권을 압류한 경우에는 지방자치단체장은 그 채권의 압류의 등기를 관계기관에 촉탁할 수 있다(「민법」 §348, 「부동산등기법」 §3 5호, §6, §61 참조). 이 경우 그 촉탁을 한 지방자치단체장은 그 저당권을 설정한 재산의 권리자(제3채무자를 제외한다)에게 압류한 사실을 통지하여야 한다(지징예 법51-5).

⑥ **보증금에 대한 압류(지징예 법51-6)**

물건의 임대차인 경우에 임대료, 기타 임대차계약상의 채무를 담보할 목적으로 임차인이 임대인에게 교부하는 보증금의 압류에 관하여는 다음에 유의한다.

　　㉠ 임대차계약이 계속 중인 기간에는 임차인은 보증금의 반환청구권을 갖지 아니하고 또 계약종료 시에 임차인에게 채무불이행이 있으면 보증금은 당연히 손해배상금으로 충당된다. 따라서 보증금은 장차 임대차관계종료 시에 생기는 반환청구권으로서 압류한다.

　　㉡ 임대인이 임대차의 목적물을 양도한 경우에는 특약이 있는 경우를 제외하고 보증금반환채무는 새 임대인에게 인계되는 것으로, 임차인은 임대차종료 시에 새 임대인에 대하여 보증금반환청구권을 갖는다.

⑦ **기한의 정함이 없는 채권의 압류**

채무이행기간의 정함이 없는 채권을 압류한 경우에는 세무공무원이 기한을 지정(「민법」 §387 ② 참조)함과 동시에 그 기한까지 세무공무원에게 이행을 할 것을 채권압류통지서에 기재하여야 한다(지징예 법51-7).

⑧ **추심한 금전 이외의 물건의 압류**

지방자치단체장이 체납자에게 대위하여 제3채무자로부터 추심한 것이 금전 이외의 것인 경우에는 그 재산의 종류별로 각각의 압류절차를 밟아야 한다(지징예 법51-8).

⑨ **채권증서의 점유**

지방자치단체장은 채권의 압류를 위하여 필요하다고 인정하는 때에는 동산의 압류절차에 관한 규정을 준용하여 채권에 관한 증서를 점유할 수 있다(지징예 법51-9).

⑩ **추심의 책임**

세무공무원이 피압류채권에 대하여 추심절차를 태만히 하여 시효가 완성하는 등 추심권의 행사에 있어서 고의 또는 과실로 위법하게 체납자에게 손해를 끼친 때에는 지방자치단체는 「국가배상법」에 따라 체납자에게 그 손해를 배상하여야 한다(지징예 법51-10).

⑪ **채무변제를 위하여 어음, 수표가 교부된 경우의 채권압류**

기존채무에 관하여 어음이나 수표가 교부된 경우 그것이 채무변제에 "갈음하여" 교부되었다는 당사자의 명백한 의사표시가 없으면 그것은 채무변제를 "위하여" 교부된 것으로 추정되므로(대물변제가 아님) 당해 채권에 대해서 압류할 수 있다(지징예 법51-11).

⑫ **주권발행 전 주식에 대한 압류**

법인이 주권을 발행하지 아니한 경우에는 체납자인 주주가 회사에 대하여 갖는 주주권을 압류하고 일정기간 내에 주권을 발행하여 세무공무원에게 인도하라는 뜻을 해당 법인에게 통지하여야 하며, 그 기간 내에 주권을 발행하지 아니하고 「상법」 제335조 제3항 후단(회사 성립 후 또는 신주의 납입기일 후 6월이 경과한 때)의 규정에 해당하는 때에는 주식에 대하여 매각절차를 진행하여야 한다(지징예 법51-12).

⑬ 채권의 대위행사

"채권자에게 대위한다"라 함은 피압류채권의 채권자인 체납자에 대위하여 그 채권을 제3채무자로부터 자기의 이름으로 추심하는 것을 말한다(지징예 법51-13).

⑭ 대위의 범위

지방자치단체장이 채권자에 대위하여 추심할 수 있는 범위는 지방세, 가산금(2023.12.31. 이전 납세의무성립분만 적용)과 체납처분비를 한도로 하는 것이 원칙이나 우선채권이 있는 채권이나 불가분급부를 목적으로 하는 채권을 압류한 경우 등 체납액의 징수를 위하여 불가피한 경우에는 압류한 채권의 전액에 대하여 대위할 수 있다(지징예 법51-14).

⑮ 제3채무자에 대한 제소절차

압류한 채권의 추심을 위하여 영 제53조(채무불이행에 따른 절차)에 따라 제3채무자를 상대로 소송을 제기하고자 할 경우에는「국가를 당사자로 하는 소송에 관한 법률」제3조(소송수행자의 지정 및 소송대리인의 선임) 및 같은 법 제13조(권한의 위임)에 따라 법무부장관(검찰총장·고등검찰청검사장 또는 지방검찰청검사장)의 지휘를 받아야 한다(지징예 법51-15).

❷ 조건부 채권의 압류(지징령 §52, 구 지기령 §79-13)

지방자치단체장은 신원보증금, 계약보증금 등의 조건부채권을 그 조건 성립 전에도 압류할 수 있다. 이 경우 압류한 후에 채권이 성립되지 아니할 것이 확정된 때에는 그 압류를 지체 없이 해제하여야 한다.

❸ 채권압류 효력(지징법 §52, 구 지기법 §91-20)

채권압류의 효력은 채권압류통지서가 제3채무자에게 도달된 때에 발생한다. 한편, 채권압류의 효력은 압류 당시 채권압류통지서에 기재된 체납액에 한하여 효력을 미치는 것이며 장래에 법정기일이 도래하는 체납액에는 효력이 없는 것이다(서면법령기본-21895, 2015.6.19.).

① 효력발생의 시기

채권압류의 효력은 채권압류통지서가 채무자에게 송달된 때에 발생하며, 압류조서등본의 교부는 압류의 효력발생요건이 되지 아니한다(지징예 법52-1).

② 이행의 금지

제3채무자는 채권의 압류통지서(지칙 §31 ①의 서식)를 받은 때에 그 범위에 있어서 채권자에

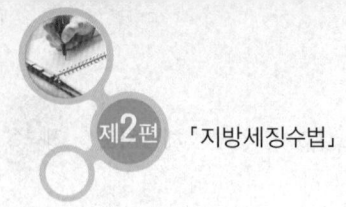

대한 이행이 금지된다. 따라서 채권압류통지서의 송달을 받은 후에 제3채무자가 체납자에 대하여 이행을 한 경우에 그 채무이행으로서 압류채권자인 지방자치단체에 대항할 수 없다(지징예 법 52-2).

③ 상계의 금지(지징예 법52-3)

채권이 압류된 경우 제3채무자가 가지는 반대채권과 피압류채권과의 상계에 관하여는 다음에 유의한다.

㉠ 제3채무자는 수동채권이 압류된 후에 취득한 채권을 자동채권으로 하여 상계할 수 없다(「민법」 §498 참조).

㉡ 제3채무자가 압류 전에 자동채권을 취득한 경우에도 압류 시에 상계적상(相計適狀)에 있지 아니하면 상계로써 지방자치단체에 대항하지 못한다.

㉢ 제3채무자가 가지는 자동채권은 수동채권의 압류 전에 변제기가 도래하였으나 수동채권은 변제기가 도래하지 아니한 경우에도 수동채권에 관하여 제3채무자가 기한의 이익을 포기할 수 있는 때에는 압류 후에 있어서도 상계할 수 있다(대법원 1979.6.12. 선고, 79다662 판결 참조).

④ 채권의 양도 등

제3채무자가 채권의 압류를 받은 때에는 체납자가 그 채권의 양도, 면제, 기한유예 또는 상계를 하여도 제3채무자는 이들 행위에 관계없이 압류채권자에 이행을 하여야 한다(지징예 법52-4).

⑤ 동시이행의 항변권 또는 선택권의 행사

제3채무자가 동시이행항변권을 갖는 경우(「민법」 §536 참조) 또는 제3채무자 혹은 제3자가 선택권을 갖는 경우(「민법」 §380~§386 참조)에는 압류 후에도 이러한 권리를 행사할 수 있다(지징예 법 52-4).

⑥ 전부명령과 채권압류

지방자치단체장이 압류하기 전에 법원의 압류명령과 동시 또는 뒤따른 유효한 전부명령(轉付命令)이 제3채무자에게 송달(「민사집행법」 §227 ②, ③에 의한 통지절차)되면 압류채권은 지급에 갈음하여 압류채권자에게 이전되므로 채권이 소멸되어 압류대상이 될 수 없으며, 채권압류통지서가 제3채무자에게 송달되면 그 후 그 채권과 관련된 제3채무자에 대한 전부명령은 지방자치단체장의 채권압류에 영향을 미치지 아니한다(지징예 법52-6).

⑦ 채권압류로 인한 시효중단 효력이 압류일 이후 과세된 체납 지방세에도 미치는지 여부

채권압류를 하는 경우 채권압류의 효력은 압류 당시 채권압류통지서에 기재된 체납액에 한하여 효력을 미치는 것이며, 장래에 법정기일이 도래하는 체납액에는 효력이 없다 할 것이므로 압류일 이후 과세된 지방세에 대하여 시효중단의 효력은 미치지 않는다(지방세특례-2349, 2019.6.19.).

❹ 채권압류 범위(지징법 §53, 구 지기법 §91-21)

채권의 압류는 체납액[지방세, 가산금(2023.12.31. 이전 납세의무성립분만 적용), 체납처분비]을 한도로 하여야 하며, 압류할 채권액이 체납액을 초과할 경우에 필요하다고 인정되면 그 채권 전액을 압류할 수 있다. 여기서 "필요하다고 인정"하는 경우라 함은 당해 채권에 대한 채무자의 자력상태가 그 이행이 확실하다고 인정할 수 없는 경우 또는 당해 채권에 대하여 지방세보다 우선하는 질권이 설정된 경우 등으로서 압류에 관련된 지방세의 징수가 확실하지 아니한 것으로 인정되어 세무공무원이 채권의 전부를 압류할 필요가 있다고 인정하는 경우로 한다(지징예 법53-1).

❺ 계속수입의 압류(지징법 §54, 구 지기법 §91-22)

계속 수입인 급료·임금·봉급·세비·퇴직연금 그 밖에 이와 유사한 채권의 체납액을 한도로 하여 압류 후에 수입할 금액에 미친다. 즉 이 경우의 압류는 지급금액의 2분의 1을 초과할 수 없으므로 그 2분의 1로서 체납액을 충당할 수 없는 때에는 그 체납액에 충당될 때까지 압류의 효력이 미친다.

① "그 밖에 이에 유사한 채권"의 범위

계속적 지급을 목적으로 하는 계약에 의하여 발생하는 수입을 청구할 수 있는 권리, 예를 들면 임대차계약에 따른 토지임대료, 가임의 청구권 등을 말한다(지징예 법54-1).

② 압류된 계속수입이 증액된 경우

지방자치단체장이 체납자의 계속수입을 압류한 경우에는 겸임, 승급 등으로 증액된 수입의 부분에도 당초의 압류의 효력이 미친다(지징예 법54-2).

제6절 부동산 등의 압류

❶ 부동산 등의 압류 절차

(1) 부동산·공장재단·광업재단·선박 압류(지징법 §55, 구 지기법 §91-23)

1) 등기된 부동산·공장재단·광업재단·선박

지방자치단체장은 「부동산등기법」 등에 따라 등기된 부동산, 「공장 및 광업재단 저당법」에 따라 등기된 공장재단 및 광업재단 및 「선박등기법」에 따라 등기된 선박을 압류할 때는 압류조서를 첨부하여 압류등기를 등기소에 촉탁하여야 하고 그 변경등기에 관하여도 또한 같다. 그리고 부동

산·공장재단·광업재단의 분할 또는 구분의 등기를 소관 등기소에 촉탁하여야 하며, 그 합병 또는 변경등기에 관하여도 또한 같다. 그 촉탁서에 대위등기의 원인을 함께 적어야 한다. 이에 따라 압류하였을 때에는 그 사실을 체납자에게 통지하여야 하며, 부동산·공장재단 또는 광업재단의 압류등기 또는 그 변경등기를 촉탁할 때에는 재산의 표시, 등기원인과 그 연월일, 등기의 목적, 등기권리자 및 등기의무자의 주소와 성명을 적은 문서로 하여야 한다. 분할 또는 구분의 등기, 합병 또는 변경등기에 관하여도 또한 같다.

2022년 이후 선박을 압류하였을 때에는 체납자(해당 재산을 점유한 제3자 포함)에게 해당 재산을 인도할 것을 명하여 점유할 수 있다.

① 부동산의 범위(지징예 법55-1)

토지와 그 정착물을 말하며(「민법」 §99 ① 참조), 다음에 유의하여야 한다.

㉠ 건축 중인 건물은 건물의 사용목적으로 보아 사용가능한 정도로 완성되지 아니한 때에는 동산으로 압류하고, 사용가능한 정도로 완성한 때에는 「지방세징수법」 제55조 제3항에 따른 보존등기 후 부동산으로 압류한다.

㉡ 부동산에 관한 소유권 이외의 용익물권(지상권, 전세권 등)과 광업권, 입어권 등은 「지방세징수법」 제61조(무체재산권 등의 압류)의 무체재산권압류절차를 밟아 압류한다.

㉢ 토지에 부착한 수목의 집단으로 「입목에 관한 법률」에 따라 소유권보존의 등기를 한 입목에 대하여는 건물과 같이 토지와 독립된 부동산으로 압류한다.

② 공장재단

「공장 및 광업재단 저당법」 제2조(정의)에 따라 기업용 재산으로 같은 법 제11조(공장재단의 소유권 보존등기)에 따라 소유권보존등기를 한 것을 말한다(지징예 법55-2).

③ 광업재단

「공장 및 광업재단 저당법」 제2조에 따른 기업용 재산으로서 같은 법 제54조(공장재단 규정의 준용)에 따라 소유권보존등기를 한 것을 말한다(지징예 법55-3).

④ 선박

「상법」 제740조(선박의 의의)에 따른 선박으로서 「선박법」 제8조(등기와 등록)에 따라 등기 또는 등록한 것을 말한다(지징예 법55-4).

2) 미등기된 부동산

등기되지 아니한 부동산을 압류할 때에는 토지대장 등본, 건축물대장 등본 또는 부동산종합증명서를 갖추어 등기권리자를 대위하여 보존등기를 촉탁하여야 하며, 미등기 부동산의 보존등기의 촉탁에 관하여는 상기를 준용한다. 지방자치단체장은 체납처분을 할 때 필요하면 소관 관서에 토지대장 등본이나 건축물대장 등본 또는 부동산종합증명서를 발급하여 줄 것을 요구할 수 있다.

이에 따라 압류하였을 때에는 그 사실을 체납자에게 통지하여야 한다.

(2) 자동차 · 건설기계 · 등록된 항공기 및 선박(지징법 §56, 구 지기법 §91-24)

지방자치단체장은 「자동차관리법」에 따라 등록된 자동차 또는 「건설기계관리법」에 따라 등록된 건설기계("자동차 또는 건설기계"), 「항공안전법」에 따라 등록된 항공기 또는 경량항공기("항공기 등")(2022.1.27. 이전은 비행기나 회전익(回轉翼)항공기) 및 2022.1.28. 이후 「선박법」에 따라 등록된 선박(「선박등기법」에 따라 등기된 선박 제외)을 압류하는 경우에는 압류의 등록을 관계 기관에 촉탁하여야 하며,[24] 그 변경의 등록에 관하여도 또한 같다. 압류등록 또는 그 변경등록의 촉탁에 관하여는 상기 1)을 준용한다.

지방자치단체장은 자동차, 건설기계, 항공기 등(2022.1.28. 이후) 또는 선박(2022.1.28. 이후)을 압류하였을 때에는 체납자(해당 재산을 점유한 제3자 포함)에게 해당 재산을 인도할 것을 명하여 이를 점유할 수 있다. 이에 따라 압류하였을 때에는 그 사실을 체납자에게 통지하여야 한다.

지방자치단체장은 선박의 압류등기 또는 그 변경등기를 촉탁할 때에는 선박의 표시, 선적항, 선박소유자의 성명 또는 명칭, 등기원인과 그 연월일, 등기의 목적, 등기권리자, 등기의무자의 주소와 성명을 적은 문서로 하여야 한다.

❷ 압류의 효력(지징법 §57, 구 지기법 §91-25)

부동산 등(부동산 · 공장재단 · 광업재단 · 선박 · 자동차 · 건설기계 · 항공기)의 압류의 효력은 그 압류의 등기 · 등록이 완료된 때에 발생하며, 압류재산의 소유권이 이전되기 전에 법정기일이 도래한 지방세의 체납액에 대해서도 그 효력이 미친다.

> **사례** 「국세징수법」 제47조 제2항은 부동산 등에 대한 압류는 압류의 등기 또는 등록을 한 후에 발생한 체납액에 대하여도 효력이 미친다고 규정하고 있는바, 압류 후에 제3자 앞으로 소유권이 전등기가 경료된 경우에는 그 소유권이전등기 시를 기준으로 하여 그때까지 발생한 전소유자의 체납액에 대하여 그 효력이 미침(대법원 88누12080, 1989.6.13.).

❸ 저당권자 등에 대한 압류 통지(지징법 §58, 구 지기법 §91-26)

① 전세권 · 질권 또는 저당권이 설정된 재산을 압류하였을 때에는 그 사실을 해당 채권자에게 통지하여야 한다.

---

24) 2015.5.18. 이후 자동차 또는 건설기계를 압류하는 분부터 적용하는 것으로, 제3자가 점유 · 운행하면서 자동차세를 체납하는 차량들을 강력히 제재할 수 있는 제도로, 지방세 체납으로 인한 차량 압류 후 해당 차량을 점유하고 있는 차량 명의자 외 제3자에게도 차량의 인도명령을 할 수 있는 근거를 신설하여 자동차세 등 지방세 체납액을 획기적으로 감소시킬 수 있는 계기를 마련하였다.

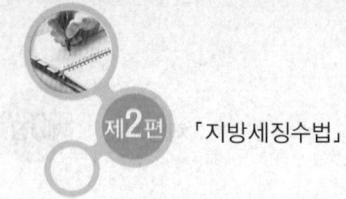

「지방세징수법」

② 저당권・질권・전세권이 설정된 재산을 압류한 때에는 그 뜻을 당해 채권자에게 통지하여야 하며, 지방세보다 우선권을 가진 채권자,[25] 즉 지방세의 법정기일 전에 설정한 저당권자・질권자・전세권자가 압류통지를 받고 그 권리를 행사하고자 할 때에는 그 통지를 받은 날로부터 10일 내에 그 사실을 당해 지방자치단체장에게 신고하여야 한다.

❹ 압류부동산 등의 사용・수익(지징법 §59, 구 지기법 §91-27)

체납자, 체납자의 압류재산을 사용・수익할 권리를 가진 제3자는 지방자치단체장이 상기에 따라 압류한 재산을 사용・수익할 수 있다. 다만, 지방자치단체장은 그 가치가 현저하게 줄어들 우려가 있다고 인정할 때에는 그 사용 또는 수익을 제한할 수 있다. 지방자치단체장은 체납처분을 함에 있어서 필요하다고 인정하는 때에는 「선박등기법」에 따라 등기된 선박, 자동차, 건설기계, 항공기 등 또는 「선박법」에 따라 등록된 선박(「선박등기법」에 따라 등기된 선박 제외)에 대하여 일시정박 또는 정유를 하게 할 수 있다. 다만, 출항준비를 완료한 「선박등기법」에 따라 등기된 선박, 항공기 등 또는 「선박법」에 따라 등록된 선박(「선박등기법」에 따라 등기된 선박 제외)에 대하여는 그렇게 할 수 없다. 지방자치단체장은 일시 정박 또는 일시 정류를 하게 하였을 때에는 그 감시와 보존에 필요한 처분을 하여야 한다. 한편, 압류된 재산을 압류 당시와 달리 사용하거나 수익하려는 경우에는 상기 압류 동산의 사용・수익 절차를 준용한다.

① 가치가 현저하게 감손될 우려

"가치가 현저하게 줄어들 우려가 있다고 인정할 때"라 함은 압류부동산을 그 본래의 사용목적에 따라 사용・수익하거나 달리 사용・수익하는 경우를 포함하여 압류당시의 그 재산의 가치를 감소시킴으로써 체납액징수에 지장을 줄 것으로 인정되는 때를 말한다(지징예 법59-1).

② "압류부동산 등의 사용・수익할 권리를 가진 제3자"의 범위

"압류부동산 등의 사용・수익할 권리를 가진 제3자"라 함은 당해 부동산 등에 대한 지상권자와 임차권자 등을 말한다(지징예 법59-2).

③ 출항준비 등의 완료

"출항준비를 완료한"이라 함은 화객의 수송에 필요한 정비, 화물의 적재, 여객의 승선, 탑승 등 제반사정으로 보아 출항준비를 사실상 완료한 것을 말한다(지징예 법59-3).

④ 감시와 보존에 필요한 처분

"감시와 보존에 필요한 처분"이라 함은 관리인을 선정하거나 격납고에 격납하거나 계류하는 등 압류한 선박, 항공기, 건설기계 또는 자동차의 보존을 위하여 필요한 처분을 하는 것을 말한다(지징예 법59-4).

---

25) "지방세보다 우선권을 가진 채권자"라 함은 「지방세기본법」 제71조 제1항 제3호(지방세의 우선징수)에 해당하는 자를 말한다(지징예 법58-1).

476

⑤ 제3자의 소유권 주장(지징법 §60, 구 지기법 §91-28)

압류한 재산에 대하여 소유권을 주장하고 반환을 청구하고자 하는 제3자는 매각 5일 전까지 소유자로 확인할 만한 증거서류(법원판결문 등)를 지방자치단체장에게 제출하여야 한다. 이 경우 제3자의 소유권 주장은 압류재산이 압류당시에 이미 제3자에게 귀속되어 압류권자에게 우선적 지위가 있음을 지방자치단체장에게 주장하여야 한다(지징예 법60-1).

세무공무원은 제3자가 압류재산에 대하여 소유권을 주장하고 반환을 청구하는 경우에는 그 재산에 대한 체납처분의 집행을 정지하여야 하고, 청구 이유가 정당하다고 인정하면 지체 없이 압류를 해제하여야 하며, 그 청구의 이유가 부당하다고 인정하면 지체 없이 그 뜻을 청구인에게 통지하여야 한다. 통지를 받은 청구인이 통지받은 날부터 15일 이내에 체납자를 상대로 그 재산에 대하여 소송을 제기한 사실을 증명하지 아니하면 지체 없이 체납처분을 계속 집행하여야 한다.

한편, 제3자 소유임은 반드시 소유권이전등기로 판단하는 것이 아니라 유상승계의 경우 잔금지급일이 명백하게 입증이 된다면 그 날을 기준으로 판단하면 되나, 압류 후에 시효취득에 의하여 소유권이전등기를 경료하였더라도 압류채권자에게는 대항할 수 없으므로 시효취득의 경우 소유권이전등기로 판단하는 것이다(대법원 90누5375, 1991.2.26. 참조).

> **사례** 원인무효로 등기된 부동산을 공매처분한 경우의 효력(대법원 76다297, 1997.4.28.)
>
> 체납자 앞으로의 소유권이전등기가 원인무효의 등기라고 하면 특별한 사정이 없는 한 등기의 추정력에 불구하고 이 부동산을 체납자의 소유라고 볼 수 없는 것이고 따라서 관할 세무서장이 국세체납처분으로 이 부동산을 공매한 것은 결국 권한 없이 체납자가 아닌 제3자의 재산을 공매한 것이 되어 그 하자가 중대하고 명백한 경우에 해당하여 당연무효의 행정처분임.

> **사례** 압류 후 시효취득으로 소유권이전등기한 경우의 효력(대법원 90누5375, 1991.2.26.)
>
> 과세관청이 원고에 의하여 이미 20년의 부동산취득시효기간이 경과된 부동산을 압류하였더라도 그때까지 원고가 등기를 하지 아니하였다면 제3자인 과세관청에 대하여 시효취득을 이유로 소유권을 주장할 수 없고, 압류 후에 소유권이전등기를 하여 그 취득시효로 인한 권리취득의 효력이 점유를 개시한 때에 소급한다고 하더라도 제3자인 과세관청과의 관계에서까지 그 소급효가 인정되는 것은 아니며, 또한 압류에서의 이른바 처분금지의 효력은 압류채권자와 관계에서 상대적으로 발생하는 것으로 압류채권자는 제3취득자에 대하여 압류의 효력을 주장할 수 있고 제3취득자는 이로써 압류채권자에게 대항할 수 없게 된다 할 것이므로 압류 후에 원고가 시효취득에 의하여 체납자로부터 소유권이전등기를 경료하였더라도 압류채권자에게는 대항할 수 없음.

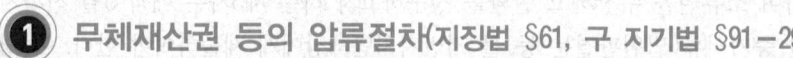

❶ 무체재산권 등의 압류절차(지징법 §61, 구 지기법 §91-29)

지방자치단체장은 무체재산권 등을 압류한 때에는 당해 권리자에게 통지하여야 한다. 무체재산권 등의 이전에 관하여 등기 또는 등록을 요하는 것에 대하여 압류의 등기 또는 등록을 관계관서에 촉탁하여야 하며, 그 변경의 등기 또는 등록에 관하여도 또한 같다.

2022년 이후 상기에 따라 「가상자산 이용자 보호 등에 관한 법률」 제2조 제1호에 따른 가상자산("가상자산")을 압류하려는 경우 체납자[같은 법 제2조 제2호에 따른 가상자산사업자("가상자산사업자") 등 제3자가 체납자의 가상자산을 보관하고 있을 때에는 그 제3자]에게 대통령령으로 정하는 바에 따라 해당 가상자산의 이전을 요구하여야 한다. 이 경우 제3자에게 이전을 요구하는 경우에는 문서로 하여야 한다.

지방자치단체장은 무체재산권 등(채권과 소유권을 제외한 재산권)의 압류 등기 또는 등록과 그 변경 등기 또는 등록을 촉탁할 때에는 다음의 사항을 적은 문서로 하여야 하며, 문서에 압류조서를 첨부하여야 한다.

① 무체재산권 등의 표시
② 등기 또는 등록의 원인과 그 연월일
③ 등기 또는 등록의 목적
④ 등기 또는 등록의 권리자
⑤ 무체재산권 등의 권리자의 주소와 성명

지방자치단체장은 이에 따라 압류하였을 때에는 그 사실을 체납자에게 통지하여야 한다.

① 무체재산권 등의 압류절차(지징예 법61-1)

"무체재산권등"이라 함은 채권과 소유권을 제외한 재산권으로(지징법 §38 ①, ③ 3호 참조) 지상권, 전세권, 광업권, 입어권 등을 말한다.

무체재산권등 중에서 지상권, 전세권, 합명회사의 사원의 지분 등 제3채무자 또는 이에 준하는 자가 있는 재산을 압류한 때에는 이들 제3채무자 등에게 압류의 통지를 하여야 한다.

> ┤ 기타 제3채무자 등이 있는 재산의 예 ├
>
> 사해행위취소의 소를 제기하는 경우에 있어 지방세의 액이 사해행위의 목적이 된 재산의 처분예정가액보다 적은 때에는 다음에 의한다.
> ① 합자회사, 유한회사 등의 사원지분
> ② 공유동산의 지분
> ③ 특허권 등에 있어서의 실시권
> ④ 상표권에 있어서의 사용권

⑤ 출판권
⑥ 환매권 등

② 권리증서의 점유

지방자치단체장은 무체재산권의 압류에 있어서 필요하다고 인정하는 때에는 동산의 압류절차에 관한 규정을 준용하여 당해 권리에 관한 권리증, 기타 증서 등을 점유한다(지징예 법61-2).

③ 가상자산의 압류(2022.6.7. 이후 적용)

지방자치단체장은 가상자산의 이전을 요구하는 경우 다음 각 호의 구분에 따라 이전하도록 요구해야 한다.

㉠ 체납자나 제3자(가상자산사업자 제외)가 체납자의 가상자산을 보관하고 있는 경우
체납자 또는 제3자에게 지방자치단체장이 지정하는 가상자산주소(하기 ㉡에 따른 계정 제외)로 해당 가상자산을 이전하도록 요구할 것
㉡ 가상자산사업자가 체납자의 가상자산을 보관하고 있는 경우
가상자산사업자에게 체납자의 계정(가상자산사업자가 가상자산의 거래·보관 등의 서비스 제공을 위해 고객에게 부여한 고유식별부호를 말함)에서 지방자치단체장이 지정하는 계정으로 해당 가상자산을 이전하도록 요구할 것

지방자치단체장은 체납자의 가상자산이 두 종류 이상인 경우 매각의 용이성 및 가상자산의 종류별 규모 등을 고려하여 특정 가상자산을 우선하여 이전하도록 요구할 수 있다.

④ 가상자산의 압류 해제(2022.6.7. 이후 적용)

지방자치단체장은 가상자산의 압류를 해제하는 경우 체납자의 가상자산주소(가상자산사업자가 아닌 제3자가 가상자산을 보관했던 경우에는 그 제3자의 가상자산주소) 또는 계정으로 해당 가상자산을 이전해야 한다.

❷ 국유·공유 재산에 관한 권리의 압류(지징법 §62, 구 지기법 §91-30)

지방자치단체장은 체납자가 국유 또는 공유 재산을 매수한 것이 있을 때에는 소유권이전 전이라도 그 재산에 관한 체납자의 정부 또는 공공단체에 대한 권리를 압류한다.
지방자치단체장은 국유 또는 공유 재산에 관한 권리를 압류할 때에는 다음의 사항을 적은 문서로 압류의 등록을 관계 관서에 촉탁하여야 한다.

① 계약자의 주소 또는 거소와 성명
② 국유·공유 재산의 표시
③ 그 밖에 필요한 사항

촉탁을 받은 관계 관서는 관계 대장에 그 사실을 등록하고 그 뜻을 지체 없이 지방자치단체장

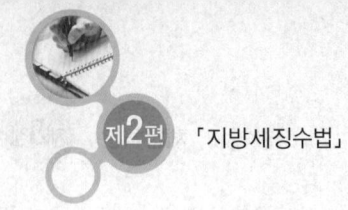

에게 통지하여야 하며, 이 문서에 압류조서를 첨부하여야 한다.

지방자치단체장은 이에 따라 압류하였을 때에는 그 사실을 체납자에게 통지하여야 한다.

한편, 압류재산을 매각함에 따라 이를 매수한 자는 그 대금을 완납한 때에 그 국유 또는 공유재산에 관한 체납자의 정부 또는 공공단체에 대한 모든 권리·의무를 승계한다.

예를 들면, 체비지를 서울특별시로부터 매수한 경우에 그 취득세를 납부하지 아니하였다면 그 체비지를 압류할 수 있는데 이때는 서울특별시장에게 그 매수자의 서울특별시에 대한 재산권을 압류촉탁하는 것이다.

① "정부 또는 공공단체에 대한 권리"의 의미

"정부 또는 공공단체에 대한 권리"라 함은 그 국유재산 또는 공유재산에 대하여 그 매수대금을 일시불 또는 연부 등으로 납부할 것을 조건으로 매수계약이 성립되어 있는 경우 장래 그 매수대금 완납 시에 그 재산의 소유권을 이전받을 수 있는 권리를 말한다(지징예 법62-1).

② 분납 중 압류관계

체납자가 국·공유재산에 대하여 매매계약을 체결하고 그 매수대금을 분납 중에 있는 때에는 당해 계약의 해제, 기타 사유 등에 의한 기납부금 반환청구권을 조건부채권으로서 당해 기관을 제3채무자로 하여 채권압류절차를 취할 수 있다(지징예 법62-2).

③ 완납 후 소유권 미이전인 경우

체납자가 매수대금을 완납하였으나 당해 재산에 대한 소유권을 이전하지 아니한 때에는 지방자치단체장은 체납자를 대위하여 관계기관에서 소유권이전에 필요한 서류를 발급받아 「지방세징수법」 제55조 제3항(등기되지 아니한 부동산의 압류절차)의 규정을 준용하여 이전등기를 함과 동시에 압류절차를 취한다(지징예 법62-3).

제8절 압류의 해제

❶ 압류해제의 요건(지징법 §63, 구 지기법 §92)

(1) 즉시 압류해제 요건

다음 어느 하나에 해당하는 경우에는 압류를 즉시 해제하여야 한다.

① 납부, 충당, 공매의 중지, 부과의 취소, 그 밖의 사유[26]로 압류가 필요 없게 되었을 때

---

26) "그 밖의 사유"란 체납액이 다음의 어느 하나에 해당하는 사유 등으로 인하여 소멸하는 것을 말한다(지징예 법63-1).
　① 압류된 타재산을 매각하여 그 대금으로 해당 체납액이 전액 충당된 경우
　② 교부청구에 의하여 교부받은 금액으로 압류에 관계된 체납액을 전액 충당한 경우

② 압류한 재산에 대하여 제3자의 소유권 주장이 상당한 이유가 있다고 인정할 때

③ 제3자가 체납자를 상대로 소유권에 관한 소송을 제기하여 승소판결을 받고 그 사실을 증명하였을 때

이는 민사소송의 결과 압류된 재산이 압류당시 이미 제3자의 소유라는 사실이 확정된 경우에는 체납자의 소유라고 보고한 압류는 해제하여야 함을 말한다(지징예 법63-2).

(2) 전부 또는 일부 압류해제 가능 요건

다음 어느 하나에 해당하는 경우 압류재산의 전부 또는 일부에 대하여 압류해제할 수 있다. 일부의 압류를 해제하려고 하는 경우에는 당해 재산이 가분물인 때에는 그 초과하는 가액에 상당하는 부분에 대하여 압류를 해제하고 불가분물인 때에는 압류를 해제하지 않는다(지징예 법63-4).

① 압류 후 재산가격의 변동 또는 그 밖의 사유[27]로 그 가격이 징수할 체납액의 전액을 현저히 초과할 때

② 압류에 관계되는 체납액의 일부가 납부되거나 충당되었을 때

③ 부과의 일부를 취소하였을 때

④ 체납자가 압류할 수 있는 다른 재산을 제공하여 그 재산을 압류하였을 때

⑤ 압류한 금융재산 중 「국민기초생활 보장법」에 따른 급여, 「장애인복지법」에 따른 장애수당, 「기초연금법」에 따른 기초연금, 「한부모가족지원법」에 따른 복지급여 등 국가 또는 지방자치단체로부터 지급받은 급여금품으로서 법률에 따라 압류가 금지된 재산임을 증명한 때[28]

⑥ 압류재산인 자동차가 「자동차등록령」 제31조 제6항 제7호에 해당하는 경우, 사실상 멸실되었다고 인정되는 경우에 해당할 때(2020.3.24. 이후 압류하는 분부터 적용)

> **사례** 제3자 소유인 경우 압류처분 위법으로 압류해제 사유가 됨(서면1팀-755, 2007.6.8.).
>
> 체납처분에 있어 압류 당시 당해 압류의 목적물인 재산이 납세자 이외의 제3자의 소유에 귀속되는 경우 그 압류처분은 처분의 목적에 하자가 있어 위법하여 당연무효가 되는 것으로 제3자는 당해 압류처분에 불복하여 압류처분의 무효 또는 취소를 청구할 수 있으며, 이 경우 제3자의 소유권 주장이 정당한 것으로 인정될 때는 이를 압류의 해제사유가 되는 것임.
>
> 참고 해석 :
> 1. 징세 46101-1495, 1996.5.27.
> 세무서장이 압류한 체납자의 부동산에 대하여 제3자가 체납자와의 매매계약에 의하여 세무서장의 압류 전에 매매대금을 완불한 사실이 「국세징수법」 제50조 및 같은 법 시행령 제55조 제2항의 규정에 의한 제3자가 압류한 부동산에 대하여 소유권을 주장하고 반환을 청구할 수 있는 정당한 이유에

---

③ 기타 법률 규정의 변경 등으로 인하여 압류에 관계된 체납액의 전액이 면제된 경우

27) "그 밖의 사유"라 함은 압류한 재산의 개량 등으로 가액이 현저하게 증가되거나 압류에 관련하는 지방세보다 우선하는 채권이 소멸한 경우 등을 말한다(지징예 법63-3).

28) 「국민기초생활 보장법」에 따른 급여 등 법률에 따라 압류가 금지된 급여금품이 금융재산으로 되어 압류되는 경우에는 즉시 압류를 해제하도록 하고, 2011.12.31. 이후 최초로 지급받는 급여금분부터 적용함.

해당되는 것이 아님.
2. 징세 46101-1785, 2000.12.27.
압류재산에 대한 제3자의 소유권 주장은 압류재산이 압류 당시에 이미 제3자에게 귀속되어 압류권자보다 우선적 지위가 있음을 세무서장에게 주장하는 것으로 압류 전 매매대금을 완불하였다 하더라도 압류 당시 소유권이전등기를 경료하지 아니한 때에는 압류부동산에 대한 제3자의 소유권 주장으로 압류해제요구를 할 수 없는 것임.

사례 조정조서의 성립일 후 압류 시 압류해제 판단(행안부 지방세운영-194, 2008.7.8.)

「국세징수법」 제53조 제1항 제3호의 규정에서 제3자가 체납자를 상대로 소유권에 대한 소송을 제기하여 승소판결을 받고 그 사실을 증명한 때에는 압류를 즉시 해제하도록 규정하고 있는바, 2006.6.19. 과세관청이 법인의 지방세 체납을 이유로 등기부등본상의 법인 소유 부동산을 압류하였으나 2006.9.7. 법원에서 법인의 소유권 말소등기를 이행하라는 조정이 성립된 경우에는, 비록 과세관청의 위 부동산 압류일이 2006.6.19. 당시에는 위 부동산의 명의가 체납자인 법인으로 되어 있었다고 하더라도, 법원의 조정성립은 당초 위 부동산의 소유권이전등기(공유자전원지분전부이전등기)가 접수된 2004.7.23.까지 소급하여 효력을 미친다고 할 것이므로 과세관청은 「국세징수법」 제53조 제1항의 규정에 따라 압류를 해제하는 것이 타당함.

사례 출국금지 해제요청 요건(행안부 세정-320, 2008.1.22.)

「출입국관리법」 제4조 제1항 제5호에 의하면 법무부장관은 법무부령이 정하는 금액(5천만 원) 이상의 국세·관세 또는 지방세를 정당한 사유없이 그 납부기한까지 납부하지 아니한 자에 대하여는 출국을 금지할 수 있다라고 규정하고 있고, 같은 법 제4조의 3 제2항에 의하면 출국금지를 요청한 기관의 장은 출국금지사유가 소멸한 때에는 즉시 법무부장관에게 출국금지의 해제를 요청하여야 한다라고 규정되어 있어 "5천만 원 이상의 지방세 체납자가 출국금지기간 중 일부 체납액을 납부하여 체납액이 5천만 원 미만으로 되었을 경우"에는 출국금지 사유가 소멸한 것으로 보고 「출입국관리법」 제4조의 3 제2항에 의하여 즉시 법무부장관에게 출국금지 해제를 요청하여야 함.

사례 파산재단채권의 범위(행안부 지방세운영-28, 2008.5.27.)

「채무자 회생 및 파산에 관한 법률」 제382조 제1항에는 "채무자가 파산선고 당시에 가진 모든 재산은 파산재단에 속한다"고 되어 있고, 같은 조 제2항에는 "채무자가 파산선고 전에 생긴 원인으로 장래에 행사할 청구권은 파산재단에 속한다"고 되어 있으므로, 체납자인 부동산 신탁회사가 2003년도에 파산선고를 받은 후, 파산재단이 2007년에 예금이자소득에 대한 법인세를 납부하고, 2007년 귀속 법인세를 환급받는 경우에는 그 환급금은 파산자가 아닌 파산재단지에 속하는 재산으로 봄.

사례 공과금의 이중압류의 효력(대법원 2008다47732, 2008.12.23.)

체납처분에 의하여 선행 압류가 되어 있는 재산에 체납처분을 하고자 하는 자는 교부청구 또는 참가압류의 방식으로 선행의 체납처분 절차에 참가할 수 있을 뿐이고, 이중으로 압류를 하는 것은 허용되지 않는다고 보아야 할 것이며, 따라서 이중으로 압류하였다고 하더라도 이는 교부청구 또는 참가압류의 효력밖에는 없으므로 이중압류에 기한 매각처분은 위법하다고 할 것이다. 산업재해보상보험료 등 공과금에 기하여 압류된 재산에 지방자치단체장 또는 그 위임을 받은 공무원이 지방세에 기하여 이중압류를 하고 이에 따른 매각처분을 하여 그 매각대금을 지방세에 배분한 경우, 위 보험료 등 공과금과 지방세 상호 간에는 뒤에서 보는 바와 같이 압류선착주의를 규정한 「지방세법」

제34조가 준용된다고 보기 어렵고 지방세 우선의 원칙이 적용되므로, 압류선착주의나 지방세 우선의 원칙이 잠탈될 여지가 없는 반면, 기압류기관인 공과금 관련 기관이 매각 등의 공매절차를 지연하는 경우 참가압류권자는 「국세징수법」 제58조 제3항에 의하여 기압류기관에 매각처분할 것을 최고할 수 있을 뿐이고, 현행법상 장기간 공매절차가 지연되는 경우 이를 방지할 수 있는 법적인 장치가 마련되어 있지 않아, 공과금 관련 기관이 압류만 한 상태에서 장기간 그 공매절차를 지연하다가 뒤늦게 매각처분을 한 경우 「지방세법」 제31조 제2항 제1호의 규정에 의하여 매각대금의 대부분을 공과금의 가산금 또는 체납처분비로 충당시키는 결과를 낳아 사실상 공과금에 우선권이 부여됨으로써 도리어 조세우선의 원칙이 잠탈될 우려가 있고, 공과금과 지방세 상호간에도 압류선착주의가 적용되는 것과 같은 결과를 낳게 되는 점 등에 비추어 볼 때, 공매절차 담당자가 이와 같은 경우에는 이중압류가 예외적으로 허용되는 것으로 보아 이에 기하여 공매처분을 한 것이라면, 그 매각처분이 위법한 것이라 하더라도 당연무효라고 할 만한 중대하고 명백한 하자가 있다고 보기는 어려움.

사례 부동산은 등기 효력에 의하여 판단함(징세 46101-1336, 1997.6.4.).
체납으로 압류대상이 된 재산이 부동산인 경우 그 재산이 납세자의 소유인지의 여부는 등기의 효력에 의하여 판단하여야 하나 다만, 세법에 의하여 이미 양도된 것으로 보아 과세처분의 대상(단, 「부가가치세법 시행령」 제21조 제1항 제4호의 규정에 의한 과세는 제외)이 된 부동산에 대하여는 당해 국세의 체납액을 징수하기 위하여 그 재산을 압류할 수 없는 것임(징세 46101-9552, 1993.12.30. 참조).

사례 체납자가 자기의 채권(임대보증금)을 제3자에게 양도한 후 세무서장이 그 채권을 압류한 경우, 압류당시에 채권양도사실을 "양도인이 채무자에게 통지하거나, 채무자가 승낙하였음"을 확정일자 있는 증서로 증명하는 경우에는 세무서장의 압류는 효력이 없는 것임(징세 46101-413, 1997.2.24.).

사례 제3채무자에게 질권설정을 통지하거나 승낙한 것이 국세의 법정기일 전이고, 통지일이나 승낙일이 "공증인 또는 법원의 확정일자인 있는 문서"로 입증되어 소관세무서장이 인정하는 경우 질권은 국세에 우선하는 것임(징세과-55, 2010.1.19.).
☞ 이는 채권양도에 관한 것이 아니라 질권설정에 관한 내용이나 질권설정의 경우에도 확정일자인이 있어야 한다는 것임.

사례 채권을 양도하고 같은 날 채무자에게 채권양도통지를 내용증명우편으로 통지하여 그 통지가 도달한 이후에 세무서장이 동 채권을 압류한다고 하여도 이는 조세채무자가 아닌 제3자의 재산을 압류한 것으로서 당연무효에 해당함(목포지원 2008가단5842, 2008.11.26.).
「국세기본법」 제35조에 의하여 인정되는 국세의 우선권은, 납세자의 재산에 대한 강제집행, 경매, 체납처분의 등의 강제환가절차에서 국세를 다른 공과금 기타 채권에 우선하여 징수하는 효력을 의미할 뿐, 그 이상으로 납세자의 총재산에 대하여 조세채권을 위한 일반의 선취특권이나 특별담보권을 인정하는 것은 아니므로, 국세의 우선권을 근거로 이미 제3자 앞으로 소유권이 이전된 재산권을 압류할 수는 없는 것이고, 납세자가 아닌 제3자의 재산을 대상으로 한 압류처분은 그 처분의 내용이 법률상 실현될 수 없는 것으로서 당연무효라 할 것임(대법원 96다17424, 1996.10.15. 참조).

사례 납세의무가 소멸되거나 혹은 체납처분을 하여도 체납세액에 충당할 잉여가망이 없는 것으로 확정된 경우에 한하여 압류해제함(국심 2002구3243, 2003.1.29.).

「국세징수법」 제53조 제1항 제1호는 납부·충당·공매의 중지·부과의 취소 기타의 사유로 압류의 필요가 없게 된 때에는 세무서장은 그 압류를 해제하여야 한다고 규정하고 있는바, 이는 세무공무원이 체납처분의 일환으로 납세자의 재산을 압류하였으나 위 법정사유와 같이 납세의무가 소멸되거나 혹은 체납처분을 하여도 체납세액에 충당할 잉여가망이 없는 것으로 확정된 경우에 한하여 압류의 근거를 상실하거나 압류를 지속할 필요성이 없음을 이유로 세무서장이 이를 해제하도록 하고 있는 것임.

사례 압류처분이 해제되지 않고 있는 동안 압류처분 유효함(징세 46101-3296, 1997.12.22.).

「국세징수법」 제86조 제1항에 의하여 결손처분된 국세는 그 결손처분으로 인하여 소멸(1996.12.29. 이전 결손처분된 체납액에 한함)하는 것이나, 같은 법 제86조 제2항에 의하여 결손처분이 취소되면 당해 결손처분은 당초부터 없었던 것으로 보는 것이며, 국세의 체납처분으로 인한 부동산의 압류 및 압류해제는 소관세무서장의 행정처분으로서 위 압류처분이 해제되지 않고 있는 동안 압류처분은 유효하게 존속하는 것임.

사례 처분금지가처분등기가 된 부동산을 압류한 경우 가처분권자가 본안소송에서 승소하여 소유권이전을 하는 경우에는 가처분 이후에 이루어진 압류등기를 말소신청할 수 있음(국심 2004구3728, 2005.1.20.).

사례 명의신탁된 경우 등기 대외적 효력에 따라 판단(국심 2006부2197, 2006.9.12.)

압류일인 1999.6.25.을 기준으로 판단하여 보면, 국세체납자인 ○○○이 쟁점 토지의 1/5 지분을 가진 공유자로 등기되어 있는 이상, 비록 ○○○ 명의로의 소유권이전등기가 명의신탁에 의하여 이루어진 것이라 하더라도 ○○○ 명의로 등기가 되어 있으므로 대외적으로 위 1/5 지분은 ○○○의 소유로 보아야 할 것이고, 처분청이 대외적으로 국세체납자인 ○○○에게 귀속되어 있는 위 지분을 압류한 것은 잘못이 없는 것으로 판단됨.

사례 부동산이 압류처분 당시 체납자의 소유에 속하는 이상 다른 채권자가 그 부동산에 대하여 그 압류처분 이전에 근저당권을 설정하였다거나 압류처분 이후에 체납자를 상대로 소유권이전등기절차이행청구의 소를 제기하였다 하더라도 이와 같은 사정만으로는 「국세징수법」 상 압류해제 요건에 해당하지 않음(국심 2005서4126, 2006.2.1.).

사례 결손처분하기 전 독촉절차 없이 한 압류처분 유효(지방세운영과-21, 2009.1.5.)

체납된 지방세를 과세관청에서 결손처분하였으나 체납자의 다른 재산을 발견하여 그 재산을 압류하는 경우에는 결손처분 전에 행한 독촉절차 외에 추가적인 독촉절차를 이행하도록 하는 별도의 규정이 없으므로, 결손처분 전에 과세관청이 독촉절차를 이행한 경우라면 과세관청이 결손처분을 취소하고 별도의 독촉절차가 없이 행한 압류처분의 경우에도 유효한 것으로 판단되며, 비록 결손처분을 하기 전의 독촉절차가 없었다고 하더라도 이러한 사유만으로 압류처분이 무효로 되게 되는 중대하고도 명백한 하자라고 보기 어렵다(대법원 판례 87누1009, 1988.6.28. 선고, 참조)고 할 것임.

사례 결손처분 취소통지없이 한 압류처분 무효(지방세정팀-1579, 2005.7.11.)

결손처분 취소의 고지절차에 대하여는 법령상 아무런 규정을 두고 있지 아니하나 조세법률주의의 원칙에 비추어 조세행정의 명확성과 납세자의 법적 안정성 및 예측가능성을 보장하기 위하여 결손처분의 취소는 납세고지절차 혹은 징수유예의 취소절차에 준하여 적어도 그 취소의 사유와 범위를 구체적으로 특정한 서면에 의하여 납세자에게 통지함으로써 그 효력이 발생하는 것이고(대법원 2005.2.17. 선고, 2003두12363 판결), 또한 납세자에 대한 통지를 누락하여 효력이 발생하지 않은 결손처분의 취소로 인하여 압류해제 거부처분이 위법하게 된 경우, 사후의 결손처분의 취소통지로써 그 압류해제 거부처분의 하자가 치유되지 않으므로(대법원 2001.7.13. 선고, 2000두5333 판결), 납세의무자에게 결손처분 취소통지 없이 한 부동산 압류처분은 처음부터 법률효과가 발생하지 아니하는 것임.

 압류해제(지징법 §64, 구 지기법 §93)

(1) 압류해제 통지

지방자치단체장은 재산의 압류를 해제하였을 때에는 그 사실을 그 재산의 압류통지를 한 권리자, 제3채무자 또는 제3자에게 알려야 하며, 압류의 등기 또는 등록을 한 것에 대하여는 압류해제조서를 첨부하여 압류말소의 등기 또는 등록을 관계 관서에 촉탁하여야 한다.

제3자에게 압류재산을 보관하게 한 경우에 그 재산에 대한 압류를 해제하였을 때에는 그 보관자에게 압류해제의 통지를 하고 압류재산은 체납자 또는 정당한 권리자에게 반환하여야 한다. 이 경우 압류재산의 보관증을 받았을 때에는 보관증을 반환하여야 하며, 필요하다고 인정하면 보관자에게 그 재산을 체납자 또는 정당한 권리자에게 인도하게 할 수 있다. 이 경우 체납자 또는 정당한 권리자에게 보관자로부터 압류재산을 수령할 것을 알려야 한다. 그리고 보관 중인 재산을 반환할 때에는 영수증을 받아야 한다. 다만, 압류조서에 영수 사실을 기입하여 서명·날인하게 함으로써 영수증을 갈음할 수 있다.

압류해제의 통지는 문서로 하여야 하며(지징령 §63), 압류말소의 등기 또는 등록의 촉탁에 관하여는 부동산 등의 압류등기 규정을 준용한다(지징령 §64).

① 보관 중인 재산의 반환(지징예 법64-1)

압류가 해제된 경우에 압류를 위하여 지방자치단체장 또는 제3자가 보관 중인 압류재산은 지체 없이 반환하여야 한다. 이 경우 반환이란 점유의 이전, 즉 인도를 말하며, 현실의 인도에 한하지 아니하고 간이인도를 포함한다(「민법」 §188 ② 참조).

압류를 해제하는 경우의 관계재산의 인도는 인도 당시 물건이 소재하는 장소에서 행한다. 다만, 관계 지방세의 부과취소 등 국가의 책임에 속하는 사유에 의하여 지방자치단체장이 압류를 해제하는 경우에는 압류당시 물건이 존재하였던 장소에서 인도하나(「민법」 §467 ① 참조), 부과의 일부가 취소된 후 잔액의 납부에 의하여 압류를 해제하는 경우에는 그러하지 아니하다.

② 참가압류가 있는 경우의 인도(지징예 법64-2)

압류를 해제하는 재산에 타기관으로부터 참가압류가 되어 있는 경우의 재산의 인도는 「지방세

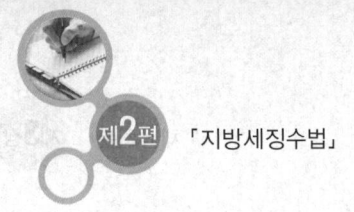

징수법」 제68조 제2항(참가압류기관에 대한 압류해제의 통지 등)의 규정에 따라 처리한다.

③ 채권증서 등의 인도(지징예 법64 - 3)

채권 등의 압류를 해제하는 경우에 압류당시 필요에 의하여 점유한 채권에 관한 증서 또는 권리에 관한 증서 등이 있을 때에는 이를 권리자에게 인도하며, 동산의 압류를 해제하는 경우 당해 동산에 관하여 「지방세징수법」 제49조 제1항(압류동산의 사용수익) 후단의 규정에 의하여 실시한 봉인, 기타 압류재산임을 표시하는 표지가 있을 경우에는 이를 해제한다.

(2) 압류해제 조서

재산의 압류를 해제할 때에는 압류해제 조서를 작성하여야 한다. 다만, 압류를 해제하려는 재산이 동산이나 유가증권인 경우에는 압류조서의 여백에 해제 연월일과 그 이유를 덧붙여 적는 것으로 압류해제 조서를 갈음할 수 있다.

(3) 압류해제 등기와 등록면허세 면제(지징법 §65, 구 지기법 §93 - 2)

2018.1.1. 이후 지방자치단체가 지방세를 징수하기 위하여 부동산에 대한 등기를 신청하는 경우에는 「부동산등기법」 제22조 제3항에 따른 수수료를 면제한다.

한편, 근로복지공단이 산업재해보상보험료를 체납한 자에 대하여 국세체납처분의 예에 의하여 체납자의 자동차를 압류(해제) 등록을 하는 경우 공단이 등록면허세 면제대상인지 여부에 대한 문제가 제기되고 있으며, 이에 근로복지공단은 등록면허세 미납을 이유로 한 자동차압류등록촉탁반려처분이 부당하므로 반려처분을 취소한다라는 청구취지의 소로 서울행정법원에 소송을 제기하여 판결에서 승소한 것이다(2002구합17507, 2002.9.13.). 이에 대한 쟁점사항을 보면 근로복지공단이 산업재해보상보험료 체납자에 대하여 「산업재해보상보험법」 제74조의 규정에 의거 국세체납처분의 예에 의하여 체납자의 자동차를 압류(해제)등록하는 경우 첫째, 「지방세법」 제132조의2 제1항 제3호의 규정에 의거 매 1건당 7,500원의 등록세를 납부하여야 할 것인지 아니면 둘째, 「국세징수법」 제55조 제2항의 규정에 의거 등록면허세를 면제할 것인지 여부이다.

이와 같은 사례는 「국민연금법」 상의 연금보험료, 「국민건강보험법」 상의 보험료, 「고용보험법」 상의 보험료 등 국세체납처분의 예에 따라 징수하는 모든 공과금에 대하여 발생하는 공동적인 사안이다.

구 「지방세법」 제124조에서 "등록세는 재산권 기타 권리의 취득·이전·변경 또는 소멸에 관한 사항을 공부에 등기 또는 등록하는 경우에 그 등기 또는 등록을 받는 자에게 부과한다"라고 규정하고 있으며, 「산업재해보상보험법」 제74조 【징수금의 체납처분】 제1항에서는 근로복지공단은 제73조의 규정에 의하여 독촉을 받은 자가 그 기한 내에 보험료 기타 이 법에 의한 징수금을 납부하지 아니한 때에는 노동부장관의 승인을 얻어 국세체납처분의 예에 의하여 이를 징수할 수 있다라고 규정하고 있고, 「국세징수법」 제55조 【인지세 등의 면제】 제2항에서는 "압류 또는 압류해제의 등기 또는 등록에 관하여는 등록세를 면제한다"라고 규정하고 있는 것이다.

그간 법원행정처의 유권해석과 지방법원의 판결내용을 살펴보면 법원 행정처 유권해석(대법원 등기 3402−188, 2001.3.15.)에서 법원행정처는 근로복지공단이 체납처분에 의한 압류촉탁시 등록세 납부 여부에 대하여 "보험료 및 징수금을 납부하지 아니한 때에는 국세체납처분의 예에 의하여 징수할 수 있다"는 「산업재해보상보험법」 제74조 및 「고용보험법」 제65조에 의하여 근로복지공단이 압류 등기 촉탁을 하는 경우에는 국세체납처분에 의한 압류 또는 압류해제의 등기 또는 등록에 관하여는 등록세를 면제하도록 한 「국세징수법」 제55조의 규정에 따라 등록세를 납부하지 않아도 된다고 보고 있었고 이에 대하여 근로복지공단이 산업재해보상보험료 체납자에게 「산업재해보상보험법」 제74조의 규정에 따라 '국세체납처분의 예'에 의하여 보험료를 징수하는 경우 「국세징수법」 상의 "체납처분의 예" 규정을 모두 적용하는 것인지 아니면 체납처분의 절차를 「산업재해보상법」의 내재적 성격에 반하지 않는 범위 내에서 국세의 체납처분의 예에 의한 징수절차만을 적용하는 것인지에 대하여 보면 근로복지공단은 민간기관으로서 국가 또는 지방자치단체가 아니기 때문에 법원의 강제집행명령을 받지 아니하면 체납된 보험료의 채권확보를 할 수 없으나 보험료의 성격이 공공목적을 위한 재원이라는 측면에서 신속한 채권확보를 위해 자력집행권을 부여하기 위한 수단으로서 국세체납처분의 절차를 도입한 것이고, 「산업재해보상보험법」 제74조 '국세체납처분의 예'에 의하여 보험료를 징수한다는 규정은 「산업재해보상보험법」이 준용할 수 있는 내재적인 한계 내에서 「국세징수법」 상 압류·공매·청산 등의 절차를 준용하는 것이지 「국세징수법」 상의 모든 개별 조항을 그대로 적용하는 것은 아니라고 보아야 한다.

> **사례** 보험료 및 징수금을 납부하지 아니한 때에는 국세체납처분의 예에 의하여 징수할 수 있다는 「산업재해보상보험법」 제74조 및 「고용보험법」 제65조에 의거 근로복지공단이 압류등기촉탁을 하는 경우에는 국세체납처분에 의한 압류 또는 압류해제의 등기 또는 등록에 관하여는 등록세를 면제하도록 한 「국세징수법」 제55조에 규정에 따라 등록세를 납부하지 아니하여도 됨(대법원등기 3402−188, 2001.3.15.).

(4) 금융기관조회수수료 부담 문제

금융기관 등에서 은행예금자의 채권을 압류하는 경우 수수료를 요구하는 사례가 있는 바 이에 대하여 금융기관이 국가·지방자치단체 등에 금융정보를 제공할 때는 「금융실명 거래 및 비밀보장에 관한 법률」 제4조 제1항의 단서 규정에 근거하고 있으나 같은 법에서는 정보제공에 대한 수수료 및 우편료 등을 징수할 수 있는 근거 규정을 두고 있지 아니하고 있어 국가공권력에 근거하여 조세채권 확보를 위해 체납자의 금융거래정보를 요구하는 경우에 있어서도 수수료 등을 징수하려면 「공공기관의 정보공개에 관한 법률」 등과 같이 정보제공에 따른 경비부담근거를 법률에 명시하여야 가능한 것으로 보되 금융거래 정보제공에 따른 경비부담 근거조항이 보완될 때까지는 수수료 등을 부담하여야 할 근거가 없는 것이라고 사료된다.

제9절　교부청구 및 참가압류

① 교부청구(배당청구)(지징법 §66, 구 지기법 §93-3)

(1) 의의

'교부청구'는 납세자의 재산에 대하여 타기관의 강제환가절차가 개시된 경우에 당해 재산의 환가대금 중에서 조세채권을 징수하고자 관계집행기관에 대하여 그 배당을 요구하는 강제징수 절차를 말한다(국징법 §56).

교부청구 후 교부청구를 받은 집행기관의 체납처분, 강제집행 또는 경매의 절차가 해제되거나 취소되는 경우에는 교부청구는 그 효력을 상실한다(국징통 56-0…5).

(2) 교부청구의 요건 및 대상

1) 요건

지방자치단체장은 다음의 사유가 있을 때에는 해당 관서, 공공단체, 집행법원, 집행공무원, 강제관리인, 파산관재인 또는 청산인에 대하여 체납액의 교부를 청구하여야 한다.

① 국세, 지방세 또는 공과금의 체납으로 체납처분을 받을 때
② 강제집행을 받을 때
③ 경매가 개시된 때
④ 법인이 해산한 때
⑤ 「어음법」 및 「수표법」에 따른 어음교환소에서 거래정지처분을 받을 때

교부청구를 함에 있어서 납세자가 따로 매각이 용이한 재산으로 제3자의 권리의 목적으로 되어 있지 아니한 것을 보유하고 있고 그 재산에 의하여 지방세의 전액을 징수할 수 있다고 인정될 경우에는 교부청구를 하지 아니할 수 있다(국징통 56-0…3).

2) 대상

체납자의 체납된 지방세액에 국한되지 아니하고, 다음에 열거하는 조세액도 포함한다(지징예

법66-1 참조).

① 제2차 납세의무자의 지방세, 국세

② 납세보증인의 지방세, 국세

③ 납기 전 보전압류에 관계된 지방세, 국세

④ 징수유예한 지방세, 국세

⑤ 체납처분유예한 지방세, 국세

교부청구 사유 진행 중 교부청구한 지방세의 증감이 생긴 경우에는 즉시 당해 기관에 그 사실을 통지하여야 한다(지징예 법66-4).

3) 교부청구의 절차

① 교부청구서의 송달

납세자의 재산에 대하여 타 기관에서 강제 환가절차가 개시된 경우 그 환가대금 중에서 조세채권의 배당을 받고자 할 때에는 소정사항을 기재한 교부청구서를 관계집행기관에 송달하여야 한다.

② 교부청구의 시기(지징예 법66-2)

교부청구는 다음의 어느 하나에 해당하는 시기까지 하여야 한다.

㉠ 체납처분의 경우

관계기관의 배분계산서 작성 시(지징법 §81 참조)

㉡ 「민사집행법」 제189조 제2항의 유체동산에 대한 강제집행 또는 경매의 경우

경매기일의 종료 시(「민사집행법」 §220 참조)

㉢ 부동산에 대한 강제집행 또는 경매의 경우

첫 매각기일 이전(「민사집행법」 §84 ① 참조)

㉣ 금전채권에 대한 강제집행의 경우

전부명령이 있는 때에는 전부명령이 제3채무자에게 송달되기 이전(「민사집행법」 §247 ② 참조), 추심명령이 있는 때에는 압류채권자가 추심하고 집행법원에 신고하기 이전(「민사집행법」 §247 ① 참조)

㉤ 유체동산에 관한 청구에 대한 강제집행의 경우

그 동산의 매각대금을 집행관이 영수할 때(「민사집행법」 §243 ③, §220 ① 참조)

㉥ 부동산에 관한 청구에 대한 강제집행의 경우

첫 매각기일 이전(「민사집행법」 §244 ②, §84 ① 참조)

㉦ 상기 재산권 이외에 재산권에 대한 강제집행 또는 경매의 경우

그 재산권의 성질 및 그 처분의 방법에 따라 ㉠~㉥에 준하는 때

③ 전부명령과 추심명령

지방자치단체장이 압류하기 전에 법원의 압류명령과 동시 또는 뒤따른 유효한 전부명령[29]이

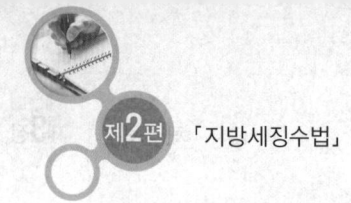

제3채무자에게 송달되면 압류채권은 지급에 갈음하여 압류채권자에게 이전되므로 채권이 소멸되어 압류대상이 될 수 없는 것이나 지방자치단체장의 채권압류통지서가 제3채무자에게 송달되

---

29) 전부명령(轉付命令)은 압류한 금전채권을 권면액(券面額)으로 집행채권과 집행비용청구권의 변제에 갈음하여 압류채권자에게 이전하는 집행법원의 명령이다. 전부명령으로 압류채권자는 만족을 얻으므로 위험부담은 추후 채권자에게 이전된다. 전부명령의 경우는 다른 채권자의 배당가입(配當加入)을 허용하지 않고 압류채권자는 우선적으로 변제를 받으므로 한국에서는 추심명령보다 많이 이용되는 경향이 있다. 다만 금전 이외의 유체물의 인도청구를 목적으로 하는 채권(구「민사소송법」§578)이나 당사자 간에 양도금지의 특약 있는 채권(「민법」§449) 등은 전부명령을 발하는 데 적당치 않고 이미 압류가 경합된 채권이나 이미 배당요구가 있는 채권도 배당평등주의를 해치므로 불가능하다. 전부명령이 발해지면 채권자는 압류채권의 주체가 되므로 담보권도 채권자에게 이전되고 제3채무자는 압류채권자의 채무자로 되며 항변사유(抗辯事由)로써 대항할 수 있게 된다. 압류채권자 이외의 제3자는 전부명령 후에는 배당요구를 할 수 없다(구「민사소송법」§580 ②). 전부명령은 추심명령보다 허용 범위가 약간 제한되기는 하지만 이를 고려하지 않는다면 금전채권의 현금화방법으로서 전부명령과 추심명령 중 어느 것을 선택할 것인가는 원칙적으로 압류채권자의 의사에 달려있다. 그러나 전부명령의 경우에는 다른 채권자가 배당요구를 할 수 없어 압류채권자가 독점적 만족을 받을 수 있는 이점이 있는 반면 제3채무자가 무자력인 때에는 전혀 만족을 받을 수 없게 되는 위험을 부담하게 되고, 추심명령의 경우에는 그와 반대의 상황이 된다. 실무에서는 제3채무자의 자력이 확실할 때에는 전부명령을 신청하는 경우가 많다.
압류 및 추심명령 줄여서 추심명령과 전부명령의 큰 차이점은 전부명령은 채무자의 압류된 채권을 제일 처음 전부명령을 받게 되면 후순위로 압류한 추심명령보다도 배당절차에서 우선변제를 받게 된다는 것이지만, 만일 압류, 가압류가 들어온 채무자의 채권에 전부명령을 받은 경우 압류의 효력은 있지만 전부명령에 따른 우선순위는 없는 것이다. 추심명령은 채무자의 채권을 대신 행사하는 것이고, 전부명령은 내 채권과 채무자의 채권을 바꾼 것이라 생각하면 된다.
다른 채권자들이 압류나 가압류, 추심명령을 받았다는 것을 전제로 추심명령은 받더라도 그 추심금을 다른 채권자들과 함께 나누어야 한다. 하지만 전부명령을 받아서 돈을 받으면 그 돈은 나만의 돈이 된다. 대신 내 채권도 모두 없어진다. 제3채무자의 자력이 확실하다면 가령 대기업이나 은행, 국가 등이라면 전부명령이 좋지만 그렇지 않은 경우에는 추심명령이 더 안전하다. 다 받지 못한 부분은 다시 청구할 수 있기 때문이다.

구분	전부명령	추심명령
의의	압류한 금전 채권을 집행 채권의 변제에 갈음하여 압류채권자에게 이전시키는 명령	압류 채권자에게 대위절차를 밟지 않고 직접 제3채무자로부터 압류 채권의 지급을 받을 수 있는 권리를 부여하는 명령
신청대상	제3채무자의 자력이 확실하고 제3자의 압류, 가압류 등이 없는 경우	제3채무자의 자력이 불확실하거나 제3자의 압류, 가압류 등이 경합된 경우
효력발생시기	형식적 : 확정됨으로써 효력발생 실체적 : 확정되면 제3채무자에게 송달된 때 소급 발생	제3채무자에게 송달된 때
효력범위	압류채권자의 채권액을 초과한 부분은 무효	특별한 제한이 없으면 명령의 효력이 압류채권의 전부에 미침
신고의무	신고할 필요없음	압류채권을 추심하였으면 이를 집행법원에 신고하여야 함
배당	명령이 송달된 후에는 제3자의 배당 요구 불허 (독점적 만족)	채권추심 후 집행법원에 신고할 때까지 제3자의 배당요구 가능(채권자 평등주의 적용)
변제간주	명령이 제3채무자에게 송달된 때	압류채권 추심의 신고가 있을 때
집행의 변경	압류채권이 당초부터 부존재 또는 소멸한 때 외에는 다른 집행방법을 행사할 수 없음	추심할 가망이 적으면 추심권을 포기하고 다른 집행방법을 행사할 수 있음

면 그 후 그 채권과 관련된 제3채무자에 대한 전부명령은 지방자치단체장의 채권압류에 영향을 미치지 아니한다(서면1팀-1155, 2006.8.24. 참조).

금전채권에 대한 강제집행의 경우로 전부명령이 있는 때에는 전부명령이 제3채무자에게 송달되기 이전(「민사집행법」 §247 ② 참조)인 경우에는 교부청구할 수 있으며, 추심명령이 있는 때에는 압류채권자가 추심하고 집행법원에 신고하기 이전(「민사집행법」 §247 ① 참조)에 교부청구할 수 있는 것이다(국징통 56-0…2).

> **사례** 채권압류의 효력은 채권압류통지서가 채무자에게 송달된 때에 발생하는 것이다. 따라서 귀 문과 같이 여러 과세기간에서 송달한 채권압류통지서가 채무자인 귀 은행에 접수된 경우 채권압류통지서가 접수된 순서에 따라 우선 추심·변제되는 것임(세정 13407-1120, 2000.9.19.).

> **사례** 채권압류결정문과 급여채권압류통지서 경합되는 경우(징세 46101-3006, 1993.7.19.)
> 급여 등 채권을 압류하기 전에 법원의 채권압류명령과 동시 또는 뒤따른 유효한 전부명령이 제3채무자에게 송달(「민사소송법」 제561조에 의한 통지절차)되면, 그 압류채권은 지급에 갈음하여 압류채권자에게 이전되므로 체납자에 대한 채권이 소멸되어 압류대상이 될 수 없는 것이나, 채권압류통지서가 제3채무자에게 송달된 후에, 그 채권과 관련된 제3채무자에 대한 법원의 전부명령이 있는 경우에는 그 전부명령은 당해 채권압류에 아무런 영향을 미치지 아니하는 것임.

4) 교부청구의 제한

지방자치단체장은 교부청구를 하고자 할 때 제3자 권리의 목적으로 되어 있지 아니하고 매각이 용이한 재산이 있을 경우 그 재산으로 지방세의 전액을 징수할 수 있다고 인정될 경우에는 교부청구를 하지 아니할 수 있다(지징예 법66-3).

5) 교부청구의 효력

교부청구 후 교부청구를 받은 집행기관의 체납처분, 강제집행 또는 경매의 절차가 해제되거나 취소되는 경우에는 교부청구는 그 효력을 상실한다(지징예 법66-5).

① 배당청구의 효력

교부청구는 강제환가절차를 하는 행정기관에 대하여 조세채권을 환가대금 중에서 배당하여 줄 것을 요구하는 효력이 있다.

② 시효중단의 효력

교부청구는 타 집행기관의 강제환가절차에 참가하여 조세채권의 징수목적을 달성하는 일종의 강제 환가절차이므로 교부청구에 관계되는 지방세 등 조세채권에 대한 시효중단의 효력이 있다(지기법 §40 ① 3).

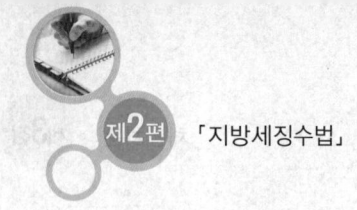

6) 교부청구의 해제(지징법 §70, 구 지기법 §93-7)

압류한 지방자치단체장은 교부청구를 한 후에 교부청구에 관계되는 조세채권의 납부, 충당, 부과의 취소나 그 밖의 사유로 교부를 청구한 체납액의 납부의무가 소멸되었을 때에는 그 교부청구를 해제하여야 하며, 교부청구의 해제는 교부청구를 받은 기관에 그 뜻을 통지함으로써 한다.

(3) 파산선고에 따른 교부청구(지징령 §65, 구 지기령 §81-3)

지방자치단체장이 파산관재인에게 교부청구를 할 때에는 다음에 따라야 한다.
① 압류한 재산의 가액(價額)이 징수할 금액보다 적거나 적다고 인정될 때에는 재단채권(財團債權)으로서 파산관재인에게 그 부족액을 교부청구하여야 한다.
② 납세담보물 제공자가 파산선고를 받아 체납처분에 의하여 그 담보물을 공매하려는 경우에는 「채무자 회생 및 파산에 관한 법률」 제447조에 따른 절차를 밟은 후 별제권(別除權)을 행사하여도 부족하거나 부족하다고 인정되는 금액을 교부청구하여야 한다. 다만, 파산관재인이 그 재산을 매각하려는 경우에는 징수할 금액을 교부청구하여야 한다.

② 참가압류(지징법 §67, 구 지기법 §93-4)

'참가압류'란 압류하고자 하는 재산이 이미 다른 기관(지방자치단체 또는 세무서 등)에서 압류하고 있는 재산인 때에 교부청구에 갈음하여 참가압류통지서를 그 재산을 이미 압류한 기관에 송달함으로써 그 압류에 참가하는 강제징수절차를 말한다. 다시 말하면 참가압류는 교부청구의 효력과 압류의 효력을 동시에 가지고 있다.

지방자치단체장은 압류하려는 재산을 이미 다른 기관에서 압류하고 있을 때에는 그 압류에 참가할 수 있다. 따라서 기압류기관의 압류가 해제 또는 취소되는 경우에 선순위참가압류기관의 참가압류가 압류로 전환되어 압류의 효력을 가진다.

지방자치단체장은 압류에 참가하였을 때에는 그 사실을 체납자와 그 재산에 대하여 권리를 가진 제3자에게 통지하여야 하며, 참가압류하려는 재산이 권리의 변동에 등기 또는 등록을 필요로 하는 것일 때에는 참가압류의 등기 또는 등록을 관계 관서에 촉탁하여야 한다.

참가압류 후 참가압류한 지방세의 증감이 생긴 경우에는 그 사유와 증감액을 즉시 기압류기관에 통지하여야 한다(지징예 법67-2).

(1) 참가압류의 요건

압류의 요건이 구비되어 있어야 하고, 압류하고자 하는 체납자의 재산이 이미 다른 기관에 의하여 압류되어 있어야 한다.

첫째, 체납액이 존재하고 독촉절차가 선행되어야 하나 독촉절차없이 한 참가압류의 효력이 참가압류 자체를 무효로 할 만큼 중대하고도 명백한 하자로 볼 수 없다고 판시한 경우도 있으나, 법적분쟁을 위하여 독촉절차가 선행되어야 함이 마땅하다.

둘째, 압류되어 있는 재산이어야 한다. 압류하고자 하는 재산에 이미 선행하는 압류 또는 참가압류가 되어 있는 경우로써, 파산선고, 법인해산의 경우에는 참가압류를 할 수 없다.

> **사례** 독촉절차 없이 한 참가압류의 효력(대법원 91누6030, 1992.3.10.)
>
> 참가압류와 무효 확인 납세의무자가 세금을 납부기한까지 납부하지 아니하기 때문에 과세관청이 그 징수를 위하여 참가압류처분에 이른 것이라면, 참가압류에 앞서 독촉절차를 거치지 아니하였고 또 참가압류조서에 납부기한을 잘못 기재한 잘못이 있다고 하더라도 이러한 위법사유만으로는 참가압류처분을 무효로 할 만큼 중대하고도 명백한 하자라고 볼 수 없음.

(2) 참가압류의 절차

1) 기압류기관에의 참가압류통지

압류하려는 재산을 이미 다른 기관에서 압류하고 있을 때에는 교부청구를 갈음하여 참가압류통지서를 그 재산을 이미 압류한 기관("기압류기관")에 송달함으로써 그 압류에 참가할 수 있다.

2) 체납자와 이해관계인에게 통지

압류에 참가한 경우에 그 뜻을 체납자와 그 재산에 대하여 권리를 가진 제3자에게 문서로서 참가압류사실을 통지하여야 한다.

3) 참가압류의 등기·등록 촉탁

참가압류 하고자 하는 재산이 권리의 변동에 등기 또는 등록을 요하는 것일 때에는 참가압류의 등기 또는 등록을 관계관서에 촉탁하여야 한다.

(3) 참가압류의 제한

지방자치단체장은 참가압류를 함에 있어서 납세자가 따로 매각이 용이한 재산으로 제3자의 권리의 목적으로 되어 있지 아니한 것을 보유하고 있고 그 재산에 의하여 지방세의 전액을 징수할 수 있다고 인정될 경우에는 참가압류를 하지 아니할 수 있다(지징예 법67-1).

(4) 참가압류의 효력(지징법 §68, 구 지기법 §93-5)

1) 교부청구의 효력

참가압류는 교부청구의 효력이 있기 때문에 기압류기관에 대하여 교부청구(배당청구)의 효력이 있다(지징예 법68-2 참조). 즉 배당요구와 시효중단의 효력이 있다. 참가압류는 기압류기관에

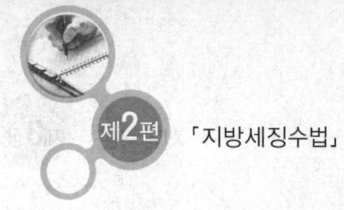

대한 교부청구(배당청구)의 효력이 있다. 따라서 기압류기관이 압류재산을 매각한 경우에는 그 매각대금으로부터 참가압류한 체납액에 대하여 배당받을 수 있다.

2) 기압류의 해제·취소 시 압류효력의 소급

다른 기관이 한 기압류가 해제되거나 취소된 때에는 소급하여 압류의 효력이 생긴다.

참가압류를 한 후에 기압류기관이 그 재산에 대한 압류를 해제하였을 때에는 그 참가압류(참가압류하려는 재산이 권리의 변동에 등기 또는 등록을 필요로 하는 재산에 대하여 둘 이상의 참가압류가 있는 경우에는 그 중 가장 먼저 등기 또는 등록된 것으로 하고 그 밖의 재산에 대하여 둘 이상의 참가압류가 있는 경우에는 그 중 가장 먼저 참가압류 통지서가 송달된 것으로 함)는 다음의 구분에 따른 시기로 소급하여 압류의 효력이 생긴다.

① 참가압류하려는 재산이 권리의 변동에 등기 또는 등록을 필요로 하는 재산

　참가압류의 등기 또는 등록이 완료된 때

② ① 외의 재산

　참가압류 통지서가 기압류기관에 송달된 때

또한 압류의 효력이 있기 때문에 기압류기관이 압류를 해제하거나 취소한 때에는 참가압류한 시기부터 소급하여 압류의 효력이 발생하며 그 시기는 다음과 같다.

① 동산 및 유가증권 : 참가압류통지서가 기압류기관에 송달된 때

② 등기·등록을 요하는 재산 : 등기 또는 등록이 완료된 때

③ 채권 기타 제3채무자가 있는 재산 : 참가압류통지서가 제3채무자에게 송달된 때

기압류기관은 압류를 해제하였을 때에는 압류가 해제된 재산 목록을 첨부하여 그 사실을 참가압류한 지방자치단체장에게 통지하여야 하며, 기압류기관은 압류를 해제한 재산이 동산 또는 유가증권으로서 기압류기관이 점유하고 있거나 제3자에게 보관하게 한 것인 때에는 압류에 참가한 지방자치단체장에게 직접 인도하여야 한다. 다만, 제3자가 보관하고 있는 재산에 대해서는 그 제3자가 발행한 해당 보관증을 인도함으로써 재산의 직접 인도를 갈음할 수 있다.

한편, 참가압류가 압류의 효력이 생긴 때에는 압류조서를 작성하지 아니한다(국징통 29 - 0…3).

3) 기압류를 한 기관에 대한 매각최고

압류에 참가한 지방자치단체장은 기압류기관이 그 압류재산을 장기간이 지나도록 매각하지 아니하는 때에는 이에 대한 매각처분을 기압류기관에 최고할 수 있다. 이에 따라 매각처분을 최고받은 기압류기관이 최고받은 날부터 3개월 이내에 다음의 어느 하나에 해당하는 행위를 하지 아니하는 경우에는 매각처분을 최고한 지방자치단체장이 해당 압류재산을 매각할 수 있다.

① 공매 또는 수의계약을 대행하게 하는 의뢰서 송부

② 수의계약 방식으로 매각하려는 사실을 체납자 등에게 통지

③ 공매공고

매각처분을 최고한 지방자치단체장이 압류재산을 매각하려는 경우에는 그 내용을 기압류기관

에 통지하여야 하며, 통지를 받은 기압류기관은 점유하고 있거나 제3자로 하여금 보관하게 하고 있는 동산 또는 유가증권 등 압류재산을 매각처분을 최고한 지방자치단체장에게 인도하여야 한다. 이 경우 인도 방법에 관하여는 상기의 규정을 준용한다.

> **사례** 「국세징수법」 제57조 제1항의 규정에 의하여 후순위 압류자는 참가압류를 하도록 되어 있고, 같은 법 제58조 제3항의 규정에 의거 참가압류자는 공매처분을 할 수 없고 선 압류기관에 매각처분에 대한 최고만을 할 수 있음(행자부 세정 13430-357, 2001.4.3.).

(5) 기압류기관의 압류해제 시의 절차

1) 압류해제의 통지(국징법 §58 ②)

기압류기관은 당해 재산에 대한 압류를 해제한 때에는 재산목록을 첨부하여 문서로 참가압류기관에 통지하여야 한다.

2) 기압류기관의 동산 또는 유가증권 등의 인도(지징령 §66, 구 지기령 §81-4)

기압류기관은 압류를 해제한 동산 또는 유가증권을 압류에 참가한 지방자치단체장에게 인도하거나 압류재산을 매각처분을 최고한 지방자치단체장에게 인도할 때에는 참가압류재산 인도통지서를 보내야 한다. 이 경우 압류재산을 제3자가 보관하고 있는 상태로 인도하려면 참가압류재산 통지서에 그 보관증과 보관자에 대한 인도지시서를 첨부하여야 한다.

3) 동산 또는 유가증권의 인수통지(국징령 §65 ④)

동산, 유가증권을 인수받은 때에는 인도를 한 기압류기관에 지체 없이 인수통지를 하여야 한다.

4) 둘 이상의 참가압류가 있는 경우와 압류해제

둘 이상의 참가압류가 있는 재산에 대하여 기압류기관이 그 재산에 대한 압류를 해제하는 경우에는 그 해제에 의하여 압류의 효력이 생기는 선순위참가압류기관에 후순위참가압류기관이 제출한 참가압류통지서를 인도하여야 하며, 이 규정에 의하여 참가압류통지서가 인도되면 당초 참가압류를 한 때에 전항의 선순위참가압류기관에 참가압류를 한 것으로 본다(지징예 법68-1).

(6) 참가압류의 해제(지징법 §69, 구 지기법 §93-6)

참가압류의 해제에 관하여는 일반의 압류해제에 관한 규정(지징법 §63, §64, §65, 구 지기법 §92, §93, §93-2)을 준용하는 바 참가압류에 관계된 지방세 등 조세채권이 납부, 충당, 부과나 그 밖의 사유로 소멸된 때에는 지체 없이 그 참가압류를 해제하여야 한다.

1) 해제의 순서

기압류기관에서 당해 재산의 압류를 해제할 때에는 선순위참가압류를 한 행정기관에 통지와 함께 동산, 유가증권 등을 인도한 후에 해제하여야 하며, 후순위참가압류기관에도 그 뜻을 통지하여야 한다(지징예 법69-1).

2) 동산 등의 보관비용

기압류기관은 압류를 해제하고 선순위참가압류기관에게 목적물을 인도할 때까지 보관비용을 부담한다. 이 경우에 있어서 보관 및 인도비용은 체납처분비로 징수할 수 있다(지징예 법69-2).

(7) 교부청구의 해제(지징법 §70, 구 지기법 §93-7)

지방자치단체장은 납부, 충당, 부과의 취소나 그 밖의 사유로 교부를 청구한 체납액의 납부의무가 소멸되었을 때에는 그 교부청구를 해제하여야 하며, 교부청구의 해제는 교부청구를 받은 기관에 그 뜻을 통지함으로써 한다.

(8) 교부청구와 참가압류의 비교

1) 교부청구와 참가압류의 같은 점

교부청구와 참가압류는 선 집행기관의 강제집행절차에 참가하여 배당요구의 효력과 시효중단의 효력을 가진다.

2) 교부청구와 참가압류의 다른 점

① 효력 면에서의 차이점

교부청구는 피청구기관의 해제 등의 사유가 있는 경우에 효력이 상실하게 되나, 참가압류는 기압류기관이 압류를 해제한 경우에, 동산과 유가증권 등 등기·등록을 요하지 않는 재산은 참가압류통지서가 기압류기관에 송달된 때, 부동산 등은 참가압류의 등기·등록 시에 소급하여 압류의 효력이 생긴다.

② 요건 면에서의 차이점

참가압류는 압류의 요건을 갖춘 후가 아니면 불가능하나 교부청구는 이러한 제한이 없으며 특히 징수유예기간 중이라도 가능하다.

③ 절차 면에서의 차이점

교부청구는 청구로서 족하지만 참가압류는 등기·등록을 요하는 재산의 경우 참가압류의 등기·등록을 하여야 한다.

(9) 참가압류한 동산 등의 인수(지징령 §67, 구 지기령 §81-5)

압류에 참가한 지방자치단체장이 기압류기관으로부터 동산 또는 유가증권의 인도 통지를 받았을 때에는 지체 없이 해당 동산 또는 유가증권을 인수하여야 한다. 동산 또는 유가증권을 인수한 지방자치단체장은 해당 재산이 제3자가 보관하고 있는 재산인 경우에는 보관증과 인도지시서를 그 보관자에게 내주어야 한다.

(10) 일반 압류 규정의 준용(지징령 §68, 구 지기령 §81-6)

참가압류에 관하여 「지방세기본법 시행령」에 특별한 규정이 없는 경우에는 「지방세기본법 시행령」 중 일반 압류에 관한 규정을 준용한다.

제10절 압류재산의 매각

❶ 개요

(1) '매각'의 의의

조세채권은 금전급부를 목적으로 하는 것이다. 따라서 조세채권을 충당하기 위하여 압류한 재산은 금전으로 추심할 수 있는 것을 제외하고는 이를 공매 또는 수의계약의 방법에 의하여 금전으로 환가하여야 하는데 이 금전으로 환가하는 것을 '매각'이라 한다.

(2) 성질

매각처분은 압류에 의한 압류재산의 처분권(자력집행권)의 행사로서 체납처분절차상의 일환인 공법상의 행정처분이다. 행정처분으로서의 매각처분은 체납자의 의사에 의하지 아니하고 강제적으로 그 권리의 이전을 성립하게 하는 것이기는 하나 매수인이 권리를 취득하는 것은 사법상 매매와 유사하여 승계취득이 된다.

1) 지방자치단체와 체납자와의 관계

지방자치단체가 행한 매각처분은 체납자가 매각한 것과 동일한 효과가 생기고 매각재산에 대한 체납자의 권리는 직접 매수인에게 이전한다. 지방자치단체는 환매대금을 체납액에 직접 충당한다.

2) 지방자치단체와 매수인과의 관계

매수인은 지방자치단체에 대하여 매각대금의 지급의무를 부담한다. 또 지방자치단체는 납세자

로 하여금 권리이전 절차를 밟게 하거나 체납자에게 대위하여 그 절차를 밟는 외에 매각재산에 대한 담보책임(「민법」§578)을 진다. 그리고 매수인은 권리이전에 필요한 제비용을 부담한다.

3) 체납자와 매수인과의 관계

체납자는 매수인에 대하여 권리이전의 의무를 지는 외에 그 재산에 대하여 담보책임(「민법」§578)을 진다. 그리고 매수인은 체납자로부터 매각재산을 승계 취득한다.

4) 매각의 방법

매각의 방법에는 공매와 수의계약이 있는데 공매가 원칙이다.

❷ 공매(지징법 §71, 구 지기법 §93-8)

(1) 개요

압류재산 매각에 있어 불특정 다수인의 매수희망자로 하여금 자유경쟁을 하게 하여 그 결과 형성되는 최고가격에 의하여 매각가격을 정하여 매수인이 될 자를 결정하는 매각절차를 말한다.

지방자치단체장은 압류한 동산, 유가증권, 부동산, 무체재산권 등과 체납자를 대위하여 받은 물건[통화(通貨)는 제외]을 공매하며, 압류된 재산이 「자본시장과 금융투자업에 관한 법률」제8조의 2 제4항 제1호에 따른 증권시장("증권시장")에 상장된 증권은 증권시장에서의 매각, 2022년 이후 가상자산사업자를 통해 거래되는 가상자산은 가상자산사업자를 통한 매각 방법으로 직접 매각할 수 있다.

2023.3.14. 이후 직접 매각하는 분(2023.3.13. 이전에 압류한 재산 포함)부터 지방자치단체장은 압류재산을 직접 매각하려는 경우에는 매각 전에 그 사실을 다음의 자에게 통지하여야 한다.
① 체납자
② 납세담보물 소유자
③ 압류재산에 질권 또는 그 밖의 권리를 가진 자

1) 매각의 대상

압류한 채권 중 그 변제기간이 추심을 하려는 때부터 6월내에 도래하지 아니한 것과 추심이 현저히 곤란한 것은 「지방세징수법」제10절(압류재산의 매각)의 정하는 바에 따라 매각할 수 있으며, 압류한 유가증권 중 같은 법 제50조(유가증권에 관한 채권의 추심)의 규정에 의하여 관계되는 금전채권을 추심하는 경우에는 이를 매각하지 아니한다(지징예 법71-1).

2) 자동차 등의 매각 전의 점유

자동차 또는 건설기계는 지방자치단체장이 매각에 지장이 없다고 인정하는 경우를 제외하고는 「지방세징수법」 제56조(자동차 등의 압류절차) 제2항의 규정에 의하여 이를 점유한 후에 매각한다(지징예 법71-2).

(2) 여러 개의 재산 공매

여러 개의 재산을 공매에 부치는 경우에는 이를 각각 공매하여야 한다. 다만, 지방자치단체장이 해당 재산의 위치·형태·이용관계 등을 고려하여 이를 일괄하여 공매하는 것이 적합하다고 인정하는 경우에는 직권으로 또는 이해관계인의 신청에 따라 일괄하여 공매할 수 있다.

여러 개의 재산을 일괄하여 공매할 때 각 재산의 매각대금을 특정할 필요가 있는 경우에는 각 재산에 대한 매각예정가격의 비율을 정하여야 하며, 각 재산의 매각대금은 총 매각대금을 각 재산의 매각예정가격비율에 따라 나눈 금액으로 하며, 여러 개의 재산을 일괄하여 공매하는 경우 그 가운데 일부의 매각대금으로 체납액을 변제하기에 충분하면 다른 재산은 공매하지 아니한다 (이 경우 체납자는 그 재산 가운데 매각할 것을 지정할 수 있음). 다만, 토지와 그 위의 건물을 일괄하여 공매하는 경우나 재산을 분리하여 공매하면 그 경제적 효용이 현저하게 떨어지는 경우 또는 체납자의 동의가 있는 경우에는 그러하지 아니하다.

(3) 공매 제한

1) 납세담보 미제공 시 압류

납세자가 납세담보제공 요구에 따르지 아니할 때에는 납세의무가 확정되리라고 추정되는 금액을 한도로 하여 납세자의 재산을 압류할 수 있는데, 압류한 재산은 그 압류에 관계되는 지방세의 납세의무가 확정되기 전에는 공매할 수 없다(지징법 §71 ③, 구 지기법 §93-8 ③).

2) 불복 중인 경우

「지방세기본법」에 따른 이의신청·심사청구(2021.1.1. 이후 삭제[30]) 또는 심판청구 절차가 진행 중이거나 행정소송이 계속 중인 지방세의 체납으로 압류한 재산은 그 신청 또는 청구에 대한 결정이나 소(訴)에 대한 판결이 확정되기 전에는 공매할 수 없다. 다만, 그 재산이 부패·변질 또는 감량되기 쉬운 재산으로서 속히 매각하지 아니하면 그 재산가액이 줄어들 우려가 있는 경우 예외로 한다.

불복청구 중에 있는 지방세와 다른 체납액이 있는 경우의 압류재산의 공매는 다음에 의한다 (지징예 법71-3).

① 불복청구 중인 지방세에 관계되는 압류재산과 기타의 체납액에 관계되는 압류재산이 서로 다른 재산인 때에는 후자만 공매한다.

---

30) 2020.12.31. 이전에 심사청구를 하여 그 심사청구가 계류 중인 경우에는 개정규정에도 불구하고 종전규정에 따름(법 부칙 §3).

② 불복청구 중인 지방세에 관계되는 압류재산과 기타의 체납액에 관계되는 압류재산이 동일한 재산인 경우에는 기타의 체납액징수를 위하여 필요한 경우에는 매각할 수 있다.

3) 공매의 제한(지징예 법71-4)

지방자치단체장은 상기 외에도 다음 어느 하나에 해당하는 사유가 있는 때에는 공매를 하지 아니한다.

① 「행정소송법」 제23조(집행정지)에 따라 법원이 체납처분에 대한 집행정지결정을 한 때
② 「지방세징수법」 제25조(징수유예 등의 요건)에 따라 체납액등의 징수유예를 한 때
③ 「지방세징수법」 제60조(제3자의 소유권의 주장)에 따라 제3자가 압류재산의 소유권을 주장하고 반환을 청구한 때
④ 「채무자 회생 및 파산에 관한 법률」 제44조(다른 절차의 중지명령 등)에 따라 법원이 체납처분의 중지를 명한 때와 같은 법 제58조 제2항(다른 절차의 중지)에 따라 체납처분이 중지된 때
⑤ 「채무자 회생 및 파산에 관한 법률」 제140조(벌금·조세 등의 감면)에 따라 회생계획에서 징수유예 또는 환가의 유예가 인가된 때
⑥ 「지방세징수법」 제105조(체납처분유예)의 규정에 의하여 체납처분유예를 한 때

4) 제2차 납세의무자등의 재산에 대한 매각제한(지징예 법71-5)

제2차 납세의무자, 납세보증인 또는 물적납세의무자의 재산은 주된 납세자의 재산을 매각한 후에 매각한다. 다만, 주된 납세자의 재산의 매각이 현저히 곤란한 사정이 있거나 제2차 납세의무자등의 재산의 가액이 현저히 감소할 우려가 있는 경우 기타 지방자치단체장이 부득이하다고 판단하는 경우에는 그러하지 아니하다.

❸ 수의계약(지징법 §72, 구 지기법 §93-9)

(1) 의의

'수의계약'이란 특수한 재산에 대하여 불특정 다수인을 상대로 하는 공매에 의하지 아니하고 임의로 정한 매각조건으로 특정한 자에게 매각하는 것. 즉 압류재산의 매각을 입찰·경매 등의 경쟁방법에 의하지 아니하고 지방자치단체장 또는 한국자산관리공사가 매수인과 가격을 결정하여 매각하는 계약을 말한다(지징예 법72-1).

(2) 매각요건

압류재산이 다음 어느 하나에 해당하는 경우에는 수의계약으로 매각할 수 있다.
① 수의계약으로 매각하지 아니하면 매각대금이 체납처분비에 충당하고 잔여가 생길 여지가 없을 경우

② 부패, 변질 또는 감량되기 쉬운 재산으로서 속히 매각하지 아니하면 그 재산가격이 줄어들 우려가 있는 경우(생육, 생선, 야채류)[31]

③ 압류한 재산의 추산가액[32]이 1천만 원 미만인 경우

④ 법령으로 소지 또는 매매가 규제된 재산인 경우(「주세법」에 의한 주정, 「마약류 관리에 관한 법률」에 의한 마약, 「총포·도검·화약류 등의 안전관리에 관한 법률」에 의한 총포, 화약류, 「인삼산업법」에 의한 홍삼포에서 수확한 수삼, 「담배사업법」에 의한 잎담배 : 지징예 법72-5)

⑤ 제1회 공매 후 1년간에 5회 이상 공매하여도 매각되지 아니한 경우

⑥ 공매하는 것이 공익상 적절하지 아니한 경우[33]

(3) 매각 절차

압류재산을 수의계약으로 매각하려는 경우에는 추산 가격조서를 작성하고 2인 이상으로부터 견적서를 받아야 한다. 다만, 제1회 공매 후 1년간 5회 이상 공매하여도 매각되지 아니한 경우에 해당하여 수의계약을 하는 경우로서 그 매각금액이 최종 공매 시의 매각예정가격 이상인 경우에는 견적서를 받지 아니할 수 있다.

지방자치단체장은 압류재산을 수의계약으로 매각하려는 경우에는 그 사실을 체납자, 납세담보물소유자, 그 재산에 전세권·질권·저당권 또는 그 밖의 권리를 가진 자에게 통지하여야 하며, 지방자치단체장 또는 한국자산관리공사가 공매 통지를 하면서 제1회 공매 후 1년간 5회 이상 공매하여도 매각되지 아니하는 때에 수의계약으로 매각할 수 있다는 뜻을 함께 통지하는 경우에는 이 통지를 한 것으로 본다.

수의계약에 의하여 압류재산을 매각하고자 할 경우, 그 매각 5일 전까지 체납자 및 이해관계자에게 통지하여야 한다(지징예 법72-2).

한편, 수의계약에 의하여 압류재산을 매각하는 경우에는 「지방세징수법」 제76조(공매보증금)의 공매보증금에 관한 규정은 적용되지 아니한다(지징예 법72-3).

---

31) "속히 매각하지 아니하면 재산가액이 줄어들 우려가 있는 경우"란 생선, 채소, 식료품 또는 크리스마스용품 같은 계절용품 등 공매 시까지 기다리면 부패·변질·감량·수요격감 등으로 재산가격이 줄어들 우려가 있는 경우를 말한다(지징예 법72-4).

32) "추산가격"이라 함은 압류재산의 매각구분별로 일괄매각가액 또는 개별매각가액을 말한다(지징예 법72-7).

33) 「공익사업을 위한 토지 등의 취득 및 보상에 관한 법률」, 「국토의 계획 및 이용에 관한 법률」 등에 따라 토지를 수용할 수 있는 자로부터 압류토지를 수용할 뜻이 고지된 때, 「징발법」의 규정에 따라 징발관이 압류물건을 징발할 의사가 있음을 통지한 때 등을 말한다(지징예 법72-6).

④ 공매의 절차

(1) 공매대상 재산에 대한 현황 조사(지징법 §73, 구 지기법 §93-10)

지방자치단체장은 매각예정가격을 결정하기 위하여 공매대상 재산의 현상(現狀), 점유관계, 차임 또는 보증금의 액수, 그 밖의 현황을 조사하여야 한다.

세무공무원은 현황 조사를 위하여 건물에 출입할 수 있고, 체납자 또는 건물을 점유하는 제3자에게 질문하거나 문서를 제시하도록 요구할 수 있다. 세무공무원은 건물에 출입하기 위하여 필요한 때에는 잠긴 문을 여는 등 적절한 처분을 할 수 있다. 이 경우 2020.4.30. 이후 세무공무원은 직무상 필요한 범위 외에 다른 목적 등을 위하여 그 권한을 남용해서는 아니된다.[34]

(2) 매각예정가격의 결정(지징법 §74, 구 지기법 §93-11)

'매각예정가격'이란 압류재산을 공매할 때에 지방자치단체장이 공매재산의 객관적인 시가를 기준으로 공매의 특수성을 고려하여 예정한 공매재산가격을 말하는 것이며, 공매재산의 최저 공매가격으로서의 의의를 갖는다(지징예 법74-1).

지방자치단체장은 압류재산을 공매하려면 그 매각예정가격을 결정하여야 하며, 매각예정가격을 결정하기 어려울 때(재산평가에 특히 정확을 기할 필요가 있거나 가격결정에 분쟁이 예상되는 경우 등을 말함 : 지징예 법74-2)에는 다음의 감정인에게 평가를 의뢰하여 그 가액(價額)을 참고할 수 있다. 이 경우 감정인은 평가를 위하여 필요한 경우 건물에 출입할 수 있고, 체납자 또는 건물을 점유하는 제3자에게 질문하거나 문서 제시를 요구할 수 있으나, 감정인은 직무상 필요한 범위 외에 다른 목적 등을 위하여 그 권한을 남용해서는 아니된다.

공매대상 재산의 평가를 의뢰할 수 있는 감정인은 다음의 구분에 따른 자로 한다.

① 공매대상 재산이 부동산인 경우

「감정평가 및 감정평가사에 관한 법률」제2조 제4호에 따른 감정평가업자

여기서 "감정평가업자"란 「감정평가 및 감정평가사에 관한 법률」제21조에 따라 신고를 한 감정평가사와 제29조에 따라 인가를 받은 감정평가법인을 말한다(지징예 법74…영76-1).

② 공매대상 재산이 ① 외의 재산인 경우

해당 재산과 관련된 분야에 5년 이상 종사한 전문가

지방자치단체장은 감정인에게 공매대상 재산의 평가를 의뢰한 경우에는 「국세징수법 시행규칙」별표를 준용하며, 이 경우 "세무서장"은 "지방자치단체장"으로 본다. 다만, 무형자산 등 자산의 특수성으로 인하여 별표의 수수료를 적용하기 곤란한 경우에는 지방자치단체장이 감정인과 협의하여 수수료를 별도로 정할 수 있다.

---

34) 세무공무원이 공매대상 재산의 매각예정가격을 결정하기 위하여 공매대상 재산에 대한 현황조사를 수행하는 과정에서 직무상 필요한 범위 외에 다른 목적 등을 위하여 그 권한을 남용하지 아니하도록 한 것임.

지방자치단체장이 감정인에게 평가를 의뢰하여 그 가액을 참고로 매각예정가격을 결정하는 경우에는 감정가격을 기준으로 상·하 각각 10% 범위 내에서 결정한다(지징예 법74-3).

(3) 공매장소(지징법 §75, 구 지기법 §93-12)

공매는 관할 지방자치단체의 청사 또는 공매재산 소재지 지방자치단체의 청사에서 한다. 다만, 지방자치단체장이 필요하다고 인정할 때에는 다른 장소에서 공매할 수 있다.

(4) 공매보증금(지징법 §76, 구 지기법 §93-13)

1) 공매보증금 가액

지방자치단체장은 압류재산을 공매하는 경우에 필요하다고 인정하면 공매보증금을 받을 수 있으며, 공매보증금은 매각예정가격의 10% 이상으로 한다.
① 공매보증금(계약보증금)의 납부(국징법 §65)
② 입찰보증금은 공매참가자들로부터 금전(금융기관, 우체국이 발행한 자기앞 수표 포함)으로 서 각 매수희망자의 입찰가격의 10% 이상
③ 계약보증금은 매수가격의 10% 이상
　☞ 현재 낙찰자의 입찰보증금은 계약보증금으로 대체처리

2) 공매보증금의 유가증권의 대용

공매보증금(입찰보증금 또는 계약보증금)은 국채 또는 지방채, 증권시장에 상장된 증권 또는 「보험업법」에 따른 보험회사가 발행한 보증보험증권으로 갈음할 수 있다. 이 경우 해당 국공채 등에 다음의 구분에 따른 서류를 첨부하여 지방자치단체장에게 제출하여야 한다.

① 무기명국채 또는 미등록공사채로 납부하는 경우

질권설정서

② 등록국채 또는 등록공사채로 납부하는 경우

담보권등록증명서, 등록국채 또는 등록공사채 기명자의 인감증명서 또는 본인서명사실확인서를 첨부한 위임장

③ 주식(출자증권 포함)으로 납부하는 경우

다음의 구분에 따른 서류
　㉠ 무기명주식인 경우 : 해당 주식을 발행한 법인의 주식확인증
　㉡ 기명주식인 경우 : 질권설정에 필요한 서류(이 경우 질권설정에 필요한 서류를 제출받은 지방자치단체장은 질권설정의 등록을 해당 법인에 촉탁해야 함)

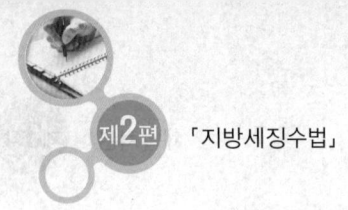

3) 대용 유가증권의 평가

공매보증금에 갈음하여 납부하는 가액은 공매보증금으로 납부하는 날의 전날을 평가기준일로 하여 「상속세 및 증여세법 시행령」 제58조 제1항을 준용하여 계산한 가액(2015.12.31. 이전은 시가)

4) 공매보증금의 처리

공매재산의 매수인은 그 납부한 공매보증금을 매수대금에 충당할 수 있다(지징예 법76-1). 낙찰자 또는 경락자(競落者)가 매수계약을 체결하지 아니하였을 때에는 지방자치단체장은 공매보증금을 체납처분비, 압류와 관계되는 지방세·가산금(2023.12.31. 이전 납세의무성립분만 적용)의 순으로 충당한 후 남은 금액은 체납자에게 지급한다.

5) 공매보증금 반환

낙찰자의 결정 규정에 의하여 낙찰자를 결정할 경우에 타의 입찰자가 납부한 경우와 모든 입찰이 매각예정가격 미만으로 낙찰자가 없는 경우 입찰자가 납부한 경우에는 공매보증금을 반환하여야 한다.

지방자치단체장은 「지방세징수법」 제76조에 의하여 받은 공매보증금을 다음의 경우에 지체 없이 납부자에게 반환하여야 한다(지징예 법76-2).
① 「지방세징수법」 제88조(입찰과 개찰) 제3항의 규정에 의하여 낙찰자를 결정할 경우에 다른 입찰자가 납부한 것
② 모든 입찰이 매각예정가격 미만으로 낙찰자가 없는 경우에 입찰자가 납부한 것

(5) 매수인의 제한(지징법 §77, 구 지기법 §93-14)

체납자, 세무공무원 및 2020.3.24. 이후 매각 부동산을 평가한 감정평가법인 등(감정평가법인인 경우 그 감정평가법인 및 소속 감정평가사를 말함)은 직접적으로든 간접적으로든 압류재산을 매수하지 못한다. 여기서 "체납자"라 함은 공매의 원인이 되는 체납액의 체납자 중 공매재산의 소유권자를 말하며, 「지방세기본법」 제75조(양도담보권자의 물적납세의무)의 규정에 의한 양도담보재산에 대하여 양도담보설정자의 체납액을 징수하기 위하여 매각하는 경우에 있어서 양도담보권자는 제외된다(지징예 법77-1). "직접적으로든 간접적으로든"이라고 함은 자기가 직접 매수인이 되는 것뿐 아니라 실질상 자기가 취득할 목적 아래 자기의 계산 하에 타인을 매수명의인으로 하는 것을 포함한다(지징예 법77-2).

2025.1.1. 당시 매각결정을 하지 아니한 경우부터 공매재산의 매수신청인이 매각결정 기일(매각결정 기일이 연기된 경우 연기된 매각결정 기일) 전까지 공매재산의 매수인이 되기 위하여 다른 법령에 따라 갖추어야 하는 자격을 갖추지 못한 경우에는 공매재산을 매수하지 못한다.

(6) 공매방법과 공고(지징법 §78, 구 지기법 §93-15)

1) 공매방법

공매는 입찰 또는 경매(정보통신망을 이용한 것 포함)의 방법으로 한다. 여기서 "입찰"이라 함은 압류재산을 매각하는 경우에 그 재산을 매수할 청약자에게 각자 입찰가액 기타 필요한 사항을 기재한 입찰서로써 매수의 신청을 하게 하여 매각예정가격 이상의 입찰자 중 최고가 입찰자를 낙찰자로 하여 그 자에게 매각결정을 행하고 그 자를 매수인으로 정하는 방법을 말하며(지징예 법78-1), "경매"라 함은 압류재산을 매각하는 경우에 그 재산을 매수할 청약자에게 구두 등으로 순차 고가한 매수의 신청을 하게 하여 매각예정가격 이상의 청약자 중 최고가 청약자를 낙찰자로 하여 그 자에게 매각결정을 행하고 그 자를 매수인으로 정하는 방법을 말한다(지징예 법78-2).

2) 공매공고

지방자치단체장은 공매를 하려면 다음의 사항을 공고하여야 한다. 이 경우 동일한 재산에 대한 공매·재공매 등 여러 차례의 공매에 관한 사항을 한꺼번에 공고할 수 있다.

공매공고는 지방자치단체, 그 밖의 적절한 장소에 게시하지만, 필요에 따라 관보·공보 또는 일간신문에 게재할 수 있다. 공매공고를 할 때에는 게시 또는 게재와 함께 지방자치단체의 정보통신망을 통하여 그 공고 내용을 알려야 한다.[35]

지방자치단체장은 공매공고를 할 때 공매할 토지의 지목(地目) 또는 지적(地籍)이 토지대장의 표시와 다른 경우에는 그 사실을 공매공고문에 함께 적어야 하며, 지방자치단체장은 공고한 사항이 변경되었을 때에는 변경된 사항을 지체 없이 다시 공고하여야 한다.

> ○ **공매공고 내용**
> ① 매수대금의 납부기한
> ② 공매재산의 명칭, 소재, 수량, 품질, 매각예정가격, 그 밖의 중요한 사항
> ③ 입찰 또는 경매의 장소와 일시(기간입찰의 경우에는 그 입찰기간)
> ④ 개찰(開札)의 장소와 일시
> ⑤ 공매보증금을 받을 때에는 그 금액
> ⑥ 공매재산이 공유물 지분인 경우 공유자(체납자 제외)에게 우선매수권이 있다는 사실
> ⑦ 배분요구의 종기(終期)
> ⑧ 배분요구의 종기까지 배분을 요구하여야 배분받을 수 있는 채권
> ⑨ 매각결정 기일
> ⑩ 매각으로도 소멸하지 아니하는 공매재산에 대한 지상권, 전세권, 대항력 있는 임차권 또는 가등기가 있는 경우 그 사실(지징예 법78-4)
> ⑪ 공매재산의 매수인으로서 일정한 자격을 필요로 하는 경우 그 사실(지징예 법78-4)

---

35) 공매공고의 목적은 공매재산의 수요를 환기시켜 고가의 유리한 매수신청을 유인하는 데 있으며 공매공고에 의하여 지정기일에 공매할 수 있는 효과가 생기므로 공매공고는 준법률적인 행정행위이다(국징법 §69).

⑫ 「지방세징수법」 제82조 제2항 각 호에 따른 자료의 제공 내용 및 기간

⑬ 「지방세징수법」 제90조에 따른 차순위 매수신고의 기간과 절차

☞ 그 밖의 중요한 사항 : 기타의 요건을 필요로 하는 경우에는 그 의미 등, 공매할 토지의 지목 또는 지적, 건물의 구조 또는 건평이 토지대장 또는 건축물대장의 표시와 상이할 때에는 그 실황을 공매공고에 부기하여야 함(지징령 §79).

배분요구의 종기는 절차에 필요한 기간을 고려하여 정하되, 최초의 입찰기일 이전으로 하여야 한다. 다만, 공매공고에 대한 등기 또는 등록이 지연되거나 누락되는 등 다음의 사유로 공매절차가 진행되지 못하는 경우 지방자치단체장은 배분요구의 종기를 최초의 입찰기일 이후로 연기할 수 있다.

① 공매공고의 등기 또는 등록이 지연되거나 누락된 경우

② 공매통지가 누락되는 등의 사유로 공매공고를 다시 하여야 하는 경우

③ 그 밖에 이와 유사한 사유로 공매공고를 다시 진행하는 경우

매각결정 기일은 개찰일부터 7일(2023.3.14. 이후 공매공고분부터 토요일, 일요일, 공휴일 및 대체공휴일 제외, 2023.3.13. 이전 공매공고분까지는 3일) 이내로 정하여야 한다. 경매의 방법으로 재산을 공매할 때에는 경매인을 선정하여 이를 취급하게 할 수 있다.

3) 개별매각과 일괄매각(지징예 법78-3)

동일의 체납자에 대하여 수개의 압류재산이 있는 경우에는 개별매각을 원칙으로 한다. 다만, 공매재산의 성질·용도 등에 의하여 개별 매각하는 경우에는 가격의 저하, 제3자의 권리침해 등이 되어 일괄매각하는 것이 적당하다고 인정되는 때는 일괄매각을 할 수 있다.

(7) 공매공고 등기 또는 등록의 촉탁(지징법 §79, 구 지기법 §93-16)

지방자치단체장은 공매공고를 한 압류재산이 등기 또는 등록을 필요로 하는 경우에는 공매공고를 한 즉시 그 사실을 등기부 또는 등록부에 기입하도록 관계 관서에 촉탁하여야 한다.

(8) 공매통지(지징법 §80, 구 지기법 §93-17)

지방자치단체장은 공매공고를 하였을 때에는 즉시 그 내용을 다음에 게기하는 자에게 통지하여야 한다.

① 체납자

② 납세담보물 소유자

③ 공매재산이 공유물의 지분인 경우 공매공고의 등기 또는 등록 전날을 기준으로 한 공유자

④ 공매재산이 부부공유의 동산·유가증권인 경우 체납자의 배우자(2021년 이후 적용)

⑤ 공매재산에 대하여 공매공고의 등기 또는 등록 전일 현재 전세권·질권·저당권 또는 그 밖의 권리를 가진 자(지상권·지역권·전세권 및 등기된 임차권을 가진 자, 가등기권자와

교부청구를 한 자 포함 : 지징예 법80-1)

공매공고로서 공매통지에 갈음할 수 없으므로 공매통지서가 반송된 경우에는 「지방세기본법」 제33조(공시송달)의 규정에 의하여 공시송달을 하여야 한다(지징예 법80-2).

한편, 한국자산관리공사는 공매를 대행함으로써 공매공고를 하였을 때에는 지체 없이 그 사실을 해당 지방자치단체장에게 통지하여야 한다.

2022.1.1. 이후 최초의 공매공고를 하는 경우부터(부칙 §4) 상기자 중 일부에 대한 공매통지의 송달 불능 등의 사유로 동일한 공매재산에 대하여 공매공고를 다시 하는 경우에 그 이전 공매공고 당시 공매통지가 도달되었던 상기 ③ 및 ④의 자에게 다시 하는 공매통지는 주민등록표 등본 등 공매 집행기록에 표시된 주소, 거소, 영업소 또는 사무소에 등기우편을 발송하는 방법으로 할 수 있다. 이 경우 그 공매통지는 「지방세기본법」 제32조 본문에도 불구하고 송달받아야 할 자에게 발송한 때에 통지의 효력이 발생한 것으로 본다.

(9) 배분요구 등(지징법 §81, 구 지기법 §93-18)

공매공고의 등기 또는 등록 전까지 등기되지 아니하거나 등록되지 아니한 다음의 채권을 가진 자는 배분을 받으려면 배분요구의 종기까지 지방자치단체장에게 배분을 요구하여야 한다.
① 압류재산에 관계되는 체납액
② 교부청구와 관계되는 체납액·국세 또는 공과금
③ 압류재산에 관계되는 전세권·질권 또는 저당권에 의하여 담보된 채권
④ 「주택임대차보호법」 또는 「상가건물 임대차보호법」에 따라 우선변제권이 있는 임차보증금 반환채권
⑤ 「근로기준법」 또는 「근로자퇴직급여 보장법」에 따라 우선변제권이 있는 임금, 퇴직금, 재해 보상금 및 그 밖에 근로관계로 인한 채권
⑥ 압류재산에 관계되는 가압류채권
⑦ 집행력 있는 정본에 의한 채권

매각으로 소멸되지 아니하는 전세권을 가진 자가 배분을 받으려면 배분요구의 종기까지 배분을 요구하여야 하며, 배분요구에 따라 매수인이 인수하여야 할 부담이 달라지는 경우 배분요구를 한 자는 배분요구의 종기가 지난 뒤에 이를 철회하지 못한다.

지방자치단체장은 공매공고의 등기 또는 등록 전에 등기되거나 등록된 채권을 가진 자("채권신고대상채권자")로 하여금 채권의 유무, 그 원인 및 액수(원금, 이자, 비용, 그 밖의 부대채권 포함)를 배분요구의 종기까지 지방자치단체장에게 신고하도록 최고하여야 한다.

지방자치단체장은 채권신고대상채권자가 신고를 하지 아니할 때에는 등기사항증명서 등 공매 집행기록에 있는 증명자료에 따라 해당 채권신고대상채권자의 채권액을 계산한다. 이 경우 해당 채권신고대상채권자는 채권액을 추가하지 못한다.

지방자치단체장은 채권을 가진 자와 매각으로 소멸되지 아니하는 전세권을 가진 자, 다음 각

호의 기관장에게 배분요구의 종기까지 배분요구를 하여야 한다는 사실을 안내하여야 한다. 이 안내는 지방세통합정보통신망을 통하여 할 수 있다.
① 행정안전부
② 국세청
③ 관세청
④ 「국민건강보험법」에 따른 국민건강보험공단
⑤ 「국민연금법」에 따른 국민연금공단
⑥ 「산업재해보상보험법」에 따른 근로복지공단

지방자치단체장은 공매 통지를 할 때 채권 신고의 최고 또는 배분요구의 안내에 관한 사항을 포함한 경우에는 최고 또는 안내를 한 것으로 본다.

한편, 2021년 이후 체납자의 배우자는 공매재산이 압류한 부부공유의 동산 또는 유가증권에 해당하는 경우 배분요구의 종기까지 매각대금 중 공유지분에 상응하는 대금을 지급하여 줄 것을 지방자치단체장에게 요구할 수 있다.

(10) 공매재산명세서의 작성 및 비치 등(지징법 §82, 구 지기법 §93-19)

지방자치단체장은 공매재산에 대하여 현황조사를 기초로 다음의 사항이 포함된 공매재산명세서를 작성하여야 한다.
① 공매재산의 명칭, 소재, 수량, 품질, 매각예정가격, 그 밖의 중요한 사항
② 공매재산의 점유자 및 점유 권원, 점유할 수 있는 기간, 차임 또는 보증금에 관한 관계인의 진술
③ 배분요구 현황 및 채권신고 현황
④ 공매재산에 대하여 등기된 권리 또는 가처분으로서 매각으로 효력을 잃지 아니하는 것
⑤ 매각에 따라 설정된 것으로 보게 되는 지상권의 개요

지방자치단체장은 다음의 자료를 입찰 시작 7일 전부터 입찰 마감 전까지 지방자치단체에 갖추어 두거나 정보통신망을 이용하여 게시함으로써 입찰에 참가하려는 자가 열람할 수 있게 하여야 한다.
① 공매재산명세서
② 감정인이 평가한 가액에 관한 자료
③ 그 밖에 입찰가격을 결정하는 데 필요한 자료

(11) 공매의 취소 및 공고(지징법 §83, 구 지기법 §93-20)

1) 공매의 취소

지방자치단체장은 다음의 어느 하나에 해당하는 경우에는 공매를 취소할 수 있다.
① 해당 재산의 압류를 해제한 경우

② 체납처분을 유예한 경우

③ 「행정소송법」 제23조에 따라 법원이 체납처분에 대한 집행정지의 결정을 한 경우

④ 그 밖에 공매를 진행하기 곤란한 경우, 즉 지방자치단체장이 직권으로 해당 재산의 공매대
행 의뢰를 해제한 경우 또는 공매등대행기관의 요구에 따라 해당 재산에 대한 공매대행 의
뢰를 해제해 줄 것을 요구한 경우

지방자치단체장은 공매를 취소한 후 그 사유가 소멸되어 공매를 계속할 필요가 있다고 인정할
때에는 재공매할 수 있다.

2) 공매의 취소 공고

매각결정 기일 전에 공매를 취소한 때에는 그 공매의 취소를 공고하여야 한다.

(12) 공매공고 기간(지징법 §84, 구 지기법 §93 - 21)

공매는 공고한 날부터 10일이 지난 후에 한다. 다만, 그 재산을 보관하는 데에 많은 비용이 들
거나 재산의 가액이 현저히 줄어들 우려가 있으면 10일이 지나기 전이라도 할 수 있다. 여기서
"재산의 보관에 많은 비용이 들거나"란 공매재산의 가액에 비하여 많은 보관비용이 드는 것을
말한다(예를 들면, 상당량의 훼손품·반제품 등과 같이 보관창고에 보관시킬 경우 많은 보관비
용이 소요되는 경우와 생선·식료품, 부패·변질의 우려가 있는 화학약품 등과 같이 특수의 보관
설비에 보관하여야 하고, 이를 위하여 상당한 고가의 보관비용을 요하는 경우가 이에 해당함)(지
징예 법84-1). 그리고 "재산의 가액이 현저히 줄어들 우려가 있는 때"란 공매재산을 신속히 매각
하지 아니하면 그 가액이 현저히 줄어들 우려가 있을 때를 말한다(예를 들면, 선어, 채소, 생선,
식료품 또는 크리스마스용품 같은 계절품목 등과 같은 것을 공매하는 경우가 이에 해당함)(지징
예 법84-2).

공고는 공고한 날로부터 공매일까지 게시하여야 하고, 공고 후 공고에 관한 서류가 훼손된 경
우에는 신속히 다시 게시하여야 하며, 이 경우에도 10일의 기간계산은 당초의 공고게시일을 기준
으로 하여 계산한다(지징예 법84-3).

(13) 공매의 중지(지징법 §85, 구 지기법 §93 - 22)

1) 공매가 전면 중지되는 경우

공매를 집행하는 공무원은 매각결정 기일 전에 체납자 또는 제3자가 그 체납액을 완납하면 공
매를 중지하여야 한다. 이 경우 매수하려는 자들에게 구술(口述)이나 그 밖의 방법으로 알림으로
써 공고를 갈음한다. 여기서 '매각결정 기일 전'이라 함은 입찰의 방법에 의하여 공매할 경우에는
입찰개시선언을 하고 입찰서를 받기 전을 말하며 경매의 방법에 의하여 공매할 경우에는 경매인
의 매수신청을 받기 전을 말한다.

2) 공매가 일부 중지되는 경우

여러 재산을 한꺼번에 공매하는 경우에 그 일부의 공매대금으로 체납액 전액에 충당될 때에는 남은 재산의 공매는 중지하여야 한다.

3) 제3자의 납부의 경우

「지방세기본법」 제70조에서 규정하는 제3자의 납부는 납세자의 명의로 납부하는 것에 한하며 이 경우 납부한 제3자는 압류관서에 구상권을 행사할 수 없다.

(14) 공매공고의 등기 또는 등록 말소(지징법 §86, 구 지기법 §93 - 23)

지방자치단체장은 다음 어느 하나에 해당하는 경우에는 공매공고의 등기 또는 등록을 말소할 것을 관계 관서에 촉탁하여야 한다.
① 공매취소의 공고를 한 경우
② 공매를 중지한 경우
③ 매각결정을 취소한 경우

(15) 공매참가의 제한(지징법 §87, 구 지기법 §93 - 24)

지방자치단체장은 다음 어느 하나에 해당한다고 인정되는 사실이 있는 자에 대해서는 그 사실이 있은 후 2년간 공매장소 출입을 제한하거나 입찰에 참가시키지 아니할 수 있다. 그 사실이 있은 후 2년이 지나지 아니한 자를 사용인이나 그 밖의 종업원으로 사용한 자와 이러한 자를 입찰 대리인으로 한 자에 대해서도 또한 같다.
① 입찰을 하려는 자의 공매참가, 최고가격 입찰자의 결정 또는 매수인의 매수대금 납부를 방해한 사실
② 공매에서 부당하게 가격을 낮출 목적으로 담합한 사실
③ 거짓 명의로 매수신청을 한 사실
지방자치단체장은 공매참가를 제한하였을 때에는 그 사실을 한국자산관리공사에 통지하여야 하며, 한국자산관리공사는 공매를 대행함으로써 공매참가를 제한하였을 때에는 그 사실을 해당 지방자치단체장에게 통지하여야 한다.

① 「형법」과의 관계

「지방세징수법」 제87조 각 호의 1에 해당하는 자에 대하여는 「형법」 제136조(공무집행방해) 및 제315조(경매, 입찰의 방해) 등 형벌규정의 적용에 의한 처벌의 유무에 관계없이 공매참가를 제한할 수 있다(지징예 법87 - 1).

② 입찰자 또는 경매인의 신분증명

지방자치단체장은 공매참가자를 제한하기 위하여 필요하다고 인정하는 때에는 공매참가자에 대하여 신분에 관한 증명을 요구할 수 있다(지징예 법87-2).

③ 공매참가를 방해한 사실

공매가 중지 또는 연기되었다고 위장 진술하여 다른 사람을 공매에 참가하지 못하게 하거나 공매에 참가하면 폭행을 가한다고 협박한 사실 또는 공매장소에의 입장을 압력으로 방해한 사실 등을 말한다. 이 경우 방해의 결과로 방해받은 자가 공매에 참가한지의 여부는 불문한다(지징예 법87-3).

④ 최고가격입찰자의 결정을 방해한 사실

공매담당 직원에게 폭행을 가하여 최고가격입찰자의 결정을 방해한 사실 또는 최고가격입찰자의 추첨(법 제88조 제4항 참조)에 참가할 자에게 협박하여 추첨에 참가하지 못하게 한 사실 등을 말한다(지징예 법87-4).

⑤ 매수대금납부를 방해한 사실

매수대금의 납부를 못하도록 매수자에게 압력을 가하거나 매수대금을 납부하는 것이 극히 불이익이 된다고 매수자를 속이는 행위 등을 말한다(지징예 법87-5).

⑥ 부당하게 담합한 사실

"부당하게 가격을 떨어뜨릴 목적으로 담합한 사실"이라 함은 공매 시의 공매가격을 인하하기 위하여 경쟁에 의한 공정한 가격의 형성을 방해할 목적으로 공매참가자 상호간에 어느 가액 이상의 입찰을 하지 아니하여 특정의 자에게 저가로 매수하게 하도록 합의 약정한 사실을 말한다(지징예 법87-6).

⑦ 허위명의로 매수신청한 사실

가공인물의 명의를 사용하는 경우 외에 실재하는 타인명의를 사용하여 매수신청한 경우를 포함한다(지징예 법87-7).

(16) 입찰과 개찰 등(지징법 §88, 구 지기법 §93-25)

1) 입찰

'입찰'이라 함은 압류재산의 매수 청약자에게 각자 주소, 거소, 성명, 매수재산 명칭, 입찰가격, 입찰보증금, 기타 필요한 사항을 기재한 입찰로서 매수의 신청을 하게 하여 매각결정을 행하고 그 자를 매수인으로 정하는 방법을 말하며, 입찰하려는 자는 그 주소·거소·성명, 매수하려는 재산의 명칭, 입찰가격, 공매보증금, 그 밖에 필요한 사항을 적어 개찰이 시작되기 전에 공매를 집행하는 공무원에게 제출하여야 한다.

입찰자는 이미 제출한 입찰서의 교환·변경 또는 취소를 할 수 없다(지징예 법88-1).

2) 개찰

'개찰'은 입찰이 전부 완료한 후 입찰자들이 면전에서 세무공무원 또는 한국자산관리공사 직원이 이를 공개하여 행하는바, 개찰은 공매를 집행하는 공무원이 공개하여 하고 각각 적힌 입찰가격을 불러 입찰조서에 기록하여야 하며, 공매를 집행하는 공무원은 입찰서의 제출을 마감한 후 공매공고에 기재한 장소 및 일시에 공개하여 개찰하여야 한다(지징예 법88-2).

공매를 집행하는 공무원이 개찰을 하는 경우에는 입찰자를 입회시켜야 하며, 개찰의 장소에 입찰자가 없거나 입찰자가 입회하지 아니한 때에는 입찰사무에 관계없는 세무공무원을 입회시켜야 한다(지징예 법88-3).

3) 낙찰자 결정

공매를 입찰의 방법에 의한 때에는 매각예정가격 이상인 최고액의 입찰자를 낙찰자로 한다. 개찰결과 입찰자가 단일인으로서 그 입찰가격이 매각예정가격 이상이고 제 조건에 합당하는 경우에는 이를 낙찰자로 하여야 하며, 낙찰이 될 가격의 입찰을 한 자가 2인 이상이 있을 때에는 즉시 추첨으로 낙찰자를 정한다. 이 경우에 해당 입찰자 중 출석하지 아니한 자 또는 추첨을 하지 아니한 자가 있을 때에는 입찰 사무에 관계없는 공무원으로 하여금 이를 대신하여 추첨하게 할 수 있다.

① 낙찰자 결정의 조건(지징예 법88-4)

낙찰자는 다음의 모든 조건을 충족하는 자로 결정한다.
- ㉠ 낙찰자로 결정하려는 자의 입찰가격이 매각예정가격 이상이고 최고액의 입찰자일 것
- ㉡ 공매보증금을 받는 경우에는 소정의 공매보증금을 납부한 자일 것
- ㉢ 「지방세징수법」제77조(매수인의 제한) 및 제87조(공매참가의 제한) 또는 기타 법령에 의하여 매수인이 될 수 없는 자가 아닐 것
- ㉣ 공매재산의 매수에 일정한 자격이나 조건을 필요로 하는 경우(예 : 「주세법」에 의한 주정을 공매하는 때)에는 그 자격이나 조건을 구비한 자일 것

② 매각구분별 낙찰자의 결정(지징예 법88-5)

최고액입찰자는 공매재산의 매각구분별로 결정한다. 따라서 일괄입찰을 매각조건으로 한 경우에는 일괄입찰가액에 의하여 낙찰자를 결정하고 개별매각을 조건으로 한 경우에는 개별입찰가액에 의하여 낙찰자를 결정한다.

4) 재입찰

개찰결과 매각예정가격 이상으로 입찰한 자가 없을 때에는 즉시 그 장소에서 재입찰에 부칠 수 있다. 재입찰을 할 수 있는 경우는 입찰자가 없거나 매각예정가격 이상인 입찰가격의 입찰자가

없는 때에 한하며, 재입찰에 있어서 매각예정가격의 변경은 허용되지 아니한다(지징예 법88 - 6).

(17) 공유자의 우선매수권(지징법 §89, 구 지기법 §93 - 26)

공매재산이 공유물의 지분인 경우 공유자는 매각결정 기일 전까지 공매보증금을 제공하고 매각예정가격 이상인 최고입찰가격과 같은 가격으로 공매재산을 우선매수하겠다는 신고를 할 수 있으며, 2021년 이후 체납자의 배우자는 공매재산이 압류된 부부공유의 동산 또는 유가증권인 경우 상기를 준용하여 공매재산을 우선매수하겠다는 신고를 할 수 있다. 이에 따른 우선매수 신고가 있는 경우 그 공유자 또는 체납자의 배우자(2021년 이후 적용)에게 매각한다는 결정을 하여야 한다.

여러 사람의 공유자가 우선매수하겠다는 신고를 하고 매각결정의 절차를 마쳤을 때에는 특별한 협의가 없으면 공유지분의 비율에 따라 공매재산을 매수하게 한다. 지방자치단체장은 매각결정된 경우에 매수인이 매각대금을 납부하지 아니하였을 때에는 매각예정가격 이상인 최고액의 입찰자에게 다시 매각결정을 할 수 있다.

(18) 차순위 매수신고(지징법 §90, 구 지기법 §93 - 27)

낙찰자가 결정된 후에 해당 낙찰자 외의 입찰자는 매각결정 기일 전까지 공매보증금을 제공하고 매수인이 「지방세징수법」 제92조의 2 제4항에 따라 배분기일에 차액납부를 하지 아니하거나 같은 조 제6항에 따라 이의가 제기된 금액을 납부하지 아니한 경우(2024.7.1.부터 적용) 또는 최고하여도 매수인이 매수대금을 지정된 기한까지 미납부 사유로 매각결정이 취소되는 경우에 최고입찰가격에서 공매보증금을 뺀 금액 이상의 가격으로 공매재산을 매수하겠다는 신고("차순위 매수신고")를 할 수 있다. 차순위 매수신고를 한 자("차순위 매수신고자")가 둘 이상인 경우에 지방자치단체장은 최고액의 매수신고자를 차순위 매수신고자로 정한다. 다만, 최고액의 매수신고자가 둘 이상인 경우에는 추첨으로 차순위 매수신고자를 정한다.

지방자치단체장은 차순위 매수신고가 있는 경우에 매수인이 「지방세징수법」 제92조의 2 제4항에 따라 배분기일에 차액납부를 하지 아니하거나 같은 조 제6항에 따라 이의가 제기된 금액을 납부하지 아니한 경우(2024.7.1.부터 적용) 또는 최고하여도 매수인이 매수대금을 지정된 기한까지 미납부 사유로 매각결정을 취소한 날부터 3일(2023.3.14. 이후 공매공고분부터 토요일, 일요일, 공휴일 및 대체공휴일은 제외) 이내에 차순위 매수신고자를 매수인으로 정하여 매각결정을 할 것인지 여부를 결정하여야 한다. 다만, 다음의 사유가 있는 경우에는 차순위 매수신고자에게 매각결정을 할 수 없다.

① 다음에 해당하는 경우
　㉠ 매각결정 전에 공매 중지 사유가 있는 경우
　㉡ 공유자가 우선매수의 신고를 한 경우
　㉢ 그 밖에 매각결정을 할 수 없는 중대한 사실이 있다고 지방자치단체장이 인정하는 경우

② 차순위 매수신고자가 공매참가의 제한을 받는 자로 확인된 경우

(19) 재공매(지징법 §91, 구 지기법 §93 – 28)

1) 재공매 사유

재산을 공매하여도 매수 희망자가 없거나 입찰가격이 매각예정가격 미만인 경우, 공매재산의 매수인이 「지방세징수법」 제92조의 2 제4항에 따라 배분기일에 차액납부를 하지 아니하거나 같은 조 제6항에 따라 이의가 제기된 금액을 납부하지 아니한 경우(2024.7.1.부터 적용) 및 최고하여도 매수인이 매수대금의 납부기한까지 대금을 미납부 사유로 매각결정을 취소한 경우 재공매한다. 재공매를 하는 경우에는 직전의 공매상황 등에 따라 매각예정가격, 공매의 장소, 공매방법, 매각구분 등 공매조건을 변경할 수 있다(지징예 법91 – 1).

2) 재공매 절차

재공매의 경우에는 최초 공매에 관하여 적용하여야 하는 공고 및 송달 등의 「지방세기본법」 제93조의 11부터 제93조의 15까지 및 제93조의 17부터 제93조의 27까지의 규정을 준용한다. 다만, 지방자치단체장은 10일의 공매공고기간에도 불구하고 공매공고 기간을 5일까지 단축할 수 있다.

3) 매각예정가격의 체감

지방자치단체장은 재공매할 때마다 매각예정가격의 10%에 해당하는 금액을 차례로 줄여 공매하며, 매각예정가격의 50%에 해당하는 금액까지 차례로 줄여 공매하여도 매각되지 아니할 때에는 새로 매각예정가격을 정하여 재공매할 수 있다. 다만, 매각예정가격 이상으로 입찰한 자가 없어서 즉시 재입찰에 부친 때에는 그러하지 아니하다.

한편, 공매재산에 심한 가격변동이 있어 매각예정가격이 부적당하다고 인정되는 때에는 그 시가에 따라 새로이 매각예정가격을 정하여야 한다(지징예 법91 – 2).

(20) 매각결정 및 매수대금의 납부기한 등(지징법 §92, 구 지기법 §93 – 29)

1) 매각결정

지방자치단체장은 낙찰자를 결정한 때에는 낙찰자를 매수인으로 정하여 다음의 사유가 없으면 매각결정 기일에 매각결정을 하여야 한다.
① 매각결정 전에 공매 중지 사유가 있는 경우
② 매수가 제한된 자(2025년 이후) 또는 낙찰자가 공매참가의 제한을 받는 자로 확인된 경우
③ 공유자가 우선매수의 신고를 한 경우
④ 그 밖에 매각결정을 할 수 없는 중대한 사실이 있다고 지방자치단체장이 인정하는 경우

또한 지방자치단체장은 상기의 사유로 매각결정을 할 수 없을 때에는 낙찰자에게 그 사유를 통지하여야 하며, 공매등대행기관은 공매를 대행함으로써 통지를 하였을 때에는 지체 없이 그 사실을 해당 지방자치단체장에게 통지하여야 한다(지징령 §85).

상기에서 "매각결정"이라 함은 지방자치단체장이 공매에 있어서의 낙찰자 또는 경락자나 수의계약에 의한 매각에 있어서의 매수인이 될 자("최고가 청약자 등")에 대하여 그 매수의 청약을 한 재산을 그들에게 매각하기로 결정하는 처분을 말한다(지징예 법92-1).

2) 매각결정의 효과

매각결정은 매각하는 재산에 대하여 체납자(「지방세기본법」 제75조의 양도담보권자, 물상보증인 등 포함)와 최고가 청약자 등(92-1 참조)과의 사이에 매매계약이 성립하는 효과를 발생한다(지징예 법92-2).

3) 매각결정 통지서의 교부

매각결정의 효력은 매각결정 기일에 매각결정을 한 때에 발생하며, 지방자치단체장은 매각결정을 하였을 때에는 매수인에게 매수대금의 납부기한을 정하여 매각결정 통지서를 발급하여야 한다. 다만, 권리 이전에 등기 또는 등록을 필요로 하지 아니하는 재산의 매수대금을 즉시 납부시킬 때에는 구술로 통지할 수 있다.

4) 납부기한의 결정

납부기한은 매각결정을 한 날부터 7일 내로 한다. 다만, 지방자치단체장이 필요하다고 인정할 때에는 그 납부기한을 30일을 한도로 연장할 수 있다.

2025년 이후 공매공고를 하는 경우부터[법 부칙(2024.12.31.) §2] 지방자치단체장은 낙찰자가 공매재산의 매수인이 되기 위하여 다른 법령에 따라 갖추어야 하는 자격을 갖추지 못한 경우에는 매각결정 기일을 1회에 한정하여 당초 매각결정 기일부터 10일 이내의 범위에서 연기할 수 있다.

- ☞ 한국자산관리공사에서는 낙찰가격을 기준 1,000만 원 미만은 매각결정일로부터 7일, 1,000만 원 이상은 매각결정일로부터 30일로 지정
- ☞ "필요하다고 인정하는 때"의 의미
  매각재산가액의 고액, 천재·지변 등의 사유로 매수자가 매수대금을 7일 내에 납부할 수 없다고 인정되거나 기타 납부기한을 연장하는 것이 매각에 유리하다고 지방자치단체장이 인정하는 때를 말함(지징예 법92-3).

(21) 매수대금의 차액납부(지징법 §92-2)

2024.7.1. 이후 공매공고를 하는 경우부터 공매재산에 대하여 저당권이나 대항력 있는 임차권 등을 가진 매수신청인으로서 공매재산에 ① 저당권, 전세권 또는 가등기담보권, ② 대항력 있는 임차권 또는 등기된 임차권 권리를 가진 매수신청인은 매각결정 기일 전까지 지방자치단체장에

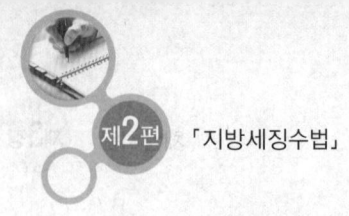

게 자신에게 배분될 금액을 제외한 금액을 매수대금으로 납부("차액납부")하겠다는 신청을 할 수 있다.

이에 따른 신청을 받은 지방자치단체장은 그 신청인을 매수인으로 정하여 매각결정을 할 때 차액납부 허용 여부를 함께 결정하여 통지하여야 한다. 이 경우 지방자치단체장은 차액납부 허용 여부를 결정할 때 차액납부를 신청한 자가 다음의 어느 하나에 해당하는 경우에는 차액납부를 허용하지 아니할 수 있다.

① 배분요구의 종기까지 배분요구를 하지 아니하여 배분받을 자격이 없는 경우
② 배분받으려는 채권이 압류 또는 가압류되어 지급이 금지된 경우
③ 배분순위에 비추어 실제로 배분받을 금액이 없는 경우
④ 그 밖에 ①~③에 준하는 사유가 있는 경우

지방자치단체장은 차액납부를 허용하기로 결정한 경우에는 대금납부기한을 정하지 아니하며, 하기에 따른 배분기일에 매수인에게 차액납부를 하게 하여야 하며, 차액납부를 허용하기로 결정한 경우에는 그 결정일부터 30일 이내의 범위에서 배분기일을 정하여 배분하여야 한다. 다만, 30일 이내에 배분계산서를 작성하기 곤란한 경우에는 배분기일을 30일 이내의 범위에서 연기할 수 있으며, 지방자치단체장으로부터 차액납부를 허용하는 결정을 받은 매수인은 그가 배분받아야 할 금액에 대하여 이의가 제기된 경우 이의가 제기된 금액을 이에 따른 배분기일에 납부하여야 한다.

(22) 매수대금의 납부최고(지징법 §93, 구 지기법 §93 – 30)

지방자치단체장은 매수인이 매수대금을 지정된 기한까지 납부하지 아니하였을 때에는 다시 기한을 지정하여 최고하여야 한다. 매수대금 납부최고를 하는 때에는 납부기한을 최고일로부터 10일 내로 정한다.

(23) 매수대금 납부의 효과(지징법 §94, 구 지기법 §93 – 31)

매수인은 매수대금을 납부한 때에 매각재산을 취득하며, 지방자치단체장이 매수대금을 수령한 때에는 그 한도에서 체납자로부터 체납액을 징수한 것으로 본다.

① 권리의 취득

매수인은 매수대금을 납부한 때에는 매각재산을 취득한다. 여기서 "매각재산을 취득한다"라 함은 매수인이 체납자로부터 매각재산을 승계적으로 취득함을 말한다(지징예 법94 – 1). 따라서 매 각결정은 체납자와 매수인과의 사이의 매매계약이며 그 권리취득의 관계는 승계취득이 된다.

② 체납액의 징수

지방자치단체장이 매수인으로부터 매수대금을 수령한 때에는 그 한도에서 체납자로부터 체납 액을 징수한 것으로 본다. 여기서 "징수한 것으로 본다"라 함은 공매를 집행하는 공무원이 매각

대금을 영수한 때에 그 매각대금에 관한 위험(예 : 유실·도난 등)의 부담을 체납자가 면하는 것(따라서 매수대금의 영수 후 위험이 발생하여도 체납자의 지방세를 소멸시키는 효과에는 영향이 없다)과 당해 체납액에 관한 납부지연가산세(2023.12.31. 이전 납세의무성립분은 중가산금)의 계산(지징법 §31 참조)이 매각대금을 영수한 시점에서 정지되는 것을 말한다(지징예 법94-3).

③ 담보물권 등의 소멸

체납처분에 의한 공매에 의하여 재산을 매각한 경우 그 매각재산상의 담보물권 등의 특정한 권리는 매수인이 매수대금을 납부한 때에 취소된다.

④ 매수대금의 불납 효과

㉠ 매각결정의 취소

매수인이 매수대금의 납부최고를 받고 그 지정된 기한까지 매수대금의 납부를 하지 아니할 때에는 매각결정을 취소한다. 이 경우에 계약보증금은 국고 또는 지방자치단체의 금고 등에 귀속한다(국징법 §78 ②).

㉡ 매각결정취소의 통지

매수인이 매수대금을 최고한 납부기한까지 납부하지 아니하여 매각결정을 취소한 때에는 그 뜻을 매수인에게 통지하여야 한다(국징법 §78 ①).

⑤ 위험부담의 이전시기

매각재산의 매각에 따른 위험부담의 이전시기는 매수대금의 전액을 납부한 때로 한다. 따라서 매각재산의 매수인으로부터 매수대금의 전액을 납부받기 전에 그 재산상에 생긴 위험(예를 들면, 소실·도난 등)은 체납자가 부담하고 매수대금의 납부가 있은 후에 그 재산상에 생긴 위험은 그 재산의 등기절차, 현실의 인도 유무에 불구하고 매수인이 부담한다(지징예 법94-2).

(24) 매각결정의 취소(지징법 §95, 구 지기법 §93 – 32)

지방자치단체장은 다음의 어느 하나에 해당하는 경우에는 압류재산의 매각결정을 취소하고 그 사실을 매수인에게 통지하여야 한다.
① 매각결정을 한 후 매수인이 매수대금을 납부하기 전에 체납자가 매수인의 동의를 받아 압류와 관련된 체납액을 납부하고 매각결정의 취소를 신청하는 경우
② 매수인이 「지방세징수법」 제92조의 2 제4항에 따라 배분기일에 차액납부를 하지 아니하거나 같은 조 제6항에 따라 이의가 제기된 금액을 납부하지 아니한 경우(2024.7.1.부터 적용)
③ 최고하여도 매수인이 매수대금을 지정된 기한까지 납부하지 아니하는 경우
상기 ①에 해당하여 압류재산의 매각결정을 취소하는 경우 공매보증금은 매수인에게 반환하며, ②와 ③에 해당하여 압류재산의 매각결정을 취소하는 경우 공매보증금은 체납처분비, 압류와 관계되는 지방세·가산금(2023.12.31. 이전 납세의무성립분만 적용)의 순으로 충당하고 그 남은

금액은 체납자에게 지급한다.

한국자산관리공사는 공매를 대행함으로써 매각결정을 취소하였을 때에는 지체 없이 그 사실을 해당 지방자치단체장에게 통지하여야 한다.

매각결정이 취소된 때에는 매수인에게 통지함과 동시에 이해관계인(체납자 등)에게도 되도록 서면으로 통지한다(지징예 법95-1).

(25) 매각재산의 권리이전 절차(지징법 §96, 구 지기법 §93-33)

매각재산에 대하여 체납자가 권리이전의 절차를 밟지 아니할 때에는 지방자치단체장이 대신하여 그 절차를 밟는다.

지방자치단체장 또는 공매등대행기관은 매각재산의 권리이전 절차를 밟을 때에는 권리이전의 등기 또는 등록이나 매각에 수반하여 소멸되는 권리의 말소등기 촉탁서에 다음의 문서를 첨부하여 촉탁하여야 한다(지징령 §89).

① 매수인이 제출한 등기청구서

② 매각결정통지서 또는 그 등본이나 배분계산서 등본

① 동산 등의 인도

지방자치단체장 또는 공매등대행기관이 매각한 동산·유가증권 또는 자동차·건설기계로서 보관중의 것은 매수인이 매수대금을 납부한 때에 이를 매수인에게 인도하여야 하며, 이 경우에 그 재산을 「지방세징수법」 제49조 단서(동산·유가증권의 제3자 보관) 등의 규정에 의하여 체납자 또는 제3자에 보관시키고 있는 경우에는 같은 법 제64조 제3항(제3자에게 압류재산을 보관하게 한 경우의 압류해제) 및 제4항(압류재산 인도위촉)의 규정을 준용하여 매수인에게 인도한다(지징예 법96-1).

② 유가증권의 배서 등

지방자치단체장 또는 공매등대행기관은 매각한 유가증권을 매수인에게 인도하는 경우에는 그 증권에 관한 권리의 이전에 대하여 체납자의 배서·명의변경 등 절차가 필요한 때에는 이들 절차의 이행을 체납자에게 요구한다. 다만, 체납자가 이에 응하지 않는 경우에는 그 증권에 관한 권리가 지방세 체납처분에 의하여 매수인에게 이전되었음을 표시하는 확인서를 지방자치단체장 또는 한국자산관리공사의 명의로 발급한다(지징예 법96-2).

③ 채권 등의 권리이전절차

지방자치단체장 또는 공매등대행기관은 매각한 채권 또는 제3채무자가 있는 무체재산권 등의 매수인이 그 매수대금을 납부한 경우에는 점유한 채권증서, 권리증서 등을 매수인에게 인도하고 매수인의 권리취득을 확실하게 하기 위하여 필요한 조치를 취한다(지징예 법96-3).

④ 매수인이 제3취득자인 경우의 권리이전

매각재산의 매수인이 제3취득자(압류의 등기·등록 후 소유권을 취득한 자)인 때에도 매각재산의 권리이전절차를 밟아야 한다(지징예 법96-4).

⑤ 담보책임

「민법」 제578조(경매와 매도인의 담보책임)는 압류재산의 매각의 경우에 준용한다(지징예 법96-5).

⑥ 매각에 수반하여 소멸되는 권리(지징예 법96…영89-1)

"매각에 수반하여 소멸되는 권리"에는 다음의 것이 있으며, 이들 권리는 매수인이 매수대금을 납부한 때에 소멸하는 것으로 한다.

ㄱ 매각재산상에 설정된 저당권 등의 담보물권
ㄴ ㄱ의 소멸하는 담보물권 등에 대항할 수 없는 용익물권, 등기된 임차권
ㄷ 기타 압류에 대항할 수 없는 권리

(26) 국유·공유 재산의 매각 통지(지징령 §90, 구 지기령 §81-28)

지방자치단체장은 체납처분에 따라 국유·공유 재산을 매수한 자가 그 매수대금을 완납하였을 때에는 체납자가 해당 국유·공유 재산의 매수대금 중 아직 지급하지 못한 금액을 납입함과 동시에 매각사실을 관계 관서에 통지하여야 하며, 통지를 받은 관계 관서는 소유권 이전에 관한 서류를 매수인에게 발급하여야 한다.

제11절 청산

❶ 배분금전의 범위(지징법 §97, 구 지기법 §93-34)

지방자치단체장은 압류한 금전, 채권·유가증권·무체재산권 등의 압류로 인하여 체납자 또는 제3채무자로부터 받은 금전, 압류재산의 매각대금과 그 매각대금의 예치이자 및 교부청구에 의하여 받은 금전을 다음에 의하여 배분하여야 한다.

> **사례** 「국세징수법」에 의한 공매처분에 대하여 특단의 사정이 없는 한 가처분이 있다하여 우선권을 주장할 수 없음(대법원 73다905, 1974.1.15.).

> **사례** 배당 이의의 소의 절차로 배당표를 다툴 수 없음(대법원 2005다15765, 2006.3.10.)
> 채권가압류를 이유로 한 제3채무자의 공탁은 압류를 이유로 한 제3채무자의 공탁과 달리 그 공탁금으로부터 배당을 받을 수 있는 채권자의 범위를 확정하는 효력이 없고, 가압류의 제3채무자가 공탁을

하고 공탁사유를 법원에 신고하더라도 배당절차를 실시할 수 없으며, 공탁금에 대한 채무자의 출급청구권에 대하여 압류 및 공탁사유신고가 있을 때 비로소 배당절차를 실시할 수 있다고 할 것이다. 기록에 의하면, 이 사건에서는 피고와 주식회사 ○○은행을 각 채권자로 하는 각 채권가압류결정이 있었을 뿐, 채무자 ○○○산업의 공탁금에 대한 출급청구권에 대하여 압류조차 없었던 사실을 인정할 수 있으므로, 앞서 본 법리에 의하면 배당절차를 실시할 수 없다고 할 것이어서 대전지방법원 ○○지원이 2003타기620호로 배당절차를 실시한 것은 위법하다고 할 것이고, 따라서 원고로서도 배당실시의 위법을 이유로 집행에 관한 이의를 제기하여 배당표를 취소시키거나 그 밖의 방법으로 위법한 배당절차의 시정을 구하는 것은 별론으로 하고, 배당 이의의 소의 절차로 배당표를 다툴 수는 없다 할 것임.

② 배분기일의 지정(지징법 §98, 구 지기법 §93-35)

지방자치단체장은 압류한 금전, 채권·유가증권·무체재산권 등의 압류로 인하여 체납자 또는 제3채무자로부터 받은 금전, 압류재산의 매각대금과 그 매각대금의 예치이자의 금전을 배분하려면 체납자, 제3채무자 또는 매수인으로부터 해당 금전을 받은 날부터 30일 이내에서 배분기일을 정하여 배분하여야 하나, 30일 이내에 배분계산서를 작성하기 곤란한 경우에는 배분기일을 30일 이내에서 연기할 수 있다. 배분기일을 정하였을 때에는 체납자, 채권신고대상채권자 및 배분요구를 한 채권자("체납자등")에게 통지하여야 하나, 체납자등이 외국에 있거나 있는 곳이 분명하지 아니할 때에는 통지하지 아니할 수 있다.

③ 배분방법(지징법 §99, 구 지기법 §93-36)

지방자치단체장은 하기 1)의 배분이나 2)의 충당을 할 때 지방세에 우선하는 채권이 있음에도 불구하고 배분 순위의 착오나 부당한 교부청구 또는 그 밖에 이에 준하는 사유로 체납액에 먼저 배분하거나 충당한 경우에는 그 배분하거나 충당한 금액을 지방세에 우선하는 채권자에게 지방세환급금 환급의 예에 따라 지급한다.

1) 채권·유가증권·무체재산권 등의 압류로 인하여 체납자 또는 제3채무자로부터 받은 금전, 압류재산의 매각대금과 그 매각대금의 예치이자의 금전

다음의 체납액과 채권에 배분하나, 배분요구의 종기까지 배분요구를 하여야 하는 채권의 경우에는 배분요구를 한 채권에 대해서만 배분한다. 금전을 배분하거나 충당하고 남은 금액이 있을 때에는 체납자에게 지급하여야 한다.
① 압류재산에 관계되는 체납액
② 교부청구를 받은 체납액·국세 또는 공과금
③ 압류재산에 관계되는 전세권·질권 또는 저당권에 의하여 담보된 채권
④ 「주택임대차보호법」 또는 「상가건물 임대차보호법」에 따라 우선변제권이 있는 임차보증금 반환채권

⑤ 「근로기준법」 또는 「근로자퇴직급여 보장법」에 따라 우선변제권이 있는 임금, 퇴직금, 재해
보상금 및 그 밖에 근로관계로 인한 채권
⑥ 압류재산에 관계되는 가압류채권
⑦ 집행력 있는 정본에 의한 채권

매각대금이 상기 체납액과 채권의 총액보다 적을 때에는 「민법」이나 그 밖의 법령에 따라 배
분할 순위와 금액을 정하여 배분하여야 한다.

2) 압류한 금전과 교부청구에 의하여 받은 금전

각각 그 압류 또는 교부청구에 관계되는 체납액에 충당하며, 금전을 배분하거나 충당하고 남은
금액이 있을 때에는 체납자에게 지급하여야 한다.

3) 배분할 금액의 확정

지방자치단체장 또는 한국자산관리공사는 「지방세징수법」 제99조 규정에 의하여 배분의 대상
이 될 채권의 금액을 확정하여야 하며, 이를 위하여 필요한 경우에는 체납자 및 채무자에 대하여
질문하거나 그 재산에 관한 장부서류의 제시요구 등 협조를 요청할 수 있다(지징예 법99-1).

4) 압류 후에 설정한 전세권 · 질권 · 저당권

배분을 받는 채권의 범위에는 압류재산에 관계되는 전세권, 질권 또는 저당권에 의하여 담보된
채권으로서 압류 후에 설정한 전세권 · 질권 또는 저당권 등에 의하여 담보된 채권을 포함한다(지
징예 법99-2).

5) 배분잔액의 양도담보권자 등에 지급

배분한 금전의 잔액은 체납자에게 지급하여야 하나, 매각한 재산이 양도담보재산 또는 물상보
증인에 관한 것인 때에는 배분한 금전의 잔액은 이들 양도담보권자 또는 압류시의 담보물의 소유
자에게 지급하며, 압류재산에 대하여 압류 후 소유권이 이전된 경우에 배분한 금전에 잔액이 있
는 때에는 그 잔여의 금전은 최종소유자에게 지급한다(지징예 법99-3).

6) 파산관재인 등에 대한 지급

배분금전의 잔액은 체납자에게 지급하여야 하나 체납자에게 파산선고가 있는 경우에는 파산
관재인(「채무자 회생 및 파산에 관한 법률」 §384 참조), 체납자에게 회생절차 개시결정이 있는 경우에
는 관리인(「채무자 회생 및 파산에 관한 법률」 §56 참조) 등 타 법령에 따라 체납자 이외의 자에게
지급하여야 할 경우가 있음을 유의하여야 한다(지징예 법99-4).

7) 가압류 · 가처분재산의 매각대금 잔액배분

지방자치단체장이 체납자의 재산 중 재판상의 가압류 또는 가처분을 받은 재산을 압류하여 공

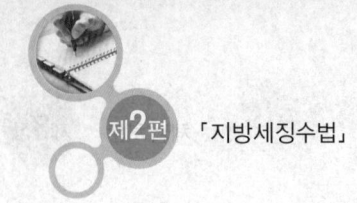
매처분하고 그 매각대금으로 지방세에 충당한 후 잔액이 남은 경우 그 잔액은 체납자에게 지급한다. 다만, 압류 후 소유권이 제3자에게 이전된 경우에는 제3자에게 배분한다(지징예 법99-5).

8) 배분순위의 착오

"배분순위의 착오"라 함은 지방자치단체장이 「지방세징수법」 제97조에 규정하는 금전을 배분함에 있어서 지방세에 우선하는 채권이 있음에도 불구하고 그러한 채권의 존재를 알지 못하거나 그러한 금액을 잘못 판단하는 것을 말한다(지징예 법99-6).

9) 교부청구의 부당

"교부청구의 부당"이라 함은 지방자치단체장이 「지방세징수법」 제66조 규정에 의하여 교부청구를 함에 있어서 지방세채권의 금액을 잘못 판단하여 과다하게 청구하였거나 해당 지방세가 없음에도 불구하고 착오로 청구하는 것을 말한다(지징예 법99-7).

❹ 국유·공유 재산 매각대금의 배분(지징법 §100, 구 지기법 §93-37)

압류한 국유 또는 공유 재산에 관한 권리의 매각대금의 배분 순위는 다음의 순서에 따른다.
① 국유 또는 공유 재산의 매수대금 중 체납자가 아직 지급하지 못한 금액을 지급
② 체납액에 충당
③ ①에 따라 지급하거나 ②에 따라 충당하고 남은 금액을 체납자에게 지급

❺ 배분계산서 작성(지징법 §101, 구 지기법 §93-38)

지방자치단체장은 금전을 배분할 때에는 배분계산서 원안(原案)을 작성하고, 이를 배분기일 7일 전까지 갖추어 두어야 한다. 체납자등은 지방자치단체장에게 교부청구서, 감정평가서, 채권신고서, 배분요구서, 배분계산서 원안 등 배분금액 산정의 근거가 되는 서류의 열람 또는 복사를 신청할 수 있으며, 지방자치단체장은 열람 또는 복사의 신청을 받았을 때에는 이에 따라야 한다.

매각재산의 매수자가 매수대금을 완납한 때에는 지방자치단체장 또는 한국자산관리공사는 지체 없이 배분계산서를 작성한다(지징예 법101-1).

❻ 배분계산서에 대한 이의 등(지징법 §102, 구 지기법 §93-39)

(1) 이의제기

배분기일에 출석한 체납자등은 배분기일이 끝나기 전까지 자기의 채권에 관계되는 범위에서 배분계산서 원안에 기재된 다른 채권자의 채권 또는 채권의 순위에 대하여 이의를 제기할 수 있

으며, 체납자는 배분기일에 출석하지 아니하였을지라도 배분계산서 원안이 비치된 이후부터 배분기일이 끝나기 전까지 서면으로 이의를 제기할 수 있다.

2024.1.1. 이후 지방자치단체장은 다음의 구분에 따라 배분계산서를 확정하여 배분을 실시하고, 확정되지 아니한 부분에 대해서는 배분을 유보한다.

① **이의제기가 있는 경우**

ㄱ 지방자치단체장이 이의제기가 정당하다고 인정하거나 배분계산서 원안과 다른 내용으로 체납자등이 한 합의가 있는 경우

　정당하다고 인정된 이의제기의 내용 또는 합의에 따라 배분계산서를 수정하여 확정

ㄴ 지방자치단체장이 이의제기가 정당하다고 인정하지 아니하고 배분계산서 원안과 다른 내용으로 체납자등이 한 합의도 없는 경우

　배분계산서 중 이의제기가 없는 부분에 한정하여 확정

② **이의제기가 없는 경우 : 배분계산서 원안대로 확정**

배분기일에 출석하지 아니한 채권자는 배분계산서 원안과 같이 배분을 실시하는 데에 동의한 것으로 보고, 그가 다른 체납자등이 제기한 이의에 관계된 경우 그 이의제기에 동의하지 아니한 것으로 본다.

지방자치단체장은 이의제기가 없거나 이의의 내용이 정당하다고 인정하지 아니하는 때에는 배분계산서를 원안대로 즉시 확정하지만, 이의의 내용이 정당하다고 인정하거나 배분계산서 원안과 다른 체납자등의 합의가 있는 때에는 배분계산서 원안을 수정하여 배분계산서를 확정한다.

(2) 배분시기

① 압류한 금전은 그 압류를 한 날
② 채권·유가증권·무체재산권 등의 압류로 인하여 제3자 등으로부터 급부를 받은 금전은 그 급부를 받는 날
③ 압류재산의 매각대금은 그 대금을 수령한 날. 다만, 그 매각대금을 분납하게 된 경우 또는 체납자의 여러 가지 압류재산이 수회에 걸쳐 매각된 경우에는 그 대금을 완납한 날 또는 최후 매각에 따른 매각대금을 수령한 날에 배분함.
④ 교부청구에 의하여 교부받은 금전은 그 교부를 받은 날

7 배분계산서에 대한 이의의 취하 간주(지징법 §102-2)

상기 6의 ① ㄴ에 따라 배분계산서 중 이의제기가 있어 확정되지 아니한 부분이 있는 경우 이의를 제기한 체납자등이 지방자치단체의 장의 배분계산서 작성에 관하여 심판청구등을 한 사실을 증명하는 서류를 배분기일부터 1주일 이내에 제출하지 아니하면 이의제기가 취하된 것으로 본다.

8 배분금전의 예탁(지징법 §103, 구 지기령 §81-29)

2024.1.1. 이후 지방자치단체장은 다음의 어느 하나에 해당하는 사유가 있는 경우 그 채권에 관계되는 배분금전을 「지방회계법」 제38조에 따라 지정된 금고에 예탁하여야 하며, 이에 따라 예탁한 경우에는 그 사실을 체납자등에게 통지하여야 한다.

① 채권에 정지조건 또는 불확정기한이 붙어 있는 경우
② 가압류채권자의 채권인 경우
③ 체납자등이 배분계산서 작성에 대하여 심판청구등을 한 사실을 증명하는 서류를 제출한 경우
④ 그 밖의 사유로 배분금전을 체납자등에게 지급하지 못한 경우

배분한 금전 중 채권자에게 지급하지 못한 것은 이를 한국은행(시, 군 금고 대리점을 포함한다)에 예탁하고, 배분계산서의 등본을 첨부하여 예탁의 사실을 문서로 채권자 또는 체납자에게 통지하여야 한다. 여기서 "채권자"라 함은 「지방세징수법」 제99조(배분방법)의 규정에 의하여 배분금전의 배분을 받는 자를 말한다(지징예 법103-1).

9 예탁금에 대한 배분의 실시(지징법 §103-2)

지방자치단체장은 배분금전을 예탁한 후 다음 어느 하나에 해당하는 사유가 있는 경우 예탁금을 당초 배분받을 체납자등에게 지급하거나 배분계산서 원안을 변경하여 예탁금에 대한 추가 배분을 실시하여야 한다.

① 배분계산서 작성에 관한 심판청구등의 결정·판결이 확정된 경우
② 그 밖에 예탁의 사유가 소멸한 경우

지방자치단체장은 상기에 따라 예탁금의 추가 배분을 실시하려는 경우 당초의 배분계산서에 대하여 이의를 제기하지 아니한 체납자등을 위해서도 배분계산서를 변경하여야 하며, 체납자 등은 상기에 따른 추가 배분기일에 이의를 제기할 경우 종전의 배분기일에서 주장할 수 없었던 사유만을 주장할 수 있다.

① 공매 등의 대행(지징법 §103-3)

(1) 한국자산관리공사 등에 공매대행

지방자치단체장은 다음 업무("공매 등")에 전문지식이 필요하거나 그 밖에 직접 공매 등을 하기에 적당하지 아니하다고 인정하는 경우 대통령령으로 정하는 바에 따라 「한국자산관리공사 설립 등에 관한 법률」에 따른 한국자산관리공사("한국자산관리공사") 또는 지방자치단체조합 (2022.1.1. 이후 적용되나, 조합설립은 2022.2.3. 이후 적용)으로 하여금 공매 등을 대행하게 할수 있다. 이 경우 공매 등은 지방자치단체장이 한 것으로 본다.

① 「지방세징수법」 제71조에 따른 공매
② 「지방세징수법」 제72조에 따른 수의계약
③ 「지방세징수법」 제96조에 따른 매각재산의 권리이전
④ 「지방세징수법」 제97조에 따른 금전의 배분

상기에 따라 압류한 재산의 공매 등을 한국자산관리공사 또는 지방자치단체조합("공매등대행기관")이 대행하는 경우에는 "지방자치단체장" 또는 "지방자치단체"는 "공매등대행기관"으로, "세무공무원" 또는 "공무원"은 "공매등대행기관의 직원(임원 및 지방자치단체에서 파견된 공무원을 포함)"으로 본다.

공매등대행기관이 공매 등을 대행하는 경우에는 「국세징수법 시행규칙」 제41조의 5를 준용하여 수수료를 지급할 수 있다(지징령 §91-8).

공매등대행기관이 상기의 공매, 수의계약 및 금전의 배분을 대행하는 경우 공매등대행기관의 직원은 「형법」이나 그 밖의 법률에 따른 벌칙을 적용할 때에는 세무공무원으로 보며, 공매등대행기관이 대행하는 공매에 필요한 사항으로서 「지방세기본법 시행령」에서 정하지 아니한 것은 행정안전부장관이 공매등대행기관과 협의하여 정한다(지징령 §91-9).

(2) 체납자 등에 대한 공매대행의 통지(지징령 §91-2, 구 지징령 §70)

공매등대행기관에 대행하게 하는 경우에는 공매대행 의뢰서를 공매등대행기관에 보내야 한다. 지방자치단체장은 공매대행의 사실을 체납자, 납세담보물 소유자, 그 재산에 전세권·질권·저당권 또는 그 밖의 권리를 가진 자와 압류재산을 보관하고 있는 자에게 통지하여야 한다.

(3) 압류재산의 인도(지징령 §91-3, 구 지징령 §71)

지방자치단체장은 공매등대행기관에 공매를 대행하게 하였을 때에는 점유하고 있거나 제3자에게 보관하게 한 압류재산을 공매등대행기관에 인도할 수 있다. 이 경우 제3자에게 보관하게

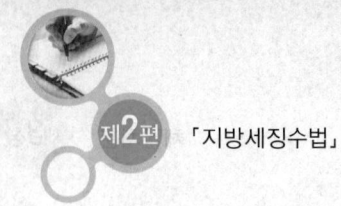

한 재산에 대해서는 그 제3자가 발행한 해당 재산의 보관증을 인도함으로써 재산의 인도를 갈음할 수 있다.

공매등대행기관은 압류재산을 인수하였을 때에는 인계·인수서를 작성하여야 한다.

(4) 압류 해제와 공매참가 제한 통지(지징령 §91 - 4, 구 지징령 §81, §84)

지방자치단체장은 공매등대행기관에 공매를 대행하게 한 후 다음 어느 하나에 해당하는 사유가 발생한 경우 지체 없이 그 사실을 공매등대행기관에 통지해야 한다.
① 매각결정 전에 해당 재산의 압류를 해제한 경우
②「지방세징수법」제87조에 따라 공매참가를 제한한 경우

공매등대행기관은 지방자치단체장으로부터 압류해제의 사실에 관한 통지를 받은 경우 지체 없이 해당 재산의 공매를 취소해야 한다.

(5) 공매등대행기관의 지방자치단체장에 대한 공매공고 등 통지
(지징령 §91 - 5, 구 지징령 §80)

공매등대행기관은 공매를 대행하는 경우 다음 어느 하나에 해당하는 사유가 발생하면 지체 없이 그 사실을 해당 지방자치단체장에게 통지하여야 한다.
① 공매공고를 한 경우
② 공매참가를 제한한 경우
③ 매각 여부를 결정한 경우
④ 매각결정을 취소한 경우
⑤ 공매를 취소한 경우

(6) 매수대금 등의 인계(지징령 §91 - 6, 구 §87)

공매등대행기관은 공매(금전의 배분 제외) 또는 수의계약(2022.1.27. 이전만 적용)을 대행하여 다음의 금액을 수령하였을 때에는 그 금액을 지체 없이 해당 지방자치단체의 세입세출외현금출납원 계좌에 입금하여야 한다.
㉠ 공매보증금
㉡ 매수대금

공매등대행기관은 수령한 공매보증금 등을 세입세출외현금출납원 계좌에 입금하였을 때에는 지체 없이 그 사실을 세입세출외현금출납원에게 통지하여야 한다.

(7) 공매대행 의뢰의 해제 요구(지징령 §91 - 7, 구 지징령 §72)

공매등대행기관은 공매대행을 의뢰받은 날부터 2년이 지나도 공매되지 아니한 재산이 있는 경

우에는 지방자치단체장에게 해당 재산에 대한 공매대행 의뢰를 해제해 줄 것을 요구할 수 있다. 해제 요구를 받은 지방자치단체장은 특별한 사정이 있는 경우를 제외하고는 해제 요구에 따라야 한다.

(8) 수의계약 대행(지징령 §91-10, 구 지징령 §75)

지방자치단체장이 수의계약(수의계약과 관련한 매각재산의 권리이전, 금전의 배분 업무 포함)을 공매등대행기관에 대행하게 하는 경우 대행 의뢰, 압류재산의 인도, 매수대금 등의 인계, 해제 요구, 수수료 등에 관하여는 「지방세징수법 시행령」 제91조의 2~제91조의 9의 규정(제91조의 4 및 제91조의 5는 재산의 압류를 해제함에 따라 공매를 취소하는 부분으로 한정)을 준용한다.

❷ 전문매각기관의 매각대행 등(지징법 §103-4, 지징령 §91-11, §91-12)

2018.3.27. 이후 지방자치단체장은 압류한 재산이 예술적·역사적 가치가 있어 가격을 일률적으로 책정하기 어렵고, 그 매각에 전문적인 식견이 필요하여 직접 매각하기에 적당하지 아니한 물품("예술품 등")인 경우에는 직권이나 납세자의 신청에 따라 예술품 등의 매각에 전문성과 경험이 있는 기관 중에서 전문매각기관을 선정하여 예술품 등의 매각을 대행하게 할 수 있다. 다음 어느 하나에 해당하는 기관 중에서 전문매각기관("전문매각기관")을 선정한다.

① 지방자치단체장이 예술품 등의 매각에 전문성과 경험을 갖춘 기관으로 인정하여 공보 및 해당 지방자치단체의 홈페이지에 공고한 기관
② 국세청장이 「국세징수법 시행령」 제68조의 7 제1항에 따라 관보 및 국세청 홈페이지에 공고한 기관

예술품 등의 매각대행을 신청하려는 납세자는 신청서를 작성하여 지방자치단체장에게 제출하여야 하며, 직권 또는 납세자 신청에 따라 전문매각기관을 선정하여 예술품 등의 매각대행을 의뢰한 경우 매각 대상인 예술품 등을 소유한 납세자에게 그 사실을 통지하여야 한다.

전문매각기관에 예술품 등의 매각을 대행하게 하였을 때에는 직접 점유하고 있거나 제3자에게 보관하게 한 매각 대상 예술품 등을 전문매각기관에 인도할 수 있다. 다만, 제3자에게 보관하게 한 예술품 등에 대해서는 그 제3자가 발행한 해당 예술품 등의 보관증을 인도함으로써 예술품 등의 인도를 갈음할 수 있으며, 전문매각기관은 매각 대상 예술품 등을 인수하였을 때에는 인계·인수서를 작성하여야 한다.

납세자의 신청절차, 전문매각기관의 선정절차 및 예술품 등의 매각절차에 필요한 세부적인 사항은 상기 사항 외에 전문매각기관의 선정 및 예술품 등의 매각 절차에 필요한 세부적인 사항은 지방자치단체의 조례로 정한다.

이에 따라 선정된 전문매각기관 및 전문매각기관의 임직원은 직접적으로든 간접적으로든 매각을 대행하는 예술품 등을 매수하지 못한다.

지방자치단체장은 상기에 따라 전문매각기관이 매각을 대행하는 경우 「국세징수법 시행규칙」 제41조의 5를 준용하여 수수료를 지급할 수 있다(지징령 §91-12).

전문매각기관이 매각을 대행하는 경우 전문매각기관의 임직원은 「형법」 제129조～제132조의 규정을 적용할 때에는 공무원으로 본다.

제13절 체납처분의 중지·유예

❶ 체납처분 중지(지징법 §104, 구 지기법 §94)

(1) 체납처분 집행의 중지

체납처분의 목적물인 총재산의 추산가액이 체납처분비에 충당하고 남을 여지가 없을 때에는 체납처분을 중지하여야 한다. 체납처분의 목적물인 재산이 「지방세기본법」 제99조 제1항 제3호에서 규정하는 채권의 담보가 된 재산인 경우 그 추산가액이 체납처분비와 그 채권금액에 충당하고 남을 여지가 없을 때에도 중지하여야 한다. 체납처분 중지사유에 해당하는 경우 체납자(체납자와 체납처분의 목적물인 재산의 소유자가 다른 경우 체납처분의 목적물인 재산의 소유자)도 체납처분의 중지를 지방자치단체장에게 요청할 수 있다.

상기에도 불구하고 체납처분의 목적물인 재산에 대하여 교부청구 또는 참가압류가 있는 경우 지방자치단체장은 체납처분을 중지하지 아니할 수 있다(2016.1.1. 이후 체납처분 절차를 개시하는 분부터). 그리고 체납처분의 집행을 중지하려는 경우에는 지방세심의위원회의 심의를 거쳐야 한다(2024년 이전에는 심의를 거쳐 그 사실을 1개월간 공고하여야 함)(2017.3.28. 이후 체납처분 집행 중지하는 분부터).

체납처분의 집행을 중지하였을 때에는 해당 재산의 압류를 해제하여야 하며(2024년 이전만 적용), 「지방세징수법」 제106조(정리보류 등)의 규정에 의하여 정리보류(2022.1.27. 이전은 결손처분)를 할 수 있다(지징예 법104-1).

(2) 체납처분 집행의 중지 공고

2024년 이전에는 지방자치단체장은 체납처분 집행을 중지하였을 때에는 지방자치단체의 정보통신망이나 게시판에 체납자의 주소 또는 거소와 성명, 체납액, 체납처분 중지의 이유 및 그 밖에 필요한 사항을 게시하여야 한다. 다만, 필요한 경우에는 관보·공보 또는 일간신문에 게재할 수 있다.

② 체납처분 유예(지징법 §105, 구 지기법 §95)

(1) 요건

체납자가 다음 요건을 어느 하나(2015.12.31. 이전 체납처분 유예를 신청분까지는 모두)에 해당하면 그 체납액에 대하여 체납처분에 따른 재산의 압류나 압류재산의 매각을 유예한 날의 다음 날부터 1년 이내로 하여 체납처분을 유예할 수 있으며, 체납처분이 유예된 체납액을 체납처분 유예기간 내에 분할하여 징수할 수 있다.

① 지방자치단체의 조례로 정하는 기준에 따른 성실납부자로 인정될 때
② 재산의 압류나 압류재산의 매각을 유예함으로써 사업을 정상적으로 운영할 수 있게 되어 체납액을 징수할 수 있다고 인정될 때

체납처분 유예를 하는 경우에 필요하다고 인정하면 이미 압류한 재산의 압류를 해제할 수 있다. 압류를 유예하거나 압류한 재산의 압류를 해제하는 경우에는 그에 상당하는 납세담보의 제공을 요구할 수 있다.

체납처분 유예의 신청·통지·취소통지 등에 관하여는 징수유예 등의 신청 등의 절차를 준용하며, 체납처분 유예의 취소와 체납액의 일시징수에 관하여는 징수유예 등의 취소 절차를 준용한다.

(2) 특례

2018.6.26. 이후 체납처분을 유예하는 분부터 다음 어느 하나에 해당하는 자에 대하여 체납처분을 유예하는 경우(상기에 따라 체납처분을 유예받고 그 유예기간 중에 있는 자에 대하여 유예하는 경우 포함) 그 체납처분 유예의 기간은 체납처분을 유예한 날의 다음 날부터 2년(상기에 따라 체납처분을 유예받은 분에 대해서는 그 유예기간을 포함하여 산정함) 이내로 할 수 있다.

① 다음 어느 하나의 지역에 사업장이 소재한 「조세특례제한법 시행령」 제2조에 따른 중소기업
  ㉠ 「고용정책 기본법」 제32조의 2 제2항에 따라 선포된 고용재난지역
  ㉡ 「고용정책 기본법 시행령」 제29조 제1항에 따라 지정·고시된 지역
  ㉢ 「국가균형발전 특별법」 제17조 제2항에 따라 지정된 산업위기대응특별지역
② 「재난 및 안전관리 기본법」 제60조 제3항에 따라 선포된 특별재난지역(선포일부터 2년으로 한정) 내에서 피해를 입은 납세자

(3) 납부지연가산세(2023.12.31. 이전 납세의무성립분은 중가산금) 부과

징수유예 등의 경우와는 달리 체납처분 유예 시에는 재산압류 유예, 압류재산 매각유예, 압류해제를 하는 것으로서 이 기간 동안에는 납부지연가산세(2023.12.31. 이전 납세의무성립분은 중가산금)는 계속 부과된다.

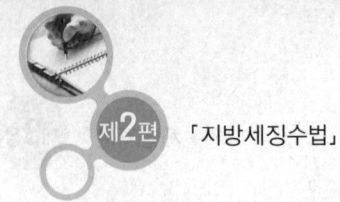

(4) 파산선고받은 경우

체납자가 파산선고를 받은 경우에도 이미 압류한 재산이 있을 때에는 체납처분을 속행하여야
한다.

❸ 정리보류 등(2022.1.27. 이전 결손처분)(지징법 §106, 구 지기법 §96)

(1) 요건

납세자에게 다음 어느 하나에 해당하는 사유가 있을 때에는 정리보류(2022.1.27. 이전은 결손
처분)를 할 수 있다.
① 체납처분이 종결되고 체납액에 충당된 배분금액이 그 체납액보다 적을 때
② 체납처분을 중지하였을 때
③ 지방세징수권의 소멸시효가 완성되었을 때(2022.1.27. 이전만 적용)
④ 체납자가 행방불명이거나 재산이 없다는 것이 판명된 경우
⑤ 「채무자 회생 및 파산에 관한 법률」 제251조에 따라 체납한 회사가 납부의무를 면제받게
　된 경우
2022.1.28. 이후 지방자치단체장은 지방세징수권의 소멸시효가 완성되었을 때에는 시효완성정
리를 하여야 한다.
정리보류(2022.1.27. 이전은 결손처분)를 하려는 때에는 체납자와 관계가 있다고 인정되는 행
정기관에 체납자의 행방 또는 재산의 유무를 확인(「전자정부법」 제36조 제1항 또는 제2항에 따
른 행정정보의 공동이용을 통하여 조회하여 확인하는 것 포함)하여야 한다[체납된 지방세가 30
만 원(2015.5.17. 이전 10만 원) 미만인 때에는 확인하지 아니함].

(2) 정리보류 등(2022.1.27. 이전은 결손처분) 효과

체납자의 행방불명과 무재산 또는 체납처분 중지나 체납처분 후 부족액에 대한 정리보류
(2022.1.27. 이전은 결손처분)는 지방세 징수절차를 중지·유보하는 것이지 납세의무를 소멸시키
는 것이 아니므로 정리보류(2022.1.27. 이전은 결손처분) 기간 중 징수권에 대한 시효는 계속 진
행되는 것이다.

(3) 압류가능 다른 재산 발견으로 인한 체납처분(2022.1.27. 이전은 결손
　　 처분 취소)

1) 체납처분 요건

정리보류(2022.1.27. 이전은 결손처분)를 한 후 압류할 수 있는 다른 재산을 발견하였을 때에는

지체 없이 체납처분(2022.1.27. 이전은 결손처분을 취소하고 체납처분)을 하여야 한다(지방세징수권의 소멸시효가 완성되었을 때는 처분취소하고 체납처분을 할 수 없으므로 더 이상 징수할 방법이 없음).

한편, 2022.1.27. 이전에는 결손처분을 취소한 때에는 당해 결손처분은 당초부터 없었던 것으로 보며, 지방세징수권의 소멸시효는 결손처분이 되어 있었던 기간에 관계없이 당초부터 진행되는 것으로 한다.

1996.12.30. 「국세기본법」 제26조의 개정으로 결손처분이 납부의무소멸사유에서 제외되기 전까지, 즉 1996.12.29. 이전까지의 결손처분은 납세의무소멸사유에 해당되는 것이나 구 「국세징수법」 제86조 제2항에 의거 결손처분을 취소하는 경우에는 당해 결손처분은 당초부터 없었던 것으로 보기 때문에 구 「국세기본법」 제26조의 규정에 의한 납세의무의 소멸사유가 제거되어 납세의무가 계속 유효하게 되는 것이다. 그리고 1996.12.29. 이전 결손처분된 체납자에게 결손처분 후 그 처분 당시 다른 압류할 수 있는 재산이 있었던 것이 발견되거나 결손처분 당시의 은닉재산으로 새로이 취득한 재산이 발견된 때에는 구 「국세징수법」 제86조 제2항에 의거 지체없이 그 처분을 취소하고 체납처분을 하는 것이다.

1996.12.30.~1999.12.31.에 결손처분된 자에 대하여는 구 「국세징수법」 제86조 제2항의 규정(1999.12.28. 법률 제6053호로 개정되기 전)에 의하여 그 처분 당시 다른 압류할 수 있는 재산이 있었던 것을 발견한 경우에만 결손처분을 취소하고 체납처분을 할 수 있는 것이다(조세정책과-146, 2004.2.10.).

> **사례** 결손처분을 할 당시 결손처분사유가 없음에도 불구하고 착오로 부당하게 결손처분을 하였음을 발견하고 이를 시정하는 경우와 같이 하자가 있는 결손처분을 취소하는 것은 가능함(대법원 94다8686, 1994.6.28.).

2) 제2차 납세의무자등이 있는 경우 정리보류 등(2022.1.27. 이전은 결손처분) 불가능

제2차 납세의무자, 양도담보권자, 납세보증인 또는 물상보증인으로부터 체납액을 징수할 수 있는 때에는 주된 납세자의 지방세에 대하여 정리보류 등(2022.1.27. 이전은 결손처분)을 하지 아니한다. 다만, 제2차 납세의무자 또는 납세보증인 등에 대하여 결손처분 사유가 있는 경우에는 이들에 대하여 주된 납세자와 관계없이 정리보류(2022.1.27. 이전은 결손처분) 등을 할 수 있다(지징예 법106-2).

3) 결손처분 취소 통지(2022.1.27. 이전만 적용)

① 개요

결손처분을 취소한 때에는 지체없이 납세의무자에게 그 취소사실을 통지하여야 한다라고 규정하고 있으나, 결손처분 취소의 고지절차에 대하여는 법령상 아무런 규정을 두고 있지 아니하나 조세법률주의의 원칙에 비추어 조세행정의 명확성과 납세자의 법적 안정성 및 예측가능성을 보

장하기 위하여 결손처분의 취소는 납세고지절차 혹은 징수유예의 취소절차에 준하여 적어도 그 취소의 사유와 범위를 구체적으로 특정한 서면에 의하여 납세자에게 통지함으로써 그 효력이 발생하는 것이고(대법원 2003두12363, 2005.2.17.), 또한 납세자에 대한 통지를 누락하여 효력이 발생하지 않은 결손처분의 취소로 인하여 압류해제 거부처분이 위법하게 된 경우, 사후의 결손처분의 취소통지로써 그 압류해제 거부처분의 하자가 치유되지 않으므로(대법원 2000두5333, 2001.7.13.), 납세의무자에게 결손처분 취소통지 없이 한 부동산 압류처분은 처음부터 법률 효과가 발생하지 아니하는 것으로서 직권취소되어야 한다(지방세정팀-1579, 2005.7.11.).

결손처분 취소는 납세자에게 다시 납세의무를 부과하게 되는 처분임을 감안하여 반드시 서류에 의해 통지해야 할 것이며, 결손처분 취소 통지가 납세자에게 도달한 때부터 효력이 발생한다고 할 것이다(지방세운영과-3408, 2010.8.6.).

"결손처분 당시 다른 압류할 수 있는 재산이 있었던 것을 발견한 때"에는 지체 없이 그 처분을 취소하고 체납처분을 하여야 한다고 규정한 구 「국세징수법」 제86조 제2항이 그대로 존치되어 오다가, 1999.12.28. 법률 제6053호로 「국세징수법」이 개정되면서 결손처분의 취소사유가 개정 「국세기본법」의 취지에 맞추어 "압류할 수 있는 다른 재산을 발견한 때"로 확대되었는바, 이와 같이 개정된 후의 「국세징수법」 아래에서는 결손처분은 체납처분절차의 종료라는 의미만 가지게 되었고, 결손처분의 취소도 종료된 체납처분절차를 다시 시작하는 행정절차로서의 의미만을 가질 뿐이다(대법원 2003두12363, 2005.2.17. 참조). 「국세기본법」과 「국세징수법」이 모두 개정된 이후에 한 결손처분은 결손처분의 취소는 종료된 체납절차를 다시 시작하는 행정절차에 불과하다고 할 것이어서 결손처분 취소의 사유와 범위를 통지하였는지 여부에 상관없이 결손처분 취소의 효력이 발생한다 할 것이다(대법원 2003두12363, 2005.2.17.).[36]

한편, 결손처분을 하였다가 체납처분의 일환으로 지방세의 교부청구를 하는 과정에서 이러한 규정들을 위반하여 결손처분의 취소 및 그 통지에 관한 절차적 요건을 준수하지 않았다면, 강제집행 절차에서 적법한 배당요구가 이루어지지 아니한 경우와 마찬가지로, 해당 교부청구에 기해서는 이미 진행 중인 강제환가절차에서 배당을 받을 수 없다(대법원 2018다272407, 2019.8.9.).[37]

---

36) 이 판례는 「국세기본법」이 개정된 후 「국세징수법」이 위와 같이 개정되기까지의 기간 동안에 행해진 결손처분에 대한 판례로 국세징수법령에 결손처분 취소의 통지의무 규정이 없다고 하더라도 결손처분 취소 통지를 하지 아니하였다면 효력이 없다는 것인데, 「국세기본법」 제26조의 개정으로 인하여 1996.12.30. 이후에는 세무서장이 체납세액을 결손처분하여도 납부의무가 소멸하지 아니하므로 결손처분된 체납세액의 소멸시효가 경과하기 전에는 결손처분일 이후에 재산을 취득하였다면 결손처분을 취소하고 체납처분을 집행하여야 한다. 1996.12.30. 이후 결손처분하였다가 결손처분을 취소하는 경우에는 소멸된 납세의무를 부활하는 것이 아니므로 결손처분 취소통지를 하지 아니한다(징세 46101-1459, 1999.6.18.)라고 해석하고 있어서 결손처분 취소를 하지 않아도 되는 것이다.

37) 결손처분 취소의 고지절차에 대하여는 법령상 아무런 규정을 두고 있지 아니하나 조세법률주의의 원칙에 비추어 조세행정의 명확성과 납세자의 법적 안정성 및 예측가능성을 보장하기 위하여 결손처분의 취소는 납세고지절차 혹은 징수유예의 취소절차에 준하여 적어도 그 취소의 사유와 범위를 구체적으로 특정한 서면에 의하여 납세자에게 통지함으로써 그 효력이 발생하는 것이고(대법원 2005.2.17. 선고, 2003두12363 판결), 또한 납세자에 대한 통지를 누락하여 효력이 발생하지 않은 결손처분의 취소로 인하여 압류해제 거부처분이 위법하게 된 경우, 사후의 결손처분의 취소통지로써 그 압류해제 거부처분의 하자가 치유되지 않으므로(대

> **사례** 결손처분취소통지서 도달하기 전 실시한 압류 효력(지방세운영과-3408, 2010.8.6.)
>
> 결손처분 취소와 동시에 압류처분을 하고 압류통지서와 결손처분 취소 통지서를 바로 체납자에게 송달하였다면, 체납자의 주소변경 등으로 도달이 지연된 경우라도, 압류처분 당시에는 결손처분 취소의 효력이 발생하지 않으나 사후에 취소통지서가 송달되어 결손처분 취소의 효력이 발생함으로써 압류처분의 하자가 치유되는 것으로 보아야 할 것이며, 결손처분이 적법하게 취소되면 결손처분된 지방세는 취소의 소급효에 의거 당초부터 없었던 것으로 되어 소멸하지 않은 것으로 보게 되는 점을 고려할 때 이 건의 재산 압류처분은 정당하다고 판단됨(대법원 94다8457, 1994.9.30. 참조).

② 정리보류(2022.1.27. 이전은 결손처분) 취소와 징수권 소멸시효의 관계

결손처분을 취소한 때에는 당해 결손처분은 당초부터 없었던 것으로 보며, 지방세징수권 소멸시효는 결손처분이 되어 있었던 기간에 관계없이 당초부터 진행되는 것으로 한다(지징에 법106-1).

4) 정리보류(2022.1.27. 이전은 결손처분) 취소 후의 납부지연가산세(2023.12.31. 이전 납세의무성립분은 중가산금) 징수

체납자의 행방불명과 무재산 또는 체납처분중지나 체납처분 후 부족액에 대한 정리보류(2022.1.27. 이전은 결손처분)은 지방세 징수절차를 중지·유보하는 것이지 납세의무를 소멸시키는 것이 아니므로 정리보류(2022.1.27. 이전은 결손처분) 기간 중 징수권에 대한 시효는 계속 진행되는 것이며, 정리보류(2022.1.27. 이전은 결손처분) 취소에 따른 체납처분 시 결손처분 시점 이후의 납부지연가산세(2023.12.31. 이전 납세의무성립분은 중가산금)는 징수하여야 한다(세정13407-504, 2001.5.11.).

5) 정리보류(2022.1.27. 이전은 결손처분) 취소 후 독촉절차 없이 행한 체납처분(압류)의 효력

체납된 지방세를 과세관청에서 정리보류(2022.1.27. 이전은 결손처분)하였으나 체납자의 다른 재산을 발견하여 그 재산을 압류하는 경우에는 정리보류(2022.1.27. 이전은 결손처분) 전에 행한 독촉절차 외에 추가적인 독촉절차를 이행하도록 하는 별도의 규정이 없으며, 정리보류(2022.1.27. 이전은 결손처분) 전에 과세관청이 독촉절차를 이행한 경우라면 "결손처분 취소" 시에는 이미 위와 같이 체납처분을 위한 사전 절차를 모두 이행하였기에 정리보류(2022.1.27. 이전은 결손처분) 취소 후 별도의 독촉절차가 없이 행한 체납처분의 경우에는 유효한 것이다. 즉 정리보류(2022.1.27. 이전은 결손처분) 취소 후 체납처분 전에 별도의 "독촉절차"를 이행할 필요는 없다는 것이다(지방세운영과-3408, 2010.8.6.).

법원 2001.7.13. 선고, 2000두5333 판결), 납세의무자에게 결손처분 취소통지 없이 한 부동산 압류처분은 처음부터 법률 효과가 발생하지 아니하는 것임(지방세정팀-1579, 2005.7.11.).

> **사례** 비록 결손처분을 하기 전의 독촉절차가 없었다고 하더라도 이러한 사유만으로 압류처분이 무효로 되게 되는 중대하고도 명백한 하자라고 보기 어렵다(대법원 판례 87누1009, 1988.6.28. 선고, 참조)고 할 것임(지방세운영과-21, 2009.1.5.).

6) 정리보류(2022.1.27. 이전은 결손처분) 취소는 행정처분에 해당하지 아니함

1997.8.30. 법률 제5406호로 구「지방세법」제30조의 2가 개정되면서 결손처분이 납세의무의 소멸사유에서 제외된 결과, 결손처분은 단지 체납처분절차의 종료로서의 의미만 가지게 되었고, 결손처분의 취소도 종료된 체납처분절차를 다시 시작하는 행정절차로서의 의미만을 가지게 되었으므로(대법원 2001두10066, 2002.9.24. 참조), 결손처분이나 결손처분의 취소를 더 이상 행정처분으로 볼 수 없다.

7) 결손처분 후 제2차 납세의무 지정을 위해 취소 가능 여부

당초 납세자에 대한 결손처분이 있는 경우에는 제2차 납세의무 지정은 불가능할 것으로 보여진다. 그 이유는 결손처분을 한 후 압류할 수 있는 다른 재산을 발견한 때에는 지체없이 그 처분을 취소하고 체납처분을 하여야 한다라고 규정되어 있는바, 압류할 수 있는 다른 재산을 발견한 때에는 결손처분을 취소하도록 되어 있어서 제2차 납세의무 지정을 위해서 결손처분 취소는 불가능할 것으로 판단되기 때문이다. 다만, 결손처분을 할 당시 결손처분 사유가 없음에도 불구하고 착오로 부당하게 결손처분을 하였음을 발견하고 이를 시정하는 경우와 같이 하자가 있는 결손처분은 취소가 가능하다고 대법원은 판시하고 있지만 제2차 납세의무 지정 미비는 결손처분의 하자는 아닐 것으로 판단된다.

한편, 압류가능 다른 재산에 대하여만 한정하여 체납처분할 수 있는 것으로 제2차 납세의무 지정이 불가능하다라고 해석될 수 있지만, 압류가능 다른 재산이 있는 경우 결손처분 취소하고 체납처분하도록 규정되어 있는바, 결손처분 취소가 되면 제2차 납세의무 지정이 가능한 것으로 해석할 수 있을 것이다.

④ 체납처분에 관한 「국세징수법」의 준용(지징법 §107, 구 지기법 §98)

지방자치단체 징수금의 체납처분에 관하여는 「지방세기본법」, 「지방세징수법」이나 지방세관계법에서 규정하고 있는 사항을 제외하고는 국세 체납처분의 예를 준용한다.

제3편

「지방세법」

제**1**장

총칙

① 과세 주체(지법 §3)

「지방세법」에 따른 지방세를 부과·징수하는 지방자치단체는 「지방세기본법」 제8조 및 제9조의 지방자치단체의 세목 구분에 따라 해당 지방세의 과세 주체가 된다.

② 부동산 등의 시가표준액(지법 §4)

(1) 시가표준액의 개요

시가표준액은 과세당국이 과세대상인 재산의 가치에 대해 평가를 구한 후 이를 기초로 확정한 과세표준액에 대해 책임을 지는 공적 평가액이라 할 수 있다. 시가표준액이라는 것은 자산의 가액을 계산하기 위한 기준이 되는 가액을 평가한 것이다. 따라서 과세표준과는 구별되어야 하나 과세표준액을 결정하는 기본가액이라고 할 수 있다.

그런데 부동산 과세평가들이 평가과정 중 서로 연계성이 부족하여 과세에 있어서의 토지 평가액과 건물 평가액의 합이 통합 평가액이나 시장가격과 대비하여 일정비율을 유지하지 못한다는 점과 여전히 낮은 과표현실화율 수준에 있는 것이 가장 큰 문제라고 할 수 있다. 그리고 이들 부동산 과세평가들이 과세당국이 과표의 비율인 과표율을 제2의 세율로 이용하려는 의도 때문에 감정평가와 달리 사용되고 있다. 따라서 부동산을 평가하는 목적이나 용도와는 관계없이 부동산 시장가치만을 전문적으로 평가하는 평가기관과 이를 과세목적으로 활용하는 과세기관은 서로 분리되어 운영되어야 한다는 필요성이 제기되고 있다.

과세기관이 과세표준을 시가보다 낮게 설정하여 운영하는 이유는 다음과 같은 요인을 들 수 있다.[1]

첫째, 재산 보유세는 통상적으로 1년 단위로 부과되며 연중거래가 이루어지지 않은 대부분의 부동산에 대해서까지 소폭의 시가 변동 시 과표를 조정하기 위해 재평가작업을 할 경우의 행정비용을 줄일 필요가 있기 때문이다.

둘째, 재산세를 재산으로부터 창출되는 소득에 대한 소득세 보완론적 기능이 있다고 보는 시각에서는 재산을 유지하고 재산소득을 창출하기 위해 필요한 유지비용 및 부채 공제를 시가에서 차가하는 조정과정을 과표 형성 시 반영하기 위해서이다.

셋째, 경제정책적 또는 정치적인 목적에서 재산세 과세대상 물건 중 일부 또는 전부에 대한 세부담의 완화를 위하여, 세율 인하보다는 과표의 인하를 택하는 이유에서이다.

1) '부동산 등의 시가표준액'의 의미

'부동산 등의 시가표준액'이란 조세부과를 목적으로 부동산의 가치를 평가한 가액으로, 부동산 등의 시가표준액은 지방세 및 국세의 과세기준으로 사용된다.

---

1) 한국조세연구원. 우리나라 재산관련 과세평가체계의 문제점과 전문성 제고방안(노영훈, 장근호) p.215

① 지방세 : 취득세, 등록면허세, 재산세(도시지역분 포함), 지역자원시설세
② 국세 : 종합부동산세

부동산 등의 시가표준액에는 "주택공시가격, 개별공시지가, 지방자치단체장이 결정한 가액"이 있다.

① 주택 시가표준액 : 주택공시가격(건물+토지)
② 토지 시가표준액 : 개별공시지가 × 면적
③ 주택 외 건물(상가 등) 시가표준액 : 지방자치단체장이 결정한 가액

2) 부동산의 시가표준액의 종류

구분			시가표준액	결정권자	관계법령
주택	공동주택		주택공시가격	국토해양부장관	「부동산 가격공시에 관한 법률」
	단독 주택	표준주택	주택공시가격	국토해양부장관	「부동산 가격공시에 관한 법률」
		개별주택		자치구청장	
일반 건물 (상가, 오피스텔 등)			지방자치단체장이 결정한 가액	자치구청장	「지방세법」
토지	표 준 지		개별공시지가 × 면적(㎡)	국토해양부장관	「부동산 가격공시에 관한 법률」
	개 별 지			자치구청장	

(2) 지방세 원칙

취득세에 있어서 시가표준액은 사실상의 취득가액이 적용되지 않는 경우의 과세표준을 결정하기 위한 가액이다. 그러나 시가표준액은 취득세 이외에도 재산세, 등록면허세, 지역자원시설세에도 적용되고 있다. 2000년까지는 양도소득세와 부가가치세, 상속세와 증여세의 규정에서도 준용되었다.

시가표준액은 과세표준을 결정하는 기초가액으로서 각 세목의 과세표준액을 정하는 있어서 그 기본으로서 최저한의 결정 또는 바로 과세표준으로 결정되어지기도 한다. 따라서 부동산의 거래, 보유상태를 과세객체로 하는 지방세에서는 과세표준액을 결정하는 데 매우 중요한 가액이라 할 수 있다.

또한 시가표준액의 결정은 세액의 결정에 직접적인 영향을 미치므로 행정기관의 세율결정이라고 할 정도로 납세자의 세부담에 중요한 역할을 한다.

종전에 과세시가표준액이라고 하였으나 1996년 이후부터는 시가표준액이라 하고 있는데 「지방세법」 제4조 및 같은 법 시행령 제2조와 제4조에서 이를 규정하고 있다. 시가표준액을 구체적인 내용은 다음과 같다.

토지와 주택에 대한 시가표준액은 「부동산 가격공시에 관한 법률」에 의한 공시된 가액, 즉 개

별공시지가 또는 개별주택가격(개별공시지가 또는 개별주택가격이 공시되지 아니한 경우에는 특별자치시장·특별자치도지사·시장·군수·구청장이 같은 법에 의하여 국토교통부장관이 제공한 토지가격비준표 또는 주택가격비준표를 사용하여 산정한 가액을 말하며, 공동주택가격이 공시되지 아니한 경우에는 지역별·단지별·면적별·층별 특성 및 거래가격 등을 고려하여 행정안전부장관이 정하는 기준에 따라 특별자치시장·특별자치도지사·시장·군수 또는 구청장이 산정한 가액을 말한다)으로 한다.

토지와 주택 외의 과세대상에 대한 시가표준액은 해당 지방자치단체장이 거래가격, 수입가격, 신축·건조·제조가격 등을 참작하여 정한 기준가격에 종류·구조·용도·경과연수 등 대통령령이 정하는 과세대상별 특성을 감안하여 결정한 가액으로 한다.

(3) 거래과세와 보유과세에 대한 과세표준

시가표준액이 적용되는 세목으로는 취득세, 등록면허세, 재산세, 종합부동산세 및 지역자원시설세가 있다. 이들 세목 중 거래과세는 취득세와 등록면허세가 있고, 보유과세는 나머지 세목이며, 종합부동산세와 지역자원시설세는 재산세 과세표준과 관련이 있어서 결국 재산세로 구분된다고 볼 수 있다.

1) 취득세 시가표준액

「지방세법」 제10조는 취득세의 과세표준을 취득 당시의 가액으로 하되, 그 취득 당시의 가액은 원칙적으로 신고가액에 의하도록 하고, 신고 또는 신고가액의 표시가 없거나 그 신고가액이 시가표준액보다 적을 때에는 시가표준액에 의하도록 규정하고 있다.

2) 등록면허세 시가표준액

등록면허세의 과세표준은 등록 당시의 가액으로 하고 있지만, 그 결정방법은 취득세와 동일하다. 그러나 취득세와 등록면허세는 그 과세객체를 달리함으로써 차이가 있다. 즉 취득세는 취득행위인 반면에 등록면허세는 등기·등록행위인 점에 차이가 있다.

따라서 등록면허세의 납세의무는 등기·등록 당시에 성립되므로 그 과세표준도 등기·등록 당시의 가액이 된다. 결국 장부가액 등에 의하지 아니하는 경우에는 등기·등록 당시의 시가표준액이 과세표준이 되는 것이다.

3) 재산세 시가표준액

재산세(도시지역분, 지역자원시설세 포함)의 과세표준액은 무조건 시가표준액을 기준으로 결정한다.

토지에 대한 재산세의 과세표준액 결정방식은 「부동산 가격공시에 관한 법률」에 의하여 국토교통부장관이 결정고시한 ㎡당 개별공시지가에 공정시장가액비율을 곱하여 산정한 가액에 면적을 곱하여 필지당 과세표준액을 결정한다. 즉 토지에 대한 재산세의 과세표준액은 "㎡당 개별공시지가 × 공정시장가액비율 × 면적"이 된다.

(4) 시가표준액과 감정평가 가액

「감정평가 및 감정평가사에 관한 법률」 제2조 제2호에서 '감정평가'라 함은 토지 등의 경제적 가치를 판정하여 그 결과를 가액으로 표시하는 것을 말한다고 정의하고 있다. 여기서 경제적 가치라는 것은 시장에서 화폐로 표현되는 가치를 말한다. 따라서 감정평가는 부동산이 시장가격으로 공개시장에서 거래될 수 있는 재산으로서의 가격을 구하는 것이다. 따라서 감정평가는 거래자 간 계약상의 가격이 아니라 정상적인 시장을 가정할 경우 성립되리라고 예상되는 가격을 산출하는 것을 말한다. 부동산 자체가 단순하게 개인 재산권의 차원을 넘어 강한 사회성 및 공공성을 갖고 있을 뿐만 아니라 부동산 평가에 있어서도 어느 정도 사회성 및 공공성이 그대로 유지될 필요가 있다. 최근 들어 감정업자에게 토지평가 기능이 위임되고 있는데 이는 공익성과 비교한 업무의 전문성 내지 효율성에 기인한 유익이 크기 때문이다.

(5) 시가표준액의 산정

구분	내용
토지	• 원칙 : 개별공시지가 「부동산 가격공시에 관한 법률」에 따라 공시된 개별공시지가 • 개별공시지가 미공시의 경우 : 토지가격비준표를 사용하여 산정 개별공시지가가 공시되지 않은 경우 시장·군수 또는 구청장이 「부동산 가격공시에 관한 법률」에 따라 국토해양부장관이 제공한 토지가격비준표를 사용하여 산정한 가액
주택	• 원칙 : 개별주택가격 및 공동주택가격 「부동산 가격공시에 관한 법률」에 따라 공시된 개별주택가격 및 공동주택가격 • 개별주택가격 미공시의 경우 : 주택가격비준표를 사용하여 산정 공시되지 않은 경우 특별자치시장·특별자치도지사·시장·군수 또는 구청장이 「부동산 가격공시에 관한 법률」에 따라 국토해양부장관이 제공한 주택가격비준표를 사용하여 산정한 가액[2] • 공동주택가격 미공시의 경우 : 행정안전부장관이 정하는 기준을 사용 공동주택가격이 공시되지 아니한 경우에는 지역별·단지별·면적별·층별 특성 및 거래가격 등을 고려하여 행정안전부장관이 정하는 기준에 따라 시장·군수 또는 구청장이 산정한 가액 ☞ 미공시 공동주택 시가조사 및 과표산정기준(행자부 세정-12, 2006.1.2.)[3]
오피스텔 (2021년 이후)	행정안전부장관이 고시하는 표준가격기준액에 용도별·층별 지수, 규모·형태·특수한 부대설비 등의 유무 및 그 밖의 여건에 따른 가감산율을 적용하여 지방자치단체장이 결정한 가액
기타 건축물[주] 등	건축물, 선박, 항공기 및 그 밖의 과세대상에 대한 시가표준액은 거래가격, 수입가격, 신축·건조·제조가격 등을 고려하여 정한 기준가격에 종류, 구조, 용도, 경과연수 등 과세대상별 특성을 고려하여 「지방세법 시행령」으로 정하는 기준에 따라 지방자치단체장이 결정한 가액

☞ 토지 및 주택의 시가표준액은 세목별 납세의무의 성립시기 당시에 「부동산 가격공시에 관한 법률」에 따라 공시된 개별공시지가, 개별주택가격 또는 공동주택가격으로 함.

☞ (주) 새로 건축하여 건축 당시 개별주택가격 또는 공동주택가격이 공시되지 아니한 주택으로서 토지 부분을 제외한 건축물을 포함

(6) 토지

공시지가는 일반 토지거래의 지표를 제시하고 국가와 지방자치단체 등의 행정기관이 지가를 산정하는 데에 기준을 제시하며, 감정평가업자의 개별적인 토지 평가기준을 제공하는 데에 그 목적이 있다.

(7) 주택

1) 시가표준액과 공시주택가격

공시주택가격은 부동산세제 개편정책의 일환으로 기존 토지·건물 분리과세방식에서 일괄산정하여 적정가격을 공시함으로써 공평과세를 실현하고 보유세나 거래세 등 세금부과 기준의 단일화 등을 위해 도입되었는데, 처음에는 공동주택가격을 공시하여 오다가 2005.1.14. 주택의 적정가격을 공시하는 주택가격공시제도를 신설하여 다세대·연립을 포함한 공동주택, 그 이후 단독주택으로 확대하여 현행 공시하고 있다.

공시주택가격은 단독주택가격과 공동주택가격으로 구분하여 공시하고 있으며, 이의 법적근거는 「부동산 가격공시에 관한 법률」 제16조(단독주택가격의 공시)와 제17조(공동주택가격의 공시)이다.

---

2) 불법 증축된 부분의 면적과 위치, 형상 등에 비추어 건물 일부에 불법 증축된 건물이 있다는 이유로 그 주택의 가액을 새로이 산정하였으나, 이러한 산정방식은 구 「지방세법」 제111조 제2항, 제3항의 규정체계에 어긋나는 것이며, 기존 건축물의 증축분은 구 「지방세법」 제111조 제3항의 적용대상이 되며(대법원 2011.12.8. 선고, 2010두8942 판결 참조), 1개 주택에 대해 불법 건축물 부분의 가액을 포함하여 주택가격을 재산정하면 6억 원을 초과하므로, 2개의 주택을 1구의 건물로 볼 수 없더라도 여전히 '고급주택'에 해당한다고 하나, 불법 건축물 부분을 1개 주택 가액으로 정정·고시한 바가 없으며, 과세관청의 내부결재 문서에 불과한 자료를 근거로 불법 건축물 부분을 포함한 주택의 주택가격비준표를 사용하여 산정한 가액은 인정하기 어려움(대법원 2019두46367, 2019.10.31.).

3) 2019년도 재산세 과세기준일(6.1.) 현재 쟁점아파트에 대한 공동주택가격이 공시되지 아니하여 처분청은 「지방세법」 제4조 제1항, 제4항, 같은 법 시행령 제3조에 따라 한국감정원에 의뢰하여 송부받은 미공시 공동주택가격 조사·산정 결과를 바탕으로 지방세심의위원회의 심의를 거쳐 쟁점아파트의 시가표준액을 결정한 점, 청구인이 제시한 쟁점아파트의 공동주택가격 ○○○원은 한국감정원이 쟁점아파트를 감정한 시점이 다르게 나타나고 있어 이를 적용하기 어려운 점, 처분청이 쟁점아파트에 대한 시가표준액 결정 방식에 대하여 관련 법령을 위반하였다고 보기 어려운 점 등에 비추어 처분청이 쟁점아파트에 대한 재산세 등을 부과한 이 건 처분은 달리 잘못이 없다고 판단됨(조심 2019지2367, 2019.10.25.).

2) 용도

① 취득세

취득세의 과세표준은 취득 당시의 가액으로 한다고 규정하면서도 과세관청으로서는 납세의무자가 사실상의 취득가액을 신고하여야 비로소 그 취득가액을 알 수 있으므로 「지방세법」 제10조 제2항에서 신고한 취득가액을 과세표준으로 하여 취득세를 부과하는 것으로 하고, 다만 객관적 자료에 의하여 사실상의 취득가액이 인정될 수 있는 경우를 이 사건 법률조항에 특정하여 이러한 경우에는 당사자의 신고 여하에 불구하고 사실상의 취득가격을 과세표준으로 하여 취득세를 과세하는 것으로 법정한 것이다(헌재 92헌바40, 1995.7.21. 참조).

② 재산세

재산세는 재산의 크기를 과세표준으로 하는 조세이므로 재산세의 과세표준은 재산을 일정하게 평가하여 금전적으로 환산한 가액이 될 수밖에 없는바, 「지방세법」 제110조 제1항은 "제4조 제1항 및 제2항에 따른 시가표준액에 …"고 규정하고 있는데, 현행 「지방세법」 제4조 제1항과 제2항은 시가표준액결정의 기준과 방법의 대강을 법률로 직접 규율하고 있으며, 그 내용을 보아도 "토지 및 주택에 대한 시가표준액은 「부동산 가격공시에 관한 법률」에 따라 공시된 가액으로 한다. 다만, 개별공시지가 또는 개별주택가격이 공시되지 아니한 경우에는 특별자치시장·특별자치도지사·시장·군수 또는 구청장(자치구의 구청장. "시장·군수")이 같은 법에 따라 국토교통부장관이 제공한 토지가격비준표 또는 주택가격비준표를 사용하여 산정한 가액으로 하고, 공동주택가격이 공시되지 아니한 경우에는 대통령령으로 정하는 기준에 따라 특별자치시장·특별자치도지사·시장·군수가 산정한 가액으로 하며, 건축물(새로 건축하여 건축 당시 개별주택가격 또는 공동주택가격이 공시되지 아니한 주택으로서 토지 부분을 제외한 건축물 포함), 선박, 항공기 및 그 밖의 과세대상에 대한 시가표준액은 거래가격, 수입가격, 신축·건조·제조가격 등을 고려하여 정한 기준가격에 종류, 구조, 용도, 경과연수 등 과세대상별 특성을 고려하여 대통령령으로 정하는 기준에 따라 지방자치단체장이 결정한 가액으로 하도록 함으로써, 재산의 평가방식에 있어 갖춰야 할 합리적 평가요소들을 갖추어 재산의 객관적 가치를 나름대로 적정히 반영할 수 있도록 하고 있으므로, 「지방세법」 제110조 제1항은 제4조 제1항과 제2항과 결합하여 재산세의 과세표준이 무엇이며 이를 어떻게 산정할 것인지를 법률로 명확히 규정하고 있다고 할 것이어서 조세법률주의에 위반된다고 할 수 없고, 포괄위임입법금지 등 다른 헌법의 규정이나 취지에 위반되는 점을 발견할 수도 없다.

(8) 오피스텔 시가표준액

1) 산정기준

원가방식을 기반으로 시세상승률을 반영한 표준가격 기준액에 용도·층별 가중치 등을 적용하여 산정한다.

$$\boxed{\text{시가}\atop\text{표준액}} = \boxed{\text{표준가격}\atop\text{기준액*}} \times \boxed{\text{각종 지수}\atop{\text{용도}\ |\ \text{층}}} \times \boxed{\text{면적(㎡)}} \times \boxed{\text{가감산율}}$$

* 행안부에서 오피스텔 거래가격 등을 조사하여 산정·고시한 「오피스텔 표준가격기준액 고시」(2023.12.29.)
상 ㎡당 기준가액

2) 지수·가감산율

주택 신청 여부, 과세물건의 상대층수*에 따른 가중치, 과세물건의 규모에 따른 가감산 비율

* (오피스텔 당해층 – 오피스텔 최저층)/(오피스텔 최고층 – 오피스텔 최저층)

구분	기준	지수	
1) 용도지수	별도 신청이 없는 경우	1.000	
	주택으로 신청한 경우	1.150	
2) 층지수 ※ 좌 : 주거용 　 우 : 사무용	0.2 이하	0.999	1.000
	0.2 초과 ~ 0.4 이하	1.000	1.000
	0.4 초과 ~ 0.6 이하	1.001	1.000
	0.6 초과 ~ 0.8 이하	1.002	1.000
	0.8 초과 ~ 1 이하	1.003	1.000
	지하층	0.900	0.900
3) 가감산율	50㎡ 이하	1,000/1,000	
	50㎡ 초과 ~ 100㎡ 이하	999/1,000	
	100㎡ 초과 ~ 150㎡ 이하	998/1,000	
	150㎡ 초과 ~ 200㎡ 이하	997/1,000	
	200㎡ 초과 ~ 250㎡ 이하	996/1,000	
	250㎡ 초과 ~ 300㎡ 이하	995/1,000	
	300㎡ 초과 ~ 350㎡ 이하	994/1,000	
	350㎡ 초과 ~ 400㎡ 이하	993/1,000	
	400㎡ 초과 ~ 450㎡ 이하	992/1,000	
	450㎡ 초과 ~	991/1,000	

(9) 오피스텔 외 건물 시가표준액

매년 고시되는 「건물 시가표준액 조사·산정 업무요령」에 의해 건물의 시가표준액을 산정한다.

1) 산출체계도

「소득세법」 제99조 제1항 제1호 나목에 따라 산정·고시하는 건물 신축가격 기준액에 다음 사

항을 적용한다.
① 건물의 구조별·용도별·위치별 지수
② 건물의 경과연수별 잔존가치율
③ 건물의 규모·형태·특수한 부대설비 등의 유무 및 그 밖의 여건에 따른 가감산율

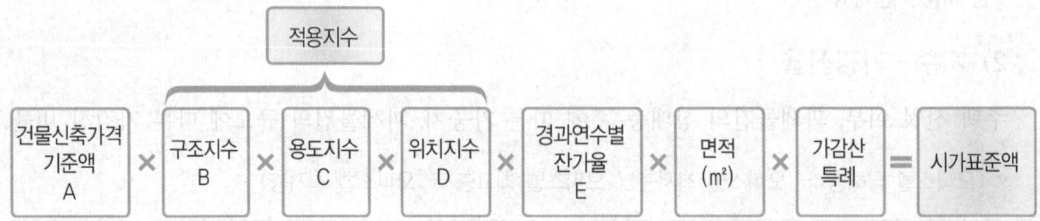

2) 산출요령

① 건물에 대한 시가표준액은 「소득세법」 제99조 제1항 제1호 나목의 규정에 의하여 산정·고시하는 건물 신축가격 기준액에 구조별, 용도별, 위치별 지수와 경과연수별 잔가율을 곱하여 1㎡당 금액을 산출한다.

❑ 건물 신축가격 기준액

번호	용도별 건물신축가격기준	2023년	2024년 (2024.1.1.~2025.5.31.)
1	I. 주거용 건물	810,000원/㎡	820,000원/㎡
2	II. 상업용 건물	800,000원/㎡	810,000원/㎡
3	III. 공업용 건물	790,000원/㎡	800,000원/㎡
4	IV. 농수산용 건물	600,000원/㎡	610,000원/㎡
5	V. 사회문화용 건물	810,000원/㎡	820,000원/㎡
6	VI. 공공용 건물	800,000원/㎡	810,000원/㎡
7	VII. 그 외 건물	790,000원/㎡	삭제

↪ 2022년 : 780,000원. 2021년 : 740,000원. 2020년 : 730,000원. 2019년 : 710,000원

② 산출한 ㎡당 금액(A×B×…×E)에서 1,000원 미만 숫자는 절사한다. 다만, 1㎡당 금액이 1,000원 미만일 때는 1,000원으로 한다.
③ 내용연수가 경과된 건물은 최종연도의 잔가율을 적용한다.
④ 가감산특례에 해당하는 건물에 대하여는 산출가액{A×B×…×면적(㎡)}에 일정률을 가감한 가액을 시가표준액으로 한다.

3) 적용지수

① 구조지수의 적용

◀ 구조지수 ▶

구조번호	구조별	지수
1	통나무조	135
2	목구조	125
3	철골(철골철근)콘크리트조	120
4	철근콘크리트조, 라멘조, 석조, 스틸하우스조, 프리캐스트콘크리트조, 철골조, 연와조	100
5	보강콘크리트조, 보강블럭조	95
6	황토조, ALC조, 시멘트벽돌조	90
7	목조	83
8	경량철골조	65
9	시멘트블럭조, 와이어패널조	60
10	조립식패널조, FRP 패널조	55
11	석회 및 흙벽돌조, 돌담 및 토담조	35
12	컨테이너건물	30
13	철파이프조	30

◀ 용어의 정의 ▶

1) 철골(철골철근)콘크리트조

철골의 기둥·벽·바닥 등 각 부분에 콘크리트를 부어 넣거나 철근콘크리트로 피복한 구조를 말한다.

2) 통나무조

원목에 인위적인 힘을 가하여 형태를 변화(원형 또는 다각형)시킨 후 이를 세우거나 쌓아 기둥과 외벽 전체 면적의 1/2 이상을 차지하도록 축조한 구조 및 이 구조와 조적 기타의 구조를 병용한 구조를 말한다. 다만,「건축법 시행령」상 한옥구조[목구조 일반(한식)목구조]를 포함하며, 목구조 및 목조를 제외한다.

3) 스틸하우스조

아연도금강 골조를 조립하여 패널형태로 건축된 구조를 말한다.

4) 철근콘크리트조

철근콘크리트를 사용하여 건축을 하거나 이 구조와 조적 기타의 구조를 병용하는 구조를 말하며, 기둥과 보 등이 일체로 고정 접합된 철근콘크리트 구조를 포함한다(RC, PS조 포함). 다만 철근콘크리트조와 통나무조를 병용한 구조는 기둥과 외벽 전체면적의 1/2 이상이면 통나무조로 분류한다.

5) 라멘조

기둥과 보등이 일체로 고정·접합된 철근콘크리트 구조의 건축물을 말한다.

6) 철골조

여러 가지 단면으로 된 철골과 강판을 조립하여 리벳으로 조이거나 용접을 한 구조를 말한다.

7) 석조

외벽을 석재로 축조한 구조를 말한다.

8) 프리캐스트 콘크리트(P.C, Precast Concrete)조

P.C공법에 의하여 생산된 외벽 등의 부재를 조립하여 건축한 구조를 말한다.

9) 목구조

목재를 골조로 하고 합판, 합성수지, 타일, 석고보드 등을 사용하여 신공법으로 축조한 구조를 말한다. 다만, 「건축법 시행령」상 한옥구조[목구조 일반(한식)목구조]를 포함하며, 통나무조와 목조를 제외한다.

10) 연와(煉瓦)조

외벽 전체면적의 3/4 이상이 연와 또는 이와 유사한 벽돌로 축조된 구조를 말한다. 다만, 시멘트벽돌조와 시멘트블록조에 외벽 전체면적 1/2 이상에 돌붙임·타일붙임·인조석붙임·대리석붙임·붉은 타일형 벽돌붙임 등을 한 것은 모두 연와조로 본다.

11) 보강콘크리트조

시멘트벽돌조의 결함을 보완하기 하여 벽체는 기둥부에 철근을 넣어 축조한 구조를 말한다.

12) 황토조

외벽 전체 면적의 1/2 이상을 황토벽돌로 축조하거나 황토를 붙인 구조를 말하되, 기둥과 보 등은 목재·철재·철근콘크리트 등으로 건축한 구조를 말한다. 다만, 흙벽돌조와 토담조를 제외한다.

13) 보강블록조

블록의 빈부분에 철근을 넣고 모르타르 또는 콘크리트로 채워 블록조의 결함을 보완한 구조를 말한다.

14) ALC조

시멘트와 규사, 생석회 등 무기질 원료를 고온, 고압으로 증기양생시킨 경량의 기포콘크리트제품인 ALC를 이용하여 ALC블록으로만 조적 시공하는 공법의 건물구조(ALC블록조) 또는 건물골조 보강을 목적으로 철골(H빔,ㄷ잔넬 등)로 기둥, 보, 지붕을 연결 조립하고, 내외벽을 ALC블록으로 조적시공 하는 공법의 건물구조를 말한다.

15) 와이어패널조

스티로폼 단열재 표면에 강철선을 그물망처럼 엮어 고정시킨 다음 그 위에 강철선을 대각선으로 촘촘히 용접시켜 강도를 높인 와이어패널을 이용하여 건축된 건축물 및 이와 유사한 형태의 건축물의 구조를 말한다.

16) 조립식패널조

비교적 살이 얇은 형강 사이에 단열재인 폴리스텐폼을 넣어 만든 조립식패널을 이용하여 건축된 건축물 및 이와 유사한 형태의 건축물의 구조를 말한다(FRP 패널조를 포함한다).

17) 시멘트벽돌조

외벽을 시멘트벽돌로 쌓은 후 화장벽돌이나 타일을 붙이거나 모르타르를 바른 건축물의 구조를 말하며 칸막이벽은 목조로 할 경우도 있으며 지붕·바닥 등은 목조 또는 철근콘크리트조로 하기도 한다.

18) 목조

기둥과 들보 및 서까래 등이 목재로 된 구조를 말한다. 다만, 통나무조와 목구조(「건축법 시행령」상 한옥구조 포함)를 제외한다.

19) 경량철골조

비교적 살이 얇은 형강(압연해서 만든 단면이 ㄴ, ㄷ, H, I, 원주형 등의 일정한 모양을 이루고 있는 구조용 강철재)을 써서 꾸민 건축물의 구조를 말한다.

20) 시멘트블록조

주체인 외벽의 재료가 시멘트블록 또는 시멘트콘크리트블록 등으로 된 구조를 말하며 칸막이벽, 지붕, 바닥 등은 시멘트벽돌조와 같이 할 수도 있다.

21) 석회 및 흙벽돌조, 돌담 및 토담조

석회와 흙, 혼합벽돌, 돌담, 토담 등 이와 유사한 구조로 축조된 구조를 말한다. 다만, 이 구조에 자연석, 대리석을 사용하여 외벽을 치장한 구조는 석조로 분류하고, 이 구조와 연와조·보강콘크리트조·시멘트벽돌조·목조·시멘트블록조를 병용한 구조는 각각 연와조·보강콘크리트조·시멘트벽돌조·목조·시멘트블록조로 분류한다.

22) 철파이프조

강관(철파이프)을 '특수 접합' 또는 '용접'하여 구성한 구조를 말한다.

23) 컨테이너 건물

컨테이너를 사용하여 축조한 건물을 말한다.

◀ 적용요령 ▶

1) 건축물 구조는 주된 재료와 기둥 등에 의하여 분류하되, 해당 구조가 명시되지 않은 경우 해당 구조와 가장 유사한 구조를 적용한다.

2) 퀸셋건물, 알미늄유리온실은 경량철골조로 적용한다.

3) 건축물대장상 새시, 강철파이프, 강파이프 구조 등은 철파이프조를 적용한다. 다만, 건축물대장이 없는 천막창고, 비닐하우스 등에 대해서는 철파이프조 지수의 50%를 경감하여 적용한다.

사례 **양수발전소 수로터널 시가표준액 산출**(지방세운영과-1857, 2012.6.15.)

「건물 및 기타물건 시가표준액 조정기준」에서 '철근콘크리트 수압철관', '특수강철관' 직경에 따른 기준가격을 제시하고 있고, 적용요령에서는 시설물 중 기준가격표에 기준가격이 없을 때에는 최초의 취득가격에 경과연수별 잔가율을 곱하여 산출한 금액을 시가표준액으로 하되, 최초 취득가격을 알 수 없을 경우에는 실제 거래가격 또는 유사한 종류의 시가표준액을 적용한다고 규정하고 있다. 한편, 해당 수로터널은 전체 길이 중 일부가 '수압철관'으로 되어 있고, 나머지는 '철근콘크리트'로 되어 있어 철근콘크리트와 수압철관을 유사한 것으로 본다면 수로터널 전체를 「건물 및 기타물건 시가표준액 조정기준」상 '철근콘크리트 수압터널'로 적용할 수도 있겠으나, 수압철관은 철근콘크리트보다 공사비용이 m당 2배 이상 차이가 난다는 점, 수로터널의 형태, 구조 및 재질뿐만 아니라 공법 자체에도 차이가 있다는 점 등을 살펴볼 때 동일하게 적용하는 것은 무리가 있다고 판단된다. 따라서 우선 해당 시설물의 최초 취득가격을 조사하여 경과연수별 잔가율을 곱하여 산출한 금액을 시가표준액으로 하고, 만약 최초 취득가격이 없는 경우에는 실제 거래가격을 적용해야 할 것임.

사례 **철골조로 벽면이 조립식 패널, 유리 등 혼합인 경우**(지방세운영과-4749, 2011.10.10.)

같은 철골조로 지어진 건물이라 하더라도 건물 벽면이 조립식패널이나 시멘트블럭인 경우 콘크리트 등 다른 구성 물질로 되어 있을 때 보다 내구성, 강도, 사용성 등이 떨어지기 때문에 재산으로서의 가치가 낮아 일반 철골조 구조물보다 구조지수를 하향하여 적용하여야 함. 건물구조는 주된 재료와 기둥 등에 의하여 분류하고 있으므로, 건물 벽면의 주된 구조 역시 벽면을 구성하는 주된 재료를 기준으로 판단해야 할 것임. 여기서 주된 재료라 함은, 건축물 벽면 전체 면적 중 가장 큰 면적을 차지하는 재료를 주된 구조로 보아야 할 것임.

사례 **일반 철골구조이고 벽면이 주로 강판인 경우**(지방세운영과-3996, 2011.8.24.)

조립식패널은 살이 얇은 형강(압연해서 만든 단면이 ㄴ,ㄷ,H,I,원주형 등의 일정한 모양을 이루고 있는 구조용 강철재)사이에 단열재인 폴리스텐폼을 넣어 만든 것으로 규정하고 있음. 따라서 철골조 건물벽면의 주된 구조가 칼라강판으로 되어있는 경우, 그 칼라강판이 형강사이에 단열재를 넣어 만든 것인지 여부에 따라 다음과 같이 적용해야 할 것으로 판단됨.
- 형강사이에 단열재를 넣어 만든 경우 : 구조지수 60
- 단순히 강판에 도료나 필름을 부착한 경우 : 구조지수 100

사례 **가산율 적용 제외 부분 중 주차전용건물은 전체 건물 중 한개 층 이상 사용 시 적용됨**(세정과-2733, 2005.9.16.)

일반 건축물 시가표준액 산정 시 가산율 적용 제외 부분 중 '주차전용건물'은 건물전체를 주차장으로 사용하는 것뿐만 아니라 전체건물 중 한개 층 내지 수개 층 부분을 주차장을 사용하는 것까지 포함하는 것으로서 귀문 지상2층에서 지상6층까지 주차장으로 사용하고 있다면 건축물 시가표준액 산정시 지상2층에서 지상6층까지 부분은 특수설비(자동승강기 등) 및 고층건물 가산율 적용이 제외됨. 시가표준액 산정 시 구조지수 적용은 건축물대장에 기재된 구조를 기준으로 하는 것이 아니라 실질적인 구조를 기준으로 지수를 적용하여야 함.

사례 **천막 및 컨테이너 건물의 구조지수**(세정과-492, 2004.3.17.)

「지방세법」상의 재산세라 함은 건축물, 선박, 항공기 등을 과세대상으로 하여 부과되는 지방세로 그 과세대상으로서의 건축물인지 여부는 지붕과 벽 또는 기둥을 갖춘 건물의 구조적 요건을 갖추고 있느냐에 따라 판단할 사항인바, 귀문에서의 천막 및 컨테이너 등이 동 요건을 충족하고 있다면 과세대상에 포함되어야 할 것임. 다만, 천막 및 컨테이너건물에 대한 세액산정 시에는 철근콘크리트조(구조지수 : 100) 등 다른 재질로 축조된 건물보다 낮은 지수(철파이프조의 구조지수 : 30, 컨테이너건물 구조지수 : 40)를 적용하는 등 건축물의 재질에 따라 적정한 세부담이 될 수 있도록 하고 있음.

사례 철골콘크리트조 건물의 의미(세정 13407-432, 2001.10.17.)

"2001년도 건물시가표준액조정기준"의 2. 적용지수 가. 구조지수에서 "철골콘크리트조"라 함은 철골의 각 부분에 콘크리트를 부어 넣거나 철근콘크리트로 피복한 건물을 뜻하는바, 해당 건물의 주골격인 기둥만 철골조에 콘크리트를 사용하고, 그 외의 철골부분(벽면이나 주골격이 아닌 기둥 등)에는 콘크리트를 사용하지 아니하고 단열재와 방수재만 붙인 상태에서 타일과 대리석으로 마감재를 사용한 경우라면 철골콘크리트에 해당되지 아니함.

② 용도지수의 적용

◀ 공통 적용요령 ▶

1) 이 기준에서 정한 사항은 기준에 따르며, 정하지 아니한 사항은 「건축법 시행령」 [별표 1](용도별 건축물의 종류)에 따른다

2) 1구 또는 1동의 건축물이 둘 이상의 용도에 사용되는 경우에는 각각의 용도대로 구분한다. 다만 공용부분은 전용면적 비율로 안분하되, 안분할 수 없는 부분은 사용면적이 제일 큰 용도의 건물에 부속된 것으로 본다.

3) 건축물의 주용도에 해당하는 지수를 적용하는 것을 원칙으로 한다. 다만, 건축물의 주용도에 해당하는 세부 용도가 없는 경우 실제 사용하는 건축물의 용도에 따라 건축물의 세부 용도를 적용할 수 있다(단, 건축물의 용도 판단 시 세부 용도를 판단이 어려운 경우 용도지수는 "1"을 적용함).

예) 지식산업센터의 1층 상가 : 주용도는 공장용 건축물이나 1층 상가는 상업용 건축물의 근린생활시설 용도를 적용할 수 있다.

◀ 주거용 건축물 용도지수 ▶

구분	주용도	용도	번호	세부 용도	지수
I	주거용	주거시설	1	• 공동주택 : 아파트	1.00
			2	• 공동주택 : 연립주택, 다세대주택	0.91
			3	• 단독주택 : 단독주택, 다중주택, 다가구주택	0.91
			4	• 도시형 생활주택 : 소형주택, 단지형 연립주택, 단지형 다세대주택	0.91
			5	• 전업농어가주택, 광산주택 등 기타 주거용 건물	0.87
		준주택시설	6	• 기숙사(학생복지주택 포함), 다중생활시설, 노인복지주택	0.91
			7	• 주거용 오피스텔	1.23

주거용 건축물 적용기준은 다음과 같다.

1) 주거용 건축물의 판단은 「주택법」 제2조 및 「건축법 시행령」 [별표 1]에 따른다.

2) '전업농어가주택'이란 「농업·농촌 및 식품산업 기본법」 및 「수산업·어촌발전기본법」에 따른 농어촌지역에서 농업인 및 어업인이 상시 거주하는 단독주택을 말한다. 다만, 건축물 의연면적(축사 및 창고 제외)이 264제곱미터를 초과하는 경우에는 제외한다.

3) '도시형 생활주택'이란 「주택법」 제2조 제20호 규정에 의거한 세대 미만의 국민주택 규모에 해당하는 주택으로서 같은 법 시행령 제10조 각 호의 주택을 말한다.

◀ 상업용 건축물 용도지수 ▶

구분	주용도	용도	번호	세부 용도	지수
Ⅱ	상업용	판매 및 영업시설	1	• 「유통산업발전법」 제2조 제3호에 따른 대형마트, 전문점, 백화점, 쇼핑센터, 복합쇼핑몰, 그 밖의 대규모 점포	1.29
			2	• 소매시장, 도매시장, 재래(전통)시장	1.05
			3	• 상점(식품·잡화·의류·완구·서적·건축자재·의약품·의료기기 등 일용품을 판매하는 소매점 등) • 일반음식점, 휴게음식점, 제과점, 기원, 서점 • 사진관, 표구점, 독서실, 총포판매소 등 • 안마원 • 자동차영업소 • 동물병원, 동물미용실 및 동물 위탁관리업을 위한 시설 • 위에 열거되지 않은 기타 판매 및 영업시설	1.12
		숙박시설	4	• 관광호텔(5성급·4성급) : 「관광진흥법」 관광숙박시설	1.39
			5	• 관광호텔(3성급 이하), 수상관광호텔, 한국전통호텔, 가족호텔 및 휴양콘도미니엄, 의료관광호텔	1.29
			6	• 호텔(「공중위생관리법」 상 숙박업을 말한다) • 펜션(「관광진흥법」 상 관광편의시설) • 한옥체험시설(「관광진흥법」 상 관광편의시설) • 생활숙박시설(「건축법 시행령」 [별표1] 제15호 가목의 생활숙박시설을 말한다)	1.24
			7	• 여관(모텔 포함) • 호스텔(「관광진흥법 시행령」 제2조 제1항 제2호 마목에 따라 호스텔업에 사용되는 것을 말한다) • 일반펜션(「관광진흥법」 상 관광편의시설을 제외한 그 외의 펜션)	1.20
			8	• 외국인관광 도시민박(「관광진흥법」 상 관광편의시설), 여인숙	0.96
			9	• 「농어촌정비법」에 의한 농어촌 민박	1.00
			10	• 다중생활시설	1.12

구분	주용도	용도	번호	세부 용도	지수
Ⅱ	상업용	위락시설	11	• 투전기업소 및 카지노업소 • 무도장	1.29
			12	• 유흥주점 및 이와 유사한 것	1.24
			13	• 단란주점	1.21
			14	• 「관광진흥법」에 의한 유원시설업 및 기타 이와 유사한 것(운동시설에 해당되는 것은 제외)	1.20
			15	• 무도학원	1.18
			16	• 노래연습장, 안마시술소, 비디오물감상실	1.12
			17	• 청소년게임제공업시설, 일반게임제공업시설, 인터넷컴퓨터게임시설제공업시설, 복합유통게임제공업시설	1.12
		의료시설	18	• 종합병원	1.24
			19	• 일반병원, 치과병원, 한방병원, 정신병원, 요양병원, 격리병원(전염병원, 마약진료소 등) • 종합병원부속장례식장	1.20
			20	• 의원, 치과의원, 한의원, 침술원, 접골원, 조산원, 산후조리원	1.12
		일반업무시설	21	• 사무용 오피스텔	1.08
			22	• 사무실용 건물(금융업소, 사무소, 부동산중개사무소, 결혼상담소, 소개업소, 출판사, 신문사 등)	1.12
		자동차시설	23	• 주차장	0.71
			24	• 주차전용빌딩	0.62
			25	• 세차장, 폐차장, 검사장, 정비공장, 차고 및 주기장	0.71
			26	• 자동차매장	1.12
		공중위생시설	27	• 일반목욕장(연면적 3,000㎡ 이상)4)	1.29
			28	• 일반목욕장(연면적 1,000 이상 3,000㎡ 미만)	1.20
			29	• 일반목욕장(연면적 1,000 미만)	1.12
			30	• 이용원, 미용원, 세탁소	1.12

상업용 건축물 적용기준은 다음과 같다.

1) 견본주택(모델하우스)에 대하여는 용도번호 Ⅱ-1의 사무실 용도지수를 적용한다.

2) '한옥체험시설'이란 한옥(주요 구조부가 목조구조로서 한식기와 등을 사용한 건축물 중 고유의 전통미를 간직하고 있는 건축물과 그 부속시설을 말한다)에 숙박 체험에 적합한 시설을 갖추어 관광객에게 이용하게 하는 시설을 말한다.

---

4) 이 건 목욕장 ○○○㎡ 중 주차장, 체력단련장 및 일반음식점 등 부대시설을 제외한 쟁점목욕장의 시설면적이 3,000㎡를 초과한 ○○○㎡인 사실이 위 표4와 같이 확인되므로 처분청이 그 용도지수 '135'를 적용하여 이 건 재산세 등을 부과한 처분은 달리 잘못이 없다고 판단됨(조심 2022지0805, 2023.2.6.).

3) '외국인관광 도시민박'이란 「관광진흥법 시행령」 제2조 제1항 제3호 바목 규정에 따르며, 「국토의 계획 및 이용에 관한 법률」 제6조 제1호에 따른 도시지역(「농어촌정비법」에 따른 농어촌지역 및 준농어촌지역은 제외한다)의 주민이 거주하고 있는 다음의 어느 하나에 해당하는 주택(단독주택, 다가구주택, 아파트, 연립주택, 다세대주택)을 이용하여 외국인 관광객에게 한국의 가정문화를 체험할 수 있도록 숙식 등을 제공하는 시설을 말한다.

4) 관광숙박업 중 호텔업의 등급은 「관광진흥법」 제19조 및 「관광진흥법 시행령」 제22조에 따라 5성급·4성급·3성급·2성급 및 1성급으로 구분된다.

5) '「농어촌정비법」에 의한 농어촌 민박'이란 농어촌 지역과 준농어촌지역의 주민이 거주하고 있는 「건축법」 제2조 제2항 제1호에 따른 단독주택(같은 법 시행령 [별표 1]에 따른 단독주택과 다가구주택을 말한다)을 이용하여 농어촌 소득을 늘릴 목적으로 투숙객에게 숙박·취사시설·조식 등을 제공하는 하는 시설을 말한다. 단, 주택이 아닌 건축물로 판단되는 경우에 한하여 적용한다.

6) 「공중위생관리법」 상 숙박업으로 등록한 숙박시설로 호텔, 모텔, 여관 등 세부 용도를 확인할 수 없는 경우에는 객실 규모를 고려하여 객실수 30개 이상인 숙박시설은 용도번호 Ⅱ-5, 객실 10개 이상 30개 미만인 숙박시설은 용도번호 Ⅱ-6, 객실 10개 미만인 숙박시설은 용도번호 Ⅱ-7을 적용한다.

7) 제조업소, 수리점 등으로서 바닥면적 합계가 500㎡ 미만인 것은 지수 0.96을 적용한다.

8) '주차전용빌딩(주차전용건축물)'이란 「주차장법」 제2조 제11호와 같은 법 시행령 제1조의 2에 따라 주차장으로 사용되는 건물을 말한다.

9) 오피스텔은 「건축법 시행령」 제3조의 5 {별표 1} 제14호 나목 규정에 따른 오피스텔을 말한다.

◀ 공업용 건축물 용도지수 ▶

구분	주용도	용도	번호	세부 용도	지수
Ⅲ	공업용	공장시설	1	• 공장(기타 물품의 제조·가공·수리에 계속적으로 이용되는 건축물로서 자동차관련시설, 자원순환 관련 시설 등으로 따로 분류되지 아니한 것)	0.80
			2	• 공장사무실	0.80
			3	• 「산업집적활성화 및 공장설립에 관한 법률 제2조 제13호에 따른 지식산업센터 내 공장 • 지식산업센터 내 기숙사	1.00
			4	• 제조업소, 수리점 등으로서 바닥면적 합계가 500㎡ 미만인 것	0.96
			5	• 공업용 냉동·냉장창고	0.95
			6	• 하역장, 물류터미널, 집배송시설 • 대형창고	0.85

구분	주용도	용도	번호	세부 용도	지수
Ⅲ	공업용	공장시설	7	• 창고(냉동·냉장창고, 주거용 창고, 사무실용 창고 및 전업농어가주택 창고 제외)	0.80
		위험물 저장 및 처리시설	8	• 주유소(기계식세차설비 포함) 및 석유 판매소 • 액화석유가스충전소·판매소·저장소, 위험물제조소·저장소·취급소, 액화가스취급소·판매소, 유독물보관·저장·판매시설, 고압가스충전소·판매소·저장소, 도료류판매소, 도시가스 제조시설, 화약류 저장소, 기타 위험물저장 및 처리시설 • 주유소의 캐노피	1.26
		자원순환 관련 시설	9	• 하수 등 처리시설 • 고물상 • 폐기물 재활용 시설, 폐기물 처분시설 및 폐기물 감량화시설	0.80

공업용 건축물 적용기준은 다음과 같다.

1) 대형창고는 연면적 10,000㎡ 이상인 창고 또는 특수 물류시설이 장착된 창고를 말한다. 단, 냉동·냉장창고는 제외한다.

2) 창고시설의 '창고'란 건축물대장 등 공부상 용도가 '창고'로 등재되어 있고, 특정 용도의 범위 안에 포함되지 아니하며 사실상 물품보관용으로 사용되는 등 해당 건물이 독립되어 일반적 창고의 역할인 물품보관 등의 기능을 하는 것만 해당한다.

3) 지식산업센터 내 지원시설 및 공장형 사무실, 산업단지에 소재한 5층 이하의 공장형 지식산업센터는 지식산업센터로 보지 아니한다.

◀ 농수산용 건축물 용도지수 ▶

구분	주용도	용도	번호	세부 용도	지수
Ⅳ	농수산용	축산시설	1	• 가축용운동시설, 인공수정센터, 관리사, 동물검역소, 실험동물사육시설 • 양수장, 경주용마사 • 도축장, 도계장	0.99
			2	• 축사(양잠·양봉 및 부화장 포함) • 가축시설(퇴비장, 가축용창고, 가축시장)	0.37
		수산시설	3	• 농수산용 냉동·냉장창고	1.17
			4	• 육상양식장(양어시설 및 부화장 포함)	0.37
		농업시설	5	• 작물재배사, 종묘배양시설, 건조장 • 화초 및 분재 등의 온실 • 기타 식물관련시설(동·식물원 제외)	0.37

구분	주용도	용도	번호	세부 용도	지수
Ⅳ	농수산용	농업시설	6	• 전업농어가 창고	0.49
			7	• 저온저장고	0.74

농수산용 건축물 적용기준은 다음과 같다.

1) '전업농어가 창고'란 전업농어가주택에 부속된 창고뿐만 아니라, 농어촌지역에서 농업인 및 어업인이 농·어업용으로 직접 사용하는 기계·물품 등의 보관용 창고를 포함한다.

◀ 사회문화용 건축물 용도지수 ▶

구분	주용도	용도	번호	세부 용도	지수
Ⅴ	사회 문화용	문화 및 집회시설	1	• 예식장 • 공연장(극장, 영화관, 연예장, 음악당, 서커스장, 비디오물 소극장 등) • 집회장(공회장, 회의장, 경마·경륜·경정 장외발매소 및 전화투표소 등) • 전시장(박물관, 미술관, 과학관, 문화관, 체험관, 기념관, 산업전시장, 박람회장 등) • 관람장(경마장, 경륜장, 경정장, 자동차경기장, 기타 이와 유사한 것)	1.12
			2	• 대형수족관	0.89
			3	• 동물원, 식물원, 그 외 수족관	0.80
		관광 휴게시설	4	• 야외음악당 • 야외극장 • 어린이회관 • 관망탑 • 휴게소 • 공원, 유원지 또는 관광지에 부수되는 시설	0.78
		종교시설	5	• 교회·성당·사찰·기도원·수도원·수녀원 등 종교집회장과 종교집회장 내 설치하는 봉안당	1.04
			6	• 사우(재실, 정각 포함)	0.71
		운동시설	7	• 골프장, 스키장, 자동차 경주장, 승마장, 옥내수영장, 옥내빙상장, 종합체육시설업	1.13
			8	• 롤러스케이트장, 「체육시설의 설치·이용에 관한 법률」에 따른 시설 중 용도번호 Ⅴ-7에 속하지 않는 것	1.04
		교육연구 시설	9	• 학교, 교육원(연수원), 직업훈련소, 연구소, 도서관	1.03
			10	• 학원(무도학원 제외), 운전학원, 정비학원, 교습소	1.13

구분	주용도	용도	번호	세부 용도	지수
V	사회 문화용	수련시설	11	• 청소년수련관, 청소년문화의집, 청소년특화시설, 유스호스텔, 청소년수련원, 청소년야영장, 기타 이와 유사한 것	1.04
			12	• 일반야영장	1.13
				• 야영장 시설로 관리동, 샤워실, 대피소 등	0.80
		노유자 시설	13	• 아동관련시설 • 노인복지시설 • 기타 사회복지시설 및 근로복지시설	1.03
			14	• 고아원 • 노인주거복지시설(양로시설 등) 및 노인여가복지시설(경로당 등) • 용도번호 V-13을 제외한 기타 이와 유사한 시설	0.54
		묘지관련 시설	15	• 화장시설 • 봉안당(종교시설에 해당하는 것 제외) • 묘지와 자연장지에 부수되는 건축물	0.81
		장례 시설	16	• 장례식장(종합병원부속장례식장 제외)	1.20
				• 동물전용의 장례식장	0.81
				• 장의사	1.16

사회문화용 건축물 적용기준은 다음과 같다.

1) '노인복지시설'이란 「노인복지법」에 근거한 노인의 삶의 질을 향상시키기 위해 필요한 서비스 및 프로그램의 제공을 목적으로 마련된 장소 등으로 노인주거복지시설(양로원 등) 및 노인여가복지시설(경로당)을 제외한 노인의료복지시설, 재가노인복지시설, 노인보호전문기관으로 정한다.

2) '노인주거복지시설'이란 「노인복지법」 제32조 규정에 따라 양로시설, 노인공동생활가정, 노인복지주택을 말한다.

3) 대형수족관은 「동물원 및 수족관의 관리에 관한 법률」 제3조에 따라 해양(담수) 생물을 사육·전시하는 총 수조용량이 1,000㎥ 이상이거나 수조 바닥면적이 500㎡ 이상인 시설을 말한다. 다만, 「통계법」에 따라 통계청장이 고시하는 한국표준산업분류에 따른 애완동물 도·소매업을 영위하는 시설은 제외한다.

◀ 공공용 건축물 용도지수 ▶

구분	주용도	용도	번호	세부 용도	지수
Ⅵ	공공용	공공업무 시설	1	• 국가 및 지방자치단체, 외국공관의 건축물 • 지역자치센터, 파출소, 지구대, 소방서, 우체국, 보건소, 공공도서관, 건강보험공단 사무소 등	0.91
		교정 및 군사시설	2	• 교정시설(보호감호소, 구치소 및 교도소를 말함) • 갱생보호시설, 그 밖에 범죄자의 갱생·보육·교육·보건 등의 용도로 쓰이는 시설 • 소년원 및 소년분류심사원 • 국방·군사시설	0.91
		발전시설	3	• 원자력발전시설(원자로·터빈·보조·핵(연료)폐기물저장·방사성 폐기물 처리 건물에 한함)	3.01
			4	• 발전시설(용도번호Ⅵ-3에 해당되는 것 제외), 변전소	1.10
		운수시설	5	• 여객자동차터미널, 철도시설, 공항시설, 항만시설	0.91
		방송통신 시 설	6	• 방송국(방송프로그램 제작 시설 및 송신·수신·중계시설을 포함) • 전신전화국 • 촬영소 • 통신용시설	1.14
			7	• 무선기지국, 간이 TV 중계소	0.73

▎1구 또는 1동 건축물이 2 이상 용도에 사용되는 경우 ▎

지방세 시가표준액 산정 시 용도지수 적용은 국세의 기준시가 산정 시 용도지수 적용요령과는 달리 적용되고 있다. 「건물 시가표준액 조사·산정 업무요령」에서는 "1구 또는 1동의 건축물이 2 이상의 용도에 사용되는 경우에는 각각의 용도대로 구분함. 다만, 공용부분은 전용면적 비율로 안분하되 안분할 수 없는 부분은 사용 면적이 제일 큰 용도의 건물에 부속된 것으로 본다" 라고 규정되어 있을 뿐 국세처럼 세세하게 규정되어 있지 아니함.[5]

한편, 유권해석에 의하면 용도지수는 공부상의 용도가 아닌 실질적으로 사용되고 있는 현황에 따라 적용되어야 할 것이므로, 목욕탕과 찜질방 내 피부미용실, 이발소, 식당, 매점은 이 원칙적으로 각각의 용도에 맞게 분류하여 적용하는 것임.

---

5) 국세의 경우 주용도가 공장, 창고, 운수시설, 위험물저장 및 처리시설, 자동차관련시설, 동물관련시설, 분뇨쓰레기처리시설, 식물관련시설로서 동일한 건물 내에 주용도에 부속하여 관리사무실, 창고, 기숙사, 실험실, 위험물 저장시설, 폐기물 처리시설, 휴게실 기타 이와 유사한 용도의 건물이 복합되어 있는 경우에 그 부속건물의 용도지수는 주용도의 용도지수를 적용하며, 동일한 건물 내에 주용도에 부속하여 관리사무실 및 창고가 복합되어 있는 경우에는 그 부속건물의 용도지수는 주용도의 용도지수를 적용한다. 이 경우에 주용도는 사실상의 귀속에 따르되, 사실상의 귀속이 불분명한 경우에는 주용도별로 면적을 각각 안분 계산한다.
숙박시설 중 호텔·관광호텔·가족호텔·해상관광호텔·콘도미니엄·한국전통호텔·펜션, 판매시설 중 백화점·쇼핑센터·도매시장·대형점에 부속된 관리사무실, 위락시설, 놀이시설, 운동시설, 목욕시설, 판매시설,

자동차운전학원의 자동차관련시설 해당 여부

교육연구시설에는 학교, 직업훈련원, 실습장, 도서관, 연구소, 수련원이 있으며, 자동차관련시설에는 세차장, 폐차장, 검사장, 정비공장, 주차시설(주택의 차고는 제외)로 규정되어 있는바, 자동차운전학원은 교육연구시설에는 해당되지 아니할 것임. 한편, 근린생활시설의 학원이 있는데 「학원의 설립·운영 및 과외교습에 관한 법률」에 따른 학원 및 교습소인 경우에만 적용되므로 같은 법 제2조 제1호 바목에 의하여 자동차운전학원은 같은 법에 의한 학원에 해당되지 아니한다라고 규정되어 있어서 학원으로 분류할 수도 없음.

「건축법 시행령」 [별표] 용도별 건축물 종류(제3조의 4 관련)에는 자동차운전학원은 차량관련시설로 규정하고 있다. 따라서 「시가표준액 조사·산정 업무요령」을 적용할 때에 업무요령에 별도의 규정이 없으므로 「건축법」 규정에 따라 분류하여 적용하면 될 것으로 판단되므로 자동차운전학원이 「건축법」 상 자동차관련시설에 해당되므로 업무요령 적용 시에도 자동차관련시설로 보면 될 것임. 한편, 자동차운전학원 사무실은 원칙적으로 사무실로 분류하여 적용하는 것이나, 강의실은 운전학원으로 사용되고 있는바, 자동차관련시설로 보아야 할 것임.

☞ 국세의 건물기준시가 산정 시에는 자동차관련시설
  • 자동차매매장, 운전학원·정비학원
  • 주차장, 세차장, 폐차장, 검사장, 정비공장, 차고 및 주기장

자동차매매장의 차량관련시설 해당 여부

「건물 시가표준액 조사·산정 업무요령」을 살펴보면 자동차관련시설은 세차장, 폐차장, 주차시설(주택의 차고는 제외로 규정하고 있음. 한편, 국세(소득세와 상속세 및 증여세)의 건물시가 산정방법에서는 자동차관련시설에는 자동차매매장, 운전학원·정비학원, 주차장, 세차장, 폐차장, 검사장, 정비공장, 차고 및 주기장이 규정되어 있음. 지수 125를 적용하는 각종 사무실용 건물, 근린생활시설에도 자동차매매장이 규정되어 있지 아니하는 것으로 판단됨. 그 이유는 자동차매매장이 사무실보다는 매매장의 역할이 더 중요하므로 별도로 규정되어 있어야 할 것이고, 근린생활시설에는 자동차매매장의 내용이 없기 때문임. 다른 시설에서도 자동차매매장에 대하여 명확하게 규정되어 있지 않고 「건물 시가표준액 조사·산정 업무요령」에서 모든 건물을 망라하지 아니하였다면 그 규정은 예시 규정으로 보아야 한다는 점과 건축물대장상에 차량관련시설로 규정되어 있다는 점에서 자동차관련시설로 보아 용도지수를 적용하여야 할 것으로 판단됨.

공연장, 집회장, 문화센터, 식당가 기타 이와 유사한 용도의 부속건물의 용도지수는 해당 주용도와 동일한 용도지수를 적용하며, 운동시설에 직접 부속된 관리사무실, 안내소, 발매장, 탈의실, 대기실, 방송통신실, 기자실, 휴게실, 목욕장, 장비대여 및 판매시설, 관람장 기타 이와 유사한 것은 해당 운동시설과 동일한 용도지수를 적용한다.

판매시설의 분류는 「유통산업발전법」 상의 분류기준에 따르며, 백화점·쇼핑센터·도매시장·대형점에 부속된 관리사무실, 위락시설, 편의시설, 스포츠센터, 문화센터, 식당가, 집회장, 근린생활시설 기타 이와 유사한 용도의 부속건물 용도지수는 해당 판매시설과 동일한 용도지수를 적용한다.

근린생활시설 중 일반목욕장의 바닥면적 계산은 탈의실·휴게실·수면실·찜질시설 등 이와 유사한 부속시설을 포함한 면적으로 한다.

그런데 자동차매매장으로 사용하는 토지는 자동차관련시설로 볼 수 있으나, 재산세는 현황 과세하도록 규정되어 있는바, 매매장 내에 사무실 등으로 사용하고 있는 경우에는 사무실 등의 용도를 적용하여야 할 것으로 판단됨.

참고로, 국세와 지방세가 다르게 규정하여 해석하고 있기 때문에 국세를 근거로 용도지수를 적용하여야 한다라고 주장할 수는 없지만 국세에서는 자동차관련시설에 포함하고 있다는 점도 고려해야 할 것으로 판단됨(이러한 차이에 대하여 국세와 지방세의 동일한 지수(구조, 용도, 위치) 기준을 규정하고 가액산정에는 다른 요소를 추가하여 국세와 지방세에 가액이 달라지게 하는 방안으로 개선해야 할 것임).

◀ **적용 사례** ▶

1) 모델하우스 : 견본주택(모델하우스)에 대하여는 용도번호 3의 사무실로 보아 용도지수를 적용함.

2) 방송국 : 방송국은 무선기지국에 해당되지 아니한 것으로 판단되며, 견본주택(모델하우스)에 대하여는 용도번호 3의 사무실로 보아 용도지수를 적용한다라고 규정되어 있는데 이처럼 사무실로 볼 여지가 있다. 용도지수 적용이 불합리하다고 판단되는 경우에는 시장·군수가 따로 정하여 적용할 수 있다라고 규정되어 있으므로 타 규정을 참고하여 적용할 수 있을 것으로 판단된다.

3) 기지국 : 무선 기지국은 사업자가 이동통신 서비스를 가입자에게 고품질로 제공하기 지상에 시설하는 기지국(휴대 전화의 송수신 전파를 중계하는 곳)을 말한다. 오피스텔에 기지국 허가를 받았다고 하나 별도의 지상 무선기지국에 해당되지 아니할 것이다.

4) 사무실로 직접적으로 사용하는 부분과 영업설비가 설치된 부분이 혼재하고 있는 경우 : 재산세를 과세하기 위한 시가표준액을 산정함에 있어서 1동의 건축물에 대한 용도지수를 적용함에 있어서는 건축물의 전체적인 용도와 당초 건축물의 본래의 용도 등을 고려하여 각각의 이용현황에 따라 판단하여야 하는 것으로서, 사무실로 직접적으로 사용하는 부분과 영업설비가 설치된 부분이 혼재하고 있는 상태로서, 사무실과 영업설비가 유기적인 관계로 통신업에 사용되는 건축물로 보아야 할 것이고, 그 전체적인 현황도 업무시설로서 이러한 업무시설의 일부에 영업설비를 설치하였다 하여, 이 부분에 대하여 용도지수를 달리 적용하는 것은 건축물의 재산가치를 고려하여 용도지수를 차등 적용하는 입법목적에도 배치된다(행심 2005-263, 2005.8.29.).

사례 **골프장 내 카트보관소, 지하주차장 및 공구창고의 용도지수**(조심 2019지192, 2020.1.9.)

이 건 제①건축물은 클럽하우스용 건축물로서 골프장의 용도로 사용되는 것으로 보아야 하고 카트보관소 등은 이 건 제①건축물의 일부이며 2018년도 건축물 시가표준액조정기준에서 용도지수 127을 적용하는 건축물의 범위에 골프장을 규정하고 있는 점, 위 시가표준액조정기준에서 용도지수 적용을 위한 대분류로 산업용 및 기타특수용건물로 규정하면서 이의 용도지수로 주차장(76)을 규정하고 있으나 이 건 제①건축물이 공장 등 산업용 건축물에 해당한다고 보기 어려운 점, 청구법인 주장대로 이 건 제①건축물에 대하여 골프장의 용도지수를 적용하지 아니하고 각각의 용도대로 용도지수를 적용한다면 회원제 골프장용 건축물에 대하여 골프장의 용도지수를 적용할 대상이 없어지는 불합리한 문제가 발생하는 점 등에 비추어 처분청이 이 건 제①건축물의 시가표준액을 산정하면서 카드보관소·지하주차장에 대하여 골프장의 용도지수인 127을 적용한 것은 달리 잘못이 없다고 판단되나, 이 건 제③건축물은 클럽하우스와 독립되어 위치하고 있고 골프장 관리설비 등을 보관하는 창고로 사용되고 있는 점 등에 비추어 이 건 제③건축물의 시가표준액 산정 시 적용된 용도지수는 80으로 보는 것이 타당하므로 처분청이 이 건 제③건축물의 용도지수를 127로 적용하여 이 건 재산세 등을 부과한 것은 잘못이 있다고 판단됨.

사례 **주차전용빌딩 내 주차장 외의 용도로 사용 시 용도지수**(조심 2018지2284, 2019.11.7.)

쟁점건물은 주차전용빌딩이나 옥탑과 지하 2층~1층의 일부는 일반음식점 및 소매점인 주차장 이외의 용도로 사용되고 있는 점, 적용요령 13)은 주차전용빌딩의 정의를 규정하는 것으로 용도지수 적용기준으로 보기 어려운 점, 적용요령 1)에서 1구 또는 1동의 건축물이 2 이상의 용도에 사용되는 경우에는 각각의 용도대로 구분한다고 규정하고 있는 점, 주차전용빌딩 내의 주차장은 다른 건물의 주차장보다 낮은 용도지수를 적용받고 있어 세부담을 낮추어 주고 있는 점 등에 비추어 쟁점건물 중 주차장 외의 용도로 사용되는 부분은 주차전용빌딩의 용도지수 적용대상으로 보기 어려움.

사례 **회원제 골프장 내 건축물에 대한 적용 용도지수**(지방세운영과-1189, 2015.4.20.)

회원제 골프장 내 건축물을 골프장 용도지수로 적용하는 것은 취득세 중과대상인 회원제 골프장의 범위(주)를 확대 해석하여 적용한 결과일 뿐, 골프장 내 건축물만 개별 용도지수를 적용하지 않고 골프장용 용도지수를 적용할 합리적 근거가 없다고 할 것임. 따라서 위의 내용들을 종합적으로 고려해 볼 때, 골프장 내 건축물 용도지수는 각각의 건축물 용도를 기준으로 적용하는 것이 타당하다고 할 것임.

☞ 취득세 중과범위에 골프장 관리시설이 포함되며, 관리시설 범위에 사무실, 휴게시설, 매점 등 골프장 안의 모든 건축물이 포함됨(「체육시설의 설치·이용에 관한 법률 시행령」 §20 ③).

사례 **집합건물의 공용부분인 주차장 용도지수 적용**(지방세운영과-735, 2013.3.15.)

여러 가지 용도로 사용되고 있는 집합건축물의 공용부분이라도 시가표준액 조정기준에 그 용도지수가 별도로 규정되어 있지 않은 계단, 복도, 승강시설 등과 달리 그 용도가 명확하게 구분되어 주차장으로 명시된 경우는 차량관련시설 용도지수 80을 적용(행자부 세정 13407-1210, 2002.12.2. 유권해석 참고)함이 타당하다고 판단됨.

사례 **사실상 용도와 공부상 용도가 다른 경우**(지방세운영과-3566, 2012.11.7.)

사실상의 용도와 공부상의 용도가 다른 경우에는 사실상의 용도에 따라야 하는바, 건축물대장상 주용도가 "차량관련시설"로 등재되어 있고 1개의 건물동이 사실상 "차량정비"목적으로 사용되고 있다면 차량관련시설 용도지수(80)를 적용함이 타당할 것으로 판단됨.

사례 **도매업자의 판매물품 보관창고 시가표준액 적용**(지방세운영과-5970, 2010.12.21.)

건물이 건축물대장상 주용도가 "창고"로 등재되어 있고 1개의 건물 동을 사실상 "물품보관용"으로 사용하고 있다면 창고(80)의 용도지수를 적용함이 타당한 것임.

제3편 「지방세법」

사례 호텔식 레지던스 취득세, 등록세 및 재산세 운영기준(지방세운영과-1916, 2010.5.7.)

최근 "서비스드 레지던스(Serviced residence, 호텔식 주거시스템. 이하 "레지던스")방식으로 운용되는 건축물에 대한 대법원판결(2009도6431, 2010.4.5.)에서 사회통념상 숙박이라고 생각 할 수 밖에 없는 ① 일시적인 객실사용계약(1 2일의 단기투숙도 가능하며 요금도 대체로 1일을 단위로 책정되어 있다)을 하고 ② 일반 공중이 잠을 잘 목적으로 그 시설과 비품 등을 사용하는 경우라면 그 건물의 형태가 공동주택 또는 업무시설이라고 하더라도 "임대용 주거시설이 아닌 숙박용 숙박시설"에 해당된다고 보고 있으므로, 임대용 공동주택을 ① 단기숙박시설 기준인 30일(국제표준산업분류표, 조심 2009지144, 2009.12.10. 참조) 이내로 계약하고, ② 숙박시설과 비품 등을 갖춘 형태로 운영되는 경우라면 "임대용 공동주택이 아닌 숙박용 숙박시설"로 보아야 할 것임. 재산·공동시설세 과세기준일(6.1.) 현재 공동주택 임대사업자가 임대용으로 사용하지 않고 숙박시설로 사용되는 경우에는 임대용 공동주택이 아닌 숙박용 숙박시설이므로 ⅰ) 재산세 감면대상에서 제외 및 기 감면세액 추징 ⅱ) 건축물 용도지수를 공동주택이 아닌 숙박시설(100 ⇒ 135)로 상향조정 ⅲ) 재산세 과세대상구분을 주택이 아닌 건축물 및 토지로 과세 ⅳ) 4층 이상의 화재위험 건축물인 경우 공동시설세 2배 중과됨.

사례 지하층이 건물의 공용부분인 경우 건물의 주된 용도지수 적용, 지하층이 다른 층과 용도가 구분되는 경우 실제 이용상황에 따라 용도지수 적용함(지방세운영과-414, 2009.1.30.).

「2008년도 건물 및 기타물건 시가표준액 조정기준」에 따르면, 「용도지수」의 적용은 "1구 또는 1동의 건축물이 2 이상의 용도에 사용되는 경우에는 각각의 용도대로 구분하고, 공용부분은 전용면적 비율로 안분하되 안분할 수 없는 부분은 사용면적이 제일 큰 용도의 건물에 부속된 것으로 보고 결정"하도록 하고 있음. 따라서 ① 해당 지하층이 건물의 공용부분인 경우에는 건물의 주된 용도인 상업용으로 판단하여 용도지수를 적용하고, ② 지하층이 다른 층과 용도가 구분되는 경우에는 현황과세 원칙(「지방세법 시행령」 제143조)에 따라 현황조사 후 실제 이용상황에 따라 용도를 결정해야 할 것으로 판단됨. 한편, 과세표준 산정을 위한 건물의 평가는 대상 건물의 과세가치를 판정하는 것이므로, 특별한 법령의 근거가 없는 한 이격부분 위에 지붕을 얹지 못한 것 등으로 인하여 건물 과표산정 시 감산하여 반영할 여지는 없는 것으로 판단됨.

사례 건축물이 2 이상의 용도에 사용되는 경우(세정과-1029, 2007.4.4.)

건축물 시가표준액 산정 시에는 동일한 공장 구내에 건축물이 위치하고 있다 하더라도 개별건물의 용도를 각각 구분하여 용도지수를 적용하여야 한다고 판단됨.

사례 건축물대장상 주용도가 공장이나 사무실로 사용하는 경우(세정-563, 2007.3.9.)

집단급식소가 「식품위생법」에 의한 휴게 또는 일반음식점이고 실질적으로 식당으로 사용된다면 식품위생시설의 용도지수가 적용된다고 판단됨.

사례 지하 주차장 내 주차관제시설은 주차시설에 해당되는 것임(세정과-682, 2006.2.16.).

가. 지하 주차장 내 주차관제시설 등의 용도지수 관련 사항

건물시가표준액조정기준상 용도지수 분류에서 1구 또는 1동의 건축물이 2 이상의 용도에 사용되는 경우에는 각각의 용도대로 구분한다고 규정하고 있으므로 업무용 건축물의 지하주차장내 주차관제시설은 차량관련시설 중 주차시설에 해당되는 것으로 보아 용도지수 80을 적용하는 것

이 타당하다고 판단됨.

나. 주차장 내 승강시설의 용도지수 관련 사항

공용부분은 전용면적비율로 안분하되 안분할 수 없는 부분은 사용면적이 제일 큰 용도의 건물에 부속된 것으로 본다고 규정하고 있으므로 공용부분인 승강시설은 주차장과 업무시설로 이동하기 위한 시설이므로 업무용 시설과 차량관련시설(지하 주차장)의 면적에 따라 안분하여 용도지수를 결정하는 것이 타당하다고 판단됨.

다. 건축물 내 존재하는 변전실의 재산세 용도지수 관련 사항

「지방세법 시행규칙」 제47조【별표 3】'공장의 종류'에서 달리 분류되지 않은 전기업(한국표준산업분류표의 40109)에 변전소를 포함하도록 규정하고 있고, 변전실이 해당 건축물(포스코센터)에 전력을 공급하는 부속시설이 아니라 삼성동 일대에 전력을 공급하기 위한 한전의 시설임을 볼 때 그 부분은 해당 건축물과 분리하여 공장으로 보아 용도지수를 적용하는 것이 타당하다고 판단됨.

사례 공장 내 사무실은 사무실 용도지수 적용함(지방세정팀 – 154, 2005.12.20.).

제조업을 영위하면서 제조업소 주용도로 신축한 제2종 근린생활시설이 건축물대장과 같이 제조업소와 사무실로 구분되어 사용된다면 용도지수는 사용용도에 따라 각각 생산시설(80)과 사무실(125)로 구분하여 적용함이 타당하다 할 것임.

사례 방송국 건물 내 방송통신시설 부분의 용도지수 적용 방법(세정과 – 4818, 2004.12.31.)

7단계 용도지수(40~135) 적용을 위한 사무실 등 30가지 용도분류는 건물의 주된 용도에 따른 분류기준으로서 방송국 건물 내에 설치된 방송통신시설 부분은 제조·가공·수선이나 인쇄 등의 목적에 사용하도록 생산시설을 갖춘 공장과는 달리 방송국의 주된 용도인 각종 사무실용 건물의 일부로 보는 것이 타당하다고 하겠으며, 용도분류상 기타의 항목에도 방송국(방송통신시설)이 별도로 열거되어 있지 아니하여 기타의 지수를 적용하는 것 또한 타당하지 않으므로 방송국 건물 내에 설치된 방송통신시설 부분은 방송국의 주된 사무실용 건물의 일부로 보아 "125"의 지수를 적용하는 것이 타당하다고 판단됨.

사례 오피스텔을 주거용으로 사용하는 경우 재산세 부과기준(세정과 – 2301, 2004.8.3.)

오피스텔을 주거용으로 사용하고 있는 경우라면 2004년도 건물 시가표준액 조정기준에 의한 용도지수를 적용함에 있어 주거시설에 해당하는 지수를 적용하고 가감산율을 적용함에 있어서는 공동주택의 가감산율을 적용하는 것이 타당함.

사례 복지시설의 건물 과세표준 산정 시 용도지수의 적용(지방세정담당관 – 452, 2004.2.3.)

건물 과세표준을 산정함에 있어 2003년도 건물 시가표준액 조정기준에 의거 용도지수의 경우 지수 60을 적용하는 복지시설은 양로원, 고아원, 기타 이와 유사한 시설을 말하는 것이므로 유료노인복지주택의 경우는 주거시설(공동주택)로 보아 지수 100을 적용하여야 함.

사례 주택이 아닌 일반 건축물 주차장의 용도지수(세정 13407 – 1210, 2002.12.23.)

2002년도 건물 시가표준액 조정기준 2. 적용지수 나. 용도지수에는 주차전용시설(주택의 차고는 제외하되 복합건물의 차고는 포함)은 지수 80을 적용하도록 규정하고 있으므로 귀문의 경우 주택이

아닌 일반건축물의 주차장은 지수 80을 적용하는 것이 타당함.

> **사례** 대형백화점 건물 내 학원의 적용지수(세정 13407 – 432, 2001.10.17.)
>
> 「2001년도 건물 시가표준액 조정기준」의 2. 용도지수 나. 용도번호 3에서 「학원의 설립·운영에 관한 법률」에 의한 학원은 지수 "125"를 적용하도록 하면서 그 적용요령 1)에서 1구 또는 1동의 건축물이 2 이상의 용도에 사용되는 경우에는 각각의 용도대로 구분한다고 되어 있는바, 1동의 건축물 연면적 중 일부를 「학원의 설립·운영에 관한 법률」에 의한 학원용으로 사용되는 경우라면 그 사용부분에 대하여는 지수 "125"를 적용함이 타당함.

③ 위치지수의 적용

◀ **위치지수** ▶

(단위 : 천 원/㎡)

지역번호	건물 부속토지 가격	지 수
1	10 이하	80
2	10 초과 ~ 30 이하	82
3	30 초과 ~ 50 이하	84
4	50 초과 ~ 100 이하	86
5	100 초과 ~ 150 이하	88
6	150 초과 ~ 200 이하	90
7	200 초과 ~ 350 이하	92
8	350 초과 ~ 500 이하	94
9	500 초과 ~ 650 이하	96
10	650 초과 ~ 800 이하	98
11	800 초과 ~ 1,000 이하	100
12	1,000 초과 ~ 1,200 이하	103
13	1,200 초과 ~ 1,600 이하	106
14	1,600 초과 ~ 2,000 이하	109
15	2,000 초과 ~ 2,500 이하	112
16	2,500 초과 ~ 3,000 이하	115
17	3,000 초과 ~ 4,000 이하	118
18	4,000 초과 ~ 5,000 이하	121
19	5,000 초과 ~ 6,000 이하	124
20	6,000 초과 ~ 7,000 이하	127
21	7,000 초과 ~ 8,000 이하	130
22	8,000 초과 ~ 9,000 이하	133
23	9,000 초과 ~ 10,000 이하	136
24	10,000 초과 ~ 20,000 이하	140
25	20,000 초과 ~ 30,000 이하	146
26	30,000 초과 ~ 40,000 이하	150
27	40,000 초과 ~ 50,000 이하	155

지역번호	건물 부속토지 가격	지 수
28	50,000 초과 ～ 60,000 이하	160
29	60,000 초과 ～ 70,000 이하	163
30	70,000 초과 ～ 80,000 이하	166
31	80,000 초과	169

◀ 적용요령 ▶

1) 과세대상 건물의 부속토지에 대한 위치지수는 납세의무성립일 현재의 개별공시지가를 기준으로 적용한다.

(예) 공시지가 1,300천 원/㎡ 경우 → 위치지수 106

2) 여러 필지의 부속토지에 건물이 있는 경우에는 각 필지의 개별공시지가를 평균한 가격에 해당하는 지수를 위치지수로 한다.

(예) 3필지의 토지에 건물이 있는 경우[A필지(30㎡) : 700천 원/㎡, B필지(50㎡) : 1,000천 원/㎡, C필지(20㎡) : 650천 원/㎡]

→ (700천 원×30㎡ + 1,000천 원×50㎡ + 650천 원×20㎡) ÷ 100㎡ = 840천 원/㎡

→ 위치지수 : 100

3) 건물 부속토지의 개별 토지가격이 조사 누락 등으로 결정되지 아니하거나 조사 오류로 인하여 비현실적인 경우에는 인근 유사대지의 개별 토지가격을 참작하여 위치지수를 결정한다.

4) 수상건축물, 비닐하우스, 임시용 공사현장 건축물(공사기간 동안 설치된 경우만 대상으로 한다)에 대하여는 위치지수를 100을 적용한다. 다만, 종전에 위치지수가 100 이하가 적용된 경우로서, 위치지수 100이 될 때까지 매년 위치지수를 10포인트씩 인상조정한다.

5) 주상복합건물 내 주택에 대해 해당 위치지수 적용이 불합리하다고 판단되는 경우(주택 호수가 20호 미만인 경우에 한한다)에는 인근지역 주거용 건물부속토지에 준하는 위치지수를 적용할 수 있다.

사례 주택 수가 20동 미만인 경우 소규모 주상복합건물로 봄(세정과-2217, 2004.7.28.).

건물시가표준액 조정기준 - 2. 적용지수 - 다. 위치지수에 관한 적용요령 "5)"에서 주상복합건물 내 주택에 대한 설명 중 "주택 동수가 20동 미만인 경우"라 함은 주택의 수가 20호 미만인 소규모 주상복합건물로 봄이 타당할 것임.

4) 경과연수별 잔가율의 적용

◀ 경과연수별 잔가율 ▶ (2024.6.1.~2025.5.31.)

건물 구조 / 구분	철골 (철골철근) 콘크리트조, 통나무조	철근 콘크리트조 라멘조, 석조, 프리캐스트 콘크리트조, 목구조	철골조, 스틸 하우스조, 연와조, 보강콘크리트조, 보강블럭조, 황토조, 시멘트벽돌조, 목조, ALC조, 와이어패널조	시멘트블럭조, 경량철골조, 조립식패널조, FRP 패널조	석회 및 흙벽돌조, 돌담 및 토담조 철파이프조, 컨테이너건물
내용연수	50	40	30	20	10
최종연도 잔가율	10%	10%	10%	10%	10%
매년 상각률	0.018	0.0225	0.03	0.045	0.09
경과연수별 잔가율	1 − (0.018 × 경과연수)	1 − (0.0225 × 경과연수)	1 − (0.03 × 경과연수)	1 − (0.045 × 경과연수)	1 − (0.09 × 경과연수)

◀ 건물 신축연도별 잔가율표 ▶

내용연수 50년		내용연수 40년		내용연수 30년		내용연수 20년		내용연수 10년	
신축연도	잔가율	신축연도	잔가율	신축연도	잔가율	신축연도	잔가율	신축연도	잔가율
2025	1.000	2025	1.000	2025	1.000	2025	1.000	2025	1.000
2024	0.982	2024	0.978	2024	0.970	2024	0.955	2024	0.910
2023	0.964	2023	0.955	2023	0.940	2023	0.910	2023	0.820
2022	0.946	2022	0.933	2022	0.910	2022	0.865	2022	0.730
2021	0.928	2021	0.910	2021	0.880	2021	0.820	2021	0.640
2020	0.910	2020	0.888	2020	0.850	2020	0.775	2020	0.550
2019	0.892	2019	0.865	2019	0.820	2019	0.730	2019	0.460
2018	0.874	2018	0.843	2018	0.790	2018	0.685	2018	0.370
2017	0.856	2017	0.820	2017	0.760	2017	0.640	2017	0.280
2016	0.838	2016	0.798	2016	0.730	2016	0.595	2016	0.190
2015	0.820	2015	0.775	2015	0.700	2015	0.550	2015 이전	0.100
2014	0.802	2014	0.753	2014	0.670	2014	0.505		
2013	0.784	2013	0.730	2013	0.640	2013	0.460		
2012	0.766	2012	0.708	2012	0.610	2012	0.415		
2011	0.748	2011	0.685	2011	0.580	2011	0.370		
2010	0.730	2010	0.663	2010	0.550	2010	0.325		
2009	0.712	2009	0.640	2009	0.520	2009	0.280		
2008	0.694	2008	0.618	2008	0.490	2008	0.235		

내용연수 50년		내용연수 40년		내용연수 30년		내용연수 20년		내용연수 10년	
신축연도	잔가율	신축연도	잔가율	신축연도	잔가율	신축연도	잔가율	신축연도	잔가율
2007	0.676	2007	0.595	2007	0.460	2007	0.190		
2006	0.658	2006	0.573	2006	0.430	2006	0.145		
2005	0.640	2005	0.550	2005	0.400	2005 이전	0.100		
2004	0.622	2004	0.528	2004	0.370				
2003	0.604	2003	0.505	2003	0.340				
2002	0.586	2002	0.483	2002	0.310				
2001	0.568	2001	0.460	2001	0.280				
2000	0.550	2000	0.438	2000	0.250				
1999	0.532	1999	0.415	1999	0.220				
1998	0.514	1998	0.393	1998	0.190				
1997	0.496	1997	0.370	1997	0.160				
1996	0.478	1996	0.348	1996	0.130				
1995	0.460	1995	0.325	1995 이전	0.100				
1994	0.442	1994	0.303						
1993	0.424	1993	0.280						
1992	0.406	1992	0.258						
1991	0.388	1991	0.235						
1990	0.370	1990	0.213						
1989	0.352	1989	0.190						
1988	0.334	1988	0.168						
1987	0.316	1987	0.145						
1986	0.298	1986	0.123						
1985	0.280	1985 이전	0.100						
1984	0.262								
1983	0.244								
1982	0.226								
1981	0.208								
1980	0.190								
1979	0.172								
1978	0.154								
1977	0.136								
1976	0.118								
1975 이전	0.100								

5) 가산율 적용

① 가산율 개요

㉠ 가산율 정의

오피스텔 외 건축물의 시가표준액을 산정하기 위해 그 기준가격에 반영되는 과세대상별 특성 요인 중 하나로 특정 건축물 또는 건축물의 부가적인 요인을 고려하여 가산하는 비율을 수치로 표시한 값을 말함.

㉡ 용어의 정의

㉮ 인텔리전트 빌딩시스템 시설

「건축법」 제65조의 2(지능형건축물의 인증)에 따라 인증을 받은 건축물 및 건축물빌딩관리요소[냉·난방, 급수·배수, 방범, 방재(방화(防火) 포함), 전기, 조명 등]의 4가지 이상을 중앙관제장치시스템(기능별 별도 관제시스템 포함)에 의하여 자동관리·제어하는 시설을 말함. 다만, 사무자동화시설(OA)과 정보·통신시설(TC)은 인텔리전트 빌딩시스템 시설의 범위에서 제외하며, 빌딩관리요소가 중앙관제장치시스템에 의하여 자동제어되지 아니하는 시설(예 : 단순개별관리 또는 단순중앙관리 시스템)을 제외함.

☛ 공조·급배수는 지하3층, 방범·조명은 1층, 방재는 1층 및 지하3층 등 각 빌딩관리요소가 수 개의 장소에서 관리·운영되고 있는 것으로 확인되어 중앙에서 일괄적으로 통제하는 시스템은 아니지만 각 기능별로 관제하는 별도 관제시스템에 해당한다고 보이므로 쟁점건축물에 인텔리전트 빌딩시스템 시설이 설치된 것으로 보임(조심 2019지2004, 2020.4.21.).

㉯ 고층 건축물

층수가 30층 이상이거나 높이가 120미터 이상인 건축물을 말함.

㉰ 초고층 건축물

층수가 50층 이상이거나 높이가 200미터 이상인 건축물을 말함.

② 가산율 표

구분	가산율 적용대상 건물기준	가산율	가산율 적용 제외 부분
I	(1) 특수설비가 설치되어 있는 건물 • 인텔리전트 빌딩시스템 시설 - 빌딩관리요소 4가지 - 빌딩관리요소 5가지 이상	 0.05 0.10	• 공동주택(기숙사 제외), 복합건물 내 주택, 생산설비를 설치한 공장용 건물, 주차전용건축물(「주차장법」 제2조 제11호 규정에 따른 건물, 이하 같다)

구분	가산율 적용대상 건물기준	가산율	가산율 적용 제외 부분
Ⅱ	(2) 특수건물 • 건물의 1개층 높이가 다른 층의 높이보다 2배 이상 되는 특수건물(해당 층 부분) ※ 층별로 높이가 다른 층이 3개 이상 있는 경우에는 층고가 가장 낮은 층을 기준으로 하여 계산함. • 건물의 1개층 높이가 8m 이상이 되는 건물. 단, 높이가 4m 추가될 때마다 5%씩 추가 가산(예 : 7.9m는 0.8m는 5/100, 12m는 10/100 가산) ※ 층별로 특수건물의 층수 높이 계산 시 지하층 및 옥탑은 제외하며, 1개층 높이가 8m 이상인 건물에 대하여는 "1개층 높이가 다른 층보다 2배 이상되는 건물" 가산율 규정은 적용하지 아니함.	0.05 0.05	• 동일 건물 내 복층 구조가 병존할 경우 해당 복층부분
Ⅲ	※ 지하층 및 옥탑 등은 층수 계산 시 제외 (3) 5층 미만 건물 • 1층 상가부분 (4) 5층 이상 10층 이하 건물 • 1층 상가부분 (5) 11층 이상 20층 이하 건물 • 1층 상가부분 (6) 21층 이상 30층 이하 건물 • 1층 상가부분 (7) 30층 초과 건물 • 1층 상가부분	 0.17 0.27 0.32 0.36 0.46	• 단층건물 • 오피스텔(용도번호 Ⅰ-7, Ⅱ-21), 제조시설을 지원하기 위한 공장 구내의 사무실(용도번호 Ⅲ-2) • 용도번호 Ⅱ-6, 7의 호텔, 펜션, 생활숙박시설, 여관 등이 구분등기가 된 경우
Ⅳ	※ 지하층 및 옥탑 등은 층수 계산 시 제외 (8) 11층 이상 20층 이하 건물 • 2층 상가부분 (9) 21층 이상 30층 이하 건물 • 2층 상가부분 (10) 30층 초과 건물 • 2층 상가부분	 0.04 0.05 0.06	• 오피스텔(용도번호 Ⅰ-7, Ⅱ-21), 제조시설을 지원하기 위한 공장 구내의 사무실(용도번호 Ⅲ-2) • 용도번호 Ⅱ-6, 7의 호텔, 펜션, 생활숙박시설, 여관 등이 구분등기가 된 경우
Ⅴ	(11) 원자력발전시설	0.50	• 원자로 · 터빈 · 보조핵(연료)폐기물 저장 · 방사성 폐기물 처리 건물 이외의 건물
Ⅵ	(12) 수상건축물	0.10	

구분	가산율 적용대상 건물기준	가산율	가산율 적용 제외 부분
Ⅶ	(13) 고층 건축물	0.01	
	(14) 초고층 건축물		
	• 59층 이하	0.06	
	• 60층 이상 80층 미만	0.07	
	• 80층 이상	0.08	

☞ '구분 Ⅰ' 적용 시 건물 일부의 취득, 지분 취득, 집합건물 취득 등의 경우 해당 면적이 아닌 전체 1동의 연면적을 기준으로 가산율을 적용함.

③ 공통 적용기준

가산대상(구분 Ⅰ∼Ⅶ)과 감산대상(구분 Ⅰ∼Ⅵ)에 둘 이상의 항목에 해당하는 경우 각각의 가산율 또는 감산율을 더하여 중복 적용함.

④ 특수설비(인텔리전트 빌딩시스템) 설치 건물 가산율 적용기준

'구분 Ⅰ[특수설비(인텔리전트 빌딩시스템)가 설치되어 있는 건물 가산율]' 적용 시 건물 일부의 취득, 지분 취득, 집합건물 취득 등의 경우, 해당 면적이 아닌 전체 1동의 연면적을 기준으로 가산율을 적용함.

⑤ 건축물 층 높이 가산율 적용기준

'구분 Ⅱ(건축물 층 높이 가산)'에서 "건물의 층수높이 계산 시 지하층 및 옥탑을 제외"하는 것은 '건물의 1개층 높이가 다른 층의 높이보다 2배 이상 되는 건물'을 계산하는 경우에 한하여 적용함.

(예시1)

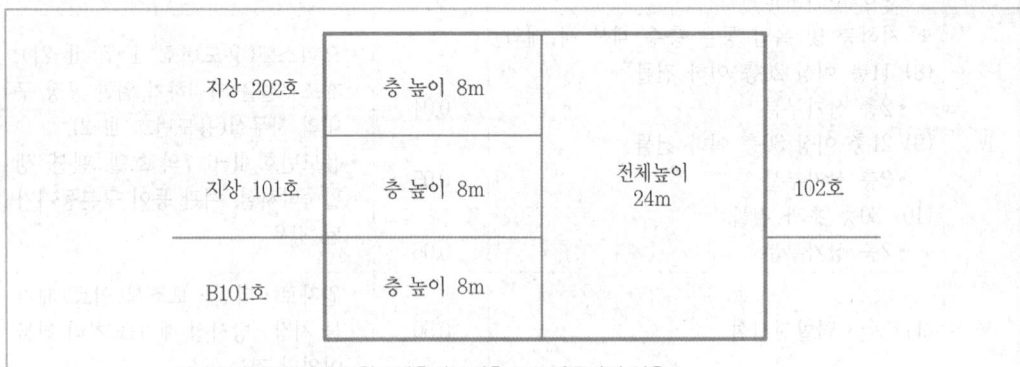

하나의 건물이 지하 포함 3개층과 1개층으로 이루어져 있음.
건물의 1/2은 3개층으로 지하1층부터 지상2층까지 각 층별 높이가 8m,
건물의 나머지 1/2은 1개층으로 층고의 높이가 24m일 경우,

→ (좌측) 각층 높이가 8m 이상이 되는 건물로 지하1∼지상2층 부분 0.05
   (우측) 1개층 부분 0.25 가산(4m 추가될 때마다 0.05 추가 가산)

(예시2)

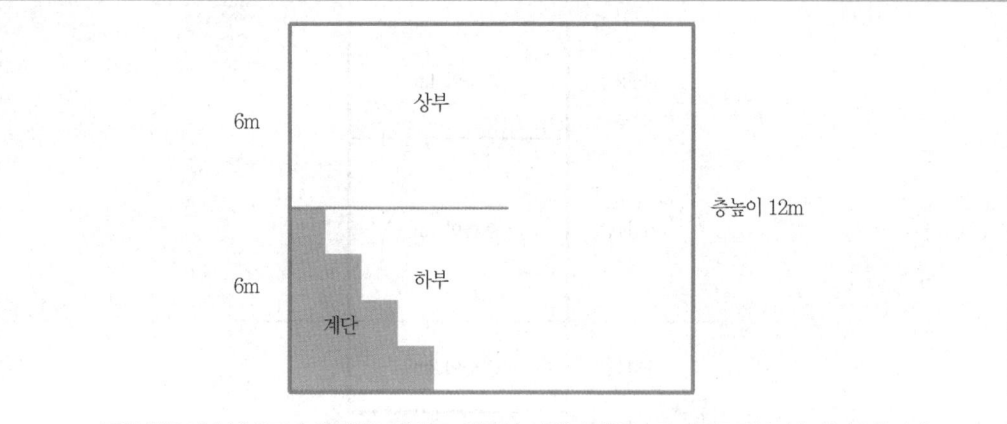

동일 건물 내 복층구조가 병존하는 경우로, 건물의 1/2은 복층구조로 바닥으로부터 높이가 2층까지
각 층별 높이가 6m, 건물의 나머지 1/2은 단층으로 층고의 높이가 12m일 경우,

→ (좌측) 각층 높이가 6m이고 합이 12m이나 해당 부분은 복층구조로 가산적용하지 않음.
　 (우측) 12m 0.1 가산

(예시3)

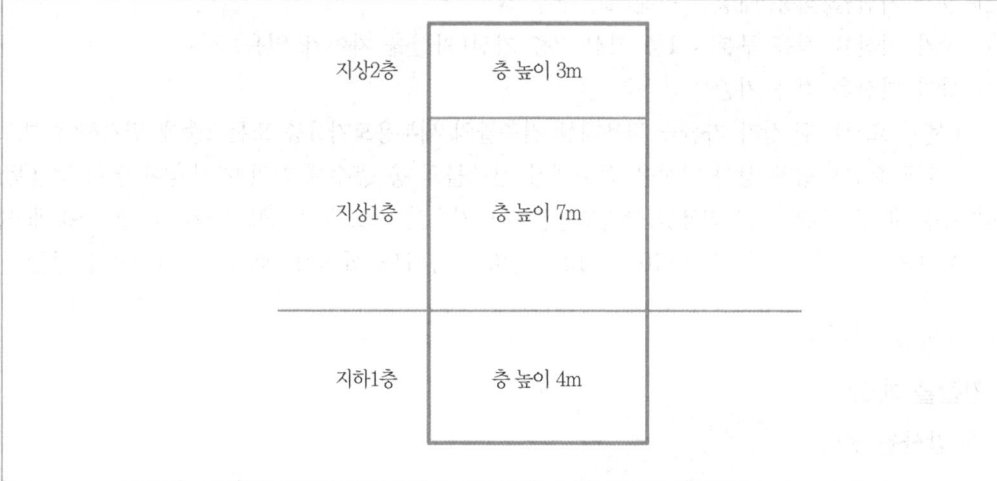

지하1층~지상2층 건물로 지하1층(4m), 지상1층(7m), 지상2층(3m)인 경우,

→ 지상1층의 높이(7m)가 지상2층의 높이(3m)보다 2배 이상 되는 건물로 지상1층에 대해 0.05 가산

(예시4)

```
                        ┌─────────────┐
              지상2층   │ 층 높이 4m  │
                        ├─────────────┤
                        │             │
              지상1층   │ 층 높이 7m  │
                        │             │
              ──────────┼─────────────┼──────
                        │             │
              지하1층   │ 층 높이 3m  │
                        └─────────────┘
```

지하1층~지상2층 건물로 지하1층(3m), 지상1층(7m), 지상2층(4m)인 경우

→ 지상1층의 높이(7m)가 지하1층의 높이(3m)보다 2배 이상 되나,
층수 높이 계산 시 지하층 및 옥탑은 제외하므로 해당 지상1층에 대한 가산은 없음.

⑥ 상가건물 층별 가산율 적용기준

㉠ 상가 가산율 적용 대상 : 구분 Ⅲ, 구분 Ⅳ

㉡ 상가 가산율 적용 구분 : 1층 가산, 2층 가산(가산율 차이가 있음)

㉢ 상가 가산율 적용 기준

(선행 요건) 위 상가 가산율 적용대상 건축물의 세부용도가 1층 또는 2층에 위치해야 하고
(후행 요건) 당해 상가 가산율 적용대상 건축물의 총 층수에 따라 가산율이 달리 적용됨.

㉣ '구분 Ⅲ'과 '구분 Ⅳ'를 적용할 상가부분은 용도지수의 번호 Ⅱ-1~20, Ⅱ-22, Ⅱ-26~30, Ⅲ-8,
Ⅴ-1의 예식장, Ⅴ-7~8, Ⅴ-10, Ⅴ-12, Ⅴ-16의 장의사, Ⅵ-6에 해당하는 건축물을 말함.

6) 감산율 적용

① 감산율 개요

㉠ 감산율 정의

오피스텔 외 건축물의 시가표준액을 산정하기 위해 그 기준가격에 반영되는 과세대상별
특성 요인 중 하나로 특정 건축물 또는 건축물의 부가적인 요인을 고려하여 감산하는 비
율을 수치로 표시한 값을 말함.

㉡ 용어의 정의

㉮ '구분 Ⅲ(무벽감산)'에서 "벽"

내력벽이나 경계벽은 물론 방범·안전을 위해 반영구적으로 기둥과 기둥 사이에 설치
한 구조물을 말함. 다만, 안전을 위해 설치한 펜스, 천 및 이와 유사한 재료를 사용하여

바람을 막는 시설은 제외함.

㉴ 무벽 면적비율

해당 층의 바닥면부터 그 위층 바닥 아래 면까지 전부 공간 또는 일부 공간으로 된 벽면이 없는 면적 대비 총 벽면비율을 말함.

☞ 무벽 면적비율은 해당 층의 윗층과 아래층 사이의 전체 면적 중 벽이 존재하지 않는 면적의 비율로 보는 것임(조심 2014지1427, 2015.5.20.).

② 감산율 표

구분	감산율 적용대상 건물기준	감산율	감산 제외대상
Ⅰ	[단독주택] (1) 1구의 연면적이 60㎡ 초과 85㎡ 이하 (2) 1구의 연면적이 60㎡ 이하	0.03 0.05	• 다가구주택
Ⅱ	(3) 주택의 차고	0.45	• 복합건물의 차고
Ⅲ	(4) 특수구조 건물 • 무벽 면적비율 1/4 초과~2/4 미만 • 무벽 면적비율 2/4 이상~3/4 미만 • 무벽 면적비율 3/4 이상	0.20 0.30 0.40	• 농수산용 건축물(용도번호 Ⅳ-2, Ⅳ-5)
Ⅳ	※ 지하층 및 옥탑 등 층수 계산 시 제외 (5) 지하 2층 이상 상가부분 (6) 지하 1층 상가부분 • 10층 이하 건물 • 10층 초과 건물 (7) 5층 이상 10층 이하 건물 • 5층 이상 상가부분 (8) 11층 이상 20층 이하 건물 • 5층 이상 상가부분 (9) 21층 이상 30층 이하 건물 • 5층 이상 상가부분 (10) 30층 초과 건물 • 5층 이상 상가부분	0.40 0.25 0.20 0.12 0.05 0.02 0.01	• 오피스텔(용도번호 Ⅰ-7, Ⅱ-21)
Ⅴ	※ 지하층 및 옥탑 등은 층수 계산 시 제외 (11) 주차장 • 주차장으로 사용되고 있는 2층 이상 건축물	0.10	• 지하층

구분	감산율 적용대상 건물기준	감산율	감산 제외대상
Ⅵ	(12) 철골조 건축물(벽면 구조) 　• 조립식패널, 칼라강판, 시멘트블록, 슬레이트벽	0.10	
	(13) 연면적 30m² 이하 컨테이너 구조 가설 건축물 　※ 2개 이상의 컨테이너를 상하 또는 좌우로 붙여서 한 곳에 설치한 경우는 모두 합산하여 연면적을 계산함.	0.20	

☞ '구분 Ⅰ' 적용 시 건물 일부의 취득, 지분 취득, 집합건물 취득 등의 경우 해당 면적이 아닌 전체 1동의 연면적을 기준으로 감산율을 적용함.

③ 공통 적용기준

가산대상(구분 Ⅰ~Ⅶ)과 감산대상(구분 Ⅰ~Ⅵ)에 둘 이상의 항목에 해당하는 경우 각각의 가산율 또는 감산율을 더하여 중복 적용함.

④ 단독주택 감산율 적용기준

'구분 Ⅰ(단독주택 감산율)' 적용 시 건물 일부의 취득, 지분 취득, 집합건물 취득 등의 경우 해당 면적이 아닌 전체 1동의 연면적을 기준으로 감산율을 적용함.

⑤ 상가건물 층별 감산율 적용기준

㉠ 상가 감산율 적용 대상 : 구분 Ⅳ

㉡ 상가 감산율 적용 구분 : 지하 1층, 지하 2층 이상, 5층 이상

㉢ 상가 감산율 적용 기준

　(선행 요건) 상가 감산율 적용대상 건축물의 세부용도가 지하 1층 또는 지하 2층 이상, 5층 이상에 위치해야 하고

　(후행 요건) 당해 상가 감산율 적용대상 건축물의 총 층수에 따라 감산율이 달리 적용됨.

　(추가 요건) 5층 이상 건축물에 엘리베이터가 없고, 5층 이상의 상가부분에는 0.12의 감산율을 추가로 더하여 적용함.

㉣ '구분 Ⅵ'을 적용할 상가부분은 용도지수의 번호 Ⅱ-2~3, Ⅱ-6의 펜션 및 한옥체험시설, Ⅱ-7~10, 14~20, 22, 26, 28~30, Ⅲ-3~4, 8, Ⅴ-1, 5~14, 16, Ⅵ-6에 해당하는 건축물을 말함.

㉤ 엘리베이터가 없는 5층 이상 상가 감산율 적용

　엘리베이터가 없는 5층 이상 건축물의 경우, 5층 이상의 상가부분은 0.12에 해당하는 감산율을 구분 Ⅳ(지하층 상가부분 감산)의 (6)~(9)에 해당하는 각각의 감산율에 더하여 적용함. 이 경우 상가부분은 용도지수의 번호 Ⅱ-2~3, 7~10, 14~20, 22, 26, 28~30, Ⅲ-4, Ⅴ-1, 5~14, 16, Ⅵ-6에 해당하는 건축물을 말함.

⑥ 주차장 감산율 적용기준

'구분 Ⅴ(주차장 감산)'를 적용할 주차장은 건축물대장상 차량(자동차)관련시설로 표기되어 주차장으로 사용되고 있는 건축물(복합건물의 주차장, 주차전용건축물)로 용도지수의 번호 Ⅱ-23 주차장(주택의 차고는 제외) 및 Ⅱ-24(주차전용빌딩)에 해당하는 건축물을 말하고, 지하층은 감산대상에서 제외함.

☞ 2020년 이전에는 ① 처분청이 주차전용빌딩인 쟁점건물 내에서 주차장 용도 외로 사용하는 부분에 대하여 용도지수를 달리 적용하여 2018년도분 재산세 등을 부과한 이 건 처분은 달리 잘못이 없다고 판단됨. ② 처분청이 2018년도에 고시한 부동산 시가표준액표 4. 가감산특례에 의하면, 지하층을 제외한 주차장으로 사용되고 있는 2층 이상 건축물의 주차장에 대하여 감산율 100분의 10을 적용하도록 하고 있고, 적용요령 6)에서 감산율을 적용할 주차장은 집합건축물대장상 차량(자동차)관련시설로 표기되어 전유부분이 모두 주차장으로 사용되고 있는 건축물로 규정하고 있는바, 감산율 적용대상은 집합건축물대상상의 주차장 또는 주차전용빌딩에 해당되어야 한다고 해석하는 것이 타당한 점. 쟁점건물은 주차전용빌딩이나 일반건축물대장에 등재되어 있는 점 등에 비추어 쟁점건물은 감산율 적용대상 주차장에 해당하지 아니한 것으로 보이므로 청구주장을 받아들이기 어렵다고 판단됨(조심 2018지2284, 2019.11.7.).

⑦ 철골조 건축물 감산율 적용기준

'구분 Ⅵ(철골조 건축물 벽면의 주된 구조가 조립식패널, 칼라강판, 시멘트블록, 슬레이트 벽인 경우의 감산)'은 납세자가 설계도서, 감리완료보고서 또는 건축물대장 등을 제출하여(전자문서 형태로 제출하는 경우 포함) 사실관계가 확인된 경우에 적용함. 다만, 2018.12.31.까지 종전 시가표준액 산정기준상 '철골조 구조지수 적용요령 2)'에 따라 과세되었거나 또는 과세되어야 할 건축물에 대해서는 해당 사실관계가 입증된 것으로 보아 감산율을 적용함.

⑧ 무벽감산 계산방법

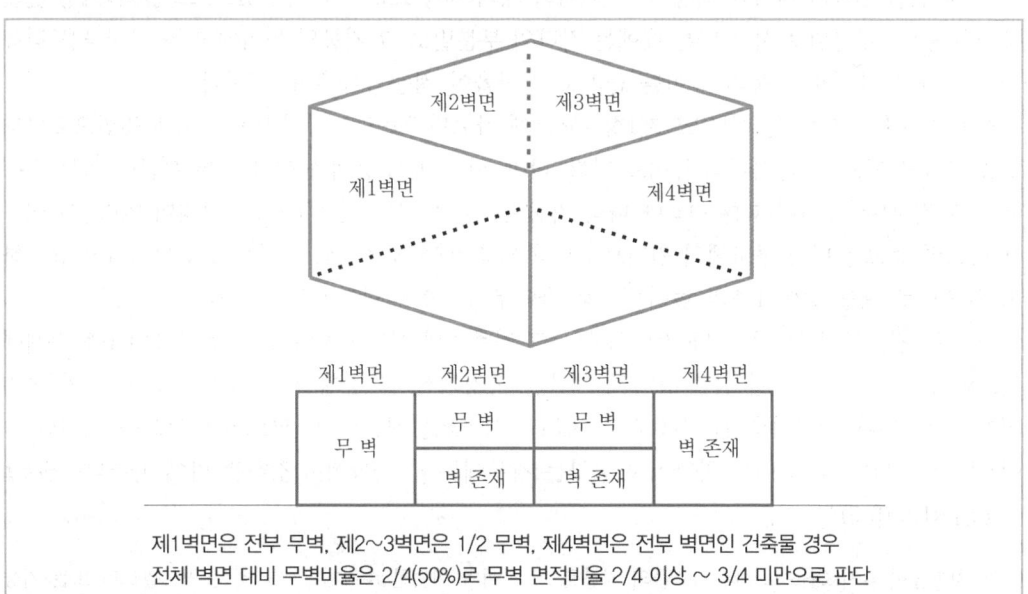

제1벽면	제2벽면	제3벽면	제4벽면
무 벽	무 벽	무 벽	벽 존재
	벽 존재	벽 존재	

제1벽면은 전부 무벽, 제2~3벽면은 1/2 무벽, 제4벽면은 전부 벽면인 건축물 경우
전체 벽면 대비 무벽비율은 2/4(50%)로 무벽 면적비율 2/4 이상 ~ 3/4 미만으로 판단

사례 「건물 시가표준액 조정기준」에 가감산특례 적용요령 6)의 "시장·군수가 해당 지수의 30% 범위 내에서 가감 조정"에서 해당지수란 가감산율을 말함(지방세운영과-1300, 2011.3.21.)

조정기준의 4. 가감산특례 적용요령 6)에서의 "해당 지수"는 "가감산율"을 지칭하는 것이며, 시가표준액의 변경결정은 개별 물건의 시가변동 등 기타 사유로 시가와의 큰 차이로 시가표준액 적용이 불합리하다고 인정되는 경우에 해당 물건의 시가표준액을 조정하는 규정으로, 개별 물건의 시가표준액 적용에 불합리성에 대한 조사가 없이 질의에서의 불분명한 층별 효용비율과 「지방세법 시행령」 제4조에 따른 "조정기준"의 가감산율이 다르다는 이유를 조정근거로 들어 개별물건의 시가표준액이 불합리하다고 판단하여 과세권자가 고시한 시가표준액을 조정하는 것은 곤란함. 다만, 시·도지사가 적정한 내부기준을 정하여 "조정기준"에 따라 해당지수의 30% 이내에 건물 시가표준액을 조정 적용하는 것은 가능함.

⑨ 층수

승강기탑, 계단탑, 망루, 장식탑, 옥탑, 그 밖에 이와 비슷한 건축물의 옥상 부분으로서 그 수평투영면적의 합계가 해당 건축물 건축면적의 8분의 1(「주택법」 제16조 제1항에 따른 사업계획승인 대상인 공동주택 중 세대별 전용면적이 85제곱미터 이하인 경우에는 6분의 1) 이하인 것과 지하층은 건축물의 층수에 산입하지 아니하고, 층의 구분이 명확하지 아니한 건축물은 그 건축물의 높이 4미터마다 하나의 층으로 보고 그 층수를 산정하며, 건축물이 부분에 따라 그 층수가 다른 경우에는 그 중 가장 많은 층수를 그 건축물의 층수로 본다(「건축법 시행령」, §119 ① 9).

⑩ 층고

유권해석(세정 13407-1137, 1996.10.4., 세정 22670-15552, 1987.12.24.)에서도 1개동의 건물에 단층부분과 고층부분이 함께 있을 경우에는 해당 부분별로 각각 구분하여 가산율을 적용해야 하며, 1개동의 건물 전체가 하나의 지붕이 아닌 여러 개의 지붕으로 건축되어 있고, 그 높이(가장 높은 용마루 등)가 부분별로 서로 다른 때에는 각각의 부분별로 그 지붕의 높이에 따라 가산율을 적용한다고 하고 있는바, 지붕의 높이를 근거로 가산율이 적용되어야 할 것이다.

한편, 「건축법 시행령」 제119조 제1항 제8호에 따르면 "층고 : 방의 바닥구조체 윗면으로부터 위층 바닥구조체의 윗면까지의 높이로 한다. 다만, 한 방에서 층의 높이가 다른 부분이 있는 경우에는 그 각 부분 높이에 따른 면적에 따라 가중평균한 높이로 한다"라고 규정되어 있다. 이 내용에 따르면 층고는 바닥 구조체의 윗면으로부터 위층 바닥 구조체의 윗면까지의 높이라고 규정하고 있으므로 예를 들어 1층의 높이는 1층 바닥부터 2층 바닥까지의 높이를 말한다.

참고로, 건축물의 높이는 지표면으로부터 그 건축물의 상단까지의 높이[건축물의 1층 전체에 필로티(건축물을 사용하기 위한 경비실, 계단실, 승강기실, 그 밖에 이와 비슷한 것 포함)가 설치되어 있는 경우에는 「건축법」 제60조 및 제61조 제2항을 적용할 때 필로티의 층고를 제외한 높이]로 한다. 다만, 다음 어느 하나에 해당하는 경우에는 각 사항에서 정하는 바에 따른다(「건축법 시행령」 §119 ① 5).[6)]

---

6) 6. 처마높이 : 지표면으로부터 건축물의 지붕틀 또는 이와 비슷한 수평재를 지지하는 벽·깔도리 또는 기둥의 상단까지의 높이로 한다.

㉠ 「건축법」 제60조에 따른 건축물의 높이는 전면도로의 중심선으로부터의 높이로 산정한다. 다만, 전면도로가 다음의 어느 하나에 해당하는 경우에는 그에 따라 산정한다.

㉮ 건축물의 대지에 접하는 전면도로의 노면에 고저차가 있는 경우에는 그 건축물이 접하는 범위의 전면도로 부분의 수평거리에 따라 가중평균한 높이의 수평면을 전면도로면으로 본다.

㉯ 건축물의 대지의 지표면이 전면도로보다 높은 경우에는 그 고저차의 2분의 1의 높이만큼 올라온 위치에 그 전면도로의 면이 있는 것으로 본다.

㉡ 「건축법」 제61조에 따른 건축물 높이를 산정할 때 건축물 대지의 지표면과 인접 대지의 지표면 간에 고저차가 있는 경우에는 그 지표면의 평균 수평면을 지표면(법 제61조 제2항에 따른 높이를 산정할 때 해당 대지가 인접 대지의 높이보다 낮은 경우에는 그 대지의 지표면을 말한다)으로 본다. 다만, 전용주거지역 및 일반주거지역을 제외한 지역에서 공동주택을 다른 용도와 복합하여 건축하는 경우에는 공동주택의 가장 낮은 부분을 그 건축물의 지표면으로 본다.

㉢ 건축물의 옥상에 설치되는 승강기탑, 계단탑, 망루, 장식탑, 옥탑 등으로서 그 수평투영면적의 합계가 해당 건축물 건축면적의 8분의 1(「주택법」 제16조 제1항에 따른 사업계획승인 대상인 공동주택 중 세대별 전용면적이 85제곱미터 이하인 경우에는 6분의 1) 이하인 경우로서 그 부분의 높이가 12미터를 넘는 경우에는 그 넘는 부분만 해당 건축물의 높이에 산입한다.

㉣ 지붕마루장식 · 굴뚝 · 방화벽의 옥상돌출부나 그 밖에 이와 비슷한 옥상돌출물과 난간벽(그 벽면적의 2분의 1 이상이 공간으로 되어 있는 것만 해당한다)은 그 건축물의 높이에 산입하지 아니한다.

㉤ 건물의 1개층 높이가 다른 층의 높이보다 2배 이상 되는 특수건물
건물의 1개층 높이가 다른 층의 높이보다 2배 이상 되는 특수건물(해당 층 부분)에 대하여는 가산율을 적용하는 것으로 규정되어 있다. 한 건물 내에서 1층, 2층, 3층 등으로 구분되어 있을 때 한 층의 높이가 다른 층의 높이보다 2배 이상되는 해당 층을 의미한다. 따라서 한 층의 높이가 다른 층의 2배 이상이 되는 층이 없는 경우에는 8m 이상인지 여부에 따라 가산율이 적용될 것이다.

㉥ 건물의 1개층 높이가 8m 이상이 되는 공장 등 특수건물(단, 높이가 4m 추가될 때마다 가산율 추가 적용)
한 층의 높이가 다른 층의 2배 이상이 되는 층이 없는 경우에는 8m 이상인지 여부에 따라

---

7. 반자높이 : 방의 바닥면으로부터 반자까지의 높이로 한다. 다만, 한 방에서 반자높이가 다른 부분이 있는 경우에는 그 각 부분의 반자면적에 따라 가중평균한 높이로 한다.

8. 층고 : 방의 바닥구조체 윗면으로부터 위층 바닥구조체의 윗면까지의 높이로 한다. 다만, 한 방에서 층의 높이가 다른 부분이 있는 경우에는 그 각 부분 높이에 따른 면적에 따라 가중평균한 높이로 한다.

10. 지하층의 지표면 : 법 제2조 제1항 제5호에 따른 지하층의 지표면은 각 층의 주위가 접하는 각 지표면 부분의 높이를 그 지표면 부분의 수평거리에 따라 가중평균한 높이의 수평면을 지표면으로 산정한다.

가산율이 적용될 것이다. 공장의 각 동마다 1층으로만 되어 있으면 각 동마다 다른 층이 없으므로 2배 이상 높이에 따른 가산율은 적용되지 아니하나, 건물 전체의 높이가 아닌 한 층의 높이가 8m 이상인 동은 가산율이 적용될 것이다(지자체별로 가산율이나 가산규정이 다를 수 있음). 즉 한 개 층의 높이가 8m 이상인 경우로 8m~12m 미만은 기본 가산율, 그 이상은 4m 추가될 때마다 추가 가산율이 적용된다. 여기서 건물 전체의 높이를 의미하는 것이 아니라 한 층의 높이를 의미한다.

7) 증·개축 건물 등에 대한 시가표준액 산출요령

① 증축 건물

1) 증축 건물에 대한 시가표준액은 증축 시 기초공사를 한 건물과 기초공사를 하지 않은 건물로 구분하고 해당 건물의 구조별 신축 건물 시가표준액에 [별표 1]의 비율을 곱하여 산출한 금액을 ㎡당 시가표준액으로 하며, 해당 부분에 대하여는 증축연도를 신축연도로 본다.

2) "기초공사를 한 건축물"이란 건축 시 건물의 하중을 견딜 수 있도록 토지에 공사를 한 경우로 본다.

② 개축 건물

㉠ "개축"이라 함은 기존 건축물의 전부 또는 일부(내력벽·기둥·보·지붕틀 중 3개 이상이 포함되는 경우를 말한다)를 철거하고 그 대지 안에 종전 규모의 범위 안에서 다시 축조하는 것을 말한다.

㉡ 개축 건물에 대한 시가표준액은 다음과 같이 적용한다. 기존 건축물의 전부 또는 일부를 철거하고 다시 축조하는 경우 그 해당 부분은 [별표 1] 증축 건물의 시가표준액 산출요령을 준용한다.

㉢ 개축 건물에 대한 건축연도는 개축에 해당되는 부분은 개축연도를 신축연도로 본다.

2013.12.31. 이전에는 개축 건물에 대한 시가표준액은 개축 부분을 신축 건물로 보고 개축(대수선) 당시의 해당 건물의 ㎡당 신축 건물 시가표준액에 「개축 건물 구조별 시가표준액(별표 2)의 소정 비율 : 증축 건물에 대한 시가표준액표, 멸실 외 개축 건물 등에 대한 시가표준액표」를 곱하여 산출한 금액을 개축 건물의 ㎡당 시가표준액으로 하여 개축에 해당하는 부분의 건물 면적을 곱하여 산출되는 것이며, 다만, 개축 등으로 구조, 용도 등이 변경된 경우에는 변경된 구조, 용도지수 등을 적용하여 건물의 시가표준액을 산정하고 개축된 이후의 건물 시가표준액 산출방법은 기존건물 부분의 시가표준액과 개축 부분의 시가표준액을 합산하여야 하는바, 기존 건물 부분은 당초 기존 건물의 신축연도를 기준으로 경과연수를 계산하여 과세연도의 조견표상 ㎡당 건물 시가표준액에 기존 건물의 면적을 곱하여 산출하고, 개축 부분은 개축 당시를 신축연도로 하여 경과연수를 계산해서 과세연도의 조견표상 ㎡당 건물의 과세 시가표준액에 개축 부분의 건물 면적을 곱한 시가표준액으로 합산한다(도세 22670-37, 1992.3.27.)라고 해석하였였다. 이 시가표준액 산출요령에서도 기존 건축물의 전부 또는 일부를 멸실하고 다시 축조하는 멸실 개축하는 경우 그

해당 부분은 증축의 시가표준액 산출요령을 준용하며, 멸실 외 개축의 경우 해당되는 건물의 구조별 신축 건물 시가표준액에 [별표 2]의 비율을 곱하여 산출한 금액을 ㎡당 시가표준액으로 한다. 멸실 개축에 해당되는 부분은 개축연도를 신축연도로 보며, 멸실 외 개축에 해당되는 부분은 기존 건축물의 건축연도에 개축으로 인한 내용연수 증가분(개축 시점의 경과연수의 25%, 소수점 이하 절사한다)을 가산하여 계산한 연도를 신축연도로 본다라고 규정하고 있다.

③ 대수선 건물

1) "대수선"이라 함은 「건축법 시행령」 제3조의 2에 따른 대수선을 말한다.

   다음 경우 중 한 가지를 해체하여 수선 또는 변경하는 경우로서 증축 또는 개축에 해당되지 않은 것을 말한다.

   ① 내력벽 면적의 30㎡ 이상 ② 기둥 3개 이상 ③ 보 3개 이상 ④ 지붕틀 3개 이상 ⑤ 방화벽 또는 방화구획을 위한 바닥 또는 벽 ⑥ 주계단·피난계단 또는 특별피난계단 ⑦ 미관지구 안에서의 건축물 외부형태(담장 포함) 변경(2019.10.22. 삭제) ⑧ 다가구·다세대 주택의 가구 및 세대 간 주요구조부인 경계벽의 수선 또는 변경 ⑨ 건축물의 외벽에 사용하는 마감재료(「건축법」 제52조 제2항에 따른 마감재료를 말함)를 증설 또는 해체하거나 벽면적 30제곱미터 이상 수선 또는 변경(2014.11.29.부터 적용)

2) "대수선 신고"는 「건축법」 제14조 제1항 제3호 및 제4호에 따른 대수선을 말하고, "대수선 허가"는 「건축법」 제11조에 따라 건축허가를 받아서 하는 대수선을 말한다.

3) 대수선 건물에 대한 취득세 부과 시의 시가표준액은 해당 건물의 신축 건물 시가표준액에 [별표 2]의 비율을 곱하여 산출한 금액을 ㎡당 시가표준액으로 한다. 다만, 경관지구 안에서 건축물 외부형태를 변경하여, 변경 층의 외부벽면 중 1/2 이하를 변경한 경우에는 산출된 시가표준액의 50%를 적용한다.

   ※ ㎡당 시가표준액 = 건물 신축가격 기준액 × 구조지수 × 용도지수 × 위치지수 × 가감산 특례 × ㎡당 시가표준액 산출비율[별표 2]

   ☞ 건물의 외부형태를 변경할 경우 한쪽 벽면만을 변경하더라도 건물 전체에서 해당 부분만큼 안분하지 않고 건물 전체에 대한 시가표준액을 산출하는 것이 원칙이라는 것임.

4) 건축허가로 대수선한 해당 건물에 대한 건축연도는 기존 건축물의 건축연도에 대수선으로 인한 내용연수 증가분(대수선 시점의 경과연수의 40%, 소수점 이하 절사함)을 가산하여 계산한 연도를 신축연도로 본다.

   (예) 1988년도에 신축한 건축물을 2018년도에 대수선(허가)한 경우

   1988 + [경과연수(30년) × 0.40] = 2000년(신축연도)

5) 건축신고로 대수선한 해당 건축물에 대한 신축연도는 앞 '4) 건축허가로 대수선한 건축물' 기준에 의하여 산출된 내용연수 증가분의 70%(소수점 이하 절사함)를 가산하여 계산한 연도를 신축연도로 한다.

(예) 1988년도에 신축한 건축물(내용연수 50년)을 2018년도에 대수선(신고)한 경우

　　1988 + (30×0.4) × 70% = 1996년(신축연도)

　　※ m²당 시가표준액 = 건물 신축가격 기준액 × 구조지수 × 용도지수 × 위치지수 × (변경된)
　　　　　　　　　경과연수별 잔가율 × 면적 × 가감산특례

6) 노후 건축물 지붕을 수선하거나 덮개를 추가하는 경우 대수선 건축물에 대한 시가표준액
　 산정비율의 30%를 경감하여 적용한다.

　일반적으로 내력벽, 기둥, 보, 지붕틀 등의 대수선은 전체 건물에 영향을 미치므로 전체 건물
면적에 적용되어야 할 것이나, 전체 건물에 적용하기 어려운 경우, 예를 들어 지상 2층만 방화구
획을 위한 바닥을 증설하였다면 지상 2층만 적용하는 것으로 해석될 여지가 있다. 그런데 "대수
선"이란 건축물의 기둥, 보, 내력벽, 주계단 등의 구조나 외부 형태를 수선·변경하거나 증설함으
로써 건축물 전체의 내용연수를 증가시키는 것이므로 대수선에 따른 효용이 실제 공사가 이루어
진 부분만으로 한정된다고 보기 어려운 점, 건축물의 내부공사뿐만 아니라 외부형태를 변경하는
공사도 함께 진행하였고, 이는 건축법령에 따른 대수선에 해당하는 점, 고시한 시가표준액 결정
고시에는 건축물 외벽 중 일부만을 변경한 경우에 내용연수 증가분을 달리 적용하여야 한다고
볼만한 규정을 두고 있지 아니한 점 등에 비추어 건축물의 시가표준액을 과다하게 산정하였다는
주장을 받아들이기 어렵다(조심 2019지3584, 2020.3.12.)라고 조세심판원에서 결정하고 있다.

④ 재축 건물[7]

　재축된 건물은 증축의 시가표준액 산출요령을 준용한다.

---

7) 「건축법 시행령」 제2조 【정의】
　이 영에서 사용하는 용어의 뜻은 다음과 같다.
　1. "신축"이란 건축물이 없는 대지(기존 건축물이 철거되거나 멸실된 대지를 포함한다)에 새로 건축물을 축
　　조(築造)하는 것[부속건축물만 있는 대지에 새로 주된 건축물을 축조하는 것을 포함하되, 개축(改築) 또
　　는 재축(再築)하는 것은 제외한다]을 말한다.
　2. "증축"이란 기존 건축물이 있는 대지에서 건축물의 건축면적, 연면적, 층수 또는 높이를 늘리는 것을 말한다.
　3. "개축"이란 기존 건축물의 전부 또는 일부[내력벽·기둥·보·지붕틀(제16호에 따른 한옥의 경우에는 지
　　붕틀의 범위에서 서까래는 제외한다) 중 셋 이상이 포함되는 경우를 말한다]를 철거하고 그 대지에 종전
　　과 같은 규모의 범위에서 건축물을 다시 축조하는 것을 말한다.
　4. "재축"이란 건축물이 천재지변이나 그 밖의 재해(災害)로 멸실된 경우 그 대지에 종전과 같은 규모의 범
　　위에서 다시 축조하는 것을 말한다.
　5. "이전"이란 건축물의 주요 구조부를 해체하지 아니하고 같은 대지의 다른 위치로 옮기는 것을 말한다.

● [별표 1] 증축 건물에 대한 시가표준액표

구분 구조번호	㎡당 시가표준액 산출비율 (%)			비고
	기초공사를 한 건물	기초공사를 하지 않은 건물	기초공사를 하지 않은 건물 중 중층건물	
1	100	80	60	• 신축 건물시가표준액에 해 당 지수를 곱하여 산출한다. • ㎡당 기준액에서 1,000원 미만은 버린다. • 중층건물이란 1개 층을 복 층으로 증축하는 것을 말 한다.
2	100	80	60	
3	100	80	60	
4	100	80	60	
5	100	80	60	
6	100	85	65	
7	100	85	65	
8	100	85	65	
9	100	85	65	
10	100	85	65	
11	100	85	65	
12	100	85	65	
13	100	85	65	

● [별표 2] 대수선 건물에 대한 시가표준액표

구분 구조 번호	㎡당 시가표준액 산출비율 (%)		비고
	대수선(허가)	대수선(신고)	
1	25	18	• 신축 건물시가표준액에 해당 지수를 곱 하여 산출한다. • ㎡당 기준액에서 1,000원 미만은 버 린다.
2	25	18	
3	25	18	
4	25	18	
5	25	18	
6	25	18	
7	35	25	
8	35	25	
9	35	25	
10	35	25	
11	30	25	
12	30	21	
13	30	21	

> **사례**　시가표준액 조정기준 "멸실 개축" 등 구분(지방세운영과 - 2665, 2012.8.22.)
>
> 「건물 및 기타 물건 시가표준액 조정기준」에 "개축"이라 함은 기존 건축물의 전부 또는 일부(내력벽·기둥·보·지붕틀 중 3 이상이 포함되는 경우를 말한다)를 철거하고 그 대지 안에 종전 규모의 범위 안에서 다시 축조하는 것을 말한다고 하고, "멸실 개축"은 기존 건축물의 전부 또는 일부를 멸실하고 다시 축조하는 경우라고 하고 있어 "개축"의 의미와 "멸실 개축"의 의미가 동일한 것으로 보여 "멸실 개축"과 "멸실 외 개축"을 구분하기 어렵다. 그러나 조정기준 상 "개축"은 "멸실 개축"과 "멸실 외 개축"을 구분하고 있고, "멸실 개축"의 경우 해당되는 부분은 개축연도를 신축연도로 보며 "증축"의 시가표준액 산출요령을 적용하고, "멸실 외 개축"의 경우 해당되는 부분은 내용연수 증가분을 가산한 연도를 신축연도로 보며 "대수선"과 유사한 시가표준액 산출요령을 적용하는 등 시가표준액을 산정하는 방식이 확연히 구분된다. 또한, "멸실 개축"은 내용연수와 시가표준액 산출요령을 보더라도 신축 및 증축의 의미와 유사하고, "멸실 외 개축"은 대수선의 의미와 유사함을 알 수 있다. 따라서 "멸실 개축"과 "멸실 외 개축"은 분됨이 분명하고, "멸실 개축"이 "멸실 외 개축"보다 내용연수가 더 많이 축소되는 점, 시가표준액이 더 높게 산정되는 점 등을 고려해 볼 때 "멸실 개축"은 건축물을 신축 또는 증축하는 의미인 건축물 전체 부분 또는 전체 건축물 중 내력벽·기둥·보·지붕틀 중 3 이상을 포함하는 일부분 전체를 철거하는 경우를 말하는 것이고, "멸실 외 개축"은 건축물을 대수선하는 것과 유사한 의미로서 건축물의 내력벽·기둥·보·지붕틀 중 3 이상만을 해체하는 등 종전 범위 안에서 다시 축조하는 경우를 말한다고 판단됨.
>
> ☞ 2013년 이전에 적용되던 산출요령에 대한 해석임.

> **사례**　건물 시가표준액 조정기준에서 '멸실'의 의미(지방세운영과 - 1530, 2012.5.17.)
>
> 건물 시가표준액 조정기준에서 "멸실"은 건축용어에서 일반적으로 정의하는 바와 같이 인위적인 행위 없이 자연재해(지진, 홍수, 태풍, 화재 등)로 건축물이 해체 또는 소멸된 경우를 말함. 따라서 "멸실 개축"은 자연재해로 해체 또는 소멸된 건축물을 다시 축조하는 것을 말하며, "멸실 외 개축"은 사람이 인위적으로 건축물을 해체 또는 폐기하여 다시 축조하는 것을 말한다고 할 수 있음.

8) 시가표준액이 시가보다 높은 건물의 시가반영 차등 감산특례

① 감산율

대상 건물	감산율
(1) 산정시가표준액 대비 시가비율　0% 초과~10% 이하	90/100
(2) 산정시가표준액 대비 시가비율 10% 초과~20% 이하	80/100
(3) 산정시가표준액 대비 시가비율 20% 초과~30% 이하	70/100
(4) 산정시가표준액 대비 시가비율 30% 초과~40% 이하	60/100
(5) 산정시가표준액 대비 시가비율 40% 초과~50% 이하	50/100
(6) 산정시가표준액 대비 시가비율 50% 초과~60% 이하	40/100
(7) 산정시가표준액 대비 시가비율 60% 초과~70% 이하	30/100
(8) 산정시가표준액 대비 시가비율 70% 초과~80% 이하	20/100
(9) 산정시가표준액 대비 시가비율 80% 초과~90% 이하	10/100

② **적용 요령**

1) 건물 신축가격 기준액에 구조·용도·위치지수, 경과연수별 잔가율, 면적, 가감산특례("가" 및 "나" 항목)을 적용한 후 산정된 건물 시가표준액(이하 "산정 건물 시가표준액"이라 함)과 토지 시가표준액을 합산한 가액이 거래된 시가(부속토지를 포함하며, 적용요령 3)을 말함)보다 높은 경우로서 「지방세법 시행령」 제20조 제2항 제2호의 적용대상이 되는 유상승계취득 시에 적용되는 취득세 건물 시가표준액을 산정할 때에 한정하여 적용한다.

2) 산정 시가표준액 대비 시가 비율은 시가(건물+토지가액)를 산정 시가표준액(산정 건물 시가표준액+토지 시가표준액)으로 나눈 비율을 말한다.

   ※ 산정 시가표준액 대비 시가 비율 = 시가(건물+토지가액) / 산정 시가표준액(산정 건물 시가표준액+토지 시가표준액)

3) 시가는 시장·군수·구청장이 거래가격 등을 조사하여 해당 거래와 유사한 상황에서 통상적인 시장에서 정상적인 거래가 이루어지는 경우 성립될 가능성이 가장 높다고 인정되는 가액 또는 2개 이상의 전문평가기관의 평균 감정가액으로 한다. 단, 시장·군수·구청장이 인정한 가액은 전문기관을 통해 검증받을 수 있다.

4) 시장·군수·구청장은 조정신청 또는 조정이 필요하다고 인정하는 경우에 감산율을 적용할 수 있다.

5) 시장·군수·구청장은 위 감산율이 불합리하다고 판단되는 경우에는 달리 정하여 적용할 수 있다.

시가감산율 적용(예시)

○ 현 황
   – 신고가액 : 100,000,000원(건물의 부속토지를 포함한 가액)
   – 산정 시가표준액 : 200,000,000원(산정 건물 시가표준액 120,000,000원, 토지 시가표준액 80,000,000원)
   – 조사가액 또는 감정가액 : 110,000,000원(건물+토지)
○ 산정 시가표준액 대비 시가비율 : 110,000,000원/200,000,000원 = 55%
○ 감산율 : 40%
○ 감산율 적용 후 건물 시가표준액 : 건물 120,000,000원 × (1−0.4) = 72,000,000원
   ⇒ 감산율 적용 후 시가표준액 : 80,000,000원(토지) + 72,000,000원(건물) = 152,000,000원

---

9) 구분지상권에 대한 시가표준액 산출요령

① **용어 정의**

1) '구분지상권'이란 「민법」 제289조의 2에서 규정한 지하 또는 지상 공간의 상하의 범위를 정하여 건물 또는 기타 공작물을 소유하기 위하여 설정하는 지상권을 말한다.

2) '입체이용저해율'이란 해당 토지에 지하·지상 공간 일부를 사용함으로써 해당 토지의 이용이 저해되는 비율을 말한다.

② 적용 범위

본 기준은 「지방세법」 제28조 제1항 제1호 다목 규정의 구분지상권에 대한 등록면허세의 과세표준을 산정하는 경우에 적용한다.

③ 구분지상권의 과세표준 산정 산식

구분지상권의 과세표준은 해당 구분지상권 설정토지의 개별공시지가에 설정된 토지면적을 곱한 다음, 입체이용저해율을 곱한 금액으로 한다.

> **□ 구분지상권 시가표준액**
> 개별공시지가 × 해당지표면적 × 구분지상권의 입체이용저해율

이 경우, 입체이용저해율은 '④ 입체이용저해율 산정요령'에 의한다.

④ 입체이용저해율 산정요령

1) 입체이용저해율 = 건축물의 이용저해율 + 지하부분의 이용저해율 + 그 밖의 이용저해율
2) "건축물의 이용저해율"은 다음에 정하는 기준에 따라 산정한다.
   ㉠ 건축물의 이용저해율

$$\text{토지의 건물 이용률}(\alpha) \times \frac{\text{저해층의 층별 효용비율의 합(B)}}{\text{최유효 건물층의 층별 효용비율의 합(A)}}$$

   ㉡ 건물 이용률(α), 최유효 건물층수는 [별표 3] 토지의 입체이용률 배분표에서 정하는 기준에 의한다.
   ㉢ 저해층의 층별 효용비율(B) 및 최유효 건물층의 층별 효용비율(A)은 [별표 4] 건물이용저해율 산정을 위한 층별 효용비율표에 의한다. 이 경우 지하층에 대한 층별 효용비율을 각각 합산한다.
   ㉣ 저해층수는 최유효건물층 수에서 건축 가능한 층수를 뺀 것으로 한다.
3) "지하부분의 이용저해율"은 다음에 정하는 기준에 따라 산정한다.
   ㉠ 지하부분의 이용저해율

> 토지의 입체이용률 배분표의 지하이용률(β) × 심도별 지하이용저해율(P)

   ㉡ 지하이용률(β)은 [별표 3] 토지의 입체이용률 배분표에서 정하는 기준에 의한다.
   ㉢ 심도별 지하이용저해율(P)은 [별표 5] 심도별 지하이용저해율표의 기준에 의한다.

4) 그 밖의 이용저해율은 다음 각 호에서 정하는 기준에 따라 산정한다.
　㉠ 그 밖의 이용저해율

> 토지의 입체이용률 배분표의 공중(기타)이용률(χ) × 고도별 기타 이용저해율(Q)

　㉡ 공중(기타)이용률(χ)은 [별표 3] 토지의 입체이용률 배분표에서 정하는 기준에 의한다.
　㉢ 고도별 기타 이용저해율(Q)은 [별표 6] 고도별 기타 이용저해율표의 기준에 의한다.
5) 산출한 시가표준액에서 천원미만 숫자는 절사한다.

⑤ 산출 예시

　㉠ 지상에 구분지상권을 정하는 경우(건축물의 이용저해율이 없는 경우)

사실관계

○ 용도지역 : 농림지역
○ 공시지가 : 40,000원/㎡
○ 해당 지표 면적 : 400㎡(선하지)
○ 지상권 설정 면적 : 지표면 상공 22m 이상 36m 이하의 공중 공간
　(단, 송전선의 상하 이격거리는 1.2m)

　㉮ 입체이용저해율 산정
　　ⓐ (건축물의 이용저해율)
　　　송전선로의 하부 하한선은 20.8m(상공 22m – 이격거리 1.2m)이고, 농림·자연환경
　　　보전지역의 최유효층수는 [별표 3]의 최유효지상층수 3층(3층×4m)이므로 12m가
　　　되어, 지상공간에는 저해되는 부분이 없으므로 송전선의 건물 이용저해율은 "0"
　　ⓑ (지하부분의 이용저해율)
　　　송전선은 지하에 영향이 없으므로 심도별 지하 이용저해율은 "0"
　　ⓒ (그 밖의 이용저해율)
　　　건물의 최유효층수 높이가 12m(3층×4m)이고 송전선의 하한선 높이가 20.8m로서
　　　최유효층수 높이의 8.8m(20.8m – 12m)를 초과한 공간부터 송전선로가 있어 이용
　　　저해율이 발생하므로 [별표 3]의 공중(기타)이용률(χ) 0.3 × 고도별 기타 이용저해
　　　율([별표 6]의 고도 10m 이하) 1.0 = "0.3"
　　ⓓ 입체이용저해율 :
　　　(건축물의 이용저해율) 0 + (지하부분의 이용저해율) 0 + (그 밖의 이용저해율) 0.3
　　　= 0.3
　㉯ 구분지상권 과세표준 산정
　　40,000원(개별공시지가) × 400㎡(토지면적) × 0.3(입체이용저해율) = 4,800,000원

㉡ 지상에 구분지상권을 정하는 경우(건축물의 이용저해율이 있는 경우)

사실관계

○ 용도지역 : 관리지역
○ 공시지가 : 40,000원/㎡
○ 해당 지표 면적 : 400㎡(선하지)
○ 건물 : 지상 2층
○ 지상권 설정 면적 : 지표면 상공 22m 이상 36m 이하의 공중 공간
 (단, 송전선의 상하 이격거리는 1.2m)
 - 송전선으로 인해 건물 5층 밖에 건축하지 못함.

㉮ 입체이용저해율 산정
 ⓐ (건축물의 이용저해율)
  관리지역의 최유효건물층수는 [별표 3] 토지의 입체이용률 배분표에 지상 12층, 지하 2층
  으로 되어 있으므로 최유효건물층의 층별 효용비율의 합(40+44+100+60+50+45+42+
  42+42+42+42+42+42)은 675이며, 저해층은 건축가능 최유효건물 지상층수(12층)
  - 건축가능층수(5층) = 7층이 되므로, 저해층의 층별효용비율의 합(7×42)은 294이므로
  송전선의 건물 이용저해율은 [별표 3] 토지의 입체이용률 배분표의 건물이용률(0.7) × 저
  해층의 층별 효용비율의 합(294)/최유효건물층의 층별 효용비율의 합(675) = "0.305"
 ⓑ (지하 부분의 이용저해율)
  송전선은 지하에 영향이 없으므로 심도별 지하 이용저해율은 "0"
 ⓒ (그 밖의 이용저해율)
  산정한 건물의 이용저해율이 "0을 초과하므로 [별표 3]의 공중(기타)이용률의 최대
  치 "0.15"
 ⓓ 입체이용저해율 :
  (건축물의 이용저해율) 0.305 + (지하 부분의 이용저해율) 0 + (그 밖의 이용저해율) 0.15 = 0.455
㉯ 구분지상권 과세표준 산정
 40,000원(개별공시지가) × 400㎡(토지면적) × 0.455(입체이용저해율) = 7,280,000원

㉢ 지하에 구분지상권을 정하는 경우

사실관계

○ 용도지역 : 도시지역
○ 공시지가 : 100,000원/㎡
○ 해당 지표 면적 : 1,000㎡
○ 지상권 설정 면적 : 지하토피고 25.4m 지점에 지하철도 건설

㉮ 입체이용저해율 산정

ⓐ (건축물 및 그 밖의 이용저해율)

지하시설물은 공중과 건물의 이용에 영향을 주지 않으므로 건축물의 이용저해율과 그 밖의 이용저해율은 각각 "0"

ⓑ (지하부분의 이용저해율)

도시지역의 지표면에서 25.4m부터 심도별 지하이용저해율이 발생하므로, [별표 3]의 지하이용률(β) 0.15 × [별표 5]의 심도 20~30m 구간 심도별 지하이용저해율 0.556 = "0.083"의 지하부분의 이용저해율이 산정됨.

ⓒ 입체이용저해율 :

(건축물의 이용저해율) 0 + (지하부분의 지하이용저해율) 0.083 + (그 밖의 이용저해율) 0 = 0.083

㉯ 구분지상권 과세표준 산정

100,000원(개별공시지가) × 1,000㎡(토지면적) × 0.083(입체이용저해율) = 8,300,000원

[별표 3] 토지의 입체이용률 배분표

이용률 \ 지역	도시지역	관리지역	농림·자연환경보전지역
건물 이용률(α)	0.8	0.7	0.6
지하 이용률(β)	0.15	0.15	0.10
공중(기타) 이용률(ɣ)	0.05	0.15	0.30
최유효지상층수	23	12	3
최유효지하가능층수	4	2	1

(1) "지역"은 「국토의 계획 및 이용에 관한 법률」 §6 규정의 용도지역을 말함.

(2) 산정한 건물이용저해율이 "0"을 초과하는 경우 공중(기타)이용률은 최고치를 적용한다.

(3) 각 층별 높이는 4m로 간주한다.

[별표 4] 건물 이용저해율 산정을 위한 층별효용비율표

층 별	도시지역	관리지역	농림·자연환경보전지역
5층 이상	35	42	–
4층	40	45	–
3층	50	50	80
2층	60	60	100
지상 1층	100	100	100
지하 1층	44	44	48
지하 2층 이상	38	40	–

(1) "지역"은 「국토의 계획 및 이용에 관한 법률」 §6 규정의 용도지역을 말함.

(2) 각 층별 높이는 4m로 간주한다.

● [별표 5] 심도별 지하이용저해율

심도(m) \ 지역	심도별 지하이용저해율(P)		
	도시지역	관리지역	농림·자연환경보전지역
0~10 미만	1.000	1.000	1.000
10~20 미만	0.778	0.714	0.600
20~30 미만	0.556	0.429	0.400
30~40 미만	0.333	0.143	
40 이상	0.111		

☞ (1) "지역"은 「국토의 계획 및 이용에 관한 법률」 §6 규정의 용도지역을 말함.

(2) "심도"는 지표면으로부터 지하시설물 상단까지의 수직거리를 말함.

(3) 지역별 심도기준을 초과하는 경우에는 해당 지역의 최소치를 적용한다.

● [별표 6] 고도별 기타 이용저해율표

고도(m) \ 지역	고도별 기타 이용저해율(Q)		
	도시지역	관리지역	농림·자연환경보전지역
50 초과		0.111	0.400
41~50 이하	0.125	0.222	0.600
31~40 이하	0.375	0.443	0.700
21~30 이하	0.625	0.667	0.800
11~20 이하	0.875	0.889	0.900
10 이하	1.000	1.000	1.000

☞ (1) "지역"은 「국토의 계획 및 이용에 관한 법률」 §6 규정의 용도지역을 말함.

(2) "고도"는 〔별표 3〕 토지의 입체이용률 배분표상 최유효층수의 최고높이로부터 공중공간으로의 수직높이를 말한다.

(3) 각 층별 높이는 4m로 간주한다.

(4) 지역별 고도기준을 초과하는 경우에는 해당 지역의 최소치를 적용한다.

(10) 선박 등 기타물건 시가표준액

매년 고시되는 「시가표준액 조사·산정 업무요령」에 의해 선박 등 기타물건의 시가표준액을 산정한다. 자세한 내용은 「시가표준액 조사·산정 업무요령」을 참조하기 바란다.

사례 건물 신축에 따른 승강기 취득세 시가표준액 포함 여부(지방세운영과-1982, 2015.7.1.)

「지방세법 시행령」 제6조에 따른 시설물의 경우 「지방세법 시행령」 제5조 시설과 달리 독립된 취득세 과세대상에 해당하지 않는 점, 문언적 의미상 개수란 기존 건축물에 특정시설물을 설치하거나 수선하여 그 효용가치를 높이는 것을 의미한다는 점, 건축물을 신축할 때 설치하는 필수 부수시설은 당해 건축물과 일체가 되는 것으로 보아 건축물의 시가표준에 포함된다는 점, 시가표준액조정기준에 따르면 승강기가 없는 5층 이상의 건축물의 경우 감산율이 적용되므로 승강기를 설치한 건축물은 시가표준액에 이미 승강기 가액이 반영되었다고 볼 수 있는 점 등을 감안할 때, 해당 승강기의 시가표준액은 건축물에 이미 포함되어 있어 취득세 시가표준액 산정 시 제외하여야 할 것임.

(11) 겸용 주택의 시가표준액 구분

건축물에 딸린 시설물의 시가표준액을 적용할 때 그 시설물이 주거와 주거 외의 용도로 함께 쓰이고 있는 건축물에 딸린 시설물인 경우에는 그 건축물의 연면적 중 주거와 주거 외의 용도 부분의 점유비율에 따라 시가표준액을 나누어 적용한다(지령 §4 ②).

(12) 건축물의 시가표준액 결정 절차 등(지령 §4-2)

특별자치시장·특별자치도지사·시장·군수 또는 구청장(구청장은 자치구의 구청장을 말하며, "시장·군수·구청장")은 오피스텔, 이외 건축물 시가표준액 산정기준에 따라 관할 구역 내 건축물의 시가표준액을 산정하며, 시장·군수·구청장은 제1항에 따라 산정한 건축물의 시가표준액에 대하여 행정안전부령으로 정하는 절차에 따라 10일 이상(2024년 이후 적용) 건축물의 소유자와 이해관계인("소유자등"이라 한다)의 의견을 들어야 하며, 시장·군수·구청장은 다음 어느 하나에 해당하는 경우에는 상기에 따라 산정한 시가표준액을 행정안전부장관이 정하는 기준에 따라 변경할 수 있다. 이 경우 시장·군수·구청장(특별자치시장 및 특별자치도지사 제외)은 그 변경 전에 특별시장·광역시장 또는 도지사("시·도지사")의 승인을 받아야 한다.

① 소유자등이 제출한 의견에 상당한 이유가 있다고 인정되는 경우
② 시가의 변동이나 그 밖의 사유로 해당 시가표준액을 그대로 적용하는 것이 불합리하다고 인정되는 경우(2023.6.30. 이후)

시장·군수·구청장은 상기에도 불구하고 이미 산정된 시가표준액의 20%를 초과하여 시가표준액을 변경하려는 경우에는 다음의 구분에 따른 절차를 거쳐야 한다.

① 특별자치시장 및 특별자치도지사 : 행정안전부장관과 협의
② 시장·군수·구청장(특별자치시장 및 특별자치도지사 제외) : 시·도지사의 승인(이 경우 시·도지사는 그 승인 전에 미리 행정안전부장관과 협의해야 함)

시장·군수·구청장은 오피스텔, 이외 건축물 산정기준에 따라 산정(변경산정 포함)한 시가표준액을 결정하여 매년 6.1.까지 고시해야 하며[이 경우 시장·군수·구청장(특별자치시장 및 특별자치도지사 제외)은 그 결정 전에 시·도지사의 승인을 받아야 함], 시장·군수·구청장(특별자치시장 및 특별자치도지사 제외)은 결정한 시가표준액을 시·도지사에게 제출해야 하며, 특별자치시장, 특별자치도지사나 시·도지사는 결정한 시가표준액이나 제출받은 시가표준액을 관할 지방법원장에게 통보해야 한다.

(13) 건축물 외 물건의 시가표준액 결정 절차 등(지령 §4-3)

시장·군수·구청장은 산정기준에 따라 건축물 외 물건의 시가표준액을 산정하여 결정·고시해야 하며, 시장·군수·구청장은 해당 연도 1월 1일 이후 산정기준에서 규정한 사항 외에 신규 물건이 발생하거나 시가표준액 산정방식에 변경이 필요하다고 인정되는 경우에는 행정안전부장

관에게 시가표준액 산정기준의 신설 또는 변경을 요청할 수 있으며, 행정안전부장관은 이에 따른 요청이 있는 경우 시가표준액 산정기준의 신설 또는 변경 필요성을 검토한 후 검토결과에 따라 시가표준액의 산정방식을 신설하거나 변경할 수 있고, 이에 따라 시가표준액의 산정기준을 신설하거나 변경하려는 경우에는 미리 관계 전문가의 의견을 들어야 하며, 시장·군수·구청장은 이에 따라 변경 산정한 시가표준액을 변경 결정·고시해야 한다.

시장·군수·구청장(특별자치시장 및 특별자치도지사 제외)은 상기 등에 결정하거나 변경 결정한 시가표준액을 시·도지사에게 제출해야 하며, 특별자치시장, 특별자치도지사나 시·도지사는 제상기 등에 따라 결정하거나 변경 결정한 시가표준액이나 제출받은 시가표준액을 관할 지방법원장에게 통보해야 한다.

한편, 행정안전부장관은 시가표준액의 적정한 기준을 산정하기 위하여 조사·연구가 필요하다고 인정하는 경우에는 다음의 관련 전문기관에 의뢰하여 이를 수행하게 할 수 있다(지령 §4-4).
① 「지방세기본법」 제151조 제1항에 따른 지방세연구원
② 그 밖에 시가표준액의 기준 산정에 관한 전문성이 있는 것으로 행정안전부장관이 인정하여 고시하는 기관

사례 변경결정 시 시·도지사가 변경결정 및 고시해야 함(지방세운영과-1300, 2011.3.21.)
건물의 시가표준액 조정이 불가피하여 조정기준 범위 내에서 시장·군수가 자체 조정토록 한 「건물 시가표준액 조정기준」은 「지방세법 시행령」 제4조 제3항 단서에서의 "행정자치부 장관의 승인"을 받은 것으로 보아 그 절차를 간소화하여 지방자치단체가 일정범위 내의 과세표준 결정을 유연하게 할 수 있도록 한 것이며(이 경우 조정결정 후 시·도지사는 그 결과를 행정자치부 장관에게 보고하여야 함), 이와 같이 변경결정하는 경우에도 같은 법 시행령 제4조 제3항 단서 및 제7항 규정에 따라 시·도지사가 변경결정 및 고시를 하여야 함.

(14) 시가표준액심의위원회의 설치 등(지령 §4-5)

다음의 사항을 심의하기 위하여 행정안전부장관 소속으로 시가표준액심의위원회("시가표준액심의위원회")를 둔다.
① 시가표준액 산정방식
② 건축물의 시가표준액 변경 협의
③ 시가표준액 산정기준의 신설
④ 그 밖에 시가표준액의 산정기준 마련과 관련하여 시가표준액심의위원회의 심의가 필요하다고 행정안전부장관이 인정하는 사항

사례 지방세심의위원회의 미심의 시 시가표준액 흠결 여부(조심 2020지2034, 2021.1.13.)
공동주택가격이 공시되지 않은 경우 그 시가표준액을 결정함에 있어 「지방세기본법」 제147조에 따른 지방세심의위원회의 심의를 거치도록 규정하고 있음에도 처분청은 이 건 재산세 등을 산정·부과하면서 지방세심의위원회의 심의를 거치지 않는 등 재산세를 부과함에 있어 법정 절차를 누락하

였고 이는 치유할 수 없는 절차상의 흠결로 보이는 점 등에 비추어 처분청이 청구인에게 재산세 등을 부과한 이 건 처분에는 잘못이 있음.

❸ 「지방세기본법」 및 「지방세징수법」의 적용(지법 §5)

지방세의 부과·징수에 관하여 「지방세법」 및 다른 법령에서 규정한 것을 제외하고는 「지방세기본법」 및 「지방세징수법」을 적용한다.

제2장

취득세

① 정의(지법 §6)

(1) 취득

매매, 교환, 상속, 증여, 기부, 법인에 대한 현물출자, 건축, 개수(改修), 공유수면의 매립, 간척에 의한 토지의 조성 등과 그 밖에 이와 유사한 취득으로서 원시취득, 승계취득 또는 유상·무상의 모든 취득을 말한다. 취득자가 소유권이전등기·등록 등 완전한 내용의 소유권을 취득하는가의 여부에 관계없이 사실상의 취득행위(잔금지급, 연부금완납 등) 그 자체를 말하는 것이다(지예법6-8).

취득	승계취득	유상승계취득	매매, 교환, 현물출자, 대물변제 부담부 증여 등
		무상취득	상속, 증여, 기부, 법인합병(2023.3.13. 이전만)
	원시취득	토지	공유수면매립, 간척
		건축물	신축, 증축
		선박	건조
		차량, 기계장비, 항공기	제조, 조립
		광업권, 어업권 양식업권(2020.8.28. 이후)	출원
		「민법」상 시효취득	
	간주취득 (의제취득)	토지	지목변경
		건축물	개수
		차량, 건설기계, 선박	종류변경
		과점주주의 주식취득	
		건축물과 그 건축물에 접속된 정원 및 부속시설물 부지	대(垈) 중 택지공사가 준공된 토지에 한해 사실상 변경된 경우(2016.1.1.~2019.12.31.)
		정원 또는 부속시설물 등을 조성·설치된 토지	대(垈) 중 택지공사가 준공된 토지에 한해 사실상 변경된 경우(2020.1.1. 이후)
		건축물을 건축하면서 그 건축물에 부수되는 정원 또는 부속시설물 등 조성·설치	건축물 취득세 과세표준에 포함(2020.1.1. 이후)

1) 공유수면매립

'공유수면매립'이란 공유수면(국가나 공공단체의 소유로서, 공공의 이익에 제공되는 수면. 바다, 강, 하천 따위의 수면)을 국가의 면허를 얻어 매립하는 일을 말하는 것으로, 매립면허를 받은 자가

매립준공인가를 받은 날 그 소유권을 취득하는 것이므로 그 소유권의 취득자는 취득세의 납세의무자가 된다. 「공유수면관리법」상 "공유수면"이라 함은 다음의 것을 말한다(「공유수면관리법」§2).

① 바다·바닷가
② 하천·호소·구거 기타 공공용으로 사용되는 수면 또는 수류로서 국유인 것

취득세 과세대상인 시설물의 범위를 별도로 규정한 취지는 토지의 가액 증가나 토지의 조성 여부를 묻지 않고 그와 같은 시설물의 취득을 토지와 분리하여 과세대상으로 포착하려는 데 있을 뿐 지목변경으로 토지의 가액이 증가하거나 공유수면의 매립 등으로 토지가 조성되는 경우에 토지의 구성 부분을 이루는 시설물을 토지의 일부로 보아 취득세를 과세하는 것까지 부정하려는 것은 아니다(대법원 1992.11.10. 선고, 92누5270 판결 참조). 선박을 접안하는 안벽은 전체 매립지의 일부로서 취득세의 과세대상에 해당한다고 봄이 타당하다는 이유로 이 안벽과 관련된 공사비와 그 부대비용을 취득세의 과세표준에 포함하는 것은 적법하다(대법원 2014두4757, 2014.7.10.).

2) 간척

육지에 면한 바다나 호수의 일부를 둑으로 막고, 그 안의 물을 빼내어 육지로 만드는 일을 간척이라 하며, 간척에 의하여 토지를 취득하는 자는 취득세의 납세의무가 있는 것이다.

3) 원시취득

'원시취득'이란 건축물의 신축, 공유수면의 매립 등과 같이 과세물건이 존재하지 아니한 상태에서 새로이 생성되는 경우를 말한다. 어떤 권리를 다른 사람의 권리에 의존하지 아니하고 독립하여 취득하는 것으로, 주인 없는 물건의 선점(先占), 유실물 습득, 시효 취득 등이 이에 해당한다. 그리고 공유수면매립, 간척, 건축물의 신축 등도 원시취득에 해당한다.

한편, 대법원판결(대법원 2016두34783, 2016.6.23.)로 수용재결로 취득한 경우에는 원시취득으로 보는 것이나(판례에서는 수용재결로 되어 있으나 수용의 경우에도 마찬가지로 원시취득으로 보아야 할 것임), 2017년 이후부터는 수용재결로 취득한 경우 등 과세대상이 이미 존재하는 상태에서 취득하는 경우는 원시취득으로 보지 아니하는 것으로 규정하고 있다.

4) 승계취득

다른 사람이 가진 권리를 취득하는 것을 말하며, 상속, 증여, 교환, 공매, 양도 등이 이에 해당한다.

(2) 부동산

부동산은 토지와 건축물을 의미하며, 여기서 "건축물"이란 「건축법」제2조 제1항 제2호에 따른 건축물(이와 유사한 형태의 건축물 포함)과 토지에 정착하거나 지하 또는 다른 구조물에 설치하는 레저시설, 저장시설, 독(dock)시설, 접안시설, 도관시설, 급수·배수시설, 에너지 공급시설 및 그 밖에 이와 유사한 시설(이에 딸린 시설 포함)로서 「지방세법 시행령」제5조의 시설을 말한

다. 따라서 개수에 해당하는 「지방세법 시행령」 제6조의 부수시설물[이 시설물 중 「건축법」 상의 건축물의 부속설비(예 : 승강기)는 제외]의 한 종류 이상 설치·수선은 부동산 범위에 포함되지 아니한다.

1) 토지

「공간정보의 구축 및 관리 등에 관한 법률」[8]에 따른 토지와 그 밖에 사용되고 있는 사실상의 토지를 말한다.

2) 건축물

「건축법」 제2조 제1항 제2호에 따른 건축물(이와 유사한 형태의 건축물 포함)과 토지에 정착하거나 지하 또는 다른 구조물에 설치하는 레저시설, 저장시설, 독(dock)시설, 접안시설, 도관시설, 급·배수시설, 에너지 공급시설 및 그 밖에 이와 유사한 시설(이에 딸린 시설 포함)을 말한다.

① 건물

지붕+벽+기둥, 지붕+벽, 지붕+기둥

② 건물부속설비

주체 구조부 건축물과 일체가 되어 건축물의 기능향상 등 경제적 효용가치를 증대시키는 설비로서 사회통념상 별도의 건축물에 부합 또는 부착됨으로써 비로소 부동산화(化)되는 것이고, 「건축법」 제2조 제1항 제2호에서는 '건축물'이란 토지에 정착하는 공작물 중 지붕과 기둥 또는 벽이 있는 것과 이에 딸린 시설물, 지하나 고가의 공작물에 설치하는 사무소·공연장·점포·차고·창고, 그 밖에 대통령령으로 정하는 것을 말한다고 규정하고 있고, 같은 항 제4호에서는 '건축설비'란 건축물에 설치하는 전기·전화설비, 초고속 정보통신 설비, 지능형 홈네트워크 설비, 가스·급수·배수·환기·난방·소화·배연 및 오물처리의 설비, 굴뚝, 승강기, 피뢰침, 국기 게양대, 공동시청 안테나, 유선방송 수신시설, 우편함, 저수조, 그 밖에 국토해양부령으로 정하는 설비를 말한다고 규정하고 있으며, 같은 법 시행령 제2조 제12호에서는 '부속건축물'이란 같은 대지에 주된 건축물과 분리된 부속용도의 건축물로서 주된 건축물을 이용 또는 관리하는 데 필요한 건축물을 말한다고 규정하고 있다.

「건축법」 제2조 제1항 제4호에서 규정하고 있는 건축 설비의 경우 건축물을 구성하는 필수적인 요소로서 건축물과 일체를 이루는 설비이고, 같은 법 시행령 제2조 제12호의 부속 건축물의 경우 주된 건축물을 이용 또는 관리하는 데에 그 목적이 있다고 하나 그 자체는 건축물에 해당한다고 할 것이므로, 건축설비 및 부속건축물 모두 「지방세법」 제6조에서 규정하고 있는 건축물의 범위에 해당한다.

---

[8] 2015.6.23. 이전 「측량·수로조사 및 지적에 관한 법률」 또는 「지적법」이었음.

③ 건물부속시설

토지에 정착하거나 지하 또는 다른 구조물에 설치하는 레저시설, 저장시설, 독시설, 접안시설, 도관시설, 급·배수시설, 에너지공급시설 등

　㉠ 레저시설

　　수영장, 스케이트장, 전망대, 옥외스탠드, 유원지의 옥외오락시설(유원지의 옥외오락시설과 유사한 오락시설로서 옥내 또는 옥상에 설치하여 사용하는 것 포함), 골프연습장(「체육시설의 설치·이용에 관한 법률」에 의하여 골프연습장업으로 신고된 20타석 이상의 골프연습장에 한함)

　㉡ 저장시설

　　수조, 저유조, 사일로, 저장조(2022년 이후 저장용량이 1톤 이하인 액화석유가스 저장조 제외) 등의 옥외저장시설(다른 시설과 유기적인 관련을 가지고 일시적으로 저장기능을 하는 시설 포함)

　㉢ 독시설 및 접안시설 : 독, 조선대

　㉣ 도관시설(연결시설 포함) : 송유관, 가스관, 열수송관

　㉤ 급·배수시설 : 송수관(연결시설 포함), 급·배수시설, 복개설비

　㉥ 에너지 공급시설

　　주유시설, 가스충전시설, 환경친화적 자동차 충전시설(2020년 이후), 송전철탑(전압 20만볼트 미만을 송전하는 것과 주민들의 요구로 「전기사업법」 제72조의 규정에 의하여 이전·설치하는 것 제외)

　㉦ 기타시설

　　잔교(2014년 이후 이와 유사한 구조물 포함), 기계식 또는 철골조립식 주차장, 차량 또는 기계장비 등을 자동으로 세차 또는 세척하는 시설(2015년 이후), 방송중계탑(「방송법」 제54조 제1항 제5호의 규정에 의하여 국가가 필요로 하는 대외방송과 사회교육방송중계탑 제외), 무선통신기지국용 철탑

(3) 건축

「건축법」 제2조 제1항 제8호에 따른 건축을 말하므로 건축물을 신축·증축·개축·재축(再築)하거나 건축물을 이전하는 것을 말한다.

1) 신축

건축물이 없는 대지(기존 건축물이 철거되거나 멸실된 대지 포함)에 새로 건축물을 축조(築造)하는 것[부속건축물만 있는 대지에 새로 주된 건축물을 축조하는 것 포함, 개축(改築) 또는 재축(再築)하는 것 제외]을 말한다.

2) 증축

기존 건축물이 있는 대지에서 건축물의 건축면적, 연면적, 층수 또는 높이를 늘리는 것을 말한다.

3) 개축

기존 건축물의 전부 또는 일부[내력벽·기둥·보·지붕틀(한옥의 경우 지붕틀의 범위에서 서까래 제외) 중 셋 이상이 포함되는 경우 말함]를 철거하고 그 대지에 종전과 같은 규모의 범위에서 건축물을 다시 축조하는 것을 말한다.

심사례에 의하면 "장기간 사용에 의한 노후 및 부식 심화 및 배관 내 스케일의 다량 생성으로 파공사고가 빈번하여 안정적인 해수공급을 위하여 지하에 설치된 것을 지상화하는 것이라고 하고 있는 것을 볼 때, 이는 특정 용도로 되어 있는 시설을 폐쇄하고 다시 동일 대지에서 그러한 용도로 축조하는 개축이 이전하는 것으로 보는 것이 상당하다고 할 것이다(행심 2006-357, 2006.8.28., 행심 2003-147, 2003.7.28.)라고 해석하여 왔었다. 예를 들어 도시가스배관을 교체하거나 일부 구간을 변경하는 것은 개축 또는 이전으로 보아 건축에 포함되는 것으로 판단하여 왔었다.[9] 그리고 심판례(조심 2017지1097, 2018.8.27.)에서도 개축에 해당되나, 신축에 해당되지 아니하는 것으로 결정하고 있다.

4) 재축

건축물이 천재지변이나 그 밖의 재해(災害)로 멸실된 경우 그 대지에 종전과 같은 규모의 범위에서 다시 축조하는 것을 말한다.

5) 이전

건축물의 주요 구조부를 해체하지 아니하고 같은 대지의 다른 위치로 옮기는 것을 말한다. 여기서 '주요 구조부'란 내력벽(耐力壁), 기둥, 바닥, 보, 지붕틀 및 주계단(主階段)을 말하나, 사이 기둥, 최하층 바닥, 작은 보, 차양, 옥외 계단, 그 밖에 이와 유사한 것으로 건축물의 구조상 중요하지 아니한 부분은 제외한다.

---

9) 건축으로 보아야 한다는 또 하나의 근거는 「지방세법」 제6조 제1호에 따르면 '취득'이란 매매, 교환, 상속, 증여, 기부, 법인에 대한 현물출자, 건축, 개수, 공유수면의 매립, 간척에 의한 토지의 조성 등과 그 밖에 이와 유사한 취득으로서 원시취득, 승계취득 또는 유상·무상의 모든 취득을 말한다라고 규정하고 있으면서, 새로 설치하거나 교체 또는 수선의 경우 건축물이 취득에 해당되려면 건축, 개수, 원시취득에 해당되어야 할 것인데, 도시가스 시설 등의 「지방세법 시행령」 제5조의 시설물은 건축에 해당되므로 취득세 과세대상이라고 해석할 수 있다는 것이다. 2014.1.1. 이후 이 시설의 수선은 개수에 해당하여 취득세 과세대상이 되나, 건축에 해당되지 아니할 것이다.

(4) 개수

「건축법」 제2조 제1항 제9호에 따른 대수선과 건물부속시설인 「지방세법 시행령」 제5조의 레저·저장시설 및 독시설 등 시설("부속시설")의 수선, 건축물에 딸린 시설물 중 「지방세법 시행령」 제6조의 시설물("부수시설물")을 한 종류 이상 설치하거나 수선하는 것 또는 건물 부속시설을 수선하는 것을 말한다. 그런데 2013.12.31. 이전 납세의무성립분까지는 개수의 범위에는 「건축법」에 따른 대수선과 「지방세법 시행령」 제6조 건축물 부수시설물을 한 종류 이상 설치 또는 수선하는 경우로 한정하고 있었는데, 2014.1.1. 이후 납세의무성립분부터 「지방세법 시행령」 제5조의 레저·저장시설 및 독시설 등 시설의 수선을 포함하고 있지 않았는데, 이러한 시설을 수선하는 경우도 개수의 범위에 포함하게 되었다. 개수의 범위 확대 전에도 건물부속설비의 교체 등은 취득세 과세대상이 되는 것으로 해석하고 있었다.

한편, 2015년 이후 「시가표준액 조사·산정 업무요령」(2022년 이전은 「기타물건 시가표준액 조정기준」)에 의하면 건물부속시설의 수선 중 개수에 해당되는 수선은 내용연수를 연장시키거나 가치를 증가시키는 수선(면적·길이·높이 등의 수선은 3분의 1 이상 수리한 경우에 한함)을 말하며, 도장·타일교체·마모된 기계부속품 교체 등은 제외한다. 각 시설별로 개수의 범위를 별도로 규정하고 있다.

> 개수 : 대수선 + 건물부속시설 수선 + 건물부수시설물 한 종류 이상 설치 또는 수선

한편, 개수[「지방세법 시행령」 제6조의 시설물 중 「건축법」 상의 건축물의 부속설비(예 : 승강기)의 설치 또는 교체는 제외]는 건축의 범위에 포함되지 아니하며, 부수시설물[이 시설물 중 「건축법」 상의 건축물의 부속설비(예 : 승강기)는 제외]은 부동산 범위에 포함되지 아니함에 유의하여야 한다.

1) 대수선

다음 어느 하나에 해당하는 것으로서 증축·개축 또는 재축에 해당하지 아니하는 것을 말한다(「건축법 시행령」 §3-2).

① 내력벽을 증설 또는 해체하거나 그 벽면적을 30제곱미터 이상 수선 또는 변경하는 것
② 기둥을 증설 또는 해체하거나 세 개 이상 수선 또는 변경하는 것
③ 보를 증설 또는 해체하거나 세 개 이상 수선 또는 변경하는 것
④ 지붕틀(한옥의 경우 지붕틀의 범위에서 서까래 제외)을 증설 또는 해체하거나 세 개 이상 수선 또는 변경하는 것
⑤ 방화벽 또는 방화구획을 위한 바닥 또는 벽을 증설 또는 해체하거나 수선 또는 변경하는 것
⑥ 주계단·피난계단 또는 특별피난계단을 증설 또는 해체하거나 수선 또는 변경하는 것

⑦ 미관지구에서 건축물의 외부형태(담장 포함)를 변경하는 것(2019.10.22. 삭제)

⑧ 다가구주택의 가구 간 경계벽 또는 다세대주택의 세대 간 경계벽을 증설 또는 해체하거나 수선 또는 변경하는 것(2003.2.24.부터 적용)

⑨ 건축물의 외벽에 사용하는 마감재료(「건축법」 제52조 제2항에 따른 마감재료를 말함)를 증설 또는 해체하거나 벽면적 30제곱미터 이상 수선 또는 변경하는 것(2014.11.29.부터 적용)

취득세 현황과세 규정(지령 §13)에 의하면 2015.5.13. 공사가 완료된 외부마감의 비용을 취득세 과세표준에 포함한 것은 정당한 처분으로 판단되고, 단순히 건축허가 내용(증축) 및 대수선 허가 신청 및 허가가 개정규정 시행일 이후에 없었다는 이유로 개정규정에 따른 외부마감비용을 취득세 과세표준에서 제외되지 아니한다(감심 2018-929, 2020.3.26. 참조).

> **사례** 대수선 해당 여부(조심 2021지1982, 2022.7.11.)
>
> 쟁점1차공사에서 진행한 벽체 및 철거공사는 기존에 시설되어 있던 천정, 벽재마감, 바닥마감 등을 철거한 뒤 천정, 벽재 등을 다시 시설하는 방식으로 이루어진 것으로, 이는 주로 외장재에 관한 것으로 건물의 형상이나 구조의 변경을 수반하는 내력벽에 대한 공사와 구분되는 바, 「건축법」 상 대수선에 해당하지 않는 점, 쟁점1차공사에서 진행된 소방 설비공사는 천정 및 벽재마감을 철거하여 교체하는 과정에서 부수적으로 행하여진 것으로, 공사의 주된 내용은 노후화된 배연창문 보수, 화재감지기 교체, 소방스피커, 알람표시등 매입, 소방전커버, 방수용 기구함 커버 교체 등에 불과한데, 이는 단순한 소방설비 교체로 「건축법」 상 대수선으로 보는 방화설비공사에 해당하지 않는 점, 쟁점1차공사에서 이루어진 전기설비공사는 천정 및 벽재마감을 철거하고 교체하는 과정에서 부수적으로 이루어진 것으로, 주된 내용은 매입등 및 조명등의 설치 및 이를 위한 간접공사에 불과하여 이를 「건축법」 상 대수선에 해당한다고 볼 수 없는 점 등에 비추어 쟁점1차공사는 같은 법 시행령 제3조의 2에 규정된 공사로 보기 어려운 것으로 판단됨.

2) 건물부수시설물(지령 §6)

열거주의 채택(승강기 등 8종) - 단, 건축물에 부착, 부합된 것에 한한다.

① 승강기(엘리베이터, 에스컬레이터, 기타 승강시설)

② 시간당 20Kw 이상의 발전시설

③ 난방용·욕탕용 온수 및 열 공급시설(2014.8.11. 이전 난방용·욕탕용 보일러)

④ 시간당 7,560kcal급 이상의 에어컨(중앙조절 방식에 한함)

⑤ 부착된 금고

⑥ 교환시설

⑦ 건물의 냉·난방, 급·배수, 방화, 방범 등의 자동관리를 위하여 설치하는 인텔리전트 빌딩 시스템 시설(Intelligent Building System : IBS)

⑧ 구내의 변전·배전시설

3) 리모델링

「건축법」제2조 제1항 제10호에 따르면 '리모델링'이란 건축물의 노후화를 억제하거나 기능 향상 등을 위하여 대수선하거나 일부 증축하는 행위를 말한다라고 규정하고 있고, 기존 건축물의 노후화 및 기능 향상을 위하여 건축물 리모델링 공사 등을 한 경우 해당 공사가 「건축법 시행령」 제3조의 2에서 규정하는 증축 또는 대수선에 해당되거나 「지방세법 시행령」 제5조에서 열거하는 시설을 수선하거나(2014년부터 적용), 「지방세법 시행령」 제6조에서 열거하는 시설물을 설치 또는 수선한 경우라면 개수에 따른 취득세가 과세되는 것이다. 이에 해당하지 않는 단순한 보수공사만 한 것이라면 법인장부상에 자산계정으로 계상하였다 하더라도 개수에 따른 취득으로 볼 수 없는 것이다(지방세운영과-12232, 2008.11.20.).

> **사례** 쟁점건축물의 대수선공사 및 증축공사와 병행하여 이루어진 이 건 인테리어공사의 경우, 건축물대장상 사용승인일까지 거래 상대방에게 지급된 인테리어공사비용은 「지방세법 시행령」 제18조 제1항에 따라 쟁점건축물의 취득가격에 포함되어야 할 것으로 보이는 점, 청구법인이 제출한 견적서 및 공사내역 등에 따르면, 이 건 인테리어공사계약은 쟁점건축물의 수장 · 도장 · 타일 · 석공사 외에도 병원시설과 관련된 가설공사, 전기공사, 설비공사 등으로 구성되어 있는바, 이는 같은 시기에 착공한 쟁점건축물의 대수선공사 및 증축공사와 밀접한 관련이 있는 점에서 이 건 인테리어공사는 의료시설 실내공간의 설계와 시공에 그치지 아니하고 쟁점건축물과 일체가 되어 그 효용가치를 증가시키는 역할을 했다고 봄이 타당한 점 등에 비추어 처분청에서 이 건 인테리어공사비용 중 일부를 쟁점건축물의 사용승인일을 기준으로 안분하여 대수선공사분 및 증축공사분 취득세 과세표준에 포함됨(조심 2023지3541, 2024.5.27.).

> **사례** 옥내 급배수시설 교체는 개수에 해당되지 아니함(조심 2019지2003, 2019.6.26.).
> 취득세 과세물건인 급 · 배수시설은 「건축법」에 따른 건축물의 부합물이 아닌 독립된 급 · 배수시설을 의미하는 것이므로 배관과 같이 건축물 내의 배관을 교체하는 것을 새로운 과세물건은 급수 · 배수시설을 취득한 것으로 볼 수는 없음.

> **사례** 방화문 설치는 개수에 해당됨(조심 2010지182, 2011.2.14.).
> 건축물 증축 등과 관련한 원가내역서 및 설계도면에서 청구법인은 주 건축물의 증축 공사 등을 하면서 내부에 화강석 계단 설치, 천정 틀 철거 및 설치, 내부계단에 핸드레일 설치, 벽돌벽 · 블록벽 · 철근콘크리트벽 철거 및 설치 등의 공사를 하였음이 확인되고 있는 이상, 이는 「건축법 시행령」 제3조의 2 각 호에서 규정한 내력벽 · 주계단의 구조 또는 외부형태를 수선 변경한 것이라 할 것이고, 지하1층 계단실 방화문의 설치는 방화구획 등을 위한 바닥 또는 벽을 증설 · 해체하거나 수선 · 변경하는 것에 해당된다고 할 것이므로 이는 「지방세법」 상 취득에 해당하는 개수에 해당하므로 이는 「지방세법」에서 규정한 취득에 해당한다고 할 것이다. 다음으로 공기조화기, 소방설비, 전기설비, 구내통신설비 등에 대한 공사비용이 이 건 건축물 증축 등의 취득가격에 포함되는지 여부에 대하여 보면, 건축물의 공조, 소방, 전기, 구내 통신 등을 위하여 각종 설비를 설치하는 것은 건축물의 미관을 위한 단순한 인테리어 공사가 아니라 건축물이 건축물로서 효용을 가지고 제대로 기능하기 위하여 반드시 필요한 설비를 설치하는 것으로 건축물과 일체가 되어 그 자체가 건축물로서의 효용가치를 갖는다고 할 것이므로 이에 대한 취득비용은 건축물의 취득가격에 포함하여야 할 것임.

(5) 차량

원동기를 장치한 모든 차량과 피견인차 및 궤도로 승객 또는 화물을 운반하는 모든 기구를 말한다. 따라서 '원동기를 장치한 차량'이라 함은 원동기에 의하여 육상을 이동할 목적으로 제작된 용구[총배기량 50시시 미만 이륜자동차, 최고정격출력 4킬로와트 이하인 이륜자동차(2020년 이후) 제외]를 말하므로 태양열, 배터리 등 기타 전원을 이용하는 기구와 디젤기관차, 광차 및 축전차 등이 포함된다(지예 법6-1).

여기서 '궤도'라 함은 공중에 설치한 밧줄 등에 운반기를 달아 여객 또는 화물을 운송하는 것이며, 지상에 설치한 선로에 의하여 여객 또는 화물을 운송하는 것을 말한다(지예 법6-2).

(6) 기계장비

건설공사용·화물하역용 및 광업용으로 사용되는 기계장비로서 「건설기계관리법」에서 규정한 건설기계 및 이와 유사한 기계장비 중 「지방세법 시행규칙」 [별표 1]에 규정된 것을 말한다.

(7) 선박

기선·범선·전마선 및 그 밖에 명칭 여하에 관계없이 모든 배를 말하며, 해저관광 또는 학술연구를 위한 잠수캡슐의 모선으로 이용하는 부선과 석유시추선도 포함한다.

(8) 항공기

사람이 탑승 조종하여 항공에 사용하는 비행기·비행선·활공기·회전익항공기 및 그 밖에 이와 유사한 비행기구를 말하나, 사람이 탑승, 조정하지 아니하는 원격조정장치에 의한 항공기(농약살포 항공기 등)는 제외된다.

(9) 입목

집단적으로 생육되고 있는 지상의 과수·임목·죽목을 말한다. 다만, 묘목 등 이식을 전제로 잠정적으로 생립하고 있는 것은 제외된다(지예 법6-4).

(10) 광업권

「광업법」의 규정에 의한 광업권을 말한다.

(11) 어업권

「수산업법」 또는 「내수면어업법」의 규정에 의한 어업권을 말한다.

(12) 양식업권[10]

「양식산업발전법」에 따른 양식업권을 말한다(2020.8.28. 이후 적용).

(13) 회원권

회원권의 가액에는 보증금, 입회비가 포함되며(지예 법6-5), 회원권을 사용하다가 계약기간 만료로 인하여 재계약하면서 계약 내용이 변경되는 경우에는 새로운 취득에 해당되나, 기존 회원권에 대한 입회금 반환 및 재계약 절차없이 자동 재계약되는 경우라면 이는 새로운 취득이 아닌 계약기간의 연장으로 보고 있다.

1) 골프 회원권

「체육시설의 설치·이용에 관한 법률」의 규정에 의한 회원제 골프장의 회원으로서 골프장을 이용할 수 있는 권리를 말한다.

2) 콘도미니엄 회원권

「관광진흥법」의 규정에 의한 콘도미니엄과 이와 유사한 휴양시설을 이용할 수 있는 권리를 말한다. 이 경우 「관광진흥법 시행령」 제23조 제1항에 따라 휴양·피서·위락·관광 등의 용도로 사용되는 것으로서 회원제로 운영하는 시설을 말한다.

> ☞ 콘도미니엄의 범위에 휴양 콘도미니엄업 및 호텔업이 포함됨에 따라 호텔업의 경우라도 회원제로 운영되는 경우에는 회원권에 대하여 과세대상으로 포함함.

3) 종합체육시설이용 회원권

「체육시설의 설치·이용에 관한 법률」에 의한 회원제 종합체육시설업에 있어서 그 시설을 이용할 수 있는 회원의 권리를 말한다.

4) 승마 회원권

「체육시설의 설치·이용에 관한 법률」의 규정에 의한 회원제 승마장의 회원으로서 승마장을 이용할 수 있는 권리를 말한다.

5) 요트 회원권

「체육시설의 설치·이용에 관한 법률」에 따른 회원제 요트장의 회원으로서 요트장을 이용할 수 있는 권리를 말한다. 2014.1.1. 이후 납세의무성립분부터 취득세 과세대상이 되며, 그 전에는 과세대상이 되지 아니하였다.

---

10) 「지방세법」 개정에 따른 것이 아니라 신설된 「양식산업발전법」(2017.8.27.) 부칙에 따라 규정된 것임.

(14) 중과기준세율

「지방세법」제11조 및 제12조에 따른 세율에 가감하거나 제15조 제2항에 따른 세율의 특례 적용기준이 되는 세율로서 1천분의 20을 말한다.

(15) 연부

"연부(年賦)"란 매매계약서상 연부계약 형식을 갖추고 일시에 완납할 수 없는 대금을 2년 이상에 걸쳐 일정액씩 분할하여 지급하는 것을 말한다.

제2절 과세대상(지법 §7)

 **1 개요**

(1) 일반원칙

취득세는 부동산, 차량, 기계장비, 항공기, 선박, 입목, 광업권, 어업권, 양식업권(2020.8.28. 이후),[11] 골프 회원권, 승마 회원권, 콘도미니엄 회원권, 종합체육시설 이용 회원권 또는 요트 회원권을 취득한 자에게 부과한다. 그리고 부동산 등의 취득은 「민법」, 「자동차관리법」, 「건설기계관리법」, 「항공안전법」, 「선박법」, 「입목에 관한 법률」, 「광업법」 또는 「수산업법」 또는 「양식산업발전법」 등 관계법령에 따른 등기·등록 등을 하지 아니한 경우라도 사실상 취득하면 각각 취득한 것으로 보고 해당 취득 물건의 소유자 또는 양수인을 각각 취득자로 한다(단, 차량, 기계장비, 항공기 및 주문을 받아 건조하는 선박은 승계취득인 경우에만 해당).

(2) 선박, 차량과 기계장비의 종류변경과 지목변경

선박, 차량과 기계장비의 종류를 변경하거나 토지의 지목을 사실상 변경함으로써 그 가액이 증가한 경우에는 취득으로 본다.

(3) 과점주주 간주취득

법인의 주식 또는 지분을 취득함으로써 「지방세기본법」 제46조 제2호에 따른 과점주주가 되었을 때에는 그 과점주주는 해당 법인의 부동산 등(2016.1.1. 이후 법인이 「신탁법」에 따라 신탁한 재산으로서 수탁자 명의로 등기·등록이 되어 있는 부동산 등 포함)을 취득한 것으로 본다. 다만, 법인설립 시에 발행하는 주식 또는 지분을 취득함으로써 과점주주가 된 경우에는 취득으로 보지 아니한다.

---

11) 「지방세법」 개정에 따른 것이 아니라 신설된 「양식산업발전법」(2017.8.27.) 부칙에 따라 규정된 것임.

(4) 배우자 또는 직계존비속 간 거래

2014.1.1. 이후에는 배우자 또는 직계존비속의 부동산 등을 취득하는 경우에는 증여로 취득한 것으로 본다. 다만, 다음 어느 하나에 해당하는 경우 유상으로 취득한 것으로 보며, 증여자의 채무를 인수하는 부담부(負擔附) 증여의 경우 그 채무액에 상당하는 부분은 부동산 등을 유상으로 취득하는 것으로 본다.

① 공매(경매 포함)를 통하여 부동산 등을 취득한 경우

② 파산선고로 인하여 처분되는 부동산 등을 취득한 경우

③ 권리의 이전이나 행사에 등기 또는 등록이 필요한 부동산 등을 서로 교환한 경우

④ 해당 부동산 등의 취득을 위하여 그 대가를 지급한 사실이 다음 어느 하나에 의하여 증명되는 경우

　　㉠ 그 대가를 지급하기 위한 취득자의 소득이 증명되는 경우

　　㉡ 소유재산을 처분 또는 담보한 금액으로 해당 부동산을 취득한 경우

　　㉢ 이미 상속세 또는 증여세를 과세(비과세 또는 감면받은 경우 포함)받았거나 신고한 경우로서 그 상속 또는 수증 재산의 가액으로 그 대가를 지급한 경우

　　㉣ ㉠~㉢에 준하는 것으로서 취득자의 재산으로 그 대가를 지급한 사실이 입증되는 경우

(5) 상속등기 후의 재분할

상속개시 후 상속재산에 대하여 등기·등록·명의개서(名義改書) 등에 의하여 각 상속인의 상속분이 확정되어 등기 등이 된 후, 그 상속재산에 대하여 공동상속인이 협의하여 재분할한 결과 특정 상속인이 당초 상속분을 초과하여 취득하게 되는 재산가액은 그 재분할에 의하여 상속분이 감소한 상속인으로부터 증여받아 취득한 것으로 본다. 다만, 다음 어느 하나에 해당하는 경우에는 취득으로 보지 아니한다.

① 「지방세법」 제20조 제1항의 취득세 신고납부기한 내[12]에 재분할에 의한 취득과 등기등을 모두 마친(2018년 이전 재분할에 의하여 취득한) 경우

---

12) 2018년 이전에는 제20조 신고납부기한으로 규정되어 있었는데, 여기서 '신고납부기한'의 의미는 「지방세법」 제20조 제1항의 신고납부기한으로 보아야 하는 것이다. 그 이유는 제4항에서는 등기일이 신고납부기한이 되어 이를 적용하면 법조문상 등기일 후 재분할하는 경우에는 증여로 본다라고 해석할 수 있지만, 「지방세법」 제7조 제13항의 본문에서 각 상속인의 상속분이 확정되어 등기된 이후 재분할하는 경우 증여로 보는 것으로 규정되어 있으므로 제4항은 제외되는 것으로 해석하여야 할 것이기 때문이다. 이러한 해석의 근거로는 「상속세 및 증여세법」 제31조 제3항에서도 상속세 신고기한 이내에 재협의분할하는 경우에는 상속으로 보고 있다는 점을 들 수 있다. 이러한 취지로 "상속등기 5년 경과 후 재협의분할 시 부과제척기간이 도과한 당초 상속자의 취득세 환급 및 새로운 상속자에 대한 과세여부 등에 대한 문제점 등을 보완하기 위해 2014.1.1 법률 제12153호로 신설된 것으로 이는 상속등기를 전제로 하여 그 이후의 재협의분할에 따라 증가되는 지분을 증여로 보아 취득세를 부과하고 신고납부기한 내 재분할에 따라 지분이 증가하는 경우는 증여로 보지 않아 취득세를 부과하지 않겠다는 것인바, 상속등기 후 상속에 대한 신고납부기한인 6개월 이내에 재분할하여 지분이 증가하는 경우는 취득세 과세대상에 해당되지 않는다(서울세제과-8860, 2015.6.1.)"라고 해석하고 있다.

② 상속회복청구의 소에 의한 법원의 확정판결에 의하여 상속인 및 상속재산에 변동이 있는
　　경우

③ 「민법」 제404조에 따른 채권자대위권의 행사에 의하여 공동상속인들의 법정상속분대로 등
　　기 등이 된 상속재산을 상속인 사이의 협의분할에 의하여 재분할하는 경우

이 내용은 공동상속인이 협의하여 확정된 상속재산의 등기 등이 된 시점이 2014.1.1. 전·후인지
여부와는 관계없이 2014.1.1. 이후 재협의분할분부터 적용된다(조심 2015지588, 2015.10.2.).

(6) 건축물과 그 건축물에 접속된 정원 및 부속시설물의 부지 가액 증가

「공간정보의 구축 및 관리 등에 관한 법률」 제67조에 따른 대(垈) 중 「국토의 계획 및 이용에
관한 법률」 등 관계법령에 따른 택지공사가 준공된 토지에 정원 또는 부속시설물 등을 조성·설
치하는 경우에는 그 정원 또는 부속시설물 등은 토지에 포함되는 것으로서 토지의 지목을 사실상
변경하는 것으로 보아 토지의 소유자가 취득한 것으로 본다. 다만, 건축물을 건축하면서 그 건축
물에 부수되는 정원 또는 부속시설물 등을 조성·설치하는 경우에는 그 정원 또는 부속시설물
등은 건축물에 포함되는 것으로 보아 건축물을 취득하는 자가 취득한 것으로 본다(2016.1.1.~
2019.12.31.에는 토지의 지목을 건축물과 그 건축물에 접속된 정원 및 부속시설물의 부지로 사실
상 변경함으로써 그 가액이 증가한 경우에는 취득으로 봄)(지법 §7 ⑭).

(7) 신탁재산의 위탁자 지위 이전

2016.1.1. 이후 「신탁법」 제10조에 따라 신탁재산의 위탁자 지위의 이전이 있는 경우에는 새로
운 위탁자가 해당 신탁재산을 취득한 것으로 본다. 다만, 위탁자 지위의 이전에도 불구하고 신탁
재산에 대한 실질적인 소유권 변동이 있다고 보기 어려운 경우로서 다음의 지위 이전은 취득으로
보지 아니한다.

① 「자본시장과 금융투자업에 관한 법률」에 따른 부동산 집합투자기구의 집합투자업자가 그
　　위탁자의 지위를 다른 집합투자업자에게 이전하는 경우

② ①에 준하는 경우로서 위탁자 지위를 이전하였음에도 불구하고 신탁재산에 대한 실질적인
　　소유권의 변동이 없는 경우(2021년 이전만 적용)[13]

한편, 위탁자 지위의 이전에도 불구하고 위탁자 이외의 제3자를 수익자로 지정함으로써 신탁
재산에 대한 모든 손익은 수익자에게 귀속되고, 위탁자는 수탁자에게 신탁재산의 반환청구권 등
신탁재산의 처분과 손익에 관하여 권리를 가지지 아니하여 새로운 위탁자나 수익자가 신탁부동
산을 사실상 취득하였다고 볼 수 없는 경우에는 실질적인 소유권의 변동이 있다고 볼 수 없어
취득세 납세의무가 없는 경우로 판단된다(서울세제과-5858, 2018.5.3.).

---

13) 이 내용이 삭제된 이유 : 현재 과세제외 대상에 부동산집합투자기구 이외에는 해당하는 사례가 없으므로
　　"제1호에 준하는 경우" 이하 자구를 삭제하여 명확히 함.

② 토지

「공간정보의 구축 및 관리 등에 관한 법률」[14])에 따른 토지와 그 밖에 사용되고 있는 사실상의 토지를 말한다.

한편, 지적재조사 사업에 따라 토지면적이 증가하는 것은 소유 토지의 면적이 실질적으로 증가하는 등의 '취득'이 발생하지 않는 점, 공부상 면적이 증가함에 따라 지급하는 조정금은 지적소관청에 지급하는 것이므로 취득 행위에 따른 대가로 보기 어려운 점, 「지적재조사에 관한 특별법」 제25조에서 지적재조사 사업완료 공고에 따른 지적 공부 작성 시 지체 없이 관할등기소에 등기를 촉탁하도록 규정하면서, 이 경우 국가가 자기를 위하여 하는 등기로 보도록 규정하고 있는 점 등을 종합해 볼 때 취득세 과세대상 취득으로 볼 수 없다(부동산세제과-1335, 2020.6.15.).

③ 건축물

「건축법」 제2조 제1항 제2호에 따른 건축물(이와 유사한 형태의 건축물 포함)과 토지에 정착하거나 지하 또는 다른 구조물에 설치하는 레저시설, 저장시설, 독(dock)시설, 접안시설, 도관시설, 급수·배수시설, 에너지 공급시설 및 그 밖에 이와 유사한 시설(이에 딸린 시설 포함)을 말한다.

(1) 건물

지붕+벽+기둥, 지붕+벽, 지붕+기둥

1) 가설건축물

① 가설건축물의 과세대상 시기

임시용 건축물에 대한 취득세 과세 여부의 판단은 취득 시점부터 1년이 되는 시점에서 과세 여부를 판단하는 것이 아니라 존치기간을 1년 초과 사용할 것을 전제로 축조신고를 하는지의 여부에 따라 판단함이 타당하다 할 것으로서, 임시용 건축물에 대한 취득세는 당초 존치기간을 1년 이하로 하여 건축하였다 하더라도 그 후 의사를 변경하여 1년 초과 사용하겠다는 연장신고를 하고 실제로도 해당 건축물이 1년 초과 존치되는 건축물로 되었다면 그 연장신고를 한 때에 해당 임시용 건축물은 비과세대상에서 과세대상으로 되고, 취득세 납세의무도 그 때에 성립되는 것으로 봄이 타당하다 할 것이며(행심 2004-71, 2004.3.29.), 가설건축물 축조신고서상 그 존속기간이 1년을 초과하는 경우에는 취득세 납세의무가 있는 것이며, 가설건축물의 취득일은 가설건축물 축조신고증 교부일이나, 그 이전에 사실상 사용한 경우에는 사실상 사용일이 되는 것이다.

예를 들어 1년 이하로 사용하는 것으로 축조신고하였으나, 그 후에 1년으로 연장신고를 하였는바, 최초 설치일부터 연장기간 만료일까지 존치기간이 1년이 초과되는 경우 연장신고일로부터

---

14) 2015.6.23. 이전 「측량·수로조사 및 지적에 관한 법률」 또는 「지적법」이었음.

60일 이내에 취득세를 연장신고 당시 설치된 장소를 납세지로 하여 신고납부하여야 할 것이다. 한편, 최초 설치일부터 연장기간 만료일까지 존치기간이 1년이라면 연장신고 시에는 취득세 과세대상이 되지 아니하며, 추후 1년을 초과하여 사용한다면 1년이 되는 날의 다음 날을 취득세 납세의무성립일로 보아 취득세를 신고납부하여야 한다.

② 승계취득

　판매 목적으로 컨테이너 이동식 사무실을 제작 또는 구입한 경우에는 취득세 납세의무가 없으나, 승계취득하는 경우 그 취득시점에서 납세의무가 발생하는 것이다. 법인인 경우 그 과세표준은 해당 임시용 건축물의 사실상 취득가액이 되는 것이다(지방세정담당관-411, 2003.7.9.).

　취득세가 이미 과세된 A의 컨테이너를 B가 취득한 경우 이는 승계취득에 해당되어 과세대상이 될 것이다. 이 경우 A의 사용기간이 1년 초과가 되지 않아 취득세가 과세되지 아니한 상태에서 양도하는 경우 A의 사용기간과 B의 축조신고서상의 사용예정기간을 합하여 1년을 초과할 경우에는 과세대상이 되는 것이다.

> **사례** 가설건축물 소유권이전 시 과세 여부(지방세운영과-3159, 2016.12.19.)
>
> '존속기간'이란 건축법상 가설건축물을 축조하려는 자가 가설건축물 축조신고서에 기재해 둔 가설건축물의 존치기간을 의미하는 것이 아니라, '해당 임시건축물이 사실상 존속하는 기간'을 의미하는 것으로서, 그 시기는 사실상 사용이 가능한 날이고, 그 종기는 해당 임시건축물이 철거되는 등으로 사실상 사용이 불가능하게 된 날을 의미한다고 봄이 타당(대법원 2016.6.9. 선고, 2016두34875)하다고 할 것이며, 존속기간이 1년을 초과하는 가설 건축물을 승계 취득하였다면 그 사실상 잔금 지급일이 취득일(행자부 세정-1314, 2004.5.27.)이 된다고 할 것임. 따라서 해당 가설건축물을 승계취득하여 철거없이 사용한 경우에 있어, 종전 건축주의 취득시(축조신고서상 존치기간의 시기(始期)와 사실상 사용일 중 빠른 날)부터 철거 등으로 사실상 사용이 불가능하게 되는 날까지의 기간이 1년을 초과하는 경우라면, 승계취득일을 취득일로 보아 취득세를 신고납부하여야 할 것임.

> **사례** 가설건축물 소유권이전 시 과세 여부
>
> 소유주 : A(개인사업자) → B(법인)
> A가 2010.4.29 가설건축물(존치기간 : 2010.4.29.~2011.5.20.)을 축조신고하고 취득세를 납부하였으나, 존치기간 내 A가 B로 법인전환한 경우 이 경우 가설건축물의 존치기간이 1년 초과하므로 취득세 과세대상이 되었으며, B가 법인전환에 의하여 취득한 경우라 하더라도 취득 당시 과세대상 건축물로 인정되므로 납부하여야 할 것임.

③ 다른 장소로 이전

　취득세가 과세되었던 C장소에 있는 컨테이너를 다른 자가 취득하여 다른 장소로 이전하여 사용하는 경우 당초 취득 시 취득세가 과세된 가설건축물을 취득한 것이라면 승계취득에 의해 취득세를 신고납부하여야 하는 것이다. A의 사용기간이 1년 이하인 경우 취득세가 과세되지 아니한 상태에서 취득한 후 다른 장소로 이전한 경우 승계취득 시점에서는 취득세가 과세되지 아니할 것이나, 다른 장소에서 축조신고된 사용예정기간과 C장소의 사용기간(A와 B의 사용기간 포함)

을 합하여 1년을 초과한 경우에는 과세대상이 될 것이다. 그런데 컨테이너가 아닌 가설건축물을 철거 등으로 사실상 사용이 불가능하게 된 상태에서 다른 장소에 다시 설치하는 경우 합산되지 않고 다시 설치하는 날부터 존속기한을 판단하여야 한다.

소유자가 동일할 경우 기존에 취득세가 부과된 컨테이너 또는 취득일로부터 5년이 경과된 컨테이너를 다른 현장에 설치하였다고 하여 다시 취득세를 부과할 수는 없을 것이다. 각 현장별로 전체 사용기간이 1년 초과할 것으로 예정된 경우 취득세 신고를 하여야 할 것이고, 다른 현장으로 이전 시 이미 과세되었다면 추가로 취득세를 신고납부할 필요는 없을 것으로 판단된다. 한편, 심판례에 따르면 주유기 취득 시 취득세를 납부한 후 주유기를 다른 장소에 이설 설치하는 것은 주유기를 장소를 이전하여 설치하였을 뿐 새로운 취득이 있었던 것은 아님에도 취득세를 다시 부과하는 것은 잘못이라 할 것이다(행심 2003-228, 2003.11.24.)라고 결정하였다. 즉 새로운 취득에 해당하지 않는다는 것이다. 상기 심판례에 따르면 컨테이너를 다른 현장에 이동하여 설치하는 경우에도 새로운 취득으로 볼 수 없을 것이다.

> **사례** 가설건축물의 이전설치 시 과세대상 여부(세정과-1501, 2004.6.8.)
>
> 「지방세법」 제110조 제5호에서 건축물의 주요 구조부를 해체하지 아니하고 동일한 대지 안의 다른 위치로 옮기는 건축물의 이전은 형식적인 소유권의 취득으로 보아 취득세를 비과세하도록 규정하고 있으므로 1년 초과 존치하는 컨테이너(가설건축물)에 대한 취득세를 납부한 후 동일사업장 내 다른 장소로 이전한다면 이에 따른 취득세는 비과세됨.

④ 존치기간 1년 초과로 축조신고하여 취득세 신고납부 후 멸실하는 경우

가설 건축물에 대한 취득세 과세여부의 판단은 취득 시점부터 1년이 되는 시점에서 과세여부를 판단하는 것이 아니라 존치기간을 1년을 초과하여 사용할 것을 전제로 축조신고를 하는지의 여부에 따라 판단함이 타당하다 할 것으로서(행심 2004-71, 2004.3.29. 참조), 가설건축물을 취득하면서 당초 존속기간을 1년 초과하는 것으로 하여 축조신고를 하였다면 이는 존속기간이 1년을 초과하는 건축물로서 취득 당시부터 취득세의 비과세대상으로서의 요건을 갖추지 못한 건축물로 보아야 하겠으므로, 취득세 납세의무 확정 이후 그 존치기간을 1년 미만으로 단축하고 이를 실제 철거하였다고 하여 소급하여 취득세 과세대상이 비과세대상으로 전환된 것으로 보기는 어렵다고 해석(세정과-5525, 2007.12.21.)하고 있었는바, 존치기간 단축 신고 여부와 관계없이 1년이 되기 전에 철거한 경우라도 무조건 당초 존치기간을 1년 초과로 하여 신고납부한 이상 취득세를 환급하지 아니한다는 것이었다.

그런데 「건축법」 상 가설건축물 축조신고서에 기재된 존치기간은 해당 가설건축물을 축조하려는 자가 착공 전에 그 존치기간을 예상하여 기재해 둔 것에 불과하여 해당 가설건축물의 축조 후 철거 시까지 사실상 존속기간과 다를 가능성이 얼마든지 있으므로 가설건축물 축조신고서에 기재된 존치기간을 기준으로 해당 건축물이 위와 같은 특성을 갖는지 여부를 판단할 수는 없다(대법원 2016두34875, 2016.6.9. 참조).[15]

⑤ **가설건축물 축조신고서상 존치기간을 과세 판단 기준으로 적용 여부**

가설건축물의 축조신고서 상 존치기간은 1년 이상이나 견본주택 도급계약서, 소방시설 완공검사증명서, 분양일정표 상의 견본주택 개장일 및 처분청의 가설건축물 철거완료 통보 등에 비추어 그 실제 존치기간이 1년 미만이라는 사실이 확인되므로 이 가설건축물은 취득세 비과세대상에 해당한다 할 것이다(조심 2016지1170, 2017.4.4.).

⑥ **컨테이너**

컨테이너도 지붕과 벽이 있는 것으로 보아 건축물에 포함되나, 존속기간이 1년을 초과한 임시용 건축물인 경우에만 취득세 과세대상이 된다. 비록 이동이 가능하다고 하여 취득세 등 과세대상 건축물이 아니라고 판단할 수 없을 것이다. 그 이유는 일정한 기간은 동일 장소에서 정착되어 있는 공작물로 보아야 할 것이며 이동 후에도 계속하여 정착물로 보아야 할 것이기 때문이다.

참고로, 건물 내부에 컨테이너 박스가 설치된 경우라면 해당 컨테이너 박스는 시가표준액 산정 대상이 아니다라고 해석하고 있다(세정-3163, 2004.9.22.).

⑦ **차양막, 자바라, 커버 및 개폐형 가림막**

차양막, 자바라 및 커버가 벽 또는 기둥과 지붕이 있다면 건축물로 보아야 할 것이고, 별도의 벽 또는 기둥과 지붕이 없다고 하더라도 건축물에 부착(벽이나 창문)되어 건축물의 효용가치를 증대시키고 있는 경우 건축물에 해당된다.

자바라가 접었다 폈다 할 수 있는 경우 이를 편 경우에는 건축물(지붕+기둥)에 해당되고 접은 경우에는 건축물로 보기에 무리가 있다고 볼 수도 있으나, 비가오든 비가오지 않든 편상태에서 작업이 이루어진다면 그 존속기간이 1년을 초과하는 경우 건축물에 해당된다고 본다.

한편, 「건축법」상 '건축물'이라 함은 토지에 정착하는 공작물 중 지붕과 기둥 또는 벽이 있는 것이므로 세차시설의 개폐형 가림막을 지붕으로 보아 건축물로 보기 어렵다(조심 2019지1573, 2019.11.13. 참고).

---

15) 임시건축물에 대해서는 원칙적으로 취득세를 부과하지 아니하나 존속기간이 1년을 초과하는 경우에 한해 취득세를 부과한다는 것이므로, 임시건축물의 취득이라는 요건 외에 1년을 초과하는 존속기간이라는 요건도 취득세의 과세요건이라고 봄이 상당하고, 「지방세법」 제3조 제5항 소정의 '존속기간'이란 건축법상 가설건축물을 축조하려는 자가 '가설건축물 축조신고서에 기재해 둔 가설건축물의 존치기간'을 의미하는 것이 아니라, '해당 임시건축물이 사실상 존속하는 기간'을 의미하는 것으로, 이 근거로는 임시건축물의 '존속기간'을 해당 건축물이 건축되어 사실상 존속하는 기간과 상관없이, 단지 가설건축물을 축조하려는 자가 구 「건축법」에 따라 그 신고를 할 때 해당 가설건축물의 존치기간을 예상하여 그 축조신고서에 기재해 둔 존치기간이라고 해석하는 것은 법령 문언의 통상적인 의미를 벗어나는 것으로서 허용될 수 없는 점, 「건축법」상 가설건축물 축조신고서에 기재된 존치기간은 해당 가설건축물을 축조하려는 자가 착공 전에 그 존치기간을 예상하여 기재해 둔 것에 불과하여 해당 가설건축물의 축조 후 철거 시까지 사실상 존속기간과 다를 가능성이 얼마든지 있는 점, 가설건축물의 존치기간, 설치기준 및 신고한 후 착공하도록 규정하고 있는 구 「건축법」 등과 존속기간이 1년을 초과하지 않는 임시건축물을 취득세 비과세대상으로 규정하고 있는 「지방세법」 제9조 제5항은 그 입법목적을 달리하는 점 및 구 「건축법」 등에 따른 신고대상 가설건축물에 해당하지 않으면서 「지방세법」상 비과세대상에 해당하는 임시건축물이 얼마든지 존재할 수 있는 점을 들 수 있다.

⑧ 천막, 비닐하우스

건축물인지 여부는 지붕과 벽 또는 기둥을 갖춘 건물의 구조적 요건을 갖추고 있느냐에 따라 판단할 사항으로, 천막이 이 요건을 충족하고 있다면 건축물에 포함되어야 할 것이다(세정과-492, 2004.3.17.). 비닐하우스도 천막과 마찬가지로 건축물에 포함된다(지방세정담당관-548, 2003.7.21.).

⑨ 육묘장

육묘장 시설물은 주기둥과 천장부분을 철골조로, 지붕부분은 철파이프를 아치형태로 연결한 구조로 지붕과 기둥 및 벽의 형태를 갖추고 있는 것으로 보이는 점, 이 시설물의 지지대에 볼트가 설치되어 있다고는 하나 이 시설물의 구조와 규모에 비추어 쉽게 이동·설치할 수 있다고 보기 어려운 점 등에 비추어 볼 때, 이 시설물은 「건축법」상 건축물과 유사한 형태의 건축물로서 지방세법이 정한 취득세 과세대상에 해당한다고 보아야 하고, 「건축법」상의 가설건축물로 신고한 적이 없다고 하여 달리 볼 것도 아니다(대법원 2018두33562, 2018.5.11.).

2) 캐노피

공동주택 지하주차장 출입구에 설치한 캐노피는 지붕과 기둥 또는 벽이 있는 시설물로서 건축물에 해당된다.

3) 부스

건축물인지 여부는 지붕과 벽 또는 기둥을 갖춘 건물의 구조적 요건을 갖추고 있느냐에 따라 판단할 사항으로, 부스도 컨테이너와 마찬가지로 이 요건을 충족하고 있는 것으로 보아 건축물에 포함되어야 할 것이다. 그런데 기존 건물 내부에 주차부스를 별도로 설치하는 경우 연면적의 증가로 인한 증축에 해당되지 아니한다면 과세대상이 되지 아니할 것이다.

참고로, 건물 내부에 컨테이너 박스가 설치된 경우라면 해당 컨테이너 박스는 시가표준액 산정 대상이 아니다(세정-3163, 2004.9.22.).

> **사례** 주차박스 과세대상 여부(행심 2000-829, 2000.11.28.)
>
> 보안상의 목적으로 설치한 CCTV, 객실관리시스템 및 전산시스템, 주차장의 입구에 설치한 주차박스설치비, 회계프로그램구입비도 이 건 건축물의 부합물 또는 종물로써 이 건 건축물과 일체를 이루는 시설이라고 보기는 어렵다 하겠으므로 이 건 건축물의 취득가액으로 볼 수는 없다 할 것인데도, 처분청이 이러한 비용까지 건축물의 취득가액에 포함하여 추징한 것은 잘못임.
>
> ☞ 주차박스설치비는 취득세 과세대상이 아니라고 결정하였으나, 건물 내에 있는 주차박스는 비과세대상이 맞으나, 건물 외부에 있는 주차박스가 지붕+벽+기둥, 지붕+벽, 지붕+기둥이 있는 경우에는 취득세 과세대상인 건물로 보아야 한다는 점에서 논란이 있음.

4) 단층 내부에 복층의 창고

단층 내부에 복층의 창고를 별도로 신축할 경우 그 신축 창고로 인하여 연면적이 증가될 경우에는 취득세 과세대상이 될 것이나, 연면적 증가가 되지 아니할 경우에는 취득세 과세대상이 되지 아니할 것이다.

5) 필로티

필로티는 공부상 건축물 연면적에 포함되어 있지 아니하나 건축물의 건축으로 발생된 부분으로서 건축법령에서 건축물을 토지에 정착하는 공작물 중 지붕과 기둥 또는 벽이 있는 것과 이에 부수되는 시설물로 정의하고 있음에 비추어 지붕과 기둥이 있는 건축물(특수구조건물)에 해당된다(행심 2007-548, 2007.10.29.).

6) 태양열 집광판(집열판)

태양열 집광판은 건물 내의 목욕탕 등에 온수공급을 하기 위하여 주건물인 건물에 부속 또는 부착설치된 시설로서 "난방용 보일러, 욕탕용 보일러(현행 난방용·욕탕용 온수 및 열 공급시설)" 시설의 일부에 해당한다면 이는 모두 건물과 구축물의 특수한 부대설비로서 취득세의 과세대상이 되나(대법원 89누5638, 1990.7.13., 내심 93-69, 1993.3.2. 참조), 태양열 집광판이 기계장치에 해당하는 것으로 삼판례(조심 2009지0436, 2010.5.19.)에서 결정하고 있는데, 기계장치로 본다는 이 심판례는 전기사업자에 대한 해석이므로 전기사업자가 아닌 다른 사업자의 건축물 옥상에 설치된 시설도 기계장치로 보기에는 문제가 있다고 판단되며, 오히려 발전시설로 보는 것이 더 타당하다.

취득세 과세대상인 시설과 시설물의 종류와 범위는 「지방세법 시행령」 제5조 및 제6조에 열거된 것을 뜻하는바, 난방용·욕탕용 온수 및 열 공급시설(2014.8.11. 이전 난방용·욕탕용 보일러 시설)이 있는 태양광 발전시스템(태양열 집열판)이 아닌 태양열을 이용한 발전사업을 통해 전기 공급을 하는 태양광 발전시스템(태양열 집열판)인 경우에는 발전설비 단독으로는 취득세 과세대상의 종류와 범위에 해당되지 아니함으로 과세대상이 되지 아니할 것이나, 발전설비가 건물에 부속되어 있고 20킬로와트 이상의 발전시설에 해당될 경우에는 취득세 과세대상이 될 것이다.

만약, 태양광 발전시스템(태양열 집열판)이 기계장치가 아니라 발전시설로 본다면 발전설비가 건축물에 부속, 부착된 경우가 아니고 옥외에 설치되었다 하더라도 전원에서 발생하는 전기로서 해당 건축물의 효용가치를 증대시키는 경우는 해당 건축물에 부속된 것으로 보아야 하므로 취득세 과세대상이 될 것이나, 건물과 관계없이 전력을 생산·공급하는 발전기는 과세대상이 되지 아니한다. 한편, 발전설비가 20킬로와트 이상의 발전시설로 옥외인 조경부지에 설치되었다 하더라도 전원에서 발생하는 전기로서 해당 건축물의 효용가치를 증대시킴으로써 건축물에 부수된 경우에 해당된다면 취득세 과세대상이 될 것이다.

한편, 태양광 집광판이 기계장치라 하더라도 태양광 발전설비 등을 보호하기 위하여 건물(벽+지붕, 기둥+지붕, 벽+기둥+지붕)이 있는 경우 건물 부분에 대해서는 과세대상이 될 것이다.

사례 태양광 발전시스템은 기계장치에 해당됨(조심 2009지0436, 2010.5.19.).

태양광 발전시스템의 경우 「지방세법 시행령」 제130조의 5 제2항 및 제202조 제1항에서 법인세할 주민세의 안분대상 건축물 연면적과 사업소용 건축물의 범위에 기계장치를 포함하는 것으로 규정하고 있고, 여기에서 기계장치는 동력으로 움직여서 일정한 일을 하게 만든 도구로써 일정한 장소에 고정된 것과 그 기계의 작동에 필수적인 부대설비를 말하는 것으로, 태양광 발전시스템은 태양광 에너지를 받아들여 태양전지로 발전한 직류전력을 전원공급장치를 이용하여 교류전력으로 변환하여 수용가에 전기를 공급하는 역할을 수행하고 있으므로, 이를 단순히 태양열을 수집하는 장치라고 보기는 어렵다 할 것이어서 위 기계장치에 해당된다고 보아야 할 것임.

사례 태양광 발전시설은 전기생산 발전사업용 생산시설임(지방세운영과-4095, 2009.9.28.).

'20KW 이상의 발전시설'은 일반 조명, 보일러 가동, 급·배수 등 주로 건물의 유지관리에 사용할 목적으로 설치한 시설을 말하며, 공장 등에서 주로 생산시설의 가동을 위하여 설치한 발전시설은 제외되는 것임. 「전기사업법」에 의한 전기사업자가 한국전력공사와 전력수급계약에 의해 판매목적으로 전력을 생산·공급하기 위하여 태양광 발전시설을 옥외 토지상에 설치한 경우, 동 발전시설이 건축물에 부수되어 효용가치를 증가시키는 시설물이 아닌 전기생산을 위한 발전사업용으로 공여되는 생산시설이라면 취득세 과세대상으로 볼 수 없다고 판단됨.

7) 동굴(터널)

「건축법」상 '건축물'이란 토지에 정착하는 공작물 중 지붕과 기둥 또는 벽이 있는 것과 이에 부수되는 시설물, 지하 또는 고가의 공작물에 설치하는 사무소·공연장·차고 등을 의미한다고 볼 수 있으므로, 동굴의 붕괴방지를 위하여 내부를 철판과 콘크리트 등으로 보강하고 있는바, 이를 터널 윗부분을 지붕으로 보고 옆부분을 벽으로 보아 건물로 판단하고 있는 것 같다. 즉 벽 또는 지붕이 있어야 건물로 보는 것으로서, 콘크리트 구조물이 있는 경우에는 건물로 보아야 한다는 의미인 것 같다. 이처럼 건축물로 볼 여지가 충분히 있으며, 대부분 건축물 허가 없이 건축한 위법 건축물로 볼 수 있다는 것이다.

지하발전소는 지붕과 벽을 갖춘 발전시설의 일종으로서 「건축법」상의 건축물 또는 이와 유사한 형태의 건축물에 해당하고, 이와 연결된 발전소 진입터널, 발전소 하부진입터널, 하부조압수조진입터널, 모선터널 등도 지하발전소에 부합되었거나 그에 부수되는 시설물에 해당한다(대법원 2014두3976, 2014.5.29.).[16]

한편, 건물 여부를 판단할 때 4개의 나무 기둥을 세우고 유지(油紙)로 만든 지붕을 얹고 벽이라고 볼 만한 시설이 되어 있지 아니한 물건은 이를 건물이 아니라고 보고 있다(대법원 66다551, 1966.5.31.).

---

16) 세무 법령의 해석에 대한 질의회신 사례, 건축허가 실무 등을 통하여 지하발전소 내 터널(교통로)인 각 터널이 취득세 과세대상이 아니라고 이해할 여지가 충분히 있었고, 그 부과 경위에 비추어 가산세를 부과하는 것이 가혹하다고 보이므로, 원각 터널 공사비를 비과세대상으로 신고·납부함으로써 결과적으로 그 의무이행을 해태하였다 하더라도 납세자에게 그 의무를 게을리 한 점을 탓할 수 없는 정당한 사유가 있다고 봄이 타당하다(대법원 2014두3976, 2014.5.29., 대구고법 2013누1318, 2014.1.17.).

터널 내에 별도의 구조물이 없이, 즉 지붕 또는 벽을 설치함이 없는 경우에는 건물로 볼 수 없을 것으로 판단된다. 다만, 기계장치 위에 별도의 지붕과 벽을 설치하였다면 그 부분은 건물로 볼 여지도 있을 것이나, 유지·보수를 위한 협소한 작업공간이 있다는 이유만으로 독립된 과세대상인 건축물로 보기보다는 기계장치와 일체화되고 불가분의 시설로 보는 것이 타당하다(조심 2015지1278, 2016.11.28. 참고). 그리고 주차박스 설치비는 취득세 과세대상이 아니라고 심사례에서 결정하였는데,[17] 이러한 취지라면 기계장치 위의 시설물도 건물로 볼 수 없다고 할 수도 있다.

> **사례** 선로시설 중 교량 및 터널의 건축물 해당 여부(지방세운영과−2306, 2012.7.19.)
> 선로시설 중 역사 외 철도차량을 운행하기 위한 궤도와 이를 받치는 노반(路盤)이 단순히 통과하는 교량 및 터널의 경우라면 이는 토목구조물의 일부에 해당하므로 건축물로 볼 수 없음.

> **사례** 광산의 동굴터널 건축물 해당 여부(세정 22670−11795, 1985.10.2.)
> 광산에서 광물을 채취·운반하기 위한 통로로 쓰이는 터널은 「지방세법 시행령」 제75조의 2 제2호의 구축물에 해당되지 아니함.

> **사례** 생산설비 보관용 지하터널의 건축물 해당 여부(행심 99−536, 1999.8.25.)
> "서류보관창고", 폐수처리장의 침전물(모래, 분진 등이 물과 섞인 것)을 처리하는 "필터프레스하우스", 골재를 공급하는 컨베이어벨트를 보호하기 위하여 설치된 "지하터널"은 생산설비인 기계장치의 일부이거나 위법 시공된 건물 또는 무허가건물 등으로서 이러한 시설물은 「지방세법 시행령」 제194조의 14 제1항 제4호의 규정에 의한 건축물에 해당되지 아니하여 별도합산과세대상이 되는 건축물의 부속토지로 볼 수 없으며, 골재를 공급하는 컨베이어벨트를 받치고 있는 "기초 및 기둥"과 컨베이어벨트를 보호하는 "시설물(컨베이어커버하우스)"은 컨베이어기계장치의 일부이거나 위법 시공된 것이므로 별도합산과세대상이 되는 건물로 볼 수 없을 뿐만 아니라 구거·하천 등을 복개하여 사용하는 시설인 복개설비로 볼 수도 없음.
>
> ☞ 지하터널이 위법 시공된 건축물로 보고 재산세 별도합산과세대상이 아닌 건축물이라는 내용임.

8) 플로팅아일랜드

「건축법」 제2조 제1항 제2호에 의하면 '건축물'이란 토지에 정착(定着)하는 공작물 중 지붕과 기둥 또는 벽이 있는 것과 이에 딸린 시설물, 지하나 고가(高架)의 공작물에 설치하는 사무소·공연장·점포·차고·창고, 그 밖에 대통령령으로 정하는 것을 말한다라고 규정되어 있으므로 플로팅아일랜드가 건축물이 되기 위해서는 토지에 정착하거나 지하 또는 다른 구조물에 설치하여야 하나, 플로팅아일랜드의 경우 기둥 등이 없이 물위에 떠 있거나 기둥을 박았지만 물위에 떠 있어서 언제든지 이를 쉽게 제거하여 자체 엔진이나 아니면 다른 동력 선박에 연결되어 강을 항행할

---

17) 보안상의 목적으로 설치한 CCTV, 객실관리시스템 및 전산시스템, 주차장의 입구에 설치한 주차박스설치비, 회계프로그램 구입비도 이 건 건축물의 부합물 또는 종물로써 이 건 건축물과 일체를 이루는 시설이라고 보기는 어렵다 하겠으므로 이 건 건축물의 취득가액으로 볼 수는 없다 할 것인데도, 처분청이 이러한 비용까지 건축물의 취득가액에 포함하여 추징한 것은 잘못임(행심 2000−829, 2000.11.28.).

수 있는 경우에는 토지에 정착되었다고 볼 수 없으므로 건물로 볼 수 없을 것이다. 한편, 조세심판원에 따르면 고정식 부독(Floating Dock)로서 설치된 위치에 고정되어 있어 이동성을 갖춘 선박으로 보기 어려운 점 등에 비추어 항해에 사용되는 선박으로 보기보다는 「지방세법」 상 건축물의 범위에 포함되는 '독'으로 보는 것이 타당하다(조심 2015지873, 2015.12.24.)라고 결정하고 있다.

9) 수상건축물

이동성은 선박의 성질에 해당되는 것으로 수상 건축물처럼 한 지점에 고착되어 있어서 이동성이 없는 경우에는 선박이 아니라 건축물로 보아야 할 것이다. 그런데 자력항해능력이 없다고 하여 이동성이 없다고 할 수는 없다.

10) 미완성 건물

건물의 사용목적에 상응하는 사용가능한 정도로 완성되지 아니한 건축 중의 건물은 부동산이라 할 수 없으므로 동산에 해당한다(국징통 38-0…3 참조).

건축허가를 받아 건축하는 건축물에 있어서는 사용검사필증교부일, 임시사용승인일, 사실상 사용일 중 빠른 날이 취득시기가 되는 것이므로 취득일 이전에 채권자 대위가처분등기 촉탁으로 인한 소유권보존등기가 경료되었다 하더라도 등기일이 아닌 사용검사필증교부일과 임시사용승인일 사실상 사용일 중 빠른 날이 건축주의 원시 취득시기가 되는 것이다(세정 13407-203, 2003.3.15). 따라서 건물분에 대하여는 사용검사필증교부일(임시사용승인일, 사실상 사용일) 등 취득시기가 도래하기 전까지는 취득세 납세의무가 없다.[18]

등록면허세 소유권보존등기 세율 적용대상은 건축물 최초 납세의무성립시점인 원시취득 전에 소유권보존등기 또는 소유권이전등기를 하는 경우 취득과 무관한 등기를 하는 경우로 등록면허세를 납부하고 등기를 하기 위한 것으로 건축물 준공 전 타인에 의하여 대위등기하는 경우 등이 이에 해당된다. 이 경우 건축물 준공 전에 등록면허세만 납부하고, 취득 시에 「지방세법」 제15조와 「지방세법 시행령」 제30조 제6호에 따라 세율의 특례를 적용하여 종전 취득세분만 납부하는 것이다(지법 §28). 소유권보존등기된 미완성 건물을 낙찰받아 취득하였는데 취득시점에 건물이 미완성되어 있다면 등기 시점에 등록면허세 과세대상이 되지만 취득세 과세대상이 되지 아니하나, 추후 가사용승인(또는 사실상 사용) 시점에 취득세를 신고납부하여야 한다.

11) 조경시설

도로포장공사나 조경공사의 경우 「지방세법」 제6조 및 같은 법 시행령 제5조에 따른 취득세 과세대상 시설에 열거되지 아니하고, 신축 건물을 취득할 때 조경공사비는 모두 수목구입이나 식재비용 또는 사각정자, 의자, 표석 등에 관한 것으로서 부지의 지목변경을 위한 비용과는 무관

---

18) 건축허가를 받아 건축 중인 건축물이 채권자의 대위등기에 의하여 소유권보존등기가 된 경우라 하더라도 건축물의 미완성 등으로 사용승인서(임시사용승인 포함)를 교부받지 않거나 또는 사실상 사용하지 않은 경우에는 건축주가 해당 건물을 취득한 것으로 볼 수 없다(세정과-1735, 2004.6.25.).

한 비용인 사실이 인정되므로 조경공사비용을 부지의 지목변경을 위하여 지출한 비용으로 볼 수 없다(대법원 2009두1327, 2009.4.9.)라고 판시하여 신축 건물의 취득세 과세표준으로 인정하지 아니하는 것으로 해석하고 있었다는 점에서 지목변경과 무관한 조경공사비와 도로포장공사비는 취득세 과세대상에서 제외하는 것이 더 타당하였다.[19]

그런데 2016.1.1. 이후 납세의무성립분부터 대(垈) 중 택지공사가 준공된 토지에 한해 정원 또는 부속시설물 등을 조성·설치된 토지로 사실상 변경된 경우 취득자는 토지 소유자(지법 §7 ⑭), 세율은 중과기준세율(지법 §15 ② 5)이 적용되나, 2020.1.1. 이후 납세의무성립분부터 건축물을 건축하면서 그 건축물에 부수되는 정원 또는 부속시설물 등 조성·설치 시 조성·설치하는 비용은 건축물 취득세 과세표준에 포함되어 원시취득 세율이 적용된다(지령 §18 ① 9).[20]

한편, 옥상 조경설비의 경우 옥외의 조경설비와는 달리 건축물의 옥상의 이용가치를 증진시키기 위하여 공사를 시행한 것으로 보아야 할 것으로서 건축물에 부합된 부합물에 해당하므로 건축물의 취득비용에 조경공사비를 포함하여야 한다(조심 2008지610, 2009.4.7.).[21]

> **사례** 지하층 상부 조경시설 설치 시 건축물 가격에 포함됨(지방세운영과-620, 2013.5.13.).
>
> 「조경기준」 제3조 제1호 및 제9호, 제10호에서는 "조경"이란 경관을 생태적, 기능적, 심미적으로 조성하기 위해 식물을 이용한 식생공간을 만들거나 조경시설을 설치하는 것, "인공지반조경"이란 건축물의 옥상이나 포장된 주차장, 지하구조물 등과 같이 인위적으로 구축된 건축물이나 구조물 등 식물생육이 부적합한 불투수층의 구조물 위에 자연지반과 유사하게 토양층을 형성하여 그 위에 설치하는 조경, "옥상조경"이란 인공지반조경 중 지표면에서 높이가 2미터 이상인 곳에 설치한 조경이라고 각각 규정하고 있다. 건축물의 신축과 관련한 취득가격에는 해당 건축물의 건축비용은 물론 그에 부합되거나 효용을 증대시키는 공사와 관련된 일체의 직·간접비용이 포함되는 것이므로 조경시설이 건축물과 일체를 이루면서 그 이용가치 등을 증진시킨다면 해당 공사비용은 건축물의 취

[19] "도로포장공사나 조경공사의 경우 토지의 지목이 변경되거나 건축물과 일체를 이루는 공사를 집행하는 경우 해당 공사비를 취득가액에 포함할 수 있다"(조심 2013지267, 2013.5.20.)라고 결정하였으나, 그 이후 심판례에서는 "2009.11.1. 체결한 도계장 신축 공사 중 부대시설공사(진입로공사) 도급계약에 따라 그 비용을 부담한 사실이 확인되는 이상 그 진입도로 공사비를 지목변경에 따른 취득세 과세표준에 포함하여 취득세를 부과한 처분은 달리 잘못이 없다고 판단되며, 이 토지상에 도계 건축물을 신축하면서 그 토지상에 소나무, 구상나무, 잔디 및 화훼류를 식재한 사실이 제출된 자료에 의하여 확인되고 있으며, 이 토지의 지목이 임야에서 잡종지로 변경된 사실이 확인되는바, 지목변경을 수반하는 조경공사비(조경수 및 잔디 구입, 식재·파종, 장비 및 인건비 등 직접비용과 그에 따른 부대비용 일체)를 지목변경에 따른 취득세 과세표준에 포함한 것은 달리 잘못이 없는 것으로 판단된다(조심 2013지1087, 2014.9.30.)"라고 결정하고 있어서 대법원판례와 일치함.

[20] 공사에 소요되는 기간으로 인해 완성시점이 달라지는 차이로 과세 여부가 달라진다 해도 이 건 공동주택이 사용승인을 받을 당시에는 이미 쟁점조항이 신설되어 있어 청구법인에게 쟁점조항을 근거로 과세를 하는 것이 부당하다고 볼 수 없고, 조세정책상의 합리적 필요 등 다른 요청에 의하여 특정한 납세의무자를 차별하더라도 이를 전적으로 위법하다고 평가할 것은 아닌 점(대법원 2023.5.18. 선고, 2023두35982 판결, 같은 뜻임) 등에 비추어 처분청이 이 건 조경공사 등을 「지방세법」 제7조 제14항의 적용대상으로 보아 이 건 취득세 등의 경정청구를 거부한 처분은 달리 잘못이 없음(조심 2023지2968, 2023.6.23.).

[21] 건물 1층 측면, 15층, 옥상에 설치한 조경시설은 그 물리적 구조, 용도와 기능 면에서 이 사건 부동산에 부합되거나 부수된 시설물로서 이 사건 부동산 자체의 효용가치를 증가시키는 시설로 보는 것이 타당하므로 취득세 과세표준에 포함됨(대법원 2017두46257, 2017.8.18.).

득가격에 포함시켜야 할 것이다(조심 2008지610, 2009.4.7. 등 참조). 따라서 조경시설의 하단 부분
이 상가로 사용되고 있어 일반 건축물과 달리 보기 어려운 점, 하단 부분 이외의 부분은 석축 등으
로 구성되어 서로 확연히 구분되고 있는 점, 「조경기준」 등에 의할 때 본 조경시설을 "옥상조경"으
로 볼 수 있는 점 등을 종합적으로 감안했을 때, 본 조경시설은 토지보다는 건축물에 부합된 것으로
보는 것이 합리적일 것이므로 이에 소요된 비용은 건축물의 취득가격에 포함시켜야 할 것임.

12) 인테리어

「지방세법」 제6조 제5호와 제6호 규정에 의하여 자본적 지출로 인정되는 증·개축, 개수(대수
선 등) 비용은 건물가치의 증가와 내용연수를 증가시키는 데 사실상 소요되는 비용이므로 건축
물의 주요 구조부인 벽, 기둥 등 수선과 변경(대수선 등), 개축에 부수적으로 연관되어 인테리어
비용이 지출되거나 칸막이, 전기시설 등을 교체하였다면 해당 물건 취득을 위한 일체의 비용으로
취득세 과세대상이 되나, 단순히 인테리어비용 지출, 칸막이, 전기시설만 교체한 경우에는 취득
세 과세대상으로 볼 수 없다. 그리고 방수, 바닥, 도장공사 등이 개축과 대수선에 해당되지 아니
하는 경우로서 단순히 내부인테리어, 도장, 방수 등을 목적으로 한 경우, 전기공사의 경우는 전등
의 위치변동과 전등 교체공사를 한 것인 경우에는 취득세 과세대상이 아니다.

13) 임차인 건축한 불법 건축물

임차인이 옥상에 불법으로 증축하였다고 하더라도 '건축물 중 조작 설비, 그 밖의 부대설비에
속하는 부분으로서 그 주체 구조부와 하나가 되어 건축물로서의 효용가치를 이루고 있는 것에
대하여는 주체 구조부 취득자 외의 자가 가설한 경우에도 주체 구조부의 취득자가 함께 취득한
것으로 본다'고 규정하고 있어 과세대상이 되는 것으로, 임대인인 건물 소유자가 납세의무자가
되는 것이다(대법원 2015두44899, 2015.10.15.).

(2) 건물부속설비

주체 구조부 건축물과 일체가 되어 건축물의 기능향상 등 경제적 효용가치를 증대시키는 설비
로서 사회통념상 별도의 건축물에 부합 또는 부착됨으로써 비로소 부동산화(化) 되는 것이고,
「건축법」 제2조 제1항 제2호에서는 '건축물'이란 토지에 정착하는 공작물 중 지붕과 기둥 또는
벽이 있는 것과 이에 딸린 시설물, 지하나 고가의 공작물에 설치하는 사무소·공연장·점포·차
고·창고, 그 밖에 대통령령으로 정하는 것을 말한다고 규정하고 있고, 같은 항 제4호에서는 '건
축설비'란 건축물에 설치하는 전기·전화설비, 초고속 정보통신 설비, 지능형 홈네트워크 설비,
가스·급수·배수·환기·난방·소화·배연 및 오물처리의 설비, 굴뚝, 승강기, 피뢰침, 국기 게
양대, 공동시청 안테나, 유선방송 수신시설, 우편함, 저수조, 그 밖에 국토해양부령으로 정하는
설비를 말한다고 규정하고 있으며, 같은 법 시행령 제2조 제12호에서는 "부속건축물"이란 같은
대지에 주된 건축물과 분리된 부속용도의 건축물로서 주된 건축물을 이용 또는 관리하는 데 필요
한 건축물을 말한다고 규정하고 있다.

「건축법」 제2조 제1항 제4호에서 규정하고 있는 건축 설비의 경우 건축물을 구성하는 필수적인 요소로서 건축물과 일체를 이루는 설비이고, 같은 법 시행령 제2조 제12호의 부속 건축물의 경우 주된 건축물을 이용 또는 관리하는 데에 그 목적이 있다고 하나 그 자체는 건축물에 해당한다고 할 것이므로, 건축설비 및 부속건축물 모두 「지방세법」 제6조에서 규정하고 있는 건축물의 범위에 해당한다.

1) 건축물 신·증축

건축물 부속설비를 건물 신·증축 등 건축하는 경우에는 건축비용 등에 포함되어 과세대상이 되는 것이다.

취득가격에는 과세대상 물건의 취득시기 이전에 거래상대방 또는 제3자에게 지급원인이 발생 또는 확정된 것으로서 해당 물건 자체의 가격은 물론 그 이외에 실제로 해당 물건 자체의 가격으로 지급되었다고 볼 수 있거나 그에 준하는 취득 절차비용도 간접비용으로서 이에 포함된다고 한 것이므로, 건축물을 신축하면서 그에 부합되거나 부수되는 시설물을 함께 설치하는 경우라면 그 설치비용 역시 해당 건축물에 대한 취득세의 과세표준이 되는 취득가격에 포함된다(대법원 2012두1600, 2013.7.11.).

> **사례** 신축 시 방재시설 취득세 과세대상 여부(조심 2019지2298, 2019.10.11.)
> 이 방재시설은 소방서용 건축물의 벽면에 부착하는 방법으로 설치된 부대설비로서 건축물과 하나가 되어 건축물의 효용가치를 이루고 있다고 보이는 점, 소방서용 건축물에 이 건 방재시설과 같은 감시시설이 없는 경우 화재를 방지하고 화재 발생 시 신속한 대응을 위한 소방서의 기능 유지에 상당한 제한이 있을 수밖에 없는 점에 비추어 이 방재시설은 건축물의 일부이거나 그 자체로 취득세 과세대상이라 할 것임.

> **사례** 신축 시 부합 또는 부수 시설물을 함께 설치하는 경우(대법원 2012두1600, 2013.7.11.)
> 지하발전소는 지붕과 벽을 갖춘 발전시설의 일종으로서 「건축법」 상의 건축물 또는 이와 유사한 형태의 건축물에 해당한다고 할 것인데, 이 사건 각 터널은 이 사건 지하발전소에 이르는 각종 교통로 내지는 거기에서 생산된 전력을 운반하는 송전선로로서 물리적 구조, 용도와 기능면에서 볼 때 지하발전소 자체와 분리할 수 없을 정도로 부착·합체되어 일체로서 효용가치를 이루고 있고, 지하발전소와 독립하여서는 별개의 거래상 객체가 되거나 경제적 효용을 가질 수 없다고 할 것이므로, 이 사건 각 터널은 이 사건 지하발전소에 부합되었거나 그에 부수되는 시설물에 해당한다고 봄이 타당하다. 이러한 사정을 앞서 본 법리에 비추어 살펴보면, 원고가 이 사건 지하발전소를 신축하면서 이 사건 각 터널을 함께 설치한 이상 이 사건 지하발전소에 대한 취득세의 과세표준이 되는 취득가격에는 이 사건 지하발전소 공사비뿐만 아니라 그에 부합되거나 부수된 이 사건 각 터널 공사비 역시 포함된다고 할 것이고, 이는 이 사건 각 터널이 '개수'의 대상이 되는 '20KW 이상의 발전시설'에 해당하지 아니한다고 하여 달리 볼 것이 아님.

2) 신·증축과 무관하게 단독 설치

신·증축 등을 한 후 별도로 설치하는 경우 그 자체가 개수(대수선, 「지방세법 시행령」 제5조의 시설 수선 및 제6조의 시설물 설치나 수선)에 해당하지 아니한다면 취득세 과세대상이 되지 아니한다. 그런데 건물 부속설비 중 「지방세법 시행령」 제5조의 시설과 제6조의 시설물에 해당하는 경우 단독으로 설치하는 경우에는 취득세 과세대상이 된다. 예를 들어 급수·배수·난방·소화 및 오물처리의 설비, 승강기의 시설이 구내의 변전·배전시설, 도관사설(가스관), 급배수시설, 난방용·욕탕용 온수 및 열 공급시설(2014.8.11. 이전 난방용·욕탕용 보일러), 엘리베이터·에스컬레이터·그 밖의 승강시설, 교환시설 등에 해당될 경우에는 단독으로 설치하는 경우라도 취득세 과세대상이 되는 것이다.

3) 소화시설

신·증축과 관련하여 설치된 소방시설(소화전, 감지기, 경보시설 등)은 과세대상이 되지만 단순히 소방시설(소화전, 감지기, 경보시설 등) 증설공사를 하는 경우에는 과세대상에 해당되지 아니한다.

소화배관시설의 노후화로 인하여 배관시설을 교체공사 한 경우 이러한 시설물이 단순한 소방시설(소화전, 감지기, 경보시설 등)을 교체한 것이 아니라 소화활동 등에 사용하는 용수를 공급하고 사용한 물은 배출시키는 시설로서 구조, 형태, 용도, 기능 등을 전체적으로 고려할 때 급수와 배수기능을 하는 시설이라면 급배수시설에 해당되어 취득세 과세대상이 된다.

한편, 단독으로 물이 분사되는 스프링쿨러가 없는 분말소화설비공사를 할 경우 급배수시설과 관련이 없으므로 취득세 과세대상이 아니나, 신·증축과 관련하여 분말소화설비공사를 한 경우에는 취득세 과세대상이 될 것이다.

4) CCTV, 조명시설, 음향시설 및 영상설비

CCTV, 음향시설, 무대시설, 조명(등)시설, 전기설비, 기계설비, 소방설비 등이 이동·분리가 거의 불가능하거나 상당히 어렵고, 이를 분리하는 경우 건축물의 효용을 크게 손상시킬 경우에는 주체 구조부와 일체가 되어 건축물로서 효용가치를 이루는 종물에 해당할 것이므로 건물 신·증축 시 취득세 과세대상이 될 것이며, 이를 설치하기 위하여 설계와 설치 관련 컨설팅 비용도 취득세 과세표준에 포함하여야 할 것이다. 또한 데이터센터라는 건물의 특성상 건물 내 각종 시스템의 상황을 실시간으로 모니터링하는 종합상황실의 영상설비는 이에 필수불가결한 것으로 보이는 점, 거치를 위한 별도의 구조물 등을 조성한 후 설치하는 방식이나 설치된 화면의 크기 등 고려 시 이 설비가 탈부착이나 이동이 용이하거나 다른 용도로 사용하기 용이한 것으로 보기도 어려운 점 등에 비추어 이는 데이터센터에 필수적인 시설로서 그 효용가치를 이루고 있는 것으로 취득세 과세대상이 된다(조심 2015지259, 2015.5.28.).

사례 조경공사비는 취득가액에 포함되나, 옥상 LED간판 및 판넬 간판, 방송시스템 및 특수조명 공사비는 건축물 취득가액에 포함되지 않음(대법원 2017두46257, 2017.8.18.).

이 사건 건물 1층 측면, 15층, 옥상에 설치한 조경시설은 그 물리적 구조, 용도와 기능 면에서 이 사건 부동산에 부합되거나 부수된 시설물로서 이 사건 부동산 자체의 효용가치를 증가시키는 시설로 보는 것이 타당하므로 취득세 과세표준에 포함된다. 위 간판은 쉽게 탈·부착이 가능하고 그 용도 또한 건물 소유자 또는 사용자를 광고하는 것일 뿐 이 사건 건물의 객관적 가치 증가에 이바지한다고 보기 어려워 이 사건 건물에 부합 또는 부속되었다고 할 수 없고, 그 부착 당시 이 사건 건물의 소유자는 코○랩이었고 위 간판의 소유자는 원고이었으므로 그 소유자가 달라 위 간판을 이 사건 건물의 종물에 해당한다고 보기도 어렵다(민법 제100조 제1항 참조). 따라서 위 간판은 취득세 과세표준에 포함된다고 볼 수 없다. 원고가 구입한 방송시스템 및 특수조명은 빔프로젝터, 디지털카메라, 캠코더, 스피커, 특수조명 등 기본적으로 오디오 및 비디오 시설로서 별도의 동산이고, 그 중 일부가 이 사건 건물에 부착되었으나 쉽게 이를 떼어낼 수 있으며, 그 자체로 이 사건 건물과 독립한 경제적 효용을 가지는 사실을 인정할 수 있다. 위 인정사실에 의하면, 위 물건들은 이 사건 건물에 부합되거나 부속되었다고 보기 어려우므로 취득세 과세표준에 포함된다고 볼 수 없음.

사례 CCTV, 음향시설 설치비용(행심 2007-777, 2007.12.26.)

취득비용에 포함한 시설내역은 CCTV설치관련비용, 건축물 내 방송을 위한 오디오 믹스(AUDIO MIXER), 임시사무실 칸막이 공사비, 쇼케이스 및 저장고 배관설치비, 냉동·냉장 자동제어 시설비, 쇼케이스 저장고 판넬공사비, 영상장비 등으로서, 이러한 시설들은 모두 건축물에 부착되어 있는 시설들로서 판매시설 용도인 건축물의 효용을 증대시키는 시설을 설치하는 비용에 해당되므로 건축물의 취득세 과세표준에 포함하는 것이 타당하다고 할 것으로서, 주체 구조부 이외의 자가 이를 설치하였다 하더라도 이는 건축물과 일체를 이루는 시설을 설치하기 위하여 이에 대한 공사를 시행하고 비용을 지급한 이상, 주체 구조부의 취득자뿐만 아니라 주체 구조부를 승계취득한 청구인도 당해 건축물 취득비용에 포함하는 것임.

5) 객석의자

공연장이나 영화관을 신축하면서 공연용, 영화관람용 객석의자를 설치하였다 하더라도 이는 주체 구조부와 수시이동·분리가능하다면 취득세 과세대상에 포함될 수가 없는 것이다(세정 13407-493, 2001.5.4. 참조). 그런데 고정석의 경우 나사 등을 풀면 분리가 쉽게 되는 경우에는 유권해석에 따라 과세표준에서 제외될 수 있으나, 붙박이 형태로 고정설치되어 있어서 분리하는 것이 상당히 어렵고, 이를 분리하는 경우 공연장, 영화관이 훼손되어 효용을 크게 손상시킬 것으로 보이는 경우에는 객석의자가 공연장, 영화관으로서의 기능을 다 하게 하는 데 필수적인 시설이라고 할 것이므로 그 각 제품가격 및 그 설치 소요 비용은 공연장에 대한 취득세의 과세표준에 포함시키는 것이 타당할 것으로 판단된다.

한편, 이동석인 경우에는 분리가 가능하므로 비품으로 보아 취득세 과세표준에는 제외하여야 할 것이다.

6) 클린룸

클린룸 설비는 제품생산 시 필수적으로 요구되는 항온·항습·청정 상태 유지 및 관리를 위하여 생산라인과 직접적으로 연계된 공정체계의 일부인 기계장치로서, 건축물과 일체가 되어 건축물의 효용가치를 증대시키는 시설이라기보다는 제품 생산을 위하여 건축물 내부에 설치된 기계장치에 불과하다고 보아야 할 것이어서 건축물에 종속되어 건축물 자체의 효용가치를 구성하고 있는 부대설비가 아니며, 또한 클린룸 설비는 회계처리상 계정과목이 시설장치로 분류되어 있고, 설비 자체도 분리 및 재설치가 가능하여 제품 생산에 필수불가결한 구성요소가 되는 일종의 기계장치에 해당하는 것이다. 일반적으로 클린룸은 공장동 건물의 청정도를 자동제어시스템에 의해 통제하고 있고 제품 제조에 필요한 청정도를 유지하기 위한 지원설비들로 구성되어 있으며, 클린룸 내·외부는 우레탄판넬로 되어 있어 공조실의 직팽식 공기조화기로부터 필터 등을 거쳐 정화된 공기가 급기(공장 내부 상부측)휀과 배기(공장 내부 측면)휀을 통해 외부 공기유입 및 공기 중의 먼지, 미립자 등을 최소화하여 의료기기 제조 특성상 외부오염으로부터 생산제품인 의약품 주입기의 청정도를 유지하기 위한 설비 조건을 갖추고 있는 공간이며, 공조실의 직팽식 공기조화기에서 공장 내부로 유입되는 공기는 닥트를 통해 필터를 거치면서 먼지 등이 제거되어 닥트안의 급기휀을 통해 공급되고, 다시 클린룸 내부의 공기는 배기휀을 거쳐 외부로 순환되므로, 계절적·환경적 요인으로 인한 제조환경의 변화를 차단하고 1년 내내 동일한 의료기 제조환경 유지를 위해 온도·습도·내부압력·기류의 분포 및 속도 등을 자동제어프로그램을 사용하여 통제하고 있으므로, 클린룸 설비와 클린룸 설비를 제외한 건축물은 별개로 관리되고 있으며 일반적인 부대시설인 승강기 및 냉·난방장치의 유지보수와는 다른 고도의 기술이 포함된 유지보수를 취하고 있는바, 해당 건축물은 클린룸 설비가 설치된 공간일 뿐이고, 클린룸 설비는 건축물의 부속설비로서 건축물의 경제적 효용을 다하기 위하여 존재하는 종물이 아닌 그 자체가 의료기주입기 제조에 필요불가결한 기계장치에 해당하는 것이므로, 이는 취득세 등 과세대상에 해당하지 아니한다(조심 2008지483, 2008.12.9.).

7) 방범시설

발전소의 내부에 설치된 통신 및 보안설비는 해당 케이블 및 전선관 등을 벽체에 매립하는 방법으로 설치되어 있어 사실상 탈·부착이 불가능할 뿐만 아니라 발전소의 정상적인 가동을 위하여 반드시 필요한 조작설비에 해당하는 점, 사택 및 체육관에 설치된 통신 및 보안설비 중 케이블 등을 제외한 외부장치 및 운영 시스템 등은 벽체에 부착하거나 건축물 내에 비치하고 있어 필요에 따라 탈부착 또는 이동이 가능하다고 하더라도 방범시설은 외부의 침입 등으로부터 해당 주택단지 등을 보호하고, 방송·통신 및 음향시설 등은 입주민들의 주거와 효율적인 문화활동 등에 반드시 필요한 시설로서 이 건축물과 하나가 되어 그 효용과 기능을 증진시키는 역할을 하는 부대설비에 해당하는 점 등에 비추어 이 건축물의 취득가격으로 보아 취득세 등을 부과한 처분은 달리 잘못이 없다(조심 2017지0948, 2018.12.5.).

622

(3) 건물과 분리되는 부수공작물

축조신고를 하여야 하는 공작물은 다음과 같다(「건축법」 §83 ①, 「건축법 시행령」 §118).

① 높이 6미터를 넘는 굴뚝

② 높이 6미터를 넘는 장식탑, 기념탑, 그 밖에 이와 비슷한 것

③ 높이 4미터를 넘는 광고탑, 광고판, 그 밖에 이와 비슷한 것

④ 높이 8미터를 넘는 고가수조나 그 밖에 이와 비슷한 것

⑤ 높이 2미터를 넘는 옹벽 또는 담장

⑥ 바닥면적 30제곱미터를 넘는 지하대피호

⑦ 높이 6미터를 넘는 골프연습장 등의 운동시설을 위한 철탑, 주거지역·상업지역에 설치하는 통신용 철탑, 그 밖에 이와 비슷한 것

⑧ 높이 8미터(위험을 방지하기 위한 난간의 높이 제외) 이하의 기계식 주차장 및 철골 조립식 주차장(바닥면이 조립식이 아닌 것 포함)으로서 외벽이 없는 것

⑨ 건축조례로 정하는 제조시설, 저장시설(시멘트사일로 포함), 유희시설, 그 밖에 이와 비슷한 것

⑩ 건축물의 구조에 심대한 영향을 줄 수 있는 중량물로서 건축조례로 정하는 것

1) 굴뚝

일반적으로 굴뚝은 취득세 과세대상이 되지 아니한다. 다만, 건축물 건축(신축, 증축 등) 시 종물로서 축조되는 굴뚝은 취득세 과세대상이 된다.

2) 장식탑 또는 기념탑

① 2020년 이후

2020년 이후 「문화예술진흥법」 제9조에 따른 미술작품의 설치비용 또는 문화예술진흥기금에 출연하는 금액은 취득세 과세표준에 해당되는 것으로 개정되어 신축 건물의 원시취득 과세표준에 또는 지목변경, 토지 가치증가(대(垈) 중 택지공사가 준공된 토지에 한함) 및 신축 건물의 가치증가(대(垈) 중 택지공사가 준공된 토지에 한함) 간주취득 과세표준에 포함되는 것으로 해석하여야 할 것이다.

② 2019년 이전

조형물 제작설치비는 취득세 과세대상인 건축물을 취득하기 위한 제반비용으로 볼 수 없으므로 취득세 과세표준에서 제외되는 것이 타당하다(지방세정팀-1280, 2005.6.21.)라고 해석하였고, 신축 건물을 취득할 때 조경공사비는 모두 수목구입이나 식재비용 또는 사각정자, 의자, 표석 등에 관한 것으로서 부지의 지목변경을 위한 비용과는 무관한 비용인 사실이 인정되므로 조경공사비용을 부지의 지목변경을 위하여 지출한 비용으로 볼 수 없다(대법원 2009두1327, 2009.4.9.)라고 판시

하여 신축 건물의 취득세 과세표준으로 인정하지 아니하는 것으로 해석하고 있었다는 점에서 지목변경과 무관한 조경공사비와 도로포장공사비는 취득세 과세대상에서 제외하는 것이 더 타당하다고 보므로,[22] 조형물 제작설치비도 이처럼 해석하였다 할 것이다. 즉 호텔 주변의 조경공사비 및 조형물 제작비는 호텔 건축물의 과세표준에 포함시킬 수 없다(대법원 2000두6404, 2002.6.14.).

옥상 조경설비의 경우 옥외의 조경설비와는 달리 건축물의 옥상의 이용가치를 증진시키기 위하여 공사를 시행한 것으로 보아야 할 것으로서 건축물에 부합된 부합물에 해당하므로 건축물의 취득비용에 조경공사비를 포함하고 있었다(조심 2008지610, 2009.4.7.). 이러한 해석에 의하면 옥상의 조형물로 장식탑이 있는 경우에는 과세대상이 되는 것으로 해석하여야 할 것이다.

그런데 2016.1.1. 이후 납세의무성립분부터 대(垈) 중 택지공사가 준공된 토지에 한해 정원 또는 부속시설물 등을 조성·설치된 토지로 사실상 변경된 경우 취득자는 토지 소유자(지법 §7 ⑭), 세율은 중과기준세율(지법 §15 ② 5)이 적용되나, 2020.1.1. 이후 납세의무성립분부터 건축물을 건축하면서 그 건축물에 부수되는 정원 또는 부속시설물 등 조성·설치 시 조성·설치하는 비용은 건축물 취득세 과세표준에 포함되어 원시취득 세율이 적용된다(지령 §18 ① 9).[23]

3) 광고탑

건물과 구축물이 아닌 옥외 광고탑은 취득세 과세대상이 아니다(세정 13407-155, 1999.2.3.).

---

22) "도로포장공사나 조경공사의 경우 토지의 지목이 변경되거나 건축물과 일체를 이루는 공사를 집행하는 경우 해당 공사비를 취득가액에 포함할 수 있다는 것이다"(조심 2013지267, 2013.5.20.)라고 결정하였으나, 그 이후 심판례에서는 "2009.11.1. 체결한 도계장 신축 공사 중 부대시설공사(진입로공사) 도급계약에 따라 그 비용을 부담한 사실이 확인되는 이상 그 진입로 공사비를 지목변경에 따른 취득세 과세표준에 포함하여 취득세를 부과한 처분은 달리 잘못이 없다고 판단되며, 이 토지상에 도계 건축물을 신축하면서 그 토지상에 소나무, 구상나무, 잔디 및 화훼류를 식재한 사실이 제출된 자료에 의하여 확인되고 있으며, 이 토지의 지목이 임야에서 잡종지로 변경된 사실이 확인되는바, 지목변경을 수반하는 조경공사비(조경수 및 잔디 구입, 식재·파종, 장비 및 인건비 등 직접비용과 그에 따른 부대비용 일체)를 지목변경에 따른 취득세 과세표준에 포함한 것은 달리 잘못이 없는 것으로 판단된다"(조심 2013지1087, 2014.9.30.)라고 결정하고 있어서 대법원 판례와 일치하고 있다.

23) 쟁점조경공사비는 신축되는 아파트 단지 내에 조경수를 식재하거나 휴게시설 등의 시설물공사를 하고, 보도블럭, 경계석 등을 설치하는 공사에서 발생한 것으로, 그 지출로 인하여 조성된 것이 건축물의 부대설비라기보다는 토지의 구성부분으로 보는 것이 타당한 점 등에 비추어 볼 때, 쟁점조경공사비는 쟁점건축물의 취득가격에 포함되지 아니한다고 봄이 타당하다 할 것이다. 다만, 쟁점조경공사비 중 미술장식품(이하 "쟁점미술품"이라 한다) 설치비용의 경우 「지방세법 시행령」 제18조 제1항 제3호에서는 부동산 등을 취득하기 위하여 법령에 따라 의무적으로 부담하는 비용을 취득에 소요된 간접비용으로 보아 취득가격에 포함하도록 규정하고 있는데 「문화예술진흥법」 제9조 제1항 및 같은 법 시행령 제12조 제1항 제1호에서는 연면적 1만 제곱미터 이상의 공동주택을 건축할 경우 미술작품을 의무적으로 설치하도록 규정하고 있고, 청구법인도 위 규정에 따라 미술장식품을 설치하게 된 점, 쟁점미술품은 일반적으로 거래되는 미술품과는 달리 이 건 건축물의 전체적인 분위기와 조화를 이룰 수 있도록 맞춤 제작되었을 뿐만 아니라, 관련 법령에 따라 의무적으로 설치된 것이라서 쟁점미술품을 해체·이전하는 것은 현실적·법률적으로 어려운 것으로 보이는 점 등에 비추어 쟁점미술품의 구입·설치비용은 이 건 건축물의 취득에 소요된 간접비용에 해당할 뿐만 아니라, 쟁점미술품을 이 건 건축물과 별개의 물건으로 인정하기도 어려운 것으로 판단된다(조심 2021지1115, 2021.12.30., 같은 뜻임). 이 심판례는 2020년 개정 전의 규정에 따른 결정임에 유의하여야 함.

4) 옹벽 또는 석벽

지목변경과 관련하여 발생하는 석벽, 옹벽 등 사방공사 관련비용 등은 토지조성원가(토지의 자본적 지출)로 보는 것이 타당하다 할 것이나(국심 98경2333, 2000서2524, 감심 94-174 등외 다수), 지목변경과 무관한 석벽, 옹벽 등 구조물 공사비용은 토지 조성원가로 보지 아니하고 별도의 구축물로 보는 것이다(2000서2524, 2000중3133, 2000중3109 등 외 참조). 한편, 사실상의 지목변경없이 지면을 고르게 하면서 건축공사가 없이 하는 토공사(성토, 절토, 굴착공사)는 단순한 토지의 자본적 지출로서 취득세와는 무관하다. 다만 지목변경이 수반되는 경우에는 취득세 대상이 되며, 신·증축 등 건축공사를 하는 경우에는 건축공사의 일부로 보아 과세대상이 된다.

5) 담장과 방음벽

일반적으로 담장은 취득세 과세대상이 되지 아니한다. 다만, 건축물 신축 또는 증축 시 종물로서 축조되는 담장은 취득세 과세대상이 된다. 즉 담장설치, 정화조 설치비는 건축물의 취득 전에 공사비에 포함되었다면 과세대상이 된다(도세 22670-946, 1990.3.31.).

또한, 방음벽을 설치하지 않는 경우에는 인·허가권자로부터 사업승인을 받거나 공사를 완료할 수 없었을 것인 점, 해당 공동주택을 신축하여 취득하기 전에 그 지급원인이 발생하거나 확정된 것인 점, 이 사건 방음벽의 설치비용은 취득조건 부담액에 해당되는 점 등을 고려할 때, 방음벽의 설치비용은 간접비용에 해당하는 것으로 보아야 하므로, 해당 신축 공동주택의 취득세 과세표준에 포함되는 것이다(지방세운영과-867, 2019.4.2.)라고 해석한바 있었으나, 방음벽은 아파트와 농지를 사이에 두고 영동고속도로에 설치되어 있어서 아파트의 일부로 볼 수 없을 뿐만 아니라 별도의 취득세 과세대상이 되는 건축물로 볼 수도 없으므로 주택건설사업계획승인조건에 따라 설치한 시설물이라는 사유만으로 쟁점비용을 아파트의 취득비용에 해당된다고 보기는 어렵다(조심 2020지3441, 2021.10.7.).

6) 침사조

사방공사에서 토사의 유실을 막기 위해 급히 흐르는 물을 가두어 흙, 모래 따위를 가라앉도록 만든 통 모양의 장치인 침사조가 수조 또는 급배수시설과 관련된 것인지는 명확하지 아니하나, 수조는 물을 담아두는 큰 통을 뜻한다 할 것으로, 물·흙·모래·자갈 등이 이동될 때 발생할 것으로 예상되는 각종 재해의 예방·복구를 위하여 실시하는 사방공사의 시설물인 경우에는 토사 유실 방지를 위한 시설로 저장시설인 수조로 보기에는 어려움이 있을 것으로 판단되며, 급배수시설로 보기에도 어려움이 있을 것으로 판단되어 취득세 과세대상이 되지 아니할 것이다.

(4) 건물부속시설(지령 §5)

토지에 정착하거나 지하 또는 다른 구조물에 설치하는 레저시설, 저장시설, 독시설, 접안시설, 도관시설, 급배수시설, 에너지공급시설 등을 말한다.

1) 레저시설

수영장, 스케이트장, 전망대, 옥외스탠드, 유원지의 옥외오락시설(유원지의 옥외오락시설과 유사한 오락시설로서 옥내 또는 옥상에 설치하여 사용하는 것 포함), 골프연습장(「체육시설의 설치·이용에 관한 법률」에 의하여 골프연습장업으로 신고된 20타석 이상의 골프연습장에 한함)을 말한다.

① 수영장(종전 풀장)

취득세 과세대상이 되는 수영장은 옥외 수영장으로 말한다. 실내 수영장은 이미 건축물 내부에 시설이 되어 있으므로 별도의 과세대상 시설로 규정되어 있지 않다. 옥외 수영장은 수영 및 레저를 위해 인공적으로 축조된 것으로 옥외 수영장을 말한다. 다만, 유원지 내의 물놀이용 수영장은 오락시설로 본다.

수영장의 개수도 취득세 과세대상이 되는바, 「시가표준액 조사·산정 업무요령」에 의하면 "수영장의 개수"란 수영장의 잔존 내용연수를 연장시키거나 그 가치를 현실적으로 증가시키는 다음의 수선(수영장의 바닥 또는 벽면 개수의 경우에는 3분의 1 이상을 수선하는 경우에 한함)을 말한다(다만, 수영장의 도장, 일부 타일교체, 기타 운영가능한 상태의 유지 등을 위한 수선은 제외).

ⓐ 바닥이나 벽면의 개수는 3분의 1 이상의 면적을 수선하는 경우
ⓑ 미끄럼틀 또는 다이빙대의 개수는 해당 시설물의 3분의 1 이상을 교체 또는 보강하는 경우
한편, 옥내 수영장은 용도지수에 반영하여 건축물가액 산정 시 반영된다.

② 스케이트장

'스케이트장'이라 함은 옥외에 인공적으로 축조된 것을 말한다. 자연 상태의 스케이트장, 즉 겨울 동안에 논 또는 연못 등에 설치한 스케이트장은 취득세 과세대상인 시설로 보지 않는다.[24]

ⓐ 롤러 스케이트장
ⓑ 기타 스케이트장 : 실내 및 롤러스케이트장 이외의 스케이트장
스케이트장의 개수도 취득세 과세대상이 되는바, 「시가표준액 조사·산정 업무요령」에 의하면 "스케이트장의 개수"란 스케이트장의 잔존 내용연수를 연장시키거나 그 가치를 현실적으로 증가시키는 수선(스케이트장의 바닥 또는 벽면 개수의 경우에는 3분의 1 이상을 수선하는 경우에 한함)을 말한다(다만, 스케이트장의 도장, 기타 운영가능한 상태의 유지 등을 위한 수선은 제외).
한편, 옥내 스케이트장은 용도지수에 반영하여 건축물가액 산정 시 반영된다.

③ 전망대

주요 시설물의 도난 및 재해 등의 조기 발견을 위하여 설치된 감시탑 또는 경관을 관망하기 위하여 설치한 시설물을 말한다.

---

24) 2014년 이전에는 옥내 스케이트장(옥내에서 계절에 관계없이 스케이팅이 가능한 시설)도 포함되어 있었으나, 2015년부터 이 내용이 삭제되었으며, 2019년 이후는 옥외로 규정됨.

전망대의 개수도 취득세 과세대상이 되는바, 「시가표준액 조사·산정 업무요령」에 의하면 "전 망대의 개수"란 전망대의 잔존 내용연수를 연장시키거나 그 가치를 현실적으로 증가시키는 수선 (기둥, 바닥 또는 벽면 개수의 경우에는 그 3분의 1 이상을 수선하는 경우에 한함)을 말한다(다 만, 전망대의 도장, 파손된 유리나 기와의 대체, 기타 사용가능한 상태의 유지 등을 위한 수선은 제외).

④ 옥외 스탠드

운동경기 및 레저·영화 등의 관람을 목적으로 야외경기장, 노천극장 등에 설치한 시설물을 말한다. 구조, 사무실·기타시설 설치여부, 지붕 설치 여부 등에 의해 구분한다.

옥외 스탠드의 개수도 취득세 과세대상이 되는바, 「시가표준액 조사·산정 업무요령」에 의하 면 "옥외 스탠드의 개수"란 옥외 스탠드의 잔존 내용연수를 연장시키거나 그 가치를 현실적으로 증가시키는 수선으로서 3분의 1 이상에 해당하는 바닥이나 벽면을 수선하는 경우에 한하며, 옥외 스탠드의 도장, 기타 사용가능한 상태의 유지 등을 위한 수선은 제외한다.

⑤ 유원지의 옥외 오락시설

'옥외 오락시설'이라 함은 공원·유원지 또는 기타 공중이 운집하는 장소에 일반인의 유흥 또는 오락용으로 설치된 레저시설(옥내 또는 옥상에 설치하여 사용하는 것 포함)로서 「관광진흥법」에 따른 각종 유원시설과 궤도(삭도 포함) 및 이와 유사한 오락시설을 말하며 유료 또는 무료를 불문 한다.

    ㉠ 「관광진흥법 시행규칙」 별표 11의 유원시설과 중 안전성검사 대상(2016년 이전은 「관광진 흥법 시행규칙」 별표 11의 유원시설과 같거나 유사한 시설)

    ㉡ 궤도(삭도 포함)

    ㉢ 기타 유흥 또는 오락용으로 설치된 레저시설

레저시설 중 유원지의 옥외오락시설의 경우 유원지의 옥외 오락시설과 유사한 오락시설로서 옥내 또는 옥상에 설치하여 사용하는 것을 포함하여 과세대상으로 하고 있다. 따라서 옥외 오락 시설로서 과세대상이 되기 위해서는 유원지 내에 설치되어야 하는 것이므로 위치가 유원지가 아 닌 경우에는 과세대상에 해당되지 아니하는 것이다.

유원지의 옥외 오락시설의 범위에도 케이블카, 리프트 등이 포함되고 있으나, 스키장은 「체 육시설의 설치이용에 관한 법률」에 의하여 등록을 하여야 하는 체육시설업으로서, 그 이용자의 체력증진에 주목적이 있는 체육시설에 해당된다고 보아야 할 것이므로, 일반적으로 유람이나 오락을 위한 설비를 갖추어 놓은 곳인 유원지라고 보기는 어렵다 하겠고, 대법원판례(97누300, 1997.9.26.)는 공부상 지목이 공원으로 되어 있는 토지 중 일부에 「도시공원법」에 의한 공원을 조 성하여 그 지상에 옥외 오락시설을 설치한 경우로서, 체육시설인 스키장을 설치한 경우와는 다르 다 하겠으므로, 이러한 체육시설인 스키장의 이용객들이 슬로프를 오를 수 있도록 설치한 리프트 시설은 유원지 내의 옥외 오락시설이 아니다(행심 2000-112, 2000.2.23.)라고 결정하고 있다. 그런데

이는 체육시설인 스키장 내의 리프트 시설을 유원지 내의 옥외 오락시설로 보아 재산세 등을 부과함은 부당하다는 심사례이므로 유원지의 옥외 오락시설로는 취득세 과세대상이 아니지만 차량에 해당되어 취득세 과세대상이 될 것이다.[25)]

참고로 케이블카 등을 기능상으로 볼 때 원칙적으로 차량으로 보아야 하나 그 케이블카 등이 유원지 내에 위치하여 유원지 옥외오락시설로서의 기능을 하는 경우에는 차량보다는 부동산인 시설물로 보아야 과세관행에도 부합되고 합리적일 것으로 판단된다.

한편, 슬로프, 노르딕점프대, 체육시설 등은 유원지의 옥외오락시설로 보지 아니하므로 취득세 과세대상이 아니나, 체육용지로 변경 시 지목변경을 수반하여 설치하는 경우 지목변경에 소요된 일체의 비용에 포함되는 것이므로 취득세 과세표준에 포함되는 것이다(도세 13421-692, 1993.8.10.).

유원지의 정의에 대하여는 「지방세법」 상 아무런 정함이 없으므로 일반적으로 유람이나 오락을 위한 설비를 갖추어 놓은 곳을 지칭하는 것으로 봄이 상당하고, 설사 도시계획이나 지적관계 법령에서 유원지를 공원과 구별하여 정의하고 있다 하더라도 「지방세법」에서 그 적용에 관한 명문의 규정을 두고 있지 아니하는 이상 유원지에 해당하는지 여부는 「지방세법」의 독자적인 기준에 따라 판단하여야 할 것이고, 도시계획이나 지적 관계법령을 그대로 적용하여 이를 판단하는 것은 조세법률주의 원칙에 반하는 것으로 허용될 수 없다고 할 것이다(대법원 97누300, 1997.9.26.). 즉 「도시계획시설 설치기준에 관한 규칙」 제46조 소정의 유원지의 옥외오락시설과 위 규칙 또는 「도시공원법」에 의하여 설치된 공원의 옥외오락시설을 구별하여야 할 합리적인 사정이 없을 뿐만 아니라, 「지방세법」 상의 용어와 「도시계획법」, 「도시계획시설 설치기준에 관한 규칙」 또는 「도시공원법」 상의 용어를 동일하게 해석하여야 하는 것도 아니다. 그러므로 「지방세법 시행령」 제74조의 2 제2호 소정의 유원지의 옥외 오락시설은 공원, 유원지 또는 기타 공중이 운집하는 장소에 일반인의 유흥 또는 오락용으로 시설된 일체의 설비를 말하며 이러한 설비의 이용에 있어 유료 또는 무료를 불문한 모든 설비를 말한다고 해석하여야 할 것이고, 이와 같이 해석한다고 하여 조세법률주의에 위배된다고도 할 수 없다. 따라서 공원인 드림랜드 내에 설치된 옥외오락시설은 "유원지의 옥외 오락시설"에 포함된다.

옥외 오락시설의 개수도 취득세 과세대상이 되는바, 「시가표준액 조사·산정 업무요령」에 의하면 "옥외 오락시설의 개수"란 옥외오락시설의 잔존 내용연수를 연장시키거나 그 가치를 현실적으로 증가시키는 다음의 수선을 말한다(옥외 오락시설의 도장, 안전시설의 수선, 오락시설을 작동시키는 기계의 소모된 부속품의 교체, 기타 운영가능한 상태의 유지 등을 위한 수선은 제외). 다만, 개별 오락시설이나 케이블카 등의 교체는 신규 취득으로 보아 시가표준액을 산출한다.

㉠ 지상에 고정되어 작동되는 오락시설물의 경우에는 기둥, 철탑, 바닥면적, 벽면적의 개수는

---

25) 차량의 범위에는 '삭도나 궤도에 의하여 승객 또는 화물을 운송하는 모든 기구'를 포함하는 것이므로 오토바이, 트레일러, 기차·전동차, 광차 및 케이블카 등이 이에 해당되는 것이다. 즉 케이블카, 리프트의 경우 삭도에 의하여 승객 또는 화물을 운송하는 모든 기구에 포함되는 것으로 차량으로 볼 수 있는 것이다. 이와 같은 취지로 골프장에 설치된 리프트웨어는 궤도에 의하여 골프장 이용객 및 화물을 반송하는 기구로서 차량에 해당되므로 과세대상에 포함되어야 할 것이다(행심 99-661, 1999.11.24.)라고 결정하고 있다. 따라서 스키장 리프트의 경우 차량으로서 취득세 과세대상이 될 것이다.

3분의 1 이상을 수선하는 경우

ⓛ 케이블카나 리프트카의 궤도의 개수는 궤도의 3분의 1 이상을 교체하는 것

⑥ 골프연습장

㉠ 과세대상

'골프연습장 시설'이라 함은 「체육시설의 설치·이용에 관한 법률」에 의하여 골프연습장 업으로 신고된 20타석 이상의 골프연습장을 말하며, 골프연습장의 시설에는 운동시설, 안전시설, 철탑으로 구성되어 있으므로[26] 골프연습장의 시가표준액은 이들 시설의 시가표준액을 합친 금액이 된다.

㉮ 운동시설

볼을 치기 위한 타석과 볼을 공급하기 위하여 설치된 집구·이송·공급 등 일련의 시설을 말한다.

ⓐ 자동식 : 볼 집구에서 이송·공급까지 자동화된 시설

ⓑ 반자동식 : 볼 집구에서 이송까지 자동화된 시설

ⓒ 수동식 : 볼 이송·공급을 수동으로 하는 방식

㉯ 안전시설

연습 중 타구에 의하여 안전사고가 발생하지 않도록 설치된 보호망 등을 말한다.

㉰ 철탑

보호망 등 안전시설을 지탱하기 위하여 설치된 구조물을 말한다.

골프연습장에 설치한 인조잔디와 임야에 설치한 펜스(철조망)설치비용이 지목변경이나 최초로 골프연습장 건축물 건축 시 병행하여 설치한 경우라면 취득세 과세표준에 포함시키는 것이 타당하다고 생각되나, 단순히 독립적으로 설치된 경우라면 과세대상으로 볼 수 없다(세정 13407-284, 2001.9.3.).

골프연습장의 개수도 취득세 과세대상이 되는바, 「시가표준액 조사·산정 업무요령」에 의하면 "골프연습장의 개수"란 골프연습장의 잔존 내용연수를 연장시키거나 그 가치를 현실적으로 증가시키는 다음의 수선을 말한다(다만, 골프연습장의 도장, 안전망의 수선, 운동시설 기계의 소모된 부속품의 교체, 기타 운영가능한 상태의 유지 등을 위한 수선은 제외).

㉮ 운동시설의 개수는 주요부품의 3분의 1 이상을 수선하는 경우

㉯ 기둥, 철탑, 바닥, 벽면의 개수는 3분의 1 이상을 수선하는 경우

㉰ 안전시설인 그물망의 개수는 3분의 1 이상을 교체하는 것

㉡ 19타석 이하인 골프연습장이 증설하여 20타석 이상이 된 경우

20타석 이상인 골프연습장(골프연습장 시설에 해당하는 모든 비용)만 취득세 과세대상이

---

26) 골프연습장에 대한 과세 적용시기는 2005.1.1.부터 과세대상으로 하고 있다.

되고 19타석 이하의 골프연습장은 취득세가 과세되지 아니한다. 그 이후 증설하여 20타석 이상이 된 경우에는 과세대상이 될 것이고, 종전 골프연습장 시설비와 증설에 따른 시설비를 합쳐서 취득세가 과세될 것이다. 이 경우 타석 증가에 따른 인·허가 비용은 과세표준에 포함될 것이다. 한편, 5년 경과되어 증설되었다면 증설 골프장 시설비는 과세대상이 되나, 종전 골프연습장 시설비는 과세대상에서 제외하여야 한다는 주장이 있다.

> **사례** 법인이 스키장으로 사용하던 체육용지의 일부를 골프연습장으로 조성한 경우 지목변경에 따른 취득세 납세의무가 성립되지 않는 것임(지방세운영과-1700, 2010.4.26.)
>
> 법인이 스키장으로 사용하던 체육용지의 일부를 골프연습장으로 조성한 경우, 본 스키장의 부대시설인 골프연습장은 지목이 체육용지에 해당되므로(국토해양부 지적기획과-1374, 2010.4.20.), 골프연습장을 조성하기 위하여 잔디의 파종 및 식재, 조경공사, 입목이식, 스프링쿨러 공사 등을 하고 그에 따른 공사비용을 투입하였다 하더라도 체육용지의 용도가 스키장에서 골프연습장으로 변경된 것일 뿐, 지목이 변경된 것이 아니므로(체육용지) 지목변경에 따른 취득세 납세의무가 성립되지 않는다고 판단되오나, 이에 해당하는지는 과세권자가 구체적인 사실관계를 확인하여 판단할 사항임.

2) 저장시설

수조, 저유조, 사일로, 저장조(2022년 이후 저장용량이 1톤 이하인 액화석유가스 저장조 제외) 등의 옥외저장시설(다른 시설과 유기적인 관련을 가지고 일시적으로 저장기능을 하는 시설 포함)을 말한다. 비록 기계장치 등과 유기적인 관계를 가지고 일시적인 저장기능을 하는 구조물이라고 하더라도 과세대상으로 포함하는 것이며, 이때 저장의 형태는 일시저장, 장기저장을 불문한다. 이 경우 옥외저장시설인 취득세 과세대상이 되나, 옥외가 아닌 옥내에 설치되어 있는 경우에는 취득세 과세대상인 저장시설에 해당되지 아니한다.

○ **저장시설**
① 수조 : 물을 저장하여 사용하기 위한 시설물
② 저유조 : 유류를 저장하여 공급할 수 있는 시설물
③ 사일로 : 겨울철에 가축의 조(粗)사료인 엔시레지저장을 위하여 만든 원통형 탱크식 창고
④ 저장조 : 곡물, 어류, 과일, 시멘트, 화학제품 및 2020년 이후 방사성폐기물(고·중·저준위) 등의 물품을 저장 보관하는 시설(2022년 이후 저장용량이 1톤 이하인 액화석유가스 저장조 제외)

○ **1999.12.31. 이전 규정에 대한 해석**
다른 시설과 유기적인 관련을 가지고 일시적으로 저장기능을 하는 시설을 포함한다라는 규정이 1999.12.31. 개정되어 2000년부터 적용됨.
액화천연가스탱크가 「지방세법 시행령」 제75조의 2 제2호의 '옥외저장시설' 해당 여부의 판단에 있어 액화천연가스탱크는 탱크의 구조와 기능에서 생산설비와 독립되어 단순한 저장기

능만을 주로 수행하는 저장시설이 아닌 천연가스제조를 위한 일련의 가스생산설비의 중요한 부분으로서 다른 생산설비와 유기적인 관련을 가진 생산과정의 일부로서 일시저장하는 기능은 물론, 보냉과 압력유지 등 생산공정의 일부기능까지 하고 있으므로 "옥외저장시설"에 해당되지 아니함(대법원 99두5023, 1999.6.11.).

① 수조

건물과 관계없이 독립적으로 물을 저장하기 위하여 축조된 시설물 즉 인공적으로 시멘트 벽돌이나 철근콘크리트(철골조) 등의 벽체로 벽면을 형성하여 저장시설로 활용되고 있는 시설물을 말하며, 다른 시설과 유기적인 관련을 가지고 일시적으로 저장기능을 하는 시설을 포함한다. 종류로는 물을 저장하여 사용하기 위한 수조, 내수면 양만·양식을 위한 수조가 있다.

수조는 인공적으로 시멘트 벽돌이나 철근콘크리트(철골조) 등의 벽체로 벽면을 형성하여 저장시설로 활용되고 있는 시설이므로 순수한 흙으로 논두렁을 쌓아 양식을 하고 있다면 이는 수조로 볼 수 없다.

수조의 개수도 취득세 과세대상이 되는바,「시가표준액 조사·산정 업무요령」에 의하면 "수조의 개수"란 수조의 잔존 내용연수를 연장시키거나 그 가치를 현실적으로 증가시키는 수선(수조 겉면적의 3분의 1 이상을 수선하는 경우에 한함)을 말한다(다만, 수조의 도장, 기타 사용가능한 상태의 유지 등을 위한 수선은 제외).

㉠ 골프장 내의 연못, 폰드, 워터해저드

골프장의 경우 조정지는 폰드, 워터 해저드 등 명칭 및 오수처리 등 기능여하를 불문하고 골프코스 안에 위치하거나 일부가 골프코스로 사용되는 경우 그 조정지 전체는 구분등록대상으로 분류하고 있으나, 골프 코스로 사용하지 않고 골프 코스와는 별도로 설치된 조정지는 구분등록대상에서 제외하도록 하고 있으므로 골프코스 내에 있는 폰드, 분수시설 및 분수전기시설은 취득세 과세대상이라고 해석하고 있다. 이는 수조로 과세대상으로 본 것이 아니라 골프장 지목변경과 관련된 비용으로 본 것이다.

골프장 내 연못은 조경과 관련된 시설로 수조로 보기에는 어려움이 있을 것이다.

㉡ 정화조 및 폐수정화시설

우수침전조 및 오수정화조는 구축물로 달리 분류하여 열거하지 아니하고 있을 뿐만 아니라 수조가 아니므로 우수침전조 및 오수정화조는 취득세 등 과세대상이 아니다(내심 97-478, 1997.10.29. 참조).

한편, 폐수를 집수·정화시키는 정화조는 수조가 아니므로 과세대상이 아니다(도세 13421-1072, 1993.12.9.)라고 해석하여 왔으나, 주유소 내 세차장에서 발생하는 폐수를 유수분리시설 및 유량조정시설에 저장한 다음 물리, 화학적 방법으로 처리하여 일부는 재생수조를 거쳐 재사용하고 일부는 하수도로 방류시키는 일련의 설비이므로 옥외저장시설에 해당한다(대법

원 2012두13825, 2012.10.11.)라고 판시하고 있어서 폐수정화조는 과세대상이 될 것이다. 유수분리서실에서 기름과 물을 분리하기 위하여 연속적으로 물이 흐르도록 되어 있다면 이는 물을 담아두는 큰 통 즉 수조로 볼 수 없다는 것이지만, 물이 흐르지 않고 저장되어 폐수인 유수를 정수하는 시설이라면 폐수처리시설이더라도 이는 옥외저장시설에 해당되는 것이다(행심 2007-623, 2007.11.26.).

ⓒ 공장 등 폐수처리시설

공장이나 발전소 등에서 주로 생산시설의 가동을 위하여 설치한 기계장치 및 발전시설 등은 생산설비의 취득으로서 취득세 등의 과세대상으로 보기는 어렵다 할 것인바(조심 2014지902, 2016.6.23., 조심 2015지1021, 2016.5.23., 조심 2016지451, 2017.7.7., 같은 뜻임), 이 건 발전소의 설계도, 계통도 및 현장사진 등에 의하면, 쟁점설비 중 ① 가스터빈 압축기 수세정장치 및 ③ 순수처리장치는 순수를 생산하여 이를 가스터빈의 세정 등에 사용하기 위한 설비로 보이고, ④ 냉각수 관련 설비, ⑤·⑥ 냉각탑계통수처리장치 및 ⑦ 순환수 펌프는 발전설비의 냉각 및 발전 설비 내에서 순수를 순환시키기 위한 용도로 사용되는 것으로 보이는 점에 비추어 위 설비들은 외부에서 원수를 공급받거나 발전과정에서 발생하는 폐수를 배출하는 시설과는 그 형태 및 기능면에서 다를 뿐만 아니라 전기생산설비와 일체로서 그 효용을 제공하고 있다 할 것이므로 위 설비들은 취득세 과세물건인 급·배수시설에 해당하지 않는다고 판단된다. 다만, ② 폐수처리설비 및 관련 구조물의 경우에는 발전과정에서 발생한 폐수를 배출하기 위해서 폐수를 정화하고 일정 기간 동안 저장하는 기능까지도 수행하는 것으로 보이므로 취득세 과세물건인 배수시설 및 저장시설(수조)에 해당한다고 판단된다(조심 2019지0586, 2020.1.7.).

ⓔ 양식장

양식장 시설의 경우 인공적으로 철근콘크리트 또는 시멘트벽돌로 벽면을 설치하여 양식업을 한 경우 수조로 보아 취득세 과세대상이 되나, 양식업을 하는데 벽면을 철근콘크리트나 시멘트벽돌 등으로 하지 순수한 흙으로 논두렁을 쌓아 양식을 하고 있다면 이는 수조로 볼 수 없다(세정 13407-920, 1994.11.11.). 호망이 가두리 양식장과 관련되어 상기의 수조에 해당하는 양식장이라면 이는 건축물로 보아 취득세 과세대상이 된다. 한편, 해상 가두리 양식은 해상에 그물로 구획을 정하여 그물 안에 수산물을 가두어 양식하는 경우에는 수조로 보기에는 어려움이 있다.[27]

ⓜ 양수발전소의 동굴과 수로터널

양수발전소는 지하에 건설되므로 터널을 굴착하고 최종 지점에 발전기 등의 설치를 위한 동굴을 조성한 뒤, 동굴의 도괴방지를 위하여 내부를 철판과 콘크리트 등으로 보강하고

---

27) 사전 등에 따르면 가두리양식은 바다에 그물망을 쳐서 물고기를 가두어 기르는 것을 말한다(물고기를 그물 속에 가두어 기르기 때문에 "가두리양식"이라고 함).

있는 바 이 "동굴"이 건물에 해당되는지에 대하여 지하발전소는 공장용 건물, 상하부 조압수조는 수조, 도수로와 수압관로는 급수시설, 방수로는 배수시설에 해당되어 취득세 및 재산세 과세대상이 되며, 진입 및 모선터널은 과세대상이 아니다(내무부 세정 1268-630, 1985.1.16.)라고 해석하고 있다.

양수발전은 상부저수지의 물을 하부저수지로 이동시켜 높은 낙차를 이용하여 발전을 하는 방식으로 이때 물은 수로터널을 통해 이동하며, 수로터널은 수압터널·수압철관·흡출터널·방수터널·하부조합수조·방수구 등으로 구성되어 있으므로, 양수발전소의 수로터널은 급배수시설로 보아(행심 2006-454호, 2006.10.30. 참조) 별도의 시설물로 볼 여지는 있으나, 수로터널은 저장시설에는 해당하지 않는다(지방세운영과-2708, 2012.8.27.).

사례 정수장 내의 침전지와 정수지의 저장시설 해당 여부(행심 2000-874, 2000.11.28.)

정수장 내의 침전지와 정수지가 사업소세 과세대상인 저장시설(수조)에 해당되는지에 대하여 보면, 수조는 물을 담아두는 큰 통을 뜻한다 할 것인바, 정수장 내에 설치되어 있는 침전지와 정수지는 인공적 시설물임은 분명하지만, 각 시설물에 유입부와 유출부가 연결되어 앞 수처리시설에서 다음 수처리시설로 연속적으로 물이 흐르도록 설치된 시설(착수정→혼화지→침전지→여과지→정수지→배수관로→수요자)이고, 그 중 침전지는 물의 유속을 감소시켜 부유물을 가라앉히는 기능과 가라앉은 물을 제거하는 장치가 설치되어 있으며, 정수지는 물에 소독제를 투입하여 미생물을 제거한 다음 배수관로를 통하여 수요자에게 물이 공급되도록 하는 기능을 가지고 있는 시설물로서, 연속적으로 흐르는 물을 정수하는 시설이라 할 것인바, 물을 담아두는 큰 통의 의미를 갖고 있는 수조로 보기는 어렵다 하겠으므로, 이 건 침전지 등을 사업소세 과세대상인 저장시설(수조)로 보아 사업소세 재산할을 부과고지한 처분은 잘못이 있음.

ⓗ 지역난방공사의 축열조

축열조가 건물 내부에 있는 저장시설이라면 취득세 등 과세대상이 되지 아니할 것이나 옥외에 설치되는 있으면서 생산설비와 유기적인 관련을 가지고 있다 하더라도 일시적인 저장기능을 가진 경우 옥외저장시설에 해당되어 과세대상이 될 것이다. 그런데 수조인지 저장조인지는 명확하지 아니하나 수조의 사전적 의미는 "물을 담는 큰 통"이라는 것으로, 난방수도 물로 보아야지 화학제품으로 보기에는 어려움이 있어 수조에 해당되는 것으로 판단된다. 한편, 축열조가 열 생산설비와 일체를 이루면서 잉여열을 축열하였다가 열공급 변화를 조절하고, 지역난방 열배관 전체에 알맞은 압력을 유지시켜주는 등 지역난방열을 생산하기 위한 일련의 공정 중의 일부를 담당하는 시설이라면 취득세 과세대상이 되는 옥외저장시설에 포함되지 아니한다(지방세정팀-1259, 2005.6.21.)라고 해석하고 있다.

② 저유조

㉠ 종류

유류(휘발유, 경유 등), LPG, LNG 등을 저장하였다가 공급할 수 있는 시설물(석유화학제품 포함)을 말하며, 그 종류에는 철판탱크, LNG특수저장조, 지하암거 등이 있다. 한편,

다른 시설과 유기적인 관련을 가지고 일시적으로 저장기능을 하는 시설을 포함한다.

> ⊙ 소형저유조 : 철판탱크(원형, 각형), 철근콘크리트조, 기타
> ⊙ 대형저유조 : 철판탱크(원형), LNG특수저장조, 지하암거, 기타
> ☞ 저유조는 크기, 설비자재, 제작방식에 따라 구분

ⓛ 생산설비와(기계장치)의 관계

생산과 관련한 기계장치는 취득세 과세대상이 아니다. 취득세 과세대상인 송유관, 가스관, 급배수시설인지 아니면 기계장치의 일부인지를 따라 과세대상 여부가 결정된다. 원유 저장을 위한 탱크를 구입하여 공장 내부 협소로 공장 건물에서 1m 떨어진 장소에 설치 공장 내부 기계장치에 파이프로 연결하는 경우 송유관으로 보아 취득세 과세대상이 된다(세정 22670-2508, 1988.3.9.)라고 해석하고 있으므로 각 기계장치 사이에 연결된 배관은 다른 생산설비 즉 기계장치와 유기적인 관련을 가진 생산과정의 일부로 인정되어 과세대상이 아니라 판단되나, 공장 내 윤활기유 저장탱크가 다른 생산설비와 유기적인 관련을 가진 생산과정의 일부로서 일시저장하는 기능인 경우에는 저장시설로 보아 취득세 과세대상이 되며, 이와 관련된 배관도 저장시설의 일부로 볼 것이며, 공장 내 저장탱크가 저유조에 해당된다면 운송되는 배관도 저유조와 관련된 것으로 보아 취득세 과세대상이 된다고 판단된다.

그리고 저장조 등의 옥외저장시설(다른 시설과 유기적인 관련을 가지고 일시적으로 저장기능을 하는 시설 포함)로 규정하고 있으므로 암모니아 저장탱크는 탈질시설에 암모니아를 공급하기 위하여 별도로 옥외에 설치되어 저장 기능을 하는 이상 저장시설로 보아야 할 것이고, 이에 따른 배관장치는 암모니아 저장탱크와 일체를 이루는 시설로 이 또한 저장시설로 보는 것이 타당하다 판단된다(행심 2007-617, 2007.11.26.)라고 결정하고 있는바, 생산설비와 유기적인 관련을 가지고 있다 하더라도 일시적인 저장기능을 가진 경우 옥외저장시설에 해당되어 취득세 과세대상이 될 것이다. 비록 기계장치 등과 유기적인 관계를 가지고 일시적인 저장기능을 하는 구조물이라고 하더라도 지방세 과세대상으로 포함하는 것이며 이때 저장의 형태는 일시저장, 장기저장을 불문한다. 그런데 옥외가 아닌 옥내에 설치되어 있는 경우에는 취득세 과세대상인 저장시설에 해당되지 아니할 것이다.

ⓒ 저유조의 개수

저유조의 개수도 취득세 과세대상이 되는바, 「시가표준액 조사·산정 업무요령」에 의하면 "저유조의 개수"란 저유조의 잔존 내용연수를 연장시키거나 그 가치를 현실적으로 증가시키는 수선(저유조 겉면적의 3분의 1 이상을 수선하거나 주요 장비 등을 교체·수리한 경우에 한함)을 말한다(다만, 저유조의 도장, 기타 사용가능한 상태의 유지 등을 위한 수선은 제외).

③ 사일로

가축의 조사료(粗飼料)인 청조(엔시레지) 저장을 위하여 만든 탱크식 창고를 말하며, 다른 시설과 유기적인 관련을 가지고 일시적으로 저장기능을 하는 시설을 포함한다.

ㄱ 시멘트벽돌조 사일로

ㄴ 철근콘크리트조 사일로

사일로의 개수도 취득세 과세대상이 되는바, 「시가표준액 조사·산정 업무요령」에 의하면 "사일로의 개수"란 사일로의 잔존 내용연수를 연장시키거나 그 가치를 현실적으로 증가시키는 수선(사일로 겉면적의 3분의 1 이상을 수선하는 경우에 한함)을 말한다(다만, 사일로의 도장, 기타 사용가능한 상태의 유지 등을 위한 수선은 제외).

④ 저장조(2022년 이후 저장용량이 1톤 이하인 액화석유가스 저장조 제외)

ㄱ 종류

곡물, 어류, 과일, 시멘트, 화학제품, 방사성 폐기물(중·저준위 : 2016년 이후 적용) 등의 물품을 저장 보관하기 위하여 축조된 시설물을 말하며, 다른 시설과 유기적인 관련을 가지고 일시적으로 저장기능을 하는 시설을 포함한다.

㉮ 철판탱크

ⓐ 곡물류 저장용

ⓑ 화학제품 등 저장용(석유화학제품 제외)

㉯ 철근콘크리트(일반)

㉰ 철근콘크리트(방사성폐기물) - 2020년 이후

ⓐ 중저준위 방사성폐기물 지하 저장조

ⓑ 고준위 방사성폐기물 직육면체형 맥스터

ⓒ 고준위 방사성폐기물 원통형 캐니스터

㉱ 콘크리트

㉲ 아연도금강판

㉳ 기타 : 위의 종류 이외의 저장조

> **사례** 시멘트 저장조는 저장시설에 해당됨(지방세심사 2000-170, 2000.3.29.)
> 시멘트 저장조와 폐수처리시설은 생산설비이므로 취득세 과세대상이 아니라는 주장에 대하여 보면, 이 건 시멘트저장조의 경우 시멘트를 저장, 레미콘 차량에 공급하는 시설로서 그 자체가 취득세 과세대상에서 제외될 수 있는 기계장치가 아니라 독립된 저장조로서 사용되고 있으므로, 이러한 저장조가 레미콘 제조에 공여되는 설비에 해당된다고 하여 이를 과세대상에서 제외할 수는 없는 것임.

ㄴ 가스저장탱크

가스제조회사의 고압가스 저장탱크는 제조설비의 일부인 기계장치 또는 제품 저장탱크로 볼 수 있으나 사용기능면에서 가스제조공정의 마지막 공정을 거쳐 판매하기 직전의 생산제품

을 저장하는 제품저장탱크로 사용하는 것이 주용도이므로 가스제조회사의 초저온 고압가스 저장탱크는 저장용 시설물로 취득세와 재산세 과세대상이다(세정 13407-106, 1994.4.26.). 질소산화물을 제거하는 기계장치에 불과하다고 주장하나, 취득세 과세대상인 저장시설을 저장조 등의 옥외저장시설(다른 시설과 유기적인 관련을 가지고 일시적으로 저장기능을 하는 시설을 포함한다)로 규정하고 있으므로 암모니아 저장탱크는 탈질시설에 암모니아를 공급하기 위하여 별도로 옥외에 설치되어 저장기능을 하는 이상 저장시설로 보아야 할 것이고, 이에 따른 배관장치는 이 사건 암모니아 저장탱크와 일체를 이루는 시설로 이 또한 저장시설로 보는 것이 타당하다 판단된다(행심 2007-617, 2007.11.26.).

Ⓒ 가축분뇨 액비저장조

가축분뇨를 액비로 만드는 액비저장조가 「지방세법」 제104조 제4호에 의한 건축물에 해당되는지 여부와 관련하여 '기계장치'란 동력으로 움직여서 일정한 일을 하게 만든 도구로써 일정한 장소에 고정된 것과 그 기계의 작동에 필수적인 부대설비를 말하고(대법원 2001두1744, 2001.12.24. 참조), 액비저장조는 「건축법」 제2조에 의한 건축물이 아니며, 가축분뇨 등을 단순히 저장하는 시설이라기보다는 지상에 고착된 상태로 분뇨의 고형성분이 침전되지 않도록 동력을 이용한 수중교반기로 지속적으로 섞어주고, 분뇨가 액비로 잘 발효시키기 위한 필수요소인 공기를 동력을 이용한 신기장치로 지속적 주입시켜 분뇨를 액비로 가공·생산하는 생산시설의 일종으로 옥외저장시설물도 아닌 기계장치라고 볼 수 있다. 따라서 액비저장조가 취득세 과세대상인 건축물에 해당되지 않아 취득세 과세대상에 해당되지 않는다(지방세운영과-3399, 2010.8.5.).

Ⓓ 용접용 질소 저장탱크와 액체질소 저장탱크

용접 및 가공을 위한 질소 저장탱크는 저장조의 역할을 한다라고 보아야 할 것이다. 그리고 원료인 공기를 저온공기분리장치를 이용하여 산소, 질소, 알곤으로 분리(기체·액화가스 형태)하여 가스관을 통해 고객사에 공급하고, 액체질소는 저장탱크에 저장하였다가 탱크로리를 통해 공급하거나 또는 기화시켜 가스관을 통해 고객사에 공급하고 있으며, 부대설비는 독립적으로 생산 또는 저장기능을 수행하는 것이 아니므로 해당 시설이 과세대상인지 여부는 구조, 형태, 용도, 기능 등을 전체적으로 고려해야 할 것이고(대법원 2014.2.13. 선고, 2013두13716 판결), 일련의 생산설비와 유기적인 관계를 가짐으로써 생산과정의 일부로서 기능하는 생산설비인지, 생산설비와 독립되어 가스의 공급·운반하는 기능을 수행하는 시설인지 등을 종합적으로 판단하여 결정(지방세운영-2306, 2018.10.4.)해야 할 것이다. 공장 등에서 생산시설에 공여하여 특정물품을 제조하거나 가공하기 위한 설비 중의 일부로서 다른 생산설비와 유기적인 관련을 가지고 있고 다른 생산설비와 일체를 이루고 있다면 부수적인 시설은 생산시설로 볼 수 있으나, 액체질소 저장탱크는 최종 생산된 액체질소를 저장하였다가 다른 법인에게 공급하는 것을 목적으로 설치된 시설로서, 가스생산을 위한 구역 및 설비와 물리적으로 분리되어 있고, 가스 제조업자와 수요자인 다른 법인을 연결하는 가스 공급관과 연결되어[가스생산설비·저장탱크시설(부대설비 포함)·가스관·K법인] 있으므로, 그 구조, 형태, 용도, 기능면에서 가스를 저장하였다가 공급하기 위한 것으로서 저장시설에 해당하는 것으로 보이고, 액체질소 저장탱크의 부대설비는 저장시설의 필수적인 부대설비로서 저장탱크를 활용하거나 기능을 유지 또는 효용을 증대하기 위한 필수적인 시설로 보이므로 액체질소 저장탱크의 취득세 과세표준에 포함하는 것이 타당하다(지방세운영-161, 2013.1.16.).

ⓜ **원유탱크(2022년 이후 저장용량이 1톤 이하인 액화석유가스 저장조 제외)**

원유 저장을 위한 탱크를 구입하여 공장 내부 협소로 공장건물에서 1m 떨어진 장소에 설치 공장 내부 기계장치에 파이프로 연결 사용하는 경우 일종의 옥외 저유조나 저장조에 해당하므로 취득세 과세대상이 된다. 취득세 등 과세대상으로서의 건물과 구축물의 범위에 관하여 별도로 규정하고 있는 것은 구축물을 건물과 분리하여 과세대상으로 포착하고자 함에 있을 뿐이고 구축물이 토지와 건물의 부합물 내지 종물인 경우에는 이를 토지와 건물의 일부로 보아 그 가액을 포함하여 시가표준액을 산정하는 것까지 부정하는 것은 아니므로 건물 내부에 있는 경유탱크나 수조, 저장조 등이 건물의 종물로 보아 별도 구분 없이 건물로 보아야 할 것이다.

> **사례** 냉동설비는 저장시설이 아님(지방세정담당관-795, 2003.8.11.)
>
> 액체화물을 보관하는 저장조를 설치한 후에 별도로 기존의 저장조 내 액체화물의 적정온도유지를 위한 부수시설로서 냉동설비(냉각수탱크, 냉동기, 냉각탑, 펌프열교환기 등)를 설치한 경우라면 해당 냉동설비는 취득세 과세대상에 해당하지 않음.

ⓗ **저장조의 개수**

저장조의 개수도 취득세 과세대상이 되는바, 「시가표준액 조사·산정 업무요령」에 의하면 "저장조의 개수"란 저장조의 잔존 내용연수를 연장시키거나 그 가치를 현실적으로 증가시키는 수선(저장조 겉면적의 3분의 1 이상을 수선하거나 주요 장비 등을 교체·수리한 경우에 한함)을 말한다(단, 저장조의 도장, 기타 사용가능한 상태의 유지 등을 위한 수선 제외).

(5) 독시설 및 접안시설

독, 조선대를 말한다.

1) 독

배를 건조 또는 수리하기 위하여 설치한 시설물 또는 이와 유사한 시설물을 말한다.

① **건독(드라이독, dry dock)**

드라이 독은 수면과 접한 육상부를 절토하여 철근콘크리트조로 호를 만들고 수문을 설치한 것,

즉 땅을 파서 주위의 수면보다 낮게 바닥을 만들고 이 웅덩이에 갑문을 만들어 물이 못 들어 오게 한 후 여기에다가 선박을 건조한 후에 갑문을 열어서 물을 유입시키면서 선박을 진수(물위에 띄우는 것)하는 방법으로 선박을 건조하는 것이다. 지상레벨보다 낮은 곳에 선대(선박 받침)가 있고 주변의 크레인 등으로 선박을 조립하는 과정을 거치는 것이다. 수리 선박에 대해서는 진수의 과정을 역으로 하여 선박을 독에 넣은 후 갑문을 닫고 물을 빼어 선박을 지상에 노출시켜 작업을 한다.

② 부독(플로팅 독, floating dock)

플로팅 독은 독 자체가 잠수 또는 부상하여 선박을 건조할 수 있도록 철재 등에 의하여 건조된 것, 즉 말 그대로 물위에 띄우는 독으로 선박 건조를 할 때는 지상에서 선박을 건조한 다음 선체를 유압을 이용하여 안벽에 설치한 플로팅 독에 밀어 옮긴 후 터크보트 등으로 플로팅 독을 수심이 일정한 깊이 이상이 되는 곳으로 이동한 다음 독에 물을 채워 선박을 가라앉혀서 진수하는 방법을 사용한다. 일반 선박처럼 독 내부의 발라스트 탱크에 물을 넣고 빼면서 선박을 독 내에서 밖으로 진수를 하기도 하고, 수리 선박 같은 것을 독 위에 정치시킨 다음 물을 빼어 물위로 올린 다음 수리를 하기도 하고, 지상의 선대에 올려놓기도 하는 것이다. 플로팅 독의 장점은 물을 넣고 빼는데 드라이 독보다 짧은 시간 내에 할 수 있으며, 경제적이지만, 선박의 크기에 제한을 받으며, 선박을 선대에서 이동하는 데 높은 기술력을 필요로 하는 단점이 있다. 플로팅 독(부독)은 일반 선박처럼 독 내부의 발라스트 탱크에 물을 넣고 빼면서 선박을 독 내에서 밖으로 진수를 하기도 하는 강재구조물로서 선박을 제조하는 시설물에 해당되나 보통은 해저에 기둥을 박고 고정되어 있으나, 동력 선박에 연결하여 바다를 항행할 수 있으므로 무동력선박(부선, 바지)으로 등기가 가능하다.

「지방세법」상 선박은 기선 등 기타 명칭 여하를 불문하고 모든 배를 규정하고 있으므로 플로팅 독을 선박(부선)으로 등기하였다면 시설물인 독이라기보다는 선박에 해당한다. 비록 선박으로 등기를 하지 아니하였다고 하더라도 「지방세법」에서 규정한 건축물에 해당되려면 토지에 정착하거나 지하 또는 다른 구조물에 설치하여야 하나, 플로팅 독의 경우 바다에 떠 있는 상태로서 동력 선박에 연결되어 있어서 언제라도 항해가 가능한 점 등을 종합하여 볼 때, 비록 플로팅 독을 선박을 건조하는 작업장으로 사용하고 있으므로 선박에 해당한다(조심 2011지0195, 2012.5.11. 참조). 대법원에서도 부양성, 적재성 및 이동성을 갖추고 있다는 점에서 플로팅 독은 취득세 과세대상 선박에 해당하는 것으로 판시하고 있다.[28]

---

28) ① 취득세의 과세대상인 선박에 해당하기 위하여 자력으로 항행할 것까지 요구되지는 않는 것으로 보이는 점, ② 이 사건 플로팅 독(Floating Dock, 이하 '플로팅 독'이라 한다)은 바다에서 선박을 만들 수 있도록 고안된 반잠수식 선박건조 야외작업장으로서, 선박을 건조할 때에는 물 위에 떠 있다가 선박이 건조되면 이를 적재하여 예인선에 끌려가거나 밀려 수심이 깊은 바다로 나아간 다음 잠수함의 원리를 이용하여 가라앉는 방법으로 선박을 진수하므로 부양성, 적재성 및 이동성을 갖추고 있는 점, ③ 이 사건 플로팅 독에 대한 건조계약서에도 '근해구역 항해능력을 갖춘 선박'을 건조하는 내용 등이 담겨 있고, 이 사건 플로팅 독에 관하여 선박의 종류를 '부선'으로 하는 선박건조증명서와 선박총톤수 측정증명서가 작성된 후 선박등록 및 소유권보존등기까지 마쳐진 점, ④ 이 사건 플로팅 독은 바다에 떠 있는 상태에서 계선줄에 의하여 부두와 연결되어 있을 뿐

「시가표준액 조사·산정 업무요령」에서는 플로팅 독을 접안시설로 보고 있으나, 유권해석 등에서는 선박으로 판단하고 있다.[29] 따라서 종전에는 접안시설로서 부동산에 해당되어 산업단지 감면규정이 적용되었으나 현행은 적용되지 아니하는 것으로 해석하고 있다.

> **사례** 폐선을 서로 연결하여 바다에 정박 후 선박수리 시(지방세운영과−5567, 2011.12.6.)
>
> 「건물 및 기타물건 시가표준액 조정기준」에서는 독을 건독, 부독, 기타독으로 구분한 후 부독을 독 자체가 잠수 또는 부상하여 선박을 건조할 수 있도록 철재 등에 의하여 건조된 것이라고 정의하고 그 시가표준액의 산출방법 등을 규정하고 있다. 따라서 폐선을 서로 연결하여 바다에 정박시킨 후 선박을 수리하는 경우에는 해당 물건이 토지 또는 지하, 구조물 등에 케이블 등으로 연결되어 있다면 부독 등에 해당될 수 있다고 판단됨.

2) 조선대

'조선대'란 선박공사를 하기 위한 설비로서, 선박의 신조나 수리를 위해 육상부에서 바다 밑으로 레일을 깔아 선박을 육지로 끌어 올리거나 바다로 내릴 수 있도록 설치한 것을 말한다.

조선대의 개수도 취득세 과세대상이 되는바, 「시가표준액 조사·산정 업무요령」에 의하면 "조선대의 개수"란 조선대의 잔존 내용연수를 연장시키거나 그 가치를 현실적으로 증가시키는 수선(조선대 면적의 3분의 1 이상을 수선하거나 주요 장비 등을 교체·수리한 경우에 한함)을 말한다(다만, 조선대의 도장이나 조선대의 작동에 필요한 기계의 소모된 부품교체, 기타 사용가능한 상태의 유지 등을 위한 수선은 제외).

3) 제조업체의 접안시설

선박을 접안하기 위한 시설인 독과 조선대(선박을 만들기 위한 시설)을 독과 접안시설로 보아 취득세가 과세되므로 공장에서 차량으로 이동을 편하게 하기 위한 시설은 취득세 과세대상인 접안시설에 해당되지 아니한다. 그런데 잔교에 해당한다면 취득세 과세대상이 된다.

4) 도시가스업체의 물양장

LNG의 기화를 방지하기 위해서는 일정한 온도와 압력을 유지시키면서 이를 선박에서 하역하기 위한 접안설비가 필요하다. 「항만법」 제2조 제5호 가목은 항만시설 중에서 '안벽·물양장·잔교·부잔교·돌핀·선착장·램프(ramp) 등'이 '계류시설'에 해당한다고 정의하고 있고, "계류시설"이란 선박이 접안해서 화물을 적·양화하고, 승객이 승강할 수 있도록 하는 접안설비를 말

토지에 정착하거나 지하 또는 다른 구조물에 설치되어 있지 아니한 점 등을 종합하면, 이 사건 플로팅 독을 구 「지방세법」 제104조 제5호의 '선박'에 해당한다고 보아 취득세 등을 부과한 이 사건 처분이 적법하다고 판단하였다. 관련 규정과 법리 및 기록에 비추어 살펴보면, 위와 같은 원심의 판단은 정당하고, '선박'에 관한 법리를 오해하여 필요한 심리를 다하지 아니하는 등의 위법이 없다(대법원 2014두3945, 2014.6.26.).

29) 고정식 부독(Floating Dock)로서 설치된 위치에 고정되어 있어 이동성을 갖춘 선박으로 보기 어려운 점 등에 비추어 항해에 사용되는 선박으로 보기보다는 「지방세법」 상 건축물의 범위에 포함되는 '독'으로 보는 것이 타당하다(조심 2015지873, 2015.12.24.)라고 해석하고 있다.

하는데, 주로 그 접안설비가 육지로부터 돌출된 길이에 따라 물양장, 잔교, 돌핀 등으로 구별되고, 따라서 돌핀과 마찬가지로 물양장도 '배를 접안시키기 위하여 물가에 만든 구조물'에 해당하면 구 「지방세법 시행령」 제5조 제2항의 '잔교'라고 볼 수 있다(대법원 2002.5.17. 선고, 2000두5739 판결, 대법원 2002.6.28. 선고, 2001두10592 판결 참조)(대법원 2020두31859, 2020.4.29. 심불, 부산고법 2019 누20426, 2019.12.13.).

(6) 도관시설(연결시설 포함)

송유관, 가스관, 열수송관을 말한다.

1) 송유관

송유관은 주로 원유, 석유화학제품 등을 운반하기 위하여 지하나 지상 또는 고가에 설치된 관을 말하며, 그 연결시설을 포함한다. 그 종류로는 주철관, 강철관, 화학제품(PVC, FRP)관이 있다.

① 파이프라인

정기적으로 교체하기 위하여 신규로 구입하는 파이프라인도 송유관에 해당될 것이므로 취득세 과세대상이다.

② 파이프랙(pipe rack)

송유관에 부수된 연결시설 등 종물이 송유관과 일체가 되어 기능하는 경우에는 취득세 과세대상이 되므로 송유관 설치 시 파이프랙(파이프 받침대)도 그 부대비용으로 취득세 과세대상이 되는 것이다. 도관시설이 있는 상태에서 파이프랙만 취득한 경우에는 이 또한 도관시설의 부대시설로 보아 과세대상이 될 것으로 보여지나, 도관시설 자체가 없는 파이프랙만 취득하는 경우에는 취득세 과세대상이 되지 아니할 것이다. 즉 받침대 등이 별개의 독립물인 경우에는 과세대상이 되지 아니한다.

③ 습기제거 파이프

송유관에 부수된 연결시설 등 종물이 송유관과 일체가 되어 기능하는 경우에는 그 종물도 취득세 과세대상이 되므로, 내부에 습기를 밖으로 배출하는 기능을 가진 파이프 설치는 송유관과 일체가 되어 기능을 발휘할 것이므로 이 파이프가 별개의 독립물이지 아니하는 한 취득세 과세대상이 될 것이다.

④ 송유관 운전설비 및 펌프시설

송유관에 부착된 송유관 운전설비 및 송유펌프 시설도 송유관에 포함되는 것으로 취득세 과세대상이 된다(도세 13421-312, 1994.4.16.).[30]

---

30) 송유펌프는 동력으로 움직이는 기계장치에 해당되는바, 취득세 과세대상에 해당하지 아니하며 이에 따른 필수적인 부대시설 또한 취득세 과세대상에 해당하지 아니한다(대전지법 2003구합2801, 2004.6.2.)고 판시한바

⑤ 송유관 이설

도로확장공사 등으로 인하여 지하에 매립한 기존 송유관의 일부를 이설하면서 단순히 송유관로를 변경 또는 축소 설치하여 그 송유관 자체의 가액이 종전 가액을 초과하지 아니하는 경우라면 취득세를 비과세하는 것이며, 여기에서 "송유관 자체의 가액이 종전 가액을 초과하지 아니하는 경우"라 함은 송유관을 추가로 설치하거나 기존송유관에 대한 기능의 추가 등으로 인한 송유관 가액의 증가를 수반하지 아니하는 경우 등을 말하며, 선형 변경 후의 관로 연장이 기존 관로의 연장보다 증가한 경우 그 증가분에 대하여는 자산가치의 증가에 해당하는 것이다(세정 13407 - 111, 2003.2.12.).

⑥ 석유 제조업체의 송유관 중 생산설비에 해당하는 경우

파이프라인이 석유제품을 생산하는 제조업체의 생산설비의 일부에 해당된다면 취득세 과세대상인 송유관으로 볼 수 없다.

⑦ 도로포장공사비

도로포장공사는 송수관 설치를 위하여 반드시 수반되는 기초공사이므로 이에 소요된 비용은 송수관관의 취득에 따른 간접비용으로서 취득세 과세표준에 포함하는 것이다.

⑧ 송유관의 개수

송유관의 개수도 취득세 과세대상이 되는바, 「시가표준액 조사·산정 업무요령」에 의하면 "송유관의 개수"란 송유관의 잔존 내용연수를 연장시키거나 그 가치를 현실적으로 증가시키는 수선(송유관 길이의 3분의 1 이상을 수선하는 경우에 한함)을 말한다(다만, 송유관의 도장이나 송유관의 작동에 필요한 기계·밸브의 소모된 부품교체, 기타 사용가능한 상태의 유지 등을 위한 수선은 제외).

2) 가스관

가스관은 가스(천연가스, 석유가스, 나프타부생가스, CO2, O2 등 모든 기체 물질과 기체가 액화된 물질 포함)를 운반하기 위하여 지하나 지상 또는 고가 및 다리에 설치한 관을 말하며, 그 연결시설을 포함한다. 다만, 「도시가스사업법 시행규칙」 제2조에 따른 사용자 공급관과 내관은 제외하되, 공장 구내의 관은 포함한다.

한편, 2014.12.31. 이전에 가스관은 가스(LPG, LNG[31] 등)를 운반하기 위하여 지하나 지상 또는 고가 및 다리에 설치된 「도시가스사업법」에 의한 본관과 공급관(사용자 공급관은 제외[32])을

있었다.

31) LPG : 액화석유가스(Liquefied Petroleum Gas)
　　LNG : 액화천연가스(Liquefied Natural Gas)

32) 취득세 과세대상이 되는 가스관은 「도시가스사업법」에 의한 본관과 공급관을 말하는 것으로 사용자 공급관은 취득세 과세대상에서 제외된다(세정과 - 1691, 2004.6.22.).

말하며, 그 연결시설을 포함하였는데, 도시가스가 아닌 CO2, O2 등의 가스는 과세대상에서 제외되어 왔었다.

　도시가스 종류로는 폴리에틸렌피복강관(PLP), 초저온 스테인레스관, 화학제품(PE)관, 주철관, 아연관, 강철관이 있다.

○ 도시가스의 범위

　「도시가스사업법」상의 '도시가스'란 다음의 것을 말한다(「도시가스사업법」§2 1, 같은 법 시행령 §1-2).

　① 천연가스(액화한 것 포함) : 지하에서 자연적으로 생성되는 가연성 가스로서 메탄을 주성분으로 하는 가스

　② 천연가스와 일정량을 혼합하거나 이를 대체하여도 가스공급시설 및 가스사용시설의 성능과 안전에 영향을 미치지 않는 것으로서 산업통상자원부장관이 정하여 고시하는 품질기준에 적합한 다음의 가스 중 배관(配管)을 통하여 공급되는 가스

　　㉠ 석유가스 : 「액화석유가스의 안전관리 및 사업법」제2조 제1호에 따른 액화석유가스 및 「석유 및 석유대체연료 사업법」제2조 제2호 나목에 따른 석유가스를 공기와 혼합하여 제조한 가스

　　㉡ 나프타부생(副生)가스 : 나프타 분해공정을 통해 에틸렌, 프로필렌 등을 제조하는 과정에서 부산물로 생성되는 가스로서 메탄이 주성분인 가스 및 이를 다른 도시가스와 혼합하여 제조한 가스

　　㉢ 바이오가스 : 유기성(有機性) 폐기물 등 바이오매스로부터 생성된 기체를 정제한 가스로서 메탄이 주성분인 가스 및 이를 다른 도시가스와 혼합하여 제조한 가스

　　㉣ 그 밖에 메탄이 주성분인 가스로서 도시가스 수급 안정과 에너지 이용 효율 향상을 위해 보급할 필요가 있다고 인정하여 산업통상자원부령으로 정하는 가스

---

① '본관', '공급관' 및 '내관'의 의미

　「도시가스사업법」제2조 제5호에 따르면, "가스 공급시설"이란 도시가스를 제조하거나 공급하기 위한 시설로서 지식경제부령으로 정하는 가스 제조시설, 가스 배관시설 및 가스 충전시설을 말하며,[33] 같은 법 시행규칙 제2조 제1항 제1호부터 제3호까지에 따르면 "배관"이란 본관, 공급관,

---

33) 가스 공급시설의 범위(「도시가스사업법 시행규칙」§2 ④)
　1. 가스 제조시설 : 도시가스의 하역·저장·기화·송출 시설 및 그 부속설비
　2. 가스 배관시설 : 도시가스 제조 사업소로부터 가스 사용자가 소유하거나 점유하고 있는 토지의 경계(공동주택 등으로서 가스 사용자가 구분하여 소유하거나 점유하는 건축물의 외벽에 계량기가 설치된 경우에는 그 계량기의 전단밸브, 계량기가 건축물의 내부에 설치된 경우에는 건축물의 외벽)까지 이르는 배관·공급설비 및 그 부속설비
　3. 가스 충전시설 : 도시가스 충전사업소 안에서 도시가스를 충전하기 위하여 설치하는 저장설비, 처리설비, 압축가스설비, 충전설비 및 그 부속설비

내관 등으로 구분된다. 이에 따른 배관의 세부 정의를 살펴보면 "본관"이란 도시가스 제조 사업소의 부지 경계에서 정압기까지에 이르는 배관을 말하고, "공급관"이란 공동주택, 오피스텔, 콘도미니엄, 그 밖에 안전관리를 위하여 지식경제부장관이 필요하다고 인정하여 정하는 건축물("공동주택 등")에 도시가스를 공급하는 경우에는 정압기에서 가스사용자가 구분하여 소유하거나 점유하는 건축물 외벽에 설치하는 계량기의 전단밸브(계량기가 건축물의 내부에 설치된 경우에는 건축물의 외벽)까지 이르는 배관(제3호 가목) 또는 공동주택 등 외의 건축물에 도시가스를 공급하는 경우에는 정압기에서 가스사용자가 소유하거나 점유하고 있는 토지 경계까지 이르는 배관(제3호 나목)을 말하며, "사용자 공급관"이란 제3호 가목에 따른 공급관 중 가스사용자가 소유하거나 점유하고 있는 토지 경계에서 가스사용자가 구분하여 소유하거나 점유하는 건축물 외벽에 설치된 계량기 전단밸브(계량기가 건축물 내부에 설치된 경우에는 그 건축물 외벽)까지 이르는 배관을 말하고,[34] "내관"이란 가스사용자가 소유하거나 점유하고 있는 토지의 경계(공동주택 등으로서 가스사용자가 구분하여 소유하거나 점유하는 건축물 외벽에 계량기가 설치된 경우에는 그 계량기의 전단밸브, 계량기가 건축물 내부에 설치된 경우에는 건축물 외벽)에서 연소기까지 이르는 배관을 말하는 것이다.

② 내관의 취득세 과세대상 여부

2015.1.1. 이후에는 가스관의 정의를 개정하여 사용자 공급관과 내관은 제외하되, 공장 구내의 관도 취득세 과세대상으로 보고 있다. 그런데 취득세 과세대상이 되는 배관이라 하더라도 다른 생산설비와 유기적인 관련을 가지고 생산과정의 일부로서 기능을 하는 경우 생산설비로 보아야 하므로(대법원 99두5023, 1999.6.11. 참조) 생산설비로서의 기능을 수행하는 배관은 취득세 과세대상이 아니다.

> **[사례]** LNG공급관의 가스관 해당 여부(조심 2019지2573, 2021.9.17.)
>
> 취득세 과세대상이 되는 가스관은 천연가스 등과 같은 기체 물질과 기체가 액화된 물질을 운반하기 위하여 지하나 지상 등에 설치한 배관 중 「도시가스사업법 시행규칙」 제2조에서 규정하고 있는 사용자 공급관과 내관만을 제외한다고 규정하고 있는 점, 가스(액체 포함)를 운반하는 배관 중 사용자 공급관과 내관에 해당하지 않는 배관은 그 용도가 무엇이든 취득세 과세대상에 해당된다고 보는 것이 조세법규의 엄격해석원칙에 부합하는 점, LNG공급관은 하역한 LNG를 저장조로 보내거나, 저장조에 보관된 LNG를 가스 제조장 등에 보내는 배관으로 그 주용도는 가스 운반이라 할 것이므

---

34) 공동주택, 오피스텔, 콘도미니엄, 그 밖에 안전관리를 위하여 지식경제부장관이 필요하다고 인정하여 정하는 건축물(이하 "공동주택 등"이라 한다)에 도시가스를 공급하는 경우에는 정압기에서 가스사용자가 구분하여 소유하거나 점유하는 건축물의 외벽에 설치하는 계량기의 전단밸브(계량기가 건축물의 내부에 설치된 경우에는 건축물의 외벽)까지 이르는 배관을 공급관이나, 이 경우에는 사용자 공급관을 별도로 규정하고 있는데, 가스사용자가 소유하거나 점유하고 있는 토지의 경계에서 가스사용자가 구분하여 소유하거나 점유하는 건축물의 외벽에 설치된 계량기의 전단밸브(계량기가 건축물의 내부에 설치된 경우에는 그 건축물의 외벽)까지 이르는 배관을 말한다. 여기서 「도시가스사업법 시행규칙」 제3호 나목을 사용자공급관이란 것이 있을 수 없다는 것이다. 그 이유는 공동주택 등은 건축물 외벽까지 공급관으로 보고 있어서 이를 구분하기 위한 것인데, 즉 나목은 토지의 경계까지 이르는 배관을 말하므로 건축물의 외벽까지를 별도로 구분할 필요가 없기 때문이다.

로 청구법인이 이를 이용하여 가스를 제조하고 있다고 하더라도 이를 달리 볼 것은 아닌 점, 나아가 지방세법령에서 가스제조시설에 대하여 취득세를 부과하지 않겠다고 규정한 사실이 없다는 점 등에 비추어 LNG공급관은 지방세법령 등에서 취득세 과세대상으로 규정하고 있는 가스관에 해당됨.

> **사례** 선박 제조공정을 위한 가스관의 취득세 과세대상 여부(지방세운영과 – 2675, 2012.8.23.)
>
> "내관"이란 가스사용자가 소유하거나 점유하고 있는 토지의 경계(공동주택 등으로서 가스사용자가 구분하여 소유하거나 점유하는 건축물 외벽에 계량기가 설치된 경우에는 그 계량기의 전단밸브, 계량기가 건축물 내부에 설치된 경우에는 건축물 외벽)에서 연소기까지 이르는 배관을 말하는 것이다. 따라서 선박 제조(도장건조 열풍작업 등)에 필요한 도시가스 공급을 위해 공장부지 내에 매설한 가스관은 "내관"에 해당되어 취득세 과세대상으로 판단됨.
>
> ☞ 상기의 내용처럼 내관을 가스관으로 보아 취득세 과세대상으로 본 것은 문제가 있다고 판단됨.

> **사례** 취득세 과세대상이 되는 가스관의 범위(세정과 – 1691, 2004.6.22.)
>
> 취득세 과세대상이 되는 가스관은 가스(LPG, LNG)를 운반하기 위하여 지하나 지상 또는 고가 및 다리에 설치된 「도시가스사업법」에 의한 본관과 공급관을 말하는 것으로 사용자 공급관은 취득세 과세대상에서 제외된다. 따라서 설치하고자 하는 가스관이 회사 소유 토지의 경계에서 해당 건축물(사원임대아파트)의 외벽에 설치된 계량기의 전단밸브(계량기가 건축물의 내부에 설치된 경우에는 그 건축물의 외벽)까지 이르는 사용자 공급관의 일부인 경우 취득세 과세대상에서 제외됨.

③ 가스관과 연결시설의 범위

도관시설은 그 연결시설을 모두 포함하고 있으므로 가스관과 연계되는 기계장치 등 모든 시설은 과세대상으로 보고 있으나 가스관의 연결시설 범위에 가스관의 역할을 하기 위한 필수불가결한 설비만을 과세대상으로 하고 가스의 가공·수선에 해당하는 부분은 제외하여야 할 것이다. 즉 다른 생산설비와 유기적인 관련을 가지고 생산과정의 일부로서 기능을 하는 경우에는 생산설비로 보아야 하므로(대법원 99두5023, 1999.6.11. 참조) 생산설비로서의 기능을 수행하는 가스불순물제거시설, 냉각방지시설, 원격제어시설은 가스관으로 볼 수는 없으나, 가스 차단시설 계량시설은 가스관의 연결시설로서 과세대상에 해당하는 것으로 보아야 할 것이다(세정 13407 – 62, 2002.1.17.).

대법원판례(대법원 99두5023, 1999.6.11.)에 따르면 "액화천연가스탱크가 옥외 저장시설 해당 여부의 판단에 있어 액화천연가스 탱크는 탱크의 구조와 기능에서 생산설비와 독립되어 단순한 저장기능만을 주로 수행하는 저장시설이 아닌 천연가스 제조를 위한 일련의 가스 생산설비의 중요한 부분으로서 다른 생산설비와 유기적인 관련을 가진 생산과정의 일부로서 일시 저장하는 기능은 물론, 보냉과 압력유지 등 생산공정의 일부기능까지 하고 있으므로 "옥외 저장시설"에 해당되지 않는다"고 판결하고 있어서 '가스관'이라 함은 「도시가스사업법 시행규칙」 제2조에서 규정한 본관·공급관을 뜻하며, '연결시설'이라 함은 가스사고의 확산방지 및 가스관 교체 시 가스를 차단하는 역할을 하기 위하여 맨홀에 설치된 가스차단밸브 등이 이에 해당되는 것이다.

④ 공급관리소 생산설비인 가스필터, 가스히터, 정압기

가스의 제조·가공은 생산기지에서 이루어지고, 가스 공급관리소에서는 불순물제거, 가압장치에 의해 수용가에게 가스를 송출하고 있다. 가스공급관리소도 공장의 범위(가스제조 및 배관공급업)에 포함하고 있는데, 가스 등을 제조·가공·수선 등을 하는 생산설비인 기계장치를 구비하여야 하고, 한편 본관은 도시가스제조사업소 부지 경계에서 정압기까지에 이르는 배관을 말하는 것으로 공급관리소 내 생산설비인 가스필터, 가스히터, 정압기를 연결하는 가스관은 「도시가스사업법」 등에 따른 가스배관시설 중 본관에 해당되는 점, 배관에 의한 가스공급이 주요 사업행태인 가스업의 특성상 가스관은 계속적으로 연결되어야 하는 점 등을 감안했을 때 생산설비들을 연결하는 가스관이라고 하여 일반 가스관과 달리 보기는 어려우므로 취득세 과세대상에 해당된다(지방세운영과-161, 2013.1.16.).[35]

⑤ 공급관리소 현장 제어설비

현장제어설비는 공급관리소 내 가스관과 생산설비 등의 정상적인 운영을 위한 필수적인 설비로서 제어반과 현장설비 등으로 구분할 수 있으며, 현장설비는 다시 전기·배선설비(전력제어반, 접지배선 등), 화재·지진설비(지진감지·가스경보장치 등), 보안제어설비(울타리, 적외선감지기 등), 기타 구조물 등으로 세분할 수 있다. 이와 같은 현장제어설비는 공급관리소의 유지관리 등에 활용되어 그 효용가치를 증대시킨다고 보는 것이 합리적일 것이므로 공급관리소 내 건축물 등의 부대시설로서 취득세 과세대상에 해당된다고 판단되며, 다만 독립적으로 설치되어 있으면서 가스관 등과 함께 생산설비의 가동 및 제어, 감시 등의 역할을 직접적으로 수행하는 제어반의 경우에는 생산설비와 기타 가스관 등의 취득가격 비율로 취득세를 안분·과세하는 것이다(지방세운영과-161, 2013.1.16.).

⑥ 질소·수소 가스 배관

2015.1.1. 이후에는 가스관의 정의를 「도시가스법」 상의 도시가스 이외에도 이산화탄소, 산소 등의 가스의 배관도 과세대상이 되는 것으로 개정하여 시행하고 있다. 그런데, 2014.12.31. 이전에는 질소·수소 등 가스 배관은 가스관으로 볼 수 없을 것이며, 별도로 취득세 과세대상으로 규정되어 있지 아니하므로 과세대상으로 볼 수 없었다.

한편, 가스 저장탱크는 도시가스 여부와 관계없이 가스 충전시설로 과세대상이 된다(저장탱크의 경우 생산설비와 유기적인 관련이 있다고는 하더라도 일시 저장기능을 하는 경우 취득세 과세대상이 됨).

---

35) 가스관의 취득시기는 각 시공감리증명서 발급일이며, 공급관리소 내 생산설비를 연결하는 가스관도 과세대상이라고 한 사례(지방세운영과-161, 2013.1.16.)
　　1개의 공사구간에서 구간별로 시공감리증명서를 나누어 교부받을 경우의 취득시기 「도시가스사업법」 제15조 제2항 및 제16조 제1항에 따르면 도시가스사업자가 가스공급시설 설치공사나 변경공사를 한 경우에는 그 감리자로부터 사용적합판정이나 임시사용승인을 받아야 가스관을 사용할 수 있으므로 공사의 특성상 시공감리증명서 등을 여러 건으로 발급받는다고 하더라도 각 시공감리증명서 발급일 등이 취득시기이며, 취득가격은 해당 가스관을 취득하는 데 소요되는 일체의 비용이므로 취득 후 공사비 정산 등이 있을 경우에는 지방세 관계법령에 따른 수정신고나 경정청구 등을 하여야 할 것으로 판단됨.

⑦ 가스관 이설

「지방세법」 제15조 제1항 제5호 규정에서 건축물의 이전으로 인한 취득에 대하여는 표준세율에서 중과기준세율을 차감한 세율을 적용하되, 이전한 건축물의 가액이 종전 건축물의 가액을 초과하는 경우에 그 초과하는 가액에 대하여는 그러하지 아니하도록 규정하고 있으므로 하수관거 정비사업으로 인하여 기존 가스관의 일부를 이설하면서 단순히 가스관로를 변경하는 경우 그 가스관 자체의 가액이 종전가액을 초과하지 않는 한 구 취득세분은 비과세되나 증설하는 부분이 있는 경우에는 그 부분에 대하여는 과세대상에 해당된다(세정과-2198, 2004.7.27. 참조).

⑧ 도로포장공사비

종전에는 가스관을 도로의 지하에 매설한 후 도로면을 포장하기 위한 도로포장공사는 취득세 과세대상 건축물인 가스관의 취득과 관련이 없으므로 가스관 매설에 따른 도로포장공사비는 가스관의 취득가격에 포함되지 아니하는 것이다(세정과-4622, 2004.12.16.)라고 해석하여 왔으나, 현행에서는 도로포장공사는 가스관 설치를 위하여 반드시 수반되는 기초공사이므로 이에 소요된 비용은 가스관의 취득에 따른 간접비용으로서 취득세 과세표준에 포함하는 것이다.[36]

> **사례** 가스관 매설공사 시 도로포장공사비는 과세표준에 포함(지방세운영과-5004, 2009.11.27.)
> 가스관 매설한 후에 도로를 복구·포장하기 위한 도로포장공사는 가스관 설치를 위하여 반드시 수반되는 기초공사이므로 이에 소요된 비용은 가스관의 취득에 따른 간접비용으로서 취득세 과세표준에 포함하는 것임.

⑨ 가스관의 개수

가스관의 개수도 취득세 과세대상이 되는바, 「시가표준액 조사·산정 업무요령」에 의하면 "가스관의 개수"란 가스관의 잔존 내용연수를 연장시키거나 그 가치를 현실적으로 증가시키는 수선(가스관 길이의 3분의 1 이상을 수선하는 경우에 한함)을 말한다(다만, 가스관의 도장이나 가스관의 작동에 필요한 기계·밸브의 소모된 부품교체, 기타 사용가능한 상태의 유지 등을 위한 수선은 제외).

3) 열수송관

① 개요

열수송관은 열을 수송하기 위하여 지하 또는 지상에 설치된 관을 말하며, 그 연결시설을 포함한다.

공장용 부동산 중 이 사건 스팀관은 스팀을 공급받는 열수송관으로서 대부분을 제품생산에 사

---

36) 진입도로 공사비, 삭도장·헬기장 공사비, 훼손지복구비, 대체산림조성비 등(이하 "진입도로 공사비 등"이라고 한다)은 송전철탑 설치공사의 특성상 반드시 설치해야 하거나 그 지출이 필수적으로 요구되는 비용으로서, 해당 과세물건인 송전철탑을 취득하기 위하여 필요·불가결한 준비행위 또는 그 수반행위에 소요된 것이므로, 송전철탑의 취득비용에 당연히 포함되는 것이다(대법원 2009두5350, 2009.9.10.).

용하고 있는 기계장치라 할 것이고, 열수송관은 시설물로서 과세대상으로 추가되어 2002.1.1.부터 과세하고 있고 그 이전에 취득한 스팀관은 「지방세법」에 과세대상으로 규정되어 있지 아니하였지만, 열병합발전소의 증기분배를 위한 증기(스팀)관은 송수관의 일종으로서 급·배수시설로 과세하여 오던 것을 1996.12.31. 「지방세법 시행령」을 개정하면서 송유관과의 형평성 차원에서 지역난방용 도관시설인 증기(스팀)관을 송수관으로 그 명칭을 변경하여 가스관과 함께 과세대상으로 추가하였으며, 송수관은 「집단에너지사업법」상의 열수송시설(열수송관과 그 연결시설)로서 물·증기 기타 열매체를 수송 또는 분배하는 기기 및 그 부속기기로서 열수송관, 순환펌프, 기타 열의 수송 또는 분배와 관련이 있는 설비로 보아 과세하였던 것을 2000.12.29. 이를 다시 송수관과 열수송관으로 분리한 다음 송수관은 급·배수시설에 열수송관은 도관시설로 분류하여 열수송관에 대한 과세기간을 1년 유예한 것으로서 취득세 과세대상으로 새로이 창설한 것은 아니라 할 것이고, 또한 스팀관은 생산과 난방을 겸용하여 대부분의 스팀을 제품생산에 사용하고 있다고 하더라도 지방세법령에서 과세대상인 시설로 규정하고 있으므로 달리 볼 것은 아니다(행심 2002-121, 2002.3.25. 참조)라고 결정한 바 있지만, 도관시설로서 '열수송관'이라 함은 열을 수송하기 위하여 지하 또는 지상에 설치된 배관으로서 주로 집단에너지 공급자(지역난방)가 수용자에게 난방용 에너지를 공급하는 배관을 말하는 것으로 보이는 반면 이 증기공급배관을 통하여 공급되는 증기는 청구법인이 보일러를 가동하여 생산한 증기로서 그 자체로서 열량을 가지고 있기는 하지만 그 용도가 난방용 또는 취사용이라기보다는 기계장치 및 생산된 제품의 세척 등에 주로 사용되는 것으로, 이 증기공급배관을 취득세 과세대상으로 보아 농어촌특별세를 부과한 처분은 잘못이 있다(조심 2012지461, 2012.12.13.)라고 결정하고 있는바, 생산시설의 일부로 보아 취득세 과세대상에서 제외되는 것이 타당하다는 것이다. 후자의 심판례에 의하면 스팀의 용도가 난방용 또는 취사용이 아닌 기계장치 및 생산된 제품의 세척 등에 주로 사용되는, 즉 제품생산에 사용되고 있는 경우 취득세 과세대상이 아니라고 해석할 수 있다.

한편, 「지방세법 시행령」 제5조 제1항 제4호에서 열수송관은 취득세 과세대상 건축물이라고 규정하고 있고, 「집단에너지사업법 시행규칙」 제2조 제2호 열수송시설 중 가목에서 '열수송관'이란 열원시설 및 집단에너지의 사용을 위한 시설로서 사용자의 관리에 속하는 시설은 제외한다고 규정하고 있으며, 나목에서 순환펌프를 열수송관과 구분하여 규정되어 있다. 열원시설 구내에 위치한 순환펌프는 열원시설에서 생산 가열된 열(증기, 120도)을 열수송관을 통해 사용자시설에게 전달(물, 60도)하고, 그 사용된 물을 다시 열원시설에 회수하는 역할을 하는 동력 장치로서, 동력을 움직여서 일정한 일을 하게 만든 도구로써 일정한 장소에 고정된 것과 그 기계의 작동에 필수적인 부대설비는 기계장치로 볼 수 있어 취득세 과세대상에 해당되지 않을 것으로 판단된다(대법원 2001두1744, 2001.12.24. 참조). 아울러 열공급시설을 구분하는 「집단에너지사업법 시행규칙」에서 열원을 생산하는 시설내의 열수송관 및 순환펌프를 열수송관으로 보고 있지 않으므로, 집단에너지 열원시설 구내에 위치한 순환펌프(공급 및 회수펌프, 연결배관 포함)는 취득세 과세대상인 열수송관에 해당되는지 않는 것으로 판단된다(지방세운영과-5117, 2010.10.27.).

② 집단에너지시설 중 열수송관의 취득시기

열수송관 사업을 하는 자는 공급 구역별로 지식경제부장관의 허가를 받도록 규정되어 있고, 그 사업자는 공급시설의 설치공사나 변경공사를 한 경우에는 그 공사의 공정별로 지식경제부장관의 검사를 받아 합격한 후에 사용하도록 규정되어 있다. 따라서 열수송관의 설치가 건축허가 대상이 아니라고 하더라도 열사용 공사를 완료하고 지식경제부장관으로부터 사용허가를 받은 날이 취득시기에 해당되는 것으로 판단된다(지방세운영과-5117, 2010.10.27.).

③ 열수송관의 개수

열수송관의 개수도 취득세 과세대상이 되는바, 「시가표준액 조사·산정 업무요령」에 의하면 "열수송관의 개수"란 열수송관의 잔존 내용연수를 연장시키거나 그 가치를 현실적으로 증가시키는 수선(열수송관 길이의 3분의 1 이상을 수선하는 경우에 한함)을 말한다(다만, 열수송관의 도장이나 열수송관의 작동에 필요한 기계·밸브의 소모된 부품교체, 기타 사용가능한 상태의 유지 등을 위한 수선은 제외).

(7) 급·배수시설

송수관(연결시설 포함), 급·배수시설, 복개설비를 말한다.

1) 송수관(연결시설 포함)

송수관은 주로 물을 운반하기 위하여 지하나 지상 또는 고가에 설치된 관을 말하며, 그 연결시설을 포함한다. 종류로는 주철관, 강철관, 화학제품(PVC, FRP)관이 있다.

송수관의 개수도 취득세 과세대상이 되는바, 「시가표준액 조사·산정 업무요령」에 의하면 "송수관의 개수"란 송수관의 잔존 내용연수를 연장시키거나 그 가치를 현실적으로 증가시키는 수선(송수관 길이의 3분의 1 이상을 수선하는 경우에 한함)을 말한다(다만, 송수관의 도장이나 송수관의 작동에 필요한 기계·밸브의 소모된 부품교체, 기타 사용가능한 상태의 유지 등을 위한 수선은 제외).

2) 급·배수시설

'급·배수시설'이라 함은 물을 공급하거나 배수하기 위한 일체의 설비로 정호시설, 자동펌프, 급·배수를 위한 송수관(식용 또는 공업용 불문), 인공적으로 축조된 급·배수용 구거 등으로 옥외 하수도시설, 지하수시설, 기타 물을 사용하기 위하여 지하 또는 지상에 설치된 일체의 시설을 말하는 것이다.

한편, 과세대상이 아닌 다른 시설과 연결하여 사용된다고 하더라도 취득세 과세대상인 급·배수시설에 해당하지 않는다고 볼 수는 없는 것이며, 취득세 과세대상에서 제외되는 생산시설인 급·배수시설이 되기 위해서는 구조, 형태, 용도, 기능 등에 비추어 그와 일체화되어 급·배수기능을 발휘하여야 하는 것이나, 이 급·배수시설은 생산시설과 일체화되었다기보다는 화력발전의 보조시설로서 모두 물을 공급(급수)하거나 배수의 역할을 하는 것으로 보이고, 이 건 급·배수시설이 물의 급수 및 배수 기능을 하는 사실에 대하여는 처분청과 청구법인 사이에도 다툼이 없는 점 등에 비추어 취득세 과세대상이 되는 급·배수시설에 해당된다고 보는 것이 타당하다(조심 2015지162, 2016.3.18.).

① 옥외 하수도시설

옥외에서 공용하수도까지 하수를 배수하는 시설을 말하며, 종류로는 철근콘크리트(맨홀), 콘크리트(맨홀), 석조(암거), 토조(오지관), 시멘트관, 철 및 기타금속(흄관), 기타(화학제품 등)가 있다. 암거란 지하에 설비한 배수로, 즉 복개를 한 수로로서의 건축물을 말한다.

　㉠ 케이블 등을 수용하기 위하여 지하에 두는 터널 구조

　㉡ 지면에서 파내려가 만든 홈에 뚜껑을 덮고 표토를 씌운 것

　㉢ 콘크리트로 만들어 땅 속에 설치하는 터널모양의 시설

물을 급·배수와 관련이 없는 케이블 및 암거시설공사 중 암거시설은 전기를 공급하는 케이블을 보호하기 위하여 지하에 매설한 구조물로서 그 자체를 독립된 구축물에 해당된다고 보기는 어렵다고 할 것이고(행심 2001-303, 2001.6.25.), 「지방세법」에서도 이러한 암거시설을 취득세 과세대상이 되는 구축물로 열거하고 있지도 아니한 이상, 암거시설을 취득세 과세대상으로 보지 아니한다(행심 2001-553, 2001.11.26.). 그리고 황산 배관시설을 보호하기 위한 지하암거도물의 급·배수와 관련이 없으므로 취득세 과세대상이 아니다(세정 22670-7622, 1985.6.28.).

옥외 하수도시설의 개수도 취득세 과세대상이 되는바, 「시가표준액 조사·산정 업무요령」에 의하면 "옥외 하수도시설의 개수"란 해당 시설의 잔존 내용연수를 연장시키거나 그 가치를 현실적으로 증가시키는 수선(옥외 하수도시설 길이의 3분의 1 이상을 수선하는 경우에 한함)을 말한다(다만, 옥외 하수도시설의 도장이나 옥외 하수도시설의 작동에 필요한 기계·밸브의 소모된 부품교체, 기타 사용가능한 상태의 유지 등을 위한 수선은 제외).

② 지하수 시설

기계관정은 착정기계에 의하여 굴착되고 정호벽은 철관 또는 PVC로 처리되어 모터펌프에 의해서만 양수될 수 있는 것으로 그 방식에 따라 아래와 같이 분류된다.

기계관정방식	적요
Jetting(젯트굴)	유수(流水)의 원동력을 이용하여 관정하는 방식
Boring(오-가굴)	인력이나 동력에 의해 오-가로 파헤치는 방식
Driving(타입)	철관을 쳐박으면서 철관을 이어가는 방식
Drilling(기계굴)	㉠ 회전식 : 굴착철관(Rod) 끝에 비트(bit)를 동력과 연결 회전시켜 깎아 내려가는 방식 ㉡ 충격식 : 비트(bit)를 상하로 운동시켜 암석을 부수어 내려가는 방식

☛ 10m 이하의 기계관정은 일반적으로 Drilling 방식으로 굴착함.

제3편 「지방세법」

지하수시설의 개수도 취득세 과세대상이 되는바, 「시가표준액 조사·산정 업무요령」에 의하면 "지하수시설의 개수"란 지하수시설의 잔존 내용연수를 연장시키거나 그 가치를 현실적으로 증가시키는 수선(지하수시설 길이의 3분의 1 이상을 수선하는 경우에 한함)을 말한다(다만, 지하수시설의 도장이나 지하수시설의 작동에 필요한 기계·밸브의 소모된 부품교체, 기타 사용가능한 상태의 유지 등을 위한 수선은 제외).

> **사례** 지하수의 송수관로(세정 22670 - 8683, 1988.8.8.)
> 정호의 종물인 배관시설, 지하수를 끌어올려 정수하는 시설인 송수관로는 급·배수시설로서 취득세 과세대상이 됨.

③ 기타시설

물을 사용하기 위하여 지하 또는 지상에 설치한 시설을 말하며, 철근콘크리트 수로터널 및 수압철관, 강철관이 있다.

㉠ 양수발전소의 취수구, 수로터널

'급·배수시설'이란 구조, 형태, 용도, 기능 등을 전체적으로 고려할 때 토지에 정착하거나 지하 또는 다른 구조물에 설치되어 급수와 배수기능을 발휘하는 시설을 의미하고, 과세대상이 아닌 다른 시설과 연결하여 사용된다고 하여 과세대상인 급수·배수시설에 해당하지 않는다고 볼 것은 아니다. 양수발전소의 수로터널은 그 구조, 형태, 용도, 기능 등을 전체적으로 고려할 때, 하부저수지의 물을 상부저수지로 끌어올리고, 발전설비를 통과한 물을 하부저수지로 배수하는 등 급수와 배수기능을 발휘하는 시설에 해당하므로 급·배수시설에 포함된다. 그리고 양수발전소의 수로터널은 지하발전소의 발전전동기와 연결되어 있기는 하나 그 구조, 형태, 용도, 기능 등에 비추어 볼 때 그와 일체화되어 급·배수 기능을 발휘한다고 볼 수 없으므로 이를 발전전동기의 일부에 불과하다고 볼 것도 아니다(대법원 2013두13716, 2014.2.13.). 즉 일체화된 생산시설로 보지 아니한다는 것으로 과세대상이라는 것이다.

㉡ 수압철관

수압철관과 강철관도 급·배수시설에 해당되며, 철관이 있는 수로부분에 대하여 시가표준액을 산정한다.

기타 급·배수시설의 개수도 취득세 과세대상이 되는바, 「시가표준액 조사·산정 업무요령」에 의하면 "기타 급·배수시설의 개수"란 해당 시설의 잔존 내용연수를 연장시키거나 그 가치를 현실적으로 증가시키는 수선(급·배수시설 길이의 3분의 1 이상을 수선하는 경우에 한함)을 말한다(다만, 해당 시설물의 도장이나 급·배수시설의 작동에 필요한 기계·밸브의 소모된 부품교체, 기타 사용가능한 상태의 유지 등을 위한 수선은 제외).

④ 지역난방시설 중 열공급 및 열배관시설

열공급 및 배관시설 중 펌프 등 건물부속설비는 건축물의 특수한 부대설비라 할 수 있을 뿐이고, 나머지 시설인 열공급 및 열배관시설은 열생산설비와 더불어 지역난방시설을 구성하면서 그 배관 내에 있는 지역난방수라는 도체를 외부에 배출하지 아니하고 열생산설비의 열교환기로부터 공급받은 열을 수용가의 열교환기까지 전달하는 과정을 반복함으로써 수용가의 냉수를 온수 및 급탕수로 변화시키는 기능을 하는 시설로서 동 시설은 열생산·공급설비를 구성하는 부속 또는 부착시설이라 할 것이다(감심 96-5, 1996.1.16.).

⑤ 폐수처리시설

폐수처리시설은 저유소 내 건축물이나 유류탱크에 부착되거나 부속되어 있는 것이 아니라 폐유저장조, 유수분리기, 반응기, 응집기, 가압부상장치, 여과장치와 기타 약품주입탱크 및 폐유 이송펌프로 구성된 공해방지용 시설로서 취득세 과세대상으로 규정하고 있는 수조 또는 송수관, 급·배수시설 등 구축물에 해당되는 것이 아니라 기계장치로 봄이 타당하고, 그렇지 않으면 옥외 오물처리시설로 보아야 할 것인데, 옥외 오물처리시설의 경우는 취득세 과세대상이 아니라는 것이다(지방세심사 2001-5, 2001.1.30.). 그리고 황산 배관시설을 보호하기 위한 지하암거는 취득세 과세대상이 아니다(세정 22670-7622, 1985.6.28.). 심사례 등을 종합하여 보면 물이 아니라 약품을 주입하기 위한 펌프나 배관은 취득세 과세대상이 되지 아니할 것이다.

폐수처리시설 중 폐수이송펌프와 이 펌프에 이어지는 배관, 폐수배출시설(정화된 물을 배출하는 시설)은 급·배수시설로서 시설물에 해당되므로 취득세 과세대상이 되며, 폐수이송펌프와 이 펌프에 이어지는 배관, 폐수배출시설 및 폐수정화조는 취득세 과세대상이 되나, 이외의 폐수처리시설은 기계장치로 보아 과세되지 아니할 것이다.

> **사례** 폐수처리시설 중 취득세 과세대상인 되는 설비(행심 2000-170, 2000.3.29.)
>
> 폐수처리시설의 경우 레미콘 생산을 위한 골재세척과정에서 발생한 폐수를 침전, 압축하여 침전물은 폐기물로서 처리하고 물은 다시 골재세척용으로 재활용하는 설비로서, 구축물인 급·배수시설 등에 해당되지 않는 생산설비와 급·배수시설 등이 결합된 시설에 해당된다 하겠으므로, 그 중 취득세 과세대상으로 볼 수 없는 생산설비에 해당하는 침전물 압축설비, 전기설비 등은 과세대상에서 제외하고, 그 이외에 저장조에 해당하는 약품저장탱크, 슬러지침전조 및 급·배수시설로 볼 수 있는 배관설비 등은 과세대상에 포함함이 타당하다 할 것임.

⑥ 오수정화시설

오수정화시설 중 오수배출시설은 급·배수시설에 해당되어 취득세 과세대상이 되나, 우수침전조, 오수를 집수·정화시키기 위한 정화조(탱크시설)는 수조에 해당되지 않으며 정화조 설치비가 건축물 취득 전의 공사비에 포함되지 아니하였다면 과세대상이 되지 아니한다(내심 97-478, 1997.10.29., 도세 22670-622, 1992.9.1). 그리고 폐수 및 오수를 폐수처리장으로 이송하는 배수펌프시설은 급·배수시설에 해당된다 할 것이다(행심 2007-623, 2007.11.26., 행심 1999-303, 1999.4.28. 참조).

제**3**편 「지방세법」

> **사례** 정수장 내 설치된 침전지와 정수지 수조 해당 여부(행심 2000-874, 2000.11.28.)
>
> 정수장 내에 설치되어 있는 침전지와 정수지는 인공적 시설물임은 분명하지만, 각 시설물에 유입부와 유출부가 연결되어 앞 수처리시설에서 다음 수처리시설로 연속적으로 물이 흐르도록 설치된 시설(착수정 → 혼화지 → 침전지 → 여과지 → 정수지 → 배수관로 → 수요자)이고, 그 중 침전지는 물의 유속을 감소시켜 부유물을 가라앉히는 기능과 가라앉은 물을 제거하는 장치가 설치되어 있으며, 정수지는 물에 소독제를 투입하여 미생물을 제거한 다음 배수관로를 통하여 수요자에게 물이 공급되도록 하는 기능을 가지고 있는 시설물로서, 연속적으로 흐르는 물을 정수하는 시설이라 할 것인바, 물을 담아두는 큰 통의 의미를 갖고 있는 수조로 보기는 어렵다 하겠으므로, 이 건 침전지 등을 저장시설(수조)로 보지 아니함.

⑦ **발전소의 취수**

냉각수를 공급하는 발전소 취수 및 보조냉각수 계통설비와 폐수 및 오수를 폐수처리장으로 이송하는 배수펌프 시설은 급·배수시설에 해당된다 할 것(행심 1999-303, 1999.4.28. 참조)으로 관로는 취수지로부터 송수관을 통하여 공급받은 원수를 복수기-보일러-터빈-발전기로 이송하는 급수시설과 고압의 증기를 냉각시키기 위한 냉각수를 취수하여 바다로 방류하는 시설로 구성된 급·배수시설에 해당하는 것으로 보는 것이 타당하다고 판단된다(행심 2007-623, 2007.11.26.).

3) 복개설비

하천, 구거(도랑) 등을 철근콘크리트조 등으로 복개하여 그 상부를 저장 등의 목적으로 토지와 같이 사용할 수 있게 한 시설(야적장 포함)을 말한다. 그 종류로는 철근콘크리트조, 콘크리트조, 철 및 기타 금속조, 기타 등이 있다. 한편, 복개설비의 개수도 취득세 과세대상이 되는바, 「시가표준액 조사·산정 업무요령」에 의하면 "복개설비의 개수"란 복개설비의 잔존 내용연수를 연장시키거나 그 가치를 현실적으로 증가시키는 수선(복개설비 면적의 3분의 1 이상을 수선하는 경우에 한함)을 말하며, 사용가능한 상태의 유지 등을 위한 수선은 제외한다.

(8) 에너지 공급시설

주유시설, 가스충전시설, 환경친화적 자동차 충전시설(2020년 이후 적용), 송전철탑(전압 20만 볼트 미만을 송전하는 것과 주민들의 요구로 「전기사업법」 제72조의 규정에 의하여 이전·설치하는 것 제외)을 말한다.

1) 주유시설

'주유시설'이라 함은 주유기, 저장조 등 기름을 주입시키기 위한 일체의 설비를 말한다. 주유기와 저유조(저유탱크)는 주유시설로 취득세 과세대상이 되며, 저유탱크는 저장시설 중 저유조에 해당되기도 한다.

652

① 주유시설의 종류

㉠ 저장조

방화 및 안전을 고려하여 지하에 콘크리트 구조물을 설치하고 그 안에 철제탱크를 설치한 후 복개하고 유류를 저장하여 차량 등에 유류를 공급하는 시설이며, 철제탱크의 유류저장용량에 따라 각 규모별로 구분함.

㉡ 주유기

단식, 복식, 혼합식, 천장식

② 저유탱크 철거 및 교체공사, 배관공사

탱크 배관 철거 및 교체 공사가 배관이 주유시설에 필수시설이고, 주유기 또한 마찬가지이므로 이들 모두 취득세 과세대상이며, 주유소 바닥 철거 및 포장공사가 배관공사에 수반하는 공사인 경우 이 또한 과세대상이다.

③ 임차하여 주유가 설치하는 경우

건축물 중 조작 설비, 그 밖의 부대설비에 속하는 부분으로서 그 주체 구조부와 하나가 되어 건축물로서의 효용가치를 이루고 있는 것에 대하여는 주체 구조부 취득자 외의 자가 가설한 경우에도 주체 구조부의 취득자가 함께 취득한 것으로 본다(지법 §7 ③).

주유소를 소유하여 운영하는 A가 B법인으로부터 주유기를 임차하여 설치하는 경우 주유소 건물 소유자와 주유기 소유자가 동일인이 아니므로 이설로 볼 수 없을 것이다. 그 이유는 주유소 건물의 효용가치가 있으므로 주유기 주인이 따로 있다고 하더라도 이는 주유소 건물 소유자가 취득한 것으로 보아야 할 것이기 때문이다. 그리고 동일한 주유기를 직접 매입하여 설치하는 주유소와 임차하여 설치하는 주유소가 주유소 건물 소유자의 입장에서는 건물의 효용가치는 동일한데 과세대상이 달리 판단되는 것은 문제가 있다.

건물과 구축물에 부속 또는 부착 설치된 주유시설(주유기 포함)은 취득세 과세대상이나 주유시설을 매입하여 주유소 건물에 설치한 경우 주유소 건물의 소유자가 취득세 납세의무가 있는 것이다. 한편, 주유기 자체만 임대하여 임차인이 운영하는 주유소에 별도 설치한 경우 임차인이 운영하는 주유소 건물의 소유자(주유기 소유자가 아님)에게 취득세가 부과될 것이다.

> **사례** 무상대여 설치하는 주유기 과세 여부(세정 13407-1403, 1996.12.4.)
> 건물과 구축물에 부속 또는 부착설치된 주유시설은 취득세 과세대상이나 주유시설을 매입하여 주유소 영위자에게 무상대여 설치하는 경우, 단순히 주유시설을 매입자는 취득세 납세의무가 없으나, 동 주유시설을 주유소 영위자 소유 건축물에 무상으로 대여 설치한 경우에는 주유시설이 대여업자의 소유라 하더라도 건축물 소유자인 주유소 영위자에게 주유시설에 대한 취득세 납세의무가 있음.

④ 주유기 이설

운영하는 주유소의 주유기를 철거한 후 동일인이 운영하는 다른 주유소에 이설하는 경우, 「지

방세법」상 취득 여부 판단은 소유자 기준이 아닌 과세물건을 기준으로 판단하는 것으로서 새로이 설치된 에너지공급시설인 주유시설(주유기)에 대하여는 새로운 시설물의 취득이 되는 것이라 하겠고, 비과세(현행 세율특례) 규정인 건축물의 이전에 해당한다고 볼 수도 없다 하겠으므로 취득세 납세의무가 성립하는 것이다(지방세정담당관-466, 2003.7.12. 외 다수)라고 해석하였으나, 심사례에 따르면 주유기 취득 시 취득세를 납부한 후 주유기를 다른 장소에 이설 설치하는 것은 주유기를 장소를 이전하여 설치하였을 뿐 새로운 취득이 있었던 것은 아님에도 취득세를 다시 부과하는 것은 잘못이라 할 것이다(행심 2003-228, 2003.11.24.)라고 결정하였다. 즉 새로운 취득에 해당하지 아니한다는 것이다.

⑤ 세차시설

2014.12.31. 이전에는 주유소 내의 세차기는 주유시설로 볼 수 없으므로 취득세 과세대상이 아니었다. 그런데 2015.1.1. 이후부터는 세차시설 자체가 취득세 과세대상으로 추가하였는바, 주유소 내 세차시설도 과세대상이 되는 것이다.

⑥ 주유시설의 개수

주유시설의 개수도 취득세 과세대상이 되는바, 「시가표준액 조사·산정 업무요령」에 의하면 "주유시설의 개수"란 시설물의 잔존 내용연수를 연장시키거나 그 가치를 현실적으로 증가시키는 수선(저장시설의 경우에는 겉면적의 3분의 1 이상을 수선하거나 주요장비 등을 교체·수리한 경우에 한함)을 말한다(다만, 주유시설의 도장, 주유시설의 작동에 필요한 소모된 기계·밸브의 부품교체, 기타 사용가능한 상태의 유지 등을 위한 수선은 제외).

2) 가스충전시설

「도시가스사업법」상 가스충전시설은 도시가스 충전사업소 안에서 도시가스를 충전하기 위하여 설치하는 저장설비, 처리설비, 압축가스설비, 충전설비 및 그 부속설비를 말한다라고 규정되어 있는데, 취득세 과세대상인 '가스충전시설'이라 함은 프로판가스, 부탄가스, 천연가스 등을 저장하여 차량이나 타용기에 공급하기 위한 일체의 설비를 말하며, 그 종류는 다음과 같다.

① LPG 저장조

프로판가스와 부탄가스를 저장하여 차량이나 타용기에 공급할 수 있도록 구조물에 철판탱크를 설치 후 복개한 저장조

② CNG 저장조

압축된 천연가스를 저장할 수 있는 압력용기설비

③ 가스주입기

단식, 복식 및 복복식

④ CNG 압축기

천연가스를 고압으로 압축하여 저장조에 저장하기 위한 일체의 설비

가스충전시설이 노후화되어 새로운 가스충전시설(가스주입기 포함)로 교체하는 경우라면 취득세 과세대상이며(세정 13407 – 633, 2001.12.4.), 가스충전시설에는 탱크, 충전기, 액중 펌프, 발전기, 콤프레사 등도 포함된다.

가스충전시설의 개수도 취득세 과세대상이 되는바, 「시가표준액 조사 · 산정 업무요령」에 의하면 "가스충전시설의 개수"란 시설물의 잔존 내용연수를 연장시키거나 그 가치를 현실적으로 증가시키는 수선(저장시설의 경우에는 겉면적의 3분의 1 이상을 수선하거나 주요 장비 등을 교체 · 수리한 경우에 한함)을 말한다(다만, 가스충전시설의 도장, 가스충전시설의 작동에 필요한 소모된 기계 · 밸브의 부품교체, 기타 사용가능한 상태의 유지 등을 위한 수선은 제외).

3) 환경친화적 자동차 충전시설(2020년 이후 적용)

2019년 이전에는 전기차 충전시설은 에너지공급시설에 해당되지 않아 취득세 과세대상이 되지 아니하였으나, 시행령을 개정하여 2020년 이후 과세대상으로 규정된 것이다.

① 정의

㉠ "환경친화적 자동차"란 전기자동차(플러그인 하이브리드 포함), 수소전기자동차 등을 말한다.
㉡ "전기차충전시설"이란 전기자동차에 전기를 충전시키기 위한 일체의 설비를 말한다.
㉢ "수소전기자동차 충전시설"이란 수소가스 등을 저장하여 차량이나 타 용기에 공급하기 위한 일체의 시설을 말한다.

② 종류

㉠ 전기차 충전기 : 전기자동차에 전기를 충전할 수 있는 일체의 설비
㉡ 수소 저장용기 : 압축된 수소가스를 저장할 수 있는 압력용기 설비
㉢ 수소 압축기 : 수소가스를 고압으로 압축하여 저장조에 저장하기 위한 일체의 설비
㉣ 수소 충전기 : 수소를 수소자동차에 주입하기 위한 설비

"환경친화적 자동차 충전시설 개수"란 시설물의 잔존 내용연수를 연장시키거나 그 가치를 현실적으로 증가시키는 수선(저장시설의 경우에는 겉면적의 3분의 1 이상을 수선하거나 주요장비 등을 교체 · 수리한 경우에 한함)을 말한다(다만, 환경친화적 자동차 충전시설의 도장, 환경친화적 자동차 충전시설의 작동에 필요한 소모된 기계 · 밸브의 부품교체, 기타 사용가능한 상태의 유지 등을 위한 수선 제외).

4) 송전철탑

전력공급을 위한 전력선을 지탱하기 위하여 지상에 설치된 철탑을 말한다(전압 20만 볼트 미

만을 송전하는 것과 주민들의 요구로 「전기사업법」 제72조의 규정에 의하여 이전·설치하는 것 제외). 그 종류로는 345천 볼트, 765천 볼트가 있다. 여기서 '철탑'이란 철근, 철골이나 철주를 소재로 세운 탑이나 철기둥을 말한다.

① 주민의 범위

주민들의 요구로 「전기사업법」 제72조의 규정에 의하여 이전·설치하는 송전철탑은 취득세 과세대상에서 제외하도록 규정하고 있고, 「지방세법」 상 균등할 주민세 납세의무자를 개인과 시·군 내에 사무소 또는 사업소를 둔 법인으로 규정하고 있으나, 여기에서 '개인'이라 함은 각 개개인을 의미하는 것이 아니고 주민등록상 1세대 단위를 말하는 것이므로 주민세 납세의무가 있다고 하여 개인과 법인 모두를 주민이라고 보기는 어려우며, 일반적으로 주민의 정의는 「주민등록법」 상의 정의에 따르는 것이 타당하다 할 것인바, 「주민등록법」 제6조에서 주민은 30일 이상 거주할 목적으로 주소나 거소를 가진 자를 의미하고, 「지방자치법」 제12조에서도 주민의 자격에 대하여 지방자치단체의 구역 안에 주소를 가진 자는 그 지방자치단체의 주민이 된다고 규정하고 있어, 「지방세법 시행령」 제6조 제1항 제6호에서 규정하고 있는 주민의 정의는 각 개개인이라고 볼 수 있다.

② 송전철탑 이설 공사비

송전철탑 설치공사의 특성상 반드시 설치해야 하거나 그 지출이 필수적으로 요구되는 비용으로서, 해당 과세물건인 송전철탑을 취득하기 위하여 필요·불가결한 준비행위 또는 그 수반행위에 소요된 것은 이 건 송전철탑의 취득비용에 당연히 포함되는 것(대법원 2009두5343, 2009.9.10. 참조)이고, 지장송전철탑 이설 공사비는 송전철탑 설치 시 그 지출이 필수적으로 요구되는 비용으로서, 해당 과세물건인 송전철탑을 취득하기 위하여 그 수반행위에 소요된 것이므로, 지장 송전철탑 이설 공사비의 부담주체가 타인이라 하더라도 그 공사대금은 송전철탑 취득을 위하여 지출한 비용으로 취득세 과세표준에 포함되는 것으로 판단된다(조심 2010지924, 2011.10.11.).

③ 진입도로공사비

진입도로 공사비, 삭도장·헬기장 공사비, 훼손지복구비, 대체산림조성비 등은 송전철탑 설치공사의 특성상 반드시 설치해야 하거나 그 지출이 필수적으로 요구되는 비용으로서, 해당 과세물건인 송전철탑을 취득하기 위하여 필요·불가결한 준비행위 또는 그 수반행위에 소요된 것이므로, 송전철탑의 취득비용에 당연히 포함되는 것이다. 따라서 이와 다른 전제에 서서 진입도로 공사비 등이 송전철탑이라는 주체 구조부와 일체가 되는 부분이 아니라는 이유만으로 취득가격에 포함되지 않는다는 취지는 이유없다(대법원 2009두5343, 2009.9.10.).

④ 취득시기

「전기사업법」 제61조 제1항 본문에서 "전기사업자는 전기사업용 전기설비의 설치공사 또는 변경공사로서 지식경제부령이 정하는 공사를 하고자 하는 경우에는 그 공사계획에 대하여 인가를 받아야 한다"고 규정하고 있으며, 같은 법 시행규칙 제28조 제1항에 따른 별표 제5호는 송전선로 설치공사를 그 대상 공사로 규정하고 있다. 따라서 송전철탑의 경우 「지방세법」 제6조에 의한 건축물에 해당되고, 송전선로의 일부로서 「전기사업법」에 따라 인가를 받아 건축하도록 되어 있는 이상, 이는 「지방세법 시행령」 제20조 제6항 소정의 "건축허가를 받아 건축하는 건축물"에 해당된다 할 것이므로, 송전철탑의 취득일은 사용 전 검사필증 교부일이 아닌 임시사용승인일로 보아야 한다(조심 2009지825, 2010.7.22.).

☞ 사용승인을 받아 본격적인 상업운전이 시작된 날을 취득시기로 보아야 한다는 것은 잘못이라는 것임.

⑤ 송전철탑의 개수

송전철탑의 개수도 취득세 과세대상이 되는바, 「시가표준액 조사·산정 업무요령」에 의하면 "송전철탑의 개수"란 송전철탑의 잔존 내용연수를 연장시키거나 그 가치를 현실적으로 증가시키는 수선[송전철탑 전체 높이(2014년 이전) 또는 중량(2014년 이후)의 3분의 1 이상을 수선하거나 앵글(angle)을 교체하는 경우에 한함]을 말하며, 송전철탑의 도장이나 기타 사용가능한 상태의 유지 등을 위한 수선은 제외한다.

(9) 잔교(이와 유사한 구조물 포함[37])

① 개요

배와 육지, 절벽과 절벽 등을 연결하여 사람이나 물건의 이동을 위한 구조물을 말하며 다음과 같이 분류한다.[38]

ⓐ 해안선이 접한 육지나 선창 또는 부두와 선박 사이에 사람이나 차량이 접근하기 쉽도록 설치한 구조물 또는 물품을 운반하기 쉽도록 설치한 구조물

ⓑ 절벽과 절벽 사이의 계곡을 가로질러 높이 걸쳐 놓은 구조물

ⓒ ⓐ과 ⓑ의 구조물과 유사한 구조물

계곡을 가로질러 걸쳐 놓은 구조물 또는 배를 접안시키기 위하여 물가에 만든 구조물로서 육지에서 뻗어 나오거나 육지에서 떨어진 수심이 적당한 곳에 육지와 나란히 만들어진 것으로서 화물이나 선객이 오르내리기에 편리하도록 물 위에 설치한 구조물을 의미한다고 봄이 상당하고, 반드시 그것이 해안선에 직접 접하여 설치된 구조물만을 의미한다고 볼 수 없다 할 것이다(서울

---

37) 2014.1.1. 취득세 부과대상에 잔교와 유사한 모든 구조물이 아니라 '잔교식 안벽'만을 포함시키기 위하여 「지방세법 시행령」 제5조 제2항이 현재와 같이 개정되었다는 취지로 주장한다. 그러나 위와 같은 취지로 위 시행령 조항이 개정된 것이라면 과거와 같이 취득세 부과대상이 되는 시설의 유형을 한정적으로 열거하면서 이에 '잔교식 안벽'만을 추가하는 방식의 개정이 이루어졌어야 하고, '이와 유사한 구조물'이라는 포괄적인 개념이 추가된 현재의 조항을 그와 같이 해석할 수 없음(대법원 2020두31521, 2020.4.29. 심불, 춘천지법(춘천) 2019누144, 2019.12.23.).

38) 2014년 이전에는 해안선이 접한 육지나 선창이나 부두에서 선박을 접근시켜 화물이나 승객이 오르내리기 편리하도록 수면 위에 설치한 구조물 또는 절벽과 절벽 사이의 계곡을 가로질러 높이 걸쳐 놓은 구조물을 하는 것으로 정의하고 있었다.

고법 2002누9065, 2003.1.16.).

② 종류
　㉠ 일반잔교
　　승객용, 일반화물용, 기타
　㉡ 특수잔교
　　송유관(가스관), 광물(석탄·시멘트 등) 운반용 시설물, 차량통행 시설물 및 선박의장용
　　안벽(2014년 이후)

③ 돌핀

국어사전에서 '돌핀'은 선박을 잡아매기 위하여 부두에 박은 쇠나 콘크리트의 말뚝으로, '잔교'는 ㉠ 계곡을 가로질러 높이 걸쳐 놓은 다리, ㉡ 다리모양으로 만든, 선창(船艙)·부두에서 선박에 걸쳐놓아 화물을 싣고 선객이 오르내리기에 편하도록 물 위에 부설한 구조물로 각 정의하고 있다. 해운항만청이 발행한 해운항만용어해설집에서는 "돌핀"은 유조선 등이 부두에 직접접안하지 아니하고 해상에 정박한 상태로 하역할 수 있도록 한 시설로, "잔교"는 바다 위에 기둥(파일)을 박고 그 위에 콘크리트나 철판 등으로 상부시설을 설치한 부두로 각각 정의하고 있다. 역시 해운항만청이 발행한 항만시설물 설계 기준서에서는 계류시설을 구조형식상 중력식 계선안(繫船岸), 널말뚝식 계선안, 선반식 계선안, 셀식 계선안, 잔교식 계선안(棧橋式 繫船岸), 부잔교(浮棧橋), 돌핀 등으로 분류한 다음 '돌핀'은 해안에서 떨어진 해중에 말뚝 또는 주상(柱狀)구조물을 만들어서 계선안으로 사용하는 것이고, '잔교'에는 해안선에 나란히 축조하는 횡잔교(橫棧橋)와 해안선에 직각으로 축조하는 돌제식(突堤式) 잔교가 있다고 하고 있다. 한편, 항만 실무용어 해설집에 의하면, '잔교(Pien)'라 함은 해안선이 접한 육지에서 직각 또는 일정한 각도로 돌출한 부두 또는 선박의 접·이안이 용이하도록 바다 위에 기둥(파일)을 박고 그 위에 콘크리트나 철판 등으로 상부시설을 설치한 교량모양의 부두를 말하는 것으로 정의되어 있다.

시멘트하역용 돌핀스판(Dolphin Span) 해상구조물이 "해안에서 상당한 거리"에 위치하고 있어서 이를 흔히 돌핀이라고 부르지만, 그 구조·용도 및 기능 등을 전체적으로 살펴볼 때 선박을 접근시켜 화물의 하역이 편리하도록 해상에 설치한 구조물임이 분명하므로, 이는 잔교에 해당한다고 보아야 할 것이고, 시멘트운반용 잔교를 잔교의 일종인 특수잔교로 분류하고 있는 것은 위와 같은 잔교의 개념에서 벗어난 것이라고 할 수 없다.

운송시설 중 크레인(Crane)은 배에 실려 있는 분말상태의 시멘트를 벨트 컨베이어(Belt Conveyor)로 옮기는 호스를 설치·운반하는 시설이고, 입하장치는 작업대 위에 설치된 집진장치 및 그 부대시설이며, 제어·조절장치는 작업대에 설치된 기계를 제어·조절하는 시설이고, 벨트 컨베이어(Belt Conveyor)는 선박에서 하역한 시멘트를 이 사건 조장조의 밑부분까지 운송하는 시설로서, 이들은 작업대에서 저장조까지 또는 공정과 공정 사이를 인력 대신 운반하는 시멘트운반 기계설비인 사실을 인정할 수 있다. 이 운송시설은 분말상태의 시멘트를 저장조로 보내기 위한 운반시설 또는 유통시설로 봄이 상당하고, 이를 해상구조물의 일부 또는 이 사건 해상구조물에

부속된 것으로서 해상구조물 자체의 경제적 효용을 증대시키는 부대시설 또는 종물이라고 볼 수는 없다.

하화시설이 저장조의 부속장비나 그 특수한 부대설비로 보기 위하여는 저장조 자체의 효용을 증대시키는 부속시설이어야 할 것인데, 하화시설 중 에어 슬라이드(Air Slide)는 시멘트를 저장조와 저장조 사이, 또는 바스켓 엘리베이터(Basket Elevator)에서 저장조로 공기를 이용하여 이동시키는 장치이고, 바스켓 엘리베이터(Basket Elevator)는 벨트 컨베이어(Belt Conveyor)에 의하여 저장조의 일부분까지 운송된 분말상태의 시멘트를 저장조에 배분하는 장치이며, 그 밖에 동력 및 포장, 출하장치 등은 분말상태의 시멘트를 외부로부터 저장조에 입고하고, 외부로 출하하거나 포장하기 위하여 설치된 기계장치인 사실을 인정할 수 있다. 하화시설은 저장조와 작업대 사이에 연결되어 시멘트를 운반하거나 포장하기 위한 별개 독립의 기능을 가진 기계장치로서, 시멘트나 화학약품 등의 물품을 화학적 변화나 풍우로부터 보호하면서 보관·저장하기 위하여 축조된 시설물인 저장조 자체의 경제적 효용을 증대시키는 부대설비 또는 종물로 볼 수는 없으므로, 하화시설을 저장조 또는 기타 승강시설에 해당한다고 볼 수는 없다.

> **사례** 돌핀은 화물하역용 해상 구조물로서 잔교에 해당함(서울고법 2002누9065, 2003.1.16.)
>
> 돌핀은 원고가 이 사건 시멘트유통기지를 조성하면서 시멘트 운반선박을 계류시키고 선박으로부터 시멘트를 운반하기 위한 설비를 구축함에 있어, 그 지역의 조수간만의 차로 인하여 육상에서 바로 연결되는 다리형태의 잔교를 건설하지 못하고, 부두로부터 약 50m 떨어져 있는 해상에 선박 접안시설을 설치하고 여기에 위에서 본 바와 같은 운송시설을 연결하여 그 계류한 선박으로부터 육상으로의 시멘트의 운송·하역작업을 수행하기 위하여 설치된 것으로서, 하역작업을 위한 작업대(Working Platform) 1기, 정박한 선박을 옆에서 받쳐주는 접안대(Breasting Dolphin) 2기, 정박한 선박의 유동을 막기 위하여 선두와 선미를 줄로 메어두는 정박대(Mooring Dolphin) 4기로 구성되어 있고, 운반선의 선원이나 원고회사의 직원이 시멘트 운반선박의 입·출항시에 각 돌핀상판을 고정시키는 장치(Post)에 줄을 메거나 풀기 위하여 이동하도록 위 각 돌핀 사이에 철판가교가 설치된 사실을 인정할 수 있다. 이 돌핀은 위에서 본 그 구조·용도 및 기능을 전체적으로 살펴볼 때 선박을 접근시켜 화물의 하역이 편리하도록 해상에 설치한 구조물로서 잔교에 해당한다고 보아야 할 것임.

④ 교량(다리)

잔교는 선창이나 부두에서 선박을 접근시켜 화물이나 승객이 오르내리기 편리하도록 수면 위에 설치한 구조물 또는 절벽과 절벽 사이의 계곡을 가로질러 높이 걸쳐 놓은 구조물 즉 지상 또는 지하를 막론하고 공간 또는 수면에 구축되어 사람 또는 물건을 운반할 수 있게 설치된 다리로서 계곡과 계곡 및 동굴내부 등에 설치된 다리와 부두나 호수 등에 설치된 부교 등을 말하나, 교량은 교통로, 수로(水路) 등이 하천, 계곡, 움푹 꺼진 땅, 그 밖에 이들 통로의 기능을 저해하는 것에 직면했을 경우 이것을 넘기 위한 목적으로 만들어지는 각종 구조물을 말한다. 따라서 단순한 교량 및 육교는 잔교에 해당되지 아니한다(도세 13421 -310, 1994.4.15.).

⑤ 의장안벽

㉠ 현행 해석

국토해양부의 「국토해양용어사전」에서는 '잔교'를 해안선이 접한 육지에서 직각 또는 일정한 각도로 돌출한 접안시설로서 말뚝, 우물통, 각주구 등을 설치하여 직립부를 만들고 이를 수평으로 연결해서 선박의 접·이안이 용이하도록 설치한 것, '안벽'을 선박이 안전하게 접안하여 화물 및 여객을 처리할 수 있도록 설치한 부두의 바다 방향에 수직으로 쌓은 벽을 말한다고 각각 정의하고 있다. 한편, 「건물 및 기타물건 시가표준액표 조정기준」에서는 "잔교"를 선창이나 부두에서 선박을 접근시켜 화물이나 승객이 오르내리기 편리하도록 물위에 설치한 구조물이라고 정의하고 있으므로, 위의 규정 등을 종합적으로 검토하여 볼 때 "잔교"와 "안벽"을 사전(辭典)적인 기능과 목적으로 구분할 수는 없다고 할 것이다. 따라서 "잔교"와 "안벽"은 구조적인 형식 등으로 구분하는 것이 합리적일 것인바, 「국토해양용어사전」에서 "잔교"는 해안선이 접한 육지에서 직각 또는 일정한 각도로 돌출한 접안시설을, "안벽"은 부두의 바다 방향에 수직으로 쌓은 벽을 말한다고 각각 정의하고 있는 것을 감안했을 때, 부두에서 직각으로 길게 돌출된 본 건 구조물은 "잔교"에 해당된다고 보는 것이 합리적일 것으로 판단된다. 아울러 「지방세법」에서 "잔교"를 기타 시설로서 건축물로 정의하고 있는 점, "잔교"와 함께 「지방세법」상 건축물에 포함되는 공장용 건축물 등은 생산활동에 사용되더라도 생산시설로 보아 과세제외 않는 점 등을 감안했을 때, 의장안벽이 선박 제조 과정의 일부인 후행의장 등에 사용되는 생산시설(설비)이므로 과세제외 되어야 한다는 주장도 설득력이 없다고 판단된다(지방세운영과-25, 2013.3.26.)라고 해석하고 있다.

이 해석에 따라 의장안벽에 대하여 취득세를 과세대상으로 보아야 하나, 생산설비의 일종이라는 측면에서 과세대상으로 보는 것은 문제가 있다고 판단된다.

조세심판원(조심 2013지0571, 2014.2.12.)에서는 「항만법」상 안벽, 물양장, 잔교, 부잔교, 돌핀, 선착장 등을 항만의 기본시설로 규정하고 있으나, 「지방세법」에서는 이들 기본시설 중 "잔교"만을 취득세 과세대상으로 규정하고 있는바, 위 인공구조물은 설치 허가목적이나 허가조건에서 선박기자재를 선적하고 마무리 공사(의장작업)에 사용하는 의장안벽으로서 취득세 과세대상인 "잔교"로는 보기 어려워 「지방세법」상 취득세 과세대상이 아닌 것으로 해석한 바 있었다.

한편, 이러한 심판례의 취지로 2013년까지 시행령에 "잔교"로만 규정되어 오다가 2014년부터 "잔교(이와 유사한 구조물을 포함한다)"라고 개정하였는데, 이는 부잔교, 의장안벽 등을 취득세를 과세하기 위함이라 이해된다(대법원 2020두31521, 2020.4.29. 심불, 춘천지법(춘천) 2019누144, 2019.12.23.). 그런데 이러한 개정에도 불구하고 선박 생산시설로 보는 것이 타당하다고 보여지는바, 취득세 과세대상으로 보는 것은 문제가 있다고 본다.

공유수면에 설치한 구조물이 잔교에 해당 여부(조심 2013지0571, 2014.2.12.)

이 구조물이 육지에서 바다방향으로 직각으로 돌출되어 있으며, 바다 위에 강관으로 기둥을 박고 그 상부표면을 콘크리트로 포장한 교량모양의 접안시설물로서 「지방세법」 상 취득세 과세대상인 "잔교"로 봄이 타당하다는 의견이지만, OOO이 발급한 '공유수면 점·사용허가증상'의 허가목적과 허가조건에서 이 건 구조물이 진수선박의 의장(艤裝)작업에 사용되는 '돌핀의장안벽'인 것으로 나타나며, 이 건 구조물은 돌핀안벽과 변전실, LLC RAIL, 배전설비, 컴퓨터 및 에어컨 등으로 구성되어 있고, 이 건 구조물에 대한 사진과 청구법인의 선박후행의장작업 실적 및 처분청 의견에서 이 건 구조물은 선박제조공정상 선박의장용 접안시설로 나타나는 점 등에 미루어 볼 때, 이 건 구조물은 화물이나 승객이 오르내리는 접안시설이 아닌 잔교식 의장(艤裝)안벽으로서 청구법인이 생산하는 대형선박 등을 이 건 구조물에 접안·고정한 후 선박 제조에 필요한 마무리공사를 위하여 선박기자재를 선적하고 도장작업 등 마무리 공사에 사용되는 선박생산시설로 보는 것이 타당하다고 하겠는바, 이 건 구조물을 「지방세법」 상 취득세 과세대상으로 보아 이 건 취득세 등을 부과한 처분은 잘못이라고 판단됨(조심 2011지427, 2012.7.25. 및 조심 2011지426, 2012.4.5. 외 같은 뜻).

ⓛ 종전 해석

㉮ 조선사가 직접 취득하여 선박 의장안벽용으로 사용하는 경우

종전에 의장안벽이 취득세 과세대상인 시설물로 규정되어 있지 아니하므로 과세대상이 아닌 것으로 적용하고 있는데, 다만, 안벽 중에 잔교식으로 되어 있는 부분은 잔교가 별도로 과세대상인 것으로 규정되어 있어 이 부분만 취득세 과세대상으로 보고 있었지만, 취득세 과세대상이 아니다라는 유권해석이 있었다. 그 내용은 다음과 같다.

기타물건 시가표준액조정기준에서는 잔교에 대하여 선창이나 부두에서 선박을 접근시켜 화물이나 승객이 오르내리기 편리하도록 물위에 설치한 구조물 또는 절벽과 절벽 사이의 계곡을 가로질러 놓은 구조물이라고 하면서, 그 종류로서 일반잔교(승객용, 화물용)와 특수잔교(송유관 및 석탄·시멘트운반용 시설구축물)라고 정의하고 있고, 관계법령(「항만법」 및 국토해양실무)에서는 항만시설 중 안벽과 잔교를 구분(「항만법」 §2)하고 있고, 잔교(棧橋)는 해안선이 접한 육지에서 직각 또는 일정한 각도로 돌출한 부두 또는 선박의 접·이안이 용이하도록 바다위에 말뚝을 박고 그 위에 콘크리트나 철판 등으로 상부시설을 설치한 교량모양의 접안시설, 안벽(岸壁)은 선박이 안전하게 접안하여 화물 및 여객을 처리할 수 있도록 설치한 부두의 바다 방향에 수직으로 쌓은 벽이라고 정의하고 있어 이를 종합하여 볼 때, 일반부두의 구조형식이 잔교식 안벽으로 축조되어 의장안벽(艤裝岸壁)용으로 사용되고 있는 경우, 「항만법」에 의한 부두시설인 안벽(岸壁)은 부두에서 선박을 연결하는 교량으로서 승객의 승·하선 및 화물의 하역이 편리하도록 물위에 설치한 구조물로 보기 어렵고, 또한 독에서 만든 선박의 의장작업(선박기기 설치 등 마무리 공사)을 위한 안벽으로 사용되어 선박의 건조공정의 일부로서 기능을 하는 생산설비라면 취득세 과세대상에 해당되지 않는다고 판단된다(지방세운영과-525, 2010.2.5.).

㉯ 해운사 등 취득한 후 조선사에게 임대하여 조선사가 의장안벽용으로 사용하는 경우

의장안벽이란 선박을 건조하는 과정 중에 독에서 만든 선체에 간판기계, 기관 및 전기장

치 등의 의장작업을 위하여 선체가 정박하는 장소를 말하므로, 갑이 취득한 부잔교는 진수한 선체의 간판기계, 기관 등의 의장작업을 하는 잔교식 의장안벽 용도로 사용되고 있다. 부잔교가 취득세 과세대상 잔교의 구조와 기능을 갖추고 있으나 그 용도는 의장안벽 용도로 사용될 경우 취득세 과세대상 잔교의 해당 여부와 관련하여 「지방세법」에서 취득세의 과세대상 해당 여부, 납세의무자, 감면대상 여부 등의 판단은 취득세 납세의무 성립시기인 사실상 취득시기에 결정되므로, 과세대상 여부 판단은 기본적으로 납세의무 성립 당시의 구조와 기능을 고려하여 판단하므로 부잔교를 취득 후에 선박건조회사에 임대를 주었다고 하더라도 취득 당시 취득세 과세대상 잔교의 구조와 기능을 갖추고 있었고, 해당 부잔교는 지상에 고착화되어 있지 않고, 임대하여 사용되는 상태이므로 향후 잔교로 사용될 수 있는 구조와 기능을 갖추고 있다면, 비록 현재 잔교식 의장안벽용도로 사용되고 있다고 하더라도 취득세 과세대상 잔교로 볼 수 있다.

따라서 비록 잔교를 취득한 후 의장안벽용으로 임대를 하였다고 하더라도 취득 당시 잔교의 구조와 기능을 갖추고, 지상에 고착화되지 않아 향후 잔교의 기능으로 사용할 수 있는 경우라면 취득세 과세대상 잔교로 보아 취득세 과세대상에 해당될 것이다(지방세운영과-3665, 2010.8.18.).

ⓒ 상기 해석 비교

조선사가 직접 취득하여 선박 의장안벽용으로 사용하는 경우 지상에 고착화되어 있어 향후에도 의장안벽용 이외의 용도로 사용할 수 없다는 점에서 생산설비의 일종으로 과세대상이 아니라고 판단하고 있지만, 해운사 등 취득한 후 조선사에게 임대하여 조선사가 의장안벽용으로 사용하는 경우 지상에 고착화되어 있지 않아 향후 잔교의 용도로 사용할 수 있다는 점에서 과세대상이 되는 것으로 해석하고 있다.

● 해석 사례 비교

구분	2010.2.5. 해석사례 (지방세운영과-525)	2010.8.18. 해석사례 (지방세운영과-3665)
주요 내용	• 일반 부두의 구조형식이 잔교식 안벽으로 축조되어 의장안벽용으로 사용되고 있는 경우 「항만법」에 의한 부두시설인 안벽은 부두에서 선박을 연결하는 교량으로서 승객의 승·하선 및 화물의 하역이 편리하도록 물 위에 설치한 구조로 보기 어렵고, 또한 독에서 만든 선박의 의장작업(선박기기 설치 등 마무리 공사)을 위한 안벽으로 사용되어 선박의 건조공정의 일부로서 기능을 하는 생산설비라면 과세대상이 아님.	• 부잔교를 취득 후에 선박건조회사에 임대를 주었다고 하더라도 취득 당시 취득세 과세대상 잔교의 구조와 기능을 갖추고 있었고, 해당 부잔교는 지상에 고착화되어 있지 않고, 임대하여 사용되는 상태이므로 향후 잔교로 사용될 수 있는 구조와 기능을 갖추고 있다면, 비록 현재 잔교식 의장안벽 용도로 사용되고 있다고 하더라도 취득세 과세대상 잔교로 볼 수 있음.

구분		2010.2.5. 해석사례 (지방세운영과－525)	2010.8.18. 해석사례 (지방세운영과－3665)
비교	① 구조	• 일반부두의 구조형식으로 지상에 고착화되어 있어 이전설치가 불가능한 구조	• 부잔교 형식으로 지상에 고착화되어 있지 않아 이전설치가 가능
	② 용도	• 조선사가 직접 취득하여 선박 의장안벽용으로 사용	• 해운사가 취득한 후 조선사에게 임대주어 조선사가 의장안벽용으로 사용
차이점		• 조선사가 직접 취득하여 취득 시부터 의장안벽용으로 사용되고 있음. • 지상에 고착화되어 있어 향후에도 의장안벽용 이외의 용도로 사용할 수 없음.	• 해운사가 부잔교 형식으로 취득한 후 조선사에게 임대 • 조선사가 의장안벽용으로 임대하여 사용 • 지상에 고착화되어 있지 않아 향후 잔교의 용도로 사용할 수 있음.

⑥ 탑승교(passenger boarding bridge)

탑승교는 화물이나 승객이 오르내리기 편리하도록 설치한 구조물이긴 하나 그 장치 자체가 자동으로 이동되어 비행기 출입문에 접합되어 활용되는 기계장치의 일종으로 단순한 잔교로 볼 수 없다.

⑦ 부잔교

㉠ 부잔교 구조물은 해수면 아래에 위치한 토지에 강관으로 기둥을 박고 그 위에 콘크리트나 철판 등으로 상부시설을 설치한 것으로서 배와 육지를 연결하여 사람이나 물건이 이동할 수 있도록 설계된 사실, ㉡ 이 사건 구조물은 기둥과 콘크리트를 연결하는 부분에 롤러를 설치하여 조위변동에 관계없이 선박이 계류할 수 있도록 만들어진 특징이 있는 외에는 그 형태나 기능, 목적에 있어서 잔교와 별다른 차이가 없는 사실, ㉢ 피고 외에 거제시장, 통영시장 등 다른 지방자치단체장 또한 이 사건 구조물과 유사한 구조물에 대하여 취득세를 부과한 사실이 인정된다. 위 인정사실에 의하면 이 사건 구조물은 토지에 정착한 시설로서 잔교의 기능을 하는 잔교와 유사한 구조물에 해당한다고 봄이 타당하다(대법원 2020두31521, 2020.4.29. 심불, 춘천지법(춘천) 2019누144, 2019.12.23.).[39]

⑧ 잔교의 개수

잔교의 개수도 취득세 과세대상이 되는바, 「시가표준액 조사·산정 업무요령」에 의하면 "잔교의 개수"란 잔교의 잔존 내용연수를 연장시키거나 그 가치를 현실적으로 증가시키는 수선(잔교면적의 3분의 1 이상에 해당하는 수선한 경우에 한함)을 말하며, 잔교의 도장이나 기타 사용가능

---

39) 「어촌·어항법」 제2조 제5호 등이 잔교와 부잔교를 구별하여 규정하고 있고 같은 법 및 그 시행령에서 잔교와 부잔교를 달리 취급하는 규정이 존재한다고 하더라도, 앞서 본 바와 같은 「지방세법」 및 그 시행령의 내용에 비추어 보면 잔교, 부잔교 기타 어떤 구조물이라도 토지에 정착하거나 지하 또는 다른 구조물에 설치되어 있는 시설로서 배와 육지, 절벽과 절벽 등을 연결하여 사람이나 물건의 이동을 할 수 있게 하는 기능이 있는 시설은 모두 '잔교 또는 이와 유사한 구조물로서 취득세의 부과대상이 되는 건축물임이 명확하다.

한 상태의 유지 등을 위한 수선은 제외한다.

⑨ 잔교 설치 후의 준설공사

법인세 해석에서는 잔교 설치에 따른 항로준설 공사비용은 잔교에 대한 자본적 지출로 처리한다(법인 22601-2763, 1986.9.8.)라고 규정하고 있지만, 취득세에서는 잔교와 관련하여 함께 공사가 이루어지고 잔교를 만들기 위하여 반드시 필요한 준설공사는 잔교의 부대비용으로 보아 취득세 과세표준에 포함될 것이다. 그런데 잔교 준공 후 단독으로 준설공사를 하는 경우에는 잔교의 부대비용에 포함되지 아니할 것으로 별도의 취득세 과세대상이 되지 아니할 것이나, 준설공사가 잔교의 개수에 해당되는 경우에는 과세대상이 되는 것이다.

(10) 기계식 또는 철골조립식 주차장

1) 옥외 기계식 주차시설

노외주차장 및 부설주차장에 설치한 주차설비로서 기계장치를 이용하여 자동차를 주차하거나 주차할 장소로 운반 또는 이동 주차할 수 있도록 옥외에 설치한 시설을 말한다.

① 수직전환식 주차장치

주차에 사용되는 부분(이하 "주차구획"이라 한다)에 자동차를 들어가도록 한 후 그 주차구획을 수직으로 순환이동하여 자동차를 주차하도록 설계한 주차장치

② 수평순환식 주차장치

주차구획에 자동차를 들어가도록 한 후 그 주차구획을 수평으로 순환이동하여 자동차를 주차하도록 설계한 주차장치

③ 다층순환식 주차장치

주차구획에 자동차를 들어가도록 한 후 그 주차구획을 여러 층으로 된 공간에 아래·위 또는 수평으로 순환이동하여 자동차를 주차하도록 설계한 주차장치

④ 2단식 주차장치

주차구획이 2층으로 배치되어 있고 출입구가 있는 층의 모든 주차구획을 주차장치 출입구로 사용할 수 있는 구조로서 그 주차구획을 아래·위 또는 수평으로 이동하여 자동차를 주차하도록 설계한 주차장치

⑤ 다단식 주차장치

주차구획이 3층 이상으로 배치되어 있고 출입구가 있는 층의 모든 주차구획을 주차장치 출입구로 사용할 수 있는 구조로서 그 주차구획을 아래·위로 또는 수평으로 이동하여 자동차를 주차하도록 설계한 주차장치

⑥ 승강기식 주차장치

여러 층으로 배치되어 있는 고정된 주차구획에 아래·위로 이동할 수 있는 운반기에 의하여 자동차를 자동으로 운반 이동하여 주차하도록 설계한 주차장치

⑦ 승강기슬라이드식 주차장치

여러 층으로 배치되어 있는 고정된 주차구획에 아래·위 및 옆으로 이동할 수 있는 운반기에 의하여 자동차를 자동으로 운반이동하여 주차하도록 설계한 주차장치

⑧ 평면왕복식 주차장치

평면으로 배치되어 있는 고정된 주차구획에 운반기에 의하여 자동차를 운반이동하여 주차하도록 설계한 주차장치

⑨ 특수형식 주차장치

①~⑧ 이외의 형식으로 설계한 주차장치

2) 철골조립식(자주식) 주차장

운전자가 자동차를 운전하여 주차구획에 주차할 수 있도록 옥외에 설치한 철골 구조물을 말한다.
① 아연도금 철골조(철골에 아연도금한 구조물)
② 페인트 철골조(철골에 페인팅한 구조물)
1998.1.1. 이후부터 취득세 과세대상이나 그 전에 취득한 경우에는 취득세 과세대상에 해당되지 아니하는 것으로 해석하였으나, 감사원 심사례에 의하면 각기 지붕이 있고 각층마다 기둥이 있는 주차시설을 건물로 보아 취득세 과세대상으로 보았다(감심 97-123, 1997.7.22.).

3) 주차시설의 개수

주차시설의 개수도 취득세 과세대상이 되는바, 「시가표준액 조사·산정 업무요령」에 의하면 "주차시설의 개수"란 주차시설의 잔존 내용연수를 연장시키거나 그 가치를 현실적으로 증가시키는 수선[주차시설 면적의 3분의 1 이상(철골조립식주차시설) 또는 주차장치 대수의 3분의 1 이상(기계식 주차시설)에 해당하는 수선한 경우에 한함]을 말하며, 주차시설의 도장이나 주차시설을 작동시키는 기계의 소모된 부품교체, 기타 사용가능한 상태의 유지 등을 위한 수선은 제외한다.

(11) 자동세차시설(2015.1.1. 이후)

차량 또는 기계장비 등을 자동으로 세차 또는 세척하는 시설은 2015.1.1. 납세의무가 성립분부터 적용한다.
'자동세차시설'이란 자동프로세스에 의하여 고압펌프에 의한 세척액 분무와 브러쉬 또는 천 등의 회전운동으로 차량 또는 기계장비 등을 자동으로 세차 혹은 세척하는 시설을 말한다.

그리고 자동세륜시설도 세차시설로 보아 과세대상이 되는데, 「대기환경보전법 시행규칙」 제48조 별표 14에 따르면 '자동식 세륜시설'은 금속지지대에 설치된 롤러에 차바퀴를 닿게 한 후 전력 또는 차량의 동력을 이용하여 차바퀴를 회전시키는 방법으로 차바퀴에 묻은 흙 등을 제거할 수 있는 시설이라고 규정되어 있다. 공사 현장 또는 공장 내 원료 야드에 설치되어 있고 간이시설이 아닌 영구시설이더라도 자동식 세륜시설에 해당되어야 과세대상이 되는 것으로, 유권해석(지방세운영과-3116, 2015.10.5.)에 의하면 센서가 아닌 차량의 무게를 인식하여 작동되며, 고압분사방식이 아닌 물에 씻기는 정도의 세척력을 가지는 것으로 도로 주행 시 먼지 등 환경오염을 줄이기 위한 최소한의 시설인 경우에는 과세대상이 되지 아니하는 것으로 해석하여야 할 것이지만, 공사 현장 또는 공장 내의 세륜시설이더라도 센서에 의하여 고압분사 방식의 경우에는 과세대상이 되는 것으로 해석하여야 할 것이다.

① 종류

㉠ 이송방식에 의한 구분

㉮ 문형(roll over type)
차량은 고정되어 있고 세제혼합액 분무장치, 브러쉬장치, 물분사장치, 건조장치 등을 갖춘 세차설비가 이동하면서 세차하는 방식

㉯ 터널형(tunnel type)
세제혼합액 분무장치, 브러쉬장치, 물분사장치, 건조장치 등이 갖추어진 터널형태의 자동세차시설 내를 자동차가 컨베이어 이송장치에 의하여 이동하면서 세차하는 방식

㉰ 준터널형
문형과 터널형을 혼합한 방식

㉡ 세척방식에 의한 구분

㉮ 브러쉬(융) 방식
자동차가 세차장 터널에 들어가면, 자동세차장비가 물을 뿌리면서 브러쉬로 자동차 표면에 묻어 있는 이물질 등을 제거하고 물로 세척하는 방식을 말함.

㉯ 고압분사 방식
자동차가 세차장 터널에 들어가면, 상하좌우에서 고압의 물줄기가 나오면서 자동차 표면에 묻어 있는 이물질 등을 세차하는 방식을 말함.

② 자동세차시설의 개수

자동세차시설의 개수도 취득세 과세대상이 되는바, 「시가표준액 조사·산정 업무요령」에 의하면 "자동세차시설의 개수"란 세차시설의 잔존 내용연수를 연장시키거나 그 가치를 현실적으로 증가시키는 수선을 말하며, 세차시설의 도장이나 세차시설의 작동에 필요한 기계의 소모된 부품교체, 기타 사용가능한 상태의 유지 등을 위한 수선은 제외한다.

사례 공사현장의 세륜시설의 취득세 과세 여부(지방세운영과-3116, 2015.10.5.)

자동세차시설은 레저시설, 저장시설 등과 같이 고액의 설치비용이 소요되면서 폐수배출 등에 따른 공공비용을 유발시키는 점에 착안하여 과세형평성 차원에서 「지방세법 시행령」을 개정(2014.8.12.) 하여 취득세 과세대상에 추가한 점, 공사장 등 사업현장에서 설치 사용되는 해당 세륜시설은 센서가 아닌 차량의 무게를 인식하여 작동되며, 고압분사방식이 아닌 물에 씻기는 정도의 세척력을 가지는 것으로 도로 주행 시 먼지 등 환경오염을 줄이기 위한 최소한의 시설로서 이를 과세할 경우 동 입법취지에 맞지 않는 점 등을 종합적으로 판단할 때 취득세 과세대상 시설에 포함되지 않는다고 할 것임.

(12) 방송중계탑

'방송중계탑'이라 함은 「방송법」 제9조에 의하여 허가를 받은 방송사업자가 유·무선방송전파를 송신 또는 수신하기 위하여 지상에 설치한 철탑을 말한다(「방송법」 제54조 제1항 제5호의 규정에 의하여 국가가 필요로 하는 대외방송과 사회 교육방송 및 「전파법」 제25조 제1항 단서의 규정에 의하여 준공검사가 배제되는 것 제외). 여기서 '철탑'이란 철근, 철골이나 철주를 소재로 세운 탑이나 철기둥을 말한다.

라디오 안테나도 방송사업자가 방송전파를 송신하기 위해 지상에 설치한 철탑으로서 방송중계탑에서 정의하는 요건을 갖추었으므로 방송중계탑에 해당된다고 볼 수 있으며(지방세운영과-4339, 2011.9.9.), VTR이 과세대상인 방송중계탑이 아닌 방송중계탑의 보조시설물에 해당되는 경우라면 취득세 과세대상이 되지 아니한다(세정 13407-162, 2002.2.14.).

방송중계탑의 개수도 취득세 과세대상이 되는바, 「시가표준액 조사·산정 업무요령」에 의하면 "방송중계탑의 개수"란 방송중계탑의 잔존 내용연수를 연장시키거나 그 가치를 현실적으로 증가시키는 수선(방송중계탑 전체 높이의 3분의 1 이상에 해당하는 부분을 수선하거나 앵글(angle)을 교체하는 경우에 한함)을 말하며, 방송중계탑의 도장이나 기타 사용가능한 상태의 유지 등을 위한 수선은 제외한다.

(13) 무선통신기지국용 철탑

'무선통신기지국시설물'이라 함은 무선이동통신 및 무선호출사업을 영위하는 사업자 등이 전파를 무선으로 송수신하기 위하여 설치한 안테나·디지털모듈 등 송수신시설을 포함한 시설물을 말하는바, 이는 법령상 용어가 아니며, '안테나·디지털모듈 등 송수신장비'를 포함한 시스템의 일종으로 송전철탑, 방송중계탑과 같이 외형이 '고정된 시설'이 아니고 수시로 변동되는 송수신장비(채널카드·랙)가 주요 구성부분으로 되어 있다. 따라서 과세대상의 과세요건 명확주의에 근거하여 범위를 '무선통신기지국용 철탑'으로 한정하여 과세토록 한 것이다. 여기서 '무선통신기지국용 철탑'이라 함은 무선이동통신 및 무선호출사업을 영위하는 사업자 등이 전파를 무선으로 송수신하기 위하여 설치한 철탑 등 구조물을 말하며, 그 종류로는 철탑형, 강관주형(전주형, 폴형, 철주형 제외)이 있다.

① 철탑형 : 철근, 철골이나 철주를 소재로 세운 탑이나 철기둥을 말한다.

② 전주형 : 철근콘크리트를 소재로 만든 시설물(기둥)을 말한다.

③ 폴형 : 철파이프를 주기둥으로 사용하여 세운 시설물을 말하며, 보통 건물 옥상에 주기둥을 보강하여 보조재로 주기둥인 철파이프관을 서로 연결하여 4단까지 삼각, 사각 등의 모양으로 세운 시설물도 이에 해당된다.

④ 철주형 : 기초공사 없이 지지선으로 철기둥을 지탱하는 철탑을 말한다.

무선통신기지국용 철탑이 취득세 과세대상이 되므로 철탑형의 기지국에 안테나 폴이 설치되어 있다면 과세대상이 될 것이고, 전주형이나 폴형의 기지국에 설치된 것이라면 제외되는 것이다.

무선통신기지국용 철탑의 개수도 취득세 과세대상이 되는바, 「시가표준액 조사·산정 업무요령」에 의하면 "무선통신기지국용 철탑의 개수"란 철탑의 잔존 내용연수를 연장시키거나 그 가치를 현실적으로 증가시키는 수선(무선통신기지국용 철탑은 전체 높이의 3분의 1 이상에 해당하는 부분을 수선하거나 강관·앵글(angle)을 교체하는 경우에 한함)을 말한다(다만, 무선통신기지국용 철탑의 도장이나 기타 사용가능한 상태의 유지 등을 위한 수선은 제외).

(14) 건물부속시설의 수선

"건물의 화장실 환경개선공사로 인한 화장실 내 타일, 칸막이, 천정 텍스 등의 교체와 건물 내 기존 급·배수관 교체공사가 「건축법」상 대수선에 해당하지 않는다면, 해당 공사 행위는 취득세 과세대상으로 볼 수 없다(지방세정팀-837, 2006.2.28.)"라고 해석하여 단순히 교체의 경우에는 과세대상이 되지 아니하는 것으로 판단할 수 있었다. 하지만, 그 이후 해석에서는 소화배관시설의 노후화로 인하여 배관시설을 교체공사한 경우 이러한 시설물이 단순한 소방시설(소화전, 감지기, 경보시설 등)을 교체한 것이 아니라 소화활동 등에 사용하는 용수를 공급하고 사용한 물은 배출시키는 시설로서 구조, 형태, 용도, 기능 등을 전체적으로 고려하였을 때 급수와 배수기능을 하는 시설이라면 급·배수시설에 해당되어 취득세 과세대상인 것으로 해석하고 있기 때문이다(지방세운영과-797, 2008.8.26.)라 하여 취득세 과세대상인 것으로 보고 있었다. 그런데 조세심판원에서 건축물의 신축에 있어 배관 등의 설치비용을 건축물의 취득가격에 포함하는 이유는 배관 등이 그 자체로서 취득세 과세대상에 해당되기 때문이 아니라 해당 건축물이 정상적으로 기능하는데 없어서는 안 될 건축물의 일부이기 때문으로, 이와 같은 측면에서 본다면 건축물 내부에 있는 상·하수도 배관 등은 건축물의 필수 불가결한 시설일 뿐 「지방세법 시행령」 제5조 제1항 제5호에서 규정하고 있는 급수·배수시설에 해당되지 않는다고 보는 것이 합리적이라 할 것인바, 건축물을 대수선하는 경우가 아닌 유지·관리하는 차원에서 이를 교체하거나 수선하는 것은 「지방세법」 제6조 제6호 나목에서 규정한 개수에 해당되지 않는다고 보는 것이 타당하다고 판단된다(조심 2019지2003, 2019.6.26.)라고 결정하고 있는바, 화장실 배관의 교체공사는 취득세 과세대상이 아니라고 보아야 할 것이다.[40]

---

40) 급수·배수시설을 수선하는 경우 개수로서 취득세의 과세대상에 해당되나, 건축물 내부에 있는 배관은 건축

한편, 2015.1.1. 이후 급·배수시설의 교체(개수) 중 해당 시설의 내용연수를 연장시키거나 그 가치를 현실적으로 증가시키는 수선은 취득세 과세대상이 되나, 해당 시설물의 도장이나 급·배수시설의 작동에 필요한 기계·밸브의 소모된 부품교체, 기타 사용가능한 상태의 유지 등을 위한 수선은 제외된다.

④ 건물부수시설물

(1) 승강기(엘리베이터, 에스컬레이터, 그 밖의 승강시설)

1) 엘리베이터

'엘리베이터'라 함은 고층 건물 등에서 사람이나 화물을 동력에 의해 아래위로 운반하도록 되어있는 장치를 말한다.

① 종류

　㉠ 승객용 엘리베이터

　　㉮ 교류기어드(AC-2) : 60m/분 이하 중속으로서 저속브레이크로 제어되는 방식

　　㉯ 직류기어드(DC-GD) : 75~105m/분의 중속으로서 감속기에 의하여 제어 정지하는 방식

　　㉰ 직류기어레스(DC-GL) : 120m/분 이상의 고속용으로 고층빌딩의 승용엘리베이터에 많이 사용되고 완전자동으로 제어되는 방식

　　㉱ 인버터 : 전압과 주파수를 동시에 제어함으로써 속도를 조절하는 가변전압 가변주파수 방식을 말하며, VVVF제어라고도 한다.

　　　- 기어드(AC-GD) : 승강기의 진동소음이 크고, 대용량 고출력을 내는 데 부적합하고 기어로 제어되는 방식

　　　- 기어레스(AC-GL) : 승강기의 진동소음이 적으며, 대용량 고출력을 내는 데 적합하고 주파수로 제어되는 방식

　　　- MRL(Machine Roomless Elevator) : 기계실이 없는 엘리베이터

　㉡ 화물용 엘리베이터

　　교류형(AC)으로서 저속 및 중속 브레이크로 정지되는 제어방식이며 속도에 따라 분당 20m, 30m, 45m, 60m으로 나누어짐.

　㉢ 자동차용 엘리베이터

　　교류형(AC)으로서 분속 20m~60m가 있음(2,000kg은 소·중형차용, 2,500kg은 대형차용).

물의 필수 불가결한 시설일 뿐이므로 쟁점 배관 등을 교체하는 것이 건물 내 기존 급수·배수관의 교체공사로서 「건축법」상 대수선에 해당하지 않는다면 개수로 인한 취득세 과세대상으로 볼 수 없다고 판단됨(부동산세제-1123, 2020.5.19.).

ⓛ 덤웨이터

사람이 탑승하지 아니하면서 적재용량 300kg 이하(2017년 이전 1톤 미만)의 소형화물(서적, 음식물 등) 운반에 적합하게 제작된 엘리베이터

ⓜ 침대용 엘리베이터

병원의 병상 운반에 적합하게 제작된 엘리베이터로서 평상시에는 승객용으로도 사용 가능한 엘리베이터

② 생산설비 엘리베이터 과세대상 여부

건물 또는 구축물에 부속 또는 부착된 부합물이나 종물 등을 말한다 할 것인데 승강기가 생산설비에 부착, 일체화되어 생산설비의 효능을 증진시키는 생산설비의 일부분적인 성격을 지니는 경우 취득세를 과세대상이 되지 아니한다. 생산설비의 일종인 컨베이어시스템은 등은 과세대상이 아니나, 건물에 부착 설치되어 주로 화물의 운반을 위하여 설치된 승강기라고 하더라도 승강기가 생산시설이라 할 수 없다.

그런데 제품 생산을 위한 자재 등을 운반하는 엘리베이터로서 「지방세법」 및 같은 법 시행령에 규정된 승강기의 범위에 해당하고, 주체구조부인 건축물과 연결되어 건물의 가치를 높이고 있는 점, 상품 생산을 위한 불가피한 시설임을 인정한다 하더라도 그 기능이 일반적인 고층건물의 승강기와 다르다고 보기 어려운 점, 공장 건물을 신축하면서 승강기 시설을 구축한 경우 그 설치비용이 취득세 과세표준에 포함됨을 고려하면 건축 이후에 개수를 통해 취득하였다고 하여 그 성격을 달리 판단할 이유가 없는 점 등을 종합하면, 승강기의 개수로 보아 취득세 과세대상이다(조심 2020지1402, 2020.11.11.).

> **사례** 사일로에 부착된 부켓 엘리베이터는 승강기에 해당함(지방세심사 98-341, 1998.7.29.)
>
> 벨트컨베이어시설에 의하여 선박에서 하역한 시멘트를 사일로의 밑부분까지 운송하고 이를 부켓엘리베이터 등에 의하여 사일로에 배분 저장하는 것으로 부켓엘리베이터 등은 4기의 사일로 중앙에 설치하여 철재로 사일로에 고정되어 있는 경우 운반장치 중 구축물인 사일로에 부착된 부켓엘리베이터의 경우 사일로와 서로 유기적인 관련을 가지고 시멘트의 저장과 배분에 이용되고 있는 시설로서 기타 승강시설에 해당함.

2) 에스컬레이터

고층건물 등에서 사람이나 화물을 이동시키기 위해 자동적으로 아래·위 또는 수평으로 움직이도록 설치한 자동운반 시설물로서 「승강기시설 안전관리법 시행규칙」 제2조 제1항에서 규정하고 있는 승강기를 말한다.

① 에스컬레이터

에스컬레이터는 유효폭에 따라 1,200mm(1,200형), 1,000mm(1,000형)(2018년 이후), 800mm(800

형)의 3가지로 분류한다.

② 수평보행기(AUTO WALKER 또는 MOVING WALKER)

수평보행기는 유효폭에 따라 1,200㎜(1,200형)과 1,000㎜(1,000형) 및 800㎜(800형)의 3가지로 분류한다.

3) 그 밖의 승강시설

기계장치를 이용하여 자동차를 주차하거나 주차할 장소로 운반 또는 이동주차할 수 있도록 옥내에 설치한 시설을 말한다. 그 종류는 다음과 같다.

① 수직순환식 주차장치

주차에 사용되는 부분("주차구획")에 자동차를 들어가도록 한 후 그 주차구획을 수직으로 순환이동하여 자동차를 주차하도록 설계한 주차장치

② 수평순환식 주차장치

주차구획에 자동차를 들어가도록 한 후 그 주차구획을 수평으로 순환이동하여 자동차를 주차하도록 설계한 주차장치

③ 다층순환식 주차장치

주차구획에 자동차를 들어가도록 한 후 그 주차구획을 여러 층으로 된 공간에 아래·위 또는 수평으로 순환이동하여 자동차를 주차하도록 설계한 주차장치

④ 2단식 주차장치

주차구획이 2층으로 배치되어 있고 출입구가 있는 층의 모든 주차구획을 주차장치 출입구로 사용할 수 있는 구조로서 그 주차구획을 아래·위 또는 수평으로 이동하여 자동차를 주차하도록 설계한 주차장치

⑤ 다단식 주차장치

주차구획이 3층 이상으로 배치되어 있고 출입구가 있는 층의 모든 주차구획을 주차장치 출입구로 사용할 수 있는 구조로서 그 주차구획을 아래·위 또는 수평으로 이동하여 자동차를 주차하도록 설계한 주차장치

⑥ 승강기식 주차장치

여러 층으로 배치되어 있는 고정된 주차구획에 아래·위로 이동할 수 있는 운반기에 의하여 자동차를 운반하여 주차하도록 설계한 주차장치

⑦ 승강기슬라이드식 주차장치

여러 층으로 배치되어 있는 고정된 주차구획에 아래·위 및 옆으로 이동할 수 있는 운반기에

의하여 자동차를 자동으로 운반이동하여 주차하도록 설계한 주차장치

⑧ 평면왕복식 주차장치

평면으로 배치되어 있는 고정된 주차구획에 운반기에 의하여 자동차를 운반이동하여 주차하도록 설계한 주차장치

⑨ 특수형식주차장치

①~⑧ 이외의 형식으로 설계한 주차장치

4) 휠체어리프트

장애인이 이용하기에 적합하게 제작된 것으로서 경사 또는 수직인 승강로를 따라 동력으로 오르내리게 한 시설물로서 「승강기시설 안전관리법 시행규칙」 제2조 제1항에서 규정하고 있는 승강기를 말한다.

① 장애인용 경사형 리프트

장애인이 이용하기에 적합하게 제작된 것으로서 경사인 승강로를 따라 동력으로 오르내리게 한 것으로 중량에 따라 225㎏와 300㎏의 두 가지로 분류한다.

② 장애인용 수직형 리프트

장애인이 이용하기에 적합하게 제작된 것으로서 수직인 승강로를 따라 동력으로 오르내리게 한 것을 말한다.

5) 카리프트

차량용 엘리베이터 카리프트가 건축물에 딸린 시설물에 설치된 경우에는 승강기(엘리베이터, 에스컬레이터, 그 밖의 승강시설)로 보아 개수에 해당되어 교환 시에도 취득세 납세의무가 있는 것이다.

한편, 취득세 과세대상인 '기계장비'란 건설공사용, 화물하역용 및 광업용으로 사용되는 기계장비로서 「건설기계관리법」에서 규정한 건설기계 및 이와 유사한 기계장비 중 행정안전부령으로 정하는 것을 말한다. 차량용 엘리베이터 카리프트가 리프트의 일종으로 건축물에 부속되지 않고 별도로 설치되어 있어서 이동이 가능한 경우에는 화물하역용으로서 기계장비에 해당되어 취득세 과세대상이 되는 것이다.

(2) 시간당 20킬로와트 이상의 발전시설

일반 조명, 보일러 가동, 급·배수 등 주로 건물의 유지관리에 사용할 목적으로 설치한 20킬로와트 이상의 발전시설을 말하며, 공장 등에서 주로 생산시설의 가동을 위하여 설치한 발전시설은 제외된다. 발전설비가 건축물에 부속, 부착된 경우가 아니고 옥외에 설치되었다 하더라도 전원에서 발생하는 전기로서 해당 건축물의 효용가치를 증대시키는 경우는 해당 건축물에 부속된 것으로 보아야 하므로 취득세 과세대상이 될 것이나, 건물과 관계없이 전력을 생산·공급하는 발전기는 과세대상이 되지 아니한다. 따라서 20킬로와트 이상의 발전시설로 옥외인 조경부지에 설치되었다 하더라도 전원에서 발생하는 전기로서 해당 건축물의 효용가치를 증대시킴으로써 건축물에 부수된 경우에 해당된다면 취득세 과세대상이 될 것이고, 발전설비를 보호하기 위하여 건물(벽+지붕, 기둥+지붕, 벽+기둥+지붕)이 있는 경우 건물부분에 대해서는 과세대상이 될 것이다.

한편, 발전시설에 해당되더라도 「전기사업법」의 규정에 의한 전기사업용 전기공작물인 발전기 등의 발전시설(송전철탑 제외)은 취득세 과세대상이 되지 아니한다.

> **사례** 발전시설의 과세대상 여부(감심-71, 1987.9.15.)
>
> 부수시설물이라 함은 어느 특정건물이나 구축물에 직접 물리적으로 또는 장소적으로 부착 또는 부설된 것만을 의미하는 것이 아니라 해당 건물이나 구축물의 효용을 증대시키기 위하여 직·간접으로 설치되는 기능상의 부속설비까지를 포함하는 취지로 해석되어야 할 것인바, 이 건 발전기(20Kw 이상)가 **공원의 유원지인 옥외오락시설의 정전시 정산가동을 위한 것이므로 구축물인 옥외오락시설의 효용을 증대시키는 시설이므로 취득세 과세대상임.

(3) 난방용·욕탕용 온수 및 열 공급시설

1) 개요

난방용이나 욕탕용으로 주로 사용되는 온수 및 열 공급시설을 말하며, 공장 등에서 제품생산을 위하여 설치한 온수 및 열 공급시설은 부수시설물로 보지 아니한다.

한편, 2014.8.11. 이전에는 난방용·욕탕용 보일러로 규정되어 있었다. 난방과 욕탕용으로 주로 사용되는 보일러를 말하며, 공장 등에서 제품생산을 위하여 설치한 보일러는 시설물로 보지 아니한다. 난방용 보일러는 실내 난방을 목적으로 온도조절을 위한 시설이며, 욕탕용 보일러는 목욕을 위한 물을 가온시키기 위한 욕탕용에 주로 사용하는 시설로서, 난방용 보일러는 냉난방 기능을 구비한 시설을 포함하되, 냉난방식에 따라 직접증기방식, 직접온수방식, 온풍난방방식(온풍로식, 코일식)과 중앙닥크식 및 유니트식으로 구분된다. 욕탕용의 경우 사용형태에 따라 공동탕(대중탕), 가족탕(독탕), 한증탕, 사우나탕으로 구분하고 있다.

'난방용 보일러'라 하면 통상 석유, 석탄 등의 연료를 연소시켜 그 연소열을 물에 전하여 압력이 높은 증기를 발생시키는 장치로서 선박 등 증기기관이나 건축물의 난방용 등의 증기를 공급하는 기구를 말하며, '건축물에 부수되는 시설물'(지령 §6)이라 함은 과세대상인 건축물에 부속 또는 부착된 이른바 부합물이나 종물 등으로서 그 건축물 자체의 경제적 효용을 증가시키는 설비 등을 의미하는 것이다. 그런데 건물 자체의 효용가치를 증대시키는 데 사용하는 것이 아니라 지역난방수 등 생산에 사용되는 시설물로서 취득세의 과세대상이 되는 건축물에 부수되는 시설물 해당하지 아니할 것이므로 취득세 과세대상이 되지 아니할 것이다. 열생산설비와 더불어 지역난방시설을 구성하면서 그 배관 내에 있는 지역난방수라는 도체를 외부에 배출하지 아니하고 열생산설비

의 열교환기로부터 공급받은 열을 수용가의 열교환기까지 전달하는 과정을 반복함으로써 수용가의 냉수를 온수 및 급탕수로 변화시키는 기능을 하는 시설은 열생산 공급설비를 구성하는 부속 또는 부착시설로서 「지방세법」 상 취득세 과세대상으로 열거되어 있지 아니하고 또한 이를 건축물의 특수한 부대설비로 볼 수 없는 것이므로 취득세 과세대상이 아니므로 취득세를 과세한 처분은 부당하다(감심 96-5, 1996.1.16.).

① 난방용 온수 및 열 공급시설

냉·난방 방식별로 직접증기, 직접온수, 온풍(온풍로식, 코일식), 냉·난방(중앙닥트식, 유니트식), 전기온돌, 전기히트펌프, 가스히트펌프, 지열히트펌프, 공기열히트펌프로 구분한다.

② 욕탕용 온수 및 열 공급시설

공동탕(대중탕), 가족탕(독탕), 한증막, 증기탕, 사우나탕

③ 지열 냉·난방시설

지열 냉·난방시설은 화석연료 등으로 물을 끓여 열원을 생산하는 보일러가 아니라 지하에 존재하는 지열을 냉매 등을 이용하여 흡수하거나 지열보다 높은 열을 방출하여 건축물의 냉·난방을 하는 공조시설인 점, 「지방세법 시행령」 제6조에서 난방용 보일러 등을 시설물로 규정하고 있으나, 냉·난방 공조시설에 대하여는 규정하고 있지 않은 점, 조세법규의 해석은 특별한 사정이 없는 한 법문대로 해석하여야 하므로 쟁점시설이 난방용 보일러와 비슷한 역할을 한다고 하여 이를 난방용 보일러로 볼 수는 없는 점 등에 비추어 난방용 보일러로 볼 수 없다(조심 2014지261, 2015.6.1.)[41]라고 결정하고 있지만, 이 심판례는 2014.8.11. 이전만 적용되는 것으로 보여진다. 그 이유는 2014.8.12. 이후부터는 난방용 보일러가 난방용 온수 및 열 공급시설로 개정되었기 때문이며, 「기타 물건 시가표준액 조사·산정 업무요령」에서도 지열히트펌프를 난방용 온수 및 열 공급시설로 보고 있기 때문이다.

> **사례** 냉·난방 시설 취득세 과세대상 여부(조심 2019지2298, 2019.10.11.)
> 건축물의 냉·난방을 위한 증기보일러, 흡수식 냉동기(열 흡수기) 등은 전형적인 열 공급시설로서 건축물과 별도로 설치하거나 수선하는 경우에도 취득세 과세대상에 해당하는 점 등에 비추어 이 냉·난방시설은 건축물의 일부이거나 그 자체로 취득세 과세대상이라 할 것임.

---

41) 종전에는 난방용·욕탕용 보일러는 시설물의 한 종류에 해당되므로 이를 설치할 경우에는 취득세를 납부해야 하는 것이며, 「시가표준액 조사·산정 업무요령」에 따르면, 난방용·욕탕용 보일러 중 동물온실용에 대해서는 용도별·면적별로 0.90~1.40에 해당하는 부과지수를 적용해야 하는 것으로 규정되어 있다. 이러한 이유로 모돈(母豚) 육성을 위한 건축물에 지열냉난방보일러 설비를 설치하는 것은 「지방세법」 상 "개수(改修)"에 해당되므로 취득세를 납부해야 할 것이다(지방세운영과-1466, 2013.7.10.)라고 해석하여 개수로 보고 있었다.

2) 보일러 시설 교체, 수선, 설치하는 경우 과세대상 여부

보일러 시설의 교체 없이 부착된 시설만을 교체, 수선, 설치하는 경우(예：배관시설만을 설치하는 경우)에는 개수에 해당되지 아니하여 취득세 과세대상이 되지 아니하지만 기존 건축물에 난방용·욕탕용 온수 및 열 공급시설(2014.8.11. 이전 난방용·욕탕용 보일러) 등 시설물을 설치하는 경우 과세표준은 다음과 처리한다.

① 시설물 본체만을 설치, 교체, 수선하는 경우(예：보일러 본체만을 설치하는 경우)

「지방세법」상 개수에 해당되므로 취득세 납세의무가 있으며, 시설물 설치 교체, 수선, 전체비용이 과세표준이 된다.

② 시설물과 그에 부착된 시설을 같이 설치, 교체, 수선하는 경우(예：보일러와 배관시설을 설치하는 경우)

「지방세법」상 개수에 해당되므로 취득세 납세의무가 있으며, 시설물 및 부착된 시설을 설치, 교체, 수선에 필요한 전체 비용이 과세표준이 된다.

③ 시설물 본체는 교체하지 아니하고 부착물만 교체하는 경우(예：배관시설만을 설치하는 경우)

개수에 해당되지 아니하므로 취득세 납세의무가 없다(세정－3767, 2005.11.15.).

난방용·욕탕용 온수 및 열 공급시설(2014.8.11. 이전 난방용·욕탕용 보일러)의 본체만을 교체하다든지 아니면 본체와 함께 그에 부착된 시설을 같이 설치, 교체, 수선하는 경우에는 취득세 과세대상이 되나, 이외의 수선은 취득세 과세대상이 되지 아니한다.

> **사례** 보일러 본체 등만을 교체 시 취득세 과세대상 여부(감심 2001－142, 2001.12.11.)
>
> 취득세 과세대상이 되는 난방용 보일러는 보일러기계와 난방용 배관설비 등이 결합하여 이루어진 일체를 말하는 것으로 난방용 보일러의 시가표준액에는 보일러 본체 및 난방용 배관설비 등의 각 가액이 포함되어 있다 할 것이어서 보일러 본체 등만을 교체하였음에도 새로이 난방용 보일러를 취득한 것으로 보아 난방용 보일러의 시가표준액에 의하여 취득세를 부과하는 것은 난방용 배관설비 등에 대하여는 난방용 보일러의 취득 시 이미 취득세를 납부하였음에도 다시 취득세를 부과하는 것으로 동일한 물건의 취득에 대하여 이중으로 세금을 부과하는 것이라 할 것이므로 보일러 본체 등의 교체를 난방용 배관설비 등이 포함된 시가표준액상의 난방용 보일러 전체를 새로이 취득한 것으로 보아 취득세 과세표준을 산정한 처분은 위법함.

(4) 시간당 7천560킬로칼로리급 이상의 에어컨(중앙조절식만 해당)

기계장치에 의하여 자동적으로 공기의 온도·습도 등을 조절하는 7천560킬로칼로리(2.5R/T) 이상의 에어컨으로서 중앙조절식에 한하여 시설물로 인정한다.

① 중앙집중식 에어컨에 한하며 1실 단위의 에어컨은 제외한다.

② 제품의 구분：공냉식, 수냉식

에어컨은 7천560킬로칼로리급 이상의 에어컨(중앙조절식에 한함)에 해당되는 경우 취득세 과

세대상이 될 것이다. 여기서 일반적으로 '에어컨의 용량'이라 함은 실내기를 기준으로 판단하며, 중앙조절식이라 함은 한 건물의 냉방을 중앙 냉방, 즉 에어컨을 한 곳에서 관리 통제하는 경우를 말하며, 중앙집중식이 아닌 1실 단위의 에어컨은 제외된다.

한편, 신·증축과 수반되어 붙박이형 시스템 에어컨(용량과 무관함)을 설치한 경우에는 과세대상에 포함될 것이다.

> **사례** 호텔 객실에 각각 설치된 에어컨 과세대상 여부(조심 2008지598, 2009.2.27.)
>
> 냉·난방기는 1대의 최고용량이 11KW이고 실내기 44대, 실외기 10대를 건축물의 각실에 별도로 설치하여 여름에는 냉방기로, 겨울철에는 난방기로 사용하는 것으로서 「지방세법 시행령」 제76조 제4호에서 규정하고 있는 7천560킬로칼로리급 이상의 중앙조절식 에어컨에 해당되지 않고, 난방용보일러라 하면 통상 석유, 석탄 등의 연료를 연소시켜 그 연소열을 물에 전하여 압력이 높은 증기를 발생시키는 장치로서 선박 등 증기기관이나 건축물의 난방용 등의 증기를 공급하는 기구를 말한다 할 수 있으나 청구인의 이 건 건축물에 설치한 이 건 냉·난방기는 실내기 및 실외기를 통하여 압축·응축·팽창·증발과정을 통하여 더운 공기를 만든 후 닥트 등을 통하여 건물의 각 실내에 공급하는 역할을 하는 등 실내온도를 증가시키는 난방역할을 하는 것은 분명하지만 「지방세법 시행령」 제76조 제3호에서 취득세 과세대상으로 규정하고 있는 난방용 보일러에 해당된다고 보기는 어렵다고 판단됨.

(5) 부착된 금고

'부착된 금고'라 함은 건물의 일부를 금고시설로 축조한 것으로 주로 건물내부에 설치하며 은행 등에서 사용하고 있다.

① 편개형 : 금고문이 1짝인 경우
② 양개형 : 금고문이 2짝인 경우
③ 크랭크형 : 금고문이 1짝이며 손잡이가 원형크랭크로 되어 있음.
   크랭크형은 전부 문이 1짝이며 손잡이가 원형크랭크로 되어 있고, 크랭크형 스테인레스는 금고 전체가 스테인레스로 제작된 것이다.
④ 슬라이딩형 : 금고문을 좌우수평으로 이동시켜 개폐하도록 되어 있음.
   슬라이딩형은 금고문을 좌우수평으로 이동시켜 개폐하도록 되어 있고 스텐 전동식 슬라이딩형은 동력원을 전동으로 삼으며 금고 전체가 스테인레스로 제작된 것이다.

건물에 부착되어 있는 금고를 설치한 경우에는 개수에 해당되어 취득세 과세대상이 될 것이나, 벽면 공사를 전혀 하지 않아 부착되어 있지 책꽂이처럼 단순히 이동가능한 금고를 설치하는 경우에는 과세대상이 되지 아니할 것이다.

(6) 교환시설

건물에 부속 또는 부착설치된 건축설비로서 교환업무에 제공되는 시설을 말한다. 그 종류로는 자동식 교환기, 인터폰, 전화기, 간이교환설비가 있다.

'교환시설'이란 구내교환설비 및 간이교환장치를 말하며, 무인교환기도 교환시설에 해당되어, 이를 별도로 장치한 경우에도 취득세 과세대상이 되며, 그 과세표준은 무인교환기 취득가격, 설치비용 등을 포함한 가격이 되는 것이다(도세 22670-2764, 1989.8.8.).

'간이교환설비'는 국선이 수용되는 주장치에 구내선 전화기 간에 회선을 구성하여 주장치 또는 구내선 전화기의 장치를 조작하여 교환원 없이 통화할 수 있는 교환설비(키폰, 비즈니스폰, 버튼 전화기)를 말한다(2017년 이전에는 구내선수가 40회선 이하이어야 함).

건축물의 부속시설인 키폰전화설비, 키폰의 주장치, 키폰박스는 교환시설로서 취득세 과세대상이 되는 것이다(도세 22670-1640, 1990.5.28.). 한편, 건축물을 건축한 것에 있어서 해당 건축물 중 조작 기타 부대설비에 속하는 부분으로서 그 주체 구조부와 일체가 되어 건축물로서의 효용가치를 이루고 있는 것에 대하여는 주체 구조부 취득자 이외의 자가 가설한 경우에도 주체 구조부의 취득자가 취득한 것으로 간주하므로 임차한 건물에 설치한 교환시설은 건물주가 취득세 납세의무가 있는 것이다.

(7) 인텔리전트 빌딩시스템 시설

「건축법」제65조의 2(지능형건축물의 인증)에 따라 인증을 받은 건축물 및 건축물빌딩관리요소[냉·난방, 급수·배수, 방범, 방재(방화(防火) 포함), 전기, 조명 등]의 4가지 이상을 중앙관제장치시스템(기능별 별도 관제시스템 포함)에 의하여 자동관리·제어하는 시설을 말한다. 다만, 사무자동화시설(OA)과 정보·통신시설(TC)은 인텔리전트 빌딩시스템 시설의 범위에서 제외하며, 빌딩관리요소가 중앙관제장치시스템에 의하여 자동제어되지 아니하는 시설(예 : 단순개별관리 또는 단순중앙관리 시스템)을 제외한다.

'인텔리전트 빌딩시스템 시설 또는 빌딩자동화시설'이란, 적어도 공조(냉·난방), 급·배수, 방범, 방재, 조명 등 빌딩관리요소를 모두 자동적으로 제어할 수 있고 나아가 중앙관제시스템에 의하여 이들 기능 모두를 종합적·유기적으로 제어·관리할 수 있는 시설을 가리킨다고 해석하여야 한다(대법원 2001두8360, 2003.11.14.)고 하고 있는 것에 비추어 이러한 시설은 전체의 빌딩관리요소들을 중앙관제시스템에서 제어·관리되는 경우에 해당된다고 할 것이므로, 건축물에 대한 방재 및 공조(온도·환기) 및 전기·전력시스템 부문은 중앙감시실에서 관리·운용되면서 대부분 종합적으로 연계되어 있지 않지만 각기 종합방재시스템 등 자동장치에 의하여 목표값 설정 등 총괄적인 사항을 제어 및 감시 등의 역할을 가지고 있고, 방범부문은 감시시스템을 카지노와 호텔, 그리고 옥외 등으로 구분되어 있지만 정보통신 및 전산부문과 관련하여 구축한 종합정보시스템 H/W 및 S/W에 의하여 프로그램관리·환전·콤프관리·머신게임관리 등의 사항과 함께 통합적으로 관리·운용하고 있는 사실들을 볼 때, 건물의 냉·난방, 급·배수, 공조·전기·조명·방재 등이 중앙감시반의 중앙관제시스템에서 자동제어되는 것이라기보다는 각 관리요소별로 개별관리되거나 일부 3가지 빌딩관리요소가 함께 관리되고 있지만 이는 위 대법원판례에 비추어 빌딩관리요소가 중앙감시시스템 한 곳에서 관리되지 않는 이상 이를 인텔리전트 빌딩시스템 시

설이라 볼 수 없다(행심 2006-153, 2006.4.24.).

> **사례** 일부 부분이 개별적으로 제어·관리되고 있는 경우(대법원 2001두21, 2001.5.8.)
>
> 이 건물은 냉·난방 및 조명부분만 중앙에서 제어·관리되고 있을 뿐, 나머지 부분은 개별적으로 제어·관리되고 있으므로 인텔리전트 빌딩시스템 시설에 해당하지 아니함.

> **사례** 인텔리전트 빌딩시스템 시설의 요건(서울행법 98구30106, 1999.7.16.)
>
> "건물의 냉·난방, 급·배수, 방화, 방범 등의 자동관리를 위하여 설치하는 인텔리전트 빌딩시스템 시설"에 해당하려면 이 중 하나의 시설만이 자동관리되고 있다는 것만으로는 부족하다고 보여지고, 건물의 냉·난방 시설은 반자동으로서 중앙에서는 감시기능만을 수행하고 있고, 급·배수는 레벨(LEVEL), 플로트(FLOAT)방식에 의하여 지역자동화가 되어 있으며, 각 층의 주출입문의 개폐를 자동제어하는 방범시설이 설치되어 있고, 창측의 조명을 반자동으로 제어하고 있으나 방화시설, 사무자동화, 정보통신 시스템 및 이들을 통합적으로 자동제어하는 시설은 설치되어 있지 아니하고 각각의 기기별로 현장에서 직접 운전하거나 감시하고 중앙에서 이들의 동작상황을 감시하고, 기록하는 정도의 제어만이 이루어지고 있는 사실을 인정할 수 있고 달리 반증이 없는바, 이러한 빌딩의 시설만으로는 인텔리전트 빌딩시스템 시설이 설치된 건물에 해당한다고 보기도 어려울 것임.

(8) 구내의 변전·배전시설

1) 개요

① 2015.1.1. 이후

'구내 변전·배전시설'이라 함은 건물 구내(울타리 내)에서 시설의 유지관리를 위하여 타인의 전기설비 또는 구내 발전설비로부터 전기를 공급받아 구내 배전설비로 전기를 공급하기 위한 전기설비로서 전기를 받는 지점(수전 지점)으로부터 구내 배전설비로 전기를 배전하는 전기설비(배전반)까지의 설비를 말한다. 여기서 변전시설은 구내에 설치된 변압기를 말하고, 배전시설은 배전반 이후 전기사용기기에 이르는 전선로, 개폐기, 차단기, 분전함, 콘센트, 제어반, 스위치 그 밖의 부속설비를 말한다.

건물 구내에서 시설의 유지관리를 위하여 사용되는 전력의 전압변경을 위한 시설과 배전을 위한 시설을 의미한다고 할 것이고, 일반의 수요에 공하기 위한 변전·배전시설 등은 이러한 의미에서의 건축물의 부수시설물이 아니라 할 것(대법원 2006두7416, 2006.7.28. 참조)이며, 생산설비의 가동을 위한 변전·배전시설의 경우에는 취득세 과세대상에서 제외된다(도세 13421-30, 1994.1.13.). 따라서 공장의 생산설비 가동용과 사무용으로 공용으로 사용하는 경우라면 합리적인 비율[변전시설이 공급하는 전체 전력공급량 중 생산시설에 공급하는 전력량의 비율(조심 2011지426, 2012.4.5. 참조)]로 안분하여 생산시설에 해당하지 아니하는 비용에 대해서는 취득세 과세대상에 해당한다고 할 것이다(지방세운영과-2286, 2016.9.2.).

ⓐ 구내 수전시설

한국전력공사나 구내 발전시설로부터 전기를 받은 후에 전압을 변경하여 구내로 배전하는
시설로서 구내에 설치한 「전기사업법 시행규칙」 제2조 제6호의 수전시설을 말한다. 다만,
수전용량(계약용량) 100KVA 이상 수전시설에 대하여 적용한다.

ⓑ 변압기

구내의 수전시설에 설치된 변압기를 말한다. 다만, 변압기만을 교체한 경우에 적용하며,
수·배전시설 일체를 설치 또는 교체한 경우에는 상기의 "구내 수전시설"을 적용한다.

② 2014.12.31. 이전

'구내변전·배전시설'이라 함은 건물 구내(울타리 내)에서 시설의 유지관리를 위하여 사용되
는 전력의 전압변경을 위한 시설과 배전을 위한 시설을 말하는데, 생산설비를 가동하기 위한 것
과 한국전력공사가 울타리 외에 설치한 일반의 수요에 공하기 위한 시설은 시설물이 아니다. 구
내의 변전설비와 한전의 변전소에서 회사 변전소까지의 인입선 공사 중 구내의 배전시설(한전
전주에서 건물 구내 변압기까지의 공사 구간만 해당될 것임)과 이에 대한 공사비는 취득세 과세
대상이 될 것이다. 즉 한전의 변전소에서 전주까지의 소유는 한전일 것이므로 이에 대한 인입선
공사는 회사가 부담하더라도 취득세 과세대상이 되지 아니할 것이다.

ⓐ 구내 변전시설

건물구내에 설치된 변압기를 말한다(용량, 규격별 산정).

ⓑ 배전시설

한국전력공사 재산인 전주에서 수용가구 내에 설치한 변압기까지 시설이다. 단, 수전용량
(계약용량) 100KVA 이상 수용가에 적용한다.

2) 도로가로등, 제설기계의 변전·배전시설

건물에 부속 또는 부착된 건축설비로서의 구내변전, 배전시설은 취득세 과세대상에 해당하는
것이나, 도로가로등, 제설기계 등에 부착되거나 건물에 부속 또는 부착되지 아니한 경우에는 과
세대상이 아니다.

3) 분전시설

분전시설이 변압기와 유사하다면 분전시설은 취득세 과세대상이 될 것이고, 고압 케이블 공사
가 구내의 배전시설(한전 전주에서 건물구내 변압기까지)의 케이블 공사라면 취득세 과세대상이
될 것인데, 변압기로부터 각 건물외벽이나 건물 내의 케이블인 경우에는 과세대상이 되지 아니할
것이다. 취득세 과세대상이 된다면 신규 설치뿐만 아니라 교체의 경우에도 과세대상이 된다. 분
전시설이 변압기로 볼 수 없다고 하더라도 시간당 20킬로와트 이상의 발전시설과 관련된 경우에

는 분전시설과 케이블도 과세대상이 될 것이다.

일반적으로 분전반은 옥내 배선에 있어서 간선으로부터 각 분기 회로로 갈라지는 곳에 각 분기 회로마다의 스위치를 설치해 놓은 것을 말하는데, 이 경우에는 변압기와 발전시설과는 관계는 없을 것으로 판단된다.

참고로, 구내에 설치한 전선로용 철탑 등 시설물은 변전·배전시설에 포함되나(세정 22670-10016, 1985.8.27.), 고압전선을 보호하기 위한 지하암거 및 지하터널은 취득세 과세대상이 아니다 (도세 22670-3418, 1990.10.11.).

4) 생산시설 가동을 위한 변전시설

취득세 과세대상 변전시설은 건축물에 부속되어 부합물이나 종물 등으로서 그 건축물 자체의 경제적 효용을 증가시키는 설비 등을 의미하므로 전력을 공장 등에서 생산시설 가동을 위하여 설치한 변전시설은 과세대상에 해당되지 않고(대법원 74누181, 1976.2.4. 참조), 공장의 사무실 및 공장 건물의 조명용 등 건물의 유지관리에 사용할 목적으로 설치한 변전시설은 건물 자체의 효용가치를 증대시키는 건물의 부대시설로서 과세대상이 된다. 따라서 구내 변전시설 중에서 생산시설에 사용되는 변전시설은 취득세 과세대상으로 볼 수 없고, 해당 건물의 유지관리에 사용되는 변전시설은 취득세 과세대상이다(지방세운영과-5117, 2010.10.27.).

여기서 생산설비용의 정의를 명확하게 되어 있지 아니하므로 공장의 변전·배전시설이 무조건 생산설비용으로 판단하기에는 문제가 있을 것이지만, 건축물 유지관리 목적이 아닌 생산용 기계 등의 가동에만 전용되고 있는 변전·배전시설은 취득세 과세대상에 포함되지 아니할 것이다(세정 22670-10016, 1985.8.27.).

따라서 생산시설인 기계장치 가동용으로 사용하는 변전·배전설비는 실내·외 설비 여부와는 관계없이 과세대상이 되지 아니하나, 건물을 위한 변전·배전시설은 취득세 과세대상이 될 것이다. 즉 건물과 생산에 겸용하여 사용하는 경우에는 생산시설만을 위한 시설로 볼 수 없는바, 이 경우 합리적인 비율로 안분[변전시설이 공급하는 전체 전력공급량 중 생산시설이 아닌 시설에 공급하는 전력량의 비율(조심 2011지426, 2012.4.5. 참조)]하여 생산시설에 해당하지 아니하는 비용에 대해서는 취득세 과세대상이 될 것이다(지방세운영과-2286, 2016.9.2.).

5) 전기 관련 증설공사 중 모터기동반과 케이블 및 암거시설공사

구내 변전·배전시설이라 함은 건물구내(울타리 내)에서 시설의 유지관리를 위하여 사용되는 전력의 전압변정을 위한 시설과 배전을 위한 시설을 말하는 것으로서 모터기동반은 선박·차량 등에 유류를 공급하기 위하여 별도로 설치된 펌프(모터)실의 전력공급의 중앙조작기능으로서 고압·지압배전반이 있는 수전 설비실에 함께 설치되어 있는 점을 볼 때, 모터기동반은 구내의 배전시설의 일부라 할 것이고, 또한 케이블 및 암거시설공사 중 케이블과 저압배전반의 하부시설 등의 경우도 마찬가지라 할 것이므로 케이블 및 암거시설공사 중 암거시설은 전기를 공급하는 케이블을 보호하기 위하여 지하에 매설한 구조물로서 그 자체를 독립된 구축물에 해당되지 아니한다(행심 2001 - 553, 2001.11.26.).

6) 지역 전력공급을 위해 도로변 등에 설치한 변전·배전시설

지역 전력공급을 위해 공급지역의 도로변 등에 설치한 전력공급 케이블 및 이를 보호하기 위한 관로 등 지하구조물, 배전을 위해 공급지역에 설치한 개폐기 및 변압기기는 구내의 변전·배전시설에는 해당되지 아니하며, 발전시설에 해당되더라도「전기사업법」의 규정에 의한 "전기사업용 전기공작물"인 발전기 등의 발전시설(송전철탑 제외)은 취득세 과세대상이 되지 아니한다.

7) 국가소유 시설에 임차인이 변전·배전시설을 설치한 경우

구내라는 개념은 구외의 변전시설은 한국전력의 것이므로 제외된다는 의미로 판단하여야 할 것으로서, 하역장 내의 전기시설이 하역장 소유자의 소유인 경우에는 하역장의 구내의 변전시설로 보아야 한다는 것이다.

그런데 건축물을 건축한 것에 있어서 해당 건축물 중 조작 기타 부대설비에 속하는 부분으로서 그 주체 구조부와 일체가 되어 건축물로서의 효용가치를 이루고 있는 것에 대하여는 주체 구조부 취득자 이외의 자가 가설한 경우에도 주체 구조부의 취득자가 함께 취득한 것으로 간주한다. 하역장이 국토해양부 소유라면 하역장의 구내 변전시설은 임차인 소유라기보다는 국토해양부라고 해야 할 것으로 판단되며, 임차인이 설치하였더라도 주체 구조부의 취득자인 국토해양부일 것이므로 국가 등에 의한 취득에 해당되어 비과세가 될 것이다.

⑤ 차량

취득세 과세대상이 되는 '차량'이라 함은 원동기를 장치한 모든 차량과 피견인차 및 궤도에 의하여 승객 또는 화물을 반송하는 모든 기구로서 "원동기를 장치한 차량"이라 함은 원동기에 의하여 육상을 이동할 목적으로 제작된 용구[총배기량 50시시 미만 이륜자동차, 최고정격출력 4킬로와트 이하의 이륜자동차(2020년 이후) 제외]를 말한다.

'궤도'라 함은 공중에 설치한 밧줄 등에 운반기를 달아 여객 또는 화물을 운송하는 것이며, 지상에 설치한 선로에 의하여 여객 또는 화물을 운송하는 것을 말한다(지예 법6-2). 그리고 "차량"에는 태양열, 배터리 등 기타 전원을 이용하는 기구와 디젤기관차, 광차 및 축전차 등이 포함된다.

원동기를 장치하지 아니 소형 트레일러는 피견인차량으로 취득세 과세대상이나(세정 13407 - 83, 1999.11.1.), 바퀴만 있지 자체 원동기는 갖추어 있지 않아 이동이 불가능하며 트레일러처럼 피견인 차량으로 볼 수 없는 경우 차량으로서 취득세 과세대상에는 해당되지 아니할 것이다.

(1) 청소 차량

청소 차량 자체가 원동기를 구비하고 사람이 탑승하여 원동기에 의하여 육상을 이동할 수 있

는 기능을 수행하도록 제작된 용구라면 외부도로를 주행하지 아니하고 사무실이나 회사(공장) 등 건물 내부에서만 사용되는 청소차량이라 하더라도 차량으로 보아 취득세 과세대상이다(지방세운영과-470, 2013.2.15.).

(2) 고소작업차

1) 선박건조용 고소작업차

선박건조용 고소작업차는 조선소 내에서 배를 건조하기 위하여 독이나 독 외곽의 육상 등을 운행하면서 작업인부가 탑승하여 배 측면 등에 도색 및 용접 등을 하는 것으로서 원동기를 장치하기는 하였으나 육상을 이동할 목적이 아니고, 승객 또는 화물을 반송하는 기구로도 볼 수 없으므로 취득세의 과세대상인 차량에 해당되지 아니하는 것이고, 취득세 과세대상인 기계장비와 유사하나 「지방세법 시행규칙」 제3조에서 [별표 1]로 규정하고 있는 과세대상 기계장비의 범위에도 해당되지 아니하며, [별표 1]에서 30번 기타 건설기계는 이 표에 게기된 유사한 구조 및 기능을 가진 기계류로서 행정안전부장관 또는 국토교통부장관이 따로 정하는 것으로 규정하고 있고, 건설교통부고시 제2001-68호(2001.3.21.)에서 터널용 고소작업차를 특수건설기계로 지정하였음을 볼 때 이와 유사하다고 하겠으나 선박건조용 고소작업차에 대해서는 특수건설기계로 지정되지 아니하여 기계장비에도 해당되지 아니하는 것이다(행심 2006-24, 2006.1.23.).

2) 터널용 고소작업차

원동기를 장치하기는 하였으나 육상을 이동할 목적이 아니고, 승객 또는 화물을 반송하는 기구로도 볼 수 없으므로 취득세의 과세대상인 차량에 해당되지 아니하는 것이나, 기계장비에 해당되어 과세대상이 된다.

(3) 탱크로리

차량의 정의에 피견인차를 포함한 모든 기구라고 규정되어 있으므로 탱크로리도 피견인차에 해당될 것으로 보여지는바, 차량 종류변경 여부와는 관계없이 과세대상이 된다는 것이다. 비록 탈부착이 가능하더라도 탱크로리의 부속품인 섀시 및 탱크도 탱크로리의 취득가액에 포함될 것이다.

(4) 리프트카

전동사다리차(리프트카)는 차량으로 볼 수 있을 것인데, 만약 차량이라 볼 수 없다라고 하더라도 지게차의 일종이라고도 볼 수 있을 것으로, 「지방세법」 제6조 및 「지방세법 시행규칙」 제3조에서 건설공사용·화물하역용 및 광업용으로 사용되는 기계장비로서 「건설기계관리법」에서 규정한 건설기계 및 이와 유사한 기계장비 중 행정안전부령이 정하는 [별표 1]에 규정된 것을 취득세의 과세대상이 되는 기계장비로 규정하고 있고 그 [별표 1](과세대상 기계장비의 범위) 제4호에서 지게차(들어올림장치를 가진 모든 것)로 규정하고 있으며, 위의 기계장비 등은 「건설기계관리법」에 의한 등록 여부에 관계없이 취득세 과세대상이 되는 것이다.

보행식 파레트트럭과 전동지게차가 솔리드타이어를 부착한 것으로서 「건설기계관리법」상의 지게차에 해당되지 아니하여 같은 법상의 등록대상이 아니라고 하더라도, 화물하역용으로서 들어올림장치를 가진 경우에는 「지방세법」상 과세대상인 기계장비(지게차)에 해당하는 것이므로 취득세 과세대상이다(지방세정팀-644, 2006.2.13.).

(5) 스키장 리프트, 곤돌라

체육시설인 스키장의 이용객들이 슬로프를 오를 수 있도록 설치한 리프트 시설은 유원지 내의 옥외 오락시설이 아니다(행심 2000-112, 2000.2.23.). 따라서 스키장 내의 리프트 시설을 유원지 내의 옥외 오락시설로 보아 취득세를 부과할 수 없다.

한편, 차량의 범위에는 '궤도에 의하여 승객 또는 화물을 운송하는 모든 기구'를 포함하는 것이므로 오토바이, 트레일러, 기차·전동차, 광차 및 케이블카 등이 이에 해당되는 것이다. 즉 케이블카, 리프트의 경우 궤도에 의하여 승객 또는 화물을 운송하는 모든 기구에 포함되는 것으로 차량으로 볼 수 있는 것이다. 이와 같은 취지로 골프장에 설치된 리프트웨어는 궤도에 의하여 골프장 이용객 및 화물을 반송하는 기구로서 차량에 해당되므로(행심 99-661, 1999.11.24.), 스키장의 리프트와 곤돌라 등도 차량으로 보아 취득세 과세대대상이 될 것이다.[42]

참고로, 신규로 스키장을 설치하면서 기존 시설을 옆 슬로프로 이동 설치하는 경우 이전 공사비는 취득세 과세표준에 포함하여야 할 것이다(기존 슬로프의 장부가액은 제외될 것임). 그런데 신규 설치 없이 단독으로 이전하는 경우에는 제외될 것으로 판단된다.

(6) 골프카(카트)

차량에는 태양열, 배터리 등 기타 전원을 이용하는 기구와 디젤기관차, 광차 및 축전차 등이 포함되며, 차량의 취득세 과세대상 여부는 등록 여부와는 무관하며, 원동기를 장착한 모든 차량으로 규정되어 있어 골프장의 골프카도 등록이 되지 아니하나 취득세 과세대상이 된다.

(7) 이륜자동차

「자동차관리법」제3조 제1항 제5호에 따르면 '이륜자동차'란 총배기량 또는 정격출력의 크기와 관계없이 1인이나 2인의 사람을 운송하기에 적합하게 제작된 이륜의 자동차 및 그와 유사한 구조로 되어 있는 자동차를 말하며, 같은 법 시행규칙 [별표 1]의 규모별 세부기준에서는 배기량

---

42) 케이블카 등을 기능상으로 볼 때 원칙적으로 '차량'으로 보아야 하나 그 케이블카 등이 유원지 내에 위치하여 유원지 옥외 오락시설로서의 기능을 하는 경우에는 차량보다는 부동산인 시설물로 보아야 과세관행에도 부합되고 합리적일 것이다.

이 50시시 미만이거나 최고정격출력이 4킬로와트 이하인 경우에는 경형 이륜자동차로 분류하고 있다. 한편, 배기량 50시시 미만의 이륜자동차, 최고정격출력이 4킬로와트 이하인 이륜자동차 (2020년 이후)를 취득세 과세대상에서 제외하고 있는 것은 해당 이륜자동차가 주로 생계활동 등에 사용되고 있으므로 납세부담 경감을 통한 서민생활 지원에 그 목적이 있다고 할 것이다. 따라서 「자동차관리법」 등에서 배기량이 50시시 미만인 경우와 최고정격출력이 4킬로와트 이하인 경우를 동일하게 경형 이륜자동차로 분류하고 있는 점을 감안했을 때 최고정격출력 4킬로와트 이하인 전기 이륜자동차도 취득세 과세대상에서 제외시키는 것이 합리적일 것으로 판단된다(지방세운영과 - 283, 2013.1.28.).

한편, 2012.1.1.부터 이륜자동차의 범위가 배기량 50시시 미만으로 확대되고 사용신고도 의무화하도록 「자동차관리법」이 개정(2011.5.24.)됨에 따라 서민들의 세부담을 경감하고 불완전한 과세로 인한 조세모순을 방지하기 위해 해당 50시시 이하의 이륜자동차를 취득세 과세대상인 차량의 범위에서 제외하였다. 그런데 자동차 등록대상에는 소유권의 신규·이전등록을 포함하여 저당권설정·기타 등록을 포함하고 있으나 자동차 등록사항 중 「자동차등록령」 제22조 제4항 제4호의 규정에 의한 주소 변경등록과 총배기량 125시시 이하의 이륜자동차는 등록면허세 납세의무가 발생되지 아니한다(지령 §40 - 2 ①, ④).

(8) 지게차

들어올림장치를 가진 것으로서 물류창고 내에서 파레트 등을 들어올리거나 운반하는 데 사용되는 지게차 등에 해당하는 경우 취득세 과세대상에 해당하는 것이다(지방세정담당관 - 382, 2003.7.7.). 이는 차량으로 보아 과세대상이 될 수 있지만, 기계장비로 보아 과세대상이 되는 것으로 보고 있다.

한편, 「건설기계관리법」 상의 지게차에 해당되지 아니하여 같은 법상의 등록대상이 되는 경우에는 등록면허세 과세대상이 될 것이다.

TT - CAR(지게차 견인식 트레일러)는 지게차 뒤에 연결하여 TT - CAR 위에 화물을 실어 한꺼번에 운반하는 것으로서, 오토바이 뒤에 리어카를 연결하여 리어카에 짐을 싣고 다니는 것과 유사한 TT - CAR의 형태는 바퀴에 짐을 실을 수 있는 화물칸을 단순히 올려놓은 형태로, 제동·구동 등을 위한 어떠한 원동 장치가 설치되어 있지 않는 등 리어카와 같은 구조이다. 이 경우 원동기를 장치한 모든 차량과 피견인차 및 궤도에 의하여 승객 또는 화물을 반송하는 모든 기구를 차량으로 보고 있으므로 이 TT - CAR도 트레일러처럼 피견인차에 해당될 것으로 차량으로 보아 과세대상이 될 것이다.

(9) 전동대차

전동대차가 차륜을 구비하고 원동기에 의하여 이동할 수 있는 기구이며, 승객이나 화물을 운송하는 경우에는 차량으로 보아 취득세 과세대상이 될 것이며, 또한 승객이나 화물을 운송하지 아니하는 경우라 하더라도 들어올림장치를 가진 모든 것을 지게차로 정의하여 지게차가 건설공사용 · 화물하역용 및 광업용으로 사용되는 경우 취득세 과세대상이 되므로 전동대차가 취득세 과세대상이 되는 지게차 역할을 할 경우에는 취득세 과세대상이 될 것이다.

그런데 공장 내부 기존에 설치된 레일 위에서 제조 공정간 제품을 이동하기 위한 대차로 이는 컨베이어시스템과 유사한 경우라면 이를 화물하역용으로 볼 수 없는 것이므로 취득세 과세대상이 되지 않고 기계장치에 해당할 것이므로 과세대상이 아니다.

⑥ 기계장비

(1) 개요

'기계장비'라 함은 건설공사용 · 화물하역용 및 광업용으로 사용되는 기계장비로서「건설기계관리법」에서 규정한 건설기계 및 이와 유사한 기계장비 중「지방세법 시행규칙」[별표 1]에 규정된 것으로 한다(지법 §6 8, 지칙 §3). 건축물(대수선 등 개수 시 과세대상임)과는 달리 기계장비에 대한 자본적 지출로 취득세 과세대상이 되는 것은 원동기 · 정원 · 적재정량 또는 차체가 각각 변경(기계장비의 종류변경)될 때뿐이므로 기계장비의 수선은 새로운 취득으로 볼 수 없을 것으로 과세대상에서 제외될 것이다.

한편, '기계장비'에는 단순히 생산설비에 고정 부착되어 제조공정 중에 사용되는 공기압축기, 천정크레인, 호이스트, 컨베이어 등은 제외한다(지예 법6-3).

● [별표 1] 과세대상 기계장비의 범위(지칙 §3 관련)

건설기계명	범 위
1. 불도저	무한궤도 또는 타이어식인 것
2. 굴착기	무한궤도 또는 타이어식으로 굴착장치를 가진 것
3. 로더	무한궤도 또는 타이어식으로 적재장치를 가진 것
4. 지게차	들어올림장치를 가진 모든 것
5. 스크레이퍼	흙 · 모래의 굴삭 및 운반장치를 가진 자주식인 것
6. 덤프트럭	적재용량 12톤 이상인 것. 다만, 적재용량 12톤 이상 20톤 미만의 것으로 화물운송에 사용하기 위하여「자동차관리법」에 따라 자동차로 등록된 것 제외
7. 기중기	강재의 지주 및 상하좌우로 이동하거나 선회하는 장치를 가진 모든 것
8. 모터그레이더	정지장치를 가진 자주식인 것
9. 롤러	① 전압장치를 가진 자주식인 것 ② 피견인 진동식인 것
10. 노상안정기	노상안정장치를 가진 자주식인 것
11. 콘크리트뱃칭플랜트	골재저장통 · 계량장치 및 혼합장치를 가진 모든 것으로서 이동식인 것
12. 콘크리트 피니셔	정리 및 사상장치를 가진 것

건설기계명	범 위
13. 콘크리트 살포기	정리장치를 가진 것으로 원동기를 가진 것
14. 콘크리트 믹서트럭	혼합장치를 가진 자주식인 것(재료의 투입·배출을 위한 보조장치가 부착된 것을 포함한다)
15. 콘크리트 펌프	콘크리트 배송능력이 시간당 5세제곱미터 이상으로 원동기를 가진 이동식과 트럭 적재식인 것
16. 아스팔트 믹싱프랜트	골재공급장치·건조가열장치·혼합장치·아스팔트 공급장치를 가진 것으로 원동기를 가진 이동식인 것
17. 아스팔트 피니셔	정리 및 사상장치를 가진 것으로 원동기를 가진 것
18. 아스팔트 살포기	아스팔트 살포장치를 가진 자주식인 것
19. 골재 살포기	골재 살포장치를 가진 자주식인 것
20. 쇄석기	20킬로와트 이상의 원동기를 가진 것
21. 공기압축기	공기토출량이 분당 2.84세제곱미터(제곱센티미터당 7킬로그램 기준) 이상인 것
22. 천공기	크로라식 또는 굴진식으로서 천공장치를 가진 것
23. 항타 및 항발기	원동기를 가진 것으로서 해머 또는 뽑는 장치의 중량이 0.5톤 이상인 것
24. 자갈채취기	자갈채취장치를 가진 것으로 원동기를 가진 것
25. 준설선	펌프식·바켓식·딧퍼식 또는 그래브식으로 비자항식인 것
26. 노면측정장비	노면측정장치를 가진 자주식인 것
27. 도로보수트럭	도로보수장치를 가진 자주식인 것
28. 노면파쇄기	파쇄장치를 가진 자주식인 것
29. 선별기	골재 선별장치를 가진 것으로 원동기가 장치된 모든 것
30. 타워크레인	수직타워의 상부에 위치한 지브(jib)를 선회시켜 중량물을 상하, 전후 또는 좌우로 이동시킬 수 있는 정격하중 3톤 이상의 것으로서 원동기 또는 전동기를 가진 것
31. 그 밖의 건설기계	제1호부터 제30호까지의 기계장비와 유사한 구조 및 기능을 가진 기계류로서 행정안전부장관 또는 국토교통부장관이 따로 정하는 것

☞ 행정안전부장관 또는 국토교통부장관이 따로 정하는 것 : 국토교통부 고시 제2021-1304호(2021.12.6.)

특수건설기계명	범 위
1. 도로보수트럭	도로보수장치를 가진 자주식인 것
2. 노면파쇄기	파쇄장치를 가진 자주식인 것
3. 노면측정장비	노면측정장치를 가진 자주식인 것
4. 콘크리트믹서트레일러	콘크리트 혼합장치를 가진 비자주식인 것
5. 아스팔트콘크리트재생기	포장된 아스팔트콘크리트의 굴착·재생장치를 가진 것으로 원동기를 가진 것
6. 수목이식기	수목채취 및 운반장치를 가진 자주식인 것
7. 터널용 고소작업차	타이어식으로 고소작업장치를 가진 것
8. 트럭지게차	운전석이 있는 주행차대에 별도의 조종석을 포함한 들어올림장치를 가진 것

☞ 건설교통부 고시 제2001-68호(2001.3.21.)에 의하여 터널용 고소작업차가 특수건설기계로 추가 지정이 되었고, 트럭지게차는 2012.5.7.자로 추가로 지정이 되었음.

(2) 기계장비 여부

1) 지게차

들어 올림 장치를 가진 것으로서 공장 내에서 파레트 등을 들어 올리거나 운반하는 데 사용되는 지게차 등에 해당하는 경우에는 취득세 과세대상에 해당하는 것이다.

전동사다리차(리프트카)는 차량으로 볼 수 있을 것인데, 만약 차량이라 볼 수 없다라고 하더라도 지게차의 일종이라고도 볼 수 있을 것인데,「지방세법」제6조 및「지방세법 시행규칙」제3조에서 건설공사용·화물하역용 및 광업용으로 사용되는 기계장비로서「건설기계관리법」에서 규정한 건설기계 및 이와 유사한 기계장비 중 행정안전부령이 정하는 [별표 1]에 규정된 것을 취득세의 과세대상이 되는 기계장비로 규정하고 있고 그 [별표 1](과세대상 기계장비의 범위) 제4호에서 지게차(들어올림장치를 가진 모든 것)로 규정하고 있으며, 위의 기계장비 등은「건설기계관리법」에 의한 등록 여부에 관계없이 취득세 과세대상이 되는 것이다. 따라서 보행식 파레트트럭과 전동지게차가 솔리드타이어를 부착한 것으로서「건설기계관리법」상의 지게차에 해당되지 아니하여 같은 법상의 등록대상이 아니라고 하더라도, 화물하역용으로서 들어올림 장치를 가진 경우에는「지방세법」상 과세대상인 기계장비(지게차)에 해당하는 것이므로 취득세 과세대상이다(지방세정팀-644, 2006.2.13.).

한편, 자동용접용 작업리프트가 들어 올림 장치를 가진 것이지만 화물하역용이라기보다는 생산공정 중에 사용되고 있는바, 자동용접용 작업리프트는 취득세 과세대상으로 볼 수 없다.

2) 기중기(크레인, CRANE)

취득세 과세대상이 되는 기중기는 강재의 지주[43] 및 상하좌우로 이동하거나 선회하는 장치를 가진 모든 것을 말하므로, 여기서 '선회장치'란 일반적인 용어의 개념상 기계의 일부를 어떤 축을 중심으로 그 원주방향으로 돌리는 기계장치를 의미한다 할 것이다. 한편,「건설기계관리법」상 '기중기'라 함은 무한궤도 또는 타이어식으로 강재의 지주 및 선회장치를 가진 것{다만, 궤도(레일)식은 제외}을 말한다.

상기에서 상하좌우로 이동하는 경우에도 기중기로 보는 것으로 규정되어 있으나,「건설기계관리법」상으로는 상하좌우로 이동이 아닌 선회장치를 가지고 있어야 기중기에 해당한다는 것이다. 따라서 취득세 과세대상 기중기와「건설기계관리법」상의 기중기에 약간의 차이가 있다고 볼 수 있다. 즉 단순히 생산설비에 고정 부착되어 제조공정에 사용되는 천정크레인의 경우는 취득세 과세대상에서 제외되는 것이지만, 이 크레인이 강재의 지주로 되어 있고, 상하좌우로 이동하는 장치를 가지고 생산공정에 설치되어 생산설비의 기능을 하는 경우를 제외한 들어 올림 기능을 수행하는 크레인의 경우 화물하역용의 범위에 포함되어 취득세 과세대상 기중기에 해당한다.

「항만법」에 의거 전용 부두공사 중 BTC CRANE이 건설공사용·화물하역용 및 광업용으로

---

43) 강재는 건설공사 등의 재료로 쓰기 위하여 압연 따위의 방법으로 가공을 한 강철이며 철광석을 채굴, 제련하여 만든다. 이러한 강재로 만든 지지할 수 있는 버팀대로 원통형, 각형 등이 있다.

사용되는 기계장비로서 강재의 지주 및 상하좌우로 이동하거나 선회하는 장치를 가진 기중기에 해당한다면 취득세 과세대상이 되므로 BTC 크레인은 화물하역용에 해당되어 취득세 과세대상이 된다.

창고 내에 설치된 호이스트 크레인은 제품 생산라인의 일부분이 아니라 화물하역용으로 기계장비에 해당할 가능성이 매우 높다.

타워크레인은 「건설기계관리법」 상 건설기계에 해당하나, 선박의 건조활동 타워크레인은 생산에 사용되는 경우 과세대상이 되지 아니할 것이고, 타워크레인이 생산(제조)공장 내 생산라인에 설치되어 제품제작 공정상 생산설비의 일부에 해당될 경우에는 기계장치에 해당되어 과세대상이 아니다.

크레인이 생산설비와 유기적인 관계에 있는 것이 아니라 야적장에 별도로 설치되어 있고 원재료를 들어오리고 내리는 역할을 하고 있으므로 화물하역용이라고 보아야 할 것이다. 들어올림장치를 가진 것으로서 공장 내에서 파레트 등을 들어올리거나 운반하는 데 사용되는 지게차 등에 해당하는 경우에는 취득세 과세대상에 해당하는 것이라고 해석하고 있으며(지방세정담당관-382, 2003.7.7.), 석탄하역기는 용도가 화물하역용이고, 구조는 강재의 지주 및 상하좌우로 이동하고 선회하는 장치를 가진 팔 구조물로 되어 있으므로, 취득세 과세대상이 되는 기중기에 해당한다.

한편, 크레인이 전기생산시설의 발전설비인 터빈의 수리 및 정비를 위하여 설치된 기계장비로서, 그 용도 및 기능에 비추어 볼 때 화물하역용으로 사용되는 기계장비라고 보기는 어렵고, 크레인이 터빈을 들어올려 옮기는 기능을 수행하고 있기는 하나, 이는 위와 같이 터빈의 수리·정비 과정에서 터빈을 수리 장소로 이동시켰다 다시 원래의 장소에 설치하기 위한 것에 불과하여 단순히 이러한 기능이 있다는 이유만으로 이 사건 크레인이 화물하역용으로 사용되는 기계장비라고 볼 수는 없다(대법원 2010두7680, 2010.8.26.)라고 판시하고 있다.[44]

> **사례** 신축 건축물 내에 기중기가 취득세 과세대상이 되는 경우(조심 2011지523, 2012.9.20.)
>
> 공장용 건축물을 신축한 후 이를 사용자에게 매도한 경우로, 이는 신축 건축물 내에 기중기(호이스트)를 설치하여 생산설비로 사용하기 위한 취득이 아닌 건축물의 판매에 효율성 등을 제고하기 위한 취득이라 봄이 타당할 것이고, 기중기를 취득세 과세대상으로 규정하고 있는 이상, 이 기중기(호이스트)를 취득세 과세대상으로 보는 것임.

> **사례** 화물하역용 크레인은 생산설비가 아니므로 과세대상임(조심 2008지409, 2008.9.24.).
>
> 단순히 생산설비에 고정부착되어 제조공정에 사용되는 천정크레인의 경우는 그 대상에서 제외되는 것이므로 이 크레인의 경우 강재의 지주로 되어 있고, 상하좌우로 이동하는 장치를 가지고 있으므로 기중기의 범위에 해당한다 할 것이고, 그 용도에 있어서도 선박 생산공정에 사용되지 아니하고 제작된 선박제조용 블록을 하역, 이송에 사용되는 경우의 크레인은 화물하역용의 범위에 포함된다고 결정(행심 2003-233, 2003.11.24.)하고 있는 것을 미루어 보면 생산공정에 설치되어 생산설비의 기능을 하는 경우를 제외한 들어 올림 기능을 수행하는 크레인의 경우 화물하역용의 범위에 포함되

---

44) 조세심판원의 심판례(조심 2017지195, 2017.7.5.)도 동일한 취지임.

어 취득세 과세대상에 해당된다 할 것이고, 이 크레인은 그 사용용도가 전기생산시설의 정비과정에서 발전설비인 터빈이 고장난 경우, 수리를 위하여 설치된 것으로서, 이를 전기생산 공정의 생산라인에 설치되어 전기생산 설비로 직접 사용되는 공정상의 유기적 생산설비로 보기는 어렵다 할 것임.

> **사례** 크레인 과세대상 판단 기준(감심 93-135, 1993.8.24.) **- 종전 규정에 따른 해석**
>
> 천정 크레인은 서로 마주보는 건물 벽을 따라 부설된 레일에 직각으로 주행하는 강재의 BEAM을 걸치고 그 비임에 권양 및 횡행운동을 하는 기계장치인 TROLLEY를 설치하여 트롤리의 권양 및 횡행운동과 비임의 주행운동을 이용하여 중량물을 매달아 운반하는 기중기이며, 벽크레인은 건물 한쪽 벽에 부설된 레일에 직각으로 주행하는 강재의 ARM 또는 BOOM을 걸치고 위 천정크레인과 마찬가지로 트롤리의 권양 및 횡행운동과 아암의 주행운동을 이용하여 중량물을 매달아 운반하는 기중기이고, 집크레인은 건물기둥에 수동으로 180도 선회시킬 수 있는 비임을 부착하고 그 비임에 설치된 트롤리의 권양 및 횡행운동과 비임의 회전운동을 이용하여 중량물을 매달아 운반하는 기중기로서 "선회장치" 또는 "선회장치"와 유사한 부분이 내장되어 있지 아니함이 그 설계도등에 의하여 확인되고 있다면, 이 건 크레인 중 천정크레인 및 벽크레인은 물론 그 비임이 어떤 기계장치에 의하여 선회되지 아니하고 수동으로 선회되는 구조로 된 집크레인 역시 강재주지는 있으나 "선회장치"를 가진 기중기로는 보기 어렵다 할 것임.
>
> ☞ 1994.12.31. 개정 전 규정에 따른 심사례로, 상하좌우로 이동하는 것 포함하는 현행에서 실효된 해석임.

3) 쇄석기(파쇄기)

석회석 광석을 철강용 석회석으로 분쇄하는 공장에서 사용하는 파쇄기는 건설용이나 광업용으로 사용되는 쇄석기, 골재파쇄기의 건설기계와는 다른 철강석을 생산하기 위한 하나의 과정 중에 있는 설비로서 제조공정 중에 사용되는 것으로서 취득세 과세대상이 되지 아니할 것이다(광업용이란 광산 등에서 채굴하는 데 사용되는 것을 말하므로 이에 해당하지 아니함).

참고로, 「지방세법 운영예규」법6-3에서 단순히 생산설비에 고정부착되어 제조공정 중에 사용되는 공기압축기, 천정크레인, 호이스트, 컨베이어 등은 제외한다라고 규정되어 있는데 이는 예시규정으로 이와 유사한 것도 제외된다는 것이다.

4) 공기압축기

공기압축기 중 공기 토출량이 분당 2.84세제곱미터(제곱 센티미터당 7킬로그램 기준) 이상인 것만 취득세 과세대상이 된다. 단순히 생산설비에 고정부착되어 제조공정 중에 사용되는 공기압축기는 과세대상에서 제외된다.

첨단기술 및 제품의 범위(2007.2.15. 산업자원부고시 제2007-17호)에 따르면 기체압축기로 공기압축기(Screw·Turbo식에 한함), 가스압축기(사용압력이 10kg/㎠ 이상에 한함)로 나누어져 있다. 이는 공기압축기와 가스압축기는 구분이 되는 것으로 가스압축기는 공기압축기라 할 수 없을 것이다. 따라서 가스압축기 자체가 공기압축기가 아니므로 취득세 과세대상인 기계장비에 속하지 않을 것이다. 가스압축기가 생산과 관련된 것이면 과세대상에서 제외될 것이다.

한편, CNG 차량 충전소에 사용되는 가스압축기는 건설공사용, 화물하역용, 광업용으로 사용

되지 아니하므로 기계장비에 해당되지 아니하지만, 가스충전시설에 해당될 경우에는 취득세 과세대상이다.

5) 터널용 고소작업차

원동기를 장치하기는 하였으나 육상을 이동할 목적이 아니고, 승객 또는 화물을 반송하는 기구로도 볼 수 없으므로 취득세의 과세대상인 차량에 해당되지 아니하는 것이나, 기계장비로 분류하고 있어서 취득세 과세대상이 된다.

⑦ 항공기

취득세 과세대상인 '항공기'란 사람이 탑승·조종하여 항공에 사용하는 비행기, 비행선, 활공기, 회전익(예 : 헬리콥터) 항공기 및 그 밖에 이와 유사한 비행기구로서 대통령령으로 정하는 것(별도 규정된 것 없음)을 말한다. 그런데 사람이 탑승, 조종하지 아니하는 원격조종장치에 의한 항공기(농약살포 항공기 등)는 제외된다(지예 법6-6).

한편, 「항공법」 제2조 제1호에 의하면 "항공기"란 비행기, 비행선, 활공기(滑空機), 회전익(回轉翼)항공기, 그 밖에 최대이륙중량, 속도, 좌석 수 등이 국토교통부령으로 정하는 범위를 초과하는 동력비행장치(動力飛行裝置), 지구 대기권 내외를 비행할 수 있는 항공우주선으로 항공에 사용할 수 있는 기기를 말한다.

차량·기계장비·항공기 및 주문에 의하여 건조하는 선박은 승계취득의 경우에 한하여 취득세 납세의무가 있다고 규정하고 있는바, 항공기 생산업체가 직접 생산한 항공기를 생산업체가 원시취득한 상태에서 보유하고 있는 경우라면 그 생산업체는 승계취득자에 해당되지 않아 취득세 납세의무가 없으며, 등록면허세는 등록을 받은 경우에는 납세의무가 있다. 항공기 등의 경우 납세의무는 제작 후 승계취득자에게 납세의무가 있으나 항공기 등록을 하였다고 하더라도 원시취득자인 제작회사가 납세의무가 있는 지가 쟁점이나 승계취득이 없는 이상 취득세 납세의무가 없는 것이다. 그런데 항공기 생산업체가 외국으로부터 헬리콥터의 부품을 수입하여 전문기술자와 조립시설을 갖추어 이를 조립하여 생산업체 명의로 실수요자에게 판매하는 경우에 「지방세법」 제105조 제2항의 규정에 의하여 생산업자는 승계취득에 해당되지 않으므로 취득세 납세의무가 없으나, 완성된 헬리콥터를 수입, 단순 조립하여 판매하는 경우에는 취득세 납세의무가 있다(도세 22670-4266, 1989.12.14.).

⑧ 선박

(1) 개요

'선박'이란 기선, 범선, 부선(艀船) 및 그 밖에 명칭에 관계없이 모든 배를 말하며, '선박'에는 해저관광 또는 학술연구를 위한 잠수캡슐의 모선으로 이용하는 부선과 석유시추선도 포함한다 (지예 법6-7).

「선박법」에서는 "선박"이란 수상 또는 수중에서 항행용으로 사용하거나 사용할 수 있는 배 종류를 말하며 그 구분은 다음과 같다(§1-1 ①).

① 기선

기관(機關)을 사용하여 추진하는 선박[선체(船體) 밖에 기관을 붙인 선박으로서 그 기관을 선체로부터 분리할 수 있는 선박 및 기관과 돛을 모두 사용하는 경우로서 주로 기관을 사용하는 선박을 포함한다]과 수면비행선박(표면효과 작용을 이용하여 수면에 근접하여 비행하는 선박을 말한다)

② 범선

돛을 사용하여 추진하는 선박(기관과 돛을 모두 사용하는 경우로서 주로 돛을 사용하는 것을 포함한다)

③ 부선

자력항행능력이 없어 다른 선박에 의하여 끌리거나 밀려서 항행되는 선박

또한 「선박안전법」에서는 '선박'이라 함은 수상(水上) 또는 수중(水中)에서 항해용으로 사용하거나 사용될 수 있는 것(선외기를 장착한 것 포함)과 이동식 시추선·수상호텔 등 다음에 정하는 부유식 해상구조물을 말한다(법 §2 1, 영 §3).

ㄱ 이동식 시추선

액체상태 또는 가스상태의 탄화수소, 유황이나 소금과 같은 해저 자원을 채취 또는 탐사하는 작업에 종사할 수 있는 해상구조물(항구적으로 해상에 고정된 것 제외)

ㄴ 수상호텔, 수상식당 및 수상공연장 등으로서 소속 직원 외에 13명 이상을 수용할 수 있는 해상구조물(항구적으로 해상에 고정된 것 제외)

ㄷ 다음에 해당하는 기름 또는 폐기물 등을 산적하여 저장하는 해상구조물

㉮ 「해양환경관리법」 제2조에 따른 기름

㉯ 「폐기물관리법」 제2조에 따른 폐기물

㉰ 「하수도법」 제2조에 따른 하수, 분뇨 및 하수도·공공하수도·하수처리구역의 유지·관리와 관련하여 발생되는 준설물질 및 오니(汚泥)류

    ㉓ 「수질 및 수생태계 보전에 관한 법률」 제2조에 따른 폐수

    ㉔ 「가축분뇨의 관리 및 이용에 관한 법률」 제2조에 따른 가축분뇨

    ㉕ 선박 및 해양시설에서 사람의 일상적인 활동에 따라 발생하는 분뇨

④ 「선박안전법」 제41조에 따른 위험물을 산적하여 저장하는 해상구조물

위와 같은 규정을 종합할 때 과세대상인 선박은 명칭에는 불문하고 수면 위나 수중에서 항행하거나 이동하는 것으로서 그 이동 방법이 기관에 의거 이동할 수 있고 다른 수단으로 추진되어 항행할 수 있는 것이면 구조 여하에 불구하고 선박으로서의 과세요건을 구비한 것이라고 볼 수 있으며 이는 다음과 같은 성질을 구비한 것이라고 정리할 수 있을 것이다. 그 중 가장 중요한 것은 이동성이며 이를 기준으로 선박인지 수상가옥인지 여부를 판단한다.

    ㉠ 성질

        ㉮ 부양성 : 부력에 의거 물에 뜨는 성질

        ㉯ 적재성 : 인원이나 화물을 실을 수 있는 성질

        ㉰ 이동성 : 수면의 한 지점에서 의도하는 다른 한 지점으로 이동하는 성질

    ㉡ 구조 : 추진 장치를 가지고 스스로 항해하는 구조물

        위의 규정을 종합하여 볼 때 취득세 과세대상이 되는 선박은 수상 또는 수중에서 항행용으로 사용하거나 사용할 수 있는 모든 배를 말하고, 여기에는 자력항행능력(自力航行能力)이 없어 다른 선박에 의하여 끌리거나 밀려서 항행되는 부선도 이에 포함되나, 부선 중 항구적으로 고정되어 항행용으로 사용할 수 없는 것은 선박으로 볼 수 없다고 보는 것이 타당하다.

○ 「선박법」 상 소형선박

  ① 총톤수 20톤 미만인 기선 및 범선

  ② 총톤수 100톤 미만인 부선

---

(2) 선박 해당 여부

1) 안벽용 바지

안벽용 바지는 직사각형 형태로 공유수면 상에 떠 있으나, ① 이 바지의 설치공사 설계도면 등에 의하면 바다 하저에 앵커(Anchor)를 설치하고 앵커와 바지를 쇠사슬로 연결하여 고정하고 있는 사실이 확인되므로 이 바지는 선박으로 항행성이 있다고 보기 어려운 점, ② 공유수면 점·사용 허가서에 의하면 바지를 취득할 당시부터 선박계류 및 진수를 위한 작업 공간 확보를 목적으로 취득하였음이 확인되는 점, ③ 공유수면 점·사용 실시계획 준공검사 확인서에 의하면 이 바지는 공유수면 점·사용 허가 및 처분청으로부터 준공검사를 받아 설치된 것으로써 현재 설치

되어 있는 지역 외의 지역으로 이동하여야 할 이유를 찾아 볼 수 없는 점, ④ 이 바지의 사진 및 설계도면 등에 의하면 이 바지는 동력장치 등이 없고, 직사각형 모양의 구조로서 짐 등을 적재하고 항행하기 부적합한 구조로 이 바지를 항행용으로 사용할 합리적인 이유를 찾아볼 수 없는 점, ⑤ 이 바지는 한쪽은 육지와 연결되어 있고, 한쪽은 물위에 떠있는 구조로 구조상 부잔교 형태이나 부잔교는 취득세 과세대상에 해당되지 아니하는 점 등을 종합하여 볼 때 이 바지는 바다에 떠 있으나 항행에 부적합한 구조로 바다하저에 고정되어 있어 수상 또는 수중에서 항행용으로 사용하거나 사용할 수 있는 배를 의미하는 선박이라고 보기는 어려운 것으로 판단된다.

2) 운항능력을 상실한 중고선박

선박이 좌초, 화재 등의 사유로 항진능력을 일시적으로 상실하였더라도 선박으로서의 실체까지 없어진 것이 아닌 경우에는 취득세 과세대상(행심 2000-722, 2000.11.28.)으로 보고 있으며, 취득세는 본래 재화의 이전이라는 사실 자체를 포착하여 거기에 담세력을 인정하고 부과하는 유통세이기 때문에(대법원 98두14428, 1998.12.8.) 선박이라는 명칭에 상응하는 실질적 가치를 반드시 가지고 있어야 담세능력이 있다고 할 수 없으며 선박의 노후화 정도에 따른 시장가치가 반영된 법인장부가액을 과세표준으로 하는 것이라 하겠는바, 선박으로서의 과세대상 판단시점은 취득시점을 기준으로 판단하여야 함으로 취득 이후 해당 선박의 해체하는 시점을 기준으로 판단할 수가 없는 것이다. 취득세 납세의무가 성립되었는지 여부는 취득 시점에서 취득의 주체(취득자)가 과세대상 물건에 대한 배타적인 지배력을 행사하는 지위에 있는지 여부를 우선적으로 판단하여야 하는 것이다. 그러므로 취득(수입) 시점에 해제목적으로 중고 선박을 구입하였다고 하더라도 항행목적이 아닌 고철 목적으로 수입하였지만 취득세 과세대상 물건인지 여부를 판단하는 시점인 취득시점에서는 「지방세법」상 과세대상인 선박에 해당되고 선박에 해당되는 이상 납세의무가 「지방세법」의 규정에 따라 성립하는 것이므로 납세의무가 성립된 이상 비록 그 후에 선박을 해체하여 고철용으로 사용하더라도 납세의무성립일 이후의 문제이기 때문에 과세대상이 소멸하였다는 사실은 별개의 문제이다(조심 2012지613, 2012.12.11.).

3) 플로팅아일랜드

플로팅아일랜드의 경우 기둥 등이 없이 물 위에 떠 있거나 기둥을 박았지만 물 위에 떠 있어서 언제든지 이를 쉽게 제거하여 자체 엔진이나 아니면 다른 동력 선박에 연결되어 강을 항행할 수 있는 경우에는 토지에 정착되었다고 볼 수 없으므로 건물로 볼 수 없을 것이다.

한편, 건축물대장 또는 건축 준공검사필증이 있다면 건물로 보았다는 의미일 것이고, 없다면 선박으로 등기 등을 하였을 것이므로 이를 근거로도 판단할 수 있을 것이다.

> **사례** **수상부유 구조물은 선박에 해당하지 아니함**(조심 2012지423, 2012.10.16.).
> 취득세 과세대상이 되는 선박은 수상 또는 수중에서 항행용으로 사용하거나 사용할 수 있는 모든 배를 말하고, 여기에는 자력항행능력이 없어 다른 선박에 의하여 끌리거나 밀려서 항행되는 부선도

이에 포함되나, 부선 중 항구적으로 고정되어 항행용으로 사용할 수 없는 것은 제외됨.

> **사례** 부유식 수상구조물에 선박이 아닌 건축물로 보는 것임(조심 2011지357, 2012.12.17.).

① 건축물 하부는 부유식 수상구조물로 되어 있고, 상부는 LED스크린과 관리동 사무실로 구성되어 있으며, 이 건축물은 한강둔치와 두 개의 다리로, 강물 속 콘크리트구조물과는 쇠사슬로 연결·고정되어 있어 이 건축물은 항행성이 없고, 그 상부에 관리동 사무실 등 건축물이 있는 사실 등에 비추어 선박이라기보다는 건축물에 해당된다고 보는 것이 타당한 점, ② 「지방세법」의 규정에 의하면 지방자치단체에 기부채납을 목적으로 취득하는 부동산뿐만 아니라 지방자치단체에 귀속을 조건을 취득하는 부동산도 취득세 등을 비과세하도록 규정하고 있는 점, ③ 청구법인과 서울특별시간 체결된 「○○○ 조성 및 운영 사업협약서」에 의하면 청구법인의 본 시설물의 소유·운영권 설정기간은 본 협약에서 달리 정함이 없는 한 운영개시일로부터 25년간으로 하도록 규정하고 있고, 본 시설물의 소유권은 「지방자치단체를 당사자로 하는 계약에 관한 법률」 및 같은 법 시행령, 「공유재산 및 물품관리법」 및 같은 법 시행령과 본 협약에 따라 소유·운영기간이 종료되는 날 서울특별시에 귀속된다고 규정하고 있는 점, ④ 현재 청구법인 소유인 이 건 건축물은 「○○○ 조성 및 운영 사업협약서」에 따라 운영개시일로부터 25년이 되는 날 특별한 절차없이 그 소유권이 서울특별시에 귀속된다고 보이는 점, ⑤ 설령, 청구법인이 이 건축물을 서울특별시에 귀속을 목적으로 취득한 후 서울특별시에 이 건 건축물에 대한 기부의사를 표명하였다 하더라도 청구법인이 이 건축물을 취득할 당시에는 서울특별시에 귀속을 목적으로 취득했다고 보는 것이 타당하고, 서울특별시의 채납결정이 이루어지지 않는 이상 여전히 서울특별시에 귀속을 목적으로 취득했다고 보는 것이 타당한 점, ⑥ 「○○○ 조성 및 운영 사업협약서」에 따르면 이 건축물은 청구법인이 25년간 소유한 후 서울특별시에 귀속되도록 규정하고 있을 뿐, 청구법인이 이 건축물을 서울특별시에게 기부채납한 후 20년 이상의 무상 사용·수익허가를 받은 것으로 보도록 한 규정은 없으므로 「○○○ 조성 및 운영 사업협약서」가 공유재산 및 물품관리법령을 위반하여 체결된 협약서라고 볼 수 없는 점 등을 종합하여 볼 때 이 건축물은 청구법인이 지방자치단체인 서울특별시에 귀속을 조건으로 취득하는 건축물로서 취득세 등의 비과세대상에 해당됨.

4) 플로팅 독(부독)

플로팅 독(부독)은 일반 선박처럼 독 내부의 발라스트 탱크에 물을 넣고 빼면서 선박을 독 내에서 밖으로 진수를 하기도 하는 강재구조물로서 선박을 제조하는 시설물에 해당되나 보통은 해저에 기둥을 박고 고정되어 있으나, 동력 선박에 연결하여 바다를 항행할 수 있으므로 무동력선박(부선, 바지)으로 등기가 가능하다.

「지방세법」상 선박은 기선 등 기타 명칭 여하를 불문하고 모든 배를 규정하고 있으므로 플로팅 독을 선박(부선)으로 등기하였다면 시설물인 독이라기보다는 선박에 해당한다. 비록 선박으로 등기를 하지 아니하였다고 하더라도 「지방세법」에서 규정한 건축물에 해당되려면 토지에 정착하거나 지하 또는 다른 구조물에 설치하여야 하나, 플로팅 독의 경우 바다에 떠 있는 상태로서 동력 선박에 연결되어 있어서 언제라도 항해가 가능한 점 등을 종합하여 볼 때, 비록 플로팅 독을 선박을 건조하는 작업장으로 사용하고 있으므로 선박에 해당한다(조심 2011지0195, 2012.5.11. 참조).

한편, 「시가표준액 조사·산정 업무요령」에서는 플로팅 독을 접안시설로 보고 있으나, 유권해석 등에서는 선박으로 판단하고 있다. 따라서 종전에는 접안시설로서 부동산으로 해당되는 것으로 산업단지 감면규정이 적용되었으나 현행은 적용되지 아니하는 것으로 해석하고 있다. 그런데 조세심판원에서는 고정식 부독(Floating Dock)로서 설치된 위치에 고정되어 있어 이동성을 갖춘 선박으로 보기 어려운 점 등에 비추어 시설을 항해에 사용되는 선박으로 보기보다는 「지방세법」상 건축물의 범위에 포함되는 '독'으로 보는 것이 타당하다(조심 2015지873, 2015.12.24.)라고 결정하고 있다.

> **사례** 플로팅 독에 대한 선박으로서 과세대상 판단(조심 2011지0195, 2012.5.11.)
>
> 시설의 용도 또는 선박의 종류를 부선으로 기재하고 있는 점, 청구법인은 쟁점시설을 취득하고 선박으로 보아 처분청에 취득세 등을 신고납부한 점, 소유권보존등기는 소유자의 신청에 의하는 것이므로 쟁점시설을 선박으로 소유권보존등기한 것은 청구법인의 자발적 판단에 따른 신청으로 보이는 점, 청구법인과 쟁점시설의 건조회사인 ○○산업주식회사가 체결한 건조계약서 제1조에서 "본선(쟁점시설)을 본 계약과 본 계약서에 첨부된 일반배치도와 중앙단면도(이하 양자를 합하여 "도면"이라 한다)와 사양서 및 관련 법규에 의해 근해구역 항해능력을 갖춘 선박으로 건조하기로 한다"고 기재되어 있는 점, 쟁점시설이 「지방세법」에서 규정한 건축물에 해당되려면 토지에 정착하거나 지하 또는 다른 구조물에 설치하여야 하나, 쟁점시설은 바다에 떠 있는 상태로서 언제라도 항해가 가능한 점 등을 종합하여 볼 때, 비록 청구법인이 쟁점시설을 선박을 건조하는 작업장으로 사용하고 있고, 청구법인이 차입한 대출금에 대한 근저당 설정 등기를 하기 위하여 쟁점시설을 선박으로 등기하였다고 하더라도 그러한 사실만으로 쟁점시설이 선박에 해당되지 않는다고 보기는 어렵다고 할 것임.

> **사례** 폐유조선 및 플로팅 독의 부동산등기 능력(등기선례 200607-8, 2006.7.31.)
>
> 건물로서 소유권보존등기의 대상이 되기 위해서는 그 건축물이 토지에 견고하게 정착되어 있고(정착성), 지붕 및 주벽 또는 그에 유사한 설비를 갖추고 있고(외기분단성), 일정한 용도로 계속 사용할 수 있어야(용도성) 하는바, 폐유조선 및 플로팅 독(물위에 떠 있는 건조용 독)은 호텔 및 상업시설로 수선하고 해안가의 해저지면에 있는 암반에 앵커로 고정하여도 건물 소유권보존등기의 대상이 될 수 없을 것임.

5) 준설선

준설선은 수상에서 자유롭게 이동하며 바닥에 있는 흙·모래·자갈 등을 파내는 시설을 설치한 것으로 선박(배)이 되기 위한 조건인 부양성, 적재성, 이동성을 모두 갖추고 있다고 볼 수 있으므로 「지방세법」 제6조 제10호에서 규정하는 "선박"에 해당하여 재산세 과세대상에 포함되나, 「지방세법」 제6조 제8호 및 「지방세법 시행규칙」 제3조 관련 [별표 1]에서 펌프식·바켓식·딧퍼식 또는 그래브식으로서 자력으로 항해가 불가능한 준설선은 기계장비로 규정하고 있으므로 이에 해당하는 것은 선박에서 제외한다(지방세운영과-1231, 2013.6.26.)라고 해석하고 있어서 기계장비에 해당하는 준설선만 재산세 과세대상 선박으로 보지 않겠다는 내용인 것으로 판단되어 진다. 그런데 준설선이라도 기계장비에 해당되지 아니하는 것은 선박으로 보아 재산세를 과세하여야 한다는 뜻이라면 이는 형평성 차원에서 문제가 있을 것이다. 여기서의 기계장비로 본 준설선

은 자력항해능력에 의한 이동성은 없으나 다른 배에 의하여 이동성이 있는 것이므로 이동성이 아니라 자력항해능력으로 선박을 판단한 것인데, 이는 잘못 판단한 것으로 보여진다. 그 이유는 기계장비에 해당하지 아니한 다른 부선(일부 준설선 포함)도 자력항해능력이 없으므로 재산세 과세대상 선박이 아니라고 해석하여야 형평성 차원에서 맞을 것이나, 부선은 재산세 과세대상 선박으로 보고 있기 때문이다.

다음과 같은 이유로 준설선을 선박으로 보지 아니한 점은 이해가 되지 아니한다.

첫째, 이동성은 선박의 성질에 해당되는 것으로 수상 건축물처럼 한 지점에 고착되어 있어서 이동성이 없는 경우에는 선박으로 볼 수 없고, 건축물로 보아야 한다는 것인데, 자력항해능력이 없다고 하여 이동성이 없다고 할 수 없다는 것이다. 즉 자력항해능력이 없는 준설선도 다른 곳으로 다른 배에 의하여 이동이 가능하므로 이동성이 있는 것이다. 「선박법」에 의한 선박인 부선도 이와 마찬가지로 자력항해능력이 없더라도 다른 배에 의하여 이동성이 있기에 선박으로 보고 있다는 점에서 일관성이 없다.[45]

준설선도 취득세 과세대상인 기계장비에 해당하더라도 취득세 과세대상인 선박에도 해당될 것으로 판단된다. 그 이유는 자력항행능력(自力航行能力)이 없어 다른 선박에 의하여 끌리거나 밀려서 항행되는 선박인 부선의 경우에도 자력항해능력 여부와는 관계가 없다고 판단되기 때문이다.

이에 대한 근거로는 「선박법」 제26조에서는 「건설기계관리법」 제3조의 규정에 따라 건설기계로 등록된 준설선은 「선박법」에 의한 등기·등록 규정을 적용받지 아니하도록 규정하고 있지만, 이는 선박으로 등록대상이나 다른 법에 의하여 등록하였기에 등록을 하지 아니하는 것으로 규정되어 있다는 점, 더군다나 같은 법 제26조의 본문에서도 "다음 각 호 어느 하나의 선박은 …"이라고 규정되어 있으므로 준설선도 「선박법」에 의한 선박에 해당하는 것이다. 「선박법」에 의한 선박이 아니더라도 선박이 '모든 배'의 일종으로 규정되어 있어서 준설선도 취득세와 재산세 과세대상이 된다는 점이다.

둘째, 기계장비에 해당한다고 하여 재산세 과세대상이 아니라는 규정, 즉 기계장비인 준설선이 선박에 해당하지 아니한다는 별도의 규정이 없으므로 선박으로 보아 과세하여야 할 것이다. 즉 기계장비인 준설선도 선박에 해당하는 것이므로 선박으로 보아 재산세를 과세하여야 한다는 것이다.

「건설기계관리법」 제3조의 규정에 따라 건설기계로 등록된 준설선은 「선박법」에 의한 등기·등록 규정을 적용받지 아니하도록 규정하고 있지만, 선박에 해당할 것이므로 취득세는 선박, 기계장비(화물하역용, 건설공사용 및 광업용에 한함)인 경우 과세대상이 되므로 준설선이 선박으로 보든 기계장비로 보든 취득세 과세대상이 되는 것이다.

참고로, 「선박법」 제26조에서는 「건설기계관리법」 제3조의 규정에 따라 건설기계로 등록된 준설선은 「선박법」에 의한 등기·등록 규정을 적용받지 아니하도록 규정하고 있다. 「선박법」(일부개정

---

45) 「선박법」에서도 자력항행능력(自力航行能力)이 없어 다른 선박에 의하여 끌리거나 밀려서 항행되는 선박, 즉 부선도 선박에 해당하는 것으로, 「지방세법 운영예규」 법6-7에서도 부선(艀船) 및 그 밖에 명칭에 관계 없이 모든 배를 말하며, 해저관광 또는 학술연구를 위한 잠수캡슐의 모선으로 이용하는 부선과 석유시추선도 선박으로 포함한다.

2007.8.3. 법률 제8621호) 개정 법률에서는 어선·준설선 등 다른 법률에서 등록·관리하고 있는 선박에 대하여는 「선박법」에 의한 등록을 면제하여 이중등록의 불편을 없애기 위하여 제26조에 「건설기계관리법」 제3조의 규정에 따라 건설기계로 등록된 준설선은 선박법에 의한 등기·등록 규정을 적용받지 아니하도록 개정된 것인바, 관계법령 개정 이후 등록하는 준설선은 선박등기 대상에서 제외하도록 하고 「건설기계관리법」에 따른 건설기계로만 등록하도록 되어 있어 준설선에 대하여 등기·등록이 한 번만 이행된다면 그에 따른 등록세를 납부하면 되는 것이다. 그러나 「선박법」 개정 이전의 법률 규정에 따라 준설선을 선박등기한 것이므로 선박등기에 따른 구 등록세 납세의무가 성립된 것이고, 선박등기된 준설선을 「건설기계관리법」 제3조 규정에 따라 건설기계로 등록한다면 건설기계등록에 따른 구 등록세를 신고납부하여야 할 것이다. 이는 동일한 과세물건이라 하더라도 구 등록세 과세객체가 선박과 건설기계이고 이들의 등기·등록행위가 각각 다르므로 이미 선박등기에 따른 구 등록세를 납부하였다고 하여 「지방세법」에서 감면을 규정하고 있지 않은 이상 건설기계등록에 따른 구 등록세를 면제할 수는 없는 것이다(지방세운영과-1621, 2008.10.1.).

6) 전시관 등으로 사용하는 경우

배의 종류를 나열식으로 규정하고 있더라도 선박은 '기본적으로 배로서의 요건을 구비하고 있는 구조물'이어야 하며, 그와 같은 구조물을 구비한 배의 명칭, 용도, 선종 등에 불문한다고 보아야 할 것이다. 선박이 인근 바다 연안에 계류시키고 전시관 또는 박물관으로 사용하는 선박의 경우라 하더라도 항행용으로 언제든지 사용할 수 있을 것으로 판단되는 경우 취득세 과세대상이 된다. 강이나 바다에 띄워져 있어 선박으로 본다는 것인데, 강이나 바다에 띄어져 있지 않고 육지에서 식당이나 관람전시용으로 사용되는 경우에는 선박으로 보지 아니할 것이다.

한편, 자체 추진 능력이 없이 해저관광 또는 학술연구를 위한 잠수 등의 모선으로 이용하는 부선도 「선박법」에 의한 등기대상 여부와는 관계없이 취득세 과세대상인 선박에 해당하는 것이다(세정 1268-3415, 1984.3.21.).

> **사례** 인명 구조정, 수상오토바이 미등록하더라도 과세대상임(세정 13407-255, 2003.4.9.)
> 선박(인명 구조정과 수상오토바이)의 경우 선박법에 의한 등록을 하지 않더라도 취득세와 재산세의 납세의무가 발생하는 것임.

7) 국제선박 등록

차량, 기계장비, 항공기 및 주문을 받아 건조하는 선박은 승계취득인 경우에만 사실상 취득하면 취득한 것으로 보고 해당 취득물건의 양수인을 취득자로 하는 것이다(지법 §7 ② 단서). 선박을 주문 건조하는 경우로서 국내의 거주자 등이 아닌 비거주자인 외국인에게 수출하는 경우에는 국내에서 승계취득한 것이라 볼 수 없을 것이다.

「국제선박등록법」을 살펴보면 등록 대상 선박의 소유자(내국인) 또는 외항운송사업자만 등록을 할 수 있도록 규정되어 있다는 점에서 누구 명의로 등록하는지를 먼저 검토되어야 할 것이다.

즉 소유자가 내국인인 경우에는 국제선박을 내국인이 취득한 것이므로 이 경우 내국인이 취득세를 신고납부하여야 할 것으로 판단된다. 한편, 국내해운회사가 외국소재 법인과 우리나라 국적취득을 조건으로 임차한 외국선박에 대하여는 취득세를 신고납부하여야 한다.

> **「국제선박등록법」 제3조 【등록대상 선박】**
> ① 국제선박으로 등록할 수 있는 선박은 다음 각 호의 어느 하나에 해당하는 선박으로 한다. 다만, 국유·공유 선박과 「어선법」 제2조 제1호에 따른 어선은 제외한다.
> 1. 대한민국 국민이 소유한 선박
> 2. 대한민국 법률에 따라 설립된 상사(商事) 법인이 소유한 선박
> 3. 대한민국에 주된 사무소를 둔 제2호 외의 법인으로서 그 대표자(공동대표인 경우에는 그 전원을 말한다)가 대한민국 국민인 경우에 그 법인이 소유한 선박
> 4. 외항운송사업자가 대한민국 국적을 취득할 것을 조건으로 임차(賃借)한 외국선박

8) 국적취득조건부 나용선 계약

국적취득조건부 나용선 계약[46]은 국외 거래에 있어서는 소유권이전 조건부 약정에 의한 자산의

---

46) ① '나용계약'과 '용선계약'의 의의
　　나용선계약인 경우에는 선박소유자가 선박만을 빌려주고 그 대가를 받은 것을 말하며, 그 선박에 따른 선장, 선원 등 인적용역의 제공을 수반하지 않고, 임차인이 선박의 운용관리에 관한 책임을 지는 점이 일반적인 용선계약과 다르다. 항공기·자동차·건설기계만을 빌려주고 대가를 받는 경우에는 나용기계약, 나용차계약이라고 하며 나용선계약과 같은 성질을 갖는다.
　　이에 비하여 용선계약이라 함은 해상운송인인 선박소유자가 선박의 전부 또는 일부를 타인에게 물건이나 여객운송에 제공하고 그 상대방인 용선자가 이에 대한 보수로서 용선료를 지급하는 해상운송계약을 말하는데, 이때 용선은 선박소유자가 선박뿐만 아니라 선장(선원을 포함하기도 한다)을 함께 보내어 선장으로 하여금 선박을 간접점유하게 함은 물론 항해의 지휘감독과 상사경영을 하게 하는 것으로 상법상의 일반적인 용선계약형태이다.
　　② '국적취득조건부 나용선(bare boat charter hire purchase : BBC H/P)'의 의미
　　선박 확보 방법은 신조의 경우 계획조선이나 국적취득조건부 나용선(BBCHP)이 있다. 이 중 '국적취득조건부 나용선'이란 연불(延拂) 구매형태로 선박을 나용선하여 국적을 취득하게 되는 선박 확보방법의 하나이다. 그러나 용선기간 동안 선박은 금융제공자가 설립한 Paper Company를 통해 편의치적국에 등록되며 법률상 소유권은 금융제공자가 갖는다. 선박대금은 용선료의 형태로 지불되며 지불된 금액만큼 용선자의 소유권이 주장되지만 완납 후에야 소유권이 용선자에 이전된다.
　　우리나라의 경우 국적취득조건부 나용선은 70년대부터 중고선 도입에 자주 이용돼 왔으나 84년 해운산업합리화 조치의 일환으로 중고선도입이 규제되면서 점차 신조선 확보 방법으로 이용되고 있다. 다시 말해 오늘날 우리나라에서 국취부 나용선은 국내선사가 외국 상사를 대리하는 Paper Company와 나용선 계약을 체결하고 이 Paper Company가 본사를 대리하여 우리나라 신조선에 선박을 건조, 나용선주인 국내선사에 인도하는 거래형태를 취한다. 국내 신조(新造)에 활용되는 BBC금융은 80년대 중반에는 정부의 허가를 받아야 하는 까다로운 절차 등으로 계획조선자금의 배정에서 탈락한 선사들이 주로 이용했었다. 그러나 80년대 후반부터는 계획조선이 높은 국내 금리로 인해 기피되면서 상대적으로 금리가 싼 BBC금융에 의한 국내신조가 활성화된 것이다. 결국 BBC금융은 중고선 도입과 상업차관이 억제돼 왔던 80~90년대 초에 걸쳐 국적선사들이 활용할 수 있었던 가장 유리한 선박금융이었으며 결과적으로 해운산업합리화 이후 외항선대 증강에 크게 기여했다.

임대를 양도로 보아 국세와 지방세를 적용하고 있다. 그 이유는 외국법인과 선박을 나용선하되 약정한 용선료를 완납하면 그 소유권을 취득하는 내용의 나용선 계약(국적취득조건부 나용선계약)은 실질적으로 선박의 매매의 한 형태라는 것이다(국제거래의 관행으로 실질적인 매매로 본다는 것으로 세법에서도 이를 인정한 것으로 판단됨).

그런데 선박 수입의 특수한 형태인 국적취득조건부 나용선 계약과는 달리 국내에서 이루어지는 리스계약이 소유권이전 조건부 계약이라 하더라도 리스료 총액을 취득가액으로 볼 수는 없는 것이다. 만약에 리스료 중에 매매대금이 포함될 수 있겠지만 이는 엄밀히 말하면 리스 종료 시점의 잔존 차량가액(리스회사가 나름대로의 산정하고 있을 것으로 판단됨)으로 취득한 것으로 볼 수 있을 것이다. 즉 72개월 동안의 리스료 산정 시 동일 물건에 대한 동일한 리스계약 종료 시 잔존 차량가액은 동일할 것인바, 잔존 차량가액이 있는 것으로 하여 산정된 리스료와 잔존 가액이 있지만 잔존 차량가액을 "0"으로 하여 산정된 리스료가 차이가 있을 것인바, 일반적인 리스료는 종료 시의 차량가액을 정하여 산정하고 있는바, 전자와 후자의 리스료 차이를 결국 차량 대금으로 보아야 할 것이고(아니면 약정 취득가액 또는 염가구매선택권에 의한 취득가액이 있어야 할 것이고 이 가액이 있다면 이를 과세표준으로 삼아야 할 것인데 염가구매선택권이 아닌 소유권이전 조건부로 되어 있다면 리스료 차액을 취득한 것으로 볼 수도 있다는 것이다(매매대금 지급기간이 2년 이상인 경우 부동산과 선박의 경우 연부취득으로 보나 차량은 연부취득으로 보지 아니함). 이러한 가액을 파악할 수 없다면 시가표준액으로 과세표준을 삼을 수밖에 없을 것이다.

참고로, 리스보증금이 리스 종료 시의 차량의 취득가액이 되는 것이 아니고 리스보증금을 상계처리하면서 약정 매매대금에 의한 소유권이전 또는 염가구매선택권에 의한 매매대금을 정산한다는 것이다.

> **사례** 국적취득조건부 나용선 매회 용선료의 취득세(지방세운영과-1154, 2010.3.19.)
> 국적취득조건부 나용선(BBCHP)은 용선계약의 형식을 취하고는 있으나 실질적으로는 선박의 매매로서 그 선박의 매매대금을 일정기간 동안 분할하여 지급하되 그 기간 동안 매수인이 선박을 사용할 수 있도록 하는 것이므로(2006두18270, 2009.1.30.), 본 용선계약과 같이 선박을 임차하여 수입한 후 선박 대금을 2년 이상(12년) 분할 상환하는 경우는 수입신고필증을 교부받았다 하더라도 「지방세법」상 연부취득에 해당되는 것이므로, 「지방세법」 제73조 제5항에 따라 매회 용선료를 지급할 때마다 연부취득에 따른 취득세 납세의무가 성립되는 것임.

> **사례** 국적취득조건부 용선계약의 실질 매매 해당 여부(대법원 2006두18270, 2009.1.30.)
> '국적취득조건부 용선계약'이란 용선계약의 형식을 취하고는 있으나 실질적으로는 선박의 매매로서 그 선박의 매매대금을 일정기간 동안 분할하여 지급하되 그 기간 동안 매수인이 선박을 사용할 수 있는 것으로서 선박 수입의 특수한 형태임.

(3) 수입선박

「지방세법 시행령」 제20조 제4항에 따르면 "수입에 따른 취득은 해당 물건을 우리나라에 반입

하는 날(보세구역을 경유하는 것은 수입신고필증 교부일)을 취득일로 본다. 다만, 차량·기계장비·항공기 및 선박의 실수요자가 따로 있는 경우에는 실수요자가 인도받는 날과 계약상의 잔금지급일 중 빠른 날을 최초의 승계취득일로 보며, 취득자의 편의에 따라 수입물건을 우리나라에 반입하지 아니하거나 보세구역을 경유하지 아니하고 외국에서 직접 사용하는 경우에는 그 수입물건의 등기 또는 등록일을 취득일로 본다"라고 규정되어 있어서 수입한 선박은 반입한 날(수입신고필증교부일)이 취득시기가 될 것이다.

1) 조선업자의 실수용자 해당 여부

조선업자가 주문에 의하지 아니하고 선박을 건조하거나 직접 사용하기 위해 선박을 건조하는 경우라면 해당 조선업자는 선박의 실수요자이므로 원시취득에 따른 취득세 납세의무가 성립된다. 그런데 甲의 주문에 의하여 乙이 건조에 착수하였으나 중도에 甲이 인수를 포기함에 따라 乙이 건조를 완료하여 재고자산으로 보유하던 중 丙과 국적취득 나용선계약을 체결한 사안으로, 乙은 조선업을 영위하는 법인으로서 원유 시추선인 선박을 사업목적으로 사용할 이유가 없고, 건조 완료 후에도 재고자산으로 보유하였을 뿐 사업목적으로 운행하지 않은 점을 고려할 때 乙이 선박의 실수요자라고 보기 어렵다(부동산세제과-2595, 2021.9.29.).

2) 실수요자가 따로 없이 수입자가 개조하여 사용하는 경우

수입자가 수입에 따른 취득으로 반입한 날(또는 수입신고필증교부일)을 취득시기로 하여 취득세 신고납부하여야 하며, 선박 개조가 선박 종류변경에 해당되어 취득세 과세대상이 되는 경우에는 사실상 변경한 날과 공부상 변경한 날 중 빠른 날을 취득시기로 하여 추가로 취득세를 신고납부하여야 할 것이다.

3) 실수요자가 따로 있는 경우(판매용으로 수입)

주문에 의하여 건조하는 선박은 원시취득에 따른 납세의무는 성립되지 아니하고 승계취득 하는 경우에 납세의무가 성립되는 것이므로 실수요자가 인도받거나 계약상의 잔금을 지급한 날에 승계취득 한 자에게 취득세 납세의무가 있는 것이다(지방세운영과-2071, 2008.11.6.). 수입자가 선박을 수입하여 개조한 후에 판매하기 위한 경우(공부상 판매용으로 등재하여야 함)에는 실수요자가 수입가격과 개조가격을 합산한 가액(세금계산서 공급가액)을 과세표준으로 인도일 또는 잔금지급일 중 빠른 날을 취득시기로 하여 실수요자가 취득세를 신고납부하여야 할 것이다.

「지방세법 시행령」 제20조 제5항에는 수입에 의한 취득은 해당 물건을 우리나라에 반입하는 날을 취득일로 보되, 선박 등의 실수요자가 따로 있는 경우에는 실수요자가 인도받은 날과 계약상의 잔금지급일 중 빠른 날을 최초의 승계취득일로 본다고 규정하고 있는바, 수입자가 판매용으로 선박을 수입한 후 판매가 여의치 않자 직접 사용하기 위해 실수요용으로 전환하는 것은 수입자가 직접 실수요자가 되는 것으로서 관련법령에서 규정한 "실수요자가 따로 있는 경우"에 해당하지 않으므로 공부상 판매용 등으로 등재되지 않았다면 우리나라에 반입된 날을 취득의 시기로 보아야 한다고 판단된다(지방세운영과-3561, 2011.7.26.).

> **사례** 수입 선박의 취득시기와 과세표준(세정 13407-305, 2001.9.8.)
>
> 수입에 의한 취득은 해당 물건을 우리나라에 인취하는 날(보세구역을 경유하는 것은 수입신고필증 교부일)을 승계취득으로 본다고 규정하고 있으므로, 외국에서 취득한 선박에 대한 잔금을 2001.8.2. 완납하고 2001.8.3. 미국 하와이에서 인수한 후 2001.10. 국내에 입항할 예정인 선박의 취득시기는 "수입신고필증교부일"로, 해당 선박에 대한 취득세 과세표준은 수입통관시의 수입신고필증상의 가액으로 봄이 타당함.

❾ 입목

(1) 개요

「지방세법」상 입목의 정의는 지상의 과수(지상에 생립(生立)하고 있는 과수목)・임목(일정한 장소에 집단적으로 생립하고 있는 수목의 집단)・죽목(지상에 생립하고 있는 죽목)을 의미하는 것으로 규정하고 있어 한 그루의 나무를 취득하더라도 과세대상이 되는 것으로 오인할 수 있으나, 「지방세법 운영예규」법6-4에 따르면 집단적으로 생육되고 있는 지상의 과수・임목・죽목을 말한다. 다만, 묘목 등 이식을 전제로 잠정적으로 생립하고 있는 것은 제외한다.

그런데 「입목에 관한 법률」상 입목은 "토지에 부착된 수목의 집단으로서 그 소유자가 의거 소유권보존등기를 받은 것을 말한다.[47] 수목의 집단의 범위는 「1필의 토지 또는 1필의 토지의 일부분에 성립하고 있는 모든 수종의 수목」을 의미한다"라고 규정되어 있다(「입목에 관한 법률」§2 ①).

취득세 과세대상인 입목은 성질상 보존등기가 된 입목뿐만 아니라 보존등기가 되지 아니하더라도 명인방법 등 관습법상의 명인방법을 갖춘 입목이라도 입목에 해당되며, 단지 수목의 집단이기 때문에 수목의 수종에는 관계가 없으며, '집단성'을 갖추면 과세대상으로서의 입목에 해당한다.

따라서 지상에 식재되어 그 자체가 밀집된 숲을 이루는 지상의 임목을 취득하는 경우에는 취득세 과세대상이 되나, 관상수 등을 소량으로 취득하는 경우 지상의 임목을 취득한 것으로 볼 수 없는 것이다(도세 22670-1006, 1992.12.31.). 한편, 취득세 과세대상이 되는 '지상의 임목'이라 함은 일정한 장소에 집단적으로 생립하고 있는 수목의 집단을 말하는 것으로서 조경용에 사용하기 위하여 취득하는 수목이라 하더라도 일정한 장소에 집단적으로 생립하고 있는 경우는 이식을 전제로 일시적으로 가식 중인 묘목과는 달리 취득세의 과세대상이 되며, 계획적인 조림에 의해 재목으로 사용이 가능한 산림목만이 취득세 과세대상이 되는 것은 아니다(행심 2000-12, 2000.1.26.).

한편, 구 「자산재평가법」제5조 제1항의 규정에 의하여 재평가할 수 있는 사업용 자산에 해당하는지 여부는 공부상의 지목에 관계없이 해당 법인의 실제 이용 상황에 따라 판단하는 것이며,

---

[47] 「입목에 관한 법률」에 따라 입목등기를 하여 부동산으로 간주된다 하더라도 취득세 규정에서는 토지와 건축물에 대하여만 부동산등기의 세율을 적용하도록 하고 있으므로 입목에 대한 등록면허세는 「지방세법」제28조 제1항 제14호에 따른 등록세율을 적용함(지방세운영과-2585, 2008.12.8.).

입목은 「입목에 관한 법률」에 의하여 별도로 등기한 경우를 제외하고는 토지의 정착물로서 독립된 부동산으로 보지 아니하는 것이다(법인 46012-4344, 1995.11.27.)라는 해석이 있는데, 이는 국세와 관련된 해석으로 임야(산지)에 입목이 있는 경우 이를 토지의 정착물로서 독립된 부동산으로 보지 아니한다는 것이다. 즉 임야(산지)는 토지와 입목이 동시에 매매대상이 되는 경우 이를 구분하여 별도로 과세대상 여부를 판단하지 아니하는 것으로서, 입목만 별도로 매매대상이 된 경우에는 이를 임야로 볼 수 없을 것으로, 입목으로 별도 과세대상 여부를 판단하여야 하는 것이다.

(2) 입목 해당 여부

1) 리조트 조경수

유권해석(지방세운영과-1623, 2012.5.24.)에 따르면 「민법」 제99조에 따르면 부동산이란 토지와 그 정착물을 의미하는 것인바, 토지와 구분되는 독립적인 과세대상으로서의 입목에 해당되기 위해서는 「입목에 관한 법률」 등에 따른 등기 또는 명인에 의하여 독립적인 개체 등으로 구분되어야 하고(대법원 76마275, 1976.11.24.), 이와 같은 방법으로 공시(公示)되지 않았다고 하더라도 부동산과 구분하여 취득한 경우라면 취득세 과세대상이 된다. 취득세 과세대상으로서의 '입목'이란 수종에 관계없이 집단으로 생육하면서 토지와 구분되어 별개의 거래대상 등이 될 수 있는 수목을 의미한다고 볼 수 있으며, 집단성 여부는 동일한 주체의 관리 범위에 속하는 특정영역 등을 기준으로 판단하는 것이 합리적일 것이다. 따라서 리조트 진입에 이용되는 사도(私道)의 중앙부분에 일렬로 식재되어 있어 사실상 가로수 역할을 하는 경우라면 집단성이 있다고 보기는 어려우므로 취득세 과세대상인 입목에 해당되지 않는다고 판단되며, 특정지역에 산발적으로 식재되어 있더라도 집단성이 인정될 수 있는 바(행심 2005-262, 2005.8.29. 참조), 리조트 내 건물과 도로 주변에 산발적으로 식재되어 있는 경우에는 특정 영역 내에서 집단생육하고 있는 것으로 볼 수 있으므로 취득세 과세대상인 입목에 해당될 수 있다고 판단된다(감심 2011-177, 2011.10.20. 참조)라고 해석하고 있다.

2) 골프장 조경수

조경용에 사용하기 위하여 취득하는 수목이라고 하더라도 일정한 장소에 집단적으로 생립하고 있는 경우에는 이식을 전제로 일시적으로 가식 중인 묘목과는 달리 취득세 과세대상에 해당되는 것이므로 골프장 내 조경 및 차폐기능을 위하여 수목을 집단적으로 식재하여 생육하고 있는 경우에도 해당 수목은 취득세 과세대상 입목에 해당된다 할 것이다(조심 2009지0723, 2010.4.1.).

3) 아파트 조경수

아파트 단지 내 관상수 등을 소량으로 취득하는 경우 지상의 임목을 취득한 것으로 볼 수 없다. 그런데 건물 신축과 관련하여 그 조경공사비가 건물 신축비에 소요되는 제비용으로서 건물가격에 포함되는 경우라면 취득세 과세표준에 포함되는 것이다(도세 22670-1006, 1992.12.31.)라고 해석하고 있었으며, 신축 건물을 취득할 때 조경공사비는 모두 수목 구입이나 식재 비용 또는 사각 정자, 의자, 표석 등에 관한 것으로서 부지의 지목변경을 위한 비용과는 무관한 비용인 사실이 인정되므로 조경공사비용을 부지의 지목변경을 위하여 지출한 비용으로 볼 수 없다(대법원 2009두1327, 2009.4.9.)라고 판시하여 신축 건물의 취득세 과세표준으로 인정하지 아니하는 것으로 해석하고 있었다는 점에서 지목변경과 무관한 조경공사비와 도로포장공사비는 취득세 과세대상에서 제외하는 것이 더 타당하였다.[48]

그런데 2016.1.1. 이후 납세의무성립분부터 대(垈) 중 택지공사가 준공된 토지에 한해 정원 또는 부속시설물 등을 조성·설치된 토지로 사실상 변경된 경우 취득자는 토지 소유자(지법 §7 ⑭), 세율은 중과기준세율(지법 §15 ② 5)이 적용되나, 2020.1.1. 이후 납세의무성립분부터 대(垈) 중 택지공사가 준공된 토지에 한해 건축물을 건축하면서 그 건축물에 부수되는 정원 또는 부속시설물 등 조성·설치 시 조성·설치하는 비용은 건축물 취득세 과세표준에 포함되어 원시취득 세율이 적용된다(지령 §18 ① 9).

4) 토지와 함께 거래되는 경우

취득세 과세대상인 입목은 토지와 분리되는 것을 전제로 하여야 할 것이므로 지상의 수목이 토지와 구분되지 아니하는 경우에는 취득세 과세대상으로서의 입목이 아니라 토지의 구성부분으로서 토지의 종물이 되는 것이다. 농지(과수원)를 취득하면서 따로 등기가 되어 있거나 별도로 계산하여 취득하는 명인방법을 갖추고 있는 과수목을 취득하는 경우라면 이는 「지방세법」상 입목에 해당되어 취득세 납세의무가 성립된다. 다만 농지(과수원)를 취득하면서 그 지상에 있는 과수목을 구분하지 아니하고 일괄 취득하는 경우라면 과수목에 대한 취득세 납세의무가 별도로 발생되지 아니한다(세정과-3600, 2007.9.4.).

---

48) "도로포장공사나 조경공사의 경우 토지의 지목이 변경되거나 건축물과 일체를 이루는 공사를 집행하는 경우 해당 공사비를 취득가액에 포함할 수 있다는 것이다(조심 2013지267, 2013.5.20.)"라고 결정, 그 이후 심판례에서는 "2009.11.1. 체결한 도계장 신축 공사 중 부대시설공사(진입로공사) 도급계약에 따라 그 비용을 부담한 사실이 확인되는 이상 그 진입도로공사비를 지목변경에 따른 취득세 과세표준에 포함하여 취득세를 부과한 처분은 달리 잘못이 없다고 판단되며, 이 토지상에 도계 건축물을 신축하면서 그 토지상에 소나무, 구상나무, 잔디 및 화훼류를 식재한 사실이 제출된 자료에 의하여 확인되고 있으며, 이 토지의 지목이 임야에서 잡종지로 변경된 사실이 확인되는바, 지목변경을 수반하는 조경공사비(조경수 및 잔디 구입, 식재·파종, 장비 및 인건비 등 직접비용과 그에 따른 부대비용 일체)를 지목변경에 따른 취득세 과세표준에 포함한 것은 달리 잘못이 없는 것으로 판단된다(조심 2013지1087, 2014.9.30.)"라고 결정하고 있어서 대법원판례와 일치하고 있다. 옥상조경은 지표면으로부터 2미터 이상인 건축물의 윗부분에 설치되는 것으로 이 사건 아파트의 조경시설 및 도로는 건축물의 옥상이 아닌 밖에 있는 지표면에 시공되어 옥상조경에 해당되지 않는 점, 2019.12.31. 개정된 「지방세법」 제7조 제14항의 내용과 개정사유를 살펴볼 때 법 개정 이전에 취득한 이 사건 아파트의 조경·도로공사비에 대해서는 취득 당시의 규정을 적용하여 토지에 대한 간주취득의 취득세 과세표준에 포함하여야 한다고 판단되는 점 등을 종합적으로 고려해 볼 때 이 사건 아파트의 단지 내 조경시설과 도로 일부가 지하 주차장 상부에 설치되었다고 하여 그에 소요된 조경·도로공사비를 토지가 아닌 건축물의 취득가액에 포함한 이 사건 처분은 잘못이 있음(감심 2018-1084, 2020.5.14.).

> **사례** 입목이 토지와 분리하여 거래의 대상이 된 경우(조심 2015지1004, 2015.9.30.)
>
> 「입목에 관한 법률」은 1973.2.6. 법률 제2484호로 최초 제정된 점을 감안해 볼 때 「입목에 관한 법률」에 따른 등기를 「지방세법」상 취득세 과세대상으로 삼기 위한 필수적인 요건으로 보기는 어렵고, 다만, 입목이 식재된 토지와 분리하여 거래의 대상이 되고, 거래당사자 간 체결된 계약서 등에 거래대상 입목이 특정되어 인식가능한 경우에는 취득세 과세대상으로 봄이 타당해 보이는 점, 쟁점입목이 식재된 상태에서 청구인이 김○○에게 거래대금을 지급한 후 벌채를 한 사실에 비추어 소유권 취득의 실질적 요건을 갖춘 사실상의 취득행위가 있었던 것으로 보이는 점, 입목 취득의 목적이나 용도는 과세대상 여부와는 무관한 점 등에 비추어 쟁점입목은 「지방세법」 제7조 제2항에 따른 취득세 과세대상으로서의 "입목"에 해당된다 할 것임.

> **사례** 과수목은 농지 거래에 수반된 것으로 입목이 아님(감심 2008-269, 2008.10.30.).
>
> 이 사건 과수목은 이 사건 농지의 구성부분으로 평가되어 농지거래에 수반된 것에 불과할 뿐 명인방법 또는 특약 등에 의하여 토지와 별개의 거래대상이 된 것으로는 인정할 수 없어, 취득세 과세대상이 되는 "입목"에 해당하지 않음.

❿ 광업권

(1) 개요

「광업법」에 따른 광업권을 말한다. 즉 '광업권'이란 탐사권과 채굴권을 말하는 것으로, 여기서 '탐사권'이란 등록을 한 일정한 토지의 구역(이하 "광구")에서 등록을 한 광물과 이와 같은 광상(鑛床)에 묻혀 있는 다른 광물을 탐사하는 권리를 말하며, '채굴권'이란 광구에서 등록을 한 광물과 이와 같은 광상에 묻혀 있는 다른 광물을 채굴하고 취득하는 권리를 말한다(「광업법」 §3). 그리고 광업권을 유상승계취득한 후 「광업법」의 규정에 의하여 허가권자에 의해 직권으로 취소된 경우라고 하더라도 광업권의 매수사실이 무효화되는 것이 아니므로 광업권의 권리가 이전된 것으로 보아 취득세 납세의무가 있는 것이다. 한편, '조광권(租鑛權)'이란 설정행위에 의하여 타인의 광구에서 채굴권의 목적이 되어 있는 광물을 채굴하고 취득하는 권리를 말한다.

광업권은 취득세 과세대상이 되나, 조광권은 광업권에 해당되지 아니하므로 취득세 과세대상이 아니다.

🌐 광업권, 조광권의 비교

구분	광업권	조광권
정의	• 법정광물을 채굴하고 취득할 수 있도록 국가에서 부여한 배타적 권리 ① 탐사권 : 광구에서 등록을 한 광물과 이와 같은 광상(鑛床)에 묻혀 있는 다른 광물을 탐사하는 권리	• 설정행위에 의해 타인의 광구에서 채굴권의 목적이 되어 있는 광물을 채굴하고 취득하는 권리로서 일종의 임차권 성격

구분	광업권	조광권
정의	② 채굴권 : 광구에서 등록을 한 광물과 이와 같은 광상에 묻혀 있는 다른 광물을 채굴하고 취득하는 권리	
성립	• 광업권 설정출원 → 허가 → 등록	• 채굴권자와 조광권자의 서면계약(「광업법」 제51조) → 인가 → 등록 ※ 동일한 채굴권에 2개 이상 설정 불가
성질	• 탐사권 : 상속·양도·체납처분 또는 강제집행 외에는 권리목적 불가 • 채굴권 : 상속·양도, 조광권·저당권의 설정, 체납처분 또는 강제집행 외에는 권리목적 불가	• 물권으로서 상속이나 그 밖의 일반승계(합병 등)의 경우 외에는 권리의 목적으로 할 수 없고 이전이나 저당설정 불가
존속기간	• 탐사권 : 7년 내 • 채굴권 : 20년 내(단, 인가를 받아 20년 단위로 연장 가능)	• 20년 내(단, 인가를 받아 연장 가능)
설정절차	• 허가(광업등록사무소장) → 30일 이내 등록(광업등록사무소)	• 인가(시·도지사) → 30일 이내 등록(광업등록사무소)

(2) 광업권의 대상

지하에 매몰되어 있거나 지상에 노출되어 있는 광물 중 인류에게 유용하다고 인정되어 법률로 정하여 놓은 광물이 광업권의 설정대상이다.

(3) 명의신탁된 광업권

광업권의 존속기간을 연장하는 경우에는 등록면허세가 과세되는 것이 된다. 광업권의 경우 채굴계획 인가를 받은 날부터 3년이 지나도 생산실적 또는 투자실적이 없거나 보고를 3년간 계속하여 하지 아니한 경우 「광업법」상 등록이 취소될 수 있으므로 광업권의 권리를 계속 유지하려 3년마다 명의를 변경하면 일체의 영업행위가 없다 하더라도 광업권을 계속 유지할 수 있다. 이 경우 명의신탁의 방법으로 변경하더라도 그 소유권이전에 따른 취득세 납세의무가 있는 것으로 해석하고 있는데, 명의신탁에 대하여 납세의무에 대한 해석이 변경되고 있다(도세 13421-683, 1993.8.5.).

(4) 덕대계약에 의한 광물 채굴권리 취득

광업권자로부터 조광권(덕대)을 취득하여 광물을 채굴하는 경우로, 자기의 광구에서 광물을 채굴하는 것이 아니고 타인의 광구에 조광권을 설정하여 광물을 채굴하고 조광료를 지급하는 것을 덕대(임차료)라 한다. 이 경우 임대차계약에 해당되어 광업권을 취득한 것으로 볼 수 없다.

⑪ 어업권

(1) 개요

「수산업법」 또는 「내수면어업법」에 따른 어업권을 말한다. 「수산업법」 제2조 제9호에 '어업권'이란 제8조에 따라 면허를 받아 어업을 경영할 수 있는 권리를 말한다라고 규정되어 있고, 면허어업(§8), 허가어업(§41) 및 신고어업(§47)으로 구분하고 있다. 한편, 「내수면어업법」 제7조 제1항에 "제6조에 따라 어업의 면허를 받은 자는 「수산업법」 제17조 제1항에 따른 어업권원부(漁業權原簿)에 등록함으로써 어업권을 취득한다."라고 규정되어 있으며, 면허어업(§6), 허가어업(§9) 및 신고어업(§11)으로 구분하고 있다.

따라서 「지방세법」 상 취득세 과세대상인 어업권에는 「수산업법」 또는 「내수면어업법」에 의한 신고어업이나 허가어업은 포함되지 아니하는 것이다. 그러나 유의해야 할 것은 등록면허세 면허분 과세대상인 '어업 및 면허어업'의 범위는 면허어업에 한정하는 것이 아니고, 허가·신고어업에 대하여도 과세대상이 되는 것이지만, 등록면허세 등록분 과세대상인 어업권은 「수산업법」 또는 「내수면어업법」에 의한 면허어업만을 의미하는 것이다.

정치성구획어업(호망)이 면허어업이 아니라 허가어업이라면 어업권으로 볼 수 없을 것이다.

(2) 「수산업법」에 의한 면허어업

① 정치망 어업

일정한 수면을 구획하여 별도로 정한 어구(낙망류, 승망류, 죽방렴, 그 밖에 농림수산식품부장관이 정하여 고시하는 정치성 어구 등)를 일정한 장소에 설치하여 수산동물을 포획하는 어업

② 해조류 양식어업

일정한 수면을 구획하여 그 수면의 바닥을 이용하거나 수중에 필요한 시설을 설치하여 해조류를 양식하는 어업

③ 패류 양식어업

일정한 수면을 구획하여 그 수면의 바닥을 이용하거나 수중에 필요한 시설을 설치하여 패류를 양식하는 어업

④ 어류 등 양식어업

일정한 수면을 구획하여 그 수면의 바닥을 이용하거나 수중에 필요한 시설을 설치하거나 그 밖의 방법으로 패류 외의 수산동물을 양식하는 어업

⑤ 복합 양식어업

②~④ 및 ⑥에 따른 양식어업 외의 어업으로서 양식어장의 특성 등을 고려하여 ②~④까지의

규정에 따른 서로 다른 양식어업 대상품종을 2종 이상 복합적으로 양식하는 어업

⑥ 마을 어업

일정한 지역에 거주하는 어업인이 해안에 연접한 일정한 수심이내의 수면을 구획하여 패류·해조류 또는 정착성 수산동물을 관리·조성하여 포획·채취하는 어업

⑦ 협동 양식어업

마을어업의 어장 수심의 한계를 초과한 일정한 수심 범위의 수면을 구획하여 ②~⑤의 규정에 따른 방법으로 일정한 지역에 거주하는 어업인이 협동하여 양식하는 어업

⑧ 외해 양식어업

외해의 일정한 수면을 구획하여 수중 또는 표층에 필요한 시설을 설치하거나 그 밖의 방법으로 수산동식물을 양식하는 어업

(3) 「내수면어업법」에 의한 면허어업

① 양식 어업

일정한 수면을 구획하여 그 어업에 필요한 시설을 설치하거나 그 밖의 방법으로 수산동식물을 양식하는 어업

② 정치망 어업

일정한 수면을 구획하여 어구를 한 곳에 쳐놓고 수산동물을 포획하는 어업

③ 공동 어업

지역주민의 공동이익을 증진하기 위하여 일정한 수면을 전용하여 수산자원을 조성·관리하여 수산동식물을 포획·채취하는 어업

⑫ 양식업권

「양식산업발전법」에 따른 양식업권을 말하며, 이는 2020.8.28. 이후 과세대상으로 적용된다.[49]

① 해조류양식업

해수면의 일정한 수면을 구획하여 그 수면의 바닥을 이용하거나 수중에 필요한 양식시설을 설치하여 해조류를 양식하는 사업

② 패류양식업

해수면의 일정한 수면을 구획하여 그 수면의 바닥을 이용하거나 수중에 필요한 양식시설을 설

---

49) 「지방세법」 개정에 따른 것이 아니라 신설된 「양식산업발전법」(2017.8.27.) 부칙에 따라 규정된 것임.

치하여 패류를 양식하는 사업

③ 어류등양식업

해수면의 일정한 수면을 구획하여 그 수면의 바닥을 이용하거나 수중에 필요한 양식시설을 설치하거나 그 밖의 방법으로 패류 외의 수산동물을 양식하는 사업

④ 복합양식업

양식장의 특성 등을 고려하여 ①~③의 규정에 따른 서로 다른 양식업 대상품종을 두 종류 이상 복합적으로 양식하는 사업

⑤ 협동양식업

대통령령으로 정하는 일정한 수심 범위의 수면을 구획하여 ①~④의 규정에 따른 방법으로 일정한 지역에 거주하는 양식업자가 협동하여 양식하는 사업

⑥ 외해양식업

외해의 일정한 수면을 구획하여 수중 또는 표층에 필요한 양식시설을 설치하거나 그 밖의 방법으로 수산동식물을 양식하는 사업

⑦ 내수면양식업

「내수면어업법」 제2조 제2호에 따른 공공용 수면에서 내수면의 일정한 수면 및 바닥을 구획하여 필요한 시설을 설치하거나 그 밖의 방법으로 수산동식물을 양식하는 사업

⑬ 회원권

(1) 개요

시설물을 배타적으로 이용하거나 일반이용자보다 유리한 조건으로 이용할 수 있도록 약정한 단체의 구성원이 된 자에게 부여되는 시설물 이용권(법인의 주식 등을 소유하는 것만으로 시설물을 배타적으로 이용하거나 일반 이용자보다 유리한 조건으로 시설물 이용권을 부여받게 되는 경우 그 주식 등 포함)을 말한다. 이는 명칭과 관계없으며, 회원제와 공유제로 구분되며, 회원제는 회원제, 주주제, 회비제로 구분된다.

1) 회원권 연장 또는 재계약(갱신)

① 기존 회원권 내용변경하면서 연장 등을 하는 경우

기존 회원권을 행정기관으로부터 신규 회원권 모집 변경승인을 얻어 계약기간, 금액 등의 내용이 변경된 경우라면 새로운 회원권 취득으로 보아 취득세 과세대상에 해당되나, 회원권의 존속기한을 정한 회원이 회원자격의 존속기한이 만료된 후 회원권 회사와 회원권이용자는 새로이 정한 약정에 따라 종전의 회원의 자격, 회원의 조건, 회원에 대한 대우 등에 대하여 일체의 변경 없이 최초입회금보다 낮은 금액으로 입회금을 변경하기로 약정을 하고 회원권이용자는 최초 입회금을 반환받지 않고 재계약에 따른 입회금으로 대체하고 그 차액만 반환을 받는다 하더라도 기존의 골프 회원권은 입회기간의 만료로 권리가 소멸하고 재계약 및 기간 갱신 등으로 시설물을 배타적으로 사용할 수 있는 권리를 새로이 얻게 되는 것이므로 회권권의 새로운 취득에 해당된다(지방세운영과-1934, 2008.10.24.).

회원 자격의 존속기간이 정하여 있는 경우 그 계약기간 만료로 인하여 회원 자격을 상실하고 입회금의 반환을 청구할 수 있는 권리를 갖게 된다 할 것인데, 탈회 후 새로이 입회신청을 하면서 입회보증금을 납부하거나 또는 회원자격을 유지하면서 새로운 계약조건으로 입회보증금을 추가로 납부하였다면 기존 계약은 소멸하고 새로운 계약이 체결된 것으로 볼 수 있다 할 것인바, 이 경우 새로운 회원권을 취득하면서 입회보증금 중 일부를 이미 납부한 입회보증금의 반환청구권과 상계하는 방식으로 지급하더라도 이는 최초로 입회보증금을 납부하는 것과 차이가 없다 할 것이다(조심 2009지129, 2009.12.21.).

연회원권을 연장하거나 재계약하는 경우에는 연장 시 연회비를 다시 납부하므로 이는 새로운 취득으로 보아 과세대상이 되는 것이다.

한편, 회원권을 사용하다가 계약기간 만료로 인하여 계약기간을 다시 연장하는 경우 계약기간을 다시 연장하면서 입회금을 추가하는 경우 취득세 과세표준은 그 추가 금액을 포함한 전체 금액이 되는 것이다. 기존의 골프 회원권을 반납(탈퇴)한 후, 입회보증금을 추가로 납부하면서 새로운 회원권을 취득하였다면 이는 최초로 회원권을 취득하는 것과 차이가 없다 할 것이다(조심 2011지0674, 2011.10.25.).

> **사례** 골프 회원권 연장 시 가액 변동한 경우 과세대상임(지방세운영과-1934, 2008.10.24.).
>
> 골프 회원권의 존속기한을 정한 회원이 회원 자격의 존속기한이 만료된 후 회원권 회사와 회원권이용자는 새로이 정한 약정에 따라 종전의 회원의 자격, 회원의 조건, 회원에 대한 대우 등에 대하여 일체의 변경 없이 최초입회금보다 낮은 금액으로 입회금을 변경하기로 약정을 하고 회원권이용자는 최초 입회금을 반환받지 않고 재계약에 따른 입회금으로 대체하고 그 차액만 반환을 받는다 하더라도 기존의 골프 회원권은 입회기간의 만료로 권리가 소멸하고 재계약 및 기간 갱신 등으로 시설물을 배타적으로 사용할 수 있는 권리를 새로이 얻게 되는 것이므로 골프 회원권의 새로운 취득에 해당됨.

② 기존 회원권 내용변경 없이 연장 등을 하는 경우

"비록 위 회칙 제21조 제6호에서 자동갱신에 관한 내용을 규정하고는 있으나, 위 규정은 앞서 본 회원자격의 상실 사유, 입회금 반환의 요건 등을 포함한 회칙의 전체적 내용에 비추어 볼 때 입회금 거치기간(5년)이 경과하더라도 당연히 입회금 반환시기가 도래하지 않는다는 취지로 해석함이 타당하고, 이 사건 골프회원권 자체의 갱신을 규정한 것으로 보기는 어렵다. 그런데 원고는 □□개발에 대하여 퇴회를 신청한 사실이 없고, 원고가 기존의 골프회원권을 반납하고 새로운

709

회원권을 취득한다는 계약서를 작성하거나 입회금을 반환받지도 아니하였으며, 이 사건 골프회원권에 새로운 회원번호가 부여된 것으로 보이지 아니하고 회원권의 종류도 그대로인바, 원고가 회원자격을 상실한 후 이 사건 골프회원권을 새롭게 취득하는 등의 취득세의 담세력의 근거가 되는 재화의 이전이라는 사실 자체가 있다고 보기 어렵다. 나아가 「지방세법」 제10조 제7항의 위임에 따른 같은 법 시행령 제20조 제11항은 골프회원권 등의 존속기한 또는 입회기간을 연장하는 경우에는 기간이 새로 시작되는 날을 취득일로 본다고 규정하고 있으나, 같은 법 제10조는 취득세의 취득시기를 대통령령으로 위임하여 같은 법 시행령 제20조가 취득시기를 규정한 것이므로 위 시행령 조항이 취득의 개념 또는 범위에 관한 조항으로 보기는 어려운바, 「지방세법」 제6조 제1호의 취득에 해당되지 않는 한, 같은 법 시행령 제20조의 취득시기가 도래하였다고 하여 당연히 취득이 의제되는 것으로 볼 수는 없다(대법원 2016두63323, 2017.3.30. 심불, 서울고법 2016누48029, 2016.11.16.)"라고 판시하였는바, 이에 회원권 연장 관련 취득세 적용 요령(지방세운영과-324, 2017.4.11.)에 의하여 회원권 존속기한(5년) 연장은 회원자격을 상실한 후 골프회원권을 새롭게 취득하는 등의 재화의 이전이라는 사실 자체가 있다고 보기 어렵고, 같은 법 시행령 제20조 제11항이 취득의 개념 또는 범위에 관한 조항으로 보기 어려워, 취득시기가 도래하였다 하여 당연히 취득이 의제되는 것으로 볼 수 없다라고 하여 취득세 과세대상이 아니라고 해석하였다. 그리고 이 대법원판결에 의하여 2014.8.12. 신설된 「지방세법 시행령」 제20조 제11항을 살펴보면 "골프회원권, 승마 회원권, 콘도미니엄 회원권, 종합체육시설 이용 회원권 및 요트 회원권의 존속기한 또는 입회기간을 연장하는 경우에는 기간이 새로 시작되는 날을 취득일로 본다"라고 규정하고 있다. 이는 연장 또는 갱신 시 과세대상이라는 것으로 명확히 한 것으로 볼 수 있으나, 2017.12.29. 이 규정을 삭제하였다.

따라서 취득세 과세대상이 되지 아니하는 것이다.[50)]

2) 시설물을 운영하는 법인의 미분양된 회원권 취득

골프장이나 콘도미니엄을 운영하는 법인이 미분양된 회원권을 동 법인명의로 취득하는 경우는 취득세 과세대상이며, 거래가액이 없는 무상취득으로서 시가표준액이 취득세 과세표준이 되는 것이다(세정과-1074, 2005.3.10.).

3) 소각 목적 회원권 취득

회원권 만기일 이전에 기존의 회원에게 보증금을 반환하고 회수하여 기존 회원권의 권리를 소멸시키는 경우라면 이는 특정 시설물을 배타적으로 사용하기 위한 권리를 취득한 것이 아니고

---

50) 종전에는 기존 회원권에 대한 취득가액, 명의변경, 계약기간 등 기존 회원권의 내용상 변경 없이 단순히 연간 사용일수만 조정된 경우라면 새로운 회원권 취득에 해당되지 아니하여 취득세 과세대상에 해당되지 아니한다(세정 13407-232, 2002.3.1.)라고 해석한바 있었고, 회원권을 취득한 후 그 계약기간이 만료되어 약정에 따라 기존 회원권에 대한 입회금 반환 및 재계약 절차 없이 자동 재계약되는 경우라면 이는 새로운 취득이 아닌 계약기간의 연장으로 보지만(세정-445, 2008.1.30.), 자동연장의 경우라도 기존 회원권 내용변경 없이 연장 등을 하는 경우 마찬가지로 취득세 과세대상이 아니다라고 해석한 바 있었다.

권리를 소각하기 위하여 취득한 것이므로 취득세 납세의무가 성립되지 않는다. 또한 소각목적으로 회원권을 회수하면서 보증금과 회수금액의 차이로서 상환차손익이 발생한다 하더라도 회원권 회수에 따라 부득이하게 발생하는 손해배상금의 성격으로 보아야 할 것이므로 시설물을 이용할 수 있는 권리를 취득하였다고 볼 수 없어 취득세 납세의무가 성립되지 않는다.

한편, 골프장을 운영하는 법인이 소각 목적이 아니고 다시 분양하기 위해 법인명의로 취득하는 경우 과세대상이 될 것이며, 미분양된 골프 회원권을 동 법인명의로 취득하는 경우 이는 거래가액이 없는 무상취득으로 보고 있다(세정과-1074, 2005.3.10.).

> **사례** 소각 목적 회원권 취득 시 과세대상 아님(도세과-656, 2008.4.28.).
> 회원권 분양회사가 만기일 이전에 당초 분양한 회원권의 권리를 소각할 목적으로 회원권을 매입하는 경우라면 시설물을 일반이용자에 비하여 배타적으로 이용하기 위하여 취득한 것에 해당되지 아니하므로 법 제104조 제8호에 의한 취득으로 볼 수 없어 취득세 납세의무가 성립되지 않는 것임.

(2) 골프 회원권

취득세 과세대상인 골프 회원권은 「체육시설의 설치·이용에 관한 법률」에 따른 회원제 골프장의 회원으로서 골프장을 이용할 수 있는 권리를 말한다. 골프 회원권에 대하여 취득세를 과세하기 위하여는 골프 회원권의 취득행위(회원권의 분양, 골프 회원권의 양도·양수 또는 회원권의 종류 변경 등)가 발생하여야 할 것이다.

1) 주주제

회원권을 분양할 때 주주와 마찬가지로 연말 사업결산 시 이익금액이 발생할 때 배당을 받을 수 있도록 하는 형태로서 회원들에게 주식을 교부하는 경우이다.

따라서 주주제의 경우에는 회원들은 회원권 본연의 사용·수익 권리를 취득함과 동시에 주주의 지위를 갖게 되므로 주식을 교부받게 되는 것이다. 주주제의 경우에는 회원들은 회원권(보증금 등)이 있을 경우에는 이를 모두 취득가액에 포함시켜야 한다.

기존 골프 회원권의 회원들이 법인을 설립하고 분담금으로 해당 골프장용 부동산을 경락받은 경우로서 해당 법인이 해당 분담금을 납부한 자에 대하여 법인의 주주이면서 회원권(주주제)의 자격을 새로이 부여하였거나 기존 골프 회원권을 주주제 회원권으로 변경한 경우 해당 분담금을 납부한 자에 대하여 주주제 골프 회원권을 취득한 것으로 보아 취득세를 과세하는 것이 타당하다(세정과-662, 2006.2.14.). 변경 여부는 골프 회원권의 약관, 법인의 정관 및 주주총회 회의록 등에서 확인가능하다.

> ❑ **회원에게 주식을 교부한 경우 취득가격의 산정**
>
> ① 주식액면가격으로 발행 시
> – 액면가격 × 주식보유수
>
> ② 주식을 시가로 발행 시
> – 비상장법인 : 발행가격 × 주식보유수
> – 상장법인 : 취득당시 상장주식 1주당가격 × 주식보유수
>
> ☞ 실거래가격이 주식 그 자체로 거래될 경우 거래가액을 조사시가로 하며, 주식 이외 별도 입회금(보증금액)이 있을 경우 주주회원가액에 포함함.

사례 주주 회원제 골프 회원권의 취득가격 산정(지방세운영과 - 2586, 2008.12.18.)

주주 회원제 형태로 운영되는 골프장에서 그 주식을 양수하여야 골프장의 주주 회원이 될 수 있고, 주주 회원제 골프장의 운영을 위하여 주주인 회원들이 주주 분담금을 납부하여야 주주 회원제 회원권을 취득할 수 있도록 하는 점을 보면 주주 출자금과 주주 분담금은 골프장 시설을 배타적으로 사용할 수 있는 권리를 취득하기 위하여 지출되는 비용이므로 골프 회원권 취득에 따른 취득가격에 포함되는 것이 타당함.

2) 골프장 미등록 골프 회원권

「체육시설의 설치·이용에 관한 법률」 제19조 제1항을 보면 제12조에 따른 사업계획의 승인을 받은 자가 제11조에 따른 시설을 갖춘 때에는 영업을 시작하기 전에 대통령령으로 정하는 바에 따라 시·도지사에게 그 체육시설업의 등록을 해야 하고, 제2항에서 시·도지사는 골프장업 또는 스키장업에 대한 사업계획의 승인을 받은 자가 그 승인을 받은 사업시설 중 대통령령으로 정하는 규모 이상의 시설을 갖추었을 때에는 제1항에도 불구하고 문화체육관광부령으로 정하는 기간에 나머지 시설을 갖출 것을 조건으로 그 체육시설업을 등록하게 할 수 있다고 하면서, 같은 법 제17조 제1항에서 체육시설업자 또는 그 사업계획의 승인을 받은 자는 회원을 모집할 수 있으며, 회원을 모집하려면 회원 모집을 시작하는 날 15일 전까지 시·도지사, 시장·군수 또는 구청장(자치구의 구청장에 한함)에게 회원모집 계획서를 작성·제출해야 한다고 규정하고 있다. 따라서 체육시설업자가 「체육시설의 설치·이용에 관한 법률」에 의하여 등록 및 사업승인을 받지 아니하고, 골프장을 조성하지 않은 상태에서 일반인을 상대로 회원제 골프장 시설을 이용할 회원을 모집하고 회원권을 분양한다 하더라도 그 회원권을 분양받은 자는 「체육시설의 설치·이용에 관한 법률」에 의한 골프 회원권을 분양받은 것이 아니므로 취득세 과세대상에 해당되지 아니하는 것이다. 추후 체육시설업자가 관계법령에서 정하는 체육시설의 범위와 회원모집, 시설규모, 운영형태 등에 대한 요건을 갖추어 사업계획 승인 및 등록을 받아 시설물을 일반이용자보다 우선적으로 이용하거나 유리한 조건으로 이용할 수 있는 관계법령에 의한 골프 회원권을 분양하여 이를 취득하는 경우라면 취득세 과세대상이 된다(지방세운영과-171, 2008.7.2.).

예를 들어 9홀만 임시사용승인을 받아 영업하였다고 되어 있는데, 「체육시설의 설치·이용에 관한 법률」에 의하여 등록 및 사업승인을 득한 것인지에 따라 취득세 과세대상인 골프 회원권인지 여부가 결정될 것이다. 같은 법에 의하여 등록 등을 하여 골프 회원권으로 인정이 된 것이라면 취득세 과세대상이 되며, 골프 회원권의 요건을 갖추지 아니한 경우에는 취득세 과세대상이 되지 아니할 것이다. 한편, 회원제 골프장어 대중 골프장으로 전환되었다고 하여 취득세 환급은 되지 아니한다.

3) 회원제 골프장의 선불카드

골프 회원권 소관부처인 문화체육관광부에서는 일정 금액을 선불로 납부하도록 하면서 주요 혜택으로 일정 횟수의 부킹을 보장하고 이러한 주중·주말 부킹을 보장하는 것이 해당 시설을 이용하는 일반 이용자보다 "우선적으로 이용"또는 "유리한 조건"으로 이용할 수 있는 혜택에 해당한다면, 비록 명목상 선불카드라 하더라도 그 내용에 있어서는 회원권과 유사하다고 볼 수 있고 이러한 유사·편법으로 회원을 모집한 것은 「체육시설의 설치·이용에 관한 법률」 제17조의 회원모집계획서를 제출하지 아니하고 회원을 모집한 경우에 해당하여 같은 법 제30조의 시정명령 대상이 될 수 있다고 판단하고 있다(체육진흥과-2874, 2012.7.24 참조). 선불카드의 소유 회원은 비회원과 비교해 그린피가 3분의 1 이상 저렴하고 부킹횟수 등이 보장되며 지정 숙박시설 이용료가 할인되는 점, 선불카드는 타인에게 양도할 수 있어 재산권의 성격을 갖고 있는 점, 선불카드 발행이 유사·편법의 회원 모집에 해당된다는 소관부처의 유권해석 등을 감안했을 때, 이 선불카드는 사실상 취득세 과세대상인 골프 회원권에 해당된다고 판단된다(지방세운영과-2522, 2012.8.7.).

4) 연 회원권

「체육시설의 설치·이용에 관한 법률」에 의한 회원제 종합체육시설업에 있어서 그 시설을 이용할 수 있는 회원의 권리에 대하여 취득세 과세대상으로 규정하고 있으므로 해당 시설을 이용하는 일반 이용자보다 "우선적으로 이용" 또는 "유리한 조건"으로 이용할 수 있는 혜택이 있는 연회원권이라면 취득세 과세대상이다(세정 13407-1074, 2002.11.9. 참조).

한편, 연 회원권을 연장하거나 재계약하는 경우에는 연장 시 연회비를 다시 납부하므로 이는 새로운 취득으로 보아 과세대상이 되는 것이다.

5) 주중 회원권

골프 회원권이 주중에만 이용 가능하고 보증금 지불과 동시에 향후 5년 동안 사용한 후 보증금을 환불받는다 하더라도 회원권은 재산권 행사 여부와 상관없이 해당 시설물을 배타적으로 이용하거나 일반이용자에 비하여 유리한 조건으로 이용하는 상태의 권리를 취득한 것에 대해 취득세를 과세하는 것이므로, 골프장 평일 회원권도 납세의무가 있다(지방세정팀-1601, 2005.7.12.).

6) 골프장 운영하는 법인의 미분양된 골프 회원권 취득

골프장을 운영하는 법인이 미분양된 골프 회원권을 동 법인명의로 취득하는 경우는 취득세 과세대상이며, 거래가액이 없는 무상취득으로서 시가표준액이 취득세 과세표준이 되는 것이다(세정과 – 1074, 2005.3.10.).

7) 추가 분담금 부담

① 골프장 개보수공사 소요비용의 추가 분담금인 경우

골프 회원권을 취득한 자가 골프장의 개보수공사에 소요되는 비용 등을 추가로 분담하는 것은 그로 인하여 골프장 이용료 등이 일부 조정되었다 하더라도 새로운 골프 회원권을 취득하였다고 볼 만한 특별한 사정이 없는 이상 취득세 과세대상이 될 수 없다(대법원 2007두2019, 2010.2.25.).

② 골프장 개보수공사 소요비용의 추가 분담금이 아닌 경우

회원제 골프장으로 등록한 신규 골프장이므로 추가 분담금을 지급한 골프장의 노후화에 따른 개보수가 필요하다고 볼 수 없는 점, 설령 회원제 골프장으로 등록한 후 골프장의 코스 개량 등에 추가적인 비용이 소요되었다고 하더라도 이는 골프 회원권 가격과는 무관한 점, 지급한 추가 분담금이 골프장의 개보수 비용에 해당된다면 골드플러스 회원의 특권인 그린피 50% 할인의 혜택을 부여해서는 아니되며, 분담금을 납부하지 아니한 회원에게 골프장 이용료 인상이나 회원에 대한 혜택을 변경하는 등 불이익한 대우를 하여야 함에도 이를 시행하지 않고 있는 점 등을 종합하여 볼 때, 골프장의 시설 개보수를 위한 추가 부담금이 아니라 골드플러스 회원권의 취득가액의 일부라고 할 것이다(조심 2011지0674, 2011.10.25.).

> **사례** 특별대우 있지만 회원권 취득에 해당되지 않는 경우(대법원 2008두12207, 2008.9.1.)
> ○○관광은 이 사건 골프장에 관하여 당초 ○○관광이 등록한 것과 별도로 체육시설업의 등록을 한 적은 없고, 단지 경매절차에 의하여 이 사건 골프장 부지 등을 취득하였을 뿐인바, 이러한 점만으로는 ○○관광이 ○○관광으로부터 이 사건 골프장업 등록에 의한 영업을 양수하였다고 볼 수는 없다. 그렇다면, ○○관광이 ○○관광으로부터 체육시설법 제30조 제1항에 따라 이 사건 골프장에 관한 체육시설업자로서의 지위를 승계하였다고 볼 수는 없으므로, 선정자들이 체육시설업자가 아닌 ○○관광에 주식인수대금 및 대여금 5,800만 원 또는 신주인수대금 3,000만 원을 지급하고, ○○관광의 정관에 의하여 특별회원의 자격을 부여받았으며, 실제로도 이 사건 골프장에 관하여 일반 이용객과 다른 회원으로서의 대우를 받았다고 하더라도, 선정자들이 「지방세법」상 취득세의 과세물건인 "골프 회원권"을 취득하였다고 볼 수는 없다(한편, 갑2호증의 기재에 변론 전체의 취지를 종합하면, 서울고등법원 2005카합88 사건에 관하여 조정이 성립함에 따라(조정에 갈음하는 결정이 확정되었음), ○○관광으로부터 이 사건 골프장 부지 등을 제외한 나머지 이 사건 골프장의 영업에 관한 권리를 양수한 주식회사 ○○디앤지 등(이하, "○○ 등"이라고 한다)과 ○○관광 사이에는 이 사건 골프장 영업의 정상화를 위하여 ○○관광이 이 사건 골프장 부지를 ○○에게 임대하는 내용의 임대차계약(이하, "이 사건 임대차계약"이라고 한다)을 체결할 의무가 발생한 사실, 이 사건 임대차계약상 ○○ 등은 관계행정청으로부터 사업계획 변경승인 등 필요한 인·허가 및 등록을 마쳐 이 사건 골프장을 합법적으로 운영하여야 하는데, ○○관광의 주주들에게는 이 사건 골프장 및 이 사

건 골프장에 증설될 9홀을 이용함에 있어 현재와 같은 대우를 하여야 하는 것으로 되어 있는 사실 등을 인정할 수 있어, 선정자들이 장차 ○○ 등이 운영하는 이 사건 골프장의 회원권을 취득할 개연성이 있다고 할 것이나, 현재로서는 ○○ 등이 체육시설업자로 등록하여 적법하게 회원을 모집할 수 있는 지위에 있다고 볼 만한 자료는 없으므로, ○○ 등에 대한 관계에서도 선정자들이 이 사건 골프장의 회원권을 취득하였다고 볼 수는 없다). ○○관광이 ○○도지사에게 한 이 사건 골프장업 등록은 아직 말소되지 않아 유효한 상태로 있고, 또한 ○○관광은 이 사건 골프장의 물적 시설인 이 사건 골프장 부지 등을 보유하고 있는바, 이와 같이 이 사건 골프장업 등록권자와 그 물적 시설의 소유자가 다르기는 하지만, 골프 회원권의 요건이라고 할 수 있는 체육시설업 등록과 물적 시설인 골프장이 여전히 성립·유지되고 있는 이상, 선정자들이 ○○관광에 일정 금액을 납입하고 이 사건 골프장의 특별회원이 된 것은 취득세 과세대상인 골프 회원권의 취득으로 보아야 한다고 주장한다. 그러나 「지방세법」과 체육시설법의 관련규정에 의하면 "체육시설업을 등록한 체육시설업자"와 체결한 시설이용약정에 기해 골프장을 이용할 수 있는 권리만이 취득세 과세대상인 골프 회원권에 포함됨이 명백하므로, ○○관광이 이 사건 골프장업 등록에 관한 권리를 취득한 사실이 없는 이상 선정자들이 취득세의 과세대상인 골프 회원권을 취득한 것으로 볼 수 없음.

사례 골프 회원권을 담보로 대출받은 후 되돌려 준 경우(세정 13407-484, 2001.10.26.)

유상승계취득의 경우에는 그 사실상의 잔금지급일"에 취득한 것으로 보면서 취득일 전에 등기 또는 등록을 한 경우에는 그 등기일 또는 등록일에 취득한 것으로 본다고 규정하고 있는바, 이 A법인(골프 회원권 발행회사)의 골프 회원권을 B법인 명의로 등록하여 B법인이 그 회원권을 담보로 금융기관으로부터 대출받은 후 그 회원권과 대출금을 A법인에게 되돌려준 경우라 할지라도 B법인은 해당 골프 회원권을 등록한 시점에 취득세 납세의무가 발생하며, 과세표준은 A법인이 발행한 골프 회원권을 최초로 취득한 경우는 승인된 발행가액을, 유상승계취득의 경우는 법인장부가액으로 하며, 빌려준 경우와 되돌려 받는 경우에는 무상취득으로 보아 시가표준액이 될 것임.

사례 대금지급 완료 후 명의개서를 하지 못한 경우(지방세운영과-2457, 2008.12.10.)

취득세 과세대상이 되는 골프 회원권은 「체육시설의 설치·이용에 관한 법률」의 규정에 따라 등록한 골프장에 관하여 해당 체육시설업자와의 약정에 의하여 가지게 되는 회원으로서의 지위를 취득하는 것을 의미하는 것이므로(대법원 2008두12207, 2008.9.1.) 회원제 골프장의 회원으로서 골프장을 이용할 수 있는 권리를 취득하고 그 대금지급을 완료하였다면 「지방세법」상 취득세 과세대상이 되는 골프 회원권을 취득한 것이므로 명의개서를 하지 못하여 회원명부에 등재되지 못하였더라도 취득세 납세의무가 성립됨.

사례 수익증권 취득이 골프 회원권 취득에 해당되는 경우(행심 2007-75, 2007.2.26.)

골프장 개보수 등 시설투자비용을 마련하기 위하여 기여회원(수익증권, 보증금)에 대한 수익증권을 발행하였고, 청구인은 2006.3. 이 사건 수익증권 및 입회보증금을 인수·납부함으로써 기여회원용 골프 회원권을 분양취득하였는데, 여기서 기여회원에 대하여 ○○○ ○○○클럽의 회칙에서 입회는 소정의 절차에 따라 입회금을 납입함과 동시에 회원증을 발급받음으로 회원자격이 발생한다고 하면서 정회원 중 골프장 발전에 기여한 자 중 이사회에서 승인한 자로 하며, 또한 기여회원 입회신청용 수익증권 운영약정서에서 위 수익증권은 반드시 회원권과 수반되어 유지되어야 한 것과 기여회원은 골프장 우선이용권 및 연계이용권 등 회사에서 정한 혜택을 받는 사실들이 기재되어 있고, "회사보유분 49구좌 한정, 최고의 부킹과 최상의 대우 제공 등"이란 내용으로 명문골프클럽

○○○ ○○○클럽 소수의 기여회원 모집광고를 일간지에 게재한 사실을 종합하여 볼 때, 청구인은, 비록 ○○○ ○○○클럽이 이 사건 수익증권을 입회보증금과 달리 차입금계정에 별도로 구분하고 있다 하더라도, 이 사건 수익증권을 인수함으로써 취득한 기여회원용 회원권은 골프장 이용 시 특별 우대하는 혜택을 받을 뿐만 아니라 양자는 별개로 분리처분할 수 없는 불가분의 관계를 가지고 골프 회원권의 시세에 반영되는 것에 비추어 이 사건 수익증권은 위 기여회원용 골프 회원권을 분양취득하는 데 직간접적으로 소요된 비용임.

사례 시설개보수용 시설투자예치금 납부 시 추가 입회금임(행심 2005-241, 2005.8.29.).

1986.4.부터 2003.5.까지 ○○○관광(주) ○○○컨트리클럽 및 ○○산업(주)에게 입회금 납부하고 회원권을 취득(붙임자료 참조)하였고, 2002.10. ○○산업(주)이 이 사건 골프장을 경락 인수하면서 전회원 1,901명에게 노후된 시설 개보수 및 명문 골프장을 조성하기 위하여 시설투자예치금을 납부하라고 요구하여 2002.10.부터 2005.5.까지 이를 납부한 사실, 회원제 골프장으로 운영하는 ○○○○골프클럽의 회칙에서 회원은 개인 회원과 법인 회원으로 구분되는데, 개인회원이 되려면 본 클럽회원의 추천에 따라 본 회칙을 준수할 것을 서약함과 동시에 소정의 입회금과 입회절차 등을 거쳐 회사의 승인을 받도록 규정되어 있으며, 그 단서에 리노베이션을 하기 위하여 회원의 동의를 얻어 시설투자예치금을 납부한 회원에 대하여 배우자 등록을 할 수 있다고 하고 있고, 위 시설투자예치금을 납부한 회원은 우대받을 수 있다고 하고 있으며, 퇴회시만 이를 반환할 수 있다고 규정하고 있는 것이나 비록 우대 회원과 비우대 회원을 표면적으로 구분하지 않았지만 미납부회원이나 납부금액의 차이에 따라 관리하기 위하여 번호구간을 나누어 회원증 번호를 변경하였다고 한 사실, 그리고 부부 회원으로서의 혜택이 미미하다 하더라도 미납부 회원과의 그린피 2만 원 차등제를 시행하고 있는 점 등에서 청구인들은 이 사건 골프장의 기존 회원으로서 추가로 시설투자예치금을 납부하였기 때문에 실질적으로 미납부 회원보다는 물론 납부 회원까지도 납부금액에 따라 차등적으로 우대를 받고 있다고 보는 것이 합리적이라고 할 것으로서, 이러한 경우는 기존 골프장의 시설개선 및 증설을 위한 투자비용을 "시설투자예치금"의 형식으로 기존 회원에게 부담하도록 하면서 동 예치금을 납부한 회원에 대해서는 기존회원과 구별하여 기존 골프 회원권의 배타적 이용 및 수익권을 계속 유지하면서 골프장 이용 시 예약우선 등 편의를 추가로 증진하였다면 동 "시설투자예치금"을 추가 입회금으로 보아 그 추가 납부금액에 대하여 취득세를 과세한다는 행정자치부 유권해석(세정과-2311, 2004.8.3.)에 따라 취득세 과세표준을 정하여야 함.

(3) 승마 회원권

'승마 회원권'이란 「체육시설의 설치·이용에 관한 법률」에 따른 회원제 승마장의 회원으로서 승마장을 이용할 수 있는 권리를 말한다.

(4) 콘도미니엄 회원권

1) 개요

'콘도미니엄 회원권'이란 「관광진흥법」에 따른 콘도미니엄과 이와 유사한 휴양시설로서 「관광진흥법 시행령」 제23조 제1항에 따라 휴양·피서·위락·관광 등의 용도로 사용되는 것으로서 회원제로 운영하는 시설을 이용할 수 있는 권리를 말한다(지법 §6 16, 지령 §8).

한편, 「관광진흥법 시행령」 제23조 제1항에 따라 휴양·피서·위락·관광 등의 용도로 사용되는 것으로서 휴양 콘도미니엄업 및 호텔업, 관광객 이용시설업 중 제2종 종합휴양업에 사용하는 시설을 이용할 수 있는 권리를 말한다.

2) 공유제(ownership)

콘도미니엄의 분양형태 중 공유제는 분양회사로부터 콘도미니엄의 지분에 대한 토지·건물 등을 분양받아 소유권을 취득하는 것이고, 회원제는 입회보증금을 예치하고 콘도미니엄의 사용 권리를 취득하는 것으로서 회원 모집방법에 약간의 차이가 있을 뿐, 그 성질에 있어서는 큰 차이가 없다. 공유제는 콘도미니엄용 부동산을 취득하는 것이므로 콘도미니엄용 부동산(토지와 건축물) 중 자기지분에 대하여 취득세, 재산세(도시지역분 포함), 지역자원시설세가 부과되고 있다. 따라서 회원제는 시설물을 배타적으로 사용할 수 있는 권리를 갖고 있지만, 공유제는 부동산의 소유권, 즉 공동지분을 갖고 있음에 차이가 있다. 취득세 과세대상인 콘도미니엄은 회원제로 운영되는 시설로 규정되어 있어서 엄밀히 말하면 공유제는 포함되지 아니할 것으로서, 부동산에 해당하는 것이다.[51]

회원제 콘도회원권의 경우 시설관리 운영 보증금은 콘도회원권 취득과 관련하여 취득자가 지급하는 일체의 비용이므로 취득세 과세표준에 포함되나, 공유제의 경우 "콘도미니엄용 부동산"을 취득하는 것이므로 콘도미니엄 부동산 취득 이후 지불하는 시설관리운영보증금은 취득세 과세표준에서 제외한다. 공유제 콘도회원권의 취득 시 토지 및 건물 지분계약과 동시에 시설관리운영보증금계약을 함께 하고 시설관리운영보증금을 지급하였더라도 그 시설관리운영보증금은 향후 콘도시설노후화에 따른 관리·보수 등에 소요되는 비용을 충당할 목적으로 지급되는 것이므로 취득세 과세표준에서 제외되는 것이다(세정 13407-150, 2001.2.9., 행심 98-117, 1998.3.25.).

콘도미니엄은 그 건물 및 토지에 대한 공유지분만의 매매는 인정되지 아니하고 그 이용권과 결합하여서만 매매할 수 있는 것이고, 그 시설이용 계약은 매매계약과 분리하여 콘도미니엄을 일정기간 관리 운영해 주는 용역의 제공에 관한 계약이라고 볼 수 없으며, 콘도미니엄 공유지분에 관한 매매계약과는 별도로 콘도미니엄의 시설관리운영 계약에 기하여 20년간의 시설관리료를 수납한 것이 시설관리용역에 대한 대가가 아니라 소유권(公有持分權)과 사용권이 혼합된 "콘도

---

51) 콘도미니엄 시설의 공유제 회원은 콘도미니엄 시설 중 객실의 공유지분에 대한 매매계약 이외에 콘도미니엄 시설 전체를 관리 운영하는 시설경영기업과 사이에 시설이용계약을 체결함으로써 공유지분을 가진 객실 이외에 콘도미니엄 시설 전체를 이용할 수 있게 되는바, 공유제 회원과 콘도미니엄 시설 전체를 관리 운영하는 시설경영기업 사이의 시설이용계약은 회원이 계약에서 정한 바에 따라 콘도미니엄 시설 전체를 이용하는 것을 주된 목적으로 하는 것으로서, 공유제 회원이 시설경영기업과 사이에 시설이용계약을 체결하면서 시설경영기업에 대하여 자신이 공유지분을 가진 객실에 대한 관리를 위탁하고 그에 소요되는 관리비와 회원들 상호간에 콘도미니엄 시설의 이용을 조정하는 사무처리에 소요되는 비용을 지급하였다고 하더라도 이는 회원이 콘도미니엄 시설 전체를 이용하는 데에 전제가 되거나 그에 부수되는 것으로서 이로써 공유제 회원과 시설경영기업과 사이의 시설이용계약이 「민법」상의 위임계약에 해당된다고 할 수는 없고, 따라서 시설경영기업이 파산선고를 받는다고 하여 회원과 시설경영기업 사이의 시설이용계약이 당연히 종료된다고 할 수 없다(대법원 2003다63043, 2005.1.13.).

미니엄" 분양대금의 일부이다(대법원 91누254, 1992.1.21.).

한편, 창립회원 모집인 경우 이외에는 공유제나 회원제의 가격 차이가 거의 없고 시장에서 구분없이 유통되며, 예약 등에 있어서 차이가 없다.

3) 호텔 회원권

취득세 과세대상인 종합체육시설 이용회원권은 「체육시설의 설치·이용에 관한 법률」에 따른 회원제 종합 체육시설업에서 그 시설을 이용할 수 있는 회원의 권리를 말한다.

「관광진흥법」상 호텔업을 영위하는 법인이 호텔 회원권 분양 시 시설물(종합체육시설) 이용에 대한 권리를 부여하는 조건의 회원권은 「관광진흥법」에 따른 호텔업과 「체육시설의 설치·이용에 관한 법률」에 따른 종합체육시설업으로 운영되는 시설물을 이용할 수 있다. 이처럼 분양하는 호텔 회원권에 호텔부대시설을 이용할 수 있는 회원제 종합체육시설 이용권이 포함되어 있다면 호텔 회원권과 함께 취득세를 과세하는 것이 타당하다(지방세운영과-941, 2010.3.9.).

사례 리조트 회원권에 대한 취득세 과세표준(내심 97-312, 1997.7.23.)

콘도미니엄 회원권이라 함은 명칭 여하를 불문하고 휴양·피서·위락 등으로 사용되는 회원제로 운영되는 시설을 이용할 수 있는 권리를 말한다라고 하고 있으며, "스포츠·레저시설과 숙박시설을 동시에 이용할 수 있는 할인권을 취득한 경우 스포츠·레저시설 이용부분과 일반 호텔 이용부분은 취득세 과세대상이 아니나 콘도미니엄과 유사한 숙박시설은 취득세 과세대상이 되며, 이 경우 취득세 과세표준은 할인권가액 중 콘도미니엄과 유사한 숙박시설이 차지하는 가액만을 과세표준으로 하여 취득세를 과세하여야 한다"(내무부 유권해석 1991.12.7. 도세 22670-4853호, 1994.4.28. 세정 13407-10호)고 하고 있는바, 이 회원권은 콘도미니엄 회원권과 유사한 휴양·피서·위락 등의 용도로 사용되는 회원제로 운영되는 시설을 이용할 수 있는 권리로 보아야 하고, 이 회원권에 포함되어 있는 스포츠·레저시설 등 부대시설을 이용할 수 있는 부분을 종합체육시설 이용 회원권으로도 볼 수 없다 하겠으므로 이 회원권 취득가액 중 콘도미니엄과 유사한 숙박시설이 차지하는 가액만을 취득세 과세표준으로 하여야 할 것임.

☞ 취득세 과세대상인 종합체육시설 이용회원권이 되기 위해서는 실내 수영장을 포함한 2가지 이상의 신고 체육시설업(요트장업, 조정장업, 카누장업, 빙상장업, 승마장업, 체육도장업, 골프연습장업, 체력단련장업, 당구장업, 썰매장업, 무도학원업, 무도장업)을 영위하여야 하는 것임.

4) 별장에 해당하는 특정 콘도미니엄(2023.3.13. 이전만 적용)

특정 콘도미니엄에 대한 소유권을 전용으로 소유하고 있으면서 타인은 일체 사용할 수 없고, 소유권자만이 독자적·배타적으로 이용하면서 상시 주거용이 아닌 휴양·피서·위락용 등의 용도로만 사용되는 경우에는 숙박시설로는 볼 수 없다 할 것이므로 취득세가 중과세되는 별장으로 보아야 할 것이다(대법원 2016두38365, 2016.8.19. 참조). 임차인들과의 이 부동산에 대한 임대차계약이 실제 이루어졌다고 하더라도 별장용 건축물에 해당하기 위하여서는 그 건축물이 사실상의 현황에 의하여 별장용으로 사용되고 있으면 족한 것이지 그 사용 주체가 반드시 그 건축물의 소유자임을 요하는 것은 아니며 그 건축물의 임차인이라도 무방하므로 달리 볼 수 없다(조심 2012지

117, 2012.11.21.).

5) 회원제에서 공유제로의 전환

콘도미니엄 회원권은 독립적인 과세객체이며, 콘도미니엄 회원권을 회원제에서 공유제로 전환 시(회원제 탈퇴 → 보증금 반환 → 공유제 취득의 과정으로) 회원제 및 공유제 회원권에 대하여 각각 취득세 납세의무가 있다(세정 13407 – 자109, 1998.4.7.).

6) 리콜제 콘도미니엄 회원권

'리콜제 콘도회원권'은 분양대금을 완납하고 회원의 권리를 취득하는 일반 콘도회원권과는 달리 계약서상에 잔금지급일을 계약금의 지급일로부터 10년간 유예하여 10년간 사용 후 회원이 원하지 않을 경우에는 잔금의 지불없이 계약금을 되돌려 받거나, 잔금의 지급을 10년간 유예하도록 하여 잔금을 지급하고 취득할 수 있는 회원권이다. 일반적인 콘도미니엄 회원권의 사용기간은 보통 20년으로 분양대금은 사용기간 만료 후 재계약하거나 무이자로 반환하는 것과는 달리 콘도 분양의 변칙적인 방법으로서 계약서상의 계약금만을 지불하고 회원권을 취득한 경우이므로 계약서상에 잔금지급방법만 다를 뿐 회원권의 취득, 회원 권리의 행사, 관리, 운영, 회원권의 양수도 등 그 권리의 행사가 사회통념상으로 볼 때, 계약금의 지불만으로도 충분히 회원의 자격과 권리를 취득하였다고 보여진다.

콘도미니엄을 이용할 수 있는 권리를 취득함에 있어 입회 계약서상 계약금 → 중도금 → 잔금 순으로 2년 이상에 걸쳐 입회금이 지급되도록 연부취득형식의 계약을 하고 계약금만 납부한 상태에서 그 계약자가 해당 콘도미니엄을 입회 계약서상의 시설의 관리 및 이용, 회원권의 양도 등을 아무런 제약없이 10년간 사용하다 계약금을 되돌려 받거나 잔금을 지급하는 리콜제 콘도미니엄 회원권을 취득한 경우라면 비록 잔금이나 중도금을 지급하지 아니하였다 하여 회원권의 본질인 특정 시설물의 배타적 이용·수익권을 취득하지 아니하였다고 볼 수 없으므로 해당 콘도미니엄 회원권 계약 시를 연부취득으로 보아 그 계약금을 과세표준으로 하여 취득세를 부과함이 타당하다.

(5) 종합체육시설 이용 회원권

'종합체육시설 이용 회원권'이란 「체육시설의 설치·이용에 관한 법률」에 따른 회원제 종합 체육시설업에서 그 시설을 이용할 수 있는 회원의 권리를 말한다. 여기서 종합체육시설업은 「체육시설의 설치·이용에 관한 법률」 제10조 제1항 제2호에 따른 신고 체육시설업의 시설 중 실내 수영장을 포함한 두 종류 이상의 체육시설을 같은 사람이 한 장소에 설치하여 하나의 단위 체육시설로 경영하는 업을 말한다(「체육시설의 설치·이용에 관한 법률」 §10 ① 2, 같은 법 시행령 §6, 별표 2).[52]

---

52) 「체육시설의 설치·이용에 관한 법률」 제10조(체육시설업의 구분·종류)
　　① 체육시설업은 다음과 같이 구분한다.

따라서 실내 수영장을 포함한 2가지 이상의 신고 체육시설업(요트장업, 조정장업, 카누장업, 빙상장업, 승마장업, 체육도장업, 골프연습장업, 체력단련장업, 당구장업, 썰매장업, 무도학원업, 무도장업)을 영위하여야 하는 것이다.

회원제 종합체육시설업[53]에 있어서 그 시설을 이용할 수 있는 회원의 권리를 취득하는 경우의 취득세 과세표준에는 보증금 또는 입회비 등 회원으로 가입할 때 지불하는 대가가 그 대상이 되고 연회비는 제외된다(세정 13407-848, 2000.7.1.).

> **사례** 호텔의 회원모집 경위, 개별 회원들의 회원권 회원가입 신청 및 이용약관, 회원들의 수영장, 골프연습장, 헬스장 등 체육시설 이용 현황 등을 종합하여 고려했을 때, 이 회원권은 「지방세법」 상 취득세 과세대상인 종합체육시설 이용회원권으로 보는 것임(부동산세제과-1243, 2021.5.7.).

(6) 요트 회원권

'요트 회원권'이란 「체육시설의 설치 · 이용에 관한 법률」에 따른 회원제 요트장의 회원으로서 요트장을 이용할 수 있는 권리를 말한다.

요트 회원권의 경우 취득형태와 권리, 내용 및 사회적 인식이 승마 회원권 등과 유사함에도 과세대상에서 제외되어 과세불형평이 발생하였는데, 2014.1.1. 이후 납세의무성립분(취득분)부터 취득세 과세대상이 된다.

⑭ 간주 과세대상

(1) 차량, 기계장비, 선박의 종류변경

1) 차량 종류변경

차량의 구조변경으로 그 가액이 증가한 경우에만 취득세 과세대상이 된다. 여기서 차량과 기계장비에 있어서 종류변경은 「원동기」, 「정원」, 「적재적량」 또는 「차체」가 각각 변경되는 것에 한하여 과세대상인 종류변경으로, 차량의 단순한 문짝수리, 범퍼교체 등은 비록 수선되었다고 하더라도 과세대상에 해당되지 아니한다. 차체 · 적재적량의 변경은 화물차의 적재탑을 변경 · 설치하면서 냉동탑, 일반강철 · 탱크로리 · 유압크레인 등을 설치함으로써 해당 차량의 종류가 변경된 것을 의미한다.

차량의 구조변경으로 그 가액이 증가한 경우에만 취득세 과세대상이 된다. 따라서 차량에 크레인을 설치하여 사용할 경우에는 차량의 종류변경에 해당되어 증가액을 과세표준으로 취득세를

---

1. 등록 체육시설업 : 골프장업, 스키장업, 자동차 경주장업
2. 신고 체육시설업 : 요트장업, 조정장업, 카누장업, 빙상장업, 승마장업, 종합 체육시설업, 수영장업, 체육도장업, 골프연습장업, 체력단련장업, 당구장업, 썰매장업, 무도학원업, 무도장업
53) 회원을 모집하여 경영하는 체육시설업을 말함.

신고납부하여야 할 것이다.

① 원동기의 변경

차량이나 건설기계·노후·파손 등 사유로 원동기 전체를 교환하거나 연료 절감 등의 목적으로 상이한 엔진기관으로 변경하는 것 등이 이에 해당하는 것이나, 연료통(가스) 교체는 이에 해당되지 아니한다.

② 차체·적재적량의 변경

차체·적재적량은 화물차의 적재탑을 변경·설치하면서 냉동탑, 일반강철·탱크로리·유압크레인 등을 설치함으로써 해당 차량의 종류가 변경된 것을 의미한다. 특히 탱크로리의 경우 분뇨탱크, 수산물 운송용 탱크, 우유 운반용 스텐레스조, 유류 운반용 탱크조 등이 이에 해당하는 것이며 또한 고철을 적재하기 위하여 크레인을 설치하는 것도 이에 해당하는 것이다.

③ 크레인

화물 트럭을 취득한 후 카고 크레인을 설치한 경우 이는 구조변경에 해당되어 크레인 설치로 인하여 취득세가 과세대상이 되므로 고층 이삿짐 차량에 크레인을 장착할 경우 차량의 종류변경에 해당된다.

한편, 크레인이 장착된 차량을 교체하면서 헌차에 정착된 크레인을 새로 구입한 차량에 부착한 경우 새로 구입한 차량은 차체 변경에 의한 차량의 종류변경에 해당되어 취득세 과세대상이 된다. 그런데 이미 과세한 헌차에 장착된 자기소유의 크레인을 새로 구입한 차량에 이동장착한 것에 불과할 뿐이므로 해당 크레인 설치에 대한 취득세 납세의무가 없는데(세정 13407-714, 2001.6.26.), 그 이유는 이미 과세되었기 때문이다.

④ 암롤

쓰레기차 중에 지붕을 여닫도록 설계되어진 수거통으로 날개처럼 접었다 폈다 할 수 있는데 이 날개를 ARM(팔)이라고 하며, 이것을 회전시키는 Roller가 장착되어 있기 때문에 Arm Roll Box라고 부른다. 이 암롤을 설치한 경우에는 '적재적량' 또는 '차체'가 변경되는 것에 해당될 것이므로 차량의 구조변경에 해당할 것인데, 고정식이 아니더라도 차량을 사용할 때 차량에 부착하여 사용하더라도 구조변경에 해당할 것으로 판단된다.

암롤의 적재량이 동일한 경우에는 추가 구입분은 취득세 과세대상이 되지 아니하나, 암롤의 적재량에 차이가 있는 경우 적재량의 증가분에 대한 가액(큰 적재량의 암롤의 가액 - 기신고된 암롤가액)을 취득세 과세표준으로 신고납부하여야 할 것이다.

⑤ 메가 트럭 취득 후 음식쓰레기 수거 트럭으로 변경되는 경우

자동차 회사에서 메가 트럭으로 신차출고 후 바로 특장차로 보내져서 쓰레기 수거 트럭으로 구조변경하는 경우 세금계산서는 차출고일과 구조변경일에 날자와 매출자(자동차회사, 특장차 회사)가 상이하게 발급되며, 제작증명서도 별도 발급되는데, 신차로 등록하고 따로 구조변경 구

분등록 안하며 자동차명에 메가 트럭이 아니라 음식물 쓰레기 수거 트럭으로 등록이 되는 경우 차량 종류의 변경에 해당되므로 신차 출고와 종류의 변경에 따른 취득세를 각각 신고납부하여야 할 것이다.

⑥ 트레일러를 개조하여 위험물 이동탱크 시설을 설치한 경우

트레일러를 취득한 후 구조변경 허가를 받아 위험물 이동탱크 저장시설을 설치한 경우 취득세 납세의무가 성립되는 것이다(세정과-2471, 2007.6.28.).

⑦ 브라켓 설치

브라켓[bracket, (처마·선반 등의) 받침대, 까치발]을 설치하여 차체가 변경되는 경우로서 설치 시 시장 등의 승인을 받아야 하는 경우에는 취득세 과세대상이 되는 것이나, 차체 변경이 되지 않는 경우라면 구조변경에 해당되지 아니할 것이다.

2) 기계장비의 종류변경

원동기·정원·적재정량 또는 차체가 각각 변경(기계장비의 종류변경)될 때뿐이므로 기계장비의 수선은 새로운 취득으로 볼 수 없을 것으로 과세대상에서 제외될 것이다.

3) 선박 종류변경

① 개요

선박의 종류변경[선질·용도·기관과 적재적량(정원)]을 함으로써 그 가액이 증가하는 경우에 취득으로 보아 과세하는 것이나, 이는 건축물의 개축, 대수선은 과세대상이라고 규정하고 있는 것과는 다른 것이다. 따라서 자본적 지출과 수익적 지출 여부를 따지지 않고 선박의 종류가 변경되어 가액이 증가된 경우에만 취득세가 과세된다(세정 13407-485, 1994.8.8.).

'선박·차량과 기계장비의 종류변경'이라 함은 선박에 있어서는 선질(船質)·용도·기관과 적재정량(정원), 차량과 기계장비에 있어서는 원동기·정원·적재정량 또는 차체가 각각 변경된 것을 말하므로 성질과 용도가 변경되지 아니하고 단순히 기관만을 대체한 경우라면 종류변경이 아니다(지세 125-1361, 1969.2.21.).

② 과세표준

선박, 차량 및 기계장비의 종류를 변경하거나 토지의 지목을 사실상 변경한 경우에는 그로 인하여 증가한 가액을 각각 과세표준으로 한다.

선박의 기관 등을 변경한 경우 기관변경 등에 소요된 일체의 비용이 「지방세법」 제10조 제5항 규정의 법인장부 등에 의하여 입증되는 경우에는 그 비용 전부를 과세표준으로 하여 취득세를 과세하게 된다. 다만, 「지방세법」 제10조 제5항 규정의 법인장부 등에 의하여 입증되지 아니한 경우에는 시가표준액으로 증가한 경우에만 과세대상이 된다.

③ 취득시기

차량·기계장비 또는 선박의 종류변경에 따른 취득은 사실상 변경한 날과 공부상 변경한 날 중 빠른 날을 취득일로 본다라고 규정되어 있는 바(지령 §20 ⑨), 취득시기는 실제 변경하여 사용한 날과 선박원부 등재일 중 빠른 날이 될 것이다.

④ 톤수변경에 따라 미등록 소형선박에서 등록대상이 되는 경우

「선박법」 제1조의 2 제2항에 따른 소형선박은 취득세 세율이 2.02%이나, 등기 등록대상인 선박은 상속, 무상취득, 원시취득, 수입에 의한 취득 및 주문 건조에 의한 취득을 제외한 그 밖의 원인으로 인한 취득은 3%이다.[54]

톤수변경으로 선박의 종류변경에 따른 취득세 2%를 신고납부하여야 하고 취득세 과세표준은 톤수증가에 따른 가액 증가액이 될 것이다. 그리고 톤수변경으로 인하여 미등록 소형선박에서 등록 대상이 되는 것이므로 종류변경에 의한 취득을 수반하는 것이므로 취득세(종전 등록세분)를 신고납부하여야 할 것이다. 이 경우 세율은 변경 후 선박가액의 0.8%(소형선박 외의 선박으로 그 밖의 원인으로 인한 취득세 세율 3% – 소형선박의 취득세 세율 2.02%)를 적용하여 신고납부하여야 할 것이다. 즉 상기를 요약하면 다음과 같다.[55]

> 산출세액 = 톤수 증가에 소요된 비용(또는 시가표준액 차액) × 2% + 변경 후 사실상의 선박가액 (또는 변경 후 선박의 시가표준액) × 0.8%

사례 건설기계로 등록 후 선박등기 시 등록면허세 납세의무(세정 13407-1, 2002.1.2.)

「건설기계관리법」의 규정에 의거 건설기계로 등록을 한 후 「선박등기법」의 규정에 의한 선박등기를 한다면 건설기계로 등록 시에는 「지방세법」 제132조의 3 제1항 제1호의 세율(건설기계가액의 1,000분의 10)을 적용한 등록세를 납부하고, 선박의 보존등기 시에는 「지방세법」 제13조 제1항 제3호(선박가액의 1,000분의 0.2)를 적용한 등록세를 각각 납부하여야 함.

⑤ 톤수 변경에 따라 면제대상 소형어선에서 과세대상이 된 경우

20톤 미만의 소형어선으로 「지방세특례제한법」 제9조 제2항에 의거하여 취득세가 면제되었으나, 톤수 증가로 인하여 용도를 변경하였으므로 선박의 종류변경에 해당할 것이고 이 경우 증가

---

54) 2011년~2013년은 「신탁법」에 따른 신탁재산인 선박을 수탁자로부터 수익자에게 이전하는 경우의 취득도 3%이었으나, 2014.1.1. 이후 이는 삭제되었다. 그런데 2014.12.31. 이전에 신탁재산인 부동산 또는 선박을 수탁자로부터 수익자에게 이전한 경우에 대해서는 개정 규정에도 불구하고 종전의 규정에 따른다.

55) 신고서 작성 시 0.8% 세율이 과세관청의 전산상 입력이 안되는 경우 다음과 같이 적용할 수 있지만 세액에 차이가 있을 수 있다.

> 납부할 세액 = 변경 후 사실상의 선박가액(또는 변경 후 선박의 시가표준액) × 3% – 당초 취득 시 소형선박의 취득세(기납부세액으로 표시)

한 가액[개인의 경우 사실상의 소요비용이 적용되지 아니하는 경우 어선(20톤 이상)의 시가표준액에서 소형어선의 시가표준액 차액]이 과세표준이 될 것으로 판단된다.

(2) 토지 지목변경

1) 개요

'지목변경'이란 지적공부에 등록된 지목을 다른 지목으로 바꾸어 등록하는 것을 말한다. 지목을 변경하고자 하는 사유가 발생하면 그 날부터 60일 이내에 지적 소관청에 지목변경을 신청해야 하며, ① 관계법령에 따라 토지형질변경 공사가 끝나 준공한 경우, ② 토지나 건축물의 용도를 변경한 경우, ③ 도시개발사업 등을 원활하게 추진하기 위하여 사업시행자가 공사 준공 전에 토지합병을 신청하는 경우에 신청한다. 지목은 「공간정보의 구축 및 관리 등에 관한 법률」[56])에서 28가지를 정하고 있는데, 지목변경은 주로 조방이용의 토지에서 집약 이용하는 토지 용도로 변경되는 수가 많다. 예로 임야, 전답 등이 대(택지)로 변경되는 것이다.

공부와 관계없이 사실상으로 지목의 변경 여부에 의하여 과세 여부가 결정되어지며, 그 지목변경에 따른 토지가액의 증가가 수반되어야 한다. 여기서 지목변경이란 「공간정보의 구축 및 관리 등에 관한 법률」상 28개의 지목 가운데 어느 지목으로 변경되든 관계하지 아니한다. 예컨대 전이 답 및 대로 변경되든지 또는 대에서 전으로 변경되든 상관하지 아니하고 그 지목변경에 따른 토지 가액의 증가가 있을 때 취득세를 과세하게 되는 것이므로, 이와 같은 지목변경은 공부상 등재 여부에 불구하기 때문에 지목이란 토지의 사용용도에 의하여 결정되는 것이므로 같은 법에서 정의하고 있는 지목의 종류대로 사실상 사용이 변경되어짐을 의미한다. 그러나 사실상의 사용에는 장기적이고 합리적인 사용을 의미하는 것이지 일시적·잠정적으로 사용하는 것까지 포함한다고 할 수 없을 것이다.

예컨대 "전"의 지목에 건축물을 축조한다면 공부상 지목변경을 하지 않더라도 "대"로 사실상 변경하였다고 하겠으나, 잠시 휴경상태인 "전"에 가설물을 일시적으로 설치하였다 하여 "대"로 사실상 사용한다고는 할 수 없기 때문에 당초 토지를 승계취득할 당시에 사실상 지목이 변경된 토지를 취득하여 취득 이후에 단지 공부상 지목을 변경하였을 경우에는 지목변경에 따른 취득은 성립되지 아니한다.

따라서 토지의 지목이 사실상 변경된 것을 취득세 과세대상인 간주취득으로 보기 위하여는 우선 그 토지의 주된 사용 목적 또는 용도에 따라 구분되는 지목이 사실상 변경되었을 뿐만 아니라 그로 인하여 가액이 증가되어야 하므로, 이미 그 지목이 사실상 변경된 후에 토지를 취득한 것이라면 비록 취득 후 변경된 사실상의 지목에 맞게 공부상의 지목을 변경하였다고 할지라도 이로써 해당 토지의 소유자가 취득세 과세물건을 새로이 취득한 것으로 간주할 수 없고, 또한 토지를 취득한 후 그 현상을 전혀 변경시키지 아니한 채 그대로 보유하고 있다가 그 공부상의 지목을

---

56) 2015.6.23. 이전 「측량·수로조사 및 지적에 관한 법률」 또는 「지적법」이었음.

실질에 맞게 변경하였다고 할지라도 공부상의 지목이 변경되었다는 사유만으로 해당 토지 소유자가 그 변경시점에서 취득세 과세물건을 새로이 취득한 것으로 취급할 수 없다 할 것이다(대법원 92누18818, 1993.6.8., 대법원 83누696, 1984.5.15., 대법원 97누15807, 1997.12.12. 등 참조).

토지 형질변경에 대하여 취득세를 부과하는 근거는 토지 소유자가 토지의 형질을 변경함으로써 실질적으로 토지의 질적인 변화로 인한 가액증가(원본자산의 가치상승)를 얻게 됨을 전제로 과세하는 것으로 보아야 하기 때문에 이는 토지의 가액증가에 따른 담세력을 포착하여 과세하는 응능과세로 보여진다. 따라서 지목변경에 소요된 비용은 그 비용이 직접비용이거나 간접비용을 불문하고 모든 취득세 과세표준에 포함되기 때문에 골프장을 조성하는 경우에는 골프장 조성에 투입된 도로포장공사비, 잔디식재비, 수목식재비 등 모든 제비용이 과세표준에 포함된다.

2) 과세요건

토지의 지목을 사실상 변경함으로써 그 가액이 증가한 경우에는 취득으로 보므로 토지의 지목을 변경하는 때는 해당 토지의 소유자는 그 지목변경에 의한 가액의 증가가 있는 때 납세의무가 있다. 따라서 지목변경에 의한 가액의 증가가 없다면 납세의무도 없다.

예를 들어 개인소유 토지에서 종전 지목인 전이 인근지역 토지인 대지와 그 시가를 동일하게 보아 그 토지의 시가표준액(공시지가)이 같은 상태에서 그 지목만 대지로 변경하고 토지가액 조정이 없다면 가액의 증가가 없으므로 납세의무가 없고, 법인소유 토지에서 어떤 목적에 사용하려 하였으나 지목변경과 관련한 공사비를 투입할 필요가 없었다면 가액의 증가가 없으므로 납세의무가 없으며 법인소유 토지에서는 지목변경과 함께 개별 필지별 시가표준액의 상승이 있다 하더라도 그 공사비가 없다면 취득세 납부의무가 없다.

사실상 지목변경없이 단순히 토지 합병으로 인하여 합병 전 토지 중 높은 공시지가로 조정된 경우라도 납세의무가 없다(세정 13407-158, 1996.2.8.).

3) 취득 전에 사실상 변경된 경우

이미 그 지목이 사실상 변경된 후에 토지를 취득한 것이라면 비록 취득 후 변경된 사실상의 지목에 맞게 공부상의 지목을 변경하였다고 할지라도 이로써 해당 토지의 소유자가 취득세 과세물건을 새로이 취득한 것으로 간주할 수 없고, 또한 토지를 취득한 후 그 현상을 전혀 변경시키지 아니한 채 그대로 보유하고 있다가 그 공부상의 지목을 실질에 맞게 변경하였다고 할지라도 공부상의 지목이 변경되었다는 사유만으로 해당 토지 소유자가 그 변경 시점에서 취득세 과세물건을 새로이 취득한 것으로 볼 수 없다(대법원 92누18818, 1993.6.8., 대법원 83누696, 1984.5.15., 대법원 97누15807, 1997.12.12. 등 참조).

4) 지목변경된 토지를 소유권이전 후에 중과세된 경우

지목이 사실상 변경된 후에 토지를 취득한 것이라면 비록 취득 후 중과세된 경우라 하더라도 대법원의 판례(대법원 97누15807, 1997.12.12.)에서 보는 바와 같이 승계취득한 이후에 공부상 지목변경이 된 경우라도 사실상 지목변경된 토지를 취득한 경우에는 지목변경분이 포함되어 매매가

이루어진 것이므로 취득가액에 이미 지목변경분이 포함되어 있다면 취득가액을 기준으로 취득세 (중과분 포함)를 신고납부한 경우에는 이미 지목변경분이 포함되어 과세된 것이다. 따라서 지목 변경의 경우 지목변경 당시의 소유자에게만 취득세를 부과할 수 있는 것인데, 지목변경분이 취득 가액에 이미 반영되어 매매가 되었기에 지목변경분이 포함된 토지를 취득한 자에게는 지목변경 에 대하여 취득세를 부과한다면 이중과세이므로 또 다시 부과할 수 없는 것이다. 또한 소유권이 전된 후에 지목변경일로부터 5년 이내에 중과사유가 발생된 경우에는 당초 납세의무자에게 지목 변경 취득세 중과분의 납세의무를 지울 수 없는 것이다. 그 이유는 지목변경이 반영된 토지 취득 자에게 토지에 대하여 중과세를 하여야 하는 것이기 때문에 지목변경 당시의 납세의무자에게 부 과하는 것은 이중과세가 되는 것이며, 중과사유가 당초 지목변경 당시의 납세자가 아닌 승계취득 자에 의해 발생된 것이기 때문이다.

5) 임차인의 지목변경

임차인이 지목변경을 하는 때에는 그 지목변경에 따른 취득세 납세의무는 토지소유자에게 있 다. 지목변경을 한 자는 임차인이지만 지목변경에 소요되는 공사비는 토지의 가액 증가에 소요된 비용으로서 결국 토지의 가액 증가의 혜택은 토지 소유자에게 돌아가기 때문에 취득세 납세의무 는 토지 소유자에게 있다. 한편, 국·공유지를 임차하여 지목변경을 하는 때에는 국가나 지방자 치단체가 납세의무자이지만 국가 등은 비과세대상자이므로 취득세를 과세할 수 없다(세정 13421 -692, 1993.8.9.).

6) 기부채납

지목변경을 하면서 토지의 일부를 국가나 지방자치단체 등에 기부채납한다면 그 기부채납한 토지에 대하여 지목변경 비용에 대하여는 취득세 과세표준에서 제외되어야 한다.

7) 미준공 건축물과 그 부속토지에 대한 지목변경

A법인이 미준공 건축물과 그 부속토지를 취득한 후 미준공 건축물에 대한 나머지 공사를 진행 한 후 사용승인받는다면 지목이 사실상 변경된 시점의 소유자인 A법인이 지목변경에 따른 취득 세 납세의무자이다(지방세운영과-1701, 2010.4.26.). 한편, 지목변경을 사실상 변경된 시점의 소유자 가 취득세 납세의무가 있는데, 승계취득하기 전에 사실상 지목변경이 되어 취득세 납세의무가 생긴 경우에는 납세의무성립 당시의 소유자(승계 전 소유자)가 취득세 납세의무가 있는 것이다.

8) 건축물 용도변경 관련 지목변경

건축물 용도변경은 개발행위 허가 없이 가능하더라도 공부상으로 잡종지에서 대지로 전환된 경우라면 지목변경이 된 것이므로 취득세 과세대상이 된다. 한편, 공부상 지목변경이 되지 않았 다 하더라도 사실상 지목변경이 된 경우 사실상 변경일을 취득일로 보고 취득세를 신고납부하여 야 한다.

9) 과세표준(지법 §10 - 6, 지령 §18 - 6)

① 사실상 취득가격을 확인이 되는 경우(2022년 이전은 판결문 또는 법인장부[57]로 토지 지목변경이 입증되는 경우)

사실상 취득가격(2022년 이전은 판결문 또는 법인장부상 지목변경 비용)

② ① 이외 경우(법인이 아닌 자로 한정 : 지법 §10 - 6 ②)

지목변경 이후 토지 공시지가 - 지목변경 전 공시지가(공사착공일 현재 공시지가)

여기서 해당 토지에 대한 개별공시지가의 공시기준일이 지목변경으로 인한 취득일 전인 경우에는 인근 유사토지의 가액을 기준으로 「부동산 가격공시에 관한 법률」에 따라 국토교통부장관이 제공한 토지가격비준표를 사용하여 시장·군수가 산정한 가액을 말한다. 토지가액의 증가는 취득 당시 또는 취득에 따른 것이며 그 지목변경은 사실상 지목변경도 포함하는 것이므로 이미 사실상 지목변경된 토지를 공부상으로만 변경시키는 경우는 적용할 여지가 없게 된다. 여기서 취득 당시란 사실상 지목변경일이기 때문이다.

☞ 법인의 경우 우선적으로 지목변경에 따른 사실상 취득가격이 있는지를 확인한 후 사실상 취득가격이 확인되지 않을 경우에는 지목의 변경 전과 변경 후의 시가표준액의 차액으로 과세표준을 적용하는 것이 타당할 것으로 판단됨(부동산세제과-2669, 2024.8.2.). 이렇게 해석하고자 한다면 「지방세법」 제10조의 2 제2항에서 "법인이 아닌 자가"라는 문구를 삭제하여야 할 것임.

③ 법인소유자

법인장부 등에 의하여 지목변경에 소요된 비용이 입증되는 경우에는 그 비용을 과세표준으로 하고 있으므로 법인의 경우에는 지목을 변경하였다고 하더라도 지목을 변경하는 데 소요된 비용이 법인장부상 없으면 취득세를 부과할 수 없는 것이다.

사실상 취득가격의 범위에는 지목변경에 수반되는 농지전용부담금, 대체농지조성비, 대체산림조림비는 과세표준에 포함되지만, 취득일 이후에 공사의 완료로 인하여 수익이 전제가 되는 「개발이익환수에 관한 법률」에 의한 개발부담금은 제외된다.

지목변경과 관련하여 발생하는 석벽, 옹벽 등 사방공사 관련비용 등은 토지조성원가(토지의 자본적 지출)로 보는 것이 타당하다 할 것이나(국심 98경2333, 2000서2524, 97전2861, 94중3086, 93경3041, 감심 94 - 174 등 외 다수), 지목변경과 무관한 석벽, 옹벽 등 구조물 공사비용은 토지조성원가로 보지 아니하고 별도의 구축물로 보는 것이다(국심 2000서2524, 2000중3133, 2000중3109 등 외 다수).

한편, 사실상의 지목변경없이 지면을 고르게 하면서 건축공사가 없이 하는 토공사(성토, 절토, 굴착공사)는 단순한 토지의 자본적 지출로서 취득세와는 무관하다. 다만 지목변경이 수반되는 경우에는 취득세 과세대상이며, 건축공사를 하는 경우에는 건축공사의 일부로 보아 과세대상이 된다. 따라서 취득세에서는 지목변경, 건물 신·증축 관련 옹벽공사는 과세대상이 된다.

---

57) '법인장부'란 2014.1.1.부터 금융회사의 금융거래 내역 또는 「감정평가 및 감정평가사에 관한 법률」 제6조에 따른 감정평가서 등 객관적 증거서류에 의하여 법인이 작성한 원장·보조장·출납전표·결산서를 말함.

사례 옹벽공사는 지목변경비용에 해당됨(조심 2019지2119, 2019.8.27.).

이 토지는 당초 지목이 임야 등으로 그 지상에 이 건 건축물을 신축하기 위해서는 이 건 옹벽공사가 반드시 필요하다고 보이는 점, 이 건 옹벽은 이 건 토지의 침하나 산사태 등을 방지하는 역할을 하므로 그 존재만으로 이 건 토지의 가치를 증가시키는 것으로 볼 수 있는 점, ○○○이 이 옹벽공사와 공장부지 조성공사를 거의 같은 시기에 시공한 것으로 보아 이 옹벽공사는 공장부지 조성공사의 하나로 볼 수 있는 점, 이 옹벽공사비용은 ○○○원이나, 이 공장용지 조성공사 비용은 ○○○원에 불과한 것으로 보아 대부분의 토목공사는 이 옹벽공사와 관련된 것으로 보이는 점 등에 비추어 이 옹벽공사는 이 토지의 지목을 임야 등에서 공장용지로 변경하는데 필수적인 공사라 할 것인바, 처분청이 동 비용을 이 토지의 지목변경에 따른 취득세 과세표준으로 보아 취득세 등을 부과한 처분은 달리 잘못이 없음.

④ 개인소유자

개인이 지목변경하는 경우에도 과세표준은 사실상 취득가격이 된다. 그런데 사실상 취득가격 확인이 불가능한 경우(2022년 이전은 개인이 법인장부 등으로 입증되지 아니한 경우) 과세표준은 지목변경 전·후의 시가표준액(공시지가) 차이를 과세표준으로 하는 것이므로, 개인이 부담한 대체농지조성비(농지전용부담금, 각종 부담금)는 별도로 과세표준에 포함되는 것이 아니다 (세정 13407-1282, 1995.12.8.).

⑤ 지목변경 이후의 공시지가보다 높은 가격으로 이미 취득세 신고한 경우

재산가치의 증가가 전혀 없는데 단지 공부상 "답"이었을 때의 공시지가와 지목을 "대지"로 변경하였을 때의 공시지가가 높아졌다는 이유만으로 이를 부동산의 새로운 취득이라 볼 수는 없을 뿐 아니라, 지목변경 이후의 공시지가보다 높은 가격을 기준으로 하여 이미 취득세를 납부한 납세자에게 단지 지목변경으로 공시지가가 증가하였다는 이유만으로 취득세를 납부하는 것은 실질과세의 원칙에도 반한다 할 것이므로, 토지를 취득할 당시 사실상 대지였는지 여부와 관계없이 부과처분은 모두 위법하다(대법원 2009두4838, 2009.5.28.). 즉 지목변경 이후의 공시지가보다 높은 가격을 기준으로 하여 이미 취득세를 납부한 납세자에게 단지 지목변경으로 공시지가가 증가하였다는 이유로 취득세를 부과한 것은 부당하다.

⑥ 착공 시점의 공시지가보다 높은 가격으로 이미 취득세 신고한 경우

상기 대법원판례의 취지를 살펴보면 취득 시 취득세 과세표준이 착공 시점의 공시지가보다 높았다면 지목변경 후의 공시지가에서 취득 시의 과세표준을 차감한 잔액을 지목변경 과세표준으로 삼아야 한다라고 주장할 수 있다. 만약, 차감한 잔액이 마이너스 즉 지목변경 후의 공시지가가 취득 시의 취득가액보다 낮다면 당연히 지목변경에 따른 취득세를 부과하면 안된다는 것이라는 것으로 확대해석할 수 있다는 것이다. 이에 대하여 명확한 해석이 없는 상태이다.

⑦ 개인 토지 위에 법인이 지목변경한 경우

개인의 토지 위에 지상권을 설정한 법인이 지목변경을 한 경우 그 지목변경에 따른 취득세의 과세표준액은 법인장부에 의하여 입증된 지목변경공사에 소요된 일체의 비용이 되는 것이다(세정 13407－343, 2001.3.29.). 예를 들어 사회복지법인이 소유하고 있는 토지에 건축물을 건축함에 따라 그 부속토지가 대지로 지목변경되는 경우라면 지목변경에 따른 취득세는 면제대상이 되는 것이나, 개인명의로 되어 있는 농지에 사회복지법인이 노인전문요양시설을 건축하여 준공하는 경우 건축물의 사용검사일(준공검사일)이 지목변경일(취득일)이 되는 것이므로 농지소유자인 개인에게 취득세 납세의무가 있다(지방세정팀－1385, 2006.4.6.).

> **사례** 지목변경 수반하는 조경공사비와 포장공사비(세정 13407－1189, 2002.12.17.)
> 공동주택 신축 공사 시 토지의 지목변경을 수반하는 공동주택단지 내 조경공사비와 포장공사비는 토지의 지목변경에 소요된 비용으로서 취득세 과세표준에 포함하는 것임.

> **사례** 과세표준에 산입되는 포장공사비와 조경공사비의 범위(세정 13407－1331, 2000.11.18.)
> 지목변경을 수반하지 아니하는 포장공사비와 조경공사비는 취득세 과세대상에서 제외됨.

10) 지목변경의 취득시기

토지의 지목변경에 따른 취득은 토지의 지목이 사실상 변경된 날과 공부상 변경된 날 중 빠른 날을 취득일로 본다. 다만, 토지의 지목변경일 이전에 사용하는 부분에 대해서는 그 사실상의 사용일을 취득일로 본다.

토지의 지목변경 행위는 토지의 형질변경을 전제로 한 것이므로 여기서 토지의 형질변경이란 절토, 성토, 정지 등으로 토지의 형상을 변경하는 행위를 말하며 다만, 기존 대지 안에서 공작물 등을 설치하기 위한 굴착행위는 제외한다고 규정하고 있는바, 사실상의 지목변경일은 토지의 형질변경공사가 완료된 때를 취득의 시기로 보아야 하고 "농지전용과 같이 토지의 형질변경을 수반하는 경우에는 형질변경의 원인이 되는 공사가 완료된 때를 취득의 시기로 본다"라고 규정하고 있다. 따라서 지목변경 취득일은 토지대장상 지목변경일이 아니며 주택착공일도 아니고, 주택 준공일(주택의 사실상 사용일이 준공일보다 빠른 경우 사실상 사용일)이 되는 것이다.

공부상 전인 토지를 건축물 신축 이전부터 대지로 사실상 사용하고 있다가 건축물 신축 후 그 공부상의 지목을 실질에 맞게 지목변경을 하였다 할지라도 공부상의 지목이 변경되었다는 사유만으로 그 변경 시점에서 취득세 과세물건을 새로 취득한 것으로 볼 수 없다 하겠으므로, 지목변경에 따른 취득의 시기는 해당 토지의 사용 용도가 사실상으로 변경된 날로 보아야 할 것이다(도세과－117, 2008.3.20.).

건축공사가 수반되는 지목변경의 경우에는 건축물이 준공된 경우에야 비로소 지목변경이 되었다고 볼 수 있을 것이나, 건축공사가 수반되지 아니하고 토지 준공 시점이 분명한 경우에는 구조물 공사가 완료된 시점이 취득시기가 될 것인데, 토지 준공 시점이 불분명한 경우에는 공부상 지목변경일이 취득시기가 될 것이다.

한편, 2005.1.5. 이후부터는 지목변경일 이전에 사용하는 부분에 대하여는 사실상 사용한 날에 취득한 것으로 본다라고 규정하고 있으며, 그 이후 지목이 사실상 변경된 날(사실상 변경된 날이

불분명한 경우에는 공부상의 지목변경된 날)까지 지출된 추가 공사비는 별도로 취득한 것으로 보고 있다.

① 사실상 지목변경일

'사실상 지목변경'이란 토지의 형질이나 이용상황이 달라져 주된 용도가 변경되었음에도 지적 공부상 등록변경이 이루어지지 않은 것을 의미하는 것으로, 사실상의 지목변경 시기는 토지의 지목을 변경하려는 자가 당초 의도한대로 토지의 형질이나 이용상태가 변경된 때를 말하는 것이다.

㉠ 행정관청의 허가 및 준공검사를 요하는 경우

토지의 형질이 변경되어 다른 지목으로 그 형태가 갖추어진 날을 말하는데 행정관청의 허가 및 준공검사를 요하는 개간이나 형질 변경 허가의 경우는 그 준공신고서 등을 기준으로 취득일을 판단하여야 하며, 사용하고자 하는 의도대로 지목을 변경하여 사용하였음을 의미한다고 보는 것이 타당하다 하므로, 단순히 토지의 형질을 변경하는 경우에는 그 형질변경 공사가 완료된 시점에 이미 의도한 용도에 공여될 수 있어 이때를 지목변경일로 보아야 할 것이나, 건축공사가 수반되는 지목변경의 경우에는 해당 토지가 건축물의 부속토지로서의 기능에 공여될 수 있는 시점에 비로소 지목변경이 이루어졌다고 보아야 할 것으로, 건축공사가 진행 중에 있는 기간은 비록 건축물을 신축하기 위한 기초공사가 완료되었다 하더라도 그러한 상태만으로 완전한 건축물의 부속토지로서의 기능을 수행하는 상태에 있는 것으로 보기는 어렵다 하겠고, 그렇다면 토지는 그 지상의 주택 신축공사가 완료되어 사용승인서가 교부된 날에 농지인 "답"이 사실상 "대"로 지목이 변경되었다 하겠으므로 이때를 지목변경에 따른 취득일로 보아야 한다(행심 2006 – 76, 2006.2.27.).

> **사례** 택지조성공사의 지목변경 시점은 단지조성공사 완료일임(조심 2018지0257, 2018.8.29.).
> 청구법인의 경우 2007.4.5. 서울특별시 OOO대규모 택지개발사업을 착공하여 2009.12.30. 단지조성공사를 완료하고 준공검사원을 제출한 점, 2010.1.8. 서울특별시로부터 주택건설사업에 대한 사용검사필증을 교부받은 점, 청구법인은 쟁점토지에 건축물을 건축하여 분양하는 목적이 아니라 토지를 개발하여 용도별로 분양하는 목적으로 보이는 점, 택지개발로 인한 지목변경과 건축물의 건축이 각각 이루어지는 경우 토지의 지목변경이 사실상 완료된 후 해당 토지에서 건축공사가 진행된 것으로 보는 것이 합리적이라 할 것인 점 등에 비추어 청구법인이 추진한 서울특별시 ○○○택지개발사업에 대한 지목이 사실상 변경된 날은 단지조성공사가 완료된 2009.12.30.로 보는 것이 타당함.

㉡ 행정관청의 허가 및 준공검사를 요하지 않거나 불법으로 형질변경한 경우

행정관청의 허가 및 준공검사를 요하지 아니하거나 불법으로 개간이나 형질변경을 한 경우에는 간접자료 및 실지조사에 의거 취득일을 판단해야 할 것이며, 사실상 변경일은 사실상 토지의 주된 용도를 변경한 날이라 말하는데, 그 변경이 있는지 여부는 토지의 형질변경 유무뿐만이 아니라 상하수도공사, 도시가스공사, 전기통신공사 유무를 비롯하여 여러 사정을 종합하여 객관적으로 판단되어야 한다.

ⓒ 도시개발사업 시행 중 주택개발사업이 착수되는 경우

도시개발사업에 따른 토지조성공사 준공 전에 쟁점토지 구역에 주택개발사업이 착수되었는데, "도시개발사업"이란 "도시개발구역에서 주거, 상업, 산업, 유통, 정보통신, 생태, 문화, 보건 및 복지 등의 기능이 있는 단지 또는 시가지를 조성하는 사업"(「도시개발법」 §2 ①)이므로, 그 자체로 토지의 지목을 변경하는 사업으로 보아야 하고, 쟁점토지를 주택용지로 공급함으로써 도시개발사업 시행자가 그 사용하고자 하는 의도대로 지목변경을 완료하였다고 보이며, 쟁점법인(도시개발사업 시행자이자 주택건설사업 시행자)과 쟁점법인 외 도시개발사업 공동시행자 간 토지지분 매매계약서에 토지조성공사 준공 시 확정측량에 따라 매매대금을 정산하기로 한 점 등을 고려할 때, 토지조성공사와 주택건축공사는 그 비용 등이 완전히 구분되는 별개의 사업이므로, 토지의 지목변경이 사실상 완료된 후 해당 토지에서 주택건축 공사가 진행되는 것으로 봄이 타당하고(지방세운영－2527, 2014.8.1.), 쟁점토지의 지목이 사실상 변경된 날은 조성공사가 사실상 완료되어 전·답이었던 토지가 주택건설사업에 공여될 수 있는 토지로 변경된 날이고, 지목변경 간주취득일은 지목이 사실상 변경된 날과 토지사용 승낙일인 토지지분 매매계약일 중 빠른 날이 취득시기가 된다(부동산세제과－561, 2020.3.12.).

② 사실상 변경일 확인이 불가능한 경우

사실상의 지목변경일을 확인할 수 없을 때에는 공부상의 지목변경일을 취득일로 보아야 하는데, 이 경우 '공부'라 함은 토지대장뿐만 아니라 재산세 과세대장에 의한 현황지목을 판단할 수 있는 경우를 말한다.

> **사례** 임야에서 잡종지로 개간한 경우 지목변경 시점(대법원 2005두12756, 2006.7.13.)
>
> 「지적법」상 지목'이란 "토지의 주된 용도에 따라 토지의 종류를 구분하여 지적공부에 등록한 것"이므로(「지적법」 §2 7), "토지의 지목을 사실상 변경"한다는 것은 사실상 토지의 주된 용도를 변경하는 것을 말하는데, 그 변경이 있는지 여부는 토지의 형질변경 유무뿐만이 아니라 상하수도공사, 도시가스공사, 전기통신공사 유무를 비롯하여 여러 사정을 종합하여 객관적으로 판단되어야 한다. 원심판결 이유에 의하면, 원심은 그 판시 사실을 인정한 다음, 이 사건 토지는 1973.2.6.경 위 ○○건설이 임야에서 골프장시설지인 잡종지로 개간하여 준공한 이후 원고가 2001.7.경 이를 취득할 때까지는 사실상 대지와 같이 형질변경된 주거나지상태의 잡종지에 불과할 뿐이고, 택지조성공사가 완료 및 준공되었다고 볼 수는 없으며, 그 후 2003.5.14. 이 사건 토지 위에 주택을 완공함으로 인하여 비로소 사실상 대지로 지목변경이 이루어졌다고 봄.

> **사례** 사용승인서 교부된 때 건축물 부속토지 지목변경된 것임(행심 2006－76, 2006.2.27.)
>
> '사실상 변경된 날'의 의미는 사용하고자 하는 의도대로 지목을 변경하여 사용하였음을 의미한다고 보는 것이 타당하다 하겠으므로, 단순히 토지의 형질을 변경하는 경우에는 그 형질변경공사가 완료된 시점에 이미 의도한 용도에 공여될 수 있어 이때를 지목변경일로 보아야 할 것이나, 건축공사가 수반되는 지목변경의 경우에는 해당 토지가 건축물의 부속토지로서의 기능에 공여될 수 있는 시점에 비로소 지목변경이 이루어졌다고 보아야 할 것으로, 건축공사가 진행 중에 있는 기간은 비록 건

축물을 신축하기 위한 기초공사가 완료되었다 하더라도 그러한 상태만으로 완전한 건축물의 부속토지로서의 기능을 수행하는 상태에 있는 것으로 보기는 어렵다 하겠고, 그렇다면 이 사건 토지는 그 지상의 주택신축공사가 완료되어 사용승인서가 교부된 2005.3.31. 농지인 "답"이 사실상 "대"로 지목이 변경되었다 하겠으므로 처분청이 이때를 지목변경에 따른 취득일로 보아 이 사건 취득세 등을 부과한 처분은 잘못이 없다 할 것임.

11) 개발사업 공동사업자로부터 양수하여 주택건설사업을 시행하는 경우

지목변경 간주취득일은 지목이 사실상 변경된 날과 토지사용 승낙일인 토지지분 매매계약일 중 빠른 날이므로, 그 당시 토지 소유자인 도시개발사업 시행자가 취득세 납세의무자라고 판단된다(부동산세제과-561, 2020.3.12.).

한편, 2023.1.1.(부칙 §2 단서) 이후 「도시개발법」에 따른 도시개발사업(환지방식만 해당)의 시행으로 토지의 지목이 사실상 변경된 때에는 그 환지계획에 따라 공급되는 환지는 조합원이, 체비지 또는 보류지는 사업시행자가 각각 취득한 것으로 본다.

12) 고급주택에 대한 지목변경

공부상 "전"인 필지의 전체 면적을 농지로 이용하지 아니하고 일부 면적만 농작물 등을 경작하고 있을 뿐 나머지 면적은 잔디와 향나무 등 정원수를 식재하여 경관이 좋은 정원으로 조성하였음이 확인되고 있으므로 사회통념상 이를 농지인 "전"에 해당된다고 보기는 어렵다 하겠고, 주택이 위치하고 있는 제1토지와 이와 연접한 제2토지는 둘레의 옹벽과 정원수로 외부와 구분되어 있으며 경계석과 정원수로 경계가 구분되어 있는 각 필지는 출입에 아무런 지장이 없이 언제든지 자유로운 통행이 가능하다 하겠으므로, 제1토지와 제2토지는 주택에 사실상 공여되는 부속토지로 봄이 타당하다 할 것이며, 토지나 건축물을 취득한 후 5년 이내에 해당 토지나 건축물이 고급주택이 된 경우에는 중과세율을 적용하여 취득세를 추징한다고 규정하고 있으므로 토지 취득일부터 5년이 경과된 이후에 고급주택의 부속토지가 된 경우에는 중과세할 수 없다 할 것으로, 제2토지 중 공부상 "전"인 필지의 경우 건축허가를 받아 주택 신축공사를 2003.9.3. 완료하고 사용승인을 받았으므로 이 때 지목이 "전"에서 "대"로 사실상 변경되었다고 보아 지목변경에 따른 취득세 등을 부과한 처분은 잘못이 없다 할 것이나, 취득일(1997.9.20.)부터 5년이 경과한 이후인 2003.9.3. 주택의 부속토지가 되었음에도, 지목변경 당시 고급주택인 주택의 부속토지라 하여 취득세를 중과세한 처분은 잘못이 있다 할 것이다(행심 2005-469, 2005.10.31.).

13) 신탁재산에 대한 지목변경

① 납세의무자는 수탁자(지예 법7-8)

감사원 심사례(감심 2012-151, 2012.10.11.)에 따르면 "지목변경에 따른 취득세 과세대상이 되는 것은 토지의 소유권을 취득하거나 "소유하고 있는" 토지의 지목이 사실상 변경되어 그 가액이 증가한 경우인데, 구 「신탁법」상의 신탁은 위탁자가 수탁자에게 특정의 재산권을 이전하거나 기타의 처분을 하여 수탁자로 하여금 신탁 목적을 위해 그 재산권을 관리·처분하게 하는 것이므로, 부동산 신탁에 있어 수탁자 앞으로 소유권이전등기를 마치게 되면 소유권이 수탁자에게 이전되는 것이지 위탁자와의 내부관계에 있어 소유권이 위탁자에게 유보되는 것은 아닌 점(대법원 2010다84246, 2011.2.10.), 구「신탁법」제19조는 "신탁재산의 관리·처분·멸실·훼손 기타의 사유로 수탁자가 얻은 재산은 신탁재산에 속한다"고 규정하고 있는데, 위 규정에 의하여 신탁재산에 속하게 되는 부동산 등의 취득에 대한 취득세의 납세의무자도 원칙적으로 수탁자인 점 등에 비추어 보면, 구「신탁법」에 의한 신탁으로 수탁자에게 소유권이 이전된 토지에 있어 지목의 변경으로 인한 취득세의 납세의무자는 수탁자로 봄이 타당하고, 위탁자가 그 토지의 지목을 사실상 변경하였다고 하여 달리 볼 것은 아니다(대법원 2010두2395, 2012.6.14. 참조)"라고 판시하고 있다.

② 지목변경에 의한 중과세

토지나 건축물을 취득한 후 5년 이내에 해당 토지나 건축물이 사치성 재산(예 : 회원제 골프장)에 해당되는 경우 그 취득자에게 취득세 중과세율을 적용하는 것인바, 비록 신탁계약으로 수탁자에게 명의가 이전된 후에 사치성 재산으로 지목이 변경되었다고 하더라도 수탁자의 경우 형식적인 취득자로서 취득세를 비과세하고 있는 점에 비추어 볼 때 해당 토지의 실질적인 소유자는 여전히 위탁자라고 할 것인 점, 지목변경에 따른 중과세율 적용과 같이 수탁자를 납세의무자로 볼 경우 '취득한 후 5년 이내'를 수탁일부터 다시 기산하게 되므로 과도하게 연장되는 한편, 수탁자는 비과세대상으로 중과세하려는 입법 취지가 훼손될 우려가 있는 점, 법규 상호 간의 해석을 통하여 그 의미를 명백히 할 필요가 있는 경우에는 조세법률주의가 지향하는 법적 안정성 및 예측가능성을 해치지 않는 범위 내에서 입법 취지 및 목적 등을 고려한 합목적적 해석을 하는 것은 허용된다고 할 것(대법원 2007두4438, 2008.2.15. 참조)인 점 등을 종합적으로 고려해 볼 때 해당 토지의 실질적인 소유자인 위탁자를 취득세 중과세율 적용대상으로 봄이 타당하다(지방세운영과-3622, 2012.11.11.)라고 해석하고 있다.

그런데 위탁자가 중과세 회피를 목적으로 위·수탁계약한 사실 등 확인되는 경우 이외에는 위탁자를 중과세 취득세 납세의무자라 해석한 것은 문제가 있다. 그 이유는 「신탁법」상의 신탁계약에 의하여 수탁자 명의로 신축한 건축물의 취득세 중과세대상 여부도 수탁자를 기준으로 판단하여야 하는 점(대법원 2003.6.13. 선고, 2001두4979 판결 등 참조)에서 본점용으로 사용하는 자가 수탁자가 아닌 위탁자라면 건축물분에 대해서는 취득세 중과세대상으로 보기는 곤란하다고 할 것이기 때문이다. 그리고 수탁자를 납세의무자로 보더라도 타인명의의 토지를 회원제 골프장으로 사용하는 경우에는 중과세가 되는 것이다.

한편, 지목변경 등의 경우 고급주택 사용 기준 또는 회원제 골프장 등록 기준으로 중과세 여부를 판단하고, 중과대상이 된다면 실제 사용자 또는 등록자 누구인지 여부와 관계없이 중과세 납세의무자가 되는 것이므로 중과대상이 수탁자의 부동산 취득일로부터 5년 이내에 중과사유가 발생되어야 한다는 것 이외에는 구분실익은 없다. 예를 들어 수탁자의 소유인 토지를 위탁자가 고급주택, 회원제 골프장용 토지나 건축물로 사용하고 있다면 수탁자 명의로 중과세를 신고납부하

여야 하는 것이며, 수탁자 명의로 등기하여 취득한 날부터 5년 이내에 지목변경 등을 한 경우에만 중과세되는 것이다.

14) 토지의 원시취득·승계취득 및 간주취득의 과세객체 구분

토지의 원시취득은 공유수면매립, 간척 등과 같은 '소유권의 창설형태'로 보아야 하고 승계취득은 '소유권이전 형태'이며 간주취득은 소유권의 득실변경과 관계없이 '토지의 질적인 가액증가'로 인한 취득으로 보여지지만 취득세의 기본세율은 동일하다.

그러나 「지방세법」 제10조, 같은 법 시행령 제20조, 제4조, 제17조에서 취득의 시기, 과세표준액 산출 등을 각각 달리 규정하고 있는 것으로 미루어 보면 이는 과세객체가 구분되어 있는 것으로 보아야 하고 더구나 대법원판례(대법원 96누2934, 1997.7.8.)에서도 토지 취득 당시 원래 지목이 전·답·임야 등이었던 골프장용 토지가 지목이 유원지(현행은 체육용지)인 골프장 토지로 간주취득되어 지목의 사실상 변경으로 인하여 가액이 증가한 데에 대하여 취득세를 부과하더라도 이는 해당 토지 자체에 대한 취득세와는 그 부과대상이 다른 것이다라고 하여 과세객체를 달리하고 있는 것으로 보여진다. 즉 토지 취득(승계취득), 지목변경(간주취득), 건축물 신축(원시취득)이 동시에 진행되었다면 각각의 과세객체별 취득시기를 결정하고 해당 과세객체에 귀속되는 직접비와 부대비용에 의하여 과세표준이 결정되어야 할 것이다.

15) 골프장용 토지에 대한 형질변경

당초 전·답·임야 등의 토지에 골프장 시설공사를 하는 때에는 언제 체육용지(1992년도까지는 지목이 유원지였음)로 지목이 변경되어 간주취득에 따른 취득세 납세의무가 발생되는지가 문제이다. 이때의 지목변경에 따른 간주취득의 시기는 위락, 휴양 등에 적합한 시설물을 종합적으로 갖춘 골프장용 토지가 되는 때로서 전·답·임야에 대한 산림훼손(임목의 벌채 등), 형질변경(절토, 성토, 옹벽공사 등), 농지전용 등의 공사뿐만 아니라 잔디의 파종 및 식재, 임목의 이식, 조경작업 등과 같은 골프장으로서의 효용에 공하는 모든 공사를 완료하여 골프장 조성공사가 준공된 때 비로소 체육용지로 지목변경이 되는 것이므로 골프장 조성비와 잔디파종 및 식재비용 등은 골프장 조성에 필수적인 비용으로서 모두 취득세 과세표준이 되고 또한 이들 비용은 골프장용 토지의 취득을 위한 것이므로 이에 대하여는 중과세율이 적용되어야 한다는 것이 대법원판례(대법원 96누12634, 1998.6.26., 대법원 92누18818, 1993.6.8., 대법원 89누5638, 1990.7.13.)일 뿐만 아니라 행정자치부의 심사결정례(2000-195, 2000.3.29.) 내용이다.

그러나 골프장 조성을 위하여 조경사업을 하였을 경우에 미등기한 수목 또는 임목은 토지의 구성부분이 되어 토지의 일부분이 됨에 그치는 것이므로(대법원 76마275, 1976.11.24. 참조), 비록 그 수목 또는 임목이 「지방세법」 상 별도의 취득세 과세대상물건에 해당한다 하더라도 그 구입 및 식재비용은 원칙적으로 토지의 지목변경으로 인한 가액증가에 소요된 비용으로서 지목변경에 의한 간주취득의 과세표준에 포함되고, 이 또한 골프장용 토지의 취득을 위한 것이므로 중과세율이 적용되어야 할 것이다(대법원 96누12634, 1998.6.26. 참조).

한편, 골프장의 조성을 위하여 골프장용 토지에 식재된 임목이「입목에 관한 법률」제2조에 의하여 등기된 수목의 집단으로서 "입목"에 해당하는 경우에는「지방세법」상 별개의 취득세 과세대상 물건에 해당할 뿐만 아니라 토지의 구성부분을 이루지 아니하여 사법상 별개의 물건으로 취급되고, 그 가액 또한 토지에 대한 유익비가 될 수 없으므로 그 입목의 가액을 토지의 지목변경으로 인한 가액증가에 소요된 비용으로 볼 수 없어, 이를 구「지방세법 시행령」제84조의 3 제1항 제1호의 2 소정의 취득세 중과대상인 골프장용 "토지"의 취득을 위한 것이라고 하여 중과세율을 적용함은 조세법의 해석·적용에 요구되는 엄격해석의 원칙에 합치하지 아니한 확대해석으로 허용될 수 없다는 것이 대법원판례(대법원 97누2245, 1999.9.3.) 내용이다.

참고로, 골프장용 토지로 사용하기 위하여 지목이 변경된 경우의 취득시기와 과세표준에 대한 대법원판례(대법원 96누12634, 1998.6.26.)에 따르면「지방세법」상 취득의 개념은 원시취득, 승계취득뿐만 아니라 지목의 사실상 변경으로 인하여 가액이 증가하는 경우의 간주취득까지를 포함하는 넓은 의미의 것으로서, 골프장 토지는 그 지목이 유원지(현행은 체육용지)로서 원래 지목이 전·답·임야 등이었던 골프장용 토지가 간주취득시기인 유원지(현행은 체육용지)로서 되는 시기는 위락, 휴양 등에 적합한 시설물을 종합적으로 갖춘 골프장 토지가 되는 때, 즉 전·답·임야에 대한 산림훼손(임목의 벌채 등), 형질변경(절토, 성토, 벽공사 등), 농지전용 등의 공사뿐만 아니라 잔디의 파종 및 식재, 임목의 이식, 조경작업 등과 같은 골프장으로서의 효능에 공하는 모든 공사를 완료하여 골프장 조성공사가 준공한 때에 비로소 유원지로서 지목변경이 된다고 볼 것이므로, 골프장 조성비와 잔디의 파종 및 식재비용 등 골프장 조성에 들인 비용은 지목변경을 위하여 소요된 비용으로서 모든 취득세 과세표준이 되고, 또한 이들 비용은 골프장용 토지의 취득을 위한 것이므로 이에 대하여는 중과세율이 적용되어야 마땅하다라고 판시하고 있다.

16) 취득세의 신고납부

① 일반세율에 의한 신고납부

개인이 토지를 취득한 후 5년 이내에 토지의 지목변경에 의하여 그 가액이 증가한 경우에는 그 증가분을 과세표준으로 하고 법인일 경우에는 법인장부상 지목변경에 따른 비용을 과세표준으로 하여 취득세의 일반세율인 2%를 적용하여 산출한 취득세를 사실상 지목이 변경된 시점일의 다음 날로부터 기산하여 60일 내에 신고납부하여야 한다. 만약 토지의 지목을 변경한 자가 신고납부를 하지 아니하거나 신고납부한 세액이 정당한 세액에 미달하는 경우에는 과세권자가 취득세액의 20%(부정행위 등 40%)의 무신고가산세와 납부지연가산세(2023년 이전은 납부불성실가산세)를 가산하여 산출한 취득세를 부과고지한다.

② 중과세율에 의한 신고납부 : 회원제 골프장용 토지

전·답·임야 등의 지목이 골프장용 토지인 체육용지의 지목으로 형질변경되는 간주취득시기는 골프장으로서의 효용에 공하는 모든 공사가 완료하여 골프장 공사가 준공된 때에 체육용지로 지목이 변경된 것으로 보아야 하기 때문에 골프장 조성에 소요된 비용은 지목변경을 위하여 소요

된 비용으로서 모두 취득세 과세표준이 되고 또한 이들 비용은 골프장용 토지의 취득을 위한 것으로서 중과세율[58]이 적용되어야 하므로, 당초 토지를 취득할 당시에는 골프장용 토지가 아니기 때문에 일반과세의 세율인 2%로 신고납부하였으므로 이미 납부한 2%에 대한 취득세는 공제하고 8%의 세율을 적용하여 산출한 취득세를 골프장용 토지가 된 때로부터 60일 내에 신고납부하여야 할 것이다.

여기서 '골프장용 토지가 된 때'라 함은 「체육시설의 설치·이용에 관한 법률」에 의하여 체육시설업의 등록(변경등록 포함)하는 때를 말하나, 2004.7.1. 이후 「지방세법」 제112조의 규정에 의하여 골프장은 그 시설을 갖추어 「체육시설의 설치·이용에 관한 법률」의 규정에 의하여 체육시설업의 등록을 하는 경우뿐만 아니라 등록을 하지 아니하더라도 사실상 골프장으로 사용하는 경우에도 중과가 된다. 2005.1.5. 이후부터는 등록을 하기 전에 시범라운딩 등 사실상 골프장으로 사용하는 경우 그 부분에 대하여 사실상 사용하는 때가 취득시기가 되며, 그 이후 등록 시까지 지출된 지목변경비용은 등록 시점에 추가로 취득한 것으로 보아 중과세하는 것으로 개정되었다.

17) 서민주택에 대한 지목변경에 대한 농어촌특별세 비과세 여부

국민주택형 아파트 신축과 관련한 그 부속토지 지목변경이 "국민주택에 부수되는 토지" 지목변경으로 볼 수 있는지 여부와 관련하여 "국민주택에 부수되는 토지"란 원칙적으로 그 지상에 이미 국민주택이 건축되어 있는 토지를 말하고(대법원 2002두12984, 2004.8.20. 참조), 「측량·수로 조사 및 지적에 관한 법률」에서 건축물 신축 관련 지목변경은 사실상 건축물을 준공 후에 할 수 있다고 규정하고 있으므로, 국민주택형 아파트 신축과 관련된 그 부속토지 지목변경은 그 지상에 국민주택형 아파트가 준공된 후에 가능하므로 국민주택형 아파트 신축과 관련한 그 부속토지 지목변경은 "국민주택에 부수되는 토지" 지목변경으로 볼 수 있다.

국민주택형 아파트 신축 관련하여 소요된 그 부속토지 지목변경 관련 비용이 농어촌특별세 비과세대상에 해당되는지 여부와 관련하여 「국세기본법」 및 「지방세법」에서 지목변경 관련 농어촌특별세 납세의무 성립은 사실상 지목변경일에 발생된다고 규정하고 있고, "국민주택에 부수되는 토지" 지목변경에 대하여는 농어촌특별세를 비과세한다고 규정하고 있으므로, 갑이 국민주택을

---

58) **골프장에 대한 취득세 중과규정의 위헌 여부**

골프장은 국민건강증진을 위한 체육시설이기 때문에 중과세율을 적용하는 것은 「헌법」상 보장된 재산권, 직업선택의 자유를 침해하고 있다는 주장이 있으나 대법원판례(대법원 96누12634, 1998.6.26. 선고)에서 「지방세법」이 골프장에 대하여 취득세를 중과하는 것은, 골프장은 비생산적인 사치성 재산으로 그 취득을 억제할 필요가 있는 한편 이러한 재산을 취득하는 데에 담세력이 있다고 보기 때문인바, 일반적으로 골프장은 그 이용자에 비하여 광대한 토지를 필요로 하고 골프장 취득행위 자체가 막대한 경제력을 요하는 것이므로, 「지방세법」이 골프장 취득에 대하여 상대적으로 높은 세율의 취득세를 부과하도록 하고 있는 것에는 합리적 이유가 있고, 또한 그 세율을 통상세율의 7.5배(1999.1.1.부터는 5배)로 규정한 것도 골프장을 취득할 정도의 재정능력을 갖춘 자의 담세능력을 일반적으로 또는 절대적으로 초과하는 것이라거나 입법 취지의 달성에 필요한 정도를 넘는 자의적인 세율의 설정이라고 볼 수도 없으므로, 이들 규정이 「헌법」상 보장된 평등권, 재산권, 직업선택의 자유를 침해하였다거나 시장경제원칙에 위반된다고 할 수 없다라고 선고하고 있기 때문에 골프장에 대한 취득세 중과규정의 위헌 여부는 다툼이 없어진 것으로 보아야 할 것이다.

신축하여 준공한 후에 사실상 지목이 변경되었으므로 갑의 국민주택형 아파트 신축 관련하여 소요된 그 부속토지 지목변경 관련 비용은 농어촌특별세 비과세대상에 해당된다. 따라서 국민주택형 아파트 신축과 관련한 그 부속토지 지목변경은 "국민주택에 부수되는 토지" 지목변경으로 볼 수 있고, 국민주택형 아파트 신축 관련하여 소요된 그 부속토지 지목변경 관련 비용은 농어촌특별세 비과세대상에 해당된다(지방세운영과-3719, 2010.8.18.).

(3) 과점주주 간주취득

1) 개요

법인의 주식 또는 지분을 취득함으로써 「지방세기본법」 제46조 제2호에 따른 과점주주가 되었을 때에는 그 과점주주는 해당 법인의 부동산 등(2016.1.1. 이후 법인이 「신탁법」에 따라 신탁한 재산으로서 수탁자 명의로 등기·등록이 되어 있는 부동산 등 포함)을 취득한 것으로 본다. 다만, 법인설립 시에 발행하는 주식 또는 지분을 취득함으로써 과점주주가 된 경우에는 취득으로 보지 아니한다.

과점주주에게 취득세 납세의무를 부여하는 것은 주식 취득 등을 통해 주주총회에서 의결권을 행사하여 회사 경영을 지배할 수 있고 이는 해당 법인의 부동산 등을 취득한 것과 동일한 경제적 효과가 있는 것으로 보기 때문이다.

아울러 과점주주가 되었을 경우, 과점주주 집단을 구성하는 친족과 특수관계인들은 실질적으로 해당 법인의 자산에 관하여 공유자 또는 공동사업자의 지위에서 관리·처분권을 행사할 수 있게 되는 바 그 자산에 대한 권리의무도 과점주주 집단에게 실질적·경제적으로 공동으로 귀속된다고 보는 것이 타당하다고 할 것이다(헌재 2008헌바139, 2009.12.29.).[59]

과점주주의 판정은 실질적으로 완전한 내용의 소유권을 취득하는가의 여부와 관계없이 소유권이전의 형식에 의한 주식 취득의 모든 경우를 포함한다(지방세심사 2005-30, 2005.2.3.).

주식 지분은 세무서에 제출한 주식등변동상황명세서를 근거로 하여 과점주주 취득세를 신고납부하는 것이다(지방세심사 2006-424, 2006.9.25.).

한편, 예를 들어 주주가 A, B, C, D, E, F, G 7명으로, A를 기준으로 할 경우 A, B, C, D가 특수관계인이고 이들의 소유주식 합계가 55%이며, C를 중심으로 할 경우 C, D, E, F가 특수관계인이고 60%일 경우 어느 집단을 과점주주로 볼 것이냐가 문제가 된다. 즉 이러한 경우 A, B와 E, F는 누구를 기준으로 하느냐에 따라 특수관계인에 포함될 수도 있고 그렇지 아니할 수도 있다. 여기서 과점주주가 A, C 기준으로 두 집단이 형성되는데, C 기준으로 하는 집단이 과점주주 비율이 높아서 이 집단으로 과세할 것이나, 법조문에 한 집단만 과세대상으로 하라는 규정이 없으므로 A 기준으로 하는 집단에도 다시 과세하여야 하는 것으로 해석할 여지가 있다. 그런데 한 회사에 과점주주가 2 이상이 있을 수 없는바, A 기준으로 하는 집단에 또 다시 과세하는 것은

---

59) 비상장법인의 과점주주 간주취득세 위헌 여부(헌재 2005헌바45, 2006.6.29.)
　　구 「지방세법」 제105조 제6항 본문은 「헌법」에 위반되지 아니함.

타당성이 없다라고 판단된다.

사례 과점주주 간주취득세 납세의무

주주	지분 변동 전	지분 변동 후	비고
갑	55%	55%	
을	-	20%	갑의 동생
병	25%	25%	을의 처
정	20%	-	병의 동생
계	100%	100%	

1. 특수관계인 여부
   4촌 이내의 인척 중에 혈족의 배우자 즉 동생의 처도 특수관계인이 된다(2012년 이전에도 처가에서는 처의 2촌 이내의 부계혈족 및 그 배우자만 친족이며, 결혼한 여성은 남편과의 관계에 따른다고 되어 있었음).
   갑을 기준으로 본다면 본인의 처남은 배우자의 혈족(2012년 이전 처의 2촌 이내의 부계혈족)으로 특수관계인이 되나, 동생의 처남은 특수관계인이 되지 않아서 갑, 을, 정이 과점주주(80%)가 되는 것이다. 그런데 을 기준으로 본다면 본인의 처남인 정도 특수관계인이 되므로 갑, 을, 병, 정이 과점주주가 되는 것이지만 변동 점에는 을이 주주가 아니었으므로 을 기준으로 과점주주를 판단할 수 없다. 그런데 을의 처 기준으로 본다면 특수관계인의 정의가 변경되어 결혼 여성도 본인과의 관계에 따르므로 4촌 이내의 인척에 배우자의 혈족이 있으므로 시숙, 시삼촌도 특수관계인에 포함된다(2012.12.31. 이전에는 결혼한 여성은 남편과의 관계에 판단하도록 규정되어 있는바, 을의 처는 을로 보아 특수관계인을 판단하는 것임). 따라서 지분이전 전에는 갑, 병, 정이 과점주주가 되므로 과점주주 지분이 100%가 된다.
   한편, 지분변동 후 갑 기준으로 과점주주 지분은 100%이고, 을 기준으로도 100%가 되며, 을의 처 기준으로도 100%가 된다.
2. 간주 취득세 과세대상 여부
   을의 처 기준으로 판단하여 과세대상이 되지 아니한다.

2) 과점주주 간주취득세 적용대상 법인의 범위

과점주주의 정의는 「지방세기본법」 제46조 제2호에 규정한 바에 따르므로 한국증권거래소에 상장된 법인의 주식을 취득하여 그 소유지분 비율이 50%를 초과하는 경우라 하더라도 과점주주로서 취득세 납세의무를 지지는 않으나, 협회등록법인(KOSDAQ-「한국증권선물거래소법」에 의한 코스닥시장에 상장된 유가증권을 발행한 법인을 의미함)는 2023년 이후에는 간주취득세 과세대상이 되지 아니하나, 2022년 이전에는 과세대상이 되었으며{2015년~2022년 면제[취득세 면제분 20% 농어촌특별세 부과, 2019년 이후 최소납부제 적용됨(지특법 §57-2 ⑤ 8)]}, 제3시장등록법인은 비상장법인으로 보아 간주취득세 적용대상이다. 한편, 유가증권시장 상장법인과 협회등록법인은 국세와 달리 과점주주 범위에서 제외되어 있어서 간주취득세 과세대상이 되지 아니한다.

3) 과점주주의 범위

주주 또는 유한책임사원 1명과 그의 특수관계인 중 해당 주주 또는 유한책임사원과 「지방세기본법」 제2조의 2의 어느 하나에 해당하는 관계에 있는 자로서 그들의 소유 주식(의결권이 없는 주식 제외)의 합계 또는 출자액의 합계가 해당 법인의 발행주식 총수(의결권이 없는 주식 제외) 또는 출자총액의 50%를 초과하면서 그에 관한 권리를 실질적으로 행사하는 자들을 말한다.

과점주주에 해당하는지의 여부는 과점주주 중 특정 주주 1인의 주식 또는 지분의 증가를 기준으로 판단하는 것이 아니라 일단의 과점주주 집단 전체가 소유한 총주식 또는 지분비율의 증가를 기준으로 판단하여야 한다(대법원 2007두10297, 2007.8.23.).

4) 특수관계인의 범위

본인과 다음 어느 하나에 해당하는 관계에 있는 자를 말한다. 이 경우 「지방세기본법」 및 지방세관계법을 적용할 때 본인도 그 특수관계인의 특수관계인으로 본다. 하기 외 특수관계 있는 자의 범위는 「지방세기본법」 제1장 총칙 제1절 통칙 2. 용어 정의 (2) 특수관계인의 범위를 참고하기 바란다.

한편, 2023.3.13. 이전에 종전의 규정에 따라 최초로 과점주주가 된 경우(주식 등의 비율이 증가된 경우 포함)의 취득세 부과에 관하여는 개정규정에도 불구하고 종전의 규정에 따른다.

① 2023.3.14. 이후(지령 §10-2)

ㄱ. 혈족·인척 등 다음의 친족관계

㉮ 4촌(2024.3.25. 이전은 6촌) 이내의 혈족

㉯ 3촌(2024.3.25. 이전은 4촌) 이내의 인척

㉰ 배우자(사실상의 혼인관계에 있는 사람 포함)

㉱ 친생자로서 다른 사람에게 친양자로 입양된 사람 및 그 배우자·직계비속

㉲ 본인이 「민법」에 따라 인지한 혼인 외 출생자의 생부나 생모(본인의 금전이나 그 밖의 재산으로 생계를 유지하는 사람 또는 생계를 함께 하는 사람으로 한정)(2024.3.26. 이후)

ㄴ. 임원과 그 밖의 사용인으로서 주주, 유한책임사원인 사람

☞ 지기령 §2 ②과는 차이가 있는바, "주주 및 유한책임사원이 아닌 임원·사용인, 본인의 금전이나 그 밖의 재산으로 생계를 유지하는 사람 및 임원·사용인, 생계를 유지하는 사람과 생계를 함께하는 사람"은 특수관계인에 포함되지 아니함에 유의하여야 함.

ㄷ. 주주·출자자 등 다음의 경영지배관계

㉮ 본인이 법인인 경우

본인이 직접 또는 그와 친족관계 또는 경제적 연관관계에 있는 자를 통하여 법인의 경영에 대하여 지배적인 영향력을 행사하고 있는 경우 그 법인 중 본인이 직접 해당 법인의 경영에 대하여 지배적인 영향력을 행사하고 있는 경우 그 법인

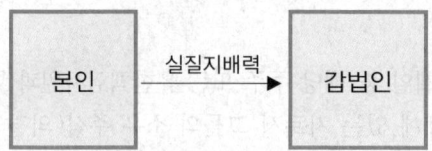

☞ 지기령 §2 ③ 1 가)와는 차이가 있는바, "본인이 직접 해당 법인의 경영에 대하여 지배적인 영향력을 행사하고 있는 경우에만 특수관계인에 포함됨"에 유의하여야 함.

㉯ 본인이 법인인 경우

ⓐ 개인 또는 법인이 직접 또는 그와 친족관계 또는 경제적 연관관계에 있는 자를 통하여 본인인 법인의 경영에 대하여 지배적인 영향력을 행사하고 있는 경우 그 개인 또는 법인 중 해당 개인·법인이 직접 본인인 법인의 경영에 대하여 지배적인 영향력을 행사하고 있는 경우 그 개인·법인

☞ 지기령 §2 ③ 2 가)와는 차이가 있는바, "개인·법인이 직접 본인인 법인의 경영에 대하여 지배적인 영향력을 행사하고 있는 경우 그 개인·법인만 특수관계인에 포함됨"에 유의하여야 함.

ⓑ 본인이 직접 또는 그와 경제적 연관관계, 개인 또는 법인이 직접 또는 그와 친족관계 또는 경제적 연관관계에 있는 자를 통하여 본인인 법인의 경영에 대하여 지배적인 영향력을 행사하고 있는 그 개인 또는 법인을 통하여 어느 법인의 경영에 대하여 지배적인 영향력을 행사하고 있는 경우 그 법인 중 본인이 직접 또는 상기 ⓐ에 해당하는 자를 통해 어느 법인의 경영에 대하여 지배적인 영향력을 행사하고 있는 경우 그 법인

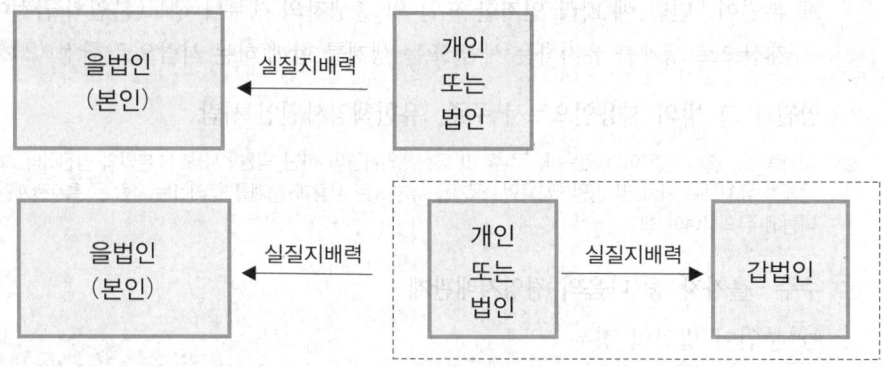

☞ 지기령 §2 ③ 2 나)와는 차이가 있는바, "본인이 직접 또는 상기 ⓐ에 해당하는 자를 통해 어느 법인의 경영에 대하여 지배적인 영향력을 행사하고 있는 경우 그 법인만 특수관계인에 포함됨"에 유의하여야 함.

┃ **해당 법인의 경영에 대하여 지배적인 영향력을 행사하고 있는 것으로 보는 경우** ┃

① 영리법인인 경우
   법인의 발행주식 총수 또는 출자총액의 100분의 50 이상[60]을 출자한 경우
② 비영리법인인 경우
   ㉠ 법인의 이사의 과반수를 차지하는 경우
   ㉡ 법인의 출연재산(설립을 위한 출연재산만 해당)의 100분의 50[주] 이상을 출연하고 그 중
      1인이 설립자인 경우
   ☞ (주) 지기령 §2 ④ 2에서는 30%임에 유의하여야 함.

● 과점주주 간주취득세 특수관계인 종합 도해

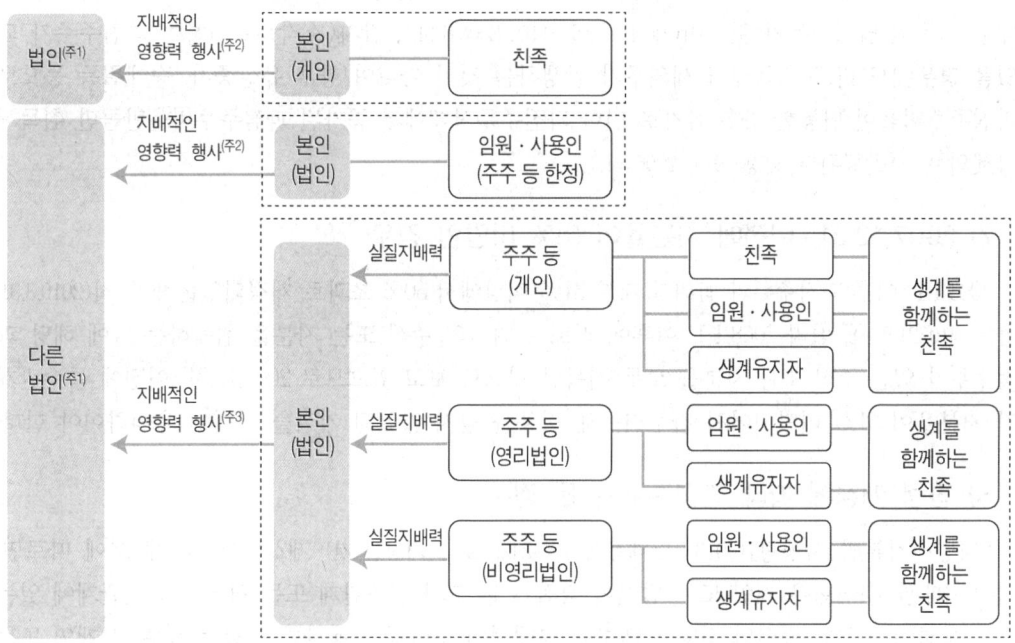

☞ (주1) 다른 법인에는 영리법인과 비영리법인이 포함됨.
☞ (주2) 본인, 본인의 특수관계인과 함께 50% 이상을 가져야 함.
☞ (주3) 본인, 본인이 직접 실질지배력 있는 법인과 함께 50% 이상을 가져야 함.

② **2023.3.13. 이전(지기령 §2)**

「지방세기본법」 제2조와 같은 법 시행령 제2조와 동일하다.

---

60) 「지방세기본법」(2023.3.14. 이후), 「국세기본법」에서는 30% 이상을 출자한 경우로 규정되어 있음에 유의하여야 한다.

5) 의결권 없는 주식

과점주주의 범위에 의결권 없는 주식수는 소유주식수와 발행주식총수에서 제외하도록 규정되어 있으므로 의결권 없는 주식은 과점주주 주식 소유비율 산정 시 제외된다(지방세정담당관-276, 2003.6.25.).

6) '과점주주가 된 때'의 의미

'과점주주가 된 때'라 함은 '주주명부의 명의개서일'로 봄이 타당하므로 명의개서일을 기준으로 매매계약을 하고 중도금은 지급하였으나 잔금을 지급하지 않고 매수 중인 과세물건이 있거나 건축한 건축물이 외형상 완공하였더라도 취득시기가 도래하지 않았다면 과세대상에서 제외된다.

한편, 대주주가 주식을 취득함이 없이 '주식소각'으로 인한 소유비율 증가된 경우, 과점주주에 대한 취득세 납세의무가 없으며(세정 13407-997, 2000.8.14.), 감자(소각)로 인하여 과점주주가 되었을 경우에도 바로 취득세 납세의무가 발생하는 것이 아니며 향후 유상증자, 승계취득 등으로 과점주주비율이 변동한 경우 감자로 인한 과점주주상태에서 증가된 과점주주비율만큼만 취득세 납세의무가 발생된다(세정-974, 2005.6.1.).

7) 2007.12.31. 이전에 지분율이 51% 미만인 경우

2008.1.1. 이후 과점주주의 범위가 지분 51% 이상에서 50% 초과로 개정되었는바, 부칙(2010.3.31. 법률 제10221호)에 따라 2008.1.1. 이후에 최초로 법인의 주식 또는 지분을 취득하는 날에 해당 과점주주가 있는 주식 또는 지분을 모두 취득한 것으로 보고 있으므로 2007.12.31. 이전에 특수관계자 지분율이 51% 미만이어서 간주취득세 적용을 받지 않았던 기업들은 이에 유의하여야 한다.

8) 법령 개정에 따라 과점주주가 된 경우

「지방세기본법 시행령」(2013.1.1. 대통령령 제24295호로 개정된 것) 제2조 제3항 제2호에 따르면, '경영지배관계'라 함은 개인 또는 법인이 직접 또는 그와 친족관계 또는 경제적 연관관계에 있는 자를 통하여 본인인 법인의 경영에 대하여 지배적인 영향력을 행사하고 있는 경우 그 개인 또는 법인과 본인인 법인을 말하는 것으로서, 이와 같은 경영지배관계가 특수관계인의 범위에 포함된 것은 2013.1.1.부터 적용되었다. '소급과세금지의 원칙'이란 조세법령의 제정 또는 개정이나 과세관청의 법령해석 또는 처리지침 등의 변경이 있는 경우 그 효력발생 전에 종결한 과세요건사실에 대하여 당해 법령 등을 적용할 수 없다는 것으로서 그 이전부터 계속된 사실이나 그 이후에 발생한 과세요건 사실에 대하여 새로운 법령 등을 적용하는 제한하는 것은 아니며(대법원 2001두 10790, 2004.3.26.), '조세법률주의의 원칙'이란 과세요건이나 비과세요건 또는 감면요건을 막론하고 조세법규의 해석은 특별한 사정이 없는 한 법문대로 해석하여야 한다는 것으로서 합리적 이유 없이 확장해석하거나 유추해석하는 것은 허용되지 않는다는 것이다. 따라서 사실관계의 변화가 없었음에도 「지방세기본법」 등의 개정으로 2013.1.1.부터 과점주주가 되었던 점, 「지방세법」

제7조 제5항 및 같은 법 시행령 제11조 제2항에서는 주식 등을 취득함으로써 과점주주가 되면 취득세를 납부하되 이미 과점주주가 된 주주 등이 주식 등을 취득하여 그 비율이 증가된 경우에 는 그 증가분에 대해서 취득세를 납부하도록 규정하고 있는 점 등과 조세법률주의의 원칙 등을 감안했을 때, 주식 등의 추가 취득분에 대해서만 취득세를 납부하는 것이 타당할 것이다(지방세 운영과-1778, 2013.8.5.). 그런데 ① 「지방세법」(2010.3.31. 법률 제10221호로 전부 개정된 것) 부칙 제3조의 규정 취지를 감안할 때 2013.1.1. 대통령령 제24295호로 「지방세기본법 시행령」이 개정 되어 과점주주에 포함되는 특수관계인의 범위가 확대됨에 따라 새로 추가된 과점주주의 경우 그 소유 주식 등은 실제 취득일이 아닌 2013.1.1. 이후 최초로 해당 법인의 주식 등을 취득한 날 (2013.8.19.)에 소유하고 있는 해당 법인의 주식 등을 모두 취득한 것으로 보는 점, ② 개정 법령 에 따라 새로 추가된 과점주주인 ▷▷주식회사와 기타(개인)는 2013.8.19. 과점주주로 편입되었 으므로 2010.12.31. 당시에는 과점주주에 해당되지 않아 이들이 2010.12.31. 당시 소유한 지분율 28.19%는 5년 이내에 최고 비율 산정 시 과점주주가 소유한 지분율로 볼 수 없는 점, ③ 개정 법령에 따라 새로 추가된 과점주주인 ▷▷주식회사와 기타(개인)는 기존 법령상 과점주주에 해 당되지 않으므로 이들이 2013.1.1. 이전에 소유한 주식 등은 과점주주가 소유한 주식 등에 해당되 지 않아 이들이 소유한 주식 등을 제외한 기존 법령상 과점주주가 소유한 주식 등을 가지고 최고 비율을 산정하여야 하는 점 등을 종합적으로 고려할 때 그 이전 5년 이내에 과점주주가 소유한 주식 등의 최고비율 산정 시 개정 법령에 따라 추가된 과점주주가 5년 이내에 소유했던 주식까 지 포함한 최고비율로 산정하여야 한다는 청구인의 주장을 받아들이기 어렵다(감심 2016-73, 2018.5.28.). 이 경우라 하더라도 2013.1.1. 이후 추가 취득으로 지분이 증가되지 아니하는 경우 종 전 법령에 따라 과점주주 최고비율을 산정하여야 할 것이다. 이는 2012.12.31. 이전부터의 과점주 주 지분은 2013.1.1. 이후 추가 취득하지 아니하는 한 개정 법령에 의하여 산정할 수 없다는 점은 논란이 되고 있다.

전자의 해석 취지라면 2007.12.31. 이전에 지분율이 51% 미만인 경우에도 추가 취득분만 간주 취득세 과세대상이 되는 것으로 해석하여야 일관성이 있다라고 볼 수 있으나, 부칙에 따라 2008.1.1. 이후에 최초로 법인의 주식 또는 지분을 취득하는 날에 해당 과점주주가 있는 주식 또 는 지분을 모두 취득한 것으로 규정하고 있다는 점에서 차이가 있다.

9) 과점주주와 특수관계인 간의 거래

과점주주 사이에 주식 또는 지분이 이전되거나 기존의 과점주주와 친족 기타 특수관계에 있으 나 해당 법인의 주주가 아니었던 자가 기존의 과점주주로부터 그 주식 또는 지분의 일부를 이전 받아 새로이 과점주주에 포함되었다고 하더라도 일단의 과점주주 전체가 보유한 총주식 또는 지 분의 비율에 변동이 없는 한 간주취득세의 과세대상이 될 수 없고(대법원 2004.2.27. 선고, 2002두1144 판결 참조), 기존의 과점주주와 친족 기타 특수관계에 있으나 해당 법인의 주주가 아니었던 자가 기존의 과점주주로부터 그 소유 주식 또는 지분 전부를 이전받았다고 하더라도 달리 볼 것은 아 니다. 남편이 주식 전부를 특수관계에 있는 부인에게 증여하였다고 하더라도 새로이 과점주주가

된 부인과 특수관계인인 남편의 주식소유비율이 증여 전·후를 불문하고 여전히 그 주식소유비율에 아무런 변동이 없으므로, 간주취득세 등을 부과한 처분이 위법하다(대법원 2007두10297, 2007.8.23.).[61] 따라서 예를 들어 해당 법인의 주주가 아닌 자(홍길동)가 과점주주(55%)인 특수관계인(동생 홍길산)의 주식 전부를 취득하여 새로운 과점주주(55%)가 된 경우라도 동 주식거래는 특수관계인 내부거래에 해당하는 것이므로 과점주주 소유비율이 증가되지 아니하는 이상 과점주주 취득세 납세의무는 없다.

과점주주 간의 특수관계를 판단할 경우에는 지분변동 후 새로운 주주와의 특수관계인에 해당하는 기존 주주가 최소한 1주라도 주식을 소유하여야 특수관계 여부를 판단할 수 있는 대상에 해당하는 것이 아니라 지분변동 시점에 특수관계에 있기만 하면 법인의 주주가 아니었던 자가 기존의 과점주주로부터 주식 또는 지분의 일부를 이전받아 새로이 과점주주에 포함되었다고 하더라도 과점주주 전체가 보유한 총주식 또는 지분의 비율에 변동이 없는 한 간주취득세 과세대상이 아닌 것이다(지방세운영과-3947, 2010.8.30.).

10) 과세표준

	(과세표준)	(과세비율)	(세율)	(세액)
	취득세 과세대상 물건의 장부가액	× 과점비율	× 2%(10%)	= 납부세액

- 과점비율 : 과점주주의 소유지분금액 / 발행주식의 총액
- 과점주주 성립 당시의 장부가액(감가상각누계액 차감)
- 법인이 감가상각자산에 대해 감가상각하지 않은 경우 감가상각하지 않은 법인의 장부가액이 과세표준이 됨.
- 성립 후 과세대상 물건 취득분은 과세대상이 아님.
- 지분변동 시에는 지분변동시점의 장부가액에 지분변동에 해당하는 금액

과점주주의 과세표준은 취득세 과세대상물건의 법인장부가액이 이에 해당되는 것이므로 법인결산서, 기타 장부 등의 가격을 기초로 하여 산출한 가액으로 하는 것이다. 따라서 감가상각을 한 경우에는 감가상각을 한 가액을 의미하며 자산재평가를 한 경우에는 자산재평가한 금액을 과세표준으로 하는 것이다.

---

61) 이 판례가 있기 전에는 일단의 과점주주 전체가 보유한 총주식 또는 지분의 비율에 변동이 없는 한 간주취득세의 과세대상이 될 수 없다(대법원 2002두1144, 2004.2.27.)라는 판례가 있었음에도 불구하고, "과점주주는 항상 주식발행법인의 무한책임사원을 제외한 유한책임사원이나 주주 중에서만 특수관계 여부를 판단하여 과점주주 여부를 판단하는 것이기 때문에 주주가 아닌 경우에는 아무런 관계가 없는 것이다. 예를 들면 '갑' 과점주주(지분 100%)가 주주가 아닌 '갑'의 아들인 '을'에게 지분을 100% 양도하였다 하더라도 이를 특수관계자 간의 주식거래로 보아 취득세 납세의무가 없는 것이 아니며 새로운 과점주주가 되는 것이다. 따라서 과점주주 간의 특수관계를 판단할 경우에는 지분변동 후 새로운 주주와의 특수관계자에 해당하는 기존 주주가 최소한 1주라도 주식을 소유하여야 특수관계 여부를 판단할 수 있는 대상에 해당하는 것이다(행자부 세정-4534, 2004.12.10.)."라고 해석하여 적용하여 왔다.

과점주주의 취득세 납세의무가 발생될 경우 과세표준은 과점주주가 성립(지분 증가)된 시점의 부동산 중 총법인장부가액을 기준으로 주식 또는 출자 총수로 나눈 금액에 과점주주의 출자지분을 곱하여 과세표준을 산정한다. 따라서 '과점주주 성립 당시'의 법인의 장부가액으로 판단하는 것이므로, 감가상각이 된 경우라면 취득가액에서 감가상각누계액을 차감하여야 하고 자산재평가를 하였다면 재평가된 금액으로 과세표준을 삼아야 한다.

과점주주의 납세의무성립 당시 해당 법인의 취득시기가 도래되지 아니한 물건에 대하여는 과점주주에게 납세의무가 없지만, 연부취득 중인 물건에 대하여는 연부 취득시기가 도래된 부분에 한하여 납세의무가 있다(지예 법7-3). 그런데 연부금 지급 중에는 법인장부에 자산처리되지 않는다는 점에서 논란이 되고 있다.

> **사례** 과점주주로서 취득세 등을 신고하지 아니하였으므로 처분청으로서는 위 규정에 따라 이 건 법인의 장부가액을 기초로 간주취득세의 과세표준을 산출한 것인 점(조심 2022지558, 2022.12.19.), 이 건 법인은 2019 사업연도에 토지를 임의로 재평가하여 그 평가증가액을 자산평가이익으로 장부가액에 포함하였고 이후 자산계정에서 토지의 가액을 감소시킨 바 없는바, 이 건 법인이 토지를 재평가하여 그 가액을 증가시킨 경우 자산계정에 반영된 재평가증가액도 과점주주의 취득세 과세표준에 반영되는 것이 타당하다고 할 것임(조심 2018지473, 2018.10.8. 참조)(조심 2022지1090, 2023.3.7.).

11) 과점주주 간주취득의 면세점

취득가액이 50만 원 이하인 때에는 취득세를 부과하지 아니하는 것이므로 과점주주의 간주취득에 있어 소재지별로 간주 취득가액이 50만 원 이하일 경우에는 면세점에 해당되어 취득세를 부과하지 아니한다(내무부 세정 13407-596, 1997.6.9. 참조).

과점주주의 구성 주주 개별적으로 면세점을 적용하여야 할 것으로 예를 들어 과점주주의 전체 취득세 부과 시 과세표준액은 500만 원이나, 과점주주별 지분에 따른 과세비율을 적용 시 A주주 300만 원, B주주 200만 원, C주주 80만 원, D주주 30만 원일 경우 D주주에 대한 과점주주 취득세는 면세점이 적용되어 취득세가 부과되지 아니할 것이다.

12) 연대납세의무

① 2011.1.1.~2013.12.31. 납세의무성립분

2010.12.31. 이전에는 과점주주 간주취득세에 대하여 연대납세의무가 별도로 규정하고 있었는데, 2011.1.1.~2013.12.31. 이 연대납세의무 규정이 삭제되어 연대납세의무가 없는 것처럼 규정되어 있었는데도 불구하고 유권해석에 따르면 과점주주 집단에게 실질적·경제적으로 공동 귀속되어 과점주주 집단의 공유물로 볼 수 있는 점, 「지방세기본법」 제44조 제1항에서 공유물에 대해서는 그 공유자들이 연대하여 납세의무를 진다고 규정하고 있는 점 등을 감안했을 때 과점주주 구성원들에게는 「지방세법」 제7조 제5항의 취득세에 대한 연대납세의무가 있다는 것이다(지방세운

영과-1148, 2013.6.24.).

한편, 2010.12.31. 이전의 과점주주 간주취득세 연대납세의무 규정이 합헌으로 결정된 것으로 서, 연대납세의무 규정을 별도로 두어야 효력이 있다는 점에서 공유물의 연대납세의무 규정 이외에 별도의 연대납세의무 규정을 두어야 할 것이다. 이 점에서 별도 규정이 없음에도 공유로 보아 연대납세의무가 있다고 판단하였는바, 상기 유권해석은 문제가 있다고 본다.

> **사례** 과점주주 구성원 간의 취득세 연대납세의무 있음(지방세운영과-1148, 2013.6.24.).
>
> 과점주주가 되었을 경우, 과점주주 집단을 구성하는 친족과 특수관계인들은 실질적으로 해당 법인의 자산에 관하여 공유자 또는 공동사업자의 지위에서 관리처분권을 행사할 수 있게 되는 바 그 자산에 대한 권리의무도 과점주주 집단에게 실질적, 경제적으로 공동으로 귀속된다고 보는 것이 타당하다고 할 것이다(헌재 2008헌바139, 2009.12.29.). 따라서 특정법인의 과점주주가 되었을 경우 해당 법인의 자산은 과점주주 집단에게 실질적, 경제적으로 공동 귀속되어 과점주주 집단의 공유물로 볼 수 있는 점, 「지방세기본법」 제44조 제1항에서 공유물에 대해서는 그 공유자들이 연대하여 납세의무를 진다고 규정하고 있는 점 등을 감안했을 때 과점주주 구성원들에게는 「지방세법」 제7조 제5항의 취득세에 대한 연대납세의무가 있다고 판단됨.

② 2014.1.1. 이후 납세의무성립분

과점주주에 대한 연대납세의무 규정 미비로 체납발생 시 연대납세의무 부여 등에 대한 운영상 혼선 초래를 예방하고, 과점주주에 대한 연대납세의무 규정을 명문화하여 체납 방지를 도모하였다. 2010.12.31. 이전처럼 연대납세의무 규정을 별도로 두어 과점주주 간 간주취득세 연대납세의무를 지우고 있다.

과점주주는 「지방세기본법」 제46조에 따라 제2차 납세의무를 부담하는데, 제2차 납세의무를 부담하는 것에 대하여도 주주의 유한책임 원칙에 반하는 것이라는 비판이 있는 상황에서 연대납세의무까지 부담토록 하는 것은 바람직하지 않다고 판단되며, 적어도 주된 납세의무자가 납부를 하지 않는 경우에만 과점주주에게 부과의무를 지우는 것이 타당하다. 또한 과점주주 각각에 대해 취득세를 부과하므로 간주취득세는 과점주주의 구성원 각자 과세가 원칙이고, 공동사업자 등의 경우에는 조합의 특성상 연대납세의무를 지울 필요성이 있지만 과점주주에게 연대납세의무를 부담케 하는 것은 과도한 규제라고 생각되므로 다음과 같이 연대납세의무 규정을 보완할 필요가 있다고 본다.[62]

---

62) 별도의 규정을 두었던 것에 대하여 합헌결정이 났더라도 끊이지 않는 과점주주 간 연대납세의무에 대한 많은 부당한 문제점이 제기되었기에 2011.1.1. 이후 삭제된 것으로 이해하고 있는데, 종전의 연대납세의무를 규정을 2014년부터 부활하였는바, 문제점이 여전히 있음에도 징수의 편의성을 위한 연대납세의무의 부활은 재고의 여지가 있다고 판단된다. 상기에서 보는 바와 같이 과점주주에 대해서 연대납세의무를 부여함에는 문제가 있으므로 연대납세의무가 없도록 하여야 할 것이다. 그런데 징수편의를 위하여 연대납세의무 규정을 두고자 한다면 최소한의 선의의 피해자가 발생되도록 다음과 보완할 필요가 있다고 판단된다.
  ① 주민세 재산분의 임대인과 임차인 간의 제2차 납세의무 규정처럼 연대납세의무 규정보다는 제2차 납세의무 규정으로 완화
  ② 연대납세의무든 제2차 납세의무든 과점주주 간의 취득지분을 한도로 납세의무 부담 제한(원칙적으로 상

㉠ 「지방세기본법」 제46조의 출자자의 제2차 납세의무, 즉 과점주주의 제2차 납세의무 규정이 있는데, 이는 출자법인이 체납하였고 법인의 다른 재산으로 체납세액을 징수할 수 없다고 판단되는 경우에는 제2차 납세의무를 지울 수 있음. 이는 제2차 납세의무를 지우는 근거로는 과점주주로서의 권리행사(의사결정)로 발생한 체납세액이므로 의사결정한 과점주주에게 납세의무를 부수적으로 의무를 부여한다는 것이나, 주식 취득으로 인하여 발생된 취득세는 과점주주로서의 권리행사와는 관계없이 주식을 취득함으로써 발생된 것이라는 점에서 제2차 납세의무 부여 취지와는 다르다는 점

㉡ 연대납세의무는 주채무자의 체납세액이 발생되면 주채무자의 재산이 있음에도 불구하고 징수편의상 연대납세의무자에게 무조건 납세의무를 부과할 수 있다는 점

㉢ 2011.1.1. 이후 연대납세의무가 폐지된 것은 과점주주 간에 연대납세의무로 인하여 의사결정과 관련 없는 특수관계인 우호지분자(예 : 경영에 참여하지 아니하는 특수관계인(임직원, 소액주주)까지 연대납세의무를 지우는 것은 법 취지에 맞지 않다는 점

㉣ 연대납세의무 규정에서 각 주주들의 연대납세의무의 한도(상속인의 납세의무승계 규정에서 상속인간 연대납세의무도 상속받은 재산을 한도로 규정하고 있음)가 의사결정과 관련 없는 특수관계인 우호지분자까지 전체 간주취득세를 부과할 수 있다는 점

㉤ 연대납세의무는 최소한의 범위 내에서만 제한적으로 규정하여야 하는데, 간주취득세 체납의 경우 주식을 압류한다든지 각 체납자의 다른 재산을 압류 등의 체납처분을 할 수 있음에도 체납세액의 징수편의를 위하여 연대납세의무를 지우는 것은 행정관청의 편의를 위한 것이 우선이라는 인식을 주고 있다는 점

13) 사례별 과세대상 여부

① 회생절차 개시(법정관리) 이후 과점주주가 되는 경우와 구조조정 과정에서 과점주주가 되는 경우

회생절차 개시 이후에 과점주주가 된 자는 과점주주로서의 주주권을 행사할 수 없게 되는 것이다(세정 13407 - 아567, 1998.9.26.). 따라서 회사 운영을 실질적으로 지배할 수 있는 지위에 있지 아니하는 셈이 되어서 그 재산을 취득한 것으로 의제하는 과점주주의 요건에 해당하지 아니하므로 취득세 납세의무가 없다(대법원 92누11138, 1994.5.24., 세정 13407 - 276, 2003.6.25.).[63]

속세 납세의무승계 규정을 준용한 해당 법인의 순자산에 대한 지분을 한도로 하는 것이 맞겠지만 이를 산정하기 곤란한 경우 취득가액을 한도로 정하여야 할 것임)

63) 채무자회생법에 의한 정리절차개시결정이 있은 때에는 회사 사업의 경영과 재산의 관리처분권은 관리인에 전속하고, 관리인은 정리회사의 기관이거나 그 대표자는 아니지만 정리회사와 그 채권자 및 주주로 구성되는 이해관계인 단체의 관리자인 일종의 공적 수탁자라는 입장에서 정리회사의 대표, 업무집행 및 재산관리 등의 권한행사를 혼자서 할 수 있게 되므로 정리절차개시 후에 비로소 과점주주가 된 청구법인으로서는 과점주주로서의 주주권을 행사할 수 없게 되는 점(대법원 1994.5.24. 선고, 92누11138 판결, 같은 뜻임) 등에 비추어 청구법인은 의결권이 없는 쟁점주식을 취득한 것으로 볼 수 있어 과점주주 취득세 등의 납세의무가 있다고 보기 어려움(조심 2016지562, 2016.12.20., 같은 뜻임)(조심 2022지0494, 2023.1.26.).

따라서 회생절차 중인 甲회사 주식 76.49%를 乙이 취득하였다 하더라도 乙은 주식 소유에 관계없이 과점주주에 해당하지 아니하며, 그 후 회생절차가 종료되어 乙이 甲회사에 대한 실질적 지배력을 얻는다 하더라도 회사정리절차 기간 중 발생한 주식 취득을 원인으로 하는 과점주주 취득세 납세의무는 없다(세정-2229, 2006.6.1. 참조).

② 주식소각

주식소각으로 인하여 과점주주가 되는 경우 간주취득세 납세의무가 없다(세정-819, 2006.2.28.). 주식소각에 의한 지분증가는 취득에 의한 것이 아니기 때문에 주식발행법인이 「상법」 규정에 의한 주식의 소각을 목적으로 주주 중 특정주주 1인의 자기주식을 취득함으로써 다른 주주가 과점주주가 된 경우 취득세 납세의무가 없는 것이다.

③ 자기주식

「상법」 제369조 제2항[64]에 "회사가 가진 자기주식은 의결권이 없다"라고 규정되어 있으며, 「지방세기본법」 제46조에 따르면 과점주주를 판정할 때 의결권 없는 주식은 발행주식총수와 보유주식수에서 제외하도록 규정되어 있다. 따라서 자기주식이 의결권이 없는 주식이므로 발행주식총수와 보유주식수에서도 자기주식수를 제외한 후에 과점주주 지분율을 결정하여야 한다.

자기주식은 의결권이 없어서 해당 법인이 자기주식을 취득함에 따라 과점주주 비율이 자동적으로 증가하게 되는 것이다.[65]

㉠ 이익소각 목적인 경우

이익소각 목적으로 자기주식을 취득하여 과점주주 지분이 증가하는 경우 자기주식은 의결권 없는 주식이므로 과점주주의 지분이 증가하게 되는 것이므로 과점주주의 주식 취득이 없이 지분증가가 된 것이므로 취득세 납세의무가 없다.

㉡ 이익소각 목적이 아닌 경우

주식소각 목적이 아니라 하더라도 주식발행법인이 「상법」 등 규정에 의하여 자기주식을 취득하는 경우에는 간주취득세 납세의무가 없다(세정 13407-58, 2003.1.22.).

비록 관계법령 위반하여 자기주식을 취득한 경우 자기주식 취득 자체는 주주가 주식발행법인의 주식을 취득하여 과점주주의 주식소유비율이 증가되는 것이 아니라는 점에서 동일하

---

64) 「상법」 제369조 【의결권】
① 의결권은 1주마다 1개로 한다.
② 회사가 가진 자기주식은 의결권이 없다.

65) 법인이 자기주식을 취득할 당시에 청구인과 그 특수관계인은 해당 법인의 주식을 별도로 취득하지 않았으므로 과세대상이 되는 취득행위는 없었던 점, 이 건 법인의 자기주식 취득으로 인하여 청구인과 특수관계인은 단지 명목상 보유지분율만 증가한 것에 불과한 점 등에 비추어 이 건 법인의 자기주식 취득으로 인하여 청구인과 그 특수관계인의 지분비율이 증가된 것을 이유로 취득세 등을 부과한 이 건 처분은 부당하다는 청구주장은 타당하다고 할 것으로, 청구인과 특수관계인의 이 건 법인에 대한 지분비율 증가를 과점주주 간주취득세 과세대상으로 보아 취득세 등을 부과한 이 건 처분은 잘못이 있는 것임(조심 2020지0693, 2020.6.9.).

게 적용하여야 할 것이다.

ⓒ 적용 사례

증자 전 지분이 자기주식을 제외한다면 100%이고, 증자 후에도 자기주식 지분이 다소 감소하였다 하더라도 자기주식을 제외한다면 과점주주 지분이 100%가 되는 경우 결국 과점주주 지분이 증자 전후 모두 100%이므로 과점주주 간주취득세 납세의무는 없는 것이다.[66]

④ 합병

합병의 경우 「지방세법」 제15조에 따르면 아래와 같이 별도의 내용으로 구분하여 세율특례를 적용하도록 규정하고 있어서 과점주주 간주취득세 납세의무가 있는지 오해의 소지가 있다.

- 합병으로 인한 취득(「지방세법」 §15 ① 3) : 종전 등록세분만 과세(취득세율 - 중과기준세율)
- 과점주주의 취득(「지방세법」 §15 ② 3) : 종전 취득세분만 과세(중과기준세율)

위 두 내용을 종합하면 합병의 경우에는 종전 등록세분(취득세율 - 중과기준세율)만 과세하고 있고, 과점주주 취득세는 중과기준세율인 종전 취득세분만 과세하고 있어서 종전 취득세 비과세 규정과 동일하다고 해석할 수도 있다는 것이다.

㉠ 합병법인이 합병으로 피합병법인의 보유주식을 취득하여 과점주주가 되는 경우

종전에는 합병은 형식적인 소유권의 이전으로서 합병으로 인하여 취득하는 재산에 대한 취득세의 납세의무가 없으므로 합병법인이 취득하는 주식에 대하여도 과점주주 취득세 납세의무가 없다(세정 13407 - 1075, 2002.11.9.)라고 해석하고 있었다. 이 해석에 따르면 합병 법인이 합병으로 인하여 자회사 주식을 취득하여 과점주주가 되는 경우 형식적인 취득으로 보아 납세의무가 없었으나,[67] 구 「지방세법」 제110조에 의하면 합병으로 인한 취득의 경우는 형식적 취득으로 보아 취득세를 부과하지 않도록 규정하고 있었고(세정 13407 - 1075, 2002.11.9.), 직접적인 지분관계가 없는 2개의 법인이 합병되어 흡수합병한 법인의 과점주주 지분 등이 증가된 경우라면, 비록 그 과점주주가 합병 전 각 법인의 과점주주였다고 하더라도 별도의 감면규정 등이 없는 한 지분 등의 증가분에 대해서 취득세 납세의무가 발생된다 (지방세운영과 - 1096, 2012.4.10.)라고 해석하고 있어서 형식적인 취득으로 본 종전 해석과 다르다는 점에 유의하여야 할 것이다.

2012년 해석이 법 개편에 따른 해석이 아니라 개편 전에 있었던 유권해석(세정 - 897, 2006.3.3.)

---

66) 법인의 자기주식 취득으로 과점주주 지분비율의 증가가 있은 이후 과점주주가 주식을 추가로 취득한 경우 주식 취득시점의 과점주주 지분비율에서 자기주식 취득 전의 과점주주 지분비율을 차감한 비율을 지분비율 증가분으로 계산할 법령상 근거가 없는 점 등에 비추어 청구인이 쟁점주식을 취득하여 증가한 과점비율 증가분은 8.19672%(1,250주/15,250주)로 봄이 타당하다고 판단됨(조심 2019지1694, 2019.11.28.). 즉 자기주식 취득 이후의 과점주주 지분 증가분만 과세대상이 되는 것임.

67) 구 「지방세법」 제110조 제4호에서 법인의 합병으로 인한 취득에 대하여는 취득세를 부과하지 아니한다고 규정하고 있으므로, 갑법인이 을법인에 흡수합병됨에 따라 갑법인의 과점주주였던 A법인이 을법인의 과점주주가 되었다 하더라도 A법인은 과점주주로 인한 취득세 납세의무가 없음(지방세정팀 - 1157, 2005.6.14.).

과 동일하게 해석한 것인데, 합병의 경우 형식적인 취득으로 보지 아니하고 있어서 논란이 되고 있다. 즉 합병으로 인해 과점주주 지분 증가가 전혀 없이 피합병법인의 과점주주 지분을 그대로 흡수합병이 취득하게 되는 경우에는 이 해석이 적용되는 것이 아니라 형식적인 취득으로 보아 납세의무가 없다라고 하는 해석(지방세정팀-1157, 2005.6.14.)을 적용하여야 한다라고 주장할 수도 있다는 점이다. 그리고 비록 피합병법인이 청산되어 합병법인과는 특수관계인 여부를 판단할 수 있는지 논란이 있지만, 합병법인과 피합병법인의 특수관계인에 해당한다면 내부이동으로 인하여 간주취득세 납세의무가 없을 것이나, 특수관계인에 해당하지 아니한다면 내부이동으로 볼 수 없을 것이다.

하여튼 심판례(조심 2015지616, 2015.9.9.)에서 과점주주에 대한 취득세는 「지방세법」 제15조 제2항에 따라 산출한 세액인 점을 이유로 들고 있어서 과점주주 간주취득세 납세의무가 있는 것으로 해석하여야 할 것이다.

ⓒ 합병법인 주주의 과점주주 지분이 증가되는 경우

종전에는 과점주주에 대한 취득세와 관련하여 합병으로 인하여 과점주주가 되는 경우에는 과점주주에 대한 납세의무가 없었으나(세정 134707-997, 2000.8.14.), 상기에서 보는 바와 같이 현행 세율특례 규정 적용에 오해의 여지가 있어서 과점주주 간주취득세 납세의무가 있는지 논란이 되고 있다.

한편, 심판례에서는 "주식의 취득에 따른 과점주주 취득세 납세의무성립일 이전에 개정된 구 「지방세법」 제110조 제4호의 규정을 적용할 수 없는 점, 구 「조세특례제한법」 제120조 제2항에서 합병에 따라 양수하는 재산을 취득하는 경우에는 「지방세법」 제15조 제1항에 따라 산출한 취득세를 면제한다고 규정하고 있으나 과점주주에 대한 취득세는 「지방세법」 제15조 제2항에 따라 산출한 세액인 점, 주식은 합병법인이 취득한 것이 아니라 법인의 합병에 따라 그 주주가 취득한 재산으로서 「지방세법」 제15조 제1항 제3호 및 「조세특례제한법」 제120조 제2항에서 합병으로 인하여 취득(양수)하는 재산에 해당하지 아니하는 점 등에 비추어 주주들에게 취득세 등을 부과한 처분은 달리 잘못이 없다고 판단된다(조심 2015지0616, 2015.9.9.)"라고 결정하고 있어 합병법인의 주주가 합병으로 인한 과점주주 간주취득세 납세의무는 있는 것으로 해석하여야 할 것이다.

사례 특수관계에 있는 자에 해당되는지 여부와 관계없이, 법인의 주식을 '취득'하여 과점주주가 된 것이 아니므로 과점주주 취득세 납세의무가 성립하지 않는 것으로 판단됨(같은 취지의 지방세운영-418, 2008.7.29.)(부동산세제과-3438, 2020.12.9.).

☞ "법인의 주식을 '취득'하여 과점주주가 된 것이 아니므로 과점주주 취득세 납세의무가 성립하지 않는 것으로 판단된다"라는 내용은 좀 잘못된 것 같다.

⑤ 분할로 인한 과점주주

㉠ 비적격 기업분할에 대한 과점주주 취득세 적용

법인합병의 경우 「지방세법」 제15조 제1항 제3호의 규정에 의거 합병을 취득행위의 원인으로 보고 형식적인 취득으로 보아 취득세 중 구 취득세분을 비과세하도록 한 것이며, 그와 반대의 경우로서 기업분할의 경우 조세법률주의에 의거 엄격해석을 하여야 하는 것이므로 기업분할에 따라 부동산을 형식적인 승계취득하였다고 하더라도 별도의 비과세 규정이 없는 한 과세대상으로 보아야 할 것이나, 「지방세특례제한법」 제57조의 2 제3항 제2호(2014년 이전 「조세특례제한법」 §120 ① 9)의 규정에서도 기업분할(물적분할 포함)의 요건을 갖춘 경우에 취득한 재산에 대하여 취득세를 감면하는 것이므로 적격분할 요건을 갖추고 분할신설 됨으로써 과점주주가 되는 경우 간주취득세 납세의무 없다(세정 – 1548, 2005.7.8.). 그런데 기업분할이라도 비적격분할의 경우 취득세를 감면할 수가 없는 것이다.

㉡ 분할에 의해 취득한 주식의 과점주주 간주취득세 적용

기업의 분할로 인하여 신설되는 법인이 분할되기 전에 법인이 소유하고 있던 비상장법인의 주식을 취득하여 과점주주가 된 경우라도 과점주주 취득세 납세의무가 있다(행자부 세정 13407 – 342, 2002.4.10.). 물론 무조건 납세의무가 있는 것이 아니라 물적분할 시 분할법인이 분할신설법인의 주식을 100% 소유하게 되므로 분할법인과 분할신설법인 간에는 특수관계인에 해당되어 내부 주식이동에 해당되어 과점주주 간주취득세 부담은 없으며, 인적분할 시 간주취득세가 부과되나, 분할법인의 과점주주가 간주취득세 대상 법인의 주주이면서 분할신설법인 주식을 50% 이상 소유하는 등 분할법인과 분할신설법인이 특수관계인에 해당된다면 과점주주 지분변동이 없는 경우로서 과점주주 간주취득세 부담은 없다.

⑥ 현물출자로 인한 과점주주 간주취득세

현물출자로 인하여 법인이 설립되는 경우에는 과점주주 간주취득세 부담은 없으나, 현물출자로 인하여 증자되는 경우 부동산 소유가 먼저인지 아니면 출자가 먼저인지에 따라 과세대상이 다를 것이다.

대법원판례에 따르면 "과점주주가 되면 당해 법인의 재산을 '사실상 임의처분하거나 관리운용할 수 있는 지위'에 서게 되어 실질적으로 그 재산을 직접 소유하는 것과 크게 다를 바 없으므로, 바로 이 점에서 담세력이 나타난다고 보고 취득세를 부과하는 점(대법원 92누11138, 1999.5.24. 참조), 주식 또는 지분의 독과점을 억제하고 이를 분산하도록 세제면에서 규제하는 데 그 목적이 있는 것으로서 주주나 출자자의 개인적인 입장에서 볼 때에는 당해 법인 자산이 사실상·법률상 취득이 전혀 이루어지지 아니하였으나, 주식 또는 지분을 취득하여 과점주주가 된 경우에는 '당해 법인의 자산을 임의처분하거나 관리운용할 수 있는 지위'를 취득한 것으로 보고, 그 자산 자체를 취득한 것으로, 의제하여 취득세를 부과하는 점(대법원 79누136, 1980.7.22. 참조), 간주취득세는 이미 취득세를 납부한 법인 이외에 과점주주에게 추가로 취득세를 부과하는 것이므로 해석을 통하여

간주취득세 대상을 제한하더라도 조세법률주의나 엄격해석 원칙에 반하지 아니하는 점 등을 고려할 때 과점주주에 대한 간주취득세는 '사실상 임의처분하거나 관리운용할 수 있는 지위'를 취득한 경우에 한하여 부과된다고 보아야 한다. 원고는 자신 소유의 이 사건 부동산을 현물출자함으로써 회사에 대한 총주식보유비율을 증가시켰으나, 이 사건 부동산에 관한 법률상 소유형태(원고에서 회사로 소유권이전)만 변경되었을 뿐 '사실상 임의처분하거나 관리운용할 수 있는 지위'에는 아무런 변동이 없는 점, 원고가 회사에 현물출자한 부동산은 원고가 주식을 취득하는 시점에서 회사가 소유하고 있는 부동산으로 보기 어려운 점, 현물출자라는 하나의 행위에 대하여 법인과 법인의 실질적인 지배자인 과점주주 양쪽 모두에 대하여 취득세를 부담시키는 것은 이중과세로 볼 여지가 있고, 위와 같은 취지에서 「지방세법」 제22조 제6항 단서가 법인설립 시에 발행하는 주식 또는 지분을 취득함으로써 과점주주가 된 경우에는 간주취득세를 부과하지 않는다고 규정한 것으로 보이는 점, 원고 이외의 타 주주들은 이 사건 부동산에 관한 '사실상 임의처분하거나 관리운용할 수 있는 지위'를 새로 취득하는 것처럼 보이나, 과점주주는 친족 기타 특수관계에 있는 자들을 일단의 집단으로 취급하므로 타 주주들도 원고와 마찬가지로 취급하여야 하는 점(원고와 타 주주들의 이 사건 부동산에 관한 '사실상 임의처분하거나 관리운용할 수 있는 지위'를 취득하였는지를 비율대로 가분하여 간주취득세를 산정할 수 없다). 만일 회사가 이 사건 부동산 이외 다른 부동산을 소유하고 있을 경우 지분변동률에 해당하는 부동산에 관한 '사실상 임의처분하거나 관리운용할 수 있는 지위'를 새로 취득하게 되나, 이 사건 부동산에 관한 간주취득세만 문제된 것인 점, 이 사건 부동산을 현물출자 이외의 다른 법률 형식으로 회사에 이전할 경우 간주취득세가 부과되지 아니하는 점 등을 고려할 때 현물출자로 쟁점 부동산에 관한 원고와 타 주주들의 '사실상 임의처분하거나 관리운용할 수 있는 지위'에 변동이 없으므로 이 사건 부동산 중 총주식보유비율 증가분에 관하여 간주취득세를 부과한 이 사건 처분은 위법하다(대법원 3013두19523, 2013.12.26., 서울고법 2012누38918, 2013.8.23.)"라고 판시하고 있어서 간주취득세 과세대상이 되지 아니한다.[68]

그런데 대법원판례 전의 유권해석으로는 현물출자를 함과 동시에 지분율이 증가되는바, 과점주주의 지분 증가되는 시점은 토지를 법인에 출자되는 시점 즉 토지를 취득한 시점으로 보아야 할 것이다. 따라서 과점주주의 지분 증가가 된 시점에서는 이미 현물출자 대상인 자산이 법인장부에 기표되어 있을 것이므로 과점주주의 지분 증가가 된 시점의 과세물건으로 보아 간주취득세 과세대상에 해당한다고 해석하고 있다. 이에 대한 해석사례로 기존의 과점주주가 본인 부동산의

---

68) 대법원판결 이전의 법원 판례에 따르면 현물출자 부동산에 대하여는 과점주주 간주취득세 과세대상이 되지 아니한다는 것이다. 과점주주 간주취득세 과세대상이 되지 아니한다는 이유로 현물출자자가 이미 과세대상 물건에 대하여 이미 취득세를 이미 부과하였으므로 과점주주가 되었다 하여 다시 취득세를 부과하는 것은 이중과세가 되기 때문이다. 의정부지방법원 2005.8.22. 선고 2005구합1348 판결에 따르면 "현물출자의 경우 출자 자산은 본래 출자자의 지배 아래 있던 것이므로 현물출자한 과점주주가 이를 지배할 수 있는 지위를 새롭게 취득하는 것이 아니다"라고 판시하였다는 점을 들 수 있을 것이다. 이 1심 판결에 대한 항소법원인 서울고법에서는 현물출자 시 부동산 취득이 먼저인지 주식취득이 먼저인지에 대하여 주식취득이 먼저 즉 과점주주가 있는 법인이 새로이 부동산 등을 취득하는 경우까지 과점주주가 간주취득세 과세대상이 아니라는 것이다(서울고법 2005누20896, 2006.4.11.).

현물출자로 인해 지분율이 증가하였다면 지분율이 증가된 시점에 당해 법인의 현물출자된 부동산을 소유하고 있는 것으로 보아야 하고, 비록 본인 소유의 부동산을 출자하였다 하더라도 그 과점주주와 당해 법인의 법인격을 동일시 할 수는 없다고 할 것이므로 과점주주 취득세 납세의무가 있다고 판단된다(지방세운영과-998, 2012.4.2.)라는 해석을 들 수 있다.[69]

현물출자의 경우 출자 자산은 본래 출자자의 지배 아래 있던 것이므로 현물출자를 한 과점주주가 이를 지배할 수 있는 지위를 새롭게 취득하는 것이 아닐 뿐만 아니라 자산의 출자와 주식의 취득이 서로 대가적 관계에 있어 출자자가 주식을 취득하지 못하는 경우 출자한 자산도 법인의 소유가 될 수 없는 것이어서 과점주주가 해당 법인의 부동산을 취득한 것으로 보아 취득세를 과세함에 있어 과점주주가 주식을 취득하기 위하여 현물출자한 해당 부동산은 포함되지 않는 것이 타당하다고 할 것이다. 이와 같은 취지로 법인에 현물출자한 부동산은 과점주주에 대한 취득세를 과세함에 있어 과점주주 성립 당시 '해당 법인이 소유하는 부동산'에 포함되지 않는다고 보아야 할 것이라고 판단한 조세심판원의 심판례(조심 2012지0495, 2013.1.24.)가 있다.

한편, 현물출자 전에 이미 법인이 취득한 과세대상 물건에 대하여는 지분 증가분만큼 과점주주 간주취득세 납세의무는 있는 것이다.

⑦ 중소기업 간 통합에 의한 과점주주 간주취득세

구 「조세특례제한법」 제120조 제1항 제2호의 규정에 의거 중소기업 간 통합에 의하여 설립 또는 존속하는 법인이 양수하는 해당 사업용 재산에 대하여 취득세를 면제하고 있지만, 「조세특례제한법」 제31조의 규정에 의한 중소기업 간의 통합 이후에 주식 증자로 새로이 과점주주가 된 경우 그 과점주주는 취득세 납세의무가 있다(세정 13407-459, 2001.10.24.).

중소기업 간의 통합에 따라 취득세를 면제받은 경우 과점주주에게도 취득세가 면제되는 것은 아니다. 이는 과점주주로서 납세의무가 성립될 당시에 지방세가 비과세 또는 감면되는 조건이 성립되어 있어야 감면받을 수 있는 것이므로 해당 법인은 중소기업 간의 통합으로 인하여 감면받을 시점에서 감면의 효력이 달성되었으므로 다시 과점주주가 되는 시점에도 재차 감면규정이 적용될 수 없다(행심 2002-71, 2002.2.25.).

⑧ 교환으로 인한 과점주주 간주취득세

교환은 유상 양도에 해당하므로 원칙적으로 과점주주 간주취득세 납세의무는 있다. 그런데 A는 B의 주주가 아니었으나 주식교환으로 인하여 B의 기존 과점주주인 C와 특수관계를 형성하면서 C로부터 B의 주식 전부를 이전받아 새로이 과점주주가 되었고, A와 C가 전체로서 주식교환

---

69) 대법원판례(2017두56711, 2017.11.23.)에서는 달리 판시하고 있지만, 주식취득일과 동일한 날짜에 사실상 잔금을 지급하여 부동산을 취득한 경우라면 주식발행법인이 취득한 부동산에 대해 과점주주도 납세의무가 있다(지방세정담당관-767, 2003.8.8.)라고 해석한 바 있었다.
비상장법인의 과점주주가 해당 비상장법인에 부동산을 현물출자하고 현물출자의 대가로 지분을 받아 과점주주비율이 증가된 경우로서 해당 비상장법인은 부동산을 취득 시에 취득세를 면제받은 경우라도 비상장법인의 취득세 납세의무와 과점주주 취득세 납세의무는 별개의 것이므로 해당 과점주주 비율증가분에 대하여는 과점주주 취득세를 납부하여야 한다(지방세정담당관-767, 2003.8.8., 대법원 99두6897, 2001.1.30. 참조).

전후로 보유한 B의 총 주식비율에는 아무런 변동이 없다면 이는 내부이동으로 보아 간주취득세의 과세대상이 될 수 없다.

> **사례** 주식교환으로 내부이동 시 간주취득세 과세대상 아님(대법원 2012두12495, 2013.7.25.).
>
> 주식회사 동원(이하 '동원')이 2008.4.7. 비상장법인인 주식회사 엔엠씨(이하 '엔엠씨')를 설립하고 그 발행주식을 모두 소유하다가 유상증자의 실시로 그 지분비율이 72.5%가 된 사실, 원고와 동원은 2009.12.1. 동원이 소유한 엔엠씨 발행주식 전부와 원고가 유상증자를 통하여 발행하는 신주를 교환하는 내용의 이 사건 주식교환 계약을 체결하였고, 그에 따라 원고는 엔엠씨 발행주식 중 72.5%를 취득하고 동원은 원고 발행주식 중 70%를 취득한 사실 등을 인정한 다음, 원고는 엔엠씨의 과점주주인 동원과 구「지방세법」제22조 제2호 등에 정한 특수관계에 있지 아니하다가 이 사건 주식교환으로 비로소 엔엠씨의 주식을 소유하게 되었으므로, 원고는 이 사건 주식교환에 의하여 최초로 엔엠씨에 대한 과점주주가 된 자로서 엔엠씨의 부동산 등 자산에 대하여 구「지방세법」제105조 제6항에 정한 간주취득세를 납부할 의무가 있다고 판단하였다. 그러나 원심이 인정한 사실관계를 앞서 본 법리에 비추어 살펴보면, 원고는 엔엠씨의 주주가 아니었으나 이 사건 주식교환으로 인하여 엔엠씨의 기존 과점주주인 동원과 구「지방세법」제22조 제2호에 정한 특수관계를 형성하면서 동원으로부터 엔엠씨의 주식 전부를 이전받아 새로이 과점주주가 되었고, 원고와 동원이 전체로서 이 사건 주식교환 전후로 보유한 엔엠씨의 총 주식 비율에는 아무런 변동이 없으므로, 이는 간주취득세의 과세대상이 될 수 없음.

⑨ 과점주주의 간주취득세 중과세

과점주주의 신분이 법인 또는 개인인지에 따라 중과세율이 달리 적용되는 해석들이 법원에서는 법인의 과점주주에 대하여도 중과세율을 적용할 수 없다(고법 98누12392, 1999.6.2.)라고 판시하였다. 이에 따라 기존의 유권해석을 변경하여 과점주주에 대한 중과세 세율적용은 과세대상물건에 대해 누구에게도 중과세되는 사치성 재산(고급주택, 고급오락장 등)에 대해서는 중과세 세율을 적용하고, 일정요건에 해당하는 경우 중과세하는 경우(예 : 대도시 내 본점사업용 부동산) 과점주주는 별개의 권리의무자이므로 중과세대상에서 제외하고 있는 것으로 해석하고 있다(세정 13430-392, 2001.10.4.).

⑩ 비과세와 감면

대법원판례(대법원 99두6897, 2001.1.30.)에서는 '취득세가 비과세 또는 감면되는 경우'라 함은 과점주주의 간주취득이 「지방세법」또는 기타 법령의 규정에 의한 비과세 또는 감면 요건에 해당하는 경우라 할 것으로, 해당 법인이 부동산 등을 취득하면서 취득세를 면제받았다고 하여 바로 과점주주로 된 자의 취득세 납세의무도 면제되는 것은 아니라고 판시한 바 있다. 이 판례 내용을 요약하면, 「지방세법」상 과점주주의 취득세가 비과세 또는 감면되는 경우라 함은 과점주주의 간주취득이 「지방세법」또는 기타법령의 규정에 의한 비과세 또는 감면요건에 해당하는 경우를 말하며, 과점주주가 된 시점, 즉 과점주주로서 취득세 납세의무성립일 현재「지방세법」, 「지방세특례제한법」및「조세특례제한법」등에 의하여 취득세가 비과세 또는 감면되는 부분에 한하여 비과세 또는 감면한다는 것으로 해석된다. 즉 과점주주가 된 시점에 해당 법인의 비과세 또는 감면기간이 경과한 경우이거나 해당 법인이 감면요건에 해당되어 감면받은 후 과점주주가 된 경우 등은 감면대상에 해당하지 아니한다.

과점주주에 대한 비과세·감면 적용문제는 법조문이 명확하지 않은 관계로 혼선이 초래되고 있었으나 2001.10.4. 이후부터는 과점주주에 대한 과세는 주식을 취득함으로 주식발행법인의 보유자산을 취득한 것으로 보는 것이나, 향후 과점주주에 대한 비과세·감면은 대법원판결에 따라 운영하되, 다만, 구법 시행시기[70]에 과세요건이 성립되어 비과세·감면처분 판단받은 경우에는 신뢰보호의 원칙상 추징할 수가 없다(세정 13430 - 392, 2001.10.4.).

절대적 비과세	상대적 비과세
① 취득세 면세점 이하의 물건 ② 취득주체가 누구든지 비과세하는 물건(존속기간 1년 이하의 가설건축물 취득) ③ 합병으로 인한 과점주주 성립	① 산업단지 내 공장용 부동산의 신·증설 시 해당 법인에게 취득세가 면제 ② 법인전환에 따른 현물출자 시 취득하는 사업용 재산에 대해 주식발행법인에게 취득세를 면제하나 이후 과점주주가 성립된 경우 ③ 산업단지 내 최초 취득으로 인한 취득세를 면제하나 이후 과점주주가 성립된 경우 ④ 외국인투자기업 감면기간 중 과점주주가 되는 경우 ⑤ 창업중소기업이 창업일로부터 4년 이내에 취득하는 부동산에 대한 취득세 감면규정 적용 시 창업일로부터 4년 이내 주식을 취득하여 과점주주가 되는 경우
취득 주체가 누구든지 절대적으로 비과세하는 내용이므로 과점주주에게도 간주취득세가 비과세됨.	취득 주체가 해당 법인에게만 비과세되고 과점주주의 간주취득에 대하여는 별도의 비과세 또는 감면 규정이 없으므로 과세대상에 해당함.

현행 과점주주의 간주취득세에 대한 면제(종전 비과세) 규정으로 「지방세특례제한법」 제57조의 2 제5항(종전 조특법 §120 ⑥)에 규정된 사유로 인하여 과점주주에 해당하게 되는 경우 해당 과점주주에 대하여는 간주취득세 규정을 적용하지 아니한다라는 규정을 들 수 있다.

⑪ 과점주주 간주취득세와 외국인투자 유치를 위한 감면규정 관계

대법원판례에 따르면 '취득세가 비과세 또는 감면되는 경우'라 함은 과점주주의 간주취득이 「지방세법」 또는 기타 법령의 규정에 의한 비과세 또는 감면요건에 해당하는 경우라 할 것이므로 해당 법인이 부동산 등을 취득하면서 취득세가 면제받았다고 하여 바로 과점주주로 된 자의 취득

---

70) 과점주주의 지분율이 증가하는 등의 경우에 취득세 감면기간 중이라면 과점주주 취득세가 면제되는 것으로 회신하고 있었음(세정 13407 - 1388, 2000.12.2.).
외국인투자 감면 후 과점주주 비율 증가 경우(세정 13407 - 1388, 2000.12.2.)
「조세특례제한법」 제121조의 2 제4항 및 제5항의 규정에 의하여 외국인투자비율에 해당하는 감면대상세액 만큼 취득세 감면을 받고 그 감면기간이 경과하지 아니한 상태에서 과점주주의 비율이 증가된 경우라면 「지방세법」 제105조 제6항 단서 규정에 의하여 그 증가된 투자비율은 취득세 감면대상에 해당됨.

세 납세의무도 면제되는 것은 아니라 할 것이다(대법원 99두6897, 2001.1.30.)라고 판시하고 있다. 이 판례 등으로 인하여 해석 지침(세정 13430-392, 2001.10.4)에 따르면 과점주주에 대한 과세는 주식을 취득함으로 주식발행법인의 보유자산을 취득한 것으로 보는 것이나, 향후 과점주주에 대한 비과세·감면은 상기 대법원판결에 따라 운영하되, 다만, 과세요건이 성립되어 비과세·감면처분 판단받은 경우에는 신뢰보호의 원칙상 추징할 수가 없다는 것이다.

> **사례** 외국인투자법인 주식 승계취득하여 과점주주된 경우(행심 2002-288, 2002.8.26.)
>
> 「지방세법」에서 법인의 주식 또는 지분을 취득함으로써 과점주주가 된 때에는 그 과점주주는 해당 법인의 부동산 등을 취득한 것으로 보되, 법인설립 시에 발행하는 주식 또는 지분을 취득함으로써 과점주주가 된 경우 또는 과점주주에 대한 취득세 납세의무성립일 현재 이 법 및 기타 법령에 의하여 취득세가 비과세·감면되는 부분에 대하여는 그러하지 아니하다고 규정하고 있고 취득세가 비과세 또는 감면되는 경우라 함은 과점주주의 간주취득이 「지방세법」 또는 기타 법령의 규정에 의한 비과세 또는 감면요건에 해당하는 경우라 할 것이므로 해당 법인이 부동산 등을 취득하면서 취득세를 면제받았다 하여 바로 과점주주로 된 자의 취득세 납세의무도 면제되는 것은 아닐 것임.

⑫ 상장폐지유예 중인 법인의 과점주주

상장폐지유예 중인 법인은 상장폐지유예 중이라 하더라도 상장폐지가 되지 않는 한 비상장법인이 아니므로 과점주주의 간주취득 과세대상에서 제외된다.

⑬ 토지거래허가

토지거래 허가구역 내의 토지에 관한 매매계약이 토지거래 허가를 받지 아니하여 유동적 무효 상태에 있다면, 사실상 또는 계약상 잔금지급일이 도래하였다고 하더라도 그 매매계약이 확정적으로 유효하게 되었다고 할 수 없으므로 취득세 신고납부의무가 있다고 할 수 없고, 그 후 토지거래 허가를 받거나 토지거래 허가구역 지정이 해제되는 등의 사유로 그 매매계약이 확정적으로 유효하게 되었을 때 비로소 취득세 신고납부의무가 있다고 할 것이므로, 취득세 신고납부는 그때부터 60일 이내에 하면 된다(대법원 2012두16695, 2012.11.29.).

따라서 과점주주 간주취득세 과세물건을 포함 여부를 판단할 때는 잔금청산일 기준으로 하되 (대법원 2012두19229, 2012.12.27.), 취득세 등의 신고납부의무는 토지거래허가를 받거나 토지거래 허가구역 지정이 해제되는 때 성립한다.

> **사례** 토지거래계약허가구역 토지 간주 취득시기(대법원 2012두19229, 2012.12.27.)
>
> 「국토의 계획 및 이용에 관한 법률」에 의한 토지거래계약허가구역 내의 토지에 관하여 장차 허가를 받을 것을 전제로 매매계약을 체결하여 그 대금을 지급한 경우, 비록 그 매매계약이 허가를 받을 때까지는 법률 상 미완성의 법률행위로서 효력이 발생하지 아니하지만, 그 후 허가를 받거나 그 토지가 토지거래계약허가구역에서 해제되었다면 그 매매계약은 소급하여 유효한 계약이 되므로, 취득세 부과에 있어서의 토지의 취득시기는 잔금지급일로 보아야 할 것임. 주식회사 ○○○○가 이 사건 토지를 취득함에 따른 취득세 부과에 있어서는 그 취득시기는 주식회사 ○○○○가 그 매매 잔대금을 지급한 날로 보아야 하므로, 주식회사 ○○○○의 과점주주인 원고가 주식회사 ○○○○의 발행주

식 중 22,260주를 추가로 취득한 2007.10.7. 당시에는 이미 주식회사 ○○○○가 이 사건 토지를 취득한 상태에 있었다고 보아야 할 것임.

☞ 취득시기를 잔금지급일로 보더라도 이는 과점주주 간주취득세 과세대상 물건에 포함하는지 여부를 판단하는 기준이 될 뿐, 취득세 등의 신고납부의무는 토지거래허가일로부터 60일 이내 하면 됨.

⑭ 분양회사의 경우 진행률에 의해 원가로 대체된 용지비 중 토지분도 과점주주의 간주취득세의 과세표준에 포함[71]

분양회사의 경우 진행률에 의해 수익을 인식하고 있다. 이 경우 분양원가와 미성공사 등을 계상할 경우 용지비도 진행률에 의해 원가로 산입이 된다. 원가산입이 되면 용지가액이 감소하게 된다. 이때 과점주주의 간주취득세 납세의무가 성립될 경우 원가로 대체된 용지비도 과세표준에 포함되어야 하는지가 논란이 될 수 있다. 그 이유는 장부가액을 과세표준으로 하고 있기 때문에 회계상의 용지 장부가액은 원가대체 후의 금액이라 할 수 있다. 그런데 원가로 대체된 용지비가 소유권 이전된 경우가 아닌 상태에서 원가로 대체되었다는 이유로 과세표준을 제외하는 것이 취지상 타당하지 않다고 판단되며, 공사원가로 대체되더라도 용지는 그대로 존재하고 있고, 분양대금의 잔금청산이 완료되지 아니한 경우에는 분양회사의 소유이므로 용지의 장부가액에다 공사원가로 투입된 부분도 합산한 금액을 과세표준으로 하여 신고납부하여야 할 것이다(행자부 세정 – 56, 2004.1.6.). 그리고 감가상각은 그 자산의 가치가 저하되었다는 것을 전제로 이를 인정하는 것이나, 진행률에 의한 원가대체는 그 가치가 저하된 것이 아니고 소유권이전도 아니라는 점을 들 경우 차이가 있다. 따라서 과세대상이나 실질적으로 가치가 있는 용지를 원가대체로 인하여 그 가액이 대차대조표에 없어서 장부가액이 없다고 보는 것은 실질주의 과세원칙에 위배될 것으로 판단된다. 그리고 장부가액의 의미는 감가상각이나 재평가의 경우에 한정되는 것으로 해석하여야 할 것이다.

이와 관련하여 신축 중인 상가를 분양하고 그 대금을 상당기간에 걸쳐서 받고 있는 것은 사실상 연부계약과 유사한 형태를 갖는다고 보아 취득세 신고납세의무자가 분양자가 되어야 한다는 주장을 할 수 있으나, 「지방세법 시행령」 제20조 제2항 제1호에서 "법 제10조 제5항 각 호의 1에 해당하는 유상승계취득의 경우에는 그 사실상의 잔금지급일"을 취득일로 보도록 규정하고 있고 제6항에서는 건축허가를 받아 건축하는 건축물에 있어서는 사용승인서교부일(사용승인서교부일 이전에 사실상 사용하거나 임시사용승인을 받은 경우에는 그 사실상의 사용일 또는 임시사용승인일)을 취득일로 보도록 규정하고 있는바, 아파트를 분양받은 후 해당 아파트의 사용승인서교부일 또는 임시사용승인일 이전에 아파트분양금을 완납하였다 할지라도 해당 아파트를 취득한 시기는 사용승인서교부일 또는 임시사용승인일 중 빠른 날이 된다. 상가 분양의 경우에도 마찬가지일 것이다.

그런데 아파트의 건물 부분은 존재하지 않지만 용지(토지)는 계약목적물이 존재하고 있다고

---

71) 재고자산평가충당금은 그 성격상 일반적으로 공시가액이 매년 상승하는 쟁점토지에 대해 취득의제 당시의 가액에 적용하기 어려운 점, 청구법인이 쟁점주식 전부를 취득할 당시의 쟁점토지의 가액은 재고자산평가충당금이 차감되지 않은 분양용지 명목으로 기장된 58,925,306,716원으로 보는 것이 타당하므로 처분청이 이 건 경정청구를 거부한 처분은 달리 잘못이 없다고 판단됨(조심 2023지2016, 2024.1.16.).

보아야 할 것이므로 분양받은 자가 연부취득한 것으로 보아야 하는 것으로 해석하여야 한다라고 주장할 수 있지만, 「집합건물소유 및 관리에 관한 법률」 제20조 제1항의 규정에서 구분소유자의 대지사용권은 그가 가지는 전유지분의 처분에 따른다라고 규정하고 있기 때문에 토지 부분의 대지권은 건물의 전용부분이 존재하지 아니하는 한 의미가 없다고 볼 수 있다는 점에서 토지 또한 별도의 계약목적물로 보지 아니하는 것이다.

아파트의 건물 부분은 존재하지 않지만 용지(토지)는 계약목적물이 존재하고 있다고 보아야 할 것이므로 분양받은 자가 연부취득한 것으로 보아 분양회사 입장에서는 진행률에 의해 원가로 대체된 용지비도 과점주주의 간주취득세의 과세표준 포함되지 않아야 한다는 의견이 있을 수 있으나, 상기에서 보는 바와 같이 토지 또한 별도의 계약목적물로 보지 아니하므로 분양회사의 소유로 보아 진행률에 의해 원가로 대체된 용지비를 분양회사 과점주주의 간주취득세의 과세표준 포함되어야 한다는 것이다.

> **사례** 용지에 대한 과점주주 간주취득세 과세 여부(행자부 세정-56, 2004.1.6.)
>
> 아파트를 건설하여 분양하는 회사로서 아파트 용지를 100억 원에 구입하여 공사를 진행 중에 있고 아파트 분양계약은 완료하였으나 아파트 용지의 소유권이 분양자에게 이전되지 아니하고 용지계정에서 재료비계정으로 일부 대체하였다고 하더라도 아파트 용지가 분양계약자 보호차원에서 대한주택보증(주)에 신탁등기된 상태에서 대주주의 주식이 증가하여 과점주주가 되었을 경우에는 해당 주식발행회사의 과점주주로서의 아파트 용지에 대한 취득세 과세표준은 100억 원이 됨.
>
> ☞ 「신탁법」에 따라 신탁등기된 신탁재산은 위탁자의 과점주주 간주취득세 과세표준에 포함되지 아니함(2016. 1.1. 이후에는 법 개정으로 인해 신탁된 재산도 과세표준에 포함됨).

⑮ 상속

기존 과점주주의 사망으로 상속인이 피상속인의 주식을 상속받아 과점주주가 된 경우 과점주주로 인한 취득세 납세의무가 있는 것이다(지방세정팀-1737, 2005.7.19.)라고 해석하였으나,[72] 현행 상속인과 피상속인이 특수관계인인 경우에는 내부이동으로 보아 간주취득세 과세대상이 되지 아니한다.

⑯ 금산법에 의거한 경영정상화 계획에 따라 주식을 취득하여 과점주주가 된 경우

금산법에 의거한 경영정상화 계획에 따라 주식을 취득하여 과점주주가 되었더라도 간주취득에 대한 취득세 납세의무가 있다(고법 2005누1648, 2006.6.22.).

⑰ 명의신탁해지로 인한 과점주주가 된 경우

법인의 주식 또는 지분을 취득함으로써 과점주주가 된 경우에 과점주주 간주취득세 납세의무가 성립된다고 규정하고 있고, 명의신탁 해지로 인하여 주식 명의를 회복하는 것은 주식의 취득에 해당되지 않으므로, 그에 따라 과점주주가 되는 경우는 과점주주 간주취득세 납세의무가 성립되었다고 볼 수 없다(지방세운영과-3127, 2010.7.22.). 따라서 명의신탁임이 명백하게 입증이 되어야

---

72) 기존 주주가 최소한 1주라도 주식을 소유하여야 특수관계에 해당될 가능성이 있으나 기존 주주가 사망하여 현재 존재하지 않으므로 상속인인 주주와 특수관계 여부를 판단할 수 없기 때문이라는 것이었다.

적용할 수 있다.

> **사례** 명의신탁 재산 증여의제 규정에 따른 증여세를 납부하고 주주권을 실질적으로 행사하지 않은
> 경우의 과점주주 해당 여부(대법원 2022두37080, 2022.6.16. 심불, 서울고법 2021누63251, 2022.2.16.)
> 원고는 주식의 사실상 소유자로서 법인 설립 시 주식을 명의신탁한 사실이 명의수탁자의 진술, 명
> 의신탁에 따른 증여세 납부 등에서 확인되므로 과점주주 취득세 부과처분은 취소되어야 함.

> **사례** 명의신탁 주식의 취득시기(감심 2006-18, 2006.2.9.)
> 법인설립 당시 명의신탁한 주식을 명의신탁해지를 할 경우 과점주주의 판단기준을 법인설립 당시
> 로 보지 않고 명의신탁 해지시점을 기준으로 판단함.
> ☞ 명의신탁임이 명백할 경우에는 명의신탁시점인 법인설립일로 보아야 함.

⑱ 신탁

'신탁'이라 함은 신탁설정자("위탁자")와 신탁을 인수하는 자("수탁자")가 특별한 신임관계에 기하여 위탁자가 특정의 재산권을 수탁자에게 이전하거나 기타의 처분을 하고 수탁자로 하여금 일정한 자의 이익을 위하여 또는 특정의 목적을 위하여 그 재산권을 관리·처분하게 하는 법률관계를 말하는 것이다. 2016.1.1. 이후 법인이 「신탁법」에 따라 신탁한 재산으로서 수탁자 명의로 등기·등록이 되어 있는 부동산등을 포함한다라고 규정하여 신탁된 재산도 과세표준에 포함하고 있다.

한편, 2015.12.31. 이전에는 「신탁법」에 따른 신탁은 수탁자에게 재산권의 관리·처분에 대한 권한이 부여되는 것이고 이로 인한 신탁재산은 대내외적으로 소유권이 수탁자에게 완전히 귀속되며 위탁자와의 내부관계에 있어서도 그 소유권이 위탁자에게 유보되어 있는 것이 아니므로(대법원 2008.3.13. 선고, 2007다54276 판결) 신탁으로 인하여 수탁자가 재산을 취득한 경우에는 「지방세법」 상 취득이 성립한 것으로 본다(지방세운영과-2124, 2008.11.11.)라고 해석한 바 있으나, 과점주주에게 취득세 납세의무를 부여하는 것은 주식 취득을 통해 주주총회에서 의결권을 행사하여 회사경영을 지배할 수 있고 이는 해당 법인의 부동산 등을 취득한 것과 동일한 경제적 효과가 있는 것으로 보기 때문인바, 이러한 입법 취지로 볼 때 관련규정에 의해 과점주주가 취득한 것으로 보는 부동산 등의 범위는 사실상 해당 과점주주의 지배 하에 있는 경우로 한정하는 것이 합리적일 것이다(지방세심사 2008-30, 2008.1.28. 참조). 따라서 신탁재산은 대내외적으로 소유권이 수탁자에게 완전히 귀속되는 점, 과점주주 취득세의 과세대상은 해당 과점주주의 지배 하에 있는 부동산 등으로 한정되어야 하는 점 등을 감안했을 때, 「신탁법」에 따라 부동산 등을 신탁한 법인의 주식을 취득하여 해당 법인의 과점주주가 되었을 경우에 그 신탁재산은 과점주주 취득세 과세표준에 포함되지 아니한다(지방세운영과-1012, 2013.6.12.).[73]

---

73) 심판례(조심 2012지648, 2012.11.18.)에 따르면 "과점주주의 간주취득세 과세대상에 대한 과세범위는 해당 주식 발행법인의 부동산·차량 등의 총가액으로 하여야 하고 이는 주식발행법인의 결산서 기타 장부 등에 의한 취득세 과세대상자산총액을 기초로 하고 있는 이상 신탁재산이라고 하더라도 과점주주의 과세대상으로 하여 취득세를 부과하여야 한다는 것이다. 나아가 실질과세 측면에서도 「신탁법」에서 대외적으로는 소유권이 수탁자

⑲ 조합 출자좌

「농어업경영체 육성 및 지원에 관한 법률」의 개정(법률 제12961호, 2015.1.6. 개정)으로 영농조합법인의 조합원의 책임범위를 납입한 출자액을 한도로 하도록 관련 규정이 신설되었으므로, 이 법 개정 이후 영농조합법인의 조합원은 무한책임사원에서 유한책임사원으로 전환된 것으로 보아야 할 것이다. 따라서 영농조합법인의 조합원에 대한 간주취득세를 과세하기 위해서는 ① 농업인인 조합원과 그의 특수관계인의 출자총액이 50%를 초과하여야 하고, ② 그에 관한 권리를 실질적으로 행사할 수 있어야 하는데 「민법」에 따라 조합의 재산은 합유물로서 조합원 전원의 동의가 없으면 합유물의 처분·변경 및 지분의 처분을 할 수 없음을 고려할 때, 요건 ①을 충족하면서 조합의 소유관계(합유)가 무력화될 정도로 실질적 권리행사가 가능한 경우(예 : 과점주주의 출자총액이 100%인 경우 만장일치가 가능한 체계로 간주 등)라면 간주취득세 납세의무가 있다고 보아야 할 것이다(지방세운영과-2581, 2018.10.31.).

그런데 과점주주에 대한 취득세 부과와 관련한 「지방세법」 규정에서 유한책임사원의 의미는 본문에서 법인의 범위를 정하면서 상장법인만을 제외하도록 규정하고 있는 점에 비추어 볼 때, 「상법」상의 유한책임사원뿐만 아니라 상장법인 이외의 「민법」이나 「상법」 또는 특별법에 의하여 설립된 법인으로서 유한책임을 지는 사원을 모두 포괄하는 의미로 해석하는 것이 타당하다 하겠고 자경농민에 대한 감면규정으로서 과점주주에 대한 감면규정이 아니므로 동 규정을 적용할 수 없다 하겠고, 동 규정의 감면대상은 농지와 농업용 시설물 등으로 규정되어 있으나, 과점주주에 대한 과세대상은 차량, 토지 및 건축물 등이 포함되어 있는 등 감면대상 범위도 다르다 하겠으므로 주주와 특수관계인이 자경농민이라 하여 50% 감면대상에 해당된다는 주장도 인정할 수 없다(행심 2004-183, 2004.7.26.)라고 결정하고 있어서 영농법인의 출자자도 과점주주 간주취득세 과세대상이 되는 것처럼 해석하여 왔으나, 영농조합법인은 「농어업경영체 육성 및 지원에 관한 법률」에 의해 설립되지만 설립과 해산, 정관 등에 관한 사항만을 규정하고 있을 뿐 기타 사항들은 「민법」의 조합에 관한 규정을 준용토록 하고 있고, 조합에 대해 「민법」은 그 재산을 합유물로 하여 처분·변경을 제한할 뿐만 아니라 각 조합원 지분에 대해서도 처분·분할을 제한하고, 조합원들에게 타 조합원의 변제책임을 부여하고 있는 점 등으로 보아, 영농조합법인 조합원은 무한책임사원의 성격이 강하다고 볼 수 있으므로 과점주주에는 해당되지 아니한다(지방세운영과-3312, 2011.7.12.).[74]

에게 완전히 이전되었다고 하더라도 해당 주식발행법인의 장부상에는 해당 법인의 재산으로 등재된 이상 과세대상에서 제외할 수가 없는 것이다"라고 하여 과점주주 간주취득세의 과세표준에 포함하는 것으로 해석하고 있다. 이는 신탁재산의 취득세 납세의무자는 수탁자라고 대법원에서 판시하고 있어서 논란이 되는 것이었으나, 이 유권해석에서는 위탁법인의 과점주주 간주취득세 과세표준에 포함하지 아니하는 것으로 명확히 한 것 같다. 그리고 대법원판례(2014누36266, 2014.9.4.)에 따르면 이 유권해석과 동일하게 판시하고 있다.

74) 특별법에 의하여 설립된 영농조합법인의 출자지분을 100% 양수한 양수인을 과점주주로 보아 취득세를 부과한 처분은 타당하다(지방세심사 2004-183, 2004.7.26.)라고 해석한 바 있었다.

⑳ **주식취득일과 부동산 취득이 동일자인 경우**

통장 등에 의하여 주식매매대금을 먼저 지급한 것이 명백히 입증이 된다면 과점주주 간주취득세 과세대상이 되지 아니하는 것이지만, 이를 입증하기는 무통장입금(입금시간 명백히 나타남)한 경우가 아니라면 용이하지 아니할 것이다.

주식취득일과 동일한 날짜에 사실상 잔금을 지급하여 부동산을 취득한 경우라면 주식발행법인이 취득한 부동산에 대해 과점주주도 납세의무가 있는 것으로 해석한 바 있지만(지방세정담당관 -767, 2003.8.8.), 대법원판례(대법원 2017두56711, 2017.11.23.)에 따르면 "원고가 이 사건 투자회사의 과점주주가 된 날짜와 이 사건 부동산에 관하여 신탁을 원인으로 하는 소유권이전등기가 이루어진 날짜가 같을 뿐이어서 원고가 이 사건 투자회사의 과점주주가 된 시점이 이 사건 신탁회사 앞으로 소유권이전등기가 이루어진 시점보다 앞선다는 점이 증명되었다고 볼 수 없고, 달리 이를 인정할 증거가 없다(이 사건 부동산에 관하여 이 사건 투자회사 앞으로 매매를 원인으로 하는 소유권이전등기가 마쳐진 날짜도 2009.8.10.이어서 원고가 과점주주 된 시점이 이 사건 투자회사가 이 사건 부동산의 소유권을 취득한 시점 이후라는 점 또한 증명되었다고 볼 수 없다). 따라서 원고는 구 「지방세법」 제105조 제6항의 간주취득세의 납세의무자에 해당하지 아니한다"라고 판시하고 있다는 점을 고려해 볼 때 같은 날인 경우에는 납세자에게 유리하게 적용하는 것이 법 취지에 타당할 것이다.

한편, 과점주주가 된 시기와 취득시기 간 선후관계에 따라 취득세 부담 범위가 달라지는데 단순한 일자 비교만으로 선후관계를 판정해야 할 합리적인 이유가 없고, 이를 인정할 법적 근거도 없다 할 것이므로, '시각'이 아닌 '날'을 기준으로 과점주주가 된 시기나 취득시기를 정한 것으로 해석할 수 없다 할 것이다(부동산세제과-2064, 2021.7.29.).

㉑ **과점주주가 영업양수도로 자산 전부 취득 시 이중과세임**

법인의 주식을 취득함으로써 과점주주가 된 자에 대한 간주취득세는 실제 법인의 자산을 취득하지는 않았지만 임의처분하거나 관리운용할 수 있는 지위를 취득한 것으로 보고 그 자산 자체를 취득한 것으로 의제하여 취득세를 부과한 것이므로 그 후 그 과점주주가 영업양수도 방식으로 법인의 자산 전부를 실제 취득하고 취득세를 납부하였다면 그 중 과점주주가 이미 납부한 간주취득세 상당액 부분은 동일한 물건의 취득에 대한 이중과세에 해당한다(대법원 2006다81257, 2009.4.23.).

㉒ **혼인으로 인하여 과점주주가 될 경우**

혼인으로 인하여 법인의 과점주주가 될 경우에는 취득세 납세의무가 성립되지 아니한다. 예컨대, 비상장법인의 주식을 특수관계가 아니었던 甲개인과 乙개인이 각각 30%를 가지고 있다가 甲개인과 乙개인이 결혼을 하여 해당 법인의 주식소유비율의 합계가 60%(30%+30%)를 소유하게 되어 과점주주가 된 경우에는 甲개인과 乙개인은 해당 법인의 주식 또는 지분을 주주 또는 사원으로부터 취득하여 과점주주가 된 것이 아니므로 甲개인과 乙개인은 과점주주로서 취득세 납세의무가 성립되지 아니한다(지방세운영과-418, 2008.7.29.).

㉓ **과점주주로서 지분이 감소되었다가 증가된 경우**

「지방세법 시행령」 제11조 제2항에서 이미 과점주주가 된 주주 또는 유한책임사원이 해당 법인의 주식 등을 취득하여 해당 법인의 주식 등의 총액에 대한 과점주주가 가진 주식 등의 비율이 증가된 경우에는 그 증가분을 취득으로 보아 간주취득세를 부과한다. 다만, 증가된 후의 주식 등의 비율이 그 증가된 날을 기준으로 해당 과점주주가 기존에 가지고 있던 주식 등(2015.12.31. 이전은 그 이전 5년 이내에 해당 과점주주가 가지고 있던 주식 등)의 최고비율보다 증가되지 아니한 경우에는 취득세를 부과하지 아니한다.[75] 여기서 과점주주가 소유한 주식 등의 최고비율 산정 시 개정 법령에 따라 추가된 과점주주가 소유했던 주식까지 포함한 최고비율로 산정하여서는 아니될 것이다(감심 2016-73, 2018.5.28.).

㉔ **주식양도 등으로 일반 주주 또는 비주주로 되었다가 다시 과점주주로 된 경우**

　㉠ **일반주주**

비상장법인의 과점주주이었던 자가 주식 또는 지분의 양도, 해당 법인의 증자 기타 사유로 인하여 과점주주에 해당되지 아니하는 주주 또한 유한책임사원이 된 자가 다시 해당 법인의 주식 또는 지분을 취득하여 과점주주가 된 경우에는 다시 과점주주가 된 당시의 주식 또는 지분의 비율이 그 이전에 과점주주가 된 당시의 주식 또는 지분의 비율보다 증가된 경우 그 증가된 분에 한하여 취득세 납세의무가 성립된다.

　㉡ **비주주**

'과점주주에 해당되지 아니하는 주주 등이 된 자'에는 일반 주주뿐만 아니라 주식의 전부 양도로 인하여 주주가 아니게 된 경우도 포함되는 것으로 해석하는 것이 문언에 부합한 것으로 보이는 점 등에 비추어 과점주주로 인한 취득세 납세의무가 성립되었다고 보기는 어렵다(조심 2016지0860, 2016.12.28.). 그런데 「지방세법 시행령」 제11조 제3항의 법조문 중 "과점주주에 해당하지 아니하게 되었다가"에서 "과점주주에 해당되지 아니하는 주주 또는 유한책임사원이 된 자가"로 2017.12.29. 개정하여 2018년 이후 주식의 전부 양도로 인하여 주주가 아니게 된 후 과점주주가 된 경우에는 간주취득세 납세의무가 있는 것으로 규정하였다. 이러한 개정에도 불구하고 논란의 쟁점이 될 것으로 판단된다.

㉕ **자산재평가**

과점주주의 취득세 과세표준은 취득의제 당시의 해당 법인의 재산총액을 기준으로 산정하고,

---

75) 과점주주로서 자기지분율만큼 취득세를 이미 납부한 자가 지분 양도 등으로 과점주주 지분이 감소되었다가 과점주주 지분이 증가되는 경우 5년 이내 과점주주 최고비율보다 증가되었다면 간주취득세 납세의무가 있는 것인데, 여기서 "5년"을 기준으로 하는 것은 부과제척기간 또는 소멸시효기간을 원용하고 있는 듯하지만, 5년이 경과된 최고비율을 무시할 수 있는 것은 아니며 5년을 기준으로 이를 구분하는 것도 특별한 연관성을 찾기도 어렵다는 점에서 이는 중복과세의 측면이 있는 것으로서 5년 이내 여부와 관계없이 최고비율보다 증가된 경우에 과세하는 것으로 개정 필요성이 있다고 판단된다라고 주장한바 있었는데, 2016.1.1. 이후부터 5년 기준이 삭제되었다.

이 경우 과세표준은 해당 법인의 결산서 기타 장부 등에 의한 과세대상 자산총액을 기초로 산출하는 경우에는 취득의제 당시의 장부가액을 기준으로 하여 과점주주가 소유하고 있는 주식의 소유비율을 곱한 금액이 과세표준이 된다. 즉 과점주주가 취득한 것으로 보는 해당 법인의 부동산 등에 대한 과세표준은 그 부동산 등의 총가액을 그 법인의 주식 또는 출자의 총수로 나눈 가액에 과점주주가 취득한 주식 또는 출자의 수를 곱한 금액으로 한다. 이 경우 과점주주는 지방자치단체의 조례로 정하는 바에 따라 과세표준 및 그 밖에 필요한 사항을 신고하여야 하되, 신고 또는 신고가액의 표시가 없거나 신고가액이 과세표준보다 적을 때에는 지방자치단체장이 해당 법인의 결산서 및 그 밖의 장부 등에 따른 취득세 과세대상 자산총액을 기초로 산출한 금액을 과세표준으로 하게 된다(지법 §10 ④).

여기서 유의할 점은 취득의제 당시의 장부가액에는 계상되어 있지 아니하다가 그 후 자산재평가 결정의 소급효에 따라 증액된 분은 과점주주의 취득세 과세표준액에 포함되지 아니하지만(대법원 83누103, 1983.12.13.), 취득세 등 제세공과금이라 할지라도 과점주주의 취득의제 당시 해당 법인의 취득세 과세대상물건의 취득원가로 자산총액 속에 포함되어 법인장부에 계상되어 있다면 과세표준에 포함된다는 점이다. 이는 과점주주에 대한 취득세 납세의무 성립 당시 해당 법인의 취득세 과세대상 자산계정 총가액이 되는데 해당 법인이 해당 자산을 취득하기 위해 지급한 일체의 비용이 포함되어야 하기 때문이다. 그리고 과점주주의 취득세 과세대상 물건에는 분양용 부동산 등 재고자산도 포함하게 된다.

그러나 과점주주에 대한 취득세 납세의무 성립 당시에 계상되어 있는 감가상각누계액은 해당 물건가액에서 제외하게 된다. 그런데 과점주주 납세의무성립일까지 해당 법인이 감가상각을 하지 아니하고 있다면 감가상각누계액을 법인장부에서 확인이 되지 아니하므로 제외할 수 없게 되므로 과점주주 성립일 현재의 법인 장부상 과세대상 물건 총액이 과세표준이 된다.

㉖ 국적취득조건부 나용선

주식발행법인이 국적취득조건부 나용선을 연부취득 중인 상태에서 해당 법인장부상에 유형자산으로 기장되어 있으며, 연부금에 대한 취득세 등을 면제받고 있는 경우에도 주식발행법인의 국적취득조건부 나용선에 대한 과점주주 취득세 납세의무가 있는 것이다(세정 13407-733, 2003.8.6.).

한편, A법인의 납세의무는 개정 선박 납세지 규정이 시행 이후에 발생된 점, 해당 선박은 선적항이 국내에 없고 정계장이 일정하지 않은 점, B법인이 해당 선박을 연부취득한 부분에 대하여는 취득이 이미 발생된 점, B법인이 해당 선박을 사용·수익하고 있는 점 등을 종합적으로 고려했을 때, 해당 선박의 소유자는 B법인으로 보는 것이 타당하므로, A법인의 과점주주 간주취득세의 납세지는 B법인의 주소지에 해당한다(부동산세제과-1270, 2020.6.4.).

㉗ 연부취득

과점주주의 납세의무성립 당시 해당 법인의 취득시기가 도래되지 아니한 물건에 대하여는 과점주주에게 납세의무가 없지만, 연부취득 중인 물건에 대하여는 연부 취득시기가 도래된 부분에

한하여 납세의무가 있다(지예 법7-3). 그런데 연부금 지급 중에는 법인장부에 자산처리되지 않는 다는 점에서 논란의 쟁점이 되고 있다.

㉘ 부과징수

취득세 과세물건지별 신고납부하여야 하며, 과점주주는 취득세 납세의무가 성립된 날(해당 법 인의 과점주주가 된 날)로부터 60일 이내에 과세물건지별 시장·군수·구청장에게 산출한 취득 세를 신고하고 납부하여야 한다(지법 §20 ①). 종전에는 신고납부기한이 30일이었으나 2011.1.1. 개정 시행되는 「지방세법」에서는 취득세 신고납부기한이 60일로 연장되었다. 여기서 유의할 점 은 과점주주의 해당 법인의 취득세 과세대상 물건이 여러 지방자치단체에 소재할 경우에는 물건 지별로 각각 해당 자치단체에 신고납부하여야 된다는 점이다.

예컨대, 과점주주가 됨으로 인하여 의제 취득한 과세물건에 대하여 취득세를 납부함에 있어 물건 소재지별 과세기관(시장·군수·구청장)에게 납부하지 아니하고, 본점 소재지 지방자치단 체에 일괄 납부한 경우 본점 소재지 외의 지역에 소재한 과세물건에 대한 취득세는 취득일부터 60일 이내에 신고납부하지 아니한 것이 되어 신고납부하지 아니한 세액의 20%(부정행위 등 40%)에 해당하는 무신고가산세와 납부지연일수에 따른 납부지연가산세(2023년 이전은 납부불 성실가산세)가 부과된다는 점이다.

㉙ 이혼 재산분할로 과점주주가 될 경우

청구인의 전 배우자였던 ○○○은 이 건 법인의 주식 91.77% 보유한 과점주주였으며, 이혼에 따른 재산분할을 원인으로 전 배우자 명의의 주식과 경영권을 그대로 양수받은 청구인 또한 전 배우자의 특수관계인으로서 이혼 당시 이 건 법인을 지배하고 있었다 할 것인바, 이혼에 따른 재산분할로 인하여 전 배우자 ○○○지분(91.77%)을 그대로 승계받은 청구인의 경우, 「지방세법」 제7조 제5항 및 같은 법 시행령 제11조 제1항·제2항에서 규정하고 있는 법인의 주식 또는 지분을 취득함으로써 과점주주가 된 경우로 보기 어려울 뿐만 아니라, 최대지분이 증가하지 아니하고 이혼 전 과점주주의 동일성을 그대로 유지하고 있는 청구인에 대하여 과점주주 취득세 납세의무 가 있다고 보아 이 건 취득세를 부과하는 것은 잘못이 있다고 판단된다(조심 2018지0789, 2018.10.29.).

㉚ 워크아웃 절차에 따라 협의회에서 경영을 관리·감독하는 경우

원고가 주식을 취득한 것은 협의회에서 가결한 워크아웃 절차에 따라 기존 주주의 보유주식을 5:1 비율로 무상감자하기 위한 것이었다. 원고 등은 이 주식을 취득한 직후 주채권 은행인 한국 산업은행에 보유주식 전부에 대한 처분권을 일임함과 동시에 협의회와 경영권포기, 주식포기 및 주주총회 의결권행사 위임 등을 내용으로 하는 특별약정을 체결하였다. 이로써 협의회는 회사의 경영을 상시 관리·감독하는 등 실질적인 지배력을 행사하기에 이르렀다고 보인다. 주식의 취득 경위와 목적, 원고 등이 협의회에 주식의 처분권을 위임하고 경영권 포기각서를 제출하여 회사가 채권금융기관들의 공동관리 하에 들어간 점 및 회사의 워크아웃 절차 진행경과 등을 종합하여 보면, 원고가 주식을 취득함으로써 그 주식 비율의 증가분만큼 회사의 운영에 대한 지배권이 실질

적으로 증가하였다고 보기는 어렵다(대법원 2018두44753, 2018.10.4.).[76]

㉛ 취득 없이 특수관계인이 되는 경우 간주취득세 납세의무 없음

비록 개인기업이 이사 을을 고용함으로써 특수관계인에 해당되고 A회사의 과점비율이 증가되어 과점주주가 되었다 하더라도 이는 A법인에 대한 주식 취득이 없이 일반주주가 특수관계인이 되면서 특수관계인들의 주식비율만이 증가하게 된 것이므로 취득세 납세의무가 없는 것(같은취지 행자부 지방세운영－418, 2008.7.29.)으로 판단된다(서울세제－9649, 2015.7.2.).

㉜ 총수익교환약정 시 과점주주 간주취득세 과세대상 여부

주주가 일정기간 주주권을 포기하고 타인에게 주주로서의 의결권 행사권한을 위임하기로 약정한 사정만으로는 그 주주가 의결권을 직접 행사할 수 없게 되었다고 볼 수 없다고 판시한 바 있다(대법원 2002.12.24. 선고, 2002다54691 판결 참조). 주주의 의결권 위임에 관한 이러한 법리에 비추어 볼 때, 이 사건 외부투자자들이 원고 호텔들에게 이 사건 쟁점주식에 관한 의결권의 행사를 5년간 위임한 것은 유효하지만, 그 경우에 이 사건 외부투자자들의 의결권의 행사가 부정된다거나 제한된다고 볼 수 없으므로, 이 사건 외부투자자들을 대신하여, 원고 호텔들이 이 사건 쟁점주식에 관한 주주권을 실질적으로 행사하는 정도에 이르렀다고 보기는 어렵다. 의결권의 행사 위임 없이 우호적 의결권 행사 의무만이 규정된 TRS 계약에서 스왑매수인이 대상 주식에 대한 실질적 권리를 취득하였다고 보기 어려운 것에 견주어 볼 때, 의결권의 행사가 위임된 TRS 계약의 경우에 있어서도 그와 마찬가지로 보아야 할 것이다. 원고 호텔들은 이 사건 각 거래를 통하여 이 사건 쟁점주식의 취득을 5년간 법적으로 유보하되 경제적으로 그와 같거나 유사한 효과를 누리면서, 이 사건 각 거래의 만기 등 시점에 이르러 이 사건 쟁점주식의 취득 여부를 최종 결정하려고 하였던 것이라고 봄이 타당하므로, 우선매수권의 행사 등에 의한 이 사건 쟁점주식의 취득 시점 이전에 '주식의 취득'이라는 간주취득세의 과세요건이 충족되었다고 볼 수 없다. 조세를 회피하기 위하여 당사자가 취한 외관과 실질이 괴리되어 있고 그 실질을 외면하는 것이 심히 부당

---

76) 조세심판원에서는 달리 결정한바 있었다.
   기업회생절차와는 달리 구조조정과정에서 이루어진 것이라 하더라도 워크아웃(기업개선작업)제도는 1990년도 후반의 외환위기로 촉발된 경제위기 상황에서 채권금융기관의 주도로 신속하고 효율적으로 기업구조조정을 하기 위하여 고안된 것이며, 구「기업구조조정촉진법」은 워크아웃의 추진과정에서 적용할 절차적인 사항을 규율한 것이고, 워크아웃이나 같은 법에 따른 채권재조정은 법적 강제력에 의한 절차가 아니라 채권자와 채무자의 협의를 통하여 자율적으로 상호 동의하여 행하는 절차이므로 그와 같은 자율적 협의에 따라 당사자 간에 주주권의 행사에 있어 주식의 취득·경영권 및 지분의 포기 등 일정한 제한이 가해진다고 하더라도 그에 대한 세법적용까지 당연히 변경된다고 보기는 어려운 점, 법원에 의한 기업회생절차와는 달리 법인의 주주권을 행사함에 있어서 법적 제한이 존재하지 아니한 점, 법인과 주채권 은행이 기업구조개선약정을 체결하게 하기 위하여 투자자들로부터 주식을 취득함으로써 과점주주가 가진 주식의 비율이 증가한 사실이 주식등변동상황명세서에 나타나므로 형식상 과점주주의 요건을 갖추었다고 볼 수 있는 점, 위 약정을 체결하기 위하여 불가피하게 주식을 취득하였다고 하나 동 약정은 구「기업구조조정촉진법」상의 과정에 따라 기업구조조정을 원활하게 하도록 하는 절차에 불과할 뿐이라 이것으로 인하여 과점주주로서의 권리를 상실하거나 주주권의 행사에 직접적으로 제한을 받는 것으로 보기는 어려운 점 등에 비추어 법인의 과점주주로 보아 취득세를 부과한 처분은 달리 잘못이 없는 것으로 판단됨(조심 2015지890, 2016.10.11.).

하다고 볼 수 있는 경우에 한한다. 이 조세회피 목적의 비합리적인 거래라고 단정할 수 없고, 오히려 금전소비대차계약 등에 의해서는 도모할 수 없는 특수한 경제적 목적과 효과(부채비율 저감, 출자 확대 유보를 통한 사업경과 관찰 및 투자리스크 관리 등)를 달성하기 위한 행위라고 볼 여지도 상당하므로, 실질과세 원칙을 적용하여 함부로 그 거래형식을 부인할 것이 아니다(대법원 2021두51973, 2022.1.4. 심불, 서울고법 2020누45454, 2021.8.19.).

㉝ 과점주주 과세지분 비교 - 사례 1

구분	최초 과점주주	이미 과점주주	과점주주이었던 자
요건	주식(지분)을 승계·원시취득으로 그 지분이 50% 초과인 때 ※ 설립당시 과점주주는 제외	주식(지분)을 승계·원시취득 당시 과점주주 상태에서 추가로 주식(지분)취득	주식(지분)양도 이후 일반주주로 전환 후 다시 주식(지분)을 취득하여 과점주주 상태
과세지분	전체 지분	직전 과점주주 지분 초과분	종전 과점주주 지분 초과분
사례	① 법인설립 시 일반주주 때 - 법인설립 50% : 비과세 - 증자 70%(20%) : 60%과세 ② 법인설립 시 과점주주 때 - 법인설립 70% : 비과세 - 증자 90%(20%) : 20%과세 ③ 과점주주 후 양도 시 - 법인설립 70% : 비과세 - 양도 65%(-5%) : 과세 없음 - 증자 75%(10%) : 5% 과세[2015.12.31. 이전 10% 과세(증자 전 5년 이내 양도한 경우 5% 과세)]	① 법인설립 시 일반주주 때 - 법인설립 50% : 비과세 - 증자 70%(20%) : 60%과세 - 승계 80%(10%) : 10%과세 - 양도 70%(-10%) : 과세 없음 - 증자 90%(20%) : 20%과세 ② 법인설립 시 과점주주 때 - 법인설립 70% : 비과세 - 증자 80%(10%) : 10%과세 - 양도 65%(-15%) : 과세 없음 - 승계 90%(25%) : 10% 과세[2015.12.31. 이전 25% 과세(승계 전 5년 이내 양도한 경우 10% 과세)]	① 법인설립 시 일반주주 때 - 법인설립 50% : 비과세 - 증자 70%(20%) : 60%과세 - 양도 50%(-20%) : 과세 없음 - 승계 80%(30%) : 10%과세 ② 법인설립 시 과점주주 때 - 법인설립 70% : 비과세 - 양도 50%(-20%) : 과세 없음 - 승계 80%(30%) : 10%과세 ③ 과점주주 후 양도 시 - 법인설립 60% : 비과세 - 양도 45%(-25%) : 과세 없음 - 증자 65%(30%) : 5% 과세

구분	최초 과점주주	이미 과점주주	과점주주이었던 자
유의 사항	• 법인설립 당시 최초 과점주주가 된 경우에도 과점주주 성립. 단, 최초 과점주주시 전체 보유지분에 대하여 비과세 • 상기 사례 ③의 경우 직전 최고 과점비율인 70% 비율과 차이를 계산 －2015.12.31. 이전에는 직전 과점비율인 55% 비율과 차이를 계산. 단, 2000년부터 2015년까지 취득일을 기준으로 5년 이내인 경우 최고 지분비율(70%)과 비교하여 5% 과세	• 주식(지분)취득 당시에 과점주주지분과 비교하되 그 이전 과점지분비율과 차이를 계산하면 곤란 • 상기 사례 ②의 경우 직전 최고 과점비율인 80% 비율과 차이를 계산 －2015.12.31. 이전에는 직전 과점비율인 65% 비율과 차이를 계산. 단, 2000년부터 2015년까지 취득일을 기준으로 5년 이내인 경우 최고 지분비율(70%)과 비교하여 10% 과세	• 과점주주가 지분을 양도하여 일반주주가 되었다가 다시 주식(지분)을 취득하여 과점주주가 된 경우 적용 • 계속하여 과점주주가 된 경우에는 적용 곤란

☞ ※ 각 항목별 정리

㉠ 최초로 과점주주가 된 때(지령 §11 ①)

최초로 과점주주가 된 날 현재 해당 과점주주가 소유하고 있는 주식 등을 모두 취득한 것으로 보아 취득세를 부과

㉡ 이미 과점주주가 된 주주의 주식 등의 비율이 증가된 경우(지령 §11 ②)

증가된 경우에는 그 증가분을 취득으로 보아 취득세를 부과. 단, 증가된 후의 주식 등의 비율이 그 증가된 날을 기준으로 해당 과점주주가 기존에 가지고 있던 주식 등(2015.12.31. 이전은 그 이전 5년 이내에 해당 과점주주가 가지고 있던 주식 등)의 최고비율보다 증가되지 아니한 경우에는 취득세를 부과하지 않음.

㉢ 과점주주였으나 양도 등으로 일반주주가 되었다가 다시 과점주주가 된 경우(지령 §11 ③)

다시 과점주주가 된 당시의 주식 등의 비율이 그 이전에 과점주주가 된 당시의 주식 등의 비율보다 증가된 경우에만 그 증가분을 취득으로 보아 취득세를 부과(5년의 규정이 없으며 최고비율이 아니라 최종 과점주주 비율임)

㉞ 과점주주 과세비율 비교 - 사례 2

주주	법인설립	1993.9.14.	1995.5.15.	1998.12.7.	2000.5.6.	2002.2.26.	2004.3.4	2006.8.15.	2009.4.25.	2009.10.16	2012.12.2.	2014.1.15.
A	20%	20%	20%	20%	30%	30%	30%	30%	30%	30%	30%	40%
B	10%	10%	10%	5%	15%	15%	15%	15%	5%	5%		
C	10%	10%	10%									
D	10%	10%	10%	10%	10%	10%	10%	10%	10%	10%	10%	
E	10%	10%	10%	10%	10%	10%	10%					
F	15%	15%	15%	20%								
G	15%	5%	5%	15%	15%	5%	5%					
H	10%	5%										
I		–			10%	10%	30%	30%	30%	30%	20%	30%
J		–				15%		10%	–	–	–	–
K		15%	20%	20%	20%	20%	5%	5%	5%	25%	25%	25%
L											15%	5%
자사주									20%			
계	100%	100%	100%	100%	100%	100%	100%	100%	100%	100%	100%	100%
사유		양수	양수	양도	양수	수증	양도	양수	자사주 매입	자사주 양수	양도	양수
계	100%											
과점주주지분	40%	55%	60%	45%	65%	75%	60%	80%	87.5%	90%	75%	95%
증감	–	5%	5%	−15%	20%	10%	−15%	20%	7.5%	2.5%	−15%	20%
과세지분	–	55%	5%	–	5%	10%	–	5%	–	2.5%	–	5%
비고				일반주주	그 이전 과점주주 지분과 비교 (65%-60%)			5년 이내 최고 비율과 비교 (80%-75%)(주)	자사주 취득(지분 산정 시 제외 : 70%/80%=87.5%)			5년 이내 최고 비율과 비교 (95%-90%)(주)

☞ A, B, C, I, K는 특수관계인임(굵은 글씨의 지분합계가 과점주주 지분임).

☞ (주) 2016년분부터는 무조건 최고 비율과 비교되며, 자기주식 취득 이후의 과점주주 지분 증가분만 과세대상이 되는 것임(조심 2019지1694, 2019.11.28.).

㉟ 과점주주 과세비율 비교 – 사례 3(명의신탁주주가 있는 경우)

주주	법인설립	1993.9.14.	1995.5.15.	1998.12.7.	2000.5.6.	2002.2.26.	2004.3.4	2006.8.15.	2009.4.25.	2009.10.16	2012.12.2.	2014.1.15.
A	20%	20%	20%	20%	30%	30%	30%	30%	30%	30%	30%	40%
B	10%	10%	10%	5%	15%	15%	15%	15%	5%	5%		
C	10%	10%	10%									
D	10%	10%	10%	10%	10%	10%	10%	10%	10%	10%	10%	
E	10%	10%	10%	10%	10%	10%	10%					
F	15%	15%	15%	20%								
G	15%	5%	5%	15%	15%	5%	5%					
H	10%	5%										
I		−			10%	10%	30%	30%	30%		20%	30%
J		−				15%	10%		−	−	−	−
K		15%	20%	20%	20%	20%	5%	5%	5%	25%	25%	25%
L											15%	5%
자사주									20%			
계	100%	100%	100%	100%	100%	100%	100%	100%	100%	100%	100%	100%
사유		양수	양수	양도	양수	수증	양도	양수	자사주 매입	자사주 양수	양도	양수
계	100%											
과점주주지분	60%	75%	80%	65%	85%	95%	80%	90%	100%	100%	75%	95%
증감	−	15%	5%	−15%	20%	10%	−15%	10%	10%	−	−25%	20%
과세지분	−	15%	5%	−	5%	10%	−	10%	−	−	−	−
비고	법인 설립 시 과점주 주 지분 제외			5년 이내 최고 비율과 비교 (85%− 85%)[주]					자사주 취득(지 분 산정 시 제외 : 90%/ 90%= 100%)			5년 이내 최고 비율과 비교 (95%− 100%)[주]

☞ A, B, C, I, K는 특수관계인이며(굵은 글씨의 지분합계가 과점주주 지분임), D, E가 명의주주로 실질 주주가 A임(명의 신탁주주임이 입증서류에 의해 명백함).

☞ (주) 2016년분부터는 무조건 최고 비율과 비교

14) 과점주주 간주취득세 회계처리

비상장법인의 과점주주가 간주취득세 납세의무자이므로 해당 법인이 간주취득세를 부담하는 것이 아니라 과점주주가 부담하는 것이므로 과점주주 구성원인 개인주주 또는 법인주주가 납세 의무자가 되어 납부한 과점주주 간주취득세는 각 주주의 주식 취득원가에 산입하여야 한다.

⑮ 도시개발사업과 재개발사업의 특례(지법 §7 ⑯)

2023.1.1.(부칙 §2 단서) 이후 「도시개발법」에 따른 도시개발사업과 「도시 및 주거환경정비법」에 따른 정비사업의 시행으로 해당 사업의 대상이 되는 부동산의 소유자(상속인 포함)가 환지계획 또는 관리처분계획에 따라 공급받거나 토지상환채권으로 상환받는 건축물은 그 소유자가 원시취득한 것으로 보며, 토지의 경우에는 그 소유자가 승계취득한 것으로 본다. 이 경우 토지는 당초 소유한 토지 면적을 초과하는 경우로서 그 초과한 면적에 해당하는 부분에 한하여 취득한 것으로 본다.

이는 도시개발사업에 대한 부동산 소유자의 감면이 없어지면서 재건축사업처럼 취득세를 부과하고자 하는 것이다. 그런데 이 규정이 2023.3.14. 개정되었는바, 2023.1.1.~2023.3.13. 취득분으로 납세자가 불리하게 적용된 경우에는 소급입법에 해당될 것으로 판단된다.

제3절 납세의무자 등(지법 §7)

❶ 본래적 의미의 납세의무자

부동산, 차량, 기계장비, 입목, 항공기, 선박, 광업권, 어업권, 양식업권(2020.8.28. 이후), 골프 회원권, 콘도미니엄회원권, 종합체육시설이용회원권을 취득(건축, 대수선, 「지방세법 시행령」 제 6조의 부수시설물 한 종류 이상 설치·수선, 「지방세법 시행령」 제5조의 시설 수선 포함)한 자가 납세의무가 있다.

(1) 차량·기계장비·항공기 및 선박

1) 제조 등에 의한 차량·기계장비·항공기 및 주문 건조 선박

차량의 경우도 「지방세법」 제7조 제2항 단서에 의거 차량·기계장비·항공기 및 주문 건조하는 선박의 경우 승계취득자가 납세의무가 있으며, 같은 법 시행령 제20조 제3항에 의거 차량·기계장비·항공기 및 주문을 받아 건조하는 선박의 경우에는 그 제조·조립·건조 등이 완성되어 실수요자가 인도받는 날과 계약상의 잔금지급일 중 빠른 날을 최초의 승계취득일로 보며, 같은 법 시행령 제20조 제4항 단서 규정에 의거 수입에 의한 차량·기계장비·항공기 및 선박의 취득은 실수요자가 따로 있는 경우 실수요자가 인도받은 날 또는 계약상의 잔금을 지급하는 날 중 빠른 날을 최초의 승계취득일로 본다라고 규정되어 있는 이상 차량을 수입자가 실수요용으로 사용하는 경우에는 수입자가 최종 소비자로서 실수요자에 해당되는 것이다.

따라서 원시취득자(제조회사)나 실수요자가 아닌 자동차판매회사는 취득세 납세의무가 없다. 여기서 '자동차판매회사'란 차량 제조회사가 제조·조립한 신차를 판매할 목적으로 취득하는 것을 말하는데, 실수요자가 최초 승계취득한 이후인 중고자동차 판매회사의 경우 취득세 납세의무가 있지만 「지방세특례제한법」 제68조에 따른 매매용 중고자동차 또는 중고건설기계, 수출용 중고선박, 중고기계장비 및 중고항공기에 대한 감면규정이 있다.

2) 승계취득에 한하여 과세대상임

국내항공기 제작회사가 홍보용 에어쇼에 참가하기 위하여 일시적으로 항공기 등록을 하는 경우, 「지방세법」 제7조 제2항 단서에서 차량·기계장비·항공기 및 주문 건조하는 선박은 승계취득의 경우에 한하여 취득세 납세의무가 있다고 규정하고 있는바, 항공기 생산업체가 직접 생산한 항공기를 생산업체가 원시취득한 상태에서 보유하고 있는 경우라면 그 생산업체는 승계취득자에 해당되지 않아 취득세 납세의무가 없으나, 등록면허세는 등록을 받은 경우에는 납세의무가 있다. 따라서 항공기 등의 경우 납세의무는 제작 후 승계취득자에게 납세의무가 있으나, 항공기 등록을 하였다고 하더라도 원시취득자인 제작회사가 납세의무가 있는지가 쟁점이나 승계취득이 없는 이상 취득세 납세의무가 없는 것이다(세정 13407-44, 2002.1.10.).

한편, 외국에서 물건을 수입하는 경우, 즉 외국에서 이미 존재하는 물건이 국내에 유입하는 경우에는 이를 승계취득이 아닌 새로운 원시취득으로 보는 것이다(대법원 78누64, 1978.6.13.). 그리고 판매를 목적으로 차량을 수입하는 경우 수입 판매업자는 해당 차량의 실수요자가 아니므로 차량에 대한 취득세 납세의무는 없다.

> **사례** 승계취득자의 납세의무 범위(내무부 도세 22670-4266, 1989.12.14.)
>
> 항공기 생산업체가 외국으로부터 헬리콥터의 부품을 수입하여 전문기술자와 조립시설을 갖추어 이를 조립하여 생산업체 명의로 실수요자에게 판매하는 경우에는 생산업자는 승계취득에 해당되지 않으므로 취득세 납세의무가 없음.

> **사례** 취득세 납세의무 여부 판단(행자부 세정 13407-111, 2001.7.23.)
>
> 선박 등을 「선박법」 등 관계법령의 규정에 의하여 등기·등록 등을 이행하지 아니한 경우라도 사실상 취득한 때에는 각각 취득한 것으로 보고 해당 취득물건의 소유자 또는 양수인을 취득세 납세의무자로 하는 것임. 따라서 선박등록 여부와 관계없이 법원경매에 의하여 선박을 경락 취득한 경우에는 취득세 납세의무가 있음.

> **사례** 건조 중인 선박에 대한 취득세 납세의무 판단(행자부 세정 13407-240, 2001.3.3.)
>
> 주문에 의하여 건조하는 선박은 승계취득에 한하여 취득세 납세의무가 있으며, 건조선박의 취득 시기는 그 제조·조립·건조 등이 완성되어 실수요자가 인도받거나 계약상의 잔금을 지급하는 날을 최초의 승계취득일로 보는 것임.
>
> ☛ 건조 중에 선박소유권보존등기가 되었다고 하더라도 취득시기는 최초로 승계되는 날이 취득일이므로 건조

중에 이전된 경우에는 납세의무가 없는 것이며, 취득시기는 건조가 완성되어 양수받거나 계약상의 잔금을 지급하는 날이 이에 해당하는 것임.

3) 수입에 의한 차량·기계장비·항공기 및 선박

① 실수요자의 범위

수입의 경우 실수요자가 따로 있는 경우 실수요자가 인도받는 날과 계약상의 잔금지급일 중 빠른 날을 최초의 승계취득일로 본다. 이 규정은 차량 등을 도로에서 운행할 용도가 아닌 다른 용도로 취득하는 모든 경우에 실수요자에 의한 취득이 아닌 것으로 보아 취득세의 과세객체에서 제외한다는 취지의 규정이 아니라, 제조회사가 차량 등을 제작하여 자동차 판매회사나 실수요자에게 판매하는 경우, 자동차 판매회사가 자동차 제조회사로부터 차량을 구입하거나 외국에서 차량을 수입하여 실수요자에게 판매하는 경우에 자동차 제조회사의 차량 제조에 따른 차량취득 또는 자동차 판매회사의 판매를 위한 차량취득을 취득세의 과세객체에서 제외한다는 취지의 규정으로서, '실수요자'란 자동차 제조회사나 판매회사에 대응하는 소비자 내지는 수요자를 가리키는 것에 불과하여 판매 목적으로 차량을 취득한 것이 아닌 이상 그 취득 목적에 관계없이 '실수요자'에 해당한다.[77]

하여튼 차량, 기계장비, 항공기 및 주문을 받아 건조하는 선박은 승계취득인 경우에만 취득세 납세의무가 있다(지법 §7 ② 단서). 따라서 항공기나 차량의 제작자가 실수요용으로 사용하는 경우라면 취득세 납세의무가 있으나, 항공기의 경우에는 제작자가 소유하고 있는 상태에서는 비록 「항공법」에 의한 항공기 등록을 하였다고 하더라도 납세의무를 부여할 수가 없는 것이다. 그리고 자동차 제조회사가 자동차를 상품으로 구입하여 판매하는 경우에는 판매회사는 실수요자가 아니므로 취득세 납세의무가 없다.

② 시험용 차량과 실수요자 여부 판단

'시험용 차량'이라 함은 차량 본래의 기능인 승객이나 화물 등의 이동목적으로 전혀 사용되지 않고 순수히 자동차의 성능시험을 하거나 분해·분석(차량의 크기, 재질, 충돌, 소음, 진동, 구조, 중량, 부품의 특성연구 등)을 통하여 새로운 차종을 개발하거나 기존 차량의 성능 등을 향상시키기 위한 목적으로 쓰여 진 차량을 뜻하고, 시험연구용 차량의 경우 경품용 차량과는 다른 차이가 있는 것은 시험연구 목적으로 운행되지 아니하고 폐기물 처분되기 때문에 상품으로서 취득된 것으로 볼 수가 있다. 다만, 실수요는 해당 차량의 소비를 실제로 하는 것이라고 본다면 시험연구용 차량도 도로 운행목적으로 소비되지 아니하고 '주행 시험용, 기기부품 시험용 등'으로 활용된다면 이 부분에서 실수요자로 보아야 한다라고 해석할 수 있다.[78]

---

77) 실수요자는 실제 소비하기 위한 수요로서 '가수요'에 대응되는 개념으로 가수요는 당장 소비 등 수요가 없는데도 생산자·판매업자로 향하는 수요로서 최종 소비층보다는 중간적인 유통단계에서 일어나는 수요를 말한다. 여기서 실수요와 관련한 항공기나 차량소비와의 관계에서 판단하여 보면 항공기나 차량 본래의 용도인 운행을 위하여만 사용되는 경우를 의미할 것인지, 아니면 차량을 활용한 일체의 경제행위(시험연구활동, 경품용 등)로 사용하더라도 실수요자로 보아야 할 것인지가 실수요자가 범위를 판단하는 데 기준이 된다.

그리고 「지방세법」 제7조 제1항에서 차량 등의 취득에 있어서 관계 법령에 등기·등록 등을 이행하지 아니한 경우도 사실상 취득한 때에는 취득한 것으로 본다고 규정하고 있고, 「지방세법 시행령」 제20조 제4항 단서규정에서 수입에 의한 차량의 취득은 실수요자가 인도받은 날 또는 계약상의 잔금을 지급하는 날 중 빠른 날을 취득시기로 규정하고 있고, 외국에서 제작·수입된 차량이 「자동차관리법」의 규정에 의한 등록을 하지 않고 순수한 시험·연구용 차량으로 쓰여진다고 할지라도 수입 차량에 대한 잔금을 지급한 경우는 사실상의 취득으로 보아야 하고, 수입차량이 완제품 상태에서 수입된 경우는 수입 이후 용도에 관계없이 취득세 과세대상으로 해석할 수 있다.

전술한 이유와 더불어 대법원에서는 자동차 제조회사가 다른 회사에서 제조한 차량을 시험용으로 취득하는 경우 취득세 과세객체에서 제외하는 명문의 규정이 없는 이상 차량의 취득이 취득세의 과세객체에서 제외된다고 볼 수 없으므로 「지방세법」 상 차량의 승계취득에 해당한다(대법원 2004두6426, 2005.6.9.)라고 판시하고 있다.[79]

> **사례** 시험·연구용 차량의 취득세 납세의무 판단(조심 2018지0297, 2018.8.1.)
>
> 차량의 경우 그 제조 등이 완성되어 실수요자가 인도받는 날과 계약상의 잔금지급일 중 빠른 날을 최초의 승계취득일로 보도록 규정하고 있다 하여도 이는 취득시기를 실수요자가 인도받는 날(또는 계약상의 잔금지급일)로 정한 것일 뿐이어서 위 규정을 들어 청구인이 쟁점1자동차를 승계취득하였다고 볼 수 없으며, 청구법인이 자체적으로 조립·제작한 자동차는 "타인"이 조립·제작하여 취득한 자동차의 소유권을 "승계취득"한 것이 아니므로 처분청에서 청구법인이 쟁점1자동차를 승계취득하였다고 보아 취득세를 부과한 것은 잘못이 있다고 판단됨. 다음으로 쟁점2자동차(66대, 2.35%)에 관하여 살펴건대, 쟁점2자동차는 ○○○자동차㈜ 등 타사가 제조한 자동차로서, 청구법인이 2013.1.3.부터 2017.6.30.까지 쟁점2자동차를 승계취득한 후 임시운행허가를 받아 OOO전국 일원에서 시험·연구용으로 운행한 것으로 나타나고, 청구법인이 도로에서의 운행을 위하여가 아니라 시험·연구용으로 취득한 것이라 하더라도 실수요자의 취득으로서 일반소비자의 자동차 취득과 달리 볼 것은 아님.
>
> ☞ 청구법인 주장 : 청구법인이 자체적으로 조립·제작하여 시험연구용 등으로 사용한 차량은 "타인"이 가지고 있는 이미 존재하는 차량의 소유권을 이어받아(승계) 청구법인에게 소유권이 발생한 것이 아니므로 그 본질상 어떠한 "승계취득"이 있을 수 없고 나아가 위 차량의 소유권은 그 전에는 사회에 존재하지 않았다가 청구

---

78) 법인이 경품 제공용으로 제조회사로부터 자동차를 매입하여 당일자로 추첨자에게 증여하였을 경우 법인 및 추첨자 모두에게 취득세 납세의무가 있다. 즉 법인도 실수요자로 보아 과세하는 것임(세정 13407-400, 1998.10.1. 참조).

79) 자동차 제조회사가 국제경쟁력을 갖춘 비교우위의 자동차를 개발하기 위한 시험연구 목적으로 수입한 차량을 「자동차관리법」에 의한 등록을 하지 않고, 성능시험을 하거나 분해·분석 등 시험연구 목적으로 사용하다가 최종적으로 분해·해체하여 용도폐기한 수입 차량이 취득세 과세대상인지가 쟁점이 되는 것으로서, 「지방세법 시행령」 제20조 제4항에서 수입자동차의 취득의 시기를 '실수요자가 인도받는 날'로 규정하고 있고, 취득세 과세대상 '차량'이라 함은 원동기에 의하여 '육상을 이동할 목적으로 제작된 용구'를 말한다고 규정하고 있으므로 자동차 생산회사가 수입한 자동차를 「자동차관리법」의 규정에 의하여 등록하지 않고 순수히 성능시험을 하거나 분해·분석을 통하여 새로운 차종의 개발 및 기존 차량의 성능을 향상시키기 위한 시험연구용으로 사용하다 폐기처분한 경우는 차량 본래 기능인 승객 또는 화물을 운송할 목적으로 취득하는 실수요자에 해당되지 않는다고 해석할 여지는 있다. 한편, 자동차 생산회사가 육상을 이동할 목적으로 제작된 차량을 수입하여 순수한 시험연구 목적으로 사용한 경우는 비록 육상을 이동할 목적으로 제작되기는 했지만, 육상을 이동할 목적의 차량이 아닌 시험연구용 차량(특별소비세 면제물품 반입신고서에도 SMPL CAR로 명시)으로 볼 수 있다.

법인의 제조에 의하여 청구법인에게 새롭게 발생한 것이므로 "원시취득"에 해당하므로 청구법인이 이 사건 자동차를 승계취득하지 아니한 이상 「지방세법」 상 취득세 과세대상이라고 볼 수 없음.

③ 수입업자가 직접 실수요자에게 판매

수입에 의한 차량·기계장비·항공기 및 선박의 취득은 실수요자가 따로 있는 경우 실수요자가 인도받은 날 또는 계약상의 잔금을 지급하는 날 중 빠른 날을 최초의 승계취득일로 본다라고 규정되어 있는 이상 차량 등을 실수요용으로 사용하는 경우에는 실수요자가 취득세 납세의무자이다. 따라서 실수요자가 아닌 자동차판매회사는 취득세 납세의무가 없다. 즉 수입의 경우에는 국내에 승계취득한 바가 없으므로 판매업자인 수입업자는 일반적으로 실수요자에 해당하지 아니한다.

④ 다른 판매회사가 수입자로부터 판매용으로 취득 후 직접 실수요자에게 판매

수입자인 해외 제작사 국내 판매법인인 실수요자가 아니므로 취득세 납세의무가 없으나, 다른 판매회사가 직접 수입하는 것이 아니라 해외 제작사 국내 판매법인이 수입한 차량 등을 판매용으로 취득하는 경우 승계취득으로 보아야 하는지 명확하지 아니하다. 그런데 '실수요자'란 자동차 제조회사나 판매회사에 대응하는 소비자 내지는 수요자를 가리키는 것에 불과하여 판매 목적으로 차량을 취득한 것이 아닌 이상 그 취득 목적에 관계없이 '실수요자'에 해당할 것이다.

다른 판매회사가 차량 등 매매업자로서 판매용으로 취득할 때 수입자의 수입대행 등 다른 판매회사 명의로 신규 등록없이 판매용으로만 등재되는지 여부, 다른 판매회사 명의로 신규 등록하는지 여부 등에 따라 달리 판단될 것으로 보여진다. 전자의 경우 취득세 납세의무가 없다라고 할 수 있으나, 후자의 경우에는 취득세 납세의무가 있는 것으로 그 이후 판매되는 것은 중고건설기계로 판매되는 것으로 보아 취득세 납세의무가 있지만 「지방세특례제한법」 제68조에 따른 매매용 중고자동차 또는 중고건설기계, 수출용 중고선박, 중고기계장비 및 중고항공기에 대한 감면규정이 있다.[80]

매매용 중고자동차 감면규정에서 '자동차매매업'이라 함은 자동차(신조차 및 이륜자동차를 제외한다)의 매매 또는 매매알선 및 그 등록신청의 대행을 업으로 하는 것을 말한다고 규정하고 있다(「자동차관리법」 §2 7). 신규등록이 되지 아니한 자동차를 법원으로부터 경락에 의해 자동차매매업자 명의로 취득하여 신규등록하는 경우라면 비록 제3자가 신조차를 취득하여 임시운행허가를 받고 약 8개월이 경과한 이후에 매매용으로 취득하는 경우라 하더라도 「자동차관리법」 제8조의 규정에 의해 신조차로 신규등록이 된 경우이므로, 해당 신조차는 자동차매매업의 등록을 한 자가 매매용으로 취득하는 중고자동차에 해당하지 아니한다(지방세정팀-111, 2008.1.9.).

⑤ 중고자동차 등의 수입

외국에서 이미 존재하는 물건이 국내에 유입하는 경우에는 이를 승계취득이 아닌 새로운 원시취득으로 보는 것이다(대법원 78누64, 1978.6.13.). 따라서 실수요자가 최초 승계취득한 이후인 중고자동차 판매회사의 경우 취득세 납세의무가 있지만 수입의 경우에는 국내에 승계취득한 바가 없

---

80) 제작한 자로부터 최초 승계 취득하여 신규 등록이 된 이후에는 임시운행허가를 받아 출고된 차량이라 하더라도 운행 여부에 관계없이 "중고자동차"라 할 것임(지방세운영과-5515, 2010.11.23.).

으로 수입하는 중고자동차도 실수요자가 아닌 판매용인 경우에는 취득세 과세대상이 되지 아니할 것이지만 직접 사용하기 위하여 실수요자로 등록하는 경우 취득세 납세의무가 있는 것이다. 따라서 수입하는 중고자동차를 등록하더라도 자동차매매업자의 판매용인 경우 실수요자로 볼 수 없을 것으로 취득세 과세대상이 아니다.

그런데 수입자가 차량 등을 실수요용으로 사용하는 경우에는 최종 소비자로서 수입자가 취득세 납세의무가 있다. 예를 들어 수입자가 판매용으로 차량을 수입한 후 판매가 여의치 않자 직접 사용하기 위해 실수요용으로 전환하는 것은 수입자가 직접 실수요자가 되는 것으로서, 관련법령에서 규정한 '실수요자가 따로 있는 경우'에 해당하지 않으므로 공부상 판매용 등으로 등재되지 않았다면 우리나라에 반입된 날을 취득시기로 보아야 한다고 판단된다(지방세운영과-3561, 2011.7.26. 참조)라고 해석하고 있다.

(2) 외국인 소유의 차량, 기계장비, 항공기 및 선박

1) 개요

외국인 소유의 취득세 과세대상 물건(차량, 기계장비, 항공기 및 선박만 해당)을 직접 사용하거나 국내의 대여시설 이용자에게 대여하기 위하여 소유권을 이전받는 조건으로(2024년 이후) 임차하여 수입하는 경우에는 수입하는 자가 취득한 것으로 본다. 그런데 2023년 이전에도 조세심판원에 따르면 국내의 대여시설 이용자에게 대여하기 위하여 임차하여 수입하는 경우의 범위에 운용리스는 포함되지 아니하는 것으로 해석하여야 할 것이다.[81] 한편, 2024년 이후 리스인 경우 "소유

---

81) 항공기를 운용리스로 수입한 사실이 명백하고 이와 같이 운용리스의 경우에는 취득의 실질적 요건을 갖추지 못하여 취득 사실이 존재하지 아니한다(대법원 2006두8860, 2006.7.28.)라고 판결하고 있으며, 구 「지방세법」 제105조 제8항이 2007.7.20. 의원입법으로 개정되면서 종전에는 외국인 소유의 시설대여 물건을 국내의 시설대여이용자에게 대여하기 위하여 수입하는 경우에 수입하는 자가 이를 취득한 것으로 보도록 규정하고 있다가 외국인 소유의 취득세 과세대상 물건을 직접 사용하거나 국내의 시설대여이용자에게 대여하기 위하여 임차하여 수입하는 경우에 수입하는 자가 이를 취득한 것으로 보도록 개정되었는바, 이 개정 취지는 외국인 소유의 시설대여 물건을 국내에서 직접 사용하기 위하여 임차하여 수입하는 경우도 "국내의 시설대여이용자에게 대여하기 위하여 수입하는 시설대여 물건"으로 보아 취득세 납세의무가 성립되는 것으로 보아 왔으나 이 경우에는 "국내의 대여시설이용자에게 대여하기 위하여 수입하는 시설대여 물건"에 해당되지 않는다는 대법원판결에 따라 외국인 소유의 취득세 과세대상 물건을 직접 사용하기 위하여 임차하여 수입하는 경우에는 전혀 과세할 수 없는 문제점이 대두되어 실질과세원칙 및 공평과세원칙에 부합되도록 관련규정을 정비한 것으로서, 이는 금융리스의 경우에 해당되는 것이며 운용리스의 경우에는 이러한 규정에 해당되지 않는다고 할 것이므로 사실상의 취득행위가 없는 운용리스의 경우에는 취득세 납세의무 자체가 성립되지 아니한다라는 주장에 대하여 조세심판원에서는 "구 「지방세법」 제105조 제8항을 개정하면서 외국인 소유의 시설대여 물건을 직접 사용하기 위하여 임차하여 수입하는 경우에 수입하는 자가 이를 취득한 것으로 보도록 개정된 것은 사실상 취득행위가 있다고 볼 수 있는 금융리스 형태로 수입하는 경우에도 2006.7.28.의 대법원판결에 따라 취득세 과세대상에서 제외되는 불합리한 점을 개선하고자 하는 것일 뿐, 전혀 취득행위가 이루어졌다고 볼 수 없는 운용리스 형태로 수입하는 취득세 과세대상 물건까지 무조건 그 수입하는 자에게 취득세 납세의무를 부과하겠다는 취지로는 보여지지 아니하며, 이러한 규정을 운용리스의 경우까지 극단적으로 적용하는 경우 초단기간에 사용할 목적으로 외국의 항공기를 수입하는 경우에도 모두 취득세를 과세하여야 한다는 불합리한 점을 초래하게 되므로, 운용리스 형태로 수입한 이 항공기와 관련하여 구 「지방세법」 제105조 제8항의 개정 전후를 불문하고 취득세

권을 이전받는 조건으로 임차하여 수입하는 경우"로 개정되었는바, 이는 금융리스인 경우를 명확히 한 것으로 보이나, 금융리스로 분류되는 조건이 5가지가 있는데, 금융리스 모두가 과세대상으로 보는 것은 문제가 있다고 판단된다.

2) 당초 외국리스회사가 다른 외국리스회사로의 명의변경하는 경우

외국인 소유의 시설대여 물건을 국내의 대여시설이용자에게 대여하기 위하여 수입하는 경우에는 수입하는 자가 이를 취득한 것으로 보는 것이므로, 시설대여 물건을 소유하고 있는 외국법인이 동 물건을 다른 외국법인에게 양도하였더라도 국내의 대여시설이용자인 국내항공사가 동 물건을 계속해서 시설대여로 사용하는 경우라면 그 물건을 양수받은 외국법인에게는 취득세 납세의무가 없다(세정 13407-35, 2001.1.9.). 이는 외국시설대여법인으로부터 시설대여하는 물건에 대하여는 국내에서 소유권 취득행위가 없고 이용자로부터의 취득이 아니므로 납세의무가 없다는 것이다.

> **사례** 시설대여 물건에 대한 납세의무자 판단(행자부 세정 13407-1305, 2000.11.14.)
>
> 외국인 소유의 시설대여 물건을 국내의 대여시설이용자에게 대여하기 위하여 수입하는 경우에는 수입하는 자가 이를 취득한 것으로 보는 것이므로 시설대여 물건을 소유하고 있는 외국법인이 동 물건을 다른 외국법인에게 양도하였더라도 국내의 대여시설이용자인 국내항공사가 동 물건을 계속해서 시설대여로 사용하는 경우라면 그 물건을 인수받은 외국법인에게는 취득세 납세의무가 없음.

3) 외국리스회사로부터 임차하여 항공운송업에 공하고 있는 항공기의 재산세

항공기가 재산세 과세대상이 되나, 소유자가 외국인인 경우 외국인에 대한 조세부과 관계에 대하여 살펴보면 재산세는 그 성격상 대물적인 조세로서 그 소유자의 여부에 관계가 없으며 납세의무자가 납세지에 주소를 두지 아니할 때에는 납세관리인을 두도록 규정하고 있는 것은 과세대상 물건의 소유자가 납세지에 주소를 두고 있지 않더라도 당연히 납세의무자가 되며, 외국인도 예외가 될 수 없다고 해야 할 것이고, 이는 토지, 건물 등의 소유자가 외국인인 경우도 당연히 납세의무자로서 과세하고 있는 사실 등으로 미루어 보아도 명백하다 할 것인바, 우리나라 국적을 가지고 있고 관내에 소재하고 있는 항공기를 과세대상으로 하여 항공기의 소유자인 외국인 리스회사를 납세의무자로 하고 임차 회사를 납세관리인으로 지정하여 재산세를 부과한다.[82]

> **사례** 외국법인이 국내에 있는 항공기 취득하여 리스하는 경우(행심 2002-56, 2002.1.28.)
>
> 항공법에서 항공기를 소유 또는 임차하여 항공기를 사용할 수 있는 권리가 있는 자는 이를 건설교통부장관에게 등록하여야 하고 등록된 항공기는 대한민국의 국적을 취득하고 이에 따른 권리·의무를 갖는다고 규정하고 있으며, 「지방세법」에서 항공기의 취득에 대한 취득세는 해당 취득물건 소재지의 도에서 그 취득자에게 부과하도록 규정하고 있는 점으로 미루어 「지방세법」의 효력이 미치

납세의무가 없다고 해석하는 것이 합리적이라고 보여짐(조심 2008지262, 2008.11.6.).

82) 구 「지방세법」 제181조의 과세대상 규정 중 '소재하는'의 의미는 소유권까지 내포하고 있다는 주장에 대하여도 반드시 납세지에 소유권이 있어야 할 필요는 없다(내심 89-192, 1989.11.30.).

는 지역적 범위는 지방자치권이 미치는 관할구역 내에 효력을 갖는 것이며, 그 관할구역 내에 소재하는 취득세 과세대상 물건을 취득하는 경우에는 그 취득자는 내국인 또는 외국인을 불문하고 취득세 납세의무가 성립하는 것으로 보아야 할 것이고, 예외로 외국인소유의 시설대여 물건을 국내의 대여시설이용자에게 대여하기 위하여 외국으로부터 수입하는 경우에 한하여 수입하는 자를 취득세 납세의무자로 본다는 규정으로서 대한민국의 「항공법」의 적용을 받고 있는 이 항공기를 취득한 자에게는 적용할 수 없는 것이고 취득세 납세의무자로서 이 항공기를 시설대여하여 정기항공운송사업에 직접 사용하도록 하여 「지방세법」 규정에 의한 취득세 과세 면제대상이므로, 면제된 취득세에 대한 농어촌특별세 신고납부는 정당하고 이를 수납징수 결정한 처분은 적법함.

☞ 종전에는 외국인 소유의 시설대여 물건을 국내의 시설대여이용자에게 대여하기 위하여 수입하는 경우에 수입하는 자가 이를 취득한 것으로 보도록 규정하고 있다가 외국인 소유의 취득세 과세대상 물건을 직접 사용하거나 국내의 시설대여이용자에게 대여하기 위하여 임차하여 수입하는 경우에 수입하는 자가 이를 취득한 것으로 보도록 개정되었으므로 상기 심사례는 종전 규정에 따른 해석으로 보아야 할 것임.

(3) 상속

상속(피상속인이 상속인에게 한 유증 및 포괄유증과 신탁재산의 상속 포함)으로 인하여 취득하는 경우 상속인 각자가 상속받는 취득 물건(지분을 취득하는 경우 그 지분에 해당하는 취득 물건을 말함)을 취득한 것으로 본다. 이 경우 상속인 납부의무에 관하여는 연대납세의무를 진다.

상속의 범위에 피상속인으로부터 상속인에게 한 유증 및 포괄유증과 신탁재산의 상속을 포함한다고 규정하고 있는데, 여기서 "상속인에게 한"의 내용이 포괄유증에도 연결이 되는지 해석상 논란이 있을 수 있지만, 연결이 되지 아니하는 것이다. 이 내용은 취득세와 등록면허세 모든 조항에 그대로 적용된다. 한편, 「지방세법」에서는 상속인의 개념을 정의하지 않고 있는데, 「지방세기본법」 제42조 제1항에서는 상속인의 납세의무승계규정에서 유증에 의한 수증자, 사인증여에 의한 수유자 모두를 포함하고 있어서 상속인에 대한 해석에 어려움이 있다.

지방세관계법상 상속과 상속인의 범위는 다음과 같다.

납세의무승계 연대납세의무	취득세	등록면허세	재산세	자동차세
상속+유증+사인 증여	상속+유증(상속인) +포괄유증 +신탁재산 상속	상속+유증(상속인) +포괄유증 +신탁재산 상속	상속	상속
지기법 §42 ① 상속인(수유자 포함)⁽주⁾	지법 §7 ⑦ 상속(피상속인으로부터 상속인에게 한 유증, 포괄유증 및 신탁재산 상속 포함)	지법 §7 ⑦ 상속(피상속인으로부터 상속인에게 한 유증, 포괄유증 및 신탁재산 상속 포함)	지법 §107 ② 별도 규정 없음	지법 §125 ② 별도 규정 없음

☞ (주) '수유자'란 유언에 의하여 유증을 받을 자로 정하여진 자를 말하며, "수유자"에는 사인증여(「민법」 제562조)를 받는 자를 포함(※사인증여라 함은 증여자의 사망으로 효력을 발생하는 증여를 말함)(지기예 법42-3).

1) '상속인'의 의미

「민법」상 상속은 「민법」제1000조의 규정에 의거 상속의 순위가 결정되며, 상속에 있어서는 다음 순위로 상속인이 되고 동순위의 상속인이 수인인 때에는 최근친을 선순위로 하고 동친 등의 상속인이 수인인 때에는 공동상속인이 된다.

① 피상속인의 직계비속
② 피상속인의 직계존속
③ 피상속인의 형제자매
④ 피상속인의 4촌 이내의 방계혈족

또한 대습상속의 경우 「민법」제1001조의 규정에 의거 상속인이 될 직계비속 또는 형제자매가 상속개시 전에 사망하거나 결격자가 된 경우에 그 직계비속이 있는 때에는 그 직계비속이 사망하거나 결격된 자의 순위에 가름하여 상속인이 된다.

상속인을 상속받은 자로 해석하는 것이 아니라 실제 법정상속인만 인정하고 있다. 예를 들어 子가 생존해 있음에도 조부가 손자에게 유증하는 경우에는 상속인으로 보지 아니한다. 그런데 子가 사망하여 상속인이 될 수 없어 손자가 대습상속받은 경우 상속인에 해당된다.

포괄유증은 수증자가 상속인이든 상속인이 아닌 자이든 상속으로 보는 것이나, 특정유증은 수증자가 상속인인 경우에만 상속으로 보고, 상속인 아닌 자인 경우에는 증여로 본다. 따라서 상속인이 취득세 과세대상 물건을 피상속인으로부터 특정유증으로 취득한 경우, 상속인 또는 상속인이 아닌 자가 포괄유증으로 취득한 경우에는 상속개시일이 속하는 달의 말일로부터 6개월이나, 상속인이 아닌 특정유증 예를 들어 손자가 조부로부터 특정유증에 의하여 취득한 경우로서 부가 생존하여 있다면 위 규정의 "피상속인으로부터 상속인에게 한 유증"에 해당되지 않으므로 상속개시일로부터 60일(현행은 상속개시일이 속하는 달의 말일부터 3개월) 이내에 취득세를 신고납부하여야 한다(세정 13407-134, 1999.11.10.).

그리고 피상속인이 상속인에게 한 특정유증, 상속인 여부와 관계없이 모든 포괄유증인 경우에는 상속으로 보아 「지방세법」제11조 제1항 제1호의 세율을 적용하여 산출한 세액을 취득세로 신고납부하고, 상속인이 아닌 자에게 한 특정유증은 무상취득에 해당하므로 부동산가액의 3.5%를 취득세로 신고납부하여야 한다(세정 13407-91, 2001.1.20.).

> **사례** 특별연고자가 '상속재산의 분여'에 의한 취득 시(부동산세제과-873, 2021.3.26.)
>
> 특별연고자의 지위는 본인의 청구와 가정법원의 심판에 의하여 비로소 형성되는 것으로서 상속인과 같이 법률상 당연히 인정되는 것이 아니다. 또한 종전 우리 부 유권해석에서도 특별연고자의 상속재산 분여에 따른 취득의 성격을 고려하여 그 취득시기를 '상속개시일'이 아니라 '판결확정일'(지방세운영과-641, 2017.5.26.)로 보고 있다. 따라서 특별연고자의 상속재산 분여를 통해 취득하는 부동산에 대한 세율은 「지방세법」제11조 제1항 제2호(무상취득)를 적용하는 것이 타당함.

> **사례** 대습상속이 아닌 경우 손녀에게 유증한 경우 증여로 봄(조심 2011지0481, 2011.10.20.).
>
> 조부(祖父)인 OOO은 2010.6.4. 자신의 손녀에게 부동산을 특정하여 유증하는 내용의 유언공정증서

를 작성하였고, 손녀는 2010.8.22. 피상속인인 OOO이 사망함에 따라 부동산을 취득하였는바, 가족관계증명서 등에 의하면 피상속인의 사망 당시 청구인보다 최근친인 피상속인의 배우자와 청구인의 부(父)를 포함한 5명의 자녀(직계비속)가 생존해 있었음이 확인되므로, 피상속인의 배우자와 청구인의 부(父)를 포함한 5명의 자녀(직계비속)가 공동상속인이 되는 것이고, 청구인의 경우 공동상속인인 청구인의 부(父)가 생존하고 있어 대습상속인에도 해당되지 아니하므로 청구인은 상속인이 아니며, 피상속인이 청구인에게 한 유증은 포괄유증도 아니므로 동 유증은 「지방세법」 제105조 제9항(현행 제7조 제7항)의 상속으로 볼 수 없으므로 청구인의 이 건 부동산 취득에 관하여는 상속개시일부터 30일(60일로 개정되었다가 현행 상속개시일이 속하는 달의 말일부터 3개월) 이내의 취득세 신고납부기한 및 이 건 부동산 가액의 1,000분의 15의 등록세율이 각 적용된다 할 것임.

2) 상속인이 아닌 자에게 한 포괄유증은 상속으로 봄

포괄유증 여부는 유언에 사용한 문언 및 그 외 제반사항을 종합적으로 고려하여 탐구된 유언자의 의사에 따라 결정되었고, 통상은 상속재산에 대한 비율의 의미로 유증된 경우 포괄유증이고 그렇지 아니한 경우는 특정유증이라고 할 수 있지만 유언공정증서 등에 유증한 재산이 개별적으로 표시되었다는 사실만으로 특정유증이라고 단정할 수 없으며 상속재산이 얼마나 되는지를 심리하여 다른 재산이 없다고 인정되는 경우에는 이를 포괄유증이라고 볼 수 있고, 포괄유증을 받은 자는 「민법」 제187조에 의하여 법률상 당연히 유증받은 부동산의 소유권을 취득하게 되지만 특정유증을 받은 자는 유증의무자에게 유증을 이행할 것을 청구할 수 있는 채권을 취득할 뿐이므로 특정유증을 받은 자는 유증받은 부동산의 소유권자가 아니어서 직접 진정한 등기명의의 회복을 원인으로 한 소유권이전등기를 구할 수 없다.

유증에 포괄유증도 포함되므로 연결이 된다면 별도로 구분하여 표시할 이유가 없으며, 포괄유증의 경우에는 재산뿐만 아니라 채무도 승계되며, 상속 재산의 배분 등과 관련하여 다른 상속인과의 관계도 검토해 보아야 하므로, 유증의 승인 또는 포기 여부에는 상당한 시간적인 여유가 필요한 것임에도 일반적인 증여와 같이 60일 이내에 취득세를 신고하고 납부하도록 하는 것은 「지방세법」상 상속에 관한 규정의 입법 취지에도 맞지 않으므로 법 취지상 연결되지 아니하는 것이다.[83]

포괄유증은 수유자가 상속인이든 상속인이 아닌 자이든 상속으로 보고 있다(조심 2011지462, 2012.6.18.). 즉 포괄유증은 수유자가 상속인이든 상속인이 아닌 자이든 상속으로 보는 것이나, 포괄유증이 아닌 특정유증은 수유자가 상속인인 경우에만 상속으로 본다.

> **사례** 상속인이 아닌 자에게 한 포괄유증은 상속임(조심 2011지462, 2012.6.18.).
>
> 유증이 포괄적 유증인가 특정유증인가는 유언에 사용한 문언 및 그 외 제반 사정을 종합적으로 고려하여 탐구된 유언자의 의사에 따라 결정되어야 하고, 통상은 상속재산에 대한 비율의 의미로 유증이 된 경우는 포괄적 유증, 그렇지 않은 경우는 특정유증이라고 할 수 있지만, 유언공정증서 등에 유증한 재산이 개별적으로 표시되었다는 사실만으로는 특정유증이라고 단정할 수는 없고 상속재산이 모두 얼마나 되는지를 심리하여 다른 재산이 없다고 인정되는 경우에는 이를 포괄적 유증이라고 볼 수도 있으며, 포괄적 유증을 받은 자는 「민법」 제187조에 의하여 법률상 당연히 유증받은 부동산

---

83) "피상속인이 상속인에게 한 유증, 포괄승계"로 조문을 개정하여야 할 것이다.

의 소유권을 취득하게 되나 특정유증을 받은 자는 유증의무자에게 유증을 이행할 것을 청구할 수 있는 채권을 취득할 뿐이므로, 특정유증을 받은 자는 유증받은 부동산의 소유권자가 아니어서 직접 진정한 등기명의의 회복을 원인으로 한 소유권이전등기를 구할 수는 없는 점○○○ 등에 비추어 볼 때, 이 건의 경우 청구인은 「민법」에서 정하고 있는 망 ○○○의 상속인에 해당되지는 아니하지만, 망 ○○○은 이 건 부동산에 대하여 청구인에게 일정비율(쟁점부동산)을 유증하였고, 쟁점부동산은 상속인 ○○○에게 소유권이전등기되었다가 다시 청구인에게 이전등기된 것이 아니라 바로 망 ○○○ 명의에서 청구인 명의로의 소유권이전등기절차가 완료되었으므로 이 건 유증은 상속의 범위에 포함되는 포괄유증에 해당된다고 보아야 하겠고, 수유자가 상속재산을 동일한 비율로 유증 받지 아니하였다고 하여 달리 볼 수는 없다 할 것이며, 그렇다면 포괄유증으로 취득한 쟁점부동산에 관한 등기에 있어 그 등록세율은 상속에 해당하는 세율을 적용함이 타당하다. 한편, 「지방세법」 제105조 제9항 및 제120조 제1항에서 상속의 범위에 피상속인으로부터 상속인에게 한 유증 및 포괄유증을 포함한다고 하면서 상속으로 취득세 과세물건을 취득한 자는 상속개시일부터 6개월 이내에 취득세를 신고 납부하여야 한다고 하고 있고, 「민법」 제1078조에서는 포괄적 유증을 받은 자는 상속인과 동일한 권리의무가 있다고 하고 있는바, 앞서 살펴본 바와 같이 청구인은 2010.8.12. ○○○의 사망에 따라 상속에 해당하는 포괄유증을 원인으로 쟁점부동산을 취득하였고, 이로부터 6개월 이내인 2010.11.25. 취득세 신고 및 2010.11.30. 이를 납부하였으므로, 위 법령에서 정한 기한 내에 쟁점부동산 취득에 따른 정당세액을 신고하고 납부하였다고 봄이 타당하다 할 것이고, 더구나 포괄유증의 경우에는 재산뿐만 아니라 채무도 승계되며, 상속 재산의 배분 등과 관련하여 다른 상속인과의 관계도 검토해 보아야 하므로, 유증의 승인 또는 포기 여부에는 상당한 시간적인 여유가 필요한 것임에도 일반적인 증여와 같이 30일 이내에 취득세를 신고하고 납부하도록 하는 것은 「지방세법」 상 상속에 관한 규정의 입법 취지에도 맞지 않다고 하겠다. 따라서 처분청이 청구인의 쟁점부동산 취득을 상속(포괄유증)에 의한 것으로 보지 아니하고 증여에 의한 것으로 본 것은 잘못임.

3) 협의분할

① 개요

상속재산은 협의로 분할하는 것이 원칙이다 상속개시로 공동상속인은 피상속인의 권리·의무를 각자 승계하며, 상속재산은 공동상속인의 공유가 된다(「민법」 §1006, §1007). 「민법」에서 상속인이 수인이 있는 경우에 상속재산을 공유로 한 것은 상속의 보편적인 방식으로서 공유상태를 인정한 것이 아니라 상속재산이 최종적으로 각 상속인에게 귀속될 때까지의 과도적 상태를 정한 것이라고 할 수 있다. 이 경우 상속재산은 상속인 각자의 재산으로 분할되어야 할 필요가 있는데, 이를 상속재산의 분할이라 한다.

상속재산 협의분할은 공동상속인들 사이에 이루어지는 일종의 계약으로서, 공동상속인들이 이미 이루어진 상속재산 협의분할의 전부 또는 일부를 전원의 합의에 의하여 해제한 다음 다시 새로운 협의분할을 할 수 있고, 상속재산 협의분할이 합의해제 되면 그 협의에 따른 이행으로 변동이 생겼던 물권은 당연히 그 협의분할이 없었던 원상태로 복귀하게 된다(대법원 2002다73203, 2004. 7.8. 참조).

상속으로 인한 취득의 경우에는 상속개시일에 취득한 것으로 본다고 하고 있고, 「민법」 제1013조 제1항에서는 공동상속인은 언제든지 그 협의에 의하여 상속재산을 분할할 수 있으며, 「민법」

제1015조에서는 상속재산분할의 효과는 상속개시된 때에 소급하여 그 효력이 있으므로 상속재산에 대하여 협의분할이 이루어지지 않은 상태에서 상속인 공동명의로 취득세를 납부한 후 공동상속인 상호 간에 상속재산에 관하여 협의분할이 이루어짐으로써 공동상속인 중 1인이 당초 상속분을 초과하는 재산을 취득하게 되었다고 하여도 이는 다른 공동상속인으로부터 증여받은 것이 아닌 상속개시 당시에 피상속인으로부터 승계받은 것으로 보는 것(행심 98-290, 1998.7.1. 참조)이나, 상속등기가 이루어진 경우에는 취득세 신고기한 경과 여부에 따라 달리 판단하고 있다.

② **상속재산의 분할방법**

공동상속인은 유언 또는 합의로 분할을 금지한 경우가 아니면 지정분할, 협의분할 및 심판분할의 방법으로 상속재산을 분할할 수 있는데, 상속재산이 분할되면 상속인은 상속이 개시된 때부터 그 분할받은 상속재산의 단독 소유자가 되게 된다. 이와 같이 상속재산 분할은 상속개시로 인하여 생긴 공동상속인의 상속재산의 공유관계를 종료시키고, 공동상속인별 상속분에 따라 그 재산의 귀속을 확정시키는 일종의 청산행위인데, 공동상속인은 유언 또는 합의로 분할을 금지한 경우가 아니면 지정분할, 협의분할 및 심판분할의 방법으로 상속재산을 분할할 수 있다.

상속재산의 협의분할은 공동상속인 간의 일종의 계약으로서 공동상속인 전원이 참여하여야 하고 일부 상속인만으로 한 협의분할은 무효이다. 다만, 반드시 한 자리에서 이루어질 필요는 없고 순차적으로 이루어질 수도 있으며, 상속인 중 한 사람이 만든 분할 원안을 다른 상속인이 후에 돌아가며 승인하여도 무방하다(대법원 2008다96963, 2010.2.25.).

상속재산 협의분할은 공동상속인들 사이에 이루어지는 일종의 계약이므로 공동상속인들은 이미 이루어진 상속재산 협의분할의 전부 또는 일부를 전원의 합의에 의하여 해제한 다음 다시 새로운 협의분할을 할 수 있다. 이 경우 협의의 해제 및 새로운 협의분할에는 상속인 전원의 합의가 있어야 한다(대법원 2002다73203, 2004.7.8.).

지정분할	'상속재산의 지정분할'이란 피상속인이 상속재산의 분할방법을 유언으로 정하거나 또는 유언으로 상속인 이외의 제3자에게 분할방법을 정할 것을 위탁하는 경우에 그에 따라 행해지는 분할을 말한다(「민법」 §1012).
협의분할	'상속재산의 협의분할'이란 피상속인의 분할금지의 유언이 없는 경우에 공동상속인이 협의로 분할하는 것을 말한다(「민법」 §1013 ①). 협의분할을 할 때에는 당사자 전원의 합의가 있으면 되고, 그에 관한 특별한 방식이 필요한 것은 아니나, 다만 상속인 중 한 사람이 미성년자인 경우에는 미성년자의 보호를 위해 특별대리인이 선임되어야 한다.
심판분할	'심판분할'이란 공동상속인 사이에 분할의 협의가 이루어지지 않은 경우에 가정법원에 청구하는 분할방법을 말한다(「민법」 §1013 ②, §269). 이러한 상속재산의 심판분할을 위해서는 반드시 조정을 거쳐야 하며(「가사소송법」 §50), 조정이 성립하지 않은 경우에만 가정법원의 심판분할절차가 진행되게 된다(「민사조정법」 §36).

③ 재협의분할

㉠ 2013.12.31. 이전 재협의분할

「민법」 제1013조 제1항에서 전조의 경우 외에는 공동상속인은 언제든지 그 협의에 의하여 상속재산을 분할할 수 있다고 규정하고 있으며, 「민법」 제1015조에서 상속재산의 분할은 상속개시된 때에 소급하여 그 효력이 있다고 규정하고 있다.

취득세 납부 후 다른 상속인으로 상속(다른 상속인명으로 소유권 경정)등기하는 경우 「민법」 제1013조 제1항에서 상속인은 언제든지 그 협의에 의하여 상속재산을 다른 상속인 명의로 재분할할 수 있다고 규정하고 있고, 「민법」 제1015조에서는 상속재산분할의 효과는 상속개시된 때에 소급하여 그 효력이 발생된다고 규정하고 있으며, 공동상속인간 상속재산 분할협의를 원인으로 상속등기를 한 후 재분할 협의를 통하여 소유권경정등기를 하는 경우라면 상속재산은 상속이 개시된 때로 소급하여 상속 취득한 것으로 보아야 하므로, 전 취득자에게 부과하였던 취득세를 부과취소하고, 경정된 취득자에게 부과하는 것이다.

아울러, 법원의 강제조정에 의하여 상속분할의 협의가 되었다고 하더라도 그 분할의 효력 또한 상속개시 시기에 소급한다(지방세운영과-1995, 2011.4.29.).

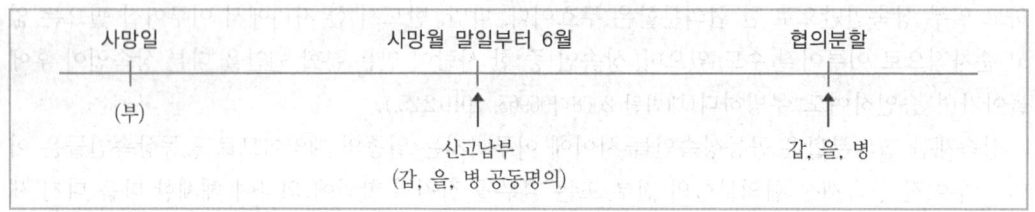

㉡ 2014.1.1. 이후 재협의분할

㉮ 소유권이전등기를 하지 아니한 상태에서 재협의분할

소유권이전등기를 하지 아니한 상태에서 재협의분할하는 경우에는 ㉠과 같이 부과한다.

㉯ 소유권이전등기를 한 후에 재협의분할

상속개시 후 상속재산에 대하여 등기 · 등록 · 명의개서(名義改書) 등("등기 등")에 의하여 각 상속인의 상속분이 확정되어 등기 등이 된 후, 그 상속재산에 대하여 공동상속인이 협의하여 재분할한 결과 특정 상속인이 당초 상속분을 초과하여 취득하게 되는 재산가액은 그 재분할에 의하여 상속분이 감소한 상속인으로부터 증여받아 취득한 것으로 본다. 다만, 다음 어느 하나에 해당하는 경우 증여로 보지 아니한다.

ⓐ 「지방세법」 제20조 제1항에 따른 취득세 신고납부기한 내[84]에 재분할에 의한 취득과

---

84) 2018.12.31. 이전에는 취득세 '신고납부기한'으로 개정되어 있었는데, 그 의미는 「지방세법」 제20조 제1항의 신고납부기한으로 보아야 하는 것이다. 그 이유는 제4항에서는 등기일이 신고납부기한이 되어 이를 적용하면 법 조문상 등기일 후 재분할하는 경우에는 증여로 본다라고 해석할 수 있지만, 「지방세법」 제7조 제13항의 본문에서 각 상속인의 상속분이 확정되어 등기가 된 이후 재분할하는 경우 증여로 보는 것으로 규정되어 있으므로 제4항은 제외되는 것으로 해석하여야 할 것이기 때문이다. 이러한 해석의 근거로는 「상속세 및 증여세법」 제

등기 등을 모두 마친 경우(2018년 이전은 재분할에 의하여 취득한 경우)

ⓑ 상속회복청구의 소에 의한 법원의 확정판결에 의하여 상속인 및 상속재산에 변동이 있는 경우

ⓒ 「민법」 제404조에 따른 채권자대위권의 행사에 의하여 공동상속인들의 법정상속분대로 등기 등이 된 상속재산을 상속인 사이의 협의분할에 의하여 재분할하는 경우

비록 상속인들 사이에 상속세 납부를 위한 담보설정을 위해 잠정적으로 상속등기를 마치기로 내부적인 합의를 하고 각 이전등기를 마친 것이라고 하더라도 각 이전등기 이후 각 부동산에 대하여 근저당권을 설정하는 등 처분행위를 한 이상 대외적으로는 법정상속분 비율대로 소유권이전등기를 마친 것을 전제로 법률관계를 이미 형성하였다고 할 것이어서 각 상속인의 상속분은 이미 확정된 것으로 평가할 수 있을 것으로 보인다(대법원 2020두42767, 2020.10.15. 심불, 서울고법 2019누61788, 2020.6.18.).

상기 내용에 따라 증여로 보는 경우 취득시기는 재협의분할일이 되는 것이다.

④ 협의분할(재협의분할)과 증여

상속재산의 분할과 관련한 「민법」의 규정을 보면 피상속인이 유언으로 분할방법을 정하거나 그 분할을 금지한 경우가 아니면 공동상속인은 언제든지 그 협의에 의하여 상속재산을 분할할 수 있다(「민법」 §1013). 이러한 경우 공동상속인 사이의 협의에 의한 분할로 특정 상속인이 당초 상속분을 초과하여 취득하는 재산가액에 대한 증여 여부가 문제가 될 수 있는데, 이에 대한 증여세와 취득세의 과세 여부는 다음과 같다. 증여로 보아 취득세를 과세하는 것은 2014.1.1. 이후 재협의분할분[85]부터 적용되므로 2013.12.31. 이전 재협의분할분은 무조건 상속으로 본다.

구분		증여세 과세 여부	증여 취득세 과세 여부
최초 협의분할로 법정상속분을 초과하여 재산을 취득하는 경우		과세 제외	과세 제외
상속재산의 등기 등을 하지 아니한 상태	상속세(취득세) 신고기한 이내에 재협의분할	과세 제외	과세 제외
	상속세(취득세) 신고기한 후에 재협의분할	과세 제외	과세 제외

31조 제3항에서도 상속세 신고기한 이내에 재협의분할하는 경우에는 상속으로 보고 있다는 점을 들 수 있다. 이러한 취지로 "상속등기 5년 경과 후 재협의분할 시 부과제척기간이 도과한 당초 상속자의 취득세 환급 및 새로운 상속자에 대한 과세여부 등에 대한 문제점 등을 보완하기 위해 2014.1.1. 법률 제12153호로 신설된 것으로 이는 상속등기를 전제로 하여 그 이후의 재협의분할에 따라 증가되는 지분을 증여로 보아 취득세를 부과하고 신고납부기한 내 재분할에 따라 지분이 증가하는 경우는 증여로 보지 않아 취득세를 부과하지 않겠다는 것인바, 상속등기 후 상속에 대한 신고납부기한인 6개월 이내에 재분할하여 지분이 증가하는 경우는 취득세 과세대상에 해당되지 않는다(서울세제과-8860, 2015.6.1.)."라고 해석하고 있다.

85) 공동상속인이 협의하여 확정된 상속재산의 등기 등이 된 시점이 2014.1.1. 전·후인지 여부와는 관계없이 2014.1.1. 이후에 확정된 상속재산을 재분할하는 경우에 해당하면 증여로 보아 취득세를 적용하는 것으로 해석하는 것이 타당한 것임(조심 2015지588, 2015.10.2.).

구분		증여세 과세 여부	증여 취득세 과세 여부
상속재산의 등기 등을 한 상태	상속세(취득세) 신고기한 이내로 재협의분할	과세 제외	과세 제외
	상속세(취득세) 신고기한 후에 재협의분할	과세	과세

☞ 증여로 보아 취득세 과세하는 것은 2014.1.1. 이후 취득분부터 적용하며, 당초 상속재산의 재분할에 대하여 다음 경우 증여로 보지 아니한다.

1. 「지방세법」 제20조 제1항에 따른 취득세 신고납부기한 내에 재분할에 의한 취득과 등기 등을 모두 마친 경우(2018년 이전은 재분할에 의하여 취득한 경우)
2. 상속회복청구의 소에 의한 법원의 확정판결에 의하여 상속인 및 상속재산에 변동이 있는 경우
3. 「민법」 제404조에 따른 채권자대위권의 행사에 의하여 공동상속인들의 법정상속분대로 등기 등이 된 상속재산을 상속인 사이의 협의분할에 의하여 재분할하는 경우

4) 상속포기

① 개요

'상속포기'란 상속인이 돌아가신 피상속인의 재산과 부채 모두를 포기해서 상속받지 않는 것을 말한다. 상속을 포기하고자 하는 경우 상속개시가 있다는 사실을 인지한 날로부터 3개월 이내에 가정법원에 상속포기를 하면 된다. 이 경우 별도의 상속재산 및 부채에 대한 목록을 첨부하지 않아도 된다. 이렇게 상속포기 절차를 밟고 나면 피상속인의 재산상 모든 권리와 의무는 상속을 포기한 상속인에게 승계되지 아니한다.

한편, 상속포기 선택 시 선순위 상속인인 배우자나 자녀가 상속포기할 경우, 다음 순위의 상속인인 직계존속이나 형제자매, 4촌 이내의 방계혈족에게 순차적으로 상속이 이루어진다. 후순위 상속인도 채무를 부담하지 않으려면 선순위 상속인처럼 상속포기 절차를 거쳐야 하는 불편함이 있다. 그리고 상속인이 가정법원에 상속포기 신고를 하여 법원으로부터 상속포기 결정을 받은 경우는 「민법」 제1042조에 의거 그 상속개시된 때에 소급하여 처음부터 상속인의 지위를 승계하지 않았던 것으로 되고, 상속포기의 효과는 강행규정으로서 일단 포기하면 이를 취소할 수 없다.

참고로, 「상속세 및 증여세법」 제3조 제1항은 상속세에 관하여는 상속포기자도 상속인에 포함되도록 규정하고 있으나 이는 사전증여를 받은 자가 상속을 포기함으로써 상속세 납세의무를 면하는 것을 방지하기 위한 것이며, 적법하게 상속을 포기한 자는 「국세기본법」 제24조 제1항이 피상속인의 국세 등 납세의무를 승계하는 자로 규정하고 있는 '상속인'에는 포함되지 아니한다 (대법원 2013두1041, 2013.5.23.).

사례 상속포기 후 채권자 대위권 행사로 소유권이전등기 시(내심 97-356, 1997.8.27.)

법원으로부터 상속포기 결정이 된 이후에 채권보전 목적으로 채권자에 의해 대위등기가 이루어졌다고 하더라도 그 상속재산은 상속인의 재산으로 볼 수 없다 할 것인바, 청구인의 경우 채권자인 청구 외 (주) ○○상호신용금고에 의해 1996.11.13. 청구인 명의로 소유권이전 대위등기(1996.2.9.의

상속원인)가 되었다고 하더라도 대위등기가 이루어지기 이전인 1996.4.22. 대전지방법원에 의해 상속포기 결정이 수리(96누213 – 218)되었고, 법원에 의해 상속포기 결정이 된 경우는 청구인이 이 건 토지를 취득한 것으로 볼 수 없음.

② 상속포기로 인한 대위등기의 상속인 변경

법원으로부터 상속포기 결정이 된 이후에 채권보전 목적으로 채권자에 의해 대위등기가 이루어졌다고 하더라도 그 상속재산은 상속인의 재산으로 볼 수 없다(내심 97 – 356, 1997.8.27.). 이는 대위등기 후 상속포기의 경우도 마찬가지이다.

한편, 취득으로 보지 아니하는 미준공 건물을 상속받아 등기이전에 따라 등록면허세를 신고납부한 후 상속인이 상속포기를 하는 경우에도 기신고납부된 등록면허세는 환급되지 아니할 것이며, 공동상속인 간 상속재산 분할협의로 상속등기한 후 재분할협의로 소유권경정등기를 하는 경우 경정된 취득자에게는 「지방세법」 제28조 제1항 마목(건당 6,000원 – 2013년까지 3,000원)의 규정에 의한 등록면허세를 부과하여야 한다(지방세운영과 – 1995, 2011.4.29.)라고 해석하고 있어서 상속포기로 인하여 경정된 취득자인 다른 상속인 명의로 대위등기하는 경우에도 「지방세법」 제28조 제1항 마목(건당 6,000원 – 2013년까지 3,000원)의 규정에 의한 등록면허세를 부과하여야 할 것이다.

5) 한정승인

① 개요

일반적으로 피상속인의 재산상 권리와 의무는 상속인의 의사와 관계없이 법률상 상속인에게 승계된다. 상속인은 재산을 상속받는 것뿐만 아니라 부채도 상속받아야 한다는 것이다. 이때 상속재산이 부채보다 많을 때는 그리 문제가 되지 않지만, 문제는 부채가 상속재산보다 많은 경우이다. 상속인은 상속받은 재산으로 부채를 갚는 것이 힘들고, 결국 본인이 갖고 있는 고유재산으로 부채를 갚아야 하는 상황이 발생한다. 「민법」에서는 이런 경우 상속인의 고유재산을 보호하기 위해 상속포기와 한정승인이란 제도를 마련해 두고 있다.

부채가 상속재산보다 더 많은지 알 수 없는 경우 또는 현재 확인된 부채 외에 다른 부채가 있는지 알 수 없는 경우에는 한정승인을 통해 상속을 받으면 된다. 한정승인이란 상속인이 상속받은 재산을 한도로 해서 부채를 부담할 것을 조건으로 상속을 승인하는 것을 말한다. 상속포기처럼 상속개시가 있음을 인지한 날로부터 3개월 이내에 가정법원에 재산상속한정승인심판청구서를 제출하면 된다.

한편, 상속포기 선택 시 선순위 상속인이 상속포기할 경우, 후순위 상속인도 채무를 부담하지 않으려면 선순위 상속인처럼 상속포기 절차를 거쳐야 하는 불편함이 있다. 선순위 상속인인 배우자나 자녀 중에 1명은 한정승인을 하고, 다른 공동상속인은 상속포기를 하면, 후순위 상속인이 또다시 상속포기 절차를 밟아야 하는 번거로움이 없을 것이다.

한정승인 심판청구 시 목록이 없는 재산도 추후 피상속인의 재산임이 확인될 때 그 재산도 한정승인 상속이 되는 것이다. 즉 재산목록에 부동산 등이 없다고 되어 있을지라도 추후 부동산이 확인될 때에도 한정승인 상속이 되는 것이다. 「민법」에서 규정하는 한정승인이란 상속인이 상속

으로 인하여 얻은 재산의 한도에서 피상속인의 채무와 유증을 변제하는 상속형태로서 피상속인의 모든 권리 의무를 승계하는 단순승인과는 그 성격을 달리한다 하겠으나 한정승인을 받은 자라도 한정승인을 신청한 상속재산 외에 추가로 상속재산이 나타나는 경우에는 한정승인과는 별도로 그 재산의 상속받을 권리를 한정승인자가 갖는 것이다.

한정승인 상속은 상속으로 인한 채무만 상속재산 범위 내에서 상환하면 되는 것이므로 채무보다 많은 상속재산은 상속인의 소유가 되는 것이다. 상속 당시 몰랐던 부채가 더 있다는 것을 알게 되면 남아 있는 상속재산 범위 내에서만 채무를 부담하면 되는 것이므로 한정승인 상속을 승인받으면 추후 발견된 상속재산에 대한 상속인 권리가 없어지는 것이 아니다.

한정승인을 하여 채권자에게 손해를 가하는 경우가 있을 수 있으므로, 「민법」은 한정승인 전에 상속재산을 처분하였거나, 한정승인을 위하여 법원에 제출한 재산목록에 고의로 상속재산을 기입하지 않은 경우 등에는 한정승인이 불가능하다고 규정하고 있다. 이때 '고의로 재산목록에 기입하지 않은 때'라 함은 상속재산을 은닉하여 상속채권자를 사해할 의사로서 재산목록에 기입하지 않은 때를 의미한다. 상속의 한정승인은 채무의 존재를 한정하는 것이 아니라 단순히 그 책임의 범위를 한정하는 것에 불과하기 때문에, 상속의 한정승인이 인정되는 경우에도 상속채무가 존재하는 것으로 인정되는 이상, 법원으로서는 상속재산이 없거나 그 상속재산이 상속채무의 변제에 부족하다고 하더라도 상속채무 전부에 대한 이행판결을 선고하여야 하고, 다만, 그 채무가 상속인의 고유재산에 대해서는 강제집행을 할 수 없는 성질을 가지고 있으므로, 집행력을 제한하기 위하여 이행판결의 주문에 상속재산의 한도에서만 집행할 수 있다는 취지를 명시하여야 한다. 사망자의 장례목적 등을 위하여 상속재산인 보험해지환급금을 재산목록에 기입하지 않은 다음 사용한 것은 위 사유에 해당하지 아니한다. 따라서 이러한 경우에는 한정승인이 가능하다는 것이 판례의 입장이다(대법원 2003다30968, 2003.11.14. 참조).

법원이 한정승인신고를 수리하게 되면 피상속인의 채무에 대한 상속인의 책임은 상속재산으로 한정되고, 그 결과 상속채권자는 특별한 사정이 없는 한 상속인의 고유재산에 대하여 강제집행을 할 수 없다. 그런데 「민법」은 한정승인을 한 상속인(이하 '한정승인자')에 관하여 그가 상속재산을 은닉하거나 부정소비한 경우 단순승인을 한 것으로 간주하는 것(「민법」 §1026 3) 외에는 상속재산의 처분행위 자체를 직접적으로 제한하는 규정을 두고 있지 않기 때문에, 한정승인으로 발생하는 위와 같은 책임제한 효과로 인하여 한정승인자의 상속재산 처분행위가 당연히 제한된다고 할 수는 없다. 또한 「민법」은 한정승인자가 상속재산으로 상속채권자 등에게 변제하는 절차는 규정하고 있으나(「민법」 §1032 이하), 한정승인만으로 상속채권자에게 상속재산에 관하여 한정승인자로부터 물권을 취득한 제3자에 대하여 우선적 지위를 부여하는 규정은 두고 있지 않으며, 「민법」 제1045조 이하의 재산분리 제도와 달리 한정승인이 이루어진 상속재산임을 등기하여 제3자에 대항할 수 있게 하는 규정도 마련하고 있지 않다. 따라서 한정승인자로부터 상속재산에 관하여 저당권 등의 담보권을 취득한 사람과 상속채권자 사이의 우열관계는 「민법」 상의 일반원칙에 따라야 하고, 상속채권자가 한정승인의 사유만으로 우선적 지위를 주장할 수는 없다. 그리고 이러한 이치는 한정승인자가 그 저당권 등의 피담보채무를 상속개시 전부터 부담하고 있었다고 하여 달리 볼 것이 아니다(대법원 2007다77781, 2010.3.18.).

② 상속재산 파산선고 시 한정승인에 해당

피상속인의 사망 후 법원으로부터 한정승인을 받아 쟁점부동산을 취득한 것으로 나타나는 점, 상속재산 파산신청을 하여 파산선고결정을 받았으나 「채무자 회생 및 파산에 관한 법률」에서 상속재산에 대하여 파산선고가 있는 때에는 상속인은 한정승인한 것으로 본다고 규정하고 있는 점, 「민법」에 따른 한정승인은 상속인이 상속재산을 취득하면서 취득 재산의 한도에서 피상속인의 채무를 변제할 것을 조건으로 상속이 승인되는 것일 뿐이므로 상속포기를 하지 않은 이상 한정승인자의 상속재산도 취득세 과세대상이 되는 물건에 해당되는 점 등에 비추어, 청구인은 상속이 개시된 때 쟁점부동산을 취득하여 취득세 등의 납세의무가 성립되었다고 할 것이다(조심 2019지1661, 2019.6.12.).

③ 납세의무승계

한정승인 여부와 관계없이 피상속인의 납세의무 승계 시 상속받은 재산을 한도로 승계의무를 지울 수 있으므로 상속으로 얻은 재산 범위 내에서만 상속으로 인한 납세의무를 승계하도록 되어 있는바, 한정승인 시 상속재산 목록에 없는 재산이 추가로 확인되더라도 그 재산을 포함하여 상속으로 얻은 재산이 없는 경우 상속으로 인한 납세의무승계에 의해 상속인에게 부과를 할 경우 부과 자체가 잘못된 것으로 상속인의 고유재산에 압류를 하는 것은 잘못이다. 그런데 상속재산 현황과 추가 발견된 재산으로 인하여 상속재산이 있다면 상속으로 얻은 재산 범위 내에서만 납세의무승계를 지울 수 있는바, 주된 상속자에 대한 상속지분 범위 내에서만 피상속인의 체납액에 대하여 체납처분이 가능할 것이며, 이 경우 상속재산이 아닌 상속인의 고유재산에도 압류를 할 수 있다.[86]

> **사례** 한정상속 결정 내용과 상이한 경우 납세의무승계(조심 2012서2980, 2012.11.6.)
>
> 상속인은 상속이 개시된 때에 피상속인이 납부할 국세 등을 상속으로 인하여 얻은 재산을 한도로 하여 납부할 의무를 지는 것이므로 상속인이 상속을 포기(한정승인 상속)하여 얻은 재산이 없다면 납세의무를 승계하지 아니하는 것인바, 이 건의 경우 처분청이 결정한 상속재산가액이나 채무액이 법원의 한정상속 재산목록과 달리 나타나고, 심판청구과정에서 쟁점 임야의 처분대금에 대한 사용처를 추가로 제시하고 있어 청구인이 상속으로 인하여 얻은 재산의 가액이 불분명하다 할 것이므로, 처분청이 이를 다시 확인·조사하여 그 재산의 범위 내에서 청구인에게 양도소득세 납세의무를 승계시키는 것이 타당한 것임.

④ 취득세 등 납세의무

상속재산에 대하여 상속포기신고기한 내에 상속포기신고를 하지 아니하고 있다가 법원에 한정승인신고를 신청하여 수리됨에 따라 상속재산인 부동산을 취득하여 발생한 취득세 납세의무는 상속의 한정승인신고가 수리되었다거나 부동산이 매도되지 않았다는 사유로 그 납세의무를 면할

---

86) 상속인이 피상속인의 납세의무를 승계한 경우 상속개시 당시의 상속으로 인하여 얻은 재산가액의 범위 내에서 상속인의 고유재산에 체납처분을 할 수 있는 것임(징세 46101-575, 2002.12.3.).

수는 없는 것이다(행심 2002-306, 2002.8.26.).

이는 한정상속승인은 법원으로부터 한정상속 신고수리 후에는 피상속인의 사망 당시 상속인은 상속으로 인하여 취득할 재산의 한도에서 피상속인의 채무와 유증을 변제할 것을 조건으로 상속을 승인하는 효력이 있는 것이다. 한정상속승인은 상속포기와 달리 상속재산이 부채보다 클 경우 잔여부분은 상속인에게 귀속될 것을 전제로 한다는 점을 볼 때, 상속등기가 경료된 부동산은 상속인이 취득한 것에 해당하므로 사후적으로 부채에 모두 충당되었다 하더라도 이미 성립한 취득세는 납부하여야 하며(행심 2004-102, 2004.4.26., 지방세정팀-1003, 2006.3.14.), 그리고 재산세(부동산 등)와 자동차세(차량)도 납부할 의무가 있다.

> **사례** 한정승인 시 취득세 납세의무 있음(대법원 2006두1982, 2007.5.10.).
>
> 상속인이 한정승인을 한 경우에도 책임이 제한된 상태로 피상속인의 재산에 관한 권리·의무를 포괄적으로 승계하는 것이므로, 상속에 의하여 취득한 부동산이 취득세 비과세대상을 한정적으로 규정한 「지방세법」제110조 제3호 소정의 "1가구 1주택" 또는 "자경농지"에 해당하지 않는 한 상속인에게 그 부동산에 관한 취득세 납부의무가 있다고 할 것이다(대법원 2007.4.12. 선고, 2005두9491 판결 참조). 나아가 이러한 법리는 상속 부동산에 대한 근저당권자가 임의경매 개시결정을 받은 후 상속인을 대위하여 상속인들 명의로 상속등기를 마친 경우에도 마찬가지라고 할 것이며, 이와 같은 경우 취득세 납부의무가 상속채무에 속한다거나 상속인이 아닌 근저당권자에게 그 납부의무가 귀속된다고 할 수는 없고, 또 취득세가 경매절차에 필요한 집행비용으로서 부동산 매각대금에서 우선적으로 징수되어야 할 비용이라고 볼 수도 없다. 위와 같은 취지에서 원고들에게 이 사건 각 부동산에 관한 취득세 납부의무가 있음.

6) 유증

① 개요

'유증'이란 유언자가 유언에 의하여 자기의 재산을 수증자에게 사후에 무상으로 양도할 것을 그 내용으로 하는 단독행위이다. 유증의 법적 성질은 상대방 없는 단독행위인 사인행위로서, 생전의 증여는 성립과 동시에 효력이 발생한다는 점에서 사인행위인 유증과는 다르다. 또한 증여자의 사망에 의하여 효력이 생긴다는 점에서 사인증여와 동일하나 사인증여는 쌍방의 계약에 의하여 성립한다는 점에서 유증과는 차이가 있다.

이러한 유증은 특정유증과 포괄유증으로 구분된다. 특정유증은 양도할 재산상의 이익을 구체적으로 특정하여 유증의 내용으로 하는 것이며, 포괄유증은 적극적·소극적 재산을 모두 포괄하는 상속재산의 전부 또는 일부에 대한 유증을 말한다.

그러나 유증과 사인증여는 유사하므로 유증에 관한 「민법」의 규정이 사인증여에 준용되고 있다(「민법」§562). 다만 포괄적 유증을 받은 자는 상속인과 동일한 권리의무가 있다(「민법」§1078). 그런데 유증은 상속재산에 대하여 그 전부나 일부를 포괄 또는 특정의 명의로써 유증을 하게 되는 것으로서, 반드시 적극적인 상속재산에 관해서만 유증하는 것은 아니며 소극적인 재산인 채무를 면제시키는 것도 유증에 포함된다.

② **유증의 당사자**

　㉠ **수증자**

　　수증자는 유증을 받는 자로서 유언 중에 지정되어 있는 자를 말한다. 수증자의 자격에 대한 특별한 제한은 없으나, 수증자는 원칙적으로 유언자가 사망한 당시까지는 생존해 있어야 한다(「민법」 §1089 ①). 다만, 유언자의 의사로서 수증자의 상속인을 보충 수증자로 지정할 수는 있다. 수증자는 자연인과 법인이 있으며, 태아의 경우에는 유증에 관하여도 이미 출생한 것으로 본다(「민법」 §1064, §1000 ③). 또한 상속 결격의 원인은 수증 결격의 원인이 된다(「민법」 §1064, §1004). 유증의 경우에는 일반 증여와 구별하기 위하여 수유자라고 한다.

　㉡ **유증의무자**

　　유증의 효력은 유증자의 사망 시에 발행하므로 유증으로 인한 재산의 양도는 유증자 본인이 집행할 수 없다. 유증의무자는 유증을 이행할 의무를 지는 자를 말하는 것으로서, 일반적으로 상속인이지만 유언집행자, 포괄적 수증자, 상속인 없는 경우의 재산관리인 등이 담당하는 경우도 있다.

③ **포괄유증**

　포괄유증은 적극적·소극적 재산을 모두 포괄하는 상속재산의 전부 또는 일부에 대한 유증을 말한다.

　㉠ **상속인과 동일한 권리의무**

　　포괄적 수증자는 재산상속인과 동일한 권리의무가 있다(「민법」 §1078). 따라서 포괄적 수증자는 유언자의 권리의무를 포괄적으로 승계하지만, 유언자의 일신 전속적 권리는 승계되지 아니한다. 또한 포괄적 수증자와 상속인이 있거나, 포괄적 수증자가 다수인 경우에는 공동상속관계와 동일한 관계가 발생하므로 상속재산의 공유관계가 생기고 분할협의를 하게 된다(「민법」 §1013).

　㉡ **상속과 포괄적 유증의 차이**

　　상속과 포괄적 유증의 차이는 다음과 같다.

　　㉮ 법인도 수증자가 될 수 있다.

　　㉯ 유증에는 유류분권이 없으므로 특정유증은 포괄적 유증에 우선한다.

　　㉰ 포괄적 유증은 대습상속할 수 없으며, 상속분의 양수권도 없다.

　　㉱ 상속인이나 다른 포괄적 수증자가 포기한 경우에 상속과는 다르게 포괄적 수증자의 유증분은 증가하지 아니한다(「민법」 §1090).

④ **특정유증**

　㉠ **유증 목적물의 귀속시기**

　　'특정유증'이란 상속재산 중 구체적인 재산을 목적으로 하는 유증을 말한다. 특정유증은 포

괄유증과는 다르게 특정유증물이 상속재산으로 일단 상속인에게 귀속되며, 수증자는 상속인에 대하여 유증의 이행을 청구할 수 있는 권리를 취득하는 것이다. 따라서 특정유증의 완료는 재산권의 이행이 완료되어야 비로소 유증도 완료되는 것이다.

ⓛ **상속재산에 속하지 않은 권리의 유증**

유증의 목적이 되는 재산권이 유언자의 사망 당시에 상속재산에 속하지 않은 때에는 그 유증은 효력이 없다. 예외적으로 유언자가 유증의무자에게 그 권리를 취득하여 수증자에게 이전할 것을 유언하였다면 이러한 유증도 유효한 유증으로 인정되며, 유증의무자가 그 권리를 취득할 수 없거나 취득비용이 과다한 경우에는 그 가액으로 수증자에게 변상할 수 있다(「민법」 §1087).

ⓒ **특정유증의 승인과 포기**

포괄유증의 승인과 포기는 상속의 규정을 준용하지만 특정유증의 경우에는 그 성질상 준용되지 아니한다. 특정유증의 경우에는 유증을 받을 자는 유언자의 사망 후에 언제든지 유증을 승인 또는 포기할 수 있으며(「민법」 §1074 ①), 그 효력은 유언자가 사망한 때에 소급하여 효력이 있다(같은 조 ②). 이러한 유증의 승인이나 포기는 다시 취소하지 못한다(「민법」 §1075 ①). 포기로 인한 유증의 목적물은 유언자가 유언으로써 별도의 의사를 표시하지 않는 한 상속인에게 귀속된다(「민법」 §1090).

ⓔ **부담 있는 유증**

'부담 있는 유증'이란 수증자에게 재산적 이익을 주는 반면에 그와 함께 부담을 줄 수 있는 것이다. 이러한 부담 있는 유증은 유증의 효력을 발생 또는 소멸시키는 조건부 유증과 달리 부담의 불이행이 있더라도 유증의 효력이 당연이 상실되지는 않지만, 유증을 받은 자가 그 부담부분의 의무를 이행하지 않은 경우에는 상속인 또는 유언집행자가 법원에 유언의 취소를 청구할 수 있다(「민법」 §1111).

⑤ **상속인에게 한 유증, 상속인 여부와 관계없이 모든 포괄유증은 상속에 해당함**

유증이 포괄적 유증인가 특정유증인가는 유언에 사용한 문언 및 그 외 제반 사정을 종합적으로 고려하여 탐구된 유언자의 의사에 따라 결정되어야 하고, 통상은 상속재산에 대한 비율의 의미로 유증이 된 경우는 포괄적 유증, 그렇지 않은 경우는 특정유증이라고 할 수 있지만, 유언공정증서 등에 유증한 재산이 개별적으로 표시되었다는 사실만으로는 특정유증이라고 단정할 수는 없고 상속재산이 모두 얼마나 되는지를 심리하여 다른 재산이 없다고 인정되는 경우에는 이를 포괄적 유증이라고 볼 수도 있으며, 포괄적 유증을 받은 자는 「민법」 제187조에 의하여 법률상 당연히 유증받은 부동산의 소유권을 취득하게 되나 특정유증을 받은 자는 유증의무자에게 유증을 이행할 것을 청구할 수 있는 채권을 취득할 뿐이므로, 특정유증을 받은 자는 유증받은 부동산의 소유권자가 아니어서 직접 진정한 등기명의의 회복을 원인으로 한 소유권이전등기를 구할 수는 없는 점, 포괄유증의 경우에는 재산뿐만 아니라 채무도 승계되며, 상속 재산의 배분 등과 관련하여 다른 상속인과의 관계도 검토해 보아야 하므로, 유증의 승인 또는 포기 여부에는 상당한 시간적인 여유가 필요한 것임에도 일반적인 증여와 같이 60일 이내에 취득세를 신고하고 납부하도록 하는 것은 「지방세법」상 상속에 관한 규정의 입법 취지에도 맞지 아니한다(조심 2011지462, 2012.6.18.).

포괄적 유증을 받은 자는 상속인과 동일한 권리의무가 있으며(「민법」 §1078), 포괄유증은 수증자가 상속인이든 상속인이 아닌 자이든 상속으로 보고 있다(조심 2011지462, 2012.6.18.). 즉 포괄유증은 수증자가 상속인이든 상속인이 아닌 자이든 상속으로 보는 것이나, 포괄유증이 아닌 특정유증은 수증자가 상속인인 경우에만 상속으로 보고, 상속인 아닌 자인 경우에는 증여로 본다.

⑥ 유증에 대한 취득세와 등록면허세 과세

포괄유증은 수증자가 상속인이든 상속인이 아닌 자이든 상속으로 보는 것이나, 특정유증은 수증자가 상속인인 경우에만 상속으로 보고, 상속인 아닌 자인 경우에는 증여로 본다. 따라서 상속인이 취득세 과세대상 물건을 피상속인으로부터 특정유증으로 취득한 경우, 상속인 또는 상속인이 아닌 자가 포괄유증으로 취득한 경우에는 상속개시일이 속하는 달의 말일로부터 6개월이나, 상속인이 아닌 특정유증 예를 들어 손자가 조부로부터 특정유증에 의하여 취득한 경우로서 부가 생존하여 있다면 위 규정의 "피상속인으로부터 상속인에게 한 유증"에 해당되지 않으므로 상속개시일로부터 60일 이내(소유권이전등기 시 등기일)에 취득세를 신고납부하여야 한다(세정 13407-134, 1999.11.10.).

그리고 피상속인이 상속인에게 한 특정유증, 상속인 여부와 관계없이 모든 포괄유증인 경우에는 상속으로 보아 「지방세법」 제11조 제1항 제1호의 세율을 적용하여 산출한 세액을 취득세로 신고납부하고, 상속인이 아닌 자에게 한 특정유증은 무상취득에 해당하므로 부동산가액의 3.5%를 취득세로 신고납부하여야 한다(세정 13407-91, 2001.1.20.).

⑦ 유증과 상속주택

법정 상속인이 아닌 자가 유증주택을 유증받았다 하더라도 이를 상속으로 볼 수 없으므로 상속주택으로 보아 비과세 여부를 판단하지 아니한다.

> **사례** 법정상속인 아닌 자가 유증 취득한 경우 상속주택 아님(조심 2013중2649, 2013.8.12.).
>
> 상속주택에 대한 1세대 1주택 특례는 피상속인의 사망으로 재산상의 법률관계를 포괄적으로 승계 받게 되어 본의 아니게 1세대 2주택이 된 결과 1세대 1주택 비과세혜택이 소멸되는 불이익을 구제 하자는 것이 그 취지인 반면, 재산을 구체적으로 특정하여 유증하는 특정유증재산은 당사자의 의사 와 무관하게 이루어지는 상속과는 달리 당사자 간의 의사에 의한 것이므로, 상속인이 아닌 자가 유증 받은 주택을 관련규정에 의한 상속주택으로 볼 수 없음.[87]

---

87) 국세청의 해석 사례에서 2011.4.10. 이전에는 상속주택의 범위에 "유증 또는 증여자의 사망으로 인하여 효력을 발생하는 증여주택을 포함"하는 것으로 일관되게 해석하고 있었는데, 2011.4.11.에 유증(특히, 각 재산을 구체 적으로 특정하여 유증하는 특정유증)은 당사자의 의사와 무관하게 이루어지는 상속과 달리 당사자 간의 의사 에 의한 것이므로, 상속인이 아닌 자가 유증받은 주택을 상속주택으로 볼 수 없는 것으로 해석을 변경하여 현 행 적용하고 있다.

7) 유류분

① 개요

상속으로 인한 상속재산의 취득은 물론 유류분반환을 통한 취득 시에도 상속에 해당하는 것이다. 이는 「민법」 제1112조에 규정에 의거 상속인의 유류분은 다음과 같다.

ⓐ 피상속인의 직계비속은 그 법정상속분의 2분의 1
ⓑ 피상속인의 배우자는 그 법정상속분의 2분의 1
ⓒ 피상속인의 직계존속은 그 법정상속분의 3분의 1
ⓓ 피상속인의 형제자매는 그 법정상속분의 3분의 1

「민법」 제1117조는 유류분반환청구권은 유류분 권리자가 상속의 개시와 반환하여야 할 증여 또는 유증을 한 사실을 안 때로부터 1년 내에 하지 아니하면 시효에 의하여 소멸한다고 규정하고 있는바, 여기서 "반환하여야 할 증여 등을 한 사실을 안 때"라 함은 증여 등의 사실 및 이것이 반환하여야 할 것임을 안 때라고 해석하여야 하므로, 유류분 권리자가 증여 등이 무효라고 믿고 소송상 항쟁하고 있는 경우에는 증여 등의 사실을 안 것만으로 곧바로 반환하여야 할 증여가 있었다는 것까지 알고 있다고 단정할 수는 없을 것이나, 「민법」이 유류분반환청구권에 관하여 특별히 단기소멸시효를 규정한 취지에 비추어 보면 유류분 권리자가 소송상 무효를 주장하기만 하면 그것이 근거없는 구실에 지나지 아니한 경우에도 시효는 진행하지 않는다 함은 부당하므로, 피상속인의 거의 전 재산이 증여되었고 유류분 권리자가 위 사실을 인식하고 있는 경우에는, 무효의 주장에 관하여 일응 사실상 또는 법률상 근거가 있고 그 권리자가 위 무효를 믿고 있었기 때문에 유류분반환청구권을 행사하지 않았다는 점을 당연히 수긍할 수 있는 특별한 사정이 인정되지 않는 한, 위 증여가 반환될 수 있는 것임을 알고 있었다고 추인함이 상당하다.

유류분반환청구의 의사표시는 침해를 받은 유증 또는 증여행위를 지정하여 이에 대한 반환청구의 의사를 표시하면 그것으로 족하고 그로 인하여 생긴 목적물의 이전등기청구권이나 인도청구권 등을 행사하는 것과는 달리 그 목적물을 구체적으로 특정하여야 하는 것은 아니며, 「민법」 제1117조 소정의 소멸시효의 진행도 위와 같은 의사표시로 중단된다.

유류분 권리자가 소멸시효기간의 경과 이전에 사인증여가 무효라고 주장하면서 이를 전제로 수증자에게 수증자가 보관 중인 망인 명의의 예금통장 및 인장의 교부와 망인 소유의 금원 중 수증자가 임의로 소비한 금액의 반환을 구하였다 하더라도, 이러한 주장이나 청구자체에 그와 반대로 위 사인증여가 유효임을 전제로 그로써 자신의 유류분이 침해되었음을 이유로 하는 유류분반환의 청구가 포함되어 있다고 보기는 어렵다(대법원 2000다66447, 2001.9.14.).

유류분반환청구의 목적인 증여나 유증이 병존하고 있는 경우에는 유류분 권리자는 먼저 유증을 받은 자를 상대로 유류분 침해액의 반환을 구하여야 하고, 그 이후에도 여전히 유류분 침해액이 남아 있는 경우에 한하여 증여를 받은 자에 대하여 그 부족분을 청구할 수 있는 것이며, 사인증여의 경우에는 유증의 규정이 준용될 뿐만 아니라 그 실제적 기능도 유증과 달리 볼 필요가 없으므로 유증과 같이 보아야 할 것이다(대법원 2001다6947, 2001.11.30.).

② 유류분에 대한 취득세와 등록면허세 과세

법정상속인들이 상속재산 유류분반환청구소를 제기하여 유류분을 반환받아 소유권 이전등기를 이행하는 경우 상속을 원인으로 상속재산을 반환받아 재산상의 지위를 회복하는 것이므로 상속개시일을 취득의 시기로 보아야 할 것이고, 등록면허세는 상속으로 인한 세율을 적용한다(도세 −115, 2008.3.20.).

③ 유류분에 대한 취득세 가산세

유류분반환청구권을 행사하여 법원의 판결에 따라 유류분을 반환한 경우 당초에 유류분 지분만큼 납부한 취득세는 환급대상이 될 것이며, 유류분을 반환받아 상속 부동산을 취득하는 경우 상속개시일이 속하는 달의 말일로부터 6개월이 경과하였다면 「지방세법」 제21조에 따른 가산세를 부과하는 것으로 해석하여 왔었다(지방세운영과−846, 2009.2.25.).

그런데 취득세 납부 후 다른 상속인으로 등기를 하는 경우라고 하더라도 「민법」 제1013조 제1항에서 공동상속인은 언제든지 그 협의에 의하여 상속재산을 분할할 수 있고, 「민법」 제1015조에서는 상속재산분할의 효과는 상속 개시된 때에 소급하여 그 효력이 발생되며, 상속재산에 대하여 협의분할이 이루어지지 않은 상태에서 상속인 공동명의로 취득세를 납부한 후 공동상속인 상호간에 상속재산에 관하여 협의분할이 이루어짐으로써 공동상속인 중 1인이 당초 상속분을 초과하는 재산을 취득하게 되었다고 하여도 이는 2013년 이전 납세의무성립분은 다른 공동상속인으로부터 증여받은 것이 아닌 상속개시 당시에 피상속인으로부터 승계받은 것으로 보아야 한다. 취득세 납부 후 다른 상속인으로 등기를 하는 경우라고 하더라도 가산세는 부과대상이 아니다(등기한 경우에는 제외 : 행정자치부 인터넷 상담, 2011.10.13.). 한편, 2014.1.1. 이후 상속등기를 한 후 일정의 경우를 제외하고는 재분할협의를 한 경우에는 증여로 보아 취득세를 과세하는 것으로 개정되었다.

유권해석에서는 유류분 상속을 받은 자에게 신고납부기한 경과 시 가산세를 부과하는 것으로 하고 있으나, 인터넷 상담을 살펴보면 등기를 하지 아니한 경우에는 가산세를 부과하지 아니하는 것으로 해석하여야 할 것이다. 그런데 등기를 한 경우라 하더라도 가산세를 부과하는 것은 논란의 쟁점이 된다. 그 이유는 신고납부기한 이내에 신고납부가 불가능하였기 때문으로 이는 정당한 사유가 있는 것으로 보아 가산세를 감면하여야 할 것이기 때문이다.

유류분 지분만큼 당초 상속인에게 환급처리를 하여야 할 것이고, 유류분 상속을 받은 자에게 수시부과를 하여야 할 것이다. 그리고 유류분으로 상속재산을 취득하더라도 이는 상속개시일이 취득시기가 되는 것이다.

8) 사인증여

① 개요

「민법」에서는 상속의 범위를 피상속인이 사망한 경우에, 그가 생전에 가지고 있던 재산상의 권리의무가 법률상 당연히 일정한 범위의 혈족과 배우자에게 포괄적으로 승계되는 것을 말하고, 법인은 상속능력을 가지지 못하지만 다만 포괄유증에 의하여 수유능력을 가지고 있는 것이다.

사인증여는 증여자의 생전에 증여인의 의사표시에 의한 증여계약을 하고 그 계약의 효력은 증여자의 사망을 법정조건으로 하는 사인행위로서, 증여자와 수증자와의 계약을 통하여 특정승계가 이루어진다는 점에서 피상속인의 사망으로 그가 가진 재산상의 권리의무가 법률상 당연히 혈족과 배우자에게 포괄적으로 승계되는 상속과 보다 명확히 구별되는 증여이고, 증여자가 사망하면 수증자와 증여자의 상속인들이 공동으로 증여를 원인으로 하는 등기신청을 하게 되는 것이다.

상속의 범위에 대하여 「지방세법」 상 세목별로 각각 달리 적용 범위를 규정하고 있어서 상속의 범위에 유증이 포함되는 경우에는 사인증여도 이에 해당하는 것이나 상속의 범위를 개별 규정에서 한정하고 있는 경우에는 세목별 규정을 감안하여 적용하여야 하는 것이다. 그러므로 재산세, 자동차세와 같이 별도의 상속의 범위를 두고 있지 아니하는 경우라면 「민법」 상의 상속의 범위와 같이 적용하여야 함으로 사인증여로 상속인이 아닌 제3자나 법인이 피상속인으로부터 상속재산을 취득하는 경우에는 증여로 보아야 하는 것이다(대법원 2000다66430, 66447, 2001.9.14.).

「지방세기본법」의 상속인의 납세의무승계 규정에서는 상속자에 "수유자"를 포함하나, 「지방세법」 제7조 제7항의 취득세와 등록면허세 규정에서는 피상속인으로부터 상속인에게 한 유증, 포괄유증에 대하여만 상속으로 본다고 규정하고 있다. 그런데 포괄적 유증은 상속인과 동일한 권리의무가 있지만 포괄적 사인증여에서는 상속인과 동일한 권리의무가 없다(대법원 94다37714, 1996.4.12.). 따라서 「상속세 및 증여세법」 상의 규정에서 사인증여를 상속으로 의제하는 별도의 규정이 있어서 사인증여를 상속과 동일하게 보고 있으나, 「지방세법」에서는 사인증여를 상속으로 보지 아니한다. 한편, 「지방세기본법」의 상속인의 납세의무승계 규정에서는 상속자에 수유자를 포함하고 있고, '수유자'라 함은 유언에 의하여 유증을 받을 자로 정하여진 자를 말하며, 수유자에는 사인증여(「민법」 §562)를 받는 자를 포함한다. 여기서 '사인증여'라 함은 증여자의 사망으로 효력을 발생하는 증여를 말한다(지기통 42-3)라고 규정되어 있어서 사인증여에 의한 수유자도 상속인의 납세의무승계 규정이 적용되는 것이다.

사례 상속인 아닌 자가 사인증여로 취득하는 경우(대법원 2013두6138, 2013.10.11.)

구 「지방세법」(2005.12.31. 법률 제7843호로 개정되기 전의 것, 이하 같다) 제131조 제1항 제1호, 제2호 규정의 문언 내용과 관련 규정의 개정 연혁, 상속인 아닌 자가 사인증여로 인하여 부동산의 소유권을 취득하는 경우를 일반적인 증여로 인하여 부동산의 소유권을 취득하는 경우와 달리 취급할 합리적인 이유를 찾기 어려운 점 등을 종합해 보면, 상속인 아닌 자가 사인증여로 인하여 부동산의 소유권을 취득하는 것은 구 「지방세법」 제131조 제1항 제2호에서 규정한 '상속 이외의 무상으로 인한 소유권의 취득'에 해당하여 '부동산가액의 1,000분의 15'의 등록세율이 적용된다고 보는 것이 타당하며, 구 「지방세법」(2005.12.31. 법률 제7843호로 개정되기 전의 것, 이하 같다) 제120조 제1항의 문언 내용과 관련 규정의 개정 연혁, 상속으로 인한 취득에 대하여 6월의 신고납부기간을 정한 것은 민법 제1019조 제1항이 상속인에게 상속포기 등을 선택할 수 있는 기간을 부여하고 있음을 고려한 것으로 보이는 점 등을 종합해 보면, 상속인 아닌 자가 사인증여로 취득세 과세물건을 취득한 경우 구 「지방세법」 제120조 제1항에 따른 취득세의 신고·납부는 증여자의 사망일로부터 30일 이내에 하여야 한다고 해석하는 것이 타당함.

② 유증의 방식 규정이 사인증여에 준용되지 아니함

「민법」제562조는 사인증여에 관하여는 유증에 관한 규정을 준용하도록 규정하고 있지만, 유증의 방식에 관한 「민법」제1065조 내지 제1072조는 그것이 단독행위임을 전제로 하는 것이어서 계약인 사인증여에는 적용되지 아니하고, 망인의 재산 분배가 이와 같이 증여자와 수증자들 사이에 의사교환 및 조정을 거쳐 이루어진 것이라면 이는 단독행위가 아니라 증여계약으로 봄이 타당하다(대법원 2000다66430, 66447, 2001.9.14.).

③ 상속인과 동일한 권리의무 규정이 포괄적 사인증여에도 준용되지 아니함

「민법」제562조가 사인증여에 관하여 유증에 관한 규정을 준용하도록 규정하고 있다고 하여, 이를 근거로 포괄적 유증을 받은 자는 상속인과 동일한 권리 의무가 있다고 규정하고 있는 「민법」제1078조가 포괄적 사인증여에도 준용된다고 해석하면 포괄적 사인증여에도 상속과 같은 효과가 발생하게 된다. 그러나 포괄적 사인증여는 낙성·불요식의 증여계약의 일종이고, 포괄적 유증은 엄격한 방식을 요하는 단독행위이며, 방식을 위배한 포괄적 유증은 대부분 포괄적 사인증여로 보여질 것인바, 포괄적 사인증여에 「민법」제1078조가 준용된다면 양자의 효과는 동일하게 되므로, 결과적으로 포괄적 유증에 엄격한 방식을 요하는 요식 행위로 규정한 조항들은 무의미하게 된다. 따라서 「민법」제1078조가 포괄적 사인증여에 준용된다고 하는 것은 사인증여의 성질에 반하므로 준용되지 아니한다(대법원 94다37714, 1996.4.12.).

④ 사인증여에 대한 취득세와 등록면허세 과세

상속인이 아닌 제3자나 법인이 피상속인으로부터 부동산을 사인증여받는 경우에는 「지방세법」제7조 제7항에서 규정한 상속으로 볼 수 없다고 할 것이므로 상속 이외의 무상취득에 해당하는 세율로 취득세와 등록면허세를 신고납부하여야 한다(세정과-6041, 2006.12.6. 참조).

9) 상속에 따른 세율특례(1가구 1주택과 자경농지)

피상속인으로부터 상속에 의하여 상속인이 취득하는 부동산이 1가구 1주택이거나 자경농민의 농지인 경우에는 세율특례가 적용되어 표준세율에서 중과기준세율을 차감한 나머지 세율로 취득세를 과세하고 있다.

1가구 1주택과 자경농민의 농지의 판단은 세율의 특례(지법 §15)편을 참고하기 바란다.

10) 자치단체 귀속을 위한 상속등기에 대한 취득세 비과세 여부

과거 도시계획시설사업(도로)시행에 따라 토지 보상이 완료되었으나 지방자치단체로 소유권 이전등기가 누락된 채 소유자가 사망하거나 토지분할등기가 누락되어, 상속인들로부터 지방자치단체로 소유권을 귀속시키겠다는 협의서 등을 징구하여 상속등기 또는 소유권 보존등기를 진행하는 경우 이는 자치단체에 귀속시키기 위한 것으로 보아서 취득세 및 등록면허세를 비과세하는 것이다(부동산세제과-153, 2020.1.20.).

(4) 리스

「여신전문금융업법」에 따른 시설대여업자가 건설기계나 차량의 시설대여를 하는 경우로서 같은 법 제33조 제1항에 따라 대여시설이용자의 명의로 등록하는 경우라도 그 건설기계나 차량은 시설대여업자가 취득한 것으로 본다. 여기서 건설기계와 차량에 한하여 이 규정이 적용됨에 유위하여야 할 것이다. 종전에는 항공기와 선박도 포함되어 있었으나, 현행에서는 이를 삭제하였는데 그 이유는 「선박법」과 「항공법」을 살펴보면 소유자가 등록하도록 되어 있으므로 시설대여업자만 등록하여야 할 것으로 판단된다. 이로 인하여 시설대여업자 외에는 등록할 수가 없으므로 군이 별도의 규정을 둘 필요가 없다는 것이다.

1) 금융리스

비록 운용리스가 아닌 금융리스라 하더라도 리스료는 임차료에 해당하는 것이지만, 기업회계와 「법인세법」에서는 실질을 중요시 하여 금융리스를 대여시설이요자의 장부상에 자산으로 처리하고 있다. 그렇다고 하여 소유권이 대여시설이용자에게 있는 것은 아니며, 차량이나 건설기계를 관련 법령에 의하여 대여시설이용자 명의로 등록하는 경우라도 마찬가지이다.

취득세에서 소유권자는 대여시설이용자가 아니므로 리스회사가 소유권이 있으므로 리스회사가 취득세 납세의무가 있는 것이고, 대여시설이용자는 취득세 납세의무가 없는 것이다. 한편, 할부계약은 할부대상 과세물건의 소유자는 할부금융회사가 아닌 할부금융을 이용하는 자이므로 할부금융이용자가 취득세 납세의무가 있는데, 이는 리스와는 차이가 있다.

상기와 같은 이유로 「여신전문금융업법」에 따른 시설대여업자가 건설기계나 차량의 시설대여를 하는 경우 대여시설이용자의 명의로 등록하는 경우라도 그 건설기계나 차량은 시설대여업자가 취득한 것으로 보는 것이다.

리스기간 종료 시에 대여시설이용자가 염가구매선택권 등에 의하여 리스자산을 취득한 경우 비로소 대여시설이용자(소유자)가 취득세 납세의무가 있는 것이다. 그런데 대여시설이용자가 염가구매선택권 등을 이용하여 리스자산을 취득하는 경우에는 무상취득이 아니라 리스계약서 등에 의하여 매매대금(리스보증금과 상계 등 정산함)이 존재하고 있으므로 유상승계에 해당하는 것이다. 따라서 무상취득으로 과세표준으로 삼는 것은 잘못이다.

2) 항공기, 선박의 리스

① 항공기, 선박의 등록

차량, 건설기계는 시설대여업자가 납세의무자가 된다는 규정이 적용되고 선박이나 항공기의 경우 시설대여업자가 납세의무자가 된다는 규정이 적용되지 아니한다(지법 §7 ⑨). 한편, 외국인 소유인 과세대상 물건 중 차량, 건설기계, 선박, 항공기는 「지방세법」 제7조 제6항의 경우 수입하는 자가 납세의무자가 되는 것이다.

따라서 내국인 소유 선박이나 항공기를 시설대여하는 경우에는 시설대여업자가 잔금을 지급하는 날에 취득세 납세의무가 있는 것이며, 대여시설이용자 명의로 등록하는 경우에 한하여 등록하는 날에 취득세 납세의무가 있는 것이므로 각각 취득세 납세의무가 있는 것이다(시설대여업자 명의로 등록하는 경우 취득세 납세의무가 없음). 예를 들어 내국인 소유 선박과 항공기를 시설대여업자가 잔금을 지급한 시점에 시설대여업자가 취득세 납세의무가 있는 것이다. 그런데 선박과 항공기 등록을 시설대여업자 명의로 등록한 경우에는 별도의 취득세 납세의무가 없으나, 대여시설이용자 명의로 등록하였다면 세율특례 규정이 없으므로 등록일에 취득세 납세의무가 별도로 있는 것이다.

그런데 건설기계나 차량의 경우에는 시설대여업자가 취득세를 중과기준세율(2%)을 적용하여 신고납부하여야 하므로(지법 §15 ② 5) 시설대여업자는 취득세 중 구 취득세분(2%)만 신고납부하고, 대여시설이용자는 등록면허세를 신고납부하여야 하는 것이다. 한편, 건설기계나 차량을 등록한 대여시설이용자가 그 시설대여업자로부터 취득하는 건설기계 또는 차량의 취득의 경우에는 중과기준세율(2%)을 적용한 취득세를 신고납부하여야 하는 것이다(지령 §30 ② 4).

② 항공기의 임차권 등록

㉠ 내국인 소유

「항공법」에서는 항공기를 소유하거나 임차하여 항공기를 사용할 수 있는 권리가 있는 자("소유자 등")는 항공기를 국토해양부장관에게 등록하여야 한다라고 되어 있는바, 대여시설이용자 명의로는 등록이 되지 아니할 것이나 임차권은 등록할 수 있을 것이므로 신규로 임차권을 등록한 시점에 등록면허세 납세의무가 있는 것이고, 임차인의 변경은 새로운 임차권 등록이 아니고 이미 등록된 임차권의 권리를 변경하는 것이므로 등록면허세 과세대상이 되지 아니할 것이다. 즉 소유권이전은 실제 소유자가 변경되는 것을 말하므로 임차인 변경은 이에 해당되지 아니할 것으로 판단된다. 단, 임차권이 새로 갱신되는 경우에는 등록면허세 납세의무는 있는 것이다.

참고로, 항공기의 등록면허세 세율규정에서는 소유권이전 등의 구분이 없이 등록으로만 규정되어 있다(지법 §28 ① 13).

㉡ 외국인 소유

리스물건의 소유권은 외국리스회사에 있지만 국내에서의 취득행위가 없었기 때문에 외국리스회사에게는 취득세 납세의무가 발생하지 아니한다. 내국인 소유가 아닌 외국인 소유 소유권을 이전받는 조건으로 임차한 항공기는 수입하는 자가 취득세 납세의무가 있는 것이고, 연부취득으로 임차한 경우 취득세는 중과기준세율(구 취득세분)을 적용하는 것이고, 등록 시 등록면허세를 부담하는 것이다.

> **사례** 시설대여이용자 변경은 취득세 과세대상 아님(지방세정팀-3080, 2006.7.18.).
> 「여신전문금융업법」에 의한 시설대여업자가 차량, 기계장비 등을 시설대여하는 경우에는 그 등기 또는 등록명의에 불구하고 시설대여업자를 납세의무자로 본다고 규정하고 있고, 「여신전문금융업

법」 제33조 제1항에서 시설대여업자가 건설기계 또는 차량의 시설대여 등을 하는 경우에는 「건설기계관리법」 또는 「자동차관리법」에 불구하고 대여시설이용자(연불판매의 경우 특정물건의 소유권을 취득한 자를 제외한다. 이하 같다)의 명의로 등록할 수 있다고 규정하고 있으므로, 「여신전문금융업법」에 의한 시설대여업자(리스회사)인 B사가 자기의 명의로 등록된 선박을 대여시설이용자인 A사에 시설대여 중 A사의 사정으로 리스계약을 해지하고 다른 대여시설이용자인 C사와 리스이용계약을 체결한 경우라도 관계법령에 의하여 선박소유자명의가 변경등록되지 아니한 경우에는 사실상 소유자가 변경된 것이 아니므로 취득세와 등록세의 납세의무가 없음.

☞ 현행은 항공기, 선박의 경우에는 시설대여업자가 취득세 납세의무자라는 규정은 없으나, 종전에는 규정되어 있었으므로 시설대여이용자 변경은 취득세와 등록세 납세의무가 없다라는 것인데, 이를 항공기 시설대여의 경우에도 적용할 수 있을 것이므로 대여시설이용자 변경은 취득세와 등록면허세 과세대상이 되지 아니할 것임.

ⓒ 소유자가 외국인으로 이전되는 경우

항공기 소유자가 외국인인 경우에는 수입하는 자(대여시설이용자 또는 리스회사)가 취득하는 것으로 보도록 규정되어 있는바, 소유자가 외국인에서 외국인으로 이전하는 것은 취득세 납세의무와 등록면허세 납세의무는 없는 것으로 판단된다. 만약 외국인이 내국인에게 전부 또는 일부의 지분을 이전한 경우라면 당연히 내국인은 취득세 납세의무가 있는 것이며, 이 경우 시설대여이용자 명의로 등록되어 있는 경우라면 등록면허세는 부과되지 아니하는 것이다. 한편, 시설대여자의 변경은 새로운 소유권등록이 아니고 이미 등록된 시설이용자의 임차권 등록상의 소유권자만 변경하는 것이므로 등록면허세 과세대상이 되지 아니할 것이다.

사례 시설대여 물건에 대한 납세의무자 판단(행자부 세정 13407-1305, 2000.11.14.)

시설대여 물건을 소유하고 있는 외국법인이 동 물건을 다른 외국법인에게 양도하였더라도 국내의 대여시설이용자인 국내항공사가 동 물건을 계속해서 시설대여로 사용하는 경우라면 그 물건을 인수받은 외국법인에게는 취득세 납세의무가 없음.

☞ 외국 시설대여법인으로부터 시설대여하는 물건에 대하여는 국내에서 소유권 취득행위가 없고 이용자로부터의 취득이 아니므로 납세의무가 없는 것임.

(5) 기계장비와 차량의 대여 또는 지입

기계장비나 차량을 기계장비 대여업체 또는 운수업체의 명의로 등록하는 경우(2015.7.24. 이후 영업용으로 등록하는 경우로 한정)라도 해당 기계장비나 차량의 구매계약서, 세금계산서, 차주대장(車主臺帳) 등에 비추어 기계장비나 차량의 취득대금을 지급한 자가 따로 있음이 입증되는 경우 그 기계장비나 차량은 취득대금을 지급한 자가 취득한 것으로 본다.

1) 대여

「지방세법」 제20조 제1항에서 취득세 과세물건을 취득한 자는 그 취득한 날부터 60일 이내에 신고납부하도록 규정하고 있고, 제4항에서 재산권과 그 밖의 권리의 취득·이전에 관한 사항을 공부에 등록하려는 경우에는 그 등록 전까지 취득세를 신고납부하여야 한다고 규정하고 있으므로 자동차 대여사업자(법인)가 자동차 취득 후 60일 이내 자동차를 등록하는 경우라면 자동차 등록 전까지 취득세를 신고납부하여야 할 것이다(지방세운영과-655, 2011.2.14.).

2) 지입

개인 차주가 「화물자동차 운수사업법」상 일반 화물자동차 운송사업이 등록기준 요건을 갖추기 위해 해당 화물자동차에 대하여 같은 법 제40조(경영의 위탁)의 규정에 따라 운송사업자인 법인(지입회사)명의로 등록한 후 위탁관리계약을 체결하고, 해당 차량에 대한 사업자등록을 개인 차주 명의로 하여 자기계산 하에 독립적으로 운송사업을 영위하고 있다.[88] 이 경우 지입차주에게는 2%의 취득세를, 지입회사는 2%(영업용)의 등록면허세를 부과하여야 할 것이다(지법 §15 ② 6). 지입차량이 되기 위해서는 화물자동차 운송사업용의 차량이 되어야 할 것으로 판단된다. 즉 영업용으로 등록이 되어야 하는 것을 전제로 할 것으로서, 자가용인 경우에는 지입차량이 될 수 없다.

① 지입 회사 변경

사실상 차량 소유주인 지입 차주 변동이 없이 운수회사명의만 변경되는 것이라면 취득세 납세의무가 없으나 등록면허세의 경우 지입 차주의 소유 차량은 형식적으로는 이전등록이나 사실상으로 소유권변동이 없는 기타 등록에 해당된다(세정 13407-446, 2001.4.21.).

② 지입 차량을 실소유자명의로 등록한 경우

지입 차량을 실소유자명의로 등록한 경우에도 외형적으로 등기 또는 등록의 요건을 갖추어서 과세요건을 충족하는 것이므로 취득세 납세의무는 없으나, 차량을 취득하였는지 여부에 관계없이 실지 소유자에게 등록면허세 납세의무가 있다. 이 경우 단순한 변경등록으로 보아 매 1건당 15,000원(2013년 이전 7,500원)의 등록면허세가 부과되는 것이다(행심 2001-280, 2001.5.28., 세정 13407-1164, 2000.10.5.).

③ 취득시기

지입 회사가 차량을 등록하였다 하더라도 지입 차주는 지입 회사가 등록하기 전까지 취득세를 신고납부하여야 할 것으로 판단된다. 그 이유는 취득자가 등록하는 경우라고 한정되어 규정되어 있지 아니하기 때문이다.

---

88) 「화물자동차 운수사업법」제40조【경영의 위탁】
① 운송사업자는 화물자동차 운송사업의 효율적인 수행을 위하여 필요하면 다른 사람(운송사업자를 제외한 개인을 말한다)에게 차량과 그 경영의 일부를 위탁하거나 차량을 현물출자한 사람에게 그 경영의 일부를 위탁할 수 있다.

(6) 대위등기와 촉탁등기

1) 대위등기

'대위등기'란 등기할 권리자가 등기를 하지 아니하였을 때에, 그 등기권리자에 대하여 일정한 권한이 있는 자가, 대신해서 등기신청하는 행위를 말한다. 즉 대위한 제3자가 타인의 법률상 지위에 대신하여 그가 가진 권리를 취득하거나 행사하는 일을 말하며, 등기권리자 또는 등기의무자 대신해서 행하는 등기를 대위등기라고 한다. 등기권리자 또는 등기 의무자인 본인의 대리를 맡아 행하는 대리인에 의한 등기는 대위등기라 할 수 없다.

채무자의 은닉재산이나 실익있는 권리행사를 위해 명시를 함으로써 제3자에게 대항할 수 있다. 채무자가 채무 회피를 목적으로 미등기한 부동산에 대하여 채권자가 등기를 하는 채권자 대위등기, 전세권자의 대위등기가 일반적이다.[89]

2) 촉탁등기

당사자의 신청이 아니라 법률이 정한 규정에 따라 법원이나 행정기관 등이 등기소에 위임하여 하는 등기를 촉탁등기라고 하는데 파산이나 경매신청의 등기, 예고등기 등이 있다. 즉 촉탁등기는 어느 관공서가 직무상 필요한 사무가 다른 관공서에 속하는 경우 다른 관공서에 그 사무의 처리를 위임하는 것으로서 하는 등기이다.

3) 납세의무자

"갑"소유의 미등기건물에 대하여 "을"이 채권확보를 위하여 법원의 판결에 의한 소유권보존등기를 "갑"의 명의로 등기할 경우의 취득세 납세의무는 "갑"에게 있다.

법원의 가압류 결정에 의한 가압류등기의 촉탁에 의하여 그 전제로 소유권보존등기가 선행된 경우 취득세 미납부에 대한 가산세 납세의무자는 소유권보존등기자이다.

4) 취득시기

취득일 전에 소유권이전 등기 또는 등록을 한 경우 그 등기일 또는 등록일에 취득한다는 규정은 무상취득, 유상승계취득과 연부취득의 경우에만 적용되는 것으로 원시취득의 경우에는 적용되지 아니한다(지령 §20 ⑪)라고 규정되어 있지만, 취득일 이전에 채권자 대위가처분등기 촉탁으로 인한 소유권보존등기가 경료되었다 하더라도 건축허가를 받아 건축하는 건축물에 있어서는 사용검사필증교부일(임시사용승인일, 사실상 사용일 중 빠른 날)이 취득시기가 되는 것이므로 건축허가를 받아 건축 중인 건축물이 채권자의 대위등기 또는 촉탁등기에 의하여 소유권보존등기가 된 경우라 하더라도 건축물의 미완성 등으로 사용승인서(임시사용승인 포함)를 교부받지

---

89) 「민법」 제404조(채권자대위권)
  ① 채권자는 자기의 채권을 보전하기 위하여 채무자의 권리를 행사할 수 있다. 그러나 일신에 전속한 권리는 그러하지 아니한다.

않거나 또는 사실상 사용하지 않은 경우에는 건축주가 해당 건물을 취득한 것으로 볼 수 없다(세정과-1735, 2004.6.25.). 따라서 등기일이 아닌 사용검사필증교부일과 임시사용승인일 사실상 사용일 중 빠른 날이 건축주의 원시취득시기가 된다(세정 13407-203, 2003.3.15.).

5) 취득세와 등록면허세 신고납부

등록면허세 소유권보존등기 세율적용 대상은 건축물 최초 납세의무성립시점인 원시취득 전에 소유권보존등기 또는 소유권이전등기를 하는 경우 취득과 무관한 등기를 하는 경우로 등록면허세를 납부하고 등기를 하기 위한 것으로 건축물 준공 전 타인에 의하여 대위등기하는 경우 등이 이에 해당된다. 따라서 건축물 준공 전 등록면허세를 납부하고, 취득 시에 「지방세법」 제15조 세율특례를 적용하여 구 취득세분만 납부하면 되는 것이다.

6) 등록면허세 가산세

촉탁에 의한 보존등기 이전에 등록면허세 신고를 하였다면 등록면세에 대하여는 납부지연가산세(2023년 이전은 납부불성실가산세)를, 신고도 하지 아니하였다면 무신고가산세와 납부지연가산세(2023년 이전은 납부불성실가산세)도 부과하는 것으로 해석할 수 있으나, 심판례(조심 2008지321, 2008.9.25.)에 따르면 "건축물에 대한 소유권보존등기 및 등록면허세 납세의무의 발생여부를 알 수 없는 납세자에게 등록면허세 신고납부의 이행을 기대하는 것은 무리라 인정되는바, 건축물에 대한 등록면허세를 부과하면서 가산세를 부과한 처분은 부당하다라고 결정하고 있는바, 가산세를 부과하는 것은 잘못된 것이라 판단된다. 종전의 심사례에서도 동일하게 결정하고 있다.

(7) 공동사업

1) 공동사업자의 토지

공동사업의 경우 과세관청에서 공동사업자에게 취득세 과세를 하여야 한다라고 주장하는 경우가 있는바, 공동사업으로 공동사업자등록이 되어 있으나 취득 주체가 별도의 인격체(개인단체, 법인)가 되어야 취득세 납세의무가 성립되는 것이므로 공동사업 주체를 법적으로 별도의 인격체로 볼 수 없다는 점에서 양도소득세와는 달리 취득세를 부과하지 아니하는 것으로 해석하고 있는 것 같다. 즉 LH공사가 현물출자한 토지를 소유한 법인과 노무를 제공하는 법인이 별도의 법인설립 없이 공동사업자등록만을 하여 LH공사의 토지의 등기도 변경하지 않은 상태에서 제3자에게 공동명의로 분양하는 사업을 진행하는 경우 당해 공동사업자에 대하여는 토지분 취득세 납세의무가 없다(세제-4189, 2015.3.20.). 이 해석은 법인 간의 공동사업에 대한 것이나, 이는 개인 간의 공동사업도 마찬가지로 해석되어져야 할 것이다.

2) 공동사업의 원시취득

건축주로 등재되지 아니한 공동사업자는 원시취득에 대한 취득세 납세의무가 없는 것으로 해석하여 왔었는데,[90] 편의상 제3자 명의로 건축허가와 준공검사를 받았다고 하더라도 건축자금을 제공한 자가 원시취득에 따른 취득세 납세의무자가 되는 것으로 변경한 바 있었다.[91] 이 해석에 의하면 이를 달리 판단할 여지가 있다. 즉 공동주택을 신축하면서 각각 토지와 건축비를 부담하였으나 1인 명의로 건축물대장 및 등기부등본의 소유자로 등재한 경우 등재되지 않은 자의 취득세 성립

---

90) ① 인정사실 "1)항"의 내용과 같이 부동산의 신탁에 있어서 수탁자 앞으로 소유권이전등기를 마치게 되면 대내외적으로 소유권이 수탁자에게 완전히 이전되고 위탁자와의 내부관계에 있어서 소유권이 위탁자에게 유보되어 있는 것도 아니므로 비록 신탁 목적을 위하여 수탁자 앞으로 소유권이전등기가 되었더라도 취득세 납세의무자는 수탁자인 점, ② 「신탁법」 제27조에 따르면 신탁재산의 관리, 처분, 운용, 개발, 멸실, 훼손, 그 밖의 사유로 수탁자가 얻은 재산은 신탁재산에 속한다고 되어 있어 위탁자가 신탁재산인 토지의 지목을 사실상 변경함으로써 그 가액이 증가한 경우에도 이는 신탁재산에 속하게 되는 점을 종합하여 볼 때 신탁재산의 사실상 지목변경에 따른 취득세 등 납세의무자는 수탁자라고 보는 것이 타당하다. 따라서 이 사건 토지 대금을 모두 지급한 주체이고 전적으로 이 사건 토지를 사용·수익하며 사실상 지목변경에 따른 가액증가분의 실질적 귀속자인 위탁자를 간주취득한 자로 보아 이 사건 취득세 등 납세의무를 부과하여야 한다는 청구인의 주장은 받아들이기 어려움(감심 2018-1156, 2020.1.31.).

91) 청구법인들이 체결한 컨소시엄 협약서나 이 건 건축물 신축과 관련한 ○○○의 노력 및 비용 부담 등을 고려하면 청구법인들이 이 건 건축물을 공동으로 원시취득한 것으로 보이는 점(조심 2019지2130, 2019.2.13. 참조), ○○○이 쟁점지분을 원시취득한 상태에서 ○○○은 쟁점②계약에 따라 매매를 원인으로 쟁점지분에 대한 소유권이전등기까지 마친 이상 실질 거래가 아니라고 보기 어려운 점 등에 비추어 청구법인들이 이 건 건축물을 공동으로 원시취득하였고 이후 ○○○은 ○○○으로부터 쟁점지분을 승계취득한 것으로 보임(조심 2019지 2339, 2020.3.12.).
설비를 부담한 丙법인이 BTO 시설을 준공과 동시에 乙재단에 기부채납한 사안의 경우 건축물의 원시취득자는 공부상 건축주가 아니라 실질적으로 그 비용 등을 부담하는 자인데(대법원 93누18839), 사안의 실시협약서를 보면, BTO 시설 외 공공부문 시설에 대한 설계 및 공사비용은 乙재단이 직접 부담하는 것과는 달리, 쟁점이 되는 BTO 시설에 대하여는 丙법인이 그 공사의 비용을 부담할 뿐 아니라 그 설계와 시공에 대한 권리를 가지고 있으므로, 본인의 책임 하에 그 시설을 설치하는 실질적 건축주에 해당한다는 점 등을 고려할 때, 丙법인은 쟁점 BTO 시설의 원시취득자로서 취득세 납세의무자가 되며, BTO 시설을 기부채납 받은 乙재단은 승계취득자가 된다고 보임(부동산세제과-663, 2020.3.26.).
건축허가서는 허가된 건물에 관한 실체적 권리의 득실변경의 공시방법이 아니며 추정력도 없어 건축물대장상 건축주로 기재된 자가 건물의 소유권을 취득하는 것이 아니므로, 자기의 비용과 노력으로 건축물을 신축한 자가 건축허가 명의와 관계없이 소유권을 원시적으로 취득하는 점(대법원 2002.4.26. 선고, 2000다16350 판결 등 참조), 편의상 제3자 명의로 건축허가와 준공검사를 받았다고 하더라도 건축자금을 제공한 자가 원시취득에 따른 취득세 납세의무를 지게 되는 점(대법원 1994.6.24. 선고, 93누18839 판결 등 참조), 건축자금을 제공한 자가 원시취득에 따른 취득세 납세의무를 지는 것과 별개로 제3자의 명의로 등기를 한 경우에는 새로운 취득세 납세의무가 성립된다고 볼 수도 있는 점, 「부동산등기법」 제65조에 따르면 건축물대장상 최초 소유자 이외 확정판결, 지자체장 확인 등에 의하여 소유권이 증명되는 자도 소유권보존등기가 가능하다는 점, 대금지급과 같은 소유권 취득의 실질적 요건 또는 등기와 같은 소유권 이전의 형식적 요건도 갖추지 못한 경우에는 취득세 납세의무가 성립되지 않는 점(대법원 2003.10.23. 선고, 2002두5115 판결, 대법원 2014.3.27. 선고, 2009두12501 판결 등 참조) 등을 종합적으로 고려해 볼 때, 처음부터 종교용 건축물을 종교단체로 귀속시킬 목적이었고 종교단체가 건축자금을 제공하였다면 종교단체를 해당 건축물의 원시취득자로 보는 것이 타당하고, 건축 편의상 종교단체 대표자 개인 명의로 건축허가 및 사용승인을 받았다고 하더라도 개인 명의로 등기가 이루어지지 아니한 이상 개인에게는 취득세 납세의무가 성립되지 않는다고 보는 것이 타당하다고 할 것임(지방세운영과-811, 2015.3.11.).

여부가 쟁점이 되고 있다.

신축 건물의 소유권은 원칙적으로 자기의 노력과 재료를 들여 이를 건축한 사람이 원시적으로 취득하는 것이나, 건물 신축도급계약에서 수급인이 자기의 노력과 재료를 들여 건물을 완성하더라도 도급인과 수급인 사이에 도급인 명의로 건축허가를 받아 소유권보존등기를 하기로 하는 등 완성된 건물의 소유권을 도급인에게 귀속시키기로 합의한 경우에는 그 건물의 소유권은 도급인에게 원시적으로 귀속되고, 이때 신축 건물이 집합건물로서 여러 사람이 공동으로 건축주가 되어 도급계약을 체결한 것이라면, 그 집합건물의 각 전유부분 소유권이 누구에게 원시적으로 귀속되느냐는 공동건축주들 사이의 약정에 따라야 할 것(대법원 2010.1.28. 선고, 2009다66990 판결, 대법원 2005.11.25. 선고, 2004다36352 판결, 같은 뜻임)인바, ○○○의 경우, 당초 공동건축주들이 이를 건축하여 각각 1개동씩 구분소유하기로 약정하였던 내용이 확인되고 있고, 이러한 약정에 따라 건축을 진행하면서 공동건축주들이 개별적으로 소유권을 취득하기로 약정한 건물에 대하여 각각 건축자금을 별도로 부담한 것으로 나타나며, 쟁점건물에 대하여 임시사용승인을 받을 당시 청구법인이 이를 단독으로 구분소유할 것이라고 표시하지는 아니하였으나 청구법인이 쟁점건물에 대하여 단독으로 취득세를 부담하였으며, 공동건축주들이 최종적으로 ○○○에 대하여 사용승인을 신청할 때에는 당초 약정대로 각각 1동씩 소유하는 것으로 구분기재하였고, 이에 따라 각각 1동씩 단독 명의로 소유권보존등기를 하였던 점에 비추어, 쟁점건물은 당초부터 청구법인이 이를 단독으로 취득하기로 한 약정 하에 청구법인의 자금과 노력으로 이를 건축한 것이므로 청구법인이 이를 단독으로 취득한 것으로 판단된다(조심 2014지0571, 2014.12.1.).[92]

---

[92] 청구법인과 OOO 간에 2014.6.24. 체결된 사업협약서에 의하면 사업부지와 확보, 건축물 등의 인허가, 분양계약의 체결, 소유권보존등기, 세금의 납부 등의 업무는 ○○○가 하도록 약정되어 있었고, ○○○는 단독으로 쟁점토지를 취득한 후 그 지상에 쟁점공동주택을 신축하여 단독 명의로 사용승인을 받았으며 소유권보존등기를 하였으므로 특별한 사정이 없는 한 쟁점공동주택은 ○○○가 원시취득한 것으로 보는 것이 타당한 점, 위의 사업협약서 제19조 제4항에서 수분양자에 대한 분양 및 원활한 등기 이전을 위해 청구법인은 건축물에 대한 권리 일체를 ○○○에게 준공 전까지 양도하도록 규정하고 있는바 설령 청구법인이 쟁점공동주택에 대하여 일정한 권리를 가지고 있었다 하더라도 사용승인일 전에 ○○○에게 양도하여 사용승인일 현재에는 쟁점공동주택에 대하여 아무런 권리가 없었던 것으로 보이는 점, 청구법인은 「보금자리주택건설 등에 관한 특별법」 제35조에 따라 ○○○와 이 건 사업협약을 체결하여 공동사업시행자가 된 것이 사실이라 하더라도, 청구법인이 쟁점공동주택을 원시취득하였는지 여부는 사업협약의 내용 등에 의하여 판단하는 것이 타당하고, 동 사업협약의 내용에는 쟁점공동주택을 ○○○가 원시취득하는 것으로 기재되어 있을 뿐 청구법인이 원시취득하는 근거는 확인되지 아니하는 점, 처분청은 이 건 사업협약을 체결하고 취득한 조합재산은 합유재산이 되어야 하나 합유등기를 하지 아니하고 조합원 1인 명의로 소유권이전을 하였다면 명의신탁으로 보아야 한다는 의견이나, 청구법인과 ○○○는 「부가가치세법」 상 공동사업자로 등록하지 아니하였고 공동사업체 명의로 세금계산서를 수수하지도 아니하였으므로 청구법인과 ○○○가 「보금자리주택건설 등에 관한 특별법」 제35조에 따른 공동사업시행자라 하더라도 세법상 공동사업자인 것으로 보기 어렵고, 위의 의견은 이 건 사업협약 제19조 제4항 등의 내용을 부인하는 것으로 타당하지 아니하며, 위 조항 등에 따라 쟁점공동주택은 합유재산이 될 수 없는 점, 이 건 사업협약 제17조 제1항에서 ○○○와 청구법인의 회수비를 금액으로 명시하고 있고 제18조에서 분양대금의 증감분을 5:5로 배분하고 회수비율을 정하고 있다 하더라도 이를 공동사업자로서 지분별로 분배되는 손익배분비율이라고 보기는 어렵고 공동협의체는 사업목적을 원활히 달성하기 위한 것에 불과한 것으로 보이는 점, 이 건 사업협약 제17조 제3항에서 ○○○는 분양계약 및 분양대금 수납 등을 단독으로 하며 분양에 따른 업무일체에 대하여 책임을 진다고 규정하고 있고, 제26조 제2항에서 분양가격 심의는 ○○○가 자체적으로 실

○○○○○신탁은 이 사건 승계계약에 따라 이 사건 매매계약의 매수인 지위를 승계한 상태에서 그 명의로 매도인에게 잔금을 납부하였으므로, 잔금지급일을 기준으로 ○○○○○신탁이 이 사건 토지의 사실상 취득자에 해당하고, 이 사건 신탁계약에서 정한 내부적 비용부담 약정에 따라 원고들이 잔금을 부담하였다고 하더라도 달리 볼 것은 아니다(대법원 2018.2.28. 선고, 2017두64897 판결, 서울고법 2017.9.13. 선고, 2017누33918 판결).

> **사례** 토지 소유자와 시공사가 공동으로 주택건설사업을 시행하고 토지 소유자가 출자한 토지에 대해 각 시공사가 사업지분율로 합유등기하는 경우(조심 2020지0866, 2021.7.28.)
>
> 청구법인들은 이 건 사업에 실제로는 시공사로서 참여한 것일 뿐 쟁점토지를 사실상 취득한 것이 아니라고 주장하나, 청구법인들은 이 건 사업의 주요 업무인 분양을 담당하였고, BBB와 함께 아파트 분양계약의 공동공급자로서 수분양자와 공급계약을 체결한 점, 이 건 사업을 통해 건축한 이 건 건축물의 건축물대장상 건축주에도 청구법인들이 공동으로 등재된 점, 청구법인들은 이 건 사업협약서상 사업지분율에 따라 분양수입금 및 사업손익금을 배분받기로 약정한 점 등에 비추어 청구법인들이 이 건 사업의 시공자에 불과할 뿐 쟁점토지를 사실상 취득하지 아니하였다는 주장은 받아들이기 어려운 것으로 보인다. 설령, 청구법인들이 시공사의 지위에서 이 건 사업에 참여하였다고 볼 수 있는 측면이 있다 하더라도, 합유의 경우 지분권의 양도 및 분할에 대하여 일정한 제한은 있다고는 하지만 합유자가 가지는 합유물에 대한 지분권은 인정이 되는 것이고, 그러한 지분권의 권리의 성질이나 효력은 소유권과 다를 바 없다고 할 것임.

❷ 의제 납세의무자

(1) 토지 지목변경 등

토지 지목의 사실상 변경, 차량, 기계장비, 선박의 종류를 변경 및 건축물의 개축 및 대수선한 자가 납세의무가 있다.

(2) 주체 구조물 취득자 이외의 자가 부대설비를 가설한 경우

해당 건축물 중 조작 기타 부대설비에 속하는 부분으로서 그 주체 구조부와 일체가 되어 건축물로서 효용가치를 이루고 있는 경우, 비록 주체 구조물 취득차 이외의 자가 가설한 경우라 하더

시하되 청구법인은 가격산정을 위한 기초자료 등을 적극 협조한다고 규정하고 있어, ○○○는 이 건 사업협약에 따라 단독으로 분양가격의 산정 등 분양업무 일체를 수행하고 단독명의로 분양계약을 체결하며 단독명의의 계좌로 분양대금을 관리한 것으로 나타나고 있으므로 ○○○가 실질적인 단독 시행사로서의 권리를 행사한 것으로 보이는 점, 청구법인은 쟁점건설사업 관련한 비용 및 이익을 분양원가 및 재고자산 등이 아닌 공사원가 및 공사수익으로 하여 장부에 인식하였고, 회수비 및 분양대금 증가분 배분액에 대하여 도급용역의 대가로 보아 ○○○에 세금계산서를 교부하였으며, 청구법인과 ○○○의 쟁점건설사업에 대한 회계처리에 대하여 외부 감사인이 적정의견으로 표시한 점 등에 비추어, ○○○는 쟁점공동주택을 신축하여 단독으로 사용승인을 받아 원시취득하였다고 보는 것이 타당하고 청구법인이 이 건 사업협약에 따라 공동사업시행자가 되었다는 사실만으로 ○○○가 사용승인을 받아 소유권보존등기한 쟁점공동주택 전체를 원시취득한 것으로 보기는 어려우므로 처분청이 이 건 취득세 등을 부과한 처분은 잘못이 있다고 판단된다(조심 2019지2370, 2020.1.31.).

라도 그 취득세 납세의무자는 주체 구조부의 취득자(예 : 리스회사의 승강기 대여 설치)이다.

(3) 조합주택용 부동산

「주택법」 제11조에 따른 주택조합[93]과 「도시 및 주거환경정비법」 제35조 제3항 및 「빈집 및 소규모주택 정비에 관한 특례법」 제23조에 따른 재건축조합 및 소규모재건축조합("주택조합 등")이 해당 조합원용으로 취득하는 조합주택용 부동산(공동주택과 부대·복리시설 및 그 부속토지)은 그 조합원이 취득한 것으로 본다. 다만, 조합원에게 귀속되지 아니하는 부동산("비조합원용 부동산")은 제외한다.

> ❏ **비조합원용 부동산(2021.12.31. 신설)**
>
> $$일반분양분\ 토지면적 \times \frac{주택조합\ 등이\ 사업\ 추진\ 중\ 조합원으로부터\ 신탁받은\ 토지면적}{전체\ 토지면적}$$

일정한 규모의 주택과 상가를 건축한 후에 조합원 지분은 조합원이 갖게 되고, 비조합원분 상가와 일반분양분은 주택조합 등이 취득한 후에 일반분양을 하게 된다. 주택조합 등이 조합원으로부터 토지를 신탁받아 사업 완료 후 조합원에게 환원되지 않는 조합원 이외 부동산(예 : 상가, 비회원 분양분)에 대한 취득세를 주택조합 등에게 부과할 수 있는 것이다.

일반분양분의 상가와 주택에 대하여는 주택조합 등에 취득세 납세의무가 있는 것이며, 조합원용 부동산은 조합원이 취득세 납세의무가 있는 것이다.

상기에서 조합주택용 부동산의 범위로 규정하고 있는 부대복리시설에는 조합원 지분에 따른 상가 분양인 경우에는 상가도 포함될 것으로 판단되나, 일반분양분 상가는 제외하여야 할 것이다. 이는 "조합주택용 주택 또는 비조합원용 주택"이 아니라 "조합주택용 부동산 또는 비조합원용 부동산"으로 규정하고 있고, 또한 "공동주택과 그 부속토지"로 규정하지 않고 "공동주택과 부대시설·복리시설 및 그 부속토지"로 별도로 구분하여 규정하고 있으므로 당초조합원 지분에 대한 대가로 받는 부동산이면 상가라고 달리 볼 이유가 없다는 것이다.

> **사례** 부대복리시설의 범위(내무부세정 13407 - 561, 1996.5.28.)
>
> 해당 공동주택에 대한 감면범위는 분양받는 자의 공동지분으로 되는 노인정 등 공동주택의 부대시설 및 복리시설을 감면대상에 포함하나 별도로 제3자에게 분양되는 아파트 상가, 유치원 등으로 분양 또는 임대하는 복리시설은 감면대상에서 제외함.
>
> ☞ 이 해석은 공동주택 범위에 포함되는지에 대한 해석이므로 조합원용 부동산에는 적용되지 아니할 것임. 즉 조합원용 주택이라 하지 아니하였기에 이 해석은 적용할 수 없음. 한편, 「주택법」 제2조 제9호 가목에 따

---

93) 지역주택조합, 직장주택조합 및 리모델링주택조합으로 구분되어 있다.

르면 유치원은 복리시설에 포함될 것임.

👉「주택법」제2조

　8. "부대시설"이란 주택에 딸린 다음 각 목의 시설 또는 설비를 말한다.

　　가. 주차장, 관리사무소, 담장 및 주택단지 안의 도로

　　나. 「건축법」제2조 제1항 제4호에 따른 건축설비

　　다. 가목 및 나목의 시설·설비에 준하는 것으로서 대통령령으로 정하는 시설 또는 설비

　9. "복리시설"이란 주택단지의 입주자 등의 생활복리를 위한 다음 각 목의 공동시설을 말한다.

　　가. 어린이놀이터, 근린생활시설, 유치원, 주민운동시설 및 경로당

　　나. 그 밖에 입주자 등의 생활복리를 위하여 대통령령으로 정하는 공동시설

「신탁법」에 따른 신탁으로서 신탁등기가 병행되는 신탁으로 인한 신탁재산의 취득으로서 신탁재산을 이전하는 경우에는 비과세 규정이 개편 전에는 구 「지방세법」제110조와 제128조에 규정되었으나 「지방세법」제9조 제3항으로 이관되어 규정되어 있다.

구 「지방세법」제110조 제1호에 규정되었던 신탁재산의 취득에 따른 비과세 및 그 적용범위에 관한 규정은 「지방세법」제9조 제3항으로 이관되어 동일하게 규정되었다. 또한 주택조합 등에 대한 비과세 적용은 구 「지방세법」제105조 제10항 본문 및 단서에 규정된 것을 「지방세법」제7조 본문 및 단서에 동일하게 규정하였다. 따라서 개편 전과 개편 후에 조문번호가 변경되었을 뿐 신탁관련 비과세 규정 자체가 바뀐 것은 없다.

1) 주택조합 등이 조합원으로부터 신탁으로 취득한 토지

조합원으로부터 주택조합이 토지를 신탁으로 취득하더라도 「주택법」제11조에 따른 주택조합과 「도시 및 주거환경정비법」제35조 제3항 및 「빈집 및 소규모주택 정비에 관한 특례법」제23조에 따른 재건축조합 및 소규모재건축조합이 해당 조합원용으로 취득하는 조합주택용 부동산(공동주택과 부대·복리시설 및 그 부속토지를 말함)은 그 조합원이 취득한 것으로 보고 있으며(지법 §7 ⑧), 주택조합 등이 조합원으로부터 신탁으로 취득한 토지는 일단 「지방세법」제9조 제3항 단서에 의하여 비과세가 되지 아니하므로 과세대상이 되는 것으로 보이지만, 조합원 지분에 대하여는 조합으로 이전되었지만 조합원 소유로 보는 것이므로 조합이 새로이 취득한 것이 없기 때문에 납세의무가 발생하지 아니하는 것이다. 「지방세법」제7조 제8항의 단서에서 '비조합용용 부동산은 본문 적용을 배제'하고 있으므로 결론적으로, ⓐ 조합원용 부동산은 취득세가 비과세되나 ⓑ 비조합원용 부동산은 취득세가 과세되는 것이다. 따라서 조합원용으로 취득하지 아니하는 상가 등의 경우에는 비과세대상에 해당되지 아니하고 주택조합 등이 취득세 납세의무가 발생하는 것이다.[94]

---

94) 구 「지방세법」(2010년 말까지 시행된 법) 제110조 제1호 단서가 그 본문 적용의 배제대상으로 '주택조합 등의 비조합원용 부동산 취득'을 추가한 것은 종전의 관련 법령상 취득세 부과대상이 아니었던 '주택조합 등이 조합원으로부터 조합주택용으로 신탁에 의하여 취득하면서 신탁등기를 병행한 부동산 중 비조합원용 부동산의 취득'에 대하여 그 본문의 적용을 배제함으로써 취득세 부과대상으로 삼기 위한 것이고, 구 「지방세법 시행령」(2010년 말까지 시행된 대통령령) 제73조 제5항은 이 경우의 납세의무의 성립시기를 정한 것으로 볼 것이며, 거기에 해당하지 아니하는 '주택조합 등이 조합원으로부터 신탁받은 금전으로 매수하여 그 명의로 소유권이전

2) 주택조합 등의 조합원 변경(신탁자 변경)

2016.1.1. 이후분부터는 「신탁법」 제10조에 따라 신탁재산의 위탁자 지위의 이전이 있는 경우에는 새로운 위탁자가 해당 신탁재산을 취득한 것으로 본다. 다만, 위탁자 지위의 이전에도 불구하고 신탁재산에 대한 실질적인 소유권 변동이 있다고 보기 어려운 경우로서 다음의 지위 이전은 취득으로 보지 아니한다.

① 「자본시장과 금융투자업에 관한 법률」에 따른 부동산 집합투자기구의 집합투자업자가 그 위탁자의 지위를 다른 집합투자업자에게 이전하는 경우

② ①에 준하는 경우로서 위탁자 지위를 이전하였음에도 불구하고 신탁재산에 대한 실질적인 소유권의 변동이 없는 경우(2021년 이전만 적용)[95]

한편, 2015.12.31. 이전분까지는 '신탁'이라 함은 위탁자가 특정의 재산권을 수탁자에게 이전하거나 기타의 처분을 하고 수탁자로 하여금 일정한 자(수익자)의 이익을 위하여 또는 특정의 목적을 위하여 그 재산권을 관리, 처분하게 하는 법률 관계를 말하는 것으로서(「신탁법」 §1 ②), 부동산의 신탁에 있어서 수탁자 앞으로 소유권이전등기를 마치게 되면 대내외적으로 소유권이 수탁자에게 완전히 이전되고, 위탁자와의 내부 관계에 있어서 소유권이 위탁자에게 유보되어 있는 것은 아니라 할 것이어서(대법원 2002.4.12. 선고, 2000다70460 판결), 「자본시장과 금융투자업에 관한 법률」에 따라 집합투자업자(자산운용사)가 투자자(수익자)들로부터 모은 자금 등으로 투자신탁재산(부동산펀드)을 투자·운용하기 위하여 집합투자업자는 위탁자(A법인)로 하고 신탁업자는 수탁자(C은행)로 하여 신탁계약을 체결하고 투자신탁재산의 보관 및 관리를 위하여 수탁자 명의로 부동산을 취득하고 「신탁법」에 의한 신탁등기를 이행한 경우, 「신탁법」 및 「자본시장과 금융투자업에 관한 법률」의 법리에 의하여 수탁자인 C은행이 해당 부동산에 대한 소유자라 할 것이다. 그러므로 위탁자인 집합투자업자 A법인이 법인분할 또는 다른 집합투자업자에게 사업양도를 하여 신탁계약상 위탁자의 지위가 집합투자업자 B법인으로 변경된 경우, B법인이 위탁자의 지위를 승계하면서 동 부동산펀드의 재산인 신탁부동산을 사실상으로 취득하지 않는 한 B법인은 부동산취득에 따른 취득세 및 등록세 납세의무는 없는 것이라고 판단된다(지방세운영과-2545, 2009.6.24.).

명의신탁(계약명의신탁은 제외)의 경우 공부상 소유자가 수탁자이지만 신탁 시점에 사실상 취득으로 보아 위탁자에게 취득세를 부과하는 것으로 해석하고 있는바, 이 해석에 의하면 「신탁법」에 신탁재산의 경우에도 동일하게 처리하여야 하므로 「신탁법」에 따른 위탁자 지위의 이전의 경우 변경된 위탁자가 사실상 취득하였으므로 취득세를 과세할 수 있는 근거가 될 수 있다.

이러한 취지로 실무상 주택조합의 경우 신탁재산에 대하여 위탁자 이전 시 새로운 위탁자가 신탁재산의 취득일(잔금지급일 또는 소유권이전등기일 중 빠른 날) 기준으로 취득세를 과세하고 있다. 조합원 지위변경은 당초조합원이 주택조합에게 신탁하였던 토지지분을 신탁해지로 다시

등기를 마친 조합주택용 부동산 중 비조합원용 부동산의 취득'의 경우에는 여전히 주택조합 등이 사실상의 잔금지급일 또는 등기일에 이를 취득한 것으로 보아 취득세를 부과하여야 한다(대법원 2011두532, 2013.1.10.).

95) 이 내용이 삭제된 이유 : 현재 과세제외 대상에 부동산집합투자기구 이외에는 해당하는 사례가 없으므로 "제1호에 준하는 경우" 이하 자구를 삭제하여 명확히 함.

찾아오고, 이를 승계조합원에게 이전등기를 하며, 다시 승계조합원이 주택조합에게 신탁을 함으로써 완료된다. 즉 당초조합원으로부터 승계조합원을 토지를 취득한 경우 그 토지는 이미 조합에 신탁등기가 이루어져 있는 상태이므로 당초조합원의 신탁해지, 승계조합원으로의 소유권이전, 그리고 승계조합원이 조합에게 신탁등기의 절차를 취하고 있는바, 이 경우 잔금지급일과 소유권이전등기일 중 빠른 날이 취득시기가 될 것이고 실제 매매이므로 유상승계 세율을 적용한 세액을 신고납부하여야 한다. 그리고 당초조합원이 사망하여 상속인이 승계하는 경우에도 동일한 절차를 밟게 되는데, 당초조합원의 신탁해지 및 상속이전등기 후 다시 조합에 신탁을 함으로써 조합원의 지위를 승계받게 된다.

그런데 당초조합원의 신탁해지, 승계조합원으로의 소유권이전, 그리고 승계조합원이 조합에게 신탁등기의 절차를 취하지 않고 위탁자 겸 수익자인 당초조합원이 승계조합원에게 위탁자 변경을 하지 않고 수익자 변경만을 하게 되는 경우 신탁해제를 원인으로 수익자에게의 소유권이전등기 시점에 취득세를 신고납부하여야 할 것이다. 이는 신탁재산은 취득세 납세의무는 원칙적으로 수탁자에게 있으므로 수탁자 명의로 된 토지를 조합원 변경시점 즉 토지 잔금지급일 등을 취득시기를 정할 수는 없다라고 판단되기 때문이다. 실무적으로 당초조합원의 신탁해지, 승계조합원으로의 소유권이전, 그리고 승계조합원이 조합에게 신탁등기의 절차를 취하고 있으므로 이처럼 적용할 수 없는 것이다.

대법원판례에 의하면 「신탁법」에 의한 신탁재산의 경우 수탁자가 취득세 납세의무자로 보고 있는바, 「신탁법」에 따른 위탁자 지위의 이전의 경우 취득세를 부과하지 못하는 문제가 발생될 여지가 있어서 위탁자 지위의 이전에 대하여 2015년 이후 취득세와 동일하게 등록면허세를 과세함으로써 형평성 등을 도모하고자 2014년 「지방세법」 입법예고(안)에 반영하였으나, 개정 시에는 이를 반영하지 아니하였다. 따라서 상기처럼 취득세를 과세함에 있어서 문제가 제기될 수 있다고 본다.

이와 관련하여 대법원에서 수탁자 지위의 이전이 있는 경우 취득세를 부과함으로써 과세 공백을 메우기 위하여 특별히 마련된 조항으로서 창설적 규정이라고 보아야 한다(대법원 2017두67810, 2018.2.8.)라고 판시하였는바, 2016.1.1. 이후 납세의무성립분부터 적용되어야 할 것이다.

> **사례** 종전 규정에 대한 해석(세정 13407-328, 2002.4.3. 참조)
>
> 재건축조합 조합원의 지위를 양수한 자는 토지에 대하여 신탁원부상의 위탁자인 전 조합원을 변경하여야 하는데 위탁자겸 수익자 변경을 하지 아니하고 수익자만 변경을 하는 것으로 등기함.
> - 위탁자 변경을 한 경우에는 토지에 대하여 사실상 매매로 인한 소유권의 취득에 해당되어 1,000분의 20의 등록세를 납부하고,[96] 수익자만 변경하는 경우에는 기타세율인 3,000원(2014년 이후 6,000원)의 정액세만 납부함.
> 「신탁법」상의 신탁은 신탁 설정자(위탁자)와 신탁을 인수하는 자(수탁자)와의 특별한 신임관계에 기하여 위탁자가 특정의 재산권을 수탁자에게 이전시키거나 기타의 처분을 하고, 수탁자로 하여금 일정한 자(수익자)의 이익을 위하여 또는 특정한 목적을 위하여 그 재산권을 관리·처분하게 하는

---

96) 신탁등기를 그대로 두고 위탁자만 변경하는 것은 사실상 불가능하였으나(대법원등기예규 제958호, 1998.12.10.), 현행은 가능함.

사법적 법률관계를 말하는 것으로, 위탁자와 수탁자의 관계에 있어서 신탁재산은 수탁자의 개인 재산과 독립성을 가지고 있고, 신탁등기를 하여야만 제3자에게 대항을 할 수 있으며, 수탁자는 별도의 계약이 없는 한 신탁재산에 대한 처분을 할 수 없기 때문에 신탁을 원인으로 한 소유권이전은 형식적인 소유권이전으로 보아 취득세·등록세를 비과세하는 것이며, 또한 위탁자와 수익자가 동일인인 경우에는 신탁말소를 원인으로 한 소유권이전 시 수탁자에게서 위탁자로 변경되는 사항도 형식적인 소유권이전으로 보아 등록세를 비과세하는 것임. 또 수익자는 해당 신탁재산에 대한 이익을 향유하는 자이므로 신탁말소를 원인으로 수탁자에게서 수익자로 소유권이전 시 일반적인 등록세 세율이 1,000분의 20임에도 불구하고 1,000분의 10이라는 저율의 등록세율을 적용하고 있다. 그러나 위탁자와 수익자가 동일인이 아닌 경우에는 신탁말소로 수탁자에게서 위탁자에게 소유권이전 시에는 사실상의 매매로 인한 소유권의 취득으로서 소유권이전에 대한 등록세를 납부하여야 한다. 주택조합의 조합원이 주택건설사업계획의 승인 이후에 입주자로 선정된 지위를 양도한 경우는 비록 신탁원부 상 수익자 변경 방법에 의하여 등기를 하고 추후 조합주택이 완공된 후 신탁말소를 원인으로 주택조합으로부터 조합원의 지위를 양수한 수익자에게로 소유권이전 시에는 권리의무승계계약서, 매매계약서 등에 의하여 사실상 조합원이 자기지분의 토지를 매매한 것으로 이를 양수한 자는 구 「지방세법」 제133조의 세율(1,000분의 10)이 아닌 구 「지방세법」 제131조 제1항 제3호의 세율(1,000분의 20)을 적용하여야 할 것이다. 「지방세법」 제133조의 세율(1,000분의 10)은 신탁계산시 당초부터의 수익자에게 소유권이전되는 경우로서 사실상 매매 등이 아닌 경우에 적용하여야 하는 것으로 동 사안과 같은 경우에 저율의 세율을 적용한다면 일반 부동산에 대한 소유권이전과의 과세 형평을 고려해 볼 때 타당치 아니한다. 주택조합 조합원 지위변경은 형식상은 신탁재산의 수익자 변경방법을 취한다 하더라도 주택조합원의 지위를 양수한 자는 당초조합원의 토지를 매매를 원인으로 하여 사실상 소유권이전등기를 한 것으로써 신탁해지로 주택조합원으로부터 소유권이전받는 시점에 1,000분의 20의 등록세율을 적용하여 납부하는 것이 타당함.

3) 재건축조합(종전 주택재건축조합)

재건축조합(종전 주택재건축조합)은 법률 용어로는 주택재건축정비사업조합으로 정비기반시설은 양호하나 노후불량건축물이 밀집한 지역에서 주거환경을 개선하기 위하여 설립한 조합이다. 재개발과 비교해 보면 정비기반시설이 양호한지 열악한지에 따라 열악하면 재개발을 하는 것이고, 양호하면 재건축을 하게 된다. 정비기반시설이 양호한 경우 정비기반시설은 다시 정비할 필요가 없이 주택만 새로이 건축하면 되는 것이다.

재건축은 정비구역이 지정되면 안전진단을 거쳐 조합설립을 한 후에 사업시행인가를 받아 주택을 건축하여 조합원 지분 이외의 상가 및 일반분양분은 일반분양을 하여 사업비에 충당하게 된다. 재건축사업을 효율적으로 수행하기 위해 기존의 토지는 조합에 신탁을 하게 된다.

① 당초조합원과 승계조합원의 구분

㉠ 당초조합원

'당초조합원'이라 함은 실정법상의 개념이 아니고 재건축사업지구 내 토지, 건물 소유자는 본인의 소유 토지상의 건축물을 멸실하고 새로운 주택을 건설하여 입주하는 것이다. 따라서 재건축은 구역 내 토지, 건물 소유자는 조합원이 되므로 소위 '당초조합원'이라 하는데,

사업시행인가일 등으로 구분된다.[97]

ⓛ 승계조합원

'승계조합원'이라 함은 실정법 상의 개념이 아니고 사업시행인가일 이후에 해당 재건축사업지구 내에 부동산을 소유하고 있는 당초조합원으로부터 토지 등을 취득하여 조합원의 지위를 승계한 자를 말한다.

② 조합원 토지 신탁

재건축조합 명의로 신탁등기를 하더라도 그 실질은 조합원들이 출자자로서의 출자의무를 이행한 것으로 보아 재건축조합이 토지를 실질적으로 취득한 것으로 인정하여야 할 것이고, 주택조합등과 조합원 간의 신탁재산 취득을 취득세 비과세 제외대상으로 규정하고 있다.

재건축조합이 주택을 신축한 경우에는 「지방세법」 제7조 제8항에 의하여 조합원 지에 해당하는 것은 조합원이 취득세 납세의무가 있다. 이는 "주택조합은 그 소유의 자금으로 조합원의 건물을 신축 분양하는 것이 아니라 공정에 따라 조합원으로부터 각자 부담할 건축자금을 제공받아 조합원의 자금으로 이를 건축하는 것이므로, 건축 절차의 편의상 조합명의로 그 건축허가와 준공검사를 받았다고 하더라도 그 건물의 소유권은 특단의 사정이 없는 한 건축 자금의 제공자인 조합원들이 원시취득한 것이다"라는 대법원판결(대법원 93누18839, 1994.6.24.)을 「지방세법」에 반영하여 1997.10.1.부터 시행되었다.

재건축조합은 기존에 주택을 갖고 있는 조합원들이 소유 토지를 조합에게 신탁을 하고 조합은 신탁받은 토지상에 주택을 건축하게 된다. 주택이 완공되면 주택은 조합원과 일반분양분, 상가 등으로 구분되고 조합원으로부터 신탁받은 그 부속토지 또한 건축물 면적에 따라 대지권 등기를 하게 된다.

조합원으로부터 주택조합이 토지를 신탁으로 취득하더라도 주택조합 등이 해당 조합원용으로 취득하는 조합주택용 부동산(공동주택과 부대·복리시설 및 그 부속토지를 말함)은 그 조합원이 취득한 것으로 보고 있으며(지법 §7 ⑧), 주택조합 등이 조합원으로부터 신탁으로 취득한 토지는 일단 「지방세법」 제9조 제3항 단서에 의하여 비과세가 되지 아니하므로 과세대상이 되는 것으로 보이지만, 「지방세법」 제7조 제8항에 의하여 조합원 지분에 대하여는 조합으로 이전되었지만 조합원 소유로 보는 것이므로 조합이 새로이 취득한 것이 없기 때문에 납세의무가 발생하지 아니하

---

97) 재개발의 경우 건물 멸실로 간주하는 시점(관리처분인가일)을 기준으로 판단하고 있으나, 「지방세특례제한법」 제74조 제1항의 감면규정인 도시개발사업과 정비사업의 시행으로 부동산 소유자가 취득하는 부동산 감면 적용 시 당초조합원과 승계조합원이 각각 달리 적용되는데, 이 감면규정에서는 사업시행인가일(2008.1.1. 이후 도시개발구역으로 지정되거나 정비구역으로 지정되는 분부터 승계취득일 현재 취득 부동산 소재지가 「소득세법」 제104조의 2 제1항에 따른 지정지역으로 지정된 경우 도시개발구역 지정 또는 정비구역 지정일 [구 「지방세법」 §109 ③ 2, 구 「지방세법」(2007.12.31. 개정) 부칙 §3]}을 기준으로 구분된다.
참고로, 같은 조 제3항 제4호에 따르면 재개발사업 정비구역지정 고시일(2008.3.11. 이전은 사업시행인가일) 현재 부동산 소유자가 취득하는 85㎡ 이하의 주택(「도시 및 주거환경정비법」에 따라 청산금을 부담하는 경우 청산금 상당 부동산 포함)은 취득세가 추가 감면된다.

는 것이다. 즉「지방세법」제9조 제3항 단서에 의하여 같은 항 본문이 적용되지 않더라도 신탁의 경우 조합에게 과세가 되지 아니하는 것이다. 그리고 비조합원용 부동산도「지방세법」제9조 제3항 단서에 의하여 신탁등기는 과세가 되는 것이지만(주택조합에게 과세가 되는 것이므로 신탁등기를 비과세한다고 규정하면 되지 않기 때문에 단서에 규정된 것임), 즉 조합이 취득세를 신고납부하여야 하는 것이므로, 신탁등기의 절차를 취하더라도 이 신탁등기는 과세가 되지 아니하는 결과가 된다는 것이다.

이 부분의 토지도「신탁법」에 의한 신탁으로 토지를 취득하였으므로「지방세법」제9조의 규정에 의한 비과세 여부가 검토되어야 한다. 비과세 규정을 보면「신탁법」에 의한 신탁으로 신탁등기가 병행되는 것으로서 ⓐ 위탁자로부터 수탁자에게 신탁재산을 이전하는 경우 ⓑ 신탁의 종료로 인하여 수탁자로부터 위탁자에게 신탁재산을 이전하는 경우 ⓒ 수탁자가 변경되어 신수탁자에게 신탁재산을 이전하는 경우에는 비과세를 한다. 여기서 신탁재산의 취득 중 주택조합 등과 조합원 간의 부동산 취득 및 주택조합 등의 비조합원용 부동산 취득은 비과세를 하지 아니하는데, 이는 조합주택을「신탁법」에 의하여 조합원이 주택조합을 신탁하는 경우로서 조합원의 재산을 주택조합에게「신탁법」에 의한 위탁을 하는 때 비과세되고, 위탁한 부동산을 다시 조합원이 신탁해지를 하면 취득세 등이 다시 비과세되어 조합주택에 대해 전혀 과세를 할 수 없는 결과가 초래되어 조합주택을 주택조합과 조합원 간에 신탁등기하는 경우에는 위탁, 신탁해지 등으로 부동산이 이전되어도 비과세하지 않기 위함이다.[98]

결론적으로 재건축조합이 조합원으로부터 신탁으로 취득한 토지는 일단「지방세법」제9조 제3항 단서에 의하여 비과세가 되지 아니하므로 과세대상이 되지만,「지방세법」제7조 제8항에 의하여 조합원 지분에 대하여는 조합으로 이전되었지만 조합원 소유로 보는 것이므로 조합이 새로이 취득한 것이 없기 때문에 납세의무가 발생하지 아니한다.

한편, 구 등록세는 구「지방세법」제128조의 규정에 의하여 신탁으로 이전받는 경우 전액 비과세된다. 즉 취득세는 주택조합의 비조합원용 부동산 취득은 비과세를 하지 아니하지만, 구 등록세는 이러한 구분 없이 신탁재산 전체에 대하여 비과세를 한다.

---

98) 2004년 말에「지방세법」을 개정하여 재건축조합과 조합원간의 신탁에 대하여도 비과세를 하지 아니하는 것으로 하였는바, 2005.1.5. 이후에 재건축조합원이 재건축조합에 신탁을 한 경우에는 조합이 취득세를 납부해야 한다. 다만, 조합원 지분에 대하여는 제7조 제8항에서 조합원이 취득한 것으로 보도록 간주규정을 두고 있으므로 자기 지분에 대하여는 취득세 납세의무가 없다.
이를 요약하면 구「지방세법」110조 제1호 단서 개정,
신탁토지 과세 -「주택건설촉진법」에 의한 주택조합 →「주택법」에 의한 주택조합과「도시 및 주거환경정비법」제16조 제2항의 규정에 의한 주택재건축조합 - 재건축주택조합 신탁 비과세에서 제외되어 과세 - 조합원의 지분은「지방세법」제105조 제10항에 의해 조합 취득 없음 ⇒ 조합납세의무 : 일반분양·상가 지분 토지에 대하여 취득세가 비과세된다.
(종전 : 1997.10.1.~2003.6.30. → 조합 납세의무 : 일반분양·상가 지분 토지
2003.7.1.~2005.1.4. → 조합 신탁토지 : 전체가 비과세)

③ 조합설립 없이 재건축하는 경우

20세대 미만의 소규모로 주택을 재건축하는 경우에는 조합을 구성하지 아니하고 공동으로 재건축을 하는 경우가 있다. 이 경우에도 원활한 사업 추진을 위해 기존의 토지를 대표자에게 신탁하게 된다. 이와 같이 조합을 설립하지 아니하고 주택을 재건축하면서 대표자에게 토지를 신탁하는 경우에는 「지방세법」 제7조 제8항 단서규정이 적용되지 아니하므로 대표자가 신탁으로 토지를 이전받는 경우에 있어서 일반분양분에 대한 토지지분을 구분할 필요 없이 전체 토지 대하여 취득세가 비과세된다.

④ 토지 추가 매입

재건축주택조합이 토지를 추가로 매입한 경우에는 주택조합이 취득세의 납세의무가 있다. 그리고 등기명의자도 주택조합이 된다. 토지를 추가로 매입하여 조합이 이전등기를 하는 경우에는 금전신탁등기를 병행하는 경우와 그러하지 아니하는 경우가 있다.

㉠ 금전신탁등기 병행하는 경우

주택조합 등이 사업을 추진하면서 연접한 토지를 신규로 매입하는 경우에는 조합이 법인격을 갖추고 있으므로 유상승계취득의 경우에는 사실상 취득가격이 과세표준이 되고, 세율은 4%가 된다. 그런데 무상취득일 경우에는 시가표준액이 과세표준액이 되며, 세율은 3.5%가 된다.

사업이 완료되어 신탁해지로 토지를 이전하는 경우에 있어서 조합원 지분에 대한 취득세는 「지방세법」 제7조 제8항의 규정에 의하여 새로운 취득이 없고, 신탁해지에 대한 취득세는 비과세되나 등록면허세는 조합원별로 6,000원(2013년 이전 3,000원)을 납부해야 한다. 대지권설정에 대하여는 건축물 보존등기와 동시에 하는 경우에는 별도의 등록면허세가 필요 없으나 건축물 보존등기를 먼저 한 경우에는 나중에 대지권 설정등기를 하는 때에 별도의 정액 등록면허세를 납부해야 한다.

한편, 주택조합 등이 금전신탁으로 토지를 취득하여 조합아파트를 신축하는 경우에는 토지를 신탁받은 경우와 달리 조합에 당초 토지 취득 시(잔금지급일 또는 소유권이전등기일 중 빠른 날[99]) 비조합원용 토지에 해당하는 취득세가 함께 과세되고, 소유권이전고시 시점에는 조합원용과 비조합원용 토지가 확정될 뿐 대지권 변동이 없으므로 취득세 납세의무가 별도로 성립되지 않는 것이다(지방세운영과−1659, 2010.4.23.). 즉 일반분양분 주택과 상가 지분에 대하여는 당초 취득 시에 취득세를 납부하였으므로 조합 아파트 사용승인 시점에 비조합원용 토지에 대한 취득세가 새로이 납세의무가 성립되지 아니하는 것이다(지방세운영과−1001, 2010.3.11.).

신탁해지에 대한 등록면허세와 대지권 설정에 따른 변경 등록면허세만 납부하면 된다. 물론 대지권 설정을 건축물 보존등기와 동시에 하는 경우에는 1개의 등기부에 일괄등기를

---

99) 「지방세법 운영예규」 법7−2 제8호에서 이를 명확히 하고 있다.

하는 것이므로 별도로 등록면허세를 납부할 필요가 없다.

한편, 주택조합은 조합원으로부터 신탁받은 금전으로 토지를 매수하여 그 명의로 소유권 이전등기를 마치면서 토지 전체가 비조합원 분양용 토지에 해당한다는 전제 하에 취득세 등을 신고납부한 경우라 하더라도 추후 이전고시에 따라 비조합원 분양용 토지의 비율이 확정되면 그에 따라 정확한 취득세액을 산정하여 당초 신고납부한 세액과의 차액에 대하여 수정신고나 경정청구를 함으로써 정당한 세액으로 바로 잡을 수 있다(대법원 2017두 73679, 2018.3.15. 심불, 서울고법 2016누71531, 2017.11.9. 참조).

사례 금전신탁으로 매수한 비조합원용 부동산(대법원 2011두532, 2013.1.10.)

2008.12.31. 법률 제9302호로 개정된 「지방세법」(2010.3.31. 법률 제10221호로 전부 개정되기 전의 것. 이하 "개정 법"이라고 한다)과 2008.12.31. 대통령령 제21217호로 개정된 「지방세법 시행령」 (2010.7.6. 대통령령 제22251호로 개정되기 전의 것. 이하 "개정 시행령"이라고 한다) 규정의 문언 내용과 개정 경위, 그리고 "주택조합 등이 조합원으로부터 신탁받은 금전으로 매수하여 그 명의로 소유권이전등기를 마친 조합주택용 부동산"은 조합용인지 또는 비조합원용인지를 가리지 아니하고 구 「지방세법」(2008.12.31. 법률 제9302호로 개정되기 전의 것. 이하 "구법"이라고 한다) 제110조 제1호 본문이 적용되는 "신탁등기가 병행되는 신탁재산"에 해당하지 아니하여 그 취득에 대하여는 구법 제110조 제1호 단서의 규정과 관계없이 취득세가 부과되었던 점 등을 고려하면, 개정 법 제110 조 제1호 단서가 그 본문 적용의 배제대상으로 "주택조합 등의 비조합원용 부동산 취득"을 추가한 것은 종전의 관련 법령상 취득세 부과대상이 아니었던 "주택조합 등이 조합원으로부터 조합주택용 으로 신탁에 의하여 취득하면서 신탁등기를 병행한 부동산 중 비조합원용 부동산의 취득"에 대하여 그 본문의 적용을 배제함으로써 취득세 부과대상으로 삼기 위한 것이고, 개정 시행령 제73조 제5항 은 이 경우의 납세의무의 성립시기를 정한 것으로 볼 것이다. 따라서 거기에 해당하지 아니하는 "주 택조합 등이 조합원으로부터 신탁받은 금전으로 매수하여 그 명의로 소유권이전등기를 마친 조합 주택용 부동산 중 비조합원용 부동산의 취득"의 경우에는 개정 법 제110조 제1호 단서의 개정과 개정 시행령 제73조 제5항의 신설에도 불구하고 여전히 주택조합 등이 사실상의 잔금지급일 또는 등기일 등에 이를 취득한 것으로 보아 취득세를 부과하여야 하고, 개정 시행령 제73조 제5항에서 규정한 "「주택법」 제29조에 따른 사용검사를 받은 날 등"에 주택조합 등이 이를 취득한 것으로 보 아 취득세를 부과할 것은 아님.

사례 금전신탁으로 토지 취득하여 조합아파트 신축 시(지방세운영과-1659, 2010.4.23.)

주택조합 등이 금전신탁으로 토지를 취득하여 조합아파트를 신축하는 경우에는 토지를 신탁받은 경우와 달리 조합에 당초 토지 취득 시 비조합원용 토지에 해당하는 취득세가 함께 과세되고, 소유 권이전고시 시점에는 조합원용과 비조합원용 토지가 확정될 뿐 대지권 변동이 없으므로 취득세 납 세의무가 별도로 성립되지 않는 것임.

ⓛ 금전신탁등기 병행하지 아니한 경우

재건축주택조합이 사업을 추진하면서 연접한 토지를 신규로 매입하는 경우 이전등기를 하면서 금전신탁을 병행등기하지 아니한 경우에는 취득 시에는 물론 소유권이전 시에도 납세의무가 각각 발생하게 된다.

사업이 완료되어 토지를 이전하는 경우에 있어서 신탁해지가 아니므로 취득세는 비과세가 되지 아니하지만, 조합원 지분에 대한 취득세는 「지방세법」 제7조 제8항의 규정에 의하여 새로운 취득이 없는 것이다. 따라서 이전등기 시 대지권 설정에 따른 변경 등록면허세만 납부하면 된다. 그리고 일반분양분 공동주택과 상가 지분에 대하여는 당초 취득 시에 취득세를 납부하였으므로 취득세는 새로이 납세의무가 발생하지 아니하고, 등록면허세는 대지권 설정에 따른 변경 등록면허세만 납부하면 된다.

⑤ 매도청구 등에 의한 토지 매입

㉠ 매도청구에 의한 취득

주택재건축사업에서 조합설립에 동의를 하지 아니한 자들의 토지를 조합이 매입하는 것이 매도청구제도이다. 기존 토지 소유자 중에 일부가 조합설립에 찬성하지 아니할 경우 조합설립에 동의하지 아니한 자의 부동산을 매도청구하는 제도(「도시 및 주거환경정비법」 §39)로서 조합의 매도청구 의사표시만으로 법률관계가 형성된다. 이처럼 매도청구에 의하여 조합이 취득하는 토지에 대한 취득세는 상기 "토지 추가매입"과 동일하게 처리하면 된다.

참고로, 「집합건물의 소유 및 관리에 관한 법률」 제48조 제4항에 의한 매도청구권은 형성권으로서 매도청구권행사의 결과 이를 행사한 자와 그 상대방인 재건축불참자 사이에 재건축불참자의 구분소유권 등에 관하여 시가에 의한 매매계약의 성립을 강제하는 것인바, 매도청구권자(매수인)가 매도인을 상대로 제기한 집합건물의 구분소유권 및 대지사용권에 대한 소유권이전등기를 구하는 소의 확정판결을 받아야만 그에 의하여 매수인 앞으로 소유권이전등기를 경료할 수 있고, 그 이후에 대지권등기를 신청할 수 있다(부등3402-630, 등기선례 00311-6, 2003.11.20.).

㉡ 환매청구

조합설립에 대하여 동의를 하지 아니하여 재건축조합에 소유 부동산을 매도청구당하여 넘겨 주었으나 재건축결의일부터 2년이 경과하도록 건물철거 공사에 착수하지 아니하면 다시 환매청구권을 행사하여 찾아 올 수 있다(「집합건물의 소유 및 관리에 관한 법률」 §48 ⑥). 그런데 환매등기를 병행하는 부동산의 매매로서 환매기간 내에 매도자가 환매한 경우 그 매도자와 매수자의 취득의 경우 세율특례에 의하여 표준세율에서 중과기준세율을 차감한 세율을 적용하며(지법 §15 ① 1), 「공익사업을 위한 토지 등의 취득 및 보상에 관한 법률」의 규정에 의한 환매권의 행사로 매수하는 부동산의 취득에 대하여는 취득세를 면제한다(지특법 §73 ③).

「도시 및 주거환경정비법」에 의한 매도청구에 의하여 이전해 준 토지를 다시 환매청구하는 경우로서 환매등기를 병행한 때에는 세율특례를 적용할 수 있을 것이나, 환매등기를 하지 아니한 때에는 세율특례 규정을 적용할 수 없을 것이다. 그리고 주택재건축사업의 경우에는 「도시 및 주거환경정비법」 제8조 제4항 제1호(천재·지변 그 밖의 불가피한 사유로 인하여 긴급히 정비사업을 시행할 필요가 있다고 인정되는 때)의 규정에 해당하는 사업인 경우에는 수용 또는 사용 시 「공익사업을 위한 토지 등의 취득 및 보상에 관한 법률」을 준용하도록 하고 있으므로(「도시 및 주거환경정비법」 §38, §40) 이 사유로 인한 환매권 행사인 경우 면제대상이 될 수 있으나, 이외의 사유로 인한 축사업인 환매권 행사인 경우에는 면제대상이 되지 아니할 것이다.

ⓒ **조합원으로 신탁등기하였으나 분양포기한 경우**

조합원으로부터 주택조합이 토지를 신탁으로 취득하더라도 주택조합 등이 해당 조합원용으로 취득하는 조합주택용 부동산(공동주택과 부대·복리시설 및 그 부속토지를 말한다)은 그 조합원이 취득한 것으로 보고 있으며, 재건축주택조합이 조합원으로부터 신탁으로 취득한 토지는 일단 「지방세법」 제9조 제3항 단서에 의하여 비과세가 되지 아니하므로 과세대상이 되지만, 「지방세법」 제7조 제8항에 의하여 조합원 지분에 대하여는 조합으로 이전되었지만 조합원 소유로 보는 것이므로 조합이 새로이 취득한 것이 없기 때문에 납세의무가 발생하지 아니하는 것이다.

한편, 사업시행자는 「도시 및 주거환경정비법」 제54조 제2항의 규정에 의한 이전의 고시가 있은 후에 그 청산금을 분양받은 자로부터 징수하거나 분양받은 자에게 지급하여야 한다. 다만, 정관 등에서 분할징수 및 분할지급에 대하여 정하고 있거나 총회의 의결을 거쳐 따로 정한 경우에는 관리처분계획인가 후부터 제54조 제2항의 규정에 의한 이전의 고시일까지 일정기간별로 분할징수하거나 분할지급할 수 있다라고 규정되어 있다(「도시 및 주거환경정비법」 §57 ①).[100]

분양포기자라 하더라도 조합원으로 구성되어 종전 부동산을 조합에 신탁등기를 하였을 것으로 보인다. 현금청산금 수령자를 분양포기자로 본다면 조합원용 부동산으로 볼 수 없을 것이므로 취득세 납세의무가 있는 것으로 판단된다. 따라서 별도의 총회의결 등을 거쳐 소유권이전 고시일 이전에 청산금을 완납하였다면 청산금 잔금지급일, 청산금 완납이 고시일 후인 경우에는 청산금 잔금지급일과 소유권이전등기일 중 빠른 날이 취득시기가 될 것으로 판단된다. 그리고 조합이 유상승계취득한 것이므로 과세표준은 사실상의 취득가액인 청산금(취득세 과세대상 물건의 청산금)이 되어야 할 것으로 판단된다.

---

100) 대법원판례에 따르면 현금청산 대상자는 분양청구권을 행사하지 못하게 되므로 그에 대응하는 조합원으로서의 의무, 즉 사업비·청산금 등 비용납부의무 등도 면하게 된다고 보는 것이 타당하다. 청산금액 기준시점은 정관이나 관리처분계획 등에서 달리 규정하지 않는 한 청산금 지급의무가 발생하는 시기인 '분양신청기간의 종료일 다음 날'이 된다(대법원 2008다37780, 2008.10.9. 참조). 그리고 분양신청기간을 전후하여 재건축조합과 조합원 사이에 분쟁이 있어서 조합원이 분양신청을 할 수 없었던 경우에는 그 후 추가로 분양신청을 할 수 있게 된 조합원이 최종적으로 분양신청을 하지 않는 등의 사유로 인하여 분양대상자의 지위를 상실하는 때에 현금청산 대상자가 된다고 봄이 타당하고, 현금청산에 따른 토지 등 권리의 가액을 평가하는 기준시점과 현금청산 대상자에 대한 매도청구권의 행사로 매매계약의 성립이 의제되는 날도 같은 날로 보아야 한다(대법원 2011다16127, 2013.9.26.).

⑥ 신축 건축물 납세의무

㉠ 취득세 과세 여부

재건축주택조합이 주택을 신축한 경우에는 「지방세법」 제7조 제8항에 의하여 조합원 지분에 해당하는 것은 조합원이 취득세 납세의무가 있다. 이는 "주택조합은 그 소유의 자금으로 조합원의 건물을 신축 분양하는 것이 아니라 공정에 따라 조합원으로부터 각자 부담할 건축자금을 제공받아 조합원의 자금으로 이를 건축하는 것이므로, 건축절차의 편의상 조합명의로 그 건축허가와 준공검사를 받았다고 하더라도 그 건물의 소유권은 특단의 사정이 없는 한 건축 자금의 제공자인 조합원들이 원시취득한 것이다"라는 대법원판결(대법원 93누18839, 1994.6.24.)을 「지방세법」에 반영하여 1997.10.1.부터 시행되고 있다.

참고로, 재건축조합원이 특정 건설사에게 토지에 대하여 신탁등기가 병행되는 신탁을 하고 해당 건설사에서 해당 토지 위에 공동주택을 신축한 후 해당 공동주택을 신탁해지를 원인으로 하여 조합원에게 이전하는 경우라면 해당 조합원은 토지의 경우 신탁의 해지로 자기지분만큼만 취득하는 것에 한하여 취득세가 비과세되고 건물 부분은 신탁의 해지로 취득하는 것이 아니므로 취득세가 비과세되지 아니한다.

참고로, 재건축조합원이 취득하는 아파트는 분양으로 취득한 것이 아니므로 최초 분양에는 해당되지 아니할 것이나, 조합으로 일반분양받는 경우에는 최초 분양에 해당할 것이다.

㉡ 건물 보존등기와 대지권 등기

재건축 아파트의 사용승인이 있게 되면 조합원 지분에 대하여는 조합원이 바로 보존등기를 한다. 집합건물이므로 등기부가 1개만 있기 때문에 토지는 대지권을 설정하게 된다. 토지는 기존에 조합 앞으로 신탁되어 있었기 때문에 신탁을 해지하고 새 아파트 등기부에 대지권을 설정하게 된다. 이 경우 등록면허세는 신탁해지에 따른 6,000원(2013년 이전 3,000원)의 정액 등록면허세를 납부하게 되고, 새 아파트 등기부에 설정되는 대지권등기는 건물 보존등기와 동시에 1개의 등기부에 등재하므로 별도의 등록면허세를 납부하지 않아도 된다. 다만, 물론 토지의 지적정리가 늦어져서 건물 보존등기와 시점을 달리하여 대지권 설정등기를 하는 경우에는 6,000원(2013년 이전 3,000원)의 정액 등록면허세를 납부해야 한다.

㉢ 취득세 과세표준 및 세율

건물 보존등기에 대한 과세표준은 공사도급금액을 면적별로 안분한 가액이 되며, 세율은 2.8%가 적용된다.

⑦ 재건축조합이 조합원으로부터 신탁받은 토지 중 일반분양분 주택 및 상가

㉠ 재건축조합의 일반분양분 과세 여부

재건축조합주택의 경우 일정한 규모의 주택과 상가를 건축한 후에 조합원 지분은 조합원이 갖게 되고, 일반분양분은 주택조합이 취득한 후에 일반분양을 하게 된다. 주택조합 등과 조합원 간의 신탁등기 비과세 규정으로 「지방세법」 제9조 제3항에 규정으로 제15조에 규정되어 있다. 여기서 신탁등기된 신탁재산의 비과세 규정에서 주택조합 등의 비조합원용 부동산 취득은 취득세 비과세에서 제외한다라고만 규정되어 있는바, 2010.12.31. 이전까지 종전 구 등록세가 비과세되었던 내용[101]은 취득세로 통합된 현행 규정에서는 별도의 비과세 규정은 없는 것이다.

대법원판례[102]에 의하여 일반분양분 토지에 대하여 입법미비로 인하여 과세할 수 없다라고 판시하여 「지방세법」도 2008.12.31.로 개정되었다. 따라서 2008.12.31. 이전에는 일반분양분 토지에 대하여 취득세를 과세할 수 없을 것으로서, 심판례에 따르면 2008.12.31. 이전에 신탁등기일이 도래되는 분은 과세할 수 없을 것이다. 여기서 '신탁등기일'이란 신탁등기 종료일이 되는 것이므로 조합원으로부터 조합으로의 신탁등기가 2009.1.1. 이후 완료되었다면 그 날이 신탁등기 종료일이 되어 개정 법률(2009.1.1. 이후 시행)을 적용하여 일반분양분 부동산은 취득세 과세대상에 해당된다.[103]

> **사례** 일반분양분 부동산 취득세 과세대상 시기(조심 2010지884, 2011.8.30.)
>
> 개정 「지방세법」 제110조 제1호에서 신탁재산의 취득 중 주택조합등과 조합원 간의 부동산 취득 및 주택조합 등의 비조합원용 부동산 취득은 비과세대상에서 제외한다고 규정하고 있으나, 같은 법 부칙 제1조에서 이 법은 2009.1.1.부터 시행한다고 규정하면서 제3조에서 제105조 제10항 및 제110조 제1호의 개정규정은 이 법 시행 후 최초로 납세의무가 성립하는 분부터 적용한다고 규정하고 있으므로, 재건축정비조합이 취득하는 토지는 2009.1.1. 이후 취득분부터 개정 「지방세법」이 적용된다 할 것이다. 또한, 개정 「지방세법 시행령」 제73조 제5항에서 주택재건축조합이 주택재건축사업을 하면서 조합원으로부터 취득하는 토지 중 조합원에게 귀속되지 아니하는 토지를 취득하는 경우에는 「도시 및 주거환경정비법」 제52조 제2항에 따른 소유권 이전 고시일의 다음 날에 그 토지를 취득한 것으로 본다고 규정하고 있으나, 같은 법 시행령 부칙 제1조에서 이 영은 2009.1.1.부터 시행한다고 규정하면서 제2조에서 이 영 시행 당시 종전의 규정에 따라 부과 또는 감면하였거나 부과 또는 감면하여야 할 지방세에 대하여는 종전의 규정에 의한다고 규정하고 있으므로, 이 개정규정은 2009.1.1. 이후 토지 취득분부터 적용된다 할 것임.

㉡ 소유권이전등기와 대지권 등기

일반분양분 아파트와 상가는 조합 앞으로 보존등기를 한 후에 일반분양자 앞으로 소유권이전등기를 하게 된다. 이 경우 조합원들이 신탁등기를 병행하는 경우에는 신탁등기에 따

---

101) 종전 해석 : 재건축조합이 조합원으로부터 신탁받은 토지 중 일반분양용 아파트 부속토지에 대해서는 형식적인 소유권의 취득등기로 보아 등록세 납세의무가 없는 것임(지방세정팀-3686, 2005.11.8.).

102) 주택조합 또는 주택재건축조합과 조합원 간 신탁종료 후 조합원에게 귀속되지 않는 일반분양분 부동산(비조합원 분양 주택, 상가 등)의 경우 일종의 수익사업에 해당하므로 과세가 되어야 함에도 현재의 규정상 과세할 수 없다는 대법원의 판결이 있었음.

103) 소득세에서는 재건축조합이 현물출자로 취득하는 토지의 취득시기는 관리처분계획인가일과 신탁등기접수일 중 빠른 날로 하는 것임(기획재정부 재산세제과-1024, 2020.11.24.).

른 6,000원(2013년 이전 3,000원)의 등록면허세를 별도로 납부해야 한다. 아울러 일반분양자 앞으로 이전등기를 하는 경우에는 신탁해지가 필요하므로 다시 6,000원(2013년 이전 3,000원)의 등록면허세를 납부해야 한다.

한편, 대지권 등기는 조합원 지분과 동일하다.

ⓒ 취득세 과세표준 및 세율

일반분양분 공동주택과 상가부분에 해당하는 대지권에 대하여는 재건축조합이 취득세를 납부해야 하는데, 신탁등기된 면적 중 일반분양분 해당 면적에 대하여만 취득세 납세의무가 있다(대법원 2015두47065, 2015.9.3. 참조). 이 경우 과세표준액은 대가를 지급하는 것이 아니므로 시가표준액으로 해야 하고, 세율은 재건축조합이 토지만을 취득하고 무상취득에 해당되므로 3.5%의 세율이 적용된다.

한편, 건물 보존등기에 대한 과세표준은 공사도급금액을 면적별로 안분한 가액이 되며, 세율은 2.8%가 적용된다.

ⓔ 취득시기

㉮ 신탁등기 종료일이 2008.12.31. 이전인 경우

구 「지방세법」 제105조 제10항에서 「주택법」 제32조의 규정에 의한 주택조합과 「도시 및 주거환경정비법」 제16조 제2항의 규정에 의한 주택재건축조합이 해당 조합원용으로 취득하는 조합주택용부동산(공동주택과 부대·복리시설 및 그 부속토지를 말한다)은 그 조합원이 취득한 것으로 본다고 규정하고 있으므로, 재건축조합이 일반분양분 아파트 부속토지는 조합원용으로 취득한 것이 아니므로 취득세 과세대상이 되어 재건축조합에게 취득세 납세의무가 있는 것이며, 이 경우 일반분양하는 부분의 토지에 대해 조합이 조합원으로부터 취득하는 날은 토지에 대한 신탁등기일(신탁등기 종료일)로 보아야 하고, 취득세 과세표준은 「지방세법」 제111조 제2항 제1호에서 규정한 토지에 대한 시가표준액을 적용하는 것이며, 신탁등기일에 취득세를 신고납부할 당시 일반분양하는 부분의 토지 면적이 확정되지 아니한 경우에는 「지방세법」 제71조 제1항의 규정에 의거 신탁등기일 이후 면적·가액이 확정되는 때 수정신고할 수 있는 것이다(지방세정팀-1397, 2005.6.29.)라고 해석하여 왔으나, 그 후에 법제처의 해석에 따라 2006.6.19.부터 신탁등기종료일이 아닌 주택사업에 관한 공사를 완료하고 관계법령에 의하여 사용승인을 받은 날로 변경되었다(세정-2926, 2006.7.12, 법제처 법률해석팀-949, 2006.6.12.). 법제처 해석이 있음에도 불구하고 계속하여 신탁등기 종료일(신탁을 원인으로 소유권이전등기를 최종 경료한 날을 말함)을 취득시기로 보아 과세하여 왔었다.

재건축조합의 취득시기 규정은 「지방세법 시행령」 제20조 제7항에서 「도시 및 주거환경정비법」 제35조 제3항에 따른 재건축조합이 재건축사업을 하거나 「빈집 및 소규모주택 정비에 관한 특례법」 제23조 제2항에 따른 소규모재건축조합이 소규모재건축사업을 하면서 조합원으로부터 취득하는 토지 중 조합원에게 귀속되지 아니하는 토지를 취

득하는 경우에는 「도시 및 주거환경정비법」 제86조(2018.2.8. 이전 제54조) 제2항 또는 「빈집 및 소규모주택 정비에 관한 특례법」 제40조 제2항에 따른 소유권이전 고시일의 다음 날에 그 토지를 취득한 것으로 본다고 규정하고 있으나, 같은 법 시행령 부칙 제1조에서 이 영은 2009.1.1.부터 시행한다고 규정하면서 제2조에서 이 영 시행 당시 종전의 규정에 따라 부과 또는 감면하였거나 부과 또는 감면하여야 할 지방세에 대하여는 종전의 규정에 의한다고 규정하고 있으므로, 이 개정 규정은 2009.1.1. 이후 토지 취득분부터 적용된다 할 것이다. 따라서 토지에 관한 소유권이전 고시가 2011.1.1. 이루어지더라도 조합원으로부터 신탁을 원인으로 하여 토지에 관한 소유권이전등기를 경료한 날이 2008.12.31. 이전인 경우에는 신탁등기일이 취득시기가 되는 것이다(조심 2010지0884, 2011.8.30. 참조).[104]

한편, 전술한 바와 같이 일반분양분 토지에 대한 과세에 대하여 대법원판례[105]에 의하면 입법 미비로 인하여 과세할 수 없다라고 판시하여 「지방세법」도 2008.12.31.로 개정되었다. 따라서 2008.12.31. 이전에는 일반분양분 토지에 대하여 취득세를 과세할 수 없다.

㉯ 신탁등기 종료일이 2009.1.1. 이후인 경우

「주택법」 제11조에 따른 주택조합이 주택건설사업을 하면서 조합원으로부터 취득하는 토지 중 조합원에게 귀속되지 아니하는 토지를 취득하는 경우에는 「주택법」 제49조에 따른 사용검사를 받은 날에 그 토지를 취득한 것으로 보고, 「도시 및 주거환경정비법」 제16조 제2항에 따른 주택재건축조합이 주택재건축사업을 하면서 조합원으로부터 취득하는 토지 중 조합원에게 귀속되지 아니하는 토지를 취득하는 경우에는 「도시 및 주거환경정비법」 제54조 제2항에 따른 소유권이전 고시일의 다음 날에 그 토지를 취득한 것으로 본다(지령 §20 ⑦).

주택재건축조합이 주택재건축사업으로 조합원으로부터 취득하는 토지 중 조합원에게 귀속되는 부동산은 조합원이 취득한 것으로 보는 것이나 조합원에게 귀속되지 아니하는 일반분양분 토지의 경우에는 주택재건축조합이 주체가 되어 수행한 주택재건축사업의 결과에 따라 설정된 대지권에 터 잡아 이를 비조합원에게 분양하면서 소유권이전등기를 하는 것이어서 주택재건축조합의 명의로 대지권 등기된 부분은 새로운 취득으로 보아야 할 것이므로 그 소유권이전고시일의 다음 날로부터 60일 이내에 취득세를 신고 납부하여야 한다(지방세운영과-512, 2009.2.4.).

---

104) 2008.12.31. 이전 취득시기 도래분 중 비조합원용 토지의 취득을 취득세 비과세대상으로 해석한다면 그 취득시기도 신탁으로 인한 신탁재산의 취득시기인 등기 경료일로 보는 것이 논리적 일관성이 있는 점 등에 비추어 볼 때(감심 2011-158, 2011.8.29.), 비조합원용 토지를 취득한 것은 인정사실 "(2)항"에서 본 바와 같이 신탁을 원인으로 소유권이전등기를 최종 경료한 2008.11.28.이므로, 개정 후 「지방세법」 부칙 제3조 등에 따라 개정 전 「지방세법」을 적용하여야 할 것이다.

105) 주택조합 또는 주택재건축조합과 조합원 간 신탁종료 후 조합원에게 귀속되지 않는 일반분양분 부동산(비조합원 분양 주택, 상가 등)의 경우 일종의 수익사업에 해당하므로 과세가 되어야 함에도 현재의 규정상 과세할 수 없다는 대법원의 판결이 있었음.

사례 개정 「지방세법」 적용이 소급과세금지 원칙 위배 여부(감심 2011-158, 2011.8.29.)

개정 후 「지방세법」 제105조 제10항은 본문에서 개정 전과 마찬가지로 주택재건축조합이 해당 조합원용으로 취득하는 조합주택용 부동산은 그 조합원이 취득한 것으로 본다고 하면서도, 단서를 신설하여 "다만, 조합원에게 귀속되지 아니하는 부동산은 제외한다"고 함으로써 비조합원용 부동산은 주택재건축조합이 새로이 취득한 것으로 보아 취득세 부과 근거를 명확히 하였다. 한편, 개정 후 「지방세법」 부칙 제3조에서 제105조 제10항 및 제110조 제1호의 개정규정은 이 법 시행(2009.1.1.) 후 최초로 납세의무가 성립하는 분부터 적용한다고 되어 있고, 개정 후 「지방세법 시행령」 부칙 제2조에는 이 영 시행당시 종전의 규정에 따라 부과 또는 감면하였거나 부과 또는 감면하여야 할 지방세에 대해서는 종전의 규정에 따른다고 되어 있다. 위 부칙 규정과 소급과세금지의 원칙(조세법령의 제정 또는 개정이나 과세관청의 법령에 대한 해석 또는 처리지침의 변경이 있은 경우 그 효력 발생 전에 종결한 과세요건사실에 대하여 해당 법령 등을 적용할 수 없다는 원칙(대법원 2009.10.29. 선고, 2008두2736 판결 참조))에 따르면, 이 건과 관련하여 개정 전 「지방세법」이 적용될 것인지 아니면 개정 후 「지방세법」이 적용될 것인지 여부는 청구인의 비조합원용 토지 취득일(취득세 납세의무 성립시기)이 언제인지와 관계된다. 이에 대하여, ① 주택재건축조합이 비조합원용 토지를 포함한 이 사건 토지에 대하여 신탁을 원인으로 소유권이전등기를 경료한 날로 보는 견해(이하 "제1견해"라 한다)(행정자치부(현 행정안전부)의 2004.11.17. 해석(세정-4134), 2005.5.2. 지방세 심사 2005-101 참조), ② 주택재건축조합이 주택재건축사업에 관한 공사를 완료하고 준공인가를 받은 날로 보는 견해(이하 "제2견해"라 한다)(법제처의 2006.6.12. 해석(06-0106) 참조), ③ 주택재건축조합이 「도시 및 주거환경정비법」 제52조 제2항에 따른 소유권 이전 고시를 한 다음 날로 보는 견해(이하 "제3견해"라 한다)(이 건 심사청구에 대하여 행정안전부는 개정 후 「지방세법 시행령」 (2008.12.31. 대통령령 제21231호로 개정되기 전의 것) 제73조 제5항에 따라 제3견해를 취하고 있음)가 있다. 살피건대, 제2견해와 제3견해는 비조합원용 토지에 대하여 주택재건축조합이 납세의무자가 된다는 전제에서 조합원용과 비조합원용이 구별되어지는 시기를 취득일로 보는 견해이나, 「지방세법」 제105조 제1항의 "부동산 취득"이란 부동산의 취득자가 실질적으로 완전한 내용의 소유권을 취득하는가의 여부에 관계없이 소유권이전의 형식에 의한 부동산 취득의 모든 경우를 포함하는 점(대법원 2002.6.28. 선고, 2000두7896 판결 참조), 개정 전 「지방세법」 제110조 제1호 본문에 따라 비조합원용 토지의 취득을 취득세 비과세대상으로 해석한다면 그 취득시기도 신탁으로 인한 신탁재산의 취득시기인 등기 경료일로 보는 것이 논리적 일관성이 있는 점 등에 비추어 볼 때, 제1견해가 타당하다고 판단된다. 따라서 청구인이 비조합원용 토지를 취득한 것은 인정사실 "(2)항"에서 본 바와 같이 신탁을 원인으로 소유권이전등기를 최종 경료한 2008.11.28.이므로, 개정 후 「지방세법」 부칙 제3조 등에 따라 개정 전 「지방세법」을 적용하여야 할 것이다. 그렇다면, 처분청이 조합의 비조합원용 토지의 취득에 대하여 개정 후 지방세법령을 적용하여야 한다고 본 이 사건 처분은 소급과세금지 원칙에 위반됨.

㉢ **재건축조합이 조합원으로부터 신탁받은 토지 중 일반분양분 안분방법**

조합원으로부터 신탁받은 토지 주택조합이 조합원으로부터 신탁받은 금전으로 추가 매입한 토지는 이미 조합이 취득 시에 취득세를 신고납부할 의무가 있는 것이므로 조합원 소유의 토지를 주택조합 명의로 신탁등기한 토지면적에 일반분양 면적은 취득세가 과세되는 것이므로 이 면적의 시가표준액에 3.5%의 세율을 적용하여 취득세를 신고납부하여야 한다(2009.1.1. 이후 신탁등기 종료된 토지만 과세되고 그 전에는 비과세됨).

2022년 이후는 과세대상 일반분양 면적은 다음과 같이 산정되는 것으로 규정하고 있다.[106]

□ 비조합원용 부동산(2021.12.31. 신설)

$$\text{일반분양분 토지면적} \times \frac{\text{주택조합 등이 사업 추진 중 조합원으로부터 신탁받은 토지면적}}{\text{전체 토지면적}}$$

한편, 주택조합 등이 조합원으로부터 신탁받은 토지와 제3자로부터 매입한 토지를 기반으로 아파트와 상가 등을 신축하는 사업을 시행한 다음 이를 조합원과 조합원 외의 자에게 분양함으로써 그 토지 중 일부가 조합원에게 귀속되고 나머지가 조합원 외의 자에게 귀속된 경우, 비조합원용 토지 중 제3자로부터 매입한 토지가 차지하는 면적은 그 실지귀속에 따라 가리는 것이 원칙이나, 조합원으로부터 신탁받은 토지와 제3자로부터 매입한 토지가 전체적으로 하나의 단일한 사업부지로 사용됨으로써 그 중 어느 것이 조합원에게 귀속되고 어느 것이 조합원 외의 자에게 귀속되는지의 실지귀속을 구분할 수 없다면 특별한 사정이 없는 한 납세자에게 세무상 불이익이 없도록 제3자로부터 매입한 토지는 비조합원용

---

[106] 종전에는 주택조합 등이 금전신탁으로 토지를 취득하여 조합아파트를 신축하는 경우에는 토지를 신탁받은 경우와 달리, 주택조합에 당초 토지 취득 시 비조합원용 토지에 해당하는 취득세가 함께 과세되고, 소유권이전고시 시점에는 조합원용과 비조합원용 토지가 확정될 뿐 대지권 변동이 없으므로 취득세 납세의무가 별도로 성립되지 않는 것이다. 따라서 재건축조합아파트 사업부지 중 조합원이 신탁한 토지와 조합이 금전신탁 받아 취득한 토지가 혼재되어 있다면 동 조합이 소유권이전고시 익일에 취득하는 비조합원용에 대한 취득세는 비조합원분 전체 토지(12,200㎡)에서 토지신탁분(46,256㎡)과 금전신탁분(1,308㎡) 토지 면적 비율에 따라 안분한 면적[11,865㎡ = 12,200 × 46,256/(46,256+1,308)]으로 과세하는 것이 타당하다고 판단된다(지방세운영과-1659, 2010.4.23.)라고 해석한 바 있었는데, 시행령에 이를 명확히 하고 있다. 이 내용은 대법원판례 등(대법원 2015두47065, 2015.9.3. 심불, 서울고법 2014누72752, 2015.6.30.)에 의해 확정되었다. 그런데 어느 토지가 일반 분양분인지 명확하지 아니하는 경우에는 신탁등기된 토지 중 과세대상 일반 분양용 토지 면적은 (일반 분양분 토지 × 신탁토지 ÷ 총사업부지)가 되는 것이 타당한 것으로 볼 수 있으나, 「도시 및 주거환경정비법」 제55조 제2항에 따르면 "제1항의 규정에 의하여 취득하는 대지 또는 건축물 중 토지 등 소유자에게 분양하는 대지 또는 건축물은 「도시개발법」 제40조의 규정에 의하여 행하여진 환지로 본다"라고 규정되어 있는 바, 조합원 토지 면적은 환지에 의한 종전 토지를 취득한 것으로 보아야 한다라고 주장할 수 있다. 이 경우에는 신탁등기된 토지 중 조합원 분양분은 환지에 의한 취득 면적이 되며, 나머지 면적이 일반 분양분 토지 면적이 될 것이므로 일반 분양분 과세대상 토지 면적은 일반 분양분 토지 면적에서 추가 취득 면적을 차감한 면적(12,200㎡ - 1,308㎡)이 될 것이다. 그런데 「도시개발법」 제40조의 규정에 의하여 행하여진 환지로 본다라는 규정이 주택재건축조합은 해당이 없고, 주택재개발조합만 해당하는 것으로 해석할 수 있어서 상기 해석은 무리가 있다고 볼 수 있다. 한편, 상기의 대법원판결 후 대법원은 제3자로부터 매입한 토지는 비조합원용 토지로 우선하여 산정하여야 할 것이다(대법원 2015.10.29. 선고, 2010두1804 판결)라고 판시한바 있어서 이를 번복한 것으로 판단된다.

한편, 신탁받은 토지는 우선적으로 조합원 분양분으로 환지되고, 매입한 토지는 우선적으로 일반 분양분으로 환지된다는 것을 전제로 하나, 이는 환지의 성격과 맞지 않으며, 주택재건축조합의 토지 취득과정과 분배과정에서 각 과세대상 및 요건이 전혀 다른 별도의 기준에 의하여 분류되어 있어 각 항목별로 개별적으로 대응관계를 갖는 것으로 볼 수도 없다(대법원 2015두47065, 2015.9.3. 심불, 서울고법 2014누72752, 2015.6.30.)라고 판시한 바 있다.

토지로 우선하여 산정하여야 할 것(대법원 2015.10.29. 선고, 2010두1804 판결 참조)이다(조심 2017지1124, 2019.11.13.)라고 결정한 바 있다.

> **사례** 2009.1.1. 이후 신탁등기 토지 비조합원용 토지 과세방법(조심 2013지364, 2013.6.3.)
>
> 2009.1.1. 이후에 조합원 소유의 토지를 청구법인 명의로 신탁등기한 토지 중 조합원용 토지는 청구법인이 취득세 납세의무가 없고, 비조합원용 토지는 소유권 이전 고시일의 다음 날을 취득일로 보아 1,000분의 35의 세율을 적용하여 산출한 취득세 등을 신고납부하여야 할 의무가 있다고 보는 것이 타당한 점, ③ 청구법인이 국가 등으로부터 유상으로 취득한 토지 중 조합원용 토지는 조합원이 납세의무자이므로 청구법인은 취득세 등의 납세의무가 없고, 비조합원용 토지 중 2008.12.31.까지 잔금을 지급하거나 등기한 토지는 잔금지급일과 등기일 중 빠른 날이 취득일이 되고, 2009.1.1. 이후에 잔금을 지급하였거나 등기한 토지는 소유권 이전 고시일 다음 날에 취득한 것으로 보는 것이 타당하나, 청구법인이 국가 등으로부터 유상으로 취득한 토지에 대해서는 이미 취득세 등을 신고납부한 것으로 확인되는 점 등을 종합하여 볼 때 청구법인이 2008.12.31. 이전에 청구법인 명의로 신탁등기하여 취득한 토지는 이미 취득세 등의 비과세대상 등으로 확정되어 소유권이전고시가 있었다고 하여 취득세 등을 다시 부과할 수 없고, 청구법인이 2009.1.1. 이후에 청구법인 명의로 신탁등기한 토지 중 비조합원용 토지는 소유권이전 고시일 다음 날에 취득세 납세의무가 성립된 것으로 보는 것이 타당하므로 처분청이 청구법인에게 부과고지한 이 건 과세처분 중 청구법인이 2009.1.1. 이후에 조합원 소유의 토지를 청구법인 명의로 신탁등기한 토지면적에 일반분양비율을 곱하여 산정된 면적의 시가표준액에 1,000분의 35의 세율을 적용하여 산출한 금액 등을 초과하는 취득세 등은 취소되어야 할 것으로 판단됨.

㈐ 감면대상

2009.1.1. 이후 신탁등기분부터 일반분양분에 대하여는 재건축주택조합이 취득세 납세의무가 있다. 다만, 일반분양분 공동주택 중 전용면적 60㎡ 이하가 5세대 이상이고, 주택조합이 해당 공동주택 사용승인 이전까지 「부가가치세법」 제8조(종전 제5조)의 규정에 의하여 건설업 또는 부동산매매업의 사업자등록증을 교부받거나 교유번호를 부여받은 경우에는 「지방특례제한법」 제33조 제1항에 의하여 60㎡ 이하의 주택부분에 대한 취득세가 면제된다. 여기서 사업자등록일은 사업개시일이 아니라 사업자등록증 교부일을 기준으로 한다.

「도시 및 주거환경정비법」 제11조의 규정에 의하면 재건축조합은 사업시행인가를 받은 후 「건설산업기본법」 제9조의 규정에 의한 건설업자 또는 「주택법」 제12조 제1항의 규정에 의하여 건설업자로 보는 등록업자를 시공자로 선정하게 되므로 주택건설업자가 사업자등록증을 교부받은 자이기 때문에 주택조합이 별도로 사업자등록을 하지 아니하는 경우가 있는데, 주택조합이 별도로 사업자등록을 하지 아니할 경우에는 감면혜택이 없다(행심 98-122, 1998.3.25.). 그 이유는 조합주택의 건축주는 주택조합이며, 일반분양분 아파트의 건축주가 해당 아파트의 사용승인일 이전까지 사업자등록증을 교부받아야만 취득세를 감면하도록 감면조례에 규정하고 있기 때문이다.

⑧ 승계조합원의 과세

사업시행인가일 전부터 부동산을 소유하고 있던 자(당초조합원)로부터 기존의 토지를 취득·등기할 경우에는 조합원 지위가 변경된다. 이 경우 종전의 토지에 대한 소유권을 이전받아야 하므로 그에 대한 취득세를 납부하여야 한다.

조합원 지위변경은 당초조합원이 주택조합에게 신탁하였던 토지지분을 신탁해지로 다시 찾아오고, 이를 승계조합원에게 이전등기를 하며, 다시 승계조합원이 주택조합에게 신탁을 함으로써 완료된다. 당초조합원이 사망하여 상속인이 승계하는 경우에도 동일한 절차를 밟게 되는데, 당초조합원의 신탁해지 및 상속이전등기 후 다시 조합에 신탁을 함으로써 조합원의 지위를 승계받게 된다. 물론 조합원의 지위승계는 「도시 및 주거환경정비법」 제19조 제2항의 규정에 의하여 투기과열지구로 지정된 지역에서는 조합원의 지위승계가 금지된다. 다만, 예외적으로 불가피한 경우에는 투기과열지구 내에서도 승계가 가능하다. 또한 투기과열지구가 아닌 지역에서는 조합원의 지위승계에 제한이 없다.

당초조합원이 신탁해지로 토지지분을 찾아온 후에 승계조합원에게 이를 이전하여 다시 승계조합원이 재건축조합에 신탁을 한다.

따라서 잔금지급일과 소유권이전등기일 중 빠른 날이 취득시기가 될 것이고 실제 매매이므로 유상승계 세율을 적용한 세액을 신고납부하여야 하며, 지위승계에 따른 부동산을 취득한 경우 부동산거래신고하고 검증받은 가격인 종전 토지가액에 추가 지불액을 합한 토지가격과 건물가격을 포함한 실제거래가액이 취득세 과세표준이 되는 것이므로 승계조합원이 지급한 매매대금에 대해 취득세를 부과하여야 한다(지방세운영과-2670, 2010.6.24.).

㉠ 건축물 취득 전

㉮ 개요

아파트(건축물) 사전입주(준공) 전에만 조합원을 승계할 수 있는바, 조합원 지위변경은 당초조합원이 주택조합에게 신탁하였던 토지지분을 신탁해지로 다시 찾아오고, 이를 승계조합원에게 이전등기를 하며, 다시 승계조합원이 주택조합에게 신탁을 함으로써 완료된다. 당초조합원이 사망하여 상속인이 승계하는 경우에도 동일한 절차를 밟게 되는데, 당초조합원의 신탁해지 및 상속이전등기 후 다시 조합에 신탁을 함으로써 조합원의 지위를 승계받게 된다.

재건축조합인 경우 증여나 상속으로 종전 부동산을 취득한 자도 당초조합원이 아닌 승계조합원에 포함된다(주택조합, 재개발조합도 동일).

조합원의 지위를 취득한 자는 당초조합원의 토지를 매매(상속, 증여)를 원인으로 하여 사실상 취득일을 기준으로 취득세를 신고납부하여야 한다. 따라서 상속의 경우 취득세는 상속개시일 기준으로 신고납부하여야 할 것이며, 상속으로 인한 취득이 2010.12.31. 이전인 경우 구 등록세 규정을 적용하여 소유권이전 시 유상(상속, 증여)의 등록세율을 적용하여 납부하여야 할 것이다.

ⓝ 취득세 과세표준과 세율

당초조합원으로부터 취득하는 승계조합원은 조합원으로서의 지위를 승계하기 때문에 그 지위를 승계하기 위해서는 조합원 지분을 취득하여야 하는 것이다. 이 경우 주택조합이 건축하고 있는 공정에 따라 지분의 범위가 다소 달라질 수가 있으나 주택조합용 공동주택을 건축 중인 경우에는 토지 지분만이 취득의 대상이고 건축 중인 건물은 취득의 대상에서 제외된다.

토지에 대한 취득세 과세표준은 사실상의 취득가액(2022년 이전은 적용되는 「지방세법」 제10조 제5항에 해당하는 경우에는 사실상의 취득가액)으로, 이에 해당하지 아니하는 경우 신고가액과 시가표준액 중 큰 금액)이 과세표준이 된다.

한편, 사실상의 취득가액으로 적용될 경우 승계조합원이 토지지분을 취득하면서 지불하게 되는 입주권(일종의 프리미엄)에 대하여도 과세하게 되는지 여부가 쟁점이 되나 취득에 소요되는 일체의 비용으로 과세대상으로 보아야 할 것이다. 즉 재건축조합의 지위승계에 따른 부동산을 취득한 경우 부동산거래신고하고 검증받은 가격인 종전 토지가액에 추가 지불액을 합한 토지가격과 건물가격을 포함한 실제거래가액이 취득세 과세표준이 되는 것이므로 승계조합원이 지급한 매매대금에 대하여 취득세를 부과하여야 한다(지방세운영과-2670, 2010.6.24.).

그런데 시가표준액으로 적용될 경우 재건축아파트의 분양권을 매수한 자가 재건축주택조합원의 자격을 갖추기 위하여 매도인의 소유로서 재건축주택조합에 신탁되어 있던 종전 노후주택의 부속토지를 취득한 경우, 이 취득과 관련된 취득세 등의 과세표준을 정함에 있어서 부속토지 자체의 면적을 기준으로 할 것이지, 재건축사업이 종료되어 신탁이 해지되면 재건축조합으로부터 반환받게 될 신축 아파트의 대지 공유지분 상당이나 재건축사업시행 후 실제로 분양처분이 확정된 아파트의 대지 공유지분을 기준으로 할 것은 아니다(대법원 2002두12984, 2004.8.20.). 세율은 유상승계취득인 경우 4% 이며, 무상취득인 경우 3.5%이다.

건물 보존등기에 대한 과세표준은 공사도급금액을 면적별로 안분한 가액이 되며, 세율은 2.8%가 적용된다. 이 경우 당초조합원의 지위를 승계한 승계조합원은 재건축조합의 일원으로 의제되어 당초조합원이 취득하는 것과 동일하게 취급되어야 하며 과세기준을 달리 정하는 것은 불합리하므로 승계조합원의 건물 보존등기의 과세표준은 건축물 총공사대금에서 승계받은 건축물 지분을 안분한 공사원가가 과세표준이 된다.

ⓛ 건축물 취득 이후

준공 이후에는 일반적인 소유권이전의 절차를 취하여야 할 것이다. 즉 재건축조합주택에 대하여 준공인가·준공인가 전 사용허가 또는 사전입주를 하게 되면 당초조합원은 건물분에 대하여 취득세 납세의무가 있게 된다. 따라서 준공인가 전 사용허가나 사전입주를 한 이후부터 준공인가 이전에 제3자에게 조합원의 지위를 이전한 경우 승계조합원은 종전의 토지에 대한 소유권을 이전받아야 하므로 그에 대한 취득세(2010년 이전 취득은 구 취득세, 구 등록세)를 납부하여야 하고, 건축물은 당초조합원으로부터 매매로 취득한 것이 된다는 것이다. 승계조합원은 당초조합원의 토지지분을 취득하여야만 조합원 지위를 승계받아 추후 입주할 수 있는 자격을 얻는 것이지만, 이미 준공인가되어 원시취득된 주택재개축아파트를 원조합원으로부터 승계한 경우는 토지지분이 아닌 주택 및 부속토지를 취득한 것(지방세운영과-345, 2013.4.18. 참조)으로 원조합원에게 매매형태로 대금을 지급하고 재건축아파트를 취득하는 것은 「지방세법」 제11조 제1항 제8호에서 규정하고 있는 해당 주택세율 적용하고, 과세표준은 신고가액과 시가표준액 중 큰 가액을 적용하면 될 것이다(서울세제-15052, 2018.11.8.).

⑨ **현금청산금**

㉠ 비조합원의 지분을 현금청산금 지급과 무관하게 토지 신탁등기(소유권이전 고시)를 함으로써 재건축조합에게 이전된 것으로 보는 경우

일반적으로 현금청산 조합원의 토지분은 소유권이전 고시일의 다음 날이 취득시기가 될 것이다. 이 규정은 2009.1.1. 이후 토지 취득분부터 적용되므로 토지에 관한 소유권이전 고시가 2011.1.1. 이루어지더라도 조합원으로부터 신탁을 원인으로 하여 토지에 관한 소유권이전등기를 경료한 날이 2008.12.31. 이전인 경우에는 신탁등기일이 취득시기가 되는 것이다(조심 2010지884, 2011.8.30. 참조).

일반적으로 현금청산 조합원에 대하여 조합원 지위에 있지 아니하는 것으로 보고 있으므로 현금청산 조합원의 토지분에 대한 취득시기는 상기와 같이 처리될 것이다. 또한 재건축조합이 현금 조합원으로부터 상가 건축물 지분을 취득하여야 할 것이므로, 비록 잔금청산일 되지 아니하였다 하더라도 상가 건축물의 경우 보존등기만 안되었지 실제로 사용하거나 사용승인 등을 받은 경우에는 이미 취득시기가 도래된 것으로 보아야 할 것이다. 따라서 실제 사용과 사용승인(임시사용 포함) 중 빠른 날에 재건축조합이 취득한 것으로 보아야 할 것이다.

그런데 일반적으로 소유권에 다툼이 있어 법원에 소를 제기하여 승소판결로 취득하는 경우 법원의 판결은 소유권을 원시적으로 창설하는 것이 아니고 소유권의 취득 사실을 확인하고 이를 확정해 준다는 의미가 있다 하겠으므로 통상 법원 판결문에 나타나는 명백한 취득시기는 인정하여야 할 것이나(행심 2002-117, 2002.3.25.), 판결문에 잔금지급 사실이 불분명하여 취득의 시기를 알 수 없다면 소유권이전등기일을 취득일로 본다(지방세운영과-2551, 2008.12.17.).

㉡ 소송 제기한 비조합원의 지분을 현금청산금 지급일에 재건축조합에게 이전된 것으로 보는 경우

현금청산 조합원에게 현금청산금을 전부 지급받은 때에는 부동산의 토지 및 건물의 공유지분에 관하여 소유권을 비롯한 일체의 권리를 포기한다라고 규정되어 있어서 조합원 지위는 없지만 재건축 관련 법규와는 무관하게 현금청산 조합원이 현금청산금을 지급할 때

까지 토지와 상가 건축물에 대한 지분을 가지고 있는 경우 현금청산금 지급일 또는 소유
권이전등기일 중 빠른 날이 취득시기가 될 것이다.

⑩ 재건축조합 등의 과세

㉠ 토지

주택조합 등이 금전신탁으로 토지를 취득하여 조합아파트를 신축하는 경우에는 토지를
신탁받은 경우와 달리 조합에 당초 토지 취득 시(잔금지급일 또는 소유권이전등기일 중
빠른 날) 비조합원용 토지에 해당하는 취득세가 함께 과세되고, 소유권이전고시 시점에는
조합원용과 비조합원용 토지가 확정될 뿐 대지권 변동이 없으므로 취득세 납세의무가 별
도로 성립되지 않는 것이다(지방세운영과-1659, 2010.4.23.).

재건축조합과 조합원 간의 거래가 없다면 무상취득으로 보아 시가표준액이 되며, 금전신
탁을 병기하여 조합이 신규로 조합원 토지 외에 추가로 취득한 경우에는 유상승계취득으
로 실제 취득가액이 되는 것이다.

> **사례** 조합원으로부터 금전신탁받아 토지를 취득한 경우(지방세운영과-1001, 2010.3.11.)
>
> 지역주택조합이 조합원으로부터 금전신탁받아 토지를 취득한 경우, 조합아파트 사용승인 시점에는
> 비조합원용 토지에 대한 취득세 납세의무가 별도로 성립되지 않음.

㉡ 건축물

㉮ 지분제 방식

지분제 방식은 주택조합이 부담할 공사비 등 도급금액을 확정하지 않고 시공사가 모든
책임 하에 시공은 물론 분양을 하는 경우, 즉 주택조합 등이 도급공사비용을 부담하지
아니하면서 일반분양분에 대한 공동주택의 지분을 시공회사에게 공사비 대가로 지급
하는 형태로 시공사가 총분양 수입대금으로부터 도급공사비를 충당하는 조건으로 공
사도급계약을 체결하게 된다.

주택조합이 지분제 방식으로 주택공사를 하여 취득하는 경우라면 해당 주택의 취득세
과세표준이 되는 취득가격은 주택취득에 소요된 시공법인의 장부상 실제 공사비가 되
는 것이라는 해석이 있다(지방세정팀-880, 2006.3.3.). 이 해석에서 지분제의 경우 시공사
의 공사비로 과세표준을 삼는 것은 문제가 있다고 판단된다. 그 이유는 주택조합이 실
제로 지출한 공사비(다른 신축비용이 추가로 있다면 그 비용도 과세표준에 포함되며,
지목변경을 수반하지 아니할 경우 조경공사비는 제외되나 옥상조경공사비는 포함되
며, 2020년 이후 건축물을 건축하면서 그 건축물에 부수되는 정원 또는 부속시설물 등
조성ㆍ설치 시 조성ㆍ설치하는 비용은 건축물 취득세 과세표준으로 삼아야 할 것이기
때문이다.[107] 즉 주택조합 입장에서의 공사비에는 시공사의 공사비 이외에도 시공사 이

---

107) 2016년 이후 대(垈) 중 택지공사가 준공된 토지에 한해 정원 또는 부속시설물 등을 조성ㆍ설치된 토지로
사실상 변경된 경우 취득자는 토지 소유자(지법 §7 ⑭)이며, 세율은 중과기준세율(지법 §15 ② 5)이 적용

윤이 포함되어야 한다는 점에서 이 이윤도 주택조합 입장에서는 공사도급 금액으로 보아 신축비용에 포함하여야 한다는 것이다.

따라서 지분제로 계약한 경우는 시공사가 이미 손익을 계산하여 계약한 것으로, 일종의 공사도급계약서라 할 수 있으므로 법인의 장부상에 확인되는 도급금액은 주택조합이 시공사에 아파트 공사의 대가로 지급한 대금(조합원의 분담금 및 일반분양대금)이 될 것이다. 일반 주택건설업체(분양회사)가 신축하여 분양한 것과 별개로 조합아파트의 시공방식이 지분제인 경우 공사비는 조합원 추가부담금+일반분양금으로 보고 취득세를 신고납부하여야 할 것으로 판단된다.

시행사와 시공사 간에 체결한 지분제 공사계약 상 공사대금이 일반분양수입금액 등으로 확정되는 경우로써 건물의 임시사용승인 당시 일부 아파트 및 상가가 미분양되어 시공사의 공사비를 확정할 수 없다고 한다면, 임시사용승인 이후 미분양된 아파트 등이 분양 완료되어 최종 공사비를 시행사와 시공사 간에 정산할 수 있을 때에 재건축건물 취득을 위한 공사비용이 확정되는 것으로 보는 것이 합리적이라 할 것이다(조심 2014지1435, 2015.10.23.).

지분제의 경우에는 철거비·이주비 등 보상비 등과 같이 공사시행 전에 이루어진 직·간접적인 부대비용과 시공과 관련하여 소요되는 제비용 및 기타 분양수수료 등이 공사와 관련하여 발생한 직·간접적인 비용 일체라고 할 수 있다(행심 2006-1105, 2006.12.27., 행심 2007-441, 2007.8.27.). 따라서 조합운영비도 시공사에서 지급하고 있는바, 지분제의 경우에는 이 비용도 신축의 간접비용에 해당하므로 취득세 과세표준에 포함되어야 할 것이다.

㈐ 도급제 방식

도급제 사업으로 주택공사를 하여 취득하는 경우에는 도급금액 중 모델하우스 및 분양비용 등을 제외한 금액이 되는 것이다(지방세정팀-880, 2006.3.3.). 그런데 도급제의 경우라면 조합원에게 대여한 이주비는 재건축사업기간 중 조합원이 다른 지역 내의 주택 등으로 취득 또는 임차하여 거주할 수 있도록 지원되는 비용으로 이에 대한 이자비용은 통상적으로 시공사가 재건축사업에 선정되기 위하여 자기이윤에서 지급하겠다는 것으로서 이는 건축물의 취득과는 관련이 없는 비용이라 할 것으로 취득세 과세표준에 해당되지 아니한다(행심 2004-267, 2004.9.23. 참고).

⑪ 이전고시가 이루어지지 않은 재건축 아파트의 취득세와 재산세 납세의무자

재건축 또는 재개발사업(재개발사업은 2019.5.30. 이전만) 시행으로 공동주택의 준공 인가 후 이전고시가 이루어지지 않아 미등기 상태인 경우 납세의무자는 조합원분의 경우에는 조합원이, 일반분양분의 경우에는 재산세 과세기준일(매년 6월 1일) 이전에 잔금을 지급한 경우에는 수분양자가, 잔금을 지급하지 않은 경우에는 재건축(재개발)조합에게 납세의무가 있다(서울세무-25822, 2018.11.30.).

⑫ 상속 1가구 1주택 세율특례, 유상거래 감면규정(종전 규정) 적용 여부

㉠ 상속 1가구 1주택 세율특례

'주택'이라 함은 세대의 세대원이 장기간 주거생활을 영위할 수 있는 구조로 된 건축물의 전부 또는 일부 및 그 부속토지를 말한다 하겠고, 「지방세법」상 취득세를 비과세하기 위하여는 법령에 정해진 과세대상 물건이 존재하여야 하고 그 과세대상 물건의 취득자가 특정되어야 할 뿐만 아니라 그 취득시기가 도래하여야 함과 아울러 비과세요건을 충족하고 있어야 하겠으므로, 주택재건축에 있어 주택에 대한 소유권을 취득하기까지는 재건축 조합원의 권리는 "주택을 취득할 수 있는 권리"로서 "주택"과는 구별된다(대법원 2003두4515, 2004.4.28.) 할 것으로, 재건축조합원이었던 피상속인이 재건축사업 시행으로 동 아파트가 멸실된 이후 사망함으로써 토지를 상속 취득한 이상, 이때에는 토지만을 상속취득한 것으로 보아야 하고, 주택의 경우에 있어서는 이를 취득할 수 있는 권리를 상속받은 것에 불과할 뿐 주택의 완성일 이후 그 권리에 따라 취득하는 주택까지 상속취득하였다고 보기는 어렵다 하겠고, 「지방세법」에서 상속으로 1가구 주택 및 그 부속토지를 취득하는 것에 대하여 취득세를 비과세하는 것은 피상속인의 지위를 승계함으로써 형식적으로 소유권을 취득함에 불과한 상속인에 대하여 취득세를 부과하지 아니하겠다는 정책적 고려에 기초한 것이지 상속받은 권리에 따라 장차 취득하는 주택까지 비과세대상으로 규정한 것은 아니라 할 것이며, 주택재건축조합원의 지위를 승계한 것과 분양권을 취득한 것을 구분하여 과세하도록 규정하고 있지도 아니하므로 이를 달리 볼 수 없다(행심 2006-329, 2006.7.31.).

그런데 유권해석에 의하면 재개발 승계조합원은 당초조합원의 토지지분을 취득하여야만 조합원 지위(입주할 수 있는 권리)를 승계 받아 추후 입주할 수 있는 자격을 얻는 것이지만, 주택조합이 토지를 조합원으로부터 조합명의로 신탁등기를 한 후 주택조합명의로 공동주택 사용승인을 받은 경우에는 승계조합원은 토지지분이 아닌 주택 및 부속토지(대지권)를 취득한 것으로(지방세운영과-2670, 2010.6.24. 참조) 승계조합원이 당초조합원에게 매매형태로 대금을 지급하고 주택조합용 공동주택을 취득하거나 1가구 1주택을 상속하여 취득한 경우에는 주택유상거래 감면 및 상속으로 인한 1가구 1주택 세율특례 대상에 해당된다(지방세운영과-298, 2011.1.17.)라고 해석하고 있어서 재건축 아파트의 경우에도 이를 적용하여야 한다라고 주장할 수 있다.

> 사례 주택재건축사업 시행으로 철거된 아파트의 부속토지 상속취득 시 1가구 1주택의 부속토지로 볼 수 없음(조심 2009지0197, 2009.9.28.).
>
> "주택"이라 함은 세대의 세대원이 장기간 주거생활을 영위할 수 있는 구조로 된 건축물의 전부 또는 일부 및 그 부속토지를 말한다 할 것이다(「주택법」§2 1). 토지는 분양받을 아파트의 부속토지에 해당되고, 고급주택이 아니므로 취득세 부과대상에 해당되지 아니하고, 「지방세법」의 규정이 「소득세법」의 규정에 배치되는 경우에는 「지방세법」의 적용을 배제하여야 한다고 주장하나, 이 건 종전

아파트의 건축물대장에 의하면, 이 건 토지상에 종전에 존재하였던 이 건 종전아파트는 2006.11.10. 철거된 사실을 확인할 수 있으므로 이 건 토지는 주택의 부속토지에 해당되지 아니하고, 청구인들이 향후 주택재건축사업의 완료 시 완공된 아파트에 입주할 예정이라 하더라도 상속취득한 현재에는 주택 부속토지를 취득한 것으로 볼 수 없다 할 것임.

ⓒ 유상거래 감면(종전 규정)

「공인중개사의 업무 및 부동산 거래신고에 관한 법률」의 개정(2006.12.28.)으로 공동주택의 분양권 및 재건축·재개발 입주권 거래도 부동산거래 신고대상에 포함되어 시행됨에 따라 재건축·재개발아파트 조합원 지위승계 시 승계조합원은 취득하는 당초조합원의 소유 토지에 대하여 취·등록세를 납부하여야 하며, 재건축·재개발아파트 승계조합원은 당초조합원의 토지 지분을 취득하여야만 조합원 지위(입주할 수 있는 권리)를 승계받아 추후 입주할 수 있는 자격을 얻는 것이지만, 주택조합이 토지를 조합원으로부터 조합 명의로 신탁등기를 한 후에 주택조합 명의로 공동주택에 대하여 사용검사를 받은 경우에는 승계조합원은 토지 지분이 아닌 주택 및 부속토지(대지권)를 취득한 것이라 할 것이다. 따라서 승계조합원은 당초조합원에게 매매형태로 대금을 지급하고 주택조합용 공동주택을 취득한 것이기 때문에 유상거래에 따른 주택의 취득으로 보아 유상거래 감면적용 대상에 해당된다(지방세운영과-2670, 2010.6.24.).

⑬ 재건축주택 농특세 비과세대상인 서민주택 해당 여부

농어촌특별세가 비과세되는 '국민주택에 부수되는 토지'란 원칙적으로 그 지상에 이미 국민주택이 건축되어 있는 토지를 말하고, 그렇지 않은 경우에는 국가·지방자치단체 또는 대한주택공사와 한국토지주택공사가 국민주택을 건설하기 위하여 취득하거나 개발·공급하는 토지만을 의미한다고 할 것이다. 재건축주택조합원의 지위를 승계한 상속인이 당초 취득한 대지공유지분은 그 지상에 국민주택규모의 주거용 건물이 건축되어 있는 것이 아니어서 농어촌특별세가 비과세되는 '국민주택에 부수되는 토지', 즉 서민주택에 해당되지 아니하고, 이는 취득 당시 그 지상에 국민주택규모인 아파트의 건축이 예정되어 있었다고 하더라도 마찬가지이다(대법원 2002두12984, 2004.8.20.).

⑭ 재건축조합에 대한 제2차 납세의무

「조세특례제한법」제104조의 7 제4항에서 정비사업조합이 관리처분계획에 따라 해당 정비사업의 시행으로 조성된 토지 및 건축물의 소유권을 타인에게 모두 이전한 경우로서 해당 정비사업조합이 납부할 국세·가산금 또는 체납처분비를 납부하지 아니하고 그 잔여재산을 분배 또는 인도한 때에는 해당 정비사업조합에 대하여 체납처분을 집행하여도 징수할 금액이 부족한 경우에 한하여 그 잔여재산의 분배 또는 인도를 받은 자가 그 부족액에 대하여 제2차 납세의무를 진다. 이 경우 해당 제2차 납세의무는 그 잔여재산을 분배 또는 인도를 받은 가액을 한도로 한다라고 규정되어 있어 잔여재산 분배 등을 가액을 한도로 조합원에게 제2차 납세의무가 있는 것으로 판단된다. 여기서 정비사업조합은 「도시 및 주거환경정비법」의 규정에 의하여 설립된 조합을 말하

는 것으로 종전 2003.6.30. 이전에 「주택건설촉진법」(법률 제6852호로 개정되기 전의 것) 제44조 제1항의 규정에 의하여 조합설립의 인가를 받은 재건축조합으로서 「도시 및 주거환경정비법」 제18 조의 규정에 의하여 법인으로 등기한 조합("전환전 정비사업조합")을 포함한다.[108]

이 규정은 국세에 대한 제2차 납세의무 규정이고, 지방세에 대한 제2차 납세의무 규정은 별도로 없으므로 지방세는 적용되지 아니할 것이다.

> **사례** 재건축조합에 대한 과세
>
> ① 2003.6.30. 이전에 조합설립의 인가를 받은 재건축조합으로서 2003.7.1. 이후 등기한 전환정비사업조합은 공동사업장으로 보아 「소득세법」을 적용하는 것임(서면2팀 – 1220, 2006.6.27.).
> ② 정비사업조합이 2003.12.30.이 속하는 사업연도부터 법인세를 신고하는 경우 2008.12.31. 이전에 종료하는 사업연도까지 비영리법인으로 보아 청산소득에 대한 법인세 납세의무가 없는 것임(서면2팀 – 1121, 2006.6.15.).
> ③ 조합설립의 인가를 받은 재건축조합으로서 2003.7.1. 이후 법인으로 등기한 조합에 대하여는 공동사업장 및 공동사업자로 보는 것임(서면2팀 – 74, 2006.1.10.).
> ④ 2003.6.30. 이전에 조합설립인가를 받은 재건축조합으로서 「도시 및 주거환경정비법」에 의하여 법인으로 등기한 전환정비사업조합이 2003.7.1. 이후 사업면적 및 조합원 확대를 위하여 조합변경인가를 받은 경우 해당 전환정비사업조합에 대하여는 「조세특례제한법」 제104조의 7 제1항의 규정에 따라 해당 전환정비사업조합 및 그 조합원을 각각 「소득세법」 제87조 제1항 및 제43조 제3항의 규정에 의한 공동사업장 및 공동사업자로 보아 「소득세법」을 적용할 수 있는 것임(서면1팀 – 262, 2006.2.27.).

4) 직장·지역주택조합

① 토지 취득

㉠ 조합의 토지 취득

일반적으로 직장·지역주택조합은 조합원으로부터 금전을 신탁받아서 토지를 취득하고 주택을 신축하여 조합원과 일반인에게 분양을 하게 되는 형태의 조합이다. 주택조합용 토지에 대하여는 조합원을 위탁자 겸 수익자로, 조합을 수탁자로 하여 신탁계약을 체결하고

---

108) "법인격이 없다"라 함은 위와 같은 단체로서의 조직을 갖추고 대표의 선출방법, 총회의 운영, 재산관리 기타 단체의 주요한 활동이 규칙에 의하여 정하여지고 법인과 같이 운영하고 있으면서도 법인설립등기를 하지 않음으로써 법인격을 취득하지 못한 단체이다. 취득세와 등록세에서 법인은 법인등기를 한 법인에 한정하는 것으로 사단 또는 재단 중에 설립등기를 한 경우(예 : 사회복지법인***, 사단법인***, 재단법인***)에는 법인에 해당하나, 법인격 없는 사단·재단은 법인에 해당되지 아니한다.
재건축조합이 법인설립등기가 되어 있다면 법인으로 보아야 할 것이나, 이에 해당되지 않으면 법인에 해당되지 아니한다. 한편, 등록번호에는 설립등기에 의한 법인등록번호, 부동산에 관한 등기를 하기 위하여 「부동산등기법」에 의하여 시장(구청장), 군수로부터 "부동산등기용 등록번호"가 있다. 그런데 후자의 경우 설립등기가 아니므로 법인으로 볼 수 없다.
참고로, 「주택건설촉진법」에 의하여 설립된 재건축조합주택(법인으로 등기한 경우 제외)은 「국세기본법」 제13 조 제1항의 규정에 의한 법인으로 보는 단체에 해당하지 아니하는 것이다(재소득 46073 – 22, 1999.2.1.). 종전에는 일반적으로 재건축조합은 법인이 아니라 조합원들의 공동사업자로 보아 과세하고 있었다.

조합원과 조합이 공동으로 신탁을 원인으로 한 소유권이전 및 신탁등기를 한다. 직장·지역주택조합의 경우 조합비로 사업부지를 매입하여 그 매매를 원인으로 조합원 앞으로 소유권이전등기와 동시에 조합에게 신탁등기를 하는 것으로, 이 경우 조합원이 취득세 4%로 하여 신고납부해야 하지만 조합원의 소유로 보는 것이므로 신탁등기에 대하여는 조합은 과세되지 아니하고,[109] 비조합원용 부동산도 「지방세법」 제9조 제3항 단서에 의하여 신탁등기는 과세가 되는 것이지만(주택조합에게 과세가 되는 것이므로 신탁등기를 비과세한다고 규정하면 되지 않기 때문에 단서에 규정된 것임), 조합이 취득세(유상승계 시 4%)를 신고납부해야 하는 것이므로 신탁등기의 절차를 취하더라도 이 신탁등기는 과세가 되지 아니하는 결과가 되는 것이다.

ⓛ 토지 취득시기

「도시 및 주거환경정비법」 제35조 제3항에 따른 재건축조합이 재건축사업을 하거나 「빈집 및 소규모주택 정비에 관한 특례법」 제23조 제2항에 따른 소규모재건축조합이 소규모재건축사업을 하면서 조합원으로부터 취득하는 토지 중 조합원에게 귀속되지 아니하는 토지를 취득하는 경우에는 「도시 및 주거환경정비법」 제86조(2018.2.8. 이전 제54조) 제2항 또는 「빈집 및 소규모주택 정비에 관한 특례법」 제40조 제2항에 따른 소유권이전고시일의 다음 날에 그 토지를 취득한 것으로 보는데, 「주택법」 제11조에 따른 주택조합이 주택건설사업을 하면서 조합원으로부터 취득하는 토지 중 조합원에게 귀속되지 아니하는 토지를 취득하는 경우에는 「주택법」 제49조에 따른 사용검사를 받은 날에 그 토지를 취득한 것으로 보고 있다는 점에서 차이가 있다.

대법원에서는 직장·지역주택조합이 조합원으로부터 이전받는 토지 중에서 비조합원분에 해당하는 것은 해당 주택의 건축물을 신축하여 사용검사를 받는 날에 토지를 취득한 것으로 보고, 금전을 신탁받아 취득하는 토지는 잔금지급일과 이전등기일 중 빠른 날을 취득일로 보아야 한다고 판시하였다.[110]

---

109) 주택조합 등이 조합원으로부터 신탁으로 취득한 토지는 일단 「지방세법」 제9조 제3항 단서에 의하여 비과세가 되지 아니하므로 과세대상이 되는 것으로 보이지만, 조합원 지분에 대하여는 조합으로 이전되었으나 조합원 소유로 보는 것이므로 조합이 새로이 취득한 것이 없기 때문에 납세의무가 발생하지 아니하는 것이다. 즉 「지방세법」 제9조 제3항 단서에 의하여 같은 항 본문이 적용되지 않더라도 신탁의 경우 조합에게 과세가 되지 아니하는 것이다.

110) 구 「지방세법」(2010년 말까지 시행된 법) 제110조 제1호 단서가 그 본문 적용의 배제대상으로 '주택조합 등의 비조합원용 부동산 취득'을 추가한 것은 종전의 관련 법령상 취득세 부과대상이 아니었던 '주택조합 등이 조합원으로부터 조합주택용으로 신탁에 의하여 취득하면서 신탁등기를 병행한 부동산 중 비조합원용 부동산의 취득'에 대하여 그 본문의 적용을 배제함으로써 취득세 부과대상으로 삼기 위한 것이고, 구 「지방세법 시행령」(2010년 말까지 시행된 대통령령) 제73조 제5항은 이 경우의 납세의무의 성립시기를 정한 것으로 볼 것이며, 거기에 해당하지 아니하는 '주택조합 등이 조합원으로부터 신탁받은 금전으로 매수하여 그 명의로 소유권이전등기를 마친 조합주택용 부동산 중 비조합원용 부동산의 취득'의 경우에는 여전히 주택조합 등이 사실상의 잔금지급일 또는 등기일에 이를 취득한 것으로 보아 취득세를 부과하여야 한다(대법원 2011두532, 2013.1.10.).

ⓒ 일반분양분 토지에 대한 조합의 취득세 납세의무

조합원이 갖게 되는 조합원용의 토지 및 건축물은 조합원이 직접 취득한 것으로 보는 간주 규정을 두고 있기 때문에(지법 §7 ⑧) 직장·지역주택조합이 금전신탁을 받아 토지를 취득할 경우에 조합원의 지분은 이를 조합원이 취득한 것으로 보며, 일반분양분(비조합원용 토지)은 주택조합이 취득한 것으로 된다. 그런데 조합아파트 사용승인 시점에는 비조합원용 토지에 대한 취득세 납세의무가 별도로 성립되지 않는다고 판단된다. 그 이유는 직장·지역주택조합이 토지를 취득한 시점(잔금지급일 또는 소유권이전등기일 중 빠른 날)에 취득세 등 납세의무가 이미 발생하였기 때문이다.

주택조합 등이 금전신탁으로 토지를 취득하여 조합아파트를 신축하는 경우에는 토지를 신탁받은 경우와 달리 조합에 당초 토지 취득 시(잔금지급일 또는 소유권이전등기일 중 빠른 날) 비조합원용 토지에 해당하는 취득세가 함께 과세되고,[111] 소유권이전고시 시점에는 조합원용과 비조합원용 토지가 확정될 뿐 대지권 변동이 없으므로 취득세 납세의무가 별도로 성립되지 않는다(지방세운영과 - 1659, 2010.4.23.). 즉 일반분양분 주택과 상가 지분에 대하여는 당초 취득 시에 취득세를 납부하였으므로 조합아파트 사용승인 시점에 비조합원용 토지에 대한 취득세가 새로이 납세의무가 성립되지 아니하는 것이다(지방세운영과 - 1001, 2010.3.11.).

② 건물 취득

조합원이 갖게 되는 조합원용의 토지 및 건축물은 조합원이 직접 취득한 것으로 보는 간주 규정을 두고 있기 때문에(지법 §7 ⑧) 건축물을 신축한 경우에 조합원의 지분은 이를 조합원이 원시취득하는 것으로 되며, 일반분양분은 주택조합이 원시취득하는 것으로 된다. 따라서 조합주택이 완공이 되면 건물에 대하여는 조합원이 보존등기(단, 일반분양분 및 상가 등 기타 지분은 조합이 보존등기)하여야 하므로 건물 취득 시 2.8%(보존등기세율)의 취득세율이 적용된다.

③ 승계조합원 과세 여부

조합원이 「주택법」에 의한 주택건설사업을 위하여 직장·지역주택조합에게 현금을 신탁하는 경우는 토지를 조합명의로 취득한 다음 사업이 종료 후 조합원에게 그 지분에 해당하는 주택을 분양하여 주는 것이어서 사업이 종료 시까지는 조합원은 장차 분양될 주택의 대지권만 소유할 뿐 실제 토지의 소유자는 직장·지역주택조합이어서 재산세 납세의무는 조합에 있다고 할 것(행심 2006 - 298, 2006.7.31. 참조)이다. 따라서 직장·지역주택조합에 금전신탁등기를 한 경우에는 조합이 토지를 취득한 것이므로 조합원 지위승계 시점에서는 승계조합원은 토지에 대한 취득세 납

---

111) 주택조합 등이 조합원으로부터 신탁받은 금전으로 매수하여 그 명의로 소유권이전등기를 마친 조합주택용 부동산은 신탁등기가 병행된 신탁재산에 해당하지 않는 것으로 보아 그 취득에 대해서는 취득세를 부과하여 온 점(대법원 2000.5.30. 선고, 98두10950 판결, 같은 뜻임), 지역주택조합이 조합원들로부터 신탁받은 금전으로 조합주택용 부동산을 유상승계취득하여 자기 명의로 소유권이전등기를 한 경우 잔금지급일 또는 등기일을 납세의무성립시기로 보아 취득세를 부과하는 것이 합리적인 점 등에 비추어 처분청이 이 건 취득세 등의 경정청구를 거부한 처분은 달리 잘못이 없다고 판단됨(조심 2023지0507, 2023.8.2.).

세의무가 없는 것이다.

④ 기타

이외는 재건축조합의 내용과 유사하다.

5) 재개발조합(종전 주택재개발조합)

「도시 및 주거환경정비법」에 의한 재개발조합(종전 주택재개발조합)이 조합주택을 건설하기 위하여 부동산을 취득하였을 경우에는 「지방세법」 제7조 제8항과 같이 주택조합 등이 주택조합이 취득하는 부동산과 달리 조합원이 취득한 것으로 보도록 하는 규정이 없어 취득한 부동산을 조합원들이 취득하였다고 볼 수 있는 근거가 없다 할 것이다.

한편, 재개발사업(종전 주택재개발사업) 시행인가(지정)일 현재 부동산을 소유한 조합원이 환지계획 등에 따라 분양 취득하는 주택의 경우 건축물대장상 소유자 명의가 재개발사업시행자로 되어 있더라도 「도시개발법」 제43조 제1항 및 대법원 등기선례 3-821호(1991.8.9.)에 따라 소유권보존등기는 분양을 받은 자의 명의로 경료된다고 할 것이다.

① 재개발조합(종전 주택재개발조합)의 과세

㉠ 재개발사업(종전 주택재개발사업) 시행자의 대지조성용 부동산

「도시 및 주거환경정비법」 등에 의하여 사업시행자로 지정받은 자가 노후, 불량한 주택이 밀집되어 있거나 공공시설의 정비가 불량한 지역의 주거환경을 개선하기 위하여 시행하는 재개발사업인 주택재개발사업의 대지조성을 위하여 취득하는 부동산에 대하여 취득세를 감면한다. 따라서 한국토지주택공사나 주택재개발조합이 대지를 조성하기 위하여 토지소유자나 조합원 등으로부터 토지와 건축물을 이전등기를 받거나 재개발대상이 되는 주택을 취득할 경우 그 부동산에 대하여 감면을 하는 것이다. 그리고 대지조성용 부동산을 주거용 부동산으로 한정한다는 규정이 없는바, 주거용 부동산이 아닌 근린생활시설이나 상가 등의 경우에는 감면대상이 된다고 판단한다. 한편, 주택재개발사업 시행자가 관리처분계획에 따라 취득하는 경우에는 주거용 부동산만 감면대상이 된다라고 규정되어 있다.

정비구역지정 고시일 현재 부동산 소유의 유형은 다음과 같다.

㉮ 토지 및 건축물을 함께 소유한 자

㉯ 토지만을 소유한 자

㉰ 건축물만을 소유한 자

　　ⓐ 등기된 건축물 소유자

　　ⓑ 무허가 건축물 소유자(신발생·기존 무허가 건축물)

㉡ 조합의 건축물 소유권보존등기

2019.5.31. 이후[112] 일반 건축물과 동일하게 취득시기가 적용되나, 2019.5.30. 이전은 "「도시개발법」에 따른 도시개발사업이나 「도시 및 주거환경정비법」에 따른 정비사업[재개발사업

(2018.2.8. 이전 주택재개발사업) 및 도시환경정비사업만 해당]으로 건축한 주택을 「도시개발법」 제40조에 따른 환지처분 또는 「도시 및 주거환경정비법」 제86조(2018.2.8. 이전 제54조)에 따른 소유권이전으로 취득하는 경우에는 환지처분 공고일의 다음 날 또는 소유권이전 고시일의 다음 날과 사실상 사용일 중 빠른 날을 취득일로 본다(지령 §20 ⑥ 단서)"라고 규정되어 있었으나, 이 규정의 해석상 「도시 및 주거환경정비법」에 따른 재개발사업 (2018.2.8. 이전 주택재개발사업)으로 신축된 주택에 있어 사업시행자의 취득시기는 본문에 따라 사용승인일(임시사용승인일)과 사실상의 사용일 중 빠른 날이 되는 것이고, 조합원이나 수분양자 등이 같은 법 제86조(2018.2.8. 이전 제54조)에 따른 소유권의 이전으로 취득하는 경우에는 단서에 따라 소유권이전 고시일의 다음 날과 사실상의 사용일 중 빠른 날이 그 취득일이 되는 것이었다(조심 2016지1202, 2017.6.28. 참조).[113]

취득세 과세표준은 재개발조합이 법인일 것이므로 사실상의 취득가액이 될 것이고, 세율은 원시취득(2.8%)으로 적용하는 것이다.

재개발조합이 취득하는 부동산은 재개발조합이 납세의무가 있으나, 「지방세특례제한법」 제74조 제5항에 의해 감면대상이 되는 것이다.

ⓒ 감면대상 및 감면범위

> **취득세 면제**
>
> ㉮ 재개발사업(2018.2.8. 이전 주택재개발) 사업시행자가 대지조성용으로 취득하는 부동산
> ㉯ 재개발사업(2018.2.8. 이전 주택재개발) 사업시행자가 관리처분계획에 의하여 취득하는 주택
> ㉰ 재개발사업의 정비구역지정 고시일 현재 부동산의 소유자가 재개발사업의 시행으로 취득하는 일정 1가구 1주택(「도시 및 주거환경정비법」에 따라 청산금을 부담하는 경우에는 그 청산금에 상당하는 부동산, 일시적 2주택 포함)

주택재개발조합에 대한 감면규정으로 재개발조합이 사업을 시행하기 위하여 취득하는 부동산(토지 및 건물)에 대하여 감면하고 추후 사업이 재개발사업을 완료하면서 취득하게

---

112) 2019.5.31. 당시 「도시 및 주거환경정비법」 제83조 제4항에 따라 공사 완료를 고시한 건축물, 같은 조 제5항 본문에 따라 준공인가 전에 사용허가를 한 건축물, 같은 조 제5항 단서에 따라 사용하게 한 건축물 또는 같은 법 시행령 제74조에 따라 준공인가증을 내어 준 건축물은 종전 규정이 적용됨(부칙 §3 2).

113) 구 도시정비법 제54조에 의하여 이전고시 다음 날에 대지 또는 건축물에 대한 소유권을 취득하는 '분양받을 자'는 관리처분계획에 의하여 분양받을 자로 정하여진 토지 등 소유자를 의미하고, 관리처분계획에 의하여 분양받을 자로 정하여지지 아니한 일반 분양분, 임대주택분에 대한 수분양자는 이러한 '분양받을 자'에 해당하지 아니한다. 따라서 이 사건 아파트(일반 분양분, 임대주택분)에 대하여는 구 도시정비법 제54조에 따른 소유권 이전으로 취득하는 경우의 취득일을 규정하고 있는 구 「지방세법 시행령」 제20조 제6항 단서는 준용될 여지가 없고, 같은 항 본문이 준용되어야 함(대법원 2019두43894, 2019.10.17. 심불, 서울고법 2018누69099, 2019.5.16.).

되는 재개발주택을 준공하는 경우 그 원시취득분에 대하여 감면을 하게 되는 것이다.

② 조합원의 구분

　㉠ 당초조합원

　　'당초조합원'이라 함은 실정법상의 개념이 아니고 건물 멸실로 간주하는 시점(관리처분인
　　가일)을 기준으로 판단하고 있으나, 「지방세특례제한법」 제74조 제1항의 취득세 감면(당초
　　조합원은 청산금만 과세[114])은 사업시행인가일(승계취득일 현재 취득 부동산 소재지가 「소
　　득세법」 제104조의 2 제1항에 따른 지정지역으로 지정된 경우에는 도시개발구역 지정일 또
　　는 정비구역 지정일) 전에 해당 재개발사업지구 내에 부동산을 소유하고 있는 자(상속인도
　　포함)를 말한다.

　㉡ 승계조합원

　　'승계조합원'이라 함은 실정법상의 개념이 아니고 건물 멸실로 간주하는 시점(관리처분인
　　가일)을 기준으로 당초조합원으로부터 토지 등을 취득하여 조합원의 지위를 승계한 자를
　　말한다.
　　「지방세특례제한법」 제74조 제1항의 취득세 감면 시 사업시행인가일(승계취득일 현재 취
　　득 부동산 소재지가 「소득세법」 제104조의 2 제1항에 따른 지정지역으로 지정된 경우에는
　　도시개발구역 지정일 또는 정비구역 지정일) 이후 환지 이전에 부동산을 승계취득한 자
　　(승계조합원)는 환지계획 등에 의한 취득 부동산의 과세표준액에서 승계취득할 당시의
　　취득세 과세표준액을 공제한 금액으로 취득세를 납부하여야 한다.

　㉢ 당초조합원의 구분실익

　　재개발사업시행인가일(승계취득일 현재 취득 부동산 소재지가 「소득세법」 제104조의 2
　　제1항에 따른 지정지역으로 지정된 경우에는 도시개발구역 지정일 또는 정비구역 지정
　　일) 전의 당초조합원은 청산금에 대하여만 과세가 되나, 정비구역지정 고시일(2008.3.11.
　　이전은 사업시행인가일) 현재 부동산 소유자(상속인 포함)인 당초조합원은 취득하는 재
　　개발 아파트가 1가구 1주택이 되면서 전용면적 85㎡ 이하일 경우 「지방세특례제한법」 제
　　74조 제5항에 의하여 추가 감면이 있는 반면, 정비구역지정 고시일(2008.3.11. 이전은 사업
　　시행인가일) 이후의 당초조합원과 승계조합원은 추가 감면이 없다는 데 있다.
　　한편, 재개발사업시행인가일(승계취득일 현재 취득 부동산 소재지가 「소득세법」 제104조
　　의 2 제1항에 따른 지정지역으로 지정된 경우에는 도시개발구역 지정일 또는 정비구역
　　지정일) 이후에 부동산을 취득하여 조합원의 지위를 승계한 자(승계조합원)는 환지계획

---

114) 같은 조 제3항에 따른 전용면적 85제곱미터 이하 주택일 경우에는 청산금 부분도 감면이 되는데, 이 경우
　　정비구역지정 고시일(2008.3.11. 이전은 사업시행인가일) 현재 부동산 소유자만 감면된다. 그런데 재개발사
　　업지구의 면적이 증가하여 변경고시된 경우에는 증가된 지역에 있어서는 해당 변경고시일 현재를 기준으
　　로 판단해야 할 것이다.

등에 의한 취득 부동산의 과세표준액에서 승계취득할 당시의 취득세 과세표준액을 공제한 금액으로 취득세를 납부하여야 한다.

"승계취득"이라 함은 매매, 증여, 기부 등이 포함됨에 주의하여야 한다.

③ 당초조합원의 과세

㉠ 토지와 건물을 동시에 이전고시한 경우

㉮ 과세대상

당초조합원이 재개발조합으로부터 취득하는 부동산에 대하여는 2023.3.14. 이후에는 - 건축물은 원시취득으로 과세-토지는 증가한 면적에 대해 과세되며, 지목변경은 환지면 적기준 지목변경으로 과세되나, 2023.3.13. 이전에는 「지방세특례제한법」 제74조 제1항의 규정에 의하여 취득세가 면제되었으나, 청산금을 부담하는 경우에는 해당 청산금에 대하여 과세하도록 하고 있었는데, 당초조합원 중 정비구역지정 고시일(2008.3.11. 이전은 사업시행인가일) 현재 부동산 소유자의 해당 부동산이 일정 1가구 1주택으로 전용면적 85제곱미터 이하의 주거용 부동산일 경우에는 「지방세특례제한법」 제74조 제3항 제4호에 의하여 청산금 상당 부분도 취득세 감면된다.

이를 정리하면 당초조합원 중 정비구역지정 고시일(2008.3.11. 이전은 사업시행인가일) 현재 부동산 소유자의 해당 부동산이 일정 1가구 1주택으로 전용면적 85제곱미터 이하의 주택인 경우에는 취득세가 전액 면제되고, 전용면적 85제곱미터를 초과하거나 주거용 이외의 부동산일 경우에는 청산금 상당부분만 과세되었다.

㉯ 취득시기

ⓐ 2019.5.31. 이후[115]

일반 건축물의 취득시기와 동일하므로 건물의 취득은 사용승인서 교부일, 사실상 사용일과 임시사용승인일 중 빠른 날이 되는 것이며, 토지는 잔금지급일과 소유권이전 고시일의 다음 날(관리처분계획에 의하여 분양받을 자로 정하여진 경우에 한함, 이외는 소유권이전등기일) 중 빠른 날이 되는 것이다.

ⓑ 2019.5.30. 이전

「지방세법 시행령」 제20조 제6항에 "「도시개발법」에 따른 도시개발사업이나 「도시 및 주거환경정비법」에 따른 정비사업[재개발사업(2018.2.8. 이전 주택재개발사업 및 도시환경정비사업)만 해당]으로 건축한 주택을 「도시개발법」 제40조에 따른 환지처

---

115) 2019.5.31. 시행령을 개정하여 일반 건축물과 재개발사업 등으로 인한 건축물의 취득세 형평을 위하여 도시개발 사업 또는 정비사업으로 건축한 건축물의 취득시기를 일반 건축물의 취득시기와 같게 변경하였다. 한편, 2019.5.31. 당시 「도시개발법」 제51조 제1항에 따른 준공검사 증명서를 내주거나 같은 조 제2항에 따라 공사 완료 공고를 한 건축물 또는 같은 법 제53조 단서에 따라 준공검사 또는 공사 완료 공고 전에 사용허가를 한 건축물과 2019.5.31. 당시 「도시 및 주거환경정비법」 제83조 제4항에 따라 공사 완료를 고시한 건축물, 같은 조 제5항 본문에 따라 준공인가 전에 사용허가를 한 건축물, 같은 조 제5항 단서에 따라 사용하게 한 건축물 또는 같은 법 시행령 제74조에 따라 준공인가증을 내어 준 건축물은 종전 규정이 적용됨(부칙 §3).

분 또는 「도시 및 주거환경정비법」 제86조(2018.2.8. 이전 제54조)에 따른 소유권이전으로 취득하는 경우에는 환지처분 공고일의 다음 날 또는 소유권이전 고시일의 다음 날과 사실상의 사용일 중 빠른 날을 취득일로 본다"라고 규정되어 있었다. 그러나 재개발주택의 부속토지에 대하여는 취득시기를 별도로 규정하고 있지 아니하지만 재개발아파트의 토지와 건축물을 동시에 이전고시하였다면 그 익일(2004.1.1. 이후는 소유권이전 고시일의 다음 날과 사실상의 사용일 중 빠른 날)에 건축물의 취득시기가 도래하고, 대법원판례에서 토지도 이전고시일 익일(2004.1.1. 이후는 소유권이전 고시일의 다음 날과 사실상의 사용일 중 빠른 날)에 취득이 이루어진다고 보고 있다(대법원 2001두11090, 2003.8.19. 참조).

따라서 조합에 납부하는 청산금만 취득세 과세대상이므로 지급된 청산금의 취득시기는 소유권이전 고시일의 다음 날과 사실상의 사용일 중 빠른 날이 취득시기가 되는 것이다.

㉓ 과세표준(2022.12.31 이전 사업시행인가분은 청산금)

2023년 이후에는 청산금에 대하여만 과세되는 것이 아니라 토지 면적 증감이 없다면 재건축조합처럼 원시취득으로 보아 과세하는 것으로 개정되었다(2022.12.31. 이전 사업시행인가분까지는 청산금만 과세됨).

2022년 이전에는 대지 또는 건축물을 분양받은 자가 종전에 소유하고 있던 토지 또는 건축물의 가격과 분양받은 대지 또는 건축물의 가격에 차이가 있을 때에는 사업시행자(재개발조합)는 이전고시가 있은 후에 그 차액에 상당하는 금액을 징수하거나 지급하게 되는데 이를 청산금이라고 한다(「도시 및 주거환경정비법」 §57). 즉 청산금은 조합원이 재개발조합에 납부하는 경우도 있고, 종전 소유 부동산 가액이 높은 경우에는 조합으로부터 받아 가는 경우도 있다. 취득세는 조합에 납부하는 청산금만 과세대상이고, 조합으로부터 받아가는 청산금은 과세대상이 아니다. 그리고 공사비 증가 등으로 추가로 조합원들이 재개발조합에 납부하는 금액이 있을 경우 이러한 부분도 청산금에 포함하여야 할 것이다.

㉕ 세율

당초조합원은 취득세 세율은 토지 4%, 건축물은 2.8%이다.

Ⓛ 임시사용승인이나 건물만 이전고시된 경우

㉮ 취득시기

ⓐ 2019.5.31. 이후[116]

일반 건축물의 취득시기와 동일하므로 건물의 취득은 사용승인서 교부일, 사실상 사용일과 임시사용승인일 중 빠른 날이 되는 것이며, 토지는 잔금지급일과 소유권이전

---

116) 2019.5.31. 당시 「도시 및 주거환경정비법」 제83조 제4항에 따라 공사 완료를 고시한 건축물, 같은 조 제5항 본문에 따라 준공인가 전에 사용허가를 한 건축물, 같은 조 제5항 단서에 따라 사용하게 한 건축물 또는 같은 법 시행령 제74조에 따라 준공인가증을 내어 준 건축물은 종전 규정이 적용됨(부칙 §3 2).

고시일의 다음 날(관리처분계획에 의하여 분양받을 자로 정하여진 경우에 한함, 이 외는 소유권이전등기일) 중 빠른 날이 되는 것이다.

ⓑ 2019.5.30. 이전

「도시개발법」에 따른 도시개발사업이나 「도시 및 주거환경정비법」에 따른 정비사업 [재개발사업(2018.2.8. 이전 주택재개발사업 및 도시환경정비사업)만 해당]으로 건축한 주택을 「도시개발법」 제40조에 따른 환지처분 또는 「도시 및 주거환경정비법」 제86조(2018.2.8. 이전 제54조)에 따른 소유권이전으로 취득하는 경우에는 환지처분 공고일의 다음 날 또는 소유권이전 고시일의 다음 날과 사실상의 사용일 중 빠른 날을 취득일로 보도록 규정하고 있었다(지령 §20 ⑥ 단서). 그러나 재개발주택의 부속토지에 대하여는 취득시기를 별도로 규정하고 있지 아니하다.

따라서 토지와 건축물의 이전고시일이 상이하거나 임시사용승인을 받은 경우에는 취득시기가 달라지는 문제점이 발생한다. 임시사용승인을 받거나 건물만 이전고시된 경우에는 우선 건축물만 취득시기(소유권이전 고시일의 다음 날과 사실상의 사용일 중 빠른 날)가 도래하므로 청산금을 토지와 건축물로 안분하여 건축물에 대하여만 과세하면 될 것이다. 물론 당초조합원 중 정비구역지정 고시일(2008.3.11. 이전은 사업시행인가일) 현재 부동산 소유자의 해당 부동산이 전용면적 85제곱미터 이하일 경우에는 이 청산금 부분도 「지방세특례제한법」 제74조 제3항에 의하여 감면된다.

한편, 토지의 경우 건축물의 사용승인을 한 후에 공사의 완료를 공고하여야 하고, 이 공사완료 공고가 있을 때에는 확정측량을 하고 토지의 분할절차를 거쳐 이전고시를 하게 된다. 그리고 토지의 이전고시가 있기 전까지는 당초조합원의 소유로 되어 있는 개별 필지에 대한 매매가 이루어지며, 당초조합원의 토지를 취득한 자는 조합원의 지위를 승계받은 승계조합원이 된다. 따라서 토지에 대하여는 이전고시가 있기 전 또는 사실상 사용 전까지는 기존의 자기 토지를 소유하고 있는 것으로 보아야 하고, 이전 고시 또는 사실상 사용이 있음으로써 비로소 환지된 토지의 일정 지분을 취득하는 것으로 보아야 할 것이다. 조합에 납부하는 청산금만 취득세 과세대상이므로 토지와 건축물의 이전고시일이 상이하거나 임시사용승인을 받은 경우 지급된 토지 청산금의 취득시기는 토지 소유권이전 고시일의 다음 날과 사실상의 사용일 중 빠른 날이 취득시기가 된다.

㉯ 과세표준(2022.12.31 이전 사업시행인가분은 청산금)

2023년 이후에는 청산금에 대하여만 과세되는 것이 아니라 토지 면적 증감이 없다면 재건축조합처럼 원시취득으로 보아 과세하는 것으로 개정되었다(2022.12.31. 이전 사업시행인가분까지는 청산금만 과세됨).

2022년 이전에는 토지·건축물 등을 일괄구입하여 취득세 과세표준액이 구분되지 아니할 경우 과세물건의 시가표준액을 기준으로 안분하도록 하고 있다(지령 §19 ①). 그러나 재개발 아파트의 경우 청산금에 대한 토지·건축물의 구분가격은 없지만 관리처분계획서

상에 아파트 총 분양금액에 대한 토지·건물 구분가액이 나타나므로 시가표준액

ⓒ 세율

당초조합원은 취득세 세율은 토지 4%, 건축물은 2.8%이다.

ⓒ 감면

재개발조합으로부터 조합원이 분양 취득하게 되는 재개발 공동주택에 대하여는 당초조합원인 재개발사업의 정비구역지정 고시일(2008.3.11. 이전은 사업시행인가일) 현재 부동산을 소유한 자가 재개발조합인 사업시행자로부터 취득하는 일정 1가구 1주택으로 전용면적 85제곱미터 이하의 주거용 부동산(「도시 및 주거환경정비법」에 의하여 청산금을 부담하는 경우 그 청산금 상당 주택 포함)에 대하여는 청산금을 부담한다고 하더라도 감면대상에 해당된다.

취득세 면제

㉮ 재개발사업(2018.2.8. 이전 주택재개발) 정비구역지정 고시일 현재 부동산 소유자가 취득하는 85제곱미터 이하의 주거용 부동산(「도시 및 주거환경정비법」에 따라 청산금을 부담하는 경우 청산금 상당 부동산 포함)

㉯ 「도시 및 주거환경정비법」 정비구역지정 고시일 현재 부동산 소유자가 「도시 및 주거환경정비법」 제6조 제1항 제1호에 따라 스스로 개량하는 방법으로 취득하는 주택과 제4호에 따른 주거환경개선사업 시행자로부터 취득하는 일정 1가구 1주택으로 전용면적 85제곱미터 이하의 주거용 부동산

㉮ "토지 및 건축물 소유자"의 범위

토지 및 건축물 중 한 가지만 소유한 자를 말한다. 즉 토지와 건축물 중 선택적으로 하나 이상 소유하고 있는 경우, 즉 시유지 등 소유 토지가 없이 건축물만을 소유한 경우도 감면대상이다(도세 13420-19, 1993.1.15. 참조).

㉯ 정비구역지정 고시일 현재 부동산 소유자에 상속인 포함 여부

재개발사업과 주거환경개선사업에 대한 감면규정(지특법 §74 ③, 지특령 §35 ③ 3, 5)에서는 환지계획 등에 대한 감면규정(지특법 §74 ①)처럼 부동산 소유자에 상속인을 포함한다는 규정은 없으나, 상속인은 상속개시된 때로부터 피상속인의 재산에 관한 포괄적 권리의무를 승계한다는 「민법」 제1005조의 규정에 비추어, 정비구역지정 고시일 현재 피상속인이 소유하고 있었다면 상속으로 인하여 상속인도 당연히 부동산 소유자로 보아야 할 것이다.[117]

---

117) 주택재개발사업의 진행과정과 관계 법령의 문언 및 체계에 비추어 보면, 정비사업에 참여한 토지 등 소유자들의 종전 자산에 대한 소유권은 관리처분계획의 인가로 인하여 소멸하는 것이 아니라, 「도시 및 주거환경정비법」 제49조 제6항에 따라 이전고시가 있을 때까지 사용·수익이 제한될 뿐이므로, 원고는 상속을 원인으로 하여 이 사건 토지를 취득하였다고 할 것임(대법원 2014두41831, 2015.1.15.).

한편, 피상속인이 사망 이전에 수용 부동산에 대하여 보상금을 이미 수령한 경우라면 상속일 현재 해당 수용 부동산의 소유자는 사업시행자라고 할 것이므로 상속자의 경우 사업시행자가 공급하는 전용면적 85제곱미터 이하의 주거용 부동산에 대한 특별분양대상자로서 지위("특별분양권")를 상속받은 경우에 해당될 뿐이고, 피상속인으로부터 부동산을 상속받은 것은 아니라고 할 것이므로 취득세 면제대상인 '정비구역지정 고시일 현재 부동산을 소유하는 자'라고 볼 수 없다(지방세운영과-2170, 2012.7.10.). 이는 주택을 상속받은 것이 아니라 분양권이라 부동산 소유자로 볼 수 없다는 것이다.

㉱ 주택재개발구역 내 주거용 부동산 중 원시취득 아닌 승계취득은 취득세 감면 배제

주택재개발사업의 시행자로부터 취득하는 전용면적 85제곱미터 이하의 주거용 부동산(「도시 및 주거환경정비법」에 의하여 청산금을 부담하는 경우 그 청산금에 상당하는 부동산을 포함한다). '주거환경개선사업의 시행자로부터 취득하는 전용면적 85제곱미터 이하의 주거용 부동산'이라 함은 「도시 및 주거환경정비법」의 절차에 따라 완공한 아파트를 관리처분계획에 의한 분양처분으로 원시취득하는 부동산을 의미하는 것이므로 동 관리처분계획에 의한 분양처분에 의하여 원시취득하는 것이 아니라 사업시행자로부터 보존등기된 아파트를 매매계약에 의하여 승계취득하는 경우에는 취득세 면제대상에 해당되지 아니한다(세정 13430-475, 1999.5.24.).

㉲ 구 감면조례와 관련된 별도의 경과규정 적용 여부

전부 개정할 때에 그 효력 여부를 확인하여 전부 개정된 법령의 부칙에 구체적으로 감면요건이 되는 규정을 두어야 하는 것이고, 만일 명시적인 조항이 없다면 누락된 부칙 규정은 그 효력을 상실하는 것으로 보아야 할 것으로 분법된 「지방세특례제한법」은 제정 법률로서 부칙 제3조에 일반적인 경과규정을 두고 있으나 이는 종전 처분에 대한 것으로 부칙 규정 그 자체에 대한 것은 아니며, 종전의 감면조례가 폐지되어 감면 혜택을 받을 수 있었던 자의 기대이익을 충족시키지 못하는 면이 있다고 하더라도, 제정된 부칙에서 종전의 규정을 소급적으로 적용한다는 명백한 규정을 두지 아니한 이상, 관련 경과규정인 부칙의 해석에 있어 그 범위를 함부로 확장해석 할 것은 아닌 것으로 해석(지방세운영과-786, 2011.2.22.)하고 있어서 경과규정이 적용되지 아니한다.[118]

---

118) 하기 해석에 따르면 감면조례의 경과규정이 적용되는 것으로 판단할 수 있다고 본다.
취득세를 중과세하는 고급주택(공동주택)의 면적요건이 구 「지방세법 시행령」 제84조의 3 제1항 제2호(1994.12.31. 대통령령 제14481호로 개정)에 따라 '종전 1구의 건물의 연면적(공유면적을 포함한다)이 298제곱미터 초과하는 주거용 공동주택'에서 '1구의 건물의 연면적(공용면적을 제외한다)이 245제곱미터 초과하는 주거용 공동주택'으로 개정되었고, 같은 영 부칙 제3조(고급주택의 기준변경에 따른 취득세 중과세에 관한 경과조치)에서 '이 영 시행 당시 건축허가를 받아 건축 중이거나 사용검사를 받은 건축물로서 공용면적을 포함한 연면적이 298제곱미터이하인 주거용 공동주택에 부과하는 취득세에 대하여는 제84조의 3 제1항 제2호 라목의 개정규정에 불구하고 종전의 규정에 의한다(이하 "종전 부칙규정"이라 한다)'라고 규정하고 있었으나, 「지방세법」이 분법되면서 전면 개정·시행(2011.1.1.)된 「지방세법 시행령」에는 종전 부칙규정이 반영되지 아니하였다. 위 규정 종전의 부칙 규정은 공동주택에 대한 고급주택 중과세 면적요건이 1995.1.1.부터 강화되더라도 1994.12.31. 이전에 건축허가를 받아 건축 중이거나 사용검사를 받은 공동주택은 납세자 신뢰보호 차원에서 종

④ 승계조합원의 과세

㉠ 당초조합원 건축물 취득 전에 승계

㉮ 당초조합원으로부터 취득한 부동산

ⓐ 취득시기

조합원의 지위를 승계받기 위해서는 당초조합원으로부터 당초조합원이 소유하고 있던 부동산의 소유권을 이전받아야 한다. 따라서 잔금지급일이나 소유권이전등기일 중 빠른 날이 취득시기가 되며, 해당 부동산에 대한 취득세를 납부해야 한다.

ⓑ 과세표준

승계조합원이 당초조합원으로부터 당초조합원이 소유하고 있던 부동산의 소유권을 이전받는 경우에 있어 과세표준액은 일반적인 과세표준을 적용하는 것이며, 당초조합원과 승계조합원이 법인 등 사실상 취득가액 대상인 경우 사실상의 취득가액, 대상이 아니라면 신고가액과 시가표준액 중 높은 가액으로 해야 할 것이다.

ⓒ 세율

일반적인 취득세율이 적용되는데, 유상승계취득인 경우 4%(주택의 경우 주택유상거래 세율)이며, 무상취득인 경우 3.5% 취득세율이 적용된다.

㉯ 조합으로부터 취득하는 부동산

ⓐ 취득시기

2001년부터는 승계조합원이나 상속 취득자에 대하여는 환지계획 등에 의한 취득 부동산의 과세표준액이 환지 이전의 부동산가액의 과세표준액을 초과하는 경우 그 초과액에 상당하는 부동산에 대하여만 취득세(구 등록세 포함)를 과세하도록 하였다(구 지법 §109 ③ 11). 다만, 「지방세특례제한법」의 감면규정은 적용되지 아니한다. 즉 승계조합원은 당초조합원으로부터 부동산을 취득할 때 해당 부동산에 대한 취득세를 납부해야 하고, 조합으로부터 취득하는 부동산에 대하여는 신·구 부동산의 과세표준액 차액에 대하여만 취득세를 납부하면 된다. 토지와 건물을 동시에 이전고시한 경우 조합에 납부하는 청산금만 취득세 과세대상이므로 지급된 청산금의 취득시기

전규정에 따르도록 규정되었다고 할 것인 점, 1994.12.31. 이전에 건축한 공동주택의 경우 분법시행 전까지는 종전 부칙규정을 적용하였던 점(구 행정자치부 세정 13407-958, 2000.7.31, 2010.9.20. 참조), 지방세 체계의 간소화 등을 통해 지방세에 대한 국민이해도 증진 등을 위한 「지방세법」 분법의 입법 취지에 비추어 볼 때, 「지방세법」 분법 시 종전 부칙규정을 의도적으로 삭제하려는 입법 취지는 아니었다고 할 것인바, 종전의 부칙 규정은 분법에 따른 「지방세법」 전면 개정 시 누락되었다고 봄이 타당하므로 이는 종전 부칙규정의 효력이 상실되지 아니한 '특별한 사유'에 해당된다고 할 것인 점(대법원 2002.7.26. 선고, 2001두11168 판결 참조) 등을 종합적으로 고려해 볼 때, 1994.12.31. 이전에 건축한 공동주택을 2011.1.1. 이후 승계취득하는 경우에도 종전 부칙규정을 적용하는 것이 합리적이라고 판단된다(지방세운영과-109, 2013.4.1.).

☞ 1994년 법 개정 시에는 "1994.12.31. 이전에 건축허가를 받아 건축 중이거나 사용검사를 받은 공동주택 제외"하는 내용은 납세자의 불이익을 방지하기 위한 제도로 좋았지만, 분법 시 삭제된 것은 문제가 있으므로 종전 규정에 따라야 한다는 내용임.

는 사용승인서 교부일, 사실상 사용일과 임시사용승인일 중 빠른 날이 되는 것이며, 토지는 잔금지급일과 소유권이전 고시일의 다음 날(관리처분계획에 의하여 분양받을 자로 정하여진 경우에 한함, 이외는 소유권이전등기일) 중 빠른 날이 되는 것이다(2019.5.30. 이전은(2019.5.30. 이전은[119] 소유권이전 고시일의 다음 날과 사실상의 사용일 중 빠른 날이 취득시기가 되는 것으로, 토지와 건축물의 이전고시일이 상이하거나 임시사용승인을 받은 경우에는 취득시기가 달라지므로 임시사용승인을 받거나 건물만 이전고시된 경우에는 우선 건축물 청산금의 취득시기는 건물 이전고시일의 다음 날과 사실상의 사용일 중 빠른 날이 되며, 토지에 대하여는 이전고시가 있기 전 또는 사실상 사용일 전까지는 기존의 자기 토지를 소유하고 있는 것으로 보아야 하고, 이전고시 또는 사실상 사용이 있음으로써 비로소 환지된 토지의 일정 지분을 취득하는 것으로 보아야 할 것이므로 토지 청산금의 취득시기는 토지 소유권이전 고시일의 다음 날과 사실상의 사용일 중 빠른 날이 취득시기가 되는 것임).

ⓑ 과세표준(2022.12.31 이전 사업시행인가분은 종전 부동산 가액 초과액)

2023년 이후에는 초과액에 대하여만 과세되는 것이 아니라 토지 면적 증감이 없다면 재건축조합처럼 원시취득으로 보아 과세하는 것으로 개정되었다(2022.12.31. 이전 사업시행인가분까지는 종전 부동산 가액 초과액만 과세됨).

2022년 이전에는 승계조합원에 대하여는 환지계획 등에 의한 취득 부동산의 과세표준액이 환지 이전의 부동산 가액의 과세표준액을 초과하는 경우에는 그 초과액을 과세표준액으로 한다. 이 초과액은 환지계획 등에 의한 취득 부동산의 과세표준액(사실상 취득가액이 입증되는 경우에는 사실상 취득가액을 말한다)에서 환지 이전의 부동산의 과세표준액(승계취득할 당시의 취득세 과세표준액)을 공제한 금액으로 한다. 예를 들어 재개발아파트 분양가액이 3억 원이고, 당초조합원으로부터 종전 토지를 1억6천만 원에 취득하여 취득세를 납부하였다면, 이 경우 승계조합원의 새 아파트에 대한 취득세는 1억4천만 원에 대해서만 납부하면 될 것이다.

ⓒ 세율

일반적인 취득세율이 적용되는데, 유상승계취득인 경우 4%이며, 무상취득인 경우 3.5% 취득세율이 적용된다.

승계조합원의 재개발아파트는 취득세 세율은 토지 4%, 건축물은 2.8%이다.

---

119) 2019.5.31. 당시 「도시 및 주거환경정비법」 제83조 제4항에 따라 공사 완료를 고시한 건축물, 같은 조 제5항 본문에 따라 준공인가 전에 사용허가를 한 건축물, 같은 조 제5항 단서에 따라 사용하게 한 건축물 또는 같은 법 시행령 제74조에 따라 준공인가증을 내어 준 건축물도 포함됨(부칙 §3 2).

ⓛ 당초조합원 건축물 취득 이후 이전고시 전에 승계

㉮ 당초조합원으로부터 취득한 부동산

ⓐ 취득시기

사전입주, 임시사용승인 등 건축물에 대한 취득이 이루어진 이후에 승계가 된 경우에는 당초조합원도 건축물에 대한 청산금 부분의 취득세를 납부하여야 한다. 그리고 승계조합원은 종전 토지의 이전등기에 대하여 취득세를 납부하여야 하고, 신축 건물의 승계취득에 대하여는 취득 시점에 취득세를 납부하여야 한다.

ⓑ 과세표준

승계조합원이 당초조합원으로부터 당초조합원이 소유하고 있던 부동산의 소유권을 이전받는 경우에 있어 과세표준액은 일반적인 과세표준을 적용하는 것이며, 당초조합원과 승계조합원이 법인 등 사실상 취득가액 대상인 경우 사실상의 취득가액, 대상이 아니라면 신고가액과 시가표준액 중 높은 가액으로 해야 할 것이다.

아울러 신축 건물에 대한 과세표준액도 당초조합원과 승계조합원이 법인 등 사실상 취득가액 대상인 경우 사실상의 취득가액, 대상이 아니라면 신고가액과 시가표준액 중 높은 금액으로 해야 할 것이다.

ⓒ 세율

일반적인 취득세율이 적용되는데, 유상승계취득인 경우 4%이며, 무상취득인 경우 3.5% 취득세율이 적용된다.

㉯ 조합으로부터 취득하는 부동산

ⓐ 취득시기

건축물은 이미 당초조합원의 취득이 이루어진 것을 승계조합원이 승계취득하는 것이기 때문에 조합으로부터 취득하는 것은 토지만 해당된다. 즉 환지로 취득하는 대지권의 취득이 조합으로부터 취득하는 것이다. 승계조합원에 대하여는 신·구 부동산 과세표준액 차액이 과세대상이다. 그러나 건축물은 당초조합원으로부터 승계취득한 것이므로 초과액을 토지와 건물로 안분하여 토지부분에 대하여만 과세하면 될 것이며, 잔금지급일과 소유권이전 고시일의 다음 날(관리처분계획에 의하여 분양받을 자로 정하여진 경우에 한함, 이외는 소유권이전등기일) 중 빠른 날이 되는 것이다.

ⓑ 과세표준(2022.12.31 이전 사업시행인가분은 종전 부동산 가액 초과액)

2023년 이후에는 초과액에 대하여만 과세되는 것이 아니라 토지 면적 증감이 없다면 재건축조합처럼 원시취득으로 보아 과세하는 것으로 개정되었다(2022.12.31. 이전 사업시행인가분까지는 종전 부동산 가액 초과액만 과세됨).

2022년 이전에는 「지방세법 시행령」 제19조 제1항에서는 토지·건축물 등을 일괄 구입하여 취득세 과세표준액이 구분되지 아니할 경우 과세물건의 시가표준액을 기준으로 안분하도록 하고 있다. 그러나 재개발아파트의 경우 청산금에 대한 토지·건축물의 구

분가격은 없지만 관리처분계획서상에 아파트 총 분양금액에 대한 토지·건물 구분가액이 나타나므로 시가표준액보다는 이를 기준으로 안분하는 것이 합리적일 것이다.

ⓒ 세율

일반적인 취득세율이 적용되는데, 유상승계취득인 경우 4%이며, 무상취득인 경우 3.5% 취득세율이 적용된다.

승계조합원의 재개발아파트는 취득세가 부과되며, 이 경우 취득세 세율은 토지 4%, 건축물은 2.8%이다.

ⓒ 당초조합원으로부터 상속, 증여로 취득한 부동산

㉮ 취득시기

상속취득의 경우 상속개시일이 취득시기가 되며, 증여취득의 경우에는 계약일이나 소유권이전등기일 중 빠른 날이 취득시기가 된다.

㉯ 과세표준

승계조합원이 당초조합원으로부터 당초조합원이 소유하고 있던 부동산의 소유권을 이전받는 경우에 있어 과세표준액은 일반적인 과세표준을 적용하는 것으로 상속이나 증여의 경우 시가표준액이 과세표준이 될 것이다.

㉰ 세율

상속 취득이나 증여 취득의 세율을 적용하여야 할 것이다.

⑤ 일반분양자

㉠ 취득시기

㉮ 2019.5.31. 이후

일반분양자는 유상승계취득이므로 잔금을 지급하기 전에 사전 입주하였다고 하여 재개발아파트를 취득하는 것으로 보는 것이 아니라 잔금을 지급하거나 소유권이전을 하여야만 취득한 것으로 인정된다. 따라서 분양받은 자의 취득시기는 잔금지급일과 소유권이전등기일 중 빠른 날이 취득시기가 도래되는 것이지만 관리처분계획에 의하여 분양받을 자로 정하여진 경우 잔금지급일과 소유권이전 고시일의 다음 날 중 빠른 날이 되는 것이다.

㉯ 2019.5.30. 이전

수분양자 등이 「도시 및 주거환경정비법」 제86조(2018.2.8. 이전 제54조)에 따른 소유권의 이전으로 취득하는 경우에는 「지방세법 시행령」 제20조 제6항에 따라 소유권이전 고시일의 다음 날과 사실상의 사용일 중 빠른 날이 그 취득일이 되는 것이다(조심 2016지1202, 2017.6.28. 참조)라고 결정한 바 있었으나, 구 도시정비법 제54조에 의하여 이전고시 다음 날에 대지 또는 건축물에 대한 소유권을 취득하는 '분양받을 자'는 관리처분계획에 의하여 분양받을 자로 정하여진 토지 등 소유자를 의미하고, 관리처분계획에 의하여 분양받을 자로 정하여지지 아니한 일반 분양분, 임대주택분에 대한 수분양자는 이러한 '분양받을 자'에 해당하지 아니한다. 따라서 이 사건 아파트(일반 분양분, 임대주택분)에 대하여는 구 도시정비법 제54조에 따른 소유권 이전으로 취득하는 경우의 취득일을 규정하고 있는 구 「지방세법 시행령」 제20조 제6항 단서는 준용될 여지가 없고, 같은 항 본문이 준용되어야 한다(대법원 2019두43894, 2019.10.17. 심리불속행 기각, 서울고등법원 2018누69099, 2019.5.16.)라고 판시하였는바, 2019.5.31. 이후와 동일하게 해석하여야 할 것이다.

ⓒ 과세표준

과세표준은 실제 분양가액(할인 시 할인 후 분양가액)이 될 것이나, 법인 사업시행자에게 청산금 및 분양금액, 프리미엄 등을 지급한 경우라면 법인장부에 의하여 과세표준을 삼아야 할 것이다.

한편, 아파트의 준공 및 잔금지급 이전에 분양권을 양수받아 분양회사에 잔금을 지급하여 아파트를 취득한 경우 취득자가 분양권 전매로 인한 마이너스 프리미엄 등으로 당초 분양대금보다 적은 금액으로 취득한 것이 확인되는 경우라면 과세물건을 분양한 법인의 법인장부상 매매금액과 상이하다 하더라도 취득자의 취득가액이 취득세 과세표준이 된다.[120]
마이너스 프리미엄이 아닌 플러스 프리미엄인 경우에는 양도자가 법인 등 사실상의 취득가액으로 과세표준을 삼는 취득의 경우 플러스 프리미엄 가액도 포함하여 과세표준을 삼아야 할 것이다. 그런데 사실상의 취득가액 대상이 아닌 취득의 경우 플러스 프리미엄을 포함하여 과세표준으로 삼는 것으로 해석하고 있다(2015.11.8. 이전에는 분양권의 취득으로 보아 조합과의 분양가액을 과세표준으로 보고 있었는데, 이 경우 형평성 문제가 있었음).

⑥ 승계조합원의 상속 1가구 1주택 세율특례, 유상거래 감면규정(종전 규정) 적용 여부

대법원판례에서는 재개발조합의 조합원이 재개발조합에 종전의 토지 및 건축물을 제공함으로써 관리처분계획에 따라 취득하게 되는 권리는 재개발사업이 시행됨에 따라 장차 이전고시가 있은 다음 날에 그 대지 또는 건축시설에 대한 소유권을 취득하기까지는 '부동산을 취득할 수 있는 권리'로 보아야 할 것이고, 종전의 토지 및 건축물에 대한 재개발조합원의 권리는 이전고시에 의하여 비로소 새로운 대지 또는 건축 시설로 변환된다고 볼 수 있어 이전고시가 있기 전까지는 종전의 토지 및 건축물이나 장차 부동산을 취득할 수 있는 권리만이 취득의 대상이 될 수 있을 뿐 해당 아파트 자체는 그 취득의 대상이 될 수 없다고 할 것(대법원 2002두12762, 2003.8.22. 참조)이라고 판시하고 있었으나, 이러한 해석이 다소 다르게 판단되고 있다.

㉠ 상속 1가구 1주택 세율특례

「도시 및 주거환경정비법」 제19조 제1항의 규정에 의하여 정비사업구역 내의 토지 등 소

---

120) 종전에는 양수받은 자는 건설회사로부터 아파트를 직접 취득한 것이라 하겠으므로 취득세 과세표준은 해당 아파트의 당초 분양가액이 되는데(지방세운영과 -5840, 2011.12.26.), 법인장부 등에서 확인이 되는 경우에는 마이너스 프리미엄 등으로 실제 취득가액이 된바 있었음(지방세운영과 -1236, 2012.4.23.).

유자는 조합의 조합원으로 참여할 수 있고, 이 경우 조합원은 같은 법 제46조 제2항의 규정에 의하여 분양신청을 하거나 제47조 제1항의 규정에 의하여 현금청산을 할 수 있으며, 사업시행자는 제48조 제1항의 규정에 의하여 분양신청기간이 종료된 때에 분양신청의 현황을 기초로 분양설계, 분양대상자의 주소 및 성명, 분양대상자별 분양예정인 대지 또는 건축물의 추산액, 분양대상자별 종전의 토지 또는 건축물의 명세 및 사업시행인가의 고시가 있은 날을 기준으로 한 가격 등이 포함된 관리처분계획을 수립하여 시장·군수의 인가를 받도록 규정하고 있고, 같은 법 제49조 제6항에서는 관리처분계획의 인가를 고시한 이후에는 토지 등 소유자는 종전의 토지 및 건축물에 대하여 이를 사용·수익할 수 없다고 규정하고 있다. 관련법령을 종합하여 살펴보면, 재개발사업구역 내의 토지 등 소유자가 조합원으로서 조합의 구성원이라고 하더라도 여전히 종전에 소유하던 부동산을 자유로이 양수도할 수 있으며, 관리처분계획의 인가가 이루어진 시점에서 종전의 부동산에 대한 소유권을 득실변경이 발생하는 것은 아니라고 보여지고, 조합원으로서 관리처분계획에 따라 "분양받을 권리"라 함은 "소유권에 기한 사용·수익이 제한되는 한편 장래 분양을 받을 수 있다고 하는 그 지위", 즉 "조합원으로서의 지위"를 의미하는 것에 불과하다 할 것이다. 이러한 "분양받을 권리"와는 별개로 종전에 피상속인이 소유하던 부동산을 상속으로 취득한 것이므로 토지의 상속과 조합원으로서의 지위승계에 따른 분양받은 권리의 승계가 함께 이루어졌다고 보아야 할 것이고, 토지는 「도시 및 주거환경정비법」 제54조의 규정에 의하여 이전고시가 된 시점에서 환지와 동일하게 새로운 분양받은 부동산으로 교환·변경되는 것이라고 보아야 할 것으로서 이전고시가 되기 이전에는 종전에 소유하던 토지에 대한 소유권이 관리처분계획의 인가에 따라 변경된다고 볼 수는 없다고 보여진다(조심 2013지427, 2013.8.14.).[121]

구 「소득세법」(1994.12.22. 법률 제4803호로 전문 개정되어 1996.1.1. 시행하기 전의 법률, 이하 "법"이라고 한다) 제5조 제6호 (자)목 및 구 소득세법 시행령(1994.12.31. 대통령령 제14467호로 전문개정되어 1996.1.1. 시행하기 전의 시행령, 이하 "법 시행령"이라고 한다) 제15조 제1항에서 1세대 1주택의 양도로 인하여 발생하는 소득에 대하여 소득세를 부과하지 아니하도록 규정하고 있는 취지는 주택이 국민의 주거생활의 기초가 되는 것이므로, 1세대가 국내에 소유하는 1개의 주택을 양도하는 것이 양도소득을 얻거나 투기를 할 목적으로 일시적으로 거주하거나 소유하다가 양도한 것이 아니라고 볼 수 있는 일정한 사유가 있는 경우에는 그 양도소득에 대하여 소득세를 부과하지 아니함으로써 국민의 주거생활의 안정과 거주이전의 자유를 보장하여 주려는 데에 있고, 「도시재개발법」(1995.12.29. 법률 제5116호로 전문개정되기 전의 법률, 이하 같다) 제49조는 인가고시된 관리처분계획에 따라 대지 또는 건축시설을 분양받을 자는 공사완료 후 분양처분의 고시가 있은 다음 날에 그 분양받을 대지 또는 건축시설에 대한 소유권을 취득하되 이렇게 취득한 대지 또는 건축시설은 「토지구획정리사업법」의 규정에 의한 환지로 본다고 규정하고 있으므로, 재개발조합의 조합원이 재개발조합에 주택 및 그 부수토지를 제공하고 관리처분계획에 따라 아파트분양권을 취득하여 양도한 경우에는 그 아파트분양권을 법 제5조 제6호 (자)목 및 시행령 제15조 제1항 소정의 1세대 1주택 및 그 부수토지로 간주할 것이며(대법원 1993.1.15. 선고, 91누10305 판결, 1994.3.8. 선고, 93누17324 판결 등 참조), 한편 재개발조합의 조합원은 설립인가시를 기준으로 「도시재개발법」 제20조 및 조합정관의 규정에 의하여 확정되고 그 조합원의 지위나 구체적인 권리의무도 「도시재개발법」 및 조합정관에 의하여 정하여지는 것으로 재개발조합의 재량이 개입될 여지가 없으므로(대법원 1998.3.27. 선고, 97누17094 판결, 1998.11.27. 선고,

결론적으로 "분양받을 권리"와는 별개로 종전에 피상속인이 소유하던 부동산을 상속으로 취득한 것이므로 토지의 상속과 조합원으로서의 지위승계에 따른 분양받은 권리의 승계가 함께 이루어졌다고 보고 있는데, 재개발아파트 승계조합원은 당초조합원의 토지지분을 취득하여야만 조합원 지위를 승계받아 추후 입주할 수 있는 자격을 얻는 것이지만, 이미 원시취득된 주택재개발 아파트를 당초조합원으로부터 승계한 경우는 토지지분이 아닌 주택 및 부속토지를 취득한 것으로 당초조합원에게 매매형태로 대금을 지급하고 재개발아파트를 취득하는 것은 「지방세특례제한법」 제40조의 2에서 규정하고 있는 주택 유상거래 감면대상에 해당되는 것으로 해석을 변경하여 감면이 된다라고 해석하고 있는 바, 상속으로 취득한 관리처분계획에 따라 "분양받을 권리"는 1가구 1주택 판단대상이 된다.

ⓛ 주택재개발 아파트의 유상거래 감면(종전 규정)

종전 해석에서는 당초조합과 승계조합원 간의 부동산 거래는 승계조합원이 재개발아파트를 유상승계취득하는 것이 아니라 조합원 지위를 승계받기 위하여 당초조합원 소유 토지지분을 취득하는 거래와 장차 재개발아파트를 취득할 수 있는 권리를 취득하는 거래가 혼합된 것으로서, 승계조합원의 취득은 「지방세특례제한법」 제40조의 2에서 정한 "유상거래를 원인으로 주택을 취득"하는 경우에 해당되지 아니하여 취득세 경감대상이 되지 아니한다고 판단하였다. 그런데 재개발아파트 승계조합원은 당초조합원의 토지 지분을 취득하여야만 조합원 지위를 승계받아 추후 입주할 수 있는 자격을 얻는 것이지만, 이미

98두12796 판결 등 참조). 재개발조합의 조합원이 재개발조합에 주택 및 그 부수토지를 제공하여 재개발사업의 일환으로 주택이 철거된 후 잔존하는 부수토지와 함께 장차 건축시설을 분양받을 수 있는 조합원으로서의 지위를 관리처분계획인가 이전에 양도하는 경우에도 그 양도의 대상은 법 제5조 제6호 (자)목 및 법 시행령 제15조 제1항 소정의 1세대 1주택 및 그 부수토지로 간주된다 할 것이고, 그 양도 시가까지 법 시행령 제15조 제1항 제2호 소정의 보유기간의 요건을 갖추면 그 양도는 1세대 1주택의 양도로서 양도소득세 비과세대상에 해당된다고 할 것이다(대법원 98두3051, 1999.12.10.).

이와 다른 취지의 대법원판례
구 「소득세법 시행령」 제162조 제3항 본문은 「도시개발법」 기타 법률에 의한 환지처분으로 인하여 취득한 토지의 취득시기를 환지 전의 토지의 취득일로 보고, 나아가 제166조 제5항에서 주택재건축사업을 시행하는 정비사업조합의 조합원이 해당 조합에 기존건물과 그 부수토지(이하 "기존 건물 및 토지"라 한다)를 제공하고 관리처분계획에 따라 취득한 신축건물 및 그 부수토지(이하 "신축 건물 및 토지"라 한다)를 양도하는 경우 기준시가에 의한 양도차익에 관하여는 기존 건물 및 토지의 취득일 이후에 발생된 양도차익을 모두 가산하도록 규정하고 있다. 그렇지만 위 규정들은 환지처분으로 토지 등이 변경되는 경우에 양도로 보지 아니하는 구 「소득세법」 제88조 제2항의 규정을 근거로 하여, 기존 건물 및 토지의 소유자였던 조합원이 기존 건물 및 토지에 기초하여 관리처분계획 등에 따라 신축 건물 및 토지를 취득한 후 이를 양도할 경우의 양도차익 산정에 관하여 특별한 규정을 둔 것이다. 따라서 당초조합원과는 달리 기존 건물에 관하여 소유권을 취득하지 못하고 신축 건물 및 토지에 대한 조합원 수분양권을 양수함에 그친 경우에도 당연히 위 규정들의 효력이 미친다거나 위 규정들이 유추적용된다고 할 수는 없으므로, 위 규정들을 근거로 하여 조합원 수분양권 양수인의 신축 건물 및 토지에 관하여도 보유기간을 특별히 취급할 것은 아니다. 구 「주택건설촉진법」에 의한 재건축사업에 의하여 신축되는 이 사건 신축 아파트에 관한 조합원 수분양권을 양수한 자가 신축 아파트의 소유권을 취득한 후 제3자에게 양도한 신축 아파트의 보유기간은 신축 아파트의 취득일부터 제3자에게 양도한 날까지라고 보아야 한다(대법원 2010두12033, 2012.12.13.).

원시취득된 주택재개발아파트를 당초조합원으로부터 승계한 경우는 토지 지분이 아닌 주택 및 부속토지를 취득한 것으로 당초조합원에게 매매형태로 대금을 지급하고 재개발아파트를 취득하는 것은 구 「지방세특례제한법」 제40조의 2에서 규정하고 있는 주택 유상거래 감면대상에 해당되는 것으로 해석을 변경하여 감면이 되어 왔었다.

⑦ **청산금(2022년 이전 사업시행인가분까지)에 상당하는 부분이 주택의 유상거래 감면 여부(종전 규정)**

주택재개발사업 시행인가(지정)일 현재 부동산을 소유한 조합원이 환지계획 등에 따라 분양취득하는 주택의 경우 건축물대장상 소유자 명의가 재개발사업시행자로 되어 있더라도 「도시개발법」 제43조 제1항 및 대법원 등기선례 3 - 821호(1991.8.9.)에 따라 소유권보존등기는 분양을 받은 자의 명의로 경료된다고 할 것이다. 따라서 주택재개발사업 조합원의 분양주택 취득은 소유권보존을 통한 원시취득에 해당된다고 할 것이므로, 비록 조합원이 분양주택을 취득하면서 청산금을 부담하는 경우라도 이를 유상거래를 원인으로 취득하였다고 볼 수 없다(조심 2010지0929, 2011.1.31.). 즉 원시취득에 해당되어 감면대상이 되지 아니한다는 것이다.

6) 조합 간의 비교 요약(지법 §7, §9, 지특법 §74)

구분	재건축조합	「주택법」상 주택조합	재개발조합
근거	「도시 및 주거환경정비법」	「주택법」 제11조	「도시 및 주거환경정비법」
조합	• 조합 취득 부동산(조합원용)은 조합원이 납세의무가 있음. • 신탁(위탁)으로 취득하더라도 동일함.	• 조합 취득 부동산(조합원용)은 조합원이 납세의무가 있음. • 신탁(위탁)으로 취득하더라도 동일함.	• 조합 취득 부동산은 조합이 납세의무 있으나 감면대상
당초조합원	• 공동주택 신축 시 납세의무가 있음.	• 공동주택 신축 시 납세의무가 있음.	• 지특법 §74 ① 삭제에 따라 2023.3.14. 이후 재건축조합원과 동일하게 공동주택 신축 시 납세의무가 있으며, 이 경우 토지는 당초 소유한 토지 면적을 초과하는 경우로서 그 초과한 면적에 해당하는 부분에 한하여 승계취득세율 적용함. 그런데 2022년 이전 관리처분계획인가분은 2025년까지 청산금 범위 내에서는 납세의무가 없으나 초과분에 대하여는 납세의무 있음. • 토지는 유상승계취득이므로 4%, 건물은 원시취득으로 2.8% 세율

구분	재건축조합	「주택법」상 주택조합	재개발조합
			적용 • 일정 1가구 1주택으로 전용면적 85㎡ 범위 내 청산금이 있더라도 감면(일정 1가구 1주택 요건은 2020년 이후 적용)
승계조합원	• 공동주택 신축 시 납세의무가 있음.	• 공동주택 신축 시 납세의무가 있음.	• 지특법 §74 ① 삭제에 따라 2023.3.14. 이후 재건축승계조합원과 동일하게 공동주택 신축 시 납세의무가 있으며, 이 경우 토지는 당초 소유한 토지면적을 초과하는 경우로서 그 초과한 면적에 해당하는 부분에 한하여 승계취득세율 적용함. 그런데 2022년 이전 관리처분계획인가분은 2025년까지 종전 부동산가액 범위 내에서만 감면되나 그 범위를 초과하는 경우 납세의무가 있음. • 토지는 유상승계취득이므로 4%, 건물은 원시취득으로 2.8% 세율 적용 • 정비지역지정 이후 조합원 자격을 취득한 경우 공동주택 전용면적 85㎡ 범위 내라도 감면배제

(4) 배우자 또는 직계존비속의 부동산 등을 취득하는 경우

1) 증여로 봄

유상거래의 경우 취득세 세율이 일반세율보다 낮아서 실질적으로 증여이지만 매매 형식으로 취득하여 취득세를 절감할 수 있으므로 배우자 또는 직계존비속의 부동산 등을 취득하는 경우에는 증여로 취득한 것으로 본다. 다만, 다음 어느 하나에 해당하는 경우 유상으로 취득한 것으로 본다. 이 규정은 2014.1.1. 이후 납세의무성립분부터 적용하는 것이므로 2013.12.31. 이전 납세의무성립분은 이 규정이 적용되지 아니한다.

① 공매(경매 포함)를 통하여 부동산 등을 취득한 경우
② 파산선고로 인하여 처분되는 부동산 등을 취득한 경우
③ 권리의 이전이나 행사에 등기 또는 등록이 필요한 부동산 등을 서로 교환한 경우

④ 해당 부동산 등의 취득을 위하여 그 대가를 지급한 사실이 다음 어느 하나에 의하여 증명되는 경우

　㉠ 그 대가를 지급하기 위한 취득자의 소득이 증명되는 경우

　㉡ 소유재산을 처분 또는 담보한 금액으로 해당 부동산을 취득한 경우

　㉢ 이미 상속세 또는 증여세를 과세(비과세 또는 감면받은 경우를 포함한다)받았거나 신고한 경우로서 그 상속 또는 수증 재산의 가액으로 그 대가를 지급한 경우

　㉣ ㉠~㉢에 준하는 것으로서 취득자의 재산으로 그 대가를 지급한 사실이 입증되는 경우

한편, 증여로 간주하더라도 증여자의 채무를 인수하는 부담부(負擔附) 증여의 경우에는 그 채무액에 상당하는 부분은 부동산 등을 유상으로 취득하는 것으로 본다. 다만, 2018년 이후 배우자 또는 직계존비속으로부터의 부동산 등의 부담부 증여의 경우에도 상기의 배우자 또는 직계존비속 간의 증여 추정 규정이 적용된다.

> **사례** 직계존비속 간의 금전소비대차라도 이자지급 내역 등 입증자료 미비 시 증여에 해당됨(조심 2019부2462, 2019.12.3)
>
> 직계존비속 간의 금전소비대차는 원칙적으로 이를 인정하기 어렵고, 청구인은 차용증과 이자지급 내역 등 금전소비대차를 입증할 객관적인 증빙을 제출하지 못하고 있는 점 등에 비추어 청구인에게 자금출처 불분명 금액을 증여로 보아 증여세를 과세한 이 건 처분은 잘못이 없는 것으로 판단됨.
>
> ☛ 원칙적으로 긴밀한 친족관계에 있는 당사자들은 조세부담의 회피라는 공통된 이해관계 하에서 외형적인 형식만을 임의로 만들어낼 우려가 있기에, 배우자 및 직계존비속 사이에 소비대차관계를 입증하는 듯한 처분문서가 작성되었다고 하더라도 그러한 문서의 존재 외에 그 내용이 진실하다는 점이 객관적인 자료를 통하여 추가적으로 입증될 필요가 있음.

2) 증여 간주금액

배우자 또는 직계존비속의 부동산 등을 취득하는 경우 취득을 위하여 그 대가를 지급한 사실을 증명한 경우에는 증여가 아닌 유상으로 취득한 것으로 본다. 따라서 매매대금 중 거래가 입증된 금액은 유상승계취득으로, 입증되지 아니한 금액은 증여로 취득한 것으로 보아야 할 것이다. 그런데 이 경우 과세표준은 매매대금 자체가 입증되지 아니하므로 계약서상의 금액이 아닌 시가표준액으로, 세액도 이를 기준으로 계산하여야 할 것이다. 즉 시가표준액에서 입증된 가액을 제외한 금액은 증여로 보고 세율 등을 적용하여야 할 것이다.

예를 들어 계약서상 가액이 15천만 원(시가표준액 10천만 원)이고, 이 중 입증된 금액은 6천만 원이라면 세액계산 시 15천만 원은 입증이 되지 아니하므로 시가표준액 10천만 원을 기준으로 산정하는 것이다. 즉 6천만 원은 유상승계취득으로 보아 세율을 적용하고, 나머지 4천만 원(10천만 원−6천만 원)은 증여(무상취득) 세율을 적용하여야 할 것이다.

(5) 건축물과 그 건축물에 접속된 정원 및 부속시설물의 토지가액 증가

2020.1.1. 이후 「공간정보의 구축 및 관리 등에 관한 법률」 제67조에 따른 대(垈) 중 「국토의 계획 및 이용에 관한 법률」 등 관계법령에 따른 택지공사가 준공된 토지에 정원 또는 부속시설물 등을 조성·설치하는 경우에는 그 정원 또는 부속시설물 등은 토지에 포함되는 것으로서 토지의 지목을 사실상 변경하는 것으로 보아 토지의 소유자가 취득한 것으로 본다.[122] 다만, 건축물을 건축하면서 그 건축물에 부수되는 정원 또는 부속시설물 등을 조성·설치하는 경우에는 그 정원 또는 부속시설물 등은 건축물에 포함되는 것으로 보아 건축물을 취득하는 자가 취득한 것으로 본다.

따라서 정원 또는 부속시설물 등을 조성·설치된 토지로 대(垈) 중 택지공사가 준공된 토지에 한해 사실상 변경된 경우에는 토지 소유자에게 취득세를 과세하며, 건축물을 건축하면서 그 건축물에 부수되는 정원 또는 부속시설물 등을 조성·설치하는 경우로 대(垈) 중 택지공사가 준공된 토지에 한해 건축물 취득세 과세표준에 포함된다.

2016.1.1.~2019.12.31.에는 「공간정보의 구축 및 관리 등에 관한 법률」 제67조에 따른 대(垈) 중 「국토의 계획 및 이용에 관한 법률」 등 관계법령에 따른 택지공사가 준공된 토지의 지목을 건축물과 그 건축물에 접속된 정원 및 부속시설물의 부지로 사실상 변경함으로써 그 가액이 증가한 경우에는 취득으로 본다(지법 §7 ⑭). 이는 토지의 지목변경이 수반되지 아니하였으나 택지공사로 인하여 토지가액이 증가된 경우에도 택지공사 준공 시점에 취득세를 부과하도록 한 것이다.

> **사례** 건축물 건립 공사와 함께 정원 또는 부속시설물 등을 조성·설치하는 경우 건축물 취득자가 납세의무자라는 의미로 보이는 점, 도로명 주소가 부여된 쟁점건축물과 건축물 부지는 형식적으로는 법령에 따라 도로이지만, 일반 건축물의 신축·재축 등과 같이 건축허가, 산림허가, 산지전용 등의 절차를 통해서 공사가 된 것으로 보여 그 실질은 대지와 동일한 것으로 평가할 수 있는 점, 택지공사가 준공된 대지나, 택지에 기존 건축물을 헐고 다시 건축하는 공사에 있어서 양자 모두 그 부지는 실질에 있어서 대지와 같다고 볼 수 있어 「지방세법」 제7조 제14항이 모두 적용될 여지가 있어 보이는 점 등에 비추어 쟁점조경 및 쟁점주차장등 공사비용에 대해 「지방세법」 제7조 제14항 단서를 적용하여 취득세를 과세할 수 있는 것으로 보임(조심 2023지3603, 2024.2.21.).

---

122) 정원의 의미를 명확히 밝히고 있지 아니하나 「수목원·정원의 조성 및 진흥에 관한 법률」 제2조 제1의 2호에서 "정원"이란 식물, 토석, 시설물(조형물을 포함한다) 등을 전시·배치하거나 재배·가꾸기 등을 통하여 지속적인 관리가 이루어지는 공간을 말한다고 규정하고 있는바, 정원의 범위에 조경수, 조경시설물 등도 포함된다고 해석하는 것이 통상적 의미에 부합한다 할 것인 점, 공동주택 단지 내에 식재된 조경수, 조경시설 및 포장시설은 해당 토지에 물리적으로 부착되어 있을 뿐만 아니라 조경적 측면이나 거주민 편익 측면에서도 해당 토지의 효용을 증대시키는 것으로 볼 수 있으며, 해당 시설을 제거하였을 때 그 시설의 경제적·기능적 가치는 현저히 훼손될 수밖에 없으므로 조경수 등은 정원 등의 일부로 보이는 점 등에 비추어 이 건 토지를 공동주택에 접속된 정원 및 부속시설물의 부지로 사실상 변경하면서 조경수, 조경시설 및 포장시설에 소요된 비용은 쟁점규정에 따른 취득세의 과세표준에 포함됨(조심 2019지2050, 2020.3.12.).

③ 유형별 납세의무

(1) 신탁

1) 개요

「신탁법」상의 신탁은 위탁자가 수탁자에게 특정의 재산권을 이전하거나 기타의 처분을 하여 수탁자로 하여금 신탁 목적을 위하여 그 재산권을 관리·처분하게 하는 것이므로 부동산의 신탁에 있어서 수탁자 앞으로 소유권이전등기를 마치게 되면 대내외적으로 소유권이 수탁자에게 완전히 이전되고, 위탁자와의 내부관계에 있어서 소유권이 위탁자에게 유보되어 있는 것은 아니라 할 것이며, 이와 같이 신탁의 효력으로서 신탁재산의 소유권이 수탁자에게 이전되는 결과 수탁자는 대내외적으로 신탁재산에 대한 관리권을 갖는 것이다. 또한 신탁재산은 「신탁법」제19조의 규정에 의거 물상대위성을 인정하고 있기 때문에 신탁재산의 관리, 처분, 멸실, 훼손 기타의 사유로 수탁자가 얻은 재산은 신탁재산에 속한다라고 규정하고 있다. 여기서 물상대위성은 「민법」제342조의 규정에 의거 질권은 질물의 멸실, 훼손 또는 공용징수로 인하여 질권설정자가 받은 금전 기타 물권에 대하여도 이를 행사할 수 있는바, 「민법」제370조의 규정에 의거 저당권에도 물상대위성이 인정된다.

한편, 「신탁법」에 의한 신탁이 아닌 명의신탁은 대법원판례에 따르면 대내적 관계에서는 신탁자가 소유권을 보유하여 이를 관리·수익하면서 공부상의 소유명의만을 수탁자로 하여 두는 것을 말한다(대법원 65다312, 1965.5.18.)라고 판시한 바 있다. 즉 명의신탁을 할 수 있는 재산은 '공부'에 의하여 소유관계를 공시하는 것이므로 대외적 관계에 있어 소유관계를 등기·등록형식으로 표시가 가능하여야 하고 구체적인 대상물건은 토지, 건물, 입목, 선박, 항공기, 자동차 등이 명의신탁의 대상이 될 수 있다. 그리하여 명의신탁은 소유권의 명의를 의미하므로 소유권에 대하여만 명의신탁이 인정되고 채권은 인정되지 아니한다. 그러므로 명의신탁은 수탁자의 명의를 차용하는 형식이나 일종의 명의대차로 하지 아니하고 명의신탁이라는 이유는 명의신탁에 있어서 대외적 관계 내지 제3자에 대한 관계에 있어서는 수탁자(즉 명의대여자)가 소유자이나, 대내적 관계 내지 신탁자, 수탁자 사이의 관계에 있어서는 소유권이 신탁자(즉 명의차용자)에게 보유된다고 한다.

2) 취득세 납세의무자

① 소유권보존등기

신탁재산은 대내외적으로 소유권이 수탁자에게 완전히 귀속되며 위탁자와의 내부관계에 있어서도 그 소유권이 위탁자에게 유보되어 있는 것이 아닌 점(대법원 2007다54276, 2008.3.13. 참조), 토지의 수탁자인 B법인이 신탁계약에 따라 그 토지상에 건물을 신축한 다음 자신의 명의로 소유권보존등기를 하면서 신탁등기를 병행한 데 지나지 않는 경우 수탁자에게 취득세 납세의무가 있다(대법원 2001두2720, 2003.6.10. 참조). 따라서 위탁자가 토지를 신탁한 후 위탁자가 건축비를 전액

부담하여 해당 토지에 건물을 신축하고 수탁자 명의로 소유권보존등기를 하였다면 건물의 원시취득에 따른 취득세 납세의무자는 수탁자가 된다(지방세운영과-1794, 2012.6.11.).[123]

② 소유권보존등기 시 중과세

「신탁법」상의 신탁계약에 의하여 수탁자 명의로 신축한 건축물의 취득세 중과세대상 여부도 수탁자를 기준으로 판단하여야 하는 점(대법원 2003.6.13. 선고, 2001두4979 판결 등 참조) 등을 종합적으로 고려해 볼 때, 본점용으로 사용하는 자가 수탁자가 아닌 위탁자라면 건축물분에 대해서는 취득세 중과세대상으로 보기는 곤란하다고 할 것이다. 다만, 위탁자가 본점으로 사용할 계획으로 신축하면서 중과세 회피를 목적으로 위·수탁계약한 사실 등이 과세권자의 사실조사를 통해 확인되는 경우 등은 취득세 중과세대상으로 봄이 타당하다고 할 것이다(지방세운영과-1076, 2013.6.17.).

③ 지목변경

대법원판례(대법원 2010두2395, 2012.6.14.)에서 "「신탁법」에 의한 신탁에 의하여 수탁자에게 소유권이 이전된 토지에 대하여 위탁자가 비용과 노력을 들여 지목을 사실상 변경한 경우에는 위탁자를 「지방세법」이 규정한 취득세의 납세의무자로 보아야 하는 것은 타당하지 않으며, 「신탁법」에 의한 신탁으로 수탁자에게 소유권이 이전된 토지에 있어 「지방세법」이 규정한 지목의 변경으로 인한 취득세의 납세의무자는 수탁자로 봄이 타당하고, 위탁자가 그 토지의 지목을 사실상 변경하였다고 하여 달리 볼 것은 아니다"라고 판시하고 있다(지예 법7-8 참조).

④ 지목변경에 의한 중과세

토지나 건축물을 취득한 후 5년 이내에 해당 토지나 건축물이 사치성 재산(예 : 회원제 골프장)에 해당되는 경우 그 취득자에게 취득세 중과세율을 적용하는 것인바, 비록 신탁계약으로 수탁자에게 명의가 이전된 후에 사치성 재산으로 지목이 변경되었다고 하더라도 수탁자의 경우 형식적인 취득자로서 취득세를 비과세하고 있는 점에 비추어 볼 때 해당 토지의 실질적인 소유자는 여전히 위탁자라고 할 것인 점, 지목변경에 따른 중과세율 적용과 같이 수탁자를 납세의무자로 볼 경우 '취득한 후 5년 이내'를 수탁일부터 다시 기산하게 되므로 과도하게 연장되는 한편, 수탁자는 비과세대상으로 중과세하려는 입법 취지가 훼손될 우려가 있는 점, 법규 상호 간의 해석을 통하여 그 의미를 명백히 할 필요가 있는 경우에는 조세법률주의가 지향하는 법적 안정성 및 예측가능성을 해치지 않는 범위 내에서 입법 취지 및 목적 등을 고려한 합목적적 해석을 하는 것은

---

123) 같은 취지의 심판례(조심 2017지0935, 2018.4.16.)는 다음과 같다.
    쟁점토지의 취득자는 쟁점토지에 대한 매매계약상의 권리의무를 청구법인으로부터 승계받고 매수인으로서 그 매매대금을 지급하여 쟁점토지에 관한 소유권 취득의 실질적 요건을 갖춘 쟁점수탁자로 보아야 하는 점, 쟁점수탁자는 쟁점토지에 대한 잔금을 ○○○에 완납하였음이 토지대금 납부확인서에서 확인되는 점, 신탁재산은 대내·외적으로 소유권이 신탁회사에게 귀속되는 것이고 내부관계에 있어서도 그 소유권이 위탁자에게 유보되는 것이 아닌 점 등에 비추어 쟁점토지의 매매대금을 실제로 누가 지급하였는지 여부에 관계없이 쟁점토지는 청구법인이 아니라 쟁점수탁자가 ○○○로부터 매매를 원인으로 취득하였다고 보는 것이 타당하다 할 것이므로 처분청이 청구법인의 취득세 등의 경정청구를 거부한 처분은 잘못이 있다고 판단됨.

허용된다고 할 것(대법원 2007두4438, 2008.2.15. 참조)인 점 등을 종합적으로 고려해 볼 때 해당 토지의 실질적인 소유자인 위탁자를 취득세 중과세율 적용대상으로 봄이 타당하다(지방세운영과-3622, 2012.11.11.)라고 해석하고 있다.

그런데 위탁자가 중과세 회피를 목적으로 위·수탁계약한 사실 등 확인되는 경우 이외에는 위탁자를 중과세 취득세 납세의무자라 해석한 것은 문제가 있다. 그 이유는 「신탁법」 상의 신탁계약에 의하여 수탁자 명의로 신축한 건축물의 취득세 중과세대상 여부도 수탁자를 기준으로 판단하여야 하는 점(대법원 2003.6.13. 선고, 2001두4979 판결 등 참조)에서 본점용으로 사용하는 자가 수탁자가 아닌 위탁자라면 건축물분에 대해서는 취득세 중과세대상으로 보기는 곤란하다고 할 것이기 때문이다.

한편, 지목변경 등의 경우 고급주택 사용 기준 또는 회원제 골프장 등록 기준으로 중과세 여부를 판단하고, 중과대상이 된다면 실제 사용자 또는 등록자 누구인지 여부와 관계없이 중과세 납세의무자가 되는 것이므로 중과대상이 수탁자의 부동산 취득일로부터 5년 이내에 중과사유가 발생되어야 한다는 것 이외에는 구분실익은 없다. 예를 들어 수탁자의 소유인 토지를 위탁자가 고급주택, 회원제 골프장용 토지나 건축물로 사용하고 있다면 수탁자 명의로 중과세를 신고납부하여야 하는 것이며, 수탁자 명의로 등기하여 취득한 날부터 5년 이내에 지목변경 등을 한 경우에만 중과세되는 것이다.

3) 신탁등기가 병행되는 신탁에 의한 신탁재산의 비과세

신탁(「신탁법」에 따른 신탁으로서 신탁등기가 병행되는 것만 해당)으로 인한 신탁재산의 취득으로서 다음 어느 하나에 해당하는 경우 취득세를 부과하지 아니한다. 다만, 신탁재산의 취득 중 주택조합 등과 조합원 간의 부동산 취득 및 주택조합 등의 비조합원용 부동산 취득은 제외된다(지법 §9 ③).[124]

① 위탁자로부터 수탁자에게 신탁재산을 이전하는 경우

② 신탁의 종료로 인하여 수탁자로부터 위탁자에게 신탁재산을 이전하는 경우

③ 수탁자가 변경되어 신수탁자에게 신탁재산을 이전하는 경우

개정 「신탁법」(2011.7.25. 법률 제10924호) 제3조 제5항은 "수탁자는 신탁행위로 달리 정한 바가 없으면 신탁 목적의 달성을 위하여 필요한 경우에는 수익자의 동의를 받아 타인에게 신탁재산에 대하여 신탁을 설정할 수 있다"라고 규정하여 재신탁에 관한 규정을 두고 있는바, 이는 재신탁의 허용으로 다양한 형태의 신탁개발을 통한 신탁의 활성화를 기하기 위한 개정으로서, 법 취지에 비추어 볼 때 재신탁의 경우에도 「지방세법」 제9조 제3항 제1호에 해당되는 취득세 비과세대상

---

124) 조합원이 취득세 4%로 하여 신고납부해야 하지만 조합원의 소유로 보는 것이므로 신탁등기에 대하여는 조합은 과세되지 아니하고, 비조합원용 부동산도 「지방세법」 제9조 제3항 단서에 의하여 신탁등기는 과세가 되는 것이지만(주택조합에게 과세가 되는 것이므로 신탁등기를 비과세한다고 규정하면 되지 않기 때문에 단서에 규정된 것임), 조합이 취득세(유상승계 시 4%)를 신고납부해야 하는 것이므로 신탁등기의 절차를 취하더라도 이 신탁등기는 과세가 되지 아니하는 결과가 되는 것임.

이 되는 것으로 판단된다.

4) 신탁재산의 위탁자 지위 이전

① 2016.1.1. 이후분

「신탁법」제10조에 따라 신탁재산의 위탁자 지위의 이전이 있는 경우에는 새로운 위탁자가 해당 신탁재산을 취득한 것으로 본다. 다만, 위탁자 지위의 이전에도 불구하고 신탁재산에 대한 실질적인 소유권 변동이 있다고 보기 어려운 경우로서 다음의 지위 이전은 취득으로 보지 아니한다.

　㉠ 「자본시장과 금융투자업에 관한 법률」에 따른 부동산 집합투자기구의 집합투자업자가 그 위탁자의 지위를 다른 집합투자업자에게 이전하는 경우

　㉡ ㉠에 준하는 경우로서 위탁자 지위를 이전하였음에도 불구하고 신탁재산에 대한 실질적인 소유권의 변동이 없는 경우(2021년 이전만 적용)[125]

한편, 위탁자 지위의 이전에도 불구하고 위탁자 이외의 제3자를 수익자로 지정함으로써 신탁재산에 대한 모든 손익은 수익자에게 귀속되고, 위탁자는 수탁자에게 신탁재산의 반환청구권 등 신탁재산의 처분과 손익에 관하여 권리를 가지지 아니하여 새로운 위탁자나 수익자가 신탁부동산을 사실상 취득하였다고 볼 수 없는 경우에는 실질적인 소유권의 변동이 있다고 볼 수 없어 취득세 납세의무가 없는 경우로 판단된다(서울세제과-5858, 2018.5.3.).

> **사례** 신탁재산을 상속받은 경우(조심 2021지2796, 2023.3.10.)
>
> 신탁재산의 상속으로 인하여 취득하는 경우에는 상속인 각자가 상속받는 취득물건을 취득한 것으로 본다고 규정(제7항)하고 있는 점, 청구인가족들은 이 건 위탁자의 사망에 따라 쟁점신탁재산의 원본에 대한 사후수익권을 취득하였고 쟁점신탁재산의 처분대금을 배당받음으로써 쟁점신탁이 종료되어 종국적으로 쟁점신탁재산은 청구인가족들에게 무상으로 이전된 점, 쟁점신탁에 의하여 쟁점신탁재산이 금전으로 청구인가족들에게 귀속된 것은, 신탁에 의하지 않고 재산을 상속받은 상속인이 그 재산을 처분하여 금전을 취득하는 경우와 그 실질이 다르지 아니함에도, 이를 달리 취급하는 것은 공평과세원칙에도 부합하지 아니하는 점, 청구인은 쟁점신탁의 내용에 의하면 쟁점신탁재산의 내부 집기 처분 및 시정장치 관리를 담당하여 점유권을 가지고 있었던 것으로 보이고, 쟁점신탁재산 매매계약서에 청구인이 위탁자의 지위에서 매매계약상 위탁자의 의무를 이행한다고 기재되어 있으며, 매매계약에 대한 이행책임, 매매목적물과 관련된 담보 및 손해배상에 대한 책임을 부담하기로 한 점, 신탁재산이 취득세 과세대상 물건에 해당하는지 여부는 상속으로 인한 취득시기를 상속개시일을 기준으로 판단하여야 한 것이고 쟁점신탁재산은 상속개시일 당시 부동산으로 존재하고 있었던 점 등에 비추어 이 건 위탁자의 상속개시일에 청구인가족들에게 쟁점신탁재산에 대한 취득세 납세의무가 성립하였음.

---

125) 이 내용이 삭제된 이유 : 현재 과세제외 대상에 부동산집합투자기구 이외에는 해당하는 사례가 없으므로 "제1호에 준하는 경우" 이하 자구를 삭제하여 명확히 함.

② 2015.12.31. 이전분

　「자본시장과 금융투자업에 관한 법률」상 투자신탁의 집합투자업자는 투자자를 모으고 투자계획을 수립하여 신탁업자에게 그 계획을 실행토록 지시하는 지위에 있을 뿐, 투자대상 부동산의 취득에 따른 매수대금은 투자자인 수익자가 실질적으로 제공하고 소유권의 등기는 신탁업자의 명의로 한다는 점에서 집합투자업자가 투자대상 신탁부동산의 형식적인 소유권뿐만 아니라 실질적인 소유권을 가지고 있다고 보기에는 무리가 있는 점, 대법원판례에서 신탁되어 있는 재산을 위탁자의 재산으로 보아 간주취득세를 부과할 수 없고(대법원 2014두36266, 2014.9.4. 참조), 신탁되어 있는 토지의 지목변경에 따른 취득세 납세의무를 수탁자가 부담하여야 한다고 판단하는 등 신탁재산을 위탁자의 재산으로 보아 과세하는 것에 부정적이라는 점, 기존 유권해석에서도 자본시장법상 집합투자업자의 지위와 대법원판례 취지 등을 고려하여 새로운 집합투자업자로의 지위를 승계하면서 부동산펀드의 재산인 신탁부동산을 사실상 취득(대금의 지급 등)하지 않는 한 취득세 납세의무가 성립되지 않는다고 판단(지방세운영과-2438, 2012.7.28. 참조)하였던 점, 투자신탁부동산에 대한 형식적인 소유권이나 실질적인 소유권이 없는 대출은행을 변경한 경우를 취득세 과세대상으로 보기 어려운 점 등을 종합적으로 고려해 볼 때, 자본시장법에 따른 집합투자기구의 위탁자인 집합투자업자를 변경하면서 투자신탁부동산에 대한 소유권의 이전등기 및 대금지급과 같은 사실상의 취득행위가 없는 경우라면 취득세 납세의무가 성립되지 않는다고 판단된다(지방세운영과-904, 2015.3.20.). 여기서 "신탁부동산을 사실상으로 취득하지 않는 한"에는 실질소유자인 위탁자간의 지위승계 자체는 이에 해당하지 아니한다라고 해석하여야 할 것이다.

　따라서 사실상 취득한 경우에는 과세되는 것으로 해석하여야 할 것으로, 실질소유자인 위탁자간의 지위승계 자체는 사실상 취득으로 보아야 한다는 것이다. 그런데 기존 위탁자의 신탁해지, 변경 위탁자로의 소유권이전, 그리고 변경 위탁자의 신탁해지의 절차를 취하지 않는 경우 신탁해지를 원인으로 수익자에게의 소유권이전등기 시점에 취득세를 신고납부하여야 할 것이다. 이는 신탁재산은 취득세 납세의무는 원칙적으로 수탁자에게 있으므로 수탁자 명의로 된 부동산을 위탁자 변경시점 즉 잔금지급일 등을 취득시기를 정할 수는 없다라고 판단되기 때문이다.

　명의신탁의 경우 공부상 소유자가 수탁자이지만 신탁시점에 사실상 취득으로 보아 위탁자에게 취득세를 부과하는 것으로 해석하고 있는바, 이러한 해석에 의하면 「신탁법」에 신탁재산의 경우에도 동일하게 처리하여야 하므로 「신탁법」에 따른 위탁자 지위의 이전의 경우 변경된 위탁자가 사실상 취득하였으므로 취득세를 과세할 수 있는 근거가 될 수 있을 것으로 판단된다.

　이러한 취지로 실무상 주택조합의 경우 신탁재산에 대하여 위탁자 이전 시 새로운 위탁자가 신탁재산의 취득일(잔금지급일 또는 소유권이전등기일 중 빠른 날) 기준으로 취득세를 과세하고 있다. 주택조합의 경우 당초조합원의 변경 시 취득세 납세의무가 있는 것으로 보고 있지만, 일반적인 신탁과는 달리 조합원 지위변경은 당초조합원이 주택조합에게 신탁하였던 토지지분을 신탁해지로 다시 찾아오고, 이를 승계조합원에게 이전등기를 하며, 다시 승계조합원이 주택조합에게 신탁을 함으로써 완료된다. 즉 당초조합원으로부터 승계조합원을 토지를 취득한 경우 그 토지는 이미 조합에 신탁등기가 이루어져 있는 상태이므로 당초조합원의 신탁해지, 승계조합원으로의 소유권이전, 그리고 승계조합원이 조합에게 신탁등기의 절차를 취하고 있는바, 이 경우 잔금지급일과 소유권이전등기일 중 빠른 날이 취득시기가 될 것이고 실제 매매이므로 유상승계 세율을 적용한 세액을 신고납부하여야 한다. 그리고 당초조합원이 사망하여 상속인이 승계하는 경우에도 동일한 절차를 밟게 되는데, 당초조합원의 신탁해지 및 상속이전등기 후 다시 조합에 신탁을 함으로써 조합원의 지위를 승계받게 된다.[126]

대법원판례에 의하면 「신탁법」에 신탁재산의 경우 수탁자가 취득세 납세의무자로 보고 있는바, 「신탁법」에 따른 위탁자 지위의 이전의 경우 취득세를 부과하지 못하는 문제가 발생될 여지가 있어서 위탁자 지위의 이전에 대하여 2015년 이후 취득세와 동일하게 등록면허세를 과세함으로써 형평성 등을 도모하고자 2014년 「지방세법」 입법예고(안)에 반영하였으나, 개정 시에는 이를 반영하지 아니하였다. 따라서 상기처럼 취득세를 과세함에 있어서 문제가 제기될 수 있다고 본다.

이와 관련하여 대법원에서 수탁자 지위의 이전이 있는 경우 취득세를 부과함으로써 과세 공백을 메우기 위하여 특별히 마련된 조항으로서 창설적 규정이라고 보아야 한다(대법원 2017두67810, 2018.2.8.)라고 판시하였는바, 2016.1.1. 이후 납세의무성립분부터 적용되어야 할 것이다.

(2) 명의신탁 해지 및 명의신탁으로 인한 취득

취득세를 부담하는 납세의무자의 귀속 주체는 취득의 지위에 있는 자로서 권리변동의 원인에 따라 과세대상 물건을 독점적, 배타적으로 사용, 수익, 처분할 수 있는 지위에 있는 경우 납세의무가 당연히 발생한다고 보아야 한다. 이와 같이 과세대상 물건을 독점적으로 사용할 수 있는 지위가 발생하는 경우, 즉 예를 들어 소유권의 명의자체를 위탁자로부터 수탁자에 이전한 과세대상 물건을 명의신탁해지 판결 등으로 인하여 다시 소유권이 이전되는 경우에 무상취득의 일종으로 취득세 납세의무가 발생하게 된다라고 해석할 여지가 있다.

또한 판례 등에서는 부동산의 명의신탁 행위로 인하여 소유권이 발생하는 경우, 즉 실질적으로 완전한 내용의 소유권을 취득하였는가의 여부에 관계없이 소유권 이전형식에 의한 취득의 모든 경우에도 취득세 납세의무가 발생한다고 판시하고 있다. 이는 취득세를 일종의 유통세로 간주하여 부동산의 취득이라는 거래에 대하여도 취득세를 과세할 수 있음을 의미하고 있다. 일반적으로 명의신탁 해지의 경우 법원의 반대급부 지급명령을 받거나 사실상 반대급부를 지급한 사실이 있는 경우에는 유상 취득으로 보아 과세준을 적용하며, 반대급부를 지급하지 않은 경우에는 무상 취득처럼 신고가액과 시가표준액 중 큰 금액을 과세표준으로 한다. 그러나 명의신탁시점에 법인

---

126) 당초조합원의 신탁해지, 승계조합원으로의 소유권이전, 그리고 승계조합원이 조합에게 신탁등기의 절차를 취하지 않고 위탁자 겸 수익자인 당초조합원이 승계조합원에게 위탁자변경을 하지 않고 수익자 변경만을 하게 되는 경우 신탁해제를 원인으로 수익자에게의 소유권이전등기 시점에 취득세를 신고납부하여야 할 것이다. 이는 신탁재산은 취득세 납세의무는 원칙적으로 수탁자에게 있으므로 수탁자 명의로 된 토지를 조합원 변경시점, 즉 토지 잔금지급일 등을 취득시기를 정할 수는 없다라고 판단되기 때문이다. 그런데 실무적으로 당초조합원의 신탁해지, 승계조합원으로의 소유권이전, 그리고 승계조합원이 조합에게 신탁등기의 절차를 취하고 있으므로 이처럼 적용할 수 없는 것이다.

장부에 토지 등을 계상한다면 명의신탁해지와 관계없이 법인도 취득한 것으로 보아 장부가액을 과세표준으로 하여 추징하고 있다. 추징되는 경우에는 명의신탁해지 시 납부한 취득세는 이중과세에 해당되어 환급받아야 할 것이나, 과세관청에서는 해지 시에도 취득세를 부과하고 있다. 반면 계약명의신탁의 신탁자는 매도인의 선악 어느 경우에든 간에 매도인이나 명의수탁자 누구에게든 소유권이전등기청구를 할 수 있는 지위에 있지 못하다는 점에서, 실질적인 대금납부에 불구하고 신탁자를 부동산의 사실상 취득자로 볼 수 없어 수탁자 앞으로의 등기 상태에서는 신탁자에 대한 취득세 부과가 불가능하다(대법원 2012두14804, 2012.10.25. 참조).[127] 여기서 '계약명의신탁'이라함은 명의신탁약정을 모르고 일정한 부동산의 원소유자(매도인)가 명의수탁자와 직접계약을 체결하여 명의수탁자에게 등기를 이전해 주는 것을 말한다. 이러한 신탁은 법인이 사업용 토지 등을 매입할 때 「농지법」 등에 의해 취득자격이 없는 경우 법인이 아닌 임직원 등의 이름으로 토지 등을 확보하려는 수단으로 이용되고 있다. 그런데 「부동산 실권리자명의 등기에 관한 법률」에 따르면 계약명의신탁도 명의신탁행위로서 제재대상이 되며, 명의신탁약정은 무효이지만 매도인이 명의신탁을 알지 못했을 때 즉 선의인 경우에는 명의수탁자 명의의 등기는 유효하다.

한편, 「신탁법」에서는 신탁을 신탁 설정자(위탁자)와 신탁을 인수하는 자(수탁자)와의 특별한 신임관계에 기하여 위탁자가 특정의 재산권을 수탁자에게 이전하거나 기타의 처분을 하고 수탁자로 하여금 일정한 자(수익자)의 이익을 위하여 또는 특정의 목적을 위하여 그 재산권을 관리, 처분하게 하는 법률관계를 말한다(「신탁법」 §1 ②). 또한 「신탁법」 제3조에서 등기를 요하는 재산의 경우에 등기를 하지 아니하면 제3자에게 대항할 수 없으므로 비록 등기의 원인이 신탁이 아닌 매매·증여 등으로 인하여 소유권이전등기가 되어 있는 것을 판결·화해·인낙 등에 의하여 명의신탁해지를 원인으로 하여 원소유자에게 다시 소유권을 이전등기하는 경우에는 비과세대상이 되지 아니하지만, 이중과세 문제가 대두되어 한번만 과세하여야 하는 것이다.

사례 명의신탁 해지하여 종중명의로 소유권이전등기 시(조심 2020지3343, 2020.12.3.)

취득세는 부동산 등을 취득한 자에게 부과한다고 규정하고 있고, 여기에서 "취득"이란 소유권이전의 형식에 의한 부동산 취득의 모든 경우를 포함하는 것으로 명의신탁이나 명의신탁해지로 인한 소유권이전등기를 마친 경우에도 당연히 여기에 해당한다 할 것이다(대법원 2002.7.12. 선고, 2000두9311 판결, 같은 뜻임). 이 토지를 취득하여 종중명의로 소유권이전등기를 마친 이상 이에 대한 취득세 납세의무는 적법하게 성립하였다고 할 것임.

사례 계약명의신탁의 경우 명의신탁자에게 취득세 과세 불가(조심 2015지483, 2015.6.30.)

청구법인은 「농지법」 상 농지를 취득할 수 있는 자격이 없어 청구법인의 직원과 명의신탁을 체결하고, 청구법인의 직원은 매도인과 쟁점토지에 대한 매매계약을 체결하게 한 후 쟁점토지에 대한 소

---

127) 계약명의신탁의 경우에는 매도인이 악의이면 권리의 이전 자체가 이루어지지 않는 것이고, 선의이면 명의수탁자가 확정적으로 그 재산에 대한 권리를 취득하게 되므로 그에 대한 권리귀속이 명의일 뿐이라고 할 수 없다. 따라서 어느 경우이든 그 재산에 대한 권리가 명의신탁자에게 귀속되지는 않으므로, 명의신탁자에 대하여 취득세 부과처분을 할 수는 없다 할 것이다. 실질과세 원칙을 근거로 한 피고의 위 상고이유 주장 역시 이유 없다(대법원 2012두14804, 2012.10.25.).

유권이전등기를 경료하였는바, 이와 같은 토지거래행위는 계약명의신탁에 해당하고 계약명의신탁에서 명의신탁자는 장래에 적법한 소유권을 취득할 잠재적 가능성이 없으므로 명의신탁자인 청구법인은 쟁점토지를 사실상 취득하였다고 볼 수 없음.

1) 과세관청의 판단

① 명의신탁 시점

사실상 취득으로 사실상의 소유자인 명의위탁자에게 취득세 부과하며, 형식적 명의자인 수탁자에게도 취득세 부과하고 있다.[128]

부동산을 취득하고 부동산명의를 명의수탁자 명의로 소유권이전등기를 경료하지 않았지만 명의수탁자 명의로 소유권이전등기를 경료하기에 앞서 명의신탁자가 해당 부동산의 매매대금을 매도인에게 전부 지급한 경우라면, 그 사실상 잔금지급일에 해당 부동산을 사실상 취득하였다고 할 것이고, 이는 명의수탁자가 소유권이전등기를 경료함으로써 해당 부동산을 취득한 것과는 구별되는 별개의 취득행위라 할 것이므로(대법원 2005두13360, 2007.5.11. 참조), 명의신탁(계약명의신탁을 제외) 관계에 있는 명의신탁자가 부동산 매도인으로부터 해당 부동산을 취득하고 매매대금 지급한 후 명의수탁자 명의로 소유권이전등기한 경우라면 명의신탁자와 명의수탁자는 각각 별개의 취득세 납세의무가 성립되는 것이며, 명의신탁자가 해당 부동산을 실질 소유하기 위하여 명의수탁자와 해당 부동산에 대하여 실질소유자 변경합의를 하고 사실상 취득한 경우 취득세 납세의무가 성립하는 것으로 해석하고 있다(지방세운영과-5779, 2010.12.8.). 한편, 부동산 명의신탁자가 부동산을 취득한 후 신고 또는 등기·등록을 하지 아니하고 제3자에게 매각하였다면 중가산세(80%)를 적용한 금액으로 부과하는 것이다라고 해석하고 있다(지방세운영과-1375, 2009.4.3.).[129]

② 실제 명의자 명의로 소유권이전등기 시

㉠ 명의위탁자에게 취득세 부과

명의위탁자에게 또 다시 취득세를 부과하고 있어서 이중과세 문제가 대두된다.[130]

---

128) 부동산에 관하여 신탁자가 수탁자와 명의신탁약정을 맺고, 신탁자가 매매계약의 당사자가 되어 매도인과 매매계약 체결 및 매매대금을 지급하고 등기를 매도인으로부터 수탁자 명의로 이전한 경우 신탁자는 수탁자의 취득행위와는 별개로 매도인에게 실질적으로 매매대금을 지급한 때 부동산을 사실상 취득한 것이므로 취득세 납세의무가 성립되는 것[같은 취지의 대법원판례(2005두13360, 2007.5.11.) 참조]이라 하겠고, 취득의 시기는 매매계약서상의 잔금지급일(또는 소유권이전등기일)로 보는 것이 타당하다고 판단되오나, 이에 해당하는지는 과세권자가 개인 간 거래 당시의 정황, 당사자 간 명의신탁관계, 구체적인 증빙 등을 종합적으로 확인하여 판단할 사항임(지방세운영과-1375, 2009.4.3.).

129) 2012.12.31. 이전 취득분은 취득일로부터 2년 이내 매각한 경우 중가산세를 부과함.

130) 유권해석(지방세운영과-3127, 2010.7.22.)에 따르면 "주주명부에 게재된 명의상의 주주는 실질적 권리를 증명하지 않아도 주주의 권리를 행사할 수 있게 한 자격수여적 효력만을 인정한 것뿐이지 주주명부의 기재에 창설적 효력을 인정하는 것은 아니고(대법원 89다카5345, 1989.7.11. 참조), 실질적인 주주가 주주명부에 명의대여자 명의로 등재하였다고 하여도 주식을 인수하고 대금을 납부한 실질소유자가 주주가 되지 단순히 명의를 대여한자는 명의만을 대여한 것에 불과하며, 주주명부의 등재가 주주의 권리를 대외적으로 공시하는 방법도 아니어서 본래 의미의 명의신탁이 인정되지 않으므로 주주명부에 명의대여자를 주주로 볼 수

'부동산의 취득'이란 소유권이전의 형식에 의한 부동산 취득의 모든 경우를 포함하는 것으로서 명의신탁이나 명의신탁해지로 인한 소유권이전등기도 이에 해당한다는 대법원판례(91누10411, 1992.5.12.)를 고려할 때 법원의 결정으로 명의신탁해지를 원인으로 소유권이전등기를 하는 경우에는 "부동산의 취득"에 해당하므로, 해당 부동산에 대한 취득세를 납부하여야 한다. 즉 부동산의 명의신탁 후에 사실상의 소유자인 신탁자에게 해당 부동산이 다시 이전되는 경우에는 이를 새로운 취득으로 보아 취득세 과세대상이 된다는 것이다. 이 경우 명의신탁 해지로 인한 부동산 취득 시 새로운 취득이 적용되어 취득세 과세대상에 해당하며, 취득시기는 확정판결일이 아닌 소유권이전등기일이 되는 것으로 해석하여 왔다.

Ⓛ 과세표준

명의신탁해지를 원인으로 한 경우 : 무상취득으로 시가표준액

매매를 원인으로 한 경우[131] : 유상승계취득으로 사실상 취득가액

이를 이중과세로 보지 않는다고 하더라도 명의신탁해지 시점에서는 사실상 취득가액 없다는 것이다. 즉 법인이 명의수탁자(임원 등)에게 지급한 금액이 없으므로 과세표준은 "0"이 되어야 한다.

과세관청에서는 법인이 신고가액과 법인장부에 기록되어 있는 금액이 일치하므로 신고가액을 과세표준으로 보고 있다. 법인장부는 사실상 취득시점에 선급금(또는 건설중인자산) 계정으로 처리된 금액(이미 사실상 취득으로 보아 이 계정금액에 대하여 취득세 부과됨)을 토지 등의 계정으로 대체처리한 것뿐인데 이를 토지의 취득가액으로 본다는 것은 무리가 있다고 본다.

2) 법원의 판단 – 이중과세

구 「지방세법」(1984.12.24. 법률 제3757호로 개정되기 전의 것) 제105조 제1항 제2항, 제111조 제7항, 구 「지방세법 시행령」(1988.12.31. 대통령령 제12573호로 개정되기 전의 것) 제73조 제1항, 제3항 본문 규정의 문언 내용과 아울러 취득세는 본래 재화의 이전이라는 사실 자체를 포착하여 거기에 담세력을 인정하고 부과하는 유통세의 일종으로 법 제105조 제1항에서 규정한 '취득'이란

없다(대법원 97다50619, 1998.4.10. 참조). 따라서 명의신탁자가 실질적으로 주식의 소유자가 아닌 명의수탁자로부터 주주명부상의 명의만 회복하는 명의신탁해지는 주식을 취득한 것으로 볼 수 없다(대법원 2009두8601, 2009.8.27. 참조)"라고 규정하고 있다. 이는 부동산 명의신탁해지로 인한 취득의 경우 소유명의를 실질 소유자가 회복한 것에 불과하지만 그 권리의 인수자는 새로운 취득의 경우로서 취득세 납세의무가 있는 것(대법원판례, 구 「지방세법 운용세칙」 제107-1조 참조)으로 보는 것과는 서로 상반되는 논리모순이 있는 것임.

131) 3자간등기명의신탁의 경우 법인이 농지를 임원 명의로 부동산을 취득한 후 농지전용 후에 법인 명의로 변경한 경우에도 임원 명의로 취득한 것이 법인이 사실상 취득한 것으로 보아 임원 명의로 납부한 취득세가 있더라도 법인에게 취득세를 부과하고 있으며, 명의신탁 해지의 사유가 아닌 일반적으로 매매를 원인으로 하여 임원 명의에서 법인 명의로 변경하는 것이 일반적인바, 이 경우 법인이 명의신탁 시점의 사실상의 취득가액을 과세표준으로 하여 취득세를 신고납부하고 있는 것이 현실임(명의신탁이라는 사실을 군이 밝힐 이유가 없기 때문).

소유권이전의 형식에 의하여 부동산 등을 취득하는 모든 경우를 포함하는 것이고, 제2항에서 규정한 '사실상 취득'이란 일반적으로 등기와 같은 소유권 취득의 형식적 요건을 갖추지는 못하였으나 대금의 지급과 같은 소유권 취득의 실질적 요건을 갖춘 경우를 말하는 점 등에 비추어 보면, 부동산에 관한 매매계약을 체결하고 소유권이전등기에 앞서 매매대금을 모두 지급한 매수인은 계약상 또는 사실상의 잔금지급일에 법 제105조 제2항에서 규정한 '사실상 취득'에 따른 취득세 납세의무가 성립하는 것이고, 그 후 그 사실상의 취득자가 그 부동산에 관하여 매매를 원인으로 한 소유권이전등기를 마치더라도 이는 잔금지급일에 '사실상 취득'을 한 부동산에 관하여 소유권 취득의 형식적 요건을 추가로 갖춘 것에 불과하므로, 잔금지급일에 성립한 취득세 납세의무와 별도로 그 등기일에 법 제105조 제1항에서 규정한 '취득'을 원인으로 한 새로운 취득세 납세의무가 성립하는 것은 아니라고 할 것이다. 그리고 이러한 법리는 「부동산 실권리자명의 등기에 관한 법률」(1995.3.30. 법률 제4944호로 제정된 것, 이하 '부동산실명법'이라 한다)의 시행 전에 매매대금을 모두 지급하여 부동산을 사실상 취득한 자가 3자간 등기명의신탁 약정에 따라 명의수탁자 명의로 소유권이전등기를 마쳤다가 그 후 부동산실명법 제11조에서 정한 유예기간의 경과에 따라 무효가 된 명의수탁자 명의의 소유권이전등기를 말소한 다음 그 부동산에 관하여 당초 매매를 원인으로 하여 그 명의로 소유권이전등기를 마친 경우에도 마찬가지로 적용된다(대법원 2010두 28151, 2013.3.14.).[132]

3) 실무 적용

부동산에 관한 매매계약을 체결하고 소유권이전등기에 앞서 매매대금을 모두 지급한 매수인은 계약상 또는 사실상의 잔금지급일에 사실상 취득에 따른 취득세 납세의무가 성립하는 것이고, 그 후 그 사실상의 취득자가 그 부동산에 관하여 매매를 원인으로 한 소유권이전등기를 마치더라도 이는 잔금지급일에 '사실상 취득'을 한 부동산에 관하여 소유권 취득의 형식적 요건을 추가로 갖춘 것에 불과하므로, 잔금지급일에 성립한 취득세 납세의무와 별도로 그 등기일에 취득을 원인으로 한 새로운 취득세 납세의무가 성립하는 것은 아니라고 할 것이다.

따라서 명의신탁시점에 명의수탁자 명의와 명의위탁자 명의로 각각 취득세를 부과하여야 하나(계약명의신탁의 경우 명의위탁자 명의로 취득세 부과 불가능), 명의신탁해지를 원인으로 등기를 하는 시점에서는 명의신탁자에게 취득세를 부과할 수 없다. 그러면 소유권이전에 따른 등록면허세[그 밖의 등기세율(6,000원) 적용]를 부과하여야 한다.

---

132) 서울고법판례(2012누12091, 2012.11.9.)을 살펴보면 "명의신탁자인 원고에게 대금지급과 같은 소유권 취득의 실질적 요건을 갖춘 취득행위가 있었던 단계에서의 담세력이 포착되어 그 취득세 납세의무가 이행된 것이므로, 그 후 명의신탁자인 원고에게 등기명의라는 소유권이전의 형식에 의한 취득행위가 있었던 단계에서의 담세력이 별개로 포착되어 원고가 이 사건 토지에 관한 취득세 납세의무를 또다시 부담한다고 할 수 없다고 할 것이다. 따라서 원고가 명의신탁약정에 따라 이 사건 토지를 사실상 취득하였음을 이유로 원고에게 이 사건 토지에 관한 취득세와 농어촌특별세가 부과되고 그 납세의무가 이행된 후 원고 명의의 소유권이전등기를 이유로 원고에게 이 사건 토지에 관한 취득세와 농어촌특별세를 또다시 부과한 이 사건 처분은 위법하다고 할 것이다."라고 판시하고 있어서 또다시 과세하는 것은 이중과세라는 것이다.

상기 대법원에서 이중과세라고 판시하였으므로 사실상의 취득일을 기준으로만 취득세를 부과하여야지 또 다시 해지시점에 취득세를 부과할 수는 없는 것이다. 그렇다면 납세자들도 사실상의 취득일을 기준으로 취득세를 신고납부하는 것이 좋을 것이다. 그렇지만 부동산실명법 위반에 따른 과징금과 벌금 등으로 인하여 사실상의 취득일에 신고납부하지 아니할 것으로 판단된다. 그렇다면 과세관청에서 사실상 취득행위를 발견할 때 사실상의 취득일을 기준으로만 부과하고, 해지시점을 기준으로 취득세를 신고납부할 경우 기한 후 신고로 보아 가산세를 적용하여야 할 것으로 판단된다.[133]

4) 타인명의로 취득한 경우 사실상의 취득일과 실제 명의 전환일 중 중과세 기준일

취득세를 일반세율로 신고납부한 후 취득일로부터 5년 이내에 중과사유가 발생할 경우 중과세로 추징이 되나, 5년 경과 후에 중과사유 발생 시에는 중과할 수 없다. 중과사유 발생이 사실상의 취득일과 명의전환일 중 어느 것을 하느냐에 따라 중과대상이 달라질 수 있다. 사실상의 취득일로부터는 5년이 경과되었으나, 명의전환일로부터는 5년 이내인 경우 중과대상이 되는지 논란이 있을 수 있다. 즉 하나의 자산을 가지고 취득일이 두 번 있다는 것은 있을 수 없다는 것이다.

대법원판례(대법원 2010두28151, 2013.3.14.)에 의하면 명의신탁(계약명의신탁 제외)된 부동산은 잔금지급일에 성립한 취득세 납세의무와 별도로 그 등기일에 '취득'을 원인으로 한 새로운 취득세 납세의무가 성립하는 것은 아니므로 당초 사실상의 취득일로부터 5년 경과 여부로 중과세하면 될 것이다.

---

133) 이중과세를 하는 것으로 법 개정하는 것은 어려움이 있을 것이지만 법 개정하여 2번 취득세를 부과한다 하더라도 대체 회계처리 여부와 관계없이 실제로 명의자에게 법인이 지급한 금액이 없는바, 과세표준이 없는 것이 타당하다. 법인이 사실상 취득시점, 명의변경시점에 2회 납부한 것으로 인한 이중과세 문제도 해결될 것이다. 명의변경시점에 이중과세가 아니며, 과세표준이 "0"이라는 것을 인정하지 아니한다면, 명의변경시점에 명의신탁해지가 아닌 매매를 사유로 하더라도 실질은 무상취득과 동일하므로 무조건 시가표준액을 과세표준으로, 취득세율도 무상취득으로 보아 적용하여야 할 것이다. 이에 대한 근거로는 대법원판례에서도 "구 「지방세법」(1995.12.6. 법률 제4995호로 개정되기 전의 것) 제131조 제1항은 "부동산에 관한 등기를 받을 때에는 다음 각 호의 표준세율에 의하여 등록세를 납부하여야 한다"고 하면서, 제2호에서 제1호(상속으로 인한 소유권의 취득) 이외의 "무상으로 인한 소유권의 취득"의 경우에는 부동산가격의 1,000분의 15로, 제3호 제2목에서 제1호 및 제2호 이외의 원인으로 인한 농지 이외의 부동산소유권의 취득의 경우 부동산가액의 1,000분의 30으로 각 규정하고 있고, 같은 법 제131조 제1항 제2호가 다른 등록세율보다 낮은 1,000분의 15의 세율을 적용하기 위한 요건으로 "무상으로 인한 소유권의 취득"이라고 규정하면서 이에 관한 증거방법을 특별히 제한하고 있지 아니할 뿐만 아니라, 같은 법 제65조에 의하여 지방세에 준용되는 실질과세 원칙의 정신에 비추어 볼 때 등기신청서 또는 등기부의 형식적인 기재에 불구하고 등기원인 또는 권리관계의 실질에 따라 "무상으로 인한 소유권의 취득"에 해당하는지 여부를 판단하여야 할 것이고, 따라서 부동산에 관하여 명의신탁약정에 의하여 명의수탁자명의로 소유권에 관한 등기를 경료하였다가 명의신탁을 해지하고 명의신탁자 앞으로 소유권이전등기를 경료하면서 그 등기원인을 매매로 하였다고 하더라도 그 등기의 실질이 명의신탁해지로 인한 소유권이전등기인 이상 같은 법 제131조 제1항 제2호(무상으로 인한 소유권의 취득) 소정의 등록세율이 적용된다(대법원 98두6364, 1999.12.10.)"라고 판시하고 있다는 것이다.
참고로, 이중과세로 법 개정하여 적용할 경우 하나의 자산을 가지고 취득일이 두 번 있다는 것은 있을 수 없는바, 중과세 기준일은 당초 취득인 사실상의 취득일 기준으로 5년 경과 여부를 판단하는 것으로 해석하여야 할 것이다.

(3) 양도담보

1) 개요

'양도담보계약'이란 채권자가 채무변제를 확보하기 위하여 채무자 소유의 부동산을 양도담보로 제공하여 채권자명의로 신탁적인 매매의 형식으로 소유권이전등기를 하여주고 금원을 차용하여 변제기일안에 이를 변제하면 위 부동산의 소유권이전등기를 말소하기로 한 계약으로서 애초부터 소유권 이전목적이 아니라 채무변제의 확보가 목적이었으며 정상적인 채무변제가 일어나는 경우 당초의 취득거래가 성립되지 않는다고 판단될 수 있다. 따라서 '양도담보'란 양도물건 자체를 채권자에게 양도하는 방법에 의한 물적담보의 일종으로써 양도담보의 목적은 담보에 있으나 목적물의 소유권은 대외적으로 채권자에게 이전되고 다만, 채권자는 이전받은 권리를 담보 목적 이외에는 행사하여서는 아니된다. 즉 목적물의 사용권은 여전히 채무자에게 남아있고 채권자는 담보목적을 위한 제한된 권리만 취득할 뿐이다.

양도소득세 등 국세에서 양도담보의 경우에는 담보제공 자체로는 양도라든지 취득으로 보지 아니한다.[134] 즉 양도담보 자체는 소유권이전이 된 것이 아니기 때문에 취득으로 볼 수 없다는 것이다.

2) 양도담보계약으로 인한 소유권이전등기는 취득세 과세대상임

현행 「지방세법」에서는 양도담보에 대한 취득세 납세의무에 대하여 명시적으로 규정하고 있지는 않으나, 「지방세법 운영예규」 법7-1 등에 의하면 채무자가 채권자에게 부동산을 양도담보로 제공하여 채권자명의로 양도담보를 원인으로 한 소유권이전등기를 경료하였다가 그 후 양도담보계약을 합의해제하고 소유권이전등기를 말소한 경우에서 양도담보를 원인으로 하는 소유권이전등기 시 채권자 명의의 부동산 취득은 부동산 취득에 해당되어(대법원 98두11496, 1999.10.8. 참조) 취득세 과세대상이 된다(세정과-914, 2004.4.22.).

한편, 채무자가 채권자에게 부동산을 양도담보로 제공하여 채권자 명의로 양도담보를 원인으로 한 소유권이전등기를 경료하였다가 그 후 양도담보계약을 합의해제하고 소유권이전등기를 말소한 경우라 하더라도 양도담보를 원인으로 하는 소유권이전등기 시 채권자 명의의 부동산 취득은 취득에 해당되어(대법원 98두11496, 1999.10.8. 참조) 취득세 과세대상이다(세정과-914, 2004.4.22.).

취득세 과세대상이 소유권이전의 형식에 의한 부동산 취득이기 때문이라는 점에서 취득시기

---

134) 양도담보자산으로 소유권이 이전되는 경우 양도로 보지 아니함.
   ㉮ 채무자가 양도담보계약을 체결한 경우에 양도담보계약서의 사본을 과세표준 확정신고서에 첨부하여 신고하는 때(소령 §151 ①)
   ㉯ 계약 후 양도담보계약요건을 위배하거나 채무불이행으로 변제에 충당된 때는 그때 양도로 본다(소령 §151 ②).
   양도담보권자가 양도담보의 실행으로 양도담보의 목적물을 제3자에게 처분한 경우에 그 담보권자에게 어떤 양도소득이 있다고는 할 수 없으므로 양도담보권자에게 목적물의 처분을 원인으로 하여 양도소득세 등이 부과되었다면 이는 위법한 처분이고, 그로 인한 양도소득세의 본래의 납세의무자는 양도담보설정자라고 보아야 함(대법원 93다15267, 1994.8.26.).

는 양도담보계약일이 아니라 양도담보를 원인으로 하는 소유권이전등기일이 될 것이다.

> **사례** 양도담보계약에 따른 소유권이전등기 시 과세표준(지방세운영과-1231, 2010.3.24.)
>
> 甲이 주상복합건물을 건축하는 乙법인의 보증사고로 부도사업장의 수분양자에게 乙을 대위하여 분양채무를 대위변제하고, 양도담보계약서상 대물변제 형식으로 소유권을 이전하는 경우, 분양보증 환급이행금액 및 이자기타비용을 채권·채무액으로 하여 부동산 취득의 대가로 지급한 것으로 인정된다면 그 채권·채무액을 甲의 소유권이전에 따른 등록세 과세표준으로 적용하여야 한다고 판단됨.
>
> ☞ 원래는 구 등록세 과세표준에 대한 유권해석이나 취득세에도 적용가능할 것임.

> **사례** 양도담보목적으로 소유권이전등기는 취득세 과세대상임(대법원 87누581, 1987.10.13.).
>
> 채권에 대한 양도담보목적으로 소유권이전등기를 경료받은 양도담보목적의 승계취득도 취득세 과세대상이 되는 부동산 취득이라 할 것이고(대법원 1980.1.29. 선고, 79누305 판결 참조), 원고가 황○섭으로부터 닭사료대금 채권에 대한 양도담보목적으로 이 사건 각 부동산에 관하여 소유권이전등기를 경료받은 사실은 앞서 본 바와 같으므로, 원고에 대한 이 사건 처분 중 취득세 부분은 적법하고, 원고가 이 사건 각 부동산의 소유자인 임○문, 박○문을 상대로 하여 이 사건 각 부동산에 관하여 원고명의의 소유권이전등기에 대한 양도담보계약 해제를 원인으로 한 말소등기 인수절차를 이행하라는 내용의 승소판결에 기하여 원고명의의 위 소유권이전등기가 말소된다고 하더라도 달리 볼 것은 아님.

3) 양도담보계약 소유권이전등기 경료 후 채권변제로 다시 소유권이전등기 말소로 다시 이전하는 경우

채권에 대한 양도담보조건으로 소유권이전등기 경료 후 채권변제로 다시 소유권이전등기의 말소로 다시 이전하는 경우 양도담보물건을 재취득하는 자가 취득세 납세의무가 있는 것으로 해석하고 있다(대법원 98두11496, 1999.10.8., 대법원 87누581, 1987.10.13.).

예를 들어 "갑"소유의 부동산을 "을"에게 양도담보로 제공하여 "을"명의로 소유권이전등기를 경료하였다가 그 후 담보대체약정이 이루어져 양도담보 계약을 해제하고 "을"로부터 다시 "갑"명의로 위 부동산에 대한 소유권이전등기를 넘겨받은 경우 취득세 과세대상에 해당된다.

4) 체비지의 양도담보

채무자가 양도담보계약에 의해 체비지를 담보목적물로 제공하고 채권자는 이에 따라 체비지대장에 등재를 한 경우 채권자가 체비지를 취득한 것으로 볼 수 있는지의 여부는 다음과 같다.

「도시개발법」에 따른 사업시행자로부터 체비지를 양수한 자는 토지의 인도 또는 체비지대장의 등재 중 어느 하나의 요건을 갖추면 당해 토지에 관하여 물권 유사의 사용수익권을 취득하여 당해 체비지를 배타적으로 사용·수익할 수 있음은 물론이고 다시 이를 제3자에게 처분할 수도 있는 권능을 가지며, 그 후 환지처분공고가 있으면 그 익일에 최종적으로 체비지를 점유하거나 체비지대장에 등재된 자가 그 소유권을 원시적으로 취득하게 되는 점(대법원 98다36207, 1998.10.23., 대법원 2002두6361, 2003.11.28. 등 참조)을 감안했을 때, 환지처분 공고일 이전이라 하더라도 체비지에 대한 잔금을 지급하였거나 체비지대장 등재 중 어느 하나의 요건을 갖추면 체비지에 대한 취득행위가 있었던 것으로 보는 것이 타당하다고 할 것이다(지방세운영과-3693, 2009.9.10., 조심 2010지93, 2010.10.25. 등 참조). 아울러, 「가등기담보 등에 관한 법률」 제2조 제1호 등에 따르면 "양도담보"란 담보목적물을 채권자에게 양도하는 형식에 의한 담보계약의 일종으로서, 양도담보계약을 체결하고 이에 따라 채권자가 담보목적물에 관하여 가등기나 소유권이전등기 등을 마쳐야만 담보권을 취득하였다고 할 것이다(대법원 2011다106778, 2013.9.27. 참조). 따라서 체비지를 담보목적물로 하여 양도담보계약을 체결하고 채비지대장의 매입자(차주) 항목에 채권자를 등재한 경우라면 채권자는 체비지에 대한 취득행위가 있었던 것으로 보는 것이 타당하다고 할 것이나, 체비지대장의 비고 항목에 담보제공 여부 등을 단순히 기재한 사실만으로는 체비지에 대한 취득행위가 있었다고 보기는 어려울 것으로 판단된다(지방세운영과-1662, 2014.5.15.).

(4) 경락

경락자의 지위에서 경락대금 잔금을 지급하여야 취득세 납세의무가 발생되는 것이므로 그 이전에 포기하는 경우 취득세 납세의무가 발생하지 아니한다.

1) 자기소유 부동산을 자기가 경락받는 경우

자기소유 물건을 경락에 의하여 자신이 취득하는 경우에는 취득세 납세의무가 발생되지 아니한다(세정 13407-513, 2001.5.12.).[135] 이는 자기소유 물건을 경락에 의해 취득하는 경우에는 이를 채무의 변제 행위로 간주하지 새로운 자산을 취득하는 것으로 보지 않기 때문이다.

한편, 자기소유의 부동산을 자기가 경락받아 소유권이전등기를 하는 경우에 적용할 등록면허세율은 「지방세법」 제28조 제1항 제1호 마목의 세율(매1건당 6,000원(2013년 이전 3,000원)을 적용하는 것이다.

2) 경락으로 매각된 부동산을 재취득하는 경우

을이 갑으로부터 그가 경락받아 소유권을 취득한 부동산을 양수하여 을의 명의로 소유권이전등기를 마친 경우, 설사 이 부동산이 원래부터 을의 소유로서 을의 갑에 대한 채무를 담보하기 위하여 근저당권이 설정되었다가 그 근저당권이 실행된 결과 갑에게 경락된 것으로서, 을이 갑에게 채무를 모두 변제하고 해당 부동산의 소유권을 환원받는 방법으로 다시 양수하였다고 하더라도 을의 해당 부동산 취득은 취득세 과세대상이 되는 부동산의 취득에 해당한다(대법원 90누5016, 1990.11.9.).

---

135) 구 「지방세법 기본통칙」 7-1에 의하면 경락(자기소유 물건을 경락받는 경우도 포함)으로 취득하는 경우에는 그 취득의 방법·절차에 불구하고 그 권리의 인수자가 취득하는 경우로 보아 취득세의 납세의무가 있다라고 규정하고 있었으나, 2016.1.1. 이를 삭제하였다.

3) 대금완납 후 매매계약 해제 의사표시를 하여 매각허가 취소한 경우

강제경매와 관련하여 「민사집행법」 제121조, 제126조 규정을 보면 집행법원에서는 매각허가에 대하여 이의 등 불허가할 사유가 없을 경우에는 매각허가결정을 하여야 하고, 같은 법 제127조, 제128조, 제130조에서 매각허가결정이 확정된 뒤에 밝혀진 경우에는 매수인은 대금을 낼 때까지 매각허가결정의 취소신청 및 매각허가결정에 대한 항고를 할 수 있고 항고심을 거쳐야 하고, 제135조, 제142조에서 매각허가결정이 확정되면 대금의 지급기한을 정하고 납부하도록 하면서 매수인은 매각대금을 다 낸 때에 매각의 목적인 권리를 취득하게 된다고 규정하고 있다. 「민사집행법」에 따른 강제경매개시 절차에 따라 매각허가에 따른 이의신청, 항고절차 등을 모두 거쳐 적법하게 매각(경락)허가결정이 확정된 후 경매법원이 지정한 대금지급기일에 경락대금을 완납함으로써 그 경매절차가 유효하게 이루어진 상태에서 취득하였다면 경락대금을 완납한 시점에 해당 부동산을 사실상으로 취득한 것이라 하겠고, 대금완납 이후 경락인이 집행법원에 경매에 의한 매매계약 해제 의사표시를 하여 집행법원이 매각허가를 취소하고 매수인에게 매각대금을 반환하였다면 그 강제경매 자체의 무효로 인한 것이 아닌 이상 경락인에게 이미 성립된 취득세 납세의무에는 영향을 줄 수 없는 것이라고 판단되지만, 이 경우 원인무효에 해당하는 경우에는 취득으로 보지 아니한다(지방세운영과-1405, 2009.4.8.).

(5) 대물변제

1) 개요

'사실상의 취득'이라 함은 일반적으로 등기와 같은 소유권취득의 형식적 요건을 갖추지는 못하였으나 대금의 지급과 같은 소유권취득의 실질적 요건을 갖춘 경우를 말하는 것인바, 대물변제라 함은 본래의 채무에 갈음하여 다른 급부를 현실적으로 하는 때에 성립하는 요물계약으로써, 다른 급부가 부동산의 소유권이전인 때에는 그 소유권이전등기를 완료하여야만 대물변제가 성립되어 기존 채무가 소멸하는 것이므로 그 소유권이전등기를 경료하기 이전에는 소유권 취득의 실질적 요건을 갖추었다고 볼 수 없다고 할 것이다(대법원 98두17067, 1999.11.12. 참조). 그리고 대물변제의 특성상 잔금지급일을 상정할 수 없으므로 부동산에 관하여 소유권이전등기를 경료한 날에 비로소 채권이 그 대가로 소멸하는 것일 뿐이다(서울고법 2007누9541, 2007.11.6.).

대물변제에 해당되는지의 여부에 대해서는 소유권이전 당시의 채무액과 부동산의 가액, 채무를 지게 된 경위와 그 후의 과정, 소유권이전 당시의 상황, 그 이후에 있어서의 부동산의 지배 및 처분관계 등 제반 사정을 종합적으로 감안하여 판단해야 한다(대법원 2010다94410, 2012.6.14.).

> **사례** 담보된 채무 인수 시 토지를 사실상 취득한 것인지 여부(조심 2023지4194, 2023.11.2.)
>
> 청구법인은 이 건 토지에 담보된 채무를 인수하는 방법으로 매매대금을 갈음하기로 하였다고 하는데 청구법인이 이 건 토지에 대한 소유권이전등기를 하거나 담보된 근저당권을 이전등기한 사실은 없는 것으로 나타나는 점, 청구법인은 이 건 토지에 대한 매매대금을 전혀 지급하지 아니하여 관련

금융증빙을 제출할 수 없다고 주장하고 있고, 처분청도 청구법인이 이 건 토지의 매매대금을 실제로 지급하였다는 사실을 입증할 만한 자료를 제출하지 못하고 있는 점 등에 비추어 청구법인이 이 건 토지를 사실상 취득하지 않았다고 보는 것이 타당하다고 할 것임.

> **사례** 대물변제 해당 여부(지방세운영과-1629, 2013.7.25.)
>
> ㈜○○는 7-2블록이 포함된 매매계약의 매수자로서 매도자인 △△공사에 대해 중도금 연체 등에 따른 채무자의 지위에 있었고, 연부취득 중인 6-4블록을 다시 △△공사에게 매도하면서 그 매매대금을 7-2블록에 대한 중도금 및 잔금, 기타 토지에 대한 중도금 등과 상계한 점을 감안했을 때, ㈜○○이 7-2블록을 △△공사로부터 대물변제로 취득했다고 보기에는 어려움.

> **사례** 대물변제 계약없이 법인장부상 공사비를 대물로 상계처리하지 않고, 소유권보존도 조합으로 등기한 경우(지방세정팀-1528, 2005.7.7.)
>
> 지역주택조합과 시공법인이 지분제공사계약을 체결하여 시공사 책임 하에 분양 및 시공함으로써 분양대금을 수금하여 대여금 및 공사비를 충당한 것은 단지 조합이 지급해야 할 공사비를 분양금으로 대체한 것에 불과하며, 공사비와 일반분양 아파트를 대물변제한다는 계약없이 법인장부상 공사비를 분양아파트(대물)로 상계처리하지 않고, 소유권보존도 조합으로 등기한 경우라면 대물변제로 인한 취득으로 볼 수 없으므로 시공사는 일반분양분에 대한 취득세 납세의무가 없음.

> **사례** 대물변제로 취득한 토지를 법인장부상 상계처리한 경우(행심 2000-935, 2000.12.26.)
>
> 재산세 과세기준일 이전에 대물변제계약을 체결하였고, 그 계약조건에 따라 그 이후에는 언제든지 소유권이전등기를 청구할 수 있었던 상태이었다 하더라도, 재산세 과세기준일 현재 소유권이전등기를 하지 않은 상태이므로 대물변제가 이루어지지 않은 이상 이 건 토지를 사실상 소유자에 해당된다고 볼 수도 없으므로 종합토지세 등을 추징한 처분은 잘못임.

2) 취득시기

시행사와 공사계약을 체결하여 공사를 한 후 공사대가를 공사비 지급시기에 맞춰 토지로 받기로 한 대물변제계약을 한 경우라면 해당 대물변제받은 토지에 대한 취득시기는 해당 대물변제의 대상이 되는 토지의 가액과 시행사로부터 받을 공사비를 정산한 날과 등기일 중 빠른 날이 취득시기가 되는 것이다(세정 13407-839, 2002.9.6.). 그런데 일반적으로 대물변제의 특성상 잔금지급일을 상정할 수 없고 부동산에 관하여 소유권이전등기를 경료한 날에 비로소 채권이 그 대가로 소멸하는 것일 뿐이므로(서울고법 2007누9541, 2007.11.6.) 소유권이전등기일이 취득일이 되는 것이다(대법원 98두17067, 1999.11.12. 참조). 그런데 대물변제로 받은 다른 급부가 취득세 과세대상 부동산 등에 해당하고 대물변제의 이행으로 인하여 채권이 소멸되는 경우에는 취득세 과세대상 대물변제 물건을 취득하고 그에 대한 매매대금을 지급한 것으로 볼 수 있어 취득세 과세객체인 사실상의 취득에 해당한다고 할 것(지방세운영과-993, 2016.4.19.)이므로 해당 법인이 직접 주택 및 상업시설 등을 건설하여 분양한 토지의 경우에는 공사용역의 제공이 완료되는, 즉 토지의 준공 시점과 소유권이전등기일 중 빠른 날을 취득시기로 보아야 할 것이나, 대물변제로 수령하는 토지 중 일부를 제3자에게 매각하여 매수자가 해당 법인에 잔금을 지급함으로써 매수자(제3자)의 취득시기

가 도래되는 경우에 있어서는 해당 법인이 사용·수익·처분에 관한 권능을 가지고 행사한 것으로 보아 매도인의 취득시기를 취득일로 보는 것이 합리적이라 할 것이다(지방세운영과-2458, 2016.9.22.).

> **사례** 대물변제 시 취득시기(지방세운영과-1561, 2018.7.10.)
>
> 대물변제로 받은 다른 급부가 취득세 과세대상에 해당하고 대물변제의 이행으로 채권이 소멸되는 경우에는 취득세 과세대상 물건을 취득하고 그에 대한 매매대금을 지급한 것으로 볼 수 있어 이는 사실상의 취득에 해당한다고 할 것이므로, 매도인의 취득시기는 쟁점토지의 토지 조성공사 준공시점과 소유권이전등기일 중 빠른 날로 보아야 할 것임.

> **사례** 대물변제 예정 토지 소유권이전등기 안된 경우(행심 2002-72, 2002.2.25.)
>
> 청구인의 경우에는 공사비에 대한 대물변제로 이 사건 부동산을 이전받기로 계약을 체결하고, 이 사건 부동산 중 건축물에 대하여는 소유권이전등기를 하였으나 그 토지부분에 대하여는 소유권이전등기를 하지 못한 상태이므로 이를 취득하였다고 볼 수는 없다 할 것임.

3) 과세표준

2024년 이후 대물변제액이 시가인정액보다 적은 경우 취득당시가액은 시가인정액으로 한다(2023년은 대물변제액이 시가인정액을 초과하는 경우 시가인정액으로 함).

법인이 대물변제 계약으로 부동산을 취득한 경우 취득세 등의 과세표준액을 실제 거래가액이 제대로 반영되지 아니한 대물변제 계약서상의 금액이 아닌 사실상의 취득가액으로 보아야 한다(행심 2006-370, 2006.8.28.)라고 결정하고 있고, 법인과의 거래인 경우 채무변제액을 법인장부 등으로 확인할 수 있는 경우 그 가액을 사실상의 취득가액으로 보아야 할 것이다.

대물변제로 부동산가액을 채권액과 상계처리한 경우 그 부동산가액에 부가가치세가 포함되어 있다면 당연히 부가가치세는 과세표준에서 제외하여야 할 것이다. 예를 들어 부동산가액 2,000,000원{토지 1,000,000원 + 건물 1,000,000원(건물 공급가액 909,091원 + 부가가치세 90,909)}을 채권액 2,000,000원과 대물변제로 상계처리한 경우 취득세 과세표준은 1,909,091원(토지 1,000,000원 + 건물 909,091원)이 되는 것에 유의하여야 할 것이다.

한편, 2022년 이전은 사인 간의 거래인 경우 채무변제액을 신고가액으로 「부동산 거래신고에 관한 법률」 제3조에 따른 신고서를 제출하여 같은 법 제6조(2015.7.23. 이전 「공인중개사의 업무 및 부동산 거래신고에 관한 법률」 제27조에 따른 신고서를 제출하여 같은 법 제28조)에 따라 검증이 이루어진 취득인 경우에는 그 채무변제액을 과세표준으로 하여야 하나, 검증이 이루어지지 않거나 불합격판정을 받은 경우에는 신고가액과 시가표준액 중 높은 가액이 과세표준이 되는 것이다.

(6) 합의해제[136]

1) 개요

취득세는 본래 재화의 이전이라는 사실 자체를 포착하여 거기에 담세력을 인정하고 부과하는 유통세의 일종으로 취득자가 재화를 사용·수익·처분함으로써 얻을 수 있는 이익을 포착하여 부과하는 것이 아니어서 취득자가 실질적으로 완전한 내용의 소유권을 취득하는가 여부에 관계 없이 사실상의 취득행위 자체를 과세대상으로 하는 것이고, 취득세의 과세대상이 되는 부동산 취득에 관하여 「민법」 기타 관계 법령에 의한 등기·등록 등을 이행하지 아니한 경우라도 사실상 으로 취득한 때에 취득한 것으로 보도록 규정하고 있으며, 부동산 취득세는 부동산의 취득행위를 과세객체로 하여 부과하는 행위세이므로 그에 대한 조세채권은 그 취득행위라는 과세요건사실이 존재함으로써 당연히 발생하고, 일단 적법하게 취득한 다음에는 그 후 합의에 의하여 계약을 해 제하고 그 재산을 반환하는 경우에도 이미 성립한 조세채권의 행사에 영향을 줄 수 없다(대법원 95누7970, 1995.9.15.). 설령 부동산을 매수 취득하는 과정에서 어떠한 하자가 있어 매매계약이 사후 에 해제되었다고 하더라도 그러한 사정은 그 사실관계를 조사하여야 비로소 밝혀질 수 있는 사정 에 불과하여 그 하자가 외관상 명백하다고는 할 수 없으므로 이미 성립한 취득세 부과처분이 당 연무효라고 할 수는 없다. 따라서 매매계약에 대해 합의해제로 부동산을 취득하는 경우에도 취득 세 과세대상에 해당하게 된다.

> **사례** 매매계약 합의해제 후 말소등기로 원소유자에게 반환 시(조심 2013지0307, 2013.5.9.)
> 청구법인이 매매로 이 건 토지를 취득한 이상, 이후 매매계약을 합의해제하고 그 등기를 말소함으 로써 이를 원소유자에게 반환하였다고 하여 당초 성립한 취득세 납세의무까지 소급하여 소멸되는 것은 아니므로 이에 대한 청구법인의 주장은 받아들이기 어렵다 할 것임.

2) 유상승계취득 해제

① 잔금지급 후 해제

유상승계취득 시 잔금이 지급되어 취득시가가 도래된 경우로서 취득일부터 60일 이내에 계약 이 해제된 사실이 화해조서·인낙조서, 취득일부터 60일 이내에 작성된 공정증서 또는 「부동산 거래신고에 관한 법률」 제3조에 따라 시장·군수·구청장이 교부한 거래계약 해제를 확인할 수 있는 서류(취득일부터 60일 이내에 부동산거래계약 해제 등 신고서를 등록관청에 제출한 경우에 한함) 및 취득일로부터 60일 이내 제출된 계약해제신고서(2016년부터) 등으로 입증되는 경우 (2014.8.11. 이전에는 취득일부터 60일 이내에 계약이 해제된 사실이 화해조서·인낙조서·공정 증서 등으로 입증되는 경우) 취득으로 보지 아니한다. 그런데 소유권이전등기 후에 해제한 경우, 유상승계취득으로 2023년에는 사실상 잔금지급일이 확인되는 경우(2022년 이전에는 국가, 지방 자치단체 또는 지방자치단체조합으로부터의 취득, 외국으로부터의 수입에 의한 취득, 판결문·

---

136) 「민법」 제3관 계약의 해지, 해제(「민법」 §543~§553)

법인장부에 따라 취득가격이 증명되는 취득, 공매방법에 의한 취득에 해당되는 경우)에는 계약 해제에 대한 별도의 규정이 없으므로 취득일로부터 60일 이내에 계약 해제된 것을 화해조서·인 낙조서·공정증서 등으로 입증이 되더라도 취득으로 보아야 하는 것이다.

따라서 취득 후 60일이 경과된 후에 계약을 해제하는 경우에는 화해조서 등에 의하여 해제를 입증하더라도 취득세 과세대상이 된다. 공정증서 작성일이 60일 경과되었다고 하여 취득세를 부과하는 것은 실질과세 원칙에 위배되는 것이라는 점에서 논란의 쟁점이 될 수 있다.

② 잔금미지급으로 인한 해제

소유권이전이 안된 상태에서 매매대금이 완납되지 않아 계약 해제를 한 경우에는 취득이 이루어지지 아니하였는바, 취득세 신고를 하였다 하더라도 당연히 취득세 과세대상이 되지 아니하는 것이다. 이는 잔금과 소유권이전등기가 되지 않아 취득 자체가 성립되지 않아 합의해제는 개인, 법인 여부를 따지 않고 과세대상이 되지 아니하는 것이다.

③ 사실상 잔금지급 후 잔금 일부 미지급으로 계약해제한 경우

A업체와 사업시행자 간에 잔금이 지급되기 이전에 계약해제하고 사업시행자와 제3자와 매매계약체결 시 취득 자체가 이루어지지 아니하였는바, A업체는 취득세 납세의무는 없는 것이다. 그런데 미미한 잔금이라도 잔금 미지급으로 해제하는 것 자체는 무조건 계약 취소로 취득 자체가 무효이므로 취득세 납세의무가 없다라고 주장할 여지도 충분히 있지만, 사실상 잔금지급으로 취득한 경우 이미 취득 후에 계약해제하는 경우로 보아야 하므로 법인과의 거래 시 취득 후 계약해제는 인정되지 아니한다는 점에서 취득한 것으로 보아야 한다는 것이다. 그 이유는 사실상 잔금지급으로 취득한 경우 이미 취득 후에 계약해제하는 경우로 보아야 한다는 점에서 법인과의 거래 시 취득 후 계약해제는 인정되지 아니하기 때문이다. 이 점에 대하여 「민법」상 당연히 잔금이 미지급된 것이므로 취득 자체가 없는 것으로 본다는 점에서 논란이 있을 수 있다. 즉 잔금이 미지급된 상태에서 사실상 잔금지급 후에 계약해제 경우는 달리 보아야 한다는 점에서 논란이 된다는 것이다.

④ 소유권이전등기 후 해제

등기·등록을 하게 되면 비록 취득 후 60일 이내에 취득사실을 해제하였다고 하더라도 취득으로 본다. 즉 계약 해제사실이 공정증서 등에 의거 입증하더라도 그 이전에 등기·등록이 된 경우에는 취득으로 보는 것이다.

3) 무상취득 해제

① 소유권이전등기 전 해제

무상취득의 경우에는 그 계약일에 취득한 것으로 보도록 규정하고 있으므로, 부동산에 관한 증여계약이 성립하면 그 자체로 취득세의 과세대상이 되는 사실상의 취득행위가 존재하게 되어 그에 대한 조세채권이 당연히 성립하고, 증여계약으로 인하여 수증자가 일단 부동산을 적법하게 취득한 다음에는 그 후 합의에 의하여 계약을 해제하고 그 부동산을 반환하는 경우에도 이미 성립한 조세채권의 행사에 영향을 줄 수 없다. 그런데 증여계약이 무효이거나 취소된 경우에는 처음부터 취득세의 과세대상이 되는 사실상의 취득행위가 있다고 할 수 없으나, 조세소송에서 과세처분의 위법 여부를 판단하는 기준시기는 그 처분 당시라 할 것이어서 착오를 이유로 증여계약의 취소가 이루어졌다고 하더라도 그 착오의 내용이나 증여 의사표시를 취소하는 목적 등에 비추어 볼 때 사실상 과세처분이 이루어진 이후의 사정에 근거한 것으로서 그 실질에 있어서는 과세처분 후 증여계약을 합의해제하는 것에 불과한 경우에는 그 취소로 인한 취득세 과세처분의 효력에 대하여도 합의해제에 관한 위 법리가 그대로 적용된다(대법원 2013두2778, 2013.6.28.).

증여 취득 후 취득신고 했으나 증여계약을 취득일이 속하는 달의 말일부터 3개월[2023년 이전에 무상취득한 경우로서 2023.12.31. 당시 그 취득일부터 60일이 경과된 경우 취득일부터(지령 부칙 §4) 60일] 이내에 합의해제하고 소유권이전등기도 안한 경우에는 취득일이 속하는 달의 말일부터 3개월[2023년 이전에 무상취득한 경우로서 2023.12.31. 당시 그 취득일부터 60일이 경과된 경우 취득일부터(지령 부칙 §4) 60일] 이내에 계약이 해제된 사실이 화해조서·인낙조서·공정증서, 「부동산 거래신고에 관한 법률」 제3조에 따라 시장·군수·구청장이 교부한 거래계약 해제를 확인할 수 있는 서류(2015.7.24. 삭제) 및 계약해제신고서(2016년부터) 등으로 입증되는 경우에는 취득한 것으로 보지 아니한다. 이 경우 유상승계취득과는 달리 법인, 개인 여부를 불문하여 취득한 것으로 보지 아니한다.

참고로, 「상속세 및 증여세법」에서 증여일로부터 증여세 신고기한 이내에 합의해제한 경우 증여가 성립되지 아니한다고 하더라도 이는 「상속세 및 증여세법」에 한정하여 적용하는 것이고, 「지방세법」에서 규정하고 있는 증여로 인한 취득세 등의 납세의무의 성립은 「지방세법」을 적용하여야 한다(조심 2009지150, 2009.4.8.). 그런데 2024년 이후 동일하게 규정되어 있다.

② 소유권이전등기 후 해제

소유권이전등기를 이행한 후 계약해제로 다시 말소등기를 한 경우에는 비록 공정증서에 의거 계약해제사실이 입증이 된다고 하더라도 소유권이전등기를 하게 되면 등기의 효력에 따라 대항력을 갖추게 되어 재판에 의거 원인무효판결을 받지 아니하는 한 등기명의자가 사실상 소유자로 추정력을 갖게 되는 점, 취득일 전에 등기 또는 등록을 한 경우에는 그 등기일 또는 등록일에 취득한 것으로 보고 있는 점, 해제의 경우 등기 또는 등록을 하지 아니하는 것을 전제로 취득으로 보지 아니한다라고 규정하고 있어서 계약이 해제되거나 잔금 등을 주지 아니하였다고 하더라도 등기·등록일에 취득으로 보고 있는 점 등을 고려할 때 등기·등록을 하게 되면 비록 취득 후 60일 이내에 매매계약 해제사실을 입증하더라도 취득으로 보는 것이다(지방세정팀-121, 2005.12.19.).

> 사례 부동산을 취득한 후 매매계약을 합의해제하고 소유권이전등기를 말소하였다 하여 이미 성립한 조세채권의 행사에 영향을 줄 수 없음(대법원 94누9382, 1995.2.28.).

4) 해제 형식을 취한 착오등기

A건물을 매수하였음에도 착오로 B건물에 관하여 등기하였던 것이므로 이는 원인무효의 등기라 할 것이고(법무사가 착오를 일으켜 B건물에 관하여 등기를 하는 과정에서 작성한 부동산거래신고서로 보이므로 그 기재만으로 B건물을 매수하였다고 하기는 어렵다), 결국 이를 "합의해제"를 원인으로 하여 말소한 것은 원인 없이 경료된 등기를 말소하기 위한 방편으로 보아야 할 뿐, B건물에 관하여 매매계약을 체결하고 이를 후에 합의해제한 것으로 볼 수는 없다. 따라서 B건물을 취득한 것이 아니어서 이에 관한 취득세 납부의무는 존재하지 않는다 할 것이다.

5) 법인과 거래의 해제

법인과 개인 간, 법인과 법인 간의 유상승계취득인 경우 해제에 대한 별도의 규정이 없으므로 취득일로부터 60일 이내에 계약 해제된 것을 화해조서·인낙조서·공정증서 등으로 입증이 되더라도 취득으로 본다. 개인 간의 유상승계의 경우 계약해제로 인하여 취득으로 보지 아니하는 규정이 법인과의 거래 시 적용이 되지 아니하는 것은 형평성 차원과 「민법」과의 괴리 등에서 문제가 있다고 보여지지만 법조문상 어떻게 할 수는 없는 것이다.

6) 취득일이 속하는 달의 말일부터 3개월(2023년 이전은 취득일부터 60일) 경과 후 증여계약 해제에 따른 공정증서를 작성한 경우

2014.8.12. 이후에는 취득일이 속하는 달의 말일부터 3개월(2023년 이전에 무상취득한 경우로서 2023.12.31. 당시 그 취득일부터 60일이 경과된 경우 취득일로부터 60일) 이내에 작성된 공정증서로 입증이 되는 경우로 명확히 하여 다툼의 여지가 없다.

2014.8.11. 이전에는 심판례[137]에 따르면 취득일로부터 60일 경과하여 작성된 공정증서로 입증되는 경우에는 해제가 인정되지 않고 취득으로 보았다. 그런데 합의해제일이 취득일로부터 60일 이내임이 명백하다면 공정증서 등 작성일이 취득일부터 60일이 경과되었다고 하여 취득세를 부과하는 것은 실질과세 원칙에 위배되는 것이라는 점에서 논란의 쟁점이 되어 왔지만(조심 2013지214, 2013.6.28.), 무상취득의 경우에 그 취득일부터 60일 이내에 계약이 해제되고 그 사실이 화해조서·인낙조서·공정증서 및 공증인이 인증한 사서증서에 의하여 증명되는 때에는 시행령 규정 단서에 해당하여 해당 물건을 취득한 것으로 보지 아니한다고 해석함이 타당하며, 그 화해조서·인낙조서·공정증서의 작성 및 위 사서증서에 대한 공증인의 인증이 취득일부터 60일이 지난 후에 이루어졌다는 사유만으로 달리 볼 것은 아니다(대법원 2015두52012, 2016.1.28.)라고 판시하여 계약 해제가 입증되는 것으로 보았다는 점에서 의미가 있다.

---

137) 부동산에 대하여 증여계약을 체결하여 취득세 신고를 한 후 소유권이전등기를 하려고 하였으나, 당사자 간의 사정으로 인하여 취득일로부터 60일 이전에 증여계약을 해제하였지만 취득일로부터 60일이 경과한 증여계약 해제에 따른 공정증서를 작성한 경우 증여계약일이 증여계약서와 취득세 신고서 등에 의하여 입증되고 있고, 취득일부터 60일이 경과한 증여계약 해제에 따른 공정증서를 작성한 사실이 확인되고 있는 이상, 증여계약서 작성일에 부동산을 취득한 것으로 보아야 한다(조심 2013지214, 2013.6.28.)라고 해석하고 있었다.

취득일부터 60일 경과 후 계약해제된 경우(조심 2013지0424, 2013.5.27.)

부동산의 취득일부터 60일 이내에 계약이 해제된 사실이 화해조서·인낙조서·공정증서 등으로 입증되지 아니하는 이 건에 대하여, 합의해제 및 소유권이전등기말소가 청구인들의 취득세 납세의무 성립에는 영향을 미치지 아니한다고 보아 경정청구를 거부한 처분은 달리 잘못이 없는 것임.

☞ 증여로 인한 소유권이전등기를 하였으므로 등기 후 계약해제를 한 경우에는 무조건 취득세 과세대상임.

7) 매도자에로 환원

부동산을 취득하여 매수인이 등기한 후 합의해제를 원인으로 하여 다시 매도인에게 소유권이 이전되는 경우라면 매수인의 취득세 납세의무에는 변함이 없으나, 매도인에게 소유권이 환원되는 경우에는 소유권이전등기의 원인이었던 양도계약을 소급적으로 실효시키는 합의해제 약정에 기초하여 소유권이전등기를 말소하는 원상회복조치의 결과로 그 소유권을 취득하는 것은 취득세 과세대상이 되는 부동산 취득에 해당되지 아니하므로(대법원 93누11319, 1993.9.14.)[138] 당초 소유자(매도자)는 취득세 납세의무가 없다(지방세운영과-2043, 2015.7.9.). 이 경우 소유권의 환원으로 등기를 하는 경우 소유권 말소등기한 것이므로 적용할 등록면허세율은 「지방세법」 제28조 제1항 제1호 마목의 세율[매 1건당 6,000원(2013년 이전 3,000원)]을 적용하는 것이다.

한편, 증여계약을 해제하고 수증자의 소유권이전등기를 말소하여 당초 증여자가 소유권을 회복한다 하더라도 당초 증여자는 수증자의 부동산 등을 새롭게 취득하는 것으로 보는 것이 타당하므로 당초 증여자에게 다시 취득세 납세의무가 성립된다고 보고 있는바, 매매계약에 대한 합의해제의 경우라 하더라도 취득 사실을 달리 볼 여지가 없다 할 것이다(지방세운영과-3006, 2013.11.20.)라고 해석한 바 있으나, 이 해석에 대하여 조세심판원에서는 상기 대법원판례를 들어 부동산을 다시 취득하여 새롭게 취득세 납세의무가 성립한 것으로 보기는 어렵다(조심 2015지627, 2015.6.11.)라고 결정하고 있어서 취득세 과세대상이 아닌 것이다.

소유권이전등기를 말소하는 원상회복으로 인한 등기 시(조심 2014지930, 2014.10.6.)

소유권이전등기 원인이었던 매매계약을 소급적으로 실효시키는 합의해제약정에 기초하여 소유권이전등기를 말소하는 원상회복조치 결과로 그 소유권을 취득한 것은 취득세 과세대상이 되는 부동산 취득에 해당되지 아니한다(대법원 93누11319, 1993.9.14. 참조) 할 것임.

8) 계약해제 입증서류의 범위

계약해제사실을 입증하는 입증서류와 범위는 화해조서·인낙조서·공정증서 등이므로 화해조서·인낙조서·공정증서 이외에도 계약해제사실을 입증할 수 있는 서류 일체를 포함하는 것이다. 예를 들어 거래당사자가 부동산거래신고(주택거래신고 포함) 기관에 법정기간(60일) 내에

[138) 해제권의 행사에 따라 부동산매매계약이 적법하게 해제되면 그 계약의 이행으로 변동되었던 물권은 당연히 그 계약이 없었던 상태로 복귀하는 것이므로 매도인이 비록 그 원상회복의 방법으로 소유권이전등기의 방식을 취하였다 하더라도 특별한 사정이 없는 이상 이는 매매 등과 유사한 새로운 취득으로 볼 수 없어 취득세 과세대상이 되는 부동산 취득에 해당하지 않음(대법원 2018두32927, 2020.1.30.).](#)

부동산거래계약 무효·취소 또는 해제 신고서(주택거래계약 무효·취소 또는 해제 신고서)를 제출한 것이 입증되는 경우 등을 말하며, 단순히 거래당사자의 합의서 등은 객관적으로 해제사실을 알 수가 없기 때문에 계약해제 사실을 입증하는 서류의 범위에 포함할 수가 없는 것이다. 그리고 비록 계약을 해제한 사실이 있다고 하더라도 60일 경과한 후 무효·취소 또는 해제 신고서를 제출한 경우 계약은 해제되었지만 「지방세법」상의 납세의무의 성립요건은 구성되었으므로 취득세 납세의무와 조세채권에는 아무런 영향이 없는 것이다.

한편, 계약이 해제된 사실을 입증할 서류는 한정적인 것이 아니라 예시적인 것이므로 소정의 입증서류 이외에도 그에 준하는 증명력을 가진 서류에 의해 계약의 해제사실이 입증되는 경우에는 과세물건을 취득한 것으로 보지 않음이 상당하다고 할 것(대법원 2008두17806, 2008.12.24. 같은 뜻임)인 점, 부동산에 대한 매매계약이 그 잔금지급일(2014.6.20.)부터 60일 이내인 2014.6.23. 해제된 것으로 중개인이 신고하자 처분청이 이에 대한 확인을 한 점, 2014.8.12. 개정된 「지방세법 시행령」 제20조 제2항 제2호 나목에서 「부동산 거래신고에 관한 법률」 제3조에 따라 시장·군수·구청장이 교부한 거래계약 해제를 확인할 수 있는 서류를 계약이 해제된 사실을 입증할 서류로 열거한 점 등에 비추어 부동산에 대한 매매계약은 그 취득일부터 60일 이내 해제된 사실이 입증된다 할 것이다(조심 2015지0644, 2015.6.19.).

① 화해조서

소송상의 화해나 제소 전의 화해에 있어서 소송 당사자끼리 합의한 화해 사항을 적은 문서를 말하며, 확정 판결과 같은 효력 및 기판력, 집행력을 가진다.

② 인낙조서

「민사소송법」상 피고(被告)가 소송상 원고(原告)의 청구로서의 권리, 주장을 긍정하는 진술을 적은 조서를 말하며, 청구의 인낙조서는 확정판결과 같은 효력을 가진다.

③ 공정증서

공증인이 법률 행위 및 사권(私權)에 관하여 작성한 증서·공문서로서 강력한 증거력을 가지며 집행력이 가진다. 이는 특정한 사실이나 법률관계의 존부를 공적으로 증명하는 인식표시를 하기 위하여 작성한 문서로서 통상 사인의 촉탁에 의하여 공증인이 사인 간의 법률행위나 기타 사실에 대하여 직접 작성하는 증서(법률상 완전한 증거로 인정됨)를 의미한다. 이러한 공정증서와는 상충되는 개념인 "사서증서(私署證書)"가 있다.

④ 사서증서

사인 간에 작성하고 서명한 증서로서 사서증서를 공증인에 의해 공증을 받았다 하더라도 계약해제에 대한 효력을 완벽하게 입증하는 한계가 있다는 것이다. 이러한 이유로 사서증서는 입증서류에 해당되지 아니하는 것으로 해석하여 왔었다.[139] 그런데 대법원판례(대법원 2008두17806, 2008.

---

139) 증여계약 해제를 증명하는 인증서를 제시하였다고 하더라도 청구인이 제시한 인증서는 사서증서의 인증으로

12.24.)에 따르면 "사서증서 인증서는 공정정서와 마찬가지로 법률행위에 관하여 작성된 증서로서 증여계약 합의서가 작성명의인의 의사에 의하여 작성되었음을 공증인이 확인하고 이를 증명하는 서류이므로 그 작성방식에 비추어 공정증서에 준하는 증명력이 인정된다고 할 것이어서 사서증서도 입증서류에 해당한다고 봄이 상당하다"라고 판시하고 있는바, 사서증서로 공증인의 공증은 받은 서류도 입증서류로 보아야 할 것이다.

> **사례** 잔금 미지급으로 매매계약이 원인무효로 판결되었으나, 제3자인 신탁 취득자로 인하여 원상회복이 불가능한 경우 해제로 볼 수 없음(조심 2013중1138, 2013.5.24.).
>
> 부동산에 대한 매매계약이 무효가 되었다면 매매계약의 효력이 상실되어 당초부터 자산의 양도가 이루어지지 아니한 것으로 볼 수 있겠으나, 쟁점 부동산의 소유권이전등기가 청구인에게 환원 등기되지 아니하고 제3자 신탁취득자에게 소유권이전등기가 되어 있는 점, 청구인은 쟁점 부동산을 ○○○원에 양도하는 계약을 체결하고 계약금 ○○○원을 수취한 점, 양수인에게 소유권이전등기를 한 날(2007.4.3.)에 제3자에 대한 신탁등기를 하였으므로 소유권이전등기의 말소등기의 소를 제기하여 승소하더라도 제3자에게 신탁등기가 되어 있어 쟁점 부동산의 소유권이 회복되지 못할 것이라는 것을 알고 있었던 점, ○○○지방법원의 판결문상 쟁점 부동산의 양수인이 쟁점 부동산을 원물로 반환하는 것이 불가능하게 되었으므로 양수인이 청구인에게 쟁점 부동산의 이행불능 당시의 시가 상당액을 반환할 의무가 있으므로 쟁점 부동산의 반환시가를 ○○○원으로 하여 잔금 상당액과 지연손해금을 지급하라고 결정한 점 등에 비추어 볼 때 위 법원의 판결에 의하여 쟁점 부동산의 매매계약이 적법하게 해제된 것으로 볼 수 없고, 쟁점 부동산은 사실상 유상양도된 것으로 봄이 타당하다 할 것임.

9) 해제조건부

「민법」제543조 제1항 및 제2항, 제548조 제1항을 종합해 보면 이미 유효하게 성립된 계약에 있어서 당사자의 일방이나 쌍방이 해지 또는 해제의 권리가 있는 때에는 그 해지 또는 해제는 상대방에 대한 의사표시로 하며, 계약당사자의 일방이 계약을 해제하였을 때에는 계약은 소급하여 소멸하고, 각 당사자는 원상회복의 의무를 지게 되나, 제3자에 대하여는 계약해제를 주장할 수는 없는 것이라 할 것이며, 대법원판결(2000다584, 2000.4.21.)에서도 "계약당사자의 일방이 계약을 해제하였을 때에는 계약은 소급하여 소멸하고 각 당사자는 원상회복의 의무를 지게 되나, 이 경우 계약해제로 인한 원상회복등기 등이 이루어지기 전에는 계약의 해제를 주장하는 자와 양립되지 아니하는 법률관계를 가지게 되었고 계약해제사실을 몰랐던 제3자에 대하여는 계약해제를 주장할 수 없으며, 이러한 법리는 실권특약부 매매계약이 그 특약에 의하여 소급적으로 실효되는 경우에도 마찬가지로 적용되는 것이다. 따라서 약정한 내용이 조건부 약정으로서, 조건부 약정의 체결과 동시에 토지를 곧바로 취득하였다고는 볼 수 없고, 약정에 제시된 조건을 모두 갖추었을 때에 비로소 사실상 취득하였다고 할 것이므로, 약정이 체결된 시점을 취득시기로 볼 수 없으며,

---

서 이는 당사자에 의하여 작성된 사서증서로서 공증인이 증서에 기재된 의사표시 내지 계약의 진정성립을 증명하는 것은 아니기 때문에 계약해제의 입증서류로 인정할 수는 없다(같은 취지의 행정자치부심사결정 제2004-192호, 2004.7.26.) 할 것임(행심 2007-231, 2007.4.30.).

약정에 제시된 조건이 모두 갖추어진 시점을 취득시기로 보아 취득세 등을 부과하여야 할 것이다. 한편, 조건부 약정의 불이행에 따른 계약해제 조치로 인하여 그 효력이 소급하여 소멸된 경우에는 취득으로 볼 수 없을 것이다.

> 사례   약정 체결일이 아닌 약정 조건성취일이 취득시기임(대법원 2000두10359, 2001.4.13.).
>
> 원고 등이 위 특별약정의 체결과 동시에 이 사건 토지를 곧바로 취득하였다고는 볼 수 없고, 소외 회사와 사이에 채권·채무관계가 모두 정산되어 소유권 취득의 실질적인 요건을 갖추었을 때에 비로소 이 사건 토지를 사실상 취득하였다고 할 것임.

10) 토지거래허가구역 내 토지거래를 통해 잔금지급 이후 허가를 득하지 못해 계약이 합의해제된 경우

토지거래허가구역 내 토지를 허가받지 않은 상태에서 잔금을 완납한 후 허가를 득하지 못하여 그 계약을 합의해제한 경우에는 당초의 가계약에 의한 대금의 완납은 취득으로 볼 수 없으며, 따라서 취득세 납세의무가 없는 것이다(지방세심사 99-142, 1999.2.27.).

11) 취득세 납세의무성립 후 계약해제하였다가 이를 파기한 후 다시 취득하는 경우

사실상 취득으로 취득세 납세의무가 성립하였던 자(B)가 합의해제(A)를 하였다가 합의해제를 파기하고 당초 매매계약을 유효화(B)할 경우 계약을 소급적으로 실효시키는 약정에 기초하여 원상회복 조치로 그 소유권을 취득하는 것은 취득세 과세대상에 해당하지 않으므로, 부동산을 매수한 자(B)가 소유권을 매도자(A)에게 되돌리는 계약을 소급적으로 실효시키는 약정에 기초하여 그 소유권을 매수자(B) 앞으로 원상회복하는 경우에도 취득세 납세의무가 성립하지 않는 것으로 보는 것이 타당하다고 할 것이다(지방세운영과-701, 2016.3.21.). 이미 취득세가 과세되었던 과세물건을 다시 취득한다고 하여 다시 취득세를 부과한다면 이는 이중과세에 해당될 것이다.

(7) 원인무효

계약이 당초부터 무효인 계약을 체결하거나 계약이 취소된 경우에는 당초 매수자에게 취득세 납세의무가 없다. 즉 계약체결로 외형적으로 유효하게 계약이 성립하였으나 그 계약내용의 위법·부당성, 당사자 부적격(행위무능력자인 미성년자 또는 금치산자) 등의 원인에 기하여 그 계약이 무효되거나 취소되는 경우에는 비록 그 계약이 이행되었다고 하더라도 그 계약의 효력은 발생되지 아니하는 것이다.

형식적으로는 재화를 취득하는 계약의 명의자로 되어 있으나, 실제로는 다른 사람에 의하여 명의를 도용당한 것에 불과하여 계약명의자에게 계약의 효력이 미치지 않는 경우에는, 계약명의자가 실체적인 법률관계에 있어서 재화를 취득한 것이라고는 볼 수 없으므로 취득세의 납부의무를 부담하지 않는다고 할 것이다(대법원 64누84, 1964.11.24. 참조).

일반적으로 자동차등록원부상의 등록명의자는 자동차의 소유자로 추정된다고 할 것이지만, 그 등록 자체가 원인무효인 경우에는 등록명의자라고 하더라도 그가 원시취득자라는 등의 사정이 없는 이상 대내적으로는 물론 대외적으로도 자동차의 소유권을 취득하였다고 할 수 없으므로 자동차세의 납부의무를 부담하지 않는다고 할 것이다. 명의를 도용하여 차량을 매수하고 명의로 자동차등록원부에 등록하였을 뿐 차량을 매수한 일이 없으므로 자동차등록원부에 기재된 소유권 등록은 원인무효라고 할 것이고, 따라서 차량을 취득하였다거나 차량의 소유자라고는 할 수 없다(대전지법 2004구합598, 2004.6.2.).

매매를 원인으로 매수인 명의로 소유권이전등기가 경료되었으나 법원이 「민사조정법」 제30조의 규정에 의거 "각 부동산에 관하여 체결된 매매계약은 무효임을 확인한다. 금원을 지급받음과 동시에 소유권이전의 각 말소등기절차를 이행하라"는 조정결정을 한 경우라면 이는 당초 부동산 매매계약이 원인무효가 되어 취득이 성립된 것으로 보기는 어렵다 하겠으므로 이미 납부한 취득세는 환급되어야 할 것이나, 구 등록세는 재산권 기타 권리에 관한 사항을 공부상에 등기 또는 등록하는데 대하여 부과하는 것이고 이때 등기 등록행위는 외형상 등기 또는 등록의 요건만 갖추면 과세객체가 충족되는 것이므로 어떤 사유에 의하여 그 등기 또는 등록이 무효 또는 취소가 되어 등기 등록이 말소된다 하더라도 이미 납부한 구 등록세는 환급대상이 아니라 할 것이다(지방세정팀-2362, 2007.6.20.).

한편, 등기·등록이 원인무효로 말소되었다고 하더라도 그 등기 또는 등록에 따른 구 등록세 부과처분의 효력에는 아무런 영향이 없으므로 환급대상이 되지 아니하지만, 취득세로 통합된 현행 「지방세법」에서는 이를 구분할 수는 없을 것이므로 취득세 모두(구 등록세 해당분 포함) 취소하는 것이 타당하다고 판단되나, 조세심판원은 등록면허세가 부과되는 것으로 결정하고 있다.

참고로, 여러 사유로 인한 원인무효, 사해행위 등 계약취소(취득으로 보지 아니하는 경우에 한함) 및 합의해제(취득으로 보지 아니하는 경우에 한함)에 따라 원상복귀 소유권이전(명의신탁에 기인한 진정명의 회복인 경우 제외)인 경우에는 취득세는 환급이 되며, 원상복귀 소유권이전에 대해서는 취득세가 부과되지 아니한다. 다만, 구 등록세의 경우 매수자가 기지급한 분은 환급되지 아니할 것이나 원상복귀 소유권이전에 따른 등록면허세는 그 밖의 세율이 적용될 것이다.

> **사례** 제1매수인이 처분금지가처분등기를 원인으로 소유권이전등기청구 소송을 제기하여 승소함에 따라 청구인의 등기가 말소된 것이라서 당초 매매계약이 취소된 것에 불과하다 할 것이므로 청구주장을 받아들이기 어려움(조심 2018지2259, 2019.5.21.).

> **사례** 대지권 면적이 계약과 다르다는 사실을 이유로 해제한 경우(조심 2015지180, 2015.9.25.)
> 집합건물인 주택에 대하여 매수인들과 매도인들이 전용면적을 기준으로 매매계약을 체결하여 소유권이전등기를 하였던 것이므로 당해 매매계약서상 전유면적에 따른 대지권 면적의 기재에 착오가 있었다고 하여 이를 원인무효의 매매계약이라고 보기 어려우므로 이미 성립한 취득세 납세의무에 영향을 미칠 수는 없다고 보임.

[사례] 사해행위취소로 인한 말소등기된 경우(조심 2015지220, 2015.5.28.)

사해행위취소 확정판결로 인하여 청구인들의 소유권이전등기가 말소되어 소유권이 전 소유자에게 환원되었다 하더라도 당초 체결된 쟁점부동산 매매계약이 무효가 되는 것이 아니라 취소된 것이므로 그 매매계약 등에 의하여 쟁점부동산 취득행위가 이루어진 점, 일단 적법하게 성립한 취득행위가 사후에 취소·변경된다 하여도 이미 성립된 조세채권에는 영향을 미치지 아니하는 점 등에 비추어 청구인들에게 쟁점부동산에 대한 취득세 납세의무가 적법하게 성립함.

☛ 사해행위취소판결을 매매사실이 원인무효로 판시된 경우에는 취득세 납세의무 없음.

[사례] 등기 등이 무효, 취소가 되어 등기 등이 말소된 경우(지방세운영과-22, 2008.5.20.)

수증인이 증여계약에 의하여 소유권이전등기를 경료한 후 법원의 조정조서(2007가합627)에 의하여 증여계약의 원인무효에 기한 소유권이전말소등기절차를 이행하는 경우라면 실체적인 법률관계에 있어서 그 소유권을 취득한 것이라고 볼 수 없는 원인무효의 등기명의자는 취득세의 납세의무자가 될 수 없다 할 것(대법원 2006두14384, 2007.1.25.)이므로, 수증인은 당초 증여계약이 원인무효가 되어 해당 부동산을 취득한 것으로 볼 수 없어 기 납부한 취득세는 환급대상임.

1) 진정명의회복을 등기원인으로 한 경우

감사원 심사례(감심 2012-93, 2012.6.21.)에 의하면 "명의신탁약정에 따라 명의수탁자 명의로 이전등기 및 보존등기가 경료되었는데, 이때 명의수탁자는 대외적으로 부동산을 유효하게 처분할 수 있는 지위를 취득하였고 "부동산을 취득"한 것에 해당하고 명의신탁자가 다시 진정명의회복을 원인으로 한 소유권이전등기를 경료한 것도 부동산의 취득에 해당하게 되므로 이 사건 취득세 등 부과처분은 타당하다. 이러한 진정명의회복을 원인으로 한 소유권이전등기"는 그 실질이 당초 원인무효인 갑 명의의 소유권이전등기를 말소하는 원상회복 조치의 결과라 하더라도 진정한 등기명의의 회복을 위한 소유권이전등기청구는 이미 자기 앞으로 소유권을 표상하는 등기가 되어 있었거나 법률에 의하여 소유권을 취득한 자가 진정한 등기명의를 회복하기 위한 것이므로 말소등기와 달리 소유권을 취득한 자가 그 대가를 지급하지 아니하고 형식적이라도 소유권이전등기를 이행하는 것이므로 무상으로 인한 소유권이전등기의 세율(3.5%)을 적용하여야 할 것이다(대법원 등기예규 1182, 2007.4.27. "진정명의회복을 등기원인으로 하는 소유권이전등기절차").

따라서 진정명의회복을 원인으로 한 소유권이전등기절차를 이행하라라고 판결주문이 되어 있다 하더라도 그 주문의 이유 등을 살펴서 당초 매매가 계약내용의 위법부당성, 당사자 부적격(행위무능력자인 미성년자 또는 금치산자) 등의 원인에 기하여 그 계약이 무효되거나 취소되는 경우, 즉 원인무효인지를 검토하여 이에 해당한다면 매도자로의 환원은 취득세 과세대상이 되지 아니하며, 그 밖의 등록면허세 세율이 적용된다.

[사례] 당사자 이외 사해행위취소판결은 원인무효판결과 동일시 안됨(조심 2010구712, 2010.10.11.).

양도거래와 관련된 사해행위취소판결이 있었다는 이유만으로 사해행위취소소송의 일방 당사자인 사해행위취소소송의 당사자가 아닌 자 간의 양도거래를 무효로 보기 어려운 점이 있음.

취득원인 무효판결이 무변론에 의하여 종결된 경우(조심 2010부1630, 2010.7.27.)

당초 증여를 등기원인으로 하여 청구인 명의로 쟁점 토지의 소유권이전등기가 경료된 반면, 이 건 취득원인 무효판결은 청구인의 무변론에 의하여 종결된 점 등으로 보아 위 판결만으로 당초 증여등 기가 원인무효인 것으로 보기 어렵고, 청구인과 증여자 사이에 증여의 의사가 존재하지 아니하였다 고 볼 만한 증빙자료의 제시가 없으며 당초 청구인이 쟁점토지를 증여받은 후 3개월 이내에 반환하 지 아니한 사실 등으로 볼 때 적법하게 경료된 소유권이전등기를 추후 형식적인 재판을 거쳐 말소 한 것으로 보이므로 청구인 주장은 받아들이기 어려운 것으로 판단됨(조심 2010광380, 2010.4.15. 같은 뜻임).

취득이 매도자의 사해행위 등으로 인하여 중대한 하자가 있었는지 여부는 법원에서 구체적 사실관계에 따라 판단할 사항이며, 다만 법원의 확정판결문에 의하여 부동산매매계약이 원인무효 입증되는 경우에는 적법한 취득행위가 아니므로 이미 납부한 취득세는 환급대상임(도세과 -194, 2008.3.26.).

2) 당초 매도자에로 환원

매수자 등 취득자로부터 원인무효 등의 사유로 처음부터 거래가 없는 것으로 되어 당초 소유 자에게로 다시 환원되었다고 하더라도 취득세 과세대상이 아니다. 예를 들어, 매도자와 매수인 사이에 대금지급 없이 부동산 매매계약 및 소유권 이전등기가 경료된 상태에서 매매계약서상 조 건이 성립되지 않아 계약이 해제자에 환원되는 것이 명백한 경우라면 소유권을 회복하는 원래의 소유자는 취득세 과세대상이 되는 부동산의 취득에 해당하지 아니하여 취득세 납세의무가 존재 하지 아니한다(세정 13407 – 828, 2000.6.27. 참조). 이 경우 당초 매도자가 소유권의 환원으로 등기를 하는 경우에는 비록 이전형식을 취하더라도 등기부상의 등기는 소유권말소등기에 기인하게 되므 로 등록면허세의 세율은 기타등기[부동산의 경우 6,000원(2013년 이전 3,000원)]가 적용된다(세 정 13407 – 423, 1999.4.12.).

(8) 이혼에 의한 재산분할

1) 개요

「민법」 제834조 및 제839조의 2에는 부부는 협의에 의해 이혼할 수 있으며 이 경우에 일방은 다른 일방에 대하여 재산분할을 청구할 수 있도록 규정하고 있다. 이혼에 따른 재산분할은 부부 가 혼인 중에 쌍방의 협력으로 이룩한 실질상의 공동재산을 청산·분배함과 동시에 이혼 후의 생활을 유지하는데 그 목적이 있는 것이다(대법원 2000다58804, 2001.5.8.). 「민법」이 채택한 '재산분 할청구권'이란, 비록 상대방 배우자 명의로 되어 있으나 부부 공동의 노력으로 형성한 재산에 대 한 재산분할 청구인의 실질적인 기여를 인정하여 혼인관계가 해소될 때 상대방 배우자에게 그 재산에 대한 권리 이전을 요구하거나 그 권리에 상당하는 대가, 즉 대상으로서 금전의 지급을 청구할 수 있는 권리를 의미한다고 볼 것이다. 재산분할청구권의 개념을 이와 같이 이해한다면,

재산분할청구권은 상대방 명의로 되어 있는 재산이 존재하고 그 재산이 혼인생활 중에 부부 공동의 노력으로 형성되었을 것을 필수불가결한 전제로 하는 것이고, 재산분할 청구인은 그 재산을 재산분할 청구의 객체, 즉 분할대상재산으로 삼아 그에 대한 권리의 이전을 요구하거나 그 권리에 상당하는 대가로서 금전의 지급을 청구할 수 있다고 보아야 한다.

「지방세법」에서는 이로 인한 취득을 실질적으로는 형식적인 취득으로 보아 취득세에 대해 세율특례(종전 취득세 비과세)를 주는 것이므로 이혼을 전제로 재산분할 판결을 받은 자가 분할등기를 하지 않은 상태에서 재결합한 후 당초의 재산분할 판결에 기초하여 분할등기를 신청한 경우에는 이혼으로 인한 공동재산의 청산·분배에 해당되지 않고 이혼 후의 생활유지를 위한 것으로도 볼 수 없어 취득세 세율특례 대상에 해당되지 아니한다(지방세운영과-1083, 2012.4.9.).

「민법」 제839조의 2 제3항의 규정에 의거 재산권분할청구권에 기하여 취득하는 부동산 등 재산에 대하여 세율특례 대상으로 하는 것이므로 이혼위자료 명목으로 재산을 증여하는 경우 그 증여가 이혼에 따른 재산분할 성격을 포함하는 이혼급부로 볼 수 있다(대법원 200다58804, 2001.5.8. 참조). 한편, 이혼에 따른 재산분할을 원인으로 한 부동산 이전등기는 무상의 승계취득으로서 취득세 표준세율 3.5%에서 2%를 차감한 1.5%의 세율이 적용되며, 공유물 분할에도 해당하지 아니한다(대법원 2003두4331, 2003.8.19.).

2) 이혼에 따른 재산분할 시 채무승계

이혼에 따른 재산분할시 채무를 부담하는 조건으로 분할 받은 재산에 대하여는 유상승계취득으로 보아 취득세 세율특례를 배제하였으나, 2009.10.27. 이후 이혼에 따른 재산분할로 취득하는 재산 중 이혼 전에 발생한 상대방의 채무를 승계하는 조건으로 분할받은 재산에 대하여도 취득세 세율특례를 적용한다. 다만, 이혼일 이후에 새로이 발생한 채무를 부담하는 경우에는 세율특례를 배제한다. 여기서 이혼일은 「가족관계의 등록 등에 관한 법률」 제74조에 의한 이혼신고일을 말한다. 한편, 세정운영기준 변경으로 2009.10.27. 이후분만 세율특례를 적용하는 것으로 하고 있으나, 그 전에 재산분할분도 당연히 유상승계가 아니므로 세율특례를 적용하여야 할 것이다. 그 이유는 감사원 심사례와 이혼으로 인하여 혼인 중에 형성된 부부공동재산을 「민법」 제839조의 2에 따라 재산분할하는 경우에는 양도로 보지 아니한다라고 규정되어 있으며, 양도소득세 산정 시 재산분할 전 배우자가 해당 주택을 취득한 날부터 양도한 날까지 보유 및 거주기간 통산 즉 재산분할 전 배우자가 취득한 날을 취득일로 보고 있기 때문이다.

> **사례** 이혼에 따른 재산분할 시 채무승계는 부담부 증여 아님(감심 2009-101, 2009.4.30.).
>
> 「민법」 제839조의 2에 따른 협의상 이혼한 자가 재산분할로 인하여 취득한 재산에 대하여 취득세를 부과하지 아니한다고만 되어 있을 뿐, 부부 일방이 재산분할로 인해 공동재산을 취득하면서 이러한 재산과 관련하여 다른 일방이 제3자에게 지급하여야 할 일정채무를 승계하는 경우에 취득세를 부과하겠다는 명문의 규정이 없다. 그런데도 처분청은 이 사건 아파트 취득을 유상승계취득으로 인정하여 채무승계액에 해당하는 부분을 취득세 과세표준(채무승계액은 107,000,000원이나 이 사건 아파트의 시가표준액이 92,000,000원이므로 92,000,000원을 과세표준으로 함)으로 하여 취득세를 부과하

였다. 따라서 이 사건 아파트가 협의상 이혼에 따른 재산분할로 취득한 재산에 해당되어 취득세 비과세대상(현행 세율특례)인데도 취득세를 부과한 것은 부당함.

3) 재판에 의한 이혼 재산분할

「지방세법」 제15조 제1항 제6호에서 취득세 세율특례의 대상으로 협의에 의한 이혼에 대해서만 규정하고 있더라도 「민법」에서 재판에 의한 이혼도 협의에 의한 이혼과 동일하게 재산분할을 청구할 수 있도록 규정하고 있고 「지방세법」 상으로도 재판에 의한 이혼과 협의에 의한 이혼을 달리 취급할 합리적인 이유가 없으므로 재판에 의한 이혼도 취득세의 세율특례를 적용하는 것이다(지방세운영과-5895, 2011.12.30.).

4) 사실혼의 경우 세율특례 적용 가능

사실혼 관계란 남녀 모두가 혼인의사를 가지고 혼인공동생활의 실체를 형성하고 있으나 단지 혼인신고를 마치지 않았기 때문에 법률상의 혼인으로 인정되지 않을 뿐 사회적으로는 법률혼에 준하여 보호할 가치가 있는 혼인형태라고 할 것이고, 부부 쌍방이 모두 법률상의 배우자가 있어 혼인신고 자체가 불가능한 상태에서 종전의 혼인관계를 해소하고 새로운 법률혼관계를 형성하려는 노력없이 단순히 동거만 같이하는 경우에는 이른바 내연관계에 불과하며 내연관계에 있는 동안 형성한 재산에 관하여는 재산분할청구권이 인정되지 아니한다(서울가법 93드1750, 1994.6.16.)라고 하여 세율특례가 적용되지 아니하였으나, 법률혼과 사실혼이 혼재된 경우 재산분할은 특별한 사정이 없는 한 전체 기간 중에 쌍방의 협력에 의하여 이룩한 재산을 모두 청산 대상으로 하고 있고, 실질적으로 부부의 생활공동체로 인정되는 경우에는 혼인신고의 유무와 상관없이 재산분할에 관하여 단일한 법리가 적용됨에도 불구하고 세법을 적용함에 있어서는 혼인신고의 유무에 따라 다르게 과세하는 것은 합리적이라고 보기 어려우므로 세율특례가 사실혼 해소 시 재산분할로 인한 취득에 대해서도 적용된다고 보는 것이 타당하다(대법원 2016두36864, 2016.8.30.).

부부가 혼인 중에 공동의 노력으로 이룬 재산을 분할하는 것보다 낮은 세율을 적용함으로써 실질적 부부공동재산의 청산으로서의 성격을 반영하고자 하는 것이 세율특례의 입법 취지이므로 사실혼 해소에 따른 재산분할의 경우에도 「민법」 상의 이혼을 준용하여 세율특례가 적용된다(지방세운영과-2564, 2016.10.7.).

5) 재산분할청구권의 행사

재산분할청구권은 이혼한 날로부터 2년 내에 행사하여야 하고 그 기간이 경과하면 소멸되어 이를 청구할 수 없는바, 이때의 2년이라는 기간은 일반 소멸시효기간이 아니라 제척기간으로서 그 기간이 도과하였는지 여부는 당사자의 주장에 관계없이 법원이 당연히 조사하여 고려할 사항이다(대법원 94다17536, 1994.9.9. 참조).

재산분할 청구의 대상이 되는 재산으로 한정하되 그 취득원인이 협의 이혼이든 재판상 이혼이든지 불구하고 그 이혼에 기하여 취득하는 재산이어야 하는 것이다.

① 이혼한 자일 것

「민법」제834조 및 제840조의 규정에 의거 협의상 이혼과 재판상 이혼을 할 수 있다.

② 이혼한 날로부터 2년 이내에 재산분할청구권을 행사하여 취득할 것(2년 경과한 이후 협의분할한 재산도 가능)

이혼일로부터 2년 이내에 재산분할청구권을 행사하고 소유권이전등기는 2년이 경과한 후에 한 경우라도 세율특례가 적용된다. 그 이유는 2년이라는 것은 재산분할청구권을 행사하는 제척기간으로 보아야지 재산을 취득하여야 하는 기간으로 볼 수는 없기 때문이다.

③ 이혼일 당시 부부 일방 또는 공동 소유하고 있는 재산일 것

재산은 이혼일 당시의 소유하고 있는 재산이어야 한다. 혼인 중에 취득한 재산은 물론 그 이전부터 소유하고 있는 재산이라도 해당 재산의 감소방지하거나 증식에 협력하였을 경우도 재산분할의 대상이 됨(대법원 2002스36, 2002.8.28. 참조)으로 이혼일 당시 부부 일방 또는 공동 소유하고 있는 재산이어야 한다.

> **사례** 협의이혼일부터 2년 경과 재산분할 시 세율특례 적용됨(조심 2010지0830, 2011.12.30.).
>
> 「민법」제839조의 2 제3항에 의한 2년이라는 기간은 협의이혼한 일방이 협의분할에 응하지 아니할 때 사법 판단의 보호를 받지 못하는 제척기간을 의미하는 것이지 소멸시효기간을 의미하는 것은 아니라 할 것이고(대법원 94다17536, 1994.9.9.), 재산분할은 사적자치의 원칙에 의하여 2년이 경과된 시점에서도 언제든지 가능하다 할 것인바, 청구인이 이 건 아파트를 2년이 지난 후에 취득하였다고 하더라도 이 건 아파트가 협의이혼에 따른 재산분할로 취득한 사실이 확인되는 이상 취득세 비과세대상에 해당한다 할 것임.

6) 이혼을 전제로 한 재산분할청구의 효력

재산분할에 관한 협의는 혼인 중 당사자 쌍방의 협력으로 이룩한 재산의 분할에 관하여 이미 이혼을 마친 당사자 또는 아직 이혼하지 않은 당사자 사이에 행하여지는 협의를 가리키는 것으로, 아직 이혼하지 않은 당사자가 장차 협의상 이혼할 것을 약정하면서 이를 전제로 하여 위 재산분할에 관한 협의를 하는 경우에 있어서는 그 협의 후 당사자가 약정한 대로 협의상 이혼이 이루어진 경우에 그 협의의 효력이 발생하는 것이다(대법원 2000다58804, 2001.5.8.). 이 대법원판례에 따르면 부부간 이혼을 전제로 재산분할 약정을 먼저 하고 이후 협의이혼을 하는 경우에도 취득세 세율특례에 해당될 것으로 판단된다.

7) 사치성 재산

세율특례 대상 중에는 사치성 재산을 배제하고 있는 규정 등이 있다. 그러나 이혼에 의한 재산분할의 경우에는 사치성 재산 관련하여 별도의 규정을 두고 있지 아니하므로 취득 재산 중 사치성 재산이 있다고 하더라도 취득세 세율특례 규정이 적용된다.

8) 사해행위로서 채권자 취소

이미 채무초과상태에 있는 채무자가 이혼을 함에 있어 자신의 배우자에게 재산분할로 일정한 재산을 양도함으로써 결과적으로 일반채권자에 대한 공동담보를 감소시키는 결과로 되어도, 위 재산분할이 「민법」 제839조의 2 제2항 규정의 취지에 따른 상당한 정도를 벗어나는 과대한 것이라고 인정할 만한 특별한 사정이 없는 한 사해행위로서 채권자에 의한 취소의 대상으로 되는 것은 아니라고 할 것이고, 다만 위와 같은 상당한 정도를 벗어나는 초과부분에 관한 한 적법한 재산분할이라고 할 수 없기 때문에 그 취소의 대상으로 될 수 있다고 할 것인바, 위와 같이 상당한 정도를 벗어나는 과대한 재산분할이라고 볼 만한 특별한 사정이 있다는 점에 관한 입증책임은 채권자에게 있다(대법원 2000다14101, 2000.7.28.).

9) 채무의 분담을 정하는 것이 되는 경우에도 재산분할 청구대상이 됨

이혼 당사자 각자가 보유한 적극재산에서 소극재산을 공제하는 등으로 재산상태를 따져 본 결과 재산분할 청구의 상대방이 그에게 귀속되어야 할 몫보다 더 많은 적극재산을 보유하고 있거나 소극재산의 부담이 더 적은 경우에는 적극재산을 분배하거나 소극재산을 분담하도록 하는 재산분할은 어느 것이나 가능하다고 보아야 하고, 후자의 경우라고 하여 당연히 재산분할 청구가 배척되어야 한다고 할 것은 아니다. 그러므로 소극재산의 총액이 적극재산의 총액을 초과하여 재산분할을 한 결과가 결국 채무의 분담을 정하는 것이 되는 경우에도 법원은 채무의 성질, 채권자와의 관계, 물적 담보의 존부 등 일체의 사정을 참작하여 이를 분담하게 하는 것이 적합하다고 인정되면 구체적인 분담의 방법 등을 정하여 재산분할 청구를 받아들일 수 있다 할 것이다. 그것이 부부가 혼인 중 형성한 재산관계를 이혼에 즈음하여 청산하는 것을 본질로 하는 재산분할 제도의 취지에 맞고, 당사자 사이의 실질적 공평에도 부합한다. 다만 재산분할 청구 사건에 있어서는 혼인 중에 이룩한 재산관계의 청산뿐 아니라 이혼 이후 당사자들의 생활보장에 대한 배려 등 부양적 요소 등도 함께 고려할 대상이 되므로, 재산분할에 의하여 채무를 분담하게 되면 그로써 채무초과 상태가 되거나 기존의 채무초과 상태가 더욱 악화되는 것과 같은 경우에는 채무부담의 경위, 용처, 채무의 내용과 금액, 혼인생활의 과정, 당사자의 경제적 활동능력과 장래의 전망 등 제반 사정을 종합적으로 고려하여 채무를 분담하게 할지 여부 및 분담의 방법 등을 정할 것이고, 적극재산을 분할할 때처럼 재산형성에 대한 기여도 등을 중심으로 일률적인 비율을 정하여 당연히 분할 귀속되게 하여야 한다는 취지는 아니라는 점을 덧붙여 밝혀 둔다(대법원 2010므4071, 2013.6.20.).

10) 취득시기

「민법」 제839조의 2 및 제843조에 따른 재산분할로 인한 취득의 경우 취득물건의 등기일 또는 등록일을 취득일로 본다(지령 §20 ⑫). 이를 법령에 반영하기 전에도 동일하게 해석하고 있었다.

(9) 미등기전매

'부동산 미등기전매'는 타인의 부동산을 매수한 이후 등기를 하지 않은 채 그 부동산을 제3자에게 매도하는 행위이며, 「부동산등기 특별조치법」 제11조는 미등기전매 시 과태료 처분하도록 규정하고 있다. 이러한 미등기전매 행위는 당초 매수자가 부동산을 취득한 후 제3자에게 매각하였으나, 당초 매수자가 전 소유자로부터 작성한 매매계약서를 조작, 제3자와 계약한 것으로 작성하는 등 거래를 조작한 점 등을 「조세범 처벌법」 제3조 제6항 제4호의 규정에 해당하는 것으로, 적극적인 행위를 하였다 할 것이다.

1) 사실상 잔금지급

사실상의 취득행위는 비록 잔금지급이 모두 완결되지 않았더라도 거의 대부분의 잔금이 지급되고 극히 미미한 금액의 잔금만이 형식상 미지급되고 있을 뿐이어서 그와 같은 미미한 금액의 형식상의 지체를 이유로 계약해제를 주장하는 것이 신의칙상 허용되지 않는다고 해석될 경우라면(대법원 71다352・353・354, 1971.3.31. 등 참조), 거래관념상 잔금을 모두 납부한 경우와 마찬가지로 이미 완료되었다고 풀이해야 할 것이다.

'사실상 잔금지급일'이라 함은 비록 잔금 지급이 모두 완결되지 않았다고 하더라도 거의 대부분의 잔금이 지급되고 사회통념상 무시하여도 좋을 정도의 일부분의 잔금만이 미지급되었다고 한다면 거래관념상 잔금을 모두 지급한 경우와 마찬가지로 볼 수 있는 경우 등을 가리키는 것으로서, 일반인의 관점에서 그 범위의 대강이 예측가능 하다고 할 것이고 과세관청의 자의적인 해석과 집행을 초래할 정도로 지나치게 추상적이고 불명확하다고 볼 수 없다고 할 것이므로(대법원 2007두4148, 2007.4.26.), 거래관념상 잔금의 일부를 납부하지 아니하더라도 취득 물건의 사실상 수용・수익・처분이 가능한 권리를 가지고 있다면 '사실상 취득'으로 보아 취득으로 의제하는 것이 타당할 것으로, 甲이 해당 토지 분양대금의 대부분을 납부하여 취득 물건의 사실상 수용・수익・처분이 가능한 권리를 가지고 있다면 사실상 취득으로 볼 수 있을 것으로, 아울러 사실상 취득으로 볼 수 있는 "잔금지급"의 범위를 구체화하지 않은 것과 관련하여 잔금의 범위는 일반인의 관점에서 그 범위의 대강이 예측가능 하다고 할 것이고 과세관청의 자의적인 해석과 집행을 초래할 정도로 지나치게 추상적이고 불명확하다고 볼 수 없다고(대법원 2007두4148, 2007.4.26.) 할 것이며, 잔금미지급의 정도를 정형화할 경우에 오히려 매도자와 매수자간 담합에 의하여 정해진 기준 이상의 잔금을 남김으로써 취득세를 탈세할 우려가 있음으로 소액 잔금 미납 시 사실상 취득으로 인정하는 규모를 별도로 정하여 법적으로 기준을 정하는 것보다, 당초 계약상 잔금지급일 경과 여부, 계약상 잔금 중 지급된 비율, 전매 여부, 사실상 사용・수익・처분 여부 등을 종합적으로 판단하여 사안별로 결정하는 것이 타당할 것이다(지방세운영과-6036, 2010.12.25.).

계약금과 중도금을 모두 납부하였고 잔금에 관하여도 그 전액을 납부할 수 없는 법률상 장애가 없음에도 불구하고 잔금의 대부분을 납부하고 총분양대금 대비 아주 미미한 잔금만을 미납한 상태에서 매도한 것이므로, 이와 같은 미납액만으로는 계약해제를 당할 여지가 없고, 잔금을 대부분을 납부한 이후에는 사실상으로 취득하였다고 할 것이다. 한편, 잔금지급에 법률상의 장애가 있는 경우라면 경우에 따라 그 해소 시까지 취득행위가 완료되지 않을 수 있으므로 나머지 금액을 납부하지 아니할 이유가 있는 경우라면 사실상 잔금지급이 되지 않았다고 보아야 할 것이다.

미등기전매 시 사실상 잔금지급이 된 것으로 보아 취득세 과세대상이 될 수 있는바, 사실상 잔금지급이 되었는지 여부를 먼저 판단하여야 할 것이다.

2) 부과제척기간

본인의 행위로 조세포탈의 결과가 발생한다는 사실을 인식하고 부정행위를 감행한 경우는 "사기, 기타 부정한 행위"에 포함된다는 대법원판례(98도667)와 미등기전매는 "사기, 기타 부정한 적극적인 행위로서 조세범칙행위에 해당하며, 단순히 세법상의 신고를 하지 아니한 행위로 볼 수 없다"는 대법원판례(91도318), 미등기전매를 실시한 이후 취득세를 신고납부하지 않은 점 등을 감안할 때, 이 경우 "사기, 기타 부정한 행위"의 범주에 포함하여 지방세 부과제척기간을 10년으로 정함이 타당하다.

3) 취득세 중가산세

취득세 중가산세는 납세의무자의 성실한 신고납부와 부동산등기절차 이행을 유도하여 미등기전매행위로 인한 투기적 거래와 조세포탈을 방지함으로써 건전한 부동산거래질서를 확립하고 국민경제 발전에 이바지하려는 데에 그 목적이 있다고 할 것이다(헌재 2000헌바86, 2001.7.19. 참조). 따라서 부동산을 취득한 후 취득신고를 하지 않고 해당 부동산을 매각한 경우라면 취득세 중가산세 과세대상에 해당된다(지방세운영과-1689, 2012.5.31.).

☞ 2012.12.31. 취득분까지는 2년 이내에 취득신고를 하지 않고 매각하는 경우에 중가산세를 적용함.

(10) 미준공 건축물

1) 등록면허세와 취득세

등록면허세 소유권보존등기 세율적용 대상은 건축물 최초 납세의무성립 시점인 원시취득 전에 소유권보존등기 또는 소유권이전등기를 하는 경우 취득과 무관한 등기를 하는 경우로 등록면허세를 납부하고 등기를 하기 위한 것으로 건축물 준공 전 타인에 의하여 대위등기하는 경우 등이 이에 해당된다(행정자치부의 인터넷 상담 2011.10.13.). 이 경우 건축물 준공 전에 등록면허세만 납부하고, 취득 시에 「지방세법」 제15조와 「지방세법 시행령」 제30조 제6호에 따라 세율의 특례를 적용하여 종전 취득세분만 납부하는 것이다(지법 §28). 그리고 소유권보존등기된 미완성 건물을 낙찰받아 취득하였다면 취득 시점에 건물이 미완성되어 있다면 취득세 과세대상이 되지 아니하나, 추후 가사용승인(또는 사실상 사용) 시점에 취득세를 신고납부하여야 할 것이다. 한편, 미완성 건물에 대한 소유권이전등기를 할 경우에는 등록면허세 과세대상이 된다.

그런데 미완성 건물을 취득한 후 추가 비용을 지출하여 건물을 완성한 경우 건축주 명의의 변경

이 되어 추가분에 대하여 양수자 명의로 소유권보존등기를 하는 경우 가사용승인에 의해 사용하는 부분 중 당초 보존등기된 부분에 대하여 유상승계에 의한 세율(4%에서 기존 등록면허세율 2% 차감한 세율 2%)을 적용하여야 할 것이며, 당초 보존등기된 부분이 아닌 추가 공사비 잔액에 대하여는 원시취득에 의한 세율 2.8%를 적용하여야 할 것으로 판단된다. 한편, 건축주 명의 변경이 되지 않는 등 추가분에 대하여 양수자 명의로 소유권보존등기를 하지 아니하는 경우에는 매매금액 전액이 유상승계에 의한 세율(4%)을 적용하여야 할 것이다.[140]

> **사례** 미준공 건축물의 분양대금을 완납하고 등기를 하였다면 등록면허세 납세의무는 성립하는 것이며, 미준공 건축물에 대한 취득세 납세의무는 사실상 사용 여부 등 확인하여 판단하여야 할 것임(세정과-6001, 2011.6.10.).

2) 사전 입주한 미준공 건축물(임시사용 전 사실상 사용 포함)

임시사용승인분에 대하여 취득세는 임시사용승인일(이 날보다 사실상 사용일이 빠른 경우에는 사실상 사용일)을 취득시기로 보아 취득세를 신고납부하여야 할 것이다. 임시사용한 부분이 일부분인 경우에는 그 부분을 제외한 부분은 사용승인일이 취득시기가 되므로 이때를 기준으로 취득세를 신고납부하고, 추후 최종 공사비가 정산되는 시점에서 수정신고납부를 하여야 한다.

한편, 대법원에서 "소외 한○○이 이 사건 104세대 아파트 1동의 공사를 진행 중 공정의 90% 정도가 진행된 상태에서 1993.1.25. 준공검사를 받지 아니한 채 그 수분양자 중 7세대를 사전 입주시켜 해당 세대의 건물을 사실상 사용하게 한 것이라면, 위 한○○은 사실상의 사용일인 1993.1.25. 당시에는 아파트 1동 중 사전 입주한 7세대에 대하여만 이를 취득한 것으로 되어 그 건물 부분에 한하여 취득세 납세의무가 성립한다고 할 것이다(대법원 97다42687, 1997.12.12.)라고 판시하고 있는바, 건축물 사용승인 전 취득한 건축물이 사실상 사용 또는 임시사용으로 인해 취득세 과세대상이 된 경우 실제 사용 또는 임시사용 부분만 취득세 과세대상이 되는 것이다.[141]

3) 미준공 건축물과 토지를 함께 취득한 경우

A법인이 소유권보존등기된 미준공 건축물과 토지를 함께 취득한 경우 토지는 취득세가 과세 되나, 미준공 건축물에 대하여는 취득시기가 도래하지 않아 취득세가 과세되지 아니므로(지방세 운영과-1231, 2010.3.24. 참조), 취득가액에서 미준공 건축물에 해당하는 가액은 취득세 과세표준에서 제외되는 것이다.

---

140) 임시사용승인을 받은 건축주에게는 원시취득에 따른 취득세 납세의무가 있으며, 사용승인을 받은 자에게는 승계취득에 따른 취득세 납세의무가 각각 성립됨(지방세운영과-3133, 2012.10.8.).

141) 건축물을 신축 취득하는 경우에는 사용승인서를 내주는 날과 사실상의 사용일 중 빠른 날을 취득일로 보는 것인바, 청구인은 이 건 건축물 사용승인일(2011.6.9.) 이전에 이 건 건축물 중 B동 302호를 임대(2011.3.23.)한 사실이 확인되므로 청구인이 B동 302호를 2011.3.23.에 사실상 취득한 것으로 보아 취득세를 부과한 처분은 적법하다 할 것이지만, 이 건 건축물 전체를 취득한 것으로 보아 취득세를 부과한 처분은 잘못임(조심 2013지0338, 2013.6.5.).

(11) 연부취득

1) 개요

'연부'란 매매계약서상 연부계약 형식을 갖추고 일시에 완납할 수 없는 대금을 2년 이상에 걸쳐 일정액씩 분할하여 지급하는 것을 말하므로 '연부취득'이라 함은 취득세 과세대상 물건이 존재하면서 매매계약서상 연부계약 형식을 갖추고 매매대금을 2년 이상에 걸쳐 분할하여 지급하는 것을 말하는 것이다. 그런데 당초 매매계약 체결시 대금을 2년 이상에 걸쳐 지급하기로 계약을 체결하였다 하더라도 대금을 2년 이내에 지급한 경우에는 연부취득으로 볼 수 없다(조심 2018지59, 2018.4.26.).

매매계약서상 매매대금 지급기간이 2년 이상으로 연부계약 형식을 갖추고 있다 할지라도, 매매목적물인 건물은 신축 중으로서 존재하지 아니하고 「집합건물의 소유 및 관리에 관한 법률」에 따른 집합건물에 있어서 대지권은 건물의 전용부분이 존재하지 아니하는 한 의미가 없다 할 것이므로(세정-3481, 2007.8.27.), 건축 중인 집합건물(분양 예정 대지권 포함)은 취득세 과세대상 물건이 존재하지 않아 연부취득에 해당되지 않는 것이다.

연부로 취득하는 경우에는 그 사실상의 연부금 지급일을 취득일로 보아 그 연부금액(매회 사실상 지급되는 금액을 말하며, 취득금액에 포함되는 계약보증금 포함)을 과세표준으로 하여 취득세를 부과하도록 규정하고 있으며, 법인인 경우 연부이자와 연부금 지연에 따른 연체료도 과세표준에 포함되게 되나, 법인이 아닌 자는 과세표준에서 제외된다.

또한 연부취득의 개념은 당초에 작성된 계약서를 기준으로 하는 것이므로, 사실상의 대금지급기간과는 무관한 것이다. 그러므로 당초 계약서에는 대금지급기간을 3년으로 하였으나, 2년이 되기 전에 대금 완납이 이루어 졌다고 하더라도 당초 계약서에 2년 이상으로 기간이 규정되어 있으므로, 이는 연부취득에 해당하는 것이다. 참고로 기간의 계산은 「민법」의 규정을 준용하여 초일불산입이 적용되는 것이다.

연부로 취득하는 경우의 취득시기는 그 사실상의 연부금 지급일이 되나 연부취득 중에 등기 또는 등록을 한 경우에는 그 등기일 또는 등록일이 취득일이 되는 것이다. 또한 토지를 연부로 매수계약하고 연부금을 약정일에 지급하다 계약변경해 나머지 대금을 일시불로 지급한 경우, 일시불로 지급한 나머지 매매대금의 지급일로부터 60일 이내(잔금지급일 전에 이전등기를 하였다면 등기일로부터 60일 이내)에 취득세를 신고납부하여야 한다.

2) 아파트 준공 이후 분양계약서를 변경하여 변경일로부터 2년 이상 대금지급 시

아파트 분양계약 변경시점에는 연부취득 과세대상 아파트가 비록 준공되기 이전이라고 하더라도 분양계약서상 과세대상 아파트의 외부공사가 완공되는 등 사실상 과세대상 물건으로서 동·호수 등을 특정 구분할 수 있는 경우라면 과세대상 목적물이 존재하지 않았다고는 볼 수 없을 뿐만 아니라 변경계약을 대체 체결 이후 아파트를 준공하여 입주자로 하여금 입주하게 하고, 3년간 할부금을 납부하는 방식으로 나머지 분양대금을 납부하게 한 점 등 사실이 변경계약 등에

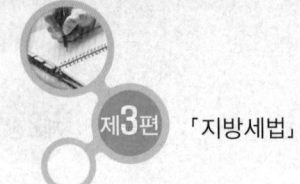

서 나타나는바, 변경 분양계약서상 변경분양계약 시점에서 매매대금 최종지급일까지 3년간에 걸쳐 납부하므로 연부취득에 해당된다. 아울러 변경계약서상에 입주잔금 이후에 아파트 분양대금 납부방법을 할부금이라는 용어를 사용하여 납부한다고 하더라도 그 할부금은 실질적으로 아파트 분양대금에 해당되므로 연부취득에 해당한다(행자부 세정-2448, 2004.8.10. 참조). 따라서 아파트를 분양받아 중도금 납부 중 분양계약을 변경하여 그 변경된 분양계약서에서 아파트 준공 후 나머지 분양대금을 3년간에 걸쳐 연부금 방식으로 납부하는 경우라면 그 사실상의 연부금 지급일을 취득일로 하고 그 납부한 연부금액을 과세표준으로 한 취득세를 부과하여야 할 것이다(지방세운영과-3433, 2010.8.9.).

3) 계약해제

연부취득 중인 과세물건을 마지막 연부금 지급일 전에 계약을 해제한 때에는 이미 납부한 취득세는 환급하여야 한다(구 지통 7-5).[142]

4) 경개계약

연부로 취득 중인 부동산을 경개계약에 의하여 취득한 경우, 경개계약 시점에서의 경개계약자는 당초 계약자가 지급한 금액에 대한 취득세를 납부하여야 하며, 그 이후부터는 연부금 지급일마다 매 연부금액에 대한 취득세를 납부하여야 한다. 이 경우 종전 계약 해지자가 납부한 취득세는 환급하여야 한다(구 지통 7-5).[143] 연부로 취득 중인 부동산에 대해 경개계약이 체결되었다면 종전 연부취득자(계약해지자)가 납부한 취득세는 환급하여야 하는 것으로서, 이에 대한 취득세 환급청구기산시점은 그 권리를 행사할 수 있는 때인 경개계약을 체결한 시점이 되는 것이다(세정 13407-927, 2003.8.23.).

한편, 연부취득 중인 부동산에 관하여 매도인·매수인 및 제3자 사이의 경개계약에 의하여 매수인의 지위가 양도된 경우 위 제3자가 부동산을 취득하게 되는 것은 위 경개계약에 의한 것이므로 그때의 부동산 취득이 연부취득에 해당하는지 여부는 위 계약의 내용에 의하여 판단되어야 할 것이고, 위 제3자가 전자의 권리를 승계하거나 의무를 인수하기로 약정하였다 하여 달리 볼 것은 아니라 할 것이다(대법원 97누3170, 1998.11.27.)라고 판시하고 있어서 상기 기본통칙과 다르게 해석하고 있지만, 연부취득 중인 부동산에 대해 매도인·매수인 및 제3자 사이의 경개계약에 의

---

142) 연부금 납부 중 계약이 취소된 경우 완전한 취득이 아닌 상태에서 납부한 것으로 보아 기 납부한 취득세는 취소 가능하다(같은 취지 지방세운영과-2788, 2015.9.2., 지방세운영과-869, 2019.4.2.참조)고 사료됨(부동산세제과-3558, 2022.11.11.).

143) 유권해석(부동산세제과-518, 2020.3.6.)과 감사원 심사례(감심 2018-423·424, 2019.10.8.)도 동일하게 결정하고 있으며, 연부취득 중 마지막 잔금을 지급하기 전에 계약해지청구권에 의해 매매계약이 해지된 경우 기 납부한 연부금에 대한 취득세는 환급하여야 하는 점(지방세운영-2788, 2015.9.2.) 등을 고려할 때, 연부계약에 따른 최종 잔금이 지급되기 전 그 계약이 해제된 경우 해당 납세자가 처음부터 연부취득 중인 물건을 취득하지 않은 것으로 보아야 하므로 연부취득 중 성립했던 과점주주 간주취득세 역시 성립하지 않는 것으로 보아 기 신고납부한 과점주주 간주취득세는 경정청구에 따른 환급대상으로 보아야 할 것임(지방세운영과-869, 2019.4.2.).

하여 매수인의 지위가 양도되고 새로 계약을 체결한 경우라면 그 경개계약일로부터 잔금지급일까지의 기간이 2년 미만인 경우 제3자는 연부취득자에 해당되지 아니하여 연부계약이 성립되지 아니한다. 그런데 연부취득 중인 부동산에 관하여 매수인의 지위가 양도된 경우 연부취득에 해당하는지 여부는 승계계약의 내용 자체에 의하여 판단하여야 할 것이고(대법원 95누15070, 1997.6.13. 판결 등 참조), 승계받은 자가 승계계약을 체결한 이후 2년 이내에 토지의 매매대금을 모두 지급하였다고 하더라도 이러한 사실만으로는 승계계약의 지급기일이 변경되는 계약이 체결되었다고 보기 어려우므로, 이 토지 취득은 연부취득에 해당된다(대법원 2019두52607, 2020.1.16. 심불, 서울고등 2019.8.23. 선고, 2019누32643 판결).[144] 그 이유는 새로이 계약을 체결되지 아니한 것이기 때문이다.

5) 연부계약 형식으로 변경

일시취득 조건으로 취득한 부동산에 대한 대금지급방법을 연부계약 형식으로 변경한 경우에는 계약변경 시점에서 그 이전에 지급한 대금에 대한 취득세의 납세의무가 발생하며, 그 이후에는 사실상 매 연부금 지급일마다 취득세를 납부하여야 한다(지예 법7-5).

6) 2년 미만으로 체결한 상태에서 연부계약 변경없이 2년 경과하여 지급하는 경우

당초 매매계약서상의 잔금 지급기간을 2년 미만으로 체결하였다가 당초 매매계약을 연부계약 형식으로 변경하지 않은 상태에서 그 잔금지급기간이 2년이 경과되어 지급하는 경우라면 이는 연부취득에 해당되지 아니한다(세정-24, 2003.5.30.).

7) 연부계약 형식에서 2년 미만으로 변경할 경우

당초 계약서를 작성할 때 대금지급기간을 2년 이상으로 하여 지급금액과 지급시기 등을 정하였다면 연부취득으로 매매대금 지급 시마다 지급금액을 연부취득의 과세표준에 포함하여 신고납부하여야 하지만, 변경계약을 하여 지급기간을 2년 미만으로 한 경우에는 연부취득에 해당되지 않아 당초 연부취득으로 신고납부한 취득세는 환급대상이 되는 것이다.[145] 그리고, 당초 매매계약 체결 시 대금을 2년 이상에 걸쳐 지급하기로 계약을 체결하였다 하더라도 변경계약을 하지 않고 문서로만 당사자 간의 합의 하에 대금을 2년 이내에 지급한 경우에는 연부취득으로 볼 수 없다(조심 2018지0595, 2019.4.3.).

---

144) '甲' 단독명의로 부동산을 취득하는 연부계약을 체결하고 취득세를 납부하던 중 연부계약의 변경없이 매수인을 공동명의(甲+乙)로만 변경하게 되면, 매수인이 당초 연부계약을 해지하였다고 볼 수 없고 제3자에게 당초 계약에 관한 권리의무를 일부승계한 것일 뿐이므로, 다른 연부계약 조건에 변경이 없다면 '甲'이 납부한 취득세는 환부대상 아님(행자부 지방세정팀-629, 2007.3.15. 참조)(부동산세제과-518, 2020.3.6.).

145) 종전 유권해석(세정 13407-680, 1998.7.7.)에 의하면 "한국토지공사와 매매계약(1997.2.24.~2002.2.24.)을 분할하여 납부하기로 계약을 체결하고, 계약금 및 1차중도금을 약정일에 납부하여 오던 중 토지 변경계약(1997.2.24.~1998.10.9.)을 체결하였다면, 연부계약 체결 당시의 계약금과 그 이후 지급한 1차중도금에 대하여는 각각 취득세를 신고납부하여야 하며, 계약변경 후 잔금지급일 또는 소유권이전등기일 중 빠른 날을 기준으로 신고납부하여야 하는 것이다"라고 해석한 바 있었다.

8) 연부계약 형식에서 2년 미만으로 실제로 지급한 경우

대법원판례(2019두52607, 2020.1.16.)는 연부계약 이후 실제 대금을 2년 이내 지급하였다 하더라도 연부취득에 해당한다고 판시하였으나, 조세심판원은 연부취득에 해당하기 위해서는 ① 매매계약서상 연부계약의 형식(형식적 요건)을 갖추고, ② 대금이 2년 이상에 걸쳐 일정액씩 분할하여 지급(실질적 요건)이라는 2가지 요건을 모두 충족하여야 하는 것으로 판단되므로 매매계약서상 연부계약의 형식을 갖추었다고 하더라도 매매계약 이후에 대금을 2년 이내에 모두 지급한 경우에는 ②요건을 충족하지 못하여 연부취득의 요건이 성립되지 못한 것으로 보아야 할 것이다(조심 2020지3674, 2023.5.10. 결정 참조)(조심 2022지0535, 2023.10.25.)라고 결정하고 있다.

그런데 연부계약을 하지 않고 실제 대금지급을 2년 이상 한 경우에는 연부취득으로 볼 수 없는 바, 이와 형평성을 맞추는 것이 타당하고, 기존의 조세채권이 확정되었던 것을 취소하고 환급을 하여야 한다는 점과 납세자는 이미 신고납부한 취득세를 차감한 나머지 금액으로 신고납부할 것으로 기대되는 점 등을 고려한다면 대법원판례가 더 타당하다고 보여진다.

> **사례** 연부취득 여부(대법원 2019두52607, 2020.1.16. 심불, 서울고법 2019누32643, 2019.8.23.)
> 경개계약에 의하여 매수인의 지위가 양도된 경우 그 제3자의 부동산 취득이 지방세법령 소정의 연부취득에 해당하는지 여부는 종전 매수인의 권리의 승계나 의무 인수를 고려하지 아니하고 제3자가 부동산을 취득하게 된 계약인 경개계약의 내용 자체에 의하여 판단하여야 하는데(대법원 1997.6.13. 선고, 95누15070 판결, 대법원 1998.11.27. 선고, 97누3170 판결 등 참조), 원고, ○○건설, 한국토지주택공사 사이의 이 사건 승계계약은 원고가 이 사건 매매계약에 따른 ○○건설의 한국토지주택공사에 대한 일체의 권리·의무를 승계하는 경개계약으로서 그 경개계약 내용상으로 3년 6개월 동안 8회의 연부금을 지급할 ○○건설의 의무가 원고에게 그대로 승계되는 것이므로, 이에 따른 이 사건 토지의 취득은 지방세법의 연부취득에 해당함.

9) 연부계약 시 사실상 취득

사실상의 잔금지급 여부를 연부취득이라 하여 일반취득과 달리 처리할 이유가 없는 것이다. 즉 최종 연부금 중 대부분을 납부하였고, 나머지 금액을 납부하지 아니할 이유가 없는 상태에서 최종 연부금 지급기일도 경과된 경우라면 사실상의 잔금지급이 된 것으로 판단된다. 따라서 미미한 최종 연부금을 지급하지 아니한 이유가 특별히 없다면 사실상 잔금지급이 된 것으로 보아야 할 것이다. 이는 마지막 연부금지급 전이라도 사실상의 잔금이 지급되었다면 연부계약 해지로 볼 수 없고 취득한 것으로 보아야 할 것이다.

한편, 최종 잔금 지급 예정액이 상당히 미미한 경우에 해당된다 하더라도 최종 잔금은 계약서에 의해 지급되는 것이고 아직 잔금지급 약정일이 남아 있는 상태에서 최종 잔금지급 전에 계약자를 변경한 경우로 미미한 최종 연부금을 지급하지 아니한 이유가 특별히 없다면 이를 사실상 취득한 것으로 보기에는 문제가 있다고 판단된다. 그리고 계약목적물이 존재하기는 하나 최종 잔금예정일에 택지조성 등이 다 완성되어진 경우가 아니라면 미미한 잔금 미지급의 경우 사실상 잔금지급으로 보는 것에도 문제가 될 것이다.

10) 부과제척기간 기산일

취득세는 신고납부 방식의 조세인 점, 신고납부 방식의 지방세는 부과제척기간 기산일이 신고납부기한의 다음 날인 점, 연부취득의 경우 사실상 연부금 지급일이 취득시기로서 그 날로부터 30일(현행 60일) 이내에 신고납부해야 하는 점, 구 「지방세법」에서는 연부취득에 대해 부과제척기간 기산일을 별도로 규정하고 있지 않은 점 등을 종합적으로 감안할 때, 연부취득에 따른 부과제척기간 기산일은 매 연부금 지급에 따른 신고납부기한의 다음 날이며 부과제척기간은 각 연부금액에 대하여 각각 진행된다(지방세운영과-1624, 2012.5.24.).

> **사례** 매회 연부금을 사실상 지급하는 때 해당 연부금을 과세표준으로 취득세를 신고·납부하는 것이므로, 연부금에 대한 신고납부기한으로부터 5년이 경과하였다면 취득세 부과제척기간이 경과한 것임(심사 2004-258, 2004.10.27.).

11) 고유목적사업 사용 유예기간 기산일

법 취지를 볼 때 연부취득 시 취득시기는 연부지급일이나, 비업무용 토지(현행 폐지)나 고유목적사업 사용 유예기간 산정 시 취득일은 최종 연부금지급일(최종 연부금지급 전에 등기를 하는 경우에는 등기일)을 말하는 것으로 판단하여야 할 것이다. 그 이유는 잔금을 지급하든지 소유권이 이전되어야 목적사업에 사용할 수 있지 그 이전에 사용할 수 없기 때문이다. 예를 들어 산업단지의 경우에도 최종 잔금일이나 등기일 중 빠른 날을 기준으로 그 날로부터 3년 이내에 다른 용도로 사용함이 없이 산업용 건축물로 사용하여야 감면을 받을 수 있다.

> **사례** 기존 주택이 있는 상태에서 연부취득 주택의 일시적 2주택 유예기간의 기산일이 되는 취득일은 연부대금완납일과 등기일 중 빠른 날을 취득일로 보아 "일시적 2주택" 여부를 판단하는 것임(지방세운영과-208, 2012.1.16.).

12) 재산세 감면

연부취득의 경우 취득세는 연부금 지급일이 취득시기가 되나, 재산세의 경우에는 잔금지급일 또는 소유권이전등기 빠른 날이 취득시기가 되며, 이 취득일을 기준으로 감면 여부를 판단하여야 한다. 한편, 국가, 지방자치단체, 지방자치단체조합과 재산세 과세대상 재산을 연부로 매매계약을 체결하고 그 재산의 사용권을 무상으로 받은 경우에는 그 매수계약자가 재산세 납세의무자가 된다. 이에 해당하는 연부취득인 경우에는 계약일을 기준으로 감면 여부를 판단하면 될 것이다.

13) 국적취득조건부 나용선 계약

국적취득을 조건으로 관계기관으로부터 나용선 계약허가를 받은 후 선박을 인도받아 사용하면서 용선료(실제로는 선박대금의 일부)를 지급하고 있는 경우라면 연부취득에 해당되어 계약상 용선료 지급 시마다 취득세를 납부하여야 한다(세정 1268-2954, 1982.3.3.).

주식발행법인이 국적취득조건부 나용선을 연부취득 중인 상태에서 해당 법인장부상에 유형 자산으로 기장되어 있으며 연부금에 대한 취득세 등을 면제받고 있는 경우에도 주식발행법인의 국적취득조건부 나용선에 대한 과점주주의 취득세 납세의무가 있는 것이다(세정 13407-733, 2003.8.6.).

14) 연부취득 중 과점주주 간주취득세

과점주주의 납세의무성립 당시 해당 법인의 취득시기가 도래되지 아니한 물건에 대하여는 과점주주에게 납세의무가 없지만, 연부취득 중인 물건에 대하여는 연부 취득시기가 도래된 부분에 한하여 납세의무가 있다(지예 법7-3). 그런데 연부금 지급 중에는 법인장부에 자산처리되지 않는다는 점에서 논란이 되고 있다.

15) 연부취득에 의한 개정 취득세율 적용

2010년에 납부하신 연부취득에 대한 취득세는 구 「지방세법」을 적용하여 연부금액의 2%의 금액을 취득세로 부과되었으나, 2011.1.1.부터 등록세(종전 2%)가 취득세(종전 2%)로 통합이 되어 연부금액의 4%를 적용하여 취득세를 부과되는 것은 적법하다고 판단되며, 2010년에 구 「지방세법」에 의하여 취득세만 납부하였다면 2011년 이후 등기를 하는 경우에는 2010년 기 납부한 연부금액에 대하여는 2010년 시행하였던 구 「지방세법」을 적용하여 등록세(2%)를 납부하여야 한다(경남세정과-3323, 2011.3.23.).

16) 연부취득 시 건설자금이자 산정방법

원고는 LH공사에게 1차 연부금 및 2차 연부금을 지급함으로써 그 각 연부금 지급일에 각 연부금 지급액에 상당하는 비율만큼 이 사건 토지를 부분취득한 것인데, 이 사건 비용은 그 지급원인이 2차 연부금 지급에 따른 2차 연부취득 이전에 발생한 것이기는 하지만 2차 연부금과 관련된 대출금 이자나 대출 관련 수수료가 아니어서 2차 연부취득을 위한 간접비용으로 볼 수 없고 또 그 지급원인이 1차 연부취득 이전에 발생한 것이 아니어서 1차 연부취득을 위한 간접비용으로 볼 수도 없는 점, 취득의 대상이 아닌 물건이나 권리에 관한 것이어서 당해 물건 자체의 가격이라고 볼 수 없는 것이라면 과세대상 물건을 취득하기 위하여 당해 물건의 취득시기 이전에 그 지급원인이 발생 또는 확정된 것이라도 이를 당해 물건의 취득가격에 포함된다고 보아 취득세 과세표준으로 삼을 수 없는바(대법원 2009두12150, 2010.12.23. 판결 참조), 이 사건 비용은 2차 연부취득을 위한 물건 자체의 가격이라고 볼 수 없는 점 등에서 이 사건 비용은 이 사건 토지의 1차 연부취득 및 2차 연부취득에 대한 취득세의 과세표준인 취득가액에 포함되는 비용에 해당한다고 볼 수 없다(대법원 2019두52607, 2020.1.16. 심불, 서울고등 2019.8.23. 선고, 2019누32643 판결).

17) 연부취득 시 감면율 적용

개정 전 「지방세법」 제29조 제1항 제1호 및 같은 법 시행령 제73조 제6항에 따라 과세물건을 취득하는 때 납세의무가 성립하고 연부취득의 경우 매회 사실상의 연부금 지급일에 납세의무가 성립되어 그 금액을 과세표준으로 하여 취득세가 과세되는 것인 점, 같은 법 제289조 제1항에서 청구법인이 국가 등의 계획에 따라 제3자에게 공급할 목적으로 일시 취득하는 부동산에 대하여는 취득세 및 등록세를 면제한다고 규정하고 있는바, 이 건은 계약금 및 제1회차 연부금액에 대한 등록세이므로 지급 당시의 감면율이 적용되어야 할 것으로 보이는 점, 개정 후 「지방세법」 부칙 제6조에서 이 법 시행 전에 과세물건을 취득한 자로서 이 법 시행 후에 그 물건을 등기·등록하는 자는 종전 규정에 따른 등록세 등의 납세의무를 진다고 규정하고 있으며, 이를 이 법 시행 전에 잔금을 완납한 경우로 좁게 해석하기 어려운 점, 청구법인이 계약금 및 제1차 연부금액을 지급할 당시 「지방세법」 제289조에 따라 장차 취득할 쟁점부동산에 대한 등록세가 비과세된다는 사실을 신뢰하였다가 쟁점부동산의 등기 당시에는 관련규정이 불리하게 개정되어 납세자의 이익이 침해된 결과를 초래하게 된 것으로 보이므로 신의성실의 원칙에도 부합되지 아니한 점 등에 비추어 처분청이 이 건 계약금 및 1회차 연부금에 대한 등록세 등을 과세하면서 개정된 법률에 따라 30%의 감면율만을 적용한 이 건 처분은 잘못이 있는 것으로 판단된다(조심 2019지1801, 2019.11.27.).

> **사례** 연부취득 시 감면율 적용(지방세특례제도-272, 2017.8.18.)
>
> 기업부설연구소로 직접 사용하기 위하여 일부 토지는 취득하고 일부 토지는 연부취득 중에 해당한다 하더라도 부칙 제24조에서 규정한 입법취지와 사후적 감면이라는 점을 감안할 때 유예기간 이내에 「기초연구진흥 및 기술개발지원에 관한 법률」 제14조의 규정에 의한 기준에 따라 기업부설연구소로 인정받은 경우라면 그 부동산에 대해서 부칙 제24조를 적용하는 것이 타당하다고 보여지므로 감면대상임.
>
> ☞ 2014.12.31 법률 제12955호 부칙 규정을 보면, 일반적 경과조치 규정 외에 제24조에서 기업부설연구소에 대한 경감세율 특례를 별도로 규정하고 있음.

18) 연부취득 시 기부채납

연부취득하는 부동산의 경우 각 연부금 지급일에 해당 부분을 취득하는 것으로 보아 취득세를 과세하는 것이므로, 연부금 지급 당시 해당 부동산을 국가 또는 지방자치단체에 기부채납할 것이 정해지지 않은 상태였다면 해당 부분은 기부채납을 조건으로 취득하는 부동산으로 보기는 어렵다 할 것이다. 따라서 부동산 중 기부채납 대상으로 확정되기 전 연부취득한 부분은 취득세 비과세대상인 기부채납을 조건으로 취득한 부동산에 해당하지 않는 것이다(조심 2019지1818, 2020.6.18.).

(12) 선수협약

1) 개요

조성 중인 토지의 취득일을 판단함에 있어서 선수금의 성격은 추후 본계약을 체결하기 위한 예약금의 성격을 띠고 있으므로 선수금을 완납하더라도 취득이 되지 아니하는 것이며, 본계약을 이행하기 위한 예약금을 완납한 것이 불과한 것이다. 가계약(선수협약 등)에 의하여 선수금을 지급하고 정산하기로 경우에는 정산일에 취득일로 보아야 한다. 즉 가계약(선수협약 등)에 의한 선수금 완납일에 취득으로 볼 수가 없는 것이며 추후 면적의 확정, 대금의 정산 등으로 이를 취득일로 판단하는 것이다. 이는 분양계약, 조성계약 등의 계약 내용이 계약체결 시점에 대상 토지가 없는 경우와 택지조성 중 경우에는 가계약으로 보아야 하므로 본 계약과 구별하여야 하며, 가계약은 본계약이 아니므로 선수대금을 완납하였다 하더라도 취득이 된 것이 아니며 취득대상인 토지조성이 완료된 후 토지대금정산일로 보아야 하는 것이다.

한편, 주택건설용지에 대한 선수협약을 체결하고, 해당 토지에 대한 토지사용승낙을 받은 후 본 계약이 체결되지 않은 상태에서 선수대금이 완납되었다 할지라도 해당 토지에 대한 취득의 시기는 본 계약체결 이후 잔금지급일 또는 토지대금정산일 중 빠른 날이 취득시기가 된다(세정 13430-439, 2001.10.18.). 이 유권해석은 택지선수협약을 체결하고 선수금이 완납되기 전에 사용승낙을 얻어 매입목적에 사용하는 경우 취득기준일이 사용승낙일을 기준으로 하여야 한다는 종전 유권해석(세정 13407-764, 2000.6.15.)을 변경한 것이다. 가계약에 의거 선수금 지급 후, 본계약 대체체결 후 별도로 정산하는 경우에는 먼저 사용 · 수익을 할 수 없는 경우라면 토지대금정산일이며 사용 · 수익 승낙을 받아 사용하는 경우라면 사용한 부분은 사실상 잔금지급일이 된다고 비록 유권해석을 하였으나 구 「지방세법」 제71조(1997.10.1.)에 의한 수정신고납부제도가 있기 이전에 운영한 것이므로 금액이 증감하는 경우 수정신고납부에 의거 정산일을 수정신고사유 발생일로 보아야 할 것이다. 즉 이는 어디까지나 유상승계취득의 일종이기 때문에 '사실상 잔금지급일'이 취득일에 해당되는 것이며, 대금의 정산 등으로 변경되는 경우에는 수정신고 또는 경정청구를 하여야 하는 것이다. 따라서 본 계약 체결 후 정산하는 경우에는 사실상 잔금지급일이 취득일이나 금액 증감 시에는 정산일에 수정신고 사유발생일로 보아 그에 기하여 수정신고로 추가 납부하거나 경정청구로 환급하게 되는 것이다. 따라서 본 계약에 의거 취득하는 경우에는 그 일응 계약체결일에 목적대상 물건이 완성되었거나 구분되는 것이기 때문에 대금지급일이 취득일이 되며, 추후 대금 등의 정산이 있는 경우에는 그 시기에 수정신고 등을 하면 되는 것이다.

2) 연부취득과 비교

연부취득과 유사한 선수협약과의 차이점을 비교하면 다음과 같다.

연부취득의 경우 계약 당시 계약목적대상이 존재하여야 하나, 선수협약의 경우 계약 당시 계약목적물은 존재하되 위치, 면적 등이 불확정한 경우를 의미하는 것이다. 예를 들어 매매계약서를 체결할 당시 계약의 대상인 토지의 지번, 면적 등이 명확하게 존재하는 경우에는 연부취득 계약

대상으로 보아야 하나, 선수협약의 경우에는 토지 등 계약목적물은 존재하되 가지번(예 : **블럭 ##노트)이나 면적이 특정되지 아니한 것이고 추후 반드시 정산하도록 본계약을 체결하게 되는 것이다. 그런데 계약목적물은 존재하고 가지번(예 : **블럭 ##노트)이더라도 면적이 특정되어 있으나 추후 면적 증감이 있을 수 있는 약정이 되어 있는 경우는 연부취득으로 보고 있다.

연부계약은 매매계약서상의 대금지급기간이 2년 이상이어야 하고, 이는 계약서상의 대금지급 기간을 의미하는 것이기 때문에 사실상의 대금지급기간과는 무관한 것이다. 반면 선수협약의 경우 장차 부동산매매계약을 체결할 것을 예약한 것에 불과하기 때문에 이 경우 선수금은 대금에 속하는 것은 아니며, 추후 본계약을 이행할 것을 전제로 지급되는 금액으로서 선수금을 완납하였 다고 하더라도 취득세 납세의무가 발생되지 아니하는 것이다.

연부취득	선수협약
- 계약 당시 계약대상목적물이 존재할 것 - 매매계약서상의 대금지급기간이 2년 이상일 것	- 계약 당시 계약목적물이 불확정 - 선급금을 지급함. - 선수협약 시 추후 정산하여 본계약을 별도 체결함.

(13) 신탁재산의 수익권증서

1) 개요

대법원에서 신탁수익권 매매계약에 따라 신탁수익권을 취득한 것은 신탁재산을 관리 · 처분함에 따라 발생하는 신탁이익을 받을 수 있는 권리를 취득한 것에 불과할 뿐이므로 토지를 사실상 취득한 것으로 볼 수 없다(대법원 2018두62515, 2019.2.28.)고 판시하고 있다.[146]

한편, 취득세의 경우 사용수익권이 이전되었다고 하여 취득세 과세대상이 되는 것이 아니다. 따라서 위탁자의 채무 불이행으로 우선수익자가 수탁자와 매매계약을 체결하고 신탁부동산을 인수하는 경우 취득세 등을 부과하여야 할 것이다. 한편, 신탁계약에 기한 수익권증서는 그 성격상 유가증권 내지 지시증권이 아닌 채권증서에 해당한다고 볼 수 있다(대법원 2011다84335, 2012.11.29.).

2) 신탁부동산 수익권자 변경에 따른 취득세 납세의무

B가 A법인으로부터 등기상 소유권 변경없이 "신탁원본 및 수익의 수익권자" 지위를 양수한 것은 신탁부동산에서 발생되는 이익을 우선적으로 받을 수 있는 권리를 양수한 것일 뿐 수익권증 서에 표시된 신탁부동산을 취득한 것에 해당하지 아니한다(행정자치부 지방세정팀-4636, 2004.12.1. 참조)할 것이어서 취득세 과세대상으로 볼 수 없는 것이나, B 또는 타인이 수익권증서 등에 근거

---

146) 「신탁법」에 의한 신탁(부동산처분신탁) 중에 수익자가 신탁회사로부터 신탁부동산의 소유지분이 표시된 "수익권증서"를 발급받은 것은 신탁부동산의 소유지분에 대한 소유권 자체를 취득한 것이 아니라 신탁회 사가 해당 신탁부동산을 관리 · 처분함에 따라 발생하는 신탁이익을 우선적으로 향수하는 권리가 수익자에 게 있음을 확인받은 것이므로 "수익권증서"에 표시된 신탁부동산을 취득한 것으로 볼 수 없다고 판단된다 (세정 13407-323, 2003.4.24., 지방세정팀-4801, 2006.10.2. 참조).

하여 부동산의 소유권을 취득하는 경우에는 취득세 납세의무가 있다고 할 것이다(서울세제과-1443, 2013.2.1.). "수익권증서"를 양수받은 자의 경우 "수익권증서" 상의 신탁부동산 표시지분의 소유권을 취득하는 시점은 신탁계약 해지를 통해 해당 지분의 명의를 이전받는 때가 되는 것이다(세정 13407-323, 2003.4.23.).

3) 신탁부동산을 수탁자로부터 수익자로 이전하는 경우

2014.1.1. 이후 취득분부터 유상승계의 세율인 4%를 적용하고 있다.

그런데 2013.12.31. 이전에는 3%. 다만, 「지방세법 시행령」 제22조의 규정에 의한 비영리사업자가 수익자가 될 때에는 2.5% 적용하였는데, 2014.1.1. 개정으로 이 규정이 폐지되어 유상승계취득으로 보아 세율을 적용하고 있다. 그런데 2013.12.31. 이전에 신탁재산인 부동산을 수탁자로부터 수익자에게 이전한 경우에 대해서는 개정 규정에도 불구하고 종전의 규정에 따른다.

> **사례** 담보신탁계약을 유지한 채 일부 신탁재산에 대해 신탁등기 말소를 원인으로 위탁자에게 귀속되는 경우 위탁자를 우선수익자로 보는지 여부(지방세운영과-4732, 2010.10.7.)
>
> 가. 관련규정과 약정서상 신탁관계
>
> 신탁등기가 병행되는 「신탁법」에 의한 신탁으로서 위탁자만이 신탁재산의 원본의 수익자가 된 신탁재산을 수탁자가 수익자에게 이전하는 형식의 신탁재산 귀속의 경우에는 「지방세」 제128조 제1항 나목에서 이를 형식적인 소유권 취득등기로 보아 등록세를 비과세한다고 규정하고 있고, 위 담보신탁계약서 제7조 제7항에 의하면 선순위 우선수익자의 채권이 소멸한 경우에는 차순위 우선수익자의 순위가 승진한다고 규정하고 있으며, 또한 제25조 제1항 및 제2항에서 이 신탁계약은 신탁기간 중 위탁자가 우선수익자에 대한 채무를 변제하고 신탁계약을 해지하는 때 종료하고, 종료 시에는 수탁자는 위탁자에게 신탁부동산을 현상대로 인도하는 것으로 약정하고 있음.
>
> 나. 위탁자(A사)가 원본의 수익자에 해당 여부
>
> 위 신탁재산 위탁자의 경우 2010.7.21. 일부 신탁재산에 대한 담보금액을 수령하였다는 확약서를 우선수익자로부터 받았던 점, 2010.7.5. 당초 신탁된 일부 신탁재산의 신탁목적 달성에 따른 신탁종료로 이를 위탁자에게 인계하기 위한 신탁재산 귀속증서를 위·수탁자 간 작성하였던 점, 2010.9.8. 우선수익자는 일부 귀속재산에 대한 근저당권설정등기를 말소하였던 점, 2010.8.3. 일부 신탁재산에 대한 신탁등기를 말소하고 위탁자에게 소유권이전되었던 점 등을 종합하여 볼 때, 신탁목적 달성에 따른 위·수탁자 간 신탁재산 귀속증서를 작성하고 우선수익자가 일부 신탁재산에 대한 담보채권금액을 위탁자로부터 수령하였다고 확약서를 작성한 시점에 당초 우선수익자는 그 지위를 상실하였다고 봄이 상당(조심 2008지1053, 2009.7.23. 판결 참조)하고, 위 신탁재산은 오피스텔 건물을 각 동호별로 신탁등기하고 해제 시에는 각 동호별로 일부씩 해제하고 있는 것이 신탁재산 귀속증서상에 나타나고 있으므로 각 동호별로 신탁재산에 대한 담보채권금액을 변제하였다면, 그 변제 시점에서 차순위 수익자가 그 지위를 취득한 것이므로 위 담보신탁계약서에 따라 "차순위 우선수익자"인 위탁자(A사)가 일부 신탁재산의 원본의 수익자가 되었다고 할 것임.

4) 우선수익자가 담보 등의 실행을 위하여 신탁부동산을 처분한 경우

우선수익자 간에 여신거래약정을 체결하면서 부동산을 담보로 제공하였고, 부동산의 신탁계약은 위탁자와 수탁자 간에 체결하여 우선수익자가 신탁계약의 직접 당사자는 아닌 점, 위탁자와 수탁자 간의 신탁계약체결이 부동산담보신탁으로 되어 있는 점, 우선수익자는 대물변제 등에 의하여 부동산의 당초 소유자인 위탁자 또는 수탁자로부터 부동산을 취득한 사실이 없는 점, 재화의 공급(신탁부동산의 분양)에 따라 우선수익자가 분양대금을 직접 수취하는 것이 아니라 수탁자의 신탁재산 공급으로 조성된 자금에서 위탁자가 우선수익자에 대하여 부담하고 있던 채무의 변제를 받는 점, 우선수익자가 갖는 수익권의 범위는 여신거래로 발생하는 원금과 이자 및 지연손해금에 한하고 그 최고한도가 정해져 있는 점, 부동산에 대한 점유사용 및 일체의 관리행위와 이에 따른 비용을 위탁자가 부담하는 점, 우선수익자에게 부동산에 대한 처분권한이 있다고 하나 그 행사범위는 대여금 회수 및 보전목적에 한정된다고 볼 수 있어 채권회수의 일환으로 보이는 점 등에 비추어 부동산에 관한 신탁은 처분을 목적으로 하는 신탁이 아닌 담보목적의 신탁으로서 부가가치세의 납세의무자는 청구인 등으로 신탁회사가 위탁자를 대신하여 부가가치세를 신고·납부할 근거도 없으므로 위탁자에게 부가가치세를 과세한 처분은 잘못이 없다고 판단된다(조심 2014중4330, 2015.4.16.)라고 결정하고 있다. 이 심판례가 부가가치세에 대한 심판례이지만 우선수익자가 담보 등의 실행을 위하여 신탁부동산을 처분한 경우 우선수익자가 갖는 수익권의 범위는 여신거래로 발생하는 원금과 이자 및 지연손해금에 한하고 그 최고한도가 정해져 있는 점, 우선수익자에게 부동산에 대한 처분권한이 있다고 하나 그 행사범위는 대여금 회수 및 보전목적에 한정된다고 볼 수 있어 채권회수의 일환으로 보이는 점 등에 비추어 우선수익자에게 소유권이 이전되었다고 볼 수 없을 것이다.

(14) 법인합병

합병을 원인으로 한 취득은 2023.3.14. 이후는 그 밖의 원인으로 인한 취득 세율(4%)[2023.3.13. 이전에는 무상취득으로 보아 세율(3.5%)]이 적용되는데, 적격합병(2015년 이전 적격합병과 무관)의 경우 다음과 같이 중과기준세율(구 취득세분 세율)은 원칙적으로 과세되지 아니한다. 그런데 합병 후에 제16조(사치성 재산 중과, 본점용 신·증축 부동산 중과, 공장 신·증설 중과)에 따른 과세물건에 해당하게 되는 경우 중과기준세율의 취득세는 과세되나, 「지방세특례제한법」 제57조의 2 제1항에 의하여 구 등록세분만 면제된다. 그리고 2016.1.1. 이후 합병분부터 합병등기일부터 3년 이내에 「법인세법」 제44조의 3 제3항 각 호의 어느 하나에 해당하는 사유가 발생하는 경우(같은 항 각 호 외의 부분 단서에 해당하는 경우 제외) 비과세된 중과기준세율이 과세되며, 구 등록세분 면제는 추징된다. 한편, 소멸법인 소유의 사치성 재산은 합병 전부터 중과세 물건이므로 합병으로 인하여 존속법인이 취득한다고 하더라도 취득세는 세율특례가 적용된다(세정 13407-1079, 2000.9.8.).

① 사치성 재산인 경우

> 중과세율을 적용하여 산정한 취득세 = 중과기준세율 × 5

② 본점용 신·증축 부동산, 공장 신·증설

> 중과세율을 적용하여 산정한 취득세 = 중과기준세율 × 3

합병의 형식이 흡수합병 또는 신설합병이든 관계없이 모두 상기와 같이 취득세를 부과한다. 이 경우 과세표준은 합병에 의한 취득은 유상승계취득이 아닌 무상취득으로 보아 합병일의 사실상 취득가액이 아닌 무조건 시가인정액(2022년 이전은 시가표준액)이 적용된다.

한편, 「지방세법」 제28조 제2항 제1호에 따라 대도시 내에서 법인의 설립(설립 후 또는 휴면법인을 인수한 후 5년 이내에 자본 또는 출자액을 증가하는 경우 포함)하거나 지점 또는 분사무소의 설치에 따른 등기를 하는 때에는 등록면허세를 3배 중과하도록 하는바, 대도시 내에서 법인설립 후 5년 미만인 법인 간의 흡수합병은 중과대상이 된다.

(15) 공유물 분할

1) 개요

여러 사람이 공유하는 물건을 분할하는 경우에는 원칙적으로는 각 공유자가 취득하는 토지의 면적이 그 공유지분의 비율과 같도록 하여야 할 것이나, 반드시 그런 방법으로만 분할하여야 하는 것은 아니고, 공유물 분할의 소는 형성의 소로서 공유자 상호 간의 지분의 교환 또는 매매를 통하여 공유의 객체를 단독 소유권의 대상으로 하여 그 객체에 대한 공유 관계를 해소하는 것을 말하므로, 법원은 공유물 분할을 청구하는 자가 구하는 방법에 구애받지 아니하고 자유로운 재량에 따라 공유 관계나 그 객체인 물건의 제반 상황에 따라 공유자의 지분 비율에 따른 합리적인 분할을 하면 된다.

분할대상이 된 공유물의 형상이나 위치, 그 이용 상황이나 경제적 가치가 균등하지 아니할 때에는 이와 같은 제반 사정을 고려하여 경제적 가치가 지분 비율에 상응되도록 분할하는 것도 허용되며, 일정한 요건이 갖추어진 경우에는 공유자 상호간에 금전으로 경제적 가치의 과부족을 조정하게 하여 분할을 하는 것도 현물분할의 한 방법으로 허용되고, 나아가 공유 관계의 발생원인과 공유지분의 비율 및 분할된 경우의 경제적 가치, 분할 방법에 관한 공유자의 희망 등의 사정을 종합적으로 고려하여 해당 공유물을 특정한 자에게 취득시키는 것이 상당하다고 인정되고, 다른 공유자에게는 그 지분의 가격을 취득시키는 것이 공유자간의 실질적인 공평을 해치지 않는다고 인정되는 특별한 사정이 있는 때에는 공유물을 공유자 중의 1인의 단독소유 또는 수인의 공유로 하되 현물을 소유하게 되는 공유자로 하여금 다른 공유자에 대하여 그 지분의 적정하고도

합리적인 가격을 배상시키는 방법에 의한 분할도 현물분할의 하나로 허용된다고 할 것이다. 만일 그런 방법이 허용되지 않는다고 한다면 특히 구분 건물의 대상이 되지 않는 건물의 공유자가 분할을 원하는 경우에는 그 지분이 적정하고 합리적으로 평가되고, 상대방 공유자가 그 대금을 지불할 능력이 있어 대금분할보다는 가격배상에 의한 분할방법이 더 공평한 방법이 될 수 있는 때에도 항상 경매에 의한 대금분할을 명하여야 하는 불합리한 점을 극복할 수 없게 된다(대법원 2004다30583, 2004.10.14.).

공유물의 분할 후 자산가액의 비율이 원래의 공유지분의 범위를 넘어서는 것이라거나 또는 원래의 공유지분의 비율과 분할 후 자산가액의 비율과의 차이에 따른 정산을 하였다는 등의 특별한 사정이 없는 한, 협의에 의한 공유물 분할은 원래의 공유지분에 따라 분할한 것으로서 제5호 소정의 공유물의 분할에 해당한다고 보아야 할 것이다(대법원 1998.2.13. 선고, 96누14401 판결 참조).

그리고 이러한 법리는 위와 같은 지분교환의 형식으로 한 개의 공유물을 분할하여 그 중 특정 부분에 대한 단독소유권을 취득하는 경우는 물론 여러 개의 공유물 또는 공유자산을 일괄하여 분할함에 있어 각 공유물을 그 지분비율에 따라 하나하나 분할하는 대신 지분비율과 각 공유물의 가액을 함께 고려하여 그 중 한 개 이상씩의 특정 공유물 전체에 대한 단독소유권을 취득하는 경우에도 마찬가지로 적용된다 할 것이다(대법원 95누5653, 1995.9.5., 대법원 98두10387, 1999.12.24.).

공유물의 분할은 당사자 간에 협의가 이루어지지 아니하여 재판에 의하여 공유물을 분할하는 경우에는 법원은 현물로 분할하는 것이 원칙이고, 현물로 분할할 수 없거나 현물로 분할을 하게 되면 현저히 그 가액이 감손될 염려가 있는 때에 비로소 물건의 경매를 명할 수 있다.

재판에 의한 공유물 분할은 각 공유자의 지분에 따른 합리적인 분할을 할 수 있는 한 현물분할을 하는 것이 원칙이며, 대금분할에 있어서 "현물로 분할할 수 없다"는 요건은 이를 물리적으로 엄격하게 해석할 것은 아니고, 공유물의 성질, 위치나 면적, 이용 상황, 분할 후의 사용가치 등에 비추어 보아 현물분할을 하는 것이 곤란하거나 부적당한 경우를 포함한다 할 것이고, "현물로 분할을 하게 되면 현저히 그 가액이 감손될 염려가 있는 경우"라는 것도 공유자의 한 사람이라도 현물분할에 의하여 단독으로 소유하게 될 부분의 가액이 분할 전의 소유지분가액보다 현저하게 감손될 염려가 있는 경우도 포함한다고 할 것이다(대법원 91다27228, 1991.11.12.).

공유물 분할은 공유물에 분산되어 있는 지분을 특정 부분에 집중시켜 그 소유 형태를 변경한 것에 불과하여 실질과세 원칙에 따라 세율특례하는 것(대법원 98두10387, 1999.12.24. 참조)으로, 여러 개의 공유물을 일괄하여 분할함에 있어 각 공유물을 그 지분비율에 따라 하나하나 분할하는 대신, 각 공유물 가액을 함께 고려하여 특정 공유물 전체에 대한 단독 소유권을 취득하는 경우에도 공유물 분할에 해당한다고 할 것이므로(대법원 95누5653, 1995.9.5.), 필지분할 후 지분비율 변동 없이 특정 필지를 단독 소유로 하거나, 연접해 있는 여러 필지를 분할 시 필지별 지분 변동은 있으나 전체 공동 소유지분의 변동이 없는 경우, 이는 교환이 아닌 공유권분할로 보아 취득세 세율특례 대상으로 보는 것이 합리적이라 할 것이다(세정과-1469, 2005.7.4., 세정과-1253, 2005.3.22., 행심 99-700, 1999.12.22. 참조).

> **사례** 감정가액에 따른 공유물 분할 시 과세표준 적용(대법원 2020두53972, 2021.2.4. 심불, 서울고등법원 2020누44260, 2020.10.22.)
>
> 이 사건 공유물 분할합의는 2017.6.9.을 기준시점으로 한 국민은행의 감정가격을 따른 것이고, 위 감정가격이 정당하게 산정되지 않은 가격이라는 점을 인정할 만한 자료도 없으므로 위 감정가격을 기초로 하여 이루어진 이 사건 분할합의에 따른 가액이 시가표준액에 미달한다는 사정만으로 원고의 신고가액이 실제 교환가치에 상응하지 않는다거나 합리적인 방법으로 산정되지 않은 것이라고 보기는 어려움.

> **사례** 집합건물 2개동을 단독 등기하는 경우 공유물 분할임(지방세운영과-5660, 2011.12.12.).
>
> 2명이 공동소유하고 있는 동일 규모와 가액의 집합건물 2개동을 각 공유자 명의로 단독등기하는 것은 여러 개의 공유물을 일괄 분할하면서 각 공유물의 지분과 가액을 함께 고려하여 특정 공유물 전체에 대해 단독 소유권을 부여하는 것임. 따라서 공유물의 지분비율에 따라 제한적으로 행사되던 권리를 분할을 통해 특정 부분에만 집중·존속시키는 공유물 분할의 한 유형에 해당(대법원 95누5653, 1995.9.5. 참조)하므로 공유물 분할에 따른 취득세율을 적용해야 할 것임.

2) 연접하여 있는 경우

공유물 분할은 교환취득과 그 형평을 고려하여 1필의 토지나 1구의 건축물 같이 관련법령상 소정의 절차를 거쳐야만 분할 및 구분할 수 있는 것을 전제로 하는 것이지만 다수의 공유물인 경우는 연접되어 있는 토지(적어도 위치·지가 등 제반 조건에 차이가 없는 토지)이거나 집합건물 형태로 되어 있는 때를 한정하여 인정하고 있는 것이다(행심 2006-355, 2006.8.28.).

> **사례** 연접 토지에 대한 공유물 분할 해당 여부(행심 2007-687, 2007.12.26.)
>
> 제1토지 및 제2토지가 서로 연접하고 위치, 지목, 사용현황 및 공시지가 등 제반조건에 차이가 없다 하더라도 제1토지 및 제2토지상에 필지별로 독립된 건축물이 있으므로 일단의 토지라기보다는 각 토지상에 존재하는 건축물의 개별적인 부속토지로 보는 것이 타당하다 할 것이며, 더욱이 제1토지 및 제2토지 취득신고 시 부동산 교환계약서를 작성하여 취득세 등을 신고하고, 교환을 등기원인으로 하여 등기를 경료한 이상, 제2토지에 대한 당초 지분을 초과한 취득을 교환을 원인으로 한 취득에 해당한다고 보아 취득세 등을 부과한 처분은 잘못이 없음.

3) 연접하지 아니하는 경우

공유물 분할은 공유물에 분산되어 있는 지분을 특정 부분에 집중시켜 그 소유형태를 변경한 것에 불과하여 실질과세 원칙에 따라 취득세를 비과세하는 것이므로(대법원 1999.6.17. 선고, 98다58443 판결 등 다수 참조), 지분교환의 형식으로 한 개의 공유물을 분할하여 그 중 특정부분에 대한 단독소유권을 취득하는 경우는 물론 여러 개의 공유물 또는 공유자산을 일괄하여 분할함에 있어 각 공유물을 그 지분비율에 따라 하나하나 분할하는 대신 지분비율과 각 공유물의 가액을 함께 고려하여 그 중 한 개 이상씩의 특정공유물 전체에 대한 단독소유권을 취득하는 경우에도 마찬가지로 적용된다 할 것이다(대법원 1999.12.24. 선고, 98두10387 판결 참조). 다만, 다수의 공유물을 분할하는 경우는 연접되어 있는 토지(적어도 위치 · 지가 등 제반조건에 차이가 없는 토지)이거나 집합건물 형태로 되어 있는 때를 한정하여 인정하여야 할 것이므로(조심 2014지0832, 2014.6.30., 조심 2014지0807, 2014.6.30. 등 다수 결정 참조), 연접하지 않은 다수의 토지로서 공시지가 등 제반조건이 상이한 토지를 분할의 절차없이 각각 취득한 경우 공유물의 분할이 아닌 교환에 해당(행정자치부 세정 13407 – 271, 1999.2.27. 참조)되므로, 0.3%의 특례세율이 아닌 일반 유상거래 취득세율을 적용해야 한다(부동산세제과 – 940, 2020.4.28.).

4) 취득세 과세

공유 관계를 종료하고 공유물을 분할하여 각기 지분을 각자의 재산으로 분할하는 공유권분할은 기본적으로 자기의 지분을 물건의 분할로 나누어 가지게 되는 것이기 때문에 그 이전행위를 형식적으로 보아 취득세를 세율특례가 적용되나(취득세 중 구 등록세분으로 0.3%가 적용됨), 교환거래가 발생하거나 자기지분을 초과하여 취득하는 경우 그 초과분에 대하여는 유상승계로 보아 취득세가 과세된다(지예 법11 – 3). 여기서 공유물의 분할은 법률상으로는 공유자 상호 간의 지분의 교환 또는 매매라고 볼 것이나 실질적으로는 공유물에 대하여 관념적으로 그 지분에 상당하는 비율에 따라 제한적으로 행사되던 권리, 즉 지분권을 분할로 인하여 취득하는 특정부분에 집중시켜 그 특정부분에만 존속시키는 것으로 소유형태가 변경된 것에 불과한 점, 공유물 분할로 인하여 단독으로 소유하는 경우 그 등기형식이 전체지분을 새로이 취득하는 것이 아니라 종전 공유지분은 그대로 둔 채 새로이 이전받는 지분에 대해서만 이전등기를 하고 있는 점, 실제로 청구법인도 종전 지분을 제외한 새로이 이전받는 쟁점등기지분에 대해서만 공유물 분할을 등기원인으로 하여 소유권이전등기를 경료한 점, '공유물을 분할한 후 분할된 부동산에 대한 단독 소유권을 취득하는 경우의 과세표준은 단독 소유권을 취득한 그 분할된 부동산 전체의 시가표준액으로 한다[147]'는 시행령이 2017.12.29. 신설되어 2018.1.1. 시행되었지만, 그 부칙 제2조에서 쟁점시행령은 '이 영 시행 이후 납세의무가 성립하는 분부터 적용한다'고 규정하고 있어 2017.12.7. 공유물 분할등기를 완료한 쟁점토지에 적용하기는 어려워 보이는 점 등에 비추어 공유물 분할의 경우 새로이 이전받는 지분에 대해서만 취득세 등을 과세하는 것이 타당하다 할 것이다(조심 2021지5813, 2023.5.17.).

한편, 실질적으로 공유물에 분산되어 있는 지분을 분할로 인하여 취득하는 특정부분에 집중시켜 그 소유 형태를 변경한 것에 불과한 것인 점, 공유물 분할로 단독 소유하는 경우, 그 등기형식이 종전 공유지분은 그대로 둔 채 새로이 이전받는 지분에 대해서만 이전등기가 이루어지고 있는 점, 실제로 청구인들도 각 종전 지분을 제외한 새로이 이전받는 지분에 대해서만 공유물 분할을 등기원인으로 하여 소유권이전등기를 경료한 점, 각 단독소유로 하는 부분 중 종전 공유지분은 종전 취득 당시 취득세를 기 납부한 점 등에 비추어 공유물 분할의 경우 새로이 이전받는 지분에 대해서만 취득세율을 적용하는 것이 타당한 것으로 보인다고 결정하고 있다(조심 2015지1095,

---

147) 이 규정은 앞의 내용을 살펴본다면 논란의 쟁점이 될 것이다.

2016.4.1.). 즉 취득세 중 구 등록세분으로 0.3%가 적용되지 아니하여야 한다는 것이다. 이는 공유물 분할 전 부동산의 공유자들이 부동산을 공유의 형태로 취득하면서 각 종전 지분에 대하여 취득세를 이미 납부하였는바, 공유물 분할로 인하여 단독소유로 이전등기되는 경우에는 이전받는 지분에 대하여만 취득세를 과세하여야 함에도 각 종전 지분에 대하여도 취득세를 부과한 것은 이중과세에 해당하다는 것이라는 점에서 타당성이 있다.

5) 취득시기

공유물 분할은 취득이라기보다는 자기 취득분을 분리하는 것이므로 자기지분에 대한 취득일은 당초 분할 전의 취득일이 되는 것이나, 공유물 분할 자체를 취득세 부과대상으로 보고 있으므로 소유권이전등기일이 취득시기가 되는 것이다. 다만, 자기지분 초과분은 유상승계취득이므로 잔금지급일이 없으므로 공유물 분할에 따른 정산금 지급이 있다면 그 날을 취득시기로 보면 될 것이나, 정산 등이 없이 공유물 분할이 되었다면 소유권이전등기일이 취득시기가 되는 것이다.

6) 이혼에 따른 재산분할은 공유물 분할 아님

이혼에 따른 재산분할을 원인으로 한 취득은 무상취득으로 보아 세율(3.5%)을 적용하여야 하는데(세율특례로 인하여 1.5% 적용됨), 「지방세법」 제15조 제1항 제6호의 공유권의 분할로 인한 취득은 표준세율에서 중과기준세율을 차감한 세율 1.5%(취득세 중 구 등록세분)를 적용하며, 과세표준은 시가표준액이 된다.

7) 세율특례의 중복감면 배제 해당 여부

세율특례 조항과 「지방세특례제한법」 상 감면조항의 경우 예를 들어 「지방세법」 제15조 제1항 제4호(공유물 분할)와 「지방세특례제한법」 제6조 제1항(자경농민 농지감면)이 중복감면이 배제되는지를 검토하면 다음과 같다.

「지방세법」 제15조의 세율특례는 「지방세특례제한법」이나 「조세특례제한법」 상의 감면규정에 해당되지 아니하는 것으로 판단된다. 그 이유는 「지방세법」 제15조의 세율특례는 통합 취득세를 구 취득세가 비과세되었던 조항이나 구 취득세만 과세되었던 것을 통합 후에도 그대로 규정하기 위한 특례규정인 것이기 때문이다.

8) 공유물 분할의 소송절차 또는 조정절차에서 공유자 사이에 공유 토지에 관한 현물분할의 협의가 성립하여 조정이 성립한 경우 물권변동의 효력 발생시기

「민법」 제268조 제1항은 "공유자는 공유물의 분할을 청구할 수 있다."고 규정하여 공유물 분할의 자유를 인정하고 있다. 「민법」 제269조 제1항에 의하여 공유물의 분할은 당사자 사이의 협의에 따라 이루어지는 것이 원칙이고, 공유자 사이에 협의가 성립하지 아니한 때에 한하여 공유자는 법원에 공유물의 분할을 청구할 수 있게 되므로, 공유자 사이에 분할에 관한 협의가 성립한 경우에는 이미 제기한 공유물 분할의 소를 유지하는 것은 허용되지 않는다(대법원 1967.11.14. 선고,

67다1105 판결, 대법원 1995.1.12. 선고, 94다30348, 30355 판결 등 참조).

협의에 의한 공유물 분할은 사적 자치와 계약자유의 원칙이 지배하는 영역에서 이루어지는 것이므로 당사자는 협의에 의하여 분할의 방법을 임의로 자유로이 선택할 수 있다. 반면 재판에 의한 공유물 분할에 있어서는 「민법」 제269조 제2항에 의하여 법원은 현물로 공유물을 분할하여야 하고, 현물로 분할할 수 없거나 현물로 분할하게 되면 현저히 그 가액이 감손될 염려가 있는 때에 한하여 물건의 경매를 명할 수 있다. 또한 재판에 의한 공유물 분할, 즉 공유물 분할의 소는 당사자 사이에 다툼의 대상이 된 권리관계를 법원이 확정하는 것이 아니고, 협의에 대신하여 법원이 재량에 따라 합리적인 방법으로 공유자 사이의 기존 권리관계, 즉 공유관계를 폐기하고 적절한 장래의 권리관계를 창설하는 것이므로, 당사자는 분할의 방법이나 내용을 구체적으로 특정하여 공유물 분할을 청구할 필요 없이 단순히 공유물 분할을 구하는 취지를 청구하면 충분하고, 비록 당사자가 분할의 방법이나 내용에 관한 구체적인 사항을 정하여 분할을 청구하더라도 그것은 법원에 대한 당사자의 제안 정도의 의미가 있을 뿐이어서 법원은 그에 구속되지 아니한다(대법원 68다2425, 1969.12.29., 대법원 91다27228, 1991.11.12. 등 참조).

조정은 다툼의 대상이 되는 권리관계에 대한 당사자의 처분을 포함하는 것이어서 당사자가 자유롭게 처분할 수 없는 사항을 대상으로 하는 조정은 성립하더라도 효력이 없다(대법원 2006므2757, 2007.7.26. 참조). 한편 조정은 소송의 대상이 된 권리 또는 법률관계에 한정되지 아니하는 것이어서, 당사자는 필요한 경우에는 그 외의 권리 또는 법률관계를 조정의 대상으로 삼을 수 있다(대법원 2011다48902, 2011.9.29. 참조).

공유물 분할의 소가 제기되어 소송 계속 중에 당사자들 사이에 공유물 분할의 협의가 성립한 경우에 재판에 의한 공유물 분할을 구하는 공유물 분할의 소는 소의 이익을 잃게 되는 것이나, 다만 공유물 분할의 소와 관계된 실체법상의 권리관계, 즉 지분에 관한 권리관계는 당사자가 자유롭게 처분할 수 있는 것이므로, 공유물 분할의 소송 계속 중 당사자들 사이에 공유물 분할의 협의가 성립할 가능성이 있는 경우에는 수소법원이 조정회부결정을 하고 직접 또는 조정전담판사나 조정위원회로 하여금 당사자들 사이에 조정이 성립하게 함으로써 해당 분쟁을 종결지을 수 있음은 물론이다.

그러나 이와 같은 조정은 공유물 분할의 소의 소송물 자체를 대상으로 하여 그 소송에서의 법원의 판단을 갈음하는 것이 아니어서 본질적으로 당사자들 사이에 협의에 의한 공유물 분할이 있는 것과 다를 바 없다. 따라서 그 조정이 재판에 의한 공유물 분할의 효력, 즉 법원이 당해 사건에 관한 일체의 사정들을 고려하여 정한 현물분할 판결이 확정됨에 따라 바로 기존의 공유관계가 폐기되고 새로운 소유관계가 창설되는 것과 같은 형성적 효력을 가진다고는 볼 수 없다. 일정한 제약 아래 예외적으로 공유물 분할의 판결을 통하여 이루어지도록 하고 있는 법률관계의 변동을, 법원의 판단절차를 거치지 아니한 당사자 사이의 협의에 따라 창설적으로 발생하도록 하는 것은 비록 조정절차에 의하였다고 하더라도 허용될 수 없다고 보아야 한다.

따라서 공유물 분할의 소송절차 또는 조정절차에서 공유자 사이에 공유토지에 관한 현물분할의 협의가 성립하여 그 합의사항을 조서에 기재함으로써 조정이 성립하였다고 하더라도, 그와 같은 사정만으로 재판에 의한 공유물 분할의 경우와 마찬가지로 그 즉시 공유관계가 소멸하고

각 공유자에게 그 협의에 따른 새로운 법률관계가 창설되는 것은 아니라고 할 것이고, 공유자들이 협의한 바에 따라 토지의 분필절차를 마친 후 각 단독소유로 하기로 한 부분에 관하여 다른 공유자의 공유지분을 이전받아 등기를 마침으로써 비로소 그 부분에 대한 대세적 권리로서의 소유권을 취득하게 된다고 보아야 할 것이다(대법원 2011두1917, 2013.11.21.).

9) 구분소유되지 아니한 건물의 지분을 공유자에게로 이전

「집합건물의 소유 및 관리에 관한 법률」 제1조에서 1동의 건물 중 구조상 구분된 여러 개의 부분이 독립한 건물로서 사용될 수 있을 때 각 부분은 각각 소유권의 목적으로 할 수 있다고 규정하고 있고, 제2조 제1호 및 제3호에서 1동의 건물 중 독립한 건물로서 사용될 수 있는 건물부분, 즉 전유부분을 목적으로 하는 소유권을 구분소유권으로 규정하고 있다. 이와 같이 1동의 건물에 대하여 구분소유권이 성립하는 경우, 그 1동의 건물을 집합건물이라 하고, 1동의 건물 중 구분된 건물부분을 구분건물이라고 한다(대법원 2010다71578, 2013.1.17. 참조). 한편, 집합건물과 달리 일반 건물로 등기된 기존의 건물이 구분건물로 변경등기되기 전이라도, 구분된 건물부분이 구조상·이용상 독립성을 갖추고 건물을 구분건물로 하겠다는 처분권자의 구분의사가 객관적으로 외부에 표시되는 구분행위가 있으면 구분소유권이 성립된다 할 것이나(대법원 2010다71578, 2013.1.17. 참조), 등록·등기되어 공시된 내용과 다른 법률관계를 인정할 경우 거래의 안전을 해칠 우려가 크다는 점에 비추어 볼 때 일반 건축물로 등록된 기존의 건축물에 관하여 건축물대장의 전환등록 절차나 구분건물로의 변경등기가 마쳐지지 아니한 상태에서 구분행위의 존재를 인정하는 데에는 매우 신중해야 할 것이다(대법원 2016다1854, 2016.6.28. 참조). 부동산의 각 소유자가 해당 부동산을 지분비율로만 공유하고 있는 형태에서 건물을 부분적·물리적으로 구획·구분하여 소유하는 형태(구분소유적 공유관계)로 전환하였는데, 공유관계의 구분의사가 내부 계약으로만 존재할 뿐 객관적으로 외부에 표시된 행위가 없었다면 각 구분에 대한 매매 또는 교환의 취득이 있다고 보기는 어렵다. 따라서 A법인의 전체 건축물에 대한 지분비율 증가분을 B법인으로부터 유상승계 취득한 것으로 보아 취득세를 과세해야 한다(부동산세제과-214, 2020.1.30.).

(16) 이사물품 수입

수입에 의한 취득은 타인소유 재산을 국내에 수입하는 경우를 말하는 것이므로(대법원 78누64, 1978.6.13. 참조), 소유권의 변동이 없는 자기소유 재산의 국내 반입은 수입에 의한 신규취득에 해당되지 아니한다 할 것이어서 해외에서 거주하던 자가 외국에 소재하던 소유 재산을 반입하는 행위는 「지방세법」의 규정에 의한 취득세 부과대상이 되지 아니하므로, 자동차의 국내 반입이 외국으로부터 수입에 의한 취득에 해당하지 아니하고, 수입신고필증 등에 의하여도 자동차의 반입가격이 확인되지 아니할 뿐만 아니라, 미국 현지에서 구입한 자동차의 구입가격을 등록면허세의 과세표준으로 적용할 근거는 없다 할 것이므로 시가표준액을 과세표준으로 하여야 할 것이다(조심 2011지0888, 2011.11.1.).

「지방세법」 제7조 제1항에서 취득세는 과세물건을 취득하는 때 납세의무가 성립한다고 규정하고 있고, 제10조 제5항과 그 제2호에서 외국으로부터 수입에 의한 취득은 사실상 취득가격에 의한다고 규정하고 있으며, 같은 법 시행령 제20조 제4항에서 수입에 의한 취득은 해당 물건을 우리나라에 인취하는 날(보세구역을 경유하는 것은 수입신고필증 교부일)을 승계취득일로 본다고 규정하고 있으나, 「지방세법」 제10조 제5항 제2호와 같은 법 시행령 제20조 제4항 규정은 수입을 원인으로 소유권이 변동되어 취득세의 부과대상이 되는 "과세물건을 취득하는 때"에 해당하는 경우에 비로소 적용되는 과세표준 및 취득시기에 관한 규정이고, 소유권의 변동이 없는 자기 재산의 국내 반입은 수입에 의한 신규 취득에 해당되지 않는다는 서울행정법원의 판결(2005구합7673, 2005.6.23.)이 확정됨에 따라 외국에서 취득하여 사용하다가 이사물품으로 국내에 반입되는 자동차는 상기 규정에 의한 취득세의 과세대상이 되지 아니한다(행자부 세정-1163, 2006.3.22.).

한편, 준이사자[148)의 경우에도 이사화물로 신고한 수입신고필증에서 소유자가 이사물품으로 들여온 것이 확인된다면 소유권 변동이 없는 자기소유 재산의 국내 반입으로 보아야 한다(서울세제과-2227, 2013.2.21.).

> **사례**　외국으로부터 이삿짐 반입 차량 취득세 납세의무(행자부 세정-111, 2005.4.1.)
>
> 이사화물을 수입신고 시 각각의 물품에 대하여 동반가족들이 개별적으로 수입신고를 하는 것이 아니고 형식상 통관절차의 편의와 간소화를 위해 가족 중 1인이 수입신고를 하게 되므로 반입 자동차에 대하여 수입신고필증상의 수입신고자가 아닌 동반 가족명의로 자동차 등록을 할 경우 등록명의자를 실질수입자(단, 취득일은 수입신고필증교부일)로 보아 취득세를 한 번 과세함.

---

148) 이사물품 수입통관 사무처리에 관한 고시(제2010-73호, 2010.6.10.)
　　제1-2조(용어의 정의) ① 이 고시에서 "이사자"라 함은 우리나라로 주거를 이전할 목적으로 입국하는 자 중 다음 각 호의 어느 하나에 해당하는 자를 말한다.
　　1. 우리나라 국민(재외영주권자를 제외한다)으로서 외국에 주거를 설정하여 1년 이상 거주한 자
　　② 이 고시에서 "준이사자"라 함은 우리나라에 체류할 목적으로 입국하거나 외국에서 체류하다 입국하는 자 중 다음 각 호의 어느 하나에 해당하는 자를 말한다.
　　1. 우리나라 국민(재외영주권자를 제외한다)으로서 가족을 동반하고 외국에 주거를 설정하여 6월 이상 체류한 자

제**4**절 　납세지(지법 §8)

취득세의 납세지는 다음에서 정하는 바에 따르나, 이 납세지가 분명하지 아니한 경우에는 해당 취득물건의 소재지를 그 납세지로 한다. 한편, 같은 취득물건이 둘 이상의 지방자치단체에 걸쳐 있는 경우 소재지별로 안분하여야 하는데, 각 시·군에 납부할 취득세를 산출할 때 그 과세표준은 취득 당시의 가액을 취득물건의 소재지별 시가표준액 비율로 나누어 계산한다.

납세지의 착오로 인하여 해당 납세지 관할 지방자치단체에 신고납부하지 않은 경우 가산세 부담이 있다. 이 경우 착오로 납부된 지방자치단체에는 환급신청을 하여야 한다.

참고로 취득세가 도세, 특별시세, 광역시세이므로 동일한 도·특별시·광역시 지역 내에서 신고납부하더라도 유효한 것으로 보고 있다(세정 22670-11787, 1985.10.2.). 이 경우에는 가산세는 없지만 이는 도세에 적용되는 것으로, 이를 확대하여 해석하면 시·군세의 경우에도 같은 시·군 지역 내인 경우에도 유효한 것으로 보아야 할 것이다. 그런데 과세관청은 당해 과세객체의 소재지를 관할하는 시장·구청장·군수에게 위임한다고 규정하고 있다는 이유로 가산세 부과가 타당하다는 것으로, 같은 도 내라 하더라도 시·군이 다르면 가산세를 부과하고 있다.

❶ 부동산

부동산 소재지가 납세지이다.

❷ 차량

(1) 개요

「자동차관리법」에 따른 등록지가 납세지이다. 다만, 등록지가 사용본거지와 다른 경우에는 사용본거지를 납세지로 한다. 차량의 과세물건 소재지는 등록지가 사용본거지와 다른 경우에는 「자동차관리법」상의 사용본거지를 말하는 것이므로 여객자동차운수사업자의 차량(일반시외버스)에 대한 취득세 납세지는 해당 차량의 사용본거지를 말하는 것이다(지방세정팀-67, 2006.2.9.).

'사용본거지'라 함은 다음의 어느 하나에 해당하는 장소를 말한다.

① 자동차 소유자가 개인인 경우 : 그 소유자의 주민등록지

② 자동차 소유자가 법인 또는 법인이 아닌 사단 또는 재단(이하 "법인 등"이라 한다)인 경우 : 그 법인 등의 주사무소 소재지, 이 장소 외의 다른 장소를 사용본거지로 인정받으려는 자동차 소유자는 그 사유를 증명하는 서류를 등록령 제5조에 따른 등록관청에 제출하여야 한다.

등록관청은 자동차 운수사업용 자동차에 대해서는 상기에도 불구하고 등록관청이 지정하는 장소를 사용본거지로 정할 수 있다.

(2) 자동차 등록관청

「자동차등록령」 제5조(등록사무소의 관할)에서 등록에 관한 사무(이하 "등록사무")는 해당 자동차의 사용본거지를 관할하는 특별시장·광역시장·도지사·특별자치도지사 및 그 위임을 받은 자("등록관청")가 관할하되, 등록사무는 해당 자동차의 사용본거지를 관할하지 아니하는 다른 등록관청도 이를 처리할 수 있다. 다만, 다음 어느 하나에 해당하는 자동차는 그러하지 아니하다.

① 「자동차관리법」 제12조 제2항에 따른 자동차매매업자가 판매할 목적으로 구입한 자동차

② 「여객자동차 운수사업법」 및 「화물자동차 운수사업법」에 따른 자동차운수사업용 자동차 [해당 자동차를 「자동차관리법」 제13조 제1항 제6호에 따라 말소등록을 하는 경우 및 해당 자동차의 사용본거지가 속하는 특별시·광역시·도·특별자치도("시·도") 안의 다른 등록관청이 처리하는 경우 제외]

(3) 등록 이전에 취득시기가 도래하였을 경우 납세지

차량과 같은 이동성 있는 과세물건의 소재지는 등록원부상의 소재지를 해당 취득물건의 소재지로 보아야 할 것이나, 등록 이전에 취득시기가 도래하였을 경우에는 해당 차량을 인도받은 시점에서 해당 물건의 소유자인 취득자의 주소지를 그 소재지로 보아야 한다(도세 22670 - 2205, 1991.6.15.).

(4) 시설대여 차량 납세지

차량의 취득세 납세지는 「자동차관리법」에 따른 등록지. 다만, 등록지가 사용본거지와 다른 경우에는 사용본거지를 납세지로 하도록 규정되어 있으므로 리스 차량의 경우에도 자동차등록원부상 차량 등록지를 납세지로 보고 있다. 그런데 이에 대해서 서울시는 리스차량 취득세 과세권은 차량 사용본거지에 있다라고 해석하고 있어서 현재 행정안전부와 서울시 간에 의견이 상충되고 있었는데, 대법원에서는 자동차등록원부상 차량 등록지를 납세지로 결론 내려 더 이상 논란이 없을 것이다(대법원 2016두40139, 2017.11.9.).

한편, 「여신전문금융업법」의 규정에 의한 시설대여회사로부터 시설대여받아 리스 차량, 건설기계를 사용하는 리스이용자 명의로 등기 또는 등록하는 경우 해당 리스 차량, 건설기계를 등록한 시·도가 취득세 납세지가 되는 것이다(도세 13421 - 658, 1993.8.3.)라고 해석한 바 있다.

(5) 등록을 요하지 아니하는 차량 납세지

미등록 대상인 차량을 취득하여 사용하는 경우 사용자의 주소지를 관할하는 시·도가 될 것이며, 리스이용자가 직접 이용하는 경우 리스이용자 주소지를 관할하는 시·도가 취득세 납세지에 해당된다(도세 13421 - 42, 1993.1.20. 참조).

(6) 철도차량의 납세지

철도차량기지[해당 철도차량의 청소, 유치(留置), 조성, 검사, 수선 등을 주로 수행하는 곳]의 소재지가 납세지가 되나, 컨테이너 수송용 철도화물차량(사유화차-私有貨車)을 취득하여 관련 규정에 의거 상비역을 둔 경우라면 상비역 소재지 관할 시·도가 납세지가 되는 것이다(도세 13421-80, 1993.1.29.).

③ 기계장비

「건설기계관리법」에 따른 등록지가 납세지이나, 기계장비와 같은 이동성이 있는 과세물건의 소재지는 등록원부상의 소재지를 해당 취득물건의 소재지로 보아야 할 것이나, 기계장비 등록이 전에 이미 취득세 자진신고 납부기간이 도래하였을 경우에는 해당 기계장비를 인취한 시점에서 동 기계장비 취득자의 소재지를 그 납세지로 보아야 한다(내심 90-22, 1990.2.21.).

미등록 대상인 기계장비를 취득하여 사용하는 경우 사용자의 주소지를 관할하는 시·도가 될 것이며, 리스이용자가 직접 이용하는 경우 리스이용자 주소지를 관할하는 시·도가 취득세 납세 지에 해당된다(도세 13421-42, 1993.1.20. 참조).

④ 항공기

항공기의 정치장 소재지가 납세지이다. 여기서 '정치장'이란 항공기 등록지를 말하며, 항공기는 「항공법」에 의거 소유권, 저당권, 임차권을 등록할 수 있으나, 군 또는 세관에서 사용하거나 경찰 업무에 사용하는 항공기, 외국에 임대할 목적으로 도입한 항공기로서 외국 국적을 취득할 항공기, 국내에서 제작한 항공기로서 제작자 외의 소유자가 결정되지 아니한 항공기, 외국에 등록된 항공 기를 임차하여 「항공법」 제2조의 2에 따라 운영하는 경우 그 항공기는 등록하지 아니할 수 있다.

⑤ 선박

선적항 소재지가 납세지이나, 「수상레저기구의 등록 및 검사에 관한 법률」 제3조 각 호에 해당 하는 동력수상레저기구의 경우에는 같은 법 제6조 제1항에 따른 등록지로 하고, 그 밖에 선적항 이 없는 선박의 경우 정계장 소재지(정계장이 일정하지 아니한 경우에는 선박 소유자의 주소지)

취득 후 다른 장소에 등록하는 경우 예를 들어 선적항이 A인 선박을 경락받아 B에 등록하고자 할 경우 선적항 소재지 A가 속해 있는 시·도가 납세지가 될 것이다. 취득 후 곧바로 변경등록을 한 경우라도 경매 취득 당시의 선적항을 기준으로 납세지를 판단하여야 할 것이다. 한편, 선적항 이 없는 선박은 정계장 소재시 관할 시·군·구가 되는 것이다(세정-4533, 2004.12.10.).

(1) 등기 또는 등록지

총톤수 20톤 이상의 기선(機船)과 범선(帆船) 및 총톤수 100톤 이상의 부선[149]은 「선박등기법」에 의거 소유권, 저당권, 임차권을 등기할 수 있으나, 소형선박(총톤수 20톤 미만인 기선 및 범선, 총톤수 100톤 미만인 부선)에 대하여는 등록만을 할 수 있다.

1) 총톤수 20톤 이상의 기선(機船)과 범선(帆船) 및 총톤수 100톤 이상의 부선

① 등기 소재지 : 선적항 관할등기소(지방법원, 지원)
② 등록 소재지 : 선적항 관할하는 지방해양항만청(선박등기한 후에 등록하여야 함)

2) 소형선박

등록 소재지 : 선적항 관할하는 지방해양항만청장

한편, 선박이 선적항과 운항지가 다른 경우의 취득세 납세지는 선적항 관할 시·도가 된다(도세 22670-76, 1992.2.17.).

(2) 국적취득조건부 나용선 납세지

국내에 선적항과 정박항 또는 사용본거지가 없는 국적취득조건부 나용선[150]은 다음 기준에 의하여 납세지가 구분한다(국내에 귀항하는 나용선은 원칙을 준용)(세정 13407-83, 1996.1.22.). 그리고 「선박법」 제8조 제1항 및 제2항에 따라 그 선박을 선박원부(船舶原簿)에 등록하고 선박국적증서를 발급받아야 국제선박으로 등록이 가능하다.

---

149) 총톤수 100톤 이상인 부선 중 선박계류용·저장용 등으로 사용하기 위하여 수상에 고정하여 설치하는 부선은 제외되나, 「공유수면관리법」 제5조에 따른 점용 또는 사용 허가나 「하천법」 제33조에 따른 점용허가를 받은 수상호텔, 수상식당 또는 수상공연장 등 부유식 수상구조물형 부선은 포함

150) 국적취득조건부 나용선(bare boat charter hire purchase : BBC H/P)
선박 확보 방법은 신조의 경우 계획조선이나 국적취득조건부 나용선(BBCHP)이 있다. 이 중 국적취득조건부 나용선이란 연불(延拂) 구매형태로 선박을 나용선하여 국적을 취득하게 되는 선박 확보방법의 하나이다. 그러나 용선기간 동안 선박은 금융제공자가 설립한 Paper Company를 통해 편의치적국에 등록되며 법률상 소유권은 금융제공자가 갖는다. 선박대금은 용선료의 형태로 지불되며 지불된 금액만큼 용선자의 소유권이 주장되지만 완납 후에야 소유권이 용선자에 이전된다.
「선박안전법」 제2조에서 "국적취득조건부 나용선"이란 나용선(裸傭船) 기간 만료 및 총나용선료 완불 후 대한민국 국적을 취득하는 매선(買船) 조건부 나용선을 말하며, 「외항운송사업면허 및 등록 등 사무처리요령」 제2조에서 "국적취득조건부 나용선"이라 함은 외국의 선주로부터 선원 없이 선박만을 일정기간 동안 용선하면서 선가가 포함된 용선료를 용선기간 동안 지급하고 선가지급이 완료되면 소유권이 이전되도록 계약된 용선을 말한다.

1) 외항선(화물선, 유조선 등)

「해운법」에 의한 해상화물운송사업등록을 받은 자의 보유 선박 중 국적취득조건부 나용선이 있는 경우에는 동 사업등록청인 지방해양항만청 소재지를 관할하는 시·군

2) 원양어선

「원양산업발전법」에 의한 원양어업허가를 받은 자의 보유 선박 중 국적취득조건부 나용선이 있는 경우에는 동 나용선 소속회사 보유 선박의 선적항 소재지 관할하는 시·도에서 부과하며, 동 사업자가 국적선이 없이 나용선만 있는 경우에는 항만지역에 위치한 영업소(본점·지점 등) 소재지 시·도에서 부과한다.

(3) 외국국적 선박의 대여 시 납세지

선박에 대한 취득세 납세지는 원칙적으로 해당 선박을 취득하는 시·도인 선적항 소재지가 되는 것이나 시설대여회사가 외국국적의 선박을 국내의 해운회사에게 대여할 목적으로 연부로 취득하는 경우라면 항만지역에 위치한 해당 해운회사의 지점 중 해당 선박에 대한 관리를 주로 하는 지점소재지 시·도가 납세지가 되는 것이다(세정 13407-834, 2002.9.6.).

(4) 등록을 요하지 아니하는 선박 납세지

등록을 요하지 아니하는 모터보트를 판매를 목적으로 수입한 경우의 납세지는 판매장소(보관장소)가 소재한 시·도가 되는 것이다(도세 22670-329, 1990.2.3.).

⑥ 입목

입목 소재지가 납세지이나, 입목이 둘 이상의 시·군에 걸쳐 있는, 즉 취득 물건이 둘 이상의 지방자치단체에 걸쳐 있는 경우 소재지별로 안분하여야 하는데, 각 시·도에 납부할 취득세를 산출할 때 그 과세표준은 취득 당시의 가액을 취득 물건의 소재지별 시가표준액 비율로 나누어 계산한다.

⑦ 광업권

광구 소재지가 납세지이나, 광구가 둘 이상의 시·도에 걸쳐 있는 경우, 즉 취득 물건이 둘 이상의 지방자치단체에 걸쳐 있는 경우 소재지별로 안분하여야 하는데, 각 시·도에 납부할 취득세를 산출할 때 그 과세표준은 취득 당시의 가액을 취득 물건의 소재지별 시가표준액 비율로 나누어 계산한다.

8 어업권, 양식업권

어장 소재지가 납세지이나, 어장이 둘 이상의 시·도에 걸쳐 있는 즉 취득 물건이 둘 이상의 지방자치단체에 걸쳐 있는 경우 소재지별로 안분하여야 하는데, 각 시·도에 납부할 취득세를 산출할 때 그 과세표준은 취득 당시의 가액을 취득 물건의 소재지별 시가표준액 비율로 나누어 계산한다.

9 골프 회원권, 승마 회원권, 콘도미니엄 회원권, 종합체육시설 이용 회원권

골프장·승마장·콘도미니엄·종합체육시설 및 요트 보관소의 소재지가 납세지이나, 시설이 둘 이상의 시·도에 걸쳐 있는, 즉 취득 물건이 둘 이상의 지방자치단체에 걸쳐 있는 경우 소재지별로 안분하여야 하는데, 각 시·도에 납부할 취득세를 산출할 때 그 과세표준은 취득당시의 가액을 취득 물건의 소재지별 시가표준액 비율로 나누어 계산한다.

제5절 비과세 등(지법 §9)

1 국가 등에 대한 비과세

(1) 개요

국가, 지방자치단체(다른 법률에서 국가 또는 지방자치단체로 의제되는 법인 제외),[151] 지방자치단체조합, 외국정부 및 주한국제기구의 취득에 대하여는 취득세를 부과하지 아니한다. 다만, 대한민국 정부기관의 취득에 대하여 과세하는 외국정부의 취득에 대하여는 취득세를 부과한다. 한편, 수익사업을 하는 과세물건이라 하더라도 과세를 배제한다는 규정이 없는바, 비과세에 해당한다.

건축물 중 조작 기타 부대설비에 속하는 부분으로서 그 주체 구조부와 일체가 되어 건축물로서의 효용가치를 이루고 있는 것에 대하여는 주체 구조부 취득자 이외의 자가 가설한 경우에도 주체 구조부의 취득자가 함께 취득한 것으로 간주하고 있으므로 지방자치단체의 건축물에 임차인 등이 대수선 등을 한 경우에도 건물주가 납세의무자가 되므로 건물주가 지방자치단체가 되어 비과세대상이 된다.

그리고 기존 건축물에 대한 대수선 공사를 진행하면서 진입부분에 있는 도로를 재시공하기 전에 도로의 소유권이 지방자치단체라면 취득세 신고납부 의무는 지방자치단체이므로 비과세대상자이므로 기부채납 여부와는 상관없이 지방자치단체 소유의 도로(인도)에 대한 포장공사비는 대

---

151) 2014.1.1. 이후부터 국가 또는 지방자치단체에는 다른 법률에서 국가 또는 지방자치단체로 의제되는 법인 제외함.

수선 관련 취득세 과세표준에 포함되지 아니한다.

> 사례 민자역사 시설물이 아닌 국유지인 도로에 해당됨(행심 2004 - 316, 2004.10.27.).
>
> 이 사건 경사로는 용산 민자역사의 2층을 동서로 연결하는 후면진입도로로서 일반 대중에게 개방되어 공용도로로 사용되고 있음이 분명하고, 교각 등도 용산 민자역사에 부수되는 시설물이기보다는 도로의 일부라고 보는 것이 타당하며, 도로건설에 대해서는 사실상 토지의 지목이 철도용지에서 도로로 변경되어 비용의 증가가 발생되었다고 하더라도 이 사건 경사로는 국유지인 철도용지에 건설되어 있어 취득세의 납세의무자는 국가가 되는 것으로서 「지방세법」 제106조에 규정에 의거 비과세되어야 하는 것임.

(2) 국가

건물이 국고에 귀속된 때에는 국가 등에 대한 비과세 규정이 적용될 수 있으나, 서울대학교병원과 서울대학교치과병원, 국립대학교병원, 국립암센터 및 국립중앙의료원에 대하여 별도의 감면규정(지특법 §37)이 있는 것으로 보아 원자력병원이 국가에 해당되지 아니할 것으로 보여진다. 한편, 국립대학교는 국가에 해당되는 것이다[참고 : 국립 및 공립학교에 무상으로 기증하는 금품의 가액은 「법인세법」 제24조 제2항 제1호의 규정에 의한 기부금에 해당하는 것임(법인 1264.21 - 3166, 1984.10.6.)].

공무원연금관리공단이 국가기관에 해당한다면 「지방세법」 제9조에 의해 비과세될 것인데 굳이 「지방세특례제한법」 제24조 제2항에 별도의 감면규정을 제정할 이유가 없을 것이다. 따라서 공무원연금관리공단은 국가로 보지 않고 법률이 제정된 것으로 보고 있고, 공무원연금관리공단은 「국가재정법」에 따라 기금을 관리하거나 기금의 관리를 위탁받은 비영리 준정부기관으로 보고 있다(지방세운영과 - 1331, 2010.4.2.). 그런데 공무원연금관리공단이 공무원을 위하여 주택을 건설·공급·임대하거나 택지를 취득하는 등 공익적 목적을 수행하는 경우 공무원연금관리공단의 지위를 국가나 지방자치단체로 의제된다.

☞ 2014.1.1. 이후부터 국가 또는 지방자치단체에는 다른 법률에서 국가 또는 지방자치단체로 의제되는 법인 제외함.

(3) 지방자치단체

특별시·광역시·도·시·군·구(자치구를 말함)를 말하므로 지방세관계법에서는 「지방자치법」 제3조 제3항에 의한 행정구는 포함하지 않고, 행정구가 속한 특별시·광역시 및 특별자치시만을 지방자치단체로 보고 있다. 한편, 2014.1.1. 이후부터 국가 또는 지방자치단체에는 다른 법률에서 국가 또는 지방자치단체로 의제되는 법인은 제외한다.

○ **유의사항**

지방세관계법 상의 '구'라 함은 자치구만을 말하나, 예외적으로 「지방세특례제한법 시행령」 제34조 제2항 제2호(토지수용 등으로 인한 대체취득에 대한 감면-수용 등이 된 부동산이 농지가 아닌 경우 부재부동산 소유자 판단)의 경우 "자치구가 아닌 구를 포함"하도록 규정되어 있어서 이 경우에는 포항시, 성남시, 안양시, 용인시 등과 행정구도 포함하는 것으로 하고 있음.

☞ 「지방자치법」 제2조 【지방자치단체의 종류】

① 지방자치단체는 다음의 두 가지 종류로 구분한다.

1. 특별시, 광역시, 도, 특별자치도

2. 시, 군, 구

② 지방자치단체인 구(이하 "자치구"라 한다)는 특별시와 광역시의 관할구역 안의 구만을 말하며, 자치구의 자치권의 범위는 법령으로 정하는 바에 따라 시·군과 다르게 할 수 있다.

「지방자치법」 제3조 【지방자치단체의 법인격과 관할】

③ 특별시·광역시 및 특별자치시가 아닌 인구 50만 이상의 시에는 자치구가 아닌 구를 둘 수 있고, 군에는 읍·면을 두며, 시와 구(자치구를 포함한다)에는 동을, 읍·면에는 리를 둔다.

☞ 이 규정에 따른 구를 행정구라 함.

(4) 지방자치단체조합

「지방자치법」 제159조 제1항에 따른 지방자치단체조합을 말하며, 2개 이상의 지방자치단체가 하나 또는 둘 이상의 사무를 공동으로 처리할 필요가 있을 때에는 규약을 정하여 그 지방의회의 의결을 거쳐 시·도는 행정안전부장관의, 시·군 및 자치구는 시·도지사의 승인을 받아 지방자치단체조합을 설립할 수 있다. 다만, 지방자치단체조합의 구성원인 시·군 및 자치구가 2개 이상의 시·도에 걸치는 지방자치단체조합은 행정안전부장관의 승인을 받아야 하며, 지방자치단체조합은 법인으로 한다(「지방자치법」 §159 ①).

(5) 외국정부

외국정부기관은 대사관, 공사관, 영사관을 의미한다. 주한경제무역대표처(단체명)가 외국정부기관인지는 무역대표를 상대국의 정부조직의 한 기관으로 본다면 외국정부에 해당할 것이고 그렇지 않다면 외국정부기관으로 볼 수 없을 것이다. 한편, 주한EU대표부는 「부가가치세법 시행령」 제26조 제1항 제4호, 제7호에서 규정하는 국내에 상주하는 외교공관에 해당하는 것이다(부가가치세과-939, 2012.9.14.). 즉 외국정부기관으로 보고 있어서 국제기구로 볼 수 없다.

우리나라와 조세협약을 체결한 경우에 비과세를 인정하되 조세협약을 체결하지 아니한 경우 상호주의에 의거하여 비과세 여부를 결정하여야 하는 것이다. 즉 외국정부의 국내법에 외국정부의 부동산 취득 시 우리나라 「지방세법」과 같이 외국정부에 대하여 취득세·등록면허세 비과세

또는 감면하는 상호주의 규정을 두고 있으면 상호주의에 따라 비과세·감면하면 되나, 상호주의 규정이 없을 때 비과세 또는 감면이 되지 아니한다.

한편, 외국정부에 우리나라와 같이 상호주의 규정이 없을 경우 한국정부가 향후 취득하는 부동산에 대하여 비과세·감면하겠다는 약속 서한을 한국외교통상부에 제출할 경우에는 외교상 비과세할 수 있다(세정 13430-712, 2000.6.8.).

> **사례** 외국대사관의 부동산 구입 시 지방세 납세의무(세정 13420-218, 2002.3.7.)
>
> 「지방세법」 상의 상호주의에 의거 등록면허세와 인지세만 부과함이 마땅하며, 등록면허세액을 과세표준으로 하여 부과되는 지방교육세에 관해서는 ○○의 경우 지방교육세 세목이 없고 외교관계에 관한 비엔나협약 제34조의 규정에서 외교관의 경우 부동산에 관하여 부과되는 등기세, 법원의 수수료, 담보세, 인지세만을 인정함을 볼 때 과세하지 않음이 타당함.

> **사례** 주한프랑스대사관이 우리나라에 거주하고 있는 프랑스 국민 자녀들의 교육을 하기 위하여 학교용지로 토지를 취득한 후, 관할교육청에 등록하는 등 교육기관으로서의 법적 지위를 인정받는 경우라면 비과세됨(세정 13430-713, 2000.6.8.).

(6) 주한국제기구

국제기구는 국제연합 및 그 산하기구·전문기구나 정부 간(비정부 간) 국제기구로 보아야 할 것으로 국내에 등록된 외국민간단체인 경우에는 국제기구로 보아 취득세를 비과세할 수 없다(세정과-4363, 2007.10.23.).

1) 국제기구로 보는 경우

① 조약 제1921호 「대한민국과 동남아시아국가연합 회원국 간의 한-아세안 센터 설립에 관한 양해각서(MOU)」에 따라 설립된 한-아세안 센터(법규부가 2008-40, 2009.3.16.)
② 주한유니세프대표부(부가 22601-157, 1992.2.28.)
③ IMF, IBRD, UNRWA, IADB

2) 국제기구로 보지 아니하는 경우

① 국제항공운송협회(IATA)(부가 46015-1470, 1996.7.22.)
② 주한EU대표부는 외교공관에 해당하는 것으로 국제기구에 해당하지 아니함(부가가치세과-939, 2012.9.14.).

❷ 국가 등 기부채납에 대한 비과세

(1) 개요

국가, 지방자치단체 또는 지방자치단체조합("국가 등")에 귀속 또는 기부채납(「사회기반시설에 대한 민간투자법」 제4조 제3호에 따른 방식으로 귀속("귀속 등")되는 경우 포함)을 조건으로 취득하는 부동산 및 「사회기반시설에 대한 민간투자법」 제2조 제1호 각 목에 해당하는 사회기반시설에 대하여는 취득세를 부과하지 아니한다. 다만, 다음의 경우 취득세를 부과한다.

① 국가 등에 귀속 등의 조건을 이행하지 아니하고 타인에게 매각·증여하거나 귀속 등을 이행하지 아니하는 것으로 조건이 변경된 경우

2015.7.24. 개정되어 이 날부터 적용되는 것으로 2015.7.23. 이전에 국가 등에 귀속 등을 조건으로 취득한 것으로서 2015.7.24. 이후 매각·증여하거나 국가 등에 귀속 등을 이행하지 아니하는 것으로 조건이 변경되는 부동산 및 사회기반시설에 대해서도 적용한다(부칙 §3).

② 국가 등에 귀속 등의 반대급부로 국가 등이 소유하고 있는 부동산 및 사회기반시설을 무상으로 양여받거나 기부채납 대상물의 무상사용권을 제공받는 경우(2016.1.1. 이후 취득분부터 적용하나 「지방세특례제한법」 제73조의 2에서 감면하고 있음)

'귀속 또는 기부채납을 조건으로 취득하는 부동산'이란 귀속 또는 기부채납의 시기, 용도 등을 충족했는지 여부와는 상관없이 국가 등에 귀속에 대한 의사표시를 하고 국가 등이 이에 대하여 승낙의 의사표시가 있는 이후에 취득하는 부동산을 의미한다(대법원 2003다43346, 2005.5.12.). 지방자치단체에 기부채납약정을 하였으나 기부채납을 하지 않고 매각한 경우라면 취득세 등의 비과세대상에 해당되지 아니한다.

귀속 또는 기부채납에 "「사회기반시설에 대한 민간투자법」 제4조 제3호에 따른 방식으로 귀속되는 경우를 포함한다"고 함은 준공 후 바로 국가에 소유권이 귀속되는 형식의 같은 조 제1호 및 제2호에 따른 추진방식뿐만 아니라, 준공 후 일정기간 사업시행자에게 시설의 소유권이 인정되고, 기간 만료 시 소유권이 국가 등에 귀속되는 형식인 제3호의 추진방식까지 포함한다는 의미의 사업시행 추진방식에 관한 내용이라고 할 것이므로, 같은 조 제3호의 방식으로 국가 등에 귀속되더라도 해당 부동산이 반드시 사회기반시설이어야 하는 것은 아니므로, 사회기반시설이 아닌 음식점이라고 하더라도 부동산이면 족하고 부동산을 국가 등에 공여함에 있어 경제적 이익을 취득할 목적이 있었다고 하더라도 부동산이 귀속 또는 기부채납의 형식으로 되어 있고, 국가 등이 이를 승낙하는 채납의 의사표시를 한 이후에 취득하는 경우에는 위 규정 취득세 비과세대상에 해당된다(대법원 2006.1.26. 선고, 2005두14998 판결 참조)고 할 것이다(지방세운영과-3254, 2011.7.8.).

사업승인조건으로 기부채납하기로 된 경우 승인 조건 후 기부채납을 위하여 취득한 부동산은 감면대상이므로 일시적으로 취득자가 사용하는 경우에는 감면에 문제가 되지 아니할 것이다. 그 이유는 기부채납의 기한은 규정되어 있지 아니하기 때문이며, 승인조건에 따라 그 사업이 준공되는 시점을 기준으로 기부채납을 하면 감면이 될 것이다.

(2) 주택건설사업계획 승인

공동주택 등의 건설사업계획에 국가 등에 기부채납하겠다는 조건을 붙여 주택건설사업계획 승인을 받은 이후 그 조건에 명시된 기부채납의무를 이행하기 위하여 부득이 취득하는 부동산은 별도의 기부채납 약정이 없어도 취득세 비과세대상이 된다(지방세정팀-2426, 2006.6.14.). 이 경우 반드시 면적 등이 구체적으로 명시되지 아니하더라도 비과세되는 것이다. 그리고 주택건설사업 계획승인을 이행하기 위해 토지를 취득하여 도로를 설치한 후 지방자치단체에 기부채납하는 경우 취득세 등 비과세가 된다(감심 2000-326, 2000.11.28.).

> **사례** 2009.1.30.자 주택건설사업계획승인 및 도시관리계획결정에는 기반시설 부지 등이 배치되어 있을 뿐 기부채납 대상이 특정·명시되어 있지 않고, 그 무렵 □□개발이 작성한 국공유지 협의신청서에도 기부채납에 관하여는 □□개발과 시흥시 사이에 별도 협의를 예정하고 있어서 당시 기부채납 대상 토지가 확정되어 있었다고 보기 어려운 점, 더욱이 □□개발에 대한 주택건설사업계획승인은 2016.2.11. □□개발의 신청에 따라 취소되었으므로 설령 그 전에 기부채납에 관한 협의가 있었다 하더라도 그 효력이 상실된 것으로 보아야 하는 점, 이 사건 부동산은 2023.7.24. 도시관리계획 변경결정에 의해 비로소 기부채납 대상에 포함되었는데, 이는 원고가 이 사건 부동산을 취득한 때로부터 약 8년이 지난 이후인 점, 종전 도시관리계획결정상 기반시설과 이 사건 부동산은 위치와 면적, 내용 등에서 상당한 차이가 있어 기부채납 대상이 동일성을 지닌 채 그대로 유지되었다고 보기 어려운 점 등 제1심판결 이유에서 적절히 판시하고 있는 여러 사정에 비추어 보면, 원고가 기부채납을 조건으로 이 사건 부동산을 취득한 것으로서 취득세 비과세대상에 해당한다고 볼 수 없음(대법원 2024두39592, 2024.7.25. 심불, 수원고법 2023누15052, 2024.3.15.).

> **사례** 주택건설사업계획 승인 시 기부채납 조건 부과된 경우(감심 2000-326, 2000.11.28.)
> 인근지역에서 아파트 810세대의 건축을 허용하는 내용의 주택건설사업계획을 승인하면서 위 사업부지 주변의 도시계획도로 용지에 포함된 토지에 도로를 개설하여 이를 행정청에 기부채납하도록 하는 조건을 부과하고 이를 이행한 경우 취득한 토지는 「지방세법」 소정의 국가 또는 지방자치단체에 기부채납하는 조건으로 취득한 부동산으로 취득세 부과대상이 되지 않는 것임.

(3) 도시관리계획 결정(변경) 및 지형도면 작성고시

공공시설(도로·공원 등) 기부채납 조건이 포함된 도시관리계획 결정(변경) 및 지형도면작성고시(2004.10.30.) 등이 있었다는 사정만으로 기부채납의 대상이 되는 공공시설용지의 위치나 면적이 특정되었다거나 또는 기부채납의 합의가 있었다고 인정하기는 어렵고, 지방자치단체장이 주택건설사업계획에 대한 승인결정을 할 무렵에 기부채납의 대상이 되는 공공시설용지의 위치나 면적이 어느 정도 특정되고, 구체적으로 공공시설용지로 편입할 토지에 대하여 기부채납을 하도록 승인조건을 부과한 때에 비로소 기부채납에 대한 의사의 합치가 있었던 것(대법원 2003다43346, 2005.5.12. 참조)으로 볼 수 있으므로, 그 사업승인결정(2005.12.23.) 이후에 취득하는 토지만이 국가 또는 지방자치단체에 기부채납을 조건으로 취득하는 부동산으로 비과세대상에 해당될 것이다 (지방세운영과-74, 2009.1.7.).

쟁점토지가 이 건 정비사업에 따른 기부채납 대상지였다 하더라도 쟁점토지 취득 후 1년이 경과하여 처분청 도시관리계획 결정공고(2021.7.1.)를 통해 쟁점토지가 공공임대주택(청년주택) 등의 용도로 그 위치와 면적 등이 확정된 점, 청구법인이 이 건 정비사업 대상자로 선정되기 이전에 쟁점토지를 취득하면서 처분청과 별도의 기부채납과 관련한 협의 등을 진행한 것으로 볼만한 증빙자료를 제출하지 못하고 있는 점 등에 비추어, 청구법인이 도시관리계획 결정공고를 받기 전에 취득한 쟁점토지를 기부채납을 조건으로 하여 취득한 부동산 또는 기부채납 대상이 되는 부동산이 구체적으로 특정(위치·면적 등)된 상태에서 처분청과 기부채납에 대한 협의가 진행 중인 경우에 해당한다고 보기 어렵다 할 것이다.

그런데 도시관리계획 결정 및 지형도면 작성고시 이후부터 사업승인결정 전까지 취득하는 부동산이 비과세대상에 포함되는지는 검토하면 다음과 같다.

1) 비과세대상이라는 해석 등

"도시개발사업 실시계획을 작성하고 관할 지방자치단체장에게 그 인가를 신청하고 관할 지방자치단체장이 그 실시계획을 인가하고 지형도면을 고시할 시점에 기부채납의 대상이 되는 공공시설용지의 위치나 면적이 어느 정도 특정되고, 구체적으로 공공시설용지로 편입될 토지에 관하여 기부채납을 하도록 인가조건을 부과한 때에 비로소 기부채납에 대한 의사의 합치가 있었던 것으로 볼 수 있으므로, 그 실시계획인가 이후에 취득하는 토지만이 구「지방세법」제106조 제2항 및 제126조 제2항 소정의 "국가 또는 지방자치단체에 기부채납을 조건으로 취득하는 부동산"으로 취득세의 비과세대상이 된다 할 것이다(행심 2006-418, 2006.9.25.)"라고 결정하고 있다. 이 심사례에 따르면 지형도면을 고시할 시점에 기부채납의 대상이 되는 공공시설용지의 위치나 면적이 어느 정도 특정되어 있었고, 구체적으로 공공시설용지로 편입될 토지에 관하여 기부채납을 하도록 인가조건을 부과한 때에 비로소 기부채납에 대한 의사의 합치가 있었던 것으로 볼 수 있으므로, 그 실시계획인가 이후에 취득하는 기부채납용 부동산에 대하여는 비과세대상이 되는 것으로 판단할 수 있다.

2) 과세대상이라는 해석 등

상기 심사례 결정일 이후 유권해석으로 "공공시설(도로·공원 등) 기부채납 조건이 포함된 도시관리계획 결정(변경) 및 지형도면 작성고시(2004.10.30.) 등이 있었다는 사정만으로 기부채납의 대상이 되는 공공시설용지의 위치나 면적이 특정되었다거나 또는 기부채납의 합의가 있었다고 인정하기는 어렵고, 지방자치단체장이 주택건설사업계획에 대한 승인결정을 할 무렵에 기부채납의 대상이 되는 공공시설용지의 위치나 면적이 어느 정도 특정되고, 구체적으로 공공시설용지로 편입할 토지에 대하여 기부채납을 하도록 승인조건을 부과한 때에 비로소 기부채납에 대한 의사의 합치가 있었던 것(대법원 2003다43346, 2005.5.12. 참조)으로 볼 수 있으므로, 그 사업승인결정

(2005.12.23.) 이후에 취득하는 토지만이 국가 또는 지방자치단체에 기부채납을 조건으로 취득하는 부동산으로 비과세대상에 해당될 것이다(지방세운영과-74, 2009.1.7.)"라고 해석을 하고 있다.

또한 기부채납 조건이 있는 사업계획승인 이전에 취득한 토지에 관하여 구「지방세법」제106조 제2항 및 제126조 제2항 소정의 등록세·취득세 비과세 조항이 적용되기 위하여는 그 토지취득 이전에 이미 기부채납의 대상이 되는 공공시설용지의 토지의 위치나 면적이 특정되고, 기부채납에 관한 구체적인 의사의 합치가 있었다는 등의 특별한 사정이 없는 한, 「지방세법」제106조 제2항 및 제126조 제2항이 적용될 수 없다고 할 것이므로, 토지의 취득당시 위와 같은 특별한 사정이 있었는지에 살펴보기로 한다. 토지가 그 취득 이전에 기부채납의 대상이 되는 도로가 개설될 토지로서 위치나 면적이 특정된 상태였는지에 관하여 보건대, 이에 부합하는 듯한 증거로서 주택건설사업계획승인조건에 첨부된 도시관리계획 결정조서와 지적현황도가 있는데, 도시관리계획 결정조서 그 기재 자체로도 주택건설사업계획승인에 의하여 기존의 도시관리계획 결정상 도로가 연장 또는 축소로 변경된 사정을 엿볼 수 있어, 지적현황도도 사설 건축사사무소에서 작성한 지적현황도에 불과하여, 토지취득 이전에 기부채납의 대상이 되는 도로의 위치나 면적이 확정되었다는 점을 인정하기에 부족하고, 달리 이를 인정할 증거가 없다. 설령 토지 취득 이전에 기부채납의 대상이 되는 도로가 개설될 토지로서 위치나 면적이 특정된 상태였고 이러한 사정을 감안하여 토지를 취득하였다 하더라도, ○○군수 등과의 사이에 기부채납에 관한 구체적인 의사의 합치가 있었다는 점에 관하여 제시한 입증자료의 기재만으로는 이를 인정하기에 부족하고 달리 이를 인정할 아무런 증거가 없다(서울고법 2008나21237, 2008.12.4.)라고 판시한 바 있다.

상기 유권해석과 고법 판례에 따르면 계획실시인가 후 사업시행인가 전까지 취득하는 기부채납용 부동산은 비과세를 받을 수 없다는 것이다.

한편, 도시관리계획서상의 세부개발계획(안)에 공공시설용지로 회사가 기부채납의 표시가 있고, 도시계획과에서는 취득 법인의 기부채납의사 확인 승인요청에 대한 회신문에서 "도시관리계획 결정(변경)을 위한 주민공람. 공고한 바와 같이 사업대상부지 중 공공시설용지를 사용승인 전까지 기부채납할 것을 내용으로 하는 도시관리계획 결정(변경) 주민 제안서를 승인한다"라고 표시되어 있는 경우 "사용승인 전"이라 표현에서 사용승인의 의미가 다른 시설물 등의 사용승인 등의 의미라면 사업계획승인 전에 반드시 기부채납할 이유가 없을 것이므로 비과세대상이 되지 아니할 것으로 판단된다.

3) 적용

취득세가 비과세되기 위해서는 부동산을 취득하고 그에 관한 등기를 할 당시에 그 취득자가 당해 부동산을 국가 등에 귀속시키는 것이 사실상 확정되어 있어야 한다고 할 것(대법원 2011.7.28. 선고, 2010두6977 판결, 같은 뜻임)인바, 청구법인이 주장하는 2009.12.4. ○○○ 고시 제2009-459호에 따른 "○○○ 도시개발구역지정·개발계획 수립 및 지형도면 고시" 내용에서 도시개발구역의 각 지번과 면적이 구체적으로 특정되지 아니하였고, 그 지형도면에서도 사업지구의 외곽 경계만 표시되어 있을 뿐 세부적인 사업구역 등이 표시되어 있지 아니하여 쟁점1토지의 취득 당시에 기부채납 대상이 되는 토지로서 그 위치나 면적이 특정되어 있지 아니하였으며, 쟁점1토지를 처분청 등에 귀속시키는 것이 사실상 확정되어 있었다고 볼 수 있는 객관적인 자료가 나타나지 않는 점 등에 비추어 비과세대상에 해당하는 것으로 보기 어렵다(조심 2019지2241, 2020.6.3.).

상기 고법 판례의 취지에 따르면 재정비촉진계획서상의 세부개발계획(안)에 공공시설용지로 기부채납의 표시가 있고, 지방자치단체에서 만든 자료인 토지이용계획도에 기부채납 토지의 위치와 면적이 특정되어 있는 경우에는 담당부서에서 이를 인정하고 있는 것, 즉 기부채납의 약정을 인정한 것으로 보아야 할 것이다. 그런데 이 자료가 지방자치단체가 만든 것이 아니라 회사가 만든 세부개발계획(안)의 내용을 그대로 가지고 있는 것이라면 기부채납 토지의 위치와 면적이 특정되어 있는 다른 문서와 담당부서로부터 기부채납의사 확인 승인요청에 대한 회신문 등이 있다면 기부채납의 약정을 인정한 것으로 볼 수 있을 여지가 있다.

한편, 계획실시인가 후 사업시행인가 전까지 토지를 취득할 수밖에 없는 사유, 즉 기부채납 의사가 표시된 도시개발계획 결정조서와 고시된 지형도면에 의한 사업시행인가를 득하기 위하여 사업시행인가 전에 기부채납용 토지를 취득할 수밖에 없는 경우라면 비과세되는 것이 타당하다라고 판단된다.

과세관청에서는 이를 달리 판단하여 사업시행인가 전에 기부채납용 토지에 대하여 과세할 수 있는바, 취득세 신고납부 전에 상의하여 처리함으로써 잘못 판단에 따른 가산세 부담을 줄일 수 있을 것이다. 그리고 과세관청에서 사업시행인가 전에 취득한 기부채납용 토지도 과세하는 것으로 해석할 경우 비과세하여 달라는 경정청구의 절차를 취할 필요는 있다고 보여진다.

> **사례** 정비사업용 토지로서 국가 등에 기부채납을 조건으로 취득하는 부동산 해당 여부(조심 2022 지1435, 2023.7.25.)
>
> 쟁점토지가 이 건 정비사업에 따른 기부채납 대상지였다 하더라도 쟁점토지 취득 후 1년이 경과하여 처분청 도시관리계획 결정공고(2021.7.1.)를 통해 쟁점토지가 공공임대주택(청년주택) 등의 용도로 그 위치와 면적 등이 확정된 점, 청구법인이 이 건 정비사업 대상자로 선정되기 이전에 쟁점토지를 취득하면서 처분청과 별도의 기부채납과 관련한 협의 등을 진행한 것으로 볼만한 증빙자료를 제출하지 못하고 있는 점 등에 비추어, 청구법인이 도시관리계획 결정공고를 받기 전에 취득한 쟁점토지를 기부채납을 조건으로 하여 취득한 부동산 또는 기부채납 대상이 되는 부동산이 구체적으로 특정(위치·면적 등)된 상태에서 처분청과 기부채납에 대한 협의가 진행 중인 경우에 해당한다고 보기 어렵다 할 것임.

(4) 별도 약정 없이 무상귀속이 고시되어 있는 경우

관리처분계획인가시 정비구역과 접한 도시계획시설(도로) 용지에 대하여는 매수조치를 취한 후 「도로법」 제34조에 의한 한국도로공사 시행허가를 받으라고 통지한 경우 이러한 통지문에는 매수를 하고서 한국도로공사 허가를 받으라고 한 것으로 보여서 다른 내용이 없다면 기부채납이 약정(승인조건)되어 있다라고 볼 수 없을 것이나, 사업시행자가 시공 관리청에 무상귀속하라는 고시가 되어 있고, 그 고시문에 무상귀속의 조건이 있다면 허가 승인조건을 수반한 기부채납이므

로 고시 후에 취득하여 기부채납한 경우에는 비과세대상이 될 것이다.

> **사례** 무상귀속 강제하고 있어도 기부채납 조건 미약정 시(지방세운영과-1015, 2010.3.12.)
>
> 도정법 제65조 제2항에서 무상귀속을 강제하고 있다고 할지라도 취득 당시에 기부채납 조건을 약정하지 아니한 귀문 공원의 경우 기부채납을 조건으로 취득한 부동산으로 보기는 어렵다고 판단되나, 이에 해당하는지의 여부는 과세관청에서 사실조사 후 최종 결정할 사항이라 할 것임.

> **사례** 기부채납 조건 부과한 때 비로소 기부채납으로 인정됨(지방세운영과-74, 2009.1.7.).
>
> 공공시설(도로·공원 등) 기부채납 조건이 포함된 도시관리계획 결정(변경) 및 지형도면 작성고시 등이 있었다는 사정만으로 기부채납의 대상이 되는 공공시설용지의 위치나 면적이 특정되었다거나 또는 기부채납의 합의가 있었다고 인정하기는 어렵고, 지방자치단체장이 주택건설사업계획에 대한 승인결정을 할 무렵에 기부채납의 대상이 되는 공공시설용지의 위치나 면적이 어느 정도 특정되고, 구체적으로 공공시설용지로 편입할 토지에 대하여 기부채납을 하도록 승인조건을 부과한 때에 비로소 기부채납에 대한 의사의 합치가 있었던 것(대법원 2003다43346, 2005.5.12. 참조)으로 볼 수 있으므로, 그 사업승인결정 이후에 취득하는 토지만이 국가 또는 지방자치단체에 기부채납을 조건으로 취득하는 부동산으로 비과세대상에 해당될 것임.

(5) 교환 시 초과액 포기로 인한 기부채납

법인이 토지를 취득하여 그 토지보다 가치가 낮은 국유지와 교환하면서 초과 가액은 포기하기로 한 경우에는 비록 그 초과 부분을 기부채납하는 내용의 계약을 체결하더라도 기부채납에 따른 비과세 규정의 적용대상이 아니고 교환에 의한 것이므로, 모두 취득세의 과세대상이 된다(세정 01254-8278, 1987.7.9.).

(6) 기부채납과 무상양여가 동시에 있는 경우 교환으로 보는지 여부

국가 등에 귀속 등의 반대급부로 국가 등이 소유하고 있는 부동산 및 사회기반시설을 무상으로 양여받거나 기부채납 대상물의 무상사용권을 제공받는 경우에는 취득으로 보도록 규정하고 있어서 교환으로 볼 여지가 있으나, 대법원은 신규 기반시설과 종전 기반시설의 무상귀속 및 무상양도를 교환으로 보지 않고 있으며, 종전 기반시설의 취득은 무상취득으로 보고 있다.

한편, 사업시행자가 무상양여받은 용도폐지 정비기반시설 중 택지에 편입된 것으로 확인되는 면적의 경우 「지방세법」 제9조 제2항에서 규정하는 '귀속 또는 기부채납을 조건으로 취득하는 부동산'에 해당하지 아니하고, 「지방세특례제한법」 제73조의 2 제1항에서 규정하는 '국가 등에 귀속 또는 기부채납의 반대급부로 무상양여받는 것 등을 조건으로 취득하는 부동산(신설 기반시설이 설치된 토지)'에 해당하지 아니하여 취득세 등 비과세 또는 감면대상에 해당하지 아니한다 (조심 2021지0835, 2022.7.13.).

사례 신규 기반시설과 종전 기반시설의 무상귀속 및 무상양도는 교환은 아니고 무상취득에 해당됨(대법원 2019두43900, 2019.9.26. 심리불속행 기각, 서울고법 2018누50101, 2019.5.23.)

사업시행자는 이 사건 후단 규정에 의하여 용도폐지되는 정비기반시설을 국가 등으로부터 무상으로 양도받아 취득할 따름이고 따로 그에 대한 대가를 출연하거나 소유권을 창설적으로 취득한다고 볼 사정도 없는 이상, 사업시행자가 위 정비기반시설을 구성하는 부동산을 취득한 것은 무상의 승계취득에 해당하므로, 그에 따른 해당 부동산에 관한 취득 당시를 기준으로 한 과세표준과 구 「지방세법」 제11조 제1항 제2호에서 정한 세율 등을 적용한 취득세 등을 납부할 의무가 있다(대법원 2019.4.11. 선고, 2018두35841 판결 등 참조). 위 법리에 의하면, 원고가 이 사건 용도폐지 정비기반시설 토지의 취득에 대한 대가를 출연하거나 소유권을 창설적으로 취득한다고 볼 사정이 없으므로, 원고의 위 토지의 취득은 무상의 승계취득에 해당됨.

(7) 사회기반시설

1) 일정 기간 이후 국가 등에 귀속되는 시설

「사회기반시설에 대한 민간투자법」 제4조 제1호와 제2호는 준공 동시에 국가 등에 귀속되므로 취득세 주체가 국가 등이 되므로 「지방세법」 제9조 제1항의 국가 등에 대한 비과세 규정이 적용되는 것이지만, 기부채납을 전제로 한 부동산과 사회기반시설이 비과세대상이므로 기부채납 조건이 없는 경우에는 비과세되지 아니할 것이다. 사회기반시설의 기부채납에는 「사회기반시설에 대한 민간투자법」 제4조 제3호에 따른 방식으로 귀속되는 경우를 포함한다라고 규정되어 있는바, 여기서 "「사회기반시설에 대한 민간투자법」 제4조 제3호에 따라 귀속되는"이라고 규정하고 있지 않고 방식으로라고 규정되어 있다는 점에서 준공 후 일정 기간 동안 사업시행자에게 해당 시설의 소유권이 인정되며 그 기간의 만료 시 시설 소유권이 국가 또는 지방자치단체에 귀속되는 이와 유사한 다른 사업(다른 법령이나 협약에 의해 추진되는 사업)도 포함하는 것으로 해석하여야 할 것이다.

참고로, 「사회기반시설에 대한 민간투자법」 제4조 제3호의 방식으로 국가 등에 귀속되더라도 해당 부동산이 반드시 사회기반시설이어야 하는 것은 아니므로, 사회기반시설이 아닌 음식점이라고 하더라도 부동산이면 족하고 부동산을 국가 등에 공여함에 있어 경제적 이익을 취득할 목적이 있었다고 하더라도 부동산이 귀속 또는 기부채납의 형식으로 되어 있고, 국가 등이 이를 승낙하는 채납의 의사표시를 한 이후에 취득하는 경우에는 위 규정 취득세 비과세대상에 해당된다(대법원 2005두14998, 2006.1.26. 참조)고 할 것이다(지방세운영과-3254, 2011.7.8.).

2) 철도시설

「사회기반시설에 대한 민간투자법」 제2조 제22호에 따르면 「철도산업발전기본법」 제3조 제2호에 따른 철도시설이 사회기반시설에 해당하므로 경전철과 역사가 「철도산업발전기본법」 제3조 제2호에 따른 철도시설에 해당될 것으로 판단되는바, 이 경우 취득하기 이전에 기부채납을 약정하였다면 감면대상이 될 것이다. 만약, 「철도산업발전기본법」 제3조 제2호에 따른 철도시설에 해당되지 아니한다면 감면이 되지 아니할 것이다.

한편, 한국철도공사는 국가에 해당되지 아니하므로 철도시설은 한국철도공사에 기부채납 시 취득세는 비과세되지 아니한다.

> **사례** 한국철도시설공단의 신축 사옥 기부채납 관련(지방세운영과-3996, 2009.9.23.)
>
> 한국철도시설공단의 신축 사옥과 관련해서는 신축 사옥은 철도건설 및 관리업무를 직·간접적으로 지원하는 철도시설로서(국토부 철도정책팀-1516, 2006.6.19.) 「철도산업발전기본법」(제20조)에서 철도시설은 국가소유 원칙이며 「한국철도시설공단법」(제24조)에서 국가는 한국철도시설공단이 철도시설 건설 사업과 관련하여 취득한 재산, 시설 및 그 운영에 관한 권리를 각 사업이 끝나는 때에 포괄 승계한다고 규정하고 있음. 따라서 과세관청은 한국철도시설공단의 신축 사옥이 국가에 귀속을 조건으로 취득·등기하는 재산에 해당되는지 그 사실관계 등을 확인하여 「지방세법」 제106조 제2항에 의거하여 국가에 귀속을 조건으로 취득·등기하는 재산에 대한 취득·등록세 비과세대상인지 여부를 판단하여야 함.

(8) 사용수익 기부자산

사용수익 기부자산의 경우에도 국가가 보존등기 명의자가 되는 경우에는 국가가 취득자가 되는 것이므로 비과세대상이 될 것이다. 한편, 시행자가 보존등기명의자가 되는 경우라면 시행자 취득세 납세의무자가 될 것이나, 이 경우 건축물 취득 전에 약정 등에 의하여 기부채납조건으로 취득하는 부동산인 경우에는 비과세대상이 된다.

취득한 부동산 중 일부에 대하여 사업계획승인 조건에 따라 개설한 공공시설용 부동산을 국가 또는 지방자치단체에 기부채납하는 경우에는 취득세 비과세대상에서 제외되나, 부동산 취득 전에 해당 국가 또는 지방자치단체와 지번, 면적, 용도 등이 확정 지정되어 기부채납 약정이 선행된 경우가 있다면 비과세대상이 된다. 그런데 기부채납이 약정되었다면 이미 소유권이 국가에 귀속되었다고 보아야 할 것인데, 약정을 포기할 수 있는지 명확히 알 수 없으나(포기가 가능하다는 점에서 사업계획승인 조건 등이 있는 약정으로 볼 여지도 있음), 대법원판례에 따르면 기부채납 시 이미 국가에 귀속되었다고 판결하고 있다면 포기확정시점(포기가 회사의 사유가 아닌 국가의 사유인 경우)에 기부채납자에 귀속되었다고 보아 이 시점에 취득한 것으로 보아야 할 것이다.

> **사례** 기부채납자산의 기부처 귀속일 것(대법원 84누188, 1984.8.21.)
>
> 그 시설물의 설치공사를 부산시가 주관이 되어서 하고 원고는 단지 그 비용만을 부산시에 납입하였거나 원고가 시공자를 직접 선정하여 그 공사비를 원고가 시공자에게 직접 지급하였느냐의 여부에 따라 위에서 본 소유권 귀속에 관한 법리에는 실질적으로 아무런 차이가 없다 할 것임.

(9) 지목변경 토지의 기부채납

개인이 전(田)에서 대지(垈地)로 지목변경을 하면서 그 공사를 개인사업자에게 하도록 한 경우 지목변경에 따른 취득세는 지목변경 전의 시가표준액과 지목변경 후의 시가표준액의 차액을 과세표준으로 하여야 할 것이고, 지목변경 된 토지의 일부가 국가·지방자치단체 등에 귀속 또는 기부채납을 조건으로 취득하는 부동산에 해당된다면 기부채납된 토지 부분에 대한 지목변경 비용은 취득세 과세표준에서 제외되어야 할 것이다.

(10) 기부채납 약정이 승계된 경우

기부채납 약정은 매도자가 하고 매수자는 기부채납조건이 부여된 부동산을 취득하는 경우 매수자는 기부채납 약정 당사자가 아니므로 기부채납 예정 시설물을 준공 이전에 기부채납 약정을 새로이 맺은 경우 또는 사업(건축)의 허가나 승인이 매수자에게 승계된 경우라면 비과세대상이 될 것이다.

사업승계 받은 자가 그 승계 받은 종전 사업자가 당사자가 되어 해당 자치단체와 합의한 기부채납의 범위 내에서 그 취득한 부동산에 대한 취득세 등이 비과세되는 것이다(도세과-523, 2008.4.18.).

(11) 기부채납 예정 토지에 대한 과점주주 간주취득세 비과세

○○복합물류 주식회사("○○물류")는 30년 후에 국가에 기부채납하는 조건으로 ○○시와 ○○시에 각각 복합물류터미널 건물 및 구축물(이하 "이 사건 각 부동산")을 신축함으로써 취득세가 부과되지 아니한 사실, 원고가 2008.8.14. ○○물류의 총 발행주식 9,897,352주 중 8,392,622주(약 84.8%)를 보유하게 되어 ○○물류의 과점주주가 된 사실, 원고가 2008.9.16. 피고들에게 이 사건 각 부동산 중 원고의 지분비율(약 84.8%)에 해당하는 부분에 대한 취득세와 그에 따른 농어촌특별세를 각 신고·납부한 사실을 인정한 다음, ○○물류의 과점주주가 된 원고가 각 부동산 기부채납의 효력을 부인할 수 없는 이상 각 부동산에 대한 간주취득도 국가에 귀속 또는 기부채납을 조건으로 취득한 경우에 해당하므로 취득세가 부과되지 아니한다고 판단한 것은 정당하다(대법원 2009두20816, 2011.1.27.)라고 판시하고 있어 기부채납 예정 부동산에 대한 과점주주 간주취득세는 비과세된다.

(12) 철거예정 기존 건축물은 기부채납 부동산에 미포함

귀속 또는 기부채납 조건과 관련된 다른 부동산에 대해서까지 취득세를 과세하지 않겠다고 해석하기 어려울 뿐만 아니라 국방부로부터 토지를 양여받으면서 그 지상에 있던 건축물은 철거(멸실)가 예정되어 있으므로 향후 국가 등이 승계취득할 건축물이 아니고, 나아가 국가 등에 귀속시키는 것이 불가능하여 이 건축물을 국가 등에게 기부채납하는 부동산으로 보기도 어려운 것으로 판단된다(조심 2018지2008, 2019.9.26.).

(13) 기부채납 예정 토지 상 도시계획시설의 조성

이 도시계획시설의 조성은 해당 토지의 구성 부분이 변경되는 것으로 지목변경을 수반하는 경우에는 「지방세법」 제7조 제4항에서 규정한 취득에 해당하는 점, 이 도시계획시설의 실시계획인

가서에 청구법인이 도시계획시설을 조성한 후 그 토지와 함께 처분청에 귀속하도록 명시되어 있는바, 그 토지의 소유자인 청구법인을 도시계획시설 조성에 따른 지목변경의 취득자로 보아야 하는 점, 이 도시계획시설은 그 실시계획 승인일 이후에 청구법인이 조성하여 토지와 함께 처분청에 무상귀속한 것으로 「지방세법」 제9조 제2항에서 규정한 국가 등에 귀속 또는 기부채납을 조건으로 하는 취득으로 볼 수 있는 점 등에 비추어 이 도시계획시설(토지 제외)은 그 자체로 취득세 비과세대상에 해당된다고 보는 것이 타당하다 할 것이다(조심 2019지1912, 2019.6.28.).

(14) 연부취득 시 기부채납

연부취득하는 부동산의 경우 각 연부금 지급일에 해당 부분을 취득하는 것으로 보아 취득세를 과세하는 것이므로, 연부금 지급 당시 해당 부동산을 국가 또는 지방자치단체에 기부채납할 것이 정해지지 않은 상태였다면 해당 부분은 기부채납을 조건으로 취득하는 부동산으로 보기는 어렵다 할 것이다. 따라서 부동산 중 기부채납 대상으로 확정되기 전 연부취득한 부분은 취득세 비과세대상인 기부채납을 조건으로 취득한 부동산에 해당하지 않는 것이다(조심 2019지1818, 2020.6.18.).

❸ 신탁등기된 신탁재산

신탁(「신탁법」에 따른 신탁으로서 신탁등기가 병행되는 것만 해당한다)으로 인한 신탁재산의 취득으로서 다음 각 호의 어느 하나에 해당하는 경우에는 취득세를 부과하지 아니한다. 다만, 신탁재산의 취득 중 주택조합 등과 조합원 간의 부동산 취득 및 주택조합 등의 비조합원용 부동산 취득은 제외된다.[152]

① 위탁자로부터 수탁자에게 신탁재산을 이전하는 경우
② 신탁의 종료로 인하여 수탁자로부터 위탁자에게 신탁재산을 이전하는 경우
③ 수탁자가 변경되어 신수탁자에게 신탁재산을 이전하는 경우

❹ 동원대상지역 내의 환매권의 행사로 매수하는 부동산

「징발재산정리에 관한 특별조치법」 또는 「국가보위에 관한 특별조치법 폐지법률」 부칙 제2항에 따른 동원대상지역 내의 토지의 수용·사용에 관한 환매권의 행사로 매수하는 부동산의 취득에 대하여는 취득세를 부과하지 아니한다.

---

152) 조합원이 취득세 4%로 하여 신고납부해야 하지만 조합원의 소유로 보는 것이므로 신탁등기에 대하여는 조합은 과세되지 아니하고, 비조합원용 부동산도 「지방세법」 제9조 제3항 단서에 의하여 신탁등기는 과세가 되는 것이지만(주택조합에게 과세가 되는 것이므로 신탁등기를 비과세한다고 규정하면 되지 않기 때문에 단서에 규정된 것임). 조합이 취득세(유상승계 시 4%)를 신고납부해야 하는 것이므로 신탁등기의 절차를 취하더라도 이 신탁등기는 과세가 되지 아니하는 결과가 되는 것이다.

환매권자의 범위에 대하여 「징발재산정리에 관한 특별조치법」 제20조 제1항에 규정한 피징발자 또는 그 상속인을 포함한다. 그런데 환매권 행사기간이 경과된 후에 「징발재산정리에 관한 특별조치법」 제20조의 2 제1항에 의거 국가가 매각한 부동산을 피징발자 또는 그 상속인이 취득할 경우에는 취득세가 비과세되지 아니한다(도세 13421-231, 1993.3.30.).

⑤ 임시용 건축물

임시흥행장, 공사현장사무소 등(「지방세법」 제13조 제5항의 사치성 재산 제외) 임시건축물의 취득에 대하여는 취득세를 부과하지 아니한다. 다만, 존속기간이 1년을 초과하는 경우에는 취득세를 부과한다.

⑥ 공동주택의 개수

「주택법」 제2조 제3호에 따른 공동주택의 개수(「건축법」 제2조 제1항 제9호에 따른 대수선 제외)로 인한 취득 중 개수로 인한 취득 당시 주택의 시가표준액(공동주택가격)이 9억 원 이하인 주택과 관련된 개수로·인한 취득에 대해서는 취득세를 부과하지 아니한다.

일반적으로 공동주택의 경우 하나의 과세물건이 아니라 호수별 즉 세대별로 별도로 구분되어 있어서 세대별로 각각 과세대상 물건이므로 세대당 가액 기준으로 비과세 여부를 판단하여야 할 것이다. 만약, 호수별로 별도로 구분등기되어 있지 않고 하나의 건축물로 되어 있다면 각 세대별이 아닌 전체 가액을 기준으로 비과세를 적용하여야 할 것이다. 공동주택의 경우 각 세대별 공사를 한꺼번에 하였다고 하여 시가표준액, 즉 주택공시가격을 전체 합산하는 것이 아니라 세대별로 구분하여 비과세 여부를 판단하여야 한다.

⑦ 상속 전에 소멸 등 차량

2017.1.1. 이후 상속개시 이전에 천재지변·화재·교통사고·폐차·차령초과 등으로 소멸·멸실 또는 파손되어 사용할 수 없는 차량으로서 「지방세법」 제121조 제2항 제4호, 제5호 및 제8호에 해당하는 자동차, 차령초과로 사실상 차량을 사용할 수 없는 경우로 상속개시일 현재 「자동차등록령」 제31조 제2항 각 호에 해당하는 사유로 상속으로 인한 이전등록을 하지 아니한 상태에서 폐차함에 따라 상속개시일로부터 상속개시일이 속하는 달의 말일부터 6개월(외국에 주소를 둔 상속인이 있는 경우 9개월)[2022년~2024년은 3개월이나 2024년 이전에 상속이 개시되어 2025. 1.1. 당시 상속개시일이 속하는 달의 말일부터 6개월(외국에 주소를 둔 상속인이 있는 경우 9개월)이 지나지 아니한 경우에도 적용됨(부칙 §2)] 이내에 말소등록된 차량(2022년 이후)에 대해서는 상속에 따른 취득세를 부과하지 아니하나, 비과세를 받으려는 자는 그 사유를 증명할 수 있는 서류를 갖추어 시장·군수·구청장에게 신청을 하여야 한다.

제6절 과세표준(지법 §10~§10-6, 지령 §18)

1 개요

1) 2023.1.1. 이후

취득의 유형 / 취득세 과세표준	법인 취득	법인 외 취득
• 원칙(지법 §10) : 취득 당시의 가액	○	○
• 무상취득(지법 §10-2) 1) 상속 취득 : 시가표준액 2) 상속 외 무상취득(합병, 분할 제외)(지법 §10-2) : 　① 시가표준액이 1억 원 이하인 부동산 등 : 시가인정액과 시가표준액 중 　　선택 　② 부담부 증여(지령 §14-4) : 시가인정액 - 채무부담액 　③ ①, ② 외 : 시가인정액(시가인정액 산정이 어려운 경우 시가표준액)	○	○
• 유상승계취득(지법 §10-3) 1) 원칙 : 사실상 취득가격(차량, 기계장비 제외) 2) 부당행위계산 부인 대상 거래의 경우 : 시가인정액으로 결정 가능 3) 부담부 증여 : 채무부담액 　이를 적용할 때 채무부담액은 취득일이 속하는 달의 말일부터 3개월 이내 　에 취득자가 입증한 경우로서 다음 어느 하나에 따라 확인된 금액에 한하 　여 채무부담액은 시가인정액을 한도로 함(지령 §14-4 ①). 　① 등기부 등본으로 확인되는 증여 부동산 등에 대한 저당권, 가압류, 가처 　　분 등에 따른 채무부담액 　② 금융기관이 발급한 채무자변경 확인서 등으로 확인되는 금융기관의 금 　　융채무 　③ 임대차계약서 등으로 확인되는 증여 부동산 등에 대한 임대차 보증금 　④ 그 밖의 판결문, 공정증서 등 객관적 입증자료로 확인되는 취득자의 　　채무부담액	○	○
• 원시취득(지법 §10-4) 1) 원칙 : 사실상 취득가격(차량, 기계장비 제외) 2) 사실상 취득가액 확인 불가능 시 : 시가표준액	○	○ ○
• 차량 또는 기계장비(지법 §10-5) 1) 무상취득 : 시가표준액 2) 유상승계취득 　① 원칙 : 사실상 취득가격 　② 사실상 취득가격에 대한 신고 또는 신고가액 표시가 없거나 그 신고가 　　액이 시가표준액보다 적은 경우 : 시가표준액 　③ 차량 제조회사가 생산 차량을 직접 사용 시 : 사실상 취득가격	○	○

취득의 유형 / 취득세 과세표준	법인 취득	법인 외 취득
④ 천재지변, 화재, 교통사고 등으로 중고 차량이나 중고 기계장비의 가액이 시가표준액보다 하락한 것으로 시장·군수·구청장이 인정하는 경우(지령 §18-3) : 사실상 취득가격		
• 「법인세법」 및 「소득세법」에 따른 부당행위계산부인 대상 거래의 경우 시가인정액	○	○
• 특수한 거래(부당행위계산 부인 대상의 경우 시가인정액)(지법 §10-5, 지령 §18-4) 1) 대물변제 ① 원칙 : 대물변제액(대물변제액 외에 추가로 지급한 금액이 있는 경우 그 금액 포함) ② 대물변제액 < 시가인정액 : 시가인정액(2023년 취득분은 대물변제액 > 시가인정액 : 시가인정액) 2) 교환 Max(이전받는 부동산 등 시가인정액, 이전하는 부동산 등의 시가인정액) 🖙 이전하는 부동산 등의 시가인정액에는 (상대방에게 추가로 지급하는 금액 + 상대방으로부터 승계받는 채무액) - (상대방으로부터 추가로 지급받는 금액 + 상대방에게 승계하는 채무액이 있는 경우 그 금액) 3) 양도담보 양도담보에 따른 채무액(채무액 외에 추가로 지급한 금액 포함)[단, 그 채무액 < 시가인정액 : 시가인정액(2023년 취득분은 채무액 > 시가인정액 : 시가인정액)] 4) 법인의 합병·분할 및 조직변경 취득 시가인정액(시가인정액 산정 불가능 시 : 시가표준액) 5) 「도시 및 주거환경정비법」 §2 8의 사업시행자, 「빈집 및 소규모주택 정비에 관한 특례법」 §2 ① 5의 사업시행자 및 「주택법」 §2 11의 주택조합 취득 대통령령이 정하는 가액[(2023.1.1.~2023.3.13. 취득분은 공시지가 × 지령 §11-2의 계산식에 따라 산출한 면적)으로 산출한 가액, 2022년은 「주택법」상 주택조합, 재건축조합이 취득하는 비조합원용 토지는 이 산식으로 산정한 가액] 6) 그 밖에 1)~5)의 규정에 준하는 경우로서 대통령령으로 정하는 취득에 해당하는 경우 대통령령이 정하는 가액	○	○
• 지목변경의 경우(지법 §10-6, 지령 §18-6) 1) 원칙 : 사실상 취득가격 2) 1) 외(법인 아닌 자로 한정) : ① 지목변경 이후의 토지에 대한 시가표준액 - ② 지목변경 이전(지목변경 공사착공일 기준)의 시가표준액	○	○
• 선박, 차량 또는 기계장비의 종류변경(지법 §10-6, 지령 §18-6) 1) 원칙 : 사실상 취득가격 2) 1) 외 : 시가표준액	○	○

취득의 유형 / 취득세 과세표준	법인 취득	법인 외 취득
• 개수 취득(지법 §10−6) 상기 원시취득과 동일	○	○
• 과점주주의 취득(지법 §10−6) 법인의 취득세 과세대상 자산의 총가액에 과점주주의 출자지분율을 적용	○	○

2) 2022.12.31. 이전

취득의 유형 / 취득세 과세표준	법인 취득	법인 외 취득
• 주택거래신고지역 내 취득으로서 주택거래가액을 신고한 경우 주택거래 신고가액		○
• 연부취득 사실상의 연부금 지급일에 지급하는 연부금액	○	○
• 증여·기부, 합병 등 그 밖의 무상취득 시가표준액	○	○
• 건축물의 건축, 대수선으로 취득가격의 90% 초과 법인장부로서 입증되는 경우 아래 금액의 전체 합계 1) 법인장부(법인 작성한 원장·보조장·출납전표·결산서)로 증명된 금액. 단, 2016년 이후 중고자동차 또는 중고기계장비의 취득가액이 시가표준액보다 낮은 경우에는 그 취득가액 부분은 법인장부에서 제외(천재지변, 화재, 교통사고 등 그 가액이 시가표준액보다 하락한 것으로 시장·군수가 인정한 경우 법인장부로 봄) 2) 1) 외의 금액으로 계산서 및 세금계산서로 증명된 금액 3) 국민주택채권의 매각차손(취득 이전에 양도함으로써 발생하는 매각차손으로 금융회사 등 외의 자에게 양도한 경우 동일한 날에 금융회사 등에 양도하였을 경우 발생하는 매각차손을 한도로 함) ☞ 상기 취득가격 의미가 어떤 것을 말하는지 명확하지 아니하나, 문맥으로 보아 상기 금액의 전체 합계액을 의미하는 것으로 해석하여야 할 것임.		○
• 「법인세법」 및 「소득세법」에 따른 부당행위계산 부인 대상 거래의 경우 시가표준액	○	○
• 사실상의 취득가격을 적용하는 거래 아래 거래에 대해서는 사실상의 취득가격 또는 연부금액이 과세표준 1) 국가, 지방자치단체 또는 지방자치단체조합으로부터의 취득 2) 외국으로부터의 수입에 의한 취득 3) 판결문·법인장부로서 가격이 증명되는 취득 4) 공매방법에 의한 취득 5) 부동산거래가격검증시스템에 의하여 검증된 가격(2020년 취득분부터 세무서장이나 지방국세청장으로부터 통보받은 자료 또는 「부동산 거래신고 등에 관한 법률」 제6조에 따른 조사 결과에 따라 확인된 금액보다 적은 경우에는 그 확인된 금액)	○	○

취득의 유형 / 취득세 과세표준	법인 취득	법인 외 취득
• 건축물의 건축(신축·재축 제외)하거나 개수한 경우 및 선박, 차량 및 기계장비의 종류를 변경한 경우 1) 본인 또는 거래관계가 있었던 자가 장부나 그 밖의 증명서류를 갖추고 있는 경우 : 증명서류에 따라 계산한 금액 2) 1) 이외의 경우 혹은 1)의 경우로서 시장·군수가 산정한 가액보다 부족한 경우 : 시장·군수가 산정한 가액		○
• 지목변경의 경우 1) 판결문·법인장부로 지목변경에 든 비용이 입증되는 경우 그 비용 2) 1) 외의 경우에는 ① 지목변경 이후의 토지에 대한 시가표준액에서 ② 지목변경 이전(지목변경 공사착공일 기준)의 시가표준액을 뺀 가액		○
• 과점주주의 취득 법인의 취득세 과세대상 자산의 총가액에 과점주주의 출자지분율을 적용	○	○
• 기타의 경우 Max(신고한 가액, 시가표준액)		○

(1) 무상취득(지법 §10-2, 지령 §14-2)

1) 2023년 이후 무상취득 시 과세표준

① 개요

㉠ 상속에 따른 무상취득 : 시가표준액

㉡ 취득하는 부동산 등의 시가표준액이 1억 원 이하인 무상취득(㉠ 제외) 시가인정액과 시가표준액 중에서 납세자가 정하는 가액

㉢ ㉠ 및 ㉡에 해당하지 아니하는 경우 : 시가인정액(시가인정액을 산정이 어려운 경우 시가표준액

② 시가인정액

"시가인정액"이란 매매사례가액, 감정가액, 공매가액 등 하기에 따라 시가로 인정되는 가액을 말한다.

㉠ 감정가액을 신고하려는 경우 둘 이상의 감정기관(시가표준액이 10억 원 이하인 경우와 법인의 합병·분할 및 조직변경을 원인으로 취득하는 경우 하나의 감정기관으로 함)에 감정을 의뢰하고 그 결과를 첨부하여야 한다. 취득일 전 6개월부터 취득일 후 3개월 이내의 기간 ("평가기간") 중 매매·감정·경매(「민사집행법」에 따른 경매를 말함) 또는 공매("매매등")가 있는 경우에 다음 어느 하나에 따라 확인되는 가액을 말한다(다만, 평가기간에 해당하지 않는 기간으로서 평가기준일 전 2년 이내의 기간 중에 매매 등이 있거나 평가기간이 경과한 후부터 부과하기 전까지의 기간 중에 매매 등이 있는 경우에도 취득일부터 매매계약일 등까지의 기간 중에 시간의 경과 및 주위환경의 변화 등을 고려하여 가격변동의 특별한

사정이 없다고 보아 취득세 납세자 또는 지방자치단체장이 신청하는 때에는 지방세심의위원회의 심의를 거쳐 해당 매매 등의 가액을 다음의 확인되는 가액에 포함시킬 수 있음).

㉮ 해당 재산에 대한 매매사실이 있는 경우 : 매매계약일 거래가액(다만, 특수관계인과의 거래 등으로 그 거래가액이 객관적으로 부당하다고 인정되는 경우 제외). 이 경우 평가기간에 해당 여부는 매매계약일을 기준으로 판단한다.

㉯ 해당 재산에 대하여 둘 이상의 일정 공신력 있는 감정기관("감정기관")이 평가한 감정가액이 있는 경우에는 그 감정가액의 평균액[다만, 다음 어느 하나에 해당하는 것은 제외하며, 해당 감정가액이 시가표준액에 미달하는 경우[2023년 취득분으로 부동산등에 대해 시가인정액을 산정하는 경우까지(지령 §2) 시가표준액과 시가인정액의 90%에 해당하는 가액 중 적은 금액("기준금액")에 미달하는 경우]나 시가표준액[2023년 취득분으로 부동산등에 대해 시가인정액을 산정하는 경우까지(지령 §2) 기준금액] 이상인 경우에도 지방세심의위원회의 심의를 거쳐 감정평가목적 등을 고려하여 해당 가액이 부적정하다고 인정되는 경우에는 지방자치단체장이 다른 감정기관에 의뢰하여 감정한 가액에 의하되, 그 가액이 납세자가 제시한 감정가액보다 낮은 경우에는 그렇지 아니함]. 이 경우 평가기간에 해당 여부는 가격산정기준일과 감정가액평가서 작성일을 기준으로 판단한다.

ⓐ 일정한 조건이 충족될 것을 전제로 해당 재산을 평가하는 등 취득세의 납부목적에 적합하지 아니한 감정가액

ⓑ 취득일 현재 해당 재산의 원형대로 감정하지 아니한 경우의 해당 감정가액

㉰ 해당 재산에 대하여 경매 또는 공매사실이 있는 경우에는 그 경매가액 또는 공매가액. 이 경우 평가기간에 해당 여부는 경매가액 또는 공매가액이 결정된 날을 기준으로 판단한다.

● 매매 등 가액별 평가기간 내 판단기준일

가액 유형	판단기준일
매사례가액	매매계약일
감정가액	가격산정 기준일 (감정가액평가서 작성일도 평가기간 이내에 있어야 함)
경매·공매가액	경매가액 또는 공매가액이 결정된 날

㉡ 시가인정액으로 보는 가액이 둘 이상인 경우에는 취득일을 전후하여 가장 가까운 날에 해당하는 가액(그 가액이 둘 이상인 경우에는 그 평균액을 말함)을 적용한다.

감정가액으로 신고를 받은 지방자치단체장은 감정기관이 평가한 감정가액이 다른 감정기관이 평가한 감정가액의 80%에 미달하는 경우 지방세심의위원회의 심의를 거쳐 부실감정의 고의성 및 원감정가액이 재감정가액에 미달하는 정도 등을 고려하여 1년의 범위에서 기간(통지한 날부터 기산함)을 정하여 해당 감정기관을 시가불인정 감정기관으로 지정할 수 있으며, 시가불인정 감정기관으로 지정된 감정기관이 평가한 감정가액은 그 지정된 기간 동안 시가인정액으로 보지

아니한다. 한편, 지방자치단체장은 지방세심의위원회의 심의 전에 해당 감정기관에 통지하고 의견을 청취하여야 한다.

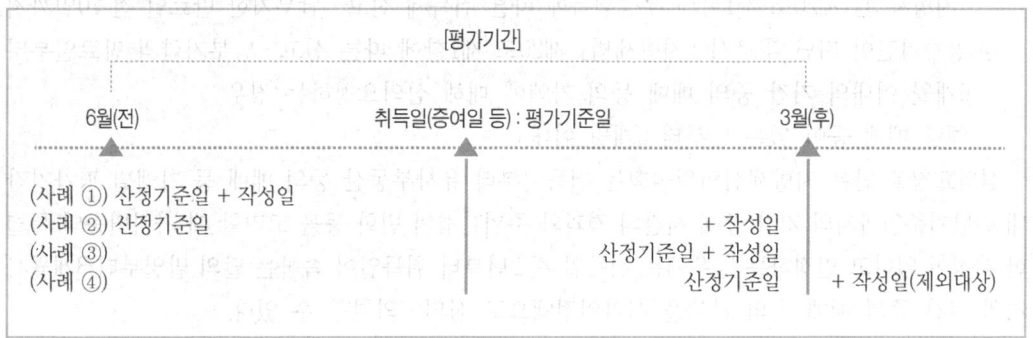

③ 지방세심의위원회 심의·의결을 통한 평가기간의 확장

상기에도 불구하고 납세자 또는 지방자치단체장은 취득일 전 2년 이내의 기간 중 평가기간에 해당하지 않는 기간에 매매 등이 있거나 평가기간이 지난 후에도 취득일이 속하는 달의 말일로부터 3개월부터 6개월 이내의 기간("확장 평가기간") 중에 매매 등이 있는 경우 지방세심의위원회에 해당 매매 등의 가액을 매매사례가액, 감정가액, 공매가격 등의 가액으로 인정하여 줄 것을 심의요청할 수 있다. 이에 따른 심의요청을 받은 지방세심의위원회는 취득일부터 매매계약일, 가격산정기준일과 감정가액평가서 작성일 및 경매가액 또는 공매가액이 결정된 날("평가기준일")까지의 기간 중에 시간의 경과와 주위환경의 변화 등을 고려할 때 가격변동의 특별한 사정이 없다고 인정하는 경우 확장 평가기간에 따른 기간 중의 매매 등의 가액을 매매사례가액, 감정가액, 공매가격 등 가액으로 심의·의결할 수 있다.

④ 신고납부기한 만료일까지의 유사 매매사례가액은 시가인정액으로 봄

상기에 따른 시가인정액이 없는 경우 취득한 부동산 등의 면적, 위치, 종류[2024년 취득분부터 (지령 §2)] 및 용도와 시가표준액이 동일하거나 유사하다고 인정되는 다른 부동산 등("유사부동산 등")의 매매사례가액, 감정가액, 공매가액[취득일 전 1년부터 취득일이 속하는 달의 말일부터 3개월까지("유사부동산 등 평가기간")의 가액으로 한정][2023년 취득분(지령 §2)은 시가인정액 (취득세를 신고한 경우 평가기간 이내의 가액 중 신고일까지의 시가인정액으로 한정)]이 있는 경우 해당 가액을 시가인정액으로 본다. 2025년 이후 상기 내용에도 불구하고 납세자 또는 지방자치단체장은 취득일 전 2년부터 취득일이 속하는 달의 말일부터 3개월까지의 기간 중 취득일 전 1년부터 신고·납부기한의 만료일까지의 기간에 해당하지 않는 기간에 유사부동산 등의 매매 등이 있는 경우 지방세심의위원회에 해당 매매 등의 가액을 시가인정액으로 인정하여 줄 것을 심의요청할 수 있다.

이 경우 지방세심의위원회에 시가인정액에 대해 심의요청하는 경우 다음의 구분에 따른 기한까지 심의요청해야 한다.

㉠ 취득일 전 2년 이내의 기간 중 평가기간에 해당하지 않는 기간 동안의 매매, 감정, 경매 또는 공매("매매 등")의 가액에 대해 심의요청하는 경우

「지방세법」 제20조 제1항의 무상취득에 따른 취득세 신고·납부기한 만료일 전 70일까지

㉡ 평가기간이 지난 후로서 「지방세법」 제20조 제1항에 따른 신고·납부기한의 만료일부터 6개월 이내의 기간 중의 매매 등의 가액에 대해 심의요청하는 경우

해당 매매 등이 있은 날부터 6개월 이내

심의요청을 받은 지방세심의위원회는 취득일부터 유사부동산 등의 매매 등 가액별 평가기간 내 판단기준일까지의 기간 중에 시간의 경과와 주위환경의 변화 등을 고려할 때 가격변동의 특별한 사정이 없다고 인정하는 경우에는 취득일 전 2년부터 취득일이 속하는 달의 말일부터 3개월까지의 기간 중의 매매 등의 가액을 시가인정액으로 심의·의결할 수 있다.

지방세심의위원회는 영 제14조 제3항에 따라 시가인정액에 대해 심의요청을 받은 경우 다음의 구분에 따른 기한까지 그 심의 결과를 서면으로 통지해야 한다. (2023.3.14. 신설)

㉠ 상기 ㉠에 따른 심의요청의 경우 : 심의요청을 받은 날부터 50일 이내

㉡ 상기 ㉡에 따른 심의요청의 경우 : 심의요청을 받은 날부터 3개월 이내

시가표준액이 동일하거나 유사하다고 인정되는 다른 부동산 등에 대한 판단기준은 다음의 구분에 따른다.

㉠ 「부동산 가격공시에 관한 법률」에 따른 공동주택가격(새로운 공동주택가격이 고시되기 전에는 직전의 공동주택가격을 말함)이 있는 공동주택의 경우 : 다음의 요건을 모두 충족하는 다른 공동주택. 다만, 다음의 요건을 모두 충족하는 다른 공동주택이 둘 이상인 경우에는 산정대상 공동주택과 공동주택가격 차이가 가장 적은 다른 공동주택으로 한다.

㉮ 산정대상 공동주택과 동일한 공동주택단지(「공동주택관리법」에 따른 공동주택단지를 말함) 내에 있을 것

㉯ 산정대상 공동주택과의 주거전용면적(「주택법」에 따른 주거전용면적을 말함) 차이가 산정대상 공동주택의 주거전용면적을 기준으로 100분의 5 이내일 것

㉰ 산정대상 공동주택과의 공동주택가격 차이가 산정대상 공동주택의 공동주택가격을 기준으로 100분의 5 이내일 것

㉡ 공동주택 외의 부동산 등의 경우 다음의 요건을 모두 충족하는 다른 부동산

㉮ 산정대상 부동산 등과 면적·위치·용도가 동일 또는 유사할 것

㉯ 산정대상 부동산 등과의 시가표준액 차이가 산정대상 부동산 등의 시가표준액을 기준으로 100분의 5 이내일 것

납세자 또는 지방자치단체장은 지방세심의위원회에 유사부동산 등의 매매 등의 가액을 시가인정액으로 인정하여 줄 것을 심의요청하는 경우에는 무상취득에 따른 취득세 신고·납부기한 만료일 전 70일까지 심의요청해야 한다. 이 심의요청을 받은 경우 지방세심의위원회는 심의요청을 받은 날부터 50일 이내에 그 심의 결과를 서면으로 통지해야 한다.

⑤ **평가기준일이 취득일 전인 경우로서 취득일까지 자본적 지출액이 있는 경우**

시가인정액 산정 시 평가기준일이 부동산 등의 취득일 전인 경우로서 이 날부터 취득일까지 해당 부동산 등에 대한 자본적 지출액(소령 §163 ③에 따른 자본적 지출액을 말함)이 확인되는 경우에는 그 자본적 지출액을 매매사례가액, 감정가액, 공매가격 등의 가액에 더할 수 있다.

> 최종 시가인정액 = 당초 시가인정액 + 자본적 지출액

⑥ **시가인정액 적용순서(지법 §10-2 ①~②, 지령 §14 ①~⑥)**

㉠ (평가기간 내) 취득일 전 6개월부터 취득일 후 3개월 내에 매매사례가액, 감정가액, 경매·공매가액

평가기간 중 시가인정액으로 보는 가액이 둘 이상인 경우에는 취득일을 전후하여 가장 가까운 날에 해당하는 가액을 적용

㉡ (확장된 평가기간) ㉠ 가액을 확인할 수 없는 경우로서 해당 자산 ㉮ 취득일 전 2년 이내 ㉯ 신고납부기한 만료일부터 6개월까지의 기간 중 매매 등 가액이 있는 경우 지방세심의위원회의 심의를 거쳐 시가로 인정 가능

납세자 및 지방자치단체의 장은 지방세심의위원회에 확장된 평가 기간 매매 등 가액을 시가인정액으로 심의요청할 수 있음(지령 §14 ③).

☞ 심의요청을 받은 지방세심의위원회는 취득일로부터 평가기간까지의 기간 중에 시간의 경과와 주위환경의 변화 등을 고려할 때 가격변동의 특별한 사정이 없다고 인정하는 경우에는 매매 등의 가액을 시가인정액으로 심의·의결할 수 있음(지령 §14 ④).

㉢ (평가기간 내) 유사부동산의 매매 등 가액 중 취득일에 가까운 가액을 시가인정액으로 봄 [취득일 전 1년부터 취득일이 속하는 달의 말일부터 3개월(2023년은 평가기간 이내의 가액 중 신고일㈜)까지로 한정].

☞ (주) 납세자의 예측가능성을 보호하기 위한 취지

㉣ (확장된 평가기간) ㉢에 불구하고 취득일 전 2년부터 취득일이 속하는 달의 말일부터 3개월까지의 기간 중 취득일 전 1년부터 신고·납부기한의 만료일까지의 기간 중 유사부동산 등에 해당하지 않는 기간에 유사부동산 등의 매매 등이 있는 경우도 지방세심의위원회에서 심의를 거쳐 시가인정액이 될 수 있음(2025년 이후 적용).

☞ 2023.1.1.~2023.3.13.은 유사부동산의 매매 등의 가액도 지방세심의위원회에서 심의를 거쳐 시가인정액이 될 수 있음(확장된 평가기간 이내의 가액 중 신고일까지로 한정).

● 시가인정액 평가기간 및 적용순서

1. 매매 등 시가인정액의 평가기간

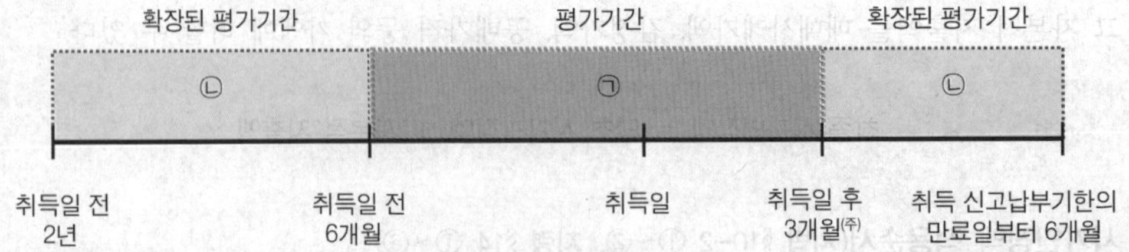

확장된 평가기간	평가기간	확장된 평가기간
㉡	㉠	㉢

취득일 전 2년   취득일 전 6개월   취득일   취득일 후 3개월(㉣)   취득 신고납부기한의 만료일부터 6개월

☞ ㉣ 무상취득의 신고납부기한은 취득일이 속하는 달의 말일부터 3개월인 점과 비교

2. '유사부동산'의 매매 등 시가인정액의 평가기간

유사부동산 등 평가기간	평가기간
㉢	㉣

취득일 전 1년
(2023.1.1.~2023.3.13.은
2년), 심의의결 시에 한함.   취득일 전 6개월   취득일   취득 신고납부기한의 만료일
(2023년은 신고일)

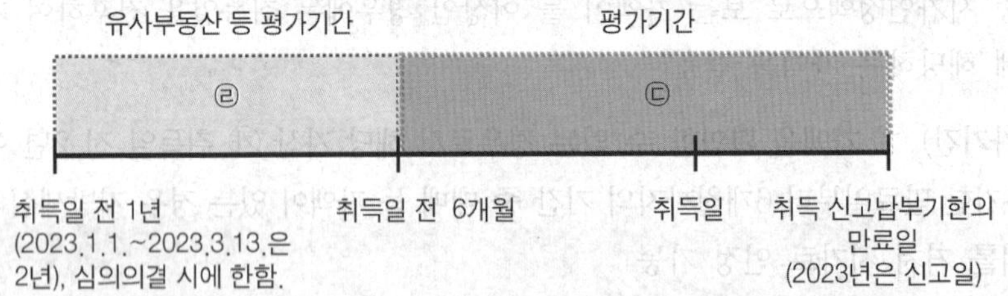

3. '유사부동산'의 매매 등 시가인정액 확장된 평가기간(상기 2. 평가기간 내 매매 등 가액이 없는 경우 한정, 2025년 이후 적용)

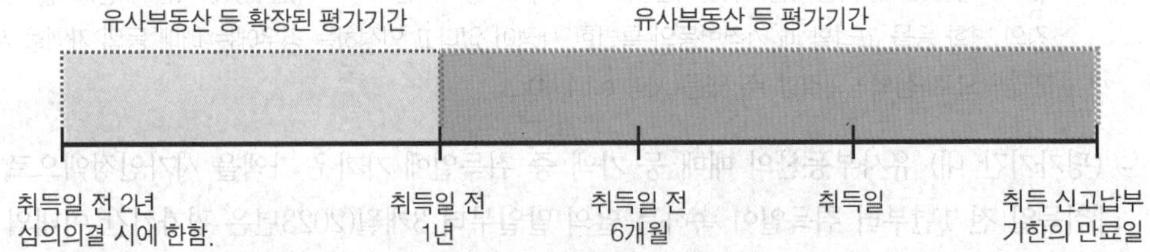

유사부동산 등 확장된 평가기간	유사부동산 등 평가기간

취득일 전 2년
심의의결 시에 한함.   취득일 전 1년   취득일 전 6개월   취득일   취득 신고납부 기한의 만료일

※ 해당 재산의 매매 등 시가인정액이 확인되는 경우, 취득일을 기준으로 더 가까운 날에 유사부동산의 매매 등 시가인정액이 있더라도 해당 재산의 매매 등 시가인정액을 우선으로 적용

사례   공공용지의 협의 취득가액은 ① 토지 수용 시에 우선적으로 협의 취득절차를 거치고, 그 협의가 성립되지 않거나 할 수 없는 경우에 수용의 절차를 거쳐야 한다는 점, ② 당사자 간 합의에 따른 사법상 매매행위인 협의 취득은 토지수용법에 손실보상의 기준을 따르지 않고 매매대금을 정할 수 있다는 점, ③ 토지수용법에 따른 협의 취득에 따른 보상의 적정가격 산정에 있어 지가변동률, 생산자물가상승률, 위치·형상·환경·이용상황 등이 반영된 시장가치를 반영하고 있다는 점 등을 종합적으로 고려해 볼 때, 공공용지의 협의 취득가액을 매매사례가액과 실질적 차이가 없는 것으로 보아 시가인정액으로 보는 것이 타당함(부동산세제과-2668, 2024.8.2.).

2) 2022년 이전 무상취득 시 과세표준

① 개요

취득세 과세표준은 취득 당시의 가액으로 하고 취득 당시의 가액은 취득자가 신고한 가액에 의하나 신고 또는 신고가액의 표시가 없거나 그 신고가액이 시가표준액에 미달하는 때에는 그 시가표준액에 의하도록 규정하고 있지만, 증여, 기부 등 무상취득하는 경우에는 사실상 취득가액이 없는 것으로 신고가액이 있을 수 없는바, 무조건 시가표준액이 과세표준이 되는 것이다. 따라서 증여 등 무상취득의 경우 장부에 반영된 가액이 있다 하더라도 장부가액으로 신고 여부와 관계없이 무조건 시가표준액이 과세표준이 된다. 그 이유는 장부가액이 신고가액이 될 수 없는 것이기 때문이다.

그런데 유권해석(지방세운영과-2641, 2016.10.17.)은 신고가액과 시가표준액 중 높은 가액으로 과세표준으로 삼고 있다. 이 해석도 구 「지방세법」(2000.2.3. 법률 제6260호로 개정되기 전의 것) 제111조 제1항이나 제130조 제1항에서 취득세나 등록세의 과세표준으로 규정한 취득 당시 또는 등기·등록 당시의 가액은 원칙적으로 부동산 등 과세물건을 취득함에 소요된 사실상의 취득가액을 의미하고, 그 각 제2항은 취득자 또는 등기·등록자가 제1항의 과세표준인 취득 당시의 가액을 신고하여야 하는데 그 신고 등이 없거나 신고가액이 시가표준액에 미달하는 경우에는 그 시가표준액을 과세표준으로 한다는 의미로 해석되고, 사실상의 취득가액이 없는 무상취득의 경우에는 시가표준액에 의하여 그 과세표준을 산정하여야 하며 법인장부에 기재된 과세물건의 가격을 사실상의 취득가액이라 하여 과세표준으로 삼을 수는 없다(대법원 2002두240, 2003.9.26.)라고 판시하고 있는바, 문제가 있다고 판단된다.

② 감정가액 등으로 신고한 경우

청구인의 배우자로부터 쟁점토지를 무상취득인 증여를 원인으로 하여 취득한 사실이 확인되므로 청구인이 비록 쟁점토지를 증여를 원인으로 하여 취득한 후 처분청에 쟁점감정평가액을 과세표준으로 하여 취득세 등을 신고하였다 하더라도 그 가액을 청구인이 쟁점토지를 취득하기 위하여 소요한 사실상의 취득가액에 해당한다고 보기 어려운 점, 납세자가 증여 등 무상으로 부동산을 취득하여 취득가격이 없는 경우 임의로 신고한 가격을 취득세 과세표준으로 삼는 것은 납세자의 신고금액에 따라 과세표준이 다르게 되어 과세형평상 불합리한 것으로 보이는 점 등에 비추어 청구인이 증여를 원인으로 하여 취득한 쟁점토지의 취득세 과세표준은 시가표준액을 적용하는 것이 타당하다(조심 2019지1527, 2019.11.28. 같은 뜻임)(조심 2019지2211, 2020.5.28.).

3) 부담부 증여

① 2023년 이후

㉠ 무상취득 : 시가인정액 – 채무부담액

㉡ 유상승계취득 : 채무부담액

이를 적용할 때 채무부담액은 취득일이 속하는 달의 말일부터 3개월 이내에 취득자가 입증한 경우로서 다음 어느 하나에 따라 확인된 금액에 한하여 채무부담액은 시가인정액을 한도로 한다

(지령 §14-4). 채무부담액, 즉 유상승계 취득가액은 시가인정액을 한도로 할 이유가 없다. 그 이유는 종전 규정에서의 유권해석과도 차이가 있다는 점, 2024년부터는 대물변제, 양도담보의 경우 대물변제액, 채무액보다 시가인정액이 낮을 경우 그 가액이 과세표준이 되는 것으로 개정되었는바, 이 내용이 개정되지 아니한 것은 일관성이 없다는 점에서 이는 문제가 있기 때문이다.

　㉠ 등기부 등본으로 확인되는 증여 부동산 등에 대한 저당권, 가압류, 가처분 등에 따른 채무부담액
　㉡ 금융기관이 발급한 채무자변경 확인서 등으로 확인되는 금융기관의 금융채무
　㉢ 임대차계약서 등으로 확인되는 증여 부동산 등에 대한 임대차 보증금
　㉣ 그 밖의 판결문, 공정증서 등 객관적 입증자료로 확인되는 취득자의 채무부담액

② 2022년 이전

　증여는 무상취득으로 시가표준액이 과세표준이 되는데(법인장부로 시가로 반영하더라도 시가표준액이 됨),[153] 부담부 채무가액이 있는 경우 그 채무가액은 유상승계 가액으로 보며, 세율도 유상승계 세율이 적용된다. 따라서 부담부 증여의 경우 과세표준은 다음과 같이 적용하면 된다. 다만, 2018년 이후 배우자 또는 직계존비속으로부터의 부동산 등의 부담부 증여의 경우에는 배우자 또는 직계존비속 간의 증여 추정 규정이 적용된다.

시가표준액	부담부 채무가액	과세표준(세율)
1억 원	-	무　　상 : 1억 원(3.5%)
1억 원	0.7억 원	무　　상 : 0.3억 원(3.5%) 유상승계 : 0.7억 원(4.0%)
1억 원	1.2억 원	유상승계 : 1.2억 원[주](4.0%)

☞ (주) 지방세운영과-731, 2018.4.3. 참조

　사례　보증금이 부담부 증여액에 해당되기 위한 요건(조심 2019지1663, 2019.9.25.)

　　청구인이 이 건 증여계약에 따라 이 건 보증금을 승계받은 것으로 주장하면서도 「지방세법」 제7조 제11항 제4호에서 열거한 대로 청구인이 이 건 보증금 부분에 대하여 대가를 지급하기 위한 소득이 증명되거나, 그 대가를 지급한 사실이 증명되는 증거자료를 달리 제출하지 아니한 이상, 이 건 보증금 부분에 대하여 유상거래에 따른 취득세율을 적용하기는 어려움(조심 2018지701, 2018.6.29., 같은 뜻임).[154]

---

153) "취득 당시의 가액"이란 원칙적으로 과세물건을 취득하기까지 소요되는 일체의 비용으로서 취득자가 신고한 가액을 의미하는 것으로, 증여 등 무상으로 부동산을 취득하여 취득가액이 없는 경우에는 애초에 신고할 취득가액이 없는 것이므로 「지방세법」 제10조 제2항 단서 규정에 따라 그 시가표준액을 과세표준으로 하는 것이 타당한 점, 납세자가 증여 등 무상으로 부동산을 취득하여 취득가액이 없는 경우에 대하여 자의적으로 신고한 가액을 취득세 과세표준으로 삼는 것은 그 신고가액에 따라 과세표준이 달라지게 되므로 과세형평상 불합리해 보이는 점, 청구인들이 비록 그 취득에 대한 취득세 등을 신고하면서 쟁점감정가액을 과세표준으로 하였다고 하더라도 그 가액이 쟁점부동산을 취득하는데 실질적으로 소요된 금액이라고 보기도 어려운 점 등에 비추어 청구인들이 상속으로 인하여 무상으로 취득한 쟁점부동산의 취득세 과세표준은 쟁점감정평가액이 아닌 그 시가표준액으로 보아야 할 것임(조심 2021지2863, 2022.7.12.).

154) ○○○세무서장의 소득금액증명(2019.9.30.)에 의하면 청구인의 종합소득세 소득금액이 2013년 ○○○으로

(2) 유상승계취득(지법 §10 - 3)

1) 2023년 이후

유상거래(매매 또는 교환 등 취득에 대한 대가를 지급하는 거래를 말함) 시 개인과 법인 구별 없이 취득 당시 가액은 취득시기 이전에 해당 물건을 취득하기 위하여 다음의 자(2024.4.1. 이후 적용)가 거래 상대방이나 제3자에게 지급하였거나 지급하여야 할 일체의 비용으로서 사실상의 취득가격으로 한다.

① 납세의무자

②「신탁법」에 따른 신탁의 방식으로 해당 물건을 취득하는 경우 같은 법에 따른 위탁자

③ 그 밖에 해당 물건을 취득하기 위하여 비용을 지급하였거나 지급하여야 할 자로서 다음의 자

   ㉠ 납세의무자의 특수관계인

   ㉡ 납세의무자의 해당 물건 취득을 지원하기 위하여 보조금 등 그 밖의 명칭과 관계없이 비용을 지급한 자

   ㉢ 건축물의 준공 전에 건축주의 지위를 양도한 자

   ㉣ 그 밖에 납세의무자를 대신하여 해당 물건을 취득하기 위해 비용을 지급했거나 지급해야 할 자

과세표준 원칙
① 연부취득의 경우 : 연부금액(매회 사실상 지급되는 금액)
② 기타 취득의 경우 : 사실상 취득가격

2) 2022년 이전

① 원칙

취득세의 과세표준은 취득 당시의 가액으로 한다. 다만, 연부로 취득하는 경우에는 연부금액(매회 사실상 지급되는 금액을 말하며, 취득금액에 포함되는 계약보증금 포함)으로 한다. 여기에서 취득 당시의 가액은 취득자가 신고한 가액으로 하며, 신고 또는 신고가액의 표시가 없거나 그 신고가액이「지방세법」에서 정하는 시가표준액보다 적을 때에는 그 시가표준액으로 한다(지법 §10 ①, ②).

2016.8.11. 이전에는「주택법」제80조의 2 제1항에 따라 주택거래신고지역에서 주택거래가액을

확인되고, 비록 2017년 및 2018년 청구인의 종합소득세 소득금액이 하락한 것으로 나타나나 양도소득세 과세표준신고서(2018.5.10.) 및 ○○○세무서장의 납부내역 증명(2020.7.15.)에 따르면 청구인이 2018년경 토지 및 건물을 합계 ○○○ 매각하여 양도차익 약 ○○○ 얻은 사실 및 청구인이 2018년경 이에 대한 양도소득세 합계 약 ○○○ 납부한 사실이 확인되는바, 청구인의 연령, 재산내역, 생활환경 및 사회적 관계 등을 종합적으로 고려하여 볼 때 청구인에게 쟁점부동산의 잔여 매매대금 ○○○ 중 직계비속이자 매도인인 ○○○ 지분(50%)에 해당하는 전세보증금 ○○○ 상당액을 지급할 자력이 인정됨(조심 2019지3748, 2020.10.26.).

신고한 경우에는 그 신고가액을 위의 취득자가 신고한 가액으로 본다(구 지령 §14).

한편, 하기 예외의 경우에는 사실상 취득가격 등 별도로 규정한 가액이 과세표준이 된다.

과세표준 원칙

① 연부취득의 경우 : 연부금액(매회 사실상 지급되는 금액)
② 기타 취득의 경우 : 아래 1)과 2) 중 큰 금액
  1) 취득 당시의 가액으로서 취득자가 신고한 가액(주택거래가액 신고 시 : 그 신고가액)
  2) 「지방세법」 상 시가표준액
③ 예외 : 사실상 취득가격 등 별도 규정된 가액

│ 실거래가신고제 시행에 따른 취득세 과세표준 적용 요령(세정-1, 2006.1.2.) │

① 「지방세법」 제10조 제5항 제5호에서는 「공인중개사의 업무 및 부동산거래신고에 관한 법률」
  에 의거 신고한 가액 중 검증이 이루어진 취득에 대해서만 사실상 취득가격으로 간주하므로
  2005년도에 매매계약을 체결하고 잔금지급일이 2006년도에 도래하는 경우
  - 「공인중개사의 업무 및 부동산거래신고에 관한 법률」에 의거 2006.1.1. 이후부터 실거래
    가 신고를 의무화하고 있어 2005년도 계약체결자는 실거래가 신고대상자가 아니므로 「지
    방세법」 제11조 제2항 규정에 의거 납세자가 신고한 가액과 시가표준액 중 높은 가액을
    취득세 과세표준으로 적용
② 과세표준은 실거래가 신고가액 중 부동산거래가격검증시스템에 의하여 검증된 가격을 사실
  상 취득가격으로 간주하는 것이므로 '부적정, 판정보류 또는 판정불가'로 나왔을 경우
  - 「지방세법」 제10조 제2항 규정에 의거 납세자가 신고한 가액과 시가표준액 중 높은 가액
    을 적용
③ 주택거래신고지역에서 거래가액을 신고한 경우(2016.8.11. 이전)
  - 신고한 가액으로 본다고 규정하고 있으므로 신고한 가액을 과세표준으로 적용

☞ 증여・기부 그 밖의 무상취득 및 부당행위 부인 규정인 「소득세법」 제101조 제1항 또는 「법인세법」 제52조 제1
  항의 규정에 의한 거래로 인한 취득 제외

---

② 예외

㉠ 사실상의 취득가격을 적용하는 경우

구분	내용
대상 취득	① 국가, 지방자치단체 또는 지방자치단체조합으로부터의 취득 ② 외국으로부터의 수입에 의한 취득 ③ 판결문[민사소송 및 행정소송에 의하여 확정된 판결문(화해・포기・인낙 또는 의제 자백에 의한 것은 제외)]・법인장부[금융회사의 금융거래 내역 또는 「감정평가 및 감정평가사에 관한 법률」 제6조에 따른 감정평가서 등 객관적 증거서류에 의하여 법인이 작성한 원장・보조장・출납전표・결산서 - 2016년 이후 중고자동차 또는 중고기

구분	내용
대상 취득	계장비의 취득가액이 시가표준액보다 낮은 경우에는 그 취득가액 부분은 법인장부에서 제외(천재지변, 화재, 교통사고 등 그 가액이 시가표준액보다 하락한 것으로 시장·군수가 인정한 경우 법인장부로 봄)]에 따라 취득가격이 증명되는 취득 ☞ 2013년까지 법인장부는 법인이 작성한 원장·보조장·출납전표·결산서를 말함. ④ 공매방법에 의한 취득 ⑤「부동산 거래신고에 관한 법률」제3조에 따른 신고서를 제출하여 같은 법 제6조(종전「공인중개사의 업무 및 부동산 거래신고에 관한 법률」제27조에 따른 신고서를 제출하여 같은 법 제28조)에 따라 검증이 이루어진 취득(2020년 취득분부터 세무서장이나 지방국세청장으로부터 통보받은 자료 또는「부동산 거래신고 등에 관한 법률」제6조에 따른 조사 결과에 따라 확인된 금액보다 적은 경우에는 그 확인된 금액) ☞ 증여·기부, 그 밖의 무상취득,「소득세법」또는「법인세법」의 부당행위계산의 부인이 적용되는 거래로 인한 취득은 제외 ☞ 2016.4.25.까지는 위 ⑤의 경우는 적용 방법이 나머지 ①~④의 경우와 약간 상이함.
과세표준 적용방법	사실상의 취득가격 또는 연부금액을 과세표준. 이러한 취득가격 등을 적용함에 있어 취득시기를 기준으로 그 이전에 해당 물건을 취득하기 위하여 거래 상대방 또는 제3자에게 지급하였거나 지급하여야 할 직접비용과 간접비용의 합계액(단, 취득대금을 일시급 등으로 지급하여 일정액을 할인받은 경우에는 그 할인된 금액) ☞ 2016.4.25.까지는 ⑤를 제외한 나머지 ①~④의 취득에 대해서만 적용되는 것으로 규정되어 있어서 상기 ⑤가 제외되어 있었음에 유의
수입에 의한 취득	수입에 의한 취득은 해당 물건을 우리나라에 인취하는 날에 수입면장상에 기재된 금액(수입물품의 도입가격, 보험료, 운송료, 관세 등 수입을 위하여 소요된 모든 비용)
판결에 의한 취득	판결문은 민사 및 행정소송에 의하여 확정된 판결문을 의미(형사소송에 의하여 확정된 판결문은 제외되며, 화해·포기·인낙 또는 자백간주에 의한 것은 제외)[155]
공매에 의한 취득	「민사집행법」상 공매방법으로서「민사집행법」에 의한 경매, 「경매법」에 의한 경매 및「국세징수법」이나「지방세법」상의 공매처분을 의미

○ 유의사항

① 법인과의 거래(행자부 세정 – 3288, 2005.10.18.)

'법인'이라 함은 자연인 이외에 법률상 권리의무의 주체가 되는 자로서 법률에 의하여 법인격이 부여된 것을 의미. 단, 「국세기본법」에 의한 법인으로 보는 단체는 해당하지 아니함.

---

155) 조정조서에 의한 것, 법원의 회생계획인가도 제외

구「민사조정법」제30조, 제32조에 의하여 조정담당판사가 한 조정에 갈음한 결정은 같은 법 제34조 제4항에 정한 바와 같이 이의신청이 없거나 이의신청이 취하, 각하되어 확정된 때에는 재판상의 화해와 동일한 효력이 있음(대법원 98마988, 1998.7.14.).

양도인의 회생계획에 따른 법원의 소유권이전 허가서는 민사 및 행정소송에 의한 확정된 판결문에 해당하지 아니하므로「지방세법」제10조 제5항에 따른 판결문으로 보기 어려워 보이는 점 등에 비추어 처분청이 청구인의 경정청구를 거부한 처분은 잘못이 없음(조심 2015지0098, 2015.4.21.).

② 자백간주와 사실상 취득가액(행자부 세정-2790, 2004.8.30.)

자백간주에 의한 판결문상의 취득가격을 취득세 과세표준으로 적용할 수 없는 것임.

③ 임시사용승인일과 과세표준

건축물을 신축하는 경우 임시사용승인일(사용승인서 교부일 이전에 사실상 사용하거나 임시사용승인을 받은 경우에는 그 사실상의 사용일 또는 임시사용승인일)을 기준으로 그 때까지 소요된 일체의 비용을 과세표준으로 함.

④ 부동산거래가격검증시스템에 의한 부적정, 판정보류 또는 판정불가의 경우(행자부 세정-186, 2006.1.17.)

부동산거래가격검증시스템에 의하여 검증된 가격을 사실상 취득가격으로 간주하는 것이므로 "부적정, 판정보류 또는 판정불가"의 경우에는 「지방세법」 제11조 제2항 규정에 의거하여 납세자가 신고한 가액과 시가표준액 중 높은 가액을 적용하는 것임.

⑤ 법인과의 거래 중 법인장부상 미확인 거래(행자부 세정-3140, 2004.9.21.)

법인이 개인으로부터 부동산을 취득한 후 그 취득가액을 법인장부에 기재하지 아니하고 취득세를 신고하지 아니한 채 양도한 경우 법인 장부상 입증되는 취득가격이 없으므로 시가표준액을 취득세 과세표준으로 적용함.

⑥ 법인장부(금융회사의 금융거래 내역 또는 「감정평가 및 감정평가사에 관한 법률」 제6조에 따른 감정평가서 등 객관적 증거서류에 의하여 법인이 작성한 원장·보조장·출납전표·결산서)에 따라 취득가격이 증명되어야 법인장부가액으로 인정됨. 이는 2014.1.1. 법 개정 시에 반영된 것임.

> 사례) 파산법원의 임의매각 허가 시(조심 2020지0338, 2021.3.17.)
>
> 쟁점토지에 대한 파산법원의 임의매각 허가를 「지방세법」 제10조 제5항 제3호의 판결문이나 법인장부에 의하여 취득가격이 증명되는 경우에 해당한다고 보기 어렵다 하겠다. 법원의 허가를 받아 임의매각한다고 하더라도, 파산관재인의 권한과 책무에 따라 그 환가의 방법, 시기, 매각절차, 매수상대방의 선정 등이 임의적으로 결정된다고 볼 수 있고(대법원 2010.11.10. 선고, 2010다56265 판결, 같은 뜻임), 쟁점토지의 매매계약 형식 및 등기원인이 매매로 기재되어 있는바, 이를 공매방법에 의한 취득에 해당한다고 보기 어렵다 하겠다(조심 2017지306, 2017.7.7. 같은 뜻임). 부동산거래가격 검증체계에 의하여 그 적정성을 검증한 결과 부적정(하한 미달)으로 판정되었는바, 이를 「지방세법」 제10조 제5항 제5호의 부동산거래 신고서를 제출하여 검증이 이루어진 취득에 해당한다고 보기 어렵다 하겠음(조심 2014지1381, 2015.8.10. 같은 뜻임).

> 사례) 장부의 범위(대법원 2007두18031, 2007.10.26.)
>
> 매매계약서나 문답서 자체가 법인의 장부로 되는 것은 아니고 법인이 위 각 매매계약서 등에 기초하여 장부를 작성하였을 때에 비로소 위 각 매매계약서 등의 내용이 법인의 장부로 되는 것인 점에 비추어 보면, 위 각 매매계약서 등은 사실상의 취득가액을 인정하는 증빙자료가 될 수 없으므로, 법인의 장부에 의하여 취득가액이 입증되는 경우가 아닌 한 토지에 대한 취득세 등은 토지에 대한 시가표준액을 과세표준으로 하여 산정하여야 할 것임.

ⓛ 개인이 건축물을 건축하거나 대수선하여 취득하는 경우로서 90% 초과 법인장부 입증 시

개인이 대부분의 공사를 법인과 거래하고, 일부 공사(설계·감리 등)를 개인사업자와 거래하

여 비용 전액을 법인장부로 입증 못할 경우에는 신고가액과 시가표준액 중 높은 가액을 적용함으로써 신고가액보다 시가표준액이 높을 경우, 개인사업자는 법인의 경우보다 세부담이 증가하는 과세불형평 발생으로 개선된 것이다.

구분	내용
대상취득	법인이 아닌 자가 건축물을 건축하거나 대수선하여 취득하는 경우로서 취득가격 중 100분의 90을 넘는 가격이 법인장부에 따라 입증되는 경우 ☞ 상기 취득가격 의미가 어떤 것을 말하는지 명확하지 아니하나, 문맥으로 보아 아래 금액의 전체 합계액을 의미하는 것으로 해석하여야 할 것임.
적용방법	아래의 금액을 모두 합산하여 계산한 취득가격 ① 법인장부로 증명된 금액 ② 법인장부로 증명되지 아니하는 금액 중 「소득세법」 제163조에 따른 계산서 또는 「부가가치세법」 제16조에 따른 세금계산서로 증명된 금액 ③ 부동산을 취득하는 경우 「주택도시기금법」 제8조에 따라 매입한 국민주택채권을 해당 부동산의 취득 이전에 양도함으로써 발생하는 매각차손(금융회사 등 외의 자에게 양도한 경우에는 동일한 날에 금융회사 등에 양도하였을 경우 발생하는 매각차손을 한도로 함)

3) 특수관계인 간 거래 중 부당행위계산 부인규정에 해당되는 경우

① 2023년 이후

특수관계인(「소득세법」 제101조 제1항 또는 「법인세법」에 따른 특수관계인을 말함) 간의 거래로 그 취득에 대한 조세 부담을 부당하게 감소시키는 행위 또는 계산을 한 것으로 인정되는 경우("부당행위계산")에는 시가인정액을 취득 당시 가액으로 결정할 수 있다.

"조세 부담을 부당하게 감소시키는 행위 또는 계산을 한 것으로 인정되는 경우"란 특수관계인으로부터 시가인정액보다 낮은 가격으로 부동산 등을 취득하는 경우를 말한다.

한편, 시가인정액이 없는 경우에는 시가표준액을 기준으로 판단하라고 해석하고 있지만, 법조문상 시가인정액이 없는 경우 부당행위계산 부인규정이 적용되지 아니한다는 문제가 있다.

> ❏ **고가매입 또는 저가양도 시 부당행위계산 부인규정 적용 요건**
> ㉠ 〔시가인정액−거래가액(또는 거래가액−시가인정액)〕 ≥ 3억 원
> ㉡ 〔시가인정액−거래가액(또는 거래가액−시가인정액)〕 ≥ 시가인정액 × 5%

 특수관계인의 범위

○ **「법인세법」 상 특수관계인(법법 §2 12호, 법령 §2 ⑤)**
　- **법법 §2 12호**
　"특수관계인"이란 법인과 경제적 연관관계 또는 경영지배관계 등 대통령령으로 정하는 관계에 있는 자를 말한다. 이 경우 본인도 그 특수관계인의 특수관계인으로 본다.

- 법령 §2 ⑤

법 제2조 제12호에서 "경제적 연관관계 또는 경영지배관계 등 대통령령으로 정하는 관계에 있는 자"란 다음 각 호의 어느 하나에 해당하는 관계에 있는 자를 말한다.

1. 임원(제40조 제1항에 따른 임원을 말한다. 이하 이 항, 제10조, 제19조, 제38조 및 제39조에서 같다)의 임면권의 행사, 사업방침의 결정 등 해당 법인의 경영에 대해 사실상 영향력을 행사하고 있다고 인정되는 자(「상법」 제401조의 2 제1항에 따라 이사로 보는 자를 포함한다)와 그 친족(「국세기본법 시행령」 제1조의 2 제1항에 따른 자를 말한다. 이하 같다)
2. 제50조 제2항에 따른 소액주주 등이 아닌 주주 또는 출자자(이하 "비소액주주등"이라 한다)와 그 친족
3. 다음 각 목의 어느 하나에 해당하는 자 및 이들과 생계를 함께하는 친족
   가. 법인의 임원·직원 또는 비소액주주 등의 직원(비소액주주 등이 영리법인인 경우에는 그 임원을, 비영리법인인 경우에는 그 이사 및 설립자를 말한다)
   나. 법인 또는 비소액주주 등의 금전이나 그 밖의 자산에 의해 생계를 유지하는 자
4. 해당 법인이 직접 또는 그와 제1호부터 제3호까지의 관계에 있는 자를 통해 어느 법인의 경영에 대해 「국세기본법 시행령」 제1조의 2 제4항에 따른 지배적인 영향력을 행사하고 있는 경우 그 법인
5. 해당 법인이 직접 또는 그와 제1호부터 제4호까지의 관계에 있는 자를 통해 어느 법인의 경영에 대해 「국세기본법 시행령」 제1조의 2 제4항에 따른 지배적인 영향력을 행사하고 있는 경우 그 법인
6. 해당 법인에 100분의 30 이상을 출자하고 있는 법인에 100분의 30 이상을 출자하고 있는 법인이나 개인
7. 해당 법인이 「독점규제 및 공정거래에 관한 법률」에 따른 기업집단에 속하는 법인인 경우에는 그 기업집단에 소속된 다른 계열회사 및 그 계열회사의 임원

○ **「소득세법」상 특수관계인(소령 §98)**

① 법 제41조 및 제101조에서 "특수관계인"이란 「국세기본법 시행령」 제1조의 2 제1항, 제2항 및 같은 조 제3항 제1호에 따른 특수관계인을 말한다.

☞ 「지방세기본법」과 대부분 동일하나, 실질지배력의 판단기준에서 영리법인인 경우 「지방세기본법」에서는 법인의 발행주식 총수 또는 출자총액의 100분의 50 이상을 출자한 경우로 되어 있으나, 「국세기본법」에서는 30% 이상을 출자한 경우로 규정되어 있음에 유의하여야 함.

② 2022년 이전

㉠ 개요

「소득세법」 제101조 제1항 또는 「법인세법」 제52조 제1항에 따른 거래로 인한 취득, 즉 특수관계인 간의 부당행위계산 부인 규정이 적용되는 경우 신고가액인 실거래가액이 아니라 시가표준액으로 과세표준을 삼는다.

특수관계인인지 여부를 판단하여야 하므로 취득일 현재의 주주현황, 법인의 임직원인지 여부

를 검토하여야 할 것이다. 특수관계인인 경우 감정가액 등의 시가(「법인세법」상의 시가로 부동산의 경우 시가표준액을 시가로 볼 수 없음)보다 낮은 가액으로 거래하였는지를 검토하여 부당행위계산 부인규정이 적용되는 거래인 경우라면 시가표준액으로 과세표준을 삼을 수 있다. 즉 특수관계인 간의 거래라고 하여 무조건 부당행위계산부인 규정이 적용되는 것은 아니므로 시가보다 낮은 가액을 거래하였음을 입증하여야 시가표준액으로 과세표준을 삼을 수 있는 것이다.

특수관계인과 거래 시 시가보다 고가매입 또는 저가양도의 경우라 하더라도 시가와 거래가액의 차액이 3억 원 이상이거나 시가의 100분의 5에 상당하는 금액 이상인 경우에 한하여 부당행위계산 부인규정이 적용되는 것이므로 시가보다 높거나 낮다고 하여 무조건 시가표준액으로 적용하는 것은 아니다.

여기서 시가표준액과 시가가 일치하는 경우도 있을 수 있으나, 시가표준액을 시가로 볼 수는 없는 것임에 유의하여야 한다. 즉 부당행위계산 부인규정 적용 시 거래가액을 시가와 비교하여야 하는데, 시가표준액과 비교하여서는 안 되는 것이다.

> ❑ 고가매입 또는 저가양도 시 부당행위계산 부인규정 적용 요건
> ㉠ 〔시가 – 거래가액(또는 거래가액 – 시가)〕 ≥ 3억 원
> ㉡ 〔시가 – 거래가액(또는 거래가액 – 시가)〕 ≥ 시가 × 5%

한편, "특수관계인과의 거래로 인하여 그 소득에 대한 조세 부담을 부당하게 감소시킨 것으로 인정되는 경우"라고 규정되어 있으므로 제3자와의 거래가액이 동일한 경우에는 부당행위계산 부인규정이 적용되지 아니하는 것이다. 즉 부당행위계산 부인은 시가와 특수관계인 간의 거래가액 사이에 차이가 있는 경우에만 적용되는 것이므로 특수관계인 간의 거래가 무조건 사실상의 취득가격을 부인하여 다른 가액을 적용하는 것이 아니라 제3자와의 거래가액과 동일하다면 시가로 보아 부당행위계산 부인규정이 적용되지 아니하므로 사실상 거래가액을 과세표준으로 삼아야 하는 것이다.

특수관계인 간의 거래가 아니거나, 특수관계인 간의 거래이더라도 부당행위계산부인 규정에 해당되지 아니하는 경우에는 법인과의 거래에서는 법인장부상의 실거래가액이 과세표준이 되는 것이다.

㉡ '시가'의 의미

시가(時價)의 범위와 평가기준이 중요한 부당행위계산의 부인 요소가 되는 것이다. 부당행위계산 부인 시 적용하는 시가 규정을 요약하면 다음과 같다(「소득세법 집행기준」 101–167–4).

구분	시가 산정방법	감정가액	상장주식
개인	상증법 상 평가액	2 이상 감정가액 평균액[주1]	거래일 종가[주2]
법인	매매사례가액 → 감정가액 → 상증법 §38~§39–3, §61~§68 및 조특법 §101 준용하여 평가한 평가액(순차 적용)	1개 감정가액 (2 이상은 평균액)	거래일 종가

☞ 개인의 경우 「상속세 및 증여세법」상 평가액이 시가 산정방법이나, 시가로 보는 매매·감정·수용·경매·공매가격이 우선 적용되고, 이런 가격이 없는 경우 보충적인 평가방법을 적용하는 것으로 법인의 경우와 거의 비슷하다고 볼 수 있음[감정가액 적용에 약간의 차이가 있음 : 소급감정 적용 안되고 2 이상의 감정가액이 있어야 함(2018.4.1. 이후 감정의뢰분부터 기준시가 10억 원 이하 부동산은 1개 감정가액 가능)].

(주1) 기준시가 10억 원 이하 부동산은 1개 감정가액(2018.4.1. 이후 감정의뢰분부터)

(주2) 2021.2.17. 이후 양도분부터 적용, 그 전에는 거래일 전·후 2월의 종가 평균액

ⓒ 「법인세법」상 부당행위계산 적용 시 '시가'의 의미

시가는 「법인세법 시행령」 제89조 제1항 및 제2항의 규정에 따라 매매사례가액, 시가가 불분명한 경우에는 「감정평가 및 감정평가사에 관한 법률」에 의한 감정평가법인이 감정한 가액이 있는 경우 그 가액, 「상속세 및 증여세법」을 적용하여 산정한 가액을 차례로 적용하도록 규정되어 있다. '시가'란 원칙적으로 정상적인 거래에 의하여 형성된 객관적 교환가격을 의미하지만 이는 객관적이고 합리적인 방법으로 평가한 가액도 포함하여야 하므로 거래를 통한 교환가격이 없는 경우에는 공신력있는 감정기관의 감정가격도 시가로 볼 수 있고 그 가액이 소급감정에 의한 것이라는 사정만으로 감정가액이 시가로서 부적절하다거나 시가를 산정하기 어려워서 보충적 평가방법을 택할 수는 없다고 판시하고 있다(대법원 98누18275, 1999.1.27., 대법원 2001누6029, 2003.5.30., 대법원 2010두8751, 2010.9.30.).[156] 따라서 부당행위계산부인 규정에서 시가 적용 시 다른 이유로 감정가액으로 볼 수 없다는 것은 있을 수 있지만, 소급감정하였다는 이유로 이를 인정하지 아니한 것은 잘못이다.

ⓓ 개인인 양도자가 법인과 거래 시 '시가'의 의미

양도자를 기준으로 「소득세법」상 양도소득에 대한 부당행위계산부인 규정을 적용하여야 하나, 양수자의 기준으로는 「법인세법」상 부당행위계산부인 규정 적용이 가능할 것이다. 「소득세법」과 「법인세법」상 시가 적용 시 차이가 있는바, 즉 「소득세법」에서는 소급감정이 적용되지 않고 2 이상의 감정가액이 있어야 한다(2018.4.1. 이후 감정의뢰분부터 기준시가 10억 원 이하 부동산은 1개 감정가액 가능).

개인인 양도자가 법인과 거래 시 소급감정을 하거나 감정가액 하나만 있는 경우 시가로 보는지 논란이 될 수 있다. 그 이유는 양수자의 기준으로도 부당행위계산부인 규정을 적용하여야 할

---

156) 부당행위계산의 부인이란 경제인의 입장에서 볼 때 부자연스럽고 불합리한 거래형식을 취함으로 인하여 경제적 합리성을 무시하였다고 인정될 때에 한하여 적용되는 것이고, 경제적 합리성의 유무에 대한 판단은 거래행위의 여러 사정을 구체적으로 고려하여 과연 그 거래행위가 건전한 사회통념이나 상관행에 비추어 경제적 합리성을 결한 비정상적인 것인지 여부에 따라 판단하되, 비특수관계인 간의 거래가격, 거래 당시의 특별한 사정 등도 고려하여야 하며(대법원 2006두19143, 2009.2.12. 같은 뜻), 비특수관계인 간의 거래가격이 없는 경우에는 공신력 있는 감정기관의 소급감정에 의한 감정가액도 시가로 볼 수 있는 것임(조심 2009서3164, 2009.12.14., 대법원 2001두2256, 2002.3.12. 및 국심 2007중792, 2007.9.18. 등 다수 같은 뜻임). 한편, 상증법 상 소급감정 평가가액은 시가로 받아들이지 아니한다. 그 근거는 「상속세 및 증여세법 시행령」 제49조 제2항에 따르면 "제1항을 적용할 때 제1항 각 호의 어느 하나에 따른 가액이 평가기준일 전후 6개월(증여재산의 경우 3개월로 한다) 이내에 해당하는지는 다음 각 호의 구분에 따른 날을 기준으로 하여 판단하며 …. 2. 제1항 제2호의 경우에는 가격산정기준일과 감정가액평가서 작성일"이라고 규정되어 있기 때문이다. 이는 2014.2.21. 개정되었으나, 그 전에도 그와 동일한 의미로 규정되어 있었다.

것이기 때문이다. 그런데 양도자 기준과 양수자 기준 둘 다 검토하여야 할 것이고, 「소득세법 시행령」 제167조 제6항에 따르면 「법인세법」상 부당행위계산 부인규정이 적용되지 아니하는 경우 「소득세법」상 부당행위계산 부인규정이 적용되지 아니함에도 양도자 기준으로 하여 소급감정을 인정하지 아니한 심판례(조심 2014지0890, 2014.10.21.)가 있으나, 양수자 기준으로도 판단함으로써 소급감정을 하거나 감정가액 하나만 있는 경우에도 이를 시가로 보는 것이 납세자에게 불이익이 없도록 하여야 한다는 과세원칙에 부합할 것이다.

4) 토지와 건축물 등을 한꺼번에 취득하는 경우

토지와 건축물 등을 한꺼번에 취득하여 과세물건별 사실상 취득가격이 구분되지 아니하는 경우 한꺼번에 취득한 가격을 과세물건별 시가표준액 비율로 나눈 금액을 각각의 취득가격으로 한다. 다만, 시가표준액이 없는 과세물건이 포함되어 있으면 토지와 건축물 등의 감정가액 등을 고려하여 시장·군수가 결정한 비율로 나눈 금액을 각각의 취득가격으로 한다.

5) 주택과 건축물 및 그 부속토지를 한꺼번에 취득하는 경우

① 일반

주택과 건축물 및 그 부속토지를 한꺼번에 취득한 경우에는 다음의 계산식에 의하여 주택과 그 이외 부분의 취득가격을 구분하여 산정한다[2021년 이전은 사실상 취득가격이 인정되는 취득(「부동산 거래신고에 관한 법률」 제3조에 따른 신고서를 제출하여 같은 법 제6조에 따라 검증이 이루어진 취득 제외)으로 각각의 취득가격이 구분되는 경우에는 그 가격을 각각의 취득가격으로 함].

㉠ 2017.1.1. 이후

$$주택\ 부분 = 전체\ 취득가격 \times \frac{A}{건축물과\ 부속토지\ 전체의\ 시가표준액}$$

$$주택\ 외\ 부분 = 전체\ 취득가격 \times \frac{B}{건축물과\ 부속토지\ 전체의\ 시가표준액}$$

- A = 건축물 중 주택 부분의 시가표준액 + 부속토지 중 주택 부분의 시가표준액
- B = 건축물 중 주택 외 부분의 시가표준액 + 부속토지 중 주택 외 부분의 시가표준액

☞ 건축물 중 주택(주택 외) 부분의 시가표준액 : 「지방세법」 제4조 제2항에 따른 건물 시가표준액. 즉 「건물 시가표준액 조정 기준」에 의한 산정된 시가표준액을 적용

☞ 부속토지 중 주택(주택 외) 부분의 시가표준액 : 「지방세법」 제4조 제1항에 따른 토지 시가표준액. 즉 개별공시지가

ⓛ 2016.12.31. 이전

$$주택\ 부분 = 전체\ 취득가격 \times \frac{주택의\ 건축물\ 시가표준액}{건축물\ 전체의\ 시가표준액}$$

$$주택\ 외\ 부분 = 전체\ 취득가격 \times \frac{주택\ 이외\ 건축물\ 시가표준액}{건축물\ 전체의\ 시가표준액}$$

☞ 주택(주택 이외)의 건축물 시가표준액 : 「지방세법」 제4조 제2항에 따른 시가표준액. 즉 「건물 시가표준액 조정 기준」에 의한 산정된 시가표준액을 적용

② 신축 또는 증축

신축 또는 증축으로 주택과 주택 외의 건축물을 한꺼번에 취득한 경우에는 다음 계산식에 따라 주택 부분과 주택 외 부분의 취득가격을 구분한다.

$$주택\ 부분 = 전체\ 취득가격 \times \frac{건축물\ 중\ 주택\ 부분의\ 연면적}{건축물\ 전체의\ 연면적}$$

$$주택\ 외\ 부분 = 전체\ 취득가격 \times \frac{건축물\ 중\ 주택\ 외\ 부분의\ 연면적}{건축물\ 전체의\ 연면적}$$

(3) 원시취득[건축물을 건축(신축과 재축 제외)하거나 개수한 경우](지법 §10 - 4)

1) 개요

① 2023년 이후

㉠ 원칙 : 사실상 취득가격

㉡ 예외 : 법인이 아닌 자가 건축물을 건축하여 취득하는 경우로서 사실상 취득가격을 확인할 수 없는 경우 시가표준액

② 2022년 이전

구분	내용
원칙	건축 등으로 인하여 증가한 가액
적용방법	납세의무자가 신고한 가액과 아래 가액 중 큰 금액을 과세표준으로 하며, 단 신고 금액이 없는 경우 아래의 가액 ① 취득세 납세의무자나 그 취득물건에 관하여 그와 거래관계가 있었던 자가 관련 장부나 그 밖의 증명서류를 갖추고 있는 경우에는 이에 따라 계산한 가액

구분	내용
적용방법	② 위 ①에 따른 관련 장부나 증명서류를 갖추고 있지 아니하거나 그 내용 중 취득경비 등의 금액이 해당 취득물건과 유사한 물건을 취득하는 경우에 일반적으로 드는 것으로 인정되는 자재비, 인건비, 그 밖에 취득에 필요한 경비 등을 기준으로 시장·군수가 산정한 가액보다 부족한 경우에는 시장·군수가 산정한 가액

> **○ 유의사항**
> ① 관련 장부나 그 밖의 증명서류의 범위
>   취득에 소요된 원가, 공사비, 이자 등 관련 비용을 증명할 수 있는 증거물을 지칭하는 것이
>   므로 개인장부나 개인사업자가 발급한 영수증이 관련 비용을 증명할 수 있다면 포함된다
>   고 할 것임(지방세운영과-4359, 2011.9.15.).
> ② 시장·군수가 산정한 가액
>   시장·군수가 해당 물건과 유사한 물건을 취득하는 데 일반적으로 소요되는 비용을 기준
>   으로 산정하면 되는 것이며, 기타 별도의 승인절차 등을 갖추어야 하는 것은 아님. 다만,
>   "일반적으로 소용되는 비용"이라 함은 통상적 객관적으로 소요되는 비용을 말한다 할 것
>   이므로 관련 사례 및 자료들을(「2011년도 건물 및 구분지상권 시가표준액 조정기준」 중
>   "증·개축건물 등에 대한 시가표준액 산출요령 등") 참고하여 산정함(지방세운영과-4359,
>   2011.9.15.).

2) 감가상각비

감가상각비는 과세표준에 포함되지 아니한다(세정 13407-1235, 2000.10.24., 세정 13430-720, 1999. 6.18.)라고 해석하고 있으나, 이는 이미 과세대상 물건에 대한 감가상각비를 말하는 것으로, 가설 재의 감가상각비는 과세표준에 포함되는 것이 타당하다.

3) 퇴직급여충당부채, 하자보수충당부채

과세표준에 포함된다(행심 2006-182, 2006.4.24.)라고 결정하고 있는데, 이는 직접 시공이 아닌 도급을 주어 시공한 것으로 도급금액의 일종으로 본 것으로, 대법원판례(대법원 2007두17373, 2010. 2.11.)도 동일한 취지이다.

그런데 직접 시공의 경우 과세표준에 포함되지 아니한다(세정-45, 2005.12.13., 세정 13407-1235, 2000.10.24.)라고 해석하고 있지만, 하자보수충당부채는 실제 발생이 되지 아니한 것이므로 포함되지 아니하는 것은 타당하나, 퇴직급여충당부채는 이미 비용 발생된 것으로 지급만 되지 아니하였다는 이유로 제외된다는 것은 타당하지 아니하므로 과세표준에 포함되어야 할 것이다.

4) 철거비

사실상의 지목변경없이 지면을 고르게 하면서 건축공사가 없이 하는 토공사(성토, 절토, 굴착공사)는 단순한 토지의 자본적 지출로서 취득세와는 무관하지만, 지목변경이 수반되는 경우에는 취득세 대상이 되며, 건축공사를 하는 경우에는 건축공사의 일부로 보아 과세대상이 된다. 이러한 점을 고려한다면 기존 건축물 철거비도 마찬가지이다.

이에 대하여 "지상정착물 철거비는 토지 자체의 취득비용이 아니라 토지의 지목변경 비용으로 보는 것이 타당하다(지방세심사 2000-746, 2000.10.31.)"라고 결정한 심사례가 있고, "건물을 철거하고 신축하는 경우 구 건물의 잔존가액은 취득세 과세표준 계산 시 신축 건물의 취득가액에 포함되지 않으나 구 건축물의 철거비는 신축 건축물의 취득가액에 포함하는 것이다(도세 13421-687, 1993.8.5.)"라는 유권해석이 있다.

기존 건축물을 철거하고 해당 토지 위에 새로운 건축물을 신축하는 경우의 철거비용은 건축물 신축에 필수불가결한 준비행위에 소요된 비용으로 보아 신축 건물의 취득가격에 포함하여야 할 것이나, 토지와 건물을 취득하여 그 토지상의 기존 건축물을 철거한 후 건축물의 신·증축 없이 나대지 상태로 해당 토지를 제3자에게 매각하는 경우로서 지목변경이 수반되지 않은 때에는 기존 건축물의 철거비용은 취득세 과세표준에 포함되지 아니하는 것이다(세정과-5439, 2007.12.18.).

> **사례** 기계장비 교체 공사 시 기존 장치 철거비 과세표준에 포함(행심 2007-617, 2007.11.26.)
>
> 기계장비의 설치는 건축물과 달리 설치장소의 변동이 비교적 용이하다고 하더라도 이 사건 하역기 설치공사의 경우 선박의 접안이 용이한 종전 하역기 설치지역에 하역기가 이동하면서 작업할 수 있는 이동레일 등을 설치한 후, 이 사건 하역기를 설치한 사실과 이 사건 종전 하역기 철거비를 이 사건 하역기 취득 관련 계정에서 회계처리한 사실 등을 고려하면 종전 하역기 철거작업은 이 사건 하역기를 설치·취득하기 위한 일련의 필수적인 과정으로 보여지므로 종전 하역기의 철거공사비는 이 사건 하역기를 취득하기 위한 사전적 비용으로 이 사건 하역기 취득세 등의 과세표준에 포함되어야 할 것이고, 예비자재 구입비용의 경우도 청구인은 이 사건 하역기 설치 후, 유지보수를 위하여 구입하였다고 하나, 청구인이 예비자재의 내역을 제시하지 아니하고 있는 점으로 보아 이러한 자재들이 이 사건 하역기 설치 후, 순수한 유지보수만을 위하여 구입되었다고 보기도 어려우며, 더욱이, 청구인이 제출한 회계결의서에서 동 비용을 이 사건 하역기 취득을 위하여 지출한 직접재료비로 회계처리한 이상, 이 또한 이 사건 하역기의 취득세 등의 과세표준에 포함되어야 할 것으로 판단됨.

5) 철거 건물의 잔존가액

① 「지방세법」 해석

법인이 토지를 취득하여 그 토지상의 기존 건물을 철거하고 그 이후에 건물을 신축하는 경우 비록 법인이 기존 건물의 장부가액을 토지의 장부가액에 포함하였다고 하더라도 기존 건물의 장부가액 자체는 해당 토지의 취득가액에 포함시키지 아니한다(세정 13407-1111, 2002.11.22.). 그리고 기존 건축물의 잔존가액은 신축한 건축물의 취득가액에 포함된다고 볼 수는 없는 것이므로 비록 「법인세법」 상의 규정 등에 따라 신축한 건축물의 가액에 포함하여 회계처리하였다 하더라도 취득세 과세표준에서 제외된다(행심 2000 - 801, 2000.11.28.). 이는 이미 기존 건축물이 취득세가 부과된 것이므로 다시 이를 과세표준에 포함하여 과세하는 것은 이중과세이기 때문이다.

② 「법인세법」 해석

토지만을 사용할 목적으로 건축물이 있는 토지를 취득하여 그 건축물을 철거하거나 자기소유의 토지에 있는 임차인의 건축물을 취득하여 철거하는 경우 철거한 건축물의 취득가액과 철거비용은 해당 토지에 대한 자본적 지출로 보고, 상기 이외의 사유로서 기존 건축물을 철거하는 경우 기존 건축물의 장부가액과 철거비용은 수익적 지출로 본다(법기통 23 - 31…1, 23 - 21…2).

한편, 토지, 건물만을 사용할 목적으로 첨가 취득한 기계장치 등을 처분함에 따라 발생한 손실은 토지, 건물의 취득가액에 의하여 안분계산한 금액을 각각 해당 자산에 대한 자본적지출로 본다(법기통 23 - 31…1 11).

③ 기업회계기준 해석

아파트 또는 상가 등 신 건물을 신축하기 위하여 사용 중인 기존 건물을 철거하는 경우 해당 건물의 미상각잔액과 철거비용은 전액 당기 비용으로 처리하되 신 건물을 신축하기 위하여 기존 건물이 있는 토지를 취득하고 해당 건물을 철거하는 경우 기존 건물의 철거 관련 비용(철거된 기존 건물의 부산물을 판매하여 수취한 금액이 있는 경우 이를 차감함)은 토지의 취득원가에 산입한다(기업회계기준에 대한 해석 46 - 55).

④ 「지방세법」, 「법인세법」과 기업회계기준 해석의 비교

「법인세법 기본통칙」 23 - 31…1에 따르면 "토지만을 사용할 목적으로 건축물이 있는 토지를 취득하여 그 건축물을 철거하거나, 자기소유의 토지상에 있는 임차인의 건축물을 취득하여 철거한 경우 철거한 건축물의 취득가액과 철거비용은 해당 토지에 대한 자본적 지출로 한다"라고 되어 있어 법인이 기존 건물과 토지를 일괄취득하였으나 새로운 건물을 신축한 경우에는 이 통칙을 적용하는지 명확하지 아니하나, 법인이 기존 건물과 토지를 일괄취득하였으나 새로운 건물을 신축하기 위하여 기존 건물을 사용하지 않고 철거하는 경우 철거하는 건물의 취득가액과 철거건물의 철거관련 비용에서 철거건물의 부산물 판매수익을 부산물 판매수익을 차감한 잔액은 해당 토지에 대한 자본적 지출로 하는 것이다(서이 46012 - 12094, 2002.11.21.)라는 유권해석에 따르면 「법인세법」과 기업회계기준은 동일하게 해석하고 있는 것으로 이해된다.

한편, 「지방세법」 상 과세표준은 토지만을 사용할 목적으로 철거하는 기존 건축물의 장부가액은 토지의 취득세 과세표준으로 보지 아니한다. 이는 기업회계기준, 「법인세법」과는 다르게 해석하고 있으므로 기업회계상 자본적 지출로 처리하더라도 취득세 과세표준에는 포함되지 아니한다.

6) 토지 · 건물 사용목적으로 함께 취득한 기계장치를 매각할 경우

「법인세법 기본통칙」 23 - 31…1, 제11호에 의하면 토지, 건물만을 사용할 목적으로 첨가 취득한 기계장치 등을 처분함에 따라 발생한 손실은 토지, 건물의 취득가액에 의하여 안분계산한 금

액을 각각 해당 자산에 대한 자본적 지출로 한다라고 규정되어 있다. 이는 기업회계기준해석도 마찬가지이다. 그런데 「지방세법」에서는 이를 과세표준으로 포함하지 아니하는 것으로 해석하고 있다(도세 22670-107, 1992.2.27.).

> **사례** 토지 취득 후 기계장치 매각대금을 토지로 처리한 경우(도세 22670-107, 1992.2.27.)
>
> 법인이 공장용 토지, 건축물 및 기계장치를 취득한 이후에 해당 법인이 기계장치를 매각하고 매각대금을 토지계정으로 이체정리한 것이 객관적으로 명백히 입증되는 경우에는 취득세 과세대상이 되지 아니함(동지 : 세정 22670-6963, 1986.6.10.).

7) 설계비, 감리비 등

건축물을 신축 시 시공사인 건설회사에 도급을 주는 경우에는 그 도급가액이 과세표준이 되기 때문에 건축과 관련된 세부 소요비용을 파악할 필요가 없으나 직접 시공하는 경우에는 설계비, 감리비 등을 건축비용에 포함시켜 취득세 과세표준을 신고납부해야 한다.

8) 재산세

신축건물의 부속토지에 대한 토지에 대한 재산세는 토지보유에 관한 세금이므로 그 건축물의 취득가액에 포함되지 아니한다(세정 13407-2283, 2004.8.2.).

☞ 이 유권해석은 건물분 재산세에 대한 내용으로 토지와 관련하여 납부한 재산세(종전 종합토지세)가 취득세의 과세표준에 포함되는지 여부가 논란이 될 수 있는데 토지에 대한 재산세는 보유세로서 토지의 지목변경 시 토지의 가치증가와 직접적인 관련이 없으므로 이중과세 문제를 회피하기 위해서는 과세표준에서 제외되어야 바람직하다고 사료됨. 이에 대하여 행정안전부 발간 지방세 실무해설에서도 취득·등록·보유에 따른 세금을 취득가격에서 제외하는 것으로 되어 있음.

9) 지하 주차장 주차선 등

건축물 지하 주차장의 주차선 도색, 스토퍼, 코너카드 등이 건축물 신축과 관련하여 발생된 비용으로 건축물에 부착된 설비로서 분리된 것이 아니라면 취득세 과세표준에 포함된다(세정과-1038, 2005.3.8.).

10) 건축물 부속 또는 부착설비

신축하는 건축물에 부속 또는 부착하는 "전화, 가스, 환기, 소화, 오물처리, 굴뚝, 피뢰침, 국기게양대, 우편물 수취함 등" 설비는 건축물의 필수종물로서 건축물의 일부로 보아, 해당 건축물의 용도 여하에 불구하고 동 설비비용은 취득세 과세표준액에 산입하는 것이나, 기존 건축물에 동 설비를 별도로 설치하는 경우에는 해당 개별설비는 「지방세법」 상의 특수한 부대설비에 해당되지 않는 것이다(세정 1268-16096, 1982.12.14.). 굴뚝만을 별도로 설치한 것은 취득세 과세대상이 아니다(세정 1268-1220, 1985.1.29. 등).

11) 분양관련 수수료(분양가격 산정수수료)

분양보증수수료도 취득세 과세표준에 포함하는 것으로 판단하고 있었으나, 대법원판례(2009두 12150, 2010.12.23.)에 따르면 "주택분양보증수수료는 건축물 자체의 가격은 물론 그 이외에 실제로 건축물 자체의 가격으로 지급되었다고 볼 수 있거나 그에 준하는 취득 절차비용 등 간접비용에 포함된다고 할 수 없다"고 판시한 바 있다. 건축물 중 아파트의 분양에 필요한 기초자료를 조사하고 적정한 분양조건 및 분양가격을 제시하여 분양을 원활하게 진행하기 위한 것으로서 건축물의 취득(신축)과는 관계가 없는 것이라고 봄이 타당하므로 이 용역계약 대금은 건축물의 취득가격에서 제외되어야 한다(대법원 2013두22178, 2014.2.13.).

12) 신탁보수(신탁수수료)

① 2022년 이후

원고에게 지급된 신탁수수료에는 건물의 신축을 위한 비용뿐만이 아닌 분양(처분) 및 관리·운용 등 여러 가지 업무에 대한 대가가 혼재되어 있을 수 있고, 피고는 원고에게 지급된 신탁수수료가 오로지 건물의 신축을 위한 비용이라는 점을 충분히 입증하지 못하였다. 신탁수수료는 건물을 취득한 자로서 그 취득세의 부과대상자인 신탁회사인 원고가 거래 상대방 또는 제3자에게 지급한 비용이라고 할 수 없으므로, 이로부터 보더라도 신탁수수료는 건물에 관한 취득세의 과세표준에서 제외됨이 상당하다(대법원 2021두51690, 2021.12.30. 심불, 서울고법 2020누57990, 2021.8.20.).[157]

상기 대법원판례의 취지를 살펴볼 때 신탁수수료가 무조건 과세표준에 포함되는 것으로 규정되어 있다 하더라도 신탁수수료 중 분양 관련 수수료는 여전히 과세표준에서 제외되어야 한다는 것이다. 따라서 시행령 개정에 따라 신탁수수료가 과세표준에 포함된다고 하더라도 신탁보수 중 개발업무보수(건설보수)는 건축 관련 비용으로 보아 취득세 과세표준에 포함되어야 할 것이나, 신탁보수 중 분양보수와 분양관리 신탁보수도 분양과 관련 직·간접비용으로 취득세 과세표준에서는 제외하여야 할 것이다.

참고로, 시행대행계약, 신탁계약 등을 체결할 때 분양 관련 비용에 대하여 그 산출근거 등을 명확하게 기재하여 추후 지자체와 과세표준 산정에 대한 다툼의 여지를 없앨 필요는 있다고 본다.

② 2021년 이전

종전에는 위탁자가 수탁자에게 지급한 개발신탁보수비용이 수탁자가 건축물을 신축공사에서 분양판매까지의 전체 과정을 신탁처리하는 데에 제공한 용역의 대가로서 건축물을 취득하기 위하여 지급한 직·간접적인 부대비용에 해당되어 취득세 등의 과세표준에 포함되는 것으로 해석하여 왔다. 일반적으로 (분양형) 토지 신탁계약은 개발업무보수(공사비의 일정 비율), 분양보수(분양수입금액의 일정비율)를 구분하여 보수를 지급하는 것으로 하고 있는데, 상기 10)의 대

---

157) 같은 취지의 판결(대법원 2020두32937, 2020.5.14.)이 있다. 이는 신탁회사가 취득자로 취득세 납세의무자가 되는 것으로, 자기 매출(신탁보수)을 자기비용으로 처리하는 것은 타당하지 않다라는 점을 강조한 것이라 판단된다.

법원판결 전의 심사례(행심 2006-5, 2006.1.23.)를 살펴보면 분양관리신탁보수가 신탁사가 분양수입금 관리계좌를 개설하여 분양대금의 수납관리, 건축공사의 공정에 따른 공사비 등 제반비용을 자금관리계좌에서 지급, 사업과 관련한 대출금 분양수입금 등 사업자금의 관리 및 집행의 업무를 수행하면서 받는 보수액으로 취득세 과세표준에 포함되는 것으로 해석하고 있다. 여기서 건축공사의 공정에 따른 공사비 등 제반 비용을 자금관리계좌에서 지급, 사업과 관련한 대출금 분양수입금 등 사업자금의 관리 및 집행의 업무를 수행하면서 받는 보수액으로, 이 비용도 엄밀히 말하면 수분양자들을 보호하기 위해 발생하는 제반 업무로 보아야 할 것이다.

이에 대한 조세심판원 심판례(조심 2015지826, 2016.4.6.)에 의하면 신탁보수를 건설보수와 분양보수로 지급하는 등 그 구분이 명확한 점, 토지신탁사업약정서에서 분양광고, 분양방법 및 분양에 따른 분양수입금 등의 자금수납 및 관리 등은 청구법인이 주관한다고 되어 있는 점으로 보아 신탁보수 중 건설보수를 제외한 분양보수는 신탁업무(건설 및 분양)를 수행함에 있어 분양의 기본방향을 정하고 구체적인 분양대행 등을 주관(분양대행계약 체결 등)하는 업무 등에 지급하는 보수로 분양대행사를 선정하여 그 실적에 따라 지급하는 분양대행수수료와 구분되므로 분양대행수수료를 지급하였다 하여 해당 분양대행수수료만을 분양보수로 보기 어려운 점 등에 비추어 분양보수는 건축물의 분양을 위한 판매비용으로 보는 것이 타당하므로 건축물의 취득세 등의 과세표준에 포함된다고 보기 어렵다라고 결정하고 있다.

상기 내용 등을 종합해 보면 개발신탁보수 중 개발업무보수(건설보수)는 취득세 과세표준에 포함되어야 할 것이나, 신탁보수 중 분양보수와 분양관리신탁보수도 분양과 관련 직·간접비용으로 취득세 과세표준에서는 제외하여야 할 것이다. 그런데 개발업무보수는 건축공사의 공정에 따른 공사비 등 제반 비용을 자금관리계좌에서 지급, 사업과 관련한 대출금 사업자금의 관리 및 집행의 업무를 수행하면서 받는 보수액으로, 수분양자를 위한 비용이지 이를 공사비의 직·간접비용으로 보는 것은 무리가 있는 것으로 해석할 수 있다는 점에서 논란의 쟁점이 되고 있었다.

한편, 대법원에서는 "원고는 이 사건 아파트를 취득한 자로서 그에 따른 취득세 등의 부과대상자인데, 이 사건 신탁수수료는 원고 본인이 이 사건 사업약정에 따라 한백종합건설로부터 지급받은 것임은 앞서 인정한 바와 같다. 따라서 이 사건 신탁수수료는 이 사건 아파트를 취득한 자로서 그 취득세의 부과대상자인 원고가 거래 상대방 또는 제3자에게 지급한 비용이라고 할 수 없으므로, 이 사건 신탁수수료가 이 사건 아파트를 취득하기 위한 비용인지 여부와 무관하게 그 취득세의 과세표준에는 포함될 수 없다(대법원 2020두32937, 2020.5.14. 심불, 광주고법(전주) 2019누1611, 2020.1.8.)"라고 판시하고 있다. 이는 신탁회사가 취득자로 취득세 납세의무자가 되는 것으로, 자기 매출(신탁보수)을 자기 비용으로 처리하는 것은 타당하지 않다는 점을 강조한 것이라 판단된다.[158] 이 판례

---

158) 대법원판례의 취지에 따르면 신탁회사가 취득자가 되지 아니하면서 위탁자가 신탁보수를 지급하는 경우에는 과세표준에 포함되어야 하는지 여전히 쟁점이 될 수 있다. 이 경우 개발업무보수가 해석 등에 따라 과세표준에 포함하여 신고납부하여야 할 것이나, 수분양자를 위한 비용으로써 개발업무보수가 공사비 기준으로 산정되는 것은 맞으나 신탁회사가 공사비 지급에 대한 관리통제를 하고 있을 뿐 공사와 관련한 어떠한 용역을 제공한 적이 없다는 점에서 공사비의 직·간접비용으로 보는 것은 무리가 있다고 볼 수 있어서 과세표준에서 제외되는 것이 더 타당하다고 판단된다. 그런데 이러한 사례가 거의 없을 것으로 보여진다.

전의 대법원판례[159]에 따르면 신탁보수가 개발업무보수와 분양보수로 구분되어 있었는지는 명확하지 아니하나, 신탁보수를 취득세 과세표준에서 제외하는 것으로 판시한 바 있었다.

> **사례** 신탁수수료 등의 과세표준 포함되지 아니함(조심 2014지0723, 2015.3.5.)
>
> 분양사업을 시행하기 위하여 신탁사에 지출된 쟁점수수료는 쟁점토지의 취득을 위한 수수료이므로 쟁점수수료(토지신탁계약금 및 토지신탁에 따른 소유권이전수수료)는 쟁점토지의 취득비용이 아니라 아파트건설사업 및 분양을 위한 업무에 따른 토지신탁보수에 해당하고, 그 지출은 토지 매입 후에 주상복합아파트 등의 신축사업추진을 위하여 지출되는 점을 고려할 때 처분청에서 토지신탁계약금 및 토지신탁에 따른 소유권이전수수료를 쟁점토지의 취득세 과세표준에 포함시켜 취득세 등을 부과한 처분은 잘못이라고 판단됨.

13) 부지 사용료(부지 임차료, 점용료)

건축을 위한 필요한 공간을 위한 부지사용료는 신축 건물의 취득세 과세표준에 포함될 것이다. 그런데 부지 사용허가(지상권)가 있어야 건축이 가능함에 따라 부지사용료를 지급한 것이라면 이는 토지사용료로 보아 건축 비용과는 무관하다고 보아 과세표준에 포함되지 아니하는 것이 타당하다라고 판단되나(세정 13407-388, 1997.4.24.), 심사례(행심 2007-404, 2007.7.23.)에 따르면 간접비용으로 보아 신축 건물의 과세표준에 포함되는 것으로 해석하고 있다.[160]

14) 임시사용승인 이후의 공사비

건축물을 신축하는 경우 임시사용승인일(사용승인서 교부일 이전에 사실상 사용하거나 임시사용승인을 받은 경우에는 그 사실상의 사용일 또는 임시사용승인일)을 기준으로 그 때까지 소요된 일체의 비용을 과세표준으로 한다. 그런데 임시사용승인일 이후에 추가공사를 하더라도 그 공사가 「지방세법」상 개수에 해당하지 아니하는 한 취득세 과세표준에 포함되지 아니한다.

한편, 임시사용승인(지목변경)의 경우 사실상 사용일의 취득시기 도래 이후 추가로 공사한 공사비가 아니라 사실상 사용일 이전에 공사한 부분에 대하여 공사비를 정산하는 경우에는 당연히 수정신고의 대상이 되는 것이다.[161]

---

159) 부동산 신탁이 이 사건 토지와 건축물의 소유권을 보전·관리하여 피분양자를 보호하고, 원고가 채무를 불이행할 경우 이 사건 토지와 건축물을 환가·처분하여 그 채무를 정산하기 위하여 ○○부동산신탁과 분양관리신탁계약을 체결한 사실. 이 사건 대리사무계약 및 신탁계약에 따른 대리사무보수와 신탁보수는 이 사건 토지 및 건축물을 신탁받아 보전·관리하고, 분양수입금 등 사업자금을 관리·집행하며, 분양현황을 관리하는 등의 업무에 대한 대가이므로 이 사건 건축물의 건축에 관한 비용이라기보다는 그 분양에 관한 비용이라고 봄이 상당하여 신탁보수를 이 사건 건축물의 취득가격에 포함시켜 취득세 등을 부과한 이 사건 처분은 위법하다고 판단하였다(대법원 2009두22034, 2011.1.13.).

160) 토지 임차료가 사옥 신축과 긴밀히 연결하여 부담하거나 부담하여야 할 것이라면, 공사기간 중 발생한 비용은 사옥 신축과 관련된 간접비용이며 또한 사옥 신축에 따라 그 지출이 필수적으로 요구되는 비용으로서, 사옥을 취득하기 위하여 필요불가결한 준비행위 또는 그 수반행위에 소요된 것이므로 토지 임차료는 사옥 신축 취득가격에 포함됨(서울세제-3422, 2020.2.28.).

161) 시범라운딩 등으로 임시사용한 골프장의 경우 사실상 사용일을 취득시기로 보아 중과세에 의한 취득세를 신

임시사용 이후의 추가 공사비는 원칙적으로 과세표준에 포함될 수 없으나, 추가 공사대금 중 임시사용 전에 발생한 비용인 있는 경우 그 해당 비용은 취득세의 과세표준이 되며, 추가 공사가 대수선 등 개수에 해당되면 별도의 취득으로 보아 과세표준으로 보아야 할 것이다(대법원 93누6690, 1993.7.13. 참고).[162]

그런데 대법원판례에 따르면 임시사용(지목변경)으로 인한 취득시기까지 발생한 비용만 과세표준에 포함하는 것으로 판단하여야 하나, 공사발주 등 원인행위를 한 공사뿐만 아니라 공사발주를 하지 않았어도 건축설계 등에 의하여 취득시기까지 공사하기로 한 부분까지 과세표준에 포함하고 있다. 예를 들어 신축 공사비의 일부에 해당하는 부대시설을 완료하지 못하여 사용승인을 득하지 못하고 임시사용승인을 득하였다고 할 때 임시사용승인일(취득시기) 이후에 부대공사를 하였다고 하여 그 부대공사비를 과세표준에서 제외할 수 없으므로 그 부대공사비에 대해서는 수정신고납부해야 한다는 것이다.

과연 임시사용 전에 공사발주 등 원인행위를 한 공사의 추가 비용과 공사발주를 하지 않았어도 건축설계 등에 의하여 취득시기까지 공사하기로 한 부분이 임시사용까지 발생한 비용에 해당되는지 논란이 되고 있다. 한편, 임시사용까지 발생한 비용에 해당되지 않지만 개수에 해당될 여지는 있다고 본다. 이 경우에는 수정신고의 대상이 아니라 별도의 취득세 납세의무가 발생하는 것이 되므로 문제가 대두된다.

또한, 취득세 신고납부 시 임시사용 전까지 공사비만 과세표준으로 하는지 아니면 임시사용 전에 공사발주 등 원인 행위를 한 공사의 추가 비용을 계약금액으로 기준으로 하여 미래에 지급될 금액을 포함하여 당초 신고 시에 포함하여야 하는지 명확하지 아니하는바, 이로 인한 가산세 문제도 대두될 수 있을 것이다. 실무적으로는 공사비 정산을 수정신고의 대상으로 하고 있다는 점에서 당초 신고 시에는 후자처럼 계약상 미래에 지급될 금액을 포함하여 신고납부하는 것으로 하여야 할 것이다.

15) 지분제 도급공사 계약상 분양수입 감소 예상액으로 감액처리한 경우

법인장부 상의 가액을 사실상의 취득가격으로 보도록 규정하고 있는바, 법인장부상의 공사비 등을 과세표준으로 하여 취득세 등을 신고·납부하였고, 이러한 취득가액이 조작되었거나, 명백한 착오로 인하여 오기되었다고 볼 수 없으므로 적법하게 취득세 납세의무가 성립하였다 할 것이며, 적법하게 취득세 납세의무가 성립한 이후에 계약당사자 간의 약정에 따라 취득가액을 변경하

고한 경우라 하더라도 사실상 사용일 이후 추가로 공사를 하는 경우 그 추가 공사의 원인행위가 사실상 사용일 전에 이루어진 경우에는 그 추가 공사비를 과세표준에 포함하지만 사실상 사용일 이후에 추가 공사의 원인행위를 한 것이라면 그 추가 공사가 지방세법령상의 개수에 해당되지 아니한다면 납세의무가 없는 것이다. 이 추가 공사비가 과세표준에 포함된다면 수정신고를 하여야 하는바, 이 수정신고는 과세표준의 증가에 따라 신고납부하는 것이므로 수정신고 대상은 취득세 납세의무가 별도로 성립되었다고 볼 수 없음.

162) 건물의 준공검사 이전에 가사용승인을 받아 사용하였다면 그 건물부분에 대한 취득세의 과세표준을 산정함에 있어서는 가사용승인일을 기준으로 그 이전에 그 건물부분을 취득하기 위하여 지급한 비용만을 포함시켜야 할 것이고 가사용승인일 이후 준공검사일까지 그 건물부분에 추가로 소요된 비용을 포함시켜서는 안된다 할 것임(대법원 93누6690, 1993.7.13.).

였다 하여 이미 성립한 조세채권에 영향을 줄 수는 없다할 것이다. 설령, 취득세 납세의무가 성립한 이후에 계약당사자 간의 약정에 따라 취득가액이 변경될 수 있다고 보더라도, 「지방세법」 제10조 제5항에 의한 취득세 과세표준인 사실상의 취득가격은 같은 법 시행령 제18조에서 취득시기를 기준으로 그 이전에 해당 물건을 취득하기 위하여 거래 상대방 또는 제3자에게 지급하였거나 지급하여야 할 직접비용으로 규정하고 있는바, 시행사와 시공사 간에 체결한 지분제 공사계약상 공사대금이 일반분양 수입금액 등으로 확정되는 경우로써 건물의 임시사용승인 당시 일부 아파트 및 상가가 미분양되어 시공사의 공사비를 확정할 수 없다고 한다면, 임시사용승인 이후 미분양된 아파트 등이 분양 완료되어 최종 공사비를 시행사와 시공사 간에 정산할 수 있을 때에 재건축건물 취득을 위한 공사비용이 확정되는 것으로 보는 것이 합리적이라 할 것이다. 따라서 시공사가 미분양아파트의 일반분양수입이 감소될 것으로 예상하여 공사비를 감액하고 이에 대한 세금계산서 및 계산서를 시행사에게 발행한 것으로써, 시행사와 시공사 간에 이 건 재건축건물에 대한 공사대금을 최종 확정하여 공사비를 정산한 것으로 볼 수 없는 점 등에 비추어 세금계산서 및 계산서상의 감액된 공급가액을 취득세 과세표준에서 제외하기 어렵다(조심 2014지1435, 2015.10.23.).

16) 수분양자가 직접 지급한 발코니 변경 공사비

"건축물 중 조작 설비, 그 밖의 부대설비에 속하는 부분으로서 그 주체 구조부와 하나가 되어 건축물의 효용가치를 이루고 있는 것에 대하여는 주체 구조부 취득자 외의 자가 가설한 경우에도 주체 구조부의 취득자가 함께 취득한 것으로 본다."라고 규정하고 있으므로 수분양자들이 비용을 지급하여 발코니의 용도가 거실 등으로 변경되었어도 사용승인일 이전에 원시취득자가 그와 같은 상태의 아파트를 취득한 이상 그 비용은 취득가격에 포함되어야 한다(대법원 2015두59877, 2016.3.24.).

17) 정산하지 않은 분양 시행이익

건축물의 신축 공사 후 그 분양사업의 시행이익을 정산하여 그 중 20%를 ○○건설에게 도급공사비 증액 방식으로 지급하기로 한 사실, 그러나 처분 후인 2011.10.14.까지도 원고와 ○○건설 사이에 시행 이익 정산에 관한 다툼이 있어 위와 같은 공사비 증액이 실현되지 못한 사실이 인정되고, 위 인정사실에 비추어 보면 계정별 원장(외주비 부분)에 시행이익 60억 원을 계상한 것은 추정치에 불과한 것으로 보이므로 과세표준에 반영할 수 없다(대법원 2013두22178, 2014.2.13.).

18) 문화재 발굴비용

문화재 지표 조사비용은 원고들이 건축물을 취득하기 이전에 이미 지출원인이 발생한 비용이고 그 부지의 효용가치를 증가시키기 위한 비용이 아닐뿐더러 건축물을 신축하지 않을 경우에는 지출할 필요가 없는 비용으로서 건축물을 취득하기 위하여 법령에 따라 의무적으로 부담하는 비용에 해당한다. 따라서 이 사건 문화재 지표 조사비용은 이 사건 건축물 취득을 위한 직·간접비용에 해당한다(대법원 2017두57301, 2017.12.7. 심불, 부산고법(창원)2016누12151, 2017.7.19.).

19) 신축 시 기타 비용

건축물의 신축 시 비목별로 과세표준에 포함 여부는 다음과 같다.

비목	취득세 과세표준 포함 여부
견본주택건축비	존속기간 1년 초과 여부에 따라 별도 과세객체로 판단(지법 §9 ⑤)
분양을 위한 선전광고비 (신문, TV, 잡지 등 분양광고비)	건축비용이 아닌 건축물판매비용이므로 과세표준에서 제외
관련 조세 (건축허가에 따른 면허세, 공장현장의 지방소득세 종업원분, 인지세)	건축을 위한 간접비용으로서 과세표준에 포함
비품구입비	건축물과 분리된 것(분말소화기, 신발장 등)은 과세표준에서 제외하고 건축물의 주체 구조부와 일체된 것(붙박이장 등)은 과세표준에 포함
단지 내 조경공사비(관상수, 잔디식재비용)	지목변경 수반 시에만 과세하되 건축물의 취득가액이 아닌 토지의 지목변경비용에 포함[대(坐) 중 택지공사가 준공된 토지에 한해 2016년 이후 정원 또는 부속시설물 등을 조성·설치된 토지로 사실상 변경된 경우 취득자는 토지 소유자(지법 §7 ⑭), 세율은 중과기준세율(지법 §15 ② 5)이 적용, 2020년 이후 건축물을 건축하면서 그 건축물에 부수되는 정원 또는 부속시설물 등 조성·설치 시 조성·설치하는 비용은 건축물 취득세 과세표준에 포함되어 원시취득 세율이 적용된다(지령 §18 ① 9)]
단지 내 포장공사비	지목변경 수반 시에만 과세하되 건축물의 취득가액이 아닌 토지의 지목변경비용에 포함[대(坐) 중 택지공사가 준공된 토지에 한해 2016년 이후 정원 또는 부속시설물 등을 조성·설치된 토지로 사실상 변경된 경우 취득자는 토지 소유자(지법 §7 ⑭), 세율은 중과기준세율(지법 §15 ② 5)이 적용, 2020년 이후 건축물을 건축하면서 그 건축물에 부수되는 정원 또는 부속시설물 등 조성·설치 시 조성·설치하는 비용은 건축물 취득세 과세표준에 포함되어 원시취득 세율이 적용된다(지령 §18 ① 9)]
감정평가수수료	토지 취득과 관련한 평가수수료는 간접비용으로 취득세 과세표준에 포함, 보상금과 관련된 평가수수료는 제외되나, 건물 신축 관련한 평가수수료는 과세표준에 포함
신문 공고료	취득과 관련한 간접비용인 경우 포함하여야 할 것이고, 회사의 홍보 등인 경우 불포함
문화재 발굴비용	건축물을 신축하지 않을 경우에는 지출할 필요가 없는 비용으로서 건축물을 취득하기 위하여 법령에 따라 의무적으로 부담하는 비용에 해당함(대법원 2017두57301, 2017.12.7.).

비목	취득세 과세표준 포함 여부
토지취득 전 사업타당성 조사비 (사업계획승인 이전 타당성 및 수익 성 조사를 위한 출장비)	토지 취득을 위한 부대비용으로 토지가액에 포함(지령 §18 ① 4)
사업성 검토 용역비	사업 추진을 위한 필요 자료 제공, 초기 사업성 분석 및 사업 위험 분석, 주변의 개략적인 분양 현황 조사 등 신축 사업 관련 전반적인 사업성 검토 용역
컨설팅수수료 및 자문수수료	신축 공사에 앞서 사업의 위험성 해소, 브랜드 가치 상승
PM수수료	사업 초기 사업의 위험성 해소 및 향후 신축 건물의 가치 제고 비용

(4) 차량 또는 기계장비 취득(지법 §10-5)

① 차량 또는 기계장비 무상취득

시가표준액

② 차량 또는 기계장비 유상승계취득

사실상 취득가격(단, 사실상 취득가격에 대한 신고 또는 신고가액의 표시가 없거나 그 신고
가액이 시가표준액보다 적은 경우 취득 당시 가액은 시가표준액으로 함)

③ 차량 제조회사가 생산한 차량을 직접 사용 시

사실상 취득가격

상기에도 불구하고 중고자동차 또는 중고기계장비가 다음 어느 하나의 해당되는 경우 사실상
취득가격이 시가표준액보다 적더라도 그 사실상 취득가격을 취득당시 가액으로 본다(지령 §18-3).

① 천재지변, 화재, 교통사고 등으로 중고 차량이나 중고 기계장비의 가액이 시가표준액보다
낮은 것으로 시장·군수·구청장이 인정하는 경우

② 국가, 지방자치단체 또는 지방자치단체조합으로부터 취득하는 경우(2023.1.1. 이후)

③ 수입으로 취득하는 경우(2023.1.1. 이후)

④ 민사소송 및 행정소송의 확정 판결(화해·포기·인낙 또는 자백간주에 의한 것 제외)에 따
라 취득가격이 증명되는 경우(2023.1.1. 이후)

⑤ 법인장부(금융회사의 금융거래 내역서 또는 「감정평가 및 감정평가사에 관한 법률」 제6조
에 따른 감정평가서 등 객관적 증거서류에 따라 법인이 작성한 원장·보조장·출납전표 또
는 결산서를 말한다)에 따라 취득가격이 증명되는 경우(2023.1.1. 이후)(단, 중고 차량 또는
중고 기계장비로서 그 취득가격이 시가표준액보다 낮은 경우(①의 경우 제외)에는 해당 시
가표준액을 취득당시 가액으로 함)

⑥ 경매 또는 공매로 취득하는 경우(2023.1.1. 이후)

(5) 토지의 지목을 사실상 변경한 경우(지법 §10-6, 지령 §18-6)

1) 2023년 이후

① 원칙 : 사실상 취득가격
② 사실상 취득가격 확인 불가능 시(법인이 아닌 자로 한정)
토지의 지목이 사실상 변경된 때를 기준으로 아래 ㉠-㉡의 가액

    ㉠ 지목변경 이후의 토지에 대한 개별공시지가(해당 토지에 대한 개별공시지가의 공시기준일이 지목변경으로 인한 취득일 전인 경우에는 인근 유사토지의 가액을 기준으로 「부동산 가격공시에 관한 법률」에 따라 국토해양부장관이 제공한 토지가격비준표를 사용하여 시장·군수가 산정한 가액)

    ㉡ 지목변경 전의 토지에 대한 개별공시지가(변경 전 지목에 대한 개별공시지가가 없는 경우에는 인근 유사토지의 가액을 기준으로 토지가격비준표를 사용하여 시장·군수·구청장이 산정한 가액을 말함), 즉 지목변경 공사착공일 현재 공시된 개별공시지가를 말한다.

   ☞ 법인의 경우 우선적으로 지목변경에 따른 사실상 취득가격이 있는지를 확인한 후 사실상 취득가격이 확인되지 않을 경우에는 지목의 변경 전과 변경 후의 시가표준액의 차액으로 과세표준을 적용하는 것이 타당할 것으로 판단됨(부동산세제과-2669, 2024.8.2.). 이렇게 해석하고자 한다면 「지방세법」 제10조의 2 제2항에서 "법인이 아닌 자가"라는 문구를 삭제하여야 할 것임.

2) 2022년 이전

구분	내용
원칙	토지의 지목이 사실상 변경됨으로 인하여 증가한 가액
법인장부 등으로 입증되는 경우	판결문(민사소송 및 행정소송에 의하여 확정된 판결문에 한하며, 화해·포기·인낙 또는 의제자백에 의한 것은 제외) 또는 법인장부로 토지의 지목변경에 든 비용이 입증되는 경우에는 그 비용
법인장부 등으로 입증되지 아니하는 경우	토지의 지목이 사실상 변경된 때를 기준으로 아래 ①-②의 가액 ① 지목변경 이후의 토지에 대한 시가표준액(해당 토지에 대한 개별공시지가의 공시기준일이 지목변경으로 인한 취득일 전인 경우에는 인근 유사토지의 가액을 기준으로 「부동산 가격공시에 관한 법률」에 따라 국토해양부장관이 제공한 토지가격비준표를 사용하여 시장·군수가 산정한 가액) ② 지목변경 전의 시가표준액(지목변경 공사착공일 현재 공시된 시가표준액을 말함)

3) 사실상 취득가격이 입증되는 경우(2022년 이전은 법인장부, 판결문에 의하여 입증되는 경우)

사실상 취득가격이 입증되는 경우[2022년 이전은 판결문(민사소송 및 행정소송에 의하여 확정된 판결문에 한하며, 화해·포기·인낙 또는 의제자백에 의한 것은 제외) 또는 법인장부로 토지의 지목변경에 든 비용이 입증되는 경우]에는 그 비용을 과세표준으로 한다.

① 농지전용부담금등 각종 부담금, 대체농지조성비, 대체산림조림비

지목변경에 수반되는 농지전용부담금, 대체농지조성비, 대체산림조림비는 취득세 과세표준에 포함되지만 취득일 이후에 공사의 완료로 인하여 수익이 전제가 되는 「개발이익환수에 관한 법률」에 의한 개발부담금은 제외된다.

② 산림훼손 및 산림복구비

광물채굴이나 골프장 등 산림개발을 위한 산림훼손 및 산림복구 시 지목변경을 수반하는 경우에만 취득세 과세표준에 포함된다(도세 22670-471, 1991.2.7. 참조).

한편, 진입도로공사비, 삭도장·헬기장 공사비, 훼손지복구비, 대체산림조성비 등은 송전철탑 설치공사의 특성상 반드시 설치해야 하거나 지출이 필수적으로 요구되는 비용이므로 송전철탑 취득비용에 포함된다(대법원 2009두8717, 2009.9.24.)라고 판시하고 있어서 지목변경과는 무관하더라도 송전철탑 등 시설물 설치 시 필수적인 비용인 경우 그 시설의 부대비용으로 보아야 하는 것이다.

③ 벌채비

벌채는 산림훼손에 해당되므로 그 비용은 지목변경 취득세 과세표준에 포함될 것이다.

④ 석벽, 옹벽 등 사방공사 관련비용

지목변경과 관련하여 발생하는 석벽, 옹벽 등 사방공사 관련비용 등은 토지 조성원가(토지의 자본적 지출)로 보는 것이 타당하다 할 것이나(같은 뜻 국심 98경2333, 2000서2524, 97전2861, 94중3086, 93경3041, 감심 94-174 등외 다수), 지목변경과 무관한 석벽, 옹벽 등 구조물 공사비용은 토지 조성원가로 보지 아니하고 별도의 구축물로 보는 것으로(국심 98경2333, 95중199, 2000서2524, 2000중3133, 2000중3109, 97중2972, 97전2861, 94구1568 등외 다수), 토지의 사실상 지목변경없이 성토 및 옹벽을 설치하는 경우라면 취득세 과세대상이 아닌 것으로 해석하고 있다(세정 13407-33, 2001.1.9.).

⑤ 포장공사비와 조경공사비

신축 건물을 취득할 때 조경공사비는 모두 수목구입이나 식재비용 또는 사각정자, 의자, 표석 등에 관한 것으로서 부지의 지목변경을 위한 비용과는 무관한 비용인 사실이 인정되므로 조경공사비용을 부지의 지목변경을 위하여 지출한 비용으로 볼 수 없다(대법원 2009두1327, 2009.4.9.)라고 판시하여 신축 건물의 취득세 과세표준으로 인정하지 아니하는 것으로 해석하고 있었다는 점에서 지목변경과 무관한 조경공사비와 도로포장공사비는 취득세 과세대상에서 제외하는 것이 더 타당하다고 본다.[163] 그런데 대(垈) 중 택지공사가 준공된 토지에 한해 2016년 이후 정원 또는 부

---

163) "도로포장공사나 조경공사의 경우 토지의 지목이 변경되거나 건축물과 일체를 이루는 공사를 집행하는 경우 해당 공사비를 취득가액에 포함할 수 있다는 것이다"(조심 2013지267, 2013.5.20.)라고 결정, 그 이후 심판례에서는 "2009.11.1. 체결한 도계장 신축 공사 중 부대시설공사(진입로공사) 도급계약에 따라 그 비용을 부담한 사실이 확인되는 이상 그 진입도로공사비를 지목변경에 따른 취득세 과세표준에 포함하여 취득세를 부과한 처분은 달리 잘못이 없다고 판단되며, 이 토지상에 도계 건축물을 신축하면서 그 토지상에 소나무, 구상나무, 잔디 및 화훼류를 식재한 사실이 제출된 자료에 의하여 확인되고 있으며, 이 토지의 지목이

속시설물 등을 조성·설치된 토지로 사실상 변경된 경우 취득자는 토지 소유자(지법 §7 ⑭), 세율은 중과기준세율(지법 §15 ② 5)이 적용, 2020년 이후 건축물을 건축하면서 그 건축물에 부수되는 정원 또는 부속시설물 등 조성·설치 시 조성·설치하는 비용은 건축물 취득세 과세표준에 포함되어 원시취득 세율이 적용된다(지령 §18 ① 9).

⑥ 분묘이장비

대법원판례(95누4155, 1996.1.26.)는 토지를 협의 또는 수용에 의하여 취득함에 있어서 분묘이장비, 이주비 등은 취득일 이전에 토지소유자에게 지급하였다 하더라도 취득의 대상이 아닌 물건이나 권리에 대하여 지급원인이 발생 또는 확정된 것이므로 토지의 취득가액에 포함되지 않는 것으로 결정하고 있다.

토지의 과세표준에는 포함되지 아니하지만, 토지의 지목변경을 수반하는 경우에는 분묘이장비 중 분묘 소유자에게 지급하는 금액은 지장물 보상금으로 과세표준에 제외될 것이다. 그런데 분묘이장 공사비 등 용역비는 과세표준에 포함되는 것이다.

> **사례** 쟁점3금액은 청구법인이 분묘의 소유자 등에게 분묘이장에 따른 보상비로 지급한 것이 아니라 제3자에게 분묘이장 공사를 맡기고 그 공사에 대한 대가로 지급한 것으로 이 건 지목변경의 직접 공사비용에 해당된다 할 것이므로 처분청이 쟁점3금액을 이 건 지목변경의 취득가격으로 보아 취득세 등을 부과한 처분은 정당함(조심 2021지3312, 2021.12.17.).

> **사례** 청구인이 골프장 건설공사를 하기 위하여 지장물에 해당하는 묘지를 이장할 목적으로 지급한 위 묘지관련기부금은 지목변경 공사에 소요된 간접비용으로서 취득세 과세표준에 포함된다고 보아야 할 것임(감심 2008-0188, 2008.6.19.).
> ☞ 분묘 소유자에게 지급한 경우라면 보상비에 해당되어 과세표준에 포함되지 아니할 것임.

⑦ 수목보상금(과수 포함)

취득일 이전에 토지소유자에게 지급하였다 하더라도 취득의 대상이 아닌 물건이나 권리에 대하여 지급원인이 발생 또는 확정된 것이므로 토지의 취득가액에 포함되지 않는 것이므로 수목보상금은 토지의 과세표준에 포함되지 아니할 것이다.

지장물 보상금 등과 같이 토지의 지목변경과 관계없이 별개의 권리에 관한 보상 성격으로 지급된 비용이므로 지목변경의 취득가격에서 제외되므로, 수목도 지장물로 보아야 할 것으로, 수목보상금은 토지 지목변경 과세표준에 제외될 것이다.

임야에서 잡종지로 변경된 사실이 확인되는바, 지목변경을 수반하는 조경공사비(조경수 및 잔디 구입, 식재·파종, 장비 및 인건비 등 직접비용과 그에 따른 부대비용 일체)를 지목변경에 따른 취득세 과세표준에 포함한 것은 달리 잘못이 없는 것으로 판단된다"(조심 2013지1087, 2014.9.30.)라고 결정하고 있어서 대법원판례와 일치하고 있다.

⑧ 기반시설 설치비용과 기반시설부담금

택지개발사업에 있어서 대지 등으로 지목이 변경이 되었는지 여부는 토지의 형질이 변경되었는지 여부뿐만 아니라 상하수도공사, 도시가스공사, 전기통신공사 유무 등을 종합하여 판단하여야 할 것으로 토지에 설치한 각종 기반시설은 독립된 별개의 시설이 아니라 택지개발을 하면서 토지에 필수적으로 설치하여야 하는 시설로서 이는 토지에 부합된 시설물에 해당된다고 보는 것이 타당한 점, 이와 같이 택지를 개발하면서 택지개발에 필수적으로 수반되는 토지에 설치된 시설물은 토지와 별개의 지장물이나 건축물에 해당되지 아니하는 이상 토지를 택지로 변경하여 가치 상승을 일으키는 토지의 부합물이므로 토지의 지목변경과 관련하여 발생한 비용에 해당되는 점, 기반시설부담금 등 각종 부담금은 택지개발과 관련하여 사업시행자인 청구법인에게 그 발생 원인이 있다 할 것이므로 그 지목변경 비용에 포함하는 것이 타당하다(조심 2020지1627, 2023.4.19.).[164] 그리고 상수도원인자부담금 및 폐수종말처리시설부담금은 기반시설부담금에 해당되어 토지의 지목변경과 관련이 없는 비용으로 보아야 할 것이다(감심 2021-125, 2023.2.14.).

4) 개인 토지에 법인이 지목변경한 경우

타인 토지 위에 법인이 지목변경을 하는 경우에는 지목변경공사비는 시공자인 법인이 지목변경공사를 할 때에 소용되는 비용을 과세표준으로 한다. 한편, 이 경우 납세의무자는 법인이 아니라 토지 소유자인 개인이 되는 것임에 유의하여야 한다.

> **사례** 개인 토지에 법인이 지목변경한 경우(세정 13407-343, 2001.3.29.)
>
> 개인의 토지 위에 지상권을 설정한 법인이 사원체육시설을 설치하기 위하여 지목변경을 한 경우 그 지목변경에 따른 취득세의 과세표준액은 법인장부에 의하여 입증된 지목변경공사에 소요된 일체의 비용이 되는 것임.

5) 사실상 취득가격이 입증되지 아니하는 경우

① 원칙

사실상 취득가격이 입증되지 아니하는 경우(2021년 이전은 개인이 법인이 아닌 자와 공사계약을 체결하는 등 법인장부 또는 판결문에 의하여 지목변경비용이 입증되지 아니하는 경우)에는 지목변경 이후의 시가표준액(공시지가)에서 지목변경공사착공일 현재의 시가표준액(공시지가)을 차감한 금액이 과세표준이 된다.

여기서 지목변경 이후의 시가표준액의 경우 지목변경 이후의 개별공시지가가 결정·고시되지 아니한 때에는 지방자치단체장이 인근 유사토지의 가액을 기준으로 「부동산 가격공시에 관한 법

---

164) 원고가 승인받은 실시계획에 따라 기반시설을 설치하고 관계법령 등에 따른 기반시설부담금을 납부하지 않고서는 이 사건 토지에 대한 사용승인을 받을 수 없고 지목변경 신청도 할 수 없다는 등 판시와 같은 이유로, 기반시설부담금과 기반시설 설치공사비는 이 사건 토지의 지목변경에 든 비용으로서 이 사건 간주취득세의 과세표준에 포함됨(대법원 2019두56654, 2022.10.27.).

률」의 규정에 의하여 국토교통부장관이 제공한 토지가격비준표를 사용하여 지방자치단체장이 산정한 가액으로 하여야 하며, 지목변경착공일 현재 결정·고시되어 있는 개별공시지가를 기준으로 산출한 지목변경 전의 시가표준액을 적용하여야 하므로 매년 공시지가는 매년 5.31. 결정고시되므로 그 전(5.30. 이전)에 착공한 경우에는 착공 직전연도의 공시지가를 적용하여야 하는 것이다. 이는 취득세, 양도소득세 등의 경우와 마찬가지이다.

② 지목변경 이후의 공시지가보다 높은 가격으로 이미 취득세 납부한 경우

재산가치의 증가가 전혀 없는데 단지 공부상 "답"이었을 때의 공시지가와 지목을 "대지"로 변경하였을 대의 공시지가가 높아졌다는 이유만으로 이를 부동산의 새로운 취득이라 볼 수는 없을 뿐 아니라, 지목변경 이후의 공시지가보다 높은 가격을 기준으로 하여 이미 취득세를 납부한 납세자에게 단지 지목변경으로 공시지가가 증가하였다는 이유만으로 취득세를 납부하라는 처분은 실질과세의 원칙에도 반한다 할 것이므로, 토지를 취득할 당시 사실상 대지였는지 여부와 관계없이 부과처분은 모두 위법하다는 것이다(대법원 2009두4838, 2009.5.28.).

③ 지목변경 착공일 현재의 공시지가보다 높은 가액으로 이미 취득세 납부한 경우

상기 대법원판례의 취지를 살펴보면 취득 시 취득세 과세표준이 착공시점의 공시지가보다 높았다면 지목변경 이후의 공시지가에서 취득 시의 과세표준을 차감한 잔액을 지목변경 과세표준으로 삼아야 한다라고 해석할 수 있다. 그런데 이에 대하여 명확한 해석 등이 없어서 논란이 되고 있다.[165]

④ 매도법인이 지목변경 비용을 부담하고 매수법인이 부담하지 않은 경우

매도법인이 지목변경 비용을 부담하고 매수법인이 지목변경 비용 부담액이 없는 경우 매도법인의 법인장부를 갖고서 과세표준을 산정하여야 한다라고 주장할 수 있지만, 매수법인이 토지 취득 시점에서는 이미 토지의 지목변경 비용이 반영되어 취득가액이 일반적으로 정해지는 것이 관례이므로 이미 토지 취득세에 지목변경 취득세 해당분이 포함된 것으로 해석할 수 있을 것이다. 그러나 토지 취득가액이 너무 낮아서 지목변경 비용이 포함된 것으로 볼 수 없다면 과세가 가능할 것이다. 하여튼 매수법인이 토지 취득시점에서는 이미 토지의 지목변경 비용이 반영되어 취득가액이 일반적으로 정해지는 것이 관례일 것이므로 이미 토지 취득세에 지목변경 취득세 해당분이 포함되어 있는 것이 상식적인 것으로, 매수법인의 지목변경 비용만으로 과세표준을 삼아야 하는 것이 타당할 것이다. 이와 관련하여 심판례에서는 "전 소유자가 토지를 공장용지로 개발하여 매수법인에게 매도하기로 약정한 것으로 보이는 점, 매수법인은 그에 소요되는 비용 상당액을 포함한 가액으로 토지를 매수한 것으로 보이는 점, 매수법인이 토지를 취득하고 그 매매대금 전체를 과세표준으로 하여 취득세 등을 신고납부한 점 등에 비추어 매수법인이 토지를 취득하기 이전에 사실상 지목변경이 이루어졌는지 여부를 재조사하여 그 결과에 따라 이 취득세 등의 과세표준 및

---

165) 착공일 현재의 시가표준액으로 차감한다면 이의제기를 할 필요가 있다고 보며, 신고 시에는 착공일 현재의 시가표준액으로 차감한 후, 경정청구를 통하여 기 신고된 과세표준을 차감하여 환급요청을 할 필요가 있다고 본다.

세액을 경정하는 것이 타당하다고 판단된다(조심 2015지117, 2015.8.26.)"라고 결정하고 있다.

(6) 선박, 차량 및 기계장비 종류 변경한 경우(지법 §10-6)

1) 2023년 이후

① 원칙 : 사실상 취득가격
② 사실상 취득가격 확인 불가능 시(법인이 아닌 자로 한정) : 시가표준액

2) 2022년 이전

선박·차량 및 기계장비의 종류 변경은 선박의 선질·용도·기관·정원 또는 최대적재량의 변경이나 차량 및 기계장비의 원동기·승차정원·최대적재량 또는 차체의 변경으로 한다. 이 경우 과세표준의 적용은 위 "건축물을 건축(신축과 재축 제외)하거나 개수한 경우"와 동일한 방법을 적용한다.

(7) 건축물 개수(지법 §10-6 ③)

상기 (3)의 원시취득의 과세표준과 동일하다.

(8) 과점주주 간주취득(지법 §10-6 ④)

취득세 과세대상 재산 총가액 × 과점주주의 출자지분 / 법인의 주식 또는 출자총수 × 세율(2%)

구분	내용
재산의 총가액	신고 또는 신고가액이 부당하다고 인정되는 경우는 법인의 장부 등에 의한 가액(내무부 세정 01254-8753, 1987.7.20.)
분양용 재고자산	분양용 부동산 등 재고자산도 포함. 단, 공사를 진행 중에 있고 아파트 분양계약은 완료하였으나 아파트 용지의 소유권이 분양자에게 이전되지 아니하고 용지계정에서 재료비 계정으로 일부 대체된 경우에도 과세표준은 취득가액을 적용함(지방세정담당관-56, 2004.1.6.)
법인의 장부가액	자산을 재평가하거나 감가상각한 경우 그 가액
감가상각	해당 법인의 장부가액에서 감가상각을 하지 아니한 경우에는 아니한 상태의 가액이 되는 것이며, 감가상각을 월할계산하는 경우에는 감가상각을 월할계산하여 공제한 법인의 장부가액
재평가	과점주주의 납세의무성립일 현재 자산재평가한 경우에는 자산재평가한 가액을 기준으로 판단하는 것 ☞ 과점주주로서 취득세 등을 신고하지 아니하였으므로 처분청으로서는 위 규정에 따라 이 건 법인의 장부가액을 기초로 간주취득세의 과세표준을 산출한 것인 점(조심 2022지558, 2022.12.19.), 이 건 법인은 2019 사업연도에 토지를 임의로 재평가하여 그 평가증가

구분	내용
	액을 자산평가이익으로 장부가액에 포함하였고 이후 자산계정에서 토지의 가액을 감소시킨 바 없는바, 이 건 법인이 토지를 재평가하여 그 가액을 증가시킨 경우 자산계정에 반영된 재평가증가액도 과점주주의 취득세 과세표준에 반영되는 것이 타당하다고 할 것임(조심 2018지473, 2018.10.8. 참조)(조심 2022지1090, 2023.3.7.).
취득세 등	취득세 등 제세공과금이 포함된 상태라도 이를 법인장부가액으로 하여야 하는 것

> **사례** 도시가스 이용자들이 도시가스배관의 취득비용 일부를 부담한 경우 과점주주 간주취득세 과세표준(조심 2020지0657, 2020.11.24.)

과점주주 취득세 과세표준은 과점주주가 된 날 현재의 법인장부에 기재되어 있는 취득세 과세대상물건의 장부가액이 되는 것으로 과세대상물건의 취득가액에 부채가 포함되어 있다 하더라도 해당 부채를 과점주주의 취득세 과세표준에서 제외할 수는 없는 점, 도시가스배관의 경우 그 취득비용을 누가 부담하였는지 여부에 관계없이 도시가스공급회사가 사실상 취득하였다고 보는 것으로 이 건 주식발행법인도 쟁점금액을 포함한 도시가스배관의 총 공사비용을 취득가격으로 하여 취득세 등을 신고·납부한 점, 도시가스 이용자들이 도시가스배관의 취득비용 일부(쟁점금액)를 부담하였고 이 건 주식발행법인이 이를 부채로 기장하였다 하더라도 그 이용자들이 도시가스배관에 대하여 소유권을 갖는 것은 아닌 점 등에 비추어 처분청이 쟁점금액을 이 건 취득세 등의 과세표준으로 보아 그 경정청구를 거부한 처분은 달리 잘못이 없음.

2 **특수 거래**(부당행위계산 부인 대상의 경우 시가인정액)(지법 §10-5, 지령 §18-4)

(1) 대물변제

1) 2023년 이후

① 원칙 : 대물변제액(대물변제액 외에 추가로 지급한 금액이 있는 경우 그 금액 포함)
② 대물변제액 < 시가인정액 : 시가인정액(2023년 취득분은 대물변제액 > 시가인정액 : 시가인정액)

2) 2022년 이전

① 개요

법인이 대물변제 계약으로 부동산을 취득한 경우 취득세 등의 과세표준액을 실제 거래가액이 제대로 반영되지 아니한 대물변제 계약서상의 금액이 아닌 사실상의 취득가액으로 보아야 한다(행심 2006-370, 2006.8.28.)라고 결정하고 있고, 법인과의 거래인 경우 채무변제액을 법인장부 등으로 확인할 수 있는 경우 그 가액을 사실상의 취득가액으로 보아야 할 것이다.

대물변제로 부동산가액을 채권액과 상계처리한 경우 그 부동산가액에 부가가치세가 포함되어 있다면 당연히 부가가치세는 과세표준에서 제외하여야 할 것이다. 예를 들어 부동산가액 2,000,000원{토지 1,000,000원 + 건물 1,000,000원(건물 공급가액 909,091원 + 부가가치세 90,909)}을 채권액 2,000,000원과 대물변제로 상계처리한 경우 취득세 과세표준은 1,909,091원(토지 1,000,000원 + 건물 909,091원)이 되는 것에 유의하여야 할 것이다.

한편, 사인 간의 거래인 경우 채무변제액을 신고가액으로 「부동산 거래신고에 관한 법률」 제3조에 따른 신고서를 제출하여 같은 법 제6조(2015.7.23. 이전 「공인중개사의 업무 및 부동산 거래신고에 관한 법률」 제27조에 따른 신고서를 제출하여 같은 법 제28조)에 따라 검증이 이루어진 취득인 경우에는 그 채무변제액을 과세표준으로 하여야 하나, 검증이 이루어지지 않거나 불합격판정을 받은 경우에는 신고가액과 시가표준액 중 높은 가액이 과세표준이 되는 것이다.

② 법인의 사실상 장부가액

법인이 대물변제계약으로 부동산을 취득한 경우 취득세 등의 과세표준액을 실제 거래가액이 제대로 반영되지 아니한 대물변제계약서상의 금액이 아닌 사실상의 취득가액으로 보아야 한다(행심 2006-370, 2006.8.28.)라고 결정하고 있고, 법인과의 거래인 경우 채무변제액을 법인장부 등으로 확인할 수 있는 경우 그 가액을 사실상의 취득가액으로 보아야 할 것이다. 한편, 사인 간의 거래인 경우 채무변제액을 신고가액으로 「부동산 거래신고에 관한 법률」 제3조에 따른 신고서를 제출하여 같은 법 제6조에 따라 검증이 이루어진 취득인 경우에는 그 채무변제액을 과세표준으로 하여야 하나, 검증이 이루어지지 않거나 불합격판정을 받은 경우에는 시가표준액이 과세표준이 되는 것이다.

③ 대물변제액에 부가가치세가 포함되어 있는 경우

사실상의 취득가액으로 과세표준을 산정할 때 대물변제로 취득한 과세대상 물건의 대금 중에 부가가치세가 포함되어 있다면, 대물변제액에서 부가가치세를 차감한 잔액이 과세표준이 되는 것이다. 예를 들어 채권액이 1,000원이고, 대물변제로 받은 부동산가액이 1,000원(토지 200원, 건물 727원, 건물분 부가가치세가 73원)일 경우 대물변제로 취득한 부동산의 과세표준은 토지 200원, 건물 727원(800원-73원)이 되는 것이다. 이에 대한 회계처리는 다음과 같다.

구분	회계처리				
대여 시	대여금	1,000	/	보통예금	1,000
대물변제 시	토 지 건 물 부가세대급금	200 727 73	/	대여금	1,000

[사례] 화해에 의한 대물변제(지방세운영과-197, 2009.1.15.)

대물반환예약이 완결된 시점에 소유권 취득의 실질적 요건을 갖추었다고 볼 수 없는 경우 소유권이전등기일을 취득시기로 보아 화해에 의한 경우에는 사실상의 취득가격으로 입증되는 경우에서 제외하도록 하고 있으므로 취득자가 신고한 가액과 시가표준액 중 높은 가액을 과세표준으로 보는 것임.

☞ 조정에 의한 대물변제도 마찬가지로(지방세운영과-12, 2004.1.3.) 구 「민사조정법」 제30조, 제32조에 의하여 조정담당판사가 한 조정에 갈음한 결정은 같은 법 제34조 제4항에서 정한 바와 같이 이의신청

이 없거나 이의신청이 취하, 각하되어 확정된 때에는 재판상의 화해와 동일한 효력 있음(대법원 98마988, 1998.7.14.).

(2) 교환

1) 2023년 이후

Max(이전받는 부동산 등 시가인정액, 이전하는 부동산 등 시가인정액)

☞ 이전하는 부동산 등 시가인정액에는 (상대방에게 추가로 지급하는 금액 + 상대방으로부터 승계받는 채무액) - (상대방으로부터 추가로 지급받는 금액 + 상대방에게 승계하는 채무액이 있는 경우 그 금액)

2) 2022년 이전

① 개요

교환 취득은 당초 자기 소유의 재산을 타인에게 인도하는 대신 타인소유의 재산을 인수받아 취득하는 것이므로 교환에 의하여 새로이 취득하는 재산에 대한 취득세 등의 과세표준은 당초 소유하고 있던 재산의 시가표준액과 신고가액 중 높은 것과 새로이 취득하는 재산의 시가표준액을 비교하여 높은 것을 적용하는 것이 타당하다고 할 것이며(조심 2009지5, 2009.8.11. 참조), 매매와 같은 유상거래의 일종이므로 당사자 일방의 재산에 담보가 설정되어 있다고 하여 그 채권액을 취득가액에서 차감할 수는 없다고 할 것이다. 따라서 甲이 담보가 설정되어 있는 자기소유의 부동산을 乙의 부동산과 교환할 경우 甲은 자기소유 부동산의 시가표준액과 신고가액 중 높은 것과 乙소유 부동산의 시가표준액을 비교하여 높은 것을, 乙 또한 자기소유 부동산의 시가표준액과 신고가액 중 높은 것과 교환으로 취득하는 甲소유 부동산의 시가표준액을 비교하여 높은 것을 취득세 과세표준으로 하여야 한다고 판단된다(지방세운영과-685, 2012.3.4.)라고 해석하고 있고, 교환 취득은 당초 자기 소유의 재산을 타인에게 인도하는 대신 타인소유의 재산을 인수받아 취득하는 것이어서, 상호 교환에 의하여 새로이 취득하는 과세대상 물건에 대한 취득세의 과세표준은 취득자가 당초 소유하고 있던 재산의 가액이 되는 것이므로 조합이 상호 교환에 의하여 새로이 취득하는 과세대상 물건에 대한 취득세 과세표준은 교환할 당시 취득자가 당초 소유하고 있던 신설 공공시설의 가액으로 적용하는 것이 타당하다(조심 2009지5, 2009.8.11. 참조)라고 해석(지방세운영과-324, 2011.1.18.)하고 있다.

해석 등에 따르면 취득자가 당초 소유하고 있던 물건의 가액(시가표준액)에 보충금을 감안한 거래가액으로 신고한 금액과 교환으로 인하여 새로이 취득하는 부동산의 시가표준액 중 높은 가액을 취득세 등 과세표준으로 적용하는 것이라고 규정하고 있어서 이를 적용하여 신고납부하여야 할 것이다. 그런데 이렇게 과세할 경우 갑과 을의 과세표준이 다르다는 것은 문제가 있다고 보여진다. 그 이유는 교환 시에 교환가액이 합의되어 그 가액을 기준으로 보충금 등을 지급하였을 것이기에 합의된 교환가액을 기준으로 정산하여 산정된 금액을 과세표준으로 하여야 하는 것이 더 의미가 있기 때문이다.

　따라서 교환가액으로 법인장부상 감정을 통한 평가액이 입증되는 경우는 법인장부가격에 의하여 과세하고 별도의 금전지급이나 법인장부상 평가액이 입증됨이 없이 취득세 과세대상 물건만 상호 교환하는 경우에는 시가표준액이 취득세의 과세표준이 되어야 할 것이다.

② 교환계약서에 교환 정산가액으로 기록되어 있는 경우

　'판결문·법인장부 중 대통령령이 정하는 것에 의하여 취득가격이 입증되는 취득'이란 취득세의 과세표준인 사실상의 취득가격이 판결문·법인장부 중 대통령령이 정하는 것에 의하여 입증되는 취득을 말한다. 따라서 판결문·법인장부 중 대통령령이 정하는 것에 의하여 입증되는 가격이라고 하더라도 그것이 해당 물건에 관한 '사실상의 취득가격'에 해당하지 않는 경우에는 이를 취득세의 과세표준으로 삼을 수 없다. 그리고 취득의 원인이 되는 거래가 교환인 경우에는 교환대상 목적물에 대한 시가감정을 하여 그 감정가액의 차액에 대한 정산절차를 수반하는 등으로 목적물의 객관적인 금전가치를 표준으로 하는 가치적 교환을 한 경우에는 사실상의 취득가격을 확인할 수 있다고 하겠지만, 위와 같은 과정 없이 당사자 사이의 합의에 의하여 교환대상 목적물의 가액 차이만을 결정하여 그 차액을 지급하는 방식으로 단순교환을 한 경우에는 사실상의 취득가격을 확인할 수 있는 경우로 볼 수 없다(대법원 2013두11680, 2013.10.24.).

③ 보충금이 지급된 경우

　보충금의 지급근거를 살펴보아 감정가액 등에 의하여 평가한 후 평가차액을 지급한 것인 경우에는 (그 평가가액 + 보충금)으로 장부에 반영하여야 할 것이므로 그 가액이 과세표준이 되어야 할 것이다. 이는 유상승계취득으로 감정평가 등에 의하여 보충금을 지급한 것이므로 이를 사실상의 취득가액으로 보아야 할 것으로 법인장부에 의하여 사실상의 취득가액으로 인정되는 것이 타당하다는 것이다. 대법원판례(대법원 2009두1327, 2009.4.9.)에서는 교환 후 교환가치의 차액을 정산하기 위하여 실시된 건축물에 대한 평균 감정평가금액이 건축공사를 위하여 지출되었다는 원장상의 금액보다 훨씬 적어 원장에 계상된 금액이 건축물의 객관적 가치를 제대로 반영하지 않고 있는 것으로 보이는 점 등을 합하여 원장에 계상된 비용은 실제 건축물의 취득가격에 부합하는 것으로 볼 수 있는 신빙성이 없으므로, 법인장부상의 가액을 취득세의 과세표준으로 삼을 수는 없다고 할 것이다라고 판시하고 있다.

┃ 교환 시 과세표준 산정 사례 ┃

(1) 현황
　① 갑소유 아파트(시가 20,000원, 채무액(주) 2,000원 및 공시주택가격 12,000원)
　② 을소유 아파트(시가 40,000원, 채무액(주) 18,000원 및 공시주택가격 30,000원)
　③ 갑이 을에게 보충금 4,000원 지급

(2) 취득세 과세표준
　① 감정가액 없이 합의에 의하여 차액만 지급하는 경우(단순교환)
　　㉠ 갑
　　　- 신고예정가액 : 12,000원 + 18,000원 - 2,000원 + 4,000원 = 32,000원
　　　- 시가표준액 : 30,000원
　　　- 과세표준 : MAX(신고예정가격, 시가표준액) = 32,000원
　　㉡ 을
　　　- 신고예정가액 : 30,000원 + 2,000원 - 18,000원 - 4,000원 = 10,000원
　　　- 시가표준액 : 12,000원
　　　- 과세표준 : MAX(신고예정가격, 시가표준액) = 12,000원
　② 감정가액으로 정산한 경우로 판결문·법인장부 등으로 가액이 확인되는 경우(상기 시가로 감정받은 경우에 한함)
　　㉠ 갑
　　　- 과세표준 : 40,000원
　　㉡ 을
　　　- 과세표준 : 20,000원

☞ (주) 등기부등본상의 근저당 채권최고액(일반적으로 당초 대출금의 120%로 설정)이 아니고 교환정산 시점의 실제 채무액을 말함.

사례　교환취득 시 과세표준(지방세운영과-324, 2011.1.18.)

취득세의 과세표준이 되는 취득가액은 취득자가 해당 과세대상 물건을 취득하기 지급하였거나 지급하여야 할 일체의 비용이 되는 것이고, 교환 취득은 당초 자기 소유의 재산을 타인에게 인도하는 대신 타인소유의 재산을 인수받아 취득하는 것이어서, 상호 교환에 의하여 새로이 취득하는 과세대상 물건에 대한 취득세의 과세표준은 취득자가 당초 소유하고 있던 재산의 가액이 되는 것이므로 조합이 상호 교환에 의하여 새로이 취득하는 과세대상 물건에 대한 취득세 과세표준은 교환할 당시 취득자가 당초 소유하고 있던 신설 공공시설의 가액으로 적용하는 것이 타당함(조심 2009지5, 2009.8.11. 참조).

사례　교환취득 시 과세표준(지방세운영과-2225, 2010.5.27.)

갑과 을이 교환으로 부동산을 취득하면서 교환계약에 따른 거래가액이 있는 경우에는 「지방세법」 제111조 제2항에 따라 취득자가 당초 소유하고 있던 물건의 가액에 보충금을 감안한 거래가액으로 신고한 금액과 교환으로 인하여 새로이 취득하는 부동산의 시가표준액 중 높은 가액을 취득세 등 과세표준액으로 적용하는 것임.

사례 법인장부가액이 객관적 가치를 제대로 미반영한 경우(대법원 2009두1327, 2009.4.9.)

① 이 사건 원장의 해당 항목의 계상금액이 지출비용으로 인정되는 금액과 일치하지 않을 뿐만 아니라 그 차이가 커서 이 사건 원장이 이 사건 건축물의 실제 취득가격을 반영하고 있다고 볼 수 없는 점, ② 피고는 세무조사과정에서 원고가 제출한 소명자료에 기하여 일부 금액을 비과세 처리하였다고 하나, 피고가 비과세 처리한 비용 중 이 사건 부지 경계선 외곽에 설치한 급·배수시설 설치비용 61,729,600원(상수공 5,207,600원, 배수공 56,522,000원) 및 설계감리비 중 ○○ 외 지역에 관한 비용 등이 원장 등의 어느 항목에 해당하는지가 불분명한 점, ③ 이 사건 교환 후 교환가치의 차액을 정산하기 위하여 실시된 이 사건 건축물에 대한 평균 감정평가금액이 이 사건 건축공사를 위하여 지출되었다는 이 사건 원장상의 금액보다 훨씬 적어 이 사건 원장에 계상된 금액이 이 사건 건축물의 객관적 가치를 제대로 반영하지 않고 있는 것으로 보이는 점 등을 합하여 보면, 이 사건 원장에 계상된 비용은 실제 이 사건 건축물의 취득가격에 부합하는 것으로 볼 수 있는 신빙성이 없으므로, 이 사건에 구 「지방세법」 제111조 제5항 제3호를 적용하여 이 사건 원장상의 가액을 취득세의 과세표준으로 삼을 수는 없다고 할 것이다. 따라서 이 사건에 있어서는 구 「지방세법」 제111조 제2항에 따라 과세표준을 산정하여야 할 것임.

(3) 양도담보(2023년 이후)

양도담보에 따른 채무액(채무액 외에 추가로 지급한 금액 포함). 단, 그 채무액 < 시가인정액 : 시가인정액(2023년 취득분은 그 채무액 > 시가인정액 : 시가인정액)

(4) 합병(지법 §10-5 ③, 지령 §18-4)

1) 2023년 이후

① 원칙 : 시가인정액
② 시가인정액 산정이 어려운 경우 : 시가표준액

2) 2022년 이전

합병을 원인으로 한 취득은 무상취득에 해당되는바, 시가표준액이 과세표준이 된다.

(5) 분할

1) 2023년 이후

① 원칙 : 시가인정액
② 시가인정액 산정이 어려운 경우 : 시가표준액

2) 2022년 이전

① **인적분할**

분할에 의하여 설립되는 회사가 분할을 원인으로 분할되는 회사의 부동산을 취득하고 분할회

사의 주주에게 새로운 주식을 교부하는 것은 부동산 취득에 따른 대가를 지급하는 것이라기보다는 분할되는 회사의 주주가 분할에 의하여 설립되는 회사의 주주로 지위가 변경되는 절차상의 행위에 불과한 것이기 때문에 분할에 의하여 설립되는 회사의 입장에서 볼 때에 무상으로 분할되는 회사가 소유했던 부동산을 취득한 경우에 해당하는 것이다.

따라서 분할로 인하여 신설되는 법인이 취득하는 부동산과 그 취득하는 등기 시에는 부동산을 출자하는 법인에게 대가를 지급하는 것이 없고, 그 소속의 주주에게 주식을 교부하는 형태이기 때문에 이와 같은 인적분할(비적격 포함)의 경우에는 무상취득에 해당되는 것으로, 취득세의 과세표준은 장부상의 취득가액이 아니라 시가표준액이 과세표준에 해당한다.

② 물적분할

물적분할의 경우 지방세관계법 상 명확한 규정은 없지만, 인적·물적분할 구분없이 분할에 의하여 설립되는 회사가 분할을 원인으로 분할되는 회사의 주주에게 새로운 주식을 교부하는 등 절차적 행위에 해당되기 때문에 회사는 무상으로 부동산을 취득하는 것으로 보아야 한다(지방세특례제도과-1803, 2016.7.27.)라고 해석하여 종전 해석[166]을 변경한바 있으나, 이를 다시 유상승계취득으로 해석하고 있다.[167] 따라서 취득세의 과세표준은 장부상의 취득가액이 아니라 시가표준액이 과세표준에 해당된다라고 볼 여지가 있으나, 조세심판원에서 "무상취득"이란 금전, 용역 등 일체의 대가나 반대급부를 제공하지 않고 취득하는 것을 말한다고 보아야 할 것인데, 법인의 물적분할은 분할로 인하여 새로운 법인이 설립되면서 분할 전 법인의 일부 분리 독립 가능한 사업부분을 승계받고 이에 대한 대가로 주식을 분할 전 법인에게 교부하는 방식으로 이루어지는 것이고, 법인의 발기인 또는 신주인수인이 회사에 대하여 현물출자를 하면 회사는 이들에게 주식을 발행 교부하게 되는데 현물출자와 주식의 교부는 서로 대가관계에 있는 것으로 볼 것이므로, 현물출자의 유상성이 인정된다고 판단(대법원 92누15895, 1993.4.27. 선고, 같은 뜻임)하고 있는 점에 비추어 유상승계취득으로 보고 있다(조심 2019지1939, 2019.11.21.). 과세관청은 유상승계취득으로 보아 사실상 취득가액을 과세표준으로 보고 있다.

---

166) 「상법」 제530조의 12의 규정에 의하여 물적분할로 설립되는 회사가 분할되는 회사로부터 부동산 등을 현물출자 형태 등으로 취득하는 경우에는 분할되는 출자회사는 분할로 설립되는 회사의 주식의 총수를 취득하게 되므로 취득하는 부동산에 대한 대가로서 주식을 교부하는 형태의 유상성이 인정되는 것이다. 따라서 취득세의 과세표준은 「지방세법」 제10조 제5항의 규정에 의한 장부상의 취득가액이 과세표준에 해당한다.

167) 회계기준위원회는 경제적 실체의 변화가 없는 거래인 물적분할과 불비례적 인적분할을 공정가치로 회계처리 하도록 요구하면, 동일하게 경제적 실체의 변화가 없는 거래인 비례적 인적분할의 회계처리 규정과 일관되지 않는다는 점에 주목하였다. 또한 이러한 공정가치 회계처리가 한국채택국제회계기준을 적용하는 기업들의 대부분이 적용하는 장부금액법과 상이하여 일반기업회계기준을 적용하는 기업의 실무상 부담을 가중시킬 수 있다고 보았다. 회계기준위원회는 이를 해소하기 위해 분할의 법적 형식(물적분할, 인적분할)에 따라 회계처리를 달리 하지 않기로 하였다. 즉 기업이 자신의 사업 전부나 일부 사업을 분할하여 새로운 기업에게 이전할 때 자신의 장부금액으로 이전하도록 하였으며, 새로운 기업에게는 이전받은 사업을 분할한 기업의 장부금액으로 인식하도록 하였다. 이는 2015.10.30. 개정하여 2016.1.1. 이후 개시사업연도부터 적용하도록 하였다(일반기업회계기준 제32장 결31.22).
이의 개정 내용을 근거로 볼 때 2015.12.31. 이전에는 종전 해석대로 적용되어야 할 것으로 판단된다.

이에 대하여 수원고법(2021누11131, 2021.12.17.)[168]은 과세관청과는 달리 무상취득으로 판시하였으나 현행 대법원에 상고 진행 중에 있다.

(6) 조직변경

1) 2023년 이후

① 원칙 : 시가인정액
② 시가인정액 산정이 어려운 경우 : 시가표준액

2) 2022년 이전

조직변경을 원인으로 한 취득은 무상취득에 해당되는바, 시가표준액이 과세표준이 된다.

(7) 현물출자

일반적으로 발기인 또는 신주인수인이 회사에 대하여 현물출자를 하면 회사는 이들에게 주식을 발행·교부하게 되는데 현물출자와 주식의 교부는 서로 대가관계에 있는 것으로 볼 것이므로 현물출자의 유상성이 인정된다(대법원 92누15895, 1993.4.27.).[169]

---

168) ① 물적분할은 분할되는 회사(분할회사)가 분할로 인하여 설립되는 회사(분할신설회사)의 주식의 총수를 취득하는 형태의 분할을 의미한다(「상법」 제530조의 12 참조). 물적분할을 통해 분할신설회사는 분할회사의 권리와 의무를 분할계획서에서 정하는 바에 따라 개별적인 권리이전의 절차 없이 포괄적으로 승계한다(「상법」 제530조의 10, 제530조의 12 참조).
② 이러한 물적 분할의 과정에서 분할신설회사는 분할회사의 부동산 등 자산을 취득하기도 하고, 분할회사는 분할신설회사의 신주를 배정받으므로, 양자 사이에 대가관계가 있는지가 문제된다. 그러나 분할신설회사가 발행할 주식의 총수, 즉 분할회사가 배정받는 분할신설회사의 신주의 수는 분할회사 및 그 주주가 작성한 분할계획서에 의하여 일방적으로 결정되는 사항에 불과하고(「상법」 제530조의 3 제1항, 제530조의 5 제1항 제3호, 제530조의 12), 분할신설회사가 취득하게 되는 부동산 내지 자산의 가치와 무관하며, 여기에는 분할신설회사의 의사가 개입될 여지가 없다. 이에 분할회사가 배정받게 되는 분할신설회사의 신주는 분할신설회사의 출연에 따른 것으로 볼 수 없고, 결국 양자는 서로 교환적·대가적 관계에 있다고 볼 수 없다.
③ 또한 피고들은 분할신설회사가 물적분할을 통하여 분할회사로부터 부동산을 이전받는 것이 「법인세법」 상 자산의 양도에 해당하는 이상(대법원 2018.5.11. 선고 2014두44342 판결 참조), 이를 유상승계취득으로 보아야 한다는 취지로도 주장한다. 그러나 위와 같은 해석은 「법인세법」 상 합병 및 분할 등에 관한 특례 규정(「법인세법」 제44조 내지 제47조)에 대한 것으로서, 취득세와 관련한 구 「지방세법」 규정에도 그대로 적용된다고 볼 근거가 없다. 나아가 피고 성남시 분당구청장이 들고 있는 구 「지방세특례제한법」 (2016.12.27. 법률 제14477호로 개정되기 전의 것) 제57조의 2 제3항 제2호, 제177조의 2 제1항의 규정은 취득의 원인이 무상인지 아닌지가 쟁점인 이 사건과는 별다른 관계가 없다.

169) 현물출자는 현물출자자에게 주주로서의 권리의무를 대가로 지급하고 현물을 취득하는 유상승계취득에 해당하므로 그 대가를 지급하여 현물을 사실상 취득하거나 현물에 관한 소유권이전등기·등록 등을 한 때를 취득시기로 보아야 한다는 이유로, 현물출자로 인하여 증가된 자본금에 대하여 출자자로서의 지위를 취득함으로써 토지를 취득하였다고 봄(대법원 2016두45318, 2016.11.9.).

현물출자의 경우 감정가액으로 평가하였다면 당연히 법인장부 가액인 「상속세 및 증여세법」 상의 시가가 취득세의 과세표준이 되는 것이지만, 감정을 받지 아니한 경우라 하더라도 「법인세법」(「상속세 및 증여세법」 일부 규정 준용) 상 시가로 부동산 등을 평가하여 현물출자로 설립된 법인의 장부가액으로 기재하였고, 그 평가액으로 주식을 교부하였다면 이는 사실상의 취득가액으로 보아야 할 것이다.

한편, 법인이 작성한 원장, 보조장, 출납전표, 결산서에 의하여 취득가격이 입증되는 취득의 경우에는 사실상의 취득가격이 취득세 과세표준이 되는 것이므로, 현물출자에 의한 경우라도 장부상의 취득가격이 과세표준에 해당되는 것이다(세정 13407-525, 1994.8.18.)라고 해석하고 있다.

> **사례** **현물출자로 취득한 부동산의 취득세 과세표준**(조심 2019지0825, 2019.10.1.)
>
> 청구법인은 2015.1.28. 쟁점부동산의 취득가액을 ○○○원(장부가액)으로 신고한 점, 청구법인은 당초 쟁점부동산을 장부가액으로 등재 및 공시하였고, 이를 바탕으로 외부적인 권리를 행사하였으며, 이 가액을 바탕으로 자본금을 ○○○원으로 법인등기부에 등재한 점, 이 장부가액(취득가액)이 조작되었거나, 명백한 착오로 인하여 오기되었다고 볼 근거도 달리 없으므로 취득세의 납세의무가 적법하게 성립하였다 할 것이고, 이후에 거래당사자 간의 약정에 따라 감정평가 및 현물출자 계약서의 변경을 통하여 취득가액을 변경하였다 하더라도 이미 성립한 조세채권에는 영향을 줄 수 없다 할 것인 점 등에 비추어 처분청이 청구법인에게 한 이 건 경정청구 거부처분은 달리 잘못이 없는 것임.

> **사례** **현물출자 부동산 취득가격은 취득 부대비용 포함됨**(조심 2013지300, 2014.1.27.).
>
> 부동산의 취득가액을 시가표준액보다 높게 신고하였다 하더라도 청구법인의 법인장부상의 취득가액이 특별히 조작되었거나 착오로 기장되지 아니한 이상, 청구법인은 「지방세법」 제10조 제5항 제3호에서 규정하고 있는 사실상의 취득가액(법인장부) 적용대상이라 할 것인바, 현물출자자인 홍○○○가 청구법인에게 현물출자하기 전에 1개의 감정평가법인에게 의뢰하여 산정한 이 건 부동산의 가액이 ○○○이라 하더라도 이는 이 건 부동산의 감정가격에 불과하고, 이 건 부동산 취득 전인 2011.9.30. 홍○○○는 법원의 보정명령에 따라 이 건 부동산의 가액을 ○○○으로 변경하여 청구법인에게 현물출자하였고, 이 건 부동산을 현물출자로 취득한 청구법인의 법인장부(대차대조표)에도 위 가액이 취득가액으로 기재되어 있는 이상, 청구법인이 이 건 부동산의 취득가액을 시가표준액보다 높은 감정평가액에 부대비용(보수료)을 더한 가액으로 신고하였다 하더라도 청구법인은 사실상의 취득가액 적용대상인바, 이 건 부동산의 취득세 과세표준은 취득가격에 부대비용을 더한 금액으로 하여야 할 것임.

(8) 도정법 상 정비사업시행자, 빈집법 상 빈집정비사업 또는 소규모주택정비사업시행자, 「주택법」 상 주택조합 및 도시개발사업 시행자의 취득

도시개발사업으로 토지를 취득하는 경우 해당 토지 취득 전 지목변경 취득을 수반하는 경우에는 해당 지목변경 취득가액을 공제한다.

1) 도정법에 따른 정비사업시행자가 취득하는 체비지 및 보류지 취득가액(「주택법」 상 주택조합, 재건축조합이 취득하는 비조합원용 토지 취득가액 포함)

① 2023.3.14. 이후 취득분

㉠ 2023.3.14. 이후 관리처분계획 인가, 사업시행인가 및 사업계획 승인을 받은 사업

$$\text{해당 토지의 제곱미터당 분양가액} \times \text{해당 토지 면적} - \left(\frac{\text{[해당 토지 면적} \times \text{사업시행자 또는 주택조합이 사업추진 중 취득한 토지면적(조합원으로부터 신탁받은 토지 제외)]}}{\text{해당 사업 대상 토지의 전체 면적}} \right)$$

도정법 상 정비사업자인 재개발조합은 체비지인 일반분양분도 상기의 산식에 의하여 산정하여야 할 것으로, 상기 산식은 사업시행자 또는 주택조합이 사업추진 중 취득한 토지면적(조합원으로부터 신탁받은 토지 제외)은 조합이 이미 취득세가 과세되었기에 결국 조합원으로부터 신탁받은 토지 중 일반분양분 등을 과세하고자 한 것이다. 그런데 무상취득을 전제로 하여 시가인정액으로 하여야 하는바, 특례로 규정하여 관리처분계획 인가 시의 감정가액이 있지만 이는 취득 당시의 감정이 아니므로 분양가액을 매매사례가액으로 보아 이를 적용한 것으로 볼 수 있다.

> [사례] 처분청은 청구법인이 취득세 등을 과다 신고·납부한 토지 4,091.51㎡(신고·납부한 면적 36,182.1㎡ - 비조합원용 토지 32,090.59㎡)에 대한 취득세를 환급하고, 쟁점정비기반시설용 토지 8,373.4㎡에 대한 취득세의 50%를 감면하는 것으로 하여 취득세 등을 경정하는 것이 타당한 것으로 판단됨(조심 2023지0464, 2024.3.25.).
>
> ☞ 조합원용 토지 면적은 우선 조합원 토지에서 취득한 것으로 본다는 것임.
>> 신고납부한 면적 : 산식에 의한 면적(13,346.36㎡)+제3자 매입(14,619.24㎡)+무상양여(8,216.50㎡) =36,182.1㎡
>>
>> 비조합원용 토지 면적 : 이전고시 후 비조합원용 토지(23,717.19㎡)+무상양여(8,373.40㎡) =32,090.59㎡

> [사례] 조합원 신탁 토지는 162,048.96㎡이므로, 조합원용 토지 112,335.37㎡, 주민센터 토지 236.60㎡, 정비기반시설 토지 37,741.40㎡에 모두 사용한 후에도 11,735.59㎡(=162,048.96㎡ - 112,335.37㎡ - 236.60㎡ - 37,741.40㎡)가 남는다. 따라서 조합원 신탁 토지 중 비과세대상인 토지에 충당하고 남은 토지 11,735.59㎡와 제3자 매입 토지 17,933.71㎡ 및 무상양여 토지 14,162.00㎡가 비조합원용 토지 43,831.30㎡(=11,735.59㎡ + 17,933.71㎡ + 14,162.00㎡)를 구성한다고 보는 것이 합리적이다(피고는, 원고가 지방자치단체 등으로부터 귀속 또는 기부채납을 조건으로 용도폐지되는 정비기반시설을 구성하는 부동산을 무상양여 받은 후 새로 설치한 정비기반시설을 지방자치단체 등에게 기부채납하므로, 무상양여 토지가 정비기반시설 토지에 우선하여 사용되는 것으로 보아야 한다고 주장하나, 관련 법령이나 납세의무자인 원고의 추정적 의사 등에 비추어 이와 같이 볼 근거가 부족하다). 갑 제7, 8호증의 각 기재와 변론 전체의 취지에 의하면, 원고는 무상양여 토지 14,162.00㎡ 중 광주 서구 ○○동 ○○○-○○ 대 10㎡를 2015.10.14. 광주광역시 서구로부터 양여받아 2015.10.20. 소유권이전등기를 마쳤고, 나머지 29필지 합계

14,152.00㎡를 2014.3.12., 2014.3.18. 대한민국과 광주광역시로부터 각 양여받아 2014.3.19., 2014.3.21. 각 소유권이전등기를 마친 사실을 인정할 수 있고, 무상양여 토지 전부가 비조합원용 토지를 구성함은 앞서 본 바와 같다. 위 인정사실을 앞서 본 관계 법령에 적용해 보면, 무상양여 토지 중 광주 서구 ○○동 ○○○-○○ 대 10㎡는 '조합원으로부터 취득하는 토지 중 조합원에게 귀속되지 아니하는 토지'에 해당하지 않으므로 그 양여일인 2015.10.14.이 취득일이 되고, 나머지 29필지 합계 14,152.00㎡는 '조합원에게 귀속되지 않은 토지'에 해당하므로 그 소유권이전 고시일 다음 날인 2016.10.26.이 취득일이 됨(대법원 2023두58435, 2024.2.8. 심불, 광주고법 2023누10586, 2023.10.12.).

ⓛ 2023.3.13. 이전 관리처분계획 인가, 사업시행인가 및 사업계획 승인을 받은 사업[영 부칙 (2023.3.14.) §3-2]

Min(하기 산식에 의한 취득가액, 상기 ⓖ 산식에 의한 취득가액)

$$\text{해당 토지의 제곱미터당 공시지가} \times \text{해당 토지 면적} - \left(\frac{\text{해당 토지 면적} \times \text{사업시행자 또는 주택조합이 사업추진 중 취득한 토지면적(조합원으로부터 신탁받은 토지 제외)}}{\text{해당 사업 대상 토지의 전체 면적}} \right)$$

② 2023.1.1.~2023.3.13. 취득분

$$\text{공시지가} \times \text{일반분양분 토지면적} \times \frac{\text{조합원으로부터 신탁받은 토지}}{\text{해당 사업 대상 토지의 전체 면적}}$$

☞ 무상취득임에도 시가인정액 기준이 아닌 공시지가 기준임에 유의
☞ 「주택법」상 주택조합, 재건축조합이 취득하는 비조합원용 토지는 2022년에도 상기가 적용되었음.

2) 「도시개발법」에 따른 도시개발사업의 시행으로 인한 사업시행자의 체비지 또는 보류지의 취득

① 2023.3.14. 이후 환지계획 인가를 받은 사업으로서 2023.3.14. 이후 취득분

$$\text{해당 토지의 제곱미터당 분양가액} \times \text{해당 토지 면적} - \left(\frac{\text{해당 토지 면적} \times \text{사업시행자 사업추진 중 취득한 토지면적}}{\text{해당 사업 대상 토지의 전체 면적}} \right) - \text{토지 지목변경에 따른 취득가액}$$

② 2023.3.13. 이전 환지계획 인가를 받은 사업으로서 2023.3.14. 이후 취득분[영 부칙(2023.3.14.) §3-2]

Min(하기 산식에 의한 취득가액, 상기 ① 산식에 의한 취득가액)

$$\frac{\text{해당 토지의}}{\text{제곱미터당}} \times \text{해당 토지 면적} - \left(\frac{\text{해당 토지 면적} \times \text{사업시행자}}{\text{사업추진 중 취득한 토지면적}} \right) - \frac{\text{토지 지목변경에}}{\text{따른 취득가액}}$$
공시지가 ──────── 해당 사업 대상 토지의 전체 면적

3) 「도시개발법」에 따른 도시개발사업 및 도정법에 따른 정비사업 시행으로 해당 사업의 대상이 되는 부동산의 소유자(상속인)인 조합원이 취득하는 토지

① 2023.3.14. 이후 환지계획 인가 또는 관리처분계획인가를 받은 경우로서 2023.3.14. 이후 취득분

해당 토지의 제곱미터당 분양가액 × 해당 토지 면적 - 토지 지목변경에 따른 취득가액

② 2023.1.1.~2023.3.13. 환지계획 인가 또는 관리처분계획인가를 받은 경우로서 2023.3.14. 이후 취득분[영 부칙(2023.3.14.) §3-2]

Min(하기 산식에 의한 취득가액, 상기 ① 산식에 의한 취득가액)

해당 토지의 제곱미터당 공시지가 × 해당 토지 면적 - 토지 지목변경에 따른 취득가액

③ '사실상 취득가격'과 '신고가액'의 의미

(1) 사실상 취득가격

1) 개요

직접비용과 간접비용으로서 취득시기를 기준으로, 해당 물건을 취득하기 위하여 거래 상대방 또는 제3자에게 지급하였거나 지급하여야 할 금액을 의미한다. 다만, 취득대금을 일시급 등으로 지급하여 일정액을 할인받은 경우에는 그 할인된 금액으로 한다.

부지조성공사 내지 건축공사가 대부분 완료되었고, 일부 남은 부분이 이미 완성된 부분과 구별되는 별개 또는 부수의 공사에 해당하지 않아 독립적인 공사로서의 의미가 없는 정도에 불과한 경우, 그 밖에 취득행위와 밀접하게 관련되어 있고 필수적으로 이루어져야 하는 부분으로서 취득당시 그 비용의 지출이 이미 예정되어 있었지만, 그 특성상 취득시기 이후에 이를 수행하거나

그 비용을 지출할 수밖에 없는 경우 등에는 그 지출시기와 상관없이 취득가격에 포함되는 비용으로 인정할 수 있다(대법원 2023두59636, 2024.2.15. 심불, 서울고법 2020누959, 2023.10.18.).

○ **과세표준 포함 원칙**

① **취득시기의 중요성**

취득가액은 취득시기를 기준으로 그 이전에 해당 물건을 취득하기 위하여 거래상대방 또는 제3자에게 지급하였거나 지급하여야 할 직접비용과 간접비용의 합계액으로 하도록 규정됨. 즉 취득시기의 판단이 매우 중요함.

② **과세대상 물건의 취득과 관련**(대법원 2007두15643, 2010.3.25.)

취득가격에는 과세대상물건의 취득 시기 이전에 거래상대방 또는 제3자에게 지급원인이 발생 또는 확정된 것으로서 해당 물건 자체의 가격(직접비용)은 물론 그 이외에 실제로 해당 물건 자체의 가격으로 지급되었다고 볼 수 있거나(취득자금이자, 설계비 등) 그에 준하는 취득절차비용(소개수수료, 준공검사비용 등)도 간접비용으로 이에 포함됨. 다만, 그것이 취득의 대상이 아닌 물건이나 권리에 관한 것이어서 해당 물건의 취득시기 이전에 그 지급원인이 발생 또는 확정된 것이라도 이를 해당 물건의 취득가격에 포함된다고 보아 취득세 과세표준으로 삼을 수 없음.

2) 간접비용 포함 금액

① 건설자금에 충당한 차입금의 이자 또는 이와 유사한 금융비용(다만, 2022년 이후 법인이 아닌 자가 취득하는 경우는 취득가격 또는 연부금액에서 제외)

② 할부 또는 연부 계약에 따른 이자 상당액 및 연체료. 다만, 법인이 아닌 자가 취득하는 경우는 취득가격 또는 연부금액에서 제외

③ 「농지법」에 따른 농지보전부담금, 「문화예술진흥법」 제9조에 따른 미술작품의 설치비용 또는 문화예술진흥기금에 출연하는 금액(2020년 이후 개정 내용이나 전에도 적용되었음), 「산지관리법」에 따른 대체산림자원조성비 등 관계 법령에 따라 의무적으로 부담하는 비용

④ 취득에 필요한 용역을 제공받은 대가로 지급하는 용역비·수수료(2022년 이후 건축 및 토지조성공사로 수탁자가 취득하는 경우 위탁자가 수탁자에게 지급하는 신탁수수료 포함[170])

---

170) 신탁수수료가 총 사업비로 실제 지출된 금액을 기준으로 정해졌다고 볼 만한 아무런 자료가 없으므로, 위 주장도 받아들일 수 없다(설령 이 부분 피고 주장대로 신탁수수료를 안분할 수 있다고 하더라도, 앞서 본 바와 같이 이 사건 처분의 기초가 되는 과세표준 중 다른 비용 전부가 이 사건 건물의 신축에 관한 비용이라고 볼 수 없어 그 취득가격에서 제외되어야 하는 이상, 제출된 증거 및 자료만으로는 이 사건 건물의 취득에 소요된 액수를 특정하기 어렵다는 점은 변함이 없다). (중략)
이 사건 조합으로부터 이 사건 건물의 대지를 신탁받아 이 사건 건물을 건축하여 취득한 자로서 그에 따른 취득세 등의 부과대상자인데, 이 사건 신탁수수료는 원고가 이 사건 신탁계약에 따라 이 사건 조합으로부터 지급받은 것임은 앞서 인정한 바와 같다. 그렇다면 이 사건 신탁수수료는 이 사건 건물을 취득한 자로서 그 취득세의 부과대상자인 원고가 거래 상대방 또는 제3자에게 지급한 비용이라고 할 수 없으므로, 이로부터 보

⑤ 취득대금 외에 당사자의 약정에 따른 취득자 조건 부담액과 채무인수액

⑥ 부동산을 취득하는 경우 「주택도시기금법」 제8조(2015.6.30. 이전 구 「주택법」 제68조)에 따라 매입한 국민주택채권을 해당 부동산의 취득 이전에 양도함으로써 발생하는 매각차손[171] (금융회사 등 외의 자에게 양도한 경우에는 동일한 날에 금융회사 등에 양도하였을 경우 발생하는 매각차손을 한도로 함)

⑦ 「공인중개사법」에 따른 공인중개사에게 지급한 중개보수(다만, 법인이 아닌 자가 취득하는 경우는 취득가격 또는 연부금액에서 제외)

⑧ 붙박이 가구·가전제품 등 건축물에 부착되거나 일체를 이루면서 건축물의 효용을 유지 또는 증대시키기 위한 설비·시설 등의 설치비용(2020년 이후 적용되나 그 전에도 포함됨)

⑨ 정원 또는 부속시설물 등을 조성·설치하는 비용(2022년 이후 이에 준하는 비용 포함) 이 경우 지목변경이 수반되는 경우 지목변경 비용에 포함되며, 「지방세법」 제7조 제14항의 토지증가 간주취득 시 토지증가액에, 건축물의 건축에 수반되는 비용은 건축물의 취득가격에 포함된다(2020년 이후 적용)

⑩ ①~⑨의 비용에 준하는 비용

3) 취득가액에서 제외 금액

① 취득하는 물건의 판매를 위한 광고선전비 등의 판매비용과 그와 관련한 부대비용

② 「전기사업법」, 「도시가스사업법」, 「집단에너지사업법」, 그 밖의 법률에 따라 전기·가스·열 등을 이용하는 자가 분담하는 비용

③ 이주비, 지장물 보상금 등 취득물건과는 별개의 권리에 관한 보상 성격으로 지급되는 비용

④ 부가가치세

⑤ ①~④의 비용에 준하는 비용

4) 사실상의 취득가격 적용 시 직접비용 및 간접비용 적용사례

사실상의 취득가격 또는 연부금액을 과세표준으로 하는 경우에 취득가격 등을 적용함에 있어

더라도 이 사건 신탁수수료는 이 사건 건물에 관한 취득세의 과세표준에서 제외됨이 상당함(대법원 2021두51690, 2021.12.30. 심불, 서울고법 2020누57990, 2021.8.20.). 참조 판례 : 대법원 2020.5.14., 2020두32937 판결 상기 판례의 취지를 살펴볼 때 신탁수수료가 무조건 과세표준에 포함되는 것으로 규정되어 있다 하더라도 신탁수수료 중 분양관련 수수료는 여전히 과세표준에서 제외되어야 할 것이다.

171) 이는 주거전용면적 85㎡를 초과하는 공동주택을 건설하기 위하여 공공택지를 공급받는 자는(주로 건설회사) 제3종 국민주택채권을 매입하도록 되어 있는 바 채권매입은 공동주택건설용지 당첨에 있어 필수적인 절차이고 토지취득 이전에 해당 채권을 매각하여 발생한 매각차손은 취득세 과세표준에 해당한다(조심 2010지84, 2010.11.5., 감심 2007-168, 2007.12.20.). 그 법인이나 개인이 부동산등기를 위해 매입하는 국민주택채권은 매각하지 않고 보유하는 경우 채권액 자체는 과세표준에 해당하지 아니한다. 또한 개인이 「지방세법」 제111조 제5항 제5호에 의한 적정검증을 받아 신고가격이 사실상 취득가격이 되는 경우에는 국민주택채권 매입금액도 과세대상에서 제외된다(지방세운영과-5090, 2010.10.26.). 한편, 건축허가를 위해 매입하는 제1종 국민주택채권, 채권입찰제 주택분양을 위해 매입하는 제2종 국민주택채권 등 취득과 관련된 국민주택채권매입은 과세표준에 포함된다.

취득시기를 기준으로 그 이전에 해당 물건을 취득하기 위하여 거래상대방 또는 제3자에게 지급하였거나 지급하여야 할 직접비용과 간접비용의 합계액을 과세표준으로 함은 상기에서 설명한 바와 같다. 이러한 직접비용 및 간접비용과 관련된 사례를 정리하면 다음과 같다.

① 토지 관련 비용

구분	과세표준	사례번호
영업권 - 토지와 건축물은 독립적인 과세객체인데 이 사건 토지 및 사업권을 양수한 시점에는 건축물이 준공되어 있지 않아서 당연히 건축물에 대하여 취득할 물건이 없다고 할 것이므로 법인장부상 계정과목에 관계없이 토지와 관련된 부대비용으로 보아야 할 것	○	행심 2006-4, 2006.1.23.
사업권 양수비 - 도시개발사업에 관련된 인·허가청구가 접수되었거나 인·허가가 진행된 사실이 없어 별도의 사업권이 존재한다고 인정하기는 어려움.	○	조심 2011지593, 2012.6.28.
사업시행권 - 사업시행권이 수정된 장부상에서 무형자산으로 기장되었다 하더라도 사업시행권으로 계상된 금액은 이 사건 제1, 2토지와 직·간접적으로 관련되었다고 보는 것이 합리적임.	○	행심 2005-510, 2005.12.26.
사업권 양수비 - 주택건설사업 추진과 관련하여 사업권양수에 따른 권리에 대한 대가로써 해당 물건(부동산) 자체의 가격이라고 볼 수는 없으므로 취득세 과세표준에 포함하지 않는 것임.	×	지방세정팀-1900, 2005.7.26. 세정-139, 2005.12.20.
토지 사용목적 지상건축물 철거비 - 지목변경 시 과세대상임.	○	세정 13407-1111, 2002.11.22.
토지 사용목적 지상건축물 철거비 - 지목변경이 아닌 경우 과세대상 아니나, 신 건물 신축 시 신축비용에 해당함.	×	세정과-5439, 2007.12.18.
건설용지에 계상된 분양금 관리 및 입주자 대출업무를 대행할 조건으로 지급한 주선수수료	○	행심 2005-58, 2005.3.3.
부지매입을 위한 대출 관련수수료	○	행심 2006-325, 2006.7.31.

② 건축물 직접공사비

구분	과세표준	사례번호
교환설비, 전자설비	○	행심 99-30, 1999.4.28.
급·배수 위생설비(수도, 온수공급, 배수설비, 보온공사)	○	행심 2001-8, 2001.1.30.
마감공사비(미장, 수장, 페인팅, 도배, 타일)	○	행심 2001-554, 2001.11.26.
소방설비 공사비	○	행심 2001-8, 2001.1.30.
옥외급수 위생관련(공동구, 지하저수조, 정화조 등)	○	지방세운영과-797, 2008.8.26.

구분	과세표준	사례번호
빌트인 제품 - 비록 설계도면상 빌트인 제품을 수용할 수 있는 공간을 마련하지 않았거나 벽면에 완전히 부착하지 않아서 쉽게 분리가 가능하다고 하더라도 분양가격에 빌트인 제품 가격이 포함되어 있고, 건축물의 효용과 가치를 증가시키는 위한 것인 경우	○	행심 2007-440, 2007.8.27. 조심 2019지2281, 2019.10.11.
빌트인 제품 - 그 설치형태가 탈부착이 가능하거나 이동이 가능하여 오피스텔의 부수시설이라 할 수 없으므로, 제품가액 가액 및 소요 비용을 이 사건 건물에 대한 취득세의 과세표준에 산입하는 것은 위법	×	서울고법 2008누17617, 2009.1.6.
빌트인 제품 - 분양 아파트의 취득 시점에 아파트에 연결되거나 부착하는 방법으로 설치되어 아파트와 일체로 유상 취득하는 빌트인 가전제품의 경우	○	지방세운영과-2456, 2008.12.10.
전기설비 공사비(배관, 배선, 피뢰침, 조명설비 등)	○	행심 2001-8, 2001.1.30
통신, 신호, 방재설비공사비(통신, 신호TV공청설비)	○	
내장공사(단순한 경우/건물 신축과 연계)	×/○	행심 2003-37, 2003.2.24.
발코니공사비(취득시기 이전/이후)	○/×	지방세정팀-218, 2005.12.26.
전기인입공사비, 상수도인입신설공사비	×	지방세정팀-1850, 2006.5.9.
상수도시설분담금, 도시가스분담금	×	
하도급업자 제3자에게 지급한 부가가치세	○	행심 2005-80, 2005.4.6.
급수공사 설비료	×	행심 2001-252, 2001.5.28.
주차선 도색, 스토퍼, 코너카드 - 신축 건물 일체	○	세정과-1038, 2005.3.8.
오수 정화시설 / 급·배수시설에 해당	○	세정 13407-286, 2002.3.23. 행심 2007-623, 2007.11.26.
오수 정화시설 / 정화조 - 수조에 해당하지 않음. (취득 전 공사비일 경우 과세표준임)	×	

③ 간접공사비

구분	과세표준	사례번호
기존 건축물을 철거하고 해당 토지 위에 새로운 건축물을 신축하는 경우의 철거비용	○	세정과-5439, 2007.12.18.
건물 있는 토지 매매 시 철거보상비 일괄 계약	○	지방세정팀-3390, 2006.7.31.
구내 포장공사비(대지-공장용지)	○	행심 2006-126, 2006.3.27.
옥상비	○	행심 2005-44, 2005.3.3.
가스관매설에 따른 도로포장공사비	○	지방세운영과-5004, 2009.11.27.
준공청소비	○	조심 2021지1930-2022.12.8.

구분	과세표준	사례번호
단지 내 조경공사비(식재, 잔디, 조경물)	× (○)	지방세정팀-1280, 2005.6.21. 단, 조경공사비와 도로포장비는 지목변경에 수반되는 경우 과세 [대(垈) 중 택지공사가 준공된 토지에 한해 2016년 이후 정원 또는 부속시설물 등을 조성·설치된 토지로 사실상 변경된 경우 취득자는 토지 소유자(지법 §7 ⑭), 세율은 중과기준세율(지법 §15 ② 5)이 적용, 2020년 이후 건축물을 건축하면서 그 건축물에 부수되는 정원 또는 부속시설물 등 조성·설치 시 조성·설치하는 비용은 건축물 취득세 과세표준에 포함되어 원시취득 세율이 적용됨(지령 §18 ① 9)].
단지 내 포장공사비	× (○)	
분양용 아파트단지 외곽도로 포장/조경공사	×	
분양용 아파트 외곽 도로조성시설	×	세정 13407-1193, 2000.10.13.
분양용 아파트 외곽 교량확장공사	×	
액자미술품, 비치 조각품(미술장식품 설치비용) (2020년 이후 과세표준 포함(지령 §18 ① 3)	×	감심 2009-143, 2009.6.25.
감가상각비	×	세정 13430-720, 1999.6.28.
하자보수충당금	×	세정 13407-1235, 2000.10.24. 세정-45, 2005.12.13.
퇴직급여충당금, 하자보수충당금(도급금액에 해당되는 경우)	○	행심 2006-182, 2006.4.24.
공사손실충당금	×	조심 2008지327, 2008.12.2.
비품구입비^(주)	○/×	
발코니의 용도를 거실 등으로 변경 시 수분양자의 지급비용	○	대법원 2015두59877, 2016.3.24.

(주) 비품구입비 : 건축물과 분리된 것(분말소화기, 신발장 등)은 과세표준에서 제외되나, 건축물의 주체 구조부와 일체가 된 것(붙박이장 등)은 과세표준에 포함

④ 공통 금융비용

구분	과세 표준	사례번호
개발신탁보수비용	○	행심 2006 – 5, 2006.1.23.
건설자금이자 영업외비용에 계상	○	행심 2006 – 16, 2006.1.23.
고정자산 건설자금이자	○	감심 2008 – 224, 2008.7.17
공사비 대가 대여금 이자, 대위변제금 등의 취득대가	○	세정 – 1847, 2005.7.22.
토지신탁보수	○	행심 2005 – 452, 2005.10.31.
토지취득일 이전에 발생한 대출수수료	○	세정 – 4340, 2006.9.8.
분양회사의 중도금 대출이자(대출보증수수료, 수입인지대)	×	지방세정담당관 – 517, 2003.7.18.
할부이자(할부금융업자에 지급하는 이자)	○	행자부 세정 – 1773, 2006.5.2.

⑤ 명도비용

구분	과세 표준	사례번호
명도비 및 영업보증금 – 부동산 취득당시 임차인 등에게 지급한 명도비와 영업보상금이 확정되어 있지 아니하더라도 부동산 그 자체 가격 지급 후에 명도비 등의 명목으로 임차인 등에게 지급한 이상 이는 이 사건 부동산을 취득하기 위하여 지급한 간접비용으로 지급한 것으로 판단	○	행심 2005 – 227, 2005.7.25. 행심 2005 – 253, 2005.8.20.
명도비 – 이 사건 부동산을 취득하기 위하여 지급한 것이 아니라 이 사건 건물을 조속히 명도받아 건물 신축사업을 조속히 실행하기 위하여 임차인들에게 임차권·영업권 등에 대한 보상금 명목 등으로 지급된 것으로 봄이 상당	×	대법원 2010두24586, 2011.2.24.
명도비 – 명도비는 이주비 보상금과 같은 것으로서 부동산가격이 아니므로 취득세 과세표준에 포함하지 아니하는 것	×	세정과 – 153, 2005.1.11.
임차인/점유자에게 지급한 이주비, 영업보상금 명목 명도비, 전전소유자 건물이전건축비	○	행심 2006 – 410, 2006.9.25.
지상건물 이전보상비, 주민이주비, 전사업자 사업손실비	○	행심 2006 – 405, 2006.9.25.
묘지이장비(골프장 지목변경 소요비용)	○	감사원2008감심제188, 2008.6.19.
보상금, 묘지이장비, 지장물보상금, 이주비	×	지방세정팀 – 6414, 2006.12.21. 세정과 – 318, 2005.1.19. 세정 13407 – 210, 2001.2.26.
경락 이후 세입자 합의금	×	세정 13407 – 956, 2000.7.31.

⑥ 분양관련 비용

구분	과세 표준	사례번호
주택분양 보증수수료	×	대법원 2009두12150, 2010.12.23.
분양 아파트 입주지연에 따른 지체상금	○	세정 13407 − 531, 1998.6.17. 지방세심사 99 − 543, 1999.9.29.
	×	세정 13407 − 784, 2000.6.22
건물 준공 기념행사 식사비 소모품비	×	세정 13407 − 183, 1999.2.10.
견본 주택비⁽주⁾	×	지방세정팀 − 1280, 2005.6.21.
냉장고, 식기세척기, 가스렌지	×	세정과 − 517, 2003.7.18.
분양광고비	×	지방세정팀 − 1280, 2005.6.21.

☞ (주) 견본주택 : 존속기간 1년 초과 여부에 따라 별도 과세객체로 판단

⑦ 제세공과금

구분	과세 표준	사례번호
건축공사 관련 조세(면허세, 인지세, 공장 현장 사업소세)	○	
산재보험료	○	세정 13407 − 1232, 1995.12.1.
생태계 보전 협력금	○	세정과 − 870, 2005.2.22.
시설투자예치금(골프장)	○	세정 − 2311, 2004.8.3.
살수차량 구입 분담금 − 비산먼지 발생에 따른 민원해소 차원에서 각 시행사들이 공동으로 부담하여 시청에 납부한 「살수차량 구입 분담금」	×	세정과 − 4607, 2004.12.16.
신축 건물비용에 종합토지세	×	세정 13407 − 1279, 2000.11.7.
현장유지관리 채권	×	세정 − 335, 2005.4.21.
공시기간 부속토지에 대한 재산세	×	세정 13407 − 2283, 2004.8.2.
대납세금 − 소유권이전 시점에 담보가등기를 제외한 모든 권리제한 등은 매수인이 책임을 부담하기로 하고 대납한 세금 대납액	○	대법원 2007두16417, 2007.9.11.

⑧ 부담금

구분	과세 표준	사례번호
과밀부담금	○	세정 13407 − 295, 1996.3.16.
광역교통시설부담금	○	세정과 − 4607, 2004.12.16. 행심 2006 − 1054, 2006.11.27.

구분	과세 표준	사례번호
농지전용부담금	○	세정 13407 – 717, 1999.6.18.
대체농지조성비	○	세정 13407 – 717, 1999.6.18.
대체조림비	○	세정 13407 – 717, 1999.6.18.
산림전용부담금	○	세정 13407 – 717, 1999.6.18.
하수처리시설부담금 – 배수구역 내에서 일정량 이상의 하수를 배제하는 경우로서 건축물 신축 등의 건축행위를 할 때는 반드시 하수처리시설부담금 부담	○	행심 2006 – 305, 2006.7.31.
상수도원인자부담금 – 수도공사를 하는 데에 비용 발생의 원인을 제공한 자(주택단지·산업시설 등 수돗물을 많이 쓰는 시설을 설치하여 수도시설의 신설이나 증설 등의 원인을 제공한 자 포함) 또는 수도시설을 손괴하는 사업이나 행위를 한 자에게 부담하게 하는 비용(「수도법」 §71)	○	조심 2014지1316, 2015.4.27. 지방세운영과 – 2146, 2010.5.20.
개발부담금	×	도세 22670 – 533, 1992.8.4.
상수도부담금, 전기인입비, 상수도인입비, 하수도원인자부담금 – 공급시설로부터 해당 신축 건물까지 인입하는 데 소요되는 비용으로서 단지 구외의 시설물 공사비를 부담한 것에 해당하는 경우(단 하수도원인자부담금 중에서 「하수도법」 제32조 제4항 규정에 의거 신축 건물 취득자가 해당 건물사용에 필요한 오수처리시설을 설치하지 아니하는 대신 하수종말처리시설 설치부담금을 납부하는 경우의 해당 하수도원인자부담금은 제외 : 지방세정팀 – 2007, 2006.5.18.)	×	세정과 – 1850, 2006.5.9.
하수도원인자 부담금 – 오수처리시설을 설치하지 아니하는 대신 하수종말처리 시설설치부담금을 납부	○	세정 – 2007, 2006.5.18.
전기공사부담금	×	행심 2001 – 52, 2001.5.28.
지역난방공사부담금	×	행심 2001 – 52, 2001.5.28.
하·오수처리시설부담금	×	세정과 – 4607, 2004.12.16.
학교용지부담금	○	지방세운영과 – 3861, 2015.12.11. 대법원 2020두38836, 2020.9.9.

⑨ 인허가 비용 등

구분	과세표준	사례번호
교통영향평가 용역비	○	세정 13407－623, 1996.6.15.
설계비, 감리비	○	세정 13407－1232, 1995.12.1.
인테리어 설계용역비	○	세정 13407－623, 1996.6.15.
측량비, 감정평가비, 직원출장비	○	행심 99－0315, 1999.5.26.
문화재 발굴비용－아파트를 취득하는 데 발생한 비용이 아니라 「문화재보호법」 제44조 제4항의 규정에 의하여 해당 공사의 시행자가 부담하도록 한 것[172]	○	대법원 2017두57301, 2017.12.7.
사업성 검토 용역비	○	조심 2006지101, 2009.1.2. 조심 2019지2113, 2020.6.2.
컨설팅용역 및 자문수수료	○	조심 2019지2113, 2020.6.2.
PM수수료	○	조심 2019지2113, 2020.6.2.

⑩ 기타비용

구분	과세표준	사례번호
건축허가를 위해 매입하는 제1종 국민주택채권, 채권,입찰제 주택분양을 위해 매입하는 제2종 국민주택채권 등 취득과 관련된 국민주택채권매각차손	○	감심 2007－168, 2007.12.20. 지방세운영과－5090, 2010.10.26. 지방세운영과－3142, 2010.7.26. 조심 2019지2113, 2020.6.2.
「주택법」 제68조 제1항 제2호에 의해 부동산등기를 위해 매입하는 국민주택채권 매각차손	○	
「주택법」 제68조 제1항 제2호에 의해 부동산등기를 위해 매입하는 국민주택채권 매입비용	×	
법무사비용(2018.1.4. 이후 취득분부터)	×	지방세운영과－23, 2018.1.4.
담합입찰비	○	대법원 97누10178, 1997.12.26.
퇴직공제증지	×	세정－1038, 2005.3.8.
준공청소비－시공사와 당초 맺은 도급계약으로 단순 청소용역이 아닌 경우	○	조심 2019지2113, 2020.6.2.

---

172) 종전 해석－문화재 발굴비용은 과세표준에 포함되지 아니함(지방세정팀－4565, 2006.9.20.).

(2) '신고가액'의 의미

2022년 이전에는 '신고가액'이라 함은 취득세 과세물건을 취득함에 있어 소요된 거래가액을 의미하고, 상속 등 무상취득의 경우에는 그 취득가액이 없으므로 「지방세법」 상 시가표준액을 과세표준으로 삼아야 할 것이다(지방세운영과-5005, 2009.11.27., 대법원 2002두240, 2003.9.26. 참조). 여기서 신고가액이 매매계약서 등에 의하여 확인이 되어야 할 것인데, 전혀 근거가 없어서 신고가액이 입증이 되지 아니한다면, 즉 임의의 가액은 신고가액으로 볼 수 없다.

한편, 「지방세법」 제10조의 취지는 납세의무자가 사실상 취득가액으로 신고한 금액을 원칙적인 과세표준으로 하고, 신고를 하지 아니한 경우 또는 신고를 하더라도 신고가액이 시가표준액에 미달하는 경우에는 시가표준액을 과세표준으로 하되, 「지방세법」 제10조 제5항의 요건이 충족된 경우에만 납세의무자의 신고 유무 및 금액 등에 관계없이 입증된 사실상의 취득가격으로 과세표준을 정한다는 것이고, 「지방세법」 제10조 제5항에 열거된 사유는 사실상의 취득가격에 의할 수 있는 제한적·한정적 요건에 해당하며, 그에 열거된 요건을 갖추지 못한 경우에는 사실상의 취득가격을 과세표준으로 삼을 수는 없다고 보아야 하므로, 「지방세법」 제10조 제5항의 요건에 해당하지 아니하는 이상 계약서 등에 의하여 사실상의 취득가격을 입증하는 방법으로 취득세 등의 조세를 부과할 수 없다고 할 것이다(대법원 2005두11128, 2006.7.6.).

④ 과세표준 사례

(1) 금융비용자본화(건설자금이자)

1) 개요

「지방세법」 상 취득가액은 「지방세법 시행령」 제18조를 통하여 취득가액의 범위가 일반적인 내용만 기재되어 있으며, 특히 건설자금이자의 경우 별도의 명문규정 없이 예규를 통하여 기업회계기준에 따른 금액을 취득가액에 포함하도록 하고 있다.

한편, 건설자금이자의 취득가액에 대하여 「법인세법 시행령」 제52조 제1항을 통하여 '건설자금에 충당한 차입금의 이자'란 그 명목 여하에 불구하고 사업용 고정자산의 매입·제작 또는 건설에 소요되는 차입금(고정자산의 건설 등에 소요된지의 여부가 분명하지 아니한 차입금은 제외 - "특정차입금")에 대한 지급이자 또는 이와 유사한 성질의 지출금을 말한다라고 규정하여 건설에 직접 소요되는 차입금(특정차입금)에 관한 이자만 취득가액에 포함하도록 하고 있다. 이처럼 「지방세법」 상 건설자금이자에 대한 규정이 명확하지 않아 취득세 과세표준 산정이 불분명하고, 「법인세법」 상의 건설자금이자와 취득가액이 상이하여 관리상 불편함이 존재한다.

2) 건설자금이자의 범위

취득세의 과세표준이 되는 취득가격에 포함되는 건설자금이자에 대해 종전에는 "「법인세법」

제16조 제11호의 규정에 의한 건설자금에 충당한 금액의 이자"로 규정하였으나 2001.1.1. 이후부터는 "건설자금에 충당한 금액의 이자"로 규정하여 건설자금이자의 범위가 확대되었다.

한편 법인이 기업회계기준에 따라 자산이 아닌 비용으로 계상한 건설자금이자도 취득세 과세표준에 포함되는 것으로 해석하고 있다(행심 2006-16, 2006.1.23.).[173]

구분	2000.12.31. 이전	2001.1. 이후
귀속이 불분명한 차입금이자	건설자금이자 제외	건설자금이자 포함
건물에 대한 건설자금이자	고정자산에 대한 건설자금이자	고정자산 및 재고자산에 대한 건설자금이자 포함

건설자금이자의 자본화와 관련해서는 건설기간 중 이자비용을 자산화하지 않는 방법, 건설자금 중 실제 발생한 이자비용만 자산화 하는 방법, 이용된 자금에 관련 모든 원가를 자산화하는 방법 등 회계학자 간에도 많은 논란이 제기되고 있으며, 현실적으로 기업회계에 의존하여 계산할 수밖에 없으나 개념적으로 차이(기업회계에서는 실질적 금융비용 개념으로 이자비용에 한정하지 않고 대출취급수수료, 환산차손익 등도 포함)가 있을 뿐만 아니라 계산과정이 매우 복잡하여 소규모 기업의 경우 신고기한 내에 이를 계산하기 어려운 것이 현실이다.

또한 현재의 지방세법령에서는 '건설자금에 충당한 금액의 이자'라고 하고 있을 뿐 명확한 계산규정을 제시하고 있지 않아 법적 안정성을 해치고 있으며, 납세자에게 취득가격의 포함 여부에 대하여 혼란을 야기하고 있다. 또한 세법에서 차입금조달보다 자기자본 조달을 우대하고, 개인과 법인을 차별함으로써 세법이 경제적 의사결정에 영향을 미쳐서는 안 된다는 조세의 중립성 원칙을 훼손하고 있으며 세법의 계산규정이 목적이 다른 기업회계에 의존하는 것은 바람직하지 않다. 예를 들어 건설자금에 충당한 금액의 이자를 산정하여 납세자에게 부과 근거를 제시하여야 하나, 단순히 건설기간 동안 이자비용이 발생되었으므로 무조건 그 이자비용은 건설자금이자라고 판단하여 과세함으로써 납세자가 불복하는 등 불필요한 비용과 시간이 투입되고 있는 실정이다.

3) 대출수수료

건설자금이자 중 대출수수료에 대한 부분을 각 법령 등에서 정의하는 내용을 살펴보면 아래와 같다.

---

173) 대법원에 따르면 "이 사건 지급이자는 특정차입금에 대한 것이라고 할 수 없을 뿐만 아니라 일반차입금의 금융비용을 자본화하여 취득세의 과세표준에 가산할 수 있는 특별한 사정이 있는 경우에도 해당하지 않으므로, 이를 이 사건 부동산에 관한 취득세 과세표준에 가산하여 이루어진 이 사건 처분은 위법하다"라고 판시하고 있다(대법원 2019두30294, 2019.4.25. 심리불속행 기각, 서울고등법원 2018누41114, 2018.12.4.).
일반차입금의 이자가 토지대금이나 건축대금으로 사용되었는지 여부는 예금계정, 선급금계정, 토지계정, 건물계정, 건설중인자산계정, 차입금계정, 미지급금계정 등을 살펴보아 토지대금 또는 건축대금 지급 시에 미지급금계정과 차입금계정을 비교하여 그 차입금에서 지급 아니면 당초 차입을 하여 예금으로 있다가 그 예금계정에서 지급된 것임을 일자별로 입증하는 경우라면 일반차입금이 토지대금이나 건축대금으로 지급되었음을 입증할 수 있을 것으로 보인다.

「법인세법」	기업회계기준	「지방세법」
공장 건설에 소요되는 차입금과 관련하여 지급하는 융자약정수수료는 건설자금이자와 유사한 지출금으로 봄.	자본화 대상 차입원가는 다음과 같은 항목을 포함한다. (7) 차입과 직접 관련하여 발생한 수수료	토지 취득일 이전에 발생한 대출수수료 등은 일체의 비용으로 보아 취득세 과세표준에 포함되는 것
법인 22601 - 1357, 1989.4.12.	일반기업회계기준 제18장 차입원가자본화(18.2)	지방세정팀 - 4340, 2006.9.8.

결국 위 사항을 살펴보면 「법인세법」 및 기업회계기준은 대출수수료를 건설자금이자로 보아 안분대상으로 보고 있으나, 「지방세법」의 경우만 유독 취득시기 이전의 일체의 비용으로 판단하여 전체가 모두 과세표준에 산입되고 있다.

물론 「지방세법」에서도 「법인세법」의 논리를 일부 수용하여 "주상복합아파트 신축에 따른 건설용지 매입자금차입에 관련한 대출약정서에 이자수수료 비용과는 별도로 분양금 관리 및 입주자 대출업무를 대행할 조건으로 지급한 주선수수료는 비록 이자수수료는 아니더라도 실질적으로 대출금을 건설용지 매입대금 원가로 계상한 사실로 보아 차입금에 대한 지급이자와 유사한 성질의 지출금에 해당되어 건설용지 취득원가에 포함되는 것이므로, 건설용지 계정에 계상된 주선수수료는 법인장부에 의하여 취득가격이 입증되는 사실상 취득가격이므로 과세표준에 포함되어야 한다(행심 2005 - 58, 2005.3.3.)."라고 보고 있었으나, 과세표준 산입금액의 적용방법은 「법인세법」 및 기업회계기준과 다르게 지급일에 일시에 모두 과세표준에 산입한다는 데 주의할 필요가 있다.

건설자금이자를 과세표준에 포함하는 이유는 건설기간 동안의 이자비용을 취득원가에 산입하여야 한다는 것인데, 대출취급수수료는 대출 전반에 대한 수수료로 건설관련 자금, 다른 운용자금에 소요된 대출비용으로 보아야 할 것으로써, 전체 대출기간과 전체 차입금과 관련된 비용으로 건설관련 자금에만 소요되었다고 보는 것은 문제가 있는 것이다.

이와는 반대로 기업회계기준서 제7호 문단 4[174])에서는 "차입과 직접 관련하여 발생한 수수료"는 금융비용자본화 대상인 금융비용, 즉 이자비용으로 보아 건설관련 자금과 운영자금 등에 배부하고 있다. 「일반기업회계기준」 제6장 "금융자산·금융부채" 실무지침 실6.148에서도 "채무 발생시점의 유효이자율은 채무 발생시점의 계약상 이자율에 대출수수료, 할증액 또는 할인액 등을 고려하여 조정된 이자율을 말한다"라고 규정되어 있다는 점에서 기업회계에서는 대출수수료를 이자비용으

---

174) 문단 4. 금융비용은 다음과 같은 항목을 포함한다.
    (가) 장·단기차입금과 사채에 대한 이자비용
    (나) 사채발행차금상각(환입)액
    (다) 채권·채무의 현재가치평가 및 채권·채무조정에 따른 현재가치할인차금상각액
    (라) 외화차입금과 관련된 환율변동손익 중 이자비용의 조정으로 볼 수 있는 부분
    (마) 리스이용자의 금융리스이자비용
    (바) 차입금 등에 이자율위험회피회계가 적용되는 경우 위험회피수단의 평가손익과 거래손익
    (사) 차입과 직접 관련하여 발생한 수수료
    (아) 기타 이와 유사한 금융비용

로 해석하고 있다는 것이다.

따라서 대출수수료도 「법인세법」 및 기업회계기준과 일치시켜서 건설자금이자 산정 시 이자비용처럼 금융비용으로 보아 건설관련 자금과 운영자금 등에 배부되도록 유권해석을 변경하여야 할 것이다.[175]

> **사례** 대출수수료 과세표준에 포함됨(조심 2008지0101, 2009.1.2.)
>
> 토지 취득에 따른 대금을 지급하기 위하여 청구 외 ○○○은행 등 금융기관으로부터 자금을 차입하면서 해당 대출과 관련된 대출수수료를 지급하였는바, 이는 이 사건 토지를 취득하기 위한 자금조달 목적으로 지급한 비용으로 이러한 비용도 취득절차와 관련된 간접비용임.

4) 당기비용으로 처리한 건설자금이자

건설자금이자 취득가액과 관련하여 별도 「지방세법」 상 명문규정이 없으나, 관련예규(지방세심사 2006-16, 2006.1.23. 외)에서 "법인이 기업회계기준에 따라 자산이 아닌 비용으로 계상한 건설자금이자도 취득세 과세표준에 포함되는 것"이라고 해석하고 있다. 당기비용으로 처리된 건설자금에 충당한 금액의 이자는 2006.1.23. 이후 발생분부터 취득세 과세표준에 포함하고 있다(행자부 세정-3608, 2007.9.5.).

5) 금융비용자본화 종료일

기업회계기준서에 따르면 금융비용자본화의 종료시점은 자본화대상자산의 취득이 완료되어 해당 자산을 의도된 용도로 사용할 수 있거나 판매가 가능한 시점이 되므로 준공일, 사실상 사용일, 임시사용승인일 중 빠른 날이 될 것이다. 「법인세법」 상 준공된 시점의 의미는 다음과 같다(법령 §52 ⑤, ⑥).

① 토지 매입 : 대금청산일과 사업에 사용하기 시작한 날(공사 착공일) 중 빠른 날
② 건축물 : 「소득세법 시행령」 제162조의 취득일(양도·취득시기)과 사용개시일 중 빠른 날
③ 기타 사업용 고정자산 : 사용개시일

6) 공사 중단의 경우 금융비용자본화도 중단

기업회계기준서 등에 따르면 공사 중단 등 중단기간 동안에는 금융비용자본화도 중단된다.[176]

---

175) 대출수수료 전액을 과세표준에 포함하는 것은 문제가 있으므로 이의제기를 하여야 할 것으로 판단된다.
176) ○ K-IFRS기준서 제1023호 차입원가
　　　자본화의 중단
　　　20 적격자산에 대한 적극적인 개발활동을 중단한 기간에는 차입원가의 자본화를 중단한다.
　　　21 자산을 의도된 용도로 사용(또는 판매) 가능하게 하는 데 필요한 활동을 중단한 기간에도 차입원가는 발생할 수 있으나, 이러한 차입원가는 미완성된 자산을 보유함에 따라 발생하는 비용으로서 자본화조건을 충족하지 못한다. 반면 상당한 기술 및 관리활동을 진행하고 있는 기간에는 차입원가의 자본화를 중단하지 아니한다. 또한 자산을 의도된 용도로 사용(또는 판매) 가능하게 하기 위한 과정에 있어 일시적인 지연이 필수적인 경우에도 차입원가의 자본화를 중단하지 아니한다. 예를 들어, 건설기간동안 해당 지

한편, 건축물의 건축을 위해 사용할 목적으로 직접 차입한 자금에 해당하므로, 해당 차입금의 이자비용은 장기간 공사가 중단된 경우라 하더라도 취득세 과세표준에 포함된다(부동산세제과-2307, 2020.9.4.)라고 해석하고 있으나, 기업회계기준 존중 원칙에 따르면 이 해석은 문제가 있다고 보여진다.

7) 토지에 대한 건설자금이자

분양공사의 건설활동에는 분양용지를 의도된 용도로 사용하거나 판매하기 위한 활동도 포함되기 때문에 분양공사 용지의 취득과 관련된 금융비용도 관련 분양공사의 자본화종료시점까지 자본화하여야 한다. 따라서 재고자산의 금융비용자본화 요건인 공사에 1년 이상이 소요되는지의 여부는 용지매입기간과 공사기간을 합하여 판단하는 것이 타당하다.

토지에 대한 자본화는 토지 취득일까지로 보아야 할 것이고(토지 취득 건별로), 토지 취득일 이후부터 신축 건물 준공일까지 토지 취득에 대한 금융비용자본화 금액은 기업회계상으로는 건물 신축에 대한 금융비용자본화를 산정하도록 규정되어 있으나, 토지 취득을 위한 대출금을 토지 취득에 사용하였고 대출금을 다시 건축공사대금으로 사용한 명백한 자료가 없을 경우 토지 취득일 이후에 발생한 이자는 건축물의 취득세 과세표준에 포함되지 않는다고 해석(지방세운영과-4925, 2011.10.20.)하고 있는바, 취득세 과세표준은 금융비용자본화를 하고자 하는 경우에는 토지 취득일까지의 금융비용자본화 금액은 토지의 과세표준으로, 토지 취득일 이후 신축공사 준공까지의 금융비용자본화 금액은 기업회계상 신축 건물 취득가액으로 처리할 수 있으나, 신축 건물에 대한 취득세 과세표준에서 제외되는 것이다.

참고로, 아파트 건설이나 신축 건물의 경우 기업회계에서는 토지 취득 이후의 금융비용자본화 금액도 건축물 원가에 포함되나, 상기 해석에 따르면 취득세 과세표준에서는 이를 장부에 반영되었다 하더라도 건축물 신축을 위하여 충당한 이자 등으로 볼 만한 객관적인 입증이 없는 한 토지 취득일 이후에 토지 투입비에 대한 금융비용자본화 금액은 과세표준에서 제외하여야 하는 것이다(조심 2014지2150, 2015.11.10. 참조).

원칙적으로는 토지 매매 계약일로부터 잔금지급일(그 전에 소유권이전등기를 한 경우 소유권이전등기일)까지의 건설자금이자를 취득세 과세표준으로 하는 것이 맞는 것이지만, 실무적인 관행상 계약일로부터 잔금일까지의 기간이 30~40일 정도로 건설자금이자가 미미하다는 점에서 과세표준으로 신고하지 않고 있는 실정이다. 이럴 경우 건설자금이자를 산정하여 추징할 경우에는 가산세를 부담하여야 할 것이다.

　　역의 하천수위가 높아지는 현상이 일반적이어서 교량건설이 지연되는 경우에는 차입원가의 자본화를
　　중단하지 아니한다.
○ 일반기업회계기준 제18장 '차입원가자본화'
　18.16
　적격자산을 의도된 용도로 사용하거나 판매하기 위한 취득활동이 중단된 경우 그 기간

8) 건설자금이자 산정방법

금융비용자본화 금액 산정은 토지와 건축 중인 자산에 대한 원가의 금액에 일자별로 일수를 곱하여 적수를 산정한 후 그 원가 적수를 연일수(공사완료되는 해 : 연초부터 공사완료일까지의 기간)로 나누어 평균투입비용(분양금액이 있는 경우에는 분양금에 대한 적수를 차감함)을 먼저 산정하고, 이자비용(차입에 의한 잔여금을 예금한 경우 거기서 발생한 이자수익 차감)을 차입금 적수에 의해 산정된 평균차입금으로 나누어 평균이자율을 산정한다. 이렇게 산정된 평균투입비용에 평균이자율을 곱하여 금융비용자본화 금액을 산정한다(기업회계기준서 참조).

(2) 경락 시 대항력 있는 임차인의 임차보증금과 유치권 합의금

1) 경락 시 대항력 있는 임차인의 임차보증금

「주택임대차보호법」상 임차건물의 양수인은 소유권을 취득함과 동시에 임대인의 지위를 승계하게 되어 임차권자에게 보증금을 반환할 의무도 승계되고, 대항력을 갖춘 임차인은 경락대금에 불구하고 보증금 전액을 변제받기 전에는 임차건물을 양수인에게 인도하지 아니할 수 있는 점, 경락인이 경락금액 이외에 별도로 대항력 있는 임차인에게 임차보증금을 지급한 경우라면 이는 취득을 위하여 소요된 비용으로 취득세의 과세표준에 포함하여야 할 것이다(행자부 세정-4745, 2007.11.13., 조심 2011지0766, 2012.5.24.). 그런데 하기 (4)의 대법원의 취지와 다른 이유는 관련 법에서 지급하여야 하기 때문인 것으로 이해된다.

2) 유치권 합의금[177]

매수인은 유치권자에게 그 유치권으로 담보하는 채권을 변제할 책임이 있고(「민사집행법」 §91 ⑤), 매각대금을 다 낸 때에 매각의 목적인 권리를 취득한다(「민사집행법」 §135)는 취지에서 신고가 되어 있는 유치권 해소를 위해 유치권자에게 지급한 금액은 부동산 취득비용에 해당된다(조심 2011지0766, 2012.5.24. 참조). 그런데 하기 (4)의 대법원의 취지와 다른 이유는 관련 법에서 지급하여야 하기 때문인 것으로 이해된다.

그리고 유치권을 주장하는 자와 쟁송하던 중 유치권 합의금을 지급한 후 그 소송을 취하한 상황에서 유치권의 존부를 판단하기 어려운 반면, 이는 부동산을 경락받기 이전에 신고된 유치권 행사를 포기하는 데에 대한 대가로 지급한 합의금으로서 부동산의 취득일 이전에 지급할 원인이 발생한 것이며, 유치권을 주장하는 자로부터 부동산을 인도받기 위하여 지급한 비용이므로 취득

---

177) '유치권'이란 타인의 물건이나 유가증권을 점유하고 있는 자가 그 물건에 관하여 생긴 채무의 변제를 받을 때까지 그 물건이나 유가증권을 유치할 수 있는 권리를 말하며, 보통 유치란 사람이나 물건을 일정한 지배 아래 두는 것이다. 유치권은 법정담보물권으로 법률이 정하는 일정한 요건을 갖추면 법률상 당연히 성립한다. 그러나 당사자 간의 특약에 의해 유치권의 발생을 억제할 수 있다. 유치권이 성립하기 위해서는 목적물인 타인의 물건 또는 유가증권이 있어야 하며, 채권이 변제기에 있어야 하고, 유치권자가 목적물을 점유하고 있어야 한다. 단 점유에 있어서 불법행위가 있으면 성립하지 않는다. 유치권자는 채권의 변제가 있을 때까지 목적물을 점유할 수 있다. 또한 다른 채권자에 우선하여 변제에 충당할 수 있으며, 경매권도 가진다.

을 위하여 소요된 직접비용 또는 간접비용으로 봄이 타당한 점, 유치권합의금은 그 성격상 취득하는 물건의 판매를 위한 광고선전비 등의 판매비용과 그와 관련한 부대비용으로 보기 어려운 점 등에 비추어 이를 부동산의 취득세 과세표준에서 제외할 수 없다(조심 2014지1183, 2015.4.16.)라고 결정하고 있다.

(3) 명도비

① 임차인의 보상금

취득세의 과세표준이 되는 취득가격이라 함은 과세대상물건의 취득의 시기를 기준으로 그 이전에 해당 물건을 취득하기 위하여 거래상대방 또는 제3자에게 지급하였거나 지급하여야 할 직접·간접으로 소요된 일체의 비용을 의미하나, 그것이 과세대상물건이 아닌 다른 물건이나 권리에 관하여 지급된 것이어서 과세대상물건 자체의 가격이라고 볼 수 없는 것이라면 과세대상물건을 취득하기 위하여 그 취득시기 이전에 그 지급원인이 발생 또는 확정된 것이라도 이를 과세대상물건의 취득가격에 포함된다고 보아 과세표준으로 삼을 수는 없다(대법원 95누4155, 1996.1.26. 등 참조). 명도비용은 부동산을 취득하기 위하여 지급한 것이 아니라 건물을 조속히 명도받아 건물 신축사업을 조속히 실행하기 위하여 임차인들에게 임차권·영업권 등에 대한 보상금 명목 등으로 지급된 것으로 봄이 상당하므로, 부동산의 취득가격에 포함된다고 할 수 없고, 부동산의 매매계약을 체결할 때 이를 활용하기 위해서는 어느 정도의 명도비용이 든다는 것을 예상할 수 있었다거나, 그 매매계약 체결 전에 부동산의 임차인들에게 일정한 보상금 등을 지급하기로 약정한 상황이었다고 하더라도 달리 볼 것은 아니다(대법원 2010두24586, 2011.2.24.)라고 판시하고 있다.

② 연체 관리비

경매절차에서 구분건물의 매수인은 체납관리비의 승계 여부와 관계없이 매각대금을 다 내면 매각의 목적인 권리를 취득하고(「민사집행법」 §135), 전 소유자가 체납한 공용부분 관리비 채무를 인수하는 것은 경매절차에서 매각되는 구분건물을 취득하기 위한 법정매각조건에도 해당하지 않는다. 따라서 특별한 사정이 없는 한 매수인이 집합건물법 제18조에 따라 승계하는 공용부분 체납관리비는 경매절차에서 취득하는 구분건물과 대가관계에 있다고 보기 어렵다. 이 체납관리비는 원고가 부동산을 취득하기 위하여 인수한 채무라기보다는 이 부동산을 취득함에 따라 비로소 부담하게 된 채무에 불과하다고 볼 수 있다(대법원 2022두42402, 2022.12.1.).

한편, 청구인은 연체 관리비를 취득가격에 포함하여야 한다는 감사원의 지적이 따라 부과한 것으로써, 취득세 등 신고를 신고한 대로 수리하면서 그 신고가액 등에 대하여 아무런 이의를 제기하지 않았고 그로부터 상당한 시간이 경과하였다고 하더라도 처분청이 명시적이든 묵시적이든 청구인으로 하여금 신고한 세액대로 취득세 등이 확정되리라는 신뢰를 가지게 하였다거나 그에 관한 공적인 견해를 표명하였다고 볼 수 없는 점, 처분청이 감사원의 지적 등이 있기 전까지 쟁점관리비가 이 건 부동산의 취득가격에 포함된다는 점을 알지 못했다 하더라도 그러한 사정만

으로는 이 건 취득세 등의 신고의무 해태를 탓할 수 없는 정당한 사유가 있다고 볼 수 없는 점 등에 비추어 가산세를 포함하여 취득세 등을 부과한 처분은 잘못이 없다(조심 2020지0042, 2020. 5.25.)라고 달리 판단하고 있으나, 과세표준에 포함되지 않는 것이 더 타당하다 할 것이다.

(4) 보상비(이주비)

1) 민원보상비

토지 취득 시 지출한 지장물보상금 및 이주비 등 보상금은 설혹 취득대상인 토지의 취득을 위하여 거래상대방인 주민 등에게 토지의 취득시기 이전에 지급하였거나 지급하기로 한 것이라 할지라도 과세대상 물건인 토지를 취득함에 있어서 토지 자체의 가격으로 지급되는 것이 아니라 취득의 대상이 아닌 물건이나 권리에 관하여 그 지급원인이 발생 또는 확정된 것이므로 토지에 대한 취득세의 과세표준인 취득가격에 포함되지 아니한다(대법원 95누4155, 1996.1.26.).

또한 건설공사로 인해 인근주민의 조망권 침해에 따른 손해를 배상하기 위하여 피해보상금을 지급한 경우, 보상금 등은 건축물을 신축하는 과정에서 발생되는 비용이기는 하나 신축 건물을 취득하기 위하여 지급하는 비용이 아니라 별개의 권리에 대하여 손실보전 등을 위해 지급되는 것이므로 법인장부상에 건축물의 공사원가로 계상하였다 하더라도 건축물 신축에 따른 취득가격에서 제외되는 것이다(지방세운영과-4295, 2009.10.12.). 마을주민들에 대한 보상금 및 묘지이장비는 과세표준에서 제외되며, 취득세 과세대상이 아닌 지장물보상금 및 이주비 등 보상금은 과세표준인 취득가격에 포함되지 아니한다.

유권해석에서는 종전의 해석을 변경하는 경우가 다수 있었는바, 보상비를 간접비용으로 볼 가능성도 충분히 있으나(행심 2005-253, 2005.8.29.), 명도비용이 부동산 취득을 위하여 지급한 것이 아닌 임차인들에게 임차권·영업권 등에 대한 보상금 명목 등으로 지급된 경우 부동산의 취득가격에 포함할 수 없다(대법원 2010두24586, 2011.2.24.)라고 명백하게 판시하고 있다.

> **사례** 민원합의금은 과세표준에서 제외함(조심 2012지0351, 2013.10.22.).
>
> 청구법인은 골프장 조성공사와 관련하여 공사비를 건설중인자산에 계상하였다가 이를 직접배분액과 간접배분액으로 구분하여 과세대상 물건과 직접적으로 관련된 비용은 직접 배분액으로, 나머지 공사비용은 당초 공사시공자가 산정한 공사원가비율에 따라 토지, 건축물, 코스, 입목, 건물, 구축물, 기계장치에 각각 배분한 것으로 나타나고 있으며, 청구법인이 제시한 건설중인자산에 계상된 비용내역에서 민원합의금이 포함되어 있는 것으로 나타나고, 처분청은 직접적으로 토지계정에 계상한 민원합의금만을 과세표준에서 제외한 것으로 나타나므로 건설중인자산에 포함되었다가 각 관련계정에 대체된 금액에 포함된 민원합의금은 취득비용에서 제외하여야 할 것으로 보여지는데, 청구법인이 주장하는 금액이 정당한지 여부에 대하여 구체적으로 확인되고 있지 아니하므로 처분청이 이 부분에 대해서도 청구주장대로 건설중인자산에 포함되었다가 각 관련계정으로 대체된 금액에 포함된 민원합의금이 있는지 여부를 재조사하여 청구주장이 정당하다면 이를 과세표준에서 제외하여야 할 것임.

석유비축시설 신축 시 주민에게 지급한 금원(지방세정팀-6414, 2006.12.21.)

대법원판례(95누4155, 1996.1.26.)는 토지를 협의 또는 수용에 의하여 취득함에 있어서 분묘이장비, 이주비 등은 취득일 이전에 토지소유자에게 지급하였다 하더라도 취득의 대상이 아닌 물건이나 권리에 대하여 지급원인이 발생 또는 확정된 것이므로 토지의 취득가액에 포함되지 않는 것으로 결정하고 있다. 석유비축시설 설치의 원활한 추진을 위하여 지역주민들에게 지급한 장학금, 지역발전기금 및 상수도기반시설 조성비는 해당 석유비축시설의 취득가격이 아니라 지역주민에게 지급된 비용이므로 석유비축시설의 취득가격에서 제외하는 것임.

2) 과세대상인 지장물 보상비

사업시행자는 공익사업시행지구 내의 토지에 정착한 건축물·공작물·시설·입목·죽목 및 농작물 그 밖의 물건 중에서 해당 공익사업의 수행을 위하여 직접 필요하지 아니한 물건, 곧 지장물의 경우 그 이전비를 보상함이 원칙이나, 이전이 어렵거나 그 이전으로 인하여 지장물을 종래의 목적대로 사용할 수 없게 된 때 또는 지장물의 이전비가 그 물건의 가격을 넘는 때에는 해당 지장물의 가격으로 보상하여야 하고, 수용 또는 협의 등에 의하여 사업시행자가 지장물 소유자에게 그 지장물 가격 상당의 손실보상금을 지급하면 공익사업 수행에 필요한 지장물을 철거할 수 있게 되고, 지장물 소유자는 지장물 철거를 수인하는 대가로 손실보상금을 지급받게 되는 셈이므로, 결과적으로 지장물이라는 자산이 유상으로 사업시행자에게 사실상 이전되었다고 볼 수 있다고 할 것이다. 사업구역 내의 토지를 제외하고 건물 등 지장물에 대하여 해당 물건은 이전이 어려우므로 이를 수용보상금 형태로 지급한 것으로 보여지므로 이러한 보상금은 단순한 이전비나 손실보상금이 아니라 지장물 중 취득세 과세대상 물건에 대하여 소유권을 행사하기 위하여 사실상 그 취득대가를 지급한 것으로 보는 것이 타당하다고 할 것이다(조심 2013지159, 2013.7.16.).

3) 지장물 철거비(이식비)

지장물 철거비(이식비)는 토지 자체의 취득비용이 아니라 기존 건축물을 철거하고 해당 토지 위에 새로운 건축물을 신축하는 경우의 철거비용은 건축물 신축에 필수불가결한 준비행위에 소요된 비용으로 보아 신축 건물의 취득가격에 포함하여야 할 것이나, 토지와 건물을 취득하여 그 토지상의 기존 건축물을 철거한 후 건축물의 신·증축 없이 나대지 상태로 해당 토지를 제3자에게 매각하는 경우로서 지목변경이 수반되지 않은 때에는 기존 건축물의 철거비용은 취득세 과세표준에 포함되지 아니하는 것이다(세정과-5439, 2007.12.18.). 그런데 나대지 상태가 아니라 새로운 건축을 신축하는 경우에는 철거비도 건축물의 신축 비용에 해당하는 것으로 해석하여야 할 것이다.

(5) 손해배상금

종중 토지의 매매대금으로 ○○억 원을 지급하고, 종중원 중 엄○○ 1인에 대해 형사고소, 민사소송을 당하여 고통을 입은 점과 직계존속 묘소가 굴이되어 방치되어 심적·물적 피해를 입은 점에 대한 보상차원과 분묘이장을 위한 비용, 증여세를 포함하여 별도로 ○○억 원을 엄○○에게

지급할 의향을 제안하였고, 종중이 위 제안을 받아들여 약정이 체결되었으므로 토지 취득가격에 별도 지급된 금액을 포함한 과세처분은 위법하다 할 것이다. 또한 관련 약정증서에 따르면 제0조 제0항에 종중 토지의 매매대금 지급대상자를 ○○억 원은 종중, 20억 원은 엄○○으로 각각 나누어 명시하고 있고, 그 명목에 관하여도 ○○억 원의 경우는 "토지 매매대금", ○○억 원의 경우는 "형사고소, 민사소송에 대한 보상 차원과 분묘 굴이·방치로 인한 엄○○의 피해 보상, 분묘 이장 비용, 증여세"라고 각각 나누어 명시하고 있어 쟁점금액 중 ○○억 원은 토지의 취득가격에 포함된다고 볼 수 없다(대법원 2018두62836, 2019.2.18. 심불).

(6) 영업권

부동산이전과 관련하여 영업권을 이전관련 부대비용에 포함시키는 것은 영업권이라는 권리를 일반적인 거래관행과 기업회계기준에서 별도의 자산으로 인정하는 이상 별도의 권리취득과 관련한 비용이지 부동산 취득과 관련된 비용으로 볼 수 없어서 과세대상에 해당하지 아니한다(대법원 97누10178, 1997.12.26., 대법원 95누4155, 1996.1.16., 세정 13407-1165, 1997.9.11.). 한편, 일부 유권해석에서는 자산취득을 위해 지출한 영업권에 해당된다면 취득세 과세표준에 포함된다는 해석도 있다(세정 13407-587, 2000.5.3.).

행안부 유권해석(부동산세제과-792, 2023.11.1.)은 사업권을 과세표준에 포함되는 것으로 해석하였으나, 조세심판원에서 다음과 같은 사정들[178]을 고려하면 양도법인에게는 이 건 사업부지에서

---

178) 1) "사업권"이라 함은 양도법인이 이 건 사업부지에서 사업을 추진하면서 얻은 신용·명성·거래선과 같은 영업상의 이점과 사업시행 등에 있어서 가질 수 있는 우선적인 지위 등을 의미하는바(대법원 2013.6.27. 선고, 2013두3641 판결, 같은 뜻임), 처분청 의견과 같이 양도법인이 반드시 직접 주택건설사업계획 승인을 받은 경우에만 양도법인에게 사업권이 발생한다고 보기는 어렵다.
   2) 양도법인의 경우 2016년 9월경부터 이 건 사업부지에서 임대주택사업을 추진하기 위하여 자신의 자본과 비용을 투입하여 대구광역시장에게 이 건 사업부지에 대하여 기업형임대주택 공급촉진지구 지정 제안을 하였고, 처분청은 이에 따라 기업형임대주택 공급촉진지구 지정 및 사업인정에 관한 의견청취 공람·공고를 실시하였으며, 중앙토지수용위원회로부터 의견청취에 대한 회신을 받았을 뿐만 아니라, 이 건 사업부지 토지주들로부터 토지사용승낙서를 전체 면적 대비 94% 이상 수취하였는바, 양도법인의 경우 이 건 사업부지에서 대구광역시장에게 사업시행을 위한 승인을 신청하면 지연 없이 그 승인을 받을 수 있는 지위에 있었던 것으로 보인다.
   3) 청구법인은 2018.5.4. 양도법인으로부터 이러한 지위를 이전받은 다음, 청구법인이 직접 주택건설사업계획 승인을 신청하여 대구광역시장으로부터 2018.12.6. 주택건설사업계획 승인을 받았는데, 청구법인이 이와 같이 짧은 기간 내에 주택건설사업계획 승인을 받을 수 있었던 이유는 양도법인이 그 동안 이 건 사업부지에서 얻은 영업상의 이점 및 사업시행 등에 관하여 가지는 우선적인 지위(특히 토지사용승낙서는 승인을 받기 위한 필수적인 서류이다)를 그대로 이어받았기 때문이다. 만일 청구법인이 이러한 지위를 확보하지 못하였다면 양도법인이 거친 절차를 다시 한번 거쳐야 할 뿐만 아니라 이 건 사업부지 토지주들로부터 토지사용승낙서를 받는 등 상당한 시간과 노력을 투입할 수밖에 없었을 것이다.
   4) 또한, 양도법인에게 이 건 사업부지에 관한 사업권이 인정되지 않는다면, 청구법인이 제3자인 양도법인으로부터 얻을 수 있는 것도 없으므로, 제3자인 양도법인에 대한 '증여'가 아니라면 쟁점인수비뿐만 아니라 그 어떠한 금원도 지급할 아무런 이유가 없다. 그리고 청구법인이 양도법인으로부터 사업권을 인수하지 못했다면, 이 건 사업부지에서 주택건설사업을 시행하기는 어렵다 할 것이므로, 애당초 쟁점부동산을 매수할 이유도 없었다. 즉 청구법인이 사업권을 인수하였기 때문에 쟁점부동산을 매수할 필요가

사업시행 등에 있어서 가질 수 있는 우선적인 지위 등에 해당하는 사업권이 있었다고 할 것이고, 청구법인이 양도법인에게 지급한 쟁점인수비는 쟁점부동산과는 별개의 권리인 사업권에 대한 대가에 해당한다 할 것이므로, 쟁점인수비는 취득가격에 포함되지 않는다(조심 2023지4243, 2024.8.22.)라고 결정하여 사업권을 인정하여 부동산 취득가액으로 보지 않고 있다.

한편, 영업권에 대해 취득세 과세표준에서 제외된다는 것은 이론적으로 명확하나 실무적으로 계약서상 영업권과 취득세 과세대상 금액을 명확하게 구분하여야만 가능할 것으로써, 취득세 과세표준에서 제외하기 위해서는 영업권의 산정근거 등을 명확하게 제시되어야 할 것이므로 실무적으로 과세표준에 제외되는 것은 쉽지 아니할 것이다. 대법원판례가 있음에도 유권해석에 의하여 부동산 취득과 관련된 간접비용으로 보아 과세표준에 포함할 것으로 판단된다.

(7) 오수·우수 정화시설 및 오수·우수관

오수 정화시설 중 오수배출시설은 급·배수시설에 해당되어 취득세 과세대상이 되나, 정화조 설치비가 건축물 취득 전의 공사비에 포함되지 아니하였다면 과세표준에 포함되지 아니한다(도세 22670-622, 1992.9.1.).

그리고 우수침전조는 과세대상 시설물로 달리 분류하여 열거하지 아니하고 있을 뿐만 아니라 수조가 아니므로 취득세 과세대상이 아니다라고 규정하고 있어 우수침전조는 취득세 등 과세대상이 아니다(내심 97-478, 1997.10.29. 참고).

한편, 우수배관(우수관로), 차단시설은 급·배수시설에 해당되어 취득세 과세대상이 되며, 맨홀도 급·배수시설에 포함되고 있으므로 우수관로 맨홀은 취득세 과세표준에 포함하는 것이다.

(8) 폐수처리시설

폐수 및 오수를 폐수처리장으로 이송하는 배수펌프 시설은 급·배수시설에 해당된다 할 것이므로(행심 2007-623, 2007.11.26., 행심 1999-303, 1999.4.28. 참조), 폐수처리시설 중 폐수이송펌프와 이 펌프에 이어지는 배관, 폐수배출시설(정화된 물을 배출하는 시설 포함)은 급·배수시설로서 시설물에 해당되므로 취득세 과세대상이 되나, 폐수이송펌프와 이 펌프에 이어지는 배관, 폐수배출시설 및 폐수정화조 외의 폐수처리시설은 배출시설과 무관한 시설로서 기계장치에 해당되어 과세대상이 되지 아니한다.

있었던 것이므로, 처분청 의견과 같이 쟁점부동산을 취득하기 위하여 쟁점인수비를 지급한 것으로 보기도 어렵다.

5) 결국 양도법인에게는 이 건 사업부지에서 시행사업을 추진하기 위한 사업권이 있었다고 할 것이고, 청구법인은 이 건 포괄양도계약을 통해 쟁점인수비를 지급하고 양도법인으로부터 사업권을 양수한 것으로 봄이 타당하므로, 쟁점인수비는 쟁점부동산이 아닌 사업권 즉 권리에 관한 것이어서 당해 물건의 가격에 해당한다고 볼 수 없다.

> 사례 쟁점설비 중 수처리시설은 발전소의 건축물과 일체가 되어 건축물의 효용가치를 증대시키는 시설이라기보다는, 그 자체가 전력의 생산에 필수불가결한 구성요소가 되어 발전설비 전체 생산라인의 중요한 기능을 수행하고 있는 설비로서, 발전기와 터빈에 결합하여 전력 생산을 가능하게 하는 기능을 수행하고 있는 발전소 내 전력생산을 위한 핵심적인 생산설비의 일부라 할 것이므로 이를 취득세 과세대상으로 보기는 어렵다고 판단됨. 다만, 폐수처리설비의 경우 발전과정에서 발생한 폐수를 배출하기 위해서 폐수를 정화하고 일정 기간 동안 저장하는 기능까지도 수행하는 것으로 보이므로, 취득세 과세대상인 배수시설 및 저장시설(수조)에 해당한다고 판단됨(조심 2022지1877, 2024.5.21.).

(9) 인테리어

내장공사, 전원공사, 방수미장공사, 배관공사 등으로서 단순히 내부인테리어, 배관, 도장, 방수 등을 목적으로 수선을 한 것인 경우 취득세 과세대상이 아니며, 배수펌프교체, 금고실철판공사, 동력실전선공사, 보일러·섹션교체 및 장치수리비의 경우도 취득세 과세대상이 되는 보일러, 발전시설, 부착된 금고 등의 일부를 수선한 것인 경우에는 취득세 과세대상이 아니다. 그리고 단순한 내장공사 등은 취득세 과세대상에 해당되지 아니하나, 건물 신축 시의 내장공사 등은 과세표준에 포함되는 것이다(행심 2003-37, 2003.2.24.).

(10) 조형물 제작비

2020년 이후 「문화예술진흥법」 제9조에 따른 미술작품의 설치비용 또는 문화예술진흥기금에 출연하는 금액은 취득세 과세표준에 해당되는 것으로 개정되어, 지목변경, 토지 가치증가 및 신축 건물의 가치증가 간주취득에 해당되는 경우 과세표준에 포함되는 것으로 해석하여야 할 것이다.

2019년 이전에는 조형물 제작비의 경우 건축물을 신축하면서 사용승인일 전에 「문화예술진흥법」에 따라 건축물의 필로티 부분 중 일부에 미술 장식물을 의무적으로 설치한 경우 동 미술 장식물이 기능 및 구조적으로 해당 건축물과 분리된 조형물이라면 「건축법」 제2조 제1항 제2호에서 규정하는 건축물에 해당하지 아니하는 것이므로 취득세 과세대상에 해당하지 아니한다(행자부 세정-4687, 2004.12.22.).

> 사례 호텔 주변의 조경공사비 및 조형물 제작비(대법원 2000두6404, 2002.6.14.)
> 호텔 주변의 조경은 호텔 건축물의 부대설비가 되는 것이 아니라 토지의 구성부분이 되는 데 불과하고, 조형물 또한 호텔 외부 토지에 설치되어 거래상 독립한 권리의 객체성을 유지하고 있으며, 이들 모두 취득세의 과세대상인 건물, 구축물 및 특수한 부대설비에 해당한다고 볼 수 없으므로, 조경공사비 및 조형물 제작비는 호텔 건축물의 과세표준에 포함시킬 수 없음.

(11) 발코니

아파트 발코니 형태변경비용은 납세의무성립일인 아파트 건축물의 취득시기 이전에 공사가 완료되었을 경우 취득세 과세표준에 포함하나, 취득시기 이후에 공사가 이루어졌을 경우에는 취득세 과세표준에 포함되지 아니하는 것이다(지방세정팀-217, 2005.12.26.).

☞ 종전에는 발코니시설은 건축면적의 증가시킴으로 건축물의 증축에 해당되어 과세대상에 포함되는 것으로 해석함(대법원 2000두6404, 2002.6.14.).

(12) 빌트인(Built-in) 가구·가전

신축 아파트의 취득세 과세표준 산정 시 총 분양가에서 빌트인 가구·가전제품 등의 설치금액을 빼고, 그것을 기준으로 세금을 산정해야 하는 것으로 해석한 바 있지만(법제처, 2006.9.17.), 아파트 내에 설치된 가전제품은 아파트의 효용과 기능을 다하기에 필요한 시설물에 해당되는 경우 취득세 과세표준에 포함되어야 한다(행심 2006-1126, 2006.12.27.). 즉 분양하는 건축물의 취득시기 이전에 해당 건축물과 빌트인(Built-in) 등을 선택품목으로 일체로 취득하는 경우 취득가액에 포함된다(지예 법10-1). 그리고 건축물의 천장에 부착하는 방법으로 설치된 시스템 에어컨으로 건축물과 일체가 되어 건축물의 효용과 가치를 증가시키는데 기여하고 있는 점, 이 에어컨은 주체 구조부인 이 건축물과 함께 거래가 될 뿐만 아니라 이를 분리하는 경우 상당한 비용이 소요되고 건축물의 효용도 크게 감소될 것으로 보이는 점 등에 비추어 이 에어컨은 이 건축물의 부수시설에 해당하고, 이 건축물의 사용승인 이전에 그 설치공사를 시행하고 그 지급비용이 확정되었는바, 이 에어컨 설치비용은 이 건축물의 취득가격에 포함된다(조심 2019지2119, 2019.8.27.).

그런데 취득세의 과세대상인 부대설비인지 여부는 단지 분리가 어렵다거나 분리하면 효용을 해한다는 등에 의해서가 아니라 '건축물의 주체구조부와 하나가 되어 건축물로서의 효용가치를 이루었는지' 여부에 따라 판단되어야 하는바, 이 사건 부대시설이 이 사건 아파트의 거실, 침실 등의 일부분으로서 물리적 구조, 용도와 기능면에서 이 사건 아파트와 분리할 수 없을 정도로 부착·합체되어 일체로서 효용가치를 이루고 있다고는 보기 어려운 점, 이 사건 아파트 입주자 모집공고에 "이 사건 부대시설은 시공상의 문제로 일정시점 이후에는 추가품목 선택의 계약 및 취소가 불가능하고 그 설치 위치를 임의로 지정할 수 없다"고 되어 있으나, 이는 대규모 아파트 건축공사의 특성상 일정시점 이후에는 각 입주자의 사정을 반영하여 이미 시공이 마쳐진 부분을 개별적으로 취소하거나 변경하기가 어렵기 때문이지 이 사건 부대시설의 분리나 위치 변경이 물리적 또는 기능적으로 불가능하기 때문은 아닌 점 등을 종합하여 보면, 이 사건 부대시설비용은 이 사건 아파트에 대한 취득세 과세표준에 포함되지 않는다고 봄이 타당하다(대법원 2020두32937, 2020.5.14. 심불, 광주고법(전주) 2019누1611, 2020.1.8.).

한편, 시행사가 아닌 시공사와 옵션 계약을 체결한 경우 그 옵션비용 시행사의 원시취득 과세표준에 포함되지 아니한다(대법원 2018두31535, 2018.4.26., 서울고법 2017누55581, 2017.11.29.).[179]

---

179) 시행사와 옵션계약을 한 경우에는 과세표준에 포함되는 것으로 해석될 것으로 보여지나, 판례의 판결 이유에서 보는 바와 같이 "아파트에 부착되어 분리가 불가능하거나 곤란하다고 볼 사정도 드러나지 않으므로" 즉 비품으로 볼 가능성도 있다는 점에서 시행사와 옵션계약을 한 경우에도 불복제기될 가능성이 높다.

> 사례 빌트인 가구 등 과세표준에 포함됨(조심 2019지2281, 2019.10.11.).
>
> 빌트인 가전제품의 취득비용인 쟁점2-1비용에 대하여 살펴보면, 건축물 중 부대설비에 속하는 부분으로서 그 주체구조부와 하나가 되어 건축물로서의 효용가치를 이루고 있는 것에 대하여는 주체구조부의 취득자가 함께 취득한 것으로 본다고 규정하고 있는 점, 아파트를 신축하면서 그 벽체에 부착하는 방법으로 설치한 빌트인 가전제품은 건축물과 일체가 되어 아파트의 효용과 가치를 증가시키는 점, 빌트인 가전제품은 아파트와 함께 거래될 뿐만 아니라 이를 분리하는 경우 아파트의 효용도 그 만큼 감소될 것으로 보이는 점 등에 비추어 처분청이 쟁점2-1비용을 이 건 아파트의 취득가격에 포함한 것은 정당함.

> 사례 빌트인 가구 등 과세표준에 포함됨(대법원 2018두31535, 2018.4.26.).
>
> 아파트 부대시설 중 발코니 확장을 제외한 나머지 부분은 분양 당시부터 설치가 예정되어 있었다고 보기 어렵고, 아파트에 부착되어 분리가 불가능하거나 곤란하다고 볼 사정도 드러나지 않으므로 아파트와 하나가 되어 건축물로서의 효용가치를 이루고 있다고 보기 어려운 점 등을 종합하면, 발코니 확장을 제외한 나머지 부분은 아파트에 대한 취득세 과세표준에 제외되는 것이 타당함.

(13) 공사분담금

건축물의 취득과 관련된 부대설비공사의 분담금은 해당 건축물의 건축과 관련성 등을 고려할 때 소요되는 비용으로 판단할 수가 있는 것이다. 따라서 부대설비공사비는 과세표준에 포함되어야 하나 구내 부분과 구외 부분을 구분하는 것이라면 구내 부분만을 과세표준에 포함하고 구외공사부분은 분담금을 부담하였을 뿐이지 직접비용으로는 볼 수가 없는 것이라 하겠다. 즉 공사분담금은 해당 시설을 이용하는 데 소요되는 비용일 뿐이며 공급시설로부터 건물까지 인입하는 데 소요되는 급수공사설비료, 지역난방공사비분담금, 전기공사비분담금을 법인장부에 계상하였다고 하더라고 그에 대한 시설물의 취득이 아니라 단지 공사비를 분담한 이상 취득세과세표준으로 볼 수가 없는 것이다(행심 2001-252, 2001.5.28.). 상기 심사례가 있음에도 불구하고 그 이후의 유권해석(세정 13407-306, 2001.9.8.)은 수도관·가스관·전기시설 등 공사분담금이 취득부동산의 과세표준에 포함 여부는 과세권자가 구내소재 여부, 분담금 여부 등 해당 법인의 장부 등을 사실확인 후 판단할 사항이라고 해석하고 있다. 여기서 분담금의 부담의 원칙이 소유권이 어디까지인 지에 따라 판단하여야 할 것으로 보이는바, 구내 즉 담, 벽, 울타리로부터 건물 내부는 건물 소유자의 소유권으로 보아 건물 소유자의 부담으로 과세표준에 포함하나, 구외는 소유권이 시행업자에게 있는 것으로 보아 시설물을 취득한 것이 아니라 단지 공사비를 부담한 것에 불과하다고 보아 취득세 과세대상이 아니라고 판단한 것 같다.

한편, 상수도원인자부담금은 수도공사를 하는 데에 비용 발생의 원인을 제공한 자(주택단지·산업시설 등 수돗물을 많이 쓰는 시설을 설치하여 수도시설의 신설이나 증설 등의 원인을 제공한 자 포함) 또는 수도시설을 손괴하는 사업이나 행위를 한 자에게 부담하게 하는 비용(「수도법」 §71)으로서, 건축물 신축 행위를 위하여 필요불가결하게 발생되는 간접비용이므로 관계법령에 따라 의무적으로 부담하여야 하는 비용에 해당되어 취득세 등 과세표준에 포함한다(지방세운영과-

2146, 2010.5.20.)라고 해석하고 있다.[180]

해당 시설을 이용하는 데 소요되는 비용일 뿐이며 공급시설로부터 건물까지 인입하는 데 소요되는 급수공사설비료, 지역난방공사비분담금, 전기공사비분담금은 과세표준에 포함되지 아니한다. 전기인입비, 상수도인입비 등 공급시설로부터 해당 신축 건물까지 인입하는 데 소요되는 비용으로서 단지 구외의 시설물 공사비를 부담한 것에 해당하는 경우에는 과세표준에서 제외된다. 그런데 하수도원인자부담금 중에서 「하수도법」 제32조 제4항 규정에 의거 신축 건물 취득자가 해당 건물사용에 필요한 오수처리시설을 설치하지 아니하는 대신 하수종말처리시설 설치부담금을 납부하는 경우의 해당 하수도원인자부담금은 과세표준에 포함한다.

통신관로·선로 지중화공사비의 경우 공동주택의 사업부지 내에 매설한 비용이 아니라 구외의 도로상에 설치되어 있는 기존의 전주와 전선 및 통신시설 등을 그 지하에 매설한 비용이고, 매설 등을 위해 설치된 해당 관로 등의 설비가 사실상 공용에 제공된 것으로 볼 수 있으므로 해당 공사비는 이 건 공동주택의 취득세 과세표준에 포함되는 비용으로 보기 어렵고(조심 2015지762, 2016.10.6. 같은 뜻임), 기부채납한 도시계획시설 공사비의 경우 청구법인이 공공공지인 이 건 기부채납 토지 상에 조성한 우수관, 흄관, 교량 등의 도시계획시설 설치 비용으로서 처분청에 이 건 기부채납 토지와 함께 기부채납하였는바, 취득세 비과세 대상인 이 건 기부채납 토지의 가치를 증가시킨 도시계획시설 조성 비용에 대하여 이를 공사원가로 계상하였다 하더라도 이 건 공동주택의 취득가격으로 보기는 어렵다(조심 2019지1912, 2019.6.28. 같은 뜻임). 한전선로 이설부담금의 경우 「전기사업법」 제72조에 따라 공동주택의 미관정비 및 공동주택의 분양촉진 등을 위하여 ○○○선로 이설을 요구하고, 그 이설비용을 부담한 것이므로 공동주택의 취득가격으로 보는 것이 타당하다(조심 2019지2369, 2020.11.19.).

결론적으로 「전기사업법」, 「도시가스사업법」, 「집단에너지사업법」, 그 밖의 법률에 따라 전기·가스·열 등을 이용하는 자가 분담하는 비용은 취득가액에서 제외되는 것으로 규정하고 있다(지법 §18 ② 2).

참고로, 도시가스회사의 인입 배관 취득가격은 인입 배관을 취득하기 위하여 시공자에게 지급한 비용(객관적으로 보아 인입 배관의 취득을 위하여 취득자 부담으로 귀속되는 비용), 즉 도시가스공급 규정에 의하여 도시가스회사가 부담하는 인입 배관 공사비의 50% 상당액이라고 할 것

---

180) 심판례(조심 2019지2369, 2020.11.19., 조심 2014지1316, 2015.4.27.)에서도 동일하게 결정하고 있으나, 상수도원인자부담금은 확장된 상수도시설(배수지 등)은 지방자치단체의 자산으로 귀속처리되며 지방자치단체가 운영·관리하도록 되어 있고, 상수도시설은 독점 배타적으로 이용할 수 있는 시설이라고도 할 수도 없다. 이러한 점을 종합적으로 볼 때 상수도원인자부담금은 과세대상 물건인 아파트를 취득하기 위하여 지급한 비용이 아니라, 취득의 대상이 아닌 물건(상수도시설)에 대한 비용을 분담한 것이므로 취득세 등의 과세표준에서 제외하는 것이다(감심 2009-103, 2009.5.7.)라고 해석한 바 있고 이전에도 이와 같이 해석하여 왔었다. 그 부담금에 상수도신설급수공사비, 즉 수도인입비가 있다면 그 금액은 제외될 것이다.
한편, 상수도원인자부담금에 해당하는 비용으로서 사업시행자가 택지개발사업을 통해 조성된 토지를 매수하여 그 토지에 건축물을 신축한 경우 상수도원인자부담금의 납부의무자는 건설사업시행자가 아니라 택지개발사업자이므로 청구법인의 지위는 택지개발사업시행자로부터 이 건 토지를 매입한 건설사업시행자에 해당하므로 쟁점판결처럼 상수도원인자부담금의 납부의무자가 아니다(조심 2022지0446, 2023.8.23.).

이고, 도시가스 사용자가 시공자에게 지급한 인입 배관 공사비 분담금은 도시가스회사의 인입 배관 취득가격에 포함된다고 할 수 없다(대법원 2015두39828, 2015.7.10.).

> **사례** 관련법령에 따라 의무적으로 부담해야 하는 비용(조심 2014지1139, 2015.4.10.)
>
> 당해 물건을 취득하는 일련의 과정에서 발생한 비용이라면 취득자 외의 자가 부담한 비용도 취득가격에 포함되는 것이 타당하다 할 것인바, 쟁점부담금 중 광역교통개선대책분담금은 「대도시권 광역교통관리에 관한 특별법」 제7조에 따라 대규모 개발사업의 시행자가 사업비를 분담하도록 되어 있음에 따라 납부된 것이고, 하수도원인자부담금은 「하수도법」 제61조에 따라 건축물을 신축하는 자 등이 향후 공공하수도 증설에 필요한 비용을 분담하도록 되어 있음에 따라 납부된 것이며, 대체산림자원조성비는 「자연환경보전법」 제46조에 따라 대체산림자원 조성에 드는 비용을 납부한 것이고, 농지전용부담금은 농지를 전용함에 따라 농지의 조성 등을 위한 부담금을 납부한 것이며, 폐기물처리부담금은 공동주택단지를 개발하려는 자가 향후 폐기물처리시설 등을 설치하기 위한 비용을 분담토록 되어 있음에 따라 납부된 것인 점 등에 비추어 쟁점부담금은 이 건 아파트의 신축 등을 위하여 관련 법령에 따라 의무적으로 부담해야 하는 비용으로서 이 건 아파트 등의 취득가격에 포함되어야 할 것으로 보이므로 처분청이 쟁점부담금을 이 건 아파트 등의 취득가격에 포함되는 것임.

(14) 신축원가로 대체처리된 기부채납 부동산

취득일 이전에 국가·지방자치단체 등으로부터 귀속 또는 기부채납승낙(건축허가 조건 포함) 받아 기부채납한 경우로 건설원가로 대체처리된 기부채납 부동산 가액은 과세표준에 포함되지 아니한다(대법원 93누6690, 1993.7.13.).

- ☞ 취득일 이후 귀속 또는 기부채납승낙을 받는 경우에는 취득세가 비과세되지 아니함.
- ☞ 사용수익기부채납의 경우 기부채납하는 것으로 비과세대상이 된다면 지하연결통로 시설물의 건축비용 모두가 비과세대상이 될 것임.

(15) 주택분양보증수수료

주택보증회사에 지급하는 보증수수료는 신축에 따른 간접비용이므로 취득세 과세표준에 포함하는 것으로 해석해 왔으나(지방세정팀-6233, 2006.12.13.), 주택분양보증수수료는 건축물 자체의 가격은 물론 그 이외에 실제로 건축물 자체의 가격으로 지급되었다고 볼 수 있거나 그에 준하는 취득 절차비용 등 간접비용에 포함된다고 할 수 없다(대법원 2009두12150, 2010.12.23.)라고 판시하여 과세표준에 포함하지 아니한다.

(16) 용역비

1) 금융자문용역비

금융자문용역계약이 사업에 필요한 재원의 구조 및 조달방법, 금융기관에 대한 정보수집분석 등 재원조달을 위한 금융자문용역을 제공하는 것을 주요 내용으로 하고, 사업성평가용역계약은 쟁점사업에 대한 사업타당성을 평가하여 개발환경, 시장성, 재무타당성 등의 분석정보 및 여신심사를 위한 기초 자료를 은행에게 제공하는 것을 주요 내용으로 하고 있는 경우 이는 사업과 관련하여 필요한 재원을 조달하고, 사업의 타당성을 평가하기 위하여 업무를 위임하여 지급한 비용이므로, 토지 취득 과정에서 필요불가결한 준비행위에 소요된 비용으로서 절차상 필연적으로 발생하는 취득절차비용으로 보고 있다(조심 2008지101, 2009.1.2. 참조).

한편, 금융자문사들에게 지급한 쟁점수수료의 성격을 보면, 금융자문사들이 이 건 토지 매입 및 그 지상의 건축물 신축 등과 관련한 금융조달구조의 개발 및 자문 등 사업비의 조달과 관련하여 지급하기로 약정한 비용인 점, 쟁점수수료의 지급이 이 건 토지 상의 건축비용 조달뿐만 아니라 이 건 토지의 매입자금 조달 등 전체 사업과 관련이 있는 비용인 점에서 그 중 일부는 이 건 토지의 취득비용에 해당된다고 볼 수 있는 점, 청구법인은 2015.2.6. 금융자문계약을 체결하여 ○○○을 한도로 하여 수수료를 지급하되, 이러한 수수료를 임대수익 등과 연계하여 지급하는 방식으로 지급하기로 약정한 점에서 계약 당시 사후에 실제 지급할 수수료 금액이 확정되어 있다고 보기는 어렵지만 이러한 금액이 불확정되어 있다고 하여 이 건 토지의 취득 이후에 지급원인이 발생하였거나 이 건 토지의 취득과 관련성이 없는 비용에 해당된다고 보기는 어려운 점 등을 종합하면, 처분청이 쟁점수수료를 이 건 토지의 취득비용으로 보아 이 건 취득세 등을 부과한 처분은 적법하다고 판단된다(조심 2020지1673, 2020.11.3.).

2) 법률자문용역비

법률자문용역계약은 금융구조에 관한 법률적 자문 및 대출약정서, 담보계약서 등 금융관련 계약서의 초안 작성과 협상지원을 주요내용으로 하고, 법무법인과 체결한 법률자문용역은 쟁점사업과 관련하여 금융약정서 등 관련 계약서의 체결, 이에 따른 자금차입과 관련한 각종 자료 및 주요 금융조건의 검토를 주요 내용으로 하고 있다면, 이는 재원 조달과 사업타당성 평가와 연계된 비용으로, 차입금의 대출발생 이전에 이루어지는 법률자문에 대한 용역비이고, 토지를 취득하기 전에 용역계약을 체결하여 용역을 완료하고 용역비를 지급한 사실이 제출된 관련 자료에서 입증되고 있는 이상, 이는 운영자금과 관련된 비용으로 한정할 수 없으므로 토지를 취득하기 위한 간접적 비용으로 보는 것이다(조심 2011지49, 2012.2.29. 참조).

한편, 대법원에서 "이 부분 법률자문수수료는 대출약정의 체결 및 컨설팅 용역 수수료 등을 체결함에 있어서의 법률자문과 관련된 것이다. 그런데 이 사건 대출약정에 따른 대출금에는 단순히 이 사건 건물의 신축을 위한 대출금뿐만 아니라 조합원 이주비, 분양관련 비용 등의 대출금이 혼재되어 있다. 또한 일반분양과 관련된 대출 주선이나 컨설팅 용역은 건축물 신축에 필요불가결한 준비행위로 볼 수 없다. 따라서 원고가 지출한 법률자문수수료를 이 사건 건물의 취득을 위해 지출된 비용으로 단정할 수 없다(대법원 2021두51690, 2021.12.30. 심불, 서울고법 2020누57990, 2021.8.20.)"라고 판시하고 있다.

3) 이용계획수립 용역비

용역비가 토지의 취득과정에서 발생하는 소개수수료 또는 매입대행에 따른 수수료 등의 취득절차비용이 아니라 토지의 이용계획수립과 관련하여 지급한 컨설팅 비용이라면 이 용역비는 토지의 취득을 위해 제3자에게 지급한 비용이 아닌 것이다(감심 2008-322, 2008.12.11.).

4) 사업타당성 조사비

토지 취득 전 사업타당성 조사비(사업계획승인 이전 타당성 및 수익성 조사를 위한 출장비)는 토지 취득을 위한 부대비용으로 토지가액에 포함된다(지령 §18 ① 4).

사업성 검토 용역비는 주택의 신축사업과 관련된 전반적인 사업성을 검토하게 하고, 사업의 추진을 위하여 필요한 자료를 제공받는 것으로 하여 지급한 것이고, 초기 사업성 분석 및 사업 위험분석, 주변의 개략적인 분양현황 조사 등 주택의 신축사업과 관련된 전반적인 사업성 검토를 위한 용역수행비로 취득가액에 포함되는 것이다(조심 2019지2113, 2020.6.2.).

> **사례** 사업타당성 검토 용역비 과세표준 포함(조심 2008지101, 2009.1.2.)
>
> 건축사업 및 금융컨설팅 수수료의 경우 이 사건 토지는 청구인이 공동주택을 신축하기 위하여 취득한 것이고, 건축사업 컨설팅수수료는 청구인이 수행하는 건축사업과 관련하여 예정 건축부지의 물색, 사업구상지원 및 사업타당성검토, 건축계획의 작성, 건축허가 등의 업무를 청구 외 (주)○○○로 하여금 대행토록 한 다음 이와 관련하여 지급한 비용이므로 이는 이 사건 토지 취득 과정에서 필요·불가결한 준비행위에 소요된 것으로 보아야 하겠고, 금융컨설팅 수수료 또한 이 사건 토지를 취득하기 위한 자금을 조달하는 과정에서 자금을 유치하는데 용역을 제공한 청구 외 (주)○○○ 등에게 지급한 비용이므로 이 사건 토지의 취득과 관련된 간접비용의 성격을 지닌다고 봄.

5) 건물 신축과 관련한 자문수수료, PM수수료

수행한 용역업무의 내용은 건축물의 신축에 따른 전반적인 경영진단과 사업수지 검토 및 각종 세무·회계 문제의 검토 등으로서 건축물의 신축 및 그에 따른 사업성 판단을 위하여 필요불가결한 행위라고 볼 수 있고, 용역계약 대금은 이를 위하여 지출된 직·간접적인 부대비용에 해당한다고 봄이 타당하므로 건축물의 취득가격에 포함되어야 한다(대법원 2013두22178, 2014.2.13.).

컨설팅용역수수료는 약정을 통하여 유명 브랜드의 사용권을 유치하여 이 건 신축공사에 앞서 사업의 위험성을 해소하고, 브랜드 가치를 상승시키기 위한 컨설팅용역 및 자문 수수료로, 취득에 필요한 용역을 제공받고 지급하는 용역비로 취득가액에 포함되는 것이고, PM수수료는 약정서에서 청구법인이 사업의 주체로서 사업부지에 대한 소유권 확보 등의 의무를 지고, PM사는 ○○○브랜드 사용권한을 제공하고 적정분양가의 자문을 제공하는 용역을 제공하는바, 사업 초기 낮은 인지도를 해소하고자 위 계약을 체결한 것으로 보이고, 타사 유명브랜드의 사용을 위하여 지출된 비용으로 분양광고비와는 구분된다 할 것이며, 더욱이 별도로 계약을 체결하여 분양활동을 수행하게 하였으므로, PM수수료는 사업 초기 사업의 위험성 해소 및 향후 신축 건물의 가치 제고를 위한 비용으로 판단된다(조심 2019지2113, 2020.6.2.).

6) 사무약정 및 대리사무계약 수수료

시공사, 신탁사, 대출은행 등과 체결한 사무약정 및 대리사무계약에서 이 건 건축물의 신축분양사업을 원활히 수행하기 위한 당사자 각각의 업무 범위와 책임을 명확히 구분하도록 하고 있는 점, 주식회사 ○○○의 대리업무의 범위에는 단순히 대출금 및 분양수입금의 관리에만 국한하지 아니하고 건축공사와 관련된 자금집행업무 등도 포함되어 있는 점, 대리사무계약을 살펴보면 쟁점수수료 가운데에는 건축공사 관련 업무와 분양업무가 혼재되어 있으나, 분양업무와 관련된 비용은 별도로 구분되지 않는 점, 사업약정 및 대리사무계약상 수수료는 공사일정에 맞추어 지급되고 있어 건축공사와 직접적으로 연관되어 있는 것으로 보이는 점 등에 비추어, 이들 수수료는 건축물의 취득세 과세표준에 포함되는 것으로 보는 것이 타당하다(조심 2020지0227, 2020.9.2.).

한편, 대법원에 따르면 가액구분이 안 되는 경우 전체를 신축 건물의 과세표준에 포함한 부과처분은 취소한다라고 판시하고 있다.

(17) 진입도로공사비

진입도로공사비, 삭도장·헬기장 공사비, 훼손지복구비, 대체산림조성비 등은 송전철탑 설치공사의 특성상 반드시 설치해야 하거나 지출이 필수적으로 요구되는 비용이므로 송전철탑 취득비용에 포함된다(대법원 2009두8717, 2009.9.24.).

(18) 도로포장공사비

일반적으로 도로포장공사는 지목변경을 수반하지 아니하는 경우 과세표준에 포함되지 아니하는 것으로 해석하여 왔고, 신축 건물을 취득할 때 조경공사비는 모두 수목구입이나 식재비용 또는 사각정자, 의자, 표석 등에 관한 것으로서 부지의 지목변경을 위한 비용과는 무관한 비용인 사실이 인정되므로 조경공사비용을 부지의 지목변경을 위하여 지출한 비용으로 볼 수 없다(대법원 2009두1327, 2009.4.9.)라고 판시하여 신축 건물의 취득세 과세표준으로 인정하지 아니하는 것으로 판시하고 있었다는 점에서 지목변경과 무관한 조경공사비와 도로포장공사비는 취득세 과세대상에서 제외하는 것이 더 타당하였다.[181] 그런데 대(垈) 중 택지공사가 준공된 토지에 한해 2016년

---

181) "도로포장공사나 조경공사의 경우 토지의 지목이 변경되거나 건축물과 일체를 이루는 공사를 집행하는 경우 해당 공사비를 취득가액에 포함할 수 있다는 것이다"(조심 2013지267, 2013.5.20.)라고 결정하였으나, 그 이후 심판례에서는 "2009.11.1. 체결한 도계장 신축 공사 중 부대시설공사(진입로공사) 도급계약에 따라 그 비용을 부담한 사실이 확인되는 이상 그 진입도로 공사비를 지목변경에 따른 취득세 과세표준에 포함하여 취득세를 부과한 처분은 달리 잘못이 없다고 판단되며, 이 토지상에 도계 건축물을 신축하면서 그 토지상에 소나무, 구상나무, 잔디 및 화훼류를 식재한 사실이 제출된 자료에 의하여 확인되고 있으며, 이 토지의 지목이 임야에서 잡종지로 변경된 사실이 확인되는바, 지목변경을 수반하는 조경공사비(조경수 및 잔디 구입, 식재·파종, 장비 및 인건비 등 직접비용과 그에 따른 부대비용 일체)를 지목변경에 따른 취득세 과세표준에 포함한 것은 달리 잘못이 없는 것으로 판단된다"(조심 2013지1087, 2014.9.30.)라고 결정하고 있어서 대법원판례와 일치하고 있다.

이후 정원 또는 부속시설물 등을 조성·설치된 토지로 사실상 변경된 경우 취득자는 토지 소유자 (지법 §7 ⑭), 세율은 중과기준세율(지법 §15 ② 5)이 적용, 2020년 이후 건축물을 건축하면서 그 건축물에 부수되는 정원 또는 부속시설물 등 조성·설치 시 조성·설치하는 비용은 건축물 취득세 과세표준에 포함되어 원시취득 세율이 적용된다(지령 §18 ① 9).

한편, 지목변경과 무관한 가스관, 송수관 설치를 위하여 반드시 수반되는 기초공사이므로 이에 소요된 비용은 가스관, 송수관의 취득에 따른 간접비용으로서 취득세 과세표준에 포함하는 것이다(지방세운영과-5004, 2009.11.27.).

(19) 산림훼손 및 산림복구비

지목변경을 수반하는 경우에만 취득세 과세표준에 포함되나, 진입도로 공사비, 삭도장, 헬기장 공사비, 훼손지복구비, 대체산림조성비 등은 송전철탑 설치공사의 특성상 반드시 설치해야 하거나 지출이 필수적으로 요구되는 비용이므로 송전철탑 취득비용에 포함된다(대법원 2009두8717, 2009.9.24.)라고 판시하고 있어서 지목변경과는 무관한 송전철탑 등 시설물 설치 시 필수적인 비용인 경우 그 시설의 부대비용으로 보아야 하는 것이다.

(20) 국민주택채권

1) 사실상 취득가액이 적용되는 경우

「주택도시기금법」 제8조(2015.6.30. 이전 「주택법」 제68조)에 따라 매입한 국민주택채권을 해당 부동산의 취득 이전에 양도함으로써 발생하는 매각차손(금융회사 등 외의 자에게 양도한 경우에는 동일한 날에 금융회사 등에 양도하였을 경우 발생하는 매각차손을 한도로 함)은 간접비용으로 취득세 과세표준에 포함되는 것이다. 이 규정에서는 취득일 이전에 양도하는 국민주택채권의 매각차손만이 취득가액이 되는 것으로 되어 있다. 이는 채권입찰제에 따른 국민주택채권 취득 후 할인하는 경우이므로 이는 주택 등을 취득하기 위하여 필수적인 채권매입이므로 취득가액으로 보겠다는 것이다. 또한 이 규정 신설의 취지는 부동산 취득을 위하여 매입한 국민주택채권을 해당 부동산의 취득 이전에 중도 매각하여 매각차손이 발생하는 경우 채권매입비용 전액이 아니라 매각차손만 취득세 과세표준에 포함되는 점을 명확하게 하기 위한 것이다. 또한 이 규정에서는 주택 등을 취득한 후 등기하기 위하여 국민채권 등을 취득하는 경우에 취득과 동시에 할인하는 경우에는 매각차손을 취득세 과세표준에 포함하는지 여부에 대하여는 명확하지는 아니하다. 그 이유는 이 규정의 법문에 따르면 취득 후의 매각차손은 취득세 과세표준에 포함하지 않아야 한다라고 해석할 수도 있지만 신설 취지가 채권매입액 전액이 아니라 매각차손만을 한정하는 것으로 하기 위한 것이다는 점에서 취득 후 매입 즉시 할인하는 경우에 대한 규정이 아니기 때문이다.[182]

---

182) 대법원에서 「지방세법」상의 "취득가격"에는 과세대상물건의 취득시기 이전에 거래상대방 또는 제3자에게 지급원인이 발생 또는 확정된 것으로서 당해 물건 자체의 가격(직접비용)은 물론 그 이외에 실제로 당해 물건 자체의 가격으로 지급되었다고 볼 수 있거나 그에 준하는 취득절차비용도 간접비용으로서 이에 포함된

유권해석(지방세운영과-3142, 2010.7.26.)에서는 국민주택채권의 경우 「주택법」에서 건물 취득등기를 하기 위하여는 채권매입이 필수적으로 필요하다고 규정하고 있으므로 국민주택채권 매입비용은 간접 취득가격에 포함하는 것이 타당하나, 건물 취득 시점에 그 채권을 매각한 경우라면 당초 채권 매입가격에서 매각 당시의 시가와의 차액인 매각차손만이 간접 취득가격으로 보는 것이 타당하므로(감심 2007-168, 2007.12.20. 참조), 건물 취득일(법인 장부상) 이후 해당 건물 취득과 관련하여 발생된 국민채권 매각차손은 취득가격에 포함하여 취득세를 과세하는 것이 타당하다라고 해석하고 있었으나, 이에 대하여 아래와 같이 해석하여 적용하고 있다(지방세운영과-5090, 2010.10.26.).

과세표준 적용 범위	비고
(매각 시 적용범위) 취득시점에 국민주택채권을 매각한 경우라면 매각차손에 한하여 과세표준에 포함	감심 2007-168, 2007.12.20.
(포함 제외 채권범위) 「주택도시기금법」 제8조(2015.6.30. 이전 「주택법」 제68조) 제1항 제2호에 의해 부동산등기를 위해 매입하는 국민주택채권은 제외. 단, 건축허가를 위해 매입하는 제1종 국민주택채권, 채권입찰제 주택분양을 위해 매입하는 제2종 국민주택채권 등 취득과 관련된 국민주택채권매입은 포함	

건축허가를 위해 매입하는 국민주택채권, 채권입찰제 주택분양을 위해 매입하는 국민주택채권 등 취득과 관련된 채권(도시철도채권 포함) 매입대금은 과세표준에 포함되지만, 취득 이전에 그 채권을 매각하여 발생한 매각차손만이 취득세 과세표준에 해당한다. 그런데 부동산등기를 위하여 매입하는 채권은 매입대금 전액 또는 매각차손은 과세표준에 포함되지 아니한다(세제-7877, 2015.5.29. 참조).

한편, 대법원에서 「지방세법」 상의 "취득가격"에는 과세대상물건의 취득시기 이전에 거래상대방 또는 제3자에게 지급원인이 발생 또는 확정된 것으로서 당해 물건 자체의 가격(직접비용)은 물론 그 이외에 실제로 당해 물건 자체의 가격으로 지급되었다고 볼 수 있거나 그에 준하는 취득 절차비용도 간접비용으로서 이에 포함된다 할 것이나, 이주비 보상금과 같이 그것이 취득의 대상이 아닌 물건이나 권리에 관한 것이어서 당해 물건 자체의 가격이라고 볼 수 없는 것이라면 과세 대상물건을 취득하기 위하여 당해 물건의 취득시기 이전에 그 지급원인이 발생 또는 확정된 것이라도 이를 당해 물건의 취득가격에 포함된다고 보아 취득세 과세표준으로 삼을 수 없다고 판시(대법원 95누4155, 1996.1.26.)하고 있는바, 국민주택채권은 소유권이전등기를 위해서 취득의 대상이

할 것이나, 이주비 보상금과 같이 그것이 취득의 대상이 아닌 물건이나 권리에 관한 것이어서 당해 물건 자체의 가격이라고 볼 수 없는 것이라면 과세대상물건을 취득하기 위하여 당해 물건의 취득시기 이전에 그 지급원인이 발생 또는 확정된 것이라도 이를 당해 물건의 취득가격에 포함된다고 보아 취득세 과세표준으로 삼을 수 없다고 판시(대법원 95누4155, 1996.1.26.)하고 있는바, 국민주택채권은 소유권이전등기를 위해서 취득의 대상이 아닌 물건이나 권리에 관한 것으로 보아야 한다는 점에서 등기 시 취득한 국민주택채권의 매각차손을 등기를 위한 비용으로 취득과 무관한 것으로 취득에 필요한 간접비용으로 보기에는 문제가 있다고 본다. 그리고 매각차손은 취득세 과세표준이 되나, 매각하지 않고 보유하는 경우에는 취득세 과세표준에 포함하지 아니한다는 것은 형평성 차원에서 문제가 있다는 것이다.

아닌 물건이나 권리에 관한 것으로 보아야 한다는 점에서 등기 시 취득한 국민주택채권의 매각차손을 등기를 위한 비용으로 취득과 무관한 것으로 취득에 필요한 간접비용으로 보기에는 문제가 있다고 본다. 그리고 매각차손은 취득세 과세표준이 되나, 매각하지 않고 보유하는 경우에는 취득세 과세표준에 포함하지 아니한다는 것은 형평성 차원에서 문제가 있다는 것이다.

2) 사실상 취득가액이 적용되지 아니하는 경우

「지방세법」 제10조 제5항 제5호에 의한 적정 검증을 받아 신고가격이 사실상 취득가격이 되는 경우에는 국민주택채권 매입금액은 과세표준에서 제외된다. 이 경우 매각차손도 제외되는 것이다.

> **사례** 공동주택 건설용지의 분양 시 채권매입비용(조심 2010지84, 2010.11.5.)

「주택법」 제68조 제1항 제4호와 「주택법 시행령」 제91조 제1항 제3호의 규정에 따르면 주거전용면적 85㎡를 초과하는 공동주택을 건설하기 위하여 공공택지를 공급받는 자는 제3종 국민주택채권을 매입하도록 되어 있고, 공동주택 건설용지의 분양에 응찰하기 위하여는 반드시 채권을 매입하여야 하고 그 채권매입금액을 가장 많이 제시한 자를 당첨자로 결정하도록 되어 있으므로, 이 건 채권매입비용은 전액이 이 건 토지 취득을 위한 간접비용으로서 등록세 과세표준에 포함되어야 할 것이다. 다만, 청구법인이 채권매각차손만을 등록세 과세표준에 포함하여 당초 신고한 이 건에 있어, 처분청이 청구법인의 당초 등록세 신고사항에 대해 나머지 채권매입비용을 추후 증액하여 경정하는 것은 별론으로 하더라도, 채권매각차손만이 쟁점이 된 이 건 심판청구와 관련하여서는 불이익변경금지의 원칙에 따라 청구법인의 당초 신고사항을 유지하는 것이 타당함.

> **사례** 채권입찰제의 채권매입가액 중 매각차손비용(감심 2007-168, 2007.12.20.)

공공택지분양에 응찰하기 위하여는 반드시 채권을 매입하여야 하고 그 채권매입금액을 가장 많이 제시한 자를 당첨자로 결정하도록 되어 있는바, 채권입찰제로 공공택지를 분양받은 경우에 그 채권의 매입은 공공택지 당첨에 있어서 필수적으로 필요한 것으로 보아야 하지만 공공택지를 분양받기 위하여 매입한 채권을 매각시점의 시세에 따라 매각하여 그 매입비용의 일부를 회수한 경우에 채권의 액면가액과 매각 당시의 시가와의 차액인 매각차손만이 위 공공택지를 취득하는 데 실질적으로 지출한 비용으로 보아야 할 것이다. 위 인정사실에 의하면 청구인은 채권입찰제로 분양된 이 사건 토지를 취득하면서 이 사건 채권을 24,500,000,000원에 매입한 후, 매입한 당일에 그날의 시세에 따라 증권회사에 16,182,250,000원에 매각함으로써 그 매입비용 24,500,000,000원 중에서 16,182,250,000원을 회수하였으므로, 채권의 액면가액과 매각 당시의 시가와의 차액인 매각차손 8,317,750,000원은 이 사건 토지의 취득과 관련하여 제3자에게 지급한 비용으로 보아 이를 취득원가에 포함시키는 것이 타당하다 할 것이다. 한편, 청구인은 이 사건 채권의 매입비용은 이 사건 토지의 취득과 구분되는 별개의 거래로서 채권매입 후 그 채권을 매각하여 원금을 회수할 수 있는 비용이므로 채권의 매입비용 전체를 취득세 과세표준에서 제외하여야 한다고 주장하나, 위에서 살펴본 바와 같이 이 사건의 채권매입가액 중에서 매각차손은 채권입찰제로 분양된 공공택지를 분양받기 위하여 매입한 비용으로서 이 사건 토지의 취득세 과세표준에 포함되는 것이 타당하므로 채권의 매입비용 전체를 과세표준에서 제외하여야 한다는 청구인의 주장은 받아들일 수 없다 할 것임.

(21) 등기관련 비용

1) 법무사비용

취득시기 이전(以前)에 발생한 비용에 해당하지 않는 점, 잔금 지급 전에 등기를 이행한다 하더라도 취득자의 등기를 대행하여 발생하는 법무사 수수료는 취득을 위해 발생하는 비용이 아니라, 등기 관련 비용에 해당하는 점 등을 종합해 볼 때, 등기를 대행하여 발생하는 법무사 수수료는 취득세 과세표준에 포함되지 아니한다(지방세운영-23, 2018.1.4.). 이 해석 변경은 2018.1.4. 이후 납세의무성립분부터 적용한다.[183]

2) 인지 · 증지대금, 등기열람수수료

법인이 토지를 유상승계취득한 후 소유권이전등기일 전에 발생한 법무사비용, 인지대, 증지대, 국공채처분손실금 등은 해당 과세대상 물건을 취득하기 위해 소요된 비용은 아니라 하겠으므로, 이를 등기일 전에 법인장부에 계상하였다고 하여 등록세 과세표준에 포함할 수는 없는 것이다(지방세정팀-5406, 2007.12.14.)라고 해석하여 왔으며, 취득세 등의 과세표준을 산출하면서 등기와 관련된 비용인 인지 · 증지대금, 등기열람수수료 등은 제외한 것을 인정한 바 있다(조심 2008지0101, 2009.1.2. 참조). 그런데 법무사비용과 국공채처분손실금을 달리 해석하여 적용하고 있으므로 상기에 따라야 할 것이다.

인지세는 원칙적으로 계약하는 시점에 납부하므로 취득 이전에 발생된 비용으로 취득세 과세표준에 포함되어야 할 것이다. 그런데 실무적으로는 인지세는 등기이전비용으로 보아 취득세 과세표준에서 제외하고 있는 실정이다. 등기와 관련된 비용인 증지대금, 등기열람수수료 등은 취득원가로 회계처리되지만 취득비용과는 무관하므로 취득세 과세표준에서 제외하고 있다.

3) 가등기비용

가등기비용은 취득의 안정성 확보를 위하여 지출된 비용이라면 취득에 소요된 간접비용에 해당될 것이나, 가등기비용 중 등록면허세는 과세표준에서 제외하는 것으로 해석하고 있다(세정 13407-496, 1999.4.27.). 그 이유는 취득세 과세표준에 등록면허세 등을 추가로 부과한다는 것은 이중과세라는 점을 고려한 것으로 판단된다.

---

183) 종전에는 법무사비용은 「법무사법」 제2조 제1항 각호의 업무용역을 제공함에 따라 그 대가로 지급받는 것이라고 규정하고 있으며, 이들 법무사의 업무가 취득일 이전에 발생되는 점 등을 종합적으로 고려할 때 법무사비용은 건물 취득에 필요한 용역을 제공받은 대가로 지급하는 용역비 등으로 볼 수 있어 취득가격에 포함하는 것이다(지방세운영과-3142, 2010.7.26.)라고 해석(2010.7.26. 이후부터 적용 : 지방세운영과-5090, 2010.10.26.)하여 왔으나, 실무적으로는 법무사비용을 포함한 등기비용 등은 과세표준으로 삼지 않고 있는데, 그 이유는 취득 후에 소유권보전을 위한 수수료로 보기 때문이다. 법무사비용은 등기를 위한 비용으로 취득과 무관하므로 취득에 필요한 용역수수료로 보기에는 문제가 있었다.

(22) 연체료와 할부이자

「지방세법 시행령」 제18조 제1항 제2호에 "할부 또는 연부(年賦) 계약에 따른 이자 상당액 및 연체료"에서 '연체료'라 함은 할부 또는 연부 계약에 따라 발생되는 연체료만을 의미하는 것으로 해석할 수 있지만, 「지방세법 시행령」 제18조 제1항 제7호에 이에 준하는 비용도 과세표준에 포함되는 것으로 규정되어 있어서 일반적인 연체료도 과세표준에 포함하여야 할 것이다. 그 근거로는 구 「지방세법 시행령」 제82조의 3에서 취득세의 과세표준이 되는 취득가격은 과세대상 물건의 취득시기를 기준으로 그 이전에 당해 물건을 취득하기 위하여 거래 상대방 또는 제3자에게 지급하였거나 지급하여야 할 일체의 비용[소개수수료, 설계비, 연체료, 할부이자 및 건설자금에 충당한 금액의 이자 등 취득에 소요된 직접·간접비용(부가가치세 제외)을 포함하되, 법인이 아닌 자가 취득하는 경우에는 연체료 및 할부이자 제외]을 말한다고 규정하고 있었기 때문이다.

따라서 법인의 경우 연체료와 할부이자는 취득세 과세표준에 포함하고 있다. 그런데 연체료와 할부이자는 기업회계기준에서는 이를 부대비용으로 보지 않고 당기비용으로 보고 있다는 점에서 차이가 있다. 그리고 실질적인 면에서도 일시불로 취득한 납세자와 할부 등으로 취득한 납세자의 과세표준에 차이가 발생하는 것은 과세형평에 비추어 모순이 있다.

한편, '할부이자'는 '연체료'와 '법인이 아닌 자가 취득하는 경우에는 취득가격에서 제외한다'는 특성을 같이 하기 때문에 입법기술상 '연체료'와 같은 호에서 규정한 결과 이와 같이 개정된 것이지, 개정 전 시행령의 '연체료'의 범위를 '할부 또는 연부 계약에 따른' 연체료에 한정하고자 하는 의미로 이와 같이 개정된 것으로 보이지는 않으며, '연체료'의 의미에는 그 문언상 이 사건 지연이자와 같은 건축물의 취득을 위한 신축공사대금의 지연이자도 포함된다고 보아야 하고, 「지방세법 시행령」 제18조 제1항 제1호에서 '건설자금에 충당한 차입금의 이자'를 간접비용으로 정하고 있음을 감안할 때 건축물 취득을 위한 공사대금의 지급을 지체함으로써 발생한 지연이자 역시 간접비용에 포함된다고 보는 것이 형평에 부합한다. 그런데 「지방세법 시행령」 제18조 제1항 본문에 따르면 취득가격은 취득시기를 기준으로 산정한다고 규정하고 있으므로 취득시기 이후의 연체료는 취득가격에 포함되지 않는다(대법원 2014두41640, 2014.12.24.).

(23) 종전 기반시설

민간 사업시행자에 의하여 새로이 설치된 정비기반시설을 당연히 국가 또는 지방자치단체에 무상귀속되는 것으로 함으로써 공공시설의 확보와 효율적인 유지·관리를 위하여 국가 등에게 그 관리권과 함께 소유권까지 일률적으로 귀속되도록 하는 한편, 그로 인한 사업시행자의 재산상 손실을 합리적인 범위 안에서 보전해 주기 위하여 새로 설치한 정비기반시설의 설치비용에 상당하는 범위 안에서 용도폐지되는 정비기반시설은 사업시행자에게 무상양도하도록 강제하는 것이다(대법원 2007.7.12. 선고, 2007두6663 판결, 대법원 2014.2.21. 선고, 2012다82466 판결 등 참조). 따라서 사업시행자는 용도폐지되는 정비기반시설을 국가 등으로부터 무상으로 양도받아 취득할 따름이고 따로 그에 대한 대가를 출연하거나 소유권을 창설적으로 취득한다고 볼 사정도 없는 이상, 사업

시행자가 위 정비기반시설을 구성하는 부동산을 취득한 것은 무상의 승계취득에 해당하므로, 그에 따른 해당 부동산에 관한 취득 당시를 기준으로 한 과세표준과 무상취득 세율 등을 적용한 취득세 등을 납부할 의무가 있다(대법원 2019.4.11. 선고, 2018두35841 판결 등 참조). 위 법리에 의하면 용도폐지 정비기반시설 토지의 취득에 대한 대가를 출연하거나 소유권을 창설적으로 취득한다고 볼 사정이 없으므로 무상의 승계취득에 해당한다고 할 것이다(대법원 2019두43900, 2019.9.26. 심불, 서울고법 2018누50101, 2019.5.23.).[184]

☞ 구 도시정비법 제65조 제4항에서 정한 '정비사업이 준공인가되어 관리청에 준공인가통지를 한 때'가 취득시기임(대법원 2019두53075, 2020.1.16.).

(24) 광역도로건설비, 고가도로건설비

광역도로건설비가 국토교통부장관 등이 ○○○사업과 관련하여 수립한 광역교통개선대책에 따라 도로 등을 직접 건설하여 국가 등에 귀속시키기 위한 데에 소요된 비용으로 토지와는 별개의 물건에 직접적으로 소요된 비용인 점에 비추어 토지의 취득가격으로 보기 어렵다(조심 2019지0982, 2020.1.15.).[185]

사례 쟁점교량건설비용은 이 건 건축물과 별개의 물건을 취득하기 위하여 소요된 비용으로서 이 건 건축물의 취득세 등의 과세표준에 포함되는 것으로 보기 어려운 점(조심 2018지842, 2018.12.10. 결정 같은 뜻임) 등에 비추어, 처분청이 쟁점교량건설비용을 이 건 건축물의 취득세 과세표준에 포함하여 이 건 취득세 등의 부과처분 및 경정청구를 거부한 것은 잘못이 있다고 판단됨. 계약서상 계약과 공사 시작일이 사용승인일 이전이었다 하더라도, 실제 공사는 이 건 건축물의 사용승인일 이후에 진행되었고 그 대금의 지급도 사용승인일 이후에 지급되었으므로 이를 이 건 건축물 취득세 과세표준에서 제외하여야 하는 점 등에 비추어, 처분청이 쟁점설계비용 및 쟁점인테리어

---

184) 이 판례에서 "도시정비법 제65조 제4항에서 '제1항 및 제2항에 의해 관리청에 귀속될 정비기반시설과 사업시행자에게 귀속 또는 양도될 재산은 그 정비사업이 준공인가되어 관리청에 준공인가통지를 필한 때에 국가 또는 지방자치단체에 귀속되거나 사업시행자에게 귀속 또는 양도된 것으로 본다'고 규정하고 있어 용도폐지 정비기반시설 토지는 이 사업에 대한 최종 준공인가가 이루어진 2013.8.1. 취득한 것으로 보아야 한다"라고 판시하고 있다.

185) 이는 ○○○사업과 관련한 인허가 조건에 따라 지출한 것이더라도 법령 등에 의하여 의무적으로 부담해야 하는 공사가 아니라는 점에서 과세표준에 제외되는 것이 타당하다고 보여짐.
쟁점과선교는 국가지원지방도인 ○○○(4차선 왕복도로, 폭 18m, 연장 860m)로서 이 건 건축물과 직선거리로 110m 정도 떨어져 있는 별도의 구축물인 점, 쟁점과선교는 일종의 고가도로로서 취득세 과세대상 물건에 해당하지 아니하고 청구법인이 쟁점과선교 설치비용을 이 건 건축물의 취득을 위하여 지급하였다기보다는 별개의 물건인 쟁점과선교 자체를 취득하기 위하여 지급한 것으로 보이는 점. 청구법인은 지방자치단체 등이 재원을 부담하여 건설하여야 할 쟁점과선교를 자신이 비용을 부담하여 건설한 후 이를 지방자치단체에 기부채납한 것으로 나타나므로 청구법인에게 쟁점과선교 건설비용을 부담시키고, 다시 동 비용을 이 건 건축물의 취득세 과세표준에 포함시키는 것은 불합리한 것으로 보이는 점 등에 비추어, 쟁점과선교 설치비는 이 건 건축물과 구분되어 있는 별개의 물건인 쟁점과선교를 취득하기 위한 비용으로서 이 건 건축물의 취득가액에 포함되는 것으로 보기 어려우므로 처분청이 이 건 취득세 등을 과세한 처분은 잘못이 있다고 판단됨(조심 2018지0842, 2018.12.10.).

분담금을 이 건 건축물의 취득세 과세표준에 포함하여 이 건 취득세 등의 부과처분 및 경정청구를 거부한 것은 잘못이 있다고 판단됨(조심 2023지4223, 2024.3.25.).

(25) 입주권(분양권) 프리미엄

재건축·재개발아파트 조합원 지위승계에 따른 입주권 취득 시 수반되는 종전 토지 거래신고 시 종전 토지가액(권리가격)에 추가 지불액(프리미엄)을 합한 실제 거래가격으로 신고한 금액을 취득세 과세표준으로 한다(행자부 세정-4259, 2007.10.18.)라고 해석하여 (최초)분양자로부터 분양권을 전매받아 부동산을 취득할 경우 분양으로 인한 부동산 취득은 분양회사로부터 소유권을 이전받는 거래이므로 분양회사 장부가액을 기준으로 취득가격을 적용하나[2016.4.25. 이전은 (-)프리미엄 배제], 부동산을 취득하기 위해 제3자에게 지급한 분양권 프리미엄 가액은 직·간접비용에 해당하여 사실상 그 가액이 입증되는 경우 취득세 과세표준에 포함한다[(+)프리미엄 포함](지방세운영과-3536, 2015.11.9.). 이 해석은 2015.11.9. 이후 적용하는 것으로써, 2015.11.8. 이전에는 분양권 프리미엄 가액을 인정하지 않고 분양가액을 과세표준으로 삼아 왔었다.

한편, 2016.4.26. 이후부터는 분양권을 타인으로부터 이전받은 납세자가 당초 분양가격보다 낮은 가격으로 부동산을 취득(마이너스 프리미엄 발생)하는 경우 실제 지출한 금액을 기준(마이너스 프리미엄 반영)으로 과세표준으로 하여 신고납부할 수 있게 되었다. 이는 특수관계인(친족관계, 법인 ↔ 임원, 법인 ↔ 주주 간의 거래)들 간에 분양권을 시가보다 현저히 낮게 거래하는 등 부당하게 조세부담을 감소시킨 것으로 확인되는 경우[시가와 신고가액의 차액이 3억 원 이상이거나, 시가의 5% 이상인 경우(「법인세법」 §52 ①, 「소득세법」 §101 ①)]에는 적용되지 아니한다(지령 §18 ④).

(26) 골프 회원권 취득과 관련한 주주출자금과 주주분담금

주주출자금과 주주분담금은 골프장시설을 배타적으로 사용할 수 있는 권리를 취득하기 위하여 지출되는 비용이므로 골프 회원권 취득에 따른 취득가격에 포함되는 것이다(지방세운영과-2586, 2008.12.18.).

(27) 연부취득

"취득세의 과세표준은 취득 당시의 가액으로 한다. 다만, 연부로 취득하는 경우에는 연부금액으로 한다"라고 규정되어 있고, 그 사실상 연부금 지급일을 취득일로 보아 그 연부금액(매회 사실상 지급금액을 말하며 취득금액에 포함되는 계약보증금, 연부이자와 연체료 포함하나, 법인 아닌 자는 연부이자와 연체료 제외)을 과세표준으로 하도록 규정하고 있다(지령 §20 ⑤, §18 ①).[186]

---

186) 기업회계기준에 의하면 이는 취득부대비용이 아닌 이자비용으로서 보아야 할 것이므로 연부금액에 포함하여 취득세의 과세표준으로 보는 것은 다소 무리가 있는 것으로 볼 수 있다. 왜냐하면 연부계약으로 인하여 계약일 이후에 곧바로 사용·수익할 권리를 매수인에게 주는 것이 일반적이므로 계약과 동시에 부동산가액이 확정되는 것으로 보아 기업회계기준에서는 이자비용 해당액을 "현재가치할인차금"계정으로 처리하여 지급할 때마다 이자비용으로 처리하여야 한다. 특히 건설회사의 경우 건설용지를 취득할 때 「법인세법」 등에서도 이

연부취득의 경우 연부취득자가 재산세 납세의무자가 아님에도 계약일 이후 발생하는 재산세 등을 취득자가 부담하기로 약정하고 이를 대납하고 있다면 연부취득에 따른 부대비용이므로 취득세 과세표준에 포함된다.

(28) 면세분 부가가치세

매입세액 공제를 받지 아니하는 부가가치세는 기업회계기준상 취득가액으로 계상하고 있다. 「지방세법」상 부가가치세는 취득세의 과세표준에서 일체 포함하지 않고 있어 면세분 부가가치세가 법인장부상 취득원가로 계상되어 있더라도 무조건 과세표준에서 제외되는 것이다. 따라서 기업회계기준의 취득가액 계상원칙과 차이가 발생한다.

(29) 자동제어 소프트웨어와 보안 프로그램

소프트웨어는 일반적으로 취득세 과세대상이 되지 아니한다. 즉 가격이 구분되고 시설을 완료한 후 별도로 설치되는 경우라면 이는 시설의 과세표준에는 포함되지 아니할 것이다. 그런데 시설의 가동 등을 위하여 필수적인 자동제어 시설의 하나에 해당하는 경우라면 이를 달리 보아야 할 것이다. 그 이유는 취득비용에 포함한 시설내역은 CCTV설치관련비용, 건축물 내 방송을 위한 오디오 믹스(AUDIO MIXER), 임시사무실 칸막이 공사비, 쇼케이스 및 저장고 배관설치비, 냉동·냉장 자동제어 시설비, 쇼케이스 저장고 판넬공사비, 영상장비 등으로서, 이러한 시설들은 모두 건축물에 부착되어 있는 시설들로서 판매시설 용도인 건축물의 효용을 증대시키는 시설을 설치하는 비용에 해당되므로 건축물의 취득세 과세표준에 포함하는 것이 타당하다고 할 것이다 (행심 2007-777, 2007.12.26.)라고 해석하고 있기 때문이다.

보안 프로그램이 시설의 방재, 방화 등 건물관리와 관련된 것이라면 과세표준에 포함될 것이다(건물 내 각종 시스템의 상황을 실시간으로 모니터링하는 종합상황실의 영상설비, CCTV 등). 건물관리와 무관하게 순전히 보안과 관련된 것이라면 과세표준으로 보기에는 어려움이 있을 것이다.[187]

를 취득가액으로 보았고(현행에서는 취득가액으로 보지 않고 있음), 「지방세법」에서도 취득가액으로 보아 매회 지급 시마다 지급이자를 포함한 가액을 취득세 과세표준으로 하여 취득세를 납부하였는바, 일부 기업에서는 이를 이자비용이 아니라 용지의 취득가액으로 처리하였던 적이 있었다. 기업회계기준의 개정으로 금융비용자본화의 처리를 재고자산의 경우에도 이를 적용하도록 하여 실무를 수용하는 것으로 되었다. 그런데 금융비용자본화의 경우에도 "금융비용자본화의 종료시점은 자본화대상자산의 취득이 완료되어 해당 자산을 의도된 용도로 사용할 수 있거나 판매가 가능한 시점이며, 기업이 의도적으로 취득 활동을 지연하거나 중단한 경우에 발생한 금융비용은 자산취득과정에서 발생된 것으로 볼 수 없으므로 기간비용으로 인식한다"라고 해석하고 있다. 따라서 실무상 처리를 완전히 수용한 것이 아니라 사용·수익할 때까지의 이자비용은 자본화할 수 있으나 사용·수익 이후에 지급되는 이자비용에 대하여는 자본화대상으로 처리되지 않고 보유비용으로 당기비용으로 처리하여야 한다. 법인장부 등에 의하여 사실상의 취득가액이 인정되는 경우에는 기업회계기준을 수용하여 이자비용에 해당되는 연부금액은 과세표준에서 제외하여야 할 것이다. 즉 연부이자 중 건설자금이자에 해당되는 부분은 과세표준에 포함하되 그 외의 연부이자는 과세표준에서 제외하여야 할 것이다. 더군다나 연체이자도 연부금액으로 보아 취득세의 과세표준으로 삼고 있는바, 이 또한 제외하여야 할 것으로 사료된다.

(30) 학교 증축비용 부담, 학교용지 기부채납

「학교용지 확보 등에 관한 특례법」 제5조 제1항에 따라 납부하여야 하는 학교용지부담금을 대신하여 이 건 학교의 증축비용(쟁점1비용)을 부담한 것으로 이는 학교용지부담금과 그 성격이 사실상 동일하다고 볼 수 있는 점, 이 건 학교의 원시 취득자는 건축주인 경기도 교육감으로, 청구법인은 이 건 학교의 증축비용만 부담하였을 뿐 이를 사실상 취득하였다고 볼 수는 없는바, 여기에 기부채납용 부동산 등의 취득을 전제로 하는 「지방세법」 제9조 제2항을 적용할 여지는 없다고 보이는 점 등에 따르면 이 건 아파트의 취득가격으로 보아 그에 따른 취득세 등을 부과한 처분은 달리 잘못이 없다고 판단된다(조심 2019지1912, 2019.6.28.).[188] 그런데 건축물과 별개의 취득세 과세대상 물건인 학교의 취득·조성비용으로서 건축물의 취득세 과세표준에 포함되는 것은 문제가 있다고 볼 수 있다.

한편, 개발사업의 시행자 및 학교용지 공급주체는 처분청이라는 교육부장관의 회신이 있었던 점을 보았을 때 학교용지를 기부채납한 것은 주택건설사업계획의 승인 조건 이행이나 학교용지법에 따라 의무적으로 부담하는 비용(학교용지부담금)을 대체한 것으로 보기 어려운 점 등에 비추어 학교용지비용은 공동주택과 별개의 취득세 과세대상 물건인 토지의 취득비용으로서 공동주택의 취득세 과세표준에 포함되는 것으로 보기 어렵다(조심 2023지0561, 2023.6.28.).

(31) 도시계획시설 등 조성비

쟁점비용은 청구법인이 이 건 공동주택 단지 외부의 토지에 체육공원, 소공원, 체육시설 등을 조성하여 처분청에 기부채납한 비용으로서 이 건 공동주택용 건축물과 별개의 물건인 토지의 조성비에 해당하므로 이 건 공동주택용 건축물의 취득비용으로 보기 어려운 점, 청구법인은 토지상에 체육공원 등을 조성하여 처분청에 기부채납하도록 한 조건에 따라 쟁점비용을 투입하여 체육공원 등을 조성하여 처분청에 기부채납하였으므로 쟁점비용은 위 토지의 지목변경 비용으로서 취득세 등의 비과세대상에 해당하는 것으로도 보이는 점 등에 비추어, 쟁점비용은 건축물과 별개

---

187) 개점행사 비품대가 ○○○원, ⑤ 호텔객실용 냉장고 취득비용 ○○○원, ⑥ 호텔전산시스템(프론트, 자재, POS)비용 ○○○원, ⑦ 호텔 FCS(전화과금, 음성이메일) S/W비용 ○○○원, ⑧ 호텔 Digital Signage 시스템 비용 ○○○원, ⑨ 주차시스템개발비 ○○○원, ⑩ 기획설계 및 CI디자인 비용 ○○○원, ⑪ 브랜드이미지 개발을 위한 용역비 ○○○원, ⑫ 호텔시설투자자 유치용역비 ○○○원, ⑬ 호텔개발(PM)용역비 ○○○원, ⑭ ○○○홈페이지 제작비 ○○○원, ⑮ 기업홍보(IR)서비스용역비 ○○○원 및 ○○○원, 숙박비 ○○○원 등 비용들은 이 건 건축물 공사비용이 아닌 비품, 호텔운영 프로그램, 브랜드 개발, 호텔투자자 유치 및 개발용역비, 홈페이지 제작 및 기업홍보 용역 등과 관련하여 지급된 비용으로 보이는바, 이 건 건축물 취득시기 이전에 동 비용들의 지급원인이 발생 또는 확정되었다 하더라도 이를 이 건 건축물의 취득가격에 포함된다고 보기는 어려우므로 이 건 건축물의 취득세 등의 과세표준에서 제외하는 것이 타당하다고 판단됨(조심 2013지0760, 2014.7.7.).

188) 건축물을 신축하기 위하여 반드시 지출하여야 할 비용으로서, 당사자의 약정에 따른 취득자 조건의 부담액 또는 그에 준하는 절차비용에 해당하여 이 건 건축물의 취득과 관련된 간접비용으로 보는 것이 타당하므로 취득세 과세표준에 포함됨(조심 2022지0113, 2023.4.11.).

의 취득세 과세대상 물건인 토지의 취득·조성비용으로서 이 건 공동주택용 건축물의 취득세 과세표준에 포함되는 것으로 보기 어렵다(조심 2019지1780, 2020.7.21.).[189]

이 건 방음벽은 아파트단지의 신축과 관련성이 있지만, 아파트단지 외부의 고속도로상에 설치된 시설물로서 직접적으로 아파트단지 내부에 설치되어 아파트와 일체를 이루는 부대시설에 해당되지 아니하고, 이 건 방음벽이 별도의 취득세 과세대상이 되는 건축물에도 해당되지 아니한다 할 것이므로 주택건설사업계획승인조건에 따라 설치한 시설물이라는 사유만으로 이러한 방음벽 설치비용을 이 건 아파트의 취득비용에 해당된다고 보기는 어렵다고 판단된다(조심 2019지2308, 2020.1.16.).

한편, 건축물을 신축하기 위한 건축허가를 받기 위하여 공사를 시행하기로 약정한 것인 점, 이 공사는 건축물의 신축으로 예상되는 교통 혼잡을 방지하기 위하여 보행자도로 및 지하철 구내의 시설을 확장한 것으로 이 건 건축물의 신축을 위한 필수불가결한 수반행위에 해당하는 점, 쟁점공사를 함에 따라 이 건 건축물과 그 인근에 있는 취득자의 사업장에 대한 대중들의 접근성이 좋아진 것은 다툼이 없다고 보이고 이는 매출증대로 연결되는 점 등에 비추어 공사를 한 것은 이 건축물이 들어섬에 따라 예상되는 ○○○일대의 교통난을 해소하고자 한 것뿐만 아니라 이

---

189) 도로의 개설은 해당 토지의 구성부분이 사실상 변경되므로 「지방세법」 제7조 제4항에서 규정한 지목변경에 따른 취득에 해당되는 점, 공동주택의 신축과 토지의 지목변경은 별개의 취득세 과세대상이므로 공동주택의 신축을 조건으로 사업시행자가 도시계획도로를 개설하였다 하더라도 그 도로의 개설비용을 건축물의 취득(신축)가격으로 볼 수는 없는 점, 「지방세법」 제9조 제2항에서 규정한 "국가 등에 기부채납을 조건으로 취득하는 부동산"에는 특별한 사정이 없는 한 지목변경에 따른 취득도 포함된다고 보아야 하는 점, 처분청은 이 건 공동주택의 주택건설사업계획을 승인하면서 ○○○에게 이 건 도시계획도로 중 대로2-2호선을 제외한 나머지 도로를 직접 조성하여 처분청에 기부채납하도록 하였고 ○○○은 2018.1.26. 그 조건을 모두 이행한 점 등에 비추어 이 건 도시계획도로 개설비용 ○○○원 중 대로2-2호선과 관련하여 청구법인이 부담한 ○○○원은 일종의 부담금으로 이 건 공동주택의 취득가격에 포함된다 할 것이나, 나머지 ○○○원은 이 건 공동주택의 취득과 관련이 없는 토지의 지목변경을 위한 비용으로 그 자체로 「지방세법」 제9조 제2항에서 규정한 국가 등에 기부채납을 조건으로 취득하는 부동산에 해당된다고 보는 것이 타당하다 할 것이므로 처분청이 그 개설비용 ○○○원을 이 건 공동주택의 취득가격으로 보아 그에 따른 취득세 등을 부과한 처분은 잘못이 있다(조심 2020지0221, 2020.3.3.).
① 부가가치세의 경우, 「지방세법 시행령」 제18조 제2항 제4호에 따라 취득가격에서 제외되는 점, ② 판매비용의 경우, 물품비용이나 광고선전비로 지급된 것으로 이러한 비용은 「지방세법 시행령」 제18조 제2항 제1호에 따라 취득가격에서 제외되는 점, ③ 토취장 보상비의 경우, 이 건 토지 매립에 필요한 토석을 채취하기 위한 토취장을 매입하면서 지급한 것으로 이 건 토지와는 별개의 취득물건에 소요된 비용인 점, ④ 방조제건설비 배분비용의 경우, 청구법인이 실제로 지출한 비용이 아니라 이미 완공된 ○○○방조제의 공사비 중 일부를 ○○○ 산업단지의 원가에 산입하여 청구법인에게 배분한 것에 불과한 점, ⑤ 광역도로건설비의 경우, 국토교통부장관 등이 ○○○사업과 관련하여 수립한 광역교통개선대책에 따라 청구법인이 도로 등을 직접 건설하여 국가 등에 귀속시키기 위한 데에 소요된 비용으로 이 건 토지와는 별개의 물건에 직접적으로 소요된 비용인 점, ⑧ 단지 외 건설자금이자는 청구법인의 전체 건설자금이자 중 ○○○사업 외에 소요된 부분을 안분하여 산출한 것인 점 등에 비추어 쟁점비용 중 부가가치세, 판매비용, 토취장 보상비, 방조제건설비 배분비용, 광역도로건설비용 및 단지 외 건설자금이자는 이 건 토지의 취득가격으로 보기 어렵다고 판단된다. 다만, 수질개선비 및 환경개선비의 경우, ○○○사업에 대한 인허가 과정에서 청구법인이 수질개선사업 등을 충실히 이행할 것을 인허가 조건으로 명시한 점, 해당 사업으로 인한 편익이 이 건 토지에도 미칠 수밖에 없는 점 등에 비추어 해당 비용은 인허가 조건 등을 이행하는 데에 소요된 비용으로 이 건 토지의 취득가격에 포함됨(조심 2019지0982, 2020.1.15.).

건 건축물을 중심으로 청구법인들의 사업장을 하나로 묶어 주업인 유통·관광·레저산업에서 복합적인 영업 효과를 얻기 위한 것으로 보이는바, 이 공사금액은 그 중심이 되는 건축물을 취득하기 위하여 지급한 간접비용으로 이 건 건축물의 취득가격에 해당된다(조심 2020지0830, 2020.12.4.). 그런데 당사자 간의 약정은 관계 법령에 따라 의무적으로 부담한 부담금으로 보기에는 어려움이 있을 것으로 보여지므로 이를 과세표준으로 삼는 것은 문제가 있다고 판단된다.

(32) 환지예정지

취득세에서는 환지방식의 사업시행을 함에 있어서 어떤 토지가 환지에 해당하는지 체비지에 해당하는지 여부는 해당 토지의 법적 성격에 따라 구분되고, 환지면적을 권리면적과 과도면적으로 구분하여 표시하였다고 하더라도 종전 토지의 소유자는 환지처분 공고일의 다음 날 증환지에 대한 소유권을 취득하게 되며, 그 때 비로소 취득세 신고납부의무도 함께 발생한다 하겠다. 종전 토지에 대하여 종전 토지의 소유자가 가지고 있던 권리는 환지처분 공고에 의하여 비로소 새로운 대지 또는 건축물에 대한 권리로 변환되는 것이므로 환지처분 공고가 있기 전에는 종전의 토지 및 장차 부동산을 취득할 수 있는 권리만이 그 취득의 대상이 될 수 있을 뿐 환지처분으로 인하여 취득하게 되는 토지 등 그 자체는 취득의 대상이 될 수 없는바, 증환지의 법적 성격을 갖는 토지에 대한 청산금을 모두 지급하였다고 하더라도 그 시점에 바로 토지를 취득하였다고 볼 수 없다 하겠다(대법원 2003.8.19. 선고, 2001두11090 판결 참조)(조심 2019지3817, 2023.5.25.).

따라서 취득세 과세대상 면적은 권리면적(종전 면적)으로 하여야 하는 것이다. 그 이유는 토지 구획정리사업 완료 후 환지처분에 의해 당초 권리면적보다 증가되어 청산금을 지급한 경우 해당 토지에 대한 새로운 취득세 납세의무가 성립하는 것이다(행심 2004-223, 2004.8.30.)라고 해석하고 있기 때문이다. 즉 당초 취득한 토지는 당초 토지 잔금지급일이, 면적증가분에 대하여는 그 잔금지급일이 취득세 납세의무성립일인 취득시기가 되기 때문이다(세정 13407-1192, 2000.10.13. 참조).[190]

증가 환지된 토지에 대하여는 환지처분 시에 본인의 의사와 관계없이 금전으로 청산하도록 규정하고 있어 증가 환지 부분을 환지처분한 경우에는 청산금이나 등기 여부에 관계없이 환지처분 공고일의 다음 날부터 환지받은 사람의 소유로 보아야 할 것이다(조심 2014지0966, 2015.6.29.).[191]

한편, 체비지에 대한 환지의 경우 유권해석(지방세운영과-3642, 2012.11.12.)에 따르면 환지처분 공고일 이전이라도 체비지에 대한 잔금을 지급하였거나 체비지대장 등재 중 어느 하나의 요건을

---

190) 재산세의 경우 환지예정지는 환지처분공고일 전까지는 취득세와 동일하게 권리면적으로 해석하여야 할 것이다. 그런데 환지처분공고일 이후 재산세 과세기준일(6.1.)이 도래되었다면 과세기준일 현재 과도면적을 사실상 소유하고 있는 자로 보아 재산세 납세의무가 있는 것으로 해석하고 있다(지방세운영과-1766, 2008.10.13.).

191) 「도시개발법」 또는 그 밖의 법률에 따른 환지처분으로 인하여 취득한 토지의 취득시기는 환지 전의 토지의 취득일로 하나, 교부받은 토지의 면적이 환지처분에 의한 권리면적보다 증가 또는 감소된 경우에는 그 증가 또는 감소된 면적의 토지에 대한 취득시기 또는 양도시기는 환지처분의 공고가 있는 날의 다음 날로 한다(소령 §162 ① 9).
본인의 권리면적에 더해 쟁점토지를 증환지받은 것으로 보이는바, 쟁점토지의 취득시기는 환지처분 공고일의 다음 날로 보는 것이 타당함(조심 2022지0591, 2023.8.24.).

충족하였다면 체비지에 대한 취득행위가 있었던 것으로 보는 것이므로 취득시기는 잔금지급일이나 체비지대장 등재일 중 빠른 날이 되는 것이다.

(33) 신탁계약에 의한 지급된 시행사 관리비

○○○와 청구법인 간에 체결된 토지신탁계약서 특약사항에 의하면 ○○○(시행사)는 본 사업의 제반 인·허가(교통·환경영향평가, 지구단위계획, 건축허가, 분양신고 등) 업무 등을 수행하도록 규정하고 있는 점, 청구법인은 위의 업무 등을 수행하는○○○에게 시행사 운영비 명목으로 지급한 것으로 나타나고 ○○○는 쟁점건축물뿐만 아니라 다른 건설사업장이 존재하고 있는 것으로 나타나므로 위 금액은 ○○○의 법인 운영을 위한 일반경비라기보다는 쟁점건축물의 신축을 위한 인·허가 비용 등 간접비용등인 것으로 보이는 점, 처분청은 청구법인이 ○○○에게 지급한 ○○○ 중 쟁점건축물의 취득과 관련이 없는 ○○○을 취득세 과세표준에서 제외한 점 등에 비추어, 쟁점비용은 청구법인이 쟁점건축물의 인·허가 등의 수행을 위하여 지급한 비용으로서 취득세 등의 과세표준에 포함되는 것으로 보는 것이 타당하다(조심 2019지3604, 2020.5.21.).

그런데 ○○종합건설은 분양과 관련한 업무도 수행하였고, ○○종합건설에 지급된 수수료에는 분양관련비용 등 이 사건 건물의 신축과는 무관한 비용에 대한 대가가 혼재되어 있었던 것으로 보이나, 앞서 인정사실에 의하면 피고는 이를 과세표준에서 제외하였다. 따라서 ○○종합건설에게 지급된 시행대행 수수료는 이 사건 건물의 건축행위와 관련된 것으로서 그 취득에 관련된 것으로 판단된다(대법원 2021두51690, 2021.12.30. 심불, 서울고법 2020누57990, 2021.8.20.)라고 판시하고 있다. 대법원에서는 건축관련 시행사 관리비만 과세표준에 포함되는 것으로 보고 있다.

(34) 재건축조합 등 관련 비용

1) 조합운영비

「도시 및 주거환경정비법」 제35조 제6항에서 조합이 정비사업을 시행하는 경우 「주택법」 제54조를 적용할 때에는 조합을 같은 법 제2조 제10호에 따른 사업주체로 보며, 조합설립인가일부터 주택건설사업 등의 등록을 한 것으로 보도록 규정하고 있는바, 일반적으로 주택재건축조합은 해당 조합원들이 자신들의 주택재건축사업을 추진·운영하기 위하여 위 「도시 및 주거환경정비법」에 따라 설립한 법인으로서 그 존립목적이 재건축사업의 추진에 있고, 그 사업의 완료로 해산 및 청산되는 것이므로 해당 사업에 따라 신축하는 건축물의 취득가격에는 그 건축공사에 따른 도급공사비와 그 조합이 재건축사업을 추진하는 과정에서 지출한 일반관리비 및 기타 금융비용 등 일체의 직·간접 비용을 포함하는 것이 타당하다 하겠고, 해당 조합이 위의 일반관리비 등을 공사원가와 구분하여 회계처리를 하였다 하더라도 이를 달리 볼 것은 아니라 하겠다(조심 2019지2525, 2020.8.21.).

을 제1호증의 기재 및 변론 전체의 취지에 의하면, 쟁점 ① 비용은 원고가 재건축조합 사무실

운영을 위해 정기적으로 지출한 소속 직원의 급여, 수당, 건물관리비, 사무용품비, 사무실임차료 등으로 이루어져 있고, 원고는 이러한 비용을 통상적인 기업회계기준에 따라 '판매비 및 관리비' 항목으로 공사원가와 구분하여 회계장부에 기장해 온 사실을 인정할 수 있다. 그렇다면 이는 원고가 이 사건 건축물의 신축과 관계없이 원고의 사무실 운영을 위해 정기적으로 지출해 온 비용으로서, 이 사건 건축물 자체의 가격이거나 그 가격으로 지급되었다고 볼 수 있는 비용 또는 그에 준하는 취득절차비용 어디에도 해당되지 않으며, 사실상 구 지방세법 시행령 제18조 제2항 제1, 5호에서 정한 '취득하는 물건의 판매를 위한 광고선전비 등의 판매비용과 그와 관련한 부대비용' 또는 '그에 준하는 비용'에 해당한다고 봄이 타당하다. 이러한 해석은 지방세기본법 제153조, 국세기본법 제20조에서 정한 '기업회계 존중의 원칙'에도 부합한다. 이에 대하여 피고는 원고의 존립 목적이 이 사건 사업의 추진에 있으므로 원고가 이 사건 사업을 위해 지출한 비용 전액이 취득가격에 포함되어야 한다는 전제에서 쟁점 ① 비용도 취득가격에 포함되어야 한다고 주장한다. 그러나 위와 같은 피고의 주장은 취득가격의 범위를 제한적으로 열거하고, 판매·부대비용이나 그에 준하는 비용을 취득가격에서 제외한 구 「지방세법 시행령」 제18조의 규정 취지에 반하여 취득가격의 범위를 지나치게 확장 해석하는 것이다. 피고의 논리대로라면 원고가 이 사건 사업의 시작부터 종료까지 지출한 모든 비용을 취득가격에 포함시켜야 한다는 부당한 결론에 이르게 되며, 건축공사를 업으로 하는 다른 계속기업과 원고를 합리적 이유 없이 차별하게 되어 과세형평에도 어긋나므로 위 주장은 받아들일 수 없다(대법원 2022두45944, 2022.9.29. 심불, 서울고법 2021누 63497, 2022.5.20.).

☞ 일반관리비인 조합운영비를 건축비용으로 본 것은 문제가 있다고 판단되는바, 그 이유는 행정용역비는 취득세 과세표준에 포함된다라고 판시한 대법원판례(대법원 2011두29472, 2012.1.16. 심불, 서울고법 2011누8484, 2011.10.27.)에 따르면 이 사건에서 조합운영비는 2심에서 다투지 아니하였으나, 1심의 판결문(인천지법 2009구합5408, 2011.1.28.) 상 갑7호증의 1 내지 3의 각 기재에 변론 전체의 취지를 종합하면, 이 사건 조합운영비는 급여, 판공비, 업무추진비, 활동비, 통신료, 광고선전비, 복리후생비, 소모품비 등인 사실을 인정할 수 있는바, 이는 조합을 운영하기 위한 지출로서 기업회계기준에서 '관리비'에 해당하는 비용이므로 건물 취득과 관련이 없다라고 판시하고 있기 때문임. 그리고 대법원판례(대법원 2021두51690, 2021.12.30. 심불) 취지에 따르면 건물의 신축과는 무관한 비용인 분양 등에 대한 부분은 과세표준에서 제외되어야 할 것임.

2) 행정용역비

아파트 재건축사업의 성공적인 사업수행을 위하여 기술용역을 위탁한 사실, 원고와 ◇◇◇◇ 는 위 기술용역의 범위에 관하여 조합업무의 자문, 조합설립인가의 대행, 조합총회 업무, 관리처분계획 관련 업무대행 등 조합 사업추진에 관한 제반업무를 용역 업무의 범위로 정한 사실을 인정할 수 있다. 원고가 ◇◇◇◇에 위임한 이와 같은 행정용역업무는 재건축사업인 건축물 건설공사에서 필수불가결하게 수반되는 부수업무로서 이에 소요되는 제반비용은 실제로 당해 물건 자체의 가격으로 지급되었다고 볼 수 있거나, 그에 준하는 취득절차 비용인 간접비용으로서 취득세 과세표준에 포함된다(대법원 2011두29472, 2012.1.16. 심불, 서울고법 2011누8484, 2011.10.27.).

☞ 대법원판례(2021두51690, 2021.12.30. 심불) 취지에 따르면 건물의 신축과는 무관한 비용인 분양 등에 대한 부분은 과세표준에서 제외되어야 할 것임.

3) 조합원 이주비, 이주비 이자비용

주택재건축조합이 지출한 이주비는 「지방세법 시행령」 제18조 제2항에서 규정한 이주비, 지장물 보상금 등 취득물건과는 별개의 권리에 관한 보상 성격으로 지급되는 비용에 해당되어 취득세 과세표준에 포함되지 아니하나, 이주비 금융비용의 경우 조합원들이 자신들의 주택을 재건축하기 위하여 퇴거 및 이사하는 과정에서 그 조합이 이를 지원하는 성격으로 빌려준 대여금에 대한 이자비용으로서 「지방세법 시행령」 제18조 제2항에서 규정한 이주비, 지장물 보상금 등 취득물건과는 별개의 권리에 관한 보상 성격으로 지급되는 비용과는 다르다고 보아야 할 것이므로 청구법인이 이 건 주택재건축사업을 추진하기 위하여 발생한 이 건 조합운영비[192] 및 이주비 금융비용은 이 건 건축물의 취득세 과세표준에 포함하는 것이다(조심 2019지2525, 2020.8.21.).

대법원에서는 "대출금은 단순히 건물의 신축을 위한 용도가 아니라 조합원에 대한 이주비, 분양관련 및 기타비용 등을 위한 용도가 혼재되어 있으므로, 그 대출이자 전부를 취득세 과세표준에 포함시킬 수는 없다(대법원 2021두51690, 2021.12.30. 심불, 서울고법 2020누57990, 2021.8.20.)."라고 판시하고 있다.

☞ 이주비는 취득세 과세표준에서 제외되는데 이주비 이자비용은 과세표준에 포함된다는 것은 일관성이 없다고 보여지므로 문제가 있다고 판단되는바, 대법원에서도 과세표준에 포함되지 않는다고 판결함.

4) 퇴거보상비, 이사비

조합이 정비사업구역 내 종전 교회를 이전받고 퇴거시키면서 지출한 교회보상비와 그 이자비용, 종전 자산의 거주자를 퇴거시키면서 지출한 이사비 등은 조합이 정비사업을 시행함에 있어 정비사업 부지를 취득하면서 지출한 토지 관련 비용이거나 건축물과는 별개의 권리에 관한 것이므로 건축물의 취득을 위해 직·간접적으로 지출한 비용에는 해당하지 아니한다(조심 2019지2048, 2020.11.12.).

5) 종전자산평가, 종후자산평가, 토지비 감정평가수수료

「도시 및 주거환경정비법」에 따라 자산의 공정하고 객관적인 평가를 통한 부담금 산정기준 마련 등 이 건 주택재건축사업의 관리처분계획 승인을 받기 위하여 필수적으로 지출된 비용이고, 건축물의 준공인가를 받기 전에 지출한 비용이므로 건축물의 취득가격에 포함하는 것이 타당하다(조심 2019지2048, 2020.11.12., 조심 2019지2525, 2020.8.21.)라고 조세심판원에서 결정하고 있으나, 대법원에서는 "이 부분 감정평가는 조합원이 현물출자한 토지의 적정한 토지가격을 산정하기 위하여 이루어진 사실이 인정된다. 즉 감정평가수수료가 건물 자체의 가격으로 지급되었다거나 그에

---

192) 대법원판례(2021두51690, 2021.12.30. 심불) 취지에 따르면 건물의 신축과는 무관한 비용인 분양 등에 대한 부분은 과세표준에서 제외되어야 할 것임.

준하는 취득절차 비용과는 무관하게 소요된 비용으로 보이므로, 이 사건 건물의 취득세의 과세표준에서 제외됨이 상당하다(대법원 2021두51690, 2021.12.30. 심불, 서울고법 2020누57990, 2021.8.20.)."라고 판시하고 있다.

구 「도시 및 주거환경정비법」(2017.2.8. 법률 제14567호로 전부개정되기 전의 것) 제48조 제1항은 '사업시행자는 분양신청기간이 종료된 때에는 분양신청의 현황을 기초로 분양대상자별 분양예정인 대지 또는 건축물의 추산액을 포함한 관리처분계획을 수립하여 시장·군수의 인가를 받아야 한다'고 규정하고, 제48조 제4항은 '정비사업의 시행으로 조성된 대지 및 건축물은 관리처분계획에 의하여 이를 처분 또는 관리하여야 한다'고 규정하고 있다. 쟁점 ② 비용은 위 제48조 제1항 제3호에 따라 분양예정인 대지 또는 건축물의 추산액을 평가하는 데 든 비용으로서, 그 감정의 대상이 종전 토지 및 건축물이 아닌 분양예정 토지 및 건축물이기는 하나 이 사건 건축물의 준공인가를 위해 반드시 거쳐야 하는 관리처분계획 수립에 소요되는 필수적 절차비용이다. 그렇다면 위 비용은 구 「지방세법 시행령」 제18조 제1항 제4호에서 정한 '취득에 필요한 용역을 제공받은 대가로 지급하는 용역비'에 해당하는 취득절차비용으로서 취득가격에 포함된다고 봄이 상당하다(대법원 2022두45944, 2022.9.29. 심불, 서울고법 2021누63497, 2022.5.20.).

6) 신탁등기비

주택재건축정비조합이 정비사업을 함에 있어 조합원 소유의 토지를 조합에게 신탁등기함에 따른 신탁등기비는 정비사업 관련 업무를 투명하게 관리하기 위하여 자산을 신탁한 비용으로 조합의 토지 취득과 관련한 비용일 뿐 그 지상에 신축되는 건축물의 취득과 무관한 비용으로 볼 수 있으므로 이를 건축물 취득세 과세표준에서 제외함이 타당하다(조심 2019지2048, 2020.11.12.).

(35) 물류시설인 메자닌랙

물류창고에 설치한 메자닌랙 시설은 쟁점건축물 내부에 물품을 효율적으로 적재하기 위해 설치된 철제 구조물로, 건축물의 바닥 또는 벽면에 나사와 볼트로 연결되어 있어 나사와 볼트를 제거하는 방법으로 이를 건축물과 분리하여 철거하고 이설할 수 있도록 설계 및 시공되어 있으므로 이를 건축물과 일체가 되어 건축물 고유의 기능과 효용을 증대시키는 부대설비로 보기는 어렵다(조심 2020지1274, 2020.11.12.).

(36) 택지공사 시 기반시설 공사비

택지를 개발하면서 택지개발에 필수적으로 수반되는 시설로서 토지에 설치한 시설물은 토지와 구별되는 별개의 지장물이나 건축물에 해당하지 아니하는 이상 토지를 택지로 변경하여 가치상승을 일으키는 토지의 부합물이므로 토지의 지목변경과 관련하여 발생한 비용에 해당된다. 즉 기반시설 공사비는 택지개발사업 시행에 따라 기반시설 공사를 포함한 택지조성공사가 완료됨으로써 사실상 지목이 변경된 토지가 대지로서 가지는 가치 증가에 직·간접적으로 기여한 비용으로 보아야 한다(조심 2021지0433, 2021.11.23.).

(37) 토지대금 지급보증수수료

토지대금 지급보증은 그 명칭과 보증대상 자체로 '○○○의 동 부동산 매각에 따른 잔대금 지급보증'으로서 토지 취득을 위한 대금을 보증하는 것으로 나타나는 점, 토지상에서 건물을 건축하기 위해 이 건 토지대금 지급보증이 이루어졌다고 하더라도, 지상에서의 건축을 포함한 토지의 조속한 사용은 토지 소유권의 내용에 포함되므로 이러한 보증수수료는 토지의 사용·수익을 위한 취득 비용일 뿐 특별히 건물의 취득을 위한 비용이라고 하기는 어렵다(조심 2022지0456, 2023.5.1.).

(38) 이익분배금

건축물 신축을 위하여 체결한 쟁점계약에서 그 계약체결 당시 약정 분양가보다 분양가가 상승할 경우 청구법인 등과 시공법인이 공사대금과 구분하여 이익분배금으로 분배하도록 계약을 체결한 점, 청구법인이 2021.1.10. 처분청에 이 건 취득세 등을 신고할 당시에 처분청에 제출한 비용산정 내역에서 쟁점금액을 분양원가 항목이 아닌 판매관리비 항목의 "분양가상승에 따른 이익분배금"으로 기재한 사실이 확인되는 점, 제2차 변경계약(2021.1.15.)은 청구법인이 이 건 건축물을 취득(2020.11.30.)한 후 시공법인의 요청에 따라 쟁점금액이 사실상 이익분배금임에도 총 계약금액에 합산하는 것 등을 안건으로 하여 청구법인의 총회(2020.12.26.)의 승인에 따라 체결한 것이 총회안건 등의 자료에서 확인되는 점 등에 비추어 볼 때 쟁점금액은 청구법인과 시공법인의 이 건 건축물 신축을 위한 공사대금이라기보다는 일분분양가 상승에 따른 이익분배금으로서 이 건 건축물 자체의 가격은 물론 이 건 건축물 취득을 위한 간접비용이라고도 보기 어렵다(조심 2023지0835, 2023.4.3.).

⑤ 사실상 장부가액의 정정

법인의 경우에 개인과는 달리 장부상 가액에 의하도록 규정한 것은 법인은 객관화된 조직체로 일반적으로 거래가액을 조작할 염려가 없어 그 장부상 가액의 신빙성이 인정된다는 이유에 있으므로 특별히 그 취득가액을 조작하였다고 인정되지 아니하는 한 그 장부상의 가액을 실제의 취득가액을 나타내는 것이라 할 것이므로(조심 2009지191, 2010.1.14. 참조) 해당 과세물건 취득시기(잔금완납) 이전에 할인받은 분양금액 등을 반영하지 않은 착오된 법인장부(납부증명서)로 취득신고한 후 그 착오된 법인장부(납부증명서)를 정정한 경우라면 그 정정된 법인장부 가격(사실상의 취득가격)이 취득세 과세표준에 해당될 것으로 판단되며, 해당 과세물건 취득시기(잔금완납) 이후에 과세물건 취득과 관련 없이 법인장부(납부증명서)의 정정 신청사유가 발생된 경우라면 해당 취득과 관련한 법인장부(납부증명서) 정정으로 볼 수 없어 해당 과세물건 취득세 과세표준으로 볼 수 없을 것으로 판단(대법원 93누170101, 1993.12.14. 참조)하고 있다(지방세운영과-4579, 2010.9.

29.). 그런데 정정사유가 계약서상의 조건에 따른 것이라면 조건부 취득 즉 취득시기(잔금완납) 이후에 과세물건 취득과 관련 있는 경우 법인장부(납부증명서)의 정정 신청사유가 발생된 것으로 보아 수정신고 또는 경정청구대상으로 판단하여야 할 것이다.

한편, 유권해석에 따르면 「공인중개사의 업무 및 부동산 거래신고에 관한 법률」의 규정에 의한 계약신고 및 취득세 신고 후 착오기재를 이유로 매매가액을 정정하는 경우 「지방세법」 제10조 제5항 제5호 "「공인중개사의 업무 및 부동산 거래신고에 관한 법률」 제27조에 따른 신고서를 제출하여 같은 법 제28조에 따라 검증이 이루어진 취득"의 경우 지방세관계법에 따라 신고하여야 할 과세표준 및 세액에 해당하는 만큼 적법하게 신고되었으므로 수정신고 및 경정청구 요건의 대상에 해당하지 아니한다. 다만, 「지방세법 시행령」 제20조 제1항 및 제2항 단서를 준용하여 해당 취득물건을 등기·등록하지 아니하고 취득일로부터 60일 이내에 계약이 변경된 사실이 화해조서·인낙조서·공정증서 등으로 입증되는 경우에는 수정신고 및 경정청구가 가능하다(지방세운영과-1043, 2011.3.8.).

부동산의 취득 당시 이미 취득세 등 조세채권이 성립하였고, 이 사건 매매계약이 해제되었다고 하더라도 그 조세채권의 행사에 아무런 영향을 미칠 수 없어 구 「지방세기본법」 제51조 제1항 제1호의 경정청구 사유에 해당하지 않고, 나아가 매매계약이 해제되었음을 확인하는 내용의 조정에 갈음하는 결정이 확정되었다고 하더라도 과세표준 및 세액의 산정기초에 변동을 가져오지 아니하여 같은 조 제2항 제1호 및 제3호, 구 「지방세기본법 시행령」 제30조 제2호의 사유에도 해당하지 않는다(대법원 2018두38345, 2018.9.13.)라고 판시하고 있다.[193]

> **사례** 해제조건의 성취 또는 해제권의 행사 등에 의하여 잔금지급일 이후에 소급적으로 실효된 경우(조심 2022지0158, 2023.3.24.)
>
> 토지의 잔금을 지급하고 취득세 등을 적법하게 취득하였다고 신고한 이상 이후에 공사가 이 건 토지의 쟁점양도계약을 해제(2020.1.29.)하였다 하더라도 이는 해제조건의 성취 또는 해제권의 행사 등에 의하여 잔금지급일 이후에 소급적으로 실효된 것으로 이미 성립한 조세채권의 행사에는 아무런 영향을 줄 수 없는 점(대법원 2018.9.13. 선고, 2018두38345 판결) 등에 비추어, 청구인들은 잔금을 지급하고 사실상 이 건 토지를 취득하였으므로 처분청이 이 건 경정청구를 거부한 처분은 달리 잘못이 없는 것으로 판단됨.

---

193) 후발적 청구사유는 안될 여지가 있지만 조건부 약정이 있는바, 경정청구 사유 자체가 안된다는 것은 논란이 될 것으로 판단되나, 이 판례처럼 취득세 납세의무가 성립한 후에 이미 납부한 잔금 등을 반환받았다고 하더라도 기 성립한 납세의무에는 영향을 줄 수 없다고 결정(조심 2011지655, 2011.12.21.)하고 있으므로, 취득가격은 취득시기를 기준으로 판단하여야 하고, 취득일 이후 발생한 사유(지급 또는 반환)는 취득시점에 적법하게 성립되어 확정된 취득가격에 대해 영향을 미치지 못한다 할 것이다. 따라서 취득세 납세의무 성립 이후 사후적으로 PF대출보증수수료의 일부를 반환받았다고 하더라도 이미 적법하게 성립한 취득가격에는 영향이 없으므로, PF대출보증수수료 일부의 반환은 경정 및 환급의 대상이 아니라고 할 것이다(지방세운영-1562, 2018.7.9.)라고 해석하고 있다.

사례　판결에 의해 신고납부 후 분양대금 반환받은 경우(조심 2020지1086, 2021.7.12.)

청구법인은 이 건 토지를 OOO로부터 2015.7.21. 취득하고 법정신고기한(2015.9.19.) 내에 이 건 취득세 등을 신고·납부하였고 그로부터 5년 이내인 2020.1.6. 반환받은 쟁점금액을 과세표준에서 제외하여 달라고 적법하게 경정청구를 한 점, 이후 법원의 이 건 판결(2019.6.27.)에 따라 취득가격과 관련된 쟁점금액을 반환받은 사실이 확인되므로 이 건 토지의 취득세 과세표준이 되는 사실상 취득가격은 청구법인이 당초 납부한 금액에서 쟁점금액을 제외한 금액이 되는 것이 타당해 보이는 점, 처분청이 제시한 판결은 취득세 등의 납세의무성립 여부에 관한 것이고 사실상 취득가격(대법원 2004.10.15. 선고, 2003두9008 판결)의 범위에 관련된 것이 아니므로 이 건과는 그 사실관계가 다른 점 등에 비추어, 쟁점금액은 이 건 토지의 취득세 과세표준에서 제외하는 것이 타당함.

사례　장부상 금액에 대한 오류수정(행자부 세정-3604, 2005.11.4.)

최초 대물변제로 인한 취득을 할 당시에 장부기장상 오류된 금액으로 취득세를 신고납부하였더라도 2005년도 회계에서 실제 대물변제가액으로 정정 처리한 것이 서울지방법원 판사의 승인서 및 장부로 볼 수 있는 원장 등에서 입증된다면 이를 정당한 취득세 과세표준으로 봄.

⑥ 사실상의 취득가액 중복 존재 시

법인인 취득자가 분양권 전매로 인한 마이너스 프리미엄 등으로 당초 분양대금보다 적은 금액으로 취득한 것이 법인장부에 의해 확인되는 경우라면 과세물건을 분양한 법인의 법인장부상 매매금액과 상이하다 하더라도 취득자의 법인장부상 취득가액을 취득세 과세표준으로 하여야 할 것이다(지방세운영과-1236, 2012.4.23.). 이는 법인장부가격을 사실상의 취득가격으로 인정하는 취지는 법인이 객관화된 조직체로서 거래가격을 조작할 염려가 적어 실제의 취득가격에 부합하는 것으로 볼 수 있는 신빙성이 있음을 전제로 하는 것인바, 법인장부가격이 사실상의 취득가격에 부합되는지의 여부에 관계없이 무조건 그 법인장부가격을 취득세 등의 과세표준으로 하여야 하는 것은 아니므로(대법원 92누15895, 1993.4.27.) 법인장부상의 취득금액이 해당 과세물건을 취득하기 위해 소요된 직·간접비용을 모두 포함하고 있는지 등에 대해 면밀히 파악해야 하는 것이라는 점에서 의미가 있다.

⑦ 부동산 거래신고에 대하여 검증받은 경우 부가가치세 포함 여부

「지방세법」 제10조 제5항 제5호에 따르면 「부동산 거래신고에 관한 법률」 제3조의 규정에 의한 신고서를 제출하여 같은 법 제6조의 규정에 의하여 검증이 이루어진 취득에 대하여는 다른 조항의 규정에 불문하고 사실상의 취득가격을 취득세 과세표준으로 하도록 규정하고 있다.

하지만 현행 규정을 살펴보면 이러한 부동산 거래신고에 대하여 검증이 이루어진 경우의 사실상 취득가격은 「지방세법」 제10조 제5항 제1호부터 제4호까지의 사실상의 취득가격 적용방법과 다르게 적용된다. 즉 「지방세법 시행령」 제18조 제1항은 「지방세법」 제10조 제5항 제1호부터 제4호까지의 취득에 대하여만 적용할 수 있도록 규정하고 있는 것이다. 즉 「지방세법」 제10조 제5항 제5호

의 「부동산 거래신고에 관한 법률」 제3조에 따른 신고서를 제출하여 같은 법 제6조에 따라 검증이 이루어진 취득인 경우에는 사실상의 취득가액을 과세표준으로 삼을 수 있으나, 이 경우 부가가치세는 제외되는 것으로 볼 수 없다라고 해석할 수 있을 것이다. 그 이유는 「지방세법 시행령」 제18조 제1항에 "법 제10조 제5항 제1호부터 제4호까지의 규정에 따른 취득가격 또는 연부금액은 취득시기를 기준으로 …"라고 규정되어 있어서 「지방세법」 제10조 제5항 제5호는 「지방세법 시행령」 제18조의 취득가격범위 등의 규정을 적용할 수 없으므로 「지방세법 시행령」 제18조 제2항 제4호의 부가가치세는 취득가격에서 제외된다는 규정이 적용되지 아니할 것이기 때문이다.

「부동산 거래신고에 관한 법률」 제3조에 따른 신고서를 제출하여 같은 법 제6조에 따라 검증을 할 때 매매(분양)계약서상 매매대금에 부가가치세 별도라고 되어 있는 경우 부가가치세를 포함한 금액이 아닌 계약서상의 매매대금으로 사실상의 취득금액으로 검증할 것으로 보여지나, 반대로 계약서상 부가가치세가 포함되어 있는 경우 부가가치세를 차감한 금액을 사실상의 취득금액으로 검증하지 않고 계약서상 금액으로 할 가능성이 매우 높다. 이러한 경우 동일 과세물건에 대하여 부가가치세 부담 등 동일한 매매대금이더라도 계약서의 매매대금에 부가가치세를 포함하여 기재하는지 여부에 따라 과세표준이 달라진다는 모순이 발생할 수 있다. 따라서 개인사업자와 매매하였더라도 매매(분양)계약서, 세금계산서와 지급영수증 등에 의하여 부가가치세를 부담한 것이 확실하다면 이를 과세표준에서 제외하는 것이 타당하다.

제7절 취득시기(지법 §10-7, 지령 §20)

 개요

취득 구분	취득시기
○ 유상승계취득 (2023년 이후) - 원칙	- 사실상 잔금지급일[2024년 이후 유상승계취득하는 경우(사실상의 잔금지급일을 확인할 수 있는 경우로 한정)부터 적용(법 부칙 §4 ②)]과 등기(등록)일 중 빠른 날
- 사실상 잔금지급일을 확인할 수 없는 경우	- 신고인이 제출한 자료로 사실상의 잔금지급일을 확인할 수 없는 경우에는 계약상의 잔금지급일(잔금지급일 명시되지 않은 경우 계약일부터 60일이 경과되는 날)과 등기(등록)일 중 빠른 날
(2022년 이전) ① 국가·지방자치단체·지방자치단체조합으로부터 취득	- 사실상 잔금지급일과 등기(등록)일 중 빠른 날

취득 구분	취득시기
② 외국으로부터의 수입에 의한 취득 ③ 판결문·법인장부에 의한 취득가격이 입증되는 경우 ④ 공매 취득 ⑤ 위 4가지 외의 유상승계취득	– 계약상의 잔금지급일(사실상 잔금지급일 명시되지 않은 경우 계약일부터 60일이 경과되는 날)과 등기(등록)일 중 **빠른 날**[구「공인중개사의 업무 및 부동산 거래신고에 관한 법률」의 규정에 의한 신고서를 제출하여 같은 법 규정에 의하여 검증이 이루어진 취득(2006년도만 적용) : 사실상의 잔금지급일과 등기(등록)일 중 빠른 날]
– 주문을 받거나 판매하기 위하여 차량·기계장비·항공기 및 선박("차량 등")을 제조·조립·건조하는 경우(2022년 이후)	– 실수요자 인도일과 계약상 잔금지급일 중 **빠른 날**
– 차량등을 제조·조립·건조하는 자가 직접 사용하는 경우(2022년 이후)	– 등기 또는 등록일과 사실상 사용일 중 **빠른 날**
– 차량·기계장비·항공기 및 주문건조 선박(제조업자 등으로부터 취득하는 경우)	– 실수요자 인도일과 계약상 잔금지급일 중 **빠른 날**
– 대물변제	– 소유권이전등기일(지방세정팀-1528, 2005.7.7.)이라 해석하였으나, 사실상의 취득일과 소유권이전등기일 중 **빠른 날**(지방세운영과-2458, 2016.9.22.)로 해석 변경 ※ 국세 : 소유권이전등기접수일(서이-1473, 2006.8.2.)
– 교환	– 잔금지급일(교환등기일이 빠른 경우 교환등기일) – 보충금이 없는 경우 교환등기일
– 현물출자	– 법인설립등기일 또는 증자등기일(소유권이전등기일)
– 잔금 소비대차전환	– 잔금 소비대차 전환일과 소유권이전등기일 중 **빠른 날**
– 연부취득	– 사실상의 연부금 지급일과 등기(등록)일 중 **빠른 날**
○ 무상취득 – 증여(기부, 출연)	– 계약일과 등기(등록)일 중 **빠른 날** ※ 국세 : 증여등기접수일
– 상속취득	– 상속개시일
– 명의신탁 해지	– 소유권이전등기일

취득 구분	취득시기
– 이혼재산분할 – 양도담보 – 시효취득 – 합병(분할) – 종전기반시설	※ 국세 : 당초취득일(소유권환원등기 시기와 무관 : 서이-2358, 2006.11.17.) – 소유권이전등기일 – 소유권이전등기일 – 취득 물건 등기일(등록일)(2021년 이전은 사실상 취득일인 시효완성일) ※ 국세 : 점유개시일(「소득세법 기본통칙」 98-7) – 합병(분할)기일(※ 국세 : 합병(분할)등기일) – 준공인가되어 관리청에 준공인가통지를 한 때 (대법원 2019두53075, 2020.1.16.)

○ 원시취득
  – 허가 건축
 	
  – 무허가 건축
 	
  – 사용승인(임시사용승인) 불필요 건축
 	
  – 도시재개발사업으로 건축한 주택[194]
 	
  – 재개발사업(2018.2.8. 이전 주택재개발사업), 도시환경정비사업으로 건축한 주택[195]
  – 매립·간척 등으로 인한 토지의 취득
	
	– 사용승인서교부일, 사실상 사용일과 임시사용승인일 중 빠른 날
	– 사실상 사용일(2014.8.12.부터 사실상 사용일과 사실상 사용가능 중 빠른 날)
	– 사실상 사용일(2014.8.12.부터 사실상 사용일과 사실상 사용가능 중 빠른 날)
	– 사업시행자는 사용승인서교부일, 사실상 사용일과 임시사용승인일 중 빠른 날
	– 사업시행자는 사용승인서교부일, 사실상 사용일과 임시사용승인일 중 빠른 날,
	– 공사준공인가일, 사용승낙일, 허가일 또는 사실상 사용일 중 빠른 날
	※ 사실상 사용일은 2014.8.12.부터 적용

○ 지목변경	– 사실상 지목변경일(지목변경일 이전에 임시사용 시 임시사용분은 사실상 사용한 날)과 공부상 지목변경일 중 빠른 날

○ 개수
  – 허가 개수
 	
  – 무허가 개수
 	
  – 사용승인(임시사용승인) 불필요 개수
	
	– 사용승인서교부일, 사실상 사용일과 임시사용승인일 중 빠른 날
	– 사실상 사용일(2014.8.12.부터 사실상 사용일과 사실상 사용가능일 중 빠른 날)
	– 사실상 사용일(2014.8.12.부터 사실상 사용일과 사실상 사용가능일 중 빠른 날)

194) 재건축조합과는 달리 일반분양분 주거용 부속토지의 취득시기에 대하여는 별도로 규정되어 있지 않아 환지처분되어야 대지권이 확정된다는 점에서 환지처분 공고일의 다음 날과 수분양자의 주거용 건축물의 잔금지급일 전(수분양자가 잔금을 지급하는 경우 수분양자에게 소유권이 이전되기 때문임)알 중 빠른 날이 취득일로 보아야 할 것이다.

195) 재건축조합과는 달리 일반분양분 주거용 부속토지의 취득시기에 대하여는 별도로 규정되어 있지 않아 소유권

취득 구분	취득시기

○ 수입
 - 실수요자에게 인도하는 경우(차량, 기계장치,
  항공기, 선박에 한함)
 - 우리나라에 인취하지 않거나 보세구역을 경
  유하지 아니하고 외국에서 사용하는 경우
 - 그 외
	- 실수요자 인도일과 계약상 잔금지급일 중 빠른 날
	
	 - 등기(등록)일
	
	 - 인취하는 날(보세구역을 경유하는 경우 수입신
	  고필증 교부일)

○ 차량·기계장비·선박 종류변경(구조변경)	- 사실상 변경일과 공부상 변경일 중 빠른 날
○ 조건부 취득	- 조건성취일
○ 재건축조합 또는 소규모재건축조합이 조합원으 로부터 취득하는 토지 중 조합원에게 귀속되지 아니하는 토지의 취득	- 소유권이전 고시일의 다음 날

○ 도시재개발사업, 재개발사업
 - 도시재개발사업으로 건축한 주택을 환지처분
  에 의한 취득(2019.5.30. 이전만 적용되고,
  2019.5.31. 이후 일반 건축물과 동일)[196]
 - 재개발사업(2018.2.8. 이전 주택재개발사업),
  도시환경정비사업으로 건축한 주택을 소유
  권이전에 의한 취득(2019.5.30. 이전만 적용
  되고, 2019.5.31. 이후에는 일반 건축물과 동
  일)[197]
	- 조합원과 수분양자는 환지처분공고일 다음 날과
	  사실상 사용일 중 빠른 날(조심 2016지1202, 2017.
	  6.28. 참조)
	 - 조합원과 수분양자는 소유권이전고시일 다음 날
	  과 사실상 사용일 중 빠른 날(조심 2016지1202,
	  2017.6.28. 참조)

○ 토지거래허가 구역	- 잔금지급일(잔금지급 후 토지거래허가 받은 경 우 토지거래허가일, 해제의 경우 해제일)
○ 선수협약	- 하단 참조
○ 가설건축물 존속기간이 1년 이하인 상태에서 존 속기간이 1년을 초과한 경우	- 연장신고한 경우 연장신고일(연장신고를 하지 않은 경우 존속기간의 1년 초과일)
○ 원시취득 이후 분양받은 경우	- 잔금지급일(잔금지급일 후 원시취득한 경우 원 시취득일)

이전고시가 되어야 대지권이 확정된다는 점에서 소유권이전고시일의 다음 날과 수분양자의 주거용 건축물의 잔금지급일 전일(수분양자가 잔금을 지급하는 경우 수분양자에게 소유권이 이전되기 때문임) 중 빠른 날이 취득일로 보아야 할 것이다.

196) 2019.5.31. 당시 「도시개발법」 제51조 제1항에 따른 준공검사 증명서를 내주거나 같은 조 제2항에 따라 공사 완료 공고를 한 건축물 또는 같은 법 제53조 단서에 따라 준공검사 또는 공사 완료 공고 전에 사용허가를 한 건축물은 종전 규정이 적용됨(부칙 §3 1).

197) 2019.5.31. 당시 「도시 및 주거환경정비법」 제83조 제4항에 따라 공사 완료를 고시한 건축물, 같은 조 제5항 본문에 따라 준공인가 전에 사용허가를 한 건축물, 같은 조 제5항 단서에 따라 사용하게 한 건축물 또는 같은 법 시행령 제74조에 따라 준공인가증을 내어 준 건축물은 종전 규정이 적용됨(부칙 §3 2).

취득 구분	취득시기
○ 어음(수표)으로 잔급지급 시	– 어음(수표)결제일과 등기(등록)일 중 빠른 날
○ 가등기를 원인으로 본등기한 경우(판결이 확정된 경우 포함)	– 본등기일
○ 승소 판결을 받은 경우	– 소유권이전등기일 ※ 국세 : 증빙자료에 의하여 잔금청산일이 확인되는 경우 잔금청산일, 잔금청산일이 확인되지 않거나 분명하지 아니한 경우 등기접수일(서면5팀-692, 2008.3.31.)
○ 주택과 토지의 보상액이 시차를 두고 지급된 경우	주택과 그에 딸린 토지의 취득시기는 각각 자산별로 구분하여 판단
○ 교환하는 자산 – 교환가액에 차이가 있는 경우 – 차액의 정산이 필요한 경우 – 불분명한 경우	 – 교환성립일 – 차액을 정산한 날 – 교환등기일
○ 회원권 존속기한 또는 입회기간 연장(2014.8.12.~2017.12.31.)	– 기간이 새로 시작되는 날

☞ 선수협약

분양계약, 조성계약 등의 계약 내용이 계약체결시점에 대상 토지가 없는 경우와 택지조성 중인 경우에는 가계약으로 보아야 하므로 선수대금을 완납하였다 하더라도 취득이 된 것이 아니며 취득대상인 토지조성이 완료된 후 토지대금정산일이 취득일임(세정 13430-439, 2001.10.18.).

☞ 택지선수협약을 체결하고 선수금이 완납되기 전에 사용승낙을 얻어 매입목적에 사용하는 경우 취득기준일이 사용승낙일을 기준으로 하여야 한다는 종전 유권해석(세정 13407-764, 2000.6.15.)을 변경한 것임.

② 일반원칙

(1) 유상승계취득

1) 원칙

사실상 잔금지급일[2024년 이후 유상승계취득하는 경우(사실상의 잔금지급일을 확인할 수 있는 경우로 한정)부터 적용(법 부칙 §4 ②)]과 등기(등록)일 중 빠른 날이 취득일이 된다.

2022년 이전은 국가 등으로부터의 취득, 수입에 의한 취득, 공매 취득, 판결문, 법인장부에 의해 취득가격이 입증되는 경우 사실상의 잔금지급일과 등기(등록)일 중 빠른 날이 취득일이 된다. 이 취득의 경우에는 합의해제를 하더라도 60일 이내 해제사실을 공정증서 등에 의해 입증이 되더라도 무조건 취득으로 보도록 규정되어 있음에 유의하여야 한다.

2) 상기 1) 이외 경우

신고인이 제출한 자료로 사실상의 잔금지급일을 확인할 수 없는 경우에는 계약상의 잔금지급일과 등기일 중 빠른 날이 취득일이 되는데, 계약서상 잔금지급일이 명시되지 않은 경우 계약일로부터 60일이 경과되는 날을 계약상의 잔금지급일로 본다. 다만, 해당 취득물건을 등기·등록하지 아니하고 취득일부터 60일 이내에 계약이 해제된 사실이 화해조서·인낙조서(해당 조서에서 취득일부터 60일 이내에 계약이 해제된 사실이 입증되는 경우에 한함), 취득일부터 60일 이내에 계약이 해제된 사실이 공정증서(취득일로부터 60일 이내에 공증을 받은 것에 한함) 또는「부동산 거래신고에 관한 법률」제3조에 따라 시장·군수·구청장이 교부한 거래계약 해제를 확인할 수 있는 서류[취득일부터 60일 이내]에 부동산거래계약 해제등 신고서를 등록관청에 제출한 경우에 한함) 및 해제신고서[취득일로부터 60일 이내에 제출받은 것에 한함] 등으로 입증되는 경우(2014.8.11. 이전에는 취득일부터 60일 이내에 계약이 해제된 사실이 화해조서·인낙조서·공정증서 등으로 입증되는 경우)에는 취득한 것으로 보지 아니한다라고 규정되어 있으나, "계약서상 잔금지급일이 명시되지 않은 경우 계약일로부터 60일이 경과되는 날을 계약상의 잔금지급일로 본다"라는 규정은 "사실상으로 취득한 때"가 불분명하거나 사실상의 취득이 계약상의 잔금지급일과 견련되었을 때 그 취득시기에 대한 의제일 뿐, 현저하고 명백한 사실상의 취득시기를 배제하는 것은 아니라는 점, 주택 매매계약서상 잔금지급일이 아닌 사실상 잔금을 지급한 사실을 금융거래자료, 주택자금 대출내역 및 쟁점 주택 등기부등본 등에 의거 인정하고 있는 점 등을 종합하여 볼 때, 취득시기를 사실상 잔금지급일로 보는 것이 타당하다고 할 것이다(조심 2013지 161, 2013.5.24.)라고 결정하고 있다. 따라서 개인 간의 거래의 경우에도 사실상 잔금일이 명백하게 입증이 된다면 계약서상 잔금지급일이 아닌 실제 잔금지급일이 취득일이 되는 것이다.

2022년 이전은 국가 등으로부터의 취득, 수입에 의한 취득, 공매 취득, 판결문, 법인장부에 의해 취득가격이 입증되는 경우에 해당되지 아니하는 취득은 이 내용에 따라 취득일이 되었다.

(2) 무상취득

계약일(상속 또는 유증으로 인한 취득의 경우에는 상속 또는 유증 개시일)에 취득한 것으로 본다. 다만, 해당 취득물건을 등기·등록하지 아니하고 취득일부터 취득일이 속하는 달의 말일부터 3개월[2023년 이전에 무상취득한 경우로서 2023.12.31. 당시 그 취득일부터 60일이 경과된 경우(지령 부칙 §4) 취득일부터 60일] 이내에 계약이 해제된 사실이 화해조서·인낙조서(해당 조서에서 취득일부터 60일 이내에 계약이 해제된 사실이 입증되는 경우에 한함), 취득일부터 취득일이 속하는 달의 말일부터 3개월[2023년 이전에 무상취득한 경우로서 2023.12.31. 당시 그 취득일부터 60일이 경과된 경우 취득일부터(지령 부칙 §4) 60일] 이내에 계약이 해제된 사실이 공정증서[취득일로부터 취득일이 속하는 달의 말일부터 3개월{2023년 이전에 무상취득한 경우로서 2023.12.31. 당시 그 취득일부터 60일이 경과된 경우 취득일부터(지령 부칙 §4) 60일} 이내에 공증을 받은 것에 한함] 또는「부동산 거래신고에 관한 법률」제3조에 따라 시장·군수·구청장이 교부한

거래계약 해제를 확인할 수 있는 서류(2015.7.24. 삭제) 및 해제신고서(취득일로부터 60일 이내에 제출받은 것에 한함) 등으로 입증되는 경우(2014.8.11. 이전에는 취득일부터 60일 이내에 계약이 해제된 사실이 화해조서·인낙조서·공정증서 등으로 입증되는 경우)에는 취득한 것으로 보지 아니한다.

무상취득의 경우 계약일이 취득시기이나, 이는 계약과 동시에 계약 내용이 효력이 발생되는 것으로 추후 등기를 함으로써 소유권을 확보한다는 것을 전제로 한 것이다. 그런데 계약서상에 효력발생일을 별도로 약정한 경우에는 이는 조건부 증여로 보아야 할 것으로 조건내용이 성취되는 시점이 취득시기가 될 것이다.

(3) 원시취득

1) 건축물

> **[원칙]** 사용승인서(사용검사필증) 교부일
> **[예외]**
> • 사용승인 전에 사실상 사용 : 사실상 사용일
> • 임시사용을 승인받은 경우 : 임시사용승인일
> • 건축허가를 받지 아니하고 건축하는 건축물 : 사실상 사용일
> • 도시개발사업, 주택재개발사업 및 도시환경정비사업에 의한 환지처분이나 준공인가에 따른 이전고시의 경우 환지처분 공고일의 다음 날 또는 소유권이전 고시일의 다음 날과 사실상의 사용일 중 빠른 날

① 원칙

건축물을 건축하여 취득하는 경우에는 사용승인서를 내주는 날(사용승인서를 내주기 전에 임시사용승인을 받은 경우에는 그 임시사용승인일)과 사실상의 사용일 중 빠른 날을 취득일로 본다.

② 도시개발사업, 주택재개발사업 및 도시환경정비사업에 의한 환지처분이나 준공인가에 따른 이전고시의 경우

사용승인일(임시사용승인일)과 사실상의 사용일 중 빠른 날이 되는 것으로 2019년 이후는 이를 명확히 하였다.[198] 그런데 2018년 이전 시행령 조문에는 "「도시개발법」에 따른 도시개발사업이나 「도시 및 주거환경정비법」에 따른 정비사업(주택재개발사업 및 도시환경정비사업만 해당)으로 건축한 주택을 「도시개발법」 제40조에 따른 환지처분 또는 「도시 및 주거환경정비법」 제54조에 따른 소유권이전으로 취득하는 경우에는 환지처분 공고일의 다음 날 또는 소유권이전 고시일의 다음 날과 사실상 사용일 중 빠른 날을 취득일로 본다"라고 규정되어 있었으나, 「지방세법

---

198) 재개발 주택 등의 경우 원시취득에 대한 취득세 본래의 취지에 부합하고, 재건축 주택 및 일반 건축물과의 형평성, 재산세 과세체계와의 조화를 위해 준공 시점을 취득시기로 규정함.

시행령」 제20조 제6항의 해석상 「도시 및 주거환경정비법」에 따른 재개발사업(2018.2.8. 이전 주택재개발사업)으로 신축된 주택에 있어 사업시행자의 취득시기는 본문에 따라 사용승인일(임시사용승인일)과 사실상의 사용일 중 빠른 날이 되는 것이고, 조합원이나 수분양자 등이 같은 법 제54조에 따른 소유권의 이전으로 취득하는 경우에는 단서에 따라 소유권이전 고시일의 다음 날과 사실상의 사용일 중 빠른 날이 그 취득일이 되는 것이다(조심 2016지1202, 2017.6.28. 참조).

③ 타인이 신축하는 건축물

타인이 신축한 건축물을 취득하는 경우에 있어 취득일은 잔금청산일이 되며, 잔금을 청산한 날 현재 건축물이 준공되지 않은 경우에는 잔금청산일 이후의 사용검사필증교부일이 취득일이나, 사용검사 전에 사실상 사용(입주)하거나 사용승인을 받은 경우에는 사실상 사용일과 사용승인을 받은 날 중 빠른 날을 취득일로 본다.

④ 건축허가서상 건축주와 실제 건축주가 상이한 경우

신축 건물의 소유권은 원칙적으로 자기의 노력과 재료를 들여 이를 건축한 사람이 원시적으로 취득하는 것이나, 건물 신축 도급계약에서 수급인이 자기의 노력과 재료를 들여 건물을 완성하더라도 도급인과 수급인 사이에 도급인 명의로 건축허가를 받아 소유권보존등기를 하기로 하는 등 완성된 건물의 소유권을 도급인에게 귀속시키기로 합의한 경우에는 그 건물의 소유권은 도급인에게 원시적으로 귀속되고, 이때 신축 건물이 집합건물로서 여러 사람이 공동으로 건축주가 되어 도급계약을 체결한 것이라면, 그 집합건물의 각 전유부분 소유권이 누구에게 원시적으로 귀속되느냐는 공동 건축주들 사이의 약정에 따라야 할 것(대법원 2009다66990, 2010.1.28., 대법원 2004다36352, 2005.11.25.)인바, 당초 공동 건축주들이 이를 건축하여 각각 1개동씩 구분소유하기로 약정하였던 내용이 확인되고 있고, 이러한 약정에 따라 건축을 진행하면서 공동 건축주들이 개별적으로 소유권을 취득하기로 약정한 건물에 대하여 각각 건축자금을 별도로 부담한 것으로 나타나며, 건물에 대하여 임시사용승인을 받을 당시 A법인이 이를 단독으로 구분소유할 것이라고 표시하지는 아니하였으나 건물에 대하여 단독으로 취득세를 부담하였으며, 공동 건축주들이 최종적으로 ○○국제금융센터에 대하여 사용승인을 신청할 때에는 당초 약정대로 각각 1동씩 소유하는 것으로 구분기재하였고, 이에 따라 각각 1동씩 단독명의로 소유권보존등기를 하였던 점에 비추어, 당초부터 A법인이 이를 단독으로 취득하기로 한 약정 하에 A법인의 자금과 노력으로 이를 건축한 것이므로 A법인이 이를 단독으로 취득한 것으로 판단되고, 건축허가는 시장·군수 등의 행정관청이 건축행정상 목적을 수행하기 위하여 허가를 받은 자에게 일반적으로 허가 없이는 건축행위를 하여서는 안 된다는 상대적 금지를 관계법규에 적합한 경우에 해제함으로써 일정한 건축행위를 하도록 회복시켜 주는 행정처분일 뿐, 허가받은 자에게 새로운 권리나 능력을 부여하는 것이 아니고, 건축허가서는 허가된 건물에 관한 실체적 권리의 득실변경의 공시방법이 아니며 그 추정력도 없으므로 건축허가서에 기재된 자가 그 소유권을 취득하는 것이 아니라고 할 것으로써(대법원 2006다28454, 2009.3.12.),[199] 건물에 대하여 임시사용승인을 받으면서 공동 건축주들 명의

로 임시사용승인을 받았다고 하여 이를 공유로 취득한 것으로 보아 소유권보존등기 시 단독명의로 등기하자 이를 새로운 취득에 해당된다고 할 수는 없다(조심 2013지595, 2014.9.12.).[200]

⑤ 임시사용승인일, 사실상 사용일, 사용승인서 교부일 이전에 입주자로부터 잔금 수령 시

건축주가 임시사용승인일, 사실상 사용일, 사용승인서 교부일 이전에 입주자로부터 잔금을 받은 경우에는 임시사용승인일, 사실상 사용일, 사용승인서 교부일 중 빠른 날이 건축주의 원시취득일과 분양받은 자의 승계취득일이 된다[(임시)사용승인서 교부일 전에 사실상 사용한 경우, 즉 입주한 경우에는 입주일이 사실상 사용일이 되어 입주일이 취득시가 되는 것임].

⑥ 1동의 건축물 중 일부만 임시사용승인받은 경우

아파트·상가 등 구분등기대상 건축물을 원시취득함에 있어 1동의 건축물 중 그 일부에 대하여 임시사용승인을 받거나 사실상 사용하는 경우에는 그 임시사용승인을 받은 부분 또는 사실상 사용하는 부분과 그렇지 않은 부분을 구분하여 취득시기를 각각 판단한다.

한편, 준공이 나지 않은 상태에서 아파트 소유권이전등기가 되는 경우 아파트가 동별 (임시)사용승인이 난 경우 (임시)사용승인된 시점에 일부 동별 아파트에 대한 건축주의 취득이 이미 이루어졌는바, (임시)사용승인 시점에 아파트가 완성되어 취득을 원인으로 하는 소유권이전등기가 될 것으로 등록면허세 대상이 아니라 취득세 과세대상이 되는 것이다.

---

199) 건축 중인 건물의 소유자와 건축허가의 건축주가 반드시 일치하여야 하는 것도 아니다(대법원 2006다 28454, 2009.3.12.).

200) 실무적으로 건축물대장상의 건축주가 사실상 취득자라고 인식을 할 수가 있으나 통상 건물의 소유주는 건축주이기 때문이며 건축허가를 받아 건축물대장상에 건축허가를 받은 건축주가 소유자가 되는 것으로 판단할 수가 있는 것이다. 그러나 건축물대장은 권리관계를 공시하는 공적 장부가 아닌 이상 건축주가 당해 건축물의 소유자와 반드시 동일하다는 등식이 성립하는 것은 아니라 할 것이다. 대법원판례(2009다66990, 2010.1.28., 2004다36352, 2005.11.25. 판결 참조 등)에 따르면 신축 건물이 집합건물로서 여러 사람이 공동으로 건축주가 되어 도급계약을 체결한 것이라면, 그 집합건물의 각 전유부분 소유권이 누구에게 원시적으로 귀속되느냐는 공동 건축주들 사이의 약정에 따르는 것으로 보고 있다. 이 사건 건축물의 신축과정을 보면, 2016.00.00. A법인과 B법인은 공동으로 이 사건 건축물을 신축하여 쟁점 건축물은 A법인, 숙박시설부분은 B법인이 각각 사용·운영할 목적으로 관광숙박업 사업계획 승인을 받고, 공동 건축주로서 건축공사 등 제반 절차를 진행하였으며, 2020.00.0. A법인과 B법인은 행정청으로부터 쟁점 건축물은 A법인 소유, 숙박시설부분은 B법인 소유로 신축 건축물 사용승인을 받았으며, A법인은 쟁점 건축물의 건축물대장(생성, 2020.00.00.)에 소유자로 등재되었고, 같은 내용으로 부동산 등기부등본 상에 보존등기가 완료되어 있는 등 건축법 및 관련 절차에 따라 A법인이 쟁점 건축물의 원시취득자로 등재되어 있는 사실이 확인된다. 두 법인은 이 사건 건축물을 건축하면서 호텔부분과 숙박시설부분을 각자의 건축물로 취득하기로 하고, 인테리어 공사와 골조공사 등 주된 공사를 나누어 진행하는 등 공동으로 공사를 진행하였고, 신축공사 총비용 중 골조공사가 차지하는 비중이 높아 A법인은 B법인이 먼저 부담한 공사비용을 B법인에게 사업비 정산금으로 지급(준공 전 6회에 걸쳐 B법인에게 정산금을 지급)하였는바, A법인의 쟁점 건축물의 취득과정이 일반적인 건축물의 원시취득과 크게 다르지 않다고 할 것이다. 따라서 건축물의 취득 경위, 공부상 등재 현황, 취득비용 지출과정 등을 종합적으로 고려할 때, B법인이 A법인으로부터 정산금 수령에 대하여 법인장부상에 매매거래 성격을 반영한 "분양매출"로 기재된 사실만으로 B법인을 쟁점 건축물의 원시취득자로 볼 수 없고, A법인을 쟁점 건축물의 원시취득자로 보는 것이 타당하다(부동산세제과-2371, 2021.9.3.).

⑦ 잔금지급 또는 이전등기 전에 사전입주한 경우

입주자(분양받은 자)는 유상승계취득이므로 잔금을 지급하기 전에 사전입주하였다고 하여 아파트를 취득하는 것으로 보는 것이 아니라 잔금을 지급하거나 소유권이전을 하여야만 취득한 것으로 인정된다. 따라서 분양받은 자의 취득시기는 잔금지급일과 소유권이전등기일 중 빠른 날이 취득시기가 도래되는 것이다(잔금지급 전에 사실상 잔금지급된 경우 사실상 잔금지급일이 취득시기가 됨).

⑧ 대위등기된 경우

잔금지급일 전에 소유권이전을 할 경우에는 소유권이전등기일을 취득시기가 되나, 사실상 사용, 임시사용승인 또는 준공이 나지 않은 상태인 건축 중인 아파트를 채권자(분양받은 자 등)의 대위등기한 경우 사실상 사용 또는 (임시)사용승인이 없으므로 취득한 것으로 볼 수 없으므로 취득하기 전의 등기 시 등록면허세 과세대상이 되며, 추후 건축물 취득 시 취득세를 신고납부하면 되는 것이다.

⑨ 원시취득과 승계취득에 대한 우선취득 여부 판단

㉠ 개요

원시취득과 승계취득에 대한 우선취득 여부 판단의 문제는 신축 건축물(예 : 아파트)을 건축하여 분양하는 경우 건축주(예 : 건설회사)의 취득시기와 분양자의 승계취득 시기를 판단해 봄으로써 명확히 해석할 수 있다.

일반적으로 신축 건축물에 대해 준공검사필증 교부일 이전에 분양자가 입주하지 않은 경우라면 건축주와 분양자 모두 취득시기가 도래했다고 볼 수 없다.

그러나 준공검사필증 교부일 이전에 분양자가 잔금을 지급한 경우에는 원시취득은 건축주가 해당 건물을 신축하는 것이므로 그 취득시기는 일반적으로 사용승인서 교부일이나, 미리 잔금을 지급하였으므로 입주한 특정한 동 호실에 한하여 원시취득 시기는 분양자 입주일이 되는 것이다. 또한 분양자의 취득시기는 그 취득의 형태가 유상승계취득의 일종이기 때문에 일반적으로는 사실상 잔금지급일을 취득일로 보아야 하나, 사용승인서 교부일 전에 잔금지급과 분양자 입주가 이루어졌다면, 유상승계취득은 원시취득자를 시기상 앞설 수가 없으므로 승계취득일은 분양자 입주일(사실상 사용일임)이 되는 것이다.

사용검사필증 교부일 이후에 분양자가 잔금을 지급한 경우에는 사용승인서교부일이 건축주의 원시취득일이 되는 것이고, 분양자의 승계취득일은 잔금지급일이 되는 것이다.

공동주택의 경우 건물분뿐만 아니라 토지지분권에 대하여도 취득시기의 의문이 생길 수 있다. 그러나 「집합건물의 소유 및 관리에 관한 법률」 제20조에서는 공동주택에 대한 구분소유자의 대지사용권은 그가 가지는 전유 부분의 처분에 따르도록 함으로써 건물 부분에 대한 취득시기와 토지 부분에 대한 취득시기를 일치시키고 있다.

㉡ 주요 사례

신축 건축물을 건축하여 분양하는 경우 해당 신축 건축물에 대해 해당 분양자가 입주 전

이며, 해당 건축물에 대해 준공검사필증 교부일 이전인 경우에 해당하는 경우에는 건축주와 분양자 모두 취득시기가 미도래한 것이다.

예를 들어 건설회사가 아파트를 신축하다가 82% 공정에서 회사의 부도로 공사가 중단된 경우에는 해당 아파트에 대해 사용승인 등을 하지 않은 경우에 해당하므로 이는 취득시기가 도래하지 않은 것이고, 따라서 취득세 과세대상이 아니다(세정 13407-434, 2002.5.10.).

> ● **준공검사필증 교부일 전에 분양자가 잔금을 지급하고 입주한 경우**
> 건설업자는 원시취득에 해당하고, 분양자는 승계취득에 해당함. 승계취득시기는 원시취득시기를 이론적으로 앞설 수 없으므로 분양자 입주일(사실상 사용일)에 건설업자(해당 동호수에 대한 것)와 분양자의 취득시기가 됨.
> - 신축 건물 착공 : 2014.2.1.
> - 분양자 잔금지급일 : 2016.3.6.
> - 분양자 입주 : 2016.3.7.
> - 사용승인서 교부일 : 2016.4.2.

위의 예시와 같이 원시취득은 건축주가 해당 건물을 신축하는 것이므로 그 취득시기는 사용승인서 교부일이나, 사용승인서 교부일 이전에 분양자가 입주하여 사용하는 경우에는 그 입주일이 취득시기가 되는 것이므로 입주한 특정한 동 호실에 한하여 원시 취득시기는 분양자 입주일이 되는 것이다. 그런데 분양자의 취득시기는 그 취득의 형태가 유상승계취득의 일종이기 때문에 사실상 잔금지급일을 취득일로 보는 것이다. 그러나 유상승계취득은 원시취득자를 시간에 있어서 앞설 수가 없으므로 비록 잔금을 지급한 날(2016.3.6.)이 취득일이라 하더라도 취득일은 "분양자 입주일(2016.3.7.)"로 보아야 한다(도세 13421-165, 1993.3.9.).

이는 분양자가 잔금을 지급하였다고 하더라도 잔금지급 시점에서는 해당 물건이 완성되어 있지 아니하기 때문이다. 그러므로 그 잔금지급의 형태는 대금을 지급한 것이라고 하나 선수금을 지급하는 형태에 해당한 것으로 볼 수 있다.

그러므로 아파트에 대한 준공허가(사용승인)가 늦어짐에 따라 등기가 미뤄지는 경우라 하더라도, 분양자가 잔금을 지급하고 입주하는 경우에는 "분양자 입주일"을 취득일로 보아야 하는 것이다.

> ● **준공검사필증 교부일 후에 잔금을 지급하는 경우**
> 건설업자는 준공검사필증 교부일이, 분양자는 잔금지급일이 취득시기가 됨.
> - 신축 건물 착공 : 2014.2.1.
> - 사용승인서 교부일 : 2016.3.8.
> - 분양자 잔금 지급일 : 2016.3.15.
> - 분양자 입주 : 2016.4.7.

준공검사필증 교부일(사용승인서 교부일인 2016.3.8.)이 건축주의 원시취득일이 되며, 승계취득자인 분양자의 경우 잔금 지급일(2016.3.15.)이 취득일이 되는 것이다. 이는 원시취득자가 승계취득자의 취득시기보다 선행되기 때문이다.

> ● **융자금을 잔금으로 지급한 경우 취득시기**
> - 신축 건물 착공 : 2014.2.1.
> - 1차중도금 지급일 : 2014.8.1.
> - 2차중도금 지급일 : 2015.8.1.
> - 사용승인서 교부일 : 2016.3.8.
> - 분양자 잔금지급일 : 2016.3.15.(융자금이 건축주로부터 분양받은 자 명의로 대환된 시점)
> - 분양자 입주 : 2016.4.7.

준공검사필증 교부일(사용승인서 교부일인 2016.3.8.)이 건축주의 원시취득일이 되며, 승계취득자인 분양자의 경우 잔금지급일이 취득일이 되는 것이나 분양계약서상 잔금지급은 은행융자금으로 지급하기로 되어 있다면 잔금 지급일은 융자금이 분양받는 자 명의로 대환되는 때가 된다. 다만 대환되기 전에 소유권이전등기가 먼저 이루어졌다면 이전등기일이 취득시기가 된다.

사례 건설회사가 아파트를 신축하다가 82% 공정에서 회사의 부도로 공사가 중단된 경우, 해당 아파트에 대해 사용승인 등을 하지 않은 경우에는 취득세 과세대상이 아님(행자부 세정 13407 - 434, 2002.5.10.).

사례 승계취득에 따른 취득세 납세의무(세정 13407 - 1330, 1996.11.19.)
아파트건설 중 부도로 분양자들이 잔금을 지급하지 아니하고 무단으로 사전입주하여 사용하다가 입주자공동대표명의로 사용검사필증을 득한 경우 분양자가 사전입주한 날에 건축주인 (주) ○○개발에게 건축물의 원시취득에 따른 취득세 납세의무가 성립하고 또 최초입주자 개개인에게도 승계취득에 따른 취득세 납세의무(입주자 공동대표에게는 납세의무 없음)가 있음.

2) 매립, 간척

관계법령에 따라 매립·간척 등으로 토지를 원시취득하는 경우에는 공사준공인가일을 취득일로 본다. 다만, 공사준공인가일 전에 사용승낙이나 허가를 받은 경우에는 사용승낙일 또는 허가일을 취득일로 본다.

매립면허를 받은 자로부터 매립지 등을 매수하여 이를 취득하는 경우에는 이는 토지의 유상승계취득에 해당하므로, 다른 특별한 사정이 없는 한, 유상승계취득일(계약상의 잔금지급일 또는 사실상의 잔금지급일)에 매립지 등을 취득한다고 보아야 한다(대법원 98두11502, 1999.6.11.). 다만, 그 유상승계취득일 이후에 매립면허 등을 받은 자의 원시취득의 취득일이 도래하는 경우에는 그

원시취득의 취득일을 매수인의 매립지 등의 취득일로 보아야 한다.

3) 송전철탑

송전철탑의 경우 「지방세법」 제6조에 의한 건축물에 해당되고, 송전선로의 일부로서 「전기사업법」에 따라 인가를 받아 건축하도록 되어 있는 이상, 이는 「지방세법 시행령」 제20조 제6항 소정의 "건축허가를 받아 건축하는 건축물"에 해당된다 할 것이므로, 송전철탑의 취득일은 사용전검사필증 교부일이 아닌 임시사용승인일로 보아야 한다(조심 2009지825, 2010.7.22.).

☞ 사용승인을 받아 본격적인 상업운전이 시작된 날을 취득시기로 보아야 한다는 것은 잘못이라는 것임.

4) 열수송관

열수송관 사업을 하는 자는 공급구역별로 지식경제부장관의 허가를 받도록 규정되어 있고, 그 사업자는 공급시설의 설치공사나 변경공사를 한 경우에는 그 공사의 공정별로 지식경제부장관의 검사를 받아 합격한 후에 사용하도록 규정되어 있다. 따라서 열수송관의 설치가 건축허가 대상이 아니라고 하더라도 열사용 공사를 완료하고 지식경제부장관으로부터 사용허가를 받은 날이 취득시기에 해당되는 것으로 판단된다(지방세운영과-5117, 2010.10.27.).

(4) 차량·기계장비·항공기 및 주문건조 선박

차량·기계장비·항공기 및 주문을 받아 건조하는 선박의 경우에는 그 제조·조립·건조 등이 완성되어 실수요자가 인도받는 날과 계약상의 잔금지급일 중 빠른 날을 최초의 승계취득일로 본다. 따라서 차량·기계장비를 할부로 취득하는 경우는 할부금 지급시기와 관계없이 실수요자가 인도받는 날과 계약상의 잔금지급일 중 빠른 날이 취득시기가 된다.

제조업자가 제조한 차량 등의 실수요자가 따로 있는 경우 원시취득은 취득세 과세대상이 아니다. 한편, 제조업자나 신차 판매상이 아닌 자로부터 취득(수입에 의한 취득 제외)의 경우에는 잔금지급일과 등록일 중 빠른 날이 취득시기가 되는 것이다.

(5) 수입

1) 차량·기계장비·항공기 및 선박의 실수요자가 따로 있는 경우

실수요자가 인도받는 날과 계약상의 잔금지급일 중 빠른 날을 최초의 승계취득일로 본다. 이 규정은 차량 등을 도로에서 운행할 용도가 아닌 다른 용도로 취득하는 모든 경우에 실수요자에 의한 취득이 아닌 것으로 보아 취득세의 과세객체에서 제외한다는 취지의 규정이 아니라, 제조회사가 차량 등을 제작하여 자동차 판매회사나 실수요자에게 판매하는 경우, 자동차 판매회사가 자동차 제조회사로부터 차량을 구입하거나 외국에서 차량을 수입하여 실수요자에게 판매하는 경우에 자동차 제조회사의 차량 제조에 따른 차량취득 또는 자동차 판매회사의 판매를 위한 차량취득을 취득세의 과세객체에서 제외한다는 취지의 규정으로서, "실수요자"란 자동차 제조회사나 판매회사에 대응하는 소비자 내지는 수요자를 가리키는 것에 불과하여 판매 목적으로 차량을 취득한 것이 아닌 이상 그 취득 목적에 관계없이 "실수요자"에 해당한다. 한편, 자동차 제조회사가 다른 회사에서 제조한 차량을 시험용으로 취득하는 경우 취득세 과세객체에서 제외하는 명문의 규정이 없는 이상 차량의 취득이 취득세의 과세객체에서 제외된다고 볼 수 없으므로「지방세법」상 차량의 승계취득에 해당한다(대법원 2004두6426, 2005.6.9.).

2) 우리나라에 반입되지 않거나 보세구역을 경유하지 아니하고 외국에서 직접 사용하는 경우

수입물건의 등기 또는 등록일을 취득일로 본다.

> **사례** 국내 반입하지 않고 해외건설용 사용 후 국내 반입한 경우(세정 01254 – 8668, 1987.7.18.)
> 법인이 해외에서 중기 취득 국내 반입치 않고 해외건설용에 사용 후 국내에 반입한 경우 취득시기는 중기의 등록일이 되며, 과세표준은 취득시점 현재 법인장부상 취득가액이 됨.

3) 그 외

우리나라에 반입하는 날(보세구역을 경유하는 것은 수입신고필증 교부일)을 취득일로 본다.

(6) 연부취득

연부취득의 취득시기는 연부매매계약서상의 연부금지급일이 아닌 사실상의 연부금지급일이 취득시기가 되나, 잔금지급 이전에 소유권이전등기가 경료된 경우에는 이전등기일이 취득일이 되는 것이다.

연부이자도 연부금액에 포함하여 취득세 과세표준에 포함되는 것으로 취득대금지급 전에 연부이자만을 먼저 지급하였다면 그 연부이자 지급분은 독립적으로 취득시기가 성립된다고 보고 있다. 그리고 연부이자는 엄격히 말해 연부금이 아닌 연부금 지급과 관련된 부대비용이므로 이자비용만을 독립적인 취득이라고 보기에는 무리가 있으나, 법조문상 '연부금액'이란 매회 사실상 지급되는 금액을 말한다고 규정하고 있는바, 사전에 계약에 의하여 지급하기로 되어 있는 금액으로서 연부금액에 포함되는 것으로 해석하고 있다.

고유목적 사용 유예기간 산정 시 취득일은 최종 연부금지급일(최종 연부금지급 전에 등기를 하는 경우에는 등기일)을 말하는 것이다.

(7) 차량 등 종류변경

차량·기계장비 또는 선박의 종류변경에 따른 취득은 사실상 변경한 날과 공부상 변경한 날 중 빠른 날을 취득일로 본다.

(8) 지목변경

토지의 지목변경에 따른 취득은 토지의 지목이 사실상 변경된 날과 공부상 변경된 날 중 빠른 날을 취득일로 본다. 다만, 토지의 지목변경일 이전에 사용하는 부분에 대해서는 그 사실상의 사용일을 취득일로 본다.

'사실상의 지목변경'이란 토지의 형질이나 이용상황이 달라져 주된 용도가 변경되었음에도 지적공부상 등록변경이 이루어지지 않은 것을 의미하는 것으로, 사실상의 지목변경 시기는 토지의 지목을 변경하려는 자가 당초 의도한대로 토지의 형질이나 이용상태가 변경된 때를 말한다(지방세운영과－955, 2012.3.28.).

단순히 토지의 형질을 변경하는 경우에는 그 형질변경공사가 완료된 시점, 건축공사가 수반되는 지목변경의 경우에는 해당 토지가 건축물의 부속토지로서의 기능에 공여될 수 있는 시점에 지목변경이 이루어졌다고 보아야 할 것이다. 주택신축공사가 완료되어 사용승인서가 교부된 농지인 "답"이 사실상 "대"로 지목이 변경되었으므로 이때를 지목변경에 따른 취득일로 본다(행심 2006－76, 2006.2.27.).

토지의 지목을 사실상 변경한다는 것은 토지의 주된 용도를 사실상 변경하는 것을 의미한다. 이때의 변경이 있는지 여부는 토지의 현황이 물리적으로 변경되었는지 여부뿐만 아니라 상하수도공사, 도시가스공사, 전기통신공사 유무를 비롯하여 여러 사정을 종합하여 객관적으로 판단되어야 하고, 어느 토지 지상에 건축물 공사가 수반되는 경우 해당 토지가 건축물 부속토지로서의 기능을 갖추게 되는 시점에 비로소 그 지목이 사실상 변경된다고 보아야 한다(대법원 2018.3.29. 선고, 2017두35844 판결 참조). 따라서 토지가 실질적으로 대지로서 기능하게 되었음을 객관적으로 확인할 수 있는 시점인 토지의 택지개발사업 준공검사일이라고 할 것이다(대법원 2020두56155, 2021.4.1. 심불, 서울고법 2020누46211, 2020.11.19.).

따라서 주택을 완공함으로 인하여 비로소 사실상 대지로 지목변경이 이루어졌다고 보고 있으므로 토지대장상 지목변경일이 아니며 주택 착공일도 아니고, 주택 준공일(주택의 사실상 사용일이 준공일보다 빠른 경우 사실상 사용일)이 되는 것이다.

(9) 합병 또는 분할

국세에서는 합병등기일을 취득일로 보고 있으나, 지방세에서는 무상취득으로 합병계약일에 취득한 것으로 보아야 할 것이지만, 해석 등에 의하면 합병기일에 취득한 것으로 보고 있다. 즉 법인의 합병으로 인하여 소멸법인 소유 부동산을 존속법인 명의로 소유권을 이전할 때에는 합병기일이 취득시기가 된다(지방세운영과－1553, 2016.6.17.). 한편, 기업회계기준에 따르면 "합병기일"이라 함은 합병이 실질적으로 실행되어 피합병법인의 자산 및 부채와 권리 및 의무가 합병회사에 승계되고 합병대가가 확정되어 합병거래가 사실상 완료된 날을 말한다고 규정하고 있으므로 합병기일은 합병의 효력이 법률적으로 생기는 합병등기 전에 실질적으로 회사를 합치거나 설립하는 날이라 할 것인바, 소멸법인 소유의 토지를 사실상 취득한 날은 합병등기일이 아니라 최소한 합병기일 또는 그 이전(주주총회승인일, 합병계약일)으로 보아야 할 것이다(행심 98-418, 1998. 8.31. 참조). 그런데 신설합병의 경우에는 법인이 설립이 되지 않았는데도 합병기일로 보는 것은 문제가 있으므로 법인설립일이 취득일이 되는 것이라 판단된다.

한편, 분할도 마찬가지로 판단하여야 할 것이나, 분할기일에 법인설립이 되지 않았다는 점에서 법인설립 전에 취득이 있을 수 없는바, 분할설립등기일에 취득한 것으로 보는 것이 더 타당할 것이다.

❸ 사례별 취득시기

(1) 사실상 잔금지급

일부 잔금 미지급상태에서 매매계약에 따라 권리의무를 양도한 경우 원칙적으로 납세의무가 없으나, 취득과 같은 상태에서 전매한 경우에는 납세의무가 발생하는 것으로 본다. 이 경우 사실상의 잔금지급일 시점은 사용승인일, 입주예정일과 입주예정일 이후 지급일 중 빠른 날(입주일 이전에 지급한 경우에는 입주예정일)이 된다. 한편, 건축물 사용승인 이후 극히 미미한 소액을 남기고 대부분의 잔금을 납부한 경우는 대부분의 잔금을 납부한 시점이 취득시기가 된다(행심 2006-1128, 2006.12.27.).

'사실상의 잔금지급일'이라 함은 비록 잔금 지급이 모두 완결되지 않았다고 하더라도 거의 대부분의 잔금이 지급되고 사회통념상 무시하여도 좋을 정도의 일부분의 잔금만이 미지급되었다고 한다면 거래관념상 잔금을 모두 지급한 경우와 마찬가지로 볼 수 있는 경우 등을 가리키는 것으로서, 일반인의 관점에서 그 범위의 대강이 예측가능 하다고 할 것이고 과세관청의 자의적인 해석과 집행을 초래할 정도로 지나치게 추상적이고 불명확하다고 볼 수 없다고 할 것임으로(대법원 2007두4148, 2007.4.26.), 거래관념상 잔금의 일부를 납부하지 아니 하더라도 취득 물건의 사실상 수용·수익·처분이 가능한 권리를 가지고 있다면 '사실상 취득'으로 보아 취득으로 의제하는 것이 타당할 것으로, 甲이 해당 토지 분양대금의 대부분을 납부하여 취득 물건의 사실상 수용·수익·처분이 가능한 권리를 가지고 있다면 사실상 취득으로 볼 수 있을 것이다. 한편, 잔금미지급의 정도를 정형화할 경우에 오히려 매도자와 매수자간 담합에 의하여 정해진 기준 이상의 잔금을 남김으로써 취득세를 탈세할 우려가 있음으로 소액 잔금 미납 시 사실상 취득으로 인정하는 규모를 별도로 정하여 법적으로 기준을 정하는 것보다, 당초 계약상 잔금지급일 경과 여부, 계약상 잔금 중 지급된 비율, 전매여부, 사실상 사용·수익·처분 여부 등을 종합적으로 판단하여 사안별로 결정하는 것이 타당할 것으로 보여진다. 따라서 사실상 취득 여부 및 취득으로 볼 수 있는 잔금범위 등의 판단 관련해서는 과세권자가 사실상 사용·수익·처분 여부 등을 사실조사하여 판단할 사항이다(지방세운영과-6036, 2010.12.25.).

한편, 매매대금 중 일부는 매도인들의 ○○협동조합에 대한 담보대출채무를 승계하는 방법으로 지급하기로 한 것은 이행인수로 볼 것인데(대법원 2009.5.14. 선고, 2009다5193 판결 참조), 매도인

들은 매매계약을 체결하고 소유권이전등기 신청에 필요한 매도용 인감증명서를 교부하였으므로 매매계약서와 매도용 인감증명서 등을 이용하여 언제든지 소유권이전등기를 마칠 수 있었고 매도인들은 잔금을 매도인들의 ○○종합건설에 대한 미지급 공사대금채무의 지급에 갈음하기로 합의하였으므로 매매계약일에 매매대금을 모두 지급받았다고 할 것이다. 따라서 취득세 납부여부에 소유권 이전 효력과는 무관하므로 해당 부동산의 소유권을 사실상 취득하였다고 봄이 타당하다(대법원 2018두64221, 2019.3.14.).

> **사례** 매수대금 중 2%(8억)만 남겨둔 경우 사실상 취득 여부(대법원 2013두18018, 2014.1.23.)
>
> ○○토건이 이 사건 각 조합으로부터 이 사건 각 토지뿐만 아니라 그 지상에서 시행할 이 사건 사업에 대한 사업권까지 인수한 것이고, 원고도 이 사건 약정에 따라 ○○토건으로부터 위 각 토지와 함께 위 사업권까지 양수한 것으로 인정되는 사정 등에 비추어 원고의 위와 같은 금원 지급이 이 사건 사업에 대한 사업권 양수와 무관하게 오로지 이 사건 각 토지의 취득만을 목적으로 지급된 것이라고 단정하기 어렵고, 원고가 지급한 위 37,023,030,236원을 이 사건 각 토지의 취득대금으로만 볼 수 있다고 하더라도 위 금액과 현장인수대금 378억 원과의 차액에 해당하는 약 8억 원은 사회통념상 위 378억 원이 모두 지급된 것으로 볼 수 있을 정도로 적은 금액이라고 할 수 없어, 원고가 이 사건 각 토지를 2006.12.28. 사실상 취득한 것으로 볼 수 없음.

(2) 대물변제

'대물변제'라 함은 본래의 채무에 갈음하여 다른 급부를 현실적으로 하는 때에 성립하는 요물계약으로써, 다른 급부가 부동산의 소유권이전인 때에는 그 소유권이전등기를 완료하여야만 대물변제가 성립되어 기존 채무가 소멸하는 것이다(대법원 98두17067, 1999.11.12.). 따라서 소유권이전등기일이 취득시기가 된다(지방세정팀-1528, 2005.7.7.).[201] 그런데 대물변제로 받은 다른 급부가 취득세 과세대상 부동산등에 해당하고 대물변제의 이행으로 인하여 채권이 소멸되는 경우에는 취득세 과세대상 대물변제 물건을 취득하고 그에 대한 매매대금을 지급한 것으로 볼 수 있어 취득세 과세객체인 사실상의 취득에 해당한다고 할 것(지방세운영과-993, 2016.4.19.)이므로 해당 법인이 직접 주택 및 상업시설 등을 건설하여 분양한 토지의 경우에는 공사용역의 제공이 완료되는, 즉 토지의 준공시점과 소유권이전등기일 중 빠른 날을 취득시기로 보아야 할 것이나, 대물변제로 수령하는 토지 중 일부를 제3자에게 매각하여 매수자가 해당 법인에 잔금을 지급함으로써 매수자(제3자)의 취득시기가 도래되는 경우에 있어서는 해당 법인이 사용·수익·처분에 관한 권능을 가지고 행사한 것으로 보아 매도인의 취득시기를 취득일로 보는 것이 합리적이라 할 것이다(지방세운영과-2458, 2016.9.22.).

---

201) 대법원판례(98두17067, 1999.11.12.)에서도 동일하게 판시한바 있다. 종전에는 상계처리일(또는 정산일)과 소유권이전등기일 중 빠른 날(세정 13407-839, 2002.9.6.)이 취득시기라고 해석하였다.

(3) 선수협약

조성 중인 토지의 취득일을 판단함에 있어서 선수금의 성격은 추후 본계약을 체결하기 위한 예약금의 성격을 띠고 있으므로 선수금을 완납하더라도 취득이 되지 아니하는 것이며, 본계약을 이행하기 위한 예약금을 완납한 것이 불과한 것이다. 가계약(선수협약 등)에 의하여 선수금을 지급하고 정산하기로 경우에는 정산일에 취득일로 보아야 한다. 즉 가계약(선수협약 등)에 의한 선수금 완납일에 취득으로 볼 수가 없는 것이며 추후 면적의 확정, 대금의 정산 등으로 이를 취득일로 판단하는 것이다. 이는 분양계약, 조성계약 등의 계약 내용이 계약체결 시점에 대상 토지가 없는 경우와 택지조성 중 경우에는 가계약으로 보아야 하므로 본계약과 구별하여야 하며, 가계약은 본계약이 아니므로 선수대금을 완납하였다 하더라도 취득이 된 것이 아니며 취득대상인 토지조성이 완료된 후 토지대금정산일(별도의 정산이 없다면 토지조성 후 이용가능한 때 - 토지대금 정산은 면적 증감없이 당초 계약 내용에 대한 것으로서 수정신고대상이 되는 것임)로 보아야 하는 것이다.

한편, 주택건설용지에 대한 선수협약을 체결하고, 해당 토지에 대한 토지사용승낙을 받은 후 본 계약이 체결되지 않은 상태에서 선수대금이 완납되었다 할지라도 해당 토지에 대한 취득의 시기는 본 계약체결 이후 잔금지급일 또는 토지대금정산일 중 빠른 날이 취득시기가 된다(세정 13430-439, 2001.10.18.). 이 유권해석은 택지선수협약을 체결하고 선수금이 완납되기 전에 사용승낙을 얻어 매입목적에 사용하는 경우 취득기준일이 사용승낙일을 기준으로 하여야 한다는 종전 유권해석(세정 13407-764, 2000.6.15.)을 변경한 것이다. 가계약에 의거 선수금 지급 후, 본계약 대체체결 후 별도로 정산하는 경우에는 먼저 사용·수익을 할 수 없는 경우라면 토지대금 정산일이며 사용·수익 승낙을 받아 사용하는 경우라면 사용한 부분은 사실상 잔금지급일이 된다고 비록 유권해석을 하였으나 구「지방세법」제71조(1997.10.1.)에 의한 수정신고납부제도가 있기 이전에 운영한 것이므로 금액이 증감하는 경우 정산일을 수정신고사유 발생일로 보아야 할 것이다. 즉 이는 어디까지나 유상승계취득의 일종이기 때문에 '사실상 잔금지급일'이 취득일에 해당되는 것이며, 대금의 정산 등으로 변경되는 경우에는 수정신고 또는 경정청구를 하여야 하는 것이다. 면적의 증가 시에는 새로운 취득으로, 감소 시에는 경정청구를 통하여 환급청구하여야 할 것이다. 분양계약, 조성계약 등의 계약 내용이 계약체결 시점에 대상 토지가 없는 경우와 택지조성 중 경우에는 가계약으로 보아야 할 것이다. 이후 택지가 조성되면 그 때 본계약으로 보아야 할 것이나, 잔금이 지급된 상태에서 택지가 조성된 것으로 보이며, 그 날에 당초 계약이 본계약이 될 것으로서, 사용허가가 나서 사용가능하였다면 그 날이 취득시기가 될 것이다. 추후 정산에 의하여 대금을 추가로 납부하였다면 이는 수정신고 또는 경정청구 대상이 되는 것이다.

토지대금이 모두 지급되었다 하더라도 목적 대상물이 완성되지 아니한 상태 즉 목적물이 없는 상태에서는 취득세 납세의무가 없는 것으로, 택지조성공사가 완료되어야 목적물이 있는 것으로서 이용가능한 때에 취득한 것으로 보아야 한다.

📑 조성하는 토지의 유상승계취득시기 판단기준

구분	취득시기
1. 가계약(선수협약 등)에 의하여 선수금을 지급하고 정산하기로 하는 경우 (*) 분양계약, 조성계약 등의 계약내용이 계약체결 시점에 대상 토지가 없는 경우와 택지조성 중인 경우에는 가계약으로 보아야 하므로 본계약과 구별하여야 함.	○ 토지대금정산일 　- 선수금 지급기간이 2년 이상인 경우라도 연부취득이 아님. 　- 가계약은 본계약이 아니므로 선수대금을 완납하였다 하더라도 취득이 된 것이 아니며, 취득대상인 토지조성이 완료된 후 토지대금 정산일로 보아야 함.
2. 가계약에 의하여 선수금을 납부하고 본계약을 대체 체결 시 계약 내용상에 정산 시에 토지면적과 단가를 확정하기로 한 후에 별도 정산절차를 거치도록 하는 경우	○ 사용·수익을 하지 못하고, 별도의 정산절차를 거쳐서 정산하는 경우에는 토지대금 정산일이나, ○ 일정 면적을 사용·수익 승낙을 받아 사용하는 경우에는 선수대금을 완납하였다 하더라도 본계약 체결 이후 잔금지급일 또는 토지 대금정산일 중 빠른 날이나, 면적, 금액 증가 또는 감소로 정산 시 3과 동일하게 처리
3. 본계약을 체결하고, 계약서상의 잔금을 지급한 후 추후 정산하는 경우 (*) 계약체결 시에는 토지 면적과 단가가 확정된 상태로서 잔금을 지급한 경우에 해당됨.	○ 사실상의 잔금을 지급한 날 ○ 금액의 증가는 그 증가된 부분에 대하여 수정신고(감소된 경우 경정청구로 환급신청), 면적의 증가는 새로운 취득으로 별도 신고, 감소는 경정청구로 환급신청

☞ 종전 유권해석(세정 13407-316, 1994.7.7.)을 변경된 유권해석 등으로 보완한 것임.

사례 당초 매매대금이 모두 지급된 때 사실상 잔금지급일임(행심 2005-447, 2005.9.26.)

지방자치단체가 조성하여 공급하는 토지 중 위치 및 경계가 특정된 일정 토지를 일정한 금액을 매매대금으로 정하되 추후에 측량 결과에 따라 면적의 증감이 있는 경우에는 대금을 정산하기로 하는 약정 하에 매수한 후 당초의 매매대금을 모두 지급하였다면, 당초의 매매대금이 모두 지급된 때가 사실상의 잔금지급일이라고 봄이 상당하므로 그때가 토지의 취득시기가 된다고 할 것이고, 매매대금의 지급 후 면적 증감이 있어 대금을 정산하였다고 하여 대금정산일이 취득시기가 된다고 할 수는 없다 할 것임(같은 취지의 대법원판결 97누7097, 1998.1.23.).

사례 택지조성공사가 진행 중인 토지에 대한 취득시기(행심 2004-54, 2004.2.23.)

택지공급협약을 체결하였다가 그 후 본 계약을 체결하고 정산금을 지급하였으므로 법률 형식상으로는 매매예약을 하였다가 본 계약을 체결한 것이라고 볼 수 있지만 사실상 공사가 완료되어 언제든지 협약서상의 잔금을 지급하고 해당 토지를 사용할 수 있는 상태이었으며, 택지공급협약서에 따른 잔금을 지급하면서 선수이자를 공제받은 사실이 있고, 본 계약은 그로부터 약 3년이 경과할 무렵에 체결하면서 면적 증감에 따른 정산금만 정산할 사실과 협약서 제13조에서 사용승낙 이후에는 재산세 등을 청구인이 부담하도록 되어 있는 사실을 종합해 볼 때, 협약서에 의한 매매대금을 모두 지급한 날을 취득일로 보는 것이 실질과세의 원칙에 비추어 타당하다 할 것임.

(4) 소비대차

잔금을 소비대차로 전환한 경우에는 소비대차로의 변경일이 취득시기가 되는 것이다.[202]

(5) 수용

1) 원칙

지방세의 경우 수용의 경우 수용보상금 수령일을 잔금지급일로 보아 취득시기로 보고 있으며, 수용보상금 수령일 전에 소유권이전등기를 하였다면 소유권이전등기일이 취득시기가 되는 것이다.[203]

2) 공탁 시

공탁을 하였다고 하여 부동산을 취득했다 볼 수 없으므로 매도자의 공탁물 수령일과 소유권이전등기일 중 빠른 날을 부동산의 취득시기로 보고 있다(지방세정팀 – 1108, 2005.6.10.). 이는 공탁하였다고 하여 잔금이 지급된 것으로 볼 수 없으며, 매도자가 공탁금을 수령하여야 잔금이 지급된 것으로 본다는 것이다.

3) 보상금 수령 후 이의신청 시

보상금을 수령한 후 이의신청 등의 절차를 취한 경우에는 당초 지급한 보상금에 대하여는 지급한 날을 취득시기로 보아야 할 것이고(소유권이전등기일이 빠른 경우 등기일), 이의신청 등에 의하여 추가로 지급한 경우에는 지급(공탁한 경우 공탁금 수령일)에 수정신고사유일로 보고 수정신고를 하여야 할 것이다.

4) 수용재결에 따른 재결보상금 지급 시

공탁 없이 수용재결에 따른 재결보상금을 지급하는 경우 잔금지급일(소유권이전등기일이 더 빠른 경우 소유권이전등기일)이 취득시기가 되는 것이며, 공탁을 한 후 공탁금 수령 후에 수용재결에 따라 추가로 보상을 지급한 경우 당초 공탁한 보상금에 대하여는 보상금수령일을 취득시기

---

202) 「소득세법 기본통칙」 98 – 162…1 【잔금청산일이 매매계약서에 기재된 잔금지급약정일과 다른 경우 양도 또는 취득의 시기】
　① 매매계약서 등에 기재된 잔금지급약정일보다 앞당겨 잔금을 받거나 늦게 받는 경우에는 실지로 받은 날이 잔금청산일이 된다.
　② 제1항을 적용함에 있어서 잔금을 소비대차로 변경한 경우는 소비대차로의 변경일을 잔금청산일로 한다.
203) 양도소득세의 경우 「공익사업을 위한 토지 등의 취득 및 보상에 관한 법률」이나 그 밖의 법률에 따라 공익사업을 위하여 수용되는 경우로서 대금청산일, 수용개시일 또는 소유권이전등기일 중 빠른 날이 취득(양도) 시기가 되는 것이다. 다만, 소유권에 관한 소송으로 보상금이 공탁된 경우에는 소유권 관련 소송 판결 확정일로 한다(소령 §162 ① 7). 한편, 공탁과 동시에 소유권이전등기를 하고 있는바, 보상금 수령자(양도자)도 모르는 사이에 소유권이전등기가 되고 있는 실정이다.

로 보아야 할 것이고, 추가로 지급한 날을 수정신고사유일로 보고 수정신고를 하여야 할 것이다.

(6) 조건부 약정

약정한 내용이 조건부 약정인 경우 조건부 약정의 체결과 동시에 곧바로 취득하였다고는 볼 수 없으므로 약정에 제시된 조건을 모두 갖추었을 때에 비로소 사실상 취득한 것으로 본다. 즉 조건성취일이 취득시기가 된다. 그런데 조건부취득인 때 그 조건이 성립되지 못하여 원상회복하는 경우 등은 취득으로 보지 아니한다(세정 22670-11511, 1986.9.23.). 한편, 조건부 취득으로 잔금지급 후 어떤 조건이 성취될 때 취득가액이 변동되는 경우 당초 잔금지급일을 취득시기로 보아야 할 것이며, 그 이후에 가액이 변동된 경우에는 수정신고 또는 경정청구 대상이 되는 것이다.

> **사례** 약정체결일 아닌 약정 조건성취일이 취득시기임(대법원 2000두10359, 2001.4.13.)
>
> 토지의 양도에 대하여 약정한 내용이 조건부 약정으로서, 조건부 약정의 체결과 동시에 토지를 곧바로 취득하였다고는 볼 수 없고, 약정에 제시된 조건을 모두 갖추었을 때에 비로소 토지를 사실상 취득하였다고 할 것이므로, 토지에 대한 양도약정이 체결된 시점을 취득시기로 보아야 한다는 주장은 받아들이기 어렵고, 결국 과세관청이 약정에 제시된 조건이 모두 갖추어진 시점을 취득시기로 보아 취득세 등을 부과한 처분은 적법하다고 판단됨.

(7) 토지거래허가구역

토지거래허가구역 안에 있는 토지를 취득하면서 잔금을 지급한 후에 토지거래허가를 받은 경우 취득일은 토지거래허가일이 취득시기가 된다. 토지에 대한 거래허가를 받지 아니하여 무효의 상태에 있다면 매매대금을 전액 지급하였다 하더라도 이는 보관금 또는 선급금의 상태로 있는 것이다(감심 2001-130, 2001.10.30.).[204]

토지거래허가구역 내의 토지에 관한 매매계약이 토지거래허가를 받지 아니하여 유동적 무효 상태에 있다면, 사실상 또는 계약상 잔금지급일이 도래하였다고 하더라도 그 매매계약이 확정적으로 유효하게 되었다고 할 수 없으므로 취득세 신고·납부의무가 있다고 할 수 없고, 그 후 토지거래허가를 받거나 토지거래허가구역 지정이 해제되는 등의 사유로 그 매매계약이 확정적으로 유효하게 되었을 때 비로소 취득세 신고·납부의무가 있다고 할 것이므로, 취득세 신고·납부는 그때부터 60일 이내에 하면 된다(대법원 2012두16695, 2012.11.29.).

따라서 과점주주 간주취득세 과세물건을 포함 여부를 판단할 때는 잔금청산일 기준으로 하되

---

204) 토지거래허가구역 내의 토지를 매수하고 잔금을 지급한 후 토지거래허가를 받은 경우 취득세 부과시점을 두고 각 기관별 입장이 달라 혼선을 빚고 있었다. 즉 잔금지급일을 취득시기로 보아 취득세를 부과하면서 가산세를 포함하여 부과하고 있는데, 잔금지급일로부터 취득세 신고납부기한일로부터 5년이 경과되어 부과제척기간이 경과된 경우에는 취득세를 부과할 수 없는 상황일 때는 잔금지급일이 아닌 토지거래허가일을 취득시기로 하는 등 과세관청에서는 자의적으로 유리하게 해석하고 있어서 납세자들에게 혼선을 주고 있었는데, 2014.1.1. 법 개정으로 대법원의 판례처럼 이를 명확히 하여 신고납부는 토지거래허가일 또는 토지거래허가구역 지정해제일 기준으로 하고 있다.

(대법원 2012두19229, 2012.12.27.), 취득세 등의 신고납부의무는 토지거래허가를 받거나 토지거래허가구역 지정이 해제되는 때 성립한다.

(8) 교환

1) 보충금이 없는 경우

유상승계취득의 경우에는 사실상의 잔금지급일(사실상 취득가액이 적용된 법 제10조 제5항 제1호에서 4호까지 취득에 한하며, 제5호인 「공인중개사의 업무 및 부동산 거래신고에 관한 법률」 제27조에 따른 신고서를 제출하여 같은 법 제28조에 따라 검증이 이루어진 취득인 경우에는 사실상의 잔금지급일이 아닌 계약상의 잔금지급일임) 또는 계약상의 잔금지급일에 취득한 것으로 본다고 하면서 취득일 전에 등기를 한 경우에는 그 등기일에 취득한 것으로 본다고 하고 있는바, 교환의 경우 교환 당사자 간에 교환할 물건의 제공이 있는 때가 취득일이라 할 것이나, 계약상 각각 다른 시기에 교환할 물건을 제공하도록 한 경우 또는 교환 계약서상에 인도일을 명시하지 아니한 경우에는 사실상의 명도일 또는 그 등기일을 취득일로 보아야 할 것이다(행심 2006-461, 2006.10.30.)라고 결정하고 있다. 그런데, 甲의료법인이 건물을 신축한 후 국가소유의 다른 부동산과 소유권을 이전하기로 약정한 교환 계약에 따라 취득하는 경우 교환 부동산의 차액에 따른 보충금 지급이 없다면 교환 등기일을 취득시기로 보는 것이 타당하다고 판단된다(지방세운영과-1922, 2009.5.13.)라는 유권해석이 있다.

이들 간의 차이가 있는 것으로 보여지나 「지방세법」에는 유상승계취득의 경우 인도일을 취득시기로 규정하고 있지 않기 때문에 후자의 사례대로 교환 등기일을 취득일로 보아야 할 것이다. 참고로, 보충금이 없는 교환의 경우 무상취득(계약일이 취득시기)으로는 볼 수 없을 것이다.

2) 보충금이 있는 경우

보충금이 있다면 보충금 잔금지급일과 교환 등기일 중 빠른 날이 취득시기가 될 것이다.

(9) 현물출자

법인 설립을 하는 경우 재산의 취득시기는 법인설립등기일이 되며(지예 법7-2), 증자의 경우 증자등기일(신주식교부일)이 취득시기가 된다. 그런데 증자등기일(신주식교부일) 전에 소유권이전등기를 한 경우라면 소유권이전등기일이 취득시기가 될 것이다.

한편, 재개발조합이 현물출자로 취득하는 토지 취득시기는 재개발조합 설립인가일 또는 토지의 신탁등기접수일 중 빠른 날을 말하는 것이다(법인세과-478, 2013.9.6.).

> **사례** 법인설립 중에 발기인이 토지의 현물출자로 인하여 취득하는 법인의 토지 취득시기는 법인설립등기일로 보는 것이 타당함(세정 13407-55, 1999.10.25.).

사례 현물출자 재산에 대한 법인의 취득일은 신주식지급일이 되나, 신주식지급일 전에 등기·등록을 한 때에는 해당 현물출자 재산의 등기·등록일이 취득일이 됨(도세 22670-889, 1989.3.9.).

(10) 시효취득

1) 2022년 이후 납세의무성립분

「민법」 제245조 및 제247조에 따른 점유로 인한 취득의 경우에는 취득 물건의 등기일 또는 등록일을 취득일로 본다.

2) 2021년 이전 납세의무성립분

취득세 납세의무성립시기는 취득세 과세물건을 취득하는 때로 규정되어 있고, 부동산 등의 취득세 과세물건을 「민법」 등 관계법령의 규정에 의한 등기·등록을 이행하지 아니한 경우라도 사실상으로 취득한 때에는 이를 취득한 것으로 보도록 규정되어 있고, 또한 취득세의 과세객체가 되는 부동산 취득에 관하여 「민법」 기타 관계법령에 의한 등기·등록을 이행하지 아니한 경우라도 사실상으로 취득한 때에는 이를 취득한 것으로 보도록 규정되어 있는바, 부동산에 관한 점유취득시효가 완성되면 취득자는 유상승계취득에 있어 잔금이 청산된 경우와 같이 등기명의인에 대하여 소유권이전등기청구권을 가지게 되는 등 그 자체로 취득세의 과세객체가 되는 사실상의 취득행위가 존재한다고 봄이 상당하다 할 것(대법원 2003두13342, 2004.11.25. 참조)이며, 점유취득시효가 완성된 부동산의 취득시기는 점유취득 시효완성일이 되는 것이므로, 토지의 취득시기는 점유개시일(1989.5.7.)부터 20년의 점유취득 시효가 완성된 2009.5.7.로 봄이 타당하다. 점유취득 시효완성일부터 확정판결일 사이의 가산세 부과에 있어서는 점유취득 시효완성에 따른 소유권 주장의 소를 법원에 제기하여 소송이 진행 중에 있어 법원의 확정판결일 이전에는 취득세를 신고납부 할 수 없는 불가피한 상황으로 부득이하게 신고납부기간을 경과한 경우에는 정당한 사유가 있는 것으로 보아 가산세를 부과하지 아니한 것이 타당하다(조심 2011지297, 2012.6.21.).

이와 달리 시효취득을 원인으로 한 소유권이전등기의 소에서 화해권고결정을 받고 그로 인한 소유권이전등기를 마치지 아니한 경우에는 「지방세법」 상 "취득"에 해당하지 아니함은 물론, 소유권 취득의 실질적 요건을 갖추었다고 볼 수도 없어 "사실상 취득"을 하였다고도 할 수 없고, 이러한 경우에는 소유권이전등기일을 취득일로 봄이 타당하다 할 것이다(조심 2008지601, 2009.3.17., 행심 2006-334, 2006.7.31. 참조)라고 해석한 바 있다.

심사례에서 보는 바와 같이 점유취득시효 완성일을 취득시기로 보아야 할 것이다. 한편, 소득세의 경우 부동산의 점유개시한 날을 취득시기로 보고 있다는 점에 차이가 있다.

(11) 소송

일반적으로 소유권에 다툼이 있어 법원에 소를 제기하여 승소판결로 취득하는 경우 법원의 판결은 소유권을 원시적으로 창설하는 것이 아니고 소유권의 취득사실을 확인하고 이를 확정해 준다는 의미가 있다 하겠으므로 통상 법원 판결문상에 나타나는 명백한 취득시기는 인정하여야 할 것이다(행심 2002-117, 2002.3.25.). 그런데 판결문에 의하여 명백한 취득시기를 확인이 할 수 없는 경우 소유권이전등기일을 취득시기로 보아야 한다.

여기서 '판결문'이라 함은 사실상 취득가액으로 입증이 되는 민사소송 및 행정소송에 의하여 확정된 판결문을 말하며, 화해·포기·인낙 또는 자백간주에 의한 것은 제외한다. 따라서 무변론 판결은 당사자에게 방어의 의사가 없을 경우에 굳이 변론을 열어 재판을 지연시킬 필요가 없기 때문에 도입된 제도로서, 당사자가 상대방이 주장된 사실에 대하여 답변서를 제출하지 아니하는 경우 법원은 해당 주장된 사실과 반대되는 사실을 주장한 바가 없어 그 사실의 진위를 밝히기 위하여 굳이 증거조사를 할 필요가 없기 때문에 이를 판결의 기초로 삼는 것일 뿐이라는 점 등을 종합하여 볼 때, 무변론 판결의 경우 법원 판결문상의 내용 자체가 진정한 사실관계에 부합된다고 인정하기는 어렵다 하겠으므로,[205] 법원 판결문상의 증여일을 아파트 취득일로 볼 수는 없다 하겠고, 증여를 원인으로 한 소유권이전등기의 소에서 승소 판결을 받고 그로 인한 소유권이전등기를 마치지 아니한 경우에는 구 「지방세법」 제105조 제1항의 "부동산 취득"에 해당하지 아니함은 물론, 소유권 취득의 실질적 요건을 갖추었다고 볼 수도 없어 같은 법 같은 조 제2항의 "사실상 취득"을 하였다고도 할 수 없다 하겠으므로, 증여를 원인으로 한 소유권이전등기의 소에서 승소판결을 받은 경우에는 소유권이전등기일을 취득일로 보아야 한다(행심 2006-334, 2006.7.31.).

(12) 부동산 명의신탁해지

명의신탁의 경우 신탁시점에 수탁자만 취득세를 납부하여야 할 것이며, 명의신탁해지의 경우 등기일 시점이 취득시기가 된다. 명의신탁해지를 원인으로 하는 소유권이전등기절차를 이행하라는 판결을 받은 경우 소유권이전등기일이 취득일이 되는 것이다(지방세정팀-2030, 2005.8.2.).

한편, 부동산 명의신탁의 경우 명의신탁 시 수탁자 명의로 취득한 시점에 신탁자도 사실상 취득자로 취득세 납세의무가 있으며, 해지 시점에서는 원칙적으로 납세의무가 없는 것이다.[206]

---

205) 무변론 판결은 의제자백에 의한 판결문에 해당하여 사실상의 취득가액으로 인정하기 어려워 곧바로 취득세 과세표준으로 사용할 수 없음(대법원 2014두41060, 2014.11.18.).

206) '사실상 취득'이란 일반적으로 등기와 같은 소유권 취득의 형식적 요건을 갖추지는 못하였으나 대금의 지급과 같은 소유권 취득의 실질적 요건을 갖춘 경우를 말하는 점 등에 비추어 보면, 부동산에 관한 매매계약을 체결하고 소유권이전등기에 앞서 매매대금을 모두 지급한 매수인은 계약상 또는 사실상의 잔금지급일에 법 제105조 제2항에서 규정한 '사실상 취득'에 따른 취득세 납세의무가 성립하는 것이고, 그 후 그 사실상의 취득자가 그 부동산에 관하여 매매를 원인으로 한 소유권이전등기를 마치더라도 이는 잔금지급일에 '사실상 취득'을 한 부동산에 관하여 소유권 취득의 형식적 요건을 추가로 갖춘 것에 불과하므로, 잔금지급일에 성립한 취득세 납세의무와 별도로 그 등기일에 법 제105조 제1항에서 규정한 '취득'을 원인으로 한 새로운 취득세 납세의무가 성립하는 것은 아니라고 할 것이다.
「부동산 실권리자명의 등기에 관한 법률」의 시행 전에 매매대금을 모두 지급하여 부동산을 사실상 취득한 자가 3자간 등기명의신탁 약정에 따라 명의수탁자 명의로 소유권이전등기를 마쳤다가 그 후 부동산실명법 제11조에서 정한 유예기간의 경과에 따라 무효가 된 명의수탁자 명의의 소유권이전등기를 말소한 다음 그

(13) 주식 취득시기

1) 명의개서된 경우

구「지방세법」제7조 제5항, 구「지방세기본법」제47조 제2호의 문언 내용과 아울러, 구「지방세기본법」제47조 제2호에서 말하는 '주주'나 '소유'의 개념에 대하여 구「지방세법」과 구「지방세기본법」별도의 정의 규정을 두고 있지 않은 이상 민사법과 동일하게 해석하는 것이 법적 안정성이나 조세법률주의가 요구하는 엄격해석의 원칙에 부합하는 점, 주식은 취득세의 과세대상물건이 아닐 뿐만 아니라, 구「지방세기본법」제47조 제2호는 출자자의 제2차 납세의무에 관하여 규정하면서 그 이하의 조항에서 말하는 과점주주의 개념을 일률적으로 정의하고 있어서 위 규정에서 말하는 '주주'가 되는 시기나 주식의 '소유' 여부를 결정할 때도 취득세에서의 취득시기에 관한 규정이 그대로 적용된다고 보기는 어려운 점 등을 종합하면, 이들 규정에서 말하는 '주주'나 '과점주주'가 되는 시기는 특별한 사정이 없는 한 사법상 주식 취득의 효력이 발생한 날을 의미한다고 할 것이다(대법원 2013.3.14. 선고, 2011두24842 판결 참조). 한편 주권발행 전에 한 주식의 양도는 회사 성립 후 또는 신주의 납입기일 후 6월이 경과한 때에는 회사에 대하여 효력이 있는 것으로서, 이 경우 주식의 양도는 지명채권의 양도에 관한 일반원칙에 따라 당사자의 의사표시만으로 효력이 발생하는 것이므로(대법원 1996.6.25. 선고, 96다12726 판결, 대법원 2002.3.15. 선고, 2000두1850 판결 참조), 주권이 발행되지 않은 경우에는 주식이 양도되는 시기에 관하여 별도의 정함이 없으면 양도계약의 체결일에 양수인이 주식을 취득하여 과점주주가 되는 것으로 보아야 한다(대법원 2020두35189, 2020.5.28. 심불, 대구고법 2019누3705, 2020.1.31.).

일반적으로 주식의 취득시기는 주식대금을 완불하였는지 여부에 관계없이 주주명부에 명의개서된 날을 취득일로 보아야 할 것이다(행심 99-23, 1999.1.27.). 과점주주에 따른 취득세 납세의무 성립 여부 또한 주주명부에 명의개서된 날을 기준으로 판단하는 것이 원칙이다(도세과-114, 2008.3.20.).

기명주식의 양도는 「상법」제336조의 규정에 의하여 배서 또는 주주로 표시된 자의 기명날인이 있는 양도증서에 의하여 회사와는 관계없이 행하여지는 것이며, 이에 의하여 양수자는 제3자에 대하여 명의개서의 유무에 불구하고 주식의 취득에 의하여 주주임을 주장할 수도 있으나, 주주와 회사와의 관계에 있어서는 주주명부(주식발행대장)에 명의개서하기 이전에는 회사에 대해서 주주임을 주장할 수 없을 뿐만 아니라 주권을 행사할 수 없다는 점 등으로 미루어 보아 과점주주로서의 주권의 취득일은 명의개서일로 봄이 타당하다 할 것이다(행심 2004-272, 2004.9.23.).

한편, 소득세의 경우 자산의 양도차익을 계산함에 있어 그 취득시기 및 양도시기는 원칙적으로 해당 자산의 대금청산일이며, 주식 또는 출자지분의 경우로서 대금을 청산하기 전에 명의의 개서를 한 경우에는 명부에 기재된 명의개서일이다(서면5팀-2580, 2007.9.17.).

국세와 지방세에 취득시기 차이가 있는데, 지방세에서도 유상승계취득의 경우 「지방세법 시행

부동산에 관하여 당초 매매를 원인으로 하여 그 명의로 소유권이전등기를 마친 경우에도 마찬가지로 적용된다(대법원 2010두28151, 2013.3.14.).

「령」제20조 제2항에 따르면 잔금지급일이 취득시기가 되어야 할 것으로 판단되는바, 약정 당시 체결과 동시에 주식을 양도하기로 하였는지, 주식양도의 효력 발생을 주식대금의 완납 시까지 유보하였는지, 아니면 주식명의개서를 하여야 효력이 발생하는지 등을 검토하여 취득시기를 결정하여야 할 것이다.

2) 명의개서되지 아니한 경우

주식의 취득시기는 일반적으로 명의개서가 이루어진 때로 보아야 하지만, 명의개서가 이루어지지 아니한 경우 '주주'나 '소유'의 개념에 대하여 「지방세법」이 별도의 정의 규정을 두고 있지 않은 이상 민사법과 동일하게 해석하는 것이 법적 안정성이나 조세법률주의가 요구하는 엄격해석의 원칙에 부합하는 점, 주식은 취득세 과세대상 물건이 아닐 뿐만 아니라, 출자자의 제2차 납세의무에 관하여 규정하면서 과점주주의 개념을 일률적으로 정의하고 있어서 '주주'가 되는 시기나 주식의 '소유' 여부를 결정할 때도 취득세 취득시기에 관한 규정이 그대로 적용된다고 보기는 어려운 점 등을 종합하면, 이들 규정에서 말하는 '주주'나 '과점주주'가 되는 시기는 특별한 사정이 없는 한 사법상 주식 취득의 효력이 발생한 날을 의미한다(대법원 2011두24842, 2013.3.14.).

주식대금을 모두 지급한 때에 취득시기로 볼 것이나, 약정 당시 체결과 동시에 주식을 양도하기로 하였는지, 아니면 주식양도의 효력 발생을 주식대금의 완납 시까지 유보하였는지 등을 심리하여 주식을 취득한 때가 결정될 것이다.

3) 주권발행 전 주식

「상법」제335조 제3항 소정의 주권발행 전에 한 주식의 양도는 회사성립 후 또는 신주의 납입기일 후 6월이 경과한 때에는 회사에 대하여 효력이 있는 것으로서, 이 경우 주식의 양도는 지명채권의 양도에 관한 일반원칙에 따라 당사자의 의사표시만으로 효력이 발생하는 것이고, 「상법」제337조 제1항에 규정된 주주명부상의 명의개서는 주식의 양수인이 회사에 대한 관계에서 주주의 권리를 행사하기 위한 대항요건에 지나지 아니하므로, 주권발행 전 주식을 양수한 사람은 특별한 사정이 없는 한 양도인의 협력을 받을 필요 없이 단독으로 자신이 주식을 양수한 사실을 증명함으로써 회사에 대하여 그 명의개서를 청구할 수 있다. 따라서 주권발행 전 주식을 양수한 사람은 주주명부상의 명의개서가 없어도 회사에 대하여 자신이 적법하게 주식을 양수한 자로서 주주권자임을 주장할 수 있다. 그리고 주권발행 전의 주식의 양도행위는 그 원인행위인 매매·증여 등 채권계약과 외형상 하나의 행위로 합체되어 행하여질 수 있고, 당사자가 특히 주식양도의 효과의 발생을 유보한 경우가 아니라면 통상 원인행위와 함께 행하여진다고 봄이 상당하다(대법원 94다36421, 1995.5.23., 대법원 99다60993, 2000.3.23. 등 참조). 이러한 법리에 비추어 보면, 주권발행 전에 이루어진 주식의 양도는 당사자의 의사표시만으로 효력이 발생하는 것이므로, 약정 당시 체결과 동시에 주식을 양도하기로 하였는지, 아니면 주식양도의 효력 발생을 주식대금의 완납 시까지 유보하였는지 등을 심리하여 주식을 취득한 때가 언제인지를 판단하여야 한다(대법원 2011두24842, 2013.3.14.).

4) 명의신탁 주식

법인의 주식 또는 지분을 취득함으로써 과점주주가 된 경우에 과점주주 간주취득세 납세의무가 성립된다고 규정하고 있고, 명의신탁 해지로 인하여 주식 명의를 회복하는 것은 주식의 취득에 해당되지 않으므로, 그에 따라 과점주주가 되는 경우는 과점주주 간주취득세 납세의무가 성립되었다고 볼 수 없지만(지방세운영과-3127, 2010.7.22.), 명의신탁임이 명백하게 입증이 되어야 적용할 수 있다. 따라서 명의신탁임이 명백할 경우에는 명의신탁된 주식의 당초 취득일에 취득한 것으로 보아야 할 것이다.

(14) 「주택법」상 주택조합, 재건축조합

1) 조합원의 조합에 신탁등기 토지

재건축조합원이 토지를 현물출자하는 경우 재건축조합의 토지 취득시기는 「주택건설촉진법」 제44조 제1항의 규정에 의한 주택조합설립인가일 또는 출자한 토지의 신탁등기접수일 중 빠른 날을 말하는 것이다.[207]

2) 조합의 일반분양분 토지

주택조합의 부동산 중 조합원지분에 대해서는 취득세가 비과세되는 것이고 일반분양분 주택 및 상가 등 기타 지분에 대하여는 주택조합에게 취득세의 납세의무가 있는 것이다(세정과-401, 2004.3.11.).

① 2008.12.31. 이전 일반분양분

2008.12.31. 이전에는 일반분양하는 부분의 토지에 대해 조합이 조합원으로부터 취득하는 날은 토지에 대한 신탁등기일(신탁등기종료일)로 보아야 하며, 입법미비로 인하여 취득세 과세대상이 되지 아니한다.

---

207) 조합주택용 토지에 대하여는 조합원을 위탁자겸 수익자로, 조합을 수탁자로 하여 신탁계약을 체결하고 조합원과 조합이 공동으로 신탁을 원인으로 한 소유권이전 및 신탁등기를 하며, 조합주택이 완공이 되면 건물에 대하여는 조합원이 보존등기(단, 일반분양분 및 상가 등 기타 지분은 조합이 보존등기), 토지지분은 조합과 조합원 간의 계약 또는 조합의 신탁목적달성, 즉 신탁종료를 원인으로 신탁말소등기를 하고 위탁자겸 수익자인 조합원에게 소유권이전된다.
취득세 과세표준은 「지방세법」 토지에 대한 시가표준을 적용하는 것이며, 신탁등기일에 취득세를 신고납부할 당시 일반분양하는 부분의 토지면적이 확정되지 아니한 경우에는 「지방세법」 제71조 제1항의 규정에 의거 신탁등기일 이후 면적·가액이 확정되는 때 수정신고할 수 있는 것이다(지방세정팀-1397, 2005.6.29.). 즉 취득세 납세의무성립시기는 관계법령상 신탁으로 신탁재산의 취득으로 보는 것으로 위탁자로부터 수탁자에게 신탁재산을 이전하는 경우의 취득이라고 규정하고 있으므로 이때를 취득시기로 보아야 한다(행심 2004-265, 2004.9.23.).
한편, 취득세를 적용할 경우에는 납세의무자를 조합원으로 보고 있다.

② 2009.1.1. 이후 일반분양분

　㉠ 「주택법」 제11조에 따른 주택조합(지역·직장·리모델링주택조합)

　　「주택법」 제49조에 따른 사용검사를 받은 날에 그 토지를 취득한 것으로 본다.

　㉡ 재건축조합(종전 주택재건축조합)

　　「도시 및 주거환경정비법」 제86조(2018.2.8. 이전 제54조) 제2항 또는 「빈집 및 소규모주택 정비에 관한 특례법」 제40조 제2항에 따른 소유권이전 고시일의 다음 날에 그 토지를 취득한 것으로 본다.

(15) 가등기

　가등기는 「부동산등기법」 제3조에 의거 같은 법 제2조에 게기한 권리(소유권 등)가 설정, 변경 또는 소멸의 청구권을 보전하려 할 때에 이를 하는 것으로서 가등기의 효력은 가등기는 후일 본등기를 한 경우에 그 본등기의 효력을 소급시켜 가등기를 한 때에 본등기를 한 것과 같은 순위를 확보케 하는데 그 목적이 있을 따름이고 가등기에 의하여 어떤 특별한 권리를 취득하게 하는 것으로 볼 수 없는 것이다(대법원 72마399, 1972.6.2.). 따라서 소유권이전등기청구권을 보전하기 위한 가등기는 그 자체만으로는 물권변동의 효력을 발생하는 것은 아니지만 후에 그 본등기를 하는 경우에는 가등기 시에 소급하여 소유권 변동의 효력이 발생한다.

　채권담보를 목적으로 부동산에 소유권이전등기청구권 보전을 위한 가등기를 경료하고 본등기에 필요한 서류를 미리 교부받은 후 그 채권의 변제기가 경과하였다 하더라도 「가등기담보 등에 관한 법률」 제3조, 제4조에서 정한 청산절차를 모두 거치기까지는 사실상의 취득이 있다고 할 수 없다(대법원 2000두499, 2001.6.12.). 그러므로 가등기가 본등기로 경료되지 아니한 경우라면 취득으로 볼 수 없는 것이므로 본등기가 경료된 때에 비로소 취득이 성립되는 것이다.

　가등기한 채무자의 부동산을 채권자 명의로 본등기 함으로써 채권, 채무를 소멸하는 경우에는 부동산의 취득시기는 대물변제로 채권, 채무가 소멸되는 본등기일이다(세정 1268-13279, 1983.10.25.). 그리고 가등기를 원인으로 본등기 판결이 확정되어 본등기를 한 경우에는 해당 과세물건의 취득일은 본등기일이 되는 것이다(세정 1268-15890, 1982.12.8.). 한편, 담보가등기 이후 채무를 변제하지 않아 본등기를 한 후 법원에서 당해 본등기를 무효라는 이유로 말소를 명하는 판결이 있었던 경우 본등기자가 당초 취득세 신고를 명백한 하자로 볼 수 없어 당연무효로 볼 수 없다(대법원 2011다15476, 2014.4.10.).

(16) 환지예정지

1) 종전 토지소유자 또는 승계취득자의 환지

일반적으로 환지(換地)의 의미는 토지의 이용가치를 전반적으로 증진하기 위하여 일정한 지역 내 토지의 소유권 또는 기타의 권리를 권리자의 의사 여하에 불구하고 강제적으로 교환(交換)·분합(分合)하는 것을 말하는바, 토지구획정리사업의 경우 동 사업지구 내 토지 소유자가 종전 토지를 사업시행자에게 넘겨주고, 사업시행자가 토지구획정리사업을 통하여 새로운 지번의 확정면적을 부여하면서 종전 토지의 권리면적과의 차이에 따라 청산금을 징수 또는 교부한 것으로서 토지구획정리사업지구 내 토지 소유자들 간에 상호 "교환"이 이루어진 것으로 볼 수 있는 측면에서 유상승계취득에 해당한다. 「도시개발법」 제35조 제1항에는 환지예정지가 지정된 경우 종전의 토지에 관한 토지소유자 및 임차권자 등은 환지예정지 지정의 효력발생일부터 환지처분의 공고가 있는 날까지 환지예정지 또는 당해 부분에 대하여 종전과 동일한 내용의 권리를 행사할 수 있으며 종전의 토지에 대하여는 이를 사용하거나 수익할 수 없는 것으로 규정하고 있다.

취득세에서 과세실무상 환지예정지를 취득할 때도 환지처분이 이루어지지 않았더라도 구 토지 면적이 아닌 환지예정면적으로 취득세 등을 부과하고 있는데(행심 2006-103, 2006.3.27. 참조), 이 경우 권리면적으로 하여야 하는 것이다. 그 이유는 토지구획정리사업 완료 후 환지처분에 의해 당초 권리면적보다 증가되어 청산금을 지급한 경우 해당 토지에 대한 새로운 취득세 납세의무가 성립하는 것이다(행심 2004-223, 2004.8.30.)라고 해석하고 있기 때문이다. 즉 당초 취득한 토지는 당초 토지 잔금지급일, 면적증가분에 대하여는 그 잔금지급일이 취득세 납세의무성립일인 취득시기가 되기 때문이다(세정 13407-1192, 2000.10.13. 참조).

참고로, 환지처분 공고 전에 처분된 체비지를 사업시행자가 환지처분 공고일 다음 날 취득하고 그 후 소유권이전등기를 마친 때 이를 승계취득하는 것으로 원시취득하였다고 할 수 없다(감심 2020-1166, 2020.12.21.). 대법원(2021두49468, 2021.12.16.)도 같은 취지로 판시하고 있다.

한편, 재산세의 경우 환지예정지는 환지예정지 지정의 효력발생일(2009.6.9.)부터 종전과 같은 내용의 권리를 행사할 수 있게 된 점, 대법원(1992.4.28. 선고, 91다39313 판결)에서도 환지계획이 이루어진 토지에 대한 매매의 경우 특별한 약정이 없는 한 향후 환지처분으로 받게 될 환지예정면적을 기준으로 하여 거래가 이루어지는 것이라고 보고 있는 점에 미루어, 환지예정지 지정처분이 있는 경우 재산세(토지분) 과세대상은 권리면적만이 아닌 환지예정지 면적(과도면적이 포함된 면적)으로 보는 것이 타당하다 할 것이다(조심 2014지0923, 2014.7.23.).[208]

---

[208] 취득세의 경우 청산금을 지급하지 아니한 경우 납세의무가 없다라고 보고 있는바, 청산금을 지급하지 아니한 상태라면 과도면적은 재산세 과세대상이 아니라고 주장할 수 있다.
그런데 소득세에서도 과도면적에 대한 취득시기를 환지처분공고일 익일로 보고 있다. 즉 환지처분된 토지를 양도하는 경우 환지처분으로 인하여 교부받은 토지의 면적이 환지처분에 의한 권리면적보다 증가된 경우 해당 증가된 면적의 토지에 대한 취득시기는 「소득세법 시행령」 제162조 제1항 제9호의 단서에 따라 환지처분의 공고가 있는 날의 다음 날로 하는 것이다(소령 §162 ① 9).

2) 체비지 취득자

① 사업시행자

도시개발사업의 사업시행자는 환지처분 공고일의 다음 날에 체비지를 취득하면서 취득세를 신고납부하여야 한다.

한편, 환지처분 이후에 지목변경이 끝난 체비지였던 토지에서 바로 직접 다른 건설사업을 하려는 경우 체비지는 환지처분 공고일의 다음 날에 사업시행자가 취득하므로 그 체비지였던 토지에서 사업시행자가 건설사업에 착공한다고 하더라도 자기 소유 중인 해당 토지를 다시 취득했다고 볼 수 없는 점, 사업시행자는 환지처분 공고일의 다음 날에 체비지를 취득하면서 취득세를 납부하는 점, 경매 등을 통해 자기 소유 중인 물건을 취득하는 경우 취득세를 부과하지 않는 점(지방세운영과-557, 2016.3.3. 등) 등을 고려했을 때 취득세 납세의무가 없다(부동산세제과-2420, 2023.6.30.).

② 사업시행자로부터 매수자

환지처분 전에는 체비지대장 등재일과 잔금지급일 중 빠른 날,[209] 환지처분 후에는 그 이전등기일에 각각 체비지를 승계취득하는 것으로 보아 취득세를 신고납부하는 것이다.

「도시개발법」에 의한 토지구획정리사업시행자로부터 체비지를 매입하면서 환지처분 공고일 이전에 잔금을 지급하였다 하더라도 이는 부동산을 취득할 수 있는 권리만 취득한 상태이고[210] 환지처분 공고일 익일에 소유권을 원시적으로 취득하게 되는 것이므로 환지처분 공고가 있는 날의 다음 날이 취득의 시기가 되는 것이다(지방세운영과-2370, 2008.12.2.)라고 해석한 바 있으나, 유권해석(지방세운영과-3642, 2012.11.12.)에 따르면 환지처분 공고일 이전이라도 체비지에 대한 잔금을 지급하였거나 체비지대장 등재[211] 중 어느 하나의 요건을 충족하였다면 체비지한대한 취득행

---

209) 유권해석(부동산세제과-2420, 2023.6.30.)에서는 체비지대장 등재일로 해석한 바 있다.

210) 도시개발사업자가 환지처분 전에 체비지 지정을 하여 이를 제3자에게 처분하는 경우 그 매수인이 토지의 인도 또는 체비지대장에의 등재 중 어느 요건을 갖추었다면 당해 토지에 관하여 물권과 유사한 사용수익권을 취득하여 배타적으로 사용·수익할 수 있으며 다시 이를 제3자에게 처분할 수 있는 권능도 가지게 되므로 도시개발사업 등에 있어 체비지를 양수한 자는 잔금을 지급하였거나 체비지대장에 등재된 때에 취득세 과세요건이 충족되어 이때 취득행위가 있었던 것으로 보아야 할 것인바(조심 2016지494, 2016.9.1. 같은 뜻임), 청구법인의 경우에도 이 건 토지에 대하여 2014.3.25., 2014.12.31., 2016.3.31. 매매계약을 통하여 체비지관리대장에 소유자로 등재되어 있는 것이 확인되고 있으므로, 당해 시점에서 사실상 체비지인 이 건 토지를 취득하였다고 보아야 할 것이다(조심 2019지2247, 2019.11.28.).

211) 「도시개발법」(2015.8.28. 법률 제13498호로 개정되기 전의 것, 이하 같다) 제72조 제2항 제5호 및 같은 법 시행령 제85조의 5 제2호에서 사업시행자는 토지 소유자와 그 밖의 이해관계인이 알 수 있도록 관보·공보·일간신문 또는 인터넷에 게시하는 등의 방법으로 체비지 매각내역서를 공개하여야 한다고 규정하고 있다. 청구법인은 2015.12.18. OOO주식회사와 도시개발사업의 체비지인 쟁점토지의 매매계약상 권리·의무를 승계하는 계약을 체결하였고, 쟁점토지의 체비지관리대장에 소유자로 기재되었으나, 쟁점토지의 잔금을 지급하지 아니한 상태에서 2015.12.28. 쟁점토지의 매매계약상의 권리·의무를 OOO주식회사에게 매도한 사실이 쟁점토지의 권리·의무승계계약서, OOO가 작성한 쟁점토지의 체비지관리대장 등에 의하여 확인되는 점, 「도시개발법」 제72조 제2항 제5호 및 같은 법 시행령 제85조의 5 제2호에서 사업시행자는 토지 소유자 등 이해관계인들이 알 수 있도록 체비지 매각내역서를 공개하도록 규정하고 있으나, OOO는 청구법인이 이 건 체비지관리대장의 열람 등을 요구하기 전까지 이를 외부에 공개하지 않은 것으로 보아 이 건

위가 있었던 것으로 보는 것이므로 취득시기는 잔금지급일이나 체비지대장 등재일 중 빠른 날이
되는 것이다.[212]

한편, 재산세의 경우 환지예정지에 대하여는 종전과 동일한 내용의 권리를 행사할 수 있게
되어 소유권의 대상이 되는 재산이 법률에 따라 종전 토지에서 환지예정지로 변경된 것으로 보
아야 하므로 환지예정지를 대상으로 재산세를 과세하는 것이 합법적이라 할 것이며, 환지예정지
는 환지처분 공고일 전까지는 취득세와 동일하게 권리면적으로 해석하여야 할 것이다. 그런데
환지처분 공고일 이후 재산세 과세기준일(6.1.)이 도래되었다면 과세기준일 현재 과도면적을 사
실상 소유하고 있는 자로 보아 재산세 납세의무가 있는 것으로 해석하고 있다(지방세운영과-
1766, 2008.10.13.).

> **사례** 환지처분 공고일 이전에 체비지를 취득한 경우(조심 2012지0530, 2012.9.13.)
>
> 청구인이 사업시행자로부터 2006.9.27.부터 2010.12.24.까지 체비지대장에 등재하여 쟁점체비지를
> 취득한 사실이 제출된 체비지대장, 사업도급계약서 및 영수증 등에서 확인되고 있는 이상, 환지처분
> 공고일 이전이라 하더라도 청구인은 체비지대장 등재일에 쟁점체비지를 취득하였다고 하겠음.

(17) 종전기반시설(무상취득)

도시정비법 제65조 제2항 후단에 의한 취득 역시 계약에 의한 취득이 아니어서 '계약일'을 상
정할 수 없고, 아래에서 보는 바와 같이 소유권 변동시기가 법률에 규정되어 있으므로 그 이전에
는 사실상의 취득이 있다고 보기 어려워 결국 그 취득시기는 상속 또는 유증의 경우에 준하여
판단할 수밖에 없다. 그렇다면 그 취득시기는 법률에 정한 소유권 변동시기가 되어야 한다. 구
도시정비법 제65조 제4항은 '제2항 후단의 규정에 의한 정비기반시설은 그 정비사업이 준공인가
되어 관리청에 준공인가통지를 한 때에 사업시행자에게 귀속 또는 양도된 것으로 본다'는 취지로
규정하여, 정비사업의 시행으로 인하여 용도가 폐지되는 정비기반시설의 소유권 변동시기가 '정
비사업이 준공인가되어 관리청에 준공인가통지를 한 때'임을 명확히 하고 있다(대법원 2019두
53075, 2020.1.16.).

체비지관리대장이 위의 체비지 매각내역서에 해당된다고 보기 어려운 점, 체비지대장은 도시개발사업시행
자가 제3자 등에게 처분한 체비지의 소유권보존등기를 위하여 행정관청에 제출하는 것으로서 당해 체비지
대장에 소유자로 기재된 자는 소유권보존등기를 할 수 있는 자를 말하는 것인 바 청구법인을 소유자로 등
재한 이 건 체비지관리대장은 위의 체비지대장에 해당된다고 보기도 어려운 점 등에 비추어, 청구법인이
쟁점토지를 취득한 것으로 보기는 어려우므로 처분청이 이 건 취득세 등을 과세한 처분은 잘못이 있다고
판단된다(조심 2017지202, 2017.7.13.).

212) 토지구획정리사업시행자(현행 도시개발사업시행자)가 환지처분 전에 체비지 지정을 하여 이를 제3자에게
처분하는 경우 그 양수인이 토지의 인도 또는 체비지대장에의 등재 중 어느 하나의 요건을 갖추었다면 양
수인은 당해 토지에 관하여 물권 유사의 사용·수익권을 취득하여 당해 체비지를 배타적으로 사용·수익
할 수 있음은 물론이고 다시 이를 제3자에게 처분할 수도 있는 권능을 가지며, 그 후 환지처분공고가 있으
면 그 익일에 최종적으로 체비지를 점유하거나 체비지대장에 등재된 자가 그 소유권을 원시적으로 취득하
게 된다(대법원 2007.9.21. 선고, 2005다44886 판결, 대법원 1996.2.23. 선고, 94다31280 판결).

(18) 근저당권자의 채무인수 미승낙 시

매수인이 매매목적물에 관한 근저당권의 피담보채무를 인수하는 한편 그 채무액을 매매대금에서 공제하기로 약정한 경우, 채무액을 공제한 나머지 매매대금을 지급하면 비록 채권자의 승낙이 없더라도 그 채권자에게 대항하지 못할 뿐 매도인과 매수인 간 계약은 유효하게 성립하여 매매대금이 지급되었다고 보는 것이 타당하므로(대법원 2019.3.14. 선고, 2018두64221 판결 참조), 채무액 외 대금 지급일에 잔금지급이 이루어진 것으로 보아야 하는 점, 「지방세법」에서 말하는 취득이란 취득자가 실질적으로 완전한 내용의 소유권을 취득하는가의 여부에 관계없이 소유권 이전의 형식에 의한 부동산 취득의 모든 경우를 포함하는데(대법원 2002.6.28. 선고, 2000두7896 판결 참조), 쟁점 부동산의 소유권이전등기가 이미 경료된 점 등을 종합했을 때 부동산의 취득세 납세의무는 성립된 것으로 보는 것이다(부동산세제과-550, 2020.3.11.).

제**8**절 세율 및 면세점

① 부동산 취득의 세율

2010.12.31. 이전 「지방세법」 상 '취득세 과세, 등록세 비과세', '취득세 비과세, 등록세 과세'인 과세대상에 대하여는 통합 2011.1.1. 이후에도 종전과 같이 과세되는 부분은 과세하고, 비과세되는 부분은 비과세되도록 세율의 특례(지법 §15)에서 별도로 규정하였다.

예를 들어 환매등기를 병행하는 부동산의 매매로서 환매기간 내에 매도자가 환매하는 경우의 그 매도자와 매수자의 취득에 대해서는 표준세율에서 중과기준세율을 뺀 세율로 산출한 금액을 그 세액으로 한다(지법 §15 ①).

(1) 일반 부동산(지법 §11)

구분		통합취득세 (지법 §11)	중과기준세율 (지법 §13)	구 등록세분 세율 (지법 §13)^(주1)
유상승계취득 (2023.3.14. 이후 분할 제외)		농지 3%	2%	1%
		기타 4%	2%	2%
상속 외 무상취득 (2023.3.14. 이후 합병·분할 제외)		3.5%	2%	1.5%
		비영리 2.8%	2%	0.8%
합병·분할 (2023.3.14. 이후 적용)		농지 3%	2%	1%
		기타 4%	2%	2%
상속		농지 2.3%	2%	0.3%
		기타 2.8%	2%	0.8%
「신탁법」상 신탁 부동산 (수탁자 → 수익자 이전)^(주2)		4%(2013년 이전 3%)	2%	2%(2013년 이전 1%)
		비영리 4% (2013년 이전 2.5%)	2%	2%(2013년 이전 0.5%)
원시취득		2.8%	2%	0.8%
공유물·합유물 분할		2.3%	2%	0.3%
유상거래 주택^(주3) (법인과 다주택자 주택 취득 시 중 과세율 적용, 2020. 8.11. 이전은 일정 1세대 4주택 이상 주택 취득 시 4% 적용)[213]	6억 원 이하	1%	2%	2%
	6억 원 초과 9억 원 이하	(해당 주택의 취득당시 가액 × 2/3억 원－3) × 1/100^(주4) (2019년 이전 취득분은 2%)		
	9억 원 초과	3%		

☞ 농지(지령 §21)

1. 취득 당시 공부상 지목이 논, 밭 또는 과수원인 토지로서 실제 농작물의 경작이나 다년생식물의 재배지로 이용되는 토지(농지 경영에 직접 필요한 농막(農幕)·두엄간·양수장·못·늪·농도(農道)·수로 등이 차지하는 토지 부분 포함)

2. 취득 당시 공부상 지목이 논, 밭, 과수원 또는 목장용지인 토지로서 실제 축산용으로 사용되는 축사와 그 부대시설로 사용되는 토지, 초지 및 사료밭

   '실제 농작물의 경작이나 다년생식물의 재배지로 이용되는 토지'란 농작물 등의 경작, 재배 즉 "땅을 갈아서 농사를 짓는 것"에 이용되는 토지를 말하는 것으로 일시적·잠정적으로 토지에 농작물 등을 심어 둔 경우에는 그러하지 아니하다(지예 법11…영21-1).[214]

---

213) 2020.1.1. 이후 취득분부터 적용되나, 국내에 주택을 3개 이상 소유하고 있는 1세대가 2019.12.4. 전에 주택에 대한 매매계약을 체결하고 2020.1.1. 이후 3개월(공동주택 분양계약을 체결한 경우 3년) 내에 해당 주택을 취득하는 경우에는 해당 주택을 1세대 4주택 이상에 해당하는 주택으로 보지 않음(영 부칙 §5).

👉 비영리(지령 §22)

1. 종교 및 제사를 목적으로 하는 단체

2. 「초·중등교육법」 및 「고등교육법」에 따른 학교, 「경제자유구역 및 제주국제자유도시의 외국교육기관 설립·운영에 관한 특별법」 또는 「기업도시개발 특별법」에 따른 외국교육기관을 경영하는 자 및 「평생교육법」에 따른 교육시설을 운영하는 평생교육단체

3. 「사회복지사업법」에 따라 설립된 사회복지법인

4. 「지방세특례제한법」 제22조 제1항에 따른 사회복지법인 등(2019년 이전은 양로원·보육원·모자원·한센병자치료보호시설 등 사회복지사업을 목적으로 하는 단체 및 한국한센복지협회)

5. 「정당법」에 따라 설립된 정당

👉 (주1) 구 등록세를 의미함.

👉 (주2) 2014.1.1. 이후부터 신탁재산을 수탁자에게서 수익자로 이전하는 경우는 일반적인 유상승계취득과 같은 개념임에도 취득세의 세율을 저율(3%)로 적용하여 과세형평성 저해하고 있어 일반 유상승계취득과 동일하게 취득세 세율을 4%로 적용하여 과세형평성 제고하였는데, 2013.12.31. 이전 신탁재산인 부동산을 수탁자로부터 수익자에게 이전한 경우에 대해서는 개정규정에도 불구하고 종전의 규정에 따름.

👉 (주3) 2013.12.26. 신설되어 2013.8.28. 이후 최초로 취득하는 분부터 적용하며, 2013.8.28.~2013.12.31. 취득하는 분에 대하여는 「지방세특례제한법」 제40조의 2에도 불구하고 제11조 및 제13조의 개정규정을 적용함. 이 경우 1주택의 취득 당시의 가액을 기준으로 해당 세율을 각각 적용하되, 1주택의 지분을 취득하는 때에는 아래의 산식에 따라 산출한 가액을 1주택의 취득 당시의 가액으로 봄(2015.7.24. 이후 취득분부터 적용하나 종전에도 이를 적용하여야 할 것임).

$$\frac{\text{전체 주택의}}{\text{취득 당시의 가액}} = \frac{\text{취득 지분의}}{\text{취득 당시의 가액}} \times \frac{\text{전체 주택의 시가표준액}}{\text{취득 지분의 시가표준액}}$$

여기서 주택은 2015.7.24. 이후부터 「주택법」 제2조 제1호에 따른 주택으로서 「건축법」에 따른 건축물대장·사용승인서·임시사용승인서 또는 「부동산등기법」에 따른 등기부에 주택으로 기재〔「건축법」(법률 제7696호로 개정되기 전의 것)에 따라 건축허가 또는 건축신고 없이 건축이 가능하였던 주택(법률 제7696호 건축법 일부개정법률 부칙 제3조에 따라 건축허가를 받거나 건축신고가 있는 것으로 보는 경우 포함)으로서 건축물대장에 기재되어 있지 아니한 주택의 경우에도 건축물대장에 주택으로 기재된 것으로 봄 : 2016년 이전은 건축물대장만 인정)에 주택으로 기재된 주거용 건축물과 그 부속토지를 말함. 2015.7.23. 이전에는 가정어린이집, 공동생활가정·지역아동센터 및 「노인복지법」에 따른 노인복지시설 중 주거용으로 사용되는 부분은 주택으로 보고 세율을 적용하였으며, 2018년 이전 건축물의 용도가 주거용〔「영유아보육법」에 따른 가정어린이집, 「아동복지법」에 따른 공동생활가정·지역아동센터(통합 설치한 경우 포함) 및 「노인복지법」에 따른 노인복지시설을 위한 주거용 시설은 제외하되 「노인복지법」(법률 제13102호로 개정되기 전의 것)에 따른 분양형 노인복지주택[215]은 포함〕으로 사용하는 건축물과 그 부속토지도 주택으로 보았음.

한편, 2016.1.1. 이후 취득분부터 주택을 신축 또는 증축한 이후 해당 주거용 건축물의 소유자(배우자 및 직계존비속 포함)가 해당 주택의 부속토지를 취득하는 경우 적용되지 아니하며, 일정 1세대 4주택 이상에 해당하는 주택을 취득하는 경우에는 적용되지 아니함〔2020.1.1. 이후 취득분부터 적용되나, 국내에 주택을 3개 이상 소유하고 있는 1세대가 2019.12.4.

---

214) 「지방세법」 상 농지란 등기 당시 공부상 지목이 전, 답 또는 과수원인 토지로서 실제 농작물의 경작이나 다년생식물의 재배지로 이용되는 토지라고 규정하고 있고, "실제 농작물의 경작이나 다년생식물의 재배지로 이용되는 토지"란 농작물 등의 경작, 재배, 즉 "땅을 갈아서 농사를 짓는 것"에 이용되는 토지를 말하는 것으로 일시적·잠정적으로 토지에 농작물 등을 심어 둔 것만으로 농사를 짓는다고 할 수 없고, 일정기간 동안 농작물 등에 농작물 경작자의 노동력 등을 투입하여 농작물이 성장할 수 있도록 당해 토지를 이용하는 경우를 뜻한다. 따라서 도·소매업 사업자등록을 한 자가 ⅰ) 다른 농장에서 재배된 농작물 또는 다년생식물을 매입하여 ⅱ) 판매목적으로 공부상 지목이 답인 토지에 비닐하우스 판매시설을 갖추고 판매사업장으로 이용하면서 ⅲ) 판매전 일시적으로 화분, 가식상태로 이용되는 비닐하우스 내 토지는 농지에 해당되지 아니함(법제처 법령해석총괄과−4628, 2010.10.1.).

215) 2015.7.24. 이후 적용함(2016.12.27. 개정 법률 부칙 §3).

전에 주택에 대한 매매계약을 체결하고 2020.1.1. 이후 3개월(공동주택 분양계약을 체결한 경우 3년) 내에 해당 주택을 취득하는 경우에는 해당 주택을 1세대 4주택 이상에 해당하는 주택으로 보지 않음(영 부칙 §5)].

상기 취득세율의 50%(예 : 취득가액 6억 원 이하인 주택의 취득세율이 1%인데, 이 세율의 50%인 0.5%)에 의해 산출된 취득세액의 20%를 지방교육세로 신고납부하도록 규정되어 있는데, 이 규정은 2013.8.28. 이후 최초로 취득하는 분부터 적용하도록 규정되어 있어서 지방교육세는 취득세 세율의 50% 기준으로 하고 있어서 6억 원 이하는 지방교육세 0.1%, 6억 원 초과 9억 원 이하는 지방교육세 0.2%, 9억 원 초과는 지방교육세 0.3%가 될 것인데, 현행 「농어촌특별세법」에 따르면 「지방세법」 제11조 및 제12조의 표준세율을 100분의 2로 적용하여 「지방세법」, 「지방세특례제한법」 및 「조세특례제한법」에 따라 산출한 취득세액의 10%가 적용되는 것으로 규정되어 있으므로 6억 원 이하는 0.2%, 6억 원 초과 9억 원 이하인 경우에는 농특세로 0.2%, 9억 원 초과는 농특세로 0.2%가 될 것임.

취득 당시의 가액을 기준으로 주택의 취득세 세율을 다르게 정한 입법 취지는 1세대가 독립된 주거생활을 영위할 수 있는 일정가액 이하의 주택에 대하여 조세상 혜택을 차등 부여하려는 것이므로 주택의 일부(지분)를 취득하는 때에도 1주택별 가액을 기준으로 적용세율을 先 판단한 다음, 취득 지분별 과세표준에 세율을 적용하여 계산한 금액을 그 세액으로 하여야 하는바, 1주택별 가액이 850백만 원인 주택의 지분(1/2)을 취득 당시 가액을 425백만 원에 취득한 경우라면 취득세는 850만 원[취득세 = 과세표준(425백만 원) × 표준세율(2%)]이 되는 것임(지방세운영과-1180, 2014.4.7.).[216]

☞ (주4) 소수점 이하 다섯째자리에서 반올림하여 소수점 넷째자리까지 계산하며, 2019.12.31. 이전에 취득당시 가액이 7억5천만 원을 초과하고 9억 원 이하인 주택에 대한 매매계약을 체결한 자가 2020.1.1. 이후 3개월(공동주택 분양계약을 체결한 자의 경우에는 3년) 내에 해당 주택을 취득하는 경우에는 개정규정에도 불구하고 종전 규정(2%)에 따름(부칙 §14).

1) 미등기된 토지의 상속

피상속인이 토지대장에만 소유자로 등재되어 있으나, 소유권보존등기가 안되어 있는 상태에서 상속인에게 상속된 경우 상속으로 인한 토지 소유권보존등기를 하여야 하는데, 소유권보존등기와 소유권이전등기 두 가지의 등기 유형이 복합된 경우로 보아야 할 것이지만 등기의 목적은 소유권보존, 신청 근거는 「부동산등기법」 제130조 제1호에 의한 것이다.

이와 유사한 사례로는 국가소유로 되어 토지가 원래는 피상속인의 소유이었으나, 사망으로 인하여 상속인이 대위등기로 소유권보존등기를 하는 경우가 있다. 또한 미등기 건물이 상속되는 경우 상속인 명의로 소유권보존등기를 하는 경우도 있다.

참고로, 장기미등기의 경우로 등기관서에서 상속인 명의가 아닌 촉탁 등에 의하여 피상속인 명의로 등기를 하고서 상속에 의한 등기를 할 수도 있다고 하는데, 이 경우 피상속인에게 취득일을 기준으로 취득세를 부과할 것이고(이미 취득세 신고납부의 경우 더 이상 부과하지 못함), 상속인에게는 상속에 의한 취득세를 부과하여야 할 것이다.

① 피상속인이 2011.1.1. 이후에 취득한 토지

피상속인 명의로 등기를 할 수 없는 경우 소유권보존등기 형식을 취하지만 실질은 상속을 원

---

216) 취득세는 물건을 과세대상으로 하는 세목으로 동일한 물건에 대하여 동일한 세율이 적용되는 것이 합리적으로 보이는 점, 특히, 주택의 경우 공유로 취득하더라도 취득형태는 통상 주거를 목적으로 한 동일 세대원이 공유로 취득하는 점, 「지방세법」 제11조 제1항 제8호에서 주택 취득의 세율은 주택가액별로 차등하여 적용하도록 규정하고 있는 점, 「지방세법」 제11조 제2항은 부동산이 공유물일 때 과세표준 산정의 기준을 규정하고 있고 세율 적용의 기준은 같은 조 제1항에서 규정한 것으로 보이는 점 등에 비추어 주택 취득세 세율은 취득지분의 가액을 기준으로 적용하여야 한다는 주장은 받아들일 수 없음(조심 2015지0514, 2015.4. 16. 참조).

인으로 하는 취득이므로 상속인이 「지방세법」 제11조 상속 취득세(2.8%)를 신고납부하여야 할 것이다. 한편, 피상속인도 미등기 건물 취득에 따른 취득세 납세의무가 있으며, 이 때 취득세 세율은 2.8%이다. 신고납부하지 아니한 경우 부과제척기간이 경과되었다면 더 이상 부과할 수는 없을 것이나, 부과제척기간 내인 경우에는 취득세가 부과될 것이다(피상속인의 취득세를 상속인에게 납세의무승계).

② 피상속인이 2010.12.31. 이전에 취득한 토지

피상속인 사망으로 인하여 상속인 명의로 보존등기를 하여야 하는 경우 피상속인이 2010.12.31. 이전 취득한 토지인 경우에는 종전의 취득세(2%)는 피상속인이 부담하여야 할 것이나 부과제척기간이 경과되었다면 더 이상 부과할 수는 없을 것이나, 부과제척기간 내인 경우에는 취득세가 부과될 것이다(피상속인의 취득세를 상속인에게 납세의무승계). 한편, 피상속인도 미등기 건물 취득에 따른 취득세 납세의무가 있으며, 이 때 취득세 세율은 2.8%이다. 신고납부하지 아니한 경우 부과제척기간이 경과되었다면 더 이상 부과할 수는 없을 것이나, 부과제척기간 내인 경우에는 취득세가 부과될 것이다(피상속인의 취득세를 상속인에게 납세의무승계).

그런데 피상속인이 2010.12.31. 이전에 취득하였으므로 종전의 등록세 규정에 의하여 상속인 명의로 소유권보존등기 시 구 등록세(0.8%)를 신고납부하여야 한다. 이 경우 조문상 특례규정이 없는바, 상속을 원인으로 하는 취득으로 「지방세법」 제11조 상속 취득세(2.8%)를 추가로 신고납부하여야 하는 것으로 해석하여야 한다. 그런데 2010.12.31. 이전에는 구 등록세로 0.8%만 부담하였고 취득세는 2%만 부담하여 왔다는 점에서 먼저 구 등록세를 납부하고 「지방세법 시행령」 제30조 제5호(소유권보존등기 납세의무성립인 등기 후에 취득시기가 도래되는 경우에만 적용되는바, 취득시기가 먼저 도래하고 소유권보존등기의 납세의무가 성립되는 것이므로 적용되지 아니할 것임)를 준용하여 취득세(2%)를 신고납부하는 것이 더 타당하다는 점과 피상속인의 사망으로 피상속인 명의로는 등록할 수 없다는 점에서 취득세만 납세의무가 있는 것으로 구 등록세 납세의무는 없는 것으로 해석하는 것이 더 타당하다는 점에서 문제가 있다고 본다.

2) 명의신탁해지

명의신탁해지의 판결에 의하여 소유권을 이전한 경우 소유권 취득대가로 법원의 반대급부지급명령을 받거나 사실상 반대급부를 지급한 사실이 입증되는 경우에는 4%의 세율이 적용되며, 반대급부를 지급하지 않은 경우에는 3.5%의 세율이 적용된다.

3) 합병

법인의 흡수합병으로 인하여 피합병법인의 부동산을 합병법인의 명의로 하는 소유권이전은 3.5%의 세율이 적용된다.

4) 비영리법인의 해산에 따른 다른 법인으로의 이전

「민법」상의 사단법인이 존립기간의 만료, 정관에 정한 해산사유의 발생, 설립허가의 취소(행정관청 등) 등의 사유로 인하여 동 법인을 해산하고 법인격이 다른 새로운 법인을 설립하여 해산법인소유의 부동산을 취득하는 경우에는 3.5%(일정 비영리사업자는 2.8%)의 세율을 적용한다.

5) 교환

부동산을 상호교환하여 소유권이전등기를 하는 것은 유상승계취득에 해당하므로 4%(농지 3%)의 세율을 적용한다(지예 법11-2).

6) 공유물 분할 및 합유자 변동

① 공유물 분할

공유로 되어 있는 부동산을 분할등기하는 경우에는 2.3%의 규정에 의한 세율을 적용하나, 자기지분에 해당하는 분은 세율특례가 적용되어 0.3%의 세율이 적용되고, 공유 토지를 단독 소유로 등기하는 경우 본인 지분 초과분에 대하여는 유상승계취득에 해당하므로 4%(농지 3%)의 세율을 적용한다.

한편, 실질적으로 공유물에 분산되어 있는 지분을 분할로 인하여 취득하는 특정부분에 집중시켜 그 소유 형태를 변경한 것에 불과한 것인 점, 공유물 분할로 단독 소유하는 경우, 그 등기 형식이 종전 공유지분은 그대로 둔 채 새로이 이전받는 지분에 대해서만 이전등기가 이루어지고 있는 점, 실제로 각 종전 지분을 제외한 새로이 이전받는 지분에 대해서만 공유물 분할을 등기원인으로 하여 소유권이전등기를 경료한 점, 각 단독소유로 하는 부분 중 종전 공유지분은 종전 취득 당시 취득세를 기 납부한 점 등에 비추어 공유물 분할의 경우 새로이 이전받는 지분에 대해서만 취득세율을 적용하는 것이 타당한 것으로 보인다고 결정하고 있다(조심 2015지1095, 2016.4.1.). 즉 취득세 중 구 등록세분으로 0.3%가 적용되지 아니하여야 한다는 것이다.

② 합유자 변동

합유의 경우 지분권의 양도 및 분할에 대하여 일정한 제한이 있다고는 하지만, 합유자가 가지는 합유물에 대한 지분권은 인정되는 것이고 그러한 지분권의 권리의 성질이나 효력은 소유권과 다를 바 없다고 하겠으므로, 합유자가 임의 및 비임의로 탈퇴하는 사유가 발생하여 합유자 명의를 탈퇴자를 제외한 나머지 합유자 명의로 명의변경등기를 하는 경우에는 탈퇴자의 지분권이 이전된 것으로 봄이 타당하다 할 것(조심 2012지686, 2012.12.4., 조심 2010지773, 2010.11.26. 같은 뜻)이고, 부동산의 합유자 중 일부가 사망한 경우 합유자 사이에 특별한 약정이 없는 한 사망한 합유자의 상속인은 합유자로서의 지위를 승계하는 것이 아니므로 해당 부동산은 잔존 합유자가 2인 이상일 경우에는 잔존 합유자 합유로 귀속되고 잔존 합유자 1인인 경우에는 잔존 합유자 단독소유로 귀속된다 할 것(대법원 93다39225, 1994.2.25.)인바, 청구인과 다른 합유자의 명의로 등기되어 있다가 다른 합유자의 사망을 원인으로 그 지분권 일부가 청구인에게 이전되었다 할 것이고, 그 과정에서 청구인이 금전으로 보상한 사실이 나타나고 있지 아니하므로 무상취득으로 보는 것이 타당하다 할 것이다(조심 2015지221, 2015.11.2.). 따라서 부동산 합유자 중 일부가 사망하여 잔존 합유 재산의 변동이 있는 경우에는 무상취득의 세율을 적용한다(지예 법11-4).

7) 소유권보존등기 형식이나 실질은 승계취득인 경우

① 미등기된 토지의 수용

토지의 경우 수용 당시 미등기 상태이긴 하였으나, 지번분할 전까지의 토지대장에는 외 3명이 1917년부터 소유하는 것으로 등재되어 있었고, 2012년까지 토지현황을 종중임야로 하여 특정인에게 재산세가 과세되고 있었음이 관련 자료 등에서 확인되고 있는 경우 실질과세의 원칙과 위와 같은 사실관계 등을 종합적으로 감안했을 때, 미등기 상태인 토지를 수용하면서 「부동산등기법」제65조 제4호 등에 따라 자기 명의로 소유권보존등기를 하였다고 하더라도 실질적으로는 이 토지를 유상으로 승계취득한 것으로 보아야 한다(지방세운영과-181, 2013.4.5.).

② 시효취득에 의한 소유권보존등기

취득시효를 원인으로 소유권 취득인 경우에는 「지방세법」제11조 제1항 제2호(무상취득의 세율인 3.5%)의 규정을 적용하나, 자기소유 미등기 부동산에 대한 취득시효에 따른 소유권보존등기를 하는 경우에는 등록면허세 과세대상으로 「지방세법」제28조 제1항 제1호 가목의 세율(0.8%)을 적용한다(지예 법28-12 참조).

한편, 미등기 토지의 취득시효의 완성으로 소유권이전등기 절차를 이행하라는 송소판결을 받은 경우 토지의 토지대장에 최후 소유자에 관계없이 판결문에 의하여 소유권보존등기를 할 수 있다. 이 경우 취득일(시효점유 취득 완성일)이 2011.1.1. 이후라면 형식상 소유권보존의 취득세 세율(2.8%)을 적용하여야 하나 제3자로부터 취득한 것이 명백한 경우 자기 명의로 소유권보존등기를 하였다고 하더라도 실질적으로는 무상취득한 것으로 보아 취득세 세율이 적용되어야 할 것이다(지방세운영과-181, 2013.4.5. 참조). 그런데 취득일이 2010.12.31. 이전이라면 취득세와 구 등록세가 각각 적용되는 것이다.

참고로, 점유취득시효에 대한 주장으로 소송을 제기해서 소유권을 넘겨받아야 하는데, 이 경우 형식은 이전등기 청구방식을 취하는 소송이지만, 「민법」상 원시취득이기 때문에 소유권보존등기 방식을 취하는 것이다(통설과 판례). 그런데 다수설은 이전등기 방식을 취한다는 것이다.

③ 피상속인이 신축 또는 증축한 건축물을 상속인 명의로 보존등기하는 경우

피상속인이 신축 또는 증축한 건축물을 보존등기하지 않고 사망하여 피상속인 명의로 등기를 할 수 없는바, 상속인 명의로 보존등기를 하여야 하는 경우 취득세 세율 적용은 다음과 같다.

참고로, 장기미등기의 경우로 등기관서에서 상속인 명의가 아닌 촉탁 등에 의하여 피상속인 명의로 등기를 하고서 상속에 의한 등기를 할 수도 있다고 하는데, 이 경우 피상속인에게 취득일을 기준으로 취득세를 부과할 것이고(이미 취득세 신고납부의 경우 더 이상 부과하지 못함), 상

속인에게는 상속에 의한 취득세를 부과하여야 할 것이다.

ⓐ 피상속인이 2011.1.1. 이후에 취득한 건축물

상속을 원인으로 하는 취득이나 형식은 소유권보존등기이므로 상속인이 「지방세법」 제11조 상속 취득세(2.8%)를 신고납부하여야 할 것이다. 한편, 피상속인도 미등기 건물 취득에 따른 취득세 납세의무가 있으며, 이 때 취득세 세율은 2.8%이다. 신고납부하지 아니한 경우 부과제척기간이 경과되었다면 더 이상 부과할 수는 없을 것이나, 부과제척기간 내인 경우에는 취득세가 부과될 것이다(피상속인의 취득세를 상속인에게 납세의무승계).

ⓑ 피상속인이 2010.12.31. 이전에 취득한 건축물

피상속인이 2010.12.31. 이전에 취득하였으므로 종전의 등록세 규정에 의하여 상속인 명의로 소유권보존등기 시 구 등록세(0.8%)를 신고납부하여야 한다. 이 경우 조문상 특례규정이 없는바, 상속을 원인으로 하는 취득으로 「지방세법」 제11조 상속 취득세(2.8%)를 추가로 신고납부하여야 하는 것으로 해석하여야 한다.

한편, 피상속인 사망으로 인하여 상속인 명의로 보존등기를 하여야 하는 경우 피상속인이 2010.12.31. 이전 취득한 건축물인 경우에는 종전의 취득세(2%)는 피상속인이 부담하여야 할 것이나 부과제척기간이 경과되었다면 더 이상 부과할 수는 없을 것이고, 부과제척기간 내인 경우에는 취득세가 부과될 것이다(피상속인의 취득세를 상속인에게 납세의무승계). 그런데 2010.12.31. 이전에는 구 등록세로 0.8%만 부담하였고 취득세는 2%만 부담하여 왔다는 점에서 먼저 구 등록세를 납부하고 「지방세법 시행령」 제30조 제5호(소유권보존등기 납세의무성립인 등기 후에 취득시기가 도래되는 경우에만 적용되는바, 취득시기가 먼저 도래하고 소유권보존등기의 납세의무가 성립되는 것이므로 적용되지 아니할 것임)를 준용하여 취득세(2%)를 신고납부하는 것이 더 타당하다는 점과 피상속인의 사망으로 피상속인 명의로는 등록할 수 없다는 점에서 취득세만 납세의무가 있는 것으로 구 등록세 납세의무는 없는 것으로 해석하는 것이 더 타당하다는 점에서 문제가 있다고 본다.

8) 주택 유상거래 취득세 세율 적용[하기 9)는 제외]

① 재개발·재건축 구역 멸실 예정 주택 적용 기준

「도시 및 주거환경 정비법」에 따른 재개발·재건축 사업이 진행되고 있는 경우 주택의 건축물이 사실상 철거·멸실된 날, 사실상 철거·멸실된 날을 알 수 없는 경우에는 공부상 철거·멸실된 날을 기준으로 주택 여부를 판단하는 것이다. 다만, 통상적인 사업진행 일정에서 벗어나 조세회피 목적으로 의도적으로 철거를 지연하는 경우 등 특별한 사정이 있는 경우에는 달리 적용 가능하다(지방세운영과-1, 2018.1.2.).[217]

---

217) 감사원 감사에서 지자체별 상이한 운영에 따른 문제점 지적 및 일관된 기준 마련 필요성 제기(2017.12.14.)하여 다음의 종전 해석을 변경한 것임.
관리처분계획인가 후 단전, 단수, 이주 완료, 이주비 지급 완료 등을 종합적으로 판단하여 이미 주택의 기

② 다가구주택 지분 취득

심판례(조심 2014지2173, 2015.6.30.)에 따르면 다가구주택이 「건축법」 상 단독주택에 해당함에도 「지방세법 시행령」 제112조에서 재산세에 관하여 다가구주택 중 1가구가 독립하여 구분·사용할 수 있도록 분리된 부분을 각각 1구의 주택으로 보도록 규정하고 있는 점 등을 종합하여 보면, 각 세대가 하나의 건축물 안에서 각각 독립된 주거생활을 영위할 수 있는 구조로 된 주택으로서 사회관념상 독립한 거래의 객체가 될 정도로 그 위치와 면적이 특정되고, 구조상·이용상 독립성이 있는 일부분을 2인 이상이 각각 구분소유하기로 하는 약정을 하고 등기만은 편의상 각 구분소유의 면적에 해당하는 비율로 공유지분등기를 함으로써 공유자들 사이에 상호 명의신탁관계에 있는 이른바 구분소유적 공유관계가 성립한 경우에는 각 공유자가 소유하는 특정부분의 취득가액을 기준으로 취득세율을 판단하여야 할 것이다(대법원 2013두8295, 2013.9.26. 참조). 따라서 주택의 지분에 대응하는 부분을 구분소유하고 있다고 보아야 할 것이므로 취득한 지분의 취득가액을 기준으로 유상거래 주택 취득세 세율을 적용해야 할 것이다.

③ 무허가 주택

㉠ 2015.7.24. 이후 취득분

2015.7.24. 이후부터 주택은 「주택법」 제2조 제1호에 따른 주택으로서 「건축법」에 따른 건축물대장·사용승인서·임시사용승인서 또는 「부동산등기법」에 따른 등기부에 주택으로 기재[「건축법」(법률 제7696호로 개정되기 전의 것)에 따라 건축허가 또는 건축신고 없이 건축이 가능하였던 주택(법률 제7696호 건축법 일부개정법률 부칙 제3조에 따라 건축허가를 받거나 건축신고가 있는 것으로 보는 경우 포함)으로서 건축물대장에 기재되어 있지 아니한 주택의 경우에도 건축물대장에 주택으로 기재된 것으로 봄 : 2016년 이전은 건축물대장만 인정]되고, 건축물의 용도가 주거용[「영유아보육법」에 따른 가정어린이집, 「아동복지법」에 따른 공동생활가정·지역아동센터(통합하여 설치한 경우 포함) 및 「노인복지법」에 따른 노인복지시설로서 주거용으로 사용되는 시설은 제외]으로 사용하는 건축물과 그 부속토지를 말한다. 따라서 주택의 범위에 대하여 명확하게 규정하고 있어서 무허가 주택의 경우 유상거래 주택 취득세 세율이 적용되지 아니할 것이다.

㉡ 2015.7.23. 이전 취득분

주택의 범위에 특별한 규정을 두고 있지 아니하므로 법문 해석상 일반적인 의미에서의 주택을 모두 포함하여 주택수를 산정하는 것이 타당하다 할 것이고, 여기에서 '주택'이라 함은 「주택법」 제2조 제1호에서 "세대(世帶)의 구성원이 장기간 독립된 주거생활을 할 수 있는 구조로 된 건축물의 전부 또는 일부 및 그 부속토지"라고 정의하고 있으며, 그간 재산

능을 상실하였다고 인정될 경우 주택유상거래 세율 적용 제외함(지방세운영과-2641, 2016.10.17. 등).
철거예정주택은 세대원이 퇴거·이주하여 단전·단수 및 출입문 봉쇄 등 폐쇄조치가 이루어진 경우 주택에 해당되지 않음(지방세운영과-138, 2008.6.20.).

세를 주택으로 부과되어온 점 등에 비추어 비록 무허가 주택이라 하더라도 실제 주택으로 사용하고 있다면 주택에 대한 세율을 적용하는 것이 타당하다(조심 2015지836, 2015.11.12.).

④ 무단 용도변경

취득세에 관해서는 취득세의 납세의무가 성립하는 취득 당시를 기준으로 관련 법령을 적용하여야 하는데, 원고 등의 이 사건 건축물 취득 당시에 시행되는 현행 「건축법」 제19조, 「건축법 시행령」 제14조에 따르면 '근린생활시설'을 '단독주택'으로 용도변경하는 것은 신고 없이 허용되지 않으므로, 무단 용도변경을 이유로 쟁점 건축물을 취득세율 특례가 인정되는 '주택'으로 의제할 수 없다(대법원 2019두51260, 2019.12.27. 심불, 서울고법 2019누33554, 2019.8.14.).

⑤ 미준공 주택

㉠ 미준공 아파트

아파트가 비록 주거용으로 사용되는 공동주택일지라도 사용승인을 득하지 아니하고 「건축법」 제38조에 따른 건축물대장에 등재되어 있지 아니한 경우 유상거래 주택 취득세 세율이 적용되지 아니한다(조심 2015지1248, 2015.11.23. 참조).

㉡ 대위등기로 소유권 보존등기된 미준공 건축물

소유권 보존등기된 미준공 건축물과 토지를 함께 취득한 경우 미준공 건축물에 대하여는 취득시기가 도래하지 않아 취득세가 과세되지 아니하는 것으로, 취득시기가 도래하지 아니하는 건축물의 부속토지가 향후 주택의 부속토지가 될 것이라는 사유만으로 취득당시부터 주택의 부속토지로 보아 유상승계 주택 취득세율을 적용할 수 없다(조심 2015지0080, 2015.6.29.).

⑥ 주택 신·증축 후 별도 부속 토지 매입

2015.12.31. 이전에는 주택을 먼저 취득한 후 부속 토지를 취득하면 그 부속 토지에 대하여 주택에 유상거래 취득세 세율을 적용하였으나, 2016.1.1. 이후 주택을 신축 또는 증축한 이후 주거용 건축물 소유자(배우자 및 직계존비속 포함)가 그 주택의 부속 토지를 매입한 경우에도 주택에 대한 취득세율 대신 토지에 대한 유상승계취득 세율(4%)을 일괄적으로 적용하도록 함으로써 주택의 부속 토지의 취득시기에 따라 취득세율이 달라지는 불합리를 제거하였다.

⑦ 분양형 노인복지주택

2015.7.24. 「지방세법」의 개정으로 주택유상거래 취득세율 적용대상 주택의 개념이 신설되어 「노인복지법」에 따른 노인복지시설을 위한 주거용은 제외되었는바, 2015.7.29. 개정된 「노인복지법」(2015.1.28. 법률 제13102호로 개정된 것)」 제13조 제1호는 노인주거복지시설을 노인복지시설의 종류로 규정하면서 같은 법 제32조 제1항 제3호에서는 노인주거복지시설 중 "노인복지주택"을 노인에게 주거시설을 임대하여 주거의 편의·생활지도·상담 및 안전관리 등 일상생활에 필요한 편의를 제공함을 목적으로 하는 시설을 말한다고 규정하고 있다. 따라서 개정된 「노인복지법」에

의하면 노인복지주택의 범위에 분양형을 제외된다고 할 것이므로, 분양형 노인복지주택은 원칙적으로 「노인복지법」 제31조에 따른 노인주거복지시설에 포함되지 않는다고 할 것이다(지방세운영과-3039, 2015.9.24.). 따라서 주택유상거래 취득세율이 적용된다.

또한, 내부 현황이 주거용이며 건축물대장상 노유자시설(유료노인복지주택)로 등재되어 있는 주택을 취득하는 경우 적용이 되는데, 이는 분양형으로 「건축법」에 따른 허가 및 「주택법」에 따른 사업계획 승인을 득한 것으로 「노인복지법」(2011.3.30. 개정, 부칙 §4-2, §4-3)에서 2008.8.4. 전에 「건축법」에 따른 허가 및 「주택법」에 따른 사업계획 승인을 득한 경우 입소자격에 관계없이 취득 및 입소할 수 있도록 규정하고 있는 점에서 볼 때, 취득자는 1동의 건물을 취득하더라도 임대형으로 운영할 목적이 아니라면 종전 설치자로부터 분양형 노인복지주택을 취득하였다고 해석이 가능한 점, 2015.7.29. 노인복지주택에서 분양형을 폐지하여 기존 분양형은 유상거래 주택세율 적용대상에 해당하는 점 등을 살펴볼 때, 해당 취득자가 「노인복지법」에 따른 임대형 노인복지주택을 운영할 목적으로 취득하는 경우가 아니라면 유상거래 주택세율 적용대상에 해당한다(지방세운영과-1191, 2016.5.16.)라고 해석되기 때문이며, 2015.7.24. 이후 적용된다(2016.12.27. 개정 법률 부칙 §3).

⑧ 도시형 생활주택

「주택법」 제2조 제4호에서 "도시형 생활주택"이란 300세대 미만의 국민주택규모에 해당하는 주택으로서 대통령령으로 정하는 주택을 말한다라고 규정되어 있는바, 주택으로 명확하게 규정하고 있으므로 도시형 생활주택은 유상거래 취득세 세율 적용이 된다.

⑨ 기숙사

공장 등의 종업원 등을 위하여 쓰는 것으로서 독립된 주거 형태를 갖추지 아니하여 「건축법」상 기숙사에 해당하므로 '주택'에 포함되지 않는다고 할 것이다(대법원 2014두6920, 2014.8.20.).

⑩ 1세대 4주택[218] 이상 주택 취득(2020.1.1.~2020.8.11. 취득분)

일정 1세대 4주택 이상에 해당하는 주택(유상거래 취득세율 대상 주택을 말함)을 취득하는 경우 저율의 주택에 대한 유상거래 취득세율 대신 일반 유상거래 취득세율(4%)이 적용된다.

국내에 주택(저율의 유상거래 취득세율 대상 주택을 말함)을 3개 이상 소유하고 있는 1세대가 추가로 취득하는 모든 주택을 말하며, 이 경우 주택의 공유지분이나 부속토지만을 소유하거나 취득하는 경우에도 주택을 소유하거나 취득한 것으로 본다. 여기서 별도의 예외 규정이 없어서 등록 임대주택이나 상속 등으로 기존에 소유하고 있는 주택도 주택 수에 포함되지만, 개인단체와 법인은 세대가 될 수 없어서 이들이 취득하는 주택은 이 내용이 적용되지 아니한다. 이 내용을 적용할 때 국내에 주택을 3개 이상 소유하고 있는 1세대가 2019.12.3. 이전에 주택에 대한 매매계약을 체결하고 2020.1.1. 이후 3개월(공동주택 분양계약을 체결한 경우 3년) 내에 해당 주택을

---

218) 주택 수 산정관련 규정인 「지방세법 시행령」 제22조의 2 제1항에서 임대사업자의 기존보유 임대주택을 주택 수 산정에서 제외한다고 규정하고 있지 아니하므로 임대주택이라 하여 주택 수에서 제외되지 아니함(조심 2020지1384, 2020.11.2.).

취득하는 경우에는 해당 주택을 1세대 4주택 이상에 해당하는 주택으로 보지 않는다[영 부칙 (2020.8.12.) §4].

◉ **일정 1세대의 범위**

주택을 취득하는 자와 「주민등록법」 제7조에 따른 세대별 주민등록표("세대별 주민등록표") 또는 「출입국관리법」 제34조 제1항에 따른 외국인등록표("등록외국인기록표 등")에 함께 기재되어 있는 가족(동거인 제외)으로 구성된 세대를 말한다. 다만, 주택을 취득하는 자의 배우자와 미혼인 30세 미만의 직계비속 또는 부모(주택을 취득하는 자가 미혼이고 30세 미만인 경우에 한정)는 주택을 취득하는 자와 같은 세대별 주민등록표 또는 외국인기록표 등에 기재되어 있지 아니하더라도 1세대에 속한 것으로 봄.

⑪ 공부상 주택이나 주택 외 용도로 사용 시 적용 안됨

공부상 주택으로 등재되어 있다고 하더라도 그 실질은 주거용이 아닌 경우 주택 유상거래 특례세율이 적용되지 아니할 것이다. 주거용이 아닌 리조트 회원들에게 숙박 등의 용도로 사용되고 있어서 건축물대장 등에 주택으로 기재된 경우라 하더라도 주택 유상거래 특례세율이 적용되지 아니한다.

> **사례** **취득 당시 주택으로 사용된 경우**(조심 2020지3380, 2020.12.3.)
>
> 청구인이 이 건 아파트를 취득한 후 쟁점부동산의 용도를 사무실로 변경하였으므로 이 건 아파트의 취득 당시 주택 수 산정에는 달리 영향이 없다고 보이는 점 등에 비추어 처분청이 쟁점부동산을 주택으로 보아야 함.

> **사례** **공부상 주택이나 다른 용도로 사용하고 있는 경우**(조심 2020지0709, 2020.6.16.)
>
> 쟁점부동산은 청구인들이 취득하기 전인 2015.4.23.부터 현재까지 사무실로 사용되고 있는 것으로 보아 사실상의 현황이 불분명하다거나 그 사용이 일시적이라고 보기도 어려운 점, 「지방세법」 제11조 제1항 제8호와 같이 납세자들에게 조세감면 등의 혜택을 부여하는 특례규정은 더욱 엄격하게 해석하는 것이 조세형평의 원칙에 부합하는 점 등에 비추어 쟁점부동산이 공부상 주택으로 등재되어 있다고 하더라도 그 실질은 주거용이 아니라 할 것이므로 처분청이 이 건 취득세 등의 경정청구를 거부한 처분은 달리 잘못이 없다고 판단됨.

> **사례** **주택으로 사용되지 아니한 공부상 주택은 적용 안됨**(조심 2020지0209, 2020.3.10.).
>
> 쟁점부동산은 내·외벽과 창 등의 주요 구조물이 상당히 훼손된 상태로 방치되어 있고, 수년전부터 전기·수도 사용내역도 나타나지 아니하였으며 이러한 현황으로 인하여 2016년부터는 개별주택가격도 공시되지 아니하고, 주택분 재산세도 과세되지 아니하는 등 쟁점부동산을 세대가 장기간 독립된 주거생활을 할 수 있는 구조로 된 건축물인 주택으로 보기 어렵다 할 것임(조심 2016지894, 2016.10.6.외 다수, 같은 뜻임).

9) 법인과 다주택자 주택 중과세(2020.8.12. 이후 적용)

① 세율(지법 §11, §13 – 2)

구분	주택 수	조정대상지역	비조정대상지역
개인	1세대 1주택 (지역구분 없음)	6억 원 이하 6억 원 초과~9억 원 미만 9억 원 초과	1% 1.01%~2.99% 3%
	1세대 2주택	8%	1~3% (1세대 1주택과 동일)
	1세대 3주택	12%	8%
	1세대 4주택 이상	12%	12%
법인	주택 수 무관	12%	12%

☞ 상기 세율에 지방교육세, 농어촌특별세 별도(서민주택은 비과세)

☞ 주택 수의 범위 : 주택, 조합입주권, 주택분양권 및 주거용 오피스텔(이하 "주택 등")을 각각 1주택으로 보나, 조합원입주권, 주택분양권 및 주거용 오피스텔의 취득 자체는 중과세되지 아니함.

☞ 「신탁법」에 따라 신탁된 주택은 위탁자 주택 수에 가산되며, 공유지분이나 부속토지만을 소유·취득한 경우 주택을 소유·취득한 것으로 봄.

☞ 법인의 범위 확대 : 「국세기본법」 §13에 따른 법인으로 보는 단체, 「부동산등기법」 §49 ① 3호에 따른 법인 아닌 사단·재단 등 개인이 아닌 자도 법인으로 보아 세율이 적용됨.

☞ 조정대상지역 지정고시일 이전에 주택에 대한 매매계약(공동주택 분양계약 포함)을 체결한 경우(단, 계약금을 지급한 사실 등이 증빙서류에 의하여 확인되는 경우로 한정) 조정대상지역으로 지정되기 전에 주택을 취득한 것으로 봄.

☞ 2020.8.12. 이후 조합원입주권, 주택분양권 및 오피스텔 취득분부터 주택으로 보아 주택 수에 산정됨(부칙 §3).

☞ 2020.7.10. 이전 매매계약을 체결하고 계약금을 지급한 사실이 입증되면 종전 규정(1~3% 등) 적용됨(부칙 §6).

② 주택 중과세 제외(지령 §28 – 2)

㉠ 하기 ④ ㉠~㉾의 주택(㉶의 주택은 주택 수 산정 시에는 "취득일부터 3년 이내 한정"이나, 중과세 제외 주택에서는 이러한 내용 없음)

㉡ 공공주택사업자 등이 취득하는 다음의 주택

　㉮ 「공공주택 특별법」 제4조 제1항에 따라 지정된 공공주택사업자

　　ⓐ 「공공주택 특별법」 제43조 제1항에 따라 공급하는 공공매입임대주택(신축 또는 개축하여 공급하는 경우 포함되나, 단, 정당한 사유 없이 그 취득일부터 2년이 경과할 때까지 공공매입임대주택으로 공급하지 않거나 공공매입임대주택으로 공급한 기간이 3년 미만인 상태에서 매각·증여하거나 다른 용도로 사용하는 경우 제외)

　　ⓑ 「공공주택 특별법」에 따른 지분적립형 분양주택이나 이익공유형 분양주택(2022.2.28. 이후 적용)

　㉯ 「공공주택 특별법」 제40조의 7 제2항 제2호에 따른 토지 등 소유자가 같은 법 제40조의 10 제3항에 따라 공공주택사업자로부터 현물보상으로 공급받아 취득하는 주택(2022.2.28. 이후 적용)

㉡ 「도시재생 활성화 및 지원에 관한 특별법」 제55조의 3에 따른 토지 등 소유자가 같은 법 제45조 제1호에 따른 혁신지구사업시행자로부터 현물보상으로 공급받아 취득하는 주택(2022.2.28. 이후 적용)

㉣ 주택도시기금과 한국토지주택공사가 공동출자하거나 한국자산관리공사가 출자하여 설립한 부동산투자회사가 취득하는 주택으로서 취득 당시 다음의 요건을 모두 갖춘 주택

ⓐ 해당 주택의 매도자("매도자")가 거주하고 있는 주택으로서 해당 주택 외에 매도자가 속한 세대가 보유하고 있는 주택이 없을 것

ⓑ 매도자로부터 취득한 주택을 5년 이상 매도자에게 임대하고 임대기간 종료 후에 그 주택을 재매입할 수 있는 권리를 매도자에게 부여할 것

ⓒ 시가표준액(지분이나 부속토지만을 취득한 경우 전체 주택의 시가표준액)이 5억 원 이하인 주택일 것

㉢ 다음의 은행 등이 저당권의 실행 또는 채권변제로 취득하는 주택(단, 취득일부터 3년이 경과할 때까지 해당 주택을 처분하지 않은 경우 제외)

㉮ 「농업협동조합법」에 따라 설립된 조합

㉯ 「산림조합법」에 따라 설립된 산림조합 및 그 중앙회

㉰ 「상호저축은행법」에 따른 상호저축은행

㉱ 「새마을금고법」에 따라 설립된 새마을금고 및 그 중앙회

㉲ 「수산업협동조합법」에 따라 설립된 조합

㉳ 「신용협동조합법」에 따라 설립된 신용협동조합 및 그 중앙회

㉴ 「은행법」에 따른 은행

채권자인 금융기관이 위탁자에 대한 금전채권을 담보하기 위해 위탁자 소유의 부동산을 「신탁법」에 따라 수탁자에게 신탁하도록 하고 우선수익자가 되었으나, 위탁자가 채무를 불이행함에 따라 채무를 변제받기 위해 해당 신탁부동산을 공매하는 과정에서 여러 차례 유찰되어 그 신탁부동산을 직접 낙찰받아 취득하게 된 것으로서 우선수익자가 위탁자의 채무불이행으로 채권 담보의 직접 목적물인 신탁부동산(주택)을 취득한 것은 채권 변제를 위한 정당한 권리 행사의 일환으로 볼 수 있는 점, 해당 주택의 취득은 투기수요 억제 및 실수요자 보호를 위해 도입된 주택 취득세 중과제도의 입법 취지에도 반하지 않는 점 등을 고려할 때, 해당 주택의 취득은 주택 취득세 중과예외에 해당하는 것이다(부동산세제과-1175, 2023.3.22.).

㉣ 물적분할[「법인세법」 §46 ② 각 호의 요건(같은 항 제2호의 경우 전액이 주식 등이어야 함)을 갖춘 경우로 한정]로 인하여 분할신설법인이 분할법인으로부터 취득하는 미분양 주택(2025년 이후 분양계약을 체결한 주택 포함)[단, 분할등기일부터 3년 이내에 「법인세법」 제47조 제3항 각 호의 어느 하나에 해당하는 사유가 발생한 경우(같은 항 각 호 외의 부분 단서에 해당하는 경우 제외)는 제외](2021년 이후 적용)

여기서 적격물적분할로 인하여 취득하는 모든 주택이 아니라 미분양 주택에 한정됨에 유의하여야 할 것이다.

ⓜ 「법인세법」 제46조 제2항에 따른 적격분할로 인하여 분할신설법인이 분할법인으로부터 취득하는 미분양 주택 및 분양계약을 체결한 주택[단, 분할등기일부터 3년 이내에 「법인세법」 제46조의 3 제3항 각 호의 어느 하나에 해당하는 사유가 발생하는 경우(같은 항 각 호 외의 부분 단서에 해당하는 경우는 제외)는 제외](2025년 이후 적용)

ⓗ 「지방세법」 제15조 제1항 제3호에 따른 세율의 특례가 적용되는 법인의 합병으로 취득하는 주택(2025년 이후 적용)

ⓢ 「주택법」 제2조 제11호 다목에 따른 리모델링주택조합이 같은 법 제22조 제2항에 따라 취득하는 주택(2022년 이후 적용)

2021년 이전에는 「건축물관리법」 제2조 제8호에서 '멸실'의 정의를 '건축물이 해체, 노후화 및 재해 등으로 효용 및 형체를 완전히 상실한 상태'로 규정하고 있고, 리모델링 주택의 경우 주택의 '멸실'과정이 포함되어 있지도 아니한바, 리모델링 기간 중 「건축물관리법」 제34조의 건축물의 멸실신고 대상이 되지 않으므로 「주택법」 제2조 제11호에 따른 주택조합이 멸실시킬 목적으로 취득하는 주택으로 볼 수 없어 취득세 중과세 예외 대상에 해당되지 않는다(부동산세제과 – 1511, 2021.6.7.).

ⓞ 「주택법」 제2조 제10호 나목의 사업주체가 취득하는 다음의 주택(2022.2.28. 이후 적용)

㉮ 「주택법」에 따른 토지임대부 분양주택을 공급하기 위하여 취득하는 주택

㉯ 「주택법」에 따른 토지임대부 분양주택을 분양받은 자로부터 환매하여 취득하는 주택

㉰ 「주택법」 제57조의 2 제3항에 따른 거주의무자등의 매입신청을 받거나 거주의무자등의 거주의무 위반으로 취득하는 분양가상한제 적용주택 및 토지임대부 분양주택(2025년 이후 적용)

㉱ 「주택법」 제64조 제2항 단서에 따라 우선 매입하는 분양가상한제 적용주택, 같은 조 제3항에 따라 전매제한 위반으로 취득하는 주택 및 같은 법 제78조의 2 제3항에 따른 매입신청을 받거나 전매제한 위반으로 취득하는 토지임대부 분양주택(2025년 이후 적용)

㉲ 「주택법」 제65조 제3항에 따라 공급질서 교란 금지 의무를 위반한 자로부터 취득하는 주택(2025년 이후 적용)

ⓩ 「부동산투자회사법」 제2조 제1호 다목에 따른 기업구조조정 부동산투자회사가 2024.3.28.~2025.12.31. 최초로 유상승계취득하는 「주택법 시행령」 제3조 제1항 제1호에 따른 아파트("아파트")로서 다음의 요건을 모두 갖춘 아파트(2024.3.28. 이후 적용, 부칙 §2)

㉮ 「수도권정비계획법」 제2조 제1호에 따른 수도권 외의 지역에 있을 것

㉯ 「주택법」 제54조 제1항에 따른 사업주체가 같은 법 제49조에 따른 사용검사 또는 「건축법」 제22조에 따른 사용승인(임시사용승인 포함)을 받은 후 분양되지 않은 아파트일 것

③ 세대별 소유 주택 수의 산정방법(지령 §28-4)[219]

하기 ⓛ과 ⓒ을 적용할 때 주택, 조합원입주권, 주택분양권 또는 오피스텔을 동시에 2개 이상 취득하는 경우에는 납세의무자가 정하는 바에 따라 순차적으로 취득하는 것으로 본다(2024.3.26. 이후 적용).

ⓖ 취득하는 주택을 포함하여 1세대가 국내에 소유하는 주택 등의 수로 함.

☞ 이 경우 1세대 내에서 세대원이 1개의 주택 등 공동 소유의 경우 1개의 주택 등으로 봄.

ⓛ 조합원입주권 또는 주택분양권에 의하여 취득하는 주택은 조합원입주권 또는 주택분양권 취득일(분양사업자로부터의 주택분양권은 분양계약일을 말하고, 2025년 이후 주택분양권의 매매·교환 및 증여를 통하여 1세대 내에서 동일한 주택분양권에 대한 취득일이 둘 이상이 되는 경우에는 가장 빠른 주택분양권의 취득일을 말함)을 기준으로 해당 주택 취득 시의 주택 수로 산정됨(단, 이를 적용할 때 2023.3.14. 이후 혼인한 사람이 혼인 전 소유한 주택분양권으로 주택을 취득하는 경우 다른 배우자가 혼인 전부터 소유하고 있는 주택은 제외).

☞ 이는 2020.8.12. 이후 조합원입주권 또는 주택분양권 취득분부터 적용됨(부칙 §2).

한편, 준공 후 미분양 아파트 분양계약의 경우 주택 수에 포함되는 "주택분양권"은 "주택이 존재하기 전의 공급계약이 체결된 경우로서 해당 주택에 대한 잔금지급이 완료되기 전"까지로 한정하고, "준공이 완료된 이후의 주택"에 대한 공급계약을 체결한 경우(잔금 미지급 상태)는 주택분양권으로 보지 않고 수분양자의 주택 수에 포함하지 않는 것이 타당하다(부동산세제과-564, 2021.2.23.).

〔사례〕 「지방세법」 제13조의 2 제5항 및 같은 법 시행령 제28조의 4 제1항 단서에서 주택분양권에 의하여 취득하는 주택의 경우 '주택분양권의 취득일'을 기준으로 해당 주택 취득 시의 세대별 주택 수를 산정한다고 규정하면서 별다른 예외를 허용하지 않고 있고, 청구인이 쟁점주택분양권을 취득한 날을 기준으로 하면 쟁점주택의 취득은 1세대 3주택의 취득에 해당하므로, 이 건 처분은 달리 잘못이 없다고 판단됨(조심 2023지5270, 2024.5.7.).

〔사례〕 주택 준공 이후 분양권 전매 계약을 체결 후 부모 세대와 합가한 경우 중과(부동산세제과-1695, 2021.6.25.)

분양권에 의한 주택 취득 시 ① '1세대'는 「지방세법 시행령」 제28조의 4에 따라 주택의 취득일(납세의무 성립일) 현재를 기준으로 판단하고, ② '주택 수'는 그 세대 기준으로 '분양권 취득 당시 시점'에 주택 수를 판단해야 하므로, 분양권으로 주택을 취득하는 시점(2020.12.9.)에 부모 세대와 합가한 상태

─────────

219) 주택을 3개 이상 소유하고 있는 1세대가 2019.12.3. 이전에 주택에 대한 매매계약을 체결한 경우에는 2020.1.1. 이후 3개월(공동주택 분양계약을 체결한 경우 3년) 내에 해당 주택을 취득하는 경우 해당 주택을 1세대 4주택 이상에 해당하는 주택으로 보지 아니함[영 부칙(2020.8.12.) §4].

를 기준으로 분양권 취득(1주택인 상태에서 취득)당시(2020.11.19.)의 주택 수를 판단할 때, 해당 분양권으로 주택을 취득하는 경우에는 두 번째 주택의 취득으로 보아야 함.

ⓒ 상기 ⓛ에도 불구하고 다음의 어느 하나에 해당하는 주택을 취득하는 경우 세율 적용의 기준이 되는 1세대의 주택 수는 주택 취득일 현재 취득하는 주택을 제외하고 1세대가 국내에 소유하는 주택, 조합원입주권, 주택분양권 및 오피스텔의 수를 말함(2024.3.26. 이후 적용).

㉮ 2024.1.10.~2027.12.31.「주택법」제49조에 따른 사용검사 또는「건축법」제22조에 따른 사용승인(임시사용승인 포함)을 받은 신축 주택을 같은 기간 내에 최초로 유상승계 취득하는 주택으로서 다음의 요건을 모두 갖춘 주택

ⓐ 「주택법 시행령」제2조 제3호에 따른 다가구주택(「건축법」제38조에 따른 건축물대장에 호수별로 전용면적이 구분되어 기재되어 있는 다가구주택으로 한정. "다가구주택"), 같은 영 제3조 제1항 제2호에 따른 연립주택("연립주택"), 같은 항 제3호에 따른 다세대주택("다세대주택") 또는「주택법」제2조 제20호에 따른 도시형 생활주택("도시형 생활주택") 중 어느 하나에 해당할 것

ⓑ 전용면적이 60제곱미터 이하이고 취득당시가액이 3억 원(수도권 소재 6억 원) 이하일 것

㉯ 2024.1.10.~2027.12.31. 유상승계취득하는 주택(신축 후 최초로 유상승계취득한 주택 제외)으로서 다음의 요건을 모두 갖춘 주택[단,「민간임대주택에 관한 특별법」제2조 제7호에 따른 임대사업자("임대사업자")가 같은 법 제43조 제1항에 따른 임대의무기간에 하기 ⓐ에 해당하는 주택을 임대 외의 용도로 사용하는 경우 또는 매각·증여하는 경우나 같은 조 제4항 각 호의 경우가 아닌 사유로 같은 법 제6조에 따라 임대사업자 등록이 말소된 경우 해당 주택은 본문에 따른 다음의 요건을 모두 갖춘 주택에서 제외]

ⓐ 다가구주택, 연립주택, 다세대주택 또는 도시형 생활주택 중 어느 하나에 해당할 것[220]

ⓑ 전용면적이 60제곱미터 이하이고 취득당시가액이 3억 원(수도권 소재 6억 원) 이하일 것[221]

ⓒ 임대사업자가 해당 주택을 취득한 날부터 60일 이내에「민간임대주택에 관한 특별법」제5조에 따라 임대주택으로 등록하거나 임대사업자가 아닌 자가 해당 주택을 취득한 날부터 60일 이내에 같은 조에 따라 임대사업자로 등록하고 그 주택을 임대주택으로 등록할 것[222]

---

220) 이 개정규정은 2028.12.31.까지 효력을 가짐[영 부칙(2024.3.26.) §2].

221) 이 개정규정은 2028.12.31.까지 효력을 가짐[영 부칙(2024.3.26.) §2].

222) 이 개정규정은 2026.12.31.까지 효력을 가지며[영 부칙(2024.3.26.) §2], 2024.1.10. 이후 취득하는 주택 또는 오피스텔부터 적용되고[영 부칙(2024.3.26.) §3 ①], 개정규정에도 불구하고 2024.1.10.~2024.3.25.에는 다음 각

㉔「주택법」제54조 제1항에 따른 사업주체가 같은 법 제49조에 따른 사용검사 또는 「건축법」제22조에 따른 사용승인(임시사용승인 포함)을 받은 후 분양되지 않은 아파트를 2024.1.10.~2025.12.31. 최초로 유상승계취득하는 아파트로서 다음의 요건을 모두 갖춘 아파트

ⓐ 수도권 외의 지역에 있을 것

ⓑ 전용면적 85제곱미터 이하이고 취득당시가액이 6억 원 이하일 것

㉠ 상속 주택 등의 경우 지분이 가장 큰 상속인을 소유자로 보나 지분이 가장 큰 상속인이 2명 이상인 경우 그 주택 또는 오피스텔에 거주하는 사람, 나이가 가장 많은 사람 순위로 소유자로 봄.

📌 미등기 상속 주택 또는 오피스텔의 소유지분이 종전의 소유지분과 변경되어 등기되는 경우 등기상 소유지분을 상속개시일에 취득한 것으로 봄.

📌 상속 이전부터 토지에 대해 이미 공유지분 관계를 형성한 점, 상속인은 토지의 공유물 분할 시 종전 지분 대비 초과분이 없는 점, 공유물 분할은 공유자 간 공유관계 해소를 통해 단독 소유로 변경하고자 한 것일 뿐 이를 실질적인 취득으로 볼 수 없는 점, 투기수요 억제 및 실수요자 보호를 위해 도입된 주택 취득세 중과제도의 입법 취지에도 반하지 않는 점 등을 종합적으로 고려할 때 토지를 상속받은 이후 그 공유관계를 해소하였다고 하더라도 주택 취득세 중과 적용에 있어서는 당초 상속받은 주택의 부속토지로서의 성격을 그대로 유지하는 것으로 보는 것이 합리적일 것으로 판단됨(부동산세제과-966, 2023.3.8.).

㉤ **연부취득 시 주택 수 판단**

연부취득 중의 주택은 매도자 소유의 주택으로 되어 있는 점, 최초 연부금액 납부시기부터 매수자에게 주택 중과세를 적용할 경우 매도자와 매수자 각각에게 중과세가 적용되는 점, 주택 중과세 판단에 있어서 연부취득과 일반적인 계약에 의한 취득을 다르게 볼 필요성이 적은 점, 연부취득의 경우 연부금액을 사실상 완납한 시기에 해당 물건에 대한 소유권 취득의 요건을 갖추게 되는 점 등을 고려했을 때, 주택 수 포함 등 중과세 적용은 연부금액을 사실상 완납한 날 또는 그 완납한 날 전에 소유권이전등기를 한 경우에는 그 등기일을 기준으로 해야 할 것이다(부동산세제과-1883, 2023.5.18.).

㉥ **1필지에 건축된 복수의 주거용 건축물 소유자**

"1세대 2주택에 해당하는 주택으로서 조정대상지역에 있는 주택을 취득하는 경우"를 해석

호의 구분에 따른 주택 또는 오피스텔에 대해서는 다음에서 정하는 바에 따름[영 부칙(2024.3.26.) §3 ②].

1. 임대사업자가 취득한 주택 또는 오피스텔 : 2024.3.26. 이후 60일 이내에 「민간임대주택에 관한 특별법」 제5조에 따라 임대주택으로 등록한 경우 영 제28조의 4 제2항 제2호 다목 또는 같은 조 제6항 제9호 나목의 요건을 갖춘 것으로 봄.

2. 임대사업자가 아닌 자가 취득한 주택 또는 오피스텔 : 2024.3.26. 이후 60일 이내에 「민간임대주택에 관한 특별법」 제5조에 따라 임대사업자로 등록하고 그 주택 또는 오피스텔을 임대주택으로 등록한 경우 영 제28조의 4 제2항 제2호 다목 또는 같은 조 제6항 제9호 나목의 요건을 갖춘 것으로 봄.

할 때, 1필지에 건축된 복수의 주거용 건축물 소유자 중 한 명이 자신의 건축물에 관한 부속
토지의 사용권원을 확보하기 위한 목적으로 부속토지를 취득하면서, 다른 건축물을 소유할
의사가 없음을 명백히 한 경우에는 위 조항이 정한 1세대 2주택의 취득에 해당하지 않는
다(대법원 2022두60394, 2023.2.2. 심불, 서울고법 2022누41845, 2022.9.21.)라고 판시하고 있다.

④ **주택 수 합산에서 제외(지령 §28-2, §28-4 ⑤)**

㉠ 시가표준액(주택공시가격을 말함)이 1억 원 이하인 주택으로서 「도시 및 주거환경정비법」에
따른 정비구역(종전의 「주택건설촉진법」에 따라 설립인가를 받은 재건축조합의 사업부지
포함)으로 지정·고시된 지역 또는 「빈집 및 소규모주택 정비에 관한 특례법」 제2조 제1항
제4호에 따른 사업시행구역이 아닌 곳에 소재하는 주택

㉡ 노인복지주택으로 운영하기 위하여 취득하는 주택(단, 정당한 사유 없이 그 취득일부터 1년
이 경과할 때까지 해당 용도에 직접 사용하지 않거나 해당 용도로 직접 사용한 기간이 3년
미만인 상태에서 매각·증여하거나 다른 용도로 사용하는 경우 제외)

㉢ 다음 어느 하나에 해당하는 주택(2021.4.27.~2024.5.16.은 「문화재보호법」 제2조 제3항에
따른 지정문화재 또는 같은 조 제4항에 따른 등록문화재에 해당하는 주택, 2021.4.26. 이전
은 국가등록문화재에 해당하는 주택)

  ㉮ 「문화유산의 보존 및 활용에 관한 법률」에 따른 지정문화유산

  ㉯ 「근현대문화유산의 보존 및 활용에 관한 법률」에 따른 등록문화유산

  ㉰ 「자연유산의 보존 및 활용에 관한 법률」에 따른 천연기념물등

㉣ 「민간임대주택에 관한 특별법」 제2조 제7호에 따른 임대사업자가 같은 조 제4호에 따른
공공지원민간임대주택으로 공급하기 위하여 취득하는 주택(단, 정당한 사유 없이 그 취득
일부터 2년이 경과할 때까지 공공지원민간임대주택으로 공급하지 않거나 공공지원민간임
대주택으로 공급한 기간이 3년 미만인 상태에서 매각·증여하거나 다른 용도로 사용하는
경우 제외)

㉤ 가정어린이집(2022년 이후부터 국공립어린이집으로 전환한 경우 포함)으로 운영하기 위하
여 취득하는 주택(단, 정당한 사유 없이 그 취득일부터 1년이 경과할 때까지 해당 용도에
직접 사용하지 않거나 해당 용도로 직접 사용한 기간이 3년 미만인 상태에서 매각·증여하
거나 다른 용도로 사용하는 경우 제외)

㉥ 다음의 어느 하나에 해당하는 주택으로서 멸실시킬 목적으로 취득하는 주택

  ㉮ 「공공기관의 운영에 관한 법률」 제4조에 따른 공공기관 또는 「지방공기업법」 제3조에
    따른 지방공기업이 「공익사업을 위한 토지 등의 취득 및 보상에 관한 법률」 제4조에
    따른 공익사업을 위하여 취득하는 주택(단, 정당한 사유없이 취득일부터 3년 이내에
    멸실시키지 않거나 2024년 이후 취득분부터 그 취득일부터 7년이 경과할 때까지 주택
    을 신축하지 않은 경우는 제외)

  ㉯ 다음 중 어느 하나에 해당하는 자가 주택건설사업을 위하여 취득하는 주택(단, 2021년

이후부터 해당 주택건설사업이 주택과 주택이 아닌 건축물을 한꺼번에 신축하는 사업인 경우 신축하는 주택의 건축 면적 등을 고려하여 다음 기준에 따라 산정한 부분으로 한정함)

ⓐ 「도시 및 주거환경정비법」 제2조 제8호에 따른 사업시행자(단, 정당한 사유없이 취득일부터 3년 이내에 멸실시키지 않거나 2024년 이후 취득분부터 그 취득일부터 7년이 경과할 때까지 주택을 신축하지 않은 경우는 제외)

ⓑ 「빈집 및 소규모주택 정비에 관한 특례법」 제2조 제1항 제5호에 따른 사업시행자(단, 정당한 사유없이 취득일부터 3년 이내에 멸실시키지 않거나 2024년 이후 취득분부터 그 취득일부터 7년이 경과할 때까지 주택을 신축하지 않은 경우는 제외)

ⓒ 「주택법」 제2조 제11호에 따른 주택조합(2021년 이후부터 같은 법 제11조 제2항에 따른 "주택조합설립인가를 받으려는 자" 포함)(단, 정당한 사유없이 취득일부터 3년 이내에 멸실시키지 않거나 2024년 이후 취득분부터 그 취득일부터 7년이 경과할 때까지 주택을 신축하지 않은 경우는 제외)

ⓓ 「주택법」 제4조에 따라 등록한 주택건설사업자(단, 정당한 사유없이 취득일부터 3년 이내에 멸실시키지 않거나 2024년 이후 취득분부터 그 취득일부터 7년이 경과할 때까지 주택을 신축하지 않은 경우는 제외)

ⓔ 「민간임대주택에 관한 특별법」 제23조에 따른 공공지원민간임대주택 개발사업 시행자(단, 정당한 사유없이 취득일부터 2년 이내에 멸실시키지 않거나 2024년 이후 취득분부터 그 취득일부터 6년이 경과할 때까지 주택을 신축하지 않은 경우는 제외)

ⓕ 주택신축판매업[한국표준산업분류에 따른 주거용 건물 개발 및 공급업과 주거용 건물 건설업(자영건설업으로 한정)을 말함[223]]을 영위할 목적으로 「부가가치세법」 제8조 제1항에 따라 사업자 등록을 한 자[단, 정당한 사유없이 그 취득일부터 1년이 경과할 때까지 해당 주택을 멸실시키지 않거나 그 취득일부터 3년이 경과할 때까지 주택을 신축하지 않거나 그 취득일부터 5년이 경과할 때까지 신축한 주택을 판매하지 않은 경우(2021년~2024년은 그 취득일부터 3년이 경과할 때까지 주택을 신축하여 판매하지 않은 경우)는 제외]

---

223) 쟁점주택을 취득할 당시 「주택법」 제4조에 따라 등록한 주택건설사업자나 주택신축판매업을 영위할 목적으로 「부가가치세법」 제8조 제1항에 따라 사업자 등록을 한 자에 해당되지 아니하는 사실이 명백하므로 취득 당시 중과세 제외요건을 충족하였다고 보기 어렵다 하겠고, 쟁점주택을 취득한 이후인 2022.3.11. 주거용 건물 건설업을 추가하였다 하더라도 소급하여 취득세 중과세대상에서 제외할 수는 없다 할 것임(조심 2022지1210, 2023.10.25.).

● 멸실 예정 주택 중과 제외 기준(지칙 §7-2)

사업 종류	중과 제외 멸실 주택 범위
주택재개발조합 주택재건축조합 주거환경개선사업 지역주택조합	• 멸실 목적의 모든 주택 ※ 주 사업이 주택공급(건설)사업에 해당
도시환경정비사업	• 신축 부동산 중 주택면적비율에 해당하는 멸실 목적 주택 ※ 주로 주상복합건물을 공급하는 사업에 해당
기타 소규모 주택건설사업	• 주택비율 50% 이상 → 멸실 목적의 모든 주택 • 주택비율 50% 미만 → 신축 부동산 중 주택면적비율에 해당하는 멸실 목적 주택

● 멸실 예정 주택 추징 요건

사업 종류	취득 주체	추징 요건		
		멸실	신축·판매	
			2023년 이전	2024년 이후
공익사업	공공기관, 지방공기업	3년	–	7년 (신축 요건만)
주택건설 사업	도정법 §2 8호에 따른 사업시행자	3년	–	7년 (신축 요건만)
	빈집법 §2 ① 5호에 따른 사업시행자			
	「주택법」 §2 11호에 따른 주택조합(§11 ②에 따른 "주택조합설립인가를 받으려는 자" 포함)			
	「주택법」 §4에 따라 등록한 주택건설사업자			
	민간임대주택법 §23에 따른 공공지원민간임대주택 개발사업 시행자	2년		6년 (신축 요건만)
	주택신축판매업 영위 목적으로 사업자 등록을 한 자	1년	3년[주]	5년[주]

☞ (주) 2021년~2024년은 3년 이내에 주택을 신축하여 판매까지 하여야 함.

한편, 2023년 이전에는 주택건설사업자는 취득 당시 「지방세법 시행령」 제28조의 2 제8호의 취득세 중과세 제외 요건을 충족하였고, 주택의 취득일(2021.4.30.)부터 3년 이내인 2021.9.23. 그 주택을 멸실하였는바, 문언 상 취득세 중과세 제외 배제 사유가 발생하지 않은 것으로 볼 수 있는 점 등에 비추어 처분청이 청구법인에게 이 건 취득세 등을 부과한 처분은 잘못이 있다고 판단된다(조심 2023지0066, 2023.8.25.)라고 결정한 바 있다. 이는 취득일부터 3년 이내에 멸실하기만 하면 중과가 배제된다는 의미이다.[224]

---

224) 「지방세법 시행령」 제28조의 2 제8호는 2020.8.12. 대통령령 제30939호로 신설된 후 현재까지 주택건설사업자가 주택건설사업을 위하여 취득하는 주택의 취득세 중과제외 배제 사유를 "정당한 사유 없이 3년이

ⓒ 「공공주택 특별법」 제2조 제1호의 3의 공공매입임대주택을 건설할 자(같은 법 제4조
에 따른 공공주택사업자와 공공매입임대주택을 건설하여 양도하기로 약정을 체결한
자로 한정)가 해당 공공매입임대주택을 건설하기 위하여 취득하는 주택(단, 약정이 해
제 또는 해지되거나 약정에 따라 공공매입임대주택을 건설하지 않거나 양도하지 않은
경우는 제외)(2025년 이후 적용하되, 정당한 사유없이 취득일부터 3년 이내에 멸실시
키지 않거나 그 취득일부터 7년이 경과할 때까지 주택을 신축하지 않은 경우는 제외)

ⓢ 주택의 시공자(「주택법」 제33조 제2항에 따른 시공자 및 「건축법」 제2조 제16호에 따른 공
사시공자를 말함)가 다음 어느 하나에 해당하는 자로부터 해당 주택의 공사대금으로 취득
한 미분양 주택(「주택법」 제54조에 따른 사업주체가 같은 조에 따라 공급하는 주택으로서
입주자모집공고에 따른 입주자의 계약일이 지난 주택단지에서 취득일 현재까지 분양계약
이 체결되지 않아 선착순의 방법으로 공급하는 주택을 말함. "미분양 주택")(단, ⑦로부터
취득한 주택으로서 자기 또는 임대계약 등 권원을 불문하고 타인이 거주한 기간이 1년 이
상인 경우 제외, 취득일부터 3년 이내 한정)

㉮ 「건축법」 제11조에 따른 허가를 받은 자

㉯ 「주택법」 제15조에 따른 사업계획승인을 받은 자

◎ 다음의 요건을 갖춘(2023년 이전은 「지방세법 시행령」 제28조 제2항에 따른) 농어촌주택

㉮ 「지방자치법」 제3조 제3항 및 제4항에 따른 읍 또는 면에 있을 것

㉯ 대지면적이 660제곱미터 이내이고 건축물의 연면적이 150제곱미터 이내일 것

㉰ 건축물의 가액(「건축물 시가표준액 조사·산정 업무요령」을 준용하여 산출한 가액을
말함)이 6천500만 원 이내일 것

㉱ 다음의 어느 하나에 해당하는 지역에 있지 아니할 것
광역시에 소속된 군지역 또는 「수도권정비계획법」 제2조 제1호에 따른 수도권지역(단,
「접경지역 지원 특별법」 제2조 제1호에 따른 접경지역과 「수도권정비계획법」에 따른
자연보전권역 중 행정안전부령으로 정하는 지역 제외)

- 「국토의 계획 및 이용에 관한 법률」 제6조에 따른 도시지역 및 「부동산 거래신고 등에
관한 법률」 제10조에 따른 허가구역

- 「소득세법」 제104조의 2 제1항에 따라 기획재정부장관이 지정하는 지역

- 「조세특례제한법」 제99조의 4 제1항 제1호 가목 5)에 따라 정하는 지역

경과할 때까지 해당 주택을 멸실하지 않는 경우"로 규정하고 있을 뿐 주택 신축을 완료하여야 한다고 규
정하고 있지는 않은 점. 취득세 중과 제외 배제 사유로 규정하고 있지 아니한 경우까지 그 입법취지 등을
감안하여 취득세를 중과세하는 것은 납세자의 조세법령에 대한 법적안정성 및 예측가능성을 저해하는 것
으로 볼 수 있는 점. 우리 원은 그동안 지방세의 면제 또는 감면을 받은 후 별도의 추징규정을 두고 있지
아니함에도 과세관청이 해당 조항의 입법취지 등을 고려하여 추징을 한 처분에 대하여 조세법률주의 원
칙에 위배된다고 보아 청구주장을 인용하는 결정(조심 2012지157, 2012.7.31. 등)을 하고 있는 점을 들어
서 인용을 한 것임.

ⓩ 사원에 대한 임대용으로 직접 사용할 목적으로 취득하는 1구의 건축물의 연면적(전용면적을 말함) 60제곱미터 이하인 공동주택[2023.3.14. 이후 「건축법 시행령」 별표 1 제1호 다목에 따른 다가구주택(「건축법」 제38조에 따른 건축물대장에 호수별로 전용면적이 구분되어 기재되어 있는 다가구주택을 말함)을 포함하되, 하기 ㉮~㉰의 주택은 제외]

  ㉮ 취득하는 자가 개인인 경우로서 「지방세기본법 시행령」 제2조 제1항 각 호의 어느 하나에 해당하는 관계인("특수관계인") 사람에게 제공하는 주택

  ㉯ 취득하는 자가 법인인 경우로서 과점주주(지기법 §46 2)에게 제공하는 주택

  ㉰ 정당한 사유 없이 그 취득일부터 1년이 경과할 때까지 해당 용도에 직접 사용하지 않거나 해당 용도로 직접 사용한 기간이 3년 미만인 상태에서 매각·증여하거나 다른 용도로 사용하는 주택

ⓩ 한국산업표준분류에 따른 주거용 건물 건설업 또는 주거용 건물 개발 및 공급업(2025년 이후 적용)을 영위하는 자가 신축하여 보유하는 주택(단, 자기 또는 임대계약 등 권원을 불문하고 타인이 거주한 기간이 1년 이상인 주택 제외)

㉾ 상속의 경우 상속개시일부터 5년이 지나지 않은 주택, 조합원입주권, 주택분양권 또는 오피스텔

  ☞ 2020.8.11. 이전 상속의 경우 2020.8.12. 이후 5년 동안 주택 수 산정 시 소유 주택 수에서 제외됨(부칙 §3).

ⓣ 시가표준액이 1억 원 이하인 주거용 오피스텔

  ☞ 지분이나 부속토지만을 취득한 경우에는 전체 건축물과 그 부속토지의 시가표준액으로 판정함.

ⓟ 주택 수 산정일 현재 시가표준액이 1억 원 이하인 부속토지만을 소유한 경우 해당 부속토지(2023.3.14. 이후 적용)

ⓗ 혼인한 사람이 혼인 전 소유한 주택분양권으로 주택을 취득하는 경우 다른 배우자가 혼인 전부터 소유하고 있는 주택(2023.3.14. 이후 적용)

Ⓐ 상기 ③ ⓣ에 해당하는 주택[225](2024.3.26. 이후 적용)

Ⓑ 2024.1.10.~2027.12.31. 「건축법」 제22조에 따른 사용승인(임시사용승인 포함)을 받은 신축 오피스텔을 같은 기간 내에 최초로 유상승계취득하는 오피스텔로서 전용면적이 60제곱

---

225) 이 개정규정 중 상기 ③ ⓣ ㉮와 ㉯는 2028.12.31.까지, ㉰는 2026.12.31.까지 효력을 가지며[영 부칙(2024.3.26.) §2], 2024.1.10. 이후 취득하는 주택 또는 오피스텔부터 적용되고[영 부칙(2024.3.26.) §3 ①], 개정규정에도 불구하고 2024.1.10.~2024.3.25.에는 다음 각 호의 구분에 따른 주택 또는 오피스텔에 대해서는 다음에서 정하는 바에 따름[영 부칙(2024.3.26.) §3 ②].
　1. 임대사업자가 취득한 주택 또는 오피스텔 : 2024.3.26. 이후 60일 이내에 「민간임대주택에 관한 특별법」 제5조에 따라 임대주택으로 등록한 경우 영 제28조의 4 제2항 제2호 다목 또는 같은 조 제6항 제9호 나목의 요건을 갖춘 것으로 봄.
　2. 임대사업자가 아닌 자가 취득한 주택 또는 오피스텔 : 2024.3.26. 이후 60일 이내에 「민간임대주택에 관한 특별법」 제5조에 따라 임대사업자로 등록하고 그 주택 또는 오피스텔을 임대주택으로 등록한 경우 영 제28조의 4 제2항 제2호 다목 또는 같은 조 제6항 제9호 나목의 요건을 갖춘 것으로 봄.

미터 이하이고 취득당시가액이 3억 원(수도권 소재 6억 원) 이하에 해당하는 오피스텔 (2024.3.26. 이후 적용)

ⓒ 2024.1.10.~2027.12.31. 유상승계취득하는 오피스텔(신축 후 최초로 유상승계취득한 오피스텔 제외)로서 다음의 요건을 모두 갖춘 오피스텔(단, 임대사업자가 「민간임대주택에 관한 특별법」 제43조 제1항에 따른 임대의무기간에 하기 ㉮에 해당하는 오피스텔을 임대 외의 용도로 사용하는 경우 또는 매각·증여하는 경우나 같은 조 제4항 각 호의 경우가 아닌 사유로 같은 법 제6조에 따라 임대사업자 등록이 말소된 경우 해당 오피스텔은 본문에 따른 다음의 요건을 모두 갖춘 오피스텔에서 제외)

㉮ 전용면적이 60제곱미터 이하이고 취득당시가액이 3억 원(수도권 소재 6억 원) 이하일 것

㉯ 임대사업자가 해당 오피스텔을 취득한 날부터 60일 이내에 「민간임대주택에 관한 특별법」 제5조에 따라 임대주택으로 등록하거나 임대사업자가 아닌 자가 해당 오피스텔을 취득한 날부터 60일 이내에 같은 조에 따라 임대사업자로 등록하고 그 오피스텔을 임대주택으로 등록할 것

⑤ 다주택자 판단기준인 1세대의 범위(지령 §28-3)

"1세대"란 주택 취득일 현재 주택을 취득하는 사람과 세대별 주민등록표 또는 등록외국인기록표 및 외국인등록표에 함께 기재되어 있는 가족(부모, 배우자, 자녀, 형제자매 등)으로 구성된 세대(동거인 제외)를 말하며, 배우자와 미혼인 30세 미만의 자녀는 주택을 취득하는 자와 같은 세대별 주민등록표 등에 기재되어 있지 않더라도 같은 세대로 보나 30세 미만 자녀가 일정 소득이 있고 따로 사는 경우 별도 세대로 본다.

또한 취득일 현재 65세 이상의 직계존속(배우자의 직계존속 포함, 2023.3.13. 이전은 직계존속이 아니라 부모)[직계존속(2023.3.13. 이전은 부모) 중 어느 한 사람이 65세 미만인 경우 포함]을 동거봉양(同居奉養)하기 위하여 30세 이상의 직계비속, 혼인한 직계비속 또는 일정 소득 요건을 충족하는 성년인 직계비속이 합가(合家)한 경우 별도 세대로 본다.

2022년 이후부터 주택 취득일 현재 별도의 세대를 구성할 수 있는 자가 주택을 취득한 날부터 60일 이내에 세대를 분가하기 위하여 그 취득한 주택으로 주소지를 이전하는 경우 그 주택 취득일에 세대가 분리된 것으로 본다.

☞ 일정 소득 : 주택 취득일이 속하는 달의 직전 12개월 동안 발생한 소득으로서 행정안전부장관이 정하는 소득이 「국민기초생활 보장법」에 따른 기준 중위소득을 12개월로 환산한 금액의 40% 이상[2021년 이전은 「국민기초생활 보장법」 §2 11호에 따른 기준 중위소득(2020년 1인 가구 월 175만 원)의 40% 이상(월 70만 원)]

☞ 주택을 3개 이상 소유하고 있는 1세대가 2019.12.3. 이전에 주택에 대한 매매계약을 체결한 경우에는 2020.1.1. 이후 3개월(공동주택 분양계약을 체결한 경우 3년) 내에 해당 주택을 취득하는 경우 해당 주택을 1세대 4주택 이상에 해당하는 주택으로 보지 아니함[영 부칙(2020.8.12.) §4].

ⓐ 일시적 2주택(지령 §28 - 5) 중과 배제

ⓐ "일시적 2주택"의 의미

국내에 주택, 조합원입주권, 주택분양권 또는 오피스텔을 1개 소유한 1세대가 그 주택, 조합원입주권, 주택분양권 또는 오피스텔("종전 주택 등")을 소유한 상태에서 이사·학업·취업·직장이전 및 이와 유사한 사유로 다른 1주택("신규 주택")을 추가로 취득한 후 3년[종전 주택 등과 신규 주택이 모두 조정대상지역에 있는 경우 2023.1.12. 이후 종전 주택 등을 처분하여 이에 따른 요건에 해당하게 된 경우부터 3년, 2022.5.10. 이후 종전 주택 등을 처분하여 이에 따른 요건에 해당하게 된 경우부터 2023.1.11. 이전까지는 2년(그 전에는 1년)]에도 적용한다.

1년("일시적 2주택 기간") 이내에 종전 주택 등(신규 주택이 조합원입주권 또는 주택분양권에 의한 주택이거나 종전 주택 등이 조합원입주권 또는 주택분양권인 경우에는 신규 주택을 포함)을 처분하는 경우 해당 신규 주택을 말한다. 즉 이사·학업·취업 등으로 인해 일시적으로 2주택이 되는 경우 1주택 세율 적용되나, 종전 주택을 3년[종전 주택과 신규 주택이 모두 조정대상지역 내에 있는 경우 2023.1.12. 이후 종전 주택 등을 처분하여 이에 따른 요건에 해당하게 된 경우부터 3년, 2022.5.10. 이후 종전 주택 등을 처분하여 이에 따른 요건에 해당하게 된 경우부터 2023.1.11. 이전까지는 2년, 그 전에는 1년] 이내 처분해야 한다(기간 내에 종전 주택을 처분하지 않으면 추후 차액이 추징됨). 여기서 일시적 2주택은 이사 등으로 종전 주택 등을 유예기간 이내에 처분하는 경우에만 적용됨에 유의하여야 할 것이다.

> **사례** 일시적 2주택 적용 시 종전 주택등 "처분"은 단순히 이혼 등으로 세대를 분리하는 것은 해당하지 않으나, 처분 유예기간 이내에 종전 주택의 소유자가 같은 세대원이 아닌 자에게 소유권을 이전하는 경우는 "처분"에 해당하므로, 종전 주택(甲 50%, 乙 50%)의 처분일에 甲이 이혼으로 세대가 분리된 乙에게 재산분할로 종전 주택의 소유권(지분 50%)을 이전하는 것은 같은 세대원이 아닌 자에게 그 소유권을 이전하는 것이므로 "처분"으로 보는 것이 타당하다고 판단됨(부동산세제과 - 2469, 2024.7.17.).

ⓑ 주거용 건축물이 멸실된 경우라도 해당 조합원입주권 소유자의 주택 수에 가산(해당 주택이 멸실되기 전까지는 주택임)

사례 1) 조합원입주권을 받기 위해 멸실대상 주택 취득 시 : 주택 수에 따라 최대 12%

사례 2) 조합원입주권을 받기 위해 주택이 멸실된 토지 취득 시(조합원입주권) : 4%

사례 3) 멸실대상 주택을 취득하고 거주를 위해 1주택을 신규 취득하고 이후 종전 주택이 3년 이내[둘 다 조정대상지역에 있는 경우 2023.1.12. 이후 종전 주택 등을 처분하여 이에 따른 요건에 해당하게 된 경우부터 3년, 2022.5.10. 이후 종전 주택 등을 처분하여 이에 따른 요건에 해당하게 된 경우부터 2023.1.11. 이전까지는 2년(그

전에는 1년)] 멸실 : 1%

☞ 멸실대상 종전 주택 → 신규 주택 → 종전 주택 멸실 → 조합원입주권 순으로 취득한 것으로 봄.

사례 4) 멸실대상 주택을 취득하고 거주를 위해 1주택을 신규 취득하였으나 종전 주택이 3년 이내[둘 다 조정대상지역에 있는 경우 2023.1.12. 이후 종전 주택 등을 처분하여 이에 따른 요건에 해당하게 된 경우부터 3년, 2022.5.10. 이후 종전 주택 등을 처분하여 이에 따른 요건에 해당하게 된 경우부터 2023.1.11. 이전까지는 2년(그 전에는 1년)] 멸실이 안된 경우 : 8%

ⓒ 조합원입주권, 주택분양권에 의하여 취득하는 주택의 일시적 2주택 기간의 기산일

조합원입주권 또는 주택분양권에 의하여 취득하는 주택의 경우 조합원입주권 또는 주택분양권의 취득일(분양사업자로부터 주택분양권을 취득하는 경우에는 분양계약일을 말하고, 2025년 이후 주택분양권의 매매·교환 및 증여를 통하여 1세대 내에서 동일한 주택분양권에 대한 취득일이 둘 이상이 되는 경우에는 가장 빠른 주택분양권의 취득일을 말함)을 기준으로 해당 주택 취득 시의 세대별 주택 수를 산정하나, 일시적 2주택을 적용할 때는 조합원입주권 또는 주택분양권을 1개 소유한 1세대가 그 조합원입주권 또는 주택분양권을 소유한 상태에서 신규 주택을 취득한 경우에는 해당 조합원입주권 또는 주택분양권에 의한 주택을 취득한 날부터 일시적 2주택 기간을 기산한다.

ⓐ 관리처분 대상 주택 등에 대한 일시적 2주택 기간에 관한 적용례

종전 주택 등이 「도시 및 주거환경정비법」 제74조 제1항에 따른 관리처분계획의 인가 또는 「빈집 및 소규모주택 정비에 관한 특례법」 제29조 제1항에 따른 사업시행계획인가를 받은 주택인 경우로서 관리처분계획인가 또는 사업시행계획인가 당시 해당 사업구역에 거주하는 세대가 신규 주택을 취득하여 그 신규 주택으로 이주한 경우에는 그 이주한 날에 종전 주택 등을 처분한 것으로 본다.

이 규정은 인가 당시 주택에 거주하고 있던 세대가 2020.12.31. 이전에 신규 주택을 취득한 경우에 대해서도 적용한다(영 부칙 §3).

⑦ 분양전환임대주택에 대한 계약일 관련 주택 취득세 중과 여부

분양전환은 임대차계약 및 확정분양 신청 이후 일정 기간이 경과[임대 개시 후 해당 주택의 임대의무기간(5년)의 2분의 1이 지난 경우]하고 舊 「임대주택법」 등 관련 규정과 절차(행정청의 확인)를 거쳐 확정된다고 볼 수 있는데, 해당 임대주택의 경우 임대사업자가 관할 구청장 등에게 분양전환승인을 신청하여 이에 대한 분양전환승인 처리가 확정됨에 따라 이 시점부터 분양전환이 가능한 시점으로 보아야 할 것으로, 2020.7.10. 이전에 임대차계약의 체결과 동시에 확정분양 신청서를 작성한 분양전환 민간임대주택에 대하여 2020.7.10. 이전에 매매계약을 체결한 경우로 보기 어려워 종전규정에 따른 세율을 적용할 수 없다(부동산세제과-2592, 2021.9.29.).

10) 주택 무상취득 시 취득세(2020.8.12. 이후 적용)

① 세율(지법 §11, §13 – 2)

시가표준액	조정대상지역	비조정대상지역
3억 원 이하	3.5%	3.5%
3억 원 초과	12%	3.5%

☞ 상기 세율에 지방교육세, 농어촌특별세 별도(서민주택은 비과세)

② 중과세 적용되지 아니하는 무상취득(지령 §28 – 6)

ⓐ 1세대 1주택자가 소유 해당 주택을 배우자, 직계존비속에게 증여하는 경우

ⓑ 법인의 적격합병으로 취득하는 경우(2024년 이전 적용)

ⓒ 이혼에 따른 재산분할로 인한 취득의 경우

ⓓ 「법인세법」 제46조 제2항에 따른 적격분할로 인하여 분할신설법인이 분할법인으로부터 취득하는 미분양 주택[단, 분할등기일부터 3년 이내에 「법인세법」 제46조의 3 제3항 각 호의 어느 하나에 해당하는 사유가 발생하는 경우(같은 항 각 호 외의 부분 단서에 해당하는 경우 제외)는 제외](2024년 이전 적용)

여기서 적격인적분할로 인하여 취득하는 모든 주택이 아니라 미분양 주택에 한정됨에 유의하여야 할 것으로, 미분양 주택 이외의 주택도 적격합병처럼 중과세 적용되는 것으로 보는 것은 문제가 있다고 본다.

(2) 중과세(지법 §13)

1) 본점 · 주사무소용 신 · 증축 및 공장 신 · 증설(지법 §13 ①)

취득 구분		세율
본점 · 주사무소(신 · 증축에 한함)		6.8%(주) 8.4%(대도시 내 중과 시)
비도시형 업종 공장 신 · 증설	취득일부터 5년 경과	2.8%(신축), 4.0%(승계)
	취득일부터 5년 미만	8.4%(신축), 12%(승계)
도시형 업종 공장 신 · 증설		2.8%

☞ (주) 본점 등 적용세율 = 표준세율(2.8%) + 중과기준세율(2%) × 2 = 6.8%
비도시형 공장 신 · 증설과 대도시 내 중과법인 중복되는 경우
(공장 중과면적 × 8.4%) + (본점 · 주사무소 중과면적 × 6.8%)

2) 대도시 내 법인설립(휴면법인 인수 포함) · 전입 부동산 취득(지법 §13 ②)

취득 유형		세율
법인설립 (휴면법인 인수) · 전입, 지점 · 분사무소 설치 · 전입	5년 경과 유상승계	4.0%
	5년 이내 유상승계	8% 4%~12%(지법 §13 ②)
	신축	4.4%
	무상취득 (일정 비영리)	6.5% (4.4%)
	공유물, 합유물 및 총유물 분할	2.3%

☞ 적용세율 = (표준세율 × 3) - 중과기준세율(2%) × 2
- 신축 2.8% × 3 - 2% × 2 = 4.4%
- 증여 3.5% × 3 - 2% × 2 = 6.5%

☞ 설립 · 설치 · 전입 이전의 5년 이내 취득분 중과는 직접사용이 아닌 임대용 등은 제외하나, 설립 · 설치 · 전입 이후의 5년 이내 취득분 중과는 임대용을 포함한 모든 부동산 취득이 중과됨.

☞ 공유물, 합유물 및 총유물의 분할로 인한 취득은 중과대상이 될 수 없음(지예 법13-5 참조).[226]

☞ 부동산 부분은 취득세로 중과세, 법인설립 · 자본증자 등은 등록면허세 중과세

☞ 대도시 내 법인설립이나 지점 등을 설치하면서 부동산을 취득하거나, 법인설립이나 전입 이후 5년 이내에 취득하는 부동산에 대하여 2011.1.1.부터 취득세를 중과세하도록 하고 있으나, 2010.12.31. 이전에 취득하여 2011.1.1. 이후에 등기하는 경우 등록세를 과세하도록 규정하고 있으므로 등록세 중과세됨.

☞ 「지방세법」 §11 ①에 해당하는 주택을 취득하는 경우 §13-2 ① 1호에 해당하는 세율(2020.8.11. 이전에는 「지방세법」 §11 ①의 표준세율과 중과기준세율의 100분의 200을 합한 세율)이 적용되나, 「지방세법」 §13 ②과 §13-2의 중과규정이 동시에 적용되는 경우 같은 법 §16 ⑤에 따라 같은 취득물건에 대하여 둘 이상의 세율이 해당되는 경우 그 중 높은 세율이 적용됨.

---

226) 「지방세법 시행령」 제27조에 따르면 중과대상에 "부동산 취득"으로 규정되어 있어서 공유, 합유 및 총유의 분할은 취득이 아닌 이미 취득한 소유권을 분리하여 구분하고자 함에 목적이 있으므로 중과대상으로 보기에는 무리가 있다고 본다. 다만, 공유물의 경우 자기지분 이내는 세율특례 적용으로 0.3%, 자기지분을 초과하여 분할된 부분은 유상승계취득에 해당되어 중과세율이 적용될 것이다. 한편, 공유물분할의 경우 새로이 이전받는 지분에 대해서만 취득세율을 적용하는 것이 타당한 것으로 보인다고 결정하고 있다(조심 2015지1095, 2016.4.1.). 즉 취득세 중 구 등록세분으로 0.3%가 적용되지 아니하여야 한다는 것이다.

3) 고급주택 등 사치성 재산(지법 §13 ⑤ 3)

별장(2023.3.13. 이전만 적용), 회원제골프장, 고급주택, 고급오락장 및 고급선박에 한하여 적용하며, 세율은 표준세율 + 중과기준세율(2%) × 4가 적용된다.

취득 유형		세율
회원제 골프장	임야 취득	4%
	골프장 건설	8%(신·증축 건축물 : 8.8%)
	기존 골프장 취득	4%
고급주택[별장(2023.3.13. 이전만 적용), 고급오락장]	토지, 건물 취득	4%
	고급주택 설치	8%(신·증축 건축물 : 8.8%)
	기존 고급주택 취득	12%

☞ 상기는 유상승계취득을 전제로 한 것임.

(3) 탄력세율(지법 §14)

조례로 정하는 바에 따라 취득세의 세율을 표준세율의 50% 범위에서 가감할 수 있다.

(4) 세율특례(지법 §15)

1) 중과기준세율 배제(구 등록세만 적용)(지법 §15 ①)

다음의 취득은 표준세율에서 중과기준세율(2%)을 차감한 세율[「지방세법」 제11조 제1항 제8호에 해당하는 주택(유상거래 주택)을 취득하는 경우에는 해당 세율에 50%를 곱한 세율]이 적용되며, 중과세가 적용대상인 경우 이 세율의 3배의 세율이 적용된다.

① 일반 과세 : 표준세율 - 중과기준세율(2%)
② 과밀억제권역 신·증축 본점사무소용 부동산, 공장 신·증설 중과
  [표준세율 + 중과기준세율(2%)] × 2
③ 사치성 재산 중과 : [표준세율 + 중과기준세율(2%)] × 4
④ 대도시 신설법인 등 중과 : [표준세율 - 중과기준세율(2%)] × 3
⑤ 환매등기를 병행하는 부동산의 매매로서 환매기간 내에 매도자가 환매한 경우의 그 매도자와 매수자의 취득
⑥ 상속으로 인한 취득
  ㉠ 1가구 1주택의 취득
  ㉡ 「지방세특례제한법」 제6조 제1항의 취득세의 감면대상이 되는 농지의 취득
⑦ 법인의 합병
  ㉠ 2016.1.1. 이후 적격 합병으로 취득하는 분부터
    「법인세법」 제44조 제2항 또는 제3항에 해당하는 법인의 합병(이하 "적격 합병")으로

인한 취득

법인 적격합병으로 취득한 과세물건이 취득 후 5년 이내에 구 취득세분 중과세되는 본점·주사무소용 부동산, 공장 신·증설용 부동산, 고급오락장 등 사치성 재산(부동산에 한함)에 해당 시 적용 배제되어 중과세율이 적용되며, 합병등기일부터 3년 이내에 「법인세법」 제44조의 3 제3항 각 호의 어느 하나에 해당하는 사유가 발생하는 경우(같은 항 각 호 외의 부분 단서에 의한 부득이한 사유인 경우 제외)에는 적용 배제된다.

ⓒ 2015.12.31. 이전 합병으로 취득하는 분부터

적격 합병 여부와 무관하게 법인합병으로 취득한 과세물건이 합병 취득 후 5년 이내에 구 취득세분 중과세되는 본점·주사무소용 부동산, 공장 신·증설용 부동산, 고급오락장 등 사치성 재산(부동산에 한함)에 해당 시 적용 배제되어 중과세율이 적용된다.

⑧ 공유물·합유물(합유물은 2018년 이후)의 분할 또는 「부동산 실권리자명의 등기에 관한 법률」 제2조 제1호 나목에서 규정하고 있는 부동산의 공유권 해소를 위한 지분이전으로 인한 취득(등기부등본상 본인 지분을 초과하는 부분의 경우 제외)

2018년 이후 공유물을 분할한 후 분할된 부동산에 대한 단독 소유권을 취득하는 경우의 과세표준은 단독 소유권을 취득한 그 분할된 부동산 전체의 시가표준액으로 한다(지령 §29-2). 한편, 구분소유적 공유를 해소하기 위한 지분이전으로 인한 취득의 경우에는 취득자의 등기부상 공유지분에 해당하는 면적에 한하여 특례 세율이 적용되고 취득자의 등기부상 공유지분을 초과하는 부분에 대하여는 특례 세율의 적용이 배제된다고 보아야 하고, 법원 판결 등에 의해 취득자가 특정하여 구분소유하고 있는 면적이 등기부상 공유지분 면적을 초과하고 있음이 인정되었다 하여 달리 볼 것은 아니다(대법원 2018재두369, 2019.3.14.).

⑨ 건축물의 이전으로 인한 취득

이전한 건축물의 가액이 종전 건축물의 가액을 초과하는 경우에 그 초과하는 가액에 대해서는 해당 세율 적용

⑩ 「민법」 제834조, 제839조의 2 및 제840조에 따른 이혼 시 재산분할로 인한 취득

⑪ 벌채 후 원목을 생산하기 위한 입목의 취득(2016년 이후 적용되며, 그 전에는 그 밖의 형식적인 취득 등 대통령령으로 정하는 취득이 규정되어 있지 아니하였음).

2) 중과기준세율(구 취득세분) 적용(지법 §15 ②, 지령 §30)

다음의 취득은 중과기준세율(2%)이 적용되며, 중과세가 적용대상인 경우 이 세율의 3배(또는 5배)의 세율이 적용된다.

① 일반 납세자 : 중과기준세율 2%

② 과밀억제권역 신·증축 본점사무소용 부동산, 공장 신·증설 중과

중과기준세율의 3배인 6%

③ 사치성 재산 중과 : 중과기준세율의 5배인 10%

④ 개수로 인한 취득(개수로 면적 증가 시 증축에 해당되어 원시취득 세율 적용)

전용 85㎡ 이하이고, 취득일 현재 시가표준액 9억 원 이하인 공동주택의 개수는 비과세(개수 중 대수선은 과세)

⑤ 선박·차량·기계장비 구조변경 및 토지의 지목변경, 대(垈) 중 택지공사가 준공된 토지에 건축물과 그 건축물에 접속된 정원 및 부속시설물 설치로 인하여 토지가액 증가(지법 §7 ⑭, 2016년 이후~2019년까지)

⑥ 과점주주의 간주취득

⑦ 외국인 소유의 취득세 과세대상 물건(차량, 기계장비, 항공기 및 선박의 소유권을 이전받는 조건으로[2024년 이후 적용되나, 2023년 이전에도 동일하게 해석하여 운용리스는 과세대상 아님(조심 2008지262, 2008.11.6. 참조)] 임차하여 수입하는 연부취득에 한함)

⑧ 시설대여업자의 건설기계 또는 차량 취득

⑨ 사실상 취득자의 기계장비 또는 차량 취득(2015.7.24. 이후 기계장비 또는 차량을 취득하면서 기계장비대여업체 또는 운수업체의 명의로 등록하는 경우로 한정)

⑩ 대(垈) 중 택지공사가 준공된 토지에 정원 또는 부속시설물 등을 조성·설치로 인한 토지가액 증가(지법 §7 ⑭, 2020.1.1. 이후부터)

⑪ 그 밖에 다음의 취득
   ⑦ 「지방세법 시행령」 제5조 시설의 취득
   ⓛ 무덤과 이에 접속된 부속시설물의 부지로 사용되는 토지로서 지적공부상 지목이 묘지인 토지의 취득
   ⓒ 「지방세법」 제9조 제5항 단서의 임시건축물의 취득
   ⓔ 「여신전문금융업법」 제33조 제1항에 따라 건설기계나 차량을 등록한 대여시설이용자가 그 시설대여업자로부터 취득하는 건설기계 또는 차량의 취득
   ⓜ 건축물을 건축하여 취득하는 경우로서 그 건축물에 대하여 「지방세법」 제28조 제1항 제1호 가목 또는 나목에 따른 소유권의 보존등기 또는 소유권의 이전등기에 대한 등록면허세 납세의무가 성립한 후 취득시기가 도래하는 건축물의 취득

3) 상속으로 인한 1가구 1주택 및 그 부속토지의 취득

① 1가구 1주택 범위

상속인(2019년 이후 「주민등록법」 제6조 제1항 제3호에 따른 재외국민은 제외)과 「주민등록법」에 따른 세대별 주민등록표("세대별 주민등록표")에 함께 기재되어 있는 가족(동거인 제외)으로 구성된 1가구[상속인의 배우자, 미혼인 30세 미만의 직계비속 및 상속인이 미혼인 30세 미만일 경우 그 부모(2016년과 2017년은 직계존속)는 각각 상속인과 같은 세대별 주민등록표에 기재되어 있지 아니하더라도 같은 가구에 속한 것으로 봄]가 국내에 1개의 주택(고급주택 제외)을 소유하는 경우를 말한다. 여기서 1주택을 여러 사람이 공동으로 소유하는 경우에도 공동소유자가 각각 1주택을 소유하는 것으로 보고, 주택의 부속토지만을 소유하는 경우에도 주택을 소유하는 것으로 본다(지령 §29 ③). 한편, 2015.7.23. 이전에는 주택의 부속토지만을 소유하는 경우에는

주택을 소유하고 있는 것으로 보지 않았다.

　주택은 「지방세법」 제11조 제1항 제8호에 따른 주택(고급주택 제외)을 말하며, 이 경우 주택의 지분을 소유하는 경우에도 1개의 주택을 소유하는 것으로 본다. 한편, 2015.7.24. 이후 취득분부터 「주택법」 제2조 제1호에 따른 주택으로서 「건축법」에 따른 건축물대장・사용승인서・임시사용 승인서 또는 「부동산등기법」에 따른 등기부에 주택으로 기재[「건축법」(법률 제7696호로 개정되기 전의 것)에 따라 건축허가 또는 건축신고 없이 건축이 가능하였던 주택(법률 제7696호 「건축법」 일부개정법률 부칙 제3조에 따라 건축허가를 받거나 건축신고가 있는 것으로 보는 경우 포함)으로서 건축물대장에 기재되어 있지 아니한 주택의 경우에도 건축물대장에 주택으로 기재된 것으로 봄 : 2016년 이전은 건축물대장만 인정]에 주택으로 기재되고, 건축물의 용도가 주거용[「영유아보육법」에 따른 가정어린이집, 「아동복지법」에 따른 공동생활가정・지역 아동센터(통합 설치한 경우 포함) 및 「노인복지법」에 따른 노인복지시설을 위한 주거용 시설은 제외하되 「노인복지법」(법률 제13102호로 개정되기 전의 것)에 따른 분양형 노인복지주택[227]은 포함]으로 사용하는 건축물과 그 부속토지를 말한다.

　그런데 2015.7.23. 이전에는 가정어린이집, 공동생활가정・지역아동센터 및 「노인복지법」에 따른 노인복지시설 중 주거용으로 사용되는 부분은 주택으로 보고 세율특례를 적용하였다.

　한편, 고급주택은 1가구 1주택에서 제외된다.

㉠ 세대원

　취득일 현재 세대별 주민등록표에 기재되어 있는 상속인과 가족으로 구성된 1가구를 말하나, 상속인의 배우자, 미혼인 30세 미만의 직계비속 및 상속인이 미혼인 30세 미만일 경우 그 부모(2016년과 2017년은 직계존속)는 같은 세대별 주민등록표에 기재되어 있지 아니하더라도 같은 가구에 속한 것으로 보아야 한다. 「민법」상 가족이 아님에도 불구하고 세대별 주민등록표에 기재되어 있다면 세대원으로 보는 것이다. 다만, 동거인으로 등재된 경우에는 세대원에 해당되지 아니한다. 예를 들어 처제, 처남, 장인 및 장모도 세대별 주민등록표에 동거인이 아니라 세대원으로 기재되어 있다면 1가구 1주택 여부 판정 시 처제, 처남, 장인 및 장모도 포함하는 것이다. 또한 세대주가 아닌 세대원 중 1인(또는 여러 명)이 취득하였다면 상속인, 상속인의 배우자, 동일 주소지에 등재된 직계존비속, 다른 주소지에 등재된 배우자, 미혼인 30세 미만의 직계비속 및 상속인이 미혼인 30세 미만일 경우 그 부모(2016년과 2017년은 직계존속)의 주택소유 여부를 판단하여 감면규정을 적용하여야 한다.

　한편, 상속인의 배우자, 미혼인 30세 미만의 직계비속 및 상속인이 미혼인 30세 미만일 경우 그 부모(2016년과 2017년은 직계존속)만 1가구로 보는 것이므로 세대원으로 있는 자의 미혼인 30세 미만의 직계비속 및 배우자까지 1가구의 세대원으로 볼 수 없을 것이다(배우자가 세대주로 되어 있으면 배우자의 세대원으로 볼 것임).

---

227) 2015.7.24. 이후 적용함(2016.12.27. 개정 법률 부칙 §3).

세대원으로 기재된 처남도 1가구로 봄

「민법」 제779조에 따르면 "배우자의 직계혈족 및 배우자의 형제자매"도 가족에 해당된다. 따라서 세대주의 신고로 처남도 세대원으로 기재가 가능할 것이고 주민등록상에 동거인이 아닌 친척거주자로 되어 있다면 동일 세대원으로 보아야 할 것이나, 처남이 미혼으로 30세 미만인 경우 처남의 부모 세대원으로 보는 것이므로 이 경우 처남의 부모 세대원이므로 매형 세대원으로 볼 수 없음.

ⓛ 사실상 거주

세대별 주민등록표에 기재되어 있는 상속인과 가족으로 구성된 1가구가 국내에 1주택을 소유할 것을 세율특례 요건으로 규정하고 있는 이상, 비록 사실상 생계를 달리하고 있음에도 형식상 주민등록을 함께하고 있어 불리하게 적용받는다 하더라도 이는 주민등록표와 자신의 실제 주거지를 일치시키지 않고 허위신고를 한데서 기인한 것이라고 보아야 할 것(대법원 2007.4.26. 선고, 2007두3299 판결 참조)이므로, 주민등록표에 함께 기재되어 있으나 사실상 생계를 달리한다고 하여 세율특례 요건을 구비한 것으로 해석하기에는 무리가 있다고 할 것이며, 세대주와 그 가족이 주민등록표에 함께 기재되어 있고, 주택을 상속받을 당시 주민등록표에 기재되어 있던 가족이 다른 주택을 소유하고 있는 것으로 확인된 경우라면 취득세 세율특례대상에 해당하지 않는다(지방세운영과 - 3601, 2009.9.3.)라고 해석하고 있는바, 양도소득세처럼 위장전입과 실제 생계 여부를 판단하지 않고 세대별 주민등록표 기준으로 판단하고 있다.

생계를 달리하지만 형식상 주민등록하고 있는 경우(지방세운영과 - 67, 2011.1.6.)

형식상 세대별 주민등록표를 분리하여 별도로 세대를 구성하고 있다면, 사실상 함께 거주하고 있다고 하더라도 이를 세대별 주민등록표상에 기재된 1가구로 보기는 어렵다고 할 것임.

사실상 거주가 아닌 세대별 주민등록표 기재 여부로 판단(행심 2005 - 430, 2005.9.26.)

청구인의 경우 2004.5. 상속으로 주택을 취득하였고, 2004.1. 하○용은 경락으로 주택을 소유하고 있으며, 하○용은 청구인과 함께 1988.8.부터 2005.4.까지 세대별 주민등록표상 함께 등재되어 있어 처분청은 청구인이 상속으로 인한 1가구 1주택에 해당되지 않는 것임.

ⓒ 신혼부부

신혼부부가 주소를 달리 즉 처가 친정부모와 세대를 같이 하고 있을 경우라 하더라도 세대주의 배우자와 미혼인 30세 미만의 직계비속은 같은 세대별 주민등록표에 기재되어 있지 아니하더라도 같은 가구에 속한 것으로 본다라고 규정되어 있으므로 혼인신고가 되어 있다면 배우자인 처가 친정부모와 같은 세대로 되어 있더라도 신혼부부를 별도의 1가구로 보아 감면 여부를 판단하여야 한다.

ⓔ 이혼부부

상속인의 배우자, 미혼인 30세 미만의 직계비속 및 상속인이 미혼인 30세 미만일 경우 그

부모(2016년과 2017년은 직계존속)의 가구로 보는 것이다. 이혼한 부부의 30세 미만의 미혼 자녀를 이혼한 부부 중 한 사람에게만 가구 구성원으로 보아야 할 것이지 각자 모두의 가구로 볼 수는 없는 것이다.

남편과 전처 중 누구의 가구 구성원인지는 우선 세대별 주민등록표 기재 여부에 의하여 판단하여야 할 것이고, 부부 누구에게로 세대별 주민등록표에 기재되어 있지 않다면 양육자가 누구인지에 의하여 판단하여야 할 것으로 자녀의 실제 양육자가 전처인데 이혼 합의에 의해 남편이 양육비를 비록 지급하고 있다고 하더라도 양육비 지급자(남편)를 양육하는 자로 볼 수 없을 것 같아서 전처의 가구 구성원으로 보아야 할 것이다. 예를 들어 30세 미만의 미혼 아들이 남편의 세대원으로 되어 있다면 남편의 가구 구성원으로 보아 1가구 1주택을 판단하면 될 것으로서, 전처의 가구 구성원으로 볼 수는 없다는 것이다.

ⓜ 동일 주소에 사실상 거주하고 있더라도 다른 세대인 경우 세대원으로 보지 아니함

지방세법령상에서 상속 주택에 대한 취득세 세율특례대상은 세대별 주민등록표상에 기재되어 있는 상속인과 가족으로 구성된 1가구가 국내에 1개의 주택을 소유할 것을 요건으로 하고 있고, 사실상 생계를 달리하고 있음에도 형식상 주민등록을 함께하고 있음으로 인해 비과세 요건을 불리하게 적용받는다 하더라도 이는 주민등록표와 자신의 실제 주거지를 일치시키지 않고 허위신고를 한데서 기인한 것으로 보는 판례(대법원 2007두3299, 2007.4.26. 등 다수)에 기대어 살펴보면, 형식상으로 세대별 주민등록표를 분리하여 별도로 세대를 구성하고 있다면, 사실상 함께 거주하고 있다고 하더라도 이를 세대별 주민등록표상에 기재된 1가구로 볼 수 없다(지방세운영과-67, 2011.1.6.).

② 외국인 1가구 1주택 해당 여부

2019.1.1.부터는 「주민등록법」 제6조 제1항 제3호에 따른 재외국민은 세율특례가 적용되지 아니한다. 그런데 2018년 이전에는 「주민등록법」의 대상자에 외국인은 예외로 하여 외국인은 「출입국관리법」에 의해 외국인등록을 하며, 등록을 통해서 외국인등록표를 작성하게 되는 것이다. 1가구 1주택의 범위에서 세대별 주민등록표로 규정되어 있으므로 외국인등록표는 포함되지 아니할 것이다. 외국인등록표를 주민등록표로 본다라는 별도의 규정이 있다면 세율특례 대상이 될 것인데, 「주민등록법」 상에는 그러한 내용이 없다는 것이다. 한편, 「조세특례제한법」에서는 거주자(또는 내국인)에게 혜택을 주는 내용으로 조문마다 규정하고 있으나, 「지방세특례제한법」에서는 별도의 규정이 없으며, 같은 법 제40조의 2 【주택거래에 대한 취득세의 감면】 규정에서도 거주자로 제한한다는 규정이 없는바, 외국인의 경우에도 2014.8.27. 이전에는 유상거래로 주택취득 시 감면(지특법 §40-2)을 해주어야 할 것이다.[228]

---

228) 국내에 거주하는 외국인으로서 「출입국관리법」에 의한 거류신고를 하고 외국인등록을 한 자는 거주지를 주소지로 보는 것이다. 따라서 시·군 내에 주소를 둔 개인이 균등분 주민세의 납세의무가 있으므로 국내에 거주하는 외국인으로서 「출입국관리법」에 의한 거류신고를 하고 외국인등록을 한 자는 균등분 주민세의 납세의무가 있음.

그리고 「재외동포의 출입국과 법적 지위에 관한 법률」에 따른 국내거소신고사실증명을 「주민등록법」에 따른 세대별 주민등록표로 보아 1가구 1주택을 적용할 수 없다(구 지통 15-2).[229] 그런데 한국 국적을 가지고 있는 재외국민의 경우 세대별 주민등록표에 기재되어 있는 가족(동거인 제외)으로 규정되어 있으므로 재외국민이라 하더라도 주민등록이 말소되지 아니하는 한 상속 취득 1가구 1주택 세율특례 규정이 적용되었다.

> **사례** 외국인 1가구 1주택 해당 여부(조심 2009지40, 2009.6.30.)
>
> 주민등록증, 주민등록등본·초본, 외국인등록증, 또는 외국인등록사실증명을 요하는 경우에 갈음할 수 있는 것일 뿐, 「주민등록법」에 의한 세대별 주민등록표에 기재된 자에 해당하지 않는다 할 것임.

③ 기존 주택의 지분 일부를 소유한 상태에서 다른 주택을 상속받은 경우

주택 수 계산에 있어 공동명의로 주택을 보유하고 있는 경우라도 각각의 지분을 1주택으로 보고 있다(지방세운영과-580, 2010.12.29.). 여기서 지분은 주거용 건축물과 그 부속토지에 대한 지분을 한꺼번에 소유한 경우를 말하는 것이다. 따라서 상속개시일에 기존 주택의 지분 일부를 소유하고 있는 상태에서 또 다른 주택을 상속으로 소유하게 된 경우 2주택을 소유하고 있는 것으로 보아 세율특례를 적용할 수 없다.

④ 주택부속토지만 소유한 경우

㉠ 1가구 1주택 여부 판단 시

2015.7.24. 이후부터는 주택의 부속토지만을 소유하는 경우에도 주택을 소유하는 것으로 본다(지령 §29 ③). 한편, 2015.7.23. 이전에는 주택의 부속토지만을 소유하는 경우에는 주택을 소유하고 있는 것으로 보지 않았다. 즉 종전과는 달리 심판례에 의하면 상속 주택 감면 규정인 구 「지방세법」 제110조 제3호 가목의 1가구 1주택 비과세 여부를 판정함에 있어 주택과 그 부속토지를 동일 세대원이 아닌 자가 각각 소유하고 있는 경우 그 부속토지는 세대원이 장기간 독립된 주거생활을 영위할 수 있는 장소로 볼 수 없으므로 그 부속토지만을 소유한 자는 주택을 소유한 것으로 보지 않는 것이 타당하다(조심 2010지0940, 2011.7.27.)라고 결정하고 있다.

「지방세법」 제15조 제1항 제2호에서 세율특례 적용 시 무주택자가 주거용 건물의 부속토지만 상속받아도 주택을 상속받은 것으로 간주하여 세율특례(종전 취득세분 2% 비과세)를 적용하고 있다(지방세운영과-4083, 2012.12.18.)라고 해석하고 있으나, 이는 주택부속토지만을 취득하고 있는 경우에도 주택수에 포함한다라는 논리를 설명하기 위한 것으로서, 상기 심판례처럼 1가구 1주택 판단 시 주택수에 포함하지 아니하다면 또한 달리 판단되어야 할 것으로서, 주택부속토지만 상속받는 경우에는 1가구 1주택에 해당되지 않아 감면이 되지 아니하는 것으로 해석하여야 할 것이다.

---

229) 국내거소신고사실증명을 주민등록표로 보아 세율특례 적용할 수 없음(대법원 2013두27128, 2014.4.24.).

참고로, 2015.12.31.까지는 유상거래 시는 주택부속토지만 취득해도 감면해주고 있으나, 이 규정에서는 1가구 1주택의 요건이 없다는 점에서 차이가 있다. 그리고 생애 최초 감면규정 적용 시에도 유상거래 감면처럼 주택부속토지만을 취득하는 경우에는 감면이 되는 것으로 해석하여야 할 것이다.

ⓛ 주택부속토지만 소유한 경우 주택수로 계산 여부

2015.7.24. 이후에는 주택부속토지만 소유한 경우 주택을 소유한 것으로 보아 주택수를 산정하고 있다. 그런데 2015.7.23. 이전에는 구 「지방세특례제한법 기본통칙」40-2-2는 하나의 주택에 대한 지분을 보유하거나 취득하는 경우 각각의 지분을 1주택으로 간주하여 주택수를 산정한다라고 규정되어 있다. 그러나 「지방세특례제한법」에서 주택의 개념에 대하여 따로 규정을 두지 아니하였으나, 같은 법상의 주택의 개념을 「지방세법」 제104조 제3호에서 규정하고 있는 주택의 개념과 달리 해석할 이유가 없다고 할 것이므로, 「지방세특례제한법」 제40조의 2의 주택거래에 대한 취득세 감면에 있어 그 요건인 주택은 「주택법」 제2조 제1호에 규정된 바대로 세대의 구성원이 장기간 독립된 주거생활을 할 수 있는 구조로 된 건축물의 전부 또는 일부 및 그 부속토지를 말한다 할 것이다. 그렇다면, 단지 부속토지만으로는 세대원이 장기간 독립된 주거생활을 영위할 수 있는 시설로 볼 수 없고, 그 부속토지만을 소유한 경우는 주택을 소유한 것으로 볼 수 없다(조심 2013지521, 2013.7.16.)라고 결정하고 있으며, 주택의 부속토지만을 소유하는 경우 주택으로 볼 수 없음에도 이를 1주택으로 보아 주택을 취득하여 3주택에 해당되므로 기면제한 취득세 등을 부과고지한 처분은 부당하다(조심 2013지223, 2013.5.9.)라고 결정하고 있다. 상기를 종합해 보면 기본통칙상의 '주택에 대한 지분'이라 함은 주거용 건축물과 그 부속토지에 대한 지분을 한꺼번에 소유한 경우를 말하는 것으로 해석하여야 할 것이고, 주택의 부속토지만 소유하고 있는 경우에는 주택수에 포함하지 아니하는 것으로 해석하여야 할 것이다.[230]

> **사례** 「지방세법」 제110조 제3호 가목의 1가구 1주택 비과세 여부를 판정함에 있어 주택과 그 부속토지를 동일 세대원이 아닌 자가 각각 소유하고 있는 경우 그 부속토지는 세대원이 장기간 독립된 주거생활을 영위할 수 있는 장소로 볼 수 없으므로 그 부속토지만을 소유한 자는 주택을 소유한 것으로 보지 않는 것이 타당함. 따라서 청구인은 2004.12.28. 청구인의 아버지로부터 이 건 부속토지만을 증여받아 보유하고 있다가 2009.12.22. 피상속인의 사망으로 상속이 개시됨에 따라 이 건 상속주택을 상속받은 것이어서, 종전에 청구인이 소유하고 있던 이 건 부속토지는 주택에 해당되지 아니하므로 취득세 등을 비과세하지 아니한 처분은 잘못이라고 판단됨.

☞ 2015.7.24. 이후에는 주택부속토지만 소유한 경우에도 주택을 소유한 것으로 봄.

---

230) 종전에는 상속으로 인한 1세대 1주택 취득세 비과세 여부를 판단함에 있어 다른 주거용 건축물의 부속토지만 소유하고 있어도 주택을 소유한 것으로 해석하였음(지방세운영과-1569, 2010.4.16.).

> **사례** 건축물대장은 부친 소유의 건물로 되어 있으나, 재산세 과세자료에는 주된 상속자 지정으로 모친으로 되어 있는데, 모친, 아들1이 1가구이고, 아들2는 단독세대로 별도 가구이며, 주소는 모두 해당 주택으로 되어 있다. 주택부속토지를 모친, 아들1, 아들2로 증여받을 경우 모친, 아들1, 아들2 모두 서민주택을 취득하여 1가구 1주택으로 감면 여부

심판례(조심 2010지0940, 2011.7.27.)에서 주택과 그 부속토지를 동일 세대원이 아닌 자가 각각 소유하고 있는 경우 그 부속토지는 세대원이 장기간 독립된 주거생활을 영위할 수 있는 장소로 볼 수 없으므로 그 부속토지만을 소유한 자는 주택을 소유한 것으로 보지 않는 것이 타당하다라고 결정하고 있는바, 모친이 건물을 소유하고 있으므로 모친과 동일 세대인 경우에는 1가구 1주택에 해당되므로 부속토지만 취득하였다고 무조건 감면이 배제되지는 아니할 것이다. 아들2가 만 30세 미만인 경우 단독세대로 구성되어 있다 하더라도 동일 가구로 보도록 규정되어 있는바, 이 경우에는 1가구 1주택에 따른 감면이 적용될 것임(서민주택으로 모친, 아들1, 아들 2가 다른 주택을 소유하지 아니한 경우에 한함). 그런데 만 30세 이상인 경우 아들2는 다른 세대로 구성되어 있으므로 주택부속토지는 1가구 1주택으로 볼 수 없으므로 아들2의 지분에 대하여는 감면이 되지 아니할 것임.

> **사례** 남편과 배우자는 주소를 달리 하고 있고(자녀 문제로 배우자와 시부모의 주소 동일), 배우자가 시부모와 주소를 같이 하는 경우에도 부부가 주택을 남편(30세 이상) 명의로 서민주택을 취득하는 경우 1가구 1주택으로 보아 감면 여부

세대주의 배우자와 미혼인 30세 미만의 직계비속은 같은 세대별 주민등록표에 기재되어 있지 아니하더라도 같은 가구에 속한 것으로 본다라고 규정되어 있는바, 배우자는 남편과 같은 가구로 보아 1가구 1주택 감면규정을 적용하는 것이다. 즉 시부모와 같은 가구가 아닌 남편과 같은 가구로 본다는 것임. 따라서 취득하고자 하는 주택 이외에 남편, 배우자, 자녀 명의로 된 다른 주택이 있다면 1가구 2주택이 되므로 감면대상이 되지 아니할 것이나, 없다면 감면대상이 되는 것임.

⑤ 2개의 주택을 하나로 사용하는 경우

2개의 주택이 한 울타리 내에 있고, 출입구가 각각 있지만 중간벽을 뚫어 하나의 주택인 것으로 사용하고 있다면 실제로 2개의 주택을 하나의 주택으로 사용하므로 고급주택 여부를 판정할 때는 하나의 주택으로 볼 수 있을 것이다. 그러나 상속에 의한 1가구 1주택, 서민주택 1가구 1주택, 1주택의 취득에 따른 감면 등에서는 공부상 주택으로 판단하여야 할 것으로서 공부상 2개로 되어 있으므로 이를 하나로 볼 수 없으므로 2주택으로 보아야 하는 것으로 해석할 수 있으나, 유권해석에서는 1주택으로 보아 감면 여부를 판단하고 있다.

> **사례** 각각의 주택을 1세대만이 거주용 구조변경한 경우(지방세운영과-2270, 2013.9.10.)

같은 층의 연접된 2개의 다세대주택을 1주택으로 구조변경하여 아무런 경계벽 없이 1주택으로 사용되는 사실이 법원 경매현황 조사서 및 처분청 담당공무원의 실지현황조사서 등에서 확인된다면 공부상 2주택으로 등재되어 있다 하더라도 「지방세기본법」 제17조의 실질과세 원칙 및 「지방세법 시행령」 제13조의 현황과세 원칙에 따라 주택 유상거래감면규정에서의 "1주택"으로 보아 감면하는 것이 타당함.

⑥ 1주택을 공동상속받은 경우

1주택을 여러 사람이 공동으로 상속받는 경우 상속지분이 가장 큰 상속인, 상속지분이 동일할 경우에는 그 주택에 거주하는 사람, 나이가 가장 많은 사람의 순으로 그 주택의 소유자로 본다. 따라서 주택의 소유자로 판정되는 상속인이 전체를 취득한 것으로 보아 1가구 1주택에 해당 여부를 판단할 것이다. 예를 들어 상기의 규정에 의해 주택의 소유자로 보는 자가 형일 경우에는 형이 1가구 1주택이 아닌 경우 무주택자인 동생도 상속 주택을 공동소유하더라도 동생의 지분에 대하여 1가구 1주택으로 감면받을 수 없다는 것이다.

> **사례** 1주택을 공동상속의 경우(행심 2001-562, 2001.11.26.)
>
> 상속주택을 공동명의로 취득할 경우에도 배우자의 사망으로 주택을 공동상속하면서 청구인의 지분이 가장 커지는 경우 상속주택은 청구인의 소유로 보아야 하고, 아파트 상속 당시 공동소유하고 있던 다세대용 단독주택은 청구인 등이 공동명의로 건축허가를 받아 신축하여 소유하고 있음이 확인되므로 과세관청이 청구인을 1가구 2주택의 소유자로 보아 비과세신청을 받아들이지 아니하고 취득세를 징수한 처분은 적법함.

⑦ 주거용 건축물만 소유한 주택을 그 주택의 부속토지만 상속받아 1주택이 된 경우

1가구 1주택 및 그 부속토지를 상속으로 취득하는 경우에는 취득세 세율특례를 적용하는 것이므로, 주거용 건축물이 배우자(부인) 소유이고, 그 부속토지가 피상속인(남편)의 소유인 상태에서 배우자가 해당 주택의 부속토지를 상속으로 취득하여 1가구 1주택에 해당하는 경우 취득세 세율특례 적용되는 것이다(세정 13407-394, 2003.5.14.).

⑧ 주택의 부속토지 범위

주택의 부속토지는 해당 주택을 둘러싸고 있는 경계를 기준으로 그 안에 있는 부분의 부속토지를 말하기 때문에 울타리 등의 경계가 없는 경우에는 재산세의 주택과 농어촌특별세 서민주택의 경우 울타리 등의 경계가 없는 경우에는 별도로 주택의 부속토지 범위를 규정하고 있으나,[231] 여기서는 주택의 부속토지의 범위에 대하여는 별도로 규정되어 있지 아니하는바, 일반적으로 울타리, 즉 경계 내의 토지만 주택으로 보아야 할 것이고, 경계가 없는 경우에는 실제 주택으로 사용되는 면적으로 하여야 할 것이다.

⑨ 2개 이상의 주택을 각각 상속하는 경우

1주택을 여러 사람이 공동으로 상속받는 경우 상속지분이 가장 큰 상속인, 가장 큰 상속인이 2인 이상인 경우에는 그 2인 이상의 자 중 ㉠ 그 주택에 거주하는 자, ㉡ 나이가 가장 많은 사람 순서에 따라 해당 주택의 소유자를 판정하는 것으로 규정되어 있다. 그런데 상속주택이 여럿 있는 경우 세율특례 적용 여부는 취득자 기준으로 판단하여야 할 것이다.

---

231) 재산세 : 주택의 바닥면적의 10배(지령 §105)
    농어촌특별세 비과세 서민주택 : 용도지역별 적용·배율 × 바닥면적(농특령 §4)

적용 사례 ○

(1) 현황

피상속인 소유의 주택(아파트 1채, 일반주택 1채, 연립주택 1채)을 상속하는 경우

① 장남(무주택자, 30세 이상 기혼, 별도 세대주)

② 2남(주택보유, 30세 이상 기혼, 별도 세대주)

③ 3남(무주택자, 30세 이상 기혼, 별도 세대주)

④ 4남(무주택자, 30세 이상 미혼, 별도 세대주(상속개시 전에 소유주택 양도로 인하여 무주택자가 됨)

⑤ 1녀(주택 보유, 30세 이상, 기혼, 별도 세대주)

(2) 상속

합의상속으로 아파트는 3남이, 일반주택은 4남이, 연립주택은 공동(지분동일)으로 상속받음.

(3) 세율특례 적용 여부

취득자 기준으로 판단하여야 하는바, 3남, 4남이 무주택자로 1가구 1주택에 해당되어 세율특례 적용되고, 연립주택은 공동상속받았고 지분이 동일하여 연장자인 장남이 상속받은 것으로 보므로 전체지분에 대하여 이 또한 세율특례 적용됨.

⑩ 무허가 주택

2015.7.24. 이후 취득분부터 주택에 대하여 별도의 규정이 있어서 무허가 주택은 1가구 1주택 세율특례 규정이 적용되지 아니한다. 그런데 2015.7.23. 이전은 1가구 1주택 세율특례 규정을 적용함에 있어 무허가 주택 등에 대한 별도의 제외규정이 없었으며, 감면 적용 시「지방세특례제한법」제93조에「지방세법」제13조 제5항에 따른 부동산 등(사치성 재산)은 감면대상에서 제외한다라고 규정되어 있을 뿐, 무허가 건축물은 감면배제되지 아니하므로(다만, 재산세 적용 시 무허가 건축물은 종합합산과세대상이 되는 것이나, 무허가 주택은 주택으로 재산세가 부과됨) 무허가 주택이더라도 1가구 1주택에 해당하면 세율특례가 적용될 것으로 판단된다.

한편, 용도변경 불허가 처분에도 종교시설로 사용함은 임시적·불법적인 사용이므로 재산세 등 감면대상 종교목적 사용으로 볼 수 없다(대법원 2015두58928, 2016.3.10. 참조)라고 판시하고 있어서 불법 건축물을 사용하는 경우에도 이와 같이 해석할 수 있다는 점에서 세율특례가 적용되지 않는 것으로 해석할 여지가 있다. 그런데 이 판례도 문제가 있는 것으로, 실질과세 원칙에 근거한다면 세율특례요건에 해당되는 경우 세율특례가 적용되는 것이 더 타당하다는 것이다.

⑪ 주택을 불법 용도변경하여 다른 용도로 사용한 건물 소유 상태에서 상속받은 주택

입법 취지가 무주택 상속인의 주거안정을 기하고, 피상속인이 소유하던 1개의 주택을 상속인이 이전받은 것에 대하여 세목통합 전 취득세를 과세하지 아니한 점, 상속 취득세율 자체가 낮은 세율로 규정되어 있음에도 1가구 1주택 상속 취득세율을 더 낮은 세율로 규정하고 있는 점, 유상

거래로 취득하는 주택의 개념과 상속으로 취득하는 주택의 개념을 달리 볼 이유가 없는 점, 「주택법」 제2조 제1호에서 세대(世帶)의 구성원이 장기간 독립된 주거생활을 할 수 있는 구조로 된 건축물의 전부 또는 일부 및 그 부속토지를 주택으로 보고 있는 점 등에 비추어 볼 때, 「지방세법」 제15조 제1항 제2호 가목에서 규정한 "주택"이란 주거에 공하는 부동산을 뜻하는 것이고, "주택"에 해당하는지 여부는 실제 용도가 사실상 주거에 공하는 주거용 부동산인지 여부, 즉 주거용 건축물의 구조·기능이나 시설 등이 주거용에 적합한 상태에 있고 주거기능이 그대로 관리·유지되고 있어 언제든지 본인이나 제3자가 주택으로 사용할 수 있는지 여부 및 건물 공부상의 용도 구분을 종합적으로 고려하여 판단하여야 할 것이다.

따라서 상속으로 인한 주택의 취득시점에 종전 주택을 불법으로 용도를 변경하여 건물의 구조·기능이나 시설 등이 주거용에 적합한 상태에 있지 아니하고 주거기능이 관리·유지되고 있지 않는다면 종전 주택은 주택 수를 판정함에 있어서 주택 수에 포함시킬 수 없는 것이다(지방세운영과-1786, 2014.5.26.).

⑫ 한 울타리 내에 별도로 떨어져 있는 창고

주거용 창고[232]가 주택 본체와 별도로 떨어져 있는 경우에는 별도의 건축물로 보아야 하므로 주택본체와 창고를 각각 주택으로 보아 세율특례 여부를 판단하여야 할 것이다.

공부상 각각의 주택임에도 불구하고 1세대만이 구분하여 거주하도록 구조변경되어 있는 경우 "1주택"으로 볼 수 있다(지방세운영과-2270, 2013.9.10.)라는 해석의 취지에 따르면 주택의 창고가 주택 본체와 별도로 떨어져 있지만 주거용으로 사용되고 있다면 창고를 주택으로 볼 수 있을 것이고, 주택 본체와 창고가 한 울타리 내에 있어서 하나의 주택으로 사용하고 있다면 이를 하나의 주택으로 보아 세율특례 여부를 판단하여야 할 것이다.

(5) 중과세율 적용

1) 구 취득세분 중과대상(지법 §16 ①)

① 중과세 추징대상이 된 경우

토지나 건축물을 취득한 후 5년 이내에 해당 토지나 건축물이 신·증축 본점사무소용 부동산(지법 §13 ①), 공장 신·증설(지법 §13 ①) 및 사치성 재산(지법 §13 ⑤)에 해당되어 구 취득세분 중과세대상이 된 경우 다음의 세율을 적용한다.

---

232) 공부상으로는 주거용 건물로 등재되어 있으나 실제로는 주거 이외의 용도로 쓰여 지는 경우 주거용으로 볼 수 없을 것임.

⊙ 신·증축 본점사무소용 부동산, 공장 신·증설
    취득세 세율 = 표준세율 + 중과기준세율(2%) × 2

ⓛ 사치성 재산
    취득세 세율 = 표준세율 + 중과기준세율(2%) × 4

☞ 공장 신·증설 시 소유자와 공장 신·증설자가 다를 경우 소유자가 공장 신·증설한 것으로 보아 중과세율 적용(다만, 취득일부터 공장 신·증설을 시작한 날까지의 기간이 5년 경과 시 중과세 배제)

② 고급주택, 별장(2023.3.13. 이전만 적용), 골프장 또는 고급오락장용 건축물 증축·개축 또는 개수, 일반 건축물을 증축·개축 또는 개수하여 고급주택 또는 고급오락장이 된 경우

고급주택, 별장(2023.3.13. 이전만 적용), 골프장 또는 고급오락장용 건축물을 증축·개축 또는 개수한 경우와 일반 건축물을 증축·개축 또는 개수하여 고급주택 또는 고급오락장이 된 경우에 그 증가되는 건축물의 가액에 대하여 다음의 세율을 적용한다.

취득세 세율 = 표준세율 + 중과기준세율(2%) × 4

2) 구 등록세분 중과대상(지법 §16 ②)

① 대도시 신설법인 등

부동산을 취득한 후 5년 이내에 대도시 신설법인 등의 중과세대상 부동산이 된 경우 다음의 세율을 적용한다.

취득세 세율 = 표준세율 + 〔표준세율 − 중과기준세율(2%)〕× 2

② 공장 신·증설

부동산을 취득한 후 5년 이내에 공장 신·증설의 중과세대상 부동산이 된 경우 다음의 세율을 적용한다.

취득세 세율 = 표준세율 + 〔표준세율 − 중과기준세율(2%)〕× 2

☞ 공장 신·증설 시 소유자와 공장 신·증설자가 다를 경우 소유자가 공장 신·증설한 것으로 보아 중과세율 적용(다만, 취득일부터 공장 신·증설을 시작한 날까지의 기간이 5년 경과 시 중과세 배제)

3) 둘 이상 세율이 해당되는 경우(지법 §16 ⑤)

같은 취득물건에 대하여 둘 이상의 세율이 해당되는 경우에는 그 중 높은 세율을 적용한다.

4) 중복 적용되는 경우

① 신·증축 본점사무소용 부동산 또는 신·증설 구 취득세분 중과, 대도시 신설법인 등 또는 신·증설 구 등록세분 중과대상이 동시 적용되는 경우

ㄱ 취득 시(지법 §13 ⑥ 1)

「지방세법」 제13조 제6항의 세율을 적용하여 취득세를 추징한다.

> 취득세 세율 = 표준세율 × 3

ㄴ 추징 시(지법 §16 ⑥ 1)

> 취득세 세율 = 표준세율 × 3

② 대도시 신설법인 등 또는 신·증설 구 등록세분 중과, 사치성 재산 구 취득세분 중과대상이 동시 적용되는 경우(지법 §13 ⑦)

> 취득세 세율 = 표준세율 × 3 + 중과기준세율(2%) × 2
> (2016.1.1. 이후 주택 유상거래 취득 : 표준세율 + 중과기준세율(2%) × 6)

③ 고급주택 중과, 법인·다주택자 주택 중과 또는 무상취득 주택 중과 동시 적용되는 경우(지법 §16 ⑥ 2)(2020.8.12. 이후 적용)

「지방세법」 제16조 제5항(같은 취득물건에 대하여 둘 이상의 세율이 해당되는 경우 그 중 높은 세율이 적용됨)이 적용되지 아니한다.

> 취득세 세율 = 표준세율(지법 §11 ① 7호 나목의 세율) + 중과기준세율(2%) × (2 또는 4) +
> 중과기준세율(2%) × 4

❷ 부동산 외의 취득(지법 §12)

(1) 선박

1) 일반 선박

취득 유형	세율
상속	2.5%
증여, 유증, 그 밖의 무상취득	3%

취득 유형	세율
원시취득	2.02%
수입, 주문 건조에 의한 취득	2.02%
「신탁법」 상 신탁 선박(수탁자 → 수익자 이전)	4%[주1] (2013년 이전 3%)
그 밖의 원인으로 인한 취득	3%
소형선박(20톤 미만인 기선 및 범선)	2.02%
5톤 미만인 범선 중 기관을 설치하지 아니한 범선	2.02%[주2]
노와 상앗대만으로 운전하는 선박	2.02%[주2]
「어선법」 제2조 제1호 각 목의 어선	일반 세율
	소형 2.02%[주2]
부선 / 100톤 이상 부선(수상 호텔·식당·공연장등 부유식 수상구조물형 부선 포함)	일반 세율
100톤 이상 선박계류용·저장용 등 수상에 고정하여 설치하는 부선	2%
20톤~100톤 선박계류용·저장용 등 수상에 고정하여 설치하는 부선	2.02%[주2]
소형선박인 100톤 미만 부선(수상 호텔·식당·공연장 등 부유식 수상구조물형 부선 포함)	2.02%
20톤 미만 부선	2.02%[주2]
동력수상레저기구	2.02%
동력수상레저기구 중 수상오토바이·모터보트·고무보트 및 요트	2%
「건설기계관리법」 제3조에 따라 건설기계로 등록된 준설선[주3]	일반 세율
	소형 2.02%[주2]

☞ 선박이 공유물일 때에는 그 취득지분의 가액을 과세표준으로 하여 세율을 적용함.

　「선박법」 제1조의 2에 따른 소형선박은 「선박등기법」 제2조에 따른 등기 대상이 아니고, 「선박법」 제8조 제1항에 따른 등록의 대상이므로 별도 세율 규정을 두어 구분함(지법 §12 ① 1 나).

☞ (주1) 2014.1.1. 이후부터 신탁재산을 수탁자에게서 수익자로 이전하는 경우는 일반적인 유상승계취득과 같은 개념임에도 취득세의 세율을 저율(3%)로 적용하여 과세형평성 저해하고 있어 일반 유상승계취득과 동일하게 취득세 세율을 4%로 적용하여 과세형평성 제고하였는데, 2013.12.31. 이전 신탁재산인 부동산을 수탁자로부터 수익자에게 이전한 경우에 대해서는 개정규정에도 불구하고 종전의 규정에 따름.

☞ (주2) 「선박법」과 「선박등기법」 상 등기, 등록의 대상이 아닌 소형선박 등은 취득세만 과세토록 종전 취득세율(2%) 유지(지법 §12 ① 1 다)하는 것으로 규정하였으나, 소형선박 중에도 「선박법」 제26조에 따라 선박등록대상이 되지 아니하는 소형선박에 대하여도 법 취지상 2%만 적용되어야 하나, 「지방세법」 제12조 제1항 제1호 나목에 소형선박으로만 되어 있어서 등록대상이 되지 아니하는 소형선박도 모두 포함하는 것으로 규정되어 있는바, 이를 "등록대상이 되는 소형선박"이라고 개정하여야 할 것임.

　「선박등기법」 제2조(적용 범위)에 "이 법은 총톤수 20톤 이상의 기선(機船)과 범선(帆船) 및 총톤수 100톤 이상의 부선(艀船)에 대하여 적용한다. 다만, 「선박법」 제26조 제4호 본문에 따른 부선에 대하여는 적용하지 아니한다"라고 규정되어 있다. 이 규정에서 선박등기는 소형선박 이외의 선박(총톤수 20톤 이상인 부선 중 선박계류용·저장용 등으로 사용하기 위하여 수상에 고정하여 설치하는 부선 제외, 단, 제외되는 부선 중 「공유수면관리법」 제5조에 따른 점용 또는 사용 허가나 「하천법」 제33조에 따른 점용허가를 받은 수상호텔, 수상식당 또는 수상공연장 등 부유

식 수상구조물형 부선 포함)은 선박등기를 하여야 하나, 소형선박은 「선박법」 제8조에 의하여 선박등록을 하여야 함.

☞ (주3) 건설기계로 취득세 부과대상이 된 경우 선박으로 별도 취득세는 없고, 「선박법」에 의하여 등기를 하지 않아도 되지만, 「선박등기법」에 의하여 등기를 별도로 하는 경우에는 등록면허세 추가 과세대상이 될 것임.

2) 고급선박

고급선박은 비업무용 자가용 선박으로서 시가표준액이 3억 원(2016년 이전은 1억 원)을 초과하는 선박을 말한다. 다만, 실험·실습 등의 용도에 사용할 목적으로 취득하는 것은 제외한다. 이러한 고급선박의 세율은 (표준세율 + 중과기준세율 2% × 4)가 적용된다.

취득 유형	세율
일반 선박취득	4%
선박종류 변경 등으로 고급선박 해당	8%
기존 고급선박 취득	12%

☞ 상기는 유상승계취득을 전제로 한 것임.

(2) 차량

취득 유형			세율
비영업용 승용자동차	일반 승용자동차		7%
	경자동차		4%
125cc 이하 이륜자동차, 최고정격출력 12킬로와트 이하 이륜자동차(2020년 이후)			2%
영업용 승용자동차			4%
− 승합자동차 − 화물자동차 − 이륜자동차 − 특수자동차 등	비영업용	일반	5%
		경자동차	4%
	영업용		4%
상기 외 차량(궤도 등)[주]			2%

☞ 화물자동차에서 승용자동차로 분류된 자동차에 대한 과세특례 : 화물자동차의 세율을 적용

　「자동차관리법」에 따라 자동차의 구분기준이 화물자동차에서 2006.1.1.부터 승용자동차에 해당하게 된 자동차(2005. 12.31. 이전부터 승용자동차로 분류된 것은 제외)에 대한 취득세 및 자동차세는 제12조 제1항 제2호 및 제127조 제1항의 개정규정에 불구하고 화물자동차의 세율을 적용함(2010.3.31. 법률 제10221호 부칙 §4).

　총배기량 125시시 이하 이륜자동차, 최고정격출력 12킬로와트 이하의 이륜자동차(2020년 이후) 및 등록대상이 아닌 「지방세법」 제124조의 자동차 외의 차량은 종전 취득세만 부과하도록 규정함(지법 §12 ① 2 나 3), 다).

☞ 경자동차 : 「자동차관리법」 제3조에 따른 자동차의 종류 중 경형자동차를 말함(지령 §23 ②).

☞ (주) 상기에서 '자동차'라 함은 「지방세법」 제124조의 자동차 정의가 아닌 「자동차관리법」 제2조의 자동차를 말하는 것으로 해석하여야 할 것이다. 그 이유는 「지방세법」 제124조의 자동차는 자동차세에만 적용되는 것으로 규정되어 있어서 취득세에는 적용되지 아니할 것으로 판단되기 때문이다.

　「자동차관리법」 상 등록되거나 신고된 차량은 같은 법 제2조의 자동차로 원동기에 의하여 육상에서 이동할 목적으로 제

작한 용구 또는 이에 견인되어 육상을 이동할 목적으로 제작한 용구(이하 "피견인자동차"라 한다)를 말한다. 다만, 다음의 것은 제외한다(「자동차관리법 시행령」 §2).
1. 「건설기계관리법」에 따른 건설기계
2. 「농업기계화 촉진법」에 따른 농업기계
3. 「군수품관리법」에 따른 차량
4. 궤도 또는 공중선에 의하여 운행되는 차량
5. 「의료기기법」에 따른 의료기기
참고로, 자동차세가 부과되는 자동차는 「자동차관리법」에 따라 등록되거나 신고된 차량과 「건설기계관리법」에 따라 등록된 건설기계 중 덤프트럭 및 콘크리트믹서트럭을 말한다(지법 §124, 지령 §120).

① '영업용'과 '비영업용'의 의미

영업용과 비영업용의 정의가 「자동차관리법」에서는 규정되어 있지 아니하다.

"비영업용 승용자동차"는 개인 또는 법인이 「여객자동차 운수사업법」에 따라 면허를 받거나 등록을 하고 일반의 수요에 제공하는 것 외의 용도에 제공하는 「자동차관리법」 제3조 제1항 제1호에 따른 승용자동차를 말한다(단, 「자동차관리법 시행령」 제7조 제1항 제11호 또는 제12호에 따라 임시운행허가를 받은 승용자동차 제외, 2020년 이전에는 「지방세법 시행령」 제122조 제1항에 따른 비영업용으로서 「지방세법 시행령」 제123조 제1호 및 제2호에 해당하는 승용자동차로 함)(지령 §23 ①).

"비영업용 자동차"는 개인 또는 법인이 「여객자동차 운수사업법」 또는 「화물자동차 운수사업법」에 따라 면허를 받거나 등록을 하고 일반의 수요에 제공하는 것 외의 용도에 제공하는 「자동차관리법」 제2조 제1호에 따른 자동차로 하며(단, 「자동차관리법 시행령」 제7조 제1항 제11호 또는 제12호에 따라 임시운행허가를 받은 자동차 제외)(지령 §23 ④). "영업용 자동차"는 개인 또는 법인이 「여객자동차 운수사업법」 또는 「화물자동차 운수사업법」에 따라 면허를 받거나 등록을 하고 일반의 수요에 제공하는 용도에 제공되는 「자동차관리법」 제2조 제1호에 따른 자동차로 한다[2020년 이전에는 「지방세법 시행령」 제122조 제1항에 따른 영업용에 제공되는 자동차(기계장비 제외)로 하였음](지령 §23 ⑤).[233] 따라서 '영업용'이란 「여객자동차 운수사업법」 또는 「화물자동차 운수사업법」에 따라 면허(등록 포함)를 받거나 「건설기계관리법」에 따라 건설기계대여업의 등록을 하고 일반의 수요에 제공하는 것을 말하고, '비영업용'이란 개인 또는 법인이 영업용 외의 용도에 제공하거나 국가 또는 지방공공단체가 공용으로 제공하는 것을 말한다.

② 자동차등록원부에 등록하지 않고 공장이나 운전학원 구내에서만 사용하는 자동차

「지방세법」 제12조 제1항 제2호에서 규정하고 있는 취득세 과세대상으로서의 자동차는 「자동차관리법」에 따른 자동차를 말하고, 「지방세법」 제12조 제1항 제2호에서는 차량을 비영업용 승용자동차, 그 밖의 자동차, 기타의 차량으로 구분한 다음 그 밖의 자동차는 다시 비영업용과 영업용으로 세분하고 있으며, 「자동차관리법」 제2조 제1호 및 제3조에서는 자동차란 원동기에 의하여 육상에서 이동할 목적으로 제작한 용구나 이에 견인되어 육상을 이동할 목적으로 제작한 용구

---

233) 영업용 자동차의 정의는 2014.8.12. 「지방세법 시행령」에 신설되었다.

로서 승용자동차, 승합자동차, 화물자동차, 특수자동차, 이륜자동차로 구분한다고 규정하고 있으므로 자동차등록원부에 등록하지 않고 공장 구내나 운전학원 구내에서만 사용하는 자동차에 대해서는 「자동차관리법」 제5조 등에서 규정한 구분기준에 따라 「지방세법」 제12조 제1항 제2호 가목과 나목 1) 등의 비영업용 세율을 적용하여 취득세를 신고납부하여야 할 것이다(지방세운영과-3867, 2012.11.30.)라고 해석하여 왔으나,[234] 2017년 미등록 차량도 비영업용 차량과 동일하게 과세하라는 시행령(2016.12.30. 개정)이 삭제된 것과 유권해석(서울세제과-6247, 2018.5.14.)에서도 2% 과세하라고 해석하여 2%로 적용하여야 할 것이다(시행령 개정되었다는 이유는 문제가 있다고 봄).[235]

③ 시험연구용 차량

자동차 연구개발 목적의 기업부설연구소를 보유한 자가 시험·연구의 목적으로 취득하는 차량으로서 「자동차관리법」에 따른 등록 대상이 아닌 경우 취득세율은 「지방세법」(법률 제16855호, 2019.12.31. 일부개정되기 이전의 것) 제12조 제1항 다목(현행 '라목')에 따른 세율(1천분의 20)을 적용하는 것이다(부동산세제과-368, 2020.2.18.).

④ 「지방세법」 제12조 제1항 제2호 라목에 규정한 "가목~다목 외의 차량"의 의미

「자동차관리법」 상 자동차로 보지 아니하는 「자동차관리법 시행령」 제2조의 것 등으로 판단하면 된다(예 : 레미콘 차량, 농업기계인 경운기, 케이블카, 철도차량, 군수차량 등).

---

234) '자동차'와 '차량'의 용어는 구분되어 있으며, 차량(「지방세법」 제6조 제7호, 운영예규 법6-1 참조)은 「자동차관리법」 상 자동차(제2조의 자동차를 말함)와 「자동차관리법」에 적용되지 아니한 것(「자동차관리법 시행령」 제2조)을 포함하는 것으로 해석하여야 할 것이며, 운전학원 구내, 항만 구내, 공장 내에서만 사용하는 등록이 안 되는 차량은 「자동차관리법 시행령」 제2조에 규정한 차량이 아니기 때문이다. 즉 등록이 안되어 운전학원, 항만, 공장 구내에서만 사용하더라도 「자동차관리법」 상의 자동차로 보아야 할 것임. 2011.1.1. 이후 등록 여부와 관계없이 비영업용 승용자동차는 7%(경자동차는 4%), 비영업용 비승용자동차 5%(경자동차는 4%), 영업용 차량은 4%, 총배기량 125시시 이하 이륜자동차 2%의 세율로 취득세를 신고납부하여야 하는 것으로 해석하는 것이 더 타당하다고 판단됨[사람이 탑승하여 원동기에 의해 공장 구내 등을 이동·청소하는 전동 청소차는 취득세 과세대상인 차량에 해당되며(지방세운영과-470, 2013.2.15.), 공장 구내, 운전학원 구내, 항만 구내에서만 사용하는 경우에는 영업용으로 볼 수 없고, 비영업용으로 보아야 할 것이므로 세율은 비영업용 비승용자동차 5%(경자동차는 4%)하여야 할 것임. 비록 안전검사 등의 사유로 등록을 할 수 없게 되어 공장 안에서만 사용하는 경우라도 비영업용 승용자동차는 7%(경자동차는 4%), 비영업용 비승용자동차 5%(경자동차는 4%), 영업용 차량은 4%, 총배기량 125시시 이하 이륜자동차 2%의 세율을 적용하여 취득세를 부과하여야 할 것임].
한편, 2014.8.12.에 「자동차관리법」에 따른 등록대상이 아닌 자동차에 대한 취득세율의 적용을 명확히 하기 위하여 등록대상이 아닌 자동차도 그 종류 및 사용 용도에 따라 비영업용 승용자동차 등에 포함되도록 하였음(지령 §23 ⑤-2016.12.30. 삭제되어 2017년 이후 미적용).

235) 「지방세법」 제12조에서는 차량을 비영업용 승용자동차과 그 밖의 자동차의 세율(4%~7%), 기타의 차량(2%)으로 구분하고 있으나, 시행령에서 비등록대상 차량을 등록대상 차량 구분에 준하여 세율을 적용하도록 규정하고 있어 법과 시행령이 상충되는 문제를 개선하고 실무상 혼선을 방지하기 위해 과세기준을 조정한 법령 개정이라 할 것임[세제과-343(2017.1.6.)호 및 지방세정책과-56(2017.1.5.)호 「2017년 시행 지방세 관계법령 적용요령」 참조].

(3) 기계장비

취득 유형	세율
건설기계	3%
미등록 기계장비	2%

☞ 기계장비가 공유물일 때에는 그 취득지분의 가액을 과세표준으로 하여 세율을 적용하며, 「건설기계관리법」 상의 건설기계 외의 기계장비는 등록대상이 아니므로 종전의 취득세율만 부과됨.

(4) 항공기

취득 유형	세율
「항공안전법」 §3 단서 항공기(리스물건 등)	2%
일반항공기(최대이륙중량 5,700㎏ 이상)	2.01%
일반항공기(최대이륙중량 5,700㎏ 미만)	2.02%

(5) 기타

취득 유형	세율
입목	2%
광업권, 어업권, 양식업권(2020.8.28. 이후)	2%
골프·승마·콘도미니엄·종합체육시설이용·요트회원권	2%

❸ 면세점(지법 §17)

(1) 개요

취득가액이 50만 원 이하일 때에는 취득세를 부과하지 아니한다.

토지나 건축물을 취득한 자가 그 취득한 날부터 1년 이내에 그에 인접한 토지나 건축물을 취득한 경우에는 각각 그 전후의 취득에 관한 토지나 건축물의 취득을 1건의 토지 취득 또는 1구의 건축물 취득으로 보아 면세점을 적용한다.

1) 공유 재산

과세대상을 2인 이상이 공유로 취득한 경우에 공유자별로 안분한 금액을 기준으로 판단할 것인지 아니면 과세대상 물건을 기준으로 판단할 것인지 불분명하지만, 물건기준인지 아니면 인적기준인지 애매하지만 상속 취득 또는 과점주주 간주취득의 면세점에 대한 해석 등에 따르면 인적기준으로 취득가액이 50만 원 이하일 경우에 비과세하는 것으로 해석하여야 할 것이므로 공유지

분의 경우 지분가액이 50만 원 이하인 경우 과세가 되지 아니할 것으로 판단된다.

2) '1년 이내 인접한 토지 또는 건축물을 취득'의 의미

'1년 이내 인접한 토지 또는 건축물을 취득'의 적용에 있어서 동일 과세대상 물건만 취득하는 경우 말하는 것으로 해석하여야 할 것이다. 예를 들어 당초 토지만 취득하였는데 그 후 1년 이내 인접한 건축물을 취득한 경우에는 적용되지 아니할 것이다. 그 이유는 토지와 건축물은 과세대상 물건이 다른 것이므로 이들은 합산하여 면세점을 적용할 수는 없기 때문이다.

따라서 동일 과세대상 물건만 합산하여 면세점을 적용하는 것으로 토지의 경우 토지만 합산하고, 건축물은 건축물만 합산하여 면세점을 적용하여야 할 것이다.

3) 과세방법

1년 이내 인접한 토지 또는 건축물을 취득하여 면세점에 해당되지 아니할 경우, 당초 취득한 토지 또는 건축물도 과세가 되는지 명확하게 해석하지 아니하고 있지만, 당초 취득 토지 또는 건축물까지 소급하여 과세할 수는 없다고 판단된다. 그 이유는 이들의 가액을 합산하여 취득세를 부과한다라는 별도의 규정이 없고, 매 건당 취득 시마다 면세점을 적용하되 예외로 합산하여 면세점을 적용하는 것이므로 나중 취득분에 대하여 면세점을 적용하지 아니하는 것이며, 각각 취득 시기를 달리 하는 것이므로 이미 면세점에 해당되어 과세권이 종료되었는데 소급하여 과세하는 것은 세법의 과세원칙에 위배되기 때문이다.

(2) 연부취득의 면세점

연부로 취득의 경우 취득가액의 총액이 50만 원 이하인 경우 취득세를 부과하지 아니하므로 각각의 연부금 지급금액을 기준이 아닌 총금액을 기준으로 면세점을 판단한다(지령 §20 ⑤).

(3) 상속취득의 면세점

상속으로 인하여 취득하는 경우에는 상속인 각자가 상속받는 과세물건(지분을 취득하는 경우에는 그 지분에 해당하는 과세물건을 말함)을 취득한 것으로 보는 것이므로 상속인 각자가 상속받는 지분에 대하여 그 취득가액이 50만 원 이하인 때에는 면세점에 해당되어 취득세를 부과하지 아니한다(세정 13407-954, 2000.7.31. 참조).

(4) 과점주주 간주취득의 면세점

취득가액이 50만 원 이하인 때에는 취득세를 부과하지 아니하는 것이므로 과점주주의 간주취득에 있어 소재지별로 간주취득가액이 50만 원 이하일 경우에는 면세점에 해당되어 취득세를 부과하지 아니한다(내무부 세정 13407-596, 1997.6.9. 참조).

과점주주의 구성 주주 개별적으로 면세점을 적용하여야 할 것으로 예를 들어 과점주주의 전체

취득세 부과 시 과세표준액은 500만 원이나, 과점주주별 지분에 따른 과세비율을 적용 시 A주주 300만 원, B주주 200만 원, C주주 80만 원, D주주 30만 원일 경우 D주주에 대한 과점주주 취득세는 면세점이 적용되어 취득세가 부과되지 아니할 것이다.

제9절 중과세

1 의의 및 취지

「지방세법」상의 정책세제는 고세율의 적용에 의한 중과세를 특징으로 하고 있다. 이는 고부담에 의한 정책효과를 기대하는 것으로 주로 억제기능에 표적을 맞춘 조세의 유인기능을 전제로 하는 정책세제라고 볼 수 있다.

지방세 중과세 제도를 통하여 달성하고자 하는 주요 정책목표는 ① 사치성 재산에 대한 중과조치를 통한 낭비·사치풍조억제와 소득재분배 기능의 보완 역할, ② 부동산투기억제 및 국토이용의 효율화 촉진 등 모든 경제정책 목표달성을 위한 유효한 정책수단, ③ 대도시 인구집중을 유발하는 산업시설의 대도시 내 신·증설을 억제함으로써 인구 및 산업의 지방분산을 촉진하기 위한 정책수단이라 할 수 있다.[236]

2 중과세 신고납부

취득 시점부터 중과세에 해당하는 경우에는 취득세의 신고납부기한까지 중과세 해당분을 신고납부하여야 한다. 그러나 취득세 과세물건을 취득한 후 5년 이내에 해당 물건이 제13조 제2항 과세대상이 된 때에는 중과사유발생일로부터 60일(2018.12.1. 이전 중과사유발생분은 30일) 이내에 중과세율을 적용하여 산정한 세액에서 이미 납부한 세액(가산세 제외)을 공제한 금액을 세액으로 신고납부하여야 한다. 그러나 신고납부기한에 신고납부하지 아니한 경우에는 무신고가산세 또는 과소신고가산세, 납부지연가산세(2023년 이전은 납부불성실가산세)를 부과징수하므로 결국 추징세액을 중과세할 경우 가산세도 3배로 늘어나게 된다.

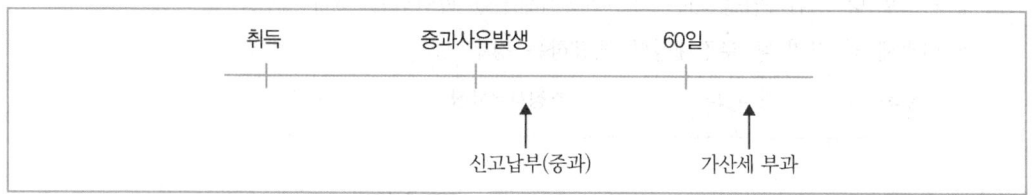

그런데 납세의무가 성립된다는 것은 세액을 계산하기 위한 과세표준액과 세율의 적용기준도

---

236) 이영희, 박종현, 지방세 중과제도의 개선방안(지방세행정연구원 1996.2.), p.7

내포하는 것이므로 그 기준은 납세의무성립 시의 기준을 적용한다. 따라서 취득세의 경우는 납세의무가 성립되는 취득 당시의 과세표준과 세율을 적용하고 납세의무성립 당시에 시행되는 법률과 현황 등을 적용하게 되는 것이다.

다음의 예를 살펴보면서 납세의무의 성립과 지방세법령의 적용관계를 검토하면 다음과 같다. 비과세 또는 감면을 받은 법인이나 개인이 당초의 비과세나 감면의 취지에 위배되거나 중과에 해당되어 추징사유가 발생하였다고 한다면 그 추징사유가 1년이 경과된 이후에 발생된 경우라면 해당 부동산은 추징유예기간이 1년이기 때문에 1년이 경과한 시점에서 추징 여부를 판단하여야 하는 것이지 3년이 되는 시점에서 추징 여부를 판단하여서는 아니되는 것이다.

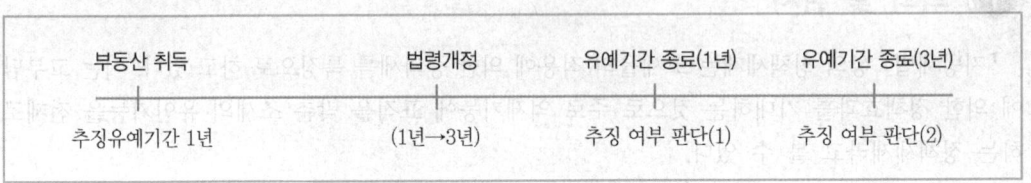

③ 중과세 추징기간

부동산 등을 취득한 날로부터 5년 이내에 중과세대상이 된 경우에만 중과세대상이 된 날로부터 60일(2018.12.1. 이전 중과사유발생분은 30일) 이내에 신고납부하여야 하고, 60일(2018.12.1. 이전 중과사유발생분은 30일)이 경과한 다음 날부터 5년 이내에 중과세분을 추징할 수 있다.

○ **중과세대상에 해당하는 경우 신고납부기한**

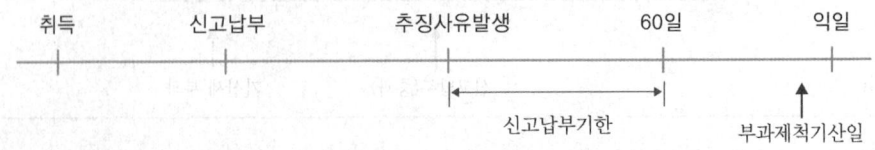

※ 중과세대상에 해당하는 경우에는 그 중과대상이 된 날로부터 60일(2018.12.1. 이전 중과사유발생분은 30일) 이내에 신고납부를 하여야 하며, 중과세대상물건이 된 그 날부터 60일(2018.12.1. 이전 중과사유발생분은 30일)이 되는 날의 다음 날부터 부과제척기간이 기산되므로 당초 취득일을 기준으로 추징기산일을 판단하는 것이 아님.

※ 비과세 및 감면 후 추징대상에 해당하는 경우

| 취득 | 신고납부 | 추징사유발생 | 60일 | 익일 |

신고납부기한 / 부과제척기산일

☞ 비과세 및 감면 후 추징대상에 해당하는 경우에는 그 추징대상이 된 날로부터 60일(2018.12.1. 이전 추징사유발생분은 30일) 이내에 신고납부를 하여야 하며, 추징대상물건이 된 그 날부터 60일(2018.12.1. 이전 추징사유

발생분은 30일)이 되는 다음 날부터 부과제척기간이 기산되므로 당초 취득일을 기준으로 추징기산일을 판단하는 것이 아님.

○ **중과 시 추징 가능기한**

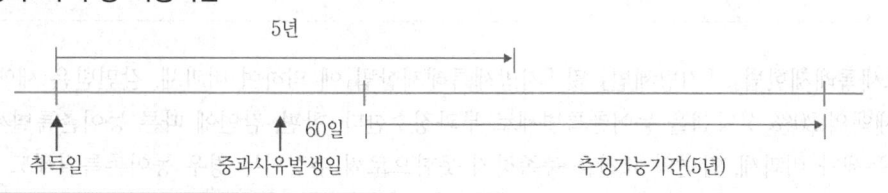

4 취득세 중 구 취득세분 중과

구분	세율 적용
일반 재산	표준세율
중과세대상자산[별장(2023.3.13. 이전만 적용), 골프장, 고급오락장, 고급주택, 고급선박]	표준세율 + 2% × 4
과밀억제권역 내 공장 신·증설	표준세율 + 2% × 2
과밀억제권역 내 본점·사무소 사업용 부동산	표준세율 + 2% × 2

(1) 취득세와 농어촌특별세와의 관계

[2% + 2% × 4(또는 2)]의 세율을 적용하여 산정된 취득세액의 10%를 농어촌특별세로 납부하여야 한다(농특법 §5).

취득세의 신고납부불이행으로 인한 가산세액은 농어촌특별세 과세대상 취득세액에 포함되지 아니한다. 즉 취득세의 본세만을 과세표준으로 하여 농어촌특별세로 납부하면 된다. 그러나 이 경우 농어촌특별세의 과세대상 기준금액인 취득세액에는 취득세 가산세액은 제외되며, 농어촌특별세의 무신고 또는 과소신고가산세는 없으나 납부지연가산세(2023년 이전은 납부불성실가산세)는 부담하게 된다.

취득 후 5년 이내에 전술한 취득세의 구 취득세분 중과규정이 적용되어 차액 상당액을 취득세로 추징하게 되는 경우 추징세액의 10% 상당액이 농어촌특별세로 부과된다.

┤ **일반 취득 후 5년 이내에 중과 적용되는 경우 농어촌특별세액의 계산 사례** ├

(1) 토지 취득
　　① 토지 과세표준 : 1억 원
　　② 토지 취득세액 계산 : 1억 원 × 4% = 4,000,000
　　③ 농어촌특별세액 : 1억 원 × 2% × 10% = 200,000

(2) 상기 토지가 과밀억제권역 내 본점사무소용 부동산에 해당되어 중과 적용(취득 후 5년 이내)
  ① 취득세 중과액 : 1억 원 × 2% × 2 = 4,000,000
  ② 농어촌특별세액 : 4,000,000 × 10% = 400,000

「조세특례제한법」,「지방세법」및「지방세특례제한법」에 의하여 비과세, 감면받은 세액, 세율특례세액의 20% 상당액을 농어촌특별세로 부과징수한다. 한편, 감면에 따른 농어촌특별세 납부 후 취득세가 비과세, 감면의 요건을 충족하지 못함으로써 추징되는 경우 농어촌특별세도 세율의 차이로 인한 부분은 환급받을 수 있다.

> **취득세 면제세액에 대한 농어촌특별세액 산정 및 면제세액 추징사유발생 시 농어촌특별세액의 환급**
>
> (1) 창업중소기업의 사업용 토지 취득(100% 감면 가정)
>   ① 사업용 토지 취득 시점 : 창업 후 2년 이내
>   ② 토지 과세표준 : 1억 원
>   ③ 토지 취득세 면제세액 계산 : 1억 원 × 4% = 4,000,000
>   ④ 농어촌특별세액 : 4,000,000 × 20% = 800,000
>   ⑤ 창업중소기업이 창업 후 4년 이내 사업용 부동산 취득 시 취득세의 100% 감면
>   ⑥ 「지방세특례제한법」 중 일정요건 충족 시 취득세 감면세액의 20%를 농어촌특별세로 납부
>
> (2) 상기 토지가 취득세 감면요건을 충족하지 못해 일반과세됨.
>   ① 취득세액 : 1억 원 × 4% = 4,000,000
>   ② 농어촌특별세액 : 1억 원 × 2% × 10% = 200,000
>   ③ 취득세 차액 4,000,000원의 납부
>   ④ 농어촌특별세액의 과다납부분 600,000원(800,000 − 200,000)의 환급

(2) 중과세율의 적용

취득 유형		세율
본점·주사무소(신·증축에 한함)		6.8%
비도시형 업종 공장 신·증설	취득일부터 5년 경과	2.8%(신축), 4%(승계)
	취득일부터 5년 미만	8.4%(신축), 12%(승계)
도시형 업종 공장 신·증설		2.8%

☞ ① 본점 등 적용세율 = 표준세율(2.8%) + 중과기준세율(2%) × 2 = 6.8%
　② 비도시형 공장 신·증설과 대도시 내 중과법인 중복되는 경우
　　(공장 중과면적 × 8.4%) + (본점·주사무소 중과면적 × 6.8%)

1) 과밀억제권역 내 신·증축 본점·주사무소의 사업용 부동산

토지나 건축물을 취득한 후 5년 이내에 해당 토지나 건축물이 과밀억제권역 내 신·증축 본점·주사무소 사업용 부동산 중과규정에 해당하게 되면 중과세율(표준세율 + 2% × 2)을 적용하여 산출한 세액에서 이미 일반세율(표준세율)로 계산하여 납부한 세액을 공제하고 나머지를 추징한다.

2) 과밀억제권역 내 공장 신·증설

토지나 건축물을 취득한 후 5년 이내에 해당 토지나 건축물이 과밀억제권역 내 공장 신·증설 부동산 중과규정에 해당하게 되면 중과세율(표준세율 + 2% × 2)을 적용하여 산출한 세액에서 이미 일반세율(표준세율)로 계산하여 납부한 세액을 공제하고 나머지를 추징한다.

공장 신·증설 시 사업용 과세물건의 소유자와 공장을 신·증설한 자가 다른 경우에는 사업용 과세물건 소유자가 공장을 신·증설한 것으로 보아 중과대상 취득세의 납세의무자가 된다. 따라서 타인소유의 토지, 건물을 임차하여 생산설비를 갖추어 공장을 경영하는 경우 임대인인 토지, 건물 소유자에게 중과하게 된다.

상기의 경우 사업용 과세물건 취득일(임대인)부터 (임차인의) 공장 신·증설에 착수한 날까지의 기간이 5년을 경과한 경우에는 중과세 규정을 적용하지 아니한다.

3) 별장(2023.3.13. 이전만 적용), 골프장, 고급주택, 고급오락장

토지나 건축물을 취득한 후 5년 이내에 해당 토지나 건축물이 별장, 골프장, 고급주택, 고급오락장에 해당하게 되면 중과세율(표준세율 + 2% × 4)을 적용하여 산출한 세액에서 이미 일반세율(표준세율)로 계산하여 납부한 세액을 공제하고 나머지를 추징한다.

기존 별장(2023.3.13. 이전만 적용), 골프장, 고급주택, 고급오락장 등 사치성 재산을 취득한 후 증축, 개축, 개수한 경우와 일반건축물을 증축, 개축, 개수하여 고급주택, 고급오락장이 된 경우 그 증가되는 건축물의 가액(고급주택은 건물만)에 대하여는 중과세율을 적용한다.

4) 기타

동일한 과세물건에 2 이상의 세율이 해당되는 경우에는 높은 세율을 적용한다.

5) 중과세대상과 부과제척기간

부동산 등을 취득한 날로부터 5년 이내에 중과세대상이 된 경우에는 부과제척기간 산정은 중과세대상이 된 날로부터 60일(2018.12.1. 이전 중과사유발생분은 30일) 이내에 신고납부해야 하고, 60일(2018.12.1. 이전 중과사유발생분은 30일)이 경과한 다음 날부터 5년(사기, 기타 부정행위는 10년) 이내에 중과세분을 추징할 수 있는 것으로 당초 취득일을 기준으로 제척기간의 기산일을 산정하는 것은 아니다(세정 13407−842, 2000.7.1.). 취득세 과세물건을 취득한 후 5년 이내에 해당 물건이 제13조 제1항부터 제7항까지의 규정에 의한 중과세 적용대상이 된 때에는 아래에서

정하는 날로부터 60일(2018.12.1. 이전 중과사유발생분은 30일) 이내에 「지방세법」 제13조 제1항부터 제7항까지 규정에 의한 세율(중과세율)을 적용하여 산정한 세액에서 이미 신고납부한 세액(가산세 제외)을 공제한 금액을 세액으로 신고납부하여야 하며, 지방세관계법 또는 다른 법령에 의하여 취득세를 비과세, 과세면제 또는 경감받은 후에 해당 과세물건이 취득세 부과대상 또는 추징대상이 된 때에는 상기의 규정에 불구하고 그 사유발생일부터 60일(2018.12.1. 이전 중과사유발생분은 30일) 이내에 해당 과세표준액에 「지방세법」 제11조부터 제15조까지의 세율을 적용하여 산출한 세액[경감받은 경우에는 이미 납부한 세액(가산세 제외)을 공제한 세액]을 신고납부하여야 한다.

▌중과세대상 물건의 신고납부 기산일▐

① 과밀억제권역 안에서 신·증축 본점사무소용 부동산을 취득한 경우
  사무소로 최초로 사용한 날
② 공장 신·증설 사업용 과세물건 취득, 기존 건축물에 공장을 신설하거나 기존공장을 증설하는 때의 부동산 취득의 경우
  그 생산설비를 설치한 날. 다만, 그 이전에 영업허가·인가 등을 받은 경우에는 영업허가·인가 등을 받은 날
③ 대도시 법인설립, 지점 또는 분사무소를 설치, 대도시 밖 본점·주사무소·지점 또는 분사무소 대도시로 전입의 경우
  해당 사무소 또는 사업장을 사실상 설치한 날
④ 법인의 대도시 중과제외 업종 부동산 취득, 사원주거용 목적 부동산 취득 후 유예기간 1년(3년) 내 해당 업종(용도) 미사용·다른 업종(용도) 사용·겸용하는 경우, 2년 이상 미사용한 상태에서 매각·다른 업종(용도) 사용·겸용하는 경우
  ㉠ 유예기간 1년(3년) 내 해당 업종(용도) 미사용
    유예기간 종료일 다음 날
  ㉡ 유예기간 1년(3년) 내 다른 업종(용도) 사용·겸용하는 경우
    다른 업종(용도) 사용하는 날, 겸용하는 날
  ㉢ 2년 이상 미사용한 상태에서 매각·다른 업종(용도) 사용·겸용하는 경우
    매각하는 날, 다른 업종(용도) 사용하는 날, 겸용하는 날
⑤ 공장 신·증설 사업용 과세물건 취득, 기존 건축물에 공장을 신설하거나 기존공장을 증설하는 때의 부동산 취득의 경우
  그 생산설비를 설치한 날. 다만, 그 이전에 영업허가·인가 등을 받은 경우에는 영업허가·인가 등을 받은 날
⑥ 별장(2023.3.13. 이전만 적용)·골프장·고급주택·고급오락장 및 고급선박
  ㉠ 건축물의 증축 또는 개축으로 인하여 별장(2023.3.13. 이전만 적용) 또는 고급주택이 된 경우
    그 증축 또는 개축의 사용승인서 교부일, 그 밖의 사유로 별장(2023.3.13. 이전만 적용) 또는 고급주택이 된 경우에는 그 사유발생한 날
  ㉡ 골프장
    「체육시설의 설치·이용에 관한 법률」에 의하여 체육시설업의 등록(변경등록을 포함한

다)을 하는 때. 다만, 등록을 하기 전에 사실상 골프장 사용하는 경우 그 부분에 대해서는 사실상 사용한 날

ⓒ 건축물의 사용승인서 교부일 이후에 관계법령에 의하여 고급오락장이 된 경우
그 대상 업종의 영업허가·인가 등을 받은 날. 다만, 허가 등을 받지 아니하고 고급오락장이 된 경우에는 고급오락장 영업을 사실상 시작한 날

ⓔ 선박종류를 변경하여 고급선박이 된 경우
사실상 선박종류를 변경한 날

☞ 3년의 유예기간 대상 사업 : 「주택법」 제9조에 따라 국토교통부에 등록된 주택건설사업(주택건설용으로 취득한 후 3년 이내에 주택건설에 착공하는 부동산만 해당)

┃ 중과세대상 취득세의 부과제척기간 계산 사례 ┃

(1) 현황
① 일반주택 취득일자 : 2016.7.1.
② 취득세의 신고납부 : 2016.7.25.
③ ①의 일반주택이 고급주택으로 판정 : 2019.8.1.
④ 고급주택과 일반주택 간의 취득세 적용세율간의 차액분을 신고하지 아니함.

(2) 지방자치단체가 고급주택에 대한 취득세 중과액을 부과할 수 있는 부과제척기간
① 중과대상에 해당하는 경우에는 그 중과대상이 된 날로부터 60일(2018.12.1. 이전 중과사유발생분은 30일) 이내에 신고납부를 하여야 하며, 중과대상 물건이 된 날로부터 60일 (2018.12.1. 이전 중과사유발생분은 30일)이 되는 다음 날부터 부과제척기간이 기산되므로 당초 취득일을 기준으로 추징기산일을 판단하지 아니함.
② 부과제척기간의 기산일 : 2019.10.1.
③ 부과제척기간 : 2019.10.1.~2024.9.30.

⑤ 과밀억제권역 본점 또는 주사무소용 신·증축 부동산(지법 §13 ①)

과밀억제권역 본점 또는 주사무소용 부동산을 신·증축하는 경우 취득세 중 구 취득세분이 중과 적용된다. 이 규정의 취지는 산업과 경제활동의 중추기능을 하는 법인의 본점이 수도권집중도가 심각하여 수도권의 인구와 산업 및 경제 집중의 주요 요인으로 작용하고 있는 법인본점의 지방이전을 촉진하고 수도권 내 법인의 신·증설을 억제하고자 하는 데 있다.

(1) 과세요건

① 「수도권정비계획법」 제6조의 규정에 의한 과밀억제권역 안
② 본점 또는 주사무소의 사업용 부동산(사무소로 사용하는 부동산과 그 부대시설용 부동산)
③ 승계취득이 아닌 신축 또는 증축

(2) 과밀억제권역

「수도권정비계획법」 제6조의 규정에 의한 과밀억제권역을 말한다.

○ 「수도권정비계획법 시행령」 별표 1
- 서울특별시
- 인천광역시
    ※ 강화군, 옹진군, 서구 대곡동 · 불로동 · 마전동 · 금곡동 · 오류동 · 왕길동 · 당하동 · 원당동, 인천경제자유구역 및 남동국가산업단지 제외
- 시흥시[반월특수지역(반월특수지역에서 해제된 지역 포함)은 제외]
- 의정부시, 구리시, 하남시, 고양시, 수원시, 성남시, 안양시, 부천시, 광명시, 과천시, 의왕시, 군포시, 남양주시(호평동, 평내동, 금곡동, 일패동, 이패동, 삼패동, 가운동, 수석동, 지금동 및 도농동만 해당)

대도시의 적용범위 비교

본점사무소용 신 · 증축 부동산 구 취득세분 중과	공장 신 · 증설 구 취득세분, 구 등록세분 중과	법인(지점) 신설 · 전입 구 등록세분 중과
과밀억제권역	과밀억제권역 중 산업단지 · 유치지역 · 공업지역 제외	과밀억제권역 중 산업단지 제외
지법 §13 ①	지법 §13 ①	지법 §13 ②

(3) 본점사무소용 부동산

1) 본점사무소용 부동산 취득의 주체는 법인으로 한정

본점이나 주사무소("본점")의 범위는 그 취득의 주체는 법인격이 있는 법인이어야 하는 것이지 법인격이 없는 경우에는 비록 본점이나 주사무소용으로 사용한다고 하더라도 중과세대상이 아닌 것이다. 이 경우 법인의 범위는 법인등기를 기준으로 판단하는 것이기 때문에 법인등기가 되지 아니하고 주무부장관의 허가만 받은 경우에는 법인으로 볼 수가 없는 것이다. 또한 법인격이 없는 단체는 법인으로 보지 아니하고 단순한 법인이 아닌 단체로서 법인의 범위에서 제외한다.[237] 취득세편에서 '법인'이라 함은 「민법」, 「상법」 또는 특별법에 의하여 설립된 모든 법인이

---

237) 주민세 법인 균등분의 납세의무자는 「지방세법」 제75조 제1항에서 지방자치단체에 사업소를 둔 법인(법인세의 과세대상이 되는 법인격 없는 사단 · 재단 및 단체를 포함한다)을 납세의무자로 규정하고 있어 법인등기를 하지 아니하여 법인격이 없는 단체에 대하여도 법인 균등분 주민세를 부과한다. 이는 별도의 규정을 두어 법인격 없는 단체를 법인 균등분 주민세 납세의무자로 간주하고 있을 뿐이지 법인격 없는 단체를 법인으로 본다는 의미는 아니다.

포함되나 법인격 없는 사단·재단은 설립등기를 할 수 없으므로 중과세 규정의 적용을 받지 아니하고 법인등기가 되지 않은 상태에서 주무부장관으로부터 설립에 필요한 허가·인가 등을 받은 상태에서 법인등기를 하지 않은 경우에는 법인이 되기 위한 설립 중인 상태의 법인격 없는 단체에 해당하는 것일 뿐 법인으로는 볼 수 없어 중과대상에서 제외된다(세정 13407-573, 2000.5.1.).

2) 본점 또는 주사무소의 범위

본점은 영리법인의 주된 사무소 소재지, 주사무소는 비영리법인의 주된 사무소 소재지를 의미하며, 주된 사무소의 범위는 본점등기 여부를 기준으로 판단하는 것이 아니라 법인의 본점으로서의 주된 기능을 수행하는 장소를 의미하는 것이다. 즉 법인등기부상 또는 사업자등록증상 법인 본점이 과밀억제권역 밖에 있다 하더라도 과세대상 부동산이 취득 법인의 본점사무소용 부동산으로서의 역할을 하고 있다면 중과규정이 적용되는 것이다. 여기에서 '본점'이라 함은 대표이사 등 임직원이 상주하면서 기획, 재무, 경영전략 등 법인의 전반적인 사업을 수행하고 있는 경우를 말하고, '본점사무소용 부동산'이라 함은 법인의 중추적인 의사결정이 이루어지는 장소를 뜻한다. 실질적인 본점의 역할을 수행하려면 회사의 영업정책과 재무정책을 총괄하고 결정할 수 있는 회장실, 임원실, 회계부서, 총무부서 등의 사무실이 구비되어야 하고 그 해당 임직원이 상시 근무하여 그 역할을 하여야 할 것이다. 따라서 법인의 본점으로서의 기능을 수행하는 장소로 본점등기 여부에 국한하지 않고 법인의 중추적인 의사결정이 이루어지는 장소가 사무실 형편상 일부 부서를 분산하여 여러 장소에 두고 있는 경우에도 본점사무소용 부동산에 해당한다. 「지방세법 운영예규」 법13-5에 따르면 본점 이외의 장소에서 경리, 인사, 연구, 연수, 재산관리 업무 등 대외적인 거래와 직접적인 관련이 없는 내부적 업무만을 처리하고 있는 경우는 지점이 아닌 본점에 해당된다라고 규정하고 있으나, 이 규정에서 연구 업무를 규정하고 있는데, 이는 별도의 조직이 아닌 본점 내의 일부 부서의 역할을 하는 경우를 말한다.

한편, 사무소용이 아닌 영업장, 판매장, 점포 등은 본점사무소용 부동산 등에 해당하지 아니하고 동일한 건물 내라 하더라도 본점사무소용으로 사용되는 부분만 중과세된다.

 지역판매본부가 회사조직성격상 의사결정, 회계관리의 독립성 정도 등 본점의 일부에 해당되지 않는다면 지역판매본부 및 그 본부 내에 있는 영업소는 본점사무소용으로 볼 수 없으며(세정 13407-1, 1997.2.18.) 영업장, 판매장, 점포 등은 본점사무소용 부동산 등에 해당하지 아니함.

○ **본점사무소용 부동산으로 중과대상 예시**
① 도시형 공장을 영위하는 공장의 구내에서 본점용 사무실의 증축
② 본점 사무소 전용 주차타워의 신·증축
③ 임대한 토지에 공장을 신설하여 운영하다가 동 토지 내에 본점사무소용 건축물을 신·증축
④ 건축물을 신·증축한 후 5년 이내에 본점의 부서 중 일부 부서가 입주하여 사무를 처리하는 경우

⑤ 본점을 둔 회사가 본점 경리업무 중 일부인 수출업무와 은행업무를 처리하는 연락사무소용 부동산 취득(대법원 93누17690, 1994.3.22.)

⑥ 수도권마케팅본부와 수도권생산본부의 사무실 취득(세정 13407-506, 1997.11.1.)

⑦ 본사 조직의 일부인 대표이사, 비서실, 총무부가 이전하면서 취득하는 부동산(세정 13407-315, 1997.4.24.)

⑧ 건축물을 증축한 후 기존 건축물에서 사용하던 본점사무실을 다른 층으로 이전한 경우(증축에 따른 면적 증가분)

⑨ 본점사무소용으로 사용하다가 멸실 후 다시 동일 면적으로 건축하였다가 취득하는 경우(집합건물의 경우)

⑩ 대도시 내에 본점을 가지고 있던 법인이 대도시 내에 건축물을 신·증축하여 기존 본점을 이전하는 경우

○ **본점사무소용 부동산 제외 예시**

① 병원의 병실을 증축 취득

② 운수업체가 「자동차운수사업법」에 의한 차고용 토지만을 취득

③ 임대업자가 임대하기 위하여 취득한 부동산

④ 해당 건축물을 임차하여 법인의 본점사무소용으로 사용

⑤ 시장, 백화점 등의 영업장(2015.12.31. 이전만 적용), 판매장, 점포, 물류창고 등

  ☞ 2016.1.1. 이후 시장, 백화점 등 내 유통산업 이외 본·지점설치 시, 즉 시장, 백화점 등 일부를 임대·분양받아 대도시 중과대상 업종 본점 등 설치 법인은 중과

⑥ 건축물의 일부분을 본점 사무소로 사용하다 동일 건축물 내에서 면적 증가없이 다른 층으로 옮긴 경우

⑦ 본점사무실과 무관한 호텔객실 증축(이 경우 주차장 등 본점사무실과 공용으로 사용하는 부분은 안분계산)

3) 기업부설연구소의 본점 해당 여부

대도시 내에서 대도시 외인 이 사업장으로 본점을 이전하면서 인력의 추가 채용 등을 고려하여 미리 확보하였거나 인력을 재배치하면서 발생한 공실, 기업부설연구소가 아닌 본사 소속 연구(도면 설계 등)부서 직원들이 직접 사용하는 사무실 및 본점의 업무와 직·간접적으로 연계되어 사용하는 부분(창고, 주차장)은 '법인의 본점으로 사용하는 부동산'에 해당된다고 할 것이다(조심 2022지1657, 2023.6.20.).

상기의 심판례에 따르면 신축에 대한 취득세 본점 중과 시 본점 사무실과 별개의 장소에 있는 기업부설연구소는 본점에 해당하지 않는다고 보아야 할 것으로 본점 사무실과 같은 장소에 있더라도 본점 사무실과 독자적으로 급여지급, 회계결산, 인사업무 등을 한 경우 본점으로 보는 것은 문제가 될 여지가 있으나 최근 대법원판례(2022두66088, 2023.3.16.)에 따르면 사업장 내에 함께 존재하는 경우 본점에 해당되는 것으로 판시하고 있어서 논란의 쟁점이 되고 있다.

> **사례** 기업부설연구소의 본점 해당 여부(부동산세제과-1026, 2023.11.16.)
>
> 법원에서는 법인의 본점 또는 주사무소란 법인이 영위하는 사업에 관한 주요한 의사결정 및 업무수행 관리행위가 이뤄지는 장소로서(대법원 2020두41832, 2020.10.15.), 이에 해당하는지는 법인등기부상의 본사무소와 같은 형식적인 본점 등기 여부를 기준으로 할 것이 아니라, 법인의 주된 기능, 즉 법인이 영위하는 사업에 관한 주요한 의사결정 및 업무수행과 경영, 인사, 재무, 총무, 기획 등 관리행위가 실질적으로 수행되는지 여부에 따라야 한다고 설시하고 있음(대법원 92누473, 1993. 1.15. 선고, 대법원 2020두41832, 2020.10.15.). 또한 우리부 유권해석에서도 본점 또는 주사무소와 기업부설연구소를 분리하여 중과세나 감면 여부를 판단하여 왔음(세정-595, 2007.3.13., 지방세운영-4080, 2012.12.18., 지방세특례제도-4001, 2016.12.29.). 이와 같은 사안들을 종합적으로 고려할 때, 기업부설연구소가 연구개발 활동만을 수행하고 법인의 주된 기능, 즉 주요한 의사결정이나 인사, 재무, 총무 등의 업무를 수행하지 않는 경우에는 본점 또는 주사무소에 해당하지 않는다고 보아야 할 것임. 따라서 쟁점 연구시설이 연구개발 활동만을 수행하는 경우라면 본점이나 주사무소에 해당하지 않으므로 이에 사용되는 부동산은 취득세를 중과세할 수 없으나, 연구개발 외에 윤리경영·경영지원BG(Business Group)·글로벌 영업 등을 위해 사용되는 경우라면 그 부분(쟁점 연구시설과 같은 건물에 위치)은 본점 또는 주사무용 부동산에 해당하므로 취득세를 중과세하는 것이 타당함.

4) 본점사무소용 부동산의 부대시설 중 중과 제외되는 시설

본점사무소용 부동산은 법인의 본점으로 사용하는 부동산과 그 부대시설용 부동산 등을 말한다. '부대시설용 부동산'이란 해당 사무실의 업무수행상 필요한 주차시설, 창고시설 등을 말하는 것으로 해당 사무실 직원을 위한 주차장, 해당 사무실과 관련된 서류창고 등을 그 예로 들 수 있다. 그러나 부대시설 중 기숙사, 합숙소, 사택, 연수시설, 체육시설 등 복지후생시설과 예비군 병기고 및 탄약고는 제외된다(지령 §25).

구내식당, 탕비실, 도서관, 휴게실 및 기숙사용 부동산은 복지후생시설로 보아 중과되지 아니한다.

> **사례** 골프연습장을 운영하는 법인의 골프연습시설(골프연습 타석, 샤워장, Locker room, 골프용품판매점)용 부동산과 종업원 복지후생시설인 구내식당, 기숙사용 부동산은 취득세 중과대상에서 제외됨(세정 13407-58, 1997.1.21.).

> **사례** 휴게실, 도서관, 노동조합, 직원식당, 예비군실이 본점(주사무소)의 사무소와 별도로 구획되어 타용도로 사용할 수 없는 경우와 본점(주사무소)의 사무소에 함께 설치된 영업장(객장)은 취득세 중과세대상이 아님(대법원 2000두222, 2001.10.23. 참조)(세정 13407-1035, 2002.11.1.).

> **사례** 백화점 등 유통업체의 매장이나 은행본점의 영업장 등과 같이 본점 또는 주사무소의 사무소에 영업장소가 함께 설치되는 경우에 그 영업장소 및 그 탕비실, 창고 등의 그 부대시설 부분은 취득세 중과세대상에 해당하지 않는다 할 것임(대법원 2001.10.23. 선고, 2000두222 판결, 같은 뜻임)(조심 2019지0239, 2019.11.15.).

5) 「신탁법」에 따른 수탁자가 취득한 신탁재산을 위탁자가 사용하는 경우

2017.1.1. 이후 본점사무소용 부동산에 「신탁법」에 따른 수탁자가 취득한 신탁재산을 위탁자가 본점이나 주사무소의 사업용 부동산으로 사용하는 경우 또는 신탁종료 후에 위탁자가 본점이나 주사무소의 사업용 부동산으로 사용하는 경우를 포함한다.

6) 임대용 부동산 중과대상 제외

본점사무소용으로 직접 사용되는 부분에 한해 중과세 적용되므로 직접 사용하지 않고 타인에게 임대한 부분에 대하여는 중과대상에서 제외된다.

임차하여 본점으로 사용하고 있던 부동산을 취득 후 신·증축하여 계속 본점사무소용으로 사용하는 경우 중과대상이 되나, 부동산 소유 법인의 경우 소유 부동산 중 일부를 임대하여 임차인이 본점 또는 지점 등 어떠한 명목으로 사용하고 있다 하더라도 임대용 부동산의 범위에 영향을 주지 않아 중과대상에서 제외된다.

이와 같은 임대용 부동산의 취득세 중과 제외 규정은 과밀억제권역 내에서 법인설립 후 5년 이내에 본점사무소용으로 취득한 부동산에 취득세 중 구 등록세분은 직접 사용 여부(임차 여부)에 불구하고 전체가 중과세된다는 점에서 차이가 있다.

과밀억제권역 취득하는 부동산에 대한 취득세 중과규정 차이를 요약하면 다음과 같다.

구분	중과기준세율(구 취득세분)	구 등록세분
용도구분	본점사무소용 취득에 한정(임대용, 사무소 이외의 용도사용 시 중과 배제)	업무용, 비업무용, 사업용, 비사업용 불문
취득시기	5년 제한규정 없음.	법인설립 이후 5년 이내 취득 시에만 중과
취득 유형	승계취득분은 중과대상에서 제외 신·증축 등 원시취득분만 중과 적용	원시·승계취득 구분없이 5년 이내 취득의 경우 중과 적용
제외대상	종업원 후생복지시설	종업원 후생복지시설 등 제외규정은 없으나 예외업종은 있음.
중과 적용 시점	본점으로 실질적으로 사용한 날	취득일
중과세율	3배	3배

7) 신·증축 등 원시취득의 경우 한정

본점사무소용 부동산을 신·증축하는 경우에만 중과세대상이 되므로 기존 건축물을 승계취득하여 본점, 주사무소로 사용하는 경우 중과대상에서 제외된다. 또한 신·증축으로 한정하기 때문에 기존 부동산의 개축 등도 중과대상에서 제외된다(세정 13407−1040, 2000.8.28.).

8) 본점사무소용 부동산의 취득기한 제한

법인의 본점사무소용 부동산 취득세 중 중과기준세율(구 취득세분) 중과규정은 구 등록세분 중과의 경우와는 달리 신설법인 또는 법인설립 후 5년 경과 여부에 불구하고 과밀억제권역에서 본점사무소용 부동산을 신·증축에 의하여 취득하는 경우 중과대상이 된다. 한편, 과밀억제권역에서 부동산을 신·증축한 후 5년이 경과한 상태에서 본점사무소용 부동산으로 사용하는 경우에는 취득세 중과규정이 적용되지 아니한다.

9) 「지방세법」 개정에 따른 중과세 규정 비교

1998.12.31. 이전	1999.1.1. 이후
과밀억제권역에서 본점·주사무소의 사업용 부동산에 대해 5배 중과(승계취득의 경우 중과대상에 포함)	과밀억제권역에서 신·증축하는 본점·주사무소의 사업용 부동산에 대해 3배 중과(승계취득의 경우 중과대상에서 제외)

① 1998.12.31. 이전 신·증축 후(승계취득이 아님) 1999.1.1. 이후 본점사무소용으로 사용 시

개정규정에 의한 신·증축의 의미는 1999.1.1. 이후부터 신축하거나 증축하여 본점사무소용으로 사용하는 것만을 의미하는 것이 아닌 1998.12.31. 이전에 신축하거나 증축한 후 5년 이내에 본점사무소용으로 사용하는 것을 포함하는 개념으로 중과세율이 적용된다(세정 13407-144, 1999.2.2.). 이때 본점사무소용 부동산에는 건물 신축뿐만 아니라 토지부분도 당연히 포함되나 토지의 경우 본점사무소용 건물을 신축하여 토지 취득 후 5년 이내에 본점사무소용으로 사용하는 건물의 부속토지로 한정된다. 만일 기존 본점 건축물을 증축하여 토지 취득 후 5년 경과하여 본점사무소용으로 사용하는 경우에는 토지 부분은 중과대상에서 제외되고 건축물만 중과대상에 해당하게 된다.

> **사례** 본점사무소용 부동산에 대한 취득세 중과(세정 13407-144, 1999.2.2.)
>
> 구 「지방세법」 제112조 제3항 규정에 「수도권정비계획법」 제6조의 규정에 의한 과밀억제권역 안에서 본점사무소용 부동산에 대하여는 취득세 중과세대상이므로 1999.4.에 과밀억제권역에서 본점사무소용으로 사용하는 경우라면 취득세 중과사유 발생시점의 적용 법률이 적용되어 취득세 중과대상임.

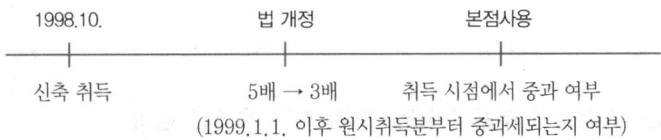

(1999.1.1. 이후 원시취득분부터 중과세되는지 여부)

> **사례** 과밀억제권역 내 본점 취득세 중과(세정 13407-139, 1999.2.2.)
>
> 구 「지방세법」 제112조 제3항 규정에 의하여 과밀억제권역 안에서 법인의 본점사무소용 부동산(본점사무소용 건축물을 신축 또는 증축하는 경우와 그 부속토지에 한함)을 취득하는 경우에는 취득세 3배 중과대상이며, 같은 법 제112조의 2 제1항 규정에 의하여 토지나 건축물을 취득한 후 5년 이내에 해당 토지나 건축물이 과밀억제권역 내 본점사무소용 부동산이 된 경우에는 중과세율을 적용하여 추징하는 것이므로 1998.12.31. 이전에 건축물을 신·증축 취득하여 지점으로 사용하다가 1999.1.1. 이후 본점사무소용으로 사용하는 경우에는 취득세 중과세대상임.

○ **신축 후 본점사무소용 부동산 사용, 토지취득 후 5년 이내**

(1) 일반 현황

　① 영리법인으로 과밀억제권역 본사를 두고 있음.

　② 법인설립 : 2012.2.1.

(2) 취득 현황

　① 2012.10.1. 과밀억제권역 토지 취득(취득가액 1억 원)

　② 2013.10.1. 건축물의 신축(신축가액 5억 원)

　③ 신축 후 용도 : 신축 건축물 전체를 임대용 부동산으로 사용(임대용 부동산 사업자등록 추가 및 지점등기)

(3) 2015.3.1. 신축 건축물을 본점사무소용 부동산으로 전체 사용

(4) 취득 시 중과 여부(구 등록세분 중과)

　① 토지(2012.10.1.) : 1억 원 × [4% + (4% − 2%) × 2] = 8백만 원

　② 과밀억제권역 법인설립 후 5년 이내 취득하는 부동산에 해당되어 취득 시점에 중과됨(구 등록세분 중과).

　　건축물(2013.10.1.) : 5억 원 × [2.8%(원시 취득) + (2.8% − 2%) × 2] = 22백만 원

(5) 과밀억제권역 부동산을 신·증축한 후 5년 이내에 본점사무소용 부동산에 사용한 것이므로 중과대상임(구 취득세분 중과).

　① 토지의 경우 취득 후(2012.10.1.) 5년 이내에 본점사무소용 건축물의 부속토지에 해당되어 중과대상에 포함

　　토지 중과금액 : 1억 원 × 2%(중과기준세율) × 2 = 4백만 원

　② 건축물의 경우 2013.10.1. 신축 후 5년 이내인 2015.3.1. 본점사무소용 건물로 사용한 것이므로 중과대상임.

　　건축물 중과금액 : 5억 원 × 2%(중과기준세율) × 2 = 2천만 원

○ **신축 후 본점사무소용 부동산 사용, 토지 취득 후 5년 경과**

(1) 일반 현황

　① 영리법인으로 과밀억제권역 본사를 두고 있음.

　② 영리법인으로 과밀억제권역 본사를 두고 있음.

　③ 법인설립 : 2009.2.1.

(2) 취득 현황

　① 2009.10.1. 과밀억제권역 토지 취득(취득가액 1억 원)

　② 2013.10.1. 건축물의 신축(신축가액 5억 원)

　③ 신축 후 용도 : 신축 건축물 전체를 임대용 부동산으로 사용(임대용 부동산 사업자등

록 추가 및 지점등기)

(3) 2015.3.1. 신축 건축물을 본점사무소용 부동산으로 전체 사용

(4) 취득 시 중과 여부(구 등록세분 중과)

① 토지(2009.10.1.) : 1억 원 × [4% + (4% − 2%) × 2] = 8백만 원

② 과밀억제권역 법인설립 후 5년 이내 취득하는 부동산에 해당되어 취득 시점에 중과됨 (구 등록세분 중과).

건축물(2013.10.1.) : 5억 원 × [2.8%(원시 취득) + (2.8% − 2%) × 2] = 22백만 원

(5) 과밀억제권역 부동산을 신·증축한 후 5년 이내에 본점사무소용 부동산에 사용한 것이므로 중과대상임.

① 토지의 경우 취득 후 5년 경과(2014.10.2.)된 시점에서 본점사무소용 건축물의 부속토지에 해당되어 중과대상에서 제외

② 건축물의 경우 2013.12.31. 신축 후 5년 이내인 2015.3.1. 본점사무소용 건물로 사용한 것이므로 중과대상임(구 취득세분 중과).

건축물 중과금액 : 5억 원 × 2%(중과기준세율) × 2 = 10백만 원

적용 사례

○ 신축 후 지점사무소용 부동산으로 사용

(1) 일반 현황

① 영리법인으로 과밀억제권역 본사를 두고 있음.

② 법인설립 : 2012.2.1.

(2) 취득 현황

① 2012.10.1. 과밀억제권역 토지 취득(취득가액 1억 원)

② 2015.10.1. 건축물 신축(신축가액 5억 원)

(3) 신축 후 용도 : 지점사업용 부동산으로 신축 건축물 전체 사용

(4) 취득 시 중과 여부(구 등록세분 중과)

① 토지(2012.10.1.) : 1억 원 × [4% + (4% − 2%) × 2] = 8백만 원

② 과밀억제권역 내 법인설립(지점설치) 후 5년 이내 취득하는 지점사업용 부동산에 해당되어 중과됨(구 등록세분 중과).

건축물(2015.10.1.) : 5억 원 × [2.8%(원시 취득) + (2.8% − 2%) × 2] = 22백만 원

(5) 과밀억제권역 내 부동산을 신·증축한 후 5년 이내에 본점사무소용 부동산에 사용한 것에 한하여 중과 적용되므로 건물 신축 후 지점사업용으로 사용한 것이므로 중과대상에 해당되지 아니함(구 취득세분 중과 제외).

② 1998.12.31. 이전 승계취득하고 1999.1.1. 이후 본점사무소용으로 사용하는 경우

개정 규정은 본점사무소용 부동산을 신·증축하는 경우에 한하여 중과세하므로 1998.12.31. 이전에 승계취득한 후 1999.1.1. 이후 본점사무소용으로 사용하는 경우에는 중과세대상에서 제외된다(세정 13407-282, 1999.3.5.).

적용 사례 ●

○ **1998.12.31. 이전 승계취득 후 본점사무소용 부동산 사용**

(1) 일반 현황
    ① 영리법인으로 과밀억제권역 본사를 두고 있음.
    ② 법인설립 : 2007.2.1.
(2) 취득 현황
    ① 2008.10.1. 과밀억제권역 건축물을 승계취득(취득가액 10억 원)
    ② 취득 부동산의 용도
      임대용 부동산으로 사용(임대용 부동산 사업자등록 추가 및 지점설치)
(3) 2010.3.1. 승계취득한 건축물을 본점사무소용 부동산으로 전체 사용
(4) 구 취득세분 중과
    과밀억제권역 부동산을 승계취득한 후 5년 이내에 본점사무소용 부동산에 사용한 것이므로 중과대상에서 제외
(5) 구 등록세분 중과
    과밀억제권역 법인설립 후 5년 이내 취득하는 임대용 부동산에 해당되는 경우 중과됨.
    부동산 중과금액 : 10억 원 × 3%(승계취득) × 3배=9천만 원(1998년도 구 등록세율이 3%임)

---

③ 기존 건축물을 1998.12.31. 이전에 승계취득한 후 증축으로 1999.1.1. 이후 본점사무소용 부동산으로 사용하는 경우

기존 건축물을 1998.12.31. 이전에 승계취득한 후 증축으로 1999.1.1. 이후 본점사무소용 부동산으로 사용하는 경우 증축부분에 대하여는 중과 적용된다. 이때 토지부분도 기존 건축물의 연면적과 증축한 건축물의 연면적에 본점사무소용으로 사용하는 면적으로 안분하여 중과를 적용한다(세정 13430-220, 1999.2.20., 세정 13407-138, 2000.2.1.). 그런데 토지 취득 후 5년 이내에 본점사무소용으로 사용하는 경우에 한하여 적용되는 것이다.

전체 토지 중 중과 적용되는 부속토지의 안분방법을 산식으로 정리하면 다음과 같다.

□ **전체 토지 중 중과 적용되는 부속토지**

$$전체\ 토지면적 \times \frac{증축한\ 건축물\ 연면적}{기존\ 건축물\ 연면적\ +\ 증축한\ 건축물\ 연면적}$$

적용 사례 •

○ **증축**

(1) 일반 현황

① 영리법인으로 과밀억제권역 내 본사를 두고 있음.

② 법인설립 : 2012.2.1.

③ 지점설치 : 2013.7.1.

(2) 취득 현황

① 2013.7.1. 과밀억제권역 내 건물 승계취득

② 취득 부동산의 용도 : 지점용 부동산으로 사용예정

③ 부동산 면적과 승계취득 가액

가. 토지 : 3,000㎡(20억 원)

나. 건물 : 1,000㎡(연면적 기준이며 취득가액은 10억 원)

(3) 증축 현황

① 2013.12.1. 건물 500㎡ 증축

② 증축에 소요된 가액 : 5억 원

(4) 증축 후 현황

① 2015.3.1. 증축한 건축물에 본점의 일부 부서가 입주하여 사용

② 본점사용 면적 : 증축 부분에 300㎡ 사용

(5) 과밀억제권역 내 법인설립(지점설치) 후 5년 이내 취득하는 임대용 부동산에 해당되는 경우 중과됨(구 등록세분 중과).

① 승계취득(2013.7.1.) : 30억 원 × [4%(승계취득) + (4% − 2%) × 2] = 240천만 원

② 증축(2013.12.1.) : 5억 원 × [2.8% + (2.8% −2%) × 2] = 22천만 원

(6) 2015.3.1. 이후 본점사무소용 부동산으로 사용하는 경우 증축 부분에 대하여 중과 적용 (구 취득세분 중과)

① 건물 중과액

5억 원 × (300㎡ ÷ 500㎡) × (2% × 2) = 12백만 원

② 토지 중과액

20억 원 × (300㎡ ÷ 1,500㎡)× (2% × 2) = 16백만 원

④ **동일 건물 내 위치변경**

동일 건물의 부지 내에 건물을 증축하여 이전한 경우 이전 전 본점사용 면적과 이전 후 사용 면적이 동일하다면 증축에 따른 사무실 위치 이전이 중과 적용 대상이 되는지 판단하면 다음과 같다.

㉠ **구분소유 건축물**

1개동의 구분소유 건축물 내에 위치하고 있던 본점사무소용 부동산이 해당 건물의 다른 층으로 옮길 경우 이전한 부분은 면적의 증감 여부에 관계없이 새로운 설치로 보아 취득세 중과대상에 해당한다(세정 13407−488, 1988.6.12., 서울고법 809구585, 1981.4.1.). 이 경우 다

른 층으로 이전하여 중과대상이 되는지 판단의 기산 시점은 건물의 취득시점부터 5년 이내인 경우로 한정된다. 이 경우 공용면적 부분에 대해 중복과세의 문제가 제기될 수 있는바, 취득세는 유통세의 성격으로 한번 과세되면 그 목적이 이행된 것으로 공용면적부분은 동일 건물 내의 사업장의 이전으로 추가 과세한다면 이중과세의 문제가 있다고 사료된다. 다만, 이전에 따라 고급오락장의 전용면적이 증가함으로써 이전 전 전용면적에 따라 배분된 공용면적이 증가하는 부분만큼은 당연히 중과대상이 될 것이다.

> **사례** 본점사무소용 부동산의 취득세 중과(세정 13407-117, 1999.1.27.)
>
> 본점사용면적에는 증감이 발생하지 않았지만 중과제도의 취지가 과밀억제권역 내 인구집중억제차원에서 적용하는 것이고 증축 후 1999.1.1. 이후 본점사무소용 부동산으로 사용 시 증축면적에 대해 중과규정을 적용하므로 중과세됨.[238]

㉡ 구분소유 건축물이 아닌 경우

취득세 중과세는 하나의 과세객체에 대한 취득세의 세율에 관한 사항으로 하나의 과세객체가 되는 취득행위는 그 부동산 전체에 대한 것이지 건물 내 위치별로 구분되는 것은 아니라고 할 것이므로 구분소유되지 않은 동일 건물 내의 일부가 취득세가 중과세되었다면, 그 부분에 대하여는 이미 취득세 중과세의 입법 취지가 달성되었다고 할 것이므로 구분소유가 되지 않는 동일 건물 내에서 본점사무소용으로 취득세를 중과세한 후 5년 이내에 위치를 다른 층으로 이전하는 경우라도 사무소 면적의 증가가 없다면 이를 다시 취득세 중과세대상으로 보기는 어렵다(감심 2000-7, 2000.1.11. 참조) 할 것이다.

⑥ 과밀억제권역 내 공장 신·증설(지법 §13 ①)

과밀억제권역 공장을 신설하거나 증설하는 공장용 건축물과 그 부속토지, 공장의 신·증설(건축물 연면적의 20% 이상 또는 330㎡ 이상 증설하는 경우에 한함)일로부터 5년 이내에 취득하는 공장용 차량 및 기계장비에 대하여는 취득세를 중과한다.

과밀억제권역 내 신·증설공장에 대한 취득세 중과규정은 과밀억제권역 내의 인구집중을 억제하고 공해를 방지함으로써 대도시의 기능을 유지 또는 활성화하고자 하는 정책차원에서 그 취지를 찾을 수 있다. 과밀억제권역(「산업집적활성화 및 공장설립에 관한 법률」을 받는 산업단지·유치지역 및 「국토의 계획 및 이용에 관한 법률」의 적용을 받는 공업지역 제외) 안에서 공장을 신설 또는 증설하기 위하여 사업용 과세물건을 취득하는 경우의 취득세율은 (표준세율 + 중과기준세율 × 2)로 중과한다.

---

238) 이와 같이 면적증감이 없는 상태에서 중과세를 적용하는 것은 취득세의 과세객체는 부동산 전체를 기준으로 판단하는 것이지 위치별로 판단하는 것이 아니라는 측면과 이미 과세객체의 취득으로 납부한 취득세에 대해 또 다른 과세객체가 발생하여 취득세 납부의무가 추가로 발생한다는 모순 등으로 인해 이중과세문제라는 지적을 하고 있는 경우도 있다(같은 뜻, 김의효, 전게서, p.1057).

(1) 과밀억제권역

「수도권정비계획법」 제6조의 규정에 의한 과밀억제권역을 말한다. 다만, 「산업집적활성화 및 공장설립에 관한 법률」의 적용을 받는 산업단지·유치지역 및 「국토의 계획 및 이용에 관한 법률」의 적용을 받는 공업지역 제외된다.

(2) 중과대상 공장

1) 공장의 범위

신·증설로 인하여 중과세되는 공장은 「지방세법 시행규칙」 별표 2에 규정된 업종의 공장으로서 생산설비를 갖춘 건축물의 연면적(옥외에 기계장치 또는 저장시설이 있는 경우 그 시설의 수평투영면적 포함)이 500㎡ 이상인 공장을 말한다. 무허가 또는 위법건축물도 실제 공장용으로 사용하고 있다면 공장에 포함되나, 「산업집적활성화 및 공장설립에 관한 법률」 제28조에 따른 도시형 공장은 중과세대상에서 제외한다(지칙 §7 ①).

도시형업종의 경우 과밀억제권역에 공장을 신·증설하더라도 취득세, 재산세 등이 중과 적용되지 아니한다. 만일 도시형업종과 비도시형업종을 함께 영위하고 있는 공장의 경우 도시형업종과 비도시형업종 간의 매출액 또는 건축물 연면적비율로 안분하여 중과세대상 금액을 산정하여야 한다. 이때 안분의 우선순위는 면적기준이 되며, 면적안분이 불가능한 경우에는 최초 사업연도의 매출액에서 도시형업종의 제품이 차지하는 매출비율로 안분하여 중과대상에서 제외되는 금액을 산출함이 타당하다(도세 22670-605, 1989.2.17.). 이 경우 중과대상 금액이 확정되는 시점에서 수정신고사유가 발생한 것으로 보아 수정신고나 경정청구에 의하여 중과대상 취득세를 추가납부 또는 환급신청을 하여야 한다.

2) 공장용 건축물 연면적

① 범위

생산설비를 갖춘 건축물의 연면적(옥외에 기계장치 또는 저장시설이 있는 경우 그 시설의 수평투영면적 포함)으로 해당 공장의 제조시설을 지원하기 위하여 공장 경계 구역 안에 설치되는 부대시설의 연면적을 포함하며, 무허가 또는 위법건축물도 실제 공장용으로 사용하고 있다면 공장용 건축물의 범위에 포함되나, 식당, 휴게실, 목욕실, 세탁장, 의료실, 옥외 체육시설 및 기숙사 등 종업원의 후생복지증진에 제공되는 시설과 대피소, 무기고, 탄약고 및 교육시설은 제외한다.

② 중과 시 배제되는 부대시설

생산에 직접 공여되지 아니하는 장소를 의미할 때 식당 등 종업원의 후생복지시설로서 열거되지 아니한 장소라 하더라도 열거되지 아니한 사유만으로 중과세대상에 포함시켜서는 아니되며, 오직 생산설비를 갖춘 장소, 창고, 사무실 이외의 장소는 지방세 중과 시에 배제하여야 한다. 따라서 전술한 식당, 휴게실, 목욕실, 세탁장, 의료실, 옥외체육시설 및 기숙사 등 종업원의 후생복지증

진에 공여되는 시설과 대피소, 무기고, 탄약고 및 교육시설 등은 예시적 열거내용으로 이해된다.

③ 부대시설에 대한 재산세 등 규정 비교

공장 신·증설에 따른 지방세 중과 시 그 공장용 건축물의 범위에 "식당, 휴게실, 목욕실, 세탁장, 의료실, 옥외체육시설 및 기숙사 등 종업원의 복지후생증진에 필요한 시설용 건축물"은 재산세 산정 시 공장 건축물 연면적에 포함시켜 분리과세 또는 별도합산과세대상을 넓게 해주는 반면 취득세가 중과세되는 공장의 범위 산정 시에는 이를 제외하여 취득세 중과분을 적게 해주고 있는 점이 대비된다. 그리고 대도시 외로 공장이전에 따른 지방세 면제를 할 경우의 그 범위는 생산설비를 갖춘 장소, 창고, 사무실 이외에도 대피소 등 생산에 직접 공여되지 아니하는 장소를 포함하여 감면토록 한 점이 공장의 범위에는 차이가 있다.

④ 지방세관계법상 공장의 정의 비교

구분	공장 신·증설	주거지역 내 공장용 건축물	대도시 외로 공장이전	별도합산 과세대상	분리과세대상
근거	지칙 §7	지칙 §55	지특칙 §8	지칙 §52	
대상세목	취득세, 재산세	재산세	취득세	재산세	재산세
공장범위	지칙 [별표 2]에 규정된 업종의 공장으로 도시형 공장이 제외되며 건축물연면적이 500㎡ 이상	지칙 [별표 2]에 규정된 업종의 공장으로 건축물 연면적이 500㎡ 이상	지칙 [별표 2]에 규정된 업종의 공장으로 건축물 연면적이 200㎡ 이상	공장용 건축물 바닥면적(건축물 외 시설수평투영면적) × 용도지역별 적용배율	공장입지기준면적 이내
부대시설	공장경계구역 안 식당, 휴게실, 목욕실, 세탁장, 의료실, 옥외 체육시설 및 기숙사 등 종업원의 후생복지증진에 제공되는 시설과 대피소, 무기고, 탄약고 및 교육시설 제외	공장 경계구역 안에 설치되는 종업원의 후생복지시설 등 각종 부대시설 포함	공장경계구역 안 식당, 휴게실, 목욕실, 세탁장, 의료실, 옥외 체육시설 및 기숙사 등 종업원의 후생복지증진에 제공되는 시설과 공장구외의 종업원 주거용 건축물 포함		
업종	비도시형	도시형, 비도시형	도시형, 비도시형	도시형, 비도시형	도시형, 비도시형
지역	대도시	시지역(군, 읍·면 지역 제외) 내 주거지역(조례로 정한 상업·녹지지역 포함)	대도시 외	시지역 (읍·면, 산업단지, 공업지역 제외)	읍·면, 산업단지, 공업지역
과세내용	취득세(3배 중과) 재산세(5배 중과)	2배 중과 (0.5%)	공장이전에 따라 취득하는 부동산에 대한 취득세 면제, 초과액 과세	초과 종합합산	초과 종합합산

☛ 공장 신·증설에 따른 지방세 중과 시 그 공장용 건축물의 범위에 "식당, 휴게실, 목욕실, 세탁장, 의료실, 옥외체육시설 및 기숙사 등 종업원의 복지후생증진에 필요한 시설용 건축물"은 재산세 산정 시 공장 건축물 연면적에 포함시켜 분리과세 또는 별도합산과세대상을 넓게 해주는 반면 취득세가 중과세되는 공장의 범위산정 시에는 이를 제외하여 취득세 중과분을 적게 해주고 있는 점이 대비된다. 그리고 대도시 외로 공장이전에 따른 지방세 면제를 할 경우의 그 범위는 생산설비를 갖춘 장소, 창고, 사무실 이외에도 대피소 등 생산에 직접 공여 되지 아니하는 장소를 포함하여 감면토록 한 점이 공장의 범위에는 차이가 있다.

3) 공장부속토지

공장 건축물이 중과대상이 되는 경우 공장 건축물의 부속토지 또한 중과규정이 적용된다. 다만, 공장부속토지의 경우 토지 취득 이후 5년 이내에 공장 건축물을 신·증설하여 부속토지가 된 경우에 한한다.

공장용 건축물 등 '지상 정착물의 부속토지'란 지상 정착물의 효용과 편익을 위해 사용되고 있는 토지를 말하고, 그 부속토지인지 여부는 필지 수나 공부상의 기재와 관계없이 토지의 이용 현황에 따라 객관적으로 결정되는 것이므로, 여러 필지의 토지가 하나의 지상정착물의 부속토지가 될 수 있는 반면, 1필지의 토지라도 그 일부가 지상 정착물의 효용과 편익을 위해서가 아니라 명백히 별도의 용도로 사용되고 있는 경우에는 그 부분은 지상 정착물의 부속토지라고 볼 수 없다 할 것(대법원 95누3312, 1995.11.21. 참조)이므로, 공장이 도로와 블록담장에 의하여 외형상 분리되어 있지만, 공장과의 거리, 토지의 용도 및 그 지상 건축물의 실제기능 등을 종합하여 부지 전체가 하나의 유기적인 공장구역을 이루고 있다면 분리과세대상인 점(대법원 2000두3740, 2001.11.13.)에 비추어 볼 때, 1구내의 공장용지에 해당하는지의 여부는 도로 등에 의한 외형상의 단순한 분리나 필지 구분으로 판단하기보다는 취득 목적, 인근 공장용 건축물과의 거리, 토지 용도, 실제 이용 현황, 경제적 일체성 등을 종합적으로 고려하여 판단하는 것이 합리적일 것이다.

공장부속토지의 범위는 1필지임을 요하지 아니하고 수필지로 이루어진 경우 동일한 소유자가 아니어도 무방하다. 따라서 공부상이나 건축허가상의 공장의 부지로 되어 있는 토지를 말하는 것이 아니라 실제 담장이나 울타리 등으로 경계가 지워진 부속토지를 의미한다고 보아야 할 것이다. 동일한 공장 업종을 영위하더라도 1울타리를 기준으로 공장 범위를 판단하는 것이므로 공장의 범위를 구분한 것이라면 별도로 구분된 경계를 기준으로 판단하는 것이다. 예를 들어 공장의 구내 밖에 설치한 창고, 사무실 등은 공장경계구역 밖에 있으므로 중과대상이 되지 아니한다.

▎공장 건축물 부속토지 면적 산정 사례 ▎

(1) 공장 면적 개요
　① 과밀억제권역 공장 신축(2007.3.1.)
　② 공장부속토지 4,000㎡(토지 취득 2004.3.15.)
　③ 신설 공장 현황
　　공장 면적 1,500㎡, 제조시설 설치 목적의 창고면적 100㎡, 식당 등 후생시설면적 400㎡

(2) 공장 건축물의 중과대상

　　중과 규정의 다른 조건들이 모두 충족된다면 공장 면적은 공장 면적(1,500㎡)과 과세대상 부대시설 면적(100㎡)을 합산한 1,600㎡가 되고 공장 건축물 연면적의 기준인 500㎡ 이상이므로 중과대상임.

(3) 공장 건축물의 부속토지 중 중과대상 면적

　　① 토지 취득 후 5년 이내에 공장 건축물을 신축하였으므로 공장 건축물 부속토지는 중과대상임.

　　② 4,000㎡ × (1,600㎡ ÷ (1,500㎡ + 100㎡ + 400㎡)) = 3,200㎡

4) 증축으로 공장 건축물 연면적이 500㎡ 이상이 되는 경우

　공장으로서 관련 규정을 적용받기 위해서는 우선 공장경계지역 안에서 생산설비를 갖춘 건축물의 연면적(옥외에 기계장치 또는 저장시설이 있는 경우에는 그 시설물의 수평투영면적 포함)이 500㎡ 이상인 경우에 한하여 적용되기 때문에 그 면적보다 적을 경우에는 공장으로서 중과세대상에 해당되지 아니한다.

　당초 공장을 신설한 때에 건축물의 연면적이 500㎡ 미만이나 5년 이내에 증축하여 총연면적이 500㎡를 이상인 경우에는 중과세대상이 되는 공장에 해당하는 것이다.

5) 무등록 공장 중과 여부 및 중과시기

　공장등록을 하지 아니한 경우로서 사실상 공장을 영위하고 있는 무등록 공장에 대하여는 취득 당시의 현황부과 규정에 의하여 공부상의 등재 또는 등록 사항에 불구하고 사실상 취득한 때의 해당 물건의 현황에 의하여 부과하는 것이므로 사실상의 현황에 따라 무등록 공장에 대하여도 공장의 범위에 포함시켜야 한다.

(3) 중과세대상 과세물건

① 과밀억제권역에서 공장을 신설 또는 증설하는 경우 신·증설 공장용 건축물과 그 부속토지
② 과밀억제권역 내에서 공장을 신설 또는 증설(건축물 연면적의 20% 이상을 증설하거나 건축물 연면적 330㎡를 초과하여 증설하는 경우로 한정)한 날로부터 5년 이내에 취득하는 공장용 차량 및 기계장비

1) '공장의 신·증설'의 의미

　'공장의 신설'이란 과밀억제권역 내에서 새로이 공장을 신설하는 경우이고, '증설'이란 공장구내의 건축물의 면적증가가 있었다든지 또는 연접한 토지를 취득하여 공장 구내로 편입시킨 경우로 다음을 말한다.

① 공장용에 공하는 건축물의 연면적 또는 그 공장의 부속토지의 면적을 확장하는 경우
② 해당 대도시 내에서 공장을 이전하는 경우에는 종전의 규모를 초과하여 시설하는 경우
③ 레미콘 제조공장 등 차량 또는 건설기계 등을 주로 사용하는 특수업종에 있어서는 기존 차량 및 기계장비의 100분의 20 이상을 증가하는 경우

사례 대도시 내 공장 신·증설에 대한 질의(내무부도세 13421-1050, 1993.12.2.)

기존 공장과 연접되지 않는 별도의 장소에 공장용 토지를 취득하여 공장용 건축물을 신축하였으나, 생산설비를 갖추지 아니하고 기존 공장의 창고로 사용한다면 공장 신·증설에 해당되지 않음.

사례 '신설 또는 증설'의 의미(대법원 87누423, 1988.1.19.)

기존 공장의 토지, 건축물, 생산설비를 포괄적으로 그대로 승계하거나 기존 공장의 토지, 건축물, 생산설비를 포괄적으로 승계하면서도 시설 규모를 축소하여 승계하는 것은 공장의 승계취득에 해당하고 위 중과세요건인 공장의 신설이나 증설에 해당하지 아니함.

사례 실제 도시형업종 공장으로 사용하여야 하는지 여부(대법원 95누13623, 1996.10.15.)

도시형업종 공장의 신·증설에 따른 부동산 등기라는 것은 그 등기 대상 부동산의 취득 목적이 도시형업종 공장의 신·증설에 있으면 되는 것이지 등기 당시 그 부동산을 도시형업종 공장의 건축물 및 부속토지 등으로 사용하였음을 요하는 것은 아님.

☞ 상기 판례는 구 등록세분 중과규정에 대한 설명이지만 재산세 중과규정 적용 시에도 원용될 수 있음.

사례 도시형업종 공장 임대하다가 일시적 비도시형업종 임대 시(세정 13407-662, 1996.6.25.)

도시형 공장을 신축한 후 비도시형업종으로 전환하였다면 이 부분에 대하여는 「지방세법」 제120조 제2항의 규정에 의거 생산 설비를 설치한 날(그 이전에 영업허가·인가 등을 받은 경우에는 영업허가·인가를 받은 날)부터 30일(현행 60일) 이내에 중과세율을 적용 산출한 세액에서 이미 납부한 세액을 공제한 후 그 차액을 신고납부하여야 되는 것임.

사례 염색 공장을 승계취득한 경우 취득세 중과세 여부(도세 13421-367, 1993.5.14.)

도시형 공장을 영위하다가 공장일부를 비도시형으로 업종변경한 경우 비도시형업종으로 변경한 부분에 대하여는 공장의 신설로 봄.

사례 공장 내 먼지 발생 억제시설은 제조시설 부대시설임(지방세심사 99-345, 1999.5.26.).

옥외에 기계장치 또는 저장시설이 있는 경우 그 수평투영 면적을 중과대상 공장의 건축물의 연면적에 포함하도록 하고 있고, 또한 이 건 구축물의 경우 공장의 경계구역 안에 설치된 비산먼지발생 억제시설로서 공장의 제조시설을 지원하기 위한 부대시설로 보아야 함.

2) 공장의 신·증설의 중과세대상 예외

공장의 신·증설은 면적의 증가를 기준으로 판단하므로 면적에는 변동이 없이 가액의 증가는 증설로 볼 수 없는바, 자산재평가를 하여 가액이 증가한다든지 또는 건축물의 개축에 따른 자본

적 지출이 있었다 하더라도 이를 증설로 볼 수 없어 중과대상이 되지 아니한다. 대도시 내 공장의 신·증설로 보지 아니하는 다음의 경우에는 중과세되지 아니하는 것이다.

ㄱ 공장의 승계취득으로서 기존 공장의 기계장치 및 동력장치를 포함한 모든 생산설비를 포괄적으로 양수받는 경우

ㄴ 공장이전으로서 기존 공장을 해당 대도시의 다른 장소로 이전한 후 해당 사업을 영위하는 경우(다만, 타인소유의 공장을 임차하여 경영하던 자가 그 공장 신설일부터 2년 이내에 이전하는 경우 및 서울특별시 외의 지역에서 서울특별시에로 이전하는 경우 제외, 종전 규모를 초과하는 경우 증설에 해당함)

ㄷ 공장의 업종변경으로서 기존 공장(승계취득한 공장 포함)의 업종을 변경하는 경우

ㄹ 기존 공장을 철거한 후 1년 이내에 동일 규모로 재축(건축공사에 착공한 경우 포함)하는 경우

ㅁ 행정구역변경 등으로 인하여 새로 과밀억제권역으로 편입되는 지역에 있어서는 편입되기 전에 이미 「산업집적활성화 및 공장설립에 관한 법률」 제13조의 규정에 의한 공장설립의 신고 또는 승인이 있거나 건축허가를 받은 경우

ㅂ 부동산을 취득한 날부터 5년 이상이 경과한 후 공장을 신설하거나 증설한 경우

ㅅ 차량 또는 기계장비를 노후 등의 사유로 대체취득하는 경우(다만, 기존의 차량 또는 건설기계를 매각하거나 폐기처분하는 날을 기준으로 그 전·후 30일 이내에 취득하는 경우에 한함)

생산설비를 갖춘 건축물의 연면적이 500㎡ 이상인 공장(시행규칙 [별표 2]에 규정된 업종)으로 무허가 또는 위법 건축물도 실제 공장용으로 사용하고 있다면 공장용 건축물의 범위에 포함된다. 이 업종 중 「국토의 계획 및 이용에 관한 법률」 등 관계 법령에 따라 공장의 설치가 금지 또는 제한되지 아니한 지역에 한정하여 다음의 업종은 중과세대상에서 제외한다(지칙 [별표 2] 29).

> 가스업, 상수도업, 차량 등의 정비·수리업, 연탄제조업, 얼음제조업, 전기업(변전소, 송배전소 포함)

도시형업종과 비도시형업종을 함께 영위하고 있는 공장의 경우 도시형업종과 비도시형업종 간의 매출액 또는 건축물 연면적 비율로 안분하여 중과세대상금액을 산정한다.

ㄱ 공장의 승계취득

기존 공장의 기계설비 및 동력장치를 포함한 모든 생산설비를 포괄적으로 양수받거나 시설규모를 축소하여 승계취득하는 경우 중과대상이 아니다. 이는 공장신설의 억제하는 입법 취지에서 포괄 승계취득 시에는 공장의 개수에 변동이 없기 때문이다.

㉮ 기존 공장의 승계취득 시 기계설비를 제외한 공장대지 및 건물과 동력장치만을 양수한 경우에는 포괄승계취득으로 보지 아니함(대법원 84누2911, 1985.8.20.).

㉯ 타인소유의 토지와 건축물에 설치된 공장 중 그 부속토지와 건축물은 임대인으로부터 기계장치는 소유자로부터 취득하는 경우 승계취득에 해당함.

④ 타인소유의 토지와 건축물에 설치된 공장 중 임차인이 생산시설(기계장치)을 직접설치 운영한 경우로서 부속토지와 건축물은 임대인으로부터 취득하는 경우 승계취득에 해당함(세정 13407 – 80, 1996.7.19.).

④ 공매에 의하여 기존 공장의 토지, 건축물, 생산설비 등을 포괄적으로 양도받는 경우 승계취득에 해당함(세정 22670 – 288, 1986.1.14.).

⑩ 도시형 공장을 영위하다 비도시형으로 업종변경한 경우 비도시형 부분은 공장의 신설로 보아 취득세를 중과함(도세 13421 – 367, 1993.5.14.).

사례 부동산은 타인으로부터 임차하고 기계장치 등은 해당 법인이 설치, 공장으로 운영하여 오다가 그 임차하여 사용하던 공장용 부동산을 취득하는 경우에는 공장의 승계취득에 해당되어 중과대상에서 제외됨(세정 13407 – 80, 1996.7.19.).

사례 타인소유의 토지와 건축물에 설치된 공장을 토지와 건축물은 임대인으로부터, 기계장치는 임차인으로부터 취득한 경우에도 공장의 승계취득에 해당되는 것임(도세 22670 – 3557, 1990.10.23.).

사례 공장 승계취득 시 창고, 사무실로 사용되었던 주거용 건물(대법원 84누749, 1985.5.14.)

공장이라는 용어의 정의에 관하여, 영업을 목적으로 물품의 제조·가공·수선이나 인쇄 등의 목적에 사용할 수 있도록 생산설비를 갖춘 장소(생산에 직접 공여되는 공장구내 창고 및 사무실 포함)와 그 부속토지를 말한다고 규정되어 있을 뿐이므로, 주택용 건물이라 하더라도 위와 같은 요건을 충족하면 그 규칙 소정의 공장으로 보아야 할 것임.

사례 공매로 공장을 취득한 경우 포괄승계취득에 해당되어 취득세가 중과되지 아니하며, 공장용지 중 일부가 체비지가 된 후 이를 다시 매입하여 공장용지로 활용하는 경우 취득세가 중과세되지 아니함(세정 22670 – 288, 1986.1.14.).

사례 기계설비 등을 제외하고 매수한 후 새로 기계설비한 경우(대법원 84누2911, 1985.8.20.)

취득세 중과세대상에서 제외되는 "공장의 승계취득"이라 함은 기존공장의 토지·건축물·생산설비등을 포괄적으로 양수받는 것을 의미한다 할 것이고 기계설비 등을 제외하고 매수한 공장에다가 새로이 기계설비를 한 경우에는 승계취득에 해당하지 아니함.

사례 공장을 승계취득하여 업종 변경한 경우(도세 22670 – 3666, 1989.10.26.)

기존 공장인 빙과류 제조업을 법원 경락에 따라 토지·건물과 생산시설 모두를 승계취득하여 기존공장의 업종과 다른 금형 및 가전용기계부품 등을 생산하는 공장을 영위할 때는 「지방세법 시행령」제84조의 2 제2항 제3호의 규정에 의거 취득세와 등록세가 중과되지 않는 것임.

ⓛ 해당 과밀억제권역 내의 공장이전

㉮ 공장이전의 범위

ⓐ 요건

> ○ **공장이전의 중과제외 요건**
> • 기존 공장을 폐쇄할 것
> • 다른 장소로 이전 후 해당 사업을 계속 영위할 것
> • 해당 대도시 내일 것(서울특별시 전입은 제외)
> • 기존 공장 규모 범위 내일 것
> • 2년 이상 임차하여 공장을 경영할 것(임차 공장에 한함)

'기존 공장의 폐쇄'란 공장에의 생산설비 등을 완전 철거하여 생산활동을 할 수 없는 상태를 말하는바, 기존 공장의 토지, 건축물, 생산설비 등을 모두 제3자에게 양도하고 다른 장소에서 생산설비를 설치하는 경우에는 공장의 폐쇄가 아닌 공장의 신설에 해당되어 중과세 규정이 적용된다.

ⓑ 기존 공장 범위 내에 해당 요건

이전 전 공장과 이전 후 공장의 부동산 가액이 아닌 면적기준으로 판단한다.

공장의 지방이전에 따른 취득세, 감면규정은 이전 전 공장과 이전 후 공장 간의 부동산 가액을 기준으로 판단하고 있어 차이가 있다.

ⓒ 타인소유의 공장을 임차하여 경영하던 자가 그 공장 신설일부터 2년 이후에 기존공장을 폐쇄하고 이전하는 경우로서 기존 공장 범위 내에 해당할 것

여기에서 2년의 기간 산정 시 동일장소에서 계속하여 2년 이상 경영하는 것을 의미하는 것이 아닌 동일한 과밀억제권역 내에서 공장이전 전 여러 장소에서든 관계없이 이전한 기간을 통산하는 것이다(세정 22670-11605, 1987.9.25., 세정 01254-3297, 1987.3.19.). 이 내용은 일정 요건을 충족한 임차인이 새로운 공장을 취득 시 중과규정에서 배제하는 조항으로 만일 2년 경과 사업을 영위한 공장 임차인이 다른 지역에 있는 제3자의 부동산을 임차하여 기존의 공장을 이전하는 경우 그 임차 부동산의 소유자는 중과규정에서 제외되는 예외가 적용되지 않고 토지 취득 후 5년 이내에 공장 신·증설에 해당한다면 중과규정이 토지 소유자에게 당연히 적용된다(대법원 96누2880, 1996.8.23.).

㉯ 공장이전의 예외

과밀억제권역에서 공장이전의 경우에는 중과규정을 적용하지 아니하나 서울특별시 외의 지역에서 서울특별시로의 이전은 중과세대상이 된다. 예를 들어 경기도 안양시에서 동일 과밀억제권역인 경기도 성남시로 이전하는 경우라면 중과세대상에 해당되지 아니하나, 경기도 안양시에서 서울특별시로 전입은 중과대상에 해당한다.

그리고 공장이전 시 중과규정이 배제되려면 이전하는 공장이 이전 전 공장과 비교하여 면적이 증가하지 않아야 한다. 따라서 동일 규모로 이전하여야 하며 초과분이 있을

때에는 기존 공장의 사업용 과세 물건에 비하여 증가된 부분(면적 또는 수량)에 대하여 중과세하는 것이다. 이 판단 기준은 대도시 외 공장의 지방이전에 따른 취득세 감면 규정은 이전 전 공장과 이전 후 공장 간의 부동산가액을 기준으로 판단하고 있는 점과 차이가 있음을 알 수 있다.

한편, 과밀억제권역에 위치하고 있는 산업단지 등은 중과규정에서 제외되나 공장을 산업단지에서 과밀억제권역의 산업단지가 아닌 지역으로 신축 이전 시 당연히 공장의 신·증설로 보아 중과대상이 된다.

▌ 이전으로 인한 면적 증가 시 중과대상 면적 산정 사례 ▌

(1) 이전 전 공장 현황
 ① 건축물의 총면적 : 1,000㎡(중과대상 면적 800㎡, 일반과세 면적 200㎡)
 ② 토지 총면적 : 5,000㎡(중과대상 부속토지면적 4,000㎡, 일반과세 부속토지면적 1,000㎡)

(2) 이전 후 공장 현황
 ① 건축물의 총면적 : 1,000㎡(중과대상 면적 900㎡, 일반과세 면적 100㎡)
 ② 토지 총면적 : 4,000㎡(중과대상 부속토지면적 3,600㎡, 일반과세 부속토지면적 400㎡)

(3) 중과대상 면적
 ① 건축물 : 중과대상 면적이 100㎡(900㎡-800㎡)으로 산정됨.
 ② 토지 : 중과대상 면적이 감소되었으므로 중과대상 면적 없음.

사례 휴업이 이전준비 기간인지 폐업인지 여부(세정 01254-3297, 1987.3.19.)

대도시 내에서 11개월 동안 임차공장을 경영하던 자가 이전을 위하여 5개월 동안 휴업을 한 후, 다시 해당 대도시 내에서 타인의 공장을 임차하여 17개월 동안 공장을 영위한 경우에는 2년 이상 임차공장을 경영한 경우에 해당된다고 할 것이나, 휴업기간이 이전을 위한 준비기간이 아니고 폐업을 한 경우에 해당된다면 그러하지 아니함.

사례 대도시 내 공장신설에서 제외되는 공장이전 범위(대법원 96누2880, 1996.8.23.)

타인소유 부동산을 임차하여 공장을 경영하던 자가 다른 곳에 있는 제3자의 부동산을 새로이 임차하여 기존의 공장을 이전하는 경우 그 임차 부동산의 소유자에 대한 관계에서는 그와 같은 이전을 취득세 중과대상에서 제외되는 공장의 이전에 해당하는 것으로 볼 수는 없음.

ⓒ 공장의 업종변경

기존 공장(승계취득한 공장 포함)의 업종변경은 중과대상에서 제외된다. 다만, 업종변경을 위해 기존공장의 생산설비를 철거한 후 철거 생산설비를 다른 장소로 이전하여 다시 공장을 설치하게 되면 기존 공장은 업종변경에 해당되어 중과세대상에서 제외되나 생산설비를 이전하여 다시 공장을 설치한 장소에서는 공장 신설에 해당되어 중과세대상이 된다.

중과에서 제외되는 이유는 공장의 개수에 변동이 없기 때문이다. 공장의 업종변경에는 공

장을 경영하던 자가 사정에 의하여 업종을 변경하는 것뿐만 아니라 타 공장을 승계취득하여 승계취득한 공장의 업종과 다른 종류의 영업을 하는 것까지를 포함하는 개념이다. 다만, 업종변경을 위해 기존 공장의 생산설비를 철거한 후 철거 생산설비를 다른 장소로 이전하여 다시 공장을 설치하게 되면 기존 공장은 업종변경에 해당되어 중과세대상에서 제외되나 생산설비를 이전하여 다시 공장을 설치한 장소에서는 공장신설에 해당되어 중과세대상이 된다. 또한 중과대상에서 제외되는 도시형업종에서 중과대상 업종으로 변경하는 경우 이는 중과대상에 해당된다.

ㄹ 도시형업종에서 비도시형업종으로의 변경

대도시 내에서 공장을 신설하거나 증설하였을 때에는 재산세가 중과되는바, 도시형업종의 공장을 영위하다가 비도시형업종의 공장으로 업종을 변경하였을 경우에는 공장의 신설에 해당되므로 재산세가 중과세된다(도세 22670-65, 1992.5.26.).

ㅁ 동일 규모의 재축

기존 공장 철거 후 1년 이내에 동일 규모로의 재축(건축공사에 착공하는 경우 포함)은 중과대상에서 제외된다. 따라서 1년 이내에 공장용 건축물을 준공하지 못한 경우에도 해당 공장용 건축물의 건축공사에 착공만 하였다면 중과대상이 되는 공장의 신설 또는 증설로 보지 아니한다. 만일 재축하는 공장이 기존 공장의 면적을 초과하는 경우 초과부분에 대하여는 중과규정이 적용된다.

ㅂ 동일 공장 구내 여러 동의 건물이 있는 경우의 세액 산정

동일 공장 구내에 여러 동의 건물이 있는 경우의 재산세액의 산출은 기숙사 및 사택의 경우 1세대가 독립하여 구분 사용할 수 있도록 구획된 부분을 1구의 주택으로 보아 각 구별 과세표준에 초과누진세율을 적용하여 계산하며, 공장과 그 부속시설(사무실, 창고, 기계시설 등) 및 생산에 직접 공여되지 않은 시설(휴게실, 식당, 교육시설)의 경우는 각각 같은 용도시설별로 연면적을 합산하여 산출한 과세표준에 해당 세율을 각각 적용하여 세액을 산출한다. 다만, 지역자원시설세에 있어서는 주택 이외의 건축물은 동일 구내에 있는 모든 건축물의 과세표준액을 합산한 후 재차 누진세율을 적용하여 세액을 산출한다(시세 22670-237, 1992.10.14.). 한 회사가 사용하는 2개 건물이 연립건물 형태로 1동의 건물과 외관을 갖고 있으며 그 중 1동이 「지방세법」에 의해 취득세, 재산세 중과세대상이 되는 대도시 내 공장에 해당되더라도 나머지 1동이 생산에 직접 공여되지 않는다면 중과세대상이 아니다(대법원 80누558, 1981.7.1.).

ㅅ 동일 기계에서 2종 이상 제품이 생산될 경우 중과세

동일 기계에서 도시형업종의 제품과 일반 제품이 같이 생산됨으로써 면적에 의한 안분이 불가능한 경우에는 최초 1사업연도의 매출액에서 도시형업종의 제품이 차지하는 비율로 안분하여 공장증설에 대한 재산세 중과대상에서 제외하여야 한다(도세 22670-605, 1989.2.17.).

◎ 법인전환의 경우

개인사업체를 법인전환하기 위해 주식회사를 설립키로 한 후 공장이전 주체만 형식상 자연인에서 법인으로 변경한 경우 비록 외관상 약 1년 동안 2개 공장 병존으로 보여졌다 해도 이는 공장의 포괄적 인도 후의 공장이전이므로 재산세 중과세대상이 아니다.

이에 대하여 대법원은 "사건 대지 위에 공장 건물 신축공사를 착공하여 1981.6.10. 이 사건 건물(공장 731평 5홉, 기숙사 36평 2홉 9작, 변소 3평 4홉 8작)을 완공한 다음 대구시 서구 ××동 42의 91 ××연사공업사 공장에 설치되어 있던 기계시설과 자재 등을 위 신축된 공장으로 옮기고 종전의 종업원을 그대로 받아들여 공장을 가동하는 한편, 같은 해 11월 17일(원심의 같은 달 17일은 오기로 보인다) 위 공장 가동과 동시 사실상 폐업한 ××연사공업사에 대한 폐업신고를 하고 같은 달 19일 그 기존 공장의 부지 및 건물을 소외 ××산소주식회사에 매도처분하여 그 대금전액으로서 원고회사의 공장신축에 소요된 비용에 충당하고 종래의 사업인 섬유의 염색가공 및 재봉사의 제조 판매업을 계속 영위하고 있는 사실을 인정한 다음 비록 공장이전의 주체가 형식상 자연인 함×찬에서 원고법인으로 변경되었고, 원고법인이 1980.9.10. 설립되고 위 ××연사공업사의 폐업신고가 1981.11.17.에 이루어져 외관상 위 기간 동안 2개의 공장이 병존한 것으로 보여진다 하더라도 달리 원고법인의 이 사건 공장건축이 "공장건설"에 해당한다는 피고의 주장을 뒷받침할 만한 다른 증거를 발견할 수 없는 이 사건에 있어서 이는 원고가 위 ××연사공업사를 포괄적으로 인수한 뒤 "공장이전"을 한 경우에 해당하여 재산세 중과세대상인 "공장신설"로는 볼 수 없다(대법원 83누647, 1985.5.14.)" 라고 판시하고 있다.

㉢ 행정구역 개편에 따른 편입

행정구역 변경 등으로 인하여 신규로 과밀억제권역으로 편입되는 지역은 편입되기 전에 공장설립의 신고 또는 승인이 있거나 건축허가를 받은 경우 추후 비도시형업종의 공장용 건축물을 준공 후 새로이 공장을 신설한다 하더라도 중과규정이 적용되지 아니한다.

㉣ 부동산 취득 5년 경과 후 공장 신·증설

부동산을 취득한 날로부터 5년 경과한 후 비도시형업종의 공장을 신·증설하는 경우 취득 5년 경과 후의 공장 신·증설에 해당되어 중과규정이 적용되지 아니한다(도시형업종의 경우 당연히 중과대상에서 제외).

㉤ 차량 또는 기계장비 대체취득

공장에서 사용하던 차량, 기계장비 등을 노후 등의 사유로 이에 대체하기 위하여 취득하는 경우 중과세대상에서 제외되는데, 기존 차량, 기계장치의 매각일 또는 폐기처분일을 기준으로 그 전후 30일 이내에 취득하는 경우에 한하여 제외되는 것이다. 여기서 공장용 차량은 소재지에 따라 구분하는 것이 아니라 그 용도에 따라 구분하는 것으로 해당 공장용으로 사용하는 승용차 또는 승합차를 포함한 일체의 차량을 의미한다.

ⓔ 산업단지 감면과 벤처기업집적시설 등에 입주하는 자

산업단지에서 공장신축을 위하여 해당 지역에서 취득하는 공장용 토지와 토지 취득일부터 3년 이내에 취득하는 해당 공장의 사업용 토지 및 건축물을 취득 시 취득세가 면제되고, 그 부동산에 대한 재산세는 해당 납세의무가 최초로 성립되는 날부터 각각 3년간 (2014년 이전 5년간) 100분의 50을 경감(수도권 외의 지역에 소재하는 산업단지의 경우에는 면제)한다(지특법 §78 ④).

「벤처기업육성에 관한 특별법」에 따라 지정된 벤처기업집적시설에 입주하는 자는 2023.12.31.까지(지특법 §58 ②), 「산업기술단지 지원에 관한 특례법」에 따라 조성된 산업기술단지에 입주하는 자(2023년까지는 벤처기업집적시설에 입주하는 자 중 벤처기업에 해당되지 아니하는 자 제외)에 대하여 취득세, 등록면허세 및 재산세를 과세할 때에는 2025.12.31.까지 「지방세법」 제13조 제1항부터 제4항까지, 제28조 제2항·제3항 및 제111조 제2항의 세율을 적용하지 아니한다(지특법 §58 ②, §78 ⑨). 따라서 벤처기업집적시설 또는 산업기술단지에 입주하는 자가 공장을 신·증설의 경우 상기에 따라 중과규정이 배제된다.

그리고 창업보육센터에 입주하는 자가 해당 창업보육센터용으로 직접 사용하기 위하여 취득하는 부동산에 대하여 재산세를 과세할 때에는 2023.12.31.까지 공장 신·증설에 따라 중과규정이 배제된다(지특법 §60 ③).

3) 주요 검토 사례

ⓐ 무허가 공장용(무등록 공장) 건축물

과밀억제권역에서 도시형업종이 아닌 공장 신축 시 공장용 건축물의 연면적이 500㎡ 해당 여부 판정 시 무허가 공장용(무등록 공장) 건축물도 해당된다(무허가 공장용 건축물은 공장으로 보아 분리과세대상토지로 판단할 수 있으나, 별도합산과세대상에서 무허가 공장용 건축물이 제외되므로 종합합산과세대상이 됨).

공장의 범위는 「지방세법 시행규칙」 [별표 2]에 규정된 업종에 해당하는 공장(도시형업종 제외)으로서 생산설비를 갖춘 건축물의 연면적(옥외에 기계장치 또는 저장시설이 있는 경우 그 시설물의 수평투영면적을 포함)이 500㎡ 이상인 것으로 규정하고 있다.

공장 신·증설 등 공장의 범위를 판단할 때의 공장용 건축물의 범위는 공부상의 등재·등록사항에 불구하고 사실상의 현황에 따라 판단하여야 하므로 실제 공장용으로 사용하기 위하여 생산설비를 갖춘 건축물의 연면적으로 판단하여야 하며 무허가·위법건축물이더라도 공장용 건축물의 범위에는 포함된다.

ⓑ 도시형업종과 비도시형업종을 함께 영위하고 있는 공장의 경우

도시형업종과 비도시형업종을 함께 영위하고 있는 공장인 경우에는 도시형업종 공장과 비도시형업종 공장 부분의 매출액, 건축물 연면적비율로 안분하여 부속토지의 범위를 구분하여야 한다. 이때 동일기계에서 도시형업종의 제품과 같이 생산됨으로써 면적에 의한

안분이 불가능한 경우에는 최초 사업연도의 매출액에서 도시형업종 중의 제품이 차지하는 비율로 안분하여 공장 증설에 대한 중과대상에서 제외한다(도세 22670-605, 1989.2.17.).

ⓒ 토지와 건물을 임차하고 있는 임차인이 생산시설은 직접 설치하고 운용하던 중 임대인으로부터 공장용 부동산을 취득하는 경우

공장의 포괄적 승계취득은 기존 공장의 토지와 건축물 이외에 생산설비 등 모두를 포괄적으로 양수받는 경우로서 이와 같은 요건을 충족하면 취득세가 중과되지 아니한다.

임차하고 있는 공장의 경우, 즉 토지나 건물을 임차하고 있는 임차인이 생산시설을 임차인이 직접 설치·운영한 경우로서 임대인으로부터 공장용 부동산(토지, 건축물)을 취득하는 경우에는 공장의 승계취득으로 볼 수 있는 것이다(세정 13407-80, 1996.7.19.). 이는 공장의 총량 개수에는 변동이 없는 것이므로 비록 토지와 건축물 중에서 일부분만 취득하는 경우라도 공장 신·증설에 해당되지 아니하며 새로운 제3자가 기존 임대 공장을 임대인으로부터 공장용 토지 및 건축물을 취득하고 그 임차인으로부터는 생산설비를 전부 양수하는 경우에도 공장의 승계취득으로 볼 수 있다.

ⓔ 임차인이 비도시형업종의 공장을 신설한 경우

임차인이 공장을 신설한 경우로서 임차인이 비도시형업종을 영위한 경우에는 비록 임차인이 공장을 신설하였다고 하더라도 그 소유 부동산이 공장 신설에 해당되는 과세물건에 해당되기 때문에 그 공장용 부동산의 소유자인 임대인에게 공장 신·증설에 따른 취득세 및 재산세를 중과세한다.[239] 대도시 내 공장 신·증설자가 임대차한 경우도 부동산 재산세 중과세의 납세의무자는 사업용 과세물건 소유자이다(심사 79-134, 1979.5.29.). 당해 과세물건의 취득자가 새로이 공장을 신설 또는 증설하는 경우를 의미함이 분명하므로, 기존 공장 건물을 취득하였으나 취득자의 의사에 반하여 이를 점유 중인 제3자가 이 건물에 공장시설을 신설 또는 증설한 경우에 이 제3자의 공장 신설 또는 증설 사실을 기준으로 하여 취득자의 공장 신설 또는 증설 해당 여부를 판단할 수 없는 것이다(대법원 82누281, 1982.11.9.).

---

239) 재산세의 경우에는 임차인이 공장을 신설 또는 증설하는 경우 소유자에게 재산세를 5배로 과세한다는 법률규정이 없으므로 재산세 중과는 조세법률주의에 반하는 것이라 주장할 수 있으나, 「지방세법」 제107조 제1항과 제2항 각 규정에 의하면 과세기준일 현재 토지 과세대장, 건축물 과세대장에 각 등재된 소유자가 해당 토지, 건축물에 대한 재산세를 납부할 의무가 있는 것으로 규정되어 있고, 같은 법 제111조 제2항의 규정에 의하면 행정자치부령이 정하는 공장을 신설 또는 증설하는 경우에 있어서의 그 재산에 대한 재산세의 세율은 최초로 개시되는 과세기준일로부터 5년간 제1항 제2호 다목에 따른 세율의 100분의 500에 해당하는 세율로 한다고 규정하고 있는바, 위 규정들을 재산세의 본질 및 재산세 중과규정의 입법목적과 아울러 검토하여 보면, 대도시 내에서 건물소유자가 공장을 신설하는 경우는 물론, 건물 임차인이 소유자의 기존 건물을 이용하여 공장을 신설하는 경우에도 공장화된 건물 부분 및 그 비율에 따른 대지부분에 대하여 그 건물 및 대지 소유자에게 재산세를 중과할 수 있는 것으로 해석함이 상당하다(대법원 81누199, 1982.3.23.)라고 판시하고 있어 중과세 될 것이다.

구분	소유자	임차인	비고
소유자가 공장 설치 시	중과세 ○	과세 ×	기존 공장 철거 후 설치도 포함
임차인이 공장 설치 시	중과세 ○	과세 ×	
임차인이 무단으로 공장 설치 시	중과세 ×	과세 ×	임대인 묵인 시 제외
기존 공장 취득 후 그대로 임대 시	중과세 ×	과세 ×	임차인 변동없음
제3자가 기존 임대 공장 임차, 종전 임차인으로부터 생산설비 전부 양수 시	중과세 ×	과세 ×	승계취득에 해당됨.

☞ 공장 취득일로부터 5년 이내에 임차인이 비도시형업종을 영위한 경우에 한하여 적용됨.

> **│ 임차 공장의 이전 시 중과 여부 사례(공장용 부동산의 소유자인 임대인에게 취득세가 중과됨) │**
> • 2014.6.1.~2015.4.30. : A 과밀억제권역에 있는 타인소유의 공장(토지 및 건물)을 임차하여 공장을 신설 11개월 동안 임대 공장 경영
> • 2015.5.1.~2005.9월말까지 휴업
> • 2015.10.1.~2017.2월말까지 17개월 동안 A과밀억제권역에 있는 타인소유의 공장을 다시 임차하여 종전 시설을 이전 경영
> • 2017.3월 : 임차인이 비도시형업종의 공장을 신설한 경우

과밀억제권역에서 11개월 동안 임차공장을 경영하던 자가 이전을 위하여 5개월 동안 휴업을 한 후 다시 해당 과밀억제권역에서 타인의 공장을 임차하여 17개월 동안 공장을 영위한 경우에는 2년 이상 임차 공장을 경영한 경우에 해당되어 중과되지 아니한다.

그러나 휴업기간이 이전을 위한 준비기간이 아니고 폐업을 한 경우에 해당된다면 공장의 이전에 해당되지 아니하여 중과된다(세정 01254-3297, 1987.3.19.).

㉤ 도시형 공장에서 비도시형 공장으로 업종변경 시 공장의 신설에 해당

'공장의 업종변경'이라 함은 공장의 영업종류를 변경(공장을 승계취득하여 기존공장의 업종과 다른 종류의 영업을 영위하는 경우를 포함한다)하는 것을 말한다. 공장의 업종변경은 기존 공장을 영위하고 있던 자가 해당 공장의 업종을 변경하는 것이므로, 이는 비도시형업종 공장을 도시형업종 또는 다른 비도시형업종으로 변형하여 경영하는 것을 의미하는 것은 아니라 하겠으며, 공장의 업종변경은 공장을 운영하던 자가 영업의 종류를 변경하기 위하여 기존 공장 설비를 철거하고 새로운 생산설비를 설치하는 경우가 대부분이며, 업종에 따라서는 생산설비의 일부만을 대체하는 경우도 있으나 철거한 생산설비를 다른 장소로 이전하여 시설한 경우는 기존의 공장은 업종변경에 해당되어 이전 설치 장소는 공장 신설에 해당한다. 또한 기존 공장의 생산설비의 일부를 대체하여 다른 공장에 이전한 경우는 기존 공장을 공장의 업종변경으로 보고 이전한 공장은 이를 공장 신설로 보아야 한다.

4) 공장 신·증설일부터 5년 이내 취득하는 공장용 차량 및 기계장비

과밀억제권역에서 공장을 신설하거나 증설(건축물 연면적의 20% 이상을 증설하거나 건축물 연면적 330제곱미터를 초과하여 증설하는 경우만 해당)한 날부터 5년 이내에 취득하는 공장용 차량 및 기계장비는 중과세된다. 따라서 공장 증설 후 5년이 경과한 시점에서 취득하는 공장용 차량 및 기계장비 등에 대하여는 중과규정이 적용되지 아니한다.

여기서 '공장용 차량'이란 공장부서에 전속되어 있는 차량으로서 그 용도가 공장 업무용인지가 중요하며 승합, 승용자동차 등의 구분이 필요없고, 공장용이 아닌 사무실 임직원 등의 업무용 차량은 중과대상에서 제외된다(세정 13407-312, 1995.3.27.). 또한 증설은 건축물 연면적의 20% 이상 증설하거나 건축물 연면적 330㎡ 초과 증설하는 경우로 한정하고 있으며, 과세대상이 되는 증설은 공장에 한하므로 토지 취득 후 건물을 신축하여 기존 공장의 창고 등으로 사용하는 경우에는 공장의 신·증설에 해당하지 아니하여 중과규정이 적용되지 아니한다(도세 13421-1050, 1993.12.2.).

참고로, 레미콘 제조공장 등 차량 또는 기계장비 등을 주로 사용하는 특수 업종의 경우 기존 차량 및 기계장비의 20% 이상을 증가하는 경우 공장의 증설에 해당하는 것으로 의제하여 비록 토지 또는 건물의 확장이 없다 하더라도 과세물건인 부동산, 차량, 중기 등에 대해 중과규정이 적용된다. 한편, 타인이 공장 내에 시설물을 설치하고 시설물을 공장 소유자에게 대여해 준 경우 면적 요건을 충족 시 증설에 해당되어 공장 소유자는 취득세 중과대상에 해당되나(내심 90-262, 1990.12.28.) 면적 증감 없는 단순한 지하수사용시설을 설치하는 것은 중과대상에 해당되지 아니한다(세정 22670-7619, 1988.7.11.).

> **사례** 기존 공장과 연접되지 않는 별도의 장소에 공장용 토지를 취득하여 공장용 건축물을 신축하였으나, 생산설비를 갖추지 아니하고 기존 공장의 창고로 사용한다면 공장 신·증설에 해당되지 않음(도세 13421-1050, 1993.12.2.).

(4) 중과세 배제 공장 신·증설

1) 산업단지·유치지역 및 공업지역에서의 공장 신·증설

과밀억제권역에 있더라도 「산업집적활성화 및 공장설립에 관한 법률」의 적용을 받는 산업단지·유치지역 및 「국토의 계획 및 이용에 관한 법률」의 적용을 받는 공업지역은 중과세대상지역에서 제외되는 것이므로 산업단지·유치지역 및 공업지역에서의 공장 신·증설의 경우 당연히 중과가 배제된다.

2) 벤처기업집적시설 또는 산업기술단지에서의 공장 신·증설

「벤처기업육성에 관한 특별법」에 따라 지정된 벤처기업집적시설에 입주하는 자는 2023.12.31.까지(지특법 §58 ②), 「산업기술단지 지원에 관한 특례법」에 따라 조성된 산업기술단지에 입주하는 자(2023년까지는 벤처기업집적시설에 입주하는 자 중 벤처기업에 해당되지 아니하는 자 제

외)에 대하여 취득세, 등록면허세 및 재산세를 과세할 때에는 2025.12.31.까지 「지방세법」 제13조 제1항부터 제4항까지, 제28조 제2항·제3항 및 제111조 제2항의 세율을 적용하지 아니한다(지특법 §58 ②, §78 ⑨). 따라서 벤처기업집적시설 또는 산업기술단지에 입주하는 자가 공장을 신·증설의 경우 상기에 따라 중과규정이 배제된다.

3) 창업보육센터에서의 공장 신·증설

창업보육센터에 입주하는 자가 해당 창업보육센터용으로 직접 사용하기 위하여 취득하는 부동산에 대하여 취득세, 등록면허세 및 재산세를 과세할 때에는 2023.12.31.까지 중과세를 적용하지 아니한다(지특법 §60 ③). 따라서 창업보육센터에 입주하는 자가 공장을 신·증설의 경우 상기에 따라 중과규정이 배제된다.

⑦ 사치성 재산

(1) 별장(2023.3.13. 이전만 적용)

1) 개요(2023.3.13. 이전만 적용)

별장에 대하여 취득세를 중과하는 이유는 별장이 비생산적인 사치성 재산으로 그 취득을 최대한 억제하는 한편 이러한 재산을 취득하는 데에 담세력이 있다고 보기 때문인바, 별장으로 인정되기 위하여는 공부상의 용도에 불구하고 주거용으로 공할 수 있도록 된 건축물로서 그 소유자나 임차인 등 사용주체가 상시 주거용에 사용하지 아니하고 휴양·피서 또는 위락 등의 용도에 사용하여야 한다고 할 것인데, 건축법령에서 별장은 건축물의 용도분류에서 별도의 분류대상으로 되어 있지 아니하고, 지방세법령에서도 이를 판단함에 있어 그 소재 지역, 구조, 규모, 휴양시설의 구비 여부 등에 관한 아무런 기준을 정하지 아니하고 있으므로, 별장 여부를 판단함에 있어서는 위 중과세의 입법 취지에 비추어 그 취득목적이나 경위, 해당 건물이 휴양 등에 적합한 지역에 위치하는지의 여부, 주거지와의 거리, 해당 건물의 본래의 용도와 휴양 등을 위한 시설의 구비 여부, 건물의 규모, 가액, 사치성 및 관리형태, 취득 후 소유자와 이용자와의 관계, 이용자의 범위와 이용목적과 형태, 상시 주거의 주택소유 여부 등 구체적 사정을 종합적으로 고려하여 객관적·합리적으로 판단하여야 할 것이다(대법원 93누21224, 1995.4.28. 참조).

'별장'이란 ① 주거용 건축물로서 ② 상시 주거용에 사용하지 아니하고 ③ 휴양피서위락 등의 용도로 사용하는 건축물과 그 부속토지를 말한다. 별장 중 개인이 소유하는 별장은 본인 또는 그 가족 등이 사용하는 것을, 법인 또는 단체가 소유하는 별장은 그 임직원 등이 사용하는 것을 말하며, 주거와 주거 외의 용도로 겸용할 수 있도록 건축된 오피스텔 또는 이와 유사한 건축물로서 사업자등록증 등에 의하여 사업장으로 사용하고 있음이 확인되지 아니하는 것은 이를 별장으로 본다. 여기서 "별장"이란 사실상 현황에 의하여 별장용으로 사용되고 있으면 족하고 그 사용주체가 그 건축물의 소유자임을 요하지 아니하며 그 임차인이라도 무관하다(대법원 87누932,

1988.4.12.). 법인이 휴양지에서 연수시설을 갖추고 종업원의 휴양 겸 연수활동을 하게 하는 것은 별장으로 볼 수 없으며, 개인이 주거지에서 사업관계로 집을 자주 비우는 경우가 있다 하더라도 상시 주거용으로 사용하는 주택은 별장으로 보지 아니한다. 별장으로 판단하기 위해서는 상시 주거용에 사용하지 아니할 뿐만 아니라 개인 또는 그 가족이 휴양·피서 또는 놀이 등의 용도로 사용한 사실이 구체적으로 입증되어야 할 것이다(행심 98-638, 1998.11.28.).

사례 주말에 주로 사용되는 경우 별장으로 보아 중과세됨(조심 2019지2511, 2019.12.24.).

청구인은 이 건 주택을 취득한 이후 계속하여 주민등록상 주소지를 서울특별시에 두고 있었고, 처분청이 29회 현지 확인을 한 결과 6회를 제외하고는 이 건 주택에 야간에 거주하지 아니한 점, 이 건 주택의 주변 환경은 ○○○ 인근에 위치하고 있고, 주변이 펜션과 전원주택으로 구성되어 있어 휴양에 적합한 위치에 소재하고 있는 점, 청구인의 하이패스 이용실적에서 대부분 주말에 청구인의 주소지인 서울특별시에서 이 건 주택이 소재한 지역으로 왔다가 당일 또는 그 다음날 저녁 무렵에 서울특별시로 복귀하는 형태로 자동차를 운행한 것으로 보이는 점, 묘목을 심는 등 농업활동을 영위하였다고 주장하지만 일부 마당에 조경수 형태로 묘목이 심어져 있을 뿐으로서 이를 관리하는 것이 농업활동에 종사하였다고 보기에는 부족하다고 보이는 점 등을 종합하면, 이 건 주택은 상시 주거용에 공여되고 있지 아니하고 휴양 등의 용도로 사용되고 있다고 봄이 타당함.

사례 별장의 요건 및 반증책임의 범위(행심 98-638, 1998.11.28.)

본적지 및 인근에 선산과 임야, 농경지를 경작·관리하고 있으며 주민등록이 되어 있는 경우와 전기사용현황 등으로 상시거주가 입증되는 경우 휴양·피서 또는 위락 등의 용도로 사용하는 별장으로 보아 취득세를 중과세한 처분은 부당함.

① 별장의 요건

㉠ 장소 및 위치

주거용 건축물로서 늘 주거용으로 사용하지 아니하고 휴양·피서·놀이 등의 용도로 사용하는 건축물과 그 부속토지를 말한다. 별장이 되기 위한 요건으로서 반드시 자연경관이 수려한 장소에 위치할 필요는 없는 것이며 건축물의 용도와 사용형태에 따라 판단할 수밖에 없는 것이므로 도심지 내에서도 사용하는 형태가 피서, 위락용으로 사용되는 것이라면 별장에 해당된다. 다만, 「지방자치법」 제3조 제3항 및 제4항에 따른 읍 또는 면에 있는 다음의 농어촌주택과 그 부속토지는 별장에서 제외된다.

> **○ 별장으로 보지 아니하는 농어촌주택과 그 부속토지(2023.3.13. 이전만 적용)**
> ① 대지 면적이 660제곱미터 이내이고 건축물의 연면적이 150제곱미터 이내일 것
> ② 건축물의 시가표준액이 6,500만 원 이내일 것
> ③ 다음 어느 하나에 해당하는 지역에 있지 아니할 것
> ㉠ 광역시에 소속된 군지역 또는 「수도권정비계획법」 제2조 제1호에 따른 수도권지역. 다만, 「접경지역지원법」 제2조 제1호에 따른 접경지역과 「수도권정비계획법」에 따른 자

연보전권역 중 행정안전부령으로 정하는 지역은 제외한다.

ⓛ 「국토의 계획 및 이용에 관한 법률」 제6조에 따른 도시지역 및 「부동산 거래신고 등에 관한 법률」 제10조에 따른 허가구역

ⓒ 「소득세법」 제104조의 2 제1항에 따라 기획재정부장관이 지정하는 지역

ⓔ 「조세특례제한법」 제99조의 4 제1항 제1호 가목 5)에 따라 정하는 지역(부동산가격안정에 필요하다고 인정되어 「관광진흥법」 제2조의 규정에 의한 관광단지)

ⓛ 고급 내장재 등으로 치장한 사치 주택 여부

별장의 요건은 건물의 가액이 6,500만 원을 초과하면 되고 그 건물의 구조가 고급 내장재를 사용하거나 사치성 주택이어야만 별장으로 분류되는 것은 아니다.

ⓒ 별장 외 주거용 건축물 소유와 임차 시 별장 해당 여부

㉮ 별장소유자는 별도의 주거용 건축물(2채의 집)을 갖고 있지 아니하여도 별장으로 분류하는 요건에 영향을 주지 아니한다.

㉯ 별장소유자 이외의 자가 주택을 임차하여 별장으로 사용하는 경우에도 중과대상이다.

ⓔ 주거용 건축물 해당 여부

별장은 주거용 건축물이어야 한다.

㉮ 주거용 건축물로서 상시 주거용으로 사용하지 아니하고 휴양·피서·놀이 등의 용도로 사용하는 건축물과 그 부속토지가 별장에 해당한다. 따라서 불특정다수인이 이를 이용하고 그 대가를 지불하는 등 주거용 건축물을 영업용에 사용(여관, 호텔, 방갈로)하는 경우에는 별장에 해당되지 아니한다.

㉯ '주거용'이란 사람이 일정기간 침식을 하면서 생활할 수 있음을 뜻하는 것이며 반드시 독립된 건축물이라야 되는 것이 아니라 수인이 구분하여 사용할 수 있도록 건축된 아파트, 연립주택도 포함되고 또한 건축물의 외양, 내부장식의 고급, 사치성 여부, 건축물 가격의 높낮이와는 무관하다.

㉰ 별장 중 개인이 소유하는 별장은 본인 또는 그 가족 등이 사용하는 것을, 법인 또는 단체가 소유하는 별장은 그 임·직원 등이 사용하는 것을 말하며, 주거와 주거 외의 용도로 겸용할 수 있도록 건축된 오피스텔 또는 이와 유사한 건축물로서 사업자등록증 등에 의하여 사업장으로 사용하고 있음이 확인되지 아니하는 것은 이를 별장으로 본다.

ⓜ 간헐적 사용

별장의 소유자나 그 임차인이 상시 사용하지 아니하고 간헐적으로 사용하는 경우에는 별장으로 본다. 간헐적 사용의 판단은 전기사용량, 수도사용량을 기준으로 피서철, 연휴, 휴가철 등에 집중적으로 사용한 것이라면 상시 주거용에 사용하지 아니하고 휴양·피서 및 위락 등의 용도에 사용된 것으로 추정되는 것이다.

㉑ 토지와 건축물 소유자가 다르거나 수인이 취득하는 경우

별장을 토지와 건축물의 소유자를 달리 하거나 2인 이상의 취득 및 1인 또는 수인이 시차를 두고 취득하는 등 구분하여 그 일부를 취득하는 경우에도 별장으로 보며(지법 §13 ⑤), 별장의 부속토지의 경계가 명확하지 아니한 때에는 그 건축물 바닥면적의 10배에 해당하는 토지를 그 부속토지로 본다(지법 §13 ⑤).

사례 별장용 건축물의 판단기준(대법원 94누8280, 1994.11.11.)

그 건축물의 사실상의 현황에 의하여 별장용으로 사용하고 있으면 족하고, 그 건축물 이외의 다른 주택을 소유하고 있지 않다거나, 그 주택의 위치 및 시설면에서 소유자의 주관으로 보아 휴양, 피서 또는 위락의 용도로 사용하기에 적합하지 아니하다는 것은 소정의 별장에의 해당 여부에 아무런 영향도 줄 수 없는 것임.

2) '주거용 건축물'의 의미

'주거용'이란 사람이 일정기간 침식을 하면서 생활할 수 있음을 뜻하는 것이며 반드시 독립된 건축물이라야 되는 것이 아니라 수인이 구분하여 사용할 수 있도록 건축된 아파트, 연립주택도 포함되고 또한 건축물의 외양, 내부장식의 고급, 사치성 여부, 건축물 가격의 높낮이와는 무관하다. 불특정다수인이 이를 이용하고 그 대가를 지불하는 등 주거용 건축물을 영업용에 사용(여관, 호텔, 방갈로)하는 경우에는 별장에 해당되지 아니한다. 한편, 오피스텔 등과 같이 주거겸용 건축물의 경우 주거용인지 업무용인지 구분하기 곤란한 경우에는 「부가가치세법」상의 사업자등록증[240] 등으로 업무용인지를 우선 판단하고 업무용이 아닌 경우 주거용으로 사용되는 주택으로 보아 사용자가 상시 주거용으로 사용하고 있는지 아니면 휴양·피서·위락 등의 용도로 간헐적으로 사용하고 있는지 등의 현황을 기초로 별장 여부를 판단하여야 하는데, 간헐적 사용 여부의 판단방법 중 전기사용량, 수도사용량을 기준으로 피서철, 연휴, 휴가철 등에 집중적으로 사용한 것이라면 휴양, 피서, 위락 등의 용도에 사용된 것으로 추정할 수 있다.

어떤 건축물이 별장용 건축물에 해당되기 위하여는 그 건축물의 사실상 현황에 의하여 별장용으로 사용하고 있으면 족하다(대법원 87누932, 1988.4.12.) 할 것이므로, 상시 사용하지 않고 가족의 휴양 등에 사용하는 주택이라면 별장에 해당된다 할 것이다.

주거용 건축물이 상시 주거용이 아닌 별장용으로 사용되고 있는지 여부를 판정하는 기준으로 삼을 사용주체는 반드시 그 건축물의 소유자임을 요하는 것은 아니며 건축물의 임차인이라도 무방하다고 할 것이다(대법원 97누4364, 1997.5.30.).

---

240) 사업자등록이 되어 있지 않았다 하여도 객관적으로 사업장임을 확인할 수 있다면 별장으로 볼 수 없을 것이고, 개인연구실, 개인사무실(작곡, 화가 등)로 사용되는 것까지 사업자등록이 되어 있지 않다하여 별장으로 볼 수 없는 것이다.

3) 별장의 부속토지 경계 판단(2023.3.13. 이전만 적용)

별장의 부속토지 경계는 원칙적으로 1구를 기준으로 판단하여야 하는바, 여기서 1구는 1필지의 토지를 의미하는 것이 아니라 수필지라도 관계없으며, 담장 등 울타리로 구획된 토지 부분을 의미하기 때문에 고정된 울타리이어야 한다. 따라서 별장의 부속토지를 판단하기 위해서도 1구의 부속토지를 의미하므로 이는 공부상이나 건축허가상 주택의 부지로 되어 있는 토지를 말하는 것이 아니라 실제로 담장이나 울타리 등으로 경계가 지워진 주택의 부속토지를 의미한다(대법원 91누10985, 1993.7.27. 참조).

또한 '1구의 주택' 판단 기준도 전체로서의 경제적 용법에 따라 하나의 주거생활단위로 제공되는지 여부에 따라 합리적으로 판단해야 하며 1구내에서도 주거생활을 달리하는 경우에는 별도로 1구의 주택 여부를 판단하여야 한다.

별장의 부속토지는 실제 담장이나 울타리 등의 경계를 기준으로 그 안에 있는 부분의 부속토지를 말하기 때문에 경계가 명백하지 아니할 때에는 그 건축물의 바닥면적의 10배에 해당하는 토지를 별장의 부속토지로 한다(지법 §13 ⑤). 즉 실제 담장이나 울타리 등으로 경계가 지워진 경우에는 울타리 내의 토지를 별장의 부속토지로 볼 것이나, 경계 등이 명확하지 아니하는 경우에는 그 건축물의 바닥면적의 10배에 해당하는 토지만 별장의 부속토지로 본다.

별장을 토지와 건축물의 소유자를 달리 하거나 2인 이상의 취득 및 1인 또는 수인이 시차를 두고 취득하는 등 구분하여 그 일부를 취득하는 경우에도 별장으로 본다. 「지방세법」에서 규정하는 1구의 건축물 부속토지를 판단함에 있어 부속토지의 범위는 공부상의 필지를 기준으로 하는 것이 아니라 현황 부과 원칙에 따라 사실상 부속토지를 사용되는지 여부를 기준으로 하는 것이므로 담장·도로 등으로 구획된 동일한 경계구역 내에 있는 토지를 말한다. 즉 건축물의 부속토지라 함은 해당 건축물과 경제적 일체를 이루고 있는 토지로서 사회통념상 건축물 용도에 따른 토지의 객관적 이용현황에 따라 결정되는 것이라 할 것이므로 일단의 토지가 1구의 건축물에 부속되는지 여부에 대한 판단은 담장·철책·도로·인접 여부·이용현황·사용권 유무 등 객관적인 사실에 의하여 판단하는 것이다.

별장의 부속토지는 건축허가상 주택의 부속토지로 되어 있는 토지를 말하는 것이 아니라 실제로 담장이나 울타리 등으로 경계가 지워진 부속토지를 말하는 것(대법원 91누10985, 1993.7.27.)이므로 타인소유의 토지라 하더라도 별장용에 사용되는 토지는 해당 별장의 부속토지에 해당되는 것이다(지방세정팀-2389, 2006.6.12.).

'1구의 주택에 부속된 토지'의 의미(대법원 91누10985, 1993.7.27.)

"1구의 주택에 부속된 토지"라 함은 공부상이나 건축허가상 주택의 부지로 되어 있는 토지를 말하는 것이 아니라 실제 담장이나 울타리 등으로 경계가 지워진 주택부속의 토지를 말한다. 사치성 재산의 하나로 주택에 부속된 토지의 범위를 정하면서 그 토지가 「도시계획법」, 「건축법」 등의 제한으로 건축이 제한, 금지되는지 여부나 초과되는 토지의 범위 및 지가 등 구체적 사정을 고려함이 없이 일률적으로 일정면적 이상의 토지를 그 대상토지로 정하였다 하더라도 위 시행령 규정이 모법에 위반되었다거나 위 「지방세법」 규정이 「헌법」의 관계규정에 위반된다고 할 수 없음.

4) 법인 또는 단체가 소유하는 별장(2023.3.13. 이전만 적용)

별장 중 개인이 소유하는 별장은 본인 또는 그 가족 등이 사용하는 것을, 법인 또는 단체가 소유하는 별장은 그 임·직원 등이 휴양·피서·위락 등의 용도로 사용하는 것을 말한다. 여기에서 연수원등 교육시설을 겸하면서 휴양소의 기능까지 함께하는 경우 별장에 해당하는지 판단의 어려움이 발생할 수 있다. 연수원 등이 연수, 교육을 주로 하는 시설이라면 별장으로 볼 수 없겠으나 연수, 교육은 극히 일부분이고 대체로 종업원의 휴양소로 사용된다면 별장으로 보는 것이 타당할 것이나 이의 구분은 주관적일 수밖에 없다. 연수원등이 연수, 교육기능뿐만 아니라 임직원의 휴양용도에 사용된다 하더라도 「지방세법」상 별장에 대한 중과세 취지는 국민들의 지나친 낭비와 사치풍조를 억제하고 검소한 생활기풍을 진작함에 있으므로 적정한 휴양용도로의 사용은 사치스러운 소비생활로 볼 수 없어 취득세를 중과할 수 없는 것이다(감심 90-101, 1990.9.18.).

따라서 주로 임직원 연수시설로 사용되고 있으면서 휴양·피서·위락 등의 용도로 사용하는 경우에는 별장으로 볼 수 없으나, 연수시설로 사용하는 것이 극히 일부이고 언제든지 주거용으로 사용할 수 있는 형태로 되어 있는 경우로 휴양·피서·위락 등의 용도로 사용하는 때에는 별장으로 보아야 할 것이다.

연수원 시설이 아닌 별장에 해당함(내심 92-126, 1992.4.28.)

주거용에 공하도록 건축된 공동주택(연립주택)인 이 건 부동산의 건축물 내에는 연수에 필요한 시설 등이 설치되어 있지도 아니하고 단지 일부 공간에만 이동식 의자를 배치해 놓았을 뿐 잔여공간은 주거가 항시 가능하며 더구나 연수시설용으로 배치한 의자만을 제거하면 이 또한 언제든지 주거용으로 사용할 수 있는 점 등을 미루어 보면, 청구법인은 주택인 이 건 부동산을 취득한 후 청구법인의 연수원으로 사용하고 있는 것이 아니라 청구법인에 근무하는 사원들이 주말과 공휴일 등을 이용하여 휴양 또는 위락 등이 용도로 사용하고 있는 것으로 판단됨.

5) 오피스텔(2023.3.13. 이전만 적용)

주거용 건축물로서 상시 주거용으로 사용하지 아니하고 휴양·피서·위락 등의 용도로 사용하는 건축물과 그 부속토지를 별장으로 보도록 규정하고 있고, 법인 또는 단체가 소유하는 별장은 그 임·직원 등이 사용하는 것을 말하며, 주거와 주거 외의 용도로 겸용할 수 있도록 건축된 오피스텔도 사업자등록증 등에 의하여 사업장으로 사용하고 있음이 확인되지 아니하는 것은 별

장으로 보도록 규정하고 있다(지령 §28 ③).

오피스텔이 업무 시설이 아니고 별장에 해당한다는 입증책임은 물론 일반원칙에 따라 과세관청에 있으나, 그 오피스텔이 도심에서 떨어진 경관이 수려한 강변에 위치하고 그 주변지역은 녹지지역으로 수영장이 설치되어 있으며 그 내·외부 시설이 휴양에 적합하고 그 개별실은 상시 사용되지 아니하고 간헐적으로 사용되고 있다면, 일반적으로 오피스텔은 업무시설인 까닭에 그 효용성을 갖추기 위하여 통상은 교통이 편리하고 주변 업무지원시설이 갖추어진 도심에 건립되는 점에 비추어, 그 오피스텔은 위치나 주변 환경, 시설 등이 업무용으로보다는 오히려 별장의 용도에 더 적합한 것으로 보여져 이를 업무용으로 사용하는 것은 오히려 이례적이라고 보아야 할 것이므로, 그 오피스텔을 업무용의 주된 용도로 취득할 특별한 사정에 관한 반증이 없는 한 이를 별장의 용도로 취득한 것으로 추정함이 경험칙에 부합된다(대법원 93누21224, 1995.4.28.).

> ○ 법인이 오피스텔을 취득하여 고객상담 및 주중에는 대표이사 숙소로 사용하는 경우라면 별장에 해당된다고 볼 수 없고(지방세정팀-5973, 2006.12.1.), 개인이 업무용이나 상시주거용으로 사용안되고 연휴기간이나 주말에 휴양, 피서, 위락 등의 용도로 사용되는 오피스텔은 별장으로서 취득세 중과됨(내심 96-451, 1996.11.27.).

> **사례** 오피스텔을 종업원 휴양 용도로 사용한 경우 별장으로 봄(조심 2013지265, 2013.4.19.)
> 부동산이 주거용 건축물로써 상시 사용하지 아니하고, 휴가철과 휴일 등 업무로 사용하지 않는 기간 동안에 임직원 및 그 가족들의 휴양시설로 일부 사용하는 사실을 인정하고 있는 점, 주거와 주거 외의 용도로 겸용할 수 있는 오피스텔이나 사업자등록이 되어 있지 않아 사업장으로 볼 수 없는 점, 전기/도시가스/상수도 사용현황에서 휴가철에 사용량이 증가한 사실로 미루어 볼 때 상시 주거용으로 사용한다고 보기 어려운 점, 쟁점 부동산은 ○○○ 맞은 편에 위치하여 바다전망 및 인근 유명 관광지인 ○○○ 및 ○○○을 도보로 이용할 수 있는 등 관광휴양시설로 적합한 장소에 위치하고 있는 점 등을 종합적으로 고려하여 볼 때, 청구법인은 쟁점 부동산을 취득세 중과대상인 별장으로 사용하고 있다고 봄이 타당함(조심 2012지526, 2012.12.18. 같은 뜻임).

6) 특정 콘도미니엄(2023.3.13. 이전만 적용)

특정 콘도미니엄에 대한 소유권을 전용으로 소유하고 있으면서 타인은 일체 사용할 수 없고, 소유권자만이 독자적·배타적으로 이용하면서 상시 주거용이 아닌 휴양·피서·위락용 등의 용도로만 사용되는 경우에는 숙박시설로는 볼 수 없다 할 것이므로 취득세가 중과세되는 별장으로 보아야 할 것이다(대법원 2016두38365, 2016.8.19. 참조). 임차인들과의 이 부동산에 대한 임대차계약이 실제 이루어졌다고 하더라도 별장용 건축물에 해당하기 위하여서는 그 건축물이 사실상의 현황에 의하여 별장용으로 사용되고 있으면 족한 것이지 그 사용 주체가 반드시 그 건축물 소유자임을 요하는 것은 아니며 그 건축물의 임차인이라도 무방하므로 달리 볼 수 없다(조심 2012지117, 2012.11.21.).

7) 임차인이 피서·위락용으로 사용하는 경우(2023.3.13. 이전만 적용)

주거용 건축물이 상시 주거용이 아닌 별장용으로 사용되고 있는지 여부를 판정하는 기준으로 삼을 사용주체는 반드시 그 건축물의 소유자임을 요하는 것은 아니며 건축물의 임차인이라도 무방하다고 할 것이다(대법원 97누4364, 1997.5.30.). 따라서 별장소유자가 이와 같은 용도에 사용하는 경우만을 한정하는 것이 아닌 임차인이 임대한 주거용 건축물을 피서, 휴양 등의 용도로 사용하는 경우도 포함하여 판단하여야 할 것이다. 이 경우 임차인이 별장 목적으로 사용하지만 취득세의 중과는 당연히 임대인에게 부과하는 것이다.

8) 별장 이외 다른 주택 보유하여야 하는 것은 아님(2023.3.13. 이전만 적용)

별장의 소유자가 별장 이외의 다른 주택을 보유하여야만 별장으로 중과세되는 것이 아니라 별장만 소유하고 있더라도 중과세대상 별장에 해당한다면 중과세되는 것이다.

9) 주요 검토사례(2023.3.13. 이전만 적용)

① 주택을 임대한 후 임차인이 별장으로 사용하는 경우

「지방세법」 상의 별장은 주거용에 공할 수 있도록 건축된 건축물로서 상시 주거용에 사용하지 아니하고 개인 또는 그 가족(법인의 경우 그 임·직원)이 휴양, 피서 또는 위락 등의 용도로 사용하는 건축물과 그 부속토지로서 어떤 건축물이 「지방세법」 상 취득세 중과대상이 되는 별장용 건축물에 해당하기 위하여서는 그 건축물이 사실상의 현황에 의하여 별장용으로 사용되고 있으면 족하고, 그 사용주체가 반드시 그 건축물의 소유자임을 요하는 것은 아니며 그 건축물의 임차인이라도 과세요건에 영향을 주지 아니한다(대법원 97누4364, 1997.5.30., 대법원 87누932, 1988.4.12.).

이 경우 임대인에게 취득세 중과규정이 적용되는 것 이외에 재산세도 중과된다.

② 취득 후 사실상 업무용이나 상시 주거용에 사용 않고 휴양 등의 용도로 사용되는 오피스텔

사치성 재산인 별장에 대해 취득세를 중과세하는 규정은 별장이 비생산적인 사치성 재산이므로 그 취득을 최대한 억제하는 한편 이를 취득한 자에 대하여는 이러한 재산을 취득할 만한 담세력이 있다고 보아 취득세를 중과세하는데 그 취지가 있다.

건축법령에서는 별장을 독립된 용도로 분류하지 아니하고 있고, 지방세법령도 별장에 해당되는지의 여부에 관하여 판단할 수 있는 구체적인 기준을 정하지 아니하고 있으므로, 별장 여부를 판단함에 있어서는 위 중과세의 입법 취지에 비추어 그 취득 목적이나 경위, 해당 건물이 휴양 등에 적합한 지역에 위치하고 있는지의 여부, 주거지와의 거리, 해당 건물의 본래의 용도와 휴양 등을 위한 시설의 구비 여부, 건물의 규모, 가액, 사치성 및 관리형태, 취득 후 소유자와 이용자와의 관계, 이용자의 범위와 이용목적 및 형태, 상시 주거의 대상이 되는 주택의 소유 여부 등 구체적인 여러 가지 사정 등을 종합적으로 고려하여 객관적·합리적으로 판단하여야 한다(내심 96 - 57, 1996.3.26.).

③ 비거주자가 주택 취득 후 상시 주거용이 아닌 귀국 시 일시적으로 사용하는 경우

비거주자가 주택을 취득하는 경우 상시 주거용으로 사용할 수 없는 경우가 일반적이고 「지방세법」 상 별장에 대한 중과세 규정은 거주자에게만 해당하는 지에 대해 현행 「지방세법」 체계 하에서 비거주자에 대하여 취득세를 비과세 또는 면제하는 아무런 특례규정이 없으므로 취득자가 거주자인지 여부에 따라 취득세 납세의무가 달라지는 것은 아니라 할 것이다(감심 93-55, 1993.3.30.). 따라서 비거주자에 대하여도 거주자와 동일하게 사실상 현황에 따라 별장 여부를 판단하게 된다.

④ 별장용 주택 이외의 다른 주택을 보유하지 않은 경우라도 사실상 현황이 별장에 해당하면 중과세 규정이 적용됨

중과세 적용대상이 되는 별장용 건축물은 그 건축물의 사실상의 현황에 의하여 별장용으로 사용하고 있으면 충분하고 그 건축물 이외의 다른 주택을 소유하고 있지 아니한다 하여 별장으로의 해당 여부에 아무런 영향을 주지 아니한다(대법원 94누8280, 1994.11.11.).

⑤ 직원 본점 출장용 숙소로 사용하는 오피스텔

중과대상이 되는 별장은 주거용 건축물로서 상시 주거용으로 사용하지 아니하고 휴양·피서·위락 등의 용도로 사용하는 것을 말한다고 규정하면서 별장의 범위와 적용기준을 정한 「지방세법 시행령」 제28조 제3항에서 법인 등이 소유하는 별장은 그 임직원 등이 사용하는 것을 말하며, 주거와 주거 외의 용도로 겸용할 수 있도록 건축된 오피스텔 등으로 사업자등록증 등에 의하여 사업장으로 사용하고 있음이 확인되지 아니하는 것을 말한다고 규정하고 있으므로, 법인 소유 오피스텔이 사업장으로는 사용하지 아니하고 종업원들의 본점 출장 시 숙소로만 사용한다면 이는 별장의 전제 조건인 휴양·피서·오락 등의 용도로 사용한다고 볼 수 없으므로 중과대상인 별장에 해당되지 아니한다(세정-960, 2005.3.2.).

(2) 회원제 골프장[241]

1) '회원제 골프장'의 의미

골프장 중 중과세대상이 되는 것은 「체육시설의 설치·이용에 관한 법률」에 따른 회원제 골프장(퍼블릭, 간이골프장 제외)용 부동산 중 구분등록의 대상이 되는 토지와 건축물 및 그 토지상의 입목을 말한다.

회원제 골프장용 부동산에 대하여만 중과하도록 하고 있는 관계 법령의 취지와 그 규정 내용에 비추어 보면, 골프장업자가 회원제 골프장과 일반 골프장을 동시에 경영하는 경우 비록 「체육시설의 설치·이용에 관한 법률 시행령」 규정에 따라 회원제 골프장 시설로 등록된 건물 및 구축물이라 하더라도 실제로는 회원제 골프장과 일반 골프장의 공동시설로 사용되고 있다면 그 시설

---

241) 회원제 골프장에 대하여는 재산세 5%(일반세율 0.3% 기준)와 부속토지에 대한 재산세가 분리과세(5%) 등 중과세된다.

전부가 중과세대상에 해당하는 것이 아니라 그 실제 용도에 따라 중과세대상과 일반과세대상으로 안분하여야 한다. 즉 회원제 골프장과 일반 골프장의 공동시설로 이용되고 있는 클럽하우스, 수위실, 클럽하우스 건물 비품, 주차장, 오수처리장, 테니스장, 정화조, 보일러, 소화물 승강기, 태양열 시설, 저수지 등의 취득비용에 대하여 회원제 골프장과 일반 골프장의 등록면적에 의하여 안분하여 그 중 회원제 골프장 부분 만큼에 상응하는 부분에 대하여만 중과하여야 한다(대법원 96누11129, 1997.4.22.).

한편, 대중골프장업으로 체육시설업등록을 할 목적으로 부동산을 취득하여 보유하고 있다 하더라도 실제로 대중골프장으로 운영되었거나 그 체육시설업(대중골프장업) 등록 내지 변경등록이 이루어진 경우, 또는 그 등록 내지 변경등록을 하려는 의사가 객관적으로 확인되고 등록 내지 변경등록이 지체된 데에 책임을 물을 수 없는 정당한 사유가 있는 경우라야 재산세 중과세 대상인 회원제 골프장용 부동산이 아니라고 볼 수 있다(대법원 2018두57629, 2019.1.17., 2017두56681, 2017. 11.29. 참조).

2) 회원제 골프장의 중과세 신고납부시기

① 개요

골프장은 그 시설을 갖추어 「체육시설의 설치·이용에 관한 법률」에 따라 체육시설업의 등록(시설을 증설하여 변경등록하는 경우 포함)을 하는 경우뿐만 아니라 등록을 하지 아니하더라도 사실상 골프장으로 사용하는 경우에도 중과세를 적용하도록 규정하고 있다. 따라서 등록 이전에 골프장을 사실상 사용하는 경우에는 사용일을 기준으로 중과세대상이 된다. 일반적으로 사실상 사용하는 시점을 시범라운딩 개시 시점으로 보고 있다.

'토지의 사실상 지목변경'이라 함은 토지의 형질변경 등을 통하여 토지의 지목을 변경함으로써 해당 토지의 경제적 가치를 증진시키는 것을 의미하는 것이므로 공부상 지목이 변경되지 않더라도 경제적 성질이 사실상 변경된 지목으로 바뀌어졌다면 이는 지목변경이 되었다고 볼 수 있는 것이고, 따라서 골프장의 경우 계속적인 시범라운딩을 통해 골프장으로서의 기능을 하고 있다면 시범라운딩 등 사실상 골프장으로 사용하는 때가 그 취득일이 된다고 할 것이며, 골프장으로 등록되지 아니하더라도 시범라운딩이 행하여지고 실질적으로 골프경기가 가능한 골프장은 사실상 사용되는 골프장에 해당하여 사실상 사용하는 부분에 대하여는 취득이 이루어졌다고 할 수 있을 것이나(행정자치부 예규, 세정-1513, 2006.4.14. 같은 뜻임), 당초 전, 답, 임야인 토지가 골프장으로 사실상 지목변경됨으로써 이를 취득세 과세대상인 간주취득으로 보기 위하여는 형질변경공사와 골프장 조성공사 등만으로는 부족하고 골프코스 간의 작업도로, 골프장에의 진입도로 및 주차장의 포장공사 등 골프장 개설에 따른 모든 공사가 완공되어 전체적으로 골프장으로서의 기능을 사실상 발휘할 수 있음이 객관적으로 인정되어야 할 것이고, 그와 같이 골프장으로서의 기능을 사실상 발휘할 수 있음이 객관적으로 인정될 때를 그 취득시기로 보아야 할 것이다(대법원 92누5270, 1993.6.8. 참조).

골프장에 대한 취득세를 부과함에 있어 골프장이 등록 전에 사실상 사용하고 있는 경우 취득

의 시기가 명확하지 아니하였던 문제가 있었는바, 2004.7.1. 이후부터는 등록을 하기 전에 시범라운딩 등 사실상 골프장으로 사용하는 경우 그 부분에 대하여 사실상 사용하는 때가 취득시기가 되는 것으로 개정하여 골프장에 대한 취득세의 납세의무성립시기를 명확히 함으로써 지방세의 공평성 및 객관성을 높이기 위하여 골프장에 대한 취득세의 납세의무 성립시기의 명확화하였다. 이에 대하여 행정안전부에서는 골프장 중과세 신고납부기한 보완운영 지침을 마련하여 회원제 골프장의 취득시기를 종전에는 등록일을 기준으로 판단하고 있었으나 일부 골프장에서 시범운영 등 임시로 사용하는 경우가 있어 이를 사실상 사용일을 기준으로 판단하도록 하되, 2005.1.5. 법령 을 개정하여 사실상 취득일 이후 등록 시까지 지출된 지목변경 비용은 등록 시점에 추가로 취득 한 것으로 보아 중과세하는 것으로 개정되었다(구 지령 §73 ⑧, §86-3 1 나). 이때까지 공사비 등을 과세표준으로 신고납부하여야 하여야 하며, 추가로 공사를 완료하는 경우에는 추가 공사비를 수 정신고 납부하도록 해석하였다.

② 조례 등에 의하여 중과 배제 시 신고납부기한

「제주특별자치도 설치 및 국제자유도시 조성을 위한 특별법」 제74조 제1항 제1호에 따르면, 「지방세법」 제11조부터 제15조까지의 규정에 따른 취득세의 세율은 도조례가 정하는 바에 따라 100분의 100의 범위 안에서 가감 조정할 수 있는바, 이에 따른 「제주특별자치도세 세율조정 특례 조례」 제5조 제1항에서는 「지방세법」 제13조 제5항에 따른 회원제 골프장은 같은 법 제11조 및 제12조의 세율의 100분의 20을 적용하여 취득세를 산출하도록 규정하고 있다. 따라서, 제주특별 자치도가 회원제 골프장의 취득세율을 낮게 조정하였다고 하더라도, 신고납부기한에 관한 것은 「지방세법」 상의 규정을 적용하여야 하는 것으로 회원제 골프장업으로 등록한 날과 사실상 사용 일 중 빠른 날로부터 60일 이내에 취득세를 신고납부해야 할 것이다(지방세운영과-1946, 2012. 6.25.).

③ '시범라운딩'의 의미

'시범라운딩'이라 함은 골프장을 개장하기에 앞서 코스 등을 점검하고 기타 미비점을 보완하기 위해 골프장을 개방하는 것으로서, 이와 같은 목적에 그치지 않고 다수의 일반인에게 개방하여 회원모집을 위한 홍보의 수단으로 활용하거나(대법원 2008두7175, 2008.8.21.) 그린피와 카트피, 캐디 피 등을 유료로 받는 등 실질적인 이익을 취하는 경우(조심 2011지172, 2012.3.7.), 일시적이 아닌 반복적·지속적으로 이루어지는 경우(지방세운영과-2425, 2008.12.5.) 등에는 사실상 골프장으로 사 용된다고 보는 것이 타당하다고 할 것이다. 따라서 증빙자료(카드매출자료, 홍보자료)를 통하여 그린피 징수 시까지 시범라운딩을 실시한지 여부를 판단하여야 한다. 따라서 그린피와 카트피를 받지 않았다고 하더라도 시범라운딩이 일시적이 아닌 반복적·지속적으로 이루어진 점, 그린피 징수 전에 정식 골프대회를 개최했던 점, 증빙자료에 따르면 그 이용자의 대부분은 비회원으로서 일반 다중에게 공여되어 홍보수단 등으로 활용된 것으로 보이는 점 등을 감안하여 시범라운딩을 시작한 때를 판단하여 사실상 골프장으로 사용되었다고 보는 것이 합리적일 것이다(지방세운영과

-1351, 2013.7.2.).

한편, 골프장을 조성 중인 상태에서 코스와 조경계획 등 불합리한 부분을 점검하고자 일정기간 동안만 한시적으로 골프 회원권을 취득한 회원들을 초청하여 요금(그린피, 카트피, 캐디피)을 받지 않고 코스시설을 사용하는 경우라면 사실상 골프장으로 사용한 것으로 보기는 어렵다 하겠으므로 취득세 납세의무가 없다(행자부 지방세정팀-2671, 2005.9.14. 참조). 골프장 코스점검을 위하여 해당 골프장의 회원만으로 구성하여 일정기간 동안만 무료로 시범라운딩을 하는지 여부, 골프장 코스점검을 위한 시범라운딩 후 잔여공사 마무리 및 불특정다수인을 상대로 영업을 하는지 여부 등을 해당 골프장 취득시기를 판단하여야 한다(지방세정팀-4988, 2006.10.13.).

④ 토지 중과세

취득세 과세물건을 취득한 후에 그 과세물건이 중과세율의 적용대상이 되었을 때에는 중과사유발생일(회원제 골프장업으로 등록한 날과 사실상 사용일 중 빠른 날)로부터 60일(2018.12.1. 이전 중과사유발생분은 30일) 이내에 중과세율을 적용하여 산출한 세액에서 이미 납부한 세액(가산세는 제외)을 공제한 금액을 세액으로 하여 신고납부하여야 한다. 따라서 토지 취득일로 5년 이내에 중과사유가 발생된 경우에는 중과세가 되는바, 중과사유일로부터 60일(2018.12.1. 이전 중과사유발생분은 30일) 이내에 중과세를 신고납부하여야 한다.

한편, 토지 취득 후 2018.12.1. 이전 중과사유발생분은 즉시 중과세되는 경우 일반과세보다 빨리 신고납부해야 할 경우도 있을 수 있었다.

⑤ 토지 지목변경 중과세

지목변경은 토지 취득일로부터 5년 경과 여부와 관계없이 사실상의 지목변경일에 취득세 납세의무가 성립되며, 중과세에 해당되는 경우 중과세대상이 되는 것이다. 이 경우 사실상의 지목변경일로부터 60일 이내에 중과세율을 적용한 취득세를 신고납부하여야 하는 것이다.

⑥ 건축물 중과세

사업부지 내의 건축물은 중과세대상이 되며, 사업부지 외에 있는 건축물(일반적으로 오수처리장 건축물은 사업부지 외에 있음)은 일반과세대상이 되는 것이다.

건축물의 취득시기가 중과세 사유일보다 먼저 도래한 경우에는 취득일로 60일(60일 전에 등기하는 경우 등기일) 이내에 일반과세로 취득세를 신고납부할 의무가 있으나, 그 신고납부 전에 중과사유가 발생된 경우에는 중과세액에서 일반과세 세액을 차감한 금액을 중과사유일로부터 60일(2018.12.1. 이전 중과사유발생분은 30일) 이내에 신고납부하여야 한다.

⑦ 요약

구분			일반과세			중과세		
			여부	세율	신고납부기한	여부	세율	신고납부 기한
토지	사업부지 외		○	2.2%	취득일부터 60일	–	–	–
	원형 보전지		○	〃	〃	–	–	–
	사업 부지	취득일 5년 경과	○	〃	〃	–	–	–
		취득일 5년 이내	○	〃	〃	○	8.8%	중과사유일 부터 60일
지목 변경	사업부지 외		×	–	–	×	–	–
	원형 보전지		×	–	–	×	–	–
	사업 부지	취득일 5년 경과	×	–	–	○	8.8%	중과사유일 부터 60일
		취득일 5년 이내	×	–	〃	○	〃	〃
건축물	사업부지 외		○	3.16%	취득일부터 60일	×	–	–
	사업부지 내		○	〃	〃	○	8.8% (11.96%)	중과사유일 부터 60일
영 §5의 시설	사업부지 외		○	2.2%	취득일부터 60일	×	–	–
	사업부지 내		○	〃	〃	○	8.8% (11%)	중과사유일 부터 60일

☞ 시범라운딩일로부터 60일 이내(60일 전에 건물등기를 하는 경우에는 그 등록 또는 등기하는 부분에 대하여 그 등록 또는 등기 전까지).
  건축물(영 §5의 시설)의 취득일이 회원제 골프장 중과사유일(사실상 사용일과 체육시설업등록일 중 빠른 날)보다 빠른 경우 일반세율 3.16%(2.2%)로 하여 취득일로부터 60일 이내 신고납부하고 중과세는 8.8%(8.8%)의 세율을 적용하여 중과사유일부터 60일(2018.12.1. 이전 중과사유발생분은 30일) 이내, 동일한 경우에는 세율 11.96%(11%)로 하여 취득일(중과사유발생일)로부터 60일 이내 신고납부하여야 함.

3) 사실상 사용 이후 추가 공사비

사실상 사용일 이후 추가 공사비에 대한 과세표준의 포함 여부에 대하여 살펴보면, 골프장에 대한 사실상 사용일에 이미 납세의무가 성립하였으므로 이를 기준으로 그 이전에 지목변경에 소요된 공사비를 과세표준으로 하여 간주취득의 취득세를 신고하고 납부하여야 한다. 그런데 그 이후 등록일 전까지의 추가 공사비용에 대한 납세의무 발생 여부에 대하여는 다음과 같은 두 가지 견해가 있다.

첫째, 사실상 사용일 이후에 추가로 골프장 조성공사를 하였다고 하더라도 사실상 사용일 이전에 조성공사가 개시되어 추가 공사비가 소요된 경우에는 「지방세법 시행령」 제18조 제1항의 규정에 의하여 취득일 이전에 거래 상대방 또는 제3자에게 지급하였거나 지급하여야 할 직접비용과 간접비용에 해당되는 경우 취득세 과세대상에 포함되는 것이므로 과세표준에 포함되나 이는 신고납부일 이후에 지급된 것이므로 수정신고납부하는 형태로 추가 소요비용을 납부하여야 할 것이다.

둘째, 사실상 사용일 이후에 추가로 조성공사를 새로이 개시하는 경우에는 새로이 추가공사를 한 부분은 지목변경이 완료된 이후에 추가 공사를 하였으므로 추가로 헤저드, 잔디식재보강공사 등 지목변경에 소요된 비용 등은 과세표준에 포함할 수 없는 것이다. 지목변경의 경우에는 추가로 잔디식재 등 보강공사를 하였다고 하더라도 그 추가 공사비용이 새로운 과세요건을 성립하지 아니하기 때문에 별도의 납세의무가 없다고 보아야 할 것이다.

대법원에서는 건물의 준공검사 이전에 가사용승인을 받아 사용하였다면 그 건물부분에 대한 취득세의 과세표준을 산정함에 있어서는 가사용승인일을 기준으로 그 이전에 그 건물부분을 취득하기 위하여 지급한 비용만을 포함시켜야 할 것이고 가사용승인일 이후 준공검사일까지 그 건물부분에 추가로 소요된 비용을 포함시켜서는 안된다 할 것이다(대법원 93누6690, 1993.7.13.)라고 판시하고 있으나, 시범라운딩 등으로 사실상 사용한 골프장의 경우 사실상 사용일을 취득시기로 보아 중과세에 의한 취득세를 신고한 경우라 하더라도 사실상 사용일 이후 추가로 공사를 하는 경우 그 추가 공사의 원인행위가 사실상 사용 전에 이루어진 경우에는 그 추가 공사비를 과세표준에 포함하는 것으로 해석하고 있다(이에 대한 문제점 등은 취득세 과세표준의 '임시사용승인 이후의 공사비'편 참조). 그런데 사실상 사용일 이후에 추가 공사의 원인행위를 한 것이라면 그 추가 공사가 지방세법령상의 개수에 해당되지 아니한다면 납세의무가 없는 것이다. 이 추가 공사비가 과세표준에 포함된다면 수정신고를 하여야 하는바, 이 수정신고는 과세표준의 증가에 따라 신고납부하는 것이므로 취득세 납세의무가 별도로 성립되었다고 볼 수 없다.

4) 승계취득의 중과 적용 배제

2004.7.1. 이후부터는 법조문상 중과대상이 되는 골프장은 그 시설을 갖추어 「체육시설의 설치·이용에 관한 법률」의 규정에 의하여 체육시설업의 등록(시설을 증설로 변경등록하는 경우 포함)하는 경우뿐만 아니라 등록을 아니하더라도 사실상 골프장을 사용하는 경우에도 적용하도록 규정되어 있는바, 기존 골프장을 승계취득하는 때에는 중과세대상이 되는 것으로 해석되어질 수 있다.[242] 그런데 법제처 해석(법제처 18-0428, 2018.9.14.)에 의하면 승계취득은 취득세 중과가 되지 아니하는 것으로, 재산세는 승계취득도 포함되고, 「지방세특례제한법」상 사치성 재산 감면 배제 시 승계취득도 포함되는 것으로 해석하고 있다.[243]

---

[242] 법 개정 이후에도 승계취득에 대하여 중과세가 되지 아니하는 것으로 해석한 경기심사례(2010-42, 2010.2. 24.)에서 지방세 심사례(행심 2005-133 결정, 2005.5.2.)를 근거로 판단하였으나, 이 심사례가 2004.6.30. 이전 승계취득분에 대한 것임에 유의하여야 하는데, 경기심사례는 이를 잘못 참조하여 결정한 것 같음.

[243] 회원제 골프장과 관련하여, 「지방세법」이 2004.1.1. 개정되기 전까지는 취득세 중과대상이 되는 골프장은 체육시설업의 등록을 하는 때에 한한다(제112조)고 규정하였다가 등록하지 아니한 상태에서 회원 유치 명

승계취득에 대한 취득세 중과세배제 규정[244]은 1999.1.1. 이후 2004.6.30. 이전까지 취득분에 적용되나[245] 재산세의 경우 승계취득한 골프장이라 하더라도 과세기준일 현재 그 현황이 골프장에 해당한다면 중과세 규정이 당연히 적용된다. 그런데 기존 골프장을 승계취득한 후 증설하는 경우 그 증설부분과 완공되지 않은 골프장을 인수하여 준공하는 경우에는 승계취득이 아닌 골프장의 신설에 해당되어 중과세대상이 되었었다.

┤ **승계취득의 중과 적용 배제 사례** ├

(1) 현황

① "A"사는 기존에 골프장을 운영하고 있는 "B"사를 인수하려 하나 보증관계 등의 복잡함으로 "B"사의 자산, 부채 중 골프장과 관련한 토지 및 건축물과 회원분양금만을 인수하여 A법인 명의로 「체육시설의 설치·이용에 관한 법률」에 의하여 체육시설업 등록을 하려 함.

② "A"사가 인수하는 시점은 2002.7.1.임.

③ "B"법인의 인수대가 "A"법인이 지급하는 금액은 200억 원(계약서상 장부가액 120억 원과 영업권평가액 80억 원)임.

(2) 질의

① "B"법인을 인수 시 "A"법인 입장에서는 체육시설업의 신규등록에 해당되어 취득세가 중과되는지? 또한 "A"법인이 인수에 따라 과점주주가 된다면 과점주주에게도 중과문제가 발생하는지?

가. 「체육시설의 설치·이용에 관한 법률」의 규정에 의하여 회원제 골프장용 부동산으로 구분 등록하는 때(시설을 증설하여 변경 등록하는 때를 포함)에 한하여 취득세를 중과세하도록 규정하고 있는바, 이는 「체육시설의 설치·이용에 관한 법률」의 규정에 의하여 회원제 골프장용 부동산으로 신규 등록(원시취득)시 1회에 한하여 중과세한다는 의미임.

나. 따라서 1999.1.1. 이후부터 2004.6.30. 이전까지 승계취득하는 것에 해당되어 중과규정이 적용되지 아니하며, 인수에 따른 과점주주의 간주취득 역시 중과문제가 발생하지 아니하고 일반세율에 의한 취득세만 부담하면 됨.

☞ 상기 사례는 2002.7.1. 승계취득한 것으로 중과세가 되지 아니하는 것이나, 2014.7.1. 이후 승계취

목으로 유료로 골프장을 이용하도록 하는 사례가 나타나면서 체육시설업의 등록을 하는 경우뿐만 아니라 등록을 하지 아니하더라도 사실상 골프장으로 사용하는 경우에도 중과세율을 적용하는 것으로 개정되었고, 이 규정을 근거로 이미 등록된 회원제 골프장을 승계취득하는 경우에는 취득세 중과대상으로 삼지 아니하고 신규로 조성하는 것만 중과대상으로 삼고 있다(조심 2020지1464, 2021.8.9.).

244) 기존의 골프장을 1999.1.1. 이후 원시취득이 아닌 승계취득하면서 해당 법인의 주식을 100% 취득해 과점주주가 된 경우, 해당 과점주주는 취득세 중과대상에 해당하지 아니함(세정 13407-129, 2001.2.2.).

245) 2003.12.30. 법률 제7013호로 개정되기 전의 규정은 다음과 같다.
이 경우 골프장은 그 시설을 갖추어 「체육시설의 설치·이용에 관한 법률」의 규정에 의하여 체육시설업의 등록을 하는 때(施設을 增設하여 變更登錄하는 때를 포함한다)에 한하며, 별장(2023.3.13. 이전만 적용)·고급오락장에 부속된 토지의 경계가 명확하지 아니한 때에는 그 건축물 바닥면적의 10배에 해당하는 토지를 그 부속토지로 본다.

의 경우에는 법조문상 중과세가 되는 것으로 볼 여지가 있는바, 인수에 따른 과점주주의 간주취득 역시 중과문제가 발생될 여지가 있으나(개인과 법인 모두 사치성 재산에 대하여 취득세가 중과세되므로 회원제 골프장의 경우 간주취득세도 중과세되는 것으로 해석하여야 할 것임), 법제처 해석(법제처 18-0428, 2018.9.14.)에서 승계취득은 중과세가 되지 아니하는 것으로 해석하고 있는바, 간주취득세도 중과가 되지 아니하는 것으로 해석하여야 할 것임.

② "B"법인의 재무상태표상 골프장용 부동산의 장부가액은 120억 원이나 "A"법인이 인수 시 영업권 명목으로 80억 원을 추가로 지급하여 골프장용 부동산을 인수할 경우 취득세 의 과세표준은?

(3) 과세표준

골프장용 부동산을 유상승계취득할 때 취득가격에는 과세대상 물건의 취득시기를 기준으로 그 이전에 해당 물건을 취득하기 위하여 거래상대방 또는 제3자에게 지급하였거나 지급하여야 할 일체의 비용이 되는 것이므로 200억 원이 타당함.

☞ 상기 사례는 세정 13407-591, 2001.6.4.과 세정 13407-129, 2001.2.2.의 회신내용을 기초하여 작성한 것임.

5) 골프장의 중과세대상

골프장의 신설 시 중과세대상의 판단은 대체로 승계취득한 토지가 골프장용 토지가 되면서 발생하는 중과문제, 골프장의 공사로 인한 지목변경 시 간주취득 과세규정에 따른 중과세대상이 되는 과세표준액의 산정 및 취득시기 문제 등을 들 수 있다.

① 토지에 대한 취득세

토지를 취득한 후 5년 이내에 골프장용 토지가 된다면 취득 당시에는 골프장용이 아니었으므로 일반과세인 2%를 취득세로 신고납부하였을 것이고 그 취득일부터 5년 이내에 중과세대상이 되는 골프장용 토지가 된 경우 이미 과세된 2%를 공제하고 중과세율과의 차액인 8%(10% - 2%)를 「체육시설의 설치·이용에 관한 법률」에 의한 등록을 한 날과 사실상 사용일 중 빠른 날로부터 60일 내에 신고납부하여야 한다. 따라서 토지 취득 후 5년 경과한 후에 골프장용 토지에 해당되게 된다면 중과세 규정이 적용될 여지가 없다. 연부취득의 경우 연부금 지급일이 각각의 취득시기가 되므로 연부금 지급일과 「체육시설의 설치·이용에 관한 법률」에 의한 등록을 한 날과 사실상 사용일 중 빠른 날을 비교하여 5년 경과 여부를 판단하여야 한다.

┃ 연부취득과 중과세 판단 사례 ┃

(1) 토지 연부취득일자

2008.5.1. 계약금 지급
2009.5.1. 1차부불금
2010.5.1. 2차부불금
2011.5.1. 3차부불금

2012.5.1. 잔금완납(당초 연부취득계약서상 잔여 부불금을 일시납부)
2012.5.6. 소유권이전등기
(2) 골프장 사실상 취득일 2008.6.10.
2008.5.1. 지급한 계약금은 계약금 지급일로부터 5년이 경과한 후에 골프장 등록이 이루어 졌으므로 중과세대상에서 제외된다.

㉠ 조정지

「체육시설의 설치·이용에 관한 법률 시행령」 제20조 제1항 제3호에서는 구분등록 대상의 하나로 조정지를 규정하면서 골프 코스와는 별도로 오수처리 등을 위하여 설치한 것은 제외한다고 규정하고 있다. 따라서 「체육시설의 설치·이용에 관한 법률」에 따라 조정지로 구분 대상이 되는 경우라면 중과세대상에 해당된다(지방세운영과-598, 2013.2.28.).

한편, "조정지"라 함은 ① 형질을 변경하고, ② 경관을 조성해야 하는 두 가지 조건이 충족되어야 할 것임에도 조경한 사실이 전혀 없고, 골프 코스와의 경계가 불분명한 자연상태의 임야에 대하여 골프 코스와의 경계가 불분명하다는 사유로 이를 재산세 분리과세(중과세)대상이 되는 조경지로 보는 것은 잘못이라 할 것이다(조심 2014지219, 2015.8.20.).

회원제 골프장용 토지 중 구분등록대상이 되는 코스, 조경지 등은 분리과세대상으로, 원형보전임야 등 구분등록대상이 되지 아니한 토지 등은 그 현황에 따라 종합합산과세대상 등으로 구분하여야 하고, 위의 원형보전 임야에는 골프장 조성 당시부터 자연상태의 임야인 토지뿐만 아니라 조성 당시에는 공사 편의 등을 위하여 임야를 훼손한 후 자연 그대로 방치하여 각 연도 재산세 과세기준일(6.1.) 현재 원래 자연상태의 임야로 회복된 토지도 이에 해당하여 종합합산과세대상으로 보는 것이 재산세 현황과세 원칙상 타당하다 할 것이다(조심 2017지93, 2017.7.20. 등 다수, 같은 뜻임)(조심 2018지0890, 2018.11.16.).

한편, 토지에 벌채 후 나무 식재를 하는 등 일부 관리행위가 이루어진 것은 골프장 경관 조성을 위하여 훼손한 것이 아닌 소나무 재선충병의 발병으로 인하여 원래의 상태로 원상회복하기 위한 불가피한 산림복구의 과정이므로, 소나무 재선충병 발병 전의 토지 현황이 조경지였던 경우라면 원상회복한 토지에 대하여도 조경지로 보아야 할 것이나, 원형보전지였던 토지를 원상회복한 경우 조경지로 보기는 어렵다(부동산세제과-1412, 2020.6.22.).

㉡ 원형보전지

기존 회원제 골프장 인근의 염전·갈대밭·잡종지·임야 등을 기존 운영 중인 골프장 관리시설의 부속토지 및 조경지 등으로 활용하기 위하여 「체육시설의 설치·이용에 관한 법률」에 의거 변경등록을 하였다 하더라도 변경등록을 한 후에도 동 토지에 골프장의 관리시설을 건축하거나 조경시설을 하지 않았음은 물론, 체육시설용지로서의 지목변경 없이 변경등록전과 동일한 원형지 상태로 유지하고 있는 경우라면 취득세 중과세 및 재산세의 분리과세대상이 되지 않는다 할 것이다(세정과-1200, 2005.6.15.). 그리고 골프장 경내의 토지 중 경계가 명백한 임야는 중과세대상 사치성 재산에서 제외된다(세정 1268-11804, 1979.7.23.).

지목에 불구하고 경계가 명백한 임야는 골프장용 토지에서 제외된다고 내무부 골프장 범위 결정에 관한 세부지침이 있었는데, 유권해석에서는 코스와 코스사이에 존치되는 원형보전지가「체육시설의 설치·이용에 관한 법률 시행령」에 따른 구분등록 대상이 아니라면 중과세대상이 아니다. 다만, 구분등록 되어 있지 않은 원형보전지의 경우라도「체육시설의 설치·이용에 관한 법률 시행령」에 따른 구분등록 대상이 되는 토지라면 중과세대상에 해당된다(지방세운영과-598, 2013.2.28.)라고 규정하고 있다. 이 해석에서는 경계가 명백한 임야는 제외한다라는 규정이 없이 "「체육시설의 설치·이용에 관한 법률」에 따른 회원제 골프장용 부동산 중 구분등록의 대상이 되는 토지"라 되어 있지만, 구분대상 토지의 범위에 "골프장의 운영 및 유지·관리에 활용되고 있는 조경지(골프장 조성을 위하여 산림훼손, 농지전용 등으로 토지의 형질을 변경한 후 경관을 조성한 지역을 말한다)"라고 규정되어 있어서 원형보전지는 형질변경을 하지 아니하였는바, 중과세대상이 되지 아니하는 것으로 보고 있어서 원형보전지에 대하여 취득세와 재산세를 중과하지 않고 일반과세하고 있으나, 재산세의 경우 종합합산과세대상이 되어 종합부동산세도 부담하고 있다.

ⓒ 보전녹지지역

골프장 조성과 관련하여 처분청이 지구단위사업계획을 고시하면서 보전녹지지역이 있음이 확인되고 있고, 이러한 보전녹지지역이「체육시설의 설치·이용에 관한 법률」의 규정에 의한 구분등록 대상이 되는 토지라고 보기 어렵다 할 것인데, 처분청에서 당해 토지 부분에 대하여 실질적으로 구분등록대상이 되는지 여부에 대한 아무런 증빙이 없이 그 취득가액을 중과세 과세표준에 포함한 것은 잘못이라고 보여지며 처분청에서 추가로 제출한 답변서에서도 이 부분에 대하여 잘못이 있다는 사실을 인정하고 있으므로 당해 보전녹지지역에 속한 토지의 취득가액을 재조사하여 이를 중과세 과세표준에서 제외하여야 할 것이다(조심 2012지0351, 2013.10.22.).

② 골프장의 공사로 인한 지목변경

임야 등을 취득하여 체육용지로 지목변경하는 경우 골프장으로서의 중과세할 수 있는 시기는 토지의 지목변경에 따른 취득은 토지의 지목이 사실상 변경된 날에 취득한 것으로 보나, 사실상 지목변경일을 알 수 없는 경우에는 공부 등에 의하여 입증되는 날(골프장 조성공사가 준공됨으로써 체육용지로 지목변경되는 때임)을 취득일로 보는 것이다. 여기에서 체육용지로 지목변경되는 시점을 언제로 볼 것인지에 따라 그 때까지 소요된 일체의 비용이 취득세 과세표준이 될 것이다. 골프장의 공사과정은 임야인 토지를 취득하여 형질변경(절토, 성토, 옹벽공사 등)허가를 득한 후 터파기공사를 실시하여 골프장 조성공사 등을 하고 골프코스 간의 작업도로, 골프장에의 진입도로 및 주차장의 포장공사 등 골프장 개설에 따른 공사 등이 이루어질 것이다. 사실상 지목변경일은 모든 공사가 완공되어 전체적으로 골프장으로서의 기능을 사실상 발휘할 수 있음이 객

관적으로 인정되어야 하고, 이때를 취득시기로 보아 그 때까지 소요된 비용이 취득세 과세표준이 된다(대법원 92누18818, 1993.6.8.). 결국 모든 공사가 완공되어 전체적으로 골프장으로서의 기능을 사실상 발휘할 수 있음이 객관적으로 인정되는 때라 함은 「체육시설의 설치·이용에 관한 법률 시행규칙」 제23조 제2항 관련 허가 등을 필하고 골프장으로서의 영업을 개시하는 시점이 될 것이나, 등록을 하기 전에 시범라운딩 등 사실상 골프장으로 사용하는 경우 그 부분에 대하여 사실상 사용하는 때가 취득시기가 되며, 그 이후 등록 시까지 지출된 지목변경비용은 등록시점에 추가로 취득한 것으로 보아 중과세하는 것으로 개정되었다.

첫째, 골프장으로서의 조성 시기는 사실상 토지의 지목변경이 된 날이므로 임야 등 토지의 터 파기공사 등을 시행하여 잔디식재 전까지 정지작업을 완료한 시점을 지목변경이 완료된 시점으로 볼 수가 없는 것이며, 골프장으로 사용할 수 있도록 잔디식재, 조경공사 등을 시행하여 그 골프장의 조성공사가 완료되어 사실상 골프장으로 사용하는 시점을 취득시기로 보아야 할 것이므로 당초 전·답·임야인 토지가 체육용지인 골프장으로 사실상 지목변경됨으로써 취득세과세대상인 간주취득으로 보기 위하여는 절토, 성토 등 형질변경공사와 골프장 조성공사 등만으로는 부족하고 골프코스 간의 작업도로, 골프장 진입도로 및 주차장의 포장공사 등 골프장 개설에 따른 모든 공사가 완료되어 전체적으로 골프장으로서의 기능을 사실상 발휘할 수 있음이 객관적으로 인정될 때를 취득시기로 보아 그 소요된 비용을 취득세 과세표준으로 하여야 하는 것이다.

둘째, 전·답·임야에 대한 산림훼손(임목의 벌채 등), 형질변경(절토, 성토, 벽공사 등), 농지 전용 등의 공사뿐만 아니라 잔디의 파종 및 식재, 수목의 이식, 조경작업 등과 같은 골프장으로서의 효용에 공하는 모든 공사를 완료하여 골프장 조성공사가 준공됨으로써 체육용지로 지목변경이 되는 때이므로, 토목공사는 물론 잔디 파종 및 식재비용, 임목의 이식비용 등 골프장 조성에 들인 비용은 모두 토지의 지목변경으로 인한 가액증가에 소요된 비용으로서 지목변경에 의한 간주취득의 과세표준에 포함되고, 또한 중과세율이 적용되어야 한다(대법원 96누12634, 1998.6.26. 참조).[246)]

그리고 입목의 구입 및 식재비용이 골프장 조성에 들인 비용으로서 골프장용 토지의 취득을 위한 것이므로, 지목변경에 의한 간주취득의 과세표준에 포함됨은 물론 중과세율이 적용된다고, 등록대상의 하나로 "골프장의 운영 및 유지·관리에 활용되고 있는 조경지(자연상태 포함) 및 골프장의 유지·관리에 사용되는 토지"를 규정하고 있으므로, 골프장 내에 위치한 자연상태의 조경지가 여기서 말하는 등록대상으로서 취득세 중과대상에 해당한다고 하기 위하여는 골프장의 운영 및 유지·관리에 활용되고 있는 것이라야 할 것이므로 자연상태 그대로인 원형지는 골프장의 운영 및 유지·관리에 활용되고 있지 아니하므로, 취득세 중과대상에 해당하지 아니한다(대법원 99두9919, 2001.7.27.).

셋째, 기존 회원제 골프장 인근의 염전·갈대밭·잡종지·임야 등을 기존 운영 중인 골프장

---

246) 「지방세법」에서 취득세 과세대상으로서의 구축물의 범위에 관하여 별도로 규정하고 있는 것은 구축물의 취득을 토지의 가액 증가 여부를 불문하고 토지와 분리하여 과세대상으로 포착하고자 함에 있을 뿐 지목변경 등으로 인하여 토지의 가액증가가 수반되는 경우 취득세의 과세대상을 논함에 있어 토지의 구성부분을 이루는 구축물을 토지의 일부로 보아 평가하는 것까지 부정하는 것은 아니다(대법원 92누18818, 1993.6.8.).

관리시설의 부속토지 및 조경지 등으로 활용하기 위하여 「체육시설의 설치·이용에 관한 법률」에 의거 변경등록을 하였다 하더라도 변경등록을 한 후에도 동 토지에 골프장의 관리시설을 건축하거나 조경시설을 하지 않았음은 물론, 체육시설용지로서의 지목변경 없이 변경등록 전과 동일한 원형지 상태로 유지하고 있는 경우라면 취득세 중과세 및 재산세의 분리과세대상이 되지 않는다 할 것이다(세정과-1200, 2005.6.15.).

6) 과세표준 포함 여부

「체육시설의 설치·이용에 관한 법률」에 의한 구분등록의 대상으로서 구분등록을 하지 않았다 하더라도 사실상 골프장으로 사용하는 경우에도 골프장으로 보도록 규정하고 있어 구분등록 대상이 되는 토지 및 건축물에 대해서는 실제 구분등록을 하였는지를 가리지 아니하고 중과세하여야 한다(감심 2008-257, 2008.10.1.). 이러한 취지에서 취득세와 재산세 등의 부과 대상이 되는 급·배수시설 등의 시설물은 그것이 골프장의 용도에 직접 사용되는 경우에는 실제로 따로 구분등록이 되었는지 여부와는 상관없이 중과세율이 적용되는 골프장용 건축물에 해당한다(대법원 2011두25142, 2013.9.26.)라고 판시하고 있다.

한편, 「체육시설의 설치·이용에 관한 법률 시행령」 제20조 제3항에서는 구분등록 대상이 되는 관리시설에는 사무실·휴게시설·매점 등 골프장 안의 모든 건축물을 포함하되, 골프연습장·연수시설 등 골프장의 용도에 직접 사용되지 아니하는 건축물은 제외한다고 규정되어 있고, 골프장 내 직원 및 캐디를 위한 기숙사가 같은 법 상 구분등록을 해야 하는 관리시설인지 여부에 대하여 살펴보면, 문화체육관광부에서는 직원 및 캐디 전용 기숙사를 격오지에 위치한 골프장업의 특성상 직원 출근 등의 불편을 해소하기 위한 선택적 복지시설로서 골프장의 관리·유지를 위해 반드시 필요한 시설로 보기 어렵다고 판단하고 있다(문화체육관광부 스포츠산업과-1479, 2014.7.29. 참조). 따라서 같은 법 시행령에서 골프장의 용도에 직접 사용되지 않는 건축물의 예로서 제시된 골프연습장·연수시설 등과 비교하더라도, 골프장 내 직원용 기숙사는 골프장의 유지관리에 더 밀접한 관련성을 가진다고 보기는 어렵다고 판단되므로 중과대상 골프장 및 그 부속토지에 해당되지 않아 일반과세함이 타당하다(지방세운영과-3829, 2014.11.14.).[247]

● **구분등록의 대상이 되는 토지 및 골프장 안의 건축물(체시령 §20 ④)**
  ① 골프코스(티그라운드·페어웨이 ; 러프·해저드·그린 등을 포함한다)
  ② 주차장 및 도로
  ③ 조정지(골프코스와는 별도로 오수처리 등을 위하여 설치한 것은 제외한다)
  ④ 골프장의 운영 및 유지·관리에 활용되고 있는 조경지(골프장 조성을 위하여 산림훼손,

---

247) 같은 취지의 재산세 관련 심판례(조심 2014지219, 2015.8.20.)가 있는데, 회원제 골프장 내의 시설 중 직원의 후생복지시설 등으로 이용되는 건축물의 부속토지에 해당하는 경우에는 분리과세(중과세) 대상으로 보기는 어렵다(조심 2015지230, 2015.5.13. 같은 뜻임)라고 결정하고 있다.

농지전용 등으로 토지의 형질을 변경한 후 경관을 조성한 지역을 말한다)
⑤ 관리시설(사무실·휴게시설·매점·창고와 그 밖에 골프장 안의 모든 건축물을 포함하되 수영장, 테니스장, 골프연습장, 연수시설, 오수처리시설 및 태양열이용설비 등 골프장의 용도에 직접 사용하지 아니하는 건축물을 제외한다) 및 그 부속토지
⑥ 보수용 잔디 및 묘목·화훼 재배지 등 골프장의 유지·관리를 위한 용도로 사용되는 토지

과세표준 포함 여부 사례들을 열거하여 보면 다음과 같다.
① 골프장의 신규 등록 시 골프장 조성을 위해 산림훼손, 농지전용 등으로 인하여 토지의 형질을 변경 후 경관을 조성한 지역 이외의 자연상태의 지역과 관리시설 중 수영장, 테니스장, 골프연습장, 연수시설, 오수처리시설 및 태양열 이용설비 중 골프장의 용도에 직접 사용되지 아니하는 부분(「체육시설의 설치·이용에 관한 법률」에 의한 등록대상이 아닌 것), 직원·캐디 기숙사, 직원식당, 기사휴게실 등은 중과대상에서 제외되지만, 골프텔은 중과대상인지 여부는 쟁점이 되고 있다.[248]
그리고 대체농지조성비, 측량관리비, 벨트웨이설치비 및 게이트볼장, 축구장, 테니스장 조성비, 폐수집수정화탱크, 저수순환장치기급수시설 등은 골프장 조성에 들인 비용으로서 지목변경수반 시 모두 간주취득비용에 해당되어 취득세 중과대상에 해당한다(대법원 98두6876, 2001.1.16.). 또한 회원제 골프장과 일반 골프장(퍼블릭, 간이)의 공동시설로 이용되고 있는 클럽하우스, 수위실, 주차장, 오수처리장, 테니스장 등의 취득부대비용 등에 대하여는 회원제 골프장과 일반 골프장의 등록면적에 따라 안분하여 회원제 골프장에 해당하는 면적만큼만 중과세대상에 해당된다(대법원 96누11129, 1997.4.22.).
오수처리시설의 저류지가 사업부지 내에 있으면 중과세대상이 되며, 골프연습장이 사업부지 내에 있다면 중과세가 되는 것이고, 경기 및 스포츠업을 경영하기 위하여 「부가가치세법」 제5조에 따라 사업자등록을 한 자의 사업에 이용되고 있는 「체육시설의 설치·이용에 관한 법률 시행령」 제2조에 따른 체육시설용 토지로서 사실상 운동시설에 이용되고 있는 토지(「체육시설의 설치·이용에 관한 법률」에 따른 골프장의 경우 대중형 골프장[249]용 토지로 한정, 2023.5.29. 이전은 회원제 골프장용 토지 안의 운동시설용 토지 제외)는 별도합산과세대상 토지이므로 사업부지 외에 있다면 체육시설용 토지로서 사실상 운동시설로 이용되고 있다면 별도합산이 될 것이다.

---

248) 회원제 골프장 내에 위치한 골프텔이 골프장의 이용고객과 골프장을 운영하는 법인 소속 직원들의 숙소로 제공되는 경우라면 당해 골프장의 용도에 직접 사용되는 건축물로 볼 수 없어 구분등록대상으로 보기는 어렵다고 사료됨(문화관광부 스포츠산업팀-3112, 2007.12.31. 참조).
한편, 쟁점 숙박시설은 회원제 골프장 안의 식사·옷 갈아입기·목욕·휴식 등을 할 수 있도록 만든 클럽하우스 내에 위치하고 있고, 회원제 골프장의 편의시설로 구분등록이 되어 있으며, 골프장 회원들만 휴게 목적으로 이용하고 있어 골프장 이용객의 서비스 향상을 위한 시설로서 회원제 골프장 용도에 직접 사용되므로 재산세 중과세 대상으로 보는 것이 타당하다고 판단됨(부동산세제과-465, 2020.2.28.).
249) 비회원제 골프장 중에서 이용료 등의 요건을 충족하여야 대중형 골프장으로 지정될 수 있음.

사례 ▶ 골프장 신설 지목변경 과세표준 포함 여부 등(대법원 98두6876, 2001.1.16.)

대체농지조성비, 측량관리비, 벨트웨이설치비 및 게이트볼장·축구장·테니스장 조성비가 골프장 조성에 들인 비용으로서 지목변경으로 인한 간주취득비용이고, 폐수집수정화탱크는 골프장 건물의 일부이며, 이 사건 저수순환장치가 급수시설이므로 모두 골프장 건물 신축과 관련한 취득세 과세대상에 해당됨.

② 공사기간 중 회원권 판매업무와 일반관리업무를 위하여 건설현장이 아닌 본사에서 발생한 임·직원급여(공사인부 노임 제외), 차량유지비, 교통비, 통신비, 접대비 등 일반관리비와 회원권 분양광고비는 과세표준에서 제외된다(행심 2001-57, 2001.2.27.).

지목변경과 과세표준 포함 여부 판단 사례

(1) 개황
  ① 2012.6.27. 회원제 골프장 등록(체육시설업)
  ② 2007.6.1. 골프장 건설 목적의 토지(임야) 취득 100억 원
  ③ 골프장용 토지 취득 후 사업승인을 얻기 위한 각종 일반경비 10억 원 발생
  ④ 골프장용 토지 착공 이전에 농지전용부담금, 대체조림비, 분묘이전비 20억 원 발생

(2) 질의 답변
  ① 2007.6.1. 토지 취득 후 2012.6.27. 회원제 골프장용 토지로 사용 시 중과규정이 적용되는지 여부
    가. 최초 토지 취득 후 5년이 경과한 후에 골프장용 토지에 해당되었으므로 중과규정이 적용되지 아니함.
    나. 2007.6.1. 임야 취득 시 신고납부한 취득세 이외에 추가 부담할 취득세는 없음.
  ② 골프장용 토지 취득 후 사업승인을 얻기 위한 각종 일반 경비 및 착공 이전에 발생한 농지전용부담금, 대체조림비, 분묘이전비 등은 토지의 자본적 지출에 해당되어 토지 취득 후 5년이 경과되었으므로 비과세되는지 여부
    가. 토지의 지목변경이 발생(임야 ⇒ 체육용지) 시 지목변경으로 인하여 증가한 가액을 과세표준으로 하여 취득세를 부과함.
    나. 과세표준은 과세대상물건의 취득시기를 기준으로 그 이전에 해당 물건을 취득하기 위하여 거래상대방 또는 제3자에게 지급하였거나 지급하여야 할 일체의 비용(소개수수료, 설계비, 연체료, 할부이자 및 건설자금에 충당한 금액의 이자 등 취득에 소요된 직·간접비용 포함)이 됨.
    다. 골프장 공사와 관련한 간접비용의 성격인 각종 일반경비와 농지전용부담금, 대체조림비, 분묘이전비 등은 모두 토지의 지목변경으로 인한 가액 증가에 소요된 비용으로서 과세표준에 포함되어 중과세율이 적용됨.
    라. 중과금액 : 30억 원 × 2% × 5 = 3억 원

☞ 상기 사례는 행심 2002-278, 2002.7.29.의 결정내용을 기초로 내용을 수정한 것임.

③ 골프장 지역 밖에 위치한 저수지의 준설공사비와 인근 주민의 위로금, 마을주민용 집수정호 심정공사비 등은 중과대상에서 제외된다. 그리고 골프장 인·허가 시 당초 국가 등에 기부 채납을 조건으로 하여 취득한 부동산은 취득세가 비과세되나, 기부채납을 조건으로 하지 아니하고 골프장 등록 이외의 지역에 진입로를 개설한 후 기부채납을 한 경우 지목변경에 해당할 경우 일반과세대상에 해당한다.

④ 저류조 시설은 골프 코스 내에 위치한 해저드로서 골프장으로 구분등록된 시설이므로 중과 대상에 해당한다(행심 99-398, 1999.6.30.).

⑤ 조명타워시설은 골프장의 이용도를 높이고 골프장 이용객의 편리를 제공하는 시설임에도 그 시설이 체육용지로의 지목변경에 포함되는 성질의 것이 아니며 취득세 과세대상으로 볼 수 있는 규정도 없어 과세표준에서 제외된다(행심 2000-176, 2000.3.29., 행심 99-398, 1999. 6.30.). 이에 대해 감사원 심사례에서 옥외 조명타워시설을 골프장으로서의 효용과 경제적 가치를 증대시키는 것으로서 지목변경을 수반하는 일체의 비용에 해당하는 것으로 보아 중 과대상에 포함시킨 사례도 있다(감심 99-338, 1999.11.9.).

⑥ 골프장에 설치한 에스컬레이터는 골프장 이용객 편의를 제공하는 시설이기는 하나 그 시설 이 건물 또는 구축물에 부착된 것이 아니라 코스와 클럽하우스 간 이동로에 설치된 것이므 로 건물과 구축물의 특수한 부대설비로 볼 수 없음은 물론 골프장 지목변경을 위하여 설치 한 시설로 볼 수도 없으므로 그 설치비용은 과세표준에서 제외된다(행심 99-398, 1999.6.30.).

⑦ 스프링쿨러는 골프장 내 잔디의 생육을 위하여 설치한 급배수시설에 해당하는 것이므로 그 헤드 부분만을 떼어내 별도의 기계장치로 보아 취득세 과세대상에서 제외할 수 없어 중과 세대상에 해당한다(대법원 89누5638, 1990.7.13., 행심 99-398, 1999.6.30.).

⑧ 잔디파종 및 식재비용, 임목의 이식비용 등도 중과세대상에 해당한다(대법원 99두9919, 2001. 7.27., 대법원 96누12634, 1998.6.26.).

7) 회원제 골프장으로 사업인가를 받고 시범라운딩까지 한 후 대중제 골프장으로 변경 등록한 경우 취득세 중과 여부

골프장에 대하여 취득세 중과세율을 적용하려면 우선 중과세 요건을 충족하여야 하는 것인바, 「체육시설의 설치·이용에 관한 법률」 제19조에서 골프장 사업계획승인을 받은 자가 시설을 갖 춘 때에는 영업하기 전에 시·도지사에게 그 체육시설업의 등록을 하여야 한다고 규정하면서 같 은 법 제20조에서 회원제 골프장으로 등록하려는 자는 해당 토지 및 건축물을 구분 등록하여야 한다고 규정하고 있는 점, 「지방세법」 제13조 제5항 본문 및 제2호에서 중과세율 적용대상 골프 장은 「체육시설의 설치·이용에 관한 법률」에 따른 회원제 골프장용 부동산 중 구분등록의 대상 이 되는 토지와 건축물 및 그 토지 상(上)의 입목으로 규정하고 있는 점, 특정 회원권을 발행하여 상대적으로 부담능력이 있는 특정인만을 출입하게 하는 회원제 골프장에 대해서만 사치성 고급 시설로 인정하여 취득세 중과세대상으로 보는 점(헌재 94헌마203, 1995.6.29. 판결 참조) 등을 종합적 으로 고려해 볼 때, 취득세 중과세 요건을 충족한 골프장의 경우 「체육시설의 설치·이용에 관한 법률」에 따라 구분 등록하는 회원제 골프장에 한정된다고 할 것이다. 따라서 회원제 골프장으로 사업인가를 받았다고 하더라도 변경인가를 통하여 「체육시설의 설치·이용에 관한 법률」에 따라 대중제 골프장으로 등록한 경우라면 대중제 골프장이라고 할 것이므로 이는 회원제 골프장 등록으로 한정하고 있는 취득세 중과세대상 골프장에 해당되지 아니한다고 할 것이다(지방세운영과-2896, 2012.9.12., 행심 2005-0098, 2005.1.11.).

8) 신설 후의 공사비

회원제 골프장이 신설(지목변경)되는 경우 토지, 지목변경을 하므로 지목변경과 관련한 공사비, 건축물 및 입목에 대하여 중과세하고 있으나, 신설 후 공사하는 경우 시설을 증설하여 변경등록하는 경우에 한하여 중과세하는 것으로 규정되어 있다. 그런데 신설 후에 별도로 입목(조경수)을 이식하더라도 이를 중과세하고 있는 것으로 알고 있다.

스프링쿨러가 급배수시설로서 건축물에 해당되어 취득세 과세대상이 되므로 스프링클러(가압부스터 펌프 설치 및 배관공사)는 취득세 과세대상이 될 것이다. 그런데 시설을 증설하여 변경등록하는 경우가 아닐 때에는 중과세가 아닌 일반과세를 하여야 할 것이다.

한편, 카트도로의 경우 별도의 건축물에 해당되지 아니하므로 지목변경을 수반하지 아니하거나 시설을 증설하여 변경등록하지 아니하는 경우에는 취득세 과세대상이 아니므로 신설(지목변경) 후에 지목변경 또는 변경등록과 무관하게 별도로 카트도로를 설치한 경우에는 그 공사비는 취득세 과세대상이 되지 아니할 것이다.

9) 타인명의 토지

타인토지 위에 법인이 지목변경을 하는 경우에는 지목변경공사비는 시공자인 법인이 지목변경 공사를 할 때에 소용되는 비용을 과세표준으로 하며 회원제 골프장인 경우에는 지목변경에 대하여 중과세가 된다. 이와 더불어 토지 중과세도 토지 취득일을 기준으로 5년 이내인 경우에는 중과세대상이 된다. 한편, 이 경우 납세의무자는 법인이 아니라 토지 소유자인 타인이 되는 것임에 유의하여야 하며, 국가 등 비과세대상자는 비과세되는 것으로 국유지를 회원제 골프장의 사업장 부지면적에 포함되어 있다면 그 면적에 해당하는 지목변경 등의 과세표준은 비과세대상이 되는 것이다.

10) 기부채납 진입도로

골프장 인허가 시 기부채납 조건이 있는 경우 기부채납 예정 부동산에 대하여는 비과세가 된다. 일반적으로 진입도로가 기부채납되는 경우 그 해당분에 대하여는 비과세하여야 한다.

11) 신탁 후 회원제로 변경한 경우

신탁계약으로 수탁자에게 명의가 이전된 후에 회원제 골프장으로 지목이 변경되었다고 하더라도 수탁자의 경우 형식적인 취득자로서 취득세를 비과세하고 있는 점에 비추어 볼 때 해당 토지의 실질적인 소유자는 여전히 위탁자라고 할 것인 점, 지목변경에 따른 중과세율 적용과 같이

수탁자를 납세의무자로 볼 경우 취득한 후 5년 이내를 수탁일부터 다시 기산하게 되므로 과도하게 연장되는 한편, 수탁자는 비과세대상으로 중과세하려는 입법 취지가 훼손될 우려가 있는 점, 법규 상호 간의 해석을 통하여 그 의미를 명백히 할 필요가 있는 경우에는 조세법률주의가 지향하는 법적 안정성 및 예측가능성을 해치지 않는 범위 내에서 입법 취지 및 목적 등을 고려한 합목적적 해석을 하는 것은 허용된다고 할 것(대법원 2007두4438, 2008.2.15. 등 참조)인 점 등을 종합적으로 고려해 볼 때 해당 토지의 실질적인 소유자인 위탁자를 취득세 중과세율 적용대상으로 봄이 타당하다(지방세운영과 - 3622, 2012.11.11.)라고 해석하고 있는데, 위탁자가 중과세 회피를 목적으로 위·수탁계약한 사실 등 확인되는 경우 이외에는 위탁자를 중과세 취득세 납세의무자라 해석한 것은 문제가 있다. 그 이유는 「신탁법」상의 신탁계약에 의하여 수탁자 명의로 신축한 건축물의 취득세 중과세대상 여부도 수탁자를 기준으로 판단하여야 하는 점(대법원 2001두4979, 2003.6.13. 참조)에서 본점용으로 사용하는 자가 수탁자가 아닌 위탁자라면 건축물분에 대해서는 취득세 중과세대상으로 보기는 곤란하다고 판시하고 있기 때문이다. 그리고 수탁자를 납세의무자로 보더라도 타인명의의 토지를 회원제 골프장으로 사용하는 경우에는 중과세가 되는 것이다.

12) 타인명의로 취득한 경우 사실상의 취득일과 실제 명의 전환일 중 중과세 기준일

취득세를 일반세율로 신고납부한 후 취득일로부터 5년 이내에 중과사유가 발생할 경우 중과세로 추징이 되나, 5년 경과한 후에 중과사유 발생 시에는 중과할 수 없다. 중과사유 발생이 사실상의 취득일과 명의전환일 중 어느 것을 하느냐에 따라 중과대상이 달라질 수 있다. 사실상의 취득일로부터는 5년이 경과되었으나, 명의전환일로부터는 5년 이내인 경우 중과대상이 되는지 논란이 있을 수 있다. 즉 하나의 자산을 가지고 취득일이 두 번 있다는 것은 있을 수 없다는 것이다. 이러한 논란도 대법원판례(대법원 2010두28151, 2013.3.14.)에 의하여 잔금지급일에 성립한 취득세 납세의무와 별도로 그 등기일에 취득을 원인으로 한 새로운 취득세 납세의무가 성립하는 것은 아니므로 당초 사실상의 취득일로부터 5년 경과 여부로 중과세하면 될 것이다.

(3) 고급주택

1) 개요

고급주택의 범위는 주거용 건축물 또는 그 부속토지의 면적과 가액이 일정 기준을 초과하거나 해당 건축물에 67제곱미터 이상의 수영장 등 일정 부대시설을 설치한 주거용 건축물과 그 부속토지를 말한다. 다만, 주거용 건축물을 취득한 날부터 60일(2018.12.1. 이전 취득분은 30일)[상속으로 인한 경우는 상속개시일이 속하는 달의 말일부터, 실종으로 인한 경우는 실종선고일이 속하는 달의 말일부터 각각 6개월(상속인 중 1인 이상(2016.12.31. 이전은 납세자)이 외국에 주소를 둔 경우에는 각각 9개월)] 이내에 주거용이 아닌 용도로 사용하거나 고급주택이 아닌 용도로 사용하기 위하여 용도변경공사를 착공하는 경우 고급주택으로 보지 아니한다.[250] 한편, 채권보전 목적이나 고급주택으로 사용 여부와는 별개로 취득 당시에 고급주택에 해당되면 취득세 중과세대상에 해당된다(대법원 2016두41958, 2016.8.26.).

또한 1구의 주거용 건물 중 실제 주거용으로 쓰여 지지 않는 부분이 있을 경우에는 이를 제외한 나머지 부분만을 기준으로 고급주택 해당 여부를 결정하여야 한다. "실제 주거용으로 쓰여지지 않는 부분"의 의미는 주택이 아닌 다른 형태의 상업용 건물 등의 용도로 사용되는 것으로 주택용도로 취득자가 사용하지 않고 타인에게 임대를 주는 경우까지를 포함하는 개념은 아니다. 고급주택과 관련 「지방세법」에서 규정하는 요건은 다음과 같다.

○ **단독주택**

① 1구(1세대가 독립하여 구분 사용할 수 있도록 구획된 부분을 말함)의 건축물의 연면적(주차장 면적 제외)이 331제곱미터를 초과(2020년 이전은 331제곱미터를 초과하는 것으로서 그 건축물의 시가표준액이 9천만 원을 초과)하는 주거용 건축물과 그 부속토지[취득 당시의 주거용 건물과 그 부속토지의 시가표준액인 공시주택가격이 9억 원(2020년 이전은 6억 원) 초과한 경우에 한함][251]

② 1구의 건축물의 대지면적이 662㎡를 초과(2020년 이전은 662㎡를 초과하는 것으로서 그 건물의 시가표준액이 9천만 원을 초과)하는 주거용 건축물과 그 부속토지[취득 당시의 주거용 건물과 그 부속토지의 시가표준액인 공시주택가격이 9억 원(2020년 이전은 6억 원) 초과한 경우에 한함]

③ 1구의 건축물에 엘리베이터(적재하중 200kg 이하의 소형엘리베이터 제외)가 설치된 주거용 건축물과 그 부속토지(공동주택과 그 부속토지 제외)[취득 당시의 주거용 건물과 그 부속토지의 시가표준액인 공시주택가격이 9억 원(2020년 이전은 6억 원) 초과한 경우에 한함]

④ 1구의 건축물에 에스컬레이터 또는 67㎡ 이상의 수영장 중 1개 이상의 시설이 설치된 주거용 건축물과 그 부속토지(공동주택과 그 부속토지 제외)

○ **공동주택**

1구의 공동주택(여러 가구가 한 건축물에 거주할 수 있도록 건축된 다가구용 주택 포함하되, 이 경우 한 가구가 독립하여 거주할 수 있도록 구획된 부분을 각각 1구의 건축물로 본다)의 건축물 연면적(공용면적 제외)이 245제곱미터(복층형은 274제곱미터로 하되, 한 층의 면적이 245제곱미터를 초과하는 것 제외)를 초과하는 공동주택과 그 부속토지(취득 당시의 주거용 건물과 그 부속토지의 시가표준액인 공시주택가격이 6억 원 초과한 경우에 한함)

---

250) 청구인들은 2021.12.31. 이 건 건축물을 취득(신축)한 후 이 건 심판청구일 현재까지 이 건 건축물을 주거용으로 사용한 사실은 없는 것으로 보이고 처분청도 청구인들이 이 건 건축물을 주거용으로 사용한 사실을 입증하지 못하고 있는 점 등에 비추어, 이 건 건축물의 취득 당시 공부상 용도가 주택이고 그 취득일부터 60일 이내에 주거용이 아닌 용도로 사용하거나 고급주택이 아닌 용도로 사용하기 위하여 용도변경 공사를 착공하지 않았다는 이유만으로 처분청이 이 건 건축물을 고급주택으로 보아 이 건 취득세 등을 부과한 처분은 잘못이 있다고 판단됨(조심 2023지1597, 2023.6.19.).

251) 불법 증축된 부분의 면적과 위치, 형상 등에 비추어 건물 일부에 불법 증축된 건물이 있다는 이유로 그 주

◉ '시가표준액'의 의미

취득일 현재 시가표준액이 공시되지는 아니한 신축 주택의 경우라도 공시대상에 해당되는 주택인 이상 단독이든 공동이든 공히 「지방세법」 제4조 제1항 및 같은 법 시행령 제4조의 규정에 따라 산정한 시가표준액으로 고급주택 여부를 판단하여야 할 것이다. 또한, 같은 법 시행령 제28조 제4항 본문 및 제1호나 제2호에서 주거용 건축물과 그 부속토지의 시가표준액이 6억 원을 초과하는 단독주택으로서 주거용 건축물 가액이 9천만 원을 초과하는 경우도 고급주택으로 규정하고 있는바, 이는 부속토지와 별도의 주거용 건축물의 시가표준액이 9천만 원을 초과하는 단독주택의 경우를 말한다고 할 것이므로 이때의 시가표준액 9천만 원의 산정은 같은 법 제4조 제2항 및 같은 법 시행령 제4조 제1항 제1호의 규정에 따라 산출한 시가표준액으로 고급주택 여부를 판단이 타당하다고 할 것임(지방세운영과-430, 2013.2.13.).

◉ 주차장의 연면적과 건축물가액 포함 여부

지방세법령에서 고급주택의 요건 중 건축물 연면적을 기준으로 고급주택 여부를 판단 시에는 주차장 면적을 제외한다고 명시하고 있지만, 건축물 가액의 산정 시에는 주차장 면적을 제외한다는 규정이 없으며, 건축물 가액은 1구의 건축물을 기준으로 가액을 산정하여야 하는 것으로 '1구'의 건축물의 범위는 그 건축물이 전체로서 경제적 용법에 따라 하나의 주거생활용으로 제공된 것인지 여부에 따라 결정되어야 하는바, 주차장은 본 건물인 주택의 효용과 편익을 위한 시설로서 하나의 주거용 생활단위로 제공되므로 주차장을 포함하여 건축물 가액을 산정하는 것이 합리적이라 할 것이다(조심 2015지713, 2015.6.24.).

사례 주택의 대지면적 및 건물가액이 기준을 초과한 경우(조심 2012지802, 2013.6.28.)

1구의 건물의 대지면적은 건물의 소유자가 건물을 사용하기 위하여 사실상 공여하는 부속토지의 면적을 뜻하고(대법원 1994.2.8. 선고, 93누7013 판결 등 참조), 1구의 건물의 대지인지 여부를 판단함에 있어서는 해당 주택과 경제적 일체를 이루고 있는 토지로서 사회통념상 주거생활공간으로 인정되는지 여부로 가려야 할 것(2010지360, 2010.11.10. 같은 뜻)이다. 2012.4.30. 쟁점주택 소재지에 현지 출장하여 확인한 복명서 및 사진 등에 의하면, 쟁점토지 주변에 담장과 나무 울타리가 쳐져 있어 타인소유의 토지 및 도로 등과 경계를 이루고 있고, 쟁점토지 중 제3토지는 정자 및 골프연습장으로, 제4토지는 잔디 및 조경수가 식재되어 쟁점주택의 부속토지로 이용되고 있는 사실이 확인되므로 쟁점토지는 사회통념상 쟁점주택의 사실상 주거생활공간에 해당된다할 것이며, 쟁점주택의 대지면적(1,285㎡)이 662㎡를 초과하고, 건물가액이 9천만 원을 초과하며, 개별주택가격 6억 원을 초과하여 고급주택으로서의 요건을 충족하고 있다 할 것임.

택의 가액을 새로이 산정하였으나, 이러한 산정방식은 구 「지방세법」 제111조 제2항, 제3항의 규정체계에 어긋나는 것이며, 기존 건축물의 증축분은 구 「지방세법」 제111조 제3항의 적용대상이 되며(대법원 2011. 12.8. 선고, 2010두8942 판결 참조), 1개 주택에 대해 불법 건축물 부분의 가액을 포함하여 주택가격을 재산정하면 6억 원을 초과하므로, 2개의 주택을 1구의 건물로 볼 수 없더라도 여전히 '고급주택'에 해당한다고 하나, 불법 건축물 부분을 1개 주택 가액으로 정정·고시한 바가 없으며, 과세관청의 내부결재 문서에 불과한 자료를 근거로 불법 건축물 부분을 포함한 주택의 주택가격비준표를 사용하여 산정한 가액은 인정하기 어렵다(대법원 2019두46367, 2019.10.31.).

2) 취득 후 60일(2018.12.1. 이전 취득분은 30일) 이내 주거용 건축물을 용도변경하는 경우

주거용 건축물을 취득일로부터 60일(2019.1.1. 당시 취득한 날부터 30일이 경과하지 아니한 주거용 건축물을 2019.1.1. 이후 주거용이 아닌 용도로 사용하거나 고급주택이 아닌 용도로 사용하기 위하여 용도변경공사를 착공하는 경우에도 적용하므로 2018.12.1. 이전 취득분은 30일) 이내에 주거용이 아닌 용도로 사용하거나 고급주택이 아닌 용도로 사용하기 위하여 용도변경공사를 착공하는 경우에는 중과세를 적용하지 아니하는 것으로 규정되어 있는바, 60일(2018.12.1. 이전 취득분은 30일) 이내에 주거용으로 사용하지 아니하기 위하여 담장을 쌓고 분할경계를 하였다면 일단 주택의 부속토지로 보지 않고 중과세를 배제하는 것으로 해석할 여지가 있으니, 주거용 건축물의 용도변경이나 주거용으로 사용하지 아니한 경우에만 중과가 제외되는 것으로 규정되어 있다는 점에서 토지를 담장을 쌓고 분할경계를 하였다 하더라도 취득 시 주택의 부속토지에 해당되는바, 중과세되는 것이다. 이에 대하여 토지를 취득할 당시, 토지는 주거용 건축물과 일체를 이루는 고급주택의 부속토지에 해당하는 경우 이때에 취득세 중과세 납세의무가 성립하였다 할 것이고, 토지를 취득한 날부터 60일(2018.12.1. 이전 취득분은 30일) 이내에 주택을 주거용이 아닌 용도로 사용하거나 고급주택이 아닌 용도로 사용하기 위하여 용도변경공사를 착공하지 아니한 이상, 이후에 동 지상의 건축물을 철거하거나 토지가 주거용 건축물을 경계로 분할된다 하더라도 이미 적법하게 성립된 취득세 중과세 납세의무에 달리 영향을 미칠 수는 없다(조심 2013지471, 2013.7.16.)라고 결정하고 있다.

용도변경의 의미가 「건축법」 상의 용도변경을 의미하는 것보다는 다른 용도로 사용하기 위한 공사로 볼 수 있다. 그런데 주거용 건축물만으로 규정되어 있어서 부속토지에 대하여 다른 용도로 사용하기 위하여 공사를 한 것은 적용되지 아니하므로 60일(2018.12.1. 이전 취득분은 30일) 이내에 도로로 사용하기 위하여 지목변경공사를 착공하였더라도 건축물에 대한 용도변경공사가 아니므로 고급주택에서 제외될 수 없다.

한편, 고급주택을 취득한 날로부터 60일(2018.12.1. 이전 취득분은 30일) 이내에 지하 보일러실을 멸실한 후 주차장으로 용도변경을 하여 해당 주택의 건축물 연면적이 331㎡를 초과하지 아니하게 된 경우라면 이는 고급주택 취득 후 60일(2018.12.1. 이전 취득분은 30일) 이내에 고급주택이 아닌 용도로 사용하기 위하여 용도변경공사에 착공한 것으로 보아야 할 것이다(세정과-4952, 2007.11.22.).

3) 주거전용면적

「지방세법 시행령」 제28조 제4항이 취득세 중과대상인 고급주택의 기준으로 규정하고 있는 건축물 연면적에 대하여 지방세법령은 그 구체적인 산정기준을 정하지 아니하고 있는바, 고급주택 판단의 기준이 되는 건축물의 연면적에 포함되는지 여부는 고급주택의 정의에 관한 「지방세법」 제13조 제5항 제3호 및 현황부과 원칙에 관한 같은 법 시행령 제13조에 의거 당해 건축물의 취득

당시의 현황이 경제적 용법에 따라 실제로 주거용으로 쓰여 질 구조를 갖추었는지의 여부에 의하여 합목적적으로 판단하여야 할 것이며, 또한 「지방세법」 제6조 제4호는 취득세에서 '건축물'이란 「건축법」 제2조 제1항 제2호에 따른 건축물 등을 말한다고 규정하고 있고, 「건축법」 제2조 제1항 제2호는 '건축물'이란 토지에 정착(定着)하는 공작물 중 지붕과 기둥 또는 벽이 있는 것과 이에 딸린 시설물, 지하나 고가(高架)의 공작물에 설치하는 사무소·공연장·점포·차고·창고 등을 말한다고 규정하고 있으므로, 고급주택 판단의 기준이 되는 건축물의 연면적에 해당되기 위해서는 「지방세법」이 규정하고 있는 위 건축물의 개념에도 부합하여야 할 것이다

「주택법」 제2조 제3호에서 주거의 용도로만 쓰이는 면적을 주거전용면적이라 규정하고 있으며, 주거전용면적 산정방법은 아래와 같다.

│ 주거전용면적의 산정방법(「주택법 시행규칙」 §2) │

① 단독주택은 바닥면적에서 지하실(거실로 사용하는 면적 제외) 면적과 본 건물과 분리된 창고·차고·화장실 등을 제외(다만, 그 주택이 「건축법 시행령」 [별표 1] 제1호 다목의 다가구주택에 해당하는 경우 그 바닥면적에서 본 건축물의 지상층에 있는 부분으로서 복도, 계단, 현관 등 2세대 이상이 공동으로 사용하는 부분의 면적도 제외됨)

② 공동주택은 외벽의 내부선 기준으로 산정한 면적으로 2세대 이상이 공동으로 사용하는 부분으로서 다음 공용면적 제외(이 경우 바닥면적에서 주거전용면적을 제외하고 남는 외벽면적은 공용면적에 가산)

㉠ 복도·계단·현관 등 지상층의 공용면적,

㉡ ㉠의 공용면적을 제외한 지하층·관리사무소 등 그 밖의 공용면적

☞「건축법」상 발코니 및 노대가 접한 가장 긴 외벽으로부터 1.5미터를 초과하는 발코니 및 노대 부분도 주거전용면적으로 봄(지예 법13⋯영28-1).

(사례) **발코니 초과 면적이 아파트 전용면적에 합산**(대법원 2015두51385, 2015.12.24.)

아파트의 전유 면적이 265.82㎡로 알고 분양받았고, 건축물대장이나 등기부상 전유부분의 면적이 265.82㎡로 등재된 이상, 원고들로서는 이 사건 아파트의 내부면적을 실측하지 않는 한 외벽을 기준으로 1.5m를 초과하는 이 사건 확장부분의 면적이 위 전유부분 면적에 포함된 것인지 여부를 알 수는 없었다고 보이고, 설사 이 사건 확장부분의 면적이 건축물대장이나 등기부등본상의 전유부분의 면적에 포함되지 않았다는 사정을 알았다고 하더라도, 건축물대장이나 등기부등본의 기재와 달리 이 부분 면적을 전용면적에 포함하여 고급주택 여부를 판단해야 함.렀다. 이 사건 원고들이 이 사건 확장부분을 전용면적에 포함시켜 취득세 및 등록세 등을 납부할 것을 기대하는 것은 무리가 있고, 원고들이 그 의무를 지체한 데에는 정당한 사유가 있다고 봄.

① **단독주택**

㉠ **지하실과 부속건물**

「주택법 시행규칙」 제2조 제1호는 단독주택은 그 바닥면적에서 지하실(거실로 사용되는 면적 제외), 본 건축물과 분리된 창고·차고 및 화장실의 면적을 제외한 면적을 주거전용

면적으로 규정하고 있으므로, 1동의 건축물이 주택과 지하실로 구분되어 있고 지하실과 부속건물이 주거 외의 용도로 사용되는 경우라면 주거용으로 사용되고 있는 부분만을 주거전용면적으로 본다(지방세정팀-4277, 2006.9.7.).

ⓛ **공용면적**

취득세 중과세대상 고급주택 연면적 계산 시 공동주택의 경우 공용면적을 제외하도록 규정하고 있으나 단독주택의 경우 주차장 면적만 제외한다고 규정하고 있을 뿐 공용면적에 대해서는 별도의 규정이 없으며, 「건축법」 제2조 제12호에서 '부속건축물'이란 같은 대지에서 주된 건축물과 분리된 부속용도의 건축물로서 주된 건축물을 이용 또는 관리하는 데에 필요한 건축물을 말한다고 하면서 그 시행령 제119조 제1항 제4호에서 "연면적"이란 하나의 건축물 각 층의 바닥면적의 합계로 규정하고 있음에 비추어 고급주택으로서 단독주택이 주거용인지 여부는 그 건물이 취득 당시 전체로서 경제적 용법에 따라 하나의 주거용으로 제공된 것이냐의 여부에 의하여 합목적적으로 가려져야 할 것(대법원 86누301, 1987.2.10. 참조)인바, 단독주택 입주자들의 공동이용시설의 경우라도 같은 울타리 안에 설치되어 하나의 주거생활용으로 제공되는 경우로서 해당 공동이용시설이 주된 건축물인 단독주택의 주된 건축물을 이용 또는 관리하는 데에 필요한 부속건축물(부속동)로 등재되는 경우라면, 공동이용시설이라고 하더라도 해당 주된 단독주택의 용도와 달리 볼 것은 아니므로 전유부분뿐만 아니라 공용부분도 단독주택의 연면적에 포함된다고 할 것이고, 해당 주된 건축물인 단독주택의 연면적에 포함할 경우 각 세대별 면적비율로 안분함이 타당하다고 할 것이다(지방세운영과-311, 2012.1.31.).

ⓒ **타운하우스의 관리동**

단독주택단지의 경계가 아닌 '한 울타리 내의 각 세대별 개별주택'을 기준으로 판단함이 타당하다 할 것이다(대법원 2009두9208, 2009.9.10. 판결 참조). 각 개별주택은 각각의 출입문과 냉·난방설비를 독자적으로 갖추고 있을뿐더러 개인정원과 옹벽 등으로 구획되어 있는 반면에 이 관리동은 건축물대장상 주건축물 관리동으로 표시되어 있지만 각 개별주택과는 별도의 건축물대장이 존재할 뿐더러 경비실, 관리사무소, 기계실, 전기실 등의 기능을 수행하고 있고, 더구나 각 개별주택과는 도로 등을 사이에 두고 약 23m 내지 180m 정도 떨어져 있어 각 개별주택에 부속된 건축물이라기보다는 독립된 주택관리업무를 수행하고 있는 건축물에 해당된다고 볼 수 있는 점, 각 개별주택 거래 시 이 관리동 또한 공유지분 형태로 함께 거래되지만 그렇다고 하여 그 전체가 하나의 주거생활공간으로 제공된다고 단정하여 볼 수는 없는 점 등으로 미루어 볼 때, 이 관리동은 단독주택인 각 개별주택과 하나의 주거생활단위로 제공되고 있다고 보기는 어렵다. 또한 각 개별주택은 단독주택임에 반해 이 관리동은 공용부분이고 별개의 건축물로서 공유지분으로 소유하고 있으며, 지방세법령은 단독주택의 경우에 있어 고급주택 판단 시 주차장면적만을 제외토록 하고 있을 뿐 이에 공여되는 공용면적을 포함토록 하는 규정을 두고 있지 아니하므로, 여러 세대에 공용으로

제공되고 있는 이 관리동을 '1구'의 건물의 범위에 포함하기에는 무리가 있다 할 것이어서 각 개별주택의 면적비율로 안분계산한 이 건 관리동의 공유지분은 단독주택인 각 개별주택의 연면적에서 제외되는 것으로 해석하여야 한다(조심 2012지0466, 2013.3.21.).

ⓒ 옹벽

옹벽이 건축물과 붙어 있지 않고 여기 올라가기 위한 계단도 건물에 붙어 있지 않다면 건축연면적으로 볼 수는 없을 것으로 판단된다. 다만, 건축물을 올라가기 위한 계단이라면 포함되어야 할 것이다.

ⓓ 한 울타리 내에 별도로 떨어져 있는 창고

㉮ 주거용으로 사용하고 있는 경우

한 울타리 내에서 주거용 창고가 별도로 떨어져 있다 하더라도 1구내의 주택으로 보아 고급주택 여부를 판단한다.

㉯ 비주거용 여부

고급주택의 요건으로 규정하고 있는 "1구의 건물"이라 함은 비록 수동의 건물로 나누어져 있다고 하더라도 동일 지번 또는 그에 연접한 동일 구역 내에 있으면서 동일한 하나의 생활단위에 제공되어 있는 건물을 포함하는 것이라 할 것이고, 한 동의 건물에 실제로 기거하지 않고 생활도구의 창고로 쓰고 있다고 하더라도 거주하는 건물의 주용도인 주거용에 부속되는 용도일 뿐 아니라, 주택 이외의 용도로 사용하고 있지도 않으며, 건물의 구조상 주거용 이외의 다른 용도로 사용할 수 있다고 볼 수도 없고, 현재 실제 거주하지 않지만 거주할 의사가 있으면 언제라도 주거용으로 사용할 수 있는 점 등으로 볼 때, 이 부동산은 「지방세법」상 고급주택을 판단하는 1구의 건물에 해당한다고 보이며, 또한 대법원판례 및 국세청 심사례에서 '주거용에 사용하지 않는다'라 함은 주거용 부동산의 구조를 변경하거나 용도를 변경하여 다른 용도인 근린생활시설이나 사무실 등 객관적으로 주택에 해당하지 않는 시설로 사용하는 것으로 의미한다 할 것이고, '사실상 주택의 기능을 상실하였다 함'은 주거용으로 사용이 불가능할 만큼 주택의 훼손 정도가 심한 정도를 말한다 할 것인데, 주택은 단지 사용하지 않고 방치한 부분이 있을 뿐 주택으로의 사용이 불가능한 상태에 있지도 아니하고, 주용도인 주택의 부수적인 용도가 명백하다는 점에서 실제로 주거용에 사용하는 부분만을 주택으로 보아 고급주택 해당 여부를 판단하여야 한다는 주장은 이 주택에는 적용될 수 없는 것이므로 이 부동산에 대한 취득세 중과세처분은 아무런 잘못이 없다고 할 것이며, 재산세의 경우에도 이 부동산을 1구의 건물(단독주택)로 보아 가산율을 적용하여 재산세 과세표준을 산출하고 그에 따른 누진세율을 적용하여 산출한 세액에서 기납부된 세액을 차감한 차인세액을 부과한 처분은 아무런 잘못이 없다고 할 것이다(행심 2004-241, 2004.8.30.).

ⓗ 옥탑과 물탱크

단독주택의 경우 고급주택 판단 시 건축물 연면적에 주차장 면적은 제외한다라고만 되어 있을 뿐, 옥탑과 물탱크를 포함한다라는 규정이 별도로 없는바, 「건축법」상의 연면적 산정규정에 따라야 하는 것으로 해석될 여지가 있으나, 건물의 취득 당시의 현황이 경제적 용법에 따라 실제로 주거용으로 쓰일 구조를 갖추었는지 여부에 의하여 합목적적으로 판단하면 족하고, 설령 건축관계 법령에서 건축물의 연면적 산정에 관한 규정을 두었다고 하더라도 지방세법령에서 그 적용에 관한 명문의 규정을 두고 있지 아니한 이상 지방세법령에 의하여 독자적인 기준에서 판단할 것이다. 이 사건 옥탑부분을 통하여 출입하는 옥상은 주거와 밀접한 관련이 있다고 볼 수 있는 빨래를 널어 말리는 공간으로 사용되고 있는 점 등 여러 사정을 종합하여 볼 때, 이 사건 옥탑부분은 2층 주거공간에서 옥상으로 진입하는 단순한 통로 역할에 그치는 것이 아니라 이 사건 주택의 나머지 부분과 함께 일체를 이루어 경제적 용법에 따라 실제로 주거용으로 쓰일 수 있는 구조를 갖추었다고 봄이 상당하므로, 이 사건 옥탑부분이 「지방세법」상 고급주택의 판단기준인 연면적에 산입된다(대법원 2013두12126, 2013.9.26. 심불, 서울고법 2012누31573, 2013.5.29.).

한편, 옥상으로 진입하는 단순한 통로 역할만을 하여 고급주택 판정 시 연면적에는 제외되는 경우라도 이 면적을 제외하고도 고급주택으로 인정될 경우 그 옥탑과 물탱크 등도 주거용도로 사용하고 있다면 중과대상 면적에 포함하여야 할 것이다.

사례 옥탑의 벽을 대부분 철거하고 지붕도 철거하면서 바닥에 깔린 잔디와 석재를 제거한 옥탑이 조경시설이 아닌 주거용 연면적에 포함됨(대법원 2021두39317, 2021.8.26. 심불).

㈜☆☆☆이 이 사건 옥탑의 벽면 일부와 지붕 일부를 잘라내고 바닥에 깔린 잔디와 석재를 제거한 것은, 피고가 이 사건 옥탑과 본층 부분을 합한 면적이 274㎡를 초과하여 '고급주택'에 해당한다는 이유로 중과세율에 의한 취득세를 부과하였기 때문으로서, 당시 기본적 구조와 용도는 유지하면서 이 사건 옥탑의 면적만을 줄이려는 것으로 보이고, ㈜☆☆☆이 위와 같이 시공하기 이전의 상태와 비교해 볼 때, 벽면 3개와 지붕으로 이루어지고 벽면에 설치된 출입문과 이 사건 내부 연결부 및 계단을 통하여 본층 부분과 연결되는 기본적 구조와 용도는 그대로 유지되면서, 지붕 면적과 바닥 면적이 다소 감소한 정도이어서, ㈜☆☆☆이 위와 같이 시공한 후 이 사건 옥탑이 조경시설에 불과하게 되어 주택의 일부로 볼 수 없다고는 할 수 없음.

사례 옥탑을 주택 부속시설인 창고로 주거전용 연면적에 포함함(감심 97-100, 1997.7.8.).

건축관계법령에서 건축물의 연면적을 산정하면서 옥상에 설치하는 물탱크 설치를 위한 구조물의 바닥면적은 건축물의 각층 바닥면적에 산입되지 아니하여 그 건축물의 연면적에 해당되지 아니한다 하더라도 지방세법령에서는 지붕과 벽 또는 기둥으로 축조된 것은 건물로 보도록 규정하고 있고, 그 적용에 있어 지방세법령에서 따로이 명문의 규정을 두고 있지 아니한 이상, 지방세법령에 의하여 독자적인 기준에 따라 판단하여야 할 것이므로 청구인의 주장은 받아들일 수 없다 할 것이고 또한 청구인은 이 사건 옥탑을 이 사건 건축물의 주택부분뿐만 아니라 근린생활시설부분의 효용증진을 위하여도 사용하고 있어 이를 안분하면 주택의 효용증진을 위하여 사용되는 면적은 3.89㎡에 불과하여 이를 합산하더라도 주택부분의 연면적은 330.33㎡에 불과하여 「지방세법」 소정의 고급주택 범위에

포함되지 아니한다고 주장하나 이 사건 건축물은 주택전용건축물과 근린생활시설용 건축물이 완전 분리되어 있고, 근린생활시설용 건축물의 옥상에도 별도의 물탱크가 설치되어 있어 이 사건 옥탑에 있는 물탱크를 공동으로 사용하는 것이라는 청구인의 주장 또한 받아들일 수 없다 할 것이다. 그러므로 처분청이 이 사건 옥탑을 주택의 부속시설인 창고로 보아 주거전용 건물의 연면적에 합산하고 이 사건 주택을 고급주택으로 인정하여 취득세 등을 중과세한 처분은 아무런 잘못이 없다 할 것임.

② **공동주택**

㉠ **벽체**

취득세 중과세대상 고급주택으로 보는 주거용 건축물의 연면적을 공동주택의 경우 주거전용 면적 245㎡ 초과로 규정하고 있고, 「주택법 시행규칙」 제2조 제2항 제2호에서 공동주택 주거 전용면적은 외벽의 내부선을 기준으로 산정하도록 규정하면서 남은 면적은 공용면적에 가산 하도록 규정하고 있으므로 해당 공동주택 주거전용면적 산정대상에서 제외되는 벽체 면적은 취득세 중과세대상 고급주택 연면적에 포함되지 아니한다(지방세운영과–1511, 2012.5.15.).

㉡ **발코니 및 노대**

'발코니'란 건축물의 내부와 외부를 연결하는 완충공간으로서 전망이나 휴식 등의 목적으로 건축물 외벽에 접하여 부가적으로 설치되는 공간으로서 건물 외벽 밖으로 돌출된 외부 개방형 발코니뿐만 아니라, 건물 본체와 일체로 조적 벽체를 세우고 창호를 설치하는 등 본체와 유사하게 설치하여 건축물 내부면적이 증가하는 효과를 가져 오는 내부형 발코니 (커튼월)의 경우라도 건축물관리대장 등 공부상으로 건축물의 연면적에서 제외되는 서비 스면적에 해당되는 경우 취득세 중과대상 고급주택 연면적 계산에서도 제외된다(대법원 2009두23419, 2010.9.9. 참조)고 할 것이므로, 사용검사일전에 주거용으로 확장되는 경우라도 발코니 면적이 공동주택 건축물의 연면적에서 제외되는 서비스 면적에 해당되는 경우라 면 고급주택 연면적 계산에서 제외된다(지방세운영과–4023, 2011.8.26.).[252]

한편, 「건축법」상 발코니 및 노대가 접한 가장 긴 외벽으로부터 1.5미터를 초과하는 발코 니 및 노대 부분은 주거전용면적으로 산입하여 연면적을 판단하여야 한다(지예 법13…영28 –1)라고 규정하고 있다.

㉢ **돌출형 테라스**

「건축법 시행령」 제2조 제14호에서 '발코니'란 건축물의 내부와 외부를 연결하는 완충공 간으로서 전망이나 휴식 등의 목적으로 건축물 외벽에 접하여 부가적(附加的)으로 설치 되는 공간을 말한다. 이 경우 주택에 설치되는 발코니로서 국토해양부장관이 정하는 기준 에 적합한 발코니는 필요에 따라 거실·침실·창고 등의 용도로 사용할 수 있다고 규정하 고 있다. 공동주택에 있어 아래층 주택의 지붕으로써 윗층 주택의 발코니로부터 돌출되어

---

252) 종전에는 공동주택 중 고급주택의 연면적을 판단함에 있어 발코니는 1구의 건물 연면적에 포함되지 아니 하나, 발코니를 주거용 거실이나 기타 용도로 용도변경된 경우에는 이를 포함하여 판단하는 것이다라고 해 석하여 왔었다.

전망이나 휴식공간으로 활용하는 외부공간("쟁점 바닥면적")이 도시미관을 고려하여 공동주택인 윗층 주택 발코니 외부에 부가적으로 설치됨으로써 자연스럽게 돌출되어 형성된 건축물 외부공간으로 허가된 것인 점 또한, 쟁점 바닥면적은 해당 건축물대장에 서비스 면적 또는 공용면적 등 어디에도 포함(등재)되어 있지 아니한 점, 「건축법 시행령」 제2조 제14호에 따른 발코니의 경우 필요 시 거실·침실·창고 등의 용도로 사용할 수 있어야 할 것이나, 쟁점 바닥면적의 상부는 위층과 공유하는 구조로 되어 있어 위층의 동의 없이는 쟁점주택이 쟁점 바닥면적을 독점적으로 확장·사용하는 것이 사실상 불가능한 점, 국토해양부도 쟁점 바닥을 「건축법 시행령」 제2조 제14호에 따른 발코니와는 다른 "돌출형 테라스"로 간주하고 있는 점(국토해양부 건축기획과-6496, 2012.10.4. 참조) 등을 종합적으로 고려해 볼 때, 쟁점 바닥면적의 경우 고급주택을 판단하는 연면적 산정대상에 포함되지 아니한다고 할 것이다(지방세운영과-4095, 2012.12.20.).

② 1구가 2가구의 울타리로 분할된 경우

주택을 분할하거나 주택의 부속토지를 분할하여 1구가 2가구의 울타리로 분할하여 나누어진다면 나누어진 부분을 기준으로 중과세 여부를 판단하여야 한다. 그러나 단순히 토지를 분할하더라도 필지만 분할하고 1구 내에 공유지분 소유형태에 해당하는 경우는 중과세된다.

⑩ 엘리베이터

1구의 건물에 엘리베이터 등이 설치된 주거용 건물과 그 부속토지도 고급주택에 해당된다고 규정하고 있으나, 건물 이용자와 입주자의 편의를 위하여 복합 건물에 엘리베이터를 설치하여 공동사용하는 경우라면 고급주택에 해당되지 아니하는 것이며, 주택면적 산정은 공용면적을 안분하여 합산하는 것이 타당하나(세정과-1110, 2005.3.14.), 공동주택의 고급주택 판단 시 공용면적은 주거전용면적에서 제외하고 있다.

⑪ 지하 창고

고급주택 판단 시 지하 창고가 1구의 공동주택 연면적에 포함되는지 여부에 관하여 유권해석(행자부 세정 13407-721, 2000.6.9.)에서는 지하창고가 건축물관리대장상 공용면적으로 구분기재되어 있다면 연립주택의 각 세대별 전용면적에 포함되지 않는다고 보고 있다. 그런데 지하 창고의 건축물대장상 기재내용에 의하여 판단할 것이 아니라 지하창고의 실제구조 및 이용현황에 의하여 공용으로 사용되면 연면적에서 제외하여야 되겠지만, 지하창고를 세대별로 구분 사용하고 있다면 고급주택 판단 시 연면적에 포함시키는 것이 현황과세 원칙 및 대법원판례(대법원 85누732, 1987.2.10.) 등에 비추어 볼 때 합리적이라고 판단된다.

⑫ 지하 주차장

공동주택의 경우 주거전용면적에는 공용면적이 제외된다고 규정되어 있으므로 단독주택처럼 주차장 면적이 제외된다고 규정이 없더라도 공용면적이 제외되는 것으로 규정되어 있어서 공용으로 사용하는 지하 주차장 면적은 제외되는 것이다. 한편, 집합건물의 집합건

축물대장에 따르면, 쟁점주차장은 주차장(지1층), 주차장(지2층), 주차장(1층) 및 주차장(2층) 등 각 층별 구분소유권으로, 공동주택 및 근린생활시설 부분도 각각 구분소유권(공용부분에 주차장은 없고, 공용부분은 계단실/승강기, 기계실/전기실, 통신실/방재실로 기재되어 있음)으로 작성되었으며, 이 주차장의 등기사항전부증명서에서도 층별로 각각 구분등기되어 있는 점, 구분등기되어 있는 이 주차장이 공동주택의 공용면적에 해당하는지 여부를 판단하는데 있어 이 집합건물의 소유권이 단독소유 여부에 따라 달라지는 것은 아니고, 이 집합건물의 단독소유자로서 쟁점주차장을 공용에 제공하는 것은 자유의지라 하더라도 위와 같은 사유가 이 주차장이 공동주택 등의 공용부분에 해당하는지 여부를 판단하는 데 달리 영향을 미치지 아니하는 점 등에 비추어 볼 때, 이 주차장이 공동주택 및 근린생활시설의 공용면적에 해당되지 아니한다(조심 2019지1501, 2019.9.5.).

◎ 각 층의 전유부분으로 구분등기되어 있는 주차장

주차장이 집합건물등기부에 각 층을 전유부분으로 하여 공동주택과는 별개로 구분등기되어 있어, 건물의 공용부분에 해당하지 아니하고, 각 층마다 구분소유권의 목적이 될 수 있다. 이는 이 주차장이 각 층마다 거래의 객체가 될 수 있고, 공동주택과 구분소유권자가 달라질 가능성이 있음을 의미한다. 이와 같이 이 주차장은 공동주택에 '딸린' 시설로 보기 어려운 측면이 있다. 이 주차장은 일반의 이용에 제공되며 일반 이용객들에게 주차요금을 부담시키고 있다. 또한 공동주택의 입주자들이 이 주차장을 이용하려면 보유 차량 1대당 월 5만 원의 주차장 이용료를 부담하여야 한다. 위와 같은 운영 방식을 보더라도 이 주차장은 공동주택에 '딸린' 시설이라기보다는 공동주택과 무관하게 독자적으로 운영되는 시설로 볼 여지가 크다(대법원 2021두38161, 2021.8.19. 심불, 수원고법 2020누13581, 2021.4.7.).

㋩ 다가구주택이라도 1가구 주거용으로 사용 시

1구의 건물은 비록 수동의 건물로 나누어져 있다고 하더라도 동일 지번, 동일 구역 내에 있으면서 동일한 하나의 생활단위에 제공되어 있는 건물을 포함한다(대법원 1985.8.13. 선고, 85누166 판결). 이 사건 제1 건축물의 경우, 앞서 본 바와 같이 1구의 건물은 비록 수동의 건물로 나누어져 있다고 하더라도 동일 지번, 동일 구역 내에 있으면서 동일한 하나의 생활단위에 제공되어 있는 건물을 포함하는데(대법원 1985.8.13. 선고, 85누166 판결), 이 사건 제1 건축물은 이 사건 제2 건축물과 인접하여 위치하고 있고, 뒤에서 보는 바와 같이 진입도로, 정원 등의 구조상 동일한 하나의 생활단위에 제공되어 있는 것으로 보이고, ② 이 사건 제3 건축물의 경우, 위 건축물은 창고시설로서 이 사건 제1, 2 건축물의 부대시설에 해당하므로 이 사건 각 건축물이 3개 동으로 구성되어 있다고 하더라도 1구의 주거용 건물로 봄이 상당하다(대법원 2015두50252, 2015.12.10.).

㋫ 옥탑과 물탱크

공동주택의 경우 옥탑과 물탱크는 공용면적에 해당될 것이므로 이 경우 고급주택 판단

시 건축물 연면적에는 포함되지 아니할 것이다.

'1구의 건물'은 하나의 주거생활단위로 제공되고 있다면 주택의 효용과 편익을 위한 부대시설로서 전체로서는 일괄하여 하나의 주거용 건물의 일부라고 보아야 하고, 현실적으로 본건물과 일체를 이루어 사회경제적으로 하나의 주택으로의 기능과 역할을 담당하고 있는 이상 이를 본건물과 분리하여 별개의 건물이라고 할 수 없다(대법원 1990.5.22. 선고, 89누2363 판결 참조). 이 사건 옥탑은 원고들의 소유권이전등기, 원고들의 접이식 유리새시 등과 바닥재 설치 당시까지 설치상태에 다소의 변화는 있었지만 기본적 구조와 용도가 유지된 상태에서 계속하여 각기 본층 부분과 함께 하나의 주거생활단위로 제공되어 주택의 효용과 편익을 위한 부대시설로서, 이 사건 옥탑과 본층 부분이 전체로서 일괄하여 '1구의 공동주택'이라고 할 것이고, 원고들은 이러한 '1구의 공동주택'을 취득하여 계속 보유하였다고 할 것이다.

㉠ 옥상 정원

「지방세법」상 주택 등에 대하여 건축물 연면적을 산정하려면 먼저 당해 주택 등이 '건축물'에 해당하는 것을 전제로 하는 것이며, 「지방세법」상 '건축물'이란 지붕이 있고, 그 지붕과 연결된 기둥 또는 벽이 있는 것을 말하는 것이라 하겠는바, 건물의 해당 세대원만이 배타적으로 중정에 출입하여 건물의 내부 현관에 이르기까지의 공간을 배타적으로 사용한다는 점에서 공동주택의 공용부분이 아닌 전용부분에 해당하는 것으로 볼 수 있지만, 일반 건물의 옥상과 같이 지붕이 없이 상부가 개방된 상태에서 바닥에 조경수를 식재하는 등 외부 정원 형식으로 조성된 점에서 중정의 공간을 「지방세법」상의 건축물로 보기 어렵다 하겠으므로, 이 중정면적을 「건축법 시행령」제119조 제1항 제3호 및 제4호에서 규정한 건축물 바닥면적(건축물의 각 층 또는 그 일부로서 벽, 기둥, 그 밖에 이와 비슷한 구획의 중심선으로 둘러싸인 부분)으로 보아 건물의 연면적에 산입하는 것은 잘못이다(조심 2013지362, 2014.4.23.).

㉡ 차양막

차양막이 건물의 외벽 상단(지붕 아래) 부분에 사각형 모양의 투명유리 제품을 수평으로 연결·부착한 상태로 둘러 있으며, 외벽면을 제외한 공간이 외부에 개방되어 있고, 외벽중심선과 이 차양막까지의 길이가 ○○○로 확인되는바, 건물의 전체적인 구조로 볼 때 이 차양막을 건물의 지붕으로 보아 '외벽과 이 차양막' 부분을 「지방세법」상 지붕과 벽이 있는 하나의 건축물에 해당한다고 보기 어려운 점, 건물 외벽 바깥에 건물의 본체에 직접 연결하는 구조로 설치하는 주택의 발코니 등으로 보기도 어려우며, 또한 일반 아파트의 발코니 부분을 주택전용면적에서 제외하는 점(대법원 2008두15565, 2010.10.14. 참조) 등에 비추어 이 차양막의 수평투영면적을 건물의 바닥면적으로 보아 건축물 연면적에 산입하는 것은 타당하지 아니하다(조심 2013지362, 2014.4.23.).

㉮ 울타리 내에 있는 농수로 복개 토지

① 농수로 매설부지로 사용하여 온 사실, ② 농수로를 토지 지하로 이설하는 공사를 하였고, 그 원상복구과정에서 농수로의 관거 보호와 토사유출 방지 등을 위하여 토지 지상에도 돌을 쌓고 잔디와 수목을 식재한 사실, ③ 경사가 심하여 외관상 평지인 다른 토지와 쉽게 구분될 뿐만 아니라, 곳곳에 전봇대가 세워져 있어 주택의 효용과 편익을 위한 시설인 마당이나 정원 등으로 사용하기에 적합하지 않은 사실 등을 알 수 있다. 위와 같은 주택의 신축 당시 토지의 현황과 이용실태 등에 비추어 보면, 토지가 주택과 경제적 일체를 이루고 있는 토지로서 사회통념상 주거생활공간으로 인정되는 주택의 부속 토지에 해당한다고 보기는 어렵다(대법원 2014두38040, 2014.10.30.).

4) 1구의 범위

① 판단기준

지방세법령에 1구의 건물 연면적에 대한 구체적인 산정기준에 대하여 아무런 규정을 두고 있지 아니하지만 고급주택에 대한 취득세 중과취지에 비추어 보면, 대법원판결에서는 「지방세법」 상 재산세 등의 과세대상인 주택은 1구를 과세단위로 하여 과세대상으로서 구분되는 것임을 알 수 있고, 여기에서 1구의 주택을 이루는지 여부는 그것이 전체로서의 경제적 용법에 따라 하나의 주거생활단위로 제공되는 것인지 여부에 의하여 합목적적으로 결정되어야 할 것이라고 판시하고 있는바, 예를 들면 아버지 소유의 주택 2동이 각각 다른 지번의 대지 위에 독립된 건물로 건립되어 있고 각 주택의 거주자가 주민등록상 별개의 세대를 이루고 있다면 주택 2동이 비록 한 울타리 안에 나란히 건축된 것으로서 마당과 대문을 같이 하고 있으며 그 거주자가 아버지와 아들 사이인 경우라고 하여도 위 주택 2동은 전체로서의 경제적 용법을 볼 때 재산세 등의 과세단위인 하나의 주거생활단위로 제공되는 1구의 주택에 해당한다고 볼 수는 없다(대법원 90누7425, 1991. 5.10. 참조). 그리고 1구의 건물을 어디까지로 볼 것인지 여부는 대지 및 건물의 전부 또는 일부를 공동으로 사용하는 각 세대가 독립된 주거생활을 영위할 수 있는 정도로 다른 부분과 사회관념상 구조상・기능상 독립성을 유지하고 있는 주택인지 여부에 달려 있다고 봄이 상당하다(대법원 2009두9208, 2009.9.10. 판결 참조). 그 부대시설이 본 건물인 주택의 효용과 편익을 위한 시설로서 하나의 주거용 생활단위로 제공된다면 건물의 연면적에 포함하여야 하지만, 이 또한 단독주택단지의 경계가 아닌 '한 울타리 내의 각 세대별 개별주택'을 기준으로 판단함이 타당하다 할 것이다(대법원 2009두9208, 2009.9.10. 참조).

새로 구입한 건물과 기존 건물 사이의 울타리를 허물어 버리고 새 건물이 서 있던 토지를 기존 건물의 정원과(지하) 차고의 용도로 사용한 경우에는 기존 건물과 차고 건물(차고 1, 방 2, 부엌, 보일러실, 화장실 각 1호로 구성)에 전기, 수도 등 시설과 계량기 등이 별도로 설치되고 기존 건물과 차고 건물을 직접 연결하는 지하 통로가 설치되어 있지 아니한 사정 등이 있더라도 위 「지방세법」이 정하는 1구의 건물이라 할 것이다. 일반 건축물이 증축 또는 개축되어 고급주택이 된 경우라 함은 증축 또는 부속건물의 신축을 등기원인으로 하여 기존의 건물에 표시변경등기를 하여 1개의 건물이 되어야 하는 것이 아니므로 차고가 독립된 건물로 등기되어 있다고 하여 이를 독립 건물로 볼 수 없다(대법원 83누32, 1983.5.24.).

② 1구의 건물의 대지 면적

고급주택으로 보는 '1구의 건물의 대지 면적'이라 함은 건물의 소유자가 건물사용을 위하여 사실상 공여하는 부속토지의 면적을 뜻하고 이러한 1구의 주택에 부속된 토지인지 여부는 해당 토지의 취득 당시 현황과 이용실태에 의하여 결정되는 것이며(대법원 93누7013, 1994.2.8.), 대지면적 중 담장 밖 토지는 건축신고서상 주차장을 설치하는 것으로 되어 있고 주택에서 도로로 진출·입하는 다른 진입로가 없는 경우에는 주택의 담장 밖에 있는 주차장 및 전용진입로는 주택의 부속토지로 보아야 할 것이며(감심 2004-113, 2004.9.16., 세정과-713, 2005.2.14.), 주택부속토지의 일부를 철망으로 구분하여 테니스장으로 사용하고 있다 하더라도 1개의 담장 안에 있고 해당 건물의 효용과 편익을 위하여 사용하는 이상 주택의 부속토지로 본다(세정 13407-177, 1998.2.27.).

주택의 부속토지는 해당 주택을 둘러싸고 있는 경계를 기준으로 그 안에 있는 부분의 부속토지를 말하기 때문에 경계나 울타리가 별도로 있다면 전체 토지가 아닌 경계를 기준으로 경계내만 주택의 부속토지로 보아야 할 것이지만 경계 밖에 있는 경우 즉 조적으로 담장을 설치하였다 하더라도 무조건 담장 밖 토지가 주택의 부속토지가 아니라고는 할 수 없으므로 담장 밖의 토지가 주택의 주차장이나 담장과 접하여 담장이 출입문 없이 둘러싸여 텃밭으로 사용하고 있는 것(기존 연접된 담장에 쪽문을 설치하여 통행함)으로 정원이나 텃밭으로 주거공간적 일체를 이루고 있는 경우에는 주택의 부속토지를 볼 것이다. 따라서 주차장이나 담장 출입로 등 주택의 부속토지로 사용되고 있는 경우 그 면적도 포함하는 것이며, 추가 취득 면적 중 구외에 있는 면적도 사실상 주택의 부속토지로 사용되고 있다면 그 면적도 포함하여야 할 것이므로 무조건 구외라고 하여 배제되는 것은 아니다.

그리고 1구 건물의 대지 여부는 해당 주택과 경제적 일체를 이루고 있는 토지로서 사회통념상 주거생활공간으로 인정되는 대지를 말하는 것이므로 반드시 1필지의 토지임을 요하지 아니하고 수필지인 경우 소유자가 동일할 필요도 없다(행심 2007-15, 2007.1.29.).[253] 고급주택의 부속토지는 건축허가상 주택의 부속토지로 되어 있는 토지를 말하는 것이 아니라 실제로 담장이나 울타리 등으로 경계가 지워진 부속토지를 말하는 것(대법원 91누10985, 1993.7.27.)이므로 타인소유의 토지라 하더라도 고급주택에 사용되는 토지는 해당 고급주택의 부속토지에 해당되는 것이다.

한편, 경계 등이 명확하지 아니하는 경우에는 2017.1.1. 이후 그 건축물의 바닥면적의 10배에 해당하는 토지를 고급주택의 부속토지로 한다(지법 §13 ⑤). 2016.12.31. 이전에는 취득세 중과대상인 별장 부속토지(2023.3.13. 이전만 적용), 고급오락장 부속토지와 재산세 주택 부속토지의 경

---

253) 결국 취득세의 중과세대상인 고급주택에 해당하는지의 여부는 전술한 경계를 기준으로 한 1구의 대지면적이나 가격이 일정한 범위를 초과하는 것인가의 여부에 따라 결정되는 것이고 그 건물과 대지가 '동일인의 소유'에 속하는 것인지의 기준에 따라 그 고급주택 해당 여부의 판정이 달라지는 것은 아니라고 해석한다(대법원 90누1915, 1990.11.13.).

우 바닥면적의 10배에 해당하는 토지만 부속토지로 보고 있지만 고급주택에서는 이러한 규정이 없었다.

> **사례** **토지의 일부가 담장 등으로 구분되어 도로 등으로 사용되고 있는 경우**(조심 2020지0669, 2020.11.5.)
>
> 이 건 토지는 1필지의 토지이지만 그 중 쟁점토지는 이 건 주택과 건물외벽 및 옹벽 등으로 구분되어 실제로 도로 등으로 사용되는 토지이므로, 이러한 도로로 사용되는 토지가 이 건 주택의 주거공간의 일부에 해당된다고 볼 수는 없다 할 것이고, 이러한 도로부지를 제외하면 통행이 어려운 점 등에 비추어 이 건 주택의 소유인인 청구인이 주택의 부속토지 등으로 배타적으로 사용할 수도 없는 토지인 점에서 쟁점토지를 이 건 주택의 부속토지로 보기는 어렵다 할 것임.

> **사례** **1구의 단독주택의 중과세 적용 범위**(대법원 2012두18608, 2012.11.29.)
>
> 원고가 지하 1층과 지상 1층을 연결하는 내부계단을 막아 놓았고, 지하 1층과 지상층의 전기요금이 별도로 부과되고 있으며, 지하 1층이 독립적인 생활이 가능하도록 설계되어 있다 하더라도 이 사건 주택은 건축허가 시 1가구 단독주택으로 허가받았고, 내부에 지하 1층과 지상 1층을 연결하는 계단이 존재하고 있어 지하 1층과 지상층이 완전히 독립된 주거생활을 영위할 수 있는 구조로 건축된 것이 아니며, 막혀 있는 계단은 언제든지 합판을 제거하고 내부계단으로 사용이 가능하고, 원고의 아들 부부와 원고 부부가 이 사건 주택에서 함께 거주하고 있는 사정 등을 종합하여 보면, 이 사건 주택은 지하 1층과 지상층이 완전하게 분리된 공동주택이라고 보기 어렵고, 1구의 단독주택에 해당한다고 봄이 상당하다. 따라서 취득세의 중과세율을 적용한 피고의 이 사건 처분은 적법함.

> **사례** **고급주택의 범위**(조심 2011지0452, 2012.3.16.)
>
> 이 건 공동주택과 내부계단으로 연결된 시설은 사실상 복층주택의 상층부를 차지하고 있다고 볼 수 있고 주택의 거주자는 내부계단을 통하여 이 시설로 바로 출입할 수 있는 반면 공동주택 내 다른 거주자는 옥외 계단 등을 통하여 출입하여야 하고 그 출입문 등은 화재 등에 대비한 비상시설이며, 쟁점시설은 공동주택의 효용과 편익을 위하여 하나의 주거시설로 제공되고 있다고 보고 주택 거주자 외 다른 거주자가 쟁점시설을 사용한 사실이 있는지에 대하여 입증하고 있지 못하고 있으므로 비록 시설의 내부 중 일부가 열려있어서 쟁점주택 내 거주자 외 다른 거주자가 출입할 수 있고, 분양이 되지 않아 주택의 입주자가 이를 주거용에 전용할지 여부가 확인되지 않고 있다고 하더라도 쟁점시설은 쟁점주택 거주자의 효용과 편의를 위하여 하나의 주거생활에 제공되는 쟁점주택의 주거 전용시설이라고 보는 것이 타당함.

> **사례** **나무 울타리 외부 토지 주택부속토지 해당 여부**(감심 2002-171, 2002.11.12.)
>
> 이 사건 부동산의 취득 당시 현황과 이용실태에 의하면 127-2번지 대지가 이 사건 부동산의 정원의 일부를 이루고 있으므로 대지 면적이 662㎡를 초과하여 고급주택에 해당하고 울타리를 설치한 후에도 청구 외 박○○ 소유의 127-2번지 대지는 여전히 정원의 일부를 이루고 두 필지 사이의 왕래에 영향을 미치지 아니하고 이 사건 부동산의 출입로로 사용되는 것 이외에는 다른 용도로 사용되고 있음이 확인되지 아니하는바, 이 사건 부동산의 부속토지에 해당한다고 보아야 함.
>
> ☞ 위 사건은 청구인이 주택 취득 시 종전 소유자가 고급주택으로 사용하던 부속토지의 일부를 취득하지 아니하여 실제 취득한 건물의 부속토지는 639㎡(662㎡에 미달)이고 종전 토지소유자 중 취득하지 아니한 토지와 경계를 명확히 하기 위하여 높이 70m 상당의 울타리를 설치하였으므로 울타리 밖 토지를 사용하지

아니하였다면 주택의 부속토지로 볼 수 없어 고급주택에 해당하지 않는다고 하겠으나, 청구인은 주택과 토지 사이에 울타리를 설치하였으나 실제적으로는 울타리가 개방되어 있어 청구인 주택의 정원의 일부로 사용되고 있기 때문에 이 건 토지가 주택의 부속토지에 포함됨으로 인하여 부속토지가 662㎡를 초과하게 됨으로써 고급주택에 해당하게 된 것임.

사례 텃밭과 공지의 부속토지 포함 여부(행심 2004-387, 2004.12.29.)

이 사건 주택은 연면적이 199.47㎡이고 시가표준액이 28,324,740원이며, 1, 2층이 내부계단으로 연결된 단독주택으로서 1세대가 거주하고 있고, 이 사건 토지는 철재 및 석조담장 등을 설치하여 주변토지와는 확연히 구분되고 있으며, 부속토지 전체면적 1,154㎡ 중 대지가 330㎡이고 대지 이외에 지목이 답으로 되어 있는 토지에는 326㎡가 잔디, 조경수, 석등, 조명등으로 조성되어 있고 162㎡는 텃밭으로 사용되고 있으며 나머지 336㎡는 공지로 사용되고 있는 사실이 2004.5.25. 처분청 세무공무원의 현지출장복명서에서 확인되고 있으며, 2004.7.22. 이 사건 부동산에 출장하여 재확인한 결과 청구인은 공지로 사용되고 있던 336㎡를 처분청에서 이 사건과 관련하여 2004.7.2. 취득세 등이 과세예고된 이후에 성토를 하여 채소를 심었음이 확인되었으나 이러한 것은 「지방세법」상 이미 성립한 고급주택을 판단하는 데 아무런 영향을 줄 수 없다 할 것이며, 실제 담장이나 울타리 등으로 경계가 지워진 주택의 부속토지를 말하는 것(대법원 1993.7.27. 선고, 91누10985 판결 참조)이므로, 처분청에서 이 사건 부동산을 고급주택으로 보아 취득세 등을 중과세한 처분은 적법함.

③ 건물 또는 토지의 일부 취득한 경우

고급주택을 사치성 재산의 일부로 구분하여 취득하는 경우에도 취득세를 중과세한다는 것이므로 고급주택에 해당하는 건물의 일부를 구분하여 취득하는 경우뿐만 아니라 건물과 대지를 구분하여 그 중 하나를 취득하거나 대지의 일부를 구분하여 취득하는 경우에도 취득세가 중과세되는 것으로 봄이 상당하고, 1구의 건축물의 대지면적은 건물의 소유자가 건물 사용을 위하여 사실상 공여하는 부속토지의 면적을 뜻하고, 이러한 1구의 주택에 부속된 토지인지 여부는 해당 토지의 취득 당시 현황과 이용실태에 의하여 결정되고 토지의 권리관계·소유형태 또는 필지수를 불문한다 할 것이다(대법원 90누1915, 1990.11.13. 참조).

④ 하나의 주거생활단위의 범위

1구의 범위는 그 건물이 전체로서 경제적 용법에 따라 하나의 주거생활용으로 제공된 것이냐의 여부에 의하여 합목적적으로 결정되어야 하므로, 그 부대시설이 본 건물인 주택의 효용과 편익을 위한 시설로서 하나의 주거용 생활단위로 제공된다면 건물의 연면적에 포함하여야 하지만, 여기서 하나의 주거생활단위의 범위를 어떻게 판단할 것인지, 즉 하나의 주거생활단위 여부를 판단함에 있어서 각 세대가 독립된 주거생활을 영위할 수 있는 정도로 다른 부분과 사회관념상 구조상·기능상 독립성을 유지하고 있는지 여부를 기준으로 판단되어야 할 것이다. 단독주택의 경우 개별주택의 경계인 '한 울타리 내의 각 세대별 개별주택'을 기준으로 판단하여야 하나 이 또한 각 세대별로 독립된 주거생활 영위 여부를 기준으로 판단되어야 하는 것이다(대법원 2009두9208, 2009.9.10. 참조).

> **사례** 근린생활시설이 주거용으로 사용할 개연성이 있다고 하여도 공부상 용도가 근린생활시설이고 현재 계속하여 제조시설로 사용하고 있는 경우(행심 2005-0145, 2005.5.30.)

청구인의 경우 이 사건 부동산을 취득하기 전부터 악세서리 도소매업을 영위하여 왔고, 이 사건 건축물대장상 1층 부분은 근린생활시설로 되어 있어 현재 이곳에서 악세서리 및 악기를 제작하고 있는 사실을 확인할 수 있으며, 2·3층은 주민등록표상의 세대원 3명 이외에 부모 등 5명이 거주하고 있는 사실 등의 건물 이용실태나 이 사건 부동산이 소재한 지리적인 상황이 도로면 밑으로 절개된 지역에 건축물을 건축함으로 인하여 외부에서 각 층별로 별도로 진입할 수 없어서 부득이 3층을 통하여 1·2층으로 들어갈 수밖에 없는 구조를 가지고 있고, 그 내부계단과 1층은 개방되어 있으나 2·3층은 2층에 주택의 현관식 출입문이 설치되어서 계단과 주거공간이 구분이 되어 있는 등의 지역적 및 구조적인 현황을 종합하여 볼 때, 청구인이 이 사건 건축물 전체를 주택으로 사용하였다고 보기는 무리가 있다 할 것이고 특히, 1구의 주거용건물 중 실제 주거용으로 쓰여 지지 않는 부분이 있을 경우에는 이를 제외한 나머지 부분만을 기준으로 위 고급주택에 해당하는지 여부를 결정하여야 할 것이라는 대법원판례(1991.5.10. 선고, 90누9513 판결)에 비추어 비록 건물 1층이 주거용으로 사용할 개연성이 상존한다고 하여도 그것의 공부상 용도가 근린생활시설이고 현재도 계속하여 악세서리 및 악기 제조시설로 사용하고 있는 이상 이를 주택에 포함시켜 고급주택 여부를 판단한 것은 잘못임.

> **사례** 취득세 중과대상인 고급주택 부속토지 여부의 판단 기준(대법원 92누12667, 1993.5.25.)

1구의 건물의 대지인지의 여부를 판단함에 있어서는 해당 주택과 경제적 일체를 이루고 있는 토지로서 사회통념상 주거생활공간으로 인정되는 대지를 뜻하는 것이므로(당원 1992.8.18. 선고, 91누10367 판결 참조), 그 대지는 반드시 1필지의 토지임을 요하지 아니하고 그 대지가 수필지로 이루어진 경우 소유자가 동일할 필요도 없다 할 것임. 그러므로 어느 주택을 취득한 경우에 그 취득한 때의 객관적 상황이 고급주택의 요건을 갖춘 것이라면, 주거 이외의 용도에 공할 목적으로 승계취득하였음이 밝혀진 경우 등 특별한 사정이 없는 한, 설사 그 부속대지가 1필지가 아닌 수 필지이고, 또 이를 수인이 구분하여 취득하였다 하더라도 역시 중과세대상임을 면할 수 없다 할 것임.

⑤ 비주거용과 겸용

1구내에 고급주택과 비주거용 주택(예 : 임대용 주택 등)이 함께 있는 경우 각각의 부속토지 면적은 토지지번과 관계없이 1구내의 전체 토지면적을 고급주택과 임대용주택(비주거용 부분) 등이 차지하는 면적비율에 따라 안분하여 계산토록 함으로써 비주거용 부분은 제외되는 것으로 보고 있다(세정 13407-1281, 2000.11.7.).

> **사례** 고급주택과 일반 건축물 부속토지 면적 산정방법(세정 13407-1281, 2000.11.7.)

울타리로 둘러싸인 1구 내 부지에 소유주가 같고 서로 접한 수개 필지 안에 고급주택과 임대용 건축물이 각각 1동씩 있는 경우에, 고급주택 부속토지 면적의 산정기준은 토지 지번과 관계없이 1구 내의 전체 토지 면적을 고급주택과 임대용 건축물이 차지하는 면적비율에 따라 안분함이 타당함.

> **사례** 고급주택으로서 주거용 건물이 실질 주거용인지 여부(대법원 86누301, 1987.2.10.)

원고가 이 사건 건물을 취득할 당시 이 사건 건물이 위 시행령 제84조의 3 제2호 (1)에 정한 주거용 건물에 해당한다고 보여지고, 이 사건 건물이 당초에 주거용이 아닌 유치원으로 사용되었고, 가옥대장상에 주거용이 아닌 건물로 등재되어 있다거나 원고가 이 사건 건물을 취득할 당시 그 일부가 피아노 과외교습용으로 사용되고 있었고, 그 건물구조가 여러 세대에게 임대하여 입주할 수 있도록 되어 있을 뿐만 아니라 실제로 9세대의 주거에 공용되고 있었다 하더라도 전체로서 경제적 용법에 따라 합목적적으로 따져 볼 때 이 사건 건물이 주거용 건물에 해당되지 않는다고 볼 수는 없음.

5) 고급주택(공동주택) 중과세 1구 면적 적용[254]

① 1994.12.31. 이전 규정의 경과규정

공동주택의 경우 고급주택의 판단은 1994년까지는 공동주택의 연면적 기준으로 298㎡ 초과하는 경우라면 중과세대상에 해당되었으나, 1995.1.1.부터는 공동주택의 연면적 기준이 아닌 전용면적 245㎡ 초과 여부를 기준으로 공동주택의 중과세 여부를 판단하도록 개정되었다. 한편, 법령개정 시 「지방세법 시행령」 부칙(대통령령 제14481호, 1994.12.31.)에서 "1995.1.1. 현재 이미 건축허가를 받아 건축 중이거나 사용승인을 받은 공동주택으로서 공유면적을 포함한 연면적이 298㎡ 이하인 주거용 공동주택에 부과하는 취득세는 종전의 규정을 적용하여 중과세 여부를 판단"하도록 하고 있어 취득시기가 1995년 이후에 도래하는 공동주택의 경우 고급주택 여부 판단 시 허가일자가 언제인지가 중요한 기준이 된다. 예를 들어 1995.1.1. 이전에 건축허가를 받아 준공한 공동주택이거나 그 이전에 사용승인을 받은 공동주택을 1995.1.1. 이후에 취득하는 경우 고급주택의 1구의 면적산정 시 전용면적이 아닌 연면적 기준으로 중과세대상 여부를 판단하여야 하는 것이다. 공동주택의 1구의 면적 판단기준의 개정 전후 내용을 비교하면 다음과 같다.

구분	1994.12.31. 이전	1995.1.1. 이후
대상	1994.12.31. 이전 건축한 공동주택 또는 건축 중이거나 사용승인(사용검사) 등을 받은 주택	1995.1.1. 이후 건축한 공동주택
고급주택 면적기준	공동주택 연면적(공용면적 포함) 298㎡ 초과	공동주택 전용면적 245㎡ 초과

┤ 공동주택의 고급주택 해당 여부 사례 ├

(1) 승계취득 현황

　1994.12.31. 이전에 건축한 공동주택의 전용면적 244㎡, 공용면적 55㎡, 연면적 299㎡에 해당하는 주택을 2002.4.20.에 매매를 원인으로 취득

---

254) 공동주택에 대한 「소득세법」 상의 고가주택(9억 원) 판단기준과는 달리 면적과 가액기준을 모두 충족하여야 한다는 점에서 차이가 있다. 「지방세법」 상 공동주택에 대한 가격 기준없이 면적기준만을 적용하여 과세형평의 문제가 발생할 수 있다고 생각할 수 있으나, 이는 「지방세법」 상 고급주택에 대하여 취득세를 중과세하는 취지가 단순히 그 거래가격이 높은 주택에 대하여 중과세를 하겠다는 것이 아니라, 일정규모 이상의 건축물의 소유자가 그 건물의 이용을 위하여 과다한 토지를 공여하거나, 지나치게 대형주택을 취득하는 것을 억제함으로 국토의 효율적인 이용을 도모하려는 데 있으므로 그 취지가 다르다고 볼 수 있다(행심 2002-36, 2002.1.28.).

(2) 상기 취득한 공동주택이 고급주택에 해당 여부

1994.12.31. 이전에 건축한 공동주택의 전용면적 244㎡, 공용면적 55㎡, 연면적 299㎡에 해당하는 주택을 2012.4.20.에 매매를 원인으로 취득한 경우 현행 「지방세법」 규정으로는 전용면적이 245㎡를 초과하지 아니하므로 고급주택에 해당하지 아니하나, 「지방세법 시행령」 부칙 규정에 의거 1994.12.31. 이전 건축한 공동주택에 해당하므로 종전규정에 따라 고급주택 해당 여부를 판단하여야 함. 따라서 공용면적을 포함한 연면적이 299㎡이므로 고급주택으로 판정됨(구 「지방세법 시행령」 부칙 제3조, 대통령령 제14481호, 1994.12.31.).

② 2011.1.1. 이후 고급주택(공동주택) 중과세 관련 종전 경과 규정 적용 여부

취득세를 중과세하는 고급주택(공동주택)의 면적요건이 구 「지방세법 시행령」 제84조의 3 제1항 제2호(1994.12.31. 대통령령 제14481호로 개정)에 따라 '종전 1구의 건물의 연면적(공유면적 포함)이 298제곱미터 초과하는 주거용 공동주택'에서 '1구의 건물의 연면적(공용면적을 제외한다)이 245제곱미터 초과하는 주거용 공동주택'으로 개정되었고, 같은 영 부칙 제3조(고급주택의 기준변경에 따른 취득세 중과세에 관한 경과조치)에서 '이 영 시행 당시 건축허가를 받아 건축 중이거나 사용검사를 받은 건축물로서 공용면적을 포함한 연면적이 298제곱미터 이하인 주거용 공동주택에 부과하는 취득세에 대하여는 제84조의 3 제1항 제2호 라목의 개정 규정에 불구하고 종전의 규정에 의한다("종전 부칙규정")'라고 규정하고 있었으나, 「지방세법」이 분법되면서 전면 개정·시행(2011.1.1.)된 「지방세법 시행령」에는 종전 부칙규정이 반영되지 아니하였다. 위 규정 종전의 부칙규정은 공동주택에 대한 고급주택 중과세 면적요건이 1995.1.1.부터 강화되더라도 1994.12.31. 이전에 건축허가를 받아 건축 중이거나 사용검사를 받은 공동주택은 납세자 신뢰보호 차원에서 종전 규정에 따르도록 규정되었다고 할 것인 점, 1994.12.31. 이전에 건축한 공동주택의 경우 분법 시행 전까지는 종전 부칙규정을 적용하였던 점(구 행정자치부 세정 13407-958, 2000. 7.31., 2010.9.20. 참조), 지방세 체계의 간소화 등을 통해 지방세에 대한 국민이해도 증진 등을 위한 「지방세법」 분법의 입법 취지에 비추어 볼 때, 「지방세법」 분법 시 종전 부칙규정을 의도적으로 삭제하려는 입법 취지는 아니었다고 할 것인바, 종전의 부칙규정은 분법에 따른 「지방세법」 전면 개정 시 누락되었다고 봄이 타당하므로 이는 종전 부칙규정의 효력이 상실되지 아니한 '특별한 사유'에 해당된다고 할 것인 점(대법원 2001두11168, 2002.7.26. 참조) 등을 종합적으로 고려해 볼 때, 1994.12.31. 이전에 건축한 공동주택을 2011.1.1. 이후 승계취득하는 경우에도 종전 부칙규정을 적용하는 것이 합리적이라고 판단된다(지방세운영과-109, 2013.4.1.).

6) 복층형 공동주택

공동주택 중 복층형의 경우 2000.1.1. 이후부터는 전용면적 기준 274㎡의 초과 여부에 따라 고급주택 해당 여부가 결정된다. 이와 같은 규정이 신설된 이유는 대가족이 함께 거주할 수 있는 복층형 공동주택의 공급확대 추세를 반영한 것으로 복층형의 경우 내부계단, 동거가족 간의 분리된 주거공간, 공동활용 거실면적 등을 고려할 때 단층형에 비하여 건축구조상 넓은 면적이 소요되며, 「주택건설촉진법」 상의 건축상한 면적을 종전의 전용면적 245㎡에서 전용면적 297㎡로 확대함에 따라 「지방세법」에서도 이를 반영한 것으로 이해된다. 그러나 복층형 공동주택의 전용면적 산정 시 공동주택의 내부구조가 1층과 2층(예를 들어 1, 2층의 복층)의 바닥면적이 동일하여야 하는 것인지 아니면 다락방과 같이 일부면적이 복층구조를 갖추게 되면 복층형 공동주택으로 인정하여야 하는지 명확한 판단기준이 필요하다. 유권해석은 복층형 공동주택의 세대 안의 층간 바닥부분이 동일한 것만을 복층형 공동주택으로 보고 있어 전술한 다락방 등은 복층형에 해당하지 아니한다(세정 13407-664, 2002.7.19.).

고급주택은 사실 현황에 따라 판단하는 것이므로 신축한 다가구용 주택을 그 취득일로부터 5년 이내에 1층에서 2층으로 올라가는 계단을 만들어 실질적으로 복층형으로 사용할 수 있도록 개수하여 1층과 2층의 연면적이 274제곱미터를 초과하는 경우라면 고급주택에 해당되어 취득세가 중과세 추징된다(세정 13407-284, 2002.3.23.).

> **사례** 겸용 주택의 주택 면적(서울고법 2012누36943, 2013.7.31.)
>
> 건물의 어느 부분이 구 「소득세법」 제89조 제1항 제3호, 구 「소득세법 시행령」 제154조 제3항 소정의 1주택에 해당하는지 여부는 공부상의 용도구분에 관계없이 실제 용도가 사실상 주거에 공하는 건물인가에 의하여 판단하여야 하고, 일시적으로 주거가 아닌 다른 용도로 사용되고 있다고 하더라도 그 구조·기능이나 시설 등이 본래 주거용으로 적합한 상태에 있고 주거기능이 그대로 유지·관리되고 있어 언제든지 본인이나 제3자가 주택으로 사용할 수 있는 건물의 경우에는 이를 주택으로 봄이 상당하다(대법원 2005.4.28. 선고, 2004두14960 판결 등 참조). 이 사건 부동산 양도 당시 원고들이 주장하는 3층 증축 부분 중 적어도 증축신고가 있었던 57.1㎡는 사실상 주거용으로 사용되었고, 2층 171.6㎡도 그 중 일부가 일시적으로 다른 용도로 사용된 듯하지만 대부분 비어 있는 상태로서 본래 주거용에 적합하고 그 주거기능이 그대로 유지되고 있어 언제든지 원고들이나 제3자가 주거용으로 사용할 수 있는 상태에 있었던 것으로 보이므로 이를 주택 부분으로 봄이 상당함.

> **사례** 사실상 1구의 고급주택으로 보아 취득세를 중과세한 사례(조심 2013지272, 2013.5.14.)
>
> 청구인들은 이 건 건축물이 신축 당시 다가구주택으로서 2가구(101호, 102호)가 별도로 구분되어 있었으므로 위 101호와 102호는 이를 각각 1구씩의 공동주택이었던 것으로 보아야 한다고 주장하나, 심리자료에 의하면 건축 당시 위 101호와 102호 사이에 통로가 없었다 하더라도 101호와 102호는 각 현관문이 서로 마주하면서 그 거리가 1.95m에 불과하였던 점, 이 건 건축물 중 101호에는 주방이 설치되어 있지만 102호는 침실 하나와 거실, 화장실 등으로 구획되어 있을 뿐 주방이 별도로 설치되지 아니한 것으로 나타나 있어 102호는 이를 별도의 독립된 주거공간으로 보기는 어려운 점, 쟁점주택에는 별도세대로 등록한 2세대가 거주하고 있으나 그 거주자는 부자관계인 2세대 직계가족으로서 2007.11.23. 함께 전입을 하였고, 전입 당시 김○○○의 부친인 김○○○은 연령이 만 86세인 고령이었으므로 사회통념상 이들을 별도의 가구로 보기는 어렵다고 할 것인 점 등에 비추어 볼 때, 쟁점주택은 이 건 건축물의 취득시점(2007.9.19.)부터 김○○○ 직계가족의 효용과 편의를 위하여 하나의 주거생활에 제공되어 왔다고 봄이 타당해 보이는바, 이 건 건축물은 그 전체가 1구의 건물에 해당되는 것으로 보아야 할 것임.

사례 공동주택에 대한 「복층형」의 고급주택 여부(세정 13407 – 664, 2002.7.19.)

구분	유형	유형 I	유형 II
전용면적	상층	8.69㎡	6.78㎡
	하층	265.17㎡	266.99㎡
	합계	273.86㎡	273.77㎡

하층면적이 265.17제곱미터로서 고급주택 해당면적인 245제곱미터를 초과하고 상층면적이 8.69제곱미터에 불과하다면 복층형 공동주택으로 볼 수 없어 고급주택에 해당함.

복층형 공동주택의 고급주택 해당 여부 사례 1

(1) 취득 현황
　① 취득일자 : 2012.3.3.
　② 공동주택의 내부구조
　　가. 1층 전용면적 : 233㎡
　　나. 2층 전용면적 : 37㎡
　　다. 1,2층 전용면적 합계 : 270㎡

(2) 상기 취득한 복층형 공동주택이 고급주택에 해당 여부
　① 고급주택 기준
　　가. 1구의 공동주택의 전용면적이 245㎡를 초과하는 공동주택과 부속토지
　　나. 복층형의 경우 전용면적이 274㎡를 초과하는 공동주택과 부속토지
　② 복층형 고급주택 해당 여부 판단
　　복층형 공동주택의 세대 안의 층간 바닥부분이 동일한 것만을 복층형 공동주택으로 판단하기 때문에 공동주택에 해당하지 아니함.
　③ 복층형이 아닌 일반 공동주택의 전용면적이 270㎡이므로 전용면적기준 245㎡를 초과하므로 고급주택으로 판정됨.

복층형 공동주택의 고급주택 해당 여부 사례 2

(1) 취득 현황
　① 취득일자 : 2012.3.3.
　② 공동주택의 내부구조
　　가. 1층 전용면적 : 135㎡
　　나. 2층 전용면적 : 135㎡
　　다. 1,2층 전용면적 합계 : 270㎡

(2) 상기 취득한 복층형 공동주택이 고급주택에 해당 여부
   ① 고급주택 기준
      가. 1구의 공동주택의 전용면적이 245㎡를 초과하는 공동주택과 부속토지
      나. 복층형의 경우 전용면적이 274㎡를 초과하는 공동주택과 부속토지
   ② 복층형 고급주택 해당 여부 판단
      복층형 공동주택의 세대 안의 층간 바닥부분이 동일하므로 복층형 공동주택으로 판단
   ③ 복층형 공동주택의 전용면적이 270㎡이므로 전용면적기준 274㎡ 이하이므로 고급주택
      에서 제외됨.

7) 2개의 주택을 벽을 뚫어 하나의 주택으로 사용하는 경우

2개의 주택이 한 울타리 내에 있고, 출입구가 각각 있지만 중간 벽을 뚫어 하나의 주택인 것으로 사용하고 있다면 실제로 2개의 주택을 하나의 주택으로 사용하므로 고급주택 여부를 판정할 때는 하나의 주택으로 볼 수 있을 것이며, 양도소득세의 경우에도 마찬가지이다.[255] 그러나 상속에 의한 1가구 1주택, 서민주택 1가구 1주택, 1주택의 취득에 따른 감면 등에서는 공부상 주택으로 판단하여야 하는바, 공부상 2개로 되어 있으므로 취지상 이를 하나로 볼 수 없을 것으로 2주택으로 보아야 하는 것으로 해석할 수 있으나, 유권해석에서는 1주택으로 보아 감면 여부를 판단하고 있다.

> **사례** 각각 주택을 1세대만이 거주하도록 구조변경된 경우(지방세운영과-2270, 2013.9.10.)
>
> 같은 층의 연접된 2개의 다세대주택을 1주택으로 구조변경하여 아무런 경계벽 없이 1주택으로 사용되는 사실이 법원 경매현황 조사서 및 처분청 담당공무원의 실지현황조사서 등에서 확인된다면 공부상 2주택으로 등재되어 있다 하더라도 「지방세기본법」 제17조의 실질과세 원칙 및 「지방세법 시행령」 제13조의 현황과세 원칙에 따라 주택 유상거래 감면규정에서의 "1주택"으로 보아 감면함.

8) 채권보전목적으로 취득한 고급주택

고급주택 판단 시 유상승계취득, 무상취득 등 취득 방법에는 제한이 없으므로 금융기관 등이 채권보전목적으로 고급주택을 취득한 경우[256] 중과세대상에 당연히 해당된다.[257] 이때 취득일로

---

255) 2개의 인근주택을 합산하여 고급주택으로 판단하여 과세하였으나 이격거리가 5~10m에 이르고 각각의 주택 면적이 단독 주거지 사용에 부족함이 없으며, 다른 지번에 각각 다른 시기에 건축되어 건축주와 소유자가 다른 2개의 주택에 대해 동일한 주거생활단위에 사용되었다고 보기 어렵다. 주택 사이의 경계를 구획할 만한 울타리 등이 사라져 두 주택이 1구의 건물로 사용된 것으로 보았으나, 수풀이 우거지고 관리의 흔적이 전혀 보이지 않아 그 경제적 용법을 판단할 수 없음(대법원 2019두46367, 2019.10.31.).

256) 금융기관 등이 채권보전목적으로 고급주택을 취득한 경우 취득세 중 구 등록세분은 구 취득세분 중과규정과는 달리 중과가 되지 아니한다.

257) 납세의무자가 주거용으로 사용할 목적으로 취득하였는지 여부 및 현실적으로 고급주택으로 사용하였는지 여부는 고급주택의 취득에 대한 중과세율의 적용 여부에 영향을 주는 것은 아니므로 원고가 채권을 보전할

부터 60일(2018.12.1 이전 취득분은 30일) 이내에 주거용이 아닌 용도로 사용하거나 고급주택이 아닌 용도로 사용하기 위하여 용도변경공사를 착공하는 경우 고급주택으로 보지 아니한다.

9) 증축과 개수로 인하여 고급주택이 된 경우

주택의 증축과정 없이 단순히 기존 주택의 시가표준액이 인상된 경우에는 실제 취득행위가 없으므로 고급주택에 대한 중과세 규정이 적용되지 아니한다. 또한 기존 건축물을 증축 또는 개수로 인하여 고급주택이 된 경우 기존 건축물에 대한 취득세가 중과되기 위하여는 기존 건축물 취득 후 5년 이내로 한정하므로 5년이 경과된 이후에 증축, 개수 등으로 고급주택에 해당 시에는 기존 건축물에 대하여는 중과할 수 없고 증축, 개수한 부분에 한하여 중과대상이 될 뿐이다. 예를 들어 토지 취득일이 2013.5.20.이고, 그 토지 위에 2018.3.10. 신축함으로써 고급주택이 된 경우에는 2013.5.20.부터 5년 이내이므로 토지분을 포함한 건축물(기존 건물 멸실 시 기존 건물 제외) 부분도 중과대상이 될 것이지만, 토지 취득일로부터 5년 경과하여 고급주택이 된 경우에는 토지는 제외되어 신축 건물만 중과세가 된다.

10) 상속으로 인한 1가구 1주택이 고급주택인 경우

상속으로 인한 취득의 경우 1가구 1주택에 해당 시 취득세는 세율특례 규정이 있으나 해당 상속주택이 고급주택에 해당하는 경우에는 세율특례 규정이 적용되지 아니하고 취득세의 중과세대상이 된다(지법 §15 ① 단서).

11) 기존 주택 멸실 후 고급주택을 신축한 경우

일반주택과 대지를 취득하고 취득세를 신고납부한 후 그 일반주택을 멸실하고 그 지상에 고급주택을 신축한 경우라면, 그 고급주택의 취득에 따른 중과세율의 적용은 신축하여 취득한 해당 고급주택과 그 부속토지에 한정되는 것이고, 그 고급주택 신축 이전에 멸실된 일반주택까지를 포함하는 것은 아니다(지방세운영과-1954, 2008.10.24.). 그리고 토지도 토지 취득일로부터 5년 경과된 상태에서 고급주택을 취득한 경우 토지부분도 중과세할 수 없다.

12) 지목변경

「지방세법」 제16조 제1항에서 토지나 건축물을 취득한 후 5년 이내에 해당 토지나 건축물이 고급주택 등에 해당하게 된 경우에는 중과세율을 적용하여 취득세를 추징하도록 규정하고 있는 바, 사실상 지목변경 시점으로부터 5년 이내에 고급주택에 해당될 경우에는 지목변경 취득세도 중과세대상이 된다.

목적으로 이 사건 주택을 취득하여 이를 주거용으로 사용하지 아니한 채 매도하였다고 하더라도 취득 당시 이 사건 주택의 현황이 고급주택에 해당하는 이상 위 주택의 취득에는 중과세율이 적용됨(대법원 2016두 41958, 2016.8.26.).

토지의 지목이 대지로 변경된 시점(조심 2013지479, 2013.7.23.)

쟁점 토지의 공부상 지목변경일은 2007.2.15.이지만, 2006.12.29. 신축공사가 완료되어 사용승인서가 교부되었으므로 사실상 대지로 지목이 변경된 시점은 2006.12.29.로 보아야 하고, 이 시점에서 지목변경에 대한 취득세 납세의무가 성립하였다고 할 것으로서, 그 날로부터 5년 이내인 2011.4.19. 쟁점 건축물이 고급주택으로서 취득세 중과세 납세의무가 성립되었으므로 그 부속토지의 지목변경에 대하여 취득세를 중과세한 처분은 적법함.

13) 오피스텔을 주거용으로 사용 시 고급주택 포함 여부

「지방세법」 제13조 제5항 제3호에 따른 중과세 대상 고급주택은 '주거용 건축물 또는 그 부속토지'로서, 제11조 제1항 제8호에 따른 주택과는 다르게 해석하여야 하고, 공부상 주택 또는 「주택법」 상 주택 등으로 한정할 이유가 없으므로 공부상 업무시설(오피스텔)이라 하더라도 주거용 건축물에 해당하는 경우라면 고급주택에 포함하는 것이 타당하다(부동산세제과-56, 2019.7.30.).[258]

(4) 고급오락장

1) 개요

'고급오락장'이란 도박장, 유흥주점영업장, 특수목욕장, 그 밖에 이와 유사한 용도에 사용되는 건축물 중 다음 어느 하나에 해당하는 용도에 사용되는 건축물과 그 부속토지를 말한다. 이 경우 고급오락장이 건축물의 일부에 시설되었을 때에는 해당 건축물에 부속된 토지 중 그 건축물의 연면적에 대한 고급오락장용 건축물의 연면적 비율에 해당하는 토지를 고급오락장의 부속토지로 본다. 다만, 고급오락장용 건축물을 취득한 날부터 60일(2019.1.1. 당시 취득한 날부터 30일이 경과하지 아니한 고급오락장용 건축물을 2019.1.1. 이후 고급오락장이 아닌 용도로 사용하거나 고급오락장이 아닌 용도로 사용하기 위하여 용도변경공사를 착공하는 경우에도 적용하므로, 2018.12.1. 이전 취득분은 30일)[상속으로 인한 경우는 상속개시일이 속하는 달의 말일부터, 실종으로 인한 경우는 실종선고일이 속하는 달의 말일부터 각각 6개월(납세자가 외국에 주소를 둔 경우에는 각각 9개월)] 이내에 고급오락장이 아닌 용도로 사용하거나 고급오락장이 아닌 용도로 사용하기 위하여 용도변경공사를 착공하는 경우는 제외한다.

① 카지노장(「관광진흥법」에 따라 허가된 외국인전용 카지노장 제외)

② 자동도박기[파친코, 슬롯머신(slot machine), 아케이드 이퀴프먼트(arcade equipment) 등]를 설치한 장소

③ 고급미용실 : 머리와 얼굴에 대한 미용시설 이외에 욕실 등을 부설한 장소로서 그 설비를

---

258) 「지방세법」 관련 규정들의 내용과 위 중과제외 조항의 입법목적 등을 종합하여 보면, 주택은 건축물과는 구별되는 것으로서 「건축법」 상 오피스텔은 그 '주택'에 포함되지 아니한다고 보아야 할 것이므로(대법원 2013.11.28. 선고, 2013두13945 판례 참조), 오피스텔은 취득세 중과제외 대상인 주택임대용 부동산에 해당되지 아니하는 것이다(서울세제-4129, 2019.3.22.)라고 해석하고 있는 점 등 오피스텔을 고급주택으로 본다는 것은 문제가 될 여지가 있으며, 현재 소송 진행 중에 있는 것으로 안다.

이용하기 위하여 정해진 요금을 지급하도록 시설된 미용실

④ 「식품위생법」 제37조에 따른 허가 대상인 유흥주점영업으로서 다음 어느 하나에 해당하는 영업장소(공용면적 포함한 영업장의 면적이 100제곱미터를 초과하는 것만 해당)

2014년 이전 납세의무성립분까지는 「관광진흥법」 제6조에 따라 지정된 관광유흥음식점[259] 및 관광극장유흥업(관광극장유흥업은 관광호텔 안에 있는 것만 해당)을 제외하였다. 이 경우 「식품위생법」에 따른 유흥주점영업 허가를 받은 날부터 30일 이내에 「관광진흥법」 제6조에 따라 관광유흥음식점 및 관광극장유흥업으로 지정받은 때에는 유흥주점영업 허가를 받은 날에 관광유흥음식점 및 관광극장유흥업으로 지정받은 것으로 보았다. 그런데 2015년 이후 납세의무성립분부터 「관광진흥법」 제6조에 따라 지정된 관광유흥음식점 및 관광호텔 내 관광극장유흥업은 다른 유흥주점과 구별될 이유가 없음에도 중과세되지 않아 과세불형 평성이 야기되어 중과대상에 포함한 것이다.

㉠ 무도유흥주점

손님이 춤을 출 수 있도록 객석과 구분된 무도장을 설치한 영업장소(카바레·나이트클 럽·디스코클럽 등)

㉡ 룸살롱, 요정 등

유흥접객원(2017년까지는 남자접객원은 제외되었으나 2018년 이후는 남녀를 불문하 며, 임시로 고용된 사람 포함)을 두는 경우로, 별도로 반영구적으로 구획된 객실의 면적 이 영업장 전용면적의 100분의 50 이상이거나 객실 수가 5개 이상인 영업장소(룸살롱, 요정 등)

2) 무도유흥주점

「식품위생법」 제37조에 따른 허가 대상인 유흥주점영업으로서
① 시설기준 : 손님이 춤을 출 수 있도록 객석과 구분된 무도장을 설치
② 무도유흥주점 영업장소(카바레, 나이트클럽, 디스코클럽 등)
③ 영업장 면적기준 : 100㎡ 초과(공용면적 포함)

① 요건

손님이 춤을 출 수 있도록 객석과 구분된 무도장을 설치한 유흥주점영업으로 「관광진흥법」 제 6조에 따라 지정된 관광유흥음식점 및 관광극장유흥업(관광극장유흥업은 관광호텔 안에 있는 것 만 해당)을 제외한 무도유흥주점(카바레, 나이트클럽, 디스코클럽 등) 영업장소로서 영업장면적 이 공용면적을 포함하여 100㎡를 초과하는 경우에 한하여 중과세대상에 해당한다. 다만, 「식품위

---

259) 1999.5.10. 이전에 등록받은 관광음식점(한국음식점, 관광극장식당음)은 관광유흥음식점으로 지정받은 것 으로 본다(1995.5.10. 「관광진흥법 시행령」 개정 부칙 §2 ③).

생법」에 따른 유흥주점영업 허가를 받은 날부터 30일 이내에 「관광진흥법」 제6조에 따라 관광유흥음식점 및 관광극장유흥업으로 지정받은 때에는 유흥주점영업 허가를 받은 날에 관광유흥음식점 및 관광극장유흥업으로 지정받은 것으로 본다.

여기서 카바레, 나이트클럽, 디스코클럽 등은 무도유흥주점의 영업장소를 예시적으로 열거한 것에 불과하고 업태 등록 또는 허가내용과 관계없이 휴게음식점영업, 일반음식점영업, 단란주점영업 및 유흥주점영업 등 사실상의 영업 형태에 따른 무도유흥주점 해당 여부의 실질판단이 요구된다.

② 영업장 면적 100㎡ 초과

영업장 면적이 100㎡를 초과하는 경우에 한하여 중과세대상에 해당되며, 이와 같은 영업장 면적 산정은 실제 영업장으로 사용하고 있는 조리장, 화장실, 객실, 객석 등 해당 업소가 사용하는 면적과 다른 업소와 공동으로 사용하고 있는 면적(공용면적), 예를 들어 복도, 주차시설, 화장실 등의 면적도 해당 유흥주점과 다른 업소의 실질 면적[260]등에 따라 안분계산한 부분도 포함하여 산정하여야 한다.

③ 고급오락장 부속토지

고급오락장의 부속토지는 실제 담장이나 울타리 등의 경계를 기준으로 그 안에 있는 부분의 부속토지를 말하기 때문에 경계가 명백하지 아니할 때에는 그 건축물의 바닥면적의 10배에 해당하는 토지를 고급오락장의 부속토지로 한다(지법 §13 ⑤). 즉 실제 담장이나 울타리 등으로 경계가 지워진 경우에는 울타리 내의 토지를 별장의 부속토지로 볼 것이나, 경계 등이 명확하지 아니하는 경우에는 그 건축물의 바닥면적의 10배에 해당하는 토지만 고급오락장의 부속토지로 본다.

토지가 직접 연접되지는 않았지만 불과 10미터 정도 떨어져 있음은 물론 그 부설주차장과 연접된 상태에서 같은 울타리 내에 있기 때문에 그 이용에 있어서 차이가 없을 뿐 아니라 비록 부설주차장에 포함되어 신고하지는 않았다 하더라도 건물 부속토지의 기준 면적 이내의 토지로서 현실적으로 주차장용으로 사용되고 있는 사실이 인정되는 경우 고급오락장 부설 토지로 볼 수 있다.

고급오락장이 건축물의 일부에 시설된 경우에는 해당 건축물에 부속된 토지 중 그 건축물의 연면적에 대한 고급오락장용 건축물의 연면적의 비율에 해당하는 토지를 고급오락장의 부속토지로 본다. 예를 들어 A필지 위의 건축물을 유흥주점으로만 사용하고 있다면 중과세대상이며, 소유자가 전혀 다른 B필지를 주간에는 일반용 주차장으로 사용하고 야간에만 일시적으로 유흥주점 입장객의 주차장으로 사용하고 있다면 이는 고급오락장용이 아닌 주차장 영업용으로 보아야 할 것이다. 그런데 A, B필지는 바로 연접해 있고 하나의 울타리로 구획되어 있으며, 외관상 필지 구분은 전혀 되어 있지 않고 출입구는 A필지로 개방되어 있고, 주간에 일반용 등으로 전혀 사용되지 아니하는 경우 실질적으로는 고급오락장용으로 보아야 할 것으로, 특히 B필지에 대하여 유흥주점업자와 별도의 임대차계약이 있다면 고급오락장용 부속토지로 보아야 할 것이다.

---

260) 이 경우 고급오락장과 고급오락장 외의 부분의 전용면적을 기준으로 공용부분을 안분하게 된다.

> **사례** 공유면적을 포함한 면적을 고급오락장 면적으로 판단함(조심 2012지798, 2013.7.16.)
>
> 지상 1층 및 지하 1층~지하 4층의 기계실, 전기실, 주차장, 발전기, 조정실, 창고 등의 공유면적은 이 건 유흥주점의 필수적인 공용면적에 해당하며, 나머지 공유면적에도 이 건 유흥주점 임차인이 사용하지 못하도록 사용권을 규정하고 있거나, 이 건 유흥주점에서 사용할 수 없는 구조로 되어 있지도 아니한 이상, 공유면적을 포함한 면적을 고급오락장 면적으로 하여 재산세 중과세율을 적용한 것은 잘못이 없다 할 것임.

> **사례** 유흥주점영업장 등 고급오락장 취득세 중과세 성립시기(감심 2003-75, 2003.7.22.)
>
> 1. 유흥주점영업장소는 그 영업활동을 "하고 있는 장소"라고 한정하여 해석하기보다는 그 영업활동을 "할 수 있는 장소"를 포함한다고 보아야 할 것이므로 유흥주점영업장의 설비를 갖추고 유흥주점영업허가를 받는 등으로 유흥주점영업장소로서의 실체를 갖추고 있다면 그 실체를 갖추게 된 날에 유흥주점영업장소가 되었다고 보아야 할 것임.
> 2. 이 사건 업소는 2002.6.18.에서야 문화관광부장관으로부터 관광유흥음식점(관광극장식당)으로 지정되었으므로 그날 이후부터 고급오락장에서 제외될 뿐이라 할 것임. 그러므로 이 사건 업소가 2002.6.18. 재산세 중과세대상인 고급오락장에서 제외되었다는 이유로 2002.6.1. 이미 성립된 중과세 납세의무가 소멸한다거나 그 납세의무성립일에 소급하여 관광유흥음식점 지정이 된 것으로 볼 수는 없는 것임.

3) 룸살롱 및 요정영업장

「식품위생법」제37조에 따른 허가 대상인 유흥주점영업으로서

① 유흥접객원으로 하여금 유흥을 돋우는 유흥주점영업
② 시설 기준 : 별도의 반영구적으로 구획된 객실 구비
③ 객실면적, 객실수 기준 : 객실면적이 영업장 전용면적의 50% 이상 또는 객실수가 5개 이상인 영업장소
④ 영업장 면적 기준 : 100㎡ 초과(공용면적 포함)

☞ 객실 면적 50% 이상 판단 시 주차장, 계단 등의 공용면적을 제외한 전용면적기준이며, 영업장 면적 100㎡ 초과 판단 시 공용면적을 포함한 전체 영업장 면적이 되는 것임.

---

① 요건

유흥접객원(2017년까지는 남자접객원은 제외되었으나 2018년 이후는 남녀를 불문하며, 임시로 고용된 사람 포함)을 두는 경우로, 별도로 반영구적으로 구획된 객실의 면적이 영업장 전용면적의 100분의 50 이상이거나 객실 수가 5개 이상인 영업장소(룸살롱, 요정 등)로 영업장 면적이 공용면적을 포함하여 100㎡를 초과하는 경우에 한하여 중과세대상에 해당한다. 다만, 「관광진흥법」제6조에 따라 지정된 관광유흥음식점 및 관광극장유흥업(관광극장유흥업은 관광호텔 안에 있는 것만 해당)을 제외하며, 「식품위생법」에 따른 유흥주점영업 허가를 받은 날부터 30일 이내에 「관광진흥법」제6조에 따라 관광유흥음식점 및 관광극장유흥업으로 지정받은 때에는 유흥주점영업 허가를 받은 날에 관광유흥음식점 및 관광극장유흥업으로 지정받은 것으로 본다.

고급오락장의 충족요건이 ① 허가 대상인 유흥주점업 영업장소(공용면적 100제곱미터 이상), ② 유흥접객원(상시 고용하지 않는 자 포함)을 둠, ③ 반영구적으로 구획된 객실면적이 영업장 전용면적의 50% 이상이거나 객실 수가 5개 이상을 모두 갖추어야 하므로 이 중 하나라도 요건을 결하게 되면 고급오락장으로 중과세할 수 없으므로 고급오락장이 아닌 용도라 함은 고급오락장 충족요건 중 일부 요건을 결하게 되는 것을 포함한다. 따라서 해당 과세물건은 취득한 날부터 60일(2018.12.1. 이전 취득분은 30일) 이내에 고급오락장이 아닌 용도로 사용하기 위하여 용도변경공사를 착공하였고, 고급오락장이 아닌 용도로 사용하고 있으므로 취득세 중과대상인 고급오락장에 해당되지 아니한다(지방세운영과-942, 2010.3.9.).

취득세가 중과되는 룸살롱 및 요정 영업장은 유흥주점으로서 인·허가 업종에 불구하고 영업장소의 실질현황을 기준으로 판단하여야 한다. 따라서 인·허가 당시 유흥주점이 아닌 단란주점으로 허가를 받았다 하여도 실질운영이 유흥주점의 형태 및 요건을 구비하고 있다면 중과세대상에 해당된다. 한편, 건물을 취득할 당시 룸살롱시설이 모두 철거되고 영업을 재개할 현황이 아닌 경우에는 비록 영업허가가 존속하고 있더라도 고급오락장을 취득한 것으로 볼 수 없어 중과대상에서 제외된다(대법원 92누930, 1992.9.22.).

취득 당시 무도유흥주점이 아닌 일반 영업장으로 사용할 목적이었으나 양도인이 양도 전에 계약 체결한 유흥주점이 있고 해당 유흥주점이 건물 명도를 하지 않는 상황이라 하더라도 건축물을 취득할 당시 유흥주점 영업시설을 갖추고 그 영업허가를 받아 영업을 하였고, 그 현황이 객관적으로 영업장으로서의 실체를 갖추고 있었다면 이는 룸살롱 영업장소에 해당하고 새로운 건물 취득자가 실지로 그 건물에서 영업을 하였는지 여부는 상관없으며, 소유자가 아닌 임차인이 그 시설을 하였다 하더라도 건물 취득자들은 해당 부동산에 대한 포괄적 권리를 승계취득하였으므로 취득세의 중과세대상이 된다고 보고 있다(감심 2000-7, 2000.1.11.).

② 유흥접객원

㉠ 개요

손님과 함께 술을 마시거나 노래 또는 춤으로 손님의 유흥을 돋우는 모든 접객원을 말한다. 유흥주점 허가 및 고급오락장용 부동산으로서 시설 요건을 갖추었으나 영업자 지위승계 이후 유흥접객원을 고용하지 않은 경우라 하더라도 고급오락장의 요건 중 유흥접객원은 상시 고용 여부를 불문하고 그 유흥주점에서 객실위주의 영업 형태를 가지고 이들로 하여금 손님들의 유흥을 돋우는 행위가 사회통념상 통상적으로 이루어지면 설사 유흥접객원이 일시적으로 없었다 하더라도 그 현황이 유흥주점 영업장으로서의 실체를 갖추고 있다고 보아야 할 것(조심 2009지0559, 2009.9.17. 참조)이므로, 이에 대하여는 해당 영업장의 영업형태, 영업장의 시설, 전반적인 전후사정 및 사실관계 등을 객관적·구체적으로 확인하여 판단하여야 할 사항이다(지방세운영과-2015, 2012.7.6.).

유흥접객원의 존재 여부의 판단을 세무서에 부가가치세 신고 시 구분기재한 봉사료 등을 기초로 하는 경우 유흥업소 영위업자의 소득세, 부가가치세 축소 목적으로 봉사료를 구분

기재한 것일 뿐 실질적으로 유흥접객원이 존재하지 않았다는 항변에 대해 지방세 심사례는 이를 인정하지 않고 고급오락장으로 중과한 사례도 있다(행심 2002-213, 2002.5.27.).

ⓛ 상시 고용되지 아니한 접객원

유흥접객원의 경우 그 특성을 고려하여 상시 고용되지 아니하는 접객원도 포함된다. 한편, 유흥접객원이 일시적으로 없는 경우에도 평상 시 유흥접객원의 존재 여부에 따라 중과 여부를 판단하여야 한다(행심 2000-194, 2000.3.29., 행심 2000-531, 2000.6.27.).

ⓒ 남자접객원

2018년 이후는 남녀를 불문하는 것으로 규정되어 있어서 남자접객원도 포함되는 것이다. 그런데 2017년까지는 룸 디제이들이 유흥접객원에 해당한다고 하더라도, ① 위 남성 룸 디제이들은 부녀자인 유흥접객원에 해당하지 아니하는 점, ④ 부녀자인 유흥접객원을 둔 유흥주점과 달리 남성 유흥접객원을 둔 유흥주점 용도로 사용되는 건축물과 그 부속토지에 대하여 취득세나 재산세를 중과하지 않을 경우 조세공평주의에 다소 어긋나거나 고급오락장 등 사치성 재산에 재산세를 중과세하려는 「지방세법」의 입법취지에 반할 여지가 있기는 하나, 조세법규는 그 문언에 따라 엄격히 해석되어야 하므로 위와 같은 문제는 입법적으로 해결되어야 할 것으로 보이는 점 등에 비추어 보면, 이 사건 건물이 「지방세법」 제13조 제5항 제4호, 같은 법 시행령 제28조 제5항 제4호 나목 소정의 고급오락장 용도에 사용되는 건축물과 그 부속토지에 해당한다고 보기 어렵다(대법원 2017두48376, 2017.9.21.).[261]

ⓔ 노래방 유흥접객원

취득세 등 중과세대상이 되는 고급오락장을 "「식품위생법」 제37조에 따라 허가 대상인 유흥주점"으로 규정하여, 무허가영업 등으로 「식품위생법」 상 위반 여부가 확인되지 않은 경우에도 중과세율을 확대하여 적용하는 사례를 방지하기 위한 입법 취지에 비추어, 사회통념상 유흥주점 영업장이 룸살롱이나 요정영업장소와 유사한 실체를 갖추지 아니하고 노래연습장 업자의 준수사항을 위반한 일시적인 일탈행위에 대하여 유흥주점 형태의 영업장이라 보는 것은 고급오락장에 대하여 취득세를 중과세하는 개정 입법 취지와 실질과세의 법리에 비추어 합리성이 없다 할 것이다. 다만, 노래연습장 등이 실체관계가 유흥접객원으로 하여금 유흥을 돋우는 룸살롱 또는 요정영업소와 유사한 시설을 갖추고 향후 상시적으로 그와 같은 영업을 할 수 있는 상태로 볼 수 있는 경우에 한하여 고급오락장에 해당된다 할 수 있다(지방세운영과-2431, 2010.6.11.).

③ 반영구적으로 구획된 객실

유흥주점 중 '룸살롱'이라 함은 일단의 손님들이 그 밖의 손님과 격리된 장소에서 유흥을 즐길

---

261) 이와 달리 유권해석으로 "유흥접객원"에는 "남성인 유흥접객원"과 "부녀자인 유흥접객원"이 모두 포함된다고 할 것이다(지방세운영과-389, 2014.2.6.)라고 해석하였었음.

수 있도록 객실이 설치된 것을 의미하는 것으로서(대법원 97누7851, 1997.12.12. 참조), 그 객실은 반영구적으로 구획될 것을 요건으로 하나 여기서 말하는 "반영구적"이란 일단의 손님들을 그 밖의 손님과 격리하기에 충분할 정도로 바닥에 부착된 것으로서 이동이나 철거에 어느 정도 공사를 요하는 구조물로 되어 있으면 족하다고 할 것인데, 건물의 객실은 석고보드 재질로 된 두께 15cm 의 벽으로 다른 객실 혹은 홀과 구획되어 있어 그 안의 손님을 밖의 손님과 격리하기에 충분하고, 벽은 바닥에 부착된 것으로서 쉽사리 들어 옮기는 등의 방법으로 이동하거나 철거하기 어렵다고 할 것이어서, 결국 반영구적이라고 할 것이다(서울고법 2004누10496, 2005.7.20.).

'반영구적으로 구획된 객실'이란 벽 또는 간벽을 설치하여 외부와 구분되도록 시설된 것으로 객실이 외부의 시선으로부터 완전히 차단되지 아니하고 유리를 통하여 외부에서 볼 수 있는 투명, 반투명 유리 등의 구조로 되어 있다하여도 객실에 해당되어 중과대상의 판단기준이 된다(대법원 93누74, 1993.4.27, 심사 2000-194, 2000.3.29.). 또한 벽의 경우 재질이 유리, 합판 등 반영구적으로 구획되어 벽을 자유로이 변경할 수 없고 출입문이 있는 상태 등을 말한다(세정 13407-486, 1996.5.3.).

출입구를 막아서 별도의 출입문이 없다고 하더라도 하나의 출입문을 통해서 출입하고 각각 객실로 사용할 수 있다면 별도의 객실이 존재하는 것으로 보아야 할 것이고, 형식적으로는 벽면처럼 보이더라도 언제든지 객실로 사용할 수 있게 되어 있거나 실제로 객실로 사용하였다면 별도의 객실로 보아야 할 것이다. 한편, 출입문이 완전히 봉쇄되어 객실로 사용할 수 없는 상태로 되어 있다면 객실로 볼 수 없을 것이다.

④ 객실 면적

건축 면적은 건축물의 외벽(외벽이 없는 경우에는 외곽 부분의 기둥)의 중심선으로 둘러싸인 부분의 수평투영면적으로 한다(「건축법 시행령」 §119 ① 2). 따라서 객실 면적 산정 시 객실 벽 중앙선 기준으로 산정한 면적으로 하기 때문에 안쪽 벽을 기준으로 판단하여서는 아니되며, 객실 내에 화장실이 있는 경우 객실 면적에도 포함되고 전체 영업장 면적에도 포함된다.

⑤ 영업장 면적

㉠ 일반 사항

영업장 면적이 100㎡를 초과하는 경우에 한하여 중과세대상에 해당되며 이와 같은 영업장 면적 산정은 실제 영업장으로 사용하고 있는 조리장, 화장실, 객실, 객석, 전용엘리베이터 등 해당 업소가 사용하는 면적과 다른 업소와 공동으로 사용하고 있는 면적(공용면적), 예를 들어 복도, 주차시설, 화장실 등의 면적도 해당 유흥주점과 다른 업소의 실질 면적[262] 등에 따라 안분계산한 부분도 포함하여 산정하여야 한다.

영업장 면적 산정은 관할 자치단체의 허가면적을 기준으로 하는 것이 아닌 실제 사용면적을 기준으로 하는 것이다.

---

262) 이 경우 고급오락장과 고급오락장 외의 부분의 전용면적을 기준으로 공용부분을 안분하게 된다.

ⓛ 하나의 건물에 다른 영업을 하는 경우

건물 2, 3층 영업장의 경우 동일인이 영업주로서 단일한 상호, 영업장부, 계산서를 사용하고, 영업장 및 객실의 구조 또한 크게 다르지 아니하며, 종업원들도 따로 구분되어 있지 아니하다면, 비록 형식상으로는 2층은 단란주점으로, 3층은 유흥주점으로 각 영업허가(노래연습장 영업이 따로 이루어진 흔적은 없다)를 받았더라도 사실상 전체를 하나의 유흥주점으로 보아야 한다.

사례 노래방과 유흥주점이 하나의 유흥주점 영업장으로 사용되는지 여부(조심 2019지3759, 2020.7.21.)

2019년도 재산세 과세기준일(6.1.) 현재 노래방과 유흥주점의 임차인이 동일한지 여부, 노래방과 유흥주점이 별도의 신용카드 단말기를 사용하였는지 여부, 노래방에서 유흥접객원을 두고 영업을 하였는지 여부 등을 재조사한 후 노래방이 유흥주점과 하나의 영업장으로 사용된 사실이 입증되지 아니하는 한 쟁점부동산 중 노래방 면적을 추징대상에서 제외하는 것이 타당함.

사례 계산대와 조리시설이 각각 설치 시 하나의 사업장인지 여부(조심 2019지1707, 2019.7.17.)

처분청은 임차인이 쟁점① · ②영업장을 각각 노래연습장과 유흥주점으로 영업허가를 받았으나 이를 하나의 유흥주점 영업장으로 사용하고 있으므로 고급오락장으로서 재산세 중과세대상에 해당된다는 의견이고, 그 근거로 쟁점① · ②영업장의 동일한 임차인이 영업허가를 받아 사용하고 있는 점, 쟁점①영업장에만 계산대가 설치되어 있고, 쟁점②영업장에만 일부 조리를 할 수 있는 주방이 설치되어 상호 보완적인 형태를 이루고 있었던 점, 쟁점①, ②영업장의 객실번호를 연속적인 번호를 부여하여 영업한 점, CCTV를 통합관리하고 있는 점 등을 들고 있으나, 이러한 증빙들은 쟁점① · ②영업장을 동일한 임차인이 운영하고 있으므로 영업의 효율성을 위하여 2개 영업장의 중복되는 시설을 공용으로 사용할 수 있다는 측면에서 볼 때, 이러한 증빙만으로 2개 영업장이 하나의 유흥주점 영업장으로 사용되었다고 보기에는 설득력이 부족하다고 보이고, 별도의 출입구가 설치되어 있고, 별도의 카드단말기를 통하여 영업실적을 구분하고 있으며, 2개 영업장에 모두 유흥접객원을 두고 영업하고 있는지 여부가 명확히 확인되고 있지 아니한 점 등을 감안하면, 쟁점영업장을 하나의 유흥주점 영업장으로 보아 재산세를 중과세한 처분은 무리가 있다고 보여짐.

사례 유흥주점의 탈의실과 대기실 등도 영업장 면적에 포함됨(행심 2004-16, 2004.1.29.).

처분청의 담당공무원이 2003.4.17. 현지 확인을 한 결과 이 사건 쟁점 건축물에는 음악 연주기기와 소파, 캐비닛 2단형 옷장, 및 옷걸이 등이 비치되어 있고, 이 사건 유흥주점의 종업원과 고객들이 탈의실과 대기실 등으로 사용하고 있는 사실이 입증되고 있으며, 이 사건 재산세 과세기준일 현재에도 이 사건 부동산의 현황은 이러한 상태였음이 분명하다 하겠으므로 쟁점 건축물은 유흥주점의 부속시설로서 유흥주점영업장에 해당되는 것으로 보는 것이 타당함.

사례 유흥주점 재산세 중과세대상 여부(행심 2003-212, 2003.10.27.)

영업장 면적은 실제 룸살롱영업에 제공되는 영업장 허가 면적뿐만 아니라 그 룸살롱 영업장의 출입에 필요한 공용면적까지를 포함한다 할 것이므로 처분청이 건축물대장에 의하여 확인되는 이 사건 부동산의 지하1층 면적 151.37㎡를 이 사건 고급오락장의 영업장 면적으로 봄.

겸용 건물 중 룸살롱 영업장의 취득세 중과 사례

(1) 영업장 현황

① 건축물 총면적 : 460㎡(룸살롱 100㎡)

② 룸살롱 면적 100㎡의 내역

객실 39㎡, 객석 46㎡, 조리장 6㎡, 기타 3㎡, 화장실 6㎡

③ 다른 영업장과 공동사용 면적(공용면적)

복도, 주차장 등 60㎡

④ 건물 취득가액 2억 원

⑤ 재산세 과세기준일 현재 시가표준액 : 1억2천만 원

(2) 취득세 중과세

① 룸살롱으로 직접 사용하는 면적 : 100㎡

② 다른 영업장과 공동사용 면적(공용면적) 안분 : 전용면적 기준으로 안분

가. 룸살롱 전용면적 : 100㎡

나. 다른 영업장 전용면적 : 400㎡(총면적 460㎡ - 공용면적 60㎡)

다. 안분산식 : 60㎡ × (100㎡ ÷ 400㎡) = 15㎡

라. 중과대상 룸살롱 면적 : 100㎡ + 15㎡ = 115㎡

③ 취득세액 : 2억 원 × (2% × 5) × (115㎡ ÷ 460㎡) = 5백만 원

무도유흥주점과 룸살롱의 겸용건물 해당 판단

(1) 영업장 현황

① 영업장 면적 : 245.57㎡

② 객실 면적 : 80.70㎡, 객실수 : 2개

③ 기타 면적 : 164.87㎡(별도의 유흥장치 설치 - 음향기기, 조명장치 등)

④ 유흥주점 허가일 : 2001.10.31.

⑤ 유흥접객원의 상시 고용 확인됨.

(2) 영업의 형태가 전술한 바와 같이 룸살롱과 무도유흥주점으로 복합적인 경우 고급오락장 적용 시 룸살롱과 무도유흥주점 중 어떤 항목이 적용되는 것인지? 룸살롱으로 판단 시 영업장 면적 50% 미만, 객실수 2개(5개 미만) 등으로 중과기준에 해당되지 않아 중과대상에서 제외되는 것인지?

① 일정 요건 미달로 룸살롱에 해당되지 아니함.

② 영업장 면적이 100㎡를 초과하므로 무도유흥주점에 해당되어 전체가 중과대상이 되는 무도유흥주점에 해당함.

☞ 상기 사례는 세정 13430-243, 2002.3.13.의 유권해석을 기초하여 기술한 것임.

4) 영업허가를 득하지 않고 사실상 고급오락장 영업을 하는 경우

실제로 영업을 하고 있으나 영업허가를 득하지 아니한 경우에는 실질과세 원칙에 의해 고급오락장으로 보아 중과세된다. 이를 뒷받침하는 심사례에 따르면 "청구인들 소유의 이 건 건축물에 대하여 살펴보면, 1989.10.27. "○○"이라는 상호로 룸살롱 허가를 받아 영업을 하다가 1990.1.19. 명의를 변경하였고, 1992.12.30. 명의를 다시 변경한 다음, 1993.4.16. 상호를 변경하였으며, 1994.10.14. 내부구조를 변경(총면적 130.7㎡ 객실 6개에서 총면적 73.8㎡ 객실 5개로 변경)하여 현재의 단란주점 형태로 영업을 하고 있는 사실이 처분청의 식품위생업소 허가대장에서 확인되고 있어 이 건 건축물은 1994.10.14. 내부구조를 변경하기 전까지는 1989.10.27. 룸살롱으로 허가 받은 상태에서 업주명의 및 상호변경만 하였을 뿐, 내부구조를 변경한 사실이 없었음이 입증되므로 종전 허가받은 룸살롱으로서의 실체가 존치되었었다고 보아야 할 것이며, 객실의 반영구성 여부는 단순히 구조물의 경도만에 의하여 결정되는 것이 아니라 경도·고정된 정도 등을 참작하여 사회통념에 따라 결정하여야 할 것이므로 이 건 건축물의 객실이 어느 정도의 힘을 가하면 부서지는 시설물이기 때문에 반영구적인 것이 아니라는 청구인들의 주장을 받아들일 수 없다 하겠으며 1995.8.24. ○○세무서장이 발행한 폐업 사실증명원에서 룸살롱이 1992.7.31. 폐업된 사실은 있으나, 「식품위생법」에 의한 처분청의 영업허가(일반유흥음식점, 유흥주점업)는 계속 유효하여 언제든지 영업을 재개할 수 있는 상태로 있다가 1993.4.16. 상호를 변경하여 영업을 재개하였는바, 룸살롱 영업이 휴업 중에 있었다 하더라도 그 영업허가를 계속 유지하기 위해 기본시설을 철거하지 아니하고 그대로 존치하여 둔 채 그 건물의 사실상의 현황이 룸살롱 영업장으로서의 실체를 구비하고 있었다면 고급오락장용 건축물이라고 보아야 할 것(같은 취지 대법원 89누3922, 1990.1.25.)이므로 관할세무서에 폐업신고를 한 사실만으로 이 건 건축물이 룸살롱이 아니라는 청구인들의 주장은 받아들일 수 없다 하겠으며, 처분청에서 이 건 건축물을 고급오락장용 건축물인 룸살롱으로 보아 이 건 건축물과 그 부속토지에 대하여 1993년도 및 1994년도분 재산세와 종합토지세를 중과세한 처분은 적법하다고 판단된다(내심 96-205, 1996.5.30.).

이와 유사한 취지의 유권해석에 따르면 재산세 과세기준일 현재 「식품위생법」에 의한 영업허가를 받지 아니하고 사실상의 무도유흥음식점과 일반유흥음식점으로서 룸살롱을 하고 있는 경우는 고급오락장으로 중과세대상이다(시세 22670-230, 1990.1.11.)"라고 규정하고 있다.

한편, 영업허가를 득하였으나 영업을 개시하지 아니한 경우 예를 들어 유흥주점 허가일이 6.1, 허가증 수령일이 6.3.이며, 6.5.부터 유흥주점 영업을 시작한 경우, 해당연도 재산세 과세기준일인 6.1. 현재 중과대상인지 여부에 대하여 재산세의 과세기준일을 매년 6.1.로 규정하고 "재산세의 과세대상 물건이 공부상 등재상황과 사실상의 현황이 상이한 경우에는 사실상의 현황에 의하여 재산세를 부과"하도록 규정하고 있는바, 6.1. 현재 유흥주점으로서 실체를 갖추고 있다면 재산세는 고급오락장으로서 중과세대상으로 볼 수 있으나 과세기준일 현재 과세요건을 갖추었는지에 대하여는 과세권자가 그 현황을 조사하여 결정할 사안이다(세정 13407-494, 2000.4.10.)"라고 해석을 하고 있다. 이는 취득세의 규정에서 원시취득의 취득시기는 사용검사교부필증 교부일이며 사용검사일 전에 임시사용승인을 득하였다면 임시사용승인일이 되며 임시사용승인도 받지 아니하고 사실상 사용하면 사실상 사용일을 취득시기로 본다는 규정의 취지인 사실상 사용기준으로 판단하고 있다고 본다. 그런데 취득세 중과세액 신고납부기산일은 고급오락장으로의 영업허가일과 고급오락장 영업을 사실상 개시한 날 중 빠른 날이 되는 것(세정 13407-383, 1999.12.27.)이라고 해석하고 있다.

5) 휴업(일시 중단), 폐업

① 휴업(일시중단)

휴업인 경우에는 고급오락장으로 사용되고 있다고 볼 수 없으므로 이 경우 중과세대상이 되는지 논란이 될 수 있으나, 유흥주점 영업을 휴업한 상태에 있다 하더라도 그 건물 현황이 유흥주점으로서의 실체를 그대로 존치하고 있다면 고급오락장으로 보아야 한다는 대법원판결(대법원 89누3922, 1990.1.25.)의 취지에 비추어 볼 때, 고급오락장으로 중과세가 된다고 판단하고 있다. 그리고 유흥접객원이 일시적으로 없었다 하더라도 룸살롱으로서의 실체를 갖추고 유흥주점영업허가를 받아 영업을 해오고 있는 이상, 유흥접객원은 해당 업주가 마음만 먹으면 언제라도 고용할 수 있는 것(행심 2000-194, 2000.3.29.)으로서 달리 볼 것은 아니다라고 결정하고 있다(지방세심사 2000-531, 2000.6.27.). 한편, 건물을 취득할 당시 룸살롱 시설이 모두 철거되고 영업을 재개할 상황이 아닌 경우에는 비록 영업허가가 일시 존속하고 있었더라도 고급오락장을 취득하였다고 할 수 없어서 취득세 중과대상이 아니다라는 대법원판례(대법원 92누930, 1992.9.22.)가 있다.

따라서 고급오락장용 건축물에 대하여 중과세율을 적용하려면 그 현황이 객관적으로 영업장으로서의 실체를 갖는 등 사치성 재산으로서의 요건을 갖추고 있으면 되는 것이고, 그것이 반드시 사치성 용도에 현실적으로 사용되고 있음을 요하지 아니한다 하겠고, 유흥주점 영업이 휴업 중에 있더라도 영업허가를 계속 유지하기 위하여 기존 시설을 그대로 두고 있는 경우에는 건물의 사실상의 현황이 유흥주점 영업장소로서의 실체를 구비하고 있는 것으로서 「지방세법」 제13조 제5항 제4호 및 같은 법 시행령 제28조 제5항 제4호에서 규정하고 있는 고급오락장용 부동산이라고 보아야 할 것이므로, 유흥주점이 휴업 중에 있었다하더라도 유흥주점의 영업허가를 유지하고 있고, 고급오락장의 실체를 구비하고 있어서 언제든지 영업을 재개할 수 있는 상태에 있는 경우 고급오락장용 부동산에 해당한다(조심 2012지798, 2013.7.16.).

② 폐업

유흥주점인지 여부를 판단하는 기준은 영업허가 여부와 관계없이 현황을 객관적으로 판단하여 유흥주점으로서의 실체를 갖추고 있으면 충분하다고 할 것이며(대법원 92누15154), 또한 일시적으로 휴업 중인 경우에도 고급오락장으로서 중과세대상에 해당되는 점(대법원 89누3922 등)을 고려할 때, 유흥주점업을 폐업하였다 하더라도 시설 일체를 철거하는 등 사실상 폐업하지 않은 상태에서, 취득일 이후 다시 허가를 득하여 영업을 재개한다면 이는 일시적인 휴업으로 보아 고급오락장으로 볼 수 있을 것이다(지방세운영과-2287, 2009.6.9.). 따라서 취득할 당시 폐업상태에 있다고 하더라도 시설 일체를 철거하지 않는다면 사실상 폐업한 것으로 보지 아니할 것이므로 중과세

대상이 될 것이다.

장기간 휴업상태로 유흥접객원을 고용하지 않은 경우 관련해서 취득세 중과대상의 판단은 취득 후 일정 기간 동안의 유흥접객원 고용 등 중과세 요건을 계속해서 유지하였는지 여부로 결정하는 것이 아니라, 부동산 취득 후 5년 이내에 유흥주점업으로서 유흥주점의 형태, 유흥접객원 고용 등 중과세 요건에 해당되었는지 여부로 판단함으로 비록 취득 후 중과대상 요건을 갖춘 후에 장기간 유흥접객원을 고용하지 않았다고 하여 중과대상이 아니라고 볼 수 없다. 재산세 중과대상 유흥주점의 경우 휴업 중이라고 하여 유흥접객원이 없는 것으로 간주하여 중과대상이 아니라고 판단하는 것이 아니고, 유흥주점의 형태와 일정 시설 등을 더불어 종합적으로 판단해야 하는바, 과세기준일(6.1.) 현재 휴업 중인 경우라도 영업장의 시설, 영업행위의 성격, 영업이력 등 객관적 정황상 유흥접객원을 고용하는 영업장으로서의 실체가 유지되는 이상 중과대상 유흥주점으로 볼 수 있다(행심 2008-53, 2008.1.28.). 다만, 장기간 휴업의 경우 그간의 내부 사유, 영업재개 의지, 영업장 현황 등 전반적인 사실 관계를 고려하여 사실상 폐업에 준하는 상황이라면 중과대상으로 볼 수 없을 것이다(지방세운영과-3689, 2009.9.10.).

고급오락장으로 보아 재산세를 중과세하기 위해서는 재산세 납세의무성립일 현재 반드시 그 사치성 용도에 현실적으로 사용하고 있는 경우뿐만 아니라 그 현황이 객관적으로 영업장으로서의 실체를 갖는 등 사치성 재산으로서의 요건은 갖춘 경우도 포함된다 할 것이므로, 실체를 갖추고 있으면서 일시적으로 휴업 중인 경우에도 고급오락장으로서 중과세대상에 해당된다고 할 것이지만, 유흥음식점 폐업신고를 하지는 아니하였지만 임대하여 영업을 하던 자가 관할세무서에 폐업신고를 한 후 부과처분의 납세의무성립 시점까지 1년 9개월이나 영업이 중단된 채 방치되어 있고, 그 내부현황도 누수 등으로 인하여 사실상 고급오락장으로서의 영업시설이 그대로 존치한다고 보기는 힘들다 하겠으므로 실체를 유지한 채 일시적으로 휴업 중인 고급오락장과는 다르다고 할 것이고, 장기간 폐업 등으로 인하여 중과세 요건을 상실한 유흥주점에 해당하므로 중과세할 수 없다(행심 2004-99, 2004.5.31.).

6) 임차인이 룸살롱 등을 영위할 경우 중과대상 납세의무자

① 건축주로부터 사용승낙을 받아 임차인이 설치하는 경우(전소유자로부터 임차하여 임차인이 룸살롱 등 고급오락장업을 영위하고 있는 경우)

룸살롱, 요정 등의 판단기준은 영업장의 영업 실질 현황을 기준으로 하게 되므로 건물소유자가 실질적으로 룸살롱 등을 영업하고 있는 지와는 무관하다. 즉 건축물이 룸살롱 등 고급오락장으로 이용될 경우란 건물취득자가 직접 룸살롱 등 오락장을 직접 영위하는 경우뿐만 아니라 건축주로부터 사용승낙을 받은 임차인이 이를 설치하는 경우 및 건물 취득 당시부터 전소유자가 임대하여 임차인이 룸살롱 등 고급오락장업을 영위하고 있는 것까지를 포함하여 중과세대상이 된다.

한편, 유흥주점 취득 전에 철거로 인한 영업권 보상협의 절차 및 적극적인 법률적 조치(법원판결이나 영업폐쇄 등) 등을 강구하지 않고 단순히 명도소송만을 진행한 경우 중과세대상에 해당하는 것으로 보고 있다(행심 2006-149, 2006.4.24.). 따라서 명도소송 이외에도 영업허가의 취소 또는 영업금지 등의 적극적인 법적 조치와 용도변경 허가 등의 절차를 취하여야 할 것이다.

> **사례** 폐쇄하지 아니하고 건물 명도소송만을 제기한 경우(행심 2001-531, 2001.10.29.)
>
> 청구인은 이 사건 건축물이 고급오락장으로 사용되고 있음을 알면서도 영업허가의 취소 또는 영업
> 금지 등의 조치로 이를 폐쇄하지 아니하고 건물 명도소송만을 제기한 채, 이 사건 건축물을 재산세과
> 세기준일(5.1.) 현재 고급오락장으로 사용하게 한 것은 청구인의 잘못이라 할 것이므로, 처분청에서
> 이 사건 건축물을 고급오락장으로 보아 재산세 등을 중과세한 처분은 잘못이 없음.

> **사례** 임차한 자가 시설을 한 룸살롱의 경우(감심 2000-9, 2000.1.11.)
>
> 건축물을 취득할 당시 룸살롱 시설을 갖추고 그 영업허가를 받아 영업을 하였고, 그 현황이 객관적
> 으로 영업장으로서의 실체를 갖추고 있었다면 이는 「지방세법」 제84조의 3 제3항 제5호 나목 소정
> 의 룸살롱 영업장소에 해당한다고 볼 것이며, 건물주 본인이 실지로 그 건물에서 영업을 하였는지
> 여부는 상관없으며, 소유자가 아닌 임차인이 그 시설을 하였다 하더라도 부동산에 대한 포괄적 권
> 리를 승계취득하였으므로 취득세의 중과세대상이 된다고 보아야 할 것임.

② 임차인이 무단으로 설치하는 경우

임차인이 건물 소유자의 허락없이 무단으로 임차 건물을 고급오락장 등으로 사용한 경우에도
취득세의 중과세대상이 되는지에 대해 다툼이 있을 수 있다. 원칙적으로 임차인이 건물 소유자의
의사에 기하지 아니하고 룸살롱 등 고급오락장을 설치하는 경우 건물 소유자의 승낙없이 임차인
의 임의적인 임대차계약 변경에 해당되어 중과대상에서 제외된다(대법원 2009두782, 2009.3.12., 대법
원 87누823, 1988.4.25. 참조). 이와 유사한 대법원판례 역시 임차인이 건물 소유자의 의사에 기하지
아니하고 고급오락장을 설치한 경우 건물 소유자가 추후 이를 추인하거나 이를 인정하여 경제적
이익을 향유하는 등 설치를 용인하였다고 볼 만한 특별한 사정이 없는 한 취득자에게 중과세할
수 없는 것으로 판시하고 있다(대법원 92누13271, 1993.6.8., 대법원 92누5261, 1993.1.26.). 그러나 판례는
사안별로 특별한 사정을 고려하는 것으로 보여진다.

건물 소유자의 의사에 반한 임차인의 영업행위는 중과세대상에서 제외된다는 판례와는 달리
기존의 임차인이 중과대상인 고급오락장을 영업하다가 임대차기간 종료시점에서 건물 소유자의
허락없이 전 임차인이 권리금을 받고 새로운 임차인을 주선하여 건물 소유자와 임대차계약의 갱
신을 요구, 새로운 임차인과 고급오락장이 아닌 일반 대중음식점 등 중과대상에서 제외되는 영업
을 하는 것을 전제로 갱신계약을 체결하였으나 새로운 임차인이 임대차계약 내용에 반하여 무허
가 유흥주점업을 계속하여 영위하는 경우 건물 소유자에게 적극적인 철회노력(명도집행, 사직당
국에의 고발 등)없이 형식적인 시정 명령 또는 계약해제 통보 등을 행한 경우 중과대상에 해당되
는 것으로 해석하는 사례도 있다(대법원 92누13271, 1993.6.8.). 유권해석으로 계약 위반 등을 이유로
경찰서 등에 고소한 행위만으로는 전술한 불법 점유에 의한 납세의무의 취소 사유가 아니라고
보아 중과대상에 해당된다는 내용이 있다(심사 2000-642, 2000.8.29.).

7) 중과대상

① 취득 당시 고급오락장용 부동산을 취득하는 경우

중과세율을 적용하여 취득세 신고납부하여야 한다.

② 일반과세대상 부동산을 취득 이후 5년 이내에 고급오락장이 된 경우

토지와 건축물을 취득한 후 5년 이내에 해당 토지나 건축물이 고급오락장에 해당하게 된 경우에는 취득세를 중과세로 추징한다.

취득(소유권이전, 개축·대수선·개수 등) 행위를 전제로 중과세 여부를 판단하는 것이므로 '부동산을 취득한 후 5년 이내에 고급오락장이 된 경우'라 함은 처음 부동산 취득 당시에 취득세 일반과세용 부동산을 취득한 후 고급오락장으로 영업허가·인가 등을 받거나 사실상 고급오락장 영업을 사실상 개시한 때부터 60일(2018.12.1. 이전 취득분은 30일) 이내 중과세 세액을 신고납부하여야 하는 것이므로 일반 과세물건을 5년 이내 고급오락장으로 영업하게 된 경우로 보아야 할 것이다.

③ 고급주택·별장(2023.3.13. 이전만 적용)·골프장 또는 고급오락장용 건축물을 증축·개축 또는 개수한 경우와 일반건축물을 증축·개축 또는 개수하여 고급주택 또는 고급오락장이 된 경우

부동산이 고급오락장이든 일반 건축물이든 취득 이후 증축·개축 또는 개수하는 취득행위의 결과로 고급오락장이 된 경우에 취득세를 중과세하는 것으로 볼 수가 있는데, 그 증가되는 건축물의 가액에 대하여 취득세를 중과세로 추징한다.

④ 취득세가 중과세된 이후 고급오락장인 유흥주점을 폐업하여 일반 업종으로 변경한 후 다시 무도유흥주점으로 영업허가를 변경하여 취득한 경우

부동산 취득 당시 고급오락장으로 토지와 건물부분에 대하여 중과세되었으나 추후 일반유흥주점으로 영업변경 후 다시 중과세대상인 고급오락장으로 영업허가를 받아 사용할 경우 토지는 중과세대상이 아니며, 건축물 중 다시 고급오락장으로 된 부분이 개수한 경우에 한하여 그 부분만 취득세가 중과세되는 것이나, 그 외의 경우라면 별도의 취득행위 자체가 성립되지 아니하여 중과세뿐만 아니라 일반과세 역시 할 수 없게 된다(세정 13407-226, 2001.8.16.).

따라서 취득 당시 고급오락장용 부동산을 취득하여 토지분과 건물분에 대하여 취득세가 각각 중과세되었는바, 이를 일반 과세물건으로 전환한 후 고급오락장으로 영업허가를 받았기 때문에 소유권이전과 같은 취득행위는 없는 것이라도 취득 후 5년 이내에 해당 부동산이 또다시 고급오락장으로 변경되었으므로 중과세하게 되는 경우 새로운 취득행위가 없음에도 이에 대하여 토지와 건축물에 대하여 취득세를 중과세하게 되므로 이중과세 논리가 발생하게 된다. 결국 고급오락장 → 일반 과세물건 → 고급오락장으로 변경하는 과정에 개축 또는 개수(「건축법」 제2조 제1항 제10호에 의한 대수선)에 해당되는 경우 그와 같은 새로운 취득행위의 결과로서 고급오락장이 된 것이라면 취득세를 중과세하더라도 이중과세 문제는 발생하지 아니할 것으로 보여진다.

⑤ 토지의 용도변경

사치성 재산의 중과세 규정의 취지는 토지를 취득한 후 5년 이내에 그 토지가 동 규정 소정의 용도로 되었을 때에 그 토지를 취득할 당시 사치성 재산을 취득한 것으로 보고 사치성 재산의 취득세율을 적용하여 산정한 취득세액에서 이미 납부한 취득세액을 공제한 나머지 세액을 추징한다.

취득세 과세물건이 토지인 경우 취득세 과세물건의 '취득'이란 토지의 소유권을 취득하거나 소유하고 있는 토지의 지목이 사실상 변경되어 그 가액이 증가된 경우를 말한다 할 것이므로, 토지 취득 후 5년이 경과되어 소유토지의 용도가 바뀌었다 하더라도 그 토지의 지목이 사실상 변경되어 그 가액이 증가된 바가 없다면 그 토지소유자가 취득세 과세물건을 새로 취득한 것이라고는 할 수 없어 그 토지소유자는 신고납부의무는 없다 할 것이다.

8) 건물 내 다른 층으로 이전

① 구분 소유 건축물

1개동의 구분 소유 건축물 내에 위치하고 있던 고급오락장이 해당 건물의 다른 층으로 옮길 경우 이전한 부분은 면적의 증감 여부에 관계없이 새로운 설치로 보아 취득세 중과대상에 해당한다(세정 13407-488, 1988.6.12., 서울고법 809구585, 1981.4.1.). 이 경우 다른 층으로 이전하여 중과대상이 되는지 판단의 기산 시점은 건물의 취득 시점부터 5년 이내인 경우로 한정된다. 이 경우 공용면적 부분에 대해 중복과세의 문제가 제기될 수 있는바, 취득세는 유통세의 성격으로 한번 과세되면 그 목적이 이행된 것으로 새로운 고급오락장이 개설될 때마다 과세되는 것은 아니므로 공용면적 부분은 동일 건물 내의 사업장의 이전으로 추가 과세한다면 이중과세의 문제가 발생될 수 있다. 다만, 이전에 따라 고급오락장의 전용면적이 증가함으로써 이전 전 전용면적에 따라 배분된 공용면적이 증가하는 부분만큼은 당연히 중과대상이 될 것이다. 여기에서 '공용면적'이란 고급오락장과 타 용도에 공용으로 이용되는 공용면적만을 의미하고 고급오락장과 전혀 관계없는 부분, 예를 들어 호텔의 경우 객실만 있는 층의 복도 등은 공용면적에서 제외된다.

② 구분 소유 건축물이 아닌 경우

취득세 중과세는 하나의 과세객체에 대한 취득세의 세율에 관한 사항으로 하나의 과세객체가 되는 취득행위는 그 부동산 전체에 대한 것이지 건물 내 위치별로 구분되는 것은 아니라고 할 것이므로 구분 소유되지 않은 동일 건물 내의 일부가 유흥주점영업점(고급오락장)에 해당되어 취득세가 중과세되었다면, 그 부분에 대하여는 이미 사치성 재산의 취득 억제라는 취득세 중과세의 입법 취지가 달성되었다고 할 것이므로 구분소유가 되지 않는 동일 건물 내에서 고급오락장으로 취득세를 중과세한 후 5년 이내에 위치를 다른 층으로 이전하는 경우라도 영업장 면적의 증가가 없었다면 이를 다시 취득세 중과세대상으로 보기는 어렵다(감심 2000-7, 2000.1.11. 참조)고 할 것이다(지방세운영과-3324, 2011.7.13.).[263]

동일 건물 내 룸살롱 영업장의 이전 시 취득세 중과 사례

(1) 기존 영업장 현황
　① 7층 구분 소유 건물 중 2층에 소재
　② 건축물 총면적 : 1,400㎡
　③ 고급오락장(룸살롱) 전용면적 : 200㎡
　④ 다른 영업장과 공동 사용면적(공용면적) 중 배분 면적 : 50㎡
　⑤ 건물 취득가액 10억 원
　⑥ 취득일자 : 2011.3.1.

(2) 2층 소재 기존 영업장이 동일 건물 내 지하층으로 이전
　① 이전 후 고급오락장(룸살롱) 전용면적 : 250㎡
　② 다른 영업장과 공동 사용면적(공용면적) 중 배분 면적 : 100㎡

(3) 취득세 중과 여부 판단
　① 건물 취득 후 5년 이내 동일 사업장 내 고급오락장 이전 시 면적 증감 여부에 불구하고 중과대상에 해당
　② 중과 취득세액 : 10억 원 × (2% × 5) × (350㎡ ÷ 1,400㎡) = 25백만 원

---

9) 취득 후 60일(2018.12.1. 이전 취득분은 30일) 이내 용도변경하기 위해 착공하는 경우

　중과대상 유흥주점영업장을 취득한 후 60일(2018.12.1. 이전 취득분은 30일) 이내에 별도의 반영구적으로 구획된 객실의 면적을 영업장 전용면적의 50% 미만으로 축소한 경우라면 해당 과세물건 취득 후 지속적으로 「식품위생법」 제37조에 의한 유흥주점영업장으로 사용하였다고 하더라도 취득 후 60일(2018.12.1. 이전 취득분은 30일) 이내 고급오락장이 아닌 용도로 사용하기 위하여 구조변경공사 착공을 하였고, 취득 후 60일(2018.12.1. 이전 취득분은 30일) 이내 별도의 반영구적으로 구획된 객실의 면적이 영업장 전용면적의 50% 미만으로 축소하여 고급오락장 요건 중 하나인 객실의 면적이 영업장 전용면적의 50% 이상에 해당되지 아니하므로, 고급오락장의 충족요건이 ① 허가 대상인 유흥주점업 영업장소(공용면적 포함한 영업장 면적이 100제곱미터 초과), ② 유흥접객원(상시 고용하지 않는 자 포함)을 둠, ③ 반영구적으로 구획된 객실면적이 영업장 전용면적의 50% 이상을 모두 갖추어야 하므로 이 중 하나라도 요건을 결하게 되면 고급오락장으로 중과세할 수 없음으로 고급오락장이 아닌 용도에는 고급오락장 충족요건 중 일부 요건을 결하게 되는 것을 포함한다. 따라서 해당 과세물건은 취득한 날부터 60일(2018.12.1. 이전 취득분은 30일) 이내에 고급오락장이 아닌 용도로 사용하기 위하여 용도변경공사를 착공하였고, 고급오락

---

263) 구분소유 건축물이 아닌 건축물의 일부분을 본점사무소로 사용하다 면적 증감없이 다른 층으로 이전하는 경우에는 중과세대상이 아니다(감심 2000-7, 2000.1.11.). 이는 본점사무소 취득세 중과내용인데 법 취지 상 동일한 것으로 판단한 것임.

장이 아닌 용도로 사용하고 있으므로 취득세 중과대상인 고급오락장에 해당되지 아니한다(지방세운영과-942, 2010.3.9.).

10) 주요 검토 사례

① 사실상 영업형태에 따라 중과 여부 결정

카바레, 나이트클럽, 고고클럽, 디스코클럽 등은 예시적 무도유흥주점 영업장소로 열거한 것이므로 업태등록(허가)이 이와 같이 등록(허가)되어 있지 아니하더라도 사실상의 영업형태로 판단하여야 하므로 입장료의 사실상 징수 여부나 이를 식대·주대에 포함하여 징수하는 경우도 포함한다.

② 입장료 징수 여부와 무관

재산세 중과대상인 무도유흥주점은 관계당국의 허가를 받았는지 여부와 관계없이 영업장소 내의 일정한 공간을 마련하여 손님으로 하여금 그곳에서 춤을 출 수 있도록 하는 영업장소를 말하고 입장료를 받을 수 있는 영업장소에 해당되면 입장료 징수 여부를 불문하고 판단한다(행심 2000-192, 2000.3.29.). 결국 무도장의 설치 여부, 각각의 영업 형태 및 그 규모와 입장료의 징수 여부 등은 영업자가 선택할 사항이고 이와 같은 선택이 중과세 여부의 판단과는 무관하다고 보여진다(세정 13407-400, 2000.3.16.).

③ 인·허가 여부와 무관 실질 현황으로 판단

중과되는 룸살롱 및 요정영업장은 유흥주점으로서 인·허가 업종에 불구하고 영업장소의 실질 현황을 기준으로 판단하여야 한다. 따라서 인·허가 당시 유흥주점이 아닌 단란주점으로 허가를 받았다 하여도 실질운영이 유흥주점의 형태 및 요건을 구비하고 있다면 중과세대상에 해당된다. 한편, 건물을 취득할 당시 룸살롱시설이 모두 철거되고 영업을 재개할 현황이 아닌 경우에는 비록 영업허가가 존속하고 있더라도 고급오락장을 취득한 것으로 볼 수 없어 중과대상에서 제외된다(대법원 92누930, 1992.9.22.).

④ '반영구적으로 구획된 객실'의 의미

'반영구적으로 구획된 객실'이란 벽 또는 간벽을 설치하여 외부와 구분되도록 시설된 것으로 객실이 외부의 시선으로부터 완전히 차단되지 아니하고 유리를 통하여 외부에서 볼 수 있는 투명, 반투명 유리 등의 구조로 되어 있다 하여도 상기 객실에 해당되어 중과대상의 판단기준이 된다(같은 뜻 대법원 93누74, 1993.4.27., 행심 2000-194, 2000.3.29.). 또한 벽의 경우 재질이 유리, 합판 등 반영구적으로 구획되어 벽을 자유로이 변경할 수 없고 출입문이 있는 상태 등을 말한다.

(5) 고급선박

비업무용 자가용 선박으로서 시가표준액이 3억 원(2016년 이전 1억 원)을 초과하는 선박을 말한다. 다만, 실험·실습 등의 용도에 사용할 목적으로 취득하는 것은 제외하며, 업무에 공하는 사업용 선박이나 타인에게 이용하게 하고 요금을 받는 영업용 유람선은 제외한다.

⑧ 취득세 중 구 등록세분 중과세

(1) 대도시 신설법인 등의 중과세(지법 §13 ② 1)

1) 입법 취지

인구와 경제력의 대도시 집중을 억제함으로써 대도시 주민의 생활환경을 보존개선하고 지역 간의 균형발전 내지는 지역경제를 활성화하려는 복지국가적 정책목표에 이바지하고자 하는 규정으로서, 이러한 목적달성을 위하여 법인의 대도시 내 활동을 직접 제한하지 아니하고 법인이 대도시 내에서 그 설립 등을 위하여 하는 부동산등기에 대하여 통상보다 높은 세율의 등록세를 부과함으로써 간접적으로 억제하려는 방법을 선택하고 있다.[264] 대도시 내 인구집중을 억제하고 공해유발을 방지하기 위하여 대도시 내에서 법인신설 또는 증설에 따른 중과세 정책을 시행함으로써 대도시의 기능을 유지하고 활성화하는 데 기여하고 있다.

대도시의 균형 있는 발전을 위하고 인구집중의 억제책으로서 중과세 제도를 이용하고 있는데 등록세에서도 2가지 규정이 있다. 즉 대도시 내 신설법인을 설립하거나 대도시 내로 전입해 오는 법인 또는 새로운 지점(분사무소)를 설치하는 경우와 대도시 내에 공장을 신·증설하는 경우에 그 부동산등기에 관한 중과세 제도가 있다.

---

264) 단순히 지방자치단체의 재원조달이라는 목적을 넘어서 인구와 경제력의 대도시 집중을 억제함으로써 대도시 주민의 생활환경을 보존·개선하고 지역 간의 균형발전 내지는 지역경제를 활성화하려는 복지국가적 정책목표에 이바지하고자 하는 규정으로서, 위와 같은 목적달성을 위하여 인구와 경제력 집중의 효과가 큰 법인의 대도시 내 활동을 직접 제한하지 아니하고 법인이 대도시 내에서 그 설립 등을 위하여 하는 부동산등기에 대하여 통상보다 높은 세율의 등록세를 부과함으로써 간접적으로 이를 억제하려는 방법을 선택하고 있다.
중과세의 필요성이 인정되는 경우 그 정도를 어느 정도로 할 것인가는 결국 법인의 담세능력과 중과세에 대한 국가적·사회적 요청의 강도를 비교하여 결정하여야 할 것인바, 위 조항이 정한 중과세가 대도시 내에 위치한 고가의 부동산을 취득할 정도의 재정능력을 갖춘 법인에 대한 것이라는 점에 비추어 볼 때, 그 정도가 통상세율의 5배라고 하여 반드시 그 목적달성에 필요한 정도를 넘는 자의적인 세율의 설정이라고 볼 수 없으며, 현대 산업사회에 있어서 대도시 주민의 생활환경을 보호하고 지역 간의 균형 있는 발전을 도모하는 것은 전체 국가사회의 긴요한 공익적 요청이라고 할 것이므로 이를 위하여 인구와 경제력의 대도시 집중이라는 강한 역효과가 예상되는 법인의 대도시 내 부동산취득에 대하여 통상보다 높은 세율의 등록세를 부과하였다고 하여 위 조항에 의하여 보호되는 공익과 제한되는 기본권 사이에 현저한 불균형이 있다고 볼 수 없다. "대도시"라는 개념 자체가 지나치게 추상적이어서 불명확하다 할 수 없으며 입법 취지에 비추어 볼 때 대도시에 포함될 도시의 범위를 예측하기 어렵다고 보이지도 않으므로 조세법률주의, 포괄위임금지원칙에 위배되지 않는다(헌재 2001헌바24, 2002.3.28.).

2) 현행 중과세의 개요

중과세의 대상 부동산 취득은 다음과 같다.

> ① 대도시(산업단지 제외)에서의 법인설립(일정 휴면법인의 인수 포함)과 지점·분사무소설치, 본점·주사무소·지점 또는 분사무소의 대도시로 전입함에 따른 대도시의 부동산 취득(그 설립·설치·전입 이후의 부동산 취득 포함)
> ※ 단, 대도시 중과제외 업종, 법인이 사원에 대한 분양 또는 임대용에 직접 사용할 주거용 부동산 취득(1구 건축물의 전용면적 60제곱미터 이하인 공동주택 및 그 부속토지에 한함), 채권보전용 부동산 취득(지령 §27 ③)²⁶⁵⁾ 및 법인분할²⁶⁶⁾(「법인세법」 제46조 제2항 제1호 가목에서 다목까지 요건을 갖춘 경우에 한함)로 법인설립(지령 §27 ④)에 따른 부동산 취득 중과 배제
> ※ 「신탁법」에 따른 수탁자가 취득한 신탁재산을 포함함(2020.1.1. 이후 취득분) - 이 경우 취득 목적, 법인 또는 사무소 등의 설립·설치·전입 시기 등은 같은 법에 따른 위탁자를 기준으로 판단함.
> ② 대도시(산업단지·유치지역·공업지역 제외)에 공장 신·증설함에 따른 부동산 취득

① '법인'의 의미

대도시 내 법인에 대한 중과세는 법인에 한하여 중과세를 하고 있다. 여기서 법인의 범위는 법인등기를 기준으로 판단하는 것이기 때문에 법인등기가 되지 아니하고 주무부장관의 허가만 받은 경우에는 법인으로 볼 수가 없는 것이다. 또한 법인격이 없는 단체는 법인으로 보지 아니하고 단순한 법인이 아닌 단체로서 법인의 범위에서 제외한다.²⁶⁷⁾ 취득세편에서 '법인'이라 함은 「민법」, 「상법」 또는 특별법에 의하여 설립된 모든 법인이 포함되나 법인격 없는 사단·재단은 설립등기를 할 수 없으므로 중과세 규정의 적용을 받지 아니하고 법인등기가 되지 않은 상태에서 주무부장관으로부터 설립에 필요한 허가·인가 등을 받은 상태에서 법인등기를 하지 않은 경우에는 법인이 되기 위한 설립 중인 상태의 법인격 없는 단체에 해당하는 것일 뿐 법인으로는 볼 수 없어 중과대상에서 제외된다(세정 13407-573, 2000.5.1.).

따라서 '법인'이라 함은 「민법」상 법인, 「상법」상 법인, 특별법에 의하여 설립된 법인 등 영리법인과 비영리법인을 불문한 모든 법인이 해당되는 것(구 「지방세법 운용세칙」 137-1에서 정의하고 있는 개념과 동일함)이며, 법인격 없는 사단이나 재단, 종중 등은 여기의 법인에서 제외되므로 중과세대상에서 제외된다.

---

265) 2001.1.1. 이후부터 적용됨.

266) 2001.3.28. 신설되어 이 날로부터 시행됨.

267) 주민세 기본세율 사업소분(종전 법인 균등분)의 납세의무자는 「지방세법」 제75조 제1항에서 지방자치단체에 사업소를 둔 법인(법인세의 과세대상이 되는 법인격 없는 사단·재단 및 단체를 포함한다)을 납세의무자로 규정하고 있어 법인등기를 하지 아니하여 법인격이 없는 단체에 대하여도 법인 균등분 주민세를 부과한다. 이는 별도의 규정을 두어 법인격 없는 단체를 기본세율 사업소분(종전 법인 균등분) 주민세 납세의무자로 간주하고 있을 뿐이지 법인격 없는 단체를 법인으로 본다는 의미는 아니다.

② '대도시'의 범위

「수도권정비계획법」 제6조의 규정에 의한 과밀억제권역을 말한다.[268] 다만, 「산업집적활성화 및 공장설립에 관한 법률」의 적용을 받는 산업단지는 제외한다.

여기서 산업단지 내의 지역은 대도시의 범위에서 제외한다는 것이므로 산업단지 내에서의 법인설립, 지점설치는 중과세대상이 되지 아니하나, 산업단지 내에서 법인 지점이 산업단지 이외의 대도시 지역으로 이전할 경우에는 중과세대상이 된다.

▶ 대도시의 적용범위 비교

본점사무소용 신·증축 부동산 구 취득세분 중과	공장 신·증설 구 취득세분, 구 등록세분 중과	법인(지점) 신설·전입 구 등록세분 중과
과밀억제권역	과밀억제권역 중 산업단지·유치지역·공업지역 제외	과밀억제권역 중 산업단지 제외
지법 §13 ①	지법 §13 ①	지법 §13 ②

③ 납세의무성립 및 신고납부

㉠ 2011.1.1. 이후

취득 시 중과세 요건이 충족되지 않아 일반과세로 신고납부하고 그 이후 중과세 요건이 충족되는 경우 그때 납세의무가 성립한다. 예를 들면 대도시에서의 법인의 지점설치에 따른 부동산 취득에 대하여는 취득세의 세율을 일반세율의 3배로 중과하는 규정과 함께 법인의 지점설치에 따른 부동산 취득은 해당 지점의 설치이전에 취득하는 지점용으로 직접 사용하기 위한 부동산 취득으로 규정하고 있는바, 대도시에서의 지점설치에 따른 부동산 취득에 대하여 중과하는 취득세의 과세요건은 대도시에서의 부동산 취득, 이후 지점설치 및 지점용으로 사용의 3가지라 할 것이고, 대도시 내에서 부동산 취득을 먼저 하였더라도 이후 지점이 설치하여 지점용으로 사용하는 경우에 비로소 중과되는 과세요건이 충족되어 그때 납세의무가 성립한다.

취득세 과세물건을 취득한 후에 해당 과세물건이 중과세대상이 되었을 때에는 다음의 정하는 날로부터 60일(2019.1.1. 당시 중과사유일로부터 30일이 경과하지 아니한 과세물건에 대하여 2019.1.1. 이후 신고납부하는 경우에도 적용하므로, 2018.12.1. 이전 추징사유발생분은 30일) 이내에 이미 납부한 세액(가산세 제외)을 공제한 금액을 세액으로 하여 신고납부하여야 하며, 「지방세법」 또는 「지방세특례제한법」 등 관계법령의 규정에 의하여 취득세를 비과세, 과세면제 또는 경감받은 후 해당 과세물건이 취득세 부과대상 또는 추징대상이 되었을 때에는 그 사유가 발생된 날로부터 산출한 세액[경감 시 이미 납부한

---

268) 부산광역시와 대구광역시는 1995.8.21. 대도시 범위에서 제외되었다. 1995.8.20. 이전에 중과세대상 요건이 성립된 것은 그로부터 5년 이내에는 중과세가 가능함(부과제척기간 경과 이전).

세액(가산세 제외)을 공제한 세액]을 신고납부하여야 하는 것이다(지법 §20 ②, ③).

○ **중과사유발생일**(중과세 납세의무성립일)
① 과밀억제권역 안에서 신·증축 본점사무소용 부동산을 취득한 경우
   사무소로 최초로 사용한 날
② 공장 신·증설 사업용 과세물건 취득, 기존 건축물에 공장을 신설하거나 기존공장을 증설하는 때의 부동산 취득의 경우
   그 생산설비를 설치한 날. 다만, 그 이전에 영업허가·인가 등을 받은 경우에는 영업허가·인가 등을 받은 날
③ 대도시 법인설립, 지점 또는 분사무소를 설치, 대도시 밖 본점·주사무소·지점 또는 분사무소 대도시로 전입의 경우
   해당 사무소 또는 사업장을 사실상 설치한 날
④ 법인의 대도시 중과제외 업종 부동산 취득, 사원주거용 목적 부동산 취득 후 유예기간 1년(3년) 내 해당 업종(용도) 미사용·다른 업종(용도) 사용·겸용하는 경우, 2년 이상 미사용한 상태에서 매각·다른 업종(용도) 사용·겸용하는 경우
   ㉠ 유예기간 1년(3년) 내 해당 업종(용도) 미사용
      유예기간 종료일 다음 날
   ㉡ 유예기간 1년(3년) 내 다른 업종(용도) 사용·겸용하는 경우
      다른 업종(용도) 사용하는 날, 겸용하는 날
   ㉢ 2년 이상 미사용한 상태에서 매각·다른 업종(용도) 사용·겸용하는 경우
      매각하는 날, 다른 업종(용도) 사용하는 날, 겸용하는 날
⑤ 공장 신·증설 사업용 과세물건 취득, 기존 건축물에 공장을 신설하거나 기존공장을 증설하는 때의 부동산 취득의 경우
   그 생산설비를 설치한 날. 다만, 그 이전에 영업허가·인가 등을 받은 경우에는 영업허가·인가 등을 받은 날
⑥ 별장(2023.3.13. 이전만 적용)·골프장·고급주택·고급오락장 및 고급선박
   ㉠ 건축물의 증축 또는 개축으로 인하여 별장(2023.3.13. 이전만 적용) 또는 고급주택이 된 경우
      그 증축 또는 개축의 사용승인서 교부일, 그 밖의 사유로 별장 또는 고급주택이 된 경우에는 그 사유발생한 날
   ㉡ 골프장
      「체육시설의 설치·이용에 관한 법률」에 의하여 체육시설업의 등록(변경등록을 포함한다)을 하는 때. 다만, 등록을 하기 전에 사실상 골프장 사용하는 경우 그 부분에 대해서는 사실상 사용한 날
   ㉢ 건축물의 사용승인서 교부일 이후에 관계법령에 의하여 고급오락장이 된 경우
      그 대상업종의 영업허가·인가 등을 받은 날. 다만, 허가 등을 받지 아니하고 고급오락장이 된 경우에는 고급오락장 영업을 사실상 시작한 날

  ㄹ 선박종류를 변경하여 고급선박이 된 경우

    사실상 선박종류를 변경한 날

☞ 3년의 유예기간 대상 사업 : 「주택법」 제9조에 따라 국토교통부에 등록된 주택건설사업(주택건설용으로 취득한 후 3년 이내에 주택건설에 착공하는 부동산만 해당)

한편, 대도시 내 법인이 그 부동산을 실제 취득할 의사가 있었는지 여부는 중과 여부 판단에 영향을 미치지 아니한다(대법원 95누14855, 1996.7.26. 참조).

ⓛ **2010.12.31. 이전**

구 「지방세법」 제138조 제1항 제3호, 같은 법 시행령 제102조 제2항 후단에 의하여 '대도시 내에서의 법인의 설립·설치·전입 이후의 부동산등기'의 경우에는 그 부동산등기 시에 이미 중과세 요건이 충족되어 있어 납세의무자가 등기 시에 구 등록세 과세표준 및 세액을 위 같은 조의 규정에 따라 자진신고납부하지 아니하였다면 과세관청으로서는 같은 법 제151조의 규정에 따라 구 등록세의 가산세를 보통징수의 방법에 의하여 징수할 수 있다(대법원 95다56217, 1996.3.22.).

그런데 등기 시 중과세 요건이 충족되지 않아 일반과세로 신고납부하고 그 이후 중과세 요건이 충족되는 경우 그때 납세의무가 성립한다. 예를 들면 구 「지방세법」 제138조 제1항 제3호에 의하면, 대도시 내에서의 법인의 지점설치에 따른 부동산등기에 대하여는 등록세의 세율을 일반세율의 3배로 한다는 취지로 규정하고, 같은 법 시행령 제102조 제2항에서 법 제138조 제1항 제3호에서 '법인의 지점설치에 따른 부동산등기'라 함은 해당 지점의 설치이전에 취득하는 일체의 부동산등기를 말한다는 취지로 규정하고 있는바, 대도시 내에서의 지점설치에 따른 부동산등기에 대하여 중과하는 등록세의 과세요건은 대도시 내에서의 부동산등기 및 이후 지점설치의 2가지라 할 것이고, 따라서 대도시 내에서 부동산등기를 먼저 경료하였다 하더라도 이후 지점이 설치되었을 경우에 비로소 중과되는 구 등록세의 과세요건이 충족되어 그때 납세의무가 성립한다.

한편, 종전의 규정을 살펴보면 중과되는 구 등록세의 과세요건을 위와 같이 보는 한 중과되는 등록세에 대한 가산세를 부과하기 위하여는 납세의무자에게 자진신고납부의무가 있음을 전제로 한다 할 것인데, 구 「지방세법」 제124조에서 "등록세는 재산권 기타 권리의 취득, 이전, 변경 또는 소멸에 관한 사항을 공부에 등기, 등록하는 경우에 그 등기, 등록을 받은 자에게 부과한다"라고 규정하고, 같은 법 제13조 제2항에서 "제1항의 규정에 의한 과세표준은 조례가 정하는 바에 의하여 등기, 등록자의 신고에 의한다"고 규정하고, 같은 법 제138조 제1항에서 "다음 각 호의 1에 해당하는 등기를 하는 때에는 그 세율을 제131조 및 제137조에 규정한 세율의 5배로 한다"라고 규정한 다음, 같은 법 제151조에서 "등록세 납세의무자가 제130조 제2항의 규정에 의한 신고를 아니하거나 제130조 내지 제149조의 규정에 의한 산출세액에 미달한 때에는 제130조의 규정에 의한 과세표준에 제131조 내지

제149조의 규정에 의한 세율을 적용하여 산출한 세액 또는 그 부족세액에 100분의 20을 가산한 금액을 세액으로 하여 보통징수의 방법으로 징수한다. 다만, 보통 징수방법에 희한 납기는 15일로 한다"라고 규정하고 있을 뿐, 취득세 중과에 대한 자진신고납부의무를 규정한 같은 법 제120조 단서와 같은 규정을 결하고 있어, 위와 같은 법 규정들만으로는 부동산 취득등기 이후에 지점설치 등의 구 등록세의 중과세요건이 충족되어 중과되는 경우에 있어 구 등록세의 납세의무자에게 그 구 등록세를 자진신고납부할 의무를 부과하였다고 볼 수 없다 할 것이다(대법원 91누10619, 1992.5.12.).

상기 대법원판례의 영향으로 1994.12.22. 「지방세법」을 개정하여 등록세 과세물건을 등기 또는 등록한 후에 해당 과세물건이 제132조의 2 제3항 또는 제138조의 규정에 의한 세율의 적용대상이 된 때에는 대통령령이 정하는 날부터 60일(2018.12.1. 이전 추징사유발생분은 30일) 이내에 제132조의 2 제3항 또는 제138조의 규정에 의한 세율을 적용하여 산출한 세액에서 이미 납부한 세액(가산세를 제외한다)을 공제한 금액을 세액으로 하여 다음과 같이 신고납부하도록 개정하였다.

1995.1.1. 이후부터는 등록세 과세물건을 등기 또는 등록한 후에 해당 과세물건이 「지방세법」 제138조의 규정에 의한 중과세 세율 적용대상이 된 때에는 다음의 정하는 날로부터 60일(2018.12.1. 이전 추징사유발생분은 30일) 이내에 이미 납부한 세액을 공제한 납부세액을 신고납부하여야 하며, 「지방세법」 또는 「조세특례제한법」 등 관계법령의 규정에 의하여 등록세를 비과세, 과세면제 또는 경감받은 후 해당 과세물건이 구 등록세 과세대상 또는 추징대상이 될 때에는 그 사유가 발생된 날로부터 산출한 세액을 신고납부하여야 하는 것이며, 이때 가산세는 제외하는 것이다.

① 법인등기의 경우 : 해당 사무소 또는 사업장 사실상 설치일
② 중과제외 업종 겸용사업을 하는 경우
  ㉠ 부동산을 취득한 후 1년(3년) 이내에 해당 업종에 사용하지 아니한 경우 : 그 기간 경과일
  ㉡ 부동산 취득 후 다른 업종에 겸용하는 경우 : 겸용 개시일

한편, 구 「지방세법」 제29조 제1항 제2호의 규정에 의거 등기시점에서 등록세 납세의무가 발생되는 것이므로 그 시점의 「지방세법」을 적용하여야 한다. 따라서 구 등록세는 재산권 기타 권리의 취득·이전·변경 또는 소멸에 관한 사항을 공부에 등기 또는 등록하는 경우 그 등기 또는 등록행위 자체를 과세물건으로 하는 조세로서 그 등기 또는 등록의 유무효나 실질적인 권리 귀속 여부는 구 등록세 과세대상이 되는 데에 아무런 영향이 없고, 이와 같은 법리는 「지방세법」 제138조 제1항 규정에 의한 중과세의 경우에도 마찬가지이므로 대도시 내 법인이 그 부동산을 실제 취득할 의사가 있었는지 여부는 중과 여부 판단에 영향을 미치지 아니한다(대법원 95누14855, 1996.7.26. 참조).

(2) 부동산 취득에 대한 중과세

1) 개요

대도시에서의 법인 설립, 지점·분사무소 설치 및 법인의 본점·주사무소·지점·분사무소의 대도시 전입에 따른 부동산 취득은 해당 법인 또는 「지방세법 시행규칙」 제6조의 사무소 또는 사업장이 그 설립·설치·전입(수도권의 경우 서울특별시 외의 지역에서 서울특별시로의 전입은 대도시로의 전입으로 봄) 이전에 법인의 본점·주사무소·지점 또는 분사무소의 용도로 직접 사용하기 위한 부동산 취득(채권을 보전하거나 행사할 목적으로 하는 부동산 취득 제외)으로 하고, 같은 호에 따른 그 설립·설치·전입 이후의 부동산 취득은 법인 또는 사무소 등이 설립·설치·전입 이후 5년 이내에 하는 업무용·비업무용 또는 사업용·비사업용의 모든 부동산 취득으로 한다. 이 경우 부동산 취득에는 공장의 신설·증설, 공장의 승계취득, 해당 대도시에서의 공장이전 및 공장의 업종변경에 따르는 부동산 취득을 포함한다.

여기서 '법인 또는 사무소등이 그 설립·설치·전입 이전에 법인의 본점·주사무소·지점 또는 분사무소의 용도로 직접 사용하기 위한 부동산 취득'이란 해당 본점 또는 지점용 사무실 및 그 부대시설용 등을 의미하는 것으로 직접 사용이 아닌 임대 등을 목적으로 취득한 부동산의 경우에는 취득세 중 구 등록세분 중과대상에 해당하지 않으나, 법인 또는 지점 등이 설립·설치·전입 이후 5년 이내에 취득하는 부동산에 대하여는 법인 또는 지점 등이 설립·설치·전입 이전의 등기와는 달리 직접 사용 여부와 관계없이 일체의 부동산 취득에 대하여는 구 등록세분 중과대상에 해당된다(지방세운영과-2781, 2010.7.1. 참조).[269]

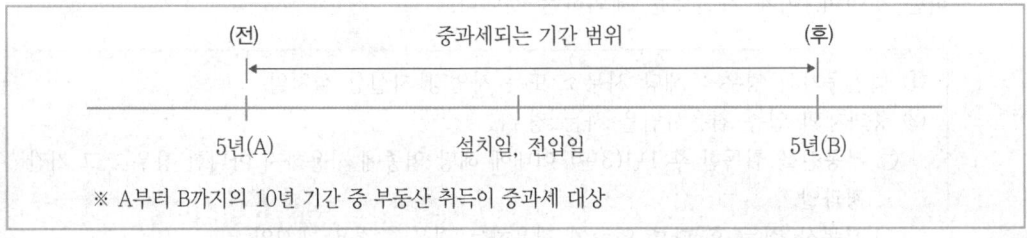

* A부터 B까지의 10년 기간 중 부동산 취득이 중과세 대상

---

269) 구 「지방세법 시행령」 제102조 제2항을 개정(2009.5.14.)하기 전까지는 설치·전입 이전에 취득하는 "일체의 부동산등기"를 그 대상으로 하였던바, 그 범위가 분명하지 않아 관련성을 광범위하게 해석하여 지점 등의 설립·설치·전입과 무관한 부동산등기에 대하여도 구 등록세를 중과하는 혼선이 있어, '법인 또는 지점 등이 그 설립·설치·전입 이전에 법인의 본점·주사무소·지점 또는 분사무소의 용도로 직접 사용하기 위하여 취득하는 부동산'이란 해당 본점 또는 지점용 사무실 및 그 부대시설용 등을 의미하는 것으로 직접사용이 아닌 임대 등을 목적으로 취득한 부동산의 경우에는 구 등록세 중과대상에 해당하지 않으나, 법인 또는 지점 등이 설립·설치·전입 이후 5년 이내에 취득하는 부동산등기에 대하여는 법인 또는 지점 등이 설립·설치·전입 이전의 등기와는 달리 직접사용 여부와 관계없이 일체의 부동산등기에 대하여는 등록세 중과대상에 해당된다(지방세운영과-2781, 2010.7.1.).

2) 중과세대상 부동산

① 법인설립 · 전입, 지점설치 · 전입 이전 5년 이내의 부동산 취득

대도시에 법인설립, 지점 등 설치와 전입 이전에 취득한 부동산은 취득세 중 구 등록세분을 3배 중과하는 것이나, 법인이 설립되기 이전에는 부동산을 취득하였다 하더라도 이는 법인의 취득으로 볼 수 없으므로 중과세할 수 없는 것이다. 여기서 법인설립, 지점 또는 분사무소의 설치 및 대도시로의 법인의 본점 · 주사무소 · 지점 또는 분사무소의 전입에 따른 부동산 취득은 해당 법인 또는 사무소 등이 그 설립 · 설치 · 전입 이전에 법인의 본점 · 주사무소 · 지점 또는 분사무소의 용도로 직접 사용하기 위한 부동산 취득(채권을 보전하거나 행사할 목적으로 하는 부동산 취득 제외)으로 한다. 따라서 해당 본점 또는 지점용 사무실 및 그 부대시설용 등을 의미하므로 직접 사용이 아닌 임대 등을 목적으로 취득한 부동산을 제외한 사무실, 판매장, 점포, 기타 영업소 등에 사용하기 위하여 취득한 부동산을 말한다. 그런데 법인의 지점 설치 이전에 지점설치와 관련성이 없이 지점용도가 아닌 분양을 하기 위하여 취득하는 부동산은 직접 사용으로 볼 수 없는바, 취득세 중과세대상이 되지 아니할 것이다(조심 2008지0626, 2010.3.8. 참고).

한편, 지점 등의 설치 및 전입 이전에 취득한 것은 시한에 관계없는 중과세대상이 되는 것이 아니고, 5년 이내 부동산 취득만 중과가 된다. 또한 지점 등의 설치 및 전입의 기준일은 지점 등 등기일을 기준으로 하지 않고 「지방세법 시행규칙」 제6조에서 「법인세법」 제111조 · 「부가가치세법」 제8조 또는 「소득세법」 제168조에 따른 등록대상 사업장(「법인세법」 · 「부가가치세법」 또는 「소득세법」에 따른 비과세 또는 과세면제대상 사업장과 「부가가치세법 시행령」 제11조 제2항에 따라 등록된 사업자단위 과세 적용 사업장의 종된 사업장 포함)으로서 인적 및 물적 설비를 갖추고 계속하여 사무 또는 사업이 행하여지는 장소를 말하므로 '사실상의 설치일 또는 전입일을 기준'으로 한다.[270]

법인설립 · 전입, 지점설치 · 전입 이전에 취득한 부동산 중과세의 요건은 '부동산 취득 후 5년 이내에 지점 등을 설치'하여야 비로소 중과세 요건을 구비하게 되는 것이며, 부동산을 취득만 하고 지점 등을 설치하지 아니하는 경우에는 중과세대상에서 제외되는 것이다.

한편, 법인 또는 지점 등의 설립 · 설치 · 전입 시점에 해당 부동산의 취득일이 5년 미경과된 경우에만 중과세되는 것이다(세정 13407-379, 1996.4.1.). 그 이유는 중과세는 부동산 취득일로부터 5년 이내만 가능하기 때문이다.

상기에서 "법인이 본점 · 주사무소 · 지점 또는 분사무소의 용도로 직접 사용하기 위하여 취득하는 부동산"에는 법인이 본점 · 주사무소 · 지점 또는 분사무소의 사무실 용도로 직접 사용하기 위하여 취득하는 부동산뿐만 아니라 법인이 인적 · 물적 설비를 갖추어 본점 · 주사무소 · 지점 또는 분사무소의 사업활동 장소로 사용하기 위하여 취득하는 부동산도 포함된다(대법원 2012두20984, 2014.4.10. 참고).[271]

---

270) 1984.5.12.~2013.12.31.에는 등록대상이 되는 사업장이 아니라 등록된 사업장이어야 지점에 해당되었다.
271) 대법원판례는 본점에 관련된 내용이나 이를 지점 등에도 동일하게 해석하여야 할 것이다.

이 대법원판례에 따르면 노인주거 및 의료복지 시설사업(이하 "노인복지시설사업") 등을 영위하는 법인이 사업부지 지상에 「노인복지법」에 따른 주거복지시설과 은행, 편의점, 식당 등이 구비된 커뮤니티시설 및 「노인복지법」에 따른 노인요양시설을 건축하여 2009.9.18. 사용승인을 받고 2009.10.6. 이 사건 사업시설에 대한 소유권보존등기를 마쳤으며, 사업시설에 관하여 일반세율에 따른 취득세 및 등록세 등을 신고·납부한 사실, 커뮤니티시설 내 일부와 요양시설 내 일부를 본점 사무소로 사용하는 경우(사업 시설을 취득하면서 그 본점을 법인등기부상 소재지 내에 있는 커뮤니티시설 및 요양시설 가운데 일부인 사무실로 사실상 이전하여 그곳에서 본점 업무를 수행하였음), 대도시에 속하는 본점을 전입하면서 본점의 직접적 용도인 그 사무소로 사용하기 위하여 취득한 사무실 부분에 관한 등기는 구 「지방세법」 제138조 제1항 제3호, 구 「지방세법 시행령」 제102조 제2항 전문에 따른 등록세 중과대상으로 보는 것이 타당하나, 커뮤니티시설 및 요양시설 중 사무실 부분을 제외한 나머지 부분은 「노인복지법」에 따른 노인복지시설로서 본점의 직접적 용도인 사무소와는 구분되는 별도의 영업용 부동산에 해당하므로 그에 관한 등기는 등록세 중과대상이라고 할 수 없다는 이유로, 사무실 부분을 제외한 나머지 부분은 위법하다고 판단하였지만, 본점은 사업시설에서 노인복지시설 사업을 영위한 것으로 보이므로, 커뮤니티시설 및 요양시설 중 사무실 부분을 제외한 나머지 부분의 경우에도 인적·물적 설비를 갖추어 본점의 사업인 노인복지시설 사업에 사용하는 곳은 구 「지방세법」 제138조 제1항 제3호, 구 「지방세법 시행령」 제102조 제2항 전문에 따른 구 등록세 중과대상에 해당한다는 것이다.

② 법인설립·전입, 지점설치·전입 이후 5년 이내의 부동산 취득

법인설립·전입, 지점설치·전입 이후의 부동산 취득은 법인 또는 지점 등의 설립·설치·전입 이후 5년 이내에 취득하는 업무용·비업무용·사업용·비사업용의 모든 부동산 취득으로서 공장의 신·증설, 공장의 승계취득, 해당 대도시에서의 공장의 이전 및 공장의 업종변경에 따르는 부동산 취득을 포함한다. 따라서 비록 대도시 전입 후 5년 이내의 법인이 공장을 승계취득하였다 하더라도 중과세되는 것이다. 이는 공장 신·증설에 해당되지 않는다고 하더라도 법인이 대도시 전입 후 5년 이내에 취득하는 모든 부동산 취득에 해당되어 중과세하는 것이다. 이 경우 도시형업종 공장의 경우에는 중과제외 업종에 해당되어 중과세되지 아니한다.

대도시로의 전입 이후 취득하는 부동산 취득의 경우 과밀억제권역을 기준으로 판단하되 과밀억제권역 내 「산업집적활성화 및 공장설립에 관한 법률」의 적용을 받은 산업단지는 중과세를 제외하고 있어서 산업단지에서 과밀억제권역으로 전입하는 경우에는 취득세 중 구 등록세분이 중과세되는 것이다. 또한 공장 신·증설의 경우 유치지역이나 공업지역에서는 공장 신·증설에 따른 중과세는 되지 아니하나, 유치지역 또는 공업지역으로 법인의 전입의 경우에는 취득세 중 구 등록세분은 3배 중과세되는 것이다.

3) 중과세율

취득 유형		세율
법인설립(휴면법인 인수)·전입, 지점·분사무소 설치·전입	5년 경과 유상승계취득	4%[주택 12%(지법 §13-2 ①), 2020.8.11. 이전은 1%~3%]
	5년 이내 유상승계취득	8%[주택 12%(2020.8.11. 이전은 5%~7%)]
	신축	4.4%
	무상취득 (일정 비영리)	6.5% (4.4%)
	공유물, 합유물 및 총유물 분할	2.3%

☞ 적용세율 = (표준세율 × 3) - 중과기준세율(2%) × 2
 - 신축 2.8% × 3 - 2% × 2 = 4.4%
 - 증여 3.5% × 3 - 2% × 2 = 6.5%
 설립·설치·전입 이전의 5년 이내 취득분 중과는 직접사용이 아닌 임대용 등은 제외하나, 설립·설치·전입 이후의 5년 이내 취득분 중과는 임대용을 포함한 모든 부동산 취득이 중과됨.
 공유물, 합유물 및 총유물의 분할로 인한 취득은 중과대상이 될 수 없음.[272)]
 부동산 부분은 취득세로 중과세, 법인설립·자본증자 등은 등록면허세 중과세
 대도시 내 법인설립이나 지점 등을 설치하면서 부동산을 취득하거나, 법인설립이나 전입 이후 5년 이내에 취득하는 부동산에 대하여 2011.1.1.부터 취득세를 중과세하도록 하고 있으나, 2010.12.31. 이전에 취득하여 2011.1.1. 이후에 등기하는 경우 등록세를 과세하도록 규정하고 있으므로 등록세는 종전 규정에 따라 중과세가 됨.

☞ 「지방세법」 §11 ①에 해당하는 주택을 취득하는 경우 §13-2 ① 1호에 해당하는 세율인 12%(2020.8.11. 이전에는 「지방세법」 §11 ①의 표준세율과 중과기준세율의 100분의 200을 합한 세율)가 적용되나, 「지방세법」 §13 ②과 §13-2의 중과규정이 동시에 적용되는 경우 같은 법 §16 ⑤에 따라 같은 취득물건에 대하여 둘 이상의 세율이 해당되는 경우 그 중 높은 세율이 적용됨.

4) 중과세 판단시점인 5년의 기산점

① 2011.1.1. 이후

법인설립·전입, 지점설치·전입 이전의 부동산 취득의 경우 본점 또는 주사무소, 지점에 대한 취득세 중과세 판단시점은 해당 토지를 취득한 시점이나 새로운 건축물을 취득일에 중과세하는 것이 아니라 본점 또는 주사무소, 지점으로 사용하는 날이 중과세대상 여부를 판단하는 시점이 되는 것이다. 따라서 본점용(예 : 사옥)으로 사용하기 위하여 취득한 날에 중과세하는 것이 아니다. 한편, 법인설립·전입, 지점설치·전입 이후의 5년 이내에 취득하는 업무용·비업무용·사업용·비사업용의 모든 부동산 취득이 중과세에 해당하므로 취득일을 기준으로 판단하여야

---

272) 「지방세법 시행령」 제27조에 따르면 부동산 취득으로 되어 있어서 공유, 합유 및 총유의 분할은 취득이 아닌 이미 취득한 소유권을 분리하여 구분하고자 함에 목적이 있으므로 중과대상으로 보기에는 무리가 있다고 본다. 다만, 공유물의 경우 자기지분 이내는 세율특례 적용으로 0.3%, 자기지분을 초과하여 분할된 부분은 유상승계취득에 해당되어 중과세율이 적용될 것이다. 한편, 공유물분할의 경우 새로이 이전받는 지분에 대해서만 취득세율을 적용하는 것이 타당한 것으로 보인다고 결정하고 있다(조심 2015지1095, 2016.4.1.). 즉 취득세 중 구 등록세분으로 0.3%가 적용되지 아니하여야 한다는 것이다.

할 것이다.

② 2010.12.31. 이전

대도시로 법인전입 후 5년 이내 취득하는 부동산 취득에 대하여 중과세하는데, 여기서 5년을 취득일을 기준으로 할 것인지, 등기일을 기준으로 할 것인지 다툼의 여지가 있는바, 즉 전자를 기준으로 할 경우 법인설립·설치·전입 후 5년 이내에 취득하고 그 등기를 법인설립 등이 5년 경과된 후에 등기한다 하더라도 중과세대상이 될 것이고, 등기일을 기준으로 하는 때에는 중과세가 되지 아니한다. 구 등록세의 납세의무성립일은 「지방세법」 제29조 제1항 제2호의 규정에 의거 판단할 때 재산권, 기타권리를 등기 또는 등록하는 때에 성립하는 것이므로 사실상 취득 이후 법인설립 등이 5년 경과된 후 등기하는 경우라면 '등기일'을 기준으로 중과세 납세의무가 성립되는 것으로 판단하여야 한다.[273] 그런데 부동산 취득일로부터 5년 이내에 중과사유가 발생되는 경우에만 중과되므로 취득일로부터 5년 경과된 후 부동산등기를 하는 경우 중과되지 아니한다.

이와 관련하여 처음에 행정안전부에서는 취득일 기준으로 해석하였다가 등록세의 과세객체가 등기행위이므로 등기행위가 있어야 과세할 수 있다는 점과 대법원판례(85누124, 1985.6.25.)도 등기일을 기준으로 적용하여야 한다고 판결하고 있어 행정안전부에서도 등기일을 기준으로 5년의 경과 여부를 해석(세정 22670-12146, 1985.10.10.)한 바 있다.

법인설립·전입, 지점설치·전입 이전의 부동산 취득의 경우로 부동산등기를 한 이후에 또는 주사무소용으로 사용하는 경우 해당 토지를 취득한 시점이나 새로운 건축물을 취득일에 중과세하는 것이 아니라 본점 또는 주사무소로 사용하는 날이 중과세대상 여부를 판단하는 시점이 되는 것이다. 따라서 본점용(예 : 사옥)으로 사용하기 위하여 취득한 날에 중과세하는 것이 아니다.

5) '본점·주사무소'의 의미

'본점'이라 함은 대표이사 등 임직원이 상주하면서 기획, 재무, 경영전략 등 법인의 전반적인 사업을 수행하고 있는 경우를 말하고, '본점용 부동산'이라 함은 법인의 중추적인 의사결정이 이루어지는 장소를 뜻한다할 것이다. 실질적인 본점의 역할을 수행하려면 회사의 영업정책과 재무정책을 총괄하고 결정할 수 있는 회장실, 임원실, 회계부서, 총무부서 등의 사무실이 구비되어야 하고 그 해당 임직원이 상시 근무하여 그 역할을 하여야 할 것이다.

① 본점 이외의 장소에서 내부적 업무를 하는 경우

본점 이외의 장소에서 경리, 인사, 연구, 연수, 재산관리업무 등 대외적인 거래와 직접적인 관련이 없는 내부적 업무만을 처리하고 있는 경우 지점에 해당되지 않지만 본점에 해당될 수 있으므로 본점설치·전입에 따른 중과 여부를 판단하여야 한다. 이의 근거는 "본점 이외의 장소에서

---

273) 심사례에서는 "건물의 취득 시점이 지점설치일로부터 5년 이내인 사실이 분명한 이상, 비록 소유권보존등기가 지점설치 후 7년 10월이 경과된 뒤에 이루어졌다 하더라도 위 규정을 달리 해석할 여지가 없기 때문에 그 건물을 중과세대상 부동산으로 보아 등록세를 중과세한 처분청의 행위는 잘못이 없다(행심 98-678, 1998.11.28.)"라고 결정한바 있다.

경리 등 내부적 업무만을 처리할 경우는 지점 등에 해당되지 아니한다[274](대법원 92누10029, 1993. 6.11.)"라고 판시한 대법원판례에 따른 것이다.

또한 본사에 부설된 일개 영업부서나 직매장의 경우는 지점으로 보지 않으나 이들을 본사와 분리하여 사업장 등록대상이 된 상태에서 인적·물적설비를 모두 갖춘 날(1984.5.12.부터 2013. 12.31.까지는 사업자등록과 인적·물적설비를 모두 갖춘 날)에 지점이 설치된 것으로 본다(대법원 89누978, 1989.9.12. 참조).

참고로, 대도시에서 경리 등 내부적인 업무만 처리하기 위하여 부동산을 취득한 후 5년 이내에 동일한 장소에 지점을 설치 또는 전입하는 경우에는 취득시점에서는 구 취득세분 중과(신·증축 부동산에 한함)에 해당되고 그 이후에 지점설치 등에 따른 구 등록세분 중과에 해당하게 되어 이중 중과에 해당되어 세금부담이 가중되고 있다. 따라서 본점용 부동산을 지점용으로 사용할 경우에는 부동산 취득 후 5년이 경과된 시점에서 행해져야 중과를 피할 수 있다.

예를 들어 대도시 외에 본사가 있지만 서울사무소에 본점의 일부 부서가 상존하여 근무를 하고 있는 경우 사실상의 본점으로 대도시에 전입한 것으로 보아야 할 것이나, 대도시 외에 설립한 본점 외에 대도시 내에 업무 수행 사무실을 설치·운영한 경우라 하더라도 대도시 외에서 인적·물적 설비를 유지하면서 중요한 의사결정 등 사업총괄 본점의 기능을 유지하였다면 대도시 내 전입에 해당되지 아니한다(대법원 2015두55462, 2016.2.18. 참조). 한편, 이 서울사무소가 대도시의 부동산 취득하기 전 5년 이내에 설치된 경우에는 구 등록세분이 중과되는 것이나, 5년 전에 설치되었다면 중과되지 아니한다.

② 영업부

「상법」상의 지점이든 「지방세법」상의 지점에 불구하고 본점 명의로 사업을 수행하며 지점사무실에도 본점업무의 연장선에서 대표이사 사무실 및 경리부와 자금부 그리고 영업부의 사무실을 설치할 수가 있는데 이와 같은 내용들은 모두 본점사업용 부동산으로 해석될 수 있다.

③ 연구개발부서

과학기술부장관의 인정을 받아 대도시 내에서 설립된 기업부설연구소가 본점과는 별도로 해당 연구소 직원만의 급여지급, 회계결산, 인사업무 등을 독자적으로 수행하기 위한 사무실과 회의실 등은 법인의 본점과는 관련이 없는 해당 기업부설연구소의 시설에 해당된다 할 것이다(지방세정팀-1303, 2005.6.23.).

한편, 「지방세법 운영예규」법13-5에 따르면 본점 이외의 장소에서 경리, 인사, 연구, 연수,

---

274) 「수도권정비계획법」에 규정한 과밀억제권역 내에서 본점 또는 주사무소의 사업용 부동산(신축 또는 증축하는 경우와 그 부속토지에 한함)을 취득한 경우에는 3배 중과세를 하는 것이다. 이 경우 본점 또는 주사무소의 사업용 부동산의 범위는 본점 또는 주사무소로 사용하는 부동산과 그 부대시설용 부동산(기숙사, 합숙소, 사택, 연수시설, 체육시설 등 복지후생시설과 예비군 병기고 및 탄약고를 제외한다)을 말한다. 이 경우 본점 소재지에 반드시 본점용 부동산을 두는 것을 의미하는 것이 아니라 본점을 그대로 둔 채로 그 조직의 일부가 사용하는 것도 본점사업용 부동산의 범위에 포함되는 것이다.

재산관리업무 등 대외적인 거래와 직접적인 관련이 없는 내부적 업무만을 처리하고 있는 경우는 지점이 아닌 본점에 해당된다라고 규정하고 있으나, 이 규정에서 연구업무를 규정하고 있는데, 이는 별도의 조직이 아닌 본점 내의 일부 부서의 역할을 하는 경우를 말한다.

예를 들어 건물의 3층과 4층에 소재하고 있는 파워사업장(항공기 엔진 및 군함엔진 등의 연구개발)과 특수사업장(자주포, 장갑차, 탄약운반차 등의 연구개발)은 방위산업과 관련된 장비 등의 연구개발을 전담하는 사업장으로, 일반적인 상거래에서의 영업활동이 아니라 동 연구소가 개발하여야 할 Item을 발굴하는 선행개발부서로서의 역할을 수행하는 곳으로, 방위산업은 방위사업청이라는 고정된 판매처를 확보하고 있으므로 일반적인 상거래의 경우처럼 마케팅활동이 필요하지 아니하며, 중장기현대화계획에 따라 미래형 무기개발을 계획하고 이에 따라 회사가 수주개발하는 방위산업만의 고유한 업무특성을 가지고 있으므로, 마케팅 부문은 연구개발사업을 수행함에 있어 선행개발 역할을 수행하는 연구지원 부서로서의 역할을 수행하고 있어 본점기능을 수행하는 것으로 보기에는 무리가 있다 할 것이다(조심 2012지408, 2013.5.24.).[275]

상기의 내용과 조세심판원 심판례에 따르면 신축에 대한 취득세 본점 중과 시 본점 사무실과 별개의 장소에 있는 기업부설연구소는 본점에 해당하지 않는다고 보아야 할 것으로[본점 사무실과 같은 장소에 있더라도 본점 사무실과 독자적으로 급여지급, 회계결산, 인사업무 등을 한 경우 본점으로 보는 것은 문제가 될 여지가 있으나 최근 대법원판례(2022두66088, 2023.3.16.)에 따르면 사업장 내에 함께 존재하는 경우 본점에 해당되는 것으로 판시하고 있음], 중과세에 해당되지 아니할 것으로 보인다.

> **사례** 「기초연구진흥 및 기술개발지원에 관한 법률」 제14조의 3 제1항 제7호 및 제14조의 4 제1호에 따르면 기업부설연구소 등에 근무하는 자는 연구개발 활동과 관련된 업무 외에 다른 업무를 겸하지 않도록 규정하면서 이를 위반하는 경우 기업부설연구소 등의 인정을 취소할 수 있도록 규정하고 있다. 이에 따르면 청구법인의 경우 2019.12.13. 이 사건 건축물로 이전하면서 기업부설연구소 변경신청을 통해 쟁점연구소의 일부를 기업부설연구소로 인정받은 이후 그 인정 면적이 증가하였으며 현재까지 기업부설연구소의 인정이 취소되지 않고 유지되고 있으므로 쟁점연구소의 직원들은 연구개발 활동을 전담하고 있다고 인정할 수 있다. 그러므로 쟁점연구소가 주된 의사결정을 하는 장소 등을 의미하는 본점용 부동산에 해당한다는 점을 쉽사리 인정하기는 어렵고, 관련 법령에 따라 연구개발 활동만을 전담하는 장소로 볼 수 있으므로 처분청이 쟁점연구소를 본점용 부동산으로 보아 중과세율을 적용하여 취득세 등을 부과한 처분은 잘못이 있음(조심 2023지1631, 2024.7.25.).

---

275) 「기초연구진흥 및 기술개발지원에 관한 법률」에서 정한 바에 따라 독립된 연구공간과 설비 및 인력을 통해 연구개발만을 전담하고 있는 조직으로서 법인의 주된 업무를 지휘·통제하는 활동 또는 경영활동에 필수적인 인사·기획·재무 등의 활동이 이루어지는 장소 등에 해당하지 아니하며, 실제로도 의약품 및 의약부외품 등의 신제품 개발과 관련한 기업부설연구소에 맞게 사용하고 있으므로 쟁점연구소에서 본점 기능과 관련된 업무가 이루어질 여지가 없다고 보아야 하고, 처분청과 같이 수도권과밀억제권역 내에 설치한 기업부설연구소를 본점 또는 주사무소에 해당한다고 보는 것은 기업부설연구소에 대한 감면 취지와 배치되는 점 등에 비추어 처분청이 쟁점연구소를 본점 또는 주사무소라 보아 이 건 경정청구를 거부한 처분은 부당함(조심 2018지0293, 2019.10.31.). 기업부설연구소가 본점 건물에 본점사무실과 함께 있더라도 마찬가지임.

사례 기업부설연구소용 부동산의 본점 중과세 해당 여부(대법원 2022두66088, 2023.3.16.)

이 사건 사업장은 공업지역 내 공장과 임대부동산 등을 제외하고는 나머지 전체가 유기적으로 결합되어 본점으로서 중추적인 의사결정을 수행하는 역할을 하는 것으로 보이는 점, 이 사건 기업부설연구소가 별도의 연구단지로 구획되어 있는 것이 아니라 이 사건 사업장 내에 함께 존재하는 점 등에 비추어 보면, 이 사건 기업부설연구소는 법인의 본점 또는 주사무소의 사무소로 사용하는 부동산 또는 그 부대시설용 부동산의 범주에 포함된다고 봄이 타당함.

사례 단순히 연구개발 사무실은 본점용 부동산 아님(조심 2011지917, 2012.6.15.)

실질적인 본점의 역할을 수행하려면 회사의 영업정책과 재무정책을 총괄하고 결정할 수 있는 회장실, 임원실, 회계부서, 총무부서 등의 사무실이 구비되어야 하고 그 해당 임직원이 상시 근무하여 그 역할을 하여야 함에도 이 사건 부동산에는 단순히 연구개발 업무를 위한 사무실로만 사용하는 것으로 이를 대도시 내 부동산을 취득하여 본점으로 사용한다고 볼 수는 없다 할 것임.

④ 임대관리를 본점에서 하는 경우

임대관리를 본점에서 하는 것이 아니라 그 건물에서 임대관리 요원을 두고 있는 경우 사실상 지점설치로 인해 사업자등록대상(1984.5.12.~2013.12.31.에는 사업자등록)이 되었다면 지점에 해당될 것이므로 이 경우 지점설치로 인하여 구 등록세분 중과세 문제가 발생될 수 있으나, 지점설치 전의 부동산 취득 시에는 임대용 부동산은 중과가 제외된다. 그런데 임대관리 직원을 별도로 두지 않고 본점에서 관리를 한다면 이는 본점에 해당하는 것으로 보아야 할 것이다. 한편, 임대용은 본점에서 관리하더라도 본점 직접 사업용으로 보지 아니하고 있어서 본점용 부동산에 해당되지 않아 구 취득세분은 중과되지 아니할 것이다.

그리고 대도시 외의 법인이 대도시의 임대용 부동산을 취득한 후 인적설비가 없는 지점을 설치하지 아니하고 본점에서 직접 임대사업을 하는 경우에는 구 등록세분 중과대상이 아니다(세정 13407-293, 2002.3.25.). 여기서 임대관리는 본점 업무로 볼 수 없다는 것으로 본점 전입에 해당하지 아니한다는 것이다.[276]

한편, 대도시 외의 법인 본점에서 직접 임대사업을 하는 대도시 부동산에 지점을 설치하는 경우 지점용으로 사용하는 부분에 대하여는 구 등록세분 중과되며, 본점에서 관리하던 것을 지점에서 관리를 한다면 임대용 부분도 중과된다.

⑤ 공장 내 본점 사무실

산업단지 내의 공장에 본점 사무실이 있는 경우 공장 및 그 제조시설을 지원하기 위한 부대시

---

276) "법인 또는 지점 등이 그 설립·설치·전입 이전에 법인의 본점·주사무소·지점 또는 분사무소의 용도로 직접 사용하기 위하여 취득하는 부동산"이란 해당 본점 또는 지점용 사무실 및 그 부대시설용 등을 의미하는 것으로 직접 사용이 아닌 임대 등을 목적으로 취득한 부동산의 경우에는 구 등록세분 중과대상에 해당하지 않으나, 법인 또는 지점 등이 설립·설치·전입 이후(以後) 5년 이내에 취득하는 부동산등기에 대하여는 법인 또는 지점 등이 설립·설치·전입 이전의 등기와는 달리 직접 사용 여부와 관계없이 일체의 부동산 취득에 대하여는 구 등록세분 중과대상에 해당된다(지방세운영과-2781, 2010.7.1.). 이 해석에서도 임대관리만 하는 경우에는 본점으로 볼 수 없다라고 규정하고 있다.

설(사무실 포함)과는 별도의 건축물로서 법인의 전체 경영활동을 총괄하면서 총무, 재무, 회계 등 법인의 주된 업무를 지휘·통제하는 활동이 이루어지는 주된 사무소로 사용되는 경우라면 본점용 부동산에 해당되어 해당 공장(제조시설) 기능의 효용이나 편익을 증진시키기 위한 "제조시설의 관리·지원용 부대시설"로 보기 어렵다(지방세특례제도과-1913, 2019.5.17.). 따라서 중과대상 본점 사무실로 해석하고 있다. 종전에는 제조업체 본점 사무소용을 공장으로 보아 감면해왔다는 점에서 상기 해석은 실무와 괴리가 있으며, 신의성실 원칙 문제가 될 것으로 판단된다.[277]

한편, 공장용 건축물 신축 당시에 쟁점면적 부분을 교육실 등으로 사용하고 같은 3층의 탈의실을 생산직원 휴게실로 전환하고자 하였다가 ○○○선행요건 관리기준 등에 따른 용도변경이 어렵게 되어 부득이 해당 교육실을 활용하여 직원들의 식사 등 휴식장소와 제품 박스작업, 교육 등의 다목적으로 사용한 것으로 보이며, 사무실의 부대시설인 교육장소로만 사용된 것을 확인할 수 있는 객관적인 입증자료가 달리 나타나지 아니하는 점, 3층 사무실 공간에 교육실 외에도 개발실, 준비실이 소재하고 해당 실에 대한 통로가 나란히 연결되어 있는 점 등에 비추어 취득세가 중과되는 본점 사무실의 부대시설로 보기는 어렵다(조심 2020지0201, 2020.11.11.).

⑥ 주말만 임대하고 주중에 직접 사용하는 경우

과밀억제권역 내에서 법인의 본점 또는 주사무소와 그 부대시설용 부동산을 신축 또는 증축하여 취득하는 경우 취득세를 중과세하도록 규정하고 있는 점, ② 과밀억제권역 내의 본점 구내에 건축물을 증축하여 본점이 관리하고 있으므로 건축물은 본점 부대시설용 부동산으로 보는 것이 타당한 점, ③ 건축물을 주말에는 다른 법인에게 임대하고 있으나 주중에는 직접 관리하고 있는 사실과 건축물에서 주관하는 행사를 개최한 실적이 있는 사실 등에 비추어 건축물을 주관하는 행사용으로 직접 사용하거나 책임관리 하에 대관용으로 사용하고 있어서 직접 사용·관리하고 있다고 보는 것이 타당한 점 등을 종합하여 볼 때 건축물은 본점 부대시설용 부동산으로서 본점 사업용 부동산에 해당하는 것이다(조심 2013지30, 2013.3.7.).

⑦ 통합IT센터

본점과 지점의 사전적(辭典的) 의미를 보면, 본점(本店)은 "복수(複數)의 영업소를 가진 회사에서 전체 영업활동을 통괄하는 곳"을, 지점(支店)은 "본점의 지휘를 받으면서도 부분적으로는 독립된 기능을 가지는 영업소"를 뜻하는데 이것이 본점과 지점에 관한 사회통념이라고 할 것(감심 2010-82, 2010.7.29. 참조)인 점에 비추어 취득세 중과세대상에 해당하는 본점 사업용 부동산인지의 여부는 법인의 본점으로서 기능을 수행하는 장소로 사용되는지 여부를 기준으로 판단하는 것(舊 행정안전부 지방세운영과-4794, 2010.10.11. 참조)인 점, IT본부는 ○○중앙회 직제규정상(§4·§7) 기획조

---

277) 본점 사무실이라고 하여도 오로지 해당 공장을 영위하는데 필수적인 기능을 수행하는 경우라면, 취득세 등 감면대상 산업단지 내 공장으로 볼 수 있는 부대시설에 해당되므로 취득세 중과세대상에 포함되지 아니한다고 할 것이며(지방세운영과-2569, 2012.8.9.), 제조시설을 지원하는 공장의 부대시설인 사무실로서 공장용 건축물의 범위에 포함되는 것으로 보고 있음에 비추어 볼 때, 공장의 경우로서 그 사무실이 본점 사무실이라고 하여도 그것이 공장의 일부인 이상 이를 산업단지 내 신·증축하는 공장시설에 대하여 감면하는 것임(행심 2005-150, 2005.5.30.).

정본부 등과 같은 중앙본부에 소속되어 있는 점, IT본부의 업무가 ○○중앙회 정보화전략 및 종합계획(장·단기 포함) 수립·추진 등 법인의 중추적인 기능을 수행하고 있는 점(○○중앙회 직제준칙 제35조), IT본부에서 각 지역별 IT 관련 업무를 지휘하고 관리·지원하는 등 통괄하는 기능을 하는 점 등을 종합적으로 고려해 볼 때, IT본부가 상주하는 통합IT센터는 ○○은행(법인)의 주된 기능을 수행하는 장소로서 본점용 부동산에 해당된다고 판단된다(지방세운영과-1991, 2013.8.23.).

⑧ 연수원

연수원이 본점 조직으로 구성되어 있으면서 임직원의 휴식 및 재충전을 위한 지역에 위치하지도 않고 있는 경우 직원들의 연수 또는 체력단련 등 후생복지시설이라기보다는 직원들의 업무능력 향상 등을 위한 교육원으로 본점사업용 부동산으로 볼 수 있으나, 취득세 중과세대상인 본점 또는 주사무소의 사업용 부동산은 법인등기부에 기재된 본점 그 자체뿐만 아니라 실질상 본점 기능을 수행하는 사업용 부동산, 즉 법인 업무수행에 중요한 관리와 상업적 결정 등 본점 기능이 실질적으로 이루어지는 장소를 의미한다 할 것(조심 2011지917, 2012.6.15. 참조)이고, '지점'이라 함은 각 세법 규정에 의하여 사업장으로 등록된 사실 및 실질적으로 인적·물적설비를 갖추고 계속적으로 사무 또는 사업을 행하여야 할 것이며, 여기서 "인적·물적설비를 갖추고 계속하여 사무 또는 사업이 행하여지는 장소"라 함은 영업활동 내지 대외적인 거래업무를 처리하기 위한 인원을 상주시키고 이에 필요한 물적설비를 갖추었으며, 실제로 그러한 활동이 행하여지고 있는 장소를 말한다 할 것이다. 따라서 연수원이 본원 소재지와 다른 곳에 위치하고 있고, 직원들을 교육하기 위한 회의실, 교육실 등이 별도로 마련되어 있으며, 연수원 소재지에 지점 사업장 등록대상(1984.5.12.~2013.12.31.)에는 사업자 등록이 되고, 인적·물적설비를 갖추고 임직원들의 직무연수 및 교양연수 등을 계속하여 행하고 있는 경우라면 연수원은 사실상 지점의 역할을 수행하고 있는 것으로 보아야 하므로 본점사업용 부동산으로 볼 수 없다(조심 2012지547, 2013.5.16. 참조). 즉 다른 업무시설과는 완전히 독립되어 직원들의 연수 및 교육의 목적으로만 사용하는 연수시설은 본점으로 볼 수 없을 것이다.

> **사례** 교육센터의 본점용 부동산 해당 여부(조심 2014지235, 2015.5.14.)
>
> 교육센터는 청구법인의 인사지원실 소속의 인재개발팀이 수립한 연간 교육계획에 따라 직원들의 자발적인 신청에 의한 어학교육뿐만 아니라 직원들의 업무능력 향상을 위한 입문·직무교육, 세미나 등의 교육장소로 사용된 것으로 나타나고 있어 직원들의 교양증진 등을 위한 일반 연수시설이라기보다는 본점 업무와 관련된 부대시설용 부동산으로 보는 것이 타당함.

⑨ 대도시 외의 법인의 대도시 내 사실상 본점을 둔 경우

대도시 외에 본점이 있는 법인이 대도시 내에서 부동산을 취득한 경우로 지점 등 설치에 따른 부동산에 해당되면 구 등록세분을 중과할 수 있다. 그러나 지점 등에 해당되지 아니하나 본점 사업용 부동산으로 보아 취득세 중과(임대용 부동산은 본점 사업용에 해당되지 않으므로 취득세도 중과대상에서 제외됨)에 해당될 수도 있다. 또한 본점의 전입으로 보아 구 등록세분 중과세대상이 될 수 있다. 즉 본점등기 즉 형식상의 본점을 대도시 외로 하고 실질적인 본점의 업무는

대도시 내에서 할 경우에는 구 등록세분 중과 문제가 발생될 수 있다.

대도시 외 지역에 본점 주소지를 둔 법인이라 하더라도 대도시 내에 건축물을 신축하고 사실상 본점 업무를 수행하고 있는 경우는 취득세 중과세대상에 해당한다(행심 2006-130, 2006.3.27.)라고 해석하고 있다.[278] 그런데 대도시 외에 설립한 본점 외에 대도시 내에 업무수행 사무실을 설치·운영한 경우라 하더라도 대도시 외에서 인적·물적설비를 유지하면서 중요한 의사결정 등 사업총괄 본점의 기능을 유지하였다면 대도시 내 전입에 해당되지 아니한다(대법원 2015두55462, 2016.2.18. 참조).[279]

한편, 대도시에서의 법인의 설립과 지점 또는 분사무소의 설치 및 대도시로의 본점·주사무소·지점 또는 분사무소의 전입에 따른 부동산 취득과 그 설립·설치·전입 이후의 부동산 취득에 대하여 중과하는 「지방세법」의 입법 취지는 대도시의 인구팽창의 억제, 환경의 순화보존 및 지역 간의 균형적 발전 등을 도모하기 위한 것이므로, 이러한 입법 취지에 비추어 볼 때, 중과대상이 되는 대도시로의 법인의 본점 전입에 따른 부동산 취득은 본점의 전입등기는 이루어지지 아니하였지만 실질적으로 대도시 외에서 대도시로 본점을 전입한 법인이 그 전입과 관련하여 취득한 부동산도 포함한다(대법원 2006두2503, 2006.6.15. 참조)할 것이고, 수도권의 경우 서울특별시 외의 지역에서 서울특별시 내로의 전입은 대도시로의 전입으로 본다고 규정하고 있으므로, 경기도 성남시 소재 법인 A가 서울특별시 소재 부동산을 취득하고 여기에 대표이사 등 임·직원이 상주하면서 기획, 재무, 사업본부 등 법인의 전반적인 사업을 수행하고 있는 경우라면 서울특별시 소재 부동산의 취득은 대도시로의 본점 전입에 따른 부동산 취득에 해당된다(지방세정팀-2461, 2007.6.27.). 한편, 중요한 의사결정을 성남시에서 하였다면 대도시 내로의 본점 전입에 해당되지

---

278) 스테인리스 냉연강판 등 철강제품을 제조·판매하는 회사로서 원고 조직 내에서 생산 부서가 중요한 역할을 담당하고 있다. 원고의 서울사무소에는 자금경리팀, 기획팀, 영업팀, 전산팀, 무역팀 등의 업무를 담당하는 부서가 있었고, ○○사업장과 예산사업장에는 총무과, 업무·자재과, 생산관리, 생산팀, 기술운영, 연구개발, 품질관리 등 기업의 제품 생산 업무에 필요한 부서가 있었는데, 서울사무소에 관하여 본점등기나 사업자등록이 이루어진 적은 없었다. 한편 2001년부터 2007년까지 서울사무소의 평균 근무인원은 35명 내외이고, ○○사업장의 총무과, 경리팀에서 평균 33명 내외의 관리직 직원이 근무하였는데, 기능직 직원을 포함하면 ○○사업장에 훨씬 많은 직원이 근무하고 있었다. 이러한 사실에 비추어 보면 원고의 중요 업무를 담당하는 부서들이 서울사무소에만 밀집되어 있었다고 보기 어렵다. 따라서 등기를 마치기 5년 전부터 다른 곳에서 서울사무소에서 업무가 일부 수행되었다고 하더라도 상기와 같은 사정에 비추어 볼 때 이를 원고의 실질적 본점으로 볼 수 없으며, 제조·판매회사로서 본점 등기가 된 경기도 소재 부동산(총무, 업무·자재, 생산관리, 기술운영 등)이 서울사무소(자금경리·기획·영업·전산·무역 등)보다 근무 인원과 사업장 규모가 크고, 경기도 소재에 본점등기를 하고 있으나, 서울시 소재 사무실에서 본점 업무의 일부를 수행하고 있었던 경우 당해 서울 사무소를 실질적인 본점으로 보아 경기도에서 서울시로 본점을 전입하기 위해 취득한 부동산에 대한 등록세 중과세를 배제할 수 없음(대법원 2013두15620, 2014.2.13.).

279) 본점은 원칙적으로 두 곳에 동시에 존재할 수 없는 점, 용인본점과 관련된 전화 및 인터넷사용료, 주유비 등의 비용 지출 규모가 대치동사무소 또는 방배동사무소의 설치 또는 폐지에 별다른 영향을 받지 않고 계속 일정하게 유지되었던 점 등을 더하여 보면, 위에서 인정한 사실만으로는 용인본점의 기능이 대치동사무소 또는 방배동사무소로 이전되어 대치동사무소 또는 방배동사무소가 원고의 영업에 관하여 총괄적 지휘를 한 주된 영업소가 되었다고 보기 부족하고, 달리 이를 인정할 증거가 없다. 따라서 용인본점은 대치동사무소 또는 방배동사무소의 설치 또는 폐지와 무관하게 일정한 인적·물적 설비를 유지하면서 이 사건 사업과 관련한 중요한 의사결정을 통해 이 사건 사업을 총괄한 영업소로서 본점으로서의 기능을 유지했다고 봄이 타당함.

아니할 것이다(대법원 2015두55462, 2016.2.18. 참조).

⑩ **본점에 사실상 사업을 영위하지 아니하는 경우 사실상 본점 역할을 하는 장소가 본점임**

실질적인 본점의 역할을 수행하려면 회사의 영업정책과 재무정책을 총괄하고 결정할 수 있는 회장실, 임원실, 회계부서, 총무부서 등의 사무실이 구비되어야 하고 그 해당 임직원이 상시 근무하여 그 역할을 하여야 할 것이다. 예를 들어 휘트니스·사우나·스크린 골프장을 법인에서 운영하는 것이 아니라 임차인들이 운영한다면 법인이 운영하는 것이 아니지만, 형식상 대도시 외에 법인설립만 하고 그곳에서 실질적인 사업을 하지 아니하였다면 그곳을 본점으로 볼 수는 없을 것이고, 그러면 주된 임대 업무를 본 곳이 본점이 될 것이므로 서울 소재 부동산이 비록 임대로만 사용되고 있어서 본점 사무실이 없더라도 실질적으로 법인의 사업(임대계약 등을 서울 부동산 소재지에서 한 것으로 판단됨)은 서울에서 이루어지고 있는 것으로 보아야 할 것으로 판단된다. 따라서 부동산 취득과 동시에 사실상의 본점이 서울 소재에 전입한 것으로 보아 중과세대상이 될 것으로 판단된다.

> **사례** **본점등기는 지방수주를 위한 지점용 부동산임(대법원 2011두16384, 2011.10.28.)**
>
> ○○시에서 경산시로 본점 이전등기를 한 이유가 지방에서 발주하는 공사를 수주하기 위한 것이고 수도권에 사무실을 둔 것은 고급인력인 엔지니어 분야 기술자를 확보하기 위한 것이라고 원고가 자인하고 있는 점 등을 종합하면, 원고는 지방에서 발주하는 공사를 수주하는 데 주력하겠다는 경영전략 하에 해당 공사를 합법적으로 영위하기 위하여 측량업, 감리업, 건설업 등을 목적사업으로 추가하는 한편 해당 수주활동 및 해당 공사와 관련된 부서 및 인력들을 경산시로 이전하되 다만 지방에서는 확보하기 어려운 엔지니어 분야 기술자를 확보하기 위하여 ○○시에 지점을 설치하였던 것으로 보이고, 경산시에 본점등기가 되어 있었던 기간 ○○ 원고의 주된 목적 사업이 측량업, 감리업, 건설업 등이었다는 점 및 경산시로 등기된 본점에서의 동 기간 ○○의 지출내역에 대하여는 제시하고 있지 않다는 점을 감안하면 원고의 주된 지출내역으로 보기 어려워 위 지출내역만으로는 동 기간 ○○ ○○시에서 원고의 본점기능이 실질적으로 유지되었음을 인정하기에 부족하다. 결국 위 인정사실만으로는 위 (1)항의 인정사실을 뒤집기에 부족함. 을 제3, 5, 6, 7호증의 각 기재에 의하면, 원고가 실질적으로 본점 업무를 수행하였다고 주장하는 ○○시 지점의 사업자등록을 2009.6.30. 폐쇄하고, 형식적으로 본점 등기가 되었다고 주장하는 ○○ ○○시 소재 본점의 사업자등록은 계속 유지하고 있는 사정이 인정되는바, 이러한 사정에 비추어 보더라도 원고의 본점등기가 경산시에 되어 있었던 기간 동안 원고의 본점 기능은 ○○시에서 실질적으로 유지되고 있었다고 보기 어려움.

6) '지점·분사무소'의 의미

지점 또는 분사무소 설치를 판단함에 있어서 '지점 등'이라 함은 사실상의 지점을 의미하는 것이므로 사실상의 지점은 「지방세법 시행규칙」 제6조의 규정에 의거 첫째, 「법인세법」 제111조·「부가가치세법」 제8조 또는 「소득세법」 제168조에 따른 등록대상 사업장(「법인세법」·「부가가치세법」 또는 「소득세법」에 따른 비과세 또는 과세면제 대상 사업장과 「부가가치세법 시행령」 제11조 제2항에 따라 등록된 사업자단위 과세 적용 사업장의 종된 사업장 포함)을 하여야 하고,

둘째, 인적 및 물적 설비를 갖추고 계속하여 사무 또는 사업이 행하여야 한다. 따라서 지점 또는 분사무소의 설치 등기 여부에 불구하고 사실상의 설치 여부를 판단하여 하므로 '사실상의 설치일 또는 전입일'을 기준으로 지점 등이 설치된 것으로 본다.

① 지점의 요건

지점 또는 분사무소는 본점 또는 주사무소의 지휘를 받으면서 부분적으로 독립한 기능을 발휘하는 영업소를 의미하므로 「민법」, 「상법」, 기타 관련 법령의 의한 명칭 여하에 불구하고 사실상의 지점과 동일한 영업활동을 하는 판매장, 적재장 등을 말하며 그 범위는 「지방세법 시행규칙」 제6조에 의거 판단한다.

「지방세법 시행규칙」 제6조(사무소 등의 범위)에 따르면 지점의 정의는 다음과 같다. 「법인세법」 제111조·「부가가치세법」 제8조 또는 「소득세법」 제168조에 따른 등록대상 사업장(「법인세법」·「부가가치세법」 또는 「소득세법」에 따른 비과세 또는 과세면제 대상 사업장과 「부가가치세법 시행령」 제11조 제2항에 따라 등록된 사업자단위 과세 적용 사업장의 종된 사업장 포함)으로서 인적 및 물적 설비를 갖추고 계속하여 사무 또는 사업이 행하여지는 장소를 말한다. 다만, 다음의 장소는 제외한다.[280] 이는 사업자등록 대상이 되는 사실상의 사업장으로 사업장 등록 여부와 관계없이 사실상의 지점설치로 개정된 것으로 2014.1.1. 이후부터 적용된다. 한편, 2013.12.31. 이전에는 사업자 등이 등록되어야만 지점 등에 해당되었다.[281]

① 영업행위가 없는 단순한 제조·가공장소
② 물품의 보관만을 하는 보관창고
③ 물품의 적재와 반출만을 하는 하치장

대도시 내 법인의 부동산 취득의 중과세대상이 되는 '지점 등'이란 지점등기 여부에 불구하고 사업장 등록대상이 되지 아니한 장소는 지점 등에 해당하지 아니한다.[282] 여기서 '인적·물적설비를 갖추고 계속하여 사무 또는 사업이 행하여지는 장소'라 함은 영업활동 내지 대외적인 거래업무를 처리하기 위한 인원을 상주시키고 이에 필요한 물적설비를 갖추었으며, 실제로 그러한

---

280) 「지방세법 시행규칙」 제6조는 지점설치 이후 5년 이내에 취득하는 부동산에 따른 구 등록세분을 중과하는 데 필요한 하나의 과세요건을 규정한 것이므로 이를 엄격하게 해석할 필요가 있고, 이를 지점의 요건에 대한 예시적 규정으로 봄(대법원 92누473, 1993.1.15. 참조).

281) 2014.1.1. 이후 사실상 지점설치일에 지점이 설치되는 것으로 보는 것이나, 이 규정은 2014.1.1. 이후 적용되는 것이다. 그런데 이 규정이 2014.1.1. 이후 취득분부터 적용되는 것인지 아니면 2013.12.31. 이전 취득분 중에서 2014.1.1. 이후 사실상 지점설치하는 분부터 적용되는 것인지에 대하여 명확하게 규정하고 있지 아니하다. 한편, 일반적으로 개정규정은 납세의무성립분부터 적용되는 것이고, 사실상 지점설치일이 2013.12.31. 이전이지만 사업자등록을 하지 아니한 채 지점의 실질적 요건을 유지해 왔다고 하더라도 사업자등록 없이 영업을 계속하였던 법인이 개정 이후 5년 이내 부동산을 취득한 경우 중과세대상에 해당한다(지방세운영과-993, 2017.11.16.). 그런데 2014.1.1. 지점설치일로 본다는 규정도 없다는 점에서 2014.1.1. 이후 사실상 지점설치하는 분부터 적용되는 것으로 해석하여야 할 것으로서, 2013.12.31. 이전에 사실상 지점설치한 경우 사업자등록을 하여야 지점설치로 볼 수 있다는 주장이 제기될 수 있을 것이다.

282) 1984.5.12.~2013.12.31.에는 등록대상이 되는 사업장이 아니라 등록된 사업장이어야 지점에 해당되었다.

활동이 행하여지고 있는 장소를 말한다(대법원 92누10029, 1993.6.11.).

◎ 중과세대상인 지점 등의 요건
① 「법인세법」 제111조 · 「부가가치세법」 제8조 또는 「소득세법」 제168조에 따른 등록대상 사업장(「법인세법」 · 「부가가치세법」 또는 「소득세법」에 따른 비과세 또는 과세면제 대상 사업장과 「부가가치세법 시행령」 제11조 제2항에 따라 등록된 사업자단위 과세 적용 사업장의 종된 사업장 포함)
② 인적 · 물적설비를 구비할 것
③ 계속하여 사무 또는 사업이 행하여지는 장소(단, 영업행위가 없는 단순한 제조 · 가공장소, 물품의 보관만을 하는 보관창고, 물품의 적재와 반출하는 하치장은 제외)
④ 지점 등으로 사용 여부 불문

지점 등에 대한 중과세 요건을 살펴보면 다음과 같다.

㉠ **등록대상 사업장일 것 - 사실상 지점설치로 변경(2014년 이후)**

「법인세법」 제111조 · 「부가가치세법」 제8조 또는 「소득세법」 제168조에 따른 등록대상 사업장(「법인세법」 · 「부가가치세법」 또는 「소득세법」에 따른 비과세 또는 과세면제 대상 사업장과 「부가가치세법 시행령」 제11조 제2항에 따라 등록된 사업자단위 과세 적용 사업장의 종된 사업장 포함)을 말하는데, 이는 사업장 등록대상이 되는 사실상의 사업장으로 사업장 등록 여부와 관계없이 사실상의 지점설치로 개정된 것이다.

한편, 2013.12.31. 이전에는 「법인세법」 · 「부가가치세법」 또는 「소득세법」에 따라 등록된 사업장음 말하나, 비과세 또는 과세면제대상 사업장과 사업자단위과세적용사업장의 종된 사업장을 포함하였다. 따라서 사업장 등록대상 사업장이라 하더라도 「부가가치세법」에 의한 과세사업장 또는 「법인세법」 등에 의한 비과세 또는 과세면제대상사업장으로서 등록된 사업장만 지점으로 인정되어 왔었다.

㉡ **인적 · 물적설비를 구비할 것**

㉮ 의미

'인적 · 물적설비'라 하면 영업행위에 종사하는 자와 그 사무실 등 설비를 의미하는 것이며, 사업을 영위하기 위한 사업장의 시설도 포함하는 것이다. 그러나 임대용 건물에서 임대인이 임대용 건물의 임대사업을 위하여 별도의 사무실을 갖고 종업원을 고용하고 있다면 인적 · 물적설비를 갖추었다고 할 것이며, 임대 건물 내에 임대사업을 위한 사무실 및 사무원을 두지 않고 있으면 사무소 · 사업장을 설치한 것으로 볼 수 없다. 그리고 인적설비는 그 고용 형식이 반드시 해당 법인에 직속하는 형태를 취하여야 하는 것은 아니지만 적어도 해당 법인의 지휘 · 감독 아래 인원이 상주하는 것을 뜻한다(대법원 2008두18496, 2011.6.10. 참조).

따라서 '지점'이라고 함은 「법인세법」 등에 의하여 등록대상이 되는 사업장으로서 인적·물적설비를 갖추고 계속하여 사무 또는 사업이 행하여지는 장소를 말하는 것이므로 중과세대상인 지점으로 볼 수 있으려면 사업장으로 등록대상이 된 것만으로는 부족하고 실질적으로 인적·물적설비를 갖추고 계속적으로 사무 또는 사업을 행한 장소이어야 할 것이다(대법원 91누5815, 1991.1.21. 참조).[283]

④ 운영위탁관리하는 경우

'인적설비'란 그 고용 형식이 반드시 해당 법인에 직속하는 형태를 취하여야 하는 것은 아니지만 적어도 해당 법인의 지휘·감독 아래 인원이 상주하는 것을 뜻하므로(대법원 2008두18496, 2011.6.10. 참조), 운영위탁관리하는 경우에도 인적시설에 대한 지휘·감독권을 가지고 있는 경우에는 지점의 설치로 보아 중과세할 수 있으나, 지휘·감독권을 가지고 있지 아니한 경우에는 지점의 설치로 보아 취득세를 중과할 수 없다(대법원 2014두4023, 2014.6.26. 참조).

사례 쟁점호텔은 이 건 위탁운영자가 스스로 임직원을 채용하여 자기 상호(○○○ 등), 자기가 정한 규정에 따라 운영하는 이 건 위탁운영자의 사업장으로 보는 것이 타당하고, 쟁점호텔에는 청구법인 소속 임직원이 없고 청구법인이 상시적으로 지휘·감독할 수 있는 인적설비가 없어 청구법인의 지점으로 보기는 어려우며, 이에 따라 쟁점호텔용 건축물은 청구법인의 새로운 지점 설치에 따른 부동산에 해당하지 아니하여 취득세 중과세율 적용대상으로 보기 어려우므로 처분청이 이 건 취득세 등을 부과한 처분은 잘못이 있다고 판단됨(조심 2023지4254, 2024.1.16.).

사례 호텔 위탁운영하는 경우 중과 여부(조심 2021지0523, 2022.8.9.)

청구법인은 쟁점건축물에 지점사업자등록을 한 후 이 건 호텔의 운영과 관련하여 청구법인 지점의 명의로 세금계산서를 발행하고, 이 건 호텔의 총매출에 대한 부가가치세와 법인세(지방소득세 포함) 및 주민세(종업원분 및 재산분) 그리고 이 건 호텔에 근무하는 직원의 급여에 관한 원천징수 등을 각 신고·납부한 점, 위탁운영관리계약에서 이 건 호텔 직원을 채용하는 경우 청구법인이 고용주의 지위에 있다고 명시하고 있고(위탁운영관리계약 2.3.1), 이 건 호텔의 총지배인과 재무책임자의 채용에 운영사의 추천을 받기는 하지만 청구법인에게 최종승인 권한이 있다고 보이는 점 등에 비추어 청구법인이 대도시 내에 쟁점건축물을 신축하여 취득한 후 청구법인의 지점을 설치한 것으로 보아 한 이 건 경정청구 거부처분은 달리 잘못이 없음.

사례 호텔 위탁운영하는 경우 중과 여부(조심 2018지0226, 2019.2.19.)

청구법인과 ○○○ 간에 체결한 위탁운영계약서에서 이 건 호텔의 모든 인력은 소유주(청구법인)의 직원이라고 규정하고 있고 청구법인이 그 선임, 채용, 보상, 징계, 전보, 재배치 및 해고의 주체인 것으로 나타나므로 동 호텔의 직원은 청구법인의 지휘·감독을 받는 것으로 보는 것이 타당하다 할 것인바, 이 건 호텔은 「부가가치세법」 상 청구법인의 등록사업장으로 물적(호텔 사업장)·인적(호텔 직원) 설비를 갖추고 해당 사업이 계속적으로 이루어지는 곳이므로 동 호텔로 사용되는 이 건 건축물은 대도시 내 지점설치 이전에 청구법인의 지점 용도로 직접 사용하기 위하여 취득한 부동산으로 보는 것이 타당함.

---

283) 1984.5.12.~2013.12.31.에는 등록대상이 되는 사업장이 아니라 등록된 사업장이어야 지점에 해당되었다.

㉲ 관리회사가 부동산 소재지에 사무실을 두고 임대관리를 하는 경우

'인적설비'란 해당 법인의 지휘·감독 하에 인원이 상주하는 것을 뜻할 뿐이고 그 고용 형식이 반드시 해당 법인에 직속하는 형태를 취할 것을 요구하는 것은 아니다. 따라서 부동산 소유 법인으로부터 부동산의 관리용역을 위탁받은 회사가 부동산 소유 법인과 독립된 법인의 형태를 취하고는 있으나, 부동산 소재지에 사무실을 두고 있으면서 관리용역 이외에 부동산 소유 법인명의로 임대료 및 관리비에 대한 세금계산서를 작성하여 임차인들에게 교부하고, 부동산 소유 법인명의 예금통장과 인감 등을 보관하면서 승낙을 받아 그 통장에서 위탁관리용역에 대한 수수료와 부가가치세 등 제세공과금을 인출하여 납부하여 왔을 뿐만 아니라 대리하여 임대차계약을 체결하기도 하였으며, 관리회사의 인력채용이나 충원 및 업무수행에 필요한 비용집행 시 사전승낙을 받거나 사후보고를 하도록 되어 있는 등 일반적인 건물관리용역을 수행하는 이외에 투자회사의 지휘·감독 하에 실질적으로 부동산 소유 법인의 지점으로서의 업무를 처리하여 온 경우 인적설비를 갖춘 것으로 보아 지점에 해당한다(대법원 2005두13469, 2007.8.24.).

㉳ 경비원, 청소부, 전기보일러기사 등만 근무하는 경우

임대용 건물에 경비원, 청소부, 전기보일러기사 등을 파견하여 건물관리 업무를 수행하고자 설치한 관리사무소 등에 「부가가치세법」 상의 사업장 등록을 하였다고 하더라도 이는 독립된 기능을 수행하는 지점 또는 분사무소라고 할 수 없다. 그 이유는 이들을 인적설비가 갖춘 것으로 본다고 하더라도 건물관리, 경비 등 내부적인 업무만을 처리하고 있다는 점에서 지점으로 보지 아니하고 있다(대법원 92누18689, 1993.7.16. 참조)라고 판시하고 있기 때문이다.

한편, 인적설비를 갖추지 않기 위하여 관리용역회사에 위탁하여 경비, 청소 등 건물관리를 하고 있다. 이 경우 인적설비를 갖추지 아니한 것으로 판단하여 지점으로 보지 아니한다.

ⓒ 계속하여 사무 또는 사업이 행하여지는 장소

'인적·물적설비를 갖추고 계속하여 사무 또는 사업이 행하여지는 장소'라 함은 해당 법인의 지휘·감독 하에 영업활동 내지 대외적인 거래업무 등 실제로 그러한 활동이 행하여지고 있는 장소라 할 것이다. 예를 들면 임대용 건물에 경비원, 청소부, 전기보일러기사 등을 파견하여 건물관리 업무를 수행하고자 설치한 관리사무소 등에 「부가가치세법」 상의 사업장 등록을 하였다고 하더라도 이는 대외적인 거래가 아닌 내부업무만을 처리하고 있어서 독립된 기능을 수행하는 지점 또는 분사무소라고 할 수 없다(대법원 92누18689, 1993.7.16. 참조).

한편, 영업행위가 없는 단순한 제조·가공장소, 물품의 보관만을 하는 보관창고, 물품의 석재와 반출함을 하는 하치장은 제외된다.

사례 취득세 중과세대상 지점 해당 여부(지방세운영과-1950, 2013.8.20.)

○○동센터가 ○○지점과 3km 정도 떨어져 있고, 각 거래처 운영프로그램을 별도로 운영하는 등 ○○지점과 별도의 지점으로서 실질적 요건을 갖추었다고 하더라도 사업자등록이라는 형식적 요건을

결여한 이상 취득세 중과세대상 지점으로 볼 수 없음.

☛ 2014년 이후부터는 사업자등록 여부와 관계없이 사실상 지점설치로 등록대상 사업장이 된 경우 지점으로 봄.

사례 일정 기간 동안 일정 금액을 받은 경우 인적설비로 봄(조심 2012지535, 2013.5.15.).

일정 기간 동안 청구법인의 행정업무를 수행한 임대인 회사직원에게 행정업무 수행에 대한 대가로 일정금액을 지급한 사실이 있는 점을 고려할 때, 비록, 청구법인과 임대인 회사의 직원 사이에 정식적인 근로계약을 체결하여 고용관계가 성립된 것은 아니지만, 청구법인으로부터 일정 기간 동안 일정금액을 받은 사실이 있는 이상, 임대인 회사 직원에게 청구법인의 지휘·감독이 미치지 아니한다 할 수 없을 것이므로 인적설비 또한 갖추고 있는 것으로 봄.

사례 지점의 요건(행심 2002-335, 2002.9.30.)

"인적·물적설비를 갖추고 계속하여 사무 또는 사업이 행하여지는 장소"라 함은 해당 법인의 지휘·감독 하에 영업활동 내지 대외적인 거래업무를 처리하기 위한 인원을 상주시키고 이에 필요한 물적설비를 갖추었으며 실제로 그러한 활동이 행하여지고 있는 장소라 할 것(같은 취지의 대법원판결 1999.5.11. 99두3188 및 1993.7.16. 92누18689, 같은 취지의 행정자치부 심사결정 2000.2.23. 제2000-143호 및 1999.7.28. 제99-469호)이므로 처분청에서 건물에 대한 방화관리업무 등 내부적인 업무만을 처리하고 있는 이 사건 부동산 옥탑에 설치된 사무실을 신설지점으로 보아 등록세 등을 중과세한 것은 잘못이라 할 것임.

㉣ 지점 등으로 전부 사용 여부

㉮ 지점설치·전입 이전 5년 이내의 부동산 취득

지점 또는 분사무소의 설치 및 대도시로의 법인의 본점·주사무소·지점 또는 분사무소의 전입에 따른 부동산 취득은 해당 법인 또는 사무소 등이 그 설립·설치·전입 이전에 법인의 본점·주사무소·지점 또는 분사무소의 용도로 직접 사용하기 위한 부동산 취득(채권을 보전하거나 행사할 목적으로 하는 부동산 취득은 제외)으로 한다. 따라서 해당 본점 또는 지점용 사무실 및 그 부대시설용 등을 의미하므로(직접 사용이 아닌 임대 등을 목적으로 취득한 부동산 제외) 임대용을 제외한 사무실, 판매장, 점포, 기타 영업소 등에 사용하기 위하여 취득한 부동산을 말한다.

상기에서의 법인이 지점의 용도로 직접 사용하기 위하여 취득하는 부동산에는 법인이 지점의 사무실 용도로 직접 사용하기 위하여 취득하는 부동산뿐만 아니라 법인이 인적·물적 설비를 갖추어 지점의 사업활동 장소로 사용하기 위하여 취득하는 부동산도 포함된다(대법원 2012두20984, 2014.4.10. 참고).[284]

㉯ 지점설치·전입 이후 5년 이내의 부동산 취득

지점설치·전입 이후의 부동산 취득은 법인 또는 지점 등의 설립·설치·전입 이후 5년 이내에 취득하는 업무용·비업무용·사업용·비사업용의 모든 부동산 취득으로

---

284) 대법원판례는 본점에 관련된 내용이나 이를 지점 등에도 동일하게 해석하여야 할 것이다.

서 공장의 신·증설, 공장의 승계취득, 해당 대도시에서의 공장의 이전 및 공장의 업종 변경에 따르는 부동산 취득을 포함한다.

대법원은 법인 또는 사무소 등이 설립·설치·전입 이후 5년 이내에 하는 '모든 부동산 취득'과 관련하여 당해 법인(본점) 또는 당해 지점 등과 관계되어 그 설립·설치·전입 이후 5년 이내에 취득하는 일체의 부동산(종전 부동산등기)을 의미하는 것이므로 그 부동산의 전부가 당해 법인 또는 당해 지점 등에 사용되어야 하는 것은 아니라 하더라도 다른 지점 등과 관계되어 취득한 부동산(종전 부동산등기)까지 포함하는 것은 아니라고 하면서, 법인 설립 이후 5년이 경과하였으나 지점설치 이후 5년 이내에 취득하는 부동산을 법인과 지점 모두에 관계되어 취득한 경우 그 중과대상은 지점이 관계되는 부분에 한정된다고 판시한바 있다(대법원 2006.4.27. 선고, 2003두7620 판결, 대법원 2009.4.9. 선고, 2009두607 판결). 여기서 당해 법인 또는 지점 등이 그 설치·전입 이후에 취득하는 부동산이면 그 요건이 충족되고, 그 부동산의 전부가 해당 법인 또는 지점의 업무에 사용되는 것인지 여부를 묻지 아니한다고 해석되고, 대도시에의 인구집중을 막기 위한 구 「지방세법」(1993.12.27. 법률 제4611호로 개정되기 전의 것) 제138조 제1항 제3호, 같은 법 시행령 제102조 제2항의 규정 취지에 비추어 지점의 설치를 위하여 취득한 부동산의 일부만을 지점이 사용하고 나머지 부분은 지점의 영업을 위하여 사용하지 않는다고 하더라도 그 전체의 부동산등기에 관하여 중과세할 수 있다(대법원 92누15796, 1994.6.14. 참조). 따라서 본점 및 지점 등 설치와 관련하여 직접 전부 사용, 즉 그 부동산의 전부가 반드시 당해 법인 또는 지점의 업무에 직접 사용되는 것이어야 하는 것은 아니라는 것이다.

한편, 취득세 중과대상이 아닌 법인의 본점과 취득세 중과대상인 지점이 같이 있는 경우 본점 및 지점과 부동산의 관계 여부를 확인하여 취득세 중과대상이 되는 지점과 관계되는 경우에 한하여 중과세를 적용하여야 하므로, 처분청이 지점과 부동산의 관계 여부를 확인하지 않고 지점설치 후 5년 이내에 취득하였다는 사유만으로 취득세 중과대상으로 본 부과처분은 잘못이 있다(감심 2018-421, 2019.12.19.).

② 1984.5.11. 이전 지점의 요건

대법원판례에 따르면 "당초 「지방세법 시행령」 제102조 제2항에서는 지점의 정의를 두고 있지 아니하다가 1984.4.6. 대통령령 제11399호로 개정되면서 처음으로 지점 등의 정의를 시행규칙에서 정하도록 하였고, 이에 1984.5.12. 내무부령 제414호로 시행규칙 제55조의 2를 신설하여 지점의 정의를 규정하고 1985.9.2. 내무부령 제436호로 등록된 사업장으로 개정하였는바, 지점에 관한 규정이 없었던 1984.5.11. 이전에 있어서는, 중과세 요건인 지점은 인적·물적설비를 갖추고 계속하여 사무 또는 사업이 행하여지는 본점 이외의 장소를 지칭하는 것으로서 상업등기부상의 지점 설치등기나 세법상의 사업자(사업장)등록을 요건으로 하는 것은 아니라 할 것이므로 어떤 법인이 위 시행규칙 제55조의 2가 신설되어 시행되기 이전에 비록 사업자등록을 하지 아니하였지만

지점으로 인정될 사업장을 갖추고 있었다면 그 이후 사업자등록을 하였다 하더라도 당초 그 지점 설치의 효과는 지속된 것으로 보아 당초의 지점설치일을 기준으로 등록세 중과 여부를 판단하는 것이 옳다(대법원 92누473, 1993.1.15.)"라고 판결한 바 있다. 그리고 유권해석상 "1984.5.12. 시행규칙 신설 이전에는 사실상의 지점설치 여부에 따라 중과세하는데 1984.5.11. 이전에 이미 사실상의 지점이 설치되어 영업을 한 경우에는 그 이후에 사업자등록을 하였다 하여 새로운 지점설치로 보지 아니한다(세정 22670-4267, 1988.4.20.)"라고 규정하고 있다.

사업자등록이 구 「지방세법 시행규칙」 제55조의 2(현행 제6조)에 지점의 요건으로 규정되기 전인 1984.5.11. 이전에 지점등기와 사업자등록 여부와 관계없이 사실상의 지점으로 인정될 사업장을 갖춘 경우라면 그 이후에 사업자등록을 하였다고 하더라도 지점의 효과가 지속된 것으로 보아야 납세자에게 「지방세법」 개정에 따른 불이익을 배제하고 신뢰를 보호하여야 하는바, 지점 여부를 판단하는 경우 동 규칙의 개정일을 기준으로 과세요건의 성립 요건을 각각 판단해야 하는 것이다.

● 지점의 요건 변천

1984.5.11. 이전	1984.5.12.~2013.12.31.	2014.1.1. 이후
사실상의 영업행위를 한 장소로서 계속하여 영업을 하고 있는 장소에 대하여는 「민법」, 「상법」 기타 관련 법령에 의한 지점등기 여부와 「부가가치세법」상의 사업자등록의 여부에 불구하고 지점으로 인정(지점등기와 사업자등록과 무관함)	「법인세법」·「부가가치세법」 또는 「소득세법」에 따라 등록된 사업장(비과세 또는 과세면제대상 사업장과 사업자단위과세적용사업장의 종된 사업장 포함)으로서 인적 및 물적 설비를 갖추고 계속하여 사무 또는 사업이 행하여지는 장소를 말한다(사업자등록일 기준).	「법인세법」 제111조·「부가가치세법」 제8조 또는 「소득세법」 제168조에 따른 등록대상 사업장(「법인세법」·「부가가치세법」 또는 「소득세법」에 따른 비과세 또는 과세면제 대상 사업장과 「부가가치세법 시행령」 제11조 제2항에 따라 등록된 사업자단위 과세 적용 사업장의 종된 사업장 포함)으로서 인적 및 물적 설비를 갖추고 계속하여 사무 또는 사업이 행하여지는 장소를 말한다(사실상 등록대상 지점설치일 기준).

지점에 대한 중과세의 과세요건의 성립시기를 적용함에 있어서는 지점에 해당 여부를 우선적으로 판단하여야 하는 것이므로 지점 요건은 법령에 규정하여 지점으로서의 실체를 달리 판단하도록 한 경우에는 그에 따라 판단해야 하는 것이다.

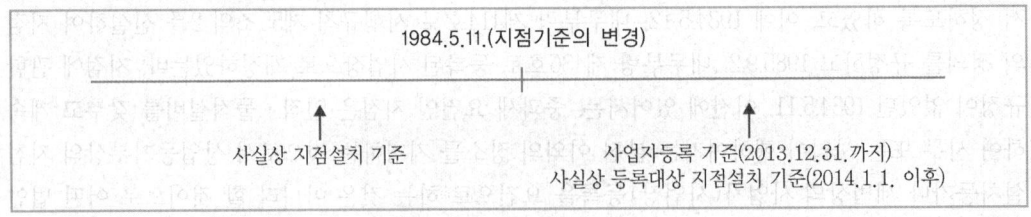

그런데 1984.5.11. 이전에는 사실상의 지점기준이 아니라 지점등기 기준으로 해석하여 왔다(세정 13430-142, 1999.11.4.). 그러나 전술한 대법원판례에 따르면 중과세 요건인 지점은 인적·물적설비를 갖추고 계속하여 사무 또는 사업이 행하여지는 본점 이외의 장소를 지칭하는 것으로서 법인등기부상의 지점설치등기나 세법상의 사업자(사업장)등록과는 무관하다고 보아야 할 것이다.

유권해석(세정 13407-521, 2001.11.6.)에서는 "「지방세법 시행규칙」 제55조의 2가 신설되기 이전인 1984.5.11.까지의 지점은 인적·물적설비를 갖추고 계속하여 사업 또는 사무가 이루어지는 본점 이외의 장소를 지칭하는 것이므로(대법원 84누687 참조) 법인등기부상의 지점설치등기나 「부가가치세법」 등의 사업장 등록을 하지 아니하더라도 사실상의 지점설치 여부를 가지고 판단하는 것이다"라고 해석하고 있다.

한편, 연락사무소는 명칭 여하에 불구하고 영업활동과는 무관하게 단순한 보조업무와 연락만을 담당할 경우에는 지점으로 볼 수 없으며, 영업행위가 없는 단순한 제조·가공장소나 물품보관창고, 단순 하치장 등은 제외된다.

과밀억제권역에서 본점 또는 주사무소의 사업용 부동산을 취득하는 경우에는 취득세 중 구 취득세분이 중과세되므로 본사가 지방에 있고 서울지점에 대하여는 지점등기와 사업장 등록대상이 된 경우(1984.5.12.~2013.12.31.에는 사업장 등록을 필한 경우)가 본점의 일부로 볼 것인지 아니면 지점에 해당하는지 여부는 업무의 성격, 회사의 직제상 본부장, 부장 등 본점의 일부 조직에 해당 여부, 회계처리 및 의사결정권한의 독립성 여부 등을 참작하여 본점의 일부인지, 지점인지를 판단하여 중과세하는 것이다(세정 13407-679, 1995.7.14. 참조).

사례 1984.5.11. 이전 존속한 사업장은 사업자등록 요건과 무관함(대법원 92누473, 1993.1.15.)

지점에 관한 규정이 없었던 1984.5.12. 이전에 있어서는, 중과세 요건인 지점은 인적·물적설비를 갖추고 계속하여 사무 또는 사업이 행하여지는 본점 이외의 장소를 지칭하는 것으로서 상업등기부상의 지점설치등기나 세법상의 사업자(사업장)등록을 요건으로 하는 것은 아니라 할 것이므로 어떤 법인이 위 시행규칙 제55조의 2가 신설되어 시행되기 이전에 비록 사업자등록을 하지 아니하였지만 지점으로 인정될 사업장을 갖추고 있었다면 그 이후 사업자등록을 하였다 하더라도 당초 그 지점설치의 효과는 지속된 것으로 보아 당초의 지점설치일을 기준으로 등록세 중과 여부를 판단하는 것임.

적용 사례

(1) 일반 현황
- 1973.2.16. : 서울지점 설치등기(사실상 지점에 해당됨)
- 1976.1.7. : 서울지점 이전등기(1차)
- 1984.5.12. : 「지방세법」 상 지점에 관한 규정 신설
- 1987.4.8. : 서울지점 이전등기(2차)
- 1995.7.1. : 사업자등록 및 임대사업 개시

(2) 지점 해당 여부

1984.5.11. 이전 지점에 해당함[주]

(3) 상기에서 1984.5.11. 이전까지 지점등기나 지점이전등기가 되어 있지 아니한 경우

등기와 무관하므로 사실상의 지점설치일을 지점설치일로 간주함 – 이 경우 납세의무자가 입증책임이 있음.

☞ [주] 현행 지점의 요건은 「지방세법 시행규칙」 제6조의 규정에 의거 사실상 지점설치를 하여 사업장 등록대상이 되고 사업을 영위하기 위하여 인적 및 물적설비를 갖춘 경우이나 1984.5.11. 이전으로 사실상 지점설치일인 1973.2.16.임.

③ 유형별 지점 여부

㉠ 영업활동을 하지 아니하는 단순한 공장

지점으로 볼 수 없으며(내심 85-10, 1985.1.30.), 공장에서 다른 회사에 영업행위를 함이 없이 본사 지시에 따라 생산하여 납품만 하는 경우라면, 동 공장에 법인등기부상 지점등기가 되어 있다고 하더라도 지점에 해당되지 아니한다(세정-22670, 1988.1.28.).

㉡ 임가공자의 지점 여부

임가공 사업장은 직원이 근무하느냐에 따라 지점 여부가 결정된다.

㉢ 직매장

직매장의 경우는 일반적으로 지점으로 보는 것이나 본사에 부설된 일개 영업부서나 직매장의 경우는 지점으로 보지 않으나 이들을 본사와 분리하여 사업장 등록대상이 된 상태에서 인적·물적설비를 모두 갖춘 날(1984.5.12.~2013.12.31.에는 사업자등록과 인적·물적설비를 모두 갖춘 날)에 지점이 설치된 것으로 본다(대법원 89누978, 1989.9.12. 참조).

㉣ 포괄승계하여 지점설치한 경우

대도시 내 사업장이 늘어난 것이 아니기 때문에 중과세에 해당되지 아니한다고 판시한 바 있다(대법원 89누466, 1989.6.27.). 그런데 포괄승계에 대하여 특례규정이 없는 바 신설 지점설치로 보아 중과세대상이 된다라는 주장이 있을 수 있지만, 대법원판례에서는 기존 법인이 다른 법인과 합병하는 과정에서 피합병법인의 종전 본점이나 지점 소재지에 존속법인의 지점을 설치한 다음 그때부터 5년 이내에 그 지점에 관계되는 부동산을 취득하는 경우에도 그 부동산 취득에 대하여 합병 당시 기존법인에 대한 자산비율에 해당하는 부분을 중과세대상으로 보지 아니한다(대법원 2011두12726, 2013.7.11.)라고 판시하여 종전의 입장을 변경하여 새로운 지점의 설치 이후의 부동산 취득으로 보지 않고 있다.

이러한 대법원판례의 취지에 따르면 포괄승계에 따라 종전 본점 등의 자리에 새로운 지점을 설치한 경우라도 중과세하지 아니하는 것이 타당하다라고 판단되지만 과세관청은 중과세로 볼 것으로 판단된다.

사례 포괄적인 사업장 인수, 기존 지점 승계취득 여부(지방세심사 2002-363, 2002.10.28.)

○○제과의 제과사업 부문에 한정한 영업양도계약에 따라 이 사건 부동산 등을 인수하였으나 이 사건 부동산은 제과사업 부문이 아닌 음료 영업소로 사용되던 것을 인수하였으므로 포괄적인 사업장 인수로 인정할 수 없고, 또한 종전에 ○○제과에서는 이 사건 부동산 매각일 현재까지 사업자등록을 하지 아니한 채 사무실로 사용하던 것을 청구인이 인수하여 서울지점으로 지점등기 및 사업자등록을 한 후 사무실로 사용하고 있으므로 기존의 지점 등을 승계취득하여 청구인의 서울지점으로 소속만 바꾸어 유지·존속시키고 있는 것으로 보기도 어렵다 하겠으므로 처분청에서 이 사건 부동산등기를 대도시 내에서의 지점설치에 따른 부동산등기로 보아 등록세 등을 중과세한 것은 적법한 부과처분이라 할 것임.

ⓒ **본점이전 장소에 임대업을 추가한 때**

본점이전 장소에 임대업을 추가하는 경우 인적·물적설비를 설치할 때는 지점에 해당되나, 인적·물적설비를 설치하지 아니하고 임대업 등을 본점에서 직접 수행하는 경우에는 지점에 해당되지 아니한다.

ⓑ **인적·물적설비 변동없이 본점 장소에 지점을 설치한 경우**

인적·물적설비의 변동없이 법인등기부상으로만 지점설치 등기를 필하고 다른 장소에 본점을 이전하였다 하더라도 지점설치한 것으로 보아 대도시 내 지점설치 이후 5년 이내에 취득하여 등기한 부동산에 해당하는 경우 중과세에 해당한다(대법원 87누356, 1987.8.25.)라고 판시하고 있는바, 본점용으로 취득하여 본점용으로 사용하다가 본점이전 후 지점설치를 한 경우라면 당초 취득 시에는 본점용이지만, 그 장소에 지점을 설치하였으므로 지점설치 이전에 취득한 부동산에 해당될 것이므로 취득일로부터 5년 이내에 지점용으로 사용하는 경우 중과되는 것으로 보아야 할 것이다.[285]

ⓐ **본점이전 장소에 지점을 설치한 경우**

대도시 내에 소재하고 있던 본점을 대도시 내로 이전하고, 종전 본점이 소재하고 있던 대도시에 지점을 설치하는 경우에는 그 지점설치에 따른 법인등기 및 부동산 취득 시 등록면허세와 취득세가 중과되며, 본점을 대도시로 이전함에 따라 취득하는 부동산에 대하여는 법인이 설립된 지 5년이 경과되었다면 중과되지 아니한다(세정 13407-188, 1999.2.10.).

---

285) '당해 법인 또는 지점 등이 그 설립·설치·전입 이전에 취득하는 일체의 부동산등기'라 함은 법인 또는 지점 등이 그 설립·설치·전입과 관련하여 그 이전에 취득하는 부동산의 등기를 뜻하므로, 반드시 그 부동산의 전부가 법인 또는 지점 등의 업무에 사용되어야 한다거나 취득 당시 그 부동산의 전부를 법인의 본점 또는 지점 등으로 사용할 의사가 있어야만 하는 것은 아니라고 하더라도, 법인 또는 지점 등이 그 설립·설치·전입과 관련 없이 취득한 부동산을 그 후에 법인의 본점 또는 지점 등으로 사용하게 된 경우의 부동산등기까지 포함하는 것은 아니다(대법원 99두1618, 2001.4.10. 참조)라는 대법원판례가 있으나, 이는 종전 구 등록세 중과, 즉 등기로 인한 납세의무성립에 관한 내용이고 현행은 취득으로 인한 납세의무성립에 대하여는 적용이 되지 아니할 것이다.

◎ 형식상 이전의 경우

형식상 지점소재지 이전등기되어 있으나 사실상 종전 지점에서도 계속 영업활동을 하고 있는 경우 신설지점에 해당된다. 그런데 대도시 내에 본점을 둔 법인이 다른 대도시 내의 부동산을 취득해 형식적으로 지점을 설치했으나 사실상 '본점을 이전'한 경우에는 지점에 해당되지 아니할 것이다.

> **사례** 원고는 종전의 본점 소재지에 아무런 인적·물적 영업설비를 갖추고 있지 아니하다가 지점 설치를 한 이 사건 부동산에 비로소 인적·물적 영업설비를 갖추었다는 것이므로, 이는 사실상 본점을 이전한 경우에 해당한다고 할 수 없음(대법원 98두11786, 1999.5.14.).

ⓩ 지점이전

대도시로 지점을 이전하는 경우에는 전입에 다른 부동산 취득과 전입 후의 5년간 부동산 취득은 중과세대상이다. 그러나 대도시에서의 지점이전인 경우(수도권 중 서울특별시 이외 지역에서 서울특별시 내로 이전은 대도시 전입으로 봄) 중과세대상이 아니다.

한편, 대도시로 지점을 이전한 경우 이전일을 언제로 볼 것인지에 따라 중과세 여부가 달라지므로 지점이전일은 사실상 지점설치로 인해 사업장 등록대상(1984.5.12.~2013.12.31. 에는 사업장 등록)이 됨과 동시에 인적·물적설비를 모두 갖춘 날이다.

㉮ 지점이전 후 업종 추가하지 아니하는 경우

지점이전 후의 장소가 대도시 이전인 경우에는 중과세 여부는 지점설치일로부터 5년 경과되었는지에 따라 달리 적용된다. 즉 설치된 지 5년이 경과된 지점인 경우 그 이전에 따른 부동산 취득은 중과세대상이 아니나, 5년이 경과되지 않은 지점이 이전하기 위하여 취득하는 부동산은 중과세대상이 된다.

㉯ 지점이전 후 업종 추가하는 경우

대도시 내에서 동질성을 유지한 채 지점이 이전된 경우에는 새로운 지점의 설치로 볼 수 없다고 할 것(행안부 세정-3795, 2007.9.14.)이나, 지점이 이미 설치되어 있었다고 하더라도 새로운 부동산으로 이전하여 업종을 새로이 시작한 것은 사실상 '해당 업종을 위한 지점을 새로이 설치한 것'에 해당(대법원 2008두17080, 2008.12.11.)한다고 할 것이다. 해당 법인은 2008.12.12. 지점을 설치하였으나, 그 당시 영위업종은 부동산 임대업, 주유소·주차장업에 해당하였던 점, 2014.5.14. 지점 소재지에 호텔 건축 허가를 신청하였고, 2014.7.11. 지점에 존재한 기존 건축물을 철거하면서 주유소·주차장업 등의 업무를 호텔 신축 관련 업무로 전환하였으며, 2014.9.3. 비로소 지점 사업자등록에 새로이 '호텔관련업 등' 업종을 추가한 점 등을 종합해 볼 때, 대도시 내의 다른 곳에서 다른 종류의 사업을 행하여 오던 지점을 그 부동산으로 이전시켜 '대도시 내 지점 이전'의 외양을 갖춘다 하더라도, 기존 지점의 사업 영역은 부동산 임대업에 불과하고, 해당 부동산 신축이 호텔 관련업을 영위할 목적에서 비롯된 것이고, 기존 지점의 규모와 해당 부동산 신축 이후의 규모를 비교해 볼 때 인구 유입 및 경제력 집중을 유발한다고 보아야 할 것이므로, 건축물을 신축하면서 사실상 새로운 지점을 설치한 것으로 보아 취득세 중과세 대상에 해당한다고 판단된다(지방세운영과-25, 2017.7.28.)라고 해석하고 있다.

ⓩ **사실상 지점설치의 경우**(1984.5.11. 이전만 적용됨)

1984.5.11. 이전에는 사실상의 지점설치일이 중과 기준이 되므로 지점등기나 사업자등록 없이 사실상 지점 역할을 수행하고 있다가 1984.5.12. 이후 사업자등록을 하는 경우에는 당초 사실상의 지점설치일에 지점이 설치된 것으로 보아 중과세 여부를 판단하여야 한다. 즉 지점등기나 사업자등록 없이 사실상 지점 역할을 하였던 장소에서 다른 장소로 이전하는 경우에 종전 장소에서 1984.5.11. 이전 이미 지점을 설치하였던 것으로 보는바, 다른 장소로의 이전이 동일 대도시 내로의 이전의 경우에 해당되는 경우 중과세대상이 되지 아니한다.

그런데 사실상의 지점의 역할을 하였는지에 대하여 지점등기나 사업자등록이 되어 있지 아니하여 입증에 어려움이 있을 수 있으나, 입증의 방법으로는 근로소득 원천징수 영수증상 직원들의 주소지, 1984.5.11. 이전에 임차하거나 취득한 임차 건물, 차량, 전화 등의 유지관리와 은행거래 등을 위해서는 인력의 상시 배치도, 근로소득세할 주민세를 납부한 사실 등이 제시되는 경우 인적ㆍ물적설비를 갖춘 사실상의 지점 등을 설치ㆍ운영하여 온 것으로 인정될 것이다(감사원심사 93-61, 1993.4.13., 지방세심사 90-226, 1990.11.8.).

㉠ **부동산 임대**

대도시 내에서 법인설립 후 5년이 경과된 법인이 해당 대도시에서 임대용 부동산을 취득한 후 임대사업을 위한 별도의 인적ㆍ물적설비를 설치하지 아니하고 임대업 등을 본점에서 직접 수행하는 경우에는 중과세대상이 아니다(지예 법13-5). 이 경우 인적설비가 없는 것으로 판단될 경우에는 지점이 아닌 본점의 일부로 보아 일반과세에 해당한다.

단순 업무연락 또는 경비나 청소에 전임하는 인원을 인적시설로 볼 수는 없는 것이다(이에 대한 판례 등은 사례별로 다르게 해석되어져 인적시설로 보는 경우도 있음). 예를 들면 임대용 건물에 경비원, 청소부, 전기보일러기사 등을 파견하여 건물관리 업무를 수행하고자 설치한 관리사무소 등에 「부가가치세법」 상의 사업장 등록을 하였다고 하더라도 이는 독립된 기능을 수행하는 지점 또는 분사무소라고 할 수 없다(대법원 92누18689, 1993.7.16. 참조). 「부가가치세법」에 의하면 임대업의 경우 부동산 소재지에 별도의 사업자등록을 하여야 하는바, 형식적인 지점으로 사업자등록이 될 수밖에 없으나 인적설비가 없는 경우 지점설치로 볼 수는 없다.

그런데 임대건물에 인적설비가 갖추지 않게 하기 위하여 본점에서 임대사업을 위탁관리하는 경우가 많다. 이 경우 본점에서 직접 수행하는 경우로 볼 수 있다고 해석하고 있으나 본점에서 임대사업을 위탁관리하더라도 그 사업소의 영업행위가 사실상 해당 법인의 지휘ㆍ감독 하에 운영되고 영업이익이 해당 법인에게 귀속되는 등 실질적으로는 해당 법인

이 인적·물적설비를 갖추고 자신의 업무를 처리하는 것에 해당될 경우에는 별도의 지점 설치로 보아 중과세대상으로 보고 있다(대법원 98두2737, 1998.4.24.). 그러나 대도시 외의 본점사무소에서 실질적으로 본점 업무를 전반적으로 수행하면서 사업의 효율적인 진행을 위해 업무용역계약을 체결하고 일부 업무를 위탁함에 따라 위탁받은 업무를 수탁자의 사업장에서 행하였다고 하여 이를 바로 위탁법인의 본점을 수탁자의 사업장 소재지로 전입한 것으로 보는 것은 무리라 할 것이다(지방세운영과-3155, 2015.10.7.).[286]

따라서 위탁관리의 경우 다툼의 여지가 많다. 단지 1~2명의 관리인원이 있다고 하여 지점으로 해석되는 경우도 있고 지점으로 보지 않는 경우도 있는 것으로 알고 있다. 즉 인적설비의 유무가 단지 법인의 직원인지 아닌지에 따라 달리 결정된다는 것은 중과세의 취지에 맞지 않다고 생각할 수 있다. 즉 위탁관리를 통하여 중과세를 회피하는 것은 실질과세 원칙에 위배되는 것으로 볼 수 있다. 과세당국에서도 형평성 등을 고려하여 임대업의 경우 지점의 판단 요령을 분명하게 제시하여야 할 것이다.

한편, 지점설치 후 5년이 경과된 지점이 해당 대도시 내에서 부동산을 취득하여 동 지점을 이전하고 부동산 임대업을 추가로 동 지점에서 직접 임대업을 영위하는 경우에는 새로운 지점설치로 볼 수 없다(도세 22670-2464, 1990.7.24.). 따라서 지점으로 판단되는 경우에는 지점설치 경과연수에 따라 일반과세와 중과세가 구분된다.

> **사례** 대도시 외의 법인 본점에서 직접 임대사업을 하는 대도시 내 부동산에 지점을 설치하는 경우, 지점용으로 사용하는 부분은 중과됨(세정 13407-293, 2002.3.25.)
>
> 대도시 외의 법인이 대도시 내의 임대용부동산을 취득·등기한 후 「지방세법 시행규칙」 제55조의 2 규정에 의한 지점을 설치하지 아니하고 본점에서 직접 임대사업을 하는 경우에는 등록세 중과대상이 아님. 대도시 외의 법인 본점에서 직접 임대사업을 하는 대도시 내 부동산에 지점을 설치하는 경우 지점용으로 사용하는 부분에 대하여는 등록세가 중과됨.

> **사례** 직원이 상주하여 임대관련 업무 수행 시 지점설치로 봄(감심 2000-216, 2000.6.13.)
>
> 첫째, 물적설비를 구비하였는지 여부에 대하여 살펴보면 인정사실 (2)에서와 같이 청구인은 1996.12.2. ○○세무서에서 ○○○○(주) ○○사무소라는 명칭으로 사업자등록(등록번호 219-85-xxxxx)을 하였고, 총소유건물 연면적 6,166.61㎡ 중 5,473.18㎡를 ○○개발에 임대하고, 잔여면적 693.43㎡는 직접 사용하고 있어 물적설비 요건을 갖춘 사실을 알 수 있다. 둘째, 인적설비가 있었는지 여부를 보면 위 사무소의 1997.1월부터 3월간 소득세징수집계표상에는 청구인의 직원 6인에 대한 임금이 1997.1월 35,200,890원, 2월 24,350,310원, 3월 12,308,760원이 지급된 사실로 미루어 보아 위 사무소의 사업 또는 사무를 위하여 일정한 인원이 상주하며 일한 것으로 볼 수 있다. 셋째, 위 사무소의 사무 또는 사업이 이 사건 부동산 임대업무와 관련된 것인지 여부를 보면 인정사실 (5)에서와 같이 이 사건 부동산 임대료 징수를 위한 세금계산서 등이 위 사무소의 명의로 지속적으로

---

286) 대법원은 대도시에 취득세 중과대상 지점설치 후 5년 이내에 부동산을 취득한 경우에도 해당 부동산을 취득하여 임대하다가 타인에게 매각하기 위하여 본점에서 일시적으로 관리하고 있는 부동산이라면 본점의 부동산 임대 및 매매업과 관계되어 취득한 부동산이므로 지점과 관계되어 취득한 부동산이라고 볼 수 없어 취득세 중과대상에 해당하지 않는다고 판시함(대법원 2009.4.9. 선고, 2009두607 판결).

발행된 점을 볼 때, 위 사무소의 사업 또는 사무는 이 사건 부동산 임대관련 업무라고 아니할 수 없다. 따라서 위 사무소에서 임대관련 업무를 행하지 않았으므로 위 사무소는 「지방세법」 소정의 '지점'에 해당되지 아니한다는 청구인의 주장은 받아들일 수 없음.

☞ 2014년 이후부터는 사업자등록 여부와 관계없이 사실상 지점설치로 등록대상 사업장이 된 경우 지점으로 봄.

사례 건물관리용역회사 직원이 상주하지만 본사가 임대관리 시(지방세심사 99-469, 1999.7.28.)

동 관리사무실에 근무하는 인원 대부분은 용역회사 직원이고, 청구인 소속직원은 과장인 ×××와 다른 1인이 근무하고 있었으나 그 직종이 운전기사였던 점과, 임대차계약업무 및 임대료 수납업무 등을 본사에서 직접 처리한 사실이 인정되는 점 등으로 미루어, 이 건 건물의 관리사무소가 업무적으로 독립된 기능을 수행하는 지점 등으로 볼 수는 없는 것이라 할 것임에도 지점을 신설한 것으로 보아 등록세 등을 중과세한 처분은 잘못이 있음.

☞ 2014년 이후부터는 사업자등록 여부와 관계없이 사실상 지점설치로 등록대상 사업장이 된 경우 지점으로 봄.

ⓣ 위·수탁계약

보험회사에 보험대리점이 보험회사와의 위·수탁계약을 체결하고 이 계약에 의해 위탁수수료를 지급하고 있는 경우 보험대리점이 사용하고 있는 공간이 지점용인지 여부는 위·수탁계약 내용으로 판단하여야 할 것으로 판단된다.

위탁자와 수탁자 간에 체결한 위·수탁계약서에 의하면 영업행위의 명의, 수입금관리, 사업계획서 작성 등 운영에 관한 기본적 의사결정을 위탁자가 행하면서 수탁자에게 위 계약서에 의한 위탁수수료를 지급하고 있다면 위탁자가 주민세 재산분, 주민세 종업원분의 납세의무자가 된다(행자부 세정 13430-615, 2002.7.2.). 이러한 취지로 볼 때 취득세(구 등록세) 중과도 이와 마찬가지로 판단하여야 할 것으로 보여진다.

한편, 사업장의 소유권이 위탁자에 있고, 그 수익금 또한 최종적으로 위탁자에게 귀속되고 있다 하더라도, 해당 관리가 수탁자 책임아래 사업을 운영하고 있는 경우에는 위탁자의 지점용 사무실이 아닌 수탁자의 사무실용으로 보아야 할 것이다.

사례 별도 법인 직원이더라도 지휘·감독 하에 있는 경우(대법원 2005두13469, 2007.8.24.)

'인적설비'란 해당 법인의 지휘·감독 하에 인원이 상주하는 것을 뜻할 뿐이고 그 고용 형식이 반드시 해당 법인에 직속하는 형태를 취할 것을 요구하는 것은 아니다. 따라서 부동산 소유 법인으로부터 부동산의 관리용역을 위탁받은 회사가 부동산 소유 법인과 독립된 법인의 형태를 취하고는 있으나, 부동산 소재지에 사무실을 두고 있으면서 관리용역 이외에 부동산 소유 법인 명의로 임대료 및 관리비에 대한 세금계산서를 작성하여 임차인들에게 교부하고, 부동산 소유 법인 명의 예금통장과 인감 등을 보관하면서 승낙을 받아 그 통장에서 위탁관리용역에 대한 수수료와 부가가치세 등 제세공과금을 인출하여 납부하여 왔을 뿐만 아니라 대리하여 임대차계약을 체결하기도 하였으며, 관리회사의 인력채용이나 충원 및 업무수행에 필요한 비용집행 시 사전승낙을 받거나 사후보고를 하도록 되어 있는 등 일반적인 건물관리용역을 수행하는 이외에 투자회사의 지휘·감독 하에 실질적으로 부동산 소유 법인의 지점으로서의 업무를 처리하여 온 경우 인적설비를 갖춘 것으로 보아 "지점"에 해당함.

㉘ 대도시 외의 법인의 대도시 내 분양사무실

분양사무실에 직원 등이 상시 근무하여 그곳에 사업자등록을 하여야 하는바, 인적·물적 설비가 갖추어진 경우에는 지점 등에 해당되어 구 등록세분이 중과될 것이지만 하기 사례에 따르면 제3자로 하여금 분양업무를 대행하는 경우에는 중과가 되지 아니하는 것이다. 그런데 직원을 상주시켜 분양업무를 보는 것은 한시적인 업무로 이를 '계속하여'로 보아 지점 등 설치로 보는 것에는 문제가 있을 수 있지만, 취득 부동산에 분양사무실을 설치한 경우에는 지점 등으로 보아야 한다는 것이다.

한편, 임시 사무실이 본점의 일부(예 : 대표이사, 비서실, 총무부 등)가 주요 의사결정 등의 업무를 보는 경우 본점전입으로 보는 것으로, 본점전입 후 5년 이내 취득하는 일체의 부동산(분양분 부동산 포함)은 중과되는 것이며, 본점의 일부가 아니더라도 사업자등록 대상이 되어 지점에 해당되는 경우에는 지점용 부동산으로 사용하고 있는 부분은 중과대상이 될 것이다.

> **사례** 제3자로 하여금 한시적으로 분양대행하는 경우(세정과-1791, 2007.5.16.)

대도시 내 법인이 대물변제받은 부동산에 대한 소유권이전등기 후 사업자등록을 하고 부동산 일부를 분양사무실로 사용하면서 당해 법인의 소속 직원이 아닌 제3자로 하여금 한시적으로 상가 분양과 관련된 업무를 수행토록 한 경우라면 당해 부동산등기가 지점설치에 따른 부동산 등기에 해당된다고 보기는 어려움.

> **사례** 대도시 외 법인의 대도시 내 분양용 부동산의 중과 여부(지방세정팀-1398, 2005.6.29.)

대도시 내에서의 법인설립일부터 5년 이내에 오피스텔을 건축하기 위하여 토지를 취득하여 등기하였다면 토지 취득에 따른 등기는 등록세의 중과세대상이 되는 것이며, 오피스텔을 건축한 후 대도시 외 지역으로 법인을 이전한 상태에서 보존등기를 하는 경우라면 보존등기에 대한 등록세는 중과세대상이 되지 않는 것임.

> **사례** 대도시 내 매매용 부동산으로서 인근에 분양사무실을 설치하고 사업자등록한 후 사무실로 사용하고 있으나 지점에 해당하지 않아 중과대상 아님(지방세심사 2002-370, 2002.10.28.).

청구인의 경우 이 사건 부동산의 인근에 사무실을 설치하고 사업자등록을 한 후 분양대행회사와 공동으로 분양업무를 수행하고 있지만, 이 사건 부동산에는 분양사무실 등 아무런 지점으로서의 요건을 갖춘 사무실을 설치하지 아니하였으므로 이러한 매매용 부동산을 인근에 분양사무실을 설치하고 있다 하여 대도시 내 지점설치에 따른 부동산등기로 보아 등록세를 중과세할 수는 없는 것임.

☞ 2014년 이후부터는 사업자등록 여부와 관계없이 사실상 지점설치로 등록대상 사업장이 된 경우 지점으로 봄.

㉙ 「신탁법」에 따른 수탁자가 취득한 신탁재산을 위탁자가 사용 시

2020.1.1. 이후 취득분부터 「신탁법」에 따른 수탁자가 취득한 신탁재산의 경우 취득 목적, 법인 또는 사무소 등의 설립·설치·전입 시기 등은 같은 법에 따른 위탁자를 기준으로 판단한다(지령 §27 ⑥). 즉 수탁자가 취득한 신탁재산을 위탁자 기준으로 취득세 중과 여부

를 판단하는 것이다.

2019.12.31. 이전 취득분까지는 건축물을 신축하여 수탁자에게 신탁으로 소유권을 이전한 경우라도 취득일로부터 5년 이내에 대도시 내 새로운 지점을 설치하는 경우라면 취득세 중과세대상에 해당한다(지방세운영과-25, 2017.7.28.)라고 해석하고 있다. 그런데 위탁자가 중과세 회피를 목적으로 위·수탁계약한 사실 등 확인되는 경우 이외에는 위탁자를 중과세 취득세 납세의무자라 해석한 것은 문제가 있는바, 중과세가 되지 아니하는 것으로 판단하여야 한다.[287] 그 이유는 「신탁법」상의 신탁계약에 의하여 수탁자 명의로 신축한 건축물의 취득세 중과세 대상 여부도 수탁자를 기준으로 판단하여야 하는 점(대법원 2003. 6.13. 선고, 2001두4979 판결 등 참조)에서 지점용으로 사용하는 자가 수탁자가 아닌 위탁자라면 건축물분에 대해서는 취득세 중과세 대상으로 보기는 곤란하다 할 것이기 때문이다. 이러한 문제로 인하여 2019년 법을 개정하여 이 경우도 중과하는 것으로 개정하였다.

Ⓐ 본지점 모두 관계되는 부동산 취득

취득세 중과대상이 아닌 법인의 본점과 취득세 중과대상인 지점이 같이 있는 경우 본점 및 지점과 부동산의 관계 여부를 확인하여 대도시 외에 소재한 본점에서 모든 임대관련 업무를 처리한 것으로 되어 있는바, 본점분은 중과가 되지 아니하나, 취득세 중과대상이 되는 지점과 관계되는 경우에 한하여 중과세를 적용하여야 하므로 지점과 부동산의 관계 여부를 확인하지 않고 지점설치 후 5년 이내에 취득하였다는 사유만으로 취득세 중과대상으로 본 부과처분은 잘못이 있다(감심 2018-421, 2019.12.19. 참조).

④ 지점설치 시기(기산일)

「지방세법」상 지점(분사무소)의 설치시기에 대한 규정은 없으나, 「민법」 제50조에서 이를 규정하고 있으며, 「상법」 제181조 제1항에서도 이를 규정하고 있다. 이 규정을 주식회사의 경우도 준용하도록 규정하고 있다(「상법」 §317 ③). 그러나 「지방세법」상의 지점은 지점등기와는 무관하며, 「지방세법 시행규칙」 제6조에 의하면 「민법」과 「상법」의 규정과는 달리 사업장 등록 여부와 관계없이 사실상 지점설치된 상태에서 인적·물적설비를 모두 갖춘 날로 보아야 할 것이다(1984.5.12.~2013.12.31.에는 사업장 등록과 인적·물적설비를 모두 갖춘 날이나 「법인세법」 등에 의한 비과세 또는 과세면제대상 사업장으로서 사업장 등록을 하지 아니하는 경우에는 사실상의 지점설치일, 1984.5.11. 이전에는 사업자등록에 불구하고 사실상의 인적·물적설비 설치일).

---

287) 사법상 계약에 불과한 신탁계약에 의하여 납세의무자가 위탁자로 변경될 수도 없는 점 등에 비추어 청구법인이 신탁한 대도시 내의 쟁점건축물에 지점을 설치하여 취득세 중과세율 적용대상이라고 보아 경정청구를 거부한 처분은 잘못이 있다고 판단됨(조심 2018지0490, 2018.9.11.).

7) 항목별 과세요건 해설

① 대도시의 법인설립에 따른 부동산 취득

대도시에서 법인을 설립 한 후 5년 이내에 취득하는 부동산은 모두 중과세대상이지만 대도시에 있는 부동산만 중과세대상이지 설립 후 5년이 미경과된 법인이라도 대도시 이외의 지역에 취득하는 부동산은 제외된다.

대도시 이외의 지역에서 법인이 설립한 경우는 중과세대상 법인이 아니기 때문에 그 법인이 취득하는 부동산은 중과세되지 아니하나 대도시에 취득한 부동산 소재지가 사실상 본점 도는 지점이 될 경우에는 중과세될 수 있다.

㉠ 본점 이외의 장소에서 내부적 업무를 하는 경우

'본점'이라 함은 대표이사 등 임직원이 상주하면서 기획, 재무, 경영전략 등 법인의 전반적인 사업을 수행하고 있는 경우를 말하고, '본점용 부동산'이라 함은 법인의 중추적인 의사결정이 이루어지는 장소를 뜻한다할 것이다. 그리고 「상법」 상의 지점이든 「지방세법」 상의 지점에 불구하고 본점 명의로 사업을 수행하며 지점 사무실에도 본점업무의 연장선에서 대표이사 사무실 및 경리부와 자금부 그리고 영업부의 사무실을 설치할 수가 있는데 이와 같은 내용들은 모두 본점사업용 부동산으로 해석될 수 있다. 즉 본점 이외의 장소에서 경리, 인사, 연구, 연수, 재산관리업무 등 대외적인 거래와 직접적인 관련이 없는 내부적 업무만을 처리하고 있는 경우 지점에 해당되지 않지만 본점에 해당될 수 있으므로 본점설치·전입에 따른 중과 여부를 판단하여야 한다. 이의 근거는 본점 이외의 장소에서 경리 등 내부적 업무만을 처리할 경우는 지점 등에 해당되지 아니하다[288](대법원 92누 10029, 1993.6.11.)"라고 판시한 대법원판례에 따른 것이다. 그런데 대도시 외에 설립한 본점 외에 대도시 내에 업무 수행 사무실을 설치·운영한 경우라 하더라도 대도시 외에서 인적·물적 설비를 유지하면서 중요한 의사결정 등 사업총괄 본점의 기능을 유지하였다면 대도시 내 전입에 해당되지 아니한다(대법원 2015두55462, 2016.2.18. 참조).

한편, 대도시 외에 본점이 있는 법인이 대도시에서 부동산을 취득한 경우로 지점 등 설치에 따른 부동산에 해당되지 않으면 취득세 중 구 등록세분을 중과할 수 없다. 그러나 이 경우에는 본점사무소용 부동산으로 보아 취득세 중 구 취득세분 중과(임대용 부동산은 본점사무소용에 해당되지 않으므로 취득세도 중과대상에서 제외됨)에 해당될 수도 있다. 또한 본점의 전입으로 보아 구 등록세분도 중과세대상이 될 것이다. 즉 본점등기 즉 형식상의 본점을 대도시 외로 하고 실질적인 본점의 업무는 대도시에서 할 경우에는 구 등록

---

288) 「수도권정비계획법」에 규정한 과밀억제권역 내에서 본점 또는 주사무소의 사업용 부동산(신축 또는 증축하는 경우와 그 부속토지에 한함)을 취득한 경우에는 3배 중과세를 하는 것이다. 이 경우 본점 또는 주사무소의 사업용 부동산의 범위는 본점 또는 주사무소로 사용하는 부동산과 그 부대시설용 부동산(기숙사, 합숙소, 사택, 연수시설, 체육시설 등 복지후생시설과 예비군 병기고 및 탄약고를 제외한다)을 말한다. 이 경우 본점 소재지에 반드시 본점용 부동산을 두는 것을 의미하는 것이 아니라 본점을 그대로 둔 채로 그 조직의 일부가 사용하는 것도 본점사업용 부동산의 범위에 포함되는 것이다.

세분 중과 문제가 발생되는 것이다.

또한 본사에 부설된 일개 영업부서나 직매장의 경우는 지점으로 보지 않으나 이들을 본사와 분리하여 사업장 등록대상이 된 상태에서 인적·물적설비를 모두 갖춘 날(1984.5.12.~2013.12.31.에는 사업자등록과 인적·물적설비를 모두 갖춘 날)에 지점이 설치된 것으로 본다(대법원 89누978, 1989.9.12. 참조).

참고로, 대도시에서 경리 등 내부적인 업무만 처리하기 위하여 부동산을 취득한 후 5년 이내에 동일한 장소에 지점을 설치 또는 전입하는 경우에는 취득시점에서는 취득세 중과(신·증축 부동산에 한함)에 해당되고 그 이후에 지점설치 등에 따른 구 등록세분 중과에 해당하게 되어 이중 중과에 해당되어 세금부담이 가중되고 있다. 따라서 본점용 부동산을 지점용으로 사용할 경우에는 부동산 취득 후 5년이 경과된 시점에서 행해져야 중과를 당하지 아니한다.

ⓛ 임대용 부동산의 중과세

구 취득세분의 경우 본점 또는 주사무소의 범위는 본점 또는 주사무소로 직접 사용하는 부동산과 그 부속시설용 부동산에 한정하는 것이므로 임대용으로 사용하거나 사무소용 이외의 시설로 사용하는 경우에는 이에 포함되지 아니한다.

한편, 구 등록세분의 경우 대도시 법인설립 이전 5년 이내에 취득하는 부동산은 법인의 본점·주사무소·지점 또는 분사무소의 용도로 직접 사용하기 위한 부동산 취득만 중과세 되는 것이므로 구 취득세분과 동일하게 임대용으로 사용하거나 사무소용 이외의 시설로 사용하는 경우에는 중과세에 해당되지 아니한다. 그런데 대도시 내 법인설립 이후 5년 이내에 취득하는 부동산에 대하여는 업무용·비업무용 또는 사업용·비사업용의 모든 부동산 취득은 중과세대상이 되는 것이므로 '사용' 여부에 불구하고 중과세된다.

ⓒ 법인설립 5년 경과 후 취득 본점사업용 부동산의 구 취득세분 및 구 등록세분 중과 비교

「수도권정비계획법」에 규정한 과밀억제권역에서 법인설립 후 5년이 경과하는 본점을 이전하기 위하여 취득한 본점용 사옥에 대하여는 구 등록세분은 대도시 내 본점설립 후 5년이 경과되었으므로 중과세되지 아니하나, 구 취득세분의 경우에는 법인설립 후 5년 경과 여부와는 관계없이 중과세되는 것이다.

그러나 해당 부동산 신축으로 취득 후 임대 등의 방법으로 본점사무소용으로 사용하지 아니하다가 취득 후 5년이 경과하여 본점을 이전하는 경우에는 취득세가 중과세에서 제외되는 것이고, 이때 해당 부동산은 타인 부동산은 이에 해당되지 아니한다고 보아야 하며, 해당 부동산 소유는 그 법인의 소유를 전제로 하는 것이다.

> **사례** 대도시 내 본점, 주사무소용 부동산의 취득세 중과 시에는 기숙사, 사택, 체육시설 등 복지후생시설은 중과대상에서 제외되는 것이나, 대도시 내 등록세 중과대상에는 그러하지 아니함(세정 13407-602, 1996.6.11.).

적용 사례

○ **대도시 내에서 본점의 일부가 있고, 지점이 설치되는 경우**

　(1) 일반 현황

　　① 과밀억제권역 외에 본점을 두고 있음.

　　② 과밀억제권역 내에 A지점설치일 : 2016.4.30.

　(2) 취득 현황

　　① 2013.11.1. 과밀억제권역 내 토지(3,000㎡)를 취득(취득가액 20억 원 – 임대용 사업자 등록 추가)

　　② 2016.4.30. 동 부동산 소재지에 건축물(연면적 1,000㎡) 신축(신축가액 10억 원)

　　③ 신축 후 용도 : 신축 건축물을 임대용 부동산과 본점 일부 부서가 사용(본점 사용 연면적 300㎡)

　(3) 본점용 사용 면적에 대하여 취득세 중과됨(구 취득세분 중과).

　　① 토지 취득 시(2013.11.1.) : 물적설비 등이 없으므로 지점이 아니므로 일반과세됨.

　　　20억 원 × 4% = 80백만 원

　　② 건물 신축 시(2016.4.30.) : 본점용 사용 면적에 대하여 취득세 중과됨.

　　　토지 : 본점사용일로부터 5년 이내 취득이므로 본점용 토지분 구 취득세분 중과됨.

　　　20억 원 × (300 ÷ 1,000) × 2% × 2 = 24백만 원

　　　건축물 : 임대용은 일반과세되며, 본점용 건축물은 구 취득세분 중과됨.

　　　10억 원 × 2.8% + 10억 원 × (300 ÷ 1,000) × 2% × 2 = 40백만 원

　(4) 2016.4.30. 지점용 부동산이 되어 지점설치일로부터 5년 이내 취득이므로 중과됨(구 등록세분 중과) : 면적 구분없이 모두 구 등록세분 중과됨.

　　① 토지 : 20억 원 × (4% – 2%) × 2 = 80백만 원

　　② 건축물 : 10억 원 × (2.8% – 2%) × 2 = 16백만 원

☞ 사실상 지점설치(사업장 등록대상이 된 경우)와 동시에 인적설비를 갖춘 경우에 지점에 해당되므로 인적설비가 없을 경우에는 지점에 해당되지 아니함(용역업체 이용의 경우). – 중과대상 아님.

② 지점설치에 따른 부동산 취득

　대도시에서 지점을 설치 한 후 5년 이내에 취득하는 부동산은 중과세대상인바, 이 경우 부동산이 신설 지점과 관련된 부동산이어야 하므로 동일 대도시 내에 다수의 지점이 있다면 그 취득한 부동산이 어느 지점에 속하는지 여부에 따라 중과세 여부가 결정된다. 예를 들어 대도시에 설치(전입 포함)된 지 5년이 경과된 지점과 5년이 미경과된 지점이 있을 경우 취득한 부동산이 전자의 지점에 해당되면 중과세대상이 아니나, 후자의 지점에 해당되면 중과세대상이 된다. 하나의 부동산이 전자와 후자의 지점에 모두 관련이 되어 있다면 그 사용면적에 의하여 안분하여 중과세 여부를 결정하여야 할 것이다.

　또한 지점설치와 관련된 부동산은 지점설치 후에 취득하기도 하나 지점을 설치하기 전에 취득

하기도 하는데 이때는 지점을 설치하기 위한 취득으로써 지점설치하기 전 5년 이내 등기된 부동산도 중과세대상이 된다(임대용으로 사용하거나 사무소용 이외의 시설로 사용하는 경우에는 중과세 배제). 따라서 취득하는 시점에서는 지점이 아니었으나 취득한 날로부터 5년 이내에 지점을 신설 또는 전입되는 경우에는 중과세로 추정된다.

지점설치에 따른 중과세 과세요건은 대도시에서의 부동산 취득 및 이후 지점설치이므로 부동산 취득을 먼저 경료하였다 하더라도 이후 지점이 설치되었을 경우에 비로소 과세요건이 충족되어 그때 납세의무가 성립한다(대법원 91누10619, 1992.5.12. 참조). 즉 대도시에서 법인의 지점설치에 따른 부동산 취득에 대하여 중과 과세요건은 대도시에서의 부동산 취득 및 이후 지점설치의 2가지라 할 것이다.

대도시 외의 법인이 대도시에서 임대용 부동산을 취득한 후 임대사업을 위한 별도의 인적·물적설비를 설치하지 아니하고 임대업 등을 본점에서 직접 수행하는 경우 지점에는 해당되지 아니하나(세정 13407-293, 2002.3.25.), 대도시 외에 형식적으로 본점이 설치되어 있으나 대도시 내에서 실질적인 본점의 역할을 하고 있는 경우 본점전입에 따른 중과대상에 해당될 수 있다. 그리고 대도시 외에 본점이 있지만 본점의 일부 부서가 대도시 내에 있으면서 중요한 의사결정을 그곳에서 한다면 이를 본점전입에 따른 중과대상으로 보고 있다.

적용 사례

○ 대도시 외에서 대도시 내로의 지점설치의 경우

(1) 일반 현황
  ① 과밀억제권역 외에 본점을 두고 있음.
  ② 과밀억제권역에 A지점설치일 : 2016.10.1.

(2) 취득 현황
  ① 2016.2.1. 과밀억제권역 본점용 부동산을 취득(취득가액 6억 원)
  ② 동 부동산 소재지에 A지점설치

(3) 취득 시와 지점설치 시 취득세 중과 여부(구 등록세분 중과)
  ① 취득 시(2016.2.1.) : 본점과 관련한 부동산이므로 일반과세
    6억 원 × 4% = 24백만 원
  ② 지점설치 시(2016.10.1.) : 지점용 부동산이며 지점설치일로부터 5년 이내 취득이므로 중과대상임(구 등록세분 중과).
    6억 원 × (4% - 2%) × 2 = 24백만 원

☛ 부동산 취득이 2011.9.30. 이전인 경우에는 중과대상이 아님.

○ 대도시에서 지점설치의 경우

(1) 일반 현황
  ① 과밀억제권역에 본점(설립일 2013.4.1.)을 두고 있음.

② 과밀억제권역에 A지점설치일 : 2016.5.1.

(2) 취득 현황

① 2013.11.1. 과밀억제권역 토지를 취득(취득가액 1억 원)

② 2016.4.30. 동 부동산 소재지에 건축물 신축(신축가액 5억 원)

③ 신축 후 용도 : 신축 건축물 전체를 임대용 부동산으로 사용(임대용 사업자등록 추가)

(3) 취득 시와 지점설치 시 취득세 중과 여부(구 등록세분 중과)

① 토지 취득 시(2013.11.1.) : 본점설립일로부터 5년 이내 취득이므로 중과

1억 원 × (4% × 3 − 2% × 2) = 8백만 원

② 지점설치 시

토지 : 취득 시 이미 중과되었으므로 중과 배제

건축물 : 지점용 부동산으로 지점설치일로부터 5년 이내 취득이므로 중과됨.

5억 원 × (2.8% × 3 − 2% × 2) = 22백만 원

☞ 사실상 지점설치(사업장 등록대상이 된 경우)와 동시에 인적설비를 갖춘 경우에 지점에 해당되므로 인적설비가 없을 경우에는 지점에 해당되지 아니함(용역업체 이용의 경우). − 본점용으로 본점설립일로부터 5년 이내 취득이므로 중과

◉ 대도시 내에서 지점설치의 경우

(1) 일반 현황

① 과밀억제권역 내에 본점(설립일 2008.10.1.)을 두고 있음.

② 과밀억제권역 내에 A지점설치일 : 2016.5.1.

(2) 취득 현황

① 2013.11.1. 과밀억제권역 내 토지를 취득(취득가액 1억 원)

② 2016.4.30. 동 부동산 소재지에 건축물 신축(신축가액 5억 원)

③ 신축 후 용도 : 신축 건축물 전체를 임대용 부동산으로 사용(임대용 사업자등록 추가)

(3) 취득 시와 지점설치 시 취득세 중과 여부(구 등록세분 중과)

① 취득 시(2013.11.1.) : 본점용 부동산이나 법인설립일로부터 5년 경과이므로 일반과세

1억 원 × 4% = 4백만 원

② 지점설치 시(2016.4.30.)

토지 : 지점용 부동산이 되어 지점설치일로부터 5년 이내 취득이므로 중과됨.

1억 원 × (4% − 2%) × 2 = 4백만 원

건축물 : 지점용 부동산으로 지점설치일로부터 5년 이내 취득이므로 중과됨.

5억 원 × (2.8% × 3 − 2% × 2) = 22백만 원

☞ 사실상 지점설치(사업장 등록대상이 된 경우)와 동시에 인적설비를 갖춘 경우에 지점에 해당되므로 인적설비가 없을 경우에는 지점에 해당되지 아니함(용역업체 이용의 경우). − 중과대상 아님.

사례 대도시 내에 기존 A지점 및 새로운 B지점설치 이후 취득·등기한 부동산에 A지점 이전한 것으로 사업자 등록했으나, 사실상 B지점 이전해 사용하는 경우 B지점 이전에 따른 부동산 취득·등기로 봄(지방세심사 2002−92, 2002.2.25.)

이 사건 토지가 지점설치 이전에 취득한 부동산의 등기로서 등록세 중과세 납세의무가 성립되는 시점은 이 사건 건축물로 ○○○○지점을 이전한 1998.7.28.로 보아야 할 것으로서, 이 사건 토지와 건축물이 지점설치 후 5년이 경과된 지점을 이전한 것이라거나 부과제척기간이 경과되었다는 청구인의 주장은 받아들일 수 없는 것이라 하겠으며, ○○○○지점을 설치한 날로부터 5년 이내에 이 사건 건축물을 신축하고 지점을 이전한 것이므로 그 일부를 임대하고 있다 하여 등록세 중과세대상에서 제외할 수는 없음.

☞ 2014년 이후부터는 사업자등록 여부와 관계없이 사실상 지점설치로 등록대상 사업장이 된 경우 지점으로 봄.

③ 본·지점 이전에 따른 부동산 취득

㉠ 본점이전

대도시 이외의 지역에 있는 법인이 대도시로 이전하는 것은 신설로 보므로 그 이전일로부터 5년 이내에 취득하는 부동산은 중과세대상이 된다. 그러나 동일 대도시 내에서의 이전인 경우(수도권 중 서울특별시 이외 지역에서 서울특별시 내로 전입은 대도시 내로의 전입에 해당함) 중과세대상이 아니다.

본점이전 후의 장소가 동일 대도시 내 이전인 경우에는 중과세 여부는 법인설립일로부터 5년 경과되었는지에 따라 달리 적용된다. 즉 설립된 지 5년이 경과된 법인인 경우에 그 이전에 따른 부동산 취득은 중과세대상이 아니나, 5년이 경과되지 않은 법인이 이전하기 위하여 취득하는 부동산은 중과세대상이 된다.

대도시 내로의 전입 이후 5년 이내의 부동산 취득은 중과세하므로 그 5년의 기산일을 사실상 본점이전일이라 할 수 있으나, 불분명한 경우에는 이전하였는지의 여부는 등기를 하여야 확인가능하므로 이전등기일이 기산일이 된다고 보면 될 것이다.

㉡ 서울특별시 외의 대도시에서 서울특별시로 전입하는 경우

서울특별시 외의 대도시에서 서울특별시로의 전입은 대도시로의 전입으로 보고 있다. 따라서 서울특별시 외의 과밀억제권역에서 서울특별시로 전입한 법인의 전입 이후의 부동산 취득은 구 등록세분 중과대상이 된다. 이 경우에도 그 부동산 취득의 범위를 해당 대도시 외의 법인이 해당 대도시로의 전입에 따른 등기를 말한다고 한정하고 있으므로, 그 취득하는 부동산이 새로 전입하는 해당 대도시인 서울특별시 내에 소재하고 있는 경우에 한하여 그 부동산 취득이 중과세대상이 되는 것이다(대법원 2001두10974, 2003.8.19.).

예를 들어 서울특별시에서 설립된 지 5년이 경과한 법인이 고양시로 본점을 이전하였다가 다시 서울특별시로 본점을 이전한 후 5년 내에 경기도 고양시에 소재한 부동산을 취득한 경우 중과세대상이 되는 부동산 취득은 새로 전입하는 대도시인 서울에 소재하는 부동산에 관한 취득에 한정된다고 할 것임에도, 경기도 고양시에 소재한 부동산의 취득은 중과세율이 적용대상이 아닌 것이다(대법원 2001두10974, 2003.8.19.).

한편, 「지방세법」 제13조 제2항 제1호에 의하면 2017.1.1. 이후는 "법인의 본점·주사무

소·지점 또는 분사무소의 대도시로 전입(「수도권정비계획법」 제2조에 따른 수도권의 경우 서울특별시 외의 지역에서 서울특별시로의 전입은 대도시로의 전입으로 본다)함에 따라…"라고 규정하고 있어서 위헌 소지가 없으나, 2016.12.31. 이전에는 "법인의 본점·주사무소·지점 또는 분사무소의 대도시로 전입함에 따라 …"라고 규정하고 있었는바, 대도시 범위에 수도권 중 서울특별시가 이미 포함되어 있으므로 "서울특별시 외의 지역에서 서울특별시 내로의 전입은 대도시 내로의 전입으로 본다"는 것은 법에서 규정한 '대도시로 전입'에 해당되지 아니하므로 시행령에서 모법의 취지를 벗어나 규정하고 있다고 보여진다. 2010.12.31. 이전의 규정에서도 마찬가지이다.

ⓒ 서울특별시 외의 대도시에서 서울특별시로 이전했다가 다시 서울특별시 외의 대도시로 이전하는 경우

법인 A가 2001년도에 인천광역시 계양구 소재에서 설립된 후 2006년도에 서울특별시로 본점을 이전하였다가 2007년도에 경기도 성남시 소재로 본점을 이전한 경우라면 법인설립 후 5년 이내의 판단을 함에 있어서 그 기준일은 당초 법인설립등기일로 본다. 따라서 법인 A가 서울특별시 소재의 부동산을 취득하는 경우라면 법인설립 후 5년이 경과한 이후에 취득 등기하는 경우에 해당되어 중과대상에 해당되지 아니한다(지방세정팀-2461, 2007.6.27.).

대도시 내에서의 법인의 설립과 지점 또는 분사무소의 설치 및 대도시 내로의 본점·주사무소·지점 또는 분사무소의 전입에 따른 부동산 취득과 그 설립·설치·전입 이후의 부동산 취득에 대하여 구 등록세분을 중과하는 「지방세법」의 입법 취지는 대도시의 인구팽창의 억제, 환경의 순화보존 및 지역 간의 균형적 발전 등을 도모하기 위한 것이므로, 이러한 입법 취지에 비추어 볼 때, 구 등록세분 중과대상이 되는 대도시 내로의 법인의 본점 전입에 따른 부동산등기에는 본점의 전입등기는 이루어지지 아니하였지만 실질적으로 대도시 외에서 대도시 내로 본점을 전입한 법인이 그 전입과 관련하여 취득한 부동산 취득도 포함한다(대법원 2006두2503, 2006.6.15. 참조)할 것으로, 경기도 성남시 소재 법인 A가 서울특별시 소재 부동산을 취득하고 여기에 대표이사 등 임·직원이 상주하면서 기획, 재무, 사업본부 등 법인의 전반적인 사업을 수행하고 있는 경우라면 서울특별시 소재 부동산의 취득은 대도시 내로의 본점 전입에 따른 부동산 취득에 해당한다(지방세정팀-2461, 2007.6.27.).

ⓓ 대도시에서 대도시 외로 본점이전 후 다시 대도시로 이전하는 경우

"1987년 대도시 지역에서 설립된 법인이 대도시 외 지역인 경기도 용인시로 법인을 이전하여 사업을 영위하던 중 다시 대도시 지역인 서울시로 법인을 이전하는 경우 당해 법인의 설립경과 연수와는 관계없이 서울시로 전입하는 날이 당해 법인의 새로운 설립일이 되는 것이므로 등록세 중과세대상이 되는 것이다(행안부33, 2007.3.16.)"라고 해석하고 있다.

이 해석은 이미 대도시에서 법인설립이 되었으므로 당초 법인설립일을 기준으로 대도시에서의 사업기간이 5년 경과된지 여부로 판단하는 것이 중과 취지에 더 타당할 수 있기(지방세정팀-2461, 2007.6.27.의 취지) 때문에 논란의 쟁점이 될 수 있다.

ㅁ **본점 소재지를 지점으로 하고 본점을 이전하는 경우**

본점이전으로 인하여 이전 전 장소를 매각 등에 의하여 폐쇄하는 경우이거나 지점으로 사용하는 경우도 있을 것이다. 지점으로 사용하는 경우 이 지점은 새로운 지점설치, 대도시 이외 지점의 전입, 대도시 지점전입 등일 것이므로 새로운 지점설치, 대도시 이외 지점 전입의 경우 지점 신설이기 때문에 중과세대상 지점이 되어 동 본점의 이전 전 장소는 부동산 취득 후 5년이 경과되지 않았으면 중과세로 추징된다. 대도시 지점전입인 경우 종전 지점설치일로부터 5년 경과 여부와 부동산 취득 후 5년 경과 여부에 따라 중과세가 결정될 것이다. 그런데 대법원판례(대법원 2001두3747, 2001.12.28.)에 따르면 대도시 본점으로 사용하던 부동산에 대해 본점을 지방으로 이전하고 지점용으로 사용하는 경우, 당초 본점 사용목적 취득이었고 지점설치와의 실질적인 관련성이 없어 중과대상이 아니다라고 판시하고 있다. 이 판례는 종전의 해석(심사 93-74, 1993.3.1. 심사 93-127, 1993.4.29.)과 배치되는 내용이다. 그러나 본점 이전 전 장소가 부동산 취득 후 5년 경과한 경우에는 현행 규정상 중과세할 방법이 없다.

본점을 지방으로 이전한 후 그 본점 건물을 사무소로 하여 계속 업무처리하다가 본점 이전일로부터 5년 이내 사무소용 토지와 건물 취득하는 경우 본점이전일을 지점설치로 보아 중과세대상에 해당된다. 이와 같은 취지인 「지방세법 운영예규」 법13-4에 따르면 설립 후 5년이 경과된 법인이 임차하여 사용하던 본점을 이전하고 그 자리에 지점을 설치한 후 동 임차 건물을 취득 등기하는 부동산은 중과세대상이다(대법원 87누68, 1987.10.13. 참조)라고 규정하고 있으나, 지점설치 후 5년 경과하여 취득한 부동산도 포함되는 것으로 해석될 여지가 있는바, 동 임차 건물만 한정하기보다는 지점설치 후 5년 이내 취득하는 부동산으로 변경하여 동 임차 건물뿐만 아니라 5년 이내 취득하는 부동산이 모두 포함될 것이다.

사례 대도시 내 설립한 법인이 본점을 다른 장소로 이전하고 본점용 부동산 취득일부터 5년 이내에 지점을 설치한 경우 등록세의 중과세대상이 되는 것임(지방세정팀-4645, 2006.9.26.).

사례 본점 지방이전 5년 내 서울사무소 설치 시 중과세함(대법원 87누356, 1987.8.25.).

원고 회사가 1979.3.12. 본점을 서울 밖으로 이전하고도 그 본점자리에 서울사무소를 두고 계속 업무를 처리한 것이니 그 날 서울의 본점자리에 서울지점 또는 분사무소를 설치하였다고 보아야 할 것이고, 그로부터 5년 내인 1984.3.7. 이 사건 대지와 건물을 취득하여 그 등기를 마친 것이므로 이에 대하여 피고가 등록세의 중과세율을 적용하여 이 사건 과세처분을 한 것은 정당함.

ⓗ 지점이전 장소에서 임대업을 영위하는 경우

지점설치 후 5년이 경과된 지점이 해당 대도시 내에서 부동산을 취득하여 동 지점을 이전하고 부동산 임대업을 추가로 동 지점에서 직접 임대업을 영위하는 경우에는 새로운 지점설치로 볼 수 없다(다만, 부동산 소재지에 인적시설이 별도 있는 경우 지점에 해당됨).

ⓐ 형식적인 본점등기 장소가 지점에 해당되는 경우

대도시 내에 본점을 설치하고 있던 법인이 해당 대도시 내에 있는 다른 부동산을 취득하여 형식적으로 본점설치 등기를 한 경우에는 지점설치 등에 따른 중과세에 해당될 수 있다. 따라서 종전의 본점을 폐쇄하고 본점설치 등기를 한 부동산 소재지에 인적·물적설비를 이전하여 사실상 본점을 이전한 경우에만 중과세에 해당하지 아니한다.

> **사례** 대도시 내의 부동산 취득하여 사실상 본점이전 시(대법원 89누7207, 1990.2.13.)
>
> 원고가 1986.7.1. 이후 실제로 종전 본점소재지로부터 인적·물적설비를 이 사건 부동산소재지로 이전하여 본점으로서의 실체를 갖추고 법인의 대내외적 활동을 수행하여 왔고, 종전 본점소재지에는 인적·물적설비가 철수되어 본점으로서나 지점으로서의 실체를 갖추지 않은 이상 원고는 1986.7.1. 해당 대도시 내에 본점을 이전하였다 할 것이고 이로써 새로운 지점을 설치하였다고는 볼 수 없음.

ⓞ 형식적인 지점이나 사실상 본점이전의 경우

대도시 내에 본점을 둔 법인이 다른 대도시 내의 부동산을 취득해 형식적으로 지점을 설치했으나 사실상 '본점이전'한 경우에는 중과되지 아니하나, 아무런 인적·물적설비를 갖추지 않아 실질적으로 '본점이전'한 것이 아닌 경우에는 중과세된다(대법원 98두11786, 1999.5.14.). 즉 사실상 본점을 이전에 해당하기 위하여 새로 취득한 부동산에 설치한 지점은 형식적인 것이고, 실제로는 종전의 본점을 폐쇄하고 새로 취득한 부동산 소재지에 종전 본점의 인적·물적설비를 철수하여 이전한 경우라야 할 것이다.

ⓩ 형식적으로 대도시 외로 본점이전이지만 종전 본점 자리에 본점 역할 수행 시

중과세의 입법 취지에 비추어 볼 때 중과세대상이 되는 대도시로의 법인의 본점 전입에 따른 부동산 취득은 본점의 전입등기는 이루어지지 아니하였지만 실질적으로 대도시 외에서 대도시 내로 본점을 전입한 법인이 그 전입과 관련하여 취득한 부동산도 포함되므로 종전 본점 자리에 본점 역할을 수행하고 있는 별도의 지점이 아닌 종전 본점이 그대로 있는 것으로 보아 중과세하는 것이다.

> **사례** 종전 본점 소재지에서 본점 역할 그대로 수행 시(조심 2012지823, 2013.3.21.)
>
> 청구법인이 비록 2011.3.25. 형식상으로 본점을 포항시로 이전하였다고 하더라도 청구법인은 1959.7.16. 설립된 이후 종전 본점소재지에서 본점으로서의 역할을 그대로 수행하고 있다고 보여지고, 쟁점 건축물은 법인설립일로부터 5년이 경과되어 취득한 부동산이므로 취득세 중과세대상에서 제외되는 것임.

ⓩ 대도시 외의 법인의 대도시에 사실상 본점을 둔 경우

대도시 외에 본점이 있는 법인이 대도시 내에서 부동산을 취득한 경우로 지점 등 설치에 따른 부동산에 해당되면 구 등록세분을 중과할 수 있다. 그러나 지점 등에 해당되지 아니하나 본점사업용 부동산으로 보아 취득세 중과(임대용 부동산은 본점사무소용에 해당되지 않으므로 취득세도 중과대상에서 제외됨)에 해당될 수도 있다. 또한 본점의 전입으로 보아 구 등록세분 중과세대상이 될 수 있다. 즉 본점등기 즉 형식상의 본점을 대도시 외로 하고 실질적인 본점의 업무는 대도시 내에서 할 경우에는 구 등록세분 중과 문제가 발생될 수 있다. 대도시 외 지역에 본점 주소지를 둔 법인이라 하더라도 대도시 내에 건축물을 신축하고 사실상 본점 업무를 수행하고 있는 경우는 취득세 중과세대상에 해당한다(행심 2006-130, 2006.3.27.).

④ **사례별 중과세 여부**

㉠ 대도시 외에 소재하는 부동산 취득

대도시 내에 본점을 두고 있다 하더라도 대도시 외에 소재하는 부동산을 취득하는 경우에는 중과세대상이 될 수 없다.

㉡ 대도시에 지점으로 간주되지 않는 임대용 부동산 취득

대도시 이외에 본점을 두고 있는 법인이 인적설비가 없는 임대용 부동산은 지점으로 보지 않으므로 중과세될 수 없으나, 대도시 내에 본점을 설립한 법인이 법인설립 후 5년 이내 대도시 내에서 취득하는 부동산은 그것이 인적설비가 없는 단순한 부동산이라도 본점의 설립과 관련한 것으로 보아 취득 시 중과된다고 본다.

㉢ 지방 소재 법인의 대도시 부동산 취득

대도시 내에서 취득하는 부동산이 지점설치로 간주될 경우 당연히 중과될 것이지만, 예를 들어 인적설비가 없이 부동산 관리 용역업체에 관리를 의뢰하여 임대하는 경우에는 해당 임대용 부동산은 중과세대상이 되지 않는다.

㉣ 법인설립 후 5년 경과 법인의 경우

법인설립 후 5년이 경과되었다 하더라도 부동산의 취득이 별도의 지점설치 등과 관련되어 있으면 부동산의 등기에 대하여는 등록세가 중과된다.

대도시에서 법인설립 후 5년 경과한 법인이 부동산을 취득하여 본점을 이전하고 부동산임대업을 추가하여 본점에서 직접 임대업을 영위한다면 지점의 설치로 볼 수 없어 중과대상이 아니다.

㉤ 수도권의 경우 서울특별시 외에서 서울특별시 내로의 전입의 경우

비록 법인설립 후 5년 경과되었다 하더라도 전입일 기준으로 5년 이내 취득하는 부동산은 중과대상이다.

ⓗ 상기의 내용을 사례별로 중과세 여부[289]

사례	중과 여부
대도시 본점 5년 경과, A지점 5년 경과, B지점설치 사용 부동산 취득	중과세
대도시 본점 5년 경과, A지점 5년 경과, B지점 5년 미만, A지점 사용 부동산 취득	일반과세
대도시 본점 5년 경과, A지점 5년 경과, B지점 5년 미만, A, B지점 사용 부동산 취득	사용면적 안분과세[주1]
대도시 본점 5년 경과, A지점 5년 미만, 부동산 취득(본점이 위탁임대)	일반과세[주2]
대도시 이외 본점, 대도시 A지점 5년 미만, 부동산 취득(본점이 위탁임대)	[주3]
대도시 이외 본점, 대도시 A지점 5년 경과, 부동산 취득(본점이 위탁임대)	[주3]
대도시 이외 본점, 대도시 A지점 5년 경과, B지점 5년 미만, 부동산 취득(본점이 위탁임대)	[주3]

☞ (주1) A지점 사용분 : 일반과세, B지점 사용분 : 중과세

☞ (주2) 본점이 임대사업을 위탁관리하더라도 그 사업소의 영업행위가 사실상 해당 법인의 지휘·감독 하에 운영되고 영업이익이 해당 법인에게 귀속되는 등 실질적으로는 해당 법인이 인적·물적설비를 갖추고 자신의 업무를 처리하는 것에 해당될 경우에는 별도의 지점설치로 보아 중과세대상으로 보고 있다(대법원 98두2737, 1998.4.24.).

☞ (주3) 상기 (주2)에서 보는 바와 같이 지점으로 판단되는 경우에는 지점설치 경과연수에 따라 일반과세와 중과세가 구분되며, 지점이 아닌 본점의 일부로 보면서 인적설비가 없는 것으로 판단될 경우에는 일반과세 해당함.

적용 사례

◉ **대도시 외에서 대도시 내로의 지점전입의 경우**
  (1) 일반 현황
      ① 과밀억제권역 외에 본점을 두고 있음.
      ② 과밀억제권역 외에 A지점설치일 : 2011.10.1.
      ③ 과밀억제권역 내로의 A지점 이전일 : 2016.1.1.

  (2) 취득 현황
      ① 2011.2.1. 과밀억제권역 내 본점용 부동산을 취득(취득가액 6억 원)
      ② 동 부동산 소재지에 A지점 이전

  (3) 취득 시와 지점설치·이전 시 취득세 중과 여부(구 등록세분 중과)
      ① 취득 시(2011.2.1.) : 대도시 외 본점용 부동산이므로 일반과세
          6억 원 × 4% = 24백만 원
      ② 지점설치 시(2011.10.1.) : 과밀억제권역 외에 지점설치되어 취득세 중과분 없음.
      ③ 지점이전 시(2016.1.1.) : 지점용 부동산으로 지점설치일로부터 5년 이내 취득이므로
          취득세 중과됨(구 등록세분 중과).
          6억 원 × (4% − 2%) × 2 = 24백만 원

      ☞ 지점설치일이 2010.12.31. 이전인 경우에는 중과대상이 아님.

---

289) 발췌(지방세의 이론과 실무(김태호), p.602, 세경사, 2001)된 내용을 보완한 것임.

○ **대도시 내에서 대도시 내로의 지점이전의 경우**

(1) 일반 현황

① 과밀억제권역 외에 본점을 두고 있음

② 과밀억제권역 내에 A지점설치일 : 2011.10.1.

③ 과밀억제권역 내로의 A지점 이전일 : 2016.11.5.

(2) 취득 현황

① 2016.11.1. 과밀억제권역 본점용 부동산을 취득(취득가액 6억 원)

② 2016.11.5. 동 부동산 소재지에 A지점 이전

(3) 취득 시와 지점설치·이전 시 취득세 중과 여부(구 등록세분 중과)

① 취득 시(2016.11.1.) : 대도시 외 본점용 부동산이므로 일반과세

　6억 원 × 4% = 24백만 원

② 지점설치 시(2011.10.1.) : 취득 부동산 없으므로 취득세 없음.

③ 지점이전 시(2016.11.5.) : 지점용 부동산이나 지점설치일(2011.10.1)로부터 5년 경과 취득이므로 취득세 중과대상 아님.

☞ 부동산 취득이 2011.10.1. 이후부터 2016.9.30. 이전인 경우에는 중과대상임.

○ **적용 사례**

(1) 일반 현황과 취득 현황

상기의 내용과 동일하나 과밀억제권역 내에 본점(설립일 2012.1.1.)을 두고 있는 경우

(2) 취득 시와 지점설치·이전 시 취득세 중과 여부(구 등록세분 중과)

① 취득 시(2016.11.1.) : 대도시 내 본점용 부동산이므로 취득세 중과됨(구 등록세분 중과).

6억 원 × (4% × 3 - 2% × 2) = 48백만 원

② 지점설치 시(2011.10.1.) : 취득 부동산 없으므로 취득세 없음.

③ 지점이전 시(2016.11.5.) : 동일한 대도시 내 지점용 부동산이므로 추가 납부세액 없음.

☞ 본점설립일이 2011.10.31. 이전인 경우 취득 시 취득세가 일반과세됨.

(3) 조직변경

1) 법인에서 법인으로의 조직변경 중과세[290]

① 조직변경 당시의 등기

회사의 조직변경은 「상법」에 의거 주식회사가 유한회사로 변경되거나 유한회사가 주식회사로 변경되는 것으로서 회사의 그 인격의 동일성이 유지되면서 법률상의 조직이 변경되어 다른 종류의 회사가 되는 것을 말하는바, 그 과정에서 조직변경 전의 회사가 소유하고 있던 부동산을 조직변경 후의 회사 명의로 변경되는 경우에 부동산 거래행위, 즉 취득행위가 있는 것인가를 검토하

---

290) 행정안전부의 '주식회사가 유한회사로 조직변경 시 대도시 내 신설법인에 대한 등록세 중과요령(세정 13430-205, 2002.3.5.)'에서 발췌한 것을 현행 규정에 맞추어 보완한 것임.

면 비록 조직변경 전의 회사가 해산등기를 하고 조직변경 후의 회사로 설립등기를 하여 새로운 법인격을 구비하지만 그 인격의 동일성을 유지하는 한 취득행위가 없는 단순한 명의변경(예 : 상호 명칭변경)과 유사한 것이다.

또한 「소득세법」 제88조에서도 조직변경으로 주식수나 출자지분이 감소되는 것은 주식의 양도로 보지 않는 점을 고려할 때 취득행위가 없는 사항으로 취득세 납세의무가 없다. 한편, 조직변경에 따른 부동산 등록면허세의 경우 부동산등기와 법인등기로 구분된다.

㉠ 부동산등기

부동산등기의 경우 실질적인 소유변동이 아닌 단순한 명칭변경이므로 "그 밖의 등기의" 의 세율[매 건당 6,000원(2013년 이전 3,000원)]을 적용하여야 한다.

㉡ 법인등기

조직변경을 하면서 조직변경 전의 법인은 해산등기를 하고 조직변경 후의 법인은 설립등기를 이행하는 경우 법인이 해산 절차를 거치지 아니하고 법인격의 동질성을 유지하면서 단순한 명칭변경등기를 하는 것이 아니라 조직변경을 하여 법률상 다른 인격의 법인으로 설립등기를 이행하는 것이므로 법인설립등기에 따른 등록면허세율(0.4% - 중과대상인 경우에는 중과세율)을 적용하는 것이다라고 해석하고 있었으나, 대법원판례에 의하면 법인등기의 그 밖의 등기의 세율[매 건당 40,200원(2013년 이전 23,000원)]을 적용하여야 할 것이다.[291] 2015.7.24. 시행령을 개정하여 유한회사를 주식회사로 조직변경하는 경우 또는 주식회사를 유한회사로 조직변경하는 경우 「지방세법」 제28조 제1항 제6호 바목(그 밖의 등기)에 따라 등록면허세를 납부하여야 한다라고 규정하고 있다(지령 §43 ⑤).

> **사례** 주식회사의 조직변경에 따른 유한회사 설립등기(대법원 2010두6731, 2012.2.9.)
>
> 주식회사의 조직변경에 따른 유한회사의 설립등기는 구 「지방세법」 제137조 제1항 제1호 제1목(설립 시 출자가액의 0.4%)의 적용대상이라고 할 수 없고, 같은 항 제1호 제2목(증자 시 증자가액의 0.4%)이나 제2호 내지 제5호의 적용대상도 아니므로 같은 항 제6호(기타등기로 매 건당 23,000원)의 적용대상이 될 수 있을 뿐이라고 보아, 이 사건 처분 중 이에 반하는 부분이 위법하다고 판단하였다. 원심의 판단은 앞에서 본 법리에 좇은 것으로서 정당함.

② 조직변경 이후의 취득 또는 등기

조직변경 이후에 취득하는 부동산 또는 불입·증자하는 법인등기의 경우 법인설립일은 조직변경 전 당초 회사가 설립된 날로 본다. 조직변경은 실질적으로 법인격을 승계한 것이라고 하더

---

291) 회사의 조직변경은 회사가 그 인격의 동일성을 보유하면서 법률상의 조직을 변경하여 다른 종류의 회사로 되는 것을 일컫는 것으로서(대법원 1985.11.12. 선고, 85누69 판결 참조), 영리를 목적으로 하는 하나의 단체를 형성함과 동시에 그 단체로 하여금 법률상의 인격을 갖추도록 하는 회사의 설립과 구별된다. 조직변경을 할 때, 구 회사에 있어서는 해산등기를, 신회사에 있어서는 설립등기를 하여야 하지만(「상법」 제606조 등 참조), 이는 등기 기술상의 처리에 불과하다.

라도 법인등기는 상법 제606조에 의거 주식회사가 본점 소재지에서는 2주 이내, 지점소재지에서는 3주 이내에 해산등기를 하고, 유한회사로 설립등기를 하도록 규정하고 있어서 설립등기의 형식을 갖추는 것이나 「비송사건절차법」 제218조 및 제197조의 규정에 의거 조직변경 후의 설립등기시 변경 전의 회사의 성립연월일도 함께 등기하도록 규정되어 있다.

㉠ 부동산 취득

대도시 내에서 조직변경 이후 5년 이내에 부동산 취득에 대하여 취득세 중 구 등록세분 중과세 여부를 검토하면 조직변경 전의 회사가 당초 설립일로부터 5년 이내에 조직변경을 하는 경우에는 그 조직변경 이후의 회사가 행하는 부동산 취득에 대하여는 중과세 하는 것에 이견이 없다. 그러나 당초 조직변경 전의 회사가 설립한 날을 기준으로 보아 법인설립 후 5년 이후에 행하는 법인등기 및 부동산등기는 중과세를 할 수 없다. 즉 실질과세 원칙에 의거 조직변경은 당초 법인의 인격을 그대로 승계한 것이므로 비록 설립등기를 하였다고 하더라도 당초 조직변경 전의 회사설립일로 하여야 한다. 즉 법인의 "설립행위"가 있는 것으로 보지 아니하므로(대법원 2010두6731, 2012.2.9.), 조직변경일이 아닌 조직변경 전의 회사의 법인설립일을 중과 기산점으로 하여야 할 것이다.

㉡ 법인등기

대도시 내에서 조직변경 이후 5년 이내에 출자하는 법인등기에 대하여 등록면허세 중과세 여부도 상기 부동산 취득과 동일하게 판단하면 될 것이다.

> **사례** 조직변경 이후의 증자등기 시 중과대상 여부(조심 2008지329, 2008.10.27.)
>
> 조직변경등기는 변경 전 법인의 본점, 목적사업, 임원 및 자본금 등의 변경 없이 단순히 회사의 형태만을 주식회사에서 유한회사로 변경한 것에 불과한 것으로 보여지는바, 청구인의 법인설립은 청구외 종전 법인을 회사계속등기 한 2003.12.26.에 이루어졌다고 보아야 하므로 이로부터 5년 이내에 자본금을 증가한 2003.12.31.의 증자(2,100,000,000원)등기와 2004.1.28.의 증자(8,500,000,000원)등기에 대한 등록세 등은 중과세대상이라 하겠으나, 이 건 조직변경 등기에 따른 법인설립은 「지방세법」 제138조 제1항 제1호에서 등록세 중과세대상으로 규정하고 있는 대도시 내에서의 법인의 설립에 해당되지 아니한다 할 것임에도 처분청에서 이 건 조직변경등기가 청구인의 실질적 법인설립일인 회사계속등기일로부터 5년 이내에 이루어졌다하여 청구인의 총자본금 10,650,000,000원에 대하여 등록세 등을 중과세한 것은 잘못이 있는 것으로 판단됨.

2) 법인격 없는 단체 등이 법인화하는 경우

대도시 '법인의 설립' 이후 5년 내에 취득하는 부동산은 취득세 중과세대상에 해당한다고 되어 있고, 법인의 설립에 관한 「민법」과 「상법」의 각 규정에 의하면, 법인은 설립행위를 거쳐 설립등기를 함으로써 성립함과 동시에 법인격을 취득하게 되고 그로써 법인의 설립은 완성되는 것이므로 여기서 '법인의 설립'이라 함은 법인의 설립등기에 의한 설립을 뜻하는 것(대법원 2007두26629, 2009.4.9.)으로서 법인격 없는 단체의 설립은 법인의 설립으로 볼 수 없고, 대도시의 법인격 없는

단체가 사단법인 등 법인으로 전환하는 경우에는 그 법인설립등기로 법인격을 취득하게 되며, 그로부터 5년 내에 취득하는 부동산은 취득세 중과세대상에 해당한다고 할 것이다. 그 이유는 취득세 중과 규정은 대도시 내로의 인구유입에 따른 인구팽창을 막고 대도시의 인구분산을 기하는 데에 그 목적이 있는 것이나, 일단 법령에 정한 요건 사실이 충족되면 일률적으로 그 법령을 적용하여야 하는 것이 원칙이고, 구체적인 사안에서 그 입법 목적과의 배치 여부를 따져 그 적용 여부를 결정할 수 없는 것이기 때문이다(감심 2011-11, 2011.1.13.).[292]

> **사례** 체육진흥단체가 사단법인 법인화한 경우(지방세정팀-69, 2005.12.14.)
>
> 정부로부터 허가 또는 인가를 받거나 「민법」 외의 법률에 의하여 설립 또는 그 적용을 받는 체육진흥단체 등이 그 고유업무에 직접 사용하기 위하여 취득하는 부동산에 대하여는 취득세와 등록세를 면제하도록 규정하고 있는바, 대한축구협회가 사단법인 대한축구협회로 법인화하면서 대한축구협회의 고유목적사업에 직접 사용하던 부동산을 사단법인 대한축구협회로 소유권이전등기하는 경우라면 상기 규정에 의하여 취득세 면제대상이 된다 할 것임.
>
> ☞ 취득세 과세대상이나 감면규정에 의해 감면이 된다는 것임.

3) 특별법 등에 의한 조직변경

법률의 개정으로 기존법인을 해산하고 새로이 설립되는 법인이 해산한 법인이 소유했던 부동산을 무상으로 승계받아 이전등기하는 경우에는 비록 신·구 법인 간에 업무 및 조직의 동질성이 유지된다 하더라도 취득세 납세의무가 있으며 대도시의 법인설립 및 부동산이전등기에 대하여는 취득세를 3배 중과세하는 것이다(세정 22670-3173, 1985.3.15.)라고 해석하고 있다. 그런데 "특별법 등 부칙에 조직변경 전 법인을 신설된 법에 의하여 설립된 법인으로 본다든지 아니면 모든 재산과 법률상의 권리·의무를 포괄적으로 승계하는 등의 별도의 규정이 있어서 조직변경 전 법인의 부동산을 조직변경 후의 법인명의로 변경등기하는 경우는 실질적으로 소유권이 이전되는 것이 아니어서 취득으로 볼 수 없어 부동산 등 취득에 따른 취득세 납세의무는 없는 것이라 할 것이고, 등록면허세의 경우 「부동산등기법」 등 규정에 따라 등기 명의인 표시 변경등기가 이행되는 경우라면 변경등기에 따른 등록면허세는 그 밖의 등기[6,000원(2013년 이전 3,000원)]의 세율을 적용하여야 할 것이다"라고 해석될 여지가 있다.

> **사례** 「○○○법」 제16조에서 "공단에 대하여는 관련 법률에서 정하는 바에 따라 조세감면 등의 지원을 할 수 있다"고 규정하고 있으며, 「지방세특례제한법」 제3조 제1항은 "이 법, 「지방세기본법」, 「지방세징수법」, 「지방세법」, 「조세특례제한법」 및 조약에 따르지 아니하고는 「지방세」에서 정한 일반과세에 대한 지방세 특례를 정할 수 없다"고 규정하고 있는바, 만일 세법상으로도 청구법인과 해산법인들을 동일하게 취급할 목적이었다면, 위 부칙 규정들과 같이 별도의 법 제정을 통하여 세법상 청구법인과 해산법인들의 법인격에 관한 특별 규정을 신설하여 취득세 및 등록면허세 특례를 두는 것이 타당한 것으로 보이는 점, 그러나 청구법인의 쟁점부동산 등의 취득이

---

292) 대법원 2005두13162, 2007.8.23.

나 등록면허세에 관하여는 지방세법령상 별도의 규정을 두고 있지 아니한 점 등에 비추어 보면, 청구법인이 해산법인들과 법인격이 동일하다거나, 청구법인의 설립은 조직변경에 불과하다는 청구주장은 받아들이기 어려운 것으로 판단됨(조심 2023지4163, 2024.9.25.).

사례 특별법에 따라 법인설립한 경우 취득세 과세대상 여부(부동산세제과-2648, 2021.10.7.)

2020.3.31. 제정(2020.10.1. 시행)된 「○○○○교육원법」에 따르면 정부·지방자치단체·민간 등에서 운영하는 ○○○○교육을 체계적으로 지원하기 위하여 ○○○○대학교 부속기관인 '○○○연수원'을 독립시켜 별도의 법인인 '○○○○교육원'을 설립하려는 것으로 되어 있고, 해당 법 제22조에서는 이 법과 「공공기관의 운영에 관한 법률」에서 정한 것 외에는 「민법」 중 재단법인에 관한 규정을 준용한다고 규정하고 있으며, 부칙 제4조에서는 ○○○○학교 부속 ○○○○연수원에서 수행하던 사업과 이와 관련된 재산·권리·의무는 교육원이 승계한다고 규정하고 있다. 이와 같이 해당 법인의 설립목적, 승계 방식 등에 따르면, 관련 법령에 따른 정당한 법인설립 절차를 거쳐 설립되어 종전 법인과 다른 독립적인 실체를 가지고 있고, 법인 설립에 대해 달리 비과세 대상으로 열거하고 있지도 않다 할 것이다. 따라서 특별법에 따라 종전 법인으로부터 재산, 권리, 의무를 승계하여 새로 설립된 법인으로 취득세 과세대상 물건이 이전되는 경우라면 「지방세법」 상 취득에 해당하므로 취득세 과세대상이 됨.

☞ 이 특별법에서는 재산·권리·의무는 교육원이 승계한다는 규정 외에 신설법인이 승계받는 부동산 등에 대한 "이 법 시행 당시 등기부, 그 밖의 공부에 표시된 ○○○연수원의 명의는 재편계획의 내용에 따라 ○○○○교육원의 명의로 본다"라는 의제규정이 없다는 점에서 종전 해석과 차이가 있으며, 의제규정이 없더라도 과세대상이 아니라고 본 적 있었음(지방세정팀-1660, 2006.4.26.).

사례 특별법 개정으로 부동산 포괄적 양수 시(지방세운영과-1373, 2010.4.5.)

특별법 개정으로 부동산을 포괄승계 받는 경우 취득세 및 등록세 납세의무 관련 질의는 기질의회신문(지방세운영과-357, 2009.1.23.)을 참고하기 바람.

참고예규 : 지방세운영과-357(2009.1.23.)

한국산업기술평가원 등의 모든 권리와 의무 및 직원은 지식경제부장관의 인가를 받은 계획의 내용에 따라 각각 기술진흥원 또는 평가관리원이 승계(부칙 제4조 제3항 제2호)하도록 하고 있으며, 신설법인이 승계받는 부동산 등에 대한 관계법령의 의제규정을 보면 이 법 시행 당시 등기부, 그 밖의 공부에 표시된 한국산업기술진흥원 등의 명의는 재편계획의 내용에 따라 각각 기술진흥원과 평가관리원의 명의로 본다고 하고 있고, 이 법 시행 전에 종전 법인이 행한 행위는 개편계획의 내용에 따라 기술진흥원 또는 평가관리원이 행한 행위로 본다고 하고 있는 점을 보면, 폐지된 법인과 신설법인의 동일성이 인정되므로 이들 법인이 포괄승계 받는 부동산에 대하여는 소유권의 새로운 변동이 있었다고 보기 어렵다 하겠으므로, 특별법에 설립근거를 두고 있는 비영리법인의 조직 통·폐합을 위한 법령개정으로 한국기술거래소 등 4개 기관을 폐지하고 이들 기관의 업무를 통합하여 수행할 목적으로 한국산업기술진흥원과 한국산업기술평가관리원이 신설함에 따라 신설법인이 포괄승계 받는 부동산 등은 실질적으로 소유권이 이전되는 것이 아니어서 「지방세법」 제104조 제8호 및 제105조에서 규정하는 취득으로 볼 수 없어 부동산 등 취득에 따른 취득세 납세의무는 없는 것이라 할 것이고, 등록세의 경우 「부동산등기법」 등 규정에 따라 등기명의인 표시변경등기가 이행되는 경우라면 변경등기에 따른 등록세(「지방세법」 제131조 제1항 제8호 기타등기)의 세율을 적용하여야 할 것으로 사료됨.

(4) 합병[293]

대도시 내에서 설립 후 5년이 경과한 법인("기존법인"이라 함)이 다른 기존법인과 합병하는 경우에는 이를 중과세대상으로 보지 아니하며, 기존법인이 대도시 내에서 설립 후 5년이 경과되지 아니한 법인("신설법인"이라 함)과 합병하는 경우에는 합병법인이 기존법인이 되는 경우에는 중과세가 제외되나, 합병법인이 신설법인이 되는 경우 합병 당시 기존법인에 대한 자산비율에 해당하는 부분을 중과세대상으로 보지 아니한다. 이 경우 자산비율은 자산을 평가하는 때에는 평가액을 기준으로 계산한 비율로 하고, 자산을 평가하지 아니하는 때에는 합병 당시의 장부가액을 기준으로 계산한 비율로 한다.

따라서 법인의 합병과 관련하여 합병에 따른 법인등기와 부동산 취득에 대한 중과 여부를 판단하는 경우 합병으로 '존속하는 법인을 기준'으로 법인의 설립 후 5년 경과 여부에 따라 중과세 여부를 판단하는 것이기 때문에 존속법인이 신설법인이냐 아니면 기존법인이냐에 따라 달라지는 것이다. 법인의 합병에 따른 중과세는 존속법인의 관계로 판단하여야 하는 것이며 중과세 판단은 다음과 같은 사례를 통하여 중과세 여부를 검토할 수가 있는 것이다.

이와 같이 첫째, 기존법인이 다른 기존법인과 합병하는 경우에는 이를 중과세대상으로 보지 아니함으로 흡수합병은 물론 신설합병의 경우에도 중과세되지 아니한다.

둘째, 기존법인이 대도시에서 설립 후 5년이 경과되지 아니한 법인(이하 "신설법인")과 합병하는 경우에는 기존법인으로 흡수합병되는 경우에는 일반과세되고 신설법인으로 흡수합병되는 경우와 신설합병되는 경우에는 합병 당시 기존법인에 대한 자산비율에 해당하는 부분을 중과세대상으로 보지 아니하는바, 자산비율은 자산을 평가하는 때에는 평가액을 기준으로 계산한 비율로 하고, 자산을 평가하지 아니하는 때에는 합병 당시의 장부가액을 기준으로 계산한 비율로 한다(지령 §27 ⑤).[294]

---

293) 건설업 등을 주 업무로 하는 법인이 골프장업 등을 영위하는 법인을 흡수합병함에 따라 취득하는 부동산의 경우 등록세 감면대상 여부(행심 99-67, 1999.1.27.)
소비성서비스를 제외한 사업을 5년 이상 계속하여 영위한 법인간의 합병으로 인하여 양수하는 재산에 관한 등기에 대하여는 등록세를 감면하고 합병법인이 부동산업 등을 전혀 영위하지 아니하는 경우는 물론 합병 후 비록 부동산업 등을 일부 영위하더라도 부동산업 등의 수입금액이 다른 사업의 수입금액보다 적은 경우에는 등록세 감면대상에 해당되므로 주업이 건설업 및 신축분양업인 법인이 관광레저산업, 골프장업 등을 목적으로 설립 후 5년 이상 된 법인을 흡수합병함에 따라 부동산을 취득하고 합병 후 법인장부상 총 수입금액 중 공사수입 등 건설분양 관련 수입이 70% 이상으로서 주업이 건설분양업임을 알 수 있고 합병 후 부동산업 등을 영위하는 경우에 해당되지 아니하므로 합병으로 취득등기한 부동산은 등록세 과세면제 대상으로 봄이 타당함.

294) 2001.12.31. 신설되어 2002.1.1. 이후 시행되고 있으며, 종전의 유권해석에 따르면 기존-기존법인 간의 흡수합병의 경우에만 일반과세되었었다. 그런데 심사례(지방세심사 2002-40, 2002.1.28.)에 따르면 2001.12.31. 이전 합병에 대해서도 개정된 내용을 적용한 바 있다. 종전 유권해석은 다음과 같다.
기존법인과 신설법인의 합병 시 등록세 중과 여부(세정 1268-8501, 1982.6.30.)
1972.1.1. 이전에 설립된 A법인(기존법인)과 1972.1.1 이후에 설립된 B법인(신설법인)이 합병하는 경우 존속법인이 기존법인이면 중과대상이 되지 않으나 존속법인이 신설법인이면 합병에 따른 부동산취득등기에 대하여 등록세가 중과됨.

구분	흡수합병		신설합병
	기존법인기준	신설법인기준	
기존-기존법인 간	중과 제외	없음	중과 제외
기존-신설법인 간	중과 제외	중과세 (신설법인자산비율)	중과세 (신설법인자산비율)

> **사례** 신설법인이 기존법인 흡수합병 후 5년 내 증자 시(지방세심사 2002-40, 2002.1.28.)
>
> 청구인에 대하여 등록세를 중과세함에 있어서는 대도시 외에서 대도시 내로 전입한 지분에 한하여 중과세하고, 대도시 내의 기존법인을 합병한 지분에 대해서는 중과세대상에서 제외함이 타당하다 하겠으며, 그 지분의 비율을 산정함에 있어서는 해당 법인의 자산비율을 적용함이 타당(2002.1.1. 시행 「지방세법 시행령」에서는 자산비율로 안분하여 중과세하도록 개정되었음)하다 할 것이므로, 청구인의 합병 당시 자산은 □□생명보험(주)이 1,979,736,953,727원이며 ○○생명보험(주)이 555,085,124,229원으로서 그 비율은 □□생명보험(주)이 78.1%, ○○생명보험(주)이 29.9%이므로 29.9% 부분은 중과세율을 적용하고, 78.1% 부분은 일반세율을 적용하여야 할 것임.

1) 흡수합병

법인이 합병함으로써 존속하는 법인은 소멸하는 법인의 소유부동산 등을 이전을 받게 되며 이때 대도시 안에서 설립 후 5년이 경과한 법인(기존법인)이 대도시 안에서 설립 후 5년이 경과되지 아니한 법인(신설법인)과 합병하는 경우에는 기존법인으로 흡수합병되는 경우에는 일반과세되고 신설법인으로 흡수합병되는 경우와 신설법인이 법인설립 후 5년 이내 취득하는 부동산등기에 대하여는 등록세 중과세되는 것이다. 다만, 신설법인으로 흡수합병의 경우 합병 당시 기존법인에 대한 자산비율에 해당하는 부분을 중과세대상으로 보지 아니한다. 여기의 단서의 내용은 양 회사의 합병을 새로운 법인의 설립으로 간주하여 합병등기일 이후 5년 이내 부동산 취득이나 자본금 증자에 대하여 중과세하였으나[295] 중과세가 타당하지 않다는 반론[296]이 제기되어 이를 개정하여 신설법인 자산비율에 해당하는 부분만 중과세하고 있다.

- A법인 + B법인 - A법인(흡수합병) ············· 일반과세
- A법인 + B법인 - B법인(흡수합병) ············· 중과세
- A법인 + B법인 - C법인(신설합병) ············· 중과세

295) 양 회사의 합병으로 인하여 생겨날 신설법인의 입장에서는 법률상으로 새로운 본·지점을 설치한 것이 되고, 그러한 본·지점설치 후 5년 이내에 부동산을 추가로 취득등기 혹은 자본금을 증자하는 것은 대도시 내로의 인구 및 산업집중을 억제하기 위한 입법 취지에 반하는 것이므로 등록세를 중과세하여야 한다는 주장이었다.

296) 5년 이상 사업을 영위한 법인의 합병으로 인한 경제적 실질의 동일성의 원칙인 인격승계의 입장(대법원 92누12742, 1993.5.25.) 즉 해당 합병의 실질이 종전부터 존재하고 있던 본점 및 지점사무실을 단지 존속법인의 본·지점으로 바꾸어 유지 존속시킨 경우에 불과하므로 양 회사의 합병을 새로운 법인의 설립으로 간주하여 합병등기일 이후 5년 이내 부동산 취득이나 자본금 증자에 대하여 중과세하는 것은 타당하지 않다.

① 합병 후 취득하는 부동산등기와 증자등기의 중과세의 기산점

대도시의 법인이 법인설립 후 5년 이내 취득하는 부동산 취득에 대하여 중과되나, 합병으로 인하여 대도시에 법인설립 후 5년 미만의 법인이 합병 이후 취득하는 부동산에 대하여 신설법인 자산비율만큼 중과세하는 것으로 해석할 수 있다.[297]

여기서 중과세대상에서 중요한 판단 요소인 5년 경과 여부의 기준이 신설법인의 법인설립일인지 합병등기일인지 명확하지 아니하나 개정되기 이전의 유권해석에 따르면 합병등기일로부터 기산하는 것으로 보아야 할 것이다. 그런데 이에 대하여 종전의 신설법인이 흡수합병한 경우 무조건 중과세하던 것을 신설법인 자산비율만큼만 중과세하는 것으로 개정된 이유가 법인설립이 아닌 종전의 법인이 합병으로 인한 경제적 동일성의 원칙인 인격승계의 입장에 따르는 것이기 때문에 합병등기일이 아닌 신설법인의 법인설립일이 되어야 바람직하다고 판단된다.

② 종전의 법인의 본·지점을 존속법인의 사업장으로 하는 경우

합병으로 종전의 법인의 본·지점을 존속법인의 사업장으로 하는 경우 새로운 지점으로 보는 견해가 있으나, 종전 소멸법인의 사업장을 존속하는 법인의 사업장으로 사용하는 경우에는 별도의 사업장이 새로이 신설되는 것이 없기 때문에 새로운 지점의 설치로 볼 수가 없다는 것이다.

이에 대하여 판례 등에 의하면 대도시에 본점을 설치하고 있던 법인이 피합병법인을 흡수합병하면서 피합병법인이 소유하고 있던 업종을 그대로 승계하여 동일 장소에 합병법인의 지점을 설치한 경우에는 종전에 없던 새로운 지점을 설치한 것이 아니라 종전부터 있던 지점을 사업자명의만 합병법인으로 바꾸어 유지·존속하는 데 불과하므로 합병법인이 피합병법인의 부동산을 지점용으로 취득한 것과 관련하여서는 중과할 수 없는 것으로 보는 것이 타당하다고 할 것이다(감심 2000-296, 2000.10.18.). 예를 들어 대도시 내에서 법인 간 흡수합병한 후 피합병법인의 본점용 부동산을 흡수합병 절차에 따라 존속법인의 명의로 소유권이전등기하면서 업종변경 등이 없이 종래의 형태 그대로 합병법인의 지점으로 운영하는 경우라면 새로운 지점 등의 설치로 볼 수 없어 중과대상에서 제외되는 것이다(대법원 92누12742, 1993.5.25. 참조[298]).

이와 같이 대법원의 판례 등에 따르면 새로운 지점으로 볼 수 없다는 점을 알 수 있다.

전술한 내용은 대도시 내에서 설립된 합병법인을 근거로 해석되어진 것으로 볼 수 있다. 그러면 대도시 외에서 설립된 합병법인의 경우에도 동일하게 해석하여야 할 것이다. 예를 들면, 대도시권역 외의 설립된 지 5년이 경과한 A법인이, 대도시권역인 서울소재의 설립된 지 5년이 경과한 B법인을 흡수합병하여, B법인의 본점 소재지에 있는 부동산(취득 2년 경과)을 흡수합병절차에 따라 이전등기하면서 B법인의 본점을 업종 변경없이 종래 형태 그대로 A법인의 지점으로 운

---

297) 이에 대한 명확한 유권해석은 없어 전체를 중과세하는 것으로 해석할 수도 있으나, 심사례(심사 2002-40, 2002.1.28.)에 따르면 대도시 내로 전입한지 5년이 경과되지 아니한 법인이 대도시 내로 본점을 이전하여 대도시 내 설립 후 5년 경과한 기존법인을 흡수합병한 후 대도시 내 법인전입 후 5년 내 자본금 증자등기 시 신설법인 자산비율에 해당하는 부분은 등록세가 중과세되는 것으로 결정하고 있다.

298) 이 판례는 영업양수도계약과 관련된 것이나 이를 합병의 경우에도 준용함.

영할 경우(B법인의 본점 주소지에 A법인의 기존의 지점을 이전하거나, 새로이 A법인의 지점으로 신규 설치하여 등기), 그 주소지에 소재하는 부동산(토지와 건물)의 합병으로 인한 이전등기는 중과대상인지 여부가 명확하지 아니하나, 기존의 인력 및 운영형태, 업종, 부동산을 그대로 흡수하는 것이므로 추가적인 인구집중 유발요인이나 경제력 집중현상은 발생하지 않을 것으로 본다는 측면에서 이에 따른 이전등기는 중과대상이 아닐 것이다.

이에 대한 과세당국은 유권해석으로는 "대도시 이외의 지역에서 설립된 지 5년 경과된 법인이 대도시에서 설립된 지 5년 경과한 법인을 흡수합병한 후 대도시 내 피합병법인의 본점용 부동산을 존속법인 명의로 흡수합병 절차에 따라 이전등기하면서 업종변경 등이 없이 종래의 형태 그대로 합병법인의 지점으로 운영하는 경우라면 중과대상에서 제외된다(세정 13407-984, 1997.8.21.)"라고 해석하고 있다.

> **사례** 신설법인이 기존법인을 합병 후 부동산 취득 시(대법원 2003두7293, 2004.9.24.)
>
> 합병 후 존속법인이 서울로 본점을 전입한 후 5년 이내에 부동산의 취득등기를 하게 되었다고 하더라도 이미 서울에서 설립된 후 5년이 훨씬 경과한 피합병법인의 자산비율에 해당하는 부분에 대해서는 등록세를 중과할 수 없다고 보는 것이 타당함.

2) 신설합병

대도시에서 설립 후 5년이 경과한 법인(기존법인) 간에 신설합병하는 경우에만 중과세되지 아니하므로 기존법인과 대도시 내에서 설립 후 5년이 경과되지 아니한 법인(신설법인) 간의 신설합병하는 경우와 신설법인 간의 신설합병의 경우에는 중과세대상이다. 다만, 기존법인과 신설법인간의 신설합병은 합병당시 기존법인에 대한 자산비율에 해당하는 부분을 중과세대상으로 보지 아니한다.

종전의 기존법인 간의 신설합병의 경우에는 흡수합병과 달리 신설법인으로 보아 중과세하였던 것을 문제점[299]이 제기되어 이를 개정하여 중과세대상에서 제외되었다.

기존법인과 신설법인 간의 신설합병의 경우에는 대도시 내에 법인설립 후 5년 미만의 법인에

---

299) 신설합병의 경우 「지방세법」 제15조에 법인이 합병을 하였을 경우 포괄적 납세의무를 규정하고 있고 대도시의 인구집중억제 등을 위한 해당 중과세 규정취지에 비추어 보아, 대도시 내에서 5년 이상 계속하여 사업을 영위한 양 회사가 합병하였고, 흡수합병의 경우 기존법인 중 존속법인을 기준으로 설립한 지 5년 이상 경과한 경우에는 합병등기일 이후 5년 이내 자본금 증자 및 부동산 취득 등기 시 등록세 중과가 배제되는바, 이를 신설합병의 경우도 기존 법인의 권리와 의무를 포괄적으로 승계함에 있어서 흡수합병과 그 경제적 실질이 동일하다는 측면에서 중과하지 않아야 한다고 볼 수도 있다. 이는 신설합병이 대도시의 인구집중억제 및 공해방지를 위하여 마련된 중과세 규정취지에 어긋나지 않는 점 등을 들 수 있다.
종전의 유권해석은 다음과 같다.
대도시 내의 설립된 지 5년 경과한 법인 간에 신설합병을 하고 합병 후 신설법인이 합병등기일부터 5년 내에 자본금 증자나 부동산 취득 시 등록세 중과대상임(세정 13407-223, 2001.8.13.).
설립된 지 5년이 경과한 법인 간에 신설합병을 하고 합병 후 신설법인이 합병등기일부터 5년 이내에 자본금을 증자하거나 부동산을 취득하는 경우 동 증자등기와 부동산등기에 대한 등록세는 「지방세법」 제138조 제1항의 규정에 의하여 중과됨(대법원 99두9995, 2001.1.16. 참조).

해당되어 합병 이후 취득하는 부동산에 대하여 신설법인 자산비율만큼 중과세하는 것으로 해석할 수 있다. 여기서의 기산점은 신설합병으로 인한 신설법인의 법인설립일로 보아야 할 것이다.

3) 합병 후 취득하는 부동산 중과세

법인의 합병으로 신설합병이 되거나, 흡수합병이 되더라도 소멸법인의 지점을 그 자리에 존속법인의 지점으로 변경하여 그 후에 취득하는 부동산에 대하여는 새로운 지점의 설치 이후의 부동산 취득으로 보아야 하는지에 대하여 대법원판례에서는 기존법인이 다른 법인과 합병하는 과정에서 피합병법인의 종전 본점이나 지점 소재지에 존속법인의 지점을 설치한 다음 그때부터 5년 이내에 그 지점에 관계되는 부동산을 취득하는 경우에도 그 부동산 취득에 대하여 합병 당시 기존법인에 대한 자산비율에 해당하는 부분을 중과세대상으로 보지 아니한다(대법원 2011두12726, 2013.7.11.)라고 판시하여 종전의 입장을 변경하여 새로운 지점의 설치 이후의 부동산 취득으로 보지 않고 있다.[300]

---

300) 첫째, 법인의 합병이란 「지방세기본법 운영예규」 법41-1에서 2 이상의 법인이 상법의 규정에 의하여 하나의 법인이 되어 청산절차를 거치지 않고, 1개 이상의 법인이 소멸되거나 권리의무를 포괄적으로 이전하는 일체의 행위를 말하며 합병의 효력 발생 시기는 법인의 합병등기를 마친 때이다라고 규정하고 있을 뿐만 아니라, 「지방세기본법」 제44조에서 법인이 합병한 경우에 합병 후 존속하는 법인 또는 합병으로 인하여 설립된 법인은 합병으로 인하여 소멸된 법인에 부과되거나 그 법인이 납부할 지방자치단체의 징수금을 납부할 의무를 진다라고 규정하고 있다.
이와 같은 「지방세법」 상의 합병관련 규정을 볼 때에 합병으로 인하여 종전의 소멸법인의 권리의무를 포괄적으로 이전하는 일체의 행위 형태로서 합병에 따라 존속법인의 지점으로 소속을 변경하여 설치하는 것은 새로운 지점의 설치로 볼 수가 없는 인격승계의 입장을 취하고 있는 것이다.
둘째, 대법원판례(대법원 92누12742, 1993.5.25.)에서와 같이 영업양수도 계약에 따라 종전 법인으로부터 영업 및 관련자산 일체를 양수하게 됨으로써 종전 법인의 영업을 위하여 설치된 지점이 사용하고 있던 부동산을 취득함과 동시에 지점 사무실을 분사무소 형태로 유지시킨 것이라면 종전에 없던 새로운 사무실을 설치한 것이 아니라 종전부터 존재하고 있던 지점 사무실을 소속만 존속회사의 지점으로 바꾸어 유지 존속시킨 것에 불과하기 때문에 대도시에서의 지점설치 이후의 부동산 취득으로서 중과세대상에 해당하지 아니하는 것으로 보고 있는바, 대법원판례와 같은 영업양수도 방식이 아닌 법인의 합병방식으로 종전 소멸법인의 영업 및 관련 자산 일체를 양수하게 됨으로써 종전 법인의 영업을 위하여 설치된 지점이 사용하고 있던 부동산을 취득함과 동시에 지점 사무실을 분사무소 형태로 유지시킨 것이라면 종전에 없던 새로운 사무실을 설치한 것이 아니라 종전부터 존재하고 있던 지점 사무실을 소속만 존속법인의 지점으로 바꾸어 유지·존속시킨 것에 불과하기 때문에 새로운 지점의 설치로 볼 수가 없는 것이다.
셋째, 법인의 합병과 관련하여 합병에 따른 부동산 취득에 대한 중과 여부를 판단하는 경우 '존속법인을 기준'으로 설립 또는 지점설치 5년 경과에 따라 중과세 여부를 판단하는 것이기 때문에 합병 전 지점을 신설법인이 소속을 변경하여 유지시킨 것이라면 새로운 지점의 설치로 볼 수가 없다고 생각된다.
넷째, 「부가가치세법」에 의거 부가가치세가 부과되는 사업을 하는 사업자는 사업장마다 사업자등록을 하여야 하는바, 이때 사업자가 사업자등록을 함으로써 사업자는 사업에 따른 등록번호 또는 고유번호를 부여받아 모든 거래를 명확히 할 뿐이며, 사업자등록이 사업을 허용할 권리를 인정한 것이 아니라 단순히 사업활동 사실의 신고에 대한 수리행위이기 때문에 「부가가치세법」 제10조 제2항에 따라 법인인 사업자가 합병으로 인하여 소멸한 때에는 존속하는 법인 또는 합병으로 인하여 설립된 법인은 합병 후 소멸한 법인의 폐업사실을 소멸한 법인의 관할 세무서장에게 신고하는 것이며 소멸한 법인의 지점사업장에 존속법인의 사업장으로 소속을 바꾸는 것은 그 형태가 '신규'로 사업장을 교부하더라도 실질적인 새로운 사업장으로 볼 수는 없는 것이다.

따라서 종전 소멸법인의 명의로 설치된 지점 자리에 존속법인의 명의로 소속을 변경하여 그대로 존속법인의 지점으로 유지·존속되는 것이라면 새로운 지점으로 볼 수가 없는 것이고 종전 소멸 법인의 지점설치 연장선상에서 지점이 승계되어 존속법인의 소속 변경된 지점 명의로 취득하는 부동산에 대하여 중과세하는 것은 상기 대법원판례와 배치되는 것이고, 합병에 의거 존속법인의 사업장으로 소속을 변경하여 「부가가치세법」 상의 사업자등록증을 신규로 교부하더라도 새로운 지점으로 볼 수 없음에도 이를 새로운 지점으로 보아 중과세한 것은 실질과세 원칙에 위배된다는 점에서 상기 대법원판례는 의미가 있는 것이다.

> **사례** 피합병법인의 종전 본점이나 지점 소재지에 존속법인의 지점을 설치한 다음 그때부터 5년 이내에 그 지점에 관계되는 부동산을 취득하여 등기하는 경우에도 그 부동산등기에 대하여 「지방세법 시행령」 제102조 제7항이 적용된다고 봄이 타당함(대법원 2011두12726, 2013.7.11.).

> **사례** 합병으로 사업자등록증 신규 발급과 지점설치 여부 판단(세정 13407-143, 1996.2.8.)
> 설립된 지 5년이 경과된 합병법인이 설립된 지 5년이 경과된 합병법인 소유의 부동산을 흡수합병 절차에 따라 이전등기를 하게 되고 동 부동산 소재지에 피합병법인의 사업자등록을 합병법인의 명의로 재발급받았다면 이는 새로운 지점의 설치로 볼 수가 없음.

적용 사례

○ 기존-신설법인 간의 흡수합병의 경우

(1) 일반 현황
   ① A사 설립일 : 2009.2.1.
   ② B사 설립일 : 2013.10.1.
   ③ 합병등기일 : 2016.12.5.

(2) 자산 현황
   ① 신설법인 자산비율 : 25%
   ② A사 부동산가액이 10억 원(시가표준액), B사 부동산가액이 5억 원(시가표준액)

(3) 취득세 중과
   ① A사(기존법인)가 합병법인인 경우 : 중과대상 아님.
   ② B사(신설법인)가 합병법인인 경우 : 신설법인 자산비율만 중과대상임.
   15억 원 × 3.5%(무상취득) + 10억 원 × (3.5% − 2%) × 2 × 25% = 63.75백만 원

따라서 「지방세기본법」 제17조(실질과세)의 규정에 입각하여 볼 때 존속법인의 지점 사업장에 사업자등록을 신규로 교부받았다고 하더라도 「부가가치세법」 상의 절차나 형식에 기인된 것이지 실질적인 내용으로 볼 때에는 법인의 합병에 따라 소멸법인의 지점을 존속법인의 지점으로 변경하더라도 실질적인 지점의 신설로는 볼 수가 없는 것이기 때문에 이를 새로운 지점의 설치로 보지 않는 것이 바람직하다고 생각된다.

○ **신설합병의 경우**

  (1) 일반 현황

    상기의 내용과 동일하나

    ① A사 설립일 : 2015.2.1.

    ② B사 설립일 : 2019.10.1.

    ③ C사 설립일 : 2017.10.1.

    ④ 합병등기일 : 2022.12.5.

  (2) 자산 현황

    ① 신설법인 자산비율 : 25%

    ② A사 부동산가액이 10억 원(시가표준액), B사 부동산가액이 5억 원(시가표준액), C사 부동산가액이 2억 원(시가표준액)

  (3) 취득세 중과

    ① A사(기존법인)와 B사(신설법인) 간 신설합병인 경우 : 신설법인 자산비율만 중과대상

      15억 원 × 3.5%(무상취득) + 10억 원 × (3.5% − 2%) × 2 × 25% = 63.75백만 원

    ② A사(기존법인)와 C사(기존법인) 간의 신설합병인 경우 : 중과대상 아님.

(5) 분할

1) 분할과 부동산 취득의 중과세

「상법」 제530조의 2 및 제530조의 3의 규정에 의하여 회사는 분할에 인하여 1개 또는 수개의 회사를 설립할 수 있을 뿐만 아니라, 1개 또는 수개의 존립중의 회사와 합병("분할합병")할 수 있고, 1개 또는 수개의 회사를 설립함과 동시에 분할합병("신설분할합병")할 수 있으며, 해산 후의 회사는 존립 중의 회사를 존속하는 회사로 하거나 새로 회사를 설립하는 경우에 한하여 분할 또는 분할합병할 수 있으므로 법인의 분할에 의하여 새로 설립되는 경우에는 신설법인은 종전의 분할되는 법인의 인격을 그대로 승계한 것으로 볼 수 있는 것인지에 대하여 분할설립의 경우 종전에 없는 새로운 법인이 발생되는 것이므로 신설법인이 취득하는 부동산 취득의 경우에는 대도시 내에서의 법인의 설립과 지점 또는 분사무소의 설치 및 대도시 내로의 법인의 본점주사무소, 지점 또는 분사무소의 전입에 따른 부동산 취득과 그 설립·설치·전입 이후의 부동산 취득에 대하여는 구 등록세분이 3배 중과세되는 것이다. 그런데 분할등기일 현재 5년 이상 계속하여 사업을 영위한 대도시 내의 내국법인이 법인의 분할(「법인세법」 제46조 제2항 제1호 가목부터 다목까지의 요건을 갖춘 경우만 해당[301])로 인하여 법인을 설립하는 경우에는 이를 중과세대상으

---

301) 적격분할의 일부 조건만 충족하면 되는 것인데, 구 「법인세법」 제46조 제2항 제1호는 "분할등기일 현재 5년 이상 사업을 계속하던 내국법인"이 다음 각 목의 요건을 모두 갖추어 분할하는 경우로 규정되어 있고, 각 목 중 가목에서 "분리하여 사업이 가능한 독립된 사업부분을 분할하는 것일 것"을 규정하고 있어 위 제1호에 규정된 "5년 이상 사업을 계속"하여야 하는 것은 법문에 따라 "내국법인"이라고 해석하여야 할 것

로 보지 아니한다(지령 §27 ⑤).

따라서 분할합병되거나 신설분할합병되는 경우로 「법인세법」 제46조 제2항 제1호 가목부터 다목까지의 요건을 갖추었다면 종전에 없었던 지점이 발생한 것이 아니고 종전에 있던 사업장을 그대로 인계한 것에 불과하기 때문에 새로운 지점 등의 설치로 보지 않아야 할 것이다.

2) 합병하여 분할한 경우 5년 산정기준

「법인세법」 제46조 제1항 제1호의 규정에 의한 분할등기일 현재 5년 이상 계속하여 사업을 영위하였는지를 판단함에 있어 법인이 다른 법인을 흡수합병 후 분할하는 경우 합병 전 해당 사업부문을 영위하던 합병 당사 법인의 사업기간을 포함하여 계산하는 것이며, 합병 시 승계한 사업을 합병법인이 법인등기부상 목적사업에 등재하지 않았더라도 실제 그 사업을 계속하여 영위한 경우 그 기간을 포함하여 사업기간을 계산하는 것이다(법인세과-1289, 2009.11.17.).

3) 재분할의 경우 5년 산정기준

법인의 분할은 종래 같은 회사 내에 존재하던 사업부에 별개의 법인격을 부여하는 것에 불과하여 경제적 실질에는 변함이 없는 기업의 구조변경이라고 할 것인 점(수원지법 2007구합10533 판결, 감사원 2009감심 21 결정 등 참조), 그간에도 5년 이상 사업을 계속하여 영위한 갑법인으로부터 분할한 을법인이 5년 이내 다시 갑법인으로부터 승계받은 사업 부분을 재분할하는 경우 당초 갑법인이 영위한 사업기간을 포함하는 것으로 보았던 점(도세과-393, 2008.4.10., 지방세운영과-32, 2008.5.20. 등 참조) 등에 비추어 볼 때, 을법인이 인적분할을 통해 갑법인으로부터 승계받은 사업부분을 재분할하는 경우 「법인세법」 제46조 제1항 제1호의 규정에 따른 5년 이상 사업영위 기간에 갑법인이 영위한 사업기간까지 포함하여 산정한다(지방세운영과-3388, 2010.8.4.). 이는 분할하여 승계받은 사업부분만을 분리하여 분할신설법인(병)을 설립하는 경우에 한하여 적용될 것이다.[302]

4) 분할 후 취득하는 부동산 중과세

법인분할로 인한 중과세 제외대상은 법인설립 등기뿐만 아니라 설립 시 수반되는 부동산등기까지 포함하는 것으로 본다는 것(행심 2004-72, 2004.3.29.) 등에 비추어 법인을 설립하는 경우는 단지 설립시점의 등기만 한정한 것이 아니고 설립법인을 분할 전 기존 법인과의 연속성에서 대도

이므로, 분할되는 사업부분의 영위기간이 5년 이상일 것을 요구하는 것으로 해석하는 것이 타당하지 않다(대법원 2019두47186, 2019.11.14. 심불, 서울고법 2018누73562, 2019.6.28. 참조).

[302] 「법인세법 시행령」 제82조 제3항 제1호 내지 제3호의 요건을 갖춘 분할법인(B)이 동 요건을 갖추어 재분할하면서 최초 법인(A)으로부터 승계받은 사업부분만을 분리하여 분할신설법인(C)을 설립하는 경우라면 분할신설법인(C)의 분할등기일 현재 5년 이상 계속하여 사업을 영위한 경우인지를 판단함에 있어 그 기간 계산의 기산점은 최초 법인(A)이 신설분할법인이 승계받은 사업을 처음 시작한 시점이 되는 것(세정 13407-344, 2003.5.1.)이나 이에 해당하는지 여부는 과세권자가 분할법인(B)이 최초 법인(A)으로부터 승계받은 사업부분만을 대상으로 분리하여 분할신설법인(C)을 설립하였는지 등 사실관계를 조사하여 판단할 사항임(지방세운영과-1360, 2008.9.22.).

시 내 5년 이상 사업이 영위된 법인과 동일하게 보겠다는 의미가 강하다고 보는 것이 합목적성이 있다고 할 것(행심 2006-1104, 2006.12.27.)이므로 이러한 분할 후 신설법인이 설립 이후 새로이 취득하는 부동산도 중과세 제외대상으로 보아야 한다(행심 2007-210, 2007.4.30.).

5) 분할법인의 지점 자리가 아닌 다른 장소에 분할신설법인의 지점을 설치한 경우

적격분할로 인하여 분할신설법인이 지점을 설치하여 분할한 부동산을 지점용으로 사용하는 경우 또는 종전 분할법인의 명의로 설치된 지점 자리에 존속법인의 명의로 소속을 변경하여 그대로 분할신설법인의 지점으로 유지·존속되는 경우에는 분할재산이므로 중과세되지 아니한다.

적격분할로 인하여 분할신설법인이 종전 분할법인의 지점 자리가 아닌 다른 장소에 지점을 설치한 경우 새로운 지점설치로 보아 지점설치 후 5년 이내 취득하는 부동산은 중과대상이 된다.

6) 분할법인의 지점 자리에 분할신설법인의 지점을 설치한 경우

종전 분할법인의 명의로 설치된 지점 자리에 존속법인의 명의로 소속을 변경하여 그대로 분할신설법인의 지점으로 유지·존속되는 경우에는 분할재산이므로 중과세되지 아니한다.

유권해석(지방세운영과-316, 2013.4.15.)에 따르면 법인분할의 경우 형식상 법인설립등기를 함으로써 대도시 내에서 새로이 법인이 신설되지만 사실상으로는 종전의 법인의 일부가 분할되어 계속 존속하는 것으로서 이러한 법인이 취득하는 부동산에 대하여서 중과세하는 것은 중과세의 입법목적과 기존법인과의 과세형평에 비추어 타당하지 아니한다는 취지에서 중과세대상에서 제외한다고 할 것(행심 2007-0210, 2007.4.30. 참조)인 점, 법인분할 시 중과세 제외대상은 법인설립등기뿐만 아니라 분할신설법인이 설립 이후 새로이 취득하는 부동산등기까지 포함된다고 할 것(서울고등법원 2007누26645, 2008.5.16. 참조)인 점 등을 종합적으로 고려할 때, 5년 이상된 A법인으로부터 분할신설된 B법인이 종전 A법인이 임차 사용하던 C지점을 승계받아 새로이 지점사업자등록을 하고 그 분할일부터 5년 내에 임차 사용하던 부동산을 취득하여 등기하는 경우 구 등록세는 중과세 제외대상에 해당된다(세정-216, 2007.2.14. 참조).[303]

이는 합병의 경우 대법원판례에서 기존법인이 다른 법인과 합병하는 과정에서 피합병법인의 종전 본점이나 지점 소재지에 존속법인의 지점을 설치한 다음 그때부터 5년 이내에 그 지점에 관계되는 부동산을 취득하는 경우에도 그 부동산 취득에 대하여 합병 당시 기존법인에 대한 자산

---

303) 종전에는 중과세하는 것으로 해석하였다.

종전 분할법인의 명의로 설치된 지점 자리에 존속법인의 명의로 소속을 변경하여 그대로 분할신설법인의 지점으로 유지·존속되는 것이라면 새로운 지점으로 볼 수가 없는 것이고 종전 분할법인의 지점설치 연장선상에서 지점이 승계되어 분할신설법인의 소속 변경된 지점명의로 취득하는 부동산에 대하여 중과세하는지 여부에 대하여 대도시 외의 법인이 적격요건을 갖춘 인적분할로 법인(분할신설법인)을 신설하면서 종전의 법인(분할법인)으로부터 승계받은 대도시의 지점을 그 분할기일에 신규로 사업자등록을 한 후, 그 분할등기일로부터 5년이 경과하기 전에 해당 분할과는 무관하게 새로이 신축하여 취득한 건축물로 동 지점을 이전하는 경우라면, 동 건축물에 대한 부동산 취득은 구 등록세분 중과세대상에 해당되는 것이다(지방세운영과-2346, 2008.11.28. 참조).

비율에 해당하는 부분을 중과세대상으로 보지 아니한다(대법원 2011두12726, 2013.7.11.)라고 판시하여 종전의 입장을 변경하여 새로운 지점의 설치 이후의 부동산 취득으로 보지 않고 있다는 점과 동일한 취지이다.

따라서 적격분할의 경우 분할법인으로부터 승계받은 대도시의 지점을 그 분할기일에 신규로 사업자등록을 한 경우 분할신설법인의 지점설치일 이후 5년 이내 분할신설법인이 부동산을 취득하였다면 중과세하지 않아야 할 것이다.

7) 분할법인에 대한 법인등기의 중과세

① 중과세 제외 분할 요건

분할에 대하여 특별한 규정이 없으므로 법인분할의 경우 사실상의 자본금 증가나 불입이 없을지라도 새로운 법인의 설립등기로 보아 등기 자본금의 0.4% 등록면허세를 신고납부하여야 하며, 대도시에서 이루어지는 법인설립의 경우 3배 중과인 1.2%를 신고납부하여야 한다. 그런데 분할등기일 현재 5년 이상 계속하여 사업을 영위한 대도시의 내국법인이 법인의 분할(「법인세법」 제46조 제2항 제1호 가목부터 다목까지의 요건을 갖춘 경우[304]만 해당)로 인하여 법인설립하는 경우에는 이를 중과세대상으로 보지 아니하므로(지령 §45 ②), 법인등기 시 등록면허세가 중과되지 아니한다.

② 일정 요건 충족된 분할로 설립된 후 5년 이내 증자 시 등록면허세 중과 여부

법인분할로 인하여 형식상 법인설립등기를 함으로써 새로이 법인이 신설되지만 사실상으로는 종전의 법인의 일부가 분할되어 계속 존속하는 것으로서 이러한 법인이 취득하는 부동산이나 자본금 등기에 대하여 중과세하는 것은 중과세 도입목적과 기존법인과의 과세형평에 비추어 타당하지 아니하다는 데 있다 할 것이므로, 대도시 내에서 5년 이상 사업을 영위한 법인이 분할로 인하여 설립한 후 자본금 증자등기를 하였다 하더라도 등록면허세 중과세대상으로 보기는 어려운 점(조심 2008지18, 2008.12.26., 같은 뜻임) 등에 비추어 처분청이 청구법인의 이 건 유상증자를 등록면허세 중과세대상으로 보아 청구법인의 경정청구를 거부한 것은 잘못으로 판단된다(조심 2013지0883, 2014.11.10.)라고 결정하고 있는바, 중과되지 아니하는 것이다.

> **사례** 법인분할의 경우(세정 13407-90, 2001.1.20.)
>
> 대도시 지역 내에서 이루어지는 법인설립등기에 대하여는 「지방세법」 제138조 제1항의 규정에 의하여 「지방세법」 제137조 제1항 제1호 세율의 100분의 300으로 하여 등록세를 납부하여야 함.
>
> ☞ 「법인세법」 제46조 제2항 제1호 가목부터 다목까지의 요건을 갖춘 분할(적격분할 요건 중 일부 요건임)은 중과되지 아니함.

---

304) 적격분할의 요건 중 일부 요건임에 유의하여야 할 것이다.

(6) 휴면법인 인수

대법원판례(대법원 2008두2842, 2009.4.23.)에 의하면 법인의 설립에 관한 「민법」과 「상법」의 각 규정에 의하면, 법인의 설립에는 기본적으로 설립행위와 설립등기가 필요하고, 법인은 설립행위를 거쳐 설립등기를 함으로써 성립함과 동시에 법인격을 취득하게 되어(「민법」 §33, 「상법」 §171 ①, §172 등 참조) 그로써 법인의 설립은 완성되는 것이므로, 설립등기 없는 법인의 설립은 있을 수 없고, 일단 법인이 설립등기로써 성립된 이후에는 그 법인격이 소멸되지 않는 한 같은 설립등기에 의한 새로운 법인의 설립도 있을 수 없는 것이다. 위의 법리는 법인설립절차를 규율하는 기본법인 「민법」과 「상법」이 규정하는 바로서 법인설립에 관한 기본원칙이 되고 있고, 법인의 설립등기는 다른 법인등기 또는 상업등기와는 달리 창설적 효력을 가지며 그에 관한 규정은 강행규정인 점, 기타 관계 규정의 형식과 내용 등을 종합적으로 고려할 때, 「지방세법」에서 법인의 설립에 관하여 위와 같은 일반적인 법리와는 다른 별도의 정의 규정을 두고 있지 아니한 이상, 「지방세법」 제13조 제2항 제1호에서 규정하는 "법인의 설립" 역시 "설립등기에 의한 설립"을 뜻하는 것으로 해석하여야 할 것이다. 따라서 설립등기를 마친 후 폐업을 하여 사업실적이 없는 상태에 있는 법인의 주식 전부를 제3자가 매수한 다음 법인의 임원, 자본, 상호, 목적사업 등을 변경하였다 하여 이를 위 조항이 규정하는 "법인의 설립"에 해당한다고 볼 수는 없다고 할 것이고, 설령 그러한 행위가 구 등록세분 등의 중과를 회피하기 위한 것으로서 이를 규제할 필요가 있다 하더라도 그와 같은 행위의 효력을 부인하는 개별적이고 구체적인 법률 규정을 두고 있지 않은 조세법 하에서 그 행위가 위 조항의 "법인의 설립"에 해당한다고 보아 구 등록세를 중과하는 것은 조세 법규를 합리적 이유없이 확장 또는 유추해석하는 것으로서 허용될 수 없다고 할 것이다(대법원 2007두26629, 2009.4.9. 참조).

상기의 대법원판례 등에 의하여 휴면법인의 경우 중과세할 수 없게 되어 휴면법인에 대하여 중과세하는 규정을 신설하여 2010.1.1. 이후 시행하고 있다.

대도시 내에서 부동산 취득에 대한 중과세 적용 시 다음의 휴면법인을 인수하는 경우를 법인의 설립으로 보아 중과세대상으로 규정하고 있으며, 휴면법인의 인수로 보는 범위는 최초로 그 법인의 과점주주(지기법 §46 2에 따른 과점주주를 말함)된 때에 이루어지는 것으로 본다(2017년 이전에 과점주주된 경우까지는 해당 법인의 과점주주된 때에 그 과점주주가 인수한 주식 등의 비율로 함)(지령 §27 ② 참조). 따라서 과점주주 비율이 아닌 전체가 휴면법인 인수 시점을 기준으로 중과세된다.

한편, '법인 설립(신설)' 이후 5년 이내에 해당 법인이 대도시 부동산을 취득한 경우에는 해당 법인의 주주 변동이 있는지를 따지지 않고 중과세 적용대상이 되는 점을 고려할 때, '휴면법인의 인수' 이후 5년 이내에 해당 법인이 대도시 부동산을 취득한 경우에도 해당 법인의 과점주주 변동과 무관하게 중과세 적용대상이 되도록 해석하는 것이 균형에 부합하는 합리적인 해석이라 할 것이다. 예를 들어 A의 甲법인(휴면법인) 인수(①시점) 후 5년 내에 甲법인이 대도시 부동산을 취득(②시점)하였고 ①, ②시점 사이에 甲법인의 과점주주가 B로 변경된 경우에 있어, A, B가

甲법인을 인수한 시점 모두를 기준삼아 甲법인이 휴면법인인지 여부를 판단한다면, 중과세 적용대상이 불합리하게 누락되는 경우는 존재하지 않을 것이다. 경우를 나누어 부연설명하면 아래와 같다(대법원 2023두40939, 2023.4.28. 심불, 서울고법 2022누70577, 2023.4.18.).

① A의 甲법인(휴면법인) 인수 → 사업실적 발생 → B의 甲법인(휴면법인 아님) 인수 → A의 법인 인수 시로부터 5년 내 甲법인 대도시 부동산 취득 : A가 甲법인을 인수할 당시 기준으로, 甲법인은 휴면법인이므로 중과세 적용 가능

② A의 甲법인(휴면법인) 인수 → 사업실적 미발생 → B의 甲법인(휴면법인) 인수 → A의 법인 인수 시로부터 5년 내 甲법인 대도시 부동산 취득 : A 또는 B가 甲법인을 인수할 당시 기준으로, 甲법인은 휴면법인이므로 중과세 적용 가능[305]

> ○ **휴면법인(지령 §27 ①)**
> ① 「상법」에 따라 해산한 법인(이하 "해산법인")
> ② 「상법」에 따라 해산한 것으로 보는 법인(이하 "해산간주법인")
> ③ 「부가가치세법 시행령」 제13조에 따라 폐업한 법인(이하 "폐업법인")
> ④ 법인 인수일 이전 1년 이내에 「상법」 제229조(합병회사), 제285조(합자회사), 제521조의 2(주식회사) 및 제611조(유한회사)에 따른 계속등기를 한 해산법인 또는 해산간주법인
> ⑤ 법인 인수일 이전 1년 이내에 다시 사업자등록을 한 폐업법인
> ⑥ 법인 인수일 이전 2년 이상 사업 실적이 없고,[306] 인수일 전후 1년 이내에 인수법인 임원의 100분의 50 이상을 교체한 법인

이 규정의 취지는 형식상 법인을 설립한 후 5년이 지난 휴면상태의 법인을 이용하여 대도시 내 법인설립에 따른 취득세 및 등록면허세의 중과세를 회피하는 것을 차단하기 위한 것으로, 휴면법인을 인수하여 자본금, 상호, 임원 등 핵심 사항을 변경한 경우에도 법인의 설립으로 간주하여 중과세하도록 하고자 한 것이다.

한편, 휴면법인을 인수하는 경우를 대도시 법인설립으로 보아 중과세를 적용하기 위해서는 해

---

305) A가 '휴면법인인 甲법인'을 인수하는 경우를 전제한 것이므로, A가 휴면법인이 아닌 상태의 甲법인을 인수하는 것은 위 예시의 범위에 벗어난다. 다만 그러한 경우에도 위와 같이 모든 법인 인수 시점을 기준으로 판단하면 될 것이다. 예를 들어 A의 甲법인 인수 이후 휴면법인화된 甲법인을 B가 인수하고, 다시 그 이후에 甲법인이 대도시 부동산을 취득한다면, B가 법인을 인수할 당시 기준으로 甲법인은 휴면법인이므로 중과세가 부과될 수 있을 것이다.

306) '사업 실적'이 있는지 여부는 그 법인의 목적사업 특정 및 특수성 등을 고려하여 이를 수행하기 위한 준비 내용, 사업활동에 따른 비용의 발생 여부, 수익(매출)의 발생 여부 등 일반적이고 정상적인 거래 및 활동 내역이 객관적인 자료에 의해 나타나는지 여부에 따라 종합적으로 판단하여야 할 것(조심 2016지401, 2016.11.28. 참조)인바, 비록 매출액이 소액이라 하더라도, 그것이 거래처가 불분명하거나 정상적인 사업의 영위로 보기 곤란한 경우 등(조심 2017지0864, 2018.1.25. 참조)이 아닌 이상 사업 실적이 없다고 단정짓기는 어려움(부동산세제과-1529, 2020.7.2.).

당 법인이 상기 ①~⑥ 중 어느 하나의 휴면법인의 요건을 갖추어야 하고, 더불어 해당 법인에서 최초로 그 법인의 과점주주가 되어야 하는 것이다. 즉 휴면법인 판단 시기가 법인의 주식 인수로 과점주주 최초로 된 시점에 이루어지는 것이다(부동산세제과-4105, 2024.11.27.)(2017년 이전에 과점주주가 된 경우까지는 해당 법인의 과점주주가 된 때에 그 과점주주가 인수한 주식 등의 비율로 중과세를 적용).

예를 들어 법인 인수일 이전 2년 이상 사업 실적이 없고, 인수법인이 1인 대표이사(그 외 임원 없음)로 운영되다가 인수일 전후 1년 이내에 기존 1인 대표이사 외에 대표이사 1인을 공동 대표이사로 추가하였으며, 그 법인을 인수하여 해당 법인의 과점주주가 되는 경우라면 대도시에서 휴면법인을 인수(법인을 설립)하는 것으로 보아 취득세 등을 중과세하는 것이 타당하다(지방세운영과-1192, 2016.5.16. 참조).

1) 휴면법인의 요건

① 해산법인

해산은 「상법」상의 회사에만 해당되는 것으로, 주주총회(주식회사) 특별결의나, 사원총회(유한회사) 특별결의 혹은 사원(그 외의 회사들)의 총동의 등에 의해 해산을 결의하면 해산이 된다. '해산'이라 함은 회사의 법인격, 즉 권리능력을 소멸시키는 원인이 되는 사실을 말하는 것으로 영업능력은 잃게 되나 청산목적의 범위 내에서는 권리능력이 있는 것이다. 해산 결의 후 해산의 효력은 해산등기를 완료해야 발생하며, 해산등기를 하였다고 법인이 소멸된 것은 아니고, 영업을 할 수 없는 것도 아니다. 법인이 해산등기를 완료하면 그 다음 날부터 청산절차가 진행되는 것이므로 해산등기한 이부터 청산종결 전까지 해산법인에 해당하는 것이다.

법인해산 후 청산법인이더라도 등기에 의해 법인이 소멸되지 아니하고 법인설립 후 5년이 경과한 경우라면 그 취득하는 부동산 취득에 대하여는 취득세가 중과세되지 아니하지만(세정 13407-137, 1994.6.1.), 타인이 이를 인수하여 계속등기를 하여 사실상 영업을 하는 경우라면 상기의 규정에 의해 중과세되는 것이다.

② 해산간주법인

법원행정처장이 최후의 등기 후 5년을 경과한 회사는 본점의 소재지를 관할하는 법원에 아직 영업을 폐지하지 아니하였다는 뜻의 신고를 할 것을 관보로써 공고한 경우에, 그 공고한 날에 이미 최후의 등기 후 5년을 경과한 회사로서 공고한 날로부터 2월 이내에 신고를 하지 아니한 때에는 그 회사는 그 신고기간이 만료된 때에 해산한 것으로 본다. 그러나 그 기간 내에 등기를 한 회사에 대하여는 그러하지 아니하다.

공고가 있는 때에는 법원은 해당 회사에 대하여 그 공고가 있었다는 뜻의 통지를 발송하여야 하며, 해산한 것으로 본 회사는 그 후 3년 이내에는 「상법」제434조의 결의에 의하여 회사를 계속할 수 있으나, 회사를 계속하지 아니한 경우에는 그 회사는 그 3년이 경과한 때에 청산이 종결된 것으로 본다(「상법」§520-2).

③ 폐업법인

사업자등록을 한 사업자가 휴업 또는 폐업을 하거나 개시일 이전이라도 신규로 사업자등록을 한 자가 사실상 사업을 시작하지 아니하게 될 때에는 지체 없이 휴업(폐업)신고서를 세무서장(관할 세무서장 또는 그 밖의 세무서장 중 어느 한 세무서장을 말한다)에게 제출(국세정보통신망에 의한 제출 포함)하여야 하며, 폐업을 하는 사업자가 부가가치세 확정신고서에 폐업연월일과 그 사유를 적고 사업자등록증과 폐업신고확인서를 첨부하여 제출하는 경우에는 폐업신고서를 제출한 것으로 본다.

상기의 폐업은 사업장마다 할 수 있는바, 전체 사업장 모두를 폐업한 경우에만 적용되는 것으로 각각 사업장 폐업한 것을 가지고 폐업법인이라 할 수는 것이다.

④ 법인 인수일 이전 1년 이내에 계속등기를 한 해산법인 또는 해산간주법인

해산법인은 청산종결 전까지는 계속등기를 할 수 있으며, 해산간주법인은 해산간주일 후 3년 이내에는 계속등기하여 사업을 재개할 수 있다.

일단 해산된 회사가 청산이 종료되기 전에 다시 해산 전의 회사로 복귀하는 것을 회사의 계속이라고 하는데, 기업의 유지를 위하여 인정된 제도이다.

회사가 ㉠ 존립기간의 만료 기타 정관에 정한 사유의 발생 또는 주주총회의 결의에 의하여 해산한 경우, ㉡ 휴면회사로서 해산한 것으로 의제된 경우 그 후 3년 이내인 때, ㉢ 파산선고에 의하여 해산한 경우에 강제화의의 가결이 있는 때, ㉣ 파산선고에 의하여 해산한 경우에 파산폐지의 신청을 할 때에는 청산절차가 종료하기 전까지 주주총회의 특별결의로 회사를 계속할 수 있다. 회사의 해산 후에 회사정리절차가 개시된 회사가 회사를 계속하려면 회사정리절차에 따라야 한다.

그러나 다음과 같은 경우에는 회사의 계속이 인정되지 않는다.

㉠ 법원의 해산명령 또는 해산판결에 의하여 해산한 경우

㉡ 합병으로 인하여 해산한 경우

㉢ 청산절차의 종료에 의하여 회사가 소멸한 경우

㉣ 「상법」 부칙 제4조 제2항의 규정에 의하여 해산 간주된 경우

㉤ 휴면회사가 해산한 것으로 간주된 후 3년 이내에 회사 계속의 결의를 하지 않아 「상법」 제520조의 2 제4항에 의하여 청산이 종결된 것으로 간주된 경우

청산인의 권한상실과 이사의 선임 등 회사의 계속으로 회사는 장래를 향하여 해산 전의 상태로 복귀한다. 회사의 계속은 장래에 향하여만 효력이 생기는 것이지 소급효가 있는 것은 아니므로 해산 중에 청산인이 한 행위는 그 효력을 상실하지 않는다. 그리고 계속의 결과 청산인은 그 권한을 상실하고 해산 정의 회사 대표 및 업무집행기관은 그 권한을 회복한다. 그러나 해산을 할 때에는 이사였던 자가 당연히 이사로 복귀하는 것은 아니고 해산 전의 이사는 해산으로 인하여 그 자격이 소멸되었으므로 다시 이사를 선임하여야 한다. 따라서 계속을 결의하는 주주총회에서 이사의 선임도 동시에 하여야 한다.

「상법」에 특별한 규정은 없으나 회사계속에 관한 주주총회의 결의가 있었던 때에 회사계속의

효력이 발생한다. 계속의 등기를 한 때에 계속의 효력이 발생하는 것이 아니다.

법인해산 후 청산법인이더라도 과점주주의 변동없이 계속등기를 하여 사업을 재개하는 경우 법인설립 후 5년이 경과한 경우라면 그 취득하는 부동산 취득에 대하여는 취득세가 중과세되지 아니하지만(세정 13407-137, 1994.6.1.), 타인이 법인 인수일 이전 1년 이내에 계속등기를 한 해산법인 또는 해산간주법인을 인수하여 사실상 영업을 하는 경우라면 상기의 규정에 의해 중과세되는 것이다.

⑤ 법인 인수일 이전 1년 이내에 다시 사업자등록을 한 폐업법인

인수일 당시에는 사업을 영위하는 법인이나 인수일 이전 1년 이내에 폐업한 법인이라면 폐업한 상태에서 사업을 재계한 것이므로 다시 사업자등록을 하였더라도 법인신설로 본다는 것이며, 폐업한 업종이 아닌 다른 업종을 재계하더라도 마찬가지이다.

⑥ 법인 인수일 이전 2년 이상 사업실적이 없고[307], 인수일 전후 1년 이내에 인수법인 임원의 50% 이상을 교체한 법인

인수일을 기준으로 역산하여 2년 이상 사업실적이 없는 경우로 인수일 전후 1년 이내에 임원의 50% 이상 교체한 법인을 휴면법인으로 보는 것이다. 인수일 전후 1년을 경과하여 임원을 50% 이상 교체한 경우에는 휴면법인으로 보지 아니한다.

「지방세법」에 사업실적에 관한 명문의 규정은 없지만, 같은 법 시행령 제27조 제1항의 각 호에서 적어도 폐업 내지 해산, 해산간주 등에 준하여 실질적으로 사업실적이 없는 기업을 휴면법인의 유형으로 열거하고 있고, 휴면법인에 관한 취득세 중과규정의 입법 취지도 실질적으로 폐업에

---

307) ① '실적'의 사전적 의미는 '실제로 이룬 업적이나 공적'이므로 '사업 실적'이란 사업 활동을 통해 실제로 발생시킨 구체적인 매출 등의 결과물, 업적 등으로 보아야 할 것이고, 이는 '사업 활동' 그 자체와는 구별되는 개념인 점, ② 지방세법이 '휴면법인의 인수'를 '법인의 설립'과 동일하게 보아 취득세 중과세 대상으로 삼고 있는 것은 실질적으로 폐업에 준하여 사업실적이 없는 법인을 통한 취득세 중과 회피의 방지, 즉 법인을 설립하는 대신에 휴면법인의 주식 전부를 매수한 다음 법인의 임원, 상호, 목적사업 등을 변경하는 방식을 통해 실질적으로는 법인 설립의 효과를 얻으면서도 대도시 내 법인 설립에 따른 부동산 취득 시 취득세의 중과를 회피하는 행위를 규제하기 위한 것인 점, ③ 이 사건에서도 손○○ 측은 한동안 매출이 존재하지 않던 원고의 주식 전부를 매수한 다음 그 임원, 상호, 목적사업 등을 변경하고 원고를 통해 이 사건 사업을 추진하였는바, 휴면법인 인수를 통해 법인 설립의 효과를 얻으려 했던 것으로 보이는 점, ④ 그런데 손○○ 측은 원고를 인수하기 이전부터 원고 명의를 이용하여 이 사건 사업 관련 업무를 추진하였고, 이 사건 사업은 대도시(서울) 내 부동산 취득을 예정하고 있었는바, 손○○ 측은 실제로는 원고의 인수인으로서 원고 명의를 이용하여 활동하면서도 형식적으로만 원고의 인수일을 늦추는 방법을 통해, 원고가 휴면법인이 아닌 외관을 형성한 후 원고를 인수함으로써 대도시 내 법인 설립에 따른 부동산 취득 시 취득세의 중과를 회피하고자 하는 의도를 가졌던 것으로 봄이 상당한 점, ⑤ 실무상 매출 자체가 존재하지 않더라도 제반 사정을 고려하여 예외적으로 '사업 실적'이 있는 것으로 인정해 주는 경우가 있다 하더라도, 중과세 규제를 회피하고자 하는 의도가 다분하다고 보이는 이 사건과 같은 경우까지 이러한 예외적인 경우에 준하여 보호할 필요성은 없다고 보이는 점 등을 고려하면, 원고 명의로 1차 법인 인수 이전 시기에 일부 사업 활동이 이루어졌다는 것만으로 원고에게 여하의 '사업 실적'이 존재한다거나 그에 따라 원고가 1차 법인 인수 당시 휴면법인이 아니었다고 해석하는 것은 타당하지 못함(대법원 2023두40939, 2023.4.28. 심불, 서울고법 2022누70577, 2023.4.18.).

준하여 사업실적이 없는 법인을 통한 취득세 중과 회피의 방지에 있으며, 대규모 자본투자 등으로 인해 사업준비 기간이 길어지거나 일시적으로 사업이 부진한 경우 등에 있어서는 영업실적은 발생하지 않고 급여, 임차료 등 사업체의 운영과 관련된 일반경비만 발생될 수 있는 것이고, 수익사업을 하지 않는 비영리법인의 경우 매출·매입이 발생하지 아니하는 점 등을 종합적으로 고려할 때, 여기서 사업실적이란 반드시 부가가치세 과세표준이 되는 매출·매입 실적이나 손익계산서상의 매출만을 의미한다고 보기는 어렵다(조심 2010지0592, 2011.9.16.).

> **사례** 휴면법인으로 보는 '사업실적이 없는 법인'에 해당하는지 여부(부동산세제과-1529, 2020.7.2.)
> '사업실적'이 있는지 여부는 그 법인의 목적 사업 특징 및 특수성 등을 고려하여 이를 수행하기 위한 준비내용, 사업활동에 따른 비용의 발생 여부, 수익(매출)의 발생 여부 등 일반적이고 정상적인 거래 및 활동내역이 객관적인 자료에 의해 나타나는지 여부에 따라 종합적으로 판단하여야 할 것(같은 취지의 조심 2016지401, 2016.11.28. 등 참조)인바, 비록 매출액이 소액이라 하더라도, 그것이 거래처가 불분명하거나 정상적인 사업의 영위로 보기 곤란한 경우 등(조심 2017지864, 2018.1.25. 참조)이 아닌 이상 사업실적이 없다고 단정짓기는 어려움.

2) 휴면법인의 과점주주 비율의 적용은 취득 시의 과점주주 비율임(2017년 이전만)

해당 법인에서 최초로 그 법인의 과점주주가 된 때에 휴면법인 인수가 이루어진 것으로 보아 과점주주 지분과 무관하게 전체가 중과되지만, 2017년 이전에 과점주주가 된 경우까지는 휴면법인의 인수로 보는 범위는 휴면법인의 과점주주가 된 때 과점주주가 인수한 주식 등의 비율로 한다(지령 §27 ②)라고 규정되어 있어서 과점주주 비율만큼만 법인신설로 보는 것이다. 그런데 여기서 "휴면법인" 인수 후 5년 이내 부동산을 취득하는 경우 중과세대상 비율(휴면법인의 인수로 보는 범위)을 휴면법인 인수시점 과점주주 비율로 보아야 하는지, 부동산 취득시점 과점주주 비율로 보아야 하는지 여부에 대하여 중과세대상 비율(휴면법인의 인수로 보는 범위)은 실질적으로 법인을 지배할 수 있는 과점주주가 된 때에는 그 인수한 지분만큼 사실상 법인을 설립하였다고 볼 수 있다는 것으로 그 후 추가로 주식을 인수하여 중과세대상 비율(휴면법인의 인수로 보는 범위)이 증가한 경우 휴면법인 인수 시점을 기준으로 중과세대상 비율(휴면법인의 인수로 보는 범위)로 본다는 의미가 아니다.

부동산 취득세는 납세의무성립 당시인 부동산 취득 당시의 사실관계 및 관계법령 등을 적용하여 과세하므로 부동산 취득세 중과세대상 요건인 중과세대상 비율(휴면법인의 인수로 보는 범위)은 휴면법인 인수 당시의 중과세대상 비율(휴면법인의 인수로 보는 범위)이 아닌 부동산 취득에 따른 취득세 납세의무성립 당시 중과세대상 비율(휴면법인의 인수로 보는 범위)로 보는 것이다(지방세운영과-2150, 2010.5.20.).

3) 휴면법인의 중과세

① 부동산 취득

대도시에서 부동산 취득에 대한 중과세 적용 시 법인설립에 휴면법인을 인수하는 경우를 포함하는 것으로 규정되어 있어서 법인의 설립으로 보아 중과세대상으로 규정하고 있다. 따라서 휴면법인 인수일 즉 법인설립으로 5년 이내에 취득하는 부동산에 대하여 중과세되는 것이다. 여기서 휴면법인 인수일을 최초로 과점주주 지분을 인수한 시점으로 보아야 할 것이고, 주식 취득시기는 명의개서일을 원칙으로 하나,[308] 「지방세법 시행령」 제20조 제2항에 따르면 잔금지급일이 취득시기가 되어야 할 것으로 판단되는바, 약정 당시 체결과 동시에 주식을 양도하기로 하였는지, 주식양도의 효력 발생을 주식대금의 완납 시까지 유보하였는지, 아니면 주식명의개서를 하여야 효력이 발생하는지 등을 검토하여 취득시기를 결정하여야 할 것이다.

법인을 인수하면서 과점주주 지분을 처음부터 인수한 것이 아니라 여러 차례에 걸쳐 주식을 인수한 경우라도 처음 과점주주가 되는 시점에 휴면법인 인수일로 보아야 한다는 것인데, 과점주주되는 시점을 기준으로 휴면법인인지 여부가 결정되어야 할 것으로 판단된다.

한편, 대도시 외의 휴면법인을 인수한 후 그 휴면법인이 대도시 내로 전입한 경우에는 대도시 내로의 전입일을 기준으로 전후 5년 이내의 부동산 취득이 중과가 되는 것이다.

② 법인등기

「지방세법」 제28조 제1항 제1호에서 등록면허세의 경우 취득세편의 부동산 취득 시 중과세 적용과는 달리 휴면법인 인수는 법인설립으로 본다라는 규정은 없다. 그리고 등록면허세의 중과세 적용은 지분의 얼마를 인수하는 경우를 말하는지 규정되어 있지 아니하다. 지분 50% 초과(과점주주 판단 시 적용되는 특수관계자 지분 포함) 인수하는 경우로서 50% 초과 취득한 시점을 법인인수일로 보아야 한다라고 주장하는 경우도 있는데 이는 확실하지 않다. 그 이유는 폐업법인, 해산법인, 해산간주법인도 휴면법인에 포함되어 있기 때문으로 법인인수 후 법인변경등기는 법인인수 사실을 대외적으로 확인하는 것에 불과하다는 것이기 때문이다.

지분인수일에는 주식만 취득하고 추후 법인변경등기가 이루어지는바, 휴면법인 법인 변경등기 시 통상 상호변경, 임원변경 등 기타 등기가 중과세대상에 해당하는지에 대해서 「지방세법」에서는 휴면법인을 인수한 후 5년 이내에 자본 또는 출자액을 증가하는 경우만을 중과하는 것으로 규정하고 있다. 이는 취득세편의 부동산 취득의 중과세 규정에서는 "법인설립에 휴면법인을 인수하는 경우 포함한다"라고 규정되어 있으나, "이하 이 호에서 같다"라고 규정하고 있어서 등록

308) 기명주식의 양도는 「상법」 제336조의 규정에 의하여 배서 또는 주주로 표시된 자의 기명날인이 있는 양도 증서에 의하여 회사와는 관계없이 행하여지는 것이며, 이에 의하여 양수자는 제3자에 대하여 명의개서의 유무에 불구하고 주식의 취득에 의하여 주주임을 주장할 수도 있으나, 주주와 회사와의 관계에 있어서는 주주명부(주식발행대장)에 명의개서하기 이전에는 회사에 대해서 주주임을 주장할 수 없을 뿐만 아니라 주권을 행사할 수 없다는 점 등으로 미루어 보아 과점주주로서의 주권의 취득일은 명의개서일로 봄이 타당하다 할 것이다(행심 2004-272, 2004.9.23.).

면허세 규정에는 적용할 수 없을 것으로, 기타 등기의 경우에는 법인설립으로 보아 중과세할 수는 없을 것으로 판단된다.

따라서 계속등기의 경우 그 밖의 법인등기[40,200원(2013년 이전 23,000원)]의 세율이 적용될 것이나, 법인 인수일 이전 1년 이내에 계속등기를 한 해산법인 또는 해산간주법인 등 휴면법인을 인수한 후 5년 이내에 자본 또는 출자액을 증가하는 경우에는 일반세율 0.4%의 3배인 증자금액의 1.2%의 세율이 적용되는 것이다.

한편, 「지방세법」 제13조 제2항 제1호에 따른 휴면법인의 인수는 제1항 각 호의 어느 하나에 해당하는 법인에서 최초로 그 법인의 과점주주가 된 때 이루어진 것으로 본다(2017년 이전은 인수의 범위는 해당하는 법인의 과점주주가 된 때에 과점주주가 인수한 주식 등의 비율로 함)(지령 §27 ②)라고 규정되어 있어서 부동산 취득의 중과세 적용 시 휴면법인은 법인신설로 의제하는데, 과점주주 지분에 해당하는 분에 대해서만 법인신설로 의제하는 것으로 이는 등록면허세에서는 적용되지 아니하는 것이다.

4) 휴면법인의 중과세 적용시기

휴면법인 관련 개정 「지방세법」 시행(2010.1.1.) 전 휴면법인 인수(2007.12.) 후 5년 이내에 부동산을 취득등기(2010.3.)하는 경우 중과세하는 것이 소급과세에 해당되는지 여부와 관련하여 소급금지의 원칙은 조세법령의 제정 또는 개정이나 과세관청의 법령에 대한 해석 또는 처리지침 등의 법령이 있는 경우 그 효력 발생 전에 종결한 과세요건 사실에 대하여 해당 법령 등을 적용할 수 없다는 것이나 새로운 법의 시행일 전부터 계속되고 있는 사실 및 법률관계에 대하여 새로운 법을 적용하는 부진정소급의 경우에는 법률불소급의 원칙에 위배되지 않으므로(대법원 2001두 10790, 2004.3.26. 참조) "휴면법인" 관련 개정 「지방세법」 시행 전(2009.12.31.)에 "휴면법인"을 인수하였다고 하더라도 "휴면법인" 관련 개정 「지방세법」 시행 이후 부동산 취득등기에 대하여 중과세하는 것은 소급과세에 해당되지 아니한다. 즉 취득세 중과세의 납세의무성립은 휴면법인 인수일에 발생하는 것이 아니라 대도시 내 휴면법인을 인수한 법인이 부동산 취득할 때 발생됨으로 납세의무성립 당시 현행 규정에 따라 대도시 내 휴면법인을 인수한 지 5년 이내 법인이 부동산을 취득하는 경우 중과세하는 것은 소급과세에 해당되지 않음으로 중과세대상이 되는 것이다(지방세운영과-2150, 2010.5.20.).

사례 청구법인의 경우 지방세법령에서 ○○○에 대한 규정을 신설하기 이전에 ○○○을 인수하고 법인명칭, 목적사업 등을 변경하였다고는 하나, 개정 지방세법령 시행일(2010.1.1.) 이후에 ○○○ 인수일(2007.12.10.)부터 5년 이내인 2011.3.31. 이 부동산을 취득한 이상 이는 개정 지방세법령에 의한 취득세 중과세대상임(조심 2012지0770, 2012.12.20.).

(7) 중과세 제외

① 대도시 내 법인 중과세 제외업종
② 법인이 사원에게 분양 또는 임대용에 공여할 주거용 부동산(1구의 건축물의 전용면적 60제곱미터 이하인 공동주택 및 그 부속토지에 한함)(법인 주택 중과세 규정 신설로 2020.8.11. 이전만 적용되는바, 2020.8.12. 이후는 12% 적용됨)[309]
③ 적격분할에 따른 부동산 취득
④ 채권보전용 부동산 취득
⑤ 도시형업종 공장
⑥ 벤처기업집적시설 또는 산업기술단지에 입주하는 자
⑦ 창업보육센터에 입주하는 자
⑧ 구 「조세특례제한법」 제120조 제1항에 의한 취득세 감면적용 시(2014년 이전)
⑨ 부동산투자회사 등[지특법 §180-3 ①(종전 조특법 §120 ①)]

1) 대도시 내 법인 중과세 제외업종

대도시에서 법인을 설립(휴면법인 인수 포함)하거나 지점 또는 분사무소를 설치하는 경우 및 법인의 본점·주사무소·지점 또는 분사무소를 대도시로 전입함에 따라 대도시의 부동산을 취득(그 설립·설치·전입 이후의 부동산 취득 포함)하는 경우 구 등록세분이 3배 중과세대상에 해당하나, 「지방세법 시행령」 제26조에 규정한 업종을 영위하는 법인의 경우에는 중과세대상에서 제외되는 것이다.

① 법인 중과세 제외업종

대도시 법인 중과세 제외업종은 「지방세법 시행령」 제26조 제1항에서 열거 규정하고 있으며, 이는 도시생활에 필수불가결한 업종과 정책지원 업종에 한하여 대도시 법인설립과 그에 따른 부동산 취득에 대하여 구 등록세분 중과세에서 제외하고 있는 것이다.

㉠ 사회기반시설사업

「사회기반시설에 대한 민간투자법」 제2조 제3호의 규정에 의한 사회기반시설사업(같은 조 제9호의 규정에 의한 부대사업 포함)과 관련된 취득에 대하여 중과세를 하지 아니한다. 이때 '사회기반시설'이라 함은 각종 생산 활동의 기반이 되는 시설, 해당 시설의 효용을 증진시키거나 이용자의 편의를 도모하는 시설 및 국민생활의 편익을 증진시키는 시설을 말하며 이를 신설·증설·개량 또는 운영에 관한 사업을 '사회기반시설사업'이라 한다. 한편, 사회기반시설사업을 중과제외 업종의 하나로 규정한 것은 공익적 측면에서 대도시

---

309) 2020.8.12. 이후 법인이 주택 취득 시 중과세율(12%) 적용 배제되나, 구 등록세분 중과되는 경우 12%가 적용됨에 유의하여야 할 것임. 이는 중과 취지상 문제가 있으며, 법인 주택 취득의 경우 중과세율 배제와는 일관성이 없다고 판단됨.

안에 설치가 불가피한 사회기반시설의 확충을 도모하려는 데 그 취지가 있는 점, 규정의 문언도 "「사회기반시설에 대한 민간투자법」 제2조 제2호"만을 직접적으로 원용하고 있을 뿐이고 같은 법이 규율하는 민간투자의 방식과 절차에 따른 사업은 제2조 제5호에서 "민간투자사업"으로 별도로 정의하고 있는 점, 이에 관한 추징규정인 「지방세법」 제13조 제3항도 추징을 면하기 위한 요건으로 중과제외 업종에 직접 사용할 것만을 요구하고 「사회기반시설에 대한 민간투자법」에 의한 방식과 절차를 준수하지 못한 것을 추징사유로 들고 있지 아니한 점 등을 종합하여 보면, 중과제외 업종은 「사회기반시설에 대한 민간투자법」 제2조 제2호에 규정된 사회기반시설사업이면 충분하고 같은 법이 정한 방식과 절차에 따라 시행된 사회기반시설사업에 국한되는 것으로 볼 수 없다(대법원 2013두19844, 2014.2.13. 참조).

> **사례** 대도시 내에서 지점을 설치한 후 5년 이내인 2008.1.10. 마친 이 사건 부동산등기는 영화상영관을 운영하는 사업에 관한 것으로서 그 사업이 「사회기반시설에 대한 민간투자법」이 정한 방식과 절차에 따라 시행되는지와 관계없이 등록세 중과제외 업종에 관한 부동산등기에 해당함(대법원 2013두19844, 2014.2.13.).

ⓒ 한국은행 및 한국수출입은행

「한국은행법」 및 「한국수출입은행법」에 의한 은행업과 관련된 취득에 대하여 중과세를 하지 아니한다. 그런데 「한국은행법」 및 「한국수출입은행법」에는 "은행업"의 정의에 대한 규정이 없다. 다만, 「은행법」에서 은행업에 대하여 정의하고 있는데,[310] 「한국은행법」 제4장에서 한국은행의 업무를 열거하고 있고, 「한국수출입은행법」 제18조에는 한국수출입은행의 업무를 열거하고 있다. 이러한 한국은행과 한국수출입은행의 업무를 중과세 제외업종으로 규정한 것으로 보이나 법조문에 규정된 은행업이 무엇인지 불분명하다.

그런데 「한국은행법」 및 「한국수출입은행법」에 의한 은행업은 그 범위가 한정되는 것이므로 중과세에서 제외되는 은행업은 모든 금융기관에서 취급하는 은행업을 의미하는 것이 아니라 특수목적으로 은행업을 영위하는 「한국은행법」 및 「한국수출입은행법」에 의거 은행업무를 취급하는 업무에 한정하는 것이다(대법원 85누12, 1985.5.14. 참조). 따라서 일반 시중은행 등이 영위하는 은행업은 여기서의 은행업 범위에서 제외되는 것이다.

> **사례** 중과세 면제대상이 되는 은행업은 모든 금융기관에서 취급하는 은행업을 뜻하는 것이 아니라 특수한 목적으로 은행업을 영위하는 위 「한국은행법」 및 「한국수출입은행법」 소정의 은행업무를 취급하는 업종에 한하는 것임(서울고법 85구1219, 1986.7.14.).

---

310) 「은행법」 제2조 【정의】
　① 이 법에서 사용하는 용어의 뜻은 다음과 같다.
　1. "은행업"이란 예금을 받거나 유가증권 또는 그 밖의 채무증서를 발행하여 불특정 다수인으로부터 채무를 부담함으로써 조달한 자금을 대출하는 것을 업(業)으로 하는 것을 말한다.
　2. "은행"이란 은행업을 규칙적·조직적으로 경영하는 한국은행 외의 모든 법인을 말한다.

ⓒ 해외건설업 및 주택건설사업

「해외건설촉진법」에 따라 신고된 해외건설업(해당 연도에 해외건설 실적이 있는 경우로서 해외건설에 직접 사용하는 사무실용 부동산만 해당) 및 「주택법」 제9조에 따라 국토교통부에 등록된 주택건설사업(주택건설용으로 취득한 후 3년 이내에 주택건설에 착공하는 부동산만 해당)에 한하여 중과세를 하지 아니한다.

한편, 주택건설사업자가 주택건설용으로 취득한 부동산을 등기일로부터 3년 이내에 주택건설사업에 직접 사용하지 아니하거나 다른 업종에 사용 또는 겸용한 경우에도 '정당한 사유'가 있으면 중과대상에서 제외된다 할 것인데, 이때의 '정당한 사유'라 함은 법령에 따른 금지·제한 등 그 법인이 마음대로 할 수 없는 외부적인 사유는 물론 주택건설사업에 사용하기 위한 정상적인 노력을 다하였음에도 시간적인 여유가 없어 유예기간을 넘겼다는 등의 내부적인 사유도 포함하며, 이러한 정당한 사유의 존부를 판단함에 있어서는 구 등록세분 중과 제도의 입법 취지를 충분히 고려하면서 당해 법인이 영리법인인지 아니면 비영리법인인지 여부, 주택건설사업에 사용하는 데 걸리는 준비기간의 장단, 주택건설사업에 사용할 수 없는 법령상·사실상의 장애사유 및 장애의 정도, 당해 법인이 토지를 주택건설사업에 사용하기 위한 진지한 노력을 다하였는지 여부, 행정관청의 귀책사유가 가미되었는지 여부 등을 아울러 참작하여 구체적인 사안에 따라 개별적으로 판단하여야 한다. 그리고 위와 같은 중과세율에 의한 구 등록세분의 추가 부과요건은 특별한 사정이 없는 한 위 지방세법령에 규정된 유예기간의 경과일 또는 다른 업종에 사용한 날 충족된다.

㉮ 건설업의 등록과 중과세 요건

「해외건설촉진법」에 따라 신고된 해외건설업(해당 연도에 해외건설 실적이 있는 경우로서 해외건설에 직접 사용하는 사무실용 부동산만 해당)은 중과세되지 아니한다. 면허(신고)받은 해외건설업으로 되어 있으므로 면허를 받기 전에 취득하는 경우에는 제외대상이 되지 아니한다. 여기서 해당 연도라 함은 부동산을 취득한 연도를 말하는 것이다. 또한 해외건설업의 해외건설실적은 해외건설계약을 체결한 후 그 건설계약에 대한 선수금 등이 입금된 것을 말한다.

「주택법」 제9조에 따라 국토교통부에 등록된 주택건설사업[311]에 대하여는 중과세를 하지 아니한다. 주택건설사업의 경우에는 그 법인이 직접 주택건설용으로 취득하는 것이어야 하며, 취득 후 3년 이내 착공하지 아니하면 추징되는 것이다. 이때, 국토교통부에 등록된 주택건설사업자에 대하여 중과세에서 제외되는 것이므로 미등록건설업자의 경우에는 중과세대상이 되는 것이다.[312]

---

311) 주택건설사업자 등록은 연간 단독주택의 경우에는 20호 이상, 공동주택의 경우에는 20세대 이상의 주택건설사업 또는 연간 1만 제곱미터 이상의 대지조성사업을 영위하고자 하는 자로서 건설교통부장관에게 등록하여야 한다. 다만, 국가·지방자치단체·대한주택공사·한국토지공사 및 지방공기업 제49조 규정에 의하여 주택사업을 목적으로 하여 설립된 지방공사와 주택조합 및 고용주인 사업주체는 등록하지 아니하여도 된다.

한편, 중과제외대상인 주택건설용 부동산에는 주택 외에 필수적인 복리시설인 구매시설과 생활시설은 포함되나, 나머지는 사업승인받아 설치했어도 중과대상이다(대법원 97누 7899, 1997.11.11.).

ⓙ 근린생활시설에 대한 중과세 판단

주택건설사업용으로 취득하는 부동산에 한하여 중과세 제외대상이 되는 것이므로 주택건설용에 공여되지 아니하는 근린생활시설에 대하여는 중과세대상에 해당하는 것이다. 따라서 주택단지 내에서 주택부분과 근린생활시설용 토지가 있는 경우에는 건축물의 연면적으로 안분하여 중과세를 하여야 하는 것이다.

또한 상가 및 오피스텔(주상복합건물) 건설용 토지를 법인설립 후 5년 이내 취득 시에는 구 등록세분이 중과된다(세정 13430 – 968, 1996.8.20.).

ⓚ 잔여 토지

구 「지방세법 기본통칙」 112 – 4[정당한 사유에 해당하는 경우]에 따르면 "주택건설업체가 아파트를 신축하고 남은 토지를 매각한 경우에는 건축할 수 없는 규모의 토지를 매각한 경우에 한하여 정당한 사유에 해당한다"라고 규정하고 있었다. 이러한 취지는 아파트를 신축하고자 할 경우 의무적으로 도로 등을 건설하여야 하는바, 토지 취득이 지번별로 구입하여야 할 경우 불필요한 토지를 구입할 수밖에 없는 것이 현실이다. 따라서 이런 자투리땅을 비업무용 토지에서 제외한다는 취지는 타당성이 있다.

그런데 건설할 수 없는 잔여 토지는 비업무용 토지 취득세 중과세에서 제외되었는바, 구 등록세분에서도 중과를 제외하는 것이 타당하다고 보여진다. 이러한 취지를 반영하여 '건축할 수 없는 규모의 토지'의 경우 구 등록세분의 중과대상에서 제외하는 것으로 해석할 필요가 있으나 잔여 토지에 대하여 중과하는 것이다.

사례 해당 업종에 직접 사용 않고 매각 시 중과 추징됨(지방세심사 2002 – 142, 2002.3.25.).

당초 이 사건 쟁점부동산을 주택건설용으로 취득등기하였으나, IMF로 인한 경기침체와 아파트미분양에 의한 토지 매입대금의 자금부족으로 이 사건 쟁점부동산을 매각 당시의 공동사업자인 청구외 (주)○○○○에 2001.7.31. 매각한 것은 청구인이 주택건설을 포기한 것으로 볼 수 있고, 이는 청구인의 내부적인 사유에 불과할 뿐 법인설립에 따른 대도시 내에서의 부동산 취득으로 중과대상에서 제외될 수 있는 정당한 사유에 해당된다고 볼 수 없으며, 또한 청구인이 공동사업자라고 주장하는 청구외 (주)○○○○은 청구인이 이 사건 쟁점부동산을 매각한 이후, 2001.8.11. 경기도 ○○시

---

312) 대도시 내에서의 인구집중이나 공해를 방지하기 위하여 대도시 내의 법인의 설립, 부동산취득 등을 억제하기 위한 조세정책적인 이유에서 일정한 경우 등록세를 중과하면서 그 예외의 하나로 「주택건설사업법」 제6조 소정의 건설교통부에 등록된 주택건설사업자에 대하여는 그 등록세의 중과를 배제하도록 규정하고 있는바, 그 예외의 취지는 일정한 자격 요건을 갖추고 연간 일정한 호수 이상의 주택건설실적이 있는 자에 대하여 건설기준이나 규모, 주택의 공급조건, 방법 및 절차에 관하여 엄격한 기준을 설정하여 이를 준수하는 등의 규제를 함을 도모하고 그 주거수준의 향상을 기하는 데 있다 할 것이므로 건설교통부에 등록된 주택건설사업자에게 등록세 중과를 배제하도록 규정한 이 시행령 규정이 합리적인 이유없이 미등록건설업자를 차별대우하여 「헌법」 제11조에 위반하였다고 볼 수는 없는 것이다(대법원 92누10077, 1992.11.10. 참조).

장으로부터 주택건설사업계획변경(사업주체)승인(○○시 주택 58510-111228호)을 받아 청구인과 공동사업자의 지위에 있지 않아 청구인의 주장과 같이 이 사건 쟁점부동산의 매각 이후에도 공동사업자가 계속하여 주택건설용으로 직접 사용하고 있지도 않으므로 처분청이 이 사건 쟁점부동산에 대하여 등록세 등을 중과세한 처분은 잘못이 없음.

⊕ 합병의 경우 유예기간 승계

법인이 합병한 때에는 합병 후 존속하는 법인은 합병으로 인하여 소멸된 법인에게 부과되거나 그 법인이 납부 또는 납입할 지방세와 가산금 등을 납부 또는 납입할 의무를 진다. 이러한 합병으로 인한 납세의무 승계제도의 취지와 대도시지역 내 부동산등기에 대한 중과제도의 입법 목적 및 관련 규정의 체계 등에 비추어 보면, 어느 법인이 주택건설사업용으로 부동산을 취득하기는 하였으나, 아직 3년의 유예기간이 경과하지 아니하거나 다른 업종에 사용 또는 겸용하지 아니하고 있던 상태에서 다른 법인에 합병됨으로써 합병 시까지는 구 등록세분 중과요건이 충족되지 아니한 경우에도, 합병 후 존속법인은 소멸법인에 이미 발생한 구 등록세분 중과와 관련된 법률상의 지위를 승계한다고 봄이 타당하다. 따라서 합병 후 존속법인이 소멸법인의 부동산 취득 등기일로부터 3년 이내에 이를 주택건설사업에 직접 사용하지 아니하거나 다른 업종에 사용 또는 겸용한 경우에는 합병 후 존속법인이 중과세율에 의한 구 등록세분을 추가 납부할 의무를 부담한다고 보아야 하고, 그 흡수합병이 기업의 구조개선 등을 위하여 불가피하였다는 등의 사정은 위와 같은 중과대상에서 제외되는 '정당한 사유'에 해당하는지 여부의 판단에서 고려될 수 있을 뿐이다(대법원 2011두5940, 2013.12.26.).

㉣ 전기통신사업

「전기통신사업법」 제5조에 따른 전기통신사업에 대하여는 구 등록세분 중과세하지 아니한다.[313] 전기통신사업은 기간통신사업, 별정통신사업 및 부가통신사업으로 구분한다. 1999.1.1. 이후 전기통신사업자가 「전기통신사업법」에 따른 전기통신사업자가 같은 법 제41조에 따라 전기통신설비 또는 시설을 다른 전기통신사업자와 공동으로 사용하기 위하여 임대하는 경우는 임대가 불가피하다고 인정되는 것으로 직접 사용하는 것으로 보므로 중과세대상에서 제외한다(지령 §26 ④).

또한 정보통신부장관으로부터 허가대상자로 선정된 후 허가를 득하기 위하여 법인설립하는 경우 그 신설법인은 전기통신사업의 경영을 목적으로 하는 법인이고, 법인설립 이후에만 허가증이 교부되므로 대도시 법인등기에 따른 중과세대상에서 제외된다(세정 13430-205, 1997.4.26.).

---

313) 「지방세법」 관계규정에서는 전기통신사업의 증자에 따른 등록세를 중과하지 않도록 규정하는 등 과밀억제권역 내라 하더라도 전기통신사업과 관련된 사업활동의 경우에는 등록세 중과를 하지 아니하도록 규정하고 있는 점에 비추어 볼 때 이와 같은 중과예외 업종에 해당된다면 최소한 그 해당부분은 등록세를 중과하지 아니하는 것이 중과예외 규정을 둔 취지에도 부합하는 것이라 할 것임(감심 2001-12, 2001.2.13. 참조).

사례 전기통신사업자가 해당 업종용 취득 재산을 등기일로부터 1년 경과 시까지 직접 사용하지 않거나 임대용 또는 다른 업종에 사용 시 중과대상임(세정 13407-310, 2001.9.12.)

전기통신사업자가 「전기통신사업법」 제34조의 3의 규정에 의하여 전기통신설비 또는 시설을 다른 전기통신사업자와 공동으로 사용하기 위하여 임대하는 부동산에 대하여는 중과하지 아니함.

ⓓ **첨단기술산업과 첨단업종**

「산업발전법」에 따라 산업통상자원부장관이 고시하는 첨단기술산업(지식경제부고시 제2010 -233호, 2010.12.29.)과 「산업집적활성화 및 공장설립에 관한 법률 시행령」 [별표 1의 2] 제 2호 마목에 따른 첨단업종(「산업집적활성화 및 공장설립에 관한 법률 시행규칙」 별표 5의 업종)에 대하여는 구 등록세분을 중과세하지 아니한다.

지식경제부장관이 고시하는 첨단기술을 보유하는 경우로서 이의 연구개발 등을 통하여 수익 창출에 이용되는 경우라면 첨단기술의 영위에 해당된다고 할 것이다. 첨단산업기술 과 비첨단산업기술을 함께 보유·영위하는 경우는 중과제외 업종과 중과대상 업종을 겸 업하고 있다고 보아야 할 것인바, 겸업에 따른 안분기준인 다음 사업연도까지의 매출액과 유형고정자산이 없는 경우라면 지적재산인 무형재산의 보유비율로 안분하는 것이 타당하 다고 판단된다(지방세운영과-2310, 2012.7.19.).

ⓑ **유통산업 등**

「유통산업발전법」에 따른 유통산업, 「농수산물유통 및 가격안정에 관한 법률」에 따른 농수 산물도매시장·농수산물공판장·농수산물종합유통센터·유통자회사 및 「축산법」에 따른 가축시장은 중과세가 제외된다. 이 경우 「유통산업발전법」 등 관계법령에 따라 임대가 허용 되는 매장 등의 전부 또는 일부를 임대하는 경우 임대하는 부분은 임대가 불가피하다고 인정되는 것으로 직접 사용하는 것으로 보므로 중과세대상에서 제외한다(지령 §26 ④).

「유통산업발전법」 제2조에 따르면 '유통산업'이라 함은 농산물·임산물·축산물·수산물 (가공 및 조리물을 포함) 및 공산품의 도매·소매 및 이를 영위하기 위한 보관·배송·포 장과 이와 관련된 정보·용역의 제공 등을 목적으로 하는 산업을 말하는 것으로 규정하고 있고, 다만, 같은 법 제8조의 규정에서는 '대규모 점포'에 대하여 개설등록을 하도록 되어 있다. 이와 같이 유통산업은 대규모 점포를 제외하고는 별도의 개설 등록을 요하지 아니 하고 있으므로 「유통산업발전법」에 따른 유통산업의 의미를 반드시 별도의 개설 등록 신 고를 필한 자(대규모 점포)만을 말한 것은 아니라고 할 것이다.

「유통산업발전법」 제2조 제1호에서 규정하고 있는 "유통산업"에는 공산품의 도매 및 소 매업도 해당되는 것이므로 대도시 내에서 의복잡화와 식품 등의 도·소매를 목적사업으 로 법인을 설립한 후 백화점과 대형 마트 점포를 임차하여 해당 사업을 영위하는 경우에 도 「유통산업발전법」에 의한 유통산업에 해당된다(세정과-6116, 2006.12.7.). 뿐만 아니라 판매촉진 및 고객서비스 차원에서 대형 할인점 일부를 임대하여 설치·운영하는 카센 터·미용업·음식점·시계점 등도 「유통산업발전법」 상 유통산업에 해당한다(산업자원부

유통 55161 - 434, 1998.10.26.).

유통사업을 영위하고자 유통시설인 대규모 점포(쇼핑센터)에 해당하는 쇼핑센터를 신축한 다음 임대부분에 소매 점포를 입점시킨 다음 대규모 점포 개설 등록을 마친 사실 및 쇼핑센터에 상품의 수송·보관·포장·하역·가공·통관·판매·정보처리 등에 필요한 시설을 갖추고 임대 부분에 매장을 입점시켜 매출액 비례방식 형태로 임대함과 동시에 각종 편의시설도 설치하여 임대 부분에 입점한 매장들을 통합적으로 관리하여, 쇼핑센터를 유지·관리하면서 종합적인 판매 전략과 고객관리를 통하여 스스로의 이익을 창출하고 있으므로 임대부분을 그 목적사업인 유통사업의 용도로 계속적이고 고정적으로 사용하고 있다고 할 것이고, 그 사용 방법이 직영 형태가 아니라 매출액 비례방식 형태의 임대라 하여 달리 볼 것은 아니다(대법원 2010두20478, 2011.1.13.).

한편, 주유소업은 도소매업종에 해당되어 유통산업에 해당되어 취득세 중 종전 등록세분 중과세대상이 되지 아니한다. 그런데 주유소 부대시설인 세차시설에 대하여 세차비를 받아서 매출액이 발생될 경우 이는 서비스업에 해당되어 중과세 되는 것이 타당하다라고 판단된다. 그런데 세차비를 받지 아니하는 등 주유소업을 하기 위한 부대시설로만 사용되는 경우에는 도소매 업종의 부대시설로 보아 중과세되지 아니할 것이다라고 해석될 여지가 있으나, 세차장을 무료로 운영한다고 하나, 언제든지 유료로 전환할 수 있을 뿐만 아니라 해당 세차시설은 주유를 한 차량에 한하여 이용이 가능하므로 주유 금액에 이미 세차장 이용금액이 포함되어 있다고 볼 수 있는 점 등을 종합해 볼 때, 주유소 내 세차시설을 활용하여 운영하는 세차업은 사업자등록 없이 무료로 운영하더라도 주유소 운영업과는 별개의 사업을 영위하고 있는 것으로 보아 취득세 중과대상에 해당한다(지방세운영과-684, 2016.3.16.)라고 해석하고 있다.[314] 이 해석은 논란이 될 수 있다고 판단된다.

> **사례** 주유소 부대시설인 세차시설에 대한 중과 여부(조심 2015지0612, 2015.6.16.)
>
> 부동산은 자동세차기가 소재하는 토지로서 주유소 운영업을 영위하는 토지와는 명확히 구분되어 독립적인 공간에서 세차업이 이루어지는 점, 비록 낮은 가격으로 세차업을 운영하고 있고, 주유 시와 비주유 시를 구분하여 요금을 달리한다 하더라도 유상으로 세차업을 영위하고 있는 점, 쟁점 부동산에 설치된 자동세차기가 주유고객에게 편의를 제공하고 있다고는 하나, 이러한 시설물이 주유소 운영업에 필수불가결한 부대시설이라고 볼 수는 없는 점 등에 비추어 쟁점 부동산을 등록세 중과제외 업종인 주유소 운영업에 사용되는 부속토지에 해당된다고 보기는 어려움.

> **사례** 한국표준산업분류표상 도매 및 소매업은 유통산업임(행자부 세정-196, 2005.1.12.)
>
> 도매 및 소매업은 한국표준산업분류표(통계청 고시 2000-1호, 2000.3.1.)에서 규정한 범위(도매 및 상품중개업 - 51 및 소매업 - 52)에 해당하는 경우에는 상기 "유통산업"으로 분류(산업자원부

---

314) 주유소 운영업의 판촉활동과 고객서비스 차원에서 자동세차기를 설치하였고 자동차 세차시설이 없어도 주유를 할 수 있으므로 자동차 세차와 주유의 필수불가결한 연관관계를 찾을 수 없으며, 주유소에 세차장을 설치하는 것은 의무사항이 아니라 고객 유치를 위한 영업 전략상 필요에 의한 것으로서 세차장이 주유소업의 업무 수행을 위해 반드시 필요한 시설이라고도 볼 수 없다 할 것임(조심 2016지0857, 2017.6.20.).

유통 55160-386, 2002.12.4.)되는 것이므로 귀문의 도매 및 소매업이 한국표준산업분류표에서 도매 및 소매업으로 분류되고 있다면 대도시 내의 법인등록세 중과세 제외대상에 해당함.

사례 주유소업도 유통산업에 해당됨(지방세운영과-528, 2009.2.4.).

"차량용 주유소 운영업"은 「유통산업발전법」에 의한 포괄적인 "유통산업"에 해당된다고 할 것(지식 경제부-105호, 2009.2.3.)이므로 대도시 내 소재 법인이 차량용 주유소를 운영하는 경우라면 「유통 산업발전법」에 의한 유통산업에 해당되어 대도시 내 법인 중과세대상 업종에서 제외됨.

사례 중과세 제외업종인 유통산업에 직접 사용 판단(대법원 2010두20478, 2011.1.13.)

유통사업을 영위하고자 유통시설인 대규모 점포(쇼핑센터)에 해당하는 쇼핑센터를 신축한 다음 임 대부분에 소매 점포를 입점시킨 다음 대규모 점포 개설 등록을 마친 사실 및 쇼핑센터에 상품의 수송·보관·포장·하역·가공·통관·판매·정보처리 등에 필요한 시설을 갖추고 임대부분에 매 장을 입점시켜 매출액 비례방식 형태로 임대함과 동시에 각종 편의시설도 설치하여 임대부분에 입 점한 매장들을 통합적으로 관리하여, 쇼핑센터를 유지·관리하면서 종합적인 판매전략과 고객관리 를 통하여 스스로의 이익을 창출하고 있으므로 임대부분을 그 목적사업인 유통사업의 용도로 계속 적이고 고정적으로 사용하고 있다고 할 것이고, 그 사용방법이 직영 형태가 아니라 매출액 비례방 식 형태의 임대라 하여 달리 볼 것은 아니라 할 것임.

사례 일반음식점으로 사용하고 있어 유통산업용 아님(지방세심사 2002-332, 2002.9.30.).

「유통산업발전법」 제2조 제1호에서 "유통산업"이라 함은 농·임·축·수산물 및 공산품의 도매· 소매·보관·포장 및 이와 관련된 정보·용역의 제공 등을 목적으로 하는 산업을 말한다고 규정하 고 있는바, 청구인의 경우와 같이 이 사건 부동산을 취득하기 이전인 2000.4.25. 청구외 (주)○○에 서 이 사건 부동산을 임차하여 2000.7.11.부터 일반음식점을 개업한 후 2001.9.11. ○○세무서장으로 부터 사업자등록증(업태 : 음식, 종목 : 일식)을 교부받은 다음 2001.9.25. 처분청으로부터 「식품위 생법」의 규정에 의한 일반음식점 영업신고증을 발부받아 일반음식점을 경영하면서 이 사건 부동산 을 취득한 이후에도 계속 일반음식점으로 사용하고 있는 이상 「유통산업발전법」에 의한 유통산업 에 사용하기 위하여 취득한 부동산으로 볼 수 없다 할 것임.

사례 중과제외 업종인 「유통산업발전법」에 의한 유통산업 범위(세정 13407-296, 2002.3.25.)

「지방세법 시행령」 제101조 제1항 제8호의 규정에 의한 「유통산업발전법」에 의한 "유통산업"이라 함은 농·임·축·수산물 및 공산품의 도매·소매·보관·포장 및 이와 관련된 정보·용역의 제공 등을 목적으로 하는 산업을 의미하는 것으로, 사업목적이 이러한 유통산업만을 영위하는 경우에는 등록세 중과대상이 아님.

◇ 운수사업

「여객자동차 운수사업법」에 따른 여객자동차운송사업 및 「화물자동차 운수사업법」에 따 른 「화물자동차운송사업과 물류시설의 개발 및 운영에 관한 법률」 제2조 제3호에 따른 물류터미널사업 및 「물류정책기본법 시행령」 제3조 및 [별표 1]에 따른 창고업에 대하여 는 중과세하지 아니한다.

◎ 정부출자법인 또는 정부출연법인

정부출자법인 또는 정부출연법인(국가나 지방자치단체가 납입자본금 또는 기본재산의 20% 이상을 직접 출자 또는 출연한 법인만 해당)이 경영하는 사업에 대하여는 중과세하지 아니한다. 따라서 국가나 지방자치단체가 출연하여 설립되는 비영리법인도 기본재산의 20%를 출연한 경우 중과세가 배제된다.

여기서 '납입자본금'이란 「상법」 상의 자본금(증가 포함)인 발행주식 총액으로서 법인등기부상에 등재된 가액이라고 할 것인바, 법인등기부상에도 자본의 총액에 포함되어 있지도 아니할 뿐만 아니라 재무상태표상에도 자본금으로 표기되어 있지 아니한 경우라면, 보조금 형식의 정부 출연금이라고 하더라도 해당 법인의 납입자본금으로 보기는 어렵다고 할 것이고, 또한 국가가 아닌 한국산업진흥원(지식경제부 산하 정부투자기관)을 통해 출연받은 경우라면 국가로부터 직접 출자를 받았다고 볼 수도 없다고 할 것이므로 등록면허세 중과세 제외대상인 정부출자법인으로 볼 수 없다(지방세운영과-2310, 2012.7.19.).

ⓩ 의료업

「의료법」 제3조에 따른 의료업에 대하여는 중과세하지 아니한다.

"의료업"의 범위는 「의료법」 제3조 제1항의 규정에 의하면 '의료기관'이라 함은 의료인이 공중 또는 특정다수인을 위하여 의료조산의 업을 행하는 곳을 말한다라고 규정하고 있으므로 '의료업'이라 함은 "보건복지부장관의 면허를 받은 의사·치과의사·한의사·조산사 및 간호사가 하는 공중 또는 특정 다수인을 위하여 의료·조산의 업"을 말한다.

의료업을 영위하기 위한 부대시설(예 : 구외의 간호사 기숙사 등)이 있는 경우에는 의료업에 직접 사용되는 부동산에 해당되지 아니하는 것으로 해석하고 있으나, 대법원에서는 직접 사용하는 부동산으로 본 바 있다.[315] 별도의 사업자등록을 하고 장례업을 통하여 수익사업을 영위하고 있어 의료업에 직접 사용하는 부동산으로 볼 수 없다.

한편, 의료업을 영위함에 있어 반드시 필요한 주차장은 필요에 의해 제3자에게 위탁관리하고 있더라도 의료업에 직접 사용하는 부동산으로 보고 있다.

ⓩ 개인영위 제조업의 법인전환

대도시에서 「부가가치세법」 또는 「소득세법」에 따른 사업자등록을 하고 5년 이상 개인이 경영하던 제조업(「소득세법」 제19조 제1항 제3호에 따른 제조업)의 법인전환에 따라 취득한 부동산은 중과세하지 아니한다. 그런데 법인전환에 따라 취득한 부동산의 시가표준액이 법인전환 전의 부동산 시가표준액(당초 취득 시의 시가표준액을 말하는 것으로 판단됨)을 초과하는 경우에 그 초과부분과 법인으로 전환한 날 이후에 취득한 부동산은 중과

---

315) 의료법인이 간호사 등의 기숙사로 사용하고자 아파트를 취득하여 그 용도로 사용하고 있는 이상 법인의 목적사업에 직접 사용하는 재산으로서 「지방세법」 소정의 취득세 비과세대상에 해당함(대법원 92누7351, 1992.9.22.).

세대상이 된다.

대도시 내에서 5년 이상 제조업을 영위한 개인 기업이 해당 대도시 내에서 법인으로 전환하는 경우 '5년 이상'이라 함은 「부가가치세법」에 의한 사업자등록증 교부일로부터 법인설립 등기일까지의 기간을 말한다.

상기에서 법인전환의 의미가 명확하게 규정되어 있지 아니하나, 현물출자, 사업양수도 방법에 의한 법인전환을 말한다(세정 13407-446, 1994.7.28.). 따라서 「조세특례제한법」 제32조에 의한 사업양수도에 의한 법인전환과 같은 조에 의한 현물출자에 의한 법인전환도 이에 포함된다.[316]

사례 개인이 제조업을 5년 이상 영위하다 법인전환하는 경우 법인설립 이전에 부동산의 매매계약을 체결하였다 하더라도 법인설립 이후에 잔금을 지급하고 법인명의로 소유권이전등기를 하였다면 이는 등록세 중과세대상에 해당됨(감심 94-6, 1994.1.18.).

사례 상속으로 다수인이 공유로 취득하여 사업자등록을 변경하고 제조업을 영위하다가 5년 이내에 법인으로 전환하는 경우에는 등록세가 중과세되는 것임. 대도시 내에서 대도시 외로 이전하였다가 다시 대도시로 전입한 경우에도 별도의 예외규정이 없으므로 등록세가 중과됨(세정 13407-740, 1999.6.22.).

㉢ 기타 사업

① 자원재활용업

「산업집적활성화 및 공장설립에 관한 법률 시행령」[별표 1의 2] 제3호 가목에 따른 자원재활용업종

② 소프트웨어사업 및 소프트웨어공제조합이 소프트웨어산업을 위하여 수행하는 사업

「소프트웨어산업 진흥법」 제2조 제3호에 따른 소프트웨어사업 및 같은 법 제27조에 따라 설립된 소프트웨어공제조합이 소프트웨어산업을 위하여 수행하는 사업

③ 문화예술시설운영사업

「공연법」에 의한 공연장 등 문화예술시설운영사업

④ 종합유선방송사업 등

「방송법」 제2조 제2호·제5호·제8호·제11호 및 제13호에 따른 방송사업·중계유선방송사업·음악유선방송사업·전광판방송사업 및 전송망사업

⑤ 과학관시설운영사업

---

316) 구 「지방세법 시행규칙」 제54조의 4의 규정에 의하여 대도시 「부가가치세법」 또는 「소득세법」에 의한 사업자등록을 하고 5년 이상 제조업 영위한 개인기업이 해당 대도시 안에서 법인으로 전환하는 경우에는 등록세를 중과하지 아니하는 것이므로 「조세특례제한법」 제32조의 규정에 의한 사업양수도 방식에 의하여 법인전환하더라도 등록세가 중과되지 아니하나, 법인전환에 따라 취득한 부동산의 가액이 법인전환 전의 부동산가액을 초과하는 부분과 법인전환 이후에 취득한 부동산인 경우에는 그러하지 아니함(세정 13407-309, 2001.9.12.).

「과학관의 설립·운영 및 육성에 관한 법률」에 따른 과학관시설운영사업

⑥ 도시형 공장을 경영하는 사업

「산업집적활성화 및 공장설립에 관한 법률」 제28조에 따른 도시형 공장을 경영하는 사업

☞ 청구법인이 쟁점부동산을 그 취득일부터 1년 이내에 ○○○에게 임대하고 있는 사실은 다툼이 없는 점, 청구법인이 ○○○의 임가공 수량 등을 결정하고 ○○○ 경우 그 매출액의 대부분이 청구법인과의 거래에서 발생한다고 하더라도 청구법인과 ○○○은 별개의 사업자이므로 ○○○이 사용하는 쟁점부동산을 청구법인이 사용하는 것으로 볼 수는 없는 점, 「지방세법」에서 "직접 사용"에 대하여 명시적으로 규정하고 있지는 아니하나 여기에서 말하는 "직접 사용"이란 부동산의 소유자가 그 부동산을 해당 용도에 사용하는 것을 말하는 것으로 특별한 사정이 없는 한 임대는 직접 사용에 해당하지 않는 점, 청구법인이 쟁점부동산을 도시형 공장으로 직접 사용하기 위하여 정상적인 노력을 다하였으나 행정관청의 사용 금지 등으로 이를 임대한 것이라고 보기도 어려운 점 등에 비추어 청구법인은 쟁점부동산을 취득한 날부터 1년 이내에 정당한 사유 없이 대도시 중과제외 업종에 직접 사용하지 않았다 할 것이므로 취득세 등을 부과한 처분은 달리 잘못이 없음(조심 2019지2598, 2019.11.28.).

☞ 「서울특별시 시세 감면조례」 제8조에서 준공업지역 내에서 「산업집적활성화 및 공장설립에 관한 법률」 제28조에 따른 도시형 공장을 신설하기 위하여 취득하는 부동산에 대하여는 취득세의 50%를 경감하면서, 그 취득일부터 1년 이내에 정당한 사유 없이 건축공사에 착공하지 아니하는 경우와 5년 이내에 매각하거나 공장용 이외의 다른 용도로 사용하는 경우 그 해당 부분에 대하여는 경감된 취득세를 추징한다고 규정하고 있는바, 위 추징요건에서는 취득 주체가 직접 사용하여야 하는지 여부에 대하여 규정하고 있지 아니하므로, 귀 질의와 같이 도시형 공장을 신설할 목적으로 개인 명의로 토지를 취득하여 취득세를 감면받은 후, 해당 토지상에 법인 명의로 도시형 공장을 신설하여 당초 목적대로 공장을 신설하여 그 용도로 사용한다면, 토지 취득자와 공장 신설자의 변경 여부와 상관없이 취득세 감면대상에 해당된다고 할 것이며, 취득일로부터 1년 이내에 공사에 착공하고 사용승인일 이후부터 계속 도시형 공장 사업 이외의 용도로 분양·임대 또는 매각되지 않는다면, 위 추징요건에 저촉되지 아니한다고 할 것임(같은 취지, 지방세운영과-4862, 2010.10.15. 참조)(서울세제-14763, 2018.11.2.). 즉 "직접 사용"하여야 하는지 여부에 대하여 규정하고 있지 아니하므로 도시형 공장을 신설하여 제3자가 사용하더라도 도시형 공장을 신설하여 당초 목적대로 공장을 신설하여 그 용도로 사용한다면 감면이 되어야 할 것임.

⑦ 중소기업창업투자회사 중소기업창업지원사업

「벤처투자 촉진에 관한 법률」 제37조(2020.8.11. 이전은 「중소기업창업 지원법」 제10조)에 따라 등록한 벤처투자회사(2023.12.20. 이전은 중소기업창업투자회사)가 중소기업창업 지원을 위하여 수행하는 사업(다만, 법인설립 후 1개월 이내에 같은 법에 따라 등록하는 경우만 해당)

⑧ 한국광해관리공단 석탄산업합리화사업

「광산피해의 방지 및 복구에 관한 법률」 제31조에 따라 설립된 한국광해관리공단이 석탄산업 합리화를 위하여 수행하는 사업

⑨ 소비자보호원 소비자보호사업

「소비자기본법」 제33조에 따라 설립된 한국소비자원이 소비자 보호를 위하여 수행하는 사업

⑩ 건설공제조합 건설업

「건설산업기본법」 제54조에 따라 설립된 공제조합이 건설업을 위하여 수행하는 사업

⑪ 엔지니어링공제조합 설립목적 사업

「엔지니어링산업 진흥법」 제34조에 따라 설립된 공제조합이 그 설립 목적을 위하여 수행하는 사업

⑫ 주택도시보증공사(구 대한주택보증주식회사) 주택건설업

「주택도시기금법」에 따른 주택도시보증공사(2015.6.30. 이전 「주택법」 제76조에 따라 설립된 대한주택보증주식회사)가 주택건설업을 위하여 수행하는 사업

⑬ 할부금융업

「여신전문금융업법」 제2조 제12호에 따른 할부금융업

⑭ 실내경기장운영업, 운동장운영업 및 야구장운영업(2021.4.27. 이후)

「통계법」 제22조에 따라 통계청장이 고시하는 한국표준산업분류에 따른 실내경기장 · 운동장 및 야구장 운영업

⑮ 기업구조조정전문회사 그 설립목적사업

「산업발전법」(법률 제9584호 「산업발전법」 전부 개정 법률로 개정되기 전의 것을 말함) 제14조에 따라 등록된 기업구조조정전문회사가 그 설립 목적을 위하여 수행하는 사업(다만, 법인 설립 후 1개월 이내에 같은 법에 따라 등록하는 경우만 해당)

⑯ 청소년단체, 학술단체(2019년 이전은 학술연구단체) · 장학법인(2019년 이전은 장학단체), 과학기술진흥단체(2019년 이전만) · 문화예술단체 · 체육진흥단체의 설립목적사업

「지방세특례제한법」 제21조 제1항에 따른 청소년단체, 같은 법 제45조에 따른 학술단체(2019년 이전은 학술연구단체) · 장학법인(2019년 이전은 장학단체), 같은 법 제52조에 따른 과학기술진흥단체(2019년 이전만) · 문화예술단체 · 체육진흥단체가 그 설립 목적을 위하여 수행하는 사업

사례 설립 목적을 위하여 수행하는 사업을 '직접 영위'하여야 하며, 이를 임대하는 경우에는 중과세의 예외를 적용받을 수 없음(감심 2011-11, 2011.1.13.).

⑰ 「중소기업진흥에 관한 법률」 제69조에 따라 설립된 회사가 경영하는 사업

⑱ 「도시 및 주거환경정비법」 제35조 또는 「빈집 및 소규모주택 정비에 관한 특례법」 제23조에 따라 설립된 조합이 시행하는 같은 법 제2조 제2호의 정비사업 또는 「빈집 및 소규모주택 정비에 관한 특례법」 제2조 제1항 제3호의 소규모주택정비사업

⑲ 「방문판매 등에 관한 법률」 제38조에 따라 설립된 공제조합이 경영하는 보상금지급책임의 보험사업 등 같은 법 제37조 제1항 제3호에 따른 공제사업

⑳ 「한국주택금융공사법」에 따라 설립된 한국주택금융공사가 같은 법 제22조에 따라 경영하는 사업

㉑ 임대사업자 주택임대사업

「민간임대주택에 관한 특별법」 제5조에 따라 등록을 한 임대사업자 또는 「공공주택 특별법」 제4조에 따라 지정된 공공주택사업자가 경영하는 주택임대사업(다만, 「주택법」 제80조의 2 제1항에 따른 주택거래신고지역에서 매입임대주택사업을 하기 위하여 취득하는 임대주택은 제외되어 중과세)

「지방세법」 관련 규정들의 내용과 위 중과제외 조항의 입법목적 등을 종합하여 보면, 주택은 건축물과는 구별되는 것으로서 「건축법」 상 오피스텔은 그 '주택'에 포함되지 아니한다고 보아야 할 것이므로(대법원 2013.11.28. 선고, 2013두13945 판례 참조), 오피스텔은 취득세 중과제외 대상인 주택임대용 부동산에 해당되지 아니하는 것이다(서울세제 -4129, 2019.3.22.).[317]

㉒ 「전기공사공제조합법」에 따라 설립된 전기공사공제조합이 전기공사업을 위하여 수행하는 사업

㉓ 「소방산업의 진흥에 관한 법률」 제23조에 따른 소방산업공제조합이 소방산업을 위하여 수행하는 사업

㉔ 「중소기업 기술혁신 촉진법」 제15조 및 같은 법 시행령 제13조에 따라 기술혁신형 중소기업으로 선정된 기업이 경영하는 사업(다만, 법인의 본점·주사무소·지점·분사무소를 대도시 밖에서 대도시로 전입하는 경우 제외). 이는 2018.1.1. 이후부터 적용된다.

㉕ 「주택법」 제11조 제1항에 따라 설립된 리모델링주택조합이 시행하는 같은 법 제66조 제1항 및 제2항에 따른 리모델링주택사업(2022.1.1. 이후부터 적용)

㉖ 「공공임대특별법」 제2조 제1호에 따른 공공매입임대주택을 건설하는 사업(2022년까지 「공공주택특별법」 제4조 제2호 및 제3호에 따른 공공주택사업자와 공공매입임대주택을 건설하여 양도하기로 약정을 체결하고 약정일로부터 3년 이내에 건설에 착공하는 주거용 오피스텔에 한정)(2022.1.1. 이후부터 적용)

㉗ 「공공주택 특별법」 제4조 제1항에 따라 지정된 공공주택사업자가 같은 법에 따른 지분적립형 분양주택이나 이익공유형 분양주택을 공급·관리하는 사업(2022.2.28. 이후 적용)

② **중과세 제외업종의 추징**

㉠ 유예기간 1년(3년) 이내 미사용, 다른 업종 사용이나 겸용하는 경우

대도시에서 중과대상 제외업종에 해당하는 법인을 설립하거나 지점 등을 설치한 법인이 부동산을 취득한 경우에는 그 취득일로부터 기산하여 정당한 사유없이 1년(주택건설사업

---

317) 「지방세법」 제13조 제5항 제3호에 따른 중과세대상 고급주택은 '주거용 건축물 또는 그 부속토지'로서, 제11조 제1항 제8호에 따른 주택과는 다르게 해석하여야 하고, 공부상 주택 또는 「주택법」 상 주택 등으로 한정할 이유가 없으므로 공부상 업무시설(오피스텔)이라 하더라도 주거용 건축물에 해당하는 경우라면 고급주택에 포함하는 것이 타당하다(부동산세제과-56, 2019.7.30.)라고 해석하고 있다는 점에서 문제가 될 여지가 있다.

은 3년)의 유예기간 내에 해당 업종에 직접 사용하는 경우 중과되지 아니한다(지법 §13 ③
1). 여기서 3년의 유예기간 대상 사업은 「주택법」 제9조에 따라 국토교통부에 등록된 주택
건설사업(주택건설용으로 취득한 후 3년 이내에 주택건설에 착공하는 부동산만 해당)뿐
이고, 다른 사업의 유예기간은 1년이다.

대도시 구 등록세분 중과세 제외업종을 영위하는 자가 해당 업종에 사용하기 위하여 취득
한 재산을 취득일로부터 정당한 사유없이 1년(3년)이 경과할 때까지 해당 업종에 직접
사용하지 아니하거나 다른 업종에 사용 또는 겸용하는 경우에 그 해당 부분에 대하여는
중과세로 추징된다.

대도시에서 부동산을 지점설치 이전에 부동산을 취득한 신설법인이 지점설치 후 중과제
외 업종을 영위하는 경우에는 당초 부동산 취득일을 기준으로 유예기간을 판단하는 것이
아니라 지점설치일로부터 유예기간을 기산하여야 하는 것이다(대법원 98두11755, 1998.10.13.
참조). 따라서 부동산 취득 당시는 중과제외 대상 업종의 요건을 갖추지 못하였으나 그 이
후 지점을 설치함에 있어 그 요건을 갖춘 경우나 인·허가 절차 등으로 인하여 지점설치
후에 그 요건을 갖춘 경우에도 그것이 유예기간 내에 이루어지는 한 중과제외 대상이 된
다고 보아야 하고, 이 경우 1년(3년)의 유예기간의 기산점은 지점설치 이후 5년 이내에
취득하는 부동산에 있어서는 직접 사용이 가능하게 되는 지점설치일이 된다.

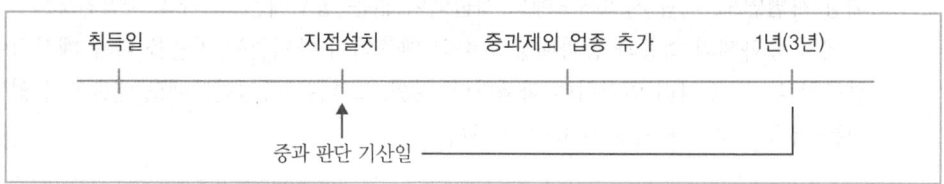

한편, 주택건설사업의 경우 대법원에서는 건축 착공일을 중과사유 기준일로 판단하고 있
다.[318]

---

[318] 주택건설사업 업종에서 취득한 부동산이라고 하더라도 주택건설용으로 취득하여 실제로 이에 사용되는 경
우에 한하여 대도시 법인의 등록세 중과세대상에서 벗어날 수 있고 주택건설과 다른 용도로 겸용하는 경우
에는 그때부터 등록세 중과세대상이 되는 것에 비추어 보면, 주상복합아파트를 신축할 경우라 하더라도 주
택과 구분되는 판매시설을 건축하기 위하여 그 부지로 취득·사용되는 토지 부분에 대하여는 등록세 중과
세대상이 된다 할 것이며, 주택과 판매시설의 공동부지로 취득·사용되는 토지의 경우에는 판매시설 면적
의 비율에 따른 토지의 지분이 판매시설을 위한 부지에 해당하는 것으로 보아 등록세 중과세대상이 된다고
봄이 상당하다. 그리고 주택건설사업 업종에서 주상복합아파트를 신축할 목적으로 부동산을 취득한 경우에
그 취득 시점에서 아직 건축허가 등에 의하여 주택과 판매시설의 면적이 확정되지 아니하여 등록세 중과세
대상인 판매시설을 위한 부지 지분을 특정할 수 없는 때에는 등록세 과세물건의 등기 후에 등록세 중과세
대상이 되는 경우의 신고·납부 절차를 정한 구 「지방세법」 제150조의 2 제2항에 따라 처리함이 상당하며,
따라서 취득 후 3년이 지나도록 주택건설을 위한 착공을 하지 아니한 경우는 물론이고 주택건설을 위한 착
공을 한 경우라도 위에서 본 바와 같이 판매시설 면적의 비율에 따른 판매시설 건설부지 사용을 겸용하는
범위 내에서는 그때부터 30일 이내에 그 부분에 관한 등록세 중과세에 대하여 신고·납부하여야 할 것임
(대법원 2012두6407, 2013.2.15.).

> **사례** 대도시 내 주택건설용 취득·등기 부동산을 주택건설을 하지 않고 매각하는 경우 중과대상 임(세정 13407 - 710, 2001.12.24.).

ⓒ 2년 이상 미사용한 상태에서 매각, 다른 업종 사용이나 겸용하는 경우

유예기간 1년(3년) 이내에 중과제외 업종에 사용하였으나, 2년 이상 해당 업종에 직접 사용하지 아니하고 매각하거나 다른 업종에 사용 또는 겸용하는 경우에 그 해당 부분에 대하여는 중과세로 추징된다. 직접 사용하지 아니하고 매각하거나 다른 업종에 사용 또는 겸용하는 경우에 그 해당 부분에 대하여는 중과세하는 것이다.

③ 중과대상 업종과 겸용, 중과대상 업종으로 변경, 중과대상 업종 추가 시

ⓐ 법인등기(증자등기)

중과대상 업종과 겸용, 중과대상 업종으로 변경, 중과대상 업종 추가하는 경우 법인설립 등기나 설립 이후 5년 이내에 증자등기에 대하여 등록면허세는 다음에 따라 중과세하여야 한다.

등록면허세의 과세표준이 구분되는 경우에는 구분된 가액으로, 구분되지 아니한 경우 해당 법인에 대한 등록면허세는 직전 사업연도(직전 사업연도의 매출액이 없는 경우에는 해당 사업연도, 해당 사업연도에도 매출액이 없는 경우에는 그 다음 사업연도)의 총 매출액에서 중과제외 업종과 중과대상 업종의 매출액이 차지하는 비율을 다음 계산식에 따라 산출한 후 그에 따라 안분하여 과세한다. 다만, 그 다음 사업연도에도 매출액이 없는 경우에는 유형고정자산 가액 비율에 따른다.

> **□ 해당 법인 중과대상 업종 매출비율**
>
> $$\frac{\text{해당 법인 중과대상 업종 산정 매출액*}}{\text{(해당 법인 중과제외 업종 산정 매출액** + 해당 법인 중과대상 업종 산정 매출액)}}$$
>
> * 해당 법인 중과대상 업종 산정 매출액 = (해당 법인 중과대상 업종 매출액 × 365일) / 해당 법인 중과대상 업종 운영일수
>
> ** 해당 법인 중과제외 업종 산정 매출액 = (해당 법인 중과제외 업종 매출액 × 365일) / 해당 법인 중과제외 업종 운영일수
>
> 해당 법인 중과제외 업종 매출비율 = 1 - 해당 법인 중과대상 업종 매출비율

ⓑ 부동산 취득

겸업법인이 부동산 취득하는 경우 중과대상 업종과 중과제외 업종에 사용하는 해당 부동산의 사용실태를 확인하여 중과대상 업종에 사용하는 부동산 부분에 대하여만 중과세한다. 따라서 중과제외 업종으로 사용되는 면적이 구분이 된다면 그 구분 면적은 중과가 되지 아니할 것이나, 구분이 되지 아니하는 경우 안분기준에 대하여 별도로 규정하고 있지

않고, 유예기간 내 또는 취득일로부터 2년 이내 겸용 시 해당 부분만 중과로 추징되는 것으로 규정되어 있으므로 겸용면적은 모두 중과가 될 것이다.

> **사례** 겸용 시 면적 구분 불가능하므로 겸용면적 모두 중과세됨(조심 2019지1817, 2019.7.5.)
> 「지방세법」 제13조 제2항 본문 및 제1호에서 법인의 본점을 대도시 내로 전입함에 따라 대도시의 부동산을 취득하는 경우 중과세하도록 규정하고 있고, 같은 조 제3항 본문 및 제1호 다목에서 "부동산 취득일부터 1년 이내에 다른 업종이나 다른 용도에 사용·겸용하는 경우"에는 제13조 제2항의 중과세율을 적용하도록 규정하고 있으므로, 중과제외 업종과 중과대상 업종을 겸업하는 법인이 본점으로 사용하는 부동산의 경우에는 「지방세법」 제13조 제2항의 중과세대상에 해당된다고 보아야 할 것이고, 청구법인이 주장하는 「지방세법 시행령」 제45조 제5항의 안분방법은 대도시 내 법인전입에 따른 등기, 즉 법인등기에 관련된 규정으로서, 이러한 규정을 대도시 내 법인전입에 따른 부동산등기에 준용할 근거가 없음.

2) 사원에게 분양 또는 임대용으로 취득하는 주거용 부동산 중과 제외(2020.8.11. 이전만)

2020.8.12. 이후는 법인 주택 중과세 규정에서는 중과 배제되나, 구 등록세분은 12%가 적용된다.[319] 그런데 2020.8.11. 이전에는 1구(1세대가 독립하여 구분 사용할 수 있도록 구획된 부분)의 건물의 전용면적이 60제곱미터 이하인 공동주택 및 그 부속토지를 법인이 사원에게 분양 또는 임대할 목적으로 취득하는 주거용 부동산("사원주거용 목적 부동산")에 대하여는 중과세대상에서 제외되었다. 한편, 대도시 법인설립 또는 지점설치 후 5년 이내에 취득하는 부동산 중 60제곱미터 이하인 공동주택 및 그 부속토지를 분양 또는 임대용 이외에 '기숙사, 사택용 등'으로 취득하는 경우에는 중과세대상에 해당되었다.

한편, 정당한 사유 없이 부동산 취득일부터 1년이 경과할 때까지 사원주거용 목적 부동산으로 직접 사용하지 아니하는 경우 중과세로 추징되었다.

> **사례** 임대하면서 다가구용 주택으로 건축허가받은 경우(지방세심사 2002-334, 2002.9.30.)
> 주택·점포·여인숙·단독주택 용도의 부동산을 취득한 후 이를 임대하면서 다가구용 단독주택으로 건축허가를 받은 경우는 "법인이 사원에게 분양 또는 임대할 목적으로 취득하는 주거용 부동산"으로 볼 수 없다 할 것임.

3) 적격분할 중과 제외

분할등기일 현재 5년 이상 계속하여 사업을 한 대도시의 내국법인이 법인의 분할(「법인세법」 제46조 제2항 제1호 가목부터 다목까지의 요건을 갖춘 경우만 해당)로 법인을 설립하는 경우에는 중과세대상으로 보지 아니한다.

---

319) 중과세 취지 상 12% 적용에는 문제가 있다고 판단됨.

4) 채권을 보전하거나 행사할 목적으로 취득하는 부동산 중과 제외

채권자가 채권의 담보·변제·실행을 하기 위하여 채권보전용 부동산을 취득하는 경우는 다음과 같다(지예 법13…영27-1).

① 채권에 대한 양도담보로 제공받는 등 채권자가 그 채권의 담보를 위하여 취득하는 경우
② 채권에 대한 대물변제로 취득하는 등 채권자가 그 변제를 받는 일환으로 취득하는 경우
③ 담보목적물의 부동산에 대한 경매절차에서 채권자가 직접 경락받는 등 채권자가 그 채권의 담보권을 실행하는 과정에서 취득하는 경우
④ ①~③과 유사한 사유로 취득하는 경우

채권보전용 부동산을 취득하여 소유권이전등기를 한 후 일시적으로 사용·수익하는 경우라도 채권 보전·행사용 부동산 소유권이전으로 보아 중과대상에서 제외한다(지예 법13…영27-1).

여기서 채권에는 물품대금, 임차보증금 모두 포함한다(세정 13407-677, 2001.6.20.).

부동산 취득의 경우는 금융기관이나 법인의 업무와 관련하여 법인신설 등으로부터 5년 이내에 취득하는 부동산은 중과세된다. 그런데 채권을 보전하거나 행사할 목적으로 취득하는 부동산의 경우에는 비록 법인의 신설, 지점 등의 설치 후 5년 이내에 취득하는 부동산의 경우라도 중과세 대상에서 제외되는 것이다. 이 규정은 2000.12.29. 개정되어 2001.1.1. 이후부터 시행되고 있는바, 2000.12.31. 이전에는 중과세대상이었다.

'채권을 보전하거나 행사할 목적으로 하는 부동산 취득'이란 채권자가 사전에 적극적으로 채권회수를 위한 조치를 취하였으나 현금으로 회수하기 어려운 불량 채권의 보전 또는 행사를 목적으로 하는 경우에만 한정되는 것은 아니라 할 것이고(대법원 2008두5957, 2008.6.26. 판결 참조), 채권회수의 일환으로서 해당 채권에 대한 대물변제로 부동산을 취득하는 경우 이는 위 규정의 '채권을 보전하거나 행사할 목적으로 하는 부동산 취득'에 해당한다 할 것으로(같은 취지 대법원 2010두412, 2010.4.15. 판결 참조.), 갑(甲) 건설회사가 공사대금의 회수를 위해 부동산을 대물변제받은 것이 명백하다면 해당 부동산 취득은 취득세 중과세 대상에 해당하지 않는다(서울세제-4716, 2014.4.3.). 또한, '채권을 보전하거나 행사할 목적으로 하는 부동산등기'라고 규정하고 있을 뿐 채권의 발생 원인이나 부동산의 취득 경위에 관하여 아무런 제한을 두고 있지 않다. 따라서 부동산 취득 과정에서 행사한 구상금 채권 등이 자신의 사업운영에서 발생한 채권이 아니라 모회사로부터 인수한 채권이라는 사정을 근거로 부동산등기가 구 등록세 중과대상에서 제외되는 부동산등기에 해당하지 아니한다고 할 수 없다(대법원 2013두20202, 2014.1.16.).

한편, 부동산을 취득한 후 해당 법인의 사업용이나 수익사업에 사용하는 경우에는 채권을 보전 (행사)하기 위하여 일시적으로 취득한 부동산으로 볼 수 없으나(세정 13407-677, 2001.6.20.), 채권보전용 부동산을 취득하여 소유권이전등기를 한 후 일시적으로 사용·수익하는 경우라도 채권보전·행사용 부동산 소유권이전으로 보아 중과대상에서 제외된다(지예 법13…영27-1). 그런데 채권보전용이 되기 위해서는 대부금 중 부동산 가액이 미회수채권 금액을 크게 벗어나지 않아야 한다(조심 2011지331, 2012.11.14.).

사례 채권보전용 취득이나 지점설치와 직접 관련된 경우(지방세운영과 - 3440, 2012.10.30.)

불량채권 등의 회수를 위한 방편으로서 일시적으로 부동산을 취득하는 것(구 행자부 세정 13407 - 677, 2001.6.20. 참조)으로 동 부동산을 취득한 후 해당 법인의 사업용이나 수익사업에 사용하는 경우에는 채권을 보전하기 위하여 일시적으로 취득한 부동산으로 볼 수 없는 것(행심 2006 - 310, 2006.7.31. 참조)이므로 채권보전용으로 취득한 경우라도 5년 내에 해당 부동산에 지점을 설치·사용하는 경우라면, 해당 부동산 취득은 지점의 설치에 따른 부동산 취득에 해당됨.

5) 도시형업종 공장

중과세되는 부동산 취득에는 공장의 신·증설, 공장의 승계취득, 대도시에서의 공장의 이전 및 공장의 업종변경에 따르는 부동산 취득을 포함한다.

도시형업종 공장이라도 공장의 신·증설에 해당되며, 법인 등의 설립·설치 전입 이후의 5년 이내에 취득하는 부동산으로 중과세된다고 볼 수 있으나, 「산업집적활성화 및 공장설립에 관한 법률」 제28조에 따른 도시형 공장을 경영하는 사업은 중과제외 업종에 해당되어 중과세되지 아니한다. 도시형업종 공장을 영위하는 경우 비록 신설법인이 취득하는 부동산이라고 하더라도 중과세대상에서 제외되는 것이다.

● 도시형업종 공장과 구 등록세분 중과세 판단

구분	5년 이내	5년 경과
도시형업종 공장	중과 제외	중과 제외
비도시형업종 공장	중과세	중과 제외

사례 도시형업종 공장 신·증설에 따른 부동산 취득은 중과대상에서 제외되나, 취득 당시 부동산을 실제 도시형업종 공장으로 사용해야 하는 것은 아님(대법원 95누13623, 1996.10.15.).

6) 벤처기업집적시설과 산업기술단지에 입주하는 자 중과 배제

「벤처기업육성에 관한 특별법」에 따라 지정된 벤처기업집적시설에 입주하는 자는 2023.12.31.까지(지특법 §58 ②), 「산업기술단지 지원에 관한 특례법」에 따라 조성된 산업기술단지에 입주하는 자(2023년 이전은 벤처기업집적시설에 입주하는 자 중 벤처기업에 해당되지 아니하는 자 제외)에 대하여 취득세, 등록면허세 및 재산세를 과세할 때에는 2025.12.31.까지 중과세를 적용하지 아니한다(지특법 §58 ②, §78 ⑨). 그런데 사치성 재산인 경우에는 중과세대상이 된다.

7) 창업보육센터에 입주하는 자 중과 배제

창업보육센터에 입주하는 자가 해당 창업보육센터용으로 직접 사용하기 위하여 취득하는 부동산에 대하여 취득세, 등록면허세 및 재산세를 과세할 때에는 2023.12.31.까지 중과세를 적용하지 아니한다(지특법 §60 ③). 그런데 사치성 재산인 경우에는 중과세대상이 된다.

8) 구 조특법 제120조 제1항에 의한 취득세 감면적용 시 중과 배제

2014년 이전에는 구 「조세특례제한법」 제120조 제1항에 의한 취득세 감면 구 등록세분 중과와 사치성 재산 구 취득세분 중과는 배제되나, 신·증축 본점사무소용 부동산, 공장 신·증설의 구 취득세분은 중과는 배제되지 아니한다.

따라서 취득세 감면분에 대한 농어촌특별세 부과 시 중과세율을 적용한 취득세 감면이 아닌 일반세율을 적용한 취득세 감면을 기준으로 한다.

9) 부동산투자회사 등 중과 배제

「지방세특례제한법」 제180조의 2 제1항(2014년 이전 조특법 §120 ④)에 의한 부동산투자회사, 부동산집합투자기구(집합투자재산으로 취득한 것 한정), 프로젝트금융투자회사가 취득하는 부동산은 2024.12.31.까지 취득세 중 구 등록세분 중과세가 배제되나, 신·증축 본점사무소용 부동산, 공장 신·증설, 사치성 재산의 구 취득세분은 중과는 배제되지 아니한다.

(8) 합병 중과 특례

대도시에서 설립 후 5년이 경과한 법인("기존법인")이 다른 기존법인과 합병하는 경우에는 중과세대상으로 보지 아니하며, 기존법인이 대도시에서 설립 후 5년이 경과되지 아니한 법인과 합병하여 기존법인 외의 법인이 합병 후 존속하는 법인이 되거나 새로운 법인을 신설하는 경우에는 합병 당시 기존법인에 대한 자산비율에 해당하는 부분을 중과세대상으로 보지 아니한다. 이 경우 자산비율은 자산을 평가하는 때에는 평가액을 기준으로 계산한 비율로 하고, 자산을 평가하지 아니하는 때에는 합병 당시의 장부가액을 기준으로 계산한 비율로 한다.

❾ 대도시 신·증설 공장 구 등록세분 중과세(지법 §13 ② 2)

(1) 개요

과밀억제권역(「산업집적활성화 및 공장설립에 관한 법률」의 적용을 받는 산업단지, 유치지역 및 「도시계획법」의 적용을 받는 공업지역을 제외) 내 공장을 신설하거나 증설하는 공장용 건축물과 그 부속토지 및 공장의 신설하거나 증설(건축물 연면적의 20% 이상 또는 330㎡ 이상 증설하는 경우에 한함)일로부터 5년 이내에 취득하는 공장용 차량 및 기계장비에 대하여는 중과한다.

과밀억제권역 신·증설 공장에 대한 구 등록세분 중과 규정에서 중과요건 등은 중과기준세율(구 취득세분) 중과 규정과 동일하다. 한편, 도시형 공장의 경우 구 등록세분과 중과기준세율(구 취득세분) 중과세대상에서 제외된다.

(2) 법인 중과세와 공장 중과세의 비교

첫째, 대도시의 범위가 공장 중과세는 과밀억제권역에서 「산업집적활성화 및 공장설립에 관한 법률」의 적용을 받는 산업단지, 유치지역 및 「도시계획법」의 적용을 받는 공업지역을 제외되는 반면, 법인 중과세는 「산업집적활성화 및 공장설립에 관한 법률」의 적용을 받는 산업단지만 제외된다는 점에서 차이가 있다.

둘째, 대도시 공장의 신설 또는 증설에 따른 부동산 취득에 대한 법인중과 규정은 해당 대도시에서 설립·전입·설치 후 5년이 경과되지 아니한 법인인 경우에 적용된다. 1984.4.6. 시행령을 개정하여 법인 중과세와 공장 중과세가 중복되지 않도록 하였는바, 법인 중과세의 경우는 공장으로서 중과세대상에서 제외되는 것까지를 포함한 부동산 취득이라 하였고, 공장 중과세의 경우는 법인 중과세에서 제외되는 해당 대도시에서 설립·전입·설치 후 5년이 경과된 법인에 적용하도록 규정하였다. 따라서 법인소유의 공장인 경우는 설립·전입·설치 후 5년 이내에는 법인 중과세만 적용하고, 설립·전입·설치 후 5년이 경과된 후에는 공장 중과세를 적용한다.

셋째, 법인 중과세는 해당 법인(지점)이 직접 취득한 부동산을 사용하여야 하는 것이지만 공장 중과세는 공장설치자가 누구인지 여부에 불문하고 임대한 공장이라도 임차인이 설치한 공장이 중과세대상 공장이라면 그 부동산 소유자가 설치한 것으로 본다는 점에서 차이가 있다.

> **사례** 도시형 공장은 중과 안되나 본점용 부분은 중과세됨(세정 13407-347, 2001.3.29.).
>
> 대도시 안에서 공장의 신설 또는 증설에 따른 부동산 취득에 대하여 구 등록세분을 중과세하나 대도시 내에서 법인설립 후 5년 이내 신설법인이 취득하는 일체의 부동산 취득 중 「공업배치 및 공장설립에 관한 법률」에 의한 도시형 공장에 대하여는 등록세가 중과세되지 아니함(「지방세법 운용세칙」 138-4 참조). 도시형 공장용 부동산이 아닌 「본점용 부동산」의 경우에는 같은 법 제138조 제1항 제3호의 규정에 의거 그 부분에 대하여는 등록세가 중과세됨.

> **사례** 공장을 일괄 승계취득도 5년 이내 부동산 취득으로서 중과됨(내심 98-95, 1998.2.24.).
>
> 청구인의 경우 1995.11.2. 이 건 부동산소재지에 본점을 두고 비철금속제조업을 목적사업으로 설립된 법인으로서, 청구인이 1996.7.23. 이 건 부동산을 법원으로부터 경락받아 일괄 승계취득하여 소유권이전등기를 경료하였으므로 이 건 부동산을 대도시 내에서 법인설립 이후 5년 이내에 취득·등기한 일체의 부동산등기에 해당된다 할 것이고, 여기서 말하는 일체의 부동산등기에는 공장을 승계취득하는 경우도 포함된다 할 것임.

> **사례** 도시형업종을 비도시형업종으로 변경 부분 공장신설임(도세 22670-518, 1992.8.29.).
>
> 도시형업종 공장은 「지방세법 시행규칙」 제47조의 2의 규정에 의하여 공장의 범위에서 제외되고 있으나 도시형 공장을 영위하다가 공장일부를 비도시형으로 업종 변경한 경우, 비도시형업종으로 변경한 부분에 대하여는 공장의 신설로 보아 취득세·등록세를 중과세하게 됨.

> **사례** 대도시 내에서 1983년 10월부터 계속하여 공장임차 경영하다가 1990년 7월 대도시 내에서 공장 시설 이전하는 경우 종전 공장규모에 대해 등록세 중과세대상 아니나, 초과하는 면적은 중

과세대상임(도세 22670 - 3093, 1990.9.12.).

> **사례** 법인설립 후 5년 이내 부동산 취득 이후 공장이전 시(도세 22670 - 2138, 1990.7.3.)
> 등록세에 있어서는 대도시 내에서 법인설립 후 5년 이내에 부동산을 취득·등기하는 경우이면 해당
> 대도시 내에서 공장이전이더라도 중과세대상이며 또한 법인 설립 후 5년이 경과되었더라도 귀문의
> 취득·등기한 부동산에 지점 등을 설치하는 경우에는 그 지점 등에 공하는 부분은 중과세대상임.

⑩ 법인 중과세와 법인의 비업무용 토지와의 관계

(1) 임대용 토지와 중과세

구 「지방세법 시행령」 제84조의 4 제1항 제1호의 규정에 의거 법인의 토지를 취득한 날로부터 3년(공유수면매립토지와 주택건설용 토지의 경우에는 4년) 이내에 정당한 사유없이 해당 법인의 법인등기부상의 정관 목적사업으로 정하여진 업무에 직접 사용하지 아니하는 토지에 대하여는 법인의 비업무용 토지에 해당하는 것이므로 법인의 등기부상의 정관 목적사업에 임대업이 있는 경우에는 법인의 비업무용 토지에 해당되지 아니하는 것이다. 그 이전에는 임대업의 주업, 직접 사용면적 10% 여부 임대수입금액 3% 초과 여부를 판단하여서 법인의 비업무용 토지 여부를 판단하였으나, 구 등록세분 중과의 경우 사용 여부와는 관계없이 '중과대상 업종'과 '법인설립, 지점 설치 후 5년' 여부로서 중과세대상 여부를 판단하는 것이다.

(2) 지점설치와의 관계

지점설치는 「지방세법 시행규칙」 제6조 규정한 사무소 등을 설치 요건에 맞는 경우에 구 등록세분을 3배 중과세하는 것이므로 지점을 새로이 설치하는 것이 아닌 경우에는 중과세 문제가 발생되지 아니하며, 임대업이 주업이 아닌 법인의 경우라도 임대업이 고유목적사업에 해당되면 비업무용 토지에서 제외되는 것이다.

과밀억제권역 안에서 지점을 설치하는 경우에는 구 등록세분 3배 중과세되는 문제가 발생되므로 5년이 경과한 지점을 이전한 경우라면 중과세 문제는 발생되지 아니한다.

제10절 신고납부 등 부과징수

❶ 관계서류의 통보 등

(1) 과세물건 매각통보 또는 신고(지법 §19)

다음의 자가 취득세 과세물건을 매각(연부로 매각한 것 포함)한 때에는 매각일부터 30일 이내에 그 물건 소재지를 관할하는 지방자치단체에게 통보 또는 신고하여야 한다.

① 국가, 지방자치단체 또는 지방자치단체조합
② 국가 또는 지방자치단체의 투자기관(재투자기관 포함)
③ 법인(법인격 없는 사단, 재단 포함)(2015.7.24. 이후 삭제)
④ 기타 상기 기관에 준하는 기관 및 단체

(2) 주식 등 변동상황명세서의 열람요청 등(지령 §32 ②)

시장·군수가 과점주주에 대한 취득세를 부과하기 위하여 관할세무서장에게 「법인세법 시행령」 제161조 제6항 규정에 의한 법인의 주식등변동상황명세서에 관한 자료의 열람을 요청하거나 구체적으로 그 대상을 밝혀 관련 자료를 요청하는 경우 관할 세무서장은 특별한 사유가 없으면 그 요청에 따라야 한다.

(3) 사업자등록 신청 관련 자료의 열람요청 등(지령 §32 ③)

시장·군수가 취득세를 중과하기 위하여 관할 세무서장에게 「부가가치세법 시행령」 제11조에 따른 법인의 지점 또는 분사무소의 사업자등록신청 관련 자료의 열람을 요청하거나 구체적으로 그 대상을 밝혀 관련 자료를 요청하는 경우에는 관할 세무서장은 특별한 사유가 없으면 그 요청에 따라야 한다.

❷ 신고납부

(1) 신고납부기한(지법 §20)

1) 취득 시

① 일반적인 신고납부기한

취득세 과세물건을 취득한 자는 그 취득한 날부터 60일[무상취득(상속 제외) 또는 증여자의 채무를 인수하는 부담부 증여로 인한 취득의 경우(2024년 이후)는 취득일이 속하는 달의 말일부터 3개월(2023년 이후부터 적용),[320] 상속으로 인한 경우는 상속개시일이 속하는 달의 말일부터,

실종으로 인한 경우는 실종선고일이 속하는 달의 말일부터 각각 6개월(외국에 주소를 두고 있는 상속인이 있는 경우(2016.12.31. 이전은 납세자가 외국에 주소를 둔 경우)에는 각각 9개월)] 이내에 그 과세표준에 세율(중과세율 포함)을 적용하여 산출한 세액을 별지 제3호 서식(취득세 신고서)에 따라 신고납부하여야 한다.

2017년 이후에는 상속인 일부가 외국에 거주하더라도 상속인들의 취득세 신고납부기한을 6개월에서 9개월로 확대하여 적용하는 것으로 개정되어 문제가 없으나, 2016.12.31. 이전은 상속세에서는 "상속인이 외국에 주소를 둔 경우"라 함은 상속인 전원이 외국에 주소를 둔 경우를 말한다(상기통 67-0…1)라고 해석하고 있는바, 이 통칙은 상속인 중 한 사람이라도 국내에 거주하고 있다면 상속세 신고는 가능하기 때문에 6개월로 보아야 한다는 것이다. 이 통칙을 준용할 때 "납세자가 외국에 주소를 둔 경우"라 함은 납세자 전원이 외국에 주소를 둔 경우를 말한 것으로 해석할 여지가 충분하나, 상속세 신고는 상속인 각자 신고하는 것이 아니라 전원이 함께 신고하는 것이지만, 취득세는 상속인 각자가 신고하는 것이 원칙이므로 달리 해석하여야 할 것이고, 법조문상 '납세자'라고 표현하고 있어서 외국인 거주자는 9개월이 되는 것으로 해석할 수 있다는 점에서 상속세와는 달리 해석하여야 할 것으로 판단된다. 즉 상속인 중 국내 거주자는 6개월, 외국인 거주자는 9개월로 해석하는 것이 더 타당할 것이나, 유권해석 등은 납세자 전원이 외국에 주소를 둔 경우로 해석하고 있다.

② 일반적인 신고납부기한 전에 등기 또는 등록을 한 경우

일반적인 신고납부기한 전에 재산권과 그 밖의 권리의 취득·이전에 관한 사항을 공부에 등기하거나 등록(등재 포함)하려는 경우에는 등기 또는 등록신청서를 등기·등록관서에 접수하는 날(2018년 이전은 등기 또는 등록을 하기 전[321])까지 취득세를 신고납부하여야 한다(지법 §20 ④).

「부동산등기법」 제29조 제10호에서 등기관은 등기 신청과 관련하여 취득세 등 다른 법률에 따라 부과된 의무를 이행하지 아니한 사항을 발견한 경우 보정을 명할 수 있고, 신청인이 보정명령을 받은 날의 다음 날까지 그 잘못된 부분을 보정할 수 있은 점을 고려할 때 부동산의 취득세 납부기한일은 '등기신청서 접수일'이 아니라 '등기필증 교부일'로 보아야 한다고 주장하나, 「지방세법」 제20조 및 「지방세법 시행령」 제35조에서 재산권과 그 밖의 권리의 취득·이전에 관한 사항을 공부에 등기하거나 등록하려는 경우에는 등기 또는 등록의 신청서를 등기·등록관서에 접수하는 날까지 취득세를 신고납부하도록 규정하고 있으므로, 부동산에 대한 취득세 납부기한은 '등기필증 교부일'이 아닌 '등기접수일'로 보아야 하는 것이다(조심 2011지0765, 2012.3.8.). 그리고 시

---

320) 부담부 증여의 경우 채무액 해당액은 유상승계취득으로 보는바, 법조문상 유상승계취득과 증여취득을 구분하여 각각 신고납부기한이 적용되어야 할 것임. 하나의 거래에서 각각 다른 신고납부기한이 적용되면 혼동이 있을 수 있으므로 법령 등에서 국세처럼 하나로 통일할 필요가 있다고 본다. 그 이유는 2022년 이전에도 채무액 인수일과 증여계약일을 취득시기로 보아 각각 신고납부기한이 적용되어야 함에도 실무상 후자를 기준으로 하여 신고납부한 것으로, 이는 전자보다 후자가 더 빠르므로 문제가 없었으나, 2023년 이후에는 신고납부기한이 달리 적용되어 증여취득이 더 늦으므로 문제가 될 것이기 때문이다.

321) "등기 또는 등록을 하기 전까지"는 "등기 또는 등록의 신청서를 등기·등록관서에 접수하는 날까지"로 해석할 수밖에 없음(대법원 2017두47403, 2020.10.15.).

행령(현행은 지법 §20 ④에 규정)에서 기한을 등기관서에 접수하는 날까지라고 규정하고 있어 등기접수 시까지 취득세 등을 납부하지 않은 경우 가산세를 면제 또는 경감할 수 없다(대법원 2014두40913, 2014.12.11. 참조).

한편, 취득일로부터 60일 이내에 신고납부해야 하는 납부기간이 있는 유상승계취득의 경우와는 다르게 「지방세법 시행령」 제20조 제11항에 따른 취득일 전에 등기행위에 의해서 취득이 이루어진 경우로 이는 취득세 납부기간이 남아 있는 경우와는 다르게 보아 기한 후 신고의 가산세 감면 대상에는 제외되어야 한다고 주장하나, 「지방세법 시행령」 제20조 제11항 및 제35조에 의하면 취득일 전에 등기 또는 등록을 한 경우에는 그 등기일 또는 등록일에 취득한 것으로 보고, 이 경우 취득세 납부기한은 등기 또는 등록의 신청서를 등기·등록관서에 접수하는 날까지로 규정하고 있으며, 「지방세기본법」 제54조 제2항에서 법정신고기한이 지난 후 1개월 이내에 기한 후 신고를 한 경우 무신고에 따른 신고불성실가산세 50%를 감면하도록 규정하고 있는바, 부동산을 잔금지급일 전에 등기를 경료한 경우로서 이 경우 취득세 납부기한인 등기일을 법정신고기한으로 보아야 하고, 법정신고기한인 등기접수일 경과일부터 1개월 이내에 취득세를 신고납부하였다면 이는 기한 후 신고로 보아 신고불성실가산세 50%를 감면하는 것이다(조심 2011지0765, 2012.3.8.).

③ 토지거래허가

토지거래허가구역 내의 토지를 매수하고 잔금을 지급한 후 토지거래허가를 받은 경우 취득세 부과시점을 두고 각 기관별 입장이 달라 혼선을 빚고 있다. 즉 잔금지급일을 취득시기로 보아 취득세를 부과하면서 가산세를 포함하여 부과하고 있는데, 잔금지급일로부터 취득세 신고납부기한일의 다음 날부터 5년이 경과되어 부과제척기간이 경과된 경우에는 취득세를 부과할 수 없는 상황일 때는 잔금지급일이 아닌 토지거래허가일을 취득시기로 하는 등 과세관청에서는 자의적으로 유리하게 해석하고 있어서 납세자들에게 혼선을 주고 있었다. 그런데 2014.1.1. 법 개정으로 이를 명확히 하여 토지거래계약에 관한 허가를 받기 전에 거래대금을 완납한 경우에는 그 허가일이나 허가구역의 지정 해제일 또는 축소일로부터 60일 이내에 신고납부하도록 하였다.

법 개정 전에도 현행과 동일하게 허가일부터 60일 이내에 신고납부하면 되는 것이었다. 그 이유는 대법원판례와 행정안전부 발간 지방세 실무해설에서도 「지방세법」상 토지거래 허가구역 내 토지의 취득시기와 신고납부기한에 대하여 위와 같은 입장을 취하고 있기 때문이며, 그 내용으로 「국토의 계획 및 이용에 관한 법률」 제118조의 규정에 따르면 거래당사자가 토지거래허가구역 내에 있는 토지에 관한 소유권 등을 이전하면서 시장·군수 또는 구청장의 허가를 받지 아니하면 해당 거래계약의 효력이 발생하지 않는다고 되어 있다.

그러므로 토지거래허가구역에 있는 토지를 거래하고 잔금을 지급한 경우에 취득세의 신고납부의무가 발생하는 날을 '잔금지급일'로 볼지 아니면 '허가구역 해제일'로 볼지는 위 규정의 내용과 입법 취지 등을 종합적으로 고려하여 판단해야 할 것인바, 「지방세법」 등의 규정에 따르면 등기·등록을 이행하지 아니한 경우라도 부동산을 사실상 취득한 때 취득한 것으로 보고 그 취득시기를 잔금지급일이라고 명시하고 있으므로 일반적인 거래의 경우 잔금지급일에 취득세의 신고납부의무

가 발생한다고 할 것이지만, 토지거래허가구역 내 거래의 경우 「국토의 계획 및 이용에 관한 법률」의 규정에 따라 토지거래허가를 받지 아니한 상태에서는 토지거래계약은 무효로서 물권적 효력은 물론 채권적 효력도 발생하지 않으므로 토지를 취득하였다고 볼 수 없고 잔금의 지급 또한 유효한 매매대금의 지급이 아니므로 잔금지급일에 취득세의 신고납부의무가 발생한다고 볼 수 없다 할 것이다. 또한 토지거래허가구역에서는 토지거래허가를 받기 전까지는 거래계약의 효력이 발생하지 않지만 일단 허가를 받거나 허가구역이 해제되면 그 계약은 소급하여 유효한 계약이 되고 이와 달리 불허가되면 확정적으로 무효가 되는바, 허가일 또는 해제일까지는 해당 계약이 확정적으로 유효가 될지 무효가 될지 알 수 없는 유동적 무효(거래계약이 처음부터 허가를 배제하거나 잠탈하는 내용의 계약일 경우에는 확정적 무효로서 유효화될 여지가 없으므로 허가받을 것을 전제로 한 거래계약의 경우에 한함)의 상태에 있는 것이므로 허가를 받거나 허가구역이 해제되는 등의 사유로 그 매매계약이 확정적으로 유효하게 되었을 때 비로소 취득세의 신고·납부의무가 발생한다고 보는 것이 타당하다 할 것이다(대법원 90다12243, 1991.12.24., 대법원 2012두16695, 2012.11.29. 참조). 만약, 일반적인 경우와 같이 잔금지급일로부터 취득세의 신고·납부의무가 발생한다고 하면 취득세를 납부한 이후에 토지거래허가를 받지 못해 거래계약이 확정적으로 무효가 되는 경우 과세요건사실(취득)이 존재하지 않는데도 과세처분을 한 결과가 되어 부당하다(감심 2013-10, 2013.1.24.).

따라서 「국토의 계획 및 이용에 관한 법률」 제117조 제1항에 따른 토지거래계약에 관한 허가구역에 있는 토지를 취득할 때 토지거래계약허가를 받기 전에 잔금을 지급한 경우에는 그 허가일부터 60일 이내에 신고납부하여야 한다는 것이다.[322]

한편, 「국토의 계획 및 이용에 관한 법률」 제117조 제1항에 따른 토지거래허가지역 내의 토지 매매계약은 허가를 받을 때까지는 미완성의 법률행위로서 효력이 발생되지 아니하지만, 나중에 허가를 받으면 소급하여 유효한 계약이 되므로 그 취득시기는 잔금지급일이다.

> **사례** 토지거래허가구역 내 토지 취득 시 취득일 판단(행자부 세정-4718, 2007.11.12.)
>
> 토지거래허가구역 내의 토지를 취득하면서 매매대금의 잔금을 법원에 공탁함으로써 해당 토지의 거래대금을 완납하였다 하더라도 해당 토지에 대한 거래허가를 받지 아니한 경우에는 취득이 이루어진 것으로 볼 수는 없다 하겠으므로, 해당 토지의 취득일은 거래허가일임.

④ 실종선고

실종선고의 특수성 등을 감안하여 취득세 신고납부는 실종선고일이 속하는 달의 말일(2011년 이전에는 실종선고일)로부터 6개월 이내에 신고납부하여야 한다.

'실종선고'라 함은 실종 즉 생사불명의 상태가 장기간 계속되고 있는 자를 일정한 요건과 절차에 의하여 사망한 것으로 간주하는 가정법원의 선고를 말하는 것으로서(「민법」§27), 실종선고를 받은 자는 생사가 불분명한 지 5년이 경과한 날 사망한 것으로 간주하며(「민법」§28), 「지방세법 시행령」

---

322) 「소득세법」에서는 토지거래 허가지역 내에서 토지거래허가를 받기 전에 대금을 청산한 경우 그 양도시기에 대하여 「소득세법」 집행기준」 98-162-18에서 잔금청산일로 보고 있고, 이와 같은 경우 「소득세법」 제105조 제1항 단서규정에서는 허가일이 속하는 달의 말일부터 2개월 내에 예정신고하도록 하여 규정하고 있다.

제20조 제1항에 따르면 상속으로 인한 취득의 취득시기는 상속개시일이라고 규정하고 있다.

예를 들어 2005.9.28. 실종되고, 2011.9.17. 실종선고가 되었다면 「민법」 제28조에 따라 2005.9. 28.부터 5년이 경과한 날 사망한 것으로 간주되며, 상속인의 취득시기는 「지방세법 시행령」 제20 조 제1항에 따라 2005.9.28.부터 5년이 경과한 날 즉 사망간주일이 되는 것이다. 다만, 실종선고의 특수성 등을 감안하여 취득세 신고납부는 실종선고일이 속하는 달의 말일(2011년 이전에는 실종 선고일)로부터 6개월 이내에 하면 된다(지방세운영과 – 4926, 2011.10.20.).

따라서 실종선고일이 속하는 달의 말일(2011년 이전에는 실종선고일)로부터 6월이 되는 날의 다음 날이 취득세 부과제척기간의 기산일이 된다.

한편, 「민법」 제28조(실종선고의 효과)에 따르면 "실종선고를 받은 자는 전조의 기간이 만료한 때에 사망한 것으로 본다"라고 규정되어 있는바, 실종선고가 되지 아니하였다면 사망한 것으로 볼 수 없을 것이다. 한편, 「상속세 및 증여세법」 제1조에서는 상속개시일을 실종신고로 인하여 상속이 개시되는 경우 실종선고일을 말한다라고 규정하고 있는데, 이는 「민법」과 상충되는 내용이다.

2) 일반과세 신고 후 중과세대상이 된 경우

취득세 과세물건을 취득한 후 5년 이내에 그 과세물건이 중과세율의 적용대상이 되었을 때에 는 중과사유발생일부터 60일(2018.12.1. 이전 추징사유발생분은 30일) 이내에 중과세율을 적용하 여 산출한 세액에서 이미 납부한 세액(가산세 제외)을 공제한 금액을 세액으로 하여 신고납부하 여야 한다.

취득세 과세물건을 취득한 후 5년 이내에 중과세대상이 된 경우 중과세대상이 된 날로부터 60 일(2018.12.1. 이전 추징사유발생분은 30일) 이내에 신고납부해야 하고, 신고를 하지 아니할 경우 에는 중과사유발생일부터 60일(2018.12.1. 이전 추징사유발생분은 30일)의 다음 날부터 7년 (2015.12.31. 이전 5년, 사기 기타 부정한 행위인 경우 10년)까지 취득세를 부과할 수 있으며, 중 과사유발생일부터 60일(2018.12.1. 이전 추징사유발생분은 30일) 경과한 날부터 무신고가산세와 납부지연가산세(2023년 이전은 납부불성실가산세)를 부과한다.

3) 비과세와 감면받은 후 부과대상 또는 추징대상이 된 경우

「지방세법」 또는 다른 법령에 따라 취득세를 비과세, 과세면제 또는 경감받은 후에 해당 과세 물건이 취득세 부과대상 또는 추징 대상이 되었을 때에는 부과·추징사유발생일부터 60일 (2018.12.1. 이전 추징사유발생분은 30일) 이내에 해당 과세표준에 세율(중과세율 포함)을 적용 하여 산출한 세액[경감받은 경우에는 이미 납부한 세액(가산세 제외)을 공제한 세액]을 신고납 부하여야 한다.

취득세를 비과세, 과세면제 또는 경감받은 후에 해당 과세물건이 취득세 부과대상 또는 추징 대상이 된 경우 부과·추징사유발생일부터 60일(2018.12.1. 이전 추징사유발생분은 30일) 이내에 신고납부해야 하고, 신고를 하지 아니할 경우에는 부과·추징사유발생일부터 7년(2015.12.31. 이 전 5년, 사기 기타 부정한 행위인 경우 10년)까지 취득세를 부과할 수 있으며(지기령 §18 ② 3),[323)]

부과·추징사유발생일부터 60일(2018.12.1. 이전 추징사유발생분은 30일) 경과한 날부터 무신고 가산세와 납부지연가산세(2023년 이전은 납부불성실가산세)를 부과한다.

4) 취득 후 중과 적용 시 '기납부세액'의 의미

중과(추징)의 경우 중과(추징)사유발생일의 현황에 의하여 따라 부과하여야 할 것이므로 중과(추징)사유발생일의 현황에 따라 근린생활시설에 의한 중과세율을 적용하고 기납부세액을 차감하여야 할 것이다. 「지방세법」 제20조 제2항에 따르면 이미 납부한 세액을 공제한 금액을 세액으로 하여 신고납부하도록 규정되어 있는바, 감면 후의 납부세액으로 보아야 하는 것으로 해석할 수 있으나, 취득 당시에는 주택 부속토지로 감면대상이 된 것이고, 추징사유 또한 별도로 없으므로 기납부세액을 감면 전의 산출세액으로 해석하여야 할 것이다.

예를 들어 당초 주택 취득 시 고급주택에 해당되지 아니하였다면 그 당시의 법률에 의하여 감면대상이 되어 감면적용을 받았을 것이다. 그 감면받은 후 고급주택이 된다고 하여 종전 감면세액을 추징한다는 규정이 별도로 없는바, 추징대상이 되지 아니할 것이므로, 취득 후에 고급주택이 된 경우에는 고급주택이 된 시점에는 중과세율에서 일반세율을 차감한 세율(8%)을 적용하여 과세하여야 할 것이다.

적용 사례 ●

○ 2013년 이전 취득분

(1) 현황

2011.10. A법인이 서울시 소재 다세대 주택 취득(취득 시 50% 주택 감면)

2012.6. 해당 토지상에 건물 신축(3층 일부 본점사무실로 사용)

(2) 질의

건물 신축 시 본점이전 후 부동산 취득에 따른 「지방세법」 제13조 제2항에 따른 중과신고는 하였으나, 「지방세법」 제13조 제1항에 따른 본점용 직접 사용부분에 대한 취득신고 시 건물부분은 신축 보존 중과 취득세율(2.8% × 3 − 2% × 2)을 적용하지만, 토지 부분의 세율 적용은?

(3) 세율 적용

「지방세법」 제20조 제2항에 따르면 이미 납부한 세액을 공제한 금액을 세액으로 하여 신고납부하도록 규정되어 있는바, 감면 후의 납부세액으로 보아야 하는 것으로 해석할 수 있으나, 취득 당시에는 주택 부속토지로 감면대상이 된 것이고, 추징사유 또한 별도로 없으므로 기납부세액을 감면 전의 산출세액으로 해석하여야 할 것임.

4%[4% × 3 − 2% × 2 − 4%(기납부세액)]

---

323) 중과세와 좀 다르게 부과제척기간이 기산된다. 즉 중과세의 경우 신고납부기한 만료일의 다음 날이나, 비과세 등을 받았다가 추징되는 경우에는 사유발생일부터 부과제척기간이 기산됨에 차이가 있다.

사례 추징규정이 없는 경우 중과사유 발생 시 기감면받은 분은 추징 불가(지방세운영과-5417, 2009.12.23.)

이미 감면된 취득세 등에 대하여 감면규정에서 아무런 추징규정을 두고 있지 않는 경우 취득세 등 중과세 요건을 구비하게 되었다 하더라도 「지방세법」의 취득세 등 중과규정을 적용하여 감면된 취득세 등을 추징할 수는 없으므로(대법원 2003두9374, 2005.9.29. 참조) 「지방세법」 제273조의 2의 규정은 주택 유상거래에 대하여 취득·등록세를 50% 감면할 뿐, 감면분에 대한 별도의 추징규정을 두고 있지 않으므로 이미 감면받은 취득·등록세액은 중과요건 구비를 이유로도 추징할 수 없음.

❸ 부족세액 추징 및 가산세(지법 §21)

(1) 부족세액 추징

다음의 어느 하나에 해당하는 경우 산출세액 또는 그 부족세액에 가산세를 합한 금액을 세액으로 하여 보통징수의 방법으로 징수한다.

① 취득세 납세의무자가 「지방세법」 제20조에 따른 신고 또는 납부의무를 다하지 아니한 경우
② 「지방세법」 제10조 제5항부터 제7항까지의 규정에 따른 과세표준이 확인된 경우(2022년 이전만 적용)
③ 「지방세법」 제13조의 2 제1항 제2호에 따라 일시적 2주택으로 신고하였으나 그 취득일로부터 처분 유예기간 내에 종전 주택(신규 주택이 조합원입주권 또는 주택분양권에 의한 주택이거나 종전 주택 등이 조합원입주권 또는 주택분양권인 경우에는 신규 주택 포함)을 처분하지 못하여 1주택으로 되지 아니한 경우

(2) 가산세

1) 개요

2016.1.1. 이후 가산세를 가산할 지방세의 납세의무성립분[324]부터 신고로 납부하여야 할 세액(「지방기본법」 및 지방세관계법에 따른 가산세와 가산하여 납부하여야 할 이자상당액이 있는 경우 그 금액은 제외하며, "납부세액")을 기준으로 무신고가산세를 부과한다. 2014.1.1.~2015.12.31. 가산세를 가산할 지방세의 납세의무성립분은 「지방세법」에 따라 산출한 세액("산출세액")을 기준으로 무신고가산세를 부과하였는데, 2012.12.31. 이전 가산세를 가산할 지방세의 납세의무성립분은 '해당 산출세액'으로 되어 있어서 「지방세법」에 의한 산출세액으로 이와 동일한 것으로 해석하여야 할 것이다. 따라서 취득세 납세의무자가 신고 또는 납부의무를 다하지 아니하면 납부세액 또는 그 부족세액에 「지방세기본법」 제53조부터 제55조까지의 규정에 따라 산출한 가산세를 합한 금액을 세액으로 하여 보통징수의 방법으로 징수한다. 따라서 신고를 하지 아니한 경우에는

---

324) '가산세를 가산할 지방세 납세의무성립분'의 의미는 취득세의 경우 납세의무성립분, 즉 취득하는 분을 말함(조심 2016지34, 2016.11.30.).

납부세액의 20%(사기, 기타 부정행위 40%)의 무신고가산세, 신고는 하였으나 과소신고한 경우 과소 납부세액의 10%(사기, 기타 부정행위 40%)의 과소신고가산세를 부과하며, 둘 다 납부불성실가산세(1일 3/10,000)를 부과하고 있다. 한편, 납세의무자가 법정신고기한까지 과세표준 신고를 하지 아니한 경우에 부과하는 가산세이다.

① 2012.12.31. 이전 가산세를 가산할 지방세 납세의무성립분

100% 감면의 경우 산출세액이 있으나 감면으로 인한 납부할 세액이 없는 것이므로 법조문상 산출세액 기준으로 신고불성실가산세를 부과하는 것으로 되어 있으므로 신고불성실가산세를 부과하여야 한다.

유권해석에 따르면 감면으로 인하여 납부할 세액이 없다 하더라도 산출세액이 있는 경우 산출세액 기준으로 신고불성실가산세를 부과하는 것으로 규정하고 있다. 또한 산출세액을 미달하여 신고함으로써 과소신고분 세액이 발생된 경우 과소신고분 세액에 대하여 신고불성실 가산세는 부과될 것이며, 납부도 지연된 것이므로 납부기한 다음 날부터 납부지연가산세(2023년 이전은 납부불성실가산세)가 부과된다. 이에 대하여 납부할 세액과 무관하게 산출세액만 정확히 신고된 경우 신고불성실가산세를 부과하지 아니하는 국세와 달리 납부할 세액이 산출세액에 미달한다고 하여 가산세를 적용하는 것에 대하여 조세저항이 거셀 것으로 판단되어 불복을 제기할 가능성이 매우 높다.

한편, 2010.12.31. 이전 가산세 규정인 구 「지방세법」 제121조에 의하면 신고세액(납부할 세액으로 판단함[325])이 산출세액 미달하는 경우 신고불성실가산세를 부과하도록 되어 있다는 점에서 산출세액이 아닌 납부할 세액을 기준으로 신고불성실가산세 부과대상 여부를 판단하고 있는데, 이는 "신고세액이 산출세액 미달하는 경우"로 규정되어 있어서 납부할 세액이 아닌 산출세액을 기준으로 가산세를 부과하여야 한다는 점에서 문제가 있다. 그런데 실무적으로 납부할 세액을 기준으로 신고불성실가산세를 부과하여 왔다는 점에서 100% 감면 시에는 신고를 하지 아니하더라도 신고불성실가산세가 없는 것으로, 일부 감면인 경우 당초 신고는 신고납부기한 이내에 제대로 하여 산출세액은 신고하였으나, 감면 적용 잘못으로 인하여 납부할 세액이 발생한 경우 신고불성실가산세를 부과한다는 이상한 가산세 제도가 된 것이다. 법조문상으로는 산출세액에 미달하는 경우 등으로 규정되어 있는바, 납부할 세액 기준이 아니라 산출세액 기준으로 신고불성실가산세를 부과하여야 할 것이다.

하여튼 2011.1.1. 이후 2012.12.31.까지 납세의무성립분은 가산세 규정인 「지방세법」 제21조와

---

325) 토지 취득에 따른 취득세 등의 납세의무가 당연히 성립함에도 이를 납부하지 아니하고 지방세 비과세 신청서를 처분청에 제출하였고, 처분청은 사실관계를 오인하고 착오에 의하여 이 건 토지에 대한 취득세 등을 비과세하였다고 하더라도 「지방세법」 제121조 제1항 제1호 및 같은 법 제151조 제1호에서 신고불성실가산세는 신고하지 아니하였거나 신고한 세액이 산출세액에 미달하는 때에 징수한다고 규정하고 있으며, 여기서 신고한 세액이라 함은 납세자가 납부하여야 할 세액을 신고한 세액이라고 보아야 하고, 산출세액은 납세자가 납부하여야 할 정당세액으로 각각 보아야 하는 것이어서, 청구인의 경우 납부세액이 없는 것으로 신고하였으므로 산출세액에 미달하는 그 세액에 대하여는 신고불성실가산세 납부의무가 있는 것이고, 또한 이 건 토지의 취득과 관련하여 취득세 등에 대하여 납부한 세액도 없으므로 납부불성실가산세 납부의무가 있는 것임(조심 2008지492, 2008.11.28.).

「지방세기본법」 제53조에 따르면 종전 규정과 약간의 차이가 있는바, 즉 "「지방세법」 제10조부터 제15조까지의 규정에 따라 산출한 세액"이라 규정하여 납부할 세액 기준이 아니라 산출세액 기준으로 신고불성실가산세를 부과하여야 할 것이다.

② 2013년 가산세를 가산할 지방세 납세의무성립분

2013.1.1. 이후 가산세를 가산할 지방세의 납세의무가 성립하는 분부터는 법조문이 개정되어 국세와 동일하게 산출세액이나 과소신고분 세액 기준으로 신고불성실가산세를 부과하는 것으로 규정되어 있다.

따라서 100% 감면대상인줄 알고 감면신청도 없이 취득세 신고 자체를 하지 아니한 경우에는 감면으로 인하여 신고불성실가산세를 부과하지 아니하였지만, 「지방세기본법」 상으로는 무신고가산세와 과소신고가산세를 부과할 수밖에 없을 것이다.

2) 납세지 착오 신고 · 납부

납세지의 착오로 인하여 해당 납세지 관할지방자치단체에 신고 · 납부하지 않은 경우 가산세 부담이 있다. 이 경우 착오로 납부된 지방자치단체에는 환급신청을 하여야 한다. 취득세가 도세, 특별시세, 광역시세이므로 동일한 도, 특별시, 광역시 지역 내에서 신고 · 납부하더라도 유효한 것으로 보고 있다(세정 22670－11787, 1985.10.2.). 이 경우에는 가산세는 없지만 이는 도세에 적용되는 것으로, 이를 확대하여 해석하면 시 · 군세의 경우에도 같은 시, 군 지역 내인 경우에도 유효한 것으로 보아야 할 것이다. 그런데 과세관청은 당해 과세객체의 소재지를 관할하는 시장 · 구청장 · 군수에게 위임한다라고 규정하고 있다는 이유로 가산세 부과가 타당하다는 것으로, 같은 도내라 하더라도 시 · 군이 다르면 가산세를 부과하고 있다.

3) 납세의무성립 전의 신고 · 납부

취득시기가 도래하지 아니한 상태에서 취득세 등을 신고하고 납부한 것은 잘못이 있지만, 취득세 납세의무가 성립되기 전에 신고하고 납부한 취득세 등을 전액 환부한 다음 보통징수의 방법으로 징수하여야 하며 이미 신고 · 납부의 의무를 이행한 이상 가산세는 제외되어야 할 것이다(조심 2008지0601, 2009.3.17.). 이 심판례에 의하면 정당한 사유와 관계없이 취득세 납세의무성립 전에 신고 · 납부하였다면 가산세를 부과하지 않아야 하는 것으로 결정하고 있지만, 대법원의 판례(대법원 2014두3266, 2014.6.26.)는 이와 좀 다르게 접근하고 있다. 가산세를 배제하려면 정당한 사유가 있어야 한다는 것이다. 즉 외관상 종전 신고에 따른 취득세 등의 체납상태가 계속되고 있었으므로 이를 우선 해소할 필요가 있었던 것으로 보이는데, 종전 신고에 따라 원고가 납부하여야 할 세액만도 16억 원이 넘는 거액이었다. 이런 상황에서 원고는 우선 종전 신고에 따른 취득세 등의 명목으로 17억 원을 납부하였는데, 다시 위 등기일을 취득시기로 한 취득세 등을 추가로 신고 · 납부하기는 어려움이 있는 등 정당한 사유가 있는 것으로 보아 가산세를 배제하여야 한다라고 판시하고 있음에 유의하여야 할 것이다.

4) 시가인정액 수정신고 시 신고불성실 가산세 배제(2023년 이후 적용)

납세의무자가 신고기한까지 취득세를 시가인정액으로 신고한 후 지방자치단체장이 세액을 경정하기 전에 그 시가인정액을 수정신고한 경우에는 「지방세기본법」 제53조, 제54조 가산세를 부과하지 아니한다.[326]

① 과소신고가산세

당초 신고기한 내에 시가인정액으로 취득세를 신고·납부한 후 과세권자가 경정하여 직권 부과하기 전에 다른 시가인정액으로 수정신고하는 경우 과소신고가산세는 제외한다. 다만, 과세관청의 안내에도 불구하고 납세자가 수정신고하지 않을 경우에는 과소신고가산세를 부과한다.

② 납부지연가산세

행정안전부 2023.1월 발간 '2023년 취득세 과표 체계 개선에 따른 운영 매뉴얼'(p.17)에 따르면 신고기간 내 정당하게 취득세 신고 및 등기를 하고, 이후 과세관청이 조사한 새로운 시가인정액으로 수정되어 취득일이 속하는 달의 말일부터 3개월 이내에 수정신고하는 경우라면, 납부지연가산세도 가산세 감면의 "정당한 사유"가 있는 것으로 보아 감면을 적용한다. 그런데 납세의무자가 유사 매매사례가액을 의도적으로 잘못 적용할 경우에도 "정당한 사유"가 있는 것으로 보아 납부지연가산세가 배제되는 것이 타당한지는 의문이 든다.

또한 이 매뉴얼에서 과세관청의 요청에 따라 지방세심의위원회의 심의를 거쳐 시가인정액으로 결정된 경우 "정당한 사유"가 있는 것으로 보아 감면을 적용한다(상증세의 경우 「국세기본법」 제47조의 4 제3항 제6호와 같은 법 시행령 제27조의 5에서는 별도로 규정하고 있음).

한편, 과세관청의 안내에도 불구하고 납세자가 과세관청이 안내한 가액이 아닌 가액으로 신고하는 경우에는 납부지연가산세를 부과한다.

(3) 중가산세

1) 2013.1.1. 이후 취득분

납세의무자가 취득세 과세물건을 사실상 취득한 후 제20조에 따른 신고를 하지 아니하고 매각하는 경우에는 제1항 및 「지방세기본법」 제53조, 제55조의 규정에도 불구하고 산출세액에 100분의 80을 가산한 금액을 세액으로 하여 보통징수의 방법으로 징수한다.

2013.1.1. 「지방세법」 개정으로 2013.1.1. 이후 취득하는 분부터 납세의무자가 취득세 과세물건을 사실상 취득한 후 취득세 신고를 하지 아니하고 매각하는 경우에는 무신고가산세와 납부불성실가산세에 불구하고 산출세액에 100분의 80을 가산한 금액("중가산세")을 세액으로 하여 부과

---

326) 「국세기본법」 제47조의 3 제4항 제1호 다목에 따르면 상속세와 증여세에서 평가로 인하여 과세관청이 결정하는 경우 과소신고가산세가 부과되지 아니하는바, 수정신고뿐만 아니라 결정 등의 경우에도 확대 적용되는 것이 타당할 것이다.

징수하도록 규정되어 있다. 다만, 등기·등록이 필요하지 아니한 과세물건 등에 대하여는 그러하지 아니한다. 이는 80%의 가산세가 취득일로부터 2년 이내에 신고납부하지 않고 매각하는 경우에 한하여 적용되던 것을 신고납부 정착화를 위해 2년 여부와 관계없이 신고납부하지 않고 매각 시 무조건 80%의 가산세를 적용하고자 한 것이다.[327]

한편, '매각'이란 의미는 매매를 말하는 것으로 증여는 해당되지 아니할 것으로 보여진다. 사전적 의미에서 이렇게 해석하여야 하나, 또 다른 이유로는 감면세액 추징사유 중 하나로 "해당 용도로 직접 사용한 기간이 2년 미만인 상태에서 매각·증여하거나 다른 용도로 사용하는 경우"라고 규정하고 있어서 매각과 증여를 각각 구분하여 표현하고 있기 때문이다.

2) 2012.12.31. 이전 취득분

종전에는 "취득세 과세물건을 사실상 취득한 후 그 취득일부터 2년 내에 제20조에 따른 신고 및 납부를 하지 아니하고 매각하는 경우"에 중가산세를 부과하는 것으로 규정되어 있었다 (2013.1.1. 이후 분부터 2년 이내라는 문구는 삭제됨). 따라서 2012.12.31. 이전 취득 분은 취득일로부터 2년 내에 취득신고를 하지 아니하고 매각하는 경우에만 중가산세를 부과하였다.[328] 여기서 "취득일로부터 2년 내에 취득신고를 하지 아니하고 매각하는 경우"의 문맥을 "취득일로부터 2년 내에"이라는 표현이 "취득신고를 하지 아니하고"에 연결되는지 아니면 "매각하는 경우"에 연결되는지에 따라 그 내용에 상당히 차이가 있다. 따라서 매각을 2년 내 하여야 하는지, 신고를 2년 내 하여야 하는지에 대하여 여전히 논란이 되고 있다. 즉 법 취지상으로는 전자로 보아 중가산세를 부과하여야 할 것으로 종전에는 전자를 따라 2년 내에 매각하는 경우에 중가산세를 부과하는 것으로 적용하였으나, 유권해석을 변경하여 후자로 보아 중가산세를 부과하여야 한다고 해석하고 있다(2013.1.1. 이후 취득 분부터 적용되는 현행 규정에서는 2년 이내라는 문구 자체가 삭제되어 의미는 없음).

한편, 중가산세에서 제외되는 재산으로서 "취득일로부터 2년 내에 등기·등록 또는 취득신고를 한 후 매각한 과세물건"(제1호) 등을 열거하고 있는바, 조세법률주의 원칙상 과세요건이거나 비과세요건 또는 조세 감면요건을 막론하고 조세 법규의 해석은 특별한 사정이 없는 한 법문대로

---

327) 2013.1.1. 개정된 「지방세기본법」을 살펴보면 부정행위로 인한 경우 무신고가산세를 40%의 높은 가산세율을 적용하는 것으로 규정되어 있는데, 미등기전매 등을 한 경우 부정행위에 해당되어 높은 가산세율이 적용될 때 무신고가산세와 납부불성실가산세를 합쳐서 부과되는 세율이 80%를 초과하는 사례가 있을 수 있는바, 즉 취득세 납부기한일로부터 1,334일 경과한 경우 무신고가산세 40%와 납부불성실가산세 40.20% (1,334 * 3/10,000)를 합치면 80.20%가 되는데, 이는 1,334일 후에는 기한 후 신고 등을 한 후 매각하는 경우 오히려 불리하여 기한 후 신고를 하지 않고 매각할 것으로 보여진다.
또한 매각을 하지 않고 보유 중에 있는 경우로서 부정행위에 의한 무신고 시 법정신고기한 후 1,334일 경과한 경우에는 가산세율이 80%를 상회하는바, 오히려 보유 중에 있는 경우가 더 불리한 점이 있으므로 형평성 차원에서도 문제가 있다.
328) 취득세 중가산세는 납세의무자의 성실한 신고납부와 부동산 등기절차 이행을 유도하여 미등기 전매 행위로 인한 투기적 거래와 조세포탈을 방지함으로써 건전한 부동산 거래질서를 확립하고 국민경제 발전에 이바지하려는 데에 그 목적이 있다고 할 것임(헌재 2000헌바86, 2001.7.19. 참조).

해석할 것이고 합리적 이유없이 확장해석하거나 유추해석하는 것은 허용되지 않는다(대법원 1994.2.22. 선고, 92누18603 판결, 대법원 2004.5.27. 선고, 2002두6781 판결 등 참조). 그런데 위 「지방세법」 규정의 입법 목적에 비추어 그 미등기 전매에 조세회피목적이나 전매이익 취득 등 투기목적이 없을 뿐만 아니라 취득자에게 책임을 물을 수 없는 부득이한 사정으로 인하여 그 자산의 취득에 관한 등기를 할 수 없었던 경우에는 위 규정에 의한 가산세의 중과대상에서 제외된다고 하더라도, 토지를 취득한 날로부터 2년 이내에 그 취득의 등기를 하지 아니하고 매각한 것은 건설업을 영위하는 법인으로서 농지취득자격이 없어서 그 대부분이 농지인 토지에 관한 소유권이전등기를 마칠 수 없었기 때문이라는 것인데, 처음부터 위와 같은 사정을 알고서 토지를 취득하였고, 위와 같은 사정만으로는 토지를 그 취득일로부터 2년 이내에 취득신고를 하지 아니하고 매각한 데에 부득이한 사정이 있는 경우라 할 수도 없으므로 중가산세에서 제외되는 재산에 해당한다고 보기는 어렵다(대법원 2004두6136, 2005.10.13.).

① 취득세 신고나 등기없이 취득일로부터 2년 내 매각한 경우

취득세 신고나 등기없이 취득일로부터 2년 내 매각한 경우에는 2년 이내 신고나 등기를 하지 않았으며, 2년 이내 매각이므로 논란이 없으므로 당연히 중가산세가 부과되는 것이다.

② 취득세 신고나 등기없이 취득일로부터 2년 경과 매각한 경우

취득 후 2년 이내라는 당초 법 취지는 취득일 후 2년 내에 매각한 경우로 취득세 신고를 하지 안하였을 때 부과하는 것으로 되어 있었으나, 2년 내에 취득세 신고하지 않고 매각한 경우라고 해석을 변경하여 2년 경과 매각하더라도 2년 내에 취득세 신고를 하지 아니하였다면 중가산세를 부과하고 있다(지방세운영과 – 1689, 2012.5.31. 참조).

그런데 법 취지상 종전처럼 전자가 더 타당하다라고 판단된다. 그 내용은 다음과 같다. 조세심판원에서 "토지 중 635 – 5 토지 61㎡는 2004.2.19. 사실상 취득하여 취득신고도 없이 2006.8.10. ○○주식회사로 소유권이전을 하였으나 동 토지는 취득일부터 2년이 경과하여 매각한 것이므로 취득세 중가산세 적용대상이라 할 수 없고, 나머지 토지는 심판청구일 현재까지 명의수탁자의 명의로 되어 있어 명의신탁자가 타인에게 매각한 사실이 없고, 명의수탁자에게 부동산을 명의신탁한 것을 미등기 전매에 해당한다고 볼 수도 없으므로 이 또한 취득세 중가산세 적용은 잘못이 있다고 판단되므로 중가산세 적용대상이 아닌 일반 가산세 적용대상에 해당된다고 할 것이다"라고 판시하고 있으며, 그리고 헌법재판소 위헌 여부 판결(헌재 2000헌바86, 2001.7.19.)에서도 "… 취득일로부터 2년 이내에 제3자에게 매각하는 경우는 달리 취급하여야 할 필요가 있고 …"라고 판시하고 있는바, 2년 이내에 매각하여야 중가산세를 부과하는 것으로 판단하고 있는 것 같다. 이는 2년 이내가 "취득세를 신고하지 아니하는 경우"에 연결되는 것인지 "매각하는 경우"에 연결하는지에 따라 달리 해석되어지는 것인데, 상기 심판례 등은 후자에 연결되는 것으로 해석하고 있는 것으로서, 법 취지도 미등기전매행위로 인한 부동산의 투기적 거래와 조세포탈의 가능성이 높다는 측면에서 2년 이내 매각을 규정한 것으로 보여지며, 2년 후에 매각하는 경우에는 발각될 가능성이 높다는 점에서 제외한 것으로 보아야 한다는 타당성이 있다는 것이다(조심 2009지0644, 2010.1.19.).

상기의 내용을 살펴 볼 때 취득일로부터 2년 내에 매각하는 경우로 등기 등을 하지 않거나 취득세 신고를 하지 아니한 때에 중가산세를 부과하는 것으로 해석할 여지가 충분히 있으며, 법 취지에서도 이와 같이 해석하는 것이 타당하다라고 판단된다. 따라서 상기 유권해석에 따라 취득일로부터 2년 경과하여 매각하는 경우에 중가산세를 부과한다면 이는 타당성이 결여되어 있는 것으로 이의제기될 가능성이 높다고 판단된다.

심판례에서는 "토지에 대한 매매대금의 거의 전부를 지급하여 사실상 취득한 날인 2007.12.17.부터 2년이 경과한 이후인 2010.2.22. 이를 매각한 것으로 보이므로, 구「지방세법」제121조 제1항 제1호에 따라 산출세액의 100분의 20에 상당하는 신고불성실가산세를 부과하여야 함에도, 같은 법 제121조 제2항을 적용하여 산출세액의 100분의 80에 상당하는 신고불성실가산세를 부과한 처분은 잘못이 있다고 판단된다(조심 2015지0414, 2015.8.24.)"라고 결정하여 2년 이내 매각하는 경우로 제한하여 중가산세를 부과하는 것으로 해석하고 있다.

> **사례** 부동산을 취득한 후 2년 내에 취득신고를 하지 않고 2년이 경과하여 해당 부동산을 매각한 경우라면 취득세 중가산세 과세대상에 해당된다고 판단됨(지방세운영과-1689, 2012.5.31.).
>
> ☞ 헌법재판소 위헌 여부 판결(헌재 2000헌바86, 2001.7.19.)에서도 "… 취득일로부터 2년 이내에 제3자에게 매각하는 경우는 달리 취급하여야 할 필요가 있고…"라고 판시하고 있는바, 상기 유권해석과는 달리 2년 이내에 매각하여야 중가산세를 부과하는 것으로 판단하고 있음.

3) 중가산세 제외되는 재산

2013.1.1. 이후 납세의무성립분 즉 취득분부터 ① 등기·등록이 필요하지 아니하는 과세물건(골프 회원권, 승마 회원권, 콘도미니엄 회원권, 종합체육시설 이용 회원권 및 요트 회원권 제외), ② 지목변경, 차량·기계장비 또는 선박의 종류 변경, 주식 등의 취득 등 취득으로 보는 과세물건은 중가산세를 부과하지 아니하는 것으로 규정되어 있다(지령 §37).

그리고 취득세와 등록세 통합하기 전인 2010.12.31. 이전에는 2년 이내에 등기·등록을 한 후 매각하는 경우 중가산세를 배제하였으나, 2011.1.1. 이후 그 내용은 삭제되고 없다.

4) 미등기전매

① 잔금지급 후 미등기전매한 경우

중가산세는 소정의 기간 내에 그 취득세를 자진신고 납부하지 아니하거나 그 취득에 관한 등기·등록도 하지 아니한 채 제3자에게 매각하는 경우 취득사실을 파악하기 어려움으로 인한 취득세 포탈을 방지하고자 하는 데 입법 취지가 있는 것이므로 잔금지급 후 미등기전매한 경우에는 당연히 중가산세 부과대상이 된다.

한편, 미등기전매에 조세회피목적이나 전매이익 취득 등 투기목적이 없을 뿐만 아니라 취득자에게 책임을 물을 수 없는 부득이한 사정으로 인하여 그 자산의 취득에 관한 등기를 할 수 없었던 경우에는 가산세의 중과대상에서 제외된다(대법원 2004두6136, 2005.10.13.).

② 잔금미지급 상태에서 전매한 경우

등기·등록이 필요하지 아니하는 과세물건(골프 회원권, 승마 회원권, 콘도미니엄 회원권 및 종합체육시설 이용 회원권 제외)은 중가산세를 부과하지 아니하는 것으로 규정되어 있고, 미등기 전매에 조세회피 목적이나 전매이익 취득 등 투기목적이 없을 뿐만 아니라 취득자에게 책임을 물을 수 없는 부득이한 사정으로 인하여 그 자산의 취득에 관한 등기를 할 수 없었던 경우에는 가산세의 중과대상에서 제외된다(대법원 2004두6136, 2005.10.13.)라고 판시하고 있다. 따라서 정당한 사유가 있어서 등기를 하지 아니하는 경우에도 중가산세를 배제하여야 할 것이다.

한편, 심판례에서는 중가산세의 적용에 있어 미등기전매에 조세회피목적이나 전매이익 취득 등 투기목적이 없을 뿐만 아니라 취득자에게 책임을 물을 수 없는 부득이한 사정으로 인하여 그 자산의 취득에 관한 등기를 할 수 없었던 경우에는 가산세의 중과대상에서 제외한다고 할 것인바, 토지에 대한 매매대금의 97.59%를 납부하고 양도한 것이 조세회피목적이나 전매이익 취득 등 투기목적이 없다고 단정하기 어려울 뿐만 아니라, 가산세를 배제할 수 있는 정당한 사유와 관련하여서도 납세자의 고의과실은 인정하지 않고 있으므로 사실상 취득을 인지하지 못한 데 대하여 과실이 없는 점 등을 이유로 중가산세를 배제하기도 어렵다(조심 2010지321, 2011.2.22.)라고 결정하여 분양권 전매 중 잔금이 완결되지 않았지만 사실상 잔금지급이 된 경우 중가산세 부과대상이 되는 것으로 판단하고 있다. 법 취지상 중가산세 부과의 타당성이 있으나, 잔금 미지급으로 등기를 할 수 없는 상황이므로 다음과 같이 논란이 되고 있다.

분양권 전매 중 잔금이 완결되지 않았지만 사실상 잔금지급이 된 경우 취득세 과세대상이 되나, 잔금지급이 되지 않아 등기를 할 수 없는 상황이므로 등기를 요하지 아니하는 과세물건에 해당되는 것으로 중가산세를 배제하여야 한다는 것이다. 만약 이 경우 등기를 요하지 아니하는 과세물건으로 본다면 중가산세를 부과할 수 없을 것이다.

또한, 잔금이 완결되지 않았지만 사실상 잔금지급이 된 상태에서 분양권을 매각하는 경우 미등기전매로 볼 것인지도 논란이 되며, 미등기전매라 하더라도 잔금지급이 되지 않아 등기를 할 수 없는 상황이므로 등기를 요하지 아니하는 과세물건에 해당되는 것으로 해석하여야 한다는 것이다. 심판례에서 이러한 경우 부과제척기간을 미등기전매 시 적용되는 10년이 아닌 5년으로 결정하고 있다는 점, 즉 미등기전매가 아니라는 점에서 일관성이 없다는 것이다.[329]

---

329) 취득세 등 신고납부 세목은 신고기한의 익일이 부과제척기간 기산일이 되는 것이므로 과세물건을 취득한 날로부터 60일(2010.12.31. 이전 30일 - 이 날에 전에 등기한 경우 등기일)의 다음 날이 기산일이 되며, 미등기전매의 경우 부과제척기간은 10년이 된다.
그런데 잔금이 완납이 되지 아니하였는바, 등기의무가 있는지를 판단하여야 할 것으로, 잔금이 지급되지 아니한 이상 등기의무는 없다고 보여진다. 다만, 사실상의 잔금지급으로 인한 취득세 신고납부 의무만 있는 것으로, 미등기전매로 볼 수 없을 것으로 일반적인 부과제척기간인 5년으로 보아야 할 것이다. 이에 대하여 조세심판원에서는 "잔금 중 일부를 포함하여 매매대금의 90.05%(쟁점 ① 토지) 및 89.87%(쟁점 ② 토지)에 해당하는 금액을 납부한 날인 2005.5.20. 청구인은 거래관념상 잔금을 모두 납부하였다고 할 것이므로, 청구인이 2005.5.20. 쟁점 토지를 사실상 취득하였다고 판단한 것은 정당한 것으로 판단된다. 다음으로, 이건 취득세 등 부과처분이 부과제척기간이 경과된 부적법한 처분인지 여부에 대하여 본다. 청구인은 2005.5. 20. 쟁점 토지를 사실상 취득한 것이므로 쟁점 토지의 취득에 대한 취득세 등의 부과고지는 쟁점 토지의 취

5) 사전 입주로 취득세 납세의무성립 후 사용승인 전 건축주 변경 시

사용승인 전 건축주 변경을 한 경우에는 이전 건축주가 사전 입주로 인하여 취득세 납세의무가 성립되었다 하더라도 등기의무자는 이전 건축주가 아니고 변경 후 건축주이므로 과세물건의 등기 또는 등록이 필요하지 아니하는 경우에 해당되어 중가산세를 부과할 수는 없는 것이다.

6) 상속재산

상속재산으로서 등기 또는 등록대상임에도 상속이전 등기 또는 등록이 안된 상태에서 취득세를 신고함이 매각한 경우라면 중가산세가 부과된다.

7) 명의신탁[330]

부동산 명의신탁자가 부동산을 사실상 취득한 후 취득일로부터 2년 내에 신고 및 납부하지 아니하고 제3자에게 매각하였다면 중가산세를 부과한다(지방세운영과-1375, 2009.4.3.)라고 해석한 바 있다.[331]

그리고 원고는 소외인과 이 사건 부동산의 매수자를 주식회사 ○○○○○○ 등으로 변경하기로 합의하였고, 그에 따라 주식회사 ○○○○○○ 등이 소외인으로부터 직접 위 부동산을 매수하는 내용의 매매계약서가 작성되었으며, 실제로 소유권이전등기도 원고를 거치지 아니한 채 바로 주식회사 ○○○○○○ 앞으로 마쳐진 점, ② 그 결과 취득세 등의 부과권자인 피고로서는 원고가 위 부동산을 취득한 사실을 알기 어렵게 되었고, 이와 같은 상황에서 피고가 통상의 제척기간 안에 취득세 등을 부과하는 것을 기대하기는 어려운 점, ③ 원고가 자신의 명의로 소유권이전등기를 마치지 아니한 것은 그에 따른 비용이나 조세부담 등을 회피하기 위한 것으로 보일 뿐이고, 이에 관하여 납득할 만한 다른 이유나 사정도 밝혀지지 아니한 점 등에 비추어 보면, 원고는 위 부동산의 취득과 관련하여 조세의 부과징수를 곤란하게 하는 적극적인 부정행위를 하였다고 봄이 타당하므로, 원고의 위 부동산 취득에 관해서는 10년의 부과제척기간이 적용되어야 한다(대법원 2015두39026, 2017.9.12.). 한편, 명의신탁 부과제척기간과 비교하여 보면 여타의 사정으로 인하여

득세 신고납부기한의 다음 날(부과제척기간 기산일)인 2005.6.21.부터 5년 이내에 하였어야 할 것임에도, 처분청은 그날로부터 5년이 경과한 2011.5.12.에서야 취득세 등을 부과고지한 사실이 심리자료에 나타나므로, 동 처분은 부과제척기간이 경과한 부적법한 처분이라 할 것이다."라고 결정(조심 2012지67, 2013.4.26.)하고 있는바, 위와 같은 이유로 이렇게 결정한 것으로 보여진다.

330) 2자간의 명의신탁은 신탁자와 수탁자가 명의신탁 약정을 하고 신탁자의 명의로 되어 있던 부동산 등의 소유권을 수탁자의 명의로 이전등기하는 것으로 가장 전형적인 유형이고 제3자 명의신탁은 매도자와 매수자 간의 부동산 매매계약을 체결하고 매수인이 제3의 명의수탁자와의 명의신탁약정을 한 다음 매도인으로부터 소유권이전등기를 제3의 명의수탁자 명의로 경료하는 행위는 명의신탁의 일종이다. 즉 매수인이 매매계약의 대상인 부동산에 대하여 매도인으로부터 자신의 명의로 소유권이전등기를 하지 아니하고 매도인으로부터 바로 명의수탁자인 제3자에게 소유권이전등기를 하는 것으로서 일종의 중간생략등기에 해당하는 것이다. 그 결과 매수인은 소유권을 취득함이 없이 신탁자의 지위를 갖게 되는 것이다.

331) 2012.12.31. 이전의 경우 취득일로부터 2년 내에 신고 및 납부 또는 등기·등록을 하지 아니하고 매각한 경우 중가산세가 부과되었다.

명의신탁하였더라도 취득세를 명의수탁자 명의로 자진신고 납부하였고, 단순한 세법상의 신고를 하지 아니하거나 허위의 신고를 하는 것은 「조세범 처벌법」 제3조에서 규정한 "사기, 기타 부정한 행위"로 볼 수 없다는 대법원판례(2001도3797, 2003.2.14. 참조)와 명의신탁 행위가 사기, 기타 부정한 행위에 해당하는 것을 인식하고 그 행위로 인하여 조세포탈의 결과가 발생한다는 사실을 인식하면서 부정행위를 감행하는 것으로 보기 어렵다는 조세심판원 심판결정 사례(조심 2009지 1029, 2010.5.4.) 등을 종합해 볼 때 이 경우 지방세 부과제척기간은 5년이 된다는 것이다.[332]

따라서 명의신탁의 경우 중가산세 부과도 부과제척기간과 동일한 문제점을 가지고 있다고 보아야 할 것으로, 무조건 명의신탁이라 하여 중가산세를 부과하는 것이 아니라는 것이다.[333]

> **사례** 명의신탁한 경우 중가산세 과세 여부(세정과 – 5690, 2006.11.20.)
>
> 사실상 토지(농지)를 취득한 A법인이 자기명의로 소유권이전등기를 하지 못하고 대표이사인 B의 명의로 소유권이전등기(명의신탁)를 한 경우라도 A법인은 「지방세법」 제105조 제2항의 규정에 의거 소유권이전등기 이행 여부에 관계없이 사실상 취득한 날(잔금지급일)부터 30일 이내에 취득세를 납부하여야 하며, 만일, A법인이 해당 토지를 사실상 취득한 후 2년 내에 등기·등록 또는 취득신고를 하지 아니하고 제3자에게 매각하는 경우에는 취득세 산출세액에 100분의 80을 가산한 금액을 보통징수(추징)방법에 의하여 납부하여야 함.
>
> 🖙 명의신탁 부과제척기간과 비교하여 보면 토지를 취득하고도 법인명의로 등기를 하지 아니하고 법인의 임직원 명의로 등기를 하였더라도, 이는 법인명의로 농지를 소유할 수가 없었고 토지거래허가구역으로 묶여 있는 등 법률상 제약으로 인한 불가피한 사정이 있는 것으로 보이고, 법인이 토지를 취득하고 매매대금을 법인이 지출한 사실이 법인장부에 나타나고 토지를 취득한 후 취득세 등을 실제로 납부한 사실이 나타나는바, 법인이 조세의 부과와 징수를 불가능하게 하거나 현저히 곤란하게 하는 위계 기타 부정한 적극적인 행위를 하였다는 사실을 처분청이 구체적인 입증을 하지 못한 채 취득세 부과제척기간을 10년으로 적용한 처분은 무리가 있다(조심 2011지932, 2012.7.26.)라고 결정하고 있어서 위의 사례에서 중가산세 부과는 문제가 있다고 판단됨.

8) 환지공고 전의 체비지 매각

취득자에게 책임을 물을 수 없는 부득이한 사정으로 인하여 그 자산의 취득에 관한 등기를 할 수 없었던 경우에는 가산세의 중과대상에서 제외된다(대법원 2004두6136, 2005.10.13.)라고 판시하고 있다. 한편, 체비지를 취득하여 그 취득사실을 신고함으로써 체비지대장에는 등재되었으나 동 부동산이 체비지이어서 그 매각 시까지 등기를 경료받을 수 없는 사정이 있었다면 취득신고와 그에 따른 체비지대장의 등재도 등기, 등록과 같이 보아 취득에 따른 취득세를 자진신고납부하지 않고 매각하였다 하더라도 중가산세를 부과할 수 없다고 해석함이 상당하다(대법원 83누245, 1985.2.26.)

---

332) 명의신탁이라 하여 무조건 10년으로 보기에는 어려움이 있을 것이나, 심판례(조심 2013지0547, 2013.8.13.)에서는 명의신탁의 경우에도 법인명의로 농지를 소유할 수가 없었고 토지거래허가구역으로 묶여 있는 등 법률상 제약으로 인한 불가피한 사정이 있는 것으로 보이고, 법인이 토지를 취득하고 매매대금을 법인이 지출한 사실이 법인장부에 나타나고 토지를 취득한 후 취득세 등을 실제로 납부한 사실이 있는 경우 5년을 적용하고, 이러한 예외를 제외한 명의신탁의 경우 부과제척기간이 10년이라고 결정하고 있다.

333) 중가산세 부과 시 이의제기 등이 필요하다고 본다.

라고 판시하고 있다.

법조문으로 보아 환지공고가 되지 아니한 체비지는 토지 등기를 할 수 없으므로 등기를 필요 하지 아니하므로 중가산세를 부과할 수 없을 것으로 해석할 수 있다. 이는 체비지 취득 시 토지구 획정리조합 등이 보관하고 있는 체비지대장에 등재하여야 하더라도 환지공고 전의 체비지의 부 동산등기는 할 수 없어서 등기 · 등록이 필요하지 아니하는 과세물건으로 볼 수 있기 때문이다. 그런데 과세관청에서는 환지처분이 확정되지 않아 등기가 불가능한 경우에도 자진신고납부를 이 행하지 않고 취득일로부터 2년 이내에 매각하였다면 중가산세 적용대상이 되는 것이다(세정 1268 -10182, 1984.8.16.)라고 해석한 바 있다는 점, 대법원판례(대법원 83누245, 1985.2.26.)의 취지로 볼 때 체비지대장에 등재도 등기 또는 등록으로 볼 수 있다는 점 및 체비지도 토지이므로 토지는 원칙 적으로 등기 등을 필요로 하는 것이므로 취득세 신고를 하지 않고 체비지를 매각하는 경우 중가 산세를 부과하는 것으로 해석할 것으로 보여진다.

(4) 공사비 정산 등에 의한 수정신고 시 가산세

법정신고기한 경과 후 공사비 정산 등으로 인하여 추가납부세액이 발생된 경우 수정신고 대상 이라 사료된다. 이 경우 「지방세기본법」 제54조 제2항 본문에 따라 법정신고기한 경과 후 6개월 이내 수정신고시 과소신고가산세에 대하여만 50% 경감하고, 1년 이내 수정신고 시 20%를 경감 하며, 2년 이내 수정신고 시 10%를 경감하도록 규정하고 있는바, 과소신고가산세는 기간이 맞는 가산세 감면을 적용하여 가산세를 가산한 금액으로 수정신고납부하여야 한다(지방세운영과 -1043, 2011.3.8.)라고 해석하고 있다. 그런데 법정신고기한 내에 신고가 불가능하므로 공사비 정산 등은 정당한 사유가 있는 것으로 보아 감면하는 것이 타당하므로 해석을 변경하여야 가산세 부과 취지 에 맞을 것이다.

❹ 기타

(1) 등기자료의 통보(지법 §22)

등기 · 등록관서의 장은 취득세가 납부되지 아니하였거나 납부부족액을 발견하였을 때에는 다음 달 10일까지 납세지를 관할하는 시장 · 군수에게 통보하여야 한다. 등기 · 등록관서의 장이 등기 · 등록을 마친 경우에는 취득세의 납세지를 관할하는 지방자치단체장에게 그 등기 · 등록 의 신청서 부본에 접수연월일 및 접수번호를 기재하여 등기 · 등록일부터 7일 내에 통보하여야 한다. 다만, 등기 · 등록사업을 전산처리하는 경우에는 전산처리된 등기 · 등록자료를 통보하여 야 한다.

「자동차관리법」 제5조에 따라 자동차의 사용본거지를 관할하지 아니하는 지방자치단체장이 자동차의 등록사무(신규등록, 변경등록 및 이전등록)를 처리한 경우에는 자동차의 취득가격 등 취득자의 인적사항, 차량번호, 취득일 및 취득가격 및 그 밖의 차량 취득세 과세내역을 파악하는

데 필요한 사항을 다음 달 10일까지 자동차의 사용본거지를 관할하는 지방자치단체장에게 통보하여야 한다. 이는 자동차의 사용본거지가 아닌 지방자치단체에서 자동차의 등록이 이루어진 경우에는 자동차의 사용본거지를 관할하는 지방자치단체장에게 법인의 차량 취득에 따른 과세자료를 통보하도록 하는 내용으로 「지방세법」이 개정(법률 제12153호, 2014.1.1. 공포, 2014.1.1. 시행)되었기 때문이다.

(2) 법인의 장부 등의 작성과 보존(지법 §22-2, 지령 §38-2)

취득세 납세의무가 있는 법인은 취득 당시의 가액을 증명할 수 있는 장부와 관련 증거서류를 작성하여 갖춰 두어야 한다. 이 경우 2024.4.1. 이후에는 다음의 장부 및 증거서류를 포함하여야 한다.

① 사업의 재산 상태와 그 거래내용의 변동을 기록한 장부 및 증거서류(「법인세법 시행령」 제31조 제2항에 따른 자본적 지출을 확인할 수 있는 서류 포함)

② 「신탁법」에 따른 수탁자가 위탁자로부터 취득세 과세대상 물건의 취득과 관련하여 지급받은 신탁수수료와 그 밖의 대가가 있는 경우 이를 종류·목적·용도별로 구분하여 기록한 장부 및 증거서류

③ 「지방세기본법」 제46조에 따른 법인의 주주 변동사항을 확인할 수 있는 서류

④ 「도시개발법」 제11조 제1항 제6호에 따른 조합이 시행하는 도시개발사업이나 「도시 및 주거환경정비법」 제35조에 따른 조합이 시행하는 재개발사업 또는 재건축사업을 통하여 취득한 부동산(토지와 건물을 구분함)의 취득일, 소재지, 면적, 지목, 용도, 사실상 취득가격 산정을 위한 분양가액을 확인할 수 있는 서류

⑤ 위탁자, 납세의무자의 특수관계인, 납세의무자의 해당 물건 취득을 지원하기 위하여 보조금 등 그 밖의 명칭과 관계없이 비용을 지급한 자, 건축물의 준공 전에 건축주의 지위를 양도한 자 및 그 밖에 납세의무자를 대신하여 해당 물건을 취득하기 위해 비용을 지급했거나 지급해야 할 자가 납세의무자를 대신하여 해당 물건을 취득하기 위하여 지급했거나 지급해야 할 비용을 확인할 수 있는 서류

지방자치단체장은 이 의무를 이행하지 아니하는 경우에는 산출된 세액 또는 부족세액의 10%에 상당하는 금액을 징수하여야 할 세액에 가산한다. 여기서 법인은 법인격 있는 법인을 말하므로 법인격 없는 단체는 포함되지 아니한다.

(3) 가족관계등록 전산정보 등의 공동이용(지법 §22-3, 지령 §38-3)

2020.8.12. 이후 행정안전부장관 또는 지방자치단체장은 주택소유관계 확인 및 취득세 납세의무자의 세대원 확인 등의 업무처리를 위하여 필요한 경우에는 전산매체를 이용하여 법원행정처장에게 「가족관계의 등록 등에 관한 법률」 제11조 제6항에 따른 가족관계 등록사항에 대한 등록전산정보자료의 제공을 요청할 수 있다. 이 경우 요청을 받은 법원행정처장은 특별한 사유가 없으면 이에 협조하여야 한다.

행정안전부장관 또는 지방자치단체장은 취득세 납세의무자의 세대별 보유하고 있는 주택, 조합원입주권, 주택분양권 또는 오피스텔 수의 확인 등의 업무를 처리하기 위하여 필요한 경우에는 국토교통부장관에게 「민간임대주택에 관한 특별법」 제60조에 따른 임대주택정보체계에 포함된 자료, 「부동산 거래신고 등에 관한 법률」 제24조에 따른 정보 및 「주택법」 제88조에 따른 주택 관련 정보의 제공을 요청할 수 있으며, 다른 지방자치단체에게 정보제공 등의 협조를 요청할 수 있다. 이 경우 요청을 받은 자는 정당한 사유가 없으면 협조하여야 한다.

행정안전부장관은 제공받은 등록전산정보자료를 지방자치단체장에게 제공하는 경우 지방세정보통합통신망을 통하여 제공해야 한다.

(4) 증여세 관련 자료 통보(지법 §22 - 4, 지령 §38 - 4)

세무서장 또는 지방국세청장은 「국세기본법」 또는 「상속세 및 증여세법」 제70조 및 제77조에 따른 부동산 증여세 납부 및 징수에 관한 자료를 행정안전부장관 또는 지방자치단체장에게 매월 말일까지 통보하여야 한다.

(5) 취득세 비과세 등 확인(지칙 §12)

「지방세법」, 「지방세특례제한법」 또는 「조세특례제한법」에 따라 취득세의 비과세 또는 감면으로 부동산 등을 취득하여 등기하거나 등록하려는 경우에는 그 부동산 등의 납세지를 관할하는 시장·군수의 취득세 비과세 또는 감면 확인을 받아야 한다.

제**3**장

등록면허세

제1절　통칙

① 정의(지법 §23)

등록면허세에서 사용하는 용어의 뜻은 다음과 같다.

① 등록

재산권과 그 밖의 권리의 설정·변경 또는 소멸에 관한 사항을 공부에 등기하거나 등록하는 것을 말한다. 다만, 취득세편 취득을 원인으로 이루어지는 등기 또는 등록은 제외하되, 다음 어느 하나에 해당하는 등기나 등록은 포함한다.

ㄱ 광업권, 어업권 및 양식업권(2020.8.28. 이후)의 취득에 따른 등록

ㄴ 외국인 소유의 취득세 과세대상 물건(차량, 기계장비, 항공기 및 선박만 해당한다)을 임차하여 수입하는 경우로서 연부 취득에 따른 등기 또는 등록

ㄷ 「지방세기본법」 제38조에 따른 취득세 부과제척기간이 경과한 물건의 등기 또는 등록(2018년 이후)[334]

ㄹ 취득세 면세점(취득가액 50만 원 이하)에 해당하는 물건의 등기 또는 등록(2018년 이후)

> ○ **등기**
> 「민법」 상의 권리나 사실의 존재를 공시하기 위하여 일정 사항을 등기부에 기재하는 것
> ○ **등록**
> 일정한 권리관계 또는 신분관계를 법률적으로 보호받을 수 있도록 공부(公簿)에 기록하는 일
> ○ **등재**
> 일정한 사항을 장부나·대장에 올려 적거나 싣는 것

② 면허

각종 법령에 규정된 면허·허가·인가·등록·지정·검사·검열·심사 등 특정한 영업설비 또는 행위에 대한 권리의 설정, 금지의 해제 또는 신고의 수리 등 행정청의 행위(2016.1.1. 이후 법률의 규정에 따라 의제되는 행위 포함)를 말한다. 이 경우 면허의 종별은 사업의 종류 및 규모 등을 고려하여 제1종부터 제5종까지 구분하여 「지방세법 시행령」 [별표 1]에 규정하고 있다.

③ 부동산

취득세와 동일하며, 「지방세법」 제6조 제3호 및 제4호에 따른 토지와 건축물을 말한다.

---

334) 취득세가 부과제척기간이 경과되어 더 이상 부과할 수 없는 경우 등록면허세만이라도 등기 등 당시에 부과하겠다는 것으로, 2011년 이후 취득분으로 취득세와 구 등록세를 통합된 취득세로 부과되는 것에 한하여 적용되는 것이다. 그 이유는 2010년 이전 취득분은 취득세와 구 등록세를 구분하여 이미 취득세가 별도로 부과되었는바, 통합 취득세를 적용할 수 없어서 부칙으로 2011년 이후 등기하는 경우 구 등록세로 부과하여야 하기 때문이다.

④ 선박

취득세와 동일하며, 「지방세법」 제6조 제10호에 따른 선박을 말한다.

⑤ 한 건

등기 또는 등록대상 건수마다를 말한다. 「부동산등기법」 등 관계법령에 따라 여러 개의 등기·등록대상을 한꺼번에 신청하여 등기·등록하는 경우에도 또한 같다.

제2절 등록분 등록면허세

 1 과세대상(지법 §23)

재산권과 그 밖의 권리의 설정·변경 또는 소멸에 관한 사항을 공부의 등기 또는 등록이 과세대상이 된다. 여기서 등기 또는 등록에는 취득세편 취득을 원인으로 이루어지는 등기 또는 등록은 제외하되, 다음 어느 하나에 해당하는 등기나 등록은 포함한다(지법 §23).

① 광업권, 어업권 및 양식업권(2020.8.28. 이후)의 취득에 따른 등록

② 외국인 소유의 취득세 과세대상 물건(차량, 기계장비, 항공기 및 선박만 해당)을 임차하여 수입하는 경우로서 연부 취득에 따른 등기 또는 등록

③ 「지방세기본법」 제38조에 따른 취득세 부과제척기간이 경과한 물건의 등기 또는 등록(2018년 이후)

④ 취득세 면세점(취득가액 50만 원 이하)에 해당하는 물건의 등기 또는 등록(2018년 이후)

등기·등록이 된 이후 법원의 판결 등에 의해 그 등기 또는 등록이 무효 또는 취소가 되어 등기·등록이 말소된다 하더라도 이미 납부한 등록면허세는 과오납으로 환급할 수 없다(지예 법 23-2).

재산권의 등기 또는 등록과 권리의 설정·변경 또는 소멸 등 이동사항을 공부에 등기 또는 등록하는 행위 이때의 등기 또는 등록은 그 등기 또는 등록을 하게 된 권원의 실질적인 정당성 여부나 그 경위의 합법성 여부와 관계없이 외형상 등기 또는 등록의 형식적 요건으로 충분재산권이나 그 밖의 권리의 설정, 변경 또는 소멸에 관한 사항을 공부에 등기·등록(등재 포함)할 때 과세하며, 권리를 보호해 주는 행정행위에 대하여 부과하는 것이다.

등기 또는 등록 자체에 하자가 있어 법률상 등기 또는 등록된 효과를 인정할 수 없는 경우에는 등록면허세 과세요건이 되는 등기 또는 등록행위가 있는 것으로 보기는 어렵다(대법원 82누509, 1983.2.22. 참조), 종전 공유지분에 대한 이전등기의 경우 이와 같이 등기로서의 효과를 인정하기 어려운 등기로서 구 「지방세법」 제124조에서 말하는 '등기 또는 등록을 받는 자'에 대한 등기에 해당한다고 볼 수 없다(대법원 2006.6.30. 선고, 2004두6761 판결 참조). 따라서 종전 공유지분에 대한 이전등기에 관하여는 구 등록세 부과대상이 되는 등기에 해당하지 아니하여 구 등록세 등을 부과

할 수 없으므로 이 처분 중 종전 공유지분을 과세대상으로 한 부분은 위법하다(대법원 2013두 24693, 2014.3.13.).

(1) '재산권'의 의미

'재산권'이라 함은 금전적 가치가 있는 물권·채권·무체재산권 등을 지칭하는 것이다(지예 법 23-1).

① 물권

특정한 물건을 직접 배타적으로 지배하는 것을 내용으로 하는 권리. 소유권, 지상권, 지역권, 전세권과 같은 용익물권, 유치권 등을 물권이라 한다. 즉 특정한 물건을 직접 지배하여 이익을 얻는 배타적인 권리를 말하는 것으로서, 재산권이고 지배권이며 절대권이다. 물권은 일정한 재화를 직접적, 배타적으로 지배할 수 있는 권리이며, 채권과 밀접한 관계를 갖는 재산권이다. 그러나 채권과 달리 물권법(실질적 의미)에 의하여 법정된 것에 한한다. 채권은 특정인의 행위를 그 객체로 하지만, 물권은 물건을 객체로 하는 재산권이라는 점에서, 채권을 대인권이라고 부르는 반면, 물권은 대물권이라 일컫는다. 한편 물권의 본질은 사람(또는 법인)이 스스로 직접적, 배타적으로 객체를 지배하는 것이므로 물권은 가장 전형적인 지배권이다. 또한 물권은 특정의 상대방이라는 것이 없고, 모든 사람에게 주장할 수 있는 절대권이다. 이에 대하여 채권은 특정인에 대한 청구권에 불과한 상대권이다. 「민법」상 물권은 점유권과 본권으로 나누어지고, 본권은 다시 소유권과 제한물권으로 분류된다. 제한물권은 용익물권과 담보물권으로 구분되는데, 용익물권에는 지상권, 지역권, 전세권이 있으며, 담보물권으로는 유치권, 질권, 저당권이 있다.

특정한 물건(또는 재산권)을 직접·배타적으로 지배하여 이익을 향수하는 것을 내용으로 하는 권리이다. 물권의 본질은 다음과 같다.

첫째, 그 목적물을 직접 지배하는 권리이다. 여기서 직접 지배란 권리의 실현을 위하여 타인의 행위를 요하지 않는다는 뜻이므로 권리실현을 위하여 채무자의 행위를 요하는 채권과 다르다.

둘째, 배타적인 권리이다. 즉 동일물에 관하여 동일내용의 2개 이상의 물권이 동시에 존재할 수 없다(일물일권주의). 따라서 제3자를 해하지 않도록 엄격한 공시를 필요로 하며, 물권은 우선적 효력, 소급적 효력을 가지고 있으므로 물권의 내용여하에 따라 제3자에게 불의의 손해를 주지 않게 하기 위하여 물권의 종류 및 내용을 제한하여 당사자가 임의로 창설할 수 없으며, 오직 법률이나 관습법에 의해서만 창설된다(물권법정주의 : 「민법」 §185).

물권의 효력에는 ① 내용이 충돌하는 물권 상호 간에는 먼저 성립한 물권이 후에 성립한 물권보다 우선하는 효력을 가지며, 물권과 채권이 병존하는 경우에는 그 성립의 선후에 관계없이 언제나 물권이 우선한다는 우선적 효력을 가진다. ② 물권의 내용의 실현이 방해되거나 방해될 염려가 있는 경우에 그 방해자에 대하여 방해의 제거를 청구하는 권리인 물권적 청구권이 있다.[335]

---

335) 출처 법률용어사전, 이병태, 2010.1.15., 법문북스

물권의 종류와 내용은 법률 또는 관습법에 의하는 이외에는 임의로 창설하지 못한다(「민법」 §185). 물권은 크게 소유권과 용익물권(用益物權)(지상권·지역권·전세권) 및 담보물권(擔保物權)(유치권·질권·저당권) 그리고 사실상 지배관계에서 발생하는 점유권 등을 총칭한다. 물권에 있어서 직접 지배의 대상은 특정·독립의 물건을 원칙으로 하지만 예외적으로 권리질권 같은 재산권과 재단저당 같은 물건의 집합일 수도 있다.

ㄱ) 「민법」이 인정하는 물권(8종)

㉮ 점유권

법률상의 권원을 묻지 않고 물건을 사실상 지배하는 상태를 보호하는 권리가 점유권이고, 물건을 지배할 수 있는 권리가 본권이다.

㉯ 소유권

물건이 가지는 사용가치, 교환가치의 전부를 지배하는 권리가 소유권이고, 소유권에 대한 제한위에 성립하고 내용도 제한되는 권리가 제한 물권이다.

㉰ 용익물권과 담보물권

제한물권은 다시 물건이 가지는 사용가치를 지배하는 용익물권과 교환가치를 지배하는 담보물권으로 나뉘는데, 용익물권에는 지상권, 지역권, 전세권이 있고, 담보물권에는 유치권, 질권, 저당권이 있다.

ⓐ 지상권

타인의 토지에서, 건물 기타의 공작물이나 수목을 소유하기 위하여, 그 토지를 사용할 수 있는 권리이다.

ⓑ 지역권

설정행위로 정한 일정한 목적을 위하여, 타인의 토지를 자기토지의 편익에 이용하는 권리이다.

ⓒ 전세권

전세금을 지급하고서, 타인의 부동산을 그의 용도에 좇아 사용·수익하고, 전세권이 소멸하면 목적부동산으로부터 전세금을 우선 변제받을 수 있는 권리이다.

ⓓ 유치권

타인의 물건 또는 유가증권을 점유한 자가 그 물건이나 유가증권에 관하여 생긴 채권을 가지는 경우, 그 변제를 받을 때까지 그 물건 또는 유가증권을 유치할 수 있는 권리이다. 유치권은 동산, 부동산, 유가증권 등이 대상이 된다.

ⓔ 질권

채권자가 그의 채권의 담보로서 채무의 변제가 있을 때까지 채무자 또는 제3자(물상보증인)로부터 받은 물건(또는 재산권)을 점유하고, 유치함으로써 한편으로는 채무의 변제를 간접적으로 강제하는 동시에, 채무의 변제가 없는 경우에는 그 목적물로부터 다른 채권자에 우선하여 변제를 받는 권리이다. 질권은 동산만 대상이 된다.

ⓕ 저당권

채권자가 일정한 채권의 담보를 위하여 채무자 또는 제3자(물상보증인)가 채무의 담
보로 제공한 부동산 기타 부동산물권(지상권, 전세권)을 인도받지 않고 관념상으로
만 지배하여, 채무의 변제가 없는 경우에 그 담보물로부터 우선변제를 받는 권리이
다. 일반적으로 부동산(토지, 건물, 입목 등)만 대상이다.

ⓛ 「민법」 이외의 법률이 인정하는 물권

「상법」이 인정하는 물권 : 상사유치권(「상법」 §58, §91 등), 상사질권(「상법」 §59), 선박저당권
(「상법」 §871 등) 등이 있다.

특별법이 인정하는 물권 : 입목저당권(「입목에 관한 법률」 §3), 가등기담보권, 양도담보권, 매
도담보권(「가등기 담보 등에 관한 법률」), 공장저당권, 공장재단저당권(「공장저당법」 §4~§10,
§11 이하), 광업재단저당권(「광업재단저당법」 §3, §5), 자동차저당권(「자동차저당법」 §3), 항공기
저당권(「항공기저당법」 §3), 건설기계저당권(「건설기계저당법」 §3), 광업권(「광업법」 §5, §12),
조광권(「광업법」 §5 ②, §5 2), 어업권(「수산업법」 §2, §15) 등이 있다.

ⓒ 관습법상의 물권

분묘기지권과 관습법상의 법정지상권이 있다.

② **채권**

채권은 특정인에 대하여만 급부를 청구할 수 있는 권리이다. 배타성이 없고 공시가 불필요하므
로 모든 사람에게 권리보호를 주장할 수 있는 물권적 청구권을 인정할 수 없다. 채권은 동시에
수개의 같은 채권이 병존할 수 있으며, 물권과 채권은 물권이 우선, 즉 물권보다 후순위이며 채권
자들 간에 있어서도 성립의 선후에 무관하게 평등하게 취급되고, 채권은 양도가 자유롭지 못하
다. 채권은 법률이 규정하고 있는 것 이외에도 당사자의 계약에 의하여 얼마든지 정할 수 있는
점, 즉 계약 자유의 원칙 등이 물권과 차이가 있다.

🔵 물권과 채권의 차이

구분	물권	채권
권리 내용	물건(동산, 부동산)을 직접 지배	특정인에게 일정한 행위를 청구
주장 대상	모든 사람에게 주장할 수 있음. (배타성)	당사자 사이에서만 유효함. (배타성 없음)
공시 여부	물권 변동에는 공시(公示)가 필요 (동산 : 인도, 부동산 : 등기)	채권의 성립과 내용은 제삼자에게 공시할 필요 없음.
종류와 내용	물권 법정주의 (개인이 창설할 수 없음)	계약 자유의 원칙 (당사자가 자유로이 정함)

③ 무체재산권

저작·발명 등의 정신적·지능적 창조물을 독점적으로 이용하는 것을 내용으로 하는 권리를 말한다. 물권이 유체물 등의 물건을 직접 지배·이용하는 것과 대비된다. 특허권, 저작권, 실용신안권, 상표권, 의장권 등이 무체재산권의 예이다.

(2) 그 밖의 권리

'그 밖의 권리'라 함은 재산권 이외의 각종의 권리로서 특정의 시설물을 배타적으로 관리하는 관리권 등으로 「부동산등기법」 등 기타 관계법령의 규정에 의하여 등기·등록하는 것을 말한다(지예. 법23-1).

(3) 공부의 범위

'공부'란 관공서가 법령의 규정에 따라 권리관계를 명확히 하기 위하여 작성·비치하는 장부를 말한다. 부동산과 관련이 있는 공부는 18종이 있는데, 지적도, 토지대장, 건축물대장, 등기부 등이 있다. 관공서에서 비치하는 모든 장부를 말하는 것은 아니므로 재산세 과세대장은 등록면허세의 공부에는 포함되지 아니한다.

(4) 등기 또는 등록행위

등록분 등록면허세는 재산권, 그 밖의 권리의 취득, 이전, 변경 또는 소멸에 관한 사항을 공부에 등기 또는 등록하는 경우에 등기 또는 등록이라는 단순한 사실의 존재를 과세물건으로 하여 그 등기 또는 등록을 받는 자에게 부과하는 것이다. 그 등기 또는 등록의 유·무효나 실질적인 권리귀속 여부와는 관계가 없는 것이므로 등기 또는 등록명의자와 실질적인 권리귀속 주체가 다르다거나 일단 공부에 등재되었던 등기 또는 등록이 뒤에 원인무효로 말소되었다 하더라도 위와 같은 사유는 그 등기 또는 등록에 따른 등록면허세 부과처분의 효력에 아무런 영향이 없다(대법원 85누858, 1986.2.25.). 따라서 재산권의 등기 또는 등록과 권리의 설정·변경 또는 소멸 등 이동사항을 공부에 등기 또는 등록하는 행위가 과세대상이 되며, 이때의 등기 또는 등록은 그 등기 또는 등록을 하게 된 권원의 실질적인 정당성 여부나 그 경위의 합법성 여부와 관계없이 외형상 등기 또는 등록의 형식적 요건으로 충분하다.

등기·등록이 된 이후 법원의 판결 등에 의해 그 등기 또는 등록이 무효 또는 취소가 되어 등기·등록이 말소된다 하더라도 이미 납부한 등록면허세는 과오납으로 환급할 수 없다(지예. 법23-2).

그리고 일반적으로 등기권리자(등기를 함으로써 등기부상 권리를 취득하거나 또는 그 권리가 증대되는 자)[336]가 납세의무자인데, 등기권리자가 아닌 제3자(납세의무가 없음)가 등기권리자

---

336) 등기권리자, 등기의무자로 구분되어 있는데, 등기의무자란 등기를 함으로써 등기부상 권리를 상실하거나 또는 그 권리가 감축되는 자를 말한다.

명의로 등기 또는 등록을 한 경우에도 등기권리자는 납세의무가 발생되는 것이다.

예를 들어 대위등기 시의 납세의무자 甲소유 미등기 건물에 대하여 乙이 채권 확보를 위하여 법원의 판결에 의한 소유권보존등기를 甲의 명의로 등기할 경우의 납세의무는 甲에게 있으며, 법원의 가압류 결정에 의한 가압류등기 촉탁에 의하여 그 전제로 소유권보존등기가 선행된 경우 소유권보존등기자가 납세의무가 있는 것이다.

❷ 납세의무자(지법 §24)

재산권 그 밖의 권리의 설정·변경 또는 소멸에 관한 사항을 공부에 등기 또는 등록을 하는 자가 납세의무자이다. 여기서 '등록을 하는 자'란 재산권 그 밖의 권리의 설정·변경 또는 소멸에 관한 사항을 공부에 등기 또는 등록을 받는 등기·등록부상에 기재된 명의자(등기권리자)를 말한다(지예 법24-1). 따라서 외형상 권리자를 말하며 실질적인 권리자를 말하는 것은 아니다. 예를 들어 지상권 및 저당권 설정 시의 납세의무자는 금융기관이 되는 것이다.[337]

(1) 저당권 설정등기 시

저당권 설정등기는 채무자로부터 담보물을 제공받아 채권자의 이익과 권리확보를 위하여 행하는 등기이므로 등기권리자인 채권자(금융기관 등)가 납세의무자가 되는 것이다.

(2) 대위등기 시

'대위등기'란 등기할 권리자가 등기를 하지 아니하였을 때에, 그 등기권리자에 대하여 일정한 권한이 있는 자가, 대신해서 등기 신청하는 행위를 말한다. 대위한 제3자가 타인의 법률상 지위에 대신하여 그가 가진 권리를 취득하거나 행사하는 일을 말한다. 그런데 등기권리자 또는 등기의무자인 본인의 대리를 맡아 행하는 대리인에 의한 등기는 대위등기라 할 수 없다.

대위등기의 예와 실익은 다음과 같다.

① 과세관청 대위등기

지방세 등 체납자의 재산을 타인명의로 이전했을 경우 제3자의 대위등기를 인정하고 있다. 따라서 지방세 체납처분으로 그 소유권을 국가 또는 지방자치단체명의로 이전하는 경우에 이미 그 물건에 전세권, 가등기, 압류등기 등으로 되어 있는 것을 말소하는 대위적 등기와 성명의 복구나 소유권의 보존 등 일체의 채권자 대위적 등기에 대하여는 그 소유자가 등록면허세를 납부하여야 한다(지예 법23-2).

---

337) 「지방세법」상 명시된 납세의무자와 별개로 대출받는 자가 등록면허세를 사실상 납부한 사항은 금융기관 간의 작성된 계약(약정)서에 의하여 납부하는 사항으로, 이는 「지방세법」상의 납부의무와는 별개의 사안임(세정 13407-273, 1996.3.13.).

② 전세권자 대위등기

미등기 재산에 대한 등기 미등록 시 전세권자의 이름으로 등기 미등기 부동산에 대한 권리 행사를 위한 제3자의 등기가 인정된다.

③ 대위등기의 실익

채무자의 은닉재산이나 실익 있는 권리 행사를 위해 명시를 함으로써 제3자에게 대항할 수 있다. 채무자가 채무 회피를 목적으로 미등기한 부동산에 대하여 채권자가 등기하여 채권확보를 할 수 있다.

"갑"소유의 미등기건물에 대하여 "을"이 채권확보를 위하여 법원의 판결에 의한 소유권보존등기를 "갑"의 명의로 등기할 경우의 취득세 납세의무는 "갑"에게 있으며, 법원의 가압류결정에 의한 가압류등기의 촉탁에 의하여 그 전제로 소유권보존등기가 선행된 경우 취득세 미납부에 대한 가산세 납세의무자는 소유권보존등기자이다(지예 법7-6). 이는 취득세의 납세의무자에 대한 규정이나, 등록면허세 납세의무자에도 적용이 된다.

예를 들어 甲소유 미등기 건물에 대하여 乙이 채권 확보를 위하여 법원의 판결에 의한 소유권보존등기를 甲의 명의로 등기할 경우 등록면허세 납세의무는 소유자인 甲에게 있다.

한편, 등록면허세 소유권보존등기 세율 적용대상은 건축물 최초 납세의무성립 시점인 원시취득 전에 소유권보존등기 또는 소유권이전등기를 하는 경우 취득과 무관한 등기를 하는 경우로 등록면허세를 납부하고 등기를 하기 위한 것으로 건축물 준공 전 타인에 의하여 대위등기하는 경우 등이 이에 해당된다. 이 경우 건축물 준공 전에 등록면허세만 납부하고, 취득 시에 「지방세법」 제15조와 「지방세법 시행령」 제30조 제6호에 따라 세율의 특례를 적용하여 종전 취득세분만 납부하는 것이다(지방세운영과-559, 2011.2.7.).

> **채무자의 미준공된 건축물을 채권자가 채무자를 대위하여 소유권보존등기를 신청하여 보존등기하는 경우 적용 세율**
>
> ○ 대위등기 시(등록면허세 0.8%), 완공 후 취득 시(취득세 2%)
>
> (1) 질의
>
> 채권자가 채권확보를 위하여 건축 중인 건축물을 대위등기 하는 경우 등에 대한 적용세율
>
>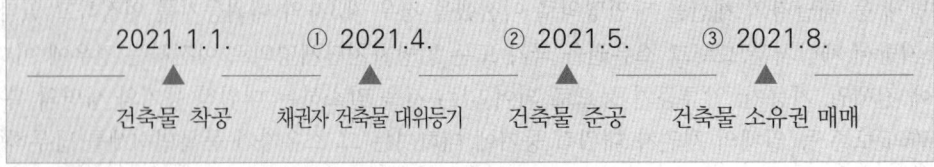
>
> | 2021.1.1. | ① 2021.4. | ② 2021.5. | ③ 2021.8. |
> | --- | --- | --- | --- |
> | ▲ | ▲ | ▲ | ▲ |
> | 건축물 착공 | 채권자 건축물 대위등기 | 건축물 준공 | 건축물 소유권 매매 |
>
> (2) 세율
>
> ① 건축물 대위등기 시 : 등록면허세 0.8%
>
> ② 건축물 준공 시 : 취득세 2%
>
> ③ 건축물 소유권이전 : 취득세 4%

(3) 촉탁등기 시

법원의 가압류(가처분)결정에 의한 가압류(가처분)등기의 촉탁에 의하여 그 전제로 소유권보존등기가 선행된 경우 취득세(부동산 원시취득 전인 경우에는 취득세가 아니라 등록면허세)는 소유권보존등기자가 납세의무가 발생하는 것이다. 이 경우 등록면허세 미납부에 대한 가산세 납세의무는 소유권보존등기자이다(지예 법7-6, 세정 22670-4180, 1988.4.19.).

지방세 체납처분으로 그 소유권을 국가 또는 지방자치단체 명의로 이전하는 경우에 이미 그 물건에 전세권, 가등기, 압류등기 등으로 되어 있는 것을 말소하는 대위적 등기와 성명의 복구나 소유권의 보존 등 일체의 채권자 대위적 등기에 대하여는 그 소유자가 등록면허세를 납부하여야 한다(지예 법23-1).

③ 납세지(지법 §25)

(1) 부동산등기

부동산 소재지

(2) 선박등기 또는 등록

1) 원칙

선적항 소재지

2) 취득 후 다른 장소에 등록하는 경우

선박의 취득에 대하여 선적항 소재지의 시·도에서 그 취득자에게 부과하도록 규정하고 있으며, 선박에 대한 취득세 납세지는 원칙적으로 해당 선박을 취득하는 시·도인 선적항 소재지가 되는 것이다(세정 13407-834, 2002.9.6.)라고 해석하고 있는바, 선적항이 A인 선박을 경락받아 B에 등록하고자 할 경우 선적항 소재지 A가 속해 있는 시·도가 납세지가 될 것이다. 취득 후 곧바로 변경등록을 한 경우라도 경매 취득 당시의 선적항을 기준으로 납세지를 판단하여야 할 것이다.

3) 등기 또는 등록지

총톤수 20톤 이상의 기선(機船)과 범선(帆船) 및 총톤수 100톤 이상의 부선[338]은 「선박등기법」에 의거 소유권, 저당권, 임차권을 등기할 수 있으나, 소형선박(총톤수 20톤 미만인 기선 및 범선, 총톤수 100톤 미만인 부선)에 대하여는 등록만을 할 수 있다.

---

338) 총톤수 100톤 이상인 부선 중 선박 계류용·저장용 등으로 사용하기 위하여 수상에 고정하여 설치하는 부선은 제외되나, 「공유수면관리법」 제5조에 따른 점용 또는 사용 허가나 「하천법」 제33조에 따른 점용허가를 받은 수상호텔, 수상식당 또는 수상공연장 등 부유식 수상구조물형 부선은 포함

① **총톤수 20톤 이상의 기선(機船)과 범선(帆船) 및 총톤수 100톤 이상의 부선**

- ㉠ 등기 소재지 : 선적항 관할등기소(지방법원, 지원)
- ㉡ 등록 소재지 : 선적항 관할하는 지방해양항만청(선박등기한 후에 등록하여야 함)

② **소형선박**

등록 소재지 : 선적항 관할하는 지방해양항만청장

한편, 선박이 선적항과 운항지가 다른 경우의 취득세 납세지는 선적항 관할 시·도가 된다(도세 22670-76, 1992.2.17.).

4) 국적취득조건부 나용선 납세지

국내에 선적항과 정박항 또는 사용본거지가 없는 국적취득조건부 나용선은 다음 기준에 의하여 납세지가 구분한다(국내에 귀항하는 나용선은 원칙을 준용)(세정 13407-83, 1996.1.22.). 그리고 「선박법」 제8조 제1항 및 제2항에 따라 그 선박을 선박원부(船舶原簿)에 등록하고 선박국적증서를 발급받아야 국제선박으로 등록이 가능하다.

① **외항선(화물선, 유조선 등)**

「해운법」에 의한 해상화물운송사업등록을 받은 자의 보유 선박 중 국적취득조건부 나용선이 있는 경우에는 동 사업등록청인 지방해양항만청 소재지를 관할하는 시·군

② **원양어선**

- ㉠ 「원양산업발전법」에 의한 원양어업허가를 받은 자의 보유 선박 중 국적취득조건부 나용선이 있는 경우에는 동 나용선 소속 회사 보유선박의 선적항 소재지 관할하는 시·군
- ㉡ 동 사업자가 국적선이 없이 나용선만 있는 경우에는 항만 지역에 위치한 영업소(본점·지점등) 소재지 시·군

5) 외국국적 선박의 대여 시 납세지

선박에 대한 취득세 납세지는 해당 선박을 취득하는 시·도인 선적항 소재지가 되는 것이나 시설대여회사가 외국국적의 선박을 국내의 해운회사에게 대여할 목적으로 연부로 취득하는 경우라면 항만지역에 위치한 해당 해운회사의 지점 중 해당 선박에 대한 관리를 주로 하는 지점소재지 시·군·구가 납세지가 되는 것이다(세정 13407-834, 2002.9.6.).

(3) 자동차 등록

「자동차관리법」에 따른 등록지가 납세지이다. 다만, 등록지가 사용본거지와 다른 경우에는 사용본거지를 납세지로 한다. 차량의 과세물건 소재지는 등록지가 사용본거지와 다른 경우에는 「자동차관리법」상의 사용본거지를 말하는 것이므로 여객자동차 운수사업자의 차량(일반시외버

스)에 대한 취득세 납세지는 해당 차량의 사용본거지를 말하는 것이다(지방세정팀-67. 2006.2.9.).
여기서 '사용본거지'라 함은 다음의 어느 하나에 해당하는 장소를 말한다.

① 자동차 소유자가 개인인 경우 : 그 소유자의 주민등록지

② 자동차 소유자가 법인 또는 법인이 아닌 사단 또는 재단("법인 등")인 경우

그 법인 등의 주사무소 소재지. 이 장소 외의 다른 장소를 사용본거지로 인정받으려는 자동
차 소유자는 그 사유를 증명하는 서류를 「자동차등록령」 제5조에 따른 등록관청에 제출하
여야 한다.

등록관청은 자동차 운수사업용 자동차에 대해서는 상기에도 불구하고 등록관청이 지정하
는 장소를 사용본거지로 정할 수 있다.

한편, 「자동차등록령」 제5조(등록사무소의 관할)에서 등록에 관한 사무(이하 "등록사무")는
해당 자동차의 사용본거지를 관할하는 특별시장·광역시장·도지사·특별자치도지사 및 그 위
임을 받은 자(이하 "등록관청")가 관할하되, 등록사무는 해당 자동차의 사용본거지를 관할하지
아니하는 다른 등록관청도 이를 처리할 수 있다. 다만, 다음 어느 하나에 해당하는 자동차는 그러
하지 아니하다.

① 「자동차관리법」 제12조 제2항에 따른 자동차매매업자가 판매할 목적으로 구입한 자동차

② 「여객자동차 운수사업법」 및 「화물자동차 운수사업법」에 따른 자동차운수사업용 자동차
[해당 자동차를 「자동차관리법」 제13조 제1항 제6호에 따라 말소등록을 하는 경우 및 해당
자동차의 사용본거지가 속하는 특별시·광역시·특별자치시·도·특별자치도("시·도"
라 한다) 안의 다른 등록관청이 처리하는 경우 제외]

(4) 건설기계 등록

「건설기계관리법」에 따른 등록지가 납세지이다.

(5) 항공기 등록

정치장 소재지가 납세지이다. 여기서 '정치장'이란 항공기 등록지를 말하며, 항공기는 「항공법」
에 의거 소유권, 저당권, 임차권을 등록할 수 있으나, 군 또는 세관에서 사용하거나 경찰업무에
사용하는 항공기, 외국에 임대할 목적으로 도입한 항공기로서 외국 국적을 취득할 항공기, 국내
에서 제작한 항공기로서 제작자 외의 소유자가 결정되지 아니한 항공기, 외국에 등록된 항공기를
임차하여 「항공법」 제2조의 2에 따라 운영하는 경우 그 항공기는 등록하지 아니할 수 있다.

(6) 법인등기

등기에 관련되는 본점·지점 또는 주사무소·분사무소 등의 소재지가 납세지이다.

(7) 상호등기

영업소 소재지가 납세지이다.

(8) 광업권 및 조광권 등록

광구 소재지가 납세지이나, 광구가 둘 이상의 지방자치단체에 걸쳐 있어 등록면허세를 지방자치단체별로 부과할 수 없을 때에는 등록관청 소재지가 납세지가 된다.

2011.12.31. 이전에도 조광권은 광업권을 준용하여 등록면허세를 과세하고 있었는바, 2011.12.31. 법 개정하여 조광권에 대한 등록면허세 과세근거를 명확히 하였다(지법 §25 ① 8, §28 ① 8-2).

(9) 어업권 및 양식업권 등록

어장 소재지가 납세지이나, 어장이 둘 이상의 지방자치단체에 걸쳐 있어 등록면허세를 지방자치단체별로 부과할 수 없을 때에는 등록관청 소재지가 납세지가 된다.

(10) 저작권, 출판권, 저작인접권, 컴퓨터프로그램 저작권, 데이터베이스 제작자의 권리 등록

저작권자, 출판권자, 저작인접권자, 컴퓨터프로그램 저작권자, 데이터베이스 제작권자 주소지가 납세지이다.

(11) 특허권, 실용신안권, 디자인권 등록

등록권자 주소지가 납세지이다.

(12) 상표, 서비스표 등록

주사무소 소재지가 납세지이다.

(13) 영업의 허가 등록

영업소 소재지가 납세지이나, 영업소가 둘 이상의 지방자치단체에 걸쳐 있어 등록면허세를 지방자치단체별로 부과할 수 없을 때에는 등록관청 소재지가 납세지가 된다.

(14) 지식재산권담보권 등록

2011.12.31. 신설한 것으로 2012.6.11. 이후 등록분부터 적용하며, 지식재산권자 주소지가 납세지이다.

(15) 그 밖의 등록

등록관청 소재지가 납세지이다.

(16) 같은 채권에 담보설정하는 둘 이상의 저당권 등록

같은 채권의 담보를 위하여 설정하는 둘 이상의 저당권을 등록하는 경우에는 이를 하나의 등록으로 보아 그 등록에 관계되는 재산을 처음 등록하는 등록관청 소재지가 납세지이다.

한편, 같은 채권담보를 위하여 "갑"지역에 있는 부동산과 "을"지역에 있는 부동산에 대하여 저당권을 설정하는 경우 먼저 설정한 지역에서 채권금액 전체에 대하여 과세하고 "을"지역에 있는 담보물을 나중에 등기할 때에는 "을"지역에서 등록면허세를 과세할 수 없으며, 같은 채권에 대한 담보물을 추가하는 경우에는 추가로 담보하는 매 담보물건별로 과세하여야 한다(지예 법25-1).

(17) 상기에서 납세지가 분명하지 아니한 경우

2011.12.31. 신설한 것으로 2012.6.11. 이후 등록분부터 적용하며, 등록관청 소재지가 납세지이다.

④ 비과세(지법 §26)

(1) 국가 등의 비과세

국가, 지방자치단체(다른 법률에서 국가 또는 지방자치단체로 의제되는 법인 제외),[339] 지방자치단체조합, 외국정부 및 주한국제기구가 자기를 위하여 받는 등록에 대하여는 등록면허세를 부과하지 아니한다. 다만, 대한민국 정부기관의 등록에 대하여 과세하는 외국정부의 등록의 경우에는 등록면허세를 부과한다. 여기서 국가 등이 자기를 위하여 등기하는 경우 등록면허세가 비과세되는 것으로 자기를 위하여 하는 등기·등록은 국가·지방자치단체가 등기권리자로서 하는 등기를 의미하는 것이며, 「공유토지 분할에 관한 특례법」에 의한 공유토지 분할 시 국가 등이 자기를 위하여 하는 등기에 대하여는 등록면허세가 비과세되나 개인소유 지분에 대하여는 등록면허세를 납부하여야 한다(세정 13407-23, 2000.1.5. 참조).

예를 들어 지방세의 체납으로 인하여 압류의 등기 또는 등록을 한 재산에 대하여 압류해제의 등기 또는 등록을 할 경우에는 등록면허세가 비과세되는 것이며, 국가와 지방자치단체가 「공익사업을 위한 토지 등의 취득 및 보상에 관한 법률」에 따라 공공사업(도로신설 및 도로확장 등)에 필요한 토지를 수용하여 공공용지에 편입하기 위해 행하는 분필등기, 공유물분할등기는 국가와 지방자치단체가 자기를 위하여 하는 등기에 해당하므로 등록면허세가 비과세된다(지예 법26-1).

---

339) 2014.1.1. 이후부터 국가 또는 지방자치단체에는 다른 법률에서 국가 또는 지방자치단체로 의제되는 법인 제외함.

> **사례** 국가 명의의 소유권보존등기 말소등기 절차가 이행됨에 따라 승소자 명의로 소유권보존등
> 기를 경료한 경우 납세의무(조심 2008지932, 2009.3.17.)
>
> 국가가 「국유재산법」 등 관련 규정에 의거 국가명의로 소유권보존등기한 이 건 토지에 대해 국가를
> 상대로 한 소송에서 승소함에 따라 청구인의 부 황○○○ 명의로 된 소유권보존등기(1953.6.24. 등
> 기, 등기원인 : 1949.1.15. 매매)는 그대로 두고, 국가 명의의 소유권보존등기(접수 ○○○)에 관하
> 여 2008.8.13. 말소등기 절차가 이행됨에 따라 이 건 토지에 관하여 청구인 명의로 소유권보존등기
> 를 경료하였으므로 이는 이 건 토지에 대한 새로운 보존등기를 한 경우로서 「지방세법」 제128조
> 제4호에서 정한 등록세의 비과세 사유에 해당되지 않는다 할 것임.

> **사례** 말소등기 촉탁 시 등록면허세 납세의무(지방세정팀-770, 2006.2.22.)
>
> 「지방세법」 제126조 제1항에서 국가·지방자치단체가 자기를 위하여 하는 등기·등록에 대하여는
> 등록세를 부과하지 아니하도록 규정하고 있으며, 여기에서 자기를 위하여 하는 등기·등록은 국
> 가·지방자치단체가 등기권리자로서 하는 등기를 의미하는 것이므로 국가가 납세담보를 위한 부동
> 산 근저당권설정등기 후 말소등기 촉탁 시에는 해당 부동산의 소유자가 납부한 등록세(3,000원)를
> 첨부하여 촉탁하는 것이 타당함(법원행정처 등기선례 6-112 참조).

① 국가나 지방자치단체의 압류해제

국가나 지방자치단체의 압류해제의 등기 또는 등록에 관하여는 「국세징수법」 제55조 제2항의
규정에 의하여 등록면허세를 면제하는 것이다. 「민사소송법」 제661조 제2항의 규정에서 법원의
경매를 통하여 경락된 물건의 등기와 말소에 관한 비용은 경락인이 부담하도록 되어 있는바, 그
외의 저당권이나 가압류 등의 해제에 따른 등기·등록은 등기권리자(경락인)가 등록면허세 납세
의무자가 되는 것이다(세정 13407-662, 2000.5.23.).

지방세의 체납으로 인하여 압류의 등기 또는 등록을 한 재산에 대하여 압류해제의 등기 또는
등록을 할 경우에는 「지방세법」 제26조에 의하여 등록면허세가 비과세되는 것이다(지예 법26-1).

> **사례** 국가나 지방자치단체의 압류해제 시 비과세(세정 13407-7, 1998.3.7.)
>
> 국가나 지방자치단체의 압류해제의 등기 또는 등록에 관하여는 「국세징수법」 제55조 제2항의 규정
> 에 의하여 등록세를 면제하나 저당권이나 가압류 등의 해제에 따른 등기·등록은 등기권리자(소유
> 자)가 매 건당 등록세를 납부해야 함.

② 공공용지에 편입하기 위해 행하는 분필등기, 공유물분할등기

국가와 지방자치단체가 「공익사업을 위한 토지 등의 취득 및 보상에 관한 법률」에 따라 공공
사업(도로신설 및 도로확장 등)에 필요한 토지를 수용하여 공공용지에 편입하기 위해 행하는 분
필등기, 공유물분할등기는 국가와 지방자치단체가 자기를 위하여 하는 등기에 해당하므로 등록
면허세가 비과세되는 것이다(지예 법26-1).

> **사례** 「공유토지분할에 관한 특례법」 상 등록면허세 부과(지방세운영과-859, 2013.5.31.)
>
> 「공유토지분할에 관한 특례법」은 공유토지를 현재 점유상태를 기준으로 분할할 수 있게 함으로써

소유권 행사와 토지 이용에 따르는 불편을 해소하고 토지 관리 제도의 적정을 도모하기 위해 2012. 5.23.부터 3년간 한시적으로 시행되는 법률로서 모든 국민에게 적용되며, 이 법률에 의할 경우 일반적인 공유물분할과는 달리 일정요건에 해당하면 공유자 전원의 동의가 없더라도 분할 신청이 가능하다. 아울러, 「공유토지분할에 관한 특례법」에 따라 공유물을 분할하게 되면 지번 부여 방식에 의해 분할에 동의하지 않더라도 신규지번의 소유자가 되어 형식적인 취득이 성립되거나, 분할에 동의하여 적극적인 분할 의사가 있음에도 당초 지번의 소유자로 남아있게 되는 경우 등이 발생되게 된다. 따라서 취득세 과세 법리와 일반적인 공유물분할과의 조세 형평성 등을 감안했을 때 해당 법률에 따라 공유물분할에 동의하거나 신규 지번을 부여받은 경우에는 취득세 과세대상으로 하는 것이며, 다만, 「공유토지분할에 관한 특례법」의 도입 취지와 납세 편의를 최대한 감안하여 분할에 동의하지 않으면서 당초 지번에 남아있는 경우에는 등록면허세를 납부하도록 기존 유권해석을 변경함(지방세운영과-3588, 2012.11.8. 참조).

③ 국민연금 등 4대 보험, 고속도로 체납통행료의 압류나 압류해제

국민연금 등 4대 보험, 고속도로 체납통행료 등 국세체납처분의 예에 의하여 징수하는 것에 대한 압류나 압류해제 시 등록면허세가 비과세된다(대법원 2003두2830, 2003.6.24.).

> **사례** 고속도로 체납통행료 징수를 위하여 국세체납처분의 예에 따라 체납자의 자동차등록원부의 압류 및 해제 시에는 「국세징수법」 제55조 제2항 및 대법원판례(2003두2830, 2003.6.24.)에 의거 등록세가 면제됨(세정과-623, 2004.3.29.).

> **사례** 체납 건강보험료의 체납절차에 따른 압류 등(수원지법 2002구합3769, 2003.5.21.)
> 원고가 수행하는 업무는 사실상 수탁공무로서의 성격을 가지고 있다 할 것이므로, 「지방세법」 제126조 제1항이 원고를 등록세 면제대상에서 명백히 제외하고 있지 않은 이상 원고가 「국민건강보험법」 제70조 제3항에 따라 국세 체납절차에 따라 행하는 압류 및 압류해제와 관련한 등록에 대하여는 등록세가 면제된다고 보더라도 「지방세법」 제126조 제1항에 직접 위배되는 것은 아니라 할 것임.

(2) 기타

1) 회사의 정리 또는 특별청산에 관하여 법원의 촉탁으로 인한 등기 또는 등록

구분	2015년 이전[340]	2016년~ 2023년	2024년 이후
법원 촉탁 또는 등기소 직권 등기·등록 중 자본금의 납입, 증자 및 출자전환	비과세	과세[주] (상사·영리 0.4%, 비영리 0.2%)	비과세
법원 촉탁 또는 등기소 직권 등기·등록 중 회생계획인가·취소, 회생절차개시·종결, 보전처분 등	비과세		

---

340) 회사의 정리 또는 특별청산에 관하여 법원의 촉탁으로 인한 등기 또는 등록에 대하여는 등록면허세가 비과

☞ (주) 2023.12.29. 법 개정하여 2023.12.31. 이전에 「채무자 회생 및 파산에 관한 법률」에 따라 법원이 촉탁하여 등기 또는 등록을 하였으나 2024.1.1. 시행 당시 같은 법에 따라 회생절차·간이회생절차가 진행 중이거나 회생계획·간이회생계획을 수행 중인 경우에는 소급 적용하여 비과세됨(법 부칙 §3)341). 따라서 회생절차가 종결되었으나, 법원으로부터 인가받은 회생계획을 수행 중인 경우에도 소급하여 비과세가 되는 것이며, 법령 개정에 따른 환급이므로 2024.1.2.이 환급가산금 기산일이 되는 것이다.

2) 단순표시 변경등기·등록

행정구역의 변경, 주민등록번호의 변경, 지적 소관청의 지번 변경, 계량단위의 변경, 등기 또는 등록 담당 공무원의 착오 및 이와 유사한 사유로 인한 등기 또는 등록으로서 주소, 성명, 주민등록번호, 지번, 계량단위 등의 단순한 표시변경·회복 또는 경정 등기 또는 등록은 비과세된다.

세되는 것이다. 따라서 법원의 정리절차개시결정, 동 개시결정 취소, 관리인 선임, 정리절차 폐지 등 법원의 결정에 의한 촉탁등기, 정리절차 개시 후 이러한 행위 이외의 모든 행위, 예컨대 임원변경, 신주의 발행, 회사합병에 따른 자본증가 등은 비록 법원의 허가를 받아 촉탁등기를 하는 경우 「채무자 회생 및 파산에 관한 법률」에서 정한 제 규정에 의거 법원의 촉탁으로 이루어지는 등기에 해당된다면 비과세되는 것이다(세정 13407-428, 1996.4.17.). 등록면허세의 비과세에 관한 판단은 원칙적으로 「지방세법」의 규정에 의하여 판단하여야 하는 것이므로, 동 비과세 규정에서 구 「회사정리법」과 현행 「채무자 회생 및 파산에 관한 법률」에 대하여 비과세 요건을 달리 정하고 있지 아니한 이상, 회사의 정리 또는 특별청산에 관하여 법원의 촉탁으로 인한 등기에 대한 등록면허세 비과세는 구 「회사정리법」이나 현행 「채무자 회생 및 파산에 관한 법률」에 동일하게 적용하는 것이 타당하다. 따라서 법원의 촉탁으로 인한 등기·등록 중 비과세 대상을 별도로 한정하고 있지 아니하고 있으므로, 구 「회사정리법」에서 정한 규정에 따라 제3자 배정 유상증자를 실시하여 법원의 촉탁으로 이루어지는 자본증자 등기 또한 등록세 비과세 대상으로 보는 것이 타당하다(지방세운영과-3638, 2009.9.8.). 「채무자 회생 및 파산에 관한 법률」(2005.3.31. 법률 제7428호 제정) 제23조 제1항에서 법인인 채무자에 대하여 그 제1호의 회생절차개시 또는 파산선고의 결정이 있는 경우 및 그 제2호의 회생절차개시결정취소, 회생절차폐지 또는 회생계획불인가의 결정이 확정된 경우 등에는 법원사무관 등은 직권으로 지체없이 촉탁서에 결정서의 등본 또는 초본 등 관련서류를 첨부하여 채무자의 각 사무소 및 영업소(외국에 주된 사무소 또는 영업소가 있는 때에는 대한민국에 있는 사무소 또는 영업소를 말한다. 이하 이 조에서 같다)의 소재지의 등기소에 그 등기를 촉탁하여야 한다고 하고, 같은 법 제24조 제1항에서 그 제1호의 법인이 아닌 채무자에 대하여 회생절차개시의 결정이 있는 경우 그 채무자의 재산에 속하는 권리 중에 등기된 것이 있는 경우 등에는 법원사무관 등은 직권으로 지체없이 촉탁서에 결정서의 등본 또는 초본을 첨부하여 회생절차개시의 등기 또는 그 보전처분의 등기를 촉탁하여야 한다고 하고 있으며, 같은 법 제25조 제4항에서 제1항 내지 제3항의 규정에 의한 등기에 관하여는 등록면허세를 부과하지 아니한다고 하고 있고, 같은 법 부칙 제3조에서 이 법 시행 당시 종전의 「회사정리법」에 의하여 정리절차개시의 신청을 한 정리사건 등은 각각 종전의 「회사정리법」 등에 의한다고 하고 있으며, 한편 「채무자 회생 및 파산에 관한 법률」에 따른 부동산 등의 등기 사무처리지침(등기예규 제1125호) 부칙 제3조에서 이 예규 시행당시 종전의 「회사정리법」에 의하여 정리절차개시의 신청을 한 회사정리사건 등에 관한 사무처리지침에 의한다고 하고, 회사정리절차와 관련된 부동산등기 등에 관한 사무처리지침(등기예규 제955호) 제2호 라목에서 회사정리절차와 관련된 정리법원의 촉탁에 의한 등기에 대하여는 등록면허세, 지방교육세, 등기신청수수료 등은 면제되지만 촉탁에 의한 등기의 경우에도 순수한 정리절차에 관한 사항 이외의 등기(예: 소유권보존 및 이전등기, 저당권설정 및 말소등기 등)에 대하여는 그러하지 아니하다고 규정하고 있다.

341) 개정규정 시행 당시(2024.1.1.) 「채무자 회생 및 파산에 관한 법률」에 따라 회생절차·간이회생절차가 진행 중이거나 회생계획·간이회생계획을 수행 중인 경우와 같은 개정규정 시행 이후 회생절차, 간이회생절차, 파산절차, 개인회생절차가 신청된 사건의 경우에는 「채무자 회생 및 파산에 관한 법률」 등에 따라 법원, 법원사무관등이 촉탁하여 이루어진 등기 또는 등록은 제26조 제2항 제1호의 개정규정에 따른 등기 또는 등록으로 본다(2024.2.13. 개정, 「채무자 회생 및 파산에 관한 법률」 부칙 §3).

　행정구역, 지적소관청, 계량단위 등의 단순한 표시변경 등 외부적인 사유로 인하여 정정하여야 할 부득이한 사유가 있는 경우이거나 등기·등록 담당공무원의 착오, 이와 유사한 사유 등 그 오류 사유가 명백하여 무효인 경우로 이를 치유하기 위한 회복, 경정 등기·등록으로 한정하여 비과세하여야 할 것이다. 한편, 착오 또는 오류가 담당공무원 착오 등만을 전제되는 것은 아니라 이와 유사한 사유로 인한 착오 등도 포함된다.

① 외국인등록번호 변경

　단순한 표시 변경사항으로 주민등록번호 변경이 이에 해당되므로 법·취지상 외국인등록번호 변경도 마찬가지로 비과세하여야 할 것이다. 그리고 재외국민 주민등록제 시행에 따라 외부적인 사유로 국내거소 신고번호를 주민등록번호로 변경함에 따른 자동차등록원부 등의 단순한 표시변경에 대하여는 등록면허세를 비과세한다(지예 법26-3).

② 택지개발로 블록 번지에서 새 번지로 변경

　건축물이 있던 당시에 지번이 변경되었고 이러한 사실에 대해서 지적공부 소관청의 지적정리 통지가 있는 경우에는 직권으로 지번을 변경할 수 있으며, 이 경우 등록면허세는 비과세될 것이다. 예를 들어 지적공부 소관청의 지적정리통지가 있는 택지개발사업으로 인하여 블록 번지에서 새 번지로 변경은 지적 소관청의 지번변경에 해당되어 등록면허세가 비과세될 것이다.

③ 공무원의 착오 또는 오류

　「부동산등기법」 제55조 제6호의 규정에 의거 등기 신청서에 적힌 등기의무자의 표시가 다른 경우 각하 대상이므로, 등기공무원은 등기신청에 대하여 각하하여야 함에도 등기 신청 자체의 하자를 확인하지 못하고 등기가 경료된 것은 그 등기의 효과를 인정할 수 없는 것이라 하겠고, 이는 등기공무원의 착오 또는 오류가 명백하므로 등록면허세 납세의무가 없는 것이다(세정과-11561, 2011.9.7.).

④ 강행규정이 아닌 임의규정이나 내부적인 시정에 변경하는 경우

　사업자등록번호로 등록된 것을 「자동차관리법」 개정으로 인하여 법인등록번호로 표시변경하는 것은 「지방세법」 제26조 제2항 제2호에 따라 등록면허세 비과세되는지 명확하지 아니하지만 법 개정이라는 외부적인 사유로 인하여 정정하여야 할 부득이한 사유가 있기는 하나, 법인등록번호로의 표시변경등기를 하여야 하는 강행규정에 해당하는지 여부에 따라 비과세를 결정하여야 할 것이다. 법인등록번호로의 변경이 임의사항으로 강행규정이 아닌 경우 과세되며, 그 밖의 등록면허세 세율이 적용될 것이다.

> **사례** 등기 공무원의 착오로 대지권 등기 착오 또는 오류(지방세정담당관-465, 2004.2.3.)
>
> 　「부동산등기법」 제42조 제4항에서 "「구분건물에 집합건물의 소유 및 관리에 관한 법률」 제2조 제6호의 대지사용권으로서 건물과 분리하여 처분할 수 없는 것(대지권)이 있을 때에는 신청서에 그 권리의 표시를 기재하여야 한다."라고 규정하고 있음에 따라 건물의 보존등기와 함께 대지권 등기

신청을 하여 등기가 되었다면 당초 토지소유자 지분의 초과지분에 대하여 취득세 등의 납세의무가 성립한 것으로 볼 수 있다 하겠으며, 당초 등기소에 건물과 대지권 등기신청 시 제출한 신청서류에 의하여 등기공무원의 착오(과오)로 대지권 등기에 착오 또는 오류가 명백하여 무효인 경우라면 취득세 등의 납세의무가 없는 것으로 보는 것임.

3) 묘지 등록

무덤과 이에 접속된 부속시설물의 부지로 사용되는 토지로서 지적공부상 지목이 묘지인 토지에 관한 등기를 말한다.

(3) 국가 등에 기부채납(종전규정)

2011.1.1. 이후 납세의무가 성립한 경우에는 「지방세법」 분법에 의한 새로운 「지방세법」을 적용하여야 하는 것이 원칙이다. 그런데 새로운 「지방세법」에서는 기부채납 부동산에 대하여는 취득세만을 비과세하도록 규정하고 있어서 등록면허세는 비과세대상으로 별도 규정을 하고 있지 아니하다. 따라서 기부채납을 조건으로 취득하는 경우에는 취득세가 비과세되나 등록면허세는 과세대상에 해당하는 것이다. 그런데 기부채납하는 조건으로 취득하는 부동산등기에 대하여 구 「지방세법」에서는 등록세를 비과세하도록 규정하고 있었으나, 「지방세법」 개정 이전의 기부채납을 조건으로 부동산을 취득하는 경우 취득세는 비과세받았으나 2011년부터 「지방세법」이 분법되어 개정되면서 취득세는 비과세하도록 규정하면서 등록면허세에 대한 비과세 규정은 두고 있지 아니한 경우 등록면허세가 과세대상이 되나 신의성실의 원칙에 의거 비과세대상으로 하여야 하는 것이다. 이는 법 개정의 경우 개정 법 시행 전에 매매계약이 체결되었거나 공사가 진행 중에 있는 부동산은 제외하는 것이 소급과세금지 원칙과 신의성실 원칙에 합당한 것이라는 것이다.[342] 심판례(조심 2012지0396, 2012.9.11.)가 그 근거가 된다.

⑤ 과세표준(지법 §27)

(1) 개요

등록면허세의 과세표준은 등록 당시의 가액으로 하며, 이 과세표준은 조례로 정하는 바에 따라 등록자의 신고에 따른다. 다만, 신고가 없거나 신고가액이 「지방세법」 제4조에 따른 시가표준액보다 적은 경우에는 시가표준액을 과세표준으로 한다. 신고 또는 신고가액의 표시가 없거나 그 신고가액이 「지방세법」에서 정하는 시가표준액보다 적을 때에는 그 시가표준액으로 한다(지법 §27 ①). 단, 등록 당시에 자산재평가 또는 감가상각 등의 사유로 그 가액이 달라진 경우에는 변경

---

342) 국세처럼 경과규정을 세밀하게 만들어 이 법 시행 전에 매매계약이 체결되었거나 공사가 진행 중에 있는 부동산은 제외한다는 규정을 만들어 납세자들의 편익을 도모할 책임이 있다고 본다. 즉 법 개정으로 불이익을 당하는 납세자가 최소한이 되도록 지방세관계법을 좀 더 체계적으로 하여야 할 것으로 보인다.

된 가액을 과세표준으로 한다.

① 2024년 이후

㉠ 광업권·어업권 및 양식업권의 취득에 따른 등록, 외국인 소유의 취득세 과세대상 물건(차량, 기계장비, 항공기 및 선박만 해당)의 연부취득에 따른 등기 또는 등록, 취득세 면세점에 해당하는 물건의 등기 또는 등록

지법 §10-2~§10-6에서 정하는 취득 당시 가액

㉡ 취득세 부과제척기간이 경과한 물건의 등기 또는 등록

MAX(등록 당시 가액, 지법 §10-2~§10-6에서 정하는 취득 당시 가액)

② 2023년

지법 §10-2~§10-6에서 정하는 취득 당시 가액

③ 2022년 이전

하기 예외의 경우에는 사실상 취득가격 등 별도로 규정한 가액이 과세표준이 된다.

㉠ 취득세 과세표준 규정(지법 §10 ⑤)에서 사실상 취득가격이 적용되는 경우

취득 당시의 사실상 취득가격

㉡ 취득세 과세표준 규정에서 시가인정액(2023년 이후 적용) 또는 시가표준액이 적용되는 경우

취득 당시의 시가인정액 또는 시가표준액

④ 등록 당시에 자산재평가 또는 감가상각 등의 사유로 그 가액이 달라진 경우

취득세로 통합된 현행에서는 취득을 원인으로 하는 등록의 경우에는 별도의 등록에 의한 등록면허세는 부과되지 아니하지만, 취득을 원인으로 하지 아니한 등록 등 등록면허세 과세대상이 되는 경우 자산재평가 또는 감가상각 등의 사유로 변경된 가액, 즉 등기일 또는 등록일 현재의 법인장부 또는 결산서 등으로 증명되는 가액을 과세표준으로 한다. 여기서 '자산재평가 또는 감가상각 등의 사유'는 예시적 규정이 아닌 열거적 규정으로 이외의 사유로 가액이 달라진 경우에는 취득 당시의 법인장부가액으로 과세표준으로 삼아야 한다.

㉠ 자산재평가

현행은 「자산재평가법」이 폐지되어 더 이상 자산재평가를 할 수 없지만, 구 「자산재평가법」에 의한 재평가액에 대한 효력의 발생시점은 정부결정이 있는 날이 아니고, 재평가일로 소급되는 것이나, 재평가에 대한 정부의 결정이 있음으로써 비로소 그 효력이 발생하는 것이므로 재평가일 이후 재평가에 대한 정부결정이 있기까지 간에 과점주주의 재산취득이 의제된 경우에도, 그 취득의제 당시의 장부가액을 기준으로 과세표준액을 산출함이 마땅하고, 자산재평가 결정의 소급효에 따라 증액된 장부가액을 기준으로 할 것은 아니다(대법원 83누103, 1983.12.13.). 따

라서 구 「자산재평가법」에 의한 자산재평가의 경우 재평가일 이후부터 재평가결정일 전에 등기를 한다면 과세표준은 재평가가액이 아닌 재평가 전 가액으로 하여야 할 것이다.

한편, 기업회계기준서 등에서 자산을 임의평가가 인정되고 있으므로 이를 자산재평가로 볼 수 있는지 논란이 있다. 즉 종전에는 구 「자산재평가법」에 의한 자산재평가를 전제로 하여 이 규정이 있었는데,[343] 이 법이 폐지되었고, 구 「자산재평가법」이 2000.12.31.까지 재평가 신고를 한 분에 대하여만 적용하도록 하였음에도 계속하여 자산재평가라는 용어를 삭제하지 아니한 점에서 현행 기업회계기준서 등에 의한 임의평가에 의한 자산재평가도 이에 포함되는 것으로 하여야 할 것이다.

ⓛ 감가상각

과세대상 물건을 취득한 후 취득가액(부대비용 포함), 취득세, 등기비용 등을 법인장부에 기재하므로 등록 당시 이 가액을 감가상각하여 그 가액이 변경된 경우에는 변경가액이 과세표준이 된다. 즉 과세대상 물건의 취득가액에서 감가상각누계액을 차감한 장부가액이 변경가액이 되는 것이다.

ⓒ 감액한 경우

감액을 열거하고 있지 아니하므로 감액되기 전의 법인장부가액이 과세표준이 되는 것이다.

ⓡ 상기 ㉠~ⓒ 이외의 사유로 변경된 경우

㉮ 개발부담금

취득일 이후에 공사의 완료로 인하여 수익이 전제가 되는 「개발이익환수에 관한 법률」에 의한 개발부담금은 취득세 과세표준에 포함되지 아니한다. 취득 후 개발부담금을 부담한 경우 법인장부에 취득가액으로 기재하는데, 이 경우 자산재평가나 감가상각을 하지 아니하였다면 변경가액으로 과세표준으로 할 수 없다.

㉯ 등기비용

법인이 과세대상 물건을 유상승계취득한 후 소유권이전등기일 전에 발생한 법무사비용, 인지대, 증지대, 국공채처분손실금 등은 취득가액으로 회계처리되었다 하더라도 그 후에 등록하는 경우 자산재평가나 감가상각을 하지 아니하였다면 과세표준에 포함할 수 없다(지방세정팀-5406, 2007.12.14.).

㉰ 건설자금이자(금융비용자본화)

과세대상 물건 취득 이후 새로이 발생된 이자비용을 법인장부에 계상(이자비용 계정)하

343) 종전의 「자산재평가법」에서는 자산재평가 대상자산을 국내 소재의 사업용 감가상각자산으로서 비업무용 자산은 제외하였다. 다만, 토지·주식 등의 비상각자산은 1983.12.31. 이전 취득분에 대하여는 1984.1.1. 이후 1회에 한하여 재평가를 허용하였다. 1998.4.10.에 개정된 「자산재평가법」은 재평가대상자산의 범위를 대폭 확대하였고 재평가 착수보고를 없애는 등 재평가절차를 간소화하고 재평가일을 매년 4회 중에서 선택할 수 있게 하였다. 다만, 개정된 규정에 의하여 한 번 재평가한 자산은 다시 재평가할 수 없게 하였으며 개정된 「자산재평가법」은 2000.12.31.까지 재평가신고를 한 분에 대하여만 적용하도록 함으로써(§41) 「자산재평가법」은 소멸되었고 이에 따라 「법인세법」도 2001.12.31.에 관련 규정을 삭제하였다.

여 등기·등록 당시 그 가액이 증가한 경우는 "자산재평가 또는 감가상각 등의 사유로 그 가액이 달라진 경우"에 해당한다고 볼 수 없으므로 등록면허세 과세표준에 포함되지 않는 것이다(지방세운영과-2627, 2009.6.30.).

㉣ 지목변경

법인장부 등에 의하여 취득가격이 입증되는 취득에 대한 등록면허세의 과세표준은 등록 당시의 장부상 가격이 아니라 취득 당시의 가격인 사실상의 취득가격에 의하는 것으로 보아야 하므로, 임야를 유상승계취득한 후 대지조성공사를 하여 그 지목을 대지로 변경한 다음 소유권이전등기를 경료한 경우 그 공사비는 해당 토지의 취득시기 이전에 이를 취득하기 위하여 지급하였거나 지급하여야 할 비용에 해당하지 않으므로 토지의 취득에 대한 등록면허세 과세표준인 사실상의 취득가격에 이 공사비를 산입할 수 없다(대법원 93누17010, 1993.12.14.). 현행 지목변경은 취득을 원인으로 하는 등록이므로 지목변경 비용에 대하여 별도의 등록면허세가 과세대상이 아니므로 이 해석은 의미가 없지만, 구 등록세에 대한 해석에는 의미가 있다.

한편, 건축물을 신축하기 위하여 토지형질변경허가를 득하여 준공 후 지목변경등기를 하는 경우는 그 밖의 등기의 세율[6,000원(2013년 이전 3,000원)]을 적용한다.

⑤ **개인이 건축물을 건축하거나 대수선하여 취득하는 경우로서 90% 초과 법인장부로 입증하는 경우(2022년 이전만 적용)**

구분	내용
대상취득	법인이 아닌 자가 건축물을 건축하거나 대수선하여 취득하는 경우로서 취득가격 중 100분의 90을 넘는 가격이 법인장부에 따라 입증되는 경우 ☞ 상기 취득가격 의미가 어떤 것을 말하는지 명확하지 아니하나, 문맥으로 보아 아래 금액의 전체 합계액을 의미하는 것으로 해석하여야 할 것임.
과세표준	아래의 금액을 모두 합산하여 계산한 취득가격 - 법인장부로 증명된 금액 - 법인장부로 증명되지 아니하는 금액 중 「소득세법」 제163조에 따른 계산서 또는 「부가가치세법」 제16조에 따른 세금계산서로 증명된 금액 - 부동산을 취득하는 경우 「주택도시기금법」 제8조에 따라 매입한 국민주택채권을 해당 부동산의 취득 이전에 양도함으로써 발생하는 매각차손(금융회사 등 외의 자에게 양도한 경우에는 동일한 날에 금융회사 등에 양도하였을 경우 발생하는 매각차손을 한도로 함)

⑥ **세무서장이나 지방국세청장으로부터 통보받은 자료 또는 「부동산 거래신고 등에 관한 법률」 제6조에 따른 조사 결과에 따라 확인된 금액보다 적은 경우(2020.1.1.~2022.12.31.만 적용)**

그 확인된 금액

(2) "취득 당시 사실상 취득가격"의 의미

법인장부 등에 의하여 취득가격이 입증되는 취득에 대한 등록면허세의 과세표준은 등록 당시의 장부상 가격이 아니라 취득 당시의 가격인 사실상의 취득가격을 과세표준으로 한다. 여기서 "취득가격"에는 과세대상 물건의 취득시기 이전에 거래 상대방 또는 제3자에게 지급원인이 발생 또는 확정된 것으로서 해당 물건 자체의 가격은 물론 그 이외에 실제로 해당 물건 자체의 가격으로 지급되었다고 볼 수 있거나 그에 준하는 취득절차 비용도 간접비용으로서 이에 포함된다 하겠으므로, 취득 후 등기일 전에 지출된 비용이 취득을 위하여 소요된 비용임이 확인되는 경우에는 이를 등록면허세의 과세표준에 포함된다.

그것이 취득의 대상이 아닌 물건이나 권리에 관한 것이어서 해당 물건 자체의 가격이라고 볼 수 없는 것이라면 과세대상 물건을 취득하기 위하여 해당 물건의 취득시기 이전에 그 지급원인이 발생 또는 확정된 것이라도 이를 해당 물건의 취득가격에 포함된다고 보아 취득세 과세표준으로 삼을 수 없다 할 것으로, 기업회계기준에 따라 건설자금이자가 취득일까지는 자본화되고, 취득일 이후 발생한 건설자금이자는 금융비용으로 회계처리되었다고 하더라도 이는 과세대상 물건과 관련하여 등기·등록 시까지 발생한 사실상 취득가액에 포함되는 것이다(행심 2006-66, 2006.2.27.).

토지 취득 이후 새로이 발생된 이자비용을 법인장부에 계상(이자비용 계정)하여 등기·등록 당시 그 가액이 증가한 경우는 '자산재평가 또는 감가상각 등의 사유로 그 가액이 달라진 경우'에 해당한다고 볼 수 없으므로 등록면허세 과세표준에 포함되지 않는 것이다(지방세운영과-2627, 2009.6.30.). 취득 시의 직·간접비용은 취득세편과 동일하다.

(3) 증축 및 대수선 함께 공사 시 취득 전에 소유권보존등기 시

건축물을 증축 및 대수선 공사 병행하는 때에 취득 전에 대위등기 등으로 소유권보존등기를 하는 경우, 건축물의 면적 증가가 없는 대수선에 따른 공사비에 대하여는 취득 시점에 간주취득세만 과세되고 등기 시 소유권보존에 따른 등록면허세는 과세되지 않으므로, 증축 및 대수선에 따른 총공사비 중 증축에 소요된 비용에 대하여만 등록면허세 과세표준으로 하여야 한다. 이 경우 증축과 대수선 공사비용의 구분이 불분명하다면 증축 또는 대수선 가액(시가표준액) 비율로 안분한 가액으로 하여야 한다(지방세운영과-1656, 2010.4.22.). 즉 건물을 증축하여 증축한 부분을 보존등기한 경우 증축에 소요된 비용만이 등록면허세 과세표준이다(구 지통 27-1).

① **가액이 구분되는 경우**
  구분된 증축 공사비

② **가액이 구분되지 아니하는 경우**
  총공사비 × 증축 건물 연면적 시가표준액 / 전체 건축물 연면적 시가표준액
☞ 일반적으로 "총공사비 × 증축 건물 연면적 / 전체 건축물 연면적"으로 구분하고 있음.

(4) 건물의 종물 또는 부합물에 대한 등록면허세 과세표준

취득세로 통합된 현행 취득세로 일반적으로 과세되고 있으므로 취득세 과세표준에 포함 여부만 결정하면 된다. 그런데 취득 전에 대위등기 등으로 인하여 소유권보존등기 등을 하는 경우에는 종물 또는 부합물에 대한 과세표준 포함 여부가 결정되어야 할 것이다.

「민법」 제100조의 규정에 의하여 물건의 소유자가 그 물건의 상용에 공하기 위하여 자기소유의 다른 물건을 이에 부속하게 한 때에는 그 부속물은 종물에 해당되고 종물은 주물의 처분에 따르는 것이므로, 종물(주유시설 등 시설)은 항시 주물(토지 및 건물)의 처분에 따를 뿐 아니라 주물과 법률적 운명을 같이 하므로 주물에 대한 소유권이 이전하면 종물은 필연적으로 함께 권리 이전이 되는 것이므로 부동산의 등기되지 않은 종물인 저유시설 등 시설 가액도 당연히 주물인 토지 및 건축물의 등록면허세 과세표준에 포함되어야 한다.

따라서 주유소의 주유기와 지하탱크, 가스충전소의 충전기와 가스저장탱크가 건물의 부합물 내지 종물에 해당되는 경우에는 별도로 등기가 되지 아니하더라도 건물의 과세표준 산정에 포함되고, 건물의 부합물 내지 종물에 해당되지 아니하는 경우에는 과세표준에 포함되지 아니한다(행자부 세정 13407-56, 2002.1.17.). 그리고 건물의 급·배수를 위한 옥외설비배관과 각 건물에 부속된 시설 등에 대한 가액은 건물의 과세표준에 포함된다(행자부 세정 13430-65, 2002.1.17.).

한편, 건물의 신·증축과 병행하여 설치되지 않고 단독으로 설치하는 경우에는 등록면허세 과세대상이 되지 아니한다(세정 13407-470, 1996.4.24.).

> **사례** 공장 건물의 부합물, 종물의 범위(감심 2001-44, 2001.4.24.)
>
> 구축물 13종 중 냉가공스키드(2종), 저유조, 저수조, 옥외급수관(2종), 원료야드, 제품야드, 맨홀 등 9종은 공장건물의 상용에 공하기 위하여 설치한 것으로서 해당 건물의 부합물 내지는 종물에 해당하고, 주차장, 울타리담벽, 국기게양대, 후문 바리케이트 등 4종은 공장부지의 상용에 공하기 위하여 그 부지에 설치한 것으로서 해당 부지의 부합물 내지는 종물에 해당됨.

> **사례** 옥외 가스충전시설의 과세표준 포함 여부(감심 92-157, 1992.10.13.)
>
> '옥외 가스충전시설'은 가스 도소매업에 필요한 시설로서 건물과 별도로 독립적으로 설치·운영되고 있는 시설로서 건물의 일부로 볼 수 없다는 취지의 결정이므로 이 사건 구축물의 경우 공장 건물 또는 부지의 일부를 이루는 부합물 내지는 종물에 해당되는 것과는 서로 다르다 할 것임.

(5) 주택의 토지와 건축물 등을 한꺼번에 취득하는 경우

사실상 취득가격이 인정되는 취득(「부동산 거래신고에 관한 법률」 제3조에 따른 신고서를 제출하여 같은 법 제6조에 따라 검증이 이루어진 취득 제외)으로 각각의 취득가격이 구분되는 경우에는 그 가격을 각각의 취득 당시의 사실상 취득가격으로 하되, 주택의 토지와 건축물을 한꺼번에 평가하여 토지나 건축물에 대한 과세표준이 구분되지 아니하는 경우에는 시가표준액(토지는 공시지가, 건물은 「건물 시가표준액 산정지침」에 의해 산정된 가액)에 의하여 주택과 그 이외

부분의 취득가격을 구분한다(지령 §19 ② 참조).

한편, 취득세의 경우 토지와 건축물 등을 한꺼번에 취득하여 토지 또는 건축물 등의 취득가격이 구분되지 아니하는 경우에는 한꺼번에 취득한 가격을 토지와 건축물 등의 시가표준액 비율로 나눈 금액을 각각의 취득가격으로 한다. 다만, 시가표준액이 없는 과세물건이 포함되어 있으면 토지와 건축물 등의 감정가액 등을 고려하여 시장·군수·구청장이 결정한 비율로 나눈 금액을 각각의 취득 당시의 가액으로 한다.

(6) 차량 종류변경

「자동차관리법」의 규정에 의하여 자동차의 형식승인을 받아 해당 목적에 필요한 특수장치를 설치하여 「자동차관리법」에 의한 차량을 취득한 후 특수한 목적에 사용하기 위하여 형식승인을 받아 탱크로리 등 특수 장치를 설치하는 경우 그 설치비용은 등록면허세 과세표준에 포함된다(구지통 27-1).

(7) 채권금액

1) 개요

① 원칙

채권금액으로 과세액을 정하는 경우에 일정한 채권금액이 있을 때에는 채권금액(신청서상의 금액), 일정한 채권금액이 없을 때에는 채권의 목적이 된 것의 가액 또는 처분의 제한의 목적이 된 금액을 그 채권금액으로 본다. 한편, 근저당설정등기의 경우 신청서에 기재하는 채권최고액은 거래의 안전과 후순위 권리자보호의 목적상 특정되어야 하는 등 이때의 채권금액은 근저당권설정 등기신청서상의 채권최고액이 된다(조심 2011지0507, 2012.4.20.).

예를 들어 채권금액은 부동산매매계약을 체결하고 계약금만을 수수한 경우 매수인이 매도인에게 지급한 금액이 되는 것이며(세정 13407-937, 1995.9.29.), 매수인이 부동산매매대금의 일부를 지급하거나 완납한 후 부동산처분금지가처분등기를 설정하는 경우 등록면허세 과세표준은 가처분등기 설정 시점까지 매수인이 거래상대방에게 지급한 금액(계약금이나 중도금 또는 매매대금)이 되는 것이다(지방세정팀-847, 2006.2.28.).

② 이자가 있는 경우

경매신청 시 등록면허세의 과세표준으로 규정한 "채권금액"이란 바로 경매신청서에 기재된 청구금액을 의미하는 것이고, 한편 여기에서의 "채권금액"은 그 용어 자체에서 채권원금뿐만 아니라 원금에 대한 이자도 포함하는 것임이 문리상 명백하므로, 경매신청 시 청구금액에 채권원금 이외에 이자까지 기재하여 신청하였다면 원금뿐 아니라 그 이자 역시 채권금액, 즉 과세표준에 포함된다(대법원 2003두12097, 2004.11.11.). 이 이유는 ① 등록면허세의 과세표준은 등기 당시의 가액을 말하는 것인데 위 채권금액의 개념 속에 채권원리금이 포함된다고 해석하는 이상 담보권실행을 위한 경매에 있어서는 그 이자율이나 상환기간 등이 이미 확정되어 있어서 경매신청 시까지의 이자를 산출하는 것은 아무런 문제가 없으므로 위와 같은 해석이 과세요건 명확주의에 반하지 아니하고, ② 「민사소송법」해석상 경매신청 채권자는 배당기일까지 발생한 이자를 배당받을 수 있는 것이지만 경매신청 시 배당기일까지의 이자가 확정되지 않았다고 하여 경매개시결정기입등기 이전에 발생한 경매신청일까지의 이자를 등록면허세 과세표준이 되는 채권금액에 포함시키지 않아야 할 근거가 될 수는 없으며, ③ 등록면허세와 인지대는 그 성격을 달리 하는 것이어서 「민사소송법」및 「민사소송 등 인지법」에서 소가 산정 시에 이자 등의 부대채권을 제외한다고 하여 이를 근거로 등록면허세 과세표준 산정 시에도 이자를 제외하여야 하는 것은 아니고 이는 경매 현실상 채권자가 그 신청금액을 모두 배당받을 수 없다고 하여도 마찬가지이기 때문이다.

이는 가압류나 가처분의 경우에도 적용될 것이며, 이자금액은 신청일까지의 이자를 포함하면 될 것으로 판단되며, 여기서 신청일은 등기를 신청하는 날까지의 이자를 말하는 것으로(일반적으로 등기 신청일자에 등록면허세 신고를 할 것임), 「민법」의 규정에 따라 초일불산입하여 산정하면 될 것이다.

③ 채권·채무관계가 없는 경우

제3자에게 소유권이 이전된 부동산에 대하여 사해행위취소를 원인으로 한 처분금지가처분등기를 하는 경우 해당 부동산의 소유자와 가처분권자와는 직접적인 채무관계에 있지 아니하여 채권금액을 과세표준으로 할 수 없으므로 처분의 제한이 된 부동산의 가액을 과세표준으로 하는 것이다(세정과-1615, 2004.6.15.).

④ 채권금액 조정 시 환급 여부

일단 공부에 등재되었던 등기가 그 뒤에 원인무효 등의 사유로 말소되었다고 하더라도 이와 같은 사유는 등기에 따른 등록면허세 부과처분에 아무런 영향을 미칠 수 없다 할 것이므로, 경매신청서에 기재된 채권금액으로 하여 임의경매개시결정 등기를 경료한 사실이 확인되는 이상 그후 채권청구금액을 경정하였다고 하더라도 이미 성립한 등록면허세 납세의무에는 아무런 영향을 미칠 수 없다(조심 2011지0507, 2012.4.20.).

⑤ 수개의 부동산에 대하여 1건의 경매·가압류·가처분 신청하는 경우

'1건'이란 등기 또는 등록대상 건수마다를 말한다. 「부동산등기법」등 관계법령에 따라 여러 개의 등기·등록대상을 한꺼번에 신청하여 등기·등록하는 경우에도 또한 같다(지령 §41). 따라서 수개의 부동산에 대하여 1건의 경매·가압류·가처분 신청 시 과세표준 적용은 1건으로 본다(세정 13430-177, 2001.2.15.). 그 이유는 수개의 물건에 대하여 1건으로 가압류신청 등을 한 경우 수개의 물건에 대한 각각의 가압류신청 등을 분할할 수 없을 뿐만 아니라 가압류 등의 목적이 강제집행 보전 등에 있으므로 수개의 물건에 대한 가압류 등의 목적인 청구채권금액은 1건이 되며, 수개의 물건에 대한 가압류 등의 과세표준을 판단함에 있어서 신청서 1건을 기준으로 신청서상의 청구채권금액이 과세표준이 되기 때문이다.

2) '채권목적이 된 것 또는 처분의 제한목적이 된 금액'의 의미

채권금액이 없을 때에는 채권의 목적이 된 것 또는 처분의 제한의 목적이 된 금액을 그 채권금액으로 보는 것이므로 채권금액이 없는 토지처분금지가처분등기 신청 시 등록면허세 과세표준액은 목적부동산 공시지가 전액으로 하는 것이다(지방세정팀-975, 2005.6.1.).

① 저당권

㉠ 저당권 설정

근저당설정등기의 경우 신청서에 기재하는 채권최고액은 거래의 안전과 후순위 권리자보호의 목적상 특정되어야 하고, 당사자 간에 약정이 있다고 하더라도 선택적으로 기재할 수 없는 것이며, 그 약정이 권리 소멸에 관한 것이 아니면 달리 등기할 수도 없다는 점에 비추어 이때의 채권금액은 근저당권설정등기 신청서상의 채권최고액이 된다(조심 2011지0507, 2012.4.20.).

㉡ 저당권 이전

저당권자가 변경되므로 새로운 저당권 설정으로 보아 등록면허세를 과세하여야 한다. 한편, 근저당권설정등기를 필한 후 근저당권의 피담보채권이 확정되지 아니한 상태에서 계약 일부 양도를 원인으로 한 근저당권에 대해 일부 이전 등기를 하는 경우라면 이전되는 지분이나 채권금액의 표시가 없다면 이전부분만의 채권금액을 달리 정할 수 없으므로 채권의 목적이 된 채권최고액 전체, 즉 기존 근저당권의 채권최고액 전액을 등록면허세 과세표준으로 하여야 할 것이다(지방세운영과-2446, 2016.9.22.).

> **사례** 지분이나 채권금액 표시 없이 근저당권 이전 시(지방세정팀-4280, 2006.9.7.)
>
> 근저당권자가 지분표시 없이 공동으로 되어 있는 경우 근저당권양도계약서에 이전되는 지분이나 채권금액의 표시 없이 갑의 지분을 전부 병에게 이전하는 경우에는 공유자의 지분은 균등한 것으로 추정한다는 「민법」 제262조 제2항에 의거 해당 채권액의 2분의 1을 갑의 지분으로 보아 등록면허세를 납부하여야 할 것임.

② 경매신청

채권금액은 부동산 경매신청서상의 청구금액이며 청구금액에 이자가 포함되는 경우에는 등기신청서접수일 현재까지의 이자가 포함된 청구금액이 채권금액이 된다.

부동산 지분에만 경매신청하는 경우 부동산 1/N 지분에 대하여만 경매신청을 할 경우에는 부동산 가액의 1/N이 되어야 할 것으로 판단되지만, 1/N 지분에 대하여 경매신청이 불가능하여 전체 지분에 대하여 경매신청할 수밖에 없다면 부동산 가액 전액이 되어야 할 것이다.

채권자가 경매신청서에 피담보채권의 일부만을 청구금액으로 하여 경매를 신청하였을 경우에는 다른 특별한 사정이 없는 한 채권자의 청구금액은 그 기재된 채권액을 한도로 확정되고 그 후 신청채권자가 채권계산서에 청구금액을 확장하여 제출하는 등 방법에 의하여 청구금액을 확장할 수 없다(대법원 99다11526, 2001.3.23. 등 참조).

사례 그 신청서의 신청원인란에 이자율이나 이자의 액수 및 변제기 등에 관하여 아무런 기재를 하지 않은 채 이자가 연체되고 있다는 사실만 기재한 반면, 장래에 발생할 이자까지 변제에 충당할 의사로 경매를 신청한다는 취지도 전혀 기재하지 않은 사실을 인정할 수 있는바, 이러한 사정에 비추어 보면, 원고의 청구금액은 그 신청서상에 기재된 청구금액을 한도로 확정되었다고 봄이 상당하다. 가사 그렇지 않더라도 원고가 그 신청서상의 청구금액에 포함되었다고 주장하는 이자의 발생근거와 그 후 제출된 채권계산서상의 이자기산일 등이 전혀 다른 점에 비추어 보더라도 원고가 이○○에 대하여 그 신청서상에 기재된 청구금액인 0000원을 초과한 이자채권을 가지고 있다고 볼 수도 없으므로, 원고의 주장은 어느 모로 보나 이유 없음(의정부지법 2012가단52243, 2013.7.26.).

③ 가압류

가압류는 금전채권이나 금전으로 환산할 수 있는 채권에 대하여 동산 또는 부동산에 대한 강제집행을 보전하기 위하여 할 수 있다. 채권이 조건이 붙어 있는 것이거나 기한이 차지 아니한 것인 경우에도 가압류를 할 수 있다. 가압류 신청에는 청구채권의 표시, 그 청구채권이 일정한 금액이 아닌 때에는 금전으로 환산한 금액 등을 기재하여야 한다. 가압류 시 과세표준은 가압류 신청서상의 금액을 기준으로 하며, 금전채무 이외의 채무에 대하여도 마찬가지이다.

한편, 등록면허세는 재산권 기타 권리의 취득·이전·변경·소멸에 관한 사항을 공부에 등기 또는 등록하는 경우에 등기 또는 등록이란 단순한 사실의 존재를 과세물건으로 하여 그 등기 또는 등록을 받는 자에게 부과하는 세금으로서(대법원 2000두7896, 2002.6.28. 참조), 외형상 등기 또는 등록의 요건만 갖추면 과세객체가 충족되는 것이므로 어떤 사유에 의하여 그 등기 또는 등록이 무효 또는 취소가 되어 등기 또는 등록이 말소된다고 하더라도 이미 납부한 등록면허세는 환급되지 않는 것이다(도세과-194, 2008.3.26. 참조). 따라서 등록면허세 납세의무 성립 및 과세대상 해당 여부, 과세표준 등은 공부상의 등기 또는 등록사항을 기준으로 판단하는 것이 타당하다고 할 것이므로 가압류 신청서상의 청구금액을 과세표준으로 하여 등록면허세를 신고납부하였으나 법원의 가압류결정으로 가압류신청서상의 청구금액보다 적은 금액이 채권가액으로 등기되었다면 당초 신고납부한 금액과의 차액은 환급하여야 할 것이다(지방세운영과-2811, 2012.9.7.).

④ 가처분

'가처분'이라 함은 금전채권 이외의 물건·권리를 대상으로 하는 청구권을 보전하거나 쟁의 있는 권리관계에 관하여 법률적·사실적 변경을 방지하기 위해 법원이 행하는 명령을 하는 것을 말하는 것으로서, 그 대상은 부동산 등 개별자산 자체가 아닌 소유권 등의 권리가 되는 것이다.

㉠ 부동산처분금지가처분

부동산에 관한 처분금지가처분은 다툼의 대상이 된 부동산에 대한 등기청구권 등을 보전하기 위하여 하는 것으로서, 일정한 금액의 지급을 목적으로 하는 금전채권은 그 피보전권리가 될 수 없다. 이에 따라 부동산에 관한 경매신청이나 가압류의 경우와는 달리 그 결정문이나 등기촉탁서 등에 청구금액이 기재되지 않는다. 이러한 사정과 등록면허세의 성격 등

을 종합하여 보면, 부동산에 관한 처분금지가처분등기는 '일정한 채권금액이 없을 때'에 해당한다고 봄이 타당하므로, 특별한 사정이 없는 한 그 등기에 의하여 처분이 제한되는 부동산의 가액을 과세표준인 채권금액으로 보아 그에 대한 등록면허세를 산정하여야 한다(대법원 2013I두9683, 2013.2.28.).

☞ 일부에 대한 소유권이전등기청구권이었지만 토지의 분할등기가 이루어지지 않는 이상 토지의 특정된 일부분에 대한 처분금지가처분등기는 허용되지 않으므로 토지 전체에 대하여 처분금지가처분등기를 경료할 수밖에 없었던 점은 인정되나, 이러한 사정 하에서도 엄격한 형식주의를 취하는 등록면허세의 성격에 비추어 보면 등록면허세는 처분금지가처분의 대상이 된 토지의 시가를 과세표준으로 하여야 함(서울행법 2004구합24349, 2004.11.25.).

> **사례** 채권금액이 없는 토지처분금지가처분등기 신청 시 등록면허세 과세표준액은 목적 부동산 공시지가 전액으로 하는 것임(지방세정팀-975, 2005.6.1.).

ⓒ 가처분 일부 취하

일부에 대한 소유권이전등기청구권이었지만 토지의 분할등기가 이루어지지 않는 이상 토지의 특정된 일부분에 대한 처분금지가처분등기는 허용되지 않으므로 토지 전체에 대하여 처분금지가처분등기를 경료할 수밖에 없었던 점은 인정되나, 수개의 물건에 대하여 1건으로 가압류신청 등을 한 경우 수개의 물건에 대한 각각의 가압류신청 등을 분할할 수 없을 뿐만 아니라 가압류 등의 목적이 강제집행 보전 등에 있으므로 수개의 물건에 대한 가압류 등의 목적인 청구채권금액은 1건이 되며, 수개의 물건에 대한 가압류 등의 과세표준을 판단함에 있어서 신청서 1건을 기준으로 신청서상의 청구채권금액이 과세표준이 되는 것이다. 한편, 수개의 물건 중 일부가 가처분을 취하가 가능할 수 있는바, 이 경우 이미 1건에 대하여 가처분이 되어 있는 상태이므로 별도로 가처분을 하여야 필요는 없다고 판단되나, 별도의 가처분이 필요 없다면 등록면허세를 추가로 부담할 이유는 없다고 보여진다. 가처분을 별도로 하여야 한다면 이미 1건의 청구채권금액 기준으로 등록면허세를 신고납부하였으므로 추가로 채권금액으로 하여 등록면허세를 납부할 필요는 없다고 판단된다.

ⓒ 채무자가 아닌 제3자를 상대로 제3자에게 사해행위로 소유권이 이전된 부동산에 부동산처분금지가처분하는 경우

금전채권자가 채무자가 아닌 제3자를 상대로 사해행위취소로 인한 소유권이전등기 말소등기청구권 보전을 위하여 제3자에게 소유권이 이전된 부동산에 대하여 부동산처분금지가처분을 하는 경우의 등록면허세 과세표준은 일정한 채권금액이 없기 때문에 해당 부동산의 가액이 되는 것이다(세정 13430-728, 2001.12.28.).

⑤ **동산담보권**

'동산담보권'이란 담보약정에 따라 동산(여러 개의 동산 또는 장래에 취득할 동산 포함)을 목적으로 등기한 담보권을 말한다(「동산·채권 등의 담보에 관한 법률」§2 2). 법인 또는 「상업등기법」

에 따라 상호등기를 한 사람("법인 등")이 담보약정에 따라 동산을 담보로 제공하는 경우에는 담보등기를 할 수 있고, 여러 개의 동산(장래에 취득할 동산 포함)이더라도 목적물의 종류, 보관 장소, 수량을 정하거나 그 밖에 이와 유사한 방법으로 특정할 수 있는 경우에는 이를 목적으로 담보등기를 할 수 있다. 그런데 다음 어느 하나에 해당하는 경우에는 이를 목적으로 하여 담보등기를 할 수 없다(「동산·채권 등의 담보에 관한 법률」 §3).

ㄱ 「선박등기법」에 따라 등기된 선박, 「자동차 등 특정동산 저당법」에 따라 등록된 건설기계·자동차·항공기·소형선박, 「공장 및 광업재단 저당법」에 따라 등기된 기업재산, 그 밖에 다른 법률에 따라 등기되거나 등록된 동산

ㄴ 화물상환증, 선하증권, 창고증권이 작성된 동산

ㄷ 무기명채권증서 등 대통령령으로 정하는 증권

이러한 동산담보제도는 원자재, 반제품, 재고자산 등 동산, 특허실용신안 등 지식재산권, 채권 등에 대한 소유 및 담보권이 양수인에게 넘어가는 권리관계 변동 사항을 등기담보부에 등록해 부동산처럼 담보로 설정하는 제도인데, 채권금액은 피담보채권 금액이 과세표준이 되는 것이므로 그 범위는 원본(原本), 이자, 위약금, 담보권실행의 비용, 담보목적물의 보존비용 및 채무불이행 또는 담보목적물의 흠으로 인한 손해배상의 채권을 말하며 설정행위에 다른 약정이 있는 경우에는 그 약정에 따른다.

⑥ 채권담보권

'채권담보권'은 담보약정에 따라 금전의 지급을 목적으로 하는 지명채권(여러 개의 채권 또는 장래에 발생할 채권을 포함한다)을 목적으로 등기한 담보권을 말한다(「동산·채권 등의 담보에 관한 법률」 §2 3). 법인 등이 담보약정에 따라 금전의 지급을 목적으로 하는 지명채권을 담보로 제공하는 경우에는 담보등기를 할 수 있고, 여러 개의 채권(채무자가 특정되었는지 여부를 묻지 아니하고 장래에 발생할 채권 포함)이더라도 채권의 종류, 발생원인, 발생 연월일을 정하거나 그 밖에 이와 유사한 방법으로 특정할 수 있는 경우에는 이를 목적으로 하여 담보등기를 할 수 있다. 약정에 따른 채권담보권의 득실변경은 담보등기부에 등기한 때에 지명채권의 채무자("제3채무자") 외의 제3자에게 대항할 수 있다. 또한 담보권자 또는 담보권 설정자(채권담보권 양도의 경우에는 그 양도인 또는 양수인을 말한다)는 제3채무자에게 제52조의 등기사항증명서를 건네주는 방법으로 그 사실을 통지하거나 제3채무자가 이를 승낙하지 아니하면 제3채무자에게 대항하지 못하며, 동일한 채권에 관하여 담보등기부의 등기와 「민법」 제349조 또는 제450조 제2항에 따른 통지 또는 승낙이 있는 경우에 담보권자 또는 담보의 목적인 채권의 양수인은 법률에 다른 규정이 없으면 제3채무자 외의 제3자에게 등기와 그 통지의 도달 또는 승낙의 선후에 따라 그 권리를 주장할 수 있다. 한편, 통지, 승낙에 관하여는 「민법」 제451조 및 제452조를 준용한다(「동산·채권 등의 담보에 관한 법률」 §34~§37).

채권금액은 그 용어 자체에서 채권 원금뿐만 아니라 원금에 대한 이자도 포함하는 것임이 문리상 명백하므로, 청구금액에 채권원금 이외에 이자까지 기재하여 신청하였다면 원금뿐 아니라

그 이자 역시 채권금액, 즉 과세표준에 포함되는 것이다(대법원 2003두12097, 2004.11.11. 참조).

⑦ 지식재산담보권

'지식재산권담보권'은 담보약정에 따라 특허권, 실용신안권, 디자인권, 상표권, 저작권, 반도체 집적회로의 배치설계권 등 지식재산권(법률에 따라 질권(質權)을 설정할 수 있는 경우로 한정)을 목적으로 그 지식재산권을 규율하는 개별 법률에 따라 등록한 담보권을 말한다(「동산·채권 등의 담보에 관한 법률」 §2 4).

지식재산권자가 약정에 따라 동일한 채권을 담보하기 위하여 2개 이상의 지식재산권을 담보로 제공하는 경우에는 특허원부, 저작권등록부 등 그 지식재산권을 등록하는 공적(公的) 장부("등록부")에 이 법에 따른 담보권을 등록할 수 있고, 이 경우에 담보의 목적이 되는 지식재산권은 그 등록부를 관장하는 기관이 동일하여야 하고, 지식재산권의 종류와 대상을 정하거나 그 밖에 이와 유사한 방법으로 특정할 수 있어야 한다. 한편, 약정에 따른 지식재산권담보권의 득실변경은 그 등록을 한 때에 그 지식재산권에 대한 질권의 득실변경을 등록한 것과 동일한 효력이 생긴다. 동일한 지식재산권에 관하여 담보권 등록과 그 지식재산권을 규율하는 개별 법률에 따른 질권 등록이 이루어진 경우에 그 순위는 법률에 다른 규정이 없으면 그 선후에 따른다. 또한, 담보권자는 지식재산권을 규율하는 개별 법률에 따라 담보권을 행사할 수 있다. 그리고 지식재산권담보권에 관하여는 그 성질에 반하지 아니하는 범위에서 동산담보권에 관한 제2장과 「민법」 제352조를 준용한다. 다만, 제21조 제2항과 지식재산권에 관하여 규율하는 개별 법률에서 다르게 정한 경우에는 그러하지 아니하다(「동산·채권 등의 담보에 관한 법률」 §58~§61).

채권금액은 그 용어 자체에서 채권 원금뿐만 아니라 원금에 대한 이자도 포함하는 것임이 문리상 명백하므로, 청구금액에 채권 원금 이외에 이자까지 기재하여 신청하였다면 원금뿐 아니라 그 이자 역시 채권금액, 즉 과세표준에 포함되는 것이다(대법원 2003두12097, 2004.11.11. 참조).

3) 같은 채권등기를 위한 저당권의 목적물이 다른 2가지 이상인 경우

같은 채권을 위한 저당권의 목적물이 종류가 달라 둘 이상의 등기 또는 등록을 하게 되는 경우에 등기·등록관서가 이에 관한 등기 또는 등록 신청을 받았을 때에는 채권금액 전액에서 이미 납부한 등록면허세의 산출기준이 된 금액을 뺀 잔액을 그 채권금액으로 보고 등록면허세를 부과한다. 다만, 그 등기 또는 등록 중 「지방세법」 제28조 제1항 제5호에 해당하는 것(공장재단등기 및 광업재단등기)과 기타의 것이 포함될 때에는 먼저 공장재단등기 및 광업재단등기에 해당하는 것의 등기 또는 등록에 대하여 등록면허세를 부과한다(지령 §46).

4) 같은 채권등기에 대한 담보물 추가 시의 징수방법

같은 채권을 위하여 담보물을 추가하는 등기 또는 등록에 대해서는 그 밖의 등기 또는 등록의 세율로 등록면허세를 각각 부과하므로(지령 §47) 별도의 과세표준은 없는 것이다.

6 세율(지법 §28)

(1) 부동산과 그 권리 등에 대한 등기

1) 개요

구분		과세표준	세율	비고
소유권보존		부동산 가액	0.8%	건축물 면적 증가 포함
소유권이전	유상	부동산 가액	2% (2018년 이후 저율의 주택 유상거래 취득세 세율이 적용되는 주택은 취득세 세율의 50%)	농지 불문
	무상 상속	부동산 가액	0.8%	
	무상 상속 이외	부동산 가액	1.5%	비영리사업자 불문
소유권 외의 물권과 임차권의 설정 및 이전	지상권	부동산 가액	0.2%	2015.7.24. 이후 지상권·전세권을 목적으로 등기하는 경우 포함
	저당권	채권금액	0.2%	
	지역권	요역지 가액	0.2%	
	전세권	전세금액	0.2%	
	임차권	월임대차금액	0.2%	
경매신청		채권금액	0.2%	
가압류		채권금액	0.2%	2015.7.24. 이후 부동산에 관한 권리를 목적으로 등기하는 경우 포함
가처분		채권금액	0.2%	
가등기		부동산 가액 또는 채권금액(2015.7.23. 이전 부동산 가액만)	0.2%	2015.7.24. 이후 부동산에 관한 권리를 목적으로 등기하는 경우 포함
그 밖의 등기		건당	6천 원 (2013년 이전 3천 원)	

☞ 상기 산출세액이 6천 원 미만 시 6천 원(2013년 이전 3천 원 미만 시 3천 원)

소유권보존과 소유권이전은 취득을 수반하지 아니하는 경우에만 해당(수반 시 취득세로 과세)

예 : 건축물을 건축 중 채권보전 목적으로 보존등기, 건축 중에 보존등기된 미완성 건축물 소유권이전

지상권 중 구분지상권 : 해당 토지의 지하 또는 지상 공간의 사용에 따른 건축물의 이용저해율(利用沮害率), 지하 부분의 이용저해율 및 그 밖의 이용저해율 등을 고려하여 행정안전부장관이 정하는 기준에 따라 특별자치시장·특별자치도지사·시장·군수·구청장이 산정한 해당 토지 가액

지역권은 토지의 편익을 위해서 설정한 물권으로 2개의 토지 승역지와 요역지가 있다. 여기서 "요역지"란 지역권 설정 시 편익을 받은 토지를 말하며, "승역지"는 편익을 제공하는 토지를 말한다(지예 법28-1).

2) 소유권보존등기, 소유권이전등기

① 토지의 보존등기

부동산에 대한 소유권보존등기는 미등기된 부동산에 가장 먼저 신청하는 등기가 소유권보존등기이다. 토지 소유권보존등기로 토지의 원시취득인 공유수면, 간척 후에 행해지는 등기가 있는데, 이들은 취득을 원인으로 하는 등기에 해당되어 취득세가 과세될 것이다. 한편, 등록면허세의 소유권보존등기로는 자기소유의 미등기 토지의 점유에 의한 시효취득, 미복구토지, 사정토지 등이 있다.

㉠ 미등기 토지의 시효취득

미등기 토지의 취득시효의 완성으로, 소유권이전등기 절차를 이행하라는 승소판결을 받은 경우 토지의 토지대장에 최후 소유자에 관계없이 판결문에 의하여 소유권보존등기를 할 수 있다. 취득시효를 원인으로 소유권 취득하는 경우에는 「지방세법」 제11조 제1항 제2호(무상취득의 세율인 3.5%)의 규정을 적용하나, 자기소유 미등기 부동산에 대한 취득시효에 따른 소유권보존등기를 하는 경우에는 등록면허세 과세대상으로 「지방세법」 제28조 제1항 제1호 가목의 세율(0.8%)을 적용한다(지예 법28-12 참조).

참고로, 소유권보존등기는 이전등기와 달리 해당 토지의 양도를 전제로 하는 것이 아니어서, 보존등기를 마쳤다고 하여 일반적으로 그 등기명의자가 그 무렵 다른 사람으로부터 점유를 이전받는다고 볼 수 없다. 그렇다면 미등기상태에 있던 토지에 관하여 소유권보존등기를 마친 사실만을 근거로 그때부터 토지를 점유하였다고 볼 수 없다(대법원 2012다201410, 2013.7.11.).[344]

점유취득시효에 대한 주장으로 소송을 제기해서 소유권을 넘겨받아야 하는데, 이 경우 형식은 이전등기 청구방식을 취하는 소송이지만, 「민법」 상 원시취득이기 때문에 소유권보존등기 방식을 취하는 것이다(통설과 판례). 그런데 다수설은 이전등기 방식을 취한다는 것이다.

---

344) 물건에 대한 점유란 사회관념상 어떤 사람의 사실적 지배 아래에 있는 객관적 상태를 말하는 것으로서, 사실적 지배가 있다고 하기 위해서는 반드시 물건을 물리적, 현실적으로 지배하는 것만을 의미하는 것이 아니고, 물건과 사람과의 시간적, 공간적 관계와 본권 관계, 타인지배의 배제 가능성 등을 고려하여 사회관념에 따라 합목적적으로 판단하여야 한다. 특히 임야에 대한 점유의 이전이나 점유의 계속은 반드시 물리적이고 현실적인 지배를 요한다고 볼 것은 아니고, 관리나 이용의 이전이 있으면 인도가 있었다고 보아야 하고, 임야에 대한 소유권을 양도하는 경우라면 그에 대한 지배권도 넘겨지는 것이 거래에서 통상적인 형태라고 할 것이다. 또한 대지의 소유자로 등기한 자는 보통의 경우 등기할 때에 대지를 인도받아 점유를 얻은 것으로 보아야 하므로 등기사실을 인정하면서 특별한 사정의 설시 없이 점유사실을 인정할 수 없다고 판단해서는 아니 된다. 그러나 이는 임야나 대지 등이 매매 등을 원인으로 양도되고 이에 따라 소유권이전등기가 마쳐진 경우에 그렇다는 것이지, 소유권보존등기의 경우에도 마찬가지라고 볼 수는 없다.

ⓛ 미복구 토지

국가가 일본인 소유재산으로 판단하여 일간 신문에 공고, 관보게재 후 귀속한 재산은 국가가 소유권이전등기하여야 하나 미등기 토지인 관계로 소유권보존등기를 하는 경우가 많다. 1975.12.31. 전부 개정된 「지적법」(법률 제2801호, 이하 "개정 「지적법」")이 시행된 이후 비로소 토지대장의 소유자에 관한 사항은 부동산등기부나 확정판결에 의하지 아니하고서는 복구등록할 수 없도록 하는 규정[「지적법 시행령」(1976.5.7. 대통령령 제81110호) §10, 부칙 §6]이 생긴 점 등에 비추어, 위 개정 「지적법」이 시행되기 이전에 소관청이 아무런 법적 근거 없이 과세의 편의상 임의로 복구한 토지대장에 소유자 이름이 기재되어 있다 하더라도, 그 기재에는 권리추정력을 인정할 수 없다(대법원 91다6399, 1992.1.21. 등 참조). 또한 개정 「지적법」 시행 이후 새로 작성된 카드화된 토지대장에 위와 같이 권리추정력이 인정되지 않는 종전 토지대장의 소유자란의 기재가 그대로 옮겨 적어졌다면, 그 새로운 토지대장의 소유자에 관한 사항에도 마찬가지로 권리추정력은 없다고 보아야 한다(대법원 2013다202878, 2013.7.11.).

ⓒ 사정토지

명의신탁된 사정토지로 미등기된 토지를 판결문상 소유권이전등기지만 미등기 토지이므로 보존등기를 해야 하는 경우 사정토지로 소유권보존등기를 하여야 한다면 취득세 세율은 2.8%이나, 취득일이 2010.12.31. 이전인 경우에는 취득세와 구 등록세를 구분하여 신고납부하여야 한다. 그런데 보존등기를 선행한 후에 이전등기를 하여야 하는 경우 소유권보존에 따른 등록면허세 또는 구 등록세를 신고납부한 후에 무상이전에 따른 취득세를 신고납부하여야 할 것이다.

② 건물의 소유권보존등기

소유권은 물권 중의 하나로 건물의 소유권은 물권으로 등기하여야 득실변경의 효력이 생기므로 최초에 하는 등기를 보존등기라 한다. 따라서 건물을 신축하여 준공(건축물대장 발급)이 완료되면 한 달 이내에 건축물 보존등기를 마쳐야 하지만, 현행 「부동산등기법」 상에는 보존등기에 대한 강제조항은 없다.

등록면허세 소유권보존 등의 등기 세율 적용 대상은 건축물 최초 납세의무 성립시점인 원시취득 전에 소유권보존등기 또는 소유권이전등기를 하는 경우 취득과 무관한 등기를 하는 경우로 등록면허세를 납부하고 등기를 하기 위한 것으로 건축물 준공 전 타인(채권보전 목적으로 채권자가 하는 경우가 일반적임)에 의하여 대위등기하는 경우 등이 이에 해당된다.

따라서 건축물 준공 전 소유권보존등기 또는 소유권보존등기된 미완성 건축물을 소유권이전등기하는 경우 등록면허세를 신고납부하고, 건축물 취득 시에 「지방세법」 제15조 세율특례를 적용하여 중과기준세율(구 취득세분)만 신고납부하면 된다.

한편, 상속인이 상속으로 인한 등기행위를 생략하고 소유권보존등기를 하는 경우 상속으로 인한 취득세 납세의무만 있을 뿐 소유권보존등기에 따른 등록면허세의 납세의무는 없는 것이다(지

방세운영과-868, 2019.4.2.).

3) 사업시행자가 토지개발사업 완료 후 조성된 토지의 소유권보존등기

'소유권의 보존'이란 미등기 부동산에 대하여 최초로 등기를 하는 것을 말하는 것으로서, 이미 등기가 되어 있는 토지에 대하여 종전 등기부에 표시변경을 할 수 없어 불가피하게 종전 등기부를 말소하고 새로이 등기부를 개설하는 소유권보존등기는 그 형식만이 소유권보존등기일 뿐으로, 사업시행자가 토지개발사업 완료 후 토지등기부 정리를 위해 토지개발사업의 시행으로 조성된 토지에 대해 소유권보존등기라는 형식으로 등기를 하는 것은 본래 토지 표시변경등기를 하여야 할 것을 지적공부 정리 방식의 특수성으로 인하여 그 표시변경등기의 형식으로 할 수 없어 불가피하게 소유권보존등기라는 형식을 차용하여 등기를 하는 것이므로, 이를 「지방세법」 제28조 제1항 제1호 가목의 "소유권의 보존"에 해당된다고 볼 수는 없어 그 밖의 등기(마목)에 해당하는 세율을 적용하여야 한다. 이는 「지방세법」 상 '취득'이라 함은 매매, 교환 등과 기타 이와 유사한 취득으로서 원시취득, 승계취득 또는 유상·무상을 불문한 일체의 취득을 말하는바, 사업시행자가 토지개발사업 완료 후 토지등기부 정리를 위해 토지개발사업의 시행으로 조성된 토지에 대해 소유권보존등기를 한다고 하여 이때 새로운 취득이 이루어져 취득세 납세의무가 성립된다고 볼 수는 없다(세정과-4601, 2007.11.6.).

> **사례** 토지개발사업 완료 후 소유권보존등기 등록면허세 세율(지방세운영과-336, 2014.12.19.)
>
> 「도시개발법」 및 「택지개발촉진법」 등에 따른 개발사업으로 인해 종전 지적공부가 폐쇄되고 새로 지적공부가 작성되면서 소유권의 등기명의인이 종전 토지에 대해 말소등기를 하고 새로운 토지에 대해 소유권보존등기를 하는 경우에는, 그 형식만이 소유권보존등기일 뿐 관련법령 등에 따라 불가피하게 종전 지적공부를 폐쇄하고 새로이 지적공부를 개설하여 소유권보존등기를 하는 것이므로 등기방식의 특수성 등을 감안하여 「지방세법」 제28조 제1항 제1호 마목(그 밖의 등기)에 따른 세율(건당 6천 원)을 적용하는 것이 타당하다고 판단됨.

4) 전세권 등 채권에 대한 저당권 설정

권리질권 등기인 저당권으로 담보한 채권을 질권의 목적으로 부기등기를 신청하는 경우 등록면허세 세율은 저당권의 세율이 아닌 법 제28조 제1항 제1호 마목[그 밖의 등기 6,000원(2013년 이전 3,000원)]의 규정에 의한 세율이 적용되는 것이다라고 지방세실무해설(2012.2월 발행 – 지방행정연수원/시도공무원교육원) 책자에 기록되어 있었다. 그런데 유권해석(지방세운영과-889, 2012.3.22.)에 따르면 "전세권 등 각종 권리에 대한 저당권 설정이나 가처분의 경우에는 채권금액의 1천분의 2에 해당하는 세율에 의해 등록면허세가 과세되어야 한다"라고 해석하고 있어서 이는 종전 해석과 지방세실무해설 책자의 내용과 배치되는 것이다. 이에 대하여 2015.7.24. 법을 개정하여 채권금액의 0.2% 세율을 적용하는 것으로 명확히 하고 있다.

종전 해석의 취지는 부동산에 직접으로 하는 등기와는 다른 것으로 보아 세율을 적용하라는 것인데, 전세권 등 각종 권리에 대한 저당권 설정이나 가처분의 경우에도 부동산에 표시되므로 이를 동일한 세율을 적용하여야 한다는 것으로 이해된다. 엄밀히 말하면 부동산에 표시되지만 부동산 자체에 대한 질권 등 설정이 아니라 전세권 등의 다른 물권 등에 대한 질권설정 등이므로 이 둘을 동일하게 세율을 적용하는 것은 문제가 있다고 판단된다.

5) 소유권이전등기청구권에 대한 압류나 가압류

소유권이전등기청구권에 대한 압류나 가압류는 채권에 대한 것이지 등기청구권의 목적물인 부동산에 대한 것이 아니고, 채무자와 제3채무자에게 결정을 송달하는 외에 현행법 상 등기부에 이를 공시하는 방법이 없는 것으로서 해당 채권자와 채무자 및 제3채무자 사이에만 효력을 가지며, 압류나 가압류의 처분금지적 효력을 주장할 수 없으므로, 소유권이전등기청구권의 압류나 가압류는 청구권의 목적물인 부동산 자체의 처분을 금지하는 대물적 효력은 없다 할 것이고, 제3채무자나 채무자로부터 소유권이전등기를 넘겨받은 제3자에 대하여는 취득한 등기가 원인무효라고 주장하여 말소를 청구할 수 없다."라고 판시하였는 바(대법원 92다4680, 1992.11.10.),[345] 소유권이전등기청구권에 대한 압류나 가압류는 채권에 대한 것으로 현행법 상 등기부에 이를 공시하는 방법이 없다면 부동산등기에 해당되지 아니하는 것으로 보아야 할 것이다. 따라서 소유권이전등기청구권에 대한 압류나 가압류가 등기사항에 해당한다면 「지방세법」 제28조 제1항 제14호에 의한 건당 12,000원(2013년 이전 6,000원)의 세율을 적용하여야 할 것으로 판단된다.

한편, 부동산에 관한 처분금지가처분은 다툼의 대상이 된 부동산에 대한 등기청구권 등을 보전하기 위하여 하는 것으로서, 일정한 금액의 지급을 목적으로 하는 금전채권은 그 피보전권리가 될 수 없다. 이에 따라 부동산에 관한 경매신청이나 가압류의 경우와는 달리 그 결정문이나 등기촉탁서 등에 청구금액이 기재되지 않는다. 이러한 사정과 등록면허세의 성격 등을 종합하여 보면, 부동산에 관한 처분금지가처분등기는 일정한 채권금액이 없을 때'에 해당한다고 봄이 타당하므로, 특별한 사정이 없는 한 그 등기에 의하여 처분이 제한되는 부동산의 가액을 과세표준인 채권금액으로 보아 그에 대한 등록면허세를 산정하여야 한다(대법원 20131두9683, 2013.2.28.)라고 판시하고 있어서 세율은 0.2%를 적용하는 것이다.

> **사례** 소유권이전등기청구권은 채권에 해당됨(징세 46101-273, 1999.10.20.)
> 체납자가 부동산매매계약을 체결하고 잔금을 아직 청산하지 않은 경우 매도자의 승낙이 없는 한

---

345) 소유권이전등기청구권에 대한 압류나 가압류는 채권에 대한 것이지 등기청구권의 목적물인 부동산에 대한 것이 아니고, 채무자와 제3채무자에게 결정을 송달하는 외에 현행법 상 등기부에 이를 공시하는 방법이 없는 것으로서 해당 채권자와 채무자 및 제3채무자 사이에만 효력을 가지며, 압류나 가압류의 처분금지적 효력을 주장할 수 없으므로, 소유권이전등기청구권의 압류나 가압류는 청구권의 목적물인 부동산 자체의 처분을 금지하는 대물적 효력은 없다 할 것이고, 제3채무자나 채무자로부터 소유권이전등기를 넘겨받은 제3자에 대하여는 취득한 등기가 원인무효라고 주장하여 말소를 청구할 수 없다."라고 하였으며(대법원 1992.11.10. 선고, 92다4680 전원합의체 판결), "제3채무자가 압류결정을 무시하고 이전등기를 이행하고 채무자가 다시 제3자에게 이전등기를 경료하여 준 결과 채권자에게 손해를 입힌 때에는 불법행위를 구성하고 그에 따른 배상책임을 지게 된다(대법원 2000.2.11. 선고, 98다35327 판결, 대법원 2002.10.25. 선고, 2002다39371 판결).

체납자를 대위한 대위등기는 할 수 없으나, 이 경우 체납자는 자기 앞으로 소유권이전등기가 경료될 때까지 매도인에 대하여 조건부매매대금반환청구권 또는 조건부 소유권이전등기청구권을 갖는 바, 이러한 권리는 청구권인 채권에 해당하므로 세무서장은 「국세징수법」 제41조 및 같은 법 시행령 제45조의 규정에 의하여 압류할 수 있는 것임.

6) 저당권의 채무자 명의변경

저당권설정등기상 채무자변경은 단순한 표시변경등기로서 「지방세법」 제28조 제1항 제1호 마목, 제2호 다목, 제3호 라목, 제4호 라목의 규정에 의한 세율이 적용된다(지예 법28-2).

7) 담보가등기

「가등기담보 등에 관한 법률」을 살펴보면 이 법은 차용물(借用物)의 반환에 관하여 차주(借主)가 차용물을 갈음하여 다른 재산권을 이전할 것을 예약할 때 그 재산의 예약 당시 가액(價額)이 차용액(借用額)과 이에 붙인 이자를 합산한 액수를 초과하는 경우에 이에 따른 담보계약(擔保契約)과 그 담보의 목적으로 마친 가등기(假登記) 또는 소유권이전등기(所有權移轉登記)의 효력을 정함을 목적으로 한다라고 규정되어 있고, '담보계약'이란 「민법」 제608조에 따라 그 효력이 상실되는 대물반환(代物返還)의 예약[환매(還買), 양도담보(讓渡擔保) 등 명목(名目)이 어떠하든 그 모두를 포함한다]에 포함되거나 병존(並存)하는 채권담보(債權擔保) 계약을 말한다라고 규정하고 있다(§1, §2).

'담보가등기'란 채권담보의 목적으로 하는 가등기를 말한다. '가등기(假登記)'란 부동산 물권 또는 부동산임차권의 변동을 목적으로 하는 청구권을 보전하려고 하는 경우와 이들 청구권이 정지조건부이거나 기타 장래에 있어서 확정될 것인 경우에 본등기(本登記)의 순서확보를 위하여 하는 등기이나 채권담보용으로 사용하는 것이 대부분이며, 이외에 체납처분 회피용으로도 활용되고 있다. 가등기담보라는 용어는 이와 같이 가등기가 담보용으로 사용됨에 따라 판례에서 인정되었으며, 이에 따라 「가등기담보 등에 관한 법률」이 제정되어 '담보가등기'를 법률로 정하게 된 것이다. 채권자가 담보계약에 의하여 담보가등기를 하면 담보계약에 따라 담보권을 실행하여 목적부동산을 취득할 수 있다.

소유권이전 등의 청구권을 보존하기 위한 가등기에 해당하는 경우에는 「지방세법」 제28조 제1항 제1호 라목의 2) 규정(가등기 : 부동산 가액의 1천분의 2)을 적용하며, 「가등기담보 등에 관한 법률」에 의한 담보가등기는 저당권등기의 일종으로서 「지방세법」 제28조 제1항 제1호 다목의 2) 세율(저당권 : 채권금액의 1천분의 2)을 적용한다(지예 법28-3).

8) 취득세 부과제척기간 경과 후 등록면허세 과세 여부

2018년 이후 등록면허세 취득세 부과제척기간이 경과된 경우 등록면허세 과세대상이 되는 것으로 규정하고 있으나, 2017년 이전은 과세대상에 분법이 되면서 기존 취득관련 등록세가 취득세로 통합되었고, 「지방세기본법」 제38조 제1항 제3호에서 납세자가 사기나 그 밖의 부정한 행위로 지방세를 포탈한 경우가 아니라면 취득세 부과제척기간은 5년으로 규정하고 있으며, 그 부과제척기간이 만료되는 경우에는 취득세를 부과할 수 없다고 규정하고 있으므로 상속, 건축물 신·증축 등으로 과세대상물건 취득 후 부과제척기간이 경과한 경우라면 취득세를 과세할 수 없고, 아울러 등록면허세 과세대상은 취득과 무관한 등기가 과세대상이므로 등록면허세도 과세대상이 아니다(지방세운영과−559, 2011.2.7.)라고 해석한 바 있었고, 대법원판례(2017두35684, 2018.4.10.)의 취지에 따르면 과세되지 아니할 것이다.

사례 **증축 후 5년이 경과한 후 증축관련 등기 시 취득세 및 등록면허세 과세대상인지 여부**

2021.1.1.	2022.7.	2023.7.	2024.7.	2025.7.	2026.7.
▲	▲	▲	▲	▲	▲
건축물 준공	건축물 재산세 납부	건축물 재산세 납부	건축물 재산세 납부	건축물 재산세 납부	건축물 증축 등기

「지방세기본법」 제38조에서 취득세의 부과제척기간은 취득세 신고기한의 다음 날부터 5년이 경과한 때 종료되므로 위의 경우에는 취득세 부과제척기간이 경과되어 취득세를 과세할 수 없음. 아울러 취득과 유관한 등기에 해당되지만, 2018년 이후에는 등록면허세 과세대상임.

9) 원인무효에 의한 취득세 부과취소 시 등록면허세 과세 여부

원인무효에 의하여 취득세가 부과취소되어 환급이 되는 경우 등기를 이행하였으므로 이를 취득을 원인으로 하지 아니한 등록이라고 할 수도 있어서 등록면허세 과세대상이라고 할 수도 있으나, 당초 취득을 원인으로 하는 등록 자체를 무효화하는 것이므로 취득을 원인으로 하여 발생된 등록이 취득 원인이 말소되었다면 당초부터 이를 취득을 원인으로 하지 아니한 등록으로 볼 수 있느냐는 문제가 있다는 것이다. 즉 취득을 원인으로 한 등록이 말소가 된 경우에는 등록면허세를 부과하겠다는 규정이 없는바, 법률에 정하지 아니하고 이러한 논리로 등록면허세를 부과하는 것은 잘못인 것이다라고 해석할 수 있다. 이에 대하여 대법원은 2010.3.31. 개정된 「지방세법」에서 취득세의 세율을 종래의 취득세와 등록세를 합산한 것으로 조정하고, 구 「지방세법」 제28조 제1항 제1호 나목에서 부동산 소유권이전등기에 대한 등록면허세의 세율을 규정하여 두고 있기는 하지만, 조세법률주의 원칙상 이러한 사정만으로 등록면허세의 과세대상을 취득을 원인으로 등기가 이루어진 후 등기의 원인이 무효로 밝혀진 경우까지 확대할 수는 없다. 이러한 「지방세법」의 개정취지, 관련 규정들의 문언과 체계 등을 종합하면, 구 「지방세법」 제6조 제1호에서 정한 취득이라면 취득세의 과세 여부만 문제될 뿐 등록면허세의 과세대상은 아니라고 할 것이고, 그 취득을 원인으로 등기가 이루어진 후 등기의 원인이 무효로 밝혀져 취득세 과세대상에 해당하지 않더라도 등록면허세 납세의무가 새롭게 성립하는 것은 아니다(대법원 2017두35684, 2018.4.10.)라고 판시하고 있다.

10) 무효인 명의신탁 약정에 따라 진정명의회복을 원인으로 한 소유권이전 시 세율

법원은 이 건 부동산에 대하여 진정명의회복을 원인으로 한 소유권이전등기절차를 이행하라

고 판결한바, 이는 소유권을 취득한 자가 그 대가를 지급하지 아니하고 형식적으로 소유권이전등기를 이행하는 것이므로 「지방세법」에서 규정한 소유권이전등기 중 '무상으로 인한 소유권 취득에 기한 부동산 등기'로 보아 「지방세법」 제28조 제1항 제1호 나목에 따른 1,000분의 15 세율을 적용하는 것이다(서울고법 2013.9.5. 선고, 2013누4929 판결 참조)(부동산세제과-3221, 2024.9.20.).

11) 적용 사례

① 「주택법」 제40조 제3항 및 제4항에서 사업주체는 주택건설대지와 건설된 주택에 대하여 소유권보존등기 시 "입주예정자의 동의 없이는 양도하거나 제한물권을 설정하거나 압류 등의 목적물이 될 수 없는 재산"임을 표시하는 부기등기를 하도록 규정하고 있고, 대법원 등기예규 제1101호(「주택법」 제40조 제3항의 규정에 따른 금지사항의 부기등기에 관한 업무처리지침)에서 해당 부기등기는 입주자 모집공고 승인신청을 받은 시점에 따라 소유권보존등기 신청과 동시에 신청ㆍ등기되거나 소유권보존등기 이후에 별도로 등기되는 것이며 해당 부기등기에 대하여 별도로 부기등기의 변경이나 말소등기가 이루어지도록 하고 있으므로 해당 금지사항 부기등기는 소유권보존등기와 별개의 등기행위로 보아야 할 것으로서 「주택법」 제40조 제3항 규정에 따라 사업주체가 소유권보존등기와 동시에 금지사항 부기등기를 하는 경우 해당 부기등기는 부동산등기 중 그 밖의 등기에 따른 세율[건당 6,000원(2013년 이전 3,000원)]이 적용되는 것이다(지방세정팀-262, 2006.1.23.).

② 피합병법인 명의로 된 근저당권자를 합병법인 명의로 근저당권자 변경등기하는 경우는 「지방세법」 제28조 제1항 제1호 다목(소유권 외의 물권과 임차권의 설정 및 이전)의 세율이 적용된다(지예 법28-12).[346] 이는 엄밀히 말하면 부동산에 표시되지만 부동산 자체에 대한 질권 등 설정이라 하더라도 소유권이전등기가 아닌 저당권 등기에 해당되기 때문이다. 따라서 저당권 등기의 세율인 채권금액의 2/1,000가 적용되는 것으로 해석하여야 할 것이다.

③ 주택건설사업자가 주택건설용 토지에 대한 소유권이전등기를 필한 후 이를 다시 주택건설사업자가 자기명의로 주택 동호별로 지분등기를 경료하는 경우에는 「지방세법」 제28조 제1항 제1호 마목(그 밖의 등기)의 규정에 의한 세율이 적용된다(지예 법28-12).

④ 건축물의 개수로 인하여 건축물 면적의 증가 없이 이미 등기된 주요 구조부 사항의 표시를 위한 변경등기를 하는 경우에는 「지방세법」 제28조 제1항 제1호 마목(그 밖의 등기) 규정에 의한 세율을 적용한다(지예 법28-12).

⑤ 등기 당시에 착오로 인하여 실제상의 건물 등 표시를 잘못 등기하였다가 다시 정정등기함이 판결에 의하여 명백하게 입증될 경우에는 「지방세법」 제28조 제1항 제1호 마목(그 밖의 등기) 규정에 의한 세율을 적용한다(지예 법28-12).

---

346) 2015.12.31. 이전에는 「지방세법」 제28조 제1항 제1호 나목(소유권이전등기)이라고 규정하고 있었는데, 이는 구 「지방세법 운용세칙」 131-1 제3호에 의하면 "법인의 흡수합병으로 인하여 피합병법인의 부동산을 합병법인의 명의로 하는 소유권이전등기는 법 제131조 제1항 제2호(무상취득 소유권 취득등기)의 규정에 의거 1.5% 세율이 적용되며, 피합병법인 명의로 된 근저당권자를 합병법인 명의로 근저당권자 변경등기하는 경우는 법 제131조 제1항 제6호(저당권 등기)의 세율이 적용된다"라고 규정한 바 있기 때문이다.

⑥ 부동산 임차권의 설정 및 이전등기시의 세율은 월임대차금액의 1,000분의 2로 하고 그 세액이 6,000원(2013년 이전 3,000원) 미만인 때에는 6,000원(2013년 이전 3,000원)으로 하도록 규정하고 있는바, 당사자의 신청에 의한 임차권설정등기의 경우와 임차권등기명령에 의한 주택임차권등기의 경우 차임(매월 임대차지급액)이 있는 경우에는 월임대차금액의 1,000분의 2를 적용하고, 차임이 없는 경우와 차임이 있는 경우로서 그 세액이 3,000원 미만일 경우에는 6,000원(2013년 이전 3,000원)의 세율을 적용하는 것(대법원 임차권등기에 관한 업무처리지침 2002.11.1. 등기예규 제1059호 참조)이다(세정과-292, 2004.3.4.).

⑦ 「입목에 관한 법률」에 따라 입목 등기를 하여 부동산으로 간주된다 하더라도 등록세 규정에서는 토지와 건축물에 대하여만 부동산등기의 세율을 적용하도록 하고 있으므로 「지방세법」 제28조 제1항 제14호의 세율[12,000원(2013년 이전 6,000원)]을 적용하여야 할 것이다(지방세운영과-2585, 2008.12.8.).

⑧ 전세권 설정자인 갑과 전세권자인 을(한국장애인복지시설협회)이 전세권 설정등기 후 관계법령의 개정으로 장애인생산시설에 대한 운영주체가 한국장애인복지시설협회에서 한국장애인직업재활시설협회로 변경됨에 따라 기존에 설정된 전세권을 을에서 병(한국장애인직업재활시설협회)으로 이전하는 경우에는 을을 등기의무자로 하여 병에게 전세권 이전등기가 이행되는 것이므로 전세권 세율(전세금액의 0.2%)을 적용하여 등록면허세를 납부하여야 한다(지방세운영과-1096, 2008.9.9.).

⑨ 부동산 전세권설정등기가 된 상태에서 임차기간의 종료로 임차기간연장과 동시에 전세금액을 증액 등기하는 경우의 등록면허세 과세표준은 증액분 전세금액의 0.2%의 세율이 적용되며(세정 13407-1424, 1996.12.12.), 전세금의 변동없이 전세권존속기간을 변경하여 이를 등기하는 경우 부동산등기 중 그 밖의 등기의 세율[6,000원(2013년 이전 3,000원)]을 적용한다(세정 13407-542, 1999.5.6.).

⑩ 임차권 설정 및 이전 시 과세표준인 월임대차금액에는 임차보증금과 월임대차금액을 합한 금액으로 해석(세정 13430-184, 1999.11.20.)하여 왔으나, 임차보증금을 제외한 월임대차금액만 과세표준으로 하는 것이다(세정과-1301, 2004.5.25.). 여기서 월임대차금액은 부가가치세를 제외한 금액으로 하여야 할 것이다.

⑪ 아파트 명칭 변경등기 신청은 동(棟)별 1회(동(棟)별 표제부)로 족하고, 이에 따른 등기사항의 변경은 동(棟)별로 이루어지는 것이므로 등록분 등록면허세는 1개의 동(棟)을 기준으로 판단하는 것이다(지방세운영과-2582, 2018.10.31.).

(2) 선박 등기 또는 등록[347]

구분	과세표준	세율	비고
소유권보존 (2015.7.24. 이후 소유권 등기 또는 등록)	선박가액	0.02%	
저당권 설정·이전 등기 또는 등록 [2015.7.24. 이후 적용(이전은 2006년 이후)]	채권금액	0.02%	소형선박 포함
그 밖의 등기(2015.7.24. 이후 등록 포함)		15,000원 (2013년 이전 7,500원)	

☞ 선박 소유권 등기 또는 등록은 취득을 수반하지 아니하는 경우에만 해당(수반 시 취득세로 과세). 2014년 이전에는 소유권보존만 과세됨.

선박의 최초 납세의무성립 시점인 원시취득 전에 소유권보존등기 또는 소유권이전등기를 하는 경우 취득과 무관한 등기를 하는 경우로 등록면허세를 납부하고 등기를 하기 위한 것으로 선박 완성 전 타인에 의하여 대위등기하는 경우 등이 이에 해당되는데, 이 경우에는 등록면허세 고지서만 발부하고, 「지방세법」 제15조 제2항 제7호와 같은 법 시행령 제30조 제5호에 따라 추후 완성 후 취득일 도래한 후 취득세(구 취득세분) 고지서를 발부하여야 할 것이다.

1) 선박등기

「선박법」 제8조 제1항의 규정에 의거 한국 선박의 소유자는 선박의 등기를 한 후 선적항을 관할하는 지방청장에게 해당 선박등록을 신청하여야 하는바, 여기서 선박의 범위는 「선박법」 제1조의 2에 의거 기선, 범선, 부선을 선박의 종류로 보고 있다. 총톤수 20톤 이상의 기선과 범선 및 총톤수 100톤 이상의 부선에 대하여 이를 적용하나, 선박계류용·저장용 등으로 사용하기 위하여 수상에 고정하여 설치하는 선박에 대하여는 적용하지 아니한다(「선박등기법」 §2).

총톤수 20톤 기준으로 총톤수 20톤 이상인 선박은 「선박등기법」에 의거 소유권, 저당권, 임차권을 등기할 수 있으나, 「선박법」 제1조의 2 소형선박과 선박계류용·저장용 등으로 사용하기 위하여 수상에 고정하여 설치하는 선박에 대하여는 등록만을 할 수 있다.

선박등기는 「선박등기법」 제3조의 규정에 의거 '소유권, 저당권, 임차권'의 설정·보존·이전·변경·처분의 제한 또는 소멸에 대하여 할 수 있다. 따라서 소유권·저당권·임차권 이외의 물권인 질권 등은 선박등기대상에 해당되지 아니한다.

2) 소형선박에 대한 등록면허세 과세 여부

「선박등기법」 제2조(적용 범위)에 "이 법은 총 톤수 20톤 이상의 기선(機船)과 범선(帆船) 및 총톤수 100톤 이상의 부선(艀船)에 대하여 적용한다. 다만, 「선박법」 제26조 제4호 본문에 따른 부선에 대하여는 적용하지 아니한다"라고 규정되어 있다.[348] 이 규정에서 선박등기는 소형선박

---

347) 2015.7.24. 이후부터 등록도 적용되나, 그 전에는 등기만 적용되었음.

이외의 선박(총톤수 20톤 이상인 부선 중 선박계류용·저장용 등으로 사용하기 위하여 수상에 고정하여 설치하는 부선 제외, 단, 제외되는 부선 중 「공유수면관리법」 제5조에 따른 점용 또는 사용 허가나 「하천법」 제33조에 따른 점용허가를 받은 수상호텔, 수상식당 또는 수상공연장 등 부유식 수상구조물형 부선 포함)은 선박등기를 하여야 하나, 소형선박은 「선박법」 제8조에 의하여 선박등록을 하여야 한다.

「지방세법」 제28조 제2호에 선박 등기에 「선박법」 제1조의 2 제2항에 따른 소형선박을 포함한다라고 규정하고 있으나, 이는 「선박등기법」과 배치되는 내용으로 소형선박에 대하여는 등기가 아닌 등록만을 할 수 있다는 점에서 2014년 이전 법조문에 등록을 표시하지 않는 것은 실수(?)인 것으로 판단된다. 소형선박을 표시한 당초 법의 취지는 소형선박에 대한 등록도 등록면허세 과세 대상으로 하고자 한 것으로 판단된다. 그런데 2015.7.24. 이후부터는 등록을 표시하여 이러한 문제를 해결하였다.

참고로, 구 「지방세법」에서는 선박등기하는 경우 구 등록세를 부과하였으며, 소형선박으로 등록시 구 등록세(선박 가액의 1천분의 0.2)를 부과하였다(구 지법 §134). 그런데 소형선박으로의 등록 이외 경우(예 : 저당권 설정) 구 등록세를 부과하지 아니하였다.

3) 선박등기와 건설기계 등록

「선박법」 제26조에서는 「건설기계관리법」 제3조의 규정에 따라 건설기계로 등록된 준설선은 「선박법」에 의한 등기·등록 규정을 적용받지 아니하도록 규정하고 있다. 「선박법」(일부 개정 2007.8.3. 법률 제8621호) 개정 법률에서는 어선·준설선 등 다른 법률에서 등록·관리하고 있는 선박에 대하여는 「선박법」에 의한 등록을 면제하여 이중등록의 불편을 없애기 위하여 제26조에 「건설기계관리법」 제3조의 규정에 따라 건설기계로 등록된 준설선은 「선박법」에 의한 등기·등록 규정을 적용받지 아니하도록 개정된 것인바, 관계법령 개정 이후 등록하는 준설선은 선박등기 대상에서 제외하도록 하고 「건설기계관리법」에 따른 건설기계로만 등록하도록 되어 있어 준설선에 대하여 등기·등록이 한번만 이행된다면 그에 따른 등록면허세를 납부하면 되는 것이다. 그러나 「선박법」 개정 이전의 법률 규정에 따라 준설선을 선박등기한 것이므로 선박등기에 따른 등록면허세 납세의무가 성립된 것이고, 선박등기 된 준설선을 「건설기계관리법」 제3조 규정에 따라 건설기계로 등록한다면 건설기계등록에 따른 등록면허세를 신고납부하여야 할 것이다. 이는 동일한 과세물건이라 하더라도 등록면허세 과세객체가 선박과 건설기계이고 이들의 등기·등록행위가 각각 다르므로 이미 선박등기에 따른 등록면허세를 납부하였다고 하여 「지방세법」에서 감면을 규정하고 있지 않은 이상 건설기계등록에 따른 등록면허세를 면제할 수는 없는 것이다(지방

---

348) 2014년 이전에는 「선박법」과 「선박등기법」 상 등기·등록의 대상이 아닌 소형선박 등은 취득세만 과세토록 종전 취득세율(2%) 유지(지법 §12 ① 1 다)하는 것으로 규정하였으나, 소형선박 중에도 「선박법」 제26조에 따라 선박등록대상이 되지 아니하는 소형선박에 대하여도 법 취지상 2%만 적용되어야 하나, 「지방세법」 제12조 제1항 제1호 나목에 소형선박으로만 되어 있어서 등록대상이 되지 아니하는 소형선박도 모두 포함하는 것으로 규정되어 있었다. 2015년부터 이를 개정하여 등록 문구를 반영하였다.

세운영과 – 1621, 2008.10.1.).

(3) 차량 등록

1) 개요

구분		과세표준	세율	비고
소유권 등록	비영업용 승용차	차량 가액	5%(경차 2%)	
	비영업용 승용차외 자동차	차량 가액	3%(경차 2%)	
	영업용	차량 가액	2%	
저당권 설정·이전(이전은 2016년 이후)		채권금액	0.2%	
취득대금을 지급한 자 또는 운수업체의 등록	운수업체 명의를 다른 운수업체 명의로 변경	건당	15,000원	2015.7.24. 이후 적용 (종전에도 적용됨)
	운수업체 명의를 지급자 명의로 변경	건당	15,000원	
	지급자 명의를 운수업체 명의로 변경	건당	15,000원	
그 밖의 등록		건당	15,000원 (2013년 이전 7,500원)	

☞ 차량 소유권 등록은 취득을 수반하지 아니하는 경우에만 해당(수반 시 취득세로 과세)
  ○ 리스 차량·기계장비, 지입차량, 외국인 소유물건 국내 임차수입 후 등기·등록 시
    등기·등록명의자에게 등록면허세 부과, 취득세 납세의무자와 등록면허세 납세의무자는 서로 다름.

> **사례** 시·도를 달리하여 소유권을 이전하는 중고 영업용 화물차에 대한 등록번호 변경 경우 자동차등록원부에 소유권이전 관련 사항만 등록되었다 하더라도 소유권이전과 등록번호 변경이 순차적으로 발생된 것이므로 등록번호 변경에 대한 등록면허세를 과세해야 한다고 판단됨(지방세운영과 – 3528, 2011.7.25.).

> **사례** 화물운수업자가 자가용 자동차를 영업용으로 사용하기 위해 이전등록하는 경우 명의이전과 용도변경에 의한 번호변경이라는 두 가지 등록사항 변경이 순차적으로 이루어지는 것으로 보아야 하므로 각각의 등록면허세를 납부함(행자부 세정 – 5562, 2007.12.24.).

2) 125시시 이하 이륜자동차 등 변경등록

2012.1.1.부터 이륜자동차의 범위가 배기량 50시시 미만으로 확대되고 사용신고도 의무화하도록 「자동차관리법」이 개정(2011.5.24.)됨에 따라 서민들의 세부담을 경감하고 불완전한 과세로 인한 조세모순을 방지하기 위해 해당 50시시 이하의 이륜자동차를 취득세 과세대상인 차량의 범위에서 제외한다. 한편, 자동차 등록대상에는 소유권의 신규·이전등록을 포함하여 저당권설정·기타 등록을 포함하고 있으나, 자동차 등록사항 중 「자동차등록령」 제22조 제4항 제4호의

규정에 의한 주소변경등록과 총배기량 125시시 이하의 이륜자동차, 최고정격출력 12킬로와트 이하의 이륜자동차(2020년 이후)는 등록면허세 납세의무가 발생되지 아니한다(지령 §42-2 ①, ④).

따라서 125시시 이하의 이륜자동차, 최고정격출력 12킬로와트 이하의 이륜자동차(2020년 이후)는 등록면허세도 제외대상이 되며, 125시시 초과의 경우에는 말소 등록면허세[15,000원(2013년 이전 7,500원)]를 납부해야 할 것이나, 새로 번호판을 발급받을 때는 추가로 3% 등록면허세가 아닌 그 밖의 등록[건당 15,000원(2013년 이전 7,500원)]으로 보아 등록면허세를 부과하여야 할 것이다.

3) 주소지 변경 및 사업장 본거지 변경

「지방세법」 제26조에서 주민등록번호의 변경, 지적소관청의 지번 변경 등의 사유로 인한 변경 등 단순한 표시변경·회복 또는 경정 등록에 대하여는 등록면허세를 비과세한다고 규정하고 있고, 자동차 사용본거지 변경등록은 납세자의 주소지나 주사무소 소재지가 단순히 변경된 것으로 볼 수 있으므로 납세자의 주소지 변경 및 사업장 본거지 변경에 따른 등록변경은 단순한 표시변경으로 보아 비과세대상이 된다(지방세운영과-559, 2011.2.7.).

4) 차량 저당권의 변경 또는 이전

차량의 소유권, 저당권 설정 외 기타 등록을 하는 경우에는 건당 7,500원의 등록면허세를 납부하여야 한다. 시·도를 달리하여 소유권을 이전하는 중고 영업용 화물차의 경우 자동차등록원부에 소유권이전 관련 사항만 등록되었다 하더라도 소유권이전과 등록번호 변경이 순차적으로 발생된 것이므로 등록번호 변경에 대한 등록면허세를 과세하여야 한다(지방세운영과-3528, 2011.7.25.). 한편, 다른 법인명의로 설정되어 있던 저당권을 양수받아 이전등록을 하는 경우 등록면허세의 세율은 자동차는 매 1건당 15,000원(2013년 이전 7,500원)을 적용하는 것이다(지방세정팀-187, 2006.1.16. 참조).

5) 화물자동차에서 승용차로 분류된 경우

「자동차관리법」에 따라 자동차의 구분기준이 화물자동차에서 2006.1.1.부터 승용자동차에 해당하게 된 자동차(2005.12.31. 이전부터 승용자동차로 분류된 것 제외)의 등록(취득을 원인으로 이루어지는 등록 제외)에 대한 등록면허세는 제28조 제1항 제3호 가목 1)의 개정규정에도 불구하고 화물자동차의 세율을 적용하여 계산한 금액을 그 세액으로 한다(2010.12.27. 개정 지법 부칙 §12).

(4) 기계장비 등록

1) 개요

구분		과세표준	세율	비고
소유권		기계장비 가액	0.1%	
저당권 설정·이전(이전은 2016년 이후)		채권금액	0.2%	
취득대금을 지급한 자 또는 운수업체의 등록	기계장비대여업체 명의를 다른 대여업체 명의로 변경	건당	10,000원	2015.7.24. 이후 적용되나, 종전에도 적용됨.
	기계장비대여업체 명의를 지급자 명의로 변경	건당	10,000원	
	지급자 명의를 기계장비대여업체 명의로 변경	건당	10,000원	
그 밖의 등록		건당	10,000원 (2013년 이전 5,000원)	

☞ 기계장비 소유권 등록은 취득을 수반하지 아니하는 경우에만 해당(수반 시 취득세로 과세)
☞ 리스 차량·기계장비, 지입차량, 외국인 소유물건 국내 임차수입 후 등기·등록 시
　등기·등록명의자에게 등록면허세 부과, 취득세 납세의무자와 등록면허세 납세의무자는 서로 다름.

　건설기계 대여회사의 사용본거지가 변경되는 경우, 건설기계 대여회사와 연명으로 신고된 개인사업자에게는 등록면허세가 과세되지 않으나, 건설기계 대여회사에 소속된 개인사업자가 대여회사(사업장)를 변경하는 경우와 자가용 개인사업자가 건설기계 대여회사로, 또는 건설기계대여회사에서 자가용 개인사업자로 사업장(대여회사)을 변경하는 경우에는 그 밖의 등기의 등록면허세[매 건당 10,000원(2013년 이전 5,000원)]를 납부하는 것이다(세정과-1929, 2004.7.7.).

2) 주소지 변경 및 사업장 본거지 변경

　「건설기계관리법 시행령」 제6조 제1항에 따른 주소변경으로 인한 등록은 등록면허세를 부과하지 아니하도록 규정(지령 §42-2 ④)하고 있는바, 여기에서의 '주소변경으로 인한 등록'이라 함은 건설기계 소유자, 즉 지입차주들이 주민등록상의 주소지를 이전 또는 변경등록하거나 행정구역변경 등으로 그 주소지를 변경·등재하는 경우 등을 말한다 할 것으로서, 주사업장을 이전함에 따라 그 사용본거지를 변경등록하는 경우에는 주소지를 변경하는 경우와는 다르다 하겠으므로, 청구인이 실질적인 소유자인 지입차주들을 대리하여 사용본거지 변경등록을 하고 등록면허세를 신고납부하여야 한다(행심 2002-141, 2002.3.25.)라고 해석하고 있었으나, 「지방세법」 제26조에서 주민등록번호의 변경, 지적소관청의 지번 변경 등의 사유로 인한 변경 등 단순한 표시변경·회복 또는 경정 등록에 대하여는 등록면허세를 비과세한다고 규정하고 있고, 자동차 사용본거지 변경등록은 납세자의 주소지나 주사무소 소재지가 단순히 변경된 것으로 볼 수 있으므로 납세자의 주소지 변경 및 사업장 본거지 변경에 따른 등록변경은 단순한 표시변경으로 보아 비과세대상에 해당된다(지방세운영과-559, 2011.2.7.)라고 해석하고 있는데 이는 차량에 관한 해석이지만 기계장비에도 적용될 것이다.

한편, 주소이전에 따라 번호판이 변경되는 경우라면 번호판 변경등록은 등록면허세(그 밖의 등록 10,000원)가 과세될 것이다.

3) 건설기계 저당권 이전

다른 법인 명의로 설정되어 있던 저당권을 양수받아 이전등록을 하는 경우 등록면허세의 세율은 건설기계는 매 1건당 10,000원(2013년 이전 5,000원)을 적용하는 것이다(지방세정팀-187, 2006.1.16.).

(5) 공장재단 및 광업재단 등기

구분	과세표준	세율	비고
저당권 설정·이전(이전은 2016년 이후)	채권금액	0.1%	
그 밖의 등기·등록	건당	9,000원(2013년 이전 4,500원)	

공장재단 또는 광업재단의 저당권 가압류·가처분등기나 재단의 분할·합병등기시 그 밖의 등기 등의 세율을 적용하는 것이다.

「공장저당법」제12조에서 공장재단은 공장재단등기부에 소유권보존의 등기를 함으로써 설정한다고 규정하고 있고, 같은 법 제15조 본문에서 공장재단은 다음에 열거하는 것의 전부 또는 일부로써 이를 구성할 수 있다고 하면서, 그 제2호에서 기계, 기구, 전주, 전선, 배치제관, 궤조 기타의 부속물이라고 규정하고 있으며, 같은 법 제39조 제1항에서 공장재단에 관하여 소유권보존의 등기를 신청하는 경우에는 「부동산등기법」제40조 제1항에 게기한 서면 외에 공장재단목록을 제출하여야 한다고 규정하고 있고, 같은 법 제53조 제1항에서 공장재단목록에 게기한 사항에 변경이 발생하였을 때에는 소유자는 지체없이 공장재단목록의 기재의 변경등기를 신청하여야 한다고 규정하고 있다. 「공장저당법」의 규정에 의하여 기계기구목록에 관한 변경등기를 하는 경우에는 「지방세법」공장재단 등기 등 중 그 밖의 등기 등의 세율[9,000원(2013년 이전 4,500원)]을 납부하여야 한다(세정과-1260, 2007.4.18.). 따라서 「공장저당법」제12조에 의한 공장재단목록의 기재의 변경등기도 그 밖의 등기 등의 세율을 적용하는 것이다.

(6) 동산담보권 및 채권담보권 등기 또는 지식재산권담보권 등록

구분	과세표준	세율	비고
담보권 설정·이전(이전은 2016년 이후)	채권금액	0.1%	2012.6.11. 이후
그 밖의 등기·등록	건당	9,000원(2013년 이전 4,500원)	분부터 적용

(7) 항공기 등록

구분	과세표준	세율	비고
최대이륙중량 5천700킬로그램 이상	항공기 가액	0.01%	
그 밖의 등록	항공기 가액	0.02%	

☞ 항공기 소유권 등록은 취득을 수반하지 아니하는 경우에만 해당(수반 시 취득세로 과세)

국내 항공기 제작업체가 생산한 항공기 판매를 위한 홍보목적으로 서울Air Show에 참가하기 위하여 국토교통부에 등록한 경우 항공기 생산업체가 직접 생산한 항공기를 생산업체가 원시취득한 상태에서 보유하고 있다면 그 생산업체는 승계취득자에 해당되지 않아 취득세 납세의무가 없으나, 등록면허세는 등록을 받은 경우에는 납세의무가 있다.[349]

항공기 등록은 신규 등록이나 소유권이전 등록에 한하여 등록면허세 납세의무가 있는 것이며, 저당권 등의 등록은 납세의무가 없는 것이다. 항공기가 리스물건으로 등록은 리스이용자인 임차인 명의로 하였다면 실제 소유자 명의로 등록하는 것이 아니므로 실제 소유자 명의가 등록부에 부기된다면 납세의무가 없는 것이다. 즉 「지방세법」 제28조 제1항 제14호(제1호부터 제7호까지의 등기 외의 등기)는 등기에만 적용되는 것으로 등록에는 적용되지 아니하는 것이므로 항공기 등록에는 적용되지 아니한다.

2011.1.1. 이후 적용되는 개정 「지방세법」에서 항공기 등록에 대한 등록면허세 세율이 누락되어 있어서 외국인 소유 항공기를 임차하여 사용할 경우 항공기 등록 전에 납부할 등록면허세 세율을 정하기 위하여 2011.3.29.에 신설하였다고 개정 취지로 밝힌바 있다(2010.12.31. 이전에는 구 「지방세법」 제135조에 신규 및 소유권이전등기를 할 경우 한하여 적용하며, 현행과 동일한 세율로 규정되어 있었음). 현행 「항공법」에서는 항공기를 소유하거나 임차하여 항공기를 사용할 수 있는 권리가 있는 자("소유자 등")는 항공기를 국토해양부장관에게 등록하여야 한다라고 되어 있는바, 이미 신규로 임차권을 등록한 시점에 등록면허세 납세의무가 있는 것이고, 임차인의 변경은 새로운 임차권 등록이 아니고 이미 등록된 임차권의 권리자만 변경하는 것이므로 등록면허세 과세대상이 되지 아니할 것이다. 즉 소유권이전은 실제 소유자가 변경되는 것을 말하므로 임차인 변경은 이에 해당되지 아니할 것으로 판단된다. 단, 기존 임차권이 기간만료 등으로 인하여 소멸하고 다시 임차권을 등록하는 경우에는 신규 임차권 등록으로 보아 등록면허세 납세의무가 있을 것으로 판단된다.[350]

---

349) 항공기 등의 경우 납세의무는 제작 후 승계취득자에게 납세의무가 있으나, 항공기 등록을 하였다고 하더라도 원시취득자인 제작회사가 납세의무가 있는 지가 승계취득이 없는 이상 취득세 납세의무가 없는 것이다 (세정 13407-44, 2002.1.10.).

350) 「항공법」 제3조 【항공기의 등록】
항공기를 소유하거나 임차하여 항공기를 사용할 수 있는 권리가 있는 자(이하 "소유자 등"이라 한다)는 항공기를 국토해양부장관에게 등록하여야 한다. 다만, 대통령령으로 정하는 항공기는 그러하지 아니하다.
「항공법」 제5조 【소유권 등의 등록】

2011년부터 차량, 건설기계는 시설대여업자가 납세의무자가 된다는 규정이 적용되고 선박이나 항공기의 경우 시설대여업자가 납세의무자가 된다는 규정이 적용되지 아니한다(지법 §7 ⑨). 한편, 외국인소유인 과세대상 물건 중 차량, 건설기계, 선박, 항공기는 「지방세법」 제7조 제6항의 경우 수입하는 자가 납세의무자가 되는 것이다.

(8) 법인등기

1) 개요

등기·등록 구분		과세표준	세율	비고
영리법인 설립, 합병존속법인	설립과 납입	납입 주식금액·출자금액, 출자가액	0.4%⁽㉜⁾	
	자본·출자증가	납입액, 출자가액	0.4%⁽㉜⁾	
비영리법인 설립·합병	설립과 납입	납입 출자총액, 재산가액	0.2%⁽㉜⁾	
	자본·출자증가	출자총액, 재산총액	0.2%⁽㉜⁾	
재평가적립금	자본·출자 증가	증가금액	0.1%⁽㉜⁾	「자산재평가법」에 의한 자본전입 제외
본점·주사무소 이전		건당	112,500원(2013년 이전 75,000원)	
지점·분사무소 설치		건당	40,200원(2013년 이전 23,000원)	
그 밖의 등기		건당	40,200원(2013년 이전 23,000원)	

☞ ㉜ 상기 산출세액이 112,500원(2013년 이전 75,000원) 미만 시 112,500원(2013년 이전 75,000원)
'비영리법인'이라 함은 「민법」 제32조에 의하여 설립된 법인, 「사립학교법」 제2조 제2호에 따른 학교법인(2015.7.24. 이후) 및 특별법에 의하여 설립된 법인으로서 그 운영에 관하여는 「민법」에 규정된 목적과 유사한 목적을 가진 법인(주주(株主)·사원·조합원 또는 출자자(出資者)에게 이익을 배당할 수 있는 법인 제외)을 말한다. 그 전에도 학교법인도 포함됨(대법원 2012두28940, 2013.5.9. 참조).

2) 과세표준 대상 금액

① '납입한 출자금액'의 의미

'납입한 주식금액이나 출자금액 또는 현금 외의 출자금액'이라 함은 법인장부 상의 금액으로 하지 아니하고 법인등기 시의 법인등기부 상 자본금란의 금액으로 한다.

---

① 항공기에 대한 소유권의 취득·상실·변경은 등록하여야 그 효력이 생긴다.
② 항공기에 대한 임차권은 등록하여야 제3자에 대하여 그 효력이 생긴다.

② 자본증가의 범위

'자본, 출자 및 자산의 총액증가'라 함은 발행주식의 총수, 그 종류와 각종 주식의 내용과 수, 자본·출자 및 재산의 총액 등이 변경된 경우 증가분을 말한다.

③ 비영리법인의 '납입 출자총액·재산가액'의 의미

비영리법인 설립·합병 시 납입 출자총액·재산가액이 과세표준이 되는 것이며, 여기서 '출자총액·재산가액'이라 함은 법인등기부 상의 자산의 총액을 말하는 것으로, 비영리법인에 불입한 자산총액에서 부채총액을 차감한 순자산가액을 의미하는 것이 아니라 비영리법인 설립 당시 법인등기부에 기재되는 출자총액을 의미한다고 할 것이다(조심 2008지946, 2009.6.15.). 그리고 자본·출자증가 시의 과세표준은 법인등기부상 자산의 총액의 증가액으로 하는 것이다.

④ 재평가적립금의 자본전입

자산재평가적립금에 의한 자본 또는 출자금액의 증가 및 출자의 총액 또는 자산이 총액의 증가(「자산재평가법」의 규정에 의한 자본전입의 경우를 제외)한 금액이 과세표준이 된다.[351]

---

351) 자산재평가적립금에 의한 자본 또는 출자금액의 증가 및 출자의 총액 또는 자산의 총액이 증가한 경우에는 증가한 금액의 1,000분의 1의 세율이 적용된다. 그러나 「자산재평가법」에 의한 자본전입의 경우에는 이 세율이 적용되지 아니한다(지법 §28 ① 6 다). 그런데 「자산재평가법」에서는 법인이 재평가를 한 경우에는 그 재평가차액에서 재평가일 1일 전의 대차대조표상의 이월결손금을 공제한 잔액을 재평가적립금으로서 적립하도록 하고 있고, 재평가적립금은 다음에 해당하는 경우를 제외하고는 이를 처분하지 못하도록 하고 있다(구 「자산재평가법」 §28).
(1) 재평가세의 납부
(2) 자본에의 전입
(3) 재평가일 이후 발생한 대차대조표상의 이월결손금의 보전
(4) 환율조정계정상의 금액과의 상계
그리고 재평가적립금으로 계상한 금액을 자본에 전입하고자 하는 자는 자본전입상당액증명서를 교부받아 자산재평가결정일 또는 「국세기본법」 제65조의 규정에 의한 이의신청 등의 결정일부터 3년 내에 자본전입을 완료하고 등기를 할 수 있다. 이 경우 자산재평가일부터 3년 이내에 재평가적립금을 자본에 전입하는 경우에는 구 「자산재평가법」 제37조 제1항의 규정에 의하여 등록세를 부과할 수 없다. 다만, 3년 이내에 자본전입을 하지 못한 때에는 따로 별도의 절차를 밟아 자본에 전입하여야 함으로 이때에는 등록세를 부과하여야 한다(구 「자산재평가법」 §37 ④). 즉 「자산재평가법」에 의한 자본전입의 경우에 해당되지 않아 1,000분의 1의 세율을 적용해야 하는 것이다.
[「자산재평가법」에 의한 재평가적립금의 자본전입에 대한 등록면허세]

구분	과세 여부	근거법령
재평가일부터 3년 이내 자본전입	등록면허세 비과세	구 「자산재평가법」 §37 ①
재평가일부터 3년 이후 자본전입	등록면허세 과세→0.1%	지법 §28 ① 6 다
재평가일부터 3년 이후 자본전입	(대도시 내 법인설립 후 5년 이내) 3배 중과세→0.3%	지법 §28 ② 1

재평가적립금은 전액을 자본에 전입할 수도 있고, 일부만을 전입할 수도 있다(구 「자산재평가법 시행령」 §23). 그런데 재평가적립금을 자본전입하는 시점에서 3년 전의 재평가적립금과 현재의 재평가적립금이 있는 경우에는 선입선출로 보느냐, 아니면 후입선출로 보느냐에 따라 세부담이 달라진다. 이 경우에는 「자산재평가법 시행령」 제24조 제4항의 규정에 의하여 관할세무서장이 발급하는 "자본전입상당증명서"에 "「자산재평가법」 제37조 제1항의 규정을 적용하지 아니한다"라는 것이 기재되어 있지 아니하면 등록면허세를

3) 적용 사례

① 「민법」 또는 특별법의 규정에 의하여 설립된 법인이 해산절차를 거치지 아니하고 법인격의 동질성을 유지하면서 수개의 법인이 1개의 법인으로 변경등기를 하거나, 단순 명칭변경등기를 하는 경우(주식회사의 유한회사로, 유한회사의 주식회사로 조직변경 포함)

「지방세법」 제28조 제1항 제6호 바목(그 밖의 등기)의 규정에 의한 세율을 적용한다.

그 이유는 유한회사를 주식회사로 조직변경(주식회사를 유한회사로 조직변경 포함)하는 것은 법인설립등기에 해당되어 「지방세법」 제28조 제1항 제6호 가목의 1) 규정에 의한 세율이 적용된다(구 지통 28-7 ②)라고 규정하고 있으나,[352] 대법원판례에 따르면 법인에 관한 어떠한 등기가 구 「지방세법」(2010.3.31. 법률 제10221호로 전부 개정되기 전의 것) 제137조 제1항 어느 호에 해당하는지는 실질과세의 원칙에 의하여 그 명칭이나 형식과 관계없이 실질 내용에 따라 판단하여야 한다. 「상법」 상 주식회사의 유한회사로의 조직변경은 주식회사가 법인격의 동일성을 유지하면서 조직을 변경하여 유한회사로 되는 것이다. 그럼에도 주식회사의 해산등기와 유한회사의 설립등기를 하는 것은 유한회사의 등기기록을 새로 개설하는 방편일 뿐이고, 주식회사가 해산하고 유한회사가 설립되기 때문이 아니다. 또한 이러한 조직변경이 있더라도 등록면허세의 과세표준으로 삼고 있는 신규 출자가 이루어지지 아니한다. 이러한 점들을 종합하여 볼 때, 주식회사의 조직변경에 따른 유한회사의 설립등기는 법인설립 시 세율(출자가액의 0.4%)의 적용대상이라고 할 수 없고, 증자 시 세율(증자가액의 0.4%)이나 본점 등의 주사무소의 이전 등의 적용대상도 아니므로 법인등기 중 그 밖의 등기로 매 건당 40,200원(2013년 이전 23,000원)의 적용대상이 될 수 있을 뿐이다(대법원 2010두6731, 2012.2.9.)라고 판시하고 있기 때문이다. 이 취지에 따라 2016.1.1. 상기 기본통칙은 삭제되었다.

2015.7.24. 시행령을 개정하여 유한회사를 주식회사로 조직변경하는 경우 또는 주식회사를 유한회사로 조직변경하는 경우 「지방세법」 제28조 제1항 제6호 바목(그 밖의 등기)에 따라 등록면허세를 납부하여야 한다라고 규정하고 있다(지령 §43 ⑤).

② 법인이 다른 등기소의 관할구역 내로 본점 또는 주사무소를 이전하는 경우

본점 또는 주사무소의 신 소재지에서는 「지방세법」 제28조 제1항 제6호 라목(본점·주사무소 이전)의 세율을 적용한다(지령 §43 ①)[2024년 이전에는 구 소재지에서는 같은 법 제28조 제1항 제6호 바목(그 밖의 등기)의 세율이 적용되었음].

법인이 지점 또는 분사무소의 소재지에는 같은 호 마목(지점 또는 분사무소의 설치)에 따라

부과할 수 없다고 본다. 그리고 「자산재평가법」에 의하여 3년 이내에 재평가적립금을 자본에 전입하는 경우에는 농어촌특별세도 부과되지 아니한다. 왜냐하면 등록면허세에 대한 농어촌특별세는 「지방세법」, 「조세특례제한법」 및 「지방세특례제한법」에 의하여 감면되는 경우에만 과세되기 때문이다.

352) 이와 동일한 취지의 해석은 다음과 같다.
등록면허세는 등록행위가 있으면 과세요건이 충족되는 것이고 등기 형식에 따라 과세되기 때문에 해산등기를 하고 새로운 법인설립 등기형식을 갖춘다면 법인설립에 해당되므로 1천분의 4의 세율을 적용해야 한다(지방세운영과-3749, 2011.8.5.).

등록면허세를 납부하여야 한다(지령 §43 ②)[2024년 이전에는 지점이나 분사무소를 설치하는 경우 본점 또는 주사무소 소재지에는 「지방세법」 제28조 제1항 제6호 바목(그 밖의 등기)에 따라 납부하였음].

③ 동일 등기소의 관할구역 내에서 본점 또는 주사무소를 이전하는 경우

「지방세법」 제28조 제1항 제6호 라목(본점·주사무소 이전)의 규정에 의한 세율이 적용된다(지예 법28-7). 2025년 이후 신 소재지 상 등록면허세 납부 후 본점등기를 하여야 한다.

④ 지점등기 사항은 본점에서도 등기하여야 하는바, 수개의 지점설치를 하나의 신청서로 등기 신청하는 경우(2024년 이전만 적용)

본점소재지 관할 등기소에서는 1건의 등록면허세를 납부한다[353](이 경우 2024년 이전은 지점설치와 지점폐쇄도 본점등기사항으로 지점등기 시, 본점등기 시 각각 등록면허세를 신고납부하였음).

2024년 이전은 지점설치와 폐쇄는 동일한 신청서로 할 수 없을 것으로 판단되므로 하나의 지점은 설치등기이고, 또 다른 지점은 폐쇄등기이므로 각각 등록면허세 과세대상으로 판단된다. 즉 40,200원(2013년 23,000원) × 2 = 80,400원(2013년 이전 46,000원)이 될 것이다.

⑤ 해산 후 회사계속등기 시

해산일로부터 3년 이내 주주총회의 특별결의가 있는 경우 회사를 계속할 수 있는바(「상법」 §520-2 ①), 이와 같이 법인의 회사계속등기 시 납부하여야 할 등록면허세의 세율은 40,200원(2013년 이전 23,000원)이고, 해산간주로 인하여 이사(대표이사)는 이미 그 지위를 상실하여 회사계속등기를 하더라도 그 지위가 부활되는 것이 아니기 때문에 주주총회(이사회)에서 새로운 이사(대표이사)를 선임하여 다시 등기해야 하는 바(1964.3.16. 조사 §104), 이와 같이 법인의 임원등기 시 납부하여야 할 등록면허세의 세율이 40,200원(2013년 이전 23,000원)일 경우, 회사계속등기는 당연히 임원선임에 관한 등기를 수반하고, 임원선임 등기없이 회사계속등기만을 할 수 없는 사안, 즉 「부동산등기법」 등 관련법령에 따라 수개의 등기·등록대상을 일괄신청에 의하여 등기·등록하는 경우에도 또한 같은 사항으로 회사계속등기와 이사선임 등기는 동시에 하여야 한다 하더라도 2건의 등록면허세를 납부하여야 한다(세정 13407-126, 2002.2.5.).[354]

⑥ 법인 상호, 목적, 임원 일괄 변경 시

각각 그 밖의 등기의 세율을 적용한다. 그리고 수인의 임원변경 시 임원변경 1건, 수개의 목적 사업변경 시 목적변경 1건, 지배인 변경 시 지배인 변경 1건으로 각각 그 밖의 등기의 세율을

---

353) 지점등기부가 폐지됨에 따라 본점만 등기되며, 지점과 관련된 사항은 지점소재지 관할 지자체에 납부하여야 함.

354) 법인설립등기 시 설립과 납입 시의 세율을 적용한 등록세면허만 납부하면 되고 당연히 수반되는 임원취임, 목적, 상호 등 등기항목에 대해서는 별도로 추가하지 않고 있으며, 자본증자등기 시 그에 따른 1주의 금액, 발행한 주식의 총수, 발행주식의 총수와 그 종류 등을 동시에 변경하더라도 1건의 등기로 보아 증자에 관하여 자본·출자증가 시의 세율을 적용한 등록면허세만 납부하면 되고 그에 수반되는 등기사항은 비록 독립된 등기항목이라 하더라도 항목 당 23,000원씩을 추가하지 않고 있는 점에서 형평성에 문제가 제기될 수 있다.

적용한다(세정 13430-347, 2001.9.20.).

⑦ 법인의 대표이사 주소변경등기와 신청 착오로 인한 경정등기신청 시

법인등기에 해당되므로 「지방세법」 그 밖의 등기 세율 40,200원(2013년 이전 23,000원)이 적용된다(세정 13407-571, 1999.5.12.).

⑧ 「지방세법」 제28조 제1항 제6호 바목에 해당하는 등기로서 같은 사항을 본점과 지점 또는 주 사무소와 분사무소에서 등기하여야 하는 경우

2024년 이전은 각각 한 건으로 본다(지령 §43 ③). 따라서 동일 등기부에 신·구 임원변경등기 또는 수인의 임원변경등기 경우 등록면허세를 1건으로 부과한다(세정 13407-1012, 1995.10.16.).

(9) 상호등기 등

구분	세율	비고
상호의 설정 또는 취득	78,700원(2013년 이전 45,000원)	
지배인의 선임 또는 대리권의 소멸	12,000원(2013년 이전 6,000원)	
선박관리인의 선임 또는 대리권의 소멸	12,000원(2013년 이전 6,000원)	

여기서 상호는 「상법」 제4장의 상호를 의미하는 것으로 보여지며, 「상법」 제18조에 상인은 그 성명 기타의 명칭으로 상호를 정할 수 있도록 규정되어 있다. 따라서 동일한 특별시·광역시· 시·군에서 동종영업의 상호로 등기하지 못하도록 하는 상호등기 효력이 있는 「상법」 제22조의 2에 따른 상호가등기의 경우 상호의 설정의 세율을 적용하여야 할 것이다.

「상법」 제10조 상인은 지배인을 선임하여 본점 또는 지점에서 영업을 하게 할 수 있으며, 같은 법 제13조의 규정에 의거 상인은 지배인의 선임과 그 대리권의 소멸에 관하여 그 지배인을 둔 본점 또는 지점소재지에서 등기하여야 한다. 이때 지배인 등기의 등기사항의 「비송사건절차법」 제179조에 의거 다음 사항을 등기하여야 한다.

그런데 법인의 지배인등기 및 상호등기 신청 시 등록면허세 세율은 법인등기 중 그 밖의 등기, 즉 건당 40,200원(2013년 이전 23,000원)을 적용하여야 하며, 법인이 아닌 개인의 지배인등기 및 상호등기에 대하여는 위의 상호 등 등기의 세율, 즉 건당 12,000원(2013년 이전 6,000원)을 적용하는 것이다. 예를 들어 농업협동조합에서 지배인 선임등기의 경우 조합이 법인격을 가지고 있으므로 법인등기에 따라 법인등기 중 그 밖의 등기, 즉 건당 40,200원(2013년 이전 23,000원)을 적용하여야 할 것이다(세정 13430-165, 2003.3.4. 참조). 따라서 「지방세법」 제28조 제1항 제7호 규정 중 상호등기와 지배인등기는 법인이 아닌 개인의 경우에 적용하는 세율인 것이다.

한편, 「상법」 제764조에 선박 공유자는 선박 관리인을 선임하여야 하는데, 이 경우 선박 공유자가 아닌 자를 선박 관리인으로 선임함에는 공유자 전원의 동의가 있어야 하며, 선박 관리인의 선임과 그 대리권의 소멸은 등기하도록 규정되어 있다.

사례 수인의 지배인 해임 및 선임등기를 일괄 신청하는 경우(세정 13407-862, 1999.7.14.)

수인의 지배인에 대한 해임(대리권 소멸)과 선임등기를 1개의 신청서로 일괄 신청한 경우 지배인의 선임 또는 대리권의 소멸에 대한 등록면허세는 매 1건당 6,000원을 납부하도록 되어 있으므로 6명의 지배인 선임등기신청을 1건의 신청서에 하더라도 각각의 지배인에게 대리권이 발생하기 때문에 지배인 각각을 "매 1건당"으로 보아 등록면허세를 납부하여야 함.

(10) 광업권 등록

구분		세율	비고
광업권 설정		135,000원(2013년 이전 90,000원)	존속기간 만료 전에 존속기간 연장 포함)
광업권 변경	증구, 증감구	66,500원(2013년 이전 38,000원)	
	감구	15,000원(2013년 이전 7,500원)	
광업권 이전	상속	26,200원(2013년 이전 15,000원)	
	그 밖의 원인	90,000원(2013년 이전 60,000원)	
그 밖의 등록		12,000원(2013년 이전 6,000원)	

광업권에 대하여 소유권이전등록을 마친 후 제3자에 대하여 그 광업권에 기하여 조광권 설정계약을 체결한 이래 3차에 걸친 조광권 설정계약을 연속적으로 체결하여 현재까지 제3자에게 광물을 채굴하게 한 자는 소유의 의사로 평온, 공연하게 준점유가 이루어진 것이 추정된다 할 것이므로 준점유개시 후 10년이 경과하면 광업권을 시효취득한다(대법원 88가합7663, 1988.9.22.).

(11) 조광권 등록

구분		세율	비고
조광권 설정		135,000원(2013년 이전 90,000원)	2012.1.1. 이후 분부터 적용
조광권 이전	상속	26,200원(2013년 이전 15,000원)	
	그 밖의 원인	90,000원(2013년 이전 60,000원)	
그 밖의 등록		12,000원(2013년 이전 6,000원)	

(12) 어업권 및 양식업권 등록

구분		세율	비고
어업권·양식업권 이전	상속	6,000원(2013년 이전 3,000원)	
	그 밖의 원인	40,200원(2013년 이전 23,000원)	
어업권·양식업권 지분 이전	상속	3,000원(2013년 이전 1,500원)	
	그 밖의 원인	21,000원(2013년 이전 12,000원)	
그 밖의 등록(어업권 설정 제외)		9,000원(2013년 이전 4,500원)	

(13) 저작권, 배타적 발행권, 출판권, 저작인접권, 컴퓨터프로그램 저작권, 데이터베이스 제작자의 권리 등록

구분	세율	비고
저작권 등의 상속	6,000원(2013년 이전 3,000원)	
「저작권법」 §54(§90 및 §98에 따라 준용되는 경우 포함)에 따른 등록(프로그램, 배타적 발행권, 출판권 등록 제외) 중 상속 외의 등록	40,200원(2013년 이전 23,000원)	프로그램, 배타적 발행권, 출판권 등록 제외
「저작권법」 §54(§90 및 §98에 따라 준용되는 경우 포함)에 따른 프로그램, 배타적 발행권, 출판권 등록 중 상속 외의 등록	20,000원(2013년 이전 11,500원)	
그 밖의 등록	3,000원(2013년 이전 1,500원)	

☛ 배타적 발행권에는 「저작권법」 제88조 및 제96조에 따라 준용되는 경우 포함

(14) 특허권·실용신안권 또는 디자인권("특허권등") 등록

구분		세율	비고
이전	상속	12,000원(2013년 이전 6,000원)	
	그 밖의 원인	18,000원(2013년 이전 9,000원)	

(15) 상표 또는 서비스표 등록

구분		세율	비고
「상표법」 §82 및 §84 설정 및 존속기간 갱신		7,600원(2013년 이전 3,800원)	
이전	상속	12,000원(2013년 이전 6,000원)	「상표법」 §196 ②에 따른 국제등록기초 상표권의 이전 제외
	그 밖의 원인	18,000원(2013년 이전 9,000원)	

(16) 상기의 등기 외 등기

건당 12,000원(2013년 이전 6,000원)

등기라고 규정되어 있으므로 "상기 등록 외 등록"은 과세대상이 되지 아니한다.

「입목에 관한 법률」에 따라 입목등기를 하여 부동산으로 간주된다 하더라도 등록면허세 규정에서는 토지와 건축물에 대하여만 부동산등기의 세율을 적용하도록 하고 있으므로 「지방세법」 제28조 제1항 제14호의 세율[건당 12,000원(6,000원)]을 적용하여야 할 것이다(지방세운영과-2585, 2008.12.8.).

(17) 조례에 따른 세율 조정

조례로 정하는 바에 따라 등록면허세의 세율을 상기 표준세율의 50% 범위에서 가감할 수 있다.

⑦ 법인등기 중과세

(1) 개요

중과세의 대상 법인등기는 다음과 같으며, 대도시 내 법인에 대한 중과세 적용 기간은 법인설립 또는 전입등기일로부터 5년이다.

① 법인등기

대도시(산업단지 제외) 내에서의 법인설립(설립 후 또는 휴면법인의 인수 후 5년 이내에 자본 또는 출자액을 증가하는 경우 포함), 지점·분사무소 설치등기[단, 대도시 중과제외 업종, 법인분할355)(「법인세법」 제46조 제2항 제1호 가목에서 다목까지 요건을 갖춘 경우에 한함)로 법인설립 또는 2019년 이후 「조세특례제한법」 제38조 제1항 각 호의 요건을 모두 갖추어 「상법」 제360조의 2에 따른 주식의 포괄적 교환 또는 같은 법 제360조의 15에 따른 주식의 포괄적 이전에 따라 「금융지주회사법」에 따른 금융지주회사를 설립(이 경우 「조세특례제한법」 제38조 제1항 제2호 및 제3호를 적용할 때 법령에 따라 불가피하게 주식을 처분하는 경우 등 같은 법 시행령 제35조의 2 제13항 각 호의 어느 하나에 해당하는 경우에는 주식을 보유하거나 사업을 계속하는 것으로 봄)에 따른 등기 중과 배제(지령 §27 ④)]

「조세특례제한법」 제38조 제1항 각 호의 요건을 모두 갖추어 「상법」 제360조의 2에 따른 주식의 포괄적 교환 또는 같은 법 제360조의 15에 따른 주식의 포괄적 이전에 따라 「금융지주회사법」에 따른 금융지주회사를 설립하는 경우

② 전입등기

대도시 밖의 법인이 본점·주사무소를 대도시(산업단지 제외) 내로 전입(전입 후 5년 이내에 자본 또는 출자액을 증가하는 경우 포함)(이 경우 전입은 법인설립으로 보아 세율 적용)

(2) 법인의 등기에 관한 중과세

1) 중과대상 법인등기

① 대도시에서 법인을 신설하는 경우(설립 후 또는 휴면법인의 인수 후 5년 이내에 자본 또는 출자액을 증가하는 경우 포함)

---

355) 2001.3.28. 신설되어 이 날로부터 시행됨.

② 대도시에서 법인의 지점 또는 분사무소를 설치하는 경우
③ 대도시에서 법인의 본점 또는 지점을 대도시로 이전하는 경우

대도시에의 법인설립(설립 후 또는 휴면법인의 인수 후 5년 이내에 자본 또는 출자액을 증가하는 경우 포함)과 지점 또는 분사무소의 설치에 따른 등기, 대도시 밖의 법인이 대도시 내로의 본점 또는 지점의 전입(전입 후 5년 이내에 자본 또는 출자액을 증가하는 경우 포함)에 따른 등기(이 경우 전입은 법인의 설립으로 보아 세율을 적용함)의 경우에는 등록면허세가 3배 중과된다.

법인등기의 경우 중과세대상이 되는 등기로는 법인설립등기, 자본금 증가에 따른 자본금등기, 본점 또는 지점의 전입등기, 지점설치등기가 있다.

2) '법인'의 의미

대도시 내 법인에 대한 중과세는 법인에 한하여 중과세를 하고 있다. 여기서 법인의 범위는 법인등기를 기준으로 판단하는 것이기 때문에 법인등기가 되지 아니하고 주무부장관의 허가만 받은 경우에는 법인으로 볼 수가 없는 것이다. 또한 법인격이 없는 단체는 법인으로 보지 아니하고 단순한 법인이 아닌 단체로서 법인의 범위에서 제외한다.[356] 취득세편에서 '법인'이라 함은 「민법」, 「상법」 또는 특별법에 의하여 설립된 모든 법인이 포함되나 법인격 없는 사단·재단은 설립등기를 할 수 없으므로 중과세 규정의 적용을 받지 아니하고 법인등기가 되지 않은 상태에서 주무부장관으로부터 설립에 필요한 허가·인가 등을 받은 상태에서 법인등기를 하지 않은 경우에는 법인이 되기 위한 설립 중인 상태의 법인격 없는 단체에 해당하는 것일 뿐 법인으로는 볼 수 없어 중과대상에서 제외된다(세정 13407-573, 2000.5.1.).

따라서 법인은 「민법」 상의 법인·「상법」 상의 법인·기타 각 특별법상 법인 등 모든 법인을 말하고, 이때 '상사회사 기타 영리법인'이라 함은 「상법」의 규정에 의하여 설립된 법인과 기타 법인 중 주주 또는 사원에게 이익을 배분할 수 있도록 정관 등에 규정되어 있는 법인을 말한다(지예 법28-6). 법인격 없는 사단이나 재단, 종중 등은 여기의 법인에서 제외되므로 중과세대상에서 제외된다.

한편, 중과대상인 법인은 영리법인과 비영리법인을 모두 포함한다.

3) 대도시의 범위

「수도권정비계획법」 제6조의 규정에 의한 과밀억제권역을 말한다. 다만, 「산업집적활성화 및 공장설립에 관한 법률」의 적용을 받는 산업단지는 제외한다.

---

356) 주민세 법인균등분의 납세의무자는 「지방세법」 제75조 제1항에서 지방자치단체에 사업소를 둔 법인(법인세의 과세대상이 되는 법인격 없는 사단·재단 및 단체를 포함한다)을 납세의무자로 규정하고 있어 법인등기를 하지 아니하여 법인격이 없는 단체에 대하여도 법인균등분 주민세를 부과한다. 이는 별도의 규정을 두어 법인격 없는 단체를 법인균등분 주민세 납세의무자로 간주하고 있을 뿐이지 '법인격 없는 단체'를 법인으로 본다는 의미는 아니다.

여기서 산업단지 내의 지역은 대도시의 범위에서 제외한다는 것이므로 산업단지 내에서의 법인설립, 지점설치는 중과세대상이 되지 아니하나, 산업단지 내에서 법인 지점이 산업단지 이외의 대도시 지역으로 이전할 경우에는 중과세대상이 된다.

● 대도시의 적용범위 비교

본점사업용 신·증축 부동산 구 취득세분 중과	공장 신·증설 구 취득세분, 구 등록세분 중과	법인(지점) 신설·전입 구 등록세분 중과
과밀억제권역	과밀억제권역 중 산업단지·유치지역·공업지역 제외	과밀억제권역 중 산업단지 제외
지법 §13 ①	지법 §13 ①	지법 §13 ②

4) 법인등기 중과세율

① 법인설립등기와 증자등기

구분	표준세율	중과세율	비고
영리법인	0.4%	1.2%	
비영리법인	0.2%	0.6%	
재평가적립금	0.1%	0.3%	「자산재평가법」에 의한 자본전입 제외

법인설립 또는 합병으로 인한 등기와 재평가적립금에 대한 일반세액에 112,500원(2013년 이전 75,000원) 미만인 때는 112,500원(2013년 이전 75,000원)의 3배의 세율을 적용하는 것이다(지법 §28 ②).

② 본점이전 등의 등기

구분	표준세율	중과세율
본점 또는 주사무소의 이전	매 1건당 112,500원 (2013년 이전 75,000원)	매 1건당 337,500원 (2013년 이전 225,000원)
지점 또는 분사무소의 설치	매 1건당 40,200원 (2013년 이전 23,000원)	매 1건당 120,600원 (2013년 이전 69,000원)
지점 또는 분사무소의 이전	매 1건당 40,200원 (2013년 이전 23,000원)	중과대상 없음.

5) 대도시 내 법인설립등기의 중과세

대도시 내에서 법인설립등기의 경우 중과세 예외업종이 아닌 경우에는 등록면허세가 3배 중과세되는 것이다. 대도시 밖에서 대도시 내의 전입하는 법인도 법인설립으로 간주하고 있으므로 법인설립에 준하여 중과세가 되며, 수도권 중 서울특별시 외의 지역에서 서울특별시로의 전입 또한 법인설립에 준하여 중과세가 된다.[357]

> 대도시 내에서 법인설립(설립 후 또는 휴면법인 후 5년 이내에 자본 또는 출자액 증가하는 경우 포함) 등기. 단, 관계법령의 개정으로 인하여 면허 또는 등록의 최저 기준을 충족시키기 위한 자본 또는 출자액을 증가하는 경우 최저 기준을 충족시키기 위한 증가액은 중과 제외(지령 §45)

한편, 종교단체 등 일부 비영리법인이라도 법인설립등기의 경우 면제되지 아니하고 부동산등기에만 비과세되므로, 법인설립의 경우에는 중과세되는 것이다(세정 13407-261, 1996.3.8.). 그런데 사립학교법인의 설립등기는 등록면허세가 면제되지만, 대도시 밖에서 대도시로의 법인 주사무소 전입에 따른 등기(전입 후 5년 이내에 출자액 증가 포함)에 대하여는 세율적용에 있어 전입을 법인의 설립으로 보아 법인설립 일반세율의 3배를 중과한다고 규정하고 있으나, 이는 중과세율을 적용하기 위한 것으로 등록면허세 면제규정(지특법 §41)에서는 이러한 전입등기를 설립등기로 볼 수 없다는 것이다. 즉 사립학교법인이 법인이 대도시 외에서 대도시 내로 전입하는 경우 법인의 설립등기로 보지 아니하여 등록면허세 면제를 하지 아니한다. 따라서 면제대상이 아닌 전입에 따른 등기는 3배 중과세대상이다(지방세운영과-1432, 2010.4.8. 참조).

> (사례) 「사립학교법」에 의한 학교법인 등이 대도시 외에서 대도시 내로 주사무소를 전입함에 따른 등기는 구 「지방세법」 제138조 제1항 제2호에 의한 등록세 중과세대상에 해당한다고 할 것임(대법원 2012두28940, 2013.5.9.).

> (사례) 「사회복지사업법」에 의하여 설립된 사회복지법인인 비영리법인이 법인의 고유목적에 사용하기 위하여 취득하는 부동산은 취득세의 면제대상이 되는 것이나, 비영리법인 설립 후 자본 또는 출자액이 증가되어 법인등기를 하는 경우에는 등록면허세 면제대상이 되지 아니하므로 증가된 재산가액에 1,000분의 2(중과대상인 경우 중과세율) 세율을 적용하여 산출한 등록면허세를 납부하는 것임(지방세정팀-331, 2006.1.26.).

> (사례) 「지방세법 시행령」 제102조 제1항 및 제79조의 6 규정에서 「공업배치 및 공장설립에 관한 법률」의 적용을 받은 공단지역은 대도시 범위에서 제외하는 것이므로, 대도시 내에서 국가, 지방공단으로 이전하는 경우에는 등록세 중과세대상에서 제외되는 것임(세정 13407-324, 1994.7.8.).

---

357) 2017.1.1. 이후는 「지방세법」 제13조 제2항 제1호에 의하면 "법인의 본점·주사무소·지점 또는 분사무소의 대도시로 전입(「수도권정비계획법」 제2조에 따른 수도권의 경우 서울특별시 외의 지역에서 서울특별시로의 전입은 대도시로의 전입으로 본다. 이하 이 항 및 제28조 제2항에서 같다)함에 따라…"라고 규정하고 있어서 위헌 소지가 없으나, 2016.12.31. 이전에는 이에 대한 근거로는 「지방세법 시행령」 제45조 제4항(제27조 제3항 준용)에 규정되어 있었다. 제27조 제3항에서 법 위임을 벗어난 규정으로 볼 수 있어서 이 규정 또한 법 위임을 벗어나 규정된 것으로 볼 수 있어 위헌 소지 다툼의 여지가 있었다.

> **사례** 대도시 밖에서 대도시로 이전 시 중과됨(세정 13407-1455, 1996.12.20.).
>
> 사회복지법인이 주사무소를 경기도 이천시에서 수원시로 이전한 경우에는 「지방세법」 제138조 제1항 제2호의 규정에 의한 '설립'에 해당되므로 이에 따른 세율이 적용되는 것임.

> **사례** 수도권의 경우 특별시 외의 지역에서 특별시 내로의 전입은 대도시 내로의 전입으로 보는 것이므로, 수도권에 있어서 서울 외의 지역에서 서울 내로의 법인전입은 법인설립으로 보아 법인설립에 따른 등록세가 중과됨(세정 13407-331, 2002.4.4.).

> **사례** A법인은 대구에, B법인은 서울에 본점을 두고 5년 경과 후 서로 합병하여 A법인이 존속하고 인적·물적자원 이동 없이 본점등기만 서울로 하는 경우(세정 13407-710, 1996.7.1.)
>
> 대도시 외의 법인이 대도시 내로 본점을 이전하는 것은 인적, 물적, 자원이 서울시 내로 이전이 되었든 아니되었든 불구하고 법조문대로 자본금의 4/1,000 세율에 3배를 한 중과세율이 타당함.

> **사례** 「지방세법」 제127조 규정에 의한 종교단체가 그 사업에 직접 사용하기 위한 부동산 등기에 대하여는 비과세되는 것이나, 법인등기에 따른 등록세는 「지방세법」 제137조 규정에 의하여 대도시 내 법인등기 중과에 해당할 경우 3배 중과대상임(세정 13407-261, 1996.3.8.).

① 법인설립일

법인이 설립 후 5년 이내에 자본 또는 출자액을 증가하는 경우는 대도시 내의 법인설립으로 보아 등록면허세를 3배 중과세하나, 5년 경과된 후에는 중과세되지 아니한다. 또한 법인 설립, 지점설치, 본점(지점)이전에 따른 등기는 설립·설치·이전일에 중과세 여부가 결정되어지므로 그 일자가 매우 중요하다.

한편, 법인의 설립요건은 「상법」 제172조를 보면 "회사는 본점 소재지에서 설립등기함으로써 성립한다"라고 규정하고 있으며, 「민법」 제33조에서는 "법인은 그 주된 사무소의 소재지에서 설립등기함으로써 성립한다"라고 규정하고 있다. 따라서 법인의 설립요건으로는 등기가 성립되어야 하므로 법인의 설립시점은 설립등기일을 말한다.

해산등기 후 청산 진행 중에 있는 법인이 「상법」 제229조의 규정에 의한 계속등기를 하는 경우는 신설법인이 아니라 당초 법인설립등기일이 설립일이 된다(세정 22670-2306, 1990.7.12.).

> **사례** 「지방세법」 제138조 제1항의 규정에서 '법인의 설립일'이라 함은 법인설립등기일을 말함(세정 13407-294, 1995.3.24.).

> **사례** 회사가 해산하여도 청산종결 시까지는 그 법인격이 존속하는 것으로 보아야 하는 것이므로 청산 중에 있는 법인이 「상법」 제229조의 규정에 의하여 계속등기를 필하였다면 「지방세법」 제138조 제1항 제3호 및 같은 법 시행령 제102조 제2항 소정의 중과세대상에서 제외됨(세정 22670-13449, 1986.11.5. 참조)(세정 1268-613, 1984.1.18.).

사례 법인해산 후 청산법인이더라도 등기에 의해 법인이 소멸되지 아니하고 법인설립 후 5년이 경과한 경우라면 그 취득하는 부동산등기에 대하여는 등록세가 중과세되지 아니함(세정 13407 - 137, 1994.6.1.).

② '법인등기'의 의미

대도시에서의 법인설립(설립 후 또는 휴면법인 인수 후 5년 이내에 자본 또는 출자액을 증가하는 경우 포함)과 지점 또는 분사무소의 설치에 따른 등기와 대도시 밖의 법인이 대도시 내의 본점 또는 분사무소의 전입에 따른 등기(이 경우 전입은 법인의 신설로 봄)의 경우 중과세대상으로 법인등기의 세율의 3배로 중과세된다. 따라서 등록면허세 중과세는 이 규정과 상관없는 상호변경, 대표이사 변경, 목적사업변경 등기는 중과세 세율이 적용되지 아니한다.

③ '비영리법인'의 의미

'비영리법인'이라 함은 「민법」 제32조에서 규정한 사단·재단법인과 이익금을 해당 법인의 임직원등 특정인에게 배당하지 않고 불특정다수인에게 환원하거나 공공복리에 투자하는 법인을 말하는바, 임직원 등에게 이익을 배분하는 등의 규정이 있다면 비영리법인으로 볼 수 없다.

영리법인	비영리법인
「상법」 등의 규정에 의하여 설립된 법인과 기타 법인 등 주주 또는 사원에게 이익을 배분할 수 있도록 정관 등에 규정된 법인	「민법」 제32조에 의하여 설립된 법인과 특별법에 의하여 설립된 법인으로서 그 운영에 관하여는 「민법」 제32조의 규정을 준용하도록 되어 있는 사단·재단법인

한편, 의료법인은 수익사업을 영위하는 경우에 영리성 추구 법인에 해당되는 것이나 의료법인은 「민법」상의 재단법인에 관한 사항을 준용하고 있기 때문에 의료법인은 비영리법인으로 보아야 할 것이다.

적용 사례

(1) 일반 현황
　　법인설립 자본금 : 1억 원

(2) 법인등기 시 등록면허세 중과 여부
　　① 서울시에서 설립
　　　　대도시이므로 법인등기의 세율(0.4%) 3배 중과 : 1억 원 × 0.4% × 3 = 1,200,000원
　　② 부산시에서 설립
　　　　대도시가 아니므로 법인등기의 표준세율(0.4%) 적용됨 : 1억 원 × 0.4% = 400,000원
　　③ 고양시에서 설립
　　　　대도시이므로 법인등기의 세율(0.4%) 3배 중과 : 1억 원 × 0.4% × 3 = 1,200,000원
　　④ 인천남동공단에서 설립
　　　　산업단지는 대도시가 아니므로 표준세율(0.4%) 적용됨 : 1억 원 × 0.4% = 400,000원

> **사례** 사내근로복지기금이 비영리법인에 해당되는지 여부(행심 2001-238, 2001.4.30.)
>
> 「사내근로복지기금법」에 의거 설립된 사내근로복지기금은 비영리법인인 「민법」의 재단법인의 규정을 준용하고 있으며 정관에서 동 기금의 해산 시 잔여재산을 특정인이나 정관으로 정하는 자가 없이 근로자에게 미지급한 임금, 퇴직금, 기타 근로자에게 지급할 의무가 있는 금품을 지급하는데 우선적으로 사용하고 그 잔여재산은 법령이 정하는 바에 따라 「민법」 상의 청산에 관한 규정을 준용하도록 되어 있는 것으로 보아 「지방세법」 제137조 제1항 제2호 비영리법인의 세율을 적용함이 타당할 것으로 판단됨(같은 뜻 : 세정 13407-1169, 2000.10.5.).

> **사례** 「중소기업협동조합법」에 의하여 설립된 귀 ○○도 레미콘공업협동조합은 비영리법인에 해당하지 아니함(세정 13407-168, 2000.2.12.).

6) 대도시 내 법인설립·전입 후 5년 이내의 증자등기

대도시 법인설립 후 5년 이내에 자본 또는 출자액이 증가하는 등기에 대하여는 그 증가액에 대하여 중과세하는 것이다. 따라서 법인설립 후 5년이 경과한 때에는 자본증가 또는 출자증가는 중과세되지 아니한다. 다만, 「자산재평가법」에 의한 자산재평가적립금 자본전입의 경우에는 구 「자산재평가법」 제37조 제2항에 의거 비과세되므로 중과세대상에서 제외된다.

또한 관계법령의 개정(예 : 주택건설업등록기준 변경)으로 인하여 면허 또는 등록의 최저기준을 충족시키기 위한 자본 또는 출자액을 증가하는 경우 최저기준을 충족시키기 위하여 증가 등기를 하는 경우 비록 법인설립 후 5년 이내에 증가 등기가 이루어진다고 하더라도 중과세대상에서 제외된다(지령 §45). 법인설립 및 전입 후, 휴면법인 인수 후 5년 이내에 자본증가에 따른 자본금 변경등기를 하는 때에는 그 등록세면허의 3배 중과세되나, 5년 경과한 법인에 대하여는 중과세되지 아니한다. 한편, 대도시 설립된 지 5년 이내인 법인이 감자 후 증자한 경우, 감자와 관계없이 자본증가액을 과세표준으로 등록면허세 중과세된다(세정 13407-아635, 1998.10.14.).[358]

> **적용 사례** ●
>
> (1) 일반 현황
> ① 증자 발행주식수 : 20,000주(액면가 5천 원)
> ② 증자일 : 2012.12.5.
> ③ 본점 주소지 : 서울시
> ④ 법인설립일 : 2008.1.7.
> (2) 증자 등기 시 등록면허세 과세표준
> ① 할증발행으로 주당 7.5천 원으로 증자한 경우

---

358) 과점주주의 경우 과점주주이던 자가 주식 등의 양도 등으로 인하여 과점주주에 해당되지 아니하는 주주가 그로부터 5년 이내에 과점주주가 되는 경우 그 이전의 과점주주비율보다 증가한 경우에 한하여 취득세를 부과하고 있다.

> 등록면허세 과세표준 : 20,000원 × 5,000 = 1억 원
> ② 할인발행으로 주당 4.5천 원으로 증자한 경우
> 등록면허세 과세표준 : 20,000원 × 5,000 = 1억 원
>
> (3) 증자 등기 시 중과 여부
> 법인설립일로부터 5년 이내이므로 중과 : 1억 원 × 0.4% × 3 = 1,200,000원

> **사례** 「조세특례제한법」 제32조에 의거 사업양수도 방법에 의하여 법인으로 전환한 경우에 사업용 재산에 관하여만 등록세를 감면하는 것이며 과밀억제권역 안에서 법인으로 전환한 후 5년 이내 자본금을 증가하는 경우 등록세는 5배(현행 3배) 중과대상임(세정 13407-1510, 1996.12.31.).

> **사례** 법인이 감자를 한 후 사업확장에 따라 자본증가가 된 경우 감자와 관계없이 자본증가액을 과세표준으로 하여야 함이 타당하며, A법인이 대도시 내에서 설립된 지 5년 이내인 경우에는 감자와 관계없이 자본증가액을 중과세대상으로 하여야 함이 타당함(세정 13407-아635, 1998.10.14.).

7) 휴면법인 인수 후 5년 이내의 증자등기

휴면법인의 범위는 취득세편의 내용을 준용하지만, 다음의 내용은 취득세와 다른 것으로 이해된다.

첫째, 「지방세법」 제28조 제1항 제1호에서 등록면허세의 경우 취득세편의 부동산 취득 시 중과세 적용과는 달리 휴면법인 인수는 법인설립으로 본다라는 규정은 없다.

둘째, 취득세에서는 2018년 이후 휴면법인의 인수는 최초로 그 법인의 과점주주가 된 때 이루어진 것으로 보는데, 등록면허세도 이를 적용하여야 할 것이다. 그런데 2017년 이전에는 등록면허세의 중과세 적용은 지분을 얼마를 인수하는 경우를 말하는지 규정되어 있지 아니하다. 즉 지분 50% 초과(과점주주 판단 시 적용되는 특수관계자 지분 포함) 인수하는 경우로서 50% 초과 취득한 시점을 법인인수일로 보아야 한다라고 주장하는 경우도 있는데 이는 확실하지 아니하다. 그 이유는 폐업법인, 해산법인, 해산간주법인도 휴면법인에 포함되어 있기 때문이며, 법인인수 후 법인변경등기는 법인 인수 사실을 대외적으로 확인하는 것에 불과하기 때문이다.

지분인수일에는 주식만 취득하고 추후 법인변경등기가 이루어지는바, 휴면법인 법인변경등기 시 통상 상호변경, 임원변경 등 기타등기가 중과세대상에 해당하는지에 대해서 「지방세법」에서는 휴면법인을 인수한 후 5년 이내에 자본 또는 출자액을 증가하는 경우만을 중과하는 것으로 규정하고 있다. 이는 취득세편의 부동산 취득의 중과세 규정에서는 "법인설립에 휴면법인을 인수하는 경우 포함한다"라고 규정되어 있으나, "이하 이 호에서 같다"라고 규정하고 있어서 등록면허세 규정에는 적용할 수 없을 것이다. 따라서 증자등기 이외 다른 등기의 경우에는 법인설립으로 보아 중과세할 수는 없을 것으로 판단된다.

따라서 계속등기의 경우 그 밖의 법인등기로 40,200원(2013년 이전 23,000원)의 세율이 적용될 것이나, 법인 인수일 이전 1년 이내에 「상법」에 따른 계속등기를 한 해산법인 또는 해산간주법인 등 휴면법인을 인수한 후 5년 이내에 자본 또는 출자액을 증가하는 경우에는 일반세율 0.4%의

3배인 증자금액의 1.2%의 세율이 적용되는 것이다.

한편, 「지방세법」 제13조 제2항 제1호에 따른 휴면법인의 인수로 보는 범위는 제1항 각 호의 어느 하나에 해당하는 법인에서 최초로 그 법인의 과점주주가 된 때에 이루어지는 것으로 본다 (2017년 이전에 과점주주된 경우까지는 해당 법인의 과점주주된 때에 그 과점주주가 인수한 주식 등의 비율로 함)(지령 §27 ②)라고 규정되어 있어서 부동산 등기의 중과세 적용 시 휴면법인은 법인신설로 의제하는데, 과점주주 지분에 해당하는 분에 대해서만 법인신설로 의제하는 것이다. 이는 등록면허세에서는 적용되지 아니할 것이다.

> **사례** 설립등기 후 폐업으로 사업실적이 없는 상태에서 법인 주식 전부를 제3자가 매수한 경우(대법원 2008두2842, 2009.4.23.) : 휴면법인 중과세 규정이 제정 전 법률에 대한 판례임
>
> 대도시 내 등록세 등의 중과를 면할 목적으로 ○○법인 ○○(Star Holdings SCA)가 국내에 별도의 법인을 설립하는 대신 1996.1.9. 설립등기를 마친 후 폐업하여 사업실적이 없는 상태에 있던 원고를 인수하면서 2001.6.15. 기존 주주의 주식 전부를 양수한 후 상호, 전체 임원 및 목적사업을 전부 변경하였다고 하더라도 이러한 경우 2001.6.15.을 기준으로 실질적으로 새로운 원고 법인이 설립된 것으로 볼 수 없다는 이유로 위와 같은 행위가 법인의 설립에 해당함을 전제로 한 피고의 이 사건 부과처분이 위법하다고 판단한 것은 정당함.

8) 대도시 내로의 본점 · 주사무소의 전입등기

본점 또는 주사무소 이전하는 때에는 건당 112,500원(2013년 이전 75,000원)이며, 이는 동일 대도시 내에서의 이전, 대도시에서 대도시 밖으로 이전의 경우에 해당되는 것이다. 그런데 대도시 밖의 지역에서 대도시 내의 이전하는 것은 이전이 아니고 신설로 보고 있으므로 법인설립과 같은 방법으로 과세하게 된다.[359] 즉 법인설립과 동일하게 이전 당시의 자본금에 대하여 중과세율에 의하여 등록면허세를 납부하여야 한다. 그리고 전입등기일이 설립등기일이 되어 자본증가 변경등기도 전입등기일로부터 5년 이내라면 중과세대상이 된다.

또한, 수도권의 경우 서울특별시 외의 지역에서 서울특별시 내로의 전입은 대도시 내로의 전입으로 보며, 전입의 경우는 법인의 설립에 해당되어 중과세를 적용한다.[360]

① 대도시 내로의 전입일(중과 기산일)

대도시에서 법인설립 등을 하는 때는 그 설치 · 전입하기 위하여 또는 그 설치 · 전입한 후 5년 이내의 법인등기를 중과세되는바, 이때 5년의 기산일이 매우 중요하다. 기산일은 법인설립의 경우 법인설립등기일, 지점설치와 지점이전은 인적 · 물적설비를 모두 갖춘 상태에서 사업자등록대상이 되는 날이다. 그런데 본점이전의 경우에는 해석이 분분할 수 있다. 즉 사실상 본점이전일이

---

359) 형평을 고려한다면 일반세율에 의한 등록세를 제외한 중과부분에 대하여 중과세한다든지, 법인설립일로부터 5년 경과한 자본금은 제외하는 방향으로 개정될 필요가 있다고 본다.

360) 이는 「지방세법」 제28조 제5항의 위임에 따라 같은 법 시행령 제27조 제2항에 규정되어 있는 것으로서 같은 법 제28조 제2항 제2호의 "대도시 밖에 있는 법인의 본점 또는 주사무소를 대도시 내로 전입을 법인의 설립으로 본다"라는 규정을 벗어난 것으로 다툼의 소지가 있었지만, 현행법에는 이를 반영하고 있다.

냐 이전등기일이냐에 따라 기산일에 차이가 날 수 있다.

본점이전은 이전등기일이 아닌 사실상 이전일을 기산일로 해야 하는 것이 타당하다고 보여지나, 이전하였는지의 여부는 등기를 하여야 명백히 확인할 수 있을 것이므로 이전등기일로 하여야 한다는 주장도 있다. 이에 대하여 유권해석은 "법인 등의 전입에 관한 등기 유무에 불구하고 사실상 전입하여 업무활동을 하는 날을 전입일로 보는 것이 타당하므로, 사실상 본점이전일이 객관적으로 명백히 입증되는 경우에는 사실상 전입일을 기준으로 등록면허세 중과 여부를 판단하는 것이 타당하다(세정 22670-5291, 1985.5.1.)"라고 규정하고 있어 원칙적으로 사실상 전입한 날을 기산일로 보고 있으나, 명백히 입증되지 아니할 경우에는 이전등기일로 해석하여야 할 것이다.

② 중과예외 업종인 경우 등록면허세 중과대상 아님

「지방세법」제28조 제2항 제2호에서 '전입을 법인의 설립으로 보아 세율을 적용한다'는 의미는 등록면허세 중과세대상인 법인등기에 대하여 중과세 제도의 취지에 부합하도록 그 세율의 적용에 관하여만 본점 등의 전입을 "법인의 설립"으로 보도록 하는 것(대법원 2012두28940, 2013.5.9.)이며, 중과제외 업종을 영위하는 법인은 중과대상 법인으로 볼 수 없으므로 이러한 법인의 대도시 내 이전에 대해 설립에 따른 세율을 적용할 대상은 아니라고 판단된다. 따라서 「지방세법」제28조 제2항 단서에 따라 대도시 중과제외 업종을 영위하는 법인이 대도시 외에서 대도시 내로 본점을 이전한 경우에는 같은 조 제1항을 적용하여 건당 11만2천5백 원의 등록면허세가 적용된다(부동산세제과-684, 2022.3.11.).

③ 사례별 중과 여부

이하에서는 대도시 내로의 전입과 관련하여 사례별로 중과 여부를 살펴보면 다음과 같다.

구분	중과세 판단
과밀억제권역 외 지역 → 과밀억제권역 내 전입	중과세
과밀억제권역 중 산업단지 → 과밀억제권역 내 전입	중과세
과밀억제권역 중 산업단지 외 지역 → 과밀억제권역 중 산업단지 외 지역 전입	일반과세
과밀억제권역 외 지역 → 과밀억제권역 중 산업단지 전입	일반과세
과밀억제권역 중 서울특별시 외의 지역 → 서울특별시 내로 전입(신설)	중과세
서울특별시 내에서 → 과밀억제권역 중 서울특별시 외의 지역[주1]	일반과세
과밀억제권역에서 과밀억제권역 외로 전출 → 다시 과밀억제권역으로 이전(신설)	중과세
과밀억제권역에서 → 과밀억제권역으로 이전[주2]	일반과세

(주1) 동일 대도시 내의 이전임.
(주2) 종전 1995.8.20. 이전의 규정에서는 다른 대도시 내에서 전입하는 경우 중과세 되었으나 이 경우에도 서울특별시 내에서 2년이 경과한 법인이 본점을 부산광역시 또는 대구광역시로 이전하는 것은 제외되었음.

적용 사례

(1) 일반 현황

이전 당시 법인등기부상의 자본금 : 1억 원

(2) 본점 이전 시 등록세 중과 여부

① 고양시에서 서울시로 이전하는 경우[주1]

대도시에서 법인설립에 해당되어 법인등기의 세율(0.4%) 3배 중과 :

1억 원 × 0.4% × 3 = 1,200,000원

② 서울시에서 고양시로 이전하는 경우

대도시 내 이전이므로 75,000원임.

③ 인천남동공단에서 산업단지가 아닌 인천지역으로 이전하는 경우[주2]

대도시 내에서 법인설립에 해당되어 법인등기의 세율(0.4%) 3배 중과 :

1억 원 × 0.4% × 3 = 1,200,000원

④ 산업단지가 아닌 인천지역에서 인천남동공단으로 이전하는 경우

대도시 밖의 이전이므로 75,000원임.

☞ (주1) 이미 자본금에 대하여 중과된 경우라 하더라도 다시 중과세대상이므로 중과세 과세표준은 이전 당시의 자본금임.

☞ (주2) 표준세율에 의해 이미 등록면허세를 납부한 경우라 하더라도 중과세대상이므로 중과세 과세표준은 이전 당시의 자본금임.

사례 해당 대도시 내에서의 본점 등의 이전은 대도시 내로의 전입에 해당되지 아니하므로, 서울특별시 내에서 법인 설립 후 5년이 경과된 법인의 본점을 인천광역시 내로 사실상 이전하였다고 하더라도 이전 후 자본금 증자에 대한 등록세가 중과세되지 않음(세정 22670-2189, 1988.3.2.).

사례 「지방세법」 제138조 제1항의 규정에 의하여 대도시 내에서의 법인설립 후 대도시 내에서의 법인이전(서울특별시 외의 지역에서 서울특별시 내로의 전입은 제외)을 한 경우에는 법인 본점이 전과는 관계없이 법인설립 후 5년 내 취득하는 부동산 등기에 대하여 등록세를 중과하는 것임(세정 13407-684, 2001.12.19.).

9) 대도시에서의 지점·분사무소 설치등기

대도시에서 지점·분사무소의 설치에 따른 등기 시에는 등록면허세가 중과세되는 것인바, 여기서 지점 또는 분사무소 설치등기는 「비송사건절차법」에 의한 지점 또는 분사무소 등기를 하는 경우를 의미하기 때문에 사실상의 지점·분사무소를 의미하는 것이 아니라 형식상의 지점·분사무소 등기를 하는 경우를 의미하는 것이다.

따라서 지점 또는 분사무소 설치등기는 1건당 매 40,200원(2013년 이전 23,000원)을 부과하는 것이나, 대도시에서 지점 또는 분사무소를 설치하는 경우에는 지점 또는 분사무소 소재지 관할등기소에서 120,600원(2013년 이전 69,000원) 중과세하는 것이다. 그러나 지점등기부가 폐지되어

2024년 이전에만 본점에서 지점 또는 분사무소 변경등기를 하는 경우에는 지점 또는 분사무소 설치등기를 하는 것이 아니므로 그 밖의 등기에 해당되어 매 1건당 40,200원(2013년 이전 23,000원)으로 부과하는 것이다.

「지방세법」 상 지점(분사무소)의 설치시기에 대한 규정은 없으나, 「민법」 제50조에서 이를 규정하고 있으며, 「상법」 제181조 제1항에서도 이를 규정하고 있다. 이 규정을 주식회사의 경우도 준용하도록 규정하고 있다(「상법」 §317 ③).

한편, 지점설치에 따른 등록면허세 중과세 판단에 있어서 판단하여야 할 실체로서 「지방세법 시행규칙」 제6조 '사무소 등의 범위'의 규정을 들 수 있다. 그런데 이 규정은 부동산등기에 대하여 중과세하는 규정으로서 지점설치에 따른 법인등기 규정에 적용되는지 명확하지 아니한다. 그런데 「지방세법」 제28조 제2항 제2호를 적용할 때 대도시로의 전입 범위에 관하여는 「지방세법 시행령」 제27조 제3항을 준용한다라고 규정되어 있는데(지령 §45 ④), 「지방세법 시행규칙」 제6조에서 "영 제27조 제3항 전단에서 "행정안전부령으로 정하는 사무소 또는 사업장"이란 …"라고 규정되어 있으므로 등록면허세에서도 「지방세법 시행규칙」 제6조를 준용하여야 할 것이다.

지점설치일은 법인등기부상 지점등기일과는 관계없이 「법인세법」 등에 의한 사업장 등록대상이 되는 날(1984.5.12.부터 2013.12.31.까지는 사업장 등록과 인적·물적설비를 모두 갖춘 날이나 「법인세법」 등에 의한 비과세 또는 과세면제대상 사업장으로서 사업장 등록을 하지 아니하는 경우에는 사실상의 지점설치일, 1984.5.11. 이전에는 사업자등록에 불구하고 사실상의 인적·물적설비 설치일)이 된다(세정 13407-599, 2001.11.28. 참조)라고 해석하고 있다.

그러나 「비송사건절차법」에 의한 지점·분사무소 설치에 따른 등기 시에는 사실상의 같은 시행규칙의 '사무소 등의 범위'의 규정을 적용할 여지가 없는 것으로, 지점 또는 분사무소 설치등기에 대한 중과세는 지점 또는 분사무소 설치등기를 의미하는 것이지 사실상의 지점 설치 또는 분사무소의 설치와는 무관한 것이다.

10) 대도시 내에서의 지점·분사무소 이전등기

지점설치 등기는 매 건당 40,200원(2013년 이전 23,000원)이고 지점이전등기는 그 밖의 등기로 매 건당 40,200원(2013년 이전 23,000원)이다. 지점등기는 설치등기를 하는 때만 중과세에 해당하고 지점이전등기인 경우에는 중과세 규정이 없어 중과세대상이 아니다.[361]

11) 그 밖의 법인등기와 등록면허세 중과세

대도시 내 법인설립과 법인전입에 따른 등기 시에 적용하는 등록면허세의 세율 적용은 「지방세법」 제28조 제4항에 따르면 같은 항 제1항 제6호 바목(그 밖의 등기)에 해당하는 경우에는 중과세대상에 해당되지 아니하므로 지배인 명의변경등기에 대하여는 비록 법인에 대한 등기라고 하더라도 중과세되지 아니한다.

---

361) 대도시 내에 지점을 설치하거나 대도시 내로 지점을 이전하는 경우 지점설치 또는 전입일 후의 5년 이내의 부동산 취득은 중과세된다.

12) 대도시 내로의 전입으로 중과세 적용 시 기납부한 등록면허세 공제 여부

「지방세법」 제28조 제2항 제2호의 규정에 따라 그 세율의 적용에 관하여는 본점 등의 전입을 법인의 설립으로 본다고 하더라도, '본점 이전에 관한 법인등기'가 '법인설립에 관한 법인등기'로 간주되거나 종전 각 법인등기에 관한 등록면허세 과세대상이 동일한 것으로 간주되는 것이 아니므로(대법원 2002.6.28. 선고, 2000두7896 판결, 대법원 2018.4.10. 선고, 2017두35684 판결, 대법원 2013.5.9. 선고, 2012두28940 판결 등 참조) 법인설립등기 당시 이미 납부했던 등록면허세를 중과세액에서 공제하지 아니된다(대법원 2017두31538, 2019.1.10. 참조).

(3) 중과 제외

① 대도시 내 법인 중과세 제외업종
② 일정 요건의 분할에 따른 법인설립의 등기
③ 주식 포괄적 이전에 따른 금융지주회사 설립의 등기(2019년 이후)
④ 관계법령의 개정으로 최저자본기준 충족을 위한 증자등기
⑤ 도시형업종 공장
⑥ 벤처기업집적시설(2023년 이전만 적용)과 산업기술단지에 입주하는 자(2025년 이전만 적용)
⑦ 창업보육센터에 입주하는 자
⑧ 구 「조세특례제한법」 제119조에 의한 등록면허세 감면 적용(2014년 이전만)
⑨ 부동산투자회사 등의 등록면허세 중과 배제
⑩ 대도시 내에서 설립 후 5년이 경과한 법인("기존법인") 간의 합병

1) 대도시 내 법인 중과세 제외업종

대도시 내의 법인설립(설립 후 또는 휴면법인의 인수 후 5년 이내에 자본 또는 출자액을 증가하는 경우 포함)과 지점 또는 분사무소의 설치에 따른 등기, 대도시 밖의 법인이 대도시 내로의 본점 또는 지점의 전입(전입 후 5년 이내에 자본 또는 출자액을 증가하는 경우 포함)에 따른 등기(이 경우 전입은 법인의 설립으로 보아 세율을 적용함)의 경우에는 등록면허세가 3배 중과된다. 그런데 「지방세법 시행령」 제26조에 규정한 업종을 영위하는 법인의 경우에는 중과세대상에서 제외되는 것이다. 한편, 대도시 밖에서 대도시 내로 이전 시 중과대상이 되는 경우 자본금 등기세율의 3배 중과하는 것으로 규정되어 있지만, 중과제외 업종은 자본금등기 세율을 적용하도록 별도로 규정되어 있지 아니하는바, 본점이전등기 세율을 적용하여야 할 것이다.

① 법인 중과세 제외업종

대도시 법인 중과세 제외업종은 「지방세법 시행령」 제26조 제1항에서 열거 규정하고 있으며, 이는 도시생활에 필수불가결한 업종과 정책지원 업종에 한하여 대도시 법인설립과 그에 따른 부동산 취득에 대하여 구 등록세분 중과세에서 제외하고 있는 것이다.

대도시에서 「부가가치세법」 또는 「소득세법」에 따른 사업자등록을 하고 5년 이상 개인이 경영하던 제조업(「소득세법」 제19조 제1항 제3호에 따른 제조업)의 법인전환에 따라 취득한 부동산은 중과세하지 아니하나, 법인전환에 따라 취득한 부동산의 시가표준액이 법인전환 전의 부동산의 시가표준액(당초 취득 시의 시가표준액을 말하는 것으로 판단됨)을 초과하는 경우에 그 초과 부분과 법인으로 전환한 날 이후에 취득한 부동산은 중과세대상이 된다. 따라서 A가 위 현물출자로 부담하게 되는 법인등록면허세의 경우 과밀억제권역 중과배제가 되나, 법조문 상 법인전환으로 취득한 부동산의 시가표준액과 법인전환 전의 취득 당시의 시가표준액의 차액분에 해당하는 등록면허세는 중과가 될 여지가 있다(지령 §44). 그런데 행심(91-0319, 1991.9.28.)에 따르면 "「지방세법」 제138조 제1항 단서 및 같은 법 시행령 제101조 제1항 제12호에서 개인이 영위하던 제조업이 법인으로 전환할 시 등록세 중과대상의 제외업종으로 규정하고 있을 뿐만 아니라, 같은 법 시행규칙 제54조의 4에서 "법인으로 전환하는 기업"이라 함은 대도시 안에서 부가가치세법에 의한 사업자 등록을 하고, 5년 이상 제조업을 영위한 개인기업이 당해 대도시 안에서 법인으로 전환하는 경우의 당해 기업을 말하므로, 청구법인의 경우와 같이 1981년부터 「부가가치세법」에 의한 사업자등록을 하고, 매년 부가가치세를 납부하여 오다가 1989.3.7. 법인설립 시 「지방세법」 제137조 제1항에서 규정하고 있는 법인등기의 세율을 적용하여 산출한 등록세를 납부한 것은 정당한 것이라고 판단된다"라고 결정하고 있어서 전액 일반과세하는 것으로 판단하고 있다.

한편, 중과제외 업종은 전술한 취득세편의 부동산 취득의 중과제외 업종과 동일하다.

② 중과대상 업종과 겸용, 중과대상 업종으로 변경 및 중과대상 업종 추가 시 중과세 적용

중과대상 업종과 겸용, 중과대상 업종으로 변경, 중과대상 업종 추가하는 경우 법인설립등기나 설립 이후 5년 이내에 자본금의 증가 등기에 대하여 등록면허세는 다음에 따라 중과세하여야 한다. 한편, 2010.12.31. 이전에 구 「지방세법」 제138조 제1항 각 호 외의 부분 단서에 따라 같은 법 제131조 및 제137조에 따른 세율을 적용받은 법인이 대도시 중과제외 업종 외의 업종으로 변경하거나 추가하는 경우 또는 부동산을 대도시 중과 제외 업종에 직접 사용하여야 할 의무를 위반하는 등의 사유로 인한 중과 세율의 적용에 관하여는 제13조 및 제28조 제2항·제3항의 개정규정에도 불구하고 구 「지방세법」 제138조에 따른다(2010.12.27. 개정 지법 부칙 §14). 따라서 2011.1.1. 이후 최초로 「지방세법」 제28조 제2항 제1호 및 제2호에 따른 등기를 한 법인이 대도시 중과예외 업종 외의 업종으로 변경하거나 추가하는 경우 또는 부동산을 대도시 중과제외 업종에 직접 사용하여야 할 의무를 위반하는 등의 사유가 발생하는 분부터 적용하는 것이다.

등록면허세의 과세표준이 구분되는 경우에는 구분된 가액으로, 구분되지 아니한 경우 해당 법인에 대한 등록면허세는 직전 사업연도(직전 사업연도의 매출액이 없는 경우에는 해당 사업연도, 해당 사업연도에도 매출액이 없는 경우에는 그 다음 사업연도)의 총 매출액에서 중과제외 업종과 중과대상 업종의 매출액이 차지하는 비율을 다음 계산식에 따라 산출한 후 그에 따라 안분하여 과세한다. 다만, 그 다음 사업연도에도 매출액이 없는 경우에는 유형고정자산가액의 비율에 따른다.

□ 해당 법인 중과대상 업종 매출비율

$$\frac{\text{해당 법인 중과대상 업종 산정 매출액}^*}{(\text{해당 법인 중과제외 업종 산정 매출액}^{**} + \text{해당 법인 중과대상 업종 산정 매출액})}$$

* 해당 법인 중과대상 업종 산정 매출액=(해당 법인 중과대상 업종 매출액×365일)/해당 법인 중과대상 업종 운영일수
** 해당 법인 중과제외 업종 산정 매출액=(해당 법인 중과제외 업종 매출액×365일)/해당 법인 중과제외 업종 운영일수

해당 법인 중과제외 업종 매출비율 = 1 – 해당 법인 중과대상 업종 매출비율

등록면허세의 과세표준이 구분되는 경우에는 구분된 가액으로, 구분되지 아니한 경우 해당 법인에 대한 등록면허세는 직전 사업연도(직전 사업연도의 매출액이 없는 경우에는 해당 사업연도, 해당 사업연도에도 매출액이 없는 경우에는 그 다음 사업연도)의 총 매출액에서 중과제외 업종과 중과대상 업종의 매출액이 차지하는 비율을 다음 계산식에 따라 산출한 후 그에 따라 안분하여 과세한다. 다만, 그 다음 사업연도에도 매출액이 없는 경우에는 유형고정자산가액의 비율에 따른다.

> **사례** 중과예외 업종 영위 법인이 대도시로 본점이전 등기 시(세정 13407-142, 1999.2.2.)
>
> 산업자원부장관이 고시하는 첨단기술산업과 「공업배치 및 공장설립에 관한 법률」에 의한 첨단업종의 경우 중과예외 업종에 해당됨. 따라서 「산업발전법」에 의하여 산업자원부장관이 고시하는 첨단기술산업을 영위하는 경우 본점 소재지를 대도시 내로 이전하여 법인등기를 할 때 적용되는 등록세 세율은 「지방세법」 제137조 제1항 제4호의 규정에 의거 매 1건당 75,000원임.

③ 중과세 제외업종의 추징

대도시 중과제외 업종으로 법인등기를 한 법인이 정당한 사유 없이 그 등기일부터 2년 이내에 대도시 중과제외 업종 외의 업종으로 변경하거나 대도시 중과제외 업종 외의 업종을 추가하는 경우 그 해당 부분에 대해서는 법인설립등기나 설립 이후 5년 이내에 자본금의 증가등기에 대하여 등록면허세가 중과세로 추징된다(지법 §28 ③).

2) 일정 요건의 분할에 의한 법인설립의 등기 중과제외

① 중과세 제외 분할 요건

분할등기일 현재 5년 이상 계속하여 사업을 한 대도시의 내국법인이 법인의 분할(「법인세법」 제46조 제2항 제1호 가목부터 다목까지의 요건을 갖춘 경우만 해당)로 법인을 설립하는 경우에는 중과세대상으로 보지 아니한다(지령 §45 ②). 여기서 등록면허세 중과 배제되는 분할의 요건은 적격분할의 요건 중 일부 요건임에 유의하여야 할 것이다(부동산 취득에 따른 취득세도 동일함).

② 일정 요건 충족된 분할로 설립 후 5년 이내 증자 시 등록면허세 중과 여부

「법인세법」 제46조 제2항 제1호 가목부터 다목까지의 요건을 갖추어 설립된 청구법인이 설립 이후 주식을 100% 소유한 주주가 ○○○에서 ○○○로 변경되어 일정 분할의 요건을 충족하지 못한 상태로 변경되었다 하더라도, 분할로 인하여 신설된 법인에 대하여 등록면허세를 중과세하지 아니하도록 규정한 「지방세법 시행령」 제45조 제2항의 입법취지는 법인분할로 인하여 형식상 법인설립등기를 함으로써 새로이 법인이 신설되지만 사실상으로는 종전의 법인의 일부가 분할되어 계속 존속하는 것으로서 이러한 법인이 취득하는 부동산이나 자본금 등기에 대하여 중과세하는 것은 중과세 도입목적과 기존법인과의 과세형평에 비추어 타당하지 아니하다는 데 있다 할 것이므로, 대도시 내에서 5년 이상 사업을 영위한 법인이 분할로 인하여 설립한 후 자본금 증자등기를 하였다 하더라도 등록면허세 중과세 대상으로 보기는 어려운 점(조심 2008지18, 2008.12.26., 같은 뜻임) 등에 비추어 처분청이 청구법인의 이 건 유상증자를 등록면허세 중과세대상으로 보아 청구법인의 경정청구를 거부한 것은 잘못으로 판단된다(조심 2013지0883, 2014.11.10.)라고 결정하고 있는바, 중과되지 아니하는 것으로 해석하여야 할 것이다.[362]

③ 인적분할 시 법인설립에 해당되는지 여부

인적분할의 경우 현물출자, 물적분할 등에서와 같은 출자의 개념이 없을 뿐 아니라 실질적으로도 새로운 자본금의 출자나 불입의 행위가 전혀 없이 기존법인의 자본금을 단순분할한 것에 불과한 형식적인 등기 행위에 해당되어 「지방세법」 제28조 제1항에서 규정한 납입한 주식금액이나 출자금액, 현금 외의 출자가액 또는 납입한 금액 등으로 규정한 동항에 해당된다고 볼 수 없으므로 등록면허세 납부의무가 없다고 볼 수도 있다.

또한 기업의 구조조정지원 차원에서 「조세특례제한법」 제120조 제1항 제6호에서 「법인세법」 제46조 제2항 각 호(물적분할인 경우에는 같은 법 제47조 제1항)의 요건을 갖춘 분할로 인하여 취득하는 재산에 대하여 취득세를 면제해주고 있으므로 이러한 요건을 충족하는 분할의 경우 분할 후 신설하는 법인에 대한 자본등기에 대하여도 등록면허세를 면제하여야 함이 타당하다고 볼 수도 있으나, 면제한다는 규정이 별도로 없다.

한편, 인적분할의 경우 현물출자, 물적분할 등에서와 같은 출자의 개념이 없을 뿐 아니라 사실

---

[362] 「지방세법 시행령」 제45조 제2항의 규정은 법인분할 당시 「법인세법」 제46조 제2항 제1호 가목부터 다목까지의 요건을 갖춘 경우를 등록면허세 중과세 제외 대상으로 하고 있는바, 분할 당시 적격 요건을 갖추어 설립된 법인이 설립 이후 주주 등이 변경되는 경우 중과세 제외에서 중과세로 전환되었다고 단정하기 어려운 점, 「지방세법 시행령」 제45조 제2항에서 적격분할의 요건으로 「법인세법」 제46조 제2항 제1호의 요건(분리하여 사업이 가능한 독립된 사업부문을 분할하는 것일 것, 분할하는 사업부문의 자산 및 부채가 포괄적으로 승계될 것, 분할법인 등만의 출자에 의하여 분할하는 것일 것)만을 규정하고 있고, 제2호의 요건(분할법인 등의 주주가 분할등기일이 속하는 사업연도의 종료일까지 그 주식을 보유할 것)까지 요구하고 있지는 아니한 점, 청구법인은 OOO개정에 따라 OOO에서 사업이 분리되어 설립된 회사로서 2013.3.2. 설립당시 「법인세법」 제46조 제2항 제1호 가목부터 다목까지의 요건을 충족하여 설립되었고 이에 대하여는 청구법인과 처분청 사이에 다툼이 없는 점도 그 이유를 들고 있다.
부동산 취득에 따른 취득세도 동일한 취지인바, 법인분할로 인한 중과세 제외대상은 법인설립 등기뿐만 아니라 설립 시 수반되는 부동산등기까지 포함하는 것으로 본다는 것(행심 2004-72, 2004.3.29.) 등에 비추어 법인을 설립하는 경우는 단지 설립시점의 등기만 한정한 것이 아니고 설립법인을 분할 전 기존 법인과의 연속성에서 대도시 내 5년 이상 사업이 영위된 법인과 동일하게 보겠다는 의미가 강하다고 보는 것이 합목적성이 있다고 할 것(행심 2006-1104, 2006.12.27.)이므로 이러한 분할 후 신설법인이 설립 이후 새로이 취득하는 부동산도 중과세 제외대상으로 보아야 한다(행심 2007-210, 2007.4.30.)라고 결정하고 있다.

상의 자본금의 증가나 불입의 행위가 없이 법인의 본점 및 자본금에 대한 등록을 신청하는 경우에 해당되어 제1항 제1호에서 규정한 '납입한 주식금액이나 출자금액 또는 현금 외의 출자금액' 또는 '납입한 금액 또는 현금 외의 출자가액'이라고 규정한 조항에 해당된다고 볼 수 없으므로 「지방세법」 제28조 제1항 제6호 바목의 그 밖의 등기로 보아 매 1건당 40,200원(2013년 이전 23,000)원을 신고납부하여야 하는 것으로 해석할 수도 있으나, 법인설립으로 보아 등록면허세를 부과하고 있다.

3) 주식 포괄적 이전에 따른 금융지주회사 법인설립의 등기 중과제외

2019년 이후 「조세특례제한법」 제38조 제1항 각 호의 요건을 모두 갖추어 「상법」 제360조의2에 따른 주식의 포괄적 교환 또는 같은 법 제360조의15에 따른 주식의 포괄적 이전에 따라 「금융지주회사법」에 따른 금융지주회사를 설립(이 경우 「조세특례제한법」 제38조 제1항 제2호 및 제3호를 적용할 때 법령에 따라 불가피하게 주식을 처분하는 경우 등 같은 법 시행령 제35조의2 제13항 각 호의 어느 하나에 해당하는 경우에는 주식을 보유하거나 사업을 계속하는 것으로 봄) 시에는 중과세대상으로 보지 아니한다(지령 §45 ②).

4) 최저자본기준을 위한 자본증가등기

법인의 등기로서 관계법령의 개정으로 인하여 면허 또는 등록의 최저기준을 충족시키기 위한 자본 또는 출자액을 증가하는 경우에는 최저기준을 충족시키기 위한 증가액에 한하여 이를 중과세대상으로 보지 아니한다(지령 §45 ①).

5) 도시형업종 공장

「산업집적활성화 및 공장설립에 관한 법률」 제28조에 따른 도시형 공장을 경영하는 사업은 중과제외 업종에 해당되어 중과세되지 아니한다. 도시형업종 공장을 영위하는 경우 비록 법인등기가 중과세대상 요건에 해당하더라도 중과세가 제외되는 것이다.

● 도시형업종 공장과 구 등록세분 중과세 판단

구분	5년 이내	5년 경과
도시형업종 공장	중과 제외	중과 제외
비도시형업종 공장	중과세	중과 제외

6) 벤처기업집적시설과 산업기술단지에 입주하는 자 중과 배제

「벤처기업육성에 관한 특별법」에 따라 지정된 벤처기업집적시설에 입주하는 자는 2023.12.31.까지(지특법 §58 ②), 「산업기술단지 지원에 관한 특례법」에 따라 조성된 산업기술단지에 입주하는 자(2023년 이전은 벤처기업집적시설에 입주하는 자 중 벤처기업에 해당되지 아니하는 자 제외)에 대하여 취득세, 등록면허세 및 재산세를 과세할 때에는 2025.12.31.까지 중과세를 적용하지 아니한다(지특법 §58 ②, §78 ⑨).

7) 창업보육센터에 입주하는 자 중과 배제

창업보육센터에 입주하는 자가 해당 창업보육센터용으로 직접 사용하기 위하여 취득하는 부동산에 대하여 취득세, 등록면허세 및 재산세를 과세할 때에는 2023.12.31.까지 중과세를 적용하지 아니한다(지특법 §60 ③).

8) 구 조특법 §119에 의한 등록면허세 감면 적용 시 중과 배제

2014년 이전에는 구「조세특례제한법」 제119조에 의한 등록면허세 감면 적용 시 등록면허세 중과세율을 적용하지 아니한다. 따라서 등록면허세 감면분에 대한 농어촌특별세 부과 시 중과세율을 적용한 취득세 감면이 아닌 표준세율을 적용한 등록면허세 감면을 기준으로 한다.

9) 부동산투자회사 등의 등록면허세 중과 배제

다음 어느 하나에 해당하는 설립등기(설립 후 5년 이내에 자본 또는 출자액을 증가하는 경우 포함)에 대해「지방세법」에 따른 등록면허세를 과세할 때 2024.12.31.까지「지방세법」 제28조 제2항·제3항의 세율을 적용하지 아니한다.
① 「자본시장과 금융투자업에 관한 법률」 제9조 제18항 제2호, 같은 조 제19항 제1호 및 제249조의 13에 따른 투자회사, 경영참여형 사모집합투자기구 및 투자목적회사
② 「기업구조조정투자회사법」에 따른 기업구조조정투자회사
③ 「부동산투자회사법」에 따른 부동산투자회사(같은 법에 따른 자기관리 부동산투자회사 제외)
④ 대통령령(2015.12.28 이전은「임대주택법」 §17 ① 2호)으로 정하는 특수 목적 법인
⑤ 프로젝트금융투자회사
⑥ 「문화산업진흥 기본법」에 따른 문화산업전문회사
⑦ 「선박투자회사법」 제3조에 따른 선박투자회사

10) 합병 중과 특례

대도시 내에서 설립 후 5년이 경과한 법인("기존법인")이 다른 기존법인과 합병하는 경우에는 중과세대상으로 보지 아니하며, 기존법인이 대도시 내에서 설립 후 5년이 경과되지 아니한 법인과 합병하여 기존법인 외의 법인이 합병 후 존속하는 법인이 되거나 새로운 법인을 신설하는 경우에는 합병 당시 기존법인에 대한 자산비율에 해당하는 부분을 중과세대상으로 보지 아니한다. 이 경우 자산비율은 자산을 평가하는 때에는 평가액을 기준으로 계산한 비율로 하고, 자산을 평가하지 아니하는 때에는 합병 당시의 장부가액을 기준으로 계산한 비율로 한다(지령 §45 ③).

⑧ 매 1건의 범위

(1) 개요

「지방세법 시행령」 제41조 제3호에서 '1건'이란 등기 또는 등록대상 건수마다를 말한다. 부동산등기법 등 관계법령에 따라 여러 개의 등기·등록대상을 한꺼번에 신청하여 등기·등록하는 경우에도 또한 같다라고 규정하고 있다.

매 1건의 범위는 등기·등록대상 물건을 등기·등록하기 위한 신청건수로서 판단하는 것이 아니라 실제 물건(등기부)을 기준으로 판단하는 것이므로 이는 등기·등록행위 여부로서 매 1건 여부를 판단하는 것이다. 왜냐하면 현행 부동산등기부는 「부동산등기법」 제5조의 규정에 의거 물적 편성주의에 의거 1필의 토지 또는 1동의 건물에 대하여 1용지를 사용하며, 1동의 건물을 구분한 건물에 대하여는 1동의 건물에 대하여 1용지를 사용하는 것이다. 예를 들면 동일한 채권의 확보를 위하여 근저당권 처분금지가처분을 4필의 부동산에 대하여 1건으로 신청할 경우 「지방세법」 제28조 제1항 제1호 마목에 의거 매 1건당 등록면허세 6,000원(2013년 이전 3,000원)을 납부하여야 하는바, '매 1건당'의 의미를 부동산 필지로 보아 24,000원[4필지×6,000원 : 2013년 이전 12,000원(4필지×3,000원)]을 납부하여야 하는 것이다.

'매 1건'이라 함은 등기 또는 등록대상 건수 매1건을 말하는 것이며, 「부동산등기법」 등 관련법령에 따라 수개의 등기·등록대상을 일괄신청에 의하여 등기·등록하는 경우에도 또한 같은 사항으로 회사계속등기와 이사선임등기는 동시에 한다 하더라도 2건의 등록세를 납부하여야 한다(세정 13407-126, 2002.2.5.).

1) 같은 세율 적용과 1건의 판단

등기·등록행위는 1회에 1개의 등기부에 대하여 이루어지기 때문에 공적장부에 같은 항목의 등재행위가 1회에 행하여진 것이므로 같은 세율이 적용되는 경우라면 1회로 판단하는 것이다.

2) 2종 이상 등기부를 달리하는 경우 매 1건의 판단

부동산등기 시에 토지등기부와 건물등기부에 각각 달리 구분되어 있는 경우에는 각각 구분하여 판단하여야 하는 것이므로 동일인이 소유한 토지와 단독주택의 주소변경 등기 시 토지등기부와 건물등기부가 분리되어 있으므로 기타등기는 2건으로 과세하여야 한다.

3) 같은 채권과 매 1건의 판단

「지방세법」 제29조의 규정에 의거 같은 채권을 위하여 저당권에 관하여 종류를 달리하는 2 이상의 등기 또는 등록을 받을 경우에는 담보물이 동일한 경우와 구분하여야 한다.

> 사례 **적용 사례**
> ① 저당권말소 등기 시 동일한 채권액에 대해 수개의 필지, 차량, 기계장비 등에 근저당 설정되어

있을 경우는 매 필지별 또는 대상물건 건별로 과세하여야 함(지예 법28-4).

② 동일인이 소유한 토지 및 단독주택의 주소변경 등기 시 토지등기부와 건물등기부가 분리되어 있는 경우는 그 밖의 등기 2건으로 과세하여야 함(지예 법28-4).

③ 상호·목적·임원 등기 등 각종 변경등기신청을 하나의 등기부에 동시 신청하는 경우에도 변경 사항 별로 각각의 등록면허세를 합산하여 납부한다. 다만, 동일한 변경사항 수개를 동일 등기부 에 동시에 신청하는 경우에는 1건의 등록면허세만 납부함(지예 법28-4).

④ 토지 1필지가 분할되어 2필지가 되는 경우와 2필지가 합병되어 1필지로 되는 경우 각각 2건의 기타 등기로 과세하여야 함(지예 법28-4).

⑤ 1매의 등기신청서에 2필지의 등기 등을 하는 경우 등록면허세 세율적용은 각 필지를 각각 1건으 로 보아 적용한다(세정 13407-931, 1995.9.28.). 예를 들어 1매의 등기신청서에 2필의 토지를 지 목변경등기하는 경우에는 각 필지를 각 1건으로 보아 등록면허세 12,000원(6,000 × 2건 : 2013년 이전 6,000원 = 3,000 × 2건)을 납부하여야 하며, 건물과 그 부속토지에 대한 저당권 말소등기를 하는 경우에도 각각 1건으로 보아 등록면허세 12,000원(6,000 × 2건 : 2013년 이전 6,000원 = 3,000 × 2건)을 납부하여야 함.

❾ 같은 채권등기(지법 §29)

「지방세법」 제29조의 규정에 의거 같은 채권을 위하여 저당권에 관하여 종류를 달리하는 2 이 상의 등기 또는 등록을 받을 경우에는 담보물이 동일한 경우와 구분하여야 한다.

(1) 같은 채권등기에 대한 목적물이 다를 경우

같은 채권을 위한 저당권의 목적물이 종류가 달라 둘 이상의 등기 또는 등록을 하게 되는 경우 에 등기·등록관서가 이에 관한 등기 또는 등록 신청을 받았을 때에는 채권금액 전액에서 이미 납부한 등록면허세의 산출기준이 된 금액을 뺀 잔액을 그 채권금액으로 보고 등록면허세를 부과 한다. 이 경우 그 등기 또는 등록 중 「지방세법」 제28조 제1항 제5호(공장재단 및 광업재단 등기) 에 해당하는 것과 그 밖의 것이 포함될 때에는 먼저 「지방세법」 제28조 제1항 제5호(공장재단 및 광업재단 등기)에 해당하는 등기 또는 등록에 대하여 등록면허세를 부과한다(지령 §46).

한편, 같은 채권담보를 위하여 "갑"지역에 있는 부동산과 "을"지역에 있는 부동산에 대하여 저당권을 설정하는 경우 먼저 설정한 지역에서 채권금액 전체에 대하여 과세하고, "을"지역에 있는 담보물을 나중에 등기할 때에는 "을"지역에서 등록면허세를 과세할 수 없다(지예 법25-1).

(2) 같은 채권등기 담보물 추가 시

같은 채권에 대한 담보물을 추가하는 경우에는 추가로 담보하는 매 담보물건별로 과세하여야 한다(지예 법25-1). 이 경우 같은 채권을 위하여 담보물을 추가하는 등기 또는 등록에 대해서는 법 제28조 제1항 제1호 마목(그 밖의 등기 : 건당 6,000원)·제2호 다목(그 밖의 등기 : 건당 15,000원)·제3호 라목(그 밖의 등록 : 건당 15,000원)·제5호 나목(그 밖의 등기 또는 등록 :

건당 9,000원)·제8호 라목(그 밖의 등록 : 건당 12,000원)·제9호 다목(어업권 설정을 제외한 그 밖의 등록 : 건당 9,000원) 및 제10호 라목(그 밖의 등록 : 건당 3,000원)에 따라 등록면허세를 각각 부과한다(지령 §47).

⑩ 신고납부(지법 §30)

(1) 신고납부기한

등록을 하려는 자는 과세표준에 세율을 적용하여 산출한 세액을 다음의 등록을 하기 전까지 납세지를 관할하는 지방자치단체장에게 신고하고 납부하여야 한다.

> **「등록을 하기 전까지」의 의미**
>
> 등기 또는 등록 신청서를 등기·등록관서에 접수하는 날까지. 다만, 특허권·실용신안권·디자인권 및 상표권의 등록에 대한 등록면허세의 경우에는 「특허법」, 「실용신안법」, 「디자인보호법」 및 「상표법」에 따른 특허료·등록료 및 수수료의 납부기한까지

(2) 중과세대상이 된 경우 추징세액 신고납부기한

등록에 대한 등록면허세 : 재산권 등 그 밖의 권리를 등기 또는 등록하는 때가 납세의무가 성립되는 것이므로 등록 시점에 중과세가 되는 경우에는 이와 마찬가지가 될 것이므로 등록 등을 하기 전까지 신고납부하여야 한다. 그런데 등기 등을 한 후에 중과사유가 발생되는 경우에는 중과사유발생일이 납세의무성립일이 되는 것이며, 중과사유발생일부터 60일(2018.12.1. 이전 중과사유발생분은 30일) 이내에 중과분을 신고납부하여야 한다(지법 §30).

중과사유발생일(지령 §48 ②)

① 다음 어느 하나의 법인등기 : 해당 사무소나 사업장이 사실상 설치된 날
  ㉠ 대도시 내에서 법인을 설립하는 경우
  ㉡ 대도시 내에서 법인의 지점 또는 분사무소를 설치하는 경우
  ㉢ 대도시 밖에서 법인의 본점·주사무소를 대도시 내로 전입하는 경우
② 중과제외 업종에 대한 법인등기한 후 중과대상 업종으로 변경하거나 추가하는 경우
  ㉠ 등기일부터 정당한 사유없이 2년 이내에 대도시 중과대상 업종으로 변경하는 경우
    중과대상 업종으로 변경한 날
  ㉡ 등기일부터 정당한 사유없이 2년 이내에 중과대상 업종을 추가하는 경우
    중과대상 업종을 추가한 날

(3) 비과세·감면 후 부과대상 또는 추징대상이 된 경우 신고납부기한

「지방세법」 또는 다른 법령에 따라 등록면허세를 비과세, 과세면제 또는 경감받은 후에 해당 과세물건이 등록면허세 부과대상 또는 추징대상이 되었을 때에는 사유발생일부터 60일(2018. 12.1. 이전 추징사유발생분은 30일) 이내에 해당 과세표준에 「지방세법」 제28조에 따른 세율을 적용하여 산출한 세액[경감받은 경우 이미 납부한 세액(가산세 제외)을 공제한 세액을 말함]을 납세지를 관할하는 지방자치단체장에게 신고하고 납부하여야 한다.

(4) 신고납부기한까지 납부만 한 경우 신고납부로 봄

상기의 내용에 따른 신고의무를 다하지 아니한 경우에도 등록면허세 산출세액을 등록을 하기 전까지(중과세 추징, 비과세, 감면받은 후의 부과세액 등은 신고기한까지) 납부하였을 때에는 신고납부한 것으로 본다. 이 경우 무신고가산세와 과소신고가산세를 부과하지 아니한다.

(5) 채권자대위등기

채권자대위자는 납세의무자를 대위하여 부동산의 등기에 대한 등록면허세를 신고납부할 수 있다. 이 경우 채권자대위자는 납부확인서를 발급받을 수 있으며, 지방자치단체장은 채권자대위자의 신고납부가 있는 경우 납세의무자에게 그 사실을 즉시 통보하여야 한다.

⑪ 특별징수(지법 §31)

(1) 특허권, 실용신안권, 디자인권 및 상표권 등록 특별징수

특허권, 실용신안권, 디자인권 및 상표권 등록(「표장의 국제등록에 관한 마드리드협정에 대한 의정서」에 따른 국제상표등록출원으로서 「상표법」 제197조에 따른 상표권 등록 포함)의 경우에는 특허청장이 세율을 적용하여 산출한 세액을 특별징수하여 그 등록일이 속하는 달의 다음 달 말일까지 해당 납세지를 관할하는 지방자치단체장에게 그 내용을 통보하고 해당 등록면허세를 납부하여야 한다.

(2) 저작권 등록 특별징수

「저작권법」에 따른 등록에 대하여는 해당 등록기관장이 「지방세법」 제28조 제1항 제10호에 따라 산출한 세액을 특별징수하여 그 등록일이 속하는 달의 다음 달 말일까지 해당 납세지를 관할하는 지방자치단체장에게 그 내용을 통보하고 해당 등록면허세를 납부하여야 한다.

(3) 특별징수의무자의 환급

특별징수의무자가 특별징수한 등록면허세를 납부하기 전에 해당 권리가 등록되지 아니하였거나 잘못 징수하거나 더 많이 징수한 사실을 발견하였을 경우에는 특별징수한 등록면허세를 직접 환급할 수 있다. 이 경우 「지방세기본법」 제62조에 따른 지방세환급가산금을 적용하지 아니한다.

(4) 특별징수의무자에 대한 특별징수납부 등 불성실가산세 적용 배제

특별징수의무자가 징수하였거나 징수할 세액을 납부기한까지 납부하지 아니하거나 부족하게 납부하더라도 특별징수의무자에게 특별징수납부 등 납부지연가산세(2023년 이전은 납부불성실가산세)는 부과하지 아니한다.

⑫ 부족세액 추징 및 가산세 부과(지법 §32)

(1) 원칙

등록면허세 납세의무자가 신고 또는 납부의무를 다하지 아니하면 납부하여야 할 세액 또는 그 부족세액에 무신고가산세, 과소신고가산세 및 납부지연가산세(2023년 이전은 납부불성실가산세)를 합한 금액을 세액으로 하여 보통징수의 방법으로 징수한다.

> **사례** 부동산의 소유권이전등기를 필하기 위하여 2008.5.13. ○○○지방법원 등기과에 소유권이전등기신청서를 먼저 접수(접수번호 ○○○호)한 후 2008.5.16. 등록세를 신고납부한 것이 확인되고 있는 이상, 청구인의 경우와 같이 ○○○지방법원 등기과에 이 건 토지에 대한 소유권이전등기 접수를 먼저 한 후 등록세를 납부한 것이 가산세 부과에서 제외되는 정당한 사유가 있는 것으로 보기 어렵다 할 것임(조심 2008지587, 2008.11.25.).

(2) 대위등기 가산세

법원의 가압류결정에 의한 가압류등기의 촉탁에 의하여 그 전제로 소유권보존등기가 선행된 경우 취득세(원시취득 전은 등록면허세) 미납부에 대한 가산세 납세의무자는 소유권보존등기자이다(지예 법7-6)라고 규정하고 있어서 대위등기에도 가산세를 부과하는 것처럼 보여지나, 직권에 의한 소유권보존등기가 이루어지는 부동산 소유자의 입장에서는 소유자가 전혀 알지 못하는 상황에서 직권보존등기가 이루어짐에도 불구하고 가산세의 납세의무를 지게 되는 불합리한 점이 있다. 즉 등기권리자의 의도와 관계없이 등록이 되었는바, 추징 시 가산세를 부과하는 것은 논리적으로 타당하지 않다고 보여진다.

이러한 이유로 인하여 심판례에 의하면 「지방세법」상 가산세는 「지방세법」에 규정하는 의무의 성실한 이행을 확보하기 위하여 의무를 이행하지 아니한 경우에 같은 법에 의하여 산출한 세액에 가산하여 징수하는 금액으로서, 그 목적은 납세의무자에게 일정한 신고·납부 등의 의무를 부과하고 정당한 이유 없이 위반하는 경우에 행정상의 제재를 가함으로써 과세권 행사의 적정과 조세채권의 실현을 용이하게 하기 위함에 있고, 의무위반에 있어서 납세의무자의 고의·과실은 원칙적으로 고려되지 않는다고 하더라도, 납세의무자가 그 의무를 알지 못하는 것이 무리가 아니었다고 할 수 있어서 그를 정당시 할 수 있는 사정이 있을 때 또는 그 의무의 이행을 그 당사자에게 기대하는 것이 무리라고 하는 사정이 있을 때 등 그 의무해태를 탓할 수 없는 정당한 사유가 있는 경우에는 가산세를 부과할 수 없다 할 것인바, 조세채권 확보를 목적으로 대위하여 직접 상속대위등기 신청을 한 후 등록면허세를 신고·납부하여 등기권리자이자 납세의무자인 부동산에 대한 상속등기 사실을 알 수 없었으므로, 등록면허세 납세의무의 발생 여부를 알 수 없는 그 신고납부의 이행을 기대하는 것은 무리라 할 것이다. 따라서 등록면허세를 납부하지 아니한 정당한 사유가 있다고 보는 것이 타당하다 할 것이다(조심 2012지0336, 2012.7.31.).

⑬ 등록자료 통보(지법 §33)

(1) 등록면허세 납부확인 등(지령 §49)

1) 등기·등록의 신청서 부본 등의 통보

등기·등록관서의 장은 등록면허세가 납부되지 아니하였거나 납부부족액을 발견하였을 때에는 납세지를 관할하는 지방자치단체장에게 통보하여야 하며, 등기·등록관서의 장이 등기·등록을 마친 경우에는 등록면허세의 납세지를 관할하는 지방자치단체장에게 그 등기·등록의 신청서 부본에 접수연월일 및 접수번호를 기재하여 등기·등록일부터 7일 내에 통보하여야 한다. 다만, 등기·등록사업을 전산처리하는 경우에는 전산처리된 등기·등록자료를 통보하여야 한다.

2) 납부사실 확인

납세자는 등기 또는 등록하려는 때에는 등기 또는 등록 신청서에 등록면허세 영수필 통지서(등기·등록관서의 시·군 통보용) 1부와 등록면허세 영수필 확인서 1부를 첨부하여야 한다. 다만, 「전자정부법」 제36조 제1항에 따라 행정기관 간에 등록면허세 납부사실을 전자적으로 확인할 수 있는 경우에는 그러하지 아니하다. 이 내용에도 불구하고 「부동산등기법」 제177조의 8 제1항에 따른 전산정보처리조직을 이용하여 등기를 하려는 때에는 등록면허세 영수필 통지서(등기·등록관서의 시·군 통보용)와 등록면허세 영수필 확인서를 전자적 이미지 정보로 변환한 자료를 첨부하여야 한다. 다만, 「전자정부법」 제36조 제1항에 따라 행정기관 간에 등록면허세 납부사실을 전자적으로 확인할 수 있는 경우에는 그러하지 아니하다. 또한, 납세자는 선박의 등기 또는 등록을 신청하려는 때에는 등기 또는 등록 신청서에 제1항에 따른 등록면허세 영수필 통지서(등기·등록관서의 시·군 통보용) 1부와 등록면허세 영수필 확인서 1부를 첨부하여야 한다. 이 경우 등기·등록관서는 「전자정부법」 제36조 제1항에 따른 행정정보의 공동이용을 통하여 선박 국적증서를

확인하여야 하며, 신청인이 확인에 동의하지 아니하면 그 사본을 첨부하도록 하여야 한다.

3) 등록면허세의 과오납 및 누락 여부 확인

시장·군수·구청장은 등기·등록관서로부터 등록면허세 영수필 통지서(등기·등록관서의 시·군 통보용) 또는 그에 해당하는 정보를 송부받은 때에는 등록면허세 신고 및 수납사항 처리부를 작성하고, 등록면허세의 과오납 및 누락 여부를 확인하여야 한다.

(2) 촉탁등기에 따른 등록면허세 납부영수증서 처리(지령 §49-2)

국가기관 또는 지방자치단체는 등기·가등기 또는 등록·가등록을 등기·등록관서에 촉탁하려는 경우에는 등록면허세를 납부하여야 할 납세자에게 등록면허세 영수필통지서(등기·등록관서의 시·군 통보용) 1부와 등록면허세 영수필확인서 1부를 제출하게 하고, 촉탁서에 이를 첨부하여 등기·등록관서에 송부하여야 한다. 다만, 「전자정부법」 제36조 제1항에 따라 행정기관 간에 등록면허세 납부사실을 전자적으로 확인할 수 있는 경우에는 그러하지 아니하다. 이 내용에도 불구하고 「부동산등기법」 제24조 제1항 제2호에 따른 전산정보처리조직을 이용하여 등기를 촉탁하려는 때에는 등록면허세를 납부하여야 할 납세자로부터 제출받은 등록면허세 영수필 통지서(등기·등록관서의 시·군 통보용)와 등록면허세 영수필 확인서를 전자적 이미지 정보로 변환한 자료를 첨부하여야 한다. 다만, 「전자정부법」 제36조 제1항에 따라 행정기관 간에 등록면허세 납부사실을 전자적으로 확인할 수 있는 경우에는 그러하지 아니하다.

(3) 등록면허세의 미납부 및 납부부족액에 대한 통보 등(지령 §50)

등기·등록관서의 장은 등기 또는 등록 후에 등록면허세가 납부되지 아니하였거나 납부부족액을 발견한 경우에는 다음 달 10일까지 납세지를 관할하는 시장·군수·구청장에게 통보하여야 하며, 시장·군수·구청장이 대도시 법인등기 등에 대한 등록면허세를 중과하기 위하여 관할 세무서장에게 「부가가치세법 시행령」 제11조에 따른 법인의 지점 또는 분사무소의 사업자등록 신청 관련 자료의 열람을 요청하거나 구체적으로 그 대상을 밝혀 관련 자료를 요청하는 경우에는 관할 세무서장은 특별한 사유가 없으면 그 요청에 따라야 한다.

1 과세대상(지법 §23)

(1) 개요

각종의 면허를 받는 자는 그 면허의 종류마다 면허세를 납부하도록 하고 있고, "면허"란 각종 법령에 규정된 면허·허가·인가·등록·지정·검사·검열·심사 등 특정한 영업설비 또는 행위에 대한 권리의 설정, 금지의 해제 또는 신고의 수리 등 행정청의 행위를 말한다고 정하고 있다. 「지방세법」상의 면허분 등록면허세는 수익세적인 성격과 행위세적인 성격을 아울러 가진 것으로서 그 과세대상에는 권리의 설정, 금지의 해제 등 수익적, 설권적인 행정처분뿐만 아니라 단순한 신고의 수리, 심사 등 수익과 관계없는 특정행위도 포함된다(대법원 87누867, 1988.1.19.).

「지방세법 시행령」 [별표] 면허세를 부과할 면허의 종류와 종별구분 제1종 제29호에서 의약품·의약외품 또는 의료용구의 품목별 수입허가를 면허세 과세대상으로 구분하고 있으나 이는 「약사법」 제34조의 규정에 의하여 허가받는 사항만을 의미하는 것이 아니라 신고를 하는 사항까지도 포함되는 것이다(세정 13407-57, 2001.7.9.).

한편, 면허분 등록면허세 과세대상이 되는 면허의 종별은 사업의 종류 및 규모 등을 고려하여 제1종부터 제5종까지 구분하여 「지방세법 시행령」 [별표]에 규정하고 있다. 이러한 면허를 받는 자와 "면허를 변경하는 자"는 그 면허의 종류마다 등록면허세 납부하여야 한다.

상기를 요약하면 면허분 등록면허세 과세대상이 되기 위해서는 행정행위라는 처분이 있어야 하고, 면허의 종류가 「지방세법 시행령」 [별표]에 규정되어 있어야 한다.

따라서 행정행위의 근거법령의 개폐 등으로 행정처분이 없는 경우라면 등록면허세 과세대상에 해당하지 아니한다. 예를 들어 구 법령에 의하여 신고한 부가통신사업자가 「전기통신사업법 시행령」(대통령령 제20666호, 2008.2.29.) 개정 후, 같은 법 시행령 제30조 제1항에서 정한 신고면제 요건에 해당하게 되었다면, 그 시행일부터 등록면허세 과세대상에 해당하지 아니한다(지방세운영과-175, 2008.7.2.).

면허분 등록면허세의 과세단위는 행정청의 행정처분이나 행정행위를 그 대상으로 하는 것으로 그 면허의 효력이 미치는 범위에 따라 결정되는 것은 아니라고 할 것이므로, 지방세법령에 주사무소와 영업소별로 면허세를 과세한다는 명문의 규정이 없는 상태에서 면허를 발급받지 않고 주사무소의 직영 형식으로 운영하는 자동차 대여사업자의 영업소는 면허세 과세대상에 해당하지 아니하는 것이다(지방세정팀-389, 2006.1.31.).

면허의 효력이나 범위에 따라 등록면허세를 부과하는 것이 아니므로, 추후 특별조치법 등으로 동일한 효력을 얻더라도 등록면허세 부과대상이 아니다[예 : 불법·무허가 건축물의 추인(사용승인서 교부) 시 건축허가 등록면허세 부과 제외 등].

관계법령 규정에 의하여 기존 면허(면허·허가·등록 및 신고 등)를 변경하는 경우에는 그 변

경이 「지방세법 시행령」 제40조 제2항 제1호 각 목의 어느 하나에 해당하는 경우만 등록면허세 과세대상이다(지예 법35-1).

(2) 관허사업 제한과의 비교

관허사업인지의 여부는 행정처분 중에서 그 성격이 어떤 성격이냐에 따라 판단하는 것이나 다음과 같이 법률적 행정행위인지의 여부에 따라 관허사업인지 여부를 판단하여야 하는 것이다. 특히 이와 같은 행정처분이 있다고 하여 바로 관허사업대상이 되는 것이 아니라 그와 같은 행정처분을 근거로 하여 영업이 지속적으로 이루어지고 있어야 하는 것이다. 즉 첫째, 일반적인 제한·금지를 해제하는 행정행위에 따라 영위하는 관허사업일 것[예 : 유기장 영업허가(대법원 84누369, 1985.2.8. 참조), 주류제조면허(대법원 89누46, 1989.12.22. 참조)] 둘째, 특정인에게 권리를 설정하는 행정행위로 영위하는 관허사업일 것[예 : 「자동차운수사업법」에 의한 개인택시운송사업(대법원 96누6172, 1996.10.11. 참조)]을 요건으로 하고 있기 때문에 특정한 사실 및 법률관계의 존재여부를 판단·증명하는 행정행위나 신고사항을 수리하는 행정행위(예 : 확인, 공증, 신고행위-자동차등록, 부동산등기, 교과서검인 등)는 제외되는 것이다.

국가 또는 지방자치단체로부터 허가·인가 및 등록과 그 갱신을 받아 경영하는 사업으로서 허가·인가·등록 등은 관허사업의 예시적 표현에 불과하며, 따라서 신고·검열·검사·지정 등이라도 권리 설정이나 금지를 해제하는 성격의 행정행위라면 제한대상에 포함된다. 통상 허가, 면허, 등록 등 그 용어에 구애됨이 없이 법령에 의한 일반적인 제한·금지를 특정한 경우에 해제하거나 권리를 설정하여 적법하게 일정한 사실행위 또는 법률행위를 할 수 있게 하는 행정처분을 거쳐서 영위하는 각종 사업을 의미하며, 권리의 설정, 금지를 해제하는 행정처분이 아닌 준법률적 행정행위(신고, 확인, 공증 등)는 관허사업의 범위에 해당되지 아니한다. 따라서 관허사업의 명칭에 불구하고 관허사업이 일반적인 금지의 해제 또는 권리설정적 행위에 해당되면 관허사업에 해당된다.

한편, 등록면허세는 각종 법령에 규정된 면허·허가·인가·등록·지정·검사·검열·심사 등 특정한 영업설비 또는 행위에 대한 권리설정, 금지의 해제 또는 신고의 수리 등 행정청의 행위가 과세대상이므로 관허사업 제한 시 허가 등의 범위와 차이가 있다.

(3) 품목별 면허

제조·가공·수입업 면허를 받은 자가 품목별로 면허처분을 받은 경우 각각 별개의 면허로 보아 5종의 등록면허세를 부과한다.

① 해당 품목에 대하여 제품·원재료명 또는 성분명 및 배합비율 등을 변경하는 행정처분인 경우에도 수시분 등록면허세를 각각 부과한다.

② 식품제조업자의 '품목제조보고'인 경우에는 등록면허세를 부과할 행정처분에 해당되지 않아 면허세 과세대상에서 제외한다. 그 이유는 식품품목 보고 당시에는 신고의 수리 등 행정행위를 수반하지 않음으로 일반적인 신고·허가 처분과는 달리보아야 하고 「식품위생법」

관련 규정에 따라 그 자체가 보고로 완결되므로 등록면허세를 부과할 행정기관의 행정행위가 아니기 때문이다(행자부 법령해석심의위원회, 2007-13, 2007.11.).[363]

③ 총포 수입업자로 허가를 받은 자라 하더라도 총포·도검·화약류 등의 수출 또는 수입허가에 대하여는 그 수출입 허가가 있을 때마다 면허를 발급받은 것으로 보아 제5종으로 수시분 등록면허세를 부과한다.

④ "의약품·의약외품 또는 의료용구의 품목별 수입허가"를 면허세 과세대상으로 정하고 있는바, 이는 「약사법」 제34조(의약품 등의 수입허가 등)의 규정에 의하여 품목별 허가사항과 신고 사항을 포함하는 것이며, 해당 의료용구 수입품목신고에 따라 서울지방식품의약품안전청장으로부터 교부받는 수입품목 신고(변경신고)필증 매1건마다 등록면허세가 과세되는 것이다(지방세정담당관-132, 2004.1.9.).

(4) 명칭이 유사한 공장설립과 공장등록

공장설립은 공장 건축에 따른 행정(면허)처분이고, 공장등록은 공장용 건물을 건축 후 실제 공장용도에 맞게 등록하는 절차에 대한 행정(면허)처분에 해당하므로 각각 상이한 행정처분에 해당한다.

(5) 과세대상 사례

① 2006.10.26. 「체육시설의 설치·이용에 관한 법률」 개정으로 신고업종에서 제외된 볼링·테니스·에어로빅장 및 도검·화약류의 소지도 총포와 같이 관할 경찰서장의 허가대상이나 별표에 비열거되었으므로 등록면허세 과세대상에서 제외된다.

> 신고업 → 자유업(볼링장 등)은 과세제외, 자유업 → 신고업(PC방 등)은 과세대상

② 자가용 자동차 유상운송 허가는 등록면허세를 부과할 대상 업종 구분에 해당되지 않음으로 과세대상에서 제외된다. 그 이유는 여객자동차 운송사업은 노선운송(시내·시외, 마을버스 등)과 구역운송(전세버스, 일반·개인택시 등)의 경우에만 해당됨으로 긴급재난, 통학목적의 임시적 성격 면허에 대해서는 등록면허세를 부과할 과세요건에 미충족하기 때문이다.

③ 2005.1.5. 「지방세법 시행령」 개정으로 보험업면허가 보험업면허(점포의 설치·이전 및 폐쇄 제외)로 개정되었으므로 은행 등 금융기관의 본점에서 보험업면허를 받은 경우 개별지점은 등록면허세 과세대상에서 제외한다.

④ 비내력벽 철거를 통한 발코니 확장 등 행위허가는 행정청의 행정행위에는 해당되나 별표의 건축·대수선의 범위에 해당되지 않아 등록면허세 과세요건을 충족하지 못함으로 과세대

---

363) 품목제조보고는 면허세부과요령의 운영사례(세정팀-6469, 2006.12.26.)를 변경한 것으로 현행 부과하지 아니한다.

상에서 제외한다(행자부 지방세정팀-4850, 2007.11.19.).

⑤ 「자본시장통합법」 제12조에서 "금융투자업의 인가"는 투자자·투자상품·금융투자업 종류별로 금융기능을 조합하여 "금융위원회"로부터 금융투자업 인가를 받도록 규정하고 있다. 등록면허세의 과세요건을 규정한 현행 「지방세법 시행령」 제39조(면허의 종류)[별표] 제1종 제114호에서는 "금융투자업의 인가"를 규정하면서 따로 세부 규정을 두고 있지는 않으므로, 「자본시장통합법」에 따른 금융투자업의 인가는 1건의 등록면허세를 과세한다(지방세운영과-1044, 2011.3.7.).

⑥ 하나의 등록번호에 두 개 면허가 부여되는 경우 면허의 종류별로 각각 과세된다(지방세정책과-3966, 2021.9.14.).

⑦ 「축산법」 개정(2012.2.22.) 전 가축사육업 등록을 한 납세자가 '변경 허가'를 받지 않은 경우, 사육시설 면적을 기준으로 종을 구분하여 과세된다(부동산세제과-2487, 2021.9.16.).[364]

> **사례** 법 개정으로 체육시설업 지위승계 시(세정 13407-906, 1999.7.20.)
>
> 체육시설업을 승계하는 것은 변경면허에 해당하는 것이므로 면허세 과세대상이 되며 체육시설업 승계 시 신고를 하지 않아도 되는 경미한 사항이라면 이는 면허세 과세대상에 해당하지 않음.

> **사례** 형질변경허가 및 건축허가 등 복합민원 시 건수 계산 방법(세정 13407-791, 1999.7.2.)
>
> 복합민원의 경우는 민원인의 편의를 위하여 처리주무부서에서 각종 인허가 사항을 일괄처리한 것일 뿐 형질변경허가·건축허가·농지전용허가는 별개의 행정처분으로 보아야 하므로 각각 면허세가 과세됨.

> **사례** 총포 등 제조업 허가 등 면허 종별 구분(세정 13407-1168, 2000.10.5.)
>
> 총포등 제조업 허가에 대하여는 정기분 면허세를, 같은 법 제9조에 의한 수출입의 허가는 이를 받을 때마다 수시분 면허세(제4종)를 납부하여야 함.

> **사례** 소방시설공사업, 정보통신공사업, 전기공사업의 기술자 변경이 있는 경우에는 변경신고 등을 하여야 하는 것이므로 동 변경신고에 대하여는 각각 면허세를 납부하여야 함(세정 13407-386, 2002.4.25.).

> **사례** 주사무소를 포함한 수개의 영업소에 대한 변경등록 시(세정 13430-260, 2002.3.14.)
>
> 변경이 이루어지는 주사무소와 각 영업소별로 면허세를 납부하여야 하며, 이 경우 면허의 종별구분은 주사무소와 각 영업소별로 보유하고 있는 자동차의 대수에 의하여 결정됨.

---

364) 과세연도를 기준으로 사업규모 등 동일한 요건을 갖춘 경우임에도 「축산법」 개정 이전에 이미 등록되었다는 이유로 등록에 해당하는 세율을 적용하는 것은 개정 이후 허가받은 납세자와의 합리적인 이유없는 과세불형평을 초래할 수 있다. 이처럼 면허분 등록면허세의 납세의무는 매년 독립적으로 성립하는 점, 「축산법」 개정 당시 부칙에서 간주규정을 두고 있는 점, 면허의 등록시점에 따라 과세불형평 문제를 고려할 때, 기존에 의무등록한 자가 별도의 허가를 받지 않았어도, 허가받은 것으로 보아 각 과세연도마다 사육시설 면적에 따라 종을 구분하여 면허분 등록면허세를 과세함이 타당하다.

사례　수렵면허 및 총포소지 허가에 대한 면허세 납세의무(세정 22670-9900, 1986.8.19.)
총포소지 허가의 경우 해당 총포가 임시 영치 중에 있는 때에는 과세면제 대상이 되는 것이나, 수렵면허는 별도의 과세면제 규정이 없으므로 그 유효기간이 지났거나 면허가 취소되지 않는 한 총포의 임시영치와는 관계없이 면허세 납세의무가 있음.

사례　보험사업자의 점포(영업소)가 과세대상 여부(세정 13407-399, 2001.4.10.)
보험사업자가 점포를 설치·이전하는 것은 「보험업법」에 의한 신고사항이 아니므로 수시분 면허세 납세의무는 없으나, 보험사업은 「보험업법」의 규정에 의한 허가대상이며 보험사업자가 설치한 보험업점포는 동 보험업을 영위하고 있으므로 정기분 면허세 부과대상임.

❷ 납세의무자(지법 §24)

(1) 개요

면허를 받는 자(변경면허를 받는 자 포함). 이 경우 납세의무자는 그 면허의 종류마다 등록면허세를 납부하여야 한다.

해당 연도 1.1.이 지나 면허가 말소된 경우에도 해당 연도의 등록면허세의 납세의무가 있으며, 해당 연도 1.1.이 지나 면허의 명의가 변경되는 경우에는 종전의 명의자는 정기분 등록면허세를, 새로운 명의자는 신규 등록면허세를 납부하여야 한다(지예 법24-2).

(2) 면허증서의 교부 또는 도달

면허증서의 교부 또는 송달 후 면허세 납세의무가 성립이 되나 그 납세의무 성립전이라도 신고납부는 가능하다. 향후 면허세 납세의무 성립에 영향을 미치지 않는다는 전제 하에 납세의무성립 이전에도 징수가 가능하나 등록면허세의 납세의무는 면허증서를 교부받거나 도달된 때에 납세의무가 발생하는 것이므로 면허증서의 교부 이전에 면허취소 또는 철회의 사유가 발생한 경우에는 납세의무가 발생하지 아니한다(지예 법24-2). 그런데 면허증서가 교부·송달된 후 면허 취소 또는 철회의 경우에는 납세의무가 성립하는 것이다.

(3) 휴업, 폐업

등록면허세는 면허의 효력이 존속하는 한 일시적인 휴업, 폐업 등의 사유가 있을지라도 등록면허세 납세의무를 지는 것이므로 휴업 중에도 매년 1월에 정기분 등록면허세를 납부하여야 한다(지예 법24-2 참조). 한편, 매년 1월 1일 현재 「부가가치세법」에 따른 폐업신고를 하고 폐업 중인 해당 업종의 면허, 1년 이상 사실상 휴업 중인 사실이 증명되는 해당 업종의 면허는 등록면허세가 과세되지 아니한다.

(4) 상속, 합병 및 지위승계에 따른 납세의무

1) 상속(지법 §36)

피상속인이 납부한 등록면허세는 이를 상속인이 납부한 것으로 간주한다고 규정하고 있으므로 피상속인의 면허를 상속인이 승계받는 경우 그 면허에 대하여는 수시분 등록면허세를 부과하지 아니한다(지법 §36 참조).

그런데 상속 후 발생하는 면허의 소유자 변경에 대하여는 등록면허세를 부과하지만, 사망한 남편 명의의 개인택시 면허를 부인이 상속 후 매도한 경우에는 상속인이 승계받은 것에 해당되어 등록면허세가 과세가 되지 아니한다. 이는 「여객자동차 운수사업법」 제16조 제1항에서 개인택시 면허자의 상속 규정에 따라 사망한 남편의 개인택시 면허를 부인이 승계한 것으로 보도록 규정되어 있어서 수시분 등록면허세를 미부과하나, 이후에 매도한 경우에는 매수자는 등록면허세 납세의무가 성립한다. 한편, 면허관련 법령에서 상속에 관한 별도의 규정이 없는 업종은 면허를 상속에 의한 사유에 의한 면허 이전이 아닌 새로운 면허에 해당되어 등록면허세가 과세될 수 있다.

2) 합병(지법 §36)

합병으로 인하여 소멸한 법인이 납부한 등록면허세는 합병 후 존속하는 법인 또는 합병으로 인하여 설립된 법인이 납부한 것으로 본다(지법 §36). 한편, 면허관련 법령에서 합병에 관한 별도의 규정이 없는 업종은 면허를 합병에 의한 사유에 의한 면허 이전이 아닌 새로운 면허에 해당되어 등록면허세가 과세될 수 있다.

3) 일시적인 지위승계

위험물저장소가 설치된 이동탱크 차량을 판매하기 위하여 일시적으로 자동차매매업자에게 지위승계 되는 경우에도 등록면허세 납세의무가 성립한다. 예를 들어 자동차매매업자가 위험물이동탱크가 설치된 위험물저장용 특수자동차를 타인에게 판매할 목적으로 일시적으로 소방관서에 지위승계 신고를 하는 경우에는 위험물관리법령에서 지위승계 요건을 구비한 자에게만 지위승계를 해야 한다는 별도의 규정이 없음으로 형식적으로 지위승계의 신고수리가 된 이상 등록면허세 납세의무가 성립하는 것이다.

(5) 특정열기자재의 검사의 경우

에너지관리공단이 행정관청의 위임을 받아 특정열기자재(공동주택의 보일러 등)를 검사하는 경우 특정열기자재 검사를 받은 자(보일러 사용자)가 면허를 발급받은 것으로 보아 납세의무가 성립한다.

(6) 통신판매업자에 대한 면허세

매년 1.1. 현재「부가가치세법」제61조(종전 제25조)의 규정에 의한 간이과세자인 경우에는 통신판매업에 대한 면허세 과세대상에서 제외된다. 통신판매업 면허를 최초 발급받을 때 면허를 발급받는 자가 간이과세자로 세무관서에 신고하는 경우에도 수시분 등록면허세 대상에서 제외된다. 통신판매업의 신고의무가 없는 간이과세자가 행정기관에 통신판매업 신고를 하는 경우에도 등록면허세 과세대상에서 제외한다(행자부 법령해석심의위원회 2007-8, 2007.10.22.).

❸ 납세지(지법 §25)

(1) 해당 면허에 대한 영업장 또는 사무소가 있는 면허

영업장 또는 사무소 소재지이며, 영업장·사무소 소재지가 2개 이상 있을 경우에는 본점·주사무소 또는 해당 면허와 가장 관계가 깊은 소재지에 과세한다. 그런데 납세지가 분명하지 아니하거나 납세지가 국내에 없는 경우에는 면허 부여기관 소재지를 납세지로 한다.

(2) 해당 면허에 대한 별도의 영업장 또는 사무소가 없는 면허

면허를 받은 자의 주소지이며, 주소가 2개 이상 있을 경우에는 당해 면허와 가장 관계가 깊은 주소지(단, 주소지가 없다면 거소지)에 과세한다. 그런데 납세지가 분명하지 아니하거나 납세지가 국내에 없는 경우에는 면허부여기관 소재지를 납세지로 한다.

(3) 둘 이상의 지방자치단체에 걸쳐 있는 경우

등록면허세의 경우에는 같은 등록에 관계되는 재산이 둘 이상의 지방자치단체에 걸쳐 있어 등록면허세를 지방자치단체별로 부과할 수 없을 때에는 등록관청 소재지를 납세지로 한다라고 규정되어 있으나(지법 §25 ① 16), 면허분 등록면허세의 경우에는 그 납세지에 대한 명확한 규정은 없다. 광구가 분포되어 있는 각 시·군의 면적기준으로 안분한다면 문제가 없을 것으로 판단된다.

> **적용 사례** ●
>
> ① 수렵장 안에서 야생동물을 수렵하고자 하는 자는 그 주소지를 관할하는 시장 등으로부터 수렵 면허를 받으므로 납세지는 수렵장이 있는 곳이 아니라 면허를 받은 자의 주소지이다.
> ② 자동차 대여사업의 주사무소와 영업소별로 각각 증차로 인한 변경등록 사유가 발생하였다 하더라도 이를 일괄하여 관계법령에 따라 주사무소 소재지 관할관청에 변경등록 하였다면 자동차 대여사업자는 변경등록(단, 상위 직종으로 변경되는 경우에만 해당)에 따른 등록면허세를 주사무소 소재지 관할 시·군에만 납부한다.
> ③ A시에 임대주택사업 등록을 하고 실제 매입 임대주택이 B시에 존재할 경우에는 당시 임대주

택사업 면허처분을 받을 당시의 영업장 또는 사무소가 있는 소재지를 관할하는 시·군에서 등록면허세 납부를 원칙으로 하되, 주택임대사업자 특히 개인의 경우에는 실제 영업장·사무소가 거소지 또는 주소지인 경우가 대부분이므로 응익과세 원칙에 따라 실제 해당 면허와 관련이 있는 곳(주소지)에서 등록면허세를 납부한다.

④ 비과세(지법 §26)

(1) 국가 등 비과세

국가, 지방자치단체(다른 법률에서 국가 또는 지방자치단체로 의제되는 법인 제외),[365] 지방자치단체조합, 외국정부 및 주한국제기구가 자기를 위하여 받는 면허에 대하여는 등록면허세를 부과하지 아니한다. 다만, 대한민국 정부기관의 면허에 대하여 과세하는 외국정부의 면허의 경우에는 등록면허세를 부과한다. 한편, 국가, 지방자치단체(다른 법률에서 국가 또는 지방자치단체로 의제되는 법인 제외), 지방자치단체조합, 외국정부 및 주한국제기구가 자기를 위하여 받는 등록 또는 면허에 대하여는 등록면허세를 부과하지 아니하는바, 이 규정에서 수익사업의 경우 제외한다라는 규정이 없으므로 국가기관(국립대학)이나 지방자치단체에서 수익사업 면허 시 비과세대상이 될 것으로 판단된다.

(2) 단순한 표시변경 등의 비과세

면허의 단순한 표시변경 등 등록면허세의 과세가 적합하지 아니한 것으로서 다음에 정하는 면허에 해당되지 아니한 변경면허에 대하여는 면허분 등록면허세를 부과하지 아니한다.

> • 면허를 받은 자가 변경되는 경우(사업주체의 변경 없이 단순히 대표자 명의 변경 시 제외)
> • 해당 면허에 대한 제39조에 따른 면허의 종별 구분이 상위의 종으로 변경되는 경우
> • 매년 1.1. 현재 면허가 갱신되는 것으로 보아 정기분 등록면허세 대상이 되는 경우

① 면허의 실질이 변경되지 않은 단순한 변경 면허(비과세대상)

면허받은 자의 변경으로 사업주체의 변경 없이 단순히 대표자의 명의를 변경하는 경우 등록면허세가 과세되지 아니한다. 따라서 ① 면허부여기관이 법령개정 등의 사유로 인하여 직권으로 면허사항을 변경하는 경우, ② 자동차 소유자의 주소지만을 변경하는 등 면허를 받은 자가 해당 면허의 단순한 주소변경을 하는 경우, ③ 공동주택의 자치회장을 변경하는 등 사업주체의 변동없이 단순히 대표자의 명의변경을 하는 경우 등에는 면허세를 비과세하도록 규정하고 있다. 그리고

---

365) 2014.1.1. 이후부터 국가 또는 지방자치단체에는 다른 법률에서 국가 또는 지방자치단체로 의제되는 법인 제외함.

타시에서 면허를 취득하여 등록면허세를 납부한 후 다른 시로 전입할 때 허가번호를 그대로 유지한 경우에는 수시분 등록면허세가 비과세될 것이다.

등록면허세 비과세 사유가 당초 법령 개정에 따른 직권변경, 단순 대표자 명의 변경의 사유를 확대 적용하여 면허의 실질이 변경되지 않은 모든 변경 면허사항에 대해서는 비과세되었다(2008년부터 확대 적용). 이는 면허의 실질 변경을 수반하지 않는 단순한 변경면허 사항에 대해서는 납세편의 및 기업환경 개선을 위해 등록면허세를 비과세하도록 개선한 것이다.

적용 사례

당초 부과한 면허	면허세가 부과되지 않는 변경 면허 사항
통신판매업 면허(간이과세자 제외)	도메인 변경신고
전문건설업, 위험물제조업 등	각종 기술인력 변경 등 신고
어업허가 신고	기관 마력 변경 신고 등
기타	기타 무수히 많은 변경 면허 사항

☞ 면허를 받은 자의 변경, 당초 받은 면허의 종별 구분의 변경(하위→상위) 및 매년 1.1. 현재 정기분 면허 대상인 경우에는 면허의 실질이 변경되는 것으로 보아 등록면허세 부과

㉠ 전문건설업 전출 신고의 경우 영업장 소재지가 변동되는 것에 불과함으로 당초 부여받은 전문건설업 면허를 A→B시로 전출한 변경면허 사항에 대해서는 면허의 실질이 변경되지 않는 것으로 보아 비과세

㉡ 의료업의 대진의사 채용 등 의료인 수의 변동, 여객 운송사업사업의 변경(개인↔모범 등) 등 무수히 많은 면허의 실질이 변경되지 않은 사유의 변경면허 사항은 모두 비과세

㉢ 총포·도검·화약류·분사기·전자충격기 또는 석궁의 제조 또는 판매업, 화약류저장소의 설치의 경우 등록면허세가 과세되는바, 제조 또는 판매업을 저장조 설치가 아닌 단순 면허 취득인 화약류관리기사2급에 대한 면허세는 비과세

㉣ 총포·도검·화약류·분사기·전자충격기 또는 석궁의 제조 또는 판매업, 화약류저장소의 설치의 경우 등록면허세가 과세되는바, 제조 또는 판매업을 저장조 설치가 아닌 단순 면허 취득인 화약류관리기사 2급에 대한 면허세는 비과세

② 면허의 실질이 변경되는 것으로 보는 변경 면허(과세대상)

단순변경 면허에 대한 관련 규정 개정으로 최초 면허세 부과 후 변경면허 사항이 발생한 경우에는 면허의 실질이 변경되는 경우를 제외하고는 모두 비과세처리하나, 면허를 받은 자의 변경, 당초 받은 면허의 종별 구분의 변경(하위→상위) 및 매년 1.1. 현재 정기분 면허 대상인 경우에는 면허의 실질이 변경되는 것으로 보아 등록면허세 부과한다.

㉠ 면허의 소유자 변경

당초 부과 면허	등록면허세가 부과되는 변경 면허 사항
식품접객업 면허	「식품위생법」 제22조 제5항 및 같은 법 시행규칙 제28조 규정에 의한 영업신고사항 변경신고 중 영업소 명칭, 상호, 소재지 등의 변경사항은 비과세대상이나 소유자 변경신고의 경우에는 등록면허세 과세
기타	기타 변경 면허 중 면허 소유자 변경 신고

㉡ 면허종별이 상위종으로 변경

당초 부과한 면허		변경 면허에 따른 등록면허세 부과 여부		
당초 면허	종별 구분	변경면허	종별 구분	부과 여부
여객자동차운송사업 면허(차량15대)	2종	자동차 대체 및 폐차에 따른 여객자동차운송사업 변경신고 (차량5대 증차신고)	1종	과세
		〃 (차량5대 증차 및 5대 폐차신고)	2종	비과세
		〃 (차량6대 폐차신고)	3종	비과세
기타 사업의 종류 및 규모에 따라 동일 면허사항을 1종~5종으로 분류한 업종의 면허		기타 사업의 종류 및 규모에 따라 동일 면허사항을 1종~5종으로 분류한 업종의 변경 면허 사항		상위종→과세, 그 외 비과세

여객자동차 운송사업 면허처분 이후 차량대수 증감에 따른 그 변경면허 사항이 상위 종인 경우(2종→1종)에는 등록면허세 과세대상이나, 종별 구분이 당초와 변함이 없거나(2종→2종), 하위 종으로 변경되는 경우(2종→3종)에는 등록면허세 비과세 대상이다.

㉢ 매년 1.1. 현재 당초 면허사항이 계속 유지

당초 부과 면허	등록면허세가 부과되는 변경 면허 사항
당초(최초) 부과된 모든 면허사항	매년 1.1. 현재 그 면허가 갱신되는 것으로 보는 면허 2023.2.1. 이후

면허의 실질이 변경되지 않아 수시분 등록면허세가 비과세되더라도 매년 1.1. 현재 당초 면허사항이 계속해서 유지되는 경우(2023.2.1. 이후 3개월 내에 갱신되는 것으로 보는 경우 제외)에는 정기분 등록면허세 과세대상에 해당한다.

㉣ 사무소 소재지 이전의 경우

등록면허세 비과세 사유가 당초 법령 개정에 따른 직권변경, 단순 대표자 명의 변경의 사유를 확대 적용하여 면허의 실질이 변경되지 않은 모든 변경 면허사항에 대해서는 비과세되었다(2008년부터 확대적용). 이는 면허의 실질 변경을 수반하지 않는 단순한 변경면허 사항에 대해서는 납세편의 및 기업환경 개선을 위해 등록면허세를 비과세하도록 개선한 것이므로 변호사, 세무사, 부동산 중개업자 등이 사무소(영업장) 소재지 변경 시 수시분 등록면허세 과세대상이 되지 아니할 것이다.

③ 건설기계사업자의 연명신고자 변경

2인 이상의 법인 또는 개인이 공동으로 건설기계대여업을 영위하고자 건설기계대여업 신고(변경신고)를 할 때 대표자의 명의로 신고서를 제출하고 각 구성원은 신고서에 연명으로 기명날인하여 첨부하는데, 대표자 외에 해당 연명신고서에 대하여도 등록면허세 납세의무에 대해 살펴보면 건설기계사업자(대표자)의 연명신고자(건설기계 소유자) 변경은 사업주체인 건설기계사업자의 면허와 사업형태의 변동 없이 단순히 건설기계 소유자의 명의만 변경하는 것에 해당하므로 비과세대상이다(지방세정팀 – 3582, 2006.8.9.).

> **사례** 「건설기계관리법」의 규정에 따라 건설기계사업의 신고 당시의 주기장의 면적 또는 소재지의 변동을 수반하지 않은 상태에서 토지 소유자와 건설기계사업자 간 임대차계약기간 만료로 인한 주기장의 임대차 재계약 후 시·도지사에게 주기장의 변경신고를 한 경우에는 사업주체의 주된 권리변동을 수반하지 않은 단순 표기사항의 변경사유에 해당되어 용도구분에 의한 등록면허세 비과세에 해당된다 할 것임(지방세정팀 – 2113, 2007.6.11.).

> **사례** 의약품 제조품목의 명칭을 간단화하는 변경신고는 등록면허세의 비과세규정에 해당하지 아니하는 것이므로, 의약품 제조품목 변경신고에 대해 등록면허세를 부과한 처분은 잘못이 없음(행심 2006 – 69, 2006.2.27.).

> **사례** 총포소지허가를 받은 후 면허의 변경이 있을 경우에는 등록면허세 과세대상이 되나 면허를 받은 자의 단순한 주소변경의 경우에는 등록면허세 과세면제임(도세 22670 – 3555, 1990.10.23.).

④ 임대주택 추가 등록으로 상위 종으로 변경된 경우

임대주택 등록(9채)에 대한 등록면허세를 신고납부한 후 추가로 임대주택을 등록(1채)하여 면허의 종별 구분이 제2종에서 제1종으로 변경된 경우 각각 등록면허세를 납부하여야 한다(조심 2018지3210, 2019.7.26.).

(3) 의료업 및 동물진료업 면허

「의료법」 및 「수의사법」에 따라 의료업 및 동물진료업을 개설한 자의 다음 어느 하나에 해당하는 면허는 등록면허세가 과세되지 아니한다.

- 「농어촌 등 보건의료를 위한 특별조치법」에 따라 종사명령을 이행하기 위하여 휴업하는 기간 중의 해당 면허와 종사명령기간 중에 개설하는 병원·의원(조산원 포함) 면허
- 「수의사법」에 따라 공수의로 위촉된 수의사의 동물진료업의 면허

(4) 총포의 소지 면허

「총포·도검·화약류 등의 안전관리에 관한 법률」 제47조 제2항에 따라 총포 또는 총포의 부품이 보관된 경우 그 총포의 소지 면허는 등록면허세가 과세되지 아니한다. 다만, 같은 과세기간 중에 반환받은 기간이 있는 경우는 과세된다. 종전에는 총포전체가 경찰관서에 보관된 경우에는 비과세하고 중요부품이 보관된 경우에는 등록면허세를 과세함에 따른 과세불형평 시정하여 총포의 중요부품(방아쇠 등)이 경찰관서에 보관되는 경우에는 실질적인 사용이 불가함으로 총포의 보관과 동일한 것으로 보아 등록면허세를 비과세한다.

한편, 매년 1.1. 현재 수렵용으로 사용 중인 총포는 「총포·도검·화약류 등의 안전관리에 관한 법률」 제47조 제2항의 규정에 의하여 보관된 총포소지 면허에 해당되지 아니하여 정기분 등록면허세 과세대상이다(세정 13407-348, 2002.4.12. 참조). 신규나 갱신의 경우에도 마찬가지라 판단되며, 매년 1.1. 현재 학교등에서 학생들이 연습용으로 사용 중인 경우라도 과세대상이 될 것이다. 그런데 총포 또는 총포의 부품이 보관된 경우 그 총포 등의 소지 면허에 대하여는 등록면허세를 부과하지 아니하되, 같은 과세기간 중 총포 등을 반환받은 기간이 있는 경우에는 최초로 반환받는 때에 해당연도의 등록면허세를 부과한다(지예 법26-2).

총포 관련한 등록면허세 과세대상은 「총포·도검·화약류 등의 안전관리에 관한 법률」 제12조에 따른 총포의 소지허가(같은 법 제10조 각 호에 해당하는 경우와 대한사격연맹에 등록된 사격선수용 총포는 제외한다), 「총포·도검·화약류 등의 안전관리에 관한 법률」 제12조에 따른 도검·화약류·분사기·전자충격기·석궁의 소지허가(같은 법 제10조 각 호에 해당하는 경우는 제외한다) 등이 있다. 그런데 「총포·도검·화약류 등의 안전관리에 관한 법률」 제10조 제4호, 제5호에 같은 법 제6조 제1항의 규정에 의한 판매업자가 총포·도검·화약류·분사기·전자충격기·석궁을 소지하는 경우와 제6조 제1항의 규정에 의한 총포판매업자가 같은 조 제2항 단서의 규정에 의하여 판매하는 총포의 실탄 또는 공포탄을 소지하는 경우에는 소지허가가 없이 총포를 소지할 수 있다. 다만, 같은 법 제6조에 의하여 판매업의 허가를 득하여 판매업자가 될 수 있다. 따라서 개인이 총포를 총포상에 팔 경우 총포상 사업자가 등록면허세를 납부할 필요가 없는 것이다.

참고로, 총포·도검·화약류·분사기·전자충격기 또는 석궁의 제조 또는 판매업에 대한 별도의 등록면허세 납세의무는 있는 것이다.

(5) 폐업 중인 해당 업종의 면허

매년 1.1. 현재 폐업 중인 해당 업종의 면허(같은 연도 1월 25일까지 「부가가치세법」에 따라 폐업신고를 한 경우로 한정)(2024년 이전은 「부가가치세법」에 따른 폐업신고를 하고 폐업 중인 해당 업종의 면허)는 등록면허세가 과세되지 아니한다.

(6) 휴업 중인 해당 업종의 면허

매년 1.1. 현재 1년 이상 사실상 휴업 중인 사실이 증명되는 해당 업종의 면허는 등록면허세가 과세되지 아니한다.

(7) 주민공동체 재산 운영을 위하여 필요한 면허

마을주민의 복지증진 등을 도모하기 위하여 마을주민만으로 구성된 조직의 주민공동체 재산 운영을 위하여 필요한 면허는 등록면허세가 과세되지 아니한다.

⑤ 세율(지법 §34)

구분	1종	2종	3종	4종	5종
인구 50만 이상의 시	67,500원	54,000원	40,500원	27,000원	18,000원
기타 시	45,000원	34,000원	22,500원	15,000원	7,500원
군	27,000원	18,000원	12,000원	9,000원	4,500원

면허분 등록면허세의 세율은 면허의 종류별, 면허받은 자의 소재지 행정구역에 따라 구분하므로 동일한 면허업종이라도 행정구역에 따라 적용세율이 달리 적용되는 것이다.

'인구 50만 이상 시'란 동지역의 인구가 50만 이상인 경우를 말한다. 여기서 "인구"란 매년 1월 1일 현재 「주민등록법」에 따라 등록된 주민의 수를 말하며, 특별시·광역시는 인구 50만 이상 시로 보되, 광역시의 군지역은 군으로 본다. 여기서 특별자치시 및 도농복합형태의 시에 세율을 적용할 때 해당 시의 동지역(시에 적용되는 세율이 적합하지 아니하다고 조례로 정하는 동지역 제외)은 시로 보고, 읍·면지역(시에 적용되는 세율이 적합하지 아니하다고 조례로 정하는 동지역 포함)은 군으로 본다.[366]

한편, 「지방자치법」 제4조 제1항에 따라 둘 이상의 지방자치단체가 통합하여 인구 50만 이상 시에 해당하는 지방자치단체가 되는 경우 해당 지방자치단체의 조례로 정하는 바에 따라 통합 지방자치단체가 설치된 때부터 5년의 범위(기산일은 통합 지방자치단체가 설치된 날이 속하는 해의 다음 연도 1.1.)에서 해당 통합 이전의 세율을 적용할 수 있다.

> 사례 동 지역의 인구가 50만 이상인 경우를 말한다라고 규정하고 있음을 볼 때, 이는 「지방세법」 제1항 제1호에서 규정한 지방자치단체인 구를 말하는 것이 아니라, 특별시와 광역시를 포함한 동

---

366) 특별자치시에 대한 규정은 2012.7.1.1. 이후 납세의무성립분부터 적용함(2013.1.1. 법률 개정 부칙 §3).

지역의 인구가 50만 이상인 시를 말한다고 할 것임(지방세정팀-1434, 2006.4.7.).

> **사례** 「유해화학물질관리법」 제15조 제1항의 규정에 의하여 유독물 운반업은 유독물영업에 해당되어 제3종 제154호의 면허세과세대상이나 유독물 운반업에 공여되는 차량에 대하여 별도로 제3종 제154호의 면허세를 납부하여야 하는 것은 아님(세정 13407-69, 2001.7.10.).

> **사례** 면허세 종별 구분기준에 있어서 건축물의 연면적의 의미(세정 13407-349, 2001.9.20.)
> 식품접객업의 경우 건축물의 연면적을 기준으로 하여 면허의 종별을 구분하고 있으나, 이 경우 "건축물의 연면적"이라 함은 식품접객업을 목적으로 사용하고 있는 "영업장의 면적"을 의미함.

❻ 신고납부 등(지법 §35)

(1) 과세기준일과 납기

새로 면허를 받거나 그 면허를 변경받는 자는 면허증서를 발급받거나 송달받기 전까지 납세지를 관할하는 지방자치단체장에게 그 등록면허세를 신고하고 납부하여야 한다. 다만, 유효기간이 정하여져 있지 아니하거나 그 기간이 1년을 초과하는 면허를 새로 받거나 그 면허를 변경받은 자는 새로 면허를 받거나 면허를 변경받은 때에 해당 면허에 대한 그 다음 연도분의 등록면허세를 한꺼번에 납부할 수 있다(2020년 이전은 이 경우 그 다음 연도에 납부할 등록면허세액의 10%를 공제한 세액으로 납부하여야 함).

구분	정기분 등록면허세	수시분 등록면허세
과세기준일	매년 1.1.	면허증서 교부 시
납 기	1.16.~1.31.	교부일

(2) 정기분 등록면허세

면허의 유효기간이 정하여져 있지 아니하거나 그 기간이 1년을 초과하는 면허에 대하여는 매년 1.1.에 그 면허가 갱신된 것으로 보아 매년 그 등록면허세를 부과한다고 규정하고 있다. 따라서 면허의 유효기간이 1년 이하인 면허에 대하여는 면허를 할 때 한 번만 등록면허세를 부과한다. 면허를 새로 받거나 그 면허를 변경받은 자는 면허를 부여받은 때와 다음 연도 1월(정기분)에 각각 등록면허세를 납부하여야 하는데, 다음 연도 정기분을 일괄하여 면허를 부여받은 때에 한꺼번에 납부할 수 있으며 이 경우 10% 세액공제가 된다(지법 §35 ①).

매년 1.1. 현재를 기준으로 하여 납세의무가 성립하므로, 1.1. 이후에 신고사항의 변경, 면허의 명의가 변경되거나 사업장이 변경되는 경우에는 1.1.은 정기분 등록면허세를, 변경되는 시점에서는 수시분 등록면허세를 납부하여야 할 것이다(세정 13407-143, 1999.11.11. 참조).

한편, 전문건설업 등 주기적 신고는 새로운 면허의 취득으로 보아 등록면허세 부과하던 것을 면허를 소지한 자가 매년 1.1. 기준으로 정기 등록면허세에 의한 등록면허세를 납부한 해에(기간 연장, 갱신, 신고 등 그 면허의 명칭에 불구하고) 해당 면허의 유효기간을 갱신하는 취지의 면허를 하는 때에는 등록면허세를 과세하지 아니하는 것으로 해석을 개정하여 시행되고 있다(지방세운영과-308, 2008.7.22.). 이러한 개정 해석의 취지는 매년 1.1. 이미 갱신한 것으로 보아 정기 등록면허세를 부과한 경우 그 해에 다시 등록면허세를 부과하는 것은 이중과세가 되는 것이라는 것이다. 따라서 수렵면허, 어업면허 등이 정기 등록면허세가 부과되었다면 그 해에 주기적으로 기간 연장이 이루어지는 경우 등록면허세를 부과하지 아니하여야 할 것이다.

면허의 유효기간이 1년을 초과하나 개인사정에 따라 그 영업기간이 1년 미만 또는 영업정지 기간 중인 경우라 하더라도 매년 1.1. 현재 그 면허가 유지되는 경우에는 정기분 등록면허세 부과한다.

면허를 받은 자의 변경, 당초 받은 면허의 종별 구분의 변경(하위→상위)으로 인하여 허가번호가 변경된 것인지 명확하지 아니하나, 허가번호를 바꾼다는 것은 새로운 면허로 인한 것일 가능성이 있다. 그러나 새로운 면허로 인한 것이 아니라 기존 면허 내용의 변경으로 허가번호가 변경된 것이라면 변경 내용이 면허를 받은 자의 변경, 당초 받은 면허의 종별 구분의 변경(하위→상위)에 해당되지 아니하는 한 비과세될 것이다.

> **사례** 「건설산업기본법 시행령」 [별표 1]의 전문건설업종이 통합된 업종 면허는 「건설산업기본법 시행령」(제18092호, 2003.8.21.) 부칙 제6조에 의하여 변경등록이 되었으므로 2005년 정기분 등록면허세 부과 시에는 변경(통합)된 1개의 업종에 대하여만 등록면허세가 과세됨(지방세정팀-1447, 2005.7.1.).

(3) 1회성 면허 수시분 등록면허세

1) 개요

'1회성 면허'라 함은 면허를 할 때 수시분 등록면허세를 최초로 부과하고 그 면허에 대해서는 정기분 등록면허세 과세대상에서 제외하는 것을 말한다.

단순변경 면허 관련 규정 개정으로 최초 등록면허세 부과 후 변경면허 사항은 면허의 실질이 변경되는지 여부에 따라 수시분 등록면허세를 과세한다. 1회성 면허에 대해서는 최초 등록면허세 부과 후 변경면허 발생 시마다 각각 등록면허세를 과세하였으나(정기분 미부과), 단순변경 면허에 대한 관련 규정 개정으로 최초 등록면허세 부과 후 변경면허 사항이 발생한 경우(면허소유자, 상위직종 변경)에는 면허의 실질이 변경되는 경우를 제외하고는 모두 비과세된다(정기분 미부과).

구분	수시분		정기분
	최초 면허 시	변경면허 시	
2007년도까지	부과	부과	미부과
2008년도부터	부과	실질변경(면허 소유자, 상위직종 변경)의 경우에만 부과	미부과

2) 1년 이하인 면허

면허의 유효기간이 1년 이하인 면허에 대하여는 면허를 할 때 한 번만 등록면허세를 부과한다. 그 기간이 2개 연도에 걸쳐 있더라도 면허를 부여받을 때에만 한 번만 과세한다.

예를 들어 면허유효기간이 2023.10.1.~2024.9.30.인 경우 1년 이하이므로 면허를 할 때 수시분 등록면허세가 과세되고, 정기분 등록면허세는 과세되지 아니한다.

3) 제조·가공 또는 수입의 면허로서 각각 그 품목별로 받는 면허

제조·가공 또는 수입의 면허로서 각각 그 품목별로 받는 면허 정기분 등록면허세 부과규정에도 불구하고 면허를 할 때 한 번만 등록면허세를 부과한다(지법 §35 ③).

4) 건축허가 및 그 밖에 이와 유사한 면허로서 다음의 면허

건축허가 등 다음의 면허는 면허를 할 때 한 번만 등록면허세를 부과한다(지법 §35 ③, 지령 §51). 따라서 정기분 등록면허세를 부과하지 아니한다.

「건축법」의 규정에 의하여 임시용 건축물 등의 설치를 위한 공작물(가설물)축조신고는 등록면허세 과세대상이다. 건축허가 등 상기의 면허는 면허를 할 때 한 번만 등록면허세를 부과하지만, 이는 정기분 등록면허세를 부과하지 아니한다는 규정이며, 기간연장은 변경면허로 보아야 할 것이므로 수시분 부과대상이 될 것으로 가설건축물의 존치기간을 연장하고자 신고하는 경우에는 등록면허세(수시분) 부과대상인 것이다(세정 13407-102, 1999.11.4.). 그런데 정기분 등록면허세를 납부(기간연장, 갱신, 신고 등 그 면허의 명칭에 불구)한 해에 해당 면허의 유효기간을 갱신하는 취지의 면허를 하는 때에는 면허세를 과세하지 아니하는 것이지만, 가설물 축조신고는 1회성 등록면허세 과세대상으로 정기분 등록면허세 대상이 아니므로 연장시점에 수시분 등록면허세가 과세되는 것이다.

---

1. 매장유산 발굴(2024.5.16. 이전은 매장문화재 발굴)
2. 국가유산문화재의 국외 반출(2024.5.16. 이전은 문화재의 국외 반출)
3. 「폐기물의 국가 간 이동 및 그 처리에 관한 법률」 제6조, 제10조 및 「폐기물관리법」 제24조의 2에 따른 폐기물의 수출·수입 허가 및 신고(2015.12.31. 이전 폐기물의 수출·수입 허가)
4. 「농지법」에 따른 농지전용 및 농지전용의 용도변경
5. 토지의 형질 변경
6. 사설묘지 설치, 사설자연장지 조성(재단법인이 설치한 묘지 및 조성한 자연장지는 제외되나,

　사설자연장지 조성은 2019년 이후 적용)

7. 사설도로 개설

8. 계량기기의 형식승인 및 특정열사용기자재의 검사

9. 「산림자원의 조성 및 관리에 관한 법률」 제36조에 따른 입목벌채

10. 샘물 개발 허가

11. 건설기계의 형식승인

12. 보세구역 외 장치의 허가

13. 공유수면의 매립

14. 초지 조성 및 전용

15. 가축분뇨 배출시설의 설치 허가 또는 신고

16. 「전파법」 제58조의 2에 따른 방송통신기자재 등의 적합성 평가(2014년 이전은 전기통신기자재의 형식승인, 무선설비기기의 형식검정 또는 형식등록 및 전자파 적합 등록)

17. 화약류 사용

18. 비산(飛散) 먼지 발생사업의 신고

19. 특정공사(「소음・진동관리법」 제22조에 따른 특정공사를 말한다)의 사전 신고

20. 「소방시설 설치 및 관리에 관한 법률」 제37조에 따른 소방용품의 형식승인

21. 「종자산업법」 제38조 제1항에 따른 종자의 수입 판매신고. 다만, 같은 법 제15조에 따라 국가품종목록에 등재할 수 있는 작물의 종자에 대한 수입 판매신고로 한정

　　☞ 2013년 이전 유물 복제

22. 선박 및 선박용 물건의 형식승인 및 검정

23. 「산지관리법」에 따른 산지전용 및 산지전용의 용도변경

24. 임산물의 굴취・채취

25. 「자동차관리법」 제30조에 따른 자동차의 자기인증을 위한 제작자등의 등록(자가사용 목적으로 자동차를 자기 인증하기 위한 제작자등의 등록으로 한정)(2016년 이후 적용)

　　☞ 2015년은 「산업집적활성화 및 공장설립에 관한 법률」 제16조에 따른 공장등록(2014년 이전은 공장 설립)

26. 사행기구의 제작 또는 수입품목별 검사

27. 유료도로의 신설 또는 개축

28. 지하수의 개발・이용

29. 골재 채취

30. 환경측정기기의 형식승인

31. 건축 및 대수선

32. 공작물의 설치 허가 또는 축조(축조는 2015년 이후 적용)

33. 총포・도검・화약류・분사기・전자충격기 또는 석궁의 수출 또는 수입 허가

34. 개발행위허가 중 녹지지역・관리지역 또는 자연환경보전지역에 물건을 1개월 이상 쌓아 놓는 행위 허가

35. 가설건축물의 건축 또는 축조

36. 「농지법」 제36조에 따른 농지의 타용도 일시사용

37. 「산지관리법」 제15조의 2에 따른 산지일시사용
38. 「하수도법」 제34조에 따른 개인하수처리시설의 설치
39. 「지하수법」 제9조의 4에 따른 지하수에 영향을 미치는 굴착행위
40. 도검·화약류·분사기·전자충격기 또는 석궁의 소지허가
41. 「항공법」 제20조 제1항에 따른 기술표준품에 대한 형식승인(2015년 이후 적용)
42. 「자동차관리법」 제30조에 따른 자동차의 자기인증(2015년 이후 적용)
43. 「산업집적활성화 및 공장설립에 관한 법률」 제28조의 2에 따른 지식산업센터의 설립 신고 (2015년 이후 적용)
44. 「화학물질관리법」 제18조에 따른 금지물질 취급 허가 및 같은 법 제19조에 따른 허가물질 제조·수입·사용 허가(2015년 이후 적용)
45. 「마약류 관리에 관한 법률」 제18조에 따른 마약류 수출품목허가 및 수출입 승인, 제51조에 따른 원료물질 수출입 승인(2016년 이후 적용)

5) 건축허가 면허

① 연면적 또는 층수의 증가가 있는 경우

설계변경 등으로 인하여 연면적 또는 층수의 증가가 있는 경우에는 증가된 부분만을 건축·대수선으로 보아 해당 종별로 등록면허세를 부과한다. 이는 "「건축법」 제11조 제1항에 따른 건축 및 대수선의 허가 면허에 대하여 설계변경 등으로 면적이나 층수가 증가하여 면허에 대한 등록면허세를 부과하는 경우에는 그 증가하는 부분만을 기준으로 산정한다"라고 규정하고 있기 때문이다.

㉠ 층수 증가

9층으로 설계된 건축물을 11층으로 설계변경한 경우 10층 이상 건축물로 보아 제1종으로 부과하는 것이 아니라 증축된 2층에 해당하는 제3종 부과

㉡ 연면적 증가

당초 연면적 1,500제곱미터를 설계변경으로 500제곱미터 증축하여 전체 연면적이 2,000제곱미터로 변경한 경우 연면적 2,000제곱미터 이상 건축물로 보아 제1종으로 부과하는 것이 아니라 증가된 연면적 500제곱미터에 해당하는 제3종 부과

☞ 층수 증가 또는 연면적 증가 없는 설계변경 건축면허는 과세대상에서 제외되며, 연면적 감소의 경우 등록면허세 과세대상 제외(세정팀-6469, 2006.12.26.)

② 건축허가자 변경

건축허가를 받은 자의 변경은 제4종에 해당하는 등록면허세를 부과한다.

③ 여러 동의 건축물의 건축허가

건축허가의 경우 행정기관으로부터 건축허가를 1건으로 받았다 하더라도 행정편의를 위해 수 건의 면허를 1건으로 받은 것임으로 건축허가에 명시된 건물 동별로 면허처분을 받은 것으로 간주하여 각각 등록면허세를 부과한다. 즉 1구의 토지 내에 각각 독립된 여러 동의 건축물을 신축하는 경우 건축허가를 1건으로 받았다 하더라도 각 동별로 건축허가를 받은 것으로 보아 각각 등록면허세를 부과하여야 한다(지예 법35-1).

예를 들어 건축허가 시 가동(주택), 나동(창고), 다동(화장실) 등으로 되어 있는 경우 구내에 각각 독립된 여러 동의 건축물을 신설하는 경우 건축허가를 1건으로 받았다 하더라도 이는 행정 절차상 편의에 의한 것이므로 1구내의 여러 동의 건축물이 각각 독립된 건축물이라면 매 동마다 각각 면허세를 납부하여야 하므로(세정 1268-5028, 1980.4.11. 참조), 각 건물별로 허가를 받은 것으로 보아 등록면허세를 각각 동별로 부과하여야 할 것이다.

6) 면허승계 시 의제면허

면허를 승계받은 경우에도 해당 면허에 포함되는 의제면허도 승계된 것으로 보아 면허의 종별 구분에 따라 각각 등록면허세를 부과한다(지예 법35-1).

(4) 수시분 등록면허세

1) 면허의 기간종료로 면허를 갱신하는 경우

신규 발급에 해당되므로 등록면허세 부과한다(법제처 법령해석지원팀-1988, 2006.12.12.). 그런데 매년 1.1. 기준으로 정기분 등록면허세를 납부(기간연장, 갱신, 신고 등 그 면허의 명칭에 불구)한 해에 해당 면허의 유효기간을 갱신하는 취지의 면허를 하는 때에는 등록면허세를 과세하지 아니하는 것으로 해석을 개정하여 시행되고 있다(지방세운영과-308, 2008.7.22. 참조).

☞ 수렵·건설업 면허 등 면허의 유효기간이 있는 면허는 그 유효기간이 종료되는 해에도 매년 1.1. 현재를 기준으로 정기분 등록면허세가 부과됨.

2) 주기적 신고

전문건설업 등 주기적 신고[367]는 새로운 면허의 취득으로 보아 면허세 부과하던 것을 면허를 소지한 자가 매년 1.1. 기준으로 정기분 등록면허세를 납부(기간연장, 갱신, 신고 등 그 면허의 명칭에 불구)한 해에 해당 면허의 유효기간을 갱신하는 취지의 면허를 하는 때에는 면허세를 과세하지 아니하는 것으로 해석을 개정하여 시행되고 있다(지방세운영과-308, 2008.7.22.). 이 개정 해석의 취지는 매년 1.1. 이미 갱신한 것으로 보아 정기 등록면허세를 부과한 경우 그 해에 다시 등록면허세를 부과하는 것은 이중과세가 되는 것이라는 것이다. 따라서 수렵면허, 어업면허 등이

---

367) 「건설산업기본법」 제9조에서 일반·전문건설업의 경우 3년마다 주기적으로 등록신고를 하도록 규정하고 있다.

정기 등록면허세가 부과되었다면 그 해에 주기적으로 기간연장이 이루어지는 경우 등록면허세를 부과하지 아니하여야 할 것이다.

한편, 석유판매업을 영위하기 위해 조건부 등록 후 다시 석유판매업 신고를 하는 비주기적 신고도 면허의 갱신으로 보아 등록면허세 부과하지만, 정기분 등록면허세를 납부한 경우에는 위와 마찬가지로 과세하지 아니한다. 그리고 「석유 및 석유대체연료사업법」 제11조에서 최초 석유판매업 신고 시 등록요건에서 정하는 시설이 미비하여 조건부로 석유판매업 등록 후 1년 이내에 그 요건을 구비하여 정식으로 석유판매업 등록을 하는 경우 새로운 면허의 갱신으로 보아 등록면허세를 부과한다.

3) 사업규모에 따라 1~5종으로 구분된 업종의 변경면허

동일업종의 면허 종별이 1~5종으로 분류된 업종에서 변경면허가 발생할 경우 그 변경면허 당시의 사업규모 기준이 아니라 당초 및 변경면허 당시의 사업 규모를 합산하여 면허의 종별 구분이 상위 종에 해당하는 경우에만 변경 등록면허세를 부과한다. 이 경우 상위종의 면허분 등록면허세 세율을 적용하여야 한다.

● 사업규모에 따른 변경면허 적용 예시

당초 부과한 면허	변경 면허에 따른 면허세 부과 여부	
당초 면허	변경면허 사항	부과기준
여객자동차운송사업 면허 (차량 15대)	자동차 대체 및 폐차에 따른 여객자동차운송사업 변경신고 (차량5대 증차신고)	20대 (2→1종, 과세)
	〃 (차량5대 증차 및 5대 폐차신고)	10대 (2→2종, 비과세)
	〃 (차량6대 폐차신고)	9대 (2→3종, 비과세)

4) 수건의 면허를 편의상 1건으로 면허처분하는 경우

① 여러 필지의 도로점용이나 농지전용

수개의 필지를 점용하거나 전용(농지)하는 허가를 1건으로 받은 경우에는 각 필지별로 해당 면적 규모에 따라 등록면허세를 부과하던 것을 1건으로 받은 전체 면적을 기준으로 등록면허세를 부과한다(지방세운영과-2635, 2008.12.19.).[368] 따라서 도시가스사업자가 가스관을 지하에 매설하고 이를 운영하는 것은 도로점용에 해당되어, 도로점용 전체 면적에 따라 1~4종의 등록면허세를 부과한다. 여기서 도로점용 면적 산출은 가스관의 수평투영면적(가스관 지름)에 점용중인 길

---

368) 도로점용의 경우 「도로법 시행령」 [별표 2]의 점용료 산정 기준표에서 점용면적(1㎡)당 필지별 개별공시 지가를 적용하여 점용료를 산정하므로 각각 필지별로 면허 처분하는 것으로 보아 등록면허세를 과세하였 었다(세정-5647, 2007.12.31.). 이 해석을 전체 면적을 기준으로 부과하는 것으로 변경하였다.

이를 곱하여 면적을 산출한다.

② 여러 건의 건축허가

건축허가의 경우 행정기관으로부터 건축허가를 1건으로 받았다 하더라도 행정편의를 위해 수 건의 면허를 1건으로 받은 것임으로 건축허가에 명시된 건물 동별로 면허처분을 받은 것으로 간주하여 각각 등록면허세를 부과한다.

③ 여러 명의 합동사무소

3인의 법무사가 합동으로 법무사 사무소를 개설 시에는 합동사무소 1건으로 면허세 과세한다. 「법무사법」 제14조 제1항에서 3인 이상의 법무사로 구성된 합동사무소를 설치할 수 있다고 규정되어 있음으로 해당 면허 부여기관이 행정편의를 위해 3건의 면허를 1건으로 부여한 사유에 해당되지 않음으로 합동사무소 개설등록 1건으로 부과한다. 한편, 법무사의 자격면허에 대해서는 영업설비 및 행위에 대한 면허가 아님으로 면허세를 과세할 수 없다.

④ 여러 개의 저장시설

위험물 제조소 또는 취급소는 위험물을 제조·취급하기 위한 일련의 시설을 말하는 것이므로 위험물 제조소나 취급소에 여러 개의 저장시설을 갖추고 있다고 하더라도 동 시설은 위험물 제조소 또는 취급소의 부대설비에 불과하므로 위험물 제조소 또는 취급소 설치허가가 1건의 허가로 처분될 경우 등록면허세는 1건으로 부과한다(세정 13430-418, 2001.4.13).

⑤ 투자자·투자상품·금융투자업 종류별로 금융기능을 조합하여 금융위원회로부터 금융투자업 인가를 받는 경우

「자본시장통합법」 제12조에서 "금융투자업의 인가"는 투자자·투자상품·금융투자업 종류별로 금융기능을 조합하여 "금융위원회"로부터 금융투자업 인가를 받도록 규정하고 있다. 등록면허세의 과세요건을 규정한 현행 「지방세법 시행령」 제39조(면허의 종류)[별표] 제1종 제114호에서는 "금융투자업의 인가"를 규정하면서 따로 세부 규정을 두고 있지는 않으므로, "「자본시장통합법」"에 따른 금융투자업의 인가는 1건의 면허세를 과세함이 타당하다(지방세운영과-1044, 2011.3.7.).

5) 의제면허에 대한 면허세 과세요령(행자부 세정과-2262, 2004.7.30.)

① 의제면허 구분(예시)

ㄱ 영업허가에 부수되는 의제면허

「식품위생법」에 의한 식품접객업(일반음식점, 단란주점, 유흥주점) 허가를 받은 자가 「부가가치세법」에 의한 사업자 등록증을 교부받은 때는 「주세법」에 의한 '주류소매업' 허가를 받은 것으로 본다. 슈퍼마켓, 일용잡화점 등 소매상점이 사업자등록을 교부받은 경우도 동일하게 '주류소매업' 허가를 받은 것으로 의제한다.

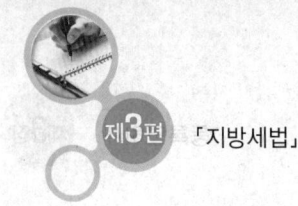
ⓛ 사업계획과 부수되는 의제면허

민원인의 편의를 위해 각종 인·허가 사항을 처리 주무부서에서 일괄 처리하고 있어서 골프장업 사업계획승인을 받은 경우는 관계법령에 의한 '건축허가', '토지형질변경', '농지전용', '도로점용' 등 관련 면허를 받은 것으로 본다.

② 영업허가에 부수되는 의제면허

㉠ 식품접객업(일반음식점, 단란주점, 유흥주점)에 부수된 주류소매업 의제면허

식품접객업에 부수되는 면허로서 「주세법」 제8조 제3항 및 같은 법 시행령 제10조 제4항의 규정에 의한 주류소매업 의제면허를 받은 경우에는 주된 '식품접객업' 면허 1건에 대하여만 과세하고 '주류소매업' 의제면허는 비과세한다. 그리고 슈퍼마켓, 일용잡화점, 소매상점 등의 '주류소매업' 의제면허도 동일하게 비과세한다.

「지방세법」에서 각종 면허를 받은 자는 그 면허의 종류마다 면허세를 과세하도록 규정하고 있으므로 영업행위와 관련된 의제면허도 과세하는 것이 원칙이나, 일반음식점 등의 경우와 같이 주된 면허와 이에 부수되는 '주류소매' 면허세는 자치단체가 지금까지 면허세를 과세하지 않아 사실상 비과세 관행이 되어 왔으며, 과세할 경우 전국적으로 상당한 조세저항이 예상됨은 물론, 하나의 과세객체에 대하여 이중과세라는 불만이 제기되고, 전 시·도가 '주류소매' 의제면허는 과세 제외하자는 의견이므로 그 동안의 비과세 관행을 존중하고 조세행정의 신뢰성 보호 및 투명성 제고를 위해 주된 면허만 과세하고 의제면허는 비과세하는 것이 합리적이다는 것이다.

㉡ 관광숙박업, 관광이용객시설업, 국제회의장업에 부수된 의제면허

「관광진흥법」에 의한 관광숙박업, 관광이용객시설업, 국제회의장업 등록에 부수된 숙박업, 이·미용업, 식품접객업, 주류판매업, 목욕장업, 체육시설업, 환전업무등록 등 의제면허는 면허의 종류마다 각각 과세된다. 예를 들어 호텔업 영위 법인이 호텔업과 관련된 숙박업, 식품접객업, 커피숍 영업을 법인이 직영하는 경우 3건의 등록면허세를 과세하고, 동 호텔 내의 목욕장, 양식당, 주점, 웨딩홀 등을 제3자가 임대받아 영업을 하는 경우 제3자 사업자에게 각각 과세한다.

㉢ 기타 영업허가와 관련된 의제면허를 받은 경우

상기 ㉡ 기준에 의하여 등록면허세를 각각 과세한다.

③ 사업계획에 부수되는 의제면허

사업계획의 승인·공장설립 등과 관련하여 의제면허를 받은 경우에는 의제면허별로 각각 과세한다.

주택건설사업계획의 승인(「주택법」 제17조 제1항)에 의제된 건축허가, 공유수면점·사용허가, 승인, 채광계획인가, 도시개발행위허가, 도시이용계획실시인가, 농지전용허가, 도로공사시행허가, 도로점용허가, 도시개발실시계획인가, 사도개설허가, 형질변경허가, 소하천점용허가, 상수도설치인가, 대규모점포등록, 분묘개장허가, 지하수이용허가·신고, 초지전용허가, 하수도공사시행허가, 하천점용허가 등에 대하여는 면허별로 각각 과세한다.

관광숙박업, 관광이용객시설업, 국제회의업 사업계획승인(「관광진흥법」 제15조 제1항)에 의제된 농지전용허가, 산지전용허가, 임목벌채허가·신고, 사방지지정해제, 초지전용허가, 하천공사허가, 하천점용허가, 공유수면 점·사용허가, 사도개설허가, 개발행위허가, 분묘개장허가 등에 대하여는 면허별로 각각 과세한다.

(5) 부족세액 추징과 가산세

등록면허세 납세의무자가 신고납부기한까지 신고 또는 납부의무를 다하지 아니한 경우에 산출세액에 가산세를 합한 금액을 세액으로 하여 보통징수의 방법으로 징수한다. 다만, 신고를 하지 아니한 경우도 등록면허세를 납부기한까지 납부하였을 때에는 가산세를 부과하지 아니한다.

❼ 이미 납부한 등록면허세에 대한 조치(지법 §37)

지방자치단체장은 면허증서를 발급받거나 송달받기 전에 등록면허세를 신고납부한 자가 면허신청을 철회하거나 그 밖의 사유로 해당 면허를 받지 못하게 된 경우에는 「지방세기본법」 제60조에 따른 지방세환급금의 처리절차에 따라 신고납부한 등록면허세를 환급하여야 한다. 이 경우 환급가산금은 적용하지 아니한다. 다만, 면허를 받은 후에 면허유효기간의 종료, 면허의 취소, 그 밖에 이와 유사한 사유로 면허의 효력이 소멸한 경우에는 이미 납부한 등록면허세를 환급하지 아니한다.

❽ 납세확인(지법 §38)

면허의 부여기관이 면허를 부여하거나 변경하는 경우에는 등록면허세의 납부 여부를 확인한 후 그 면허증서를 발급하거나 송달하여야 한다.

면허부여기관이 면허를 부여하거나 면허를 변경하는 경우에는 그 면허에 대한 등록면허세가 납부되었음을 확인하고 면허증서 발급대장의 비고란에 등록면허세의 납부처·납부금액·납부일

및 면허종별 등을 적은 후 면허증서를 발급하거나 송달하여야 하며, 2025년 이후에는 면허부여기관은 제1항에 따른 등록면허세의 납부 확인을 위하여 필요한 경우에는 시장·군수·구청장에게 등록면허세의 납부처·납부금액 및 납부일에 관한 정보(이하 이 조에서 "등록면허세 납부정보"라 한다)의 제공을 요청할 수 있다. 이 경우 요청을 받은 시장·군수·구청장은 특별한 사유가 없으면 이에 협조해야 한다. 이 경우 등록면허세 납부정보의 제공은 정보통신망 또는 전자우편 등 전자적 방식을 사용할 수 있다(지령 §52).

⑨ 면허에 관한 통보(지법 §38-2)

면허부여기관은 면허를 부여·변경·취소 또는 정지하였을 때에는 면허증서를 교부 또는 송달하기 전에 그 사실을 관할 특별자치시장·특별자치도지사·시장·군수 또는 구청장에게 통보하여야 한다. 면허부여기관은 면허의 부여·변경·취소 또는 정지에 관한 사항을 전산처리하는 경우에는 그 전산자료를 특별자치시장·특별자치도지사·시장·군수 또는 구청장에게 통보함으로써 통보를 갈음할 수 있다.

특별자치시장·특별자치도지사·시장·군수 또는 구청장은 휴업중인 해당 업종의 면허에 해당하여 등록면허세를 비과세하는 경우 그 사실을 면허부여기관에 통보하여야 한다(지령 §53).

⑩ 면허 관계서류의 열람(지법 §38-3)

세무공무원이 등록면허세의 부과·징수를 위하여 면허의 부여·변경·취소 또는 정지에 대한 관계 서류를 열람하거나 복사할 것을 청구하는 경우에는 관계기관은 이에 따라야 한다.

⑪ 면허취소 등(지법 §39)

지방자치단체장은 등록면허세를 납부하지 아니한 자에 대하여는 면허부여기관에 대하여 그 면허의 취소 또는 정지를 요구할 수 있으며, 면허부여기관은 취소요구가 있을 때에는 즉시 취소 또는 정지하여야 한다. 그리고 면허부여기관이 취소 요구 또는 그 밖의 사유로 면허를 취소 또는 정지하였을 때에는 즉시 관할 지방자치단체장에게 통보하여야 한다.

지방세를 체납하였을 경우에 취하는 관허사업제한은 면허를 받아 사업을 하는 것만 가능한 반면 등록면허세 체납의 경우 사업 여부에 관계없이 그 면허취소를 요구할 수 있다.

제4장

레저세

1 과세대상(지법 §40)

① 「경륜·경정법」에 따른 경륜 및 경정
② 「한국마사회법」에 따른 경마
③ 「전통 소싸움경기에 관한 법률」에 따른 소싸움

2 납세의무자(지법 §41)

과세대상에 해당하는 사업을 하는 자

3 과세표준 및 세율(지법 §42)

레저세의 과세표준은 승자투표권·승마투표권 등의 발매금 총액으로 하며, 세율은 10%이다.

4 납세지(지법 §43)

경륜장, 경정장, 경마장 소재지 및 장외매표소의 지방자치단체

5 신고납부 및 안분기준(지법 §43)

(1) 신고납부

납세의무자는 승자투표권·승마투표권 등의 발매일이 속하는 달의 다음 달 10일까지 안분계산하여 다음의 지방자치단체장에게 각각 신고하고 납부하여야 한다(2021년 이전은 경륜장의 소재지 및 장외발매소의 소재지별로 안분계산하여 해당 지방자치단체장에게 각각 신고하고 납부하여야 함).

① 경륜 등의 사업장("경륜장 등")에서 발매하는 승자투표권·승마투표권 등의 경우
  해당 경륜장 등 소재 지방자치단체장
② 장외발매소에서 발매하는 승자투표권·승마투표권 등의 경우
  해당 경륜장 등 소재 지방자치단체장과 해당 장외발매소 소재 지방자치단체장
③ 정보통신망을 이용하여 발매[369]하는 승자투표권·승마투표권 등의 경우
  해당 경륜장 등 소재 지방자치단체장과 모든 지방자치단체(해당 경륜장 등이 소재한 지방자치단체 포함)장

---

369) 경륜장 등이나 장외발매소 외의 장소에서 이용하는 「정보통신망 이용촉진 및 정보보호 등에 관한 법률」에 따른 정보통신망을 말함.

(2) 안분기준

1) 직접 발매한 승자투표권 · 승마투표권 등에 대한 세액

해당 경륜장 등 소재지 시장 · 군수 · 구청장에게 모두 신고납부한다.

2) 장외발매소에서 발매한 승자투표권 · 승마투표권 등에 대한 세액

해당 경륜장 등 소재지 관할 시장 · 군수 · 구청장, 장외발매지 소재지 관할 시장 · 군수 · 구청장에 각각 50%을 신고납부한다.

① '경륜장 등의 신설'에 대한 법규 해석

서울특별시에서는 사업자(서울올림픽기념국민체육진흥공단)를 기준으로 동일 사업자가 서울특별시 내의 경륜사업장을 폐쇄하고, 그 경륜사업장을 경기도 내로 옮긴 것은 "이전"이라는 의견이나, 「지방세법」의 레저세 관련 규정은 물론 「경륜 · 경정법」에서도 경륜 사업장의 이전에 관하여 규정하고 있지 아니하여 서울특별시의 의견인 "경륜사업장 이전"을 인정할 법적 근거가 없으며, 「경륜 · 경정법」 제5조 및 「경륜 · 경정법 시행령」 제4조 · 제5조에서는 설치장소, 용지면적, 시설배치 등 물적 요건을 갖춘 경우에 경주장 설치허가를 할 수 있도록 규정하고 있으므로, 경륜장의 신설 여부는 그 사업자가 아닌 물적 시설을 기준으로 판단하는 것이 합리적이며, 동일 사업자라도 다른 장소에 별도의 경주장 설치허가를 받아 경륜장을 개설하는 경우에는 이를 "경륜장의 신설"로 보는 것이 타당할 것으로 판단된다(지방세정팀-2020, 2006.5.22.).

② 경륜장 본장을 직접 자치단체가 신설한 경우와 유치한 경우의 안분율

경륜장을 설치하는 경우 해당 지방자치단체에서 장래의 세수확보를 위하여 재정지원을 하는 것이 일반적이므로 「지방세법 시행령」 제57조 제2호 단서의 입법 취지는 지방자치단체의 재정지원을 보전하는 데 있으며, 지방자치단체의 재정지원은 경륜장 건설 사업비 출연 외에도 지방세 감면, 기반시설투자 등 지방자치단체가 부담하는 재정적 조치 등을 포함하는 것으로 볼 수 있으므로, 지방자치단체가 직접 경륜장을 신설하는 경우에만 「지방세법 시행령」 제57조 제2호 단서의 안분비율이 적용된다고 볼 수는 없다고 할 것이다(지방세정팀-2020, 2006.5.22.).

3) 정보통신망을 이용하여 발매하는 승자투표권 · 승마투표권 등에 대한 세액

그 경륜장 등 소재지를 관할하는 시장 · 군수 · 구청장에게 50%를 신고납부하고, 50%는 발매일이 속하는 해의 1월 1일 현재 「주민등록법」에 따른 19세 이상의 인구통계를 기준으로 하여 다음의 계산식에 따라 안분한 세액을 해당하는 시장 · 군수 · 구청장에게 신고납부한다.

> 시 · 군 · 구별 안분세액 = A × B
> A : 정보통신망을 이용하여 발매하는 승자투표권 · 승마투표권 등에 대한 세액 × 50%
> B : 해당 시 · 군 · 구의 안분비율 = 해당 시 · 군 · 구의 19세 이상 인구 / 전국 19세 이상 인구

4) 2) 및 3)에도 불구하고 경륜장 등이 신설된 경우

신설 이후 5년까지 다음의 비율에 따라 신고납부한다.

① 장외발매소에서 발매한 승자투표권·승마투표권 등에 대한 세액

그 경륜장 등 소재지를 관할하는 시장·군수·구청장에게 80%

그 장외발매소 소재지를 관할하는 시장·군수·구청장에게 20%

② 정보통신망을 이용하여 발매하는 승자투표권·승마투표권 등에 대한 세액

그 경륜장 등 소재지를 관할하는 시장·군수·구청장에게 80%

발매일이 속하는 해의 1월 1일 현재 「주민등록법」에 따른 19세 이상의 인구통계를 기준으로 하여 다음의 계산식에 따라 안분한 세액을 해당하는 시장·군수·구청장에게 20%

> 시·군·구별 안분세액 = A × B
> A : 정보통신망을 이용하여 발매하는 승자투표권·승마투표권 등에 대한 세액 × 50%
> B : 해당 시·군·구의 안분비율 = 해당 시·군·구의 19세 이상 인구 / 전국 19세 이상 인구

❻ 부족세액 추징과 가산세(지법 §45)

납세의무자가 신고납부의무를 이행하지 아니하면 납부하여야 할 세액 또는 그 부족세액에 가산세[무신고가산세, 과소신고가산세, 납부지연가산세(2023년 이전은 납부불성실가산세), 장부비치의무 불이행가산세]를 포함하여 보통징수 방법에 의하여 징수한다.

> **사례** 레저세 가산세(행자부 세정-1991, 2003.11.24.)
>
> 경륜장발매분과 장외발매분의 레저세를 신고납부하면서 착오로 경륜장발매분을 과다계산하고 장외발매분을 과소계산하여 신고납부하였다 하더라도 동일한 지방자치단체에 동일한 세목의 세액을 신고납부기한 내에 신고납부한 것으로서 신고납부한 합계세액이 정상적으로 납부해야 할 산출세액을 초과한 경우에는 과소계산한 장외발매분에 대해 레저세 신고세액이 산출세액에 미달하다는 이유로 가산세를 부과할 수 없음.

❼ 장부비치 의무(지법 §44)

납세의무자는 조례로 정하는 바에 따라 경륜 등의 시행에 관한 사항을 장부에 기재하고 필요한 사항을 지방자치단체장에게 신고하여야 한다.

장부비치의무를 이행하지 아니한 경우 산출세액의 10%에 해당하는 금액을 장부비치의무불이행가산세로 징수한다.

⑧ 징수사무 보조(지법 §46)

지방자치단체장은 징수에 필요한 사항의 이행 등 납세의무자에게 징수사무의 보조(징수에 필요한 사항의 이행)를 명할 수 있으며, 이 명령을 위반한 경우에는 교부금의 전부 또는 일부를 지급하지 아니할 수 있다. 한편, 지방자치단체장은 납세의무자에게 레저세를 납부하면 납세의무자에게 그 징수납부에 든 경비를 교부금으로 지급할 수 있다.

레저세의 징수납부에 소요된 경비를 교부금으로 교부하는 것은 납세의무자에 대하여 별도의 납세시설을 설치하게 하거나 징수상 필요한 사항을 특정하여 명령한 경우에 징수납부에 소요된 경비를 보전해주어야 할 특별한 필요성이 있는 경우에 한하여 레저세의 징수납부에 소요된 경비를 교부금으로 납세의무자에게 교부할 수 있도록 한 것이다. 그리고 "지방자치단체장이 납세의무자에게 교부금을 교부할 수 있다"고 규정한 「지방세법」 제46조의 교부금 지급은 지방자치단체장의 재량행위에 해당하므로 교부금의 지급에 관한 사항을 조례로 정할 수 있으나, 상위 법령인 「지방세법」 제46조와 같은 법 시행령 제59조의 입법 취지가 정하고 있는 범위 내에서 정할 수 있다고 보아야 할 것이다(세정과-237, 2005.4.18.).

> **사례** 승마투표권 판매자에게 징수교부금을 지급하지 않은 처분(행심 98-759, 1998.12.28.)
>
> 승마투표권판매자는 특별징수의무자에 해당하지 않고 특별히 납세조합 등과 같이 그 징수사무비용 보전의 필요성이 있다고 보여지지도 아니하고 그 징수사무를 수행하는 데 특별한 납세시설을 설치하는 등의 사실이 없으며 그 납세비용을 보전할 공익상 필요성이 있다고 인정할 수도 없는 바 레저세 징수교부금을 지급하지 아니한 처분은 적법함.

> **사례** 도지사가 마권세의 징수교부금을 지급하는 경우 그 지급기준을 정한 「경기도도세조례」 규정을 삭제한 것이 행정소송의 대상이 되는지 여부(수원지법 98구3853, 1999.6.3.)
>
> 마권세의 징수교부금을 지급할 것인지 여부는 경기도지사의 재량에 속하는 사항이고, 구 「경기도조례」(1997.12.31. 제2778호로 개정되기 전의 것) 제31조는 경기도지사가 「지방세법」 및 그 시행령의 규정에 의하여 마권세의 징수교부금을 지급하고자 하는 경우 그 징수교부금의 지급기준을 정한 내부규칙에 불과하여, 위 규정이 삭제되더라도 경기도지사가 위 징수교부금을 지급할 수 있고, 위 규정이 그대로 존치하더라도 위 징수교부금을 지급하지 않을 수 있으므로, 마권세의 납세의무자인 한국마사회가 마권세의 징수교부금을 지급받기 위하여는 경기도지사의 구체적인 징수교부금지급결정이나 지급거부결정 등 별도의 처분행위가 필요하다 할 것이어서, 위 조례 제31조의 존치 여부는 그 자체로서 행정소송의 대상이 되지 아니함.

제5장

담배소비세

1 정의(지법 §47)

① 담배

다음의 어느 하나에 해당하는 것을 말한다.

ⓐ 「담배사업법」 제2조에 따른 담배

ⓑ ⓐ과 유사한 것으로서 연초(煙草)의 잎이 아닌 다른 부분을 원료의 전부 또는 일부로 하여 피우거나, 빨거나, 증기로 흡입하거나, 씹거나, 냄새 맡기에 적합한 상태로 제조한 것(2021 년 이후 적용)

ⓒ 그 밖에 ⓐ과 유사한 것으로서 대통령령으로 정하는 것(아래 2. 과세대상 참조)

② 수입 또는 수출

「관세법」 제2조에 따른 수입 또는 수출을 말한다.

③ 보세구역

「관세법」 제154조에 따른 보세구역을 말한다.

④ 제조자

다음의 어느 하나에 해당하는 것을 말한다.

ⓐ 「담배사업법」 제11조에 따른 담배제조업허가를 받아 담배를 제조하는 자

ⓑ 상기 ①의 ⓑ, ⓒ 담배를 판매할 목적으로 제조하는 자(2021년 이후 적용)

⑤ 제조장

담배를 제조하는 제조자의 공장을 말한다.

⑥ 수입판매업자

다음의 어느 하나에 해당하는 것을 말한다.

ⓐ 「담배사업법」 제13조에 따라 담배수입판매업의 등록을 하고 담배를 수입하여 매도하는 자

ⓑ 상기 ①의 ⓑ, ⓒ 담배를 수입하여 판매하는 자(2021년 이후 적용)

⑦ 소매인

다음의 어느 하나에 해당하는 것을 말한다.

ⓐ 「담배사업법」 제16조에 따라 담배소매인의 지정을 받은 자

ⓑ 상기 ①의 ⓑ, ⓒ 담배를 소비자에게 판매하는 자(2021년 이후 적용)

⑧ 매도(2020년 이전만 적용)

담배를 제조자·수입판매업자 또는 도매업자가 소매인에게 파는 것을 말한다.

⑨ **판매**(2020년 이전만 적용)

담배를 소매인이 소비자에게 파는 것을 말한다.

❷ 과세대상(지법 §48)

담배소비세의 과세대상은 담배로 한다. 담배는 다음과 같이 구분한다.

① **피우는 담배**

　㉠ **궐련**

　　연초에 향료 등을 첨가하여 일정한 폭으로 썬 후 궐련제조기를 이용하여 궐련지로 말아서 피우기 쉽게 만들어진 담배 및 이와 유사한 형태의 담배

> （사례）납세의무 성립 당시 니코틴용액과 향신료가 혼합된 향신료는 담배소비세 과세대상이 되는 것임(지방세운영과-396, 2012.2.7.)
>
> 연초나 니코틴이 함유되지 않은 향신료의 경우는 담배에 해당하지 않아 과세대상으로 볼 수 없음. 다만, 납세의무 성립 당시 니코틴용액과 향신료가 혼합된 향신료는 담배소비세 과세대상임.

　㉡ **파이프담배**

　　고급 특수 연초를 중가향(重加香) 처리하고 압착·열처리 등 특수가공을 하여 각 폭을 비교적 넓게 썰어서 파이프를 이용하여 피울 수 있도록 만든 담배 및 이와 유사한 형태의 담배

　㉢ **엽궐련**

　　흡연 맛의 주체가 되는 전충엽을 체제와 형태를 잡아 주는 중권엽으로 싸고 겉모습을 아름답게 하기 위하여 외권엽으로 만 잎말음 담배 및 이와 유사한 형태의 담배

　㉣ **제4종 각련**

　　하급 잎담배를 경가향(輕加香)하거나 다소 고급인 연초를 가향하여 가늘게 썰어, 담뱃대를 이용하거나 흡연자가 직접 궐련지로 말아 피울 수 있도록 만든 담배 및 이와 유사한 형태의 담배

　㉤ **전자담배**

　　니코틴이 포함된 용액, 연초 또는 고형물을 전자장치를 이용하여 호흡기를 통하여 체내에 흡입함으로써 흡연과 같은 효과를 낼 수 있도록 만든 담배 및 이와 유사한 형태의 담배

> （사례）연초의 잎을 주원료로 하는 니코틴을 이용하여 흡연용으로 사용되도록 제조된 전자담배(세정과-5278, 2007.12.10.)
>
> 연초의 잎을 주원료로 사용했는지에 따라 담배 해당 여부를 판단하여야 하고, 일반담배와 모양이

유사한 전자 담배는 연초의 잎을 가공하여 궐련지에 말아서 제조된 일반 궐련용 담배가 아니라 하더라도 연초의 입에서 주원료(니코틴)를 추출하여 니코틴을 흡연하도록 제조되어 있고, 그 사용용도가 흡연용에 해당하는 이상 「지방세법 시행령」 제172조 제1호 후단에서 규정하는 궐련용과 유사한 형태의 끽연용 담배로 보는 것이 타당함.

㉤ 물담배(2014.7.21.부터 과세대상에 추가)

장치를 이용하여 담배연기를 물로 거른 후 흡입할 수 있도록 만든 담배 및 이와 유사한 형태의 담배

> **사례** 물담배는 재료와 용법이 열거한 담배가 아님(지방세운영과-3713, 2011.8.3.)
>
> 물담배의 경우 연초가 포함되었다면 「담배사업법」 제2조에 따른 담배에는 해당되나, 연초를 넓게 썰어서 가공한 담배를 파이프에 삽입하여 흡연하는 '파이프담배'와는 달리 물담배는 연초가 가미된 향신료를 숯불로 태워 물항아리를 통과한 연기를 흡연하는 것으로, 그 재료와 용법이 「지방세법」 제48조에서 열거한 담배에는 해당되지 아니하므로 현행 규정상 담배소비세 과세대상은 아니라 사료됨.
> ☞ 2014.7.21.부터 물담배도 과세대상에 추가되었음.

② 씹는 담배

입에 넣고 씹음으로써 흡연과 같은 효과를 낼 수 있도록 가공처리된 담배 및 이와 유사한 형태의 담배

③ 냄새 맡는 담배

특수 가공된 담배 가루를 코 주위 등에 발라 냄새를 맡음으로써 흡연과 같은 효과를 낼 수 있도록 만든 가루 형태의 담배 및 이와 유사한 형태의 담배

④ 빠는 담배(2014.1.1. 이후부터 과세대상에 추가)

잘게 부순 건조된 연초의 잎과 물, 소금 등을 혼합하여 파우치에 담아 밀봉한 것을 구강의 윗입술과 잇몸 사이에 머금고 있으면서 구강 점막을 통해 니코틴을 체내에 흡수하도록 가공된 무연담배인 빠는 담배("스누스")

한편, 2013.12.31. 이전에는 빠는 담배가 담배소비세 과세대상으로 규정되어 있지 아니하여 과세가 되지 아니하였다. 그 내용은 다음과 같다.

「담배사업법」 제2조에서 연초의 잎을 원료의 전부 또는 일부로 하여 피우거나 빨거나 씹거나 또는 냄새 맡기에 적합한 상태로 제조한 것을 담배로 규정하고 있으므로 연초의 잎을 원료의 일부로 하고 있는 점과 구강점막을 통해 니코틴을 흡수하는 점을 고려해 볼 때, 스누스는 「담배사업법」 상 담배에 해당하며, 제품을 입술과 잇몸 사이에 머금고 있으면서 구강점막을 통해 니코틴을 흡수하는 것은 「담배사업법」 상 빠는 행위에 해당되므로 '빠는 담배'로 분류(기획재정부 출자관리과-177, 2013.2.20.)하는 것이다. 「지방세법」 제48조 제2항과 제3항에서 담배소비세를 부과할 대상 담배로 궐련, 파이프담배, 엽궐련, 각련, 씹는 담배, 냄새 맡는 담배, 전자담배로 각각 구분하면

서 담배의 구분에 관하여 담배의 성질과 모양, 제조과정 등을 기준으로 하여 대통령령으로 정한다고 규정하고 있고, 같은 법 시행령 제60조 제1호 내지 제7호에서 궐련, 파이프담배, 엽궐련, 각련, 씹는 담배, 냄새 맡는 담배, 전자담배에 대한 각각의 정의를 규정하고 있다. 위 관련규정을 종합해보면 담배소비세는 「담배사업법」 제2조에 따른 담배로서 「지방세법 시행령」 제60조에서 열거하고 있는 담배의 종류에 해당되어야 과세할 수 있으나, 스누스는 '빠는 담배'로서 「담배사업법」 제2조에 따른 담배에 해당되나 「지방세법」 제48조 제2항 및 같은 법 시행령 제60조에서 열거한 담배의 종류에 해당되지 않아 담배소비세 과세대상으로 볼 수는 없다(지방세운영과-529, 2013.2.20.).

⑤ 머금는 담배(2014.7.21.부터 과세대상에 추가)

입에 넣고 빨거나 머금으면서 흡연과 같은 효과를 낼 수 있도록 특수가공하여 포장된 담배가루, 니코틴이 포함된 사탕 및 이와 유사한 형태로 만든 담배

> **사례** 합성니코틴이거나 줄기니코틴이라는 주장에 대하여(조심 2022지1366, 2023.10.24.)
>
> 처분청이 제출한 자료에 의하면 통상적으로 니코틴은 연초의 잎에서 추출되는 것으로 확인되어 쟁점니코틴 또한 연초의 잎에서 추출되어 제조된 것으로 보는 것이 경험칙에 비추어 합리적인 반면, 청구법인 측에서 쟁점니코틴이 합성니코틴이거나 줄기니코틴으로서 「담배사업법」 상 담배에 해당되지 아니한다는 객관적인 증빙자료를 제출하지 못하고 있는 이상 이 건 과세처분이 과세요건을 충족하지 못한 위법한 처분이라고 단정하기는 어려운 점 등에 비추어 볼 때 이와 다른 취지의 청구주장을 받아들이기 어렵다고 하겠으므로 처분청이 이 건 담배소비세 등을 청구법인에게 부과한 처분은 달리 잘못이 없음.

❸ 납세의무자(지법 §49)

(1) 제조자

제조장으로부터 반출한 담배에 대하여 담배소비세를 납부할 의무가 있다.

(2) 수입판매업자

보세구역으로부터 반출한 담배에 대하여 담배소비세를 납부할 의무가 있다.

수입판매업자는 보세구역으로부터 반출한 담배에 대하여 담배소비세를 납부할 의무가 있고, 담배의 공급의 편의를 위하여 제조장 또는 보세구역에서 다른 제조장 또는 보세구역으로 반출하는 담배에 대하여는 담배소비세를 징수하지 아니한다라고 규정하고 있다. 따라서 담배를 수입한 후 보세구역에서 보세구역으로 반출하는 경우에는 미납세반출에 해당되는 것으로 판단되나, 보세구역 외로 담배를 반출하여 담배소비세의 납세의무가 성립하는 경우에는 보세구역 내에서 매매 등에 의하여 담배의 소유가 변경되었다 하더라도 담배소비세의 납세의무는 여전히 수입판매업자에게 있는 것이다(세정과-534, 2004.3.20.).

외국산 제조담배에 대한 납세의무는 보세구역 반출 시 성립되므로 보세구역 미반출상태에서 소각할 때에는 납세의무가 발생하지 아니한다(세정 13407-340, 1995.4.4.).

보세구역에서 반출된 수입담배 중 포장 또는 품질불량 등의 사유로 판매되지 아니하여 재반입 후 다시 수출하는 경우에는 「지방세법」 제233조의 9 제1항 제2호의 규정에 의거 반출된 외국산 담배의 기납부분 담배소비세는 환급대상이다(세정 13407-302, 1999.3.11.).

담배소비세의 납세의무를 부담하는 행위로서의 "반출"에 대하여, 수입판매업자가 수입한 담배를 소매인에게 매도하기 위하여 시장·군수·구청장에게 신고하는 등 정상적인 절차에 의하여 보세구역에서 담배를 출고하는 경우를 예상하면서, 예외적으로 위와 같은 정상적인 반출절차없이 담배가 보세구역에서 소비되는 경우 반출로 간주한다고 규정하고 있는 점, 한편 「관세법」 제19조 제1항 제10호는 보세구역의 장치물품이 도난이나 분실된 경우 화주가 아닌 화물관리인 등이 관세의 납세의무자가 되는 것으로 규정하여 도난이나 분실의 경우 관리감독책임자에게 납세의무를 부담하고 있는 점 등에 비추어 보면, 수입판매업자인 원고가 자율보세구역으로 지정된 ○○물류에 이 사건 담배를 위탁보관 중 위 ○○물류의 직원에 의하여 위 담배를 도난당한 경우 "반출"에 해당한다고 볼 수 없다(울산지법 2003구합1008, 2004.4.28.).

(3) 반입자

외국으로부터 입국(「남북교류협력에 관한 법률」 제2조 제1호에 따른 출입장소를 이용하여 북한으로부터 들어오는 경우 포함)하는 사람("입국자")의 휴대품·탁송품(託送品)·별송품(別送品) 등으로 반입하는 담배, 외국으로부터 탁송(託送) 등의 방법으로 국내로 반입하는 담배(2015년 신설)에 대하여는 그 반입한 사람이 담배소비세를 납부할 의무가 있다. 다만, 2016.6.30. 이후 입국자 또는 수입판매업자가 아닌 사람이 외국으로부터 우편으로 반입하는 담배에 대해서는 그 수취인이 담배소비세를 납부할 의무가 있다.

외국에서 입국하는 자가 휴대품·별송품·탁송품으로 반입하는 경우 외의 방법으로 국내로 반입되는 담배에 대하여는 그 반입자가 담배소비세를 납부할 의무가 있다고 규정하고 있고, 제조장 또는 보세구역에서 반출된 담배가 포장 또는 품질의 불량 등 부득이한 사정으로 제조장 또는 수입판매업자의 담배 보관장소로 반입되는 경우에는 기 납부한 세액을 공제하거나 환급하도록 규정하고 있다. 국내에서 제조된 담배를 수출한 이후 품질 등에 문제가 발생하여 보세구역으로 반입 절차를 거쳐 제조자의 제조장으로 반입되는 경우라 하더라도 일단, 국내 보세구역으로 담배가 반입된 이상 위 관련규정에 따라 반입자가 담배소비세를 납부할 의무가 있으므로 담배소비세 납세보전을 위해 담배제조자의 주사무소를 관할하는 시장·군수·구청장이 담보의 제공을 요구할 수 있으며, 보세구역에서 담배를 반출시에 납부한 담배소비세에 대하여는 같은 법 제233조의 9 제1항 제2호의 규정에 따라 품질의 불량 등 부득이한 사유로 제조장으로 반입되는 경우라면 기 납부한 담배소비세를 해당 시장·군수에게 환급신청할 수 있다(지방세정팀-559, 2008.2.11.).

(4) 담배 제조자나 반입자

상기 외의 방법으로 담배를 제조하거나 국내로 반입하는 경우에는 그 제조자 또는 반입한 사람이 각각 담배소비세를 납부할 의무가 있다.

(5) 처분자

과세면세 담배를 반출한 후 해당 반출용도에 사용하지 아니하고 판매, 소비, 그 밖의 처분을 한 경우에는 상기에 불구하고 그 처분을 한 자가 담배소비세를 납부할 의무가 있다.

여기서 "그 처분을 한 자"는 그 처분에 관한 의사결정을 한 자와 실제 처분행위를 한 자가 구분되거나 동일인일 수 있다는 점을 고려할 때 "그 처분에 대한 의사결정을 한 자"로 보는 것이 합리적이라 할 것이다. 또한 헌법재판소는 면세담배의 용도 외 처분에 대하여 제조자에게 특별한 귀책사유가 있다는 등의 특별한 사정이 없는 한 그 책임을 제조자에게 물을 수 없다(2004.6.24. 2002헌가27 참조)고 하여 면세담배의 반출 후 용도 외 처분에 대해 제조자에게 특별한 귀책사유가 있는 경우에는 그 책임을 제조자에게 묻는 것이 정당하다고 판시하고 있다.

> **사례** 「지방세법」 제49조 제5항에 따른 면세담배를 반출한 후 해당 용도에 사용하지 아니하고 매도, 판매, 소비, 그 밖의 처분을 한 자는 甲(인천지점)이라 할 것이며, 납세지는 같은 법 제50조 제4항에 따른 甲의 영업장 소재지로 보는 것이 타당하다고 판단됨(지방세운영과-1009, 2014.3.24.).

> **사례** 선원용으로 담배소비세를 면제하여 적법하게 반출한 담배를 판매업체가 시중에 불법 유출한 경우 면제된 담배소비세 및 가산세의 납부의무자(감심 2002-8, 2002.1.15.)
> 면세용도 외로 처분 시 추징할 담배소비세와 그 가산세의 납세의무범위에 대하여는 별도로 표현한 바가 없고, 반출된 제조담배에 대한 담배소비세납세의무가 있는 제조자에게 면세용도로 사용(이 건의 경우 외항선원 등에 판매)되는 것을 전제로 제조담배반출 시 과세면제하였으므로 면세 반출된 제조담배의 면세용도 외 사용에 대한 담배소비세 및 그 가산세의 납세의무도 제조자에게 있다고 보아야 할 것이고 나아가 제조자가 면세용도로 반출된 담배에 대하여 자기책임 하에 이를 관리 감독할 것을 기대한 규정이라고 보아야 할 것이므로 판매업체에 대하여 용도 외 처분 여부에 대한 검사가 진행 중인 상태에서 용도 외 처분을 전제로 행해진 부과처분은 잘못이 있음.

❹ 납세지(지법 §50)

(1) 제조장으로부터 반출된 담배, 수입업자가 보세구역으로부터 반출한 담배

담배가 판매된 소매인의 영업장 소재지

(2) 입국자의 휴대품 등

담배가 국내로 반입되는 세관 소재지

(3) 상기 외의 방법으로 담배를 제조하거나 국내로 반입하는 경우

1) 담배를 제조한 경우

담배를 제조한 장소

2) 담배를 국내로 반입하는 경우

국내로 반입하는 자의 주소지(법인의 경우 본점이나 주사무소 소재지)(2023.12.31. 이전은 국내로 반입하는 장소)

(4) 과세면세 담배를 반출한 후 해당 용도에 사용하지 아니하고 매도, 판매, 소비, 그 밖의 처분을 한 경우

처분한 자의 영업장 소재지로 하되, 영업장 소재지가 분명하지 아니한 경우에는 그 처분을 한 장소

❺ 과세표준 및 세율(지법 §51, §52)

(1) 표준세율

구분		과세표준	세율	비고
피우는 담배	제1종 궐련	개비	20개비당 1,007원(641원)	
	제2종 파이프담배	중량	1g당 36원(23원)	
	제3종 엽궐련	중량	1g당 103원(65.4원)	
	제4종 각련	중량	1g당 36원(23원)	
	제5종 전자담배	니코틴용액 용량	니코틴용액 1밀리리터당 628원(400원)	
		연초 고형물 중량	궐련형 : 20개비당 897원(2018년 이후) 기타유형 : 1그램당 88원	2017년 이후
	제6종 물담배	중량	1g당 715원(455원)	
씹거나 머금는 담배		중량	1g당 364원(씹는 담배 26.2원, 머금는 담배 232원)	
냄새 맡는 담배		중량	1g당 26원(16.4원)	

☛ 괄호 안은 2014년 이전 세율임.

전자담배의 경우 니코틴용액 1㎖당 400원을 담배소비세의 세율로 규정하고 있으므로 전자담배 완제품 전체 용량(10㎖)에 대하여 담배소비세(4,000원)를 과세하여야 하며, 만약 니코틴(2㎖)

을 기준으로 담배소비세를 신고납부하였다면 추징과 함께 별도의 가산세 부과 대상이 된다(지방세운영과-112, 2013.1.11.).[370]

(2) 조정세율

상기 표준세율의 30% 범위에서 시행령에 의해 가감할 수 있다. 이 경우 가격변동지수가 기준연도(직전에 세율이 조정된 당해 연도)보다 100분의 105를 초과하거나 100분의 95 미만인 경우, 즉 소비자물가상승률이 5% 이상 증감하였을 경우 보건복지부장관과 행정안전부장관이 협의하여 조정하여야 한다. 여기서 가격변동지수는 최초의 적용연도를 1로 하고, 그 다음 해부터는 매년 전년도 가격변동지수와 전년도 소비자물가상승률을 이용하여 다음의 계산식에 따라 산출한다.

> 가격변동지수 = 전년도 가격변동지수 × (1 + 전년도 소비자물가상승률)

한편, 현행 표준세율과 조정세율이 동일하게 규정되어 있다.

❻ 미납세 반출(지법 §53)

다음 어느 하나에 해당하는 담배에 대하여는 담배소비세를 징수하지 아니한다.
① 담배 공급의 편의를 위하여 제조장 또는 보세구역에서 반출하는 것으로서 다음 어느 하나에 해당하는 것
　㉠ 과세면제 담배를 제조장에서 다른 제조장으로 반출하는 것
　㉡ 「관세법」 제2조 제4호에 따른 외국물품인 담배를 보세구역에서 다른 보세구역으로 반출하는 것
　㉢ 제조장 또는 보세구역에서 반출할 때 담배소비세 납세의무가 성립된 담배를 다른 제조장 또는 보세구역에서 반출하는 것(2023.3.14. 이후 적용되나, 2023.3.13. 이전에 이 규정에 의해 반출된 담배를 2023.3.14. 이후 다른 제조장 또는 보세구역에서 반출할 때에는 종전의 규정에 따름).
담배를 수입한 후 보세구역에서 보세구역으로 반출하는 경우에는 미납세반출에 해당되는 것으로 판단되나, 보세구역 외로 담배를 반출하여 담배소비세의 납세의무가 성립하는 것이다(세정과-534, 2004.3.20.).
② 담배를 다른 담배의 원료로 사용하기 위하여 반출하는 것
③ 제조장을 이전하기 위하여 담배를 반출하는 것

---

370) 전자담배의 세율을 "니코틴 용액" 1밀리리터당 400원으로 규정한 것은 전자담배를 과세대상으로 규정하면서 그 구체적인 세액을 결정하기 위한 것인 점 등에 비추어 니코틴 용액은 니코틴이 포함된 전자담배용 액상을 의미한다 할 것임(조심 2015지1121, 2016.9.27.).

④ 수출할 담배를 제조장으로부터 다른 장소에 반출하는 것

⑤ 담배를 폐기하기 위하여 제조장 또는 수입판매업자의 담배보관장소로부터 폐기장소로 반출하는 것(2016.1.1. 이후부터)

"수출할 담배를 제조장으로부터 다른 장소에 반출하는" 경우 미납세반출에 해당되어 담배소비세를 징수하지 아니하며, 이 경우에도 담배를 제조장에서 반출한 때에는 제조장소재지 시·군에 반출신고를 하여야 한다(지법 §55).

2023.2.1. 이후 상기에 따라 반입된 담배에 대해서는 그 반입장소를 제조장 또는 보세구역으로 보고, 반입자를 제조자 또는 수입판매업자로 보아 담배소비세의 부과 또는 면제에 관한 규정을 적용한다.

> 사례 보세구역에서 판매용도로 제공 시 담배소비세가 과세면제됨(세정과-711, 2004.4.8.)
>
> 담담배의 공급의 편의를 위하여 제조장에서 보세구역으로 담배를 반출하는 경우에는 담배소비세를 징수하지 아니하는 미납세반출에 해당되며, 제조자가 담배를 보세구역에서의 판매용도에 제공하는 경우에는 담배소비세가 과세면제됨.

❼ 과세면제(지법 §54)

(1) 제조자 또는 수입판매업자

제조자 또는 수입판매업자가 담배를 다음 어느 하나의 용도에 제공하는 경우에는 담배소비세를 면제한다.

① 수출(수출 상담을 위한 견본용 담배 포함)

"판매부진"의 사유로 제조장에 반입된 담배에 대해서는 공제·환부사유의 발생지역을 관할하는 시장·군수·구청장에게 해당 세액의 공제·환부를 신청할 수 있으며, 공제·환부 대상이 되는 담배에 대하여 제조장 반입 이후의 처분이나 용도를 규정하고 있지 아니하므로, 제조장으로 반입된 담배를 다시 수출할 수 있다. 그리고 "수출"하는 담배에 대해서는 담배소비세를 면제하게 된다(지방세정팀-1482, 2006.4.12.).

② 주한외국군 및 주한외국군의 종사자에 대한 판매

③ 보세구역에서의 판매

④ 외항선 또는 원양어선의 선원에 대한 판매

⑤ 국제항로에 취항하는 항공기 또는 여객선의 승객에 대한 판매

⑥ 담배의 제품개발·품질개선·품질검사·성분분석이나 이에 준하는 시험분석 또는 연구활동(2023.3.13. 이전은 시험분석 또는 연구용)

> 사례 담배제조업자인 (주)KT&G가 담배제조 기술의 연구, 국민건강 보호 목적 등의 사유로 "시험분석 및 연구용"으로 사용하게 하기 위해 전문연구단체 및 연구기관에 제공하는 경우에는 담배소비세의 면제가 타당함(지방세운영과-2131, 2010.5.19.).

⑦ 「남북교류협력에 관한 법률」 제13조에 따라 반출승인을 받은 담배로서 북한지역에서 취업 중인 근로자 및 북한지역 관광객에게 판매하는 담배
⑧ ①~⑦의 담배용도와 유사한 것으로 다음의 경우
  ㉠ 해외 함상훈련에 참가하는 해군사관생도 및 승선장병에게 공급하는 용도
  ㉡ 외국에 주류(駐留)하는 장병에게 공급하는 용도

한편, 2015.7.23. 이전 담배의 면세공급을 받을 수 있는 대상자는 다음과 같다.
① 국군 : 국방부장관이 인정하는 영내에 거주하는 단기하사 이하의 병(兵), 첩보업무를 수행 하는 사람 및 「병역법」에 따라 입영훈련중인 공익근무요원
② 의무경찰(종전 전투경찰) : 「의무경찰대 설치 및 운영에 관한 법률」(구 「전투경찰대 설치 법」)에 따라 임용된 전투경찰순경
③ 교정시설 경비교도 : 「교정시설 경비교도대 설치법」에 따라 임명된 경비교도
④ 국가원수가 행사용으로 사용하는 담배
⑤ 해외 함상훈련에 참가하는 해군사관생도 및 승선장병에게 공급하는 담배
⑥ 해외에서 취업 중인 근로자 및 재외공관직원에게 공급하는 담배
⑦ 보훈병원 등 「한국보훈복지의료공단법」에 따른 한국보훈복지의료공단의 보훈시설에 수 용·입원 중인 상이군경이나 전몰군경유족에게 공급하는 담배
⑧ 외국에 주류하는 장병에게 공급하는 담배
⑨ 신제품 개발을 위한 시험흡연용 담배

(2) 외국으로부터 입국자 등이 반입하는 담배

외국으로부터 입국자 등이 반입하는 담배로 여행자의 휴대품·별송품·탁송품으로 반입되는 담배는 담배소비세를 면제한다. 면제되는 담배의 범위는 다음과 같다.

담배 종류	수 량
궐련	200개비
엽궐련	50개비
전자담배(주)	니코틴용액 20밀리리터
	궐련형 200개비(2018.3.27. 이후)
	기타유형 110그램
그 밖의 담배	250그램

☞ (주) 2011.1.1. 이후 최초로 반입하는 담배부터 적용함.

사례 여행자가 아닌 자가 탁송품·우편물품 등으로 반입하는 담배는 「지방세법」 제54조 제2항의 "외국으로부터 입국하는 사람 등이 반입하는 담배"에 해당되지 않아 담배소비세를 면제할 수 없음(지방세운영과-1353, 2013.7.2.).

사례 전자담배는 구 「지방세법 시행령」 제176조에서 규정하고 있는 "기타담배"에 해당되지 않으며, 동 규정에 의한 면세대상에 포함되지 않음(지방세운영과-3297, 2010.7.30.).

☞ 2010.12.31. 이전에 반입하는 담배만 적용

(3) 재수입되어 제조장 또는 수입판매업자 담배 보관장소로 반입된 담배

2015.7.24. 이후 우리나라에서 수출된 담배가 포장 또는 품질의 불량, 판매부진, 그 밖의 부득이한 사유로 다시 수입되어 제조장 또는 수입판매업자의 담배 보관장소로 반입된 경우에는 담배소비세를 면제한다. 재수입 면세담배의 반입으로 담배소비세를 면제받은 자는 확인서에 해당 담배가 제조장 또는 수입판매업자의 담배 보관장소로 반입된 사실을 증명하는 서류를 첨부하여 반입된 날의 다음 날까지 제조장 또는 주사무소 소재지를 관할하는 시장·군수·구청장에게 제출하여야 한다.

⑧ 담배의 반출신고(지법 §55)

(1) 개요

제조자 또는 수입판매업자는 담배를 제조장 또는 보세구역에서 반출(미납세 반출 및 과세면제 반출 포함)하였을 때에는 반출신고는 반출한 날이 속하는 달의 다음 달 5일까지 행정안전부령으로 정하는 신고서에 지난 달 특별시·광역시·특별자치시·특별자치도·시 및 군("시·군")별 판매량을 적은 자료를 첨부하여 제조장 또는 주사무소 소재지를 관할하는 시장·군수에게 해야 한다. 다만, 도매업자와 소매인에게 매도한 담배의 해당 시·군별, 품종별 수량을 장부에 적지 아니하는 수입판매업자(사업개시 후 1년이 경과되지 아니한 수입판매업자와 직전 연도의 월평균 담배소비세 납부액이 5억 원 이하인 수입판매업자로 한정)는 지난 달 시·군별 판매량을 적은 자료를 첨부하지 않을 수 있다.

이 반출신고는 과세대상 담배와 미납세 반출대상 담배 및 면세대상 담배의 반출이 각각 구분될 수 있도록 하여야 한다. 그리고 2019년 이전은 반출신고는 업무의 편의를 위하여 행정안전부령으로 정하는 바에 따라 일정 기간의 신고서를 한꺼번에 제출하게 할 수 있었다.

(2) 신고서 제출기간

2019년 이전은 반출신고서를 한꺼번에 제출하는 기간은 다음의 구분에 따른다(구 지칙 §25).
① 매월 1일~10일의 신고서 : 그 달 15일까지
② 매월 11일~20일의 신고서 : 그 달 25일까지
③ 매월 21일~말일의 신고서 : 다음 달 5일까지
담배의 반출신고서에는 반출사실을 증명하는 전표 또는 수입면장 사본을 첨부하여야 하며, 상기 ③에 따라 신고서를 제출할 때에는 월말집계표를 함께 제출하여야 한다.

⑨ 제조장 또는 보세구역에서의 반출로 보는 경우(지법 §56)

다음 어느 하나에 해당하는 경우에는 제조자 또는 수입판매업자가 담배를 제조장 또는 보세구역에서 반출한 것으로 본다.

① 담배가 그 제조장 또는 보세구역에서 소비되는 경우(단, 2023.3.14. 이후 담배의 제품개발 · 품질개선 · 품질검사 · 성분분석이나 이에 준하는 시험분석 또는 연구활동에 소비되는 경우 제외)

② 제조장에 있는 담배가 공매, 경매 또는 파산절차 등에 따라 환가되는 경우

⑩ 개업 · 폐업 등의 신고(지법 §57, §58)

기획재정부장관이 담배제조업의 허가(변경허가 포함)를 하거나, 양도 · 양수, 상속신고를 처리한 경우와 특별시장 · 광역시장 · 특별자치시장 · 특별자치도지사 또는 도지사가 담배수입판매업의 등록을 처리하는 경우(변경등록 포함)에는 그 사실을 해당 지방자치단체장에게 통보하여야 한다. 휴업 · 폐업 등 신고를 처리하거나 신고사항이 변경된 경우에도 또한 같다. 제조자 또는 기타 수입판매업자는 사실상 폐업 · 휴업신고를 한 날, 담배수입판매업 등록한 수입판매업자는 폐업 · 휴업신고한 날부터 3일 이내에 그가 소유하고 있는 재고담배의 사용계획서를 주사무소 소재지(제조장의 경우 해당 제조장 소재지)를 관할하는 지방자치단체장에게 제출하여야 한다.

⑪ 기장의무(지법 §59)

제조자 또는 수입판매업자는 담배의 제조 · 수입 · 판매 등에 관한 사항을 장부에 기장하고 보존하여야 한다.

(1) 제조자

담배의 제조자가 장부에 적어야 할 사항은 다음과 같다.

① 매입한 담배의 원재료의 종류와 종류별 수량 및 가액(그 원료가 담배인 경우에는 그 담배의 품종별 수량 및 가액), 매입연월일 및 판매자의 성명(법인의 경우에는 법인의 명칭과 대표자의 성명) · 주소

② 담배의 제조를 위하여 사용한 원재료의 종류별 수량 및 가격, 사용연월일

③ 도매업자와 소매인에게 판매한 담배의 해당 시 · 군별, 품종별 수량

④ 제조한 담배의 품종별 수량 및 제조연월일

⑤ 보관되어 있는 담배의 품종별 수량

⑥ 반출하거나 반입(제조장 또는 보세구역에서 반출된 담배가 포장 또는 품질의 불량, 판매부진, 그 밖의 부득이한 사유로 제조장 또는 수입판매업자의 담배보관 장소로의 반입 포함)한 담배(면세 · 미납세 · 과세로 구분)의 품종별 수량 및 가액, 반출 또는 반입연월일 및 반입

자의 성명(법인의 경우에는 법인의 명칭과 대표자 성명 말함)·주소

(2) 수입업자

수입판매업자가 장부에 적어야 할 사항은 다음과 같다. 다만, 사업개시 후 1년이 경과되지 아니하거나 직전 연도의 월평균 담배소비세 납부액이 5억 원 이하인 수입판매업자의 경우에는 ②의 사항을 적지 아니할 수 있다.

① 보세구역으로부터 반출되는 담배의 품종별 수량

② 도매업자와 소매인에게 판매한 담배의 해당 시·군별, 품종별 수량

③ 보관되어 있는 담배의 보관 장소별, 품종별 수량

④ 훼손·멸실된 담배의 품종별 수량

⑤ 보세구역 내에서 소비된 담배의 품종별 수량

⑥ 그 밖에 담배의 수량 확인 등에 필요한 재고 및 사용수량 등

12 신고납부 등(지법 §60)

(1) 제조자

제조자는 매월 1일부터 말일까지 제조장에서 반출한 담배에 대한 과세표준과 세율에 따라 산출한 세액("산출세액")을 다음의 안분기준에 따라 다음 달 20일(2019년 이전에 담배를 제조장으로부터 반출된 경우 말일)까지 각 지방자치단체장에게 신고납부하여야 한다.

담배소비세를 신고하고 납부하려는 제조자는 다음의 사항을 명확히 하여 신고서로 관할 시장·군수·구청장에게 신고하고, 납부서로 시·군별 산출세액을 납부하여야 한다.

① 지난 해(2019년 이전은 전월) 중 해당 시·군에서 팔린 담배의 품종별 과세표준과 세율에 따라 산출한 세액

② 전월 중 제조장에서 반출된 담배의 품종별 과세표준과 세율에 따라 산출한 세액에서 공제하거나 환급한 세액을 빼고, 가산세를 합한 총세액

③ 지난 해(2019년 이전은 전월) 중 전 시·군지역(시·군 지역을 말함)에서 실제 소매인에게 팔린 담배의 품종별 과세표준과 세율에 따라 산출한 총세액

④ 다음 계산방식에 따라 해당 시·군이 실제로 받을 세액

$$\text{해당 시·군이 실제로 받을 세액} = \text{②의 총세액}^{(주1)} \times \frac{\text{①의 산출세액}^{(주2)}}{\text{③의 총세액}}$$

(주1) 2019년 이전은 ①의 산출세액
(주2) 2019년 이전은 ②의 총세액

(2) 수입판매업자

수입판매업자는 매월 1일부터 말일까지 보세구역에서 반출한 담배에 대한 산출세액을 다음 달 20일(2019년 이전에 담배를 보세구역으로부터 반출된 경우 말일)까지 다음에 정하는 바에 따라 수입판매업자의 관할 시장·군수에게 신고하고, 시·군별 산출세액을 납부하여야 한다(2019년 이전은 주사무소 소재지를 관할하는 시장·군수에게 신고납부하여야 함). 이 경우 2019년 이전에 담배를 보세구역으로부터 반출된 분까지는 수입판매업자의 주사무소 소재지를 관할하는 시장·군수를 수입담배의 담배소비세에 대한 각 지방자치단체의 특별징수의무자로 한다. 이 특별징수의무자는 2020년 이전에는 징수한 담배소비세를 다음의 안분기준에 따라 다음 달 10일까지 각 지방자치단체장에게 납부하여야 하며, 특별징수의무자는 담배소비세의 징수·납부에 따른 사무처리비 등을 해당 지방자치단체장에게 납부하여야 할 세액에서 공제할 수 있다.

한편, 2020년 이전에는 특별징수의무자가 징수하였거나 징수할 세액을 다음 달 10일까지 납부하지 아니하거나 부족하게 납부하더라도 특별징수의무자에게 특별징수불성실가산세는 부과하지 아니한다.

담배소비세를 신고하고 납부하려는 수입판매업자는 다음 사항을 명확히 하여 신고서로 주사무소 소재지를 관할하는 시장·군수·구청장에게 신고하고, 납부서로 납부하여야 한다.

① 지난 해(2019년 이전은 전월) 중 각 시·군에서 소매인에게 팔린 외국산 담배의 품종별 과세표준과 세율에 따라 산출한 세액

② 전월 중 보세구역에서 반출(미납세 반출 제외)된 외국산 담배의 품종별 과세표준과 세율에 따라 산출한 세액에서 공제하거나 환급한 세액을 빼고, 가산세를 합한 총세액

③ 지난 해(2019년 이전은 전월) 중 전 시·군 지역별로 소매인에게 실제로 팔린 외국산 담배의 품종별 과세표준과 세율에 따라 산출한 총세액

④ 다음 계산방식으로 각 시·군이 실제로 받을 세액

$$\text{각 시·군이 실제로 받을 세액} = \text{②의 총세액}^{(주1)} \times \frac{\text{①의 산출세액}^{(주2)}}{\text{③의 총세액}}$$

(주1) 2019년 이전은 ①의 산출세액
(주2) 2019년 이전은 ②의 총세액

상기 (1) ①, ③ 또는 (2) ①, ③의 세액이 없어 제조자 또는 수입판매업자가 판매한 담배에 대한 시·군별 담배소비세액을 산출할 수 없거나 시·군별, 품종별 수량을 장부에 적지 아니한 수입판매업자의 경우에는 전전연도(2019년 이전은 직전연도) 1월부터 12월까지 각 시·군별로 징수된 담배소비세액("징수실적")의 비율에 따라 나눈다.

한편, 수입판매업자가 신고 또는 납부하였거나 신고 또는 납부하여야 할 담배소비세에 대하여 착오 등이 있는지에 대한 조사는 주사무소 소재지를 관할하는 시·군의 세무공무원이 하고, 착오

등이 확인된 경우에는 해당 시장·군수·구청장에게 통보하여야 한다.

(3) 시·군의 경계가 변경되거나 폐지·설치·분리·병합이 있는 경우 징수실적 보정방법

다음의 구분에 따라 징수실적을 보정한다.

① 시·군의 경계가 변경되는 구역[종전의 시·군(폐지되는 시·군 포함)의 구역에서 신설되는 시·군 또는 다른 시·군에 편입되는 구역을 말한다. "변경구역"]이 종전에 속하였던 시·군의 징수실적은 해당 시·군의 징수실적에서 변경구역의 징수실적을 차감한다.

② 변경구역이 편입되어 새로 설치되는 시·군의 징수실적은 편입되는 변경구역의 징수실적을 합산한다.

③ 변경구역이 편입되어 존속하는 시·군의 징수실적은 해당 시·군의 징수실적에 편입되는 변경구역의 징수실적을 가산한다.

변경구역의 징수실적은 매년 1.1. 현재 「주민등록법」에 따른 주민등록표에 따라 조사한 인구통계를 기준으로 하여 다음의 계산식에 따라 산출한다.

$$\text{변경구역의 징수실적} = \begin{matrix} \text{변경구역이 종전에} \\ \text{속하였던 시·군의} \\ \text{징수실적} \end{matrix} \times \frac{\text{변경구역의 인구}}{\text{변경구역이 종전에 속하였던 시·군 전체 인구}}$$

(4) 외국으로부터 입국하는 사람의 휴대품 또는 탁송품·별송품으로 담배 반입하는 자

세관장(2016.6.29. 이전 세관 소재지를 관할하는 지방자치단체장)에게 담배소비세를 신고하고 납부하여야 한다. 담배소비세를 신고하고 납부하려는 반입자는 신고서에 담배의 품종·수량 등을 적어 해당 세관장(2016.6.29. 이전은 담배의 품종·수량·세율·세액 등을 적어 해당 세관 소재지를 관할하는 시장·군수·구청장)에게 신고하고, 납부서로 납부하여야 한다.

세관장은 「관세법」제39조에 따라 관세를 부과고지할 때에 담배소비세를 함께 부과고지할 수 있다. 또한 담배소비세를 징수하는 세관장은 지방자치단체장의 위탁을 받아 담배소비세를 징수하는 것으로 보며, 세관장은 징수한 담배소비세를 다음 달 10일까지 세관 소재지를 관할하는 지방자치단체장에게 징수내역(징수내역은 납세의무자 성명, 과세대상 담배의 품종·수량·세율·세액, 신고 또는 부과일, 납부일, 체납여부 사항을 기재한 납입명세서를 말함)을 첨부하여 납입하여야 한다. 다만, 2021년 이후 지방세통합정보통신망을 이용하여 전자납부의 방법으로 징수할 수 있다. 그리고 담배소비세의 징수에 관하여 「지방세법」에 특별한 규정이 있는 경우를 제외하고는

「관세법」을 준용한다.

한편, 세관장은 담배소비세를 납부하지 아니한 자의 담배는 반출하게 해서는 아니된다.

⑬ 부족세액의 추징 및 가산세(지법 §61)

(1) 가산세 10% 적용

다음 어느 하나에 해당하는 경우에는 그 납부하여야 할 세액 또는 부족세액의 10%에 해당하는 가산세(④, ⑤의 경우에는 무신고가산세, 과소신고가산세를 말함)를 징수하여야 할 세액에 가산하여 징수한다. 다만, ④, ⑤의 경우로서 산출세액을 납부하지 아니하거나 산출세액보다 적게 납부하였을 때에 과소신고가산세를 추가로 가산하여 징수한다.

① 개업신고를 하지 아니하고 영업행위를 한 경우(2016.12.31. 이전만 적용)
② 폐업신고를 하지 아니하거나(2016.12.31. 이전만 적용) 사용계획서를 제출하지 아니한 경우
③ 기장의무를 이행하지 아니하거나 거짓으로 기장한 경우
④ 담배소비세를 신고하지 아니하였거나 신고한 세액이 산출세액보다 적은 경우
⑤ 지방자치단체별 담배에 대한 산출세액(2020년 이전은 담배의 매도에 따른 세액)을 거짓으로 신고한 경우

산출세액 및 부족세액은 해당 행위에 의한 담배수량에 대하여 과세표준과 세율을 적용하여 산출한다.

(2) 가산세 30% 적용

다음 어느 하나에 해당하는 경우에는 그 산출세액 또는 부족세액의 30%에 해당하는 금액을 징수하여야 할 세액에 가산하여 징수한다.

① 미납세 반출된 담배를 해당 용도에 사용하지 아니하고 판매, 소비, 그 밖의 처분을 한 경우
② 담배소비세가 면제(지법 §54 ①)되는 담배를 해당 반출용도에 사용하지 아니하고 판매, 소비, 그 밖의 처분을 한 경우
③ 제조자 또는 수입판매업자가 제55조에 따른 신고를 하지 아니한 경우
④ 부정한 방법으로 제63조에 따른 세액의 공제 또는 환급을 받은 경우
⑤ 과세표준의 기초가 될 사실의 전부 또는 일부를 은폐하거나 위장한 경우

> **사례** 별도 법인 대리점에서의 안분 오류는 가산세 대상 아님(지방세정팀-512, 2007.1.29.).
>
> 전국에 점포가 있는 편의점에 담배를 공급하는 별도법인인 대리점의 각 시·군별 판매량 및 담배소비세 보고서에서 각 시·군별 판매량의 안분을 잘못한 자료를 제출받아 이를 믿고 담배소비세를 시·군에 신고·납부한 뒤 별도법인인 대리점에서 이를 정정하여 수정한 보고서를 제출받은 경우로 제조자인 국내법인이 신고납부를 이행할 당시의 기초가 되는 사정(시·군별 판매량)이 당사자의 예기치 못한 사정변경(대리인 별도법인의 판매량 수정보고)이 발생한 경우에는 그 사정에 맞게 부

합시키는 것이 타당하므로 신고납부 사항을 변경할 수밖에 없는 부득이한 사유에 해당한다 할 것이므로 수정신고대상에 해당되며, 별도법인인 대리점에서 시·군별 판매량 안분을 잘못한 것은 신고한 세액이 산출세액에 미달한 경우에 해당되지 아니하므로 가산세 적용대상에서 제외될 것임.

> **사례** 담배수입판매업자가 수입담배에 대한 반출신고기한 내에 반출신고를 하지 않은 것에 담배소비세가산세를 부과할 수 없는 정당한 사유 있다고 볼 수 없음(대법원 98두1253, 2000.9.8.).

⑭ 수시부과(지법 §62)

지방자치단체장은 다음 어느 하나에 해당하는 경우에는 신고납부기한에도 불구하고 관계 증거자료에 따라 수시로 그 세액을 결정하여 부과·징수할 수 있다.

① 제조자, 수입판매업자가 사업 부진이나 그 밖의 사유로 휴업 또는 폐업의 상태에 있는 경우
② 부족세액의 추징 및 가산세 규정에 따라 담배소비세를 징수하는 경우

제조자, 수입판매업자, 관세청장이 징수하는 경우 이외의 경우 사실이 발견되거나 확인되는 때에 그 세액을 결정하여 부과·징수한다.

⑮ 특별징수(지법 §62-2)

(1) 개요

「지방세법」 제61조 제1항 제4호·제5호 또는 같은 조 제2항 제3호·제5호의 위반행위를 한 제조자 또는 수입판매업자에 대하여 세액을 부과·징수하는 경우에는 제62조 제1항 제2호에도 불구하고 해당 제조자 또는 수입판매업자의 주소지(법인의 경우 본점 또는 주사무소 소재지)를 관할하는 지방자치단체장이 대통령령으로 정하는 바에 따라 세액을 부과·징수하여야 한다. 이 경우 전단에 따른 지방자치단체장을 각 지방자치단체가 부과·징수할 담배소비세의 특별징수의무자("특별징수의무자")로 한다.

특별징수의무자는 상기 전단에 따라 징수한 담배소비세 및 그 이자를 다음 달 20일까지 대통령령으로 정하는 바에 따라 납세지를 관할하는 각 지방자치단체에 납입하여야 한다. 이 경우 특별징수의무자는 징수·납입에 따른 사무처리비 등을 행정안전부령으로 정하는 바에 따라 지방자치단체에 납입하여야 할 세액에서 공제할 수 있다.

특별징수의무자가 징수하였거나 징수할 세액을 상기에 따른 기한까지 납입하지 아니하거나 부족하게 납입하더라도 해당 특별징수의무자에게 「지방세기본법」 제56조에 따른 가산세를 부과하지 아니한다.

한편, 담배소비세의 부과·징수에 대하여 불복하려는 경우에는 특별징수의무자를 그 처분청으로 본다.

(2) 특별징수의무자의 통보 등(지령 §69 – 2)

특별징수의무자는 상기 (1)에 따라 세액을 부과·징수하는 경우 납세지를 관할하는 각 지방자치단체장에게 세액을 부과·징수한다는 사실을 통보해야 하며, 특별징수의무자는 상기 (1)에 따라 징수한 담배소비세 및 그 이자에서 사무처리비 등을 공제한 금액을 안분기준에 따라 납세지를 관할하는 각 지방자치단체에 안분하여 납입해야 하고, 이에 따른 금액을 납세지를 관할하는 각 지방자치단체에 안분하여 납입한 경우 행정안전부령으로 정하는 담배소비세 납입명세서 및 사무처리비 등 공제명세서를 납세지를 관할하는 각 지방자치단체장에게 통보해야 한다.

⑯ 세액공제 및 환급(지법 §63)

(1) 대상

다음 어느 하나에 해당하는 경우에는 세액을 공제하거나 환급한다(단, 2023.3.13. 이전에 납세의무자가 납부하였거나 납부하여야 할 가산세분부터 납세의무자가 이미 납부하였거나 납부하여야 할 가산세는 공제하거나 환급하지 아니함).

세액의 공제 또는 환급 받으려는 자는 신청서에 해당 사유의 발생 사실을 증명하는 서류를 첨부하고 사유 발생지역을 관할하는 시장·군수·구청장에게 제출하여 공제 또는 환급증명을 발급받아야 하며, 공제 및 환급증명을 받은 제조자 및 수입판매업자는 다음 달 세액신고 시 납부하여야 할 세액에서 공제받도록 하되, 폐업이나 그 밖의 사유로 다음 달에 신고·납부할 세액이 없는 경우에는 환급을 신청한다. 환급신청서를 제출받은 시장·군수는 모든 시장·군수에게 환급신청을 받은 사실을 통보해야 하며, 해당 통보를 받은 시장·군수는 환급신청을 받은 시장·군수에게 해당 시·군이 받은 세액 중 환급해야 하는 세액을 즉시 납입해야 한다(지칙 §31).

① 제조장 또는 보세구역에서 반출된 담배가 천재지변이나 그 밖의 부득이한 사유로 멸실되거나 훼손된 경우

> **사례** 보세구역에서 이미 반출한 제조담배가 실질적으로 소비되지 아니한 상태에서 보세구역에 재반입되어 면세품으로 판매되는 경우 담배소비세공제 및 환급요건에 해당하지 않더라도 담배소비세 과세면제 요건이 충족되므로 신고납부한 담배소비세는 초과납부세액으로 공제·환급됨이 타당함(내심 97 – 90, 1997.2.26.).

> **사례** 담배소비세의 세액공제 및 환급사유 발생에 따른 절차 등(지방세정팀 – 1674, 2005.7.15.)
> 담배소비세의 공제·환급대상이 되는 담배의 소각·폐기, 재활용 등 반입된 담배에 대한 반입 이후의 처분이나 용도를 규정하고 있지 아니하므로, 제조장으로 반입된 담배를 분리 또는 해포하여 다른 담배의 원료로 사용할 수 있음. 세액의 공제 또는 환급을 받고자 하는 자가 신청서에 해당 사유의 발생사실을 증명하는 서류를 첨부하여 사유발생지역을 관할하는 시장·군수에게 제출하도록 규정하고 있음. 납세자 성실성 추정의 배제사유에 해당되지 아니하는 경우 납세자가 제출한 서류 등

을 진실한 것으로 추정하도록 규정하고 있으므로, 사유발생지역을 관할하는 시장·군수는 납세자가 제출한 해당 사유의 발생사실을 증명하는 서류를 진실한 것으로 추정하여 담배소비세 공제·환급증명서를 발급할 수 있음. 그러나 납세자의 성실성 추정이 세무조사를 제한하지 아니한다고 규정하고 있으므로, 세무공무원은 필요하다고 판단되는 경우 담배소비세 공제·환부에 관하여 세무조사를 실시할 수 있음. 또한 시장·군수는 납세자가 제출한 해당 발생사실을 증명하는 서류에 대하여 사실확인이 필요하다고 판단되는 경우 「지방세법」 제64조 규정의 질문·검사권에 근거하여 공제·환부에 관한 별도의 사실확인절차를 진행할 수 있음. 이 경우 세무공무원은 공제·환부증명서 발급의 목적과 관련하여 "포장 또는 품질의 불량, 판매부진 그 밖의 부득이한 사유"와 "해당 담배의 제조장 반입 여부"를 확인할 수 있음. 공제·환부사유의 발생사실에 대한 별도의 확인절차가 필요한 경우, 포장 또는 품질의 불량, 판매부진 그 밖의 부득이한 사유 등 공제·환급의 사유가 되는 구체적인 사실관계를 개별적으로 검토하여 사실확인의 범위와 정도를 정할 수 있음. 다만 제조장으로 반입된 담배가 불법적으로 반출되어 탈세의 위험이 있다고 판단되는 경우에는 제조장으로 반입된 담배의 제조장 내 보관 여부, 소각·폐기, 또는 재활용을 위한 분리·해포 등 반입 이후의 처분과정을 확인할 수 있음. 담배소비세 공제·환급증명서의 발급권자가 되는 "사유발생지역을 관할하는 시장·군수"가 누구인지 여부는 원칙적으로 "포장 또는 품질의 불량, 판매부진 그 밖의 부득이한 사유"에 해당하는 사실관계를 구체적·개별적으로 검토하여 특정하여야 함. 품질불량의 경우에도 제조과정의 하자로 판단되는 경우 제조장의 사업장소재지를 관할하는 시장·군수가 공제·환급증명서의 발급권자가 되고, 지점 창고에서 보관상의 하자가 발견된 경우에는 지점 창고의 사업장소재지를 관할하는 시장·군수가 공제·환급증명서를 발급할 수 있음.

> **사례** 납세기간 경과 관계없이 제조장으로 반입시점부터 환급청구 소멸시효 기산되며 신고납부 이후 제조장으로 재반입 시부터 환급청구 소멸시효 적용됨(지방세운영과-4513, 2010.9.27.).
>
> 가. 환급대상 여부
>   공제(환급)증명을 받은 제조자는 다음 달 세액신고시 납부하여야 할 세액에서 공제받도록 하되, 폐업의 경우 등에는 환급신청토록 하고 있으므로, 소매인 영업장 폐업 등으로 반출된 담배가 제조장으로 반입된 경우에는 공제(환급) 대상임.
>
> 나. 당초 제조장에서 담배가 반출된 시점을 환급청구 기산일에 해당 여부
>   담배소비세 납세기간 경과에 관계없이 제조장으로 반입되는 시점부터 환급청구 권리와 소멸시효가 기산된다고 사료되며, 이 건에 대한 담배소비세는 신고납부(2002.8.20.) 이후 제조장으로 재반입(2010.8.9.)된 때부터 환급청구 소멸시효가 적용됨.

② 제조장 또는 보세구역에서 반출된 담배가 포장 또는 품질의 불량, 판매부진, 그 밖의 부득이한 사유로 제조장 또는 수입판매업자의 담배보관 장소로 반입된 경우, 2025년 이후 같은 사유로 제조장 또는 수입판매업자의 담배보관 장소로 반입되지 않고 대통령령으로 정하는 바에 따라 폐기된 경우(2025년 이후)

보세구역에서 반출된 수입담배 중 포장 또는 품질불량 등의 사유로 판매되지 아니하여 재반입 후 다시 수출하는 경우에는 반출된 외국산 담배의 기납부분 담배소비세는 환급대상이 된다(세정 13407-302, 1999.3.11.).

2023.3.14. 이후 이에 따라 반입된 담배에 대해서는 그 반입장소를 제조장 또는 보세구역으로 보고, 반입자를 제조자 또는 수입판매업자로 보아 담배소비세의 부과 또는 면제에 관한 규정을

적용한다.

제조담배의 포장 또는 품질불량의 판단 및 처리(지예 법63-1)

① 제조담배의 포장 또는 품질불량 여부를 확인할 때 궐련은 "갑" 단위로, 기타 담배는 "최소포장" 단위로 하여야 한다.

② 제조담배의 품질불량이 화학적인 변질에 의한 것이어서 육안으로 식별이 불가능한 경우에는 전문기관의 검증을 받아 사유발생지역의 시장·군수에게 신고하여 손상물량을 확정 받아야 한다(2015.12.31. 이전만 적용).

③ 제조담배가 물리적으로 손상된 경우에는 사유발생지역의 시장·군수의 확인을 받아야 하나, 화학적으로 변질되어 육안으로 식별이 불가능한 때에는 전문기관에 의뢰하여 검정을 받아 사유발생지역의 시장·군수에게 신고하여 손상물량을 확정받은 후 규칙 제31조의 규정에 의거 처리하여야 한다.

> **사례** 공제 환급대상 담배에 대하여 제조장 반입 이후의 처분이나 용도를 규정하고 있지 아니하므로, 제조장으로 반입된 담배를 다시 수출할 수 있는 것임(지방세정팀-1482, 2006.4.12.).

> **사례** 보세구역 이외의 장소에서 판매하기 위하여 제조담배를 반출하였다가 영업정책적 목적으로 재반입하여 수출한 것은 담배소비세의 공제 또는 환급대상이 되지 아니함(행심 99-689, 1999.11.24.).

③ 이미 신고납부한 세액이 초과 납부된 경우

> **사례** 보세구역에서 반출한 담배에 대한 담배소비세를 이미 신고·납부한 이후 보세구역에서의 판매용도에 제공한 담배에 대한 세액은 초과납부된 것으로 보아 세액만큼 공제 및 환부해야 하는 것임(지방세운영과-895, 2008.9.1.).

> **사례** 외국산 제조담배의 경우 납세의무 성립시기인 보세구역반출 이전에 훼손된 상태로 반출되었다면 제품이 원칙적으로 판매가 불가능한 상태에서 납세의무가 성립되었으므로 기납부한 세액의 공제·환급이 타당하며, 환급절차는 사유발생지를 관할하는 시장·군수에게 공제·환급증명을 발급받아 주사무소 소재지 시장·군수에게 제출하시면 됨(세정 13407-416, 1995.5.8.).

(2) 세액의 공제·환급의 사후관리

제조자 또는 수입판매업자가 「지방세법」 제63조 제1항 제1호 또는 제2호에 따른 사유로 반입된 담배를 폐기하는 때에는 폐기하려는 날의 3일 전까지 신고서에 다음 사항을 기재하여 제조장 또는 수입판매업자의 담배보관장소("보관장소")와 폐기장소 소재지를 관할하는 시장·군수에게 각각 제출하여야 한다.

① 제조자 또는 수입판매업자의 명칭 또는 상호와 주소

② 폐기대상 담배의 품종별 수량

③ 폐기장소 및 폐기예정일

④「지방세법」제63조 제1항 제1호 또는 제2호에 따른 반입일

제조자 또는 수입판매업자가 제조장 또는 보세구역에서 반출된 담배가 포장 또는 품질의 불량, 판매부진, 그 밖의 부득이한 사유로 보관장소로 반입되지 않은 담배를 폐기하는 경우 폐기하려는 날의 3일 전까지 행정안전부령으로 정하는 신고서에 상기 ①~③의 규정에 따른 사항을 기재하여 사유 발생지역과 폐기장소의 소재지를 관할하는 시장·군수에게 각각 제출하여야 한다.

제조자와 수입판매업자는 2024.3.25. 이전에 담배를 폐기하였으나 종전의 7일 기간이 경과하지 않은 경우부터[영 부칙(2024.3.26.) §4] 담배의 폐기를 종료한 날이 속하는 달의 다음 달 말일까지(그 전에는 종료한 날부터 7일 이내) 확인서에 다음 사항을 기재하여 보관장소를 관할하는 시장·군수(2025년 이후 제조장 또는 보세구역에서 반출된 담배가 포장 또는 품질의 불량, 판매부진, 그 밖의 부득이한 사유로 폐기하는 경우 제외)와 세액의 공제 또는 환급을 받았거나 받을 시장·군수에게 각각 제출하여야 한다.

① 상기 ①~④의 사항(2025년 이후 제조장 또는 보세구역에서 반출된 담배가 포장 또는 상기 ④ 사항은 제외)

② 폐기업체의 명칭 또는 상호와 주소

⑰ 납세담보(지법 §64)

(1) 개요

제조자 또는 수입판매업자의 주사무소 소재지를 관할하는 지방자치단체장은 담배소비세의 납세보전을 위하여 대통령령으로 정하는 바에 따라 제조자 또는 수입판매업자에게 담보의 제공을 요구할 수 있다. 지방자치단체장은 담보제공을 요구받은 제조자 또는 수입판매업자가 담보를 제공하지 아니하거나 부족하게 제공한 경우 담배의 반출을 금지하거나 세관장에게 반출금지를 요구할 수 있다. 담배의 반출금지 요구를 받은 세관장은 요구에 따라야 한다.

상기에도 불구하고 수입판매업자는 납세담보를 제공하지 않고 보세구역으로부터 담배를 반출하기 전에 미리 담배소비세를 신고납부할 수 있다. 이 경우 반출신고를 함께 하여야 하며, 담배소비세를 신고납부하는 때에 납세의무가 성립한 것으로 본다(일반적으로 담배를 제조장 또는 보세구역으로부터 반출(搬出)하거나 국내로 반입(搬入)하는 때에 납세의무가 성립됨).

(2) 납세담보액

제조자 또는 수입판매업자로부터 제공받을 수 있는 납세담보액은 다음에서 정하는 금액 이상으로 한다.

1) 제조자

제조장에서 반출한 담배에 대한 산출세액과 제조장에서 반출하는 담배에 대한 산출세액의 합계액에서 이미 납부한 세액의 합계액을 뺀 세액에 해당하는 금액

2) 수입판매업자

수입신고를 받은 담배에 대한 산출세액과 수입신고를 받는 담배에 대한 산출세액의 합계액에서 이미 납부한 세액의 합계액을 뺀 세액에 해당하는 금액

(3) 수입판매업자의 통관 제한

수입판매업자가 수입한 담배를 통관할 때에는 주사무소 소재지 관할 시장·군수·구청장이 발행한 납세담보확인서 또는 납부영수증을 통관지 세관장에게 제출하여야 하며, 세관장은 납세담보확인서에 적힌 담보물량 또는 납부영수증에 적힌 반출물량의 범위에서 통관을 허용하여야 한다. 다만, 「전자정부법」 제36조 제1항에 따른 행정정보의 공동이용을 통하여 제출서류에 대한 정보를 확인할 수 있는 경우에는 그 확인으로 서류제출을 갈음할 수 있다.

(4) 성실납세자에 대한 납세담보금액의 감면

제조자 또는 수입판매업자의 주사무소 소재지를 관할하는 지방자치단체장은 제1항에도 불구하고 담배를 제조장 또는 보세구역에서 반출한 날부터 3년간 담배소비세를 체납하거나 고의로 회피한 사실이 없는 제조자 또는 담배수입업자에 대하여 조례로 정하는 바에 따라 납세담보금액을 감면할 수 있다.

(5) 담보에 의한 담배소비세 충당

담보를 제공한 자가 기한 내에 담배소비세를 납부하지 아니하거나 부족하게 납부하였을 때에는 그 담보물을 체납처분비, 담배소비세액 및 가산금(2023년 이전만 적용)에 충당할 수 있다. 이 경우 부족액이 있으면 징수하며, 잔액이 있으면 환급한다.

(6) 납세담보 업무처리 요령

납세담보제공 요구 제외대상은 다음 어느 하나의 요건을 갖춘 경우에 한하여 적용한다(세정-2138, 2006.5.26.).
① 담배제조업 또는 수입판매업을 3년 이상 계속해서 영위하고 최근 3년간 담배소비세를 체납하거나 고의로 회피한 사실이 없는 자
② 신용평가기관으로부터 신용도 A+ 이상 평가받은 자

사례 담보를 제공받지 아니한 상태에서 담배소비세가 체납될 경우 징수대책이 별도로 마련되어 있지 않다면 담배제조자에게 담보의 제공을 요구하는 것이 합리적인 것임(세정과-1732, 2004. 6.24.).

제**6**장

지방소비세

1 개요

지역경제 활성화와 지방세수의 확충을 위하여 부가가치세의 일부를 이양받아 2010년도에 신설된 세원이다.

지방소비세 도입배경은 다음과 같다.

① 지방의 재정자립도가 지속 하락하는 등 국가재정 의존 심화

2008년도 현재 지방세 수입으로 인건비도 해결하지 못하는 단체가 상당하였다.

② 지역경제와 지방세의 연계 부족

현행 지방세는 재산과세의 비중이 높아 기업유치 등 경제 활성화 노력이 지방세수로 연계되기 어려워 기업을 유치해도 사업은 지방에서 하고, 세금은 모두 국가에 납부, 관광객이 지방에서 먹고, 자고, 물건을 구입하여도 전부 국세로 귀속된다.

③ 지역경제 활성화로 지방세 확충하여 자치단체 재투자의 선순환 구조를 형성, 자치단체의 자생력 확보 필요

2 과세대상(지법 §65)

지방소비세의 과세대상은 「부가가치세법」 제4조를 준용한다.

① 사업자가 행하는 재화 또는 용역의 공급

② 재화의 수입

3 납세의무자(지법 §66)

지방소비세는 제65조에 따른 재화와 용역을 소비하는 자의 주소지 또는 소재지를 관할하는 특별시·광역시·특별자치시·도 또는 특별자치도에서 「부가가치세법」 제3조에 따라 부가가치세를 납부할 의무가 있는 자에게 부과한다.

따라서 다음 어느 하나에 해당하는 자로서 개인, 법인(국가·지방자치단체와 지방자치단체조합을 포함한다), 법인격이 없는 사단·재단 또는 그 밖의 단체는 지방소비세를 납부할 의무가 있다.

① 사업자

② 재화를 수입하는 자

4 납세지(지법 §67)

지방소비세의 납세지는 「부가가치세법」 제6조에 따른 납세지로 한다. 사업자의 지방소비세는 각 사업장의 소재지로 하며, 사업자가 사업장을 두지 아니하면 사업자의 주소 또는 거소(居所)를 사업장으로 한다. 그리고 사업자 단위 과세 사업자는 각 사업장을 대신하여 그 사업자의 본점

또는 주사무소의 소재지를 부가가치세 납세지로 한다.

한편, 재화를 수입하는 자의 지방소비세 납세지는 「관세법」에 따라 수입을 신고하는 세관의 소재지로 한다.

(1) 사업장

'사업장'이라 함은 사업을 하기 위하여 거래의 전부 또는 일부를 하는 고정된 장소로 말한다.

1) 사업장의 범위

사업장의 범위는 다음 표와 같다(부가령 §8).

사업	사업장의 범위	
1. 광업	광업사무소의 소재지. 이 경우 광업사무소가 광구(鑛區) 밖에 있을 때에는 그 광업사무소에서 가장 가까운 광구에 대하여 작성한 광업 원부의 맨 처음에 등록된 광구 소재지에 광업사무소가 있는 것으로 본다.	
2. 제조업	최종제품을 완성하는 장소. 다만, 따로 제품 포장만을 하거나 용기에 충전만을 하는 장소와 「개별소비세법」 제10조의 5에 따른 저유소(貯油所) 제외	
3. 건설업·운수업과 부동산매매업	법인	법인의 등기부상 소재지 (등기부상의 지점 소재지 포함)
	개인	사업에 관한 업무를 총괄하는 장소
	법인의 명의로 등록된 차량을 개인이 운용하는 경우	법인의 등기부상 소재지 (등기부상의 지점 소재지 포함)
	개인의 명의로 등록된 차량을 다른 개인이 운용하는 경우	그 등록된 개인이 업무를 총괄하는 장소
4. 수자원을 개발하여 공급하는 사업	사업에 관한 업무를 총괄하는 장소	
5. 「지방공기업법」 제76조에 따라 설립된 대구시설관리공단이 공급하는 사업	사업에 관한 업무를 총괄하는 장소	
6. 「방문판매 등에 관한 법률」에 따른 다단계판매원("다단계판매원")이 재화나 용역을 공급하는 사업	해당 다단계판매원이 「방문판매 등에 관한 법률」 제13조에 따라 등록한 다단계판매업자("다단계판매업자")의 주된 사업장의 소재지. 다만, 다단계판매원이 상시 주재하여 거래의 전부 또는 일부를 하는 별도의 장소가 있는 경우에는 그 장소로 한다.	
7. 「전기통신사업법」에 따른 전기통신사업자가 기획재정부령으로 정하는 통신요금 통합청구의 방법으로 요금을 청구하는 전기통신사업	사업에 관한 업무를 총괄하는 장소	

사업	사업장의 범위	
8. 「전기통신사업법」에 따른 전기통신사업자가 기획재정부령으로 정하는 이동통신역무를 제공하는 전기통신사업	법인	법인의 본점 소재지
	개인	사업에 관한 업무를 총괄하는 장소
9. 무인자동판매기를 통하여 재화·용역을 공급하는 사업	사업에 관한 업무를 총괄하는 장소	
10. 「한국철도공사법」에 따른 한국철도공사가 경영하는 사업	사업에 관한 업무를 지역별로 총괄하는 장소	
11. 「우정사업 운영에 관한 특례법」에 따른 우정사업조직이 「우편법」 제1조의 2 제3호의 소포우편물을 방문접수하여 배달하는 용역을 공급하는 사업	사업에 관한 업무를 총괄하는 장소	
12. 「전기사업법」에 따른 전기판매사업자가 기획재정부령으로 정하는 전기요금 통합청구의 방법으로 요금을 청구하는 전기판매사업	사업에 관한 업무를 총괄하는 장소	
13. 국가, 지방자치단체 또는 지방자치단체조합이 공급하는 「부가가치세법 시행령」 제46조 제3호에 따른 사업	사업에 관한 업무를 총괄하는 장소. 다만, 위임·위탁 또는 대리에 의하여 재화나 용역을 공급하는 경우에는 수임자·수탁자 또는 대리인이 그 업무를 총괄하는 장소를 사업장으로 봄.	
14. 「송유관 안전관리법」 제2조 제3호의 송유관 설치자가 송유관을 통하여 재화 또는 용역을 공급하는 사업	사업에 관한 업무를 총괄하는 장소	
15. 부동산임대업	부동산의 등기부상 소재지	

2) 부동산상의 권리만 대여하거나 특정사업자의 부동산임대업

상기의 부동산 임대업에도 불구하고 부동산상의 권리만을 대여하거나 다음 어느 하나에 해당하는 사업자가 부동산을 임대하는 경우에는 그 사업에 관한 업무를 총괄하는 장소를 사업장으로 한다.

① 「금융회사부실자산 등의 효율적 처리 및 한국자산관리공사의 설립에 관한 법률」에 따른 한국자산관리공사
② 「농업협동조합의 구조개선에 관한 법률」에 따른 농업협동조합자산관리회사
③ 「부동산투자회사법」에 따른 기업구조조정 부동산투자회사

④ 「예금자보호법」에 따른 예금보험공사 및 정리금융기관

⑤ 「전기사업법」에 따른 전기사업자

⑥ 「전기통신사업법」에 따른 전기통신사업자

⑦ 「지방공기업법」에 따라 설립된 지방공사로서 기획재정부령으로 정하는 지방공사

⑧ 「한국농어촌공사 및 농지관리기금법」에 따른 한국농어촌공사

⑨ 「한국도로공사법」에 따른 한국도로공사

⑩ 「한국철도시설공단법」에 따라 설립된 한국철도시설공단

⑪ 「한국토지주택공사법」에 따른 한국토지주택공사

3) 직매장

사업자가 자기의 사업과 관련하여 생산하거나 취득한 재화를 직접 판매하기 위하여 특별히 판매시설을 갖춘 장소(이하 "직매장"이라 한다)는 사업장으로 본다.

4) 사업자 신청에 의한 추가 사업장 등록

상기의 사업장 외의 장소도 사업자의 신청에 따라 추가로 사업장으로 등록할 수 있다. 다만, 상기 1) 9에 따른 무인자동판매기를 통하여 재화·용역을 공급하는 사업의 경우에는 그러하지 아니하다.

5) 사업장 설치와 등록을 하지 아니한 경우

사업장을 설치하지 아니하고 등록도 하지 아니한 경우에는 과세표준 및 세액을 결정하거나 경정할 당시의 사업자의 주소 또는 거소를 사업장으로 한다.

6) 비거주자

사업자가 비거주자인 경우에는 「소득세법」 제120조에 따른 장소를 사업장으로 하고, 외국법인인 경우에는 「법인세법」 제94조에 따른 장소를 사업장으로 한다.

(2) 사업장으로 보지 아니하는 경우

다음의 장소는 사업장으로 보지 아니한다.

① 재화를 보관하고 관리할 수 있는 시설만 갖춘 장소로서 대통령령으로 정하는 바에 따라 하치장(荷置場)으로 신고된 장소

② 각종 경기대회나 박람회 등 행사가 개최되는 장소에 개설한 임시사업장으로서 대통령령으로 정하는 바에 따라 신고된 장소

5 **특별징수의무자**(지법 §68)

납세지를 관할하는 세무서장 또는 「부가가치세법」 제58조 제2항에 따라 재화의 수입에 대한 부가가치세를 징수하는 세관장을 지방소비세의 특별징수의무자로 한다.

6 **과세표준 및 세액**(지법 §69)

(1) 과세표준

지방소비세의 과세표준은 「부가가치세법」에 따른 부가가치세의 납부세액에서 「부가가치세법」 및 다른 법률에 따라 부가가치세의 감면세액 및 공제세액을 빼고 가산세를 더하여 계산한 세액으로 한다.

(2) 세액

지방소비세의 세액은 과세표준에 100분의 21(2019년 이전 「부가가치세법」에 따른 납부분은 15, 2018년 이전 11)을 적용하여 계산한 금액으로 한다. 이 경우 2014.1.1. 이후 2019년까지 「부가가치세법」에 따라 최초로 개시하는 과세기간에 납부 또는 환급하는 분부터 100분의 21(2019년 이전 「부가가치세법」에 따른 납부분은 15, 2018년 이전 11) 중 100분의 6에 해당하는 부분은 「지방세법」 제11조 제1항 제8호(주택 유상거래 감면)에 따라 감소되는 취득세, 지방교육세, 지방교부세 및 지방교육재정교부금 보전 등에 충당한다.

7 **신고 및 납부 등**(지법 §70)

지방소비세와 부가가치세를 신고·납부·경정 및 환급할 경우에는 지방소비세의 세액은 과세표준에 100분의 21(2019년 이전 「부가가치세법」에 따른 납부분은 15, 2018년 이전 11)을 적용하여 계산한 금액으로 함에도 불구하고 같은 항에 따른 지방소비세와 「부가가치세법」 제72조에 따른 부가가치세가 합쳐진 금액으로 신고·납부·경정 및 환급하여야 하며, 「부가가치세법」 제48조부터 제50조까지, 제52조, 제66조 및 제67조에 따라 부가가치세를 신고·납부한 경우에는 지방소비세도 신고·납부한 것으로 본다.

8 **납입**(지법 §71)

(1) 개요

특별징수의무자는 징수한 지방소비세를 다음 달 20일까지 관할구역의 인구대비 지방소비세

비율 또는 납입관리의 효율성과 전문성 등을 고려하여 특별시장·광역시장·특별자치시장·도지사 또는 특별자치도지사[371] 및 지방자치단체조합장 중에서 행정안전부장관이 지정하는 자에게 징수명세서와 함께 납입하여야 한다.

특별징수의무자가 징수하였거나 징수할 세액을 같은 항에 따른 기한까지 납입하지 아니하거나 부족하게 납입하더라도 특별징수의무자에게 특별징수불성실가산세는 부과하지 아니한다.

특별징수의무자가 징수한 지방소비세를 납입하는 경우 납입업무의 효율적 처리를 위하여 국세청장을 통하여 납입관리자에게 일괄 납입할 수 있다. 여기서 '일괄 납입'이란 각 세무서장 또는 세관장이 납입할 지방소비세를 국세청장이 납입관리자에게 일괄 정산한 후 납입하는 것을 말한다(지예 법71…영74-1).

납입관리자는 특별징수의무자로부터 납입받은 지방소비세를 안분하여 납입받은 날부터 5일 이내에 각 지방자치단체 및 시·도 교육청 금고에 납입하여야 한다. 이 경우 각 지방자치단체와 시·도 교육청에 징수명세서를 첨부하여 납입 및 안분명세를 통보하여야 하나, 2019년 이전에는 납입관리자는 납입된 지방소비세를 지역별 소비지출 및 「지방세법」 제11조 제1항 제8호(유상거래 주택의 세율)에 따른 취득세 감소분 등을 고려하여 다음의 안분기준 및 안분방식에 따라 납입관리자가 지방소비세를 납입받은 날부터 5일 이내에 납입하여야 한다(2013년 이전에는 각 도지사). 이 경우 지방소비세를 안분하여 납입하는 경우 징수명세서 및 안분명세서를 첨부해야 한다.

(2) 납입관리자의 납입

1) 2014.1.1. 이후 안분기준 및 안분방식

지방소비세액은 과세표준에 1천분의 253[372](2019~2021년은 100분의 15, 2018년 이전은 100분의 11)을 적용하여 계산한 금액으로 한다. 이 경우 납입된 지방소비세는 지역별 소비지출 등을 고려한 부분과 취득세, 지방교육세, 지방교부세 및 지방교육재정교부금 등("취득세 등")의 보전에 충당하는 부분에 각각 253분의 50(2019~2021년은 15분의 9, 2018년 이전은 11분의 5)과 253분의 60(2019~2021년은 15분의 6, 2018년 이전은 11분의 6)의 비율로 구분하되, 다음과 같이 안분한다.

②의 ㉠에 따라 산출한 해당 특별시·광역시·특별자치시·도 또는 특별자치도("시·도")의 안분액 합계액의 2%에 해당하는 금액은 사회복지수요 등을 고려하여 행정안전부령으로 정하는 바에 따라 그 안분액을 달리 산출할 수 있다.[373]

행정안전부장관은 도별 취득세 감소분의 보전비율을 매년 1.31.까지 교육부장관, 각 시·도 및

---

371) 2014.2월 이전 납입분은 서울특별시장으로 규정되어 있었다.

372) 개정규정은 2022.1.1. 이후 「부가가치세법」에 따라 납부 또는 환급하는 분부터 적용하며[법 부칙(2021.12.7.) §3], 이 개정규정에도 불구하고 2022.1.1.~2022.12.31. 지방소비세의 세액은 과세표준에 1천분의 237을 적용하여 계산한 금액으로 함[법 부칙(2021.12.7.) §4].

373) 사회복지수요 등을 고려하여 취득세의 보전에 충당하는 안분액은 다음 계산식에 따라 산출한다.

각 시·도 교육청에 통보하여야 하며, 교육부장관은 도 교육청별 보통교부금 배분비율을 매년 1.31.까지 행정안전부장관, 각 시·도 및 각 시·도 교육청에 통보해야 한다.

① **지역별 소비지출 등을 고려한 안분액 계산식[253분의 50[374])(2021년 이전은 100분의 21 중 5) 에 해당하는 부분]**

지역별 소비지출 등을 고려하여 다음 산식에 따라 특별시장·광역시장·특별자치시장·도지 사 및 특별자치도지사에게 안분하여 납입한다.

$$\text{해당 시·도의 안분액} = \text{지방소비세의 과세표준} \times 5\% \times \frac{\text{해당 시·도의 소비지수} \times \text{해당 시·도의 가중치}}{\text{각 시·도별 소비지수와 가중치를 곱한 값의 전국 합계액}}$$

위의 계산식에서 '소비지수'란 「통계법」 제17조에 따라 통계청에서 확정·발표하는 민간최종 소비지출(매년 1.1. 현재 발표된 것을 말하며, "민간최종소비지출")을 백분율로 환산한 각 시·도별 지수를 말하며, '가중치'란 지역 간 재정격차를 해소하기 위하여 소비지수에 적용하 는 지역별 가중치로서 「수도권정비계획법」 제2조 제1호에 따른 수도권은 100분의 100을, 수 도권 외의 광역시는 100분의 200을, 특별자치시, 수도권 외의 도 및 특별자치도는 100분의 300을 말한다.

해당 도의 안분액 : $\{[A \times (1-B-C)] - D\} \times 2/100 \times E$
A : 지방소비세의 과세표준 × 6%
B : 「지방세법」 제71조 제3항 제3호(2019년 이전은 제69조 제2항)에 따라 감소되는 지방교부세액의 비율(19.24%)
C : 「지방세법」 제71조 제3항 제2호(2019년 이전은 제69조 제2항)에 따라 감소되는 지방교육재정교 부금액의 비율(20.27%)
D : 「지방세법」 제71조 제3항 제2호(2019년 이전은 제69조 제2항)에 따라 감소되는 지방교육세
E : 매년 1.1. 현재 「주민등록법」에 따른 인구통계를 기준으로 해당 도의 5세 이하의 인구 및 65세 이상의 인구가 전국에서 차지하는 비율

이 내용은 2015년도에 「부가가치세법」에 따라 최초로 개시하는 과세기간에 납부 또는 환급하는 분부터 적 용한다(지칙 §33-2 ①). 그리고 주택 유상거래별 취득세 감소분을 산출하는 데 필요한 기간 및 방법 등은 별표 4와 같다(지칙 §33-2 ②).

374) 2022.1.1. 이후 「부가가치세법」에 따라 납부 또는 환급하는 분부터 적용되며, 개정규정에도 불구하고 2022.1.1.~2022.12.31. 지방소비세의 세액은 과세표준에 1천분의 237을 적용하여 계산한 금액으로 하되, 개 정규정 중 253분의 50은 237분의 50으로 함[법 부칙(2021.12.7.) §4].

② 취득세 등의 보전에 충당하는 안분액 계산식[253분의 60[375)](2021년 이전은 100분의 21 중 6)에 해당하는 부분]

법률 제12118호 「지방세법」 일부개정법률 제11조 제1항 제8호의 개정규정에 따라 감소되는 취득세, 지방교육세, 지방교부세, 지방교육재정교부금 등을 보전하기 위하여 다음 산식에 따라 지방자치단체장과 특별시·광역시·특별자치시·도 및 특별자치도의 교육감에게 안분하여 납입한다.

㉠ 취득세의 보전에 충당하는 안분액 계산식

> 해당 시·도의 안분액 = {[A - (A×B) - (A×C)] - D} × E
>
> A : 지방소비세의 과세표준 × 6%
> B : 「지방세법」 제71조 제3항 제2호에 따라 감소되는 지방교부세액의 비율(19.24%)
> C : 「지방세법」 제71조 제3항 제2호에 따라 감소되는 지방교육재정교부금액의 비율(20.27%)
> D : 「지방세법」 제71조 제3항 제2호에 따라 감소되는 지방교육세
>   {[A - (A×B) - (A×C)]÷11}
> E : 해당 시·도의 취득세 감소분의 보전비율

위의 계산식에서 '해당 시·도의 취득세 감소분의 보전비율'이란 해당 시·도의 주택 유상거래별 취득세 감소분의 총 합계액이 전국의 주택 유상거래별 취득세 감소분의 총 합계액에서 차지하는 비율을 말하며, 행정안전부장관은 매년 주택 유상거래별 취득세 감소분의 보전비율을 산출하여 납입관리자에게 통보해야 한다.

㉡ 지방교육세의 보전에 충당하는 안분액 계산식

> 해당 시·도의 안분액 = ㉠에 따라 산출한 금액 × 10%

㉢ 지방교부세의 보전에 충당하는 안분액 계산식

> 해당 지방자치단체의 안분액 = (A × B) × C
>
> A : 지방소비세의 과세표준 × 6%
> B : 「지방세법」 제71조 제3항 제2호에 따라 감소되는 지방교부세액의 비율(19.24%)
> C : 해당 지방자치단체의 해당 연도 보통교부세 배분비율

---

375) 2022.1.1. 이후 「부가가치세법」에 따라 납부 또는 환급하는 분부터 적용되며, 개정규정에도 불구하고 2022.1.1.~2022.12.31. 지방소비세의 세액은 과세표준에 1천분의 237을 적용하여 계산한 금액으로 함. 이 경우 개정규정 중 253분의 60은 237분의 60으로 함[법 부칙(2021.12.7.) §4].

ⓔ 지방교육재정교부금의 보전에 충당하는 안분액 계산식

> **해당 시·도 교육청의 안분액 = (A × B) × C − D**
>
> A : 지방소비세의 과세표준 × 6%
> B : 「지방세법」 제71조 제3항 제2호에 따라 지방교육재정교부금액의 비율(20.27%)
> C : 교육부장관이 정하는 해당 시·도 교육청의 보통교부금 배분비율
> D : 지방교육재정교부금 보전에 충당되는 부분에서 공제되어 해당 시·도에 충당되는 안분액

교육부장관은 매년 시·도 교육청별 보통교부금 배분비율을 산출하여 납입관리자에게 통보해야 한다.

ⓜ 지방교육재정교부금 보전에 충당되는 부분에서 공제되어 해당 시·도에 충당되는 안분액 계산식

> **해당 시·도의 안분액 = (A + B) × C**
>
> A : 「지방세법 시행령」 제75조 제2항 제2호 나목에 따른 시·도별 지방교육세 보전금액
> B : 「지방세법 시행령」 제75조 제2항 제2호 다목에 따른 시·도별 지방교부세 보전금액
> C : 「지방교육재정교부금법」 제11조 제2항 제3호 및 「세종특별자치시 설치 등에 관한 특별법」
>   제14조 제5항에 따른 전입비율(3.6%~10%)

③ [253분의 100[376)](2021년 이전은 100분의 21 중 10)에 해당하는 부분]을 다음의 구분에 따라 납입한다(2020.1.1. 「부가가치세법」에 따라 최초로 납부 또는 환급하는 분부터 2026.12.31.까지 적용 : 부칙 §2).

ⓐ 납입관리자는 국가에서 지방으로 전환되는 지역균형발전특별회계 사업 등("전환사업")의 비용을 보전하기 위하여 3조 5,680억 6,230만 원을 「지방자치단체 기금관리기본법」 제17조 제2항에 따라 설립된 조합의 장("조합장")에게 납입한다. 이 경우 조합장은 납입받은 세액을 같은 법 제18조 제5호에 따른 목적으로 운영하여 지방자치단체장에게 안분하여 배분

ⓑ ⓐ에 따라 시·도 전환사업을 보전함으로써 감소하는 「지방재정법」 제29조에 따른 시·군 조정교부금, 같은 법 제29조의 2에 따른 자치구 조정교부금, 「지방교육재정교부금법」 제11조 제2항 및 「세종특별자치시 설치 등에 관한 특별법」 제14조 제5항에 따른 시·도 교육비 특별회계 전출금을 보전하기 위하여 다음에 따라 지방자치단체장과 특별시·광역시·특별자치시·도 및 특별자치도의 교육감에게 안분하여 납입

㉮ 시·군·자치구 조정교부금 보전에 충당하는 금액 : 「지방세법 시행령」 [별표 2]

---

376) 2022.1.1. 이후 「부가가치세법」에 따라 납부 또는 환급하는 분부터 적용되며, 개정규정에도 불구하고 2022. 1.1.~2022.12.31. 지방소비세의 세액은 과세표준에 1천분의 237을 적용하여 계산한 금액으로 하되, 개정규정 중 253분의 100은 237분의 100으로 함[법 부칙(2021.12.7.) §4].

㉯ 교육비특별회계 전출금 보전에 충당하는 금액 : 「지방세법 시행령」[별표 3]

㉢ ㉠ 및 ㉡에 따라 납입한 부분을 제외한 세액은 지역별 소비지출 등을 고려하여 다음 산식에 따라 특별시장·광역시장·특별자치시장·도지사 및 특별자치도지사에게 안분하여 납입

$$
\text{해당 시·도의 안분액} = \begin{bmatrix} (\text{지방소비세의 과세표준} \times 10\%) \\ - (\text{「지방세법 시행령」 제75조} \\ \text{제2항 제3호의 금액 및 제4호} \\ \text{각 목의 금액의 합}) \end{bmatrix} \times \frac{\text{해당 시·도의 소비지수} \times \text{해당 시·도의 가중치}}{\text{각 시·도별 소비지수와 가중치를 곱한 값의 전국 합계액}}
$$

④ 253분의 43[377]을 다음의 구분에 따라 납입한다[2022.1.1. 「부가가치세법」에 따라 최초로 납부 또는 환급하는 분부터 2026.12.31.까지 적용 : 법 부칙(2021.12.7.) §2].

㉠ 납입관리자는 전환사업의 비용을 보전하기 위하여 2조 2,521억 1,681만 1천 원을 조합장에게 납입한다. 이 경우 조합장은 납입받은 세액을 「지방자치단체 기금관리기본법」 제18조 제1항 제5호에 따라 지방자치단체장에게 안분하여 배분

㉡ ㉠에 따라 보전하는 시·도 전환사업의 총비용에 해당하는 금액을 상기 ③ ㉠에 따라 안분하여 산정한 「지방재정법」 제29조에 따른 시·군 조정교부금(세종특별자치시와 제주특별자치도의 경우에는 세종특별자치시와 제주특별자치도가 관할하는 행정시는 각각 시·군·구로 보아 산정된 금액을 말함), 같은 법 제29조의 2에 따른 자치구 조정교부금, 「지방교육재정교부금법」 제11조 제2항 및 「세종특별자치시 설치 등에 관한 특별법」 제14조 제5항에 따른 시·도 교육비특별회계 전출금을 보전하기 위하여 다음에 따라 지방자치단체장과 특별시·광역시·특별자치시·도 및 특별자치도의 교육감에게 안분하여 납입

㉮ 각 시·군·구의 안분액 : 「지방세법 시행령」[별표 4]

㉯ 각 시·도 교육청의 안분액 : 「지방세법 시행령」[별표 5]

행정안전부장관은 매년 해당 시·군·구의 안분비율을 산출하여 납입관리자에게 통보해야 한다.

㉢ ㉠ 및 ㉡에 따라 납입한 부분을 제외한 세액의 100분의 60은 지역별 소비지출 등을 고려하여 다음 산식에 따라 특별시장·광역시장·특별자치시장·도지사 및 특별자치도지사에게 안분하여 납입하고, 나머지 100분의 40은 지역별 소비지출·인구 등을 고려하여 다음 산식에 따라 특별자치시장·특별자치도지사·시장·군수 및 구청장에게 안분하여 납입

---

377) 2022.1.1. 이후 「부가가치세법」에 따라 납부 또는 환급하는 분부터 적용되며, 개정규정에도 불구하고 2022. 1.1.~2022.12.31. 지방소비세의 세액은 과세표준에 1천분의 237을 적용하여 계산한 금액으로 하되, 개정규정 중 253분의 43은 237분의 27로 함[법 부칙(2021.12.7.) §4].

㉮ 시·도의 안분액

ⓐ 2022.1.1.~2022.12.31.

$$\text{해당 시·도의 안분액} = \begin{bmatrix} \text{(지방소비세의 과세표준} \times 2.7\%) \\ - \text{(「지방세법 시행령」 제75조} \\ \text{제2항 제6호의 금액 및 제7호} \\ \text{각 목의 금액의 합))} \times 60\% \end{bmatrix} \times \frac{\text{해당 시·도의 소비지수}}{\text{각 시·도별 소비지수와}} \\ \times \text{해당 시·도의 가중치}$$

ⓑ 2023.1.1. 이후

$$\text{해당 시·도의 안분액} = \begin{bmatrix} \text{(지방소비세의 과세표준} \times 4.3\%) \\ - \text{(「지방세법 시행령」 제75조} \\ \text{제2항 제6호의 금액 및 제7호} \\ \text{각 목의 금액의 합))} \times 60\% \end{bmatrix} \times \frac{\text{해당 시·도의 소비지수}}{\text{각 시·도별 소비지수와}} \\ \times \text{해당 시·도의 가중치}$$

㉯ 시·군·구의 안분액(다만, 세종특별자치시와 제주특별자치도는 A에 해당하는 금액)

ⓐ 2022.1.1.~2022.12.31.

$$\text{해당 시·군·구의 안분액} = A \times B$$

A : 해당 시·군·구가 속한 시·도의 할당액

$$\begin{bmatrix} \text{(지방소비세의 과세표준} \times 2.7\%) - \\ \text{(「지방세법 시행령」 제75조 제2항 제6호의} \\ \text{금액 및 제7호 각 목의 금액의 합))} \times 40\% \end{bmatrix} \times \frac{\text{해당 시·도의 소비지수}}{\text{각 시·도별 소비지수와}} \\ \times \text{해당 시·도의 가중치}$$

B : 해당 시·군·구의 안분비율

$$\begin{bmatrix} \text{(해당 시·군·구 인구} \div \text{해당 시·군·구가 속한 시·도 내 시·군·구 인구의 합)} \\ + \text{(해당 시·군·구의 역재정자주도} \div \text{해당 시·군·구가 속한 시·도 내 시·군·구} \\ \text{의 역재정자주도의 합))} \end{bmatrix} \times \frac{1}{2}$$

ⓑ 2023.1.1. 이후

해당 시·군·구의 안분액 = A × B

A : 해당 시·군·구가 속한 시·도의 할당액

$$〔(지방소비세의\ 과세표준 × 4.3\%) - (「지방세법\ 시행령」\ 제75조\ 제2항\ 제6호의\ 금액\ 및\ 제7호\ 각\ 목의\ 금액의\ 합)〕× 40\% × \frac{해당\ 시·도의\ 소비지수\ × 해당\ 시·도의\ 가중치}{각\ 시·도별\ 소비지수와\ 가중치를\ 곱한\ 값의\ 전국\ 합계액}$$

B : 해당 시·군·구의 안분비율

$$〔(해당\ 시·군·구\ 인구 ÷ 해당\ 시·군·구가\ 속한\ 시·도\ 내\ 시·군·구\ 인구의\ 합) + (해당\ 시·군·구의\ 역재정자주도 ÷ 해당\ 시·군·구가\ 속한\ 시·도\ 내\ 시·군·구의\ 역재정자주도의\ 합)〕× \frac{1}{2}$$

위의 산식에서 "인구"란 매년 1월 1일 현재 「주민등록법」에 따른 주민등록표에 따라 조사한 인구 통계를 말하며, "재정자주도"란 다음의 계산식에 따라 산출한 비율로 매년 1월 1일 현재 행정안전부장관이 확정·발표하는 것을 말하고, "역재정자주도"란 〔역재정자주도(%)=100% −재정자주도(%)〕를 말한다.

$$재정자주도(\%) = \frac{A+B}{C} × 100$$

A : 전전년도 결산자료에 따른 자체수입(지방세 및 지방세외수입의 합계액을 말함)
B : 전전년도 결산자료에 따른 자주재원(지방교부세와 조정교부금의 합계액을 말함)
C : 전전년도 결산자료에 따른 일반회계 세입결산 규모

2) 2013.12.31. 이전 안분기준 및 안분방식

지방소비세액의 도별 안분액은 다음 계산식에 따라 산출한 금액으로 한다.

$$해당\ 시·도\ 지방소비세액 = 지방소비세\ 총액 × \frac{해당\ 시·도의\ 소비지수\ × 해당\ 시·도의\ 가중치}{각\ 시·도별\ 소비지수와\ 가중치를\ 곱한\ 값의\ 전국\ 합계액}$$

3) 시·도의 경계변경이 있거나 시·도의 폐지·설치·분리·병합으로 새로 설치된 도가 있는 경우

시·도의 경계변경이 있거나 시·도의 폐지·설치·분리·병합으로 새로 설치된 시·도가 있는 경우에는 변경구역(관할하는 시·도가 변경된 구역)이 종래 속하였던 시·도와 변경구역이 새로 편입하게 된 시·도의 지방소비세액은 변경구역이 반영된 민간 최종 소비 지출이 확정·발표되는 해까지 상기 규정에 따라 산출한 해당 시·도의 지방소비세액에서 다음의 계산식에 따라 산출한 변경구역의 지방소비세액을 가감하여 보정한다.

$$\text{변경구역의 지방소비세액} = \text{변경구역이 종래 속하였던 시·도의 지방소비세액} \times \frac{\text{변경구역의 인구}}{\text{변경구역이 종래 속하였던 시·도의 전체 인구}}$$

(3) 지방소비세환급금 처리

특별징수의무자는 지방소비세를 환급하는 경우에는 납입관리자에게 납입하여야 할 금액에서 환급금 중 지방소비세에 해당하는 금액("지방소비세환급금")을 공제한다. 다만, 지방소비세환급금이 납입하여야 할 금액을 초과하는 경우에는 초과된 지방소비세환급금은 그 다음 달로 이월한다.

특별징수의무자가 징수한 지방소비세액을 국세청장을 통하여 일괄 납입하는 경우 특별징수의무자가 납입관리자에게 납입하여야 할 금액을 초과하여 지방소비세를 환급한 경우에는 국세청장은 초과한 환급금액에 해당하는 금액을 다른 특별징수의무자의 납입금에서 이체(移替)해 줄 수 있다. 이 경우 다른 특별징수의무자의 납입금으로 이체하고도 환급한 금액이 초과할 때에는 그 초과한 금액은 그 다음 달로 이월한다. 이 후단 규정에도 불구하고 부가가치세 회계연도 마지막 월분에 대해서는 특별징수의무자 또는 국세청장은 납입관리자에게 지방소비세환급금의 부족액에 대한 이체를 신청하여야 한다. 이체신청을 받은 납입관리자는 해당 금액을 「지방세법 시행령」 제75조에 따라 시·도별로 나누어 각 시·도(납입관리자 포함)로부터 환급받아 특별징수의무자가 지정하는 계좌로 이체하여야 한다.

⑨ 부과징수 특례(지법 §72)

지방소비세의 부과·징수 및 불복절차 등에 관하여는 국세의 예를 따른다. 이 경우 특별징수의무자를 그 처분청으로 본다. 따라서 지방소비세에 대한 이의신청 등 불복은 지방자치단체에 지방소비세에 대하여 별도로 하는 것이 아니라 관할세무서 등에 부가가치세에 대하여만 하면 되는 것이다.

❿ 「부가가치세법」 준용(지법 §73)

지방소비세와 관련하여 이 장에 규정되어 있지 아니한 사항에 관하여는 「부가가치세법」을 준용한다.

제**7**장

주민세

제1절 통칙

1 정의(지법 §74)

주민세에서 사용하는 용어의 뜻은 다음과 같다.

1) 개인분

지방자치단체에 주소를 둔 개인에 대하여 부과하는 주민세를 말한다(2020년 이전에는 균등분으로 개인 또는 법인에 대하여 균등하게 부과하는 주민세를 말함).

2) 사업소분

지방자치단체에 소재한 사업소 및 그 사업소 연면적을 과세표준으로 하여 부과하는 주민세를 말한다(2020년 이전에는 재산분으로 사업소 연면적을 과세표준으로 하여 부과하는 주민세를 말함).

3) 종업원분

지방자치단체에 소재한 사업소 종업원의 급여총액을 과세표준으로 하여 부과하는 지방소득세를 말한다.

4) 사업소

인적 및 물적 설비를 갖추고 계속하여 사업 또는 사무가 이루어지는 장소를 말한다.

① **인적설비**

'인적설비'라 함은 그 계약형태나 형식에 불구하고 해당 장소에서 그 사업에 종사 또는 근로를 제공하는 자를 말한다(지예 법74-1). 인적설비의 사업소 귀속은 등록 여부와 관계없이 종업원이 실제 근무하거나 근로를 제공하는 곳 또는 업무상 지휘·감독이 이루어지는 장소를 기준으로 판단하여야 할 것이다(지방세정팀-309, 2005.4.20.).

ㄱ) 창고

창고에 직원이 상주하고 있는 경우에는 사업소에 해당되나, 상주하는 것이 아니라 한 달에 3~4번 정도 제품을 입고 및 반출하는 경우 인적설비가 존재하는 것으로 볼 수 없는 것이므로 사업소에 해당하지 아니한다.

ㄴ) 변전소

㉮ 상시 근무인원 없이 수시로 방문하여 유지보수하는 경우

변전소는 그 물적설비는 갖추고 있다 하더라도 직원이 상시 근무하지 아니하는 이상 인적설비를 갖추었다고 할 수 없으므로 주민세 과세대상인 사업소에 해당하지 아니한다.

변전소의 사업소 해당 여부(조심 2013지8, 2013.4.29.)

물적설비의 유지관리를 위하여 무인변전센터에 근무하는 순회팀 직원을 포함한 각종 관련 직원들이 수시로 변전소를 방문하여 유지보수 등의 업무를 수행하였다 하더라도, 해당 직원들이 변전소의 인적설비로서 다른 사업소와 독립한 쟁점 변전소에 귀속되어 있다기보다는, 무인변전소센타를 주된 근무지로 하면서 업무의 특성상 관할 무인변전소를 순회하는 것으로 보이고, 다른 공사 관련 직원들도 마찬가지로 각기 별도의 주된 근무지를 가지고 있으면서 고유업무의 수행을 위한 방법으로 무인변전소를 방문한 것에 불과하다고 보여짐(조심 2012지733, 2012.11.29. 참조).

㉯ 상시 근무인원이 있는 경우

장소적으로 변전소와 지사조직이 동일한 건물 내에서 목적사업인 송·변전업무와 영업(전기 공급·판매)업무 간 상호 밀접한 관련성을 가지고 업무를 수행하고 있을 뿐 아니라, 예산편성과 집행이 단위사업장별로 이루어지고 있을 뿐, 통합 재무제표 작성 등 변전소와 지사조직이 예산·회계상의 독립성이 미약한 점, 지사조직에서 방호·경비 등 변전소를 포함한 건축물 전체에 대한 시설관리 업무를 담당하고 있고, 소속직원에 대한 관리감독이 사업부문별로 이루어진다고 하지만 총괄 인사권자인 지역본부장의 명령에 따라 사업부문별 직원이동이 가능하다는 점과 재산분 주민세의 납세의무자인 사업주를 사업장에 대한 소유권 여부와는 관계없이 해당 사업 일체에 대하여 책임을 지고 운영하는 자를 의미한다는 점(조심 2012지551, 2012.12.20. 참조) 등에 비추어 볼 때, 변전소와 지사조직은 하나의 인적·물적 설비의 총체로서 별개의 독립된 사업소라기보다는 효율적인 업무수행을 위하여 기능과 조직을 세분화한 경우에 해당된다 할 것이므로 동일한 사업주가 동일한 건물에서 자기 책임 하에 여러 가지 사업(사무)을 수행하고 있는 것으로 보인다. 따라서 변전소와 지사조직을 하나의 사업소로 보아야 한다. 따라서 예산, 회계 등의 독립성이 없이 송·변전업무, 전기공급 및 판매 등의 업무를 수행하고 있어서 변전소가 인적설비를 갖추지 아니한 무인변전소로 볼 수 없다(조심 2012지426, 2013.2.20.).

㉢ 양곡창고, 농산물집하장, 저온저장고, 선과장

본점과 거리상 상당히 떨어진 지역에 독립적으로 건축된 건축물로서 이러한 시설물이 본점의 업무와 관련성이 있다는 사유만으로 본점의 인적·물적설비와 유기적으로 결합하여 사업이 이루어지는 본점과 이 사업장이 하나의 사업소에 해당된다고 보기는 어렵다 할 것이고, 건축물 내역을 보면, 양곡창고, 농산물집하장, 저온저장고, 선과장 등으로 이루어진 건축물로서 단순한 창고 및 저장시설 등에 불과하다고 보이며, 간헐적으로 선과장이나 벼 건조장 등에서 작업이 이루어지고 있다고 하여 독립적으로 인적설비를 갖추고 계속적으로 사업이 이루어지는 독립된 사업소라고 볼 수 없다(조심 2019지1556, 2019.7.23.).

② **물적설비**

'물적설비'라 함은 허가와 관계없이 현실적으로 사업이 이루어지고 있는 건축물, 기계장치 등이 있고, 이러한 설비들이 지상에 고착되어 현실적으로 사무·사업에 이용되는 것을 말한다(지예 법74-1). 사업장 내 시설물이 물적설비로서 외형적인 요건을 갖추고 있는 경우, 해당 시설물을 물적설비로 볼 수 있는지에 대한 판단은 시설물의 주된 용도, 사업과의 연관성 등을 종합적으로 고려하여 물적설비가 실질적으로 해당 사업에 직접 공여되고 있다면 물적설비에 해당한다고 보아야 할 것이다(세정팀-3334, 2006.7.28.).[378]

청구법인이 파견한 근로자들은 ○○○의 지휘·감독을 받아 건설현장에 투입되는 것으로 보이는 점,「지방세법」제74조 제4호에서 물적설비에 대하여 별도로 규정하고 있지는 아니하나 여기에서 말하는 "물적설비"란 임직원 등이 해당 업무 또는 사무를 계속적으로 수행하기 위한 책상, 전화기, 컴퓨터 등이 설치되어 있는 공간을 말한다고 보아야 하는데 이 건 컨테이너는 근로자들의 휴식 또는 옷을 갈아입기 위한 장소일 뿐 여기에 위와 같은 시설이 설치되었다고 보기는 어려운 점[379] 등에 비추어 처분청이 이 건 컨테이너를 사업소로 보아 이 건 주민세 등을 부과한 처분은 잘못이 있다고 판단된다(조심 2019지3793, 2020.1.31.).

'물적설비'는 반드시 납세의무자 소유의 시설을 의미하는 것이 아니다. 예를 들어 경비인력업체의 파견지의 경비실에는 책상, 의자, 전화, 순찰시계, 경보시설 등 사업수행에 필요한 물적 제반시설이 갖추어져 있고, 직원 3명이 파견되어 1일 2교대로 상시근무하고 있음이 확인되고 있으므로 경비실을 주민세 부과대상인 인적·물적설비를 갖춘 사업소에 해당된다고 보아 균등분 주민세를 부과한 처분은 정당하다 할 것이고, 독자적인 매매거래행위가 이루어지지 않더라도 인적·물적설비를 갖추어 계속하여 사무가 이루어지고 있다면 주민세 부과대상인 사업소에 해당된다 할 것이다(행심 2001-390, 2001.7.30.).

그런데 학교 경비 인력공급업은 야간 및 휴일 경비업무를 수행하면서 당직실에 설치된 경비시설(CCTV 및 모니터, 책상, 전화 등)을 사용하는 경우 당직실은 학교 경비 인력공급업자의 물적설비가 아닌 것으로 보며, 판촉서비스 인력공급업은 사무실 또는 매장을 임차하여 자기책임 하에 운영하는 것이 아니라 단지 대형할인매장, 백화점 등에 종업원을 파견하여 근무하고 직매입거래 또는 특약매입거래 계약을 맺고 물품의 공급만을 하는 경우 해당 판매대 및 재고자산은 판촉서비스 인력공급업자의 물적설비가 아닌 것으로 본다(지예 법74-4).

③ 계속

최소한 1개월 이상의 기간 동안 지속되는 것을 말한다. 이 경우 과세기준일 현재는 1개월이 되지 않았더라도 전체 지속기간이 1개월 이상이면 이에 해당된다(지예 법74-2). 여기서 1개월 이상의 의미는 주민세 재산분의 경우 7.1. 현재 1개월 이상이 아니라 1개월 이상 사업소로 사용하는지에 따라 과세대상 사업소인지 판단한다는 것이다. 추후 계속하여 사업을 할 경우에는 1개월

---

378) 아파트 경비 인력공급업은 입주자대표회의를 통하여 사무실을 제공받아 경비업을 수행하는 경비원들이 독립적으로 사용하는 경우, 해당 사무실은 독립된 물적설비로 보아 종업원분·재산분 주민세 과세시 파견업자의 사업소로 보되 본사와는 독립적인 사업소로 본다(지예 법74-4).

379) 그 현장 사진을 볼 때 여기에 일반적인 업무를 수행하기 위한 책상, 전화기, 컴퓨터 및 정보통신망 등이 설치되어 있는 것으로 보이지는 않는다.

이상 사업을 할 것이므로 주민세 재산분 과세대상 사업소가 되는 것이다.

④ 차고지

근무지가 유동적인 승객·화물 등의 운송업무에 종사하는 근로자(운전원, 안내원, 보조수)의 근무지는 동 업무를 시작 또는 마감하는 장소(차고지, 기숙사, 현장 사무실 등)가 위치한 곳을 근무지로 본다(세정 1268-7896, 1980.6.9.). 차고지가 별도로 있어서 그 차고지가 근무지가 된다면 숙소는 인적설비를 갖추었다고 볼 수 없을 것이나 물적설비는 갖추어져 있으므로 사업소에는 해당되지 아니하나, 차고지가 별도로 없이 숙소만 있다면 숙소가 근무지가 되어 그곳에 인적설비를 갖추어져 있는 것으로 보아 사업소나 사업장이 될 것이다.

⑤ 파견근무

파견근무의 경우에는 그 파견지를 근무지로 보도록 하고 있으나, 출장 등으로 임시적인 근무지는 제외된다. 임시적인 출장은 아닌 경우 파견지에 계속 근무하고 있다면 파견지에 인적시설이 있는 것으로 보아야 할 것이다.

⑥ 폐관된 모델하우스

모델하우스를 폐관하여 실제로 과세기준일(7.1.) 현재 사업에 사용하고 있지 않다면 주민세 재산분 과세대상 건축물로 볼 수 없을 것이다. 휴업 중인 사업소가 주민세 재산분 과세대상 사업소인지 여부는 1년 이상을 따지지만, 사업소용 건축물은 1년 여부를 따지지 아니하는 것이다.

2022.12월 말 폐관하였다면 지방소득세 법인세분 사업소용으로 볼 수 없다는 것이지만 일시적으로 폐관한 경우에는 달리 보아야 할 것이다.

⑦ 위탁사업장

'사업 또는 사무'란 해당 사업 일체에 대하여 사업주의 책임 하에 운영하는 것을 말하므로 위탁계약을 체결하고 수탁자의 사업 운영을 위임받아 사업운영과정에서 발생하는 사업일체에 대하여 위탁업체의 책임으로 하고 있는 경우라면 해당 사업체에 대한 주민세 재산분의 납세의무는 위탁업체에게 있다(지방세정팀-1082, 2005.6.8.). 한편, 사업의 위·수탁계약 시 해당 물적설비의 소유자가 위탁자이더라도 사업 자체를 위·수탁하는 경우 사업소에 설치된 물적설비는 수탁자의 소유권과 관계없이 수탁자의 물적설비에 해당한다(지예 법74-4).

예를 들어 판촉서비스 인력공급업은 사무실 또는 매장을 임차하여 자기책임 하에 운영하는 것이 아니라 단지 대형할인매장, 백화점 등에 종업원을 파견하여 근무하고 직매입거래 또는 특약매입거래 계약을 맺고 물품의 공급만을 하는 경우 해당 판매대 및 재고자산은 판촉서비스 인력공급업자의 물적설비가 아닌 것으로 보며, 파견인력(인적설비)이 해당 물적설비를 목적이 되는 사업에 자기 책임 하에 독립적으로 사용하는지 등을 종합적으로 고려하여 해당 물적설비가 파견업체의 독립된 사업소에 해당하는지 여부를 판단하여야 한다(지예 법74-4). 즉 누구의 책임 아래 있는지 여부에 따라 달라질 것이다.

㉠ **위탁자 책임 하에 운영하는 경우**

운영에 관한 모든 정책과 절차는 운영자가 소유자의 간섭 없이 결정하고 운영자 책임 아래 모든 종업원을 고용하는 등 소유자의 사무 또는 사업이 행하여지지 아니하며, 소유자가 해당 사업장의 종업원에 대한 지휘·감독권을 가지고 있지 아니한 경우에는 위탁자 책임 하에 운영되는 것으로 보아야 할 것이다(서울세제-8723, 2018.7.2. 참조).

종업원분 주민세는 사업소를 둔 사업주에게 환경개선 및 정비에 필요한 비용을 징수하기 위하여 부과하는 조세로서 원칙적으로 해당 사업장의 소유 여부에 관계없이 그 운영자를 납세의무자로 보아야 하는 점, 광주광역시는 쟁점병원을 청구법인에게 위탁하면서 그 운영 및 회계의 투명성을 담보하기 위하여 이익금의 사용처를 제한하거나 결산보고를 하도록 하였을 뿐, 예산의 배분, 직원 채용, 의료기기 도입 등 실제 운영과 관련한 업무는 청구법인이 스스로 결정하여 수행하도록 한 것으로 보이는 점 등에 비추어 쟁점병원에 대한 주민세 납세의무자는 청구법인으로 보는 것이 타당하다(조심 2019지1767, 2020.2.6.).

사례 위탁사업장에 대한 재산분 주민세 납세자(지방세운영과-1626, 2013.7.25.)

이 사업소의 경우 운영위탁계약서에 따라 사업소 운영에 관한 ○○도시공사의 각종 규정을 ○○자유구역청과 협의하여 제·개정하고 이에 따라 운영하여야 하며, 사업소의 시설물의 설치·변경·폐기, 사업계획 및 예산운영계획 등에 대해 ○○자유구역청의 승인을 받아야 하는 등 쟁점사업소 운영을 위한 주요사항에 대한 의사결정권한과 사업시행에 관한 지도·감독권한을 ○○자유구역청에서 가지고 있으며, 더욱이 ○○자유구역청이 사업소를 사업장 소재지로 하여 부동산업·서비스업(임대, 광고, 전시회 개최 등)의 사업자등록을 하고 있으며, 세금계산서 발행 시 그 명의도 ○○자유구역청장으로 되어 있다는 점을 고려할 때 사업소를 사실상 운영하는 주체는 ○○자유구역청으로 보는 것이 합리적이라 할 것이다. 또한, ○○도시공사는 운영예산의 3.7%를 매년 관리대행 수수료로 지급받고 있을 뿐, 사업소 운영수익의 많고 적음에 따라 수수료가 변동되는 것이 아니므로 이는 ○○도시공사가 사업소를 일반적인 영업활동에 직접 사용하여 얻은 수입이라 보기 어렵고, 업무위탁에 따라 소요되는 비용을 ○○자유구역청 예산의 범위 내에서 지급받아 그 목적대로 사용하고 결산 후 그 비용의 집행 잔액과 결산이자를 ○○자유구역청에 반납하고 있다는 점, 운영조례에 따른 사용료 등 해당 수입금을 징수하여 ○○자유구역청의 지정구좌에 입금 조치하는 등 사업소에서 발생하는 수익과 결손 등에 대하여 ○○도시공사가 자기의사에 따라 독자적으로 회계처리를 하는 일반적인 사업주로 보기는 어렵다는 점 등을 종합적으로 검토해 볼 때 사업소에 대한 납세의무자는 사업소를 사실상 관리·운영하는 ○○자유구역청이라고 판단됨.

㉡ **위탁자가 아닌 수탁자 책임 하에 운영하는 경우**

사업장의 소유권이 위탁자에 있고 그 수익금 또한 최종적으로 위탁자에게 귀속되고 있다 하더라도 해당 관리가 수탁자 책임 아래 사업을 운영하고 있는 경우 수탁자가 납세의무가 있다(행심 2006-1089, 2006.11.27.).

㉢ **구내식당 운영자**

단순한 위탁업무를 받은 경우나 수탁업체가 음식물을 가공·조리하여 저렴하게 구내 직원

들에게 제공하고 그에 따른 식재료비와 식당운영경비를 지급받는 형태로 운영되는 경우 수탁자는 납세의무자가 아닐 것이고 위탁자가 될 것이므로 이 경우 직원의 복리후생을 위한 구내식당은 재산분 주민세 과세대상 건축물 연면적에서 제외되어야 할 것이다. 그런데 수탁업체가 자기책임 하에 구내식당을 운영하는 경우[380)]에는 구내식당은 수탁업체가 사용하는 건축물 연면적이 되고, 수탁업체의 구내식당이 아니므로 비과세되지 아닐 할 것이다. 한편, 기업부설연구소의 부대시설인 구내식당을 급식대행업체에게 위탁하여 운영하는 경우라도, 위탁업체에게 음식물을 가공·조리하여 저렴하게 구내 직원들에게 제공하고 그에 따른 식재료비와 식당운영경비를 지급받는 형태로 운영되는 경우라면, 상대방의 부동산을 임차하여 자기계산 하에 이를 사용·수익하면서 일정한 대가를 지불하도록 약정된 임대차 방식이라 보기에는 무리가 있다(행심 2004-300, 2004.10.27. 참조)고 해석하고 있다(지방세운영과-1394, 2008.9.23.).

㉣ 영화관 위탁운영

A법인은 ○○○와 영화관위탁운영계약을 체결하고 A법인의 직원을 영화관에 파견하여 업무를 수행하고 있으므로 A법인의 인적설비가 갖추어졌다고 볼 수는 있으나, 영화관위탁운영계약서상으로 영화관 운영과 관련된 비용은 ○○○가 부담하고, ○○○는 영화관을 포함한 건물에 설치된 모든 시설물 일체의 유지 및 관리책임을 지는 것으로 나타나는 점, 영화관 소재지에서 사업자등록을 한 사업자는 ○○○인 점 등을 볼 때 A법인 직원이 영화관 운영위탁 업무를 수행하는 사무실의 시설(모니터, 책상, 전화 등)은 ○○○가 소유하면서 A법인에 제공하고 있고 그에 대한 유지 및 관리 책임도 ○○○에 있는 점 등으로 보아, A법인은 영화관에서 브랜드의 프랜차이즈 영업을 관리하는 것으로 보일 뿐 물적설비를 갖추고 계속하여 사업을 영위하는 장소로 보기에는 어려움이 있다(조심 2014지0061, 2014.5.19.).

㉤ 지방자치단체로부터 위탁받아 운영 중인 의료시설

지방자치단체로부터 병원운영에 관한 독자적이고 포괄적인 권한을 취득한 점, 진료비 등 병원수입은 법인에 귀속되고 지방자치단체의 회계에 귀속되지 않으므로 경제적 독립성이 있는 점, 시설운영사항 등의 사후적 감독만이 가능한 것으로 원고의 병원운영에 독자성을 인정한 것으로 해석되는 점, 지방자치단체가 아닌 별도의 법인격을 가지고 있어 대외적으로 민·형사상 책임이 있고, 병원인력의 배치, 병원운영에 관한 의사결정권한이 있으며, 의료기관 등록대상, 의료기관개설허가증 등에서 지방자치단체와는 별도 단체로 인정되어 활동하는 점 등을 고려할 때 지방자치단체와는 구분되는 별도 사업주에 해당한다고 봄이 타당하다(대법원 2018두61338, 2019.2.18. 심불, 부산고법(창원) 2018누10890, 2018.10.10.).

---

380) 산업체 공장과 위탁계약을 체결하여 구내식당을 운영하는 업체가 사업 일체에 대하여 책임지는 경우 재산분 주민세 납세의무자는 수탁받은 급식업체에 있는 것임(지방세정팀-1082, 2005.6.8.).

⑧ 동일 건물 등 같은 장소에 있는 경우

각 부서가 각각 사업자등록을 달리하고, 수행업무, 회계, 채용, 인사 등을 독립적으로 수행하고 있다고는 하나, 해당 법인의 각 사업부는 법인소유의 건물에서 임차료 등 별도의 비용 없이 영업하고 있으며, 동일한 설립목적을 실현하기 위해 상호 유기적인 관련성을 가지고 있다는 점, 각 사업부서 종업원도 법인과 고용계약을 체결하고 업무수행에 있어서도 조직이 기능별로 구분되어 있을 뿐 동일한 사업 목적을 수행하고 있는 점 등을 고려할 때, 동일한 건물 내에 위치한 각각의 사업장은 별도의 사업소라기보다는 효율적인 업무관리를 위해 동일 건물에 있다 할 것이므로 하나의 사업소로 본다. 더군다나, 임원실이 같은 공간에 있고 동일한 임원으로부터 지휘를 받아 업무를 수행하는 경우에는 당연히 하나의 사업소로 보아야 할 것이다(지방세운영과-145, 2013.1.14.).

「보험업법」 및 관계 법령에 의한 손해보험업, 제3보험업, 기타 보험업을 주된 사업으로 영위하면서 보험업의 부수업무 등을 수행하는 법인으로서, 보험상품 영업 및 판매업무를 담당하고 있는 지역본부와 사업부, 자동차보험의 사고 처리 및 보상을 맡고 있는 보상서비스센터, 고객의 민원업무를 담당하고 있는 고객지원팀 모두는 보험업 등과 같은 원고의 설립목적을 실현하기 위하여 상호 유기적인 협력관계에 있는 업무를 수행하는 것으로 볼 여지가 크고, 사업본부 및 사업부는 그 산하 지점들과 사업조직의 종적 구조를 형성한다는 점 역시 고려하여야 한다. 원고는 강서사옥, 명동사옥, 강남사옥에 소재하는 사업부 단위로만 사업자등록을 하는 등, 이 사건 각 영업지점 등에 대하여 개별적으로 지점등기나 사업자등록을 하지도 않았을 뿐만 아니라, 원고 내부의 조직구조 개편에 따라 수시로 각 사옥에 입주하는 이 사건 각 영업지점 등은 변경되기도 하였다. 사정이 이와 같다면 별개의 사업소로서의 독립성을 갖추었다고 보기 어렵다. 이 사건 각 영업지점 등 소속 종업원들은 원고에 의해 채용되어 해당 사업부문에 배치되고 있고 순환근무제도, 현장직원의 전환배치제도 등을 운영하면서 해당 사업부문에서 다른 사업부문으로 이동하는 것에 별다른 제약도 없어 보이는데, 이러한 이 사건 각 영업지점 등 소속 종업원들이 원고의 다른 종업원들과 동일한 건물에서 함께 근무하고 있으므로, 사업장별 업무의 기능이 다소 상이하다는 점만을 내세워 기능별로 별개의 사업소가 있다고 섣불리 단정하여서는 아니된다. 이러한 사정들과 함께 종업원분 주민세가 지방자치단체의 환경개선 및 정비에 필요한 비용에 충당하기 위하여 해당 지역 내에 사업소를 둔 자로부터 징수하는 목적세의 성격을 갖는 점 등을 고려하여 보면, 이 사건 각 영업지점 등이 동일한 건물에 위치한 다른 사업장과 기능적으로 다른 업무를 수행하고 있다고 하더라도, 이를 별개의 사업소라고 하기는 어렵다고 볼 여지가 많다(대법원 2016두53562, 2018.4.26.).

㉠ 사업자등록번호가 다른 경우

영업소, 지점 등 동일한 장소에 있는 경우에도 별도의 조직으로 사업이 이루어지는 경우 각각 부과되는 것이나, 유권해석에서는 조직을 기능별로 구분하고 사업자등록을 별도로 하였다 하더라도 효율적인 업무관리를 위해 조직을 세분화한 것에 불과한 경우 각각의 사업장이 한 건물 내에 위치한 경우는 별도의 사업장으로 보기 어렵다고 보고 있다(행심 2006-393, 2006.8.28.). 그리고 사업자등록번호를 다르게 사용하면서 독립된 회계처리 및 인사운영

을 하는 등 인적·물적설비에 완전한 독립성이 인정된다면 별개의 사업소로 보아야 하는 것이나(지방세운영과-1700, 2012.6.1.), 사업자등록을 별도로 하였다 하더라도 효율적인 업무 관리를 위해 조직을 세분화한 것에 불과한 경우에 해당한다면 하나의 사업소로 보아야 할 것이다. 예를 들어 임원실이 같은 공간에 있고 동일한 임원으로부터 지휘를 받아 업무를 수행하는지 여부, 독립된 회계처리 및 인사운영을 하는지 여부에 따라 하나의 사업소 여부가 결정될 것이다.

ⓒ 사업자등록번호가 하나로 되어 있는 경우

사업소 여부는 하나의 사업자등록번호인지 여부와는 관계는 없으나, 하나의 사업자등록번호라면 독립된 회계처리 등을 한다고 하기에는 어려움이 있을 것이므로 별개의 사업소로 볼 수 없을 것이고, 독립된 회계처리 등의 사유로 별개의 사업소라는 것을 입증하는 데 상당히 어려움이 있을 것으로 판단된다.

사례 사업장별 업무의 기능이 다소 상이할지라도 동일 건물 내 또는 인접한 장소에서 설립 목적을 실현하기 위하여 상호 유기적인 협력관계에 있는 업무를 수행하고 있고, 물적설비를 사업장 간 서로 배타적으로 사용·관리하고 있지 않은 경우라면 효율적인 업무 관리를 위하여 조직을 기능별로 구분한 것일 뿐, 각 사업장은 하나의 사업소를 이루고 있다고 보는 것이 타당함(지방세정책과-4231, 2020.9.28.).

사례 동일 건물 내 여러 영업지점이 있는 경우 하나의 사업소에 해당 여부(대법원 2019두36254, 2019.6.13.)

동일한 건물에 위치한 이 사건 각 영업지점 등 소속 종업원들은 위 시설을 다른 소속 종업원들과 공동으로 이용하고 있는 것으로 보인다. 고려대연각빌딩의 경우 복도를 사이에 두고 단일한 층을 단순히 분할하여 각 지점들이 구획된 방별로 위치하고 있을 뿐이다. 공동이용시설의 현황이 이와 같다면 건물의 부대시설 등을 각 지점이 배타적으로 사용 및 관리하고 있다고 보기는 어려움.

사례 자동차 판매라는 동일한 사업 목적을 수행하고 있으므로 동일 건물 내에 있는 각각의 사업장은 하나의 사업소에 해당하는 것임(지방세운영과-5305, 2010.11.9.)

지역본부, 지점, 서비스센터 등이 동일 건물에 위치하고 있으며, 동일건물에 위치하고 있는 지역본부, 직영지점(승용차, 법인택시, 상용차), 서비스센터의 각 업무는 상호 독립된 별개의 업무로 보기보다는 승용차 판매를 위해 상호 유기적인 관련성을 가지고 있다고 보는 것이 타당하다 하겠음. 각 지점별로 사업자등록을 한 다음 독립된 인사발령 및 별도의 회계처리를 수행하고 있다고 하나, 해당 종업원은 동일한 건물 내에서 근무를 하고 있고, 업무수행에 있어서도 조직이 기능별로 구분되어 있을 뿐 자동차 판매라는 동일한 사업 목적을 수행하고 있는 점으로 볼 때, 동일한 건물 내에 위치한 각각의 사업장은 별도의 독립된 사업소라기보다는 효율적인 업무관리를 위해 동일건물에 있다 할 것이므로 하나의 사업소로 봄이 타당하다고 사료됨.

⑨ 연접하여 있지만 기능과 조직을 달리하는 두 개 이상의 사업장

연접하여 있는 경우에도 같은 장소와 마찬가지로 판단하여야 할 것이다.

⑩ **인접하여 있지만 기능과 조직을 달리하는 두 개 이상의 사업장**

인접하여 있는 경우에도 같은 장소와 마찬가지로 판단하여야 할 것이다.

건물의 간판이나 사무소의 표지 등과 같은 단순히 형식적으로 나타나는 사업장의 외관보다는 사업소세의 목적, 장소적 인접성과 각 설비의 사용관계, 사업 상호 간의 관련성과 사업수행방법, 사업조직의 횡적·종적 구조와 종업원에 대한 감독 구조 등 실질 내용에 관한 제반 사정을 종합하여 판단(대법원 2008두10188, 2008.10.9.)하여야 할 것이므로 제1공장과 제2공장이 설비를 따로 사용하여 각기 다른 제품을 생산하고, 각기 다른 사업자등록번호를 사용하며, 독립된 회계처리 및 인사운영을 하는 등 인적·물적 설비에 완전한 독립성이 인정된다면 각기 별개의 사업소로 보아야 할 것이다(지방세운영과-1700, 2012.6.1. 참조).

법인 소속의 사업본부·지역본부·지점으로서 대외적으로는 모두 ○○○으로 통하는 점, 동일한 건축물 내에 소재하고 있으며 그 명칭 및 지배인의 동일 여부와 관계 없이 개별 사업소의 종업원에 대한 인사 및 예산·결산 등에 대한 최종 권한은 법인의 대표자에게 있다고 보이는 점, 업무분장에 따라 소관 업무를 수행하고 있지만 법인의 입장에서 보면 개별 사업소 간에 서로 유기적인 협조체제를 가지고 고유업무인 은행업을 수행하고 있는 것으로 볼 수 있는 점 등에 비추어 별개의 사업소로 보기는 어렵다 할 것이다(조심 2015지1874, 2017.3.2.).

> **사례** 인접한 장소에서 기능과 조직을 달리하는 두 개 이상 사업장이 있는 경우, 각각의 사업장을 별개의 사업소로 보기 위한 요건 및 판단 기준(대법원 2008두10188, 2008.10.9.)
>
> 동일 건물 내 또는 인접한 장소에 동일 사업주에 속하기는 하나 그 기능과 조직을 달리하는 2개 이상의 사업장이 있는 경우, 그 각각의 사업장을 별개의 사업소로 볼 것인지의 여부는 그 각 사업장의 인적·물적 설비에 독립성이 인정되어 각기 별개의 사업소로 볼 수 있을 정도로 사업 또는 사무 부문이 독립되어 있는지 여부에 의해 가려져야 하고, 이는 건물의 간판이나 사무소의 표지 등과 같은 단순히 형식적으로 나타나는 사업장의 외관보다는 사업소세의 목적, 장소적 인접성과 각 설비의 사용관계, 사업 상호 간의 관련성과 사업수행방법, 사업조직의 횡적·종적 구조와 종업원에 대한 감독 구조 등 실질 내용에 관한 제반 사정을 종합하여 판단하여야 함.

⑪ **두 개의 현장사무소**

동일 구내에 있는 각각의 사업장을 독립된 사업소로 볼 수 있는지 여부는 업무의 연관성, 사무의 운영현황(운영의 독립성), 회계처리방식, 인사관리 형태 등을 종합적으로 고려하여 판단하여야 할 것이다. 두 개의 현장사무소가 각각 공구별로 별도로 조직되어 있고, 회계처리도 별도로 구분하고 있어 별도의 사업소로 볼 여지가 없지 않으나, 두 개의 현장사무소가 별개의 건축물이 아닌 같은 건축물에 있고, 그 두 개의 현장사무소 중간부분에 한 개의 임원실이 있고 그 한명의 임원으로부터 공사지휘를 받아 업무를 수행하고 있는 경우, 그 두 개의 현장사무소는 하나의 인적설비 및 물적설비의 총체라고 할 수 있고, 각각의 현장사무소는 별개의 독립된 사업소라기보다는 효율적인 업무수행을 위해 조직을 세분화한 경우로서 동일한 사업주가 동일한 건물에서 하나의 사업소를 운영하면서 여러 가지의 사업 또는 사무가 이루어지고 있는 경우에 해당된다고 보아

야 할 것이다. 따라서 위 두 개의 현장사무소 전체가 하나의 사업소에 해당되는 것이다(감심 2008 -256, 2008.10.1.).

동일 사업의 동일한 구간 내에 있지 아니하여 별도로 조직되어 있고, 각 임원으로부터 공사 지휘를 받아 업무를 수행하고 있고, 회계처리도 별도로 구분하고 있는 경우 별도의 사업소로 한 경우에는 별도의 사업소로 볼 것이다.

> **사례** 동일 관할 구에 있는 공구(지방세정팀-5122, 2007.11.30.)
> 고속국도 제27호선(전주-광양) 건설공사현장 중 15공구와 16공구를 각각 다른 원도급사로부터 하 도급 받은 전문건설업체가 위 양 공구의 중간부분에 하나의 건축물을 신축하여 공동으로 관리사무 실로 사용하고 있다면, 「지방세법」상 사업소세는 위 관리사무실 전체를 과세표준으로 하여 1건으 로 부과하여야 할 것이기 때문임.

⑫ 경비용역업체

경비도급계약을 체결하여 도급을 받은 경비용역업체가 도급을 준 아파트 단지 내 경비초소에 직원을 파견하여 아파트 경비업무를 수행하는 경우 아파트 경비업무는 인적·물적시설을 갖추어 도급계약을 체결한 아파트 전체를 하나의 사업소로 하여 경비업무가 유기적으로 이루어지는 것 이라 하겠으므로 아파트 단지 내 경비초소마다 법인 균등분 주민세 과세대상인 "사업소"로 볼 수 없는 것이다(지방세운영과-1881, 2011.4.21.)라고 해석하고 있는데, 이는 법인 균등분 주민세는 경비초소마다가 아닌 아파트 전체를 하나의 사업소로 본다는 의미로 법인 균등분 주민세 과세대 상이 된다는 것이다.

'인적설비'란 그 계약형태나 형식에 불구하고 당해 장소에서 그 사업에 종사 또는 근로를 제공 하는 자를 말하고, '물적설비'란 허가와 관계없이 현실적으로 사업이 이루어지고 있는 건축물 등 을 말하는 것인바, 청구법인이 소속 경비원이 이 건 아파트에 파견되어 경비용역을 수행하는 근 무형태와 다른 관리사무소 소속 직원들과 구분되어 있는 근무장소 등을 종합할 때 청구법인은 이와 관련하여 별도의 사업소를 두고 있는 것으로 보인다(조심 2018지0411, 2018.11.28.).

학교 경비 인력공급업은 야간 및 휴일 경비업무를 수행하면서 당직실에 설치된 경비시설 (CCTV 및 모니터, 책상, 전화 등)을 사용하는 경우, 당직실은 학교 경비 인력공급업자의 물적설 비가 아닌 것으로 본다(지예 법74-4).[381]

---

381) 각 학교와 경비용역계약을 체결하고 직원을 파견하여 야간 및 휴일 경비업무를 수행하고 있으므로 해당 학교에 청구법인의 인적설비는 갖추어졌다고 볼 수는 있으나, 청구법인과 (주)○○○이 작성한 「경비 및 관리 기본약관」 제16조에서 경비업무를 위임한 관리주체 등은 경비용역업체가 경비업무를 수행하는데 필 요한 시설 및 집기비품·용수·전력을 제공한다고 규정되어 있음을 볼 때, 청구법인이 경비업무를 수행하 는 당직실 및 당직실에 설치된 경비시설(CCTV 및 모니터, 책상, 전화 등)은 경비업무를 위탁한 각 학교 가 소유하면서 청구법인에게 제공하고 있고 그에 대한 유지 및 관리 책임도 학교에 있다고 보이는 이상 비록 경비용역업체가 직원 1명 내지 2명을 각 학교에 파견하여 야간 및 휴일 경비업무를 수행하고 있다고 하더라도 각 학교의 당직실을 물적설비를 갖추고 계속하여 사업을 영위하는 장소에 해당된다고 보기에는 사회통념상 무리가 있다고 할 것이다(조심 2010지0645, 2011.5.27.). 그런데 이 심판례는 근무자수(1명), 근 무시간(야간, 휴일), 파견근로자의 낮은 보수, 학교현황 등을 감안한 결정으로 개별 사례로 제한하는 것이

따라서 위탁계약, 근로계약 내용, 근무형태, 업무범위, 관리감독, 사업장 현황 등이 근무지(사업장)별로 매우 다양할 수 있으므로 개별적·구체적 확인하여 판단하여야 할 것이다.

> **사례** 경비용역 법인이 사업장별로 인적설비 및 물적설비를 갖추고 계속하여 사업이 이루어지는 사업소에 해당한다고 볼 수 있으므로 해당 사업소를 기준으로 종업원분 지방소득세 과세대상 여부를 판단하는 것이 타당하므로, 파견직원을 본사 종업원으로 간주하여 50인 초과 여부를 판단할 수는 없다고 사료됨(지방세운영과-5810, 2011.12.22.).

> **사례** 계약업체에 파견된 경비원 등이 본사 종업원인지 여부(행심 2002-364, 2002.10.28.)
>
> 청구인과 계약업체 간의 용역·도급계약서 및 사무실약정서와 처분청 세무공무원의 현지확인복명서를 종합하여 볼 때 계약업체는 용역·도급기간 동안 일정규모의 사무소를 무상으로 제공하고 청구인은 현장책임자 또는 작업반장을 선임하여 노무관리 및 작업상의 지휘감독 및 복무규율의 유지와 용역·도급업무 이행에 관한 업무연락 등을 하도록 규정하고 있고 경비원 등을 생산현장 및 초소에 장기간 파견하여 근무하고 있는 사실이 확인되고 있는 점으로 보아 계약업체의 11개 사업장에는 경비 및 생산관리를 위한 책상 및 인터폰 등이 구비된 사무실이 각각 설치되어 각 사업장별로 경비반장 또는 생산책임자의 작업지시 및 출퇴근감독에 따라 경비원 등이 생산현장 및 초소에서 각각 근무하고 있다고 하겠으므로 이러한 용역·경비업을 목적으로 하는 법인의 각 계약업체에 근무하는 경비원 등은 모두 본사의 종업원으로 보기보다는 계약업체별 사업장에 각각 근무하는 종업원으로 보아 사업소세 종업원할을 과세하는 것이 타당함.

> **사례** 청소용역업체가 종업원을 청소용역 의뢰처에 파견하여 단순 사실행위인 청소만을 하고 있는 경우에는 이를 별도의 사업장으로 볼 수 없는 것이므로 종업원할 사업소세는 파견된 직원을 합산하여 본점 소재지 관할구청에 신고납부하여야 함(내무부 세정 13407-56, 1995.2.11.).

⑬ 아파트관리용역회사

해당 사업장에 파견된 아파트 관리업체 인력이 입주자 대표회장으로부터 업무에 필요한 사무공간 및 설비 등을 제공받아 사무를 수행하고 있다면, 해당 장소는 현실적으로 사업이 이루어지고 있는 물적설비라고 보아야 하며 이 경우 해당 사업장의 자가 소유 또는 임대 여부는 "물적설비" 판단에 있어 직접적인 판단기준은 아니라 할 것이다. 따라서 위탁사업장이라도 인적설비 및 물적설비를 갖추고 사업을 계속하고 있다면 해당 법인은 법인 균등분 주민세 과세대상이라 할 것이나, 해당 사업소가 주민세 과세대상 사업소인지 여부는 근로계약 내용, 근무형태, 업무범위, 관리감독, 사업장 현황 및 용도 등에 달리 판단될 수 있다(지방세운영과-4124, 2012.12.25.).

아파트 경비 인력공급업은 입주자대표회의를 통하여 사무실을 제공받아 경비업을 수행하는 경비원들이 독립적으로 사용하는 경우, 해당 사무실은 독립된 물적설비로 보아 종업원분·재산분 주민세 과세 시 파견업자의 사업소로 보되 본사와는 독립적인 사업소로 본다(지예 법74-4).

타당하며, 일반화할 수 없다고 보여진다.

> **사례** 아파트관리용역회사의 균등분 주민세, 재산분 주민세 및 종업원분 지방소득세 과세대상임
> (세정 13407 - 1311, 1996.11.16.)
>
> 소속 종업원들이 근무하는 사무실 등 물적설비(임대 여부 불문)를 갖추고 계속해서 해당 장소에 주재 근무하도록 하고 있다면 그 현장별로 면세점(종업원분 : 종업원 50인 이하, 재산분 : 사업소 연면적 330㎡ 이하) 해당 여부를 판단하여야 하므로 용역업체가 사용하는 부분에 대해서는 재산분 주민세도 과세대상이 됨.

⑭ 입주대표회의

㉠ 위탁관리하는 경우

해당 아파트 관리사무소장 이하 직원들은 입주자대표회의의 종업원이고, 관리사무소는 입주자대표회의가 해당 아파트의 관리 사무를 수행하기 위하여 설치한 인적·물적 설비로서 계속하여 사업 또는 사무가 이루어지는 장소이며, 이러한 직원들의 급여는 입주자대표회의가 지급하고 있다고 봄이 타당하다. 아파트 입주자대표회의 명의로 근로소득에 대한 원천징수의무를 이행하고 있다고 할지라도 직원들의 급여가 궁극적으로 관리용역회사에 의하여 지급되고 있으므로 입주자대표회의는 관리사무소의 사업주로서 종업원에게 급여를 지급하는 자에 해당하여 재산분 주민세와 종업원분 지방소득세의 납세의무자라 하겠으므로(대법원 92누14182, 1993.8.24.), 입주자대표회의를 아파트 관리사무소의 사업주로서 종업원에게 급여를 지급하는 자로 보아 종업원분 지방소득세를 부과한 처분은 잘못이 없다 (행심 2007 - 208, 2007.3.26.).[382]

아파트 관리사무소에 파견된 직원이 아파트관리용역회사 소속의 직원이라면 아파트관리용역회사의 '인적설비'에 해당한다고 볼 수 있고, ① 물적설비가 갖추어졌는지 여부는 해당 사무실 등의 용도, 사업과의 연관성 등을 종합적으로 고려하여 그 설비가 실질적으로 해당 사업에 직접 공여되고 있는지 여부로 판단하여야 할 것인바, ② 사무실·집기 등 아파트 관리업무에 필요한 설비를 갖추고, 아파트 관리업무에 사용하고 있다면 '물적설비'를 갖추고 있다고 볼 수 있다. 따라서 입주자대표회의로부터 업무지시를 받고, 관리사무에 필요한 제반 비용·설비를 제공받고 있더라도, 주민세 과세대상 '사업소'로 보는 것이 타당하지만(지방세운영과 - 5810, 2011.12.21., 행심 2007 - 209, 2007.3.26. 등 참조), 관리사무소가 주민세 과세대상 사업소인지 여부는 근로계약 내용, 근무형태, 업무범위, 관리감독, 사업장 현황 및 용도 등에 따라 판단하여야 한다(지방세운영과 - 3111, 2012.10.5.).

---

382) 현실적으로 퇴직하지 아니한 아파트관리회사 소속 직원의 원천징수업무가 아파트관리사무소나 입주자대표회의에서 아파트관리회사로 변경된 경우에는, 아파트관리회사가 해당 직원에게 해당 연도에 지급한 급여를 합산하여 연말정산하는 것이며, 지급조서의 작성과 제출은 '출자관계에 있는 법인의 본·지점 간의 인사이동으로 인하여 전입한 경우'에 준하여 처리하며('근무처별 소득명세'에 전·현 근무지 소득을 구분·기재하고 기납부세액은 소득자별 근로소득원천징수부의 징수현황에 따라 관할세무서장의 확인을 받음), 소속직원의 원천징수를 아파트관리사무소 또는 입주자대표회의에서 위임·대리하였던 것을 본래의 원천징수의무자인 아파트관리회사에 승계한 것과 실질내용이 같으므로 미환급세액도 승계되는 것이다(관할세무서장의 확인을 받아 원천징수이행상황신고서의 차월이월환급세액을 승계받음)(서이 46013 - 10917, 2002.5.1.).

ⓒ 직접 관리·운영하는 경우

아파트입주민들은 자치관리를 위하여 입주민들의 대표로 구성된 입주자대표회의를 구성하고 입주자대표회의에서 관리사무소를 설치하고, 관리사무소운영에 필요한 직원을 고용계약에 의거 채용하도록 하는 관리규약을 정하였으며, 이에 따라 입주자대표회의에서는 관리사무소장, 경비, 서무, 경비원, 기관실요원, 변전실요원 등을 채용하고 직원들의 급여를 부담해 온 사실을 확인할 수 있으므로 아파트의 관리사무소의 모든 직원들은 입주자대표회의의 종업원으로 봄이 타당하다 하겠으며, 입주자대표자회의가 「지방세법」 규정에 의한 마을회로서 주민의 복지증진 등을 도모하기 위하여 구성된 조직이라 할 것이므로 종업원분 지방소득세는 비과세되어야 할 것이다(행심 2002-191, 2002.4.29.).

직영으로 관리·운영하는 경우 입주자대표회의가 균등분 주민세와 종업원분 지방소득세의 납세의무자가 될 것이다. 입주자대표회의가 마을회에 해당하더라도 균등분 주민세는 비과세되지 아니한다(주민세 재산분과 지방소득세 종업원분은 비과세이나 수익사업과 다른 용도로 사용되는 경우에는 과세). 한편, 개인(면세)사업자로 등록된 입주자대표회의가 직전 연도의 「부가가치세법」에 따른 부가가치세 과세표준액(부가가치세 면세사업자의 경우에는 「소득세법」에 따른 총수입금액)이 4,800만 원 이상인 경우에는 개인사업장 균등분 주민세를 부과하여야 할 것이고, 이 요건에 해당하지 아니하는 경우에는 개인 균등분 주민세를 부과하여야 할 것이다.

⑮ 농산물 공판장 등 파견직원

'인적설비'란 그 계약형태나 형식에 불구하고 해당 장소에서 그 사업에 종사 또는 근로를 제공하는 자를 말한다. 인적설비의 사업소 귀속은 등록 여부와 관계없이 종업원이 실제 근무하거나 근로를 제공하는 곳 또는 업무상 지휘·감독이 이루어지는 장소를 기준으로 판단하여야 할 것이다(지방세정팀-309, 2005.4.20.). 등록 여부와 관계없이 종업원이 실제 근무하거나 근로를 제공하는 곳 또는 업무상 지휘·감독이 이루어지는 장소를 기준으로 판단하여야 할 것이다. 그리고 계속의 의미는 최소한 1개월 이상의 기간 동안 지속되는 것을 말한다. 이 경우 과세기준일 현재는 1개월이 되지 않았더라도 전체 지속기간이 1개월 이상이면 이에 해당된다(지예 법74-2). 예를 들어 창고에 직원이 상주하고 있는 경우에는 사업소에 해당되나, 상주하는 것이 아니라 한 달에 3~4번 정도 제품을 입고 및 반출하는 경우 인적설비가 존재하는 것으로 볼 수 없는 것이므로 사업소에 해당하지 아니한다.

농산물 공판, 수집(집하장), 건조 등 각각 개별 사업장으로 각각 사무실이 있으며, 평상 시 본점에서 근무하고 있다가 농산물의 공판, 건조 등의 업무 발생 시 본점에 출근하여 현지 출장하여 사무를 처리하는 경우(시기에 따라 30일 이상 계속되는 경우가 있고, 주 2~3일 정도 작업하는 날도 있음), 본점 소속으로 되어 있고, 평상 시 본점에서 근무하면서 본점에 출근하여 근무지시를 받아 현지 출장하여 사무를 처리하고 있으므로 비록 30일 이상 파견 사업장에서 근무하고 있다고 하더라도 업무가 마무리되면 다시 본점으로 복귀하고 있으므로 단기적 출장식 근무로 보아 본점

의 종업원으로 보아야 할 것으로 판단된다.

⑯ **백화점**

㉠ **특정매입 형태형 매장**

판촉사원이 파견된 각 판매장은 사업이 수행되는 별도의 독립된 장소를 갖추지 못하였으므로 인적 및 물적설비가 구비된 '사업소'로 볼 수 없고, 소속 법인에 의해 채용된 각 판촉장의 판촉사원은 그 법인과의 계약에 따라 해당 사업에 종사하는 사람으로서 그 법인으로부터 급여를 지급받는 '종업원'에 해당하여 해당 사업장에 근무하고 있는 종업원에 대한 근무지 귀속은 근로감독관계에 있는 장소인 본사로 보는 것이 타당하므로 각 판매장의 판촉사원을 본사 종업원에 포함시켜 면세점 여부를 판단한 처분은 잘못이 없다(감심 2015-450, 2015.9.10.)라고 결정하고 있다.[383] 이 심사례는 임차형 매장이 아니나 특정매입 형태형 매장으로 각 백화점의 물적설비[384]라는 것인데, 본사에서 일괄하여 지급하고 있으나 채용 여부는 근무할 매장의 담당자에 의하여 결정되며 파견한 직원들은 해당 매장에 출퇴근하면서 근무하고 있고 본사에서는 한 달에 한 번 정도의 교육만 이루어지고 있으므로 파견지가 그 근무지가 되는 것으로, 본사의 직원으로는 볼 수 없을 것이나, 사업소가 없다는 이유로 본사의 직원으로 보는 것은 문제가 있다고 판단되지만, 이러한 경우처럼 물적설비가 없다면 본점의 종업원 수에 포함되는 것으로 규정되어 있다(지칙 별표 4 참조).

한편, '특약매입거래계약'에 따라 백화점 등이 매입한 상품 중 판매되지 아니한 상품을 반품할 수 있는 조건으로 A사로부터 상품을 외상매입하고 상품판매 후 판매수익을 공제한 상품판매대금을 A사에 지급한다 하더라도, A사의 상품을 A사의 종업원이 판매하는 경우에는 실질적으로 A사의 사업 장소로 봄이 타당하다 할 것이므로(세정 13407-722, 2001.12.28. 참조), A사가 판매시설을 설치한 백화점 등은 법인 균등분 주민세 과세대상인 '사업소'에 해당되며, 각 사업소별로 종업원분 지방소득세 납세의무 성립 및 면세 여부를 판단해야 한다(서울세제과-15524, 2012.11.29.)라고 해석한 바 있고, 신발을 판매하는 법인이 백화점 내에 별도의 입점매장을 설치하고 각각의 사업소마다 종업원수가 50인 이하라면 종업원분 지방소득세의 납세의무가 발생하지 않을 것이다(세정과-1051, 2005.3.8.)라고 해석한 바 있다.

---

383) 「지방세법」 제74조 제4호에서 "사업소"란 인적 및 물적 설비를 갖추고 계속하여 사업 또는 사무가 이루어지는 장소를 말한다고 규정하고 있는바, 청구법인이 대형할인매장 등에 파견한 종업원(인적설비)에 대한 지휘·감독을 하고, 이들에게 급여를 지급하는 사용자인 점, 대형할인매장들의 자체 매장의 일부분인 매대와 재고자산은 청구법인의 물적설비로 보기 어려운 점 등에 비추어 이를 각각 청구법인의 사업소로 보아 종업원 수가 주민세 종업원분의 면세점에 미달하는 것으로 보아야 한다는 청구주장을 받아들이기 어렵다 할 것임(조심 2014지1441, 2015.3.31.).

384) 판촉서비스 인력공급업은 사무실 또는 매장을 임차하여 자기책임하에 운영하는 것이 아니라 단지 대형할인매장, 백화점 등에 종업원을 파견하여 근무하고 직매입거래 또는 특약매입거래 계약을 맺고 물품의 공급만을 하는 경우 해당 판매대 및 재고자산은 판촉서비스 인력공급업자의 물적설비가 아닌 것으로 봄(지예법74-4).

ⓛ **임차형 매장**

임차 법인과 동일하게 처리하면 될 것이다. 즉 직원이 근무한다면 인적설비가 갖추어져 사업소에 해당한다.

⑰ **수급회사**

공사를 하도급받아 일용인부를 고용하여 공사를 함에 있어서 별도의 사업장이나 사무소를 설치하였다거나 사업자등록을 한 사실이 없이 일정기간 동안 공사를 수행한 사실만으로 인적·물적설비를 갖추고 계속하여 사업 또는 사무가 이루어지는 사업소 또는 사무소를 설치되지 아니한 것으로 보아 법인 균등분 주민세 과세대상이 아니다(행심 2003-111, 2003.5.26.).

⑱ **건설현장**

일시적으로 설치된 공사 현장사무소는 원칙적으로는 해당 공사를 직접 담당한 사업소(본사 또는 지사 등)에 소속된 부설 사업장으로 보아 합산하여야 한다. 다만, 공사현장 사무소에서 노무관리, 회계처리 등의 업무가 현장사무소 책임자의 책임 하에 집행되고 해당 공사가 상당기간 계속되어 독립된 사업소라고 인정할 수 있는 경우에는 하나의 사업소로 보아 법인세분 과세대상이 된다(세정 1268-12060, 1979.7.27. 참조). 이 경우 임대차계약 여부는 무관하며 위와 같이 계속적으로 사무를 보게 되는 경우 별도의 사업소로 볼 수 있다.

현장사무실에 직원을 파견하여 1개월 정도 머무는 것은 동일 장소에서 계속적으로 근무하는 것으로 보아야 할 것이다. 공사기간이 1개월 미만인 경우에는 본사 등의 직원에 포함되나, 공사기간이 1개월 이상인 경우에는 파견지가 사업장이 될 것이다.

공동도급의 경우 참여 업체별 사용 면적이 구분된다면 이를 근거로 계산하여야 할 것이며, 공용면적은 구분되는 면적으로 안분하여야 할 것이다. 즉 파견된 인원이 각각 사용하는 면적대로 구분하여야 할 것이다. 구분이 전혀 불가능하다면 지분비례로 하여야 할 것이다. 이는 건축물의 연면적 산정 시 각 참여 업체별 지분율에 의하여 안분하는 것이 타당하다는 유권해석(세정 13430-1115, 2000.9.18.), 즉 공동도급공사수행으로 현장사무소 등 업체별 건축물의 실제 사용면적 산정이 불가한 경우라면 각 자치단체에 소재한 사업장으로 인하여 발생하는 행정수요에 비례하여 주민세를 배분하기 위한 이 규정의 취지를 감안해 볼 때 각 참여 업체별 지분율에 의하여 이를 사용하는 것으로 보아 안분하는 것이 타당하다고 해석하고 있기 때문이다.

한편, 인원은 실제 근무하는 인원을 기준으로 구분하여야 할 것이다. 다만, 위임 시공의 의미가 A사가 전체 인원을 투입하고 이에 대한 대가를 별도로 받거나 이를 고려하여 지분 참여함을 의미한다면 전체 인원을 A사 소속으로 하여야 할 것이다. 면적도 이와 같이 처리하여야 할 것이다.

> **사례** 사업연도 종료일 현재 종업원 및 사용 건물이 없는 공사현장일 경우 법인세분 지방소득세 안분대상에서 제외되는 것임(세정과-867, 2004.4.20.)
> 공동도급공사를 수행하기 위한 현장사무소 등의 경우 실제 사용면적의 산정이 불가능한 경우 각 참여업체의 도급공사 지분별로 안분하는 것이 타당하나(행정자치부 세정 13430-1115, 2000.9.18.

참조), 귀문의 경우처럼 공동도급공사를 수행함에 있어 법인의 사업연도 종료일 현재 해당 법인의 종업원 및 직접 사용하는 건축물이 없는 공사현장이라면 「지방세법 시행령」 제130조의 5 제2항 규정에 의한 법인세할 주민세 안분대상 사업장에서 제외됨.

⑲ 계절직 관리원

계절직 관리원의 경우 영농에 필요한 저수지, 용·배수로 등을 관리함에 있어 농업 등을 주업으로 종사하는 현지주민을 위촉한 점, 업무능력향상 및 안전관리를 위한 교육 등 감독을 하고 있으나 그 외의 근로 제공시간이나 장소에 관하여 구체적인 지시감독을 받지 않는 점, 계약조건과 업무에 지장이 없는 범위 내에서 위촉업무를 수행하고 한국농어촌공사에서 수리시설관리수수료 지급받고 있는 점 등과 계절직 관리원의 위촉경위, 업무수행방법, 수수료 지급체계 등을 비추어 볼 때 종속적 노동관계에 있는 종업원으로 보기 어렵다(대법원 98두4047, 1998.5.22. 참조)고 보여진다(지방세운영과-2461, 2013.10.1.).

⑳ 지입차주

지입차주와 지입회사 사이의 위탁관리계약의 체결경위 및 내용, 지입차량의 관리 및 운영상태, 지입료의 지급 관계 등 제반사정에 비추어 소속 지입차주들을 지입회사에 대하여 근로제공 자체를 목적으로 한 고용관계에 있는 종업원으로 보기 어렵고, 따라서 이러한 지입차주들이 종업원임을 전제로 하여 지입회사 사업소의 종업원 수가 50인을 초과한다고 보아 종업원분 주민세를 부과하였음은 위법하다고 판단한 조치는 정당하다(대법원 2000두6572, 2000.10.27.)라고 판시하고 있어서 지입차주는 종업원에 해당되지 아니한다.

㉑ 산하기관

청구인의 경우 ○○○ 조직도상 '행정대외부총장' 산하에 소속되어 있으나, 청구인의 목적사업인 ○○○ 학생, 교직원의 소비생활에 필요한 시설 및 물자의 공급, 서비스 제공을 수행하기 위하여 청구인 자체 예산으로 학교 교직원이 아닌 일반 종업원 80여명을 채용하여 급여를 지급하고 있고, 사업자등록상의 업태 및 종목이 교육서비스 등이 아닌 '소매업'과 '부동산임대업'으로 되어 있으며, 청구인은 ○○○ 위임전결규정 및 구매업무 규정상 '책임운영기관'으로 되어 있으면서 이 사건 사업장에 대한 위·수탁관리계약을 학교법인의 명의가 아닌 청구인 명의로 체결하여 계약당사자로서의 권리를 행사하고 있고, 매 회계연도마다 독립적으로 자체 결산을 하고 있는 점 등에 비추어 청구인은 조직도상 ○○○ 산하기관이라 하더라도 자체 목적사업을 위하여 인적·물적시설을 갖추고 직접 채용한 종업원에게 급여를 지급하는 별도의 사업소로서 ○○○가 교직원에게 급여를 지급하는 학교의 사업소와는 달리 보는 것이 타당하다(조심 2019지1648, 2020.1.16.).

5) 사업주

지방자치단체에 사업소를 둔 자를 말한다. 2018년 이전 매년 7.1. 현재 1년 이상 휴업하고 있는 사업소에서 제외하는 것으로 규정되어 있었으나, 2019년 이후 납세의무자에서 매년 7.1. 현재 1년 이상 휴업하고 있는 사업주는 제외하는 것으로 개정되었다.

6) 사업소 연면적

다음 어느 하나에 해당하는 사업소용 건축물 또는 시설물의 연면적을 말한다(지령 §78, 지칙 §36).

① 「건축법」 제2조 제1항 제2호에 따른 건축물(이와 유사한 형태의 건축물 포함)의 연면적

다만, 다음 어느 하나에 해당하는 건축물의 연면적은 제외한다.

㉠ 종업원의 보건·후생·교양 등에 직접 사용하는 「영유아보육법」에 따른 어린이집(2020년 이후), 기숙사, 합숙소(2019년 이전만 적용), 사택, 구내식당, 의료실, 도서실, 박물관, 과학관, 미술관, 대피시설, 체육관, 도서관, 연수관, 오락실 및 휴게실용 건축물

㉡ 실제 가동하는 「폐기물관리법」에 따른 폐기물처리시설, 「하수도법」에 따른 분뇨처리시설 및 개인하수처리시설, 「가축분뇨의 관리 및 이용에 관한 법률」에 따른 처리시설, 「대기환경보전법」에 따른 대기오염방지시설, 「물환경보전법」에 따른 수질오염방지시설 및 「소음·진동관리법」에 따른 소음·진동방지시설용 건축물

㉢ 병기고(2019년 이전만 적용), 구내 목욕실 및 탈의실, 구내이발소, 탄약고 건축물

② ①에 따른 건축물 없이 기계장치 또는 저장시설(수조, 저유조, 저장창고 및 저장조 등)만 있는 경우에는 그 수평투영면적

재산분 주민세 과세대상이 되는 '건축물'이란 건축법령이 적용되는 건축물[385]만을 말하는 것이 아니고 실질이 건축법령이 적용되는 건축물과 유사한 형태의 건축물까지 포함하는 개념으로 건축법령 적용 제외 여부에 상관없이 재산분 주민세 과세대상이 되는 "건축물"의 범위를 판단하여야 할 것이다.

상기에 따른 건축물 또는 시설물을 둘 이상의 사업소가 공동으로 사용하는 경우에는 그 사용면적을 사업소용 건축물의 연면적으로 하되, 사용면적의 구분이 명백하지 아니할 경우에는 전용면적의 비율로 나눈 면적을 사업소용 건축물의 연면적으로 한다.

한편, 재산분 주민세에 있어서는 사업소용 건축물이 2 이상의 시·군에 걸쳐 있는 경우에는 그 건축물의 면적에 따라 안분하여 해당 시·군에 각각 납부하여야 하며, 종업원분 지방소득세에 있어서는 종업원기준으로 하여야 할 것이나 납세구분이 곤란한 경우에는 종업원분 지방소득세의 총액을 재산분 주민세의 비율에 따라 안분하여 해당 시·군에 각각 납부하여야 할 것이다.

① 종업원 복지후생시설

'종업원 복지후생시설'이라 함은 해당 사업장의 종업원이 직접 이용하는 시설에 대하여 사업소 연면적에서 제외되므로 영업용으로 사용하는 경우에는 종업원의 복지시설로 볼 수는 없을 것이다. 비록 복리시설로 사용하고 있으나, 이 시설로부터 수익이 발생하는 경우 사업소 연면적으로 보아야 할 것이다.

---

385) 토지에 정착하는 공작물 중 지붕과 기둥 또는 벽이 있는 것과 이에 딸린 시설물, 지하나 고가(高架)의 공작물에 설치하는 사무소·공연장·점포·차고·창고

② 구내식당

단순한 위탁업무를 받은 경우나 수탁업체가 음식물을 가공·조리하여 저렴하게 구내 직원들에게 제공하고 그에 따른 식재료비와 식당운영경비를 지급받는 형태로 운영되는 경우 수탁자는 납세의무자가 아닐 것이고 위탁자가 될 것이므로 이 경우 직원의 복리후생을 위한 구내식당은 재산분 주민세 과세대상 건축물 연면적에서 제외되어야 할 것이다. 그런데 수탁업체가 자기책임 하에 구내식당을 운영하는 경우에는 구내식당은 수탁업체가 사용하는 건축물 연면적이 되고, 수탁업체의 구내식당이 아니므로 비과세되지 아닐 할 것이다.

한편, 협력업체와 함께 구내식당을 사용하더라도 협력업체가 사용하는 면적은 직접 사용하는 건축물 연면적이 아니라 협력업체가 사용하는 면적일 것이므로 과세제외 면적이 될 것이다. 그리고 협력업체 입장에서는 협력업체의 구내식당으로 보아야 할 것으로 판단되는바, 협력업체의 비과세 면적으로 보아야 할 것이다.

③ 의료실

일반적인 의료실의 경우 일반인이 회사 내에 거의 없어서 직원 이외에 사용할 가능성이 희박할 것이므로 복지후생시설로 보아야 할 것이다. 그런데 호텔 내에 있는 의료실이 직원의 보건에 직접 공하기는 하나, 호텔투숙객 등 이용고객인 일반인도 사용하고 있다면 종업원의 보건만을 위한 시설로 보기에는 어려움이 있을 것이며, 호텔이라는 특수성에 의하면 직원 보다는 투숙객 등의 이용고객이 더 많이 사용할 가능성이 있다는 점, 호텔 영업을 위한 편의시설로 사용되고 있다는 점에서 비과세되는 면적으로 보기에는 어려움이 있을 것으로 판단되지만 이용고객의 사용이 거의 없다는 것을 입증한다면 달리 판단할 수 있다.

④ 박물관, 미술관

주민세 재산분 과세대상에서 제외하도록 규정하고 있는 '박물관'이란 종업원의 보건·후생·교양 등에 직접 사용하는 건축물을 말한다고 할 것이므로, 일반인 대상의 민속박물관은 주민세 재산분 과세대상 건축물에 포함하는 것이다(조심 2016지439, 2017.2.17.). 따라서 도서실, 박물관, 과학관, 미술관, 대피시설, 체육관, 도서관, 연수관 등은 종업원의 보건·후생·교양 등에 직접 사용되어야 비과세된다는 것이다.

한편, 문화원, 미술관이 아닌 전시실, 국악연습실은 제외되는 건축물에 포함되지 아니하는 것으로 보여지는바, 330제곱미터를 초과하는 경우 과세대상이 되는 것으로 판단된다. 전시실이 미술관에 해당할 경우 제외되는 건축물이 될 것이고, 이 경우 이 면적을 제외한 면적이 330제곱미터 초과할 경우 과세대상이 되는 것이다.

⑤ 대피시설

사업소용 건축물 중 그 용도적 측면에서 종업원의 자유의사에 따라 항시 사용할 수 있도록 제공되고 있어 사업장으로서의 기능이 없는 경우에 한하여 건축물의 해당 부분을 재산분 주민세 과세대상에서 제외하겠다는 것이므로 대피시설이라고 하더라도 종업원의 보건·후생·교양 등의 용도가 아니라 일반인을 대상으로 하는 시설이면 과세대상이라고 할 것이고, 종업원을 위한 대피시설이라고 하더라도 그 용도에 전용되지 아니하고 평상 시에는 사업장으로 이용되다가 재난 등 비상사태 시 대피시설로 활용되는 경우라면 재산분 주민세 과세대상에 포함하여야 할 것이다(지방세운영과-2317, 2012.7.20.).

⑥ 연수관

'연수관'이란 종업원의 자유의사에 따라 자신의 교양증진 등을 위해 항시 사용할 수 있도록 제공되고 있는 종업원 후생복지시설로서의 건축물을 말한다. 따라서 업무능력 향상이나 업무 연찬을 위한 종업원 훈련시설인 연수원이나 교육원은 과세대상이 된다(지예 법74…영78-1).

> **사례** 주민세 사업소분 과세표준이 되는 사업소 연면적에는 기업인재개발원은 포함될 것이나, 해당 인재개발원 내 기숙사는 별도로 사업소 내의 종업원의 후생·교양에 직접 사용되는 경우 사업소 연면적에 포함될 수 없을 것으로 판단됨(지방세정책과-2072, 2021.5.7.).

⑦ 오물처리시설 및 공해방지시설

건축물 없이 기계장치 또는 저장시설(수조, 저유조, 저장창고 및 저장조 등을 말한다)만 있는 경우에는 그 수평투영면적이라고 규정되어 있다. 건축물에서는 제외하라는 규정이 있으나, 저장시설에는 오물처리시설과 공해방지시설이라 하여 제외하라는 규정이 없는바, 저장시설 중 오물처리시설 및 공해방지시설은 과세대상 면적으로 보아야 할 것이다.

한편, 대기오염·소음·진동·수질오염 방지시설로 세분된다. 오염방지 및 처리기술의 발전과 함께 보다 효과적이고 효율적인 시설이 개발되고 있지만 현행법(「환경보전법」 및 그 시행령)에서 규정하는 방지시설은 다음과 같다. ① 대기오염방지시설 : 중력·관성력·원심력·전기·음파 집진시설과, 흡수·흡착·직접연소에 의한 시설 및 촉매반응을 이용한 시설 등이 있다. ② 소음·진동방지시설 : 소음기·방음덮개·방음실·방음외피·방음벽·방음터널·흡음장치 및 시설과 탄성지지 및 제진, 방진구 시설 그리고 배관진동 절연장치 등이 있다. ③ 수질오염방지시설 : 스크린·분쇄기를 비롯해 침사·유수분리·유량조정·혼합·응집·침전·부상·여과·탈수·건조·증류시설 등 물리적 처리시설, 화학적 침강·중화·흡착·살균·이온교환·소각시설 등의 화학적 처리시설 및 살수여과상, 폭기·산화·혐기 및 호기성 소화시설·접척조·안정조 등의 생물학적 처리시설이 있다.

「오수·분뇨 및 축산폐수의 처리에 관한 법률」(2006.9.27. 법률 제8014호로 폐지되기 전의 것, 이하 같다) 제2조 제1호 및 그 제2호에서 '오수'라 함은 액체성 또는 고체성의 더러운 물질이 섞이어 그 상태로는 사람의 생활이나 사업활동에 사용할 수 없는 물로서 사람의 일상생활과 관련하여 수세식화장실·목욕탕·주방 등에서 배출되는 것이라고 규정하고 있고, 분뇨라 함은 수거식 화장실에서 수거되는 액체성 또는 고체성의 오염물질(오수처리시설 및 단독정화조의 청소과정에서 발생하는 오니 중 탈수되지 아니한 것을 포함한다)을 말한다라고 각각 규정하고 있으며, 같은 법 제2조 제5호 및 그 제9호에서 오수·분뇨처리시설은 오수 및 분뇨를 생물학적 방법 등에

의하여 정화하는 시설이라고 규정하고 있는바, 이 사건 사업장의 시설물은 오수 및 분뇨를 생물학적 방법 등으로 정화하기 위한 일련의 오물처리시설물에 해당한다 할 것이고, 주민세(재산분) 과세대상에서 제외하도록 규정하고 있는 오물처리시설 및 공해방지시설은 주민세의 입법 취지가 공해요소제거 등 환경개선 및 정비에 따른 비용을 충당하기 위한 원인자부담 성격의 목적세임을 고려하면 제조업 등의 사업장에서 발생하는 오물 등을 자체 처리하기 위하여 설치된 시설로 한정하여 판단하기보다는 공공하수처리를 위하여 실제 가동하는 오물처리시설까지 포함한다고 보는 것이 합리적이라 할 것이므로 이 사업장의 하수 및 분뇨처리시설물은 주민세(재산분) 과세대상에 포함되지 아니한다 할 것이다(행심 2007-542, 2007.10.1.).

폐수처리시설용 건축물은 공해방지시설용으로 보아야 할 것으로 주민세 재산분 과세대상 면적에 포함되지 아니한다. 그런데 폐수처리시설의 부속 변압기는 기계장치라기보다는 공해방지시설이므로 과세대상 면적에서 제외하면 될 것이다.

또한, 방진망 시설이 공해방지시설용 건축물이라면 주민세 재산분 과세대상 건축물이 아니나, 건축물이 아닌 경우 방진망 시설이 기계장치에 해당된다면 수평투영면적이 건축물 연면적에 포함될 것이므로 주민세 재산분 과세대상 면적에 포함될 것이다.

⑧ 기계장치

'기계장치'란 동력장치를 부착, 작업하는 도구로써 특정장소에 고착된 것을 말한다. 이 경우 그 기계의 작동에 필수적인 부대설비를 포함한다(지예 법74…영78-2).

⑨ 수조

'수조·저유조·저장조'란 밑면과 둘레, 벽면이 하나로 연결된 큰 통으로서 물이나 기름 기타 물체를 보관할 수 있는 설비를 말한다(지예 법74…영78-3).

⑩ 태양광 집열판

태양광 집열판은 옥상에 설치되어 있는 경우에는 과세대상 면적에 포함할 수 없을 것으로, 태양광발전소의 태양전지판이 동력장치 없이 단순 구축물일 경우 사업소용 건축물의 연면적에 포함하지 아니한다(지예 법74…영78-4). 화력발전소를 운영하고 있어서 태양광 집열판은 기계장치로 보아야 할 것이므로 나대지 주차장에 설치된 경우에는 과세대상 면적에 포함하여야 할 것으로 판단된다.

> **사례** 태양광전지판은 기계장치로 보아 주민세 등 과세대상임(조심 2020지0360, 2021.12.3.)
>
> 태양광발전시스템은 태양광에너지를 받아들여 태양전지로 발전한 직류전력을 전원공급장치를 이용하여 교류전력으로 변환한 전기를 수용가에 공급하는 역할을 수행하므로 단순히 태양열을 수집하는 장치가 아닌 기계장치에 해당하는 것으로 볼 수 있는 점, 태양광전지판이 비록 패널형태로 이루어져 있다고 할지라도 태양광에너지를 흡수하여 발생시킨 직류전력을 인버터나 변압기 등과 연결시킴으로써 상용전력을 생산하는 일체의 설비 가운데 일부이므로 단순 구축물과는 구조적·기능적 측면에 차이가 있어 보이는 점, 「지방세법」 제74조 제6호 및 같은 법 시행령 제78조 제1항 제2호

에서 건축물 없이 기계장치 또는 저장시설만 있는 경우에는 그 수평투영면적을 사업소용 건축물의 연면적으로 규정하고 있는 점 등에 비추어 태양광전지판의 수평투영면적을 사업소용 건축물의 연면적에 해당하는 것으로 보아 주민세 및 법인지방소득세를 부과하여야 함.

⑪ 옥상에 설치된 스팀배출구, 환풍시설, 연돌 및 발전소 외벽에 설치된 소음기

옥상에 설치된 스팀배출구, 환풍시설, 연돌 및 발전소 외벽에 설치된 소음기가 건축물에 포함되어 있는 것으로 보아 과세대상 면적에 별도로 포함할 필요는 없다고 보여진다.

⑫ 선로시설

선로시설, 승강장, 대합실, 통로, 외부DECK, 출입구, 계단, 역무원 등 관리사무실, 차량기지 등 지원시설 및 매점 등 역사가 지붕과 벽 또는 기둥 등 건축물의 구조형태를 갖추었거나 그에 딸린 시설물이라면 재산분 주민세 과세대상이 되는 "건축물"에 해당된다고 판단된다. 다만, 선로시설 중 역사 외 철도차량을 운행하기 위한 궤도와 이를 받치는 노반(路盤)이 단순히 통과하는 교량 및 터널의 경우라면 이는 토목구조물의 일부에 해당하므로 재산분 주민세 과세대상이 되는 "건축물"로 볼 수 없다(지방세운영과-2306, 2012.7.19.).

⑬ 폐수처리시설

정화된 물을 배수하는 배수시설 등은 취득세 과세대상이 되나, 폐수를 집수·정화시키기 위한 탱크시설은 취득세 과세대상이 되는 수조에 해당하지 아니하는 것으로 해석하여 왔으나, 주유소 내 세차장에서 발생하는 폐수를 유수분리시설 및 유량조정시설에 저장한 다음 물리, 화학적 방법으로 처리하여 일부는 재생수조를 거쳐 재사용하고 일부는 하수도로 방류시키는 일련의 설비이므로 옥외저장시설에 해당한다(대법원 2012두13825, 2012.10.11.)라고 판시하고 있어서 기름 등 부유물이 섞인 물인 폐수정화조는 수조로 보아 과세대상 면적에 포함될 것이다. 폐수처리시설은 각기 다른 형태와 기능을 지닌 시설들이 유기적으로 결합된 복합시설이므로 「지방세법」상에 열거된 과세대상인 급·배수시설로서 볼 수가 없으며 기계장치의 일종이라고 할 것이다.

한편, 옥외기계장치 또는 옥외저장시설에는 오물처리시설과 공해방지시설이라 하여 제외하라는 규정이 없는바, 옥외기계장치 또는 옥외저장시설 중 오물처리시설 및 공해방지시설은 과세대상 면적으로 보아야 할 것이므로, 옥외폐수처리시설은 기계장치로 재산분 주민세 과세대상 면적에 포함될 것이다.

⑭ 차양막

차양막은 벽 또는 기둥과 지붕이 있다면 건축물로 보아야 할 것이고, 별도의 벽 또는 기둥과 지붕이 없다고 하더라도 건축물에 부착(벽이나 창문)되어 건축물의 효용가치를 증대시키고 있으므로 건축물로 보아야할 것이다. 따라서 주민세 재산분과 재산세 과세대상이 되는 것이다.

⑮ 필로티와 캐노피

필로티는 공부상 건축물 연면적에 포함되어 있지 아니하나 건축물의 건축으로 발생된 부분으

로서 건축법령에서 "건축물"을 토지에 정착하는 공작물 중 지붕과 기둥 또는 벽이 있는 것과 이에 부수되는 시설물로 정의하고 있음에 비추어 지붕과 기둥이 있는 건축물(특수구조건물)에 해당될 뿐만 아니라(행심 2007-548, 2007.10.29.), "○○○장"이란 숙박시설의 주차장으로 사용되고 있어 사업 또는 사무와 관련이 있는 사업소용 건축물로 봄이 타당하다 하겠으므로, 필로티에 대한 주민세(재산분) 부과처분은 잘못이 없다(조심 2008지228, 2008.6.30.).

공동주택 지하주차장 출입구에 설치한 캐노피는 지붕과 기둥 또는 벽이 있는 시설물로서 「지방세법」상 과세대상인 건축물에 해당된다(세정과-3731, 2007.9.12.). 그리고 캐노피, 옥탑, 계단실, 기계실 등은 지붕과 기둥 또는 벽이 있는 공작물로서 건축물대장의 연면적 포함 여부 또는 등기 여부에 관계없이 재산세 과세대상이 되므로(지방세정팀-1421, 2006.4.7.), 주민세 재산분도 과세대상 면적에 포함하여야 할 것이다.

⑯ 숙박업으로 사용 중인 캠핑카(캐라반)

재산분 주민세 과세대상이 되는 '건축물 연면적'이란 "「건축법」 제2조 제1항 제2호에 따른 건축물(이와 유사한 형태의 건축물을 포함한다)의 연면적을 말한다"고 규정하고 있는바, 실질이 건축법령이 적용되는 건축물과 유사한 형태의 건축물까지 포함하는 개념으로 건축법령 적용 제외 여부에 상관없이 재산분 주민세 과세대상이 되는 건축물의 범위를 판단하여야 할 것이다.

캠핑카(캐라반)이 토지에 정착된 상태에서 숙박업에 사용되고 있는 경우 자동차의 기능보다는 건축물의 기능을 하고 있으므로 주민세 재산분 과세대상이 될 것이다. 따라서 한 울타리 내에 있는 모든 캠핑카(캐라반)의 연면적이 330㎡을 초과하는 경우에만 과세대상이 되는 것이다.

⑰ 주유기 등 주유시설

주민세 재산분 과세대상 건축물 면적에는 건축물 없이 기계장치 또는 저장시설(수조, 저유조, 저장창고 및 저장조 등)만 있는 경우에는 그 시설물의 수평투영면적으로 규정하고 있어 건축물이 없이 설치된 기계장치, 저장시설 중 수조, 저유조, 사일로, 저장조의 면적을 의미하며 여기서 수조 등이란 밑면과 둘레, 벽면이 하나로 연결된 큰 통으로서 물이나 기름 기타 물체를 보관할 수 있는 설비를 말한다. 건물이 없고 저장시설만 있는 경우의 '그 저장시설물'이란 그 시설물과 일체를 이루는 구축물을 포함하는 것으로서 저유탱크와 일체화된 주변의 방유벽 및 바닥은 과세대상이고, 옥외의 땅위에 아스팔트나 콘크리트로 포장만 했을 뿐 건물이 없는 야적장은 과세대상으로 볼 수 없다.

지하 저유탱크가 건물 내에 있거나 건축물대장상의 면적에 포함되어 있으면 별도로 과세할 필요가 없으나, 옥외에 있다면 과세대상이 된다. 그런데 건축물대장상 면적 포함 여부와 관계없이 주유기는 주유시설이므로 그 면적은 과세대상 면적에 포함되지 아니할 것이다. 그리고 일반적으로 저장탱크 위에 주유기가 설치되어 있다면 주유기 면적이 저장탱크 수평투영면적 내에 포함되어 있을 것이지만, 저장탱크 위에 설치되어 있지 아니하는 주유기라 하더라도 그 수평투영면적은 과세대상 면적에 포함하지 아니한다는 것이다.

⑱ 폐쇄된 지하 주차장 및 공실

고시텔 중 일부 호실이 공실로 남아 있고, 지하 주차장도 사용되지 않은 채 비어 있는 사실, 위 공실과 지하 주차장의 사용이 물리적으로 불가능하지는 않은 사실은 당사자 사이에 다툼이 없는바, 이러한 사실관계에서 알 수 있는 다음과 같은 사정, 즉 ① 원고가 휴업이나 폐업 없이 이 사건 고시텔을 계속 운영하고 있는 점, ② 고시텔의 특성상 공실 여부는 수시로 변경이 가능하고, 이 사건 고시텔 중 일부 호실이 공실로 남아 있는 것은 원고의 주관적 사정에 불과한 점, ③ 지하 주차장은 원고나 위 건물의 임차인들이 공동으로 사용할 수 있는 공용부분에 해당하는 점, ④ 공실과 지하 주차장을 일시 사용하지 않더라도, 이를 완전히 폐쇄하는 등 물리적으로 사용이 현저히 곤란하거나 불가능하지 않은 이상, 언제든지 본래 용도로 다시 사용할 수 있는 점 등에 비추어 보면, 이 사건 고시텔 중 공실과 지하 주차장 역시 고시텔로서의 인적 및 물적 설비를 갖추고 계속하여 사업 또는 사무가 이루어지는 장소에 해당한다 할 것이므로, 위 공실 면적을 과세표준에 포함하고, 지하 주차장 면적 중 '기계실과 지하 주차장을 제외한 전용면적에서 이 사건 고시텔이 차지하는 면적 비율'에 상응하는 부분을 산정하여 이를 과세표준에 포함한다(대법원 2020두44626, 2020.10.29. 심불, 서울고법 2019누66769, 2020.7.8.).

⑲ 도장·미장 공사현장

도장 공사업, 미장 공사업 등으로 청구법인의 사업 또는 사무가 이루어지는 장소는 도장 공사 등의 대상이 되는 지하 주차장, 베란다, 옥상 등이고, 청구법인이 공사현장의 물적설비라 주장하는 기계실 등은 휴게실 등의 용도로 사용되는바, 휴게실은 근로자들의 휴식 등을 위한 공간일 뿐, 청구법인의 업무 또는 사무를 계속적으로 수행하기 위한 공간을 일컫는 물적시설이라고 보기 어려운 점(조심 2016지0849, 2016.11.24., 같은 뜻임), 청구법인의 공사현장인 ○○○ 공사도급계약 일반조건 제7조 제1항에 따르면, 현장대리인을 2명 선임하게 하고, 그 중 '정'은 본사 직원으로, '부'는 현장소장으로 하되, 정이 총괄책임을 지도록 하여, 공사현장의 총괄책임자는 결국 본사 소속 직원이 되는 점, 현장소장의 업무는 수급인을 대리하여 도급받은 공사의 시공관리 및 기타 기술상의 관리를 담당하며 작업일지를 작성하여 도급인에게 제출하여 확인받는 것으로, 직접 일용근로자를 채용하거나 하는 등의 독립된 사업주로서의 역할을 하는 것으로 보이지 않는 점, 반면에 본사는 모든 공사현장의 총괄관리 및 종업원에 대한 급여지급 및 원천징수의무 등을 수행하는 것으로 보이므로, 청구법인의 종업원들은 모두 본사 사업소의 종업원으로 보는 것이다(조심 2023지3542, 2024.7.1.).

7) 종업원의 급여총액

사업주가 그 종업원에게 지급하는 급여로서 「소득세법」 제20조 제1항에 따른 근로소득에 해당하는 급여의 총액을 말하나, 다음 어느 하나에 해당하는 급여는 제외된다(지령 §78-2).

① 「소득세법」 제12조 제3호에 따른 비과세대상 급여

「조세특례제한법」 상의 비과세대상 급여는 제외되지 아니함에 유의하여야 할 것이다.

② 「근로기준법」 제74조 제1항에 따른 출산전후휴가를 사용한 종업원이 그 출산전후휴가 기간 동안 받는 급여(2021.1.1. 이후 적용)

③ 「남녀고용평등과 일·가정 양립 지원에 관한 법률」 제19조에 따른 육아휴직("육아휴직")을 한 종업원이 그 육아휴직 기간 동안 받는 급여(2020.1.1. 이후 적용)

☞ 종업원이 육아휴직기간이 종료된 후 직무 복귀를 하지 않고 자체 규정에 의한 휴직기간이 종료된 후에 복귀하였다면 그날이 직무 복귀일임(지방세정책과-1764, 2020.4.23.).

④ 6개월 이상 계속하여 육아휴직을 한 종업원이 직무 복귀 후 1년 동안 받는 급여(2020.1.1. 이후 적용)

8) 종업원

사업소에 근무하거나 사업소로부터 급여를 지급받는 임직원, 그 밖의 종사자로서 급여의 지급 여부와 상관없이 사업주 또는 그 위임을 받은 자와의 계약에 따라 해당 사업에 종사하는 사람을 말한다. 다만, 국외근무자는 제외한다.

계약은 그 명칭·형식 또는 내용과 상관없이 사업주 또는 그 위임을 받은 자와 한 모든 고용계약을 말하고, 현역 복무 등의 사유로 해당 사업소에 일정 기간 사실상 근무하지 아니하더라도 급여를 지급하는 경우에는 종업원으로 본다.

상근 종사자는 물론 무급접대부, 일용근로자, 법인의 비상근이사 등을 포함한다. 다만, 사업소에 근무하지 아니하고 사업주로부터 급여를 지급받지 아니하는 임원 등은 제외한다(구 지통 74…78-3-1). 여기서 단서가 2016.1.1. 신설되었는데 종전에도 무보수 비상근이사는 대법원(2006두514, 2006.4.14.)에서 제외하는 것으로 판시하였던바, 제외하는 것이 타당하다.

> 사례 가족관계 요양보호사도 종업원으로 보아야 함(지방세운영과-3995, 2011.8.24.)
> 가족관계 요양보호사는 「노인장기요양보험법」에 의하여 해당기관의 장과 근로계약을 체결하고 일정 급여를 받으며 해당사업에 종사하고 있고, 사업주 등과 체결한 계약의 명칭이나 형식 등을 불문하고 그 실질에 있어 해당 사업소에 근무하면서 근로를 제공하여 사업에 종사, 해당 사업소로부터 급여를 지급받는 사람을 종업원으로 본 대법원판례(2007두17083 참고)를 고려해 볼 때, 가족관계 요양보호사도 해당 사업장의 종업원으로 보아야 할 것임.

① 납세의무자(지법 §75)

과세기준일 현재 지방자치단체에 주소(외국인의 경우 「출입국관리법」에 다른 체류자)를 둔 개인

① 납세의무자 제외

과세기준일 현재 다음 어느 하나에 해당하는 자는 제외된다(2019년 이전에는 ㉠, ㉡, ㉣은 비과세로 규정되어 있었음).

㉠ 「국민기초생활 보장법」에 따른 수급자(2019년 이후 개인 균등분만)

㉡ 「민법」에 따른 미성년자(그 미성년자가 미성년자가 아닌 자와 「주민등록법」상 같은 세대를 구성하고 있는 경우 제외)(2019년 이후 적용되며, 개인 균등분만)

㉢ 「주민등록법」에 따른 세대원 및 이에 준하는 개인으로서 납세의무자의 주소지(외국인의 경우 「출입국관리법」에 따른 체류지 말함)와 체류지가 동일한 외국인으로서 「가족관계의 등록 등에 관한 법률」 제9조에 따른 가족관계등록부 또는 「출입국관리법」 제34조 제1항에 따른 외국인등록표에 따라 가족관계를 확인할 수 있는 사람, 「주민등록법」 상 세대주의 직계비속으로서 「주민등록법」 상 단독으로 세대를 구성하고 있는 30세 미만의 미혼자

㉣ 「출입국관리법」 제31조에 따른 외국인등록을 한 날부터 1년이 경과되지 아니한 외국인(2017년 이후 적용되며, 개인 균등분만)

② '주소지'의 의미

「지방세법」 상 주소에 대한 정의가 없으므로 세법에서는 「민법」의 규정을 원용(援用)하고 있으며, 「민법」 제18조에서는 "생활의 근거되는 곳을 주소로 한다"라고 규정하고 있다. 따라서 '주소'란 주민등록상의 주소지를 말하는 것이 아니라, 실제로 그 가족과 함께 생활하는 근거지를 말하는 것이다. 「주민등록법」 제23조 제1항에서는 다른 법률에 특별한 규정이 없으면 주민등록지를 공법 관계에서의 주소로 한다고 규정하고 있고, 주민등록상 주소 및 세대주는 국민 생활의 공적(公的)・사적(私的) 사회생활에서 일반적으로 통용되어 사실관계로 객관화되어 있는 점을 고려할 때, 「주민등록법」에 따라 개인이 신고하는 주소 및 세대주는 과세권자가 주민세를 과세함에 있어 개인의 주소 및 세대주를 판단하는 가장 객관적인 근거로 추론할 수 있다. 따라서 기숙사를 주민등록상 주소지로 신고하고 2~3년간 장기간 거주하고 있다면 해당 장소를 주민세 과세대상 주소로 보는 것이 타당하다.

한편, 납세의무를 지는 세대주와 생계를 같이 하는 가족은 주민세 과세대상에서 제외하는바, 생계를 같이하는 가족인지 여부는 거주형태, 거주경위, 실제 당사자와 가족 구성원과의 실질적인 생활관계 등을 고려하여 판단하는 것이 합리적이라 할 것이므로, 「주민등록법」에 따라 세대주로 신

고되어 있고, 가족과 떨어져 사회생활을 하는 직장인이라면 독립된 1인 세대로써, 본인을 본인의 생계를 책임지는 세대주로 보아야 하며, 고향에 있는 부모님을 '생계를 같이하는 가족으로서 납세의무를 지는 세대주'로 볼 수는 없다.

주소지를 판단함에 있어서 직장관계상 단신으로 가족의 거주지를 떠나 거주를 하면서 주말 등에는 가족의 거주지에서 생활하고 있는 경우, 학업을 위하여 가족과 헤어져 학교 소재지에 하숙하고 있는 경우, 선원이 장기간 선박에 승선하고 있는 경우 등은 그 가족의 거주지를 주소지로 보아야 한다.

외국인의 경우에는 「출입국관리법」에 따른 체류지를 말한다.

③ 기숙사 거주자

직장인이 회사 소유의 기숙사에서 거주하면서 그 가족과는 별도로 기숙사에 주민등록상 세대(1인 세대주)를 구성하고 있다면 균등분 주민세 과세대상이 된다(지방세운영과－3800, 2012.11.23.). 그런데 가족과 떨어져 일시적으로 취업 등을 위하여 기숙사 등에 거주하고 있다면 주민등록 등재 여부에 불문하고 균등분 납세의무는 없다(내무부 세정 13407－839, 1995.8.30.). 여기서 "일시적 의미"는 특정기간(예 : 1년)에 한정되는 것이 아니라, 당해 장소의 거주 목적, 거주형태, 실제 당사자와 가족 구성원과의 실질적인 생활관계 등을 전반적으로 고려하여 판단할 사항이다(지방세운영과－5304, 2010.11.9.).

④ 외국인

시·군 내 주소를 두지 아니한 외국인의 경우에는 균등분 주민세 납세의무가 없다. 그런데 국내에 거주하는 외국인으로서 「출입국관리법」에 의한 거류신고를 하고 외국인등록을 한 자는 거주지를 주소지로 보며, 근로자로서 외국에 근무하는 자는 그 가족과 함께 외국에 거주하는 경우 국내에 주소가 없는 것으로 보는 것이다. 따라서 시·군 내에 주소를 둔 개인이 주민세 균등분의 납세의무가 있으므로 국내에 거주하는 외국인으로서 「출입국관리법」에 의한 거류신고를 하고 외국인등록을 한 자는 주민세 균등분의 납세의무가 있다.

한편, 2017년 이후 「출입국관리법」 제31조에 따른 외국인등록을 한 날부터 과세기준일 현재 1년이 경과되지 아니한 외국인은 주민세 균등분을 비과세한다.

⑤ 동일 주소 부부가 각각 세대주로 등록한 경우

주민세 개인균등분의 납세의무를 지는 세대주와 생계를 같이 하는 가족은 주민세가 비과세되는바, 주민등록상 독립하여 세대를 이루고 있는 두 세대가 생계를 같이하는 가족에 해당되는지 여부는 과세권자가 사실조사에 의거 판단하는 것이다(세정 1268－6759, 1984.5.24.). 이 해석에 따르면 생계를 같이 한다면 가족으로 보아야 할 것이므로 각각 부과할 수는 없을 것으로 판단된다.

⑥ 요양원에 주소를 둔 경우

'주소'란 주민등록상의 주소지를 말하는 것이 아니라 실제로 그 가족과 함께 생활하는 근거지

를 말하는 것으로 해석하여야 할 것이므로 비록 노인요양원에 세대주로 하여 주소지를 주민등록
한 경우라 하더라도 자기책임 하에 생계를 유지할 수 없다면 개인균등분 주민세 과세대상이 되지
아니할 것으로 판단된다.

⑦ 해외 장기체류자

「지방세법」 제75조 규정에 의하면, 주민세 균등분의 납세의무자는 지방자치단체에 주소를 둔
"개인"으로 여기서 "개인"이란 1개 개인을 말하는 것이 아니라 1세대 단위를 말하며, 주민세 균
등분은 회비적 성격의 조세로서 세대별 소득수준 또는 가족수와는 관계없이 독립적인 하나의 세
대를 구성하고 있다면 동일한 세액을 균등하게 납부할 의무가 있다고 할 것인바, 비록 해외(영
국) 장기체류 중이나, 이는 우리나라 국적을 보유한 채 자녀교육을 위하여 일시적으로 현지에
거주하고 있고, 세대주 명의로 소유하고 있는 OOO를 주소지로 등록하고 이에 대한 재산세 납세
의무를 이행하고 있을 뿐 아니라, 동 주소지에 생계를 같이하는 자녀 2명을 두고 하나의 독립세
대를 구성하고 있는 점 등으로 볼 때 현 주소지를 사실상 생활근거지로 볼 수 있고, 해외 장기체
류자 또한 독립적 세대의 세대주로서의 지위를 가진다 할 것이다(조심 2013지222, 2013.4.19.).

② 납세지(지법 §76)

과세기준일 현재 주소지

③ 비과세(지법 §77)

주한외국정부기관·주한국제기구에 근무하는 외국인은 주민세 개인분(2020년 이전은 개인 균
등분)을 부과하지 아니한다. 다만, 대한민국의 정부기관·국제기구 또는 대한민국의 정부기관·
국제기구에 근무하는 대한민국의 국민에게 주민세와 동일한 성격의 조세를 부과하는 국가와 그 국
적을 가진 외국인에 대하여는 주민세를 부과한다.

> **사례** 「국민기초생활 보장법」에 따른 수급자는 균등분 주민세를 부과하지 아니하나, 국가유공자
> 에 대하여는 별도의 비과세규정이 없으므로 균등분 주민세를 납부하여야 함(세정과-1541, 2004.
> 6.10.).

④ 세율(지법 §78)

지방자치단체장이 10,000원 범위에서 조례로 정하는 세액(단, 2022년 이후부터 주민의 청구가
있는 경우 개인분의 세율을 15,000원을 초과하지 아니하는 범위에서 조례로 읍·면·동별로 달
리 정할 수 있음)

❺ 부과징수(지법 §79)

(1) 부과징수

개인분의 징수는 보통징수의 방법으로 한다.

(2) 과세기준일

매년 7.1.(2018년 이전 8.1.)

(3) 납기

매년 8.16.~8.31.

❻ 주민세 과세자료 제공(지법 §79-2)

행정안전부장관 또는 지방자치단체장은 개인분 납세의무자의 세대원 확인 등을 위하여 필요한 경우에는 법원행정처장에게 「가족관계의 등록 등에 관한 법률」 제11조 제6항에 따른 등록전산정보자료의 제공을 요청할 수 있다. 이 경우 요청을 받은 법원행정처장은 특별한 사유가 없으면 이에 협조하여야 하며, 행정안전부장관은 이에 따라 등록전산정보자료를 지방자치단체장에게 제공하는 경우에는 지방세통합정보통신망(2022.2.2. 이전 지방세정보통신망)을 통하여 제공해야 한다.

❼ 과세대장 비치(지령 §85)

시장·군수·구청장은 개인분 과세대장을 갖추어 두고, 필요한 사항을 등재하여야 한다. 이 경우 해당 사항을 전산처리하는 경우에는 과세대장을 갖춘 것으로 본다.

제**3**절 사업소분(2020년 이전은 법인 균등분)

❶ 납세의무자(지법 §75)

(1) 지방자치단체에 일정한 규모 이상의 사업소를 둔 개인

○ **일정한 규모 이상의 사업소를 둔 개인**

사업소를 둔 개인 중 직전연도의 「부가가치세법」에 따른 부가가치세 과세표준액(부가가치세 면세사업자의 경우에는 「소득세법」에 따른 총수입금액)이 8,000만 원(2023.3.13. 이전은 4,800 만 원) 이상인 개인으로서 다음 어느 하나에 해당하지 않는 사람을 말함. 다만, 다음 어느 하나에 해당하는 사람으로서 다른 업종의 영업을 겸업하는 사람은 제외.

① 담배소매인
② 우표·수입인지·수입증지 판매인(2015.12.31. 이전만 적용)
③ 복권·시내버스표 판매인(2015.12.31. 이전만 적용)
④ 연탄·양곡소매인
⑤ 노점상인
⑥ 「유아교육법」 제2조 제2호에 따른 유치원의 경영자
⑦ 「영유아보육법」 제2조 제3호에 따른 어린이집의 경영자

세무서장은 직전연도의 부가가치세 과세표준액(부가가치세 면세사업자의 경우에는 「소득세법」에 따른 총수입금액을 말한다)이 8,000만 원(2023.3.13. 이전은 4,800만 원) 이상인 사업자로서 사업소를 둔 개인사업자의 자료를 해당 개인사업자의 사업소 소재지를 관할하는 시장·군수·구청장에게 통보하여야 한다.

한편, 위·수탁계약을 통하여 개인사업자(택배운송업 개인사업자)가 운송사업을 운영함에 있어서 별도로 지상에 고착되어 사무·사업에 이용되는 물적설비가 존재하지 않는다면 개인사업자에 대한 주민세 균등분의 납세의무는 없는 것으로 본다(지예 법75-1).

> **사례** 별정우체국은 소득세의 납세의무가 있으므로 귀하가 운영하는 별정우체국이 위의 요건에 충족된다면 균등분 주민세의 납세의무가 있음(세정 13407-918, 1994.11.11.).

(2) 지방자치단체에 사업소를 둔 법인(법인세 과세대상이 되는 법인격 없는 사단·재단 및 단체 포함)

① 법인세 과세대상이 되는 법인격 없는 사단·재단 및 단체

법인세 과세대상이 되는 법인격 없는 사단·재단 및 단체에 대하여 균등분 주민세 적용시 법인으로 본다라고 규정되어 있는바, 법인 균등분 주민세가 과세된다. 한편, 취득세 등에서는 법인으로 보지 아니함에 유의하여야 할 것이다.

법인세의 과세대상이 되는 법인격 없는 단체가 법인세 납부사실 여부에 불구하고 주무관청의 허가 또는 인가를 받아 설립되거나 법령에 의하여 주무관청에 등기한 단체로서 등기하지 아니하더라도 이를 법인으로 보고 법인 균등분 납세의무가 있다. 예를 들어 국세청 훈령에 의거 조합 등록신청을 하여 국세청으로부터 등록증을 교부받아 사무소를 두고 있는 경우는 수익사업을 영위하는지 여부에 불구하고 법인세의 과세대상이 되는 법인격 없는 단체에 해당하므로 법인 균등분 납세의무자에 해당한다(행심 2000-81, 2000.1.26.).

② 사내근로복지기금

사내근로복지기금이 인적설비와 물적설비를 갖춘 경우에는 균등분 주민세 납세의무자가 될 것이다(회사의 직원이 일부 사내근로복지기금의 사무를 본다면 인적설비와 물적설비가 갖춘 것으로 보아야 할 것임). 한편, 「사내근로복지기금법」 제22조에 따르면 "기금의 설치 및 운영에 관하여는 세법이 정하는 바에 따라 세제지원을 할 수 있다"라고 규정되어 있고, 「지방세법」 제76조에 균등할 주민세의 비과세대상자가 열거되어 있고, 「지방세특례제한법」 상에 면제 규정이 있다. 그런데 사내근로복지기금이 제외된다는 규정이 별도로 없고 관련법에서 법인으로 보도록 규정하고 있다는 점에서 법인 균등분 주민세를 납부하여야 할 것이다. 참고로, 일반적인 공익법인도 균등분 주민세를 납부하고 있다(특정 공익법인은 「지방세특례제한법」의 면제규정이 있음).

「사내근로복지기금법」에 의하여 설립된 사내근로복지기금은 사업주가 이익의 일부를 유가증권, 현금 기타 재산의 형식으로 출연하여 설립되는 비영리법인으로서 출자금 또는 자본금을 갖지 아니하고, 더구나 사내근로복지기금에 대한 출연금이 출자금 또는 자본금에 포함된다는 「지방세법」 상의 명확한 근거규정이 없으므로 출연금을 출자금 또는 자본금으로 간주하여 법인 균등분의 세율을 적용할 수 없다(지방세정팀-1009, 2006.3.15.). 따라서 특별법에 의해 설립된 사내근로복지기금의 경우 법인 등기부등본이나 법인 정관상 "자본금액 또는 출자금액"이 확인되지 않으므로 기타법인으로 보는 것이며, 사내근로복지기금이 인적설비와 물적설비를 갖추어 "사무소"에 해당한다면 기타법인으로 보아 세율을 적용하여 균등분 주민세를 부과하여야 할 것이다.

③ 노동조합

「노동조합 및 노동관계조정법」 제6조에 따르면 노동조합이 법인이 되려면 등기를 하도록 규정하고 있는바, 등기된 노동조합은 법인에 해당되며, 등기되지 아니한 노동조합으로서 법인세의 과세대상이 되는 법인격 없는 사단·재단 및 단체에 해당될 경우에는 법인(법인으로 신청하여 승인받은 경우)으로서 균등분 주민세 납세의무자가 될 것이다. 다만, 등기되지 아니하고 법인세의 과세대상이 되지 아니한 노동조합은 개인으로 보아 부가가치세 과세표준액(부가가치세 면세사업자의 경우에는 「소득세법」에 의한 총수입금액)이 4,800만 원 미만인 경우에는 균등분 주민세 납세의무자가 되지 아니한다.

한편, 국세에서는 「노동조합 및 노동관계조정법」에 의거 설립된 본사의 노동조합은 「국세기본법」 제13조 제1항에 의한 법인으로 보는 단체에 해당하나, 본사의 노동조합과는 별도의 조직이며 독립적으로 운영되는 노동조합지부는 「국세기본법」 제13조 제2항의 요건에 해당되어 같은 법 시행령 제8조에 의거 관할세무서장에게 신청하여 승인을 얻는 경우에는 법인으로 보아 이 법과 세법을 적용할 수 있다(징세 46101-2557, 1998.9.16.)라고 해석하고 있다. 따라서 노동조합지부는 이 해석에 따라 법인 여부를 판단하여야 할 것이다. 즉 「국세기본법」 제13조 제2항의 요건에 해당되어 같은 법 시행령 제8조에 의거 관할세무서장에게 신청하여 승인을 얻는 경우에는 법인으로 보도록 되어 있는바, 법인으로 승인받았는지 여부에 따라 균등분 주민세 과세 여부가 결정될 것이다.

참고로, 개인과 법인의 구분은 사업자등록번호 중간번호가 81, 82, 85, 86, 87로 되어 있으면 법인에 해당한다.

④ 산학협력단

"법인이 경영하는 각급 학교"는 주민세 비과세 대상이나, 법인 그 자체는 법인 균등분 과세대상이다. 그런데 산학협력단이 법인으로 별도 등기되어 있는 경우이거나 법인세 과세대상이 되는 법인격 없는 단체 등에 해당한다면 이는 별도의 법인으로 보아야 할 것으로 과세대상이 될 것이다.

(3) 재산분(2020년 이전만 적용)

주민세 재산분 납세의무자는 매년 7.1. 현재 과세대장에 등재된 사업주로 한다. 다만, 사업소용 건축물의 소유자와 사업주가 다른 경우에는 이미 부과된 재산분을 사업주의 재산으로 징수해도 부족액이 있는 경우로 한정하며 건축물의 소유자에게 제2차 납세의무를 지울 수 있다(지령 §80). 한편, 사업소용 건축물의 소유자가 비과세대상자인 경우에도 제2차 납세의무를 지울 수 있다.

제2차 납세의무자인 건축물의 소유자로부터 재산분을 징수하는 데에 필요한 사항에 관하여는 「지방세징수법」 제15조 및 제32조 제2항·제3항을 준용한다.

② 납세지(지법 §76)

과세기준일 현재 각 사업소 소재지

사업소 면적 사업소분(2020년 이전은 재산분)은 과세기준일 현재 사업소 소재지를 관할하는

지방자치단체에서 사업소별로 각각 부과한다. 사업소용 건축물이 둘 이상의 시·군에 걸쳐 있는 경우 사업소 면적 사업소분(2020년 이전은 재산분)은 건축물의 연면적에 따라 나누어 해당 시장·군수·구청장에게 각각 납부하여야 한다.

❸ 비과세(지법 §77)

다음 어느 하나에 해당하는 자에 대하여는 주민세 사업소분(2020년 이전은 법인 균등분, 재산분)을 부과하지 아니한다.

① 국가, 지방자치단체(다른 법률에서 국가 또는 지방자치단체로 의제되는 법인 제외)[386] 및 지방자치단체조합

② 주한외국정부기관·주한국제기구·「외국 민간원조단체에 관한 법률」에 따른 외국 민간원조단체(다만, 대한민국의 정부기관·국제기구에 주민세 사업소분과 동일한 성격의 조세를 부과하는 국가와 그 국가의 정부 또는 원조단체의 재산에 대하여는 부과함)

❹ 과세표준(지법 §80)

사업소 면적 사업소분(2020년 이전은 재산분)의 과세표준은 과세기준일 현재의 사업소 연면적으로 한다. 여기서 사업소 면적 사업소분(2020년 이전은 재산분)의 과세표준을 계산할 때에는 사업소용 건축물의 연면적 중 1제곱미터 미만은 계산하지 아니한다(지령 §82).

① 창고

창고로서 종사 또는 근로하는 자가 없는 경우 인적설비를 갖추지 못하였는바, 사업소에 해당되지 아니할 것이므로 재산분 주민세 과세대상이라 할 수 없을 것이다. 창고에 상주하는 것이 아니라 한 달에 3~4번 정도 제품을 입고 및 반출하는 경우 인적설비가 존재하는 것으로 볼 수 없다.

② 가설건축물

가설건축물에 대한 별도의 규정이 없으므로 축조신고 여부와 관계없이 과세기준일 현재 사무 등에 사용하는 가설건축물도 주민세 재산분 과세대상이 되는 것이다. 이 경우 취득세처럼 존치기간이 1년 초과일 필요는 없다.

③ 모델하우스

모델하우스에 종업원이 근무하여 분양업무를 하고 있는 경우 인적설비가 갖추어져 있는 것이므로 별도의 사업소로 보아야 할 것이다. 참고로, 분양대행의 경우 모델하우스가 분양대행사가 운영하는 것이 아니고 분양으로 인한 수입이 분양대행사가 아니라 시행사가 될 것이라는 점, 분

---

386) 2014.1.1. 이후부터 국가 또는 지방자치단체에는 다른 법률에서 국가 또는 지방자치단체로 의제되는 법인 제외함.

양대행사에게 모델하우스를 임대한 것도 아니고, 모델하우스 관련 경비도 시공사가 부담하고 있다는 점, 분양대행사는 시행사의 사업소에 인원을 파견하여다는 점에서 시행사가 직접 사용하고 있는 것으로 보아야 할 것이다.

모델하우스를 폐관하여 실제로 과세기준일(7.1.) 현재 사업에 사용하고 있지 않다면 주민세 재산분 과세대상 건축물로 볼 수 없을 것이다. 휴업중인 사업소가 주민세 재산분 과세대상 사업소인지 여부는 1년 이상을 따지지만, 사업소용 건축물은 1년 여부를 따지지 아니하는 것이다. 지방소득세 법인세분의 경우 2012.12월 말 폐관하였으므로 사업소용으로 볼 수 없다는 것이지만 일시적으로 폐관한 경우에는 달리 보아야 할 것이다.

④ 골프연습장의 연면적

「건축법」 제83조를 살펴보면 대지를 조성하기 위한 옹벽, 굴뚝, 광고탑, 고가수조(高架水槽), 지하 대피호, 그 밖에 이와 유사한 것으로서 대통령령으로 정하는 공작물을 축조하려는 자는 시장·군수·구청장에게 신고하도록 하면서 대통령령으로 정하는 것 중 같은 법 시행령 제118조 제1항 제7호에서 높이 6미터를 넘는 골프연습장 등의 운동시설을 위한 철탑, 주거지역·상업지역에 설치하는 통신용 철탑, 그 밖에 이와 비슷한 것을 공작물로 규정하고 있다. 따라서 「건축법 시행령」 제118조 제1항 제7호의 규정에 의거 건축물과 분리하여 골프연습장의 운동시설을 위한 철탑을 축조하였다면 실외 골프연습장 내 그물망으로 둘러싸인 철골조 면적은 「건축법」 상 공작물 중 지붕과 기둥 또는 벽이 있는 시설물에 해당하지 아니하므로 재산분 주민세 과세대상이 아니다(지방세운영과-3050, 2010.7.16.).

> **사례** 직업훈련시설의 구내에 있는 기숙사는 직업전문학교의 부속건축물에 해당된다 할 것으로서 이를 후생사업 또는 사무가 이루어지는 장소가 아니라고 보아 사업소세 과세대상에서 제외할 수는 없음(행심 2002-347, 2002.9.30.).

⑤ 임대용 부동산

「부가가치세법」 상 부동산임대업을 등록한 자가 과세기준일(7.1.) 현재 전체 임대용 공장(건물) 중 일부를 임대하고 있고, 나머지 부분은 임대를 못하고 있는 경우, 부동산임대업자의 임대용 건축물은 임차인의 사업소용 건축물로 보아야 하는 것이므로 과세기준일 현재 사업소로 사용되고 있지 아니하면 과세대상이 아니다. 이 경우 공실로 있는 부분도 임대용 부동산으로 본다.

⑥ 기계식 또는 철골 자주식 주차장

기계식 또는 철골 자주식 주차장은 각기 지붕이 있고 각층마다 기둥이 있는 주차시설을 건물로 보고 있으며(감심 97-123, 1997.7.22.), 건축물(시설물)로 규정하고 있어 취득세와 재산분 주민세 과세대상이 된다. 그런데 철골이나 기계장치 등이 없고 지붕이 없는 노상주차장은 건축물에 해당되지 않아 사업소 면적 사업소분(2020년 이전은 재산분) 주민세 과세대상이 아니다.

한편, 법인지방소득세의 경우 '사업장용 건축물'이란 해당 법인의 사업연도 종료일 현재 해당

사업에 직접 사용하는 건축물을 말하는 것으로 건축물 중 공장 구외의 사택이나 사원임대아파트는 주거전용시설로서 안분대상이 되지 않으나, 공장 구내 기숙사, 연수원, 체육관 등은 해당 법인의 업무수행을 위한 시설로서 안분대상이 된다(세정 13407-320, 1994.7.8.). 그러나 이와 같은 건축물이라 하더라도 타인이 임대하여 사용하고 있는 부분은 제외된다. 따라서 연면적이 반드시 일치하지는 아니하지만, 연면적 계산방식은 동일하다고 볼 수 있다.

> **사례** 사업연도 종료일 현재 타인에게 임대하였거나 임대하지 못하고 비어 있는 건축물은 건축물의 연면적 산정범위에서 제외되는 것이며, 사업장으로 직접 사용하고 있는 건축물의 연면적은 법인세할 주민세의 안분대상 면적에 포함됨(세정 13407-8, 1999.10.12.).

⑦ 크레인의 수평투영면적

주민세 사업소 면적 사업소분(2020년 이전은 재산분) 과세대상이 되는 기계장치의 연면적 산정에 관해서는 시설물의 수평투영면적으로 하도록 규정하고 있으나 호이스트크레인의 경우는 크레인장치에 외곽에 기둥과 레일이 설치되어 있고 그 범위 내에서 크레인이 가동되는 것이므로 사업소세의 과세대상이 되는 크레인장치의 수평투영면적은 구적도상의 바닥면적으로 산정하며(세정 13430-1016, 1999.8.14.), 크레인의 수평투영면적을 구적도상의 바닥면적으로 보아야 하는 것이므로 옥외크레인의 경우 철구조물의 원자재, 생산제품의 하역 및 이동되는 기계장치로서 기초콘크리트공사 및 레일설치가 완료된 상태에서 이동되는 공간면적을 수평투영면적에 포함하여 구적도상의 바닥면적을 산정하여야 한다(심사 98-339, 1998.5.26.)라고 해석하고 있어서 크레인에 대한 사업소 면적 사업소분(2020년 이전은 재산분) 주민세 과세대상 면적의 범위는 레일의 수평투영면적을 구적도상의 바닥면적에 포함하는 것으로(행심 2004-48, 2004.2.23.), 레일면적을 크레인 이동공간 면적으로 보고 있었다. 그런데 대법원판례에 의하면 기계장치 등 시설물의 수평투영면적은 일정한 시점에 고정된 상태에서의 바닥면적을 의미하는 것으로 봄이 상당하다(대법원 2007두3596, 2007.4.12.).

한편, 건설공사현장 내의 타워크레인은 「지방세법」 제6조 제8호 및 동법 시행규칙 제3조 [별표 1] 7. 기중기의 범위에 포함되는 기계장비로써 사업소 면적 사업소분(2020년 이전은 재산분) 주민세의 과세면적에 포함되는 기계장치의 범위에 포함되지 아니하므로 사업소 면적 사업소분(2020년 이전은 재산분) 주민세 과세대상이 아니다(세정과-1963, 2004.7.8.). 이는 사업소 면적 사업소분(2020년 이전은 재산분) 주민세는 기계장치로 규정되어 있어 취득세 과세대상인 기계장비와는 용어가 다르게 규정되어 있으므로 건설관련 크레인은 기계장치에 해당되지 않기 때문이다.

⑧ 건설회사의 경우 서로 다른 2개 이상의 현장사무실이 존재할 경우

인접한 장소에 사업주가 동일한 2개 이상의 사업장이 있는 경우, 그 각각의 사업장을 별개의 사업소로 볼 것인지 여부는 각 사업장의 인적·물적 설비에 독립성이 인정되어 각기 별개의 사업소로 볼 수 있을 정도로 사업 또는 사무 부문이 독립되어 있는지 여부에 의해 가려져야 하고, 이는 건물의 간판이나 사무소의 표지 등과 같은 단순히 형식적으로 나타나는 사업장의 외관보다는 사업소세의 목적, 장소적 인접성과 각 설비의 사용관계, 사업 상호간의 관련성과 사업수행방법, 사업조직의 횡적·종적 구조와 종업원에 대한 감독 구조 등 실질 내용에 관한 제반 사정을 종합하여 판단(대법원 2008두10188, 2008.10.9.)하여야 할 것이므로 각기 다른 사업의 건설용역을 제공하고, 각기 독립된 회계처리 및 인사운영을 하는 등 인적·물적설비에 완전한 독립성이 인정된다면 각기 별개의 사업소로 보아야 할 것이다(지방세운영과-1700, 2012.6.1.).

일반적으로 동일한 관할구에 2개 현장이 있는 경우에는 각각 사업소로 보아야 할 것이며, 동일 사업을 위하여 동일한 공사구간 내에 위치한 각각의 현장이라면 별도의 독립된 사업소라기보다는 효율적인 업무관리를 위해 조직을 세분화한 것에 불과한 것으로 보아 1공구(공사구간) 내에 각각 설치되어 있는 사업장 전체를 하나의 사업소로 볼 수도 있다(행심 2006-393, 2006.8.28. 참조).

또한 하나의 울타리 안에 여러 프로젝트를 수행하는 현장이 있는 경우 하나의 사업장으로 보아 주민세 등을 부과할 가능성이 높다. 예를 들면 하나의 화학단지 내에 여러 현장별 경비용역을 하고 있더라도 하나의 사업장으로 보고 있다는 것이다.

⑨ 하도급업체

하도급업체의 컨테이너박스를 함께 사용하면서 사무 등을 본 경우라면 주민세 과세대상 사업소가 될 것이나, 컨테이너박스 즉 사무보는 공간이 없이 그냥 공사현장에서 공사를 수행하는 경우라면 과세대상 사업소가 되지 아니하는 것이다.

⑩ 휴업 중인 사업소

「지방세법」 제74조 제4호에 따르면 '사업주'란 지방자치단체에 사업소(매년 7.1. 현재 1년 이상 휴업하고 있는 사업소 제외)를 둔 자를 말한다라고 규정하고 있다. 주민세 사업소 면적 사업소분(2020년 이전은 재산분)의 과세기준일(7.1.) 현재 사실상 폐업한 사업소에 대하여는 주민세 사업소 면적 사업소분(2020년 이전은 재산분)의 납세의무가 없으며, 1년 이상 휴업하고 있는 사업소도 제외될 것이다.

사업소 면적 사업소분(2020년 이전은 재산분) 주민세에서의 '사업소'란 인적 및 물적설비를 갖추고 계속하여 사업 또는 사무가 이루어지는 장소를 말한다. 임대하고 있는 면적에 대하여는 임차인이 신고납부할 의무가 있으며, 임대용으로 사용하다가 공실이 되었거나 임대하기 위한 공실의 경우 주민세 과세대상 사업소가 아니며, 공장용 등으로 사용하였다가 과세기준일 현재 1년 이상 사용하지 않는 경우에는 휴업하고 있는 사업소에 해당되어 과세대상 사업소가 아닐 것이다.

한편, 과세기준일인 7.1. 현재 해당 사업에 사용하는 면적만 주민세 사업소 면적 사업소분(2020년 이전은 재산분)이 과세되어야 할 것이므로 상당기간의 리모델링으로 인해 전혀 사용되지 아니한 면적은 과세대상 면적에서 제외되어야 할 것이지만 동일 사업소 내의 일부 건물을 내부형편에 따라 일시 사용하지 않을 경우에는 사업소 면적 사업소분(2020년 이전은 재산분) 과세대상 연면적에 포함되는 것으로 유권해석(세정 1268-8146, 1984.6.27.)하고 있다. 사무소용 등으로 사용하다가 일시적으로 비어 있는 경우 물적시설이 있는 것으로 판단한다. 사무용 등으로 사용하다가 공실이 장기간 지속된 경우에는 그 면적은 제외될 것이며, 입주 시부터 공실이거나 임대를 위해

공실인 경우에는 사업에 사용한 적이 없는바, 이 경우에도 제외되어야 할 것이다.

　7월 말까지 임대기간으로 되어 있다고 하더라도 7.1. 현재 사무를 보지 아니하는 것이 명백하다면 이는 일시적인 것이 아니고 임대기간 종료로 인하여 추후 사무를 볼 가능성이 전혀 없는 상태라면 사업소 면적 사업소분(2020년 이전은 재산분) 주민세 과세대상 사업장으로 볼 수 없을 것이다. 그 이유는 인적 및 물적 설비를 갖추고 계속하여 사업 또는 사무가 이루어지는 장소인 사업소만 과세대상이므로 사무를 보지 않고 있으며, 근무하는 인원이 없다면 인적설비가 없는 경우이므로 당연히 사업소에 해당하지 아니하는 것이기 때문이다.

> **사례** 휴업 시 사업소 해당 여부(지방세정책과-236, 2021.1.15.)
>
> 　어떤 사업소가 과세기준일 현재 휴업 중이더라도 휴업 기간이 1년이 되지 않은 경우에는 납세의무가 있는 사업소에 해당한다는 것으로, 「지방세법」 제75조 제1항 제2호는 균등분의 납세의무자를 지방자치단체에 사업소를 둔 법인이라고 규정하면서 휴업 여부에 관해서는 별도로 규정하고 있지 않음. 과세기준일 현재 휴업 중인 법인이라 하더라도 주민세 균등분 납세의무가 있다고 판단됨.

⑪ 기부채납 자산

　사업소 면적 사업소분(2020년 이전은 재산분) 주민세의 대상인 '사업소'란 인적 및 물적설비를 갖추고 계속하여 사업 또는 사무가 이루어지는 장소를 말하는바, 일정기간 동안 사용권한을 받은 사업자가 사용하는 건축물 연면적은 사용자가 납세의무자가 될 것이다. 기부채납에 대한 비과세 규정이 별도로 없는바, 비과세대상이 되지 아니할 것이다.

⑫ 미분양 주택 등

　과세기준일 현재 해당 법인이 사업소로 직접 사용하지 아니하는 건축물, 즉 미분양 상가 및 주택에서 사무를 보지 아니하고 비어 있는 경우에는 사업소로 볼 수 없다. 따라서 주민세 과세대상 사업소로 볼 수 없으므로 건설법인이 과세기준일 현재 미분양상태로 소유하고 있는 주택과 상가를 해당 법인의 사업소로로 직접 사용하고 있지 아니한 이상 사업소 면적 사업소분(2020년 이전은 재산분) 과세대상 건축물 연면적에 포함되지 아니한다.

⑬ 건설 중인 건축물

　건설 중인 건축물(기계장치)은 건축물에 해당되지 아니하므로 사업소 면적 사업소분(2020년 이전은 재산분) 주민세 과세대상 면적으로 볼 수 없다.

5 세율(지법 §81)

(1) 기본세율

1) 사업주가 개인인 사업소

① 표준세율

5만 원

② 탄력세율

지방자치단체장은 조례로 정하는 바에 따라 사업소분(2020년 이전은 균등분)의 세율을 표준세율의 100분의 50의 범위에서 가감할 수 있다.

2) 사업주가 법인인 사업소

① 표준세율

㉠ 2021년 이후

자본금액 또는 출자금액	세액
50억 원 초과	200,000원
30억 원 초과 50억 원 이하	100,000원
30억 원 이하	50,000원
그 밖의 법인	50,000원

☞ 자본금액 또는 출자금액은 과세기준일 현재의 자본금액 또는 출자금액을 말함.

㉡ 2020년 이전

구분		세액
자본금액 또는 출자금액	종업원수	
100억 원 초과	100명 초과	500,000원
	100명 이하	200,000원
50억 원 초과 100억 원 이하	100명 초과	350,000원
	100명 이하	200,000원
30억 원 초과 50억 원 이하	100명 초과	200,000원
	100명 이하	100,000원
10억 원 초과 30억 원 이하	100명 초과	100,000원
	100명 이하	50,000원
그 밖의 법인		50,000원

☛ 자본금액 또는 출자금액은 과세기준일 현재의 자본금액 또는 출자금액을 말하며, 종업원수는 과세기준일 현재 해당 사업소의 종업원 수를 말함.

② 탄력세율

지방자치단체장은 조례로 정하는 바에 따라 사업소분(2020년 이전은 법인 균등분)의 세율을 표준세율의 50% 범위에서 가감할 수 있다.

③ '자본총액 또는 출자총액'의 의미

'자본총액 또는 출자총액'이라 함은 해당 법인의 법인등기부상의 납입자본금 또는 출자금을 적용하나, 자본금이나 출자금이 없는 법인은 기타 법인으로 분류된다(지예 법78-1).

사업자등록이나 등기 여부에 불구하고 과세기준일 현재의 사무소 또는 사업소마다 각각 부과하도록 되어 있는바, 영업소는 지점과는 별도의 조직으로서 사업이 이루어지고 있는 경우 지점과는 별도로 균등분 주민세를 납부하여야 하며, 이때 자본총액 또는 출자총액은 해당 법인의 본사, 지점, 영업소 모두 해당 법인의 자본총액 또는 출자총액을 기준으로 하도록 되어 있다.

비영리법인의 출연금은 영리활동과 무관하게 그 법인의 비영리 고유목적사업의 수행에 소요되는 재원을 확보하기 위한 원본으로서의 개념을 갖고 있어 이를 자본금이나 출자금과 동일시하기는 어렵다고 할 것이므로(법제처 법령해석지원팀-949, 2006.6.12. 해석 참조), 기술신용보증기금의 출연금은 자본금이나 출자금에 해당하지 아니하므로 자본금이나 출자금이 없는 기타 법인에 해당하는 세율(50,000원)을 적용하는 것이다(지방세정팀-3375, 2006.7.31.).

> **사례** 정관상 자본금에 의하여 균등분 주민세 부과고지 적법함(행심 2006-242, 2006.6.27.)
> 「한국마사회법」에 의하여 설립된 법인으로서 「한국마사회법」 제42조의 규정에 따라 자본금을 적립하여야 하고 청구인의 정관 제29조에서 자본금을 7,000억 원으로 정하고 있는 이상 처분청이 이를 근거로 이 사건 법인균등할 주민세 등을 부과한 처분은 잘못이 없음.

④ 종업원의 범위(2020년 이전만 적용)

법인 균등분 세율 적용 시 종업원은 「지방세법」 제85조 제9호의 종업원을 말하므로 「지방세법」 제85조 제9호와 「지방세법 시행령」 제87조 제1항에 따르면 급여의 지급 여부와 상관없이 사업주 또는 그 위임을 받은 자와의 계약에 따라 해당 사업에 종사하는 사람을 말한다. 다만, 국외근무자는 제외한다. 여기서 '국외근무자'란 국외에서 계속적으로 근로를 제공하는 자를 말한다. 해외로 나가 그곳에서 계속 근로를 제공하고 있다면 국외근로자에 해당되며, 국외근로자 판단은 본사에서 급여를 일괄 지급 여부와는 관계가 없다. 따라서 국외근로자는 본사의 종업원수에 포함되지 아니할 것이다.

계약은 그 명칭·형식 또는 내용을 불문한 일체의 고용계약을 말하며, 현역복무 등의 사유로 해당 사업소에 일정기간 사실상 근무하지 아니하더라도 급여를 지급받는 경우에는 이를 종업원으로 본다.

"근로자에 해당하는지 여부를 판단함에 있어서는 계약이 「민법」 상의 고용계약이든 도급계약이든 계약의 형식에 관계 없이 그 실질에 있어 근로자가 사업 또는 사업장에 임금을 목적으로 종속적인 관계에서 사용자에게 근로를 제공하였는지 여부에 따라 판단하여야 할 것이고, 여기서 종속적인 관계가 있는지 여부를 판단함에 있어서는 ① 업무 내용을 사용자가 정하고, ② 취업규칙 또는 복무(인사)규정 등의 적용을 받으며, ③ 업무 수행 과정에서 사용자가 상당한 지휘·감독을 하는지, ④ 사용자가 근무시간과 근무장소를 지정하고 근로자가 이에 구속을 받는지, ⑤ 노무제공자가 스스로 비품·원자재나 작업도구 등을 소유하거나 제3자를 고용하여 업무를 대행하게 하는 등 독립하여 자신의 계산으로 사업을 영위할 수 있는지, ⑥ 노무제공을 통한 이윤의 창출과 손실의 초래 등 위험을 스스로 안고 있는지, ⑦ 보수의 성격이 근로 자체의 대상적(對償的) 성격인지, ⑧ 기본급이나 고정급이 정하여졌는지 및 근로소득세의 원천징수 여부 등 보수에 관한 사항, ⑨ 근로 제공 관계의 계속성과 사용자에 대한 전속성의 유무와 그 정도, ⑩ 사회보장제도에 관한 법령에서 근로자로서 지위를 인정받는지 등의 경제적·사회적 여러 조건을 종합하여 판단하여야 할 것이다(대법원 2006도77, 2007.9.7., 대법원 97다7998, 1997.11.28., 대법원 96누1795, 1997.2.14., 대법원 94다22859, 1994.12.9. 등)." 즉 이와 같은 각각의 판단기준이 모두 충족되어야 근로자로 인정하거나, 하나라도 충족될 경우 근로자로 인정하는 등과 같이 일률적인 판단을 하지 않고 있다.

고용은 노무자가 노무를 제공할 것을 약정하고 이에 대하여 사용자가 보수를 지급할 것을 약정함으로써 성립되는 것이지만 보수지급과는 무관하게 유급직원과 무급직원 모두를 종업원의 범위에 포함하고 있다.

무급지도자가 금전적인 보수를 지급받고 있지 아니하므로 고용관계가 없다라고 할 수 있으나, 종업원인지 여부는 근로(고용)계약서를 작성하는지, 취업규칙 또는 복무(인사)규정 등이 적용되는지, 업무 수행 과정에서 사용자가 상당한 지휘·감독을 하는지, 사용자가 근무시간과 근무장소를 지정하고 무급지도자가 이에 구속을 받는지에 따라 판단하여야 할 것이다.

근로계약을 작성하지 않고, 지휘감독이나 근무시간과 장소에 구속을 받지 아니하고 무급지도자가 연맹의 회원으로서 지도자가 되기 위한 일정한 요건(보조, 지원 등)을 충족하여야 하는 경우, 즉 교육이수의 과정인 경우, 아니면 봉사차원에서 연맹의 사업을 도와주고 있는 경우라면 이는 종업원으로 볼 수 없을 것이다.

> **사례** 분양상담사 자격으로 분양대행 실적에 따른 수당을 지급하는 경우 근로소득자 해당 여부
> (심사소득 2011-66, 2011.7.15.)
>
> 청구법인의 실질 대표의 문답서에 의하면 청구법인이 사업소득으로 원천징수한 자에 대한 직책 및 역할이 청구법인의 임원들로서 영업활동하는 직원들에 대한 교육 및 관리 업무를 수행하는 점, 동 직원들의 실적에 따라 수당을 지급받고 있는 점, 수당지급명세서에 부서는 임원과 총무부, 사업부, 개발부 등으로 기재되어 있고 직책은 임원, 상무, 실장, 부장 등으로 기재되어 있는 점 등으로 볼 때 그들이 청구법인과 독립되어 용역을 제공하는 것이 아니라 고용관계에 있어 지속적으로 용역을 제공하는 근로소득자로 볼 수 있음.

㉠ **직업훈련생**

보수는 금전적 급부에 한하지 않고 기술의 전수, 물건의 급부 등도 포함된다 할 것이므로, 직업훈련생도 구 「지방세법」 제243조 제6호 및 구 같은 법 시행령 제204조 규정의 종업원에 해당되며, 따라서 이들에게 지급된 급여(훈련수당)도 사업소세 과세표준에 포함된다(세정 1268-13823, 1984.11.9.)고 해석하였으나, 심사례(행심 2002-347, 2002.9.30.)에서는 종업원으로 보지 않고 있다.

㉡ **보험모집인**

'사무소(사업소)'라 함은 사업에 필요한 인적·물적설비를 갖추고 계속적으로 사업을 경영하는 장소를 지칭하는 것이므로 타인이 경영하는 대리점을 사업장으로 등록하고 외판업을 하고 있다면 주민세 균등분 납세의무가 없다고 할 것이다(세정 1268-10022, 1984.8.10.). 이는 자유사업자들이 해당 회사와 판매위임계약에 의거 상품을 위탁판매할 뿐이며 판매에 대한 일정 비율을 수수료로 받는 관계일 뿐이지 해당 장소는 해당 회사가 소유로서 근무 장소를 마련하여 주었는바, 이를 해당 자유사업자들의 사업소로 볼 수는 없다는 것이다(세정 13407-709, 2002.7.26.). 회사가 임차한 건물을 이들이 직접 사용·관리하고 있다면 이 건물은 보험회사의 사업소로 볼 수 없다는 것이다. 따라서 법인소속 직원(예 : 영업소장, 관리직원)이 없이 모집 실적에 의하여 수당을 받는 보험모집인만 있을 경우에는 보험회사의 사업소로 볼 수 없다는 것이다.

한편, 보험모집인이 계약기간과 소속 및 직무, 업무수행방법과 수당의 지급형태 등에 비추어 종속적 노동관계에 있는 경우 종업원에 해당될 수도 있는바, 이 경우 사업소로 보아 균등분 주민세 납세의무가 있을 것이다.

㉢ **자유사업자(뷰레이터)**

A사가 공급하는 상품을 대신하여 판매하고 그에 대한 일정한 수수료를 지급받는 내용의 위임계약을 맺고 있는 뷰레이터들의 경우에는 A사의 종업원으로 볼 수 없을 것이므로 A사가 임차한 건물을 이들이 직접 사용·관리하고 있다면 이 건물은 A사의 사업소로 볼 수 없을 것이다(세정 13407-709, 2002.7.26.). 이 유권해석에 대한 해설은 다음과 같다.

㉮ **사업소의 요건과 수임자의 종업원 판단**

사업소의 범위는 「지방세법」 제242조 제1호의 규정에 의거 사업 또는 사무를 수행하기 위하여 설치한 인적 및 물적 설비로서 계속하여 사업 또는 사무가 이루어지는 장소라고 규정하고 있으므로 이 경우 인적설비의 범위에 관하여는 해당 사업소 또는 사무소에 근무하는 임원·직원 기타 종사자로서 급여의 지급 여부에 불구하고 사업주 또는 그 위임을 받은 자와의 계약에 의하여 해당 사업에 종사하는 자를 말하나 국외근무자는 제외하는 것이다. 이때 계약은 그 명칭·형식 또는 내용을 불문한 일체의 고용계약을 말하며, 현역복무 등의 사유로 해당 사업소에 일정기간 사실상 근무하지 아니하더라도 급여를 지급하는 경우에는 이를 종업원으로 본다. 그러므로 고용계약이 아닌 위임계약에 의하여 해당 사업에 종사하는 자유사업자의 경우에는 비록 해당 사업에 종사한다고 하더라도 자유사업자인 뷰레이터만이 근무하는 사업소는 해당 회사의 소유라고 하더라도 사업소로서의 요건인 인적설비가 구비되지 아니하였기 때문에 사업소세 과세대상에서 제외되는 것이다.

㉯ 자유사업자(뷰레이터)들의 사업소로 볼 수가 있는지 여부 판단

자유사업자들이 해당 회사와 판매위임계약에 의거 화장품 등 상품을 위탁판매할 뿐이며 판매에 대한 일정 비율을 수수료로 받는 관계일 뿐이지 해당 장소는 해당 회사가 소유로서 근무장소를 마련하여 주었는바, 이를 해당 자유사업자들의 사업소로 볼 수는 없는 것이다.

⑤ 지점, 분사무소, 영업소 등

사업소분(2020년 이전은 법인 균등분) 주민세는 사업자등록이나 등기 여부에 불구하고 과세기준일 현재의 사무소 또는 사업소마다 각각 부과하도록 되어 있는바, 영업소가 지점과는 별도의 조직으로서 사업이 이루어지고 있는 경우 지점과는 별도로 균등분 주민세를 납부하여야 하며, 이때 자본금은 해당 법인(본사, 지점, 영업소가 모두 같은 법인임)의 자본금을 기준하도록 되어 있다. 법인 균등분 주민세가 과세되는 사무소 또는 사업소라 함은 인적 및 물적설비를 갖추고 계속하여 사업 또는 사무가 이루어지는 장소를 말한다고 규정하고 있으며, 여기서 법인의 경우 '인적·물적설비를 갖추고 계속하여 사업 또는 사무가 이루어지는 장소'라 함은 법인의 본점, 지점, 영업소 및 공장 등과 같이 종업원이 근무할 수 있는 사무소 또는 사업소를 갖추고 사업자등록을 하는 등 계속하여 사업 또는 사무가 이루어지는 장소를 말한다 할 것이다(행심 2003-111, 2003.5.26.).

일시적으로 설치된 공사현장사무소는 원칙적으로는 해당 공사를 직접 담당한 사업소(본사 또는 지사 등)에 소속된 부설 사업장으로 보아 합산하여야 한다. 다만, 공사현장 사무소에서 노무관리. 회계처리 등의 업무가 현장사무소 책임자의 책임 하에 집행되고 해당 공사가 상당기간 계속되어 독립된 사업소라고 인정할 수 있는 경우에는 하나의 사업소로 보아 과세대상 여부를 판단하게 된다(세정 1268-12060, 1979.7.27.). 이 경우 임대차계약 여부는 무관하며 위와 같이 계속적으로 사무를 보게 되는 경우 별도의 사업소로 볼 수 있다.

> **사례** 본점과 분점이 각각 납세의무가 있으며, 자본금액 또는 출자금액이란 법인등기부 또는 정관상 기재된 자본금액이나 출자금액 중 높은 금액을 말하는 것으로 모든 사업소에 동일하게 적용하게 되는 것임(세정 13407-1048, 1995.10.23.).

⑥ 지입차주

지입의 경우 사업장은 운수회사의 사업장으로 보는 것이 타당하고 사업장에 대한 균등분 주민

세 납세의무는 운수회사에 있는 것이므로 비록 지입차주가 사업자등록을 하였더라도 운수회사와 별도로 주민세 균등분은 부과하지 아니한다(세정 13407-818, 2000.6.26.).

(2) 사업소 면적에 대한 세율

1) 표준세율

사업소 면적 사업소분(2020년 이전은 재산분)의 표준세율은 사업소 연면적 1제곱미터당 250원

2) 탄력세율

지방자치단체장은 조례로 정하는 바에 따라 사업소 면적 사업소분(2020년 이전은 재산분)의 세율을 표준세율의 50% 범위에서 가감할 수 있다.

3) 중과세율

폐수 또는 산업폐기물 등을 배출하는 다음에 해당하는 사업소로서 납세의무성립일 이전 최근 1년 내에 행정기관으로부터 「물환경보전법」[387] 등에 따른 개선명령·조업정지명령·사용중지명령 또는 폐쇄명령을 받은 사업소("오염물질 배출 사업소")는 표준세율의 2배인 사업소 연면적 1제곱미터당 500원으로 한다. 이 중과규정 적용 시 「대기환경보전법」 제43조 제1항에 따른 비산 배출되는 먼지를 발생시키는 사업소가 개선명령 처분을 받았을지라도, 「지방세법 시행령」 제83조 제4호의 "「대기환경보전법」에 따른 배출시설"에 해당하지 않는다면 오염물질 배출 사업소로 보기 어렵다(지방세정책과-614, 2020.2.10.).[388] 그런데 「환경오염시설의 통합관리에 관한 법률」에 따른 개선명령 등을 받은 사업소는 현재 열거되지 않았으므로 주민세 사업소분(연면적 세율) 중과대상으로 보기 어렵다(지방세정책과-1333, 2023.4.6.).

> **○ 오염물질 배출 사업소**
> ① 「물환경보전법」 제33조에 따른 폐수배출시설 설치의 허가 또는 신고 대상 사업소로서 같은 법에 따라 배출시설 설치의 허가를 받지 아니하였거나 신고를 하지 아니한 사업소

---

387) 2018.1.17. 이전 「수질 및 수생태계 보전에 관한 법률」

388) 비산먼지 발생사업 신고를 하지 않은 경우에 대해서는 중과세 대상으로 정하지 않으면서 적법하게 신고를 했으나 비산먼지 발생 억제조치가 미흡하여 개선명령 등을 받은 경우를 중과세대상으로 보는 것은 부합하지 않으며, 개선명령 등이 설치 허가 또는 신고를 한 대기오염물질배출시설에 대해 이루어진 것이 아니더라도 주민세 재산분 중과세 요건에 해당한다고 본다면, 「대기환경보전법」 제43조 제1항에 따른 비산먼지 발생사업 신고를 하지 않은 경우에는 개선명령 등의 대상이 아니므로[「대기환경보전법」에서는 제43조 제1항에 따른 비산먼지 발생사업 신고를 하지 않은 경우를 개선명령 등의 대상이 아니라 처벌 대상으로 규정함(제92조 제4호의 2 참조)] 해당 신고 없이 비산먼지 발생사업을 하면서 대기오염물질배출시설 설치 허가 또는 신고를 한 경우는 주민세 재산분 중과세 적용대상에 해당하지 않는데 적법하게 신고를 하고 개선명령 등을 받은 경우는 주민세 재산분 중과세 적용대상이 되어 불합리하다는 점도 이 사안을 해석할 때 고려해야 함(법제처 20-0128, 2020.8.10.).

② 「물환경보전법」 제33조에 따른 폐수배출시설(2021년 이전은 「물환경보전법」에 따른 배출시설) 설치의 허가를 받거나 신고를 한 사업소로서 해당 사업소에 대한 점검 결과 부적합 판정을 받은 사업소(신고 사업소는 2018년 이후 위반행위를 한 분부터 적용)

③ 「대기환경보전법」 제23조에 따른 대기오염물질배출시설 설치의 허가 또는 신고 대상 사업소로서 같은 법에 따라 배출시설 설치의 허가를 받지 아니하였거나 신고를 하지 아니한 사업소(2018년 이후 위반행위를 한 분부터 적용)

④ 「대기환경보전법」 제23조에 따른 대기오염배출시설(2021년 이전은 「대기환경보전법」에 따른 배출시설) 설치의 허가를 받거나 신고를 한 사업소로서 해당 사업소에 대한 점검 결과 부적합 판정을 받은 사업소(2018년 이후 위반행위를 한 분부터 적용)

⑤ 「환경오염시설의 통합관리에 관한 법률」 제6조에 따른 배출시설등(같은 법 제2조 제2호 나목 및 사목의 배출시설로 한정한다. 이하 이 조에서 같다)의 설치·운영 허가 대상 사업소로서 해당 배출시설 설치·운영 허가를 받지 않은 사업소(2023.6.30. 이후)

⑥ 「환경오염시설의 통합관리에 관한 법률」 제6조에 따른 배출시설등의 설치·운영 허가를 받은 사업소로서 해당 배출시설에 대한 점검 결과 부적합 판정을 받은 사업소(2023.6.30. 이후)

❻ 세액계산(2020년 이전은 면세점)(지법 §82)

사업소분의 세액은 기본세율과 연면적 세율에 따라 각각 산출한 세액을 합산한 금액으로 한다. 다만, 해당 사업소의 연면적이 330제곱미터 이하인 경우에는 연면적 세액(2020년 이전은 재산분)을 부과하지 아니한다. 여기서 '사업소의 연면적이 330제곱미터 이하'라 함은 사업소 전체 면적에서 시행령 제78조 제1항 제1호에 규정된 '과세대상에서 제외되는 건물' 면적을 차감한 면적이 330제곱미터 이하인 경우를 말한다(지예 법82-1).

제1공장, 2공장, 1제품장, 2제품장이 연접하여 하나의 구내로 이루어진 공장 등은 하나의 사업소가 될 것이나(예 : 제1공장과 제3공장이 연접하여 하나의 울타리 내에 있는 경우 이는 하나의 사업소가 됨), 그렇지 않다면 각각의 사업소로 보아 주민세 사업소분이 과세될 것이다.

❼ 징수방법과 납기 등(지법 §83)

(1) 부과징수

사업소분의 징수는 신고납부(2020년 이전은 법인 균등분은 보통징수)의 방법으로 한다.

사업소 면적 사업소분(2020년 이전은 재산분)의 징수는 신고납부의 방법으로 하며, 사업소 면적 사업소분(2020년 이전은 재산분)의 납세의무자는 매년 납부할 세액을 8.1.~8.31.을 납기로 하여 납세지를 관할하는 지방자치단체장에게 신고하고 납부하여야 하는바, 사업소 면적 사업소분(2020년 이전은 재산분)을 신고하려는 자는 신고서에 건축물의 연면적, 세액, 그 밖의 필요한 사항을 적은 명세서를 첨부하여 관할 시장·군수·구청장에게 신고하여야 한다. 또한 사업소 면적

사업소분(2020년 이전은 재산분)을 납부하려는 자는 납부서로 납부하여야 한다.

(2) 과세기준일

매년 7.1.(2018년 이전 매년 8.1.)

(3) 납기

매년 8.1.~8.31.

(4) 부족세액 추징 및 가산세

사업소 면적 사업소분(2020년 이전은 재산분)의 납세의무자가 신고 또는 납부의무를 다하지 아니하면 납부하여야 할 세액 또는 그 부족세액에 「지방세기본법」상 무신고가산세(§53-2), 과소신고가산세(§53-3) 및 납부지연가산세(§53-3)를 합한 금액을 세액으로 하여 보통징수의 방법으로 징수한다. 그런데 2026.12.31.까지는 가산세를 부과하지 아니한다(부칙 §12).

상기에도 불구하고 2021년 이후 납세지 관할 지방자치단체장은 사업소분의 납세의무자에게 납부서를 발송할 수 있다. 이에 따라 납부서를 받은 납세의무자가 납부서에 기재된 세액을 납부기한까지 납부한 경우에는 신고를 하고 납부한 것으로 본다.

그런데 2020년 이전에는 납부만 하면 무신고가산세나 과소신고가산세를 적용하지 아니한다라는 규정이 없어서[389] 신고를 하지 아니하였다면 무신고가산세를 부과하여야 할 것이다. 일부 과세관청에서는 사업소 면적 사업소분(2020년 이전은 재산분) 주민세 신고납부 간소화란 명목으로 사업장 현황이 변동없는 경우 고지서를 발송하여 신고절차 없이 납부만 해도 신고한 것으로 간주하는 곳이 있다. 사업소 면적 사업소분(2020년 이전은 재산분)의 납세의무자가 신고 또는 납부의무를 다하지 아니하면 가산세를 부과하는 것으로 규정되어 있다. 한편, 사업소 면적 사업소분(2020년 이전은 재산분) 주민세는 [별지 제37호 서식]으로 주민세(사업소분) 신고서로 신고하여야 한다. 그런데 기존 당초 신고를 계속하여 신고한 것으로 본다는 것으로 해석한 것이지만 원칙적으로 법조문상 근거가 없는 것으로 문제가 있을 것이다(시세 조례에 의하여 신고한 것으로 보는 규정이 있는지는 명확하지 아니하나, 이런 규정이 없는 것으로 보임). 그렇지만 과세관청이 이러한 방식을 납세자들로 하여금 권장하였다는 측면과 고지서를 발부하였다는 점에서 신고를 하지 아니한 것으로 보아 무신고가산세를 부과하더라도 신의성실 원칙에 위배되는 것으로써 무신고가산세를 취소하여야 할 것이다.

---

389) 구 「지방세법」 제91조 제5항에서 "지방소득세 법인세분의 납세의무자가 제1항에 따라 신고를 하지 아니한 경우에도 법인세분 산출세액을 신고기한까지 납부하면 제1항에 따라 신고를 하고 납부한 것으로 본다. 이 경우 제3항에도 불구하고 「지방세기본법」 제53조의 2 또는 제53조의 3에 따른 가산세를 부과하지 아니한다"라고 규정되어 있었으나, 재산분 주민세에서는 이러한 규정이 없다.

⑧ 신고의무(지법 §84)

사업소 면적 사업소분(2020년 이전은 재산분)의 납세의무자 또는 그 사업소용 건축물의 소유자는 조례로 정하는 바에 따라 필요한 사항을 신고해야 한다.

⑨ 과세대장 비치(지령 §85)

납세의무자가 상기 신고의무를 이행하지 아니할 경우에는 세무공무원은 직권으로 조사하여 과세대장에 등재할 수 있다. 이 경우 2018년 이전에는 시장·군수·구청장은 직권조사로 사업소 면적 사업소분(2020년 이전은 재산분) 과세대장에 등재하였을 때에는 그 사실을 납세의무자에게 통지하여야 한다.

시장·군수·구청장은 사업소 면적 사업소분(2020년 이전은 재산분) 과세대장을 갖추어 두고, 필요한 사항을 등재하여야 한다. 이 경우 해당 사항을 전산처리하는 경우에는 과세대장을 갖춘 것으로 본다.

제**4**절　종업원분[390]

① 납세의무자(지법 §75)

종업원분은 종업원에게 급여를 지급하는 사업주에게 부과하나, 매년 7.1. 현재 1년 이상 계속하여 휴업하고 있는 자는 제외된다.

② 납세지(지법 §76)

종업원분은 급여를 지급한 날[월 2회 이상 급여를 지급하는 경우에는 마지막으로 급여를 지급한 날(2018년 이전 매월 말일)] 현재의 사업소 소재지(사업소를 폐업하는 경우에는 폐업하는 날 현재의 사업소 소재지)를 관할하는 지방자치단체에서 사업소별로 각각 부과한다. 종업원분의 납세구분이 곤란한 경우에는 종업원분의 총액을 건축물의 연면적 기준으로 주민세 재산분의 비율에 따라 안분하여 해당 시·군에 각각 납부하여야 한다(지령 §81 ①).

---

390) 2013년까지는 지방소득세로 과세하였으나, 2014.1.1. 이후 개정하여 주민세 세목으로 변경되었다.

③ 비과세(지법 §77)

다음 어느 하나에 해당하는 자에 대하여는 종업원분을 부과하지 아니한다.
① 국가, 지방자치단체(다른 법률에서 국가 또는 지방자치단체로 의제되는 법인 제외)[391] 및 지방자치단체조합
② 주한외국정부기관·주한국제기구·「외국 민간원조단체에 관한 법률」에 따른 외국 민간원조단체. 다만, 대한민국의 정부기관·국제기구에게 종업원분과 같은 성격의 조세를 부과하는 외국의 정부 또는 원조단체에 대하여는 종업원분을 부과한다.

④ 과세표준(지법 §84-2)

종업원분의 과세표준은 종업원에게 지급한 그 달의 급여 총액으로 한다. 여기서 그 달의 급여 총액은 해당 월에 지급한 정기급여의 총액과 상여금, 특별수당 등 비정기적 급여의 총액을 합한 금액으로 한다.

종업원분 주민세 납세의무성립 시기는 급여를 지급하는 시점이 되므로 급여를 지급하지 아니한 경우에는 종업원분 주민세 납세의무가 없다. 그런데 종전 유권해석에서는 그 당시 시행령 제211조 제2항에 "… 지급할 …"로 규정되어 있어서 정기급여인 경우는 해당 월에 실제 지급되지 아니했더라도 종업원분 주민세는 급여 해당 월의 다음 달 10일까지 신고납부하여야 하는 것으로 해석(세정 13407-639, 2001.6.11.)하였으나, 납세의무성립 시기와 배치되어 문제가 되었던 적이 있었다. 법 취지와 납세의무성립시기를 근거로 할 때 지급한 달의 다음 달 10일까지 신고납부하는 것이 더 타당성이 있다는 지적에 따라 2002.12.30. 이를 개정하여 "… 지급한 …"로 개정하여 납세의무성립시기와 일치하게 되었다.

(1) 종업원

국외근로자는 종업원의 범위에서 제외되는바, 그 급여는 종업원분 과세대상에서 제외된다. 따라서 급여가 국내에서 지급되더라도 종업원의 범위에서 제외되므로 종업원분 과세대상은 아니다. 여기서 「지방세법 시행령」 제87조 제1호에서 규정한 '국외근무자'란 국외에서 계속적으로 근로를 제공하는 자를 말한다. 해외를 나가 그곳에서 계속 근로를 제공하고 있다면 국외근로자에 해당된다. 예를 들어 2년 이상 해외연수를 나가 그 곳에서 근로를 제공하고 있다면 국외근로자에 해당된다.

---

391) 2014.1.1. 이후부터 국가 또는 지방자치단체에는 다른 법률에서 국가 또는 지방자치단체로 의제되는 법인 제외함.

1) 비상근임원

'해당 사업에 종사하는 자', 즉 '종업원'이라 함은 상근 종사자는 물론 무급접대부, 일용근로자, 법인의 비상근이사 등을 포함한다. 다만, 사업소에 근무하지 아니하고 사업주로부터 급여를 지급받지 아니하는 임원 등은 제외한다(구 지통 74…78-3-1, 85…87-1). 여기서 단서가 2016.1.1. 신설되었는데 종전에도 대법원(2006두514, 2006.4.14.)에서는 비상근이사는 종업원에 포함하지 아니하는 것으로 판시하고 있는바, 비상근이사는 종업원에 포함되지 아니할 것이다.

2) 지입차주

지입차주와 지입회사 사이의 위탁관리계약의 체결경위 및 내용, 지입차량의 관리 및 운영상태, 지입료의 지급 관계 등 제반사정에 비추어 소속 지입차주들을 지입회사에 대하여 근로제공 자체를 목적으로 한 고용관계에 있는 종업원으로 보기 어렵고, 따라서 이러한 지입차주들이 종업원임을 전제로 하여 지입회사 사업소의 종업원 수가 50인을 초과한다고 보아 종업원분 주민세를 부과하였음은 위법하다고 판단한 조치는 정당하다(대법원 2000두6572, 2000.10.27.)라고 판시하고 있어서 지입차주는 종업원에 해당되지 아니한다.

(2) 급여총액

1) 몇 년 치 급여를 일시에 지급하는 경우

매월 지급하는 급여를 기준으로 과세표준을 산정하여야 하는 것으로, 일시에 급여를 지급하였다 하더라도 그 대상기간이 별도로 약정되어 있으므로 그 대상기간 동안 안분하여 각각 월별로 신고납부해야 할 것이다. 종업원분 주민세도 급여대상 기간별로 안분하여 소득세와 마찬가지로 처리해야 할 것이다.

2) 판결에 따른 소급 적용 급여

주민세 종업원분의 납세의무성립시기는 "급여를 지급하는 때"로 규정되어 있는바, 최근 통상임금 판결에 따른 소급적용 급여 등에 대한 납세의무에 대하여 논란의 쟁점이 되고 있다. 소급적용급여를 지급하는 시점에 또 다른 납세의무가 성립되는 것으로 보아야 한다라고 주장할 여지가 있지만, 같은 달의 주민세 종업원은 납세의무가 한 번만 성립된다는 점, 국세에서 원천징수하는 소득세·법인세의 납세의무성립시기는 "소득금액 또는 수입금액을 지급하는 때(국기법 §21 ③ 1)"로 규정되어 있지만, 원천징수 납세의무자의 종합소득세 부과제척기간이 만료되어 국세의 부과권이 소멸된 경우에는 원천징수 의무도 소멸하는 것이며, 「국세기본법」 제26조의 2 제2항 제5호는 법 시행 당시 부과제척기간이 이미 만료된 과세기간에 대하여는 적용되지 아니한다(서면-2018-법령해석기본-3482, 2018.12.11.)[392]하고 해석하고 있어서 판결 전의 "당초 급여를 지급하는 때"를 기준으

---

392) 근로자가 판결에 따라 추가적으로 지급받는 금원의 귀속시기가 2010~2012년도 과세기간이고 이에 대한 부과제척기간이 「국세기본법」 제26조의 2 제1항 제3호가 적용되어 5년간이라면, 「국세기본법」 제26조의 2

로 하여 부과제척기간 경과 여부를 판단하여 원천징수 납세의무를 판단하고 있다는 점에서 주민세 종업원분도 "급여를 지급하는 때"에 납세의무성립시가 되는 것으로 규정되어 있어서 판결에 따른 소급적용 급여에 대한 납세의무가 소멸되는지 여부는 판결 전의 "당초 급여를 지급하는 때"의 다음 달 10일의 다음 날이 부과제척기간 기산일이 된다는 점에서 유의할 필요가 있다.

3) 인정상여

「법인세법」 상 익금산입된 인정상여도 갑근세 원천징수와 종업원분 주민세를 신고납부하여야 하는 것이다.

> 사례 「조세특례제한법」 제88조의 4 제4항 규정에서 우리사주 조합원의 자사주 인출 시 소득은 근로소득으로 보도록 규정하고 있어서 종업원분 주민세 과세에 포함되어야 함(세정-1727, 2004. 6.24.).

> 사례 「조세특례제한법」 제18조의 2의 규정에 의한 외국인 근로자들의 근로소득에 대해서는 종업원할 사업소세 과세표준에서 제외되지 아니함(세정-609, 2004.3.26.).

4) 기타

체력단련비는 「소득세법」 제12조 제3호에 따른 비과세 급여에 해당되지 아니하므로 종업원분 주민세 과세표준이 되는 급여총액에는 포함되는 것이다.

5) 일용근로자의 근로소득공제

일용근로자의 근로소득공제(1일 10만 원 한도 : 소법 §47 ②)는 비과세에 해당되지 아니하므로 근로소득공제를 차감하지 아니한 금액 모두가 급여총액에 포함하는 것이다(단, 비과세에 해당하는 금액은 제외).

❺ 세율(지법 §84-3)

(1) 표준세율

종업원분의 표준세율은 종업원 급여총액의 0.5%로 한다.

제2항 제5호의 규정은 같은 법 부칙 제2조에 따라 같은 법 시행 당시(2018.1.1.) 국세부과의 제척기간이 만료되지 아니한 2012년도 과세기간에 대하여만 적용하는 것임.
소득금액변동통지서를 받은 법인의 원천징수의무가 성립하려면 그 성립시기인 위 소득금액변동통지서를 받은 때에 소득금액을 지급받은 것으로 보아야 할 원천납세의무자의 소득세 납세의무가 성립되어 있어야 하며, 원천납세의무자의 소득세 납세의무가 그 소득세에 대한 부과제척기간의 도과 등으로 소멸하였다면 원천징수의무도 성립할 수 없음(대법원 2007두20959, 2010.1.28.).

(2) 탄력세율

지방자치단체장은 조례로 정하는 바에 따라 종업원분의 세율을 표준세율의 50% 범위에서 가감할 수 있다.

❻ 면세점(지법 §84-4)

(1) 2016.1.1. 이후 납세의무성립분

납세의무성립일이 속하는 달부터 최근 1년간 해당 사업소 종업원 급여총액의 월평균금액이 18,000만 원(360만 원 × 50)[2020년~2024년 15,000만 원(300만 원 × 50), 2019년 이전은 13,500만 원(270만 원 × 50)] 이하인 경우에는 종업원분을 부과하지 아니한다. 이는 2016.1.1. 이후 납세의무성립분부터 적용하는 것인데, 주민세 종업원분은 급여를 지급하는 때 납세의무가 성립되므로 2015.12월 급여를 2016.1월에 지급하는 경우(같은 사업소 내에서 일부는 2015.12월 급여를 2015.12월에 지급한 경우 제외)에도 적용되는 것이다.

$$\frac{\text{종업원 급여총액}}{\text{월평균금액}} = \frac{\text{납세의무 성립일이 속하는 달부터 최근 12개월간}^{(주)}\text{ 해당 사업소의 종업원에게 지급한 급여총액}}{\text{해당 월수}}$$

☞ 개업 또는 휴·폐업 등으로 영업일이 15일 미만인 달의 급여총액 및 그 개월수는 종업원 급여총액 월평균금액 산정에서 제외
☞ (주) 사업기간이 12개월 미만인 경우 납세의무성립일이 속하는 달부터 개업일이 속하는 달까지의 기간

(2) 2015.12.31. 이전 납세의무성립분

해당 사업소의 종업원 수가 50명 이하인 경우에는 종업원분을 부과하지 아니한다. 종업원분은 매월 말일 현재의 사업소 소재지(사업소를 폐업하는 경우에는 폐업하는 날 현재의 사업소 소재지를 말함)를 관할하는 지방자치단체에서 사업소별로 각각 부과한다"라고 규정되어 있는바, 사업소 이전에도 불구하고 매월 말일 현재 사업소 종업원 수를 기준으로 주민세 신고납부하여야 할 것이다. 따라서 매월 말일의 사업소(납세지)의 인원으로 면세점을 판단하여야 한다.

1) 월 통상인원

종업원분 주민세는 사업장별로 50인 이하인 경우에는 면세점에 해당되어 과세되지 아니한다. 종업원분의 면세점 적용은 종업원의 월 통상인원을 기준으로 한다. 이 경우 "월 통상인원"이란 월 상시고용하는 종업원수에 수시고용하는 종업원의 월연 인원을 당월의 일수로 나눈 평균인원을 합한 인원으로 하도록 하고 있는 바(지령 §85-2, 지칙 §38-2), 종업원의 수는 일용종업원은 종

업원의 월 연인원을 당월의 일수로 나눈 평균인원수, 상시종업원은 월중 근무일수에 관계없이 종업원수를 합하여 계산되는 것이다. 여기서 상시종업원은 고용계약에 의거 일용이 아닌 계속적인 근무제공자로서 퇴직금이라든지 근무조건 등에 의하여 판단된다.

2) 상시고용과 수시고용

① 상시고용 종업원

'상시고용 종업원'이라 함은 급료의 지급형태에 불구하고 월간 계속하여 노무를 제공하는 임직원은 물론 특정업무의 수요가 있을 경우에만 이를 수임처리하기로 하고 월간 또는 연간 일정액의 급료를 지급받는 자를 말한다.

입·퇴사자 변동으로 인한 종업원 산정은 당월에 퇴사자의 후임자 입사 시 후임자가 퇴사자의 퇴사일 이전·후의 입사일에 관계없이 수시고용 종업원이 아닌 한 각각의 종업원을 각각 1명(즉 2명)으로 산정하여 종업원분 주민세 면세점을 판단하여야 하는 것이다(세정과-259, 2005.1.15.). 즉 당월 입사자나 퇴사자가 근무한 기간이 1개월 미만이라 하더라도 해당 종업원은 종업원수 산정 시 상시고용 종업원에 포함하여 판단하는 것이다(조심 2012지475, 2012.9.25.).

> **사례** 원천징수이행상황 신고서를 근거로 청구법인의 종업원수의 월통산인원을 산정하여 50인이 초과하는 달에 대하여 이 건 주민세(종업원분)를 부과한 처분은 적법함(조심 2012지475, 2012.9.25.).

> **사례** 시간제 경마직의 상시고용 종업원인지 여부(행심 2002-52, 2002.1.28.)
>
> 청구인의 시간제 경마직 인사규정에서도 시간제 경마직의 채용과 해고절차 및 징계사항, 2개월간의 수습기간과 보직변경 및 전보신청절차, 휴직 및 휴가와 복직절차 및 재계약 등에 관한 사항을 규정하고 있는 사실 등에서 볼 때, 시간제 경마직은 근로계약기간과 소속 및 직무, 업무수행 방법과 급여의 지급형태 등에 비추어 청구인과 종속적 노동관계에 있는 상시 종업원이라 할 것이므로, 처분청의 처분은 적법함.

② 수시고용 종업원

'수시고용 종업원'이라 함은 필요에 따라 불특정인이 수시로 고용되어 노무를 제공하고 급료를 지급받는 자를 말한다. 즉 고용기간이 1월 미만으로서 그 실제 근무일수 또는 근무시간에 따라 급여가 지급되는 종업원을 말한다(세정 22670-13214, 1985.11.5.). 따라서 「소득세법」 상 일용직 개념과는 달리 판단하여야 할 것이다. 즉 고용기간이 1월 미만 근무일수나 근무시간에 따라 급여가 지급되는 경우에는 수시고용으로 보아야 할 것이다. 일반적으로 일용직 근로자는 수시고용 종업원에 해당한다.

일용직 근로자는 통상 근로와는 달리, 하루를 단위로 지급하는 임금인 일당을 받는 노동자나 고용계약기간이 정해져 있는 기간제 노동자로 특정 기간 동안 시급이나 일당을 받고 일하는 비정규직의 일종이다. 즉 수시로 고용하는 노동자를 말하는 것이다. 여기서 '기간제 근로자'란 일용직, 임시직, 촉탁직 등 일정한 기간을 정한 근로계약에 의하여 근로하고 있는 근로자를 지칭하는 말이다. 기간제 근로 중 일반적으로 그 기간이 짧은 자를 보통 정규직에 대한 상대개념으로 '임시직'

이라 부르며, 매일 고용계약이 이루어지는 경우를 '일용직'이라고 부른다.

참고로, '일용직 계약'이란 일용직 근로자가 사용자(「근로기준법」에서는 '사용자'라고 함)에게 근로를 제공하고 사용자는 이에 대하여 임금을 지급할 목적으로 체결된 계약(「근로기준법」 §17)으로써 유상쌍무계약을 말한다.

고용계약이 매일 이루어지는 경우를 일용직이라 하고, 일용직 종업원은 수시종업원으로 보아야 할 것이다. 일용직 근로자를 매일 매일 고용한 기간이 1개월 이상 하였다고 하여 일용직이 아니라 할 수 없을 것이고, 상시고용 종업원으로도 볼 수 없을 것이다. 그런데 고용계약을 1개월 이상 하는 것으로 한 종업원을 근무시간에 대하여만 급여를 지급하는 경우에는 수시고용 종업원으로 볼 수 없을 것이다.

고용계약 없이 약 1년간 매월 3~4일 근무하여 성과급 지급받는 아르바이트 대학생은 일용근로자에 해당한다(소득 22601-1683, 1992.8.1.)고 규정되어 있는 점에서 아르바이트는 수시종업원에 포함된다. 따라서 공사기간 1년 이상인 사업장에 고용되고 있지만 매월 근무일수가 며칠 밖에 안되는 경우 이를 상시 종업원으로 보기에는 어려움이 있을 것으로 판단된다.

인턴직원(실습직원)이 임시직으로 일용직에 해당한다면 일용 종업원은 종업원의 월연 인원을 당월의 일수로 나눈 평균인원수로 종업원수 포함하여야 할 것이며, 일용직이 아니라 상시고용 종업원에 해당한다면 근무일수와 관계없이 종업원수에 포함하여야 할 것이다.

> **사례** 「근로자직업훈련촉진법」에 의한 교육과정중에 있는 피교육생의 경우에는 종업원에 포함되지 않으며 따라서 피교육생이 받는 훈련수당은 같은 법 시행령 제203조에 의한 '종업원의 급여총액'에 포함되지 않음(행자부 세정 13430-554, 2002.6.12.).

③ 시간제 근로자

종업원수를 근무시간을 기준으로 판단하는 것이 아니라 1시간을 근무하더라도 일용직 1인으로 보아 산식에 의해 월평균 인원을 산정하여야 할 것이다.

(3) 용역이나 도급계약 등에 파견된 근무자

용역이나 도급계약 등에 의하여 소속 직원을 장기적으로 계약업체에 파견하여 일정한 장소에서 계속 근무하도록 하고 있다면 그 근무장소를 별도의 사업소로 보아 종업원분 주민세의 면세점 해당 여부를 판단하여야 할 것이나 그 종업원이 본사로 출근하여 근무지시를 받는다든지 아니면 단기적 출장식 근무를 할 경우에는 본사의 종업원으로 보아야 한다(세정 13407-679, 1997.6.23.). 그런데 파견인력들은 청구법인의 본점에 근무하지 아니하고 주로 파견사업장에 근무하는 자들이므로 이들을 청구법인의 본점의 인적설비에 해당된다고 할 수는 없다 할 것이므로, 이러한 파견인력에 대하여 본점사무소의 종업원에 포함하여 종업원분 주민세를 과세할 수는 없다 할 것이다(조심 2020지0804, 2021.3.25.).[393]

---

393) 용역경비업을 목적으로 하는 법인의 각 계약업체에 근무하는 경비원 등은 모두 본사의 종업원으로 보기보다

한편, 판촉사원이 파견된 각 판매장은 사업이 수행되는 별도의 독립된 장소를 갖추지 못하였으므로 인적 및 물적설비가 구비된 '사업소'로 볼 수 없고, 소속 법인에 의해 채용된 각 판촉장의 판촉사원은 그 법인과의 계약에 따라 해당 사업에 종사하는 사람으로서 그 법인으로부터 급여를 지급받는 '종업원'에 해당하여 해당 사업장에 근무하고 있는 종업원에 대한 근무지 귀속은 근로감독관계에 있는 장소인 본사로 보는 것이 타당하므로 각 판매장의 판촉사원을 본사 종업원에 포함시켜 면세점 여부를 판단한 처분은 잘못이 없다(감심 2015-450, 2015.9.10.)라고 결정하고 있다.[394] 이 심사례는 임차형 매장이 아니나 특정매입 형태형 매장으로 각 백화점의 물적설비[395]라는 것인데, 본사에서 일괄하여 지급하고 있으나 채용 여부는 근무할 매장의 담당자에 의하여 결정되며 파견한 직원들은 해당 매장에 출퇴근하면서 근무하고 있고 본사에서는 한 달에 한 번 정도의 교육만 이루어지고 있으므로 파견지가 그 근무지가 되는 것으로, 본사의 직원으로는 볼 수 없을 것이나, 사업소가 없다는 이유로 본사의 직원으로 보는 것은 문제가 있다고 판단되지만, 이러한 경우처럼 법인지방소득세에서는 물적설비가 없다면 본점의 종업원 수에 포함되는 것으로 규정되어 있다(지칙 별표 4 참조).

 매장에 판촉사원 파견의 경우 사업소 해당 여부(서울세제-9025, 2019.6.27.)

B회사가 매장을 설치하여 상품 매입 및 판매, 대금정산 등 매장을 운영하고, A회사는 B회사의 매장에 판촉사원을 파견하여 단순히 판촉활동을 하기 위한 집기 등을 설치하고 판촉활동만 하는 경우, 해당 매장의 사업주는 B회사로 봄이 타당하고, A회사의 별도의 독립된 사업소로 보기는 어려움.

☞ 개별 백화점 매장을 이동하며 근무하고 있는 상시 판촉직원들의 사업소 귀속은 급여를 지급하는 때를 기준으로 판단함(행자부 세정-1021, 2004.5.1.).

❼ 중소기업 고용지원(지법 §84-5)

「중소기업기본법」제2조에 따른 중소기업("중소기업")의 사업주가 종업원을 추가로 고용한(해당 월의 종업원 수가 50명을 초과하는 경우만 해당) 경우에는 다음의 계산식에 따라 산출한

는 계약업체별 사업장에 각각 근무하는 종업원으로 보아 종업원할 사업소세를 과세하는 것이 타당하다(행심 2002-364, 2002.10.28.)라고 해석한 바 있었고, 이 경우 소속 종업원들이 근무하는 사무실 등 물적설비(임대 여부 불문)를 갖추고 계속해서 해당 장소에 주재 근무하도록 하고 있다면 그 현장별로 면세점(종업원분 : 종업원 50인 이하, 재산분 : 사업소 연면적 330㎡ 이하) 해당 여부를 판단하여야 하므로 용역업체가 사용하는 부분에 대해서는 재산분 주민세도 과세대상이 된다(세정 13407-1311, 1996.11.16. 참조)라고 해석한 바 있었다.

[394] 청구법인이 대형할인매장 등에 파견한 종업원(인적설비)에 대한 지휘·감독을 하고, 이들에게 급여를 지급하는 사용자인 점, 대형할인매장들의 자체 매장의 일부분인 매대와 재고자산은 청구법인의 물적설비로 보기 어려운 점 등에 비추어 이를 각각 청구법인의 사업소로 보아 종업원 수가 주민세 종업원분의 면세점에 미달하는 것으로 보아야 한다는 청구주장을 받아들이기 어렵다 할 것임(조심 2014지1441, 2015.3.31.).

[395] 판촉서비스 인력공급업은 사무실 또는 매장을 임차하여 자기책임하에 운영하는 것이 아니라 단지 대형할인매장, 백화점 등에 종업원을 파견하여 근무하고 직매입거래 또는 특약매입거래 계약을 맺고 물품의 공급만을 하는 경우 해당 판매대 및 재고자산은 판촉서비스 인력공급업자의 물적설비가 아닌 것으로 봄(지예법74-4).

금액을 종업원분의 과세표준에서 공제한다. 이 경우 직전연도(2016년 이전은 직전 사업연도)의 월평균 종업원 수가 50명 이하인 경우에는 50명으로 간주하여 산출한다.

시간제 고용 종업원이 근로계약에 따라 3개월 이상 계속하여 동일 사업소에 고용되어 해당 사업에 종사하고, 관련법에 따른 4대 보험을 적용받는 경우 상시 고용 종업원에 해당된다(지예 법84 의5···영85의3-1).

> 공제액 = 〔해당 월(2019년 이전은 신고한 달)의 종업원 수 - 직전 연도 월평균 종업원 수〕 × 월 적용급여액
>
> ☞ 월 적용급여액 = 해당 월(2019년 이전은 신고한 달) 종업원 급여 총액 / 해당 월(2019년 이전은 신고한 달) 종업원 수
> ☞ 휴업 등의 사유로 직전연도의 월평균 종업원 수를 산정할 수 없는 경우
> 사업을 재개한 후 종업원분을 최초로 신고한 달의 종업원 수를 직전 사업연도의 월평균 종업원 수로 봄.

다음 어느 하나에 해당하는 중소기업에 대해서는 다음에서 정하는 달부터 1년 동안(2025년 이후 해당 월의 종업원 수가 50명 초과하는 달만 해당됨) 월평균 종업원 수 50명에 해당하는 월 적용급여액을 종업원분의 과세표준에서 공제한다(50명을 초과한 인원을 직전 사업연도의 월평균 종업원 수로 봄).

① 사업소를 신설하면서 50명을 초과하여 종업원을 고용하는 경우

종업원분을 최초로 신고하여야 하는 달

상기의 내용은 사업소를 신설할 당시부터 50명을 초과하여 종업원을 고용하는 중소기업으로 보는 것이 타당하다 할 것으로, 이 사업소와 같이 신설 당시에는 50명 미만을 고용하였다가 그 후 추가 고용을 통하여 종업원이 50명을 초과하게 된 경우에는 상기를 적용할 수 없다(조심 2019지1711, 2019.5.23.).

② 해당 월의 1년 전[2025년 이후 해당 월의 과거 1년 내에 사업소를 신설한 경우 신설한 달을 말하나, 2024년 이전에 개정규정에 따른 요건을 갖춘 경우 그 공제를 할 수 있는 기간은 2025년 1월의 종업원분을 신고하여야 하는 달부터 1년까지로 함(부칙 §3)]부터 계속하여 매월 종업원 수 50명 이하인 사업소가 추가 고용으로 그 종업원 수가 50명을 초과하는 경우 [해당 월(2019년 이전은 신고하는 달)부터 과거 5년 내에 종업원 수가 1회 이상 50명을 초과한 사실이 있는 사업소의 경우 제외]

해당 월의 종업원분을 신고하여야 하는 달

중소기업에 대한 고용지원 규정은 종업원분 주민세는 종업원 수 50명 이하인 경우에는 면세점에 해당되어 종업원분 주민세 미부과, 면세점이 50명 이하인 기업이 추가 인력 채용하는 경우 기업의 부담으로 작용하는 등 고용창출 정책에 역행한다는 경제계 등 개선 건의에 따라 직전사업연도 평균 고용인원보다 추가로 고용 창출한 사업소에 대하여는 일정 금액을 과세표준에서 공제하여 고용창출 지원하는 규정이다.

직전 사업연도의 월평균 종업원 수가 50명 이하인 경우에는 50명으로 간주하여 공제액을 산정하고, 2013년도부터 매월 신고할 때마다 1년 전부터 계속하여 매월 종업원 수가 50명 이하(예 : 2013.2월의 인원이 50인을 초과하였으나, 2012.2월~2013.1월까지의 매월 종업원 수가 50인 이하)인 경우 50명을 초과한 인원을 직전 사업연도의 월평균 종업원 수로 보고 공제액을 산정한다는 것이다(신고한 달부터 과거 5년 내에 종업원 수가 50명을 초과하여 종업원분을 1회 이상 신고·납부한 사실이 있는 사업소는 제외). 즉 신설 사업소 및 면세대상이었던 사업소가 추가 고용으로 50명을 초과한 경우에는 1년간 면세점을 초과한 인원에 대해서만 과세한다는 내용이다.

> **사례** 개인사업자의 법인전환 및 사업의 승계·양도는 신규 고용창출 없이 기존 종업원을 계속 고용하는 것으로, 사업자의 변경만 있을 뿐, 사업소 신설로 보기 어렵다고 판단됨(지방세운영과-1537, 2014.5.8.).

(1) 과세표준 특례

1) 중소기업의 일반 사업소

□ **과세표준**

해당(2019년 이전은 신고) 월의 과세대상 급여총액 - {[해당(2019년 이전은 신고) 월 종업원 수 - 직전 연도 월평균 종업원 수] × 월 적용급여액}

☞ 직전 연도 월평균 종업원 수가 50명 이하인 경우 50명으로 봄.

2) 중소기업 중 신설 사업소 및 면세대상이었던 사업소의 추가 고용

추가 고용으로 50명을 초과한 경우 1년 동안 적용한다.

□ **과세표준**

① 2017.1.1. 이후
해당(2019년 이전은 신고) 월의 과세대상 급여총액 - 월평균 종업원 수 50명에 해당하는 월 적용급여액

② 2016.12.31. 이전
신고 월의 과세대상 급여총액 - [(신고 월 종업원 수 - 직전 사업연도 월평균 종업원 수) × 월 적용급여액] = 신고 월의 과세대상 급여총액 - [(신고 월 종업원 수 - 50명을 초과한 종업원 수) × 월 적용급여액]

☞ 신고한 달의 직전 1년간 종업원 수가 50명 이하인 경우 50명을 초과한 종업원 수를 직전 사업연도 월평균 종업원 수로 보도록 규정되어 있으며, 50명 이하인 경우에는 50명으로 보아야 할 것임.

사례 계산 사례

2012년도 12월에 신설한 사업장으로 신설 당시 종업원 수는 16명이었으며, 사업확장으로 2014년 1월 종업원 수가 53명으로 최초 주민세 종업원분 신고납부대상으로 종업원 추가공제에 따른 공제인원?

과세표준 = 53 × 월 적용급여액 − [(53 − 3) × 월 적용급여액]

= 3 × 월 적용급여액

상기에서 50명을 초과할 경우에는 신고한 달의 직전 1년간 종업원 수가 50명 이하인 경우에만 적용됨에 유의하여야 함.

(2) 비영리사업자의 중소기업 여부

비영리사업자는 「중소기업기본법」 상의 중소기업에 해당하지 아니하므로 중소기업 고용지원 규정이 적용되지 아니할 것이다.[396]

(3) 합병, 법인전환 및 사업양도 시 사업소 신설로 보지 아니함

실질적 고용창출 효과가 없는 개인사업자의 법인전환 및 사업의 승계·양도(종업원의 승계)의 경우 중소기업 고용지원 규정이 적용되지 아니한다(지예 법84의5−1).

유권해석(지방세운영과−4158, 2012.12.28.)에서 사업소 신설의 범위에 실질적 창업뿐만 아니라 형식적인 신설도 포함한다고 안내한 것은 법령의 취지를 반하면서까지 적용토록 한 것이라 볼 수는 없으며, 이 해석에서 법인 합병으로 종업원이 증가되는 경우 개정 취지를 고려할 때 공제대상으로 적합하지 않다고 함께 규정하고 있다.

조세심판원에서 지방소득세 종업원분 과세표준 공제제도는 중소기업의 사업주가 종업원을 추가로 고용한 경우 추가 고용된 종업원에게 지급되는 급여를 공제하여 고용창출을 촉진하기 위한 제도인 점 등에 비추어 피합병법인의 종업원을 추가로 고용한 것으로 보기보다는 합병계약에 의하여 고용을 승계하였다고 보는 것이 타당하므로 피합병법인의 종업원 수를 직전 사업연도 월평

---

396) 비영리사업자도 「중소기업기본법」 상의 중소기업에 해당한다면 중소기업 고용지원 규정이 적용되어야 할 것이나, 중소기업청 신문고 질의답변에서 "「중소기업기본법」 및 같은 법 시행령에서는 중소기업의 대상에서 비영리법인을 제외한다고 명시하고 있지는 않으나, 중소기업의 대상을 '기업'을 전제조건으로 하고 있으며, '기업'은 본질적으로 영리 활동을 전제로 하고 있으므로 영리 활동을 할 수 없는 비영리법인을 중소기업의 대상에서 제외한다는 별도의 규정은 하고 있지 않다. 같은 법 제2조 제4항(중소기업시책별 특성에 따라 특히 필요하다고 인정하면 「중소기업협동조합법」이나 그 밖의 법률에서 정하는 바에 따라 중소기업협동조합이나 그 밖의 법인·단체 등을 중소기업자로 할 수 있다)은 「중소기업기본법」 상의 중소기업자가 아닌 중소기업협동조합 등 비영리법인 또는 단체라 하더라도 타 법령에서 중소기업자에 준하는 지원이 필요하다고 인정되면, 해당 법령의 적용에 있어서만 중소기업자로 인정할 수 있도록 하는 예외규정이다. 만일, 비영리법인 또는 단체가 「중소기업기본법」 상 중소기업이 될 수 있었다면, 비영리법인 또는 단체를 타 법령에서 예외적으로 중소기업으로 인정할 수 있도록 하는 동 조항은 규정할 필요가 없었을 것이며, 동 규정에 따라 타 법령에서 비영리법인 또는 단체를 중소기업자로 인정한다고 하여 「중소기업기본법」 상 중소기업임을 인정하는 것은 아니다"라고 해석하고 있어서 원칙적으로 비영리사업자는 「중소기업기본법」 상 중소기업으로 볼 수 없을 것이다.

균 종업원 수에 포함하여 공제액을 산출한 것은 잘못이 없다(조심 2014지1238, 2015.5.11.)라고 결정하고 있다.

⑧ 징수방법과 납기 등(지법 §84-6)

(1) 신고납부

종업원분의 징수는 신고납부의 방법으로 하며, 종업원분의 납세의무자는 매월 납부할 세액을 다음 달 10일까지 납세지를 관할하는 지방자치단체장에게 신고하고 납부하여야 하는바, 종업원분을 신고하려는 자는 신고서에 종업원수, 급여총액, 세액, 그 밖에 필요한 사항을 적은 명세서를 첨부하여 관할 시장·군수·구청장에게 신고하여야 한다. 또한 종업원분을 납부하려는 자는 납부서로 납부하여야 한다.

한편, 종업원분 주민세는 납세지가 매월 말일 현재의 사업소 소재지(사업소를 폐업하는 경우에는 폐업하는 날 현재의 사업소 소재지)이므로 연말정산 후 추가 지급 또는 회수하는 경우 각각의 지급 산정일이 속하는 월 말을 기준으로 하여 수정신고납부할 수밖에 없을 것이다.

(2) 부족세액 추징 및 가산세

종업원분의 납세의무자가 신고 또는 납부의무를 다하지 아니하면 납부하여야 할 세액 또는 그 부족세액에 「지방세기본법」상 무신고가산세(§53), 과소신고가산세(§54) 및 납부지연가산세(§55)(2023년 이전은 납부불성실가산세)를 합한 금액을 세액으로 하여 보통징수의 방법으로 징수한다.

⑨ 신고의무(지법 §84-7)

종업원분의 납세의무자 또는 그 사업소용 건축물의 소유자는 조례로 정하는 바에 따라 필요한 사항을 신고하여야 한다.

⑩ 과세대장 비치(지령 §85-5)

납세의무자가 상기 신고의무를 이행하지 아니할 경우에는 세무공무원은 직권으로 조사하여 과세대장에 등재할 수 있다. 이 경우 시장·군수·구청장은 직권조사로 종업원분 과세대장에 등재하였을 때에는 그 사실을 납세의무자에게 통지하여야 한다.

시장·군수·구청장은 종업원분 과세대장을 갖추어 두고, 필요한 사항을 등재하여야 한다. 이 경우 해당 사항을 전산처리하는 경우에는 과세대장을 갖춘 것으로 본다.

제8장

지방소득세

제1절 통칙

1 개요

소득세 및 법인세의 부가세 형태로 부과·징수하고 있는 지방소득세를 독립세 방식으로 전환함으로써 지방자치단체의 자주재원을 확충하고 지역경제의 발전을 지방세수의 신장과 연계되도록 하기 위하여 2014.1.1. 「지방세법」을 개정하였다.

국세의 결정세액에 세율을 적용하여 산정하던 지방소득세가 2014년 이후부터는 국세의 과세표준에다 독립세율을 적용하여 산정된 산출세액에 공제감면세액을 차감하여 지방소득세를 산정하였다. 한편, 공제감면세액은 「지방세특례제한법」에서 규정하고 있는데, 이는 소득세의 부가세 형태로 부과·징수하고 있는 지방소득세를 독립세 방식으로 전환하면서 납세자에 대한 조세지원 특례를 별도로 규정하여 투자, 고용확대, 근로, 공익사업 등을 장려함과 아울러 지역경제 활성화를 도모하고, 동시에 공제·감면율은 차등화하여 합리적인 세제지원이 이루어질 수 있도록 함으로써 건전한 지방자치의 발전에 기여하려는 것이다.

종전과 현행 지방소득세 과세구조는 다음과 같다.

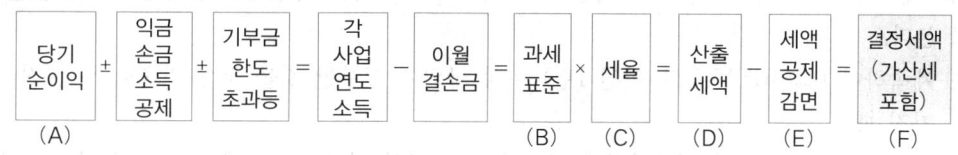

○ **개인지방소득세 과세구조**

수입금액 (A)	−	필요경비소득공제	=	종합소득금액	−	종합소득공제	=	종합소득과세표준 (B)	×	세율 (C)	=	산출세액 (D)	−	세액공제감면 (E)	=	결정세액(가산세 포함) (F)

☞ 공제가능 이월결손금이 있는 경우 이를 차감하여 과세표준 산정

○ 2013년 이전(부가세 형식) : 국세 결정세액(F)×10% = 지방소득세
○ 2014년 이후(독립세 과세방식) : 국세 과세표준(B)×독립세율 − 공제감면 = 지방소득세

○ **법인지방소득세 과세구조**

당기순이익 (A)	±	익금손금소득공제	±	기부금한도초과등	=	각 사업연도소득	−	이월결손금	=	과세표준 (B)	×	세율 (C)	=	산출세액 (D)	−	세액공제감면 (E)	=	결정세액(가산세 포함) (F)

○ 2013년 이전(부가세 형식) : 국세 결정세액(F)×10% = 지방소득세
○ 2014년 이후(독립세 과세방식) : 국세 과세표준(B)×독립세율 − 공제감면 = 지방소득세

☞ 수시과세(양도소득, 퇴직소득 및 특별징수분) : 2014년부터 징수
 기간과세(종합소득, 법인소득분) : 2014년 이후 과세기간 또는 개시사업연도부터 적용하여 2015년부터 징수

❷ 정의(지법 §85)

　지방소득세에서 사용하는 용어의 뜻은 다음과 같으며, 지방소득세에서 사용하는 용어의 뜻은 상기에서 정하는 것을 제외하고 「소득세법」 및 「법인세법」에서 정하는 바에 따른다.

1) 개인지방소득

　「소득세법」 제3조 및 제4조에 따른 거주자 또는 비거주자의 소득을 말한다.

2) 법인지방소득

　「법인세법」 제4조에 따른 내국법인 또는 외국법인의 소득을 말한다.

3) 거주자

　「소득세법」에 따른 거주자를 말한다. 즉 국내에 주소를 두거나 183일(2015.7.23. 이전은 1년) 이상 거소를 둔 개인을 말한다.

① 주소와 거소의 판정(소령 §2)

　'주소'는 국내에서 생계를 같이 하는 가족 및 국내에 소재하는 자산의 유무 등 생활관계의 객관적 사실에 따라 판정하며, '거소'는 주소지 외의 장소 중 상당기간에 걸쳐 거주하는 장소로서 주소와 같이 밀접한 일반적 생활관계가 형성되지 아니한 장소로 한다.

　국내에 거주하는 개인이 다음 어느 하나에 해당하는 경우에는 국내에 주소를 가진 것으로 본다.

- ㉠ 계속하여 183일(2015.7.23. 이전 1년) 이상 국내에 거주할 것을 통상 필요로 하는 직업을 가진 때
- ㉡ 국내에 생계를 같이하는 가족이 있고, 그 직업 및 자산상태에 비추어 계속하여 183일 (2015.7.23. 이전 1년) 이상 국내에 거주할 것으로 인정되는 때

　국외에 거주 또는 근무하는 자가 다음 어느 하나에 해당하는 경우에는 국내에 주소가 없는 것으로 본다.

- ㉠ 계속하여 183일(2015.7.23. 이전 1년) 이상 국외에 거주할 것을 통상 필요로 하는 직업을 가진 때
- ㉡ 외국국적을 가졌거나 외국법령에 의하여 그 외국의 영주권을 얻은 자로서 국내에 생계를 같이하는 가족이 없고 그 직업 및 자산상태에 비추어 다시 입국하여 주로 국내에 거주하리라고 인정되지 아니하는 때

　외국을 항행하는 선박 또는 항공기의 승무원의 경우 그 승무원과 생계를 같이하는 가족이 거주하는 장소 또는 그 승무원이 근무기간 외의 기간 중 통상 체재하는 장소가 국내에 있는 때에는 당해 승무원의 주소는 국내에 있는 것으로 보고, 그 장소가 국외에 있는 때에는 당해 승무원의

주소가 국외에 있는 것으로 본다.

② 국외 파견 임직원 등의 거주자 여부 판정(「소득세법 집행기준」 1의 2-3-1)

거주자 또는 내국법인의 국외사업장 또는 해외현지법인(100% 출자법인)에 파견된 임원 또는 직원이 생계를 같이 하는 가족이나 자산상태로 보아 파견기간의 종료 후 재입국할 것으로 인정되는 때에는 파견기간이나 외국의 국적 또는 영주권의 취득과는 관계없이 거주자로 본다. 이에 준하여 국내에 생활의 근거가 있는 자가 국외에서 거주자 또는 내국법인의 임원 또는 직원이 되는 경우에는 국내에서 파견된 것으로 본다.

③ 거주자 또는 비거주자가 되는 시기(「소득세법 집행기준」 1의 2-2의 2-1)

비거주자가 거주자로 되는 시기	거주자가 비거주자로 되는 시기
• 국내에 주소를 둔 날 • 국내에 주소를 가지거나 국내에 주소가 있는 것으로 보는 사유가 발생한 날 • 국내에 거소를 둔 기간이 1년이 되는 날	• 거주자가 주소 또는 거소의 국외이전을 위하여 출국하는 날의 다음 날 • 국내에 주소가 없거나 국외에 주소가 있는 것으로 보는 사유가 발생한 날의 다음 날

④ 국내에 거소를 두고 있는 경우의 거주기간 계산

국내에 183일(2015.7.23. 이전 1년) 거소를 둔 경우에는 거주자로 보며 이 경우 거주기간은 다음과 같이 계산한다.

  ㉠ 국내에 거소를 둔 기간은 입국한 날의 다음 날부터 출국한 날로 한다.
  ㉡ 국내에 거소를 두고 있던 개인이 출국 후 다시 입국한 경우에 생계를 같이하는 가족의 거주지나 자산소재지 등에 비추어 그 출국목적이 명백하게 일시적인 것으로 인정되는 때에는 그 출국한 기간도 국내에 거소를 둔 기간으로 본다. 여기서 명백하게 일시적인 목적의 출국 사유를 예시(관광·질병치료, 출장·연수 등)로 규정하고 있다.
  ㉢ 국내에 거소를 둔 기간이 2과세기간에 걸쳐 183일(2015.7.23. 이전 1년)인 경우에는 국내에 183일(2015.7.23. 이전 1년) 이상 거소를 둔 것으로 본다.

> **사례** 「소득세법」상 거주자로 보아 과세한 처분의 당부(조심 2012서4800, 2013.2.19.)
>
> 청구인이 사우디아라비아의 국적 또는 영주권을 취득한 사실이 없고 국내에 아파트를 소유하면서 타인에게 임대를 주지 아니하고 국내체류 시 거주하고 있는 점, 1999년부터 내국법인(○○○)의 이사로 등재되고 2008.10.부터 2011년까지 동 법인에 재직하면서 급여를 받은 점, 2011.2.에 결혼하여 배우자가 청구인의 국내 주소지에서 함께 거주하고 있는 점 등에 비추어 청구인은 「소득세법」상 거주자로 봄이 타당하다고 판단된다. 또한 사우디아라비아 「소득세법」에서 사우디아라비아에 거주하는 외국인이 사우디 현지법인으로부터 받은 근로소득에 대하여는 과세대상으로 삼고 있지 않는 바, 청구인의 근로소득인 쟁점 국외소득에 대하여도 과세되지 아니한 사실이 확인되고 있어 청구인은 사우디아라비아 세법상 거주자에도 해당되지 아니하므로, 한·사우디 조세조약 제4조 제2항의 규정도 적용될 수 없다고 할 것이다. 따라서 처분청이 청구인을 「소득세법」상 국내 거주자로 보아 쟁점 국외소득에 대하여 이 건 종합소득세를 과세한 처분은 잘못이 없다고 판단됨.

내국법인이 사우디아라비아법인에 소속 직원을 파견함에 있어 파견된 직원이 국외에 1년 이상 거주할 직업을 가지고 출국하더라도 그 파견 직원이 주민등록을 말소하지 않고 내국법인과 고용관계를 계속 유지하는 등 생활의 근거지가 국내에 있는 경우 해당 파견 직원은 「소득세법」 제1조의 2에 따른 거주자에 해당하는 것임.

4) 비거주자

거주자가 아닌 개인을 말한다.

5) 내국법인

국내에 본점이나 주사무소 또는 사업의 실질적 관리장소를 둔 법인을 말한다.

6) 비영리내국법인

내국법인 중 다음 어느 하나에 해당하는 법인을 말한다.
① 「민법」 제32조에 따라 설립된 법인
② 「사립학교법」이나 그 밖의 특별법에 따라 설립된 법인으로서 「민법」 제32조에 규정된 목적과 유사한 목적을 가진 법인(「법인세법 시행령」 제1조 제1항 각 호에 따른 조합법인 등이 아닌 법인으로서 그 주주·사원 또는 출자자에게 이익을 배당할 수 있는 법인 제외)
③ 「국세기본법」 제13조 제4항에 따른 법인으로 보는 단체("법인으로 보는 단체")

7) 외국법인

외국에 본점 또는 주사무소를 둔 단체(국내에 사업의 실질적 관리장소가 소재하지 아니하는 경우만 해당한다)로서 「법인세법 시행령」 제1조 제2항에 따른 단체를 말한다.

8) 비영리외국법인

외국법인 중 외국의 정부·지방자치단체 및 영리를 목적으로 하지 아니하는 법인(법인으로 보는 단체 포함)을 말한다.

9) 사업자

사업소득이 있는 거주자를 말한다.

10) 사업장

인적설비 또는 물적설비를 갖추고 사업 또는 사무가 이루어지는 장소(사업소 포함)를 말한다. 균등분 주민세, 재산분 주민세 및 종업원분 주민세의 경우 사업소 등에 부과하는 것으로 인적설비와 물적설비가 동시에 갖추어져 있어야 하나, 법인세분 지방소득세는 사업장별로 과세되는 것이므로 인적설비 또는 물적설비 중 하나만 갖추어져 있어도 사업장에 해당되어 안분대상이 되는 것이다.

11) 사업연도

법인의 소득을 계산하는 1회계기간을 말한다.

12) 연결납세방식

둘 이상의 내국법인을 하나의 과세표준과 세액을 계산하는 단위로 하여 「지방세법」 제8장 제7절에 따라 법인지방소득세를 신고·납부하는 방식을 말한다.

13) 연결법인

연결납세방식을 적용받는 내국법인을 말한다.

14) 연결집단

연결법인 전체를 말한다.

15) 연결모법인과 연결자법인

"연결모법인"이란 연결집단 중 다른 연결법인을 연결지배[397]('「법인세법」에 따른 연결지배를 말함')하는 연결법인을 말하고, "연결자법인"이란 연결모법인의 연결지배를 받는 연결법인을 말한다.

16) 연결사업연도

연결집단의 소득을 계산하는 1회계기간을 말한다.

❸ 지방소득의 범위 및 구분 등(지법 §87)

(1) 거주자의 개인지방소득의 범위

거주자의 개인지방소득은 다음과 같이 구분하고, 소득의 범위는 「소득세법」 제16조부터 제22조까지, 제94조 및 제95조에서 정하는 바에 따르고, 2021년 이후 신탁계약 체결분부터 신탁의 이익의 구분에 대해서는 같은 법 제4조 제2항에 따른다.

① 종합소득

「지방세법」에 따라 과세되는 개인지방소득에서 퇴직소득 및 양도소득을 제외한 소득으로서 다음의 소득을 합산한 것

---

397) 2023년 이전은 "완전 지배"만 적용됨.

ㄱ 이자소득　　　ㄴ 배당소득　　　ㄷ 사업소득

ㄹ 근로소득　　　ㅁ 연금소득　　　ㅂ 기타소득

② **퇴직소득**

③ **양도소득**

(2) 비거주자의 개인지방소득의 범위

비거주자의 개인지방소득은 「소득세법」 제119조에 따라 구분한다.

(3) 내국법인 및 외국법인의 법인지방소득의 범위

내국법인 및 외국법인의 법인지방소득은 다음과 같이 구분하고, 법인의 종류에 따른 다음의
소득의 범위는 「법인세법」 제4조에서 정하는 바에 따른다.

① 각 사업연도의 소득

② 청산소득(淸算所得)

③ 「법인세법」 제55조의 2 및 제95조의 2에 따른 토지등 양도소득

④ 「조세특례제한법」 제100조의 32(2018년 이전 「법인세법」 제56조와 「조세특례제한법」 제
100조의 32 제2항)에 따른 미환류소득

제2절　거주자의 종합소득·퇴직소득에 대한 지방소득세

① 납세의무자(지법 §86)

「소득세법」에 따른 소득세의 납세의무가 있는 자는 지방소득세를 납부할 의무가 있다. 지방소
득세 납부의무의 범위는 「소득세법」에서 정하는 바에 따른다.

> 사례　「소득세법」에 따라 납부하여야 하는 소득세액을 과세표준으로 하는 소득세분 지방소득세
> (구 지방소득세)는 외국국적을 가졌거나 외국법령에 의하여 그 외국의 영주권을 얻은 자라도 국
> 내에서 발생한 소득이 있는 경우에는 납세의무가 있다할 것임(지방세운영과-1527, 2010.4.15.).

② 거주자의 종합소득의 범위(지법 §87)

거주자의 개인지방소득 중 종합소득은 다음과 같이 구분하고, 소득의 범위는 「소득세법」 제16
조부터 제22조까지, 제94조 및 제95조에서 정하는 바에 따른다.

「지방세법」에 따라 과세되는 개인지방소득에서 퇴직소득 및 양도소득을 제외한 소득으로서 다음의 소득을 합산한 것

- ㉠ 이자소득   ㉡ 배당소득   ㉢ 사업소득
- ㉣ 근로소득   ㉤ 연금소득   ㉥ 기타소득

❸ 과세기간(지법 §88)

개인지방소득세의 과세기간은 「소득세법」 제5조에 따른 기간으로 한다.

❹ 납세지(지법 §89)

개인지방소득세의 납세지는 「지방세기본법」 제34조에 따른 납세의무 성립 당시(2019.12.30. 이전은 신고 당시)의 "「소득세법」 제6조 및 제7조에 따른 납세지"라고 규정하고 있으므로 소득세의 납세지가 개인지방소득세 납세지가 된다.

(1) 확정신고

납세의무성립 당시인 12.31. 현재의 주소지가 납세지가 되나, 2019.12.30. 이전은 확정신고 당시 주소지가 납세지가 된다.

(2) 부과고지

1) 확정신고 후 주소이전한 경우

납세자가 종합소득세를 확정신고(2019년까지 소득세분을 관할세무서장에게 함께 신고함)한 후 종합소득세분 지방소득세를 납부하지 않고 주소지를 이전한 경우는 납세의무성립 당시인 12.31. 현재의 주소지가 납세지가 되나, 2019.12.30. 이전은 세무서의 종합소득세 확정결과에 관계없이 확정신고 당시의 주소지를 지방소득세의 납세지로 판단하여야 할 것이다(세정과-1389, 2004.6.1. 참조).

2) 미신고분

종합소득세 확정신고를 하지 아니한 경우 12.31. 현재의 주소지가 납세지가 되나, 2019.12.30. 이전은 세무서에서 소득세를 결정(부과·고지)한 경우에는 소득세 결정시점의 주소지가 지방소득세 납세지가 된다.[398] 이러한 취지로 2016년 이후 개인지방소득세의 결정 또는 경정분부터 종

---

398) 「소득세법」 제6조 및 제11조에 의하면, "거주자에 대한 소득세의 납세지는 그 거주지로 한다고 규정하고 있고, 소득세는 납세지를 관할하는 세무서장 또는 지방국세청장이 과세한다"고 규정하고 있는바, 이 건 보과처분 당시 청구인의 주소지는 부산광역시 수영구 ○○동 963-4번지 ○○빌라 6동 102호로 관세관할이 ○

합소득세에 대한 개인지방소득세 지방세환급금의 환급지가 결정 또는 경정의 경우 결정 또는 경정 당시의 주소지라고 규정되어 있다(지령 §100-34).

(3) 기한 후 신고

납세의무성립 당시인 12.31. 현재의 주소지가 납세지가 되나, 2019.12.30. 이전은 기한 후 신고 당시 주소지가 납세지가 된다.

5 과세표준(지법 §91)

(1) 종합소득

거주자의 종합소득에 대한 개인지방소득세 과세표준은 「소득세법」 제14조 제2항부터 제5항까지에 따라 계산한 소득세의 과세표준(2019년 이전 귀속분은 계산한 금액)(「조세특례제한법」 및 다른 법률에 따라 과세표준 산정과 관련한 조세감면 또는 중과세 등의 조세특례가 적용되는 경우에는 이에 따라 계산한 소득세의 과세표준)과 동일한 금액(2019년 이전 귀속분은 계산한 금액)으로 한다.

(2) 퇴직소득

거주자의 퇴직소득에 대한 개인지방소득세 과세표준은 「소득세법」 제14조 제6항에 따라 계산한 소득세의 과세표준(2019년 이전 귀속분은 계산한 금액)(「조세특례제한법」 및 다른 법률에 따라 과세표준 산정과 관련한 조세감면 또는 중과세 등의 조세특례가 적용되는 경우에는 이에 따라 계산한 소득세의 과세표준)과 동일한 금액(2019년 이전 귀속분은 계산한 금액)으로 한다.

6 세율과 산출세액(지법 §92)

(1) 표준세율

거주자의 종합소득에 대한 개인지방소득세의 표준세율은 다음 표와 같다.

○세무서임에도 처분청이 1997년 귀속 쟁점 사업장의 소득세를 청구인에게 과세한 부과처분은 「소득세법」상 과세관할을 위반한 무효의 처분이므로 이에 터잡아 2002.12.6.자로 재산압류한 처분은 잘못이 있는 것으로 판단됨(국심 2003부921, 2003.5.22.).

과세표준	세율
1천4백만 원 이하	0.6%
1천4백만 원 초과 5천만 원 이하	84,000+1천4백만 원 초과금액 1.5%
5천만 원 초과 8천8백만 원 이하	624,000+5천만 원 초과금액 2.4%
8천8백만 원 초과 1억5천만 원 이하	1,536,000+8천8백만 원 초과금액 3.5%
1억5천만 원 초과 3억 원 이하	3,706,000+1억5천만 원 초과금액 3.8%
3억 원 초과 5억 원 이하	9,406,6000+3억 원 초과금액 4%
5억 원 초과 10억 원 이하	17,406,000+5억 원 초과금액 4.2%
10억 원 초과	38,400,600+10억 원 초과금액 4.5%

(2) 탄력세율

지방자치단체장은 조례로 정하는 바에 따라 종합소득에 대한 개인지방소득세의 세율을 상기 (1)에 따른 표준세율의 100분의 50의 범위에서 가감할 수 있다. 이는 2020.1.1. 이후 시행되도록 부칙에 규정하고 있다.

(3) 산출세액

1) 종합소득

거주자의 종합소득에 대한 개인지방소득세 산출세액은 해당 연도의 과세표준에 표준세율 또는 탄력세율을 적용하여 산출한 금액으로 한다.

2) 퇴직소득

2016.1.1. 이후 근무분부터 거주자 퇴직소득에 대한 개인지방소득세 산출세액은 다음 순서에 따라 계산한 금액으로 한다.

㉠ 해당 과세기간의 과세표준에 표준세율 또는 탄력세율을 적용하여 계산한 금액

㉡ ㉠의 금액을 12로 나눈 금액에 근속연수를 곱한 금액

2016.1.1.~2019.12.31. 기간 동안 퇴직한 경우에는 개정규정에도 불구하고 퇴직소득에 대한 개인지방소득세 산출세액을 다음 표의 퇴직일이 속하는 과세기간에 해당하는 계산식에 따른 금액으로 한다.

퇴직일이 속하는 과세기간	퇴직소득 산출세액
2016.1.1. ~ 2016.12.31.	종전규정에 따른 퇴직소득 산출세액 × 80% + 개정규정에 따른 퇴직소득 산출세액 × 20%
2017.1.1. ~ 2017.12.31.	종전규정에 따른 퇴직소득 산출세액 × 60% + 개정규정에 따른 퇴직소득 산출세액 × 40%

퇴직일이 속하는 과세기간	퇴직소득 산출세액
2018.1.1. ~ 2018.12.31.	종전규정에 따른 퇴직소득 산출세액 × 40% + 개정규정에 따른 퇴직소득 산출세액 × 60%
2019.1.1. ~ 2019.12.31.	종전규정에 따른 퇴직소득 산출세액 × 20% + 개정규정에 따른 퇴직소득 산출세액 × 80%

❼ 세액계산의 순서 및 특례(지법 §93)

(1) 일반 원칙

거주자의 종합소득 및 퇴직소득에 대한 개인지방소득세는 「지방세법」에 특별한 규정이 있는 경우를 제외하고는 다음에 따라 계산한다.

① 상기 6. (3)에 따라 종합소득 및 퇴직소득에 대한 개인지방소득세 산출세액은 각각 구분하여 계산한다.

② ①에 따라 계산한 산출세액에 8.의 세액공제 및 세액감면을 적용하여 종합소득 및 퇴직소득에 대한 개인지방소득세 결정세액을 각각 계산한다.

③ ②에 따라 계산한 결정세액에 가산세(하기 13. 및 「지방세기본법」의 과소신고가산세, 납부불성실가산세)를 더하여 종합소득 및 퇴직소득에 대한 개인지방소득세 총결정세액을 각각 계산한다.

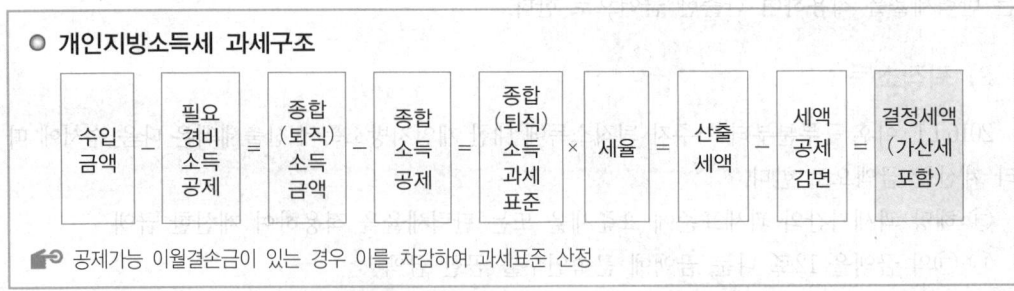

○ 개인지방소득세 과세구조

| 수입금액 | - | 필요경비소득공제 | = | 종합(퇴직)소득금액 | - | 종합소득공제 | = | 종합(퇴직)소득과세표준 | × | 세율 | = | 산출세액 | - | 세액공제감면 | = | 결정세액(가산세포함) |

☞ 공제가능 이월결손금이 있는 경우 이를 차감하여 과세표준 산정

☞ 수시과세(양도소득, 퇴직소득 및 특별징수분) : 2014년부터 징수
기간과세(종합소득, 법인소득분) : 2014년 이후 과세기간 또는 개시사업연도부터 적용하여 2015년부터 징수

(2) 금융소득 종합과세

거주자의 종합소득에 대한 개인지방소득세 과세표준에 포함된 이자소득과 배당소득("이자소득 등")이 「소득세법」 제14조 제3항 제6호에 따른 이자소득 등의 종합과세기준금액("종합과세기준금액")을 초과하는 경우에는 그 거주자의 종합소득에 대한 개인지방소득세 산출세액은 다음의 금액 중 큰 금액으로 하고, 종합과세기준금액을 초과하지 않는 경우에는 ②의 금액으로 한다. 이 경우 「소득세법」 제17조 제1항 제8호에 따른 배당소득이 있는 경우에는 그 배당소득금액은 이자

소득 등으로 보지 아니한다.

① **다음의 세액을 더한 금액**

　㉠ 이자소득 등의 금액 중 종합과세기준금액을 초과하는 금액과 이자소득 등을 제외한 다른
　　종합소득금액을 더한 금액에 대한 개인지방소득세 산출세액

　㉡ 종합과세기준금액에 「소득세법」 제129조 제1항 제1호 라목의 세율의 100분의 10을 적용하
　　여 계산한 세액. 단, 「조세특례제한법」 제104조의 27에 따른 배당소득이 있을 때에는 그 배
　　당소득에 대해서는 같은 법 같은 조 제1항에 따른 세율을 적용한다.

② **다음의 세액을 더한 금액**

　㉠ 이자소득 등에 대하여 「소득세법」 제129조 제1항 제1호·제2호 및 「조세특례제한법」 제104
　　조의 27 제1항의 세율의 10%를 적용하여 계산한 세액. 다만, 「소득세법」 제127조에 따라
　　원천징수되지 아니하는 소득에 대해서는 「소득세법」 제129조 제1항 제1호 나목 또는 라목
　　의 세율의 10%를 적용한다.

　㉡ 이자소득 등을 제외한 다른 종합소득금액에 대한 개인지방소득세 산출세액. 다만, 그 세액
　　이 「소득세법」 제17조 제1항 제8호에 따른 배당소득에 대하여 「소득세법」 제129조 제1항
　　제1호 라목의 세율의 10%를 적용하여 계산한 세액과 이자소득 등 및 「소득세법」 제17조
　　제1항 제8호에 따른 배당소득을 제외한 다른 종합소득금액에 대한 개인지방소득세 산출세
　　액을 합산한 금액("종합소득 비교세액")에 미달하는 경우 종합소득 비교세액으로 한다.

(3) 직장공제회 초과반환금

　「소득세법」 제16조 제1항 제10호에 따른 직장공제회 초과반환금("직장공제회 초과반환금")에
대해서는 그 금액에서 「소득세법」 제63조 제1항 각 호의 금액을 순서대로 공제한 금액을 납입연
수(1년 미만인 경우 1년)로 나눈 금액에 제92조에 따른 세율을 적용하여 계산한 세액에 납입연수
를 곱한 금액을 그 산출세액으로 한다.

　이를 적용할 때 직장공제회 초과반환금을 분할하여 지급하는 경우 그 계산은 「소득세법 시행
령」 제120조에 따른다(지령 §88-2).

(4) 부동산매매업자

　부동산매매업을 경영하는 거주자("부동산매매업자")로서 종합소득금액에 「소득세법」 제104조
제1항 제1호의 분양권(2021.6.1. 이후 양도하는 분부터 적용)·제8호 및 제10호의 어느 하나에
해당하는 주택 또는 토지의 매매차익("주택 등 매매차익")이 있는 자의 종합소득에 대한 개인지
방소득세 산출세액은 다음의 세액 중 많은 것으로 한다. 이 경우 부동산매매업은 「소득세법 시행
령」 제122조 제1항·제3항 및 제4항을 따르며, 부동산매매업자에 대한 주택 등 매매차익의 계산
은 「소득세법 시행령」 제122조 제2항을 따른다(지령 §89).

① 종합소득에 대한 개인지방소득세 산출세액

② 다음에 따른 세액의 합계액

    ㉠ 주택 등 매매차익에 「지방세법」 제103조의 3에 따른 세율을 적용하여 산출한 세액의 합계액

    ㉡ 종합소득에 대한 개인지방소득세 과세표준에서 주택 등 매매차익의 해당 과세기간 합계액을 공제한 금액을 과세표준으로 하고 이에 「지방세법」 제92조에 따른 세율을 적용하여 산출한 세액

부동산매매업자가 「소득세법」 제69조 제1항에 따른 토지와 건축물("토지 등")을 매매차익예정신고를 하는 경우에는 매매차익과 그 세액을 매매일이 속하는 달의 말일부터 2개월이 되는 날까지 토지 등 매매차익예정신고서와 납부서로 납세지 관할 지방자치단체장에게 신고납부하여야 한다. 이 경우 2023.2.1. 이후 토지 등의 매매차익을 신고(수정신고 제외)하는 분부터 납부할 세액이 100만 원을 초과하는 자는 다음에 따라 그 납부할 세액의 일부를 납부기한이 지난 후 2개월 이내에 분할납부할 수 있다.

① 납부할 세액이 200만 원 이하 : 100만 원 초과금액

② 납부할 세액이 200만 원 초과 시 : 세액의 50% 이하 금액

토지 등의 매매차익이 없거나 매매차손이 발생하였을 때에도 또한 같다. 이 경우 부동산매매업자의 토지 등의 매매차익에 대한 산출세액은 그 매매가액에서 「소득세법」 제97조를 준용하여 계산한 필요경비를 공제한 금액에 「지방세법」 제103조의 3에서 규정하는 세율을 곱하여 계산한 금액으로 한다. 다만, 토지 등의 보유기간이 2년 미만인 경우에는 「지방세법」 제103조의 3 제1항 제2호 및 제3호에도 불구하고 같은 항 제1호에 따른 세율을 곱하여 계산한 금액으로 한다. 여기서 토지 등의 매매차익과 그 계산 등은 「소득세법 시행령」 제128조 및 제129조를 따른다.

토지 등의 매매차익에 대한 산출세액의 계산 및 결정·경정에 관하여는 「지방세법」 제103조의 6 제2항 및 제103조의 9를 준용한다.

2020.1.1 이후 신고분부터 부동산매매업자가 토지 등의 매매차익(매매차익이 없는 경우와 매매차손 포함)과 그 세액을 신고하는 경우에 납세지 관할 지방자치단체장 외의 지방자치단체장에게 신고한 경우에도 그 신고의 효력에는 영향이 없다(부칙 §6).

한편, 2014.1.1.~2019.12.31. 토지 등 매매차익 예정신고는 개정규정에도 불구하고 납세지 관할 세무서장 또는 지방국세청장에게 신고하고 납세지 관할 지방자치단체장에게 납부하여야 한다.

(5) 분리과세 주택임대소득

2019.1.1. 이후 발생하는 소득분부터 「소득세법」 제14조 제3항 제7호의 분리과세 주택임대소득("분리과세 주택임대소득")이 있는 거주자의 종합소득에 대한 개인지방소득세 결정세액은 다음 세액 중 하나를 선택하여 적용한다.

① 분리과세 주택임대소득을 적용하기 전의 종합소득에 대한 개인지방소득세 결정세액

② 다음에 따른 세액의 합계액(㉠ + ㉡)

    ㉠ 분리과세 주택임대소득 사업소득금액 × 1.4%(조특령 §96 ②에 따른 등록 임대주택은 30% 감면, 장기일반민간임대주택은 70% 감면)

    ☞ 「조세특례제한법」 §96 ①에 해당하는 거주자가 같은 항에 따른 임대주택을 임대하는 경우 상기 금액에서 감면받는 세액의 10%[399]을 차감한 금액

    ㉡ (종합소득 - ㉠) × 종합소득세율

    ☞ 분리과세 주택임대소득 사업소득금액

        ㉮ 분리과세 주택임대 사업소득금액 = 총수입금액(주거용 건물 임대업에서 발생한 수입금액을 말함) - 필요경비(총수입금액의 50%)

        (종합소득금액 - 분리과세 주택임대소득) < 2천만 원인 경우 → 추가 200만 원 차감

        ㉯ 임대등록을 한 임대주택을 임대하는 경우와 2018년 이전 발생 소득분

        주택임대 사업소득금액 = 총수입금액(주거용 건물 임대업에서 발생한 수입금액을 말함) - 필요경비(총수입금액의 60%)

        (종합소득금액 - 분리과세 주택임대소득) < 2천만 원인 경우 → 추가 400만 원 차감

    ☞ 2019.1.1. 발생 주택임대소득분부터 다음 어느 하나에 해당하는 경우에는 그 사유가 발생한 날이 속하는 과세기간의 과세표준 신고를 할 때 다음의 구분에 따른 금액[400]을 개인지방소득세로 납부하여야 하며(다만, 2020.8.18. 이후 말소되는 분부터 「민간임대주택에 관한 특별법」 제6조 제1항 제11호에 해당하여 등록이 말소되는 경우 등 대통령령으로 정하는 경우에는 그러하지 아니함), 이 경우 「소득세법」 §64-2 ④ 본문에 따라 계산한 이자상당액의 10%를 추가 납부하여야 함(파산 또는 강제집행에 따라 임대주택을 처분하거나 임대할 수 없는 경우, 법령상 의무를 이행하기 위해 임대주택을 처분하거나 임대할 수 없는 경우 및 「채무자 회생 및 파산에 관한 법률」에 따른 회생절차에 따라 법원의 허가를 받아 임대주택을 처분한 경우 제외).

        ㉮ 상기 세액을 감면받은 사업자가 해당 임대주택을 4년〔「민간임대주택에 관한 특별법」 §2 4호에 따른 공공지원민간임대주택 또는 같은 법 §2 5호에 따른 장기일반민간임대주택의 경우에는 10년 (2020.8.17. 이전 등록분은 8년)〕 이상 임대하지 아니하는 경우 : 감면받은 세액

        ㉯ 다음 요건을 모두 갖춘 임대주택("등록임대주택")으로서 상기 세액을 계산한 사업자가 해당 임대주택을 10년(2020.8.17. 이전 등록분은 4년) 이상 임대하지 아니하는 경우 : 상기 감면을 적용하지 아니하고 계산한 세액 - 당초 신고한 세액

          ⓐ 「민간임대주택에 관한 특별법」 §5에 따른 임대사업자등록을 한 자가 임대 중인 같은 법 §2 4호에 따른 공공지원민간임대주택, 같은 조 5호에 따른 장기일반민간임대주택〔2020.12.31. 이후 아파트를 임대하는 민간매입임대주택의 경우에는 2020.7.10. 이전에 종전의 「민간임대주택에 관한 특별법」(법률 제17482호 민간임대주택에 관한 특별법 일부개정법률에 따라 개정되기 전의 것) §5에 따라 등록을 신청(임대할 주택을 추가하기 위해 등록사항의 변경 신고를 한 경우 포함)한 것으로 한정〕 또는 종전의 같은 법 §5에 따른 임대사업자등록을 한 자가 임대 중인 같은 법 §2 6호에 따른 단기민간임대주택(2020.12.31. 이후부터는 2020.7.10. 이전에

---

399) 2019년 이후 과세기간분부터 적용됨(부칙 §5).

400) 2019년 이후 과세기간분부터 적용됨(부칙 §5).

등록을 신청한 것으로 한정)

ⓑ 「소득세법」 §168에 따른 사업자의 임대주택일 것

ⓒ 임대보증금 또는 임대료("임대료 등")의 연 증가율이 5%를 초과하지 않을 것. 이 경우 2020.4.28. 이후 주택 임대차계약을 갱신하거나 새로 체결하는 분부터 임대료 등의 증액 청구는 임대차계약의 체결 또는 약정한 임대료등의 증액이 있은 후 1년 이내에는 하지 못하고, 2020.4.28. 이후 전환하는 분부터 임대사업자가 임대료 등의 증액을 청구하면서 임대보증금과 월임대료를 상호 간에 전환하는 경우에는 「민간임대주택에 관한 특별법」 §44 ④의 전환 규정을 준용함.

2020.12.31. 이후 종전의 「민간임대주택에 관한 특별법」 §5에 따라 등록한 같은 법 §2 6호에 따른 단기민간임대주택을 같은 법 §5 ③에 따라 2020.7.11. 이후 같은 법 §2 4호 또는 5호에 따른 공공지원민간임대주택 또는 장기일반민간임대주택으로 변경 신고한 주택은 등록임대주택에서 제외한다.

이 경우 주택임대소득의 계산은 다음에 따른다.

- 과세기간 중 일부 기간 동안 등록임대주택을 임대한 경우

  등록임대주택의 임대사업에서 발생하는 수입금액은 월수로 계산한다(해당 임대기간의 개시일 또는 종료일이 속하는 달의 등록임대주택을 임대한 기간이 15일 이상인 경우에는 1개월로 봄).

- 해당 과세기간 중에 임대주택을 등록한 경우

> [등록한 기간에 발생한 수입금액 × (1 − 0.4)] + [등록하지 않은 기간에 발생한 수입금액 × (1 − 0.5)]

- 해당 과세기간 동안 등록임대주택과 등록임대주택이 아닌 주택에서 수입금액이 발생한 경우

  「지방세법」 §93 ⑪에 따라 해당 과세기간의 종합소득금액이 2천만 원 이하인 경우에 추가로 차감하는 금액은 다음의 계산식에 따라 계산한다.

$$\frac{\text{등록임대주택에서 발생한 수입금액}}{\text{총 주택임대수입금액}} \times 400만\ 원 + \frac{\text{등록임대주택이 아닌 주택에서 발생한 수입금액}}{\text{총 주택임대수입금액}} \times 200만\ 원$$

(6) 종합소득 과세표준 계산 시 합산되지 아니하는 위약금 · 배상금

2021년 이후 거주자의 종합소득 과세표준을 계산할 때 합산하지 아니하는 위약금 · 배상금(계약금이 위약금 · 배상금으로 대체되는 경우만 해당, 「소득세법」 제127조 제1항 제6호 나목의 소득)에 대한 개인지방소득세 결정세액은 해당 과세기간의 총수입금액에서 이에 사용된 필요경비를 공제한 금액으로 계산한 해당 기타소득금액에 2%를 적용하여 계산한 금액으로 한다.

(7) 분리과세 연금소득 외의 연금소득(지법 §93 ⑰)

2023년 이후 과세기간분부터 「소득세법」 제20조의 3 제1항 제2호 및 제3호에 따른 연금소득 중 같은 법 제14조 제3항 제9호에 따른 분리과세연금소득 외의 연금소득이 있는 거주자의 종합소

득에 대한 개인지방소득세 결정세액은 다음의 세액 중 어느 하나를 선택하여 적용한다.

① 종합소득에 대한 개인지방소득세 결정세액

② 다음의 세액을 더한 금액

  ㉠ 「소득세법」 제20조의 3 제1항 제2호 및 제3호에 따른 연금소득 중 같은 법 제14조 제3항 제9호에 따른 분리과세연금소득 외의 연금소득에 0.15%를 곱하여 산출한 금액

  ㉡ ㉠ 외의 종합소득에 대한 개인지방소득세 결정세액

(8) 가상자산소득 특례가상자산의 양도·대여 등으로 발생한 소득에 대한 세액계산 방법 규정(지법 §93 ⑱)

2027년 이후 가상자산을 양도·대여하는 분부터 거주자의 가상자산의 양도·대여로 발생한 소득(「소득세법」 제21조 제1항 제27호에 따른 소득)에 대한 개인지방소득세 결정세액은 해당 소득 금액에서 250만 원을 제외한 금액에 2%를 곱하여 계산한다.

⑧ 세액공제 및 세액감면(지법 §94)

종합소득 또는 퇴직소득에 대한 개인지방소득세의 세액공제 및 세액감면에 관한 사항은 「지방세특례제한법」에서 정한다. 다만, 종합소득 또는 퇴직소득에 대한 개인지방소득세의 공제세액 또는 감면세액이 산출세액을 초과하는 경우에는 그 초과금액은 없는 것으로 한다.

(1) 개인지방소득세의 세액공제 및 세액감면

종합소득 또는 양도소득에 대한 개인지방소득세의 세액공제 및 세액감면 내용은 다음과 같다.

구분	조문
제1절 종합소득 세액공제와 세액감면 (§93~§98)	• 기장세액공제 • 근로소득세액공제 • 배당세액공제 • 재해손실세액공제 • 종합소득 외국납부세액공제 등 • 자녀세액공제 • 연금계좌세액공제 • 특별세액공제 • 급여 등에 대한 세액의 감면
제2절 중소기업에 대한 특례 (§99~§101의 2)	• 중소기업 투자세액공제 • 창업중소기업 등에 대한 세액감면 • 중소기업에 대한 특별세액감면 • 상생결제 지급금액에 대한 세액공제

구분	조문
제3절 연구 및 인력개발에 대한 특례 (§102~§106의 2)	• 연구인력개발비에 대한 세액공제 • 연구 및 인력개발을 위한 설비투자에 대한 세액공제 • 기술이전소득 등에 대한 과세특례 • 연구개발특구에 입주하는 첨단기술기업등에 대한 개인지방소득세 등의 감면 • 외국인기술자에 대한 개인지방소득세의 감면 • 외국인근로자에 대한 과세특례
제4절 국제자본거래에 대한 특례 (§107~§108)	• 공공차관 도입에 따른 과세특례 • 국제금융거래에 따른 이자소득 등에 대한 개인지방소득세 면제
제5절 투자촉진을 위한 특례 (§109~§114)	• 생산성향상시설 투자 등에 대한 세액공제 • 안전설비 투자 등에 대한 세액공제 • 에너지절약시설 투자에 대한 세액공제 • 환경보전시설 투자에 대한 세액공제 • 의약품 품질관리 개선시설 투자에 대한 세액공제 • 신성장기술 사업화를 위한 시설투자에 대한 세액공제 • 영상콘텐츠 제작비용에 대한 세액공제 • 고용창출투자세액공제
제6절 고용지원을 위한 특례 (§115~§118)	• 산업수요맞춤형고등학교등 졸업자를 병역 이행 후 복직시킨 중소기업에 대한 세액공제 • 경력단절 여성 재고용 중소기업에 대한 세액공제 • 근로소득을 증대시킨 기업에 대한 세액공제 • 청년고용을 증대시킨 기업에 대한 세액공제 • 중소기업 핵심인력 성과보상기금 수령액에 대한 개인지방소득세 감면 등 • 중소기업에 취업하는 취업자에 대한 개인지방소득세 감면 • 정규직 근로자로의 전환에 따른 세액공제 • 중소기업 고용증가 인원에 대한 사회보험료 세액공제
제7절 기업구조조정을 위한 특례 (§119~§123)	• 중소기업 간의 통합에 대한 양도소득분 개인지방소득세의 이월과세 등 • 법인전환에 대한 양도소득분 개인지방소득세의 이월과세 • 사업전환 통상변화대응지원기업에 대한 세액감면 • 사업전환 중소기업 및 통상변화대응지원기업에 대한 세액감면 • 주주등의 자산양도에 관한 개인지방소득세 과세특례
제8절 지역 간의 균형발전을 위한 특례 (§124~§131의 2)	• 수도권과밀억제권역 밖으로 이전하는 중소기업에 대한 세액감면 • 농공단지 입주기업 등에 대한 세액감면 • 영농조합법인의 조합원에 대한 개인지방소득세의 면제 • 영어조합법인의 조합원에 대한 개인지방소득세의 면제 • 농업인 등에 대한 양도소득분 개인지방소득세의 면제 등

구분	조문
제8절 지역 간의 균형발전을 위한 특례 (§124~§131의 2)	• 자경농지에 대한 양도소득분 개인지방소득세의 감면 • 축사용지에 대한 양도소득분 개인지방소득세의 감면 • 농지대토에 대한 양도소득분 개인지방소득세 감면 • 경영회생 지원을 위한 농지 매매 등에 대한 양도소득분 개인지방소득세 과세특례
제9절 공익사업지원을 위한 특례 (§132~§136)	• 공익사업용 토지 등에 대한 양도소득분 개인지방소득세의 감면 • 개발제한구역 지정에 따른 매수대상 토지등에 대한 양도소득분 개인지방소득세의 감면 • 행정중심복합도시·혁신도시 개발예정지구 내 공장의 지방이전에 대한 세액 감면 • 사회적기업 및 장애인 표준사업장에 대한 개인지방소득세 등의 감면 • 국가에 양도하는 산지에 대한 양도소득분 개인지방소득세의 감면
제10절 국민생활의 안정을 위한 특례 (§137~§148)	• 근로자복지 증진을 위한 시설투자에 대한 세액공제 • 월 세액에 대한 세액공제 • 소형주택 임대사업자에 대한 세액감면 • 장기임대주택에 대한 양도소득분 개인지방소득세의 감면 • 신축임대주택에 대한 양도소득분 개인지방소득세의 면제 • 장기일반민간임대주택등에 대한 양도소득분 개인지방소득세 세액감면 • 임대사업자에게 양도한 토지에 대한 과세특례 • 미분양주택에 대한 과세특례 • 지방 미분양주택 취득에 대한 양도소득분 개인지방소득세 등 과세특례 • 미분양주택의 취득자에 대한 양도소득분 개인지방소득세의 과세특례 • 비거주자의 주택취득에 대한 양도소득분 지방소득세의 과세특례 • 수도권 밖의 지역에 있는 미분양주택의 취득자에 대한 양도소득분 개인지방소득세의 과세특례 • 준공 후 미분양주택의 취득자에 대한 양도소득분 개인지방소득세의 과세특례 • 미분양주택의 취득자에 대한 양도소득분 개인지방소득세의 과세특례 • 신축주택 등 취득자에 대한 양도소득분 개인지방소득세의 과세특례
제11절 그 밖의 지방소득세 특례 (§149~§167)	• 산림개발소득에 대한 세액감면 • 제3자물류비용에 대한 세액공제 • 대학 맞춤형 교육비용 등에 대한 세액공제

구분	조문
제11절 그 밖의 지방소득세 특례 (§149~§167)	• 해외진출기업의 국내복귀에 대한 세액감면 • 외국인투자자에 대한 개인지방소득세 등의 감면 • 제주첨단과학기술단지 입주기업에 대한 개인지방소득세의 감면 • 제주투자진흥기구 또는 제주자유무역지역입주기업에 대한 개인지방소득세의 감면 • 기업도시개발구역 등의 창업기업 등에 대한 개인지방소득세의 감면 • 아시아문화중심도시 투자진흥지구 입주기업 등에 대한 개인지방소득세의 감면 등 • 금융중심지 창업기업 등에 대한 개인지방소득세의 감면 등 • 첨단의료복합단지 입주기업에 대한 개인지방소득세의 감면 • 금사업자와 스크랩등사업자의 수입금액의 증가 등에 대한 세액공제 • 현금영수증가맹점에 대한 세액공제 • 금 현물시장에서 거래되는 금지금에 대한 세액공제 • 양도소득에 대한 개인지방소득세액의 감면 • 정치자금의 세액공제 • 석유제품 전자상거래에 대한 세액공제 • 성실신고 확인비용에 대한 세액공제 • 조합법인 등에 대한 법인지방소득세 과세특례

(2) 개인지방소득세의 세액공제 · 감면에 대한 경과규정(지특법 §167 - 2)

상기 (1)의 규정이 있음에도 불구하고 「소득세법」 또는 「조세특례제한법」에 따라 소득세가 세액공제 · 감면이 되는 경우(「조세특례제한법」 제144조에 따른 세액공제액의 이월공제 포함, 2022년 이후 같은 법 제104조의 8 제1항에 따른 세액공제 제외)에는 상기 개인지방소득세 세액공제 · 감면 내용과 「지방세특례제한법」 제180조(2016년 이후)에도 불구하고 그 공제 · 감면되는 금액(「조세특례제한법」 제127조, 제128조, 129조, 제132조, 제133조가 적용되는 경우 이를 적용한 최종 금액)의 10%에 해당하는 개인지방소득세를 공제 · 감면할 수 있다. 이 내용은 2026.12.31.까지 적용한다.

2020년 이후 「조세특례제한법」에 따라 소득세가 이월과세를 적용받는 경우에는 개인지방소득세 이월과세 내용에도 불구하고 그에 해당하는 개인지방소득세에 대하여 이월과세를 적용한다.

「소득세법」 또는 「조세특례제한법」에 따라 세액공제 · 감면받거나 이월과세(2020년 이후)를 적용받은 소득세의 추징사유가 발생하여 소득세를 납부하는 경우에는 상기에 따라 세액공제 · 감면받거나 이월과세(2020년 이후)를 적용받은 개인지방소득세도 납부하여야 한다. 이 경우 납부하는 소득세에 「소득세법」 또는 「조세특례제한법」에서 이자상당액을 가산하는 경우에는 그 가산하는 금액의 10%에 해당하는 금액을 개인지방소득세에 가산한다.

(3) 개인지방소득세의 전자신고 등에 대한 세액공제(지특법 §167 - 3)

2022년 이후 전자신고분부터(부칙 §11) 납세자가 직접 「지방세기본법」 제25조에 따른 전자신고 ("전자신고")의 방법으로 과세표준 및 세액을 확정신고하는 종합소득에 대한 개인지방소득세 및 과세표준 및 세액을 예정신고하는 양도소득에 대한 개인지방소득세를 신고하는 경우 해당 납부세액에서 2천 원(「소득세법」 제73조에 따라 과세표준 확정신고의 예외에 해당하는 자가 과세표준확정신고를 한 경우에는 추가로 납부하거나 환급받은 결정세액과 1천 원 중 적은 금액)을 공제한다. 이 경우 납부할 세액이 음수인 경우에는 이를 없는 것으로 한다.

2022년 이후 「지방세법」 제95조 제4항에 따라 납세지 관할 지방자치단체장이 종합소득에 대한 개인지방소득세 납부서를 발송하여 납세자가 신고기한까지 해당 세액을 납부하는 경우에는 상기에 따른 금액을 공제한다.

(4) 영세개인사업자의 개인지방소득세 체납액 징수특례(지특법 §167 - 4)

지방자치단체장은 「조세특례제한법」 제99조의 10에 따른 종합소득세 및 부가가치세("국세")의 체납액 징수특례("국세 체납액 징수특례")를 적용받은 거주자의 종합소득에 대한 개인지방소득세의 체납액 중 지방세징수권 소멸시효가 완성되지 아니한 금액에 대해 그 거주자에게 직권으로 다음에 따른 체납액 징수특례("개인지방소득세 체납액 징수특례")를 적용한다.

① 「조세특례제한법」 제99조의 10 제2항 제1호에 따른 납부지연가산세의 납부의무가 면제된 경우의 종합소득에 대한 개인지방소득세 가산금과 「지방세기본법」 제55조 제1항 제1호에 따른 개인지방소득세 납부지연가산세의 납부의무 면제(2021년 이전은 국세 가산금의 납부의무가 면제된 경우의 종합소득에 대한 개인지방소득세 가산금의 납부의무 면제)

② 국세 체납액에 대한 분납이 허가된 경우의 종합소득에 대한 개인지방소득세 분납 허가. 이 경우 차수 및 납부기간은 국세와 동일하게 적용하며, 분납할 금액은 국세와 동일한 비율의 금액을 적용한다.

개인지방소득세 체납액 징수특례의 취소, 강제징수 등에 대해서는 「조세특례제한법」 제99조의 10의 규정을 준용한다. 그리고 세무서장 또는 지방국세청장은 국세 체납액 징수특례를 결정하거나 취소하는 경우 납세지 관할 지방자치단체장에게 해당 자료를 즉시 통보하여야 한다.

한편, 납세지 관할 지방자치단체장은 개인지방소득세 체납액 징수특례를 결정하거나 그 결정을 취소하는 경우 해당 거주자에게 즉시 통지하여야 한다.

(5) 중복지원 배제 등(지특법 §168)

1) 투자관련 세액공제

① 세액공제 시 투자금액 산정

내국인이 「지방세특례제한법」에 따라 투자한 자산에 대하여 다음의 세액공제를 적용받는 경

우 다음 금액을 투자금액 또는 취득금액에서 차감한다.

> ㉠ 제99조(중소기업 투자 세액공제)
> ㉡ 제103조(연구 및 인력개발을 위한 설비투자에 대한 세액공제)
> ㉢ 제109조(생산성향상시설 투자 등에 대한 세액공제)
> ㉣ 제110조(안전설비 투자 등에 대한 세액공제)
> ㉤ 제111조(에너지절약시설 투자에 대한 세액공제)
> ㉥ 제112조(환경보전시설 투자에 대한 세액공제)
> ㉦ 제113조(의약품 품질관리 개선시설투자에 대한 세액공제)
> ㉧ 제114조(고용창출투자세액공제)
> ㉨ 제137조(근로자복지 증진을 위한 시설투자에 대한 세액공제)
> ㉩ 제151조 제2항(산업수요맞춤형고등학교 등에 연구 및 인력개발을 위한 시설 기부에 대한 세액공제)

㉠ 국가 등으로부터 출연금 등의 자산을 지급받아 투자에 지출하는 경우

내국인이 자산에 대한 투자를 목적으로 국가, 지방자치단체, 「공공기관의 운영에 관한 법률」에 따른 공공기관 및 「지방공기업법」에 따른 지방공기업으로부터 출연금 등의 자산을 지급받아 투자에 지출하는 경우

출연금 등 중 투자에 지출한 금액에 상당하는 금액

㉡ 금융회사 등으로부터의 융자에 대한 이자비용을 국가 등이 대신 지급하는 경우

내국인이 자산에 대한 투자를 목적으로 「금융실명거래 및 비밀보장에 관한 법률」 제2조 제1호 각 목의 어느 하나에 해당하는 금융회사 등(이하 "금융회사 등")으로부터 융자를 받아 투자에 지출하고 금융회사 등에 지급해야 할 이자비용의 전부 또는 일부를 국가 등이 내국인을 대신하여 지급하는 경우

「조세특례제한법 시행령」 제123조 제1항에 따른 국가 등이 지급하는 이자비용에 상당하는 금액

㉢ 국가 등으로부터 융자를 받아 투자에 지출하는 경우

내국인이 자산에 대한 투자를 목적으로 국가 등으로부터 융자를 받아 투자에 지출하는 경우

「조세특례제한법 시행령」 제123조 제2항에 따라 계산한 국가 등이 지원하는 이자지원금에 상당하는 금액

② **투자자산에 대한 중복지원 배제**

㉠ 투자자산에 대한 세액공제

다음의 세액공제가 동시에 적용되는 경우 각각 그 중 하나만을 선택하여 적용받을 수 있다.

> ㉠ 제99조(중소기업 투자 세액공제)
> ㉡ 제103조(연구 및 인력개발을 위한 설비투자에 대한 세액공제)
> ㉢ 제109조(생산성향상시설 투자 등에 대한 세액공제)
> ㉣ 제110조(안전설비 투자 등에 대한 세액공제)
> ㉤ 제111조(에너지절약시설 투자에 대한 세액공제)
> ㉥ 제112조(환경보전시설 투자에 대한 세액공제)
> ㉦ 제113조(의약품 품질관리 개선시설투자에 대한 세액공제)
> ㉧ 제114조(고용창출 투자 세액공제)
> ㉨ 제137조(근로자복지 증진을 위한 시설투자에 대한 세액공제)
> ㉩ 제151조 제2항(산업수요맞춤형고등학교 등에 연구 및 인력개발을 위한 시설 기부에 대한 세액공제)

㉡ 고용창출 관련 세액공제

동일한 과세연도에 다음의 세액공제가 동시에 적용되는 경우에는 각각 그 중 하나만을 선택하여 적용받을 수 있다.

> ㉠ 제114조(고용창출 투자 세액공제)
> ㉡ 제118조(중소기업 고용증가 인원에 대한 사회보험료 세액공제)

③ 외국인투자에 대한 감면 특례

내국인에 대하여 동일한 과세연도에 다음의 세액공제를 적용할 때 제153조(외국인투자에 대한 개인지방소득세 등의 감면)에 따라 개인지방소득세를 감면하는 경우에는 해당 규정에 따라 공제할 세액에 해당 기업의 총주식 또는 총지분에 대한 내국인투자자의 소유주식 또는 지분의 비율을 곱하여 계산한 금액의 10%에 상당하는 금액을 공제한다.

> ㉠ 제99조(중소기업 투자 세액공제)
> ㉡ 제103조(연구 및 인력개발을 위한 설비투자에 대한 세액공제)
> ㉢ 제109조(생산성향상시설 투자 등에 대한 세액공제)
> ㉣ 제110조(안전설비 투자 등에 대한 세액공제)
> ㉤ 제111조(에너지절약시설 투자에 대한 세액공제)
> ㉥ 제112조(환경보전시설 투자에 대한 세액공제)
> ㉦ 제113조(의약품 품질관리 개선시설투자에 대한 세액공제)
> ㉧ 제114조(고용창출 투자 세액공제)
> ㉨ 제118조(중소기업 고용증가 인원에 대한 사회보험료 세액공제)
> ㉩ 제137조(근로자복지 증진을 위한 시설투자에 대한 세액공제)
> ㉪ 제150조(제3자물류비용에 대한 세액공제)

㉮ 제151조 제2항(산업수요맞춤형고등학교 등에 연구 및 인력개발을 위한 시설 기부에 대한 세액공제

2) 중복지원 배제

내국인이 동일한 과세연도에 다음의 지방소득세 감면과 공제되는 경우 동시에 적용받을 수 있는 경우에는 그 중 하나만을 선택하여 적용받을 수 있다. 이 경우 「조세특례제한법」 제143조에 따라 세액감면을 적용받는 사업과 그 밖의 사업을 구분경리하는 경우로서 그 밖의 사업에 공제규정이 적용되는 경우에는 해당 세액감면과 공제는 중복지원에 해당하지 아니한다.

○ **세액감면**
① 제100조(창업중소기업 등에 대한 세액감면)
② 제101조(중소기업에 대한 특별세액감면)
③ 제105조(연구개발특구에 입주하는 첨단기술기업 등에 대한 개인지방소득세 등의 감면)
④ 제122조(사업전환 중소기업 및 무역조정지원기업에 대한 세액감면)
⑤ 제124조(수도권과밀억제권역 밖으로 이전하는 중소기업에 대한 세액감면)
⑥ 제125조(농공단지 입주기업 등에 대한 세액감면)
⑦ 제126조(영농조합법인의 조합원에 대한 개인지방소득세의 면제)
⑧ 제127조(영어조합법인의 조합원에 대한 개인지방소득세의 면제)
⑨ 제128조(농업인 등에 대한 양도소득분 개인지방소득세의 면제 등)
⑩ 제135조 제1항·제2항(사회적기업 및 장애인 표준사업장에 대한 개인지방소득세 등의 감면)
⑪ 제152조 제1항(해외진출기업의 국내복귀에 대한 세액감면)
⑫ 제154조(제주첨단과학기술단지 입주기업에 대한 개인지방소득세의 감면)
⑬ 제155조(제주투자진흥지구 또는 제주자유무역지역 입주기업에 대한 개인지방소득세의 감면)
⑭ 제156조(기업도시개발구역 등의 창업기업 등에 대한 개인지방소득세의 감면)
⑮ 제157조(아시아문화중심도시 투자진흥지구 입주기업 등에 대한 개인지방소득세의 감면 등)
⑯ 제158조(금융중심지 창업기업 등에 대한 개인지방소득세의 감면 등)
⑰ 제159조(첨단의료복합단지 입주기업에 대한 개인지방소득세의 감면)

○ **세액공제**
① 제99조(중소기업 투자 세액공제)
② 제103조(연구 및 인력개발을 위한 설비투자에 대한 세액공제)
③ 제109조(생산성향상시설 투자 등에 대한 세액공제)
④ 제110조(안전설비 투자 등에 대한 세액공제)
⑤ 제111조(에너지절약시설 투자에 대한 세액공제)
⑥ 제112조(환경보전시설 투자에 대한 세액공제)
⑦ 제113조(의약품 품질관리 개선시설투자에 대한 세액공제)
⑧ 제114조(고용창출 투자 세액공제)

⑨ 제118조(중소기업 고용증가 인원에 대한 사회보험료 세액공제)
⑩ 제137조(근로자복지 증진을 위한 시설투자에 대한 세액공제)
⑪ 제150조(제3자물류비용에 대한 세액공제)
⑫ 제151조(대학 맞춤형 교육비용 등에 대한 세액공제)
⑬ 제160조(금사업자와 스크랩등사업자의 수입금액의 증가에 대한 세액공제) - 2015년 이후
⑭ 제162조(금 현물시장에서 거래되는 금지금에 대한 세액공제)
⑮ 제165조(석유제품 전자상거래에 대한 세액공제)

3) 동일 사업장에 대한 중복지원 배제

내국인의 동일한 사업장에 대하여 동일한 과세연도에 다음의 지방소득세의 감면규정 중 둘 이상의 규정이 적용될 수 있는 경우에는 그 중 하나만을 선택하여 적용받을 수 있다. 이 경우 「조세특례제한법」 제143조에 따라 세액감면을 적용받는 사업과 그 밖의 사업을 구분경리하는 경우로서 그 밖의 사업에 공제규정이 적용되는 경우에는 해당 세액감면과 공제는 중복지원에 해당하지 아니한다.

① 제100조(창업중소기업 등에 대한 세액감면)
② 제101조(중소기업에 대한 특별세액감면)
③ 제105조(연구개발특구에 입주하는 첨단기술기업 등에 대한 개인지방소득세 등의 감면)
④ 제135조 제1항·제2항(사회적기업 및 장애인 표준사업장에 대한 개인지방소득세 등의 감면)
⑤ 제152조(해외진출기업의 국내복귀에 대한 세액감면)
⑥ 제153조(외국인투자에 대한 개인지방소득세 등의 감면)
⑦ 제154조(제주첨단과학기술단지 입주기업에 대한 개인지방소득세의 감면)
⑧ 제155조(제주투자진흥지구 또는 제주자유무역지역 입주기업에 대한 개인지방소득세의 감면)
⑨ 제156조(기업구역 등의 창업기업 등에 대한 개인지방소득세의 감면)
⑩ 제157조(아시아문화중심도시 투자진흥지구 입주기업 등에 대한 개인지방소득세의 감면 등)
⑪ 제158조(금융중심지 창업기업 등에 대한 개인지방소득세의 감면 등)
⑫ 제159조(첨단의료복합단지 입주기업에 대한 개인지방소득세의 감면)

(6) 추계과세 시 등의 감면배제(지특법 §169)

1) 적용 배제

「소득세법」 제80조 제3항 단서에 따라 추계(推計)를 하는 경우에는 다음 세액공제를 적용하지 아니한다.

① 제99조(중소기업 투자 세액공제)
② 제102조(연구·인력개발비에 대한 세액공제)
③ 제103조(연구 및 인력개발을 위한 설비투자에 대한 세액공제)
④ 제104조 제2항(중소기업의 특허권 등 취득에 대한 세액공제)
⑤ 제109조(생산성향상시설 투자 등에 대한 세액공제)
⑥ 제110조(안전설비 투자 등에 대한 세액공제)
⑦ 제111조(에너지절약시설 투자에 대한 세액공제)
⑧ 제112조(환경보전시설 투자에 대한 세액공제)
⑨ 제113조(의약품 품질관리 개선시설투자에 대한 세액공제)
⑩ 제114조(고용창출 투자 세액공제)
⑪ 제115조(산업수요맞춤형고등학교 등 졸업자를 병역 이행 후 복직시킨 중소기업에 대한 세액공제)
⑫ 제117조(정규직 근로자로의 전환에 따른 세액공제)
⑬ 제118조(중소기업 고용증가 인원에 대한 사회보험료 세액 공제)
⑭ 제137조(근로자복지 증진을 위한 시설투자에 대한 세액공제)
⑮ 제150조(제3자물류비용에 대한 세액공제)
⑯ 제151조(대학 맞춤형 교육비용 등에 대한 세액공제)
⑰ 제160조(금사업자와 스크랩등사업자의 수입금액의 증가에 대한 세액공제) – 2015년 이후
⑱ 제162조(금 현물시장에서 거래되는 금지금에 대한 세액공제)
⑲ 제165조(석유제품 전자상거래에 대한 세액공제)

2) 적용가능

추계를 하는 경우에도 다음 감면규정은 거주자에 대해서만 적용한다.

① 제99조(중소기업 투자 세액공제)
② 제114조(고용창출 투자 세액공제) – 투자에 관한 증거서류를 제출하는 경우만 해당

3) 결정을 하는 경우와 기한 후 신고 시

「지방세법」 제97조에 따라 결정을 하는 경우와 「지방세기본법」 제51조에 따라 기한 후 신고를 하는 경우 다음 세액공제·감면을 적용하지 아니한다.

① 제100조(창업중소기업 등에 대한 세액감면)
② 제101조(중소기업에 대한 특별세액감면)
③ 제104조 제1항(중소기업의 특허권 등 이전에 대한 과세특례)
④ 제105조(연구개발특구에 입주하는 첨단기술기업 등에 대한 개인지방소득세 등의 감면)

⑤ 제122조(사업전환 중소기업 및 무역조정지원기업에 대한 세액감면)
⑥ 제124조(수도권과밀억제권역 밖으로 이전하는 중소기업에 대한 세액감면)
⑦ 제125조(농공단지 입주기업 등에 대한 세액감면)
⑧ 제126조(영농조합법인의 조합원에 대한 개인지방소득세의 면제)
⑨ 제127조(영어조합법인의 조합원에 대한 개인지방소득세의 면제)
⑩ 제128조(농업인 등에 대한 양도소득분 개인지방소득세의 면제 등)
⑪ 제135조 제1항·제2항(사회적기업 및 장애인 표준사업장에 대한 개인지방소득세 등의 감면)
⑫ 제138조(소형주택 임대사업자에 대한 세액감면)
⑬ 제149조(산림개발소득에 대한 세액감면)
⑭ 제152조 제1항(해외진출기업의 국내복귀에 대한 세액감면)
⑮ 제154조(제주첨단과학기술단지 입주기업에 대한 개인지방소득세의 감면)
⑯ 제155조(제주투자진흥지구 또는 제주자유무역지역 입주기업에 대한 개인지방소득세의 감면)
⑰ 제156조(기업구역 등의 창업기업 등에 대한 개인지방소득세의 감면)
⑱ 제157조(아시아문화중심도시 투자진흥지구 입주기업 등에 대한 개인지방소득세의 감면 등)
⑲ 제158조(금융중심지 창업기업 등에 대한 개인지방소득세의 감면 등)
⑳ 제159조(첨단의료복합단지 입주기업에 대한 개인지방소득세의 감면)

4) 경정을 하는 경우

「지방세법」 제97조에 따라 경정(제4항 각 호의 어느 하나에 해당되어 경정하는 경우 제외)을 하는 경우와 과세표준 수정신고서를 제출한 과세표준과 세액을 경정할 것을 미리 알고 제출한 경우에는 「조세특례제한법 시행령」 제122조 제1항에 따른 과소신고금액(이하 "과소신고금액")에 대하여 다음의 감면규정을 적용하지 아니한다.

① 제100조(창업중소기업 등에 대한 세액감면)
② 제101조(중소기업에 대한 특별세액감면)
③ 제104조 제1항(중소기업의 특허권 등 이전에 대한 과세특례)
④ 제105조(연구개발발특구에 입주하는 첨단기술기업 등에 대한 개인지방소득세 등의 감면)
⑤ 제122조(사업전환 중소기업 및 무역조정지원기업에 대한 세액감면)
⑥ 제124조(수도권과밀억제권역 밖으로 이전하는 중소기업에 대한 세액감면)
⑦ 제125조(농공단지 입주기업 등에 대한 세액감면)
⑧ 제126조(영농조합법인의 조합원에 대한 개인지방소득세의 면제)
⑨ 제127조(영어조합법인의 조합원에 대한 개인지방소득세의 면제)
⑩ 제128조(농업인 등에 대한 양도소득분 개인지방소득세의 면제 등)
⑪ 제135조 제1항·제2항(사회적기업 및 장애인 표준사업장에 대한 개인지방소득세 등의 감면)
⑫ 제138조(소형주택 임대사업자에 대한 세액감면)
⑬ 제149조(산림개발소득에 대한 세액감면)

⑭ 제152조 제1항(해외진출기업의 국내복귀에 대한 세액감면)
⑮ 제154조(제주첨단과학기술단지 입주기업에 대한 개인지방소득세의 감면)
⑯ 제155조(제주투자진흥지구 또는 제주자유무역지역 입주기업에 대한 개인지방소득세의 감면)
⑰ 제156조(기업구역 등의 창업기업 등에 대한 개인지방소득세의 감면)
⑱ 제157조(아시아문화중심도시 투자진흥지구 입주기업 등에 대한 개인지방소득세의 감면 등)
⑲ 제158조(금융중심지 창업기업 등에 대한 개인지방소득세의 감면 등)
⑳ 제159조(첨단의료복합단지 입주기업에 대한 개인지방소득세의 감면)

5) 사업용 계좌, 현금영수증 · 신용카드가맹점의 이행의무 불이행

사업자가 다음 어느 하나에 해당하는 경우에는 해당 과세기간의 해당 사업장에 대하여 다음의 세액공제 · 감면을 적용하지 아니한다. 다만, 사업자가 ① 또는 ②의 의무 불이행에 대하여 정당한 사유가 있는 경우에는 그러하지 아니하다.

① 「소득세법」 제160조의 5 제3항에 따라 사업용 계좌를 신고하여야 할 사업자가 이를 이행하지 아니한 경우
② 「소득세법」 제162조의 3 제1항에 따라 현금영수증가맹점으로 가입하여야 할 사업자가 이를 이행하지 아니한 경우
③ 「소득세법」 제162조의 2 제2항에 따른 신용카드가맹점으로 가입한 사업자 또는 「소득세법」 제162조의 3 제1항에 따라 현금영수증가맹점으로 가입한 사업자가 다음 어느 하나에 해당하는 경우로서 그 횟수 · 금액 등을 고려하여 「조세특례제한법 시행령」 제122조 제2항에 따른 경우
　㉠ 신용카드에 의한 거래를 거부하거나 신용카드매출전표를 사실과 다르게 발급한 경우
　㉡ 현금영수증의 발급요청을 거부하거나 사실과 다르게 발급한 경우

(7) 수도권과밀억제권역의 투자에 대한 감면 배제(지특법 §171)

1) 1990년 이후 중소기업 등이 수도권과밀억제권역 사업장의 사업용 고정자산의 취득

1989.12.31. 이전부터 수도권과밀억제권역에서 계속하여 사업을 경영하고 있는 내국인과 1990.1.1. 이후 수도권과밀억제권역에서 새로 사업장을 설치하여 사업을 개시하거나 종전의 사업장(1989.12.31. 이전에 설치한 사업장 포함)을 이전하여 설치하는 중소기업("1990년 이후 중소기업등")이 수도권과밀억제권역에 있는 해당 사업장에서 사용하기 위하여 취득하는 사업용 고정자산(「조세특례제한법 시행령」 제124조 제3항에 따른 디지털방송장비 및 「전기통신사업 회계정리 및 보고에 관한 규정」 제8조에 따른 전기통신설비 중 교환설비, 전송설비, 선로설비 및 정보처리설비 제외)으로서 「조세특례제한법 시행령」 제124조 제1항 각 호의 구분에 따른 증설투자에 해당하는 것에 대해서는 다음의 감면규정 적용하지 아니한다. 다만, 「산업입지 및 개발에 관한 법률」

에 의한 산업단지와 「국토의 계획 및 이용에 관한 법률」 제36조 제1항 제1호의 규정에 의한 공업지역 및 같은 법 제51조 제3항의 지구단위계획구역 중 산업시설의 입지로 이용되는 구역에서 증설투자를 하는 경우에는 그러하지 아니하다.

> ① 제99조 제1항 제1호·제2호(중소기업 투자 세액공제로 사업용 자산, 판매시점 정보관리 시스템설비)
> ② 제103조 제2항 제3호(연구 및 인력개발을 위한 설비투자에 대한 세액공제) – 기술을 기업화하기 위한 사업용 자산
> ③ 제109조 제1항 제1호·제2호(생산성향상시설 투자 등에 대한 세액공제) – 공정(工程) 개선 및 자동화 시설, 첨단기술설비 중 대통령령으로 정하는 설비
> ④ 제110조(안전설비 투자 등에 대한 세액공제 – 「비상대비에 관한 법률」에 따라 중점관리대상으로 지정된 자가 정부의 시설 보강 및 확장 명령에 따라 비상대비업무를 수행하기 위하여 보강하거나 확장한 시설과 기술유출 방지설비는 제외하며 1990년 이후 중소기업등이 투자한 경우만 해당)

2) 비중소기업의 1990.1.1. 이후 수도권과밀억제권역에서 사업장 설치하는 경우

중소기업이 아닌 자가 1990.1.1. 이후 수도권과밀억제권역에서 새로 사업장을 설치하여 사업을 개시하거나 종전의 사업장을 이전하여 설치하는 경우 수도권과밀억제권역에 있는 해당 사업장에서 사용하기 위하여 취득하는 사업용 고정자산(「조세특례제한법 시행령」 제124조 제3항에 따른 디지털방송장비 및 「전기통신사업 회계정리 및 보고에 관한 규정」 제8조에 따른 전기통신설비 중 교환설비, 전송설비, 선로설비 및 정보처리설비 제외)에 대해서는 다음의 감면규정을 적용하지 아니한다.

> ① 제103조 제2항 제3호(연구 및 인력개발을 위한 설비투자에 대한 세액공제) – 기술을 기업화하기 위한 사업용 자산
> ② 제109조 제1항 제1호·제2호(생산성향상시설 투자 등에 대한 세액공제) – 공정(工程) 개선 및 자동화 시설, 첨단기술설비 중 대통령령으로 정하는 설비
> ③ 제110조(안전설비 투자 등에 대한 세액공제 – 「비상대비에 관한 법률」에 따라 중점관리대상으로 지정된 자가 정부의 시설 보강 및 확장 명령에 따라 비상대비업무를 수행하기 위하여 보강하거나 확장한 시설과 기술유출 방지설비 제외)

(8) 최저한세액에 미달하는 세액에 대한 감면 등의 배제(지특법 §172)

1) 개요

거주자의 사업소득(「조세특례제한법」 제16조를 적용받는 경우에만 해당, 부동산임대업에서 발생하는 소득 포함)과 비거주자의 국내사업장에서 발생한 사업소득에 대한 개인지방소득세 [가산세, 감면세액을 추징하는 경우(개인지방소득세에 가산하여 자진납부하거나 부과징수하는 경우 포함)의 이자상당액 및 개인지방소득세의 감면세액을 추징하는 경우 해당 사업연도에 개인지방소득세에 가산하여 자진납부하거나 부과징수하는 세액은 제외하며 사업소득에 대한 개인지방소득세의 감면 중 하기에 열거되지 아니한 세액공제, 세액면제 및 감면을 하지 아니한 개인지방소득세를 말함]를 계산할 때 다음 어느 하나에 해당하는 감면 등을 적용받은 후의 세액이 「조세특례제한법」 제132조 제2항 제1호 및 제2호에 따른 손금산입 및 소득공제 등을 하지 아니한 경우의 사업소득(제1호에 따른 준비금을 관계 규정에 따라 익금에 산입한 금액 포함)에 대한 산출세액에 100분의 45(산출세액이 3백만 원 이하인 부분은 100분의 35)를 곱하여 계산한 세액("개인지방소득세 최저한세액")에 미달하는 경우 그 미달하는 세액에 상당하는 부분에 대해서는 감면 등을 하지 아니한다. 이 경우 「지방세특례제한법」을 적용할 때 다음에 열거된 감면 등과 그 밖의 감면 등이 동시에 적용되는 경우 그 적용순위는 다음에 열거된 감면 등을 먼저 적용한다.

◎ **세액공제**

① 제99조(중소기업 투자 세액공제)

② 제102조(연구·인력개발비에 대한 세액공제) - 2015년부터 중소기업이 아닌 자만 해당

③ 제103조(연구 및 인력개발을 위한 설비투자에 대한 세액공제)

④ 제104조 제2항(중소기업의 특허권 등 취득에 대한 세액공제)

⑤ 제109조(생산성향상시설 투자 등에 대한 세액공제)

⑥ 제110조(안전설비 투자 등에 대한 세액공제)

⑦ 제111조(에너지절약시설 투자에 대한 세액공제)

⑧ 제112조(환경보전시설 투자에 대한 세액공제)

⑨ 제113조(의약품 품질관리 개선시설투자에 대한 세액공제)

⑩ 제114조(고용창출 투자 세액공제)

⑪ 제115조(산업수요맞춤형고등학교 등 졸업자를 병역 이행 후 복직시킨 중소기업에 대한 세액공제)

⑫ 제117조(정규직 근로자로의 전환에 따른 세액공제)

⑬ 제118조(중소기업 고용증가 인원에 대한 사회보험료 세액공제)

⑭ 제137조(근로자복지 증진을 위한 시설투자에 대한 세액공제)

⑮ 제150조(제3자 물류비용에 대한 세액공제)

⑯ 제151조(대학 맞춤형 교육비용 등에 대한 세액공제)

⑰ 제160조(금사업자와 스크랩등사업자의 수입금액의 증가 등에 대한 세액공제) - 2015년 이후

⑱ 제161조(현금영수증가맹점에 대한 세액공제)

⑲ 제162조(금 현물시장에서 거래되는 금지금에 대한 세액공제)

⑳ 제165조(석유제품 전자상거래에 대한 세액공제)

○ **세액감면**

① 제100조(창업중소기업 등에 대한 세액감면)

② 제101조(중소기업에 대한 특별세액감면)

③ 제104조 제1항(중소기업의 특허권 등 이전에 대한 과세특례)

④ 제105조(연구개발특구에 입주하는 첨단기술기업 등에 대한 개인지방소득세 등의 감면)

⑤ 제108조(국제금융거래에 따른 이자소득 등에 대한 개인지방소득세 면제)

⑥ 제122조(사업전환 중소기업 및 무역조정지원기업에 대한 세액감면)

⑦ 제124조(수도권과밀억제권역 밖으로 이전하는 중소기업에 대한 세액감면) - 수도권 밖으로 이전하는 경우 제외

⑧ 제125조(농공단지 입주기업 등에 대한 세액감면)

⑨ 제138조(소형주택 임대사업자에 대한 세액감면)

⑩ 제149조(산림개발소득에 대한 세액감면)

⑪ 제159조(첨단의료복합단지 입주기업에 대한 개인지방소득세의 감면)

2) 개인지방소득세 경정 시

납세의무자가 신고(「지방세기본법」에 따른 수정신고 및 경정 등의 청구 포함)한 개인지방소득세액이 최저한세에 따라 계산한 세액에 미달하여 개인지방소득세를 경정하는 경우에는 다음의 순서(동일한 ①, ②에서는 상기 세액공제 또는 세액감면 조문순서에 따름)에 따라 해당하는 감면을 배제하여 세액을 계산한다.

① 상기 세액공제금액(같은 조문에 따른 감면세액 중 이월된 공제세액이 있는 경우 나중에 발생한 것부터 적용 배제)

② 상기 세액감면 금액

(9) 세액공제액의 이월공제(지특법 §174)

1) 이월공제 대상과 기간

다음의 지방소득세 공제할 세액 중 해당 과세연도에 납부할 세액이 없거나 개인지방소득세 최저한세에 미달하여 공제받지 못한 부분에 상당하는 금액은 해당 과세연도의 다음 과세연도 개시일부터 5년(7년) 이내에 끝나는 각 과세연도에 이월하여 그 이월된 각 과세연도의 개인지방소득세[사업소득(「조세특례제한법」 제126조의 6을 적용하는 경우에는 「소득세법」 제45조 제2항에 따른 부동산임대업에서 발생하는 소득 포함)에 대한 개인지방소득세만 해당]에서 공제한다.

이월공제대상 공제세액	이월기간
① 제99조(중소기업 투자 세액공제)	5년(7년)(주1)
② 제102조(연구·인력개발비에 대한 세액공제)	5년(10년)(주2)
③ 제103조(연구 및 인력개발을 위한 설비투자에 대한 세액공제)	5년
④ 제104조 제2항(중소기업의 특허권 등 취득에 대한 세액공제)	5년
⑤ 제109조(생산성향상시설 투자 등에 대한 세액공제)	5년
⑥ 제110조(안전설비 투자 등에 대한 세액공제)	5년
⑦ 제111조(에너지절약시설 투자에 대한 세액공제)	5년
⑧ 제112조(환경보전시설 투자에 대한 세액공제)	5년
⑨ 제113조(의약품 품질관리 개선시설투자에 대한 세액공제)	5년
⑩ 제114조(고용창출 투자 세액공제)	5년
⑪ 제115조(산업수요맞춤형고등학교 등 졸업자를 병역 이행 후 복직시킨 중소기업에 대한 세액공제)	5년
⑫ 제117조(정규직 근로자로의 전환에 따른 세액공제)	5년
⑬ 제118조(중소기업 고용증가 인원에 대한 사회보험료 세액공제)	5년
⑭ 제137조(근로자복지 증진을 위한 시설투자에 대한 세액공제)	5년
⑮ 제150조(제3자 물류비용에 대한 세액공제)	5년
⑯ 제151조(대학 맞춤형 교육비용 등에 대한 세액공제)	5년
⑰ 제160조(금사업자와 스크랩등사업자의 수입금액의 증가 등에 대한 세액공제) – 2015년 이후	5년
⑱ 제162조(금 현물시장에서 거래되는 금지금에 대한 세액공제)	5년
⑲ 제165조(석유제품 전자상거래에 대한 세액공제)	5년
⑳ 제166조(성실신고 확인비용에 대한 세액공제)	5년

☞ (주1) 중소기업이 설립일로부터 5년이 되는 날이 속하는 과세연도까지 공제받지 못한 부분에 상당하는 금액은 해당 과세연도의 다음 과세연도 개시일부터 7년

☞ (주2) 중소기업이 설립일로부터 5년이 되는 날이 속하는 과세연도까지 공제받지 못한 경우 10년까지

2) 과세연도 발생액과 이월공제액의 중복

상기 이월공제대상 세액공제와 이월된 미공제 금액이 중복되는 경우에는 이월된 미공제 금액을 먼저 공제하고 그 이월된 미공제 금액 간에 중복되는 경우에는 먼저 발생한 것부터 차례대로 공제한다.

3) 당기 발생과 이월공제액의 중복

상기에 불구하고 「지방세특례제한법」 제114조 제1항 제2호 각 목외의 부분 단서(고용창출투자세액공제의 추가공제금액)에 따라 해당 투자가 이루어진 과세연도에 공제받지 못한 금액과 「지방세특례제한법」 제114조 제2항에 따라 개인지방소득세로 납부한 금액은 다음 순서대로 계산한 금액을 더한 금액을 한도로 하여 해당 투자가 이루어진 과세연도의 다음 과세연도 개시일부터 5년 이내에 끝나는 각 과세연도에 이월하여 그 이월된 각 과세연도의 사업소득 개인지방소득세에서 공제한다(이 경우 이월공제받는 과세연도의 상시근로자수는 ③의 ㉠~㉢에 따른 상시근로자 수 중 큰 수를 초과하여야 함). 그리고 「지방세특례제한법」 제113조의 2(신성장기술 사업화를 위한 시설투자에 대한 세액공제) 제2항에 따라 개인지방소득세로 납부한 금액은 해당 투자가 이루어진 과세연도의 다음 과세연도 개시일부터 5년 이내에 끝나는 각 과세연도에 이월하여 그 이월된 각 과세연도의 개인지방소득세(사업소득에 대한 개인지방소득세만 해당)에서 공제하되, 이월공제받는 과세연도에 최초로 근로계약을 체결한 상시근로자 수에 100만 원을 곱한 금액을 한도로 한다.

① 이월공제받는 과세연도에 최초로 근로계약을 체결한 상시근로자 중 산업수요맞춤형고등학교등의 졸업생 수 × 200만 원(중소기업 250만 원)

② 이월공제받는 과세연도에 최초로 근로계약을 체결한 ① 외의 상시근로자 중 청년근로자, 장애인근로자, 60세 이상인 근로자 수 × 150만 원(중소기업 200만 원)

③ (이월공제받는 과세연도의 상시근로자 수 − ①에 따른 졸업생 수 − ②에 따른 청년근로자, 장애인근로자, 60세 이상인 근로자 수 − 다음의 수 중 큰 수) × 100만 원(중소기업 150만 원)

㉠ 이월공제받는 과세연도의 직전 과세연도의 상시근로자 수

㉡ 이월공제받는 금액의 해당 투자가 이루어진 과세연도의 직전 과세연도의 상시근로자 수

㉢ 「지방세특례제한법」 제114조 제2항에 따라 상시근로자 수가 감소하여 개인지방소득세를 납부한 경우 그 상시근로자 수가 감소한 과세연도(2개 과세연도 연속으로 상시근로자 수가 감소한 경우에는 두 번째 과세연도)의 상시근로자 수

☞ 산업수요맞춤형고등학교 등의 졸업생 수 : 「조세특례제한법 시행령」 제136조의 2 제1항에 따른 졸업생 수

☞ 청년근로자 수 : 「조세특례제한법 시행령」 제136조의 2 제2항에 따른 청년근로자 수

☞ 장애인근로자 수 : 「조세특례제한법 시행령」 제136조의 2 제3항에 따른 장애인근로자 수

☞ 60세 이상인 근로자 수 : 「조세특례제한법 시행령」 제136조의 2 제4항에 따른 60세 이상인 근로자 수

☞ 상시근로자의 범위 및 상시근로자 수의 계산 : 「조세특례제한법 시행령」 제23조 제10항부터 제12항까지의 규정 적용

(10) 감면세액의 추징(지특법 §175)

다음의 세액공제에 따라 개인지방소득세를 공제받은 자가 같은 조에 따라 투자완료일부터 2년 (2015년 이후 「조세특례제한법 시행령」 제137조 제3항 각 호의 어느 하나에 해당하는 건물과 구축물의 경우 5년)이 지나기 전에 해당 자산을 처분한 경우(임대하는 경우 포함. 「조세특례제한법 시행령」 제137조 제1항 각 호의 어느 하나에 해당하는 경우는 제외)에는 처분한 날이 속하는 과세연도의 과세표준 신고를 할 때 해당 자산에 대한 세액공제액 상당액에 다음 산식에 따라 계산한 이자상당액을 가산하여 개인지방소득세로 납부하여야 하며, 해당 세액은 「지방세법」 제95조에 따라 납부하여야 할 세액으로 본다.

> ① 제99조(중소기업 투자 세액공제)
> ② 제103조(연구 및 인력개발을 위한 설비투자에 대한 세액공제)
> ③ 제109조(생산성향상시설 투자 등에 대한 세액공제)
> ④ 제110조(안전설비 투자 등에 대한 세액공제)
> ⑤ 제111조(에너지절약시설 투자에 대한 세액공제)
> ⑥ 제112조(환경보전시설 투자에 대한 세액공제)
> ⑦ 제113조(의약품 품질관리 개선시설투자에 대한 세액공제)
> ⑧ 제114조(고용창출 투자 세액공제)
> ⑨ 제137조(근로자복지 증진을 위한 시설투자에 대한 세액공제)

□ **이자상당액**

공제받은 세액 × 공제받은 과세연도의 과세표준신고일의 다음 날부터 납부사유가 발생한 날이 속하는 과세연도의 종료일까지의 기간일수 × 2.2^(주)(2019년 이전은 3)/10,000

☞ ㈜ 2024년 이후 기간분은 지기령 §34 ①에 따른 이자율, 2023.12.31. 이전에 공제를 받은 자가 2024.1.1. 이후 추징사유가 발생하여 이자상당액을 납부하는 경우 2020년~2023년의 기간분에 대한 이자상당액 계산 이자율은 2.5, 2024.1.1. 이후 기간분에 대한 이자상당액 계산 이자율은 2.2(영 부칙 §3)

(11) 세액감면 및 세액공제 시 적용순위 등(지특법 §176)

개인지방소득세의 감면에 관한 규정과 세액공제에 관한 규정이 동시에 적용되는 경우 그 적용 순위는 다음의 순서로 한다.
① 해당 과세기간의 소득에 대한 개인지방소득세의 감면
② 이월공제가 인정되지 아니하는 세액공제
③ 이월공제가 인정되는 세액공제. 이 경우 해당 과세기간 중에 발생한 세액공제액과 이전 과세기간에서 이월된 미공제액이 함께 있을 때에는 이월된 미공제액을 먼저 공제한다.

① 및 ②에 따른 감면 및 세액공제액의 합계액이 납부할 개인지방소득세액(가산세 제외)을 초과하는 경우 그 초과하는 금액은 없는 것으로 본다(단, 재해손실세액공제의 경우 납부할 개인 지방소득세액에는 가산세액을 포함함)는 내용은 2014년만 적용된다.

(12) 세액감면액 및 세액공제액이 산출세액 초과 시 적용방법 등 (지특법 §176-2)(2015년 이후 적용)

「지방세특례제한법」 제97조의 2에 따른 자녀세액공제액, 「지방세특례제한법」 제97조의 3에 따른 연금계좌세액공제액, 「지방세특례제한법」 제97조의 4에 따른 특별세액공제액의 합계액이 그 거주자의 해당 과세기간의 합산과세되는 종합소득분 개인지방소득 산출세액(「소득세법」 제62조에 따라 원천징수세율을 적용받는 이자소득 및 배당소득에 대한 대통령령으로 정하는 산출세액은 제외하며, "공제기준산출세액")을 초과하는 경우 그 초과하는 금액은 없는 것으로 한다. 이를 적용할 때 그 초과한 금액에 기부금 세액공제액이 포함되어 있는 경우 해당 기부금과 「소득세법」 제59조의 4 제4항 제2호에 따라 한도액을 초과하여 공제받지 못한 지정기부금의 10%에 상당하는 금액은 해당 과세기간의 다음 과세기간의 개시일부터 5년 이내에 끝나는 각 과세기간에 이월하여 「소득세법」 제61조 제3항에 의한 세액공제금액의 10%에 상당하는 금액을 공제기준산출세액에서 공제한다.

「지방세특례제한법」 제97조의 4 제1항부터 제3항까지의 규정에 따른 공제세액의 합계액이 그 거주자의 해당 과세기간의 대통령령으로 정하는 근로소득에 대한 종합소득분 개인지방소득 산출세액을 초과하는 경우 그 초과하는 금액은 없는 것으로 한다.

「지방세특례제한법」에 따른 감면액 및 세액공제액의 합계액이 해당 과세기간의 합산과세되는 종합소득분 개인지방소득 산출세액을 초과하는 경우 그 초과하는 금액은 없는 것으로 보고, 그 초과하는 금액을 한도로 연금계좌세액공제를 받지 않은 것으로 본다. 이를 적용할 때 「지방세특례제한법」 제96조에 따라 공제하는 세액의 경우 납부할 소득세액에는 가산세액을 포함하는 것으로 한다.

⑨ 과세표준 및 세액의 확정신고와 납부 및 추가 납부

(1) 과세표준 및 세액의 확정신고와 납부(지법 §95)

거주자가 「소득세법」에 따라 종합소득 또는 퇴직소득에 대한 과세표준 확정신고를 하는 경우에는 해당 신고기한까지 종합소득 또는 퇴직소득에 대한 개인지방소득세 과세표준과 세액을 개인지방소득세 과세표준 확정신고 및 납부계산서와 첨부서류, 납부서로 납세지 관할 지방자치단체장에게 확정신고·납부하여야 하나, 이 경우 2020.1.1. 이후 신고분부터 거주자가 종합소득 또는 퇴직소득에 대한 개인지방소득세 과세표준과 세액을 납세지 관할 지방자치단체장 외의 지방자치단체장에게 신고한 경우에도 그 신고의 효력에는 영향이 없다(부칙 §5). 그런데 2020.1.1. 이후 납세지 관할 지방자치단체장은 소규모 사업자 등(「소득세법」 제70조에 따른 종합소득과세표준 확정신고에 대한 납세편의 제공을 위해 국세청장이 「소득세법 시행규칙」 별지 제40호 서식에 과세표준, 세액 등을 미리 채워 제공하는 자로서 국세청장으로부터 통보받은 자를 말하나, 2021년 이전은 「소득세법 시행령」 제143조 제4항에 따른 단순경비율 적용 대상자로서 부동산임대업에서 발생한 사업소득 또는 부동산 임대업 외의 업종에서 발생한 사업소득만 있는 사업자를 말함)에게 과세표준과 세액을 기재한 납부서를 발송할 수 있다. 이 납부서를 받은 자가 납부서에 기재된 세액을 신고기한까지 납부한 경우에는 확정신고를 하고 납부한 것으로 본다.

해당 과세기간 동안 종합소득 또는 퇴직소득에 대한 개인지방소득세 과세표준이 없거나 종합소득에 대한 결손금액이 있는 때에도 적용한다. 다만, 제103조의 13에 따라 퇴직소득에 대한 개인

지방소득세를 납부한 자에 대하여는 그러하지 아니하다.

확정신고·납부를 할 때에는 해당 과세기간의 종합소득 또는 퇴직소득에 대한 개인지방소득세 산출세액에서 해당 과세기간의 다음의 세액을 공제하고 납세지 관할 지방자치단체에 납부한다.

① 토지 등 매매차익예정신고 산출세액 또는 그 결정·경정한 세액

② 공제·감면세액

③ 수시부과세액

④ 특별징수세액

⑤ 납세조합의 징수세액

이 경우 2023.3.14. 이후 종합소득·퇴직소득을 확정신고(수정신고 제외)하는 분부터 납부할 세액이 100만 원을 초과하는 자는 다음에 따라 그 납부할 세액의 일부를 납부기한이 지난 후 2개월 이내에 분할납부할 수 있다.

① 납부할 세액이 200만 원 이하 : 100만 원 초과금액

② 납부할 세액이 200만 원 초과 시 : 세액의 50% 이하 금액

한편, 2014.1.1.~2019.12.31. 과세표준 확정신고는 개정규정에도 불구하고 납세지 관할 세무서장 또는 지방국세청장에게 신고하고 납세지 관할 지방자치단체장에게 납부하여야 한다.

(2) 개인지방소득세 추가 납부 등(지법 §103 - 63)

소득세 과세표준 산정 시 「조세특례제한법」 및 다른 법률에 따라 과세표준 산정에 관한 조세특례가 적용되어 소득세(이자상당액 포함)를 추가 납부하는 경우 그 추가 납부하는 세액의 10%에 상당하는 금액을 지방소득세로 추가하여 납부하여야 하며 그 대상 및 세액계산은 다음 법률에서 정하는 납부대상과 세액 산출방식에 따른다.

● **추가 납부세액** : 다음에 따라 익금산입 후 이자상당액 법인세 추가 납부금액의 10%

1. 「법인세법」 제29조 제5항에 따른 고유목적사업준비금
2. 「법인세법」 제30조 제4항에 따른 책임준비금 등
3. 「조세특례제한법」 제9조 제4항에 따른 연구·인력개발준비금
4. 「조세특례제한법」 제10조의 2 제4항에 따른 연구개발 관련 출연금 등의 과세특례
5. 「조세특례제한법」 제33조 제3항에 따른 사업전환 무역조정지원기업에 대한 과세특례
6. 「조세특례제한법」 제34조 제2항에 따른 기업의 금융채무 상환을 위한 자산매각에 대한 과세특례
7. 「조세특례제한법」 제38조의 2 제3항 따른 주식의 현물출자 등에 의한 지주회사 설립 등에 대한 과세특례
8. 「조세특례제한법」 제39조 제3항에 따른 채무의 인수·변제에 대한 과세특례
9. 「조세특례제한법」 제40조 제5항에 따른 주주의 자산양도에 관한 법인세 등 과세특례
10. 「조세특례제한법」 제46조 제3항에 따른 기업 간 주식등의 교환에 대한 과세특례

---

11. 「조세특례제한법」 제46조의 4 제2항에 따른 자가물류시설의 양도차익에 대한 법인세 과세특례

12. 「조세특례제한법」 제47조의 4 제2항에 따른 합병에 따른 중복자산의 양도에 대한 과세특례

13. 「조세특례제한법」 제60조 제4항에 따른 공장의 대도시 밖 이전에 대한 법인세 과세특례

14. 「조세특례제한법」 제61조 제5항에 따른 법인 본사를 수도권과밀억제권역 밖으로 이전하는 데 따른 양도차익에 대한 법인세 과세특례

15. 「조세특례제한법」 제62조 제2항에 따른 공공기관이 혁신도시로 이전하는 경우 법인세 등 감면

16. 「조세특례제한법」 제85조의 2 제2항에 따른 행정중심복합도시, 혁신도시 개발예정지구 내 공장의 지방 이전에 대한 과세특례

17. 「조세특례제한법」 제85조의 7 제2항에 따른 공익사업을 위한 수용등에 따른 공장 이전에 대한 과세특례

18. 「조세특례제한법」 제85조의 8 제2항에 따른 중소기업의 공장이전에 대한 과세특례

19. 「조세특례제한법」 제85조의 9 제2항에 따른 공익사업을 위한 수용 등에 따른 물류시설 이전에 대한 과세특례

20. 「조세특례제한법」 제97조의 6 제3항에 따른 임대주택 부동산투자회사의 현물출자자에 대한 과세특례

21. 「조세특례제한법」 제104조의 11 제3항에 따른 신용회복목적회사에 대한 과세특례

⑩ 수정신고 등(지법 §96)

(1) 일반 원칙

개인지방소득세 확정신고를 한 거주자가 「국세기본법」 제45조와 제45조의 2에 따라 「소득세법」에 따른 신고내용을 수정신고 또는 경정청구할 때에는 수정신고 또는 경정청구와 함께 소득세의 수정신고 또는 경정청구 내용을 증명하는 서류를 납세지 관할 지방자치단체장에게 「지방세기본법」 제49조 및 제50조에 따른 수정신고 또는 경정청구를 하여야 한다. 이 경우 2020.1.1. 이후 수정신고 또는 경정청구하는 분부터 거주자가 납세지를 관할하는 지방자치단체장 외의 지방자치단체장에게 「지방세기본법」 제49조 및 제50조에 따른 수정신고 또는 경정청구를 한 경우에도 그 신고 또는 청구의 효력에는 영향이 없다(부칙 §6).

상기에 따른 수정신고의 경우 과소신고가산세와 납부지연가산세(2023년 이전은 납부불성실가산세)를 부과하며, 수정신고를 통하여 추가 납부세액이 발생하는 경우에는 이를 납부하여야 한다.

한편, 2014.1.1.~2019.12.31. 수정신고(양도소득에 대한 개인지방소득세의 수정신고 포함)는 개정규정에도 불구하고 납세지 관할 세무서장 또는 지방국세청장에게 신고하고 납세지 관할 지방자치단체장에게 납부하여야 한다.

(2) 신고한 자의 납세지 오류에 따른 수정신고

2019.12.31. 이전까지는 확정신고를 한 거주자가 신고납부한 개인지방소득세의 납세지에 오류가 있음을 발견하였을 때에는 제97조에 따라 지방자치단체장이 보통징수의 방법으로 부과고지를 하기 전까지 관할 지방자치단체장에게 「지방세기본법」 제49조 및 제50조에 따른 수정신고납부 또는 경정 등의 청구를 할 수 있다. 이 경우 추가납부세액에 대하여는 과소신고가산세와 납부불성실가산세를 부과하지 아니하며, 경정 등의 청구를 통하여 환급세액이 발생하는 경우 환급받는 세액에 대하여는 지방세환급가산금을 지급하지 아니한다.

상기에 따른 수정신고를 통하여 추가납부세액이 발생하는 경우에는 이를 납부하여야 한다.

⑪ 결정과 경정(지법 §97)

납세지 관할 지방자치단체장은 거주자가 과세표준확정신고를 하지 아니하거나 신고 내용에 오류 또는 누락이 있는 경우에는 해당 과세기간의 과세표준과 세액을 결정 또는 경정하며, 납세지 관할 지방자치단체장은 개인지방소득세의 과세표준과 세액을 결정 또는 경정한 후 그 결정 또는 경정에 오류나 누락이 있는 것을 발견한 경우에는 즉시 이를 다시 경정한다. 이 경우 「소득세법」에 따라 납세지 관할 세무서장 또는 관할 지방국세청장이 결정 또는 경정한 자료, 과세표준확정신고서 및 그 첨부서류에 의하거나 실지조사(實地調査)에 따름을 원칙으로 한다.

납세지 관할 지방자치단체장은 상기에 따라 개인지방소득세의 과세표준과 세액을 결정 또는 경정하는 경우에는 「소득세법」에 따라 납세지 관할 세무서장 또는 관할 지방국세청장이 결정 또는 경정한 자료, 장부나 그 밖의 증명서류를 근거로 하여야 한다. 다만, 「소득세법 시행령」 제143조 제1항 각 호의 어느 하나에 해당하는 사유로 장부나 그 밖의 증명서류에 의하여 소득금액을 계산할 수 없는 경우에는 소득금액을 추계하여 결정하거나 경정하여야 하는데, 이 경우 「소득세법 시행령」 제143조 제2항·제3항·제9항, 제144조 및 제145조 제2항에서 정한 방법에 따른다.

지방자치단체장이 개인지방소득세의 과세표준과 세액을 결정 또는 경정한 때에는 그 내용을 해당 거주자에게 통지하여야 한다. 이때 납세지 관할 지방자치단체장은 과세표준과 세율·세액, 그 밖에 필요한 사항을 서면으로 통지하여야 한다. 이 경우 납부할 세액이 없을 때에도 또한 같다. 그리고 피상속인의 소득금액에 대한 개인지방소득세를 2명 이상의 상속인에게 과세하는 경우에는 과세표준과 세액을 그 지분에 따라 배분하여 상속인별로 통지하여야 한다.

한편, 2014.1.1.~2019.12.31. 결정과 경정(양도소득에 대한 개인지방소득세의 결정과 경정 포함)에 관한 업무는 개정규정에도 불구하고 관할 세무서장 또는 지방국세청장이 행한다.

⑫ 수시부과결정(지법 §98)

납세지 관할 지방자치단체장은 거주자가 과세기간 중에 다음의 어느 하나에 해당하면 수시로 그 거주자에 대한 개인지방소득세를 부과("수시부과")할 수 있다.

① 사업부진이나 그 밖의 사유로 장기간 휴업 또는 폐업 상태에 있는 때로서 개인지방소득세를 포탈(逋脫)할 우려가 있다고 인정되는 경우

② 그 밖에 조세를 포탈할 우려가 있다고 인정되는 상당한 이유가 있는 경우

해당 과세기간 개시일부터 수시부과사유가 발생한 날까지를 수시부과기간으로 하여 적용한다. 이 경우 수시부과사유가 과세표준 확정신고에 따른 신고기한 이전에 발생한 경우로서 거주자가 직전 과세기간에 대하여 과세표준 확정신고를 하지 아니한 경우에는 직전 과세기간을 수시부과기간에 포함한다. 수시부과의 경우 그 세액계산에 필요한 사항은 별도로 정한다.

개인지방소득세를 수시부과하는 경우 해당 세액에 대하여는 과소신고가산세와 납부지연가산세(2023년 이전은 납부불성실가산세)를 부과하지 아니한다.

과세표준 및 세액의 결정은 납세지 관할 지방자치단체장이 하며, 지방자치단체장은 사업자가 주한국제연합군 또는 외국기관으로부터 수입금액을 외국환은행을 통하여 외환증서 또는 원화로 영수할 때에는 그 영수할 금액에 대한 과세표준 및 세액을 결정할 수 있다.

한편, 2014.1.1.~2019.12.31. 수시부과결정(양도소득에 대한 개인지방소득세의 수시부과결정 포함)에 관한 업무는 개정규정에도 불구하고 관할 세무서장 또는 지방국세청장이 행한다.

⑬ 가산세(지법 §99)

(1) 「지방세기본법」상 가산세

개인지방소득세 납세의무자가 신고 또는 납부의무를 다하지 아니하면 납부하여야 할 세액 또는 그 부족세액에 「지방세기본법」 제53조부터 제55조까지의 규정에 따라 산출한 가산세를 부과한다 (지기법 §53-2, §53-3, §53-4). 따라서 신고를 하지 아니한 경우에는 산출세액의 20%(사기, 기타 부정행위 40%)의 무신고가산세, 신고는 하였으나 과소신고한 경우 과소신고분 세액의 10%(사기, 기타 부정행위 40%)의 과소신고가산세를 부과하며, 둘 다 납부지연가산세(2023년 이전은 납부불성실가산세)를 부과한다. 그런데 가산세 부과 시 「지방세기본법」 제54조의 가산세 감면규정도 적용된다.

한편, 2022년 이후 「소득세법」 제70조 제4항 후단에 따라 종합소득 과세표준 확정신고를 하지 아니한 것으로 보는 경우에 해당하여 가산세 부과대상이 되는 때에는 종합소득에 대한 개인지방소득세 과세표준 확정신고를 하지 아니한 것으로 본다.

(2) 무기장 가산세 등

「소득세법」 제81조, 제81조의 2부터 제81조의 13까지(2019.12.31. 이전까지는 제81조)에 따라 소득세 결정세액에 가산세를 더하는 경우에는 그 더하는 금액의 10%에 해당하는 금액을 개인지방소득세 결정세액에 더한다. 다만, 「소득세법」 제81조의 5(2019.12.31. 이전 종합소득과세표준

확정신고 기간이 도래하는 분까지는 제81조 제8항·제13항, 부칙 §8)에 따라 더해지는 가산세의 10%에 해당하는 개인지방소득세 가산세와 「지방세기본법」 제53조(무신고가산세) 또는 제54(과소신고가산세)에 따른 가산세가 동시에 적용되는 경우에는 그 중 큰 가산세액만 적용하고, 가산세액이 같은 경우에는 「지방세기본법」 제53조(무신고가산세) 또는 제54조(과소신고가산세)에 따른 가산세만 적용한다.

한편, 2015.4.30. 이전 신고분까지는 지급명세서 제출불성실가산세 등을 「지방세법」에 별도로 나열하고 있었다.

(3) 가산세 적용 특례(지법 §103 - 61)

① 「국제조세조정에 관한 법률」 제17조 제1항에 따라 「국세기본법」 제47조의 3에 따른 과소신고가산세를 부과하지 아니할 때에는 「지방세기본법」 제54조에 따른 과소신고가산세를 부과하지 아니한다.

② 2021년~2024년 각 과세기간에 발생한 소득에 대하여 「소득세법」 제70조 제1항에 따른 신고기한 내에 같은 조 제3항에 따른 종합소득 과세표준 확정신고를 한 거주자 또는 같은 법 제71조 제1항에 따른 신고기한 내에 같은 조 제3항에 따른 퇴직소득 과세표준 확정신고를 한 거주자가 제95조에 따른 신고의무를 다하지 아니한 경우로서 해당 신고기한이 지난 후 1개월 이내에 종합소득 또는 퇴직소득에 대한 개인지방소득세를 수정신고하거나 「지방세기본법」 제51조에 따라 기한 후 신고하는 경우에는 신고불성실 가산세를 부과하지 아니한다. 이 규정은 2022.1.1. 이후 수정신고하거나 기한 후 신고하는 경우부터 적용되나, 2019년 및 2020년 과세기간에도 적용되어 왔었다.

⑭ 징수와 환급(지법 §100)

납세지를 관할하는 지방자치단체장은 거주자가 해당 과세기간의 개인지방소득세로 납부하여야 할 세액의 전부 또는 일부를 납부하지 아니한 경우에는 그 미납된 부분의 개인지방소득세 세액을 「지방세기본법」 및 「지방세징수법」에 따라 징수한다.

납세지를 관할하는 지방자치단체장은 수시부과하거나 특별징수한 세액이 개인지방소득세 총 결정세액을 초과하는 경우에는 「지방세기본법」 제60조에 따라 이를 환급하거나 지방세에 충당하는 등의 조치를 취하여야 한다.

한편, 종합소득에 대한 개인지방소득세(2015.12.3.1 이전은 과세표준 확정신고에 따른 개인지방소득세)의 환급결정으로 인한 지방세환급금은 환급받을 자의 종합소득에 대한 납세의무성립 당시(2019년 이전은 과세표준 확정신고 당시)(2016.1.1. 이후 개인지방소득세의 결정 또는 경정분부터 결정 또는 경정의 경우에는 결정 또는 경정 당시)의 주소지를 관할하는 지방자치단체에서 환급하거나 충당하여야 한다(지령 §100 - 34).

⑮ 결손금 소급공제에 따른 환급(지법 §101)

(1) 개요

거주자가 「소득세법」 제85조의 2에 따라 결손금소급공제에 의한 환급을 신청하는 경우 해당 이월결손금에 대하여 직전 과세기간 사업소득에 부과된 개인지방소득세액을 한도로 다음에 따라 계산한 금액("결손금 소급공제세액")을 환급신청할 수 있다. 다만, 2021.12.31.이 속하는 과세기간에 이월결손금이 발생한 경우로서 「조세특례제한법」 제8조의 4에 따라 환급신청을 하는 경우에는 직전 과세기간과 직전전 과세기간의 사업소득에 부과된 개인지방소득세액을 한도로 결손금 소급공제세액을 환급신청할 수 있다. 그리고 2016.1.1. 이후 결손금 소급공제를 신청하는 분부터 거주자가 납세지 관할 세무서장 또는 지방국세청장에게 소득세 결손금 소급공제 환급을 신청한 경우에는 결손금 소급공제에 의한 환급을 신청한 것으로 보며, 이 경우 환급가산금의 기산일은 「지방세기본법」 제43조 제1항 제5호 단서에 따른다.

○ 결손금 소급공제세액 = ① - ②

① 직전 과세기간의 해당 중소기업의 종합소득에 대한 개인지방소득세 산출세액

② 직전 과세기간의 종합소득에 대한 개인지방소득세 과세표준에서 「소득세법」 제45조 제3항 및 「조세특례제한법」 제8조의 4의 이월결손금으로서 같은 법 제85조의 2에 따라 소급공제를 받은 금액(2021년 이전은 소급공제를 받으려는 금액)(직전 과세기간의 종합소득에 대한 개인지방소득세 과세표준 한도)을 뺀 금액에 직전 과세기간의 세율을 적용하여 계산한 해당 중소기업에 대한 종합소득에 대한 개인지방소득세 산출세액

☞ 2021.12.31.이 속하는 과세기간에 이월결손금이 발생한 경우로서 「조세특례제한법」 제8조의 4에 따라 환급신청을 하는 경우에는 직전 과세기간과 직전전 과세기간의 사업소득에 부과된 개인지방소득세액을 한도로 결손금 소급공제세액을 환급신청할 수 있으며, 이에 따라 결손금소급공제세액을 환급신청하는 경우 "직전 과세기간"은 각각 "직전 또는 직전전 과세기간"으로, "같은 법 제85조의 2"는 "조세특례제한법」 제8조의 4"로 보며, 직전 과세기간과 직전전 과세기간의 개인지방소득세 산출세액이 모두 있는 경우에는 직전전 과세기간의 과세표준에서 결손금을 먼저 공제함(2022.2.28. 이후 납세의무성립분부터 적용)

결손금 소급공제세액을 환급받으려는 자는 과세표준 확정신고기한까지 납세지 관할 지방자치단체장에게 환급을 신청하여야 한다. 납세지 관할 지방자치단체장이 개인지방소득세의 환급신청을 받은 경우에는 지체 없이 환급세액을 결정하여 「지방세기본법」 제60조 및 제62조에 따라 환급하거나 충당하여야 한다.

상기는 해당 거주자가 결손금(2019.12.31. 이전 종합소득 과세표준 확정신고를 하는 분까지는 과세표준 확정신고기한까지 결손금, 부칙 §9)이 발생한 과세기간에 대한 과세표준 및 세액을 신고한 경우로서 그 직전 과세기간(「조세특례제한법」 제8조의 4는 직전전 과세기간 포함)의 소득에 대한 개인지방소득세의 과세표준 및 세액을 각각 신고하였거나 지방자치단체장이 부과한 경우에만 적용한다(지방자치단체장 부과는 2017년부터 적용).

(2) 결손금 감소 등에 따른 징수

납세지 관할 지방자치단체장은 결손금 소급공제에 따라 개인지방소득세를 환급받은 자가 다음 어느 하나에 해당하는 경우 그 환급세액(① 및 ②의 경우에는 과다하게 환급된 세액 상당액)을 그 이월결손금이 발생한 과세기간의 개인지방소득세로서 징수한다.

① 결손금이 발생한 과세기간에 대한 개인지방소득세의 과세표준과 세액을 경정함으로써 이월결손금이 감소된 경우

② 결손금이 발생한 과세기간의 직전 과세기간(「조세특례제한법」 제8조의 4는 직전전 과세기간 포함)의 종합소득에 대한 개인지방소득세 과세표준과 세액을 경정함으로써 환급세액이 감소된 경우

③ 「소득세법」 제85조의 2에 따른 중소기업 요건을 갖추지 아니하고 환급을 받은 경우

결손금이 감소됨에 따라 징수하는 개인지방소득세액의 계산은 다음 계산식에 따른다(다만, 「소득세법」 제45조 제3항의 이월결손금 중 그 일부 금액만을 소급공제받은 경우에는 소급공제받지 않은 결손금이 먼저 감소된 것으로 봄).

❑ 징수 환급 개인지방소득세액

$$
당초\ 환급세액 \times \frac{감소된\ 결손금액으로서\ 소급\ 공제받지\ 아니한\ 결손금을\ 초과하는\ 금액}{소급공제\ 결손금액}
$$

환급세액을 징수하는 경우에는 (① × ②) 금액을 환급세액에 가산하여 징수한다.

① 환급세액

② 당초환급세액의 통지일의 다음 날부터 징수하는 개인지방소득세액의 고지일까지의 기간에 대하여 「지방세기본법 시행령」 제34조 제1항에 따른 이자율(다만, 납세자가 개인지방소득세액을 과다하게 환급받은 데 정당한 사유가 있는 경우에는 「지방세기본법 시행령」 제43조 제2항에 따른 이자율)

납세지 관할 지방자치단체장은 결손금 소급공제세액 계산의 기초가 된 직전 과세기간의 종합소득에 대한 개인지방소득세 과세표준과 세액이 경정 등에 의하여 변경되는 경우에는 즉시 당초 환급세액을 재결정하여 결손금 소급공제세액으로 환급한 세액과 재결정한 환급세액의 차액을 환급하거나 징수하여야 하며, 환급한 세액이 재결정한 환급세액을 초과하여 그 차액을 징수하는 때에는 이자상당액을 가산하여 징수하여야 한다.

⑯ 공동사업장에 대한 과세특례(지법 §102)

「소득세법」 제43조에 따른 공동사업장에서 발생한 소득금액에 대하여 특별징수된 세액과 제99조 및 「지방세기본법」 제56조에 따른 가산세로서 공동사업장에 관련되는 세액은 각 공동사업자의 손익분배비율에 따라 배분한다.

공동사업장에 대한 소득금액의 신고, 결정, 경정 또는 조사 등 공동사업장에 대한 과세에 필요한 사항은 「소득세법」 제87조에서 정하는 바에 따르되, 공동사업자가 과세표준 확정신고를 하는 경우 대표공동사업자는 과세표준 확정신고와 함께 해당 공동사업장에서 발생한 소득금액과 가산세액 및 특별징수된 세액을 적은 공동사업자별 분배명세서를 납세지 관할 지방자치단체장에게 제출하여야 한다. 다만, 2020년 이후 종합소득에 대한 개인지방소득세 과세표준의 확정신고 기간이 도래하는 분부터(영 부칙 §4) 공동사업자가 「소득세법 시행령」 제150조 제6항에 따라 납세지 관할 세무서장 또는 지방국세청장에게 공동사업자별 분배명세서를 제출한 경우에는 납세지 관할 지방자치단체장에게도 제출하지 않을 수 있다.

한편, 2014.1.1.~2019.12.31. 공동사업장에 대한 신고는 개정규정에도 불구하고 납세지 관할 세무서장 또는 지방국세청장에게 신고하고 납세지 관할 지방자치단체장에게 납부하여야 한다.

제3절 거주자의 양도소득에 대한 지방소득세

① 납세의무자(지법 §86)

「소득세법」에 따른 소득세의 납세의무가 있는 자는 지방소득세를 납부할 의무가 있다. 지방소득세 납부의무의 범위는 「소득세법」에서 정하는 바에 따른다.

양도소득세가 이월과세된다면 양도소득분 지방소득세도 당연히 이월과세는 것이다. 따라서 이월과세된 부동산 등을 법인이 양도할 때로 이월되는 것이므로 법인이 양도 시 양도차익에 대한 법인세와 지방소득세도 과세되는 것이다.

② 과세기간(지법 §88)

개인지방소득세의 과세기간은 「소득세법」 제5조에 따른 기간으로 한다.

③ 납세지(지법 §89)

개인지방소득세의 납세지는 납세의무성립 당시(2019.12.30. 이전은 신고 당시)의 "「소득세법」 제6조 및 제7조에 따른 납세지"라고 규정하고 있으므로 소득세의 납세지가 개인지방소득세 납세

지가 된다.

(1) 예정신고

2019.12.31. 이후 예정신고분의 납세의무성립 시기는 과세표준이 되는 금액이 발생한 달의 말일이 되므로, 양도소득 예정신고 시는 양도일이 속하는 달의 말일의 주소지가 납세지가 된다.

그런데 2019.12.30. 이전은 양도소득세분 지방소득세의 납세지는 소득세를 관할하는 시·군에서 부과하도록 규정하고 「국세기본법」 제22조 제1항 및 같은 법 시행령 제10조의 2 제1호에서 소득세의 납세의무가 확정되는 날은 세액신고일로 규정하고 있으므로 양도소득세분 지방소득세의 경우 납세지는 예정신고 당시 주소지가 되는 것이다(대법원 94누910, 1995.2.3., 대법원 97누18479, 1998.2.27. 참조).

(2) 확정신고

납세의무성립 당시인 12.31. 현재의 주소지가 납세지가 되나, 2019.12.30. 이전 양도분은 확정신고 당시 주소지가 납세지가 된다.

> **사례** 종중 양도소득세분 지방소득세 납세지(지방세정팀-1625, 2005.7.12.)
>
> 「소득세법 기본통칙」 6-1에 거주자로 보는 법인격 없는 단체에 대한 소득세 납세지는 동 단체의 대표자 또는 관리인의 주소지로 하되 법 제9조에 의하여 해당 단체의 업무를 주관하는 장소 등을 납세지로 지정받은 경우에는 그 지정받은 장소를 납세지로 한다고 규정하고 있으므로, 세무서로부터 종중사무를 주관하는 장소(종중 사무실 등)를 소득세 납세지로 지정받지 않은 이상 종중 대표자의 주소지가 양도소득세분 주민세의 정당한 납세지에 해당한다 할 것임.

(3) 부과고지

1) 예정신고 후 주소이전한 경우

2019.12.31. 이후 양도분은 양도일이 속하는 달의 말일의 주소지가 납세지가 되므로 그 주소지에 부과하여야 할 것이나, 2019.12.30. 이전 양도분은 「소득세법」 제6조 제1항 및 「국세기본법」 제43조 제1항에 의한 소득세의 납세지인 양도소득세 예정신고 당시의 주소지 관할시장·군수·구청장에게 소득세분 지방소득세를 납부하지 않았으면 가산세 부과대상이다(지방세정담당관-463, 2004.2.3.)라고 해석하고 있어서 예정신고 당시의 주소지를 양도소득세분 지방소득세의 납세지로 판단하여야 할 것이다.[401]

---

401) 예정신고는 했으나 산출세액을 납부하지 않아 세무서에서 소득세를 결정(부과·고지)한 경우에는 소득세 결정 시점의 주소지가 지방소득세 납세지가 된다(세정과-1389, 2004.6.1.)라고 해석한 바 있는데, 이는 잘못된 해석으로 보여진다.

2) 확정신고 후 주소이전한 경우

납세자가 양도소득세를 확정신고한 후 양도소득세분 지방소득세를 납부하지 않고 주소지를 이전한 경우는 납세의무성립 당시인 12.31. 현재의 주소지가 납세지가 되나, 2019.12.30. 이전 양도분은 세무서의 양도소득세 확정결과에 관계없이 확정신고 당시의 주소지를 양도소득세분 지방소득세의 납세지로 판단하여야 할 것이다(세정과-1389, 2004.6.1.).

3) 미신고분

양도소득세의 예정신고 또는 확정신고를 하지 아니한 경우 예정신고는 양도일이 속하는 달의 말일 현재의 주소지, 확정신고는 12.31. 현재의 주소지가 납세지가 되나, 2019.12.30. 이전 양도분은 세무서에서 소득세를 결정(부과·고지)한 경우에는 소득세 결정시점의 주소지가 지방소득세 납세지가 된다(세정과-1389, 2004.6.1. 참조).

(4) 기한 후 신고

예정신고는 양도일이 속하는 달의 말일 현재의 주소지, 확정신고는 12.31. 현재의 주소지가 납세지가 되나, 2019.12.30. 이전 양도분은 기한 후 신고 당시 주소지가 납세지가 된다.

④ 과세표준(지법 §103)

거주자의 양도소득에 대한 개인지방소득세 과세표준은 종합소득 및 퇴직소득에 대한 개인지방소득세 과세표준과 구분하여 계산한다.

양도소득에 대한 개인지방소득세 과세표준은 「소득세법」 제92조에 따라 계산한 소득세의 과세표준(2019년 이전 귀속분까지는 계산한 금액)(「조세특례제한법」 및 다른 법률에 따라 과세표준 산정과 관련한 조세감면 또는 중과세 등의 조세특례가 적용되는 경우에는 이에 따라 계산한 소득세의 과세표준)과 동일한 금액(2019년 이전 귀속분까지는 계산한 금액)으로 한다.

거주자의 국외자산 양도소득에 대한 개인지방소득세 과세표준은 「소득세법」 제118조의 10에 따라 계산된 소득세의 과세표준(2019년 이전 귀속분까지는 계산한 금액)(「조세특례제한법」 및 다른 법률에 따라 과세표준 산정과 관련한 조세감면 또는 중과세 등의 조세특례가 적용되는 경우에는 이에 따라 계산한 소득세의 과세표준)과 동일한 금액(2019년 이전 귀속분까지는 계산한 금액)으로 한다.

⑤ 세액계산 순서(지법 §103-2)

양도소득에 대한 개인지방소득세는 「지방세법」에 특별한 규정이 있는 경우를 제외하고는 다음에 따라 계산한다.

① 과세표준에 세율을 적용하여 양도소득에 대한 개인지방소득세 산출세액을 계산한다.

② ①에 따라 계산한 산출세액에서 감면되는 세액이 있을 때에는 이를 공제하여 양도소득에 대한 개인지방소득세 결정세액을 계산한다.

③ ②에 따라 계산한 결정세액에 가산세[「지방세법」 제103조의 8(2025년 이후), 제103조의 9 제2항의 가산세[402](2023.3.14. 이후), 하기 11의 「지방세기본법」의 과소신고가산세, 납부불성실가산세]를 더하여 양도소득에 대한 개인지방소득세 총결정세액을 계산한다.

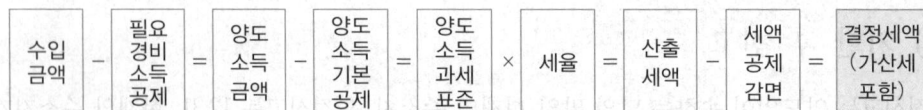

○ 지방소득세 산출세액 산정 순서

| 수입금액 | − | 필요경비소득공제 | = | 양도소득금액 | − | 양도소득기본공제 | = | 양도소득과세표준 | × | 세율 | = | 산출세액 | − | 세액공제감면 | = | 결정세액(가산세포함) |

☞ 수시과세(양도소득, 퇴직소득 및 특별징수분) : 2014년부터 징수
　기간과세(종합소득, 법인소득분) : 2014년 이후 과세기간 또는 개시사업연도부터 적용하여 2015년부터 징수

⑥ 세율(지법 §103-3)

(1) 표준세율

1) 일반

거주자의 양도소득에 대한 개인지방소득세는 해당 과세기간의 양도소득과세표준에 다음 세율을 적용하여 계산한 금액을 그 세액으로 한다.

하기 ②, ③, ⑧의 ㉠의 보유기간의 산정은 「소득세법」 제104조 제2항에서 정하는 바에 따른다.

① 「소득세법」 제94조 제1항 제1호·제2호 및 제4호에 해당하는 자산
　거주자의 종합소득에 대한 개인지방소득세의 표준세율(지법 §92 ①)(분양권은 2021.6.1. 이후 양도분부터 양도소득에 대한 개인지방소득세 과세표준의 6%)

---

402) 「지방세법」 제103조의 9
　② 거주자가 건물을 신축 또는 증축(증축한 부분의 바닥면적의 합계가 85제곱미터를 초과하는 경우로 한정한다)하고 그 건물의 취득일(증축의 경우에는 증축한 부분의 취득일을 말한다)부터 5년 이내에 양도하는 경우로서 「소득세법」 제97조 제1항 제1호 나목에 따른 감정가액 또는 환산취득가액을 그 취득가액으로 하는 경우에는 해당 건물분(증축의 경우에는 증축한 부분으로 한정한다) 감정가액 또는 환산취득가액의 1천분의 5에 해당하는 금액을 제103조의 2 제2호에 따른 양도소득에 대한 개인지방소득세 결정세액에 더한다.

㉠ 2023.1.1. 이후 개시 과세기간분부터

과세표준	세율
1천4백만 원 이하	0.6%
1천4백만 원 초과 5천만 원 이하	84,000＋1천4백만 원 초과금액 1.5%
5천만 원 초과 8천8백만 원 이하	624,000＋5천만 원 초과금액 2.4%
8천8백만 원 초과 1억5천만 원 이하	1,536,000＋8천8백만 원 초과금액 3.5%
1억5천만 원 초과 3억 원 이하	3,706,000＋1억5천만 원 초과금액 3.8%
3억 원 초과 5억 원 이하	9,406,6000＋3억 원 초과금액 4%
5억 원 초과 10억 원 이하	17,406,000＋5억 원 초과금액 4.2%
10억 원 초과	38,400,600＋10억 원 초과금액 4.5%

㉡ 2022.12.31. 이전 개시 과세기간분까지

과세표준	세율
1천2백만 원 이하	0.6%
1천2백만 원 초과 4천6백만 원 이하	72,000＋1천2백만 원 초과금액 1.5%
4천6백만 원 초과 8천8백만 원 이하	582,000＋4천6백만 원 초과금액 2.4%
8천8백만 원 초과 1억5천만 원 이하	1,590,000＋8천8백만 원 초과금액 3.5%
1억5천만 원 초과 3억 원 이하	3,760,000＋1억5천만 원 초과금액 3.8%
3억 원 초과 5억 원 이하	9,460,000＋3억 원 초과금액 4%
5억 원 초과 10억 원 이하	17,460,000＋5억 원 초과금액 4.2%
10억 원 초과	38,460,000＋10억 원 초과금액 4.5%

② 「소득세법」 제94조 제1항 제1호 및 제2호에서 규정하는 자산[2021.5.31. 이전 양도분은 주택(이에 딸린 토지로서 「소득세법」 제89조 제1항 제3호에 따른 주택부수토지 포함) 및 조합원입주권 제외]으로서 그 보유기간이 1년 이상 2년 미만인 것

양도소득에 대한 개인지방소득세 과세표준의 1천분의 40(2021.6.1. 이후 양도분부터 주택, 조합원입주권 및 분양권은 1천분의 60)

③ 「소득세법」 제94조 제1항 제1호 및 제2호에서 규정하는 자산[2021.5.31. 이전 양도분은 주택(이에 딸린 토지로서 「소득세법」 제89조 제1항 제3호에 따른 주택부수토지 포함) 제외]으로서 그 보유기간이 1년 미만인 것

양도소득에 대한 개인지방소득세 과세표준의 1천분의 50(2021.5.31. 이전 양도분으로 주택 및 조합원입주권의 경우 1천분의 40, 2021.6.1. 이후 양도분으로 주택, 조합원입주권 및 분양권은 1천분의 70)

④ 2021.5.31. 이전 양도분까지 「소득세법」 제94조 제1항 제2호에 따른 자산 중 「주택법」 제63조의 2 제1항 제1호에 따른 조정대상지역에서 공급하는 주택의 입주자로 선정된 지위(조합원입주권은 제외)

양도소득에 대한 개인지방소득세 과세표준의 1천분의 50

이는 2018.1.1. 이후 양도분부터 적용되나, 1세대가 보유하고 있는 주택이 없는 경우로서 「소득세법 시행령」 제167조의 6에 따른 경우는 적용하지 아니한다.

⑤ 「소득세법」 제104조의 3에 따른 비사업용 토지(2020.1.1. 이후 매매계약을 체결하고 계약금을 지급하는 분부터 지정지역의 공고가 있은 날 이전에 토지를 양도하기 위하여 매매계약을 체결하고 계약금을 지급받은 사실이 증명서류에 의하여 확인되는 경우 포함)

㉠ 2023.1.1. 이후 개시 과세기간분부터

과세표준	세율
1천4백만 원 이하	1.6%
1천4백만 원 초과 5천만 원 이하	224,000+1천2백만 원 초과금액 2.5%
5천만 원 초과 8천8백만 원 이하	1,124,000+5천만 원 초과금액 3.4%
8천8백만 원 초과 1억5천만 원 이하	2,416,000+8천8백만 원 초과금액 4.5%
1억5천만 원 초과 3억 원 이하	5,206,000+1억5천만 원 초과금액 4.8%
3억 원 초과 5억 원 이하	12,406,000+3억 원 초과금액 5%
5억 원 초과 10억 원 이하	22,406,000+5억 원 초과금액 5.2%
10억 원 초과	48,406,000+10억 원 초과금액 5.5%

㉡ 2022.12.31. 이전 개시 과세기간분까지

과세표준	세율
1천2백만 원 이하	1.6%
1천2백만 원 초과 4천6백만 원 이하	192,000 + 1천2백만 원 초과금액 2.5%
4천6백만 원 초과 8천8백만 원 이하	1,042,000+4천6백만 원 초과금액 3.4%
8천8백만 원 초과 1억5천만 원 이하	2,470,000+8천8백만 원 초과금액 4.5%
1억5천만 원 초과 3억 원 이하	5,260,000+1억5천만 원 초과금액 4.8%
3억 원 초과 5억 원 이하	12,460,000+3억 원 초과금액 5%
5억 원 초과 10억 원 이하	22,460,000+5억 원 초과금액 5.2%
10억 원 초과	48,460,000+10억 원 초과금액 5.5%

한편, 지정지역을 제외한 지역에 있는 비사업용 토지는 2016.12.31.까지 양도하거나 2009.3.16.~2012.12.31.까지 취득하여 양도[2016.1.1. 이후 적용(부칙 §9)]함으로써 발생하는 소득에 대해서는 ①(보유기간이 2년 미만인 경우 ②, ③)을 적용한다(2014.3.24. 법률 제12505호 지방세법 일부 개정 법률 부칙 제6조-2015.7.24. 2016.12.31. 개정됨).

⑥ 「소득세법」 제94조 제1항 제4호 다목 및 라목(라목은 2017년 적용)에 따른 자산 중 「소득세법」 제104조의 3에 따른 비사업용 토지의 보유 현황을 고려하여 「소득세법 시행령」 제167조의 7에 따른 자산

상기 ⑤ 세율

한편, 이 주식 등을 2016.12.31.까지 양도하거나 2009.3.16.~2012.12.31.까지 취득하여 양도함으로써 발생하는 소득에 대해서는 ①을 적용한다(2014.3.24. 법률 제12505호 지방세법 일부 개

정 법률 부칙 제6조－2015.7.24. 2016.12.31. 개정됨).

⑦ 「소득세법」 제104조 제3항에 따른 미등기양도자산

양도소득에 대한 개인지방소득세 과세표준의 1천분의 70

⑧ 「소득세법」 제94조 제1항 제3호 가목 및 나목(2019년까지는 제3호)에 따른 자산

㉠ 주식 등의 양도일 현재 「소득세법」 제104조 제1항 제11호(2016년에는 「소득세법」 제94 조 제1항 제3호 가목)에 따른 주권비상장법인의 대주주("대주주")가 양도하는 「소득세 법」 제88조 제2호에 따른 주식 등

㉮ 1년 미만 보유한 주식 등으로서 주식 등 양도일 현재 「중소기업기본법」 제2조에 따른 중소기업 외의 법인의 주식 등(2018.1.1. 이후)

양도소득에 대한 개인지방소득세 과세표준의 1천분의 30

㉯ ㉮에 해당하지 아니하는 주식 등(2018.1.1. 이후 양도분부터 적용되나, 중소기업 주식 등은 2020.1.1. 이후 양도분부터 적용)

과세표준	세율
3억 원 이하	2%
3억 원 초과	600만 원+3억 원 초과금액 2.5%

㉡ 대주주가 아닌 자가 양도하는 주식 등

㉮ 중소기업의 주식 등(2016.1.1. 이후 양도분부터 대주주가 아닌 자가 양도하는 경우로 한정) : 양도소득에 대한 개인지방소득세 과세표준의 1천분의 10

㉯ ㉮에 해당하지 아니하는 주식 등 : 양도소득에 대한 개인지방소득세 과세표준의 1천분의 20

⑨ 「소득세법」 제94조 제1항 제3호 다목에 따른 자산(2020년~2024년 적용)

㉠ 중소기업의 주식 등 : 양도소득에 대한 개인지방소득세 과세표준의 1천분의 10

㉡ ㉠에 해당하지 아니하는 주식 등 : 양도소득에 대한 개인지방소득세 과세표준의 1천분의 20

⑩ 「소득세법」 제94조 제1항 제5호에 따른 파생상품 등

양도소득에 대한 개인지방소득세 과세표준의 1천분의 20[단, 자본시장 육성 등을 위하여 필요한 경우 그 세율의 75%(2016년에는 50%로 규정되어 있었으나 2016년에도 부칙 제3조 에 의하여 75% 적용함) 범위에서 인하할 수 있어서 현행은 1천분의 10]

이 세율은 2016.1.1. 이후 최초로 거래 또는 행위가 발생하는 분부터 적용한다.

⑪ 「소득세법」 제118조의 9에 따라 양도소득으로 보는 국내주식 등의 평가이익

과세표준	세율
3억 원 이하	2%
3억 원 초과	600만 원+3억 원 초과금액 2.5%

☞ 2018년(중소기업은 2019년 – 부칙 §1) 이전 출국하는 경우까지 「소득세법」 제118조의 10에 따른 과세표준의 100분의 2

이 세율은 2018.1.1. 이후 거주자가 출국하는 경우부터 적용한다(부칙 §1, §3).

⑫ 「소득세법」 제94조 제1항 제3호 다목에 따른 자산(2025년 이후)

　㉠ 중소기업의 주식 등 : 양도소득에 대한 개인지방소득세 과세표준의 1천분의 10

　㉡ ㉠에 해당하지 아니하는 주식 등 : 양도소득에 대한 개인지방소득세 과세표준의 1천분의 20

⑬ 「소득세법」 제94조 제1항 제6호에 따른 신탁 수익권(2021년 이후 양도분부터 적용)

과세표준	세율
3억 원 이하	2%
3억 원 초과	600만 원＋3억 원 초과금액 2.5%

2) 국외자산

① 2020.1.1. 이후 양도분

거주자의 「소득세법」 제118조의 2 제1호·제2호 및 제5호에 따른 자산의 양도소득에 대한 개인지방소득세의 표준세율은 거주자의 종합소득에 대한 개인지방소득세의 표준세율과 같다.

② 2019.12.31. 이전 양도분

거주자의 「소득세법」 제118조의 2에 따른 자산("국외자산")의 양도소득에 대한 개인지방소득세의 표준세율은 다음과 같다. 이 경우 하나의 자산이 다음에 따른 세율 중 둘 이상의 세율에 해당할 때에는 그 중 가장 높은 것을 적용하며, 하기 3)을 준용하여 가감할 수 있다(2017년부터 적용).

① 「소득세법」 제118조의 2 제1호·제2호 및 제4호에 따른 자산

　거주자의 종합소득에 대한 개인지방소득세의 표준세율(지법 §92 ①)

② 「소득세법」 제118조의 2 제3호에 따른 자산

　㉠ 중소기업의 주식 등

　　양도소득에 대한 개인지방소득세 과세표준의 1천분의 10

　㉡ 그 밖의 주식 등

　　양도소득에 대한 개인지방소득세 과세표준의 1천분의 20

③ 「소득세법」 제118조의 2 제4호에 따른 파생상품 등

　양도소득에 대한 개인지방소득세 과세표준의 1천분의 20[단, 자본시장 육성 등을 위하여 필요한 경우 그 세율의 75%(2016년에는 50%로 규정되어 있었으나 2016년에도 부칙 제3조에 의하여 75% 적용함) 범위에서 인하할 수 있어서 현행은 1천분의 10(2018.3.31. 이전은 5)]

　이 세율은 2016.1.1. 이후 최초로 거래 또는 행위가 발생하는 분부터 적용한다.

3) 지정지역과 급등지역

① 보유기간이 2년 이상으로 다음 어느 하나에 해당하는 부동산 양도

거주자의 종합소득에 대한 개인지방소득세의 표준세율(지법 §92 ①) + 1%, ㉠은 상기 ⑤의 비사업용 토지 세율

㉠ 「소득세법」 제104조의 2 제2항에 따른 지정지역에 있는 부동산으로서 같은 법 제104조의 3에 따른 비사업용 토지(2020.1.1. 이후 매매계약을 체결하고 계약금을 지급하는 분부터 지정지역의 공고가 있은 날 이전에 토지를 양도하기 위하여 매매계약을 체결하고 계약금을 지급받은 사실이 증명서류에 의하여 확인되는 경우 제외)

㉡ 그 밖에 부동산 가격이 급등하였거나 급등할 우려가 있어 부동산 가격의 안정을 위하여 필요한 경우에 대통령령으로 정하는 부동산

㉢ 「소득세법」 제104조의 2 제2항에 따른 지정지역에 있는 부동산으로서 「소득세법 시행령」 제167조의 3에 따른 1세대 3주택 이상에 해당하는 주택(이에 딸린 토지 포함)(2018.3.31. 이전만 적용)

㉣ 「소득세법」 제104조의 2 제2항에 따른 지정지역에 있는 부동산으로서 「소득세법」 제88조 제6호에 따른 1세대가 주택과 조합입주권을 보유한 경우로서 그 수의 합이 3 이상인 경우의 해당 주택(2018.3.31. 이전만 적용)

이 경우 1세대가 보유한 주택(주택에 딸린 토지 포함)과 조합원입주권의 수를 계산할 때에는 「소득세법 시행령」 제167조의 4 제2항부터 제5항까지의 규정에 따른다.

② 보유기간이 2년 미만으로 ①의 어느 하나에 해당하는 부동산 양도

MAX[거주자의 종합소득에 대한 개인지방소득세의 표준세율(지법 §92 ①) + 1%, 상기 1) ② 또는 ③]

㉠ 2015.7.23. 이전 양도분까지 : 세율 비교

MAX[거주자의 종합소득에 대한 개인지방소득세의 표준세율(지법 §92 ①) + 1%, 상기 1) ② 또는 ③]

㉡ 2015.7.24. 이후 양도분부터 : 산출세액 비교

MAX{[거주자의 종합소득에 대한 개인지방소득세의 표준세율(지법 §92 ①) + 1%] × 양도소득, 상기 1) ② 또는 ③ × 양도소득}

4) 조정대상지역

① 보유기간이 1년 이상으로 다음 어느 하나에 해당하는 주택(이에 딸린 토지 포함)을 양도하는 경우(2018.4.1. 이후 양도분부터 적용)

거주자의 종합소득에 대한 개인지방소득세의 표준세율(지법 §92 ①) + 2%(㉢, ㉣은 3%)
[2021.5.31. 이전 양도분까지 표준세율(지법 §92 ①) + 1%(㉢, ㉣은 2%)]

㉠ 「소득세법 시행령」 제167조의 10에 따른 1세대 2주택에 해당하는 주택

㉡ 1세대가 주택과 조합원입주권 또는 분양권(2021.1.1. 이후 취득분)을 각각 1개씩 보유한 경우의 해당 주택(다만, 「소득세법 시행령」 제167조의 11에 따른 장기임대주택 등 제외)

㉢ 「소득세법 시행령」 제167조의 3에 따른 1세대 3주택 이상에 해당하는 주택

㉣ 1세대가 주택과 조합원입주권 또는 분양권(2021.1.1. 이후 취득분)을 보유한 경우로서 그 수의 합이 3 이상인 경우 해당 주택(다만, 「소득세법 시행령」 제167조의 4에 따른 장기임대주택 등 제외)

② **보유기간이 1년 미만으로 ①의 어느 하나에 해당하는 주택(이에 딸린 토지 포함)을 양도하는 경우(2018.4.1. 이후 양도분부터 적용)**

MAX[상기 ①의 산출세액, 상기 1) ②(2021.6.1. 이후 양도분) 또는 ③의 세율을 적용한 산출세액]

5) 과세기간 내에 둘 이상 양도하는 경우

2015.7.24. 이후 양도분부터 해당 과세기간에 「소득세법」 제94조 제1항 제1호·제2호 및 제4호에서 규정한 자산을 둘 이상 양도하는 경우 양도소득에 대한 개인지방소득세 산출세액은 다음의 금액 중 큰 것(2020.1.1. 이후 양도소득에 대한 개인지방소득세의 감면세액이 있는 경우 해당 감면세액을 차감한 세액이 더 큰 경우의 산출세액을 말함)으로 한다(2014년은 하나의 자산이 다음에 따른 세율 중 둘 이상의 세율에 해당할 때에는 그 중 가장 높은 것을 적용함). 이 경우 2018.1.1. 이후 양도분부터 개인지방소득세 산출세액 합계액을 계산할 때 하기 ⑤와 ⑥의 자산은 동일한 자산으로 보고, 한 필지의 토지가 「소득세법」 제104조의 3에 따른 비사업용 토지와 그 외의 토지로 구분되는 경우에는 각각을 별개의 자산으로 보아 양도소득에 대한 개인지방소득세 산출세액을 계산한다.

① 해당 과세기간의 양도소득과세표준 합계액에 대하여 거주자의 종합소득에 대한 개인지방소득세의 표준세율(지법 §92 ①)을 적용하여 계산한 양도소득에 대한 개인지방소득세 산출세액

② 상기 1)~4)의 규정에 따라 계산한 자산별 양도소득에 대한 개인지방소득세 산출세액 합계액[2020.1.1. 이후 양도분부터 둘 이상의 자산에 대하여 상기 세율(국내주식 등의 평가이익 세율 제외) 중 동일한 호의 세율이 적용되고, 그 적용세율이 둘 이상인 경우 해당 자산에 대해서는 각 자산의 양도소득 과세표준을 합산한 것에 대하여 상기 세율(국내주식 등의 평가이익 세율 제외) 중 각 해당 호별 세율을 적용하여 산출한 세액 중에서 큰 산출세액의 합계액으로 함]

(2) 탄력세율

지방자치단체장은 조례로 정하는 바에 따라 양도소득에 대한 개인지방소득세의 세율을 제1항에 따른 표준세율의 100분의 50의 범위에서 가감할 수 있다. 이는 2020.1.1. 이후 시행되도록 부칙에 규정하고 있다.

7 세액공제 및 세액감면(지법 §103-4)

양도소득에 대한 개인지방소득세의 세액공제 및 세액감면에 관한 사항은 「지방세특례제한법」에서 정한다. 다만, 양도소득에 대한 개인지방소득세의 공제세액 또는 감면세액이 산출세액을 초과하는 경우에는 그 초과금액은 없는 것으로 한다.

8 과세표준 예정신고와 납부(지법 §103-5)

거주자가 「소득세법」 제105조에 따라 양도소득과세표준 예정신고를 하는 경우에는 해당 신고기한에 2개월을 더한 날("예정신고기한")(2019년 이전 양도분까지는 신고기한)까지 양도소득에 대한 개인지방소득세 과세표준과 세액을 양도소득에 대한 개인지방소득세 과세표준예정신고 및 납부계산서를 납세지 관할 지방자치단체장에게 제출하여 예정신고를 하여야 한다. 이 경우 2020.1.1. 이후 신고분부터(부칙 §6) 거주자가 양도소득에 대한 개인지방소득세 과세표준과 세액을 납세지 관할 지방자치단체장 외의 지방자치단체장에게 신고한 경우에도 그 신고의 효력에는 영향이 없다.

2020.1.1. 이후 납세지 관할 지방자치단체장은 거주자에게 과세표준과 세액을 기재한 납부서를 발송할 수 있으며, 이에 따라 납부서를 받은 자가 납부서에 기재된 세액을 예정신고기한까지 납부한 경우 예정신고를 하고 납부한 것으로 본다.

양도차익이 없거나 양도차손이 발생한 경우에도 적용한다.

거주자가 예정신고를 할 때에는 양도소득에 대한 개인지방소득세 예정신고 산출세액에서 「지방세특례제한법」이나 조례에 따른 감면세액과 수시부과세액을 공제한 세액을 납세지 관할 지방자치단체장에게 납부서로 납부("예정신고납부")하여야 한다.

한편, 2014.1.1.~2019.12.31. 과세표준 예정신고는 개정규정에도 불구하고 납세지 관할 세무서장 또는 지방국세청장에게 신고하고 납세지 관할 지방자치단체장에게 납부하여야 한다.

9 예정신고 산출세액 계산(지법 §103-6)

예정신고납부를 할 때 납부할 세액은 양도소득에 대한 개인지방소득세 과세표준에 다음의 세율을 적용하여 계산한 금액으로 한다.

해당 과세기간에 누진세율 적용대상 자산에 대한 예정신고를 2회 이상 하는 경우로서 거주자가 이미 신고한 양도소득금액과 합산하여 신고하려는 경우에는 「소득세법」 제107조 제2항의 산출세액 계산방법을 준용하여 계산한다.

① 「소득세법」 제107조 제2항 제1호에 따라 계산하는 경우
　제103조의 3 제1항 제1호의 세율
② 「소득세법」 제107조 제2항 제2호에 따라 계산하는 경우

　　　　제103조의 3 제1항 제8호 또는 제9호의 세율

　③ 「소득세법」 제107조 제2항 제3호에 따라 계산하는 경우(2018.1.1. 이후 양도분부터)

　　　　제103조의 3 제1항 제11호 가목 2)에 따른 세율

　④ 「소득세법」 제107조 제2항 제4호에 따라 계산하는 경우(2021.1.1. 이후 양도분부터)

　　　　제103조의 3 제1항 제14호에 따른 세율

2015.12.31. 이전 양도분은 다음 계산식에 따라 계산한 금액을 제2회 이후 신고하는 예정신고 산출세액으로 한다.

> ❑ 예정신고 산출세액
>
> 〔(이미 신고한 과세표준 + 제2회 이후 신고하는 과세표준) × 제103조의 3 제1항 제1호·제11호 가목에 따른 세율〕 - 이미 신고한 예정신고 산출세액

⑩ 과세표준 확정신고와 납부(지법 §103−7)

(1) 일반

거주자가 「소득세법」 제110조에 따라 양도소득과세표준 확정신고를 하는 경우에는 해당 신고 기한에 2개월을 더한 날("예정신고기한")(2019년 이전 확정신고분까지(부칙 §11) 신고기한)까지 양도소득에 대한 개인지방소득세 과세표준과 세액을 양도소득에 대한 개인지방소득세 과세표준 확정신고 및 납부계산서, 납부서를 납세지 관할 지방자치단체장에게 제출하여 확정신고·납부하여야 한다. 이 경우 2020.1.1. 이후 신고분부터(부칙 §6) 거주자가 양도소득에 대한 개인지방소득세 과세표준과 세액을 납세지 관할 지방자치단체장 외의 지방자치단체장에게 신고한 경우에도 그 신고의 효력에는 영향이 없다.

해당 과세기간의 과세표준이 없거나 결손금액이 있는 경우에도 적용한다.

예정신고를 한 자는 상기에도 불구하고 해당 소득에 대한 확정신고를 하지 아니할 수 있다. 다만, 해당 과세기간에 누진세율 적용대상 자산에 대한 예정신고를 2회 이상 하는 경우 등 다음 의 경우 그러하지 아니하다.

> ◉ 예정신고자의 확정신고해야 하는 경우
> 1. 해당 연도에 누진세율의 적용대상 자산에 대한 예정신고를 2회 이상 한 자가 이미 신고한 양도소득금액과 합산하여 신고하지 아니한 경우
> 2. 「소득세법」 제94조 제1항 제1호·제2호, 제4호 및 제6호에 따른 토지, 건물, 부동산에 관한 권리, 기타자산 및 신탁 수익권(2023.3.14. 이후 적용)을 2회 이상 양도한 경우로서 당초 신고한 양도소득에 대한 개인지방소득세 산출세액이 달라지는 경우
> 3. 「소득세법」 제94조 제1항 제1호·제2호 및 제4호에 따른 토지, 건물, 부동산에 관한 권리,

> 기타자산 및 신탁 수익권(2023.3.14. 이후 적용)을 둘 이상 양도한 경우로서 당초 신고한 양도소득에 대한 개인지방소득세 산출세액이 달라지는 경우(2020년 과세기간에 자산을 양도하는 분부터 적용)
> 4. 「소득세법」 제94조 제1항 제3호 가목 및 나목에 해당하는 주식 등을 2회 이상 양도한 경우로서 당초 신고한 양도소득에 대한 개인지방소득세 산출세액이 달라지는 경우

거주자는 해당 과세기간의 양도소득에 대한 개인지방소득세 산출세액에서 감면되는 세액을 공제한 금액을 확정신고기한[2019.12.31. 이전 확정신고분까지(부칙 §11) 「소득세법」 제111조 제1항에 따른 확정신고기한]까지 납세지 관할 지방자치단체에 납부서로 납부하여야 한다.

확정신고·납부를 하는 경우 예정신고 산출세액, 결정·경정한 세액 또는 수시부과세액이 있을 때에는 이를 공제하여 납부한다.

2020.1.1. 이후 확정신고 기간이 도래하는 분부터(부칙 §7) 납세지 관할 지방자치단체장은 거주자에게 과세표준과 세액을 기재한 납부서를 발송할 수 있으며, 이에 따라 납부서를 받은 자가 납부서에 기재된 세액을 예정신고기한까지 납부한 경우 예정신고를 하고 납부한 것으로 본다.

한편, 2014.1.1.~2019.12.31.에는 과세표준 확정신고는 개정규정에도 불구하고 납세지 관할 세무서장 또는 지방국세청장에게 신고하고 납세지 관할 지방자치단체장에게 납부하여야 한다.

(2) 국외전출자

2018.1.1. 이후 거주자가 출국하는 경우부터(부칙 §1, §3) 「소득세법」 제118조의 9에 따른 국외전출자("국외전출자")가 같은 법 제118조의 15 제2항에 따라 양도소득 과세표준을 신고하는 경우에는 해당 신고기한까지 양도소득에 대한 개인지방소득세 과세표준과 세액을 납세지 관할 지방자치단체장에게 신고납부하여야 한다.

「소득세법」 제118조의 9에 따른 국외전출자의 양도소득에 대한 개인지방소득세 과세표준은 같은 법 제118조의 10에 따라 계산된 소득세의 과세표준(2019년 이전 귀속분까지는 계산한 금액)(「조세특례제한법」 및 다른 법률에 따라 과세표준 산정과 관련한 조세감면 또는 중과세 등의 조세특례가 적용되는 경우에는 이에 따라 계산한 소득세의 과세표준)과 동일한 금액(2019년 이전 귀속분까지는 계산한 금액)으로 한다.

국외전출자는 「소득세법」 제118조의 16에 따라 소득세 납부를 유예받은 경우로서 납세지를 관할하는 지방자치단체장에게 납세담보를 제공하는 경우(2021년 이후 거주자가 출국하는 분부터 납세담보제공을 조건으로 규정하고 있음) 「지방세법」에 따른 개인지방소득세의 납부를 유예받을 수 있다. 이 경우 개인지방소득세 납부를 유예받은 경우에는 다음의 납부유예기간에 대한 이자상당액을 가산하여 개인지방소득세를 납부하여야 한다.

❑ **이자상당액**

납부 유예받은 세액 × 신고 납부기한의 다음 날부터 추징세액 납부일까지 일수 × 2.2^(주)(2019년 이전은 3)/10,000

☞ ㈜ 2024년 이후 기간분은 지기령 §34 ①에 따른 이자율. 2023.12.31. 이전에 공제를 받은 자가 2024.1.1. 이후 추징사유가 발생하여 이자상당액을 납부하는 경우 2020년~2023년의 기간분에 대한 이자상당액 계산 이자율은 2.5, 2024.1.1. 이후 기간분에 대한 이자상당액 계산 이자율은 2.2(영 부칙 §3)

납세지 관할 지방자치단체장은 「소득세법」 제118조의 17에 따라 국외전출자가 납부한 세액이 환급되거나 납부유예 중인 세액이 취소된 경우 국외전출자가 납부한 개인지방소득세를 환급하거나 납부유예 중인 세액을 취소하여야 한다. 이 경우 「지방세기본법」 제62조에 따른 지방세환급가산금을 지방세환급금에 가산하지 아니한다.

⑪ 가산세(지법 §103-8)

(1) 「지방세기본법」 상 가산세

양도소득에 대한 개인지방소득세 납세의무자가 신고(예정신고 포함) 또는 납부의무를 다하지 아니하면 납부하여야 할 세액 또는 그 부족세액에 「지방세기본법」 제53조부터 제55조까지의 규정에 따라 산출한 가산세를 부과한다. 따라서 신고를 하지 아니한 경우에는 산출세액의 20%(사기, 기타 부정행위 40%)의 무신고가산세, 신고는 하였으나 과소신고한 경우 과소신고분 세액의 10%(사기, 기타 부정행위 40%)의 과소신고가산세를 부과하며, 둘 다 납부지연가산세(2023년 이전은 납부불성실가산세)를 부과한다. 한편, 가산세 부과 시 「지방세기본법」 제54조의 가산세 감면규정도 적용된다.

(2) 기장 불성실가산세(2023~2024년 제외)

「소득세법」 제115조에 따라 소득세 납부하여야 할 세액에 가산세를 더하는 경우에는 그 더하는 금액의 10%에 해당하는 금액을 양도소득에 대한 개인지방소득세 산출세액에 더한다. 다만, 「소득세법」 제115조에 따라 더해지는 가산세의 10%에 해당하는 양도소득에 대한 개인지방소득세 가산세와 「지방세기본법」 제53조(무신고가산세) 또는 제54조(과소신고가산세)에 따른 가산세가 동시에 적용되는 경우에는 그 중 큰 가산세액만 적용하고, 가산세액이 같은 경우에는 「지방세기본법」 제53조(무신고가산세) 또는 제54조(과소신고가산세)에 따른 가산세만 적용한다.

한편, 2015.4.30. 이전 신고분까지는 기장불성실가산세를 「지방세법」에 별도로 나열하고 있었다.

⑫ 수정신고 · 결정 · 경정 · 수시부과 · 가산세 · 징수 · 환급 · 환산취득가액 (지법 §103-9)

양도소득에 대한 개인지방소득세의 수정신고 · 결정 · 경정 · 수시부과 · 징수 및 환급에 관하여는 거주자의 종합소득 · 퇴직소득에 대한 지방소득세의 규정을 준용한다.

2018.1.1. 이후 양도분부터 거주자가 건물을 신축 또는 증축(2021년 이후 증축한 부분의 바닥면적의 합계가 85제곱미터를 초과하는 경우로 한정)하고 그 건물의 취득일(증축의 경우 증축한 부분의 취득일)부터 5년 이내에 양도하는 경우로서 「소득세법」 제97조 제1항 제1호 나목에 따른 감정가액[2021년 이후 적용, 2020년 이전에 매매계약을 체결하고 계약금을 지급받은 사실이 증명서류에 의하여 확인되는 경우에는 종전규정 적용됨(부칙 §15)] 또는 환산취득가액을 그 취득가액으로 하는 경우에는 해당 건물분(증축의 경우에는 증축한 부분으로 한정) 감정가액 또는 환산취득가액의 0.5%에 해당하는 금액을 양도소득에 대한 개인지방소득세 감면세액 공제 후 결정세액에 더한다. 이 경우 양도소득에 대한 개인지방소득세 산출세액이 없는 경우에도 적용한다.

⑬ 양도소득 개인지방소득세의 중복지원 배제(지특법 §168)

(1) 원칙

거주자가 토지 등을 양도하여 둘 이상의 양도소득분 개인지방소득세의 감면규정을 동시에 적용받는 경우에는 그 거주자가 선택하는 하나의 감면규정만을 적용한다. 다만, 토지 등의 일부에 대하여 특정의 감면규정을 적용받는 경우에는 남은 부분에 대하여 다른 감면규정을 적용받을 수 있다.

(2) 주택 양도

거주자가 주택을 양도하여 「지방세특례제한법」 상 다음의 특례가 동시에 적용되는 경우에는 그 중 하나만을 선택하여 적용받을 수 있다.

> ① 제142조(지방 미분양주택 취득에 대한 양도소득분 개인지방소득세 등 과세특례)
> ② 제143조(미분양주택의 취득자에 대한 양도소득분 개인지방소득세의 과세특례)

⑭ 양도소득분 개인지방소득세의 감면 배제 등(지특법 §170)

「소득세법」 제94조 제1항 제1호 및 제2호에 따른 자산을 매매하는 거래당사자가 매매계약서의 거래가액을 실지거래가액과 다르게 적어 같은 법 제91조 제2항에 따라 감면이 제한되는 경우에는 양도소득분 개인지방소득세의 감면을 제한하며, 비과세 또는 감면받았거나 받을 세액에서 같

은 법 제91조 제2항 각호에 따라 배제되는 금액의 10%를 차감한다.

「소득세법」 제104조 제3항에 따른 미등기양도자산에 대해서는 양도소득세분 개인지방소득세의 감면에 관한 규정을 적용하지 아니한다.

⑮ 양도소득분 개인지방소득세 감면의 종합한도(지특법 §173)

1) 종합한도 대상 감면규정

① 제121조(사업전환 무역조정지원기업에 대한 세액감면)
② 제126조(영농조합법인의 조합원에 대한 개인지방소득세의 면제) - 2015.7.1.부터
③ 제127조(영어조합법인의 조합원에 대한 개인지방소득세의 면제) - 2015.7.1.부터
④ 제128조(농업인 등에 대한 양도소득분 개인지방소득세의 면제 등) - 2015.7.1.부터
⑤ 제129조(자경농지에 대한 양도소득분 개인지방소득세의 감면)
⑥ 제130조(축사용지에 대한 양도소득분 개인지방소득세의 감면)
⑦ 제131조(농지대토에 대한 양도소득분 개인지방소득세 감면)
⑧ 제132조(공익사업용 토지 등에 대한 양도소득분 개인지방소득세의 감면)
⑨ 제133조(개발제한구역 지정에 따른 매수대상 토지등에 대한 양도소득분 개인지방소득세의 감면)
⑩ 제136조(국가에 양도하는 산지에 대한 양도소득분 개인지방소득세의 감면)

2) 종합한도

감면받을 양도소득분 개인지방소득세액의 합계액 중에서 다음 ①과 ② 중 큰 금액은 감면하지 아니한다. 이 경우 감면받는 양도소득분 개인지방소득세액의 합계액은 자산양도의 순서에 따라 합산한다.

① 과세기간별로 계산된 다음 각 목의 금액 중 큰 금액

㉠ 다음 감면규정에 따라 감면받을 양도소득분 개인지방소득세액의 합계액이 과세기간별로 1천만 원을 초과하는 경우에는 그 초과하는 부분에 상당하는 금액

① 제121조(사업전환 무역조정지원기업에 대한 세액감면)
② 제131조(농지대토에 대한 양도소득분 개인지방소득세 감면)
③ 제132조(공익사업용 토지 등에 대한 양도소득분 개인지방소득세의 감면 - 15% 및 20%의 감면율을 적용받는 경우에 한함)
④ 제133조(개발제한구역 지정에 따른 매수대상 토지 등에 대한 양도소득분 개인지방소득세의 감면)
⑤ 제136조(국가에 양도하는 산지에 대한 양도소득분 개인지방소득세의 감면)

㉡ 「지방세특례제한법」 제121조, 제126조부터 제131조까지, 제132조, 제133조(2014년 제129조부터 제133조까지) 또는 제136조에 따라 감면받을 양도소득분 개인지방소득세액의 합계액이 과세기간별로 2천만 원을 초과하는 경우에는 그 초과하는 부분에 상당하는 금액

---

① 제121조(사업전환 무역조정지원기업에 대한 세액감면)
② 제126조(영농조합법인의 조합원에 대한 개인지방소득세의 면제) – 2015.7.1.부터
③ 제127조(영어조합법인의 조합원에 대한 개인지방소득세의 면제) – 2015.7.1.부터
④ 제128조(농업인 등에 대한 양도소득분 개인지방소득세의 면제 등) – 2015.7.1.부터
⑤ 제129조(자경농지에 대한 양도소득분 개인지방소득세의 감면)
⑥ 제130조(축사용지에 대한 양도소득분 개인지방소득세의 감면)
⑦ 제131조(농지대토에 대한 양도소득분 개인지방소득세 감면)
⑧ 제132조(공익사업용 토지 등에 대한 양도소득분 개인지방소득세의 감면 – 15% 및 20%의 감면율을 적용받는 경우에 한함)
⑨ 제133조(개발제한구역 지정에 따른 매수대상 토지 등에 대한 양도소득분 개인지방소득세의 감면)
⑩ 제136조(국가에 양도하는 산지에 대한 양도소득분 개인지방소득세의 감면)

---

② 5개 과세기간의 합계액으로 계산된 다음의 금액 중 큰 금액(이 경우 5개 과세기간의 감면받을 양도소득분 개인지방소득세액의 합계액은 당해 과세기간에 감면받을 양도소득분 개인지방소득세액과 직전 4개 과세기간에 감면받은 양도소득분 개인지방소득세액을 합친 금액으로 계산함)

㉠ 5개 과세기간의 「지방세특례제한법」 제131조(농지대토에 대한 양도소득분 개인지방소득세 감면)에 따라 감면받을 양도소득세액의 합계액이 1천만 원을 초과하는 경우에는 그 초과하는 부분에 상당하는 금액

㉡ 5개 과세기간의 「지방세특례제한법」 제131조(농지대토에 대한 양도소득분 개인지방소득세 감면) 및 제132조(공익사업용 토지 등에 대한 양도소득분 개인지방소득세의 감면 – 20% 및 25%의 감면율을 적용받는 경우에 한함))에 따라 감면받을 양도소득분 개인지방소득세액의 합계액이 2천만 원을 초과하는 경우에는 그 초과하는 부분에 상당하는 금액

㉢ 5개 과세기간의 「지방세특례제한법」 제126조부터 제131조까지 또는 제132조(2014년 제129조부터 제132조까지)에 따라 감면받을 양도소득분 개인지방소득세액의 합계액이 3천만 원을 초과하는 경우에는 그 초과하는 부분에 상당하는 금액

제4절 비거주자의 소득에 대한 지방소득세

❶ 납세의무자(지법 §86)

「소득세법」에 따른 소득세의 납세의무가 있는 자는 지방소득세를 납부할 의무가 있다. 지방소득세 납부의무의 범위는 「소득세법」에서 정하는 바에 따른다.

❷ 비거주자의 개인지방소득의 범위(지법 §87)

비거주자의 개인지방소득은 「소득세법」 제119조에 따라 구분한다.

❸ 과세기간(지법 §88)

개인지방소득세의 과세기간은 「소득세법」 제5조에 따른 기간으로 한다.

❹ 납세지(지법 §89)

「소득세법」 제1조 제1항에 의하면 국내에 주소를 두거나 183일(2015.7.23. 이전 1년) 이상 거소를 둔 개인을 "거주자"라 규정하고 있으며, 「소득세법」 제6조 제1항에 따르면 "거주자에 대한 소득세의 납세지는 그 주소지로 한다. 다만, 주소지가 없는 경우에는 그 거소지로 한다"라고 규정되어 있다. 외국인이 국내에 183일(2015.7.23. 이전 1년) 이상 거소를 두거나 계속하여 183일(2015.7.23. 이전 1년) 이상 국내에 거주할 것을 통상 필요로 하는 직업을 가진 경우 거주자에 해당되어 양도(예정) 납세의무성립 당시(2019.12.30. 이전은 신고 당시)의 거소지(외국인등록증상의 주소지)가 납세지가 될 것이다. 그런데 국내에 183일(2015.7.23. 이전 1년) 이상 거소하지 아니한 경우에는 비거주자에 해당되어 비거주자의 양도소득세의 납세지는 국내사업장의 소재지로 하는 것이며, 국내사업장이 없는 경우에는 국내원천소득(양도소득)이 발생하는 장소를 납세지로 하는 것이며, 종합부동산세 및 종합소득세의 납세지도 동일하게 판정하는 것이다(서면4팀-2290, 2005.11.23.).

「지방세법」 제87조 제1항 제1호에 따르면 소득세분 지방소득세의 납세지는 납세의무성립 당시(2019.12.30. 이전은 신고 당시)의 소득세 납세지라고 규정되어 있는바, 상기의 소득세 납세지가 지방소득세 납세지가 될 것이다.

❺ 비거주자에 대한 과세방법(지법 §103-10)

비거주자에 대하여 과세하는 개인지방소득세는 해당 국내원천소득을 종합하여 과세하는 경우와 분류하여 과세하는 경우 및 그 국내원천소득을 분리하여 과세하는 경우로 구분하여 계산한다.

비거주자의 국내사업장 및 국내원천소득의 종류에 따른 구체적인 과세방법은 「소득세법」 제120조, 제121조 제2항부터 제6항까지의 규정에서 정하는 바에 따른다.

⑥ 비거주자에 대한 종합과세(지법 §103-11)

「소득세법」 제121조 제2항 또는 제5항에서 규정하는 비거주자의 국내원천소득에 대한 개인지방소득세의 과세표준과 세액의 계산에 관하여는 이 법 중 거주자에 대한 개인지방소득세의 과세표준과 세액의 계산에 관한 규정을 준용한다. 다만, 과세표준을 계산할 때 「소득세법」 제51조 제3항(2016년 이전 제51조의 2 제2항)에 따른 인적공제 중 비거주자 본인 외의 자에 대한 공제와 같은 법 제52조에 따른 특별공제, 「지방세특례제한법」 제97조의 2에 따른 자녀세액공제 및 같은 법 제97조의 4에 따른 특별세액공제는 하지 아니한다.

상기에 따라 개인지방소득세의 과세표준과 세액을 계산하는 비거주자의 신고와 납부에 관하여는 「지방세법」 중 거주자의 신고와 납부에 관한 규정을 준용한다. 다만, 과세표준에 특별징수된 소득의 금액이 포함되어 있는 경우에는 그 특별징수세액은 공제되는 특별징수세액으로 본다.

비거주자의 국내원천소득을 종합하여 과세하는 경우에 이에 관한 결정 및 경정과 징수 및 환급에 관하여는 「지방세법」 중 거주자에 대한 개인지방소득세의 결정 및 경정과 징수 및 환급에 관한 규정을 준용한다. 다만, 과세표준에 특별징수된 소득의 금액이 포함되어 있는 경우에는 그 특별징수세액은 공제되는 특별징수세액으로 본다.

비거주자에 대한 종합과세와 관련하여 「지방세법」에서 특별한 규정이 있는 경우를 제외하고는 「소득세법」에 따른 비거주자에 대한 종합과세에 관한 규정을 준용한다.

2022년 이후부터 법인으로 보는 단체 외의 법인 아닌 단체 중 「소득세법」 제2조 제3항 각 호 외의 부분 단서 또는 같은 조 제4항 제1호에 따라 단체의 구성원별로 납세의무를 부담하는 단체의 비거주자인 구성원("비거주자구성원")이 국내원천소득(비거주자구성원의 국내원천소득이 해당 단체의 구성원으로서 얻는 소득만 있는 경우로 한정)에 대하여 같은 법 제121조 제5항에 따라 종합소득 과세표준 확정신고를 하는 경우로서 같은 법 제124조 제2항에 따라 해당 단체의 거주자인 구성원 1명("대표신고자")이 비거주자구성원을 대신하여 비거주자구성원의 종합소득 과세표준을 일괄하여 신고하는 경우 그 대표신고자는 대통령령으로 정하는 바에 따라 비거주자구성원의 지방소득세 과세표준도 일괄하여 신고할 수 있다.

⑦ 비거주자에 대한 분리과세(지법 §103-12)

「소득세법」 제121조 제3항 및 제4항에서 규정하는 비거주자의 국내원천소득(「소득세법」 제119조 제7호 및 제8호의 2는 제외)에 대한 개인지방소득세의 과세표준은 「소득세법」 제126조 제1항에서 정하는 바에 따른다.

상기에 따른 국내원천소득에 대한 세액은 제103조의 18에 따라 계산한 금액으로 한다.

「소득세법」 제121조 제3항 및 제4항에서 규정하는 비거주자의 국내원천소득 중 「소득세법」 제119조 제7호 및 제8호의 2에 따른 국내원천소득의 과세표준과 세액의 계산, 신고와 납부, 결정·경정 및 징수와 환급에 대해서는 「지방세법」 중 거주자에 대한 개인지방소득세의 과세표준과 세액의 계산 등에 관한 규정을 준용한다. 다만, 「소득세법」 제51조 제3항(2016년 이전 제51조의 2 제2항)에 따른 인적공제 중 비거주자 본인 외의 자에 대한 공제와 같은 법 제52조에 따른 특별공제, 「지방세특례제한법」 제97조의 2에 따른 자녀세액공제 및 같은 법 제97조의 4에 따른 특별세액공제는 하지 아니한다.

비거주자가 「소득세법」 제126조의 2, 같은 법 시행령 제183조의 4 제1항·제2항 및 제4항에 따라 유가증권 양도소득에 대한 소득세를 신고·납부하는 경우에는 그 납부하는 소득세의 10분의 1에 해당하는 금액을 같은 조에서 규정하는 신고·납부기한까지 납세지 관할 지방자치단체에 지방소득세로 신고·납부하여야 한다. 이 경우 2020.1.1. 이후 신고분부터(부칙 §6) 비거주자가 유가증권 양도소득에 대한 개인지방소득세의 세액을 신고하는 경우에 납세지 관할 지방자치단체장 외의 지방자치단체장에게 신고한 경우에도 그 신고의 효력에는 영향이 없다.

지방소득세를 신고·납부하려는 비거주자가 「소득세법」 제126조의 2 제1항 또는 제2항에 해당되는 때에는 비거주자유가증권양도소득정산신고서, 「소득세법」 제126조의 2 제3항 본문에 해당되는 때에는 비거주자유가증권양도소득신고서를 해당 유가증권을 발행한 내국법인의 소재지 관할 지방자치단체장에게 제출하여야 한다.

비거주자에 대한 분리과세와 관련하여 「지방세법」에서 특별한 규정이 있는 경우를 제외하고는 「소득세법」에 따른 비거주자에 대한 분리과세에 관한 규정을 준용한다.

한편, 2014.1.1.~2019.12.31. 유가증권양도소득에 대한 신고는 개정규정에도 불구하고 납세지 관할 세무서장 또는 지방국세청장에게 신고하고 납세지 관할 지방자치단체장에게 납부하여야 한다.

제5절 개인지방소득에 대한 특별징수

① 특별징수의무(지법 §103-13)

(1) 특별징수 범위

개인지방소득세 특별징수의 범위는 「소득세법」 또는 「조세특례제한법」에 따른 원천징수를 말한다.

(2) 특별징수의무

「소득세법」 또는 「조세특례제한법」에 따른 원천징수의무자가 거주자로부터 소득세를 원천징수하는 경우에는 대통령령으로 정하는 바에 따라 원천징수하는 소득세(「조세특례제한법」 및 다른 법률에 따라 조세감면 또는 중과세 등의 조세특례가 적용되는 경우에는 이를 적용한 소득세)의 10%에 해당하는 금액을 소득세 원천징수와 동시에 개인지방소득세로 특별징수하여야 한다. 이 경우같은 법에 따른 원천징수의무자는 개인지방소득세의 특별징수의무자("특별징수의무자")로 한다.

특별징수의무자가 상기에 따라 개인지방소득세를 특별징수하였을 경우에는 그 징수일이 속하는 달의 다음 달 10일까지 납세지를 관할하는 지방자치단체에 납부하여야 한다. 다만, 「소득세법」 제128조 제2항에 따라 원천징수한 소득세를 반기(半期)별로 납부하는 경우에는 반기의 마지막 달의 다음 달 10일까지 반기의 마지막 달 말일 현재의 납세지 관할 지방자치단체(2021년 이후납부분부터 적용)에 납부할 수 있다.

특별징수의무자는 징수한 특별징수세액을 납부하는 경우에는 납부서에 계산서와 명세서를 첨부하여야 하나, 개인지방소득세의 특별징수의무자가 징수한 특별징수세액을 납부할 때에는 근로소득, 이자소득, 「소득세법」 제20조의 3 제1항 제1호 및 제2호에 따른 연금소득과 「국민건강보험법」에 따른 국민건강보험공단이 지급하는 사업소득에 대해서는 그 명세서를 첨부하지 아니할 수있다. 다만, 과세권자가 납세증명 발급 등 민원처리를 위하여 개인별 납세실적 파악이 필요하여명세서 제출을 요구하는 경우에는 첨부하여야 한다.

개인지방소득세의 특별징수의무자가 「지방세법」 제89조 제3항 제3호부터 제5호까지의 규정에따라 납부한 지방자치단체별 특별징수세액에 오류가 있음을 발견하였을 때에는 그 과부족분(過不足分)을 오류를 발견한 날의 다음 달 10일까지 관할 지방자치단체에 납부하여야 할 특별징수세액에서 가감하여야 한다. 이 경우 그 남는 부분이 관할 지방자치단체에 납부하여야 할 다음달의 특별징수세액을 초과하는 경우에는 그 다음 달의 특별징수세액에서 조정할 수 있다. 이 경우 가감으로 인하여 추가로 납부하는 특별징수세액에 대하여는 「지방세기본법」 제56조에 따른가산세(특별징수불성실가산세)를 부과하지 아니하며, 환급하는 세액에 대하여는 지방세환급가산금을 지급하지 아니한다.

개인지방소득세의 특별징수에 관하여 「지방세법」에 특별한 규정이 있는 경우를 제외하고는 「소득세법」에 따른 원천징수에 관한 규정을 준용한다.

특별징수의무자가 이미 특별징수하여 납부한 지방소득세에 과오납이 있어 환급하는 경우에도「지방세법 시행령」 제100조의 7 제1항을 준용한다.

② 납세지(지법 §89)

다음에서 정하는 납세지를 관할하는 지방자치단체장이 부과한다.

한편, 2022.1.1. 이후 개인지방소득세의 특별징수의무자가 하기 (2), (3) 및 (4) 2)에 따라 납부한 지방자치단체별 특별징수세액에 오류가 있음을 발견하였을 때에는 그 과부족분을 대통령령으로 정하는 바에 따라 해당 지방자치단체에 납부하여야 할 특별징수세액에서 가감하여야 한다.이 경우 가감으로 인하여 추가로 납부하는 특별징수세액에 대해서는 「지방세기본법」 제56조에

따른 가산세를 부과하지 아니하며, 환급하는 세액에 대해서는 지방세환급가산금을 지급하지 아니한다(지법 §103-13 ③).

개인지방소득세의 특별징수에 관하여 「지방세법」에 특별한 규정이 있는 경우를 제외하고는 「소득세법」에 따른 원천징수에 관한 규정을 준용한다.

(1) 근로소득 및 퇴직소득

납세의무자의 근무지이다. 다만, 퇴직 이후 연금계좌(연금 신탁·보험 포함)를 통하여 연금 외 수령하는 퇴직소득의 경우 그 소득자의 주소지로 한다. 여기서 '근무지'라 함은 본래의 소속된 근무지를 말하나 파견근무의 경우에는 급여 등을 본래의 소속된 근무지에서 지급하더라도 그 파견지를 근무지로 본다(지예 법89-1).

특별징수분도 납세지가 근무지 시·군으로 되어 있는바, 실제 근무하는 건축물의 위치에 있는 시·군을 납세지로 보아야 할 것이고, 이것이 명확히 구분되지 아니한다면 재산분처럼 건축물 면적에 따라 안분하여야 할 것으로 판단된다. 구분이 가능하다면 종업원 지방소득세도 마찬가지로 처리하여야 할 것이다.

1) 근로소득

① 개요

근로소득에 대한 특별징수하는 소득세분 지방소득세의 납세지는 그 급여를 지급하는 본점 등에서 이를 직접 계좌송금 처리하더라도 해당 근로자가 근무하는 근무지를 관할하는 시·군을 납세지로 하여야 하는 것이다. 즉 본사에서 일괄적으로 지급하고 회계처리를 하고 있다 하더라도 매월 급여에 대한 특별징수분 지방소득세 역시 각각의 근무지별로 해당 세액을 납부하여야 한다. 그런데 근무지 변경 등으로 원천징수하는 소득세가 변경되는 경우도 있으나 특별징수하는 지방소득세의 납세지는 근무지를 관할하는 장소를 판단하면 된다.

② 급여산정 기준일 이후 근무지를 변경한 경우

근로소득과 퇴직소득에 대한 소득세분의 경우 납세의무자의 근무지를 관할하는 시·군이 납세지가 되는 것으로 규정되어 있으나, 여기서 납세의무자의 근무지를 어느 시점의 근무지인지 즉 급여산정 시점으로 하여야 하는지 아니면 급여지급 시점으로 하여야 하는지가 명확히 규정되어 있지 아니하다[종업원분 주민세의 경우 급여를 지급한 날(월 2회 이상 급여지급 시 마지막으로 급여를 지급한 날, 2018년 이전은 매월 말일) 현재의 사업소 소재지라고 명확히 규정하고 있음]. 이에 대하여 급여산정 기준일 이후 근무지를 변경한 경우 유권해석(세정 13407-201, 1995. 3.23.)에 따르면 특별징수하는 근로소득에 대한 소득세분 지방소득세는 그 과세표준이 되는 소득세를 원천징수하는 시점[403]을 기준일로 하여 납세의무자의 근무지를 관할하는 시·군이 납세지

---

403) 「지방세기본법」 제34조 제2항 제1호에 의하면 특별징수(원천징수)하는 지방소득세는 그 과세표준이 되는

라고 해석하고 있다. 이는 특별징수(원천징수)하는 지방소득세는 그 과세표준이 되는 소득세·법인세를 원천징수하는 때(급여지급 시점)를 납세의무성립시기로 규정하고 있다는 점에서 타당성이 있다고 판단된다.

③ 연말정산

근무지[2019.12.30. 이전 연말정산분까지(영 부칙 §3) 과세기간이 끝나기 전에 근무지]를 변경하거나 둘 이상의 사용자로부터 근로소득을 받는 근로자에 대한 소득세를 연말정산하여 소득분을 환급하거나 추징해야 하는 경우 다음 구분에 따른다(지령 §87).

한편, 2020년 이후 국내에 주소가 없는 공무원 또는 거주자로 보는 자[거주자나 내국법인의 국외사업장 또는 해외현지법인(내국법인이 발행주식총수 또는 출자지분의 100%를 직접 또는 간접 출자한 경우 한정) 등에 파견된 임원 또는 직원이나 국외에서 근무하는 공무원]의 납세지는 그 가족의 생활근거지 또는 소속기관의 소재지로 한다.

ㄱ 사업연도가 끝나기 전에 근무지를 변경하거나 둘 이상의 사용자로부터 근로소득을 받는 근로자에 대한 소득세를 연말정산하여 소득분을 환급하거나 추징하여야 하는 경우

  ㉮ 근무지를 변경한 근로자

   연말정산 대상 과세기간의 종료일, 즉 12.31.(2016년 이전은 연말정산일) 현재 근무지(2019년 이전은 새로운 근무지)

  ㉯ 둘 이상의 사용자로부터 근로소득을 받는 근로자

   연말정산 대상 과세기간의 종료일, 즉 12.31.(2016년 이전은 연말정산일) 현재 주된 근무지

ㄴ ㄱ 이외의 연말정산으로 소득분을 환급하거나 추징하여야 하는 경우

  연말정산 시점의 근무지가 납세지가 된다.

④ 연말정산 후 추가 지급 또는 회수하는 경우

원천징수의무자가 근로소득에 관한 연말정산을 한 후 급여를 추가 지급 또는 회수함으로써 최근 5년간의 근로소득세를 다시 정산하는 경우에는 추가 지급 또는 회수하는 때에 근로소득세액 연말정산을 다시 하여야 하는 것이다(서면1팀-766, 2004.6.7., 법인 46013-439, 1999.2.2.).

국세와 지방세는 엄연히 차이가 있어서 특별징수분 지방소득세도 지급 산정 월마다 수정신고하여야 하는 것이 타당할 수도 있지만, 소득세의 경우 연말정산으로 처리하는 것으로 해석하고 있으므로 특별징수분 지방소득세도 연말정산에 의하여 신고납부하여야 할 것으로, 상기 ③처럼 납세지를 판단하면 되는 것이다.

그런데 종업원분 주민세는 납세지가 매월 말일 현재의 사업소 소재지(사업소를 폐업하는 경우

소득세·법인세를 원천징수하는 때를 납세의무성립시기로 규정하고 있으며, 「소득세법」과 「법인세법」에 의하면 원천징수하는 소득세 또는 법인세는 소득금액 또는 수입금액을 지급하는 때로 규정하고 있다. 다만, 원천징수의무자가 1월~11월까지 급여를 12월 말까지 지급하지 아니한 경우에는 12월 말에 지급한 것으로, 12월 급여가 1월 말까지 지급되지 아니한 경우에는 1월 말에 지급한 것으로 본다(소법 §135 ①).

에는 폐업하는 날 현재의 사업소 소재지)이므로 각각의 지급 산정일이 속하는 월말을 기준으로 하여 수정신고납부할 수밖에 없을 것이다.

> **사례** 둘 이상 장소에서 근무하는 경우 각각 근무지가 납세지임(행심 2005-258, 2005.8.29.)
>
> 청구인의 경우와 같이 납세의무자가 임상의사로서 환자진료업무를 위해 병원에서 근무하고 있을 뿐만 아니라 연구와 강의를 위해 대학 내에서도 근무하고 있어 병원과 대학으로부터 각각 급여를 지급받고 있는 경우라면, 비록 주로 병원에서 근무하고 있다고 하더라도 병원과 대학을 각각 사실 상의 근무지로 보아야 하겠으므로 해당 대학과 병원을 관할하는 시·군·구를 각각 소득세분 지방 소득세의 납세지로 봄이 타당하다 할 것임.

> **사례** 실근무지와 세적 주소가 다른 경우 납세지(세정 13407-201, 1995.3.23.)
>
> 특별징수하는 근로소득에 대한 소득세분 지방소득세는 그 과세표준이 되는 소득세를 원천징수하는 시점을 기준일로 하여 납세의무자의 근무지를 관할하는 시·군이 납세지이며, 지방소득세 종업원 분은 매월 말일 현재의 사업소 소재지를 관할하는 시·군이 납세지가 되는 것임.

> **사례** 법인이전 시 지방소득세 특별징수분 납세지(세정 1268-5680, 1980.4.23.)
>
> 지방소득세 특별징수분은 특별징수한 날을 기준으로, 사업소세 종업원할은 그 세액산출 기점인 매월 말일을 기준으로 납세지를 판단하여야 할 것이므로 귀문의 경우와 같이 4.1.에 부산시에서 ××군 으로 사업장을 이전하였다면 3.31. 이전 기특별징수한 지방소득세와 3월 말까지 지급한 분 급여액에 대한 사업소세 종업원할은 이전 전 시·군(부산시)에 납입 또는 납부함이 타당함.

> **사례** 개인명의로 개설된 신탁예금 이자소득을 법인세 신고 시(행심 99-92, 1999.1.27.)
>
> 소득세 및 법인세를 원천징수하는 경우 지방소득세 또한 동시에 특별징수대상이 되어야 하므로 개 인명의로 신탁예금을 개설할 당시에는 사업자등록을 하지 않았으나 그 이후 사업자등록을 하고 법 인으로 보는 단체로 승인을 받은 경우 개인명의로 개설한 예금에 대하여 법인의 재산으로 전환하는 등의 조치를 취하였어야 하므로 이자소득이 「법인세법」의 적용을 받는 법인소득에 해당한다면 입 증자료를 제시하여 특별징수된 지방소득세를 납세지 관할 관청으로부터 환급받고, 법인세에 대한 법인세분 지방소득세는 사업장 소재지 시·군에 납부하여야 함.

2) 퇴직소득

퇴직소득의 경우도 퇴직근로자의 최종 퇴직 당시의 근무지를 관할하는 시·군을 특별징수 납 세지로 하여야 하는 것이다.

한편, 학교기관이 명예퇴직수당 등을 지급하고 소득세와 소득세분 지방소득세를 원천(특별)징 수하여 납부한 후 연금관리공단이 퇴직급여를 지급하는 경우 공단은 「소득세법」 제148조 제2호 에 따라 퇴직소득금액을 합산하여 소득세 및 소득세분 지방소득세를 원천(특별)징수하여 납부하 고 있다.

3) 근무지

① 파견근로자

'근무지'라 함은 본래의 소속된 근무지를 말하나 파견근무의 경우에는 급여 등을 본래의 소속된 근무지에서 지급하더라도 그 파견지를 근무지로 본다. 출장 등으로 임시적인 근무자는 파견지가 근무지가 아니나, 파견 근무일수가 1개월 이상인 경우 파견지가 근무지가 된다.

② 유동적인 운영업무 근로자

근무지가 유동적인 승객·화물 등의 운송업무에 종사하는 근로자(운전원·안내원·보조수)의 근무지는 동 업무를 시작 또는 마감하는 장소(차고지·기숙사·현장 사무실 등)가 위치한 곳을 근무지로 본다(세정 1268－7896, 1980.6.9.).

③ 건설현장 근로자

현장사무실에 직원을 파견하여 1개월 정도 머무는 것은 동일장소에서 계속적으로 근무하는 것으로 보아야 할 것이다. 공사기간이 1개월 미만인 경우에는 본사 등의 직원에 포함되나, 공사기간이 1개월 이상인 경우에는 파견지가 근무지가 될 것이다.

(2) 연금소득

「소득세법」 제20조의 3 제1항 제1호 및 제2호에 따른 연금소득에 대한 소득세분은 그 소득을 지급받는 사람의 주소지

(3) 국민건강보험공단이 지급하는 사업소득

「국민건강보험법」에 따른 국민건강보험공단이 지급하는 사업소득에 대한 소득세분은 그 소득을 지급받는 사람의 사업장 소재지

(4) 상기 외 소득

1) 이자소득·배당소득 등

이자소득·배당소득 등[404]에 대한 소득세·법인세(2014년 이전에는 소득세만 규정되어 있었으나 2015년부터는 법인세도 포함됨)의 원천징수사무를 본점 또는 주사무소에서 일괄처리하는 경우 그 소득에 대한 지방소득세는 그 소득의 지급지를 관할하는 시·군에 납부하여야 하는바, 이 경우 지급지는 일괄처리 장소인 본점 소재지인지 아니면 해당 소득을 직접 지급하는 장소인지

---

404) 2014년 이전에는 지방소득세 특별징수의 범위는 「소득세법」 상의 소득세의 원천징수 및 「법인세법」 제98조의 규정에 의한 법인세의 원천징수를 말하므로 이외의 「법인세법」 상의 원천징수는 제외되어 있다(구 지령 §92 ①). 따라서 국내법인은 제외되나, 외국법인인 경우에는 「법인세법」 제98조의 원천징수 여부를 확인하여야 할 것이다.

가 다소 명확하지 아니하다. 여기서 "소득의 지급지"라 함은 소득을 지급받는 곳이 아니고 실제로 소득을 지급하는 곳으로 봄이 상당하다 할 것이므로 소득세분 지방소득세는 실제 이자소득 등을 지급하는 곳을 관할하는 시·군에 납부하여야 한다(감심 2001-114, 2001.10.9.).

사실상의 소득의 지급지에 대한 판단은 개인의 이자소득의 발생 및 지급과정 등 제반 업무를 고려할 때, 예치대상자 선정, 예치한 금액의 관리, 이자소득 지급 대상자 선정, 이자소득 지급을 위한 전반적인 업무를 주도적으로 처리하는 곳을 사실상 소득의 지급지로 판단된다. 예를 들어 고객보증금 수령, 이자비용 계상, 보증금 예치사유 해소 시 지급전표작성 등 이자소득에 대한 사실상 지급업무를 수행하고 있는 경우 그 장소를 지급지로 보고 있다. 그런데 실제 지급하는 장소가 납세지가 되므로 본점 또는 주사무소에서 일괄하여 지급하는 경우 본점 또는 주사무소 소재지 장소를 의미하는 것이다.

> **사례** 이자소득에 대한 사실상 지급업무를 수행하는 경우(지방세운영과-614, 2010.2.9.)
>
> 이자소득, 배당소득 등에 대한 소득세의 원천징수사무를 본점 또는 주사무소에서 일괄처리하는 경우 그 소득에 대한 소득세분의 납세지를 그 소득의 지급지라고 규정한 것은 원천징수사무의 일괄처리에도 불구하고 사실상의 소득의 지급지가 따로 있는 경우에는 그 사실상의 지급지를 납세지로 보겠다는 취지이며, 사실상의 소득의 지급지에 대한 판단은 개인의 이자소득의 발생 및 지급과정 등 제반 업무를 고려할 때, 예치대상자 선정, 예치한 금액의 관리, 이자소득 지급 대상자 선정, 이자소득 지급을 위한 전반적인 업무를 주도적으로 처리하는 곳을 사실상 소득의 지급지로 판단됨. 따라서 귀문의 경우 지역본부 관내사업장에서 고객보증금 수령, 이자비용 계상, 보증금 예치사유 해소 시 지급전표작성 등 이자소득에 대한 사실상 지급업무를 수행하고 있는 것으로 사료됨(소득세분 지방소득세의 납세지).

> **사례** 이자소득 등에 대한 원천징수사무를 본점 일괄처리 시(감심 2001-114, 2001.10.9.)
>
> "소득의 지급지"라 함은 소득을 지급받는 곳이 아니고 실제로 소득을 지급하는 곳으로 봄이 상당하다 할 것이며 적어도 "근무지"와 같은 개념으로는 볼 수 없다 할 것임. 이와 같이 근로소득과 퇴직소득을 제외한 나머지 소득의 경우 본점에서 소득을 직접 지급하고 원천징수업무를 일괄처리한다면 그 소득세분 지방소득세의 납세지는 그 지급지인 본점소재지를 관할하는 시·군이 됨.

2) 복권당첨금, 체육진흥투표권

① 「복권 및 복권기금법」 제2조에 따른 복권의 당첨금 중 일정 등위별 당첨금에 대한 지방소득세 : 해당 복권의 판매지

② 「국민체육진흥법」 제2조에 따른 체육진흥투표권의 환급금 중 일정 등위별 환급금을 본점 또는 주사무소에서 한꺼번에 지급하는 경우의 당첨금 또는 환급금 소득에 대한 지방소득세 : 해당 체육진흥투표권의 판매지

3) 양도소득

특별징수하는 양도소득분 지방소득세 납세지에 대해 「지방세법」에서 특별히 규정하고 있는 바가 없다면, 지방소득세 납세지는 소득세의 납세지가 되어야 하며, 「소득세법」 제7조(원천징수 등의 경우의 납세지) 제1항 제4호의 경우에 해당하지 않는다면 제3호에서 규정한 바와 같이 본점 소재지 관할 자치단체가 납세지가 되어야 한다(지방세운영과-4084, 2012.12.20.).[405]

(5) 국내 사업장이 없는 외국법인의 원천소득에 대한 법인세를 국내법인이 원천징수하여 대리납부하는 경우

「지방세기본법」 제34조 제2항 제1호에서 특별징수하는 지방소득세의 납세의무는 과세표준이 되는 소득세·법인세를 원천징수하는 때에 성립한다고 규정하고 있고, 「지방세법」 제87조 제1항 제2호에서 법인세분 지방소득세의 납세지는 법인세의 납세지로 규정하고 있으며, 「법인세법」 제9조 제4항에서는 같은 법 제98조에 따라 원천징수한 법인세의 납세지는 대통령령으로 정하는 해당 원천징수의무자의 소재지로 규정하고, 같은 법 시행령 제7조 제1항에서 "대통령령으로 정하는 해당 원천징수의무자의 소재지"를 원천징수의무자가 법인인 경우에는 해당 법인의 본점주사무소라고 규정하고 있다. 따라서 국내 사업장이 없는 외국법인의 원천소득에 대한 법인세를 국내법인이 원천징수하여 대리납부하는 경우 법인세의 납세지는 「법인세법」 제98조에 따라 원천징수의무자인 국내법인의 본점 또는 주사무소 소재지이며, 「지방세법」 제87조 제1항 제2호에서 법인세분 지방소득세의 납세지는 법인세의 납세지로 규정하고 있으므로, 법인지방소득세의 납세지는 원천징수의무자의 본점 또는 주사무소 소재지 관할 자치단체라 할 것이다.

❸ 특별징수 의무불이행 가산세(지법 §103-14)

(1) 개요

특별징수의무자가 특별징수하였거나 특별징수하여야 할 세액을 제103조의 13 제2항에 따른 기한까지 납부하지 아니하거나 부족하게 납부한 경우에는 그 납부하지 아니한 세액 또는 부족한 세액에 「지방세기본법」 제56조에 따라 산출한 금액을 가산세로 부과하며, 2019년 이후 특별징수의무자가 특별징수를 하지 아니한 경우로서 다음의 어느 하나에 해당하는 경우에는 특별징수의

---

405) 「소득세법」 제6조(납세지) 제1항에서 거주자의 소득세 납세지는 그 주소지로 한다고 규정하고, 동조 제2항에서 비거주자의 소득세 납세지는 국내사업장의 소재지로 한다고 규정하고 있으며, 같은 법 제7조(원천징수 등 경우의 납세지) 제1항에서는 원천징수하는 소득세의 납세지는 다음 각 호에 따른다고 규정하고 제3호에서 원천징수하는 자가 법인인 경우 그 법인의 본점 또는 주사무소 소재지가 납세지가 된다고 규정하고 있으며, 제4호에서는 원천징수하는 자가 법인인 경우로서 그 법인의 지점, 영업소, 그 밖의 사업장이 독립채산제에 따라 독자적으로 회계사무를 처리하는 경우 제3호에도 불구하고 그 사업장의 소재지라고 규정하고 있다.

무자에게 그 가산세액만을 부과한다. 다만, 국가 또는 지방자치단체와 그 밖에 주한 미국군이 특별징수의무자인 경우에는 의무불이행을 이유로 하는 가산세는 부과하지 아니한다.

① 납세의무자가 신고납부한 과세표준금액에 특별징수하지 아니한 특별징수대상 개인지방소득금액이 이미 산입된 경우

② 특별징수하지 아니한 특별징수대상 개인지방소득금액에 대하여 납세의무자의 관할 지방자치단체장이 그 납세의무자에게 직접 개인지방소득세를 부과·징수하려는 경우

「지방세기본법」 제56조의 개정규정[MIN(3%+납부불성실가산세, 10%)]은 2013.1.1. 이후 가산세를 가산할 지방세의 납세의무가 성립하는 분부터 적용한다라고 규정되어 있다. 한편, 지방소득세 소득분의 납세의무성립시기는 그 과세표준이 되는 소득세·법인세의 납세의무가 성립하는 때라고 규정하고 있으나, 특별징수하는 지방소득세는 그 과세표준이 되는 소득세·법인세를 원천징수하는 때라고 규정하고 있으므로 연말정산에 의하여 원천징수하는 날이 특별징수분 납세의무성립일이 되는 것이다(국의 원천징수 시의 납세의무성립시기는 지급하는 때와 차이가 있음).

(2) 복권당첨금 및 체육진흥투표권 등에 대한 특별징수 오류신고

소득분의 특별징수의무자가 복권당첨금 및 체육진흥투표권, 연금소득, 국민건강보험공단이 지급하는 사업소득, 「소득세법」 등에 따른 원천징수의무자인 특별징수의무자가 「지방세법」 제103조의 13 제3항에 따라 계좌소유자의 인출을 제한한 경우 그 금융투자소득(2025년 이후)에 대한 납부한 지방자치단체별 특별징수세액에 오류가 있음을 발견하였을 때에는 그 과부족분을 오류를 발견한 날의 다음 달 10일까지 해당 시·군 금고에 납입하여야 할 특별징수세액에서 가감하여야 한다. 이 경우 그 남는 부분이 해당 시·군 금고에 납입하여야 할 다음 달의 특별징수세액을 초과하는 경우에는 그 다음 달의 특별징수세액에서 조정할 수 있다(지령 §92 ③). 이 경우 가감으로 인하여 추가로 납부하는 특별징수세액에 대하여는 특별징수불성실가산세를 부과하지 아니하며, 환급하는 세액에 대하여는 지방세환급가산금을 지급하지 아니한다(지법 §103-13 ③).

④ 특별징수에 대한 연말정산 환급 등(지법 §103-15)

특별징수의무자가 「소득세법」에 따라 연말정산을 하는 경우에는 그 결정세액의 10%를 개인지방소득세로 하여 해당 과세기간에 이미 특별징수하여 납부한 지방소득세를 차감하고 그 차액을 특별징수하거나, 소득자에게 환급하는 경우에는 특별징수의무자가 특별징수하여 납부할 지방소득세에서 그 차액을 조정하여 환급한다. 다만, 특별징수의무자가 특별징수하여 납부할 지방소득세가 없을 때에는 다음과 같이 환급한다.

특별징수의무자가 이미 특별징수하여 납부한 지방소득세에 과오납이 있어 환급하는 경우에도 상기를 준용한다.

(1) 일반 환급

소득분의 지방세환급금이 있으면 해당 소득분이 과오납된 시·군에서 환급하거나 충당하도록 규정하고 있다(지령 §91). 따라서 다음 어느 하나에 해당하는 경우에는 조정·환급하지 아니하고 해당 지방소득세가 과오납된 지방자치단체에서 환급한다(지칙 §48).

① 다음 달 이후에도 특별징수하여 납부할 지방소득세가 없는 경우
② 납세자가 조정·환급을 원하지 아니하여 납세자가 특별징수의무자를 경유하여 지방자치단체장에게 환급을 신청하거나 해당 특별징수의무자가 지방자치단체장에게 환급을 신청하는 경우

(2) 조정 환급

특별징수의무자는 특별징수하여 납부한 지방소득세액 중 과오납된 세액이 있는 경우에는 그 특별징수의무자가 특별징수하여 납부할 지방소득세에서 조정하여 환급한다(지칙 §48).

조정·환급할 지방소득세가 그 달에 특별징수하여 납부할 지방소득세를 초과하는 경우에는 다음 달 이후에 특별징수하여 납부할 지방소득세에서 조정하여 환급한다.

근무지가 상이하더라도 납세지가 동일 시·군에 있어 특별징수의무자가 동일하다면 "갑"영업점의 환급액을 "을"영업점의 납부액에서 조정하여 환급할 수 있으나, 과세권자를 달리하는 지방자치단체간의 과오납금 이관은 불가하다. 지방소득세(소득세분)를 특별징수의무자가 원천징수한 경우에는 특별징수의무자가 이를 실제로 납부한 시·군에서 환급받는 것이다(세정 22670-6815, 1985.6.10.).

또한, 특별징수지 관할 시장·군수·구청장이 환급하는 경우는 보통징수의 환급절차에 의하되 특별징수의무자를 경유하여야 한다. 이 경우 「지방세법 시행규칙」 제42조 규정에 의하여 특별징수의무자가 특별징수하여 납부할 지방소득세에서 조정하여 환급할 수 있는 범위는 근로·이자소득 등 계속해서 특별징수할 세액이 있는 경우라야 할 것이므로 국내에 사업장이 있는 외국법인의 배당소득에 대해서는 특별징수를 할 수 없음에도 불구하고 특별징수 납부하였다면 이는 위 경우에 해당되지 않기 때문에 과오납된 지방자치단체에서 즉시 환급해 주어야 한다.

⑤ 퇴직소득에 대한 지방소득세 특별징수의 환급 등(지법 §103-16)

거주자의 퇴직소득이 「소득세법」 제146조 제2항 각 호의 어느 하나에 해당하는 경우에는 제103조의 13 제1항에도 불구하고 해당 퇴직소득에 대한 개인지방소득세를 연금 외 수령하기 전까지 특별징수하지 아니한다. 이 경우 같은 조항에 따라 개인지방소득세가 이미 특별징수된 경우 해당 거주자는 특별징수세액에 대한 환급을 신청할 수 있다. 이 경우 환급신청을 받은 특별징수의무자는 「소득세법 시행령」 제202조의 2 제1항의 계산식에 따라 계산한 세액의 10분의 1을 환급할 세액으로 하되, 환급할 개인지방소득세가 환급하는 달에 특별징수하여 납부할 개인지방소득

세를 초과하는 경우에는 다음 달 이후에 특별징수하여 납부할 개인지방소득세에서 조정하여 환급한다. 다만, 해당 특별징수의무자의 환급신청이 있는 경우에는 특별징수 관할 지방자치단체장이 그 초과액을 환급한다.

⑥ 납세조합의 특별징수(지법 §103-17)

(1) 납세조합의 특별징수

「소득세법」 제149조에 따른 납세조합이 같은 법 제150조 및 제151조에 따라 소득세를 징수·납부하는 경우에는 징수·납부하는 소득세의 10%에 해당하는 금액을 그 조합원으로부터 개인지방소득세로 특별징수하여 그 징수일이 속하는 달의 다음 달 10일까지 납세지를 관할하는 지방자치단체에 납부하여야 한다.

납세지 관할 지방자치단체장은 해당 납세조합이 징수하였거나 징수하여야 할 세액을 납부기한까지 납부하지 아니하거나 과소납부한 경우에는 「지방세기본법」 제56조에 따라 산출한 금액을 가산세로 부과한다.

(2) 납세조합에 대한 징수교부금

개인지방소득세를 특별징수하여 납부한 납세조합에 대하여 그 납세조합이 납부한 세액의 2%(2018년 이전 5%)를 교부금으로 교부할 수 있다. 징수교부금을 받으려는 납세조합은 매월 청구서(전자문서로 된 청구서 포함)를 그 다음 달 20일까지 시장·군수·구청장에게 제출하여야 한다(단, 해당 과세기간 동안 발생한 징수교부금을 일괄 청구하고자 할 경우에는 다음 연도 2월 말일까지 제출할 수 있음).

2018.3.27. 이후 납세조합에 징수교부금을 교부한 후 그 납세조합이 납부한 세액 중에서 환급금이 발생한 경우에는 환급금을 제외하고 계산된 징수교부금과의 차액을 그 환급금이 발생한 날이후에 청구하는 징수교부금에서 조정하여 교부한다.

⑦ 비거주자의 국내원천소득에 대한 특별징수의 특례(지법 §103-18)

「소득세법」에 따른 원천징수의무자가 비거주자의 국내원천소득에 대하여 소득세를 원천징수하는 경우에는 원천징수할 소득세의 10%를 적용하여 산정한 금액을 개인지방소득세로 특별징수하여야 한다.

특별징수의무자가 국내에 주소·거소·본점·주사무소 또는 국내사업장(외국법인의 국내사업장을 포함한다)이 없는 경우에는 「지방세기본법」 제135조에 따른 납세관리인을 정하여 관할 지방자치단체장에게 신고하여야 한다. 다만, 「소득세법 시행령」 제207조 제1항 단서에 따라 관할 세무서장에게 신고한 경우에는 이를 관할 지방자치단체장에게 신고한 것으로 본다.

비거주자의 국내원천소득에 대한 개인지방소득세 특별징수에 관한 사항은 거주자의 개인지방소득에 대한 특별징수에 관한 사항을 준용한다.

제6절 내국법인의 각 사업연도의 소득에 대한 지방소득세

❶ 납세의무자(지법 §86)

「법인세법」에 따른 법인세의 납세의무가 있는 자는 지방소득세를 납부할 의무가 있다. 지방소득세 납부의무의 범위는 「법인세법」에서 정하는 바에 따른다.

주식회사 등이 '부과되거나 납부할 지방자치단체의 징수금'을 완납하지 아니하고 청산종결의 등기를 한 경우에도 처리되지 아니한 지방세 채무에 대해서는 여전히 법인의 청산사무가 존속하는 것으로 보아 '부과되거나 납부할 지방자치단체의 징수금'에 대한 납부의무는 소멸하지 아니한다"라고 규정되어 있다. 청산의 경우에도 일단은 회사로 부과하여야 할 것이고 체납한 경우에는 청산인 등에게 제2차 납세의무를 지울 수 있다. 폐업했다는 사유만으로는 회사의 존립이 없어지는 것이 아니다. 따라서 폐업의 경우에는 당연히 회사를 납세의무자로 하여야 할 것이다. 일단은 회사 주소지로 송달하고 송달이 되지 아니할 경우와 소재가 불명한 때에는 대표이사 주소지로 고지서를 발부할 수 있을 것이며(이 경우도 납세의무자는 회사임), 대표자의 주소지도 불명하여 송달이 불가능한 때에는 공시송달하여야 할 것이다(국기통 8-0…3). 유한회사, 합명회사도 주식회사와 동일하게 처리하여야 할 것이다.

❷ 내국법인의 법인지방소득의 범위(지법 §87)

내국법인의 법인지방소득은 다음과 같이 구분하고, 법인의 종류에 따른 다음의 소득의 범위는 「법인세법」 제4조에서 정하는 바에 따른다.
  ① 각 사업연도의 소득
  ② 청산소득(淸算所得)
  ③ 양도소득
  ④ 「조세특례제한법」 제100조의 32(2018년 이전 「법인세법」 제56조와 「조세특례제한법」 제100조의 32 제2항)에 따른 미환류소득

❸ 사업연도(지법 §88)

법인지방소득세의 각 사업연도는 「법인세법」 제6조부터 제8조까지에 따른 기간으로 한다.

④ 납세지(지법 §89)

(1) 개요

사업연도 종료일 현재의 「법인세법」 제9조에 따른 납세지. 다만, 법인 또는 연결법인이 둘 이상의 지방자치단체에 사업장이 있는 경우에는 각각의 사업장 소재지를 납세지로 한다.

(2) 법인 사업장 이전 시

법인이 사업장을 이전한 경우 해당 법인에 대한 법인세분의 납세지는 해당 법인의 사업연도 종료일 현재 그 사업장 소재지로 한다(지령 §87).

(3) 법인의 사업장 또는 각 연결법인의 사업장이 둘 이상의 지방자치단체에 있을 경우

2016.1.1. 이후 법인지방소득세 신고분부터 둘 이상의 지방자치단체에 법인의 사업장이 있는 경우 또는 각 연결법인의 사업장이 있는 경우에는 다음의 안분율에 따라 법인지방소득세를 안분하여 그 소재지를 관할하는 지방자치단체장에게 각각 신고 납부하여야 한다.

$$\text{안분율} = \left(\frac{\text{관할 지방자치단체 안 종업원 수}}{\text{법인의 총 종업원 수}} + \frac{\text{관할 지방자치단체 안 건축물 연면적}}{\text{법인의 총 건축물 연면적}} \right) \div 2$$

특별시·광역시 안에서 둘 이상의 구에 사업장이 있을 때에는 본점 또는 주사무소(연결법인의 경우 모법인의 본점 또는 주사무소를 말하나, 본점 또는 주사무소가 없는 경우 주된 사업장) 소재지를 관할하는 구청장에게 일괄 납부하여야 한다.

지방자치단체가 탄력세율 규정(지법 §103의 20 ②)에 따라 법인지방소득세의 세율을 표준세율에서 가감한 경우에 납세의무자는 다음에 계산식에 따라 산출한 금액을 법인지방소득세에 가감하여 납부하여야 한다.

$$\text{과세표준} \times \text{표준세율} \times \text{안분율} \times \left(\frac{\text{관할 지방자치단체의 법인 지방소득세 세율}}{\text{법인 지방소득세 표준세율}} - 1 \right)$$

2015.12.31. 이전 법인지방소득세 신고분까지는 둘 이상의 시·군에 있는 법인의 사업장에 대

하여 법인지방소득세를 안분하는 금액은 (①-②+③-④)이다. 해당 법인의 사업연도 종료일 현재 각각의 사업장 소재지가 납세지가 된다.

① 다음의 계산식에 따라 산출한 사업장별 법인지방소득세 산출세액

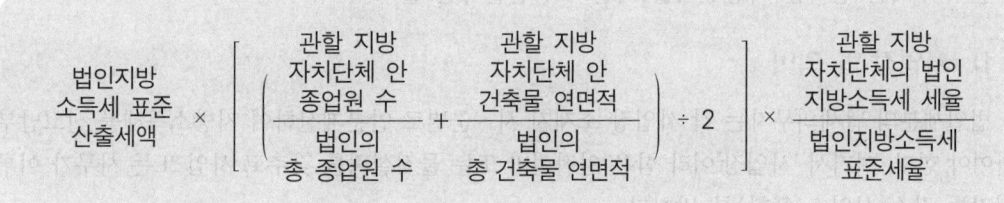

② 공제세액·감면세액

③ 가산세액

④ 기납부세액

상기에서 법인지방소득세 표준산출세액은 「지방세법」 제103조의 21(연결법인의 경우에는 같은 법 제103조의 35를 말하며, 같은 법 제103조의 42에 따른 청산소득을 포함함)에 따라 계산한 금액으로 한다. 다만, 과세표준에 적용하는 세율은 관할 지방자치단체의 법인지방소득세 세율에도 불구하고 법 제103조의 20 제1항에 따른 법인지방소득세의 표준세율로 한다.

그리고 종업원은 주민세편의 종업원(지법 §74 8)을 말하고, 법인의 총종업원 수는 해당 법인의 사업연도 종료일 현재의 총종업원 수로 하고, 건축물 연면적은 해당 법인의 사업연도 종료일 현재 사업장으로 직접 사용하는 「건축법」 제2조 제1항 제2호에 따른 건축물(이와 유사한 형태의 건축물 포함)의 연면적으로 하되, 구조적 특성상 연면적을 정하기 곤란한 기계장치 또는 시설(수조·저유조·저장창고·저장조·송유관·송수관[406] 및 송전철탑만 해당)의 경우에는 그 수평투영면적으로 한다.

> ○ **주된 사업장(지칙 §39)**
> 해당 특별시 또는 광역시 안에 소재하는 사업장 중 영 제78조의 3에 따른 종업원 수가 가장 많은 사업장

'직접 사용'이라 함은 현실적으로 해당 부동산의 사용용도가 해당 법인의 사업자체에 직접 사용되는 것을 의미(대법원 2001두 878, 2002.10.11. 참조)하는 것이므로 지방소득세는 실제 사용 현황

---

406) 정수된 물에 한정된 것이 아닌 '송수(送水)'라는 용어는 글자 그대로 '물을 운반하는 것'을 말하며, '송수관 (送水管)'은 '물을 운반하는 관'이라고 볼 수 있음(지방소득소비세제과-1126, 2023.4.25.).
대법원[2000두1744(2001.12.24.)]에서는 '이 사건 댐과 송수관은 원고가 영위하는 발전사업에 필수적인 물적설비로서 원고의 발전사업에 직접 사용되는 구축물에 해당'한다고 판시하여 법인세할 주민세(구 지방소득세) 부과처분은 적합하다 하였고, 행심 결정례[2007-620(2007.11.26.)]는 '법인이 전력생산에 사용된 고압증기의 온도를 낮추는 발전용수를 사용하기 위해 호수로부터 주사업장까지 설치한 채수관로를 안분신고 대상으로 포함한다'고 결정하였음.

을 기준으로 안분하여야 할 것으로 판단된다(지방세운영과-593, 2013.2.27.).

한편, 2개 이상의 시에 걸쳐 있는 경우에는 사용면적을 기준으로 안분하면 될 것이고, 종업원 수는 실제로 근무하는 장소별로 구분이 가능하다면 그 구분된 종업원수를 기준으로, 구분이 불가 능할 경우에는 건축물 사용면적을 기준으로 안분하면 될 것이다.

1) '사업장'의 의미

법인세분의 납세의무자는 각 사업장 소재지 시·군별로 안분계산하여 지방소득세를 신고납부 하여야 한다. 여기서 '사업장'이라 함은 인적설비 또는 물적설비를 갖추고 사업 또는 사무가 이루 어지는 장소(사업소 포함)를 말한다.

지방소득세는 독립된 사무소나 사업소별로 각각 과세하는 것인바, 동일 건물 내에 층을 달리하 여 영업점포와 사무소(본점의 분실)가 있는 경우 각각 독립된 하나의 사업소로 보아 과세 여부를 판단한다(세정 1268-10475, 1983.8.19.). 따라서 본사의 일부 부서로서 별도로 설치·운영되고 있다 면 별개의 사업장으로 보아 안분계산에 의해 신고납부하여야 한다.

> **사례** 국토해양부 일반철도시설 유지보수업무 대행 시(지방세운영과-2934, 2009.7.23.)
>
> 한국철도공사가 국토해양부와 일반철도시설의 유지보수 시행업무에 대한 운영 대행 약정을 체결하 고 이를 근거로 일체의 사업을 관리·운영하고 있는 경우라면, 해당 사업장은 「지방세법」 제172조 제7호의 사업장으로써, 같은 법 제175조 제3항 및 같은 법 시행령 제130조의 5 제1항의 안분대상 사업장에 해당된다고 판단됨. 한국철도공사와 별도 법인인 노동조합이 별도의 사무실을 운영하고 있는 경우라면 해당 사업장은 한국철도공사 사업장에 해당하지 아니하므로 법인세분 지방소득세 안분대상 사업장에서 제외되는 것임. 축구단 합숙소가 다세대주택 내의 운동선수들의 순수한 주거 전용 시설이라면 철도공사의 직접적인 사업 또는 사무가 이루어지는 장소로 볼 수 없어 법인세분 지방소득세 안분대상 사업장으로 볼 수 없다고 사료되며, 유도단의 경우 한국철도공사가 홍보업무 의 일환으로 운영하고 있는 점, 유도단의 훈련장에서 운동선수들의 상시적인 훈련이 이루어지고 있 는 점, 부대시설인 합숙소 또한 훈련장과 함께 동일 건물에 위치하여 각종 회의, 교육훈련, 지시 등 이 이루어지는 점 등을 고려할 때 유도단의 훈련장 및 합숙소는 「지방세법」 제172조 제7호의 안분 대상 사업장으로 볼 수 있겠으나, 이에 해당 여부는 법인 목적사업의 직접적인 관련성 여부를 고려 하여 과세권자가 구체적인 사실조사 후 결정할 사항임. 유도선수의 경우 일정한 훈련장이 있고, 해 당 장소에서 주로 근로가 제공되고 있는 것으로 보아, 해당 장소를 근무지로 볼 수 있겠으며, 근무지 가 일정치 않은 축구선수들의 경우 선수들에 대한 직접적인 관리·감독이 이루어지는 곳을 근무지 로 볼 수 있겠음.

2) 사업장용 건축물

① 개요

사업연도 종료일 현재 사업장으로 직접 사용하는 건축물의 연면적으로 하는 것이며, 건축물 연면적은 해당 법인의 사업연도 종료일 현재 사업장으로 직접 사용하는 「건축법」 제2조 제1항 제2호에 따른 건축물의 연면적으로 하되, 구조적 특성상 연면적을 정하기 곤란한 기계장치 또는 시설의 경우에는 그 수평투영면적으로 한다라고 규정되어 있는바, 임차 면적도 직접 사용하는 면적일 것이므로 임차 면적도 안분대상 면적에 포함하여야 할 것이다. 따라서 건축물의 경우에는 주택·점포·사무실·창고·수상건물 등 지붕과 벽 또는 기둥이 있는 건축물의 연면적이고 건물이 없고 기계장치 또는 시설(수조·저유조·저장창고·저장조·송유관·송수관 및 송전철탑만 해당)이 있는 경우에는 그 수평투영면적을 기준으로 하는 것이다. 이 경우 시설의 범위는 「지방세법 시행령」 제5조에서 열거하고 있는 모든 시설의 범위가 아닌 수조·저유조·저장창고·저장조·송유관·송수관 및 송전철탑 시설만 포함된다.

기계장치가 건물 내에 있는 경우에는 별도로 산정할 필요는 없으며, 건물외부에 있는 경우에는 수평투영면적으로 산정하여 포함하여야 할 것이다. 기계장치가 임차 건물 내에 있다면 임대 면적(공유면적 포함)을 기준으로 산정하면 될 것이다. 구조적 특성상 그 연면적을 정하기 곤란한 기계장치 또는 시설물 등에 대하여는 그 수평투영면적을 말하고 임차하여 사용하고 있는 건축물도 포함한다.

법인지방소득세의 경우 "사업장용 건축물"이란 해당 법인의 사업연도 종료일 현재 사업장으로 직접 사용하는 건축물을 말하는 것이지만, 이에 대하여는 구체적으로 규정하지 않고 있다. 그런데 유권해석에 따르면 공장 구외의 사택이나 사원임대아파트는 주거전용시설로서 안분대상이 되지 않으나 공장 구내 기숙사, 연수원, 체육관 등은 해당 법인의 업무수행을 위한 시설로서 안분대상이 된다(세정 13407-320, 1994.7.8.).[407] 그러나 이와 같은 건축물이라 하더라도 타인이 임대하여 사용하고 있는 부분은 제외된다(지예 법89…영88-1). 따라서 임대용 주택은 직접 사용하는 것이 아니라 타인이 사용하고 있으므로 안분대상이 되지 아니할 것이다. 임차인이 개인 또는 법인 여부와는 관계가 전혀 없이 동일하게 처리하여야 할 것이다. 주택을 임차하여 사무용으로 직접 사용하는 경우에는 임대인이 아닌 임차인의 안분대상 연면적에 포함하여야 할 것이다.

사업에 직접 사용하지 아니하는 면적은 안분대상에서 제외될 것이다. 즉 임대 면적은 제외되며, 임대하다가 공실인 경우에도 제외될 것이고, 처음부터 공실인 경우에도 제외되어야 할 것이다. 한편, 재산분 주민세의 경우 건축물 중 제외되는 건축물(지령 §78 ① 1, 지칙 §36)이 규정되어 있는데, 법인세분 지방소득세의 경우에 재산분 주민세의 규정을 준용할 수 없을 것이다.

> **사례** 직접 사용하는 건축물 해당 여부(지방세운영과-4081, 2012.12.18.)
>
> 질의대상 건축물이 사업연도 종료일 현재 「관광진흥법」 제3조에서 규정한 "호텔업"의 주목적인 관광객의 숙박 등에 이용되고 있지 않다는 점, 이에 따른 매입·매출 등 거래사실도 없다는 점, 종업원 2명만이 호텔 경비, 청소, 유지보수 등 건물 관리만을 하고 있다는 점, 질의대상 건축물이 소재한 지자체에서도 해당 건축물이 계속하여 사업 또는 사무가 이루어지고 있지 않다고 판단하여 재산분 주민세를 수년간 과세하고 있지 않다는 점 등을 종합적으로 고려해볼 때, 해당 법인의 사업연도 종

---

407) 서울시 적용 요령에 의하면 사업장의 형태가 공장 구·내외의 구분이 모호한 경우가 많으며, 공장 구·내외와 관계없이 법인 목적사업 및 복리후생에 공여되는 점 등을 고려할 때 공장 구외의 기숙사, 연수원, 체육관 등 직원 복리후생시설도 안분대상에 포함될 것이다. 여기서 기숙사는 「건축법 시행령」 제3조의 4의 기숙사를 말하는 것으로, 독립된 주거시설을 갖춘 사택 개념의 숙소, 즉 주거전용시설은 기숙사로 볼 수 없을 것이다.

료일 현재 사업장으로 직접 사용하는 건축물로 보기 어려워 법인세분 지방소득세 안분대상에서 질의대상 건축물 연면적은 제외되어야 한다고 판단됨.

> **사례** 타인에게 임대한 건축물은 안분대상에 포함되지 않는 것이며, 건축물을 타인에게 임대하는 경우 공용부분(지하주차장 포함)도 함께 임대한 것으로 보아야 하므로 타인 지분에 해당하는 주차장 면적은 법인세 안분대상 건축물 면적에서 제외하는 것임(지방세정팀-682, 2006.2.16.).

② 건축물이 둘 이상의 지방자치단체에 걸쳐 있는 경우

사업장으로 직접 사용하는 건축물이 둘 이상의 지방자치단체에 걸쳐 있는 경우에는 해당 지방자치단체별 건축물 연면적 비율에 따라 종업원 수와 건축물의 연면적을 계산하며, 종업원 수와 건축물 연면적 기준은 별표 4의 법인지방소득세 안분계산 시 세부 적용기준을 적용하여 계산한다.

③ 공동도급

공동도급의 경우 참여 업체별 사용 면적이 구분된다면 이를 근거로 계산하여야 할 것이며, 공용면적은 구분되는 면적으로 안분하여야 할 것이다. 즉 파견된 인원이 각각 사용하는 면적대로 구분하여야 할 것이다. 구분이 전혀 불가능하다면 지분비례로 하여야 할 것이다. 이는 건축물의 연면적 산정 시 각 참여업체별 지분율에 의하여 안분하는 것이 타당하다는 유권해석(세정 13430-1115, 2000.9.18.), 즉 공동도급공사 수행으로 현장사무소 등 업체별 건축물의 실제 사용면적 산정이 불가한 경우라면 각 자치단체에 소재한 사업장으로 인하여 발생하는 행정수요에 비례하여 지방소득세를 배분하기 위한 이 규정의 취지를 감안해 볼 때 각 참여 업체별 지분율에 의하여 이를 사용하는 것으로 보아 안분하는 것이 타당하다고 해석하고 있기 때문이다.

④ 미분양주택 및 상가

사업연도 종료일 현재 당해 법인이 사업장으로 직접 사용하지 아니하는 건축물은 법인세분 안분대상 건축물 연면적에 포함할 수 없다. 따라서 건설법인이 사업연도 종료일 현재 미분양상태로 소유하고 있는 주택과 상가를 해당 법인의 사업장으로 직접 사용하고 있지 아니한 이상 법인지방소득세 안분대상 건축물 연면적에 산입하여 안분할 수 없다(지방세정팀-2114, 2006.5.25.).

⑤ 위탁용역업체

'물적설비'란 허가 및 소유 여부 등과 관계없이 현실적으로 사업이 이루어지고 있는 건축물, 기계장비 등이 있고, 이러한 설비들이 지상에 고착되어 현실적으로 사업 또는 사무가 이루어지는 장소(지예 법74-1, 85-1)를 말하는바, 해당 사업장(아파트)의 경우, 아파트 단지는 청소인원의 근무현장에 해당할 뿐 달리 용역업체의 사업소로 볼 만한 근거가 없으며, 용역업체에서 파견한 청소인원이 옷을 갈아입기 위해 사용하는 휴게실이나 청소 도구 보관 장소 등도 아파트 관리사무소가 소유하면서 그 유지·관리책임을 지고 있는 점 등을 고려할 때, 별도의 독립된 물적설비를 갖추고 계속하여 사업 또는 사무를 하는 장소에 해당한다고 보기에는 무리가 있다고 판단된다.

한편, 해당 사업장에 파견된 아파트 관리업체 인력이 입주자 대표회장으로부터 업무에 필요한 사무 공간 및 설비 등을 제공받아 사무를 수행하고 있다면, 해당 장소는 현실적으로 사업이 이루어지고 있는 물적설비라고 보아야 하며, 이 경우 해당 사업장의 자가 소유 또는 임대 여부는 "물적설비" 판단에 있어 직접적인 판단 기준은 아니라 할 것이다. 따라서 위탁 사업장이라도 인적설비 및 물적설비를 갖추고 사업을 계속하고 있다면 해당 법인은 법인균등할 주민세 과세대상이라 할 것이다(지방세운영과-4124, 2012.12.25.).

그리고 경비도급계약을 체결하여 도급을 받은 경비용역업체가 도급을 준 아파트 단지 내 경비초소에 직원을 파견하여 아파트 경비업무를 수행하는 경우 아파트 경비업무는 인적·물적시설을 갖추어 도급계약을 체결한 아파트 전체를 하나의 사업소로 하여 경비업무가 유기적으로 이루어지는 것이라 하겠으므로 아파트 단지 내 경비초소마다 법인균등분 주민세 과세대상인 "사업소"로 볼 수 없는 것이다(지방세운영과-1881, 2011.4.21.)라고 해석하고 있는데, 이는 법인균등분 주민세는 경비초소마다가 아닌 아파트 전체를 하나의 사업소로 본다는 의미로 법인균등분 주민세 과세대상이 된다는 것이다.

사무공간을 제공하여 용역인원이 위탁업체에 상주하며 업무를 보는 경우 해당 사업장의 자가 소유 또는 임대 여부는 "물적설비" 판단에 있어 직접적인 판단 기준은 아니라 할 것이므로 그 사무 보는 공간의 연면적을 용역업체(수탁업체)의 것으로 볼 것인지 아니면 위탁업체의 것으로 볼 것인지는 계약내용 등에 의하여 사실판단할 사항이나, 원칙적으로 파견자의 사무를 보는 공간(책상이 차지하고 있는 전유면적과 그 면적에 해당하는 공유면적을 합한 면적)은 용역업체의 연면적으로 보아야 하는 것이므로 구분이 가능하다면 그 면적은 안분대상 면적이 될 것이지만,[408] 이를 구분하기에도 어려움이 있을 것으로써, 이 경우 아파트 관리사무소처럼 용역업체가 주도적으로 업무를 하고 있다면 용역업체의 것으로 보아야 할 것이다. 그런데 위탁업체가 주도적으로 함에 따라 단순히 인력용역 제공만 하고 있다면 위탁업체의 것으로 보아야 할 것이다.

한편, 물적설비가 없는 장소는 사업소에 해당되지 아니하나, 상기처럼 물적설비가 없다면 본점의 종업원 수에 포함되는 것으로 규정되어 있다(지칙 [별표 4] 참조).

3) 종업원의 범위

사업소에 근무하거나 사업소로부터 급여를 지급받는 임직원, 그 밖의 종사자로서 급여의 지급 여부와 상관없이 사업주 또는 그 위임을 받은 자와의 계약에 따라 해당 사업에 종사하는 사람을 말한다. 다만, 국외근무자는 제외하며, 계약은 그 명칭·형식 또는 내용과 상관없이 사업주 또는 그 위임을 받은 자와 한 모든 고용계약을 말하고, 현역 복무 등의 사유로 해당 사업소에 일정 기간 사실상 근무하지 아니하더라도 급여를 지급하는 경우에는 종업원으로 본다(지법 §74 8, 지령 §78-3).

상근 종사자는 물론 무급접대부, 일용근로자, 법인의 비상근이사 등을 포함한다. 다만, 사업소

---

408) 용역업체가 종업원에게 제공한 휴게실 및 탈의실은 청구법인의 물적설비가 아니라 하겠으므로 주민세 종업원분의 면세점 판단 시 용역업체 각각을 독립된 사업소로 보아야 한다는 청구주장을 받아들이기 어렵다(조심 2016지0849, 2016.11.24.).

에 근무하지 아니하고 사업주로부터 급여를 지급받지 아니하는 임원 등은 제외한다(구 지통 74…78-3-1). 여기서 단서가 2016.1.1. 신설되었는데 종전에도 무보수 비상근이사는 대법원(2006두514, 2006.4.14.)에서 제외하는 것으로 판시하였다.

> **사례** 위탁계약 체결하여 전기 검침업무 수행하는 위탁원(행심 2001-293, 2001.5.28.)
>
> 근무형태는 각 사업장별로 취업규칙, 인사규정, 근로 제공시간이나 장소 등에 관하여 구체적이고 직접적인 지휘감독은 받지 않으면서 계약조건과 업무에 지장이 없는 범위 내에서 위탁업무를 수행하고 그 실적에 따라 소정의 수수료를 지급받고 있는 위탁원에게 지급하는 수수료에 대하여 자유직업소득으로 소득세를 징수하여 과세관청에 납부하고 있다면 위탁원을 종업원으로 본 과세처분은 부당함.

4) 비영리법인의 안분대상 사업장

비영리법인의 경우 법인세 과세소득이 발생되는 사업장과 발생되지 아니하는 사업장의 경우도 안분대상 사업장으로 하여야 하는지에 대하여 살펴보면, 비영리법인의 경우 법인세의 과세소득은 수익사업에서 발생되고 비수익사업에서는 발생되지 아니하므로 법인세분 지방소득세의 안분대상을 수익이 발생하는 사업장으로 한정하여야 한다라고 판단할 수 있으나, 사업연도종료일 현재 해당 법인이 직접 사용하는 사업장의 건축물 연면적과 종업원 수를 기준으로 법인세분 지방소득세를 안분계산하여 신고납부하도록 하고 있는바, 사업장이 수익사업 발생 사업장과 관계없이 비수익사업장을 포함한 모든 사업장을 기준으로 안분계산하여야 할 것이다. 이러한 논리는 영리법인의 경우 비사업용 토지 등에 대한 법인세 과세특례분도 발생 사업장이 아닌 전체 사업장을 기준으로 안분계산하고 있다는 점에서 타당하다.

5) 법인지방소득세 안분계산 시 세부 적용기준(지칙 [별표 4])

① 종업원 수

구분	적용례
「소득세법」 제12조 제3호에 따른 비과세대상 급여만을 받는 사람	종업원 수에 포함
대표자	종업원 수에 포함
현역복무 등의 사유로 사실상 해당 사업소에 일정기간 근무하지 아니하는 사람	급여를 지급하는 경우 종업원 수에 포함
국외파견자 또는 국외교육 중인 사람	종업원 수에 포함하지 않음
국내교육 중인 사람	종업원 수에 포함
고용관계가 아닌 계약에 따라 사업소득에 해당하는 성과금을 지급하는 방문판매원	종업원 수에 포함하지 않음
특정업무의 수요가 있을 경우에만 이를 수임 처리하기로 하고 월간 또는 연간 일정액의 급여를 지급받는 자	종업원 수에 포함

구분	적용례
해당 사업장에 근무하지 아니하고 사업주로부터 급여를 지급받지 아니하는 비상근이사	종업원 수에 포함하지 않음
소속회사 직원이 용역이나 도급계약 등에 의하여 1년이 초과하는 기간 동안 계약업체에 파견되어 일정한 장소에서 계속 근무하는 자	계약업체의 종업원 수에 포함
물적설비 없이 인적설비만 있는 사업장의 종업원	본점 또는 주사업장의 종업원 수에 포함
일용직 종업원	사업연도 종료일 현재의 일용직 종업원은 종업원 수에 포함

② 건축물 연면적 등

구분	적용례
사업연도 종료일 현재 미사용중인 공실의 연면적	사용을 개시하지 않은 경우는 건축물 연면적에 포함하지 않음.
	사용하던 중 사업연도 종료일 현재 일시적 미사용 상태인 경우 건축물 연면적에 포함
기숙사 등 직원 후생복지시설의 연면적	법인 목적사업 및 복리후생에 공여되는 시설 중 직원 후생복지시설은 건축물 연면적에 포함
공동도급공사 수행을 위한 현장사무소의 연면적	각 참여업체가 공동으로 사용하고 있는 현장사무소의 경우로 실제 사용면적 산정이 불가능한 경우 도급공사 지분별로 안분
건설법인의 사업연도 종료일 현재 미분양 상태로 소유하고 있는 주택과 상가의 연면적	법인 사업장으로 직접 사용하고 있지 않은 것으로 보아 안분대상 건축물에 포함하지 않음.
별도의 사업장이 필요하지 않아 주소지 또는 거소지를 사업장 소재지로 등록한 경우 주소지 또는 거소지의 연면적	주소지 또는 거소지를 사업장 소재지로 하여 사업자등록을 하였더라도, 사실상 별도의 사업장이 없는 것으로 보아 해당 주소지 또는 거소지의 면적을 건축물 연면적에 포함하지 않음.
수평투영면적의 적용	지하에 설치된 시설물을 포함
	기계장치 또는 각 시설물의 수평투영면적은 사업연도 종료일 현재 고정된 상태에서의 바닥면적을 적용
	수평투영면적을 산정하기 곤란한 경우, 기계장치 또는 각 시설물의 설계 도면상 면적을 적용
기계장치의 범위	기계장치란 동력을 이용한 작업도구 중 특정장소에 고정된 것을 말하며, 그 기계의 작동에 필수적인 부대설비를 포함하여 적용함.

5 **과세표준**(지법 §103−19)

(1) 원칙

내국법인의 각 사업연도의 소득에 대한 법인지방소득세의 과세표준은 「법인세법」 제13조에 따라 계산한 법인세의 과세표준(2019.12.30. 이전 종료 사업연도분까지는 계산한 금액)(「조세특례제한법」 및 다른 법률에 따라 과세표준 산정과 관련한 조세감면 또는 중과세 등의 조세특례가 적용되는 경우에는 이에 따라 계산한 법인세의 과세표준)과 동일한 금액(2019.12.30. 이전 종료 사업연도분까지는 계산한 금액)으로 한다.

(2) 외국법인세액의 법인지방소득세 과세표준 반영

상기에도 불구하고 내국법인의 각 사업연도의 소득에 대한 법인세 과세표준에 국외원천소득이 포함되어 있는 경우로서 외국납부세액공제를 하는 경우에는 외국법인세액을 상기 (1)의 금액에서 차감한 금액을 법인지방소득세 과세표준으로 한다. 이 경우 해당 사업연도의 과세표준에 「법인세법」 제57조 제2항 단서에 따라 손금에 산입한 외국법인세액이 있는 경우에는 그 금액을 상기 (1)의 금액에 가산한 이후에 이 규정을 적용한다.

외국법인세액을 차감하기 전에 계산한 해당 사업연도의 법인지방소득세 과세표준보다 외국법인세액이 더 큰 경우에 그 초과하는 금액은 15년간 이월하여 그 이월된 사업연도의 법인지방소득세 과세표준을 계산할 때 차감할 수 있다.

상기의 내용은 2021년 이후 법인지방소득세 과세표준을 신고(수정신고 제외)하는 경우부터 적용한다. 다만, 2019.12.31. 이전에 개시한 사업연도의 과세표준에 포함된 외국납부세액에 대하여는 개정규정을 적용할 때 15년을 10년으로 본다(부칙 §10).

외국법인세액을 차감한 금액을 법인지방소득세 과세표준으로 하려는 내국법인은 법인지방소득세의 과세표준과 세액을 납세지 관할 지방자치단체장에게 신고할 때 외국법인세액 과세표준 차감 명세서를 함께 제출해야 한다.

내국법인은 외국정부의 국외원천소득에 대한 법인세의 결정ㆍ통지의 지연, 과세기간의 상이 등의 사유로 법인지방소득세의 과세표준과 세액을 신고할 때 외국법인세액 과세표준 차감 명세서를 제출할 수 없는 경우에는 외국정부의 국외원천소득에 대한 법인세결정통지를 받은 날부터 3개월 이내에 외국법인세액 과세표준 차감 명세서에 지연 사유에 대한 증명서류를 첨부하여 제출할 수 있다. 이는 외국정부가 국외원천소득에 대하여 결정한 법인세액을 경정함으로써 외국법인세액에 변동이 생긴 경우에 준용한다. 외국법인세액의 변동으로 환급세액이 발생하면 충당하거나 환급할 수 있다.

한편, 외국법인세액을 이월하여 그 이월된 사업연도의 법인지방소득세 과세표준을 계산할 때 차감하는 경우 먼저 발생한 이월금액부터 차감한다.

내국법인의 본점 또는 주사무소의 소재지를 관할하는 지방자치단체장은 차감하는 외국법인세액을 확인하기 위하여 필요한 경우 해당 내국법인, 납세지 관할 세무서장 또는 관할 지방국세청장에게 외국법인세액 신고명세, 영수증, 경정내용 및 그 밖에 필요한 자료의 제출을 요구할 수 있다.

> **사례** 법인지방소득세에 대하여 한·중 조세조약 제2의정서에 따른 외국납부세액의 세액공제가 인정되지 않는다고 본 원심의 결론은 정당하며, 법인지방소득세의 과세표준 산정 시 익금에 산입한 간접외국납부세액을 차감하는 것 외에 간접외국납부세액을 추가로 손금산입할 수 없음(대법원 2023두44634, 2024.1.11.).

(3) 종전에 납부한 외국납부세액의 환급에 관한 특례(부칙 §13)

2014.1.1.~2019.12.31. 이전까지 개시한 사업연도에 국외원천소득이 있는 내국법인이 종전의 「법인세법」(법률 제17652호 「법인세법」 일부개정법률에 따라 개정되기 전의 것을 말함) 제57조 제1항 제1호에 따라 외국법인세액을 해당 사업연도의 산출세액에서 공제하는 방법을 선택한 경우로서 해당 사업연도의 법인지방소득세 과세표준에 외국법인세액이 포함된 경우에는 이미 납부한 해당 사업연도의 법인지방소득세액과 해당 사업연도의 법인지방소득세 과세표준에서 외국법인세액을 차감하여 계산한 해당 사업연도의 법인지방소득세액과의 차액을 환급받을 수 있다. 이 경우 외국법인세액이 해당 사업연도의 법인지방소득세 과세표준을 초과하는 경우에 그 초과하는 금액은 해당 사업연도의 다음 사업연도 개시일부터 10년 이내에 끝나는 각 사업연도로 이월하여 그 이월된 사업연도의 법인지방소득세 과세표준을 계산할 때 차감할 수 있다.

이에 따라 환급을 받으려는 내국법인은 2019년 이전에 경정청구 기한이 경과한 경우라 하더라도 2021.6.30.까지 납세지 관할 지방자치단체의 장에게 경정을 청구할 수 있다. 이 경우 경정을 청구받은 지방자치단체장은 경정청구 처분을 하여야 한다.

납세지 관할 지방자치단체장은 환급을 위하여 필요한 경우에는 해당 내국법인에게 해당 사업연도의 외국납부세액 납부에 관한 자료를 요구할 수 있다.

6 세율(지법 §103-20)

(1) 일반 법인

1) 표준세율

내국법인의 각 사업연도의 소득에 대한 법인지방소득세의 표준세율은 다음 표와 같다.

① 내국법인(「법인세법」 §60-2 ① 1에 해당하는 내국법인 제외)

　㉠ 2023년 이후 개시 사업연도분

과세표준	세율
2억 원 이하	0.9%
2억 원 초과 200억 원 이하	180만 원+2억 원 초과금액 1.9%
200억 원 초과 3,000억 원 이하	378백만 원+200억 원 초과금액 2.1%
3,000억 원 초과	6,258백만 원+3,000억 원 초과금액 2.4%

　㉡ 2022년 이전 개시 사업연도분

과세표준	세율
2억 원 이하	1%
2억 원 초과 200억 원 이하	2백만 원+2억 원 초과금액 2%
200억 원 초과 3,000억 원 이하	398백만 원+200억 원 초과금액 2.2%
3,000억 원 초과	6,558백만 원+3,000억 원 초과금액 2.5%

② 부동산임대업을 주된 사업으로 하는 「법인세법」 §60-2 ① 1에 해당하는 내국법인[409] (2025년 이후 개시 사업연도분부터)

과세표준	세율
200억 원 이하	1.9%
200억 원 초과 3,000억 원 이하	380백만 원+200억 원 초과금액 2.1%
3,000억 원 초과	6,260백만 원+3,000억 원 초과금액 2.4%

2) 탄력세율

지방자치단체장은 조례로 정하는 바에 따라 각 사업연도의 소득에 대한 법인지방소득세의 세율을 제1항에 따른 표준세율의 100분의 50의 범위에서 가감할 수 있다. 이는 2017.1.1. 이후 시행되도록 부칙에 규정하고 있다.

(2) 조합법인 등에 대한 법인지방소득세 과세특례(지특법 §167)

「조세특례제한법」 제72조 제1항을 적용받는 법인은 2025.12.31. 이전에 끝나는 사업연도까지 상기 법인지방소득세 표준세율에도 불구하고 「조세특례제한법」 제72조 제1항에서 규정하는 법인세 세율의 10%를 법인지방소득세의 세율로 한다.

---

409) 성실신고확인대상 소규모 법인(①~③ 모두 충족하는 경우 한정)
　　① 지배주주 등 지분율 50% 초과
　　② 부동산임대업이 주된 사업 또는 부동산임대・이자・배당소득이 매출액의 50% 이상
　　③ 상시근로자수 5인 미만

❼ 세액계산(지법 §103−21)

내국법인의 각 사업연도의 소득에 대한 법인지방소득세는 과세표준에 세율을 적용하여 계산한 금액[「지방세법」 제103조의 31에 따른 토지 등 양도소득에 대한 법인지방소득세 세액 및 「조세특례제한법」 제100조의 32(2018년 이전은 「법인세법」 제56조에 따른 미환류소득에 대한 법인지방소득세 포함)에 따른 투자·상생협력 촉진을 위한 과세특례를 적용하여 계산한 법인지방소득세 세액이 있으면 이를 합한 금액으로 함. "법인지방소득세 산출세액"]을 그 세액으로 한다.

상기에도 불구하고, 사업연도가 1년 미만인 내국법인의 각 사업연도의 소득에 대한 법인지방소득세는 그 사업연도의 「법인세법」 제13조에 따라 계산한 법인세의 과세표준(2019년 이전 개시 사업연도분까지는 계산한 금액)(「조세특례제한법」 및 다른 법률에 따라 과세표준 산정과 관련한 조세감면 또는 중과세 등의 조세특례가 적용되는 경우에는 이에 따라 계산한 법인세의 과세표준)과 동일한 금액(2019년 이전 개시 사업연도분까지는 계산한 금액)을 그 사업연도의 월수로 나눈 금액에 12를 곱하여 산출한 금액을 과세표준으로 하여 표준세율 및 탄력세율에 따라 계산한 세액에 그 사업연도의 월수를 12로 나눈 수를 곱하여 산출한 세액을 그 세액으로 한다. 여기서 월수는 역(曆)에 따라 계산하되, 1월 미만의 일수는 1월로 한다.

❽ 세액공제 및 세액감면(지법 §103−22)

내국법인의 각 사업연도의 소득에 대한 법인지방소득세의 세액공제 및 세액감면에 관한 사항은 「지방세특례제한법」에서 정한다. 이 경우 공제 및 감면되는 세액은 법인지방소득세 산출세액[「지방세법」 제103조의 31에 따른 토지 등 양도소득 및 「조세특례제한법」 제100조의 32(2018년 이전 「법인세법」 제56조와 「조세특례제한법」 제100조의 32 제2항)에 따른 미환류소득에 대한 법인지방소득세 세액을 제외한 법인지방소득세 산출세액을 말함]에서 공제한다. 이 경우 각 사업연도의 소득에 대한 법인지방소득세의 공제세액 또는 감면세액이 법인지방소득세 산출세액을 초과하는 경우에는 그 초과금액은 없는 것으로 한다.

(1) 재해손실에 대한 세액계산 특례(지법 §103−65)

2023년 이후 법인지방소득세 과세표준을 신고(수정신고 제외)하는 분부터 내국법인이 「법인세법」 제58조에 따라 재해손실에 대한 세액공제를 받은 경우에는 다음의 법인지방소득세액에 같은 법 제58조에 따른 자산 상실 비율을 곱하여 계산한 금액을 법인지방소득세액에서 차감한다.

① 재해 발생일을 기준으로 부과되지 아니한 법인지방소득세액과 부과된 법인지방소득세액으로서 미납된 법인지방소득세액

② 재해 발생일이 속하는 사업연도의 소득에 대한 법인지방소득세액

상기에서 법인지방소득세액에는 「지방세법」 제103조의 30에 따른 가산세(「법인세법」 제75조의 3에 따른 가산세가 적용되는 경우에 한함)와 「지방세기본법」 제53조부터 제56조까지의 규정

에 따른 가산세를 포함하는 것으로 한다.

재해손실세액 차감을 받으려는 내국법인은 다음의 구분에 따른 기한까지 재해손실세액차감신청서를 납세지 관할 지방자치단체장에게 제출하여야 한다.

① 재해 발생일을 기준으로 부과되지 않은 법인지방소득세액과 부과된 법인지방소득세액으로서 미납된 법인지방소득세액의 경우 : 재해 발생일부터 4개월 이내

② 재해 발생일이 속하는 사업연도의 소득에 대한 법인지방소득세액 : 신고기한(단, 재해 발생일부터 신고기한까지의 기간이 4개월 미만인 경우에는 재해 발생일부터 4개월 이내)

납세지 관할 지방자치단체장은 법인지방소득세액(신고기한이 지나지 아니한 것 제외)에 대한 차감 신청을 받으면 그 차감세액을 결정하여 해당 법인에 알려야 하며, 납세지 관할 지방자치단체장은 법인이 차감받을 법인지방소득세에 대하여 해당 세액차감이 확인될 때까지 「지방세징수법」에 따라 그 법인지방소득세의 지정납부기한 또는 독촉장에서 정하는 납부기한을 연장하거나 납부고지를 유예할 수 있다.

(2) 상기 특례 외

현행 상기 (1)의 특례 외에는 법인지방소득세에 대한 세액공제 및 세액감면 규정이 「지방세특례제한법」 등에 별도로 규정되어 있지 않다.

⑨ 과세표준 및 세액의 확정신고와 납부 및 추가 납부

(1) 과세표준 및 세액의 확정신고와 납부(지법 §103 - 23)

「법인세법」 제60조에 따른 신고의무가 있는 내국법인은 각 사업연도의 종료일이 속하는 달의 말일부터 4개월 이내에 그 사업연도의 소득에 대한 법인지방소득세의 과세표준과 세액을 법인지방소득세 과세표준 및 세액신고서로 납세지 관할 지방자치단체장에게 신고하여야 한다. 내국법인으로서 각 사업연도의 소득금액이 없거나 결손금이 있는 법인의 경우에도 적용한다.

신고를 할 때에는 그 신고서에 다음의 서류를 첨부하여야 한다.

① 기업회계기준을 준용하여 작성한 개별 내국법인의 재무상태표·포괄손익계산서 및 이익잉여금처분계산서(또는 결손금처리계산서)

② 법인지방소득세 과세표준 및 세액조정계산서

③ 법인지방소득세 안분명세서(2016.1.1. 이후 신고분부터, 하나의 특별자치시·특별자치도·시·군 또는 자치구에만 사업장이 있는 법인의 경우 제외)

④ 「법인세법 시행령」 제97조 제5항 각 호에 따른 서류(이 경우 "기획재정부령"은 "행정안전부령"으로 봄)

2016.1.1. 이후 신고분부터 둘 이상의 지방자치단체에 법인의 사업장이 있는 경우에는 본점 소재지를 관할하는 지방자치단체장에게 상기 첨부서류를 제출할 수 있다. 이 경우 법인의 각 사업

장 소재지 관할 지방자치단체장에게도 이를 제출한 것으로 본다. 전자신고를 통하여 법인지방소득세 과세표준 및 세액을 신고할 수 있다. 이 경우 재무제표의 제출은 표준대차대조표, 표준손익계산서, 표준손익계산부속명세서를 제출하는 것으로 갈음할 수 있다.

한편, 2016.1.1. 이후 신고분부터 신고를 할 때 그 신고서에 ①~③의 서류를 첨부하지 아니하면 신고로 보지 아니한다[「법인세법」 제4조(2018년 이전 제3조) 제3항 제1호 및 제7호에 따른 수익사업을 하지 아니하는 비영리내국법인은 그러하지 아니함]. 납세지 관할 지방자치단체장은 제출된 신고서 또는 그 밖의 서류에 미비한 점이 있거나 오류가 있는 경우에는 보정을 요구할 수 있다.

법인지방소득세의 총액과 본점 또는 주사무소와 사업장별 법인지방소득세의 안분계산내역 등을 적은 법인지방소득세 안분명세서를 첨부하여 해당 지방자치단체장에게 서면으로 제출하여야 한다. 다만, 「지방세기본법」 제142조에 따른 지방세통합정보통신망에 전자신고를 한 경우에는 이를 제출한 것으로 본다.

내국법인은 각 사업연도의 소득에 대한 법인지방소득세 산출세액에서 다음의 법인지방소득세 세액(가산세 제외)을 공제한 금액을 각 사업연도에 대한 법인지방소득세로서 신고기한까지 납세지 관할 지방자치단체에 납부하여야 한다. 다만, 2018.1.1. 이후(부칙 §1) 「조세특례제한법」 제104조의 10 제1항 제1호에 따라 과세표준 계산의 특례를 적용받은 경우에는 ③에 해당하는 세액을 공제하지 아니한다.

① 해당 사업연도의 공제·감면 세액
② 해당 사업연도의 수시부과세액
③ 해당 사업연도의 특별징수세액
④ 해당 사업연도의 예정신고납부세액(2018년 이후 확정신고분부터 적용)

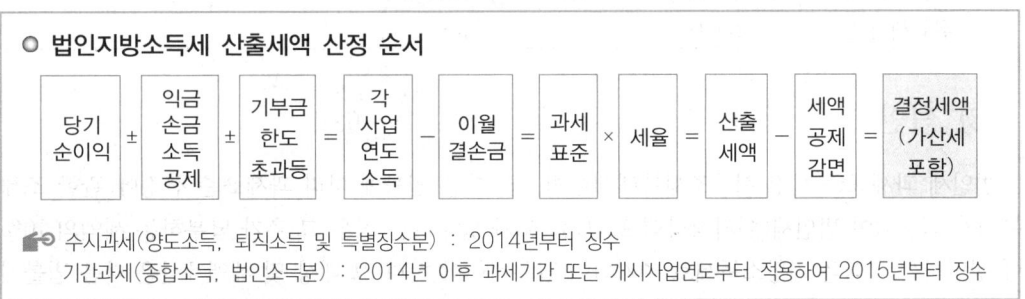

한편, 본점 또는 주사무소 소재지 관할 지방자치단체장은 납세자가 제출한 첨부서류를 확정신고기한의 다음 달 말일까지 지방세통합정보통신망에 등록하여야 한다.

(2) 이자·배당소득에 대한 안분명세서 기납부세액 작성방법

1) 총 부담세액이 특별징수세액을 초과하는 경우의 안분방법 예시

구분		사업장			특별징수지		
		A시 본점 (50%)	B시 지점 (30%)	C시 지점 (20%)		B시	C시
총 부담세액		10,000			징수세액	2,000	1,000
사업장별		5,000	3,000	2,000	법인은 특별징수세액 납세지와 관계없이 기납부세액(3,000원 차감), A, B, C시에만 추가납부세액만 신고납부		
기납부 세액	합계	3,000					
	안분	1,500	900	600			
차감 추가납부세액		3,500	2,100	1,400			

2) 총 부담세액이 특별징수세액 미만인 경우의 안분방법 예시

구분		사업장			특별징수지		
		A시 본점 (50%)	B시 지점 (30%)	C시 지점 (20%)		B시	C시
총 부담세액		10,000			징수세액	10,000	21,000
사업장별		5,000	3,000	2,000	법인은 특별징수세액 납세지와 관계없이 기납부세액(10,000원 차감), 여러 지자체에 환급절차 없이 본점소재지 지자체로부터 환급세액 일괄 수령		
기납부 세액	총 합계	31,000					
	안분대상액	10,000					
	안분	5,000	3,000	2,000			
	본점	21,000 (31,000 – 10,000)	–	–			
	소계	26,000	3,000	2,000			
환급세액		21,000					

(3) 법인지방소득세 추가 납부 등(지법 §103 – 63)

법인세 과세표준 산정 시 「조세특례제한법」 및 다른 법률에 따라 과세표준 산정에 관한 조세특례가 적용되어 법인세(이자상당액 포함)를 추가 납부하는 경우 그 추가 납부하는 세액의 10%에 상당하는 금액을 지방소득세로 추가하여 납부하여야 하며 그 대상 및 세액계산은 다음 법률에서 정하는 납부대상과 세액 산출방식에 따른다. 이는 2016.1.1. 이후 납세의무성립분부터 적용하는 것이다.

> ◉ **추가 납부세액** : 다음에 따라 익금산입 후 이자상당액 법인세 추가 납부금액의 10%
> 1. 「법인세법」 제29조 제7항에 따른 고유목적사업준비금
> 2. 「법인세법」 제30조 제3항에 따른 책임준비금 등
> 3. 「조세특례제한법」 제9조 제4항에 따른 연구·인력개발준비금

4. 「조세특례제한법」 제10조의 2 제4항에 따른 연구개발 관련 출연금 등의 과세특례
5. 「조세특례제한법」 제33조 제3항에 따른 사업전환 무역조정지원기업에 대한 과세특례
6. 「조세특례제한법」 제34조 제2항에 따른 기업의 금융채무 상환을 위한 자산매각에 대한 과세특례
7. 「조세특례제한법」 제38조의 2 제3항 따른 주식의 현물출자 등에 의한 지주회사 설립 등에 대한 과세특례
8. 「조세특례제한법」 제39조 제3항에 따른 채무의 인수·변제에 대한 과세특례
9. 「조세특례제한법」 제40조 제5항에 따른 주주의 자산양도에 관한 법인세 등 과세특례
10. 「조세특례제한법」 제46조 제3항에 따른 기업 간 주식등의 교환에 대한 과세특례
11. 「조세특례제한법」 제46조의 4 제2항에 따른 자가물류시설의 양도차익에 대한 법인세 과세특례
12. 「조세특례제한법」 제47조의 4 제2항에 따른 합병에 따른 중복자산의 양도에 대한 과세특례
13. 「조세특례제한법」 제60조 제4항에 따른 공장의 대도시 밖 이전에 대한 법인세 과세특례
14. 「조세특례제한법」 제61조 제5항에 따른 법인 본사를 수도권과밀억제권역 밖으로 이전하는데 따른 양도차익에 대한 법인세 과세특례
15. 「조세특례제한법」 제62조 제2항에 따른 공공기관이 혁신도시로 이전하는 경우 법인세 등 감면
16. 「조세특례제한법」 제85조의 2 제2항에 따른 행정중심복합도시, 혁신도시 개발예정지구 내 공장의 지방 이전에 대한 과세특례
17. 「조세특례제한법」 제85조의 7 제2항에 따른 공익사업을 위한 수용등에 따른 공장 이전에 대한 과세특례
18. 「조세특례제한법」 제85조의 8 제2항에 따른 중소기업의 공장이전에 대한 과세특례
19. 「조세특례제한법」 제85조의 9 제2항에 따른 공익사업을 위한 수용 등에 따른 물류시설 이전에 대한 과세특례
20. 「조세특례제한법」 제97조의 6 제3항에 따른 임대주택 부동산투자회사의 현물출자자에 대한 과세특례
21. 「조세특례제한법」 제104조의 11 제3항에 따른 신용회복목적회사에 대한 과세특례

1) 당기순이익에 의한 과세특례

「조세특례제한법」 및 다른 법률에 따라 과세표준 산정에 관한 조세특례가 적용되어 법인세(이자상당가산액 포함)를 추가 납부하는 경우 그 추가 납부하는 세액의 10%에 상당하는 금액을 지방소득세로 추가하여 납부하여야 하며 그 대상 및 세액계산은 다음 법률에서 정하는 납부대상과 세액산출방식에 따른다. 예를 들어 「조세특례제한법」 제72조(조합법인 등에 대한 법인세과세특례), 제104조의 10(해운기업에 대한 법인세 과세표준 계산 특례)의 규정에서 당기순익을 기준으로 과세할 경우 당기순이익 이외에 추가로 과세표준을 산정할 때의 법인지방소득세를 법인세의 10%를 추가납부하여야 하는 것이다. 다만, 당기순이익 과세특례를 포기한 법인은 그러하지 아니한다.

2) 업무무관자산을 양도한 경우 세액의 추가 납부

「법인세법」 제27조 및 제28조에 따라 업무와 관련 없는 비용 및 지급이자를 손금에 산입하지 아니하여 그 양도한 날이 속하는 법인세에 가산하여 납부하는 경우 그 납부하는 세액의 10%에 상당하는 금액을 법인지방소득세로 추가하여 납부하여야 한다. 이는 취득 후 업무에 사용하지 아니하고 양도한 경우 또는 유예기간 중에 양도한 경우에는 취득일부터 양도일까지 업무무관자산으로 본다. 이 경우 업무무관비용 등을 손금불산입하여 계산한 세액 차액을 양도일이 속하는 사업연도에 법인세를 추가 납부하되, 산출세액의 차액 또는 결정세액의 차액 중 한 방법을 선택하여 추가납부세액을 계산할 수 있다(「법인세법 시행규칙」 §27). 이러한 법인세의 추가 납부 규정에 의하여 법인세 추가 납부와 동시에 법인지방소득세도 추가 납부하여야 하는 것이다.

3) 채권 등의 보유기간 이자상당액에 대한 원천징수의 추가 납부

2019.7.1. 이후 매도분(부칙 §8)은 「소득세법」 제46조 제1항에 따른 채권 등에서 발생하는 이자, 할인액 및 투자신탁의 이익의 계산기간 중에 해당 채권 등을 매도하는 경우로서 「소득세법 시행령」 제190조 제1호에 따른 날에 원천징수하는 「소득세법」 제46조 제1항에 따른 채권등을 취득한 후 사업연도가 종료되어 원천징수된 세액을 전액 공제하여 법인세를 신고하였으나 그 후의 사업연도 중 해당 채권등의 만기상환일이 도래하기 전에 이를 매도함으로써 해당 사업연도 전에 공제한 원천징수세액이 「법인세법 시행령」 제113조 제2항에 따라 계산한 금액에 대한 세액을 초과하는 경우에 해당하여 「법인세법」 제73조의 2에 따라 법인세를 추가 납부하는 경우 그 추가 납부하는 세액의 10%를 법인지방소득세로 추가하여 납부하여야 하며, 그 세액의 계산에 필요한 사항은 「법인세법 시행령」 제113조 제2항을 준용한다.

이 경우 법인지방소득세로 추가하여 납부하는 금액은 채권 등을 매도한 날이 속하는 사업연도의 법인지방소득세에 가산한다.

4) 법인지방소득세 분납(지법 §103 – 23 ④)

2023.1.1. 이후 개시한 사업연도의 법인지방소득세를 신고 · 납부하는 경우부터(부칙 §6) 납부할 세액이 100만 원을 초과하는 내국법인은 납부할 세액의 일부를 납부기한이 지난 후 1개월(「조세특례제한법」 제6조 제1항에 따른 중소기업의 경우 2개월) 이내에 분할납부할 수 있다.

한편, 법인지방소득세액을 분할납부하는 경우 분할납부할 수 있는 세액은 다음의 구분에 따른다.

① 납부할 세액이 100만 원 초과 200만 원 이하인 경우 : 100만 원을 초과하는 금액

② 납부할 세액이 200만 원을 초과하는 경우 : 해당 세액의 50% 이하의 금액

⑩ 수정신고 등(지법 §103-24)

(1) 일반원칙

확정신고를 한 내국법인이 「국세기본법」에 따라 「법인세법」에 따른 신고내용을 수정신고할 때에는 수정신고와 함께 법인세의 수정신고 내용을 증명하는 서류를 납세지 관할 지방자치단체장에게도 해당 내용을 신고하여야 한다. 한편, 수정신고를 통하여 추가납부세액이 발생하는 경우에는 납부서로 납부하여야 한다.

2017.1.1. 이후 수정신고 또는 경정청구분부터 둘 이상의 지방자치단체에 사업장이 있는 법인은 제103조의 23에 따라 신고한 과세표준에 대하여 해당 사업연도의 종료일 현재 본점 또는 주사무소의 소재지를 관할하는 지방자치단체장에게 일괄하여 「지방세기본법」 제50조에 따른 경정 등의 청구를 할 수 있다. 이 경우 본점 또는 주사무소 소재지를 관할하는 지방자치단체장은 해당 법인이 청구한 내용을 다른 사업장의 소재지를 관할하는 지방자치단체장에게 통보하여야 한다.

본점 또는 주사무소의 소재지를 관할하는 지방자치단체장에게 일괄하여 「지방세기본법」 제50조에 따른 경정 등의 청구를 하려는 법인은 같은 법 시행령 제31조에 따른 결정 또는 경정 청구서를 납세지별로 각각 작성하여 해당 사업연도의 종료일 현재 본점 또는 주사무소의 소재지를 관할하는 지방자치단체장에게 일괄하여 제출해야 한다.

(2) 납세지, 안분세액 오류에 따른 수정신고

1) 개요

확정신고를 한 내국법인이 신고납부한 법인지방소득세의 납세지 또는 지방자치단체별 안분세액에 오류가 있음을 발견하였을 때에는 제103조의 25에 따라 지방자치단체장이 보통징수의 방법으로 부과고지를 하기 전까지 관할 지방자치단체장에게 「지방세기본법」 제49조 및 제50조에 따른 수정신고, 경정 등의 청구 또는 기한 후 신고(2018년 이후 신고분부터 적용)를 할 수 있다. 이 수정신고 또는 기한 후 신고로 추가 납부세액에 대하여는 「지방세기본법」 상 무신고가산세(2018년 이후 신고하는 분부터 적용), 과소신고가산세와 납부지연가산세(2023년 이전은 납부불성실가산세)를 부과하지 아니하며, 경정 등의 청구를 통하여 환급세액이 발생하는 경우 「지방세기본법」 제62조에 따른 지방세환급가산금을 지급하지 아니한다(2016.12.31. 이전 경정청구분까지는 다음 연도의 법인지방소득세에서 환급세액을 공제하고 신고납부할 수 있었음). 그러나 수정신고 또는 기한 후 신고를 통하여 추가 납부세액이 발생하는 경우에는 이를 납부하여야 한다.

한편, 2017.1.1. 이후 신고납부한 분에 대한 수정신고 또는 경정청구분부터 둘 이상의 지방자치단체에 사업장이 있는 법인이 사업장 소재지를 관할하는 지방자치단체장에게 각각 신고납부하지 아니하고 하나의 지방자치단체장에게 일괄하여 과세표준 및 세액을 확정신고(2018년 이후 수정신고를 포함)한 경우에는 그 법인에 대해서는 추가 납부세액에 대하여는 「지방세기본법」 상 무

신고가산세(2018년 이후 신고하는 분부터 적용), 과소신고가산세 및 납부지연가산세(2023년 이전은 납부불성실가산세)를 부과하나, 환급세액에 대하여는 「지방세기본법」 제62조에 따른 지방세환급가산금을 지급하지 아니한다. 2023.1.1. 이후 개시한 사업연도의 법인지방소득세를 신고·납부하는 경우부터(부칙 §7) 무신고가산세를 부과하는 경우 해당 가산세의 금액은 무신고납부세액의 100분의 10에 상당하는 금액으로 한다.

> **사례** 다른 자자체에 신고납부한 경우 가산세 부과 여부(조심 2022지0272, 2022.3.14.)
>
> 법인지방소득세는 납세자가 그 과세표준과 세액을 결정하여 신고·납부하는 조세이므로 청구법인이 지방세법령 등을 착오하여 2020사업연도 법인지방소득세를 적법한 납세지인 처분청이 아닌 ○○○구청장에게 납부하였다 하더라도 이와 같은 사유는 가산세를 면제할 만한 정당한 사유에 해당되지 않는 점, 청구법인은 처분청의 수시부과결정이 없더라도 무신고가산세를 포함한 법인지방소득세를 신고해야 하므로 가산세를 부담하여야 한다는 측면에서 자진 신고와 수시부과를 달리 볼 것은 아닌 점 등에 비추어 처분청이 청구법인에게 쟁점가산세를 포함하여 이 건 지방소득세를 부과한 처분은 달리 잘못이 없다고 판단됨.

2) 가산세 부과

① 과세표준을 과소신고한 경우

당초 법인 지방소득세 과세표준을 과세신고한 경우에는 이 규정에 따른 수정신고납부대상이 아니다. 또한 이 규정에서의 수정신고납부는 「지방세기본법」 제49조에 의한 수정신고납부와 경정청구와는 약간 다른 제도이다.

법인 지방소득세의 과세표준을 과소신고한 경우에는 상기 규정에 의한 수정신고납부대상이 되지 않으므로 신고납부기한 경과일 이후부터 가산세를 포함하여 추징하게 된다.

② 당초 신고되지 아니한 지방자치단체에 안분대상으로 기한 후 신고한 경우(2017년 이전)

「지방세법」 제103조의 24 제2항에 따른 '납세지 또는 지방자치단체별 안분세액의 오류'는 '납세지의 오류'와 '지방자치단체별 안분세액의 오류'로 구분할 수 있는데, 개인지방소득세(납세지는 거주자의 주소지를 원칙으로 함)에 관하여 「지방세법」 제96조 제2항에서는 '개인지방소득세의 납세지에 오류가 있음을 발견하였을 때에는 「지방세기본법」 제49조 및 제50조에 따른 수정신고납부 또는 경정 등의 청구를 할 수 있다'라고 규정하고 있었다. 그리고 신고해야 할 지방자치단체에 신고하지 않고 다른 지방자치단체에 납부한 경우를 '납세지 오류'에 해당하는 대표적인 경우로 보고 있는 점에 비추어 볼 때, 본점 또는 주사무소의 소재지를 관할하는 지방자치단체장에게 일괄 신고·납부한 경우는 '납세지의 오류'에 해당하는 것으로 보아야 할 것이다. 또한 둘 이상의 지방자치단체에 사업장이 있는 내국법인이 법인지방소득세를 각 사업장의 소재지를 관할하는 지방자치단체장에게 각각 신고·납부하지 않았지만, 그 소득에 따른 법인지방소득세 전부를 납부했다. 뿐만 아니라, 스스로 관할 지방자치단체장에게 「지방세기본법」 제49조 및 제50조에 따른 수정신고 등을 한 경우에는 「지방세법」 제103조의 24 제2항에 해당하는 것으로 보아, 가산세를 부과하지 않고 환급가산금을 지급하지 않는 것이 타당하다(법제처 2014.7.14.). 조세심판원도 가산세 부과대상이 아니라고 결정하고 있다(조심 2016지1186, 2017.8.9.).

한편, 수정신고납부 조문인 「지방세법」 제92조의 내용에 따라 당초 신고 시 미신고된 사업장도 수정신고납부가 가능한 것으로 해석하여야 한다는 주장이 있는데, 법조문에서는 수정신고나 경정청구를 할려면 당초 법정기한 내에 신고납부가 되어야 가능한 것이므로 이는 타당성이 없다라고 판단된다. 이 경우 당초 신고되지 아니한 지방자치단체에 안분대상이 되어 신고납부한 경우에는 이는 수정신고(경정청구)가 아닌 기한 후 신고에 해당되므로 상기 규정에 의한 수정신고납부 대상이 되지 아니할 것이므로 무신고가산세와 납부지연가산세(2023년 이전은 납부불성실가산세)가 부과되는 것으로 해석하는 것이 더 타당하다고 본다. 그런데 2018년 이후는 기한 후 신고를 추가하여 논란이 여지가 없다.

「지방세기본법」에 의한 수정신고와 경정청구 도입 전인 2010.12.31. 이전에도 구 「지방세법」 제177조의 3 제1항에[410] 의거하여 수정신고납부할 수 있었는데, 현행 규정에서는 「지방세기본법」에 따른 수정신고, 또는 기한 후 신고라는 문구가 있지만, 종전에는 이러한 내용이 없이 "신고납부한"으로 규정되어 있어서 당초 신고 시 미신고된 사업장도 수정신고납부가 가능한 것으로 해석하여야 한다고 하는데, "신고납부한"이란 문구는 각 사업장별로 신고납부한 것으로 해석하여야 하므로 당초 신고 시 미신고된 사업장은 수정신고납부가 불가능한 것으로 해석하여야 할 것인데, 상기 법제처 해석에 의하면 수정신고납부가 가능한 것으로 보아야 할 것이다.

3) '부과고지를 하기 전'의 의미

세무조사 조사결과 통지도 부과고지로 볼 수 있는지 명확하지 않다. 「지방세기본법」 제2조 제17호에 따르면 "부과"란 지방자치단체장이 이 법 또는 지방세관계법에 따라 납세의무자에게 지방세를 부담하게 하는 것을 말한다라고 되어 있다. 한편, 「법인세법」상에 이와 유사한 조항이 있는데, 이 규정에서는 세무조사 통지나 세무조사가 착수된 것을 알게 되는 경우까지 모두 포함하여 규정되어 있다.

일반적으로 납세고지서 등으로 부과고지를 하는 것이나, 세무조사 결과통지도 부과의 일종으로 보아야 할 것으로 판단된다. 즉 취지상 납세고지서를 발부하여야 부과가 충족되는 것은 아니라 판단되지만 부과와 관련한 규정을 살펴보면 세무조사 결과통지는 부과로 볼 수 없었을 수도 있으므로 지방소득세에서도 「법인세법」처럼 이를 명확하게 규정할 필요가 있다고 본다.

---

410) 납세의무자는 제177조의 2 및 제177조의 4의 규정에 의하여 신고납부한 법인세분·소득세분의 납세지 또는 법인세분의 시·군별 안분세액에 오류가 있음을 발견한 때에는 제177조의 2 제3항 및 제4항에 따라 시장·군수·구청장이 보통징수의 방법으로 부과고지를 하기 전까지 관할 시장·군수·구청장에게 이를 수정신고 납부할 수 있다.

⑪ 결정과 경정(지법 §103-25)

납세지 관할 지방자치단체장은 해당 사업연도의 과세표준과 세액을 결정 또는 경정한다.

① 내국법인이 확정신고를 하지 아니한 경우

② 확정신고를 한 내국법인의 신고 내용에 오류 또는 누락이 있는 경우

③ 2017년 이전에는 내국법인이 확정신고를 한 경우로서 「자본시장과 금융투자업에 관한 법률」 제159조에 따른 사업보고서 및 「주식회사의 외부감사에 관한 법률」 제8조에 따른 감사보고서를 제출할 때 수익 또는 자산을 과다 계상하거나 손비(損費) 또는 부채를 과소 계상하는 등 사실과 다른 회계처리를 함으로 인하여 그 내국법인, 그 감사인 또는 그에 소속된 공인회계사가 「법인세법 시행령」 제103조의 2 각 호의 어느 하나에 해당하는 조치를 받은 경우로서 과세표준 및 세액을 과다하게 계상하여 경정청구한 경우

법인지방소득세의 과세표준과 세액을 결정 또는 경정한 후 그 결정 또는 경정에 오류나 누락이 있는 것을 발견한 경우에는 즉시 이를 다시 경정한다. 이 경우 「법인세법」에 따라 납세지 관할 세무서장 또는 관할 지방국세청장이 결정 또는 경정한 자료, 과세표준 확정신고서 및 그 첨부서류에 의하거나 장부나 그 밖에 증명서류에 의한 실지조사에 따름을 원칙으로 한다(지령 §100-15).

납세지 관할 지방자치단체장은 상기에 따라 법인지방소득세의 과세표준과 세액을 결정 또는 경정하는 경우에는 「법인세법」에 따라 납세지 관할 세무서장 또는 관할 지방국세청장이 결정 또는 경정한 자료, 장부나 그 밖의 증명서류를 근거로 하여야 한다. 다만, 「법인세법 시행령」 제104조 제1항 각 호의 어느 하나에 해당하는 경우로 장부나 그 밖의 증명서류에 의하여 소득금액을 계산할 수 없는 경우에는 「법인세법 시행령」 제104조 제2항·제3항 및 제105조에서 정한 방법에 따라 추계(推計)하여 결정 또는 경정할 수 있다.

한편, 지방자치단체장이 법인지방소득세의 과세표준과 세액을 결정 또는 경정한 때에는 그 내용을 해당 내국법인에게 서면으로 통지하여야 한다. 이 경우 납세고지서에 그 과세표준과 세액의 계산명세를 첨부하여 통지하여야 하고, 각 사업연도의 과세표준이 되는 금액이 없거나 납부할 세액이 없는 경우에는 그 결정된 내용을 통지하여야 한다.

⑫ 수시부과결정(지법 §103-26)

납세지 관할 지방자치단체장은 내국법인이 그 사업연도 중에 다음 어느 하나에 해당하는 사유(이하 "수시부과사유")로 법인지방소득세를 포탈할 우려가 있다고 인정되는 경우에는 수시로 그 법인에 대한 법인지방소득세를 부과할 수 있다. 이 경우에도 각 사업연도의 소득에 대하여 확정신고를 하여야 한다. 수시부과 시 상기 결정과 경정의 규정과 1년 미만의 사업연도의 세액계산 규정을 준용하여 그 과세표준 및 세액을 결정한다.

> ○ **수시부과사유(법령 §108 ①)**
> ① 신고를 하지 아니하고 본점 등을 이전한 경우
> ② 사업부진 기타의 사유로 인하여 휴업 또는 폐업상태에 있는 경우
> ③ 기타 조세를 포탈할 우려가 있다고 인정되는 상당한 이유가 있는 경우

그 사업연도 개시일부터 수시부과사유가 발생한 날까지를 수시부과기간으로 하여 적용한다. 다만, 직전 사업연도에 대한 신고기한 이전에 수시부과사유가 발생한 경우(직전 사업연도에 대한 과세표준신고를 한 경우 제외)에는 직전 사업연도 개시일부터 수시부과사유가 발생한 날까지를 수시부과기간으로 한다.

한편, 납세지 관할 지방자치단체장은 법인이 주한 국제연합군 또는 외국기관으로부터 사업수입금액을 외국환은행을 통하여 외환증서 또는 원화로 영수할 때에는 수시부과결정 규정에 따라 그 영수할 금액에 대한 과세표준을 결정할 수 있다. 이 경우 「법인세법 시행령」 제104조 제2항·제3항 및 제105조에서 정한 방법에 따라 추계(推計)하여 계산한 금액에 세율을 곱하여 산출한 금액을 그 세액으로 한다(지령 §100-17).

⑬ 징수와 환급(지법 §103-27)

납세지를 관할하는 지방자치단체장은 내국법인이 각 사업연도의 법인지방소득세로 납부하여야 할 세액의 전부 또는 일부를 납부하지 아니한 경우에는 그 미납된 부분의 법인지방소득세 세액을 「지방세기본법」 및 「지방세징수법」에 따라 징수하며, 수시부과하거나 특별징수한 세액이 다음의 금액을 합한 금액("법인지방소득세 총부담세액")[2016년 이전에는 법인지방소득세 총결정세액(법인지방소득세 산출세액에서 세액공제·감면을 적용하고 가산세액을 더한 금액을 말함)]을 초과하는 경우에는 「지방세기본법」 제60조에 따라 이를 환급하거나 지방세에 충당하는 등의 조치를 취하여야 한다.

① 법인지방소득세 산출세액에서 제103조의 22에 따른 세액공제 및 세액감면을 적용한 금액
② 「지방세법」 및 「지방세기본법」에 따른 가산세
③ 「지방세법」 및 「지방세특례제한법」에 따른 추가납부세액
④ 「지방세특례제한법」 제2조 제14호에 따른 이월과세액(그 이자 상당액 포함)
⑤ 외국법인의 신고기한 연장에 따른 이자상당 가산액

⑭ 결손금 소급공제에 따른 환급(지법 §103-28)

(1) 개요

내국법인이 「법인세법」 제72조에 따라 결손금 소급공제에 따른 환급을 신청하는 경우 해당 결

손금에 대하여 직전 사업연도의 소득에 대하여 과세된 법인지방소득세액(직전 사업연도의 법인지방소득세 산출세액(토지 등 양도소득에 대한 법인지방소득세는 제외)에서 직전 사업연도의 소득에 대한 법인지방소득세로서 공제 또는 감면된 법인지방소득세액을 뺀 금액)을 한도로 다음에 따라 계산한 금액("결손금 소급공제세액")을 환급신청할 수 있다. 한편, 2016.1.1. 이후 결손금소급공제를 신청하는 분부터 내국법인이 납세지 관할 세무서장 또는 지방국세청장에게 법인세 결손금 소급공제 환급을 신청한 경우에는 결손금 소급공제에 따른 환급을 신청한 것으로 보며, 이 경우 환급가산금의 기산일은 「지방세기본법 시행령」 제43조 제1항 제5호 단서에 따른다.

○ **결손금 소급공제세액 = ① - ②**

① 직전 사업연도의 법인지방소득세 산출세액

② 직전 사업연도의 과세표준에서 「법인세법」 제14조 제2항에 따른 해당 사업연도의 결손금으로서 같은 법 제72조에 따라 소급공제를 받으려는 금액(직전 사업연도의 과세표준을 한도로 하고, 이하 "소급공제 결손금액")을 뺀 금액에 직전 사업연도의 세율을 적용하여 계산한 금액

☛ 2021.12.31.이 속하는 과세기간에 이월결손금이 발생한 경우로서 「조세특례제한법」 §8-4에 따라 환급신청을 하는 경우에는 직전 과세기간과 직전전 과세기간의 사업소득에 부과된 개인지방소득세액을 한도로 결손금 소급공제세액을 환급신청할 수 있다. 이 경우 상기에서 "직전 사업연도"는 각각 "직전 또는 직전전 사업연도"로, "같은 법 제72조"는 「조세특례제한법」 §8-4"로 보며, 직전 사업연도와 직전전 사업연도의 법인지방소득세 산출세액이 모두 있는 경우에는 직전전 사업연도의 과세표준에서 결손금을 먼저 공제함.

결손금 소급공제세액을 환급받으려는 내국법인은 소급공제 법인지방소득세액 환급신청서로 납세지 관할 지방자치단체장에게 환급을 신청하여야 한다(2017년 이전 확정신고분까지는 확정신고기한까지 신청하여야 함). 다만, 납세지 관할 세무서장 또는 지방국세청장에게 법인세법 §72 및 조세특례제한법 §8의 4에 따른 결손금 소급공제 환급을 신청한 경우에는 환급을 신청한 것으로 보며, 이 경우 환급가산금의 기산일은 「지방세기본법 시행령」 §43 ① 5호 단서에 따른다.

납세지 관할 지방자치단체장이 법인지방소득세의 환급신청을 받은 경우에는 지체 없이 환급세액을 결정하여 환급하거나 충당하여야 한다. 다만, 법인지방소득세를 둘 이상의 지방자치단체에서 부과한 경우에는 각각의 납세지 관할 지방자치단체에서 환급하거나 충당하여야 한다.

상기 내용은 해당 내국법인이 확정신고기한까지 결손금이 발생한 사업연도에 대한 과세표준 및 세액을 신고한 경우로서 그 직전 사업연도(「조세특례제한법」 §8-4에 따라 환급신청을 하는 경우 직전전 사업연도를 포함)의 소득에 대한 법인지방소득세의 과세표준 및 세액을 각각 신고하였거나 지방자치단체장이 부과한 경우에만 적용한다.

(2) 결손금 소급공제로 환급받은 후 결손금의 감소

환급세액을 징수하는 경우에는 징수 환급 법인지방소득세액에 가산세액을 가산하여 징수한다 (지령 §100-18 ⑤).

1) 징수 환급 법인지방소득세액

납세지 관할 지방자치단체장은 법인지방소득세를 환급받은 내국법인이 다음 어느 하나에 해당하는 경우에는 그 환급세액(① 및 ②의 경우에는 과다하게 환급된 세액 상당액을 말함)을 다음의 산식의 의한 금액을 그 이월결손금이 발생한 사업연도의 법인지방소득세로서 징수한다. 이경우 「법인세법」 제14조 제2항의 결손금 중 그 일부 금액만을 소급 공제받은 경우에는 소급 공제받지 아니한 결손금이 먼저 감소된 것으로 본다.

① 결손금이 발생한 사업연도에 대한 법인지방소득세의 과세표준과 세액을 경정함으로써 결손금이 감소된 경우
② 결손금이 발생한 사업연도의 직전 사업연도의 법인지방소득세 과세표준과 세액을 경정함으로써 환급세액이 감소된 경우
③ 내국법인이 중소기업에 해당하지 않는 경우로서 법인지방소득세를 환급받은 경우

□ **징수 환급 법인지방소득세액**

$$
당초\ 환급세액 \times \frac{감소된\ 결손금액으로서\ 소급\ 공제받지\ 아니한\ 결손금을\ 초과하는\ 금액}{소급공제\ 결손금액}
$$

2) 가산세액

환급세액을 징수하는 경우에는 (① × ②) 금액을 환급세액에 가산하여 징수한다.

① 환급세액
② 당초환급세액의 통지일의 다음 날부터 징수하는 법인지방소득세액의 고지일까지의 기간에 대하여 「지방세기본법 시행령」 제34조 제1항에 따른 이자율(다만, 납세자가 법인지방소득세액을 과다하게 환급받은 데 정당한 사유가 있는 경우에는 「지방세기본법 시행령」 제43조 제2항에 따른 이자율)

(3) 결손금 소급공제로 환급받은 직전 사업연도의 법인지방소득세액 또는 과세표준이 달라진 경우

납세지 관할 지방자치단체장은 당초환급세액을 결정한 후 해당 환급세액의 계산의 기초가 된 직전 사업연도의 법인지방소득세액 또는 과세표준금액이 달라진 경우에는 즉시 당초 환급세액을 재결정하여 추가로 환급하거나 과다하게 환급한 세액 상당액을 징수하여야 한다. 이 경우 당초 환급세액을 재결정할 때에 소급공제 결손금액이 과세표준금액을 초과하는 경우에는 그 초과 결손금액은 소급공제 결손금액으로 보지 아니한다.

⑮ 특별징수의무(지법 §103-29)

(1) 개요

「법인세법」제73조 및 제73조의 2(2019년 이후)에 따른 원천징수의무자가 내국법인으로부터 법인세를 원천징수하는 경우에는 원천징수하는 법인세(「조세특례제한법」및 다른 법률에 따라 조세감면 또는 중과세 등의 조세특례가 적용되는 경우에는 이를 적용한 법인세)의 10%에 해당하는 금액을 법인지방소득세로 특별징수하여야 한다.

특별징수의무자는 특별징수한 지방소득세를 그 징수일이 속하는 달의 다음 달 10일까지 대통령령으로 정하는 바에 따라 관할 지방자치단체에 납부하여야 하며, 특별징수의무자가 징수하였거나 징수하여야 할 세액을 제3항에 따른 납부기한까지 납부하지 아니하거나 과소납부한 경우에는 「지방세기본법」제56조(특별징수불성실가산세)에 따라 산출한 금액을 가산세로 부과하며, 특별징수의무자가 징수하지 아니한 경우로서 납세의무자가 그 법인지방소득세액을 이미 납부한 경우에는 특별징수의무자에게 그 가산세액만을 부과한다. 다만, 국가 또는 지방자치단체와 그 밖에 주한 미국군이 특별징수의무자인 경우에는 특별징수 의무불이행을 이유로 하는 가산세는 부과하지 아니한다. 이 경우 특별징수세액을 납부서로 납부하여야 한다.

법인지방소득세의 특별징수에 관하여 「지방세법」에 특별한 규정이 있는 경우를 제외하고는 「법인세법」에 따른 원천징수에 관한 규정을 준용한다.

2014.12.31.까지 이자소득 등에 대하여 외국법인은 지방소득세를 특별징수하였으나, 내국법인은 특별징수를 하지 아니하였다. 그런데 2015.1.1. 이후 내국법인의 법인세에도 특별징수하도록 개정되었다. 법인세 원천징수 대상만 지방소득세 특별징수를 하도록 규정되어 있어서 이자소득, 배당소득금액 중 투자신탁의 이익에 대하여만 지방소득세 특별징수를 하는 반면에 기타소득과 일반적인 배당소득은 지방소득세 특별징수 대상이 되지 아니한다.

한편, 사업장이 둘 이상의 시·군에 있는 국내법인이 국내에 본점 및 사업장이 없는 외국법인으로부터 특별징수한 법인세분 지방소득세의 납세지 관할 시·군은 특별징수의무자인 국내법인의 각 사업장 소재지를 관할하는 각각의 시·군이 된다(법제처 11-0057, 2011.4.21.).[411]

(2) 특별징수명세서 제출

특별징수의무자는 납세의무자별로 법인지방소득세 특별징수명세서를 특별징수일이 속하는 해의 다음 해 2월 말일(특별징수의무자가 폐업한 경우에는 폐업일이 속하는 달의 말일로부터 2

---

411) 법인세분 지방소득세의 산출세액은 납세의무자인 법인의 각 사업장 소재지 관할 지방자치단체별로 안분된다는 것이 명백하다고 할 것이고, 그렇다면 신고납부와 특별징수는 단지 징수방법의 차이일 뿐 어느 징수방법을 택하는지에 따라 부과권자가 변경되는 것은 아니라는 점에 비추어 볼 때, 법인세분 지방소득세의 특별징수세액도 역시 신고납부하는 경우와 마찬가지로 특별징수의무자인 법인의 각 사업장 소재지를 관할하는 지방자치단체별로 안분된다고 유추해석할 수 있다고 할 것이다.

개월이 되는 날, 2018년 이전 특별징수분은 3.31.)까지 특별징수의무자 소재지 관할 지방자치단체장에게 제출하여야 한다.

이 경우 특별징수의무자 소재지 관할 지방자치단체장은 특별징수의무자의 소재지와 납세의무자의 사업장 소재지가 다른 경우 납세의무자의 사업장 소재지 관할 지방자치단체장에게 해당 지방법인소득세 특별징수명세서를 통보하여야 한다. 법인지방소득세 특별징수명세서를 출력하거나 디스켓 등 전자적 정보저장매체에 저장하여 인편 또는 우편이나 「지방세기본법」 제2조 제28호에 따른 정보통신망으로 제출하여야 한다.

(3) 특별징수영수증 발급

2015.6.1. 이후 납세의무가 성립하는 분부터 특별징수의무자가 납세의무자로부터 법인지방소득세를 특별징수한 경우에는 그 납세의무자에게 법인 이자·배당소득 특별징수영수증을 발급하여야 한다. 다만, 「법인세법」 제73조 및 제73조의 2에 따른 원천징수의무자가 같은 법 제74조에 따른 원천징수영수증을 발급할 때 법인지방소득세 특별징수액과 그 납세지 정보를 포함하여 발급하는 경우에는 해당 법인지방소득세 특별징수 영수증을 발급한 것으로 본다. 「법인세법」 제73조 및 제73조의 2에 따른 이자소득금액 또는 배당소득금액이 계좌 별로 1년간 1백만 원 이하로 발생한 경우에는 법인지방소득세 특별징수영수증을 발급하지 아니할 수 있다. 다만, 납세의무자가 법인지방소득세 특별징수영수증의 발급을 요구하는 경우에는 이를 발급하여야 한다.

(4) 이자소득·배당소득 등의 납세지[412] (지법 §89)

이자소득·배당소득 등에 대한 소득세·법인세(2014년 이전에는 소득세만 규정되어 있었으나 2015년부터는 법인세도 포함됨)의 원천징수사무를 본점 또는 주사무소에서 일괄처리하는 경우 그 소득에 대한 소득세분은 그 소득의 지급지를 관할하는 시·군에 납부하여야 하는바, 이 경우 지급지는 일괄처리 장소인 본점 소재지인지 아니면 해당 소득을 직접 지급하는 장소인지가 다소 명확하지 아니하다. 여기서 "소득의 지급지"라 함은 소득을 지급받는 곳이 아니고 실제로 소득을 지급하는 곳으로 봄이 상당하다 할 것이므로 소득세분 지방소득세는 실제 이자소득 등을 지급하는 곳을 관할하는 시·군에 납부하여야 한다(감심 2001-114, 2001.10.9.).

사실상의 소득의 지급지에 대한 판단은 이자소득의 발생 및 지급과정 등 제반 업무를 고려할 때, 예치대상자 선정, 예치한 금액의 관리, 이자소득 지급 대상자 선정, 이자소득 지급을 위한 전반적인 업무를 주도적으로 처리하는 곳을 사실상 소득의 지급지로 판단된다. 예를 들어 고객보증금 수령, 이자비용 계상, 보증금 예치사유 해소 시 지급전표작성 등 이자소득에 대한 사실상 지급

---

412) 2014년 이전에는 지방소득세 특별징수의 범위는 「소득세법」 상의 소득세의 원천징수 및 「법인세법」 제98조의 규정에 의한 법인세의 원천징수를 말하므로 이외의 「법인세법」 상의 원천징수는 제외되어 있다(구 지령 §92 ①). 따라서 국내법인은 제외되나, 외국법인인 경우에는 「법인세법」 제98조의 원천징수 여부를 확인하여야 할 것이다.

업무를 수행하고 있는 경우 그 장소를 지급지로 보고 있다.

⑯ 가산세(지법 §103-30)

(1) 「지방세기본법」 상 가산세

법인지방소득세 납세의무자가 신고 또는 납부의무를 다하지 아니하면 납부하여야 할 세액 또는 그 부족세액에 「지방세기본법」 제53조부터 제55조까지의 규정에 따라 산출한 가산세를 부과한다(지기법 §53-2, §53-3, §53-4). 따라서 신고를 하지 아니한 경우에는 납부할 세액의 20%(사기, 기타 부정행위 40%)의 무신고가산세, 신고는 하였으나 과소신고한 경우 과소신고분 세액의 10%(사기, 기타 부정행위 40%)의 과소신고가산세를 부과하며, 둘 다 납부지연가산세(2023년 이전은 납부불성실가산세)를 부과한다. 한편, 가산세 부과 시 「지방세기본법」 제54조의 가산세 감면규정도 적용된다.

(2) 무기장 가산세 등

2016.12.31. 이전까지 납세지 관할 지방자치단체장은 납세지 관할 세무서장이 「법인세법」 제74조의 2, 제75조, 제75조의 2부터 제75조의 9까지의 규정(2018년 이전 제76조)에 따라 법인세 가산세를 징수하는 경우에는 그 징수하는 금액의 10%에 해당하는 금액을 법인지방소득세 가산세로 징수한다. 다만, 「법인세법」 제75조의 3(2018년 이전 제76조 제1항)에 따른 가산세와 「지방세기본법」 제53조(무신고가산세) 또는 제54조(과소신고가산세)에 따른 가산세와 함께 부과되는 경우에는 그러하지 아니하다.

구 「국세기본법」에 제47조의 5 제1항의 납부불성실가산세를 계산함에 있어 해당 가산세 대상 세액(납부하지 아니한 세액 또는 부족한 세액)에는 「소득세법」 제81조 제4항(지급조서 미제출가산세, 증빙불비가산세 등)에 따른 가산세가 포함되지 않는 것이다(징세-685, 2012.6.22.)라고 해석하고 있고, 가산세에 가산세를 부과함에 문제가 있으므로 지방소득세의 지출증빙서류 미수취가산세 등에 납부지연가산세(2023년 이전은 납부불성실가산세)를 부과하지 아니하는 것으로 판단된다.

그런데 2014년 개시 사업연도분은 장부 비치·기장 의무 불이행가산세 등을 「지방세법」에 별도로 나열하고 있었다.

한편, 법인의 사업장 소재지가 둘 이상의 지방자치단체에 있어 각 사업장 소재지 관할 지방자치단체장이 안분하여 부과징수하는 경우에는 법인지방소득세 가산세도 안분하여 징수한다.

(3) 가산세 적용 특례(지법 §103-61)

「국제조세조정에 관한 법률」 제17조 제1항에 따라 「국세기본법」 제47조의 3에 따른 과소신고가산세를 부과하지 아니할 때에는 「지방세기본법」 제54조에 따른 과소신고가산세를 부과하지 아니한다.

⑰ 토지 등 양도소득에 대한 과세특례 및 기업소득환류세(지법 §103-31)

(1) 토지 등 양도소득에 대한 과세특례

1) 개요

내국법인이 「법인세법」 제55조의 2에 따른 토지 및 건물(2021.1.1. 이후 양도분부터 건물에 부속된 시설물과 구축물을 포함), 주택을 취득하기 위한 권리로서 「소득세법」 제88조 제9호의 조합원입주권 및 같은 조 제10호의 분양권("토지 등")을 양도한 때에는 해당 각 호에 따라 계산한 세액을 토지 등 양도소득에 대한 법인지방소득세로 하여 각 사업연도의 소득에 대한 법인지방소득세에 추가하여 납부하여야 한다. 이 경우 하나의 자산이 다음 규정 중 둘 이상에 해당할 때에는 그 중 가장 높은 세액을 적용한다.

① 「법인세법 시행령」 제92조의 2 제2항에 따른 주택(이에 부수되는 토지 포함) 및 주거용 건축물로서 상시 주거용으로 사용하지 아니하고 휴양·피서·위락 등의 용도로 사용하는 건축물(2021.1.1. 이후 양도분)을 양도한 경우[단, 2021.1.1. 이후 양도분부터 읍 또는 면에 있으면서 같은 령 제92조의 10에 따른 주택 및 그 부속토지는 제외]

토지 등의 양도소득에 2%(미등기 토지 등의 양도소득은 4%)를 곱하여 산출한 세액

② 「법인세법」 제55조의 2 제2항 및 제3항에서 정하는 비사업용토지를 양도한 경우

토지 등의 양도소득에 1%(미등기 토지 등의 양도소득은 4%)를 곱하여 산출한 세액

> **토지 등 양도소득 = 토지 등의 양도금액 − 양도 당시의 장부가액**

③ 2021.1.1. 양도분부터 주택을 취득하기 위한 권리로서 「소득세법」 제88조 제9호의 조합원입주권 및 같은 조 제10호의 분양권을 양도한 경우

토지 등의 양도소득에 2%를 곱하여 산출한 세액

「법인세법」 제55조의 2 제4항 어느 하나에 해당하는 토지 등 양도소득에 대하여는 상기를 적용하지 아니한다. 다만, 「법인세법」 제55조의 2 제5항에서 정하는 미등기 토지 등에 대한 토지 등 양도소득에 대하여는 그러하지 아니하다.

한편, 상기를 적용할 때 농지·임야·목장용지의 범위, 주된 사업의 판정기준, 해당 사업연도의 토지 등의 양도에 따른 손실이 있는 경우 등의 양도소득 계산방법, 토지 등의 양도에 따른 손익의 귀속사업연도 등 즉 양도소득의 귀속연도, 양도시기 및 취득시기는 「법인세법 시행령」 제92조의 2 제6항을 따르며, 둘 이상의 토지 등을 양도하는 경우 토지 등 양도소득은 「법인세법 시행령」 제92조의 2 제9항에 따라 산출한 금액으로 한다.

2009.3.16.~2012.12.31.까지 취득한 자산을 양도하거나[2016.1.1. 이후 적용(부칙 §9)] 「조세특례제한법 시행령」 제2조의 규정에 의한 중소기업이 주택 또는 비사업용 토지(미등기 토지 등은 제외)를 2016.12.31.까지 양도하는 경우에는 적용하지 아니한다(2014.3.24. 법률 제12505호 지방세법 일부 개정 법률 부칙 제5조-2015.7.24. 2016.12.27. 개정됨).

2) 재건축조합 등의 특례(2022년 이후 적용)

다음의 조합은 비영리내국법인에 해당되지 않지만(지법 §85 ① 6) 비영리내국법인으로 보아 법인지방소득세 과세표준과 세액을 계산한다(이 경우 과세소득의 범위에서 제외되는 사업의 범위 등은 「조세특례제한법」 제104조의 7 제5항에 따름).

① 2003.6.30. 이전에 「주택건설촉진법」(법률 제6852호로 개정되기 전의 것을 말함) 제44조 제1항에 따라 조합설립의 인가를 받은 재건축조합으로서 「도시 및 주거환경정비법」 제38조에 따라 법인으로 등기한 조합 중 「조세특례제한법」 제104조의 7 제1항 단서에 따라 「법인세법」의 적용을 받는 조합

② 「도시 및 주거환경정비법」 제35조에 따른 조합

③ 「빈집 및 소규모주택 정비에 관한 특례법」 제23조에 따른 조합

(2) 기업미환류소득세

「조세특례제한법」 제100조의 32(「법인세법」 제56조 및 「조세특례제한법」 제100조의 32 제2항)에 따라 내국법인(연결법인 포함)이 다음에 따라 기업미환류세를 법인세액에 추가하여 납부하는 경우에는 그 추가하여 납부하는 세액의 10%에 해당하는 금액을 과세표준에 세율을 적용하여 계산한 법인지방소득세액에 추가하여 납부하여야 한다.

① 「법인세법」 제56조 제1항 또는 제4항에 따라 기업미환류세를 납부하는 경우

② 「법인세법」 제56조 제7항에 따라 이자 상당액을 가산하여 기업미환류세를 납부하는 경우

⑱ 비영리내국법인에 대한 과세특례(지법 §103-32)

비영리내국법인은 「법인세법」 제4조(2018년 이전 제3조) 제3항 제2호에 따른 이자·할인액 및 이익(「소득세법」 제16조 제1항 제11호의 비영업대금의 이익은 제외하고, 투자신탁의 이익을 포함하며, "이자소득")으로서 「지방세법」 제103조의 29에 따라 특별징수된 이자소득에 대하여는 제103조의 23에도 불구하고 과세표준 신고를 하지 아니할 수 있다. 이 경우 과세표준 신고를 하지 아니한 이자소득은 제103조의 19에 따라 각 사업연도의 소득금액을 계산할 때 포함하지 아니한다.

비영리내국법인은 특별징수된 이자소득 중 일부에 대해서도 과세표준 신고를 하지 아니할 수 있으며, 과세표준 신고를 하지 아니한 이자소득에 대해서는 수정신고, 기한 후 신고 또는 경정 등을 통하여 이를 과세표준에 포함시킬 수 없다(지령 §100-22).

한편, 「법인세법」 제62조의 2 제2항에 따라 비영리내국법인이 자산양도소득에 대하여 법인세를 납부하는 경우에는 「지방세법」 제103조에 따라 계산한 과세표준에 제103조의 3에 따른 세율을 적용하여 산출한 금액을 법인지방소득세로 납부하여야 한다. 이 경우 2023년 이후 제103조의 3 제5항에 따라 가중된 세율을 적용하는 경우에는 제103조의 31 제1항을 적용하지 아니한다.

이에 따라 계산한 법인지방소득세는 양도소득과세표준 예정신고 및 자진납부를 하여야 하며, 양도소득과세표준 예정신고를 하려는 경우 법인지방소득에 대한 양도소득과세표준 예정신고서를 제출하여야 한다(지령 §100-22 ③). 이 경우 과세표준에 대한 신고를 한 것으로 보나, 해당 과세기간에 누진세율 적용대상 자산에 대한 예정신고를 2회 이상 하는 경우 등으로서 같은 법 시행령 제100조의 3 제2항의 경우에는 과세표준 신고를 하여야 한다. 그런데 양도소득과세표준 예정신고 및 자진납부를 한 경우에도 과세표준의 신고를 할 수 있는데, 예정신고 납부세액은 납부할 세액에서 공제한다(지령 §100-22 ④).

이에 따른 법인지방소득세의 과세표준에 대한 신고·납부·결정·경정 및 징수에 관하여는 자산 양도일이 속하는 각 사업연도의 소득에 대한 법인지방소득세의 과세표준의 신고·납부·결정·경정 및 징수에 과한 규정을 준용하되, 그 밖의 법인지방소득세액에 합산하여 신고·납부·결정·경정 및 징수한다. 그리고 이러한 사항 외에 비영리내국법인의 자산양도소득에 대한 과세특례에 관하여는 「법인세법」 제62조의 2를 준용한다.

제7절 내국법인의 각 연결사업연도의 소득에 대한 지방소득세

① 연결납세방식의 적용 등(지법 §103-33)

「법인세법」 제76조의 8에 따라 연결납세방식을 적용받는 내국법인은 법인지방소득세에 관하여 연결납세방식을 적용할 수 있으며, 연결납세방식의 적용, 연결납세방식의 취소와 포기, 연결자법인의 추가와 배제 등에 관하여는 「법인세법」 제76조의 8부터 제76조의 12까지의 규정을 준용한다.

> **사례** 연결납세방식 적용 시 법인세분 지방소득세(지방세운영과-5989, 2010.12.21.)
>
> 연결모법인은 연결자법인의 각 사업연도소득을 기초로 소득·결손금 통산 등을 조정하여 법인세를 신고납부하는 것으로, 법인세분 지방소득세의 납세의무자는 각 법인의 회계에 따라 법인세를 실제로 부담하는 개별법인인 연결모법인 및 연결자법인 각각의 법인으로 보아야 할 것임.

② 과세표준(지법 §103-34)

각 연결사업연도의 소득에 대한 법인지방소득세 과세표준은 「법인세법」 제76조의 13에 따라 계산한 법인세의 과세표준(2019.12.30. 이전 종료 사업연도분까지는 계산한 금액)(「조세특례제

한법」 및 다른 법률에 따라 과세표준 산정과 관련한 조세감면 또는 중과세 등의 조세특례가 적용되는 경우에는 이에 따라 계산한 법인세의 과세표준)과 동일한 금액(2019.12.30. 이전 종료 사업연도분까지는 계산한 금액)으로 한다.

상기에도 불구하고 각 연결사업연도의 소득에 대한 법인세 과세표준에 국외원천소득이 포함되어 있는 경우로서 외국납부세액공제를 하는 경우 해당 연결사업연도의 법인지방소득세 과세표준의 계산에 관하여는 「지방세법」 제103조의 19 제2항부터 제3항까지의 규정을 준용한다.

여기서 「법인세법」 제57조 제1항에 따른 외국법인세액을 차감할 때, 각 연결법인의 「법인세법 시행령」 제120조의 22 제2항 제1호에 따른 과세표준 개별귀속액("과세표준 개별귀속액")에서 차감한다(차감하는 외국법인세액은 해당 연결법인에서 발생한 외국법인세액에 한함). 이에 따라 차감하는 외국법인세액은 각 연결법인의 과세표준 개별귀속액을 한도로 하고, 과세표준 개별귀속액을 초과하는 금액은 이월하여 차감할 수 있다. 이 경우 각 연결법인별 외국법인세액을 이월하여 그 이월된 연결사업연도의 법인지방소득세 과세표준을 계산할 때 차감하는 경우 먼저 발생한 이월금액부터 차감한다. 외국법인세액을 차감한 금액을 해당 연결사업연도의 법인지방소득세 과세표준으로 하려는 연결법인은 법인지방소득세의 과세표준과 세액을 납세지 관할 지방자치단체장에게 신고할 때 각 연결법인별로 작성한 외국법인세액 과세표준 차감 명세서를 함께 제출해야 한다.

③ 연결산출세액(지법 §103-35)

각 연결사업연도의 소득에 대한 법인지방소득세 연결산출세액은 과세표준에 세율을 적용하여 계산한 금액으로 한다.

연결법인이 「법인세법」 제31조 제1항에 따른 토지 등을 양도한 경우(해당 토지 등을 다른 연결법인이 양수하여 「법인세법」 제76조의 14 제1항 제3호가 적용되는 경우 포함) 또는 같은 조 제5항에 따른 미환류소득이 있는 경우에는 토지 등 양도소득 또는 해당 미환류소득에 대한 법인지방소득세를 합산한 금액을 연결산출세액으로 한다.

각 연결사업연도의 소득에 대한 법인지방소득세를 계산하는 경우 사업연도가 1년 미만인 내국법인의 각 사업연도의 소득에 대한 법인지방소득세는 그 사업연도의 「법인세법」 제13조에 따라 계산한 금액을 그 사업연도의 월수로 나눈 금액에 12를 곱하여 산출한 금액을 과세표준으로 하여 계산한 세액에 그 사업연도의 월수를 12로 나눈 수를 곱하여 산출한 세액을 그 세액으로 한다. 이 경우 월수는 역(曆)에 따라 계산하되, 1월 미만의 일수는 1월로 한다.

○ 연결법인별 법인지방소득세 산출세액 = ① × ② **(지령 §100-23)**
　연결법인에 토지 등 양도소득 또는 미환류소득에 대한 법인지방소득세가 있는 경우 가산
　① 과세표준 개별귀속액(다만, 2022년 이후 외국법인세액을 차감하는 경우 해당 연결법인의 과세표준 개별귀속액에서 외국법인세액을 차감한 후의 법인지방소득세 과세표준)

---

② 연결사업연도의 소득에 대한 과세표준에 대한 연결산출세액(토지 등 양도소득에 대한 법인지방소득세 제외)의 비율("연결세율")

④ 세액공제 및 세액감면(지법 §103-36)

연결법인의 연결사업연도의 소득에 대한 법인지방소득세의 세액공제 및 세액감면에 관한 사항은「지방세특례제한법」에서 정한다. 이 경우 공제 및 감면되는 세액은 법인지방소득세 연결산출세액에서 공제한다. 이를 적용할 때 각 연결법인의 공제 및 감면 세액은 연결법인별 법인지방소득세 산출세액을 법인지방소득세 산출세액으로 보아「지방세특례제한법」에 따른 세액공제와 세액감면을 적용하여 계산한 금액으로 한다.

각 연결법인의 감면 또는 면제되는 세액은 감면 또는 면제되는 소득에 연결세율을 곱한 금액(감면의 경우 그 금액에 해당 감면율을 곱하여 산출한 금액)으로 한다. 이 경우 감면 또는 면제되는 소득은 과세표준 개별귀속액을 한도로 한다(지령 §100-24).

⑤ 연결과세표준 및 연결법인지방소득세액 신고납부(지법 §103-37)

(1) 개요

연결모법인은 각 연결사업연도의 종료일이 속하는 달의 말일부터 5개월 이내에 각 연결사업연도의 소득에 대한 법인지방소득세 과세표준과 각 연결사업연도의 소득에 대한 연결법인별 법인지방소득세 산출세액을 각 연결사업연도의 소득에 대한 법인지방소득세 과세표준 및 세액신고서와 안분명세서(연결집단 법인지방소득세 과세표준 및 세액조정계산서와 부속서류를 첨부)에 따라 연결법인별 납세지 관할 지방자치단체장에게 다음의 서류를 첨부하여(2016.1.1. 이후 신고분부터) 신고하여야 한다. 이 신고의무는 각 연결사업연도의 소득금액이 없거나 결손금이 있는 법인의 경우에도 적용한다. 연결모법인이 지방소득세를 신고납부하는 경우에는 각 연결자법인은 연결법인별로 계산된 지방소득세 상당액을 연결모법인에게 지급하여야 한다. 단, 2024년 이후 개시 사업연도분부터 해당 지방소득세 상당액이 음의 수인 경우 연결모법인은 음의 부호를 뗀 금액을 연결자법인에 지급하여야 한다.

① 각 연결법인의 기업회계기준을 준용하여 작성한 개별 내국법인의 재무상태표·포괄손익계산서 및 이익잉여금처분계산서(또는 결손금처리계산서)
② 각 연결법인의 법인지방소득세 과세표준 및 세액조정계산서
③ 각 연결법인의 법인지방소득세 안분명세서
④ 세액조정계산서 첨부서류
2016.1.1. 이후 신고분부터 상기 첨부서류를 연결모법인 본점 소재지를 관할하는 지방자치단체

장에게 제출한 경우에는 연결법인별 납세지 관할 지방자치단체장에게도 이를 제출한 것으로 본다. 신고를 할 때 그 신고서에 ①~③의 서류를 첨부하지 아니하면 신고로 보지 아니한다.

한편, 2016.1.1. 이후 신고분부터 납세지 관할 지방자치단체장은 제1항 및 제3항에 따라 제출된 신고서 또는 그 밖의 서류에 미비한 점이 있거나 오류가 있을 때에는 보정을 요구할 수 있다.

각 지방자치단체의 연결법인별 법인지방소득세 산출세액은 「지방세법」 제89조 제2항에서 정하는 바에 따른다.

연결법인의 사업장이 둘 이상의 지방자치단체에 있는 경우에는 납세지 관할 지방자치단체장에게 각각 신고하여야 한다. 이 경우 법인지방소득세의 총액과 본점 또는 주사무소와 사업장별 법인지방소득세의 안분계산내역 등을 적은 법인지방소득세 안분명세서를 첨부하여 해당 지방자치단체장에게 서면으로 제출하여야 한다. 다만, 지방세통합정보통신망에 전자신고를 한 경우에는 이를 제출한 것으로 본다.

연결모법인은 연결법인별 법인지방소득세 산출세액에서 공제 및 감면되는 세액 및 특별징수한 세액을 공제한 금액을 신고기한까지 납부서식에 따라 납세지 관할 지방자치단체에 납부하여야 한다.

연결모법인의 본점 또는 주사무소 소재지 관할 지방자치단체장은 제출받은 첨부서류를 확정신고기한의 다음 달 말일까지 지방세정보통신망에 등록하여야 한다.

(2) 법인지방소득세 연결세액의 분납(지법 §103 - 37 ⑤)

2023.1.1. 이후 개시한 사업연도의 연결법인별 법인지방소득세를 신고·납부하는 경우부터(부칙 §8) 납부할 세액이 100만 원을 초과하는 연결모법인은 대통령령으로 정하는 바에 따라 그 납부할 세액의 일부를 납부기한이 지난 후 1개월(「조세특례제한법」 제6조 제1항에 따른 중소기업의 경우에는 2개월) 이내에 분할납부할 수 있다.

한편, 연결모법인이 각 연결사업연도의 소득에 대한 법인지방소득세액을 분할납부하는 경우 분할납부할 수 있는 세액은 다음의 구분에 따른다.

① 납부할 세액이 100만 원 초과 200만 원 이하인 경우 : 100만 원을 초과하는 금액
② 납부할 세액이 200만 원을 초과하는 경우 : 해당 세액의 50% 이하의 금액

(3) 연결산출세액의 부재에 따른 정산금 배분(지법 §103 - 37 ⑦)

2024.1.1. 이후 개시 사업연도분부터(부칙 §9) 법인지방소득세 연결산출세액이 없는 경우로서 다음의 어느 하나에 해당하는 경우에는 각 연결법인의 결손금 이전에 따른 손익을 정산한 금액("정산금")을 해당 ①, ②에서 정하는 바에 따라 연결법인별로 배분하여야 한다.

① 「법인세법」 제76조의 19 제5항 제1호 각 목의 어느 하나에 해당하는 연결자법인이 있는 경우 : 해당 연결자법인이 대통령령으로 정하는 바에 따라 계산한 정산금을 연결사업연도의 종료일이 속하는 달의 말일부터 5개월 이내에 연결모법인에 지급

② 「법인세법」제76조의 19 제5항 제2호 각 목의 어느 하나에 해당하는 연결자법인이 있는 경우 : 연결모법인이 대통령령으로 정하는 바에 따라 계산한 정산금을 연결사업연도의 종료일이 속하는 달의 말일부터 5개월 이내에 해당 연결자법인에 지급

⑥ 수정신고·결정·경정 및 징수 등(지법 §103-38)

각 연결사업연도의 소득에 대한 법인지방소득세의 수정신고·결정·경정·징수 및 환급에 관하여는 제6절 내국법인의 각 사업연도의 소득에 대한 지방소득세의 규정을 준용한다.

⑦ 가산세(지법 §103-39)

연결법인은 제6절 내국법인의 각 사업연도의 소득에 대한 지방소득세의 가산세 규정을 준용하여 계산한 금액을 각 연결사업연도의 소득에 대한 법인지방소득세 세액에 더하여 납부하여야 한다.

⑧ 중소기업 관련 규정의 적용(지법 §103-40)

각 연결사업연도의 소득에 대한 법인지방소득세 세액을 계산할 때 중소기업 관련 규정의 적용에 관하여는 「법인세법」제76조의 22를 준용한다. 즉 각 연결사업연도의 소득에 대한 법인세액을 계산할 때 연결집단을 하나의 내국법인으로 보아 「조세특례제한법 시행령」제2조의 규정에 의한 중소기업("중소기업")에 해당하는 경우에만 적용한다. 이 경우 연결납세방식을 적용하는 최초의 연결사업연도의 직전 사업연도 당시 중소기업에 해당하는 법인이 연결납세방식을 적용함에 따라 중소기업에 관한 규정을 적용받지 못하게 되는 경우에는 연결납세방식을 적용하는 최초의 연결사업연도와 그 다음 연결사업연도의 개시일부터 3년 이내에 끝나는 연결사업연도까지는 중소기업에 관한 규정을 적용한다.

제8절 내국법인의 청산소득에 대한 지방소득세

① 과세표준(지법 §103-41)

내국법인의 청산소득에 대한 법인지방소득세의 과세표준은 「법인세법」제79조에 따른 해산에 의한 청산소득의 금액(2019.12.30. 이전 종료 사업연도까지는 청산소득금액)(「조세특례제한법」및 다른 법률에 따라 청산소득 금액 산정과 관련된 과세특례가 적용되는 경우에는 이에 따라 산출한 해산에 의한 청산소득의 금액)과 동일한 금액(2019.12.30. 이전 종료 사업연도분까지는 산출한 금액)으로 한다.

② 세율(지법 §103-42)

내국법인의 청산소득에 대한 법인지방소득세는 과세표준에 세율을 적용하여 계산한 금액을 그 세액으로 한다.

③ 과세표준 등 신고납부(지법 §103-43)

「법인세법」 제84조에 따른 확정신고의무 또는 제85조에 따른 중간신고의무가 있는 내국법인은 해당 신고기한까지 청산소득에 대한 법인지방소득세 과세표준 및 세액신고서와 「법인세법」 제84조 제2항 제1호(중간신고의 경우 「법인세법」 제85조 제2항)에 따른 재무상태표를 제출하여 청산소득에 대한 법인지방소득세의 과세표준과 세액을 납세지 관할 지방자치단체장에게 신고하여야 한다. 이에 따른 신고를 한 내국법인은 해당 신고기한까지 청산소득에 대한 법인지방소득세를 납세지 관할 지방자치단체에 납부하여야 한다.

④ 결정과 경정(지법 §103-44)

납세지 관할 지방자치단체장은 내국법인이 확정신고를 하지 아니하거나 신고 내용에 오류 또는 누락이 있는 경우에는 해당 청산소득에 대한 과세표준과 세액을 결정 또는 경정하며, 청산소득에 대한 법인지방소득세의 과세표준과 세액을 결정 또는 경정한 후 그 결정 또는 경정에 오류나 누락이 있는 것을 발견한 경우에는 즉시 이를 다시 경정한다.

또한, 청산소득에 대한 법인지방소득세의 과세표준과 세액을 결정 또는 경정한 때에는 그 내용을 해당 내국법인이나 청산인에게 알려야 한다. 다만, 그 법인이나 청산인에게 알릴 수 없는 경우에는 공시(公示)로써 이를 갈음할 수 있다.

⑤ 징수(지법 §103-45)

납세지 관할 지방자치단체장은 내국법인이 납부하여야 할 청산소득에 대한 법인지방소득세의 전부 또는 일부를 납부하지 아니하면 「지방세기본법」 및 「지방세징수법」에 따라 징수하며, 납부하였거나 이 규정에 의해 징수한 법인지방소득세액이 납세지 관할 지방자치단체장이 결정하거나 경정한 법인지방소득세보다 적으면 그 부족한 금액에 상당하는 법인지방소득세를 징수하여야 한다.

⑥ 청산소득에 대한 과세특례(지법 §103-46)

청산소득에 대한 법인지방소득세를 징수할 때에는 납부기한 경과된 후 납부지연가산세(2023. 12.31. 이전 납세의무성립분까지 「지방세징수법」 제30조 및 제31조에 따른 가산금 및 제60조 중 가산금)를 징수하지 아니하며, 내국법인이 「법인세법」 제78조 각 호에 따른 조직변경이 있는 경우에는 청산소득에 대한 법인지방소득세를 과세하지 아니한다.

제9절 외국법인의 각 사업연도의 소득에 대한 지방소득세

① 과세표준(지법 §103-47)

국내사업장을 가진 외국법인과 「법인세법」 제93조 제3호에 따른 소득이 있는 외국법인의 각 사업연도의 소득에 대한 법인지방소득세의 과세표준은 「법인세법」 제91조 제1항에 따라 계산한 법인세의 과세표준(2019.12.30. 이전 종료 사업연도분까지는 계산한 금액)(「조세특례제한법」 및 다른 법률에 따라 과세표준 산정과 관련한 조세감면 또는 중과세 등의 조세특례가 적용되는 경우에는 이에 따라 계산한 법인세의 과세표준)과 동일한 금액(2019.12.30. 이전 종료 사업연도분까지는 계산한 금액)으로 한다.

국내사업장을 가지지 아니한 외국법인과 「법인세법」 제93조 제3호에 따른 소득이 있는 외국법인에 해당하지 아니하는 외국법인의 각 사업연도의 소득에 대한 법인지방소득세의 과세표준은 「법인세법」 제91조 제2항에 따라 계산한 법인세의 과세표준(2019.12.30. 이전 종료 사업연도분까지는 「법인세법」 제91조 제2항에 따른 금액)(「조세특례제한법」 및 다른 법률에 따라 과세표준 산정에 관련한 조세감면 또는 중과세 등의 조세특례가 적용되는 경우에는 이에 따라 법인세의 과세표준)과 동일한 금액(2019.12.30. 이전 종료 사업연도분까지는 계산한 금액)으로 한다.

국내사업장을 가진 외국법인과 「법인세법」 제93조 제3호에 따른 소득이 있는 외국법인의 원천소득으로서 「법인세법」 제98조 제1항, 제98조의 3, 제98조의 5 또는 제98조의 6에 따라 원천징수되는 소득에 대한 법인지방소득세의 과세표준은 「법인세법」 제91조 제3항에 따라 계산한 법인세의 과세표준(2019년 이전 개시 사업연도분까지는 「법인세법」 제91조 제3항에 따른 금액)(「조세특례제한법」 및 다른 법률에 따라 과세표준 산정에 관련한 조세감면 또는 중과세 등의 조세특례가 적용되는 경우에는 이에 따라 계산한 법인세의 과세표준)과 동일한 금액(2019년 이전 개시 사업연도분까지는 계산한 금액)으로 한다.

「법인세법」 제91조 제1항 제3호는 국내사업장을 가지고 있지 아니하는 외국법인에 대하여도 적용한다.

외국법인의 국내원천소득 금액의 계산, 국내원천소득의 구분 및 외국법인의 국내사업장에 관

한 사항은 「법인세법」 제92조부터 제94조까지의 규정에서 정하는 바에 따른다.

② 세율(지법 §103-48)

국내사업장을 가진 외국법인과 「법인세법」 제93조 제3호에 따른 소득이 있는 외국법인으로서 「법인세법」 제93조 제7호에 따른 국내원천소득이 있는 외국법인의 각 사업연도의 소득에 대한 법인지방소득세는 과세표준의 금액에 세율을 적용하여 계산한 금액(토지 등의 양도소득에 대한 법인지방소득세액이 있는 경우에는 이를 합한 금액으로 한다)으로 한다.

③ 토지 등 양도소득에 대한 과세특례(지법 §103-49)

외국법인의 「법인세법」 제55조의 2에 따른 토지 및 건물(2021.1.1. 이후 양도분부터 건물에 부속된 시설물과 구축물을 포함), 주택을 취득하기 위한 권리로서 「소득세법」 제88조 제9호의 조합원입주권 및 같은 조 제10호의 분양권("토지 등")의 양도소득에 대한 법인지방소득세의 납부에 관하여는 제6절 내국법인의 각 사업연도의 소득에 대한 지방소득세의 규정을 준용한다. 이 경우 제103조의 47 제2항에 따른 외국법인의 토지 등 양도소득은 「법인세법」 제92조 제3항을 준용하여 계산한 금액으로 한다.

④ 외국법인의 국내사업장에 대한 과세특례(지법 §103-50)

외국법인(비영리외국법인은 제외)의 국내사업장은 「법인세법」 제96조에 따라 계산하여 추가로 납부하여야 할 세액의 10%를 법인지방소득세에 추가하여 납부하여야 한다.

⑤ 신고·납부·결정·경정·징수 및 특례(지법 §103-51)

(1) 국내 원천소득 부동산 등 양도소득

외국법인으로서 「법인세법」 제93조 제7호에 따른 국내원천 부동산 등 양도소득이 있는 외국법인의 각 사업연도의 소득에 대한 법인지방소득세의 신고·납부·결정·경정 및 징수에 대하여는 이 절에서 규정하는 것을 제외하고는 제6절 및 「법인세법」 제97조를 준용한다. 이 경우 제103조의 23 제3항을 준용할 때 제103조의 47 제1항에 따른 외국법인과 같은 조 제2항 및 제3항에 해당하는 외국법인으로서 「법인세법」 제93조 제7호에 따른 국내원천 부동산 등 양도소득이 있는 외국법인의 각 사업연도의 소득에 대한 법인지방소득세 과세표준에 같은 법 제98조 제1항 제5호 및 같은 조 제8항에 따라 원천징수된 소득이 포함되어 있는 경우(2020년 이전은 제103조의 52에 따라 특별징수된 소득이 포함되어 있는 경우)에는 그 원천징수세액의 10%에 해당하는 그 특별징수세액을 공제되는 세액으로 본다.

이 규정에 따라 각 사업연도의 소득에 대한 법인지방소득세의 과세표준을 신고하여야 할 외국법인이 「법인세법 시행령」 제7조 제6항 제2호에 따른 본점 등의 결산이 확정되지 아니하거나 그 밖에 부득이한 사유로 그 신고기한까지 신고서를 제출할 수 없는 외국법인은 해당 사업연도의 종료일부터 60일 이내에 사유서를 갖추어 납세지 관할 지방자치단체장에게 신고기한 연장승인을 신청할 수 있다. 다만, 「법인세법 시행령」 제136조에 따라 세무서장에게 신고기한 연장승인을 신청한 경우에는 법인지방소득세에 대한 신고기한 연장승인도 함께 신청한 것으로 본다.

신고기한의 연장승인을 받은 외국법인이 신고세액을 납부할 때에는 기한 연장일수 × 1.8[413]/10,000을 적용하여 계산한 금액을 가산하여 납부하여야 한다. 가산할 금액을 계산할 때의 기한 연장일수는 신고기한의 다음 날부터 연장승인을 받은 날까지의 일수로 한다. 다만, 연장승인 기한에 신고 및 납부가 이루어진 경우에는 그 날까지의 일수로 한다.

(2) 유가증권 양도소득 등에 대한 신고 · 납부

「법인세법」 제98조의 2에 따라 유가증권 양도소득 등에 대한 신고 · 납부를 하여야 하는 외국법인은 그 신고 · 납부할 금액의 10%에 해당하는 금액을 같은 조에서 정한 각 신고 · 납부기한의 1개월 이내까지 납세지 관할 지방자치단체장에게 신고 · 납부하여야 한다.

유가증권 양도소득 등에 대한 신고 · 납부를 하려는 외국법인은 다음의 구분에 따른 신고서를 작성하여 신고 · 납부하여야 한다(지령 §100-28).

① 「법인세법」 제98조의 2 제1항에 따라 주식 또는 출자증권의 양도소득 중 특별징수되지 아니한 소득의 특별징수세액 상당액을 신고 · 납부하는 경우
　　외국법인 유가증권 양도소득 정산신고서
② 「법인세법」 제98조의 2 제3항에 따라 주식 · 출자증권 또는 그 밖의 유가증권의 양도소득에 대한 세액을 신고 · 납부하는 경우
　　외국법인 유가증권 양도소득 신고서
③ 「법인세법」 제98조의 2 제4항에 따라 국내에 있는 자산을 증여받아 생긴 소득에 대한 세액을 신고 · 납부하는 경우
　　외국법인 증여소득 신고서

---

413) 2020.4.28. 이후 환급분부터 「지방세기본법 시행령」 제43조에 따른 이자율, 즉 지방세환급가산금 이자율을 을 적용하나[2020.4.27. 이전에 신고기한의 연장승인을 받았으나 2020.4.28. 시행 당시 연장승인 기한이 지나지 않은 경우에 대해서도 적용되지만 당초 신고기한이 지난 경우에는 2020.4.28.부터 연장승인 기한까지의 기간에 대해서만 적용(부칙 §4)], 그 전에는 납부불성실가산세 산정 이자율을 적용하였다[2019.5.30. 이전에 신고기한의 연장승인을 받은 경우 그 연장되기 전의 신고기한의 다음 날부터 2019.5.30.까지의 기간에 대한 이자율은 3이 적용됨(부칙 §5)].

(3) 인적용역소득에 대한 신고납부 특례

「법인세법」 제93조 제6호에 따른 소득이 특별징수되는 외국법인은 같은 법 제99조 제1항에 따라 산정되는 과세표준에 세율을 적용하여 산출한 세액을 용역 제공기간 종료일부터 4개월 이내에 외국법인인적용역소득신고서에 그 소득과 관련된 비용을 증명하는 서류를 첨부하여 특별징수의무자의 납세지 관할 지방자치단체에게 신고·납부할 수 있다. 이 경우 과세표준에 이미 특별징수된 소득이 포함되어 있으면 특별징수세액은 이미 납부한 세액으로 공제한다.

❻ 외국법인에 대한 특별징수 또는 징수의 특례(지법 §103-52)

외국법인의 국내원천소득에 대하여 「법인세법」 제98조 및 제98조의 2[2024.1.1. 이후 외국법인에 국내원천소득을 지급하는 경우부터(부칙 §10)]부터 제98조의 8까지에 따라 법인세를 원천징수하는 경우에는 원천징수하는 법인세의 10%에 해당하는 금액을 법인지방소득세로 특별징수하여야 한다. 이 경우 「법인세법」에 따른 원천징수의무자를 법인지방소득세의 특별징수의무자로 한다.

특별징수의무자의 납부 등에 관하여는 제103조의 29 제3항 및 제4항을 준용, 즉 특별징수의무자는 특별징수한 지방소득세를 그 징수일이 속하는 달의 다음 달 10일까지 관할 지방자치단체에 납부하여야 하며, 특별징수의무자가 징수하였거나 징수하여야 할 세액을 제3항에 따른 납부기한까지 납부하지 아니하거나 과소납부한 경우에는 「지방세기본법」 제56조(특별징수불성실가산세)에 따라 산출한 금액을 가산세로 부과한다.

그리고 그 밖에 외국법인에 대한 특별징수 또는 징수의 특례에 관하여 이 법에서 정하지 아니한 사항은 「법인세법」 제98조 및 제98조의 2[2024.1.1. 이후 외국법인에 국내원천소득을 지급하는 경우부터(부칙 §10)]부터 제98조의 8까지를 준용한다.

참고로, 2014.12.31.까지는 지방소득세 특별징수의 범위는 「소득세법」 상의 소득세의 원천징수 및 「법인세법」 제98조의 규정에 의한 법인세의 원천징수를 말하므로 이외의 「법인세법」 상의 원천징수는 제외되어 있었으므로(구 지령 §92 ①) 국내법인이 소득자인 경우 지방소득세 특별징수를 하지 아니하나, 외국법인인 경우에는 「법인세법」 제98조의 특별징수 여부를 확인하여야 했었다. 그런데 2015.1.1. 이후부터는 내국법인과 외국법인 모두 특별징수하여야 한다.

제10절 동업기업에 대한 과세특례

❶ 동업기업 및 동업자의 납세의무(지법 §103-53)

「조세특례제한법」 제100조의 15 제1항 및 제2항[2023.12.31.이 속하는 과세연도부터 적용(부칙 §11)]에 따라 동업기업과세특례를 적용받는 동업기업("동업기업")과 동업자("동업자") 중 동업자는 같은 법 제100조의 18에 따라 배분받은 동업기업의 소득에 대하여 개인지방소득세 또는 법인지방소득세를 납부할 의무를 지며, 같은 법 제100조의 16 제3항에 따른 동업기업 전환법인은 같은 조항에 따라 계산한 과세표준에 세율을 적용하여 계산한 금액을 법인지방소득세("준청산소득에 대한 법인지방소득세")로 납부할 의무가 있다.

준청산소득에 대한 법인지방소득세를 신고·납부하려는 동업기업 전환법인은 동업기업과세특례를 적용받는 최초 사업연도의 직전 사업연도 종료일 이후 3개월이 되는 날까지 행정안전부령으로 정하는 준청산소득에 대한 법인지방소득세 과세표준 및 세액신고서에 준청산일 현재의 재무상태표를 첨부하여 납세지 관할 지방자치단체장에게 신고하고 납부하여야 한다.

❷ 동업기업의 배분 등(지법 §103-54)

(1) 개요

동업기업과 관련된 다음의 금액은 각 과세연도의 종료일에 일정 동업자 간의 손익배분비율 [2023.12.30.이 속하는 과세연도까지(부칙 §11)는 구 「조세특례제한법 시행령」 제100조의 17에 따른 손익배분비율]에 따라 동업자에게 배분한다. 다만, ④의 금액은 내국법인 및 외국법인인 동업자에게만 배분한다.

① 「지방세특례제한법」에 따른 세액공제 및 세액감면금액
② 동업기업에서 발생한 소득에 대하여 「지방세법」 제103조의 29에 따라 특별징수된 세액
③ 「지방세법」 제103조의 30에 따른 가산세 및 「지방세법」 제103조의 57에 따른 가산세
④ 토지 등 양도소득에 대한 법인지방소득세

상기에서 동업기업을 하나의 내국법인으로 보아 계산하며(지령 §100-32), 동업자는 동업기업의 과세연도의 종료일이 속하는 과세연도의 지방소득세를 신고·납부할 때 상기에 의해 배분받은 금액 중 상기 ① 및 ②의 금액은 해당 동업자의 지방소득세에서 공제하고, ③ 및 ④의 금액은 해당 동업자의 지방소득세에 가산한다. 여기서 동업자가 배분받은 금액은 다음의 방법에 따라 공제하거나 가산한다.

㉠ 세액공제·세액감면금액 : 지방소득세 산출세액에서 공제하는 방법
㉡ 특별징수세액 : 기납부세액으로 공제하는 방법
㉢ 가산세 : 지방소득세 산출세액에 합산하는 방법

㉣ 토지 등 양도소득에 대한 법인지방소득세에 상당하는 세액 : 법인지방소득세 산출세액에
합산하는 방법. 이 경우 토지 등 양도소득에 대한 법인지방소득세에 상당하는 세액은 동업
기업을 하나의 내국법인으로 보아 산출한 금액에 내국법인 및 외국법인인 동업자의 손익배
분비율의 합계를 곱한 금액으로 한다.

(2) 손익배분비율

"일정 동업자 간의 손익배분비율"이란 다음의 구분에 따른 배분 비율을 말한다.
① 「조세특례제한법」 제100조의 15 제1항에 따른 동업자의 경우
　같은 법 시행령 제100조의 17에 따른 손익배분비율
② 「조세특례제한법」 제100조의 15 제2항 및 제3항에 따른 동업자의 경우
　같은 법 제100조의 18 제5항 후단에 따라 상위 동업기업의 동업자에게 배분하는 비율

❸ 동업기업 지분의 양도(지법 §103-55)

「조세특례제한법」 제100조의 21 제1항에 따라 양도소득세 또는 법인세를 과세하는 경우 이 법
에 따른 양도소득에 대한 개인지방소득세 또는 법인지방소득세를 과세한다.

❹ 비거주자 또는 외국법인인 동업자에 대한 특별징수(지법 §103-56)

「조세특례제한법」 제100조의 24 제1항에 따라 동업기업이 비거주자 또는 외국법인인 동업자
에게 배분된 소득에 대하여 소득세 또는 법인세를 원천징수하는 경우에는 원천징수하는 소득세
또는 법인세의 10%에 해당하는 금액을 지방소득세로 특별징수하여 같은 법 제100조의 23 제1항
에 따른 신고기한까지 납세지 관할 지방자치단체장에게 납부하여야 한다.

❺ 동업기업에 대한 가산세(지법 §103-57)

「조세특례제한법」 제100조의 25에 따라 동업기업으로부터 가산세를 징수하는 경우에는 그 징
수하여야 할 금액의 10%에 해당하는 금액을 지방소득세의 가산세로 징수하여야 한다.

❻ 준용규정(지법 §103-53)

동업기업과세특례에 관하여 「지방세법」에서 정하지 아니한 사항은 「조세특례제한법」 제100조
의 14부터 제100조의 26까지의 규정을 준용한다.

제11절 법인과세 신탁재산의 소득에 대한 지방소득세

1 법인과세 신탁재산에 대한 법인지방소득세(지법 §103-58)

2021년 이후 신탁계약 체결분부터「법인세법」제5조 제2항에 따라 내국법인으로 보는 신탁재산("법인과세 신탁재산") 및 법인세를 납부하는 신탁의 수탁자("법인과세 수탁자")에 대해서는 이 절의 규정을 제1절 및 제6절에 우선하여 적용하고, 법인과세 신탁재산에 대한 법인지방소득세의 사업연도는 법인과세 수탁자가「법인세법」제75조의 12 제3항에 따라 신고하는 기간으로 한다. 그리고 법인과세 신탁재산의 법인지방소득세 납세지는 그 법인과세 수탁자의 납세지로 한다.

상기 사항 외에 법인과세 신탁재산에 대한 법인지방소득세 과세방식의 적용 및 제2차 납세의무 등에 관하여는「법인세법」제75조의 11부터 제75조의 18까지의 규정을 준용한다.

제12절 보칙

1 지방소득세 관련 세액 등의 통보(지법 §103-59)

(1) 소득세의 부과징수와 환급 관련 자료 통보

세무서장 또는 지방국세청장("세무서장 등")은 소득세의 부과·징수 등에 관한 자료를「지방세법 시행규칙」제48조의 15에 따라 다음의 구분에 따른 기한까지 소득세 및 법인세의 납세지를 관할하는 지방자치단체장에게 통보하여야 한다. 이 경우 통보하는 자료를 전산처리하였을 때에는 전자문서로 통보할 수 있다.

① 「국세기본법」또는「소득세법」에 따라 소득세 과세표준과 세액을 신고(기한 후 신고 제외) 받은 경우

그 다음 달 15일까지. 다만, 다음 어느 하나에 해당하는 경우 하기에서 정하는 기한까지

㉠ 「소득세법」제14조 제2항에 따른 종합소득과세표준, 같은 조 제6항에 따른 퇴직소득과세표준, 같은 법 제69조에 따른 토지등의 매매차익 또는 같은 법 제92조에 따른 양도소득과세표준을「국세기본법」제2조 제19호에 따른 전자신고 방식으로 신고 받은 경우 신고를 받은 즉시

㉡ 「소득세법」제70조, 제71조, 제74조 및 제110조에 따른 과세표준 확정신고와 같은 법 제69조에 따른 토지등 매매차익예정신고 및 같은 법 제105조에 따른 양도소득 과세표준 예정신고의 경우

신고를 받은 날이 속하는 달의 다음 달 1일부터 2개월이 되는 날

ⓒ 「국세기본법」 제45조에 따른 수정신고를 받은 경우

신고를 받은 날이 속하는 달의 다음달 1일부터 3개월이 되는 날

② 「국세기본법」 또는 「소득세법」에 따라 소득세 과세표준과 세액을 결정 또는 경정(2021년 이전은 감액경정 제외)한 경우

결정 또는 경정한 날이 속하는 달의 다음 달 15일

③ 「소득세법」에 따라 원천징수한 소득세를 납부받은 경우

납부한 날이 속하는 달의 다음 달 15일까지(다만, 하기 ④에 따른 납세고지에 따라 납부받은 원천징수세액에 관하여는 그 통보를 생략 가능)

④ 「소득세법」에 따라 원천징수의무자가 원천징수하였거나 원천징수하여야 할 소득세를 그 기한까지 납부하지 아니하였거나 미달하게 납부한 경우로서 세무서장 등이 원천징수의무 자로부터 그 금액을 징수하기 위하여 납세고지를 한 경우

고지한 날이 속하는 달의 다음 달 15일

⑤ 「국세기본법」 또는 「소득세법」에 따라 소득세를 환급한 경우

환급한 날이 속하는 달의 다음 달 15일. 다만, 다음의 어느 하나에 해당하는 경우에는 하기 에서 정하는 기한까지로 한다.

㉠ 2020.1.1. 이후 신고받은 분부터(부칙 §12) 「소득세법」 제14조 제2항에 따른 종합소득과 세표준, 같은 조 제6항에 따른 퇴직소득 과세표준, 같은 법 제69조에 따른 토지 등의 매매차익 또는 같은 법 제92조에 따른 양도소득 과세표준을 「국세기본법」 제2조 제19 호에 따른 전자신고 방식으로 신고 받은 경우

신고를 받은 즉시

㉡ 「소득세법」 제70조, 제71조, 제74조 및 제110조에 따른 과세표준 확정신고와 2020.1.1. 이후 같은 법 제69조에 따른 토지 등 매매차익 예정신고 및 같은 법 제105조에 따른 양도소득 과세표준 예정신고에 따라 환급하는 경우

신고를 받은 날이 속하는 달의 다음 달 1일부터 2개월이 되는 날

통보를 받은 지방자치단체장은 법인의 본점 또는 주사무소와 사업장의 소재지가 다른 경우에 는 해당 법인의 사업장 관할 지방자치단체장에게 해당 법인의 법인세 과세표준 등을 지체 없이 통보하여야 한다(지령 §100-33). 이 경우 2022년 이후부터는 「지방세기본법」 제64조 제1항에도 불구하고 제3항에 따른 환급의 경우(같은 법 제38조 제2항에 따라 경정결정이나 그 밖에 필요한 처분을 하는 경우 제외) 지방세환급금에 관한 소멸시효는 통보를 받은 날부터 기산한다.

지방자치단체장은 상기 ⑤에 따라 소득세 환급 관련 자료에 따른 통지를 받은 경우 해당 소득 세와 동일한 과세표준에 근거하여 산출한 지방소득세를 다시 계산하여 환급세액이 발생하는 경 우 이를 환급하여야 한다.

개인지방소득세의 환급금은 납세의무성립 당시의 납세지를 관할하는 지방자치단체에서 환급 하거나 충당하여야 한다(지령 §100-34).

2019년 이전에는 지방소득세의 환급금은 해당 지방소득세가 과오납된 지방자치단체에서 환급

하거나 충당하여야 한다. 다만, 납세의무자의 종합소득에 대한 과세표준 확정신고 이후에 발생하는 개인지방소득세의 환급결정으로 인한 지방세환급금은 환급받을 자의 확정신고 당시(특별징수세액에 대한 결정 또는 경정의 경우에는 결정 또는 경정 당시)의 주소지를 관할하는 지방자치단체에서 환급하거나 충당하여야 한다.

(2) 법인세의 부과징수와 환급 관련 자료 통보

세무서장등은 법인세의 부과·징수 등에 관한 자료를 「지방세법 시행규칙」 제43조에 따라 다음 구분에 따른 기한까지 소득세 및 법인세의 납세지를 관할하는 지방자치단체장에게 통보하여야 한다. 이 경우 통보하는 자료를 전산처리하였을 때에는 전자문서로 통보할 수 있다.

① 「국세기본법」 또는 「법인세법」에 따라 법인세 과세표준과 세액을 신고 또는 수정신고받은 경우

신고를 받은 날이 속하는 달의 다음 달 1일부터 2개월

② 「국세기본법」 또는 「법인세법」에 따라 법인세 과세표준과 세액을 결정 또는 경정(2021년 이전은 감액경정 제외)한 경우

결정 또는 경정한 날이 속하는 달의 다음 달 15일

③ 「법인세법」에 따라 원천징수한 법인세를 납부받은 경우

납부한 날이 속하는 달의 다음 달 15일. 다만, 제4호에 따른 납세고지에 따라 납부받은 원천징수세액에 관하여는 그 통보를 생략할 수 있다.

④ 「법인세법」에 따른 원천징수의무자가 원천징수하였거나 원천징수하여야 할 법인세를 그 기한까지 납부하지 아니하였거나 미달하여 납부한 경우로서 세무서장 등이 원천징수의무자로부터 그 금액을 징수하기 위하여 납세고지를 한 경우

고지한 날이 속하는 달의 다음 달 15일

⑤ 「국세기본법」 또는 「법인세법」에 따라 법인세를 환급한 경우

환급한 날이 속하는 달의 다음 달 15일

통보를 받은 지방자치단체장은 법인의 본점 또는 주사무소와 사업장의 소재지가 다른 경우에는 해당 법인의 사업장 관할 지방자치단체장에게 해당 법인의 법인세 과세표준 등을 지체 없이 통보하여야 한다(지령 §100-33).

⑥ 「조세특례제한법」 제100조의 23에 따라 동업기업 소득의 계산 및 배분명세 신고받은 경우

신고를 받은 날이 속하는 달의 다음 달 15일

납세의무자의 종합소득에 대한 과세표준 확정신고 이후에 발생하는 개인지방소득세의 환급결정으로 인한 지방세환급금은 환급받을 자의 확정신고 당시(특별징수세액에 대한 결정 또는 경정의 경우에는 결정 또는 경정 당시)의 주소지를 관할하는 지방자치단체에서 환급하거나 충당하여야 한다(지령 §100-34).

2022년 이후 지방자치단체장은 상기 ⑤에 따라 법인세 환급 관련 자료에 따른 통지를 받은 경

우 해당 법인세와 동일한 과세표준에 근거하여 산출한 지방소득세를 다시 계산하여 환급세액이 발생하는 경우 이를 환급하여야 한다. 이 경우 「지방세기본법」 제64조 제1항에도 불구하고 제3항에 따른 환급의 경우(같은 법 제38조 제2항에 따라 경정결정이나 그 밖에 필요한 처분을 하는 경우 제외) 지방세환급금에 관한 소멸시효는 통보를 받은 날부터 기산한다.

(3) 과세관리대장 비치(지령 §100 - 35)

지방자치단체장은 지방소득세 관리대장, 법인지방소득세 특별징수세액 정산대장(2016년 이후)을 갖추어 두고, 필요한 사항을 등재하여야 한다. 이 경우 해당 사항을 전산처리하는 경우에는 과세관리대장을 갖춘 것으로 본다.

② 소액징수면제(지법 §103-60)

지방소득세(2018년 이전 고지분까지 특별징수하는 지방소득세 제외)로 징수할 세액이 고지서 1장당 2천 원 미만일 때에는 이를 징수하지 아니한다.

③ 가산세 적용의 특례(지법 §103-61)

「국제조세조정에 관한 법률」 제17조 제1항에 따라 「국세기본법」 제47조의 3에 따른 과소신고가산세를 부과하지 아니할 때에는 「지방세기본법」 제54조에 따른 과소신고가산세를 부과하지 아니한다.

2020.1.1. 이후 수정신고 또는 기한 후 신고를 하는 경우부터(부칙 §13) 2019년~2024년 과세기간에 발생한 소득에 대하여 「소득세법」 제70조 제1항에 따른 신고기한 내에 같은 조 제3항에 따른 종합소득 과세표준 확정신고를 한 거주자 또는 같은 법 제71조 제1항에 따른 신고기한 내에 같은 조 제3항에 따른 퇴직소득 과세표준 확정신고를 한 거주자가 제95조에 따른 신고의무를 다하지 아니한 경우로서 해당 신고기한이 지난 후 1개월 이내에 종합소득 또는 퇴직소득에 대한 개인지방소득세를 제96조에 따라 수정신고하거나 「지방세기본법」 제51조에 따라 기한 후 신고하는 경우에는 같은 법 제53조 또는 제54조에 따른 가산세를 부과하지 아니한다.

④ 법인지방소득세 특별징수세액 정산을 위한 특례(지법 §103-62)

2015.1.1. 이후 징수한 특별징수세액을 2016.1.1. 이후 정산하거나 환급하는 분부터는 해당 사업연도의 특별징수세액을 공제할 때 특별징수한 법인지방소득세 납세지("특별징수지")와 확정신고할 때의 납세지("신고지")가 다른 경우 해당 특별징수세액은 신고지 관할 지방자치단체장에게 납부하는 법인지방소득세로 본다. 이 경우에 특별징수지 관할 지방자치단체장은 해당 특별징수세액의 감액경정을 하여 해당 법인의 본점 또는 주사무소 소재지(연결법인의 경우 연결

모법인의 본점 또는 주사무소 소재지, "본점 소재지")를 관할하는 지방자치단체장에게 지급하여야 한다. 이에 따라 특별징수 세액을 지급받은 본점 소재지 관할 지방자치단체장은 신고법인이 안분신고한 내역을 근거로 해당 납세지에 사업장 소재지별로 안분하여 납부할 법인지방소득세를 계산한 금액을 신고지 관할 지방자치단체에 배분하고, 그 내역을 통보하여야 한다. 이 경우 신고지 관할 지방자치단체장은 해당 배분액을 납세의무자가 납부한 법인지방소득세로 보아 징수하여야 한다.

정산 금액을 배분할 때 본점 소재지 관할 지방자치단체장은 특별징수된 세액이 법인지방소득세 총부담세액(2016년 이전은 법인지방소득세 총결정세액)을 초과하여 환급세액이 발생한 경우 그 환급세액을 신고지 지방자치단체장에 배분할 금액의 지급을 유보하고 환급금을 해당 법인에 일괄 환급하거나(해당 지방자치단체장이 납세의무자에게 환급할 금액에 한정하며, 이 경우 해당 법인에 환급하고 남은 금액은 그 신고지를 관할하는 지방자치단체장에게 교부하여야 함) 지방세에 충당한다. 이 경우 체납된 징수금이 2건 이상인 경우에는 신고지 관할 지방자치단체의 체납된 징수금 중 소멸시효가 먼저 도래하는 것부터 충당하여야 한다.

지방자치단체장은 상기에 따른 정산을 위하여 지방자치단체 간 협약을 체결할 수 있다. 이 경우 협약서에는 정산사무의 내용과 범위, 방법 및 절차 등에 관한 사항을 정하여야 한다.

「지방세기본법」에 따른 충당과 환급은 상기의 절차에 따른 정산이 완료된 후에 적용한다.

한편, 납세자는 특별징수세액 정산을 위해 필요한 서류를 본점 소재 지방자치단체장에게 제출하여야 하며, 본점 소재 지방자치단체장은 처리한 결과를 다음 사항을 당사자에게 통보하여야 한다.

① 납세의무자 : 환급 또는 충당 내역
② 지점 소재지 관할 지방자치단체 : 교부·환급·충당 내역

⑤ 사실과 다른 회계처리로 인한 경정 특례(지법 §103-64)

(1) 과다 납부 세액 특례

① 2018년 이후 경정청구분부터 내국법인이 「법인세법」 제58조의 3 제1항 각 호의 요건을 모두 충족하는 사실과 다른 회계처리를 하여 과세표준 및 세액을 과다하게 계상함으로써 경정을 받은 경우에는 과다 납부한 세액을 환급하지 아니하고 그 경정일이 속하는 사업연도부터 각 사업연도의 법인지방소득세액에서 과다 납부한 세액을 차감한다. 이 경우 각 사업연도별로 차감하는 금액은 과다 납부한 세액의 20%(하기 ②의 경우 차감 후 남은 금액)을 한도로 하고, 차감 후 남아 있는 과다 납부한 세액은 이후 사업연도에 이월하여 차감한다. 그런데 2017.1.1. 이후 경정청구 또는 결정분을 환급하는 경우부터(부칙 §7) 내국법인이 「지방세법」 제103조의 25 제1항 제2호 나목에 따른 경정 결과 과다 납부한 세액이 발생한 경우에는 그 경정일이 속하는 사업연도의 개시일부터 5년 이내에 각 사업연도의 법인지방소득세액에서 과다 납부한 세액을 차례로 차감하며,

② ①을 적용할 때 내국법인이 해당 사실과 다른 회계처리와 관련하여 그 경정일이 속하는 사업연도 이전의 사업연도에 「지방세기본법」 제49조에 따른 수정신고를 하여 납부할 세액이 있는 경우에는 그 납부할 세액에서 상기에 따른 과다 납부한 세액의 20%(2017년 이전 경정청구분까지는 100%)을 먼저 차감하여야 한다.

상기를 적용할 때 동일한 사업연도에 「지방세법」 제103조의 25 제1항 제2호 나목에 따른 경정청구의 사유 외에 다른 경정청구의 사유가 함께 경정청구된 경우 다음의 계산식에 따라 계산한 금액을 그 차감할 세액으로 한다.

□ 사실과 다른 회계처리로 인한 과다 납부세액

$$과다\ 납부한\ 세액 \times \frac{사실과\ 다른\ 회계처리로\ 인하여\ 과다계상\ 과세표준}{과다계상한\ 과세표준의\ 합계액}$$

(2) 과다 납부 세액이 남아 있는 내국법인이 해산하는 경우

상기에 따라 과다 납부한 세액을 차감받은 내국법인으로서 과다 납부한 세액이 남아 있는 내국법인이 해산하는 경우에는 다음에 따른다(2018년 이후 경정청구분부터 적용).

① 합병 또는 분할에 따라 해산하는 경우
   합병법인 또는 분할신설법인(분할합병의 상대방 법인 포함)이 남아 있는 과다 납부한 세액을 승계하여 상기 (1) ①에 따라 차감

② ① 외의 방법에 따라 해산하는 경우
   납세지 관할 지방자치단체의 장은 남아 있는 과다 납부한 세액에서 청산소득에 대한 법인지방소득세 납부세액을 빼고 남은 금액을 즉시 환급함.

6 사실과 다른 회계처리로 인한 경정에 따른 환급 특례(지법 §103-65)

2017년 경정청구 또는 결정분을 환급하는 경우만 납세지 관할 지방자치단체장은 「지방세법」 제103조의 25 제1항 제2호 나목에 따른 경정을 할 때 「지방세법」 제103조의 64에 따라 5년 동안 차감한 후 남은 금액이 있으면 환급금을 지급하여야 한다. 이 경우 「지방세기본법」 제62조에 따른 지방세환급가산금을 지급하지 아니한다. 이를 적용할 때 해당 내국법인이 해산(합병 또는 분할에 따른 해산 제외)하는 경우에는 「지방세법」 제103조의 41에 따른 청산소득에 대한 법인세 납부세액을 먼저 차감하고 남은 금액을 환급하여야 하며, 2018.3.26. 이전 사실과 다른 회계처리로 인한 경정 특례 기간("차감기간") 중에 내국법인이 합병 또는 분할로 해산한 경우에는 합병법인 또는 분할신설법인(분할합병의 상대방 법인 포함)이 승계한 남은 금액에서 잔여 차감기간 동안 과다 납부한 세액을 차감한다.

제**9**장

재산세

제1절 통칙

1 일반원칙

(1) 개요

재산세는 재산(토지, 건축물, 주택, 선박, 항공기)의 보유사실에 대해 과세하는 보유세이며, 보편성, 안정성, 응익적 성격을 가진 전형적인 대중세로서 시·군·구의 독립세로 그 수입을 일반재정수요에 충당하고자 하는 보통세이다. 보유세제 개편 전에는 토지에 대하여는 종합토지세로 과세하였으나 보유세제 개편 후 종합토지세가 폐지되어 토지에 대하여도 재산세로 과세하고 주택은 건축물에서 분리하여 주택과 그 부속토지를 통합하여 주택분 재산세로 과세하게 되었다.

(2) 정의

재산세에서 사용하는 용어의 뜻은 다음과 같다.

1) 토지

「공간정보의 구축 및 관리 등에 관한 법률」[414)에 따라 지적공부의 등록대상이 되는 토지와 그 밖에 사용되고 있는 사실상의 토지를 말한다.

2) 건축물

「지방세법」 제6조 제4호에 따른 건축물을 말한다.

3) 주택

「주택법」 제2조 제1호에 따른 주택[415)을 말한다. 이 경우 토지와 건축물의 범위에서 주택은 제외한다.

4) 항공기

「지방세법」 제6조 제9호에 따른 항공기를 말하므로 사람이 탑승·조종하여 항공에 사용하는 비행기, 비행선, 활공기, 회전익 항공기 및 그 밖에 이와 유사한 비행기구로서 대통령령으로 정하는 것을 말한다. 그런데 사람이 탑승, 조정하지 아니하는 원격조정 장치에 의한 항공기(농약살포 항공기 등)는 제외된다.

---

414) 2015.6.23. 이전 「측량·수로조사 및 지적에 관한 법률」 또는 「지적법」이었음.

415) 각 오피스텔의 공부상 등재 현황은 일반업무시설인 오피스텔이고, 구 「주택법」 및 그 시행령이 업무시설에 해당하는 오피스텔을 준주택으로 분류하고 있더라도, 사실상의 현황에 따라 주택으로 취급하여 재산세 등을 부과한 처분은 적법함(대법원 2023두47435, 2023.11.16.).

5) 선박

「지방세법」 제6조 제10호에 따른 선박을 말하므로 기선, 범선, 부선(艀船) 및 그 밖에 명칭에 관계없이 모든 배를 말한다.

❷ 과세대상(지법 §104)

(1) 토지

재산세의 과세대상 중 토지는 「공간정보의 구축 및 관리 등에 관한 법률」에 따라 지적공부의 등록대상이 되는 토지와 그 밖에 사용되고 있는 사실상의 토지를 말한다. 여기서 '사실상 토지'라 함은 매립·간척 등으로 준공인가 전에 사실상으로 사용하는 토지 등 토지대장에 등재되어 있지 않는 토지를 포함한다(지예 법104 - 1). 따라서 지적공부에 등록되었는지 유무를 불문하고 「공간정보의 구축 및 관리 등에 관한 법률」에 따라 등록대상이 되는 전국의 모든 토지를 의미한다고 할수 있다. 「공간정보의 구축 및 관리 등에 관한 법률」에 의하여 지적공부에 등록되는 토지는 「공간정보의 구축 및 관리 등에 관한 법률」 제5조의 규정에 의하여 그 토지의 주된 사용목적에 따라 전답, 과수원, 목장용지, 임야 등 28개 지목으로 분류한다.

공유수면 매립에 의하여 원시취득하는 토지는 원시취득시기(공사준공인가일 또는 사용허가일 중 빠른 날)가 재산세 과세기준일(6.1.) 이전이라야 과세대상이 된다고 할 것이다. 또한 재산세 입법 취지의 구현을 위하여 현황부과의 원칙을 규정(지법 §106 ③, 구 지령 §119)하고 있는바, 과세 대상 토지가 공부상 등재현황과 사실상의 현황이 다를 경우에는 사실상의 현황에 의하여 재산세 를 부과한다. 즉 매년 과세기준일(6.1.) 현재의 사실상 토지의 현황이나 이용 상황에 따라 지목 및 과세표준을 구분하여 부과하게 된다.

(2) 건축물

1) 범위

재산세 과세대상인 건축물의 정의를 보면 "「지방세법」 제6조 제4호 규정에 의한 건축물을 말한다[416]"라고 규정되어 있다. 그런데 건축물의 범위가 "건물, 구축물 및 건물과 구축물의 특수한 부대설비를 말한다"라고 규정되었던 것을 "「건축법」 제2조 제1항 제2호에 따른 건축물(이와 유사한 형태의 건축물을 포함한다)과 토지에 정착하거나 지하 또는 다른 구조물에 설치하는 레저 시설, 저장시설, 도크(dock)시설, 접안시설, 도관시설, 급수·배수시설, 에너지 공급시설 및 그 밖에 이와 유사한 시설(이에 딸린 시설을 포함한다)로서 대통령령으로 정하는 것을 말한다"라고 2000.12.29. 개정되었다. 따라서 종전의 특수한 부대설비[현행 「지방세법 시행령」 제6조에 규정된

---

416) 2005.1.5. 개정 전의 규정은 "다만, 주택에 부속 또는 부착된 시설물로서 대통령이 정하는 것을 제외한다"라 고 규정되어 있었다. 현행 규정에서는 이 내용이 삭제되어 과세되고 있다.

시설물[승강기, 시간당 20kw 이상의 발전시설, 난방용・욕탕용 온수 및 열 공급시설(2014.8.11. 이전 난방용・욕탕용 보일러), 시간당 7,560kcal 이상의 에어컨(중앙조절식에 한함), 부착된 금고, 주유시설 및 가스충전시설, 교환시설, 인텔리전트빌딩시스템 시설, 구내변전・배전시설])는 건축물에서 제외되는 것으로 해석되어진다. 이는 시가표준액 산정 시 가산율 등에 의하여 감안되고 있기 때문인 것이다.

◉ 건축물의 범위

「건축법」 제2조 제1항 제2호에 따른 건축물(이와 유사한 형태의 건축물을 포함한다)과 토지에 정착하거나 지하 또는 다른 구조물에 설치하는 레저시설, 저장시설, 도크(dock)시설, 접안시설, 도관시설, 급수・배수시설, 에너지 공급시설 및 그 밖에 이와 유사한 시설(이에 딸린 시설을 포함한다)로서 대통령령으로 정하는 것을 말한다.

☞ 「건축법」상 건축물의 범위(「건축법」 제2조 제1항 제2호)

토지에 정착하는 공작물 중 지붕과 기둥 또는 벽이 있는 것과 이에 부수되는 시설물, 지하 또는 고가의 공작물에 설치하는 사무소, 공연장, 점포, 차고, 창고 등

◉ 토지에 정착하거나 지하 또는 다른 구조물에 설치하는 시설물(지령 §5)

① 레저시설 : 수영장, 스케이트장, 골프연습장(「체육시설의 설치・이용에 관한 법률」에 따라 골프연습장업으로 신고된 20타석 이상의 골프연습장만 해당), 전망대, 옥외스탠드, 유원지의 옥외오락시설(유원지의 옥외오락시설과 비슷한 오락시설로서 건물 안 또는 옥상에 설치하여 사용하는 것 포함)

② 저장시설 : 수조, 저유조, 저장창고, 저장조 등의 옥외저장시설(다른 시설과 유기적으로 관련되어 있고 일시적으로 저장기능을 하는 시설 포함)

③ 도크(dock)시설 및 접안시설 : 도크, 조선대(造船臺)

④ 도관시설(연결시설을 포함한다) : 송유관, 가스관, 열수송관

⑤ 급수・배수시설 : 송수관(연결시설을 포함한다), 급수・배수시설, 복개설비

⑥ 에너지 공급시설 : 주유시설, 가스충전시설, 환경친화적 자동차 충전시설(2020년 이후), 송전철탑(전압 20만 볼트 미만을 송전하는 것과 주민들의 요구로 「전기사업법」 제72조에 따라 이전・설치하는 것 제외)

⑦ 기타시설 : 잔교(2014년 이후 이와 유사한 구조물 포함), 기계식 또는 철골조립식 주차장, 차량 또는 기계장비 등을 자동으로 세차 또는 세척하는 시설(2015년부터), 방송중계탑(국가의 대외방송과 사회교육방송 중계탑 제외), 무선통신기지국용 철탑

◉ 지상정착물(지칙 §51) : 비과세대상이나 별도합산과세 여부 판단 시만 적용

① 가스배관시설 및 옥외배전시설

② 「전파법」에 의한 방송전파를 송수신하거나 전기통신역무를 제공하기 위한 무선국 허가를 받아 설치한 송수신시설 및 중계시설

 따라서 시·군·구내에 소재하는 건축물로서 「지방세법」 제6조 제4호의 규정에 의한 건축물을 말한다. 여기서 유의할 점은 종전(2005.1.4.까지)에 주택에 설치된 레저시설 등은 과세가 제외된 바 있으나, 현행 규정에서는 과세가 된다. 그런데 취득세의 개수의 개념에 적용되는 「지방세법 시행령」 제6조의 시설물(종전의 특수한 부대설비)은 「지방세법」 제6조 제4호가 아닌 제6조 제6호에 의한 것이므로 과세대상이 될 수 없다.

▣ 건축물 과세대상 범위의 비교

종전(2005.1.4.까지)		개정(2005.1.5. 이후)	
주택(건물)	일반건물	주택(건물)	일반건물
부속시설(제외)	시설	부속시설(포함)	시설
부수시설물(제외)	부수시설물(제외)	부수시설물(제외)	부수시설물(제외)

☞ 부속시설 – 지령 §5의 시설
　부수시설물 – 지령 §6의 시설물

 2005.1.5. 법 개정 시 지상건축물 중 가스배관시설 및 옥외배전시설, 「전파법」에 의하여 방송전파를 송수신하거나 전기통신역무를 제공하기 위한 무선국 허가를 받아 설치한 송수신시설 및 중계시설은 과세대상에는 포함되지 아니하나, 별도합산과세 여부 판단 시에만 건축물의 범위에 포함하고 있다(지령 §103 ①, 지칙 §51).

 한편, 원시취득의 경우 취득세에서는 취득의 시기(사용승인서 교부일, 임시사용 승인일, 사실상의 사용일 중 빠른 날)가 성립하여야 과세할 수 있으나, 재산세에서는 취득의 시기가 성립하지 않았다 하더라도 사실상 건물로 존재하는 상태에 이르면 과세대상이 된다. 그리고 재산세는 공부상의 등재 여부에 불구하고 사실상의 현황에 따라 부과한다.

> **사례** 건축물 내 수영장은 건축물로 과세되는 것임(지방세운영과–2577, 2009.6.29.).
>
> 해당 건축물 내 수영장 부분도 「건축법」 제2조 제1항 제2호에 의한 건축물의 범위에 포함되는 것이므로 건축물로 과세되는 것이 타당하며, 건축물로 과세된 옥내 수영장은 별도의 재산세 과세대상에 해당되지 아니한 것임.

> **사례** 재산세 과세대장에 등재되지 않은 건축물(행심 2003–178, 2003.8.25.)
>
> 이 사건 과세대상이 된 건축물을 취득한 후 소유권이전등기를 경료하고, 재산세 과세기준일 현재 소유하고 있음이 부동산등기부등본 및 건축물관리대장 등에 의하여 입증되는 경우에는 해당 연도분 재산세 납세의무가 있음이 분명하다 하겠음.

> **사례** 승강기 등 특수설비가 재산세 과세대상인지 여부(세정 13430–471, 2001.4.30.)
>
> 승강기 등 특수설비가 있는 건축물에 대하여는 2001년도 건물시가표준액조정기준 4. 가감산특례 가. 가산대상 및 가산율 (1)특수설비가 설치되어 있는 건물에 대한 가산율(적용요령)에 의거 가산율만 적용하도록 운영에 철저를 기하기 바람.

2) 임시용 건축물

「지방세법」제109조 제3호에 의하면 임시로 사용하기 위하여 건축된 건축물로서 재산세과세기준일 현재 1년 미만의 것에 대해서는 재산세 비과세로 규정하고 있다. 반면에 취득세는 1년 초과하는 임시용 건축물은 과세대상으로 하고 있다.

「지방세법 시행령」제20조 제4항에 따르면 건축허가를 받지 아니하고 건축하는 건축물에 있어서는 그 사실상의 사용일이 취득일이 되며, 견본주택의 취득시기는 사실상의 사용일이 되므로 기산일은 사실상 사용일이다(존치기간의 기산일은 아님). 따라서 재산세 과세기준일(매년 6월 1일) 현재 존속기간이 1년을 초과하는 임시용 건축물에 대하여는 재산세를 납부하여야 한다.

한편, 1년 이상 기간으로 존치신고를 했더라도 과세기준일 현재 1년 이상 사용되지 않았다면 해당 연도 재산세는 비과세된다(지방세 세정담당관-661, 2003.7.29.). 취득세의 경우 1년 초과 존치기간을 신고한 후 1년 이하 사용한 경우에도 과세되고 있다.

3) 사용·수익이 불가능한 건물의 과세 여부

유권해석에 따르면 과세기준일 현재 철거작업 중인 건물의 경우 지붕, 벽, 기둥 등이 멸실되어 건물로서 사용·수익할 수 없다면 재산세의 과세대상에서 제외된다. 다만, 건물의 일부분만 철거되어 사용·수익하는 부분에 대해서는 과세대상이 된다(시세 13407-129, 1993.6.2.). 그리고 재산세 과세대상인 건물의 경우 파손 등의 이유로 폐쇄되어 전혀 이용이 불가능한 상태라도 하나의 건물로서 존재하고 있다면 재산세가 과세된다(세정 13407-902, 1995.9.18.)"라고 규정하고 있다.

이와는 달리 대법원에서는 "재산세는 보유하는 재산에 담세력을 인정하여 부과되는 조세로서, 재산가액을 그 과세표준으로 하고 있어 그 본질은 재산소유 자체를 과세요건으로 하는 것이므로, 해당 재산이 훼손되거나 일부 멸실 혹은 붕괴됨으로 인하여 재산적 가치를 전부 상실하게 된 때에는 재산세 과세대상이 되지 아니하며, 건물의 증축부분 중 철거되지 아니한 부분이 철거 대집행 결과 나머지 부분의 복구가 사회통념상 거의 불가능하게 된 정도에 이른 경우, 건물의 요건을 형식적으로 충족한다 하더라도 실질에 있어 재산적 가치가 없는 것으로 판명된 이상 이는 재산세 과세대상으로 볼 수 없다"라고 판시하고 있다(대법원 94누9757, 1995.4.11.).

한편, 화재로 건축물이 소실되었으나 건물형태가 지붕과 기둥, 지붕과 벽, 지붕과 기둥 및 벽이 형태로 있어서 외부가 정상적인 상태로 되어 있는 경우 전부를 상실한 것으로 보기에는 어려움이 있어서 재산세는 과세될 것이다.

4) 재건축 예정지역의 건물

재산세는 재산의 소유 사실에 착안하여 과세하는 지방세인 점을 감안해 볼 때 건물의 붕괴위험으로 인해 이주명령을 하여 주민들이 대피 상태에 있을 뿐 철거명령을 받지 않은 재건축예정지역의 건물이므로 철거 계획이 확정되어 철거 전까지는 재산세 과세대상이 된다. 그러나 행정기관으로부터 철거명령을 받은 건축물 등 재산세를 부과하는 것이 적절하지 아니한 건축물 또는 주택(「건축법」제2조 제1항 제2호에 따른 건축물 부분으로 한정)으로서 재산세를 부과하는 해당 연

도에 철거하기로 계획이 확정되어 재산세 과세기준일 현재 행정관청으로부터 철거명령을 받았거나 철거보상계약이 체결된 건축물 또는 주택(「건축법」 제2조 제1항 제2호에 따른 건축물 부분으로 한정)은 재산세가 과세되지 아니한다. 이 경우 건축물 또는 주택의 일부분을 철거하는 때에는 그 철거하는 부분으로 한정한다(지법 §109 ③ 5, 지령 §108 ③). 따라서 철거명령 없는 단순한 대피상태라면 이에 해당되지 않아 재산세가 비과세되지 아니할 것이다.

한편, 철거명령 또는 철거보상계약의 주체가 "행정관청"일 경우에만 해당하는 것으로 보아야 할 것이며, 주택 재개발·재건축 등을 진행하는 일련의 절차에서 강제성이 없는 철거 등에 대하여 행정관청의 지위를 의제받는 등 행정관청과의 관련성을 일체 따지지 않고, 철거에 따른 반대급부적 성격이 있는 보상계약을 체결하였다는 사실만으로는 비과세대상으로 볼 수는 없다(부동산세제과-772, 2023.10.31.).

> **사례** 화재로 소실된 건축물(감심 2008-184, 2008.6.19.)
>
> 화재로 인하여 위 건물 내부가 일부 소실되었다 하나 처분청 조사시점에는 정리된 상태로 비어 있고 외부는 정상적인 상태로 되어 있으므로 재산적 가치가 상실된 것으로 볼 수 없음.

> **사례** 대피명령 등으로 건물의 사용·수익이 제한된 경우(대법원 99두110, 2001.4.24.)
>
> 1998.2.20. 이 사건 건물의 재건축조합추진대표에게 현 상태로 장기간 방치할 경우 건물전체의 붕괴 우려가 있을 뿐 아니라 만일 붕괴 시에는 인근주변의 상가 건물 및 인명피해가 예상되므로 이 사건 건물을 철거하여 줄 것을 요청한 사실은 인정되나, 그것만으로는 이 사건 건물이 구 「지방세법 시행령」(2000.12.29. 대통령령 제17052호로 개정되기 전의 것) 제136조의 3 제1호에서 규정하는 재산세 과세기준일 현재 행정관청으로부터 철거명령을 받은 경우에 해당한다고 볼 수 없음.

> **사례** 재난위험시설물로 대피명령을 받은 건축물(행심 2003-53, 2003.3.24.)
>
> 이 사건 아파트는 2002년 내에 철거하기로 계획이 확정되어 철거명령을 받았거나 철거보상계약을 체결한 사실이 없이 단지 붕괴 위험으로 대피명령을 받아 사용·수익이 제한된 것으로, 그러한 이유만으로 그 재산적 가치 전부를 상실하였다고 볼 수는 없음.

> **사례** 재산세 과세기준일 이전 보상시행, 철거하는 공동주택(세정 13407-1055, 2000.8.30.)
>
> 주거환경개선사업의 시행자는 원칙적으로 시장·군수이나 대한주택공사 등 공법인도 사업시행자로 지정하여 시행할 수 있도록 한 「도시저소득주민의 주거환경개선을 위한 임시조치법」 제7조 제2항의 취지와 동 주거환경개선사업비의 일부를 시장·군수가 부담하는 점을 감안할 때, 해당 연도에 철거하기로 계획이 확정되어 있고 사업시행자와 과세기준일 현재 보상철거 계약이 체결된 경우는 재산세 비과세대상으로 보는 것이 타당한 것임.

> **사례** 재산세 과세대상인 건물의 경우 파손 등의 이유로 폐쇄되어 전혀 이용이 불가능한 상태라도 하나의 건물로서 존재하고 있다면 여기에는 재산세가 과세됨(세정 13407-902, 1995.9.18.).

재산적 가치를 전부 상실한 재산이 재산세 과세대상 여부(대법원 94누9757, 1995.4.11.)

건물 일부에 대한 철거 대집행 결과 나머지 부분의 복구가 사회통념상 거의 불가능하게 된 정도에 이른 경우, 건물의 요건을 형식적으로 충족한다 하더라도 재산세 과세대상으로 볼 수 없음.

건축물을 신축한 경우에는 그 신축 행위에 의하여 소유권의 대상이 될 수 있는 독립한 부동산이 되었을 때, 즉 지붕과 주위 벽을 갖추고 토지에 정착한 1개의 건축물로서 존재함에 이른 때에는 재산세 과세대상이 될 수 있는 건축물이라고 해석되고 현실적으로 그 건축물 본래의 용도에 따른 사용수익이 가능할 정도로 완성된 것을 과세요건으로 한다고 해석되지 아니함(대법원 83누682, 1984.4.10.).

(3) 주택

「주택법」 제2조 제1호에 따른 주택[417](이 경우 토지와 건축물의 범위에서 주택은 제외).

「주택법」 제2조 제1호의 규정에 의한 세대(世帶)의 구성원이 장기간 독립된 주거생활을 할 수 있는 구조로 된 건축물의 전부 또는 일부와 그 부속토지를 말하며, 이 경우에는 과세대상인 토지와 건축물의 범위에서 제외되며, 별장도 주택에 포함된다.

여기서 1동의 건물이 주거와 주거 외의 용도로 사용되고 있는 경우에는 주거용으로 사용되는 부분만을 주택으로 본다. 이 경우 건물의 부속토지는 주거와 주거 외의 용도로 사용되는 건물의 면적비율에 따라 각각 안분하여 주택의 부속토지와 건축물의 부속토지로 구분한다.

또한 1구의 건축물이 주거와 주거 외의 용도에 겸용되는 경우에는 1구의 건축물 연면적 중 50% 이상을 사용하는 용도가 있는 경우에는 전체 건축물을 그 용도에 사용하는 것으로 본다. 그러나 1구의 건축물 연면적 중 50% 이상을 사용하는 용도가 없는 경우에는 각각의 용도에 공하는 건축물 면적 부분을 해당 용도에 사용하는 것으로 본다.

그런데 주택의 부속토지의 경계가 명백하지 아니한 경우에는 그 주택의 바닥면적의 10배에 해당하는 토지를 주택의 부속토지로 한다(지령 §105).

주택 건물 부분은 타인소유이나 그 주택의 부속토지는 건물의 소유자와 공동으로 소유한 경우라면 해당 주택의 지분을 소유하고 있는 것이므로 주택분 재산세를 과세하여야 하며, 구체적인 재산세액은 해당 주택(건물+그 부속토지)에 대한 재산세를 해당 주택의 건물 부분과 부속토지의 시가표준액 비율로 안분계산하여 그 부속토지에 대한 재산세를 산정하고, 그 부속토지 부분의 재산세에 소유자 지분율을 곱하여 산정하여야 한다(지방세운영과-1362, 2009.4.6.).

2022년 이후부터 건축물에서 허가 등이나 사용승인(임시사용승인 포함)을 받지 아니하고 주거용으로 사용하는 면적이 전체 건축물 면적[허가 등이나 사용승인(임시사용승인 포함)을 받은 면적 포함]의 50% 이상인 경우에는 그 건축물 전체를 주택으로 보지 아니하고, 그 부속토지는

---

417) 각 오피스텔의 공부상 등재 현황은 일반업무시설인 오피스텔이고, 구 「주택법」 및 그 시행령이 업무시설에 해당하는 오피스텔을 준주택으로 분류하고 있더라도, 사실상의 현황에 따라 주택으로 취급하여 재산세 등을 부과한 처분은 적법함(대법원 2023두47435, 2023.11.16.).

종합합산 과세대상 토지로 본다(지법 §106 ② 2-2).

> **사례** 1개의 필지에 별개의 동으로 건축되어 있고, 건축물대장도 별도로 작성되어 있는 쟁점주택을 1개 동의 다가구주택으로 보아 재산세를 부과할 수 없음(조심 2020지0679, 2021.12.6.).
>
> 쟁점주택이 하나의 담장 안에 주차장과 대문을 같이 이용할 수 있는 구조이기는 하나, 가동 주택과 나동 주택이 각각 독립된 출입구가 있는 2개 동의 건물로 건축되어 제반 건물이용 자체를 달리하고 있는바, 이를 경제적 일체를 이루고 있는 1개 동의 주택으로 보기는 어렵다고 판단됨.

> **사례** 주택을 음식점으로 사용하다가 공실인 경우 주택으로 봄(조심 2019지1534, 2019.7.2.).
>
> 쟁점부동산은 공부상 주택으로 되어 있고 일반음식점을 영위하고 있었다 하더라도 청구인들이 쟁점부동산을 취득한 시점에는 일반음식점을 폐업하고 공실상태인 것으로 나타나는 점, 쟁점부동산이 공실상태이고 공부상 주택이므로 언제든지 주택으로 사용할 수 있다고 보이는 점, 청구인들이 쟁점부동산을 취득할 당시에 공실상태이므로 사실상 현황이 불분명하다고 볼 수 있는 점 등에 비추어, 쟁점부동산은 공부상 현황인 주택에 대한 세율을 적용하는 것이 타당함.

> **사례** 주유소 종업원의 숙소(지방세정팀-1899, 2005.7.26.)
>
> 주유소 종업원의 숙소가 장기간 주거생활을 영위할 수 있는 구조로 된 건축물에 해당된다면 주택으로 보아야 할 것이나, 숙소가 장기간 독립된 주거생활이 가능하도록 각종 시설이 구비되어 주택에 해당하는지의 여부는 과세권자가 구체적인 현황을 확인하여 결정할 사항임.

1) 단독주택 단지 내 공동소유인 도로, 관리사무실

'공동주택'이란 건축물의 벽·복도·계단이나 그 밖의 설비 등을 공동으로 사용하는 구조로 된 주택을 의미하나, 공동주택이 아닌 개별주택의 경우 그 부속토지는 건축물과 일체를 이루고 있는 토지로서 사회통념상 건축물의 용도에 따른 토지의 객관적 이용현황에 따라 결정되는 것이다. 단지 내 주택들은 공동주택이 아닌 단독주택으로써 그 부속토지는 담장 등으로 구분되어 인근주택과의 경계가 명확하고, 법적 성격상 건축물대장, 토지대장, 등기부등본 등 관련 공부에서 개별주택별로 명백히 구분하고 있고, 공동주택 내 공유토지처럼 건물과 구분하여 처분할 수 없는 대지사용권(대지권) 개념이 아니며, 「주택법」상 공동주택처럼 입주자를 보호 및 주거생활의 질서를 유지하기 위한 공동주택 관리규약 제정 대상이 아닌 점 등을 고려할 때, 단독주택 단지 내 개별주택들에 대한 주택의 범위 및 그 부속토지는 독립적인 개별주택 자체로 한정하되, 단독주택 단지 내 공동 소유인 도로, 관리사무실 등은 토지 및 건축물분 재산세로 각각 과세하여야 한다(지방세운영과-2010, 2010.5.12.).

2) 철거예정 주택

재건축의 경우라 하더라도 재산세 과세기준일 현재 행정관청으로부터 철거명령을 받았거나 철거보상계약이 체결된 건축물인 경우에만 과세되지 아니할 것이다.

단전·단수로 인하여 사람이 주거생활을 영위할 수 있는 구조로 된 건축물로 볼 수 없을 뿐 아니라 폐쇄조치 등으로 주택으로서의 재산적 가치를 상실한 것인 경우에는 주택으로 볼 수 없다고 해석하여 왔으나, 「도시 및 주거환경 정비법」에 따른 재개발·재건축 사업이 진행되고 있는 경우 주택의 건축물이 사실상 철거·멸실된 날, 사실상 철거·멸실된 날을 알 수 없는 경우에는 공부상 철거·멸실된 날을 기준으로 주택 여부를 판단하는 것이다. 다만, 통상적인 사업진행 일정에서 벗어나 조세회피 목적으로 의도적으로 철거를 지연하는 경우 등 특별한 사정이 있는 경우에는 달리 적용 가능하다(지방세운영과-1, 2018.1.2.).[418]

3) 불법 형질변경

불법 형질변경한 정원의 토지가 주거생활에 제공되는 건물의 효용과 편익을 위해 사용된다면 주택부속토지로 보아야 한다(지방세운영과-968, 2013.6.10.). 따라서 불법 형질변경하여 주택의 부속토지로 사용하고 있는 정원부분 토지를 적법한 주택과 하나의 울타리 내에서 사용하는 경우에 해당 토지는 주택의 부속토지로 판단되며(지방세운영과-2944, 2011.6.22. 참고). 「지방세법」 제4조 제1항의 단서조항에 따라, 개별주택가격이 공시되지 아니한 주택의 부속토지의 경우, 자치단체장이 같은 법에 따라 국토교통부장관이 제공한 주택가격비준표를 사용하여 산정한 개별주택가격을 적용하여 재산세를 과세하여야 한다.

4) 폐가

주거용에 사용할 수 있는 구조를 유지하고 있으므로 비록 현 상태로서는 주거용에 사용하기 곤란하다고 하더라도 약간만 보수를 한다면 충분히 주거용에 공할 수 있는 건축물로 보여지는 경우에는 주택으로 보아야 할 것이나, 장기간 공가 상태로 방치한 건물이 「건축법」에 의한 건축물로 볼 수 없을 정도로 폐가가 된 경우에는 주택으로 볼 수 없을 것이다. 즉 건축물의 형태로 볼 수 없을 정도로 폐가가 된 경우 주택으로 보지 아니하나, 그렇지 아니하여 약간의 보수로 주택으로 사용할 수 있는 경우에는 주택으로 보아야 할 것이다(내심 98-91, 1998.2.24.). 그런데 상당히 노후화된 주택이고, 장기간의 방치로 인하여 상당한 비용과 노력을 들이지 아니하고는 더 이상 주택으로 사용할 수 없는 상태인 경우에는 사실상 주택의 기능을 상실한 주택으로 보아야 할 것이다(조심 2014지2156, 2015.8.31. 참조).

따라서 건축물로 볼 수 없을 정도의 폐가인 경우에는 나대지로 보아야 할 것이나, 그렇지 아니하여 약간의 보수로 주택으로 사용할 수 있는 경우에는 주택으로 보아야 할 것이다.

---

418) 감사원 감사에서 지자체별 상이한 운영에 따른 문제점 지적 및 일관된 기준 마련 필요성 제기(2017.12.14.)하여 다음의 종전 해석을 변경한 것임.
관리처분계획인가 후 단전, 단수, 이주 완료, 이주비 지급 완료 등을 종합적으로 판단하여 이미 주택의 기능을 상실하였다고 인정될 경우 주택유상거래 세율 적용 제외함(지방세운영과-2641, 2016.10.17. 등).
철거예정주택은 세대원이 퇴거·이주하여 단전·단수 및 출입문 봉쇄 등 폐쇄조치가 이루어진 경우 주택에 해당되지 않음(지방세운영과-138, 2008.6.20.).

5) 오피스텔을 주거용으로 사용 시

오피스텔은 「건축법」상 일반 업무시설에 해당하므로 일반적으로 건축물로 과세하나, 현황과세의 원칙에 따라 주거용(주민등록, 취학 여부, 임대주택 등록 여부 등)으로 사용하는 경우에 한해 주택으로 과세된다. 이 경우 해당 건물 부분과 그 부속토지 부분을 각각 구분하여 산출한 시가표준액의 합을 주택의 시가표준액으로 보아 이 금액에 주택분 공정시장가액 비율을 적용한 금액이 과세표준이 된다(지예 법104-2).

6) 주택에 설치된 영유아보육시설

영유아보육시설이 설치된 주택이 「주택법」에 따른 주택의 구조를 유지하는 경우, 주택분 과세대상에 해당된다(지예 법104-3).

7) 근린생활시설의 사실상 주거 사용 여부

「주택법」에서 주택의 정의를 세대(世帶)의 구성원이 장기간 독립된 주거생활을 할 수 있는 구조로 된 건축물의 전부 또는 일부 및 그 부속토지를 말한다고 규정하고 있는 바, 청구인들이 공부상 용도와 무관하게 임의적으로 이 건 부동산을 주택으로 사용한다 할지라도 「지방세법」의 건축물을 「건축법」에 따른 주택과 근린생활시설 등으로 구분하여 규정하고 있고, 청구인들이 처분청에 한 상가건물 용도변경 내용확인 요청에 대하여 처분청은 주거용도로 사용할 경우 용도변경의 절차를 거쳐 무단용도변경에 따른 불이익을 받는 일이 없도록 유념하라는 통보에도 불구하고 심판청구일까지 건축물대장 용도를 주택으로 변경신청하지 않고 있는 점, 이 건 부동산에는 도시가스시설이 설치되지 않았고, 2019년 1월부터 2019년 6월말까지의 전기나 수도의 사용 실적을 보더라도 사실상 주거용으로 사용되었다고 보기 어려운 점, 부동산의 구조 등이 언제든지 근린생활시설로 다시 사용할 수 있는 형태를 하고 있어 주거용으로 보기 어려운 점 등에 비추어 청구인들의 이 건 부동산을 2019년도 재산세 과세기준일 현재 주택이 아닌 건축물대장상의 근린생활시설로 보고 한 처분청의 이 건 재산세 등 부과처분은 달리 잘못이 없다고 판단된다(조심 2019지3742, 2020.4.1.).

8) 축산업용 관리사

재산세의 과세대상 물건이 공부상 등재 현황과 사실상의 현황이 다른 경우에는 사실상 현황에 따라 재산세를 부과한다고 규정하고 있고, 쟁점 건축물이 주거생활을 할 수 있는 구조를 갖추고 실제 주거용으로 사용하고 있다고 하더라도, 주거목적이 아닌 경우로 한정하여 건축되는 시설까지 주택으로 보는 것은 타당하지 않다고 할 것이다. 또한 관리사는 축산업을 위한 부속시설로서 축산업 경영에 필요한 기자재 보관뿐만 아니라 작업 중 휴식 등을 위한 용도로서 거실, 화장실, 부엌 등 공간을 충분히 필요로 할 수 있는 점, 건축물대장에 주택이 아닌 관리사로 등재되어 있으며 주택으로 용도변경한 행위가 확인되지 않는 점, 비록 현재 가축 사육을 하고 있지 않다고 하더라도 축산업 등록이 되어 있으며 언제든지 축산업용으로 다시 사용할 수 있는 점, 「농지법」 제32조 및 같은 법 시행령 제29조 제4항에서 농업·임업·축산업 또는 어업을 영위하는 세대가 설치하는 농·어업인 주택의 요건을 별도로 규정하고 있는 점 등을 고려했을 때 이 건축물을 주택으로 보기는 어렵다(부동산세제과-871, 2020.4.21.).

> **사례** 장기간 공가 상태로 방치한 건물이 「건축법」에 의한 건축물로 볼 수 없을 정도로 폐가가 된 경우에는 주택으로 보지 아니함(양도소득세 집행기준 89-154-16).

> **사례** 비록 기존에 소유하고 있는 주택이 사실상 오래되어 재산가치는 물론 효용가치가 없고, 농사를 지을 때만 일시적으로 사용한다고 하더라도 주택으로서 그 실체가 있고 공부상 주택으로 등재되어 있는 이상 주택이 아니라고 달리 볼 수 없다 할 것임(행심 98-125, 1998.3.25.).

(4) 선박

재산세 과세대상인 선박은 취득세 과세대상인 선박과 동일하며, 여기서 "선박"이란 기선, 범선, 전마선 및 그 밖에 명칭에 관계없이 모든 배를 말하며, 해저관광 또는 학술연구를 위한 잠수캡슐의 모선으로 이용하는 부선과 석유시추선도 포함한다(지예 법6-7).

준설선이 건설기계로 등록되어 있다 하더라도 준설선은 선박에 해당될 것이므로 재산세 과세대상이 되는 것이다. 그런데, 준설선은 수상에서 자유롭게 이동하며 바닥에 있는 흙·모래·자갈 등을 파내는 시설을 설치한 것으로 선박(배)이 되기 위한 조건인 부양성, 적재성, 이동성을 모두 갖추고 있다고 볼 수 있으므로 「지방세법」 제6조 제10호에서 규정하는 "선박"에 해당하여 재산세 과세대상에 포함되나, 「지방세법」 제6조 제8호 및 「지방세법 시행규칙」 제3조 관련 [별표 1]에서 펌프식·바켓식·딧퍼식 또는 그래브식으로서 자력으로 항해가 불가능한 준설선은 기계장비로 규정하고 있으므로 이에 해당하는 것은 선박에서 제외한다(지방세운영과-1231, 2013.6.26.)라고 해석하고 있어서 기계장비에 해당하는 준설선만 재산세 과세대상 선박으로 보지 않겠다는 내용인 것으로 판단되어진다. 준설선이라도 기계장비에 해당되지 아니하는 것은 선박으로 보아 재산세를 과세하여야 한다는 뜻이라면 이는 형평성 차원에서 문제가 있을 것이다. 여기서의 기계장비로 본 준설선은 자력항해능력에 의한 이동성은 없으나 다른 배에 의하여 이동성이 있는 것이므로 이동성이 아니라 자력항해능력으로 선박을 판단한 것인데, 이는 잘못 판단한 것으로 보여진다. 즉 기계장비에 해당하지 아니한 다른 부선(일부 준설선 포함)도 자력항해능력이 없으므로 재산세 과세대상 선박이 아니라고 해석하여야 형평성 차원에서 맞을 것이나, 부선은 재산세 과세대상 선박으로 보고 있기 때문이다. 이 해석은 다음과 같은 이유로 선박으로 보아야 한다는 점에서 이해가 되지 아니한다.

이동성은 선박의 성질에 해당되는 것으로 수상 건축물처럼 한 지점에 고착되어 있어서 이동성이 없는 경우에는 선박으로 볼 수 없고, 건축물로 보아야 한다는 것인데, 자력항해능력이 없다고 하여 이동성이 없다고 할 수 없다는 것이다. 즉 자력항해능력이 없는 준설선도 다른 곳으로 다른

배에 의하여 이동이 가능하므로 이동성이 있는 것이다. 「선박법」에 의한 선박인 부선도 이와 마찬가지로 자력항해능력이 없더라도 다른 배에 의하여 이동성이 있기에 선박으로 보고 있는 것이다.

참고로, 「선박법」 제26조에서는 「건설기계관리법」 제3조의 규정에 따라 건설기계로 등록된 준설선은 「선박법」에 의한 등기·등록 규정을 적용받지 아니하도록 규정하고 있지만, 선박이 아니라는 내용은 아니며, 같은 법 제26조의 본문에서도 "다음 각 호 어느 하나의 선박은…"이라고 규정되어 있으므로 준설선도 「선박법」에 의한 선박에 해당하는 것이며, 「선박법」에 의한 선박이 아니더라도 선박도 '모든 배'의 일종이므로 취득세와 재산세 과세대상이 된다. 다만, 소형선박에 대한 취득세율이 달리 규정되어 있고(지법 §12), 소형어선 등에 대한 특례규정(「지방세특례제한법」 제9조 제2항에 20톤 미만의 소형어선에 대하여는 취득세와 재산세 및 「지방세법」 제146조 제2항에 따른 지역자원시설세 면제)이 있다.

> **사례** 선박(인명구조정과 수상오토바이)의 경우 「선박법」에 의한 등록을 하지 않더라도 취득세와 재산세의 납세의무가 발생하는 것임(세정 13407-255, 2003.4.9.).

(5) 항공기

취득세의 과세대상이 되는 항공기로 사람이 탑승 조종하여 항공에 사용하는 비행기·비행선·활공기·회전익항공기 등 그 밖의 이와 유사한 비행기구를 말한다.

❸ 과세대상 구분(지법 §106)

(1) 과세대상 구분의 기준

재산세의 과세대상은 종합합산과세대상, 별도합산과세대상 및 분리과세대상으로 구분한다. 재산세의 과세대상은 원칙적으로 종합합산을 기본으로 하나 모든 토지를 종합합산과세할 경우 나타날 수 있는 불합리를 보완하기 위해 예외적으로 일정한 요건을 갖춘 토지에 대하여는 별도합산과세 및 분리과세를 하고 있다.

1) 분리과세대상

분리과세제도는 정책적 고려에 따라 고율 또는 저율 적용의 필요가 있는 토지에 대하여 별도의 기준에 의하여 분리과세함으로써 종합합산과세에서 오는 불합리를 보완하고자 하는 데 그 취지가 있는바, 특정한 토지에 대하여 저율 또는 고율의 단일세율을 적용하는 과세대상을 말한다.

2020년 이후 행정안전부장관은 제106조 제1항 제3호에 따른 분리과세대상 토지를 축소·정비 등을 하려는 경우 또는 분리과세대상토지를 확대·추가하려는 경우에는 분리과세의 목적, 과세형평성, 지방자치단체의 재정여건 및 다른 지원제도와의 중복 여부 등을 종합적으로 고려하여 분리과세의 타당성을 평가할 수 있으며, 이에 따른 타당성 평가 결과에 따라 분리과세대상 토지를 확대·추가하려는 경우에는 「지방재정법」 제27조의 2에 따른 지방재정부담심의위원회의 심의를 거쳐야 하며, 타당성 평가의 평가대상 등은 다음과 같다(지법 §106-2).

행정안전부장관은 분리과세대상 토지를 축소·정비 등을 하려는 경우 또는 분리과세대상 토지를 확대·추가하려는 경우에는 분리과세의 목적, 과세 형평성, 지방자치단체의 재정여건 및 다른 지원제도와의 중복 여부 등을 종합적으로 고려하여 분리과세의 타당성을 평가할 수 있다.

이에 따른 타당성 평가 결과에 따라 분리과세대상 토지를 확대·추가하려는 경우에는 「지방재정법」 제27조의 2에 따른 지방재정관리위원회의 심의를 거쳐야 하며, 분리과세의 타당성 평가대상은 다음과 같다.

ㄱ 분리과세대상 토지에서 제외하거나 그 범위를 축소하려는 토지 및 2024.5.28. 이후 분리과세대상 토지에 추가하거나 그 범위를 확대하려는 토지

ㄴ 중앙행정기관의 장이 분리과세대상 토지에 추가하거나 그 범위를 확대할 것을 요청한 토지

중앙행정기관장은 행정안전부장관에게 분리과세대상 토지의 확대 또는 추가를 요청하는 경우에는 다음 사항이 포함된 자료를 제출해야 한다.

ㄱ 분리과세대상 토지의 확대 또는 추가 필요성

ㄴ 확대 또는 추가되는 분리과세대상 토지의 규모

ㄷ 분리과세 적용에 따라 예상되는 경제적 효과

ㄹ 감소되는 지방세 규모 및 재원보전대책

ㅁ 그 밖에 관련 사업계획서, 예산서 및 사업수지 분석서 등 타당성 평가에 필요한 자료

행정안전부장관은 타당성평가와 관련하여 필요한 경우 관계 행정기관의 장 등에게 의견 또는 자료의 제출을 요구할 수 있다. 이 경우 관계 행정기관장 등은 특별한 사유가 있는 경우를 제외하고는 이에 따라야 한다.

행정안전부장관은 다음 사항을 고려하여 타당성평가 기준을 마련해야 한다.

ㄱ 분리과세 적용의 필요성 및 그 대상의 적절성 등 분리과세의 타당성에 관한 사항

ㄴ 분리과세로 인한 경제적 효과 및 지방자치단체 재정에 미치는 영향 등에 관한 사항

상기에서 규정한 사항 외에 타당성평가의 세부 평가 기준, 평가 절차 등에 관하여 필요한 사항은 행정안전부장관이 정한다.

2) 별도합산 과세대상

① 원칙

'별도합산 과세대상'이란 소유자별로 전국의 토지를 합산과세 하되 일정한 요건에 해당하는 토지를 별도로 구분하여 종합합산과세대상보다 다소 낮은 0.2%~0.4%를 적용하는 과세대상을 말한다.

별도합산 과세대상 토지는 상가, 사무실 등 영업용 건축물의 부속토지 중 기준면적 이내의 토지와 영업의 특성상 넓은 토지를 필요로 하는 자동차운전교습용 토지 등은 일정기준 이내 토지에

대해 건축물의 부속토지로 보아 별도합산 과세대상으로 하고 기준면적을 초과하는 토지는 종합합산과세하게 된다.

② 철거·멸실된 건축물 또는 주택의 부속토지

과세기준일 현재 다음 어느 하나에 해당하는 건축물 또는 주택의 부속토지도 별도합산 과세대상으로 보고 있지만(지령 §103-2), 이 경우 2019년 이후 「건축법」 등 관계법령에 따라 허가 등을 받아야 할 주택 또는 건축물로서 허가 등을 받지 아니한 건물 또는 사용승인을 받아야 할 건물로서 사용승인(임시사용승인 포함)을 받지 아니하고 사용한 건물의 부속토지는 별도합산 과세대상으로 보지 않고 있다.

㉠ 건축물 또는 주택이 사실상 철거·멸실된 날(사실상 철거·멸실된 날을 알 수 없는 경우 공부상 철거·멸실된 날)부터 6개월이 지나지 않은 건축물 또는 주택의 부속토지

이 경우 건축물의 부속토지는 철거·멸실되기 전 건축물의 바닥면적(건축물 외의 시설의 경우 그 수평투영면적을 말함)에 용도지역별 적용배율을 곱하여 산정한 면적 범위의 토지를 말한다(2024.5.28. 이후 납세의무성립분부터 적용되나 그 전에도 적용되어 왔었음).

㉡ 「빈집 및 소규모주택 정비에 관한 특례법」에 따른 빈집정비사업 또는 「농어촌정비법」에 따른 생활환경정비사업(빈집의 정비에 관한 사업만 해당)의 시행으로 빈집이 사실상 철거된 날(사실상 철거된 날을 알 수 없는 경우에는 공부상 철거된 날을 말함)부터 3년이 지나지 않은 빈집의 부속토지(2024년 이후 재산세 납세의무성립분부터 적용)

이 경우 건축물 또는 주택의 건축을 위한 용도 외의 다른 용도로 사용하는 부속토지는 제외하되, 국가, 지방자치단체 또는 지방자치단체조합이 1년 이상 공용 또는 공공용으로 사용(1년 이상 사용할 것이 계약서 등에 의하여 입증되는 경우 포함)하는 부속토지로서 유료로 사용하는 경우 또는 소유권의 유상이전을 약정한 경우로서 그 재산을 취득하기 전에 미리 사용하는 경우에 해당되어 재산세의 부과대상이 되는 부속토지를 포함한다(2024.5.28. 이후 납세의무성립분부터 적용).

> **사례** 별도합산 과세의 취지는 재산세 과세기준일 현재 다른 용도로 이용하는 토지까지 별도합산 과세대상으로 구분하는 것은 토지분 재산세 기본 원칙에 부합하지 않는 점, 해당 토지는 건축물이 멸실된 이후, 차단기 설치·아스콘 포장·무인 수납기 설치 등 주차장으로 이용되는 사실이 명확히 확인되었으며, 이를 공사과정에서 수반되는 일시적인 나대지 상태의 토지로 볼 수 없는 점 등 사실관계 및 입법취지, 종전 판례 등을 종합적으로 고려할 때, 과세기준일 현재 토지 이용현황에 맞게 종합합산 과세대상으로 적용하는 것이 타당하다고 판단됨(부동산세제과-515, 2024. 2.5.).

3) 종합합산 과세대상

재산세는 같은 시·군에 있는 모든 토지를 납세의무자별로 합산하여 그 가액에 누진세율을 적용하는 종합합산 과세대상 제도를 원칙으로 하면서 정책적인 고려에서 예외적으로 분리과세대상

제도와 별도합산 과세대상 제도를 채택하고 있다.

그러므로 종합합산 과세대상 토지는 과세기준일 현재 납세의무자가 소유하고 있는 재산세 과세대상 토지 중에서 별도합산 과세대상과 분리과세대상을 제외한 모든 토지가 해당된다.

한편, 2022년 이후부터 건축물에서 허가 등이나 사용승인(임시사용승인 포함)을 받지 아니하고 주거용으로 사용하는 면적이 전체 건축물 면적[허가 등이나 사용승인(임시사용승인 포함)을 받은 면적 포함]의 50% 이상인 경우에는 그 건축물 전체를 주택으로 보지 아니하고, 그 부속토지는 종합합산 과세대상 토지로 본다(지법 §106 ② 2-2).

(2) 과세대상의 구분

재산세에서 납세의무자와 과세권자간에 주요 다툼의 대상이 되는 것은 과세대상 토지가 종합합산과세, 별도합산과세, 분리과세 중 어디에 해당되느냐이다. 문제는 과세대상을 구분하기 위하여 토지의 사실상 현황을 파악한다는 것이 그리 용이하지 않다는 점과 과세대상의 구분에 따라 세율의 차이가 커 납세의무자의 부담액이 크게 달라진다는 점이다.

1) 분리과세대상 토지(지령 §102)

① 공장용지

군(郡)지역(광역시의 군(郡)지역과 시(市)지역의 읍·면지역 포함)과 특별시·광역시·특별자치시·특별자치도·시(市)지역("시지역")의 산업단지 및 공업지역 안에 위치한 "공장용 건축물"(하기 건축물은 포함되며, 2021년 이전은 건축 중인 경우를 포함하되, 과세기준일 현재 정당한 사유 없이 6개월 이상 공사가 중단된 경우는 제외되나, 2016년 이전은 건축기간이 지난 경우도 제외)의 부속토지는 공장입지기준면적 범위 안의 토지

㉠ 건축허가를 받았으나 「건축법」 제18조에 따라 착공이 제한된 건축물

㉡ 「건축법」에 따른 건축허가를 받거나 건축신고를 한 건축물로서 같은 법에 따른 공사계획을 신고하고 공사에 착수한 건축물[개발사업 관계법령에 따른 개발사업의 시행자가 소유하고 있는 토지로서 같은 법령에 따른 개발사업 실시계획의 승인을 받아 그 개발사업에 제공하는 토지(분리과세대상이 되는 토지 제외)로서 건축물의 부속토지로 사용하기 위하여 토지조성공사에 착수하여 준공검사 또는 사용허가를 받기 전까지의 토지에 건축이 예정된 건축물(관계 행정기관이 허가 등으로 그 건축물의 용도 및 바닥면적을 확인한 건축물을 말한다)을 포함한다]. 다만, 과세기준일 현재 정당한 사유 없이 6개월 이상 공사가 중단된 경우는 제외

공장입지기준면적을 초과하는 토지도 종합합산 과세되며, 2022년 이후부터는 「건축법」 등 관계 법령에 따라 허가 등을 받아야 하는 건축물로서 허가 등을 받지 않은 공장용 건축물이나 사용승인을 받아야 하는 건축물로서 사용승인(임시사용승인 포함)을 받지 않고 사용 중인 공장용 건축물의 부속토지는 분리과세에서 제외된다.

　여기서 유의하여야 할 점은 시지역의 산업단지와 공업지역을 제외한 기타지역(주거지역, 상업지역, 녹지지역)에 위치한 "공장용 건축물"의 부속토지는 일반 건축물의 부속토지와 같이 건축물 바닥면적에 용도지역별 적용배율을 곱하여 산정한 면적범위 내의 토지는 별도합산하고 이를 초과하는 면적은 종합합산한다는 점이다.

● 용도지역별 적용배율(지령 §101 ②)

용도지역별		적용배율
도시지역	전용주거지역	5배
	준주거지역·상업지역	3배
	일반주거지역·공업지역	4배
	녹지지역	7배
	미계획지역	4배
도시지역 외의 지역		7배

　상기에서 공장용 건축물은 영업을 목적으로 물품의 제조·가공·수선이나 인쇄 등의 목적에 사용할 수 있도록 생산설비를 갖춘 제조시설용 건축물, 그 제조시설을 지원하기 위하여 공장 경계구역 안에 설치되는 부대시설용 건축물(① 사무실, 창고, 경비실, 전망대, 주차장, 화장실 및 자전거 보관시설, ② 수조, 저유조, 저장창고, 저장조 등 저장용 옥외구축물, ③ 송유관, 옥외 주유시설, 급수·배수시설 및 변전실, ④ 폐기물 처리시설 및 환경오염 방지시설, ⑤ 시험연구시설 및 에너지 이용 효율 증대를 위한 시설, ⑥ 공동산업안전시설 및 보건관리시설, ⑦ 식당, 휴게실, 목욕실, 세탁장, 의료실, 옥외 체육시설 및 기숙사 등 종업원의 복지후생 증진에 필요한 시설) 및 「산업집적활성화 및 공장설립에 관한 법률」 제33조의 규정에 의한 산업단지 관리기본 계획에 의하여 공장경계구역 밖에 설치된 종업원의 주거용 건축물을 말한다(지칙 §52). 즉 영업을 목적으로 물품의 제조·가공·수선이나 인쇄 등의 목적에 사용할 수 있도록 생산설비를 갖춘 제조시설용 건축물과 그 제조시설을 지원하기 위하여 공장경계구역 안에 설치되는 사무실, 창고, 수조, 식당 및 휴게실 등 부대시설용 건축물과 종업원 기숙사와 사택[419]을 포괄적으로 포함하고 있다.[420]

---

419) 「지방세법 시행규칙」 제52조의 규정에 의하면 "영 제139조…(생략)…「산업집적 활성화 및 공장설립에 관한 법률」 제33조의 규정에 의한 산업단지관리기본계획에 의하여 공장경계구역 밖에 설치된 종업원의 주거용 건축물을 말한다."로 규정되어 있는바, 이 조문 중 '종업원의 주거용 건축물'의 정의를 종업원만 거주하는 기숙사를 의미하는지 아니면 종업원과 그 가족이 같이 거주하는 주거시설(사택)을 의미하는지에 대하여 유권해석(세정 13407-200, 1998.3.10.)에 따르면 종업원 기숙사와 사택을 포괄적으로 의미하고 있다.

420) 부대시설에 대한 재산세(취득세) 중과규정과 재산세(토지) 비교
공장용 건축물의 범위에 전술한 "식당, 휴게실, 목욕실, 세탁장, 의료실, 옥외체육시설 및 기숙사 등 종업원의 복지후생증진에 필요한 시설용 건축물"은 토지에 대한 재산세(토지분) 산정 시 공장 건축물 연면적에 포함시켜 분리과세대상 또는 별도합산과세대상을 넓게 해주는 반면 재산세(취득세)가 중과세되는 공장의 범위산정 시에는 이를 제외하여 재산세(취득세) 중과분을 적게 해주고 있는 점이 대비된다.

사례 1필지 내의 토지로 일부 토지가 나대지인 경우(조심 2024지0084, 2024.9.24.)

이 건 토지의 경우 ○○○지구 내에 소재한 토지로서 1개의 필지로 되어 있고, 공부상 지목이 전부 공장용지로 되어 있으며, 이 건 토지에 소재하는 공장용 건축물의 총 연면적 26,424.7㎡에 따라 산출한 공장입지기준면적 범위를 초과하지 아니하는 점, 이 건 토지는 하나의 울타리 내에 소재하고 있으므로 그 일부가 나대지로 되어 있더라도 이러한 여유 공간이 제조업의 특성상 필요하다고 볼 수 있고, 실제 청구법인이 쟁점토지상에 적치물을 적치한 사실이 있는 점, 이 건 토지상에 소재한 건축물의 건축물대장에 의하면 이 건 토지 전체가 건축물의 부속토지로 기재되어 있는 점 등에 비추어 쟁점토지는 산업단지 내의 하나의 울타리 내에 소재한 공장용 건축물의 부속토지로서 공장입지기준면적 범위 내 토지이어서 분리과세대상으로 구분하는 것이 타당함.

☞ 이 건 토지가 연접토지상에 신축된 건축물(수산물 가공 및 물류센터용)의 공장입지기준면적 이내의 토지라 하더라도 이 건 토지의 이용현황에 따라 판단하여야 하는바, 이 건 토지외 연접토지는 하나의 담장 등으로 구분되어 있지 아니한 별도로 필지가 분할된 토지로서 그 이용현황이 사실상 나대지 상태인 것으로 확인되므로 재산세 분리과세대상 토지로 보기도 어려움(조심 2023지3486, 2024.2.28.).

한편, 공장용 건축물의 지역별 과세대상 구분을 요약하면 아래와 같다.

● 공장용 건축물의 지역별 과세대상 구분

지역별	분리과세대상	별도합산과세대상	종합합산과세대상
군(郡)지역(광역시 군 및 시의 읍·면지역 포함) 공장, 시(市)지역의 산업단지와 공업지역 내 공장	공장입지기준면적 내		공장입지기준면적 초과분
시(市)지역 공장 (산업단지와 공업지역 제외)		용도지역별 배율을 적용한 기준면적 내	용도지역별 배율을 적용한 기준면적 초과분

☞ 시는 특별시, 광역시, 특별자치시, 특별자치도 포함
공장입지기준면적=공장 건축물 연면적 / 업종별 기준공장면적률

재산세(토지분)의 분리과세 대상이 되는 '공장용 건축물'의 주거용 건축물 등에 대하여는 주택에서 제외된다. 공장의 사원용 아파트나 기숙사는 「주택법」 상 주택으로 분류되므로 토지와 건물을 일괄 평가하여 부과해야 하나, 「지방세법」 상 공장용 건축물에 대하여는 별도의 규정(지령 §101, 지칙 §52)을 두고 있으므로 실제로 주거용으로 사용하고 있다 하더라도 주택으로 보지 않고 건물은 일반 건축물로 과세, 부속토지는 분리과세한다. 다만, 특별시·광역시(군 지역 제외)·특별자치시·특별자치도 및 시지역(읍·면 지역 제외) 중 산업단지와 공업지역을 제외한 지역에 있는 기숙사 등의 주거용 건축물은 '공장용 건축물'은 주택으로 과세한다.

한편, 군지역 및 특별시·광역시·특별자치시·특별자치도 및 시지역의 산업단지와 공업지역 내의 기숙사 등의 공장용 건축물의 부속토지는 공장입지기준면적 이내는 분리과세, 공장입지기준면적 초과는 종합합산과세한다.

분리과세대상이 되는 공장용지는 광역시 지역의 경우 산업단지 또는 "공업지역" 안에 위치한 공장용지이어야 하며, 공장입지기준면적에 포함된다고 하여 「국토의 계획 및 이용에 관한 법률」에서 정하는 공업지역이 아닌 지역까지 분리과세대상으로 정하는 것은 아니다. 따라서 토지가 「국토의 계획 및 이용에 관한 법률」에서의 공업지역이 아닌 자연녹지지역에 속한 이상 공장경계구역 내(공장입지기준면적 내) 토지라 하더라도 분리과세대상인 공장용지에 해당하지 아니한다(지방세운영과-202, 2012.1.17., 행심 2006-162, 2006.5.2. 참조).

재산세가 분리과세되는 공장용 건축물의 부속토지는 산업단지 및 공업지역 내에 위치하고, 영업을 목적으로 물품의 제조, 가공, 수선이나 인쇄 등의 목적에 사용할 수 있도록 생산설비를 갖춘 제조시설을 건축물의 부속토지 중 공장입지기준면적 이내의 토지에 한하는 것이므로, 공장으로 등록되지 아니한 물류업체의 창고, 사무실, 주차장용 토지는 공장 건축물의 부속토지가 아니므로 분리과세 대상에 해당되지 아니한다(세정 13407-1066, 1996.9.12.). 재산세(토지)가 분리과세되는 '공장용 건축물의 경계구역 안의 부속토지'라 함은 담장이나 울타리 등으로 외부와 경계 지워진 것을 뜻한다(세정 13407-334, 2000.2.29.). 이는 건축물의 부속토지는 건축물의 효용과 편익을 위해 사용되고 있는 토지를 말하고, 부속토지인지 여부는 필지수나 공부상의 기재와 관계없이 토지의 이용현황에 따라 객관적으로 결정되는 것이므로 명백히 건축물의 부속토지로 볼 수 없는 토지가 아닌 때에는 울타리나 담장 등으로 구획된 같은 구내의 토지는 건축물의 부속토지로 본다는 의미에 따른 것이다.

산업단지 내의 공장용지라도 등록된 공장이 아닌 경우는 재산세 분리과세대상이 아니다. 이는 유권해석에 따른 것으로서 "「지방세법 시행령」 제101조 제3항 제5호에서 「자동차관리법」에 따라 자동차관리사업의 등록을 한 자가 그 시설기준에 따라 사용하는 자동차관리사업용 토지(자동차정비사업장용, 자동차해체재활용사업장용, 자동차매매사업장용 또는 자동차경매장용 토지만 해당한다)로서 그 시설의 최저면적기준의 1.5배에 해당하는 면적 이내의 토지에 대하여 재산세가 별도합산과세대상 토지로 규정되고 있어 자동차정비사업장용 토지도 이에 해당되지 아니하며, 「산업입지 및 개발에 관한 법률」에 의하여 지정된 산업단지 내에 위치하고 지목이 공장용지라 하더라도 「산업집적 활성화 및 공장설립에 관한 법률」에 의하여 등록된 공장이 아니므로 「지방세법 시행령」 제102조 제1항 제1호에 규정된 분리과세대상에 해당되지 아니한다(세정 13430-143, 1998.6.3.)"라고 규정하고 있다.

참고로 2021년 이전에는 등록된 공장 내의 무허가 공장용 건축물은 공장으로 보아 분리과세대상 토지에 포함될 수 있으나,[421] 별도합산 과세대상에서 무허가 공장용 건축물은 제외되므로 무허가 건축물(주택, 공장용 제외)은 종합합산 과세대상이 된다.

---

421) 공장용 건축물의 범위는 공부상의 등재·등록사항에 불구하고 사실상의 현황에 따라 판단하여야 하므로 실제 공장용으로 사용하기 위하여 생산설비를 갖춘 건축물의 연면적으로 판단하여야 하며 무허가·위법건축물이더라도 공장용 건축물의 범위에는 포함됨. 다만, 공장용 건축물에 포함되어 분리과세대상을 판단하나 공장입지기준면적 산정 시 공장용 건축물 연면적에서는 제외됨.

❑ **공장부속토지 중과 계산**

공장의 부속토지 4,000㎡, 제조시설 설치 건축물 바닥면적 1,500㎡, 사무실 및 창고 100㎡, 식당 등 종업원의 후생복지시설 400㎡인 경우 공장신설에 따른 부속토지의 중과세 면적 계산 3,200㎡(=4,000㎡ × 1,600㎡ ÷ (1,500㎡+100㎡+400㎡))가 부속토지에 해당함.

취득세가 중과되는 공장의 범위에서 건축물 연면적 산정 시 해당 공장의 제조시설을 지원하기 위하여 공장경계구역 안에 설치되는 부대시설 예를 들어 식당·휴게실·목욕실·세탁장·의료실·옥외체육시설 및 기숙사 등 종업원의 후생복지증진에 공여되는 시설과 대피소·무기고·탄약고 및 교육시설 등의 면적은 제외된다.

공장경계구역 안에 설치되는 부대시설 등의 장소를 의미할 때 식당 등 종업원의 후생복지시설로서 열거되지 아니한 장소라 하더라도 열거되지 아니한 사유만으로 중과세대상에 포함시켜서는 아니되며, 오직 생산설비를 갖춘 장소, 창고, 사무실 이외의 장소는 지방세 중과세할 때에는 배제하여야 한다(예시적 열거주의).

공장용 건축물의 부속토지의 범위는 경계구역 안에 생산설비를 갖춘 공장용 건축물과 해당 공장의 제조시설을 지원하기 위하여 설치된 부대시설 건축물 연면적과 종업원의 후생복지증진에 공여되는 시설이 함께 있는 경우 전체 공장용 구내시설의 총 바닥면적에 대한 공장용에 공여되는 건축물 바닥면적으로 안분하여 중과세대상이 되는 부속토지 면적을 산출하여야 한다.

○ **휴업·폐업한 공장(주거지역 내) 재산세 중과 여부**

휴업인 경우에는 공장용 건축물로 사용되고 있다고 볼 수 없으므로 이 경우에도 중과세대상이 되는지 논란이 될 수 있으나, 유흥주점 영업을 휴업한 상태에 있다 하더라도 그 건물현황이 유흥주점으로서의 실체를 그대로 존치하고 있다면 고급오락장으로 보아야 한다는 대법원 판결(89누3922, 1990.1.25.)의 취지에 비추어 볼 때, 휴업 중에 있더라도 기계장치가 설치되어 있어 공장으로 실체가 있는 경우 공장용 건축물로 중과세가 된다고 판단됨. 그런데 장기간 폐업 등으로 인하여 중과세 요건을 상실한 유흥주점에 대하여 중과세한 처분은 잘못이다(행심 2004-99, 2004.5.31.)라고 결정하고 있는바, 폐업한 지 얼마 되지 아니한 경우에는 공장용 건축물로 보아야 할 것이나 장기간 폐업한 경우에는 공장용 건축물로 볼 수 없을 것임.

☞ 재산세(토지) 과세기준일 현재 물품의 제조·가공·수선이나 인쇄 등의 목적으로 사용할 수 있도록 설비를 갖춘 건축물의 부속토지는 공장용 부속토지로서 재산세를 분리과세하므로 공부상 지목이 공장용지이고 건축물이 생산시설에 공여된 사실이 있다 하더라도 과세기준일 현재 부도발생으로 일시공장 운영중단상태에 있고, 공장설치 이후 타용도로 전환하여 사용한 사실이 없는 경우 설비를 갖춘 공장용 건축물의 부속토지에 해당한다고 볼 수 없어 재산세(토지)를 종합합산과세대상이 됨(내심 96-233, 1996.6.26.). 이는 분리과세대상에 해당하는지 여부를 결정할 때 판단기준에 한정하여야 할 것임.

○ **폐업한 공장의 재산세 분리과세대상 여부**

영업실적 부진으로 인하여 지점 한 곳을 폐업신고를 하기로 결정하였는데 이전까지는 군지역 내의 공장용 건축물로서 재산세는 분리과세되어 왔었다. 관련예규(시세 22670-1347, 1989.4. 14.)를 참고한다면 폐업된 상태로 방치된 건축물은 법인의 고유업무에 직접 사용하는 건축물이 아니라고 하였는데 이 경우 폐업한 공장의 부속토지는 종합합산과세대상이 되는지 아니면 휴업의 경우 휴업한 상태라도 건축물의 사실상 현황이 공장용 건축물의 실체를 구비하고 있다면 공장용 건축물로 보아야 하는데 폐업의 경우에도 공장용 건축물로 보아 분리과세대상이 되는지 여부

재산세 과세기준일 현재 물품의 제조·가공·수선이나 인쇄 등의 목적으로 사용할 수 있도록 설비를 갖춘 건축물의 부속토지는 공장용 부속토지로서 재산세를 분리과세하므로 공부상 지목이 공장용지이고 건축물이 생산시설에 공여된 사실이 있다 하더라도 과세기준일 현재 부도 발생으로 일시 공장 운영중단 상태에 있고 공장설치 이후 타 용도로 전환하여 사용한 사실이 없는 경우 설비를 갖춘 공장용 건축물의 부속토지에 해당한다고 볼 수 없어 재산세(토지)를 종합합산과세대상이 됨(내심 96-233, 1996.6.26.).

☞ 과세기준일 현재 지상에 있던 공장용 건축물이 철거되었다는 사유만으로 종합합산대상으로 판단한 것은 지상건축물이 철거된 후 6개월간은 건축물의 부속토지로 보도록 규정하고 있는 「지방세법 시행령」 제194조의 14 제1항 본문의 규정을 제대로 적용하지 못한 잘못이 있음(행심 2001-159, 2001.3.27.).

☞ 공부상 지목이 공장용지라 하더라도 지상 건축물이 무허가건물이고, 사실상 공장용지로 사용하지도 않고 있으므로 분리과세대상 토지로 볼 수 없음(행심 2000-870, 2000.11.28.).

☞ 공장가동이 중단 후 방치시에는 별도합산과세대상이 됨(세정 13407-536, 2001.5.21.).

'지상정착물의 부속토지'란 지상정착물의 효용과 편익을 위해 사용되고 있는 토지를 말하고, 부속토지인지 여부는 필지 수나 공부상의 기재와 관계없이 토지의 이용현황에 따라 객관적으로 결정되는 것이므로, 여러 필지의 토지가 하나의 지상정착물의 부속토지가 될 수 있는 반면, 1필지의 토지라도 그 일부가 지상정착물의 효용과 편익을 위해서가 아니라 명백히 별도의 용도로 사용되고 있는 경우에는 그 부분은 지상정착물의 부속토지라고 볼 수 없다 할 것이다(대법원 95누3312, 1995.11.21. 참조). 즉 공장용 건축물과 일반 건축물이 혼재하여 별도의 구분없이 사용하는 경우 각 건축물의 사용 면적에 따라 그 부속토지의 면적을 안분하여 재산세 과세구분을 한 처분은 정당한 것이다. 그런데 1구의 공장용지 안에 공장으로 사용 중인 건축물과 아무런 용도로도 사용하지 않는 건축물이 혼재해 있으면서 그 부속토지가 구분되어 있지 아니하는 경우라면 납세자에게 있어서 별도합산과세보다는 분리과세가 더 유리하므로 공장입지기준면적 범위 내의 분리과세대상 토지면적을 먼저 산출한 후 그 나머지 토지에 대하여 별도합산대상 토지 면적을 산출하는 것이 합리적이라고 할 것이다(지방운영과-3672, 2012.11.14.).[422]

---

422) 구 「지방세법」 제182조 제1항 제2호, 「지방세법 시행령」 제131조의 2 제2항에 의하면, 위 시행령 같은 조 제1항의 공장용 건축물을 제외한 건축물의 부속토지는 건축물의 바닥면적(건물 외의 시설물의 경우에는 그 수

사례 공장용지 안 공장 사용과 미사용 건축물 혼재 시(지방세운영과-3672, 2012.11.14.)

「지방세법 시행규칙」 제52조에서 공장용 건축물의 범위를 "생산설비를 갖춘 제조시설용 건축물과 사무실·창고·경비실 등 그 제조시설을 지원하기 위한 부대시설용 건축물 등"으로 규정하고 있으므로 공업지역의 공장용지 내에 있는 건축물이라 하더라도 생산설비를 갖추지 않고 공실로 비어있는 건축물이라면 공장용 건축물이라 할 수 없다. 해당 토지 중 공장용 건축물의 효용과 편익을 위해 사용되는 부분이 명백히 구분된다면 공장입지기준면적의 범위 내에서는 분리과세하여야 할 것이며, 반대로 공장용 건축물의 효용과 편익을 위해 사용되지 않은 토지임이 명백히 구분된다면 분리과세할 수 없는 것임. 그 일부를 임대하여 유리식기제품 생산 공장으로 사용하고 있으므로 해당 부분은 공장용 건축물로 볼 수 있으나 그 나머지 부분은 생산설비를 갖추지 않은 공실로서 사용하지 않고 있으므로 이는 기업의 생산 및 산업 활동에 기여하는 공장용 건축물로 볼 수 없며, 미사용된 건축물의 부속토지는 공장용 건축물의 부속토지로 볼 수 없다. 따라서 1구의 공장용지 안에 공장으로 사용 중인 건축물과 아무런 용도로도 사용하지 않는 건축물이 혼재해 있으면서 그 부속토지가 구분되어 있지 아니하는 경우라면 공장용 건축물을 기준으로 한 공장입지기준면적 범위 내에서 분리과세를 먼저 적용하되, 공장입지기준면적 범위 내에 있다 하더라도 미사용 건축물의 바닥면적은 별도합산 과세하는 것이 타당함.

사례 2006.6.4. 지구단위계획결정승인이 되어 2006.6.9. 공업지역에서 상업지역으로 변경결정 고시되어 있으며, 과세기준일(6.1.) 현재 철거중인 공장이 공장용 건축물로서 역할을 수행하고 있다면 공장입지기준면적 범위 안의 부속토지에 대하여는 분리과세함이 타당하다고 할 것임(지방세정팀-4130, 2006.9.1.).

사례 공장용 건축물 신·증축용 취득 후 착공되지 않은 경우(행심 2005-159, 2005.5.30.)

토지는 공장용 건축물의 착공도 되지 않았고, 1차부지의 동일한 공장용지로서의 요건을 갖추지도 못한 토지라 할 것이므로, 처분청에서 해당 토지 중 공장입지기준면적을 초과하는 부분은 종합합산으로, 가설건축물의 부속토지는 별도합산으로, 공장입지기준면적 내의 토지(공작물 설치토지)는 분리과세로 각각 구분하여 재산세를 부과한 처분은 잘못이 없는 것임.

② 전·답·과수원("농지")

㉠ 개인소유 농지

농지로서 과세기준일 현재 실제 영농에 사용되고 있는 개인이 소유하는 농지 분리과세대상 토지이다. 다만, 특별시·광역시(군지역 제외) 및 특별자치시·특별자치도·시지역 (읍·면지역 제외)의 도시지역 안의 농지는 개발제한구역과 녹지지역(「국토의 계획 및

평투영면적)에 용도지역별 적용배율(도시지역 중 공업지역은 4배)을 곱하여 산정한 면적 범위 안의 토지를 별도합산과세대상으로 삼도록 규정하고 있으므로, 납세자는 위 시행령 규정에 의하여 해당 건축물의 바닥면적 외에 바닥면적의 3배 상당의 면적까지도 종합합산과세대상에서 제외되어 별도합산과세되는 세제상 혜택을 받게 된다. 그런데 납세자에게 있어 종합합산과세보다는 별도합산과세가 유리하고 별도합산과세보다는 분리과세가 더 유리하므로, 위 적용배율에 관한 시행령 규정은 종합합산과세대상에서 제외되는 별도합산과세대상 토지 범위를 산정할 때 적용되는 것으로 봄이 상당하고, 이와 달리 분리과세되는 일단의 토지에서 별도합산과세되는 건축물 부지 면적을 추출할 때 적용할 수는 없으며, 그렇게 보는 것이 위 규정의 입법목적과 별도합산과세제도의 취지에도 부합한다고 할 것임(부산지방법원 2011구합1321, 2011.12.9. 판결).

이용에 관한 법률」 제6조 제1호에 따른 도시지역 중 같은 법 제36조 제1항 제1호 각 목의 구분에 따른 세부 용도지역이 지정되지 않은 지역 포함)에 있는 것에 한정한다.[423)]

분리과세대상이 되는 농지는 전·답·과수원은 공부상 등재된 지목에 관계없이 적어도 그 사실상의 현황이 농작물의 경작 또는 다년성식물의 재배로 이용되는 토지와 그에 접속된 부속시설물의 부지를 의미한다(대법원 98두3464, 1998.5.8.).

한편, 「농지법」 제2조에서 "농지"란 「초지법」에 따라 조성된 토지 등 대통령령이 정하는 토지[① 「공간정보의 구축 및 관리 등에 관한 법률」에 따른 지목이 전·답·과수원이 아닌 토지로서 농작물 경작지 또는 다년생식물 재배지로 계속하여 이용되는 기간이 3년 미만인 토지, ② 「공간정보의 구축 및 관리 등에 관한 법률」에 따른 지목이 임야인 토지지목이 전·답·과수원이 아닌 토지로서 농작물 경작지 또는 다년생식물 재배지로 계속하여 이용되는 기간이 3년 미만인 토지 제외)로서 그 형질을 변경하지 아니하고 과수·뽕나무·유실수 그 밖의 생육기간이 2년 이상인 식물과 조경 또는 관상용 수목과 그 묘목(조경목적으로 식재한 것 제외)인 다년생식물의 재배에 이용되는 토지, ③ 「초지법」에 따라 조성된 초지]를 제외하고 전·답·과수원 그 밖에 법적 지목을 불문하고 실제로 농작물 경작지 또는 다년생식물 재배지로 이용되는 토지로서 그 토지에 설치하는 버섯재배사 및 비닐하우스와 그 부속시설 등의 부지를 포함한다고 규정하고 있다(지방세운영과-2506, 2008.12.15. 참조).

따라서 지목인 대지를 전·답·과수원으로서 재산세 과세기준일(6.1.) 현재 실제 영농에 사용되고 있는 경우에는 현황부과 규정(지법 §106 ③, 구 지령 §119)에 따라 농지로 재산세를 과세하여야 할 것이다. 그런데 지목이 전·답·과수원이 아닌 토지로서 농작물 경작지 또는 다년생식물 재배지로 계속하여 이용되는 기간이 3년 미만인 토지는 농지로 볼 수 없을 것이다.

한편, 개인이 소유한 공부상 지목이 전·답(농지)로서 일반 사람들이 수목을 관람하면서 휴식을 취하는 용도로 이용되는 토지, 즉 수목원으로 이용되는 토지는 개인이 소유한 분리과세대상 농지에 해당하지 않는다(지예 법106…영102-3).

> **사례** 구 도시계획법령에 따라 제2종 일반주거지역으로 지정된 도시지역 내 실제 영농 토지는 분리과세대상 아님(대법원 2020두38027, 2020.8.13. 심불, 서울고법 2018누53513, 2020.4.22.).
>
> 이 사건 토지는 구 도시계획법령에 따라 제2종 일반주거지역으로 지정된 도시지역으로서, 「국토의 계획 및 이용에 관한 법률」 제6조에서 정하고 있는 도시지역에 해당함이 분명하다. 따라서 원고의 위 주장은 받아들일 수 없음(앞서 본 바와 같이 피고는 이 사건 토지의 현황이 농지임을 부인하는 것이 아니라, 관계 법령에서 정한 바에 따라 이 사건 처분을 한 것일 뿐이므로, 이 사건 처분이 현황과세의 원칙에 반한다고 볼 수도 없음).

---

423) 2013.12.31. 이전에는 "특별시지역, 광역시지역(군지역은 제외한다) 및 시지역(읍·면 지역은 제외한다)의 도시지역의 농지는 개발제한구역과 녹지지역에 있는 것으로 한정한다"라고 규정하고 있었다.

사례 조경업 사용 후 미경작 상태인 경우(조심 2019지3571, 2020.3.18.)

쟁점토지는 장기간 미경작되어 단단하게 다져져 있고 잡초가 무성한 공지로서 경작의 흔적을 확인할 수 없는 상태로 일시적·계절적 휴경이 아니라고 보고 있는 점 등에 비추어 청구인이 쟁점토지를 취득할 당시 농지로 사용되고 있었다고 보기 어려움.

사례 도시지역에 경작 농지가 주거지역으로 변경고시 시(대법원 2016두36406, 2016.6.23.)

자연녹지지역에서 제1종일반주거지역으로 변경고시되었다고 하더라도 현재 개발행위가 제한되어 있고 공부상 지목도 농지이며 영농에 사용되고 있는 경우 종전처럼 분리과세 할 수 없음.

사례 지구단위계획결정고시로 주거지역으로 지정된 경우(대법원 2014두44373, 2015.2.12.)

지구단위계획결정고시에 의하여 제2종 주거지역으로 지정된 경우 「국토의 계획 및 이용에 관한 법률」 제6조에서 정하고 있는 도시지역 내 토지로 볼 수 있음.

사례 2011년도부터 2014년도까지의 재산세 과세기준일 현재 이 건 토지가 화훼판매장의 부속토지 및 주차장 등으로 사용되어 농지로 사용되었다고 보기는 어려워 종합합산과세대상임(조심 2015지507, 2015.4.10.).

사례 사업으로 일시적 영농 행위한 경우(지방세운영과-1251, 2010.3.25.)

직전연도에 사업으로 주거단지 조성이 완료되어 과세기준일 현재 주택이 건축되기 전 해당 토지에 일시적으로 영농행위를 하는 것은 "실제 영농에 사용되고 있는 농지"로 보기에는 무리가 있음.

사례 경작 불가능 사유 관계기관에 있지만 현황이 잡종지인 토지(행심 2005-191, 2005.6.27.)

경작이 불가능하게 된 귀책사유가 관계기관에 있다고 하더라도 이 사건 토지현황이 잡종지이므로 구 「지방세법 시행령」 제194조의 15 제1항 제2호 가목에서 정한 분리과세대상 토지에 해당한다고 볼 수는 없다(대법원 96누15558 판결, 1997.9.9. 선고)하겠으며, 「지방세법 시행령」 제194조의 17 제1항에서 재산세는 과세대상 토지가 공부상 등재현황과 사실상의 현황이 다를 경우에는 사실상의 현황에 의하여 부과한다고 규정하고 재산세는 매년 6.1. 현재 사실상 토지현황에 따라 매년 부과되는 지방세이므로, 처분청에서 이 사건 토지의 2004년도의 사실상 현황이 잡종지이므로 잡종지에 해당하는 종합합산세율을 적용하여 재산세를 부과한 처분은 잘못이 없음.

사례 특별시·광역시(군지역 제외)·시지역(읍·면지역 제외)의 도시계획구역 안의 농지는 개발제한구역과 녹지지역 안에 있는 것에 한하여 분리과세하도록 규정되어 있으므로 도시계획구역 내의 자연녹지지역 안의 농지가 토지구획정리사업으로 인하여 과세기준일 현재 주거지역으로 용도변경되었다면 종합합산과세대상임(세정 13407-984, 1998.12.1.).

☞ 종합과세대상 토지가 분리과세대상 토지에 해당하기 위해서는 과세기준일 현재 실제 영농에 사용되고 있는 개인이 소유하는 농지로서 시지역의 도시지역의 농지는 개발제한구역과 녹지지역 안에 있어야 하는데, 앞서 본 바와 같이 이 사건 종합합산 과세대상 토지는 이 사건 도시관리계획결정에 의하여 제1종일반주거지역으로 지정된 도시지역에 있어 개발제한구역과 녹지지역 안에 있지 아니하여 분리과세대상 토지에 해당되지 않는다고 할 것임(대법원 2016두36406, 2016.6.23.).

사례 농작물의 재배를 목적으로 설치한 유리온실, 비닐하우스, 버섯재배사 등 농작물 재배시설의 부속토지는 농지에 해당되나, 농작물 판매목적의 점포용으로 설치한 동 시설의 부속토지는 대지로 봄이 타당함(내무부 세정 13407-69, 1997.2.25.).

사례 물을 대지 아니하고 관상수·묘목·뽕나무 등의 식물을 재배하는 토지의 지목을 "전"으로 보고 있으므로 관상수를 식재하고 있다면 농지로 보아 재산세를 과세함이 타당함(내무부 세정 13047-1328, 1995.12.16.).

ⓒ 법인 및 단체소유 농지[424]

법인소유 농지는 원칙적으로 종합합산이 된다.

다음의 경우에는 저율분리과세(0.07%)한다.

㉮ 농업법인이 소유하는 농지로서 과세기준일 현재 실제 영농에 사용되고 있는 농지. 다만, 특별시·광역시(군지역 제외) 및 특별자치시·특별자치도·시지역(읍·면지역 제외)의 도시지역 안의 농지는 개발제한구역과 녹지지역(「국토의 계획 및 이용에 관한 법률」제6조 제1호에 따른 도시지역 중 같은 법 제36조 제1항 제1호 각 목의 구분에 따른 세부 용도지역이 지정되지 않은 지역을 포함) 안에 있는 것으로 한정한다.[425]

㉯ 한국농어촌공사가 농지를 공급하기 위하여 소유하는 농지

㉰ 사회복지사업자가 복지시설이 소비 목적으로 사용할 수 있도록 하기 위하여 소유하는 농지로 1990.5.31. 이전부터 소유하는 농지(1990.6.1. 이후 해당 농지를 상속 및 법인합병으로 취득하여 소유하는 경우 포함)(지령 §102 ⑥)

㉱ 법인이 매립·간척으로 취득한 농지로서, 과세기준일 현재 실제 영농에 사용되고 있는 해당 법인소유 농지. 다만, 특별시, 광역시(군지역 제외) 및 특별자치시·특별자치도·시지역(읍·면 지역 제외)의 도시지역의 농지는 개발제한구역과 녹지지역(「국토의 계획 및 이용에 관한 법률」제6조 제1호에 따른 도시지역 중 같은 법 제36조 제1항 제1호 각 목의 구분에 따른 세부 용도지역이 지정되지 않은 지역을 포함) 안에 있는 것으로 한정한다.[426] 이 경우 법인이 공유수면 매립이나 간척 등에 의하여 취득한 농지로서 과세기준일(매년 6.1.) 현재 실제 영농에 사용되고 있는 해당 법인의 농지는 대리경작 여

---

424) 「지방세법」제111조 제1항 제1호 다목은 분리과세대상 토지에 해당하는 한, 그 지목에 따라 세율을 달리 적용하도록 하고 있을 뿐, 그 소유 주체 등에 따라 세율을 달리 적용하도록 하고 있지 않다. 설령 지방자치단체에서 종중이 아닌 비영리단체가 소유하는 토지에 대해서는 「지방세법」제111조 제1항 제1호 다목 3)의 그 밖의 토지에 해당한다고 보아 과세표준의 0.2%의 세율을 적용하여 온 해석례나 관행이 존재한다고 하더라도 이는 위 「지방세법」규정에 반하는 행정편의적인 확장해석이나 유추적용에 해당하므로 받아들일 수 없다[대법원 2019두51031, 2019.12.12. 심리불속행 기각, 광주고등법원(제주) 2018두1666, 2019.8.14.].

425) 2013.12.31. 이전에는 "특별시지역, 광역시지역(군지역은 제외한다) 및 시지역(읍·면 지역은 제외한다)의 도시지역의 농지는 개발제한구역과 녹지지역에 있는 것으로 한정한다"라고 규정하고 있었다.

426) 2013.12.31. 이전에는 "특별시지역, 광역시지역(군지역은 제외한다) 및 시지역(읍·면 지역은 제외한다)의 도시지역의 농지는 개발제한구역과 녹지지역에 있는 것으로 한정한다"라고 규정하고 있었다.

부에 상관없이 재산세만 저율분리과세 대상이다.

> **사례** 택지개발예정지구 등은 지정 후 용도지역 미세분화된 경우(지방세운영과-1448, 2010.4.9.)
> 용도지역의 지정 또는 변경을 도시관리계획으로 결정하는 점(「국토의 계획 및 이용에 관한 법률」 제36조 제1항), 실시계획승인을 도시관리계획결정으로 의제하고 있는 점(「택지개발촉진법」 제6조), 택지개발예정지구지정이 도시지역으로 의제(「국토의 계획 및 이용에 관한 법률」 제42조 제1항 제4호)되어 도시지역으로 구분된다고 하더라도 과세기준일 현재 쟁점 토지가 주거·상업·공업지역으로 세분화되지 아니한 점, 도시지역이 세부 용도지역으로 지정되지 아니한 경우 건축제한·건폐율·용적률 적용 시 녹지지역에 관한 규정을 적용하고 있는 점(「국토의 계획 및 이용에 관한 법률」 제79조) 등을 종합할 때, 택지개발예정지구 내 현황이 농지인 쟁점 토지가 택지개발예정지구지정 및 개발계획 승인 고시는 되었으나, 실시계획승인이 이루어지진 않아 주거·상업·공업지역으로 세분화되지 아니하였다면 분리과세 적용이 타당함.

　㉕ 종중(宗中)이 소유하는 농지로서 1990.5.31. 이전부터 소유하는 농지(1990.6.1. 이후 해당 농지를 상속받아 소유하고 있는 농지 포함)(지령 §102 ⑥)

대법원판례(대법원 98두3464, 1998.5.8.)에서도 분리과세대상이 되는 농지(전·답·과수원)는 공부상 등재된 지목에 관계없이 사실상의 현황이 농작물의 경작 또는 다년생의 식물의 재배지로 이용되는 토지와 그에 접속된 부속시설물의 부지일 것을 요한다고 하여 현황부과의 원칙을 분명히 밝혀주고 있다.

③ 목장용지

다음의 목장용지는 저율분리과세(0.07%)한다.

㉠ 도시지역 밖의 목장용지

개인 또는 법인이 소유하는 축산용 토지로서 과세기준일이 속하는 연도의 직전연도를 기준으로 다음 표에서 정하는 축산용 토지 및 건물의 기준을 적용하여 계산한 토지 면적의 범위 내에서 소유하는 토지

㉡ 도시지역 안의 목장용지

개인 또는 법인이 1989.12.31. 이전부터 소유하는 개발제한구역 및 녹지지역 내의 축산용 토지(1990.1.1. 이후 상속, 법인 합병으로 취득하여 소유하는 것 및 2024.5.28. 이후에는 농업협동조합중앙회가 1989.12.31. 이전부터 소유한 것으로서 법률 제10522호 「농업협동조합법」 일부 개정법률 부칙 제6조에 따라 농협경제지주회사가 농업협동조합중앙회로부터 취득하여 소유하는 것 포함, 2023.3.14.~2024.5.27.에는 법률 제10522호 「농업협동조합법」 일부 개정법률 부칙 제6조에 따라 농협경제지주회사가 농업협동조합중앙회로부터 취득하여 소유하는 것 포함)로서 과세기준일 속하는 연도의 직전연도를 기준으로 다음 표에서 정하는 축산용 토지 및 건물의 기준을 적용하여 계산한 토지 면적의 범위 내에서 소유하는 토지(지령 §102 ⑥)

축사·부대시설 또는 초지·사료포가 「축산용 토지 및 건물의 기준」 각각의 기준면적을 초과하는 경우 건축물에 해당하는 것으로서 축사·부대시설의 기준면적을 초과하는 토지는 별도합산과세대상으로 하며, 초지·사료포 중 기준면적을 초과하는 토지는 종합합산과세대상으로 한다.

도시지역(개발제한구역 및 녹지지역 제외) 내의 목장용지 내에 축사가 있는 경우라면 그 축사 부속토지는 별도합산대상인 건축물의 부속토지에 해당(축사 건축물의 시가표준액이 부속토지 시가표준액의 2% 미만인 경우 바닥면적을 제외한 면적은 종합합산과세)되므로 별도합산 과세대상으로 보아야 하나, 그 축사가 「건축법」 등 관계법령의 규정에 따라 허가 등을 받아야 할 건축물 또는 사용승인을 받아야 할 건축물로서 사용승인(임시사용승인 포함)을 받지 아니하고 사용 중인 경우 등 「지방세법」 상 별도합산 과세대상에 해당되지 않는 경우에는 종합합산과세대상으로 보아야 한다(지방세운영과-416, 2009.1.30.).

🔵 축산용 토지 및 건축물의 기준

구분	사업	가축두수 (연중최고 마릿수)	축사 및 부대시설		초지 또는 사료포		비고
			축사 (제곱미터)	부대시설 (제곱미터)	초지 (헥타르)	사료포 (헥타르)	
한우 (육우)	사육 사업	1마리당	7.5㎡	5㎡	0.5ha	0.25ha	말, 노새, 당나귀 사육 포함
한우 (육우)	비육 사업	1마리당	7.5	5	0.2	0.1	
젖소	목장 사업	1마리당	11	7	0.5	0.25	
양	목장 사업	10마리당	8	3	0.5	0.25	
사슴	목장 사업	10마리당	66	16	0.5	0.25	
토끼	사육 사업	100마리당	33	7	0.2	0.1	친칠라 사육 포함
돼지	양돈 사업	5마리당	50	13	–	–	개 사육 포함
가금	양계 사업	100수당	33	16	–	–	
밍크	사육 사업	5마리당	7	7	–	–	여우 사육 포함

사례 한우(육우)를 사육하는 축산업자가 축사 1,000㎡와 100ha의 초지 및 사료포에 한우 100두를 사육하는 경우 필요한 축사, 초지, 사료포의 기준면적 계산방법?

○ 기준면적 계산
- 축 사 : 100두 × 7.5㎡ = 750㎡
- 초 지 : 100두 × 0.5ha = 50ha
- 사료포 : 100두 × 0.25ha = 25ha
○ 분리과세대상(기준면적)
- 초지 및 사료포 : 50ha + 25ha = 75ha
- 축사(토지) : 750㎡
○ 종합합산과세대상(초과면적) : 100ha − 75ha = 25ha
○ 별도합산과세대상(초과면적) : 1,000㎡ − 750㎡ = 250㎡

사례 임대한 목장용지가 분리과세 대상에 해당되는지 여부(세정 13407-1111, 1999.9.3.)

목장용지라 함은 토지의 소유자가 해당 용도에 직접 사용하는 경우를 말하므로 귀문과 같이 목장용지를 소유한 개인이나 법인이 직접 사용하지 않고 타 개인이나 법인에게 임대하여 사용한 때에는 분리과세대상 목장용지에 해당되지 아니함.

④ 임야

산림의 보호육성을 위하여 필요한 임야 및 종중 소유 임야 등 다음에 해당하는 임야는 저율분리과세(0.07%)하고 여기에 해당되지 않는 임야는 종합합산 과세한다. 여기서 '분리과세대상의 임야'라 함은 산림으로 보호 육성할 필요가 있는 사실상의 임야를 말하는 것이므로 현황이 지상에 임목이 생육하고 있어 외형상 임야인 것처럼 보인다고 할지라도 공장 구내의 토지로서 언제든지 임목을 베어내면 공장용 건축물의 건축이 가능한 것이라면 사실상 현황이 임야가 아니라 공장부속토지로 보아 기준면적을 초과하는 토지는 종합합산 과세대상이다(행심 2001-34, 2001.6.25.).

㉠ 「산림자원의 조성 및 관리에 관한 법률」 제28조에 따라 특수산림사업지구로 지정된 임야와 「산지관리법」 제4조 제1항 제1호에 따른 보전산지에 있는 임야로서 「산림자원의 조성 및 관리에 관한 법률」 제13조에 따른 산림경영계획의 인가를 받아 실행 중인 임야

이 임야라 하더라도 도시지역의 임야는 종합합산 과세하나 다음의 경우에 해당하는 도시지역 임야는 분리과세한다.

㉮ 도시지역으로 편입된 날부터 2년이 경과하지 아니한 임야

㉯ 「국토의 계획 및 이용에 관한 법률 시행령」 제30조에 따른 보전녹지지역(「국토의 계획 및 이용에 관한 법률」 제6조 제1호에 따른 도시지역 중 같은 법 제36조 제1항 제1호 각 목의 구분에 따른 세부 용도지역이 지정되지 않은 지역 포함)의 임야로서 「산림자원의 조성 및 관리에 관한 법률」 제13조에 따른 산림경영계획의 인가를 받아 실행 중인 임야[427]

---

427) 2013.12.31. 이전에는 "「국토의 계획 및 이용에 관한 법률 시행령」 제30조에 따른 보전녹지지역 안의 임야로서 「산림법」에 의한 영림계획인가를 받아 시업 중인 임야로서 「산림자원의 조성 및 관리에 관한 법률」

 제3편「지방세법」

산림계획인가에 따른 재산세를 분리과세 적용 시점(조심 2013지0245, 2013.9.30.)

「산림자원의 조성 및 관리에 관한 법률」제13조에 따른 산림경영계획의 인가를 받아 실행 중인 임야에 해당하여야 하나, 청구인은 처분청으로부터 2012.5.29.부터 2022.5.28.까지 쟁점 토지에 대한 산림계획인가를 받았으므로 2011년 재산세 과세기준일(6.1.)까지는 분리과세대상이 아닌 종합합산과세대상으로 보는 것임.

「지방세법 시행령」제195조의 15 제2항 제1호에서 분리과세대상 토지로 규정한 '영림계획인가를 받아 시업 중인 임야'의 범위는 연차별계획에 의거 조림·육림·벌채 등이 진행 중인 영림계획인가 구역 내의 모든 임야를 말함(행자부 세정 13407-290, 1996.3.15.).

과세기준일 현재 영림계획인가를 받았다고 하더라도 시업하지 않고 있는 임야와 타용도로 사용하기 위하여 사업승인을 받음으로써 영림계획인가의 효력이 없어진 임야는 분리과세대상이 될 수 없음(내무부 시세 22670-84, 1992.6.19.).

ⓒ 다음 어느 하나에 해당하는 임야(2024.5.16. 이전에는 「문화재보호법」제2조 제3항에 따른 지정문화재 및 같은 조 제5항에 따른 보호구역 안의 임야)

㉮ 「문화유산의 보존 및 활용에 관한 법률」에 따른 지정문화유산 안의 임야
㉯ 「문화유산의 보존 및 활용에 관한 법률」에 따른 보호구역 안의 임야
㉰ 「자연유산의 보존 및 활용에 관한 법률」에 따른 천연기념물등 안의 임야
㉱ 「자연유산의 보존 및 활용에 관한 법률」에 따른 보호구역 안의 임야

ⓒ 「자연공원법」에 의하여 지정된 공원자연환경지구 안의 임야

도시지역 소재 여부에 불문하고 분리과세대상 임야에 해당한다.

ⓔ 1990.5.31. 이전부터 종중이 소유하고 있는 임야

종중이 소유하고 있는 임야로서 1990.5.31. 이전부터 소유하고 있는 것에 한하여 저율분리과세한다(1990.6.1. 이후에 해당 토지를 상속받은 경우와 법인이 합병으로 인하여 취득하여 소유하는 경우를 포함한다). 종중 소유 임야(명의신탁 임야 포함)는 신고기간(6.1.~6.10.) 내에 종중 소유 임야임을 신고하여야 분리과세대상이 되고 신고기간 내에 신고하지 아니하였을 경우에는 종중 소유임을 알 수 없어 종합합산과세하게 된다(지령 §102 ⑥, 지법 §120). 종중 소유 임야는 도시지역 소재 여부, 보전산지(준보전산지) 여부를 불문하고 모두 분리과세대상이다.

1990.5.31. 이전부터 실제 소유하였음이 인정되는 경우(조심 2010지420, 2011.5.2.)

1984년 및 1987년에 취득한 이 토지가 청구인의 매매의사에 관계없이 1997.8.26. 공익사업인 용지조성사업 구역 내에 편입되면서 환매특약을 원인으로 소유권을 ○○○에 일시적으로 이전하고 사업완료 후 다시 환매기간 내 환매권을 해지함으로써 그 소유권을 지금까지 유지하고 있는 점, 2000.2.3.

제13조에 따른 산림경영계획의 인가를 받아 실행 중인 임야"로 규정되어 있었다.

청구인 명의로 소유권이전 시에도 등기원인이 1997.7.1. 환매로 나타나는 점과, 1990.6.1.(과세기준일)부터 토지에 대한 재산세 과세가 종합토지세로 부과되면서 법 시행 이전에(1990.5.31.) 종중이 소유하고 있는 토지는 저율로 분리과세하겠다는 것이 입법 취지인 점을 고려할 때, 이 토지는 재산세 과세 목적상으로는 1990.5.31. 이전부터 실질적으로 소유하였다고 보는 것이 합리적인 것으로 보임.

> **사례** 분리과세대상 종중 임야를 국가의 수용에 의하여 새로운 종중 임야를 1996년도에 대체취득하였다 할지라도 그 종중 임야에 대하여는 재산세가 분리과세되지 아니함(행자부 세정 13407-80, 1999.10.29.).

ㅁ 기타 특정 임야

1989.12.31. 이전부터 소유[1990.1.1. 이후에 상속받아 소유하는 경우, 법인합병으로 취득하여 소유하는 경우 및 2023.2.1. 이후에는 「농업협동조합법」 제161조의 2 및 부칙(법률 제10522호, 2011.3.31.) 제6조에 따라 농협경제지주회사가 농업협동조합중앙회로부터 취득하여 소유하는 경우 포함]하는 다음의 임야는 저율분리과세된다(지령 §102 ⑥).

㉮ 개발제한구역 안의 임야

「개발제한구역의 지정 및 관리에 관한 특별조치법」에 따른 개발제한구역의 임야는 분리과세대상이다.[428]

㉯ 「군사기지 및 군사시설 보호법」에 따른 군사기지 및 군사시설 보호구역 중 제한보호구역의 임야 및 그 제한보호구역에서 해제된 날부터 2년이 지나지 아니한 임야

여기서 제한보호구역 내에 소재하는 토지 중 임야만을 분리과세대상으로 규정하고 있으므로 지방세법령에서 「군사기지 및 군사시설보호법」상의 폭발물 관련 제한보호구역 내에 있는 토지(임야 제외)에 대하여 달리 분리과세대상으로 구분하여 과세하도록 규정하고 있지 아니한 이상, 임야가 아닌 토지를 분리과세대상에 포함되는 것으로 보기는 어렵다(조심 2011지930, 2012.3.21.).

㉰ 「도로법」에 지정된 접도구역 안의 임야

도로의 구조에 대한 손괴, 미관의 보존 또는 교통에 대한 위험을 방지하기 위하여 도로경계선으로부터 20m를 초과하지 아니하는 범위 안에서 지정한 것

㉱ 「철도안전법」 제45조에 따른 철도보호지구의 임야

철도경계선(가장 바깥쪽 궤도의 끝선)으로부터 30m 이내에 있는 임야를 말하는데, 철도보호지구의 효력은 철도사업의 준공확인이 완료된 시점부터 발생하므로 그 날로부터 분리과세를 적용하면 된다. 한편, 「철도안전법」 제45조에 따라 건축 등이 제한된 토지는 재산세 50% 감면된다(지특법 §84 ③).

---

[428] 「개발제한구역의 지정 및 관리에 관한 특별조치법」에 의한 도시계획시설용지 중 공공시설용지가 아닌 토지로서 10년 이상 장기미집행된 것 : 재산세 50% 감면(지특법 §84 ①)
「개발제한구역의 지정 및 관리에 관한 특별조치법」에 의한 공공시설용지로 결정되고 지적고시된 토지 : 재산세 50% 감면(지특법 §84 ②)

사례 철도보호지구 임야는 철도사업 준공완료 시점부터 분리과세 적용(지방세운영과-282, 2012. 1.26.)

「철도안전법」 제45조에는 철도보호지구란 철도경계선(가장 바깥쪽 궤도의 끝선으로부터 30미터 이내의 지역을 말한다고 정하고 있음. 한편, 철도보호지구의 효력은 「철도건설법」 제16조에 따른 철도사업의 준공확인이 완료된 시점부터 그 효력이 발생함(국토해양부 철도기술안전과-57호, 2012.1.5. 참조). 따라서 「철도안전법」에 따른 철도보호지구의 임야에 대한 분리과세는 그 효력이 발생하는 철도사업의 준공완료 시점부터 적용하는 것이 타당함.

㉒ 「도시공원 및 녹지 등에 관한 법률」 제2조 제3호에 따른 도시공원의 임야

'도시공원'이라 함은 도시지역 안에서 자연경관의 보호와 시민의 건강, 휴양 및 정서생활의 향상에 기여하기 위하여 「국토의 계획 및 이용에 관한 법률」 제30조의 규정에 의한 결정된 것으로서 어린이공원, 근린공원, 도시자연공원, 묘지공원, 체육공원을 말한다.

㉓ 「하천법」 제12조에 따라 홍수관리구역으로 고시된 지역의 임야

하천 및 하천부속물을 보전하고 하천으로 인한 피해를 예방하기 위하여 하천부속물 손괴, 하천에의 토사유입이나 홍수범람의 우려가 있는 하천에 연접된 하천구역의 경계선으로부터 500m를 초과하지 아니하는 범위 내에서 관리청이 지정한 지역

㉔ 「수도법」에 의한 상수원보호구역 안의 임야

1990.5.31. 이전부터 소유(1990.6.1. 이후 해당 토지를 상속받아 소유하는 경우와 법인합병으로 취득하여 소유하는 경우 포함)하는 것은 저율분리과세한다(지령 §102 ⑥). 여기에서 유의할 점은 1990.5.31. 이전부터 피합병법인이 소유하던 상수원보호구역 안의 임야를 1990.6.1. 이후에 법인합병으로 인하여 취득 소유하게 된 경우 분리과세토록 된 것은 1999.12.31. 구 「지방세법 시행령」 개정 시 신설되어 2000.1.1.부터 시행되었으므로 2000.1.1. 이후에 과세기준일이 도래하는 재산세부터 분리과세대상이 된다는 것이다(대법원 2000두5746, 2000.11.28.). 또한, 대법원판례(대법원 99두1328, 2000.8.22.)에서 1990.5.31. 이전부터 소유하는 상수원보호구역 안의 임야("임야")에 대하여 분리과세함에 있어서 여기서 말하는 소유에는 1990.5.31. 이전에 임야를 매수한 후 제3자에게 명의신탁하여 두었다가 명의신탁해지(「부동산 실권리자명의 등기에 관한 법률」 시행 이전에 해지)를 원인으로 소유권이전등기를 경료한 경우 위탁자는 1990.5.31. 이전부터 임야를 소유하는 자에 포함되므로 이와 같은 임야는 분리과세대상에 해당된다고 판시하고 있다.

그러나 위 판례는 「부동산 실권리자명의 등기에 관한 법률」 시행(1995.7.1.) 전의 사건으로서 부동산실명제 실시에 부응하여 명의신탁을 해지하여 실소유자 명의로 회복한 특수성 등이 고려되었다고 보여지는바, 부동산 명의신탁을 할 수 없도록 규정(명의신탁약정은 무효로 함)한 위 법률 시행(1995.7.1.) 이후에 명의신탁을 원인으로 소유권을 회복한 임야에 대하여는 분리과세대상으로 볼 수 없을 것이다.

⑤ 기타 분리과세대상 토지

다음의 토지는 타인에게 공급할 목적으로 일시적으로 소유하는 등 저율분리과세할 상당한 이유가 있다고 인정되는 것에 대하여는 농지 및 임야에 적용하는 세율(0.07%)보다는 약간 높기는 하지만 역시 저율(0.2%)로 분리과세한다. 그러나 해당 토지가 골프장용 토지, 고급오락장용 토지에 해당하는 경우에는 고율(4%) 분리과세대상 토지가 된다.

그리고 분리과세대상을 열거한 「지방세법 시행령」 제102조 제5항 각호의 규정은 예시적 규정이 아니라 한정적 규정으로 보아야 할 것이다. 즉 과세기준일 현재 다음에 열거한 요건에 해당하지 아니하는 이상 그 요건에 해당하지 못한 데에 정당한 사유가 있는지 여부는 분리과세대상 토지 여부를 좌우하는 사유가 되지 못한다 할 것이다(대법원 99두163, 2001.5.29.).

골프장 원형보전지 중 일부분은 골프장 외곽 경계에서 다른 임야와 접하면서 급경사를 이루고 있는 사실이 인정되는바, 이와 같이 골프장 외곽경계 밖의 임야와 자연스럽게 이어져 급경사를 이루고 있으면서 수목이 생육하고 있는 토지로서 개발제한구역 안에 위치한 임야의 경우에는 골프장 내 골프코스 등 다른 토지와 일체가 되어 골프장을 구성하는 토지라고 보기는 어렵고, 산림의 보호육성을 위하여 필요한 임야로 볼 수 있어, 이러한 부분은 종합합산과세 대상토지로 볼 수 없고, 분리과세 대상토지에 해당한다고 할 것이다(대법원 2013두24617, 2014.3.14.).

㉠ 국가 및 지방자치단체 지원을 위한 특정목적 사업용 토지

㉮ 국가 또는 지방자치단체가 국방상의 목적 외에는 그 사용 및 처분 등을 제한하는 공장 구내의 토지

국가 또는 지방자치단체가 국방상의 목적 이외에는 그 사용 및 처분 등을 제한하는 공장 구내의 토지로서 주로 방위산업체가 보유하고 있는 공장용지 중 사용 및 처분이 제한된 토지가 이에 해당된다.

㉯ 개발사업 관계법령에 따라 국가나 지방자치단체에 무상귀속 공공시설용 또는 기부채납 예정 도시·군계획시설

「국토의 계획 및 이용에 관한 법률」, 「법」, 「도시 및 주거환경정비법」, 「주택법」 등("개발사업 관계법령")에 따른 개발사업의 시행자가 개발사업의 실시계획승인을 받은 토지로서 개발사업에 제공하는 토지 중 다음 어느 하나에 해당하는 토지

ⓐ 개발사업 관계법령에 따라 국가나 지방자치단체에 무상귀속되는 공공시설용 토지

ⓑ 개발사업의 시행자가 국가나 지방자치단체에 기부채납하기로 한 기반시설(「국토의 계획 및 이용에 관한 법률」 제2조 제6호의 기반시설을 말함)용 토지[429]

이 규정은 주택건설용이거나 산업단지용에 부속되는 기부채납 예정 공공시설용 토지는 분리과세하는 반면, 상업·업무용지 등에 부속되는 경우 종합합산과세되는 불형평 문제를 해소하고 국가나 지방자치단체에 무상으로 귀속(기부채납)하는 공공시설용 토지는

---

429) 2013년에는 기반시설로 규정되어 있지 않고 「국토의 계획 및 이용에 관한 법률」 제2조 제7호의 도시·군계획시설로 규정되어 있었다.

모두 분리과세하기 위하여 신설된 조항이다(종전에 대법원판례에 의해 운영되던 기부
채납 예정 공공시설용 토지의 법적 근거를 명확히 한 것임). 따라서 상기에 열거되어
있지 아니하는 법령에 의하여 상기 각 요건에 해당하는 경우 분리과세대상이 되는 것으
로 해석하여야 할 것이다(지령 §102 ⑤ 36 참조).

> **사례** 자치단체에 무상귀속되는 공공시설용 토지라는 사실이 인정되고, 국토계획법 및 도시정비
> 법에 따라 사업시행인가를 받은 경우는 국토계획법에 따른 실시계획의 인가가 있는 것으로 보게
> 되므로 분리과세대상에 해당함(대법원 2024두54744, 2024.12.24. 심불, 서울고법 2023누53487,
> 2024.8.22. 참조).

㉡ 군용화약류 시험장용 토지
「방위사업법」 제53조에 따라 허가받은 군용화약류시험장용 토지(허가받은 용도 외의
다른 용도로 사용하는 부분 제외)와 그 허가가 취소된 날부터 1년이 지나지 아니한 토지
㉣ 한국농어촌공사의 공공기관 지방이전에 따른 매각용으로 일시 취득하여 소유하는 종
전부동산
「한국농어촌공사 및 농지관리기금법」에 따라 설립된 한국농어촌공사가 「혁신도시 조성
및 발전에 관한 특별법」 제43조 제3항에 따라 타인에게 매각할 목적으로 일시적으로
취득하여 소유하는 같은 법 제2조 제6호에 따른 종전부동산
㉤ 발전·수도·공업 및 농업용수의 공급 또는 홍수조절용 토지
「한국수자원공사법」에 따라 설립된 한국수자원공사가 「한국수자원공사법」 및 「댐건
설·관리 및 주변지역지원 등에 관한 법률」에 따라 국토교통부장관이 수립하거나 승
인한 실시계획에 따라 취득한 토지로서 「댐건설·관리 및 주변지역지원 등에 관한 법
률」 제2조 제1호에 따른 특정용도 중 발전·수도·공업 및 농업용수의 공급 또는 홍수
조절용으로 직접 사용하고 있는 토지

㉢ 에너지·자원의 공급 및 방송·통신·교통 등의 기반시설용 토지
㉮ 염전
과세기준일 현재 계속 염전으로 실제 사용하고 있거나 계속 염전으로 사용하다가 사용
을 폐지한 토지(다만, 염전 사용을 폐지한 후 다른 용도로 사용하는 토지 제외)
여기서 '염전 사용을 폐지한 후 다른 용도로 사용하는 토지'라 함은 과세기준일 현재 이
용상황(농지, 양어장 등)이 달라지거나 폐염전 상태가 계속 유지되지 않는 경우를 말하
는 것이다. 따라서 염전의 경우에는 염전으로 사용하다가 사용을 폐지한 토지라도 다른
용도로 사용하기 전까지는 일정 기간 동안 혹은 그러한 기간의 제한 없이 분리과세대상이
된다(대법원 2009두5008, 2011.7.14.).

> **사례** 과세기준일 현재 공사가 진행되지 않는 부분의 경계가 명확히 구분되고 폐염전 상태 그대로
> 쟁점토지는 과거에 염전으로 쓰이던 토지라고 봄이 타당한 점, 쟁점토지가 과세기준일(6.1.) 현재

다른 용도로 사용되고 있지 아니한 잡종지인 사실은 다툼이 없는 점 등에 비추어보면, 쟁점토지는 염전으로 사용하다가 사용을 폐지한 토지에 해당한다고 할 것인바, 분리과세대상으로 구분하는 것이 타당함(조심 2022지0742, 2024.7.22.).

사례 과세기준일 현재 공사가 진행되지 않는 부분의 경계가 명확히 구분되고 폐염전 상태 그대로 존치되고 있다는 사실이 객관적으로 명백히 확인된다면 재산세 분리과세대상으로 볼 수 있을 것임(지방세운영과-2149, 2012.7.10.).

㉯ 광구 내의 토지로서 채광계획의 인가받은 토지

「광업법」에 따라 광업권이 설정된 광구의 토지로서 산업통상자원부장관으로부터 채굴계획 인가를 받은 토지(채굴 외의 용도로 사용되는 부분이 있는 경우 그 부분 제외) 여기서 "「광업법」에 의하여 광업권이 설정된 광구 내의 토지'라 함은 "과세기준일 현재 광업법에 의하여 광업권이 설정되어 있는 광구 내의 토지"만을 가리키는 것임이 명백하다 할 것이고, 여기에 "「광업법」에 의하여 광업권이 설정되었다가 소멸한 광구 내의 토지"까지 포함되는 것은 아니라 할 것이다(대법원 2010두1507, 2010.5.27.).

사례 광업권이 설정되었다가 소멸한 광구 내의 토지(대법원 2010두1507, 2010.5.27.)

이 사건 각 「지방세법 시행령」 규정에서 "광업권이 설정된 광구 내의 토지"에 한하여 분리과세대상으로 규정함으로써, 과거 광업권이 설정되었다가 소멸한 광구 내의 토지를 분리과세대상에서 제외하고 있다고 하여도, 원고가 주장하는 그러한 사정만으로 이 사건 각 「지방세법 시행령」 규정이 위임입법의 한계를 벗어난 것이라고 볼 수 없음.

사례 광업권 설정된 광구 내 토지가 유원지 사업 진행 중인 경우(지방세운영과-2204, 2010.5.25.)

쟁점토지는 과세기준일 현재 광구용 토지로서의 기능을 사실상 상실하고, 유원지 조성사업에만 직·간접적으로 공여되는 토지로 보는 것이 타당하다고 할 것임.

사례 산업자원부장관으로부터 채광계획의 인가를 받은 토지(세정과-1177, 2005.3.17.)

주택부속토지가 광업권이 설정된 광구 내의 토지로서 산업자원부장관으로부터 채광계획인가를 받은 토지에 포함되는 경우 재산세는 분리과세대상이라 판단되며 주택의 건물분에 대하여는 구 「지방세법」 제180조 제2호 규정에 의한 재산세과세대상이 되는 것임(지방세정팀-1730, 2005.7.19. 참조).

사례 채광계획의 인가를 받은 토지 내에 주거용 사원아파트(세정과-1177, 2005.3.17.)

「지방세법 시행령」 제132조 제4항 제6호에 의한 분리과세대상인 "채광계획의 인가를 받은 토지" 내에 주거용 사원아파트가 존치하고 있다면 ① 주택에 해당되는 주거용 사원아파트의 부속토지는 건물을 포함하여 주택분 재산세를 과세해야 할 것이며, ② 그 외의 채광계획의 인가를 받은 토지는 분리과세하여야 할 것으로 판단됨.

☛ 주택부속토지가 광업권이 설정된 광구 내의 토지로서 채광계획인가를 받은 토지에 포함되는 경우 분리과세대상이라 판단되며 주택의 건물분에 대하여는 별도합산과세대상이 되는 것이다(지방세정팀-1730, 2005. 7.19.)라 하여 상기와 다르게 해석한 것으로 보이나, 2005.1.5. 이후 주택분은 주택으로 과세하도록

개정되었는바, 종전에는 주택부속토지도 토지로서 분리과세되었으나, 현행은 주택으로 과세되기 때문에 별도로 주택부속토지를 구분하여 분리과세하지 아니하므로 상기 해석대로 과세하여야 할 것임.

㉕ 한국방송공사의 중계시설 부속토지
「방송법」에 따라 설립된 한국방송공사의 소유 토지로서 같은 법 제54조 제1항 제5호에 따른 업무에 사용되는 중계시설의 부속토지

㉖ 여객자동차터미널 및 물류터미널용 토지
「여객자동차 운수사업법」 및 「물류시설의 개발 및 운영에 관한 법률」에 따라 면허 또는 인가를 받은 자가 계속하여 사용하는 여객자동차터미널 및 물류터미널용 토지
2005년까지는 「여객자동차운수사업법」 및 「화물유통촉진법」의 규정에 의하여 면허 또는 인가를 받은 자가 계속하여 사용하는 여객자동차터미널 및 화물터미널용 토지는 별도합산대상 토지가 되었으나 2006년부터는 분리과세로 전환되었다.

> **사례** 화물터미널 용도로 계속하여 사용되고 있지 않는 경우(대법원 2012두904, 2012.4.26.)
>
> 과세기준일 현재 토지가 화물과 관련한 필요 기능을 구비한 시설물인 화물터미널의 용도로 계속하여 사용되고 있지 아니하므로 별도합산과세 대상 내지 분리과세 대상으로 볼 수 없음(원심판결 서울고등법원 2010누41637, 2011.12.2.).

> **사례** 물류단지 내에 대규모 점포 부지로 계획만 되어 있는 경우(감심 2010-62, 2010.6.10.)
>
> 이 대지는 물류단지 안에 있기는 하나, 물류단지시설의 하나인 대규모 점포 부지로 계획만 되어 있을 뿐 과세기준일 현재 나대지 상태이므로 별도합산과세대상에 해당되지 않는다 할 것임.

> **사례** 여객자동차터미널용 토지로 사용하고자 하는 토지(조심 2008지340, 2008.9.9.)
>
> 과세기준일 현재 여객자동차터미널용 토지로 사용하지 못한 것에 정당한 사유가 있다 하더라도 청구인의 경우와 같이 여객자동차터미널용 토지로 사용하고자 하는 토지는 구 「지방세법 시행령」 제132조 제4항 제27호 소정의 여객자동차터미널용 토지에 해당한다고 볼 수 없다 할 것이고, 나아가 구 「지방세법 시행령」 제131조의 2 및 제132조에서 정한 별도합산과세대상 또는 분리과세대상 토지에 해당하지 않는 이상 처분청이 이 건 토지의 재산세 과세대상을 종합합산과세대상으로 구분하여 이 건 재산세 등을 부과한 처분은 잘못이 없다고 판단됨.

> **사례** 여객자동차터미널 및 화물터미널용 토지(지방세정팀-4773, 2006.9.29.)
>
> 부대시설(주유소·자동차용 가스충전소·변전실·보일러실·공해방지시설·자동차정비시설·방송실·배차실·안내실·차고·세차장·종업원용 휴계실·종업원용 목욕실·종업원용 기숙사·승무원대기실)은 화물터미널에 직접적으로 필요한 시설이라 할 수 있으므로, 터미널용 토지로 볼 수 있으나, 편익시설은 자동차정류장에 필수불가결한 시설로 보기 어려우므로 터미널용 토지로 볼 수 없다 할 것임.

> **사례** 사업포괄양수도하여 인가받은 기존 사업 계속 운영 시(지방세정팀-4813, 2006.10.4.)
>
> 일반 화물터미널이 「화물유통촉진법」 제28조에 의하여 공사 시행 인가를 받은 기존 사업자의 사업

을 포괄 양·수도하여 인가받은 기존 사업을 계속적으로 운영하고 있다면 인가를 받은 자가 계속하여 사용하는 화물터미널용 토지에 해당하는 것으로 보아야 할 것임.

사례 **화물터미널용 예정인 토지상 일부 건축물 건축 중인 경우**(행심 2005-168, 2005.5.30)

화물터미널용으로 사용할 예정인 토지상에 일부 화물터미널용 건축물이 건축 중에 있다고 하여 해당 화물터미널 예정부지 전체를 화물터미널용으로 사용하는 토지로 볼 수는 없다 할 것으로, 청구인의 경우 2001년도 및 2002년도 재산세 과세기준일(6.1.) 현재 쟁점 토지상에 화물의 집하·하역·분류·포장·보관 또는 통관 등에 필요한 기능을 갖춘 시설물의 공사에 착공한 것이 아니라 창고시설부분만을 건축허가받아 건축 중에 있을 뿐이므로, 화물터미널용 토지 및 창고용 부속토지에 해당된다고 볼 수는 없음.

사례 **「도시계획법」에 의한 화물터미널용 토지**(행심 2002-237, 2002.6.24.)

화물의 집화·하역·분류·포장·보관 또는 통관 등에 필요한 기능을 갖춘 시설물의 공사를 착공한 것이 아니라 창고시설 부분만을 건축허가받아 건축 중에 있고, 또한 이 사건 쟁점 토지를 「도시계획법」에 의한 도시계획(유통업무설비, 도로)실시계획인가만 받았을 뿐 「화물유통촉진법」 규정에 의한 화물터미널공사 시행인가를 받지 아니한 사실이 제출된 관계증빙자료에서 확인되고 있음을 볼 때 이 사건 쟁점 토지는 「지방세법 시행령」 규정에 의한 화물터미널용 토지에 해당된다고 볼 수 없음.

㉮ 발전시설 또는 송전·변전시설에 직접 사용하고 있는 토지

「전기사업법」에 따른 전기사업자가 「전원개발촉진법」 제5조 제1항에 따른 전원개발사업 실시계획에 따라 취득한 토지 중 발전시설 또는 송전·변전시설에 직접 사용하고 있는 토지(「전원개발촉진법」 시행 전에 취득한 토지로서 담장·철조망 등으로 구획된 경계구역 안의 발전시설 또는 송전·변전시설에 직접 사용하고 있는 토지 포함). 이 경우 시설 및 설비공사를 진행 중인 토지 포함

여기서 '발전시설 또는 송전·변전시설에 직접 사용하고 있는 토지'에는 발전시설 또는 송전·변전시설 자체가 들어서 있는 토지만이 아니라 그러한 시설들의 가동·운영에 필수불가결한 토지도 포함된다고 하겠으나, 그 외의 토지는 그러한 시설의 가동·운영과 관련이 있다 하더라도 여기에 포함된다고 할 수 없다(대법원 2009두5008, 2011.7.14.). 따라서 담장·철조망 등으로 구획된 경계구역 안에 설치 예정인 발전·송전·변전시설의 부속토지와 그 시설의 가동·유지·관리에 필수 불가결한 배전반실, 보안시설(방카, 무기고, 망루), 창고, 사무실 등의 부속토지도 이에 해당한다 할 것이다(세정과-2093, 2007.6.8.). 한편, 「전원개발에 관한 특례법」 시행(1979.1.1.) 전에 취득한 발전소, 변전소 및 송전시설의 경우에는 담장·철조망 등으로 구획된 경계구역 내의 토지에 한하여 분리과세된다.

사례 **열병합발전소의 공사계획을 승인받은 토지**(조심 2019지1997, 2019.6.24.)

열병합발전소에 대한 공사계획을 승인받았다고 하여 해당 계획 자체가 「전원개발촉진법 시행령」 제13조 제2호에서 규정한 「국토의 계획 및 이용에 관한 법률」 등에 따른 인·허가 등이 필요하지 아니한 전원개발사업에 해당되는 것은 아닌 점 등에 비추어 청구법인이 「전기사업법」에 따른 전기사업자에 해당되는지 여부는 별론으로 하더라도 "전원개발사업 실시계획에 따라 취득한 토지"에는

해당되지 않는다 할 것임.

사례 전기사업자의 원자력발전소용 토지(대법원 2009두5008, 2011.7.14.)

경계구역 내 토지 및 제한구역 내 토지는 원자력 발전시설의 가동·운영에 필수불가결한 토지에 해당하여 분리과세대상 토지로 볼 수 있으나, 경계구역 및 제한구역 밖에 있는 것으로서 나대지, 보안 유지를 위한 임야, 공원용지 등으로 이용되는 토지는 여기에 해당한다고 보기 어려움.

사례 전원개발사업구역 내 저탄장과 이를 둘러싼 방풍림(지방세운영과-3726, 2010.8.18.)

「전원개발촉진법」 제2조 제1호, 같은 법 시행령 제3조에서 "전원설비"란 발전(發電) 등을 위한 전기사업용 전기설비와 그 부대설비를 말하며 그 부대설비로 발전(發電)을 위한 건물 및 구축물과 재료 적치장 등을 포함한다고 규정하고 있는 점을 종합할 때, 저탄장은 발전시설에 공여되고 있는 토지로 봄이 타당하다고 사료됨.

방풍림의 경우, 「대기환경보전법」 제43조 및 같은 법 시행령 제44조 8호 및 같은 법 시행규칙 제58조 제4항에서 저탄시설의 설치가 필요한 발전업 등 비산먼지를 발생시키는 사업은 비산먼지 발생억제시설을 설치하여야 하는바, 방풍림은 관련법령에 의거 신고하고 설치된 시설인 점과, 발전을 위한 필수 시설인 저탄장과 일체의 형태를 이루고 있는 점 등을 감안할 때, 저탄장뿐 아니라 이를 둘러싼 방풍림은 발전시설에 직접 사용하는 토지로써 분리과세대상 토지임.

사례 발전시설, 송전·변전시설에 직접 사업용 토지 범위(대법원 2001두3525, 2003.8.22.)

종합토지세 제도의 목적과 그 분리과세제도의 취지 등에 비추어 보면, 위 시행령 소정의 '… 발전시설 또는 송전·변전시설에 직접 사용하고 있는 토지'는 법문 그대로 발전시설 또는 송전·변전시설에 "직접" 사용하고 있는 토지에 한정되고 발전시설 또는 송전·변전시설에 "직접적으로" 사용되지 않는 토지는 분리과세 대상에서 제외된다고 보아야 할 것임.

사례 발전·송전·배전시설 내 임대 토지 구분(행정자치부 세정 13407-300, 2003.4.21.)

발전시설 및 송배전시설은 「지방세법 시행령」 제195조의 15 제1항의 공장용 건축물인 제조시설에 포함되지 아니하고, 발전시설 및 송배전시설에 직접 사용되고 있는 토지만이 「지방세법 시행령」 제195조의 15 제4항 제5호의 규정에 의하여 분리과세대상으로 구분될 수 있는 것임.

사례 발전·송전·변전시설에 직접 사용 토지(행정자치부 세정 13430-1160, 2000.10.2.)

'발전·송전·변전시설에 직접 사용되는 토지'라 함은 전력생산에 직접 공여되고 있는 시설뿐만 아니라 전력생산을 위하여 설비공사 중인 시설과 언제든지 전력생산이 가능한 상태로 유지관리되고 있는 시설까지 포함되는 것으로 봄이 타당하다고 사료되므로, 담장이나 철조망 등으로 구획된 경계구역 안에 있으면서 발전소가 자체전력수급계획에 의하여 일부시설은 철거(1, 2호기)하고 일부시설(3, 4호기)은 전력생산을 일시 중단한 상태에서 언제든지 전력생산이 가능한 상태로 관리유지하고 있다면 발전·송전·변전시설에 직접 사용하고 있는 토지로 보아야 할 것임.

사례 변전시설에 직접 사용되는 토지(행정자치부 세정 13407-1112, 1999.9.3.)

한국전력공사 변전소 복합 건물의 부속토지 중 '직접 사용 사무실 부속토지'라 함은 구내 복합변전소를 가동·유지·관리하기 위한 필수불가결한 사무실의 부속토지를 뜻하므로 구외 변전소 운영·보수를 위한 사무실은 이에 해당되지 아니하고, 또한 구내 변전소 직원의 구내 복리후생시설(강당·

식당·이용원 등)의 부속토지는 그 변전소의 가동·유지·관리에 직접 사용하고 있는 토지로 봄.

사례 경계구역 밖의 철탑용 부지가 직접 사용 토지 해당 여부(세정 13430-42, 1998.4.9.)

발전소 또는 변전소 경계구역 밖에 설치된 철탑용 부지는 이에 해당되지 아니하나, 발전시설 또는 송전·변전시설의 유지를 위해「전기사업법」제39조에 규정된 기술기준에 의하여 설치한 시설에 필요한 부속토지인 경우에는 분리과세함이 타당함.

사례 발전소 울타리 밖에 위치한 사택 및 합숙소 부속토지는 발전시설 또는 송전·변전시설에 직접 사용되는 토지로 볼 수 없어 이에 해당되지 아니함(세정 13430-254, 1998.8.3.).

㉫ 기간통신사업자의 기간통신역무용 전기통신설비

「전기통신사업법」제5조에 따른 기간통신사업자가 기간통신역무에 제공하는 전기통신설비(「전기통신사업 회계정리 및 보고에 관한 규정」제8조에 따른 전기통신설비를 말한다)를 설치·보전하기 위하여 직접 사용하는 토지(대통령령 제10492호「한국전기통신공사법 시행령」부칙 제5조에 따라 한국전기통신공사가 1983.12.31. 이전에 등기 또는 등록을 마친 것만 해당)

㉪ 한국지역난방공사의 열생산설비용 토지

「집단에너지사업법」에 따라 설립된 한국지역난방공사가 열생산설비에 직접 사용하고 있는 토지. 이 경우 시설 및 설비공사를 진행 중인 토지 포함

㉯ 「집단에너지사업법」에 따른 사업자 중 한국지역난방공사를 제외한 사업자의 직접 사용하기 위하여 소유하고 있는 공급시설용 토지(2022년~2025년만 적용)

㉰ 한국가스공사의 가스공급용 토지

「한국가스공사법」에 따라 설립된 한국가스공사가 제조한 가스의 공급을 위한 공급설비에 직접 사용하고 있는 토지(이 경우 시설 및 설비공사를 진행중인 토지 포함)

이 경우 공급설비에 직접 사용하는 토지라 함은 생산한 가스를 배관을 통해 운반하는 데 필요한 압력조절장치, 생산 및 공급설비의 운전현황감시 및 원격제어 장치 등을 설치한 공급기지의 정압기 설치장소와 중앙통제기 등에 사용되는 토지를 말한다.

건축물로 보는 가스배관시설의 바닥면적(수평투영면적)을 산정함에 있어 가스배관과 일체를 이루어 가스배관의 안전등에 필요한 범위 내의 시설은 바닥면적에 포함하여 산정한다.

사례 한국가스공사가 타인의 토지를 임차하여 사용하고 있다 하더라도 해당 토지가 한국가스공사가 제조한 가스의 공급을 위한 공급설비에 직접 사용되고 있다면 분리과세대상에 해당함(세정과-666, 2004.4.2.).

㉱ 석유비축시설용 토지

「한국석유공사법」에 따라 설립된 한국석유공사가 정부의 석유류비축계획에 따라 석유

를 비축하기 위한 석유비축시설용 토지와 「석유 및 석유대체연료 사업법」 제17조에 따른 비축의무자의 석유비축시설용 토지, 「송유관 안전관리법」 제2조 제3호에 따른 송유관설치자의 석유저장 및 석유수송을 위한 송유설비에 직접 사용하고 있는 토지 및 「액화석유가스의 안전관리 및 사업법」 제20조에 따른 비축의무자의 액화석유가스 비축시설용 토지(이 경우 시설 및 설비공사를 진행 중인 토지 포함)

여기서 비축의무자는 석유정제업자, 원유, 프로판 및 부탄을 수출입하는 석유수출입업자, 등록한 석유판매업자로서 부산물인 석유제품을 석유정제업자 또는 석유가스를 수입하는 자가 아닌 자에게 판매하는 부산물인 석유제품 생산판매업자를 말한다. 따라서 주유업자 등 일반 석유판매업자는 해당되지 아니한다.

> **사례** 석유비축의무자가 설치허가를 받은 저장시설(세정과-5732, 2006.11.20.)
>
> 석유정제업자로서의 석유비축의무자는 석유비축의무량 중에서 비축과 판매가 동시에 이루어지기 때문에 「위험물안전관리법」 제6조 제1항의 규정에 의하여 설치허가를 받은 저장시설이라면 물류센터는 석유비축시설용 토지에 해당한다고 보아야 할 것임.

> **사례** 석유비축용 예비 부지를 축구장으로 사용하고 있는 경우(행심 2006-125, 2006.3.27.)
>
> '석유비축시설용 토지'라 함은 과세기준일 현재 현실적으로 해당 용도로 사용되고 있는 경우를 의미한다고 보아야 하겠고, 향후 민간비축의무량 확대추세에 대응하기 위한 예비부지를 석유비축시설용으로 사용하고 있는 토지로 보기는 어렵다 할 것(행정자치부 심사결정 제2005-206호, 2005.6.27.)이고, 청구인의 경우 이 사건 쟁점 토지를 보조축구장 및 보조야구장으로 사용하고 있으므로, 처분청에서 이 사건 쟁점 토지에 대해 석유비축시설용 토지에 해당되지 아니함.

㉮ 철도용지여객자동차터미널 및 물류터미널용 토지

「한국철도공사법」에 따라 설립된 한국철도공사가 같은 법 제9조 제1항 제1호부터 제3호까지 및 제6호의 사업(같은 항 제6호의 경우에는 철도역사 개발사업만 해당)에 직접 사용하기 위하여 소유하는 철도용지여객자동차터미널 및 물류터미널용 토지

㉯ 항만공사의 항만시설

「항만공사법」에 따라 설립된 항만공사가 소유하고 있는 항만시설(「항만법」 제2조 제5호에 따른 항만시설을 말함)용 토지 중 「항만공사법」 제8조 제1항에 따른 사업에 사용하거나 사용하기 위한 토지(단, 「항만법」 제2조 제5호 다목부터 마목까지의 규정에 따른 시설용 토지로서 수익사업에 사용되는 부분은 제외)

> **사례** 쟁점면적 청구법인이 주식회사 ○○○○○○에게 임대하여 "컨테이너 장치장(藏置場)" 부지로 사용하고 있는 쟁점②토지의 경우 「항만법」 제2조 제5호 나목 4)에 의한 항만시설(기능시설)에 해당한다 할 것이므로 이를 임대하여 수익사업에 사용한다 하더라도 분리과세대상에서 제외되는 "「항만법」 제2조 제5호 다목부터 마목까지의 규정에 따른 시설용 토지"로 보기는 어렵다 할 것임. 따라서 "컨테이너 장치장(藏置場)" 부지인 쟁점②토지는 분리과세대상토지로 보는 것이 타당하다 할 것임(조심 2023지4749, 2024.3.6.).

㉮ 「한국공항공사법」에 따른 한국공항공사가 소유하고 있는 공항시설용 토지와 지원시설용 토지(2022년~2025년만 적용)

ⓐ 「공항시설법 시행령」 제3조 제1호 및 제2호의 공항시설용 토지로서 같은 조 제1호 바목 중 공항 이용객을 위한 주차시설(유료주차장으로 한정)용 토지

ⓑ 「공항시설법 시행령」 제3조 제2호의 지원시설용 토지(수익사업에 사용되는 부분을 제외)

㉢ 국토의 효율적 이용을 위한 개발사업용 토지

㉮ 공유수면매립 토지

「공유수면 관리 및 매립에 관한 법률」에 따라 매립하거나 간척한 토지로서 공사준공인가일(공사준공인가일 전에 사용승낙이나 허가를 받은 경우에는 사용승낙일 또는 허가일)부터 4년이 지나지 아니한 토지

공유수면매립토지는 일반 토지와는 달리 토지 지반이 약하고 해수면을 매립한 경우 염분 등의 영향으로 정상적인 토지이용에 제한을 받게 되어 일반 토지에 대한 경제적 이용가치와의 형평을 기하기 위해 공유수면매립준공인가일로부터 4년간은 종합토지세를 종합합산과세하지 아니하고 저율의 분리과세를 적용하도록 한 것이므로 공유수면매립준공일(공사준공인가일 전에 사용승낙이나 허가를 받은 경우에는 사용승낙일 또는 허가일)부터 4년이 경과된 경우라면 토지이용에 대한 장애사유 유무나 정당한 사유 해당 여부에 관계없이 그 이후의 토지분 재산세 과세구분은 실제 사용현황에 따라 결정된다(지방세운영과-717, 2009.2.16., 행심 99-360, 1999.5.26.).[430]

참고로, 「지방세법」 제6조 제3호에서 취득세 과세대상 토지를 "「공간정보의 구축 및 관리 등에 관한 법률」에 따른 토지를 말한다"라고 정의하고 있는바, 이는 지적공부(토지대장, 임야대장 등)에 등재된 토지 또는 지적공부에 등록되지 아니하여도 취득 시점에 등록이 가능한 토지를 과세대상으로 한정한 것으로 산업단지 조성자와 사용자가 동일한 상태에서 공유수면 매립공사를 진행하면서 일부 토지에 건축허가를 받아 건축공사를 착공한 것은 향후 해당 토지를 사용하기 위해 준비 중인 토지로 보아야 하므로, 토지의 사용권을 취득한 것이라 할 수 있고 취득세의 과세대상이 되는 공유수면매립지의 소유권의 취득일은 지적공부상에 등록이 가능한 준공검사일로 봄이 타당하다 할 것이다. 취득세와는 달리 「지방세법」 제104조에서 재산세 과세대상 토지란 "「공간정보의 구축

---

430) 대법원판례(대법원 99두1632, 2001.5.29.)도 동일한 취지이다.
구 「지방세법 시행령」 제194조의 15 제4항 제7호가 「공유수면매립법」에 의하여 매립 또는 간척한 토지로서 공사준공인가일로부터 4년이 경과하지 아니한 토지를 종합토지세를 분리과세하여야 할 상당한 이유가 있는 토지로 규정하고 있고, 과세기준일 현재 위 규정의 요건에 해당하지 아니하는 이상 그 요건에 해당하지 못한 데에 정당한 사유가 있는지 여부는 종합토지세에 관한 지방세법령 소정의 분리과세대상 토지 해당 여부를 좌우하는 사유가 되지 못한다 할 것이다(대법원 1997.9.9. 선고, 96누15558 판결, 대법원 1995.3.17. 선고, 94누8686 판결 등 참조).

및 관리 등에 관한 법률」에 따라 지적공부에 등록대상이 되는 토지와 그 밖에 사용되고 있는 사실상의 토지"라고 규정하고 있고, "사실상 토지"라 함은 매립·간척 등으로 준공인가 전에 사실상 사용하는 토지 등 토지대장에 등재되어 있지 않은 토지를 포함한다"고 규정되어 있으므로 재산세의 감면기간 기산일은 산업단지 실시계획승인을 받고 그 매립지에 건축행위 착공 등으로 실질적으로 사용하는 경우라면 실질적으로 사용하는 부분에 대한 토지의 재산세는 사실상 사용일부터 감면기간이 기산되나, 매립공사준공일 전에 실질적으로 사용하지 않는 부분에 대한 토지의 재산세는 매립공사준공일부터 감면기간을 기산하여야 한다[매립공사준공일 전에 실질적으로 사용하지 않는 부분에 대한 토지의 재산세는 매립공사 준공일부터 감면기간을 기산하여야 함(지방세운영과 - 2997, 2010.7.13.)].

> **사례** 재산세 토지분 과세대상의 구분(지방세운영과 - 3871, 2011.8.16.)

해당 대중 골프장용 토지는 세율 적용에 있어 별도합산과 분리과세, 인천광역시 중구세 감면조례의 요건에 동시에 해당 되지만 동일한 요건이라면 납세자에게 유리한 해석을 적용하는 것이 합리적이라 할 것이므로, 해당 토지는 「지방세법」 제132조 제4항 제7호에서 규정한 「공유수면매립법」에 의하여 매립된 토지로서 공사준공인가일(2006.2.9. 인가)로부터 4년이 경과 되지 아니한 토지에 해당하기 때문에 분리과세 대상토지로 보아야 할 것임.

☞ 매립하거나 간척한 토지로서 공사준공인가일(공사준공인가일 전에 사용승낙이나 허가를 받은 경우에는 사용승낙일 또는 허가일)부터 4년이 지나지 아니한 토지 위에 대중용 토지라 하더라도 분리과세대상이 됨(행자부 세정 - 5923, 2006.11.28.).

> **사례** 공유수면매립토지 재산세 과세대상 사실상 토지 여부(지방세운영과 - 204, 2013.4.8.)

석탄회를 처리하기 위한 외부제방 축조가 준공(2004.11.30.)되고, 폐기물 처리를 위한 매립시설 사용개시 신고수리(2003.12.26.)를 받아 석탄회 처리장으로 사용되고 있다 하더라도 공유수면 매립 준공검사 또는 준공검사 전 사용허가를 받지 않은 쟁점 회처리장을 취득세 과세대상이 되는 원시취득으로 볼 수 없으므로 재산세 과세기준일 현재 소유한 것으로 보기 어려우며 매립이 진행 중인 회처리장은 「공유수면 관리 및 매립에 관한 법률」 제2조에 따른 공유수면에 해당하며, 회처리장에 공유수면매립 준공검사 또는 준공검사 전 사용허가를 받아 설치하여야 하는 건축물·시설물, 그 밖의 인공구조물이 존재하지 않는 점 등을 종합적으로 검토해 볼 때 재산세 과세대상인 사실상의 토지에 해당되지 않는다고 판단됨.

☞ 공유수면매립 준공검사 또는 준공검사 전 사용허가를 받지 않은 공유수면이라 하더라도 「측량·수로조사 및 지적에 관한 법률」에 따라 지적공부에 등록된 경우에는 당연히 「지방세법」 제105조에 따른 재산세 과세대상이라 할 것임.

㉯ 한국자산관리공사, 농업협동조합자산관리회사의 매각목적용 일시 취득 토지

「금융회사부실자산 등의 효율적 처리 및 한국자산관리공사의 설립에 관한 법률」 제6조에 따라 설립된 한국자산관리공사 또는 「농업협동조합의 구조개선에 관한 법률」 제29조에 따라 설립된 농업협동조합자산관리회사가 타인에게 매각할 목적으로 일시적으로 취득하여 소유하고 있는 토지

한국자산관리공사 및 농업협동조합자산관리회사가 타인에게 매각할 목적으로 일시적으로 취득하여 소유하고 있는 토지(건축물이 건축되어 있는 토지 포함)에 한하여 분리과세한다는 것이기 때문에 건축물이 건축되어 있는 토지를 장기간 임대한 후에 매각하는 경우 등은 불가피한 사유가 있었는지 여부를 면밀히 검토하여 분리과세 대상 여부를 판단하여야 한다.

㉲ 농어촌정비사업자의 공급용 토지

「농어촌정비법」에 따른 농어촌정비사업 시행자가 같은 법에 따라 다른 사람에게 공급할 목적으로 소유하고 있는 토지

㉴ 도시개발사업에 제공[431]하는 주택건설용 토지·산업단지조성용 토지

「도시개발법」 제11조에 따른 도시개발사업의 시행자가 그 도시개발사업에 제공하는 토지(주택건설용 토지와 산업단지용 토지 한정)와 종전의 「토지구획정리사업법」(법률 제6252호 「토지구획정리사업법」 폐지 법률에 의하여 폐지되기 전의 것)에 따른 토지구획정리사업의 시행자가 그 토지구획정리사업에 제공하는 토지(주택건설용 토지와 산업단지용 토지 한정) 및 「경제자유구역의 지정 및 운영에 관한 특별법」 제8조의 3에 따른 경제자유구역 또는 해당 단위개발사업지구에 대한 개발사업시행자가 그 경제자유구역개발사업에 제공하는 토지(주택건설용 토지와 산업단지용 토지로 한정). 다만, 다음의 기간 동안만 해당한다.

ⓐ 도시개발사업 실시계획을 고시한 날부터 「도시개발법」에 따른 도시개발사업으로 조성된 토지가 공급완료(매수자의 취득일)되거나 같은 법 제51조에 따른 공사완료 공고가 날 때까지

ⓑ 토지구획정리사업의 시행인가를 받은 날 또는 사업계획의 공고일(토지구획정리사업의 시행자가 국가인 경우로 한정한다)부터 종전의 「토지구획정리사업법」에 따른 토지구획정리사업으로 조성된 토지가 공급 완료(매수자의 취득일을 말한다)되거나 같은 법 제61조에 따른 공사완료 공고가 날 때까지

여기서 토지소유자와 지방자치단체는 국토교통부의 인가를 받아서 사업을 시행하며, 국토교통부가 인가를 한 때는 이를 공고하여야 한다라고 규정되어 있다. 따라서 인가의 공고와 사업계획의 공고가 다르겠지만 공고라고 표현되어 있어 혼란이 있을 수 있어서 국가로 한정한다라고 규정한 것 같다. 그렇다면 "토지구획정리사업의 시행인가를 받은 날"은 토지소유자와 지방자치단체에 해당하는 것이라고 판단되고, 국

---

431) '소유'가 아닌 '제공'으로 규정하고 있어 경제자유구역 또는 해당 단위개발사업지구에 대한 개발사업시행자가 그 경제자유구역개발사업에 제공하는 토지인지 여부는 사업의 방식(수용, 환지 및 혼용방식)이나 토지의 소유형태 등이 아닌 그 경제자유구역개발사업에 제공되고 있는지의 여부에 따라 판단하는 것이 합리적인 점(조심 2015지1279, 2015.12.30., 같은 뜻임). 이에 따라 같은 규정에 따른 재산세 분리과세대상은 경제자유구역 또는 해당 단위개발사업지구에 대한 개발사업시행자가 소유하고 있는 토지에 한정된다고 보기는 어려운 점 등에 비추어 재산세 분리과세대상으로 보는 것이 타당함(조심 2021서3157, 2023.6.28.).

가의 경우에는 시행인가 받은 날이 있을 수 없고 사업시행인가 대신에 사업계획의 공고하도록 되어 있다는 점에서 국가에 한정한다는 규정은 '사업계획의 공고일'에 해당되는 것이다.

ⓒ 경제자유구역개발사업 실시계획 승인을 고시한 날부터 「경제자유구역의 지정 및 운영에 관한 특별법」에 따른 경제자유구역 개발사업으로 조성된 토지가 공급 완료(매수자의 취득일을 말한다)되거나 같은 법 제14조에 따른 준공검사를 받을 때까지 주택건설사업계획승인 조건에 따라 기부채납이 예정된 도로·공원·녹지·학교 등은 입주민들의 생활편익과 쾌적한 주거환경을 위한 공공시설 또는 기반시설로서 주택건설에 필수불가결하게 수반되는 시설이고, 공익적 성격 때문에 그 토지 부분은 지방자치단체 등에 기부채납키로 예정되어 있으며, 그 용도가 제한되어 사업시행자로서는 사실상 이를 다른 용도로 사용하여 수익을 올릴 수도 없는 점을 감안하여 주택건설에 공여되는 분리과세 대상 토지로 보는 것이 합리적이라 할 것이다(대법원 2009두15760, 2010.2.11., 지방세운영과-3491, 2010.8.10. 참조). 따라서 토지구획정리사업의 시행자가 그 토지구획정리사업에 제공하는 토지로 주택건설용 토지와 산업단지용 토지인 경우에는 분리과세하도록 규정되어 있는바, 기부채납 예정된 공공시설용 토지가 주택건설용이거나 산업단지용과 필수불가결한 시설과 관련된 경우에는 분리과세 대상이 될 것이다.

사례 의제 도시개발사업시행자(위탁자)가 신탁사에 제공한 토지(조심 2021지0841, 2023.7.27.)

인허가와 관련하여 어떠한 문제도 없이 쟁점산업단지 조성사업이 정상적으로 추진되고 있고, 달리 동 사업을 불법사업으로 볼 만한 아무런 사정도 확인되지 않는 점 등에 비추어, 적어도 재산세 분리과세대상인지 여부에 관한 세법의 해석에 관한 이 건에 있어서는, 쟁점의제규정에 따라, 쟁점토지가 도시개발 사업시행자로 의제된 산업단지조성 사업자(위탁자)가 부동산신탁사인 청구법인에게 산업단지 조성을 위해 제공한 토지에 해당함을 전제로 재산세 분리과세대상으로 구분하는 것이 타당함(조심 2021지893, 2022.10.21. 조세심판관합동회의 결정, 같은 뜻임).

☛ 위탁법인이 ○○○산업단지 사업시행자로 지정되었으므로 도시개발사업시행자로 의제될 수는 있다 할 것이나, 산업단지 준공인가를 받은 이후에는 도시개발사업의 시행자로 의제된다 하더라도 지령 §102 ⑦ 4호의 규정에 따른 분리과세대상에 해당되지 아니한다 할 것임(조심 2021지0789, 2023.5.10.).

사례 도시개발사업의 '준주거시설용지'이거나 '상업용지'인 경우 분리과세 대상 여부(조심 2019지2110, 2019.10.31.)

도시개발사업의 시행자가 그 도시개발사업에 제공하는 토지 등은 분리과세대상 토지로 규정하면서 주택건설용 토지와 산업단지용 토지로 한정하고 있는 점(대법원 2013.7.25. 선고, 2012두16688 판결, 같은 뜻임), 재산세는 납세자가 해당 재산을 소유함에 따라 그에 대하여 과세하는 보유세이므로 비록 도시개발사업 과정에서 사용·수익이 제한되었다고 하더라도 그러한 이유로 해당 재산세의 과세를 달리 적용할 수 없는 점, 관계 법령 등에서 쟁점토지는 분리과세대상이거나 별도합산과세대상에 해당하지 않는 점 등에 비추어 쟁점토지를 종합합산과세대상으로 보아 재산세 등을 부과하는 것이 타당함.

사례 도시개발사업지구 내 토지 중 체비지나 보류지(조심 2011중1712, 2013.9.30.)

처분청에서 대법원판결에 따라 쟁점 토지(붙임1) 중 용도가 주차장, 공공청사, 학교, 문화집회시설
용 토지(75,657.6㎡ 중 60,990㎡)와 관련된 종합부동산세 및 농어촌특별세를 결정취소하여 다툼의
대상이 없어 심리대상에서 제외하고, 쟁점 토지 중 준주거용지, 상업용지는 체비지 또는 보류지라
하더라도 공공시설 내지 기반시설에 해당한다고 볼 수 없어 주택건설에 필수불가결하게 수반되는
시설용 토지로 보기 어려움(대법원 2012두10086, 2013.6.13. 참조).

사례 사업시행자가 소유하고 있는지 여부와 무관(조심 2008서3993, 2009.8.17.)

도시개발사업에 공여하는 토지의 경우 해당 토지의 소유 여부에 상관없이 실시계획에 의하여 도시
개발 사업에 공여되고 있다 할 것이므로 이를 소유자별로 구분하여 과세구분을 달리 적용하는 것은
타당하지 아니하다 할 것인바, 「도시개발법」 제11조의 규정에 의한 도시개발구역의 토지 소유자로
서 쟁점 토지가 2006.1.12. 「국민임대주택 등 건설에 관한 특별조치법」에 의한 국민임대주택건설사
업의 승인을 받은 토지에 해당하고, 같은 법 제23조 제4항 제9호에 따라 도시개발사업의 실시계획
인가를 받은 것으로 의제되는 것이므로 쟁점 토지를 그 사업시행자가 소유하고 있는지 여부와는
관계없이 도시개발사업에 공여하는 주택건설용 토지에 해당하여 분리과세대상에 해당한다 할 것임
에도 처분청에서 이를 종합합산 과세대상으로 보아 이 건 종합부동산세를 결정고지 한 것은 잘못임.

☛ 같은 취지의 유권해석 : 부동산세제과-473, 2020.3.2.

사례 근린생활시설부지는 주택건설용 아님(지방세운영과-794, 2008.8.26.).

도시개발사업시행자가 토지를 "도시개발사업에 공여"하는지 판단은 그 사업의 방식 또는 도시개
발사업시행자의 소유 여부에 따라 판단하는 것이 아니라 재산세 과세기준일(6.1.) 현재 그 도시개
발사업시행자가 그 토지를 그 도시개발사업에 공여하는지 여부로 판단하고, "주택건설용 토지"의
범위는 도시개발사업시행자가 재산세 과세기준일(6.1.) 현재 그 도시개발사업에 공여하는 주택건
설용 토지로서 단독·공동주택용지를 의미하며, 상업기능 및 업무기능을 보완하는 준주거용지에
대하여는 주택건설용 토지로 볼 수 없으며, 공동주택용지 중 근린생활시설부지는 주택건설사업을
할 경우 의무적으로 설치하는 필수 부대시설로 보기에는 그 상당성이 없으므로 주택건설용 토지
로 볼 수 없을 것으로 생각됨(행정자치부 심사결정 2007-270, 2007.5.28.).

사례 토지를 도시개발사업자가 주택건설용에 공여하는 토지(조심 2008지4, 2008.8.26.)

"도시개발사업의 시행자가 그 도시개발사업에 공여하는 주택건설용 토지"라 함은 도시개발사업 지
구 내의 주거시설용 토지뿐만 아니라 입주민들의 생활편익을 위한 복리시설과 쾌적한 주거환경을
위한 공원·녹지·광장·문화시설·학교·유원지 등의 공공시설용 토지도 포함된다고 보아도 무
리가 아니고, 특히 이 건 쟁점 토지와 같이 입주자 등의 쾌적하고 살기 좋은 주거환경을 조성하기
위하여 도시개발사업자가 국가 등에 기부채납 하는 공공시설용 토지의 경우에는 도시개발사업지구
내에서 주택건설용에 공여하는 토지로 보아 재산세 부담을 낮추더라도 이 건 쟁점 토지에 대한 청
구인의 사용 제한 등을 고려하면 조세공평의 원칙에 반한다고 볼 수도 없다고 할 것임.

사례 기부채납 예정인 공원 등 공공시설 용지 포함(지방세운영과-2523, 2010.6.16.)

재산세 분리과세 대상 "도시개발사업에 제공하는 주택건설용 토지"는 기부채납 예정인 공원이나
도로 등 공공시설 용지를 포함한다고 사료됨. 토지구획정리사업의 시행인가를 받은 날 또는 사업계

획의 공고일(토지구획정리사업의 시행자가 국가인 경우로 한정한다)부터 종전의 「토지구획정리사업법」에 따른 토지구획정리사업으로 조성된 토지가 공급 완료(매수자의 취득일)되거나 같은 법 제61조에 따른 공사완료 공고가 날 때까지 "토지구획정리사업의 시행인가를 받은 날 또는 사업계획의 공고일(토지구획정리사업의 시행자가 국가인 경우로 한정)"의 규정에서 국가의 경우에는 시행인가 받은 날이 있을 수 없고 사업시행 인가 대신에 사업계획의 공고하도록 되어 있다는 점에서 국가에 한정한다는 규정은 사업계획의 공고일에 해당되는 것으로 판단하여야 할 것이며, 토지 소유자와 지방자치단체는 국토교통부의 인가를 받아서 사업을 시행하며, 국토교통부가 인가를 한 때는 이를 공고하여야 한다라고 규정되어 있다. 따라서 인가의 공고와 사업계획의 공고가 다르겠지만 공고라고 표현되어 있어 혼란이 있을 수 있어서 국가로 한정한다라고 규정한 것 같다. 그렇다면 "토지구획정리사업의 시행인가를 받은 날"은 토지 소유자와 지방자치단체에 해당하는 것임.

사례 종전 법률에 의한 토지구획정리사업이 신설 법령에 의해 도시개발사업지구로 의제되거나 새로 지정된 사실도 없는 경우 주택건설용 아님(행심 2006 – 207, 2006.5.29.).

이 토지가 속한 ○○지구토지구획정리사업은 2001.1.20. 구 「토지구획정리사업법」 제32조 및 제34조의 규정에 의거 시행인가되었고, 2001.8.30. 구 「도시계획법」 제24조 및 제26조의 규정에 의거 지구단위계획 결정 및 지형도면 승인고시가 있었으며, 「토지구획정리사업법」 폐지법률(2000.1.28. 법률 제6252호)의 부칙 제2조에서 "이 법 시행당시 종전의 「도시계획법」 제12조의 규정에 의하여 도시계획으로 결정된 같은 법 제2조 제1항 제1호 다목의 토지구획정리사업에 관하여는 종전의 「토지구획정리사업법」의 규정에 의한다"라고 규정하고 있고, 2000.1.28. 제정된 「도시개발법」에 의하여 도시개발사업지구로 의제되거나 새로 지정된 사실도 없으므로 이 사건 토지의 재산세 과세대상을 종합합산과세대상으로 하여 종합합산세율을 적용하여 부과고지한 처분은 적법함.

사례 기부채납 사업 승인을 받아 진행 중인 공공시설용지(지방세운영과 – 871, 2008.8.28.)

경제자유구역 개발사업시행자가 국가나 자치단체에 기부채납을 사업요건으로 하여 경제자유구역 개발사업 승인을 받아 사업이 진행 중인 공공시설용지인 경우라면 주택건설사업에 공여되는 토지로 보아 분리과세 대상으로 보는 것이 타당할 것이고, 경제자유구역 개발사업시행자가 국가나 자치단체에 기부채납을 사업요건으로 하지 않고 조성 후 사업자에게 매각·임대할 교육·의료·문화시설용지 등은 도로, 공원 등과 같이 주택건설과 함께 필수적으로 설치되는 공공시설용지로서 공공성을 갖고 있다고 보기 어려우므로 주택건설용 토지로 보기는 어려움.

㉮ 산업단지조성공사에 제공하는 토지

「산업입지 및 개발에 관한 법률」 제16조에 따른 산업단지개발사업의 시행자가 소유하고 있는 토지로서 같은 법에 따른 산업단지개발실시계획의 승인을 받아 산업단지조성공사에 제공하는 토지(단, 2021년 이후부터 다음의 기간으로 한정)

ⓐ 사업시행자가 직접 사용하거나 산업단지조성공사 준공인가 전에 분양·임대계약이 체결된 경우

산업단지조성공사 착공일부터 준공인가일과 토지 공급 완료일(매수자의 취득일, 임대차 개시일 또는 건축공사 착공일 등 해당 용지를 사실상 사용하는 날) 중 빠른 날까지

ⓑ 산업단지조성공사 준공인가 후에도 분양·임대계약이 체결되지 않은 경우

산업단지조성공사 착공일부터 준공인가일 후 5년이 경과한 날과 토지 공급 완료일(매수자의 취득일, 임대차 개시일 또는 건축공사 착공일 등 해당 용지를 사실상 사용하는 날) 중 빠른 날까지

이에 따라 분리과세가 되기 위해서는 ① 「산업입지 및 개발에 관한 법률」에 따른 사업시행자로 지정을 받은 자가 소유하고 있는 토지이어야 하고, ② 산업단지개발실시계획의 승인을 받아야 하며, ③ 산업단지조성공사를 시행하고 있는 토지이어야 할 것이다.

토지의 소유권은 ㈜△△자산신탁에 있고, ㈜△△자산신탁은 과세기준일 현재 사업시행자로 지정을 받지 않은 이상, 사업시행자가 소유하고 있는 토지로 볼 수 없으므로 분리과세대상으로 보기 어렵다고 판단된다(지방세운영과-381, 2014.12.24.)라고 해석하여 재산세 분리과세를 적용하지 아니하고 있다.

조세심판원(조심 2019서0298, 2019.4.8.)은 수탁자 기준으로 하여 분리과세대상 여부를 판단하여 한다라고 결정하고 있으며, 대법원판례(2019.10.31. 선고, 2018두59427)에 따르면 수탁자가 취득세 납세의무자이고, 감면요건도 수탁자가 갖추어야만 감면이 되고, 재산세 분리과세대상에 관한 「지방세법」 규정이나 감면조항이 그 적용대상을 '사업시행자'로 한정하여 명시하고 있는 이상 '사업시행자가 납세의무자인 경우'에만 적용된다라고 판시하고 있다.

"산업단지조성공사"는 산업입지법 제2조 제8호 및 제9호에 비추어 용지, 도로, 전기·통신시설, 용수공급시설, 하수·폐기물처리시설 등을 아우르는 일단의 토지를 조성하는 사업을 통칭하는 것이고, 이러한 사업은 그 특성 상 용지조성공사를 시작으로 하여 순차적으로 진행될 수밖에 없다. 그런데 용지조성공사는 수직적으로 건축물을 쌓아 올리는 건축공사와 달리 수평적으로 일단의 토지를 조성하는 것이라서 착공신고서에 기재된 면적 중 일부분에 대하여 흙깎기나 흙쌓기 등의 작업이 시작된 이상, 해당 착공신고에 따른 산업단지조성공사는 시작되었다고 보아야 할 것이다. 또한 처분청의 의견대로면, 상반기에 조성공사를 시작하는 산업단지는 해당 토지의 대부분이 종합합산 과세대상으로 구분되어 재산세뿐만 아니라 종합부동산세까지 부담하게 되고, 해당 토지 중 일부는 조성공사가 완료될 때까지 매년 위와 같은 부담을 질 수밖에 없는바, 이는 국토의 효율적 이용을 위하여 개발사업용 토지의 세부담을 경감시키고자 한 이 건 분리과세 규정 등의 입법 취지에도 부합하지 않는다고 할 것이다. 따라서 이 건 분리과세 규정 등의 문언과 취지에 비추어 보면, 청구법인이 이 건 토지를 포함하여 이 건 산업단지 전체 면적(1,121,000㎡)에 대하여 착공신고를 한 후, 이 건 재산세 과세기준일(6.1.) 전에 단지 내 도로 부분의 공사를 시작한 사실이 확인되는 이상, 이 건 토지는 이 건 분리과세 규정 및 이 건 감면규정에 따라 재산세 감면대상 및 분리과세대상으로 보는 것이 타당하다(조심 2022지0056, 2024.2.14.).

한편, 이 분리과세 규정은 감면 규정과 달리 일정기간 이내 직접 사용 요건은 규정하고

있지 않기 때문에 산업단지 내 주택용지도 3년 이내 조성 완료나 산업용 건축물 등 용도와 상관없이 산업단지 조성공사 착공일을 기점으로 하여 완료(준공)일부터 5년이 경과한 날과 토지 공급 완료일(매수자의 취득일, 임대차 개시일 또는 건축공사 착공일 등 해당 용지를 사실상 사용하는 날) 중 빠른 날까지는 분리과세대상이 되는 것으로 해석하여야 할 것이다.

㉫ 한국산업단지공단의 타인 공급용 토지

「산업집적활성화 및 공장설립에 관한 법률」 제45조의 9에 따라 설립된 한국산업단지공단이 타인에게 공급할 목적으로 소유하고 있는 토지(임대한 토지 포함)

㉯ 주택건설사업용 토지

「주택법」에 따라 주택건설사업자 등록을 한 주택건설사업자(같은 법 제11조에 따른 주택조합 및 고용자인 사업주체와 「도시 및 주거환경정비법」 제24조부터 제28조까지 (2018.2.8. 이전 제7조부터 제9조까지) 또는 「빈집 및 소규모주택 정비에 관한 특례법」 제17조부터 제19조까지의 규정에 따른 사업시행자 포함)가 주택을 건설하기 위하여 같은 법에 따른 사업계획의 승인을 받은 토지로서 주택건설사업에 제공되고 있는 토지 (「주택법」 제2조 제11호에 따른 지역주택조합·직장주택조합이 조합원이 납부한 금전으로 매수하여 소유하고 있는 「신탁법」에 따른 신탁재산의 경우에는 사업계획의 승인을 받기 전 토지 포함)[432]는 분리과세된다. 여기서 지역주택조합이 조합원들로부터 신탁받은 금전으로 토지를 매수하여 조합 명의로 소유권이전등기를 마쳤는데, 토지의 등기부에는 토지가 「신탁법」에 의한 신탁재산임을 공시하기 위하여 등기목적란에 '신탁재산처분에 의한 신탁', 권리자 및 기타 사항 중 횡선으로 구획된 곳에 신탁원부의 각 번호가 기재되어 있어야 하는 것으로, 신탁등기를 하지 않았다면 「신탁법」에 따른 신탁재산에 해당되지 않아 분리과세가 되지 아니할 것으로 해석할 여지가 있으나, 대법원판례(대법원 2012두26852, 2014.11.27.) 취지를 살펴보면 "「신탁법」에 따른 신탁등기가 마쳐지지 아니한"이라는 내용이 없으므로 신탁등기가 되지 아니한 "「신탁법」상 신탁재산"도 분리과세되는 것으로 판단된다.

주택건설사업에 공여되고 있는 토지를 분리과세 대상으로 규정한 입법 취지는 주택건설사업자에 대한 조세지원을 통하여 국민의 주거안정을 위한 주택의 건설·공급이 활발하게 이루어지게 하기 위한 것이다.

「주택법」상 사업계획승인 대상이 아닌 토지는 그것이 주택건설사업에 공여되고 있는 토지라고 하더라도 구 「지방세법 시행령」 제132조 제5항 제8호에서 정한 분리과세대상 토지에 포함되지 아니한다고 할 것이다(대법원 2015.4.16. 선고, 2011두5551 판결 참조).[433]

---

432) 2004년 이전까지는 주택을 건설하기 위하여 같은 법에 의한 사업계획의 승인을 받은 토지로서 사업계획의 승인을 받은 날부터 분양이 완료될 때(매수자의 취득일을 말한다)까지 분리과세되는 것으로 규정되어 있었다. 종전규정에서는 2004년까지는 분리과세되었던 주택건설업자 소유의 준공된 주택의 택지부분이 2005년에는 분리과세되지 아니하는 것으로 해석되어진다. 그 이유는 2005년부터 과세대상으로 주택을 별도로 규정하고 있어서 주택건설업자 소유 준공된 (미)분양주택의 토지분은 분리과세할 수 없을 것이기 때문이다.

ⓐ 주택건설사업 공여 토지의 범위

"주택건설사업에 공여되고 있는 토지"라 함은 재산세 과세기준일 현재 주택건설사업의 부지로 제공되기 위하여 다른 용도로 사용되지 않고 있는 토지를 의미한다 할 것인바, 토지를 순차적으로 취득하여 재산세 과세기준일 현재 주차장 용지로 사용되고 있는 경우 토지를 주택건설사업에 공여되고 있는 토지로 볼 수는 없다 할 것이고, 동 토지를 관리차원에서 무상임대(사용대차)하였다 하여 이를 달리 볼 수는 없다(조심 2011지33, 2011.10.13.). 그리고 주택건설용도 이외의 다른 용도(경작, 임대 등)로 사용되는 경우에는 주택건설사업에 공여되고 있는 토지로 볼 수 없다(행심 2006-1097, 2006.11.27. 참조). 또한, 농지가 경작이 종료되지 않고 기존과 동일하게 사용되고 있는 경우라면 주택건설용 토지로 보기 어려우나, 나대지 등 주택건설사업의 부지로 제공되기 위하여 "주차장, 적치장 등" 다른 용도로 사용되지 않고 있는 토지라면 주택건설용 토지로 볼 수 있다(지방세운영과-4134, 2010.9.7.). 그런데 주차장, 적치장 등으로 타인으로 하여금 사용하게 하는 경우에는 다른 용도로 사용한 것이라 보여지나, 공사 관련 직원의 주차장이나 가설재 등의 적치장의 경우 주택건설사업에 필수불가결한 것으로 이는 주택건설사업에 공여하고 있는 것이 타당할 것이다.

한편, 주택건설사업계획의 승인을 받은 토지 중 공사에 필요한 공사 사무실과 식당, 근로자 휴게실 등 가설건축물 축조하고 사용하고 있는바, 이러한 사무실 등은 주택건설사업에 반드시 필요한 것이며, 주택건설사업계획의 승인을 받은 필지이므로 다른 용도(경작, 임대 등)로 사용되지 않고 있다면 주택건설사업 공여 토지로 보아 분리과세가 될 것이다(행정자치부 세정 13407-198, 2001.2.20. 참조).

사례 도시정비법 제32조 제1항은 시행자가 사업시행인가를 받은 때, 주택법 규정에 의한 사업계획 승인, 국토계획법에 따른 실시계획 인가가 있은 것으로 규정하고 있으므로 도시정비법에 따른 사업시행자가 주택을 건설하기 위하여 주택법에 따른 사업계획의 승인을 받은 토지로서 주택건

---

433) 구 「도시 및 주거환경정비법」(2006.9.27. 법률 제8014호로 개정되기 전의 것, 이하 '도시정비법'이라고 한다) 제32조 제1항은 '사업시행자가 사업시행인가를 받은 때에는 다음 각 호의 인·허가 등이 있은 것으로 본다'고 규정하면서, 제1호에서 「주택법」 제16조의 규정에 의한 사업계획의 승인'을 들고 있다. 그런데 도시정비법은 사업시행자가 도시정비법 제32조 제1항 각 호에 규정된 인·허가 등의 의제를 받고자 하는 경우에는 사업시행인가를 신청하는 때에 해당 법률이 정하는 관계 서류를 함께 제출하도록 함과 아울러(제32조 제3항), 사업시행인가권자인 시장·군수로 하여금 미리 관계 행정기관의 장과 협의하도록 규정하고 있다(제32조 제4항). 따라서 도시정비법에 의한 사업시행인가를 받았다고 하더라도 「주택법」 상 사업계획승인 대상인 주택건설사업이 아니어서 관계 서류의 제출 및 관계 행정기관장과의 협의를 거치지 않은 경우에는 주택법상 사업계획승인을 받은 것으로 의제되지 않으므로, 그러한 주택건설사업에 공여되는 토지는 구 「지방세법 시행령」 제132조 제4항 제8호가 분리과세대상 토지의 한 요건으로 정한 '주택법에 의한 사업계획의 승인을 받은 토지'에 해당한다고 할 수 없다. 원고가 계획한 도시환경정비사업은 상업지역에 위치한 이 사건 토지 위에 공동주택 112세대와 주택 외의 시설을 동일 건축물로 건설하려는 것으로서 그 주택건설사업이 「주택법」 상 사업계획승인 대상에서 제외되는 이상 도시정비법 제32조 제1항 제1호에 따라 「주택법」 상 사업계획승인을 받은 것으로 의제될 수도 없어 이 사건 토지를 분리과세대상 토지로 볼 수 없다.

설사업에 제공되고 있는 토지로 볼 수 있으므로 분리과세대상에 해당함(대법원 2024두54744, 2024.12.24. 심불, 서울고법 2023누53487, 2024.8.22. 참조).

사례 다른 용도로 사용하고 있어 주택건설사업용 토지 아님(지방세운영과-77, 2012.1.6.).

주택건설사업에 제공되고 있다고 보기 위해서는 해당 토지가 사업계획 승인을 받은 후 실제 주택이 건설되는 부지로서의 기능을 수행하고 있는 상태이어야 하는바, 해당 토지에 대한 도시계획실시 인가가 확정되지 않아 그 실시가 불투명한 점, 재산세 과세기준일(6.1.) 현재 주택 건설 사업자의 주택 건설사업에 실제 제공되고 있지 않는 점, 해당 토지를 다른 용도(경작 등)로 사용하고 있는 점 등을 고려할 때 해당 토지는 "주택건설사업에 제공되고 있는 토지"로 볼 수 없으므로 분리과세 대상 토지가 아니라고 사료됨.

사례 주차장 용지로 사용되고 있는 경우(조심 2011지33, 2011.10.13.)

타인에게 주차장으로 무상임대 한 사실이 있으나, 청구법인이 2006.5.12.부터 순차적으로 취득하여 이 건재산세 과세기준일 현재 주차장 용지로 사용되고 있는 이상, 동 토지를 주택건설사업에 공여되고 있는 토지로 볼 수는 없다 할 것이고, 동 토지를 관리차원에서 무상임대(사용대차)하였다 하여 이를 달리 볼 수는 없다 할 것임.

사례 주택건설사업용 토지가 주차장 등 미사용한 토지(지방세운영과-4134, 2010.9.7.)

① 과세기준일 현재 주택·건축물 부속토지로 사용되고 있는 경우라면 그 해당 용도의 토지이지 주택건설에 제공하는 토지로 보기가 어렵고, ② 농지가 경작이 종료되지 않고 기존과 동일하게 사용되고 있는 경우라면 주택건설용 토지로 보기 어려우며, 다만 해당 사업지구가 "면"지역으로써, 제132조 제1항 제2호 가목의 전·답·과수원으로서 과세기준일 현재 실제영농에 사용되고 있는 개인이 소유하는 농지에 해당한다면 분리과세(0.07%)를 계속적용 가능하고, ③ 한편, 나대지 등 당초 종합합산 대상 토지의 경우 주택건설사업의 부지로 제공되기 위하여 "주차장, 적치장 등" 다른 용도로 사용되지 않고 있는 토지라면 주택건설용 토지로 볼 수 있다고 사료됨.

사례 사업계획승인 받은 토지 내 가설건축물 과세대상 구분(세정 13407-198, 2001.2.20.)

「주택건설촉진법」에 의하여 주택건설사업자로 등록된 경우 주택건설사업계획에 따라 사용승인을 받은 토지에 주택건설을 위한 가설건축물(현장사무소)을 설치한다면 해당 토지에 대해서는 별도합산과세하지 않고 분리과세함이 타당한 것임.

  ⓑ 착공과 주택건설사업 공여 토지 관계

    주택건설사업계획의 승인을 받은 토지로만 규정하고 별다른 적용시점과 제한 규정이 없는 것을 볼 때, "주택건설사업에 공여"되었다는 의미를 반드시 물리적인 착공 등의 행위가 이루어진 때로 한정하여 해석하는 것은 타당하지 않다 할 것이고, 해당 토지가 사업계획의 승인을 받은 후 실제로 주택이 건설되기 위한 부지로서의 기능을 수행하고 있는 상태에 있는 경우에 이를 주택건설사업에 공여되고 있는 토지로 보는 것이 타당하다 할 것이다. 또한, 「주택법」 제16조 제2항에 따르면 주택건설사업계획의 승인을 얻고자 하는 자는 해당 주택건설대지의 소유권 등을 확보하도록 하고 있고, 같은 조 제7항 및 제9항에 따르면 사업계획 승인일부터 2년(정당한 사유가 있는 경우 1년 연장) 이내에 공사에 착수하지 않으면 승인이 취소되는 점 등을 고려할 때, 같은 법에 따른 주택건설사업의 사업주체가 사업부지의 소유권 등을 확보하여 자신의 위험부담 아래 주택건설사업을 진행하는 이상, 자신의 사업계획에 따라 해당 토지를 주택건설사업 부지로 제공하면 충분한 것이지, 반드시 재산세 부과기준일까지 철거공사, 건축공사 등의 착공이 이루어져야만 주택건설사업에 "공여"되는 것이라고 보기는 어렵다 할 것이다(조심 2009전2871, 2009.10.19.). 즉「주택법」에 의한 주택건설사업자가 주택건설사업승인을 받은 후 재산세 과세기준일(6.1.)까지 주택건설사업을 착공하지 않았을 경우라도 재산세 과세기준일 현재 다른 용도(경작, 임대 등)로 사용되지 않고 주택건설사업에 공여되고 있는 토지라면 재산세 과세대상구분상 분리과세대상이 된다(지방세운영과-173, 2008.7.2.).[434]

한편, '주택을 건설하기 위하여 사업계획의 승인을 받은 토지'에는 상가 등의 예정 부속토지는 포함하지 아니하는 것이다.

ⓒ 기부채납 약정이 예정된 공공시설 또는 기반시설

기부채납이 예정된 도로·공원·녹지·학교 등은 입주민들의 주거환경을 위한 공공시설 및 기반시설로써 주택건설에 필수 불가결하게 수반되는 시설이며, 실시계획 인가부터 기부채납이 예정되어 공익적 특성이 있고, 그 용도가 제한되어 있어 다른 용도로 사용수익하기에도 어려운 점을 고려할 때, 주택건설사업계획승인 조건상 기부채납이 예정되어 공공시설용 토지 등으로 제공되는 경우는 분리과세 대상이다(대법원 2009두15760, 2010.2.11., 지방세운영과-3491, 2010.8.10. 참조).

한편,「주택법」제16조 제1항 및 같은 법 시행령 제15조 제5항에서 주택건설사업을 시행하려는 자는 사업계획승인신청서에 주택과 그 부대시설, 같은 법 제30조 제1항의 규정에 의한 공공시설의 귀속에 관한 사항 등을 기재한 서류를 사업계획승인권자에게 제출하고 사업계획승인을 받아야 하며,「주택법」제30조 제1항 및「국토의 계획 및 이용에 관한 법률」제65조 제2항에서 주택건설 사업주체가 사업계획승인을 받은 경우는 개발행위허가를 받은 경우로 보며, 개발행위허가를 받은 자가 설치한 공공시설은 관리청에 무상으로 귀속된다고 규정하고 있다. 이와 같은 규정을 종합할 때, 기부채납 예정인 공공시설용 토지의 구체적인 면적이 사업계획승인서에 명시되지 않았더라도

---

434) 「주택법」제21조 제1항에 따르면 주택건설사업계획의 승인을 얻고자 하는 자는 해당 주택건설대지의 소유권 등을 확보하도록 하고 있고, 같은 법 제16조 제1항 및 제4항에 따르면 사업계획 승인일부터 5년(정당한 사유가 있는 경우 1년 연장) 이내에 공사에 착수하지 않으면 승인이 취소되는 점 등을 고려할 때, 같은 법에 따른 주택건설사업의 사업주체가 사업부지의 소유권 등을 확보하여 자신의 위험부담 아래 주택건설사업을 진행하는 이상, 자신의 사업계획에 따라 해당 토지를 주택건설사업 부지로 제공하면 충분한 것이지, 물리적인 공사 착공행위 등을 요건으로 하고 있지 않은 이상 반드시 사업계획승인서 상 착공 예정일 또는 사업검사 예정일까지 착공 등이 이루어져야만 주택건설사업에 "제공"되는 것이라고 보기는 어렵다. 결국, 분리과세대상인 "주택건설사업에 제공되고 있는 토지"라 함은 주택건설사업의 부지로 제공하기 위하여 다른 용도로 사용되고 있지 않은 토지로서 건설사업의 준비, 관리 행위, 물리적 공사 등의 주택건설사업 진행에 제공되고 있는 토지를 의미한다고 할 것이다(부동산세제과-1312, 2022.5.4.).

주택건설사업과 직접적으로 관련되어 사업계획승인 조건상 기부채납이 예정된 토지로 해당 사업에 제공 중이라면 분리과세 대상이 된다(지방세운영과-2256, 2012.7.17.).[435]

> **사례** 주택건설용 토지 해당 여부(지방세운영과-2707, 2012.8.27.)
>
> 쟁점토지는 학교(용지)가 기반시설이라 하더라도, 재산세의 본질은 토지 용도와 이용현황에 따라 매년 독립적으로 과세하는 조세인 점, 사립학교 설립 절차가 이행되지 않을 경우 고양시에 기부채납하기로 협약이 체결되어 있을 뿐 과세기준일 현재 기부채납을 위한 별도의 절차를 추진하고 있지 않는 점, 민간에 이전되는 공공시설용 토지의 경우 국가·지자체에 무상 귀속되는 도로·공원 등의 공공시설용 토지에 비해 공익성이 크지 않다고 보아야 한다는 점 등을 종합적으로 감안할 경우 과세기준일 현재 기부채납이 확정되지 아니한 쟁점 토지는 "주택건설에 공여되고 있는 토지"로 볼 수 없어 분리과세대상이 아님.

ⓓ '사업계획의 승인을 받은 토지'의 의미

2005년부터는 사업계획의 승인을 받은 토지로 주택건설사업에 제공되고 있는 토지로 개정되면서 "사업계획의 승인을 받은 날부터 분양이 완료될 때(매수자의 취득일)까지"의 내용이 삭제되어 분리과세가 되는 기간이 명확하지 아니하다.

현행 법령에서 주택건설사업계획의 승인을 받은 토지로만 규정하고 별다른 적용시점과 제한 규정이 없어 주택건설사업 승인시점부터 주택건설사업에 공여되고 있는 토지로 보아야 할 것이다(행정자치부 지방세정팀-676, 2007.3.16. 참조). 주택건설사업계획 승인일을 분리과세 시점으로 보아야 할 것이므로 주택건설공사 착공일을 시점으로 볼 필요는 없다.

ⓔ 주택 이외의 건축물

재건축 중인 토지의 재산세 과세구분은 사업계획 승인을 받아 건축 중인 경우와 건축허가를 받아 건축 중인 경우로 구분할 수 있다.

「주택법」에 의하여 주택건설사업자 등록을 한 주택건설사업자가 주택을 건설하기 위하여 사업계획의 승인을 받은 토지로서 사업계획의 승인을 받은 날부터 사용승인일까지 그 사업에 공여되고 있는 토지에 대하여 재산세가 분리과세된다. 그런데 「주택법」에 따라 주택건설사업자 등록을 한 주택건설사업자가 「건축법」에 의한 건축허가를 받아 주택건설 사업을 하는 경우로서 「주택법」에 따른 사업계획의 승인을 받은 토지에 해당하지 않으므로 분리과세대상에 해당하지 아니한다(지방세운영과-522, 2013.2.20.). 따라서 「건축법」에 의한 건축허가를 받아 주상복합 건축물을 건축 중인 토지에 대하여는 재산세를 부과함에 있어 분리과세를 적용하지 않고 건축물을 건축 중인 토지로 보아 별도합산 과세대상이 된다.

한편, 주택을 건설하기 위하여 같은 법에 의한 사업계획의 승인을 받은 토지에는

---

435) 주택건설에 수반되는 시설인 공공시설 또는 기반시설로서 도시개발사업 시행자에 의하여 기부채납할 예정인 경우 그 부속토지는 주택건설용 토지로 본다(지예 법106…영102-2).

상가 등의 예정 부속토지는 포함하지 아니하는 것이나, 주택을 건설하기 위하여 일반 건축물(주거용 건축물 제외)을 취득하여 보유하고 있는 경우 그 건축물 부속토지는 분리과세대상이 되는 것이다.

> **사례** 주상복합건물 분양용으로 건축 중인 경우(행정자치부 세정 13407 – 아971, 1998.12.1.)
>
> 주상복합건물은 분리과세대상 토지 적용대상에는 해당되지 아니하나 공급·분양을 목적으로 건축 중인 경우에는 일반 건축물의 부속토지로 보아 별도합산과세하는 것이 타당하다(세정 13407 – 452, 2001.10.22.)라고 해석하고 있으며, '주택을 건설하기 위하여 같은 법에 의한 사업계획의 승인을 받은 토지'라 함은 상가 등의 부속토지는 포함하지 아니함.

ⓕ 주택건설공사가 중단된 경우

재산세 과세기준일 현재 주택건설사업 승인을 받아 당초 주택건설사업계획에 따라 주택건설공사를 착공하였으나, 그 이후 장기간 공사가 중단된 상태로 방치되어 있고, 주택건설사업승인서 상 주택건설사업 변경승인을 받지도 않은 경우라면 해당 토지는 주택건설사업에 공여되는 토지로 볼 수 없다(지방세운영과 – 2104, 2009.5.26.).

ⓖ 주택건설사업자가 아닌 타인소유인 경우

주택건설사업자인 조합 소유가 아닌 조합원 개인소유 토지일 때에는 주택건설사업에 공여하는 토지에 해당되지 아니한다(세정 13407 – 42, 1997.1.16.)라고 해석하였는데, 이는 토지를 대상으로 진행한 주택건설사업의 공동사업주체에 해당한다고 볼 수 없기 때문이라는 것이다. 그런데 타인소유의 토지라도 사용권을 확보하여 주택건설사업계획의 승인을 받으면 주택건설사업에 공여되는 토지이므로 재산세 분리과세대상인 주택건설사업토지가 주택건설사업자가 소유하고 있는 토지에 한정된다고 볼 수 없다(대법원 2010두28632, 2012.4.26.). 그 이유는 주택건설사업자가 주택건설사업을 보다 효율적으로 수행할 수 있도록 하기 위하여 그 소유 여부에 관계없이 주택건설사업이라는 공익적인 목적으로 사용되는 토지를 종합합산 과세표준에서 제외하여 예외적으로 저율의 분리과세를 함으로써 조세부담을 경감하여 주는 데 그 입법 취지가 있다고 할 것이다. 그리고 「주택법」 제16조 제2항은 주택건설사업계획의 승인을 얻고자 하는 사업자로 하여금 해당 주택건설대지의 소유권을 확보하거나 또는 이를 사용할 수 있는 권원 등을 확보하도록 정하고 있으므로 타인소유의 토지라고 하더라도 그 사용권 등을 확보하여 주택건설사업계획의 승인을 받으면 주택건설사업에 공여되는 토지라고 볼 수 있기 때문이라는 것이다.

> **사례** 주택건설사업자 소유가 아닌 경우 주택건설사업용 여부(대법원 2010두28632, 2012.4.26.)
>
> 주택건설사업자가 주택건설사업을 보다 효율적으로 수행할 수 있도록 하기 위하여 그 소유 여부에 관계없이 주택건설사업이라는 공익적인 목적으로 사용되는 토지를 종합합산과세표준에서 제외하여 예외적으로 저율의 분리과세를 함으로써 조세부담을 경감하여 주는 데 그 입법 취지가 있다고 할 것이다. 그리고 「주택법」 제16조 제2항은 주택건설사업계획의 승인을 얻고자 하는 사업자로 하

여금 해당 주택건설대지의 소유권을 확보하거나 또는 이를 사용할 수 있는 권원 등을 확보하도록 정하고 있으므로 타인소유의 토지라고 하더라도 그 사용권 등을 확보하여 주택건설사업계획의 승인을 받으면 주택건설사업에 공여되는 토지라고 볼 수 있다고 할 것임.

ⓗ 주택건설사업자의 등록말소

분리과세를 받아오던 토지가 과세기준일 현재 주택건설사업자등록이 말소되었다면 "주택건설사업자등록을 한 주택건설사업자의 소유 토지"에 해당되지 아니하므로 그 토지는 재산세가 분리과세되지 아니한다(세정 13407-172, 2000.2.12.).

ⓘ 정당한 사유로 사업계획승인을 얻지 못하는 주택건설사업자 소유 토지

과세기준일 현재 사업계획의 승인을 얻지 못한 토지는 분리과세대상토지에 해당하지 않고, 재산세는 보유하는 토지에 담세력을 인정하여 과세하는 수익세적 성격을 지닌 재산세로서 해당 토지를 보유하는 동안 매년 독립적으로 납세의무가 발생하고, 따라서 과세표준도 매년 독립적으로 과세기준일 현재의 토지의 현황이나 이용 상황에 따라 구분되는 것이므로 과세기준일 현재 사업계획의 승인을 얻지 못한 데에 정당한 사유가 있는지 여부는 소정의 분리과세대상 토지 해당 여부를 좌우하는 사유가 되지 못한다(대법원 94누8686, 1995.3.17.).

㉮ 중소벤처기업진흥공단이 중소기업자에게 분양 또는 임대 목적용 토지

「중소기업진흥에 관한 법률」에 따라 설립된 중소벤처기업진흥공단이 같은 법에 따라 중소기업자에게 분양하거나 임대할 목적으로 소유하고 있는 토지

㉯ 지방공사가 타인에게 주택이나 토지를 분양, 임대 목적으로 소유하고 있는 토지

「지방공기업법」 제49조에 따라 설립된 지방공사가 같은 법 제2조 제1항 제7호 및 제8호에 따른 사업용 토지로서 타인에게 주택이나 토지를 분양하거나 임대할 목적으로 소유하고 있는 토지(임대한 토지 포함)는 분리과세대상이 된다. 그런데 취득일부터 5년이 경과한 토지로서 용지조성사업 또는 건축을 착공하지 아니한 토지는 분리과세대상이 되지 아니한다. 이 내용은 2014.1.1. 이후 적용되는 것으로 지방공사에 대한 지방세 감면의 축소로 지방공사의 세부담이 증가하고 있고, 한국토지주택공사의 경우 타인에게 토지나 주택을 분양할 목적 등으로 소유하고 있는 토지는 분리과세하고 있으나, 지방공사는 분리과세 규정이 없어 형평성 문제가 발생함에 따라 지방공사의 경우에도 타인에게 주택이나 토지를 분양하거나 임대할 목적으로 소유하고 있는 사업용 토지를 재산세 분리과세대상으로 규정한 것이다.

㉰ 한국수자원공사의 공급용 토지

「한국수자원공사법」에 따라 설립된 한국수자원공사가 소유하고 있는 토지 중 다음 어느 하나에 해당하는 토지(임대한 토지 제외).

ⓐ 「한국수자원공사법」 제9조 제1항 제5호에 따른 개발 토지 중 타인에게 공급할 목적으로 소유하고 있는 토지

산업단지 및 특수지역의 개발(다만, 공사가 시행하였거나 시행 중인 산업단지 및 특

수지역의 개발과 관련된 구역에서의 개발로 한정)과 관련된 토지를 말한다(「한국수자원공사법」 §9 ① 5). 여기서 산업단지 등의 개발 토지는 공사의 진행이나 준공 여부에 대한 별도의 규정이 없으므로 산업단지 등 개발에 공하는 모든 토지로서 단지 개발 중인 토지는 물론 단지 개발이 완료된 토지까지도 포함된 것으로 보아야 할 것이다(시세 22670-11849, 1991.12.9.).

ⓑ 「친수구역 활용에 관한 특별법」 제2조 제2호에 따른 친수구역 내의 토지로서 친수구역조성사업 실시계획에 따라 주택건설에 제공되는 토지 또는 친수구역조성사업 실시계획에 따라 공업지역(「국토의 계획 및 이용에 관한 법률」 제36조 제1항 제1호 다목의 공업지역을 말한다)으로 결정된 토지

㉮ 한국토지주택공사 공급용 토지

「한국토지주택공사법」에 따라 설립된 한국토지주택공사가 같은 법에 따라 타인에게 토지나 주택을 분양하거나 임대할 목적으로 소유하고 있는 토지(임대한 토지 포함) 및 「자산유동화에 관한 법률」에 따라 설립된 유동화전문회사가 한국토지주택공사가 소유하던 토지를 자산유동화 목적으로 소유하고 있는 토지

취득일부터 5년이 경과한 토지로서 용지조성사업 또는 건축을 착공하지 아니한 토지를 포함하지 아니한다(2004.12.31. 이전에는 착공 여부와 관계없이 모두 분리과세됨).

㉯ 한국토지주택공사의 비축용 토지

「한국토지주택공사법」에 따라 설립된 한국토지주택공사가 소유하고 있는 비축용 토지 중 다음 어느 하나에 해당하는 토지

ⓐ 「공공토지의 비축에 관한 법률」 제14조 및 제15조에 따라 공공개발용으로 비축하는 토지

ⓑ 「한국토지주택공사법」 제12조 제4항에 따라 국토교통부장관이 우선 매입하게 함에 따라 매입한 토지(「자산유동화에 관한 법률」 제3조에 따른 유동화전문회사 등에 양도한 후 재매입한 비축용 토지 포함)

ⓒ 「공공기관 지방이전에 따른 혁신도시 건설 및 지원에 관한 특별법」 제43조 제3항에 따라 국토교통부장관이 매입하게 함에 따라 매입한 같은 법 제2조 제6호에 따른 종전 부동산

ⓓ 「국토의 계획 및 이용에 관한 법률」 제122조 및 제123조에 따라 매수한 토지

ⓔ 「공익사업을 위한 토지 등의 취득 및 보상에 관한 법률」 제4조에 따른 공익사업("공익사업을 위하여 취득하였으나 해당 공익사업의 변경 또는 폐지로 인하여 비축용으로 전환된 토지

ⓕ 비축용 토지로 매입한 후 공익사업에 편입된 토지 및 해당 공익사업의 변경 또는 폐지로 인하여 비축용으로 다시 전환된 토지

ⓖ 국가·지방자치단체 또는 「지방자치분권 및 지역균형발전에 관한 특별법」 제2조 제14호에 따른 공공기관으로부터 매입한 토지

ⓗ 2005.8.31. 정부가 발표한 부동산제도 개혁방안 중 토지시장 안정정책을 수행하기 위하여 매입한 비축용 토지

① 1997.12.31. 이전에 매입한 토지

㉣ 그 밖에 지역경제의 발전, 공익성의 정도 등을 고려하여 분리과세하여야 할 타당한 이유가 있는 토지

㉮ 학교 등이 소유하고 있는 토지로서 교육사업에 직접 사용하고 있는 토지(수익사업에 사용하는 토지 제외)

2021년 이전까지 「지방세법 시행령」 제22조 제2호(2020.6.1. 이전에는 제22조)에 따른 비영리사업자가 1995.12.31. 이전부터 소유하고 있는 토지는 무조건 분리과세되었다.[436] 이 규정에 의한 비영리사업자가 고유목적사업에 직접 사용하는 토지는 재산세가 면제되며, 1996.1.1. 이후에 취득한 토지에 대한 과세대상 구분은 고유목적사업 외에 사용하는 토지는 용도에 따라 종합합산, 별도합산, 분리과세대상으로 구분하여야 한다.

비영리사업자의 범위(지령 §22)

① 종교 및 제사를 목적으로 하는 단체

② 「초·중등교육법」 및 「고등교육법」에 따른 학교, 「경제자유구역 및 제주국제자유도시의 외국교육기관 설립·운영에 관한 특별법」 또는 「기업도시개발 특별법」에 따른 외국교육기관을 경영하는 자 및 「평생교육법」에 따른 교육시설을 운영하는 평생교육단체

---

436) ① 학교 등(지령 §22 2)

2022년 이후 납세의무성립분부터 분리과세대상에서 종합합산과세대상 또는 별도합산과세대상으로 과세구분이 변경되는 토지 중 2021.12.31. 이전에 소유하여 2022.1.1. 이후에도 계속하여 소유하고 있는 토지는 개정규정에도 불구하고 과세대상 구분이 변경되는 토지의 필지별로 다음 표에 따른 과세연도별 비율을 곱하여 계산한 면적은 분리과세대상 토지로 봄. 그런데 과세구분이 변경되는 토지 중 「체육시설의 설치·이용에 관한 법률」 제10조 제1호에 따른 용 토지, 「관광진흥법」 제3조 제2호의 관광숙박업에 사용하는 토지와 「유통산업발전법」에 따른 대규모점포에 사용하는 토지에 대해서는 이 특례를 적용하지 않음(지령 부칙 §6).

㉠ 분리과세대상 ⇒ 별도합산 과세대상

과세연도	2022년	2023년	2024년	2025년	2026년	2027년
분리과세 적용비율	100%	90%	80%	60%	40%	20%

㉡ 분리과세대상 ⇒ 종합합산 과세대상

과세연도	2022년~2026년	2027년	2028년	2029년
분리과세 적용비율	100%	70%	40%	10%

② 학교 등 외 일정 비영리법인(지령 §22 3~5)

2020.6.2. 이후 납세의무성립분부터 분리과세대상에서 별도합산과세대상 또는 종합합산과세대상으로 과세대상의 구분이 변경되는 토지("과세대상 구분 변경 토지")에 대해서는 과세대상 구분 변경 토지의 필지별로 다음 표에 따른 과세연도별 비율을 곱하여 계산한 면적은 분리과세대상 토지로 봄(과세대상 구분 변경 토지의 납세의무자가 변경되지 않은 경우로 한정)(지령 부칙 §3).

과세연도	2020년	2021년	2022년	2023년	2024년	2025년
분리과세 적용비율	100%	100%	80%	60%	40%	20%

③ 「사회복지사업법」에 따라 설립된 사회복지법인
④ 「지방세특례제한법」 제22조 제1항에 따른 사회복지법인 등(2019년 이전은 양로원·보육원·모자원·한센병자치료보호시설 등 사회복지사업을 목적으로 하는 단체 및 한국한센복지협회)
⑤ 「정당법」에 따라 설립된 정당

● 지령 §22 2호(2020.6.1. 이전에는 §22) 비영리사업자의 1995.12.31. 이전 취득분(2021년까지만 적용)

용도	과세대상
사업에 직접 사용하는 토지	면제
복지시설의 자가소비용 농지, 보전임지 내의 영림계획인가림, 보전임지 내의 특수개발지역 지정지, 개발제한구역 내의 임야, 군사보호시설구역 및 특별보호구역 안의 임야, 상수도보호구역 안의 임야(1989.12.31. 이전부터 소유하고 있는 토지에 한함)	분리과세(0.07%)
수익사업용 토지, 유료로 사용되는 토지, 목적에 직접 사용되지 아니하는 토지	분리과세대상(0.2%)
회원제 골프장용 토지, 고급오락장용 토지	분리과세대상(4%)

㉴ 농협·수협·산림조합·엽연초조합의 구판사업용 토지

「농업협동조합법」에 따라 설립된 조합, 농협경제지주회사 및 그 자회사(2015.7.24. 이후 재산세를 부과고지 하는 분부터 적용), 「수산업협동조합법」에 따라 설립된 조합, 「산림조합법」에 따라 설립된 조합 및 「엽연초생산협동조합법」에 따라 설립된 조합(조합의 경우 해당 조합의 중앙회를 포함한다)이 과세기준일 현재 구판사업에 직접 사용하는 토지와 「농수산물 유통 및 가격안정에 관한 법률」 제70조에 따른 유통자회사에 농수산물 유통시설로 사용하게 하는 토지 및 「한국농수산식품유통공사법」에 따라 설립된 한국농수산식품유통공사가 농수산물 유통시설로 직접 사용하는 토지.[437] 다만, 2020.6.2. 이후 납세의무성립분부터 「유통산업발전법」 제2조 제3호에 따른 대규모점포(「농수산물 유통 및 가격안정에 관한 법률」 제2조 제12호에 따른 농수산물종합유통센터 중 대규모점포의 요건을 충족하는 것 포함)로 사용하는 토지는 제외한다.

사례 농협의 구판사업 직접 사용 토지 여부(조심 2019지1022, 2019.10.31.)

청구법인이 운영하는 마트에서 판매하는 공산품 등은 청구법인의 조합원이 생산한 축산물의 판매와는 관련이 없다고 보이는 점, 청구법인이 생산업체 등으로부터 공산품을 구매하여 소비자에게 판매하는 일련의 과정은 다른 유통업체와 다를 것이 없고 판매가격 등에서 조합원과 비조합원 간에 아무런 차이가 없는 점 등에 비추어 청구법인이 운영하는 마트 중 공산품 등의 매장에 해당하는 부분은 청구법인의 구판사업에 해당하지 아니하므로 처분청이 이를 별도합산 과세대상으로 구분하

---

437) 농수산물유통공사의 유통시설용 토지를 농업협동조합 등의 유통시설용 토지와의 과세형평을 위하여 별도합산 과세대상에서 분리과세대상으로 함.

여 재산세 등을 부과한 처분은 잘못이 없다고 판단됨. 다만, 청구법인이 운영하는 매장 중 축산물 판매장은 조합원이 생산한 축산물 등을 판매하기 위한 것으로서 구판사업에 해당하는 것으로 보이는 점 등에 비추어 처분청은 청구법인이 운영하는 마트 중 축산물 판매장에 해당하는 면적을 분리과세대상으로 구분하여 그 과세표준 및 세액을 경정하는 것이 타당함. 청구법인이 운영하는 물류창고에 대하여 살피건대, 물류창고는 청구법인이 운영하는 마트의 물품 및 농축산물을 보관하는 창고로 사용하고 있으나 이를 구판사업에 직접 사용하는 토지로 보기는 어려움. 청구법인이 가축시장으로 사용하는 토지에 대하여 살피건대, 청구법인이 영위하는 알선업이 청구법인의 판매방식 중 하나라고 하나, 청구법인이 영위하는 알선업은 직접 판매방식이 아닌 점, 가축시장에서 사용되는 토지는 알선업에 직접 사용된다고 보기 어려운 점 등에 비추어 처분청이 가축시장에 사용되는 토지를 분리과세대상이 아님.

㉲ 부동산투자회사의 목적사업용 토지

「부동산투자회사법」 제49조의 3 제1항에 따른 공모부동산투자회사(같은 법 시행령 제12조의 3 제27호, 제29호 또는 제30호에 해당하는 자가 발행주식 총수의 100%를 소유하고 있는 같은 법 제2조 제1호에 따른 부동산투자회사 포함)가 목적사업에 사용하기 위하여 소유하고 있는 토지(2020.6.1. 이전 납세의무성립분은 「부동산투자회사법」에 따라 설립된 부동산투자회사가 목적사업에 사용하기 위하여 소유하고 있는 토지[438]). 2020.6.2. 이후 납세의무성립분은 공모부동산투지회사가 목적사업에 사용하기 위하여 소유하고 있는 토지만 분리과세대상이 된다.

「신탁법」에 따라 수탁자 명의로 등기·등록된 신탁재산의 경우 2013년 이전에는 소유자는 수탁자이나 납세의무자는 위탁자로 되어 있어, 납세의무자와 등기명의자가 달라 체납처분 불가하였기에 신탁재산에 대한 재산세 납세의무자를 사실상 소유자인 수탁자로 변경하여 2014년~2020년 적용하였으나, 이를 2021년 이후 다시 위탁자로 변경하면서 수탁자에게 물적납세의무 등을 부여하여 체납처분 문제를 해결하였다.

현행 재산세에 있어서 위탁자가 신탁재산을 소유한 것으로 보므로 소유자와 납세의무자가 동일하여 문제가 없지만, 2013.12.31. 이전에도 소유자는 수탁자이었음에도 납세의무자가 위탁자라는 사실만으로 소유자를 위탁자라고 볼 수 없음에도 불구하고 실무상 2013년 이전에도 부동산투자회사가 신탁한 신탁재산의 경우 수탁자 소유이었지만 분리과세를 하고 있었다는 점을 고려한다면 2014년~2020년 실질 소유자는 변동이 없음에도 단지 납세의무자가 개정되었다고 하여 이를 달리 판단하는 것은 잘못된 것이라 판단된다. 이는 분리과세의 취지를 고려한다면 신탁재산의 경우에도 분리과세하여

---

438) 2020.6.2. 이후 납세의무성립분부터 분리과세대상에서 별도합산과세대상 또는 종합합산과세대상으로 과세대상의 구분이 변경되는 토지("과세대상 구분 변경 토지")에 대해서는 2025년까지는 과세대상 구분 변경 토지의 필지별로 다음 표에 따른 과세연도별 비율을 곱하여 계산한 면적은 분리과세대상 토지로 봄(과세대상 구분 변경 토지의 납세의무자가 변경되지 않은 경우로 한정)(지령 부칙 §3).

과세연도	2020년	2021년	2022년	2023년	2024년	2025년
분리과세 적용비율	100%	100%	80%	60%	40%	20%

야 할 것이다(지방세운영과-163, 2017.3.21. 참조). 그 이유는 2013년 이전에도 조문상 분리과세가 되지 않는 것으로 해석되어짐에도 분리과세대상으로 해석하고 있었다는 것이 분리과세가 법 취지인 것으로 해석하여야 하기 때문이다.

㉮ 산업단지 또는 산업기술단지의 산업용 토지

「산업입지 및 개발에 관한 법률」에 따라 지정된 산업단지와 「산업집적활성화 및 공장설립에 관한 법률」에 따른 유치지역 및 「산업기술단지 지원에 관한 특례법」에 따라 조성된 산업기술단지에서 다음 어느 하나에 해당하는 용도에 직접 사용되고 있는 토지

ⓐ 「산업입지 및 개발에 관한 법률」 제2조에 따른 지식산업·문화산업·정보통신산업·자원비축시설용 토지 및 이와 직접 관련된 교육·연구·정보처리·유통시설용 토지

ⓑ 「산업집적활성화 및 공장설립에 관한 법률 시행령」 제6조 제5항에 따른 폐기물 수집운반·처리 및 원료재생업, 폐수처리업, 창고업, 화물터미널이나 그 밖의 물류시설을 설치·운영하는 사업, 운송업(여객운송업 제외), 산업용기계장비임대업, 전기업, 농공단지에 입주하는 지역특화산업용 토지, 「도시가스사업법」 제2조 제5호에 따른 가스공급시설용 토지 및 「집단에너지사업법」 제2조 제6호에 따른 집단에너지공급시설용 토지

ⓒ 「산업기술단지 지원에 관한 특례법」에 따른 연구개발시설 및 시험생산시설용 토지

ⓓ 「산업집적활성화 및 공장설립에 관한 법률」 제30조 제2항에 따른 관리기관이 산업단지의 관리, 입주기업체 지원 및 근로자의 후생복지를 위하여 설치하는 건축물의 부속토지(수익사업용으로 사용되는 부분 제외)

㉯ 지식산업센터 신·증축으로 인한 입주시설용 토지

「산업집적활성화 및 공장설립에 관한 법률」 제28조의 2에 따라 지식산업센터의 설립승인을 받은 자가 다음 어느 하나에 해당하는 토지(지식산업센터의 설립승인을 받은 후 최초로 재산세 납세의무가 성립한 날부터 5년 이내로 한정하고, 증축의 경우에는 증축에 상당하는 토지 부분으로 한정)

ⓐ 2019.5.31. 이후 납세의무성립분부터

– 같은 법 제28조의 5 제1항 제1호 및 제2호에 따른 시설용("지식산업센터 입주시설용", 지원시설 제외)으로 직접 사용하거나 분양 또는 임대하기 위해 지식산업센터를 신축 또는 증축 중인 토지

– 지식산업센터를 신축하거나 증축한 토지로서 지식산업센터 입주시설용으로 직접 사용(재산세 과세기준일 현재 60일 이상 휴업 중인 경우 제외)하거나 분양(2021. 4.27. 이후) 또는 임대할 목적으로 소유하고 있는 토지(임대한 토지 포함)

ⓑ 2019.5.30. 납세의무성립분까지

지식산업센터를 신축하거나 증축하여 지식산업센터 입주시설용(지원시설 제외)으로 직접 사용(재산세 과세기준일 현재 60일 이상 휴업 중인 경우 제외)하거나 분양 또는 임대하기 위한 토지[439]

㉰ 지식산업센터를 최초 분양받은 입주자의 입주시설용 토지

「산업집적활성화 및 공장설립에 관한 법률」 제28조의 4에 따라 지식산업센터를 신축하거나 증축하여 설립한 자로부터 최초로 해당 지식산업센터를 분양받은 입주자(「중소기업기본법」 제2조에 따른 중소기업을 영위하는 자 한정)로서 같은 법 제28조의 5 제1항 제1호 및 제2호에 규정된 사업에 직접 사용(재산세 과세기준일 현재 60일 이상 휴업 중인 경우와 타인에게 임대한 부분 제외)하는 토지(지식산업센터를 분양받은 후 최초로 재산세 납세의무가 성립한 날부터 5년 이내로 한정)

㉑ 연구단지관리계획에 의하여 원형지로 지정된 토지

「연구개발특구 등의 육성에 관한 특별법」 제34조에 따른 특구관리계획에 따라 원형지로 지정된 토지

㉒ 인천국제공항공사의 공항시설

「인천국제공항공사법」에 따라 설립된 인천국제공항공사가 소유하고 있는 공항시설(「공항시설법」 제2조 제7호에 따른 공항시설을 말함)용 토지 중 「인천국제공항공사법」 제10조 제1항의 사업에 사용하거나 사용하기 위한 토지(단, 다음의 토지는 제외)

ⓐ 「공항시설법」 제4조에 따른 기본계획에 포함된 지역 중 국제업무지역, 공항신도시, 유수지(수익사업에 사용되는 부분으로 한정), 물류단지(수익사업에 사용되는 부분으로 한정) 및 유보지[같은 법 시행령 제5조 제1항 제3호 및 제4호에 따른 진입표면, 내부진입표면, 전이(轉移)표면 또는 내부전이표면에 해당하지 않는 토지로 한정](2020.6.2. 이후 납세의무성립분부터)[440]

ⓑ 「공항시설법 시행령」 제3조 제2호에 따른 지원시설용 토지(수익사업에 사용되는 부분으로 한정)

---

439) 2019.5.30. 이전에는 유권해석에 따르면 착공을 하지 않은 경우에는 분리과세대상이 되지 아니하는 것으로 해석하고 있었으나, 시설용으로 직접 사용(재산세 과세기준일 현재 60일 이상 휴업 중인 경우는 제외한다)하거나 분양 또는 임대하기 위한 토지가 분리과세대상이라고만 규정되어 있다는 점, 지특법 제58조의 2 지식산업센터 감면규정에서는 지특령 제123조 "토지분 경우 직접 사용은 건축물 착공한 상태를 말하며, 터파기 등 공사가 들어간 경우에 한한다"라고 규정되어 있으나, 지방세법에서는 이러한 규정이 없다는 점 및 "분양 또는 임대하기 위한"을 해석할 때는 "건축 중"의 의미를 포함하는 것으로 해석되어지지 아니한다는 점에서는 취득한 날 이후 최초로 납세의무가 발생하는 시점부터 분리과세 적용이 더 타당하다고 판단된다. 그리고 조세심판원의 심판례(조심 2018지0232, 2018.8.14.)에서도 착공 여부와 관계없이 "지식산업센터 설립승인을 받은 자가 지식산업센터를 신축하여 시설용으로 직접 사용하거나 분양 또는 임대하기 위한 토지는 지식산업센터의 설립승인을 받은 후 최초로 재산세 납세의무가 성립한 날부터 5년 이내로 한정하여 분리과세대상으로 규정하고 있을 뿐, 과세기준일 현재 건축물을 착공하지 아니하면 분리과세대상에서 제외한다는 요건은 규정되어 있지 아니한 점"에서 취득한 날로부터 분리과세가 적용되는 것으로 결정하고 있다.

440) 2020.6.2. 이후 납세의무성립분부터 분리과세대상에서 별도합산과세대상 또는 종합합산과세대상으로 과세대상의 구분이 변경되는 토지("과세대상 구분 변경 토지")에 대해서는 2025년까지는 과세대상 구분 변경 토지의 필지별로 다음 표에 따른 과세연도별 비율을 곱하여 계산한 면적은 분리과세대상 토지로 봄(과세대상 구분 변경 토지의 납세의무자가 변경되지 않은 경우로 한정)(지령 부칙 §3).

과세연도	2020년	2021년	2022년	2023년	2024년	2025년
분리과세 적용비율	100%	100%	80%	60%	40%	20%

㉙ 부동산집합투자기구 또는 부동산간접투자기구가 소유하는 목적사업용 토지

「자본시장과 금융투자업에 관한 법률」 제229조 제2호에 따른 부동산집합투자기구[집합투자재산의 80%를 초과하여 같은 호에서 정한 부동산에 투자하는 같은 법 제9조 제19항 제2호에 따른 전문투자형 사모집합투자기구(2020.6.2. 이후 납세의무성립분부터 투자자가 「부동산투자회사법 시행령」 제12조의 3 제27호, 제29호 또는 제30호에 해당하는 자로만 이루어진 사모집합투자기구로 한정)를 포함[441], [442]] 또는 종전의 「간접투자자산 운용업법」에 따라 설정·설립된 부동산간접투자기구가 목적사업에 사용하기 위하여 소유하고 있는 토지 중 「지방세법」 제106조 제1항 제2호에 해당하는 토지

그리고 유권해석(지방세운영과-163, 2017.3.21.)에 따르면 부동산집합투자기구를 통해 부동산집합투자를 수행하는 과정에 있어서 토지의 명의는 신탁업자가 보유할 수밖에 없으므로, 부동산집합투자 목적으로 집합투자업자와 신탁업자가 신탁계약을 체결하고 신탁업자 명의로 등기된 부동산(토지)은 '부동산집합투자기구가 목적사업에 사용하기 위하여 소유'하고 있는 토지로서 분리과세대상이라고 판단된다.

㉚ 무역전시장용 토지

「전시산업발전법 시행령」 제3조 제1호 및 제2호에 따른 토지[443]

㉛ 「전통사찰의 보존 및 지원에 관한 법률」 제2조 제3호에 따른 전통사찰보존지 및 「향교재산법」 제2조에 따른 향교재산 중 토지[단, 수익사업에 사용되는 부분(2021년은 유료로 사용되는 부분 포함) 제외](2020.6.2. 이후 납세의무성립분부터)

2022년도에 납세의무가 성립한 재산세분부터 상기에 해당하는 토지 중 그 고유의 사업목적을 위하여 임대 중인 농지로서 연간 임대료가 다음 어느 하나에 미치지 못할 경우에는 「법인세법 시행령」 제3조 제1항 제7호에 해당하는 것으로 보아 수익사업의 범위에서 제외한다(지예 법106…영102-4).

ⓐ 「국유재산법 시행령」 제29조 제1항 단서에 따라 산정한 농지의 연간 최소 사용료

ⓑ 「농지법」 제20조 제4항에 따른 유휴농지의 연간 임대료

---

441) 2016.1.1. 이후 집합투자재산의 80%를 초과하여 같은 법 제229조 제2호에서 정한 부동산에 투자하는 같은 법 제9조 제19항 제2호에 따른 전문투자형 사모집합투자기구를 포함하였음.

442) 2020.6.2. 이후 납세의무성립분부터 분리과세대상에서 별도합산과세대상 또는 종합합산과세대상으로 과세대상의 구분이 변경되는 토지("과세대상 구분 변경 토지")에 대해서는 2025년까지는 과세대상 구분 변경 토지의 필지별로 다음 표에 따른 과세연도별 비율을 곱하여 계산한 면적은 분리과세대상 토지로 봄(과세대상 구분 변경 토지의 납세의무자가 변경되지 않은 경우로 한정)(지령 부칙 §3).

과세연도	2020년	2021년	2022년	2023년	2024년	2025년
분리과세 적용비율	100%	100%	80%	60%	40%	20%

443) 수출진흥 및 관련 산업에 대한 연관효과가 큰 무역전시장에 대한 세제지원을 위하여 무역전시장으로 사용되는 토지를 별도합산 과세대상에서 분리과세대상으로 함.

⑥ 사치성 재산용 토지

회원제 골프장·고급오락장용 토지는 사치성 재산으로 보아 고율(4%) 분리과세한다. 그런데 2004.12.31.까지는 별장과 주택의 부속토지로서 기준면적을 초과하는 토지도 사치성 재산으로 보아 고율 분리과세 하였다. 2005년부터 종합부동산세 도입과 주택에 대하여 토지와 건물을 통합하여 재산세를 부과하고 있어 토지분을 별도로 구분하여 분리과세할 필요성이 없게 되었다.

고급오락장에 부속된 토지의 경계가 명확하지 아니한 때에는 그 건축물 바닥면적의 10배에 해당하는 토지를 그 부속토지로 본다.

㉠ 회원제 골프장용 토지

'회원제 골프장용 토지'란 「체육시설의 설치·이용에 관한 법률 시행령」 제20조의 규정에 의한 회원제 골프장용 부동산 중 구분등록대상이 되는 토지와 건축물의 부속토지를 말하며 고율분리과세된다. 따라서 회원제 골프장용 부동산으로서 「체육시설의 설치·이용에 관한 법률 시행령」 제20조의 규정에 의한 구분등록대상이 되는 모든 토지에 대하여 재산세를 분리과세토록 되어 있어, 「체육시설의 설치·이용에 관한 법률 시행령」 제20조에 규정된 구분등록대상 토지는 실제 구분등록 여부에 관계없이 분리과세된다(세정 13407-1552, 1997.11.25.).

한편, 골프장의 용도에 직접 사용되는 건축물이 아닌 직원의 후생복지시설(식당 등)로 사용하는 건축물의 부속토지는 별도합산 과세대상이라 판단하고 있다(조심 2022지230, 2022.12.15.).

> **사례** 회생계획인가결정에 따른 절차를 완료한 회원제 골프장(조심 2016지1231, 2017.1.16.)
>
> 2016년도 재산세 과세기준일(6.1.) 현재 이 건 골프장은 대중제 골프장으로의 전환신청이 반려되어 여전히 회원제 골프장으로 등록되어 있으나, ○○○에 보낸 할인쿠폰 변제 완료보고 문서에 의하면 기존 회원들에게 2016.3.29. 쿠폰의 지급을 완료하였고, 수취인 불명자 등에 대하여는 2016.5.20. 공탁을 완료한 것으로 기재되어 있으므로 2016년도 재산세 과세기준일(6.1.) 현재 이 건 골프장은 ○○○의 변경회생계획 인가결정에 따른 절차를 완료하여 사실상 대중제로 전환되었고, 회원이 존재하지 아니하여 회원제로 운영될 수 없었던 상태인 것으로 보이는 점, 회생회사 ○○○은 2016.3.1.부터 이 건 골프장이 대중제로 운영된다는 사실을 공지하였고, ○○○ 등에 따르면 2016.3.1.부터 회원제 요금제가 없어지고 입장객에게 개별소비세를 받지 않은 것으로 나타나며, 2016.3.1.부터는 회원이 존재하지 아니하고 기존 회원들에게 사용요금을 우대하며 예약의 우선권을 주는 제도 등이 없었던 것으로 나타나므로 이 건 골프장은 2016.3.1.부터 사실상 대중제 골프장으로 운영되고 있는 것으로 보이는 점 등에 비추어, 2016년도 재산세 과세기준일(6.1.) 현재 이 건 골프장은 회원제 골프장으로 등록되어 있으나, 법원의 회생계획인가결정에 따른 절차를 완료하여 사실상 대중제 골프장으로 운영되고 있는 것으로 보이고, 이러한 경우까지 중과세율을 적용하여 재산세 등을 과세한 것은 중과세의 입법취지 및 재산세 현황부과의 원칙에 부합하지 아니하므로 처분청이 쟁점토지 및 건축물에 대하여 중과세율을 적용하여 산출한 재산세 등을 과세한 처분은 잘못임.

㉡ 고급오락장용 토지

'고급오락장용 토지'라 함은 ① 카지노장(외국인전용 카지노장 제외), ② 파친코 등 자동도박기를 설치한 장소, ③ 욕실 등을 부설한 장소로서 그 설비를 이용하기 위하여 정해진 요금을 하고 그 이용료를 지급하도록 시설된 미용실, ④ 「식품위생법」에 의한 유흥주점업 무도장(카바레, 나이트클럽, 디스코클럽 등), 룸살롱 및 요정영업소 부속토지를 말한다. 이 경우 고급오락장이 건축물의 일부에 시설된 경우에는 해당 건축물에 부속된 토지 중 그 연면적에 대한 고급오락장용 건축물의 연면적의 비율에 해당하는 토지를 고급오락장의 부속토지로 본다.

이러한 고급오락장인지를 판단하는 기준은 현황을 객관적으로 판단하여 고급오락장으로서의 실체를 갖추고 있으면 충분하고 영업을 함에 있어 인허가를 받았는지 여부는 묻지 아니한다(대법원 92누15154, 1993.5.27.). 그리고 과세기준일인 2015.6.1.부터 변론종결일인 2016.4.8.까지 제3건축물에서 고급오락장으로 영업이 이루어지지 아니하였으나, 이는 유흥주점 영업을 할 새로운 임차인을 찾는 과정에서 휴업 내지 폐업상태가 유지되고 있는 것일 뿐이고, 달리 고급오락장이 아닌 용도로 사용하거나 고급오락장이 아닌 용도로 사용하기 위하여 용도변경공사를 착공하였다고 볼 만한 아무런 자료가 없어서 고급오락장으로써 실체를 구비하고 있다면, 다른 용도로 사용 또는 용도변경공사를 착공하지 아니한 이상 재산세 중과대상에 해당된다(대법원 2016두40740, 2016.8.25. 참조).

한편, 고급오락장용 건축물의 부속토지의 범위는 해당 건축물이 위치한 토지로서 담장 또는 울타리 등으로 구획된 일정구역 내의 모든 토지(세정 13407 – 1255, 1996.10.31.)를 의미하는 것이므로 바닥면적이 아닌 전체 토지가 중과세대상에 해당된다.

> **사례** 휴업 중인 유흥주점의 고급오락장 해당 여부(심사 2001 – 287, 2001.5.28.)
>
> 설사 유흥주점 영업이 휴업 중에 있더라도 그 영업허가를 계속 유지하기 위하여 기본 시설을 존치하여 둔 채 휴업하였다면, 그 건물의 사실상의 현황이 유흥주점 영업장소로서의 실체를 구비하고 있는 것으로서 고급오락장용 건물이라고 보아야 할(같은 취지의 대법원 89누3922, 1990.1.25.) 것이므로, 재산세 중과세대상에 해당된다고 할 것임.

> **사례** 관광호텔 내 유흥주점이 관광음식점 해당 요건(대법원 2001두10219, 2003.1.10.)
>
> 유흥주점이 중과대상에서 제외되는 관광음식점에 해당하기 위해서는 관광호텔 내의 부대시설로 등록된 것만으로는 부족하고, 일정한 시설을 갖추어 관광객이용시설업으로 등록을 하거나, 관광편의 시설업으로 지정을 받아야 하는데, 이 사건 주점은 그 등록기준에 따른 시설을 갖추지 않았을 뿐만 아니라, 위와 같은 등록이나 지정을 받은 바가 없으므로, "「관광진흥법」 제4조 제1항의 규정에 의하여 등록된 관광음식점"에 해당한다고 볼 수 없어 중과대상에 해당함.

> **사례** 해당 층에서 배타적으로 사용하고 있는 공용면적(행심 2005 – 164, 2005.5.30.)
>
> 청구인의 경우 이 사건 토지상의 지상2층 건축물을 위락시설로 사용하기 위하여 지상2층 면적 105.59㎡ 전체를 용도변경하였고, 2004.6.1. 처분청 세무담당공무원의 현지출장복명서에서도 지상2층 건축물 전체를 고급오락장으로 사용하고 있으며, 전용면적 81.08㎡와 공용면적 24.51㎡를 합한 105.59㎡에 반영구적으로 구획된 5개의 객실을 갖추고 유흥접객원 2명을 상시고용하고 있는 사실이

확인되고 있는 점 등으로 미루어 볼 때, 유흥주점은 고급오락장으로서의 요건을 갖추고 있다고 하겠으므로, 그 부속토지인 쟁점 토지를 고급오락장용 토지로 보아 분리과세한 처분은 잘못이 없음.

> **사례** 유흥주점 요건 충족하여 언제든지 영업을 재개 가능 시설(행심 2005-136, 2005.5.2.)
>
> 구 「지방세법」 제234조의 9 제1항에서 재산세 과세기준일인 6.1. 현재 토지를 사실상으로 소유하고 있는 자는 재산세를 납부할 의무가 있다라고 규정하고 구 같은 법 제234조의 16 제3항 제2호에서 고급오락장용 건축물의 부속토지는 과세표준액의 1,000분의 50의 세율을 적용한다라고 규정하고 있으므로 유흥주점 등 고급오락장용 건축물의 부속토지에 대하여 중과세율을 적용하려면 재산세 과세기준일 현재 반드시 그 고급오락장 용도에 현실적으로 사용하고 있음을 요하지 않는다고 하더라도 적어도 그 현황이 객관적으로 영업장으로서의 실체를 갖는 등 고급오락장으로서의 요건이 갖추어져 있으면 고급오락장용 건축물로 보아야 하므로(같은 취지의 대법원판례 1987.5.26. 선고, 87누113 판결) 이 사건 유흥주점은 노래방기기 등이 설치되어 있는 룸(5개)이 설치되어 있어 언제든지 영업을 재개할 수 있는 시설이 존치하고 있는 사실이 출장복명서에서 입증되고 있을 뿐만 아니라 이 사건 심사청구일 현재까지도 이 사건 부동산의 건축물은 철거되지도 아니하고 유흥주점의 폐업신고도 한 사실이 없음을 건축물대장과 식품접객업 영업허가관리대장상에서 입증되고 있는 이상 처분청에서 중과세율을 적용하여 산출한 이 사건 유흥주점에 대한 재산세 등을 부과고지한 것은 잘못이 없음.

⑦ **공익사업의 구역에 있는 토지로서 같은 법에 따라 사업시행자에게 협의 또는 수용에 의하여 매각이 예정된 토지 중 도시·군관리계획 결정이 의제되어 용도지역이 변경되거나 개발제한구역에서 해제된 경우**

상기 ①~④의 분리과세대상 적용(「지방세법 시행령」 제102조 제1항 및 제2항)할 때 다음 경우에는 계속 분리과세대상 토지로 한다(지령 §102 ⑩).

　㉠ 「공익사업을 위한 토지 등의 취득 및 보상에 관한 법률」 제4조에 따른 공익사업의 구역에 있는 토지로서 같은 법에 따라 사업시행자에게 협의 또는 수용에 의하여 매각이 예정된 토지 중 「택지개발촉진법」 등 관계법령에 따라 도시·군관리계획 결정이 의제되어 용도지역이 변경되거나 개발제한구역에서 해제된 경우에는 그 토지가 매각되기 전(「공익사업을 위한 토지 등의 취득 및 보상에 관한 법률」 제40조 제2항에 따라 보상금을 공탁한 경우에는 공탁금 수령일 전을 말한다)까지

　㉡ ㉠에 따라 매각이 예정되었던 토지 중 「공공주택 특별법」 제6조의 2에 따라 특별관리지역으로 변경된 경우에는 그 토지가 특별관리지역에서 해제되기 전까지(2015.4.21. 이후 특별관리지역으로 지정된 토지분부터 적용)

「지방세법 시행령」 제102조 제2항 제5호를 적용할 때 '개발제한구역의 임야'가 공익사업의 구역에 있는 토지로서 사업시행자에게 매각이 예정되었던 토지 중 개발제한구역에서 해제되었다가 공익사업의 추진이 취소되어 특별관리지역으로 변경된 경우 그 토지에 대해서는 특별관리지역에서 해제되기 전까지 계속하여 분리과세대상 토지로 한다는 것으로써 종전부터 개발제한구역의 임야를 소유하여 분리과세를 적용받던 토지가 특별관리지역으로 변경되어 세부담이 급증하는 것을 방지하기 위한 것이다(부동산세제과-573, 2020.3.13.).

사례 공원 등으로 수용지정 토지(조심 2009서2202, 2010.3.24.)

토지가 공원 및 도시정비구역으로 강제 수용지정된 토지에 해당한다고 하나, 쟁점토지와 같은 수용 예정지가 분리과세대상으로 규정되어 있지 아니하다. 따라서 수용지정된 쟁점토지가 분리과세대상 토지에 해당하지 아니한 것으로 봄.

⑧ 분리과세대상 토지 신청(2022년 이후 적용)

과세기준일 현재 납세의무자가 소유하고 있는 토지 중 용도 및 면적 등 현황이 변경되어 상기 ①~⑤의 분리과세대상 토지의 범위에 포함되거나 제외되는 토지의 경우 그 납세의무자가 과세 기준일부터 15일 이내에 그 소재지를 관할하는 지방자치단체장에게 분리과세대상 토지 적용을 신청할 수 있다.

2) 별도합산 과세대상 토지

① 산업단지, 공업지역, 군(광역시 군지역과 특별자치시·특별자치도·시지역의 읍·면지역 포함) 지역에 있는 공장용 건축물의 부속토지와 회원제 골프장 내의 건축물 부속토지, 고급오락장용 건축물의 부속토지는 별도합산 과세대상에서 제외됨.

② 주거용 건축물의 부속토지는 주택분 재산세(토지)가 과세됨. 이 경우 1구의 건축물이 주거와 주거 이외의 용도에 겸용되는 경우에는 주거용으로 사용하는 부분만 주택으로 봄. 그러나 1구의 건축물 연면적 중 50% 이상을 주거용에 사용하면 전체를 주거용으로 봄.

③ 공장용 건축물과 주거용 건축물 이외의 건축물로서 건축물의 시가표준액이 해당 부속토지의 시가표준액 2%에 미달하는 건축물의 부속토지 중 그 건축물의 바닥면적을 제외한 부속토지는 별도합산대상에서 제외됨.

　☞ 2009년 재산세까지는 건축물의 시가표준액이 해당 부속토지의 시가표준액의 100분의 3에 미달하는 건축물의 부속토지는 별도합산 과세대상에서 제외되었음.

　☞ 건축물 시가표준액 : 과세기준일 현재 신축된 것으로 보아 계산한 시가표준액(지칙 §49)

④ 공장용 건축물과 주거용 건축물 이외의 건축물로서 「건축법」 등 관계법령의 규정에 의하여 허가 등을 받아야 함에도 허가 등을 받지 아니한 건축물 또는 사용승인을 받아야 할 건축물로서 사용승인을 받지 아니하고 사용 중인 건축물(임시사용승인을 받은 건축물은 제외)과 공장용 건축물과 주거용 건축물 이외의 건축물로서 ㉠ 과세기준일 현재 건축물 또는 주택이 사실상 철거·멸실된 날(사실상 철거·멸실된 날을 알 수 없는 경우에는 건축물대장에 기재된 철거·멸실된 날)부터 6개월이 지나지 아니한 건축물, ㉡ 건축허가를 받았으나 「건축법」 제18조에 따라 착공이 제한된 건축물 또는 주택, ㉢ 「건축법」에 따른 허가를 받거나 신고를 하고 같은 법 제21조에 따른 건축물의 공사에 착수한(2018년 이전은 건축 중인) 건축물[개발사업 관계법령에 따른 개발사업의 시행자가 소유하여(2019년 이전에는 "소유하여"라는 문구가 없었음) 개발사업 실시계획의 승인을 받아 그 개발사업에 제공하는 토지(분리과세대상 토지 제외)로서 건축물의 부속토지로 사용하기 위하여 토지조성공사에 착수하여 준공검사 또는 사용허가를 받기 전까지의 토지에 건축이 예정된 건축물(2016년 이후 관계 행정기관이 허가 등으로 그 건축물의 용도 및 바닥면적을 확인한 건축물을 말함) 포함]에 해당되지 아니한 건축물

(과세기준일 현재 정당한 사유 없이 6개월 이상 공사가 중단된 경우 포함)의 부속토지는 별도합산대상 토지에서 제외됨.

별도합산 과세대상 토지는 과세기준일 현재 납세의무자가 소유하고 있는 시·군·구 내의 모든 건축물의 부속토지 중 여객자동차운송사업자 등의 차고용 토지 등 도시 내에서 넓은 토지가 필요한 사업용 토지, 주거용 건축물 및 공장 구내의 건축물, 별장(2023.3.13. 이전만 적용) 등 사치성 재산의 부속토지를 제외한 일정한 면적 이내의 토지를 말한다. 전자에 해당하는 토지는 그 면적에 불구하고 무조건 별도합산 과세대상 토지로 보며, 후자에 해당하는 토지는 일정비율 이내의 토지에 대하여만 별도합산으로 하고 일정비율을 초과하는 토지는 종합합산 과세대상 또는 분리과세대상 토지로 본다.

① 조건부 별도합산 과세대상 토지

일정한 조건을 갖춘 경우에만 별도합산대상 토지가 되고 조건을 갖추지 못하였을 경우에는 종합합산 또는 분리과세대상이 되는 토지를 말한다. 일반 영업용 건축물(모든 건축물 중 주거용 건축물, 분리과세대상 공장용 건축물, 골프장, 고급오락장용 건축물을 제외)부속토지로서 건축물(바닥면적)과 시설물 및 지상정착물(수평투영면적)의 연면적에 해당 지역의 용도지역별 적용배율을 적용하여 산출한 기준면적 이내의 토지가 별도합산과세대상 토지가 된다. 이 경우 과세기준일 현재 건축물 또는 주택이 사실상 철거·멸실된 날(사실상 철거·멸실된 날을 알 수 없는 경우에는 건축물대장에 기재된 철거·멸실일)부터 6개월이 지나지 않은 건축물 또는 주택, 건축허가를 받았으나 「건축법」 제18조에 따라 착공이 제한된 건축물 및 건축 중인 건축물은 비록 건축물이 없지만 건축물이 있는 것으로 간주한다. 다만, 과세기준일(6.1.) 현재 정당한 사유 없이 6개월 이상 공사가 중단된 건축물은 건축물로 간주하지 않는다.[444]

건축물의 바닥면적이나 시설물의 수평투영면적에 적용되는 적용배율은 다음과 같다. 여기서 '건축물의 바닥면적'은 지하층을 포함한 각 층의 바닥면적 중 가장 넓은 것으로 보아야 한다(대법원 2012두7073, 2015.6.24.).

사례 이 사건 건물은 건축 중이다가 2010년경부터 정당한 사유 없이 6개월 이상 공사가 중단된 상태가 지속되던 중 2021.1.경 철거된 것에 불과하므로, 이 사건 쟁점토지는 '과세기준일 현재 정당한 사유 없이 6개월 이상 공사가 중단된 건축물의 부속토지의 경우에는 별도합산 과세대상 토지에서 제외한다'는 내용의 「지방세법 시행령」 제103조 제1항 제3호 단서에 해당한다고 봄이 타당하고, 이 사건 건물의 철거를 이유로 이 사건 쟁점토지가 다시 별도합산 과세대상에 포함된다고 볼 수 없음(이 사건 건물의 존재와 상관없이 이 사건 쟁점토지가 종합합산 과세대상에 포함되어 왔는데, 이 사건 건물을 철거하였다는 사정을 들어 이를 다시 별도합산 과세대상에 포함시키

---

444) 연면적과 건물의 용도별 면적 등을 변경하기 위한 해당 설계변경은 사업주체 외부의 불가피한 사유라기보다는 사업주체 내부의 사정에 따른 것으로 건축공사 중단의 "정당한 사유"라고 볼 수 없음(부동산세제과 -1212, 2020.6.1.).

는 것은 별도합산 과세대상 제도, 관련 법률의 입법 취지에도 부합하지 아니함)(대법원 2023두 60636, 2024.2.29. 심불, 대전고법 2023누10400, 2023.11.16.).

● 용도지역별 적용배율

용도지역		적용배율
도시지역	전용주거지역	5배
	상업지역, 준주거지역	3배
	일반주거지역, 공업지역	4배
	녹지지역	7배
	미계획지역	4배
도시지역 외의 지역		7배

별도합산대상 토지에서 제외되는 건축물의 부속토지를 보면 다음과 같다. 따라서 이들 토지는 종합합산 또는 분리과세대상 토지가 된다.

> **사례** 국토계획법 상 용도지역이 자연녹지지역으로 지정되어 있다가 도시관리계획(재정비) 변경 결정 및 지형도면 고시를 통해 제2종일반주거지역으로 변경된 경우 재산세 부과(대법원 2020두 53736, 2021.2.4. 심불, 대전고법 2020누10430, 2020.10.22.)
>
> 행정청의 행정행위는 당연무효라고 볼 수 없는 한 공정력이 있어 취소되기 전까지는 유효하다고 보아야 한다. 이 사건 토지의 용도지역 변경과정에서 천안시 측의 일부 위법행위나 하자가 있었다고 가정하더라도, 이 사건 토지의 용도지역을 변경한 천안도시관리계획(재정비)결정(변경) 및 지형도면 고시가 그 하자가 중대하고 명백하여 당연무효가 아닌 한 취소되기 전까지는 유효하다고 보아야 한다. 그런데 위 고시는 국토계획법에 따른 절차를 거친 처분으로서 당연무효라고 보기 어렵고, 달리 이를 인정할 만한 증거가 없다. 그러므로 과세관청으로서는 위 고시에 따라 2008년 이 사건 토지의 용도지역이 제2종 일반주거지역으로 변경된 것으로 보아 과세하여야 함.

㉠ 건축물의 부속토지 중 기준면적 이내 토지

일반 영업용 건축물로서 건축물의 바닥면적(건물 외의 시설물인 경우에는 그 수평투영면적을 말한다)에 용도지역별 적용배율을 곱하여 산정한 면적을 초과하지 아니하는 토지는 별도합산대상이다. 이 경우 건축 중인 경우와 과세기준일 현재 건물 멸실등기를 한 날부터 6월이 경과하지 아니한 경우를 포함하여 별도합산하되, 과세기준일 현재 정당한 사유없이 6월 이상 공사를 중단한 경우를 제외한다.

지상건축물 중 가스배관시설 및 옥외배전시설, 「전파법」에 의하여 방송전파를 송수신하거나 전기통신역무를 제공하기 위한 무선국 허가를 받아 설치한 송수신시설 및 중계시설은 과세대상에는 포함되지 아니하나, 별도합산 과세 여부 판단 시에만 건축물의 범위에 포함하고 있다(지령 §103 ①, 지칙 §51).

사례 무선안테나 시설 토지는 지상정착물로 봄(세정 13407-1251, 1995.12.4.)

구 「지방세법 시행규칙」 제104조의 7 제2호에 규정된 '「전파법」에 의하여 전파를 송·수신하기 위한 무선국 허가를 받아 설치한 송·수신시설 및 중계시설'이라 함은 지하에 매설된 라디얼어스를 지상정착물로 보아 그 수평투영면적에 당해 용도지역배율을 곱하여 배율 이내의 토지는 별도합산 과세하고 배율 초과 토지에 대하여 종합합산과세함이 타당함.

㉮ '바닥면적'의 의미

「지방세법 시행령」 제101조 제1항에 규정된 '건축물의 바닥면적'에 관하여는 「지방세법」에 별도의 정의규정이 없으므로 「건축법 시행령」 제119조 제1항 제3호에 규정된 건축물의 각층 또는 그 일부로서 벽·기둥·기타 이와 유사한 구획의 중심선으로 둘러싸인 부분의 수평투영면적으로 보아야 하며, 이 경우 건축물이 여러 층으로 이루어진 때에는 지하층을 포함한 각층의 바닥면적 중 가장 넓은 층의 면적을 해당 건축물의 바닥면적으로 하는 것이다(세정 13407-933, 1997.8.29.).[445]

「지방세법 시행규칙」 제51조에 규정된 가스배관시설 및 옥외배전시설, 「전파법」에 의하여 전파를 송수신하기 위한 무선국 허가를 받아 설치한 송수신시설 및 중계시설을 건축물 범위에 포함하고 있기 때문에 그 수평투영면적에 해당 용도지역배율을 곱하여 배율 이내의 토지는 별도합산과세하고 배율 초과 토지에 대하여 종합합산 과세함이 타당하다(세정 13407-1251, 1995.12.4. 참조).

한편, 주택과 상가를 겸용하고 있는 주상복합건물의 경우라면 전체 부속토지 중 별도합산과세대상 토지는 건축물의 바닥면적을 주택과 상가의 연면적으로 안분하여 산정한 후 산정된 면적에 용도지역별 적용배율을 곱하여 산정한 면적 범위안의 토지만 해당되고, 나머지 부속토지는 종합합산과세대상에 해당된다(행안부93, 2008.3.24.).

사례 주유소 바닥면적 산정방법(조심 2013서1516, 2013.7.25.)

해당 '건축물의 면적' 산정은 일반적으로 건축물관리대장상의 건축면적을 기준으로 하고, 그 건축물에 딸린 벽체와 바닥포장, 차량 진입로 등의 수평투영면적은 산정대상에 포함하지 않고 있으며, 또한 이 건 시설과 같이 건축물에 딸린 시설을 별도의 독립된 건축물로 보아 건물분 재산세 과세대상으로 하고 있지도 않으므로 용도지역별 적용배율 산정을 위한 건축물의 바닥면적 산정 시에 이 건 시설의 수평투영면적을 포함하는 것은 합리적이라고 보기 어렵다. 다만, 이 건 시설 중 지하에 설치된 배관시설은 도관시설에 해당하므로 그 수평투영면적을 재조사한 후, 그 결과에 따라 이 건 토지에 대한 별도합산과세대상 면적을 재산정하여 그 과세표준 및 세액을 경정하는 것이 타당함.

사례 옹벽, 정화조, 오수관 등 시설 건물 부속 구축물 여부(조심 2013서1516, 2013.7.25.)

지방세법령에서 당해 토지를 별도합산 과세대상으로 구분하는 경우는 그 지상에 재산세 과세대상인 건축물 또는 「지방세법 시행령」 제5조에서 규정한 시설물(레저시설 등)이 소재하는 경우를 말하

---

445) '건축물의 바닥면적'은 지하층을 포함한 각 층의 바닥면적 중 가장 넓은 것으로 보아야 함(대법원 2012두7073, 2015.6.24.).

는 것인데 쟁점시설의 경우에는 건축물 또는 시설물에 해당되지 않고 그에 따라 재산세 등이 과세된 사실이 없는 점 등을 종합하여 볼 때, 처분청이 쟁점토지 중 쟁점시설의 수평투영면적에 용도지역별 적용배율을 곱한 면적을 사업용 토지로 추가로 인정하지 아니한 것은 달리 잘못이 없음.

㉯ '건축 중'의 의미

감사원(감사원 2004-68, 2004.8.12.)은 '건축 중'이라 함은 건축허가를 받아 착공신고서를 제출한 후 규준틀 설치, 터파기, 구조물공사 등 실제로 건축공사를 진행하고 있는 것을 말하는 것으로서, 단순히 건축 준비작업인 가설 울타리설치는 건축공사를 착공한 것으로 볼 수 없다고 결정하였으며, 대법원(대법원 95누7857, 1995.9.26.)에서도 '건축 중'이라 함은 과세기준일 현재 공사에 착수한 경우만을 말하고 그 착공에 필요한 준비작업을 하고 있는 경우까지 포함한다고 볼 수 없다고 판시하고 있다.

그리고 사회통념상 특정 토지에서 건물을 신축하기 위한 공사에 "착공"하였다고 인정하기 위해서는 건물을 착공하기 위하여 필요한 준비 행위, 즉 토지의 측량이나 지반조사, 건물신축 도급계약의 체결, 기존 건물의 철거나 착공선고서를 제출하는 것만으로는 부족하고, 건축 공정상 일련의 행정절차를 마친 다음 건물 신축을 위한 실질적인 공사의 실행이라 볼 수 있는 행위로서 신축할 건물을 유지할 수 있는 최소한의 정도로 부지를 파내는 정도의 굴착 공사나 터파기공사에 착수하는 경우에 비로소 공사에 "착공"하였다고 볼 수 있다 할 것이다(대법원 94누7058, 1994.12.2. 참조). 또한 "건축물을 건축 중인 경우"에 해당하기 위하여는 해당 토지에서 굴착공사 등과 같은 토목공사를 포함하여 건설공사가 시작된 경우를 의미하고, 특별한 사정이 없는 한 건물을 신축하기 위한 착공에 필요한 준비 작업을 하는 경우까지 포함한다고 보기는 어렵다고 해석함이 타당하다(대법원 95누7857, 1995.9.26., 대법원 96누15558, 1997.9.9. 참조, 서울고법 2012누26564, 2013.2.21.).

따라서 착공신고서를 제출하여 종전 구조물의 철거공사 진행만으로는 착공으로 볼 수 없으나, 최소한의 정도로 부지를 파내는 정도의 굴착 공사나 터파기공사에 착수한다면 건축 중으로 볼 수 있을 것이다. 한편, 토지에 부지조성공사 및 옹벽공사는 건축물을 건축 중인 경우에 포함된다고 볼 수 없으며, 착공신고서를 제출하지 않고 굴착이나 터파기 공사를 하는 경우에는 건축 중으로 볼 수 없을 것으로 보여진다.

'건축 중인 건축물'이라 함은 과세기준일 현재 건축허가·신고를 한 후 착공신고서를 제출하여 터파기 공사 등 실제로 건축공사를 진행하고 있는 것을 말한다(구 지통 106…103-1). 한편, 흙막이벽체 안정화 공사가 이루어졌다고 하더라도 공사 중단을 전제로 공사 중단기간 장기화에 따라 안전을 이유로 기존에 설치된 흙막이벽체의 안정화 공사를 하겠다는 것이지 그 때부터 중단된 공사를 재개하여 진행하겠다는 취지가 아니어서 흙막이벽체 안정화 공사를 공사의 실질적인 공사 진행으로 평가하기는 어렵다(대법원 2015두39248, 2015.7.23.). 그리고 재산세 과세기준일 이전에 흙막이 작업의 필수적 전제가 되는 규준틀을 설치한 경우 그 설치 시점에 이미 건축물 신축공사가 시작되었다고 할 것으

로 당해 부속토지는 별도합산과세대상에 해당된다(대법원 2016두58406, 2017.3.15.).

사례 정당한 사유로 착공하지 못한 경우(대법원 99두5511, 2000.12.12.)

해당 과세연도 과세기준일 현재 사업계획의 승인을 얻지 못한 토지는 분리과세대상 토지에 해당하지 않고, 재산세는 보유하는 토지에 담세력을 인정하여 과세하는 수익세적 성격을 지닌 재산세로서 해당 토지를 보유하는 동안 매년 독립적으로 납세의무가 발생하고, 따라서 과세표준도 매년 독립적으로 과세기준일 현재의 토지의 현황이나 이용상황에 따라 구분되는 것이므로 과세기준일 현재 사업계획의 승인을 얻지 못한 데에 정당한 사유가 있는지 여부는 위 규정 소정의 분리과세대상 토지 해당 여부를 좌우하는 사유가 되지 못함.

⒟ 동일 구내 건축물 부속토지가 2 이상의 지역에 있는 경우

건축물의 부속토지 기준면적에 대하여는 건축물의 바닥면적에 용도지역별 적용비율을 곱하여 산정한 면적을 초과하지 아니하는 토지로 되어 있어, 동일 구내의 건축물의 부속토지가 주거지역과 녹지지역으로 이루어져 있고 양 지역 간 경계가 명백하지 아니한 때에는 다음과 같이 건축물 바닥면적(용도지역별 면적비율 적용)에다 각각의 용도지역별 적용배율을 곱하여 산출한 면적의 비율에 따라 기준면적을 산출함이 타당하다(세정 13430-377, 1997.8.11.).

❑ **건축물의 부속토지 기준면적**

$$\frac{\dfrac{\text{주거지역 바닥면적}}{\text{바닥면적 연면적}} \times \text{주거지역 토지비율} \times \text{주거지역 적용배율}}{\text{토 지 총 연 면 적}} + \frac{\dfrac{\text{녹지지역 바닥면적}}{\text{바닥면적 연면적}} \times \text{녹지지역 토지비율} \times \text{녹지지역 적용배율}}{\text{토 지 총 연 면 적}}$$

⒠ 부속토지의 필지별 가액이 다를 경우의 과세표준 산출

용도지역별 적용배율을 곱하여 기준면적을 산출하는 경우 등에 있어서 부속토지가 여러 필지로서 필지별 과세표준이 다를 경우에는 총과세표준을 산정한 후 기준면적 이내의 토지와 기준면적 초과토지의 각 필지별 면적에 따라 비례안분하여 각각 과세표준을 산출한다(지예 법106…영101-1).

Ⓛ 별도합산에서 제외되는 건축물의 부속토지

㉮ 주거용 건축물의 부속토지

주거용 건축물(별장 포함)의 부속토지는 주택에 포함하여 별도합산대상 토지가 아니라 주택으로 과세하고 있다. 여기서 1동의 건물이 주거와 주거 외의 용도로 사용되고 있는 경우에는 주거용으로 사용되는 부분만을 주택으로 본다. 이 경우 건물의 부속토지는 주거와 주거 외의 용도로 사용되는 건물의 면적비율에 따라 각각 안분하여 주택의 부속토지와 건축물의 부속토지로 구분한다. 또한 1구의 건축물이 주거와 주거 외의 용도에 겸용되는 경우에는 1구의 건축물 연면적 중 100분의 50 이상을 사용하는 용도

가 있는 경우에는 전체 건축물을 그 용도에 사용하는 것으로 본다. 그러나 1구의 건축물 연면적 중 100분의 50 이상을 사용하는 용도가 없는 경우에는 각각의 용도에 공하는 건축물 면적부분을 해당 용도에 사용하는 것으로 본다.

한편, 주택의 부속토지의 경계가 명백하지 아니한 경우에는 그 주택의 바닥면적의 10배에 해당하는 토지를 주택의 부속토지로 한다(지령 §105).

㉯ 공장 구내의 건축물 및 사치성 재산의 부속토지

시지역(군지역, 읍·면지역 제외) 내의 산업단지 및 공업지역 안에 위치한 공장용 건축물과 군지역(광역시 군지역, 특별자치도·특별자치시·시지역 내의 읍·면지역 포함) 내의 공장용 건축물의 부속토지(입지기준면적 내)는 분리과세되며, 시지역 이상의 지역에 있는 공장용 건축물부속토지(공장입지기준면적 내)는 별도합산이 된다. 그리고 회원제 골프장 내 토지(구분등록대상토지에 한함), 고급오락장 건축물의 부속토지는 고율분리과세된다.

㉰ 건축물이 있더라도 건축물이 없는 나대지로 보는 토지

분리과세대상 공장용 건축물과 주거용 건축물 이외의 건축물로서 건축물의 시가표준액이 해당 부속토지의 시가표준액 2%에 미달하는 건축물의 부속토지 중 그 건축물의 바닥면적을 제외한 부속토지와 위법 무허가 건축물의 부속토지는 건축물이 없는 나대지로 보아 종합합산과세하게 된다. 여기서 "건축물의 시가표준액"이라 함은 해당 건축물이 과세기준일 현재 신축된 것으로 보아 계산한 시가표준액을 말한다(지칙 §51).

한편, 2009 재산세까지는 건축물의 시가표준액이 해당 부속토지의 시가표준액의 100분의 3에 미달하는 건축물의 부속토지는 별도합산과세대상에서 제외되었는데, 현행은 2%이며, 해당 건축물의 바닥면적은 별도합산 과세하는 것으로 완화된 것이다.

㉱ 무허가 또는 무승인 건물로 사용 중인 건축물의 부속토지

주거용 건축물, 분리과세대상 공장용 건축물 이외의 건축물로서 「건축법」 등 관계법령의 규정에 의하여 허가 등을 받아야 함에도 허가 등을 받지 아니한 건축물 또는 사용승인을 받아야 할 건축물로서 사용승인을 받지 아니하고 사용 중인 건축물(임시사용승인을 받은 건축물 제외)의 부속토지는 별도합산대상 토지에서 제외한다.

무허가 주택의 부속토지는 건물과 부속토지를 통합하여 주택분 재산세로 과세되지만, 2022년 이후 무허가 주거용 건축물 면적이 전체 건축물 면적의 50% 이상인 경우에는 주택으로 보지 않고 그 건축물 부속토지는 종합합산 과세대상이 된다.

㉲ 잡종지

지목이 잡종지인 갈대밭, 물치장, 채석장, 토취장, 노천시장, 비행장, 공동우물 등의 토지로서 분리과세 대상토지와 비과세·감면되는 토지를 제외한 토지는 종합합산과세 대상이다.

이상의 조건부 별도합산대상 토지를 요약하면 다음과 같다.

● 조건부 별도합산대상 토지

건축물	과세 방법	대상 토지
㉮ 아래 "㉯~㉺" 이외의 건축물	별도합산	아래에 열거하는 건축물 이외의 건축물 부속토지로서 용도지역별 적용배율 이내의 토지
㉯ 공장	저율 분리과세	특별시·광역시(군 지역 제외) 및 특별자치시·특별자치도·시지역(읍·면 지역 제외) 내의 산업단지 및 공업지역, 군·읍·면 지역에 소재한 공장부속토지로서 공장입지기준면적 이내 토지(2022년 이후 무허가·미사용승인 공장용 부속토지 제외)
	별도합산	특별시·광역시(군 지역 제외) 및 특별자치시·특별자치도·시지역(읍·면 지역 제외) 내의 공장부속토지로서 용도지역별 적용배율 이내의 토지(세율 0.25%) 특별시·광역시(군 지역 제외) 및 특별자치시·특별자치도·시 지역(읍·면 지역 제외) 내의 주거지역·상업지역·녹지지역에 소재한 공장부속토지(세율 0.5%)
	종합합산	공장입지기준면적 초과부분 토지
㉰ 별장	주택 과세	별장 부속토지(고율 4%, 2023.3.13. 이전만 적용))
㉱ 고급오락장	고율 분리과세	카지노장, 자동도박기, 미용실, 유흥주점영업장 부속토지
㉲ 회원제 골프장	고율 분리과세	구분등록대상 토지 – 골프코스, 주차장, 도로, 조경지(산림훼손형 질변경 수반된 경우), 골프장 유지관리용 토지(잔디묘목장 등), 사무실 등 골프장 관리시설 부속토지
	별도합산 또는 종합합산	구분등록 미대상 토지 – 자연상태의 조경지, 오수처리 등을 위한 조정지, 골프장에 직접 사용되지 않는 건축물 부속토지
㉳ 저가격 건축물	종합합산	주거용 건축물과 분리과세대상 공장용 건축물 이외의 건축물로서 건축물의 시가표준액이 부속토지 시가표준액의 2%에 미달하는 건축물의 바닥면적을 제외한 부속토지
㉴ 무허가 건축물	종합합산	무허가건축물, 미사용승인 건축물(임시사용승인받은 경우 제외)의 부속토지(공장용 건축물로 포함되나, 2021년 이전은 분리과세대상 지역의 공장용 부속토지는 분리과세)
㉵ 주거용 건축물	주택 과세	주거용 건축물 부속토지(별장 포함)[2022년 이후 (무허가·미승인 주거용 건축물 면적 > 전체 건축물 면적의 50%)인 경우 그 부속토지는 종합합산]

② 무조건 별도합산 과세대상 토지

다음에 열거하는 토지들은 무조건 별도합산대상이 된다. 이들 토지는 도시지역 내에서 사업의 특성상 넓은 면적의 토지가 필요하기 때문에 이를 종합합산할 경우 세부담이 늘어나는 불합리한 점을 해소하기 위하여 무조건 별도합산대상 토지로 분류하고 있는 것이다.[446)]

---

446) 「지방세법 시행령」 제101조 제3항 각호는 예시적 규정이 아니라 열거적 규정(조심 2015지1273, 2015.11.19.

㉠ 건축물의 부속토지로 보아 별도합산대상이 되는 토지

다음에 열거하는 토지들은 건축물이 없는 나대지라 할지라도 건축물의 부속토지로 보아 별도합산대상으로 한다. 여기서 건축물의 부속토지로 보는 토지는 관계법령에 의하여 인·허가를 받은 토지에 한하는 것이다.

㉮ 자동차운송사업자(여객, 화물) 및 대여사업자의 차고용 토지

「여객자동차 운수사업법」 또는 「화물자동차 운수사업법」에 따라 여객자동차운송사업 또는 화물자동차 운송사업의 면허·등록 또는 자동차대여사업의 등록을 받은 자가 그 면허·등록조건에 따라 사용하는 차고용 토지로서 자동차운송 또는 대여사업의 최저보유차고면적기준의 1.5배에 해당하는 면적 이내의 토지는 별도합산대상 토지가 된다. 재산세 과세기준일(6.1.) 현재 「여객자동차 운수사업법」 상 허가 면적이 아닌 「지방세법 시행령」에서 정한 면적에 대하여만 재산세 과세대상구분상 별도합산과세대상으로 구분함이 타당할 것이다(지방세운영과-901, 2008.7.10.). 여기서 보유대수는 과세기준일 현재의 수량이 되어야 할 것이다.

「여객자동차 운수사업법 시행규칙」 별표 2(여객자동차운수사업 면허기준)에서 타인이 소유한 토지(차고지 포함)를 2년 이상 임대하여 차고로 사용하는 경우에는 자기 소유 차고로 보는 것으로 규정하고 있다. 이는 면허 기준에 따른 보유차고 요건이라 판단되는데, 별도합산과세대상 토지는 이들 요건을 갖추지 아니하더라도 과세기준일 현재 차고용으로 사용하고 있다면 별도합산과세대상 토지로 보아야 할 것이다.

한편, 운수업자의 보유 토지가 아닌 타인의 소유라 하더라도 차고용으로 사용하고 있다면 별도합산과세대상으로 보아야 할 것으로 판단된다.

> **사례** 재산세 과세기준일(6.1.) 현재 「여객자동차 운수사업법」 상 허가 면적이 아닌 「지방세법 시행령」에서 정한 면적에 대하여만 재산세 과세대상 구분상 별도합산과세대상으로 구분함이 타당할 것임(지방세운영과-901, 2008.7.10.).

㉯ 건설기계 대여사업자의 주기장 및 건설기계정비업자의 옥외 작업장용 토지

「건설기계관리법」에 따라 건설기계사업의 등록을 한 자가 그 등록조건에 따라 사용하는 건설기계대여업, 건설기계정비업, 건설기계매매업 또는 건설기계해체재활용업의 등록기준에 맞는 주기장 또는 옥외 작업장용 토지로서 그 시설의 최저면적기준의 1.5배에 해당하는 면적 이내의 토지는 별도합산대상 토지가 된다.

> **사례** 비록 신고등록면적이 165제곱미터를 초과하여 받았다고 하더라도 「건설기계관리법」 상의 건설기계매매업의 등록기준에서 주기장의 최저 기준면적인 165제곱미터의 1.5배에 대하여만 별도합산대상임(지방세운영과-652, 2009.2.10.).

참조)이므로, 위 각 호에서 규정하고 있지 않는 자동차야영장업용 토지는 별도합산 과세대상에 해당하지 아니함(부동산세제과-1368, 2020.6.18.).

㉰ 자동차운전학원의 자동차운전학원용 토지

「도로교통법」에 의하여 등록된 자동차운전학원의 자동차운전학원용 토지로서 같은 법에서 정하는 시설을 갖춘 구역 안의 토지는 별도합산대상 토지가 된다.

㉱ 야적장·컨테이너 장치장용 토지 및 보세창고용 토지

「항만법」에 따라 해양수산부장관 또는 시·도지사가 지정하거나 고시한 야적장 및 컨테이너 장치장용 토지와 「관세법」에 따라 세관장의 특허를 받는 특허보세구역 중 보세창고용 토지로서 해당 사업연도 및 직전 2개 사업연도 중 물품 등의 보관·관리에 사용된 최대면적의 1.2배 이내의 토지는 별도합산대상 토지가 된다.

> **사례** 「항만법」에 의하여 고시된 야적장의 경우
> - 고시 면적 : 100,000㎡
> - 해당 사업연도 및 직전 2개 사업연도 최대 사용면적 : 70,000㎡
>   - 별도합산(기준면적 이내) = 70,000㎡×1.2=84,000㎡
>   - 종합합산(기준면적 초과) = 100,000㎡−84,000㎡=16,000㎡

> **사례** 건축물 부속토지의 기준면적을 산정하는 데 있어서 보세장치장용 토지의 경우 「지방세법 시행령」 제194조의 14 제1항 및 제2항의 규정에 의하여 산출된 면적과 같은 조 제3항 제5호의 규정에 의하여 산출된 면적 중 큰 면적을 건축물 부속토지의 기준면적으로 하여 과세함이 타당함(내무부 세정 13407-663 1997.6.24.).

㉲ 자동차관리사업용 토지

「자동차관리법」에 따라 자동차관리사업의 등록을 한 자가 그 시설기준에 따라 사용하는 자동차관리사업용 토지(자동차정비사업장용, 자동차해체재활용사업장용, 자동차매매사업장용 또는 자동차경매장용 토지만 해당)로서 그 시설의 최저면적기준의 1.5배에 해당하는 면적 이내의 토지는 별도합산대상 토지가 된다.

「자동차관리법」 제2조 제8호 단서 및 「자동차관리법 시행규칙」 제132조 제1호의 규정에 의하면 세차장은 자동차정비업에 해당하지 않으므로 별도합산과세대상 토지가 아니다(심사종부 2009-38, 2009.8.3.).

ⓐ 자동차매매사무실과 일반사무실, 식당이 존재해 있는 경우

자동차관리사업용 토지가 그 시설의 최저면적기준의 1.5배에 해당하는 면적 이내이면 전체를 별도합산과세하고, 초과 토지면적이 있는 경우에는 당해 초과 토지면적이 전체 건축물 연면적 중 임대부분에 차지하는 면적비율에 초과 토지면적(부속토지면적에서 자동차관리사업용 최저면적기준을 공제한 부속토지면적)과 용도지역별 적용배율을 곱하여 산정된 면적 이내인 경우 별도합산과세한다(세정 13430-406, 1999.12.31.). 이 해석은 자동차매매업용 토지 외에 임대용으로 사용되고 있는 면적에 대하여 추가로 부속토지로 인정하여 별도합산 과세한다는 의미이다.

사례 이 건 토지와 같이 2개 이상의 용도(건축물의 부속토지, 자동차관리사업용 토지)에 겸용하는 토지의 경우 건축물의 부속토지와 각종 사업용 토지 중 더 큰 면적 하나만을 별도합산 과세대상으로 구분한다면 위와 같은 불합리를 해결할 수 없을 뿐만 아니라, 경제활동에 활용되는 토지의 경우 건축물의 부속토지가 아니더라도 별도합산 과세대상으로 구분하겠다는 입법 취지에도 부합하지 않는다고 보이는 점 등에 비추어, 이 건 토지 중 건축물의 부속토지와 자동차관리사업용 토지 각각을 별도합산 과세대상으로 구분하여야 할 것임(조심 2024지0240, 2024.3.26.).

ⓑ 자동차매매사업용 건축물만 있는 경우

법 취지로 볼 때 임대용 건물이 없이 자동차매매사업용 건축물만 있는 경우에는 건축물의 부속토지에 용도배율을 곱한 면적과 자동차매매업의 최저기준면적의 1.5배 면적 중에 큰 면적에 대해서만 별도합산과세대상 면적이 되는 것으로 해석할 수도 있으나, 심사례(행심 2003 - 251, 2003.11.24.)에 따르면 자동차관리사업용(자동차매매업과 자동차경매장업에 한함) 토지와 건축물(자동차경매장의 경우 경매장, 검사시설에 사용하는 면적 제외) 부속토지가 혼재되어 있는 경우로서 그 구분이 명확하지 아니한 경우에는 전체 면적이 먼저 최저면적기준의 1.5배에 해당하는 면적 이내이면 전체를 별도합산과세하고, 초과 토지면적(부속토지면적에서 최저면적기준을 공제한 부속토지면적)이 있는 경우에는 당해 건축물 바닥면적(자동차경매장의 경우 경매장, 검사시설에 사용하는 바닥면적, 즉 경매장, 검사시설용 건물 연면적을 전체 건물 연면적으로 나눈 비율에 의한 바닥면적 제외)에 용도지역별 적용배율을 곱하여 산정된 면적 이내인 경우 별도합산 과세함이 타당할 것이다(자동차매매와 자동차경매 사무실은 부대시설이므로 최저면적에는 포함되지 아니하는바, 자동차매매업용 등 토지로 보지 않아야 할 것으로 판단됨).

ⓒ 자동차정비사업용 토지 구분

'자동차정비사업용 토지'는 「지방세법 시행령」 건축물의 부속토지에 용도배율을 곱한 면적과 자동차정비업의 최저기준면적의 1.5배 면적 중 큰 면적만큼은 별도합산 과세하고 초과면적은 종합합산 과세한다라고 해석하여야 할 것이다. 자동차매매사업용과 달리 판단할 이유는 자동차정비업과 자동차해체재활용업 등록기준상 시설면적은 작업장·검차장·사무실·부품창고 등을 포함한 면적으로 규정하고 있기 때문이다.

사례 자동차정비사업장용 토지 구분(대법원 2009두9390, 2011.9.8.)

제조나 가공을 수반하지 않고 자동차정비 등 수선 목적으로만 사용하는 건축물의 부속토지는 분리과세대상이 되는 제조시설용 건축물의 부속토지에 해당한다고 보기 어려운 점, 「지방세법 시행령」 제132조 제1항 제1호의 위임에 따라 「지방세법 시행규칙」 제74조가 공장용 건축물의 부속토지 중 분리과세대상 범위에 해당하는 공장입지기준면적을 정하면서 자동차정비사업장용 토지에 관하여는 아무런 규정을 두고 있지 않는 점 등을 고려하면, 자동차정비사업 목적으로만 사용되는 건축물의 부속토지는 시행령 제132조 제1항 제1호에 의한 재산세 분리과세대상이 아니라 시행령 제131조

의 2 제3항 제6호에 의한 재산세 별도합산과세대상에 해당함.

☞ 감사원 심사례(감심 2008-32, 2008.2.21.)에서도 공장용지로 볼 수 없다고 결정함.

사례 **자동차정비사업장용 토지 구분(행심 2003-251, 2003.11.24.)**

주기장용 토지의 경우도 그 면적이 명확히 구분되어 있지 아니하므로 「지방세법 시행령」 제194조
의 14 제3항 제3호의 규정에 따라 주기장용 시설의 최저면적기준(956.95㎡)에 적용배율(1.5배)을 곱
하여 산정한 면적 1,435.42㎡를 주기장용 토지로 인정함이 타당하다 할 것이며, 나머지 토지 63,984.58㎡
의 경우 전체 지상건축물 연면적이 8,953.78㎡이고, 그 중 공장용 건축물면적이 5,308㎡이므로 안분계
산한 토지면적 37,931.48㎡(63,984.58/8,953.78×5,308)는 공장부속토지로서 이 면적은 공장입지기준
면적으로 초과하지 아니하므로 모두 분리과세대상으로 보아야 할 것이며, 기타 건축물 부속토지면
적 26,053.1㎡의 경우 용도지역별 적용배율을 적용 계산하면 23,840.46㎡가 되므로 용도지역별배율을
적용하여 계산한 면적 23,840.46㎡는 별도합산과세대상으로 보고, 용도지역별 배율을 적용하여 계
산한 면적을 초과하는 토지 2,212.64㎡는 종합합산하는 것이 타당함.

사례 **자동차매매사업장용 토지의 과세표준 구분(행정자치부 세정 13407-453, 2001.10.22.)**

쟁점 토지가 과세기준일(6월 1일) 현재 자동차매매사업장용으로 사용하기 위한 준비 단계인 차고
지 설치 및 제반 준비상황이라면 자동차매매 사업장용으로 사용하는 토지가 아니므로 별도합산 과
세대상이 아니며, 다만 건축 중인 건축물이 있다면 해당 건축물의 부속토지에 대해서는 별도합산과
세하고 초과하는 토지에 대해서는 종합합산과세함이 타당함.

사례 **자동차검사소 부속토지의 과세표준 구분(행정자치부 세정 13430-143, 1998.6.3.)**

자동차검사소용 토지는 이에 해당되지 아니하며, 「산업입지 및 개발에 관한 법률」에 의하여 지정된
산업단지 내에 위치하고 지목이 공장용지라 하더라도 「공업배치 및 공장설립에 관한 법률」에 의하
여 등록된 공장이 아니므로 분리과세대상에 해당되지 아니함.

㉑ 한국교통안전공단의 시험·연구용 토지, 자동차·건설기계검사용 및 자동차배출가스
정밀검사용 토지

「한국교통안전공단법」에 따라 설립된 교통안전공단이 같은 법 제6조 제6호에 따른 자
동차의 성능 및 안전도에 관한 시험·연구의 용도로 사용하는 토지 및 「자동차관리법」
제44조에 따라 자동차검사대행자로 지정된 자, 같은 법 제44조의 2에 따라 자동차 종
합검사대행자로 지정된 자, 같은 법 제45조에 따라 지정정비사업자로 지정된 자 및 제
45조의 2에 따라 종합검사 지정정비사업자로 지정된 자, 「건설기계관리법」 제14조에
따라 건설기계 검사대행 업무의 지정을 받은 자 및 「대기환경보전법」 제64조에 따라
운행차 배출가스 정밀검사 업무의 지정을 받은 자가 자동차 또는 건설기계 검사용 및
운행차 배출가스 정밀검사용으로 사용하는 토지는 별도합산대상 토지가 된다.

㉒ 물류단지시설용 토지 및 공동집배송센터 토지

「물류시설의 개발 및 운영에 관한 법률」 제22조에 따른 물류단지 안의 토지로서 같은
법 제2조 제7호 각 목의 어느 하나에 해당하는 물류단지시설용 토지 및 「유통산업발전

법」제2조 제16호에 따른 공동집배송센터로서 행정안전부장관이 산업통상자원부장관과 협의하여 정하는 토지는 별도합산대상 토지가 된다.

㉯ 레미콘 제조업용 토지

특별시·광역시(군지역 제외) 및 특별자치시·특별자치도·시지역(읍·면 지역 제외)에 위치한「산업집적활성화 및 공장설립에 관한 법률」의 적용을 받는 레미콘 제조업용 토지(「산업입지 및 개발에 관한 법률」에 따라 지정된 산업단지 및「국토의 계획 및 이용에 관한 법률」에 따라 지정된 공업지역에 있는 토지 제외)로서 제102조 제1항 제1호에 따른 공장입지기준면적 이내의 토지는 별도합산대상 토지가 된다. 여기서 유의할 점은 별도합산대상이 되는 레미콘 제조업용 토지는 용도지역별 적용배율에 의한 기준면적이 아니라 업종별 기준공장면적률에 의하여 산정하는 공장입지기준면적 이내의 토지로 한다는 점이다. 즉 공장입지기준면적을 초과하는 토지는 종합합산과세되며, 산업단지와 공업지역 안에 있는 레미콘 공장은 공장용 건축물로 보아 분리과세된다.

> **사례** 필수적 야적장용 토지라도 건축물이 없는 경우 나대지임(지방세운영과-1795, 2008.10.14.).
> 지방세법령상의 별도합산 또는 분리과세 대상 요건에 부합해야 그 과세대상으로 분류된다 할 것이므로 해당 토지가 비록 많은 토지를 필요로 하는 야적장용 토지로 사용되고 있다 하더라도 건축물이 없는 토지에 해당되는 경우라면 별도합산 과세대상으로 적용하기는 곤란함.

㉰ 체육시설용 토지

경기 및 스포츠업을 경영하기 위하여「부가가치세법」제8조에 따라 사업자등록을 한 자의 사업에 이용되고 있는「체육시설의 설치·이용에 관한 법률 시행령」제2조에 따른 체육시설용 토지로서 사실상 운동시설에 이용되고 있는 토지(골프장의 경우「체육시설의 설치·이용에 관한 법률」제10조의 2 제2항에 따른 대중형 골프장[447]용 토지로 한정, 2023.5.29. 이전은 회원제 골프장용 토지 안의 운동시설용 토지 제외)는 별도합산대상 토지가 된다.

해당 토지가 사실상 운동시설에 이용되고 있는 토지를 그 요건으로 규정하고 있는 점, 모든 토지는 분리과세 및 별도합산 대상 토지가 아닌 한 종합합산 토지로 과세하는 것이 원칙이며, 특정 산업, 업종, 용도 등에 대한 정책적 지원을 위해 예외적으로 일정한 요건을 갖춘 토지에 한해 별도합산 또는 분리과세를 적용하는바, 운동에 필요한 시설이 아닌 그 부대시설에 사용되는 토지까지 별도합산 대상 토지로 확대할 경우 본래의 입법 취지에서 벗어난다고 볼 수 있는 점, 대중골프장의 경우 체육시설업의 종류별 기준에 따른 필수시설에 해당하는 "운동시설(골프코스 등) 및 관리시설(조경지 등)"을 별도합산 대상으로 한정하고 이와 무관한 토지는 종합합산 토지로 과세하는 것이 타당하다(감심 2010-85, 2010.8.19.) 등을 종합적으로 고려할 때, '체육시설용 토지로서 사실

---

447) 비회원제 골프장 중에서 이용료 등의 요건을 충족하여야 대중형 골프장으로 지정될 수 있음.

상 운동시설에 이용되고 있는 토지'란 운동을 위한 목적과 그 기능을 수행하기 위해 설치되는 시설에 직접 이용되고 있는 토지를 말한다고 할 것이다. 따라서 운동시설의 접근 편의를 위한 목적으로 설치되어 있는 주차장에 사용되는 토지는 체육시설용 토지로 볼 수 없어 별도합산대상 토지가 아니지만(운동을 위한 기능을 수행하기 위한 토지가 아닌, 주차장 등 운동시설의 접근 편의를 위한 목적으로 설치되어 사용되는 토지는 체육시설용 토지의 범위에 포함되지 아니한다(지예 법106…영101-2, 지방세운영과-685, 2016.3.16.), 부설주차장에 의한 별도합산 과세대상 토지가 될 수 있다.

한편, 테니스장 운영업을 영위하기 위하여 「부가가치세법」 제5조에 따라 사업자등록(테니스장 운영업)을 한 법인에게 토지를 임대하여 동 토지가 「체육시설의 설치·이용에 관한 법률 시행령」 제2조에 따른 체육시설(테니스장)용 토지로서 과세기준일 현재 사실상 운동시설에 이용되고 있는 토지라면 별도합산 과세대상이다(시군세-708, 2008.5.7.).

사례 골프장 내 조경지에 대한 토지분 재산세 과세대상 구분(지방세운영과-1473, 2010.9.8.)

골프코스 주변, 러프지역, 절토지 및 성토지의 경사면 등의 조경지는 "사실상 운동시설"로 보아 토지분 재산세 별도합산이 타당함. 이는 조경지는 운동시설인 골프코스와 불가분의 관계에 있고, 실제 운동경기에 이용되며, 별도합산대상을 종래의 "필수시설 중 운동시설"에서 "사실상 운동시설"로 개정한 점 등을 고려된 것임.

☞ 감사원 심사(감심 제2010-85, 2010.8.19.) 결정일(2010.8.19.) 이후 부과분 : 감사원 심사결정 요지에 따라 별도합산 적용함. 다만, 「지방세법 시행령」 개정일(2007.12.31.) 이전 납세의무 성립 건에 대하여는 종전과 같이 종합합산 적용〔구 「지방세법 시행령」(2007.12.31. 대통령령 제20517호로 개정되기 이전의 것)에서는 별도합산 대상을 "사실상 운동시설"이 아닌 "필수시설 중 운동시설"로 한정하고 있어 별도합산 적용 한계가 있기 때문임〕. 심사결정일(2010.8.19.) 전 기(旣) 부과분 : 불복청구 중이거나 불복청구기간이 도과하지 않은 건은 감사원 심사결정 요지에 따라 별도합산으로 경정과세. 다만, 2008.1.1. 이후 재산세 납세의무 성립분에 한정하고, 불복청구기간이 이미 도과한 건은 소급 경정과세 곤란함.

사례 운동시설용 토지는 시설물과의 동일인 여부와 무관(지방세정팀-648, 2005.00.00)

대중 체육시설업자가 대중 체육시설업의 시설기준에 따라 설치하여야 하는 필수시설 중 운동시설용 토지에 대하여는 시설물과 토지 소유자의 동일인 여부와는 상관없이 별도합산 과세대상이라 할 것임.

사례 골프코스 주변, 러프지역, 절토지 및 성토지의 경사면 등에 조경을 한 관리시설은 운동시설이 아님(지방세운영과-2097, 2008.11.10.)

"대중골프장의 운동시설에 이용되고 있는 토지"란 「체육시설의 설치·이용에 관한 법률 시행규칙」 제8조의 골프장 필수시설 중 운동시설을 의미하므로 골프코스 주변, 러프지역, 절토지 및 성토지의 경사면 등에 조경을 한 관리시설은 운동시설에 해당되지 않으므로 별도합산 과세대상이 아닌 것으로 사료되며, 대중골프장 원형보전지 임야의 과세대상 구분은 2007년부터 별도합산 과세대상으로 규정하고 있으므로 2007년 이전에는 별도합산 과세대상이 아닌 것으로 사료됨.

☞ 감사원 심사(감심 제2010-85, 2010.8.19.) 결정일(2010.8.19.) 이후 부과분 : 감사원 심사결정 요지에 따라 별도합산 적용함.

㉤ 박물관·미술관·동물원·식물원의 야외전시장용 토지

「관광진흥법」에 의한 관광사업자가 「박물관 및 미술관 진흥법」에 의한 시설기준을 갖추어 설치한 박물관·미술관·동물원·식물원의 야외 전시장용 토지는 별도합산대상 토지가 된다.

㉫ 부설 주차장

「주차장법 시행령」 제6조에 따른 부설주차장 설치기준면적 이내의 토지(회원제 골프장 토지 안의 부설주차장 제외하나, 「관광진흥법 시행령」 제2조 제1항 제3호 가목·나목에 따른 전문휴양업·종합휴양업 및 같은 항 제5호에 따른 유원시설업에 해당하는 시설의 부설주차장으로서 「도시교통정비 촉진법」 제15조 및 제17조에 따른 교통영향평가서의 심의 결과에 따라 설치된 주차장의 경우에는 해당 검토 결과에 규정된 범위 이내의 주차장용 토지를 말함)는 별도합산 과세대상 토지가 된다.

여기서 '부설주차장 설치기준면적 이내의 토지'란 위 시행령에 따라 설치가 강제되는 설치기준면적을 의미한다고 판단되므로, 이에 따라 건축물대장에 기재된 1대에 대한 면적을 기준으로 별도합산 과세대상을 판단하여야 한다(대법원 2019두42174, 2019.9.10. 심불, 서울고법 2019누35093, 2019.5.2.).[448]

> **사례** 부설주차장 설치기준면적 이내의 토지(지방세정팀-1402, 2005.6.30.)
>
> 별도합산 과세대상이 되는 골프연습장의 부설주차장 면적은 「주차장법」 제19조 규정에 의한 부설주차장의 설치기준(골프연습장의 경우 1타석당 1대)과 같은 법 제19조의 2 규정에 의해 시장·군수·구청장에게 제출한 부설주차장 설치계획서상의 주차면적 등을 확인하여 판단·결정할 사항임.

㉪ 법인 묘지용 토지

「장사 등에 관한 법률」 제14조 제3항에 따른 설치·관리허가를 받은 법인 묘지용 토지로서 지적공부상 지목이 묘지인 토지는 별도합산대상 토지가 된다.

㉬ 원형보전지 임야

다음의 임야(2019년 이전에는 「체육시설의 설치·이용에 관한 법률」에 따른 회원제 골프장용 토지의 임야 제외)는 별도합산대상 토지가 된다.

ⓐ 「체육시설의 설치·이용에 관한 법률 시행령」 제12조에 따른 스키장 및 골프장용 토지 중 원형이 보전되는 임야

ⓑ 「관광진흥법」 제2조 제7호에 따른 관광단지 안의 토지와 「관광진흥법 시행령」 제2조 제1항 제3호 가목·나목 및 같은 항 제5호에 따른 전문휴양업·종합휴양업 및

---

448) 법령상 설치가 강제되는 부설주차장 확보를 위하여 토지를 소유하는 경우 지방세 부담을 덜어주려는 취지에서 도입된 규정으로 그 대상은 「주차장법」에 따른 부설주차장으로서 부설주차장 기준면적 이내의 토지로 한정하는 것이 타당한 점, 구 「주차장법」(1979.4.17. 법률 제3165호로 제정된 것) 제19조 제1항 및 같은 법 시행령 제6조 제1항 제1호에서는 도시계획구역 안에서 공동주택을 건축하고자 하는 자는 주차장을 설치하여야 한다고 규정하고 있음에 반해, 공부상으로 쟁점토지에 쟁점공동주택의 부설주차장이 설치된 사실이 확인되지 아니할 뿐만 아니라 설사 쟁점토지를 사실상 주차장 용도로 사용하더라도 그러한 사실만으로 하는 부설주차장을 설치한 것으로 볼 수는 없음(조심 2022지0355, 2023.6.20.).

유원시설업용 토지 중 「환경영향평가법」 제22조 및 제17조에 따른 환경영향평가의 협의 결과에 따라 원형이 보전되는 임야

ⓒ 「산지관리법」 제4조 제1항 제2호에 따른 준보전산지에 있는 토지 중 「산림자원의 조성 및 관리에 관한 법률」 제13조에 따른 산림경영계획의 인가를 받아 실행 중인 임야(도시지역의 임야 제외)

㉻ 종자업자의 시험·연구·실습지 또는 종자생산용 토지

「종자산업법」 제37조 제1항에 따라 종자업 등록을 한 종자업자가 소유하는 농지로서 종자연구 및 생산에 직접 이용되고 있는 시험·연구·실습지 또는 종자생산용 토지는 별도합산대상 토지가 된다.

ⓐ 양식어업 및 수산종자생산업용

「양식산업발전법」(2020년 이전은 「수산업법」 또는 「내수면어업법」)에 따라 면허·허가를 받거나 신고한 자 또는 「수산종자산업육성법」에 따라 수산종자생산업의 허가를 받은 자가 소유하는 토지로서 양식어업 및 수산종자생산업에 직접 이용되고 있는 토지는 별도합산대상 토지가 된다.

ⓑ 견인차 보관용 토지

「도로교통법」에 따라 견인된 차를 보관하는 토지로서 같은 법에서 정하는 시설을 갖춘 토지는 별도합산대상 토지가 된다.

ⓒ 폐기물 매립용 토지

「폐기물관리법」 제25조 제3항에 따라 폐기물 최종처리업 또는 폐기물 종합처리업의 허가를 받은 자가 소유하는 토지 중 폐기물 매립용에 직접 사용되고 있는 토지는 별도합산대상 토지가 된다.

3) 종합합산 과세대상 토지

종합합산 과세대상 토지는 별도합산 과세대상 토지 중 용도지역별 기준을 초과하는 토지와 분리과세대상 토지에서 제외되는 토지가 종합합산 과세대상 토지가 된다. 다시 말하면, 별도합산 과세대상 토지와 분리과세대상 토지에서 제외되는 토지는 모두 종합합산 과세대상 토지가 된다.

주거용 건축물, 분리과세대상 공장용 건축물 이외의 건축물은 일정한 면적 이내의 토지에 대하여만 별도합산 과세대상으로 하고 일정비율을 초과하는 토지는 종합합산 과세대상 토지로 본다. 그리고 저율 분리과세대상 토지 중 일정한 조건을 갖추지 못한 토지는 종합합산 과세대상이 된다.

종합합산 과세대상 토지는 과세기준일 현재 납세의무자가 소유하고 있는 시·군·구 내의 모든 토지 중 별도합산 과세대상 토지와 분리과세대상 토지를 제외한 모든 토지라고 할 수 있다.

한편, 2022년 이후부터 건축물에서 허가 등이나 사용승인(임시사용승인 포함)을 받지 아니하고 주거용으로 사용하는 면적이 전체 건축물 면적[허가 등이나 사용승인(임시사용승인 포함)을 받은 면적 포함]의 50% 이상인 경우에는 그 건축물 전체를 주택으로 보지 아니하고, 그 부속토지는 종합합산 과세대상 토지로 본다(지법 §106 ② 2-2).

① 주거용 건축물의 부속토지

주거용 건축물의 부속토지는 주택으로 재산세가 과세된다. 이 경우 1구의 건축물이 주거와 주거 이외의 용도에 겸용되는 경우에는 1구의 건축물 연면적 중 주거용으로 사용하는 부분만 주택으로 본다. 그러나 50% 이상을 주거용에 사용하면 전체를 주거용으로 본다.

2022년 이후 무허가 주거용 건축물이 전체 건축물 면적의 50% 이상인 경우 그 건축물 전체를 주택으로 보지 않고 그 부속토지는 종합합산 과세대상이 된다. 2021년 이전에는 무허가 주택이라 하더라도 주택으로 과세되기 때문에 무허가 주택의 부속토지는 종합합산 과세대상이 아니다.

② 공장용 건축물의 부속토지 중 공장입지기준면적 초과 토지

전국의 군 지역에 위치한 공장의 건축물과 특별시·광역시(군지역 제외) 및 특별자치시·특별자치도·시지역(읍·면지역 제외) 안에서 「산업입지 및 개발에 관한 법률」에 의하여 지정된 산업단지 및 「국토의 계획 및 이용에 관한 법률」에 의하여 지정된 공업지역 안에 위치한 공장의 건축물에 대하여는 저율분리과세하되, 공장입지기준면적을 초과하는 토지는 종합합산 과세대상 토지가 된다. 그런데 2022년 이후 무허가 공장과 미승인 공장의 부속토지는 종합합산 과세대상이 된다.

또한 특별시·광역시(군지역 제외) 및 특별자치시·특별자치도·시지역(읍·면지역 제외) 내(산업단지, 공업지역 제외)의 공장 부속토지는 영업용 건축물과 같이 용도지역별 배율 이내 토지는 별도합산 과세대상이고, 그 면적 초과 토지는 종합합산 과세대상이 되며, 무허가 공장과 미승인 공장의 부속토지는 종합합산 과세대상이 된다.

㉠ 야적장

토지의 현황지목이 공장용지로서 금속구조재 제조업이라는 업종 특성상 상당한 무게와 부피를 가진 원자재를 야적하기 위한 충분한 공간이 필요하며 실제 원자재 적치 등의 야적공간으로 활용하고 있는 것으로 보이고, 공장입지 기준면적 범위 내 토지로서 처분청이 재산세를 분리과세하고 있는 점 등을 볼 때, 공장용 건축물의 부속토지로 직접 사용하고 있는 것으로 판단된다(조심 2013지545, 2014.1.27.).

㉡ 진입도로

현황지목이 도로로서 공장의 진입도로로 직접 사용하고 있음이 토지 이용현황, 지적도 및 위성사진 등에서 나타나므로 공장용 건축물의 부속토지로 보는 것이 타당하다(조심 2013지545, 2014.1.27.).

㉢ 자연녹지지역의 숲, 임야

공장용 건축물의 입지기준면적 산정요령 「지방세법 시행규칙」 [별표 3] 제3호 나목, 라목에 의하면 "도시계획상의 녹지지역, 활주로, 철로, 6미터 이상의 도로 및 접도구역은 공장입지기준면적에 포함되는 것으로 하며, 공장용으로 사용하는 것이 적합하지 아니한 경사도가 30도 이상인 사면용지는 공장입지기준면적에 포함되는 것으로 한다"라고 규정되어 있다.

그런데 분리과세대상이 되는 공장용지는 특별시·광역시(군지역 제외) 및 특별자치시·특별자치도·시지역(읍·면지역 제외)의 경우 산업단지 또는 공업지역 안에 위치한 공장용지이어야 하며, '공장입지기준면적'에 포함된다고 하여 「국토의 계획 및 이용에 관한 법률」에서 정하는 공업지역이 아닌 지역까지 분리과세대상으로 정하는 것은 아니라고 판단된다. 따라서 토지가 「국토의 계획 및 이용에 관한 법률」에서의 공업지역이 아닌 자연녹지지역에 속한 이상 공장경계구역 내(공장입지기준면적 내) 토지라 하더라도 분리과세대상인 공장용지에 해당하지 아니한다(지방세운영과-202, 2012.1.17. 참조).[449]

한편, 직원의 산책로 및 휴식공간으로 사용되고 있다는 점만으로는 공장용 건축물의 부속토지로 보기 어렵다 할 것으로써, 공장용 건축물의 부속토지에 해당하지 아니하는 이상 공장입지기준면적 내에 포함된다고 하더라도 분리과세대상이 되는 공장용지로 볼 수 없다(감심 2008-132, 2008.4.25.)라고 감사원 심사례는 결정하고 있으나, 실무에서는 공장용으로 사용하기 적합하지 아니한 경사도가 30도 이상인 사면용지로서 직원의 산책로 및 휴식공간으로 사용되고 있더라도 공장입지기준면적에 포함하여 분리과세하고 있다.

사례 하나의 울타리 내에 소재하는데 일부가 나대지인 경우(조심 2022지0075, 2023.5.16.)

청구법인은 산업단지 내에 소재한 이 건 토지를 사업시행자로부터 취득한 후 그 지상에 공장입지기준면적 범위를 초과하는 산업용 건축물을 신축하였고, 이 건 토지는 하나의 울타리 내에 소재하고 있으므로 그 일부가 나대지로 되어 있더라도 공장용 건축물의 부속토지가 아니라고 보기 어려움(조심 2022지623·932, 2023.2.15., 같은 뜻임).

사례 공장용 건축물 부속토지의 범위(조심 2013지545, 2014.1.27.)

쟁점1토지가 동일한 울타리 안에 있고 동일한 출입로를 사용하고 있을 뿐 아니라 원자재 적재장으로 사용하고 있다고 주장하고 있는바, 쟁점1토지의 현황 지목이 공장용지로서 청구법인이 영위하는 금속구조재 제조업이라는 업종 특성상 상당한 무게와 부피를 가진 원자재를 야적하기 위한 충분한 공간이 필요하며 실제 원자재 적치 등의 야적공간으로 활용하고 있는 것으로 보이고, 공장입지기준면적 범위 내 토지로서 처분청이 재산세를 분리과세하고 있는 점 등을 볼 때, 쟁점1토지는 공장용 건축물의 부속토지로 직접 사용하고 있는 것으로 판단됨. 쟁점2토지의 경우, 청구법인은 쟁점2토지가 이 건 토지 취득 후 공장의 진입도로로 사용하고 있다고 주장하고 있는바, 쟁점2토지의 현황지목이 도로로서 청구법인이 영위하는 공장의 진입도로로 직접 사용하고 있음이 토지이용 현황, 지적도 및 위성사진 등에서 나타나므로 공장용 건축물의 부속토지로 보는 것이 타당하다 할 것이다. 쟁점3토지에 대하여 처분청은 종합합산 과세대상으로 보아 재산세를 부과하고 있는 점, 실제 토지이용 현황도 울창한 숲이 우거진 임야상태로서 처분청의 추가 현장확인 결과(2013.11.25.) 울타리 등 쟁점3토지의 외곽경계가 설치되어 있지 아니하여 쟁점1토지 및 쟁점2토지와는 1구(構)의 토지로 볼 수 없어 보이는 점, 청구법인이 토지매입 당시부터 급경사면으로 인하여 공장용지로 사용하기 곤란함을 충분히 예견할 수 있었던 것으로 보이는 점, 청구법인이 쟁점3토지를 공장용지로 사용하기 위하여 노력을 다한 근거자료도 제시하지 못하고 있는 점 등을 볼 때, 공장용 건축물 부속

---

449) 자연녹지지역 내에 설치된 폐기물 처리용 토지가 「공장입지기준면적」 범위 안에 있을 경우 공장용지로 보아 분리과세할 수 있는지 여부에 대한 해석임.

토지로 직접 사용하고 있다고 볼 수 없을 뿐 아니라 당해 사업에 직접 사용하지 못한 정당한 사유에 해당한다고 볼 수 없음.

③ 휴업 중인 공장용 건축물

재산세 과세기준일 현재 물품의 제조·가공·수선이나 인쇄 등의 목적으로 사용할 수 있도록 설비를 갖춘 건축물의 부속토지는 공장용 부속토지로서 재산세를 분리과세하므로 공부상 지목이 공장용지이고 건축물이 생산시설에 공여된 사실이 있다 하더라도 과세기준일 현재 부도 발생으로 일시 공장 운영 중단상태에 있고 공장 설치 이후 타 용도로 전환하여 사용한 사실이 없는 경우 설비를 갖춘 공장용 건축물의 부속토지에 해당한다고 볼 수 없어(내심 96-233, 1996.6.26.) 재산세를 분리과세대상은 되지 아니하나, 건축물이 있는 경우 일정기준 면적 이내는 별도합산과세대상이 되나, 그 면적 초과 토지부분은 종합합산 과세대상이 된다.

> **사례** 공장용 건축물이 멸실된 토지에 대한 재산세의 세율 적용(행심 2001-159, 2001.3.27.)
>
> 기존 건축물에 대한 철거가 완료되어 토지 정지작업이 진행되고 있을 뿐, 새로운 건축물 등에 대한 착공계가 제출되지 아니하였다고 기록되어 있는 점, 과세기준일 현재 공장용 건축물이 완전 철거되지 아니한 상태에 있거나, 적어도 철거된 후 6개월이 경과하지 아니하였음은 분명하다 하겠음.

> **사례** 공장용지를 판매업 시설용으로 사용하고 있는 경우(행심 2000-870, 2000.11.28.)
>
> 토지 공부상 지목이 공장용지이고 청구인이 직접 사용하고 있는 자동차부품 제조공장의 기준면적 내의 토지라 하더라도 청구인의 공장부분과 내부적으로 구분된 이 건 쟁점 토지상에 건축한 무허가 건축물을 청구외 ××특수강(주) 외 4인에게 임대하였고, 그 임차인이 도매업을 영위하고 있는 사실이 임대차계약서 및 사업자등록증 등에서 확인되고 있는 이상, 분리과세대상 토지로 볼 수 없음.

④ 분리과세대상 이외 농지(전·답·과수원)

㉠ 전·답·과수원으로서 과세기준일 현재 실제 영농에 사용되고 있는 개인이 소유하는 농지[특별시·광역시(군지역 제외) 및 특별자치시·특별자치도·시지역(읍·면지역 제외)의 도시지역 안의 농지는 개발제한구역과 녹지지역(「국토의 계획 및 이용에 관한 법률」제6조 제1호에 따른 도시지역 중 같은 법 제36조 제1항 제1호 각 목의 구분에 따른 세부 용도지역이 지정되지 않은 지역을 포함) 안에 있는 것으로 한정]는 분리과세대상 토지이지만, 전·답·과수원으로서 과세기준일 현재 실제 영농에 사용되고 있지 아니하는 개인이 소유하는 농지는 종합합산 과세대상 토지가 된다.

㉡ 법인 또는 단체가 소유하고 있는 농지는 자경농지로 볼 수 없기 때문에 원칙적으로 모두 종합합산과세대상이 된다. 다만, 농업법인이 소유하는 농지로서 과세기준일 현재 실제 영농에 사용되고 있는 농지[특별시·광역시(군지역 제외) 및 특별자치시·특별자치도·시지역(읍·면지역 제외)의 도시지역 안의 농지는 개발제한구역과 녹지지역(「국토의 계획 및 이용에 관한 법률」제6조 제1호에 따른 도시지역 중 같은 법 제36조 제1항 제1호 각 목의 구분에 따른 세부 용도지역이 지정되지 않은 지역을 포함) 안에 있는 것으로 한정],

한국농어촌공사가 농가에 공급하기 위하여 소유하는 농지, 사회복지사업자가 복지시설이 소비목적으로 사용할 수 있도록 하기 위하여 소유하는 농지[1990.5.31. 이전부터 소유 (1990.6.1. 이후에 해당 농지 또는 임야를 상속받아 소유하는 경우와 법인합병으로 인하여 취득하여 소유하는 경우 포함)하는 것으로 한정], 법인이 매립·간척으로 취득한 농지로서, 과세기준일 현재 실제 영농에 사용되고 있는 해당 법인소유 농지[특별시·광역시(군지역 제외) 및 특별자치시·특별자치도·시지역(읍·면지역 제외)의 도시지역 안의 농지는 개발제한구역과 녹지지역(「국토의 계획 및 이용에 관한 법률」 제6조 제1호에 따른 도시지역 중 같은 법 제36조 제1항 제1호 각 목의 구분에 따른 세부 용도지역이 지정되지 않은 지역을 포함) 안에 있는 것으로 한정], 종중(宗中)이 소유하는 농지[1990.5.31. 이전부터 소유450)(1990.6.1. 이후에 해당 농지 또는 임야를 상속받아 소유하는 경우와 법인합병으로 인하여 취득하여 소유하는 경우 포함)하는 것으로 한정]는 저율 분리과세한다. 따라서 농업법인·한국농어촌공사·사회복지법인이 아닌 법인이 소유하는 농지 중 일정한 기준을 충족하는 농지, 기타 법인이 소유하는 농지 중 매립·간척에 의하여 취득한 농지 이외의 것은 종합합산과세대상 토지가 된다.

⑤ 저가격 건축물 부속토지

분리과세대상 공장용 건축물과 주거용 건축물 이외의 건축물로서 건축물의 시가표준액이 해당 부속토지의 시가표준액의 2%에 미달하는 건축물의 부속토지 중 바닥면적을 제외한 토지는 종합합산과세대상 토지가 된다. 이 경우 "건축물의 시가표준액"이라 함은 해당 건축물이 과세기준일 현재 신축된 것으로 보아 계산한 시가표준액을 말한다(지칙 §51).

한편, 2009년 재산세까지는 건축물의 시가표준액이 해당 부속토지의 시가표준액의 100분의 3에 미달하는 건축물의 부속토지는 별도합산과세대상에서 제외되었는데, 현행은 2%이며, 해당 건축물의 바닥면적은 별도합산과세대상으로 완화된 것이다.

⑥ 무허가 건축물 부속토지

분리과세대상 공장용 건축물과 주거용 건축물 이외의 건축물로서 「건축법」 등 관계법령의 규정에 의하여 허가 등을 받아야 함에도 불구하고 건축물로서 허가 등을 받지 아니한 건축물 또는 사용승인을 받아야 할 건축물로서 사용승인을 받지 아니하고 사용 중인 건축물(임시사용승인을 받은 건축물 제외)의 부속토지는 종합합산 과세대상이 된다.

---

450) 종전부터 개발제한구역 내 임야 등 사실상 처분에 제한을 받는 토지를 소유하여 오던 자들의 경우에는 종합토지세가 시행된 후에도 그 토지의 처분이 용이하지 아니하여 이를 계속 소유할 수밖에 없어 토지 과다 보유 목적이 없음에도 불구하고 고율의 누진세를 부담하게 되는 예상 밖의 불이익이 따르게 되자 종합토지세 시행 이전부터 소유하여 온 경우에 한하여 세부담의 불이익을 덜어주기 위한 것으로, 종합토지세의 시행 이후에 새로이 취득하는 경우에는 위 세제상의 불이익이 따르는 것을 알고도 취득한 것으로 보아 분리 과세대상에서 제외되는 것임(대법원 2000.8.22. 선고, 99두1328 판결 참조).

⑦ 조건 위반 시 종합합산대상 토지

도시지역 내에서 사업의 특성상 넓은 면적의 토지가 필요하기 때문에 이를 종합합산할 경우 세부담이 늘어나는 불합리한 점을 해소하기 위하여 일정한 조건을 부여하여 별도합산 과세대상 토지로 분류하고 있으나, 이를 어길 경우 종합합산 과세대상 토지로 한다.

⑧ 목장용지

도시지역 안의 개발제한구역 및 녹지지역 이외의 지역에 있는 목장용지, 개인 또는 법인이 축산용으로 사용하는 도시지역 안의 개발제한구역 및 녹지지역의 목장용지, 도시지역 밖의 목장용지로서 과세기준일이 속하는 해의 직전연도를 기준으로 "축산용 토지 및 건물의 기준"을 적용하여 계산한 면적을 초과하는 경우에 그 초과하는 면적은 종합합산 과세대상 토지로 본다.

그리고 도시지역 안의 개발제한구역 및 녹지지역의 목장용지는 1989.12.31. 이전부터 소유한 것[1990.1.1. 이후에 해당 목장용지를 상속받거나 법인합병으로 인하여 취득한 것 및 2023.2.1. 이후에는 「농업협동조합법」 제161조의 2 및 부칙(법률 제10522호, 2011.3.31.) 제6조에 따라 농협경제지주회사가 농업협동조합중앙회로부터 취득하여 소유하는 경우 포함]은 기준면적을 초과하는 것만 종합합산 과세대상이고, 1990.1.1. 이후에 소유한 것[1990.1.1. 이후에 상속받거나 법인합병으로 인하여 취득한 것 및 2023.2.1. 이후에는 「농업협동조합법」 제161조의 2 및 부칙(법률 제10522호, 2011.3.31.) 제6조에 따라 농협경제지주회사가 농업협동조합중앙회로부터 취득하여 소유하는 경우 제외]은 전체가 종합합산 과세대상이 된다.

⑨ 임야 및 골프장

임야 중 분리과세대상이 되는 임야 이외의 것은 종합합산 과세대상이 된다. 그리고 회원제 골프장 중 「체육시설의 설치·이용에 관한 법률 시행령」 제20조의 규정에 의한 구분등록대상이 되는 토지 이외의 토지는 종합합산 과세대상 토지가 된다(원형지 포함).

⑩ 건축물의 부속토지 중 기준면적 초과 토지 등

건축물 부속토지로서 건축물의 바닥면적(건물 이외의 시설물이 설치되어 있는 경우 그 수평투영면적)에 용도지역별 적용배율을 곱하여 산정한 면적을 초과하는 토지는 종합합산 과세대상이 되고 기준면적 이내의 토지는 별도합산 과세대상이 된다. 그런데 ㉠ 기준면적 초과 목장용지, ㉡ 임야 중 분리과세대상을 제외한 임야, ㉢ 건축물의 부속토지 중 기준면적 초과 토지, ㉣ 상업용 테니스장 등 지상 정착물이 없는 나대지 상태의 토지, ㉤ 갈대밭, 채석장 등의 잡종지 등은 종합합산 과세대상이 된다.

> **사례** 토지구획정리사업지구 내 편입 토지의 환지예정지(행심 2001 – 161, 2001.3.27.)
>
> 1998.9.3. 토지구획정리사업시행인가되었고, 1999.5.31. 환지예정지로 지정공고된 토지로서, 토지구획정리사업에 따른 환지예정지로 지정공고되면 지정된 날로부터 종전 토지에 대한 사용·수익의 권리가 상실되며 환지예정지지정에 따라 권리행사를 할 수 있도록 규정되어 있는바, 이 건 토지에 대한 2000년도 재산세는 환지예정지를 대상으로 과세됨.

4) 분리과세대상, 종합합산 과세대상, 별도합산 과세대상 요약

① 분리과세대상 ⇒ 종합합산 과세대상

연번	용 도 별				분리과세	종합합산
	구분	지 역 별				
1	공장용지 (지령 §102 ① 1, 지칙 §50 별표 3)	• 군지역 • 특별자치시 · 특별자치 도 · 시지역 중 읍 · 면지역 • 특별시 · 광역시 · 특별 자치시 · 특별자치도 · 시지역 중 산업단지, 공 업지역			• 입지기준면적 이내 공장용지	• 입지기준면적 초과 공장용지 • 무허가 · 미등 록 공장부속토 지(2022년 이후)
2	농지 (전 · 답 · 과수원) (지령 §102 ① 2)	개인 · 농업 법인	구 · 시 지역	• 군지역 • 특별자치시 · 특별자치도 · 시지역의 읍 · 면지역	• 실제영농 사용 소유 농지	• 분리과세대상 이외 모든 소유 농지
				도시지역 밖 전체		
				도시지역 내 GB · 녹지 지역		
				기타 지역		• 모든 농지
		기타 법인 · 단체	• 용도지역 불문		• 한국농어촌공사의 농가공급목적 소유농지	• 분리과세대상 이외 모든 법 인 · 단체 소유 농지
					※ 사회복지시설 자가소비용 농지	
					※ 종중소유 농지	
			• 매립 · 간척지 (용도별 · 지역별 구분 은 개인과 동일)		• 법인이 매립 · 간척에 의하여 취 득한 농지로서 실제영농에 사용 되고 있는 해당 법인소유 농지	
3	목장용지 (지령 §102 ① 3)	도시지역 밖			☆ 기준면적 이내 면적	• 기준면적 초과 토지
		도시지역 내	GB · 녹지 지역			
			기 타			• 모든 목장용지

연번	용 도 별		분리과세	종합합산
	구분	지 역 별		
4	임야 (지령 §102 ②)	도시지역 내	• 도시지역 편입 2년 미경과 임야 • 보전녹지지역 안의 임야로서 「산림법」에 의한 영림계획인가를 받아 시업중인 임야	• 분리과세대상 이외 모든 임야
		도시지역 밖	• 「산림법」상 특수개발지역 지정 임야 • 「산지관리법」상 영림계획인가를 받아 시업중인 임야	
		용도지역 불문	• 문화재보호구역 안의 임야 • 자연환경지구 안의 임야 ※ 종중소유 임야 ☆ 개발제한구역 안의 임야 ☆ 군사시설보호구역 중 제한보호구역 안의 임야 ☆ 군용전기통신법에 의한 특별보호구역 안의 임야 ☆ 「도로법」에 의한 접도구역 안의 임야 ☆ 「철도법」에 의한 철도노선인접지역 안의 임야 ☆ 「도시공원법」에 의한 도시공원 안의 임야 ☆ 「하천법」에 의해 고시된 연안구역 안의 임야 ※ 「수도법」에 의한 상수원보호구역 안 임야	
5	골프장용 토지 (지법 §106 ① 3 다)		• 회원제 골프장 구분등록 대상 토지	• 구분등록대상 아닌 골프장 내 토지는 임야 등 용도 따라 구분 (2020년 이후 원형보전되는 임야는 별도합산)
6	고급오락장 부속토지 (지법 §106 ① 3호 다목, 지령 §102 ③)		• 고급오락장용 부속토지	
7	개발제한구역의 지정이전 취득완료한 공장부속토지 (지령 §102 ④)		• 공장입지기준면적 범위 내 토지	범위초과 토지는 용도지역별 배율 이내 여부에 따라 구분

연번	용 도 별		분리과세	종합합산
	구분	지 역 별		
8	국방목적이용토지 (지령 §102 ⑤ 1, 3)		• 국방상 목적 외에 사용·처분을 제한하는 공장구내 토지	
			• 허가된 군용화약류 시험장 토지	• 1년 경과한 토지
9	개발사업 관계법령에 따른 개발사업시행자 (지령 §102 ⑤ 2)		• 개발사업실시계획승인을 받아 개발사업에 제공하는 토지 중 국가 등 무상귀속 공공시설용 토지, 기부채납예정 기반시설(2013년 이전 도시·군계획시설에 한정)	
10	한국농어촌공사 (지령 §102 ⑤ 4)		• 공공기관 지방이전에 따른 매각할 목적으로 일시적으로 취득하여 소유하는 종전부동산	
11	한국수자원공사 (지령 §102 ⑤ 5, ⑦ 10)		• 발전·수도·공업 등 특정목적 토지	
			• 타인 공급목적용 토지 • 친수구역 내의 토지로서 친수구역조성사업 실시계획에 따라 주택건설용 토지 또는 공업지역으로 결정된 토지	
12	염전 (지령 §102 ⑥ 1)		• 염전으로 사용하는 토지, 염전으로 사용하다가 사용 폐지한 토지(다른 용도 사용 제외)	
13	광업권이 설정된 광구 내 토지 (지령 §102 ⑥ 2)		• 채광계획인가를 받은 토지	
14	한국방송공사(지령 §102 ⑥ 3)		• 중계시설 부속토지	
15	여객자동차터미널·화물자동차터미널용 토지(지령 §102 ⑥ 4)		• 면허 또는 인가를 받은 자가 계속하여 사용	
16	전기사업자 (지령 §102 ⑥ 5)		• 산자부장관의 승인을 얻어 취득한 토지 중 발전·송전·변전시설용 토지 - 1978.12.31. 이전 : 구획된 경계구역 안의 발전·송전·변전시설용에 한함 - 1978.12.31. 이후 : 전체	
17	기간통신사업자 (지령 §102 ⑥ 6)		• 전기통신설비 설치·보전을 위한 토지(1983.12.31. 이전 등기·등록분만)	

연번	용 도 별		분리과세	종합합산
	구분	지 역 별		
18	한국지역난방공사(지령 §102 ⑥ 7)		• 열생산설비에 직접 사용 토지	
19	「집단에너지사업법」에 따른 사업자(한국지역난방공사 제외) (지령 §102 ⑥ 7-2)		• 직접 사용하기 위하여 소유하고 있는 공급시설용 토지(2022년~ 2025년만 적용)	
20	한국가스공사(지령 §102 ⑥ 8)		• 가스공급설비에 직접 사용 토지	
21	한국석유공사 및 석유비축의무자, 송유관 설치자(지령 §102 ⑥ 9)		• 석유비축시설용 토지 • 송유설비에 직접 사용되는 토지	
22	한국철도공사 (지령 §102 ⑥ 10)		• 한국철도공사의 목적사업용 토지(역세권개발사업 제외)	
23	항만공사(지령 §102 ⑥ 11)		• 항만시설용 토지	
24	한국공항공사 (지령 §102 ⑥ 12)		• 공항시설용 토지로서 같은 조 제1호 바목 중 공항 이용객을 위한 주차시설(유료주차장으로 한정)용 토지(2022년~2025년만 적용) • 지원시설용 토지(수익사업에 사용되는 부분을 제외)(2022년~ 2025년만 적용)	
25	매립·간척지(지령 §102 ⑦ 1)		• 준공인가일부터 4년 이내	• 4년 초과 토지
26	한국자산관리공사·농협자산관리회사 (지령 §102 ⑦ 2)		• 타인에게 매각할 목적으로 일시 취득한 토지	
27	농어촌정비사업자(지령 §102 ⑦ 3)		• 제3자 공급목적 소유 토지	
28	도시개발사업시행자, 토지구획정리사업시행자, 경제자유구역 또는 해당 단위개발사업지구 개발사업시행자(지령 §102 ⑦ 4)		• 각 시행자별 목적사업에 제공하는 토지(계획의 승인·공고일부터 완료일까지에 한함)	
29	산업단지개발사업시행자 (지령 §102 ⑦ 5)		• 산업단지조성공사에 제공하는 토지	
30	한국산업단지공단(지령 §102 ⑦ 6)		• 한국산업단지공단의 제3자 공급목적 소유 토지	
31	주택건설업자 (지령 §102 ⑦ 7)		• 주택건설사업용 토지 – 승인일로부터 분양완료 시까지 – 지역주택조합·직장주택조합이 조합원이 납부한 금전으로 매수한 「신탁법」에 따른 신탁재산은 사업계획의 승인을 받기 전 토지	
32	중소벤처기업진흥공단(지령 §102 ⑦ 8)		• 분양·임대목적 소유 토지	

연번	용 도 별		분리과세	종합합산
	구분	지 역 별		
33	지방공사 (지령 §102 ⑦ 9)		• 타인에게 주택이나 토지를 분양하거나 임대할 목적으로 소유하고 있는 토지(임대한 토지 포함)	
34	한국토지주택공사 (지령 §102 ⑦ 11, 12)	공급용 토지	• 취득 후 5년을 경과하고도 용지조성사업 또는 건축 미착공한 토지 제외한 공급용 토지	
		비축용 토지	• 공공개발토지, 국토해양부장관이 매입하게 함에 따라 매입한 토지, 공익사업의 변경·폐지로 전환된 토지, 공공기관으로부터 매입한 토지, 토지시장안정을 위해 매입한 토지, 1997.12.31. 이전 매입 토지	
35	유동화전문회사 (지령 §102 ⑦ 11)		• 한국토지공사가 소유하던 토지를 자산유동화 목적으로 소유하는 토지(취득 후 5년을 경과하고도 용지조성사업 또는 건축 미착공한 토지 제외)	
36	학교 등(지령 §22 2) (2020.6.1. 이전은 §22)[주1]의 비영리사업자 (지령 §102 ⑧ 1)		• 교육사업에 직접 사용하고 있는 토지(수익사업용 토지 제외) • 비과세·0.07% 세율 적용 토지·사치성 재산을 제외한 모든 토지 중 1995.12.31. 이전 취득 토지(학교 등 : 2022년까지만, 2023년~2027년 일정비율만 적용, 그 외 비영리사업자 : 2021년까지만, 2022년~2025년 일정비율만 적용)	• 1996.1.1. 이후 취득 토지 중 종합합산대상토지
37	농협·수협·산림조합·엽연초조합 및 유통자회사 (지령 §102 ⑧ 2)		• 중앙회·단위조합의 구판·유통사업용 토지(단위조합은 구판사업이 고유업무 해당 시 면제). 단 2020.6.2. 이후 납세의무성립분부터 「유통산업발전법」 §2 3에 따른 대규모점포(「농수산물유통 및 가격안정에 관한 법률」 §2 12에 따른 농수산물종합유통센터 중 대규모점포의 요건을 충족하는 것 포함)로 사용하는 토지 제외	

연번	용도별		분리과세	종합합산
	구분	지역별		
38	공모부동산투자회사(2020.6.1. 이전은 부동산투자회사^(주1))(지령 §102 ⑧ 3)		• 목적사업 사용을 위하여 소유한 토지	
39	산업단지 내 물류 및 서비스산업용 토지 등 (지령 §102 ⑧ 4 가)		• 산업단지 내 지식산업·문화산업·정보통신업·자원비축시설용 토지 및 이와 관련된 교육·연구·정보처리·유통시설용 토지	
40	유치지역 내 물류 및 서비스산업용 토지 등 (지령 §102 ⑧ 4 나)		• 유치지역 내 폐수처리업·폐기물수집 및 처리업·보관 및 창고업·화물터미널 그 밖에 물류시설을 설치 및 운영하는 사업·운송업·산업용기계장비임대업·전기업·농공단지 입주지역특화산업·가스공급시설용 및 집단에너지공급시설용 토지	
41	산업기술단지 연구개발시설용 토지 등 (지령 §102 ⑧ 4 다)		• 연구개발시설 및 시험생산시설용 토지	
42	산업단지의 관리, 입주기업체 지원 및 근로자의 후생복지시설용 건축물 (지령 §102 ⑧ 4 라)		• 산업단지관리기관의 산업단지의 관리, 입주기업체 지원 및 근로자의 후생복지시설용 건축물 부속토지	
43	지식산업센터용 토지 (지령 §102 ⑧ 5)		• 지식산업센터 입주시설용으로 직접 사용하거나 분양 또는 임대하기 위해 지식산업센터를 신축 또는 증축 중인 토지, 지식산업센터를 신축하거나 증축한 토지로서 지식산업센터 입주시설용으로 직접 사용(재산세 과세기준일 현재 60일 이상 휴업 중인 경우 제외)하거나 분양(2021.4.27. 이후) 또는 임대할 목적으로 소유하고 있는 토지(임대한 토지 포함) (2019.5.30. 이전은 지식산업센터를 신축·증축하여 입주시설용으로 직접 사용하거나 분양·임대하기 위한 토지)	

연번	용도별		분리과세	종합합산
	구분	지역별		
44	지식산업센터를 분양받은 입주자 (지령 §102 ⑧ 6)		• 사업에 직접 사용하는 토지(중소기업에 한함)	
45	대덕연구단지 원형지 (지령 §102 ⑧ 7)		• 대덕연구단지 원형지로 지정된 토지	
46	인천국제공항공사(주1),(주2) (지령 §102 ⑧ 8)		• 공항시설용 토지	
47	부동산집합투자기구, 부동산간접투자기구(주1),(주3) (지령 §102 ⑧ 9)		• 목적사업 사용을 위하여 소유한 토지 중 「지방세법」 제106조 제1항 제2호에 해당되는 토지	
48	무역전시장으로 사용되는 토지 (지령 §102 ⑧ 10)		• 무역전시장용 토지	
49	전통사찰보존지 및 향교재산 중 토지 (지령 §102 ⑧ 11)		• 전통사찰보존지 및 향교재산 중 토지	

(※) 농지와 임야는 1990.5.31. 이전부터 소유(1990.6.1. 이후에 해당 농지 또는 임야를 상속받아 소유하는 경우와 법인합병으로 인하여 취득하여 소유하는 경우 포함)하는 것으로 한정함.

(☆) 목장용지 및 임야는 1989.12.31. 이전부터 소유[1990.1.1. 이후에 해당 목장용지 및 임야를 상속받아 소유하는 경우, 법인합병으로 인하여 취득하여 소유하는 경우 및 2023.3.14. 이후에는 법률 제10522호 「농업협동조합법」 일부 개정법률 부칙 §6에 따라 농협경제지주회사가 농업협동조합중앙회로부터 취득하여 소유하는 경우 포함]하는 것으로 한정함.

☞ 상기 분리과세대상 적용할 때 다음 경우에는 계속 분리과세 대상 토지로 함(지령 §102 ⑩).

　㉠ 「공익사업을 위한 토지 등의 취득 및 보상에 관한 법률」 제4조에 따른 공익사업의 구역에 있는 토지로서 같은 법에 따라 사업시행자에게 협의 또는 수용에 의하여 매각이 예정된 토지 중 「택지개발촉진법」 등 관계법령에 따라 도시·군관리계획 결정이 의제되어 용도지역이 변경되거나 개발제한구역에서 해제된 경우에는 그 토지가 매각되기 전(「공익사업을 위한 토지 등의 취득 및 보상에 관한 법률」 제40조 제2항에 따라 보상금을 공탁한 경우에는 공탁금 수령일을 말한다)까지

　㉡ ㉠에 따라 매각이 예정되었던 토지 중 「공공주택 특별법」 제6조의 2에 따라 특별관리지역으로 변경된 경우에는 그 토지가 특별관리지역에서 해제되기 전까지(2015.4.21. 이후 특별관리지역으로 지정된 토지분부터 적용)

☞ (주1) ① 학교 등 외 일정 비영리법인(지령 §22 1, 3~5), 사모부동산투자회사, 인천국제항공공사 및 부동산간접투자기구

　　2020.6.2. 이후 납세의무성립분부터 분리과세대상에서 별도합산과세대상 또는 종합합산과세대상으로 과세대상의 구분이 변경되는 토지("과세대상 구분 변경 토지")에 대해서는 과세대상 구분 변경 토지의 필지별로 다음 표에 따른 과세연도별 비율을 곱하여 계산한 면적은 분리과세대상 토지로 봄(과세대상 구분 변경 토지의 납세의무자가 변경되지 않은 경우로 한정)(지령 부칙 §3).

과세연도	2020년	2021년	2022년	2023년	2024년	2025년
분리과세 적용비율	100%	100%	80%	60%	40%	20%

　　② 학교 등(지령 §22 2)

　　2022년 이후 납세의무성립분부터 분리과세대상에서 종합합산과세대상 또는 별도합산과세대상으로 과세구분이 변경되는 토지 중 2021.12.31. 이전에 소유하여 2022.1.1. 이후에도 계속하여 소유하고 있는 토지는 개정규정에도 불구하고 과세대상 구분이 변경되는 토지의 필지별로 다음 표에 따른 과세연도별 비율을 곱하여 계산한 면적

은 분리과세대상 토지로 봄. 그런데 과세구분이 변경되는 토지 중 「체육시설의 설치·이용에 관한 법률」 제10조 제1호에 따른 골프장용 토지, 「관광진흥법」 제3조 제2호의 관광숙박업에 사용하는 토지와 「유통산업발전법」에 따른 대규모점포에 사용하는 토지에 대해서는 이 특례를 적용하지 않음(지령 부칙 §6).

㉠ 분리과세대상 ⇒ 별도합산 과세대상

과세연도	2022년	2023년	2024년	2025년	2026년	2027년
분리과세 적용비율	100%	90%	80%	60%	40%	20%

㉡ 분리과세대상 ⇒ 종합합산 과세대상

과세연도	2022년~2026년	2027년	2028년	2029년
분리과세 적용비율	100%	70%	40%	10%

(주2) 다음 어느 하나에 해당하는 토지는 분리과세에서 제외

① 「공항시설법」 §4에 따른 기본계획에 포함된 지역 중 국제업무지역, 공항신도시, 유수지(수익사업에 사용되는 부분으로 한정함), 물류단지(수익사업에 사용되는 부분으로 한정) 및 유보지[같은 법 시행령 §5 ① 3 및 4에 따른 진입표면, 내부진입표면, 전이(轉移)표면 또는 내부전이표면에 해당하지 않는 토지로 한정](2020.6.2. 이후 납세의무성립분부터)

② 「공항시설법 시행령」 §3 2에 따른 지원시설용 토지(수익사업에 사용되는 부분으로 한정함)

(주3) 집합투자재산의 80% 초과하여 부동산에 투자하는 전문투자형 사모집합투자기구(2020.6.2. 이후 납세의무성립 분부터 투자자가 「부동산투자회사법 시행령」 §12-3 27, 29 또는 30에 해당하는 자로만 이루어진 사모집합투자기구로 한정함)를 포함함.

② 별도합산 과세대상 ⇒ 종합합산 과세대상

연번	용 도 별	별도합산	종합합산
1	공장용 건축물의 부속토지 (군지역, 특별자치시·특별자치도·시지역 중 읍·면지역, 특별시·광역시·특별자치시·특별자치도·시지역 중 산업단지, 공업지역 제외)(지령 §101 ① 1)	• 용도지역별 배율 이내 토지 (바닥면적×용도지역배율)	• 용도지역별 배율 초과 토지
2	영업용 건축물의 부속토지(골프장용 토지·고급오락장 부속토지·건축물의 시가표준액이 부속토지시가표준액의 2/100 미달 시 바닥면적 제외 토지·무허가 건축물 부속토지 제외)(지령 §101의 ① 2)	• 용도지역별 배율 이내 토지 (바닥면적×용도지역배율)	• 용도지역별 배율 초과 토지
3	차고용 토지 (지령 §101 ③ 1)	• 여객자동차·화물운송사업자·자동차대여사업자가 면허·등록조건에 따라 사용하는 차고용 토지로서 최저보유차고면적의 1.5배 이내	• 최저보유차고면적 1.5배 초과 토지
4	주기장·옥외작업장용 토지 (지령 §101 ③ 2)	• 건설기계사업 신고자가 정비업·매매업·폐기업의 신고기준에 적합하게 사용하는 주기장·옥외작업장용 토지로서 최저면적기준의 1.5배 이내의 토지	• 최저면적기준 1.5배 초과 토지
5	자동차운전학원용 토지 (지령 §101 ③ 3)	• 인가된 시설기준 이내의 토지	• 미인가 또는 시설기준 초과 토지
6	야적장·보세장치장·컨테이너 장치장용 토지(지령 §101의 ③ 4)	• 「항만법」·「관세법」에 의한 지정고시·특허구역 토지로서 최근 2년 이내 사용된 최대면적의 1.2배 이내 토지	• 최근 2년 이내 사용된 최대면적의 1.2배 초과 토지
7	자동차 관리사업용 토지 (지령 §101 ③ 5)	• 자동차관리사업 등록자가 시설기준에 따라 사용하는 사업(정비업·매매업·폐차업·경매업)용 토지로서 최저허가기준면적의 1.5배 이내 토지	• 최저허가기준면적의 1.5배 이내 토지

연번	용 도 별	별도합산	종합합산
8	자동차·건설기계검사용 토지 등 (지령 §101 ③ 6)	• 한국교통안전공단의 자동차 시험·연구·검사 등의 용도 사용 토지 • 자동차 또는 건설기계검사용 및 자동차배출가스 정밀검사용으로 사용하는 토지	
9	물류단지시설용 토지·공동집배송센터 토지(지령 §101 ③ 7)	• 물류시설법에 따른 물류단지시설용토지 • 「유통산업발전법」에 의하여 행정안전부장관이 지식경제부장관과 협의하여 정하는 토지	
10	레미콘 제조업용 토지 (지령 §101 ③ 8)	• 공장입지기준면적 이내 토지	• 입지기준면적 초과 레미콘 제조업용 토지
11	경기 및 스포츠업자의 체육시설용 토지 (지령 §101 ③ 9)	• 체육시설법에 따른 체육시설용 토지로서 사실상 운동시설에 이용되는 토지	
12	관광사업자의 박물관·미술관·동물원·식물원의 야외전시장용 토지 (지령 §101 ③ 10)	• 「관광진흥법」에 의한 관광사업자의 박물관·미술관·동물원·식물원의 야외전시장용 토지	
13	부설주차장용 토지 (지령 §101 ③ 11)	• 「주차장법」에 따른 부설주차장 설치기준면적 이내의 토지(전문휴양업·종합휴양업·유원시설업의 시설 부설주차장은 규정범위 이내)	• 설치기준면적 초과 부설주차장용 토지
14	묘지 (지령 §101 ③ 12)	• 장사법상 허가를 받은 법인 묘지용 토지로 지적공부상 묘지	
15	스키장 등 위락시설용 토지 중 원형이 보전되는 임야(지령 §101 ③ 13)	• 스키장 및 골프장용 토지 중 원형보전임야(2019년 이전에는 회원제 골프장 제외) • 관광단지·전문휴양업·종합휴양업·유원시설업용 토지 중 원형보전임야	

연번	용 도 별	별도합산	종합합산
16	준보전산지 중 영림계획의 인가·실행중인 임야(지령 §101 ③ 13)	• 「산지관리법」상 준보전산지 중 영림계획의 인가·실행중인 임야(도시지역 제외)	
17	종자업자가 소유하는 농지(지령 §101 ③ 14)	• 종자연구 및 생산에 이용되는 토지	
18	양식어업자 및 수산종자생산업자의 토지 (지령 §101 ③ 15)	• 양식업자 및 수산종자생산업자 소유로 어업 등에 직접 이용되는 토지	
19	견인된 차 보관지 (지령 §101 ③ 16)	• 견인된 차를 보관하는 시설을 갖춘 토지	
20	폐기물 매립용 토지 (지령 §101 ③ 17)	• 폐기물 최종처리업·종합처리업자 소유 토지 중 폐기물 매립에 사용되는 토지	

5) 사례별 과세대상 구분

① 모델하우스

건축허가를 받아 건축한 모델하우스 및 건축 중인 영업용 건축물의 부속토지에 대하여는 해당 건축물의 바닥면적에 용도지역배율을 곱하여 산출된 배율 이내의 토지에 한하여 별도합산과세대상이 되나, 과세기준일(매년 6.1.) 현재 정당한 사유없이 6개월 이상 공사가 중단된 경우와 해당 건축물의 시가표준액(해당 연도에 신축된 것으로 봄)이 부속토지의 2%(1995년 이전 과세시가표준액 10%, 1996년~2005년 3%)에 미달할 때에는 그 바닥면적을 제외한 면적(2005년까지 바닥면적 포함한 전체 면적)은 종합합산과세대상이 된다(세정 13407-1123, 1995.11.8.).

「지방세법」제109조 제3호에 의하면 임시로 사용하기 위하여 건축된 건축물로서 재산세 과세기준일 현재 1년 미만의 것은 재산세가 비과세된다는 규정에서 건축물로는 인정되나 임시건축물로 비과세의 혜택을 준다는 의미이다.

한편, 「건축법」등 관계법령의 규정에 의하여 허가 등을 받아야 할 건축물로서 허가 등을 받지 아니한 건축물 또는 사용승인을 받지 아니하고 사용 중인 건축물은 제외한다고 규정하고 있는바, 견본주택(모델하우스)인 가설건축물을 건축하여 존치기간이 경과한 경우에는 무허가 건축물로 봄이 타당하여 별도합산 과세대상이 아니다(세정 13407-418, 2001.10.12.).

○ **존치기간 경과한 모델하우스의 과세대상 구분**

「지방세법」 제106조 제1항 제2호 및 같은 법 시행령 제101조 제1항 제2호에서 건축물의 부속토지는 별도합산과세토록 하고, 다만 같은 법 시행령 제101조 제1항 본문 단서에서 「건축법」 등 관계법령의 규정에 의하여 허가등을 받아야 할 건축물로서 허가등을 받지 아니한 건축물 또는 사용승인을 받지 아니하고 사용 중인 건축물은 제외한다고 규정하고 있는바, 견본주택(모델하우스)인 가설 건축물을 건축하여 존치기간이 경과한 경우에는 무허가 건축물로 봄이 타당하여 별도합산 과세대상이 아님(세정 13407-418, 2001.10.12.).

사례 모델하우스, 건축 중인 영업용 건축물 부속토지 구분(세정 13407-1123, 1995.11.8.)

건축허가를 받아 건축한 모델하우스 및 건축 중인 영업용 건축물의 부속토지에 대하여는 해당 건축물의 바닥면적에 용도지역배율을 곱하여 산출된 배율 이내의 토지에 한하여 별도합산 과세대상이 되나, 과세기준일(매년 6.1.) 현재 건축기간이 경과되었거나 정당한 사유없이 6월 이상 공사가 중단된 경우와 해당 건축물의 과세시가표준액(해당 연도에 신축된 것으로 봄)이 부속토지의 10/100(1996년~2005년 3%, 현행은 시가표준액의 2%)에 미달할 때에는 종합합산 과세대상이 됨(2005년부터 바닥면적 제외).

② 주차장용 토지

주차장용으로 사용되는 토지의 재산세 과세대상 여부는 다음과 같이 구분하여 판단할 수 있다.

㉠ 건축물의 부속토지를 주차장용으로 사용하는 경우

해당 건축물의 바닥면적에 용도지역별 적용배율에 따라 계산된 기준면적 이내 토지는 별도합산과세대상이다. 이 경우 건축물의 시가표준액(과세기준일 현재 신축된 것으로 보아 산정)이 해당 부속토지의 시가표준액의 2%에 미달하는 건축물의 부속토지 중 바닥면적을 제외한 토지는 종합합산 과세대상 토지가 된다.

㉡ 주차전용 시설물(주차타워 등)이 설치된 경우

주차전용 시설물(주차타워 등)이 설치된 경우에는 건축물의 부속토지로 보아 주차전용시설물의 수평투영면적에 용도지역별 적용배율을 적용하여 기준면적 이내의 토지는 별도합산과세대상이다. 이 경우 주차전용시설물의 시가표준액(과세기준일 현재 신축된 것으로 보아 산정)이 해당 부속토지의 시가표준액의 2%에 미달하는 건축물의 부속토지 중 바닥면적을 제외한 토지는 종합합산 과세대상 토지가 된다.

㉢ 부설주차장

「주차장법 시행령」 제6조에 따른 부설주차장 설치기준면적 이내의 토지[451]는 별도합산

---

451) 회원제 골프장 토지 안의 부설주차장은 제외되나, 「관광진흥법 시행령」 제2조 제1항 제3호 가목·나목에

과세대상 토지가 된다.

　㉹ 차고지 등

　　「여객자동차 운수사업법」 또는 「화물자동차 운수사업법」에 따라 여객자동차운송사업 또
　　는 화물자동차 운송사업의 면허·등록 또는 자동차대여사업의 등록을 받은 자가 그 면
　　허·등록조건에 따라 사용하는 차고용 토지로서 자동차운송 또는 대여사업의 최저보유차
　　고면적기준의 1.5배에 해당하는 면적 이내의 토지, 「건설기계관리법」에 따라 건설기계사
　　업의 등록을 한 자가 그 등록 조건에 따라 사용하는 건설기계대여업, 건설기계정비업, 건
　　설기계매매업 또는 건설기계해체재활용업의 등록기준에 맞는 주기장 또는 옥외작업장용
　　토지로서 그 시설의 최저면적기준의 1.5배에 해당하는 면적 이내의 토지 및 「도로교통법」
　　에 따라 등록된 자동차운전학원의 자동차운전학원용 토지로서 같은 법에서 정하는 시설
　　을 갖춘 구역 안의 토지는 별도합산 과세대상이 된다.

　㉺ 나대지인 경우

　　주차장용으로 사용되는 토지가 상기의 건축물의 부속토지, 부설주차장 및 차고지 등에 해
　　당되지 아니하거나 주차전용시설물이 설치되지 않은 나대지 상태의 주차장용 토지는 종
　　합합산 과세대상에 해당된다.

　　　사례 연접한 토지 상 주차장의 별도합산 과세대상 여부(조심 2012지0056, 2012.6.11.)

　　　쟁점토지가 이 건 건축물에 소재한 음식점 고객의 주차편의를 위해 제공되고 있는 토지로 인정하고
　　　있으므로 쟁점토지는 이 건 건축물의 효용과 편익을 위해서 사용되고 있는 경우에 해당되어 이 건
　　　건축물의 부속토지로 이용되고 있다고 보아야 할 것임.

　　　사례 도로로 구분되어 있는 주차장용 토지 과세구분(조심 2014지539, 2015.7.23.)

　　　쟁점토지의 경우 「건축법」 상 본점 건물의 부속토지에 해당되지 아니하며, 기존의 본점 건물의 신
　　　축 당시부터 부속주차장 용도로 사용되었던 토지가 아니라 순차적으로 이를 취득하여 부속주차장
　　　으로 사용하는 토지로서 당초부터 건축물과 불가분의 관계에서 건축물의 효용에 공여하기 위하여
　　　소유하고 있는 토지와는 다르고, 기존 본점 건물의 부속토지와는 도로로 구분되어 있어 건축물의
　　　부속토지로서 건물과 소유권의 행사 등에 있어서 경제적 이용을 같이 하는 토지라고 보기 어려우며,
　　　건축물의 부속토지와 건물의 부속주차장용 토지는 그 개념과 범위가 다르다 할 것이므로 청구법인
　　　이 쟁점토지를 기존 본점 건물의 부속주차장으로 사용된다고 하여 이를 곧바로 본점 건물의 부속토
　　　지로 볼 수는 없다 할 것임.

　③ 무허가 건축물

　　건축물(주택 포함)이 무허가 건축물인 경우에는 해당 건축물이 주거용인지 비주거용인지에

───────────

따른 전문휴양업·종합휴양업 및 같은 항 제5호에 따른 유원시설업에 해당하는 시설의 부설주차장으로서
「도시교통정비 촉진법」 제15조 및 제17조에 따른 교통영향평가서의 심의 결과에 따라 설치된 주차장의 경
우에는 해당 검토 결과에 규정된 범위 이내의 주차장용 토지를 말함.

따라 재산세 과세방법이 상이하다.

  ㉠ **무허가 건축물이 주거용으로 사용되고 있는 경우**

해당 건축물을 주택으로 보아 주택과 그 부속토지를 통합평가하여 주택분 재산세로 과세되지만, 2022년 이후 무허가 주거용 건축물 면적이 전체 건축물 면적의 50% 이상인 경우 주택으로 보지 않고 종합합산 과세대상 토지로 본다.

  ㉡ **무허가 건축물이 공장용으로 사용되고 있는 경우**

무허가 건축물이 공장용으로 사용되고 있는 공장용 부속토지는 무조건 종합합산 과세대상 토지가 된다. 그런데 2021년 이전에는 분리과세대상 지역인 경우에는 공장용으로 보아 분리과세대상 토지 여부를 판단하는 것이나, 별도합산 과세대상 지역인 경우에는 무허가 건축물이므로 무조건 종합합산 과세대상이 되는 것이다.

  ㉢ **무허가 건축물이 주거용과 공장용 외의 용도로 사용되는 경우**

무허가 건축물이 주거용과 공장용 외의 용도로 사용되는 경우에는 건축물에 대하여는 건물분 재산세가 과세되며 해당 부속토지에 대하여는 건축물이 없는 것으로 보아 종합합산 과세대상이 된다.

④ **재건축 중인 토지**

재건축 중인 토지의 재산세 과세구분은 사업계획 승인을 받아 건축 중인 경우와 건축허가를 받아 건축 중인 경우로 구분할 수 있다.

  ㉠ **사업계획 승인을 받아 건축 중인 경우**

「주택법」에 의하여 주택건설사업자 등록을 한 주택건설사업자(같은 법 제11조에 따른 주택조합 및 고용자인 사업주체와 「도시 및 주거환경정비법」 제7조부터 제9조까지의 규정에 따른 사업시행자 포함)가 주택을 건설하기 위하여 사업계획의 승인을 받은 토지로서 주택건설사업에 공여되고 있는 토지에 대하여 재산세가 분리과세(0.2%)된다. 이 경우 「주택법」 제2조 제11호에 따른 지역주택조합·직장주택조합이 조합원이 납부한 금전으로 매수하여 소유하고 있는 「신탁법」에 따른 신탁재산의 경우에는 사업계획의 승인을 받기 전의 토지 포함한다.

  ㉡ **건축허가를 받아 건축 중인 경우**

「건축법」에 의한 건축허가를 받아 주상복합건축물을 건축 중인 토지에 대하여는 재산세를 부과함에 있어 분리과세를 적용하지 않고 건축물을 건축 중인 토지로 보아 별도합산 과세대상으로 재산세로 과세된다.

⑤ **공장용 부속토지**

군지역 및 특별시·광역시·특별자치시·특별자치도·시지역 중 읍·면지역, 산업단지 및 공

업지역 안에 위치한 공장용 부속토지로서 공장입지기준면적 이내의 토지는 재산세만 0.2%로 저율분리과세되나(2022년 무허가 공장과 미승인 공장은 제외), 공장입지기준면적을 초과하는 토지에 대하여는 종합합산 과세대상이다.

● 분리과세대상지역 이외에 소재하는 공장 용지의 과세구분
● 특별시 · 광역시 · 특별자치시 · 특별자치도 · 시지역(군지역, 읍 · 면지역, 산업단지 및 공업지역 제외)에 소재하는 공장용 건축물의 부속토지의 과세구분
별도합산 과세대상 : 건축물 바닥면적에 용도지역별 배율을 적용한 기준면적 이내의 토지
종합합산 과세대상 : 건축물 바닥면적에 용도지역별 배율을 적용한 기준면적을 초과하는 토지

⑥ 농지

㉠ 개인소유 농지

과세기준일(매년 6.1.) 현재 실제 영농에 사용되고 있는 농지로 특별시 · 광역시 · 특별자치시 · 특별자치도 · 시지역(군지역과 읍 · 면지역 제외)의 도시지역 내 개발제한구역과 녹지지역(「국토의 계획 및 이용에 관한 법률」 제6조 제1호에 따른 도시지역 중 같은 법 제36조 제1항 제1호 각 목의 구분에 따른 세부 용도지역이 지정되지 않은 지역 포함) 안에 소재하는 개인소유 농지와 읍 · 면 전 지역에 소재하는 개인소유 농지에 대하여는 재산세만 0.07%의 세율로 저율 분리과세한다.

● 지방중소도시의 주거지역 내에 소재하는 과수원을 계속하여 농지로 사용하고 있는 경우
시지역의 주거지역 내에 소재하므로 농지로 사용하고 있다 하더라도 종합합산 과세대상에 해당됨.

시지역(특별시 및 광역시, 특별자치시 · 특별자치도 포함되나 군지역과 읍 · 면지역 제외)의 도시지역 내 개발제한지역과 녹지지역(「국토의 계획 및 이용에 관한 법률」 제6조 제1호에 따른 도시지역 중 같은 법 제36조 제1항 제1호 각 목의 구분에 따른 세부 용도지역이 지정되지 않은 지역 포함)에 위치하는 농지만 분리과세대상이 되므로 주거지역 · 상업지역 · 공업지역 등에 위치하는 농지는 과세기준일 현재 실제 영농에 사용되고 있더라도 종합합산 과세대상 토지에 해당된다.

㉡ 법인소유 농지

법인이 소유하고 있는 농지는 원칙적으로 종합합산 과세대상이다. 다만, 법인이 공유수면매

립이나 간척 등에 의하여 취득한 농지로서 과세기준일(매년 6.1.) 현재 실제 영농에 사용되고 있는 해당 법인의 농지는 대리 경작 여부에 상관없이 재산세만 저율분리과세대상(0.07%)이다.

○ **법인소유 농지의 과세구분**
  ○ 원칙 : 종합합산 과세대상
  ○ 예외 : 분리과세(0.07%) 대상 예시
    - 농업법인 소유 농지
    - 한국농어촌공사의 공급용 농지
    - 사회복지사업자가 복지시설의 소비목적용으로 1990.5.31. 이전 취득한 농지(1990.6.1. 이후 상속이나 법인합병 취득 포함)
    - 종중명의 등기 농지와 매년 6.10.까지 종중 소유의 농지로 신고된 농지로서 1990.5.31. 이전 취득 농지(1990.6.1. 이후 상속이나 법인합병 취득 포함)
    - 법인이 매립·간척에 의하여 취득한 농지로서 과세기준일 현재 실제 영농중인 해당 법인 소유 농지(시지역의 도시지역 내 농지는 개발제한구역과 녹지지역(「국토의 계획 및 이용에 관한 법률」 제6조 제1호에 따른 도시지역 중 같은 법 제36조 제1항 제1호 각 목의 구분에 따른 세부 용도지역이 지정되지 않은 지역 포함)안에 소재하는 경우에만 해당)
  ☞ 시지역에 특별시, 광역시, 특별자치시 및 특별자치도가 포함되나, 군지역과 읍·면지역 제외

⑦ 주택건물과 그 부속토지의 소유자가 상이한 경우

해당 주택과 그 부속토지의 통합평가된 가액을 기준으로 과세표준을 계산하여 해당 주택에 대한 주택분 재산세액을 계산한 후 주택분 재산세액을 건물과 부속토지의 시가표준액 비율로 안분하여 각각의 소유자에게 주택분 재산세를 부과한다.

해당 주택에 대한 공시된 주택가격을 건물과 부속토지의 시가표준액 비율로 안분계산한 가액이 각각의 소유자에 대한 주택가격으로 보아 재산세를 과세하므로 주택 부속토지만을 소유한 자에 대하여도 주택분 재산세가 과세된다.

⑧ 별장(2023.3.13. 이전만 적용)

개인이 상시 주거용으로 사용하지 않고 휴양, 피서 또는 위락 등의 용도로 사용되는 별장(법인이 보유하고 임원 등이 사용하는 별장 포함)은 고율의 단일세율(4%)로 재산세를 부과한다. 다만, 별장용 건축물의 부속토지의 경계가 명백하지 아니할 때에는 건축물 바닥면적의 10배 이내에 해당하는 토지만 해당 별장용 건축물의 부속토지로 보아 주택분으로 별장(2023.3.13. 이전만 적용) 재산세(4%)를 부담하게 되며, 10배를 초과하는 토지에 대하여는 토지 현황에 따라 토지분 재산세 과세 여부를 판단하게 된다.

> ○ **고율의 재산세 단일세율(4%) 분리과세대상**
> ① 고급오락장용 및 그 부속토지(7월은 건물분, 9월은 토지분 과세)
> ② 회원제 골프장용 건축물 및 그 부속토지(7월은 건물분, 9월은 토지분 과세)

⑨ 오피스텔

오피스텔은 과세기준일(매년 6.1.)의 사용 현황에 따라 주택 또는 일반 건물로 재산세를 과세한다.

> 사례 ┃ 오피스텔에 대한 재산세 과세대상 구분 등(세정과-2301, 2004.8.3.)
>
> 오피스텔을 주거용으로 사용하고 있는 경우라면 건물시가표준액 조정기준에 의한 용도지수를 적용함에 있어 주거시설에 해당하는 지수를 적용하고 가감산율을 적용함에 있어서는 공동주택의 가감산율을 적용하는 것임.

⑩ 2 이상의 지목

1필지의 용도가 2 이상의 지목에 해당하는 경우에는 주된 사용목적에 따라 지목을 설정하도록 하고 있어 아파트 구내 법면부지는 건축물의 부속토지인 대지로 보아 재산세를 부과한다. 그 이유는 「공간정보의 구축 및 관리 등에 관한 법률 시행령」 제5조 제2항의 규정에 의하면 1필지의 용도가 2 이상의 지목에 해당하는 경우에는 주된 사용목적에 따라 지목을 설정하도록 하고 있기 때문이다.

⑪ 일시적·임시적 용도변경

「공간정보의 구축 및 관리 등에 관한 법률 시행령」 제59조 제2항에 따르면 "토지가 일시적 또는 임시적인 용도로 사용될 때에는 지목을 변경하지 아니한다"라고 규정되어 있다. 따라서 사실상 사용되어지고 있는 현황은 매년 과세기준일마다 독립적으로 판단할 사항이며 임시적·일시적 이용은 당초의 지목이 변경되었다고 할 수 없다고 본다.

⑫ 잡종지 상태의 방목장

잡종지 상태에서 방목장으로 사용하는 토지는 목장용지로 볼 수 없다(감심 94-38, 1994.3.9.).

⑬ 환지예정지

○ 종전 토지 소유자 또는 승계취득자의 환지

「지방세법」 제107조 제1항에서 재산세 과세기준일 현재 재산을 사실상 소유하고 있는 자는 재산세를 납부할 의무가 있다고 규정하고 있고, 「도시개발법」 제36조 제1항에서 환지예정지가 지정된 경우에는 종전 토지의 소유자는 환지예정지 지정의 효력발생일부터 환지처분의 공고가 있는 날까지 환지예정지에 대하여 종전과 동일한 내용의 권리를 행사할 수 있으나 종전의 토지는 사용하거나 수익할 수 없다고 규정하고 있으며, 환지예정지 지정의 효력이 발생되었고, 토지의 이용 현황은 주택·건축물의 부속토지, 농지 등으로 과세기준일 현재 환지예정지 지정 전과 동일한 상태인 경우 환지예정지 지정 효력이 발생되면 그 때부터 종전 토지를 사용·수익할 수 없게 된 반면, 환지예정지에 대하여는 종전과 동일한 내용의 권리를 행사할 수 있게 되어 소유권의 대상이 되는 재산이 법률에 따라 종전 토지에서 환지예정지로 변경된 것으로 보아야 하므로 환지예정지를 대상으로 재산세를 과세하는 것이 합법적이라 할 것이다.

「도시개발법」 제36조 제1항에서 환지예정지가 지정되면 종전 토지의 소유자는 환지예정지 지정의 효력발생일로부터 환지처분이 공고되는 날까지 환지예정지에 대하여 종전과 같은 내용의 권리를 행사할 수 있으며 종전의 토지는 사용하거나 수익할 수 없다고 규정하고 있는 점, 같은 조 제3항은 환지예정지 지정의 효력이 발생한 경우 해당 환지예정지의 종전 소유자는 이를 사용하거나 수익할 수 없으며 제1항에 따른 권리의 행사를 방해할 수 없다고 규정하고 있는 점, 환지예정지 지정의 효력이 발생한 후 환지예정지 지정 공고에 따라 환지예정지에 대한 권리를 새로 보유하게 된 종전 토지의 소유자는 환지예정지를 사실상 처분할 수 있는 점 등을 고려할 때, 환지예정지의 소유자(환지예정지를 지정받은 자)를 재산세 과세기준일 현재 환지예정지를 사실상 소유하고 있는 자로 보는 것이 타당하다고 할 것이다(같은 취지 유권해석 행정안전부 지방세운영-2110, 2019.7.12. 및 대법원 2017.3.9. 선고, 2016두56790 판결 : 조심 2018지613, 2019.2.13. 결정 등 다수 참조)(부동산세제과-872, 2020.4.21.). 또한, 「지방세법 시행령」 제119조에서 재산세 과세대상 물건의 공부상 등재 현황과 사실상 현황이 다른 경우에는 사실상 현황에 따라 재산세를 부과한다고 규정하고 있는바, 공부상 등재 현황보다는 사실상 현황이 우선시 된다는 법 취지로 비추어볼 때 환지예정지의 사실상 현황과 공부상 현황이 변경되지 않은 경우라면 개발계획상 용도가 아니라 해당 토지의 사실상 이용현황에 따라 과세하는 것이 타당하다(지방세운영과-1625, 2013.7.25.).

여기서 환지예정지는 환지예정지 지정의 효력발생일(2009.6.9.)부터 종전과 같은 내용의 권리를 행사할 수 있게 된 점, 대법원(1992.4.28. 선고, 91다39313 판결)에서도 환지계획이 이루어진 토지에 대한 매매의 경우 특별한 약정이 없는 한 향후 환지처분으로 받게 될 환지예정 면적을 기준으로 하여 거래가 이루어지는 것이라고 보고 있는 점에 미루어, 환지예정지 지정처분이 있는 경우 재산세(토지분) 과세대상은 권리면적만이 아닌 환지예정지 면적(과도면적이 포함된 면적)으로 보는 것이 타당하다 할 것이다(조심 2014지0923, 2014.7.23.).

한편, 청구인이 소유하던 토지가 ○○○○주택재개발정비사업 부지에 포함되었고, ○○○○주택재개발정비사업조합은 2010.5.13. 관리처분계획인가를 받았으며, 이러한 관리처분계획에 따라 청구인이 분양아파트에 대한 분양계약을 체결하였으므로, 재산세 과세기준일 현재 환지예정지인 이 분양아파트의 부속토지를 사실상 소유하고 있는 자로서 재산세 납세의무가 있다고 하겠다(조심 2019지211, 2020.3.27. 같은 뜻임)고 할 것이므로, 분양아파트가 아니라 청구인이 종전에 소유하던 토지를 기준으로 2019년도분 재산세를 부과한 처분은 잘못이라고 판단된다(조심 2020지0303, 2020.9.15.).

ⓛ 체비지 취득자의 환지

「도시개발법」에 의한 토지구획정리사업시행자로부터 체비지를 매입하면서 환지처분공고일 이전에 잔금을 지급하였다 하더라도 이는 부동산을 취득할 수 있는 권리만 취득한 상태이고 환지처분공고일 익일에 소유권을 원시적으로 취득하게 되는 것이므로 환지처분공고가 있는 날의 다음 날이 취득의 시기가 되는 것이다(지방세운영과-2370, 2008.12.2.)라고 해석한 바 있었으나, 유권해석(지방세운영과-3642, 2012.11.12.)에 따르면 환지처분 공고일 이전이라도 체비지에 대한 잔금을 지급하였거나 체비지대장 등재 중 어느 하나의 요건을 충족하였다면 체비지에 대한 취득행위가 있었던 것으로 보는 것이므로 취득시기는 잔금 지급일이나 체비지대장에 등재일 중 빠른 날이 되는 것이다.

한편, 재산세의 경우 환지예정지에 대하여는 종전과 동일한 내용의 권리를 행사할 수 있게 되어 소유권의 대상이 되는 재산이 법률에 따라 종전 토지에서 환지예정지로 변경된 것으로 보아야 하므로 환지예정지를 대상으로 재산세를 과세하는 것이 합법적이라 할 것이며, 환지예정지는 환지처분공고일 전까지는 과도면적에 대하여 청산금 등을 지급하지 않아 소유권이전이 되지 아니하였기 때문에 권리면적으로 해석하여야 한다고 주장할 수 있지만, 환지방식의 도시개발사업에서 종전의 토지 소유자는 경제적·실질적으로 환지예정지를 사실상 지배하는 자로서 재산세가 예정하고 있는 정도의 담세력을 가지므로 「지방세법」 제107조 제1항의 사실상 소유자에 해당하여 재산세 등 납세의무를 진다고 할 것인바(대법원 2017.3.9. 선고, 2016두56790 판결 등 참조), 종전토지에 대하여 2015.5.21. 환지예정지 변경지정 공고가 있었고, 그 무렵 환지예정지 변경지정처분의 효력이 발생되었는데, 이에 따라 종전 소유자는 종전 토지에 대하여 환지예정지로 지정된 이 환지예정지만을 사용·수익할 수 있을 뿐 종전토지는 사용·수익할 수 없게 되었으므로, 종전 토지의 소유자는 2020년 재산세 과세기준일(6.1.) 현재 이 환지예정지를 사실상 소유하고 있는 사람으로서 그 재산세 등을 납부할 의무가 있다고 판단된다(조심 2021지2574, 2022.8.3.)라고 결정하고 있는바, 과도면적을 포함한 환지면적으로 재산세를 부과하여야 할 것이다.

재산세 과세기준일(6.1.) 현재 도시개발사업의 환지처분으로 확정된 면적 중 권리면적 이외에 청산금을 납부하여야 하는 과도면적에 대하여 청산금을 납부하지 않은 경우라고 하더라도[452] 환지예정지 지정일 이후 재산세 과세기준일(6.1.)이 도래되었다면 과세기준일 현재 과도면적을 사실상 소유하고 있는 자로 보아 과도면적을 포함한 환지면적으로 재산세 납세의무가 있는 것으로 해석하고 있다.

한편, 취득세의 유권해석에 의하면 취득시기는 잔금지급일이나 체비지대장에 등재일 중 빠른 날이 되는 것이므로 재산세도 이를 적용하여 납세의무자를 판단하여야 할 것이다.

---

452) 재산세 과세기준일(6.1.) 현재 도시개발사업의 환지처분으로 확정된 면적 중 권리면적 이외에 청산금을 납부하여야 하는 과도면적에 대하여 청산금을 납부하지 않은 경우라고 하더라도 환지처분공고일(현행은 환지예정지지정일) 이후 재산세 과세기준일(6.1.)이 도래되었다면 과세기준일 현재 과도면적을 사실상 소유하고 있는 자로 보아 재산세 납세의무가 있다(지방세운영과-1766, 2008.10.13.).

참고로, 환지계획에서 보류지로 정하여진 경우에 토지 소유자가 아닌 사업시행자를 납세의무자로 보도록 규정하고 있고, 「도시개발법」 제34조 제1항과 제44조 제1항에서 시행자는 도시개발사업에 필요한 경비에 충당하거나 규약·정관·시행규정 또는 실시계획으로 정하는 목적을 위하여 일정한 토지를 환지로 정하지 아니하고 보류지로 정할 수 있으며, 그 중 일부를 체비지로 정하여 도시개발사업에 필요한 경비에 충당할 수 있으며, 이 체비지나 보류지를 규약·정관·시행규정 또는 실시계획으로 정하는 목적 및 방법에 따라 합리적으로 처분하거나 관리하여야 한다라고 규정하고 있으므로 시행자는 체비지에 대한 재산세 납세의무가 있다. 즉 재산세 과세기준일 현재 토지의 사용·수익·처분권을 가진 자에게 재산세 납세의무가 있다는 것이다.

> **사례** 환지계획인가 및 예정지 지정을 받지 않은 보류지(행심 2002-208, 2002.5.27.)
>
> 구 「토지구획정리사업법」에서 보류지에 관하여 환지예정지가 지정된 때에는 사업시행자는 토지구획정리사업의 비용에 충당하기 위하여 이를 사용 또는 수익하게 하거나 이를 처분할 수 있도록 규정하고 있으므로 사업시행자가 사용·수익권이나 실질적 소유권을 행사할 수 있는 시점은 환지계획에 따른 환지예정지지정으로 보류지가 정하여진 때부터라고 하겠고, 「지방세법」에서는 환지계획에서 보류지로 정하여진 경우에 토지 소유자가 아닌 사업시행자를 납세의무자로 보도록 규정하고 있고 이 사건 토지의 경우는 종합토지세 과세기준일 이후에 환지계획인가 및 예정지지정공고가 되어 보류지로 확정되었으므로 사실상의 소유자(토지 소유자)인 청구인을 납세의무자로 보아야 함.

④ 납세의무자(지법 §107)

(1) 사실상 소유자(원칙)

1) '사실상 소유자'의 의미

재산세 과세기준일(매년 6.1.) 현재 재산을 사실상 소유하고 있는 자는 재산세를 납부할 의무가 있다. 다만, 공유재산인 경우에는 그 지분에 해당하는 부분(지분의 표시가 없는 경우에는 지분이 균등한 것으로 본다)에 대하여 그 지분권자를 납세의무자로 보며, 주택의 건물과 부속토지의 소유자가 다를 경우에는 그 주택에 대한 산출세액을 건축물과 그 부속토지의 시가표준액 비율로 안분계산한 부분에 대하여 그 소유자를 납세의무자로 본다.

여기서 '사실상 소유하고 있는 자'라 함은 공부상 소유자로 등재된 여부를 불문하고 해당 토지에 대한 실질적인 소유권을 가진 자로서 객관적으로 보아 해당 토지를 배타적으로 사용·수익·처분할 수 있고 언제라도 공부상 소유자로 등재될 수 있는 상태에 있는 자를 포함한다고 할 것이다. 그러므로 공부상의 명의와 달리 사실상의 소유자가 따로 있을 때에는 「지방세법」 제120조 제1항의 규정에 의한 신고의무를 이행하여야 사실상 소유자에게 과세되게 된다. 그리고 「지방세법 시행령」 제20조에 규정된 취득의 시기가 도래되어 해당 토지를 취득한 자를 말하는 것으로, 소유권 변동 등에 따라 변동신고를 하는 경우 공부상 소유자에 우선하여 적용된다(지예 법107-1).

그러나 신고가 사실과 일치하지 아니하거나 신고가 없는 경우에는 시장·군수·구청장(과세권자)이 직권으로 조사하여 과세대장에 등재할 수 있는바, 시장·군수·구청장이 직권으로 등재하였을 때에는 소유자로 인정되는 자에게 통지하고 재산세 과세대장 상부 여백에 신고에 의한 등재와 구별할 수 있게 표시하여야 한다(지칙 §135). 그런데 과세기준일 현재 잔금지급 등 취득을 하였다면 사실상 소유자에 해당되어 납세의무자가 되는 것이다. 이의 근거로는 변경계약상 잔금지급기일인 2011.5.16. 또는 과세대상 아파트에 대한 매매대금(최초 분양가의 60.2%의 매매대금)을 완납한 2011.5.18.에 과세대상 아파트를 취득하였다고 할 것이므로 과세기준일인 2011.6.1. 당시 이미 과세대상 아파트를 사실상 소유하고 있었다고 봄이 타당하다(대법원 2015두2307, 2015.9.24.)라고 판시하고 있다는 점이다.

토지의 사실상 소유자에 해당되는지 여부에 관한 사례를 보면 A소유 토지를 B에게 양도하기로 A와 B 간에 약정을 체결한 후 소유권이전등기를 경료하지 아니한 상태에서 토지소유권에 대한 분쟁이 생겨 B가 A를 상대로 A명의 토지 소유권이전등기 청구소송을 제기하여 승소 확정판결을 받았다면, 토지 명의가 A앞으로 되어 있다 할지라도 B는 언제라도 A명의 토지에 관하여 소유권이전등기를 경료받아 이를 배타적으로 사용·수익·처분할 수 있는 상태에 이르렀다 할 것이므로 B는 A명의 토지를 사실상으로 소유하고 있는 자에 해당된다고 할 것이므로 B는 이건 토지의 재산세 납세의무자에 해당된다고 할 것이다(대법원 99두11653, 2001.4.24.).

한편, 재산에 대한 실질적인 소유권, 즉 그 재산을 배타적으로 사용·수익·처분할 수 있는 권능을 가진 자를 말하는 것으로 민간자본의 원활한 유치를 위하여 공법인 명의로 소유권 등기를 하였으나, 사용·처분하려면 국가의 승인을 받도록 조건부 분할 준공허가를 받아 취득한 경우 재산세 납세의무가 있는 '사실상 소유자'란 공부상 소유자로 등재한 여부를 불문하고 토지의 사실상 소유자로 볼 수 없다(대법원 2020두43538, 2020.11.5. 심불, 광주고법 2019누1994, 2020.6.17.).

재산세의 납세의무는 과세기준일(매년 6.1. : 24시 기준) 현재 사실상의 소유자에 있으며 사실상 소유자의 판단은 유상승계취득인 때에는 잔금지급 여부에 따르도록 되어 있어 과세기준일 경과 후(매년 6.2. 이후)에 잔금을 지급하고 입주하였다면 재산세 납세의무는 건축주에 있다. 즉 과세기준일 이전에 신축 아파트에 대하여 임시사용승인을 받았다면 재산세 과세대상에 해당되므로 과세기준일 이전에 잔금지급을 완료한 주택에 대해서는 입주자가, 잔금지급이 이루어지지 않은 주택은 건축주가 사실상의 소유자로서 재산세 납세의무가 있는 것이다(세정 13407-303, 1996. 3.19., 세정 13407-354, 1995.4.13. 참조). 따라서 과세기준일 현재 재산세 과세대상 물건의 소유권이 양도·양수된 때에는 양수인을 해당 연도의 납세의무자로 본다(지예 법106-1).

사례 사용 제한 여부와 관계없이 소유자가 납세자임(감심 2005-96, 2005.9.15.)

이 사건 토지가 개발사업진행 중에 있는 토지로서 개발사업이 준공될 때까지 소유권이전 등 재산권을 행사할 때 처분청의 승인을 받아야 하는 제한이 있고, 지적공부상 지번이 확정되지 않은 토지라고 하더라도 청구인이 2003.11.13. 편입토지의 손실보상금으로 이 사건 토지를 취득하여 2004년도 귀속 종합토지세 과세기준일인 2004.6.1. 현재까지 소유하고 있었고, 이 사건 토지의 위치와 면적(위치 : ○○도 ○○시 ○○동 18블럭 2롯트, 같은 동 34블럭 3롯트, 같은 동 48블럭 3롯트, 총면적 :

976㎡)이 확정되어 있는 사실이 확인되는 이상 종합토지세 과세대상에 해당된다 할 것임.

적용 사례 ●

「지방세법」 제107조(납세의무자)에서 "재산세는 과세기준일 현재 사실상 소유하고 있는 자는 재산세를 납부할 의무가 있다"로 규정하고 있는데, 재개발 아파트의 경우 '사실상 소유하고 있는 자'의 납부 기준일, 즉 「지방세법」 개정 2005.1.4. 이전에는 "재산세 과세기준일 현재 재산세 과세대장에 재산의 소유자로 등재되어 있는 자는 재산세를 납부할 의무가 있다"라는 규정을 '과세대장 기재'라는 명확한 기준에서 2005.1.5. 이후부터는 "재산세는 과세기준일 현재 사실상 소유하고 있는 자는 재산세를 납부할 의무가 있다"로 '사실상 소유'라는 개념으로 변경된 경우 재개발아파트의 재산세 납부 기준일과 법조문에서 '사실상 소유하고 있는 자'에 대한 판단기준

종전규정에서도 권리의 양도·도시계획사업의 시행 또는 기타 사유로 인하여 재산세과세대장에 등재된 자의 권리에 변동이 생겼거나 재산세과세대장에 등재가 되지 아니하였을 때에는 사실상 소유자가 재산세를 납부할 의무를 진다라고 규정되어 있어 개정 후에도 종전과는 별로 달라진 것은 없는 것으로 개정 후에도 공부상의 소유자가 매매 등의 사유로 소유권에 변동이 있었음에도 이를 신고하지 아니하여 사실상의 소유자를 알 수 없는 때에는 공부상의 소유자가 납세의무가 있다라고 규정되어 있다는 점에서 이를 알 수 있다고 판단됨.

재개발아파트의 경우에도 과세기준일(매년 6월 1일) 현재에 재산세 과세대상 물건을 실질적으로 소유하고 있는 자가 재산세의 납세의무가 있음.

사실상 소유하고 있는 자의 판단은 과세대장 등재 여부와 관계없이 사실상 소유하고 있는 것으로 판단되는 경우로 권리의 양도·도시계획사업의 시행 또는 기타 사유로 인하여 재산세 과세대장에 등재된 자의 권리에 변동이 생겼을 경우를 들 수 있을 것이다. 예를 들면 과세기준일 이전에 신축아파트에 대하여 임시사용승인을 받았다면 재산세 과세대상에 해당되므로 과세기준일 이전에 잔금지급을 완료한 주택에 대해서는 입주자가, 잔금지급이 이루어지지 않은 주택은 건축주가 사실상의 소유자로서 재산세 납세의무가 있는 것임(세정 13407-303, 1996.3.19.).

---

2) 공유토지의 납세의무자

공유토지인 경우에는 그 지분에 해당하는 면적에 대하여 지분권자를 납세의무자로 보지만 지분의 표시가 없는 경우에는 지분이 균등한 것으로 보아 납세의무를 부여한다.

사례 2인이 공유하는 주택의 과세방법(행심 2005-28, 2005.2.3.)

이 사건과 같이 하나의 주택을 공유로 소유하고 있는 경우라 하더라도 주택에 대한 재산세는 하나의 주택을 기준으로 세액을 산출한 후 그 세액을 공유자들의 공유지분비율에 따라 안분하여 부과하는 것이 과세표준을 먼저 안분하여 낮은 구간의 누진세율을 적용하고 이에 따른 세액을 산출하여 과세하는 것보다 타당하다 하겠으며, 또한 과세형평상으로도 동일한 재산가치를 가지는 주택에 대하여 단독소유인 경우와 비교하여 볼 때 공유로 소유하고 있는 경우에 다른 세액을 산출하여 과세하는 것은 불합리하다 하겠으므로, 처분청이 이 사건 건축물에 대하여 건물 전체의 과세표준액에 누진세율을 적용하여 재산세 세액을 산출한 후 이를 공유지분에 따라 세액을 안분하여 재산세 등을 부과고지한 처분은 적법한 것임.

3) 과세기준일 현재의 소유자

「지방세법」 제107조 제1항에서 재산세는 과세기준일 현재의 소유자를 납세의무자로 규정하고 있는데, 과세기준일 현재의 의미를 "0시" 기준이냐 "24시" 기준이냐에 따라 납세의무자가 달라질 수 있다. 이에 대하여 승계취득과 원시취득을 나누어 구분하여 보면 다음과 같다.

① 승계취득

과세기준일 현재 재산세 과세대상 물건의 소유권이 양도·양수된 때에는 양수인을 해당 연도의 납세의무자로 본다(지예 법106-1)라고 규정되어 있어 과세기준일 24시 현재의 소유자에게 납세의무가 있는 것이다.

② 원시취득

종전 유권해석에 따르면 "과세기준일 0시(상기처럼 현행 해석은 24시로 판단됨) 현재의 소유자에게 재산세의 납세의무가 있다는 해석은 과세기준일에 잔금을 지급하고 소유권이 변경되는 승계취득의 경우에 매도자와 매수자가 모두 과세기준일 현재의 소유자가 되기 때문에 이를 분명히 하기 위한 해석이므로 원시취득인 경우에는 적용되지 아니한다(시세 22670-524, 1989.2.13.)"라고 해석을 내린 적이 있었다. 따라서 재산세 과세기준일인 6월 1일에 준공검사를 받았다면 해당 연도분 재산세의 납세의무가 있다. 즉 과세기준일 24시 현재의 소유자에게 납세의무가 있는 것으로 해석된다. 그런데 이 유권해석에 따르면 승계취득의 경우 양도자가 납세의무가 있는 것으로 상기 운용세칙(182-1)과는 다르게 해석되어져 실효된 해석으로 보아야 할 것이다.

4) 분양용 건물의 사실상 소유자

재산세 과세기준일 현재 재산을 사실상 소유하고 있는 자는 재산세를 납부할 의무가 있으나, 제2항 제1호에서 공부상의 소유자가 매매 등의 사유로 소유권에 변동이 있었음에도 이를 신고하지 아니하여 사실상의 소유자를 알 수 없는 때에는 공부상의 소유자가 납세의무가 있는 것으로 규정하고 있다. 따라서 권리의 양도, 도시계획사업의 시행 또는 기타 사유로 인하여 재산세 과세대장에 등재된 자의 권리에 변동이 생겼거나 재산세 과세대장에 등재가 되지 아니하였을 때에는 사실상 소유자가 재산세를 납부할 의무가 있는 것이므로 과세기준일 이전에 신축아파트에 대하여 임시사용승인을 받았다면 재산세 과세대상에 해당되므로 과세기준일 이전에 잔금지급을 완료한 주택에 대해서는 입주자가, 잔금지급이 이루어지지 않은 주택은 건축주가 사실상의 소유자로서 재산세 납세의무가 있는 것이다(세정 13407-303, 1996.3.19.).

예를 들어 택지개발사업의 분양중인 토지를 분양받았으나 분양잔금을 미납한 경우재산세 과세기준일(6.1.) 현재 택지개발사업의 분양중인 토지를 분양받았으나 분양잔금을 미납한 경우라면, 재산에 관하여 매매 등 유상양도가 있었으나 아직 공부상 소유자의 명의 변경이 되어 있지 아니한 경우에는 다른 특별한 사정이 없는 한 양수인이 잔금을 지급한 날을 기준으로 사실상 소유 여부를 판단하므로(대법원 96누7250, 1996.11.22.) 해당 택지를 실질적으로 소유한 분양자가 재산세 납세의무자이다.

잔금완납 전에 아파트 입주하였다거나 이를 임대 또는 취득세를 미리 납부하였다는 사실만으로 재산세 부과함은 부당하다는 대법원의 판례(대법원 93누22043, 1994.11.11.)가 있다. 즉 "아파트 분양계약은 개인 대 법인 사이의 매매로서「지방세법」제10조 제5항에 규정된 '법인의 장부에 의하여 취득가격이 입증되는 취득'에 해당하므로 피분양자는 같은 법 시행령 제20조에 의하여 사실상의 잔금지급일에 아파트를 취득한 것으로 간주된다 할 것이어서, 아파트의 분양자가 한국 주택은행으로부터 융자받은 건설자금을 아파트 완공 후에 피분양자들의 주택구입자금융자금으로 대환하기로 약정한 경우, 분양계약자들로부터 분양대금 중 은행융자금을 제외한 나머지를 모두 지급받고 아파트에 입주시켰으나, 그들 중 일부세대가 입주 당시 분양자에게 은행융자신청서류를 교부하였다가 그 후 준공검사 미필과 진입로 미포장 등을 이유로 회수하였고 입주자들의 하자보수요구가 이행된 이후 분양계약자들이 분양자에게 은행융자신청서류를 교부하여 주택건설자금 대출금이 주택 구입자금 대출금으로 대환조치되었다면 그 대환이 이루어진 날 이전에는 아파트의 소유권이 피분양자들 앞으로 변동되었다거나 피분양자들이 아파트의 사실상 소유자라고 할 수 없고, 한편 피분양자들이 같은 법 시행령 제73조 제1항 단서에 따라 아파트를 취득한 것으로 간주되는 사실상의 잔금지급일은 그 대환이 이루어진 날이라고 봄이 상당하여 재산세 과세기준일 현재는 그 분양금 잔액이 완납되었다고 볼 수 없는 이상, 과세대장상 소유자인 분양회사가 재산세 납세의무를 부담하여야 하고 피분양자들이 자금완납 전에 아파트에 입주하였다거나 이를 타에 임대한 사실 또는 취득세를 미리 자진신고・납부한 사실만으로는 사실상 소유자로 되어 재산세 납세의무를 부담한다고 볼 수 없다는 것이다.

사례 **공부상 소유자의 명의변경이 되어 있지 아니한 경우(지방세운영과-529, 2009.2.4.)**

재산세 납세의무자는 재산에 관하여 매매 등 유상양도가 있었으나 아직 공부상 소유자의 명의변경이 되어 있지 아니한 경우 양수인이 잔금을 지급한 날을 기준으로 소유 여부를 판단하는 것임.

사례 **소유권 변동에 대하여 신고를 한 사실이 없는 경우(조심 2008지201, 2008.8.29.)**

부동산 등기부등본상 청구인의 명의로 등기되어 있으나 실제상으로는 청구인 소유가 아니어서 현재 등기원인무효소송이 진행 중이라고 주장하는 경기도 ○○○번지 1,337.9㎡ 토지에 대하여 부과한 2007년도 정기분 재산세는 취소되어야 한다고 주장하고 있으나 등기원인 무효소송이 진행되고 있다는 사실만으로 납세의무가 소멸되는 것은 아니라 할 것이므로 2007년 재산세과세기준일 현재 부동산 등기부등본상 청구인명의로 등재되어 있는 동 토지의 2007년도 정기분 재산세 납세의무자는 청구인이 되는 것이 타당하다 할 것임.

사례 **실제 잔금지급일과 달리 부동산매매계약서상 잔금지급일로 취득 신고한 경우 이를 기준으로 재산세 납세의무자를 판단하여야 함(행심 2008-38, 2008.1.28.)**

청구인이 2007.6.4. 처분청에 이 사건 주택의 취득 신고를 하면서 잔금지급일이 2007.5.29.로 명시된 부동산매매계약서를 제출한 이상 청구인은 2007.5.29. 이 사건 주택을 사실상 취득하였다고 볼 것이고 그에 따라 처분청이 청구인을 2007년도 재산세 납세의무자로 보아 재산세를 부과 고지한 처분은 잘못이 없음.

사례 공부상 소유자와 입주자가 다른 경우 납세의무자(감심 2001-141, 2001.12.11.)

공동주택에 대한 입주자들이 과세기준일 현재 입주하여 생활하고 있다 하더라도 잔금을 지급하지 아니한 이상 공동주택의 소유자로 볼 수 없으므로 공부상 등재된 소유자를 재산세 납세의무자로 봄이 타당함.

5) 환지처분공고일 이후의 환지예정지의 사실상 소유자

재산세의 경우 환지예정지에 대하여는 종전과 동일한 내용의 권리를 행사할 수 있게 되어 소유권의 대상이 되는 재산이 법률에 따라 종전 토지에서 환지예정지로 변경된 것으로 보아야 하므로 환지예정지를 대상으로 재산세를 과세하는 것이 합법적이라 할 것이며, 환지예정지는 환지처분공고일 전까지는 취득세와 동일하게 권리면적(종전 면적)으로 해석하여야 한다고 주장할 수 있지만,[453] 환지방식의 도시개발사업에서 종전의 토지 소유자는 경제적·실질적으로 환지예정지를 사실상 지배하는 자로서 재산세가 예정하고 있는 정도의 담세력을 가지므로, 「지방세법」 제107조 제1항의 사실상 소유자에 해당하여 재산세 등 납세의무를 진다고 할 것인바(대법원 2017.3.9. 선고, 2016두56790 판결 등 참조), 종전토지에 대하여 2015.5.21. 환지예정지 변경지정 공고가 있었고, 그 무렵 환지예정지 변경지정처분의 효력이 발생되었는데, 이에 따라 종전 소유자는 종전 토지에 대하여 환지예정지로 지정된 이 환지예정지만을 사용수익할 수 있을 뿐 종전토지는 사용·수익할 수 없게 되었으므로, 종전 토지의 소유자는 2020년 재산세 과세기준일(6.1.) 현재 이 환지예정지를 사실상 소유하고 있는 사람으로서 그 재산세 등을 납부할 의무가 있다고 판단된다(조심 2021지2574, 2022.8.3.)라고 결정하고 있는바, 과도면적을 포함한 환지면적으로 재산세를 부과하여야 할 것이다.

재산세 과세기준일(6.1.) 현재 도시개발사업의 환지처분으로 확정된 면적 중 권리면적 이외에 청산금을 납부하여야 하는 과도면적에 대하여 청산금을 납부하지 않은 경우라고 하더라도[454] 환지예정지 지정일 이후 재산세 과세기준일(6.1.)이 도래되었다면 과세기준일 현재 과도면적을 사실상 소유하고 있는 자로 보아 과도면적을 포함한 환지면적으로 재산세 납세의무가 있는 것으로 해석하고 있다.[455]

---

453) 취득세의 경우 청산금을 지급하지 아니한 경우 납세의무가 없다라고 보고 있는바, 청산금을 지급하지 아니한 상태라면 과도면적은 재산세 과세대상이 아니라고 주장할 수 있다.

454) 재산세 과세기준일(6.1.) 현재 도시개발사업의 환지처분으로 확정된 면적 중 권리면적 이외에 청산금을 납부하여야 하는 과도면적에 대하여 청산금을 납부하지 않은 경우라고 하더라도 환지처분공고일(현행은 환지예정지지정일) 이후 재산세 과세기준일(6.1.)이 도래되었다면 과세기준일 현재 과도면적을 사실상 소유하고 있는 자로 보아 재산세 납세의무가 있다(지방세운영과-1766, 2008.10.13.).

455) 「도시개발법」 제36조 제1항에서 환지예정지가 지정되면 종전 토지의 소유자는 환지예정지 지정의 효력발생일로부터 환지처분이 공고되는 날까지 환지예정지에 대하여 종전과 같은 내용의 권리를 행사할 수 있으며, 종전의 토지는 사용하거나 수익할 수 없다고 규정하고 있는 점, 같은 조 제3항은 환지예정지 지정의 효력이 발생한 경우 해당 환지예정지의 종전 소유자는 이를 사용하거나 수익할 수 없으며, 제1항에 따른 권리의 행사를 방해할 수 없다고 규정하고 있는 점, 환지예정지 지정의 효력이 발생한 후 환지예정지 지정 공고에 따라 환지예정지에 대한 권리를 새로 보유하게 된 종전 토지의 소유자는 환지예정지를 사실상 처분

한편, 체비지에 대한 환지의 경우 취득세의 유권해석에 의하면 취득시기는 잔금지급일이나 체비지대장에 등재일 중 빠른 날이 되는 것이므로 재산세도 이를 적용하여 납세의무자를 판단하여야 할 것이다.

(2) 보충적인 납세의무자(예외)

재산세의 납세의무자는 앞에서 본 바와 같이 공부상의 명의와 관계없이 실질적인 소유권의 취득자, 즉 사실상의 소유자가 그 납세의무를 부담하지만, 이를 신고하지 아니하여 실질적인 소유자를 알 수 없는 경우에는 재산세 과세기준일(매년 6.1.) 현재 아래 요건에 해당하는 자는 재산세를 납부할 의무가 있도록 하고 있다.

1) 사실상의 소유자를 알 수 없는 때

공부상의 소유자가 매매 등의 사유로 소유권이 변동되었는데도 신고하지 아니하여 사실상의 소유자를 알 수 없을 때에는 공부상 소유자가 납세의무가 있는 것이다. 다만, 재산세 과세대장에 등재된 자의 권리에 변동이 생겼거나 재산세 과세대장에 등재되지 아니하였을 경우에는 사실상의 소유자가 납세의무가 있는 것이다. 즉 유상승계취득의 경우 취득세의 취득의 시기를 기준으로 사실상의 소유자를 판단한다(대법원 94누13831, 1995.5.23.).

취득세 신고를 하지 않아 그 동안 사실상 소유자를 파악하지 못하였고, 공부상 소유자가 변동신고를 하지 않았을 경우 공부상 소유자에게 과세하는 것으로 해석하여 왔지만, 공부상 등재 여부와 무관하게 과세기준일 현재 잔금지급 등 실제 취득이 이루어졌다면 재산세 납세의무가 있는 것이다(대법원 2015두2307, 2015.9.24. 참조).

> ○ **공부상 소유자**(지예 법107 - 3)
> 등기된 경우에는 등기부등본상의 소유자를, 미등기인 경우에는 토지대장 또는 임야대장상의 소유자

한편, 소유권 변동신고를 하지 아니하였다면 공부상 소유자에게 재산세를 부과하였을 것인데, 매수자가 취득세 신고를 하여 사실상 소유자로 충분히 알 수 있는 경우에는 그를 재산세 과세대장에 등재하여 납세의무자로 보아 과세하여야 할 것이다.

사례 부동산의 분양대금을 지급하여 소유권 취득의 실질적 요건을 갖추었다고 볼 수 있는 점 등에 비추어 재산세 과세기준일(6.1.) 현재 부동산의 사실상 소유자로 보아 재산세 등을 부과한 처분은 잘못이 없다고 판단됨(조심 2015지1829, 2016.9.28.).

할 수 있는 점 등을 고려할 때 환지예정지의 소유자를 재산세 과세기준일 현재 환지예정지를 사실상 소유하고 있는 자로 보는 것이다(부동산세제과 - 872, 2020.4.21.).

2) 상속이 개시된 재산으로서 상속등기 미이행 재산

상속은 「민법」 제997조의 규정에 의하여 피상속자의 사망으로 인하여 개시되며, 상속등기가 되지 아니한 때에는 상속자가 지분에 따라 신고하면 신고된 지분에 따른 납세의무가 성립하고 신고가 없으면 주된 상속자에게 납세의무가 있다(지예 법107-7).

사실상 소유자가 확정되면 그를 납세의무자로 판정할 수 있는데 상속이 개시된 토지로서 상속 등기가 이행되지 아니하고 사실상 소유자를 신고하지 아니한 때에는 '주된 상속자'에게 납세의무가 있다. '주된 상속자'는 「민법」 상 상속분이 가장 높은 사람으로 하되, 상속지분이 가장 높은 사람이 2인 이상인 경우 그 중 나이가 많은 사람으로 한다(지칙 §53).

> ○ **주된 상속자의 판정**
> ① 「민법」 상의 상속지분이 가장 높은 사람
> ② 상속지분이 가장 높은 사람이 2인 이상인 경우 나이가 가장 많은 사람
> 즉 ① → ②순으로 재산세 납세의무자 여부를 판단함.

따라서 「지방세법」 제120조 제1항 제2호에 따라 6.15.[조문상 과세기준일로부터 15일(종전 10일) 이내이므로 초일불산입 규정에 의하여 6.16.이 될 것이나 6.15.로 안내하고 있음]까지 사실상의 소유자 신고 등을 하여야 할 것이다. 그런데 협의분할이든지 상속포기, 한정승인의 절차가 늦어져 신고기한을 경과할 경우에는 과세관청은 주된 상속자에게 부과할 것으로 판단된다. 하기에서 보는 바와 같이 협의분할 관련한 심판례에서도 동일한 취지로 결정하고 있다.[456]

한편, 상속인 모두 상속포기 시 사실상 소유자가 확정되면 그를 납세의무자로 판정할 수 있는데 과세기준일 현재 상속등기도 이행하지 아니하고, 사실상의 소유자가 신고기한 내까지 사실상의 소유자 신고 등을 하도록 되어 있는바, 그 기한까지 신고를 하지 아니한 경우에는 지방세법령에 따라 과세관청은 주된 상속자에게 부과할 것으로 판단된다. 그런데 상속인이 상속포기신고를 하여 법원으로부터 상속포기결정을 받은 경우는 「민법」 제1042조에 의거 그 상속개시된 때에 소급하여 처음부터 상속인의 지위를 승계하지 않았던 것으로 되고, 상속포기의 효과는 강행규정으로서 일단 포기하면 이를 취소할 수 없으므로 법원으로부터 상속포기결정이 된 이후에 채권보전 목적으로 채권자에 의해 대위등기가 이루어졌다고 하더라도 그 상속재산은 상속인의 재산으로 볼 수 없다. 따라서 과세기준일인 6.1.을 경과하여 상속포기를 선고받은 경우로서 소유권 변동내

---

456) 공부상의 소유자가 매매 등의 사유로 소유권에 변동이 있었음에도 이를 신고하지 아니하여 사실상의 소유자를 알 수 없는 때에는 공부상의 소유자에게 납세의무가 있으므로 반드시 6.16.까지 변동신고를 하여야 공부상의 소유자에게 불이익이 없을 것이다. 즉 신고가 없는 경우에는 공부상의 소유자에게 부과할 것이나, 공부상 등재 여부와 무관하게 과세기준일 현재 잔금지급 등 실제 취득이 이루어졌다면 재산세 납세의무가 있는 것이다(대법원 2015두2307, 2015.9.24. 참조). 이러한 대법원의 취지에 따르면 그 동안 해석과는 배치되는 내용으로 실질 소유자를 기준으로 소급하여 재산세를 부과하여야 한다는 것으로, 협의분할 이후에 소급하여 적용하여야 할 것이므로 이에 대하여 이의를 제기할 필요도 있을 것으로 보이나 심판례의 전심이 있어 행정소송에서 다루어져야 할 것으로 판단됨.

용을 신고기한 내에 신고가 되지 아니한 경우라 하더라도 주된 상속자에게 부과하는 것은 타당하지 아니하다고 판단된다. 그리고 상속 제2순위자, 제3순위자, 제4순위자도 상속포기한 경우 상속재산관리인이 납세의무자가 되어야 할 것이다.

> ### 상속재산의 관리인
>
> - 상속인이 없거나 존부가 분명하지 아니한 경우에 법원이 피상속인의 친족·기타 이해관계인 또는 검사의 청구에 의하여 선임하는 상속재산관리인을 말함.
> - 상속인의 존부가 분명하지 아니한 때에는 상속인에게 하여야 할 납세의 고지·독촉 기타 필요한 사항은 상속재산관리인에게 이를 하여야 함.
> - 만일 상속인의 존부가 분명하지 아니하고 상속재산관리인이 없는 때에는 지방자치단체장 또는 그 위임을 받은 공무원은 그 상속개시지를 관할하는 법원에 대하여 상속재산관리인의 선임을 청구할 수 있음.
> - 피상속인에게 행한 처분 또는 절차는 상속인 또는 상속재산관리인에게도 그 효력이 미침.[457]

건물 소유자의 사망 및 상속포기(법원판결)가 이루어졌음에도 소유권이전이 이루어지지 않을 경우 소유권 귀속이 확정될 때까지 건물의 재산세 부과는 할 수 없는데 계속하여 소유권의 귀속이 불분명한 경우 소유권의 귀속이 분명하지 않아 소유권자를 알 수 없는 경우에는 실제 그 건물의 사용자를 납세의무자로 보아야 하는 것이다.

> ### ○ 상속의 경우 재산세 납세의무자 판단
>
> 상속인들과의 이해관계로 협의분할이 되지 않은 상태에서 작은 아들이 물건지에 10년 이상 주거하는 상황이면 실제 거주하는 작은 아들에게 재산세를 부과할 수 있는지?
> 재산세는 실제 거주와는 무관하고 소유를 근거로 부과되는 것이므로 지방세법령에 따라 주된 상속자에게 부과됨.

사례 이 사건 토지에 대해 원고 등 상속인들은 B와의 소유권 분쟁 소송에서 '원고 등은 B로부터 정산대금을 지급받음과 동시에 B에게 소유권이전등기절차를 이행하라'는 민사소송 확정판결을 받은 바 있음(1심에서는 해당 판결을 근거로 이 사건 토지에 대한 사실상 소유자를 B로 판단함),

---

457) 납세의무를 승계받는 자는 상속인(수증자)과 상속재산의 관리인이며 승계의 범위는 상속받은 재산의 범위 내에서 피상속인에게 부과된 또는 부과(납입)할 지방세에 대하여 요건을 갖춘 경우에 승계납세의무를 지게 된다. 따라서 한정상속을 하거나 상속포기를 하는 경우에는 상속받은 재산을 한도로 납세의무를 지게 되는 것이다. 상속인은 상속으로 인하여 얻은 자산총액에서 부채총액과 그 상속세를 공제하고 남은 상속재산 가액의 한도 내에서 피상속인으로부터 승계한 지방세 등 납세의무를 지게 되는바, 여기서 부채총액 범위에는 체납된 지방세는 포함되지 아니한다(대법원 81누163, 1982.8.24. 참조). 재산세고지 이전에 상속포기를 한 경우라면 포기한 상속인에게는 승계납세의무자로서의 납세의무가 없는 것임.

이 사건 토지가 피상속인인 망인의 사망으로 인하여 상속이 개시된 재산임에도 현재까지 망인의 명의로 등기가 되어 있을 뿐 상속등기가 이행되지 않고 있고, 원고 등 상속인들이 자신이 사실상 소유자가 아님을 알 수 있는 증거자료를 갖추어 신고한 사실도 없음. 따라서, 원고는 주된 상속자로서 이 사건 토지에 관한 재산세 납세의무가 있음(대법원 2024두44693, 2024.10.10. 심불, 서울고법 2023누61198, 2024.5.24.).

☞ 상속인들 간의 상속재산분할심판이 2022.11.4. 확정되어 상속재산분할의 효력이 상속이 개시된 때로 소급한다고 하더라도, 이는 법적 효력의 개시시점을 규정한 것일 뿐 과세기준일 당시의 사실 상태에는 영향을 미칠 수 없다고 할 것임.

사례 상속 채권자 대위등기 시 재산세 납세의무자(조심 2020지0047, 2020.3.10.)

청구인은 2014.9.17. 수원지방법원 안산지원으로부터 쟁점상속재산 등을 상속재산으로 하여 상속한 정승인을 받은 점, 쟁점상속재산은 2018.10.8. 채권자인 ○○○의 대위등기에 따라 상속을 등기원인으로 하여 청구인 명의로 등기되었고, 2019년도 재산세 과세기준일(6.1.) 현재에도 청구인 명의로 등기되어 있는 점, 쟁점상속재산이 채권자 대위등기에 의하여 청구인 명의로 등기되었다 하더라도 매각되거나 타인 명의로 이전등기될 때까지는 청구인 소유인 것인 점 등에 비추어 처분청이 청구인을 2019년도 재산세 과세기준일(6.1.) 현재 쟁점상속재산의 사실상 소유자로서 쟁점상속재산에 대한 2019년도분 재산세 등의 납세의무자인 것임.

사례 상속등기나 사실상 소유자의 신고가 없는 토지(행심 2000 - 237, 2000.3.29.)

상속재산의 협의분할이 이루어진 경우 상속개시 시점으로 소급하여 효력을 인정하는 것이 일반적이지만, 「지방세법」에서는 종합토지세 납세의무자를 결정할 때 과세기간, 종합합산의 특수성 때문에 매년 과세기준일을 기준으로 일정한 기간(매년 6.1.부터 6.10.까지) 내에 소유 사실에 대한 변동사항을 신고받아 납세의무를 확정할 필요에 의하여 상속이 개시되었으나 상속등기가 되지 않아 사실상 소유자를 알 수 없는 때에는 「지방세법」 제234조의 21 제2항에서 주된 상속자에게 신고의무를 부여하고, 신고를 하지 않은 경우에는 주된 상속자를 납세의무자로 보도록 명백히 규정하고 있으며, 주된 상속자가 이러한 신고의무를 이행하지 아니한 이상, 「민법」 상의 상속재산협의분할의 효력발생 시기를 이유로 이를 달리 적용할 수는 없는 것임.

사례 상속재산 한정승인신고 수리에 의하여 취득한 부동산(행심 2002 - 306, 2002.8.26.)

상속재산에 대하여 상속포기신고기한 내에 상속포기신고를 하지 아니하고 있다가 법원에 한정승인신고를 신청하여 수리됨에 따라 상속재산인 사건 부동산을 취득하여 발생한 취득세납세의무는 상속의 한정승인신고가 수리되었다거나 사건 부동산이 매도되지 않았다는 사유로 그 납세의무를 면할 수는 없는 것임.

☞ 한정상속승인은 법원으로부터 한정상속 신고 수리 후에는 피상속인의 사망 당시 상속인은 상속으로 인하여 취득할 재산의 한도에서 피상속인의 채무와 유증을 변제할 것을 조건으로 상속을 승인하는 효력이 있는 것이다. 그런데 한정상속승인은 상속포기와 달리 상속재산의 가치가 부채보다 클 경우 잔여 부분은 상속인에게 귀속될 것을 전제로 하는 것이라는 점 때문에 취득세 납세의무가 있는 것으로 해석하고 있는 것 같다. 그런데 이와 관련한 종전의 해석에서는 법원으로부터 한정상속승인 이후 채권자의 대위등기신청으로 상속인명의로 소유권이 이전된 것은 사실상의 취득으로 볼 수 없으므로 취득세 납세의무가 없는 것이라고 해석하고 있었다(세정 13407 - 74, 2001.7.11., 내무부 심사 97 - 356, 1997.8.27. 참조).

3) 신고하지 아니한 개인명의로 된 종중재산

공부상에 개인 등의 명의로 등재되어 있는 사실상의 종중재산으로서 종중소유임을 신고하지 아니하였을 때에는 공부상 소유자가 납세의무가 있다. 즉 개인명의로 등재된 종중토지의 경우 공부상의 소유자가 과세기준일(매년 6.1.)로부터 10일 이내에 종중재산임을 입증할 수 있는 서류를 갖추어 토지소재지 시장·군수·구청장에게 신고하지 아니한 이상, 과세기준일 이후 법원으로부터 명의신탁해지 판결을 받았다 할지라도 토지의 등기부상 소유자에게 한 재산세 과세처분에는 영향을 미치지 아니한다(행심 98-87, 1998.2.24.)고 할 것이다.

○ '종중'의 의미(지예 법107-4)

공동선조의 분묘수호와 제사 및 종중원 상호간의 친목을 목적으로 하는 자연 발생적인 종족 집단체를 말하며, 종중원 개인명의로 등기된 종중재산은 「지방세법」 제120조 제1항의 규정에 의하여 신고한 경우에만 인정함.

○ 종중재산의 재산세 과세

① 종중 소유의 농지 및 임야 : 저율 분리과세(0.07%)
 - 1990.5.31. 이전에 취득하여 소유하는 농지 및 임야
 - 1990.6.1. 이후 상속으로 인하여 취득한 농지 및 임야
② 종중 소유의 기타 부동산
 - 해당 부동산의 사용 용도 등에 따라 재산세 과세
③ 종중이 종교 및 제사를 목적으로 하는 비영리사업자에 해당하는지 여부
 - 종중은 "종교 및 제사"를 목적으로 하는 비영리공익사업자에 해당하지 않음(지예 법107-1).
 - 종중이 소유하는 재산에 대하여는 「지방세법」 제186조에 의한 용도구분에 의한 비과세 규정을 적용받지 않음.
④ 사실상의 종중재산으로 개인명의로 등재된 경우
 - 과세기준일부터 10일(6.11.) 이내에 과세대상 재산변동신고를 하여야 과세대상 재산을 종중소유로 재산세 과세
 - 과세대상 재산 변동신고 이후에는 계속하여 종중소유 재산으로 보아 재산세 과세

4) 국가 등과 연부 매매계약 후 무상사용권을 부여받은 경우

국가·지방자치단체·지방자치단체조합과 재산세 과세대상 재산을 연부로 매매계약을 체결하고 그 재산의 사용권을 무상으로 부여받은 경우에는 그 매수계약자에게 납세의무가 있다. 예를 들어 지방자치단체와 연부로 공유토지 매매계약을 체결한 후 그 토지위에 매수인이 건물 철거공사를 하고 펜스설치를 하였다 할지라도 매수인이 해당 지방자치단체로부터 공유토지에 대한 토지사용승낙을 받은 사실이 없음이 입증된다면 그 매수인은 공유토지에 대한 재산세 납세의무는 없다(행심 99-347, 1999.5.26.)고 보아야 한다. 여기서 무상사용권을 부여받은 토지는 국가·지방자

치단체・지방자치단체조합으로부터 연부취득한 경우로 한정하고 있으므로, 국가 등 이외의 자로부터 연부취득 중에 매수인이 무상사용권을 부여받았다 하더라도 그 매수인에게는 납세의무가 없고 국가 등 이외의 자에게 납세의무가 있게 된다(지예 법107-2).

① '토지사용권을 무상으로 부여받은 경우'의 의미

무상 사용권을 부여받은 경우를 실제로 사용하고 있음을 의미하는지 또는 계약상 무상 사용권을 보유하고 있는 경우도 부여받은 경우로 볼 수 있는지가 문제가 된다. 대체로 매도자(국가 등)는 일정한 조건하에서 매수계약자의 신청이 있으면 취득 목적대로 사용(건축허가 등)하는 것을 허용할 수 있다는 것을 계약서에 명기하기도 하는데, 유권해석은 토지의 실제 사용 여부에 불구하고 이미 무상 사용권을 확보한 것이므로 계약 자체로서 토지의 사용권을 무상으로 부여받은 것으로 본다고 규정하고 있다.

국가・지방자치단체・지방자치단체조합으로부터 연부로 매수한 당해 재산을 이용・관리할 수 있는 승낙을 받았다고 하더라도 그것이 당해 재산을 잠정적으로 보존・유지・관리한다거나 제한적인 목적에서 일시적으로 이용하도록 하는 승낙을 받은 것에 불과하고 당해 재산을 독자적으로 사용・수익할 수 있는 권리를 부여받은 것이 아닌 경우에는 그 매수계약자가 재산세 납세의무를 진다고 할 수 없다(대법원 2013두15675, 2014.4.24.).

그런데 사용권 부여의 조건이 있는 때에는 그 조건이 성취된 이후에나 사용권이 부여되었다고 할 수 있으며, 상기 유권해석의 규정은 종전의 비업무용 토지(구 지령 §84-4 ④ 8) 규정에서 연부취득 토지로서 사용수익을 허용한 경우에서는 실제로 사용・수익을 허용한 때를 의미한다는 점과 다르며, 계약 자체로서 토지의 사용권을 무상으로 부여받은 것으로 본다는 규정이나 이와 다르게 판단하고 있는 심사례(심사 99-347, 1999.5.26.)를 살펴보면 "매도자인 처분청이 매수인에게 토지사용승낙을 하지 않는 한 매수인이 토지상에 건축행위 등 원형 변경을 하지 못하는 것이며, 연부금을 완납하기 전에 매수인이 토지를 사용하고자 하는 경우에는 토지사용승낙 신청에 의하여 처분청의 토지사용승낙이 있어야 하는 것인데 재산세 과세기준일(6.1.) 현재 관할관청에 토지사용승낙을 신청하지도 아니하여 관할관청으로부터 토지사용 승낙을 받아 건축허가 및 건축공사에 착공한 것이 아니므로 매수인이 토지의 사용권을 무상으로 부여받았다고 볼 수 없다(세정 13407-524, 1999.4.30. 참조)"라고 결정하고 있다.

② 선수금을 받아 매매용 토지를 조성하는 경우

국가・지방자치단체 및 지방자치단체조합이 선수금을 받아 조성하는 매매용 토지로서 사실상 조성이 완료된 토지의 사용권을 무상으로 부여받은 자가 있는 경우에는 그 자를 「지방세법」 제107조 제2항 제4호의 규정에 의한 매수계약자로 보도록 규정되어 있다(지령 §106). 따라서 토지 조성이 사실상 완료되어 사용권을 무상으로 받은 날로부터 납세의무가 있는 것이다(세정 13407-104, 1998.4.9.).

사례 도시환경개선사업시행자가 사업인가고시일에 정비구역 안에 무상양도 대상 국·공유지를 사실상 취득함(행심 2005-432, 2005.9.26.)

사업시행자가 주거환경개선사업에 대하여 제반권리를 배타적으로 행사할 수 있을 때인 사업인가고시일에 청구인에게 무상양여되었다고 보아야 할 것이므로 처분청이 이 사건 토지에 대하여 청구인을 사실상 소유하고 있는 자로 보아 종합토지세를 부과한 처분은 잘못이 없다 하겠으나, 관할관청이 필지를 특정하여 유상으로 매입하라는 이 사건 토지 중 국유지 일부(14,432.3㎡)에 대하여는 사업시행인가의 고시가 있은 날부터 해당 사업시행자에게 무상으로 양여된 것이 아님.

> ### 연부취득 중에 상속이 된 경우 납세의무자 판단
>
> **시 소유 준공된 시영아파트를 연부취득하여 구입대금을 완납하기 전, 즉 구입대금의 한 40% 정도로 납부하여 소유권이전도 되지 않은 상태에서 사망한 경우 납세의무자?
>
> 연부매매 계약기간 중 재산세 납세의무자는 "재산세 과세대장에 소유자로 등재되어 있는 자"가 납세의무자가 되므로 재산세 과세기준일의 소유자인 매도자가 납세의무자가 된다. 따라서 연부로 매매계약을 체결한 경우 마지막 연부금지급일 또는 등기일 중 먼저 도래한 날을 취득일로 보아 재산세 납세의무를 판단함. 다만, 국가·지방자치단체·지방자치단체조합과 재산세과세대상재산을 연부계약을 체결하고 사용권을 무상으로 부여받은 경우에는 매수계약자가 재산세를 납부할 의무를 짐. 한편, 피상속인이 비록 사망하였으나 잔금 미납으로 인하여 상속등기대상은 아니라 하더라도 상속인의 상속재산임에는 분명할 것임. 지방자치단체와 연부계약을 체결한 것으로서 당초 피상속인이 재산세 납세의무가 있었는바, 상속이 개시된 재산으로서 상속등기가 이행되지 아니하고 사실상의 소유자를 신고하지 아니한 경우에는 '주된 상속자'의 기준에 따라 납세의무자를 판단하여야 할 것임.

5) 「신탁법」에 따라 수탁자 명의로 등기·등록된 신탁재산

① 개요

2021.1.1. 이후 납세의무성립분부터 「신탁법」 제2조에 따른 수탁자("수탁자")의 명의로 등기 또는 등록된 신탁재산의 경우에는 같은 조에 따른 위탁자(「주택법」상 지역주택조합 및 직장주택조합이 조합원이 납부한 금전으로 매수하여 소유하고 있는 신탁재산의 경우에는 해당 지역주택조합 및 직장주택조합을 말하며, "위탁자")가 납세의무자이다. 이 경우 위탁자가 신탁재산을 소유한 것으로 본다. 여기서 유의할 점은 위탁자의 재산으로 본다는 것으로, 재산세 감면에서 위탁자의 소유자로 보아 직접 사용 여부를 판단하였으나, 2022년 이후에는 수탁자가 사용하더라도 직접 사용으로 보고 있다(지특법 §2 8 참조).

한편, 2020.12.31. 이전에 재산세 납세의무가 성립된 경우에는 개정규정에도 불구하고 종전의 규정에 따르며, 2020.12.31. 이전에 재산세 과세물건을 취득한 경우로서 「조세특례제한법」 및 「지방세특례제한법」에 따라 감면하여야 할 재산세에 대해서는 그 감면기한이 종료될 때까지 개정규정에 따른 위탁자에게 해당 감면규정을 적용한다(부칙 §16).

② 종전규정

㉠ 납세의무자

㉮ 2014.1.1.～2020.12.31. 납세의무성립분

수탁자가 납세의무자이다.[458]

「신탁법」에 따라 수탁자 명의로 등기·등록된 신탁재산의 경우[459] : 위탁자별로 구분된 재산에 대해서는 그 수탁자가 납세의무자가 된다. 이 경우 위탁자별로 구분된 재산에 대한 납세의무자는 각각 다른 납세의무자로 본다. 그리고 위탁자별로 구분된 재산에 대한 납세의무자(수탁자)의 성명 또는 상호(법인 명칭 포함) 다음에 괄호를 하고, 그 괄호 안에 위탁자의 성명 또는 상호를 적어 구분한다(지령 §106 ①). 신탁재산의 경우 소유자는 수탁자이나 납세의무자는 위탁자로 되어 있어, 납세의무자와 등기명의자가 달라 체납처분 불가하였기에 신탁재산에 대한 재산세 납세의무자를 사실상 소유자인 수탁자로 2014.1.1. 이후 변경한 것으로 취득세의 납세의무자와 동일하게 한 것이다.

여기서 신탁 토지는 「신탁법」에 의하여 신탁등기된 토지에 한하므로 명의신탁된 토지는 공부상의 소유자가 납세의무자가 된다는 점을 유의하여야 한다(지예 법107-5 참조).

한편, 「신탁법」에 따른 신탁재산에 속하는 종합합산과세대상 토지 및 별도합산과세대상 토지의 합산 방법은 다음에 따른다(지법 §106 ③).

ⓐ 신탁재산에 속하는 토지는 수탁자의 고유재산에 속하는 토지와 서로 합산하지 아니한다.

ⓑ 위탁자별로 구분되는 신탁재산에 속하는 토지의 경우 위탁자별로 각각 합산하여야 한다.

㉯ 2013.12.31. 이전 납세의무성립분

위탁자가 재산세 납세의무자이나, 「주택법」 제2조 제11호에 따른 지역주택조합·직장

---

458) 재산세 부과원인 사실은 신탁계약을 체결하는 행위가 아니라 과세기준일 현재 자산을 보유하는 행위이고, 이는 개정법의 시행일인 2014.1.1.에는 전혀 도래하지 아니한 사실 또는 법률관계이다. 물론 신탁계약을 체결할 당시를 기준으로 법적 상태의 존속을 신뢰한 원고 한국토지신탁의 신뢰보호 문제가 있을 수 있으나 이를 곧바로 소급입법에 의한 재산 박탈의 문제로 볼 수는 없다. 따라서 이 사건 부칙규정이 소급입법에 의한 재산권 박탈금지의 원칙을 선언하고 있는 헌법 제13조 제2항에 위반된다고 볼 수 없고, 개정법 시행 전에 형성된 신뢰이익의 손상 정도와 개정법이 실현하고자 하는 위와 같은 공익을 비교 형량할 때 후자가 전자보다 더 크다고 하지 않을 수 없다. 법률이 개정되는 경우에는 기존 법질서와의 사이에 크든 작든 어느 정도의 이해관계의 충돌이 불가피하기 마련이라는 점을 아울러 고려하면, 신탁재산에 관한 재산세 납세의무자를 위탁자에서 수탁자로 변경함으로 인하여 초래되는 신뢰의 손상은 헌법상 정당하다고 봄이 타당함(대법원 2015두58539, 2016.3.10.).

459) 구 「지방세법」(2010.3.31. 법률 제10221호로 전부 개정되기 전의 것) 제183조 제2항 제5호(「신탁법」에 의하여 수탁자 명의로 등기·등록된 신탁재산의 경우에는 위탁자. 이 경우 수탁자는 제37조의 규정에 의한 납세관리인으로 봄)는 「신탁법」에 따른 신탁등기나 등록이 마쳐진 재산에 대하여만 적용되는 예외규정이므로, 신탁재산이라고 하더라도 「신탁법」에 따른 신탁등기나 등록이 마쳐지지 아니한 것에 대하여는 적용되지 않는다. 「신탁법」에 따른 신탁등기가 마쳐지지 아니한 경우 신탁재산인 부동산에 관한 사실상의 소유자는 수탁자로 보아야 함(대법원 2012두26852, 2014.11.27.).

주택조합이 조합원이 납부한 금전으로 매수하여 소유하고 있는 신탁재산의 경우에는 해당 지역주택조합·직장주택조합)이 재산세 납세의무자이며, 이 경우 수탁자(지역주택조합·직장주택조합의 경우에는 조합원)는 납세관리인으로 본다라고 규정하고 있었다(구 지법 §107 ② 5). 이는 취득세의 납세의무자와 달라 혼란이 있었고, 위탁자가 체납하는 경우 납세의무자와 등기명의자가 달라 체납처분 불가하였다(구 지법 §107 ① 3). 여기에서 수탁자를 납세관리인으로만 봄으로 인하여 위탁자가 체납하였을 경우 부동산명의가 수탁자로 되어 있어 압류처분을 할 수 없는 등 조세채권확보 및 형평성에 문제점이 노출되어 수탁자에게 신탁재산 가액을 한도로 제2차 납세의무를 지우는 것이었다.

ⓛ 경과조치

2013.12.31. 이전에 재산세 납세의무가 성립된 경우에는 개정규정에도 불구하고 종전의 규정에 따르며, 「조세특례제한법」 및 「지방세특례제한법」에 따라 감면하였거나 감면하여야 할 재산세에 대해서는 그 감면기한이 종료될 때까지 개정규정에 따른 수탁자에게 해당 감면규정을 적용한다.

ⓒ 신탁재산에 재산세 체납 시 압류

「신탁법」에 따라 수탁자 명의로 등기된 신탁재산에 대한 재산세가 체납된 경우에는 「지방세징수법」 제33조에도 불구하고 재산세가 체납된 해당 재산에 대해서만 압류할 수 있다. 다만, 재산세가 체납된 재산이 속한 신탁에 다른 재산이 있는 경우에는 그 다른 재산에 대하여 압류할 수 있다(지법 §119-2). 이 규정은 2014.1.1.~2020.12.31. 납세의무성립하는 수탁자가 신탁재산에 대한 재산세를 체납하는 경우부터 적용하였다.

③ 미등기 신탁재산에 대한 재산세 납세의무자

재산세 과세기준일 현재 신탁계약은 체결하였으나 신탁등기가 이행되지 않은 신탁재산은 수탁자를 납세의무자로 규정하는 상기가 적용되지 아니한다(지예 법107-8).

> 사례 「신탁법」에 의하여 수탁자 명의로 등기된 신탁재산임이 확인되면 수탁자에 대하여 한 재산세 등 부과처분은 당연무효임(대법원 2009다969, 2011.10.27.)
>
> 재산세 등의 납세의무자는 위탁자인 조합원들이고 이 사건 토지가 그와 같은 신탁재산임이 등기부상에 명백히 나타나 있으므로, 납세의무자가 아닌 원고에 대하여 한 이 사건 처분은 그 하자가 중대하고도 명백하여 당연무효라고 보아, 피고는 원고에게 그가 납부한 재산세 등을 부당이득으로 반환할 의무가 있다고 판단하였다. 앞서 본 규정과 법리 및 기록에 비추어 보면, 이와 같은 원심의 판단은 정당함.
>
> ☞ 2014년~2020년 「신탁법」에 의하여 신탁등기된 경우 수탁자가 납세의무자로 개정되었으나, 2021년 이후 위탁자로 변경되었음에 유의해야 함.

> 사례 「신탁법」에 의한 신탁등기 등이 되지 않은 신탁재산(대법원 2004두8767, 2005.7.28.)
>
> 부동산의 신탁에 있어서 수탁자 앞으로 소유권이전등기를 마치게 되면 대내외적으로 소유권이 수탁

자에게 완전히 이전되고 위탁자와의 내부관계에 있어서 소유권이 위탁자에게 유보되어 있는 것도 아니므로 비록 신탁 목적을 위하여 수탁자 앞으로 소유권이전등기가 마쳐졌더라도 공동시설세의 납세의무자는 수탁자가 됨.

☞ 2014년~2020년 「신탁법」에 의하여 신탁등기된 경우 수탁자가 납세의무자로 개정되었으나, 2021년 이후 위탁자로 변경되었음에 유의해야 함.

사례 재건축조합으로 신탁등기되어 있는 경우(세정 13407-1350, 1997.11.25.)

신탁토지에 대한 납세의무는 특별한 사정이 없는 한 위탁자에게 있다. 즉 개인이 납세의무자가 됨.

☞ 2014년~2020년 「신탁법」에 의하여 신탁등기된 경우 수탁자가 납세의무자로 개정되었으나, 2021년 이후 위탁자로 변경되었음에 유의해야 함.

④ 신탁재산 수탁자의 물적납세의무(지법 §119-2)

신탁재산의 위탁자가 다음의 어느 하나에 해당하는 재산세 · 가산금(2022.1.1. 이전 납세의무성립분만 적용) 또는 체납처분비("재산세 등")를 체납한 경우로서 그 위탁자의 다른 재산에 대하여 체납처분을 하여도 징수할 금액에 미치지 못할 때에는 해당 신탁재산의 수탁자는 그 신탁재산으로써 위탁자의 재산세 등을 납부할 의무가 있다.

① 신탁 설정일 이후에 「지방세기본법」 제71조 제1항에 따른 법정기일이 도래하는 재산세 또는 가산금(재산세에 대한 가산금으로 한정)으로서 해당 신탁재산과 관련하여 발생한 것. 다만, 「지방세법」 제113조 제1항 제1호 및 제2호에 따라 신탁재산과 다른 토지를 합산하여 과세하는 경우에는 신탁재산과 관련하여 발생한 재산세 등을 신탁재산과 다른 토지의 시가표준액 비율로 안분계산한 부분 중 신탁재산 부분에 한정

여기서 신탁 설정일은 「신탁법」 제4조에 따라 해당 재산이 신탁재산에 속한 것임을 제3자에게 대항할 수 있게 된 날(다른 법률에서 제3자에게 대항할 수 있게 된 날을 「신탁법」과 달리 정하고 있는 경우에는 그 달리 정하고 있는 날)로 한다(지령 §116-2).

② ①의 금액에 대한 체납처분 과정에서 발생한 체납처분비

상기에 따라 수탁자로부터 납세의무자의 재산세 등을 징수하려는 지방자치단체장은 납부통지서를 수탁자에게 고지하여야 하며, 이에 따른 고지가 있은 후 납세의무인 위탁자가 신탁의 이익을 받을 권리를 포기 또는 이전하거나 신탁재산을 양도하는 등의 경우에도 이에 따라 고지된 부분에 대한 납세의무에는 영향을 미치지 아니한다.

신탁재산의 수탁자가 변경되는 경우에 새로운 수탁자는 이전의 수탁자에게 고지된 납세의무를 승계한다. 지방자치단체장은 최초의 수탁자에 대한 신탁 설정일을 기준으로 그 신탁재산에 대한 현재 수탁자에게 납세의무자의 재산세 등을 징수할 수 있다.

또한 신탁재산에 대하여 「지방세징수법」에 따라 체납처분을 하는 경우 「지방세기본법」 제71조 제1항에도 불구하고 수탁자는 「신탁법」 제48조 제1항에 따른 신탁재산의 보존 및 개량을 위하여 지출한 필요비 또는 유익비의 우선변제를 받을 권리가 있다.

6) 체비지 또는 보류지의 경우 사업시행자

체비지[460]에 대하여 납세의무를 규정한 구 「지방세법」 제234조의 9 제2항 제6호(현행 지법 §107 ② 6)는 헌법재판소에 위헌소원까지 제기되었던 사항이다.

「도시개발법」에 의하여 시행하는 환지방식에 의한 「도시개발사업 및 주거환경정비법」에 의한 정비사업(주택재개발사업 및 도시환경정비사업만 해당)의 시행에 따른 환지계획에서 일정한 토지를 환지로 정하지 아니하고 체비지 또는 보류지[461]로 정한 경우에는 사업시행자에게 납세의무가 있다. 이 규정은 1997.8.30. 신설되었는데, 이는 대법원판례(93누1022, 1996.4.18.)에서 체비지 예정지에 대하여서는 토지구획정리사업의 시행자가 구 「지방세법」 제234조의 9 제1항에서 정한 "토지를 사실상으로 소유하고 있는 자"에 해당되지 아니하고 나아가 같은 법 제234조의 9 제3항에서 정한 토지의 "사용자"에도 해당한다고 볼 수 없어 사업시행자는 체비지예정지에 대한 재산세를 납부할 의무를 부담하지 아니한다라고 판시함에 따라, 체비지 예정지에 대하여는 납세의무자가 존재하지 않게 되므로, 위 규정을 신설하여 사업시행자를 체비지예정지에 대한 사실상 소유자나 사용자로 볼 수 없다 할지라도 국민개세주의 원칙과 공평과세의 원칙에 따라 모든 토지에 대하여 재산세가 과세되어야 함으로 예외적인 납세의무자로서 사업시행자가 되도록 「지방세법」상 명확히 규정한 것이다. 그 후 사업시행자는 체비지에 대한 "사실상 소유자"도 "사용자"가 아님에도 위 「지방세법」 조문에서 사업시행자를 체비지의 재산세 납세의무자로 규정한 것은 헌법상 실질과세 원칙에 위배되는지 여부에 관한 위헌소원이 제기된바 있으나 헌법재판소는 판결(2000헌바404142, 2001.7.19.)에서 "사업시행자에게 체비지에 대한 종합토지세 납세의무를 부과한 구

---

460) '체비지'는 사업시행자가 해당 법률에 의하여 사업구역 내의 토지소유자 또는 관계인에게 사업비용으로 부담하게 하는 토지를 말한다(「도시개발법」 §34). 「소득세법」 제88조 제2항에서는 「토지구획정리사업법」 기타 법률의 규정에 의하여 사업시행자가 사업구역 내의 토지소유자 또는 관계인에게 그 구역 내의 토지로 사업비용을 부담하게 하는 경우의 해당 토지와 「토지구획정리사업법」에 규정하는 유보지를 체비지라고 말한다. 「지방세법」 제109조 제3항에서 취득세 비과세대상으로 규정한 "사업시행자가 취득하는 체비지"에는 토지뿐 아니라 건축시설도 포함되는 것이며(대법원 2001두5392, 2001.10.23. 참조), 「지방세법」 제109조 제3항에서 규정하고 있는 "부동산의 소유자"는 사업시행인가 당시의 소유자뿐 아니라 그로부터 분양처분 이전까지 대지나 건축시설의 소유권을 승계취득한 자를 포함하는 개념이라고 해석하여야 할 것이므로(대법원 95누5172, 1995.8.25. 판결 참조) 분양처분 이전까지 다른 분양예정자로부터 소유권지분을 전부 취득한 경우에도 환지 및 체비지에 대한 취득세가 비과세되는 것임(세정과-2371, 2004.8.5.).
  - 「지방세법」 상 취득세 과세요건을 충족하기 위하여는 법령에 정해진 과세물건이 존재한다는 것만으로 부족하고 그 부동산의 취득자가 특정되어야 할 뿐만 아니라 그 취득시기가 도래하여야만 하는 것인바, 「도시개발법」 제41조 제5항 규정에서 같은 법 제33조 규정에 의한 체비지는 시행자가, 보류지는 환지계획에서 정한 자가 각각 환지처분의 공고가 있은 날의 다음 날에 소유권을 취득하는 것으로 규정하였으며, 또한 같은 법 제35조 제4항 규정에 이미 처분된 체비지는 해당 체비지를 매입한 자가 소유권이전등기를 마친 때에 취득한 것으로 규정하고 있으므로 체비지를 매입한 자가 잔금을 납부한 경우 이는 "부동산을 취득할 수 있는 권리"의 취득으로 보아야 할 것이지 체비지 자체의 취득으로 볼 수 없으므로 체비지에 대한 잔금납부 여부에 관계없이 사실상 사용하지 않았다면 환지처분공고일의 익일이 취득일이라 할 것임(세정과-2227, 2004.7.28.).
461) '보류지'는 사업시행자가 해당 법률에 의하여 일정한 토지를 환지로 정하지 않고 공공용지 또는 체비지로 사용하기 위해 보류한 토지를 말한다(「도시개발법」 §34).

「지방세법」제234조의 9 제2항 제6호는 실질과세원칙에 위배된다고 보기 어렵다라고 판시하였다.

사업시행자는 체비지에 대하여 비록 사업목적에 의한 제한은 있지만 경제적 소유권의 객관적 징표인 사용수익권 나아가 그 처분권까지 다 갖추어 그에 대한 배타적인 사실상의 경제적 지배를 함으로써 담세력을 지니고 있음으로 사업시행자에게 재산세 납세의무를 부과한 것은 오히려 실질과세원칙에 부합하는 측면이 있다고 볼 수 있다라고 하여 체비지의 납세의무자에 대한 다툼의 소지는 없어지게 되었다.

한편, 체비지의 경우 매매계약서상 매수인이 체비지에 대한 소유권이전등기를 하기 전까지 매도인의 승인 없이는 전매, 양도 및 저당권 기타 제한물권의 설정 등의 행위를 할 수 없도록 제한하였다는 이유만으로 사실상 소유자에게 부과되는 재산세의 납세의무자를 사업시행자로 볼 수는 없다고 판단되며, 매수인이 체비지를 학교설립 용도로 사용하기로 계약서상 기재되어 있는 점, 건축공사의 준공 및 등기이전의 완료 시까지 매수인이 체비지를 사실상 점유하여 사용하고 있는 점, 잔금 미지급 상태이나 체비지 대장에 등재되어 취득의 실질적 요건을 갖추고 있는 점 등을 고려할 때, 매수인을 체비지를 사실상 소유하고 있는 자로서 재산세 납세의무자로 보는 것이 타당하다고 판단된다(부동산세제과-876, 2020.4.21.).

사례 청구법인이 제시하고 있는 대법원(2016.12.15. 선고, 2015다256312 판결 등) 판결은 「도시개발법」이 아닌 2000.7.1. 폐지된 구 「토지구획정리사업법」 제63조 본문("구획정리사업의 시행으로 인하여 생긴 공공시설의 용에 공하는 토지는 환지처분의 공고가 있은 날의 익일에 그 관리자의 구분에 따라 국가 또는 지방자치단체에 귀속한다")에 대한 사례로서, 「도시개발법」에서는 구 「토지구획정리사업법」 제63조 본문과 같이 공공시설 용지의 귀속에 관한 규정이 존재하지 아니하므로 「도시개발법」이 적용되는 쟁점학교용지의 소유권 취득에 대하여 청구법인이 주장하는 대법원 판결이 그대로 적용될 여지는 없는 점(조심 2020중1122, 2020.7.2. 외 다수, 같은 뜻임) 등에 비추어 이 건 도시개발사업의 사업시행자인 청구법인은 환지처분공고일(2020.10.13.)의 다음 날인 2020.10.14. 쟁점학교용지를 원시취득하였다고 보는 것이 타당하다 할 것임(조심 2023지1627, 2024.10.10.).

사례 보류지 중 공공시설용지(행심 2004-159, 2004.6.28.)

보류지 중 공공시설용지가 비과세되기 위해서는 국가 등의 기관이 소유하거나 그 기관이 1년 이상 사용하는 경우 또는 그 토지의 용도가 비영리사업자가 그 목적에 직접 사용하거나 관계법령상의 도로·하천·제방·구거·유지·사적지 및 묘지일 경우에 해당되어야 하나, 위 공공시설용지의 경우는, 비록 위 토지구획정리사업에 필요한 경비를 충당하는 데 소요되는 체비지와 달리 공익적 의무부담만 가중되고 처분 시까지 수익없이 부득이 한시적으로 보유할 뿐 환지처분이 완료되면 지방자치단체에게 무상으로 귀속되는 사정이 있다 하더라도, 과세기준일 현재 청구인이 소유하고 있고, 그 사용 현황도 이미 도로로 사용되고 있는 부분을 제외하고는 전부 잡종지 형태로 사용되고 있는 것들을 보면 비과세대상이라 할 수 없으므로 처분청이 위 공공시설용지에 대하여 조례에 의거 50% 감면하여 재산세를 부과한 처분은 잘못이 없음.

7) 외국인 소유의 항공기 또는 선박을 임차하여 수입하는 경우

수입하는 자

항공기를 운용리스에 따라 수입하거나 수입하여 재임대한 경우라 하더라도 납세의무자를 달리 보도록 정하고 있지도 아니하므로 임차하여 수입하는 자가 납세의무자이다(조심 2019지3516, 2020.10.22.).

8) 파산재단에 속하는 재산(2022년 이후 적용)

공부상 소유자

「채무자 회생 및 파산에 관한 법률」에 따른 파산선고 이후 파산종결의 결정까지 파산재단에 속하는 재산의 경우 공부상 소유자가 납세의무자이다.

9) 사실상 소유자를 확인할 수 없는 경우 그 사용자

> **사실상의 소유자를 확인할 수 없는 사례**
>
> ① (해방 전)일본인 명의로 등재된 재산으로서 그 소유자가 불명확한 경우
> ② 상속자 없이 피상속자가 사망한 경우 피상속자의 재산
> ③ 소유권의 귀속 자체에 분쟁이 생겨 소송이 계류 중인 경우

재산세 과세기준일 현재 소유자의 귀속이 분명하지 아니하여 사실상의 소유자를 확인할 수 없는 경우에는 그 사용자가 납세의무자가 된다(지법 §107 ③). 여기서 '소유권의 귀속이 분명하지 아니하여 사실상의 소유자를 확인할 수 없는 경우'란 소유권의 귀속자체에 분쟁이 생겨 소송 중에 있거나 공부상 소유자가 생사불명 또는 행방불명되어 오랜 기간 동안 그 소유자가 관리하고 있지 아니한 상태에 있는 토지 등을 말한다(대법원 93누1002, 1996.4.18., 지예 법107-6 참조). 이 규정의 취지는 재산세는 매년 재산의 소유 사실에 부과되는 지방세로서 납세의무를 조기에 확정시킬 필요성이 있고, 재산의 소유자와 이를 사용하는 자 사이에는 상당한 인과관계가 있을 수 있는 점을 고려할 때 사용으로 인한 이익을 받는 자에게 재산세를 부과하는 것은 상당한 합리성이 있다는 측면에서 소유권 귀속이 불분명한 경우 그 사용자에게 재산세를 부과하도록 규정하고 있는 것으로 보여진다(조심 2013지48, 2013.4.24.).

한편, 소유권의 귀속이 분명하지 아니한 재산에 대하여 사용자를 납세의무자로 보아 재산세를 부과하려는 경우에는 그 사실을 사용자에게 미리 통지하여야 한다.

공유지(共有地)에 대한 매매계약체결 후 다툼이 생겨 소유권이전등기를 못하였다 할지라도 지분 소유권이전등기청구사건의 승소확정판결에 기하여 언제라도 토지지분에 관하여 소유권이전등기를 경료받아 이를 배타적으로 사용수익처분을 할 수 있는 상태에 있다면, 이는 토지지분을 사실상 소유하고 있는 자에 해당하고 소유권 귀속이 분명하지 아니하여 사실상의 소유권자를 확인할 수 없는 경우에 해당한다고 볼 수 없다(대법원 99두11653, 2001.4.24.)고 할 것이다.

그리고 재산세 과세대상인 무허가 건물 등이기 때문에 소유자를 확인할 수 없는 때, 시설물로서 소유권이 귀속이 분명하지 아니한 때 등이 소유권의 귀속이 불분명한 경우에 해당될 것이다.

> **사례** 해외로 출국한 자의 행방을 알 수 없는 경우(조심 2018지1288, 2018.10.31.)
>
> ○○○의 배우자인 ○○○가 「민법」상 주된 상속자이기는 하나 미합중국으로 출국한 후 현재 그 행방을 알 수 없고, 그 나이(만 87세) 등을 고려할 때 현재까지 생존 여부도 불분명하므로 이 건 주택은 2018년도 재산세 과세기준일 현재 소유권이 분명하지 아니하여 사실상의 소유자를 확인할 수 없는 경우에 해당된다 할 것임.

> **사례** 장기 미준공·미등기 건축물 실질적 임대 중인 경우(지방세운영과-5867, 2011.12.29.)
>
> ① 당시 건축주 "갑"이 쟁점 건축물의 건축허가만을 득하였을 뿐 "갑"명의로 준공되었거나 등기부상에 등재된 적이 없는 점, ② "갑"과 관련한 상속인은 상속에 따른 소유권을 주장하지 않는 점, ③ 착공 이후 장기 미준공 및 미등기인 상태로 정당한 소유권을 가진 자를 알 수 없는 점, ④ "을"이 "갑"명의의 쟁점 건축물 부속 토지를 경락받아 지상의 해당 건축물을 1989년부터 사용·수익을 취하고 있는 점 등의 정황을 고려할 때 해당 건축물에 대하여 건축허가 당시의 건축주라는 이유로 그 건축주의 상속인을 재산세 납세의무자로 보기에는 무리가 있고, 해당 건축물은 소유권 귀속이 분명하지 않는 경우에 해당한다고 보여지는바, 「지방세법」 제107조 제3항에 따라 그 사용자가 재산세를 납부할 의무가 있다고 사료됨.

> **사례** 소유권 분쟁이 생겨 소송 중인 경우(행심 2006-85, 2006.2.27.)
>
> 2005년도 재산세 과세기준일(6.1.) 당시 소유권의 귀속 자체에 분쟁이 생겨 소송 중에 있었으므로, 처분청은 이 사건 토지에 대하여 그 사용자를 납세의무자로 하여 재산세를 부과하여야 할 것임에도 그 공부상 소유자인 청구인을 납세의무자로 보아 이 사건 재산세 등을 부과한 처분은 잘못임.

10) 적용 사례

① 사해행위취소 등 원상회복으로 소유권이 말소된 경우

소유권이전 소송에 따른 원상회복결정은 소송 당사자 간에만 그 효력이 발생할 뿐이지 직접 권리를 취득하는 것이 아니므로 원상회복을 구하는 판결을 받아 그 등기 명의가 원상회복되었다 하더라도 소유권이전등기 확정 판결 이전 사실상 납세의무자에게 부과된 납세의무에는 영향을 미칠 수 없는 것(대법원 98두11458, 2000.1.28. 참조)이므로, 사해행위의 취소와 동시에 소유권이전등기 말소판결을 받았다 하더라도 소유권이행 판결 이전에 과세기준일 현재 사실상의 소유자에게 부과된 재산세는 환급대상이 아니며, 또한 지방법원의 사해행위취소 판결의 불복으로 고등법원에 항소하여 소유권의 귀속자체에 대해 분쟁 중에 있는 경우 2008년도 재산세 납세의무자는 과세기준일(2008.6.1.) 현재 사실상의 소유자인 정이 재산세 납세의무자가 되는 것으로 판단된다(지방세운영과-705, 2008.8.20.)라고 해석하고 있으나, 법원의 판결서에 의하면 부동산에 대한 소유권이전등기가 원인무효로 확정판결되어 사실상의 소유자가 수분양자들이 아니라 원시취득자인 조합으로 확인된 점, 법원의 판결로 인하여 수분양자들이 부동산을 처분할 수 있는 권원이 없어진 점, 시공상의 잘못 등으로 인하여 일부를 제외한 수분양자들이 이 부동산 등에 대한 현실적인 사용·수익이 어려운 것으로 확인된 점, 이 부동산의 사실상 소유자를 조합으로 보는 것이 '실질 과세의 원칙' 및 과세의 형평과 해당 조항의 합목적성에 부합한다고 할 것이어서 수분양자들을 부동산의 납세의무자로 하여 재산세 등을 부과한 처분은 잘못이 있다고 판단된다(조심 2015지552, 2016.5.25.)라고 결정한 바 있다.

한편, 종합부동산세에 대한 대법원판례(대법원 2010두9105, 2012.12.13.)에 의하면 기존 해석과는 배치되는 내용의 취지[462]로 판시하고 있는바, 소유권변동 신고, 실질적인 소유 행사, 사용·수익 여부와 관계없이 승소판결을 통한 진정한 소유자는 재산세 납세의무가 있다라고 판시하고 있다. 따라서 이 대법원판례의 취지는 그 동안 해석과는 배치되는 내용으로 실질 소유자를 기준으로 소급하여 재산세를 부과하여야 한다는 것이다(심판례상의 처분청 의견). 상기의 내용처럼 종전 공부상 소유자에게 부과하는 것은 실질과세 원칙에 위배되므로 실질 소유자를 확인할 수 있는 경우에는 사실상의 소유자가 아닌 자에게 부과한 재산세는 취소하고 사실상의 소유자에게 재부과하는 것으로 개정할 필요가 있다고 본다. 그 이유 중 하나는 국세의 종합부동산세 납세의무자는 재산세 납세의무자라 규정하고 있어서 재산세에서 실질과세 원칙에 의해 사실상 소유자에게 부과하지 아니한다면 종합부동산세도 실질과세 원칙에 위배되는 결과가 되기 때문이다.

> **사례** 법원의 사해행위에 따른 소유권이전등기 절차이행 명령 판결이 있었으나, 재산세 과세기준일(6.1.) 현재 소유권이전이 이행되지 않은 경우라면 재산세 과세기준일(6.1.) 현재 등기명의자가 수익자로서 재산세 납세의무가 있음(대법원 98두11458, 2000.12.8. 참조)(지방세운영과-653, 2009.2.10.).

② 진정명의 회복 이행과정에서 원상회복으로 소유권이 말소된 경우

대법원판례(대법원 2010두9105, 2012.12.13.)에 따르면 진정명의 회복 소송의 판결로 실질 소유자가 결정되는 경우 과세기준일 이전에 실질 소유자가 판결이 난 것으로 과세기준일 이후 진정명의회복등기를 한 경우에도 실질 소유자가 재산세 납세의무자로 하는 것이 타당할 것이다[진정명의회복 소송은 아니나 소유권이전등기 청구 소송에 대한 심판례(조심 2020지0236, 2020.5.25.)도 같은 취지]. 그런데 "재산을 사실상 소유하고 있는 자"란 공부상 소유자로 등재된 여부를 불문하고 해당 재산에 대한 실질적인 소유권을 가진 자를 의미하므로(대법원 2006.3.23. 선고, 2005두15045 판결 등 참고), 판결 이후 소유권이전등기가 이행될 때까지의 재산세 납세의무자에 대하여 살펴보면 소유권이전등기 이행판결 그 자체만으로는 소유권이전청구권을 행사할 수 있을 뿐, 소유권이 변동되었다고 볼 수 없으므로(행심 2006-144, 2006.4.24., 지방세운영과-142, 2008.6.20. 등 참고),

---

462) 소유권보존등기 말소등기청구소송에서 원고가 진정한 소유자임이 밝혀져 승소 확정판결을 받은 이상, 원고는 그 과세기준일 당시 이 사건 토지에 대하여 소유자로서의 권능을 실제로 행사하였는지 여부와 관계없이 위 판결 확정 전의 과세기간에 대하여도 사용·수익·처분권능을 행사할 수 있는 지위에 있는 자로서 특별한 사정이 없는 한 사실상 소유자에 해당한다고 할 것이어서 토지분 재산세 납세의무자에 해당하므로 종합부동산세를 납부할 의무가 있다고 할 것임.

「지방세법」제107조 제2항 제1호의 적용대상으로 볼 수 없고, 해당 부동산을 사용·수익하는 등 실질적인 소유권을 가진 자가 누구인지 여부, 공부상 소유자가 「지방세법」제120조 제1항에 따라 신고 시에 제출한 증거자료의 적절성 여부, 지방자치단체장이 직권으로 조사한 결과 등 구체적인 사실관계를 토대로 재산세 과세기준일 현재 쟁점 부동산을 사실상 소유하고 있는 자를 과세권자인 지방자치단체장이 최종 판단하여야 한다(부동산세제과-1278, 2019.12.19.)라고 해석하고 있으나, 이는 조세심판원 심판례와 대법원판례의 취지에 따르면 문제가 있다고 판단된다.

③ 승소 후 소유권이전등기나 취득세 신고, 재산변동 신고를 하지 아니한 경우

공부상 등재되어 있지 않더라도 객관적으로 보아 해당 재산을 배타적으로 사용·수익·처분할 수 있고 언제라도 공부상 소유자로 등재될 수 있는 상태에 있다면 재산을 사실상 소유하고 있다 할 것이며, 공부상 소유자라 하더라도 취득 또는 양도의 실질적 요건이 갖추어졌는지 등의 제반 사항을 종합하여 사실상 소유자가 따로 있음이 확인된다면 공부상 소유자라는 이유만으로 재산세 납세의무를 지울 수는 없다(조심 2016지544, 2016.9.30.).

④ 매도자 등이 변동신고를 하지 아니하더라도 매수자가 취득세 신고를 한 경우

재산세 납세의무자는 과세기준일 현재 "사실상 소유자"로 보는 것이 원칙이며, 소유권 변동이 있었음에도 신고하지 아니하여 "사실상 소유자"를 알 수 없는 경우 등 예외적인 경우에는 공부상 소유자를 납세의무자로 볼 수 있고, 그렇다고 매수자의 신고 해태로 등기부상 명의자가 과세당하는 경우는 불합리하므로 소유권 변경 입증서류와 함께 납세자 변경신고를 할 경우 이를 인정하여 "사실상 소유자"로 확인된 자는 재산세 납세의무가 있다.[463]

「지방세법」에서는 재산세 납세의무자를 결정할 때 과세기간, 종합합산의 특수성 때문에 매년 과세기준일을 기준으로 일정한 기간(매년 6.1.부터 6.15.까지 - 법조문상 15일)2021년 이전은 10일) 이내이고 초일불산입 규정에 의하면 6.16.까지임) 내에 소유사실에 대한 변동사항을 신고받아 납세의무를 확정할 필요가 있다. 사실상 소유자를 알 수 없는 때에는 공부상의 소유자를 납세의무자로 보도록 명백히 규정하고 있으며, 소유자 변동 신고의무를 이행하지 아니하는 경우 사인 간의 합의서를 이유로 이를 달리 적용할 수는 없는 것이다. 다만, 변동신고를 하지 아니하더라도 취득세 신고를 하였다면 이 또한 공부상의 소유자로 볼 수 있을 것이므로 그 신고서를 기준으로 과세기준일 현재 소유자에게 재산세를 부과하여야 할 것이다.

---

463) 재산세 납세의무자 결정관련 "신고"의 취지는 소유권 관계가 복잡한 재산에 대해 이해관계인들로부터 자발적인 신고를 통해 납세의무자를 결정하거나 소유자가 아님에도 불구하고 부당하게 과세당하는 것을 방지하기 위한 취지로 볼 수 있으며, 신고가 사실과 일치하지 아니하거나 신고가 없는 경우에는 과세권자가 직권으로 조사하여 과세대장에 등재할 수 있는 등 보완 장치도 두고 있으며, 매도자가 재산세 납세의무자 변경신고를 한 상태에서, 과세권자가 해당 연도 재산세 부과징수 결정 과정에서 입증서류 등 사실조사를 통해 매수인을 사실상 소유자로 충분히 알 수 있었다면 매수자를 재산세 과세대장에 등재하여 납세의무자로 보아 과세할 수 있다(지방세운영과-5637, 2010.11.30.).

⑤ 소유권 분쟁으로 소송 진행 중인 경우

소송 진행 중이라 하더라도 이는 재산세 납세의무자 판단 시 영향을 미치지 아니하여 공부상 소유자가 재산세 납세의무자가 되는 것이다. 그런데 소유권의 귀속 자체에 분쟁이 생겨 소송 중에 있는 경우에는 사용자를 납세의무자로 보고 있다.

한편, 2005년부터 2011년까지 건물의 소유권자에게 과세처분을 한 것은 적법하고, 이 과세처분의 대상기간 전에 ○○○이 건물의 건축주였다거나 건물소유권자가 ○○○의 방해로 건물을 실제로 사용하지 않았고 ○○○을 상대로 명도 소송 중이라는 사정만으로는 재산세 과세기준일 현재 소유권의 귀속이 분명하지 아니하여 사실상의 소유자를 확인할 수 없는 경우에 해당한다고 볼 수 없다(대법원 2014두7381, 2014.8.20.). 그리고 공유지(共有地)에 대한 매매계약체결 후 다툼이 생겨 소유권이전등기를 못하였다 할지라도 지분 소유권이전등기청구사건의 승소확정판결에 기하여 언제라도 토지지분에 관하여 소유권이전등기를 경료받아 이를 배타적으로 사용수익처분을 할 수 있는 상태에 있다면, 이는 토지지분을 사실상 소유하고 있는 자에 해당하고 소유권 귀속이 분명하지 아니하여 사실상의 소유권자를 확인할 수 없는 경우에 해당한다고 볼 수 없다(대법원 99두11653, 2001.4.24.)고 할 것이다.

> **사례** 사실상 매도했으나 분쟁 발생한 경우(행심 2008-37, 2008.1.28.)
>
> 청구인은 당초 이 사건 쟁점 토지의 매매계약을 갱신할 것을 청구 외 ○○○ 외 5인(매수인)에게 요청하였으나 매수인이 이를 거절하여 소유권에 관한 분쟁이 진행 중이었고 2007년 재산세 과세기준일(6.1.) 이후인 2007.7.9. 법원의 조정결정에서 결국 청구인의 매매계약 변경요구를 매수인이 수용하여 추가로 매매대금을 지급하였다면 갱신된 매매계약에 따른 최종 금전이 지급된 시점에서 비로소 사실상의 소유자가 변경되었다고 보아야 할 것으로서, 처분청이 이 사건 쟁점 토지에 대하여 공부상의 소유자인 청구인을 재산세 납세의무자로 보아 재산세를 부과 고지한 처분은 잘못이 없음.

⑥ 합의해제로 소유권을 원상회복하는 경우

「지방세법」 제107조 제1항에서 재산세 납세의무자를 과세기준일 현재(6.1.) 해당 재산의 사실상 소유자로 규정하고 있는바, 매매를 원인으로 한 소유권이전등기(2011.4.6.)가 공부상 확인되고 있으므로 비록 합의해제로 소유권이전등기가 말소(2011.6.29.)되었다 하더라도 과세기준일 현재(2011.6.1.) 공부상 소유자로 등재되어 있는 이상 다른 사람을 재산세 납세의무자로 볼 수 없다(지방세운영과-3773, 2011.8.8.)라고 해석하여 왔었다. 그런데 합의해제로 인하여 양도계약을 소급적으로 실효시키는 것으로, 대법원판례(대법원 2010두9105, 2012.12.13.)의 취지에 따르면 합의해제로 인하여 실질 소유자가 매도자가 되는 것이다. 따라서 과세기준일 이후 합의해제한 경우에도 실질 소유자인 매도자가 재산세 납세의무자로 하는 것이 타당하다고 판단된다.

⑦ 소유권변동신고 또는 취득세 신고를 하지 아니한 경우

공부상의 소유자가 매매 등의 사유로 소유권에 변동이 있었음에도 이를 신고하지 아니하여 사실상의 소유자를 알 수 없는 때에는 공부상의 소유자에게 납세의무가 있으므로 반드시 6.11.까지

변동신고를 하여야 공부상의 소유자에게 불이익이 없을 것이다. 즉 신고가 없는 경우에는 공부상의 소유자에게 부과할 것이나, 공부상 등재 여부와 무관하게 과세기준일 현재 잔금지급 등 실제 취득이 이루어졌다면 재산세 납세의무가 있는 것이다(대법원 2015두2307, 2015.9.24. 참조).

> **사례** 신탁 토지나 과세기준일 현재 분양이 완료된 경우(세정 13407-1350, 1997.11.25.)
> 구「지방세법」제183조 제2항 제5호에서는 제1항의 규정에 불구하고「신탁법」에 의하여 수탁자 명의로 등기된 신탁재산(명의신탁 제외)의 경우 위탁자를 납세의무자로 보도록 되어 있어 신탁토지에 대한 납세의무는 특별한 사정이 없는 한 위탁자에게 있음.
>
> ☞ 2014년~2020년 「신탁법」에 의하여 신탁등기된 경우 수탁자가 납세의무자로 개정되었으나, 2021년 이후 위탁자로 변경되었음에 유의해야 함.

⑧ 공유수면매립토지

재산세의 입법목적 및 성격 등에 비추어 볼 때, "토지를 사실상으로 소유하고 있는 자"라 함은 공부상 소유자로 등재된 여부를 불문하고 해당 토지에 대한 실질적인 소유권을 가진 자로서 객관적으로 보아 해당 토지를 배타적으로 사용·수익·처분할 수 있고 언제라도 공부상 소유자로 등재될 수 있는 상태에 있는 자를 포함하고, "소유권의 귀속이 분명하지 아니하여 사실상의 소유자를 확인할 수 없는 경우"란 소유권의 귀속 자체에 분쟁이 생겨 소송 중에 있거나 공부상 소유자가 생사불명 또는 행방불명되어 오랜 기간 동안 그 소유자가 관리하고 있지 아니한 상태에 있는 토지 등을 말한다고 보아야 할 것이다(대법원 93누1022, 1996.4.18. 참조). 따라서 공유수면매립토지의 지분권자의 지분권에 대해 소유권이전등기청구 소송 승소판결을 받아 언제라도 사용·수익·처분 가능상태이므로 승소자가 '사실상 소유자'로서 재산세(토지) 납세의무자이다(대법원 99두11653, 2001.4.24.).

⑨ 무단점유

심사례(99-472, 1999.7.28.)를 살펴보면 무단점유를 당한 경우 소유권자로서의 권리를 행사하지 못하고 있으므로 재산세(토지)는 토지의 점유 사용자에게 납세의무가 있다고 주장하지만, 재산세는 원칙적으로 소유권자에게 납세의무가 있고, 예외적으로 소유권의 귀속이 불분명한 경우에 사용자에게 납세의무를 지우는 것이므로, 비록 토지상에 무단점유자들이 있어 그 소유권의 행사에 방해를 받고 있다 하더라도 이러한 사실이 소유권자를 토지의 사실상 소유자로 보는 데 아무런 영향을 미칠 수 없다 하겠으며, 또한 소유권 귀속이 불분명한 경우라 함은 소유권의 귀속 자체에 분쟁이 생겨 소송 중에 있거나 공부상 소유자가 행방불명 또는 생사불명되어 오랜 기간 동안 그 소유자가 관리하고 있지 아니한 상태인 경우를 말하므로(대법원 93누1022, 1996.4.18.) 무단점유의 경우에도 소유권자가 납세의무가 있다.

⑩ 도시개발지구 내 환매특약 토지

대법원은 과세기준일 현재 재산의 "사실상 소유하고 있는 자"를 공부상 소유자로 등재된 여부를 불문하고 해당 재산에 대한 실질적인 소유권을 가진 자를 말한다고 보아야 할 것(대법원 2005두

15045, 2006.3.23. 참조)이라고 판시하고 있는바, 공법상 환매권의 의의, 사업시행자와 환매특약부 존치부지 매매계약을 체결하여 사업이 완료된 후에 구획정리된 토지를 공급받는 조건으로 소유권을 이전하는 경우에도 「소득세법」 제88조에 따른 양도로 보고 있는 점 및 환매권자와 사업시행자 간에 체결한 '환매특약부 존치부지 매매계약서' 상의 제1조 양도목적, 제4조 환매특약, 제5조 토지의 사용 및 제6조 면적 및 금액정산 등의 내용으로 보아 사업시행자는 환매권자로부터 쟁점토지를 취득하여 도시개발사업(지적정리 등 포함)에 사용하는 것이 분명하므로 '사실상 소유하고 있는 자'로 볼 수 있다. 따라서 환매권자가 환매권을 행사하여 소유권을 돌려받기 전까지는 토지에 대한 공부상 소유자이면서, 토지를 도시개발사업에 사용하고 있는 사업시행자를 재산세 납세의무자로 보는 것이다(지방세운영과-2006, 2012.6.29.).

⑪ 불법 증축분 건물이 결합되어 낙찰된 경우

재산세 납세의무는 과세기준일 현재 소유하고 있는 경락인에게 있는 것이며, 불법 증축분 건물이 결합되어 낙찰된 경우 증축 건물이 기존건물과 분리하여 별개의 독립물로서 효용을 갖지 못하는 이상 경매절차에서 경매 목적물로 평가되지 아니하였다고 할지라도 경락인은 부합된 증축분을 소유한다고 보는 것이 합리적이라 할 수 있으므로(대법원 99다24256, 2002.5.10 참고), 증축분 건물에 대한 재산세 납세의무는 과세기준일 현재 소유하고 있는 경락인에게 있다(지방세운영과-4638, 2011.9.30.).

⑫ 명의신탁 부동산

「부동산 실권리자명의 등기에 관한 법률」 제4조에서는 명의신탁약정의 경우 그 계약의 효력은 무효이나 등기관계를 믿은 선의의 제3자에 대하여는 대항하지 못한다고 규정하여 소급효의 적용을 배제하고 있다. 공부상에는 명의수탁자가 소유자로 등재되어 있을 뿐 사실상의 소유자가 명의신탁자라는 점을 신고한 바가 없어 사실상의 소유자를 확인할 수 없었다는 점, 대법원에서도 명의신탁자가 확정판결을 받아 부동산 소유권을 회복하였다 하더라도 소유권이전등기가 이루어지기 전까지는 명의수탁자가 법률적으로 소유권을 행사하게 되어 확정판결 자체만으로는 취득을 인정할 수 없고 소유권이전등기까지 완료되어야 취득(소유권 변동)으로 인정할 수 있다고 판시(대법원 2000두9311, 2002.7.12.)하고 있는 점 등을 종합해 볼 때 부동산에 대한 확정 판결 이전의 재산세 납세의무자는 공부상 소유자인 명의수탁자로 보는 것이다(지방세운영과-2423, 2013.9.27.).

한편, 명의신탁자가 소유자로부터 부동산을 양수하면서 명의수탁자와 사이에 명의신탁약정을 하여 소유자로부터 바로 명의수탁자 명의로 해당 부동산의 소유권이전등기를 하는 3자간 등기명의신탁의 경우 명의신탁자의 매수인 지위는 일반 매매계약에서 매수인 지위와 근본적으로 다르지 않으므로(대법원 2018.3.22. 선고, 2014두43110 판결 참조), 명의신탁자가 부동산에 관한 매매계약을 체결하고 매매대금을 모두 지급하였다면 재산세 과세기준일 당시 그 부동산에 관한 소유권이전등기를 마치기 전이라도 해당 부동산에 대한 실질적인 소유권을 가진 자로서 특별한 사정이 없는 한 그 재산세를 납부할 의무가 있다. 명의수탁자는 항고소송으로 자신에게 부과된 재산세 부과처

분의 위법을 주장하거나 관련 부동산의 소유권에 관한 판결이 확정됨을 안 날부터 일정 기간 이내에 후발적 사유에 의한 경정청구를 하는 등의 방법으로 납부한 재산세를 환급받을 수 있다(대법원 2018다283773, 2020.9.3.).

⑬ 현금청산자(재건축조합 등)

㉠ 당초 토지분

법원의 소유권이전등기 이행 판결에 따라 부동산을 재건축조합에 명도하여 사실상의 소유자가 아니므로 공부상 소유자에게 재산세를 부과한 처분은 부당한 것이라 주장할 수 있으나, 「지방세법」 제107조 제1항에서 재산세를 납부할 의무가 있는 사실상의 소유자는 재산세 과세기준일 현재 「지방세법 시행령」 제20조에 따라 재산을 취득한 것으로 볼 수 있는 자를 말한다고 할 것이고, 비록, 재건축조합이 추진중인 재건축사업으로 인하여 청구인이 부동산을 자유롭게 사용하는데 제한이 있고 법원에서 소유권이전등기와 현금청산금 지급을 이행하라는 판결이 있었다고 하더라도 재산세 과세기준일 현재 재건축조합에서 현금청산금을 전혀 지급하지 아니하였고, 소유권이전등기도 이루어지지 않았으므로 「지방세법 시행령」 제20조에 따라 재건축조합이 부동산을 취득하였다고 보기에는 무리가 있어 보인다.[464] 소유권이전에 대한 이행판결이 있었으나 소유권이전등기가 경료되지 아니하였으므로 공부상 소유자를 납세의무자로 보아 재산세를 부과하여야 한다(조심 2013지233, 2013.4.29.).[465]

㉡ 준공 이후 건축물

현금청산자들은 재건축조합 등에 분양신청을 하지 아니하였고, 분양신청을 하지 않는 조합원들을 대상으로 임의로 동·호수 추첨을 하여 아파트가 배정되었으나 현금청산자와 재건축조합 간에 아파트에 대한 분양계약을 체결하지 아니한 사실, 재건축조합은 현금청산자들을 포함하여 분양계약을 체결하지 않는 조합원들에 대하여 조합규약 및 관리처분계획에 따라 현금청산을 하기로 하고, 현금청산자들이 수령을 거부하자 2009.11.12.과 2009.12.22. 수원지방법원에 그 금원을 공탁한 사실, 위 공탁 이후 아파트에 관하여 현금청산자들 명의로 준공인가가 이루어지자 현금청산자들이 자신의 명의로 소유권보존등기를 한 후 이를 처분하는 것을 막기 위하여 재건축조합을 상대로 아파트에 관한 처분금지가처분 신청을 하였고, 법원

---

464) 토지등소유자가 분양신청 기간 내에 분양신청을 하지 아니한 경우, 사업시행자에게 분양신청 기간의 종료일부터 150일 이내에 청산금을 지급해야 할 의무를 규정하고 있을 뿐이므로, 위 청산금 지급기간이 경과한다고 해서 토지등소유자가 소유하는 부동산의 소유권이 사업시행자에게 당연히 귀속된다고 할 수는 없으며, 사업시행자가 토지등소유자에게 청산금을 지급하고, 토지등소유자와 사업시행자가 소유 부동산에 관한 소유권이전등기를 마쳐야 비로소 그 소유권이 사업시행자에게 이전된다고 해석된다(「민법」 §186 참조). 따라서 원고가 이 사건 조합으로부터 청산금을 지급받지도 않았고, 그에 대응하여 이 사건 토지에 관한 소유권이전등기도 마치지 않은 이 사건에 있어서, 이 사건 조합이 이 사건 토지의 '사실상의 소유자'라고 해석할 수는 없으므로, 원고의 이 부분 주장은 그 사실관계에 대하여 판단하기 전에 주장 자체로 받아들일 수 없다(대법원 2016두31074, 2016.4.15.).

465) 대법원(2014두36440, 2014.7.24.)에서 동일한 취지로 판결함.

은 처분금지가처분 결정을 한 사실, 아파트에 관하여 2010.2.4. 가처분등기의 촉탁으로 인하여 현금청산자들 명의로 각 소유권보존등기가 마쳐진 사실 등을 인정하였고, 재건축조합은 도급계약의 당사자로서 재건축조합의 재산을 제공하여 신축한 각 부동산의 소유권을 원시취득하고, 분양신청을 하지 않고 분양계약을 체결하지 않은 현금청산자들은 아파트에 관한 권리를 취득할 수 없으므로 가처분등기의 촉탁으로 인하여 현금청산자들 명의로 마쳐진 아파트에 관한 소유권보존등기는 무효이므로 현금청산자들은 특별한 사정이 없는 한 재건축조합원에게 위 각 소유권보존등기의 말소등기절차를 이행할 의무가 있다고 판시하고 있다.

대법원 판결문에서는 재건축조합의 사용승인일에 아파트를 원시취득하였고, 조합원들 명의의 아파트 소유권보존등기는 원인무효라고 판시하였을 뿐 아니라, 재건축조합이 분양신청 및 분양계약을 체결하지 아니한 조합원들을 현금청산 대상자로 보아 관할법원에 해당금액을 공탁하는 한편, 아파트에 대한 처분금지가처분을 이행한 사실 등으로 비추어 볼 때, 재산세 과세기준일(6.1.) 현재 아파트를 명목상으로나 사실상으로 소유하고 있는 자는 재건축조합이다.

⑤ 취득시기

① 재산세 납세의무는 과세기준일(매년 6.1.) 현재의 「지방세법 시행령」 제20조에 규정하고 있는 취득시기 도래 여부를 기준으로 판단하는 것이 원칙임.
② 건축허가를 받아 건축하는 건축물의 경우 준공검사를 받지 아니하고 사실상 사용하고 있으면, 그 사실상 사용일 이후 도래되는 재산세 과세기준일 현재의 소유자에게 납세의무가 있음.
③ 연부취득 시 대금을 완납하기 전 또는 소유권이전등기 전에는 소유권을 취득하지 아니하였으므로 대금청산일과 소유권이전등기일 중 빠른 날을 기준으로 재산세의 납세의무가 성립함.
④ 국가·지방자치단체·지방자치단체조합이 아닌 자와 연부로 매매계약을 체결하고 그 토지의 사용권을 무상으로 부여받은 경우에는 양도인이 납부할 의무가 있음. 다만, 국가·지방자치단체 및 지방자치단체조합으로부터 연부계약에 의해 사용권을 무상으로 받은 경우에는 양수인이 납부할 의무가 있음.
⑤ 과세기준일 현재 재산세 과세대상 재산이 양도·양수된 때에는 양수인을 과세기준일 현재 과세대상 재산을 사실상 소유하고 있는 자로 봄 – 과세기준일 24시 현재의 소유자
⑥ 과세기준일인 6.1.에 준공검사를 받은 경우 해당 연도분 재산세 납세의무가 있음.
⑦ 임시사용승인 받은 신축아파트는 과세기준일 이전에 잔금지급 완료된 경우 입주자가, 잔금지급전에는 건축주가, 사실상의 소유자로서 재산세 납세의무가 있음.
⑧ 과세기준일 이전에 입주하였으나 잔금을 과세기준일 이후에 지급하였다면 재산세는 과세기준일 현재의 소유자인 건축주에게 납세의무가 있음.
⑨ 분양금 잔금을 은행융자금으로 대체하기로 한 경우 잔금지급일인 융자금대환일이 취득시기가 되어 이 기준으로 납세의무자를 판단함.

「지방세법」 제107조 제1항에서 재산세 납세의무자를 사실상의 소유자로 규정한 다음 사실상의 소유자가 되는 취득시기는 별도로 규정하고 있지 아니하므로 취득세의 취득시기를 규정한 「지방세법 시행령」 제20조를 준용(같은 취지의 대법원 98두14549, 1999.9.7. 참조)하여야 할 것이다. 특히 「지방세법 시행령」 제20조 제11항에서 유상승계취득, 무상취득 또는 연부취득의 경우에는 그 취득일 전에 등기한 경우는 그 등기일을 취득일로 규정하고 있다.

「지방세법 시행령」 제20조에 준용한 취득시기는 취득세 취득시기 편을 참조하기 바란다.

(1) 건축 중인 건물

취득세 규정에서 원시취득의 취득시기는 사용검사교부필증 교부일이며, 사용검사일 전에 임시사용승인을 득하였다면 임시사용승인일이 되며 임시사용승인도 받지 아니하고 사실상 사용하면 사실상 사용일을 취득시기로 본다. 취득세는 사실상의 사용 개념에서 판단하고, 재산세는 사실상의 준공 개념에서 판단한다는 점에서 차이가 있다. 따라서 재산세의 경우는 과세기준일 현재의 상황에 의한 판단으로서 건축물로서의 효능을 발휘할 수 있는 상태, 즉 하나의 독립된 부동산으로서 요건을 갖춘 때는 과세대상이 되는 것이다. 이를 뒷받침하는 판례와 해석으로는 "재산세는 소유권의 대상이 되는 토지와 건물 등에 대하여 과세되는 것으로서 건축물을 신축한 경우에는 그 신축행위에 의하여 소유권의 대상이 될 수 있는 독립한 부동산이 되었을 때, 즉 지붕과 주위벽을 갖추고 토지에 정착한 1개의 건축물로서 존재함에 이른 때에 재산세 과세대상이 될 수 있는 건축물이라고 해석함이 상당할 것이고 현실적으로 그 건축물 본래의 용도에 따른 사용수익이 가능할 정도로 완성된 것을 과세의 요건으로 한다고는 해석되지 아니한다(대법원 83누682, 1984.4.10.)"라는 대법원의 판례와 "건축허가를 받아 건축하는 건축물의 경우 준공검사를 받지 아니하고 사실상 사용하고 있으면, 그 사실상 사용일에 건축물을 취득한 것으로 보아 취득세의 납세의무가 성립하는 것이며, 재산세의 경우는 그 사실상 사용일 이후 도래되는 재산세 과세기준일 현재의 소유자에게 납세의무가 있다(세정 1268-2307, 1984.2.25.)"라는 유권해석이 있다.

재산세의 취득세 규정상의 취득시기를 기준으로 하여 과세기준일 현재 취득시기가 성립되었으면 납세의무가 있는 것으로 보는 것이 일반적이다.[466] 한편, 과세대상상에 등재되지 아니한 경우에도 과세기준일 현재 건축물로 사실상 사용하고 있다면 납세의무가 있다라고 해석한 바 있다.

(2) 임시사용승인받은 건축물

임시사용승인을 받아서 입주를 하여 주거용으로 사용한 이상 지번 확정이 되지 않아 대지권 등기가 되지 아니하였다 하더라도 분양계약서상의 면적을 기준으로 주택에 대한 재산세를 과세하여야 할 것이다.

분양대금의 잔금이 완납된 세대는 분양받은 자가 납세의무자가 될 것이며, 분양대금 잔금이

---

466) 판례 등에 따르면 취득시기를 원용함에 문제가 있으므로 이에 대한 보완규정이 절실히 요구된다고 볼 수 있다.

완납되지 아니한 세대는 분양자인 건축주가 납세의무자가 되는 것이다.

> **사례** 아파트가 임시사용승인을 받은 경우(조심 2012지0554, 2012.11.28.)
>
> 쟁점아파트의 경우 사업시행자인 ○○○ 재건축조합과 시공자인 ○○○이 조합원의 승낙을 받아 임시사용신청을 하여 재건축아파트 1,008세대 중 87세대를 2012.5.3. 임시사용승인을 받아 그 중 69세대는 조직위원회 직원숙소로 임대하고, 나머지 18세대는 이용자가 없어 미 임대되었을 뿐, 쟁점아파트에 대한 마무리 공사 불량 등으로 사용이 거의 불가능한 상태에서 임시사용승인이 났다고 볼만한 증거가 없는 이상, 단지 쟁점아파트가 임대되지 않았다는 이유만으로 2012년도 재산세(건물분) 과세대상이 아니라고 보기에는 어려움이 있음.

(3) 사실상 잔금지급된 경우

'사실상의 잔금 지급일'이라 함은 비록 잔금 지급이 모두 완결되지 않았다고 하더라도 거의 대부분의 잔금이 지급되고 사회통념상 무시하여도 좋을 정도의 일부분의 잔금만이 미지급되었다고 한다면 거래관념상 잔금을 모두 지급한 경우와 마찬가지로 볼 수 있는 경우 등을 가리키는 것으로서, 일반인의 관점에서 그 범위의 대강이 예측가능하다고 할 것이고 과세관청의 자의적인 해석과 집행을 초래할 정도로 지나치게 추상적이고 불명확하다고 볼 수 없다고 할 것으로(대법원 2007두4148, 2007.4.26.), 거래관념상 잔금의 일부를 납부하지 아니하더라도 취득 물건의 사실상 수용·수익·처분이 가능한 권리를 가지고 있다면 '사실상 취득'으로 보아 취득으로 의제하는 것이 타당할 것으로, 甲이 해당 토지 분양대금의 대부분을 납부하여 취득 물건의 사실상 수용·수익·처분이 가능한 권리를 가지고 있다면 사실상 취득으로 볼 수 있을 것이다. 한편, 잔금미지급의 정도를 정형화할 경우에 오히려 매도자와 매수자간 담합에 의하여 정해진 기준 이상의 잔금을 남김으로써 취득세를 탈세할 우려가 있음으로 소액 잔금 미납 시 사실상 취득으로 인정하는 규모를 별도로 정하여 법적으로 기준을 정하는 것보다, 당초 계약상 잔금지급일 경과 여부, 계약상 잔금 중 지급된 비율, 전매 여부, 사실상 사용·수익·처분 여부 등을 종합적으로 판단하여 사안별로 결정하는 것이 타당할 것으로 보여진다. 따라서 사실상 취득 여부 및 취득으로 볼 수 있는 잔금범위 등의 판단 관련해서는 과세권자가 사실상 사용·수익·처분 여부 등을 사실조사하여 판단할 사항이다(지방세운영과-6036, 2010.12.25.). 이와 같이 사실상 잔금지급이 되어 취득세 신고를 하였다면 그 신고내용에 따라 과세기준일 이전에 취득한 경우에는 재산세 납세의무가 있는 것이다.

> **사례** 과세기준일 전에 취득하였으나 과세기준일 후에 이전등기 시(행심 2004-281, 2004.9.23.)
>
> 토지를 그 잔금지급일에 취득하였다고 할 것이므로 「지방세법」상 종합토지세 과세기준일(2003.6.1.) 이전에 취득하고 사실상 소유하고 있었으므로 청구인의 종합토지세 납세의무는 성립하였다고 할 것임.

> **사례** 미완료로 잔금지급일 이후 토지사용승낙받은 경우(행심 98-323, 1998.7.1.)
>
> 매수자가 잔금지급일에 잔금을 지급하였는데도 매도자로부터 부동산을 양도받지 못하여 부동산을 사실상 사용·수익·처분할 수 없는 경우까지도 잔금지급일을 취득일로 본다는 의미는 아니라 할

것이므로, 처분청에 잔금을 지급하였다 하더라도 잔금을 지급한 날까지 처분청의 토지조성사업이 완료되지 아니하여 매수한 토지를 사실상 사용·수익·처분할 수 없었으므로 잔금지급일이 아닌 토지사용승낙을 받은 날을 "사실상 취득한 날"로 보아 종합토지세 등의 납세의무자가 결정되어야 할 것임.

(4) 연부취득

토지의 소유권이전등기가 원고로 남아 있고, 아직 매매대금 지급이 완료되지 않은 이상, 국가 등과 용지매매계약 및 위수탁계약으로 국가 등에 사용·수익권이 있다고 하더라도 재산세 납세의무자 판단기준인 사실상 소유권이 이전되었다고 보기는 어렵다. 다만, 매매대금이 지급된 부분은 이 사건 토지 중 9개 필지에 대한 대금 지급이 완료된 것으로 보아 사실상 소유권이 국가 등으로 이전되었다고 볼 수 있다(대법원 2024두48510, 2024.10.31. 심불. 서울고법 2023누455, 2024.6.26.).

연부취득의 경우 취득세 규정 상의 취득시기는 계약금을 포함하여 사실상 대금을 지급하는 때마다 성립한다. 이는 잔금지급일까지 장시간이 걸리는 데 따른 취득세 과세 상의 문제점을 보완한다는 측면에서 규정된 것으로 판단된다. 그런데 종전의 비업무용 토지에 대한 규정에서는 "연부로 취득하는 토지에 대한 취득일은 영 제73조 제5항의 규정에 불구하고 마지막 연부금지급일 또는 등기일 중 먼저 도래하는 날을 취득일로 본다(구 지령 §84-4 ③ 8)라고 규정하고 있었다. 재산세에서도 비업무용 토지의 취득시기 규정을 적용하는 것이 타당하다고 볼 수 있다. 이 내용은 연부취득 중에 실제로 사용·수익을 양수인이 하고 있더라도 마찬가지라 할 수 있다. 이는 과세권자가 이를 공부로 확인할 수 없다는 점에서 타당한 규정이라 할 수 있으나, 사적 계약[467]에서는 이를 실제 사용·수익자로 할 수 있기 때문에 납세의무자가 명확하게 할 필요가 있다고 본다.

> **사례** 토지를 국가에 연부로 매도하고 사용승낙한 경우(지방세심사 2000-240, 2000.3.29.)
>
> 이 건 토지의 사실상 잔금지급일은 2000.12.20.로서 현재까지 매매대금이 완납되지 않은 상황이고 소유권이전등기도 1999.6.8. 이루어졌음이 분명하므로 1999년도 종합토지세 과세기준일인 1999.6.1. 현재의 소유자는 청구인임이 명백하다 할 것이므로 비록 청구인의 경우와 같이 연부로 매매계약을 체결하고 이 건 종합토지세 과세기준일 현재 사용승낙을 해 준 상태라 하더라도 이 건 부과처분에 영향을 줄 수는 없음.

> **사례** 과세기준일 현재 잔금을 수령하지 아니한 경우 납세의무자(행심 98-213, 1998.4.29.)
>
> 국가 등과 종합토지세 과세대상 토지를 연부로 매매계약을 체결하고 그 토지의 사용권을 무상으로 부여받은 경우에는 그 매수계약자가 종합토지세를 납부할 의무가 있으며, 유상승계취득의 경우에는 그 계약상의 잔금지급일에 취득한 것으로 본다고 규정하고 있는바, 토지를 매각하기 위해 매수자와 3년 연부로 매매계약을 체결한 후 종합토지세 과세기준일(6.1.) 현재 총매매대금 중 잔금을 매수자로부터 수령하지 아니하였을 뿐만 아니라 매수자 명의로 소유권이전등기가 이루어지지도 아니하였으므로 매수자가 매도인으로부터 사용승낙을 받아 토지상에 자동차 관련 시설을 건축한 후

---

467) 사적 계약은 계약 당사자 간의 문제이지 지방세와는 무관한 것이다.

과세기준일 현재 매수자가 토지를 자동차운전학원으로 사용하고 있다 하더라도 매도인이 토지를 사실상 소유하고 있다고 보아야 할 것이고, 토지의 공부상 소유자인 매도인이 매매 등의 사유로 소유권에 변동이 있어 처분청에 이를 신고한 경우 종합토지세 납세의무가 없다고 할 것이나, 매도인이 이를 신고하지도 아니한 것이므로 과세기준일 현재 공부상 소유자인 매도인이 종합토지세를 납부할 의무가 있는 것이며, 매도인은 국가·지방자치단체·지방자치단체조합이 아닌 일반 법인이므로 매수자가 매도인과 토지에 대하여 연부로 매매계약을 체결하고 그 토지의 사용권을 무상으로 부여받았다고 하더라고 그 매수계약자가 종합토지세를 납부할 의무가 있는 것이 아니라 매도인이 종합토지세를 납부할 의무가 있음[구 지기통 234의 9-7(연부취득 시 납세의무자) 참조].

(5) 기부채납 예정분에 대한 재산세

기부채납에 대한 비과세규정이 별도로 없는바, 비과세대상이 되지 아니할 것이다.

그런데 주택건설사업계획승인 조건에 따라 기부채납이 예정된 도로·공원·녹지·학교 등은 입주민들의 생활편익과 쾌적한 주거환경을 위한 공공시설 또는 기반시설로서 주택건설에 필수불가결하게 수반되는 시설이고, 공익적 성격 때문에 그 토지 부분은 지방자치단체 등에 기부채납하기로 예정되어 있으며, 그 용도가 제한되어 사업시행자로서는 사실상 이를 다른 용도로 사용하여 수익을 올릴 수도 없는 점을 감안하여 주택건설에 공여되는 분리과세 대상 토지로 보는 것이 합리적이라 할 것이다(대법원 2009두15760, 2010.2.11, 지방세운영과-3491, 2010.8.10 참조). 따라서 주택건설용이거나 산업단지용에 부속되는 기부채납 예정 공공시설용 토지는 분리과세된다(지령 §102 ⑦ 4).

한편, 상업·업무용지 등에 부속되는 경우 종합합산과세되는 불형평 문제를 해소하고 국가나 지방자치단체에 무상으로 귀속(기부채납)하는 공공시설용 토지는 모두 분리과세하기 위하여 신설되었다(구 지령 §102 ⑤ 36 : 종전에 대법원판례에 의해 운영되던 기부채납 예정 공공시설용 토지의 법적 근거를 명확히 한 것임). 따라서 법규가 열거되어 있지 아니하더라도 「지방세법 시행령」 제102조 제5항 제2호의 각 호의 요건에 해당하는 경우 분리과세대상이 되는 것으로 해석하여야 할 것이다.

⑥ 납세지(지법 §108)

재산세는 다음의 납세지를 관할하는 지방자치단체에서 부과한다.

(1) 토지

토지 소재지

(2) 건축물

건축물 소재지

건축물이 2개 시·군에 걸쳐 있는 경우 재산세 납세지는 각 시·군의 경계를 기준으로 각 시·군별 건축물면적대로 안분하여 과세하는 것이다(세정 1268-10792, 1984.9.1.).

(3) 주택

주택 소재지

(4) 선박

「선박법」에 따른 선적항의 소재지. 다만, 선적항이 없는 경우에는 정계장 소재지(정계장이 일정하지 아니한 경우에는 선박 소유자의 주소지)로 한다.

(5) 항공기

「항공안전법」에 따른 등록원부에 기재된 정치장의 소재지(「항공안전법」에 따라 등록을 하지 아니한 경우에는 소유자의 주소지)

❼ 비과세(지법 §109)

(1) 국가 등 소유의 재산

국가·지방자치단체(다른 법률에서 국가 또는 지방자치단체로 의제되는 법인 제외),[468]·지방자치단체조합·외국정부 및 주한국제기구의 소유에 속하는 재산에 대하여는 재산세를 부과하지 아니한다. 즉 이들은 재산세 과세대상 재산을 소유하더라도 납세의무가 성립되지 아니한다. 그러나 대한민국 정부기관의 토지에 대하여 과세하는 외국정부의 재산에 대하여는 과세를 하여야 하며, 개인이나 법인 등이 국가나 지방자치단체의 재산을 연부취득하면서 그 재산의 사용권을 무상으로 부여받은 경우에는 해당 재산의 사용자가 재산세의 납세의무자가 된다.

> **사례** 새만금사업의 시행자는 농림수산식품부장관이나 위탁받은 자가 양여받은 매립지를 국가 소유로 볼 수 있는지 여부(조심 2019지0545, 2020.3.20.)
>
> 국가로부터 독립한 법인격을 가지고 법률행위 및 경제행위의 독립한 주체가 되는 공법인인 청구법인이 국가로부터 공유수면매립사업을 위탁받아 시행하고 위탁시행자로서 매립지를 양여받아 그 소유권을 취득한 경우, 그 토지의 소유권은 법률상으로나 사실상으로나 청구법인에게 있는 것이라 할 것이고, 비록 청구법인이 국가가 설치한 정부투자기관으로서 그 사업비용 전액을 국고로부터 지원받아 시행하였고 그 관리처분에 있어서 국가의 감독을 받으며 그 수익금을 청구법인의 회계와 구분된 농지관리기금에 납입하여 관리한다 하더라도 청구법인 명의로 등기된 쟁점토지를 국가 소유지

---

468) 2014.1.1. 이후부터 국가 또는 지방자치단체에는 다른 법률에서 국가 또는 지방자치단체로 의제되는 법인 제외함.

로 볼 수는 없다 할 것임. 그러한 전제에서 「지방세특례제한법」에서도 청구법인이 「농어촌공사법」 제44조에 따라 취득·소유하는 부동산에 대하여 취득세 및 재산세의 100분의 50을 각각 경감한다고 규정하고 있는 것으로 보여짐.

사례 **공무원연금관리공단을 국가나 지방자치단체로 의제함**(조심 2011지0750, 2012.4.19.).

청구법인이 공무원을 위하여 주택을 건설·공급·임대하거나 택지를 취득하는 등 공익적 목적을 수행하는 경우 청구법인의 지위를 국가나 지방자치단체로 의제하여 부동산을 취득한 것으로 보아야 함이 합리적이고, 이 건 아파트를 공무원을 위하여 취득·보유하고 있으므로 이에 대하여는 국가 또는 지방자치단체 소유의 재산으로 보아 재산세 과세특례(도시지역분)와 지역자원시설세를 비과세하는 것이 타당한 것으로 판단됨.

☞ 2014.1.1. 이후부터 국가 또는 지방자치단체에는 다른 법률에서 국가 또는 지방자치단체로 의제되는 법인은 제외되므로 과세특례나 비과세가 되지 아니할 것임.

사례 **민자역사 역무시설이 준공 동시 국가로 소유권이전 시**(지방세운영과-626, 2011.2.10.)

쟁점 부동산은 역무시설 이외의 용도로 사용 불가하고, ○○역사(주)가 쟁점부동산을 임의로 사용하거나 처분할 수도 없는 상태로 볼 수 있음. 또한, 국가나 지방자치단체와 사전 협약에 따른 민간투자사업을 시행함에 있어 사회기반시설의 준공과 동시에 해당 시설의 소유권이 국가에 귀속하게 되는 경우 해당 사회기반시설은 준공과 동시에 사실상 국가에 원시적으로 귀속되는 것으로 보는 것이 합리적인 점(대법원 84누188, 1984.8.21., 법제처 법령해석총괄과-913, 2010.4.9. 참조) 등을 종합적으로 고려할 때, 쟁점 부동산은 준공일로부터 사실상 국가가 소유한 것으로 보아 재산세 비과세임.

(2) 국가 등이 1년 이상 무상으로 공용 또는 공공용에 사용하는 재산

국가·지방자치단체(다른 법률에서 국가 또는 지방자치단체로 의제되는 법인 제외)·지방자치단체조합이 1년 이상 무상으로 공용 또는 공공용에 사용(1년 이상 사용할 것이 계약서 등에 의하여 입증되는 경우 포함)하는 재산에 대하여는 재산세를 부과하지 아니한다. 다만, 유료로 사용하는 경우, 소유권의 유상이전을 약정한 경우로서 그 재산을 취득하기 전에 미리 사용하는 경우에는 재산세를 부과한다.

여기서 '1년 이상 공용 또는 공공용에 사용하는 재산'이란 과세기준일 현재 1년 이상 계속하여 공용 또는 공공용으로 실제 사용하였거나 사용할 것이 계약서 등에 의하여 입증되는 때에는 지상권 설정 유무 등에 관계없이 비과세된다(지예 법109-1). 또한 '유료로 사용하는 경우'라 함은 해당 재산 사용에 대하여 대가가 지급되는 것을 말하고, 그 사용이 대가적 의미를 갖는다면 사용기간의 장단이나, 대가의 지급이 1회적인지 또는 정기적이거나 반복적인 것인지, 대가의 다과 혹은 대가의 산출방식 여하를 묻지 아니한다(지예 법109-2, 대법원 92누15505, 1993.9.14. 참조).

이 규정에서의 비과세대상은 국가 등이 공용 또는 공공용으로 사용하는 재산만을 말한다 할 것이고 인접 토지의 공용 또는 공공용 사용으로 인하여 해당 토지를 사용자가 사용하지 못하였다고 하여 해당 토지가 비과세대상이 될 수는 없는 것이다(대법원 99두5511, 2000.12.12.). 그리고 사용이 개시되지 않은 재산은 비과세대상에 해당되지 아니하는 것으로, 최소한 그 사용의 개시가 전

제된 재산으로 보는 것이 합리적이라 할 것이다. 따라서 장래에 지방자치단체의 1년 이상 무상사용이 예정되어 있다 하더라도, 과세기준일 현재 토지 소유자(사업시행자)가 공사 중에 있는 토지라면 비과세되지 아니한다. 한편, 장래에 지방자치단체의 1년 이상 무상사용이 예정되어 있는 경우로서 과세기준일 현재 공공용 등으로 사용되지 않으나 협약에 따라 소유주가 임의로 사용할 수 없어 실질적인 재산권을 행사하지 못할 때는 법취지 상 비과세가 맞다고 판단되는데 이에 대한 명확한 해석이 없다.

지방자치단체에 해당 토지를 1년 이상 무상으로 제공하기로 한 사실이 사용대차계약서 등에 의하여 입증되는 경우 과세기준일 현재 공공용에 사용된 기간이 1년 미만이라 하여도 재산세는 비과세대상에 해당하는 것이다(지방세정팀-3474, 2005.10.31.). 따라서 기업체와 지방자치단체 간에 기업체의 외곽 담장을 개방하고 부지 일부를 공원으로 조성하여 일반인들에게 개방하는 공원화 사업에 대한 양해각서를 체결하여 과세기준일 현재 지방자치단체가 공원을 조성 중인 경우에는 공공용으로 사용하는 것으로 보아 비과세대상이 될 것이다. 또한, 「건축법」 상 건축물 신축 시 설치하도록 강제되어 있어 소규모 공원으로 이용되는 공개공지로서 국가·지방자치단체 및 지방자치단체조합과 1년 이상 계속하여 공용 또는 공공용으로 사용(유료로 사용 중인 경우는 제외) 중인 것이 계약서 등에 입증되는 경우라면 해당 공개공지의 경우는 재산세가 비과세될 것이다(지방세운영과-972, 2009.3.5., 구 지방세해석운영메뉴얼 185-2).

한편, 공공용으로 사용하는 재산에 해당되는지 여부는 공공용 재산으로 사용하기로 한 공용개시행위가 있는지 여부에 의하여 판단하여야 할 것으로서, 「국토의 계획 및 이용에 관한 법률」 제38조의 2 제1항의 규정에 의하여 도시자연공원구역으로 지정되어 있고, 「산림문화·휴양에 관한 법률」 제23조의 2의 규정에 의하여 토지의 일부에 산림의 등산로 등을 설치하고 있지만, 이는 등산객의 안전과 이용편의를 위하여 설치한 것에 불과하다고 보이고, 토지 중 일부가 도시자연공원구역으로 지정되어 있다거나 등산객의 편의를 위한 시설이 설치되었다는 사실만으로 공용개시행위가 있다고 볼 수 없으므로 토지의 전부 또는 일부가 공공용으로 사용되는 토지에 해당한다고 볼 수 없다(조심 2015지1013, 2015.10.15.).

사례 토지보상법에 따른 손실보상금을 받았다는 사실만으로 이를 유료사용의 대가로 보기는 어려울 것이므로 쟁점토지에 대하여는 재산세 비과세 적용이 가능하다고 판단됨(부동산세제과-2839, 2024.8.21.).

사례 "공용 또는 공공용으로 사용하는 재산"이란 국가 등이 공공용으로 직접 사용하거나 일반 공중의 공동 사용에 제공한 재산을 의미한다 할 것(조심 2017지48, 2017.3.9., 같은 뜻임)인바, 쟁점토지는 환지예정지로 지정된 이후부터 2017년도 재산세 과세기준일(6.1.) 현재까지 계속하여 나대지 상태로 되어, 지방자치단체 등이 1년 이상 공용 또는 공공용으로 사용한다고 보기 어려움(조심 2018지0613, 2019.2.13.).

사례 **공공용 재산에 대한 재산세 비과세 해당 여부**(지방세운영과-1058, 2013.6.16.)

「지방세법」제109조 제2항에서 국가, 지방자치단체 등이 1년 이상 공용 또는 공공용으로 사용하는 재산에 대하여는 재산세를 부과하지 아니한다고 규정하고 있고, 동 조항에서 규정하고 있는 "공용 또는 공공용으로 사용하는 재산"이란 국가 등이 공공용으로 직접 사용하거나 일반 공중의 공동 사용에 제공한 재산을 의미한다 할 것(조심 2017지48, 2017.3.9., 같은 뜻임)인 바, 쟁점토지는 환지예정지로 지정된 이후부터 2017년도 재산세 과세기준일(6.1.) 현재까지 계속하여 나대지 상태로 되어, 지방자치단체 등이 1년 이상 공용 또는 공공용으로 사용한다고 보기 어려우므로 청구주장을 받아들이기는 어렵다고 판단된다.

사례 **공공용 재산에 대한 재산세 비과세 해당 여부**(지방세운영과-1058, 2013.6.16.)

○○시와 ○○○○○○공사가 작성한 매매계약서 상 ○○시가 매매대금완납 전에 ○○○○○○공사로부터 토지사용승낙을 받은 때에는 사용승낙일 이후 ○○○○○○공사에 부과되는 조세 및 공과금을 ○○시가 부담하기로 한 바, ○○시가 부담하는 조세 및 공과금은 토지사용승낙을 받았기 때문에 ○○시가 부담하는 것이므로 통상적인 거래와 관련된 매매대금으로 보기 어렵고, 해당 토지의 소유권이 이전되기 전 토지 사용승낙에 따라 토지를 사용하는 데 대한 반대급부적인 성격의 대가를 지급하는 것으로 볼 수 있을 것이다. 따라서 이 토지는 유료로 사용하는 경우에 해당된다고 보아야 할 것이므로 비과세 대상에 해당되지 않는다고 판단됨.

사례 **지자체가 법인 소유 토지를 무상제공받은 주말농장**(지방세운영과-1144, 2012.4.13.)

주말농장이 지방자치단체가 공공용으로 사용하는 재산에 해당하는지 여부는 해당 재산이 그 자체로 직접 일반 공중의 자유로운 이용에 제공되는지 여부, 전체적인 공유재산 관리측면에서 공공용재산의 일부를 이루고 있어 일반 공중이 공공용 재산을 이용하는 데 부대적으로 필요한 시설인지 여부 등을 종합적으로 고려하여 판단하여야 할 것인바, 쟁점 주말농장을 이용함에 있어 모든 구민이 신청할 수 있지만 추첨을 통해 선정된 일부 주민(700명)만이 채소 재배 등 장기간에 걸쳐 배타적 사용권을 갖게 된다는 점과 경작물의 소유자가 된다는 점을 고려할 때 그 자체로 직접 일반 공중의 자유로운 이용에 제공되는 공공용재산으로 보기 어렵다. 또한, 체육시설, 꽃단지, 주차장 등 공공용재산이 전체 면적의 69%(53,500㎡)에 달한다 하더라도 주말농장의 성격상 체육시설 등의 공공용재산을 이용하는데 필요한 부대시설이라고 보기 어려우며, 지방자치단체에서 주민의 편익을 위해 제공해야 하는 도로, 공원, 철도, 항만, 공항 등과 같이 필수불가결한 공공시설로 보기에도 어려움.

사례 **타인 토지를 지자체 공공체육시설용 토지로 사용 시**(지방세운영과-4398, 2011.9.16.)

한국토지주택공사(이하 "LH") 소유의 쟁점토지는 지방자치단체가 소유한 공공체육시설(수영장)의 부속토지로서 공공용 재산의 유지 관리를 위해 필요불가결한 토지라 할 수 있고, LH와의 기부채납 협약을 원인으로 하여 지방자치단체가 해당 토지의 무상사용 및 관리권한을 가지고 있는 점을 고려할 때 귀문에서의 토지에 대한 재산세는 비과세함이 타당함.

사례 **지자체가 무상사용 예정된 토지를 공사 중인 경우**(지방세운영과-5640, 2010.11.30.)

재산세가 비과세되기 위해서는 과세기준일 현재 국가 등이 사용 주체로써 1년 이상 공용 또는 공공용에 사용하는 재산에 한해 적용되어야 하므로, 사용이 개시되지 않은 재산은 이에 해당되지 않는다 할 것으로, 최소한 그 사용의 개시가 전제된 재산으로 보는 것이 합리적이라 할 것임. 따라서

장래에 지방자치단체의 1년 이상 무상사용이 예정되어 있다 하더라도, 과세기준일 현재 토지 소유자(사업시행자)가 공사 중에 있는 토지라면 지방자치단체가 사용하고 있는 재산으로 볼 수 없어 재산세 비과세대상이 아님.

사례 제철소 공업단지 내의 동 제철소 소유 공원용지(행심 2004 – 21, 2004.1.29.)

이 사건 토지는 청구인의 소유로서 국가 등의 소유에 속하지 아니할 뿐 아니라 국가 등이 1년 이상 공용 또는 공공용에 사용하는 토지라 할 수도 없으므로 종합토지세 비과세대상으로 볼 수 없다 할 것임. 특히 과세관청의 의사표시가 일반론적인 견해표명에 불과한 경우에는 위 원칙의 적용을 부정하여야 할 것(대법원판례 2000두5203, 2001.4.24.)으로서 청구인의 경우 처분청이 이 사건 토지에 대하여 종합토지세를 과세하지 아니하겠다는 의사를 명시적 또는 묵시적으로 표시한 아무런 증빙을 찾아 볼 수 없으므로 주장은 받아들일 수 없는 것임.

사례 지자체가 공공용으로 1년 이상 무상으로 사용한 토지(행심 2002 – 313, 2002.8.26.)

이 사건 토지는 당초 무상사용승낙서상 사용조건이 6개월 동안 무상사용하도록 승낙되었던 토지이고 2000년도 종합토지세 과세기준일에서 보면 9개월이 경과되었고 이 당시 사용기간은 연장되어 있는 상태이었으므로 1년 이상 무상으로 사용되거나 사용될 토지라고 볼 수 없었던 토지임이 분명하므로 비록 그 후 이 사건 토지에 대한 무상사용기간이 연장됨으로써 1년 이상을 사용하게 되었다 하더라도 이미 과세대상으로 확정된 토지에 대한 종합토지세 납세의무를 소급하여 비과세할 수는 없다 하겠음.

사례 인접토지 공용사용으로 토지 사용 못한 경우(대법원 99두5511, 2000.12.12.)

국가 등이 공용 또는 공공용으로 사용하는 토지만을 비과세대상이라 할 것으로, 인접토지의 공용 또는 공공용 사용으로 인하여 해당 토지를 소유자가 사용하지 못하였다고 하여 해당 토지가 위 규정에 의한 비과세대상이 될 수는 없음.

사례 군사시설보호구역 내 토지에 대한 부과처분의 당부(행심 99 – 69, 1999.1.27.)

군사시설보호구역 중 제한보호구역 안의 임야에 대하여는 분리과세대상 토지로 보아 종합토지세를 부과하므로 군사보호시설보호구역 중 제한보호구역 안의 토지로서 군부대가 1년 이상 계속하여 고정적으로 사용하는 토지가 아닌 경우 종합토지세 과세처분은 적법하고 다만 토지 내 설치되어 있는 군사전술도로 부분에 대하여는 비과세임.

(3) 도로·하천·제방·구거·유지·사적지 및 묘지

도로(2020년 이후 「도로법」 제2조 제2호에 따른 도로의 부속물 중 도로관리시설, 휴게시설, 주유소, 충전소, 교통·관광안내소 및 도로에 연결하여 설치한 연구시설 제외)[469]·하천·제방·

---

469) 「도로법」상 도로의 정의에 도로의 유지·관리에 필요한 부대시설 및 그 부지도 포함된다고 규정하고 있다 하더라도 그 규정을 근거로 「지방세법」상 재산세 비과세대상인 도로의 범위에 지상건축물까지 포함하는 것은 확장해석에 해당하므로 청구주장을 받아들이기 어려움(조심 2018지0621, 2019.4.26.). 이 규정에서는 "도로관리시설, 휴게시설, 주유소, 충전소, 교통·관광안내소 및 도로에 연결하여 설치한 연구시설 제외"라고 규정되어 있는바, 「도로법」 제2조 제2호 도로부속물에는 같은 호 다목에 "통행료 징수시설, 도로관제시

구거·유지·사적지 및 묘지에 대하여는 재산세를 부과하지 아니한다. 다만, 사치성 재산에 해당하는 경우, 수익사업에 사용하는 경우와 해당 재산이 유료로 사용되는 경우의 그 재산 및 해당 재산의 일부가 그 목적에 직접 사용되지 아니하는 경우의 그 일부 재산에 대하여는 재산세를 부과한다. 여기서 수익사업은 「법인세법」 제4조 제3항에 따른 수익사업을 말한다(지령 §107).

> ◉ **비과세 규정이 적용되지 아니하는 경우**
> ① 「지방세법」 제13조 제5항의 사치성 재산 : 별장(2023.3.13. 이전만 적용), 골프장, 고급주택, 고급오락장
> ② 수익사업에 사용하는 경우
> ③ 유료로 사용되고 있는 경우
> ④ 용도목적에 직접 사용되지 아니하는 해당 재산 및 그 일부 재산

1) 도로

「도로법」에 의한 도로(2020년 이후 「도로법」 제2조 제2호에 따른 도로의 부속물 중 도로관리시설, 휴게시설, 주유소, 충전소, 교통·관광안내소 및 도로에 연결하여 설치한 연구시설 제외)와 기타 일반인의 자유로운 통행에 공할 목적으로 개설한 사도는 재산세가 비과세된다. 다만, 「건축법 시행령」 제80조의 2에 따른 건축선 또는 인접대지 경계선으로부터 일정거리를 띄어 건축함으로써 생긴 대지 안의 공지는 사도로 사용된다 할지라도 재산세를 비과세하지 아니한다(지령 §108 ① 1 단서).

도로에 대한 재산세의 비과세의 취지는 공공이 사용함으로써 토지 사용에 대한 이익이 없으므로 이를 비과세하겠다는 것으로 보아야 할 것이다.

① 「도로법」 상 도로

2020년 이후 「도로법」 제2조 제2호에 따른 도로의 부속물 중 도로관리시설, 휴게시설, 주유소, 충전소, 교통·관광안내소 및 도로에 연결하여 설치한 연구시설은 비과세되지 아니한다.

그런데 2019년 이전은 「도로법」에 의한 도로에는 일반인의 교통을 위하여 제공되는 협의의 도로 외에 '도로의 부속물'도 포함되고, 도로의 부속물에는 '도로의 이용 증진을 위하여 설치한 휴게시설'이 포함되므로 고속국도에 설치된 휴게시설의 부지 및 그 이용에 제공된 토지는 위 「도로법」에 의한 도로에 해당한다 할 것이다[「도로법」 §2 ① 1, 4 (마), ②, 구 「도로법 시행령」(2010.9.17. 대통령

설, 도로관리사업소 등 도로관리시설"이, 마목에 "제설시설"이 규정되어 있고, 같은 호 바목과 같은 법 시행령 제3조 제7호에 "도로 상의 방파시설(防波施設), 방설시설(防雪施設), 방풍시설(防風施設) 또는 방음시설(방음림을 포함한다)"이 규정되어 있다. 그런데 같은 법 시행령 제3조 제1호의 주유소, 충전소, 교통·관광안내소를 구체적으로 규정된 것으로 보아 같은 조 제7호는 해당되지 아니할 것이고, 제설시설은 도로 상에 설치된 것으로 말하는 것으로 보아 「도로법」 제2조 제2호 마목은 포함되지 아니할 것으로 보인다. 한편, 도로관리시설에는 도로관리사업소 등이 포함되어 있는바, 제설을 위한 차고, 토사, 염화칼슘 보관창고가 여기에 해당될 수도 있을 것으로 판단된다. 이 경우에는 도로부속물에 해당될 것으로 판단된다.

령 제22386호로 개정되기 전의 것) §2 5]. 한편, 휴게시설의 임대사업은 수익사업에 해당하고 그 휴게시설에 부속된 토지 역시 수익사업에 사용되고 있다고 보아야 하므로 비과세되지 아니한다(대법원 2011두6394, 2013.4.26.)라고 대법원은 판시한 바 있었고, 심판례에 따르면 「도로법」 제2조 제1항 제1호 제4호 각 목 및 같은 조 제2항, 같은 법 시행령 제2조 각호의 규정을 종합하면, "도로의 부속물"은 도로로 보며, 이러한 "도로의 부속물"이라 함은 도로의 경계표지나 도로표지, 도로와 연접하는 자동차 주차장 및 도로수선용 재료적치장과 이들 시설을 종합적으로 관리하는 도로관리사업소, 도로상의 방설시설 등 안전시설과, 통행료 징수관리시설, 휴게시설, 통신시설, 교통관제시설 등을 의미하는 것으로 규정하고 있다. 당해 규정에서 "도로의 부속물"에 대한 기본적인 의미를 도로 구조의 보전과 안전하고 원활한 도로교통의 확보, 그 밖에 도로의 관리에 필요한 시설 또는 공작물로서 열거한 시설에 대하여 이를 도로로 보도록 규정하고 있으므로, 재산세 비과세 대상이 되는 "도로의 부속물"에 해당되기 위해서는 열거한 시설로서 도로의 부속물의 개념에 적합한 시설에 한정하여 재산세 비과세대상이 되는 도로에 해당된다고 보아야 할 것으로서, ○○○사무실의 경우 도로의 유지관리와 관련된 업무를 수행한다 하더라도 이는 본연의 임무로서 이러한 사무실용 건축물의 경우 도로의 보전과 원활한 유통 등을 위한 지원한 시설로 볼 여지는 있다 하더라도 당해 건축물이 직접적으로 도로 기능의 유지와 도로교통 및 관리를 위하여 필수적으로 동반되어야 하거나 이러한 시설이 없으면 도로의 기능을 유지하는 데 현저한 장애가 발생할 수 있는 시설이라고 보기는 어렵다 하겠으며, 테니스장과 직원주차장으로 사용되는 부분도 마찬가지로 할 것이지만, 업무수행을 위하여 보유하고 있는 각종 도로시설의 유지 보수 등을 위한 차량 등을 위한 차고, 정비고, 원재료 등이 적치된 적치장 등의 경우에는 도로에 부속된 부속물로서 이는 도로의 안전과 기능보전을 위하여 필수적으로 수행되어야 하는 도로관리업무를 위한 시설로서 그 부속토지는 재산세 비과세 대상인 도로에 해당된다고 보는 것이 합리적이라고 보여진다. 그런데 양산지사 등을 설치한 후 잔여지에 해당하는 토지로서 이러한 토지가 도로의 유지보수와 관련된 토지라고 보기는 어렵다고 보여진다(조심 2013지544, 2014.2.6.)라고 결정한 바 있었다.

그런데 도로의 범위에 지상건축물까지 포함되지 아니한다(조심 2018지0621, 2019.4.26.).

② 고속도로 휴게시설 부지, 한국도로공사 지사 사무실 부지 등

㉠ 휴게시설 부지

휴게시설의 부지 및 그 이용에 제공된 토지는 「도로법」에 의한 도로에 해당한다 할 것이지만(대법원 2011두6394, 2013.4.26. 참조), 관할행정청이 「한국도로공사법」에 따라 설립된 공법인인 한국도로공사가 관리·임대하는 경부고속국도에 위치한 휴게시설의 부지로 사용되고 있는 토지에 대해 재산세 등 부과처분을 한 사안에서 비록 한국도로공사가 고속국도의 관리자로서 휴게시설을 설치·관리할 의무를 부담하고 있고, 휴게시설에서의 재화나 용역의 공급은 그러한 의무의 이행과정에서 수반되는 것이며, 휴게시설과 그 부속토지에서 발생한 임대료 수익의 대부분이 한국도로공사의 설립 목적에 부합하는 공익적 용도에 사용되었다고 하더라도 위 휴게시설의 임대행위는 객관적으로 보아 그 자체로 수익성을 가지거나 수익을 목적으로 하는 것으로 봄이 상당하고, 또 그 규모와 횟수 등에 비추어 사업 활동으로 볼 수 있는 정도의 계속성과 반복성도 있어 휴게시설의 임대사업은 수익사업에 해당하고 그 휴게시설에 부속된 토지 역시 수익사업에 사용되고 있다고 보아야 하므로 비과세되지 아니한다(대법원 2011두6394, 2013.4.26.).

상기에서 휴게시설의 부지가 시설의 바닥면적만을 말하는 것인지 명확하지 아니하나, 휴게소 사업을 위하여 일반인에게 광장부지가 주차장으로 사용되고 있으므로 도로에 연결되는 길인 사도라고 할 수 없다고 보아야 할 것으로, 주차장과 대지안의 공지가 아닌 실제로 도로로 사용되는 부분은 비과세에 해당될 수 있을 것으로 보인다. 따라서 고속도로휴게소와 관리사무소 및 주차장은 영업을 위한 시설로서 비록 「도로법」상에 도로라 하더라도 비과세로 볼 수 없을 것이다.

도로는 도로의 형태를 갖추고 「도로법」에 따른 노선 지정 또는 인정 공고 및 도로구역 결정·고시를 한 때 또는 「도시계획법」이나 「도시재개발법」에서 정한 절차를 거쳐야 비로소 「도로법」 적용을 받는 도로로 되는 것인바(대법원 2011.5.26. 선고, 2010두28106 판결 등 참조), 이 토지는 '도로의 부속물'인 휴게소의 건설 예정 부지에 불과할 뿐, 아직 그 휴게소의 형태를 갖추지 못하고 있음은 앞서 본 바와 같으므로 이 토지를 두고 '도로의 부속물'이라 할 수 없는바, 이와 다른 전제에 있는 원고의 주장은 받아들일 수 없다. 한편, 「지방세법」 제109조 제3항 단서는 도로라도 대통령령으로 정하는 수익사업에 사용하거나 유료로 사용되거나 그 목적에 직접 사용되지 아니하는 경우에는 재산세를 부과하도록 규정하고 있는바, 이 토지에 휴게시설이 아직 설치되지 않은 이상 '도로의 부속물'로 직접 사용되고 있다고 보기도 어렵다(한편, 휴게소가 완공되어 도로의 부속물로서의 형태를 갖추더라도 휴게소를 그 목적에 따라 관리·임대하면 수익사업에 사용하는 것으로 보아야 하므로 재산세가 부과되어야 함은 마찬가지일 것임)(대법원 2015두59167, 2016.3.24.).

ⓒ 한국도로공사의 지사 사무실 부지 등

한국도로공사 소속 ○○지사의 사무소용 건물이 설치되어 있는 토지는 전체적으로 구 「도로법」 제2조 제1항 제4호에서 정한 '도로 구조의 보전과 안전하고 원활한 도로교통의 확보, 그 밖에 도로의 관리에 필요한 시설 및 공작물'로서 '도로의 부속물'에 해당한다. 그리고 주차장, 테니스장, 조경시설, 법면 등은 모두 이 건물이나 차고, 정비고, 적치장 등의 원활한 이용을 위하여 조성된 것으로서 이 건물 등과 유기적 일체를 이루고 있으므로, 도로의 관리에 필요한 시설 및 공작물로서 '도로의 부속물'에 해당한다(대법원 2016두49658, 2016.4.28.).

③ 한국도로공사 등 행정청이 도로공사 중인 부지

지목인 전을 도로공사 중에 있는 경우에는 이를 도로로 완공이 되어 통행할 수 있는 도로에 해당되지 않아 비과세대상이 되지 아니할 것이나, 도로는 도로의 형태를 갖추고, 「도로법」에 따

른 노선 지정 또는 인정 공고 및 도로구역 결정·고시를 한 때 또는 「도시계획법」이나 「도시재개발법」에서 정한 절차를 거쳐야 비로소 「도로법」 적용을 받는 도로로 되는 것이고, 도로로 실제 사용되었다는 사정만으로는 「도로법」 적용을 받는 도로라고 할 수 없다(대법원 2010두28106, 2011.5.26.)라고 판시하고 있는데, 도로의 형태를 갖춘 것은 아니나, 한국도로공사가 「도로법」 제24조에 의한 도로구역으로 결정된 토지구역의 도로로 공사 중인 경우에는 도로로 보아 비과세하여야 할 것이다. 도로공사 중이라 하여 재산세가 과세된다고 한다면 전이라 하여 종합합산과세대상이 되는 것도 문제가 있다고 판단되므로 분리과세대상 토지가 되어야 하는데, 「도로법」에 따라 지정된 접도구역470)의 임야는 분리과세하라는 규정 이외에는 별다른 규정이 없다는 것은 도로구역으로 결정되면 도로로 본다는 것으로 해석하여야 한다라고 주장할 수 있다.

참고로, 「지방세법」 제109조 제3항 및 같은 법 시행령 제108조 제1항 제1호에서 「도로법」에 따른 도로에 대하여는 재산세를 부과하지 아니한다고 규정하고 있고, 「도로법」 제2조 제1항 제1호 제4호 다목에서 도로에 연접하는 자동차 주차장 및 도로 수선용 재료 적치장과 이들 시설을 종합적으로 관리하는 도로관리사업소로서 도로관리청이 설치한 것은 '도로의 부속물'로서 도로에 포함한다고 규정하고 있으며, 국토해양부에서는 「도로법」 제2조 제1항 제1호 제4호 다목에 대하여 고속국도의 관리 및 유지를 목적으로 필요한 도로관리를 위한 시설로서 도로관리청이 설치한 사무소가 「도로법」 제24조에 따른 도로구역으로 결정된 도로구역 내에 설치된 경우 '도로의 부속물'에 해당된다고 해석(도로정책과-5742, 2012.12.21.)하고 있다. 따라서 도로의 설치 및 관리와 이에 관련된 업무를 수행하고 있는 한국도로공사 경남지역본부의 부지가 「도로법」 제24조에 따른 도로구역으로 결정된 도로구역 내의 토지일 경우 「도로법」 제2조 제1항 제4호 다목에 따른 "도로의 부속물"에 해당하게 되는 것이다(지방세운영과-4159, 2012.12.28.).

④ 기부채납 예정 도로를 공사 중인 경우

재산세는 매년 과세기준일 현재 소유자에게 그 재산의 현황이나 이용상황에 따라 독립적으로 납세의무가 성립(대법원 2007두7741, 2009.10.29.)하는바, 재산세가 비과세되기 위해서는 과세기준일 현재 국가 등이 사용 주체로써 1년 이상 공용 또는 공공용에 사용하는 재산에 한해 적용되어야 하므로, 사용이 개시되지 않은 재산은 이에 해당되지 않는다 할 것으로, 최소한 그 사용의 개시가 전제된 재산으로 보는 것이 합리적이라 할 것이다. 따라서 장래에 지방자치단체의 1년 이상 무상 사용이 예정되어있다 하더라도, 과세기준일 현재 토지 소유자(사업시행자)가 공사 중에 있는 토지라면 지방자치단체가 사용하고 있는 재산으로 볼 수 없어 재산세 비과세대상이 아닌 것이다(지방세운영과-5640, 2010.11.30.).

---

470) 「도로법」 제49조(접도구역의 지정 등)
① 관리청은 도로 구조의 손궤 방지, 미관 보존 또는 교통에 대한 위험을 방지하기 위하여 도로경계선으로부터 20미터를 초과하지 아니하는 범위에서 대통령령으로 정하는 바에 따라 접도구역(接道區域)으로 지정할 수 있다.

⑤ 사도

일반인의 자유로운 통행에 공할 목적으로 개설한 사설 도로("사도")는 「사도법」 제2조에서 '사도'라 함은 「도로법」 제2조 제1항에서 규정하고 있는 도로나 「도로법」의 준용을 받는 도로가 아닌 것으로서 그 도로에 연결되는 길을 말하는 것이라고 규정하고 있는바, 토지가 사업을 일반인에게 홍보할 목적으로 설치한 전시관과 기념탑, 매점 등이 설치되어 있는 광장부지와 주차장부지 및 잔디광장부지인 경우에는 토지를 도로에 연결되는 길인 사도라고 할 수 없다. 「도로법」에 의한 도로와 기타 일반인의 자유로운 통행에 공할 목적으로 개설된 사도에 대하여는 재산세를 비과세한다고 규정하고 있는바, 사도의 범위에는 「사도법」 제4조에 의한 허가를 받아 개설된 사도에 한정되는 것은 아니고, 또 처음부터 일반인의 자유로운 통행에 공할 목적으로 개설한 사도는 물론 사도의 소유자가 당초 특정한 용도에 제공할 목적으로 설치한 사도라 하더라도 이용실태, 공도에의 연결 상황, 주위의 택지의 상황 등 제반 사정에 비추어 사도의 소유자가 일반인의 통행에 대하여 아무런 제약을 가하지 않고 있으며 실제로도 널리 불특정다수인의 통행에 이용되고 있다면 그러한 사도 역시 이에 포함된다(대법원 92누9456, 1993.4.23.)고 할 것인바, 사도라고 주장한 토지들은 인근주택의 담장에 접하여 편의상 임시로 사용하고 있지만 반대편 쪽에 별도의 진입로가 있거나, 나대지 상태로 방치되어 있는 관계로 인근주민들이 임시로 사용한 것에 불과하여 언제라도 독점적·배타적 지배권을 행사할 수 있는 토지에 해당된다고 하겠으므로 재산세 등이 비과세되는 사도로 볼 수 없다(내심 98-88, 1998.2.24., 내심 97-392, 1997.8.27.). 그리고 「건축법 시행령」 제80조의 2에 따른 건축선 또는 인접대지 경계선으로부터 일정거리를 띄어 건축함으로써 생긴 대지 안의 공지는 사도로 사용된다 할지라도 재산세를 비과세하지 아니한다(지령 §108 ① 1 단서)는 점에 유의하여야 한다.

위와 같이 사도로서 재산세 비과세대상에 해당되는지 여부에 대한 다툼의 건수는 그리 많지 아니하나 쟁송이 지속적으로 제기되는데, 그 이유는 "사도"에 해당되는지 여부의 사실관계 확인이 그리 용이하지 않다는데 있다. 예컨대 비과세 대상인 사도에 대한 재산세 등의 부과처분은 중대한 하자가 있는 것이나 계쟁 토지부분이 비과세대상인 사도에 해당하는지 여부에 관하여는 구체적으로 확인해 보아야만 판단할 수 있는 경우라면 그 하자가 중대한 경우라도 위 부과처분에 대한 하자가 외관상 명백하다고 볼 수 없어서 당연무효라고 볼 수 없어(대법원 2000다17339, 2001.6.29.) 위와 같이 사도에 과세한 재산세는 부당이득에는 해당되지 아니한다.

⑥ 대지 안의 공지

「건축법 시행령」 제80조의 2에 따른 건축선 또는 인접대지 경계선으로부터 일정거리를 띄어 건축함으로써 생긴 대지 안의 공지는 사도로 사용된다 할지라도 재산세를 비과세하지 아니한다(지령 §108 ① 1 단서). 한편, 공지의 이용현황, 사도의 조성경위, 대지소유자의 배타적인 사용가능성 등을 객관적·종합적으로 살펴보아, 대지소유자가 그 소유 대지 주위에 일반인들이 통행할 수 있는 공적인 통행로가 없거나 부족하여 부득이하게 그 소유 공지를 불특정 다수인의 통행로로 제공하게 된 결과 더 이상 해당 공지를 독점적·배타적으로 사용·수익할 가능성이 없는 경우

비과세 제외되는 '대지 안의 공지'에 해당하지 않는다(대법원 2002두2871, 2005.7.28.)라고 판시하고 있어서 이 경우 비과세가 된다.

> **사례** 사도 또는 대지 안의 공지인지 여부(대법원 2023두50004, 2023.11.16. 심불, 서울고법 2023누 36932, 2023.7.21.)
>
> 가로수, 화단이나 버스정류장 등 이 사건 각 공도를 통한 통행을 방해하는 시설물들이 그대로 유지되고 있는 상태에서 원고가 최소한 2018년 이후부터 이미 수년간 불특정 다수 일반인들의 통행에 제공되어 온 이 사건 쟁점대지를 향후 독점적, 배타적으로 사용함으로써 불특정 다수 일반인들의 통행에 제약을 가할 경우 상당한 민원 제기가 예상되는바, 원고로서는 민원 제기, 기업 이미지 훼손 위험을 감수하면서까지 이 사건 쟁점대지를 배타적으로 사용 수익할 가능성은 매우 희박해 보인다. 이러한 상황에서 미래에 그렇게 할 가능성을 완전히 배제할 수 없다는 이유로 현재 통행로로 이용되고 있는 이 사건 쟁점대지의 담세력(예상수익력)을 인정하는 것은 타당하지 않다. 가로수, 화단이나 버스정류장 등 이 사건 각 공도를 통한 보행에 방해가 되는 시설물들은 이 사건 각 공도의 전 구간에 걸쳐 단속적으로 설치되어 있는 점, 1-3대지, 3-1대지, 3-2대지는 각 그 일체로서 인근 보도에서부터 연결되는 하나의 통행로를 이루고 있으며, 위 시설물들이 설치된 구간과 설치되지 않은 구간 또는 인접한 공도를 통해 통행이 가능한 구간과 불가능한 구간으로 구분하여 이를 별개의 통행로라고 평가할 수는 없는 점, 위 시설물들로 인해 사실상 오직 이 사건 각 공도만을 이용하여 통행하는 것은 현저히 곤란하므로 애초에 이 사건 각 공도 전체가 통행로로서의 기능을 제대로 수행하지 못하는 점 등을 더하여 볼 때, 이 사건 쟁점대지는 그 전체를 비과세대상인 사도로 보는 것이 타당하며, 이 사건 쟁점대지 중 인접한 공도를 통해 통행이 충분히 가능한 부분은 '사도'가 아니라거나 또는 '대지 안의 공지'에 해당한다고 볼 수는 없음.

⑦ 아파트단지 내 도로

아파트단지 내의 공지(현황 : 도로)가 사도로서 재산세 비과세 대상에 해당되는지 여부는 해당 지방자치단체장이 그 공지의 이용현황, 조성경위, 대지 소유자의 배타적 사용가능성 등을 종합적으로 사실조사하여 결정할 사항이다(지방세운영과-1361, 2009.4.6.).

⑧ 공장 구내 도로

공장 구내 도로는 「도로법」에 의한 도로에 해당되지 아니하며 또한 일반인의 자유로운 통행에 공여할 목적으로 개설된 것이 아니라 회사의 영업활동에 독점적으로 사용할 목적으로 개설한 것으로 판단되므로 그 현황이 도로라 하더라도 재산세 비과세대상이 아니다(지방세정팀-3145, 2005.10.10.).

⑨ 시장통로

지적도에 의해 시장 형태를 보면 시장통로는 시장의 출입 및 내부 통로로서 불특정다수인의 자유로운 통행을 위하여 개설된 것이라기보다는 시장기능의 효율화와 시장 이용자의 편의를 위해 개설된 것이라고 보아야 할 것이며, 시장이용자뿐만 아니라 일반인의 통행에 이용되도록 개방되어 있고 실제 일반인의 이용이 있다는 사실만으로 이러한 시장의 출입 및 내부 통로를 단순히 공공용 도로라고는 할 수 없을 것이다. 즉 시장 내의 폭 2~4m의 시장 출입 및 좌판 골목길인 이 토지는 시장 목적을 충족시키기 위한 시장통로라고 보아야 할 것이며, 불특정 다수인의 일방

통행에 이용되고 있는 공공용 사도라고는 인정할 수 없다(내심 86-17, 1986.1.29.).

사례 일부를 등산로 등으로 일반인에게 무상으로 제공한 경우(행심 2005-218, 2005.7.25.)

공원지정 등과 같은 공용개시행위 등이 있어 의무적으로 공공기관 등 행정주체가 관리하여야 하는 토지에 대하여 비과세하는 것이나 이러한 절차나 고시행위가 없는 토지는 비록 이 사건 토지의 형상이나 여건상 부득이 일반인에게 무상으로 제공되어야 하는 특성을 지녔고, 행정기관에서 체육 및 편의시설 등을 설치하였다 하더라도 이것만으로는 모두가 비과세되는 것이 아니라 할 것임.

사례 대지 안의 공지는 사도에 해당되지 아니함(조심 2012지406, 2013.2.20.).

일반인들이 통행할 수 있는 공적인 통행로가 없거나 부족하여 부득이하게 쟁점토지만을 보행로로 이용하여야 한다고 보기는 어려운 점, 쟁점토지와 연결되는 보행자 도로가 없는 상황에서 쟁점토지의 맞은편에 별도로 설치되어 있는 너비 2m의 보행자도로를 두고 굳이 쟁점토지로 진입하려는 보행자들은 대부분 쟁점토지의 소유자인 청구법인의 고객들일 것으로 판단되는 점 등을 종합하여 볼 때, 쟁점토지는 재산세 비과세대상으로 규정한 일반인의 자유로운 통행을 위하여 제공할 목적으로 개설한 사설 도로에 해당되지 아니하는 것으로 판단됨.

사례 사도 해당 여부(행심 2007-116, 2007.2.26.)

토지의 양측에는 해당 건축물의 지하주차장으로 통하는 진·출입로가 있어 일반인이 불가피하게 횡단보도를 이용하여 이동하고 있는 점과 보행자 중 상당수가 해당 건축물을 이용하는 호텔의 고객이라는 점을 고려해 볼 때 이 토지는 일반인의 자유로운 통행에 공여된다기보다는 해당 건축물의 효용가치를 증진시키는 역할을 한다고 판단되므로 일반인의 자유로운 통행에 공여할 목적으로 개설한 사도라고는 볼 수 없음.

사례 대지 안의 공지일 경우는 사도로 볼 수 없음(행심 2005-260, 2005.8.29.).

청구인의 경우와 같이 회관 건축물의 정면은 기존 공공보도가 존치되어 있을 뿐만 아니라 우측부분의 공지는 인접 대지 경계선으로부터 일정거리를 띄어 건축함으로써 생긴 대지 안의 공지에 해당되고 배면 부분은 한 면은 보도와 연결되어 있지만, 다른 면 끝 부분은 차도록 연결되어 있어 보도로서의 이용은 불가함으로 청구인이 주장하는 대지 안의 공지는 일반인의 자유로운 통행에 공할 목적으로 개설한 사도라고는 볼 수 없음.

사례 도로 개설로 인하여 법면 부지로 조성된 토지(행심 2002-314, 2002.8.26.)

도로 개설로 인하여 도로에 접한 부분이 절개지 형태의 법면 부지로 조정되었으며, 「도로법」에서 도로와 일체를 이루는 공작물 및 도로 부속물을 도로로 보도록 규정하고 있고, 「도로법 시행령」에서는 도로의 부속물의 일종으로 도로관리청이 토사유출 및 낙석을 방지하기 위한 시설을 도로의 일부로 보도록 규정하고 있는바, 이 사건 토지의 형태상 도로 부분의 법면 부지의 경우 토사 유출 및 낙석 방지를 위하여 옹벽과 철망을 설치한 상태임으로 볼 때 해당 법면 부지는 도로의 부속시설물이 설치된 토지로서 「도로법」에 의한 도로의 일부에 해당된다고 보는 것임.

사례 일반 시민의 휴식 공간 제공을 위한 용도인 사도 등의 경우(행심 99-417, 1999.6.30.)

이 건 토지는 청구인이 청구인의 사업을 일반인에게 홍보할 목적으로 설치한 전시관과 기념탑, 매

점 등이 설치되어 있는 광장부지(19,726㎡)와 주차장부지(19,474㎡) 및 잔디광장부지(48,210㎡)라고 하겠으며 처분청이 제출한 이 건 토지의 현장사진에서 광장 부지가 주차장으로 사용되고 있는 사실이 확인되고 있어 이 건 토지를 도로에 연결되는 길인 사도라고 할 수 없음.

2) 하천

「하천법」에 의한 하천과 「소하천정비법」에 따른 소하천은 재산세가 비과세된다. 여기서 반드시 관계법률에서 정하여진 하천만을 말하는지에 대해 명확하게 해석한 것은 없으나, 「하천법」 등에 의한 하천으로 지정되지 않았다 하더라도 하천의 역할을 한다면 재산세의 과세대상 물건이 공부상 등재 현황과 사실상의 현황이 다른 경우에는 사실상 현황에 따라 재산세를 부과한다(지법 §106 ③, 구 지령 §119)라는 규정에 따라 하천으로 실제 사용하고 있다면 비과세대상이 되어야 할 것이다.

3) 제방

「공간정보의 구축 및 관리 등에 관한 법률」에 따른 제방은 재산세가 비과세된다. 다만, 특정인이 전용하는 제방은 제외한다.

4) 구거(도랑)

농업용 구거와 자연유수의 배수처리에 공하는 구거는 재산세가 비과세된다.

5) 유지

농업용 및 발전용에 공하는 댐·저수지·소류지와 자연적으로 형성된 호수·늪은 재산세가 비과세된다.

6) 묘지

무덤과 이에 접속된 부속시설물의 부지로 사용되는 토지로서 지적공부상 지목이 묘지인 토지는 재산세가 비과세된다. 여기서 유의할 점은 재산세는 현황과세를 원칙으로 하지만 묘지는 현황도 묘지이고 지적공부상 지목도 묘지인 토지라야만 비과세대상에 해당된다는 것이다.

> **사례** 종중임야·위토 등에 대한 취득세 및 재산세 과세 여부(세정 22670 - 289, 1986.1.14.)
>
> 취득세 및 재산세가 비과세되는 제사용 부동산은 제사용에 직접 사용되어지는 것에 한하는 것이므로 이에 해당되지 않는 종중임야·위토 등은 취득세 및 재산세가 과세됨. 다만, 종중임야 중 「지적법」 규정에 의한 묘지가 있는 경우 이 부분은 재산세가 비과세됨.

(4) 군사기지 등

1) 군사기지 및 군사시설보호구역 중 통제보호구역 안의 토지

「군사기지 및 군사시설보호법」에 따른 군사기지 및 군사시설보호구역 중 통제보호구역 안에 있는 토지는 재산세가 비과세된다. 다만, 전·답·과수원 및 대지는 제외한다.

2) 산림보호구역·채종림·시험림

「산림보호법」에 따라 지정된 산림보호구역 및 「산림자원의 조성 및 관리에 관한 법률」에 따라 지정된 채종림·시험림은 재산세가 비과세된다.

3) 공원자연보존지구의 임야

「자연공원법」에 따른 공원자연보존지구의 임야는 재산세가 비과세된다.

> **사례** 자연공원은 국립공원·도립공원·군립공원을 말함(지방세정팀-1197, 2005.6.15.)
>
> 「자연공원법」 제2조 제1호에서 "자연공원"이라 함은 국립공원·도립공원·군립공원을 말한다고 규정하고 있으므로 국토의 유지와 환경의 보전 등을 위하여 "보전임지전용허가"가 불허된 임야라 하더라도 「자연공원법」에 의하여 지정된 자연공원(국립공원·도립공원·군립공원) 내 자연보존지구 안의 임야가 아니라면 재산세 비과세대상이 아니라고 판단됨.

4) 백두대간보호지역의 임야

「백두대간 보호에 관한 법률」 제6조에 따라 지정된 백두대간보호지역의 임야는 재산세가 비과세된다.

☞ ① 「자연공원법」에 의한 자연환경지구안의 임야 : 분리과세
　② 「국토의 계획 및 이용에 관한 법률」에 의한 자연환경보존지역 안의 임야 : 종합합산과세

(5) 임시용 건축물

임시로 사용하기 위하여 건축된 건축물로서 과세기준일 현재 1년 미만의 것(예 : 공사현장사무소, 임시흥행장 등)

취득세와는 달리 1년 이상 기간으로 존치신고를 했더라도 과세기준일 현재 1년 이상 되지 않았다면 해당 연도 재산세는 비과세되는 것이다(지방세세정담당관-661, 2003.7.29.).

가설건축물의 축조신고 시 존치기간이 2013.5월까지이나 존치기간을 경과하여 과세기준일 현재 사용하고 있는 경우라 하더라도 여전히 가설건축물에 해당되고, 2013.6.1. 현재 1년 미만의 것이므로 건축물분 재산세는 비과세하여야 할 것이다. 존치기간 경과 사용으로 불법 건축물에 해당되더라도 불법건축물을 재산세 비과세 제외하라는 규정이 없으며, 재산세가 비과세되는 임시건축물의 부속토지가 무조건 종합합산과세대상 토지라 할 수 없을 것이지만, 존치기간 연장을 하지

않아 과세기준일 6.1. 현재 불법 건축물이므로 이 경우에는 건축물의 바닥면적을 초과한 면적은 종합합산과세대상이 되는 것이다.

참고로, 불법 건축물이 아니라면 별도합산 과세요건에 해당하는 건축물(임시 가설건축물 포함)에 해당한다면 그 부속토지는 별도합산과세대상 토지로 판단하여야 하는 것이다.

(6) 행정관청으로부터 철거명령을 받았거나 철거보상계약이 체결된 건축물

행정기관으로부터 철거명령을 받은 건축물 등 재산세를 부과하는 것이 적절하지 아니한 건축물 또는 주택(「건축법」 제2조 제1항 제2호에 따른 건축물 부분으로 한정)으로서 재산세를 부과하는 해당 연도에 철거하기로 계획이 확정되어 재산세 과세기준일 현재 행정관청으로부터 철거명령을 받았거나 철거보상계약이 체결된 건축물 또는 주택(「건축법」 제2조 제1항 제2호에 따른 건축물 부분으로 한정)을 말한다. 이 경우 건축물 또는 주택의 일부분을 철거하는 때에는 그 철거하는 부분으로 한정한다.

> **사례** 철거명령 또는 철거보상계약의 주체가 "행정관청"일 경우에만 해당하는 것으로 보아야 할 것이며, 주택 재개발·재건축 등을 진행하는 일련의 절차에서 강제성이 없는 철거 등에 대하여 행정관청의 지위를 의제받는 등 행정관청과의 관련성을 일체 따지지 않고, 철거에 따른 반대급부적 성격이 있는 보상계약을 체결하였다는 사실만으로는 비과세대상으로 볼 수는 없음(부동산세제과-772, 2023.10.31.).

제2절 과세표준과 세율

① 과세표준(지법 §110)

(1) 개요

1) 토지·건축물·주택

> ☐ **재산세 과세표준**
>
> 시가표준액 × 공정시장가액비율

토지·건축물·주택에 대한 재산세의 과세표준은 「지방세법」 제4조 제1항과 제2항의 규정에 의한 시가표준액에 부동산 시장의 동향과 지방재정 여건 등을 고려하여 다음 어느 하나에서 정한 범위에서 공정시장가액비율을 곱하여 산정한 가액으로 한다. 한편, 2023.3.14. 이후 행정안전부장관은 공정시장가액비율의 점검·평가를 위하여 필요한 경우 관계 전문기관에 조사·연구를 의뢰할 수 있다.

① 토지 및 건축물 : 시가표준액의 70%

② 주택 : 시가표준액의 60%

2024.1.1. 이후 상기에 따라 산정한 주택의 과세표준이 다음 계산식에 따른 과세표준 상한액보다 큰 경우에는 제1항에도 불구하고 해당 주택의 과세표준은 과세표준 상한액으로 한다.

> 과세표준 상한액 = 대통령령으로 정하는 직전 연도 해당 주택의 과세표준 상당액 + (과세기준일 당시 시가표준액으로 산정한 과세표준 × 과세표준 상한율)
>
> ☞ 과세표준 상한율 = 소비자물가지수, 주택가격변동률, 지방재정 여건 등을 고려하여 0에서 100분의 5 범위 이내로 대통령령으로 정하는 비율

종전 토지 및 건물에 대한 시가표준액 체계가 토지, 주택 및 건축물로 구분되고 시가표준액 산정방식을 원가방식에서 시가방식으로 전환함에 따른 관련규정 정비하여 취득세 시가표준액은 「부동산 가격공시에 관한 법률」에 의하여 가격이 공시되는 토지 및 주택에 대하여는 같은 법에 의하여 공시된 가격을 그대로 적용한다. 기타 취득세 과세대상 과세표준은 과세대상별 특성을 감안하여 대통령령이 정하는 기준에 따라 지방자치단체장이 결정한 가액이 된다. 부칙에서 주택은 「부동산 가격공시에 관한 법률」에 의한 가격이 공시되기 전까지는 별도의 경과조치를 두었다.

종전	현행
○ 시가표준액 　- 토지 : 개별공시지가	○ 시가표준액 　- 토지·주택 : 「부동산 가격공시에 관한 법률」에서 공시한 개별공시지가 및 개별주택가격 　※ 같은 법에 의한 공시 전 주택가격은 별도 규정(법 부칙)
- 건물 : 신축건물기준가액에 위치·용도 등 각종 지수를 곱하여 산정	- 건축물 : 건물 신축가격기준액에 위치·용도 등 각종 지수를 곱하여 산정
○ 보유세 과세표준 　- 재산세 : 신축건물기준가액 　- 종합토지세 : 시가표준액에 적용비율을 곱한 가액	○ 보유세 과세표준 　- 재산세 : 시가표준액의 50%

2) 선박·항공기

선박 및 항공기에 대한 재산세의 과세표준은 「지방세법」 제4조 제2항에 따른 시가표준액으로 한다.

(2) 시가표준액

1) 토지

「부동산 가격공시에 관한 법률」에 의하여 가격이 공시되는 토지는 같은 법에 의하여 공시된 가액("개별공시지가")을 시가표준액으로 하며, 공시된 가액이 없는 경우에는 시장·군수·구청장이 같은 법의 규정에 의하여 국토교통부장관이 제공한 토지가격비준표를 사용하여 산정한 가액을 시가표준액으로 한다.

과세표준은 위의 시가표준액에 공정시장가액 비율(70%)을 곱하여 산정한 가액으로 한다.

2) 주택

「부동산 가격공시에 관한 법률」에 의하여 가격이 공시되는 주택[471]은 같은 법에 의하여 공시된 가액(주택과 그 부속토지를 통합평가하여 공시)을 시가표준액으로 한다.

① 단독주택 : 시장·군수·구청장 등이 개별주택의 가격을 결정·공시
② 공동주택 : 국토교통부장관이 공동주택의 가격을 결정·공시
③ 무허가주택 : 국토교통부장관이 제공하는 주택가격비준표(토지·건물)에 의하여 가액을 산정

단독주택의 경우 공시된 가액이 없는 경우에는 시장·군수·구청장이 같은 법의 규정에 의하여 국토교통부장관이 제공한 주택가격비준표를 사용하여 산정한 가액을 시가표준액으로 한다. 과세표준은 위의 시가표준액에 공정시장가액 비율(60%)을 곱하여 산정한 가액으로 한다.

① 1구의 주택

「건축법 시행령」 [별표 1] 제1호 다목에 따른 다가구주택은 1가구가 독립하여 구분사용할 수 있도록 분리된 부분을 1구의 주택으로 본다. 이 경우 그 부속토지는 건물 면적의 비율에 따라 각각 나눈 면적을 1구의 부속토지로 본다(지령 §112). 재산세 등의 과세대상인 주택은 "1구(構)"를 과세단위로 하여 과세대상으로서 구분되는 것임을 알 수 있고, 여기에서 1구의 주택을 이루는지 여부는 그것이 전체로서의 경제적 용법에 따라 하나의 주거생활단위로 제공되는 것인지 여부에 의하여 합목적적으로 결정되어야 할 것이다. 주택 2동이 독립된 건물로 건립되어 있고 그것이 동일한 지번의 대지 위에 건축되어 있지 아니하며 각 주택의 거주자가 주민등록상 별개의 세대를 이루고 있으므로, 주택 2동이 비록 나란히 건축된 것으로서 하나의 울타리 안에 위치하여 마당과 대문을 같이 하고 있으며, 그 거주자가 아버지와 아들 사이인 사실을 알 수 있다 하여도 위 주택 2동은 전체로서의 경제적 용법을 볼 때 하나의 주거생활단위로 제공되는 1구의 주택에 해당한다

---

471) 「주택법」 제2조 제1호의 규정에 의한 주거용으로 사용되고 있는 건물을 말하며 1동의 건물이 주거와 주거 외의 용도에 사용되고 있는 경우에는 주거용에 사용되고 있는 부분만을 주택으로 본다.
　　〈「주택법」 제2조 제1호〉
　　"주택"이라 함은 세대의 세대원이 장기간 독립된 주거생활을 영위할 수 있는 구조로 된 건축물의 전부 또는 일부 및 그 부속토지를 말하며, 이를 단독주택과 공동주택으로 구분한다.

고 볼 수 없다 할 것이다(대법원 90누7425, 1991.5.10.).

따라서 '1구의 주택'이라 함은 소유상의 기준이 아니고 점유상의 독립성을 기준으로 판단하되 합숙소·기숙사 등의 경우에는 방 1개를 1구의 주택으로 보며, 다가구주택은 침실, 부엌, 출입문이 독립되어 있어야 1구의 주택으로 본다(지예 법111…영112-1).[472)

2005년부터 주택의 경우 건물과 부속토지를 통합평가하여 주택분 재산세로 과세하게 됨에 따라 주택의 건물과 부속토지의 소유자가 다를 경우에는 해당 주택에 대한 산출세액을 건축물과 그 부속토지의 시가표준액 비율로 안분계산한 부분에 대하여 건축물과 그 부속토지 소유자에게 각각 주택분 재산세 납세의무자로 보도록 규정하고 있다(지법 §107 ①). 따라서 「부동산 가격공시에 관한 법률」의 규정에 의한 개별주택가격(시장, 군수, 구청장이 매년 4.30.자로 공시한 가액)의 60%를 과세표준액으로 하여 재산세액을 산출한 후 시가표준액에 의거 건물분과 토지분으로 주택분 재산세액을 안분하여 건물분은 건물분 소유자에게, 토지분은 토지분 소유자에게 과세하도록 하고 있으므로 주택의 부속토지분에 대한 재산세를 7월과 9월에 2분의 1씩 나누어 납부하여야 한다(지방세정팀-1898, 2005.7.26.).

1동의 건물이 주거와 주거 외의 용도에 사용되고 있는 경우에는 주거용에 사용되고 있는 부분만을 주택으로 보며(지법 §106 ② 1), 이 경우 건물의 부속토지는 주거와 주거 외의 용도에 사용되고 있는 건물의 면적비율에 따라 각각 안분하여 주택의 부속토지와 주택 외의 건물의 부속토지로 구분한다.

1구의 건물이 주거와 주거 외의 용도에 겸용되는 경우에는 주거용으로 사용되는 면적이 전체의 50% 이상인 경우에는 주택으로 보며(지법 §106 ② 2), 주택의 부속토지의 경계가 명백하지 아니한 때에는 그 주택의 바닥면적의 10배에 해당하는 토지를 주택의 부속토지로 한다(지령 §105).

주택(부속토지 포함) 전체의 공시가격으로 세액을 계산한 후 주택과 토지의 시가표준액으로 안분계산한 세액을 각 소유자별로 부과한다.

▌주택의 건물과 부속토지 소유자가 다른 경우 세액 산정 ▌

건축물은 "갑" 소유, 부속토지는 "을" 소유일 경우 아래와 같은 주택현황에서 소유자별 재산세 납부할 세액은?

(1) 주택 현황
- ○ 2013.4.30. 공시된 개별주택가액 : 300,000,000원
- ○ 2013.5.31. 공시된 개별공시지가 : ㎡당 400,000원
- ○ 2013.6.1. 해당 건축물(주택)의 시가표준액 : ㎡당 500,000원
- ○ 건축물(주택) 연면적 : 200㎡, 부속토지 : 300㎡

(2) 세액계산
- ○ 2013년 주택분 재산세액 계산

---

472) 공동주택을 제외한 일반주거용 건물의 경우에는 단순히 침실, 식당, 마루, 부엌만이 포함되는 것이 아니라 가정용 물치장, 보일러실, 창고 등 일반적으로 주거생활에 이용되고 있는 모든 건물을 1구의 주택에 포함한다.

- 재산세 과세표준 : 1.8억 원 (3억 원 × 60%)
- 주택분 재산세액 : 27만 원 (1.8억 원 × 0.0025 - 18만 원)
○ 소유자별 주택분 재산세액 안분계산
  - 갑 : 122,720원
        27만 원 × (50만 원 × 200㎡) / [(50만 원 × 200㎡) + (40만 원 × 300㎡)]
  - 을 : 147,280원
        27만 원 × (40만 원 × 300㎡) / [(50만 원 × 200㎡) + (40만 원 × 300㎡)]

> **사례** 복층형 건물에 층간 통로를 영구 폐쇄한 경우(지방세정담당관 - 492, 2004.2.6.)
>
> 1구의 주택인지 여부는 점유상 독립성을 기준으로 판단하도록 하고 있는바, 아파트가 복층형으로 건축된 경우라 하더라도 각층에 침실, 부엌 등을 갖추고 층간 통로를 영구폐쇄한 상태에서 별도의 출입구를 사용하는 등 독립된 세대를 이루어 사용하고 있는 경우라면 재산세를 과세함에 있어 그 각각을 1구의 주택으로 봄이 타당할 것으로 판단됨.

> **사례** 재산세 등의 과세단위인 "1구(構)"의 주택 여부 판단기준(대법원 90누7425, 1991.5.10.)
>
> 아버지 소유의 주택 2동이 각각 다른 지번의 대지 위에 독립된 건물로 건립되어 있고 각 주택의 거주자가 주민등록상 별개의 세대를 이루고 있다면 주택 2동이 비록 한 울타리 안에 나란히 건축된 것으로서 마당과 대문을 같이 하고 있으며 그 거주자가 아버지와 아들 사이인 경우라고 하여도 위 주택 2동은 전체로서의 경제적 용법을 볼 때 재산세 등의 과세단위인 하나의 주거생활단위로 제공되는 1구(構)의 주택에 해당한다고 볼 수는 없음.

② 공동주택

공동주택은 아파트·연립주택·다세대주택을 말하나,[473] 종전에는 공동주택과 다가구주택의 경우에는 1세대가 독립하여 사용할 수 있도록 구획된 부분(전용면적)을 1구의 주택으로 본다(구 지령 §142)라고 규정하였기 때문에 2004년 이전은 전용면적은 표준세율, 공용면적은 비례세율(1,000분의 3)[474] 적용하였으나, 2005.1.5. 개정 후에는 '전용면적' 부분을 삭제하여 2005년 이후는 구분없이 표준세율을 적용하게 되었다.

③ 주택 부속토지 산정

㉠ 단독주택 : 건물과 토지의 과세자료 일치분 해당 면적

㉡ 주상복합 내 주택 : 주상복합건축물의 전체 토지 면적에 대한 주택면적 비율로 안분

---

473) - 아파트 : 5층 이상의 주택
  - 연립주택 : 동당 건축 연면적이 660㎡(200평) 초과하는 4층 이하의 주택
  - 다세대주택 : 동당 건축 연면적이 660㎡(200평) 이하인 4층 이하의 주택

474) "공동주택에 대한 과표가산율 적용은 공용면적을 포함한 면적으로 가산율 대상으로 판단한 후 전용면적에 대하여만 가산율을 적용하며, 공용면적은 분양면적이 포함되지만 주택분 누진세율을 적용하지 않고 0.3%(구 지법 §188 ① 2, 4)의 낮은 세율을 적용하여 과세함(세정 13407 - 304, 1994.7.5.)."

☞ 1구의 건물이 주거와 주거 외로 겸용되는 경우 : 주거용으로 사용되는 면적이 전체 1구 면적의 50%를 초과하면 주택으로 간주

ⓒ 공동주택 : 건물과 토지의 과세자료 일치분 전용면적

> **사례** 미공시된 공동주택가격을 심의를 하지 아니한 경우 재산세 부과 안됨(조심 2020지2034, 2021.1.13.)
>
> 공동주택가격이 공시되지 않은 경우 그 시가표준액을 결정함에 있어 「지방세기본법」 제147조에 따른 지방세심의위원회의 심의를 거치도록 규정하고 있음에도 처분청은 이 건 재산세 등을 산정·부과하면서 지방세심의위원회의 심의를 거치지 않는 등 재산세를 부과함에 있어 법정절차를 누락하였고 이는 치유할 수 없는 절차상의 흠결로 보이는 점 등에 비추어 처분청이 청구인에게 재산세 등을 부과한 이 건 처분에는 잘못이 있다고 판단됨.

3) 건축물(주택 외)

주택 이외의 건축물의 시가표준액은 건물 신축가격기준액에 ① 건물의 구조별·용도별·위치별 지수 ② 건물의 경과연수별 잔존가치율 ③ 건물의 규모·형태·특수한 부대설비 등의 유무 및 기타 여건에 따른 가감산율을 적용하여 산정한 가액으로 한다.

과세표준은 위의 시가표준액에 공정시장가액 비율(70%)을 곱하여 산정한 가액으로 한다.

> **사례** 1동의 건물에 사무실과 영업설비 혼재 시(행심 2005-274~371, 2005.8.29.)
>
> 청구인이 소유하고 있는 건축물의 경우 사무실로 직접적으로 사용하는 부분과 영업설비가 설치된 부분이 혼재하고 있는 상태로서, 사무실과 영업설비가 유기적인 관계로 통신업에 사용되는 건축물로 보아야 할 것이고, 그 전체적인 현황도 업무시설로서 이러한 업무시설의 일부에 영업설비를 설치하였다 하여, 이 부분에 대하여 용도지수를 달리 적용하는 것은 건축물의 재산가치를 고려하여 용도지수를 차등 적용하는 입법목적에도 배치된다 하겠으므로 이에 대한 청구인의 주장은 받아들일 수 없다 하겠고, 또한 이 사건 건축물 중 주차장 부분의 경우 용도지수 분류상 복합건물의 차고를 차량관련시설로 보도록 규정하고 있고 처분청에서도 차량관련시설에 해당하는 용도지수를 적용하여 시가표준액을 산출하였으므로, 처분청에서 이 사건 건축물에 대해 재산세 등을 부과한 처분은 잘못이 없음.

4) 선박

선종·용도 및 건조가격을 참작하여 톤수간에 차등을 둔 단계별 기준가액에 해당 톤수를 순차적으로 적용하여 산출한 가액의 합계액에 선박의 경과연수별 잔존가치율과 급냉시설 등의 유무에 따른 가감산율 적용하여 산정한 가액으로 한다.

5) 항공기

기종·형식·제작회사·정원·최대이륙중량·제조연도별 제조가격 및 거래가격(수입하는 경우는 수입가격)을 참작하여 정한 기준가액에 항공기의 경과연수별 잔존가치율을 적용한다.

(3) 과세표준 결정

토지에 대한 재산세의 과세표준 결정방식은 「부동산 가격공시에 관한 법률」에 의하여 국토교통부장관이 결정고시한 ㎡당 개별공시지가에 그 지방자치단체장(시장·군수·구청장)이 결정·고시한 과세표준액 적용비율을 곱하여 산정한 가액에 면적을 곱하여 필지당 과세표준액을 결정한다. 즉 토지에 대한 재산세의 과세표준액은 "㎡당 개별공시지가 × 공정시장가액비율 × 면적"이 된다.

1) 개별공시지가와 과세표준 결정

개별공시지가는 과세기준일(6.1.) 현재의 개별공시지가로 하되 과세기준일 현재 해당 연도에 적용할 개별공시지가가 공시되지 아니한 경우에는 시장·군수 또는 구청장(자치구의 구청장)이 국토교통부장관이 제공한 토지가격비준표를 사용하여 산정한 가액으로 한다(지법 §4 ①).

개별공시지가는 「부동산 가격공시에 관한 법률」에 의하여 매년 1.1. 기준으로 5.31.까지 결정고시하기로 되어 있는바, 해당 연도의 공시지가를 적용하게 될 것이다. 그러나 종전 2004년 이전에는 6.30.까지 개별공시지가를 결정·고시하므로 과세기준일인 6.1.에는 해당 연도 개별공시지가가 공시되지 않아 직전연도 개별공시지가를 적용하게 되었다.

① 개별공시지가가 있는 토지에 대한 과세표준 결정

'개별공시지가가 있는 토지'라 함은 직전연도 지방자치단체장이 결정고시한 개별공시지가의 효력이 남아 있는 토지를 말하는바, 과세표준액은 "개별공시지가 × 공정시장가액비율 × 면적"으로 계산한 금액이 된다.

② 개별공시지가가 없는 토지에 대한 과세표준액 결정

'개별공시지가가 없는 토지'라 함은 개별공시지가 산정시 누락된 토지와 개별공시지가 공시기준일인 1.1. 이후 신규 등록, 지목변경된 토지 등으로서 이들 토지의 과세표준액은 "전년도의 표준지 및 토지가격비준표를 사용하여 산정한 지가 × 공정시장가액비율 × 면적"으로 계산한 금액으로 한다.

③ 공시지가 이의신청과 과세표준 불복 관계

표준지로 선정된 토지의 공시지가에 대하여 불복하기 위하여는 「부동산 가격공시에 관한 법률」 제8조 제1항에서 정하는 이의절차를 거쳐 처분청을 상대로 그 공시지가결정의 취소를 구하는 행정소송을 제기하여야 하고, 그러한 절차를 밟지 아니한 채 개별토지가격결정의 효력을 다투는 소송에서 그 개별토지가격 산정의 기초가 된 표준지 공시지가의 위법성을 다툴 수 없다고 할 것이다(대법원 94누5083, 1994.12.13., 대법원 95누9808, 1996.5.10. 참조).[475]

---

475) "국가·지방자치단체 등 행정기관이 토지가격을 조사함에 있어서 관계행정기관의 합동작업체계와 가격결정절차 등에 관하여 필요한 사항을 정함을 목적으로 한 개별토지가격합동조사지침은 구 「지가공시 및 토

개별공시지가가 잘못된 경우에는 불복절차를 거치거나 행정소송법에 의한 행정소송을 거쳐 개별공시지가가 잘못 결정되었음이 인정되는 경우에 한하여 시장·군수·구청장이 이를 다시 결정하여 공시하는 것이다.

일반적으로 행정상의 법률관계는 가능한 한 조속히 확정되고 안정되어야 하는 것이므로 행정 목적을 위하여 두 개 이상의 행정행위가 연속적으로 행하여진 경우 선행처분과 후행처분이 서로 결합하여 1개의 법률효과를 완성하는 경우에는 그 하자가 후행처분에 승계되는 것으로 보아 선행처분에 불가쟁력이 생겨 그 효력을 다툴 수 없게 된 경우에도 후행처분에서 선행처분의 위법을 다툴 수 있다 하겠으나, 선행처분과 후행처분이 서로 독립하여 별개의 법률효과를 목적으로 하는 때에는 선행처분의 하자를 이유로 후행처분의 효력을 다툴 수 없다(같은 취지의 대법원판결 1994. 1.25., 93누8542, 대법원 1990.1.25., 89누2936, 대법원 1998.3.24., 96누6851) 하겠는바, 개별공시지가의 결정과 이를 기초로 한 과세처분은 별도의 독립된 처분으로서 서로 독립하여 별개의 법률효과가 발생하는 것이므로 각각의 처분에 대한 하자는 독립적으로 검토되어야 할 것이며, 따라서 개별공시지가의 결정에 대한 불복이 있는 경우에는 구 「지가공시 및 토지 등의 평가에 관한 법률」 제10조의3 제1항의 규정에 의해 불복절차를 거치거나 「행정소송법」에 의한 행정소송을 거쳐 개별공시지가가 잘못 결정되었음이 인정되는 경우에 한하여 시장·군수·구청장이 이를 다시 결정하여 공시하는 것이므로, 토지의 개별공시지가가 잘못 결정된 사실이 법원의 판결에 의해 확정되기 전까지는 개별공시지가가 잘못 결정되었음을 이유로 해당 부과처분의 잘못을 다툴 수는 없다(같은 취지의 행심 2000-481, 2000.5.30.) 할 것이다(행심 2001-342, 2001.6.25.).

한편, 공시지가 이의신청 절차를 거치지 아니한 채 개별공시지가가 잘못 결정되었다는 사유로 재산세 등 부과처분의 효력을 다툴 수는 없다.

> **사례** 개별공시지가가 감정가액이나 실제 거래가격을 초과한다는 사유만으로 가격 결정이 위법한지 여부와 개별공시지가의 산정 방식 및 '용도상 불가분의 관계에 있는 경우'의 의미(대법원 2013두6138, 2013.10.11.)
>
> 개별공시지가 결정의 적법 여부는 「부동산 가격공시 및 감정평가에 관한 법률」 등 관련법령이 정하는 절차와 방법에 따라 이루어진 것인지 여부에 의하여 결정될 것이지 당해 토지의 시가나 실제 거래가격과 직접적인 관련이 있는 것은 아니므로, 단지 그 공시지가가 감정가액이나 실제 거래가격을 초과한다는 사유만으로 그것이 현저하게 불합리한 가격이어서 그 가격 결정이 위법하다고 단정

___

지 등의 평가에 관한 법률」 제10조의 시행을 위한 집행명령으로서 법률 보충적인 구실을 하는 법규적 성질을 가지고 있는 것으로 보아야 할 것(같은 취지의 대법원 95누863, 1995.11.10.)"이고, 개별토지가격합동조사지침 제12조의2 제1항 및 제2항에서 개별토지가격에 대하여 이의가 있는 토지소유자 및 이해관계인은 개별토지가격이 결정된 날로부터 60일 이내에 관할시장·군수 또는 구청장에게 지가를 재조사하여 줄 것을 청구할 수 있으며, 지가의 재조사청구를 받은 시장·군수 또는 구청장은 재조사청구기간 만료일로부터 30일 이내에 개별토지가격을 조정할 수 있다고 규정하고 있고, "개별토지가격에 대하여 이의가 있는 토지소유자 및 이해관계인은 위 조사지침에 기한 재조사청구나 「행정심판법」에 따른 행정심판 중 하나만을 거쳐 곧바로 행정소송을 제기하는 것이 가능함은 물론 위 재조사청구를 하여 그 결과통지를 받은 후에 다시 행정심판법에 따른 행정심판을 제기하여 그 행정심판의 재결을 거쳐 행정소송을 제기하는 것도 가능하다(같은 취지의 대법원 94누11514, 1995.9.26.)"할 것이다.

할 수는 없다(대법원 2005.7.15. 선고, 2003두12080 판결 등 참조). 한편 여러 필지의 토지가 일단을 이루어 용도상 불가분의 관계에 있는 경우에는 특별한 사정이 없는 한 그 일단의 토지 전체를 1필지로 보고 토지특성을 조사하여 그 전체에 대하여 단일한 가격으로 평가함이 상당하고, 여기에서 '용도상 불가분의 관계에 있는 경우'라 함은 일단의 토지로 이용되고 있는 상황이 사회적 · 경제적 · 행정적 측면에서 합리적이고 당해 토지의 가치형성적 측면에서도 타당하다고 인정되는 관계에 있는 경우를 말한다(대법원 2005.5.26. 선고, 2005두1428 판결 등 참조). 원심은 채용 증거를 종합하여 그 판시와 같은 사실을 인정한 다음, ① 원고가 이 사건 토지를 사인증여로 취득할 때까지는 이 사건 토지와 그 지상 건물의 소유자가 동일한 적이 없어 법정지상권은 본래 성립될 수 없는 등 이 사건 토지에 ○○관광호텔 건물이 축조되어 있었다는 사정만으로 이 사건 토지의 이용에 제한이 있어 개별공시지가 산정에 반영되어야 한다고 보기 어려운 점, ② 이 사건 토지와 역삼동 (지번 생략) 토지는 모두 ○○관광호텔 및 그 관련 시설의 부지의 일부로 사용되고 있는 등 용도상 불가분의 관계에 있다고 할 것이므로 위 각 토지 전체를 일단의 토지로 보아 평가하는 것이 합리적으로 보이는 점, ③ 이 사건 토지의 2004.1.1.자 개별공시지가 산정에 관한 자료에 의하면 피고는 관련법령이 정한 절차와 방법에 따라 이 사건 토지의 개별공시지가를 결정한 것으로 보이는 점, ④ 원고에 대한 법인세 관련 사건과 원심에서 이 사건 토지와 역삼동 (지번 생략) 토지 등을 일단의 토지로 보아 감정한 각 감정평가결과에 의하면, 이 사건 토지의 감정평가액이 18,900,000,000원에서 19,400,000,000원 사이에 걸쳐 있어 2004.1.1.자 개별공시지가에 의한 이 사건 토지의 가액 20,085,723,000원과의 편차가 현저하다고 보기 어려운 점 등을 종합하면, 이 사건 토지의 2004.1.1.자 개별공시지가 산정에 위법이 있다고 볼 수 없다고 판단하였다. 앞서 본 법리와 기록 등에 비추어 살펴보면, 원심의 위와 같은 판단은 정당함.

> **사례** 개별토지가격 결정의 효력을 다투는 소송에서 그 개별토지가격 산정의 기초가 된 표준지공시지가의 위법성을 다툴 수는 없지만, 비교표준지 선정이나 토지특성 조사 또는 가격배율 적용에 잘못이 있어 위법하다고 다투는 것은 가능함(대법원 99두9070, 2001.9.28.).

토지의 비교표준지인 이 사건 표준지의 1990년~1993년 공시지가가 골프장부지전체를 대표하는 평균가격이 아니었음은 그 자체로 명백한 점, 피고 스스로도 당초 이 사건 토지에 대한 개별토지가격을 정함에 있어서는 이 사건 표준지의 공시지가를 이 사건 골프장을 대표하는 평균가격으로 보지 아니한 점, 이 사건 표준지에 대한 1990년~1995년의 공시지가금액변동추이 및 공시지가결정을 위한 감정평가의견서의 내용, 인근골프장의 개발지와 원형보존지에 대한 공시지가 또는 개별토지가격내용, 지가상승률 등을 감안하여 보면, 이 사건 표준지에 대한 1994년~1995년 공시지가는 골프장개발지로서의 특성만을 반영하여 결정된 공시지가일 뿐 이 사건 골프장부지전체를 대표하는 평균가격으로 결정된 것이 아니라고 보고 그 반대증거를 배척한 뒤, 이 사건 토지는 주로 이 사건 골프장의 외곽에 위치한 미훼손지역으로 원형보존지에 해당하므로 이 사건 골프장의 중심부에 위치하여 골프코스 및 도로로 사용되는 개발지인 이 사건 표준지와는 그 토지특성이 전혀 다르고, 이 사건 토지에 대한 개별토지가격이 피고가 관할하는 동일한 관내에 있는 다른 골프장의 원형보존지나 인접 타시군 골프장의 원형보존지 또는 이 사건 골프장부지에 인접하여 있는 다른 토지의 개별토지가격에 비하여 그 판시와 같은 배율로 월등히 높은 점 등의 제반사정을 종합하여 보면 이 사건 토지에 대하여 피고가 재조정결정한 개별공시지가는 그 표준지선정을 잘못한 위법이 있거나 그 가격이 너무 높아서 현저하게 불합리하여 위법하다고 판단함.

> **사례** 공유 토지의 개별공시지가가 서로 다른 경우(감심 2000 - 83, 2000.5.30.)
>
> 공유 토지인 경우에는 그 지분에 해당하는 면적에 대하여 그 지분권자를 납세의무자로 본다는 규정에 따라 위 2필지의 1998년도 개별공시지가를 각각 해당 필지별로 청구인의 공유지분에 해당하는 면적에 적용하여 재산세와 도시계획세의 과세표준과 세액을 산출하여야 할 것임.

> **사례** 이의신청절차를 거치지 아니한 채 개별공시지가가 잘못 결정되었다는 사유로 재산세 등 부과처분의 효력을 다툴 수는 없는 것임(행심 2000 - 481, 2000.5.30.).

> **사례** 직전연도 개별공시지가가 잘못 결정되었음을 이유로 재산세 등 부과고지처분을 취소할 수는 없음(내심 97 - 507, 1997.10.29.).

④ 정정한 새로운 공시지가를 공시하는 경우 소급적용 가능

「부동산 가격공시에 관한 법률」 제13조에서는 시장·군수·구청장은 공시지가에 명백한 오류가 있는 경우 이를 정정하여야 한다고 규정하고 있다. 공시지가의 지가산정에 명백한 잘못이 있어 「부동산 가격공시에 관한 법률」에 따라 정정 결정되어 공고된 이상 당초에 결정 공고된 공시지가는 그 효력을 상실하고 경정 결정된 새로운 공시지가가 그 공시기준일에 소급하여 효력을 발생한다(대법원 93누16925, 1993.12.7. 참조) 할 수 있으며 정정된 공시지가를 소급적용하여 과세처분을 한다고 하여 납세자의 신뢰를 저버리는 것이라거나 불이익 변경금지의 원칙에 반한다거나 소급과세로서 조세법률주의에 어긋나는 것이라고 볼 수는 없으므로 해당 연도의 새로운 공시지가를 시가표준액으로 소급적용하여 해당 연도 재산세 과세표준을 산정하여 과세함이 타당하다(지방세운영과 - 3923, 2011.8.19.).

⑤ 환지예정지

「도시개발법」 제36조 제1항에서 환지예정지가 지정된 경우에는 종전 토지의 소유자는 환지예정지 지정의 효력발생일부터 환지처분의 공고가 있는 날까지 환지예정지에 대하여 종전과 동일한 내용의 권리를 행사할 수 있으나 종전의 토지는 사용하거나 수익할 수 없다고 규정하고 있으며, 환지예정지 지정의 효력이 발생되었고, 토지의 이용 현황은 주택·건축물의 부속토지, 농지 등으로 과세기준일 현재 환지예정지 지정 전과 동일한 상태인 경우 환지예정지 지정 효력이 발생되면 그 때부터 종전 토지를 사용·수익할 수 없게 된 반면, 환지예정지에 대하여는 종전과 동일한 내용의 권리를 행사할 수 있게 되어 소유권의 대상이 되는 재산이 법률에 따라 종전 토지에서 환지예정지로 변경된 것으로 보아야 하므로 환지예정지를 대상으로 재산세를 과세하는 것이 합법적이라 할 것이다.

또한 「지방세법 시행령」 제119조에서 재산세 과세대상 물건의 공부상 등재 현황과 사실상 현황이 다른 경우에는 사실상 현황에 따라 재산세를 부과한다고 규정하고 있는바, 공부상 등재 현황보다는 사실상 현황이 우선시 된다는 법 취지로 비추어볼 때 환지예정지의 사실상 현황과 공부상 현황이 변경되지 않은 경우라면 개발계획상 용도가 아니라 해당 토지의 사실상 이용현황에 따라 과세

하는 것이 타당하다(지방세운영과-1625, 2013.7.25.). 따라서 도시개발사업에 따라 환지예정지로 지정 공고된 경우 그 환지예정지를 잡종지로 하여 개별공시지가에 산정하여 재산세 과세한다(행심 2001 -161, 2001.3.27.).

따라서 「도시개발법」에 따라 환지방식으로 시행하는 도시개발구역의 토지로서 환지처분의 공고가 되지 않은 환지예정지의 경우에는 그 환지예정지의 지목, 용도 등 현황을 기준으로 과세한다(지예 법112…영111-1).

> **사례** 환지예정지로 지정 공고된 토지는 환지예정지로 과세(행심 2000-242, 2000.3.29.)
>
> 이 건 토지에 대하여 1999년도 재산세를 과세함에 있어서는 환지예정지를 대상으로 함이 마땅하다 (내무부 시세 13407-319, 1993.11.5.), 재산세의 과세표준액을 산출함에 있어서 환지예정지에 대한 개별공시지가는 건설교통부장관의 개별공시지가 산정방법에 따라 산출한 것은 정당함.
>
> ☞ 환지예정지 중 과도면적에 대한 취득세의 취득시기는 재산세 취득시기와 다름. 즉 잔금지급일 또는 소유권 이전등기접수일 중 빠른 날임에 유의하여야 할 것임.

⑥ 토지이용 현황이 변경되어 종전 공시지가를 사용할 수 없는 경우

토지의 재산세 과세표준은 「부동산 가격공시에 관한 법률」에 의한 개별공시지가(개별공시지가가 없는 토지의 경우에는 시장·군수·구청장이 동법 규정에 의하여 국토교통부장관이 제공한 토지가격비준표를 사용하여 산정한 지가)에 지방자치단체장이 결정고시한 과세표준액 적용비율을 곱하여 산정한 가액으로 하도록 되어 있고, 개별공시지가는 「부동산 가격공시에 관한 법률」 규정에 의거 필지별로 표준지와 토지가격비준표를 적용하여 단위 면적당 가격을 결정고시하는 것이므로, 토지이용 현황의 변경으로 인하여 종전 표준지의 공시지가와 토지가격비준표에 의해 산출된 개별공시지가를 사용할 수 없는 토지조성공사 착공 시부터 사업 준공 시까지는 개별공시지가가 없는 토지로 보아 시장·군수·구청장이 인근 유사 표준지의 공시지가와 토지가격비준표를 사용하여 산정한 지가를 기준으로 하는 것이며, 조성 중인 토지의 지목은 재산세의 과세대상 토지가 공부상 현황과 사실상 현황이 다를 경우에는 사실상 현황에 의하도록 되어 있고 지목의 설정은 「공간정보의 구축 및 관리 등에 관한 법률 시행령」 제5조 제1항 제2호 및 제6조에 규정된 지목구분기준에 의하여 주된 사용목적 또는 용도에 따라 구분해야 하므로 조성 중인 토지는 잡종지로 하되, 준공일 이전에 사용승인을 얻어 건축공사 등을 착공한 경우에는 주된 사용목적 또는 용도에 따라 공장용지 또는 대 등으로 지목을 구분함이 타당하다(세정 13430-545, 1997.11.25.).

토지조성 과정에서 과세대상인 토지의 실제 현황은 공사착공 후 사업 준공 직전까지는 조성공사로 인해 일시적으로 변동되며, 사업 준공 후 지적정리가 되면 실시계획승인서의 토지이용계획에 있는 용도로 이용된다. 그리고 개발사업지구 내 새로운 토지의 가지번에 대한 개별공시지가 고시는 지방자치단체에 따라 다소 차이는 있지만, 가지번에 의한 토지 공급 후 즉시하는 곳과 사업 준공 전까지는 가지번에 대한 개별공시지가를 고시하지 아니하고 사업 준공 후 지적공부가 정리된 후 확정지번에 하는 곳으로 나뉘어 다소 차이가 있다.

참고로, 개발사업지구 내 토지의 공급은 보통 실시계획 승인 후 공사준공 전에 시작하며 토지

사용승낙은 기반시설공사 등이 완비되어 토지사용에 지장이 없다고 판단될 때 하며, 통상적으로 공사기간이 장기간 소요되는 아파트를 건축할 토지는 공사준공 전에 사용승낙을 하여 택지개발과 병행하므로 도로 등 공사의 중복을 방지하고 택지개발사업 준공 시점에 입주할 수 있도록 하며 기타용도의 토지는 공사 준공 후 사용승낙을 하고 있다.

⑦ 분할된 경우

토지에 대한 개별공시지가는 필지별로 산정하는 것이 원칙이므로 1필지의 토지가 2필지 이상으로 분할된 경우에는 종전 필지의 개별공시지가를 적용할 수 없으므로 개별공시지가가 없는 토지로 봄이 타당하다(세정 13407-485, 1996.5.2.).

2) 공정시장가액비율의 결정

'공정시장가액비율'이란 재산세 과세표준이 되는 토지의 가액을 산출하기 위하여 개별공시지가에 적용되는 비율을 말한다. 다시 말하면 공시지가의 몇 %를 재산세의 과세표준으로 할 것인가에 관한 기준이라고 할 수 있다. 그런데 2005년에는 공시지가를 과세표준에 적용함에 따라 일시적으로 과세표준 상승을 조정하기 위하여 적용비율을 시행령에서 50%로 정하였으나(구 지령 §138), 재산세 과세표준액 적용비율을 법률로 규정하여 토지와 건축물은 2006년부터 2015년까지 매년 5%P씩 100%까지 인상하되, 서민의 재산세 부담이 급격하게 늘지 않도록 주택분 재산세는 2008년부터 2017년까지 매년 5%P씩 100%까지 점진적으로 인상하도록 규정하고 있었다(구 지법 §187 ① 및 부칙 §5). 그런데 부동산 시장의 동향과 지방재정 여건을 고려하여 국민의 세 부담을 최대한 적정화하기 위하여, 2009.5.21. 「지방세법」을 개정하여 2009년 재산분부터 재산세의 과세표준으로서 시가표준액에 적용할 공정시장가액비율을 토지 및 건축물의 경우에는 시가표준액의 70%로, 주택의 경우에는 시가표준액의 60%로 정하고 있다.

3) 과세표준 산정

① 개요

> 시가표준액 × 공정시장가액비율(토지 및 건축물: 70%, 주택: 60%)[주]
>
> ☞ (주) 2023년과 2024년도에 납세의무가 성립하는 재산세의 과세표준을 산정하는 경우 1세대 1주택으로 인정되는 주택(시가표준액이 9억 원 초과 주택 포함)에 대해서는 다음의 구분에 따름(2022년에는 하기 모두 45%)
>   ① 시가표준액이 3억 원 이하인 주택 : 43%
>   ② 시가표준액이 3억 원~6억 원인 주택 : 44%
>   ③ 시가표준액이 6억 원 초과하는 주택 : 45%

② 주택의 과세표준 상한

상기에 따라 산정한 주택의 과세표준이 다음 계산식에 따른 과세표준상한액보다 큰 경우에는

상기에도 불구하고 해당 주택의 과세표준은 과세표준상한액으로 한다(2024년 이후 적용).

> **과세표준상한액 = 직전 연도 해당 주택의 과세표준 상당액[주1] + (과세기준일 당시 시가표준액으로 산정한 과세표준 × 과세표준상한율[주2])**
>
> 👉 (주1) 해당 주택에 대한 과세기준일이 속하는 해의 직전 연도의 지방세법 §4에 따른 시가표준액(직전 연도의 시가표준액이 없는 경우 해당 연도의 시가표준액을 말함)에 과세기준일 현재 해당 주택에 대한 공정시장가액비율을 곱하여 계산한 금액(2024.5.28. 이후 적용)
> (주2) 5%(2024.5.28. 이후 적용)
> 　　　과세표준상한율 = 소비자물가지수, 주택가격변동률, 지방재정 여건 등을 고려하여 0에서 100분의 5 범위 이내로 대통령령으로 정하는 비율

한편, 2023.3.14. 이후 행정안전부장관은 공정시장가액비율 산정을 위하여 필요한 경우 관계 전문기관에 조사·연구를 의뢰할 수 있다.

4) 부속토지의 필지별 가액이 다를 경우의 과세표준 산출

별도합산 과세대상 토지를 용도지역별 적용배율을 곱하여 기준면적을 산출하는 경우 등에 있어서 부속토지가 여러 필지로서 필지별 과세표준이 다를 경우에는 총 과세표준을 산정한 후 기준면적 이내의 토지와 기준면적 초과토지의 각 필지별 면적에 따라 비례 안분하여 각각 과세표준을 산출한다(지예 법106…영101-1).

5) 건축물 가액이 시가보다 높은 경우

재산세는 매년 일정한 과세기준일이 되면 전국의 모든 부동산에 대하여 일제히 과세해야 하므로, 개별 부동산의 실제 가액을 일일이 조사하기보다 획일적인 시가표준액에 의해서 과세표준을 산정함으로써 안정된 세수를 확보하며 실질적인 조세부담의 공평을 실현하고자 하는 것으로, 경기불황에 따라 부동산의 가격이 전반적으로 하락하고 있음에도 시가를 크게 초과하여 건축물의 가액을 산정하여 재산세를 과세한 것은 정당하다(대법원 2015두43667, 2015.9.10.).

한편, 시장·군수·구청장이 건물의 과세시가표준액을 결정함에 있어 제반 요소들을 모두 참작하여 결정하였다 하더라도, 그 과세시가표준액이 시가나 기타 사정에 비추어 현저하게 불합리한 것으로 인정되는 경우에는 그 과세시가표준액 결정은 위법한 것으로 보아야 한다(대법원 1997.7.8. 선고, 95누17953 판결 등 참조). 과세관청이 결정한 위 시가표준액이 건물가액의 1/10에도 미치지 못할 정도로 현저히 낮고 이 건물에 관하여 위 각 지수 등의 기계적 적용으로 불합리한 결과가 발생할 것이 명백하다면, 조정기준에 따라 하향 조정을 하든지 구「지방세법 시행령」규정에 따라 변경 결정 절차를 밟는 등의 조치를 취하여야 함에도 어떠한 조치도 취한 바 없기 때문에 정당한 시가 등을 확인할 수 있는 방법이 없어 정당한 세액을 산출할 수 없으므로, 이 사건 처분을 전부 취소할 수밖에 없다(대법원 2015두43797, 2015.9.10.).

② 세율(지법 §111)

(1) 표준세율

1) 토지

재산세(토지)의 세율은 다음 [표]에서 보는 바와 같이 종합합산과세대상, 별도합산과세대상, 분리과세대상으로 구분하여 세율을 달리 적용한다. 그리고 2004년까지는 전국의 토지를 합산하여 세율을 적용하였으나, 이를 개정하여 2005년부터는 종합부동산세 도입으로 시·군 관할구역 안에 소재하는 토지만을 합산하여 세율을 적용하고 있다.

○ **분리과세**
　○ 0.07% 세율 적용대상(저율의 분리과세)
　　– 전·답·과수원·목장용지·임야 중 일부토지
　○ 0.2% 세율 적용대상
　　– 공장 및 분양·임대·공급목적용 토지 중 일부토지
　○ 4% 세율 적용대상
　　– 회원제 골프장·고급오락장용 토지

○ **별도합산**
　○ 영업용·업무용 건축물 부속토지
　○ 터미널, 차고, 주기장, 야적장, 컨테이너장치장, 유통 및 물류시설용 토지 등

○ **종합합산**
　○ 나대지, 잡종지 및 분리과세, 별도합산과세대상에서 제외된 모든 토지

① 종합합산과세대상 : 누진세율

과세표준	세율
5,000만 원 이하	0.2%
5,000만 원 초과 1억 원 이하	100,000원+5,000만 원 초과금액 0.3%
1억 원 초과	250,000원+1억 원 초과금액 0.5%

② 별도합산과세대상 : 누진세율

과세표준	세율
2억 원 이하	0.2%
2억 원 초과 10억 원 이하	400,000원+2억 원 초과금액 0.3%
10억 원 초과	2,800,000원+10억 원 초과금액 0.4%

③ **분리과세대상 : 단일세율**

　㉠ 전·답·과수원·목장용지 및 임야 : 0.07%

　㉡ 회원제 골프장·고급오락장용 토지 : 4%

　㉢ 그 밖의 토지 : 0.2%

2) 건축물

① **일반 건축물 : 0.25%**

② **회원제 골프장·고급오락장용 건축물 : 4%**

③ **공장용 건축물**

　㉠ 특별시·광역시(군 지역 제외)·특별자치시(읍·면지역 제외)·특별자치도(읍·면지역 제외) 또는 시(읍·면지역 제외) 지역에서 「국토의 계획 및 이용에 관한 법률」과 그 밖의 관계법령에 따라 지정된 주거지역 및 해당 지방자치단체의 조례로 정하는 지역의 일정한 공장용 건축물(도시형 포함) : 0.5%

　㉡ 대도시(산업단지 제외)에서 공장을 신설하거나 증설한 경우에는 신설한 부분과 증설한 부분에 대하여 신·증설 후 도래하는 최초 과세기준일부터 5년간 : 1.25%(0.25% × 5배)

> 재산세 과세표준 = 시가표준액 × 공정시장가액비율

3) 주택(그 부속토지 포함)

① **별장(2023.3.13. 이전만 적용) : 4%**

② **일반주택 : 누진세율**

과세표준	세율
6,000만 원 이하	0.1%
6,000만 원 초과 1.5억 원 이하	60,000원+6,000만 원 초과금액 0.15%
1.5억 원 초과 3억 원 이하	195,000원+1.5억 원 초과금액 0.25%
3억 원 초과	570,000원+3억 원 초과금액 0.4%

　1동의 건물이 주거와 주거 이외의 용도에 공하여지고 있는 경우에는 주거용에 공하여지는 부분만을 주택으로 보며, 아파트 또는 연립주택 등 공동주택과 1동의 단독주택에 출입문을 별도로 설치하는 등 2가구 이상이 독립된 생활을 할 수 있도록 건축된 다가구 주택의 경우에는 1세대가 독립하여 구분사용할 수 있도록 구획된 부분(전용면적을 말함)을 1구의 주택으로 본다. 1994년부터 다가구 주택을 공동주택의 범위에 포함시킴으로써 초과누진세율에 의한 조세부담이 줄어들었다.

주상복합건축물을 주거용 건축물로 세율 적용은 잘못임(행심 2004 - 190, 2004.7.2.)

분양을 목적으로 건축 중인 주상복합건축물을 비록 주거용 건물면적이 전체 건물면적의 51% 이상이라고 하더라도 주거용 건축물에 적용하는 종합합산세율을 적용하는 것은 무리가 있다 할 수 있고, 행정자치부 지침에서도 별도합산과세대상이 되는 것으로 적용하도록 되어 있어서 과세관청에서도 그간 지침에 따라 과세하여 왔는데도 건축 중인 주상복합건축물을 주거용 건물로 새로운 해석을 하고 종합토지세를 추징한 처분은 납세자의 신뢰보호 원칙에도 어긋남.

③ 1세대 1주택에 대한 세율 특례(지법 §111 - 2)

㉠ 개요

2020.12.29. ~ 2023.12.29. 납세의무성립분은 상기 일반세율에도 불구하고 일정 1세대 1주택(주택공시가격이 9억 원 이하인 주택에 한함)에 대해서는 다음의 세율을 적용한다.

과세표준	세율
6,000만 원 이하	0.05%
6,000만 원 초과 1.5억 원 이하	30,000원+6,000만 원 초과금액 0.1%
1.5억 원 초과 3억 원 이하	120,000원+1.5억 원 초과금액 0.2%
3억 원 초과	420,000원+3억 원 초과금액 0.35%

이 규정 적용 시 1세대 1주택의 해당 여부를 판단할 때 「신탁법」에 따라 신탁된 주택은 위탁자의 주택 수에 가산하며, 상기에도 불구하고 지방자치단체장이 조례로 정하는 바에 따라 가감한 세율을 적용한 세액이 제1항의 세율을 적용한 세액보다 작은 경우에는 이 규정을 적용하지 아니한다.

「지방세특례제한법」에도 불구하고 동일한 주택이 이 세율 특례규정과 같은 법에 따른 재산세 경감 규정(같은 법 제92조의 2에 따른 자동이체 등 납부에 대한 세액공제를 제외)의 적용 대상이 되는 경우에는 중복하여 적용하지 아니하고 둘 중 경감 효과가 큰 것 하나만을 적용한다.

㉡ '1세대 1주택'의 범위

과세기준일 현재 「주민등록법」 제7조에 따른 세대별 주민등록표("세대별 주민등록표")에 함께 기재되어 있는 가족(동거인 제외)으로 구성된 1세대가 국내에 하기 ㉢의 주택이 아닌 주택을 1개만 소유하는 경우 그 주택을 말한다. 이 경우 배우자, 과세기준일 현재 미혼인 19세 미만의 자녀 또는 부모(주택의 소유자가 미혼이고 19세 미만인 경우로 한정)는 주택 소유자와 같은 세대별 주민등록표에 기재되어 있지 않더라도 1세대에 속한 것으로 보고, 다음의 어느 하나에 해당하는 경우에는 각각 별도의 세대로 본다.

㉮ 과세기준일 현재 65세 이상의 직계존속(배우자의 직계존속 포함, 2023.3.13. 이전에는 직계존속이 아닌 부모)[직계존속(2023.3.13. 이전은 부모) 중 어느 한 사람이 65세 미만인 경우 포함]를 동거봉양하기 위하여 19세 이상의 자녀 또는 혼인한 자녀가 합가한 경우

㉯ 취학 또는 근무상의 형편 등으로 세대 전원이 90일 이상 출국하는 경우로서 「주민등록법」 제10조의 3 제1항 본문에 따라 해당 세대가 출국 후에 속할 거주지를 다른 가족의 주소로 신고한 경우

주택의 공유지분이나 부속토지만을 소유한 경우에도 각각 1개의 주택으로 보아 주택 수를 산정한다(다만, 1개의 주택을 같은 세대 내에서 공동소유하는 경우에는 1개의 주택으로 봄). 그런데 상속이 개시된 재산으로서 상속등기가 이행되지 않은 공동소유 상속 주택(상속개시일부터 5년이 경과한 상속 주택으로 한정)의 경우 주된 상속자[476)]가 그 상속 주택을 소유한 것으로 본다.

> **사례** 재산세 관련 규정 및 종전 기준, 재산세 과세체계 등을 종합적으로 고려할 때 미등기된 상속 주택을 추후 협의분할에 따라 해당 주택을 상속받는 것으로 확정(등기)한 경우 父 사망일(2010년)로 상속개시일에 소급하여 기산해야 할 것으로, 이는 상속개시일로부터 5년이 경과한 경우로서 「지방세법 시행령」 제110조의 2 제1항 제8호에 따른 세대별 주택 수에서 제외되는 주택에 해당하지 않으므로 1세대 1주택 세율 특례 적용은 어렵다고 판단됨(부동산세제과-2274, 2024.7.3.).

㉢ 1세대 1주택의 범위 산정 시 제외되는 주택

㉮ 종업원에게 무상이나 저가로 제공하는 사용자 소유의 주택으로서 과세기준일 현재 다음의 어느 하나에 해당하는 주택(다만, 「지방세기본법 시행령」 제2조 제1항 각 호의 어느 하나에 해당하는 관계에 있는 사람에게 제공하는 주택 제외)

ⓐ 주택공시가격이 3억 원 이하인 주택

ⓑ 면적이 「주택법」 제2조 제6호에 따른 국민주택규모 이하인 주택

㉯ 「건축법 시행령」 [별표 1] 제2호 라목의 기숙사

㉰ 과세기준일 현재 사업자등록을 한 다음의 어느 하나에 해당하는 자가 건축하여 소유하는 미분양 주택으로서 재산세 납세의무가 최초로 성립한 날부터 5년이 경과하지 않은 주택(다만, ⓐ의 자가 건축하여 소유하는 미분양 주택으로서 「주택법」 제54조에 따라 공급하지 않은 주택인 경우에는 자기 또는 임대계약 등 권원을 불문하고 다른 사람이 거주한 기간이 1년 이상인 주택은 제외)

ⓐ 「건축법」 제11조에 따른 허가를 받은 자

ⓑ 「주택법」 제15조에 따른 사업계획승인을 받은 자

㉱ 세대원이 「영유아보육법」 제13조에 따라 인가를 받고 「소득세법」 제168조 제5항에 따른 고유번호를 부여받은 이후 「영유아보육법」 제10조 제5호에 따른 가정어린이집으로 운영하는 주택(2022년 이후부터 가정어린이집을 「영유아보육법」 제10조 제1호에 따른 국공립어린이집으로 전환하여 운영하는 주택 포함)

---

476) 2022년 이전에는 상속으로 여러 사람이 공동으로 1개의 주택을 소유하는 경우 지분이 가장 큰 상속인을 그 주택의 소유자로 보고, 지분이 가장 큰 상속인이 두 명 이상인 경우에는 그 중 나이가 가장 많은 사람으로 한다.

㉤ 주택의 시공자(「주택법」 제33조 제2항에 따른 시공자 및 「건축법」 제2조 제16호에 따른 공사시공자를 말한다)가 「건축법」 제11조에 따른 허가를 받은 자 또는 「주택법」 제15조에 따른 사업계획승인을 받은 자로부터 해당 주택의 공사대금으로 받은 같은 호에 해당하는 주택(과세기준일 현재 해당 주택을 공사대금으로 받은 날 이후 해당 주택의 재산세의 납세의무가 최초로 성립한 날부터 5년이 경과하지 않은 주택으로 한정)(다만, 「건축법」 제11조에 따른 허가를 받은 자로부터 받은 주택으로서 「주택법」 제54조에 따라 공급하지 않은 주택인 경우에는 자기 또는 임대계약 등 권원을 불문하고 다른 사람이 거주한 기간이 1년 이상인 주택 제외)

㉥ 다음 어느 하나에 해당하는 주택(2021.4.27.~2024.5.16.은 문화재보호법 제2조 제3항에 따른 지정문화재 또는 같은 조 제4항에 따른 등록문화재에 해당하는 주택, 2021.4.26. 이전은 국가등록문화재에 해당하는 주택)

  ⓐ 「문화유산의 보존 및 활용에 관한 법률」에 따른 지정문화유산

  ⓑ 「근현대문화유산의 보존 및 활용에 관한 법률」에 따른 등록문화유산

  ⓒ 「자연유산의 보존 및 활용에 관한 법률」에 따른 천연기념물등

㉦ 「노인복지법」 제32조 제1항 제3호에 따른 노인복지주택으로서 같은 법 제33조 제2항에 따라 설치한 사람이 소유한 해당 노인복지주택

㉧ 상속을 원인으로 취득한 주택(2023.3.14. 이후 조합원입주권 또는 주택분양권을 상속받아 취득한 신축 주택 포함)으로서 과세기준일 현재 상속개시일부터 5년이 경과하지 않은 주택

㉨ 혼인 전부터 소유한 주택으로서 과세기준일 현재 혼인일로부터 5년이 경과하지 않은 주택(다만, 혼인 전부터 각각 최대 1개의 주택만 소유한 경우로서 혼인 후 주택을 추가로 취득하지 않은 경우로 한정)

㉩ 세대원이 소유하고 있는 토지 위에 토지를 사용할 수 있는 권원이 없는 자가 「건축법」에 따른 허가·신고 등(다른 법률에 따라 의제되는 경우 포함)을 받지 않고 건축하여 사용(건축한 자와 다른 자가 사용하고 있는 경우 포함) 중인 주택(부속토지만을 소유하고 있는 자로 한정)(2023.3.14. 이후 적용)

㉪ 2024.1.4.~2026.12.31.까지 유상승계취득 또는 원시취득한 주택으로서 과세기준일 현재 다음 각 목의 요건을 모두 갖춘 주택 중 1개의 주택 (2024.5.28. 이후 적용)

  ⓐ 「지방자치분권 및 지역균형발전에 관한 특별법」 제2조 제12호에 따른 인구감소지역 중 「수도권정비계획법」 제2조 제1호에 따른 수도권(「접경지역 지원 특별법」 제2조 제1호에 따른 접경지역 제외), 광역시(군 지역 제외) 및 특별자치시를 제외한 지역에 소재하는 주택일 것

  ⓑ 1세대 1주택에 해당하는 주택과 동일한 시·군·구의 관할구역에 소재하는 주택이 아닐 것

  ⓒ 시가표준액(지분이나 부속토지만을 취득한 경우 전체 주택의 시가표준액을 말함)이 4억 원 이하일 것

ⓔ ⓒ의 주택 중 1세대 1주택으로 보는 경우

ⓒ에도 불구하고 다음의 어느 하나에 해당하는 경우 해당 주택을 1세대 1주택으로 본다.

㉮ 과세기준일 현재 상기 ⓒ ㉻ 주택의 경우 다음의 구분에 따른다.

ⓐ 해당 주택을 1개만 소유하고 있는 경우 : 해당 주택

ⓑ 해당 주택을 2개 이상 소유하고 있는 경우 : 시가표준액이 가장 높은 주택(단, 시가표준액이 같은 경우에는 납세의무자가 선택하는 1개의 주택)(2023.3.14. 이후 적용)

㉯ 상속을 원인으로 취득한 주택으로서 과세기준일 현재 상속개시일부터 5년이 경과하지 않은 주택의 경우 다음의 구분에 따른다.

ⓐ 해당 주택을 1개만 소유하고 있는 경우 : 해당 주택

ⓑ 해당 주택을 2개 이상 소유하고 있는 경우 : 시가표준액이 가장 높은 주택(단, 시가표준액이 같은 경우에는 납세의무자가 선택하는 1개의 주택)(2023.3.14. 이후 적용)

㉰ 혼인 전부터 소유한 주택으로서 과세기준일 현재 혼인일로부터 5년이 경과하지 않은 주택에 해당하는 주택 중 시가표준액이 높은 주택(단, 시가표준액이 같은 경우 납세의무자가 선택하는 1개의 주택)

㉱ 과세기준일 현재 상기 ⓒ ㉮ 주택의 경우 다음의 구분에 따른다(2024.5.28. 이후 적용).

ⓐ 해당 주택을 1개만 소유하고 있는 경우 : 해당 주택

ⓑ 해당 주택을 2개만 소유하고 있는 경우 : 시가표준액이 가장 높은 주택(단, 시가표준액이 같은 경우에는 납세의무자가 선택하는 1개의 주택으로 함)

이는 상기 ⓒ에 의해 주택 수 산정에서 제외되면 주택을 소유하지 아니하는 것으로, 1세대 1주택에 해당되지 아니하므로 이를 보완하기 위한 것이다.

4) 선박

① **고급선박 : 5%**

② **그 밖의 선박 : 0.3%**

5) 항공기

0.3%

(2) 탄력세율

시장·군수·구청장은 조례가 정하는 바에 의하여 재산세의 세율을 표준세율의 100분의 50의 범위 안에서 가감 조정할 수 있으며, 가감세율은 해당 연도에만 적용한다.

사례 공부상 주택이나 사실상 사무실로 사용하고 있는 건축물(행심 2004-98, 2004.4.26.)

이 사건 주택의 경우 재산세과세기준일 현재 임차인이 이를 사무실 등의 용도로 사용하고 있는 것은 사실이지만 이 사건 주택은 언제든지 주택으로서 사용할 수 있는 구조와 형태를 그대로 갖추고 있으므로, 임차인이 임차기간 동안 일시적으로 사무실로 사용하고 있다고 하더라도 이 사건 주택은 건축 당시의 근본적인 용도가 변동됨으로써 재산세과세표준이 되는 재산가치가 변동되었다고 보기는 어려우므로, 처분청이 이 사건 주택에 대하여 과세표준과 세율을 적용함에 있어서 주택으로 보아 과세표준을 산출하고 세율을 적용하여 재산세를 부과고지한 처분은 아무런 잘못이 없음.

사례 주유소 종업원의 숙소가 장기간 주거생활을 영위할 수 있는 구조로 된 건축물에 해당된다면 주택으로 보아야 할 것임(지방세정팀-1899, 2005.7.26.).

(3) 중과세율

1) 별장(2023.3.13. 이전만 적용)

취득세의 5배 중과 대상이 되는 별장의 개념과 동일하다(취득세편 참조).

별장은 주택으로 규정하여 주거용 건물과 그 부속토지를 통합평가하여 4%의 세율로 분리과세하므로 별도로 별장용 토지를 구분하여 분리과세하지 아니한다.

2) 회원제 골프장

재산세가 중과되는 회원제 골프장은 취득세의 5배 중과대상이 되는 골프장의 개념과 동일하다(취득세편 참조).

「지방세법 시행령」 제5조 제5호에서 과세대상으로 규정한 급·배수시설이란 구조, 형태, 용도, 기능 등을 전체적으로 고려하여 급수와 배수기능을 발휘하는 시설이면 족하고, 시가표준액표에서 정한 급·배수시설의 정의는 예시적 규정에 지나지 아니하므로 스프링쿨러와 그 배관시설은 골프장 내의 잔디생육에 필요한 수분을 적절하게 공급하여 골프장으로서의 효용을 증대시키기 위한 시설이므로 일반 골프장과 회원제 골프장의 이용자가 함께 사용토록 한 클럽하우스가 있는 경우에는 사용면적을 기준으로 안분하여 각각의 세율을 적용하는 것이며, 이때 시설물에 대하여도 각각 구분하여 과세되는 것이다.

재산세가 중과되는 회원제 골프장에 대중 골프장을 병설 운영하는 경우의 골프장용 건축물에 대한 재산세 부과는 회원제 골프장과 대중 골프장으로 사업승인된 각각의 토지의 면적에 따라 안분하여 중과세율과 일반세율을 적용한다(지예 법111-1).

사례 대중 골프장은 중과되는 골프장에 해당하지 아님(세정 13407-155, 2002.2.8.)

「지방세법 시행령」 제194조의 15 제4항 제7호에서 "「공유수면매립법」에 의하여 매립 또는 간척한 토지로서 공사준공인가일부터 4년이 경과하지 아니한 토지"는 분리과세대상 토지로 규정하고 있고, 「체육시설의 설치·이용에 관한 법률 시행령」 제8조 제1항 제2호의 대중 체육시설업(대중 골프장)은 「지방세법」 제234조의 15 제2항 제5호에서 규정하는 종합토지세가 중과되는 골프장에 해당하지

않으므로, 귀문의 경우 상기의 조건을 갖추고 공유수면매립지에 회원제 골프장이 아닌 대중 골프장을 시설한다면 매립공사준공인가일부터 4년이 초과되지 아니하는 기간 동안 재산세 세율은 과세표준액의 1,000분의 3이 적용됨.

① 재산세의 과세객체

「체육시설의 설치·이용에 관한 법률」의 규정에 의하여 회원제 골프장용 부동산 중 구분·등록의 대상이 되는 토지와 건축물(「체육시설의 설치·이용에 관한 법률 시행령」 §20 ④)

ⓐ 골프코스(티그라운드, 훼어웨이, 라프, 해저드, 그린 등 포함)

ⓑ 주차장 및 도로

ⓒ 조정지(골프코스와는 별도로 오수처리 등을 위하여 설치한 것 제외)

ⓓ 골프장의 운영 및 유지, 관리에 활용되고 있는 조경지(골프장 조성을 위하여 산림훼손, 농지전용 등으로 토지의 형질을 변경한 후 경관을 조성한 지역을 말함)

ⓔ 관리시설(사무실·휴게시설·매점·창고·기타 골프장 안의 모든 건축물을 포함하되, 수영장·테니스장·골프연습장·연수시설·오수처리시설 및 태양열 이용 설비 등 골프장의 용도에 직접 사용되지 아니하는 건축물 제외) 및 그 부속토지

ⓕ 보수용 잔디 및 묘목·화훼 재배지 등 골프장의 유지·관리를 위한 용도로 사용되는 토지

한편, 취득세와 재산세 등의 부과 대상이 되는 급·배수시설 등의 시설물은 그것이 골프장의 용도에 직접 사용되는 경우에는 실제로 따로 구분·등록이 되었는지 여부와 상관없이 중과세율이 적용되는 골프장용 건축물에 해당한다(대법원 2011두25142, 2013.9.26.).

> **사례** 골프장 용도에 직접 사용되는 경우 구분등록 되었는지와 상관없이 중과세율이 적용되는 골프장용 건축물에 해당하는지 여부(대법원 2011두25142, 2013.9.26.)
>
> 특별한 사정이 없는 한 체육시설법 시행령 제20조 제3항이 규정한 구분등록의 대상으로서 구 「지방세법」 상 취득세 및 재산세의 부과 대상인 급·배수시설의 설치비용이나 그 가액은 골프장 용지에 대한 재산세의 과세표준에 포함되거나 영향을 미칠 수 없다고 봄이 타당함. 따라서 이러한 급·배수시설에 대하여 골프장용 토지와 별도로 재산세 등을 부과하는 것이 이중과세에 해당한다고 볼 수 없음.

> **사례** 골프장의 운영 및 관리에 활용되고 있는 조경지(세정과-1019, 2004.5.3.)
>
> 골프장 조성을 위하여 산림훼손, 농지전용 등으로 토지의 형질을 변경한 후 경관을 조성한 지역으로서 골프장의 운영 및 유지·관리에 활용되고 있는 조경지에 해당되는 토지인 경우 종합토지세 분리과세대상 토지에 해당되는 것이므로 토지의 형질변경을 하지 아니하고 경관을 조성한 지역이 아닌 토지는 재산세 분리과세대상 토지에 해당되지 않음.

② 시범라운딩 등 사실상 사용의 경우

재산세의 과세대상 물건이 공부상 등재현황과 사실상의 현황이 상이한 경우에는 사실상의 현황에 의하여 재산세를 부과한다라고 되어 있어 골프장은 체육시설업 등록을 하는 경우뿐만 아니

라 등록을 하지 아니하더라도 사실상 골프장으로 사용하는 경우에 중과세대상에 해당한다.

> **사례** 공사 중인 골프장에 대한 재산세 분리과세 여부(세정 13407-352, 1994.7.15)
>
> 골프장에 대한 종합토지세 과세는 과세기준일 현재(매년 6월 1일) 단순한 공사를 진행 중일 경우에는 종합합산과세되며, 공사가 사실상 완료되어 골프장으로 활용되고 있거나 등록된 이후에는 분리과세 (4%)를 하게 됨. 따라서 귀 회사에서 과세기준일 현재 단순히 공사를 진행 중인 상태라면 종합합산과 세대상에 해당되며, 참고로 분리과세대상에 해당되는 골프장은 회원제로 등록되는 골프장에 한함.

> **사례** 골프장 시설 일부 미비한 상태라도 중과세되는지 여부(행자부 세정-2211, 2004.7.27.)
>
> 회원제 골프장은 그 시설을 갖추어 「체육시설의 설치·이용에 관한 법률」의 규정에 의하여 체육시 설업의 등록을 하는 경우뿐만 아니라 등록을 하지 아니하더라도 사실상 골프장으로 사용하는 경우 에는 사실상으로 사용하는 때로부터 30일 이내에 같은 법 제112조 제2항에 규정한 세율(취득가액의 100분의 10 : 5배 중과세)을 적용하여 신고 및 납부하도록 규정되어 있으며 골프장의 시설이 일부 미비한 상태에서 한시적 시범라운딩을 실시한다 하더라도 사실상 사용에 해당됨.

> **사례** 골프장 등록 전 시범라운딩 등 실제 사용일이 취득일임(행자부 세정-1540, 2004.6.10.).
>
> 사용료의 유·무상에 관계없이 골프장 등록 전에 시범라운딩 등 명칭에 관계없이 실제로 사용을 한 경우는 사용한 날이 취득일이 되며 골프장용 건축물(예 : 클럽하우스 등) 역시 건축물 사용승인 전에 실제로 사용한다면 그 실제 사용일이 취득일이 됨.

③ 동일 사업부지 내에 골프장 시설부지와 비시설부지가 함께 있는 경우 과세표준(동일한 공시지가 적용 문제)

「체육시설의 설치·이용에 관한 법률」의 규정에 의한 회원제 골프장용 부동산 중 구분등록의 대상이 되는 토지는 토지에 대한 재산세 분리과세대상으로 규정하고 있으며, 「체육시설의 설치·이용에 관한 법률 시행령」 제20조 제4항 제1호 내지 제6호에 규정된 토지 및 건축물을 구분등록대상으로 규정하면서 동항 제4호에서 골프장의 운영 및 유지·관리에 활용되고 있는 조경지(골프장 조성을 위하여 산림훼손, 농지전용 등으로 토지의 형질을 변경한 후 경관을 조성한 지역을 말한다)를 구분등록대상토지로 규정하고 있는바, 골프장 조성을 위하여 산림훼손, 농지전용 등으로 토지의 형질을 변경한 후 경관을 조성한 지역으로서 골프장의 운영 및 유지·관리에 활용되고 있는 조경지에 해당되는 토지인 경우 토지에 대한 재산세 분리과세대상토지에 해당되는 것이므로 토지의 형질변경을 하지 아니하고 경관을 조성한 지역이 아닌 토지는 토지에 대한 재산세 분리과세대상 토지에 해당되지 아니한다(세정과-1019, 2004.5.3.).

개별공시지가는 비교표준지의 공시지가에 토지특성조사에 따른 가격배율을 곱하여 결정되는 것이고, 한편 선정된 표준지의 적정가격의 조사·평가에 관하여 세부적인 기준과 절차 등을 정함을 목적으로 1996.10.21. 시행되어 1997.1.1.부터 적용되는 표준지공시지가조사·평가기준에 의하면, 골프코스(티그라운드, 훼어웨이, 라프, 헤저드, 그린 등을 포함한다), 주차장 및 도로, 조정지(골프코스 밖에 설치된 연못을 말한다), 조경지(산림훼손, 농지전용 등에 의하여 토지의 형

질을 변경한 후 경관을 조성한 토지를 말한다) 및 관리시설의 부지인 개발지와 개발지 이외의 토지로서 해당 골프장의 사업계획승인 시부터 현재까지 원형상태 그대로 보전이 되고 있는 임야 등 토지인 원형보존지로 구분되는 골프장용지는 개발지 및 원형보존지 등 해당 골프장의 등록된 면적전체를 일단지로 보고 평가하되, 면적비율에 의한 평균가격으로 결정하도록 규정하고 있다.

한편, 골프장으로 등록된 임야 등도 토지에 대한 재산세 분리과세 대상에 포함되는 것으로 해석(내심 91-318, 1991.9.28.)하고 있다. 골프장의 시설부지 내와 시설부지 외가 동일한 지번 내에 있는 경우 동일한 공시지가를 시설부지 외의 부지에도 적용하는 것은 법 취지에도 문제가 있다고 판단된다. 또한 시설부지 내도 원형지 면적이 있는 것이 일반적이다. 이 원형지도 동일한 공시지가를 적용하는 것도 문제가 있다고 보지만, 대법원판례(대법원 2013두6138, 2013.10.11.)에 따르면 개별공시지가 결정의 적법 여부는 「부동산 가격공시에 관한 법률」 등 관련법령이 정하는 절차와 방법에 따라 이루어진 것인지 여부에 의하여 결정될 것이지 당해 토지의 시가나 실제 거래가격과 직접적인 관련이 있는 것은 아니므로, 단지 그 공시지가가 감정가액이나 실제 거래가격을 초과한다는 사유만으로 그것이 현저하게 불합리한 가격이어서 그 가격 결정이 위법하다고 단정할 수는 없다(대법원 2005.7.15. 선고, 2003두12080 판결 등 참조). 그런데 여러 필지의 토지가 일단을 이루어 용도상 불가분의 관계에 있는 경우에는 특별한 사정이 없는 한 그 일단의 토지 전체를 1필지로 보고 토지특성을 조사하여 그 전체에 대하여 단일한 가격으로 평가함이 상당하고, 여기에서 '용도상 불가분의 관계에 있는 경우'라 함은 일단의 토지로 이용되고 있는 상황이 사회적·경제적·행정적 측면에서 합리적이고 당해 토지의 가치 형성적 측면에서도 타당하다고 인정되는 관계에 있는 경우를 말한다(대법원 2005.5.26. 선고, 2005두1428 판결 등 참조)라고 판시하고 있다.

따라서 시설부지 외의 임야가 시설부지 내의 임야와 동일한 공시지가를 산정하고 있는 경우 이에 대하여 이의가 있다면 시설부지 외의 부지에 대하여 지번분할의 절차를 취하여야 할 것이다.

④ 주요 검토 사례

  ㉠ 회원제 골프장으로 등록된 건축물에 대해 회원제 골프장과 대중 골프장을 공동으로 사용하는 경우

  골프장 사업자가 회원제 골프장과 일반 골프장을 동시에 경영하는 경우 해당 건축물이 회원제 골프장 시설로 등록되었다 하더라도 회원제 골프장과 일반 골프장의 공동시설로 사용되고 있다면 그 시설 중 실제 용도에 따라 중과세대상과 일반과세대상으로 안분하여야 한다(대법원 96누11129, 1997.4.22.). 이 경우 회원제 골프장과 일반 골프장을 구분하여 중과대상을 안분하여야 하는바, 안분기준은 회원제 골프장과 일반 골프장의 등록면적이 될 수 있다(대법원 96누11129, 1997.4.22.).

  ㉡ 골프장 조성 시 타인소유 토지와 자기소유 토지가 함께 있는 경우 회원제 골프장으로 등록한 경우

골프장을 조성함에 있어서 타인소유 토지와 자기소유 토지가 함께 있고 타인소유 토지를 임차하고 있는 때에는 타인소유 토지에 대하여도 중과된다.[477]

3) 고급오락장

① 개요

재산세 중과가 되는 고급오락장은 취득세의 5배 중과대상이 되는 고급오락장의 개념과 동일하다(취득세편 참조).

「식품위생법」에 의한 유흥주점 영업 중 룸살롱 영업장소 등 고급오락장용 건축물에 대하여 재산세의 세율을 그 가액의 5%로 중과세하도록 규정하고 있다.

② 중과세 대상 면적 안분

○ **무도유흥주점과 룸살롱의 겸용 건물 해당 판단**

(1) 영업장 현황

    ① 영업장 면적 : 245.57㎡

    ② 객실 면적 : 80.70㎡, 객실수 : 2개

    ③ 기타 면적 : 164.87㎡(별도의 유흥장치 설치 – 음향기기, 조명장치 등)

    ④ 유흥주점 허가일 : 2001.10.31.

    ⑤ 유흥접객원의 상시고용 확인됨.

(2) 영업의 형태가 전술한 바와 같이 룸살롱과 무도유흥주점으로 복합적인 경우 고급오락장 적용 시 룸살롱과 무도유흥주점 중 어떤 항목이 적용되는 것인지?

    룸살롱으로 판단 시 영업장 면적 50% 미만, 객실수 2개(5개 미만) 등으로 중과기준에 해당되지 않아 중과대상에서 제외되는 것인지?

    ① 일정 요건미달로 룸살롱에 해당되지 아니함.

    ② 영업장 면적이 100㎡를 초과하므로 무도유흥주점에 해당되어 전체가 중과대상이 되는 무도유흥주점에 해당함.

    ☞ 상기 사례는 세정 13430-243, 2002.3.13.의 유권해석을 기초하여 기술한 것임.

---

477) 취득세의 경우 자기 토지에 타인이 지목변경공사를 실시하여 지목변경을 하는 경우 자기토지의 지목변경으로 인하여 토지의 가치가 증가한 경우에는 자기 토지의 지목변경이 이루어진 것이므로 간주취득의 대상이 되어 중과규정이 적용된다.

┤ 중과세대상 면적 안분계산 사례 ├

(1) 현황

2011.4.10. 룸살롱 영업장 건축물을 취득한 경우 중과세 계산사례

• 건축물 총면적 : 460㎡(룸살롱 : 100㎡)

• 객실 39㎡, 객석 46㎡, 조리장 6㎡, 기타 3㎡, 화장실 6㎡

• 공동사용 면적 : 복도, 주차장 등 60㎡

• 건물 시가표준액 : 1.2억 원

(2) 재산세 중과세액 계산

• 룸살롱 영업장소 면적 115㎡(직접 영업장소 사용면적 + 공동사용 면적 안분)

직접 사용하는 영업장 : 100㎡

공동사용 면적 안분 : 60㎡ × (100㎡ ÷ 400㎡) = 15㎡

• 중과세 과세표준 : 1.2억 원 × 50% × (115 ÷ 460) = 15,000,000

• 재산세 중과세액 : 15,000,000 × 4% = 600,000

영업장 면적이 100㎡를 초과하는 경우에 한하여 중과세대상에 해당되며 이와 같은 영업장면적 산정은 실제 영업장으로 사용하고 있는 조리장, 화장실, 객실, 객석, 전용엘리베이터 등 해당 업소가 사용하는 면적과 다른 업소와 공동으로 사용하고 있는 면적(공용면적), 예를 들어 복도, 주차시설, 화장실 등의 면적도 해당 유흥주점과 다른 업소의 실질면적 등에 따라 안분계산한 부분도 포함하여 산정하여야 한다. 이와 같은 영업장 면적 산정은 관할 자치단체에서 허가해준 면적을 기준으로 하는 것이 아닌 실제 사용면적을 기준으로 하는 것이며, 객실면적 산정 시 객실 벽 중앙선으로 산정한 면적으로 하기 때문에 안쪽 벽을 기준으로 판단하여서는 아니되고 객실 안에 화장실이 있는 경우 객실 면적에도 포함되고 전체 영업장 면적에도 포함된다.

무도유흥주점, 룸살롱(요정)의 중과세대상 범위는 무도유흥주점의 경우 「무도장시설」만을 중과세대상으로 하는 것이 아니라 「무도유흥주점인 전체 영업장」에 대하여 중과세하되 고급오락장과 고급오락장 외의 부분이 공용으로 사용되는 경우에는 공용부분을 고급오락장과 고급오락장 이외 「전용면적 기준으로 안분」하여 산출한다. 또한 건축물의 일부에 고급오락장이 시설된 경우에는 그 부속토지는 그 건축물에 대한 부속토지 중 건축물의 연면적에 대한 고급오락장용 건축물 면적의 비율에 해당하는 토지로 하며, 전체 공용면적에 대한 고급오락장 과세면적은 고급오락장과 타 용도로 전용 사용되는 부분의 면적비율로 안분 산정한다. 이때 공용면적의 범위 판단은 고급오락장의 위치, 구조, 건물의 사용실태 등을 종합하여 「고급오락장과 타 용도에 공용으로 이용되는 공용면적」만을 의미하기 때문에 고급오락장과 전혀 관계없는 부분(예 : 호텔의 경우 객실만 있는 층의 복도, 프런트 로비 등)은 공용면적에서 제외한다.

4) 주거지역 내 공장용 건축물 – 재산세 2배 중과

○ **대상 지역**

특별시, 광역시(군지역 제외), 특별자치시·특별자치도 시지역(읍·면지역 제외) 내에서 「국토의 계획 및 이용에 관한 법률」 그 밖에 관련법령의 규정에 의하여 지정된 주거지역 및 해당 지방자치단체의 조례로 정하는 지역

○ **대상 범위**

제조, 가공, 수선이나 인쇄 등의 목적에 사용하도록 [별표 3]에 규정한 업종의 공장으로서 생산설비를 갖춘 건축물의 연면적(옥외에 기계장치 또는 저장시설이 있는 경우 그 시설물의 수평투영면적을 포함)이 500㎡ 이상인 공장용 건축물

① 지역적 범위

특별시, 광역시(군지역 제외), 특별자치시·특별자치도·시지역(읍·면지역 제외) 안에서 「국토의 계획 및 이용에 관한 법률」 그 밖에 관계법령의 규정에 의하여 지정된 주거지역 및 해당 자치단체의 조례로 정하는 지역

② 공장의 범위

[별표 3]에 규정한 업종의 공장으로서 도시형업종은 물론 비도시형업종 공장까지 재산세는 중과세되는 것이며 [별표 3]에 규정한 공장 중 「산업집적활성화 및 공장설립에 관한 법률」에서 정한 공장이 아니더라도 중과세되는 것이다. 그러나 다음의 업종에 대하여는 「국토의 계획 및 이용에 관한 법률」 등 관계법령의 규정에 의하여 공장의 설치가 금지·제한된 지역에 한하여 재산세를 중과세하지 아니한다.

ㄱ 가스를 생산하여 도관에 의하여 공급하는 것을 목적으로 하는 가스업

ㄴ 식용수나 공장용수를 도관에 의하여 공급하는 것을 목적으로 하는 상수도업

ㄷ 차량 등의 정비 및 수리를 목적으로 하는 정비 및 수리업

ㄹ 연탄의 제조·공급을 목적으로 하는 연탄제조업

ㅁ 얼음제조업

ㅂ 인쇄업. 다만, 「정기간행물의 등록 등에 관한 법률」의 규정에 의하여 등록된 신문·통신업에 한한다.

ㅅ 도관의 의하여 증기 또는 온수로 난방열을 공급하는 지역난방사업

ㅇ 전기업(변전소 및 송·배전소를 포함)

제조·가공·수선이나 인쇄 등의 목적에 사용하도록 생산설비를 갖춘 건축물의 연면적(옥외에 기계장치 또는 저장시설이 있는 경우에는 그 시설물의 수평투영면적 포함)이 500㎡ 이상으로서 [별표 3]에 규정된 업종에 해당하는 공장, 이 경우 "건축물의 연면적"에는 해당 공장의 제조

시설을 지원하기 위하여 공장 경계구역 안에 설치된 부대시설의 면적을 포함하되, 식당·휴게실·목욕실·세탁장·의료실·옥외체육시설 및 기숙사 등 종업원의 후생복지증진에 공여되는 시설과 대피소, 무기고, 탄약고 및 교육시설은 제외한다.

5) 대도시 신·증설 공장

재산세 중과가 되는 공장의 신·증설은 취득세의 5배 중과대상이 되는 공장의 신·증설과 개념이 동일하다.

「수도권정비계획법」 제6조 제1항 제1호의 규정에 의한 과밀억제권역(「산업집적활성화 및 공장설립에 관한 법률」의 적용을 받는 산업단지 및 유치지역과 「국토의 계획 및 이용에 관한 법률」의 적용을 받는 공업지역 제외)에서 공장 신설·증설에 해당하는 경우 해당 건축물에 대한 재산세의 세율은 최초의 과세기준일부터 5년간 0.25% 세율의 5배에 해당하는 세율(1.25%)로 한다.

공장용 건축물로 건축허가를 받아 건축하였거나 공장용 건축물로 사용하기 위하여 양수한 경우에는 그 취득일, 기타의 경우 공장 시설의 설치를 착수한 날 이후 도래하는 과세기준일부터 적용한다.

대도시 주거지역이나 조례가 정하는 지역 내의 신·증설 공장용 건축물에 대하여는 1.25%에 해당하는 세율만을 적용해야 한다. 이는 동일한 재산에 대하여 2 이상의 세율이 해당되는 경우에는 그 중 높은 세율만 적용하기 때문이다.

> **사례** 일시적인 운영 중단상태 중 생산에 공여된 사실이 없는 경우(내심 96-233, 1996.6.26.)
>
> 공부상 지목이 공장용지이고 건축물이 생산시설에 공여된 사실이 있다 하더라도 과세기준일 현재 부도발생으로 일시공장 운영중단 상태에 있고 공장설치 이후 타용도로 전환하여 사용한 사실이 없는 경우 설비를 갖춘 공장용 건축물의 부속토지에 해당한다고 볼 수 없어 재산세를 종합합산과세한 처분은 적법함.

한편, 공장의 범위는 주거지역 내 재산세 2배 대상 공장 범위와 상이하다. 그 범위는 [별표 2]에 규정된 업종(도시형업종 제외)에 해당하는 공장으로서 생산설비를 갖춘 건축물의 연면적(옥외에 기계장치 또는 저장시설이 있는 경우에는 그 시설물의 수평투영면적을 포함)이 500㎡ 이상인 것을 말한다. 이 경우 건축물의 연면적에 부대시설 포함되며 해당 공장의 제조시설을 지원하기 위하여 공장경계구역 안에 설치되는 부대시설(식당, 휴게실, 목욕실, 세면장, 의료실, 옥외체육시설 및 기숙사 등 종업원의 후생복지증진에 공여되는 시설과 대피소, 무기고, 탄약고, 교육시설은 제외)의 연면적을 포함한다. 여기서 공장용 건축물의 판단기준인 제조시설은 통계청장이 고시하는 "한국산업분류"에 의한 제조업을 영위함에 필요한 제조시설을 말한다(지예 법106…영 103…칙52-1). 공장의 범위는 공장경계구역 안을 기준으로 판단하고 공부상이나 건축허가상의 공장부지에 국한하는 것이 아닌 담장이나 울타리 등 사회통념상 동일한 공장경계구역 안으로 판단되는 토지를 말하므로 1필지임을 요하지 아니하고 수필지로 이루어진 경우 동일한 소유자가 아니어도 무방하다(대법원 92누12667, 1993.5.25.). 비록 뜻하지 않은 화재로 인한 개축이라 하더라도 기존 공장과 동일한 규모로 개축한 것이 아니라면 늘어난 건축물 연면적에 대한 재산세는 중과대상이 되는 것이다(세정 13407-451, 1997.5.13.).

> ○ **부대시설에 대한 재산세(취득세) 중과 규정과 재산세 비교**
>
> 공장용 건축물의 범위에 전술한 "식당, 휴게실, 목욕실, 세탁장, 의료실, 옥외체육시설 및 기숙사 등 종업원의 복지후생증진에 필요한 시설용 건축물"은 토지에 대한 재산세 산정 시 공장건축물 연면적에 포함시켜 분리과세 또는 별도합산 과세대상을 넓게 해주는 반면 재산세(취득세)가 중과세되는 공장의 범위 산정 시에는 이를 제외하여 재산세(취득세) 중과분을 적게 해주고 있는 점이 대비됨.

③ 재산세 도시지역분(지법 §112)

종전의 도시계획세를 재산세와 통합하고, 도시계획세 세수는 기존대로 유지할 수 있도록 재산세 세율특례 신설한 것으로, 도시지역에 대해서는 지방자치단체 조례에 의거 표준세율을 적용한 재산세 외 별도의 세율(종전 도시계획세율)을 적용한 재산세를 합산하여 부과할 수 있도록 특례규정을 두고 있다.

(1) 과세대상

「국토의 계획 및 이용에 관한 법률」 제6조 제1호에 따른 도시지역 중 해당 지방의회의 의결을 거쳐 고시한 지역 안에 있는 다음의 토지, 건축물 또는 주택이 과세대상이 된다.

1) 토지

재산세 과세대상 토지 중 전·답·과수원·목장용지·임야를 제외한 토지와 「도시개발법」에 따라 환지 방식으로 시행하는 도시개발구역의 토지로서 환지처분의 공고가 된 모든 토지(혼용방식으로 시행하는 도시개발구역 중 환지 방식이 적용된 토지를 포함)로서 다음 어느 하나에 해당하는 토지가 과세대상이 된다(지칙 §57).
① 「도시개발법」에 따라 환지 방식으로 시행하는 도시개발구역(혼용방식으로 시행하는 도시개발구역 중 환지 방식이 적용되는 토지 포함) 외의 지역 및 환지처분의 공고가 되지 아니한 도시개발구역(혼용방식으로 시행하는 도시개발구역 중 환지 방식이 적용되는 토지 포함) 전·답·과수원·목장용지 및 임야를 제외한 모든 토지
② 환지처분의 공고가 된 도시개발구역(혼용방식으로 시행하는 도시개발구역 중 환지 방식이 적용되는 토지 포함)
 전·답·과수원·목장용지 및 임야를 포함한 모든 토지
③ 「국토의 계획 및 이용에 관한 법률」에 따른 개발제한구역
 지상건축물, 별장(2023.3.13. 이전만 적용) 또는 고급주택("과세기준일 현재의 시가표준

액"을 기준으로 판단함), 골프장, 유원지, 그 밖의 이용시설이 있는 토지

2) 건축물

재산세 과세대상 건축물

3) 주택

재산세 과세대상 주택. 다만, 「국토의 계획 및 이용에 관한 법률」에 따른 개발제한구역 내의 주택 중 별장(2023.3.13. 이전만 적용) 또는 고급주택만 과세대상이 된다(지예 법112-1).

4) 과세대상 제외

재산세 도시지역분 적용대상 지역 안에 있는 토지 중 「국토의 계획 및 이용에 관한 법률」에 따라 지형도면이 고시된 공공시설용지 또는 개발제한구역으로 지정된 토지 중 지상건축물, 골프장, 유원지, 그 밖의 이용시설이 없는 토지는 과세대상에서 제외한다.

여기서 공공시설용지에 건축물이 있는 경우 과세되는지 여부에 대하여 조문상 애매하게 표현되어 있다. 법 취지를 볼 때 공공시설용지는 재산세 도시지역분을 과세 제외하는 것이 타당하다고 보여지며, 대법원판례에 따르면 구 도시계획세의 과세대상에 관하여 규정하고 있는 구 「지방세법」 제235조, 구 「지방세법 시행령」 제195조, 구 「지방세법 시행규칙」 제105조 규정을 종합하여 보면 「도시계획법」에 의하여 지적고시된 공공시설용지는 해당 토지에 지상건축물 등 이용시설이 존재하는지 여부를 불문하고 과세대상에서 제외됨이 명백하다(대법원 95누7154, 1996.5.28.)라고 판시하고 있으므로 공공시설용지에 지상건축물이 있더라도 과세대상에서 제외하여야 할 것이다.[478]

> **사례** 공공시설용지("항만")인 쟁점③토지는 그 지상에 이용시설이 있는지 여부와 관계없이 재산세 도시지역분 과세대상에서 제외하는 것이 타당하다 할 것임(조심 2023지4749, 2024.3.6.).

---

478) 「국토의 계획 및 이용에 관한 법률」에 따라 지형도면이 고시된 공공시설용지는 개발제한구역으로 지정된 토지와는 달리 당해 토지에 지상건축물 등의 이용시설이 존재하는지 여부를 불문하고 재산세 도시지역분의 과세대상에서 제외하는 것이 타당한 것으로 판단된다(대법원 1996.5.28. 선고, 95누7154 판결, 조심 2016 지1, 2016.9.13. 등 같은 뜻임). 따라서 쟁점토지는 같은 법 제2조 제13호 및 같은 법 시행령 제4조 제1호에 따른 공공시설용지("항만")로서 위 표4와 같이 "항만"으로 지형도면이 고시되어 있는 것으로 나타나는바, 쟁점토지는 그 지상에 이용시설이 있는지 여부와 관계없이 재산세 도시지역분 과세대상에서 제외하는 것이 타당하다(조심 2023지4740, 2024.3.6.).
「국토의 계획 및 이용에 관한 법률」에 따라 지형도면이 고시된 공공시설용지는 당해 토지에 지상건축물 등의 이용시설이 존재하는지 여부를 불문하고 재산세 도시지역분(구 도시계획세)의 과세대상에서 제외하는 것이 타당함(조심 2016지0001, 2016.9.13.).
조문상 공공시설용지 또는 개발제한구역으로 표현되어 있어 혼란을 줄 수 있는바 "또는"이라는 용어를 삭제하고 ","로 대체하여 명확하게 표현하여야 할 것이다.
"…「국토의 계획 및 이용에 관한 법률」에 따라 지형도면이 고시된 공공시설용지 또는 개발제한구역으로 지정된 토지 중 …"의 내용을 "…「국토의 계획 및 이용에 관한 법률」에 따라 지형도면이 고시된 공공시설용지, 개발제한구역으로 지정된 토지 중 …"으로 개정할 필요가 있다.

5) 도시지역의 범위

① 택지개발지구

「국토의 계획 및 이용에 관한 법률」 제6조에서는 국토를 도시지역, 관리지역, 농림지역, 자연환경보전지역으로 구분하고, 같은 법 제42조 제1항에서 "택지개발지구"로 지정 고시된 지역은 "도시지역"으로 결정 고시된 것으로 본다고 규정하고 있으며, 도시지역 중 미세분지역은 「국토의 계획 및 이용에 관한 법률」 제79조 제2항에 따라 보존녹지지역 규정을 적용하도록 하고 있다. 재산세 도시지역분은 「국토의 계획 및 이용에 관한 법률」 제6조 제1호에서 도시지역에 해당하는 지역의 토지 중 지방자치단체장이 도시지역분을 과세하려는 지역을 해당 지방의회의 의결을 거쳐 고시하는 경우 조례에 정하는 바에 따라 부과할 수 있는 것이므로 택지개발지구(舊 "택지개발예정지구") 내 토지로서 「국토의 계획 및 이용에 관한 법률」 제6조 및 제42조에 따른 "도시지역"에 해당하므로, 해당 지역을 지방자치단체장이 과세대상 지역으로 지방의회의 의결을 걸쳐 고시하였다면 해당 토지는 "재산세 도시지역분 적용대상 지역"에 해당한다(지방세운영과−4399, 2011.9.16.).

② 구 도시계획세 부과대상으로 고시된 지역은 별도 고시 불필요

종전 「지방세법」에 따라 도시계획세를 부과할 지역으로 고시한 지역은 「지방세법」 제112조 제1항의 개정규정에 따른 재산세 도시지역분 적용대상 지역으로 고시한 것으로 간주한다(법률 제10221호 전부개정 법 부칙 §6−2).

(2) 세율

1) 일반세율

지방자치단체장은 조례로 정하는 바에 따라 다음 ①의 세액과 ②의 세액을 합산하여 산출한 세액을 재산세액으로 부과할 수 있다.

① 재산세 과세표준 × 재산세 세율(지법 §111 또는 §111−2의 세율로 중과세율 포함) − 일반 재산세

② 도시지역분 과세대상 토지 등 재산세 과세표준 × 0.14% − 재산세 도시지역분

2) 탄력세율

지방자치단체장은 해당 연도분의 상기 1) ②의 세율(0.14%)을 조례로 정하는 바에 따라 0.23%를 초과하지 아니하는 범위에서 다르게 정할 수 있다.

④ 세율 적용(지법 §113)

(1) 토지

2004년까지 전국 합산하던 것을 2005년 종합부동산세 도입하면서 시·군·구 합산으로 개정

되었다. 종합합산과세대상 토지와 별도합산과세대상 토지의 과세표준은 시·군·구 내에 있는 모든 토지를 합하여 산정하는 것이다. 이 경우 2019.12.3. 이후 납세의무성립분부터 「지방세법」 또는 관계 법령에 따라 재산세를 경감할 때에는 과세표준에서 경감대상 토지의 과세표준액에 경감비율(비과세 또는 면제의 경우 이를 100%로 봄)을 곱한 금액을 공제하여 세율을 적용한다.[479]

분리과세대상 토지는 누진세율이 아니고 단일세율이므로 합산할 필요가 없다.

(2) 주택

주택에 대한 세율도 누진세율이나 시·군·구 내의 주택을 합산하지 않고 주택별로 세율을 적용한다. 여기서 '1구의 주택'이라 함은 소유상의 기준이 아니고 점유상의 독립성을 기준으로 판단하되 합숙소·기숙사 등의 경우에는 방 1개를 1구의 주택으로 보며, 다가구주택은 침실, 부엌, 출입문이 독립되어 있어야 1구의 주택으로 본다(지예 법111···영112-1). 즉 다가구주택은 1가구가 독립하여 구분·사용할 수 있도록 분리된 부분을 1구의 주택으로 본다. 이 경우 그 부속토지는 건물 면적의 비율에 따라 각각 나눈 면적을 1구의 부속토지로 본다.

주택을 2명 이상이 공동으로 소유하거나 토지와 건물의 소유자가 다를 경우 해당 주택에 대한 세율을 적용할 때 해당 주택의 토지와 건물의 가액을 합산한 과세표준에 제111조 제1항 제3호 또는 제111조의 2 제1항의 세율을 적용한다.

(3) 같은 재산 둘 이상의 세율이 해당되는 경우

같은 재산에 대하여 둘 이상의 세율이 해당되는 경우에는 그 중 높은 세율을 적용한다.

(4) 둘 이상의 시·군이 통합된 경우

「지방자치법」 제5조 제1항에 따라 둘 이상의 지방자치단체가 통합된 경우에는 통합 지방자치단체의 조례로 정하는 바에 따라 5년의 범위에서 통합 이전 지방자치단체 관할구역별로 종합합산과세대상과 별도합산과세대상을 적용한다.

---

479) 현행 규정상 「지방세법」 또는 관계법령에 따라 재산세가 경감되는 토지의 경감비율에 해당하는 토지 등을 종합합산 과세대상 및 별도합산 과세대상으로 보지 아니하도록 규정하고 있는 취지는 과세대상 구분 체계상 종합합산 과세대상·별도합산 과세대상에서 분리과세대상으로 전환하려는 것이 아니라 경감 비율에 해당하는 만큼을 과세표준에서 차감하려는 것인바, 그 의미를 명확히 하기 위하여 토지에 대한 재산세의 과세대상 구분에 관한 조항에 규정되어 있는 내용을 세율적용에 관한 조항으로 옮겨 규정하였음. 이는 대법원(2018.11.29. 선고, 2018두45725 판결)에서 종합합산 과세대상·별도합산 과세대상에서 분리과세대상으로 전환된 것이라는 판시 내용에 따라 개정된 것임.

1 과세기준일(지법 §114)

매년 6.1.

2 납기(지법 §115)

1) 토지

매년 9.16.~9.30.

2) 건축물

매년 7.16.~7.31.

3) 주택

해당 연도 부과징수세액의 50% : 매년 7.16.~7.31.
해당 연도 부과징수세액의 나머지 50% : 매년 9.16.~9.30.
해당 연도 부과징수세액 20만 원(2017년 이전 10만 원) 이하인 경우 : 매년 7.16.~7.31.(조례로 정하는 경우에 한함)

4) 선박

매년 7.16.~7.31.

5) 항공기

매년 7.16.~7.31.

6) 수시부과징수

지방자치단체장은 과세대상 누락, 위법 또는 착오 등으로 인하여 이미 부과한 세액을 변경하거나 수시부과하여야 할 사유가 발생하면 수시로 부과징수할 수 있다.

3 징수방법 등(지법 §116)

재산세는 관할 지방자치단체장이 세액을 산정하여 보통징수의 방법으로 부과징수한다. 재산세를 징수하려면 토지, 건축물, 주택, 선박 및 항공기로 구분한 납세고지서에 과세표준과 세액을 적어 늦어도 납기개시 5일 전까지 발급하여야 한다.

재산세의 과세대상 조사, 과세대상별 합산방법, 세액산정, 그 밖의 부과절차와 징수방법 등은 다음에 따른다.

① 시장·군수·구청장은 재산 소유권 변동 사유 발생하였으나 등기되지 아니한 공부상 소유자, 상속 미등기 경우 주된 상속자, 종중재산의 개인명의의 공부상 소유자, 신탁재산의 수탁자의 신고 또는 직권으로 매년 과세기준일 현재 모든 재산을 조사하고, 과세대상 또는 비과세·감면대상으로 구분하여 재산세 과세대장에 등재하여야 한다.

② 시장·군수·구청장은 상기에 따라 조사한 재산 중 토지는 종합합산과세대상 토지, 별도합산과세대상 토지와 분리과세대상 토지로 구분하고 납세의무자별로 합산하여 세액을 산출하여야 한다.

③ 시장·군수·구청장은 납기개시 5일 전까지 납세의무자에게 납세고지서를 발급하여 재산세를 징수하여야 한다.

④ 납세고지서를 발급하는 경우 토지에 대한 재산세는 한 장의 납세고지서로 발급하며, 토지 외의 재산에 대한 재산세는 건축물·주택·선박 및 항공기로 구분하여 과세대상 물건마다 각각 한 장의 납세고지서로 발급하거나, 물건의 종류별로 한 장의 고지서로 발급할 수 있다.

④ 물납(지법 §117)

재산세 납부세액이 1천만 원 초과하는 경우 납세의무자의 신청을 받아 해당 지방자치단체의 관할구역에 있는 부동산에 대하여만 물납을 허가할 수 있다.

(1) 물납신청 및 허가

재산세를 물납(物納)하려는 자는 재산세 물납 허가 신청서(재산세 물납부동산 변경허가 신청서)를 갖추어 그 납부기한 10일 전까지 납세지를 관할하는 시장·군수·구청장에게 신청하여야 한다. 물납신청을 받은 시장·군수·구청장은 신청을 받은 날부터 5일 이내에 납세의무자에게 그 허가 여부를 서면으로 통지하여야 한다.

물납 허가 또는 물납부동산 변경허가를 받은 납세의무자는 그 통지를 받은 날부터 10일 이내에 「부동산등기법」에 따른 부동산 소유권이전등기에 필요한 서류를 시장·군수·구청장에게 제출하여야 하며, 해당 시장·군수·구청장은 그 서류를 제출받은 날부터 5일 이내에 관할 등기소에 부동산소유권이전등기를 신청하여야 한다.

물납허가를 받은 부동산을 상기 절차에 따라 해당 시장·군수·구청장이 물납대상 부동산의 소유권이전등기필증을 발급받은 때에는 납부기한 내에 납부한 것으로 본다.

(2) 물납 범위와 방법(지예 법117-1)

1) 1천만 원 초과 범위 판단

지방세 물납대상이 되는 납부세액이 1천만 원 초과 범위 판단은 다음과 같다.

동일 시·군·구 안에서 재산세의 납부세액을 합산하여 1천만 원 초과 여부를 판단한다. 이 경우 동일 시·군·구의 범위는 「지방자치법」 제2조의 규정에 의한다. 여기서 1천만 원 초과 여부는 재산세분과 도시지역분을 합산한 세액을 포함하며, 1천만 원 재산세액에 병기·고지되는 지역자원시설세·지방교육세를 제외한다.

2) 물납허가 시 관리·처분에 부적당한 부동산의 범위

물납허가 시 관리·처분에 부적당한 부동산의 범위를 예시하면 다음과 같다.

① 해당 부동산에 저당권 등의 우선순위 물권이 설정되어 처분하여도 배당의 실익이 없는 경우

② 해당 부동산에 임차인이 거주하고 있어 부동산 인도 등에 어려움이 있는 경우

③ 물납에 제공된 부동산이 소송 등 다툼의 소지가 있는 경우 등

시장·군수·구청장은 제113조 제1항에 따라 물납신청을 받은 부동산이 관리·처분하기가 부적당하다고 인정되는 경우에는 허가하지 아니할 수 있다.

3) 관리·처분이 부적당한 부동산의 처리

시장·군수·구청장은 물납 불허가 통지를 받은 납세의무자가 그 통지를 받은 날부터 10일 이내에 해당 시·군의 관할구역에 있는 부동산으로서 관리·처분이 가능한 다른 부동산으로 변경 신청하는 경우에는 변경하여 허가할 수 있다. 이 경우 물납허가를 받은 부동산을 상기 절차에 따라 해당 시장·군수·구청장이 물납대상 부동산의 소유권이전등기필증을 발급받은 때에는 납부기한 내에 납부한 것으로 본다.

4) 물납허가 부동산의 평가

물납을 허가하는 부동산의 가액은 재산세 과세기준일 현재의 시가로 한다. 여기서 시가는 다음 어느 하나에서 정하는 가액에 따른다. 다만, 수용·공매가액 및 감정가액 등으로서 일정한 방법에 따라 시가로 인정되는 것은 시가로 본다.

① 토지 및 주택 : 시가표준액

② 상기 ① 이외의 건축물 : 시가표준액

이 경우 「상속세 및 증여세법」 제61조 제1항 제3호에 따른 부동산의 평가방법이 따로 있어 국세청장이 고시한 가액이 증명되는 경우에는 그 고시가액을 시가로 본다.

한편, 수용·공매가액 및 감정가액 등으로서 일정한 방법에 따라 시가로 인정되는 것은 재산세의 과세기준일 전 6개월부터 과세기준일 현재까지의 기간 중에 확정된 가액으로서 다음 어느 하나에 해당하는 것을 말한다.

① 해당 부동산에 대하여 수용 또는 공매사실이 있는 경우 : 그 보상가액 또는 공매가액
② 해당 부동산에 대하여 둘 이상 감정평가업자[「감정평가 및 감정평가사에 관한 법률」에 따른 감정평가업자(2015.7.23. 이전 감정평가법인)]가 평가한 감정가액이 있는 경우 : 그 감정가액의 평균액
③ 「지방세법」 제10조 제5항 제1호 및 제3호에 따른 취득으로서 그 사실상의 취득가격이 있는 경우 : 그 취득가격

시가로 인정되는 가액이 둘 이상인 경우에는 재산세의 과세기준일부터 가장 가까운 날에 해당하는 가액에 의한다.

❺ 분할납부(지법 §118)

재산세 납부세액이 250만 원(2019년 이전은 500만 원)을 초과하는 경우 3개월(2018년~2023년 2개월, 2017년 이전 45일) 이내에 분할납부 가능한데, 여기서 '250만 원(2019년 이전은 500만 원)'은 재산세분과 도시지역분을 합산한 세액을 의미한다. 한편, 농어촌특별세는 본세의 예에 따라 부과·징수하기 때문에 분납이 가능하며, 지방교육세도 재산세가 분납대상이 되면 함께 분납 처리된다.

한편, 「지방세기본법」 제24조에 따라 납부기한연장의 특례가 적용된 경우 연장된 납부기한의 다음 날을 분할납부 납부기한의 기산일로 한다(지예 법118-2).

(1) 분할납부세액의 기준 및 분할납부신청

분할납부하게 하는 경우의 분할납부세액은 다음의 기준에 따른다.
① 납부할 세액이 500만 원(2019년 이전은 1천만 원) 이하인 경우 : 250만 원(2019년 이전은 500만 원)을 초과하는 금액
② 납부할 세액이 500만 원(2019년 이전은 1천만 원) 초과하는 경우 : 그 세액의 50% 이하의 금액

분할납부하려는 자는 재산세의 납부기한까지 재산세 분할납부신청서를 시장·군수·구청장에게 제출하여야 한다. 시장·군수·구청장은 분할납부신청을 받았을 때에는 이미 고지한 납세고지서를 납부기한 내에 납부하여야 할 납세고지서와 분할납부기간 내에 납부하여야 할 납세고지서로 구분하여 수정·고지하여야 한다.

(2) 지방세 분할납부 범위와 방법(지예 법118-1)

① 250만 원(2019년 이전은 500만 원) 초과 범위 판단

지방세 분납대상이 되는 납부세액이 250만 원(2019년 이전은 500만 원)을 초과하는 범위는 다음과 같다.

㉠ "동일 시·군·구"별로 납세자가 납부할 재산세의 세액이 250만 원(2019년 이전은 500만 원) 초과 여부로 판단하되, 초과 여부는 재산세액(도시지역분 포함)만을 기준으로 하고, 병기·고지되는 지역자원시설세·지방교육세는 제외한다.

㉡ 재산세가 분할납부대상에 해당할 경우 지방교육세도 함께 분할납부 처리한다.

② 분할납부 처리방법

분할납부 신청에 의거 지방세를 분할납부 처리할 경우에는 다음과 같이 한다.

㉠ 납부할 세액이 500만 원(2019년 이전은 1천만 원) 이하인 경우에는 250만 원(2019년 이전은 500만 원)은 납기 내 납부, 5백만 원 초과금액은 분할납부기한 내 납부하도록 한다.

㉡ 납부할 세액이 500만 원(2019년 이전은 1천만 원)을 초과하는 때에는 분할납부세액 이외의 세액에 해당하는 금액을 납기 내와 분납기한 내에 각각 납부하도록 한다.

㉢ 지방세를 분할납부 처리함에 있어서 이미 고지한 납세고지서는 "납기 내 납부할 납세고지서"와 "분납기간 내 납부할 납세고지서"를 구분하여 수정 고지하되, 이 경우 이미 고지한 납세고지서를 회수하며, 기고지한 부과 결정을 조정 결정하여야 한다. 따라서 분할납부기한 내 납부할 세액을 그 기간 내에 납부할 경우에는 가산금이 가산되지 아니한다.

⑥ 납부유예(지법 §118-2)

2023.3.14. 이후 지방자치단체장은 다음의 요건을 모두 충족하는 납세의무자가 일정 1세대 1주택(2024년 이후 공시주택가격이 9억 원을 초과하는 주택 포함)의 재산세액(해당 재산세를 징수하기 위해 함께 부과하는 지방세를 포함, "주택 재산세")의 납부유예를 그 납부기한 만료 3일 전까지 신청하는 경우 이를 허가할 수 있다. 이 경우 납부유예를 신청한 납세의무자는 그 유예할 주택 재산세에 상당하는 담보를 제공하여야 한다.

① 과세기준일 현재 일정 1세대 1주택의 소유자일 것

② 과세기준일 현재 만 60세 이상이거나 해당 주택을 5년 이상 보유하고 있을 것

③ 다음 어느 하나에 해당하는 소득 기준을 충족할 것

㉠ 직전 과세기간의 총급여액이 7천만 원 이하일 것(직전 과세기간에 근로소득만 있거나 근로소득 및 종합소득과세표준에 합산되지 아니하는 종합소득이 있는 자로 한정한다)

㉡ 직전 과세기간의 종합소득과세표준에 합산되는 종합소득금액이 6천만 원 이하일 것(직전 과세기간의 총급여액이 7천만 원을 초과하지 아니하는 자로 한정)

④ 해당 연도의 납부유예 대상 주택에 대한 재산세의 납부세액이 100만 원을 초과할 것

⑤ 지방세, 국세 체납이 없을 것

지방자치단체장은 상기에 따른 신청을 받은 경우 납부기한 만료일까지 대통령령으로 정하는 바에 따라 납세의무자에게 납부유예 허가 여부를 통지하여야 하며, 주택 재산세의 납부가 유예된 납세의무자가 다음 어느 하나에 해당하는 경우에는 그 납부유예 허가를 취소하여야 한다.

① 해당 주택을 타인에게 양도하거나 증여하는 경우
② 사망하여 상속이 개시되는 경우
③ 일정 1세대 1주택 요건을 충족하지 아니하게 된 경우
④ 담보의 변경 또는 그 밖에 담보 보전에 필요한 지방자치단체장의 명령에 따르지 아니한 경우
⑤ 「지방세징수법」 제22조 제1항 각 호의 어느 하나에 해당되어 그 납부유예와 관계되는 세액의 전액을 징수할 수 없다고 인정되는 경우
⑥ 납부유예된 세액을 납부하려는 경우

지방자치단체장은 상기에 따라 납부유예의 허가를 취소하는 경우 납세의무자(납세의무자가 사망한 경우에는 그 상속인 또는 상속재산관리인을 말함)에게 그 사실을 즉시 통지하여야 하고, 주택 재산세의 납부유예 허가를 취소한 경우에는 대통령령으로 정하는 바에 따라 해당 납세의무자에게 납부를 유예받은 세액과 이자상당가산액을 징수하여야 한다. 다만, 상속인 또는 상속재산관리인은 상속으로 받은 재산의 한도에서 납부를 유예받은 세액과 이자상당가산액을 납부할 의무를 진다.

또한 지방자치단체장은 상기항에 따라 납부유예를 허가한 날부터 납부유예 허가 취소에 따른 징수 시 징수할 세액의 고지일까지의 기간 동안에는 「지방세기본법」 제55조에 따른 납부지연가산세를 부과하지 아니한다.

한편, 납세의무자가 주택 재산세의 납부유예를 신청하려는 경우에는 납부유예 신청서에 일정 서류를 첨부하여 관할 지방자치단체장에게 제출해야 하며, 관할 지방자치단체장은 주택 재산세 납부유예 허가 여부를 통지하는 경우 서면으로 통지해야 한다.

그리고 관할 지방자치단체장은 납부유예 허가를 취소한 경우 해당 납세의무자(납세의무자가 사망한 경우 그 상속인 또는 상속재산관리인)에게 다음의 금액을 징수해야 한다.

> ❑ 납부유예 취소 시 추징액 : ① + ②
> ① (납부유예를 허가한 세액 – 실제 납부한 세액)
> ② (납부유예를 허가한 세액 – 실제 납부한 세액) × 당초 납부기한 만료일의 다음 날부터
>   납부유예 허가 취소 사유가 발생한 날까지의 기간 × 연 2.9%[주]
> (주) 지기령 §43 ② 본문에 따른 이자율

7 소액부징수(지법 §119)

재산세가 고지서당 재산세 징수세액이 2천 원 미만인 경우 재산세를 징수하지 아니한다. 여기서 '고지서 1장당 재산세로 징수할 세액이 2천 원 미만'이라 함은 재산세 고지서상에 병기고지된 세액을 제외한 재산세만을 지칭하며(지예 법119-1), 2천 원은 재산세분과 도시지역분을 합산한 세액을 의미한다.

① **재산세와 지역자원시설세(공동시설세)가 1매의 고지서로 고지될 경우**

　재산세 및 지역자원시설세를 각각 구분하여 세액이 2천 원 미만인 경우 소액부징수 판단한다.

　㋙ 재산세 3,000원, 지역자원시설세 1,000원인 경우 재산세만 고지하고, 지역자원시설세는 소액부징수 처리

② **1매의 고지서로 고지될 경우**

　재산세 및 지역자원시설세를 각각 구분하여 세액이 2천 원 미만인 경우 소액부징수 판단한다.

　㋙ 재산세 3,000원, 지역자원시설세 1,000원인 경우 재산세만 고지하고, 지역자원시설세는 소액부징수 처리

⑧ 향교 및 종교단체에 대한 특례(지법 §119-3)

　「부동산 실권리자명의 등기에 관한 법률 시행령」 제5조 제1항 제3호에 따른 개별 향교 또는 같은 항 제2호에 따른 소속 종교단체("개별 단체")가 소유한 토지로서 개별단체가 속하는 「향교재산법」에 따른 향교재단 또는 같은 항 제1호에 따른 종단("향교재단 등")의 명의로 조세 포탈을 목적으로 하지 아니하고 등기한 토지의 경우에는 개별 단체별로 합산한 토지의 가액을 과세표준으로 하여 토지에 대한 재산세를 과세할 수 있다.

　개별 단체 또는 향교재단 등이 이에 따라 토지에 대한 재산세를 개별 단체별로 합산하여 납부하려는 경우에는 토지분 재산세 합산배제 신청서에 다음 서류를 첨부하여 납기개시 20일 전까지 해당 토지의 소재지를 관할하는 지방자치단체장에게 신청하여야 한다.

　① 향교재단 등의 정관(정관이 변경된 경우 「민법」 제45조 제3항에 따른 향교재단 등에 대한 주무관청의 정관 변경허가서 포함)

　② 향교재단 등의 이사회 회의록

　③ 대상토지의 사실상 소유자가 개별단체임을 입증할 수 있는 서류

　이에 따른 신청을 받은 지방자치단체장은 개별 단체별 합산 여부를 결정하여, 신청한 내용이 사실과 다를 경우 세액이 추징될 수 있다는 내용과 함께 그 결과를 서면으로 통지해야 한다. 이 경우 상대방이 전자적 통지를 요청할 경우에는 전자적 방법으로 통지할 수 있다.

　한편, 합산배제 신청을 하여 토지에 대한 재산세를 개별 단체별로 합산하여 납부한 경우에는 다음 연도부터 해당 토지의 소유관계가 변동하기 전까지는 신청을 다시 하지 않아도 된다.

⑨ 신고의무(지법 §120)

　다음 어느 하나에 해당하는 자는 과세기준일부터 15일(2021년 이전은 10일) 이내에 그 소재지를 관할하는 지방자치단체장에게 그 사실을 알 수 있는 증거자료를 갖추어 신고하여야 한다.

　① 재산의 소유권 변동 또는 과세대상 재산의 변동 사유가 발생하였으나 과세기준일까지 그

등기·등록이 되지 아니한 재산의 공부상 소유자

② 상속이 개시된 재산으로서 상속등기가 되지 아니한 경우에는 제107조 제2항 제2호에 따른 주된 상속자

③ 사실상 종중재산으로서 공부상에는 개인명의로 등재되어 있는 재산의 공부상 소유자

④ 「신탁법」에 따라 수탁자 명의로 등기된 신탁재산의 수탁자

⑤ 1세대가 둘 이상의 주택을 소유하고 있음에도 불구하고 1세대 1주택에 대한 주택 세율 특례(지법 §111-2)를 적용받으려는 경우에는 그 세대원(2022년 이후 적용)

⑥ 공부상 등재현황과 사실상의 현황이 다르거나 사실상의 현황이 변경된 경우 해당 재산의 사실상 소유자(2022년 이후 적용)

재산의 소유권 변동 등에 따른 납세의무자의 변동신고 또는 과세대상 재산의 변동신고를 하는 경우, 주된 상속자 또는 사실상 종중재산의 공부상 소유자가 신고를 하는 경우에는 재산세(납세의무자·과세대상) 변동 신고서에 따른다.

신고가 사실과 일치하지 아니하거나 신고가 없는 경우에는 지방자치단체장이 직권으로 조사하여 과세대장에 등재할 수 있다. 이 경우 무신고 재산을 과세대장에 등재한 때에는 그 사실을 관계인에게 통지하여야 한다. 또한 과세대장 용지 상부 여백에 직권등재 표시를 하여 신고에 따른 등재와 구별되도록 하여야 한다.

상속분할협의가 성립되지 않아 공동상속인 간 실제 귀속되는 지분이 확정되지 않은 상태에서 일부 상속인의 법정 상속분만 한정하여 납세의무를 신고한 경우는 사실상의 소유자를 신고한 경우로 보지 아니하여 주된 상속자에게 납세의무가 있다(지예 법120-1).

⑩ 재산세 과세대장의 비치 등(지법 §121)

지방자치단체는 재산세 과세대장을 비치하고 필요한 사항을 기재하여야 하며, 이 경우 해당 사항을 전산처리하는 경우에는 과세대장을 갖춘 것으로 본다. 재산세 과세대장은 토지, 건축물, 주택, 선박 및 항공기 과세대장으로 구분하여 작성한다. 또한 시장·군수·구청장은 재산세 과세대장에 준하여 재산세 비과세 및 과세면제 대장을 갖추고 정리하여야 한다.

⑪ 세부담 상한(지법 §122)

직전연도 재산세액 상당액은 재산세분(지법 §112 ① 1)과 재산세 도시지역분(지법 §112 ① 2·②)을 각각 구분하여 산출 후 각각 세부담 상한을 적용한다.[480]

---

480) (부칙 제6조의 2) 제112조 제1항에 따른 직전연도 재산세 상당액은 2010년도 재산세 및 도시계획세 상당액을 각각 산출하여 세부담 상한 적용

(1) 개요

2005.1.5. 「지방세법」 개정으로 세부담의 상한제도가 도입되었다. 이는 직전연도의 보유세 부담액에 대해 해당 연도의 보유세 인상률을 최대 50%로 억제하겠다는 것으로 해당 재산에 대한 재산세의 산출세액이 직전연도의 해당 재산에 대한 재산세액 상당액의 100분의 150을 초과하는 경우에는 100분의 150에 해당하는 금액을 해당 연도에 징수할 세액으로 간주하는 것이다(지법 §122).

1) 주택 외 재산

해당 재산에 대한 재산세의 산출세액이 직전연도의 해당 재산에 대한 재산세액 상당액의 100분의 150을 초과하는 경우 100분의 150에 해당하는 금액을 해당 연도에 징수할 세액으로 한다.

2) 주택(2023.12.31. 이전만 적용)

2024.1.1. 이후 주택 재산세의 과세표준 상한제 도입에 따라 주택의 세부담 상한제는 폐지되는 것으로, 개정규정 시행 전에 주택 재산세가 과세된 주택에 대해서는 개정규정에도 불구하고 2028년도까지는 종전의 규정에 따른다(부칙 §15).

① 법인(「국세기본법」 §13에 따라 법인으로 보는 단체 포함)

2022년 이후부터는 150%

② ① 외

다음의 금액을 해당 연도에 징수할 세액으로 한다.

주택공시가격 (특별자치시장·특별자치도지사·시장· 군수 또는 구청장 산정가액)	세부담 상한액
3억 원 이하	직전연도 재산세액 상당액 105%
3억 원 초과~6억 원 이하	직전연도 재산세액 상당액 110%
6억 원 초과	직전연도 재산세액 상당액 130%

직전연도 재산세액 상당액은 재산세분(지법 §112 ① 1)과 재산세 도시지역분(지법 §112 ① 2·②)을 각각 구분하여 산출 후 각각 세부담 상한을 적용한다.[481]

(2) 세부담 상한 적용 과정

① 재산세분·도시지역분 각각의 직전연도 상당액 산출

② 재산세분·도시지역분 각각의 현연도 세액 산출

---

481) (부칙 제6조의 2) 제112조 제1항에 따른 직전연도 재산세 상당액은 2010년도 재산세 및 도시계획세 상당액을 각각 산출하여 세부담 상한 적용

③ 재산세분·도시지역분 각각에 대해 세부담 상한 적용

　Min [① × (105%~150%), ②]

④ 세부담상한 적용 후 재산세분·도시지역분 각각의 세액을 합산

　결정세액 : [재산세분+도시지역분]

> **사례** 과세특례분(도시지역분) 재산세 통합에 따른 세부담 상한 적용(지방세운영과-559, 2011.2.7.)
>
> □ 쟁점사항
> 　○ 세부담상한제 적용에 있어, '직전연도 재산세 상당세액'을 舊재산세분과 舊도시계획세분을
> 　　각각 적용하는지, 아니면 합한 금액으로 보는지
> □ 검토의견 및 결과
> 　○ 구(舊)재산세분과 구(舊)도시계획세분의 과세대상, 세율 등 과세체계의 이질적인 성격이 유
> 　　지되고 있는 상황
> 　○ 세부담상한 적용 시 '직전연도 재산세 상당세액'을 재산세분과 구(舊)도시계획세분을 합산한
> 　　세액으로 볼 경우 각각 적용하는 경우에 비해 세부담이 증가할 수 있음.
> 　　- 당초 도시계획세 통합의 취지와 달리 세부담 상한 적용 효과가 조기 사라져 납세자 세부
> 　　　담이 증가할 수 있음.
> 　○ 구(舊)재산세분과 구(舊)도시계획세분 각각에 대하여 「직전연도 재산세 상당세액」을 구한
> 　　후 각각 세부담상 한을 적용하는 것이 타당
> □ 적용례
> 　○ 직전연도 재산세상당액은 舊재산세분(지법 §112 ① 1)과 舊도시계획세분(지법 §112 ① 2,
> 　　②)을 각각 구분하여 산출 후 각각 세부담 상한 적용

(3) 토지 직전연도 재산세액 상당액

1) 직전연도의 과세표준이 있는 경우

과세대상 토지별로 직전연도의 법령과 과세표준 등을 적용하여 산출한 세액. 다만, 해당 연도의 과세대상별 토지에 대한 납세의무자 및 토지현황이 직전연도와 일치하는 경우에는 직전연도에 해당 토지에 과세된 세액

2) 직전연도 과세표준액이 없는 경우

토지의 분할·합병·신규 등록·등록전환 등으로 해당 연도 과세대상 토지가 직전연도 과세기준일 현재 존재하는 것으로 보아 과세대상 토지별로 직전연도의 법령과 과세표준(직전연도의 법령을 적용하여 산출한 과세표준) 등을 적용하여 산출한 세액. 다만, 토지의 분할·합병으로 해당 연도의 과세대상 토지에 대한 직전연도의 과세표준이 없는 경우에는 다음의 구분에 따른 세액

① 분할·합병 전의 과세대상 토지에 비하여 면적 또는 지분 증가가 없는 경우

직전연도에 분할·합병 전의 토지에 과세된 세액 중 해당 연도에 소유하고 있는 면적 또는 지분에 해당되는 세액

② 분할·합병 전의 과세대상 토지에 비하여 면적 또는 지분 증가가 있는 경우

ᄀ + ᄂ

ᄀ 분할·합병 전의 과세대상 토지의 면적 또는 지분에 대하여 상기 ①에 따라 산출한 세액

ᄂ 분할·합병 후에 증가된 과세대상 토지의 면적 또는 지분에 대하여 해당 연도 과세대상 토지가 직전연도 과세기준일 현재 존재하는 것으로 보아 과세대상 토지별로 직전연도의 법령과 과세표준(직전연도의 법령을 적용하여 산출한 과세표준) 등을 적용하여 산출한 세액

3) 과세대상 토지의 과세대상 구분변경이 있는 경우

해당 연도의 과세대상의 구분이 직전연도 과세대상 토지에 적용되는 것으로 보아 해당 연도 과세대상 토지별로 직전연도의 법령과 과세표준(직전연도의 법령을 적용하여 산출한 과세표준을 말함) 등을 적용하여 산출한 세액

4) 도정법 또는 빈집법(2023.1.1. 이후 적용) 상 정비사업 시행으로 주택이 멸실되어 토지로 과세되는 경우로서 건축 중인 경우

주택을 건축 중[주택 멸실 후 주택 착공 전이라도 최초로 도래하는 재산세 과세기준일부터 도정법 상 정비사업, 빈집법 상 소규모주택정비사업의 경우 3년 동안, 빈집법 상 빈집정비사업 또는 「농어촌정비법」에 따른 생활환경정비사업(빈집의 정비에 관한 사업만 해당)의 경우 5년 동안 주택을 건축 중인 것으로 봄]인 경우에는 다음 계산식에 따라 산출한 세액 상당액{해당 토지에 대하여 상기 2)에 따라 산출한 직전 연도 세액 상당액이 더 적을 때에는 상기 2)에 따른 세액 상당액을 말하며, 2024년 이후 재산세 납세의무성립분부터 적용(부칙 지령 §7)[「농어촌정비법」에 따른 생활환경정비사업(빈집의 정비에 관한 사업만 해당)의 시행으로 주택이 멸실되는 토지에 대해서는 2024년 이후 주택이 멸실되는 경우로 한정]}

주택을 건축 중인 경우 다음 계산식에 따라 산출한 세액 상당액{해당 토지에 대하여 상기 2)에 따라 산출한 직전 연도 세액 상당액이 더 적을 때에는 상기 2)에 따른 세액 상당액을 말한다[2024년 이후 재산세 납세의무성립분부터 적용(영 부칙 §7)].[482]

여기서 주택 멸실 후 주택 착공 전이라도 최초로 도래하는 재산세 과세기준일부터 도정법 상 정비사업, 빈집법 상 소규모주택 정비사업의 경우 3년 동안, 빈집법 상 빈집정비사업 또는 「농어촌정비법」에 따른 생활환경정비사업(빈집의 정비에 관한 사업만 해당)의 경우 5년 동안 주택을 건축 중인 것으로 본다[단, 2025.5.28. 이후 납세의무성립분부터 주택의 건축을 위한 용도 외의 다른 용도로 사용하는 경우는 주택을 건축 중인 것으로 보지 않되, 하기 ᄂ의 경우로서 국가, 지방자치단체 또는 지방자치단체조합이 1년 이상 공용 또는 공공용으로 사용(1년 이상 사용할 것이 계약서 등에 의하여 입증되는 경우 포함)하는 경우[483]는 주택을 건축 중인 것으로 봄].

---

482) 「농어촌정비법」에 따른 생활환경정비사업(빈집의 정비에 관한 사업만 해당)의 시행으로 주택이 멸실되는 토지에 대해서는 2024년 이후 주택이 멸실되는 경우로 한정됨.

483) 「지방세법」 §109 ② 단서, 즉 유료로 사용하는 경우 또는 소유권의 유상이전을 약정한 경우로서 그 재산을

㉠ 도정법에 따른 정비사업 또는 빈집법에 따른 소규모주택정비사업의 경우

$$\text{멸실 전 주택에 실제 과세한 세액} \times (130/100)^n$$
$$n = (\text{과세연도} - \text{멸실 전 주택에 실제 과세한 연도} - 1)$$

☞ 해당 토지에 대하여 상기 2)에 따라 산출한 직전연도 세액 상당액이 더 적을 때에는 2)에 따른 세액 상당액

㉡ 빈집법에 따른 빈집정비사업 또는 「농어촌정비법」에 따른 생활환경정비사업(빈집의 정비에 관한 사업만 해당)의 경우

$$\text{멸실 전 주택에 실제 과세한 세액} \times (105/100)^n$$
$$n = (\text{과세연도} - \text{멸실 전 주택에 실제 과세한 연도} - 1)$$

☞ 해당 토지에 대하여 상기 2)에 따라 산출한 직전연도 세액 상당액이 더 적을 때에는 2)에 따른 세액 상당액

● 연차별 직전연도 상당액 및 세부담 상한 비교

주택멸실 연차	1년차	2년차	3년차	4년차
n	0	1	2	3
직전연도 상당액	주택세액	주택세액×$(130/100)^1$	주택세액×$(130/100)^2$	주택세액×$(130/100)^3$
세부담 상한	150%	195%	253.5%	1329.55%

주택멸실 후 주택 착공 전이라도 최초로 도래하는 재산세 과세기준일부터 3년 동안은 주택을 건축 중인 것으로 본다. 이는 주택멸실 후 착공까지 나대지 상태로 있을 경우에는 상한적용이 배제되어 세부담이 급증하게 되므로, 이를 개선하기 위하여 주택멸실 후 최초 3년 동안은 '착공 전'이더라도 주택기준으로 세부담 상한을 적용하고 연차별 누진율도 완화하기 위한 것으로, 재개발사업 특성상 착공시점까지 장기간 소요되는 일반적 현실을 반영하고자 하는 취지이다. 그런데 4년차 이후에는 주택을 "건축 중"인 경우에만 당해 규정 계속 적용하나, "건축 중"이 아닌 경우에는 토지로 보아 그에 따른 직전연도의 법령과 과세표준액 등을 적용하여 산출한 세액을 적용한다.

한편, 정비사업의 시행은 「도시 및 주거환경정비법」 제2조 제2호에 따라 시행하는 재개발·재건축·주거환경개선사업(2018.2.8. 이전은 주택재개발·주택재건축·주거환경개선·도시환경정비사업)을 말하며, 주택이 멸실되고 토지로 과세되는 경우는 정비사업에 따라 기존에 있던 주택이 멸실되고 주택을 새로이 건축 중에 있는 경우에 적용된다.

취득하기 전에 미리 사용하는 경우로 재산세의 부과대상이 되는 경우로 한정됨.

적용 사례 ●

(1) 부과 현황
 - 2012년 주택분 재산세 10만 원 과세
 - 2014년 토지분 재산세 산출세액 25만 원
 - 2014.6.1. 현재 주택건축 중(또는 미착공)

(2) 적용방법
 - 직전연도 상당액 = 멸실 전 주택에 실제 과세한 재산세액 × $(130/100)^n$

   = 10만 × $(130/100)^1$ = 13만 원

   ☞ n = 과세연도(2014) − 멸실 전 주택과세연도(2012) − 1 = 1.

 - 상기 2)에 의한 산출액보다 적을 경우 적용

   재산세 세부담 상한액 = 13만 원 × 150% = 19.5만 원
 - 2014년도 재산세 결정세액 = 19.5만 원

   ☞ 산출세액 25만 원보다 적음.

사례 주택 멸실 후 재개발정비사업에 착공하지 않은 토지(조심 2010지46, 2010.7.2.)

조합은 2007.8.27. 주택재개발정비사업 시행인가를 받은 다음, 2008.11.3. 건축물 철거 멸실 신고를 하고, 2009.10.26. 착공신고서 제출하였고, 청구인과 처분청 사이에 2009년 재산세 과세기준일 현재 이 건 토지 상에 건축물이 존재하지 아니하고, 그 지상에서 공사에 착수를 하지 않았다는 사실에 대하여 다툼이 없을 뿐만 아니라 달리 건축 중이었다는 사실을 발견할 수도 없으므로 이 건 토지를 분리과세대상으로 구분하고, 「지방세법 시행령」 제142조 제1호 나목의 세부담상한 규정을 적용한 것은 적법하다 할 것임.

사례 착공신고 전 임시이전 시설물 건축 진행 중인 경우(지방세운영과-4820, 2009.11.12.)

재개발사업 착공신고 전에 임시이전 시설물인 임시校舍 건축공사를 진행하고 있는 경우에는 건축 중인 건축물이 주택이 아니고, 주택 재개발사업의 착공이 이루어진 것도 아니므로 「지방세법 시행령」 제142조 제1호 라목의 규정에 의한 '주택을 건축 중'인 경우로 볼 수 없다고 판단됨.

사례 도시개발사업 완료 후 사업구역 내의 환지된 토지의 재산세액 상당액은 토지의 지목변경·신규등록·등록전환 등에 해당(지방세운영과-2134, 2008.11.12.)

「도시개발법」에 의한 도시개발사업 완료 후 사업구역 내의 환지된 토지의 재산세액 상당액은 환지 처분의 공고가 있은 다음 날 원시취득이 있어 토지의 지목변경·신규 등록·등록 전환 등에 해당되므로 직전연도 해당 토지에 실제 과세된 그 세액으로 세부담상한 적용을 받을 수는 없을 것임.

사례 주택이 철거된 주택재개발사업지구 내의 토지(지방세운영과-1933, 2008.10.23.)

「지방세법」 상 재산세는 과세대상을 토지, 건축물, 주택 등으로 엄격히 구분하고 있고, 재산세의 과세대상 물건에 대하여는 사실상의 현황에 의하여 재산세를 부과하도록 현황과세 원칙을 명확히 규정하고 있어 기존 주택이 철거된 주택재개발사업지구 내의 토지에 대하여 기존 주택이 있는 것으로

보아 재산세를 과세하는 것은 재산세의 근본적인 과세체계에 맞지 않고 현황과세 원칙에도 맞지 않는 문제점이 있음.

5) 세부담 상한제 적용 사례(토지)

사례 직전연도와 해당 연도의 소유자가 동일

2013년 실제세액	2014년 산출세액	2014년 세부담 상한액	2014년 재산세액
50만 원	78만 원	75만 원 (50만 원 × 150%)	75만 원

☛ 소유자 및 물건 변동 없으므로 2013년도 실제 과세된 세액에 상한 적용

사례 분할·합병 전의 과세대상 토지에 비하여 면적 또는 지분 증가가 없는 경우

2013년 실제세액	2013년 재산세액	2014년 산출세액	2014년 세부담 상한액	2014년 재산세액
A토지 20만 원 (120㎡)				
B토지 30만 원 (125㎡)	50만 원	80만 원	75만 원 (50만 원 × 150%)	75만 원
계 50만 원 (245㎡)				

☛ A토지와 B토지를 합병한 경우 2013년 실제세액은 두 필지의 합계액이 되므로 이를 합한 2013년 재산세액에 상한 적용

사례 분할·합병 전의 과세대상 토지에 비하여 면적 또는 지분 증가가 있는 경우

2013년 실제세액	2013년 재산세액	2014년 산출세액	2014년 세부담 상한액	2014년 재산세액
A토지 20만 원 (120㎡)	A+B토지 50만 원 (245㎡)			
B토지 30만 원 (125㎡)	추가 토지 15만 원 (50㎡)	100만 원	97.5만 원 (65만 원 × 150%)	97.5만 원
계 50만 원 (245㎡)	계 65만 원 (245㎡)			

☛ A토지와 B토지를 합병, 추가 지분이 증가가 있는 경우로 추가 지분에 대한 2013년 재산세액 상당액은 15만 원이 산정되어 2013년 재산세액 상당액 65만 원(50만 원+15만 원)이 됨.

사례 과세대상 토지의 과세대상 구분변경이 있는 경우(별도합산→ 종합합산)

2013년 실제세액	2013년 재산세액 상당액	2014년 산출세액	2014년 세부담 상한액	2014년 재산세액
40만 원(별도합산)	60만 원	80만 원	75만 원 (60만 원 × 130%)	75만 원

☞ 별도합산 토지의 재산세액을 적용하는 것이 아니라 종합합산으로 보아 2013년 재산세액을 산출한 후 그 세액에 상한 적용

(4) 주택, 건축물 직전연도 재산세액 상당액

1) 직전연도의 과세표준이 있는 경우

직전연도의 법령과 과세표준 등을 적용하여 과세대상별로 산출한 세액. 다만, 직전연도에 해당 납세의무자에 대하여 해당 주택 및 건축물에 과세된 세액이 있는 경우 그 세액

2) 직전연도의 과세표준이 없는 경우

해당 연도 과세대상 주택 및 건축물이 직전연도 과세기준일 현재 존재하는 것으로 보아 직전 연도의 법령과 과세표준(직전연도의 법령을 적용하여 산출한 과세표준) 등을 적용하여 과세대상 별로 산출한 세액

3) 과세대상 주택 및 건축물에 대하여 용도변경 등이 있는 경우

직전연도에도 해당 세율이 적용되거나 적용되지 아니한 것으로 보아 직전연도의 법령과 과세 표준(직전연도의 법령을 적용하여 산출한 과세표준) 등을 적용하여 산출한 세액

4) 인근 주택에 비해 직전연도 과세세액과 현저한 차이가 있는 경우

주택의 경우 상기의 방법에 따라 산출한 세액 상당액이 해당 주택과 주택가격(주택공시가격) 이 유사한 인근 주택[484] 소유자에 대하여 직전연도에 과세된 세액과 현저한 차이가 있는 경우 : 그 과세된 세액을 고려하여 산출한 세액 상당액

세부담 상한제는 재산세의 과세표준을 산정하는 방식이 2005년부터 원가 위주의 방식에서 시 가 방식으로 변경됨에 따른 세부담의 급격한 증가를 방지하기 위하여 도입된 제도이고, 이 규정 이 위와 같은 세부담 상한제를 적용함에 있어 종래 원가 위주의 방식이 적용되어 오던 기존주택 과 시가 방식만이 적용되는 신축·증축 주택 사이의 과세 형평을 유지하기 위하여 신설된 것인 점, 종래 원가 위주의 방식에서는 과세표준에 시가가 제대로 반영되지 아니한데다가 건물의 면 적, 규모, 형태, 구조, 위치, 경과연수 등도 과세표준에 영향을 미쳤던 점 등을 고려해 보면, "유사

---

484) '유사한 인근 주택'에 해당하는지 여부는 주택공시가격뿐만 아니라 주택의 면적, 규모, 형태, 구조, 위치, 경 과연수, 단위 면적당 시가 등의 유사성을 종합적으로 고려하여 판단하여야 함(지예 법122…영118 – 1).

한 인근 주택"의 판단 척도로 들고 있는 주택공시가격은 예시적인 것에 불과하고, 그 "유사한 인근 주택"에 해당하는지 여부는 주택공시가격뿐만 아니라 주택의 면적, 규모, 형태, 구조, 위치, 경과연수, 단위 면적당 시가 등의 유사성을 종합적으로 고려하여 판단하여야 할 것이다(대법원 2009두8434, 2011.5.26.).

> **사례** 주택공시가격이 동일한 경우(대법원 2009두8434, 2011.5.26.)
>
> 원심은 ○○아너스가 이 사건 주택과 주택공시가격이 같다는 점에 치중하여 이 사건 단서조항 소정의 "유사한 인근 주택"에 해당한다고 보아 이 사건 주택에 대한 직전연도의 재산세액 상당액이 ○○아너스에 대하여 직전연도에 과세된 재산세액과 현저한 차이가 있다는 이유로 이를 감안하지 아니한 이 사건 처분이 위법하다고 판단하였으니, 이러한 원심판결에는 이 사건 단서조항에 관한 법리를 오해하여 판결에 영향을 미친 위법이 있고, 이 점을 지적하는 상고이유의 주장은 이유 있음.

5) 세부담 상한제 적용 사례(주택)

> **사례** 직전연도와 해당 연도의 소유자가 동일(주택공시가격 6억 원 초과)

2013년 실제세액	2014년 산출세액	2014년 세부담 상한액	2014년 재산세액
60만 원	87만 원	78만 원 (60만 원 × 130%)	78만 원

☞ 소유자 및 물건 변동 없으므로 2013년도 실제 과세된 세액에 상한 적용

> **사례** 직전연도와 해당 연도의 소유자가 상이(주택공시가격 6억 원 초과)

2013년 실제세액	2013년 재산세액 (전소유자)	2014년 산출세액	2014년 세부담 상한액	2014년 재산세액
없음	60만 원	87만 원	78만 원 (60만 원 × 130%)	78만 원

☞ 해당 재산에 대한 납세자의 변동으로 2013년도 실제 세액이 없으므로 전 소유자의 재산세액에 상한 적용

> **사례** 해당 연도에 신축(주택공시가격 6억 원 초과)

2013년 실제세액	2013년 재산세액 상당액	2014년 산출세액	2014년 세부담 상한액	2014년 재산세액
없음	60만 원	87만 원	78만 원 (60만 원 × 130%)	78만 원

☞ 해당 물건을 기준으로 2013년도에 물건을 소유하고 있다고 가정하고 2013년도 주택분 재산세액 상당액 산출한 후 그 세액에 상한 적용

☞ 증축 등을 통하여 과세요건이 변동된 경우에도 증축된 해당 주택은 직전연도의 신축으로 보아 2013년도 재산세액 상당액 산출

(5) 비과세·감면규정, 지자체의 가감세율 및 1세대 1주택에 대한 주택 세율 특례가 적용되지 아니하거나 적용된 경우 직전연도 재산세액 상당액

직전연도에도 해당 규정이 적용되지 아니하거나 적용된 것으로 보아 재산분과 도시지역분 세액상당액으로 계산하나, 이에 불구하고 2022.2.28. 이후 납세의무성립분부터 직전 연도에 1세대 1주택에 대한 세율 특례를 적용받은 주택이 해당 연도에 그 시가표준액이 9억 원을 초과하여 일반 주택 세율이 적용되는 경우(납세의무자가 동일한 경우로 한정)에는 직전 연도에 해당 납세의무자에 대하여 해당 주택에 과세된 세액이 있는 경우에는 그 세액을 직전 연도에 해당 주택에 과세된 세액으로 한다.

직전연도에도 해당 규정이 적용되지 아니하거나 적용된 것으로 보아 재산분과 도시지역분 세액상당액으로 계산하나, 이에 불구하고 2022.2.28. 이후 납세의무성립분부터 직전 연도에 1세대 1주택에 대한 세율 특례를 적용받은 주택이 해당 연도에 그 시가표준액이 9억 원을 초과하여 일반 주택 세율이 적용되는 경우(납세의무자가 동일한 경우로 한정)에는 직전 연도에 해당 납세의무자에 대하여 해당 주택에 과세된 세액이 있는 경우에는 그 세액을 직전 연도에 해당 주택에 과세된 세액으로 한다.

사례 주택의 직전연도 재산세 상당액 산출 방법(직전연도 과세, 당해 연도 감면 전환)

○ 비과세·감면규정이 적용되지 아니하거나 적용된 경우에는 직전연도에도 해당 규정이 적용되지 아니하거나 적용된 것으로 보아 재산세액 상당액 산출(지령 §142 3)

○ (적용례) 당해 연도 감면(50%) 대상인 경우
  - 직전연도에도 감면(50%)이 적용된 경우로 보아 재산세 상당액을 산출
    1) 해당 납세자에 대한 실제 과세된 세액이 있는 경우
  - 직전연도 산출상당액에 대한 감면세율(50%) 적용이 아니라 실제 과세된 세액에 감면율(50%)을 적용한 세액
    ☞ 직전연도에 세부담 상한이 적용되어 산출세액보다 과소부과 시, 실제 납부세액에 감면율을 적용하는 것과 산출세액에 감면율을 적용하는 것에 따라 세액 차이 발생

    2) 직전연도 실제 과세된 세액이 없는 경우
  - "직전연도 법령과 과세표준에 따른 산출상당액"에 감면세율(50%)을 적용한 상당액
    ☞ 위의 "직전연도 법령과 과세표준에 따른 산출상당액에 감면세율을 적용한 상당액"이 인근유사주택의 감면적용된 재산세액과 현저한 차이가 있는 때에는 그 재산세액을 고려하여 산출한 재산세액 상당액

사례 전년 대비 토지분 재산세의 감면비율이 감소된 경우(지방세운영과-4848, 2009.11.16.)

당해 연도 재산세 감면율이 변경(2008년 75%→2009년 50%)되어 당해 필지 과세분의 과세표준액 비율이 증가(25%→50%)하였더라도, 당해 연도 토지면적에 대해서는 「지방세법 시행령」제142조 제1호 가목 규정의 직전연도 과세표준액이 있는 토지로써 직전연도의 법령과 과세표준액 등을 적용하여 산출한 재산세액을 "직전연도 당해 재산에 대한 재산세액 상당액"으로 하여 당해 연도 재산세를 부과해야 하므로 직전연도에 기 과세된 과세표준액분(25%)에 대하여는 동 규정 단서의 직전연

도 실제 과세된 세액을 "직전연도의 당해 재산에 대한 재산세액 상당액"으로 하고, 감면이 축소되어 당해 연도에 새로 과세전환되는 과세표준액분(25%)에 해당하는 토지지분에 대해서는 동 규정 본문의 직전연도의 법령을 적용하여 산출한 재산세액을 "직전연도 당해 재산에 대한 재산세액 상당액"으로 재산세를 부과하는 것이 타당하다 사료됨.

(6) 일시적인 감면종료로 인한 세부담 상한제 적용방법

일정기간 동안 감면된 낮은 세율을 적용한 경우, 일몰기간 즉 조세혜택을 부여한 기간이 종료된 이후라면 직전연도 부과된 세액은 직전연도의 감면 적용된 세액을 기준으로 세부담 상한을 적용할 수 없고, 금년과 동일 조건에서 재산세를 재산정하여 세부담 상한이 적용되어야 하는 것이다.

> **사례** 직전연도 지방 회원제 골프장에 대하여 감면을 받은 경우(지방세운영과-5922, 2010.12.18.)

1) 사실상의 감면
　가) 「지방세법」에서 "감면"에 대한 개념을 명확하게 특정 의미로 정의하지 아니함.
　　(1) 「지방세법」 제5장에서는 면제·경감으로 규정하고 있으며, 단지 각 조문의 제목에서 "감면"을 규정하고 있을 뿐, 개별 조문에서는 면제·경감으로 규정하며 감면이라는 용어를 직접 사용하지는 아니함.
　　　※ 특히 기업부설연구소용 부동산의 경우(법 제282조) 조문의 제목에서도 감면의 용어를 사용하지 아니함.
　　　「지방세법」 제7조에서는 지방자치단체는 공익상 기타의 사유로 인하여 과세가 부적당하다고 인정할 때에나 필요한 때에는 "불균일 과세"할 수 있다 규정하고 있고, 「조세특례제한법」에서는 "조세의 특례"를 규정하고 있음.
　　(2) 조세관련 법규에서 "감면"에 대한 명확한 개념 정의를 하고 있지 아니하므로 관계조문의 입법 취지 등을 종합적으로 고려하여 판단하는 것이 타당
　나) 「조세특례제한법」 상 "감면"의 의미
　　(1) 「조세특례제한법」에서는 과세의 공평을 기하고 조세정책을 효율적으로 수행하기 위해 조세의 감면 또는 중과 등 조세특례를 두는 취지를 밝히고 있고, 법 제3조에서 조세의 특례를 정할 수 있는 법은 「지방세법」, 「소득세법」 등으로 제한하고 있음.
　　(2) 「조세특례제한법」 제2조 제8호에서 "조세특례"란 일정한 요건에 해당하는 경우의 '특례세율 적용', 세액감면, 세액공제, 소득공제, 준비금의 손금산입 등의 조세감면과 특정 목적을 위한 익금산입, 손금불산입 등의 중과세를 말한다고 규정함으로써, 조세감면의 범위에 '특례세율 적용'을 포함하고 있음.
　　　※ 특히 2010년도 제정된 「지방세특례제한법」(법률 제10220호, 2010.3.31.)을 보면 법 제2조 제6호에서 "지방세 특례"란 세율의 경감, 세액감면, 세액공제, 과세표준 공제(중과세 배제, 재산세 과세대상 구분전환을 포함한다) 등을 말한다고 규정하여 "세율의 경감"을 조세특례로써 명확히 규정하고 있음.
　　(3) 조세감면의 우대조치는 조세평등주의에 반하고 국가 등의 재원의 포기임에도 불구하고 국가 정책상 긴요한 필요에 한해 허용되는 것으로 지역경제 및 관광산업 활성화라는 정책적 목적에 따라 「지방세법」에서 회원제 골프장의 일반적인 세율(4%)을 수도권이외의 지역에 한해 2년간 2%로 인하한 것은 조세특례로써 세율감면이 아니라고 할 수

없고, 이는 조세감면에 해당하는 것임.

다) 지방 회원제 골프장의 세율관련 입법체계를 볼 때 감면에 해당

(1) 감면의 의미는 조세특례의 개념과 다르지 않으며, 조세특례는 세액의 감면 등 특정한 하나의 유형만을 의미하는 것이 아니며, 면제·경감·특례·세액공제·세율감면·과세표준공제 등 다양한 유형으로 구체화되는 것이며, 이는 조세의 세목, 과세대상, 개별 특성 등이 다양하므로 그에 따른 조세특례를 구현하기 위한 입법체계상 방식 선택의 문제일 뿐임.

「지방세법」에서도 세액감면만 있는 것이 아니라, 지방세감면조례에는 분리과세와 같은 세율의 감면도 규정하고 있고, 토지분재산세의 면제·경감의 경우 경감대상토지의 과세표준액에 경감비율을 곱한 금액을 경감하는 등 과세표준에 대한 감면도 있음.

(2) 「지방세법」 제188조 제1항 제1호 다목 (2)에서 "골프장 및 고급오락장용 토지의 세율을 과세표준액의 1,000분의 40"으로 명시하여 회원제 골프장의 일반적인 세율을 규정하면서, 괄호 안에서 "「수도권정비계획법」 제2조 제1호에 따른 수도권 외의 지역의 골프장은 2009.12.31.까지는 과세표준액의 100분의 20"으로 명시하여 괄호 안에서 별도로 규정한 지방회원제 골프장의 세율은 골프장에 대한 적용세율에 대한 특례세율임을 명백히 나타내고 있으며, 조세특례를 정할 수 있는 「지방세법」에서 "특례세율"이라는 입법형태를 취하여 일정기간 특정납세자에 한해 조세특례인 "사실상의 조세감면"에 해당하는 것임.

(3) 따라서 비과세·감면규정이 적용되지 아니하거나 적용된 경우에는 직전연도에도 해당 규정이 적용되지 아니하거나 적용된 것으로 보아 재산세액 상당액을 산출하여야 하므로 직전연도에도 당해 연도와 동일하게 과세로 전환하여 산출한 세액(4%의 세율을 적용)을 직전연도 재산세 상당액으로 보아야 함.

2) 세부담 상한제 지방세법령 관련 입법체계

(1) 「지방세법」 상 세부담 상한제 적용에 있어, 과세대상의 구분, 용도변경 등 그 실체나 경제적 현황 등이 직전연도와 전혀 상이한 경우에는 일관되게 직전연도에 실제 납부한 세액을 인정하지 않고 있음.

토지분 재산세의 세부담 상한을 규정하고 있는 「지방세법 시행령」의 입법 체계를 보면 1) 토지의 분할·합병·지목변경·신규 등록·등록전환 등의 경우, 2) 토지의 과세대상 구분의 변경이 있는 경우, 3) 비과세·감면규정이 적용되지 아니하거나 적용된 경우에서 알 수 있듯이 직전연도에 비해 당해연도에 경제적 실체, 과세체계 등이 변경된 경우에는 직전연도 상당세액은 당해 연도와 동일한 조건 하에서 산출한 재산세액 상당액으로 일관되게 적용하고 있음.

(2) 세부담 상한은 공시지가의 상승, 과세형평 등을 고려할 때 세부담이 부당하게 급증하는 것을 억제하기 위해 도입된 제도로써, 「지방세법」(제195조의 2)에서는 "직전연도의 당해 재산에 대한 재산세액 상당액"의 100분의 150을 초과할 수 없다고 규정하고 "직전연도의 당해 재산에 대한 재산세액 상당액"은 대통령령으로 정한다고 규정하고 있는바, 소유자, 과세대상 물건의 경제적 실체의 변경, 과세대상구분의 변경에 변동이 있는 경우 등을 감안하여 "세부담 상한 적용(150%)을 위한 직전연도 기준세액(상당액) 산정방법"을 시행령에 위임한 것에 불과함에도, 지방 회원제 골프장의 세율이 한시적으로 4%에서 2%로 적용된 것은 감면에 해당하지 않는다고 주장하는 것은 「지방세법」 상 세부담 상한의 의미와 취지를 고려하지 아니하고, 명백한 근거도 없이 "감면"규정에 대한 문구의 기계적이고 편협하게만 해석하는 것이며, 이는 명백히 특혜규정이라고 볼 수 있는 것은 엄격하게 해석하여야 하는 조세공평의 원칙에도

반하는 것임(2004.5.28. 선고, 2003두7392 판결).

(3) 「지방세법」에서 정한 세부담 상한제의 의미와 동법 시행령의 관련조항을 유기적·체계적으로 종합적으로 판단할 때, 조세혜택을 부여한 기간이 종료된 당해 연도에는 사실상 감면혜택이 적용된 직전연도 실제 과세된 세액을 기준으로 세부담 상한을 적용할 수 없고, 세부담 상한이 부당하게 조세혜택을 부여하도록 설계된 제도는 아니라는 것은 「지방세법」 제195조의 2에 의해 충분히 예측가능한 일이라고 볼 수 있음.

3) 세부담 상한제 취지

(1) 직전연도 대비 예기치 않은 세부담의 급격한 상승을 막기 위해 도입된 제도로, 국가정책적 목적에 따라 일정 기간 동안은 감면된 낮은 세율을 적용하였으나, 일몰기간 이후라면 세부담 상승이 기 예정된 상태로써, 세제감면이 종료됨에도 불구하고 재차 세제혜택을 부여하는 것은 불합리

- 세부담 상한제는 동일소유자의 세부담이 공시지가, 공시가격 상승 등의 요인으로 전년에 비해 세부담이 급등되는 것을 막기 위해 도입된 제도이며, 현재 토지분 재산세의 경우 공시지가가 급격히 상승하는 경우 등 극히 예외적인 경우 외에는 세부담 상한이 적용되는 경우가 없음.

(2) 지방 회원제 골프장의 경우 조세정책에 따라 더 이상 감면의 혜택이 불필요하여 이미 특례적용이 종료되었음에도 불구하고 세부담 상한 제도를 왜곡 적용하여 특례적용을 연장하는 것은 조세형평 및 조세정의에도 어긋남.

4) 검토 결과

비과세·감면규정이 적용되지 아니하거나 적용된 경우에는 직전연도에도 해당 규정이 적용되지 아니하거나 적용된 것으로 보아 직전연도 재산세액 상당액을 산출하여야 하므로 직전연도에도 당해 연도와 동일하게 과세로 전환하여 산출한 세액(4%의 세율을 적용)을 직전연도 재산세 상당액으로 보아야 함.

① 「지방세법」 상 "감면"에 대한 관계조문의 입법 취지, 관련법령 등을 종합적으로 고려하여 판단할 때, 지방 회원제 골프장의 한시적 세율인하는 특례세율로써 사실상 감면에 해당함.

- 조세특례란 일정 요건에 해당하는 경우 "특례세율적용", 세액감면, 세액공제 등의 조세감면을 의미(조특법 제2조 제8호)

- 「지방세법」은 회원제 골프장의 일반적인 세율을 규정하면서, 괄호 안에서 지방회원제의 세율은 "100분의 20"으로 명시하여 "특례세율"임을 알 수 있음.

② 세부담 상한제는 그 실체나 경제적 현황 등이 직전연도와 상이한 경우에는 일관되게 직전연도 납부세액을 인정하지 않음.

- 세부담 상한 적용을 위한 직전연도 기준세액 "산정방법"을 시행령에 위임한 것에 불과하므로, 입법체계상 충분히 예측가능

③ 전년에 비해 세부담이 급등되는 것을 막기 위한 세부담 상한제의 입법 취지상 일몰기간 이후라면 세부담 상승이 기 예정된 상태

- 세제감면이 종료됨에도 불구하고 재차 세제혜택을 부여하는 것은 조세형평·조세정의에도 반함.

→ 직전연도의 감면 적용된 세액을 기준으로 세부담 상한을 적용할 수 없고, 금년과 동일조건에서 세부담 상한이 적용되어야 함.

※ 세율을 원래대로 환원한 것은 감면에서 과세로 전환된 것으로 봐야 함.

⑫ 부동산 과세자료분석 전담기구의 설치 등(지법 §123)

재산세(2021년 이후) 및 종합부동산세 과세에 필요한 과세자료와 그 밖의 과세기초자료 등의 수집·처리 및 제공을 위하여 행정안전부에 부동산 과세자료분석 전담기구를 설치한다.[485] 이 전담기구의 조직·운영 및 과세자료의 요청·처리·분석·통보 등에 관하여 필요한 사항은 대통령령으로 정한다.

행정안전부장관은 1세대 1주택자 판단 등 재산세 및 종합부동산세 부과에 필요한 과세자료 수집과 재산세 제도의 개편을 위해 다음의 자료를 관계 중앙행정기관의 장, 법원행정처장 및 지방자치단체의 장(이하 이 항에서 "관련 기관의 장"이라 한다)에게 요청할 수 있으며, 자료의 제출을 요청받은 관련 기관의 장은 특별한 사유가 없으면 이에 따라야 한다.

① 「가족관계의 등록 등에 관한 법률」 제11조 제6항에 따른 가족관계 등록사항에 대한 등록전산정보자료
② 「민간임대주택에 관한 특별법」 제60조에 따른 임대주택정보체계에 포함된 자료, 「부동산 거래신고 등에 관한 법률」 제24조에 따른 정보 및 「주택법」 제88조에 따른 주택 관련 정보
③ 재산세 및 종합부동산세 과세자료
④ 1세대 1주택 세율 특례 적용대상 선정을 위해 필요한 자료로서 법률에 따라 인가·허가·특허·등기·등록·신고 등을 하거나 받는 경우 그에 관한 자료
⑤ 재산세 제도의 개편을 위해 필요한 자료로서 중앙행정기관 및 지방자치단체가 보유한 부동산 관련 자료

⑬ 재산세 현황부과(지법 §106 ③, 구 지령 §119)

재산세 과세대상 물건이 토지대장, 건축물대장 등 공부상 등재되지 아니하였거나 공부상 등재현황과 사실상의 현황이 다른 경우에는 사실상의 현황에 따라 재산세를 부과한다. 다만, 2022년 이후 재산세의 과세대상 물건을 공부상 등재현황과 달리 이용함으로써 재산세 부담이 낮아지는 경우 등 다음의 경우에는 공부상 등재현황에 따라 재산세를 부과한다.

① 관계 법령에 따라 허가 등을 받아야 함에도 불구하고 허가 등을 받지 않고 재산세의 과세대상 물건을 이용하는 경우로서 사실상 현황에 따라 재산세를 부과하면 오히려 재산세 부담이 낮아지는 경우
② 재산세 과세기준일 현재의 사용이 일시적으로 공부상 등재현황과 달리 사용하는 것으로 인정되는 경우

---

[485] 2013년 이전에는 국토교통부에 부동산정보관리 전담기구를 설치한다라고 규정되어 있었다. 이 개정 내용은 2014.4.2. 이후부터 적용함.

⑭ 재산세에 대한 부가세

보유세(재산세 및 종합부동산세)의 부가 세목은 지역자원시설세, 지방교육세 및 농어촌특별세가 있으며, 부가 세목은 본 세목을 부과고지 또는 신고납부할 경우 동시에 부과고지 또는 신고납부하여야 한다.

제 **10** 장

자동차세

제 1 절 자동차 소유에 대한 자동차세

① 개요

자동차는 그 자체로서 가치가 있는 순수한 재산이라기보다는 오히려 사용에 가치가 있으며, 따라서 자동차에 대한 과세는 도로를 운행하고 대기를 오염시키는 수익자부담금적·원인자부담 금적 성격도 아울러 가지고 있다. 이에 대하여 무엇을 기준으로 어떤 형태로 과세할 것인지는 입법자의 광범한 입법형성의 범위 내에 있다고 할 것이며 우리나라나 외국의 입법례를 보면 자동차라 하더라도 승용차·화물차·버스 등 그 종류나 용도에 따라 각각 과세의 기준이 다른 경우가 많다고 할 것이다(감심 2006-53, 2006.3.30.).

자동차세는 실질과세 원칙의 예외로 그 운행 상 수익자하고는 관련없이 오로지 자동차등록원 부상 명의자에게 과세하고 있다. 따라서 사실상 제3자가 사용하고 있고 명의만 빌려주었다 하더라도 자동차세의 납세의무자는 등록원부상 명의자이므로 자동차를 제3자에게 양도할 때에는 반드시 명의이전등록 이행 여부를 확인하여야 하며 자동차 과세는 과세기준일 현재의 자동차등록 망의 전산자료를 바탕으로 과세 파일이 구축되므로 자동차를 신규 등록 및 이전등록, 변경등록을 할 때에는 자동차등록증의 인적사항이나 주소 등이 올바르게 기재되었는지 확인하여야 한다.

② 과세대상

자동차세 부과되는 자동차는「자동차관리법」에 따라 등록되거나 신고된 차량과「건설기계관 리법」에 따라 등록된 건설기계 중 덤프트럭 및 콘크리트믹서트럭을 말한다(지법 §124, 지령 §120).

(1)「자동차관리법」에 따라 등록되거나 신고된 차량

「자동차관리법」상 등록되거나 신고된 차량은 같은 법 제2조의 자동차로 원동기에 의하여 육상에서 이동할 목적으로 제작한 용구 또는 이에 견인되어 육상을 이동할 목적으로 제작한 용구("피견인자동차")가 자동차세 과세대상이 된다. 다만, 다음의 것은 자동차세가 과세 제외된다(「자동차관리법 시행령」§2).

① 「건설기계관리법」에 따른 건설기계
② 「농업기계화 촉진법」에 따른 농업기계
③ 「군수품관리법」에 따른 차량
④ 궤도 또는 공중선에 의하여 운행되는 차량
⑤ 「의료기기법」에 따른 의료기기

한편, 취득세에서 '자동차'라 함은「지방세법」제124조의 자동차세 과세대상인 자동차 정의가 아닌「자동차관리법」제2조의 자동차를 말하는 것으로 해석하여야 할 것이다. 그 이유는「지방세

법」제124조의 자동차는 자동차세에만 적용되는 것으로 규정되어 있어서 취득세에는 적용되지 아니할 것으로 판단된다.

(2) 「건설기계관리법」에 따라 등록된 덤프트럭 및 콘크리트믹서트럭

「건설기계관리법」에 따라 등록된 건설기계 중 덤프트럭 및 콘크리트믹서트럭이 자동차세 과세대상이 된다.

③ 납세의무자(지법 §125)

1) 원칙

자동차 소유에 대한 자동차세("자동차세")는 지방자치단체 관할구역에 등록되어 있거나 신고되어 있는 자동차를 소유하는 자에게 부과한다.

자동차의 소유 여부는 자동차등록원부상의 등록 여부로 결정되는 것이므로 과세기준일(6.1., 12.1.)에 그 등록원부상 소유자로 등재된 자가 납세의무자가 되며, 자동차의 소유자가 이를 도난당하여 그 운행이익을 향유하지 못하고 있다고 하더라도 자동차세의 납세의무가 있다. 다만, 도난당한 후 말소등록을 하거나 시장·군수·구청장이 사실조사를 통하여 폐차업소에 입고하여 사실상 회수하거나 사용할 수 없는 것으로 인정하는 경우에는 도난신고접수일 또는 폐차업소 입고일 이후의 자동차세를 부과하지 않는다(지예 법125-1). 한편, '폐차업소에 입고하여 사실상 회수하거나 사용할 수 없는 것으로 인정하는 경우'에는 입고된 차량이 파손·노후화 등으로 통상적으로 사용할 수 없는 것으로 확인되는 경우 등을 말하는 것으로, 이 경우 폐차입고일에 사실상 멸실된 것으로 보는 것이다.

① 자동차 번호판 영치 중인 경우

자동차의 소유 여부는 자동차등록원부상의 등록 여부로 결정되는 것이므로 과세기준일(6.1., 12.1.)에 그 등록원부상 소유자로 등재된 자가 납세의무자가 되는 것이어서, 자동차가 이전되거나 멸실되어 그 소유자가 그 운행이익을 향유하지 못하고 있다고 하더라도 자동차의 이전 또는 멸실 사실이 자동차등록원부 등에 의하여 입증되지 아니하는 이상, 자동차등록원부상의 자동차 소유자가 그 소유권을 보유하는 것으로 인정되어 자동차세 등의 납세의무를 면제받을 수 없는 것이므로, 과세기준일 현재 영치 중에 있더라도 자동차등록원부상 자동차의 소유자로 등재된 자에게 자동차세 등 부과처분은 적법하다고 할 것이다(조심 2011지551, 2011.10.10.).

② 도난당한 경우

자동차를 도난당한 경우에는 경찰서에서 '자동차도난사실확인원'을 발급받아 말소등록을 하여야만 자동차세가 과세되지 않는다. 말소등록이 되지 아니한 경우에는 도난의 이유로 자동차세 비과세 또는 면제되는 것은 아니다. 그런데 화재·도난 등으로 사실상 소유하지 아니하는 사실이 입증되는 경우 그 기간에는 자동차세를 과세하지 아니하므로 도난신고일 이후의 자동차세는 비과세한다. 자동차를 도난당한 경우 그때부터는 자동차세를 사실상의 회수하거나 사용할 수 없는 것으로 보아 도난신고일(경찰관서에 도난신고한 경우에 한함)부터 자동차세 과세대상에서 제외하도록 하고 있으나 그 전에 부과된 자동차세는 유효한 것이다(세정 13407-963, 2000.8.1.).

만약, 도난차량이 폐차에 입고되어 있는 경우라면 폐차대상 자동차는 폐차인수증명서를 발급받은 날부터 비과세하는 것으로 규정되어 있다(지예 법126…영121-1). 폐차인수증명서가 폐차가 이루어진 경우에만 발급되는 것으로, 이 경우 폐차장 입고된 사항만으로는 비과세가 되지 아니한다. 폐차장 입고된 경우로 현재까지 말소가 되지 아니하였다면 당연히 입고 시부터 말소까지는 자동차가 존재하는 것으로 보아 자동차세가 부과된다.

> **사례** 폐차장 입고 시 말소등록 전까지 자동차세 부과됨(조심 2019지2078, 2019.8.8.)
>
> 비록 청구인이 폐차장에 입고하여 쟁점자동차에 대한 운행의 이익을 향유하지 못하고 있다 하더라도 자동차등록원부상 말소등록 절차를 거치지 아니한 이상 그 소유권을 보유하고 있다고 보아야 할 것인 점 등에 비추어 청구인이 2019.3.2. 말소한 쟁점자동차에 대하여 이 건 자동차세 등을 부과한 처분은 달리 잘못이 없음.

> **사례** 자동차 도난신고 후 자동차등록말소가 되지 아니한 경우(행심 2000-309, 2000.3.29.)
>
> 자동차를 도난당하는 등의 사유로 인하여 사실상 소유하고 있지 않더라도 자동차등록원부상 말소등록절차를 거치지 않아 여전히 그 소유권을 보유하고 있다면 자동차세 납세의무가 있는 것이 원칙이나 화재·도난 등으로 사실상 소유하지 아니하는 사실이 입증되는 경우 그 기간에는 자동차세를 과세하지 아니하므로 도난신고일 이후의 자동차세는 비과세함이 타당함.

> **사례** 자동차가 화재로 인하여 소실되어 비록 그 실체가 없어졌다 하더라도 자동차등록원부에 청구인 소유로 되어 있는 이 건 자동차를 과세물건으로 하여 부과고지함은 적법함(내심 94-540, 1994.7.25.).

> **사례** 사기, 부정한 방법으로 등록된 자동차세 부과 여부(세정 13407-362, 1994.7.19.)
>
> 「자동차관리법」 제13조 제4항 제3호 규정에 의거 '사위 기타 부정한 방법으로 자동차를 등록한 경우'에 교통부장관은 직권으로 말소등록을 할 수 있으므로 해당 자동차가 관련 증빙자료에 의거 객관적으로 "사기, 기타 부정한 방법으로 등록"함이 판명되어 직권말소등록이 되었다면 부과처분된 자동차세도 취소 사유에 해당됨.

③ 명의도용 또는 소유권 분쟁

자동차를 사기로 인한 명의도용으로 청구인 명의로 등록된 것이라 하더라도 자동차등록원부상 말소등록 절차를 거치지 아니한 이상 청구인에게 소유권이 있다고 할 것인 점 등에 비추어 처분청이 자동차세 과세기준일 현재 이 건 자동차의 등록원부상 소유자인 청구인에게 자동차세 등을 부과한 처분은 잘못이 없다(조심 2019지2208, 2020.4.7.).

자동차 소유 여부는 자동차등록원부상 등록 여부로 결정되는 것이므로 과세기준일에 그 자동

차등록원부상 소유자로 등재된 경우라면 자동차세 납세의무가 있는 것이며, 자동차의 소유 여부는 자동차등록원부상의 등록 여부로 결정되는 것이므로 등록 사실에 대해 개인 간의 분쟁이 있는 경우라 하더라도 재판 등의 절차를 거쳐 등록 자체가 잘못된 것으로 확인되지 아니한 이상 자동차의 소유권은 자동차등록원부상의 명의자가 보유하고 있다고 보아야 한다. 그런데 추후 법원 판결 등에 의해 자동차 소유권 등록이 명의도용에 의하여 원인무효라는 판결로 자동차 소유 사실이 인정되지 않는 경우에는 기 부과된 자동차세를 취소할 수 있는 것이다(세정과-1706, 2004.6.23.).

④ 결함으로 운행하지 못하는 경우

운행 중 제동 시 엔진이 꺼지면서 제동 및 조향장치가 작동되지 아니한 치명적인 결함을 가진 차량으로 운행이 불가능한 상태에 있음을 이유로 차량의 구조적 결함에 따른 원인을 규명하고 피해보상을 받기 위한 증거보전차원에서 자동차의 등록을 말소하지 않고 계속하여 자동차를 소유하고 있었다고 하더라도 자동차를 "교통사고 등으로 파손되어 사용할 수 없는 자동차"로 인정하지 않는 한 이 자동차는 지방세법령에서 열거하고 있는 비과세대상 자동차에 해당되지 아니한다고 할 것이다(감심 2004-30, 2004.4.14.).

> **사례** 차량의 구조적 결함을 이유로 자동차정비사업소에 보관 중이라는 사실만으로는 위 비과세의 경우에 해당된다고 보기 어려운 것으로 판단됨(지방세운영과-1432, 2013.7.8.).

⑤ 경매로 경락된 경우

자동차세 과세대상이 되는 자동차를 "「자동차관리법」의 규정에 의하여 등록 또는 신고된 차량"으로, 납세의무자에 대하여는 "시·군 내에서 자동차를 소유하는 자"로 규정하고 있고, 「자동차관리법」 제6조에서는 "자동차소유권의 득실변경은 등록을 하여야 그 효력이 생긴다"라고 규정하고 있으므로 자동차세는 자동차등록원부상의 사실에 의하여 과세되는 것이나, 자동차가 법원 경매에 의하여 경락된 경우는 경락자가 경락대금을 자동차와 상환하는 때부터 해당 자동차에 대한 종전의 소유권 등 일체의 권리는 자동적으로 소멸되는 것이므로 전소유자는 경락대금 완납일 이후 발생하는 자동차세에 대한 납세의무는 없는 것이다(세정 13407-439, 2001.4.20.).

2) 상속개시되었으나 사실상 소유자로 명의이전 안된 경우

과세기준일 현재 상속이 개시된 자동차로서 사실상의 소유자 명의로 이전등록을 하지 아니한 경우에는 ① 「민법」상 상속지분이 가장 높은 자, ② 연장자 순위에 따라 자동차세를 납부할 의무를 진다.

① 상속 차량 과세기준일마다 상속권자를 판단 여부

상속 자동차는 「자동차등록령」 제26조 제3호에 의거 상속개시일부터 3개월 이내에 이전등록을 하여야 한다. 따라서 상속개시 이후 이전등록이 완료되지 않았을 경우에는 해당 자동차에 대한 상속 지분이 높은 자, 연장자 순위로 납세의무를 부여하는 것이 타당하며, 과세기준일마다 상속권자를 판단하는 것은 아니다(지방세운영과-717, 2012.3.7.).

② 재혼일 이후 상속 차량 자동차세 납세의무가 소멸되는지 여부

배우자는「민법」제1000조 및 제1003조에 의거 상속개시일부터 공동상속인의 지위를 취득하였으나, 같은 법 제1004조에서 규정한 상속인의 결격사유에도 해당되지 아니한다. 또한, 같은 법 제1019조에 의한 단순승인이나 한정승인, 상속포기도 하지 않은 상태인 경우 배우자는 상속에 따른 권리와 의무를 함께 부여받았으므로 재혼하였다하여 납세의무가 소멸되는 것은 아니다(지방세운영과-717, 2012.3.7.).

③ 상속포기

시기와 상관없이 법원판결에 의해 상속포기 결정을 받은 경우에는「민법」제1042조에 의거 그 상속개시된 때에 소급하여 처음부터 상속인의 지위를 승계하지 않았던 것으로 되고, 상속 포기의 효과는 강행규정으로서 일단 포기하면 이를 취소할 수 없으므로 취득세와 자동차세 납세의무는 없는 것이다. 납기개시일 현재 상속이 개시된 자동차로서 사실상의 소유자명의로 이전등록을 하지 아니한 경우에는 주된 상속인을 자동차세 납세의무자로 하고 있다. 따라서 납세의무자는 주된 상속인의 순위에 따라서 결정되는 것이므로 지정통지한 자가 상속포기한 경우에는 다음의 법정 상속 순위에 따라 부과하여야 할 것이다. 한편, 상속인 모두 포기한 경우로 상속재산관리인이 있다면 그에게 자동차세를 부과하여야 할 것이다.

④ 한정상속승인

상속재산에 대하여 상속포기신고기한 내에 상속포기신고를 하지 아니하고 있다가 법원에 한정승인신고를 신청하여 수리됨에 따라 상속재산인 부동산을 취득하여 발생한 취득세납세의무는 상속의 한정승인신고가 수리되었다거나 부동산이 매도되지 않았다는 사유로 그 납세의무를 면할 수는 없는 것이다(행심 2002-306, 2002.8.26.). 이는 한정상속승인은 법원으로부터 한정상속신고수리 후에는 피상속인의 사망 당시 상속인은 상속으로 인하여 취득할 재산의 한도에서 피상속인의 채무와 유증을 변제할 것을 조건으로 상속을 승인하는 효력이 있는 것이다. 한정승인상속은 상속포기와 달리 상속재산이 부채보다 클 경우 잔여부분은 상속인에게 귀속될 것을 전제로 한다는 점을 볼 때, 상속등기가 경료된 부동산은 상속인이 취득한 것에 해당하므로 사후적으로 부채에 모두 충당되었다 하더라도 이미 성립한 취득세는 납부하여야 하며(행심 2004-102, 2004.4.26., 지방세정팀-1003, 2006.3.14. 참고), 재산세(부동산 등)와 자동차세(차량)도 납부할 의무가 있는 것이다. 따라서 자동차를 한정승인에 의해 상속받았다면 자동차세 납세의무는 상속인에게 있는 것이므로 상속인 중 주된 상속인에게 자동차세 부과하여야 할 것이다.

3) 매수인 명의로 소유권이전등록하지 아니한 경우

매매된 경우라도 자동차등록원부상에 등록하지 아니한다면 전 소유자에게 자동차세를 부과하여야 하는 것이다. 자동차 취득 후 자동차등록원부에 등록을 하지 않고 취득세 신고만 한 경우에

도 전 소유자에게 과세하는 것은 문제가 있다고 본다. 따라서 재산세처럼 취득세 신고를 한 경우에는 자동차세 관리대장 등에 등재한 경우라면 양수자에게 부과하도록 개선하여야 할 것이다.

한편, 이러한 취지로 과세기준일 현재 공매되어 매수대금이 납부되었으나 매수인 명의로 소유권이전등록을 하지 아니한 자동차에 대하여는 매수인이 자동차세를 납부할 의무를 지며, 법원경매에 의하여 경락된 경우는 경락자가 경락대금을 자동차와 상환하는 때부터 해당 자동차에 대한 종전의 소유권 등 일체의 권리는 자동적으로 소멸되는 것이므로 전소유자는 경락대금 완납일 이후 발생하는 자동차세에 대한 납세의무는 없는 것이다(세정 13407-439, 2001.4.20.).

④ 비과세(지법 §126)

비과세란 과세대상 물건을 과세대상에서 제외시키는 것을 말하며, 반드시 국가 또는 지방자치단체 등 감면대상자가 소유하는 것에 한한다.

1) 국가 또는 지방자치단체가 국방·경호·경비·교통순찰 또는 소방을 위하여 제공하는 자동차

① 국방을 위하여 제공하는 자동차

「자동차관리법」 제70조 제6호에 따라 군용 특수자동차로 등록되어 그 용도에 직접 사용하는 자동차, 즉 각 군의 병기감실에 등록되어 있는 편제상 병기로서의 자동차

② 경호·경비·교통순찰을 위하여 제공하는 자동차

　㉠ 경호용 자동차 : 대통령, 외국원수, 그 밖의 요인의 신변 보호에 사용되는 자동차[486]
　㉡ 경비용 자동차 : 경찰관서의 경비용 자동차(사설 경비회사 차량은 과세됨)
　㉢ 교통순찰용 자동차 : 교통의 안전과 순찰을 목적으로 특수표지를 하였거나 특수구조를 가진 자동차로서 교통순찰에 사용되는 자동차(112 순찰차는 비과세지만 도로순찰용 자동차는 과세됨)

경비라는 용어로만 되어 있지만 경비의 사전적 의미는 도난이나 재난 등의 사태가 발생할 것을 염려하여 미리 살피고 지킴이라는 것이다. 경찰고유 경비업무는 순찰, 병력수송차량 등 치안업무를 말하는 것이므로 이에 직접 이용되는 차량은 경찰관서의 경비용 차량이라 말할 수 있을 것이다. 따라서 시위 진압용(소위 닭장차) 및 경찰수송용은 치안을 위한 업무의 하나로 보여지므로 이 또

---

486) 일반적으로 법령에서 마지막에 '기타'나 '그 밖의' 사항을 규정하는 경우 이는 그 이전에 규정한 사항에 준하는 것으로서 앞서 규정한 사항 외의 사항을 의미한다고 할 것이고, '요인(要人)'이란 중요한 자리 또는 윗자리에 있는 사람을 뜻하는 용어이므로(국립국어원 표준국어대사전), '그 밖의 요인의 신변 보호'란 결국 앞서 열거한 자에 준하는 사람으로서 중요한 위치에 있어 신변 보호를 하는 경우를 뜻한다(법제처 법령해석례 18-0203, 2018.4.30.)고 할 것인데, 「정부조직법」 제11조 제1항에서 대통령은 정부의 수반으로서 법령에 따라 모든 중앙 행정기관의 장을 지휘·감독한다고 규정하고 있어, 대통령의 지휘·감독을 받는 장·차관급 인사를 대통령에 준하는 자로 판단하기는 어려워 보임(부동산세제과-2310, 2020.9.4.).

한 경찰고유 경비업무에 포함될 것으로 판단되는바, 비과세대상이 되는 것으로 판단된다.

대규모 집회 시위 등 현장의 안전관리를 위한 경비업무에 이용되는 물자 또는 경찰인력 수송을 주된 용도로 사용하는 자동차에 해당하는 경우라면 자동차세가 비과세된다고 할 것이나, 교통사고 조사 자동차는 교통사고 발생 시 사고 현장에 국한되는 것으로 자동차세 비과세대상인 교통순찰용 자동차에 해당하지 아니한다(지방세운영-681, 2017.10.17.).

③ 소방을 위하여 제공하는 자동차

국가 또는 지방자치단체가 화재의 진압 또는 예방, 구조를 위한 특수구조를 가지고 그 용도의 표지를 한 자동차로서 그 용도에 직접 사용하는 자동차

화재의 진압 또는 예방, 구조에 공하는 특수구조를 가지고 그 용도의 표식을 한 자동차로서 그 용도에 직접 사용하는 자동차(개인이나 법인·단체 보유 소방자동차는 과세됨)

'특수구조'란 일반 자동차와는 달리 용도에 필요한 특수한 장비 등을 갖춘 경우라 말하는 것으로 보여지며, 용도의 표지는 청소차, 소방차 등의 경우처럼 자동차 외관을 보면 그 용도로 사용되고 있음이 구분되는 경우를 말하는 것으로 판단된다. 승용·승합·승용겸 화물자동차로서 "도로 순찰 업무에 사용되는 자동차"는 이 규정에 의한 비과세대상 차량이 아니다(세정 1268-2073, 1984.2.20.).

2) 국가 또는 지방자치단체가 환자수송·청소·오물제거 또는 도로공사를 위하여 제공하는 자동차

① 환자 수송을 위하여 제공하는 자동차

환자를 수송하기 위한 특수구조와 그 표지를 가진 자동차로서 환자 수송 외의 용도에 사용하지 아니하는 자동차(개인이나 법인·단체 보유 환자수송용자동차는 과세됨)

② 청소, 오물 제거를 위하여 제공하는 자동차

국가 또는 지방자치단체가 청소, 오물 제거를 위한 특수구조를 가지고 그 용도의 표지를 한 자동차로서 그 용도에 직접 사용하는 자동차

청소, 오물제거의 용에 공하는 특수구조를 가지고 그 용도의 표식을 한 자동차로서 그 용도에 직접 사용하는 자동차(개인이나 법인·단체 보유 청소차량은 과세됨)

③ 도로공사를 위하여 제공하는 자동차

도로의 보수 또는 신설과 이에 딸린 공사에 사용하기 위한 것으로서 화물운반용이 아닌 작업용 특수구조를 가진 자동차

3) 그 밖에 주한외교기관이 사용하는 자동차 등 대통령령으로 정하는 자동차

① 우편·전파관리용 자동차(2019년 이전만 적용)

정부가 우편·전파관리에만 사용할 목적으로 특수한 구조로 제작한 것으로서 그 용도의 표지를 한 자동차

> **사례** 우체국에서 직영하는 택배 차량(지방세운영과-1765, 2009.5.4.)
>
> 「우편법」상 우편역무는 지식경제부장관이 제공하는 기본우편역무(통상우편물, 소포우편물) 및 부가우편역무를 말하며, 발송인의 요청에 따라 우편물을 방문 접수하는 "우체국 택배"도 부가우편역무에 해당하는 "우편"이므로, 우체국에서 직영하는 택배 차량은 우편역무를 수행하는 차량에 해당하여 자동차세를 비과세하여야 하나, 다만, 우체국 택배업무를 민간에 위탁하여 택배업무를 수행하는 민간 우체국 택배차량은 비과세대상에서 제외하는 것이 타당함.

② 주한 외국기관용 자동차

주한외교기관과 국제연합기관 및 주한외국원조기관(민간원조기관 포함)이 사용하는 자동차

③ 「관세법」에 따라 세관장에게 수출신고를 하고 수출된 자동차

④ 천재지변·화재·교통사고 등으로 소멸·멸실 또는 파손되어 해당 자동차를 회수하거나 사용할 수 없는 것으로 시장·군수·구청장이 인정하는 자동차

㉠ 소멸·멸실된 자동차는 그 소멸·멸실일 이후 분의 자동차세를 과세하지 아니한다.

㉡ 교통사고를 당하여 해당 차량이 심하게 파손되어 사용할 수 없을 경우에는 해당 자동차의 교통사고사실확인원(경찰서 발급) 및 사고차량의 사진 등을 첨부하여 관할 구청에 비과세 신청을 하여야 한다.

소멸·멸실된 자동차로 인정 여부에 대하여는 차령이 10년 이상 경과하고 최근 자동차세를 계속해서 4회 이상 체납된 자동차로서 자동차 검사를 최근 계속하여 2회 이상 미이행하고 책임보험 미가입기간이 최근 계속하여 2년 초과 차량 중 교통법규 위반사실이 있는지 등을 확인(고질체납차량 자동차세 처리방안, 행정자치부 지방세정팀-39, 2006.1.3.)하여 자동차세 비과세 여부를 판단하도록 하고 있다.

> **사례** 「자동차관리법」에 의한 자동차폐차업소에 입고된 차량이 파손·노후화 등으로 통상적으로 사용할 수 없는 것으로 확인되면 '폐차입고일'에 사실상 멸실된 것으로 보고 그 날 이후에 부과된 자동차세 부과처분을 취소하여야 할 것임(행자부 세정-1030, 2007.4.5.).

⑤ 「자동차관리법」에 따른 자동차해체재활용업자에게 폐차되었음이 증명되는 자동차

폐차업소에서 발행한 '폐차인수증명서' 상의 발급일 이후 분은 비과세된다.

▌폐차인수증명서 제시 시의 업무처리 ▐

㉠ 차량이 말소등록된 경우
폐차 말소등록은 폐차인수증명서를 발급받은 날로부터 30일 이내에 말소등록을 신청하여야 하나 정기분 과세 후 말소등록이 되었을 경우에는 폐차인수증명서 발급일로부터 말소일까지 기간에 대하여 감액처리

ⓛ 차량 말소등록이 안된 경우

    폐차인수증명서 발급일 이후 분의 자동차세 부과분은 감액처리하고 자동차 행정전산망상 비과세 코드를 입력하여 향후 비과세 처리하고 있음.

⑥ 공매 등 강제집행절차가 진행 중인 자동차로서 집행기관 인도일 이후부터 경락대금 납부일 전까지의 자동차

⑦ 2018년 이전까지 「자동차관리법」에 따라 자동차매매업의 등록을 한 자 또는 「건설기계관리법」에 따라 건설기계매매업의 등록을 한 자가 사업자 명의로 등록한 매매용 자동차 또는 매매용 건설기계(다만, 사업자 명의로 등록된 기간으로 한정)

    여기서 "사업자"라는 의미가 「부가가치세법」 상의 사업자 등록한 자를 말하는 것이 아니라 자동차매매업자를 말하는 것으로 자동차매매업자로 명의로 자동차등록부에 등록된 기간 동안 비과세하는 것이다.

⑧ 「자동차등록령」 제31조 제2항에 해당하는 자동차로서 같은 조 제5항 제7호에 해당하는 자동차

    압류등록을 한 후에도 환가(換價) 절차 등 후속 강제집행 절차가 진행되고 있지 아니하는 차량 중 차령 등 환가가치가 남아 있지 아니하다고 인정되는 경우로 다음 어느 하나에 해당하는 경우
    ㉠ 차령 11년 이상인 승용자동차
    ㉡ 차령 10년 이상인 승합자동차, 화물자동차 및 특수자동차(경형 및 소형)
    ㉢ 차령 10년 이상인 승합자동차(중형 및 대형)
    ㉣ 차령 12년 이상인 화물자동차 및 특수자동차(중형 및 대형)
    상기 ③~⑤의 비과세 해당 자동차의 세액계산은 다음의 날 이후 분을 일할 계산하여 산출한 세액을 당해 기분의 자동차세에서 감액하여 과세한다(지예 법126…영121-1).
    ㉠ 수출된 자동차는 선적일
    ㉡ 소멸·멸실 자동차는 그 소멸·멸실일
    ㉢ 폐차대상 자동차는 폐차인수증명서를 발급받은 날

┤ **사실상 소멸된 것으로 인정되는 자동차 범위**(행자부 세정 13430-505, 2001.11.1.) ├

(1) 정리대상

    도난당했으나 신고하지 못한 자동차, 양도한 후 장기간 경과 등으로 사실상 미소유·소멸한 것으로 인정되는 다음 자동차
    ① 조사일 현재 차령 10년 이상 된 자동차로서 최근 계속해서 4회 이상 자동차세가 체납된 차량
    ② 자동차세가 최근 계속해서 4회 이상 체납된 자동차로서

- 자동차검사를 최근 계속하여 2회 이상 미이행한 차량
- 책임보험 미가입기간이 최근 계속하여 2년 초과 차량
  ※ 위 기준은 정리기간 중 반드시 사실조사하여 정리하여야 할 대상이며, 위 기준에 미달하더라도 과세권자가 수시조사하여 사실상 미소유·소멸한 것으로 인정되면 정리조치

(2) 정리방법
- 납세의무자의 신고 또는 체납자자료에 의하여 자동차 미소유 사실을 조사(서식 별첨 1) 하여 미소유 사실이 인정되면 사실상 소멸되어 사용이나 회수가 불가한 것으로 간주하고 신고일 이후 과세 제외(그 후에 회수나 사용하는 것이 확인되면 당초 처분을 취소하고 추징)
  ※「자동차관리법」에 의한 미소유 확인서를 발급받은 경우 조사생략 가능
- 미소유 사실은 정리대상 납세의무자 거주지 통·반장 중 1인의 확인이 있으면 인정하고, 조사공무원이 통·반장에게 직접 확인하여 그 사실을 조사서에 기재하여도 됨.
- 정기검사 및 책임보험가입 여부는 자동차 등록부서 또는 보험회사 등에 조회하여 확인
- 자동차등록말소를 원하는 경우 자동차 압류를 해제하고 기존의 체납액에 대해서는 체납자의 재산을 조회, 다른 재산을 대체 압류하거나 무재산이 확인된 경우 체납액 결손처분

⑤ 과세표준과 세율(지법 §127)

자동차의 종류를 결정할 때 해당 자동차가 자동차 종류에 둘 이상 해당하는 경우에는 주된 종류에 따르고, 주된 종류를 구분하기 곤란한 것은 시장·군수·구청장이 결정하는 바에 따른다(지령 §124).

(1) 표준세율

1) 승용자동차

① 과세대상

「자동차관리법」 제3조에 따른 승용자동차

한편, 「자동차관리법」에 따라 자동차의 구분기준이 화물자동차에서 2006.1.1.부터 승용자동차에 해당하게 된 자동차(2005.12.31. 이전부터 승용자동차로 분류된 것 제외)에 대한 취득세 및 자동차 소유에 대한 자동차세는 개정규정에도 불구하고 화물자동차의 세율을 적용하여 계산한 금액을 그 세액으로 하며, 지방교육세는 개정규정에도 불구하고 지방교육세를 부과하지 아니한다(2010.3.31. 법률 제10221호 부칙 §4).

② 세율

다음 표의 구분에 따라 배기량에 시시당 세액을 곱하여 산정한 세액을 자동차 1대당 연세액으로 한다.

영업용		비영업용	
배기량	시시당 세액	배기량	시시당 세액
1,000시시 이하	18원	1,000시시 이하	80원
1,600시시 이하	18원	1,600시시 이하	140원
2,000시시 이하	19원	1,600시시 초과	200원
2,500시시 이하	19원		
2,500시시 초과	24원		

☞ '영업용'이란 「여객자동차 운수사업법」 또는 「화물자동차 운수사업법」에 따라 면허(등록 포함)를 받거나 「건설기계관리법」에 따라 건설기계대여업의 등록을 하고 일반의 수요에 제공하는 것을 말하고, "비영업용"이란 개인 또는 법인이 영업용 외의 용도에 제공하거나 국가 또는 지방공단체가 공용으로 제공하는 것을 말한다(지령 §122 ①).

2) 비영업용 승용자동차 중 차령이 3년 이상인 자동차

① 대상

「자동차관리법」 제3조에 따른 승용자동차 중 차령이 3년 이상인 자동차

② 세율

다음의 계산식에 따라 산출한 해당 자동차에 대한 제1기분(1월부터 6월까지) 및 제2기분(7월부터 12월까지) 자동차세액을 합산한 금액을 해당 연도의 그 자동차의 연세액으로 한다. 이 경우 차령이 12년을 초과하는 자동차에 대하여는 그 차령을 12년으로 본다.

○ **자동차 1대의 각 기분세액**
$$A/2 - (A/2 \times 5/100)(n-2)$$
A : 제1호에 따른 연세액
n : 차령 ($2 \leq n \leq 12$)

○ **차령**
「자동차관리법 시행령」 제3조에 따른 자동차의 차령기산일("기산일")에 따라 다음 각 호의 계산식으로 산정한 자동차의 사용연수를 말함.
① 기산일이 1월 1일부터 6월 30일까지의 기간 중에 있는 자동차의 차령
　과세연도 – 기산일이 속하는 연도 + 1
② 기산일이 7월 1일부터 12월 31일까지의 기간 중에 있는 자동차의 차령
　㉠ 제1기분 차령 = 과세연도 – 기산일이 속하는 연도
　㉡ 제2기분 차령 = 과세연도 – 기산일이 속하는 연도 + 1

3) 그 밖의 승용자동차

① 과세대상

「자동차관리법」 제3조에 따른 승용자동차 중 전기·태양열 및 알코올을 이용하는 자동차

② 세율

다음의 세액을 자동차 1대당 연세액으로 한다.

영업용	비영업용
20,000원	100,000원

> **사례** 전기·태양열 및 알콜 이용 자동차(지방세운영과-1424, 2010.4.7.)
>
> 「지방세법」 제196조의 5 제1항 제2호에서 같은 법 시행령 제146조의 4 제1항 제3호에서 제1호의 승용자동차 중 전기·태양열 및 알콜을 이용하는 자동차는 기타 자동차로 분류한다고 규정하고 있으므로 해당 저속전기자동차는 비영업용 기타자동차로 분류하여 자동차세를 과세함이 타당할 것으로 사료됨.

4) 승합자동차

① 범위

7~10인승 중 승합자동차로 보는 경우 다음의 자동차는 그 승차인원에 관계없이 이를 승합자동차로 본다.

 ㉠ 그 내부의 특수한 설비로 인하여 승차인원이 10인 이하로 된 자동차
 ㉡ 경형자동차로서 승차인원이 10인 이하인 전방조정자동차
 ㉢ 캠핑용 자동차 또는 캠핑용 트레일러

② 과세대상

 ㉠ 고속버스

  「여객자동차 운수사업법 시행령」 제3조에 따른 시외버스운송사업용 고속운행버스

 ㉡ 대형전세버스

  「여객자동차 운수사업법 시행령」 제3조에 따른 전세버스운송사업용 버스로서 「자동차관리법」 제3조에 따른 대형승합자동차

 ㉢ 소형전세버스

  「여객자동차 운수사업법 시행령」 제3조에 따른 전세버스운송사업용 버스로서 나목의 대형전세버스 외의 버스

 ㉣ 대형일반버스

  「여객자동차 운수사업법 시행령」 제3조에 따른 시내버스운송사업용 버스, 농어촌버스운송사업용 버스, 마을버스운송사업용 버스 및 시외버스운송사업용 버스(가목의 고속버스 제외)와 비영업용 버스로서 「자동차관리법」 제3조에 따른 대형승합자동차

ⓜ 소형일반버스

「여객자동차 운수사업법 시행령」 제3조에 따른 시내버스운송사업용 버스, 농어촌버스운송사업용 버스, 마을버스운송사업용 버스 및 시외버스운송사업용 버스(가목의 고속버스 제외)와 비영업용 버스로서 대형일반버스 및 소형승합자동차 외의 버스

ⓗ 소형승합자동차

「자동차관리법」 제3조에 따른 경형·소형승합자동차

③ 세율

다음의 세액을 자동차 1대당 연세액으로 한다.

구분	영업용	비영업용
고속버스	100,000원	–
대형전세버스	70,000원	–
소형전세버스	50,000원	–
대형일반버스	42,000원	115,000원
소형일반버스	25,000원	65,000원

5) 화물자동차

① 과세대상

「자동차관리법」 제3조에 따른 화물자동차(최대 적재량이 8톤을 초과하는 피견인차 제외)와 「건설기계관리법」에 따라 등록된 덤프트럭 및 콘크리트믹서트럭. 이 경우 콘크리트믹서트럭은 최대 적재량이 1만 킬로그램을 초과하는 화물자동차로 본다.

② 세율

다음의 세액을 자동차 1대당 연세액으로 한다. 다만, 적재정량 1만 킬로그램 초과 자동차에 대하여는 적재정량 1만 킬로그램 이하의 세액에 1만 킬로그램을 초과할 때마다 영업용은 1만 원, 비영업용은 3만 원을 가산한 금액을 1대당 연세액으로 한다.

구분	영업용	비영업용
1,000킬로그램 이하	6,600원	28,500원
2,000킬로그램 이하	9,600원	34,500원
3,000킬로그램 이하	13,500원	48,000원
4,000킬로그램 이하	18,000원	63,000원
5,000킬로그램 이하	22,500원	79,500원
8,000킬로그램 이하	36,000원	130,500원
1만 킬로그램 이하	45,000원	157,500원

6) 특수자동차

① 과세대상

㉠ 대형특수자동차

㉮ 최대 적재량이 8톤을 초과하는 피견인차

㉯ 「자동차관리법」 제3조에 따른 특수자동차 중 총중량이 10톤 이상이거나 최대적재량이 4톤을 초과하는 자동차

㉰ 「여객자동차 운수사업법 시행령」 제3조에 따른 특수 여객자동차 운송사업용 자동차 중 배기량이 4,000시시를 초과하는 자동차

㉱ 최대 적재량이 4톤을 초과하거나 배기량이 4,000시시를 초과하는 자동차로서 제1호부터 제4호까지 및 제6호에 해당하지 아니하는 자동차

㉡ 소형특수자동차

㉮ 「자동차관리법」 제3조에 따른 특수자동차와 「여객자동차 운수사업법 시행령」 제3조에 따른 특수 여객자동차 운송사업용 자동차 중 가목에 해당하지 아니하는 자동차

㉯ 최대 적재량이 4톤 이하이고, 배기량이 4,000시시 이하인 자동차로서 제1호부터 제4호까지 및 제6호에 해당하지 아니하는 자동차

> **사례** 특수자동차 대·소형 판단 시 배기량 적용치 않음(지방세운영과-3410, 2012.10.25.)
>
> 특수자동차에 대한 대·소형 구분기준으로 "최대적재량 4톤 초과" 또는 "이에 상당하는 배기량"을 규정하고 있는바, "이에 상당하는 배기량"을 특정할 수 있는 법적 근거가 없고, 최대 적재량과 배기량 사이에 비례관계가 있는 것도 아니므로 특수자동차에 대한 대·소형 여부 판단시 "이에 상당하는 배기량"은 적용하지 않는 것이 타당하다고 판단됨.

> **사례** 유조차가 특수화물자동차에 해당되는지 여부(시세 13407-91, 1993.4.23.)
>
> 특수자동차는 "「자동차운수사업법 시행령」 제12조 규정에 의한 특수 여객자동차 운송사업용 자동차 및 특수 화물자동차 사업용 자동차"를 말하는바, 유조차(탱크로리)가 「자동차운수사업법 시행령」 제2조 제2호 규정의 특수화물자동차운송사업용(탱크로리 운송사업용)으로 사용된다면 특수자동차에 해당되나, 그렇지 아니하다면 화물용 자동차에 해당됨.

② 세율

다음의 세액을 자동차 1대당 연세액으로 한다.

구분	영업용	비영업용
대형특수자동차	36,000원	157,500원
소형특수자동차	13,500원	58,500원

7) 3륜 이하 소형자동차

① 과세대상

㉠ 3륜 자동차

3륜의 자동차로서 사람 또는 화물을 운송하는 구조로 되어 있는 소형자동차

㉡ 2륜 자동차

총배기량이 125시시를 초과하거나 최고정격출력 12킬로와트를 초과(2020년 이후)하는 이륜자동차로서 등록되거나 신고된 자동차

② 세율

다음의 세액을 자동차 1대당 연세액으로 한다.

구분	영업용	비영업용
500시시 이하	3,300원	18,000원
1000시시 이하	3,300원	18,000원
1600시시 이하	3,300원	18,000원
1600시시 초과	3,300원	18,000원

> **사례** 앰뷸런스의 차종 구분
>
> 환자수송용에만 공하기 위하여 특수 장치, 적재정량 4톤 미만 또는 이에 상당한 배기량을 가진 앰뷸런스는 소형 특수자동차에 해당되며 소유자가 국가나 지방자치단체일 경우에만 비과세됨.

> **사례** 견인차와 피견인차(예 : 트레일러)는 「자동차관리법」의 규정에 의하여 각각 별개의 차량으로 등록되므로 각 차량의 용도에 따라 각각 자동차세를 납부하여야 함(세정 22670 - 5338, 1988.5.18.).

(2) 탄력세율

지방자치단체장은 표준세율에도 불구하고 조례로 정하는 바에 따라 자동차세의 세율을 배기량 등을 고려하여 표준세율의 100분의 50까지 초과하여 정할 수 있다.

⑥ 납세지(지령 §125)

자동차 소재지가 납세지가 된다.

자동차 소재지는 해당 자동차 또는 건설기계의 등록원부상 사용본거지로 한다. 다만, 등록원부상의 사용본거지가 분명하지 아니한 경우에는 그 소유자의 주소지를 자동차 소재지로 본다.

❼ 납기와 징수방법(지법 §128)

(1) 납기(지법 §128)

1) 정기분

① 1기분

6.16.~6.30.(납기가 있는 달의 1일 현재). 단, 연세액을 4분의 1의 금액(비영업용 승용자동차 각 기분세액의 2분의 1의 금액)으로 분할하여 납부하려고 신청하는 경우 3.16.~3.31.

여기서 과세기간 중 영업용 중 「여객자동차 운수사업법」 제2조 제4호에 따른 자동차대여사업에 사용되는 자동차가 동일인 또는 동일 법인에게 대여한 기간이 1개월(연세액을 한꺼번에 납부하는 경우에는 2개월)을 초과하는 경우에는 비영업용으로 보며, 「여객자동차 운수사업법」에 따른 자동차대여사업자는 제1기분 납기가 있는 달의 5일까지 해당 기분의 자동차대여 정보를 자동차를 관할하는 시장·군수에게 신고하여야 한다.

② 2기분

12.16.~12.31.(납기가 있는 달의 1일 현재). 단, 연세액을 4분의 1의 금액(비영업용 승용자동차 각 기분세액의 2분의 1의 금액)으로 분할하여 납부하려고 신청하는 경우 9.16.~9.30.

「여객자동차 운수사업법」에 따른 자동차대여사업자는 제2기분 납기가 있는 달의 5일까지 해당 기분의 자동차대여 정보를 자동차를 관할하는 시장·군수·구청장에게 신고하여야 한다.

③ 연세액의 신고납부(지법 §128 ③, 지령 §125)

　㉠ 납세자가 원할 경우

　　일시에 연세액(한꺼번에 납부하는 납부기한 이후의 기간에 해당하는 세액)의 10% 범위에서 하기 계산식에 따라 산출한 금액을 공제한 금액(2019년 이전은 10% 공제한 세액)을 연세액으로 신고납부할 수 있고, 4분기로 분납도 가능

　㉡ 연세액의 일시 납부기간

　　－ 1월 중에 신고납부하는 경우 : 1.16.~1.31.

　　－ 제1기분 납기 중에 신고납부하는 경우 : 6.16.~6.30.

　　－ 분할납부기간에 신고납부하는 경우 : 3.16.~3.31., 9.16.~9.30.

ⓒ 신고납부 시 세액공제

㉮ 2021년 이후(부칙 §1)

납부기간	납부대상 기간	납부할 세액	공제액
1.16.~1.31.	1월~12월	연세액	연세액 × 연세액 납부기한의 다음 날부터 12.31.까지의 기간에 해당하는 일수/365(윤년은 366) × 금융회사 등의 예금이자율 등을 고려하여 대통령령으로 정하는 이자율(주)
3.16.~3.31.	4월~12월	연세액	
6.16.~6.30.	7월~12월	연세액의 1/2	
9.16.~9.30.	10월~12월	연세액의 1/2	제2기분 세액 × 연세액 납부기한의 다음 날부터 12.31.까지의 기간에 해당하는 일수/184 × 금융회사 등의 예금이자율 등을 고려하여 대통령령으로 정하는 이자율(주)

☞ (주) 2021년 및 2022년 10%, 2023년 7%, 2024년 이후 5%

㉯ 2020년 이전

납부기간	납부대상 기간	납부할 세액	공제액
1.16.~1.31.	1월~12월	연세액	연세액의 10%
3.16.~3.31.	4월~12월	연세액	연세액 3/4의 10%
6.16.~6.30.	7월~12월	연세액의 1/2	연세액 1/2의 10%
9.16.~9.30.	10월~12월	연세액의 1/2	연세액 1/4의 10%

ⓓ 한번 신고납부한 자에 대한 다음 연도의 연세액 납부서 송달

연세액을 한꺼번에 신고납부한 자에 대해서는 그 다음 연도의 1월 중에 연세액 납부서를 송달할 수 있다(2023년 이전은 1월 중에 연세액을 한꺼번에 신고납부한 자에 대해서는 그 다음 연도의 연세액 일시 납부 신고가 없는 경우에도 시장·군수·구청장은 납부서를 송달할 수 있음).

④ 납세고지서 발급

지방자치단체장은 납기마다 늦어도 납기개시 5일 전에 그 기분의 납세고지서를 발급하여야 한다.

⑤ 연세액 10만 원 이하인 경우

연세액이 10만 원 이하인 자동차세는 제1기분을 부과할 때 전액을 부과·징수할 수 있다. 이

경우 제2기분 세액의 10%의 범위에서 다음의 계산식에 따라 산출한 금액을 공제한 금액(2020년 이전은 제2기분 세액의 10%를 공제한 금액)을 연세액으로 한다.

□ 계산식

연세액 × 연세액 납부기한의 다음 날부터 12.31.까지의 기간에 해당하는 일수/365(윤년은 366) × 금융회사 등의 예금이자율 등을 고려하여 대통령령으로 정하는 이자율

☛ 2021년 및 2022년 10%, 2023년 7%, 2024년 5%, 2025년 이후 3%

2) 수시분

① 신규등록 또는 말소등록(2016.12.31.[487] 이전에도 말소등록한 경우 포함)
신규등록한 날(2024년 이전은 그 취득한 날) 또는 말소등록한 날이 속하는 기분의 자동차세 일할계산하여 각각 징수하여야 한다.
② 비과세·감면대상이 과세대상으로 되거나 과세대상이 비과세 감면대상으로 된 경우
③ 영업용 자동차가 비영업용이 되거나, 비영업용 자동차가 영업용이 되는 경우
④ 자동차를 승계취득함으로써 일할계산하여 부과·징수하는 경우(지법 §129)

(2) 연세액 일할계산(지법 §130)

일할계산한 세액이 2,000원 미만인 때에는 소액부징수대상이 된다(지법 §130 ④).

① 자동차를 이전등록이나 말소등록하는 경우

양도인 또는 말소등록인은 해당 기분의 세액을 이전등록일 또는 말소등록일을 기준으로 일할계산하여 그 등록일에 신고납부할 수 있다(2016.12.31.[488] 이전에도 신고납부 가능).

양도인 또는 양수인이 신청서에 소유권 변동사실을 증명할 수 있는 서류를 첨부하여 일할계산 신청을 하는 경우에는 그 서류에 의하여 증명된 양도일을 기준으로 일할계산하며, 양도인 또는 피상속인이 연세액을 한꺼번에 납부한 경우에는 이를 양수인(양도인이 동의한 경우만 해당) 또는 상속인이 납부한 것으로 본다.

□ 납부세액

해당 기분의 자동차 연세액 × 해당 기분의 과세대상기간(사용일수)/해당 기분의 총일수

☛ 신규 등록시 신규 등록일부터 사용일수를 계산함(지예 법130-1).

---

487) 2015.12.9. 부칙 참조
488) 2015.12.9. 부칙 참조

② 자동차의 용도 또는 종류를 변경하였을 경우

과세대상 자동차가 비과세 또는 감면대상으로 되거나, 비과세 또는 감면대상 자동차가 과세대상이 되는 경우 및 영업용 자동차가 비영업용이 되거나, 비영업용 자동차가 영업용이 되는 경우에는 해당 기분의 자동차세를 일할계산한 금액을 징수하여야 한다(지법 §130 ②).

> □ **납부세액**
> 용도·종류변경 전의 해당 기분의 자동차 연세액 × 해당 기분의 과세대상기간(용도·종류변경 전 사용일수)/해당 기분의 총일수 + 용도·종류변경 후의 해당 기분의 자동차 연세액 × 해당 기분의 과세대상기간(용도·종류변경 후 사용일수)/해당 기분의 총일수

③ 과세기간 중에 매매·증여 등으로 인하여 자동차를 승계취득한 자가 자동차 소유권이전등록을 하는 경우(지법 §129)

과세기간 중에 매매·증여 등으로 인하여 자동차를 승계취득한 자가 자동차 소유권이전등록을 하는 경우에는 같은 항에도 불구하고 그 소유기간에 따라 자동차세를 일할계산하여 양도인과 양수인에게 각각 부과·징수한다.

⑧ 자동차등록증 회수, 번호판 영치(지법 §131)

(1) 도지사 등에 협조요청

시장·군수·구청장은 자동차세의 납부의무를 이행하지 아니한 자가 있을 때에는 특별시장·광역시장·도지사에게 그 자동차등록증을 발급하지 아니하거나 해당 자동차의 등록번호판의 영치를 요청하여야 한다(2017년 이전은 발급한 자동차등록증의 회수도 가능). 다만, 특별자치시·특별자치도의 경우와 자동차등록업무가 시장·군수·구청장에게 위임되어 있는 경우에는 특별자치시장·특별자치도지사·시장·군수 또는 구청장이 그 자동차등록증을 발급하지 아니하거나 해당 자동차의 등록번호판을 영치할 수 있다(2017년 이전은 발급한 자동차등록증을 회수도 가능).

시장·군수·구청장의 요청이 있을 때에는 특별시장·광역시장·도지사는 협조하여야 하며, 시장·군수·구청장(특별자치시장 및 특별자치도지사 제외)의 요청을 받았을 때에는 특별시장·광역시장·도지사는 자동차등록증을 발급하지 아니하거나 자동차등록번호판을 영치하며(2017년 이전은 이미 발급한 자동차등록증을 지체 없이 회수 가능), 그 결과를 시장·군수·구청장(특별자치시장 및 특별자치도지사 제외)에게 통보하여야 한다.

한편, 2019.7.1. 현재 자동차등록번호판이 영치 중인 경우(부칙 §9)부터 특별자치시장·특별자치도지사·시장·군수 또는 구청장은 자동차등록번호판이 영치된 납세의무자가 해당 자동차를 직접적인 생계유지 목적으로 사용하고 있어 자동차등록번호판을 영치하게 되면 납세의무자의 생

계유지가 곤란할 것으로 인정되는 경우 자동차등록번호판을 내주고 영치를 일시 해제하거나 특별시장·광역시장 또는 도지사에게 이를 요청할 수 있다.

납세의무자는 자동차등록번호판의 영치 일시 해제를 신청하려는 경우 신청서에 일시 해제의 사유가 있음을 증명하는 자료를 첨부하여 시장·군수·구청장에게 제출해야 한다. 자동차등록번호판 영치 일시 해제 기간의 연장을 신청하려는 경우에도 또한 같다.

특별자치시장·특별자치도지사·시장·군수 또는 구청장은 자동차등록번호판의 영치를 일시 해제하는 경우 그 기간을 6개월 이내로 해야 한다. 이 경우 그 기간이 만료될 때까지 일시 해제의 사유가 해소되지 않은 경우에는 1회에 한정하여 3개월의 범위에서 그 기간을 연장할 수 있다. 자동차등록번호판의 영치를 일시 해제하거나 일시 해제 기간을 연장하는 경우 필요한 때에는 체납된 자동차세를 분할납부할 것을 조건으로 붙일 수 있다. 이 경우 분할납부의 기간은 자동차등록번호판의 영치 일시 해제 기간 또는 일시 해제 기간을 연장한 기간으로 하고, 분할납부의 횟수는 납세의무자의 자동차 사용목적과 생계유지의 관련성 등을 고려하여 해당 특별자치시장·특별자치도지사·시장·군수 또는 구청장이 정한다.

다음 어느 하나에 해당하는 경우에는 자동차등록번호판의 영치 일시 해제를 취소하고, 자동차등록번호판을 다시 영치할 수 있다.

① 납세의무자가 다른 지방세를 체납하고 있는 경우
② 강제집행, 경매의 개시, 파산선고 등 납세의무자로부터 체납된 자동차세를 징수할 수 없다고 인정되는 경우
③ 납세의무자가 상기 분할납부 조건을 이행하지 않은 경우
④ 그 밖에 납세의무자에게 체납된 자동차세의 납부를 기대하기 어려운 사정이 발생한 경우

자동차등록번호판의 영치 일시 해제 또는 일시 해제 기간의 연장을 하거나 상기에 따라 자동차등록번호판을 다시 영치한 때에는 납세의무자에게 그 사실을 통지해야 한다.

(2) 사실통보와 영치증 교부

시장·군수·구청장은 납세의무자가 독촉기간 내에 체납된 자동차세를 납부하지 아니하는 경우에는 그 자동차등록증을 발급하지 아니하거나 이미 발급한 자동차등록증을 회수하고(자동차등록증 회수는 2018년 이전만 적용), 자동차등록번호판을 영치하여야 한다. 자동차등록증을 발급하지 아니하거나 발급한 자동차등록증을 회수하고(자동차등록증 회수는 2018년 이전만 적용), 자동차등록번호판을 영치하였을 때에는 납세의무자에게 그 사실을 통지하면서 자동차 소유주의 주소, 성명, 자동차의 종류, 등록번호 및 영치일시 등을 적은 영치증을 교부하여야 하며, 그 영치 사실을 문서로 자동차등록부서에 지체 없이 통보하여야 한다.

영치증을 교부하는 경우 해당 자동차 소유자의 소재가 불분명하거나 그 밖에 교부가 곤란하다고 인정되는 경우에는 해당 자동차에 영치증을 부착하는 것으로 통보를 갈음할 수 있다.

(3) 체납세액 납부 후 재교부 등

납세의무자가 체납된 자동차세를 납부한 경우에는 시장·군수·구청장은 회수한 자동차등록증(자동차등록증 회수는 2018년 이전만 적용), 및 영치한 자동차등록번호판을 즉시 내주거나 특별시장·광역시장 또는 도지사에게 회수한 자동차등록증(자동차등록증 회수는 2018년 이전만 적용) 및 영치한 자동차등록번호판을 즉시 내주도록 요청(특별자치시장 및 특별자치도지사 제외)하여야 한다.

(4) 영치 장소와 시간 불문

자동차세는 지방자치단체의 재정에 충당하기 위하여 시장·군수·구청장이 부과하는 시·군세로서 자동차번호판의 영치는 시장·군수·구청장이 체납된 자동차세를 징수하기 위하여 행하는 것으로서 업무처리상 필요한 경우 과세권자는 지방공무원복무조례(규정)에 의하여 근무시간 외의 근무를 명할 수 있으므로 정규 근무시간 외에도 영치업무를 수행할 수 있다(세정 13407-1011, 2000.8.16.). 그리고 영치장소에 대하여도 별도의 규정이 없는바, 장소에 불문하고 예고 없이 체납차량번호판을 영치할 수 있는 것으로, 백화점, 공동주택 주차장 및 단독주택 중 어느 곳에서도 가능할 것으로 판단된다.

(5) 영치와 압류 비교

자동차의 등록번호판 영치는 자동차세 체납 시 자동차세 납부를 강제하기 위하여 인정되는 체납처분절차의 일환이나, 압류와는 구분이 되는 것이다. 자동차 번호판 없이 자동차를 운행할 수 없는바, 번호판 영치는 자동차 운행을 제한하게 하여 자동차세를 빨리 납부하도록 하는 제도인 것이다. 번호판 영치는 번호판을 영치한 지방자치단체가 보관하는 것이므로 압류 시 자동차의 점유의 의미와는 다른 것이다.[489]

> 사례 자동차의 등록번호판 영치는 체납처분 절차의 일환임(세정과-1894, 2004.7.5.)
> 자동차의 등록번호판 영치는 자동차세 체납 시 자동차세 납부를 강제하기 위하여 인정되는 체납처분절차의 일환으로, 당해 자동차가 영치로 사용할 수 없다고 하여도 자동차관리법령에 따라 유효하게 등록된 자동차이면 자동차세가 비과세되지 않음.

9 납세증명서 등의 제시(지법 §132)

다음에 해당하는 자는 등록관청에 해당 자동차에 대한 자동차세 영수증 등 자동차세를 납부한 증명서를 제출하거나 내보여야 한다. 다만, 「전자정부법」 제36조 제1항에 따른 행정정보의 공동

---

489) 동산 또는 유가증권의 압류는 세무공무원이 점유함으로써 한다(국징법 §38).

이용을 통하여 해당 자동차의 자동차세의 납부사실을 확인할 수 있는 경우에는 그러하지 아니하다. 따라서 세목별 납세증명서에 의거 자동차세 체납이 없음을 확인하여야 변경 및 이전등록(말소등록)이 가능한 것이다.

① 「자동차관리법」 제12조에 따른 이전등록을 받으려는 자
② 「자동차관리법」 제13조 제1항에 따라 말소등록을 받으려는 자(2017.1.1.[490] 이후 적용)
③ 「건설기계관리법」 제5조에 따른 변경신고(건설기계의 소유권이전으로 인한 변경신고만 해당)를 받으려는 자
④ 「건설기계관리법」 제6조 제1항에 따라 말소등록(시·도지사의 직권으로 등록을 말소하는 경우 제외)을 받으려는 자(2017.1.1.[491] 이후 적용)

따라서 세목별 납세증명서에 의거 자동차세 체납이 없음을 확인하여야 변경 및 이전등록이 가능한 것이다.

이전등록을 받고자 하는 자는 자동차세 영수증 등 자동차세를 납부한 증명서를 제출하거나 내보이도록 규정하고 있는바, 이는 체납된 자동차세의 납부 등 지방세 납세의무의 이행을 강제하기 위한 것이다. 따라서 채권자가 대위하여 소유권을 이전할 경우에도 별다른 규정이 없으므로 이 규정이 적용되는 것으로 판단된다. 따라서 채무자의 자동차가 완납이 되어야 이전등록이 가능할 것이다. 이 규정은 자동차세 납부증명서만 제출하면 되는 것이고, 1994.1.1. 이후 신설된 것으로 양도인의 자동차세가 체납으로 자동차가 압류되면 그 효력이 양수인에게도 미치는 점 등이 반영되었다는 것인데, 이 규정은 자동차세 체납을 양수인이 부담할 수도 있고, 행정편의적인 규정이고 자동차(건설기계)의 자동차세만 이런 규정이 있는데, 부동산 소유권이전 시에도 재산세 납부증명서 제출의무는 없다는 점에서 형평성에도 위배되는 규정(위헌 요소도 있다고 보여짐)이라 판단된다.

⑩ 체납처분(지법 §133)

자동차에 관한 지방자치단체의 징수금을 납부하지 아니하거나 납부한 금액이 부족할 때에는 해당 자동차에 대하여 독촉절차 없이 즉시 체납처분을 할 수 있다. 여기서 '즉시 체납처분'이라 함은 「지방세징수법」 제33조(구 지기법 §91) 제1항에 규정된 독촉절차를 거치지 않고 납부기간 종료 즉시 압류 등 징세조치를 하는 것을 말한다(지예 법133-1).

> **사례** 공부상의 명의이전행위에 불과한 자동차이전등록은 관허사업에 해당하지 아니하여 체납(자동차세 체납의 경우는 제한가능)을 이유로 이전등록을 제한할 수는 없는 것임(세정 13407-225, 2001.8.16.).

---

490) 2015.12.9. 종전 부칙을 개정하여 2017.1.1. 이후 시행하는 것으로 하였음.
491) 2015.12.9. 종전 부칙을 개정하여 2017.1.1. 이후 시행하는 것으로 하였음.

⑪ 면세규정 배제(지법 §134)

「지방세특례제한법」을 제외한 다른 법률 중에 규정된 조세의 면제에 관한 규정은 자동차세에 관한 지방자치단체의 징수금에 대하여는 적용하지 아니한다.

⑫ 과세자료 통보 등

(1) 과세자료 통보(지령 §129)

지방자치단체장은 다음에 열거한 사항이 발생하였을 때에는 납세지 관할 시장·군수·구청장에게 통보하여야 한다.
① 자동차의 취득 또는 소유권의 이전
② 사용본거지의 변경
③ 자동차의 용도변경
④ 자동차의 사용 폐지
⑤ 자동차의 원동기, 차체, 승차정원 또는 최대적재량의 변경

(2) 과세대장 비치(지령 §130)

시장·군수·구청장은 자동차세 과세대장을 갖추어 두고, 필요한 사항을 등재하여야 한다. 이 경우 해당 사항을 전산처리하는 경우에는 과세대장을 갖춘 것으로 본다.

제2절 자동차 주행에 대한 자동차세

① 납세의무자(지법 §135)

자동차 주행에 대한 자동차세("자동차세")는 지방자치단체 자주재원의 확충과 취약한 지방세 세수구조를 개선하기 위하여 휘발유·경유 등의 소비에 대한 교통세액 중 일부를 세원으로 하여 신설된 지방세이다. 자동차세는 비영업용 승용자동차에 대한 자동차 소유에 대한 자동차세의 납세지를 관할하는 지방자치단체에서 휘발유, 경유 및 이와 유사한 대체유류("과세물품")에 대한 교통·에너지·환경세의 납세의무가 있는 자(「교통·에너지·환경세법」 제3조 및 제11조에 따른 납세의무자)에게 부과한다.[492]

휘발유·경유 및 이와 유사한 대체유류에 대한 교통·에너지·환경세의 납세의무가 있는 자

---

492) 2013년 이전에는 「교통·에너지·환경세법」 제3조에 따른 납세의무자로만 규정되어 있었다.

인 정유업자, 유류수입업자 등으로 다음과 같다.

① 과세물품을 제조하여 반출하는 자

② 과세물품을 「관세법」에 의한 보세구역("보세구역")으로부터 반출하는 자(「관세법」에 의하여 관세를 납부할 의무가 있는 자)

③ ② 외에 관세를 징수하는 물품에 대하여는 그 관세를 납부할 의무가 있는 자

④ 「석유 및 석유대체연료 사업법」 제2조 제10호에 따른 가짜석유제품을 판매하거나 판매하기 위하여 보관하는 자(2014.1.1. 이후 「교통·에너지·환경세법」에 따른 납세의무가 성립하는 경우부터 적용함)

「교통·에너지·환경세법」 제3조에 의한 교통·에너지·환경세 납세의무자에 해당된다면 자동차의 운행용이 아닌 경유에 대해서도 납세의무가 있다(세정과-245, 2005.1.14.).

사례 주행세는 휘발유, 경유 및 이와 유사한 대체유류에 대한 교통세 납세의무가 있는 자에게 부과되는 것임(지방세운영과-5619, 2011.12.8.)

주행세는 교통·에너지·환경세(이하 "교통세")의 부가세로서 휘발유, 경유 및 이와 유사한 대체유류에 대한 교통세 납세의무가 있는 자(정유회사 및 유류수입업자 등)에게 부과되고 있으므로, 유류의 사용용도와 납세의무 발생과는 별개라 할 것임(선박용 연료유인 경유에 대한 납세의무가 있는지에 대한 질의).

사례 교통세의 납세의무가 있는 자에게 주행세를 부과함(행심 2005-89, 2005.4.6.)

청구인이 주장하는 청구외 (주)○○에너지로부터 위탁을 받아 세녹스를 가공한 것에 불과하다는 사실 여부나 세녹스는 「석유사업법령」상 유사석유제품에 해당하지 않으며 연료가 아닌 첨가제 제품으로서 연료로 사용할 목적으로 제조되거나 또는 실제 연료로 사용되고 있는지의 사실 여부에 관계없이 ○○세무서장이 부과고지한 교통세가 경정 또는 취소결정이 되지 않은 이상 교통세를 근거로 하여 부과한 주행세는 정당한 것이므로, 처분청의 주행세 부과처분은 잘못이 없는 것임.

② 납세지(지법 §135)

자동차 소재지가 납세지가 된다.

자동차 소재지는 해당 자동차 또는 건설기계의 등록원부상 사용본거지로 한다. 다만, 등록원부상의 사용본거지가 분명하지 아니한 경우에는 그 소유자의 주소지를 자동차 소재지로 본다.

③ 세율(지법 §136)

(1) 표준세율

과세물품에 대한 교통·에너지·환경세액의 36%

(2) 탄력세율

교통·에너지·환경세 세율의 변동 등으로 조정이 필요하면 그 세율의 100분의 30의 범위에서 대통령령으로 정하는 바에 따라 가감하여 조정할 수 있는데, 현행 교통·에너지·환경세액의 26%로 조정되어 있다(지령 §131).

(3) 현행 세율

36%가 아닌 탄력세율인 26%를 적용하면 된다. 이는 2009.5.21. 이후부터 적용하고 있다.

> **사례** 주행세율 개정에 따른 세율적용 관련(세정과-3577, 2004.10.18.)
>
> 2004.6.30.에 휘발유 등 과세물품에 대한 수입신고를 하고 2004.7.3.에 수입신고가 수리된 경우, 주행세의 납세의무성립일은 개정된 「지방세법 시행령」 제146조의 14의 시행일(2004.7.1.) 이전(2004.6.30.)이고, 해당 개정령 부칙(일반적 적용례)에서도 이 영 시행(2004.7.1.) 후 수입신고하는 분부터 적용하도록 규정하고 있으며 개정 전의 규정을 적용함이 타당함.

④ 신고납부(지법 §137)

(1) 신고납부 방법

자동차세의 납세의무자는 「교통·에너지·환경세법」 제8조에 따른 과세물품에 대한 교통·에너지·환경세 납부기한까지 교통·에너지·환경세의 납세지를 관할하는 지방자치단체장에게 자동차세의 과세표준과 세액을 신고서에 과세물품 과세표준 신고서 사본 또는 수입신고필증 사본을 첨부하여 특별징수의무자에게 신고하고, 납부서로 납부하여야 한다. 이 경우 교통·에너지·환경세의 납세지를 관할하는 지방자치단체장을 각 지방자치단체가 부과할 자동차세의 특별징수의무자("특별징수의무자")로 한다.

(2) 신고납부기한

자동차세의 부과·징수와 관련하여 이 절에 규정되어 있지 아니한 사항에 관하여는 「교통·에너지·환경세법」을 준용한다(지법 §139). 이 경우 「교통·에너지·환경세법」에 따른 세무서장 또는 세관장 등은 상기 특별징수의무자로 본다라고 규정되어 있는바, 주행분 자동차세도 신고납부기한도 이 규정에 의하여 「교통·에너지·환경세법」을 준용하여야 할 것이다.

① 제조업자

다음 달 말일

② 수입업자

수입신고 수리일부터 15일

「교통·에너지·환경세법」제5조 제2항에서 제3조 제3호의 규정에 의한 납세의무자에 대하여는 「관세법」의 규정을 준용한다라고 규정되어 있는바, 「관세법」제9조 제3항에 의거하여 세관장이 월말납입을 결정한 경우라면 이 날에 교통·에너지·환경세를 신고납부하면 될 것이고, 주행분 자동차세도 이와 함께 월말까지 납부하면 될 것으로 판단된다.

(3) 부족세액 징수, 가산세 및 소액부징수

납세의무자가 신고 또는 납부의무를 다하지 아니하면 해당 특별징수의무자가 제136조에 따라 산출한 세액 또는 그 부족세액에 무신고가산세, 과소신고가산세 및 납부지연가산세(2023년 이전은 납부불성실가산세)를 합한 금액을 세액으로 하여 보통징수의 방법으로 징수한다. 단, 2024년 이후 자동차세로 징수할 세액이 고지서 1장당 2천 원 미만인 경우에는 그 자동차세를 징수하지 아니한다.

> **사례** 주행세 신고불성실가산세(조심 2011지923, 2012.6.29.)
>
> 처분청은 ○○○이 통보한 교통세액을 과세표준으로 하여 주행세를 과세하였음이 확인되고 있는 바, 이 건 과세처분은 주행세의 과세표준이 되는 교통세가 권한 있는 기관에 의해 취소 또는 경정되기 전까지는 유효하고, ○○○이 처분청에 통보한 교통세는 취소 또는 경정되지 아니하였음이 확인되므로 이 건 주행세의 납세의무자를 청구법인으로 한 이 건 주행세 부과처분이 위법하지 아니함.

(4) 특별징수의무자의 납부

특별징수의무자는 징수한 자동차세(그 이자 포함)를 다음 달 25일까지 납세지 관할 지방자치단체별 자동차세의 징수세액 등을 고려하여 대통령령으로 정하는 안분기준 및 방법에 따라 각 지방자치단체에 납부하여야 한다. 이 경우 특별징수의무자는 징수·납부에 따른 사무처리비 등을 행정안전부령으로 정하는 바에 따라 해당 지방자치단체에 납부하여야 할 세액에서 공제할 수 있다.

주된 특별징수의무자가 사무처리비를 공제하고 자동차세를 각 특별시·광역시·특별자치시·특별자치도·시 또는 군("시·군") 금고에 납부할 때에는 시·군별 안분명세서와 함께 시·군별 사무처리비의 공제명세를 통보해야 한다(지칙 §72 ②).

1) 징수액의 안분기준

자동차세 징수액의 안분은 다음에 따른 금액을 기준으로 한다.

① 시·군별 비영업용 승용자동차의 자동차세 징수세액

이 경우 1월부터 6월까지는 전전연도 결산세액으로 하고, 7월부터 12월까지는 직전연도 결산세액으로 한다.

② 유류에 대한 세금의 인상에 따라 운송업에 지급되는 유류세 보조금

이 경우 그 총액은 국토교통부장관이 행정안전부장관과 협의하여 정하는 지급연도의 액수로 한다.

2) 시 · 군별 안분기준

특별시 · 광역시 · 특별자치시 · 특별자치도 · 시 및 군("시 · 군")별 안분액은 다음의 금액을 합계한 금액(①+②)으로 한다.

① 다음 산식

$$\frac{9,830억 원}{12} \times \frac{해당 시 · 군의 전전연도 또는 직전연도의 \quad 법 제10장 제1절에 따른 자동차세 징수세액}{전국의 전전연도 또는 직전연도의 \quad 법 제10장 제1절에 따른 자동차세 징수세액}$$

② 해당 월의 자동차세 징수총액에서 (9,830억 원/12)을 뺀 금액을 국토교통부장관이 행정안전부장관과 협의하여 정한 해당 월분의 시 · 군별 유류세 보조금

3) 특별징수의무자의 징수액 송금과 안분납부

자동차세를 징수한 특별징수의무자는 자동차세를 징수한 날이 속하는 달의 다음 달 10일까지 징수세액(2024.3.25. 이전은 사무처리비 등을 공제한 징수세액을 말함)을 울산광역시장("주된 특별징수의무자")에게 송금함과 동시에 그 송금내역과 과세물품 과세표준 신고서 사본 또는 수입 신고필증 사본을 보내야 하며, 주된 특별징수의무자인 울산광역시장은 특별징수의무자로부터 송금받은 자동차세액과 자체 징수한 전월분 자동차세액을 합한 세액에서 사무처리비 등을 공제한 금액을 안분기준에 따라 시 · 군별로 안분하고, 그 안분한 자동차세를 다음 달 25일까지 납부통보서에 따라 각 시 · 군 금고에 납부하고 그 안분명세서 및 사무처리비 등 공제명세서를 각 시 · 군에 통보하여야 한다.

4) 사무처리비 등

사무처리비는 행정안전부장관이 자동차세의 징수 또는 납부와 관련하여 드는 비용 등을 고려하여 자동차세 징수세액의 1만분의 2(2015년 이전 공제분까지는 1만분의 1) 범위에서 정하는 금액으로 한다.

주된 특별징수의무자인 울산광역시장은 사무처리비를 공제하고 자동차세를 각 시 · 군 금고에 납부할 때에는 시 · 군별 안분명세서와 함께 시 · 군별 사무처리비의 공제명세를 통보하여야 한다. 이 경우 시 · 군별 안분명세와 사무처리비의 공제명세는 [별지 제79호 서식](시 · 군별 자동

차 주행에 대한 자동차세액 납부와 시·군별 안분명세 및 사무처리비 공제명세)에 따른다.

> 사례) 소송비용을 시·군에 납입할 주행세 세액에서 공제할 수는 없다 할 것이므로 소송비용은 소송을 수행하는 처분청에서 부담하는 것이 타당함(지방세정팀-3031, 2006.7.14.).

(5) 특별징수불성실가산세 미부과

특별징수의무자가 징수하였거나 징수할 세액을 제3항에 따른 기한까지 납부하지 아니하거나 부족하게 납부하더라도 특별징수의무자에게 특별징수불성실가산세는 부과하지 아니한다.

(6) 수입신고 수리 전 반출자의 담보제공

과세물품을 「관세법」에 따라 수입신고 수리 전에 반출하려는 자는 특별징수의무자에게 해당 자동차세액에 상당하는 담보를 제공하여야 한다.

⑤ 납세담보 등(지법 §137-2)

특별징수의무자는 자동차세의 납세보전을 위하여 「교통·에너지·환경세법」 제3조에 따른 납세의무자에게 담보의 제공을 요구할 수 있다. 담보제공을 요구받은 납세의무자가 담보를 제공하지 아니하거나 부족하게 제공한 경우 제조장 또는 보세구역으로부터 과세물품의 반출을 금지하거나 세관장에게 반출금지를 요구할 수 있다. 이에 따라 과세물품의 반출금지 요구를 받은 세관장은 그 요구에 따라야 한다.

이는 최근 유류수입업자들이 세법을 악용하여 주행에 대한 자동차세 납부를 고의적으로 회피하거나 폐업 또는 재산 도피 등의 방법으로 탈세하는 경우가 발생하고 있어서 자동차세의 탈세방지를 위하여 담배소비세에서 운영되고 있는 납세담보 제도를 자동차세에 도입하려는 것인데, 2015.1.16. 이후 유류를 제조장 또는 보세구역으로부터 반출하거나 국내로 반입하는 경우부터 적용한다.

납세의무자에게 제공받을 수 있는 납세담보액을 다음에 정하는 금액 이상으로 한다.

① 제조자

제조장에서 반출한 유류에 대한 산출세액과 제조장에서 반출하는 유류에 대한 산출세액의 합계액에서 이미 납부한 세액의 합계액을 뺀 세액에 해당하는 금액

② 수입판매업자

수입신고를 받은 유류에 대한 산출세액과 수입신고를 받는 유류에 대한 산출세액의 합계액에서 이미 납부한 세액의 합계액을 뺀 세액에 해당하는 금액

상기의 제조자 또는 수입판매업자가 유류를 제조장 또는 보세구역으로부터 반출할 때에는 행

정안전부령으로 정하는 바에 따라 교통·에너지·환경세의 납세지를 관할하는 지방자치단체장에게 납세담보를 제공하여야 한다. 그리고 수입판매업자는 발급받은 납세담보확인서를 통관지 세관장에게 제출하여야 하며, 세관장은 납세담보확인서에 적힌 담보물량의 범위에서 통관을 허용하여야 한다. 다만, 「전자정부법」 제36조 제1항에 따른 행정정보의 공동이용을 통하여 제출서류에 대한 정보를 확인할 수 있는 경우에는 그 확인으로 서류제출을 갈음할 수 있다.

자동차세의 납세지를 관할하는 지방자치단체장은 상기 규정에도 불구하고 유류를 제조장 또는 보세구역에서 반출한 날 이전 3년간 해당사업을 영위하고 있고 자동차세를 체납하거나 고의로 회피한 사실이 없는 제조자 또는 수입판매업자에 대하여 조례로 정하는 바에 따라 납세담보금액을 감면할 수 있으며, 감면받은 수입판매업자는 과세물품을 보세구역으로부터 반출할 때 행정안전부령이 정하는 바에 따라 납세담보면제확인서를 제출하여야 한다.

한편, 담보제공자가 기한 내에 자동차세를 납부하지 아니하거나 부족하게 납부하였을 때에는 그 담보물을 체납처분비, 자동차세액 및 가산금(2023년 이전만 적용) 순으로 충당할 수 있다. 이 경우 부족액이 있으면 징수하며, 잔액이 있으면 환급한다(지령 §134-4).

⑥ 이의신청 특례(지법 §138)

(1) 처분청

자동차세의 부과·징수에 대하여 이의신청 등을 하려는 경우에는 특별징수의무자를 그 처분청으로 본다.

(2) 환급금 처리

자동차세의 지방세환급금이 발생한 경우에는 특별징수의무자가 환급하고 해당 지방자치단체에 납부하여야 할 세액에서 이를 공제한다.

⑦ 「교통·에너지·환경세법」 준용(지법 §139)

자동차세의 부과·징수와 관련하여 이 절에 규정되어 있지 아니한 사항에 관하여는 「교통·에너지·환경세법」을 준용한다. 이 경우 「교통·에너지·환경세법」에 따른 세무서장 또는 세관장 등은 특별징수의무자로 본다라고 규정되어 있다.

⑧ 세액 통보(지법 §140)

세무서장 또는 세관장이 「교통·에너지·환경세법」 제7조 및 제8조에 따라 교통·에너지·환경세액을 신고 또는 납부받거나 같은 법 제9조에 따라 교통·에너지·환경세액을 결정 또는 경

정하였을 때에는 그 세액을 [별지 제81호 서식][교통·에너지·환경세 환급(경정)결정 세액자료 통보서]으로 교통·에너지·환경세의 납세지를 관할하는 특별시장·광역시장·특별자치시장·특별자치도지사·시장 및 군수에게 통보하여야 한다. 이 경우 세무서장 또는 세관장이 관련 자료를 전산처리한 때에는 전자문서로 통보할 수 있다.

제**11**장

지역자원시설세

① **목적(지법 §141)**

지역자원시설세는 지역의 부존자원 보호·보전, 환경보호·개선, 안전·생활편의시설 설치 등 주민생활환경 개선사업 및 지역개발사업에 필요한 재원을 확보하고 소방사무에 소요되는 제반비용에 충당하기 위하여 부과한다.[493]

② **과세대상(지법 §142)**

2020년 이후 지역자원시설세는 주민생활환경 개선사업 및 지역개발사업에 필요한 재원을 확보하기 위하여 부과하는 특정자원분 지역자원시설세 및 특정시설분 지역자원시설세와 소방사무에 소요되는 제반비용에 충당하기 위하여 부과하는 소방분 지역자원시설세로 구분한다.

(1) 특정자원분 지역자원시설세(2020년 이전은 특정자원)

발전용수(양수발전용수 제외), 지하수(용천수 포함), 지하자원, 컨테이너를 취급하는 부두를 이용하는 컨테이너 및 원자력발전·화력발전("특정자원")

1) 발전용수(양수발전용수 제외)

직접 수력발전에 이용되는 흐르는 물. 다만, 발전시설용량이 시간당 1만 킬로와트 미만인 소규모 발전사업을 하는 사업자가 직접 수력발전에 이용하는 흐르는 물로서 해당 발전소의 시간당 발전가능 총발전량 중 3천 킬로와트 이하의 전기를 생산하는 데에 드는 흐르는 물 제외

여기서 발전용수는 직접 수력발전에 이용되는 유수를 말하며, 유수를 이용하여 직접 수력발전(양수발전용수 제외)이 과세대상이 되므로 법제처는 수력발전에 직접 이용되는 '유수'란 흐르는 물을 의미하는 것으로 바다의 밀물과 썰물현상을 '유수'로 보기는 어렵다고 보아 조력발전은 지역자원시설세 과세대상이 아니라고 판단하고 있다(법령해석심의 10-130, 2010.5.31.).

한편, 소수력발전은 해수를 끌어 올려 화력발전소의 냉각수로 사용한 후 이를 저류지에 담수하였다고 하여 그 저류지에 담긴 물을 흐르는 물로 볼 수는 없다고 보이는 점, 청구법인이 이 건 발전을 양수발전이 아닌 소수력발전으로 하여 허가를 받았다고 하더라도 양수발전에 해당하는지 여부는 허가 여부에 관계 없이 어떻게 발전을 하는가에 따라 판단하여야 하는데 이 건 발전은 해수를 양수하여 저류지에 담수한 후 이를 해수면으로 낙하시켜 발전을 하는 것이므로 이는 양수발전의 한 갈래로 보는 것이 타당하고, 하부에 저류지가 없다거나 사용한 해수를 순환시켜 발전

---

[493] 2020년 이전은 목적이 다음과 같이 규정되어 있었는바, 조례로 정하여야 지역자원시설세를 부과가 가능했으나 2021년 이후에는 조례와 무관하게 무조건 부과가 되는 것이다.
지하·해저·관광·수자원 등 지역자원의 보호와 개발, 지역의 소방사무·특수한 재난예방 등 안전관리사업과 환경보호·개선사업, 소방시설, 오물처리시설, 수리시설 및 그 밖의 지역균형개발사업·공공시설에 필요한 비용을 충당하기 위하여 부과할 수 있다.

을 하지 않는다고 하여 양수발전이 아니라고 할 수는 없는 점, 「지방세법」 제142조 제2항 제1호 가목 괄호에서 양수발전용수를 지역자원시설세 과세대상인 발전용수에서 제외한다고 규정하고 있을 뿐 그 발전용수가 하천수인지 해수인지는 별도로 명시하고 있지는 아니한 점 등에 비추어 소수력발전용수의 매월 사용량을 과세표준으로 하여 이 건 지역자원시설세를 부과한 처분은 잘 못이 있다고 판단된다(조심 2023지1649, 2023.10.18.).

2) 지하수(용천수 포함)

① 먹는 물

먹는 물로 판매하기 위하여 퍼 올린 지하수(2019년 이후 해당 지하수 중 판매하지 아니하고 다른 용도로 사용한 지하수도 포함)

② 목욕용수

목욕용수로 이용하기 위하여 퍼 올린 온천수

③ 그 밖의 용수

① 및 ② 외의 퍼 올린 지하수. 다만, 다음의 지하수는 제외

㉠ 「농어촌정비법」 제2조 제3호에 따른 농어촌용수 중 행정안전부령이 정하는 생활용수·공업 용수 외의 지하수

☞ '행정안전부령이 정하는 생활용수·공업용수'란 영업용으로 사용되는 생활용수(「농어촌정비법」 제2조 제4호 라목에 따른 농어촌 관광휴양자원 개발사업 및 「도시와 농어촌 간의 교류촉진에 관한 법률」 제2조 제5호에 따른 농어촌체험·휴양마을사업에 사용되는 생활용수 제외)와 〔별표 2〕 제2호 "음료 제조업"(2015.7.23. 이전 제1호 중 "155 음료제조업")에 사용되는 공업용수를 말하며(지칙 §74), 생활용수는 2014.1.1. 이후 납세의무성립분부터 적용됨.

㉡ 「지하수법」 제7조 제1항 단서 및 제8조 제1항 제1호부터 제5호까지의 규정(같은 항 제5호 의 경우 안쪽지름이 32밀리미터 이하인 토출관을 사용하면서 1일 양수능력이 30톤 미만인 가정용 우물로 한정)에 따른 지하수

음용수로 판매하기 위하여 채수된 물과 목욕용수로 이용하기 위하여 채수된 온천수 외의 퍼 올린 지하수로 구분되어 있다는 점에서 지하수 개발과정에서 양수시험을 목적으로 채수 한 경우라 하더라도 납세의무가 있는 것으로 판단된다.

㉮ 2013.1.1. 이후 납세의무성립분

「지방세법 시행령」 제136조 제2호 다목 2)에 따르면 "「지하수법」 제7조 제1항 단서 및 제8조 제1항 제1호부터 제5호까지의 규정(같은 항 제5호의 경우 안쪽지름이 32밀리미터 이하인 토출관을 사용하면서 1일 양수능력이 30톤 미만인 가정용 우물로 한정)에 따른 지하수는 과세대상에서 제외되는 것으로 규정되어 있다. 여기서 「지하수법」 제8조 제1

항 제5호의 지하수는 신고대상인 1일 양수능력이 100톤 이하인 경우(안쪽지름이 40밀리 미터 이하인 토출관을 사용하는 경우에 한함)를 말한다(「지하수법 시행령」 §13 ④).

㉯ 2012.12.31. 이전 납세의무성립분

「지방세법 시행령」 제136조 제2호 다목 2)에 따르면 "「지하수법」 제7조 제1항 단서 및 제8조 제1항 제1호부터 제5호까지의 규정(같은 항 제5호의 경우 안쪽지름이 32밀리미터 이하인 토출관을 사용하면서 1일 양수능력이 30톤 미만인 가정용 우물을 포함)에 따른 지하수는 과세대상에서 제외되는 것으로 규정되어 있었다.

「지하수법」 제8조 제1항 제5호의 지하수는 신고대상인 1일 양수능력이 100톤 이하인 경우(안쪽지름이 40밀리미터 이하인 토출관을 사용하는 경우에 한함)를 말하는데(「지하수법 시행령」 §13 ④), 상기에서 안쪽지름이 32밀리미터 이하인 토출관을 사용하면서 1일 양수능력이 30톤 미만인 가정용 우물을 포함하는 것으로 되어 있는데, 굳이 30톤 이라는 문구가 왜 나와 있는지 문제가 된다는 것이다. 즉 100톤 이하로 규정되어 있는데 굳이 30톤 미만인 가정용 우물을 포함한다는 규정이 있을 이유가 없다는 것이다. 다른 측면에서 판단해 보면 30톤 미만에 대해서만 과세하지 아니하겠다는 의미로 해석할 수도 있지만, 이렇게 해석하기 위해서는 「지하수법」 제7조 제1항 단서라 규정하지 말고 제13조 제1항 제1호에서 규정하는 규모 미만으로 규정했어야 할 것이다(제8조 제1항 제5호로 개정되었으므로 신고대상인 경우 30톤 미만으로도 볼 수 없을 것임).

1일 양수 능력이 100톤 이하인 지하수를 개발·이용하는 경우에는 구 지역개발세 부과 대상에서 제외되는 것이다(행자부 세정 13430-645, 2000.5.19.)라고 유권해석을 내렸는바, 100톤 미만에 대해서는 과세하지 않아야 한다는 것이다(단, 신고대상 등 하기 요건에 해당하는 지하수에 한함). 여하튼 「지방세법 시행령」 제136조 제2호 다목은 문제가 있다고 보여진다.

㉰ 과세대상이 되는 지하수

모든 지하수는 지역자원시설세 과세대상이 되는데 부과대상에서 제외되는 경우를 요약 하면 다음과 같다.

ⓐ 자연히 흘러나오는 지하수 또는 다른 법률의 규정에 의한 허가·인가 등을 받거나 신고를 하고 시행하는 사업 등으로 인하여 부수적으로 발생하는 지하수를 이용하는 경우

ⓑ 동력장치를 사용하지 아니하고 가정용 우물 또는 공동우물을 개발·이용하는 경우

ⓒ 지하수보전구역 안에서는 30톤 이상에서 100톤 미만인 경우로 허가를 득한 경우

ⓓ 「국방·군사시설 사업에 관한 법률」 제2조의 규정에 의한 국방·군사시설사업에 의하여 설치된 시설에서 지하수를 개발·이용하는 경우

ⓔ 「농어업·농어촌 및 식품산업 기본법」 제3조 제1호에 따른 농어업을 영위할 목적으로 대통령령으로 정하는 규모 이하로 지하수를 개발·이용하는 경우

ⓕ 재해 기타 천재·지변으로 인하여 긴급히 지하수를 개발·이용할 필요가 있다고 시장·군수·구청장이 인정하는 경우

ⓖ 전시 기타 비상사태의 발생에 대비하여 국가 또는 지방자치단체가 비상급수용으로 지하수를 개발·이용하는 경우

ⓗ 1일 양수능력이 100톤 이하인 경우(안쪽지름이 40밀리미터 이하인 토출관을 사용하는 경우에 한함)(다만, 시·도지사는 지하수의 보전이나 지역여건에 따라 특히 필요하다고 인정되는 경우에는 해당 시·도의 조례가 정하는 바에 의하여 2분의 1의 범위 안에서 양수능력을 조정가능) - 신고대상 지하수인 경우[지하수 보전구역에서는 1일 양수능력이 30톤 이상인 경우(안쪽지름이 32밀리미터 이상인 토출관을 사용하는 경우에는 1일 양수능력을 30톤 이상으로 봄)에는 허가대상임 : 「지하수법」 제13조 제1항 제1호, 「지하수법 시행령」 제21조]

ⓘ 1일 양수능력이 30톤 미만(안쪽 지름이 32밀리미터 이하인 토출관을 사용하는 경우에 한함)인 가정용우물

☞ 근거 규정

ⓐ ~ ⓒ : 「지하수법」 제7조 단서 규정

ⓓ ~ ⓗ : 「지하수법」 제8조 제1항 제1호 내지 제5호

ⓘ : 「지방세법 시행령」 제136조 제2호 다목

「지하수법」 제8조 제1항 제5호의 규정에 따라 신고대상 지하수인 경우에는 과세대상에서 제외될 것이다. 그런데 1일 양수능력이 100톤 미만인 경우에도 시·도 조례에 의하여 양수능력을 조정가능하므로 조례에 의하여 신고대상인 지하수에 해당되지 아니할 수 있는바, 이 경우에는 과세대상이 될 수도 있으므로 시·도 조례를 검토하여야 할 것이다. 그리고 지하수보전구역 안에서는 30톤 이상에서 100톤 미만인 경우로 허가를 득한 경우에 해당하는 경우에도 과세대상에서 제외될 것이다.

[사례] 농어촌지역에 소재하는 목욕탕, 수영장, 호텔 등의 영업활동을 위하여 지하수를 채수하는 경우에는 농어촌용수 중 생활용수에 해당되는 것으로 볼 수 없어 지역개발세 과세대상임(세정 13430 - 255, 2001.3.10.).

3) 지하자원

채광된 광물. 다만, 석탄과 「광업법 시행령」 제58조에 따른 광산(2015.7.23. 이전 「광업법」 제3조 제3호에 따른 광구) 중 납세의무성립일이 속하는 달부터 최근 1년간 매출액(사업이 시작한 달부터 납세의무성립일이 속하는 달까지의 기간이 12개월 미만인 경우 해당 기간 동안의 매출액)(2020년 이전은 연간 매출액)이 10억 원 이하인 광산(2015.7.23. 이전 광구)에서 채광된 광물 제외

예를 들어 A도와 B도 경계에 사업장이 있는데, A도 광구에선 7억 원의 매출과 B도 광구에선 15억 원의 매출이 있을 경우 광구별 지하자원의 매출액을 판단하여야 할 것으로, A도와 B도에 있는 광구가 각각 다른 광구라면 A도는 비과세대상이며, B도는 과세대상 광구가 된다. 여기서 A도와 B도 경계에 있지만 하나의 광구라면 이는 A도와 B도 모두 과세대상이 되는 것이다.

한편, 매출액에 운반비가 포함되는지에 대하여 검토해 보면 인도하는 장소가 광산이나 편의상 운반을 하여 운반비를 별도로 청구하는 경우에는 법 취지상 운반비를 제외한 매출액으로 보아야 할 것이나, 이를 규명하는 것은 용이하지 아니할 것으로 판단되므로 이 경우 운반비를 광물매출액과 달리 다른 계정으로 하여 매출로 처리하는 것이 좋을 것으로 사료된다. 한편, 인도장소가 거래처인 경우에는 운반비를 포함한 금액이 매출액으로 보아야 할 것이므로 이 경우에는 포함한 금액으로 판단된다.

> **사례** 지하자원의 과세표준은 채광된 광물가액임(지방세정팀 - 2480, 2007.6.29.)
>
> 지하자원을 채광하는 자(납세의무자)가 법인이고, 법인장부에 채광된 광물가액(채굴, 파쇄, 분쇄비용 등)과 그 채광된 광물을 운반하는 데 지출된 운반비용이 명백히 구분되어 계상되어 있다면 그 운반비용은 지하자원의 과세표준인 "채광된 광물가액"에 포함되지 아니함.

(2) 특정시설분 지역자원시설세(2020년 이전은 특정자원)

1) 컨테이너

컨테이너를 취급하는 부두를 이용하여 입항·출항하는 컨테이너. 다만, 환적 컨테이너, 연안수송 컨테이너 및 화물을 싣지 아니한 컨테이너는 제외

> **사례** 지역개발세의 과세요건인 "컨테이너를 취급하는 부두"의 개념에 일반 부두로서 컨테이너를 취급하는 부두도 포함되는지 여부(대법원 96누11495, 1997.11.28.)
>
> "컨테이너를 취급하는 부두"에는 「한국컨테이너부두공단법」 제2조 제1호에 규정된 주로 컨테이너 화물을 운송하는 선박이 이용하는 컨테이너부두뿐만 아니라 일반부두로서 컨테이너를 취급하는 부두도 포함된다. 국가기관인 울산지방해운항만청장이 도세인 지역개발세의 과세관청이나 그 상급관청과 아무런 상의 없이 이를 면제한다는 취지의 공적인 견해를 표명하였다고 하더라도 지역개발세 면제에 관한 과세관청의 견해표명이 있었다거나, 그와 마찬가지로 볼 수는 없음.

2) 원자력발전

원자력발전소에서 생산된 전력

> **사례** 부과지역에 관한 조례가 있어야 부과 가능 여부(대법원 2008두17363, 2011.9.2.)
>
> 2005.12.31. 법률 제7843호로 개정되어 2006.1.1.부터 시행된 구 「지방세법」(2010.3.31. 법률 제10221호로 전부 개정되기 전의 것, 이하 '구 「지방세법」'이라 한다) 제253조는 '대통령령이 정하는 원자력발전'을 지역개발세의 과세대상으로 추가하였는데, 구 「지방세법」 제258조 제1항에는 "지역개발세를 부과할 지역과 부과징수에 관하여 필요한 사항은 도조례가 정하는 바에 의한다."고 규정되어 있었으므로, 원자력발전에 대한 지역개발세는 부과요건의 하나인 부과지역에 관한 조례가 정해져야만 비로소 부과지역이 대외적으로 확정되어 이를 부과할 수 있다. 2006.1.1.부터 시행된 구 「지방세법」(2010.3.31. 법률 제10221호로 전부 개정되기 전의 것, 이하 '구 「지방세법」'이라 한다) 제258조 제1항 위임에 따라, 경상북도는 2006.3.16. 구 「경상북도세조례」(2010.12.30. 조례 제3224호로 전부

개정되기 전의 것)로, 전라남도는 2006.4.24. 구 「전라남도세조례」(2010.12.27. 조례 제3409호로 전부 개정되기 전의 것)로 각각 원자력발전을 지역개발세 과세대상으로 하고 부과대상지역을 해당 도내 전 지역으로 하는 내용으로 조례를 개정하였고, 개정과 동시 또는 개정 이후에 부칙에서 그 부과시기를 '구 「지방세법」 시행 후 발전하는 분부터 적용한다'고 규정하였는데, 이에 따라 각 과세관청이 원자력발전사업을 영위하는 갑 주식회사에 구 「지방세법」 시행일인 2006.1.1.부터 소급하여 원자력발전에 대한 지역개발세 부과처분을 한 사안에서, 원자력발전에 대한 지역개발세는 조례로 부과지역이 확정된 2006.3.16.(경상북도의 경우) 또는 2006.4.24.(전라남도의 경우) 이후에 부과할 수 있는데도, 위 각 부칙은 지역개발세 부과요건에 관한 규정을 그 시행시기 이전에 이미 종결한 과세요건사실에 소급하여 적용하도록 하였으므로 헌법 제38조, 제59조의 취지에 반하여 무효라는 이유로, 과세관청이 2006.1.1.부터 2006.3.15.(경상북도의 경우)까지 또는 2006.1.1.부터 2006.4.23.(전라남도의 경우)까지의 원자력발전에 대하여 한 지역개발세 부과처분은 위법함.

사례 과세대상은 원자력발전소에서 생산된 모든 전력으로 봄(행심 2006-210, 2006.5.29.)

"원자력발전에 대한 지역개발세의 과세는 「지방세법」(2005.12.31. 법률 제7843호) 시행 후 발전하는 분부터 적용한다"라고 규정하였으므로 원자력발전에 대한 지역개발세의 납세의무자는 2006.1.1.부터 원자력발전소에서 생산된 전력에 대하여 2006.5.4.부터 「지방세법」 및 조례가 정하는 바에 의하여 산정한 지역개발세액을 신고납부하여야 한다고 판단되므로 처분청에서 청구인이 2006.3.30. 신고납부한 지역개발세를 수납한 행위는 근거없이 지방세를 수납한 행위에 해당하나, 2006.5.4.부터는 청구인에게 2006.1.1.부터 원자력발전소에서 생산한 전력에 대한 납세의무가 있으므로 청구인이 2006.3.30. 신고납부한 지역개발세에 대하여 2006.5.4. 개정조례 공포 전까지의 환부이자를 「지방세법」 제46조 및 제47조의 규정에 따라 계산하여 환부하여야 한다고 판단됨.

☞ 구 「지방세법」(2010.3.31. 법률 제10221호로 전부 개정되기 전의 것, 이하 '구 「지방세법」'이라 한다) 제257조 제1항 제5호, 구 「지방세법 시행령」(2006.2.8. 대통령령 제19321호로 개정되기 전의 것) 제216조 제5호의 문언과 입법 취지 및 조세법률주의의 원칙상 조세법규의 해석은 특별한 사정이 없는 한 법문대로 해석하여야 하고 합리적 이유 없이 확장해석하거나 유추해석하는 것은 허용되지 않는 점 등을 고려하면, 원자력발전에 대한 지역개발세의 과세표준이 되는 구 「지방세법」 제257조 제1항 제5호에서 정한 '발전량'은 '판매량'과 구별되는 개념으로서 '생산된 발전량'으로 해석하는 것이 타당함(대법원 2008두17363, 2011.9.2.).

3) 화력발전

발전시설용량이 시간당 1만킬로와트 이상인 화력발전소에서 생산된 전력. 다만, 다음 어느 하나에 해당하는 전력으로 「전기사업법」 제2조 제10호에 따른 전기판매사업자에게 판매되지 아니하는 전력은 과세 제외

㉠ 「농어촌 전기공급사업 촉진법」 제2조 제1호에 따른 자가발전시설에서 생산된 전력

"자가발전시설"이라 함은 「전기사업법」 제2조 제8호에 따른 배전사업자(配電事業者)가 전기를 공급할 수 없는 섬에 전기를 공급하는 시설을 말한다.

㉡ 「전기사업법」 제2조 제12호에 따른 구역전기사업자가 생산한 전력

"전기사업"이란 발전사업·송전사업·배전사업·전기판매사업 및 구역전기사업으로서

"구역전기사업"이란 3만 5천킬로와트 이하의 발전설비를 갖추고 특정한 공급구역의 수요에 맞추어 전기를 생산하여 전력시장을 통하지 아니하고 그 공급구역의 전기사용자에게 공급하는 것을 주된 목적으로 하는 사업을 말하며, "구역전기사업자"란 구역전기사업의 허가를 받은 자를 말한다.

ⓒ 「전기사업법」 제2조 제19호에 따른 자가용전기설비에서 생산된 전력

"자가용전기설비"란 전기사업용전기설비 및 일반용전기설비 외의 전기설비를 말한다.

ⓔ 「집단에너지사업법」 제9조에 따라 허가받은 사업자가 생산한 전력

"집단에너지"란 많은 수의 사용자를 대상으로 공급되는 열 또는 열과 전기를 말하는 것으로서 집단에너지를 공급하는 사업을 하기 위해서는 공급구역별로 산업통상자원부장관의 허가를 받아야 하는 것이다.

2011.3.29. 과세대상으로 신설하여 공포되었으나 한국전력 경영부담, 물가상승 추세 등을 고려, 과세시기를 2013년까지 3년간 유예하여 2014.1.1. 이후 최초로 발전하는 분부터 적용한다.

ⓜ 「신에너지 및 재생에너지 개발·이용·보급 촉진법 시행령」 제2조 제2항에 따른 바이오에너지로 생산한 전력(2021년 이후 적용)

상기에서 열거하고 있는 전력, 즉 화력발전에 대한 지역지원시설세가 과세되지 않는 전력은 한정된 지역이나 특정한 목적에 제한적으로 사용되는 경우만을 의미한다고 보는 것이 타당하다고 할 것이다. 따라서 「전기사업법」 제2조 제12호 등에 따른 구역 전기사업자와 자가용 전기설비를 설치한 자가 생산한 전력이 같은 법 제16조의 2 제1항 또는 제31조 제2항 단서 등에 따라 전력시장에서 거래되는 경우이거나 「집단에너지사업법」 제9조에 따라 허가받은 사업자가 생산한 전력이 같은 법 제5조에 따른 집단에너지 공급대상 지역 이외의 지역에서 사용되도록 매각하는 경우 등에 대해서는 화력발전에 대한 지역자원시설세를 과세하는 것이 합리적일 것으로 판단된다(지방세운영과-1065, 2014.3.28.).

한편, 신·재생에너지와 화석연료를 이용하여 혼소발전, 즉 바이오매스 혼소발전의 경우에도 화석연료를 사용한 발전은 지역자원시설세 납세의무가 있지만, 바이오매스 발전은 「신에너지 및 재생에너지 개발·이용·보급 촉진법」 제12조의 9에 따른 "에너지관리공단"에서 신재생에너지와 화석연료를 혼소하여 발전하는 경우 전체 투입된 연료의 열량 중에서 신재생에너지의 열량이 차지하는 비율로 안분하여 신재생 에너지 발전량으로 인정하고 있으며, 지역자원시설세 과세대상도 화석연료를 이용한 발전만으로 규정하고 있으므로 혼소발전을 통한 전체 발전량 중 화석연료의 열량에 의하여 발전된 부분만을 안분하여 과세하는 것이다(지방세정책과-1947, 2015.5.19.). 그리고 연료전지발전으로 생산된 전력에 대하여는 과세대상으로 열거하고 있지 않는 점, 연료전지발전은 천연가스를 원료로 하여 추출된 수소와 대기 중의 산소의 전기화학 반응을 통해 전기를 생산하는 신재생에너지발전 방식의 일종으로서 발전원 종류에 따라 화력발전소와 신재생에너지발전소가 구분되어 있는 점, 화력발전에 대한 지역자원시설세는 화력발전의 가동으로 인하여 발

생하는 대기오염 등의 외부효과를 해소하고자 하는 목적에서 오염 및 위험 유발자에게 과세되는 것인바, 연료전지발전은 연소과정이 없어 대기오염이 발생하지 아니하여 환경오염 부담자 원인 측면의 지역자원시설세의 과세목적이나 입법취지에 부합한다고 보기 어려운 점 등에 비추어, 연료전지발전 방식으로 생산되어 지역자원시설세 과세대상이 아닌 것으로 보는 것이 타당하다(조심 2018지0504, 2019.10.23.).

(3) 소방분 지역자원시설세(2020년 이전은 특정부동산)

소방시설(2020년 이전은 오물처리시설, 수리시설, 그 밖의 공공시설 포함)로 인하여 이익을 받는 자의 건축물(주택의 건축물 부분 포함), 선박(2020년 이후 납세지를 관할하는 지방자치단체에 소방선이 없는 경우는 제외)(2020년 이전은 토지를 포함하며, "특정부동산")

여기서 2020년 이전은 선박의 경우 '소방시설로 인하여 이익을 받은 자'라 함은 해당 시·군에 소방선이 없다 하더라도 인접한 시·군의 소방선으로부터 실질적인 수혜를 받고 있는 자를 포함한다(지예 법142-1).

❸ 납세의무자(지법 §143)

소방시설·오물처리시설·수리시설 기타 공공시설에 필요한 비용에 충당하기 위하여 그 시설로 인하여 이익을 받는 자는 지역자원시설세에 대한 납세의무자에 해당하며, "이익을 받는 자"라 함은 과세기준일(매년 6.1.) 현재 과세대상 재산을 소유하고 있는 자를 말한다.

(1) 특정자원분 지역자원시설세(2020년 이전은 특정자원)

① 발전용수

흐르는 물을 이용하여 직접 수력발전(양수발전은 제외)을 하는 자

② 지하수

지하수를 개발하여 먹는 물로 제조·판매하거나 목욕용수로 활용하는 등 지하수를 이용하기 위하여 채수하는 자

온천수를 채수한 자로부터 물을 공급받아 온천탕영업을 하는 경우는 채수한 자가 납세의무가 있는 것이다(지예 법143-1). 따라서 지하수를 개발하여 음용수로 제조·판매하거나 목욕용수로 활용하는 등 지하수를 이용하기 위하여 채수하는 자로 규정하고 있는바, 음용수 제조자, 판매자, 목욕용수 활용자는 임대인(장소 임대만 한 경우)이 아니라 임차인이 될 것으로 판단된다.

③ 지하자원

지하자원을 채광하는 자

종전(2005.12.31. 이전)에는 "채광한 지하자원을 원료로 하여 직접 제품을 생산하는 채광자"라

고 규정하였는바, 채광한 지하자원을 파쇄, 건조 및 분쇄하여 주강 및 주물용 제품을 생산하는 타업체에 원료로 공급·판매하는 경우 채광한 지하자원을 원료로 하여 "직접 제품을 생산하는 채광자"라고 볼 수 없어 지역자원시설세 납세의무가 없다(지방세정팀-184, 2007.1.11.)라고 해석하였으나, 이를 개정하여 2006.1.1. 이후 현행에서는 "직접 제품을 생산하는 채광자"가 아니더라도 지하자원을 채광하는 자는 무조건 납세의무가 있는 것이지만, 석탄과 「광업법 시행령」 제58조에 따른 광산 중 납세의무성립일이 속하는 달부터 최근 1년간 매출액(사업이 시작한 달부터 납세의무성립일이 속하는 달까지의 기간이 12개월 미만인 경우 해당 기간 동안의 매출액)(2020년 이전은 연간 매출액)이 10억 원 이하인 광산에서 채광된 광물은 과세대상에서 제외되므로 연간 매출액이 10억 원 이하인 광산에서 채광하는 자는 납세의무가 없다.

(2) 특정시설분 지역자원시설세(2020년 이전은 특정자원)

① 컨테이너

컨테이너를 취급하는 부두를 이용하여 컨테이너를 입항·출항시키는 자

컨테이너에 부과되는 지역자원시설세 납세의무의 성립시기는 컨테이너를 선적한 선박이 입·출항하는 때에 성립하나 「선박의 입항 및 출항 등에 관한 법률」 제4조 및 같은 법 시행령 제2조의 규정에 의하여 신고된 입·출항일자와 실제 입·출항일자가 다를 경우에는 실제 입·출항일자를 기준으로 하여야 한다(지예 법143-1).

② 지하수

원자력을 이용하여 발전을 하는 자

③ 화력발전

석탄·석유·천연가스 등 화석연료를 이용하여 발전을 하는 자

(3) 소방분 지역자원시설세(2020년 이전은 특정부동산)

건축물 또는 선박(2020년 이전은 토지 포함)에 대한 재산세 납세의무자(2023년 이전은 소유자)

> **사례** 수탁자 명의로 소유권이전등기된 건축물(대법원 2004두8767, 2005.7.28.)
>
> 건축물의 경우에는 그 소유자가 공동시설로 인하여 이익을 받는 자에 해당할 것인데 부동산의 신탁에 있어서 수탁자 앞으로 소유권이전등기를 마치게 되면 대내외적으로 소유권이 수탁자에게 완전히 이전되고 위탁자와의 내부관계에 있어서 소유권이 위탁자에게 유보되어 있는 것도 아니므로 비록 신탁 목적을 위하여 수탁자 앞으로 소유권이전등기가 마쳐졌더라도 공동시설세의 납세의무자는 수탁자가 됨.
>
> 🔖 2014년~2020년 수탁자가 재산세 납세의무자로 개정되었는바 이론의 여지가 없었으나, 2021년 이후 재산세 납세의무자가 위탁자이고 재산세에서는 소유자로 위탁자로 보고 있지만, 지역자원시설세에서는 수탁자를 납세의무자로 보아야 할 것임.

④ 납세지(지법 §144)

(1) 특정자원분 지역자원시설세(2020년 이전은 특정자원)

① 발전용수

발전소의 소재지

② 지하수

채수공의 소재지

③ 지하자원

광업권이 등록된 토지의 소재지

광업권이 등록된 토지가 둘 이상의 지방자치단체에 걸쳐 있는 경우에는 광업권이 등록된 토지의 면적에 따라 안분한다.

(2) 특정시설분 지역자원시설세(2020년 이전은 특정자원)

① 컨테이너

컨테이너를 취급하는 부두의 소재지

② 원자력발전

발전소의 소재지

③ 화력발전

발전소의 소재지

(3) 소방분 지역자원시설세(2020년 이전은 특정부동산)

① 건축물

건축물의 소재지

② 선박

「선박법」에 따른 선적항의 소재지

선적항이 없는 경우에는 정계장 소재지(정계장이 일정하지 아니한 경우 선박 소유자 주소지)

③ 토지

토지의 소재지

⑤ 비과세(지법 §145)

(1) 특정자원 및 특정시설분(2020년 이전은 특정자원)

다음 어느 하나에 해당하는 경우에는 특정자원 및 특정시설(2020년 이전은 특정자원)에 대한 지역자원시설세를 부과하지 아니한다.

1) 국가 등 비과세

국가, 지방자치단체(다른 법률에서 국가 또는 지방자치단체로 의제되는 법인 제외),[494] 및 지방자치단체조합이 직접 개발하여 이용하거나 이용하는 특정자원 및 특정시설(2020년 이전은 특정자원)

지방자치단체가 온천을 개발하여 그 용수를 목욕탕을 경영하는 업자에게 공급하는 경우와 경영수익사업으로 생수를 개발하여 판매하는 경우 등도 지역자원시설세가 비과세된다(지예 법145-1).

> **사례** 교육기관이 과세 대상자원 등을 직접 개발 이용 시(세정 13407-1306, 2000.11.15.)
>
> ○○여자중학교는「지방교육자치에 관한 법률」제34조 및 서울특별시 사립학교 설치 조례에 의해 설립된 서울특별시교육청 소속 교육기관으로서, 해당 교육기관이 과세대상 자원 등을 직접 개발하여 이용한다면 지역개발세 비과세대상이 됨.
>
> ☞ 서울특별시 시립학교이므로 국가 등에 해당되어 비과세되는 것임.

2) 국가 등에 무료로 제공하는 특정자원 및 특정시설(2020년 이전은 특정자원)

국가, 지방자치단체 및 지방자치단체조합에 무료로 제공하는 특정자원 및 특정환경시설

발전한 전기를 국가, 지방자치단체 및 지방자치단체 조합에 무료로 제공하는 경우 그 제공된 전력량으로 전력생산에 소요된 물의 양을 계산하여 그 부분에 해당하는 발전용수에 대한 지역자원시설세를 비과세하여야 한다(지예 법145-1).

한편, 2010년 이전에는 특정자원이라 하지 않고 "생산된 전력 등을 무료로 제공하는 경우"라 표현되어 있었는데, 채취나 채수라는 표현없이 "생산된 전력 등"으로만 표현되어 있어서 지하수는 포함되지 아니하는 것으로 해석할 여지가 있으나, 유권해석에 의하면 국가 등에 무료로 제공하는 "생산된 전력 등"에 지하수도 포함하는 것으로(세정 13407-251, 2001.8.27.) 해석하고 있어서 2010년 이전에도 현행과 동일하게 판단하면 될 것이다.

그런데「지방세특례제한법」제22조 제4항에서 사회복지법인 등에 생산된 전력 등을 무료로 제공하는 경우 그 부분에 대하여는 특정자원에 대한 지역자원시설세를 면제한다라고 규정되어 있는바, 여기서 "생산된 전력 등"에 지하수가 포함되는지 명확하지 아니하나, 전력 등이라 함은 지역자원시설세 과세대상이 되는 특정자원(생산되는 것에 한함) 모두를 포함하는 것으로 즉 지하

---

494) 2014.1.1. 이후부터 국가 또는 지방자치단체에는 다른 법률에서 국가 또는 지방자치단체로 의제되는 법인 제외함.

수도 비과세대상이 되는 것으로 해석하여야 할 것이다.

해석상 오해의 소지를 없애고 통일화를 위하여 종전 "생산된 전력 등"의 표현을 현행 「지방세법」 제145조(비과세) 규정에서 "특정자원"으로 규정하고 있으므로 지특법상에는 "특정자원"으로 법조문을 개정하여야 할 것이다.

> **사례** 민방위 급수시설로 지정된 지하수 과세대상 여부(세정 13407-251, 2001.8.27.)
>
> 채수된 지하수를 국가나 지방자치단체에게 무료로 제공하는 경우 그 부분에 대하여는 「지방세법」 제255조의 규정에 의하여 지역개발세가 비과세됨.

(2) 소방분

① 재산세 비과세 대상 건축물과 선박

「지방세법」 제109조에 따라 재산세가 비과세되는 건축물과 선박[2020년 이전은 특정부동산(건축물과 선박만 해당)]에 대하여는 소방분 지역자원시설세를 부과하지 아니한다.

> **사례** 도시철도의 출입구 및 연결통로는 지역자원시설세 비과세됨(서울세제-1199, 2020.1.22.).
>
> 지하공공시설 출입구를 인접하여 사유 건물 내로 연계 설치되어 있으나 건물 이용자뿐만 아니라 일반 이용자에게 개방하는 통로로서 도시철도를 이용하기 위한 시민들에게 공적으로 제공되고 있는 점을 볼 때 재산세가 비과세되는 특정부동산에서 도로 중 지하도로 보이므로 지역자원시설세 비과세대상임.

② 부속시설(지령 §5의 시설)

부속시설에 대해서는 특정부동산에 대한 지역자원시설세를 부과하지 않지만 「지방세법 시행령」 제138조 제1항 제2호 및 제2항 제2호에 해당하는 (대형)화재위험 건축물(해당 건축물의 일부로 설치된 시설을 포함)에 해당하는 경우 부과된다(지령 §137 ①).

재산세 과세대상인 '건축물'이란 「지방세법」 제6조 제4호에 따른 건축물을 말한다(지법 §104 2)라고 규정되어 있어서 「건축법」 제2조 제1항 제2호에 따른 건축물(이와 유사한 형태의 건축물 포함)과 토지에 정착하거나 지하 또는 다른 구조물에 설치하는 레저시설, 저장시설, 도크(dock)시설, 접안시설, 도관시설, 급수·배수시설, 에너지 공급시설 및 그 밖에 이와 유사한 시설(이에 딸린 시설 포함)로서 독립시설도 재산세 과세대상인 건축물에 포함된다. 그런데 부속시설은 지역자원시설세의 과세대상이 되지 아니하지만, 「지방세법 시행령」 제138조 제1항 제2호 및 제2항 제2호에 해당하는 (대형)화재위험 건축물(해당 건축물의 일부로 설치된 시설을 포함)에 해당하는 부속시설은 과세대상이 된다.

③ 수조

부속시설에 옥외저장시설로 규정되어 있고, 옥내에 있는 수조는 건물에 포함되는 것으로 부속시설로 볼 수 없으므로 옥내에 있는 수조는 별도로 취득세, 재산세 및 지역자원시설세 과세대상이 되지 아니한다. 한편, 화재위험 건축물 중 4층 이상의 비주거용 건축물을 제외한 건축물 옥외에 별도의 수조는 지역자원시설세 과세대상이 될 것이며, 중과세율(일반세율의 2배)이 적용될 것이다.

6 과세표준과 세율(지법 §146)

(1) 특정자원분 지역자원시설세(2020년 이전은 특정자원)

구분		과세표준	세율
발전용수		발전에 이용된 물	10세제곱미터당 2원
지하수	먹는 물 판매용으로 채수된 물	채수된 물	세제곱미터당 200원
	목욕용수로 채수된 온천수	채수된 온천수	세제곱미터당 100원
	상기 외의 지하수	채수된 물	세제곱미터당 20원
지하자원		채광된 광물가액	0.5%

(2) 특정시설분 지역자원시설세(2020년 이전은 특정자원)

구분	과세표준	세율
컨테이너	컨테이너 용량	TEU당 15,000원
원자력발전	발전량	킬로와트시(kWh)당 1원(2014년 이전 0.5원)
화력발전	발전량	킬로와트시(kWh)당 0.6원(2015년~2023년 0.3원, 2014년 이전 0.15원)

(3) 소방분 지역자원시설세(2020년 이전은 특정부동산)

건축물 및 선박은 재산세 과세대상인 건축물 및 선박(2020년 이전은 토지 포함)을 말한다.

1) 건축물과 선박

① 과세표준

재산세 과세표준 산정 시의 건축물·선박가액 또는 시가표준액(주택의 건축물은 지방자치단체장이 산정한 가액에 재산세 과세표준 산정 시 공정시장가액비율을 곱하여 산정한 가액)

취득세 및 재산세의 시가표준액은 건축물 중에서 주택부분을 별도로 분리하였으나 주택은 토지와 건물을 합산한 개념이고, 지역자원시설세는 소방시설에 소요되는 비용마련을 위한 목적세로서, 건물분에 대하여만 과세하여야 하므로 과세표준도 주택 과세표준을 별도 사용하지 아니하고 일반 건물의 산정방식을 준용하여 공정시장가액비율을 적용하였다.

참고로, 주택에 대한 재산세의 경우 주택의 건물과 부속토지의 소유자가 다를 경우에는 해당 주택에 대한 산출세액을 「지방세법」 제4조 제2항의 규정에 의한 건축물과 그 부속토지의 시가표준액 비율로 안분계산하여 각각 과세하며, 지역자원시설세 성격상 건물 과세표준은 개별주택가격을 사용하지 아니하고 별도로 산정하여야 하고, 부동산등기는 토지와 건물로 각각 구분하여 등기되기 때문에 주택 과세표준을 일괄 평가하더라도 이를 토지 과세표준과 건물 과세표준으로 구분한다.

② 세율

과세표준	세율
600만 원 이하	0.04%
600만 원 초과 1,300만 원 이하	2,400원 + 600만 원 초과금액의 0.05%
1,300만 원 초과 2,600만 원 이하	5,900원 + 1,300만 원 초과금액의 0.06%
2,600만 원 초과 3,900만 원 이하	13,700원 + 2,600만 원 초과금액의 0.08%
3,900만 원 초과 6,400만 원 이하	24,100원 + 3,900만 원 초과금액의 0.10%
6,400만 원 초과	49,100원 + 6,400만 원 초과금액의 0.12%

③ 건축물과 선박의 범위

건축물(주택의 건축물 부분 포함) 또는 선박(소방선이 없는 지방자치단체 제외)

④ '소방선이 없는 시·군'의 의미

'소방선이 없는 시·군'이라 함은 소방의 혜택을 받지 못하는 시·군을 의미하는 것으로 보아야 할 것이며, 지역자원시설세 소방시설의 비용을 충당하기 위한 취지에 비추어 본다면 소방선 운영비 일부를 부담하고 있기 때문에 이로 인하여 혜택을 받는 자에 대하여 과세함으로써 그 운영비에 충당되어야 한다고 보아야 할 것이다(시세 22670-3374, 1990.4.12.).

2) 화재위험 건축물(중과세)

① 과세표준

재산세 과세표준 산정 시의 건축물 가액 또는 시가표준액

② 다른 용도와 겸용되거나 구분 사용되는 경우 과세표준

1동의 건물이 3층 이하이면서 중과대상인 용도와 기타 용도로 겸용되는 경우에는 주된 용도에 따라 판단하는 것이나, 구분·사용되는 경우에는 그 사용 용도대로 각각 적용한다. 여기서 '겸용'이란 동일한 장소를 2가지 이상의 용도로 사용하는 것을 말하며, '구분사용'이란 같은 건물일지라도 각각의 용도에 따라 구획하여 사용하는 것을 말한다(지예 법146…영138-3).

⊙ 구분되는 경우

1구 또는 1동의 건축물이 특정소방대상물 용도와 그 밖의 용도로 구분·사용되는 경우에는 1구의 건축물을 기준으로 하여 그 밖의 용도로 사용되는 부분을 제외한 부분만을 (대형) 화재위험 건축물로 보아 상기 세율을 적용한다. 다만, 1동의 건축물이 2 이상의 구로 구성되어 있는 경우에는 1동의 건축물을 기준으로 하여 그 밖의 용도로 사용되는 부분을 제외한 부분만을 화재위험 건축물 및 대형 화재위험 건축물로 보아 세율을 각각 적용한다 (지칙 §75). 이 경우 세액 산정은 각 구별 다음 산식에 따른다.

> ❑ **소방 지역자원시설세액**
>
> ① **2014년 이후 : X + Y + Z**
>
> X = 1구의 건축물의 가액 × 상기 (3) 1) 세율
>
> $Y = X \times \dfrac{\text{화재위험 건축물의 과세표준}}{\text{1구의 건축물의 과세표준}}$
>
> $Z = X \times 2 \times \dfrac{\text{대형 화재위험 건축물의 과세표준}}{\text{1구의 건축물의 과세표준}}$
>
> ☞ 2019년 이후는 특정부동산분 지역자원시설세 과세표준 합산 범위를 용도에 따른 구분없이 1구로 규정하여 적용(2018년 이전은 1구 또는 1동의 건축물)
>
> ② **2013년 이전 : X + Y**
>
> X = 1구 또는 1동의 건축물의 가액 × 상기 (3) 1) 세율
>
> $Y = X \times \dfrac{\text{화재위험 건축물의 과세표준}}{\text{1구 또는 1동의 건축물의 과세표준}}$

공장 내에 건축물이 비록 수동의 건축물로 나누어져 있다 하더라도 동일 구역 내에 있으면서 하나의 공장으로 운영되고 있다면 1구의 건축물로 보아야 할 것이므로 지역자원시설세 부과에 있어 화재위험 건축물의 적용은 동일 구내에 있는 모든 건축물의 과세표준액을 합산하여야 한다(지방세정팀-2834, 2007.7.24.). 예를 들어 4층 이상의 건축물이 주거용과 비거주용으로 겸용되는 경우는 비거주용 부분만이 화재위험 건축물로 중과대상이 됨으로 1~3층만 사무실 및 점포로 사용되고 4~5층은 주거용 아파트로 사용된다면 1~3층은 중과세율, 4~5층은 일반세율(주거용 세율)을 적용하게 되는 것이다.

⊙ 겸용하는 경우

1구(2018년 이전 1구 또는 1동)의 건축물(주거용이 아닌 4층 이상의 것 제외)이 특정소방대상물 용도와 그 밖의 용도에 겸용되고 있을 때에는 그 건축물의 주된 용도에 따라 해당

건축물의 용도를 결정한다.

③ 세율

㉠ 화재위험 건축물

상기 1) 산출세액 × 2배

㉡ 대형 화재위험 건축물

상기 1) 산출세액 × 3배

○ 화재위험 건축물

저유장, 주유소, 정유소, 백화점, 호텔, 유흥장, 극장, 4층 이상 10층 이하의 건축물 등 다음의 건축물로 하기 대형 화재위험 건축물에 해당되지 아니한 건축물

① 주거용이 아닌 4층 이상의 건축물. 이 경우 지하층과 옥탑은 층수로 보지 아니함.

②「소방시설 설치 및 관리에 관한 법률 시행령」별표 2에 따른 특정소방대상물 중 다음 각 목의 어느 하나에 해당하는 것

㉠ 근린생활시설 중 학원, 비디오물감상실, 비디오물소극장 및 노래연습장. 다만, 바닥면적 의 합계가 200제곱미터 미만인 것 제외

㉡ 위락시설. 다만, 바닥면적의 합계가 무도장 또는 무도학원은 200제곱미터 미만, 유흥주 점은 33제곱미터 미만, 단란주점은 150제곱미터 미만인 것 제외

㉢ 문화 및 집회시설 중 극장, 영화상영관, 비디오물감상실, 비디오물소극장 및 예식장

㉣ 판매시설 중 도매시장·소매시장·상점, 운수시설 중 여객자동차터미널, 창고시설 중 물류터미널(2018년 이전)

㉤ 숙박시설(2016년 이후 객실로 사용되는 부분의 바닥면적의 합계가 60㎡ 미만인 경우 제외되며, 2015년 이전은 여인숙 제외)

㉥ 장례식장(의료시설의 부수시설인 장례식장 포함)

㉦ 공장

☞ 공장은 「지방세법 시행규칙」 제55조에 따른 공장용 건축물로 함.

㉧ 창고시설 중 창고(영업용 창고만 해당), 물류터미널(2019년 이후), 하역장(2019년 이 후), 집배송시설(2019년 이후)

㉨ 항공기 및 자동차 관련 시설 중 주차용 건축물

㉩ 위험물 저장 및 처리 시설

㉪ 의료시설 중 「의료법」제3조 제2항 제3호에 따른 병원급 의료기관, 「감염병의 예방 및 관리에 관한 법률」제36조에 따른 감염병 관리기관, 「정신건강증진 및 정신질환자 복 지서비스 지원에 관한 법률」제2조 제5호에 따른 정신의료기관, 「장애인복지법」제58 조 제1항 제4호에 따른 장애인 의료재활시설(2019년 이후)

㉫ 교육연구시설 중 학원(2019년 이후)

○ 대형 화재위험 건축물

① 주거용이 아닌 11층 이상의 고층 건축물

② 「소방시설 설치 및 관리에 관한 법률 시행령」 [별표 2]에 따른 특정소방대상물 중 다음 각 목의 어느 하나에 해당하는 것

  ㉠ 위락시설 중 바닥면적의 합계가 500제곱미터 이상인 유흥주점(다만, 지하 또는 지상 5층 이상의 층에 유흥주점이 설치된 경우에는 그 바닥면적의 합계가 330제곱미터 이상)

  ㉡ 문화 및 집회시설 중 다음 어느 하나에 해당하는 영화상영관

    ㉮ 상영관 10개 이상인 영화상영관

    ㉯ 관람석 500석 이상의 영화상영관

    ㉰ 지하층에 설치된 영화상영관

  ㉢ 연면적 1만 제곱미터 이상인 다음 어느 하나에 해당하는 판매시설

    ㉮ 도매시장

    ㉯ 소매시장

    ㉰ 상점

  ㉣ 숙박시설 중 5층 이상으로 객실이 50실 이상(동일한 건물 내에 「다중이용업소의 안전관리에 관한 특별법」 제2조 제1항에 따른 다중이용업소가 있는 경우는 객실 30실 이상을 말함)인 숙박시설

  ㉤ 공장 및 창고시설 중 1구 또는 1동의 건축물(2015년 이전 하나의 건축물)로서 연면적 1만5천 제곱미터 이상의 공장 및 창고[창고시설의 경우 건축물의 벽이 샌드위치 패널(「건축법 시행령」 제61조 제1항 제4호 다목에서 규정한 복합자재를 말함)로 된(2017년 이전은 샌드위치 판넬조) 물류창고 또는 냉동·냉장창고에 한정]

    ☞ 공장은 「지방세법 시행규칙」 제55조에 따른 공장용 건축물로 하나, 면적 기준은 제외함.

  ㉥ 위험물 저장 및 처리 시설 중 「위험물안전관리법 시행령」 제3조 및 [별표 1]에서 규정한 지정수량의 3천배 이상의 위험물을 저장·취급하는 위험물 저장 및 처리 시설

  ㉦ 연면적 3만 제곱미터 이상의 복합건축물. 이 경우 주상복합 건축물(하나의 건축물이 근린생활시설, 판매시설, 업무시설, 숙박시설 또는 위락시설의 용도와 주택의 용도로 함께 사용되는 것을 말함)에 대해서는 주택부분의 면적을 제외하고, 주택부분과 그 외의 용도로 사용되는 부분이 계단을 함께 사용하는 경우에는 계단부분의 면적은 주택부분의 면적으로 보아 연면적을 산정함.

    ☞ 「소방법 시행령」 별표 2 제30호 단서에서 관련법령에 따라 의무적으로 설치하는 부수시설에 대해서는 복합건축물의 범위에서 제외된다는 청구주장에 대해서도 의료법령에서 의료기관에서 의료업무 외에 휴게음식점영업·소매업·숙박업·은행업 등을 영위할 수 있다고 규정하고는 있으나, 이는 의료기관 종사자 등의 편의를 위한 부대사업일 뿐 의료기관에서 의무적으로 설치하여야 하는 필수적인 부수시설로 보기 어려움(조심 2021지2692, 2023.1.12.).

  ◎ 「정신건강증진 및 정신질환자 복지서비스 지원에 관한 법률」 제2조 제5호에 따른 정신의료기관으로서 병상이 100개 이상인 의료기관, 「의료법」 제3조 제2항 제3호에 따른 병원급 의료기관 중 5층 이상의 종합병원·한방병원·요양병원으로서 병상이 100개 이상(2019년 이후)

👉 건축물 전체 층수가 아닌 의료기관에 해당하는 층수가 5층 이상인지 여부에 따라 판단하여야 함(지방세정책과-3966, 2021.9.14.).

④ 소방설비 설치의무 면제를 받은 건축물

지역자원시설세 중과세의 대상에서 제외한다는 별도의 규정을 두고 있지는 아니하므로 주거용 건축물이 아닌 4층 건물 중 영업용 창고를 소유한 자는 그 중과세를 면할 수는 없다고 할 것이다(감심 97-170, 1997.9.9.).

⑤ 화재위험 건축물 범위(2배 중과)

㉠ 비주거용 4층 이상 10층 이하의 건축물

지하층과 옥탑을 제외한 층수가 4층 이상 10층 이하인 건물을 말하며, 이 경우 4층 이상 10층 이하의 건물의 일부를 주거용으로 사용하는 경우에는 그 주거용으로 사용하는 부분을 제외한 부분을 화재위험 건축물로 중과세한다(지예 법146…영138-1 참조).

지하층과 옥탑 등은 층수로 보지 아니하도록 규정하고 있으므로 지하층과 옥탑은 층수의 계산에서만 제외될 뿐 중과대상이 되는 건축물의 연면적에는 포함되는 것이며, 지역자원시설세는 소방시설 등 공공시설에 필요한 비용을 충당하기 위하여 그 시설로 인하여 이익을 받는 자에게 부과하는 지방세로서 지하실도 지상 층과 같은 화재위험이 있으므로 지하실도 중과대상이다(세정 13407-1171, 1999.9.21.).

> 사례 건축물 4층 부분의 물탱크·공조기실 등의 수평투영면적의 합계가 건축 면적의 8분의 1을 초과하여 「건축법」의 층수계산에 산입되는 경우 물탱크·공조기실 등은 화재위험건축물임(행심 2007-146, 2007.3.26.)
>
> 일반건축물대장에 의하면 이 사건 건축물의 4층 부분은 업무시설 또는 사무실로 등재되어 있고, 실제 사용은 방송준비실·물탱크실·공조기실·환풍기실로 사용하고 있는 바 이러한 사용은 공부상 등재현황과 사실상의 사용현황이 상이한 경우에 해당되지 않는 것으로 판단되므로 처분청이 이 사건 건축물 중 주 건축물 1·2를 4층 건축물로 보아 「지방세법」 제240조 제1항 제2호의 세율을 적용하여 산출한 이 사건 소방공동시설세 등을 부과한 처분은 잘못이 없다고 판단됨.

👉 「건축법」 제2조 제1항 제2호의 규정에 의한 건축물을 건축물로 규정하고 있고, 일반적으로 '옥탑'이라 함은 주택이나 빌딩 등의 건물 맨 꼭대기에 설치된 공간을 말하고, 「건축법」에서도 옥탑의 정의를 두고 있지 아니하나, 「건축법 시행령」 제119조 제1항 제9호에서는 승강기탑·계단탑·망루·장식탑·옥탑 기타 이와 유사한 건축물의 옥상 부분으로서 그 수평투영면적의 합계가 해당 건축물의 건축 면적의 8분의 1(공동주택 중 세대별 전용면적이 85제곱미터 이하인 경우에는 6분의 1) 이하인 것과 지하층은 건축물의 층수에 산입하지 아니하고, 층의 구분이 명확하지 아니한 건축물은 해당 건축물의 높이 4미터마다 하나의 층으로 산정하며, 건축물의 부분에 따라 그 층수를 달리하는 경우에는 그 중 가장 많은 층수를 층수로 산입하도록 규정하고 있음.

 사례 "주거용 건축물을 제외한 4층 이상의 모든 건축물"의 의미(감심 2005-67, 2005.7.15.)

주거용 건축물을 제외한 4층 이상의 모든 건축물이 소방공동시설세 중과대상임을 규정하고 있고 규정한 건축물은 층수와 관계없이 중과대상인 건물들을 규정하고 있는 것이므로 제2호 마목에서 숙박시설을 중과대상으로 규정하면서 여인숙을 제외한다고 규정한 것은 4층 미만인 여인숙을 중과 대상에서 제외한다고 보아야 할 것임.

사례 빌딩 4층에 관리실과 물탱크가 있는 경우(세정 22670-4475, 1985.4.15.)

"4층 이상 건축물"이라 함은 주거용 이외의 건축물로서 지하층과 옥탑(엘리베이터실이나 계단실 부분이 옥상에서 한층 더 높게 된 부분)을 제외한 건축물의 층수가 4층 이상인 경우를 지칭하는 것이므로, 4층 부분 건축물의 용도가 관리실이라면 4층 이상 건축물로 보아 지역자원시설세를 중과 세하는 것이 타당함.

ⓛ **공장**

「지방세법 시행규칙」제55조에 따른 공장용 건축물로 한다. 즉 [별표 2]에 규정된 업종의 공장으로서 생산설비를 갖춘 건축물의 연면적(옥외에 기계장치 또는 저장시설이 있는 경우에는 그 시설물의 수평투영면적을 포함한다)이 500제곱미터 이상인 것을 말한다. 이 경우 건축물의 연면적에는 해당 공장의 제조시설을 지원하기 위하여 공장 경계구역 안에 설치되는 부대시설(식당, 휴게실, 목욕실, 세탁장, 의료실, 옥외 체육시설 및 기숙사 등 종업원의 후생복지증진에 제공되는 시설과 대피소, 무기고, 탄약고 및 교육시설은 제외한다)의 연면적을 포함한다고 규정되어 있으므로, 공장 경계구역 안에 설치된 사무실용 건축물은 부대시설로 보아 화재위험 건축물에 해당되어 중과세대상이나, 이 건물 내 목욕탕, 탈의실 등 종업원의 후생복지증진에 제공되는 시설은 중과대상에서 제외되는 것이다(지방세 정팀-3145, 2005.10.10.). 그런데 공장 구내에 있는 생산에 직접 공여하지 않는 장소인 사무실·일반창고·식당 등도 모두 공장의 부속시설에 해당한다고 할 것이므로 공장용 건축물 등에 대한 지역자원시설세의 산정은 공장 구내에 있는 모든 건축물을 화재위험 건축물로 보아 각 건축물의 과세표준액을 합산한 후 세율을 일괄 적용하여 산출하는 것이다(감심 2000-250, 2000.7.19.).

한편, 「지방세법 시행규칙」[별표 2] 제29호 본문에 따르면 (대형)화재위험 건축물 지역자원시설세를 중과세 적용 시 다음 사업의 경우 공장의 종류로 본다.

㉮ 가스를 생산하여 도관에 의하여 공급하는 것을 목적으로 하는 가스업

㉯ 음용수나 공업용수를 도관에 의하여 공급하는 것을 목적으로 하는 상수도업

㉰ 차량 등의 정비 및 수리를 목적으로 하는 정비·수리업[495]

---

495) 한국표준산업 분류를 인용하여 제조업과 수리업을 구분하나, 항공기 제조업과 달리 항공기 수리업에 대하여는 별도로 나열하고 있지 않다. 한편, 한국표준산업분류에서는 '항공기 정비'를 주체·목적·수준에 따라 산업을 결정하고 있어, 항공기 제조공장에서 수행하는 개조·재제조·분해 후 정밀점검 수리활동은 제조업으로 분류하고, 항공기 제조공장 이외 사업체에서 수행하는 항공기 유지, 보수 및 정비활동은 수리업으로 분류하고 있다. 따라서 제조 공장이 아닌 정비활동 등만을 목적으로 하는 공장(항공기 수리업에 해당)

㉣ 연탄의 제조·공급을 목적으로 하는 연탄제조업

㉤ 얼음제조업

㉥ 인쇄업(다만, 「신문 등의 진흥에 관한 법률」에 따라 등록된 신문 및 「뉴스통신진흥에 관한 법률」에 따라 등록된 뉴스통신사업에 한정)

㉦ 도관에 의하여 증기 또는 온수로 난방열을 공급하는 지역난방사업

㉧ 전기업(변전소 및 송·배전소 포함)

「지방세법 시행규칙」 제55조는 공장용 건축물을 [별표 2]에 열거된 업종과 공장이라 규정하고 있는 점, 같은 표 제29호 단서에서 지역자원시설세를 중과세하는 경우 발전업도 공장에 포함한다고 규정하고 있는 점, 지역자원시설세는 화재예방 및 소방시설 등의 확충을 위한 재원을 마련하기 위한 목적세이므로 화재위험건축물에 대하여 이를 중과세하는 것은 충분히 설득력이 있고 발전소는 그 특성상 화재가 발생할 경우 대형화재로 확대될 가능성이 매우 큰 점, 「화재예방, 소방시설 설치·유지 및 안전관리에 관한 법률 시행령」 [별표 2] 제23호에서 "발전시설"이란 발전소 내의 모든 시설을 말하는 것으로 그 안에는 발전시설과 지원시설이 혼재되어 있으므로 그 중 발전시설이 행정안전부령에서 공장에 해당되는 경우에는 그 시설은 대형 화재위험 건축물로서 지역자원시설세 3배 중과세대상이 된다(조심 2019지3570, 2019.12.24.).

> **사례** 동일 구내 건축물 과세표준액을 합산하여야 하는 것임(지방세정팀-2834, 2007.7.24.).
>
> 공장 내에 건축물이 비록 수동의 건축물로 나누어져 있다 하더라도 동일 구역 내에 있으면서 하나의 공장으로 운영되고 있다면 1구의 건축물로 보아야 할 것이므로 공동시설세 부과에 있어 화재위험건축물의 적용은 동일구내에 있는 모든 건축물의 과세표준액을 합산하여야 함.

© 전기사업자 소유 변전소

「지방세법 시행규칙」 [별표 2] (공장의 종류) 제29호에서 전기업(변전소 및 송·배전소를 포함)은 제1호 내지 제28호의 "공장"의 종류에서 제외하도록 규정하고 있지만, 지역자원시설세 중과세 적용 시 공장의 종류에서 제외하지 아니한다라고 규정되어 있는바, 「지방세법 시행규칙」 제55조의 면적 요건 등이 충족된다면 공장으로 보아 중과세되는 것이다.[496]

에 대하여는 중과세액을 적용하기 어려울 것임(지방세정책과-2377, 2020.6.19.).

496) 종전 해석 : 이 당시에는 지역자원시설세(공동시설세) 중과 적용 시 공장의 종류로 본다는 규정이 없었음. 한국전력공사 소유 변전소는 공장에서 제외하므로 화재위험 건축물에 해당되지 않아 표준세율의 100분의 200 대상에 해당되지 않을 것임(지방세운영과-1645, 2008.10.2.).
「지방세법 시행규칙」 [별표 2](공장의 종류) 제28호에서 전기업(변전소 및 송·배전소 포함)은 제1호 내지 제27호의 "공장"의 종류에서 제외하도록 규정하고 있는바, 변전소용 건축물은 지역자원시설세가 중과세되는 화재위험 건축물 중 "공장"의 범위에 포함되지 아니하므로 중과세대상 아님(세정과-3847, 2004.11.2.).

전기업(변전소)용 건축물은 지역자원시설세를 중과세하는 공장에 해당되어 중과세됨(조심 2018지0932, 2018.8.24.).

공장을 화재위험 건축물로 보아 지역자원시설세를 2배 중과세한다고 규정하고 있는 점, 「지방세법 시행규칙」 제7조 제1항 [별표 2] 제29호 본문 및 아목에서 지역자원시설세를 중과세하는 경우 전기업(변전소)용 건축물은 공장에 해당된다고 규정하고 있는 점 등에 비추어 쟁점변전소 중 ○○○소재 4개 변전소뿐만 아니라 나머지 변전소도 화재위험건축물에 해당된다 할 것임.

ⓔ 공장 구내의 「지방세법 시행령」 제5조의 부속시설

지역자원시설세 과세대상으로서의 건축물에는 「지방세법 시행령」 제5조에서 열거하고 있는 시설이 포함된다고 보아야 할 것이다. 그런데 「지방세법 시행령」 제137조 제1항에서 제5조에 따른 시설에 대해서는 특정부동산에 대한 지역자원시설세를 비과세하되 제138조 제1항 제2호에 해당하는 화재위험 건축물은 비과세에서 제외하도록 규정하고 있는 점, 지역자원시설세 과세대상으로서의 건축물에는 「지방세법 시행령」 제5조에서 열거하고 있는 시설이 포함되는 점 등을 감안했을 때, 「지방세법 시행규칙」 제55조에 따른 공장의 경계구역 안에 있는 「지방세법 시행령」 제5조의 시설들은 화재위험 건축물로서 지역자원시설세 중과세대상에 해당된다(지방세운영과-383, 2013.4.24.). 예를 들어 공장이 화재위험 건축물이므로 공장 구내에 있는 도크시설은 지역자원시설세는 중과세된다.

ⓜ 공장 구외 기숙사 및 사원용 주택

지역자원시설세의 산출방법은 공장의 경우 1구내의 과세물건에 대한 과세표준액을 합산하여 초과누진세율을 적용하며, 기숙사 및 사원용 주택은 1세대가 독립하여 생활할 수 있는 구조를 갖춘 경우에는 이를 주택으로 보아 각각 초과 누진세율을 적용하는 것이다(세정 1268-2486, 1980.2.22.).

ⓗ 무허가 또는 허가 취소 시장

시장은 「시장법」의 규정에 의한 시장으로 한정되나, 시설로 보아 당연히 「시장법」에 의하여 시장허가를 받아야 할 시장이 무허가로 운영하고 있거나 「시장법」에 의하여 기허가된 시장이 법적 요건 불비로 허가 취소되었더라도 현실적으로 「시장법」에 의한 시장기능을 가지고 있으면 지역자원시설세의 중과세대상이다(세정 1268-8109, 1980.6.12.).

1구(2018년 이전 1구 또는 1동)의 건축물이 「소방법 시행령」 [별표 1]의 규정에 의한 시장용 건축물로서의 용도와 기타 용도로 구분 사용되는 경우에는 기타 용도로 사용되는 부분을 제외한 부분만을 화재위험 건축물로 보아 중과세한다고 규정하고 있으므로 동일 건물 내에 「소방법 시행령」 [별표 1]의 규정에 의한 시장용 건축물로서의 용도 이외의 용도로 사용되는 건축물 면적은 지역자원시설세 중과세대상에서 제외되어야 할 것이다(세정 22607-14140, 1987. 11.20. 참조). 이 같은 판단기준에 따르면 예를 들어 건축물 면적 중 롤러스케이트장, 실내주차장, 사무실, 다방, 미용실, 예식장, 휴게실로 사용되고 있는 지하 2층, 지상 2-3층 면적은 「소

방법 시행령」[별표 1]에서 말하는 시장용(매일 또는 정기적으로 다수의 수요자와 공급자가 모여서 물품의 매매교환을 행하는 건축물)에 공여되고 있는 면적으로 볼 수 없으므로(「소방세법」[별표 1]에 의하면 다방, 휴게실은 음식점, 예식장은 집회장, 롤러스케이트장은 경기장, 미장원, 사무실은 사업장, 지하 주차장은 차고로 구분하고 있다) 이 부분의 면적(지하 2층, 지상 2-3층)은 화재위험 건축물로 볼 수 없다고 해야 할 것이다(내심 88-62, 1988.3.29.).

Ⓢ 판매시설

지하 5층, 지상 9층의 ○○데파트 건물 6층에 위치하는 건축물로서 건축물대장상 판매시설로 되어 있고 판매시설 등으로 사용되는 비주거용 건물인 ○○데파트는 화재위험 건축물에 해당되므로 이 건축물을 화재위험 건축물로 보아 지역자원시설세를 부과한 데 잘못이 있다고 볼 수 없고, 지역자원시설세는 소방시설로 인하여 이익을 받는 자에게 부과하는 응익적 과세로서 지역자원시설세를 부과할 때에는 소방시설로 인하여 이익을 받는 정도에 따라 부과하여야 하고, 이 건축물의 경우 화재위험에 노출되는 정도는 한 동의 건물 전체에 동일하다고 할 것이므로 이 건축물에 대한 지역자원시설세를 산출함에 있어서는 각 지분별 과세표준액을 기준으로 세액을 산출할 것이 아니라 전체 건축물에 대한 과세표준액에 해당 세율을 적용하여 세액을 산출한 후 이를 다시 소유자별로 안분하여 과세하는 것이 타당하다 할 것이다(감심 2003-46, 2003.5.20.).

사례 공부상 상가이나 실제 작업장 및 창고로 사용하는 건축물(행심 2003-288, 2003.12.24.)

화재위험건축물 용도와 기타 용도로 사용되는 경우에는 기타 용도로 사용되는 부분을 제외한 부분만을 화재위험건축물로 보아야 한다고 규정한 것이나 구분사용되는 경우에는 그 사용 용도대로 각각 적용한다는 규정에 비추어 과세요건을 실제적으로 충분히 검토하지 않고 공부상 현황만 가지고 건축물에 대한 지역자원시설세를 중과세하여 부과함에 무리가 있음.

Ⓞ 백화점

재산세의 과세대상 물건이 공부상의 등재상황과 사실상의 현황이 상이한 경우에는 사실상의 현황에 의하여 재산세를 부과하도록 규정하고 있고, 과세표준산정 시 그 용도에 따라 지수를 적용하는데 1구 또는 1동의 건축물이 2 이상의 용도에 사용되는 경우에는 각각의 용도대로 구분하되 다만, 공용부분은 전용면적 비율로 안분하고 안분할 수 없는 부분은 사용 면적이 제일 큰 용도의 건물에 부속된 것으로 본다고 규정하고 있고 지하 2·3·5층의 창고시설과 지상 10층의 업무시설에 대한 용도지수는 그 사실상의 사용용도대로 창고(80) 및 사무실(125)의 용도지수를 각각 적용하는 것이 타당하다 할 것이지만, 지하6층 기계·전기실은 이 사건 건축물의 공용면적에 해당하는 부분으로서 백화점과 다른 용도에 사용하는 전용면적의 비율로 각각 안분하여 용도지수를 적용하는 것이 타당하고 층별로 단층부분과 복층부분이 함께 있는 경우는 단층부분에 대한 가산율은 건물의 1개층 높이가 8m 이상이 되는 공장 등 특수건물에 해당하는 가산율만 적용하는 것이 타당하며,

이 건축물에 부착된 풀장·수조·급배수시설에 대한 지역자원시설세를 중과세함에 있어서는 이 건축물 중 판매시설인 백화점의 매장 면적에 해당하는 비율로 안분한 과세표준액이 중과세대상이라 할 것인데도 풀장·수조·급배수시설에 대한 과세표준액을 모두 중과세한 것은 잘못이다(행심 2003-76, 2003.4.28.).

ⓒ 영업용 창고

타인의 물건을 보관하는 것을 주된 영업으로 하는데 사용되는 창고를 말한다(지예 법146… 영138-2). 따라서 창고업 등록을 하고 영리를 목적으로 영업용 창고를 운영하는 자의 창고만을 의미하는 것이라 판단된다. 한편, 물류창고 안에 사무실이 일부 있을 경우 그 사무실도 영업용 창고의 부대시설로 보아야 할 것이다.

사례 농협의 정부양곡 보관창고(세정 13407-364, 1994.7.19.)

"공장"이라 함은 영업을 목적으로 물품의 제조, 가공, 수선이나 인쇄 등의 목적에 사용할 수 있도록 생산설비를 갖춘 장소를 말하므로 도정 공장은 이에 포함되며, "영업용 창고"라 함은 「화물유통촉진법」에 의거 "창고업"으로 등록된 창고업자가 해당 용도에 사용하는 창고를 말함.

사례 물류센터용 보관창고를 공장·영업용 창고로 봄(행심 2001-168, 2001.3.27.).

자동차생산 및 판매를 주업으로 하는 업무의 특성상 제품을 보관하는 창고는 영업을 위한 필수불가결한 요소로서 구성되어진다고 볼 수 있고, 현재 창고의 기능 역시 생산판매하는 차량과 직접적으로 연관된 영업용 부품을 보관하는 창고로 사용되고 있으며, 내부시설을 보더라도 언제라도 재화를 공급하면 수선과 같은 공장용도로 활용이 가능하도록 이루어져 있는 사실이 확인되고 있는 이상, 건축물을 공장과 직접적으로 관련된 영업용 창고로 보아 지역자원시설세를 중과세한 처분은 정당함.

ⓒ 위험물 저장 및 처리 시설(가스관)

「고압가스 안전관리법 및 도시가스사업법」에 의하여 허가를 받는 가스관이라고 되어 있는바, 취득세 과세대상이 되는 가스관은 가스(LPG, LNG)를 운반하기 위하여 지하나 지상 또는 고가 및 다리에 설치된 「도시가스사업법」에 의한 본관과 공급관을 말하는 것으로 사용자 공급관은 취득세 과세대상에서 제외되므로 지역자원시설세에 해당하는 가스관도 취득세 과세대상 가스관에 먼저 해당되어야 할 것이다. 취득세가 과세되는 가스관의 경우 4층 이상 비주거용 건축물에 해당하지 아니하는 때에는 과세되지 아니하지만 다른 화재위험 건축물에 해당하는 경우 과세가 될 것이다. 그리고 취득세 과세대상이 되지 아니하는 가스관이더라도 「소방시설 설치 및 관리에 관한 법률」 시행령 [별표 2] 제17호의 위험물 저장 및 처리 시설로 규정된 것으로 요건에 충족되어 화재위험 건축물에 해당되어야 지역자원시설세가 과세될 것이다.[497]

---

497) 특정소방대상물(제5조 관련)
　17. 위험물 저장 및 처리 시설
　　가. 위험물 제조소등

사례 위험물저장 및 처리시설에 해당하는 시설(세정 13407-284, 2003.4.17.)

동해-1 가스전사업에서 천연가스의 육상 및 해상 생산시설은 「소방법 시행령」[별표 1]의 규정에 의한 특수장소에 해당하지 않으며, 「소방법」에서도 천연가스생산에 대해 별도로 규정하고 있지 않아 「소방법」 제2조 제1호의 일반적인 "소방대상물"에 해당하는 것으로 판단됨. 다만, 천연가스생산 중 부산물인 컨덴세이트(초경질유) 저장탱크 1기는 7,000배럴(약 800톤) 규모로 「소방법」 제2조 제4호의 "위험물"에 해당하나, 해상시설의 연료유 옥외탱크 3기는 귀부에 질의한 결과 우리나라 영해, 영토가 아닌 곳에 설치하는 위험물시설에 대하여는 「소방법」상의 시설 규제 조항이 적용되지 않는다는 유권해석을 받은바 있음. 화재위험건축물에 대하여는 표준세율의 100분의 200을 적용하도록 규정하고 있으므로 귀문의 경우 위험물저장 및 처리시설에 해당하는 시설에 대하여는 표준세율의 100분의 200이 적용됨.

 저유장

저유장이라 함은 저유조 등 유류를 직접 저장하는 시설은 물론 이들 시설을 유지관리하기 위한 부대시설도 포함되는 것으로 봄이 타당하며, 특히 4층 이상 건물인 경우는 주거용 건축물을 제외하고는 전부 중과대상이 되는 것이다.

「소방시설 설치 및 관리에 관한 법률 시행령」 별표 2에 따른 특정소방대상물

2. 근린생활시설

가. 슈퍼마켓과 일용품(식품, 잡화, 의류, 완구, 서적, 건축자재, 의약품, 의료기기 등) 등의 소매점으로서 같은 건축물(하나의 대지에 두 동 이상의 건축물이 있는 경우에는 이를 같은 건축물로 본다. 이하 같다)에 해당 용도로 쓰는 바닥면적의 합계가 1천㎡ 미만인 것

나. 휴게음식점, 제과점, 일반음식점, 기원(棋院), 노래연습장 및 단란주점으로서 같은 건축물에 해당 용도로 쓰는 바닥면적의 합계가 150㎡ 미만인 것

다. 이용원, 미용원, 목욕장 및 세탁소(공장이 부설된 것과 「대기환경보전법」, 「수질 및 수생태계 보전에 관한 법률」 또는 「소음·진동관리법」에 따른 배출시설의 설치허가 또는 신

나. 가스시설 : 산소 또는 가연성가스를 제조·저장 또는 취급하는 시설 중 지상에 노출된 산소 또는 가연성가스 탱크의 저장용량의 합계가 100톤 이상이거나 저장용량이 30톤 이상인 탱크가 있는 가스시설로서 다음의 어느 하나에 해당하는 것

1) 가스제조시설
   가) 「고압가스 안전관리법」 제4조 제1항에 따른 고압가스의 제조허가를 받아야 하는 시설
   나) 「도시가스사업법」 제3조에 따른 도시가스사업허가를 받아야 하는 시설

2) 가스저장시설
   가) 「고압가스 안전관리법」 제4조 제3항에 따른 고압가스의 저장허가를 받아야 하는 시설
   나) 「액화석유가스의 안전관리 및 사업법」 제6조 제1항에 따른 액화석유가스 저장소의 설치 허가를 받아야 하는 시설

3) 가스취급시설
   「액화석유가스의 안전관리 및 사업법」 제3조에 따른 액화석유가스 충전사업 또는 액화석유가스 집단공급사업의 허가를 받아야 하는 시설

고의 대상이 되는 것은 제외한다)

라. 의원, 치과의원, 한의원, 침술원, 접골원(接骨院), 조산원(「모자보건법」 제2조 제11호에 따른 산후조리원을 포함한다) 및 안마원(「의료법」 제82조 제4항에 따른 안마시술소를 포함한다)

마. 탁구장, 테니스장, 체육도장, 체력단련장, 에어로빅장, 볼링장, 당구장, 실내낚시터, 골프연습장, 물놀이형 시설(「관광진흥법」 제33조에 따른 안전성검사의 대상이 되는 물놀이형 시설을 말한다. 이하 같다), 그 밖에 이와 비슷한 것으로서 같은 건축물에 해당 용도로 쓰는 바닥면적의 합계가 500㎡ 미만인 것

바. 공연장(극장, 영화상영관, 연예장, 음악당, 서커스장, 「영화 및 비디오물의 진흥에 관한 법률」 제2조 제16호 가목에 따른 비디오물감상실업의 시설, 같은 호 나목에 따른 비디오물소극장업의 시설, 그 밖에 이와 비슷한 것을 말한다. 이하 같다) 또는 종교집회장[교회, 성당, 사찰, 기도원, 수도원, 수녀원, 제실(祭室), 사당, 그 밖에 이와 비슷한 것을 말한다. 이하 같다]으로서 같은 건축물에 해당 용도로 쓰는 바닥면적의 합계가 300㎡ 미만인 것

사. 금융업소, 사무소, 부동산중개사무소, 결혼상담소 등 소개업소, 출판사, 서점, 그 밖에 이와 비슷한 것으로서 같은 건축물에 해당 용도로 쓰는 바닥면적의 합계가 500㎡ 미만인 것

아. 제조업소, 수리점, 그 밖에 이와 비슷한 것으로서 같은 건축물에 해당 용도로 쓰는 바닥면적의 합계가 500㎡ 미만이고, 「대기환경보전법」, 「수질 및 수생태계 보전에 관한 법률」 또는 「소음·진동관리법」에 따른 배출시설의 설치허가 또는 신고의 대상이 아닌 것

자. 「게임산업진흥에 관한 법률」 제2조 제6호의 2에 따른 청소년게임제공업 및 일반게임제공업의 시설, 같은 조 제7호에 따른 인터넷컴퓨터게임시설제공업의 시설 및 같은 조 제8호에 따른 복합유통게임제공업의 시설로서 같은 건축물에 해당 용도로 쓰는 바닥면적의 합계가 500㎡ 미만인 것

차. 사진관, 표구점, 학원(같은 건축물에 해당 용도로 쓰는 바닥면적의 합계가 500㎡ 미만인 것만 해당하며, 자동차학원 및 무도학원은 제외한다), 독서실, 고시원(「다중이용업소의 안전관리에 관한 특별법」에 따른 다중이용업 중 고시원업의 시설로서 독립된 주거의 형태를 갖추지 않은 것으로서 같은 건축물에 해당 용도로 쓰는 바닥면적의 합계가 500㎡ 미만인 것을 말한다), 장의사, 동물병원, 총포판매사, 그 밖에 이와 비슷한 것

카. 의약품 판매소, 의료기기 판매소 및 자동차영업소로서 같은 건축물에 해당 용도로 쓰는 바닥면적의 합계가 1천㎡ 미만인 것

타. 삭제 〈2013.1.9.〉

3. 문화 및 집회시설

가. 공연장으로서 근린생활시설에 해당하지 않는 것

나. 집회장 : 예식장, 공회당, 회의장, 마권(馬券) 장외 발매소, 마권 전화투표소, 그 밖에 이와 비슷한 것으로서 근린생활시설에 해당하지 않는 것

다. 관람장 : 경마장, 경륜장, 경정장, 자동차 경기장, 그 밖에 이와 비슷한 것과 체육관 및 운동장으로서 관람석의 바닥면적의 합계가 1천㎡ 이상인 것

라. 전시장 : 박물관, 미술관, 과학관, 문화관, 체험관, 기념관, 산업전시장, 박람회장, 그 밖에 이와 비슷한 것

    마. 동·식물원 : 동물원, 식물원, 수족관, 그 밖에 이와 비슷한 것

5. 판매시설

    가. 도매시장 : 「농수산물 유통 및 가격안정에 관한 법률」 제2조 제2호에 따른 농수산물도매
        시장, 같은 조 제5호에 따른 농수산물공판장, 그 밖에 이와 비슷한 것(그 안에 있는 근린
        생활시설을 포함한다)

    나. 소매시장 : 시장, 「유통산업발전법」 제2조 제3호에 따른 대규모점포, 그 밖에 이와 비슷한
        것(그 안에 있는 근린생활시설을 포함한다)

    다. 상점 : 다음의 어느 하나에 해당하는 것(그 안에 있는 근린생활시설을 포함한다)

        1) 제2호 가목에 해당하는 용도로서 같은 건축물에 해당 용도로 쓰는 바닥면적 합계가
            1천㎡ 이상인 것

        2) 제2호 자목에 해당하는 용도로서 같은 건축물에 해당 용도로 쓰는 바닥면적 합계가
            500㎡ 이상인 것

13. 숙박시설

    가. 일반형 숙박시설 : 「공중위생관리법 시행령」 제4조 제1호 가목에 따른 숙박업의 시설

    나. 생활형 숙박시설 : 「공중위생관리법 시행령」 제4조 제1호 나목에 따른 숙박업의 시설

    다. 고시원(근린생활시설에 해당하지 않는 것을 말한다)

    라. 그 밖에 가목부터 다목까지의 시설과 비슷한 것

14. 위락시설

    가. 단란주점으로서 근린생활시설에 해당하지 않는 것

    나. 유흥주점, 그 밖에 이와 비슷한 것

    다. 「관광진흥법」에 따른 유원시설업(遊園施設業)의 시설, 그 밖에 이와 비슷한 시설(근린생
        활시설에 해당하는 것은 제외한다)

    라. 무도장 및 무도학원

    마. 카지노영업소

15. 공장

    물품의 제조·가공[세탁·염색·도장(塗裝)·표백·재봉·건조·인쇄 등을 포함한다] 또는
    수리에 계속적으로 이용되는 건축물로서 근린생활시설, 위험물 저장 및 처리 시설, 항공기 및
    자동차 관련 시설, 분뇨 및 쓰레기 처리시설, 묘지 관련 시설 등으로 따로 분류되지 않는 것

16. 창고시설(위험물 저장 및 처리 시설 또는 그 부속용도에 해당하는 것은 제외한다)

    가. 창고(물품저장시설로서 냉장·냉동 창고를 포함한다)

    나. 하역장

    다. 「물류시설의 개발 및 운영에 관한 법률」에 따른 물류터미널

    라. 「유통산업발전법」 제2조 제14호에 따른 집배송시설

17. 위험물 저장 및 처리 시설

    가. 위험물 제조소등

    나. 가스시설 : 산소 또는 가연성 가스를 제조·저장 또는 취급하는 시설 중 지상에 노출된
        산소 또는 가연성 가스 탱크의 저장용량의 합계가 100톤 이상이거나 저장용량이 30톤 이
        상인 탱크가 있는 가스시설로서 다음의 어느 하나에 해당하는 것

1) 가스 제조시설

  가)「고압가스 안전관리법」제4조 제1항에 따른 고압가스의 제조허가를 받아야 하는 시설

  나)「도시가스사업법」제3조에 따른 도시가스사업허가를 받아야 하는 시설

2) 가스 저장시설

  가)「고압가스 안전관리법」제4조 제3항에 따른 고압가스 저장소의 설치허가를 받아야 하는 시설

  나)「액화석유가스의 안전관리 및 사업법」제6조 제1항에 따른 액화석유가스 저장소의 설치 허가를 받아야 하는 시설

3) 가스 취급시설

  「액화석유가스의 안전관리 및 사업법」제3조에 따른 액화석유가스 충전사업 또는 액화석유가스 집단공급사업의 허가를 받아야 하는 시설

18. 항공기 및 자동차 관련 시설(건설기계 관련 시설을 포함한다)

  가. 항공기격납고

  나. 주차용 건축물, 차고 및 기계장치에 의한 주차시설

  다. 세차장

  라. 폐차장

  마. 자동차 검사장

  바. 자동차 매매장

  사. 자동차 정비공장

  아. 운전학원·정비학원

  자. 주차장

  차.「여객자동차 운수사업법」,「화물자동차 운수사업법」및「건설기계관리법」에 따른 차고 및 주기장(駐機場)

26. 장례식장[의료시설의 부수시설(「의료법」제36조 제1호에 따른 의료기관의 종류에 따른 시설을 말한다)은 제외한다]

비고

1. 내화구조로 된 하나의 특정소방대상물이 개구부(건축물에서 채광·환기·통풍·출입 등을 위하여 만든 창이나 출입구를 말한다)가 없는 내화구조의 바닥과 벽으로 구획되어 있는 경우에는 그 구획된 부분을 각각 별개의 특정소방대상물로 본다.

2. 둘 이상의 특정소방대상물이 다음 각 목의 어느 하나에 해당되는 구조의 복도 또는 통로(이하 이 표에서 "연결통로"라 한다)로 연결된 경우에는 이를 하나의 소방대상물로 본다.

  가. 내화구조로 된 연결통로가 다음의 어느 하나에 해당되는 경우

    1) 벽이 없는 구조로서 그 길이가 6m 이하인 경우

    2) 벽이 있는 구조로서 그 길이가 10m 이하인 경우. 다만, 벽 높이가 바닥에서 천장까지의 높이의 2분의 1 이상인 경우에는 벽이 있는 구조로 보고, 벽 높이가 바닥에서 천장까지의 높이의 2분의 1 미만인 경우에는 벽이 없는 구조로 본다.

  나. 내화구조가 아닌 연결통로로 연결된 경우

다. 컨베이어로 연결되거나 플랜트설비의 배관 등으로 연결되어 있는 경우

라. 지하보도, 지하상가, 지하가로 연결된 경우

마. 방화셔터 또는 갑종 방화문이 설치되지 않은 피트로 연결된 경우

바. 지하구로 연결된 경우

3. 제2호에도 불구하고 연결통로 또는 지하구와 소방대상물의 양쪽에 다음 각 목의 어느 하나에 적합한 경우에는 각각 별개의 소방대상물로 본다.

가. 화재 시 경보설비 또는 자동소화설비의 작동과 연동하여 자동으로 닫히는 방화셔터 또는 갑종 방화문이 설치된 경우

나. 화재 시 자동으로 방수되는 방식의 드렌처설비 또는 개방형 스프링클러헤드가 설치된 경우

4. 위 제1호부터 제30호까지의 특정소방대상물의 지하층이 지하가와 연결되어 있는 경우 해당 지하층의 부분을 지하가로 본다. 다만, 다음 지하가와 연결되는 지하층에 지하층 또는 지하가에 설치된 방화문이 자동폐쇄장치·자동화재탐지설비 또는 자동소화설비와 연동하여 닫히는 구조이거나 그 윗부분에 드렌처설비가 설치된 경우에는 지하가로 보지 않는다.

⑥ 대형 화재위험 건축물 범위(3배 중과)

㉠ 비주거용 11층 이상의 건축물

지하층과 옥탑을 제외한 층수가 11층 이상인 건물을 말하며, 이 경우 11층 이상의 건물의 일부를 주거용으로 사용하는 경우에는 그 주거용으로 사용하는 부분을 제외한 부분을 중과세한다(지방세운영과-347, 2015.1.29., 지예 법146…영138-1 참조).

지하층과 옥탑 등은 층수로 보지 아니하도록 규정하고 있으므로 지하층과 옥탑은 층수의 계산에서만 제외될 뿐 중과대상이 되는 건축물의 연면적에는 포함되는 것이며, 지역자원시설세는 소방시설 등 공공시설에 필요한 비용을 충당하기 위하여 그 시설로 인하여 이익을 받는 자에게 부과하는 지방세로서 지하실도 지상층과 같은 화재위험이 있으므로 지하실도 중과대상이다(세정 13407-1171, 1999.9.21.).

> **사례** 11층 이상의 고층건축물에 해당하는지 여부(조심 2022지1348, 2023.8.22.)
>
> 「건축법 시행령」 제119조 제1항 제9호에서 건축물이 부분에 따라 그 층수가 다른 경우에는 그 중 가장 많은 층수를 그 건축물의 층수로 본다고 규정하고 있으므로, 건축물의 하부 상가 부분의 층수와 상부 오피스텔 부분의 층수가 다른 경우에는 그 중 가장 많은 층수를 그 건축물의 층수로 보아야 하므로(조심 2018지1578, 2019.2.1., 같은 뜻임) 이 건 건물의 층수는 층수가 가장 많은 오피스텔 건물의 층수를 기준으로 25층에 해당한다고 보아야 할 것임.

㉡ 공장 및 창고시설

'하나의 건축물'을 '1구 또는 1동의 건축물'로 시행령을 개정하여 이를 명확히 하고 있으나, 2015년 이전에는 공장 및 창고시설 중 하나의 건축물로서 연면적 1만5천 제곱미터 이상의

공장 및 창고(창고시설의 경우 샌드위치 판넬조 물류창고 또는 냉동·냉장창고에 한정)는 3배 중과가 된다. 여기서 "하나의 건축물"이 1구내인지 1동인지 명확하지 않지만 2배 중과 규정에서는 단지 공장이라고만 규정되어 있어서 1구내의 공장 건축물이 하나의 공장으로 운영되고 있다면 이를 포함하는 것으로 해석하고 있지만, 3배 중과 규정에서는 이를 어떻게 해석하여야 할지 상당히 논란이 예상된다. 즉 1동의 건축물이라 표현되어 있지 않다는 점에서 2배 중과 시 공장처럼 해석하여야 한다라고 주장할 수 있지만, 2배 중과 규정에서는 공장으로만 되어 있어서 이렇게 해석할 수 있는 데 반해, 3배 중과 규정에서는 "하나의 건축물"로 규정되어 있어서 이를 달리 해석 즉 1동의 건축물로 해석하여야 한다는 것이다.[498] 지방세 운영기준(지방세운영과-1367, 2015.5.7.)에서도 "하나의 건축물"은 "1구"가 아닌 "1동"의 건축물을 의미하는 것으로 해석하고 있으며, 집합건축물인 1동의 건축물 내 다수의 공장이 입주해 있더라도 1동 전체를 하나의 건축물로 보아 연면적 1만5천 제곱미터 이상 기준을 적용한다.

여기서 연면적 1만5천 제곱미터 이상의 냉동·냉장창고는 구조와 관련없이 무조건 중과대상이 되는 것으로 해석할 여지가 있으나, 화재고위험 건축물을 말하므로 샌드위치판넬조 물류창고 또는 샌드위치판넬조 냉동·냉장창고에 한정하는 것으로 해석하여야 할 것이다. 그 이유는 샌드위치판넬조로 구성되어지지 아니한 냉동·냉장창고가 다른 창고에 비하여 화재고위험 건축물로 보기에는 형평성 차원에서 문제가 있기 때문이다. 오히려 냉동물 등이 있어서 냉동창고 등은 다른 창고보다 화재위험이 더 적다라고 볼 수 있을 것이다.

ⓒ 복합건축물

별도로 규정이 없어서 연면적 산정 시 1동의 연면적 기준인지 명확하지 않지만, 주상복합건축물의 정의에서 "하나의 건축물", 즉 1동의 건축물로 규정되어 있다는 점에서 1동의 건축물이 연면적 3만 제곱미터 이상이 되어야 중과되는 것으로 판단된다.

예를 들어 건물 동 사이 도로가 있고, 각 건축물의 입구도 별도로 되어 있어서 별개동처럼 구분되어 있고, 각 건축물도 ○○○동 이런 형식으로 구분되어 등기부등본 등에 표시되어 있을 것으로 판단되는바, 지하 주차장으로 각 동이 다 연결되어 있다고 하여 이 모두를 1동으로 볼 수는 없으므로 각각의 동으로 구분되어 있다고 보아야 할 것이다.

한편, "주상복합건축물"이라 함은 하나의 건축물이 근린생활시설, 판매시설, 업무시설, 숙박시설 또는 위락시설의 용도와 주택의 용도로 함께 사용되는 것을 말하며, 주택부분의

---

498) 하기 법령에는 하나와 다수로 구분표현하고 있어서 "하나의 건축물"은 1동의 건축물로 보고 있다.
「법인세법 시행령」 제92조의 8【사업에 사용되는 그 밖의 토지의 범위】⑥ 중략
1. 하나의 건축물이 복합용도로 사용되는 경우
　특정용도분의 부속토지면적 등=건축물의 부속토지면적 등×특정용도분의 연면적/건축물의 연면적
2. 동일경계 안에 용도가 다른 다수의 건축물이 있는 경우
　특정용도분의 부속토지면적=다수의 건축물의 전체 부속토지면적×특정용도분의 바닥면적/다수의 건축물의 전체 바닥면적

면적을 제외하고, 주택부분과 그 외의 용도로 사용되는 부분이 계단을 함께 사용하는 경우에는 계단부분의 면적은 주택부분의 면적으로 보아 연면적을 산정한다. 그런데 여기서 계단부분의 면적을 연면적에서 제외하여 중과세 연면적을 산정하는 것으로 해석할 수도 있고, 계단부분의 면적을 연면적에서 제외하여 3만 제곱미터 이상인지 판단 시에만 연면적에는 제외될 뿐 중과대상이 되는 건축물의 연면적에는 계단부분의 면적을 공용면적으로 보아 안분하여 이를 포함하여 건축물 연면적을 산정하는 것으로 해석할 여지가 있다. 법 취지상 후자가 더 타당하다고 판단되나 이에 대한 명확한 해석이 필요하다.

소방시설에 충당하는 지역자원시설세는 소방시설로 인하여 이익을 받는 자에게 부과하는 응익적 성격의 조세로써 지방세법령은 주거용이 아닌 11층 이상의 고층 건축물은 대형화재위험 건축물에 해당하여 중과세(100분의 300) 하도록 하고 있으므로, 처분청이 13층 규모의 주상복합건물인 이 건 건축물을 이에 해당하는 것으로 보아 여기에 소재한 쟁점부동산에 대하여 지역자원시설세를 중과세한 처분은 달리 잘못이 없는 것으로 판단된다(조심 2018지1230, 2018.11.8.).

3) 오물처리시설, 수리시설, 그 밖의 공공시설(2020년 이전만 적용)

① 과세표준

재산세 과세표준 산정 시의 토지·건축물가액 또는 시가표준액{주택의 건축물은 지방자치단체장이 산정한 가액에 재산세 과세표준 산정 시 공정시장가액비율을 곱하여 산정한 가액}

② 세율

0.023%

③ 오물처리시설 범위

특정부동산은 소방시설, 오물처리시설, 수리시설, 그 밖의 공공시설로 인하여 이익을 받는 자의 토지, 건축물 및 선박으로서 그 소유자인 특정부동산의 소유자가 지역자원시설세의 납세의무자에 해당된다. 그런데 「지방세법」에서는 오물처리시설에 대한 별도의 규정이 없는바, 「건축법」상의 용도별 건축물의 종류 중에 「건축법」상 오물처리와 관련시설로 "22. 분뇨 및 쓰레기 처리시설(가. 분뇨처리시설, 나. 고물상, 다. 폐기물처리시설 및 폐기물감량화시설)"이 있는 것 같다. 이외에도 오물처리시설이 다수 있을 것으로 판단된다.

국어 사전상 '오물[solid waste, 汚物]'의 의미는 쓰레기, 재, 오니, 분뇨, 동물의 사체, 기타 폐기물을 말한다. 침전조가 우수가 아닌 오수나 분뇨 등 오물과 관련된 것이라면 오물처리시설에 해당할 것으로 판단된다.

> **사례** 오물처리시설의 범위(행심 2007-542, 2007.10.1.)
>
> 이 사건 사업장의 시설물은 오수 및 분뇨를 생물학적 방법 등으로 정화하기 위한 일련의 오물처리 시설물에 해당한다 할 것이고, 주민세(재산분) 과세대상에서 제외하도록 규정하고 있는 오물처리

시설 및 공해방지시설은 주민세의 입법 취지가 공해요소제거 등 환경개선 및 정비에 따른 비용을 충당하기 위한 원인자부담 성격의 목적세임을 고려하면 제조업 등의 사업장에서 발생하는 오물 등을 자체 처리하기 위하여 설치된 시설로 한정하여 판단하기 보다는 공공하수처리를 위하여 실제 가동하는 오물처리시설까지 포함한다고 보는 것이 합리적이라 할 것이므로 이 사업장의 하수 및 분뇨처리시설물은 주민세(재산분) 과세대상에 포함되지 아니한다 할 것임.

(4) 탄력세율

지방자치단체장은 조례로 정하는 바에 따라 표준세율의 100분의 50의 범위에서 가감할 수 있다(원자력발전, 화력발전은 가감할 수 없음).

(5) 지분별로 소유하는 건축물에 대한 지역자원시설세 과세방법

소방시설로 인하여 이익을 받는 정도에 따라 부과하여야 하고 화재위험에 노출되는 정도는 한 동의 건물 전체에 동일하다 할 것이므로, 건축물에 대한 지역자원시설세를 산출함에 있어서는 각 지분별 과세표준액을 기준으로 세액을 산출할 것이 아니라 전체 건축물에 대한 과세표준액에 해당 세율을 적용하여 세액을 산출한 후, 이를 다시 소유자별로 안분하여 과세하는 것이다(감심 2003-46, 2003.5.20., 행심 2000-311, 2000.3.29. 참조).

한편, 공동주택과 같이 엄격히 각 세대별로 구분되어 있는 건축물이 아닌 오피스텔의 경우는 그 전체가 1구 또는 1동의 건축물에 해당된다고 보아야 하고 오피스텔에 대한 지역자원시설세를 산출함에 있어서는 각 호실별로 구분하여 각 호실별 과세표준액에 세율을 적용하여 각각 지역자원시설세를 산출할 것이 아니라 전체 건축물에 대한 과세표준액에 해당 세율을 적용하여 세액을 산출한 후 이를 다시 안분하는 것이다(행심 2000-311, 2000.3.29.).

> **사례** 건물에 대한 재산세에 재산세 도시지역분을 합산하고, 건물이 포함된 상가건물을 4층 이상의 화재위험 건축물로 보아 건물에 대한 지역자원시설세를 산출(중과세)한 후 소유비율로 안분하여 지역자원시설세를 과세한 처분은 달리 잘못이 없음(조심 2011지574, 2012.2.10.).

(6) 다가구주택

지역자원시설세는 건축물의 1구 또는 1동 단위로 과세하는 것으로서 과세대상 건축물에 대하여는 "건축물(재산세 과세대상 건축물)"로 규정하고 있으므로 재산세가 독립된 구획별로 과세되는 다가구주택이라면 지역자원시설세도 독립된 구획별로 과세표준을 산정하여 과세하는 것이다(세정 13407-1090, 2000.9.14.).

⑦ 부과징수(지법 §147)

(1) 과세기준일, 납기 및 소액부징수

1) 특정자원 및 특정시설(2020년 이전은 특정자원)에 대한 지역자원시설세

① 신고납부

신고납부의 방법으로 징수한다. 다만, 지하수에 대한 지역자원시설세의 경우 조례로 정하는 바에 따라 보통징수의 방법으로 징수할 수 있다.

지역자원시설세를 신고납부하는 경우 납세의무자는 산출세액을 납세지를 관할하는 지방자치단체장에게 조례로 정하는 바에 따라 신고하고 납부하여야 한다.

② 부족세액 추징 및 가산세

납세의무자가 신고납부의무를 다하지 아니하면 납부하여야 할 세액 또는 그 부족세액에 무신고가산세, 과소신고가산세 및 납부지연가산세(2023년 이전은 납부불성실가산세)를 합한 금액을 세액으로 하여 보통징수의 방법으로 징수한다.

2) 소방분(2020년 이전은 특정부동산) 지역자원시설세

① 재산세 준용

재산세의 규정 중 「지방세법」 제114조, 제115조, 제116조(2018년 이전만), 제118조(2022년 이후 적용되나, 재산세를 분할납부하는 경우에만 해당) 및 제122조(제122조의 경우는 각 호 외의 부분 본문만 해당)를 준용한다. 즉 과세기준일, 납기 및 소액부징수에 관한 규정은 재산세의 규정을 준용하도록 하고 있다.

따라서 과세기준일은 매년 6월 1일이 되며, 납기는 건축물 또는 선박(7.16.~7.31.), 주택(7.16.~7.31., 9.16.~9.30.)으로 재산세의 납기와 동일하며, 부과징수하여야 할 세액이 2,000원 미만인 경우에는 소액부징수에 해당한다.

② 납세고지

소방분(2020년 이전은 특정부동산) 지역자원시설세의 납기와 재산세의 납기가 같을 때에는 재산세의 납세고지서에 나란히 적어 고지할 수 있다(지령 §138).

(2) 부과징수

소방분(2020년 이전은 특정부동산) 지역자원시설세는 관할 지방자치단체장이 세액을 산정하여 보통징수의 방법으로 부과·징수하며, 지역자원시설세를 부과할 지역과 부과·징수에 필요한 사항은 해당 지방자치단체의 조례로 정하는 바에 따른다. 이 경우 컨테이너에 관한 지역자원시설세의 부과·징수에 대한 사항을 정하는 조례에는 특별징수의무자의 지정 등에 관한 사항을 포함할 수 있다.

소방분(2020년 이전은 특정부동산) 지역자원시설세는 그 시설종목을 표시하여 부과하여야 하며, 특정부동산에 대한 지역자원시설세를 징수하려면 건축물, 선박 및 토지로 구분한 납세고지서에 과세표준과 세액을 적어 늦어도 납기개시 5일 전까지 발급하여야 한다. 여기서 '발급'의 의미는 납세자에게 납세고지서가 도달하는 것이 아닌 '과세관청의 발송'에 해당한다고 해석하고 있다(지방세정책과-213, 2023.1.18.).

⑧ 소액징수 면제(지법 §148)

지역자원시설세로 징수할 세액이 고지서 1장당 2천 원 미만인 경우에는 그 지역자원시설세를 징수하지 아니한다.

제**12**장

지방교육세

① 목적(지법 §149)

지방교육세는 지방교육의 질적 향상에 필요한 지방교육재정의 확충에 드는 재원을 확보하기 위하여 부과한다.

② 납세의무자(지법 §150)

① 취득세 납세의무자

부동산, 기계장비(「지방세법」 제124조에 해당하는 자동차 제외), 항공기 및 선박의 취득에 대한 취득세의 납세의무자

② 등록면허세 납세의무자

등록에 대한 등록면허세(「지방세법」 제124조에 해당하는 자동차에 대한 등록면허세 제외)의 납세의무자

③ 레저세의 납세의무자

「지방세법」 제41조에 따른 레저세 납세의무자

④ 담배소비세의 납세의무자

「지방세법」 제49조에 따른 담배소비세 납세의무자

⑤ 주민세 개인분 및 사업소분(2020년 이전은 균등분)의 납세의무자

「지방세법」 제75조 제1항에 따른 주민세 개인분 및 사업소분(2020년 이전은 균등분) 납세의무자

⑥ 재산세 납세의무자

「지방세법」 제107조에 따른 재산세 납세의무자(단, 「지방세법」 제112조 제1항 제2호 및 같은 조 제2항에 따른 재산세액인 재산세 도시지역분 납세의무자는 제외)

⑦ 비영업용 승용자동차에 대한 자동차세 납세의무자

비영업용 승용자동차에 대한 자동차세[국가, 지방자치단체 및 「초·중등교육법」에 따라 학교를 경영하는 학교법인(목적사업에 직접 사용하는 자동차에 한정)을 제외한다]의 납세의무자

「자동차관리법」에 따라 자동차의 구분기준이 화물자동차에서 2006.1.1.부터 승용자동차에 해당하게 된 자동차에 대한 지방교육세는 이 내용에도 불구하고 지방교육세를 부과하지 아니한다(2010.3.31. 법률 제10221호 부칙 §4 ②).

③ 과세표준과 세율(지법 §151)

(1) 과세표준과 표준세율

지방교육세를 납부하여야 할 자가 지방교육세의 과세표준이 되는 지방세를 납부하지 아니하거나 부족하게 납부함으로써 해당 세액에 가산세가 가산되었을 때에는 그 가산세액은 지방교육세의 과세표준에 산입하지 아니한다(지령 §140).

과세표준	세율
① 취득물건(「지방세법」 제15조 제2항 즉 구 취득세율만 적용되는 것 제외)에 대하여 취득세 표준세율에서 2%(유상거래 주택 저율세율인 경우 그 세율의 50%)를 뺀 세율을 적용한 산출금액^(주1) 다음 어느 하나에 해당하는 경우 다음의 금액	20%
㉠ 「지방세법」 제13조 제2항·제3항·제6항 또는 제7항에 해당하는 경우	
㉮ 법인이 「지방세법」 제11조 제1항 제8호에 따른 주택 취득(2020.8.12. 이후 적용) 취득세 표준세율 4%(지법 §11 ① 7호 나목)에서 2%를 뺀 세율을 적용한 산출금액	20%
㉯ ㉮ 외 취득세 표준세율에서 2%(유상거래 주택 저율세율인 경우 그 세율의 50%)를 뺀 세율을 적용한 산출금액	20% × 3
㉡ 「지방세법」 제13조의 2에 해당하는 경우(2020.8.12. 이후 적용) 취득세 표준세율 4%(지법 §11 ① 7호 나목)에서 2%를 뺀 세율을 적용한 산출금액	20%
㉢ 「지방세특례제한법」, 「조세특례제한법」 및 지방세감면조례(이하 "지방세감면법령")에서 취득세를 감면하는 경우	
㉮ 지방세감면법령에서 취득세의 감면율을 정하는 경우 취득세 표준세율에서 2%(유상거래 주택 세율인 경우 그 세율의 50%)를 뺀 세율을 적용한 산출금액	20% × (1 - 취득세 감면율)
㉯ 지방세감면법령에서 취득세의 감면율을 정하면서 「지방세법」 제13조 제2항 본문 및 제3항의 세율을 적용하지 아니하도록 정하는 경우 취득세 표준세율에서 2%(유상거래 주택 세율인 경우 그 세율의 50%)를 뺀 세율을 적용한 산출금액	20% × (1 - 취득세 감면율)
㉰ ㉮, ㉯ 이외 지방세감면법령에서 「지방세법」과 다른 취득세율을 정하는 경우(다만, 세율을 2%로 정하는 경우 과세대상 제외) 해당 취득세율에도 불구하고 취득세 표준세율에서 2%(유상거래 주택 세율인 경우 그 세율의 50%)를 뺀 세율을 적용한 산출금액	20%

과세표준	세율
㉣ ㉠ 또는 ㉡과 ㉢의 ㉮ 동시 적용되는 경우 ㉠을 적용한 산출금액	20% × (1 - 취득세 감면율)
② 「지방세법」 및 지방세감면법령에 따라 납부하여야 할 등록에 대한 등록면허세액	20%
③ 「지방세법」 및 지방세감면법령에 따라 납부하여야 할 레저세액	40%
④ 「지방세법」 및 지방세감면법령에 따라 납부하여야 할 담배소비세액(주2)	43.99%(2014년 이전 50%)
⑤ 「지방세법」 및 지방세감면법령에 따라 납부하여야 할 주민세 개인분 및 기본세율의 사업소분(2020년 이전은 균등분) 세액(주3)	10% (인구 50만 이상 시 25%)
⑥ 「지방세법」 및 지방세감면법령에 따라 납부하여야 할 재산세액 (재산세 도시지역분 제외)	20%
⑦ 「지방세법」 및 지방세감면법령에 따라 납부하여야 할 자동차세	30%

☞ (주1) 유상거래를 원인으로 취득 당시의 가액이 6억 원 이하인 주택을 취득하는 경우 1%, 6억 원 초과 9억 원 이하 주택은 2%, 9억 원 초과 주택은 3% 취득세 세율을 각각 적용한다. 이 규정은 2013.12.26. 신설되어 2013.8.28. 이후 최초로 취득하는 분부터 적용하며, 2013.8.28.부터 2013.12.31.까지 취득하는 분에 대하여는 「지방세특례제한법」 제40조의 2에도 불구하고 제11조 및 제13조의 개정규정을 적용한다. 「지방세법」 제11조 제1항 제8호의 취득세율 50%(예 : 취득가액 6억 원 이하인 주택의 취득세율이 1%인데, 이 세율의 50%인 0.5%)에 의해 산출된 취득세액의 20%를 지방교육세로 신고납부하도록 규정되어 있는데, 이 규정은 2013.8.28. 이후 최초로 취득하는 분부터 적용하도록 규정되어 있어서 지방교육세는 취득세 세율의 50% 기준으로 하므로 6억 원 이하는 지방교육세 0.1%, 6억 원 초과 9억 원 이하는 지방교육세 0.2%, 9억 원 초과는 지방교육세 0.3%가 될 것이다.

☞ (주2) 2010.3.31. 개정 시 부칙으로 2015.12.31.까지 개정규정이 효력이 있는 것으로 하였으나, 이 부칙을 2015.12.29. 다시 개정하여 2026.12.31.까지 효력이 있는 것으로 하였음.

☞ (주3) 도농복합형태의 시에 대하여 주민세 개인분 및 기본세율 사업소분(2020년 이전은 균등분) 지방교육세율을 적용할 때 "인구 50만 이상 시"란 동지역의 인구가 50만 이상인 경우를 말하며, 해당 시의 읍·면지역에 대하여는 그 세율을 100분의 10으로 한다. 여기서 「지방자치법」 제4조 제1항에 따라 둘 이상의 지방자치단체가 통합하여 인구 50만 이상 시에 해당하는 지방자치단체가 되는 경우 해당 지방자치단체의 조례로 정하는 바에 따라 5년의 범위에서 통합 이전의 세율을 적용할 수 있다.

(2) 탄력세율

지방자치단체 조례에서 정하는 바에 따라 지방교육세 세율을 50% 범위 안에서 가감 조정할 수 있다.

④ 신고납부와 부과징수(지법 §152)

(1) 신고납부

지방교육세 납세의무자가 「지방세법」에 따라 취득세, 등록에 대한 등록면허세, 레저세 또는 담

배소비세 및 주민세 사업소분을 신고하고 납부하는 때에는 그에 대한 지방교육세를 함께 신고하고 납부하여야 한다. 이 경우 담배소비세 납세의무자(제조자 또는 수입판매업자에 한정)의 주사무소 소재지를 관할하는 지방자치단체장이 「지방세법」 제64조 제1항에 따라 담보 제공을 요구하는 경우에는 담배소비세분 지방교육세에 대한 담보 제공도 함께 요구할 수 있다. 한편, 지방교육세를 신고납부할 때에는 그 과세표준이 되는 지방세의 신고서 및 납부서에 해당 지방세액과 지방교육세액을 나란히 적고 그 합계액을 적어야 한다.

(2) 부과징수

지방자치단체장이 「지방세법」에 따라 납세의무자에게 주민세 개인분(2020년 이전은 균등분)·재산세 및 자동차세를 부과징수하거나 세관장이 담배소비세를 부과·징수·납입(2014.1.1. 이후 지방교육세를 부과·징수하는 경우부터 적용)하는 때에는 그에 대한 지방교육세를 함께 부과·징수·납입하며, 2024.1.1. 이후 특별징수하는 분부터(법 부칙 §5) 담배소비세 특별징수의무자가 담배소비세를 특별징수하는 경우에는 그에 대한 지방교육세를 함께 부과·징수·납입한다.

한편, 2024.1.1. 이후 발생하는 위반행위에 대하여 세액을 특별징수하는 경우부터(법 부칙 §5) 지방교육세의 부과·징수·납입에 대하여 불복하려는 경우에는 특별징수의무자를 그 처분청으로 보며, 지방교육세의 특별징수, 납입 및 가산세 면제 등에 관하여는 「지방세법」 제62조의 2 제2항 및 제3항을 준용한다.

지방교육세를 부과·징수·납입할 때에는 그 과세표준이 되는 지방세의 납세고지서에 해당 지방세액과 지방교육세액 및 그 합계액을 적어 고지하여야 하며, 시장·군수·구청장은 불가피한 사유로 지방교육세만을 부과징수할 때에는 납세고지서에 지방교육세액만을 고지하되, 해당 지방교육세의 과세표준이 되는 세목과 세액을 적어야 한다.

❺ 부족세액의 추징 및 가산세(지법 §153)

(1) 무신고가산세와 과소신고가산세 미부과

지방교육세를 신고납부하여야 하는 자가 신고의무를 다하지 아니한 경우에도 무신고가산세와 과소신고가산세를 부과하지 아니한다. 이 규정은 2013.1.1. 이후 납세의무가 성립하는 분부터 적용하므로 그 전에는 신고불성실가산세(20%)를 부과하였다.

(2) 부족세액 추징과 납부지연가산세 부과

지방교육세를 신고납부하여야 하는 자가 납부의무를 다하지 아니한 경우 산출세액 또는 그 부족세액에 납부지연가산세(2023년 이전은 납부불성실가산세)를 합한 금액을 세액으로 하여 보통징수(2024년 이후 담배소비세 특별징수하는 경우 특별징수)의 방법으로 징수한다.

6 환급(지법 §154)

　지방교육세의 지방세환급금은 해당 지방자치단체장 또는 그 위임을 받은 공무원이 지방교육세의 과세표준이 되는 세목별 세액의 환급의 예에 따라 환급한다.

제4편

「지방세특례제한법」

제**1**장

총칙

① 목적(지특법 §1)

「지방세특례제한법」은 지방세 감면 및 특례에 관한 사항과 이의 제한에 관한 사항을 규정하여 지방세 정책을 효율적으로 수행함으로써 건전한 지방재정 운영 및 공평과세 실현에 이바지함을 목적으로 한다.

지방세 비과세·감면제도는 정책 목적 지원 등을 위해 지방세 납세의무의 전부 또는 일부를 과세제외하거나 과세권 행사를 유보하는 것으로서 일종의 특혜에 해당된다고 볼 수 있다.

② 정의(지특법 §2)

「지방세특례제한법」에서 사용하는 용어의 뜻은 특별한 규정이 없으면 「지방세기본법」, 「지방세징수법」 및 「지방세법」에서 정하는 바에 따른다. 다만, 지방소득세 특례에서 사용하는 용어의 뜻은 「지방세기본법」, 「지방세징수법」 및 「지방세법」에서 정하는 경우를 제외하고 「조세특례제한법」 제2조에서 정하는 바에 따르며, 「지방세특례제한법」에서 사용하는 용어의 뜻은 다음과 같다.

(1) 고유업무

'고유업무'란 법령에서 개별적으로 규정한 업무와 법인등기부에 목적사업으로 정하여진 업무를 말한다(지특법 §2 1).

1) '목적사업에 직접 사용'의 의미

원칙적으로 '직접 사용'이란 부동산·차량·건설기계·선박·항공기 등(2017년 이전은 부동산)의 소유자가 해당 부동산·차량·건설기계·선박·항공기 등을 사업 또는 업무의 목적이나 용도에 맞게 사용하는 것을 말한다(지특법 §2 8). 따라서 '고유업무에 직접 사용'이라 함은 해당 부동산을 취득한 자가 관계법령에서 개별적으로 규정한 업무와 법인등기부상 정관 목적사업으로 정하여진 업무에 대하여 그 시설의 사용 주체로서 직접 사용하는 경우만을 의미하는 것이다(지방세운영과-1820, 2011.4.19. 참조).

한편, '직접 사용'의 의미는 당해 재산의 사용용도가 직접 그 고유의 업무에 사용하는 것이면 족하다할 것이고 그 사용의 방법이 스스로 그와 같은 용도에 제공하거나 혹은 제3자에게 임대 또는 위탁하여 그와 같은 용도에 제공하는지 여부를 가리지 아니한다 할 것이므로(대법원 84누297, 1984.7.24., 대법원 73누154, 1973.10.23. 등 참조) 건물 등을 취득한 후 공익재단에 임대한 것만으로는 추징사유에 해당하지 아니한다(대법원 2008두15039, 2011.1.27.)라고 판시하고 있고, 일부 감면규정에서 '직접 사용'에는 해당 재산을 제3자에게 임대 또는 위탁하여 자신의 사업에 사용하는 것도 포함하는 것이지만, 이 경우 임대 또는 위탁하는 방법으로 당해 사업에 부동산을 직접 사용한다고 보기 위해서는 당해 사업자가 해당 부동산을 그 사업수행에 직접 사용하는 것으로 볼 수 있을 정도의 제3자에 대한 지휘, 통제 및 관리 감독의 권한을 가지고 있어야 할 것이다(조심 2013지318,

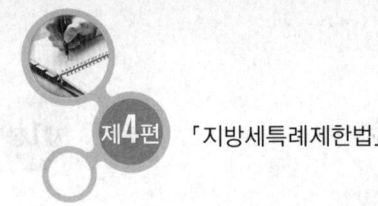

2014.1.27.)라고 결정하고 있다.

따라서 감면규정의 취지에 따라 직접 사용자가 소유자 기준인지 아니면 소유자 이외에도 사용자 기준인지를 파악하여야 하지만, 이는 해석 등에 의존하고 있는 것으로 판단되는데, 동일한 규정을 다르게 해석하고 있어서[1] 어느 해석에 맞추어야 하는지 혼란을 주고 있어서 판단하기가 쉽지 아니하므로 법 규정에 이를 명확히 할 필요가 있었는데, 2014년부터는 부동산·차량·건설기계·선박·항공기 등(2017년 이전은 부동산만 규정되어 있었음)의 소유자가 해당 부동산·차량·건설기계·선박·항공기 등을 사업 또는 업무의 목적이나 용도에 맞게 사용하는 것을 말하는 것으로 규정하고 있다(지특법 §2 8). 따라서 「영유아보육법」에 따른 영유아어린이집을 설치·운영하기 위하여 취득하여 그 취득세가 면제된 부동산의 경우에 있어서 취득세 추징 사유에 관한 규정인 '해당 용도로 직접 사용'이란 그 부동산을 취득한 소유자가 그 부동산을 영유아어린이집의 설치·운영의 용도로 사용하는 것을 의미한다(대법원 2019두34968, 2019.5.30., 심리불속행 기각, 서울고법 2018누70020, 2019.1.29.).[2]

---

1) 취득 주체가 직접 운영하거나 임차나 위탁운영하는 경우에 이를 달리 적용하도록 규정하고 있지 아니하므로 노인복지시설로 임차 운영하기로 하였다하여 감면조례를 배제하는 것은 타당하지 아니하다(조심 2012지409, 2013.4.29.). 노인복지시설을 설치하고자 할 때에는 반드시 관할시장·군수·구청장 등에게 신고하여야 하고, 설치 신고를 하지 않고 위 시설을 운영하는 경우에는 형사처벌을 받도록 정하여져 있는 점에 비추어 보면, 취득세 감면대상자인 '노인복지시설을 설치한 자'라 함은 시설을 적법하게 설치신고를 하여 시설을 운영하는 자를 의미한다고 보아야 할 것이다(감심 2009-82, 2009.4.16.).

2) 같은 취지의 대법원판례(2018두65996, 2019.4.5. 심리불속행 기각)가 있으나, 이 판례와는 달리 "'직접 사용'의 범위는 원고의 사업목적과 취득목적을 고려하여 그 실제의 사용관계를 기준으로 객관적으로 판단하면 되는 점(대법원 2000두3238, 2002.4.26., 대법원 2001두878, 2002.10.11. 등 참조). 개정 「지방세특례제한법」의 조문 규정 형식과 내용을 보더라도 「지방세특례제한법」 제178조는 추징 사유로 물류시설을 매각 또는 증여하는 경우와 이를 물류시설이 아닌 다른 용도로 사용하는 경우를 규정하고 있을 뿐이고 물류시설로 사용할 것을 전제로 임대하는 경우에 관하여는 규정하고 있지 아니한 점, 「지방세특례제한법」은 각종 취득세 감면규정을 두면서 임대용 부동산을 감면대상에서 제외할 경우에는 명문으로 이를 밝히고 있는데(지특법 §14, §21, §23, §47, §48, §53, §88 등), 이 감면규정은 물류사업과 관련하여 임대용 부동산을 감면대상에서 제외한다고 규정하고 있지 아니한 점 등에 비추어 '직접 사용'의 의미는 부동산의 소유자가 해당 부동산을 사업 또는 업무의 목적이나 용도에 맞게 물류사업에 사용하는 것이면 충분하고, 그 사용 방법이 원고 스스로 그와 같은 용도에 사용하거나 혹은 제3자에게 임대 또는 위탁하여 그와 같은 용도에 사용하는지 여부는 가리지 아니한다고 봄이 타당하다(대법원 1984.7.24. 선고, 84누297 판결, 대법원 2011.1.27. 선고, 2008두15039 판결 등 참조)"라고 판시한 판례(대법원 2018두46643, 2018.10.4. 심리불속행 기각, 서울고법 2017누68488, 2018.5.16.)도 있다. 후자의 판례에 따라 조세심판원에서는 "임대인(○○○주식회사)은 임차인에게 물품을 보관하고 그에 대하여 필요한 관리업무를 하여 주는 것을 주된 내용으로 하면서, 월간 화물보관 및 작업료가 매월 정산되고 쿠팡의 화물 등 물품에 대하여 화재보험을 가입하는 등 통상적인 임대차계약 관계와는 구별되는 요소가 상당수 포함되어 있는바, 임대인이 비록 창고임대를 하였으나 그 실질은 창고업 성격이 있으므로 물류시설 운영업으로 본 것인데 반해 이 건은 청구법인에게 쟁점부동산을 임대차계약에 따라 임대한 것으로 그 계약의 내용이나 거래의 실질이 서로 다른 점, ○○○은 2013.1.31. 등에 쟁점부동산을 취득한 후 그로부터 2년 이내인 2013.12.1. ○○○에게 임대한 사실이 임대차계약서 등에 의하여 확인되는 점 등에 비추어 청구법인이 쟁점부동산을 물류사업용으로 직접 사용한 기간이 2년 미만인 상태에서 다른 용도(임대용)로 사용한 것으로 보는 것이 타당하므로 처분청이 이 건 경정청구를 거부한 처분은 달리 잘못이 없다고 판단된다(조심 2018지0880, 2019.6.28.)라고 결정하여 이 대법원판례와는 약간 차이가 있다.

사례 창업중소기업 감면 시 '직접 사용'의 의미(조심 2013지318, 2014.1.27.)

구「조세특례제한법」제119조 제3항, 제120조 제3항 단서가 규정하고 있는 "직접 사용"의 범위에는, 당해 사업을 영위하기 위한 시설물을 설치하고 외주업체로 하여금 당해 시설물을 사용하게 하면서 그 외주업체가 생산하는 제품을 전량 납품받는 경우도 포함된다고 할 것인 바(행정자치부 지방세심사 2006-35, 2006.1.23. 참조), 청구법인과 그 외주업체인「○○○○」,「○○○」는 모두가 자동차금형 등을 목적사업으로 하는 사업자로서 ○○○의 용역제공은 청구법인의 제조과정 중 일부로 판단되는 점, 그리고, 이는 청구법인이 생산성 향상 및 제조공정의 효율화를 위하여 일부 공정을 ○○○에 분담시키면서 당해 시설물을 그 목적사업에 사용하게 한 것으로 볼 수 있는 점, 쟁점 부동산 내모든 시설물은 청구법인의 목적사업인 금형 등에만 사용될 뿐 다른 용도에는 사용되지 아니하고 전반적인 작업관리도 청구법인의 지배 하에 이루어진 것으로 나타나는 점 등에 비추어 볼 때, 청구법인은 쟁점 부동산을 당해 사업에 직접 사용하는 것으로 보는 것이 타당함.

2) 목적사업에 직접 사용하는 개시 시점

해당 법인의 목적사업에 직접 사용하는 개시 시점은 건축공사에 착공하는 시점이 아니라 사실상의 목적사업에 현실적으로 사용하는 시점을 의미하는 것이기 때문에 형질변경신청, 건축공사중 등은 이에 해당되지 아니한다.

이는 건축공사에 착공하여 공사 중인 경우는 해당 법인의 고유업무에 직접 사용하기 때문에 비과세 또는 감면을 하는 것이 아니라 고유업무에 사용하기 위한 준비단계에 있는 경우로서 정당한 사유에 해당하기 때문에 비과세 또는 감면을 하는 것이고 사실상의 고유업무에 직접 공여되는 시점부터 사용개시 시점으로 판단하여야 하는 것이다.

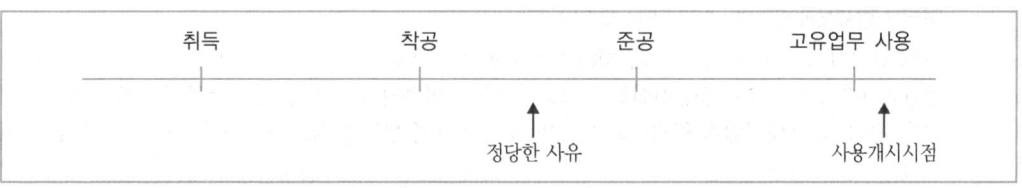

3) 임대업과 목적사업에 직접 사용 판단기준

임대용 부동산이 임대업을 영위하는 감면대상 법인이 직접 사용하던 자산의 범위에 포함되는지 여부를 판단하면 첫째, 임대용 부동산은 소유주인 해당 법인이 사용권을 행사하는 것이 아니기 때문에 고유업무에 직접 사용한 것이 아니므로 감면대상이 아니라고 보는 견해가 있고, 둘째, 임대용 부동산은 고유업무에 직접 사용한 것이 아니더라도 고유업무에 포함되어 있으면 감면대상에 해당하는 것이라고 보는 견해가 있다.

지방세관계법에서 '직접 사용'의 용어를 많이 사용하고 있는바, 예를 들면, 법인이 토지를 취득한 후 유예기간 내에 정당한 사유없이 종교, 제사 등 비영리사업자가 고유업무에 직접 사용하지 아니한 부동산에 대하여는 취득세 등 지방세를 추징하는 것이다. 그러면 직접 사용은 원칙적으로 소유 주체가 직접 목적사업으로 정하여진 사업에 사용권을 행사하는 경우에 이를 직접 사용이라

고 말할 수 있으나, 제3자로 하여금 사용케 하는 경우에는 이를 직접 사용이라고 볼 수가 있는 것인지 명확하지 않다. 그런데 2014년 이후 「지방세특례제한법」에서는 전자만을 직접 사용으로 규정하고 있다.

첫째, 직접 사용을 해당 부동산 소유 법인이 그 부동산의 '사용권을 행사하는 것으로 보는 견해'이다. 이는 직접 사용의 주체는 소유권자가 되고 그 객체는 해당 부동산이 되며, 사용용도 및 방법은 고유목적이 되기 때문에 직접 사용의 의미는 소유권의 주체가 해당 부동산에 대한 사용권을 행사하는 데 고유목적이라는 용도로 사용하는 것을 의미한다 할 것이다.

둘째, 직접 사용을 사용권과는 관계없이 '목적사업에 공여되는 것으로 보는 견해'이다. 사용권을 가진 주체가 목적사업에 공여하는 경우를 직접 사용으로 보는 것이기 때문에 사용권과는 전혀 관계없고 그 고유업무만을 기준으로 해당 법인의 목적사업에 공여되어 이를 직접 사용되는 경우를 의미한다.

그러나 대법원판례에서는 2014년 이후부터는 「지방세특례제한법」 상의 직접 사용은 소유 주체가 직접 사용권을 행사하지 아니하면 직접 사용으로 보지 않고 있으나, 그 전에는 정관 목적사업으로 정하여진 업무에 공여되는 것이라면 목적사업에 직접 사용된 것으로 볼 수가 있다라고 판시한 부분도 있다. 그리고 지방세관계법상 직접 사용은 원칙적으로 부동산 소유 주체가 사용권한을 행사하는 것으로 해석될 수도 있으나 대법원판례에서 제3자가 고유목적에 사용하는 경우, 감면 법인이 고유목적사업에 임대용으로 사용하는 경우도 직접 사용으로 보고 있는 사례도 있다.

> **사례** 임대사업에 공여되는 부동산이 공사의 고유업무에 직접 사용하는 부동산으로 볼 수 있는지 여부(지방세특례제도과-367 2014.12.31.)
>
> 「광주광역시 도시공사 설치조례」 제24조에서 공사는 택지개발 및 주택건설 등 도시개발사업과 광주광역시장이 지정하는 공공시설물을 효율적으로 운영하기 위하여 일반 건축물의 취득, 개발, 분양, 임대, 관리 및 부대사업을 규정하고 있는바, 공사에서 수행하는 임대사업 또한 고유목적 사업에 해당됨.

> **사례** 임대한 경우도 직접 사용으로 봄(조심 2013지40, 2013.5.29.).
>
> 「물류시설의 개발 및 운영에 관한 법률」 및 민간투자시설사업기본계획 고시내용을 보면 이 건 부동산과 관련한 ○○시행자가 물류터미널 시설물을 직영하는 것뿐만 아니라 임대 등의 방식으로 운영하고 그 사용자로부터 시설사용료를 징수하는 형태로 운영하는 것을 포함하는 것으로 보이고, 이에 따라, 청구법인이 정부와 체결한 실시협약에 따라 정부감독 하에 시설을 임대·관리하고 임차인이 동 시설을 ○○○에 사용하고 있다면, 청구법인이 쟁점 부동산을 직영하지 아니하고 타인에게 임대한 경우도 ○○○에 직접 사용하는 것으로 보는 것이 타당함.

> **사례** 부동산 임대사업은 목적사업으로 볼 수 없음(지방세운영과-4869, 2011.10.18.).
>
> 결핵협회는 「결핵예방법」 제21조에 따라 결핵에 관한 조사·연구와 예방 및 퇴치사업을 수행하기 위하여 설립된 사단법인으로서 법인등기부등본에는 결핵에 관한 진료사업 및 부동산(기본재산)에 대한 임대수입 등을 목적사업으로 등재하였으나, 「결핵예방법」과 결핵협회 「정관」 제3조 및 제4조에는 결핵의 진료, 예방교육, 연구사업만을 목적사업으로 정하고 있고 "부동산 임대수입"은 목적사업

으로 규정하고 있지 않으므로, 비록 등기부상 "임대수입"을 등재하였더라도 이를 결핵협회의 "고유업무"로 보기에는 어려움이 있음.

> **사례** 임대와 직접 사용 판단(지방세심사 2001-598, 2001.12.17.)
>
> 청구인의 경우와 같이 2000.2.2. 매매를 원인으로 하여 이 사건 토지의 소유권이전등기를 필한 사실이 입증되고 있는 이상, 청구인이 2000.2.2. 이 사건 토지를 취득한 것으로 보아야 하고, 이 사건 토지를 적법하게 취득한 후 계약을 해제하여 반환하는 경우에도 이미 성립한 조세채권에는 아무런 영향을 줄 수 없다고 판단되므로 처분청에서 창업중소기업이 취득한 이 사건 토지를 사업용 재산으로 사용하지 아니한 것으로 보아 기과세 면제한 취득세 등을 부과고지한 것은 적법함.

> **사례** 무상사용과 고유업무에 직접 사용 판단(행자부 세정 13407-776, 2000.6.21.)
>
> 농업협동조합이 고유목적사업에 직접 사용하고 있는 건축물 부속토지의 일부에 지방자치단체가 농산물 직거래장터를 장려하기 위하여 지방자치단체 예산으로 건축물을 건축한 후 조합으로 하여금 무상으로 농산물 직거래장터용으로 위탁사용하게 하는 경우 고유업무에 직접 사용하는 토지로 봄.

> **사례** 「부동산 임대업을 영위하는 내국법인이 임대용으로 사용하던 부동산을 현물출자하여 새로운 내국법인을 설립하는 경우 현물출자한 임대용 부동산에 대하여는 취득세와 등록세가 면제됨(세정 13407-539, 2000.4.21.).
>
> ☞ 임대용 부동산에 대하여는 직접 사용한 부동산으로 볼 수는 없으나, 「조세특례제한법」 제38조 및 같은 법 시행령 제35조 제1항에서 대통령령으로 정하는 자산이라 함은 법인이 사업에 직접 사용하던 자산으로서 판단하여야 함.

> **사례** 그 고유의 업무에 직접 사용 판단(대법원 84누297, 1984.7.24.)
>
> '…그 고유의 업무에 직접 사용…'한다 함은 해당 재산의 사용용도가 직접 그 고유의 업무에 사용하는 것이면 족하다 할 것이고 그 사용의 방법이 원고 법인 스스로 그와 같은 용도에 제공하거나 혹은 제3자에게 임대 또는 위탁하여 그와 같은 용도에 제공하는지 여부는 가리지 아니함.

4) 재산세 감면 적용

① 건축 중

「지방세특례제한법」 또는 다른 법령에서의 토지에 대한 재산세의 감면규정을 적용할 때 직접 사용의 범위에는 해당 감면대상 업무에 사용할 건축물 및 주택을 건축 중인 경우를 포함한다(지특령 §123).

☞ 감사원(감사원 2004-68, 2004.8.12.)은 "건축 중"이라 함은 건축허가를 받아 착공신고서를 제출한 후 규준틀 설치, 터파기, 구조물공사 등 실제로 건축공사를 진행하고 있는 것을 말하는 것으로서, 단순히 건축 준비작업인 가설 울타리설치는 건축공사를 착공한 것으로 볼 수 없다고 결정하였으며, 대법원(대법원 95누7857, 1995.9.26.)에서도 "건축 중"이라 함은 과세기준일 현재 공사에 착수한 경우만을 말하고 그 착공에 필요한 준비작업을 하고 있는 경우까지 포함한다고 볼 수 없음.

☞ 규준틀 설치 작업 시점에 이미 건축물 신축공사를 시작하였다고 할 수 있으므로 그때부터 이 사건 건축물에 관한 굴착이나 축조 등의 공사에 착수한 것으로 보아야 함(대법원 2016두58406, 2017.3.15.).

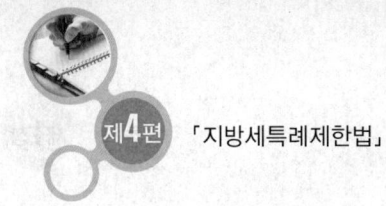

☛ 재산세는 부동산 사용현황에 따라 과세 여부를 판단하는 세목으로서 과세기준일 현재 납세자가 직접 사용하고 있는지 여부를 판단할 뿐, 사용하지 못한 정당한 사유가 있었는지의 여부는 고려대상이 아니므로, 과세기준일 현재 착공을 하지 못한 정당한 사유가 있다 하더라도 건축 중인 건축물로는 볼 수 없다 할 것임 (대법원 1995.9.26. 선고, 95누7857 판결, 같은 뜻임)(조심 2020지0182, 2020.11.2.).

② 철거 중

토지상의 건축물은 재산세 과세기준일(6.1.) 현재 철거 중이었고, 새로운 종교용도 건축물을 신축하기 위하여 처분청으로부터 2020.3.26. 건축허가는 받았으나, 심판청구일까지 착공하지 않은 점 등에 비추어 볼 때 이 토지가 2019년 재산세 과세기준일(6.1.) 현재 종교 용도에 직접 사용 중인 것으로 볼 수 없다(조심 2020지0067, 2020.9.9.).

③ 준비행위(대수선, 용도변경)공사 직접 사용 아님

기존의 건축물을 취득하여 의료업에 사용하기 위해 리모델링(대수선, 증축, 용도변경) 공사를 진행하고 있다면, 과세기준일 현재 의료업에 사용하기 위한 준비행위이지 해당 용도로 직접 사용하는 것으로는 볼 수 없으므로 해당 건축물은 감면대상이 아니라 할 것이다(지방세운영과-3715, 2011.8.3.).

(2) 수익사업

1) 개요

「법인세법」 제4조(2018년 이전 제3조) 제3항에 따른 수익사업을 말한다.[3]

2) 수익사업의 범위

① 제조업, 건설업, 도소매 및 소비자용품수리업, 부동산임대 및 사업서비스업 등 수익이 발생하는 사업으로서 통계청장이 고시하는 한국표준산업분류("한국표준산업분류")에 의한 각 사업 중 수입이 발생하는 것을 말한다. 다만, 다음 사업을 제외한다.

   ㉠ 축산업(축산관련서비스업 포함)·조경수 식재 및 관리서비스업 외의 농업

   ㉡ 연구개발업(계약 등에 의하여 그 대가를 받고 연구 및 개발용역을 제공하는 사업 제외)

   ㉢ 비영리내국법인이 외국에서 영위하는 선급검사용역에 대하여 해당 외국이 법인세를 부과하지 아니하는 경우로서 해당 외국에 본점 또는 주사무소가 있는 비영리외국법인(국내에 사업의 실질적 관리장소가 소재하지 아니하는 경우에 한함)이 국내에서 영위하는 선급검사용역

   ㉣ 교육서비스업 중 「유아교육법」에 따른 유치원, 「초·중등교육법」 및 「고등교육법」에 따른

---

[3] 2014년 이전에는 「법인세법」 제3조 제3항에 따른 수익사업을 말한다. 다만, 「고등교육법」 제4조에 따라 설립된 의과대학 등의 부속병원이 경영하는 의료업과 「사회복지사업법」에 따라 설립된 사회복지법인이 경영하는 의료업은 수익사업으로 보지 아니한다라고 규정되어 있었다.

학교, 「경제자유구역 및 제주국제자유도시의 외국교육기관 설립·운영에 관한 특별법」에 따른 외국교육기관(정관 등에 따라 잉여금을 국외 본교로 송금할 수 있거나 실제로 송금하는 경우 제외)과 「평생교육법」 제31조 제4항에 따른 전공대학 형태의 평생교육시설 및 같은 법 제33조 제3항에 따른 원격대학 형태의 평생교육시설에서 해당 법률에 따른 교육과정에 따라 경영하는 사업

㉵ 보건 및 사회복지사업 중 다음 각 목의 어느 하나에 해당하는 사회복지시설에서 제공하는 사회복지사업

㉮ 「사회복지사업법」 제34조에 따른 사회복지시설 중 사회복지관, 부랑인·노숙인 시설 및 결핵·한센인 시설

㉯ 「국민기초생활보장법」 제15조의 2 제1항 및 제16조 제1항에 따른 중앙자활센터 및 지역자활센터

㉰ 「아동복지법」 제52조 제1항에 따른 아동복지시설

㉱ 「노인복지법」 제31조에 따른 노인복지시설(노인전문병원은 제외한다)

㉲ 「노인장기요양보험법」 제2조 제4호에 따른 장기요양기관

㉳ 「장애인복지법」 제58조 제1항에 따른 장애인복지시설 및 같은 법 제63조 제1항에 따른 장애인복지단체가 운영하는 「중증장애인생산품 우선구매 특별법」 제2조 제2항에 따른 중증장애인생산품 생산시설

㉴ 「한부모가족지원법」 제19조 제1항에 따른 한부모가족복지시설

㉵ 「영유아보육법」 제10조에 따른 어린이집

㉶ 「성매매방지 및 피해자보호 등에 관한 법률」 제9조 제1항 및 제17조 제1항에 따른 지원시설 및 성매매피해상담소

㉷ 「정신건강증진 및 정신질환자 복지서비스 지원에 관한 법률」 제3조 제6호 및 제7호에 따른 정신요양시설 및 정신재활시설

㉮ 「성폭력방지 및 피해자보호 등에 관한 법률」 제10조 제2항 및 제12조 제2항에 따른 성폭력피해상담소 및 성폭력피해자보호시설

㉰ 「입양특례법」 제20조 제1항에 따른 입양기관

㉲ 「가정폭력방지 및 피해자보호 등에 관한 법률」 제5조 제2항 및 제7조 제2항에 따른 가정폭력 관련 상담소 및 보호시설

㉶ 「다문화가족지원법」 제12조 제1항에 따른 다문화가족지원센터

㉶ 연금 및 공제업 중 다음 각목의 사업

㉮ 「국민연금법」에 의한 국민연금사업

㉯ 특별법에 의하거나 정부로부터 인가 또는 허가를 받아 설립된 단체가 영위하는 사업(기금조성 및 급여사업에 한함)

㉸ 사회보장보험업 중 「국민건강보험법」에 의한 의료보험사업과 「산업재해보상보험법」에 의한 산업재해보상보험사업

◎ 주무관청에 등록된 종교단체(그 소속단체 포함)가 공급하는 용역 중 「부가가치세법」 제 26조 제1항 제18호에 따라 부가가치세가 면제되는 용역을 공급하는 사업

ⓧ 금융 및 보험관련 서비스업 중 다음 각목의 사업

㉮ 「예금자보호법」에 의한 예금보험기금 및 예금보험기금채권상환기금을 통한 예금보험 및 이와 관련된 자금지원·채무정리 등 예금보험제도를 운영하는 사업

㉯ 「농업협동조합의 구조개선에 관한 법률」 및 「수산업협동조합법」에 의한 상호금융예금자보호기금을 통한 예금보험 및 자금지원 등 예금보험제도를 운영하는 사업

㉰ 「새마을금고법」에 의한 예금자보호준비금을 통한 예금보험 및 자금지원 등 예금보험제도를 운영하는 사업

㉱ 「금융기관부실자산 등의 효율적 처리 및 한국자산관리공사의 설립에 관한 법률」에 따른 구조조정기금을 통한 부실자산 등의 인수 및 정리와 관련한 사업

㉲ 「신용협동조합법」에 의한 신용협동조합예금자보호기금을 통한 예금보험 및 자금지원 등 예금보험제도를 운영하는 사업

㉳ 「산림조합법」에 의한 상호금융예금자보호기금을 통한 예금보험 및 자금지원 등 예금보험제도를 운영하는 사업

ⓩ 「대한적십자사 조직법」에 의한 대한적십자사가 행하는 혈액사업

㉾ 「한국주택금융공사법」에 따른 주택담보노후연금보증계정을 통하여 주택담보노후연금보증제도를 운영하는 사업(보증사업과 주택담보노후연금을 지급하는 사업에 한함)

㉿ 「국민기초생활 보장법」 제2조에 따른 수급권자·차상위계층 등 기획재정부령으로 정하는 자에게 창업비 등의 용도로 대출하는 사업으로서 기획재정부령으로 정하는 요건을 갖춘 사업 기획재정부령으로 정하는 자"란 다음 어느 하나에 해당하는 자(이하 이 조에서 "금융소외계층")를 말한다.

> ㉮ 「국민기초생활 보장법」 제2조에 따른 수급권자 및 차상위 계층
> ㉯ 「조세특례제한법」 제100조의 3에 따른 근로장려금 신청자격 요건에 해당하는 자
> ㉰ 「신용정보의 이용 및 보호에 관한 법률」 제25조 제2항 제1호에 따른 종합신용정보집중기관(이하 이 조에서 "종합신용정보집중기관"이라 한다)에 연체·부도의 신용정보가 등록된 자
> ㉱ 종합신용정보집중기관에 신용정보가 등록되어 있지 아니한 자
> ㉲ 「신용정보의 이용 및 보호에 관한 법률」 제22조 제1항에 따른 신용조회회사가 산정한 신용등급("신용등급")이 하위 50퍼센트에 해당하는 자 중에서 금융위원회가 기획재정부장관과 협의하여 고시하는 지원대상자

"기획재정부령으로 정하는 요건"이란 다음의 요건을 말한다.

> ㉮ 사업을 영위하는 비영리법인과 영 제2조 제5항 각 호의 어느 하나의 관계에 있지 아니한 금융소외계층에 대출할 것

㉯ 담보나 보증을 설정하지 아니할 것. 다만, 금융소외계층이 지원받은 대출금으로 취득한 재산에 대하여 담보를 설정하거나 사업을 영위하는 비영리법인의 부담으로 보증보험에 가입하는 경우는 제외한다.

㉰ 1인에 대한 총대출금액이 1억 원을 넘지 아니하는 범위에서 금융위원회가 기획재정부장관과 협의하여 고시하는 대출상한금액 이하일 것

㉱ 대출금리는 신용등급이 가장 낮은 금융소외계층에 대하여 적용되는 이자율이 「대부업 등의 등록 및 금융이용자 보호에 관한 법률 시행령」 제9조 제1항에 따른 이자율의 40퍼센트를 넘지 아니하는 범위에서 금융위원회가 기획재정부장관과 협의하여 고시하는 기준금리 이하일 것

㉲ 대출사업에서 발생한 소득을 전액 고유목적사업에 활용할 것

㉳ 비영리법인(사립학교의 신축·증축, 시설확충, 그 밖에 교육환경 개선을 목적으로 설립된 법인에 한한다)이 외국인학교의 운영자에게 학교시설을 제공하는 사업

㉴ 「국민체육진흥법」 제33조에 따른 대한체육회에 가맹한 경기단체 및 「태권도 진흥 및 태권도공원조성에 관한 법률」에 따른 국기원의 승단·승급·승품 심사사업

Ⓐ 「수도권매립지관리공사의 설립 및 운영 등에 관한 법률」에 따른 수도권매립지관리공사가 행하는 폐기물처리와 관련한 사업

Ⓑ ㉠, ㉡, ㉢, ㉣~Ⓐ의 규정과 비슷한 사업으로서 그 사업활동이 각 사업연도의 전기간에 걸쳐 계속하여 행하여지는 사업 외에 상당기간에 걸쳐 계속적으로 행하여지거나 정기적 또는 부정기적으로 상당횟수에 걸쳐 행하여지는 사업

② 「소득세법」 제16조 제1항에 따른 이자소득

③ 「소득세법」 제17조 제1항에 따른 배당소득

④ 주식·신주인수권(新株引受權) 또는 출자지분(出資持分)의 양도로 인한 수입

⑤ 유형자산 및 무형자산의 처분으로 인한 수입. 단, 고유목적사업에 직접 사용하는 유형자산 및 무형자산의 처분으로 인한 수입[해당 유형자산 및 무형자산의 처분일(「국가균형발전 특별법」 제18조에 따라 이전하는 공공기관의 경우에는 공공기관 이전일을 말한다) 현재 3년 이상 계속하여 법령 또는 정관에 규정된 고유목적사업(①에 따른 수익사업 제외)에 직접 사용한 유형자산 및 무형자산의 처분으로 인하여 생기는 수입을 말한다. 이 경우 해당 자산의 유지·관리 등을 위한 관람료·입장료수입 등 부수수익이 있는 경우에도 이를 고유목적사업에 직접 사용한 자산으로 보며, 비영리법인이 수익사업에 속하는 자산을 고유목적사업에 전입한 후 처분하는 경우에는 전입 시 시가로 평가한 가액을 그 자산의 취득가액으로 하여 처분으로 인하여 생기는 수입을 계산한다]은 제외한다.[4]

---

4) 「법인세법」에서는 비영리법인이 고정자산을 고유목적사업에 3년 미만 사용 후 처분하는 경우에는 수익사업에 해당되는 것으로 되어 있어 처분이익이 발생될 경우 법인세를 납부하는 것으로 되어 있고, 「지방세법」에서도 수익사업의 범위는 「법인세법」을 준용하도록 규정되어 있다. 그런데 「지방세법」 제107조 및 제127조 제1항에서 비영리사업자가 고유목적사업용 등으로 사용하기 위하여 취득 등기하는 부동산에 대하여는 취득세와 등록세를 부과하지 아니한다고 규정하면서 단서 규정에 대통령령이 정하는 수익사업에 사용하는 경우와

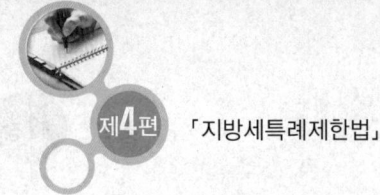

⑥ 「소득세법」제94조 제1항 제2호 및 제4호에 따른 자산의 양도로 인한 수입

⑦ 그 밖에 대가를 얻는 계속적 행위로 인한 수입으로서 「소득세법」제46조 제1항의 규정에 의한 채권 등(그 이자소득에 대하여 법인세가 비과세되는 것 제외)을 매도함에 따른 매매익(채권 등의 매각익에서 채권 등의 매각손 차감한 금액)을 말한다. 다만, 상기 ㉥에 따른 사업에 귀속되는 채권 등의 매매익을 제외한다.

3) 수익사업과 비수익사업의 구분(「법인세법 집행기준」 4-3-2)

비영리내국법인의 수익사업과 비수익사업은 해당 사업 또는 수입의 성질을 기준으로 구분한다. 수익사업에 속하는 것과 비수익사업에 속하는 것을 예시하면 다음과 같다.

① 수익사업에 속하는 것

㉠ 학교법인의 임야에서 발생한 수입과 임업수입

㉡ 학교부설연구소의 원가계산 등의 용역수입

㉢ 학교에서 전문의를 고용하여 운영하는 의료수입

㉣ 주무관청에 등록된 종교단체 등의 임대수입. 다만, 주무관청에 등록된 종교단체(그 소속단체 포함)가 공급하는 용역 중 「부가가치세법」제26조 제1항 제18호에 따라 부가가치세가 면제되는 용역을 공급하는 사업인 경우

㉤ 전·답을 대여 또는 이용하게 함으로써 생긴 소득

㉥ 정기간행물 발간사업.[5] 다만, 특별히 정해진 법률상의 자격을 가진 자를 회원으로 하는 법인이 그 대부분을 소속회원에게 배포하기 위하여 주로 회원의 소식, 기타 이에 준하는 내용을 기사로 하는 회보 또는 회원명부(이하 "회보 등"이라 한다)발간사업과 학술, 종교의 보급, 자선, 기타 공익을 목적으로 하는 법인이 그 고유목적을 달성하기 위하여 회보 등을 발간하고 이를 회원 또는 불특정 다수인에게 무상으로 배포하는 것으로서 통상 상품으로 판매되지 아니하는 것 제외[6]

취득일로부터 1년(또는 3년) 이내에 정당한 사유없이 그 용도에 직접 사용하지 아니하는 경우 또는 그 사용일로부터 2년 이상 그 용도에 직접 사용하지 아니하고 매각하거나 다른 용도로 사용하는 경우 그 해당부분에 대하여는 취득세와 등록세를 추징한다고 규정되어 있다. 고유목적사업에 2년 이상 3년 미만 사용하다가 매각하는 경우 상기 단서 규정에 따르면 모순된 부분이 있다고 판단된다. 그 이유로는 엄밀히 말한다면 「법인세법」상의 수익사업에 해당하므로 수익사업으로 사용한 것으로 본다면 추징되는 것으로 볼 수 있으나, 예외사항으로 2년 이상 고유목적사업에 직접 사용하고 매각하는 경우에는 추징되지 아니한다는 규정으로 보아서는 수익사업에는 해당되나 수익사업의 예외로 보아 수익사업으로 보지 아니하는 것으로 판단하여야 할 것이다. 따라서 법령을 보완하여 이를 명확히 할 필요가 있다고 보여진다.

5) 정기간행물 발간사업에는 특별히 정해진 법률상의 자격을 가진 자를 회원으로 하는 법인이 그 대부분을 소속회원에게 배포하기 위하여 주로 회원의 소식, 기타 이에 준하는 내용을 기사로 하는 회보 또는 회원명부 발간사업과 학술, 종교의 보급, 자선, 기타 공익을 목적으로 하는 법인이 그 고유목적을 달성하기 위하여 회보 등을 발간하고 이를 회원 또는 불특정 다수인에게 무상으로 배포하는 것으로서 통상 상품으로 판매되지 아니하는 것은 제외.

6) 간행물 등의 대가를 회비명목으로 징수하는 경우 수입금액 계산

ⓢ 광고수입

◎ 회원에게 실비제공하는 구내식당 운영수입

ⓩ 급수시설에 의한 용역대가로 받는 수입

ⓐ 운동경기의 중계료, 입장료

ⓚ 회원에게 대부한 융자금의 이자수입

ⓔ 유가증권대여로 인한 수수료수입

ⓟ 조합공판장 판매수수료수입

ⓗ 교육훈련에 따른 수입료수입

Ⓐ「평생교육법」에 의한 학교부설 평생교육기관인 전산정보교육원 등의 운영수입

Ⓑ 금융결제원이 금융공동망, 어음교환, 지로, 공동전산업무를 수행하고 소요경비를 그 이용자(사원·준사원 및 참가기관)로부터 받아 회비로 충당하는 경우 그 회비

② 비수익사업에 속하는 것

㉠ 징발보상금

㉡ 일시적인 저작권의 사용료로 받은 인세수입

㉢ 회원으로부터 받는 회비 또는 추천수수료(간행물 등의 대가가 포함된 경우에는 그 대가상당액 제외)

㉣ 외국원조수입 또는 구호기금수입

㉤ 업무와 직접 관계없이 타인으로부터 무상으로 받은 자산의 가액

㉥ 소액신용대출사업을 영위하는 비영리법인이 소액신용대출사업에 사용할 자금을 금융기관에 일시적으로 예치함에 따라 발생하는 이자수입

㉦ 비영리법인인 아파트 입주자대표회의가 1차량을 초과하여 주차하는 세대에 아파트 관리비 외 주차장 유지·보수 등 관리 목적으로 별도 징수하는 주차료

③ 수익사업 제외 범위

2014년 이전까지는「법인세법」상 수익사업에 해당되더라도 비영리법인의 수익사업에서 제외되는 다음 어느 하나에 해당하는 사업은 수익사업으로 보지 아니한다.

---

① 비영리내국법인이 간행물 등을 발간하여 직접적인 대가를 받지 아니하고 회비 등의 명목으로 그 대가를 징수하는 경우에는 다음과 같이 수입금액을 계산한다.

1. 회원으로부터 그 대가를 받지 아니하고 별도의 회비를 징수하는 경우에는 그 회비 중 해당 간행물 등의 대가상당액을 수입금액으로 한다.

2. 회원 이외의 자로부터 그 대가를 받지 아니하고 회비 등의 명목으로 금전을 수수하는 경우에는 그 수수하는 금액을 수입금액으로 한다.

② 회비 등의 명목으로 그 대가를 징수하는 경우란 다음의 것으로 한다.

1. 회원에게 배포한 간행물 등이 독립된 상품적 가치가 있다고 인정되는 것으로서 그 대가상당액을 별도의 회비 명목으로 징수하는 경우

2. 건전한 사회통념에 비추어 보아 소속회원에게 봉사하는 정도를 넘는 회비를 징수하고 간행물 등을 배포하는 경우

ⓐ 「고등교육법」 제4조에 따라 설립된 의과대학 등의 부속병원이 경영하는 의료업

ⓑ 「사회복지사업법」에 따라 설립된 사회복지법인이 경영하는 의료업

④ 수익사업과 감면법인과의 관계

「지방세특례제한법」 제21조 제2항에서 「청소년활동진흥법」에 따라 청소년수련시설의 설치허가를 받은 비영리법인이 청소년수련시설을 설치하기 위하여 취득하는 부동산에 대하여는 2017.12.31.까지 취득세를 면제하고, 과세기준일 현재 그 시설에 직접 사용하는 부동산에 대하여는 2017.12.31.까지 재산세의 100분의 50을 경감한다로 규정하고 있는바, 「청소년활동진흥법」에 연간 이용가능 인원 수의 40% 한도[7]로 청소년 외의 연간 이용자에게 수익사업을 할 수 있기 때문에 수익사업을 영위하더라도 감면대상에 해당되는 것이다.[8]

> **사례** 수익사업이 목적사업인 경우 감면 판단(행심 99-21, 1999.1.27.)
>
> 청구인은 별도로 「청소년기본법」 등 특별법에 의하여 설립된 법인은 아니지만, 구 체육부장관(현재 문화관광부장관)으로부터 청소년의 육성 등의 활동을 위하여 설립허가를 받은 한국청소년단체협의회의 회원단체이므로 청구인도 「청소년기본법」의 적용을 받는 청소년단체에 해당된다 하겠다. 이러한 청소년단체인 청구인이 청소년의 체력단련을 위한 체육시설을 설치·운영하고 있는 경우, 비록 그 시설의 이용에 따라 회비 및 강습료를 받고 있다 하더라도, 그러한 비용의 징수가 청소년 육성이라는 그 고유목적사업에 어긋난 사업을 하는 것이라고는 볼 수 없음.

> **사례** 공공법인이 등기부상 해당 수익사업이 고유업무에 등재되어 있다면 수익사업에 사용한다 하더라도 취득세와 등록세가 면제 대상임(세정 13407-60, 1997.1.21.).

⑤ 수익사업의 판단 기준인 수익성

「법인세법」 제3조 제2항 제1호, 같은 법 시행령 제2조 제1항에 의하면 비영리법인의 각 사업연도 소득의 대상이 되는 수익사업이라 함은 "제조업, 건설업, 도소매 및 소비자용품수리업, 부동산임대 및 사업서비스업 등 한국표준산업분류에 의한 각 사업 중 수익이 발생하는 것"을 의미한다. 즉 수익사업은 단순히 ① 한국표준산업분류에 의한 각 사업을 영위하는 것으로 족하지 않고 ② 수익이 발생하는 것, 즉 수익성을 수익사업의 조건으로 설정하고 있다.

수익사업에 해당하는지 여부를 가림에 있어 그 사업에서 얻는 수익이 해당 법인의 고유목적을 달성하기 위한 것인지 여부 등 목적사업과의 관련성을 고려할 것은 아니나 그 사업이 수익사업에

---

7) 「청소년활동진흥법 시행규칙」 제13조(수련시설의 이용범위)
① 법 제31조 제2항 제3호에서 "여성가족부령이 정하는 범위" 및 같은 조 제3항에서 "여성가족부령이 정하는 이용범위"란 해당 수련시설을 이용한 청소년 외의 연간이용자 수가 그 수련시설 연간이용가능인원 수의 100분의 40 이내인 범위를 말하되, 가족이 청소년과 함께 수련시설을 이용한 경우 그 가족은 청소년 외의 연간이용자 수에 포함시키지 아니한다. 다만, 전년도의 외국인 이용자가 연간 5만명 이상인 유스호스텔의 경우에는 100분의 60 이내인 범위를 말한다.

8) 종전에 농협 등의 법인의 고유업무의 범위에는 수익사업도 포함되어 있기 때문에 수익사업을 영위하더라도 감면대상에 해당되었다.

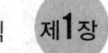

해당하려면 적어도 그 사업 자체가 수익성을 가진 것이거나 수익을 목적으로 영위한 것이어야 한다(조심 2009부1783, 2009.6.9., 대법원 2003두12455, 2005.9.9. 참조).

> **사례** 수익성 또는 수익을 목적 영위 해당 여부(대법원 2003두12455, 2005.9.9.)
>
> 이 사건 사업은 그 대출금리와 조달금리의 차이에서 뿐만 아니라 위 중소기업구조고도화자금의 성격 및 대출금리 결정 등 그 운용방법에 기인하는 사업 자체의 성격상으로도 수익성을 가진 것이거나 수익을 목적으로 영위되는 것이라고 볼 수는 없으므로 이 사건 사업은 수익사업에 해당하지 않는다고 할 것임.

⑥ 사회복지사업[9]

사회복지단체의 경우 「노인장기요양보험법」에 따른 장기요양기관이 제공하는 재가급여 및 시설급여 사업은 동 급여가 재가노인복지시설, 노인요양시설, 노인요양공동생활가정에서 제공되고 있는 경우 수익사업에 해당되지 않은 것으로 보아 취득세 등이 면제된다(지방세운영과-232, 2011.1.13.). 이는 2010.12.30. 「법인세법 시행령」을 개정하여 「노인장기요양보험법」 제2조 제4호에 따른 장기요양기관이 하는 사회복지시설에서 하는 사회복지사업은 수익사업에 해당되지 아니하는 것으로 개정함에 따라 해석을 변경한 것이다. 이와 더불어 입소자들에게 무료로 제공하여야 가능할 것이다. 그런데 「노인장기요양보험법」에 따라 입소자가 장기요양급여수급자로 구성되어서 장기요양급여를 수령(해당 장기요양급여비용의 20%만 본인이 부담)하여 운영하는 시설인 경우라면 무료 노인복지시설로 볼 수 있다(지방세운영과-4133, 2010.9.7. 참조).

한편, 「사회복지사업법」에 의하여 설립된 사회복지법인이 공익사업에 사용하기 위하여 취득 및 등기하는 부동산에 대하여는 취득세를 면제하되, 「법인세법」 제3조 제2항의 규정에 의한 수익사업에 사용하는 경우에는 면제하지 아니한다고 규정하고, 「법인세법 시행령」 제2조 제1항에서 「법인세법」 제3조 제2항 제1호에서 "대통령령이 정하는 수익사업"이라 함은 통계청장이 고시하는 한국표준산업분류에 의한 각 사업 중 수익이 발생하는 것을 말한다. 다만, 다음 각 호의 사업을 제외한다라고 규정하고, 그 제4호에서 보건 및 사회복지사업 중 "「사회복지사업법」에 의한 사회복지사업"이라고 규정하고 있으며, 통계청장이 고시한 한국표준산업분류표상 사회복지사업(86 중분류) 중 노인수용복지시설(86110 세세분류)이라 함은 노인을 입소시켜 숙식, 간단한 치료 및 일상생활의 편의를 제공하는 산업활동을 말한다고 규정하고, 그 예시로 무료양로시설, 실비양로시설, 무료노인요양시설, 실비노인요양시설로 표시하고, 노인전용주택임대(70111)는 제외한다라고 분류하고 있는 점, 정부 또는 비정부기관에서 조성한 기금에 의하여 아동, 노령자, 장애자 등과 같이 자립능력에 제약을 받는 특정범주 내의 사람을 보호하기 위한 각종 사회복지서비스

---

9) 「사회복지사업법」 제2조 제1호
'사회복지사업'이라 함은 다음 각목의 법률에 의한 보호·선도 또는 복지에 관한 사업과 사회복지상담·부랑인 및 노숙인보호·직업보도·무료숙박·지역사회복지·의료복지·재가복지·사회복지관운영·정신질환자 및 한센병력자 사회복귀에 관한 사업 등 각종 복지사업과 이와 관련된 자원봉사활동 및 복지시설의 운영 또는 지원을 목적으로 하는 사업을 말한다. (이하 생략)

를 제공하는 수용복지시설이나 비수용복지시설이라면 86 사회복지사업으로 분류되며, 입주자의 임대료나 사용료 등으로 시설을 운영하는 경우 70 부동산업으로 분류한다라는 통계청장의 질의회신(통계정책과-1288, 2005.8.25.) 내용 및 「노인복지법」 규정에 의한 무료 및 실비노인복지시설에 대하여는 정부의 예산이 지원되나, 유료노인복지시설의 경우 예산지원 없이 입주자의 임대료 및 사용료로 운영하고 있는 점, 구 「경기도도세 감면조례」 제9조에서도 무료 및 실비노인복지시설은 취득세와 등록세 전액을 면제하지만, 유료노인복지시설의 경우 취득세와 등록세의 50%만을 감면하고 있는 점 등을 종합하여 볼 때, 유료노인복지시설업은 수익사업에 해당함이 명백하다 하겠으므로, 건축물 취득에 대해 비과세 신청을 반려하고 「경기도도세 감면조례」 제9조 제2호에 의거 취득세와 등록세의 100분의 50을 경감한 후 청구인이 납부한 취득세와 등록세 등을 수납하여 징수결정한 처분은 잘못이 없다고 하겠다라고 결정하고 있다(행심 2006-23, 2006.1.23.).

☞ 이 심사례에서 노인수용복지시설인 무료노인요양시설, 실비노인요양시설은 「노인복지법」 제34조에 의한 시설인 경우로 한정하여야 할 것임.

> **사례** 노인의 보건복지증진에 관한 사업은 사회복지사업에 해당하는 것이므로 소득세가 과세되는 사업으로 보지 아니하는 것임(소득세과-812, 2009.6.1.).
> 기획재정부 질의회신문(소득세제과-306, 2009.5.28., 소득 46011-221, 1999.10.22.) 참고
> **참고예규** : (소득 46011-221, 1999.10.22.)
> 거주자가 「노인복지법」에 의한 유료양로시설을 설치하여 운영하는 경우에 있어서 해당 유료양로시설입소자로부터 유료양로시설운영에 소요되는 비용을 수납하는 경우에는 소득세가 과세되지 아니하는 것이나, 별도의 부대시설운영으로 얻는 소득은 소득세과세대상인 것임.

⑦ 교육서비스

지방세에서는 평생교육시설에 대하여 별도의 규정을 두고 있다. 즉 「지방세특례제한법」 제44조에 규정되어 있는데, 학교부속기관이 「평생교육법」에 따라 인가·등록·신고·보고된 평생교육시설에 해당한다면 감면대상이 될 것이다(지방세정팀-265, 2008.1.21. 참조). 평생교육시설에 해당되지 아니할 경우에는 학교법인이 수익사업을 영위하고 있는바, 감면대상이 되지 아니할 것이다.

참고로, 청소년수련시설의 경우 「법인세법」상 수익사업에 해당하나, 지방세에서는 특례규정(지특법 §21)을 두어 감면을 하고 있는바, 평생교육시설도 이와 마찬가지일 것이다.

한편, 「법인세법 시행령」 제2조 제1항 제3호에서 "「유아교육법」에 따른 유치원·「초·중등교육법」 및 「고등교육법」에 의한 학교와 「평생교육법」에 의한 원격대학 형태의 평생교육시설을 경영하는 사업"이란 같은 법에 의한 교육과정에 따라 실시하는 교육서비스업을 말하는 것으로 「평생교육법」에 의한 학교부설 평생교육기관인 전산정보교육원 등의 운영과 관련된 교육서비스업은 이에 해당되지 아니한다(법기통 3-2…6). 이에 따르면 비영리법인이 「평생교육법」에 의한 학교부설 평생교육기관인 전산정보교육원 등의 운영수입은 수익사업에 해당한다.

> **사례** 교육시설을 운영하는 평생교육단체 해당 여부(지방세정팀-265, 2008.1.21.)
>
> 「평생교육법」 제25조의 규정에 따라 평생교육원을 설치하여 운영하고 있는 경우라면, 해당 학교법인은 「평생교육법」에 의한 교육시설을 운영하는 평생교육단체"에 해당된다 할 것으로 평생교육사업에 직접 사용하기 위한 부동산의 취득에 대하여는 취득세 등을 비과세하여야 될 것으로 판단됨.

⑧ **일시적인 임대는 수익사업에 해당되지 아니함**

㉠ **잔존계약기간만 임대하는 경우**

대법원판례(대법원 94누14575, 1995.6.30.)에 임대인 지위 승계했어도 임대할 의사없이 임대기간 종료 후 자가 사용 목적인 경우 부동산 임대수익 사업자로 볼 수 없다라고 판시하고 있으므로 일시적인 임대는 수익사업으로 보지 아니한다. 그런데 양도인과의 계약에 따른 잔존계약기간만 임대를 하여야 하지 임대를 연장한다든지 새로운 임대계약을 체결할 경우에는 수익사업을 하는 것으로 보아야 한다. 한편, 잔존 임대기간으로 인해 유예기간 내에 사용이 불가능하다는 장애사유를 알고 취득한 경우라면 정당한 사유로 볼 수 없을 것이다.

㉡ **유예기간 동안 저가 임대하는 경우**

유예기간 동안에 시가보다 낮은 수준의 차임으로 부동산을 임대하는 것을 수익사업이 아닌 것으로 인정하게 된다면 비영리사업자에 대하여 법이 예외적으로 허용하고 있는 혜택의 범위를 넘어서 합리적 근거 없이 그 차임 상당의 혜택을 추가적으로 부여하는 결과가 초래될 수 있다. 임대차계약을 체결하여 스스로 임대인으로서 권리를 취득하고 의무를 부담하는 행위를 하였으므로 이미 존재하는 의무를 승계한 것과 동일하다고 볼 수는 없고, 임대차계약을 체결하고 임차인으로부터 차임을 얻을 수 있는 권리를 취득함으로써 수익사업을 개시하였으므로 '수익사업'에 해당한다(대법원 2015두35888, 2015.5.14.).

한편, 자금사정이나 수익상의 문제로 인하여 건물을 임대한 것이고, 건물을 해당 사업에 사용할 수 없었던 외부적인 사유나 객관적인 사유가 있었다고 인정할 증거가 없으므로 정당한 사유로 볼 수 없다(대법원 2014두46560, 2015.4.9.).

> **사례** 일시적인 임대는 수익사업으로 보지 아니함(대법원 94누14575, 1995.6.30.)
>
> 일부가 임대되어 있는 부동산을 매수하여 스스로 새로이 계속 반복하여 임대할 의사가 없이 기존의 임대차 관계가 종료되는 대로 자신이 수용할 의사로 임대인의 지위를 승계하였을 뿐인 경우에는 부동산 임대 자체를 계속적 반복적으로 사업으로 하는 것이라고 하기는 어려워 이를 수익사업을 영위하는 것으로 볼 수 없음.

> **사례** 목적용으로 사용불가 장애사유를 알 수 있었던 경우(행심 2007-247, 2007.4.30.)
>
> 이 사건 부동산은 근린생활시설용 부동산으로서 청구인은 취득 당시 기존 임차인이 영업 중에 있었으므로 임차인으로부터 명도를 받지 못할 경우 취득 목적대로 사용할 수 없다는 장애사유를 알 수 있었다고 할 것이고 그렇다면 청구인은 임차인의 임대차 계약기간이 종료되기 이전에 취득 목적대로 사용하기 위한 적극적인 노력을 다하였어야 함에도 이에 대한 적극적인 조치를 취하지 아니한

채 단지 임차인이 운영하고 있는 논술학원의 이전 장소 물색 중이라는 사유로 이 사건 취득세 등의 부과고지일인 2006.12.10.까지 계속하여 임대하고 있었던 이상 이 사건 부동산은 청구인이 수익사업에 공여되어 취득세 등의 납세의무가 성립되었다고 보아야 함.

> **사례** 종교 목적으로 취득 등기한 부동산을 재임대하는 경우(행심 2008-13, 2008.1.28.)
>
> 기존 임차인의 임차기간을 보장하기 위하여 이 사건 부동산의 전소유자와 임차인들 간의 임대계약 내용을 단순히 재작성한 것으로 보기 어려울 뿐만 아니라, 이 사건 부동산 종전 소유자와 기존 임차인간의 임차기간 연장계약 시 청구인이 참여하여 청구인 명의의 별도 계약서를 작성한 점을 보면, 이는 청구인이 이 사건 임차인들과 미리 이 사건 부동산의 취득 이후 임대차에 관한 계약을 한 것으로 보여지므로 처분청이 이 사건 부동산을 수익사업에 사용하는 부동산으로 봄.

(3) 주택과 공동주택

"주택"이란 「지방세법」 제104조 제3호에 따른 주택[「주택법」 제2조 제1호에 따른 주택(토지와 건축물의 범위에서 주택 제외)]을 말하며, "공동주택"이란 「주택법」 제2조 제3호에 따른 공동주택을 말하되 기숙사는 제외한다.[10]

「주택법」 제2조 제2호에 따르면 "주택"이란 세대(世帶)의 구성원이 장기간 독립된 주거생활을 할 수 있는 구조로 된 건축물의 전부 또는 일부 및 그 부속토지를 말하며, 이를 단독주택과 공동주택으로 구분하며, 공동주택의 종류와 범위는 「건축법 시행령」 [별표 1] 제2호 가목 내지 다목의 규정이 정하는 바에 의한다(「주택법 시행령」 §2 ①).

(4) 수도권

「수도권정비계획법」 제2조 제1호에 따른 수도권을 말한다. 즉 서울특별시, 인천광역시 및 경기도를 말한다.

(5) 과밀억제권역

「수도권정비계획법」 제6조 제1항 제1호에 따른 과밀억제권역을 말한다.

> **○ 「수도권정비계획법 시행령」 별표 1**
> - 서울특별시
> - 인천광역시
>   ※ 강화군, 옹진군, 서구 대곡동·불로동·마전동·금곡동·오류동·왕길동·당하동·원당동, 인천경제자유구역 및 남동국가산업단지 제외

---

10) 구 「지방세법」 제273조의 2에 따라 취득세와 등록세에 관한 세액 경감의 대상이 되는 "주택"은 구 「지방세법」 제104조 제4호에서 정한 "건축물"과는 구별되는 것으로서 「건축법」 상 기숙사는 그 "주택"에 포함되지 않는다고 보아야 할 것임(대법원 2014두6920, 2014.8.20.).

- 시흥시[반월특수지역(반월특수지역에서 해제된 지역 포함)은 제외]
- 의정부시, 구리시, 하남시, 고양시, 수원시, 성남시, 안양시, 부천시, 광명시, 과천시, 의왕시, 군포시, 남양주시(호평동, 평내동, 금곡동, 일패동, 이패동, 삼패동, 가운동, 수석동, 지금동 및 도농동만 해당)

(6) 지방세 특례

세율의 경감, 세액감면, 세액공제, 과세표준 공제(중과세 배제, 재산세 과세대상 구분전환 포함) 등을 말한다.

조세감면의 우대조치는 조세평등주의에 반하고 국가 등의 재원의 포기임에도 불구하고 국가정책상 긴요한 필요에 한해 허용되는 것으로 지역경제 및 관광산업 활성화라는 정책적 목적에 따라 「지방세법」에서 회원제 골프장의 일반적인 세율(4%)을 수도권 이외의 지역에 한해 2년간 2%로 인하한 것은 조세특례로써 세율감면이 아니라고 할 수 없고, 이는 조세감면에 해당하는 것이다. 감면의 의미는 조세특례의 개념과 다르지 않으며, 조세특례는 세액의 감면 등 특정한 하나의 유형만을 의미하는 것이 아니며, 면제·경감·특례·세액공제·세율감면·과세표준공제 등 다양한 유형으로 구체화되는 것이며, 이는 조세의 세목, 과세대상, 개별특성 등이 다양하므로 그에 따른 조세특례를 구현하기 위한 입법체계상 방식 선택의 문제일 뿐이다.

「지방세특례제한법」에서도 세액감면만 있는 것이 아니라, 지방세 감면조례에는 분리과세와 같은 세율의 감면도 규정하고 있고, 토지분 재산세의 면제·경감의 경우 경감대상 토지의 과세표준액에 경감비율을 곱한 금액을 경감하는 등 과세표준에 대한 감면도 있다.

한편, '세율의 경감'이라 함은 「지방세특례제한법」 또는 지방세 감면조례 등을 통해 세율을 개별적 조문을 경감하는 것이라 할 것이므로, 지방자치단체가 표준세율을 「지방세법」에서 정한 범위 내에서 탄력세율을 적용하는 것은 '세율의 경감'의 범위에 포함되지는 아니한다(지방세특례제도과-2469, 2016.9.9.).

> **사례** 직전연도 지방 회원제 골프장으로 감면받은 경우(지방세운영과-5922, 2010.12.18.)
>
> 비과세·감면규정이 적용되지 아니하거나 적용된 경우에는 직전연도에도 해당 규정이 적용되지 아니하거나 적용된 것으로 보아 직전연도 재산세액 상당액을 산출하여야 하므로 직전연도에도 해당 연도와 동일하게 과세로 전환하여 산출한 세액(4%의 세율을 적용)을 직전연도 재산세 상당액으로 보아야 함.
>
> 「지방세법」상 "감면"에 대한 관계조문의 입법 취지, 관련법령 등을 종합적으로 고려하여 판단할 때, 지방 회원제 골프장의 한시적 세율인하는 특례세율로써 사실상 감면에 해당한다.
> - 조세특례란 일정 요건에 해당하는 경우 "특례세율적용", 세액감면, 세액공제 등의 조세감면을 의미(조특법 §2 8)
> - 「지방세법」은 회원제 골프장의 일반적인 세율을 규정하면서, 괄호 안에서 지방 회원제의 세율은 "100분의 20"으로 명시하여 "특례세율"임을 알 수 있음.

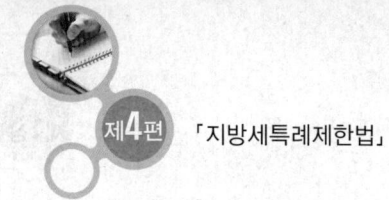

(7) 재산세

「지방세법」 제111조에 따라 부과된 세액을 말한다. 따라서 「지방세특례제한법」 상 "재산세에 「지방세법」 제112조에 의한 재산세 도시지역분 포함한다"라는 별도의 규정이 없다면 재산세 도시지역분은 재산세에 포함되지 아니한다.

(8) 직접 사용

부동산·차량·건설기계·선박·항공기 등(2017년 이전은 부동산)의 소유자(2022년 이후 신탁등기를 하는 경우 「신탁법」 제2조에 따른 수탁자 포함[11])가 해당 부동산·차량·건설기계·선박·항공기 등을 사업 또는 업무의 목적이나 용도에 맞게 사용(2023년 이후 「지방세특례제한법」에서 임대를 목적 사업 또는 업무로 규정한 경우 외에는 임대하여 사용하는 경우 제외)하는 것을 말한다(지특법 §2 8).

취득 주체가 사업 목적에 사용하는 것으로 규정되어 있어서 제3자가 사용하는 경우에는 직접 사용으로 볼 수 없을 것이다. 종전에는 직접 사용에 대한 명문 규정을 두고 있지 않았으므로 직접 사용의 주체가 해당 부동산의 '소유자'인지 '사용자'인지에 대해 다툼이 발생하였으나, 2014년부터는 법을 개정하여 직접 사용의 개념을 '부동산의 소유자'로 명확히 규정하고 있는바, 비록 질병관리본부의 '백신생산시설 민간위탁 사업추진' 운영방침에 따라 무상으로 위탁업체가 사용하면서 국가 정책적 사업을 수행한다 하더라도 이를 취득세 등의 감면대상인 대한결핵협회가 고유업무에 직접 사용하는 부동산으로 볼 수 없다(지방세특례제도과-2228, 2014.11.11.)라고 해석하고 있고, 대법원(2019두34968, 2019.5.30.)에서도 이와 같은 취지로 판시하고 있다는 점에 유의하여야 할 것이다.

그런데 2013년 이전에는 감면대상자 이외에 제3자로 하여금 그 용도대로 사용하도록 하는 경우 직접 사용으로 볼 수 있는지에 대하여 감면조문마다 다르게 판단하고 있어서 혼란을 주고 있었다. 예를 들어 심판례(조심 2012지409, 2013.4.29.)에서 취득 주체가 직접 운영하거나 임차나 위탁 운영하는 경우에 이를 달리 적용하도록 규정하고 있지 아니하므로 노인복지시설로 임차운영하기로 하였다하여 감면조례를 배제하는 것은 타당하지 아니하다(조심 2012지409, 2013.4.29.)라고 결정하고 있었으나, '직접 사용'의 의미는 해당 재산의 사용용도가 직접 그 고유의 업무에 사용하는 것이면 족하다 할 것이고 그 사용의 방법이 스스로 그와 같은 용도에 제공하거나 혹은 제3자에게 임대 또는 위탁하여 그와 같은 용도에 제공하는지 여부를 가리지 아니한다 할 것이므로(대법원

---

11) 재산세 감면에서 수탁자가 해당 사업에 사용하더라도 직접 사용으로 보아 감면이 된다는 것이다. 이는 2021년도부터 재산세 납세의무자를 위탁자로 개정하면서 위탁자의 소유로 간주하는 규정(지법 §107 ② 5 후단)을 두었는바, 감면 적용 상 혼란이 있어서 "직접 사용"의 정의를 보완한 것이라 하는데, 신탁등기를 한 신탁재산의 소유자는 원칙적으로 수탁자이므로 소유자(수탁자 포함)의 의미가 좀 이상하며, "직접 사용"의 정의는 취득세 감면에서도 소유자를 개정함에 따라 소유자는 위탁자라고 오해할 여지가 있는바, 논란의 쟁점이 될 것이다. 이런 개정 의도라면 소유자를 개정할 것이 아니라 후단에 "이 경우 재산세 감면에서 「신탁법」 상 신탁재산(신탁등기를 하는 경우만 해당한다)을 같은 법에 따른 수탁자가 사용하더라도 직접 사용하는 것으로 본다"라고 개정할 필요가 있다고 본다.

84누297, 1984.7.24., 대법원 73누154, 1973.10.23. 등 참조) 건물 등을 취득한 후 임대한 것만으로는 추징 사유에 해당하지 아니한다(대법원 2008두15039, 2011.1.27.)라고 판시하고 있어 혼란을 주고 있었다.[12] 한편, 2014.1.1. 법 개정 시 일부 조문에 취득 주체가 아닌 경우에도 직접 사용으로 본다고 규정한 경우도 있다.

(9) 매각·증여

2023년 이후 「지방세특례제한법」에 따라 지방세를 감면받은 자가 해당 부동산, 차량, 선박 등을 매매, 교환, 증여 등 유상이나 무상으로 소유권을 이전하는 것을 말한다. 다만, 다음의 어느 하나의 사유로 소유권 이전은 제외한다.

① 상속으로 인한 소유권 이전
② 해당 부동산이 「공익사업을 위한 토지 등의 취득 및 보상에 관한 법률」 등 다른 법률에 따라 수용된 경우(단, 같은 법 제22조에 따른 사업인정의 고시(다른 법률에 따라 해당 사업인정의 고시가 준용되거나 간주되는 경우 포함) 또는 다른 법률에 따라 해당 사업인정의 고시에 준하는 행정기관의 고시 등이 있은 이후에 부동산을 취득하여 수용되는 경우 제외)
③ 「지방세법」 제9조 제3항에 따라 취득세가 부과되지 않는 신탁재산의 소유권 이전

(10) 내국인

「지방세법」에 따른 거주자 및 내국법인을 말한다.

(11) 과세연도

「지방세법」에 따른 과세기간 또는 사업연도를 말한다.

(12) 과세표준 신고

「지방세법」 제95조, 제103조의 5 및 제103조의 23에 따른 과세표준의 신고를 말한다.

(13) 익금(益金)

「소득세법」 제24조에 따른 총수입금액 또는 「법인세법」 제14조에 따른 익금을 말한다.

(14) 손금(損金)

「소득세법」 제27조에 따른 필요경비 또는 「법인세법」 제14조에 따른 손금을 말한다.

---

12) 2013년 이전은 제3자가 사용하더라도 직접 사용으로 보았으나 2014년 이후에는 제3자 사용 시 직접 사용으로 보지 아니함(대법원 2019두57916, 2020.3.12. 심불, 춘천지법(춘천) 2019누182, 2019.10.21.).

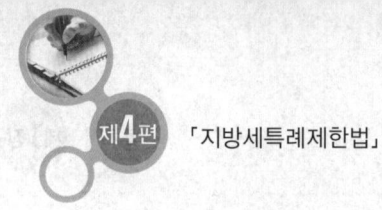

(15) 이월과세(移越課稅)

개인이 해당 사업에 사용되는 사업용고정자산 등(이하 "종전사업용고정자산 등")을 현물출자(現物出資) 등을 통하여 법인에 양도하는 경우 이를 양도하는 개인에 대해서는 「지방세법」 제103조에 따른 양도소득에 대한 개인지방소득세를 과세하지 아니하고, 그 대신 이를 양수한 법인이 그 사업용 고정자산 등을 양도하는 경우 개인이 종전 사업용 고정자산 등을 그 법인에 양도한 날이 속하는 과세기간에 다른 양도자산이 없다고 보아 계산한 같은 법 제103조의 3에 따른 양도소득에 대한 개인지방소득세 산출세액 상당액을 법인지방소득세로 납부하는 것을 말한다.

❸ 지방세 특례의 원칙(지특법 §2-2)

행정안전부장관 및 지방자치단체는 지방세 특례를 정하려는 경우에는 지방세 특례 목적의 공익성 및 지방자치단체 사무와의 연계성, 국가의 경제·사회정책에 따른 지역발전효과 및 지역균형발전에의 기여도, 조세의 형평성, 지방세 특례 적용 대상자의 조세부담 능력, 지방세 특례 대상·적용 대상자 및 세목의 구체성·명확성, 지방자치단체의 재정여건, 국가 및 지방자치단체의 보조금 등 예산 지원과 지방세 특례의 중복 최소화, 지역자원시설세 등 특정 목적을 위하여 부과하는 지방세에 대한 지방세 특례 설정 최소화 등을 종합적으로 고려하여야 한다.

❹ 지방세 특례의 제한(지특법 §3)

「지방세특례제한법」, 「지방세기본법」, 「지방세징수법」, 「지방세법」, 「조세특례제한법」 및 조약에 따르지 아니하고는 「지방세법」에서 정한 일반과세에 대한 지방세 특례를 정할 수 없다. 관계 행정기관장은 「지방세특례제한법」에 따라 지방세 특례를 받고 있는 법인 등에 대한 특례 범위를 변경하려고 법률을 개정하려면 미리 행정안전부장관과 협의하여야 한다.

❺ 조례에 따른 지방세 감면(지특법 §4)

(1) 일반적인 감면조례

지방자치단체는 주민의 복리 증진 등 효율적인 정책 추진을 위하여 필요하다고 인정될 경우 제2조의 2에 따라(2023년 이전은 다음 어느 하나에 해당하는 때) 3년의 기간 이내에서 지방세의 세율경감, 세액감면 및 세액공제("지방세 감면")를 할 수 있다[2019년 이전은 이 경우 「지방세특례제한법」에 정한 지방세 감면은 추가로 확대할 수 없다(제3장 지방소득세 특례는 제외되며, 제주특별자치도 제외)].

① 서민생활 지원, 농어촌 생활환경 개선, 대중교통 확충 지원 등 공익을 위하여 지방세의 감면이 필요하다고 인정될 때

② 특정지역의 개발, 특정산업·특정시설의 지원을 위하여 지방세의 감면이 필요하다고 인정될 때

③ 「감염병의 예방 및 관리에 관한 법률」 제2조 제1호에 따른 감염병의 발생으로 인하여 지방세의 감면이 필요하다고 인정될 때

여기서 "공익"이라 함은 사회생활을 해 나가는 데 있어서 누구에게나 보편적으로 납득될 만한 보편화된 가치규범, 공동체 자체의 권익, 사회 전체의 생존이나 발전에 요구되는 미래의 이익이나 효용성, 사회적 약자의 이익, 불특정다수인의 이익을 도모하는 사유를 의미한다(지특예 법4-1).

그런데 지방자치단체는 감면조례 제정에도 불구하고 다음 어느 하나에 해당하는 지방세 감면을 할 수 없다.

① 「지방세특례제한법」에서 정하고 있는 지방세 감면을 확대(지방세 감면율·감면액을 확대하거나 지방세 감면 대상(2022년 이전만 적용)·적용 대상자·세목·기간을 확대하는 것을 말함)하는 지방세 감면(2020년 이후 적용)

국가 및 지방자치단체의 경제적 상황, 긴급한 재난관리 필요성, 세목의 종류 및 조세의 형평성 등을 고려하여 지방세 감면을 할 수 있으며, 다음 어느 하나에 해당하는 사유로 행정안전부장관의 인정받은 경우에 한하여 적용된다(제주특별자치도 제외).

㉠ 「재난 및 안전관리 기본법」 제3조 제1호에 따른 재난의 대응 및 복구를 위해 필요한 경우

㉡ 경기침체, 대량실업 등 국가 및 지방자치단체의 경제위기 극복을 위해 필요한 경우

㉢ 장애인 등 사회적 취약계층 보호를 위해 필요한 경우

㉣ 지방소득세 특례의 적용 대상자로서 감면의 적용 대상자가 아닌 자에 대해 감면 세목(지방소득세 제외)을 추가하려는 경우

㉤ 해당 지방자치단체의 주요 역점사업 추진을 위해 필요한 경우(2023년 이후 적용)

② 「지방세법」 제13조 및 제28조 제2항에 따른 중과세의 배제를 통한 지방세 감면

③ 「지방세법」 제106조 제1항 각 호에 따른 토지에 대한 재산세 과세대상의 구분 전환을 통한 지방세 감면

④ 「지방세특례제한법」 제177조에 따른 감면 제외대상에 대한 지방세 감면(단, 다음의 어느 하나에 해당하는 경우에는 지방세 감면을 할 수 있음)

㉠ 「감염병의 예방 및 관리에 관한 법률」 제49조 제1항 제2호에 따른 집합 제한 또는 금지로 인하여 영업이 금지되는 경우

㉡ 「재난 및 안전관리 기본법」 제60조에 따른 특별재난지역으로 선포된 경우로서 해당 재난으로 입은 중대한 재산상 피해로 영업이 현저히 곤란하다고 인정되는 경우(2024년 이후)

⑤ 과세의 형평을 현저하게 침해하거나 국가의 경제시책에 비추어 합당하지 아니한 지방세 감면 등으로서 다음의 사항(2023년 이전은 다음 사항을 고려하여 행정안전부장관이 정하여 고시하는 사항)

㉠ 「지방세기본법」 또는 「지방세법」에 따른 지방세의 납부기한이 경과된 사항

㉡ 「지방세기본법」, 「지방세징수법」, 「지방세법」, 「조세특례제한법」 또는 「지방세특례제한

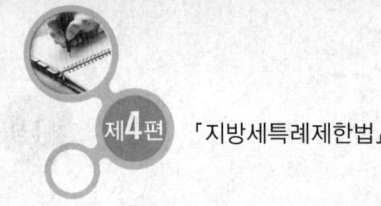

법」에 따른 지방세 과세정책에 중대한 영향을 미치는 사항

ⓒ 토지 등 부동산 정책, 사회적 취약 계층의 보호 등 사회복지 정책이나 그 밖의 주요 국가 시책에 반하는 사항

ⓔ 그 밖에 지방자치단체 주민 간 지방세 부담의 현저한 형평성 침해 등 지방세 과세정책 추진에 저해되는 사항

한편, 지방자치단체는 지방세 감면(「지방세특례제한법」 또는 「조세특례제한법」의 위임에 따른 감면은 제외)을 하려면 「지방세기본법」 제147조에 따른 지방세심의위원회의 심의를 거쳐 조례로 정하여야 한다. ① 지방세 감면을 신설하는 경우는 해당 조례안의 지방세 감면 조문별로 그 감면기간 동안 발생할 것으로 예상되는 지방세 감면 추계액이 30억 원(시·군·자치구의 경우 10억 원)[2023년 이전은 10억 원, 2023년 이전에 지방세 감면의 신설에 관한 분석·평가를 의뢰한 경우에는 종전의 규정(10억 원)에 따라 분석·평가한 후 지방세심의위원회의 심의자료로 활용해야 함(영 부칙 §2)] 이상인 경우, ② 2019년 이후 지방세심의위원회의 심의를 거치는 분부터 지방세 감면을 연장하거나 변경하려는 경우는 해당 조례의 감면기한이 도래하는 날 또는 지방세 감면의 변경에 관한 조례안을 해당 지방자치단체장이 정하는 날이 속하는 해의 직전 3년간(지방세 감면을 신설한 지 3년이 지나지 않은 경우 그 기간)의 연평균 지방세 감면액이 30억 원(시·군·자치구의 경우 10억 원)[2023년 이전은 10억 원, 2023년 이전에 지방세 감면의 연장·변경에 관한 분석·평가를 의뢰한 경우에는 종전의 규정(10억 원)에 따라 분석·평가한 후 지방세심의위원회의 심의자료로 활용해야 함(영 부칙 §2)] 이상인 경우에는 다음의 어느 하나에 해당하는 조세 관련 조사·연구기관에 의뢰하여 감면의 필요성, 성과 및 효율성 등을 분석·평가하여 심의자료로 활용하여야 한다.

① 「지방세기본법」 제145조에 따른 지방세연구원

② 그 밖에 지방세 특례의 타당성에 대한 평가 등과 관련하여 전문 인력과 조사·연구 능력 등을 갖춘 것으로 행정안전부장관이 정하여 고시하는 기관

지방자치단체는 상기의 규정에 따라 지방세 감면을 하는 경우에는 전전연도 지방세징수 결산액에 지방자치단체의 재정상황 및 지방세 수입 규모 등을 고려하여 5%의 범위에서 행정안전부장관이 정하여 고시하는 비율을 곱한 규모("지방세 감면규모") 이내에서 조례로 정하여야 한다. 이 경우 행정안전부장관은 법 제4조 제2항 각 호 외의 부분 단서에 따른 지방세 감면(행정안전부장관이 별도로 정하는 지방세 감면으로 한정)과 다음 어느 하나에 해당하는 경우로서 지방자치단체가 행정안전부장관과 협의하여 조례로 정하는 감면에 대해서는 상기의 지방자치단체별로 고시하는 비율에 추가하여 고시(각 비율의 합은 5%를 초과할 수 없음)할 수 있다.

① 「재난 및 안전관리 기본법」 제3조 제1호에 따른 재난의 대응 및 복구를 위해 필요한 경우

② 여러 지방자치단체에 영향을 미치는 국가적 현안해결을 위하여 필요한 경우

③ 특정지역에 소재한 국가기반시설에 대한 지원이 필요한 경우

④ 특정산업의 육성을 목적으로 제정된 법률이 정한 절차에 따라 지정된 특구나 단지 등을 지원하기 위하여 필요한 경우

⑤ 그 밖에 ①∼④의 경우와 유사한 것으로 행정안전부장관이 인정하는 경우

한편, 감면된 지방세액이 지방세 감면규모를 초과한 경우 그 다음 다음 연도(2023년 회계연도에 감면된 지방세액이 지방세 감면규모를 초과한 경우까지 다음 연도)의 지방세 감면은 대통령령으로 정하는 바에 따라 축소·조정된 지방세 감면규모 이내에서 조례로 정할 수 있다. 조례에 따라 감면된 지방세액이 해당 연도의 지방세 감면규모(지특법 §4 ⑥의 지방세 감면규모를 말함)를 초과한 경우에는 그 초과한 금액의 2배에 해당하는 금액을 그 다음 다음 연도(2023년 회계연도에 감면된 지방세액이 지방세 감면규모를 초과한 경우까지 다음 연도)의 지방세 감면규모에서 차감한다. 다만, 지방세 감면규모를 초과하여 정하려는 경우로서 행정안전부장관의 허가를 받아 조례로 정한 지방세 감면에 대해서는 지방세 감면규모 축소·조정 대상에서 제외한다(제주특별자치도 제외).

(2) 행정안전부장관의 허가 목적

행정안전부장관의 허가를 얻도록 하는 것은 「헌법」 제117조 및 「지방자치법」 제9조, 제35조 제1항 제1호에 저촉되는 것으로 볼 수가 없는 것이고, 해당 지방자치단체의 감면조례를 제정할 때 지방자치단체의 합리성 없는 과세면제의 남용을 억제하여 지방자치단체 상호 간 균형을 맞추게 함으로써 조세평등주의를 실천함과 아울러 건전한 지방세제도를 확립하고 안정된 지방재정운영에 기여하는 데 그 목적이 있다.

(3) 천재지변 등에 의한 감면조례

상기에도 불구하고 지방자치단체장은 천재지변이나 그 밖에 지진, 풍수해, 벼락, 화재(2016년 이후 삭제), 전화(戰禍), 도괴(倒壞) 또는 이와 유사한 재해 사유로 지방세 감면이 필요하다고 인정되는 자에 대해서는 해당 지방의회의 의결을 얻어 지방세 감면을 할 수 있다.

지방자치단체는 지방세 감면에 관한 사항을 정비하여야 하며, 지방자치단체장은 정비 결과를 행정안전부장관에게 제출하여야 한다. 이 경우 행정안전부장관은 그 정비 결과를 지방세 감면에 관한 정책 수립 등에 활용할 수 있다.

지방세 감면을 받으려는 자는 그 사유가 발생한 날부터 30일 이내에 그 사유를 증명할 수 있는 서류를 갖추어 관할 특별자치시장·특별자치도지사(관할 구역 안에 지방자치단체인 시·군이 없는 특별자치도의 도지사를 말함)·시장·군수·구청장(구청장은 자치구의 구청장을 말한다. 이하 "시장·군수"라 한다)에게 지방세 감면을 신청하여야 하나, 지방세 감면을 할 필요가 있다고 인정할 경우에는 직권으로 지방세 감면 대상자를 조사할 수 있다.

지방자치단체는 풍·수해 등으로 인한 천재·지변, 화재, 전화(戰禍) 등 기타 재해 등이 발생한 경우에는 납세자의 자력복구를 지원하기 위하여 다음과 같이 지방세를 조속히 감면조치하여야 한다.

지방자치단체는 풍·수해 등으로 인한 천재·지변, 화재, 전화(戰禍) 등 기타 재해 등이 발생

한 경우에는 납세자의 자력복구를 지원하기 위하여 다음과 같이 지방세를 조속히 감면조치하여야 한다(지특예 법4-2).

① **지방세기본·관계법 상 근거규정**

　　㉠ 감면 : 「지방세특례제한법」 제4조 제4항(지방의회 의결사항)

　　㉡ 대체취득 감면

　　　　㉮ 건축물·선박·자동차·기계장비 파손, 멸실 : 「지방세특례제한법」 제92조 제1항 제3호

　　　　㉯ 멸실 건축물 복구 시 건축허가 : 「지방세특례제한법」 제92조 제2항

　　　　㉰ 자동차소멸·멸실·파손 : 「지방세특례제한법」 제92조 제3항

　　㉢ 기한의 연장 : 「지방세기본법」 제26조, 영 제6조

　　㉣ 징수유예 등 : 「지방세징수법」 제25조, 영 제31조

② **피해대상별 지원내역(예시)**

　　㉠ 주택 등 건축물의 피해 : 멸실 또는 파손된 건축물을 복구하기 위하여 2년 이내에 신축 또는 개축하는 건축물에 대하여 취득세·등록면허세 감면

　　㉡ 자동차·기계장비 피해 : 소멸·멸실·파손 자동차의 대체취득 시 취득세를 감면하고 소멸·멸실·파손된 자동차를 회수하거나 사용할 수 없는 것으로 인정할 경우에는 자동차세를 감면

　　㉢ 사망·실종·중상자가 발생된 경우에는 기한의 연장, 징수유예 등 조치

6　지방세 지출보고서의 작성(지특법 §5)

지방자치단체장은 지방세 감면 등 지방세 특례에 따른 재정 지원의 직전 회계연도의 실적과 해당 회계연도의 추정 금액에 대한 보고서(이하 "지방세지출보고서"라 한다)를 작성하여 지방의회에 제출하여야 한다.

7　추징

(1) 추징 당시의 법률에 의하여 추징 여부 판단

세금의 부과는 납세의무의 성립 시, 즉 과세요건의 완성 당시에 유효한 법령의 규정에 의하여야 하며, 세법의 개정이 있을 경우에도 개정 전후의 법령 중에서 납세의무가 성립될 당시의 법령을 적용하여야 한다(대법원 90누7050, 1991.2.26.).

취득세 등의 면제에 관한 「지방세법」이 개정된 경우에 있어서 면제대상이 되는 것인지 여부는 그 취득 당시의 법률에 따라 판단되어져야 할 것이지만, 추징사유에 해당하는지 여부는 특별한 사정이 없는 한 그 과세요건이 갖추어졌는지 여부가 문제된 사유발생 당시의 법률에 따라 판단되

어야 할 것이다(행심 2002-121, 2002.3.25.). 이러한 이유는 「지방세기본법」 제34조 제2항 제2호에 의하면 수시부과의 경우 "수시부과할 사유가 발생하는 때"에 납세의무가 성립되는 것인바, 이 취지를 살펴볼 때 추징사유의 경우 납세의무성립은 추징사유발생일이 되는 것이 타당하기 때문이다. 그런데 부칙 등 경과규정에 의하여 달리 판단될 수 있는데, 예를 들어 "납세의무성립분부터"로 규정되어 있는지 아니면 "취득분부터"로 규정되어 있는지에 따라 감면 당시의 법률에 따라 추징대상 여부를 판단할 수도 있다.

한편, 별도의 규정이 없다면 납세자에게 불리하게 적용되는 경우를 제외하고는 개정 법률이 적용되는 것이다. 이는 세법의 개정이 있을 경우에 일반적으로는 법률불소급의 원칙상 개정 전후의 법 중에서 납세의무가 성립될 당시의 세법을 적용하여야 하나, 개정된 세법 부칙이 "이 법 시행 당시 종전의 규정에 의하여 부과 또는 감면하여야 할 지방세에 대해서는 종전의 예에 의한다"는 경과규정을 두고 있다면, 이는 세법이 납세의무자에게 불리하게 개정된 경우에 납세의무자의 기득권 내지 신뢰보호를 위하여 납세의무자에게 유리한 구법을 적용하도록 하는 특별규정이므로, 구법을 적용하여야 할 것이기 때문이다(대법원 2007두1545, 2007.3.16., 대법원 93누5666, 1994.5.24. 참고).

> **사례** 추징규정이 불리하게 개정된 경우 종전규정에 의해 추징됨(대법원 2007두1545, 2007.3.16.)
> 감면된 취득세 등의 추징에 관하여 원고에게 불리하게 「지방세법」이 개정된 이 사건에서는 위의 법리에 따라 구 「지방세법」 제276조 제4항 단서가 적용되어야 할 것임.

(2) 추징의 경우 감면세액 산정 시의 세율 적용

추징규정 법조문상 "경감(면제)된 취득세 등을 추징한다"라고 되어 있어서 감면세액 산정 시 적용된 과세표준과 세율 즉 일반적으로 취득(등기) 당시의 과세표준과 세율로 추징하여야 할 것으로 보여진다. 이는 '경감된 취득세'라 함은 감면세액 즉 일반적으로 취득 (등기)당시의 과세표준과 세율로 산정되었기 때문이다.

한편, 2010.12.31. 이전 취득등기분에 대하여 2011.1.1. 이후 추징되는 경우 추징 당시의 법조문에는 "경감(면제)된 취득세를 추징한다"라는 규정되어 있어서 취득세만 추징하는 것으로 해석하여야 할 것이다. 그런데 경감(면제)된 세액은 취득세 4%가 아닌 구 취득세(2%)와 구 등록세(2%)이므로 부칙에 구 등록세 추징에 대하여 별도로 규정하지 아니한 것은 문제가 있으나, 법취지상 구 취득세(2%)와 구 등록세(2%)를 추징하는 것이 타당할 것이다.

참고로, 중과의 경우 감사원 심사례(감심 2011-50, 2011.3.24.)에서 구 등록세 중과 유예기간 이내에 부동산을 매각한 때의 중과세율을 적용하여 구 등록세를 부과하기 위한 과세요건이 갖추어져 납세의무가 성립되었다고 보아야 할 것이고, 이때 적용할 중과세율은 취득 당시 표준세율(3%)이 아닌 매각 당시 표준세율(2%)의 3배로 하여야 할 것이다. 이는 추징의 경우와는 다른 것이다.

> **사례** 중과의 경우 중과 당시의 세율 적용함(감심 2011-50, 2011.3.24.)
> 이 사건 부동산을 매각한 때인 2007.4.27.에 중과세율을 적용하여 등록세를 부과하기 위한 과세요건

이 갖추어져 납세의무가 성립되었다고 보아야 할 것이고, 이 때 적용할 중과세율은 매각 당시 표준세율(1,000분의 20)의 100분의 300으로 하여야 할 것임.

(3) 추징의 경우 감면세액 산정 시의 과세표준 적용

추징규정 법조문상 "경감(면제)된 취득세 등을 추징한다"라고 되어 있어서 감면세액 산정 시 적용된 과세표준과 세율, 즉 일반적으로 취득(등기) 당시의 과세표준과 세율로 추징하여야 할 것으로 보여진다. 따라서 구 등록세의 경우 추징 당시가 아닌 취득(등기) 당시의 과세표준으로 하여야 할 것이다.

(4) 취득 후 중과 적용 시 기납부세액의 의미

중과(추징)의 경우 중과(추징)사유발생일의 현황에 의하여 따라 부과하여야 할 것이므로 중과(추징)사유발생일의 현황에 따라 근린생활시설에 의한 중과세율을 적용하고 기납부세액을 차감하여야 할 것이다. 「지방세법」 제20조 제2항에 따르면 이미 납부한 세액을 공제한 금액을 세액으로 하여 신고납부하도록 규정되어 있는바, 감면 후의 납부세액으로 보아야 하는 것으로 해석할 수 있으나, 취득 당시에는 주택 부속토지로 감면대상이 된 것이고, 추징사유 또한 별도로 없으므로 기납부세액을 감면 전의 산출세액으로 해석하여야 할 것이다.

예를 들어 당초 주택 취득 시 고급주택에 해당되지 아니하였다면 그 당시의 법률에 의하여 감면대상이 되어 감면적용받았을 것이다. 그 감면받은 후 고급주택이 된다고 하여 종전 감면세액을 추징한다는 규정이 별도로 없는바, 추징대상이 되지 아니할 것이므로, 취득 후에 고급주택이 된 경우에는 고급주택이 된 시점에는 중과세율에서 일반세율을 차감한 세율(8%)을 적용하여 과세하여야 할 것이다.

> **사례** 기감면분 추징규정이 없다면 중과사유발생 시 추징 불가(지방세운영과-5417, 2009.12.23.)
>
> 이미 감면된 취득세 등에 대하여 감면규정에서 아무런 추징규정을 두고 있지 않는 경우 취득세 등 중과세 요건을 구비하게 되었다 하더라도 「지방세법」의 취득세 등 중과규정을 적용하여 감면된 취득세 등을 추징할 수는 없으므로(대법원 2003두9374, 2005.9.29. 참조) 「지방세법」 제273조의 2의 규정은 주택 유상거래에 대하여 취득·등록세를 50% 감면할 뿐, 감면분에 대한 별도의 추징규정을 두고 있지 않으므로 이미 감면받은 취득·등록세액은 중과요건 구비를 이유로도 추징할 수 없음.

(5) 정당한 사유

'정당한 사유'란 법령에 의한 금지, 제한 등 그 법인이 마음대로 할 수 없는 외부적인 사유는 물론 고유업무에 사용하기 위한 정상적인 노력을 다하였음에도 시간적인 여유가 없어 유예기간을 넘긴 내부적인 사유도 포함하고, 정당 사유의 유무를 판단함에 있어서는 입법 취지를 충분히 고려하면서 해당 법인이 영리법인인지 아니면 비영리법인인지 여부, 토지의 취득 목적에 비추어 고유목적에 사용하는 데 걸리는 준비기간의 장단, 고유목적에 사용할 수 없는 법령상, 사실상의 장애 사유 및 그 장애 정도, 해당 법인이 토지를 고유업무에 사용하기 위한 진지한 노력을 다하였는지 여부, 행정관청의 귀책사유가 가미되었는지 여부 등을 아울러 참작하여 구체적인 사안에 따라 개별적으로 판단하여야 할 것이다(대법원 92누8750, 1993.2.26. 등). 그런데 취득 당시부터 관계법령의 규정에 의한 사용의 제한 또는 금지로 인하여 유예기간 이내 사용치 못한 경우는 정당한 사유로 볼 수 없다(지특예 법50-2). 그리고 법인 내부의 사정으로는 해당 토지 취득 목적에 비추어 고유목적사업에 사용하는 데 소요되는 준비기간의 장단, 법령상·사실상의 장애 유무 및 그 장애 정도, 현재의 기술수준 부족 등 객관적으로 보아 누구나 납득이 가는 사유만을 의미하고 단순히 법인의 일상적인 내부사정인 자금부족 등이나 수익상의 문제, 경영방침 변경, 설계변경 등은 인정되지 아니한다(구 지통 112-3, 세정 13407-109, 1999.1.26.).

행정관청에서 건축을 제한 또는 금지한 경우에는 정당한 사유에 해당될 가능성이 높은 것으로 판단되나, 취득 전에 그러한 사실을 예견할 수 있는 경우 정당한 사유로 볼 수 없다.

한편, 종교단체가 해당 사업에 직접 사용하는 부동산에 대하여 재산세를 면제한다고 규정하고 있을 뿐, 해당 재산을 사용하지 못한데 정당한 사유가 존재하는지 여부에 대하여는 별도로 규정하고 있지 않은 점, 여기에서 "종교단체가 해당 사업에 직접 사용하는 부동산"이란 재산세 과세기준일 현재 종교단체가 해당 부동산을 예배, 선교 등 종교사업 자체에 직접 사용되는 것을 말하는 것인 점, 2019년도 재산세 과세기준일(6.1.) 현재 청구인이 이 건 건축물을 소유하고 있으나 종교용도에 직접 사용하지 않은 사실은 청구인도 인정하고 있는 점 등에 비추어 청구인이 재산권을 확보하기 위하여 이 건 건축물을 청구인 명의로 소유권이전등기하였고, 그 후에도 이 건 건축주의 채권자들의 물리력 행사로 이를 종교용도에 직접 사용하지 못한 것이라 하더라도 이러한 사실만으로 이 건 건축물에 대하여 재산세 등을 면제할 수는 없다 할 것이다(조심 2019지2279, 2019.9.17.). 즉 정당한 사유가 있는 경우 취득세 감면은 되나, 재산세 감면은 적용되지 아니한다.

대법원(2018두64214, 2019.3.14. 심불, 서울고법 2018누56208, 2018.11.6.)은 추징에 관하여 '정당한 사유'라는 명문의 규정이 없더라도 납세의무자에게 의무 위반에 대한 책임을 돌릴 수 없는 정당한 사유가 인정되는 경우에는 추징이 허용될 수 없다(대법원 2000.10.6. 선고, 98두922 판결 등 참조)고 판시하고 있다.

참고로, 취득일·등기일부터 3년 이내에 해당 용도에 직접 사용하지 아니한 데 정당한 사유가 있는 것으로 인정되는 부동산에 대하여는 이후 정당한 사유가 소멸하였더라도 이미 그 취득일·등기일부터 3년의 유예기간이 경과한 이상 쟁점 추징사유에 근거하여 취득세 등을 부과할 수 없다(대법원 2021두58059, 2024.5.30.).

1) 정부예산 불승인

정부예산 불승인이 신축공사를 하지 못한 직접적인 원인이 되었다면 "정당한 사유"로 볼 수 있으나, 신축을 위한 성실한 노력을 하였는지의 여부 및 예산 승인과의 관계 등을 조사하여 과세권자가 판단할 사항이다(도세 22670-4434, 1990.12.22.). 한편, 국가 및 지방자치단체로부터 보조금을 받는 사업을 수행하는 과정에서 보조금 교부결정 지연에 따라 건축공사에 착공하지 못한 것은

토지를 취득하여 사업을 추진할 당시부터 예측할 수 있었던 장애사유로 보이고, 유예기간 내에 건축을 할 수 없는 법령상이나 사실상의 장애사유가 아닌 경제적인 사유에 불과하다고 할 것으로서 이를 정당한 사유로 인정하기 어렵다(조심 2014지1302, 2015.6.15.).

2) 자금난, 경락 및 소송

내부사정인 자금운영난 등으로 유예기간 내에 직접 경작하지 아니하는 경우 정당한 사유가 있는 것으로 보지 아니하므로 대출 미상환에 의한 경락도 자금운영난과 마찬가지로 정당한 사유가 있는 것으로 보지 아니할 것이므로 추징대상이 될 것이다.

해당 사업주체로서는 어쩔 수 없는 불가피한 사유를 말하는 것이므로 건축주의 자금부족, 경기침체로 인한 분양저조, 소송(명도소송) 등은 불가피한 사유에 해당된다고 볼 수 없다(감심 2005-112, 2005.10.27., 감심 2009-165, 2009.7.30.).

> **사례** **명도소송으로 지연된 경우 정당한 사유 아님**(조심 2012지675, 2012.12.4.)
>
> 청구법인은 쟁점토지를 취득한 날부터 1년 이내에 의료사업에 직접 사용하기 위하여 진지한 노력을 다 하였다고 보기는 어렵기 때문에 유예기간 내에 의료사업에 직접 사용하지 못한 "정당한 사유"에 해당되지 아니하고, 명도소송을 진행한다는 사실만으로 달리 볼 것은 아님.

3) 이혼에 의한 재산분할

유예기간 내 이혼에 따른 재산분할을 원인으로 배우자에게 소유권을 이전하는 경우는 매각이나 증여와는 그 성질상 다른 측면이 있고, 혼인 중에 부부의 공동의 노력으로 취득한 재산에 대하여 이를 배분하는 과정으로 볼 수 있으므로 농지의 취득자가 2년 이상 직접 경작하지 아니한 정당한 사유에 해당한다고 할 것이다(조심 2012지338, 2012.6.27.).

4) 합의해제

① 합의해제를 원인으로 소유권을 말소한 경우 취득자에 대한 추징 여부

소유권이전등기를 한 후 유예기간 내에 합의해제를 원인으로 소유권을 말소한 경우 면제한 취득세 등의 추징대상에 해당하는지는 외부적인 요인에 의해 피치 못할 사정으로 합의해제를 할 수밖에 없는 경우 정당한 사유로 보아 추징되지 아니할 것이다.[13]

그런데 추징사유인 '취득일로부터 3년이 경과할 때까지 해당 용도로 직접 사용하지 아니하는 경우'에는 부동산에 관한 소유권이전등기를 마침으로써 이를 취득한 후 그 매매계약이 해제되어 이를 당해 사업에 사용하지 아니하게 된 경우도 포함된다고 봄이 상당하다(대법원 2006.2.9. 선고,

---

13) 매매계약을 합의해제하고 쟁점토지를 원소유자에게 반환하였다면, 청구법인이 쟁점토지를 영농에 직접 사용할 「지방세법」 상의 의무는 소멸하였다 할 것이고 이는 고유목적에 사용하지 못함에 정당한 사유가 있는 경우에 해당한다 할 것임(조심 2015지1769, 2016.4.5.).
　　증여계약을 합의해제하고 원소유자에게 반환하였다면 종교 및 제사 목적에 직접 사용할 의무는 소멸하였다 할 것이고 이는 고유목적에 사용하지 못한 정당한 사유가 있는 경우에 해당됨(조심 2015지1121, 2016.9.27.).

2005두4212 판결 참조).[14] 다만, 종교단체가 건축허가를 받기 위해서는 인접한 토지 소유자인 ○○ 종중의 토지사용 승낙을 받아 진입로를 확보해야 하나, ○○종중의 반대로 인하여 건축허가를 받는 것이 불가능하게 되어 토지매매계약 당시 체결된 특약에 따라 매매계약이 무효가 되었으므로, 그에 따라 관련 세무상 효과도 소급하여 발생하지 않았던 것으로 되어야 할 것이며, 직접 사용하지 못한 데에는 정당한 사유가 있다 보아야 하고, 조세법규의 해석은 특별한 사정이 없는 한 법문대로 해석할 것이므로, 해당 토지에 관하여 체결된 매매계약을 합의해제한 것이 '취득한 부동산을 매각·증여하거나 다른 용도로 사용하는 경우'에 해당한다고 볼 수 없어 추징사유가 있다고 볼 수 없다(대법원 2019두46800, 2019.10.31.).

> **사례** 해제요구에 응할 수밖에 없었던 특수한 사정이 있는 경우(행심 2005-56, 2005.3.3.)
>
> 종교를 목적으로 하는 청구인의 성격상 증여자의 가정불화 문제를 모른 척 할 수 없어 증여계약 해제요구에 응할 수밖에 없었던 특수한 사정을 고려할 때 고유업무에 직접 사용하지 못한 정당한 사유가 인정된다 할 것임.

② 처분 후 합의해제로 인한 환원 시 매도자에 대한 추징 여부

창업중소기업이 부동산 취득일로부터 2년 이내에 매매로 소유권이전등기를 하였으나, 15일 이내에 합의해제 및 말소등기를 하고 계속 사용하고 있는 경우 취득세 추징사유 중 하나인 '처분'에 해당되는지 여부에 대하여 잔금수령일(또는 소유권이전등기일)부터 매매 취소일까지 고유목적 사업에 사용하지 않았기에 추징이 되는 것이지만, 그 기간 동안은 정당한 사유가 있어서 사용이 불가능하다는 점에서 추징대상이 되지 아니한다고 해석할 여지가 있다.

③ 2년 미만 사용 시 합의해제를 이유를 들어 추징 배제되지 아니함

청구법인은 이 건 부동산을 취득한 후 해당 용도로 직접 사용한 기간이 2년 미만인 상태에서 전 소유자인 ○○○에게 소유권을 환원하였으므로 이는 매각 또는 증여에 해당하는 점, 청구법인은 이 건 부동산을 취득한 후 당초 목적인 임대용으로 직접 사용한 사실이 없다고 보이는 점, 「지방세특례제한법」 제45조 제2항 제2호에 따라 면제한 취득세 등을 추징하는 경우 정당한 사유의 존재 여부는 고려의 대상이 아닌 점, 장학법인이 증여받은 부동산을 해당 용도로 사용하지 않은 상태에서 그 소유권을 환원하였다 하여 직접 사용할 의무가 소멸되는 것은 아닌 점 등에 비추어 청구법인은 이 건 부동산을 취득한 후 해당 용도에 직접 사용한 기간이 2년 미만인 상태에서 매각 또는 증여하였다고 할 것이므로 처분청이 이 건 부동산에 대하여 면제한 취득세 등을 추징한 처분은 달리 잘못이 없다고 판단된다(조심 2018지810, 2018.8.13. 같은 뜻임)(조심 2019지1715, 2020.2.3.).

---

14) 청구인이 이 건 부동산을 증여로 취득하면서 2년 이상 종교목적에 직접 사용할 것을 조건으로 취득세 등을 면제받았다가 소유권이 환원됨에 따라 더 이상 직접 사용할 수 없게 되었으므로 면제된 취득세 등은 추징대상이 되는 것이 타당함(조심 2016지920, 2016.10.31. 같은 뜻임)(조심 2017지0704, 2017.9.8.).
소유권이전의 형식에 의한 처분행위 그 자체를 말하는 것이지 그 후 매매계약이 해제되었다거나 사업용 재산을 실질적으로 사용하고 있는지 여부에 의하여 다르게 볼 것은 아님(대법원 2016두38730, 2016.7.7.).

5) 질병 등

질병 등으로 인하여 취득 후 2년 이내 직접 경작하지 못한 경우는 법령에 의한 금지, 제한 등 자경농민이 경작을 마음대로 할 수 없는 외부적 사유에는 해당되지 않고, 해당 농지를 취득하여 2년 이내 직접 경작하기 위하여 취득하고 감면받은 후 2년간 계속하여 제3자가 경작한 경우라면 취득 후 직접 2년간 경작하기 위하여 정상적인 노력 등을 다하였다고도 볼 수 없을 것으로 내부적 사유에도 해당되지 않을 것이므로 자경농민이 농지 취득 후 질병 등의 사유로 제3자가 경작한 경우라면 농지 취득 후 2년 이내 직접 경작하지 못한 정당한 사유에 해당되지 아니한다(지방세운영과-2021, 2010.5.13.).

6) 수용, 지자체의 요구에 의한 매각

토지수용으로 직접 사용하지 못할 경우에는 정당한 사유에 해당될 것이지만 법인이 토지 취득 시에 이미 유예기간 이내에 고유업무에 사용할 수 없는 법령상·사실상의 장애사유를 알고 있었고, 그 후 해당 토지를 고유업무에 사용하지 못한 것도 동일한 사유 때문이라면 취득 전에 존재한 외부적 사유가 충분히 해소가능한 것이고 실제 그 해소를 위하여 노력하여 이를 해소하였는데도 예측하지 못한 전혀 다른 사유로 고유업무에 사용하지 못하였다는 등의 특별한 사정이 없는 한 그 외부적 사유는 해당 토지를 고유업무에 사용하지 못한 정당한 사유가 될 수 없다(대법원 94누 6901, 1995.6.30.). 따라서 취득 전에 수용될 지역임을 명백하였고 이를 알 수 있었던 상태에서 취득 하였다면, 즉 2년 이상을 사용하지 못할 것을 미리 알고 있었더라면 정당한 사유로 보지 아니할 것이다. 한편, 신용협동조합의 감면받은 부동산이 도시계획 결정에 따라 수용되었다면 이는 매각 과 달리 볼 수 없으며, 감면 유예기간 내에 매각된 부동산의 경우 정당한 사유를 불문하고 추징대 상이다(지방세특례제도과-1532, 2016.7.5.)라고 해석하고 있는데, 이는 문제가 있다고 판단되지만 조 세심판원에서도 정당한 사유로 보지 않고 있다.[15]

한편, 종교를 목적으로 하는 단체가 종교용으로 사용하기 위하여 토지 등을 취득한 후 건축허 가를 받아 건축공사를 진행 중에 해당 구청의 요청에 의하여 해당 토지 등을 매각한 경우라면 종교용으로 사용하지 못한 정당한 사유가 있는 것이므로 기 비과세된 취득세 등이 추징되지 아니 한다(세정 13407-1217, 2002.12.23.).

> **사례** 수용 예정 사실 인지없이 취득 시 정당한 사유 아님(조심 2019지2234, 2019.8.9.)
>
> 청구인이 이 건 토지가 향후 1년 이내에 ○○○에게 수용될 예정이라는 사실을 알지 못한 상태에서 취득하였는지 여부에 관계없이 청구인은 이 건 토지를 직접 경작한 기간이 2년 미만인 상태에서 매각하였다 할 것이므로 처분청이 이 건 취득세 등을 부과한 처분은 달리 잘못이 없다고 판단됨.

---

15) 토지가 향후 3년 이내에 수용될 예정이라는 사실을 알지 못한 상태에서 취득한 후 수용되었다 하더라도 매 각 예외 사유에 해당하는 정당한 사유에 대한 별도의 규정이 없는 점 등에 비추어, 청구주장을 인정하기는 어렵다 할 것이다. 청구법인은 수용 여부에 관계없이 이 건 토지를 취득하여 해당 용도로 직접 사용한 기간 이 3년 미만인 상태에서 매각(조심 2019지2234, 2019.8.9., 같은 뜻임)하여 취득세 추징사유가 발생하였으므 로 처분청이 이 건 취득세를 부과한 처분은 달리 잘못이 없음(조심 2023지0053, 2023.10.25.).

사례 수용 등 사실상의 사용 제한을 알고서 취득한 경우(도세과-218, 2008.4.1.)

재개발사업 시행으로 그 사업시행자에게 협의 수용 매도한 경우라도, 그 취득 전에 동 부동산을 포함한 지역이 도시개발구역으로 지정되어 공람되고 있었으므로 조금만 주의를 기울였더라면 동 사업지구 내 사업시행자에 의한 수용 등 사실상의 사용 제한을 알 수 있었던 상황에서 취득한 것이어서 정당한 사유에 해당되지 아니함.

7) 민원제기, 주민반대

토지 취득 당시 조금만 주의를 기울였더라면 해당 지식산업센터 건립에 따른 인근주민의 민원제기를 사전에 예측할 수 있었던 점, 이에 건축허가 시 인근 주민의 의견을 수렴하고 반영하는 과정에서 상당한 시간이 소요될 것도 예상할 수 있었던 점, 건축허가에 따른 인근주민의 민원을 해소하였는데도 예측하지 못한 전혀 다른 사유로 그 사업에 사용하지 못하였다는 등의 특별한 사정이 있지 아니한 점 등을 종합적으로 고려해 볼 때, 인근주민의 민원제기와 관할관청의 건축심의 등에 따른 착공 지연은 법령에 의한 금지, 제한 또는 행정관청의 귀책사유 등 해당 법인으로서는 어쩔 수 없는 외부적으로 불가피한 '정당한 사유'로 보기는 어렵다(대법원 2001두229, 2002.9.4. 참조)고 판단된다(지방세운영과-1077, 2013.6.17.).

한편, 토지 취득 전 공장사업계획승인을 받고 토지 취득 후 부지 조성 공사 및 공장 신축사업 주민 설명회를 한 점, 인근 주민의 '공장 설립승인 취소 촉구' 주민 기자회견 및 행정심판 청구를 한 점, 건축허가를 신청하였으나 충청북도 행정심판위원회의 재결(사업계획승인 처분 취소) 후 건축허가 신청이 반려된 점, 행정소송을 제기(행정심판 재결 취소 청구의 소)하고 현재 행정소송이 진행 중인 점 등 일련의 과정을 고려하여 위 기준에 따라 과세권자가 사실조사 등을 통하여 판단할 사안이라 할 것이다(지방세특례제도과-916, 2015.4.1.).

8) 예산편성 지연, 예산 미확보

고유업무에 사용하는 데 대한 법령상 금지나 행정관청의 제한 등 마음대로 할 수 없는 외부적인 사유가 없었음에도 불구하고 예산편성 지연 등의 사유는 건축공사에 착공하지 못한 정당한 사유로 볼 수 없다.

또한, 토지를 취득한 후 유예기간에 임박하여 토지상에 건축공사를 착공하여 건축하였으나, 쟁점토지상에는 유예기간 내에 해당 목적으로 사용하기 위한 어떠한 행위를 한 것인지 객관적으로 확인되지 아니한 점, 쟁점토지에 이동식 관측소를 설치하였다고 하나 언제 어디에 설치하여 운영하였는지 확인되지 아니하고 설령 설치하였다 하더라도 이는 고정식 관측소를 설치하기 위한 준비행위에 불과하다고 보이는 점, 사업예산의 확보 문제는 청구법인의 경영에 대한 내부적인 사유로 보이는 점 등에 비추어 청구법이 쟁점토지를 취득한 후 유예기간 이내에 해당 용도로 직접 사용하지 못한 정당한 사유가 있다고 보기는 어렵다(조심 2018지3225, 2019.9.5.).

진입로 개설 요구 등은 정당한 사유 아님(조심 2012지0284, 2013.4.25.)

청구법인이 이 건 토지를 취득한 후인 2008년 8월경 이미 인근토지 소유자들의 대체 진입로 개설 또는 토지 매수 요구 등에 관한 민원이 제기되었음에도, 2008.9.29. 이 건 토지를 종합의료시설부지로 조성하는 실시계획이 승인되었고 부지조성공사 실시계획이 승인된 경우 별도의 절차 없이 부지조성공사를 시행할 수 있었던 점, 인근 토지 소유자들의 대체 진입로 개설 또는 토지 매수 요구는 청구법인이 충분히 예측가능하였다고 보이고, 인근토지의 매수지연은 매매가격에 대한 이견으로서 청구법인이 이를 취득하는데 행정 규제나 제한은 없었다고 보이는 점, 인근토지는 종합병원건축 예정부지가 아니므로 청구법인은 그것과 관계없이 이 건 토지상에 종합병원용 건축물을 신축할 수 있었다고 보이는 점 등을 종합하여 볼 때, 이러한 사정만으로 청구법인이 법령의 제한, 행정규제 등으로 인하여 이 건 토지에 종합병원용 건축물을 신축할 수 없었다거나, 신축하기 위하여 정상적인 노력을 다하였으나 시간이 부족하여 유예기간을 경과하였다고 보기는 무리가 있다고 할 것임.

9) 사기, 알박기

토지를 유예기간 내에 명도받지 못한 것은 토지와 함께 취득하기로 하였던 일부 토지에 대한 소송이 계속되었고, 그 중 일부 토지는 현재까지도 명도받지 못한 데에 원인이 있으며 그 귀책사유는 매도자에게 있으며, 그러한 상태에서도 매도자가 패소한 토지의 소유권자로부터 다시 매수하기 위한 매매계약을 체결하고 중도금을 지급하는 한편, 토지의 진입로로 사용될 토지의 소유주와 공동개발약정서를 체결하고 공동개발사업을 추진하던 중 공동개발사업자의 부도로 인한 화의절차가 진행되어 공동개발사업이 지연되었고, 이러한 원인 등으로 인하여 청구인마저도 부도가 발생하는 등 일련의 과정을 종합해 보면, 유예기간 내에 주택건설용으로 사용하지 못한 데에 정당한 사유가 있다고 볼 수 있다(행심 2001-373, 2001.7.30.).

매도자의 사기 사유 등으로 인하여 소송이 제기되거나 이의제기 등이 된 경우로서 유예기간이 경과되었다면 정당한 사유가 있는 것으로 볼 여지가 있으나, 알박기의 경우에는 그러한 사정을 충분히 예견이 가능하였다는 점에 정당한 사유로 보기에는 어려움이 있을 것으로 판단된다. 단순한 사기로서 충분히 매수자가 주의를 기울였다면 예방할 수 있었다면 정당한 사유로 보기에는 어려움이 있을 것이다.

10) 기부채납

처분청이 청구인의 기부채납 요청을 반드시 수용하여야 할 의무가 없는 경우라면 '정당한 사유'로 보기 어려울 것이다. 그런데 기부채납하여 당초 목적대로 목적사업용으로 계속 사용한다면 기부채납은 추징이 되지 아니할 것이다. 한편, 인·허가 조건 등에 의하여 기부채납하기로 약정을 한 후에 부동산을 취득하여 국가 등에 기부채납하는 경우에는 비과세 또는 감면이 된다.

① 기부채납에 대한 처분청의 거부의사 표시는 사경제 주체로서 행하는 사법상 법률행위로 처분청이 청구인의 기부채납 요청을 반드시 수용하여야 할 의무가 없는 점, ② 이 사건 실시협약 제11조와 제12조에 따르면 처리수수료는 원칙적으로 청구인과 폐기물의뢰인이 시세에 따라 결정하며 수수료 차액에 대해 처분청이 축산 농가와 협의하여 해결하되 사업운영에 따른 손실은 처분

청에 청구할 수 없도록 되어 있는 점, ③ '정당한 사유'란 행정관청의 사용금지 · 제한 등 법령상 · 사실상 장애로 인해 부득이 사업을 계속 운영할 수 없는 경우를 말하는바, 청구인은 사업의 수익상 문제로 이 사건 플랜트를 타인에 양도하였고 이를 청구인에게 책임을 돌릴 수 없는 '정당한 사유'로 보기 어려움(감심 2023 - 564, 2024.11.4.).

사례 기부채납이 정당한 사유 해당된 사례(세정과 - 3896, 2005.11.21.)

345킬로볼트 고압전력의 변전소를 산업단지 내 입주기업에서는 전문인력과 기술이 없어 운영이 불가능함에 따라 당초부터 변전소 건축 후 한국전력에 기부채납하여 운영하도록 쌍방 협의 후 건축되었고, 한국전력에 기부채납 한 후에도 동 변전소를 통하여 단지 내 공장에 전력공급을 하는 경우라면 이는 취득 당시의 목적에 사용하고 있어 취득세 등을 면제한 취지에 벗어난 것이 아니므로 정당한 사유가 있는 경우에 해당됨.

사례 기부채납 등 사후조치계획을 수립한 경우(행심 2006 - 1086, 2006.11.27.)

청구인이 이 사건 부동산을 당초 목적사업에 사용하지 못한 데에는 산재근로자 직업재활센터 건립추진상의 문제점이 대두하자 스스로의 사업판단에 따라 건립공사를 중지한 상태에서 이 사건 부동산을 취득하였다가 직업재활센터 건립 중단에 따른 사후조치로 국가(노동부)에 기부채납한 것에 그 이유가 있다 하겠고, 이에 법령에 의한 금지, 제한 등 객관적으로 불가능한 사유가 있었다고 볼 수도 없음.

11) 착공하여 건축 중인 경우

대법원은 "「지방세법」 제5장 중 취득세와 등록세의 감면규정과 관련하여 개정 전 시행령 제230조와 같은 규정이 없는 개정 후 시행령 아래에서는, 토지를 취득하여 고유업무에 직접 사용하기 위한 건축 등의 공사를 하였다고 하더라도 그것만으로는 그 토지를 고유업무에 직접 사용한 것이라고 볼 수 없고(대법원 2008.5.29. 선고, 2008두3319 판결 참조), 다만 그 고유업무에 직접 사용하지 못한 데 정당한 사유가 있는 것으로 보아야 하되, 그 정당한 사유가 있는 범위는 특별한 사정이 없는 한 건축 중인 건물의 연면적 중 고유업무에 직접 사용되는 건물부분이 차지하는 비율에 해당하는 토지부분으로 제한된다고 할 것이다(대법원 2009.3.12. 선고, 2006두11781 판결 참조)"라고 판시하고 있고, 건축물 신축공사를 착공하였다는 사실만으로 토지를 해당 사업에 직접 사용한 것으로 볼 수는 없으나,[16] 건축물 신축 행위는 그 사업에 직접 사용할 수 없는 정당한 사유에는 해당된다(조심 2016지1199, 2017.2.10.).

사례 정당한 사유 해당 여부(지방세운영과 - 1075, 2013.6.17.)

취득 당시부터 특수목적회사에 소유권을 이전하여 사업을 추진하도록 계획되어 있어 공사가 취득주체로서 고유업무에 "직접" 사용할 목적으로 취득하는 부동산에 해당되지 아니한 점, 직접 사용유예기간도 취득일부터 1년 이내까지이나 특수목적회사에 소유권이전하는 1년 2개월이 지날 때까지 공사에 착공 등 직접 사용한 사실이 없는 점, 또한 해당 토지의 특수목적회사에 소유권이전은

---

16) 건축물의 "착공"은 토지를 건축물의 용도로 직접 사용하는 행위라기보다는 이를 위한 준비행위로서 취득세의 경우에는 직접 사용의 범위에 건축물을 건축 중인 경우가 포함되지 않는 것으로 해석함이 타당함(대법원 2008두3319, 2008.5.29. 같은 뜻임).

취득 당시부터 이미 계획되어 있었던 바, 취득 이후 예측 못한 사정 또는 법령상 장애 사유 등의 '정당한 사유'로 보기도 어렵다는 점 등을 종합적으로 고려해 볼 때, 당해 토지는 지방공사가 직접 사용하는 부동산에 해당된다고 보기는 어렵다고 할 것임.

☞ 1년 2개월이 지날 때까지 공사에 착공 등 직접 사용한 사실이 없는 점을 이유를 든 것은 1년 이내에 착공하는 경우 정당한 사유로 본다는 의미로 해석하여야 하는 것임.

사례 정당한 사유 해당 여부(대법원 2007두17632, 2007.10.26.)

추징에 있어 유예기간을 두고 있는 취지가 건축공사 준비, 건축공사 추진 등 직접 사용을 위한 준비기간이 불가피하게 필요하다는 것을 고려한 점과 건축허가 반려처분이 취소된 이후 직접 사용을 위한 절차인 건축물의 착공 등은 건축허가일로부터 상당한 준비기간이 필요할 것임이 명백한 것이라는 점 등을 고려해 볼 때 정당한 사유가 소멸된 즉시 고유업무에 직접 사용하지 아니하였다는 이유로 과세처분의 정당성을 주장하는 것은 불합리하다고 할 것임.

☞ 이 판례를 잘 살펴보면 착공하여 건축 중인 경우 정당한 사유가 있는 것으로 해석할 수 있을 것임.

12) 대수선

쟁점부동산을 취득한 후 1년 이내에 쟁점부동산을 노인복지시설로 변경하는 용도변경 및 대수선 공사를 착공한 점, 건축물의 대수선 공사를 착공하였다는 사실만으로 부동산을 그 사업에 직접 사용한 것으로 볼 수는 없으나 대수선은 당해 사업에 직접 사용할 수 없는 정당한 사유에는 해당[17]되는 점(조심 2016지1199, 2017.2.10. 같은 뜻임), 청구인은 쟁점부동산을 취득한 날(2016.10.5.)부터 1년이 경과할 때까지 쟁점부동산의 대수선 공사를 하고 있었으므로 이와 같은 경우에는 「지방세특례제한법」 제178조 제1호에 해당되지 않는다는 것이 조세법규의 엄격해석 원칙에 부합하는 점 등에 비추어 청구인은 쟁점부동산의 취득일부터 1년이 경과할 때까지 노인복지시설에 직접 사용하지 아니하였다 하더라도 여기에는 정당한 사유가 있다고 보는 것이 타당하다(조심 2018지0576, 2018.6.18. 같은 뜻임).

13) 회생계획인가

내부사정인 자금운영난 등으로 유예기간 내에 취득한 토지를 목적사업에 직접사용하지 아니하면 법인의 비업무용 토지에 해당된다(세정 13407-1262, 2000.11.1.)라고 해석하고 있는데, 대법원 판례에서는 자금운영난의 사유에 따라 어떤 경우에는 정당한 사유로 보고 있다. 그런데 유예기간 경과 전에 회생절차개시 및 회사재산보전처분신청을 하여 법원의 회사재산보전처분의 결정이 있었고, 그 후 파산신청을 하여 법원의 파산선고를 받았다면 동 토지는 4년 이내 주택건설용으로 사용하지 못한 정당한 사유에 해당되어 비업무용 토지에 해당되지 아니한다(세정 13407-233, 1999.11.29.)라고 해석하고 있는바, 회생계획인가결정에 의해 매각하는 경우에는 정당한 사유로 보아야 할 것으로 판단된다.

---

17) 이 심판례에서 대수선이 아닌 건축 착공을 정당한 사유로 보고 있는데, 이를 대수선까지 확대해석한 것으로 판단됨.

14) 법령에 따른 폐업, 이전명령

법령에 따른 폐업, 이전명령 등에 따라 해당사업을 폐지하거나 사용 재산을 처분하는 경우 정당한 사유에 해당한다(지특령 §28-1 ③ 참조).

15) 협의매수 또는 수용을 위한 노력에도 매도인의 비협조

토지의 취득일부터 3년 내에 이 사건 지분을 취득하지 못한 것은 원고의 자금사정이나 수익상의 문제에 기인한 것이 아니라, 원고의 협의매수 또는 수용을 위한 노력에도 매도인의 비협조적인 태도나 사업시행자 지정 과정에서의 절차상 문제로 시간적인 여유가 부족하여 부득이 이를 취득하지 못하였던 것으로 보이는 점 등을 종합해 보면, 원고가 이 사건 토지를 그 취득일부터 3년 내에 산업용 건축물 등의 용도에 직접 사용하지 아니한 데에는 정당한 사유가 있다고 봄이 상당하다(대법원 2016두32251, 2016.4.28. 참조).

16) 행정관청이 사업시행인가를 위한 필요사항 보완기간 연장통보

행정관청이 사업시행인가를 위한 필요사항 보완기간 연장통보에 따라 직접사용이 지연된 경우에는 이 재정비계획 변경에 따른 보완기간 연장통보는 주체적 관여사항이 아니고, 사전에 알 수도 없어 정당한 사유로 봄이 타당하다(대법원 2016두42166, 2016.9.7.).

17) 자금사정이나 수익 문제로 개발사업이 지연된 경우

토지개발사업 중 관련 법령에서 정한 사업 부지를 취득하는 데 많은 시간이 소요되고, 개발촉진지구 변경에 따른 환경·교통 영향평가 및 실시계획 승인에 따른 사업기간 연장 등의 사유가 발생되었으나, 개발사업이 지연된 주된 이유는 법령상·사실상의 장애 및 행정관청의 금지나 제한 등의 외부적 사유가 아니라 사업 진행에 필요한 투자금 조달, 시공사 선정 지연 등 자금사정이나 수익상의 문제로 개발사업을 지체하거나 중단하였기 때문에 정당한 사유로 볼 수 없다(대법원 2014두42919, 2015.2.12.).

18) 국비보조사업으로 취득하여 다른 용도로 변경하는 것이 불가할 경우

농업법인의 취득 부동산은 전소유자가 국비보조사업으로 취득하여 다른 용도로 변경하는 것이 불가능하였고, 행정청으로부터 부동산 취득 당시 용도변경이 불가능하다는 점에 대하여 안내받지 못한 것을 정당한 사유로 볼 수 있는지에 대하여 건물은 보조금을 지급받아 건립되었지만 조금만 주의를 기울였다면 장애사유의 존재를 쉽게 알 수 있었고, 취득 이후에도 건물의 특정용도를 변경하려는 노력이 없다가 과세처분 이후 용도변경 가능 여부를 문의하였고, 건물의 용도를 변경한다 하더라도 신고한 영농 목적에 부합하지 않아 정당한 사유가 있다고 보기 어렵다(대법원 2014두45468, 2015.3.12.).

그리고 토지상의 건축공사가 지연된 것은 청구법인이 이 건 공모사업의 지원대상자로 선정되어 국가 등으로부터 보조금을 지원받는 사업을 추징하는 과정에서 발생한 것이므로 이는 청구법

인의 경제적인 내부사정에 불과한 것으로 보이는 등 이 건 토지를 유예기간 내에 영농에 직접 사용하지 못한 정당한 사유를 인정하기 어렵다(조심 2018지0969, 2018.9.27.).

19) 권장시설 미지정

쟁점부동산이 권장시설로 지정되지 못한 것은 처분청 등의 귀책사유로 인한 것이므로 정당한 사유가 있다고 보이고 쟁점부동산에 대한 취득세 등이 추징사유가 발생한 것으로 보기도 어려우므로 처분청이 이 건 취득세 등을 추징한 처분은 잘못이 있다고 판단된다(조심 2018지0213, 2018.9.20.).

20) 지반침하

지반침하 문제가 유예기간 동안 산업단지 내에서 제기되거나 객관적으로 확인되지 아니하는 점, 토지를 분양받을 당시 계약문서에 연약지반상 건축물 안전시공 유의사항을 포함하고 있어 산업단지 내 연약지반 관련 사항을 인지하고 있었다고 보이는 점 등에 비추어 유예기간 내에 토지를 해당 용도로 직접 사용하지 아니한 정당한 사유로 볼 수 없다(조심 2018지3224, 2019.9.25.).

21) 태풍의 피해복구 지연

태풍의 피해복구 지연 등으로 건축물을 신축하지 못하였으므로 현장 확인한 사진에서도 토사가 유출되기는 하였으나 건축물의 신축이 불가능할 정도로는 보이지 않는 점, 당초 착공유예와 관련하여 작성한 신청서에서 재해가 아닌 청구법인의 매출하락 및 경영상의 문제를 그 사유로 기재하고 있고, 토지를 직접 사용하기 위한 진지한 노력이 달리 확인되지 않는 반면 감면 유예기간에 착공이 불가능할 정도의 법률 또는 사실상의 장애요인이 확인되지 않는 점 등에 비추어 토지를 해당 용도에 직접 사용하지 아니한 정당한 사유로 볼 수 없다(조심 2018지2249, 2019.10.1.).[18]

22) 기온 저하

기상청 자료에서 2017.12.~2018.2.까지의 기간 동안에 영하 10도 이하의 일수가 총 34일로 나타나는 사실에서 쟁점건축물의 공사 착공 후 기온 저하에 따른 문제로 인하여 현실적으로 축사 준공이 지연된 것으로 볼 수 있는 점 등에 비추어 부동산을 취득한 후 1년 이내에 목적사업에 직접 사용하지 못한 정당한 사유가 있다고 판단된다(조심 2019지1525, 2019.8.20.).

23) 국방부 동의에 상당한 시간 소요

비록 토지를 취득한 후 2년 이내에 공장을 신축(완공)하지는 못하였으나, 공장의 신축에 대한

---

18) 원고가 주의를 게을리 하여 위와 같은 침수 문제를 사전에 인지하지 못하였다고 하더라도 2016.5.경 이 토지 위 기존 건물을 철거하는 과정에서 이를 알게 되었다면, 적어도 그때부터는 시공방법을 변경하거나 침수방지를 위한 추가 공사를 실시하는 등의 조치에 즉각 나아갔어야 했다고 봄이 상당하다. 그러나 원고는 피고 측에게 침수 문제를 해결해 달라는 취지의 민원만을 제기하였을 뿐 위 문제를 해결하기 위한 자구적인 조치를 취하였음을 알 수 있는 자료는 제출되지 않았다는 점 등에서 정당한 사유로 볼 수 없음(대법원 2020두44282, 2020.9.18. 심불, 창원지법 2019누11807, 2020.6.24. 참조).

국방부의 동의를 받는데 상당한 시간이 소요되는 등 유예기간 내에 토지를 직접 사용하기 위한 절차를 거치는 등 진지한 노력을 한 사실이 확인되므로 토지를 유예기간 내에 직접 사용하지 못한 정당한 사유가 있었다고 봄이 타당하다(조심 2019지2115, 2019.8.21.).

24) 부지 내 도로 미설치

조선소 부지 내에 도로가 없다거나, 조선소용 크레인의 철거가 늦어진 것 등을 외부적 사유로 보기는 어려운 점 등에 비추어 정당한 사유로 받아들이기 어렵다(조심 2019지1779, 2019.6.26.).

25) 정부정책에 의한 사정변경

정부정책에 의한 사정변경으로 인하여 종전의 국민임대주택 건설사업 승인이 취소되고 공공분양사업으로 변경됨으로써 원고가 이 사건 부동산을 소규모 임대주택에 사용할 것을 기대할 수 없게 된 점, 원고가 당초부터 공공분양사업을 목적으로 토지를 취득하였거나 사정변경 후 같은 목적으로 토지를 취득하였더라면 취득세 면제사유에 해당하게 되는 점 등의 사정을 고려하면, 원고가 이 사건 부동산을 소규모 임대주택에 사용하지 아니한 데에 정당한 사유가 있다(대법원 2016두37867, 2016.9.8.).

26) 국토부장관 승인받아 개발계획에 따른 분양 등

토지를 해당 용도에 직접 사용한 기간이 2년 미만인 상태에서 분양(매각)하는 경우라도 이는 국토교통부장관으로부터 승인받은 당초 개발계획에 따라 분양(매각)이라는 조건을 이행한 것에 불과하므로 개발계획 승인 당시부터 납세자가 마음대로 할 수 없는 법령상의 외부적 사유에 포함된다고 할 것으로 직접 사용하지 못한 '정당한 사유'에 해당한다(지방세특례제도과-864, 2021.4.12.).

27) 건축법령 해석 다툼 등으로 인한 건축허가 지연

청구법인은 2018.5.19. 이 건 토지를 취득한 후 건축설계 계약을 체결하고 2019.5.28. 처분청에 건축허가 신청을 하였으나, 건축법령에 대한 해석 다툼이 있어 처분청의 건축허가 거부, 국민신문고 질의 및 국토교통부 회신, 이의신청을 거쳐 2020.5.15. 건축허가를 받는 과정에서 청구법인의 귀책 사유가 아닌 이유로 약 9개월이라는 장기간이 소요된 것으로 보이는 점, 건축허가의 지연이 없었다면 청구법인은 유예기간 내에 이 건 토지 지상에 종교 건물 신축공사 착공을 할 수 있었던 것으로 보이는 점 등을 감안하면, 청구법인이 종교 건물의 준공을 위하여 일련의 과정을 꾸준히 진행하였으나, 유예기간을 경과하여 건축공사에 착공하게 된 데에는 예측할 수 없는 건축법령 해석 다툼 등으로 인하여 건축허가가 지연됨에 따라 시간적인 여유가 없어 유예기간을 경과하여 건축공사에 착공한 것으로 보는 것이 합리적이라 할 것이므로, 청구법인이 이 건 부동산을 유예기간 이내에 취득목적대로 사용하지 못한 데에는 정당한 사유가 있다고 판단된다(조심 2022지0816, 2022.12.6.).

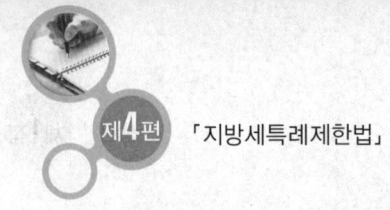

28) 철도 인접지역의 공사상 안전성 문제

청구법인은 쟁점토지 취득일인 2021.1.21.보다 약 3개월 앞선 2020.10.23. ○○○건축사 사무소와 설계 및 인허가 대행 계약을 체결하고, 2021.1.21. 쟁점토지를 취득한 후 각종 인허가 절차를 거쳐 2021.10.28. 건축허가를 득하였으며, 유예기간으로부터 5개월이 경과된 후인 2022.6.23. 건축공사에 착공하였고, 심판청구일 현재 목적 사업에 사용하기 위하여 건축공사를 진행하고 있는 점, 청구법인은 2021.1.21. 쟁점토지를 취득하고, 2021.10.28. 건축허가를 득하는 기간 동안 280일이 소요되었고 그로부터 착공일인 2022.6.23.까지 추가로 238일이 소요되어 총 518일이 소요되었으나 쟁점토지 인근의 업무시설의 착공한 사례와 비교할 때 신속하게 건축공사에 착공한 것으로 나타나는 점, 청구법인은 건축물 신축공사 착공 전인 2022.4.8. 서울교통공사 담당자와 협의를 시작하여 2022.6.20. 완료보고서 제출까지 약 2개월 기간 동안 철도 인접지역의 공사상 안전성 문제로 인한 서울교통공사의 심의 및 보완 과정을 거쳤고, 쟁점토지가 위치해 있는 ○○○ 일대가 2021.10.14. "○○○ IT 산업·유통개발진흥지구" 지구단위계획으로 결정·고시되면서 관련 협의로 인해 약 1개월의 기간이 계획보다 지연된 점, 청구법인은 2021.11.5. 쟁점건축물을 철거하고자 철거업체와 계약을 체결하고 11월에 철거심의를 처분청에 신청하였으나, 담당부서의 업무지연을 사유로 반려되어, 12월에 철거심의를 신청하게 되면서 1개월 이상 지연된 점, 2021년 6월에 발생한 광주광역시 ○○○ 건물철거 붕괴 사고로 2021년 7월 8일 이후 서울특별시의 모든 해체공사장 "착공신고"가 의무화되었고, 이로 인해 이전에는 해체허가만 받으면 다음 날부터 해체를 진행할 수 있었지만, CCTV와 가설울타리 등 안전 가시설물 설치 여부를 자치구가 확인 후 착공을 승인하도록 변경되면서 쟁점건축물 해제 공사에 2개월 이상 추가로 소요되었으며, 서울특별시장도 이 건 취득세 등에 대한 과세전적부심사에서 정당한 사유로 인정한 점 등에 비추어 청구법인이 유예기간에 쟁점토지를 대도시 중과 제외 업종에 직접 사용하지 아니한 것에는 정당한 사유가 있다고 보는 것이 타당하다(조심 2023지1673, 2024.5.21.).

29) 코로나 팬데믹

코로나 팬데믹을 청구인들이 해당 용도로 직접 사용하지 아니한 정당한 사유에 해당한다고 보기 어려운 점(조심 2022지306, 2022.11.10. 같은 뜻임) 등에 비추어 볼 때 청구인에게 쟁점부동산을 사업에 직접 사용하지 아니한 정당한 사유가 있다고 보기 어렵다(조심 2023지4116, 2024.5.20.).

제2장

감면

농어업을 위한 지원

① 자경농민의 농지 등에 대한 감면(지특법 §6)

(1) 자경농민의 농지 감면(지특법 §6 ①)

1) 감면요건

① 감면대상자

㉠ 농업을 주업으로 하는 사람으로서 2년 이상 영농에 종사한 사람

㉮ 2015.1.1. 이후 취득분

본인 또는 배우자[「주민등록법」 제7조에 따른 세대별 주민등록표("세대별 주민등록표")에 함께 게재(2020.1.14. 이전은 동일한 세대별 주민등록표에 기재)되어 있는 경우로 한정, 2015년 이전은 직계비속도 포함] 중 1명 이상이 취득일 현재 다음의 요건을 모두 갖추고 있는 사람을 말한다.

ⓐ 농지(「지방세법」 제11조 제1항 제1호 가목 및 같은 항 제7호 가목에 따른 세율을 적용받는 농지, 같은 법 시행령 제21조에 따른 농지를 말함)를 소유하거나 임차하여 경작하는 방법으로 직접 2년 이상 계속하여 농업에 종사할 것

ⓑ ⓐ에 따른 농지의 소재지인 구(자치구를 말함)·시·군 또는 그와 잇닿아 있는 구·시·군에 거주하거나 해당 농지의 소재지로부터 30킬로미터(2020년 이전은 20킬로미터) 이내의 지역에 거주할 것

ⓒ 직전연도 농업 외의 종합소득금액(「소득세법」 제4조 제1항 제1호에 따른 종합소득에서 농업, 임업에서 발생하는 소득, 「소득세법」 제45조 제2항에 따른 부동산임대소득 및 같은 법 시행령 제9조에 따른 농가부업소득 및 부동산임대소득을 제외한 금액을 말함)이 「농업·농촌 공익기능 증진 직접지불제도 운영에 관한 법률」 제9조 제3항 제1호 및 같은 법 시행령 제6조 제1항(2020.4.30. 이전은 「농업소득의 보전에 관한 법률」 제6조 제3항 제1호 및 같은 법 시행령 제6조 제1항 본문)에 따른 금액 미만일 것

종전에는 농지 등의 취득세 감면 대상인 농업을 주업으로 하는 자경농민의 기준을 농업종사 기간 및 거주 요건으로 정하고 있어, 실제 농업을 주업으로 하지 아니한 사람도 포함되는 문제가 있었다. 실제 농업을 주업으로 하지 아니한 사람을 제외하기 위하여 농지 취득 직전 연도의 농업 외 종합소득금액(농업, 임업에서 발생하는 소득, 부동산임대소득 또는 농가부업소득 제외)이 3,700만 원 이상으로 쌀소득등보전직접지불금 지급대상에서 제외되는 사람은 농지 등의 취득세 감면 대상에서 제외되도록 요건을 신설하였다.

여기서 "직전연도 농업 외의 종합소득 금액"이란 다음의 금액을 합산한 것을 말한다.

ⓐ 「소득세법」 제19조(2017년 이전 제19조 제2항)의 사업소득금액

ⓑ 「소득세법」 제20조 제1항의 근로소득금액(단, 「소득세법」 제12조 비과세소득 차감)

ⓒ 「소득세법」 제16조, 제17조, 제20조의 3 및 제21조의 이자소득금액, 배당소득금액, 연금소득금액 또는 기타소득금액

상기의 소득금액은 농지 취득일이 속하는 연도의 직전연도 소득으로 하나, 「소득세법」 제70조에 따른 종합소득 과세표준이 확정되지 아니한 경우 농지 취득일이 속하는 연도의 전전연도 소득으로 한다. 그리고 감면신청 시 주민등록등본, 소득금액증명원, 그 밖의 종합소득금액을 확인하는 서류로서 행정안전부장관이 정하여 고시하는 서류, 2년 이상 영농에 종사하고 있음을 확인하는 서류로서 행정안전부장관이 정하여 고시하는 서류를 첨부하여야 한다.

자경농민이 "거주한다"함은 농지 취득일 현재 농지의 소재지인 특별자치시·특별자치도(관할 구역 안에 지방자치단체인 시·군이 없는 특별자치도의 도지사를 말함[19])·시·군·구(자치구를 말함, "시·군·구") 또는 그와 잇닿아 있는 시·군·구에 주소지를 두고 거주하거나 해당 농지 소재지로부터 30킬로미터(2020년 이전은 20킬로미터) 이내의 지역에 주소지를 두고 거주하는 것을 말한다(지특예 법6-1).

㉯ 2014.12.31. 이전 취득분

농지(「지방세법 시행령」 제21조에 따른 농지를 말함)의 소재지인 구(자치구를 말함)·시·군 및 그와 잇닿아 있는 구·시·군 또는 농지의 소재지로부터 20킬로미터 이내의 지역에 거주하면서 농지를 소유하거나 임차하여 경작한 사람과 그 동거가족(배우자 또는 직계비속으로 한정) 중의 1명 이상이 취득일 현재 직접 2년 이상 농업에 종사한 사람을 말한다.

농지의 범위(지령 §21)

1. 취득 당시 공부상 지목이 논, 밭 또는 과수원인 토지로서 실제 농작물의 경작이나 다년생식물의 재배지로 이용되는 토지. 이 경우 농지 경영에 직접 필요한 농막(農幕)·두엄간·양수장·못·늪·농도(農道)·수로 등이 차지하는 토지 부분 포함

2. 취득 당시 공부상 지목이 논, 밭, 과수원 또는 목장용지인 토지로서 실제 축산용으로 사용되는 축사와 그 부대시설로 사용되는 토지, 초지 및 사료밭[20]

㉢ 「후계농어업인 및 청년농어업인 육성·지원에 관한 법률」 제8조에 따른 후계농업경영인 및 청년창업형 후계농업경영인(2021.5.19. 이전은 「농어업경영체 육성 및 지원에 관한 법

---

19) 관할 시·군이 있는 강원·전북의 경우 특별자치도가 아니라 시·군을 대상으로 적용됨.

20) 2013.1.1. 「지방세법 시행령」을 개정하여 「농지법」이 개정(법률 제8179호)되어 전, 답, 과수원에 농축산물 생산시설을 설치하는 것이 특별한 절차 없이 가능해짐에 따라 축사용으로 사용되는 토지 중 "농지"의 범위에 전, 답, 과수원을 추가하였다. 종전에는 전(田) 등에 축사를 신축하는 경우 「지방세법」상 농지에 해당되지 않으므로 고율의 세율 적용(유상취득의 경우 농지 1천분의 30, 기타 1천분의 40)하였다.

률」제10조에 따른 후계농업경영인)

ⓒ 농업계열 학교 또는 학과의 이수자 및 재학생(2015년 이전)

② **감면대상 및 감면범위**

일정한 기준에 따라 직접 경작할 목적으로 취득하는 농지	취득세 50% 경감
관계법령에 따라 농지를 조성하기 위하여 취득하는 임야	

☞ 감면시한 : 2026.12.31.

☞ 농어촌특별세 과세 여부 : 취득세분 농어촌특별세 비과세(농특법 §4 10), 취득세 경감분 농어촌특별세 비과세(농특령 §4 ① 3)

일정기준 : 다음을 모두 충족하여야 한다.

⑦ 농지 및 임야의 소재지가 「국토의 계획 및 이용에 관한 법률」에 따른 도시지역(개발제한구역 과 녹지지역 제외 - "도시지역") 외의 지역일 것(2014.12.31. 이전에는 읍 단위 이상인 도시 지역 외 지역일 것으로 규정되어 있었음)

⑭ 농지 및 임야를 취득하는 사람의 주소지가 농지 및 임야의 소재지인 구·시·군 및 그 지역과 잇닿아 있는 구·시·군지역이거나 농지 및 임야의 소재지로부터 30킬로미터(2020년 이전은 20킬로미터) 이내의 지역일 것

⑮ 본인과 배우자 소유 농지 및 임야(도시지역 안의 농지 및 임야 포함)와 본인과 배우자가 새로 취득하는 농지 및 임야의 면적을 모두를 합하여 논, 밭, 과수원은 3만 제곱미터(「농지법」에 따 라 지정된 농업진흥지역 안의 논, 밭, 과수원은 20만 제곱미터), 목장용지는 25만 제곱미터, 임 야는 30만 제곱미터 이내일 것. 이 경우 초과 부분이 있을 때에는 그 초과 부분만 경감대상에서 제외

'자경농민의 범위'에는 동거가족(배우자로 한정, 2015년 이전은 직계비속도 포함) 내용을 규정 하고 있지만, "소유농지의 기준 등"에 관한 내용은 서로 별개의 규정이라고 할 것이므로 자경농 민의 범위를 소유농지의 기준 등에 적용할 수 없고, 이 기준 등에서 소유 범위를 취득자 세대원의 농지까지 합산한다는 별도의 규정이 없으므로 취득 주체인 취득자가 소유한 농지만을 합산대상 으로 보아야 하는 것이다(지방세운영과-3916, 2011.8.19.).

일반적으로 도농복합도시의 경우 읍·면지역을 시지역의 예외로 하는 경우가 있다. 예를 들면 「지방세법 시행령」제101조 제1항에 따라 별도합산과세대상 토지인 특별시지역·광역시지역 및 시지역의 공장용 건축물의 부속토지를 판단할 때 읍·면지역은 예외로 하여 분리과세대상토지로 보고 있다. 도농복합도시라고 해도 읍·면지역이 아닌 동에 위치해 있다면 읍·면지역으로 보지 아니하고 시지역으로 볼 것이다. 따라서 시지역의 동은 시지역에 해당되어 읍 단위 이상의 지역 에 포함되는 것이므로 「국토의 계획 및 이용에 관한 법률」에 의하여 도시지역에 해당된다면 감면 대상이 되지 아니할 것으로 판단된다. 따라서 그 동이 「국토의 계획 및 이용에 관한 법률」에 의하

여 도시지역에서 제외되는지를 우선 검토하여야 할 것이다.

2) 농지의 범위

① 공부상 농지이면서 실제 농지로 사용하여야 함

농지는 공부상 지목이 전·답·과수원 또는 목장용지인 토지로서 실제 사용현황이 농작물의 경작 또는 다년생 식물의 재배에 이용되는 토지를 말하는 것이므로, 지목이 잡종지인 토지를 농지로 사용하는 경우라도 공부(예 : 토지분 재산세 과세대장)상 지목이 농지가 아닌 경우에는 농지로 볼 수 없다.

> **사례** 공부상 지목이 목장용지가 아닌 전인 축사 부속토지(세정과-15226, 2011.9.27.)
>
> 축사의 공부상 지목이 목장용지가 아닌 전으로 되어 있는 축사 부속토지는 「지방세법 시행령」 제21조 제2호에 따른 농지로 보기 어려움.
>
> ☞ 2013.1.1. 이후는 농지로 봄.

② 휴경농지

공부상 지목은 농지이나 부득이한 사항(문화재 발굴 등)으로 경작금지가 되어서 현황 상 농사를 지을 수 없다면 그와 같은 농경 장애원인이 제거된다면 또다시 농경지로 이용될 수 있다고 보여지는 경우 이는 일시적 휴경상태라고 보아 농지로 인정하여야 할 것이다.

한편, 도시개발의 경우 도시개발사업 완료와 동시에 해당 지목도 대지로 전환되어 사업시행 전의 토지와는 그 기능 및 현황이 전혀 상이한 상태이고, 「국토의 계획 및 이용에 관한 법률」 및 「건축법」 등에 따라 주거용도로 사용이 예정되어 언제든지 특별한 절차없이 그 사용이 가능한 토지로 볼 수 있으므로, 농지로서의 현상을 상실한 상태로 보는 것이 합리적이다. 그리고 택지조성을 목적으로 한 토지구획정리사업에 따라 시행된 토지 조성공사로 인하여 경작이 중단된 것은 특별한 사정이 없는 한 일시적인 휴경상태로 볼 수 없다고 할 것이므로, 농지로 볼 수 없다(대법원 2006두13183, 2008.4.11.). 예를 들어 공부상 지목은 농지이나 취득시점에 농사를 지은 흔적이 없으며, 종전에는 차고지로 사용하다 방치되어 있는 경우 농경 장애원인이 제거된다면 또 다시 농경지로 이용될 수 있다고 보여지는 일시적 휴경상태라고도 볼 수 없는바, 농지로 인정받을 수 없다.

> **사례** 일시적 휴경상태라고 보는 경우(대법원 97누706, 1998.9.22.)
>
> 여러 사정에 비추어 그와 같은 농경 장애원인이 제거된다면 또다시 농경지로 이용될 수 있었다고 보여지는 경우에는 이는 일시적 휴경상태라고 보아야 할 것이고, 그와 같은 휴경상태 하에서 양도된 것이라면 이는 농지의 양도라고 보아야 할 것임.

> **사례** 공부상 지목이 농지이지만 실제로 미경작 토지(심사양도 2010-341, 2011.1.17.)
>
> 쟁점 토지가 환지예정지지정 후 토지공사의 시행으로 경작을 하지 못한 때에는 토지조성공사 착수일 현재의 농지를 기준으로 하는 「조세특례제한법 시행령」 제66조 제5항 단서 규정에 해당하지 아니하고, 청구인이 쟁점 토지를 2005년 이후부터 계속 성토를 하면서 양도 당시까지 5년간 경작을 하지

아니한 것은 일시적인 휴경으로 볼 수 없다 할 것이므로, 쟁점 토지는 양도일 현재 농지로 볼 수 없음.

> **사례** 개발사업으로 경작 중단 시 일시적 휴경상태 아님(대법원 2010두8782, 2010.10.14)
>
> 개발사업에 의한 토지 및 지장물 기본조사가 착수된 후에 이 사건 토지의 경작을 중단하였다고 하더라도 그러한 사유만으로 일시적 휴경상태에 있었다고 볼 수 없으므로 이 사건 토지가 양도소득세 감면대상인 자경농지에 해당하지 않음.

③ 농작물 재배 또는 판매 목적 시설물

농작물의 재배를 목적으로 설치한 유리온실·고정식온상·망실·고정식 비닐하우스·버섯재배사 등 농작물 재배시설의 부속토지는 농지에 해당되나, 농작물 판매목적의 점포용으로 설치한 동 시설의 부속토지는 대지로 보아야 한다(세정 13407-69, 1997.2.25.).

> **사례** 화훼작물을 화분에서 재배하면서 판매하는 경우(지방세운영과-904, 2010.3.4.)
>
> 비닐하우스 안에서 화훼작물을 일정기간 재배(화분)하여 별도의 판매시설을 갖추지 아니하고 판매하는 것은 농지이용행위로 인정(농수산식품부 농지과-4190, 2009.9.2.)하는 점을 고려해 볼 때, 개발제한구역 내 농지(답)상에 화훼작물의 재배목적으로 비닐하우스를 설치하고 화훼작물을 화분에서 재배하면서 판매하는 경우라면 다년생식물 재배지로 이용되는 토지로 보아 농지(구「지방세법」제131조 제1항 제3호 1목)에 따른 세율을 적용하는 것이 타당하다고 판단됨.

> **사례** 지목이 답인 토지상에 유리온실을 건축하여 화훼 전시판매에 이용하는 경우 그 부속토지는 위 규정의 농지로 볼 수 없다 할 것임(행정자치부 세정-151 2003.6.12.).

> **사례** 물을 대지 아니하고 관상수·묘목·뽕나무 등의 식물을 재배하는 토지의 지목을 "전"으로 보고 있으므로 관상수를 식재하고 있다면 농지로 보아 재산세를 과세함이 타당함(내무부 세정 13407-1328, 1995.12.16.).

④ 하천부지

「농지법」의 적용을 받는 농지로서 취득일 현재 실제의 토지현상이 농작물을 경작하고 있는 토지라 하더라도 공부상 지목이 하천부지라면 비록 「농지법」의 규정에 의한 농지에 포함된다 하더라도 농지로 볼 수 없다(지방세운영과-113, 2008.6.11.).

⑤ 주택부속토지

여러 필지의 토지가 하나의 지상정착물의 부속토지가 될 수 있는 반면, 1필지의 토지라도 그 일부가 지상정착물의 효용과 편익을 위해서가 아니라 명백히 별도의 용도로 사용되고 있는 경우에는 그 부분은 지상정착물의 부속토지라고 볼 수 없다 할 것(대법원 95누3312, 1995.11.21. 참조)이므로, 주택의 경계 내에 있다 하더라도 공부상 지번이 분리되어 있고, 지목이 전이면서 실제 농사를 짓고 있다면 이를 주택의 부속토지로 볼 수는 없을 것이며, 지번이 분리되지 아니하더라도

지목이 전이고 실제로 농사를 짓고 있다면 농지로 보아야 할 것이다. 한편, 직장을 가지고 있는 등 농사를 짓는다기보다는 정원이나 텃밭으로 사용하고 있는 경우 정원이나 텃밭으로 주거 공간적 일체를 이루고 있는 경우에는 농지보다는 주택의 부속토지로 보아야 한다.

⑥ 임야 취득 후 목장용지로의 지목변경

직접 경작할 목적으로 취득하는 농지(논, 밭, 과수원 및 목장용지를 말함) 및 관계법령에 따라 농지를 조성하기 위하여 취득하는 임야에 대하여는 취득세를 감면이 되며, 농업을 주업으로 하는 자로서 2년 이상 영농에 종사한 자가 감면기준에 적합한 임야를 취득하여 취득일로부터 2년 이내에 목장용지를 조성하는 경우 당초의 임야 취득과 목장용지로의 지목변경에 대해서도 취득세가 각각 경감된다(세정 22670-787, 1988.1.25.).

⑦ 지목이 임야인 사실상 농지는 농지에 해당되지 않음

취득세의 경우 취득 당시 공부상 지목이 논, 밭 또는 과수원인 토지로서 실제 농작물의 경작이나 다년생식물의 재배지로 이용되는 토지를 농지로 규정하고 있는 바(지령 §21), 공부상 지목이 논, 밭 또는 과수원인 토지로서 실제 농작물의 경작에 이용되는 토지를 의미한다 할 것이므로 공부상 지목이 임야인 사실상 농지는 농지에 해당되지 않는 것으로 판단된다(지특령 §3 ① 1). 공부상 지목이 임야인 농지가 취득세 경감대상에 해당하는지에 대하여는, 「농지법」 등 관계법령에 따라 농지를 조성하기 위하여 취득하는 임야에 대하여는 취득세 경감하는 것으로 규정하고 있으므로 공부상 지목이 임야인 사실상 농지를 취득하여 관계법령에 따라 산지전용허가 등을 득하고 지목을 변경하는 경우라면 '농지를 조성하기 위하여 취득하는 임야'에 해당한다 할 것이므로 취득세 경감대상에 해당한다(지방세특례제도과-769, 2015.3.19.).

3) 자경농민의 범위

① 농업을 영위하는 사람

2015.1.1. 이후 취득분부터는 농지 등의 취득세 감면 대상인 농업을 주업으로 하는 자경농민의 기준을 농업종사 기간 및 거주 요건으로 정하고 있지만, 종전에는 실제 농업을 주업으로 하지 아니한 사람도 포함되는 문제가 있었던 것을 실제 농업을 주업으로 하지 아니한 사람을 제외하기 위하여 농지 취득 직전 연도의 농업 외 종합소득금액(농업, 임업에서 발생하는 소득, 부동산임대소득 또는 농가부업소득 제외)이 3,700만 원 이상으로 쌀소득등보전직접지불금 지급대상에서 제외되는 사람은 농지 등의 취득세 감면 대상에서 제외된다. 그리고 종합소득금액의 세부 범위, 종합소득금액의 확인을 위해 제출하는 서류 및 영농 종사 확인을 위해 제출하는 서류 등 행정안전부장관이 정하여 고시하는 서류 등 제2항에 따른 소득금액을 확인할 수 있는 서류를 첨부하여 관할 지방자치단체장에게 제출하여야 한다. 이 경우 감면신청인이 「전자정부법」 제36조 제1항에 따른 행정정보의 공동이용을 통한 주민등록등본 등의 확인에 동의하는 경우에는 그 확인으로 주민등록등본 등의 제출을 갈음할 수 있다.

한편, 2014.12.31. 이전에는 자경농민의 농지 등에 대한 취득세 감면규정에서 농업을 주업으로 하는 사람이 농지를 취득하여야 한다고 하면서 주업의 정의에 대해 행정해석에 의존하고 있었다. 외견상 주업이란 농업을 주업으로 하여야 한다고 보여지고, 이는 농가가 생활을 영위함에 있어서 주 수입원을 전체 가구 수입원의 50%를 초과하고 있어야 주업에 해당되는 것으로 이해된다. 이는 세법의 일반적 해석체계에서 다수의 업종을 겸업하는 경우 주업 판정기준은 매출액이 큰 업종을 기준으로 하는 것과 같다. 그러나 '주업'은 부수적인 영업이 아닐 것을 요구하는 것으로서 주업에 해당하는 영업 외에 다른 영업을 하는 경우를 배제하지 않은 것이며, 반드시 그 업에만 종사하고 다른 업에는 종사하지 않는 전업에 이를 것까지 요구한다고 할 수는 없다. 이는 주업을 수입원의 발생 정도 등을 고려하여 주업을 판단하는 것이라고 볼 수가 없는 것이며 농업을 주업으로 하는 자의 주업 판단기준으로 적용하여야 할 것이다.

유권해석에 따르면 농업을 주업으로 하는 자가 되기 위한 요건으로 반드시 전업농을 의미하는 것이 아니라 하고 있고(지방세운영－1751, 2008.10.10., 세정－164, 2008.1.5.), 이와 같은 해석의 근거로 「지방세특례제한법」에서 농업을 주업으로 하는 자에 대해 전업적으로 농업을 영위하여야 한다는 별도의 규정을 두고 있지 않기 때문에 사회통념적으로 판단하지 말고 조세법규의 해석은 특별한 사정이 없는 한 법문대로 해석하여야 한다는 원칙에 따른 것으로 설명하고 있다.[21]

② 농지원부와 무관[22]

"농지 취득일 현재 2년 전부터 계속하여 농업에 종사하는 경우"로 규정하고 있지 아니하고 있음을 볼 때, 취득세 등의 감면대상이 되는 자경농민이 되기 위해서는 반드시 전업농을 요하는 것은 아니고, 농지원부 발급 또는 농지원부 등재 여부와는 상관없이 농지 취득일 현재를 기준으로 그 이전에 통산하여 농지를 소유 또는 임차하여 직접 2년 이상 농업에 종사하였거나 농지를 소유 또는 임차하여 경작하는 자의 동거가족으로서의 2년 이상을 충족하고 있으면 되는 것이므로, 농지 취득일부터 소급하여 2년 이상 계속하여 직접 농업에 종사하고 있다거나 그 동거가족으로서의 요건을 충족하고 있어야 하는 것은 아니다(조심 2008지199, 2008.11.3., 대법원 94누2077, 1994.5.10.).

③ '2년 이상'의 의미

"합병등기일 현재 1년 이상 사업을 계속하던 내국법인"의 의미를 합병등기일로부터 소급하여 1년 이상 휴업 등 사업을 중단한 바 없이 법인등기부상의 목적사업을 영위한 경우"를 말하는 것이다(법인－477, 2014.11.18.). 이 해석 취지에 따라 2015.1.1. 이후 시행령(2014.8.20. 개정)에서 '2년 이상 계속하여'라고 개정하여 농지 취득일 현재 2년 전부터 2년 이상 영농에 종사하는 것으로 해석할 것으로 보이나, 이렇게 해석하여서는 안된다는 것이다. 그 이유는 "… 전부터"라는 문구가 없고,[23] "양도할 때까지 8년 이상 계속하여 자기가 경작한 토지"라 함은 취득한 때로부터 양

---

21) 유권해석에 따르면 전업농일 필요가 없는바, "농업을 주업으로 하는 자"를 "농업에 종사하는 자"로 개정할 필요가 있다.

22) 농지원부는 감면을 받기 위한 기본적인 사항일 뿐 그 사실만으로는 자경 사실이 입증되었다고 보기 어려움(조심 2019부2273, 2019.9.9.).

도할 때까지의 사이에 8년 이상 자기가 경작한 사실이 있는 양도일 현재의 농지를 말한다[대법원 94누11859, 1995.2.3., 구 소령 §14 ③(1993.12.31. 개정 전의 것)]라고 규정하고 있어서 '소급하여'라는 문구를 넣어 해석한 것은 문제가 되기 때문이다. 따라서 "… 전부터"라는 문구가 없으므로 농지 취득일 현재 과거 "2년 이상 계속하여" 영농에 종사한 적이 있고, 취득일 현재 자경농민의 요건을 충족한다면 감면이 된다는 것으로 해석하는 것이 더 타당하다.

2014.12.311. 이전에는 법조문상 '2년 이상'으로만 되어 있지 '계속하여 2년 이상'이라고 되어 있지도 않은데, 이를 '계속하여'라고 해석하는 것은 문제가 있을 것이다. 즉 '계속하여 영농에 종사' 부분에 대하여 휴경기간은 제외하여야 하는 것으로 해석해야 할 것으로서, 최근의 기간이 휴경기간에 해당한다면 그 기간을 제외하더라도 농지 취득일 현재 2년 이상 계속하여 영농에 종사하는 경우는 다른 사람(동거가족의 배우자, 직계비속은 제외)이 영농한다면 계속 영위한 것으로 볼 수 없을 것이다. 한편, "계속하여"라는 문구가 없다면 다른 사람이 경작한 기간을 제외하고서도 2년 이상 경작한 경우에는 포함하여야 하는 것이다. 이와 같이 「조세특례제한법」 제69조 제1항에 따른 8년 이상 자경농지에 대한 양도소득세의 감면규정에서도 자경의 기간은 취득한 때부터 양도할 때까지의 사이에 8년 이상 자기가 경작한 사실이 있는 농지로 규정하고 있다(조특령 §66 ④).

④ 농지 소재지로부터 30킬로미터(2020년 이전은 20킬로미터) 이내의 지역에 거주

자경농민의 취득세 감면규정 중 해석에 의존할 수밖에 없는 부분으로 농지의 소재지로부터 30킬로미터(2020년 이전은 20킬로미터) 이내의 지역에 거주하는 요건을 들 수 있다. 이는 농지 소재지를 기준으로 통작 가능한 도로의 거리로서 30킬로미터) 이내 지역 여부를 판단하는 것이 아니라 직선거리로서 반경 30킬로미터(2020년 이전은 20킬로미터) 이내 지역으로 판단하고 있다. 또한 30킬로미터(2020년 이전은 20킬로미터)의 기산점은 농지의 중앙점이 아닌 가장자리를 기준으로 판단하고 있다[24]라고 구체화되어 있는 바 자경농민의 농지의 취득세 감면조항도 세법 조문 또는 운영예규 등에 납세자가 쉽게 법의 취지를 이해하고 적용 시 결과에 대한 예측가능성이 있을 수 있도록 규정하는 것이 바람직하다.[25]

---

23) 「지방세특례제한법 시행령」 제34조 제2항에서는 "「공익사업을 위한 토지 등의 취득 및 보상에 관한 법률」 등 관계법령에 따른 사업고시지구 내에 매수·수용 또는 철거되는 부동산을 소유하는 자로서 다음 각 호에 따른 지역에 계약일 또는 사업인정고시일 현재 1년 전부터 계속하여 주민등록 또는 사업자등록을 하지 아니하거나 1년 전부터 계속하여 주민등록 또는 사업자등록을 한 경우라도 사실상 거주 또는 사업을 하고 있지 아니한 거주자 또는 사업자(법인 포함)를 말한다. 이 경우 상속으로 부동산을 취득하였을 때에는 상속인과 피상속인의 거주기간을 합한 것을 상속인의 거주기간으로 본다"라고 규정하고 있다는 점에서 차이가 있다.

24) 이와는 별개로 「지방세특례제한법」 제73조(토지수용 등으로 인한 대체취득에 대한 감면)에서 대체취득 부재부동산 소유자의 범위에 대해 「지방세특례제한법 운영예규」 법73-2에서 "농지의 소재지로부터 30킬로미터(2020년 이전은 20킬로미터) 이내의 지역"이라 함은 해당 농지 소재지로부터 농지 소유자가 거주하는 시·군·구의 경계선까지의 거리가 아닌 농지 소유자의 거주지까지의 거리가 30킬로미터(2020년 이전은 20킬로미터) 이내의 지역을 의미한다라고 규정하고 있다는 점에서 대비된다.

25) "30킬로미터(2020년 이전은 20킬로미터)의 이내의 지역에 거주"요건에 대해서도 좀 더 명확하게 "농지 소재지의 가장자리를 기준으로 직선거리"라는 표현을 추가할 필요가 있다.

사례 주민등록지 외에 인근에서 거주한 경우 자경농민에 해당(조심 2011지291, 2011.12.12.)

농지 취득일부터 2년 이내에 농지소재지로부터 20㎞ 이상 떨어진 곳으로 주민등록을 이전하였다고 하더라도 청구인과 배우자가 농지 인근에서 계속 거주하면서 농지를 직접 경작하고 있는 사실이 확인되므로 취득세 등이 경감되는 자경농민으로 보아야 함.

⑤ **동거가족이 영농 시 감면 여부**

㉠ 2015.1.1. 이후

㉮ 동거가족 관련 규정

본인 또는 배우자(동일한 세대별 주민등록표에 기재되어 있는 경우로 한정. 2015년은 직계비속도 포함) 중 1명 이상이 취득일 현재 다음 각 호의 요건을 모두 갖추고 있는 사람을 말한다라고 규정하고 있다(지특령 §3 ①).

㉯ 사실상 거주지가 아닌 주민등록지 기준

감면규정에 상속에 따른 1가구 1주택의 취득세 세율특례규정 등에서 적용되는 세대별 주민등록표상의 동거가족이라고 한정하여 규정되어 있는 것과 유사하게 동일한 세대별 주민등록표에 기재되어 있는 배우자 또는 직계비속으로 규정되어 있으므로 세대별 주민등록표상 세대원에 반드시 구성되지 아니한 경우, 즉 세대별 주민등록표상 세대를 분리하고 있는 경우 동거가족으로 볼 수 없다.

㉡ 2014.12.31. 이전

㉮ 동거가족 관련 규정

농지의 소재지인 구·시·군 및 그와 잇닿아 있는 구·시·군 또는 농지의 소재지로부터 20킬로미터 이내의 지역에 거주하면서 농지를 소유하거나 임차하여 경작한 사람과 그 동거가족(배우자 또는 직계비속으로 한정) 중의 1명 이상이 취득일 현재 직접 2년 이상 농업에 종사한 사람을 말한다라고 규정하고 있으며(구 지특령 §3 ①), 농지를 취득할 당시 농지소유(임차 포함)자가 아니라고 하더라도, 취득하는 농지소재지 구·시·군 및 그와 연접한 구·시·군 또는 농지의 소재지로부터 20킬로미터 이내의 지역에 거주하고, 농지소유자인 직계존속 또는 배우자와 동거하면서 2년 이상 영농에 종사한 경우라면, 해당 직계비속 또는 배우자는 농업을 주업으로 하는 자로서 2년 이상 영농에 종사한 자에 해당한다라고 규정하고 있다(구 지특통 6-1).

㉯ 주민등록지가 아니라 사실상 거주지 기준

"농지소유자와 그 동거가족" 중의 "그"는 농지소유자 또는 농지를 임차하여 경작한 자를 말하고, "동거"는 동일장소 내에서 공동생활을 하고 있는 자를 말하는 것이며, 농지소유자와 그 동거가족 중의 1인 이상이 농업에 종사하면서 농지소재지로부터 20킬로미터 이내의 지역에 거주하여야만 "자경농민"의 요건을 충족하여야 하는 것이다(지방세정팀-67, 2005.12.14.). 한편, 감면규정에 상속에 따른 1가구1주택의 취득세 세율

특례규정 등에서 적용되는 세대별 주민등록표상의 동거가족이라고 한정하여 규정되어 있는 것과는 달리 동거가족으로 규정되어 있으므로 세대별 주민등록표상 세대원에 반드시 구성되지 아니한 경우, 즉 세대별 주민등록표상 세대를 분리하고 있는 경우 원칙적으로 동거한 것으로 볼 수 없으나, 세대만 분리되어 있지 실제로 동거하고 있는 경우에는 동거가족으로 볼 수 있을 것으로 이는 납세자가 입증하여야 한다.

ⓒ 적용

농지를 소유한 부모와 동거하며 직계비속으로서 2년 이상 영농에 종사하는 경우 직계비속자는 영농에 종사하는 자에 해당되므로(지방세운영과-967, 2010.3.10.), 이 경우 취득자가 자경농민의 요건을 갖추지 아니한 경우에도 감면이 되는 것이다.

농지 취득자가 부인 경우에는 부가 영농에 2년 이상 종사한 자가 아니더라도 그 배우자나 직계비속이 영농에 2년 이상 종사한 자에 해당한다면 부가 취득하는 농지는 감면대상이 되는 것이다. 그런데 배우자가 취득하는 경우에는 남편인 부가 영농에 2년 이상 종사하거나 아들이 동거가족으로 영농에 2년 이상 종사하는 경우 감면대상이 되나, 아들이 취득하는 경우 직계존속(부모 또는 조부모)이 영농에 2년 이상 종사하는 경우에는 감면이 되지 아니하므로(세정 13407-31, 2001.7.2.), 아들이 직접 영농에 2년 이상 종사하여야만 감면대상이 되는 것이다. 한편, 조부모가 취득할 때 직계비속인 자 또는 손자가 동거가족으로서 영농에 2년 이상 종사하는 경우에는 감면이 된다.

> **사례** 주민등록지가 아니라 사실상 거주지 기준으로 감면 적용(조심 2011지291, 2011.12.12.)
> 청구인은 ○○○호로 「주민등록법」 상 주소를 이전한 사실에 관계없이 1989.4.1.부터 이 건 농지 소재지 인근의 ○○○에 계속 거주하면서 심판청구일 현재까지 배우자 ○○○과 함께 이 건 농지를 직접 경작하고 있다고 판단됨.
> ☞ 2015.1.1. 이후 주민등록지 기준으로 적용함.

> **사례** 농업을 주업으로 하는 자로 2년 이상 영농 종사자 범위(지방세운영과-967, 2010.3.10.)
> 농지를 증여로 취득하는 직계비속이 증여 당시에 농지소유(임차 포함)자가 아닌 경우라고 하더라도 취득 농지소재지 구·시·군 및 그와 연접한 구·시·군 또는 농지의 소재지로부터 20킬로미터 이내의 지역에 거주하는 자로서 농지 소유자인 부모와 동거하며 직계비속으로서 2년 이상 영농에 종사하는 경우라면 증여 당시 농지가 없더라도 해당 직계비속자는 "농업을 주업으로 하는 자로서 2년 이상 영농에 종사한 자"에 해당됨.
> ☞ 현행은 30킬로미터(2020년 이전은 20킬로미터)

⑥ 취득일 현재 영농하여야 함

기존에 2년 이상 농사를 지었다 하더라도 취득일 현재 영농하지 아니하는 경우에는 감면대상이 되지 아니한다. 예를 들어 2년 이상 쌀소득 직불금을 수령했더라도 최근에는 경작하지 않아 직불금을 받지 아니한 경우 취득일 현재 농사를 짓고 있어야 하는데, 직불금을 타인이 받았다면 현재 2년 이상 영농에 종사하였지만 자경농민으로 볼 수 없는 것이다.

> **사례** 상속재산의 분할은 상속이 개시된 때에 소급하여 그 효력이 있다 할 것(대법원 2002다73203, 2004.7.8.)이므로 상속인(어머니)이 상속개시일 현재 위 규정의 자경농민 요건을 충족한다면 취득세의 비과세대상에 해당됨(지방세운영과-2196, 2008.11.17.).

⑦ 2010.12.31. 이전 취득분에 대한 구 등록세도 종전 규정에 의해 감면됨

구 「지방세법」 제261조의 자경농민의 감면규정은 1994.12.22. 신설 공포되어 1995.1.1.부터 시행하는 것으로 규정하면서 종전에 부과될 지방세는 종전의 규정에 따르도록 규정하고 있었다. 한편, 등록세는 등기 시점에 납세의무가 성립되는 것이므로 납세의무성립 시점의 「지방세법」을 따라야 할 것이지만, 2010.12.31. 이전 취득분으로 2011.1.1. 이후 등기하는 경우 구 등록세는 종전 「지방세법」(2010.12.31. 현재의 「지방세법」을 말함)에 의하여 등록 시에 부과하여야 하므로 구 등록세도 감면대상이 된다(지방세운영과-209, 2012.1.16.).

4) 추징요건

① 추징사유

다음 어느 하나에 해당하는 경우 그 해당 부분에 대해서는 경감된 취득세를 추징한다.

○ ㉠ 정당한 사유 없이 그 취득일부터 2년이 경과할 때까지 자경농민으로서 농지를 직접 경작하지 아니하거나 농지조성을 시작하지 아니하는 경우

취득 시 감면요건을 충족하여 감면을 받았으나 정당한 사유 없이 취득일로부터 2년 이내에 직접 경작하지 아니하거나, 임야를 취득하여 2년 이내에 농지로 조성하지 아니할 경우 추징이 되는 것이다. 한편, 2016.1.1. 이후부터 '자경농민으로서'의 조건이 부여되어 이 요건을 충족하여야 추징이 되지 않을 것이나, 그 전에는 조건이 없었다는 점에서 논란이 될 것이지만 심판례(조심 2015지1529, 2015.11.19.)에 따르면 농지를 취득한 이후에도 같은 법 제6조 제1항 단서에 따라 농지 취득일부터 2년이 경과할 때까지 직접 농지를 경작하되, 2년 이상 계속하여 경작하여야 할 것인데, 여기서 직접 경작한다는 것은 농지를 취득할 당시의 직접 경작 농지의 기준을 충족하여야 추징이 되지 아니할 것이다. 그런데 '직접 경작'이란 자경농민이 농지 소재지에서 직접 경작하는 것을 뜻한다(지방세특례제도과-327, 2014.12.26.)라고 해석하고 있지만 논란이 있을 수 있다.

○ ㉡ 직접(2017년~2023년 감면분 "해당 농지를 직접", 2016년 이전 감면분 "정당한 사유 없이") 경작한 기간이 2년 미만인 상태에서 매각·증여하거나 다른 용도로 사용하는 경우

취득 시 감면요건을 충족하여 감면을 받았으나 해당 농지를 직접(2016년 이전 정당한 사유 없이) 2년 미만 경작하고 매각·증여 또는 다른 용도(주택, 상가 등)로 사용하는 경우 추징이 되는 것이며, 다른 동거가족에게 증여하는 경우라 하더라도 추징이 되는 것이다.

2016.12.31. 이전에 종전의 규정에 따라 취득세 감면을 받은 농지 등에 2017.1.1. 이후 종전의 "정당한 사유 없이 경작한 기간이 2년 미만인 상태에서 매각·증여하거나 다른 용도로 사용하는 경우"의 추징사유가 발생한 경우의 추징에 대해서는 개정 규정에도 불구하고 종전의 규정에 따른다(부칙 §11).

사례 불법 산지전용 시 자경농민의 자경농지 감면 여부(조심 2018지1170, 2018.10.16.)

「산지관리법」에 의한 허가나 신고 없이 개간된 산림은 비록 그것이 개간 후 농지로 이용되고 있다고 하더라도 이는 복구되어야 할 산림에 해당한다고 할 것(대법원 2002.7.26. 선고, 2001두7985 판결 참조)인바, 이 건 심리일 현재까지 처분청에 산지전용신고를 하거나 산지전용허가를 받은 사실이 달리 확인되지 아니하므로 이 건 토지는 관계법령에 따른 농지가 아니라 복구되어야 할 산림에 해당한다 할 것임.

사례 화훼 재배를 목적으로 사용하다가 일시적으로 판매시설로 전환하였다가 다시 묘목 재배를 한 경우 이를 농지로 볼 수 있는지 여부(대법원 2014두35918, 2015.4.23.)

건축물을 농업용 화훼 재배 목적으로 사용하다가 일시적으로 판매시설로 전환하였으나 2년의 유예기간이 경과되기 이전부터 다시 화훼 재배 농지로서 포도묘목 재배 등에 사용한 경우 원고는 2년 이상 경작하지 않은 상태에서 이 토지를 다른 용도로 사용한 이상 「지방세특례제한법」 제6조 제1항 단서에 따라 원고로부터 경감된 취득세를 추징하여야 할 것이고, 원고가 이 토지를 취득한 지 2년이 되는 시점에 이 토지를 농지로 사용하는지의 여부에 따라 달리 볼 것은 아니라 할 것임.

사례 영농목적의 농지를 버섯재배사로 이용하는 경우(지방세운영과-3280, 2012.10.12.)

영농목적의 농지를 버섯재배사로 이용하는 경우 취득세 감면세액의 추징이 제외되는 농지의 "직접 경작"에 해당된다고 판단됨.

② **추징사유발생일**

㉠ 취득일로부터 2년 이내에 농지조성 또는 경작하지 아니한 경우

　유예기간 종료일의 다음 날

㉡ 경작한 기간이 2년 미만인 상태에서 매각·증여하거나 다른 용도로 사용하는 경우

　매각일·증여일 또는 다른 용도로 사용한 날

'다른 용도로 사용한 날'의 판단을 검토하면, 자경농민이 농지취득 관련 감면을 받았으나 유예기간 내 건축물을 신축한 경우 토지 형질변경 착공일, 토지 형질변경 완료일, 건축물 착공일 및 건축물 사용승인일 중 어느 시점에서 추징사유가 발생되었는지 논란이 될 수 있다. 공부상 농지이더라도 실제 농사를 짓지 아니한다면 농지로 볼 수 없을 것이나, 비록 형질변경 허가를 득하여 공사를 진행하지는 아니한 상태에서 준비 중에 있는 경우 실제 공사가 이루어지지 아니하였으므로 다른 용도로 사용하였다고 보기에는 어려움이 있을 것인바, 형질변경공사를 시작하는 시점에 다른 용도로 사용한 것으로 보아야 할 것이다. 즉 준비 중에는 언제든지 허가 등을 취소하고 경작할 가능성[26]이 있기 때문에 허가 시점으로 하기에는 어려움이 있을 것이고 공사를 시작하였다면

다른 용도로 사용하는 것으로 보기에 충분하다는 것이다.

한편, 2016.1.1. 이후 농업계열 학교 또는 학과의 이수자 및 재학생이 감면대상자에서 제외되었는데, 2015.12.31. 이전에 농업계열 학교 또는 학과의 이수자 및 재학생이 농지 등을 취득하여 취득세 감면을 받고 2016.1.1. 이후 종전의 「지방세특례제한법」 제6조 제1항 단서 및 각 호에 따른 추징 사유가 발생한 경우에는 「지방세특례제한법」 제6조 제1항 본문의 개정 규정에도 불구하고 종전의 규정에 따라 감면받은 취득세를 추징한다(법 부칙 §6).

③ 추징 시의 과세표준과 세율

경감된 취득세를 추징하는 것이므로 추징 당시가 아닌 취득 당시의 과세표준과 세율이 적용되는 것이며, 구 등록세의 경우 추징 당시가 아닌 등기 당시의 과세표준과 세율이 적용되어야 할 것이다.[27]

④ 기타

㉠ 주소지 이전

취득자의 주소지가 농지 및 임야(농지조성용 임야에 한함) 소재지 구·시·군 및 그 지역과 연접한 구·시·군 또는 농지 등 소재지로부터 30킬로미터(2020년 이전은 20킬로미터) 이내의 지역 안에 위치한 경우에 감면대상이므로 타 지역의 농지 등을 취득하는 시점에서 이 요건을 구비하여야 감면되는 것이다. 농지를 취득한 이후에도 「지방세특례제한법」 제6조 제1항 단서에 따라 농지 취득일부터 2년이 경과할 때까지 직접 농지를 경작하되, 2년 이상 계속하여 경작하여야 할 것인데, 여기서 직접 경작한다는 것은 같은 법 시행령 제3조 제2항에서 규정하고 있는 농지를 취득할 당시의 직접 경작농지의 기준을 충족하여야 할 것으로, 2011.7.25. 농지를 취득한 후 2011.8.25. 농지 소재지인 구·시·군 및 그 지역과 잇닿아 있는 구·시·군 또는 농지 소재지로부터 30킬로미터(2020년 이전은 20킬로미터) 이내의 지역이 아닌 곳으로 주소지를 이전하여 같은 법 시행령 제3조 제2항 제2호를 충족하지 못하는 점, 농지를 취득하기 이전부터 일정한 수입이 있는 다른 직업을 가지고 있는 점 등에 비추어 자경농민으로서 취득일부터 2년 이상 농지를 직접 경작하였다고 보기는 어렵다 할 것이다(조심 2015지1110, 2015.9.23.). 따라서 농지 취득 후 2년 이내에 주소지를 감면요건이 아닌 타 지역으로 이전한 경우 추징이 되는 것으로 해석하여야 할 것이다. 그런데 취득 당시에 자경농민 요건을 갖춘 경우에는 감면이 될 것이며, 자경농민 요건 중 주소지 요건을 계속 충족하면서 농지를 직접 경작하라는 요건이 없으므로 농지를 직접 경작하는 경우라면 감면이 유지되어야 할 것으로

---

26) 일시·계절적인 휴경지를 사실상 농지로 볼 수 있는지 여부 관련하여 「지방세법」 상 사실상 지목의 결정은 그 토지의 장기적인 주된 사용목적과 그에 적합한 위치·형상 등을 객관적으로 평가하여야 할 것이지, 그 일시적인 사용관계에 구애받을 것은 아니라 할 것이므로(대법원 1985누234, 1985.9.10. 참조), 그 토지의 위치·형상 등이 언제든지 경작가능한 상태의 일시적·계절적 휴경지 상태라고 한다면 비록 취득(등기) 당시 경작 중인 농지가 아니라고 하더라도 사실상 농지에 해당됨(지방세운영과-1754, 2010.4.28.).

27) 추징 당시 과세표준과 세율을 적용하여야 한다라고 주장할 수도 있으나, 법조문에 경감된 취득세 등을 추징한다라고 되어 있어서 추징 당시의 과세표준과 세율을 적용할 수 없을 것이다.

해석될 여지가 있으므로 논란이 될 수 있다.

㉡ 이혼에 의한 재산분할

자경농민에 대한 취득세 등을 감면 받은 후 이혼에 따른 재산분할을 원인으로 배우자에게 소유권이 이전되었다고 하더라도 유예기간 내 이혼에 따른 재산분할을 원인으로 배우자에게 소유권을 이전하는 경우는 매각이나 증여와는 그 성질상 다른 측면이 있고, 혼인 중에 부부의 공동의 노력으로 취득한 재산에 대하여 이를 배분하는 과정으로 볼 수 있으므로 농지의 취득자가 2년 이상 직접 경작하지 아니한 정당한 사유에 해당한다고 할 것이다 (조심 2012지338, 2012.6.27.).

㉢ 지목변경 – 축사 신축

'농지'라 함은 논, 밭, 과수원 및 목장용지를 말하며, 공부상 지목도 동일하게 되어 있어야 한다. 농지를 취득하여 농사에 2년 이상 직접 경작하여야 하는데 이를 위반할 경우 추징대상이 되지만 지목이 답으로 되어 있어서 취득 후 밭으로 사용하다가 축사를 지어 공부상 지목도 목장용지로 변경하여 목장용지로 사용한다면 계속하여 농사를 짓는 것으로 보아 추징대상이 되지 아니할 것이고, 축사를 짓고 곧바로 목장용지로 지목변경하거나 목장용지 변경 후 축사를 짓는 경우 모두 추징대상이 되지 아니할 것이다. 그리고 밭으로 취득 후 밭으로 사용하지 않다가 취득일로부터 2년 이내에 축사를 지어 목장용지로 변경하였더라도 추징할 수 없을 것으로 판단된다. 그런데 축사를 짓고서 목장용지로 지목변경하지 아니하였다면 추징대상이 될 것이다.

㉣ 농지에 창고 신축

토지를 자경농민이 직접 경작할 목적으로 취득하는 농지로 보아 취득세 등을 경감받고 창고시설을 신축함으로써 추징대상이 되었다 하더라도 토지상의 창고는 농작물 보관 및 농기계 및 농업관련 비품(비료, 농약) 등을 보관하는 창고로 이용하고 있으므로 여전히 취득세 등의 경감대상으로 볼 수 있는 점 등에 비추어 취득세 등의 부과처분은 잘못이 있다(조심 2014지2074, 2015.8.10.).

(2) 자경농민 농업용 시설물(지특법 §6 ②)

1) 감면요건

① 감면대상자

상기 (1)의 자경농지에 대한 감면요건에 해당하는 자경농민

② 감면대상 및 감면범위

농업용으로 직접 사용(2018년 이전은 사용)하기 위하여 취득하는 다음의 어느 하나의 농업용 시설 ① 양잠(養蠶) 또는 버섯재배용 건축물, 고정식 온실 ② 「축산법」 §2 1호에 따른 가축을 사육하기 위한 시설 및 그 부속시설로서 하기 시설(2020년 이전은 축사, 축산폐수 및 분뇨 처리시설) 　㉠ 사육시설, 소독 및 방역 시설, 착유실, 집란실 　㉡ 「가축분뇨의 관리 및 이용에 관한 법률」 §2 3호에 따른 배출시설 　㉢ 「가축분뇨의 관리 및 이용에 관한 법률」 §2 7호에 따른 정화시설 ③ 창고[저온창고, 상온창고(常溫倉庫) 및 농기계보관용 창고만 해당] 및 농산물 선별처리시설	취득세 50% 경감

☞ 감면시한 : 2026.12.31.

☞ 농어촌특별세 과세 여부 : 취득세분 농어촌특별세 과세. 취득세 경감분 농어촌특별세 비과세(농특령 §4 ① 3)

2019.1.1. 이후 ① 농업용 시설의 소재지가 「국토의 계획 및 이용에 관한 법률」에 따른 도시지역(개발제한구역과 녹지지역은 제외. 이 감면규정에서 "도시지역") 외의 지역일 것, ② 농업용 시설을 취득하는 사람의 주소지가 해당 농업용 시설의 소재지인 시·군·구 또는 그 지역과 잇닿아 있는 시·군·구 지역이거나 그 농업용 시설의 소재지로부터 30킬로미터(2020년 이전은 20킬로미터) 이내의 지역일 것(다만, 상기 고정식 온실과 축사, 축산폐수 및 분뇨 처리시설은 소재지에 관한 제한을 받지 않음)의 요건을 충족하여야 감면이 된다.

2) 추징요건

별도의 추징규정이 없는바, 「지방세특례제한법」 제178조에 따라 다음 어느 하나에 해당하는 경우 그 해당 부분에 대해서는 감면된 취득세를 추징한다.[28]

① 정당한 사유 없이 그 취득일부터 1년이 경과할 때까지 해당 용도로 직접 사용하지 아니하는 경우
② 해당 용도로 직접 사용한 기간이 2년 미만인 상태에서 매각·증여하거나 다른 용도로 사용하는 경우

농업용 시설물 중에 부동산(토지와 건축물, 건축물은 「지방세법」 제6조 제4호를 말함)에 해당하는 시설물만 추징대상이 되는 것이다. 부동산에 해당하는 농업용 시설물을 정당한 사유없이 취득일로부터 1년 이내 농업용으로 사용하지 않거나 농업용 사용기간이 2년 미만인 상태에서 매각·증여하거나 다른 용도로 사용하는 경우 추징된다.

---

28) 여기서 주의할 내용은 부동산에 한정하므로 부동산이 아닌 차량, 선박, 항공기 등에는 적용되지 아니하며, 「지방세특례제한법」에서만 적용되는 것으로 「지방세법」이나 「조세특례제한법」에서는 적용되지 아니한다.

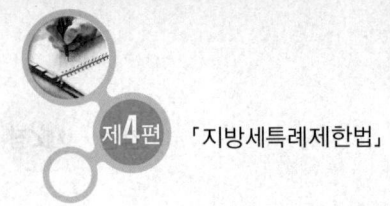

(3) 자경농민의 점용허가에 대한 등록면허세 면제(지특법 §6 ③)

① 감면대상자

상기 (1)의 자경농지에 대한 감면요건에 해당하는 자경농민

② 감면대상 및 감면범위

자경농민이 경작할 목적으로 받는 도로점용, 하천점용 및 공유수면점용의 면허	등록면허세 면제

☞ 감면시한 : 2021.12.31.

(4) 귀농인에 대한 감면(지특법 §6 ④)

1) 감면요건

① 감면대상자

「농업・농촌 및 식품산업 기본법」(2015.6.22. 이전 「농어업・농어촌 및 식품산업 기본법」 제3조 제5호에 따른 농어촌 지역으로 이주하는 귀농인"이란 다음 요건을 모두 갖춘 사람

ⓐ 농어촌(「농업・농촌 및 식품산업 기본법」 제3조 제5호에 따른 지역을 말한다) 외의 지역에서 귀농일을 기준으로 1년 이전부터 「주민등록법」 제16조에 따른 전입신고를 하고 계속하여(2017년 이전은 귀농일 전까지 계속하여 1년 이상) 실제 거주할 것
    2015.12.31. 이전에는 "이주한 해당 농어촌"으로 규정되어 있었다.

ⓑ 귀농일 전까지 계속하여 1년 이상 「농업・농촌 및 식품산업 기본법」 제3조 제1호에 따른 농업에 종사하지 않은 사람일 것

ⓒ 농촌에 「주민등록법」에 따른 전입신고를 하고 실제 거주하는 사람일 것[29]

② 감면대상 및 감면범위

직접 경작 또는 직접 사용(2022년 이후 취득분부터)할 목적으로 ○ 귀농일로부터 3년 이내에 취득하는 농지[주1]	취득세 50% 경감
○ 귀농일로부터 3년 이내에 「농지법」 등 관계법령에 따라 농지를 조성하기 위하여 취득하는 임야 ○ 농업용 시설(2022년 이후) ○ 상기 농지, 임야 및 농업용 시설을 취득한 사람이 그 취득일부터 60일 이내에 귀농인이 되는 경우 그 농지, 임야 및 농업용 시설 포함(2022년 이후)[주2]	취득세 50% 경감

☞ 감면시한 : 2027.12.31.
☞ 농어촌특별세 과세 여부 : 취득세분 농어촌특별세 과세, 취득세 경감분 농어촌특별세 비과세(농특령 §4 ① 3)
☞ (주1) 농지는 자경농지에 대한 감면규정상의 농지를 말함.

---

29) 전입신고 요건과 거주 요건을 충족하는 시점을 귀농일로 판단함(지방세특례제도과-3352, 2015.12.7.).

👉 (주2) 2022.1.1. 당시 농지, 농지를 조성하기 위한 임야 및 농업용 시설을 취득한 사람이 귀농인이 된 지 60일이 지나지 아니한 경우에도 적용됨(부칙 §3).

전입한 농촌 외의 지역에서 거주한 요건을 충족하는 경우에는 귀농인 감면혜택 부여(기존 읍·면 거주자도 감면 가능)하나, 귀농인 감면을 위한 거주지 제한은 완화되었더라도 동일(읍·면) 거주지에서 이주하는 경우는 귀농인 감면에서 배제한다.

2) 추징요건

귀농인이 정당한 사유 없이 다음 어느 하나에 해당하는 경우에는 경감된 취득세를 추징하되, ③ 및 ④ 경우 그 해당 부분에 한정하여 경감된 취득세를 추징한다.

① 정당한 사유 없이(2024년 이후 감면분부터 적용) 귀농일부터 3년 이내에 주민등록 주소지를 취득 농지 및 임야 소재지 특별자치시·특별자치도(관할 구역 안에 지방자치단체인 시·군이 없는 특별자치도를 말함)·시·군·구(자치구를 말함), 그 지역과 연접한 시·군·구 또는 농지 및 임야 소재지로부터 30킬로미터[2020년 이전 감면분은 20킬로미터(부칙 §6)] 이내의 지역 외의 지역으로 이전하는 경우

② 정당한 사유 없이(2024년 이후 적용) 농지, 임야 또는 농업용 시설의 취득일이 속하는 과세연도의 다음 과세연도 개시일부터 3년 이내에 과세연도별로 「농업·농촌 및 식품산업 기본법」 제3조 제1호에 따른 농업 외의 산업에 종사하여 발생하는 소득으로서 과세연도별 농업 외의 종합소득금액(「소득세법」 제4조 제1항 제1호에 따른 종합소득에서 농업·임업에서 발생하는 소득, 같은 법 제45조 제2항에 따른 부동산임대업에서 발생하는 소득 및 같은 법 시행령 제9조에 따른 농가부업소득을 제외한 금액을 말함)이 3,700만 원 이상인 경우[2024년 이전 감면분[법 부칙(2024.12.31.) §9]은 귀농일부터 3년 이내에 「농업·농촌 및 식품산업 기본법」 제3조 제1호에 따른 농업("농업") 외의 산업에 종사하는 경우(단, 「농업·농촌 및 식품산업 기본법」 제3조 제8호에 따른 식품산업과 농업을 겸업하는 경우 제외)]

※ 식품산업 : 식품을 생산, 가공, 제조, 조리, 포장, 보관, 수송 또는 판매하는 산업

③ 정당한 사유 없이(2024년 이후 적용) 다음의 어느 하나에 해당하는 경우

㉠ 농지의 취득일부터 2년 이내에 직접 경작하지 아니하는 경우

㉡ 임야의 취득일부터 2년 이내에 농지의 조성을 시작하지 아니하는 경우

㉢ 농업용 시설의 취득일부터 1년 이내에 해당 용도로 직접 사용하지 아니하는 경우(2024년 이후 감면분부터)

④ 직접 경작 또는 직접 사용(2024년 이후 감면분부터 적용)한 기간이 3년 미만인 상태에서 매각·증여하거나 다른 용도로 사용하는 경우

귀농일로부터 3년 이내에 주민등록 주소지를 취득 농지 및 임야 소재지 특별자치시·특별자치도·시·군·구, 그 지역과 연접한 시·군·구 또는 농지 및 임야 소재지로부터 30킬로미터[2020년 이전 감면분은 20킬로미터) 이내의 지역 외의 지역으로 이전하는 경우 추징이 되며, 귀

농일로부터 3년 이내에 농업(농작물재배업, 축산업, 임업 및 이들과 관련된 산업) 외의 산업(식품산업과 농업을 겸업하는 경우 제외)에 종사하는 경우에도 추징이 된다.

취득 시 감면요건을 충족하여 감면을 받았으나 취득일로부터 2년 이내에 직접 경작하지 아니하거나, 임야를 취득하여 2년 이내에 농지로 조성하지 아니하거나, 2년 미만 경작하고 매각·증여 또는 다른 용도(주택, 상가 등)로 사용하는 경우 추징이 되는 것이며, 다른 동거가족에게 증여하는 경우라 하더라도 추징이 되는 것이다.

② 농기계류 등에 대한 감면(지특법 §7)

(1) 농기계류에 대한 감면(지특법 §7 ①)

1) 감면요건

① 감면대상자

농업용 농업기계 취득자

② 감면대상 및 감면범위

농업용(영농을 위한 농산물 등의 운반에 사용하는 경우 포함)에 직접 사용하기 위한 자동경운기 등 「농업기계화 촉진법」에 따른 농업기계	취득세 면제

☞ 감면시한 : 2026.12.31.
☞ 최소납부제 적용 시기 : 최소납부제 배제
☞ 농어촌특별세 과세 여부 : 취득세 면제분 농어촌특별세 비과세(농특령 §4 ① 3)

2) 농기계의 범위

취득세가 면제되는 '농기계류'라 함은 그 사용목적이 주로 농업에 직접 사용하기 위하여 제작된 것을 의미하므로, 농기계 원형대로 농업용에만 사용되고 있는 경우에는 영업용에 사용 여부에 불문하고 농기계류는 면제되고(세정 22670-13042, 1988.12.2.), 농업용에 직접 사용하기 위한 자동경운기 등 농기계류에 대해서는 취득세가 면제되는 것이다. 그런데 농업기계에 화물자동차와 항공기의 내용이 없는바, 비록 농산물을 운반한다 하더라도 화물자동차를 취득한 경우에는 취득세가 과세되며(세정 22670-8100, 1988.7.25.), 항공방제용 이외의 목적으로 사용이 불가한 항공기를 취득하여 농업용으로 사용한다 하더라도 항공기는 농기계에 해당하지 아니하므로 농기계류 등에 대한 취득세 면제되지 아니한다.

> 사례 항공기는 농기계에 해당하지 않음(지방세운영과-3946, 2010.8.30.)
> 비록 농업회사법인이 항공방제용 이외의 목적으로 사용이 불가한 항공기를 취득하여 농업용으로 사용한다 하더라도 항공기는 농기계에 해당하지 아니하므로 「지방세법」 제262조 제1항의 농기계류 등에 대한 취득세 면제대상에 해당되지 않는다 할 것임.

3) 추징요건

별도의 추징규정이 없으며, 농기계류는 부동산에 해당되지 아니하므로 「지방세특례제한법」 제178조의 추징규정이 적용되지 아니한다.

(2) 관정시설에 대한 감면(지특법 §7 ②)

1) 감면요건

① 감면대상자

농업용수의 공급을 위한 관정시설 취득자

② 감면대상 및 감면범위

농업용수의 공급을 위한 관정시설	취득세 면제 재산세 면제(도시지역분 제외)

☞ 감면시한 : 2026.12.31.
☞ 최소납부제 적용 시기 : 최소납부제 배제
☞ 농어촌특별세 과세 여부 : 취득세 면제분 농어촌특별세 비과세(농특령 §4 ① 3)

관정시설은 급배수시설로 취득세 과세대상이며, 농업용수 이외의 용도로 사용하는 관정시설은 면제가 되지 아니한다. 이 규정에서는 자경농민으로 제한되어 있지 아니하므로 비농민, 법인 등이 취득하는 농업용수 관정시설도 면제되며, 원시취득, 승계취득을 불문한다.

2) 추징요건

별도의 추징규정이 없는바, 「지방세특례제한법」 제178조에 따라 다음 어느 하나에 해당하는 경우 그 해당 부분에 대해서는 감면된 취득세를 추징한다.
① 정당한 사유 없이 그 취득일부터 1년이 경과할 때까지 해당 용도로 직접 사용하지 아니하는 경우
② 해당 용도로 직접 사용한 기간이 2년 미만인 상태에서 매각·증여하거나 다른 용도로 사용하는 경우

관정시설이 급배수시설이므로 건축물로서 부동산에 해당되므로 관정시설을 정당한 사유없이 취득일로부터 1년 이내 농업용으로 사용하지 않거나 농업용 사용기간이 2년 미만인 상태에서 매각·증여하거나 다른 용도로 사용하는 경우 추징된다.

3 농지확대개발을 위한 면제 등(지특법 §8)

(1) 개량 또는 개간농지에 대한 감면(지특법 §8 ①)

1) 감면요건

① 감면대상자

「농어촌정비법」에 따른 농업생산기반 개량사업의 시행으로 인하여 취득하는 농지 및 같은 법에 따른 농지확대 개발사업의 시행으로 인하여 취득하는 개간농지 취득자

② 감면대상 및 감면범위

농업생산기반 개량사업의 시행으로 인하여 취득하는 농지[주]	취득세 면제
농지확대 개발사업의 시행으로 인하여 취득하는 개간농지[주]	

☞ 감면시한 : 2025.12.31.
☞ 최소납부제 적용 시기 : 최소납부제 배제
☞ 농어촌특별세 과세 여부 : 취득세 면제분 농어촌특별세 비과세(농특령 §4 ① 3)
☞ (주) 2020년 이후 한국농촌공사가 취득하는 경우에는 취득세가 면제되지 아니함.

2) 추징요건

별도의 추징규정이 없는바, 「지방세특례제한법」 제178조에 따라 다음 어느 하나에 해당하는 경우 그 해당 부분에 대해서는 감면된 취득세를 추징한다.
① 정당한 사유 없이 그 취득일부터 1년이 경과할 때까지 해당 용도로 직접 사용하지 아니하는 경우
② 해당 용도로 직접 사용한 기간이 2년 미만인 상태에서 매각·증여하거나 다른 용도로 사용하는 경우
정당한 사유없이 농지를 취득일로부터 1년 이내 농지로 사용하지 않거나 농지 사용기간이 2년 미만인 상태에서 매각·증여하거나 다른 용도로 사용하는 경우 추징된다.

(2) 교환·분합하는 농지에 대한 감면(지특법 §8 ②)

1) 감면요건

① 감면대상자

「농어촌정비법」이나 「한국농어촌공사 및 농지관리기금법」에 따라 교환·분합하는 농지, 농업진흥지역에서 교환·분합하는 농지 취득자

② 감면대상 및 감면범위

「농어촌정비법」이나 「한국농어촌공사 및 농지관리기금법」에 따라 교환·분합하는 농지^(주)	취득세 면제
농업진흥지역에서 교환·분합하는 농지^(주)	

☞ 감면시한 : 2025.12.31.
☞ 최소납부제 적용 시기 : 최소납부제 배제
☞ 농어촌특별세 과세 여부 : 취득세 면제분 농어촌특별세 비과세(농특령 §4 ① 3)
☞ (주) 2020년 이후 한국농어촌공사가 교환·분합하는 경우에는 취득세가 면제되지 아니함.

교환은 취득에 해당되어 이에 따른 취득세의 납세의무가 있는 것이며, 교환한 농지가 「농어촌정비법」이나 「한국농어촌공사 및 농지관리기금법」에 의하여 교환된 농지라면 취득세가 면제되는 것이나, 각 농민이 개인별로 교환하는 경우에는 면제되지 아니한다.

2) 추징요건

별도의 추징규정이 없는바, 「지방세특례제한법」 제178조에 따라 다음 어느 하나에 해당하는 경우 그 해당 부분에 대해서는 감면된 취득세를 추징한다.

① 정당한 사유 없이 그 취득일부터 1년이 경과할 때까지 해당 용도로 직접 사용하지 아니하는 경우
② 해당 용도로 직접 사용한 기간이 2년 미만인 상태에서 매각·증여하거나 다른 용도로 사용하는 경우

정당한 사유없이 농지를 취득일로부터 1년 이내 농지로 사용하지 않거나 농지 사용기간이 2년 미만인 상태에서 매각·증여하거나 다른 용도로 사용하는 경우 추징된다.

(3) 임업용 임야에 대한 감면(지특법 §8 ③)

1) 감면요건

① 감면대상자

㉠ 임업을 주업으로 하는 사람

「임업 및 산촌 진흥촉진에 관한 법률」 제2조 제5호에 따른 독림가(篤林家), 즉 산림을 모범적으로 경영하고 있는 자로서 다음 어느 하나에 해당하는 자를 말한다.

○ 개인독림가(個人篤林家)

① 모범독림가 : 300헥타르 이상의 산림[분수림(分收林) 및 조림(造林)의 목적으로 대부받은 국유림 포함]을 산림경영계획에 따라 모범적으로 경영하고 있는 자 또는 조림 실적이

100헥타르 이상이고 산림경영계획에 따라 산림을 모범적으로 경영하고 있는 자

② 우수독림가 : 100헥타르 이상의 산림을 산림경영계획에 따라 모범적으로 경영하고 있는 자 또는 조림 실적이 50헥타르 이상[유실수(有實樹)는 20헥타르 이상]이고 산림경영계획에 따라 산림을 모범적으로 경영하고 있는 자

③ 자영독림가 : 15헥타르 이상의 산림을 산림경영계획에 따라 모범적으로 경영하고 있는 자, 10헥타르 이상의 산림을 산림경영계획에 따라 모범적으로 경영하고 있는 자로서 임업후계자로 선발되어 5년 이상 지난 자 또는 조림 실적이 10헥타르 이상(유실수의 경우에는 5헥타르 이상)이고 산림경영계획에 따라 산림을 모범적으로 경영하고 있는 자

○ **법인독림가**

300헥타르 이상의 산림을 산림경영계획에 따라 모범적으로 경영하고 있는 법인 또는 조림 실적이 100헥타르 이상이고 산림경영계획에 따라 산림을 모범적으로 경영하고 있는 법인

ⓛ 임업후계자

「임업 및 산촌 진흥촉진에 관한 법률」 제2조 제4호에 따른 임업후계자, 즉 임업의 계승·발전을 위해 임업을 영위할 의사와 능력이 있는 자로서 다음 어느 하나에 해당하는 자를 말한다.

㉮ 55세 미만의 자로서 「산림자원의 조성 및 관리에 관한 법률」 제13조에 따른 산림경영계획에 따라 임업을 경영하거나 경영하려는 자 중 다음 각 목의 어느 하나에 해당하는 자

ⓐ 「임업 및 산촌 진흥촉진에 관한 법률 시행령」 제3조 제1호에 따른 개인독림가의 자녀

ⓑ 3헥타르 이상의 산림을 소유(세대를 같이 하는 직계존·비속, 배우자 또는 형제자매의 명의로 소유하는 경우를 포함한다)하고 있는 자

ⓒ 10헥타르 이상의 국유림 또는 공유림을 대부받거나 분수림을 설정받은 자

㉯ 산림청장이 정하여 고시하는 기준 이상의 산림용 종자, 산림용 묘목(조경수 포함), 버섯, 분재, 야생화, 산채, 그 밖의 임산물을 생산하거나 생산하려는 자

② **감면대상 및 감면범위**

직접 임업을 하기 위하여 교환·분합하는 임야	취득세 면제
「산지관리법」에 따라 지정된 보전산지(99만 제곱미터 이내로 한정하되, 2018년 이후 보전산지를 추가적으로 취득하는 경우 기존에 소유하고 있는 보전산지 면적과 합산하여 99만 제곱미터를 초과하지 아니하는 분에 한정)	취득세 50% 경감

☞ 감면시한 : 2025.12.31.

☞ 최소납부제 적용 시기 : 최소납부제 배제

☞ 농어촌특별세 과세 여부

① 직접 임업을 하기 위하여 교환·분합하는 임야 : 취득세 면제분 농어촌특별세 비과세(농특령 §4 ① 3)

② 「산지관리법」에 따라 지정된 보전산지 : 취득세분 농어촌특별세 과세, 취득세 경감분 농어촌특별세 비과세(농특령 §4 ① 3)

2) 추징요건

별도의 추징규정이 없는바, 「지방세특례제한법」 제178조에 따라 다음 어느 하나에 해당하는 경우 그 해당 부분에 대해서는 감면된 취득세를 추징한다.

① 정당한 사유 없이 그 취득일부터 1년이 경과할 때까지 해당 용도로 직접 사용하지 아니하는 경우

② 해당 용도로 직접 사용한 기간이 2년 미만인 상태에서 매각·증여하거나 다른 용도로 사용하는 경우

정당한 사유없이 임야를 취득일로부터 1년 이내 임업용으로 사용하지 않거나 임업용 사용기간이 2년 미만인 상태에서 매각·증여하거나 다른 용도로 사용하는 경우 추징된다.

(4) 공유수면의 매립 또는 간척으로 인한 농지에 대한 감면(지특법 §8 ④)

1) 감면요건

① 감면대상자

「공유수면 관리 및 매립에 관한 법률」에 따른 공유수면의 매립(2015년 이전 '공유수면의 매립') 또는 간척으로 인하여 농지 취득자

② 감면대상 및 감면범위

공유수면의 매립 또는 간척으로 인하여 취득하는 농지	취득세 0.8% 세율 적용

- 감면시한 : 2021.12.31.
- 농어촌특별세 과세 여부 : 취득세분 농어촌특별세 비과세(농특법 §4 10-5), 취득세 경감분 농어촌특별세 비과세(농특령 §4 ① 3)

'공유수면매립으로 인한 농지의 취득'이란 공유수면을 매립하여 최초로 농지로 조성하는 원시취득의 경우를 말하는 것으로 이미 농지로 조성된 토지를 매수한 경우에는 취득세 면제대상에 해당되지 아니한다.

2) 추징요건

취득일부터 2년 이내에 다른 용도에 사용하는 경우 그 해당 부분에 대하여는 경감된 취득세를 추징한다. 여기서 정당한 사유에 내용은 없으나, 법 취지상 정당한 사유없이 농지 사용기간이 2년 미만인 상태에서 매각·증여하거나 다른 용도로 사용하는 경우 해당분 경감 취득세를 추징된다.

> 사례 공유수면매립으로 인하여 취득한 농지가 「토지수용법」 등 관계규정에 의하여 수용된 경우는 추징대상이 되지 않음(도세 22670-4385, 1991.11.5.).

❹ 자영어민 등에 대한 감면(지특법 §9)

(1) 자영어민에 대한 감면(지특법 §9 ①)

1) 감면요건

① 감면대상자

㉠ 어업을 주업으로 하는 사람

어선 선적지(船籍地) 및 어장에 잇닿아 있는 연안이 속하는 구(자치구가 아닌 구 포함)·시·읍·면 지역(그 지역과 잇닿아 있는 다른 구·시·읍·면 지역 포함)에 거주하며 어선 또는 어장을 소유하는 사람과 배우자(동일한 세대별 주민등록표에 기재되어 있는 경우로 한정, 2015년 이전 직계존속·비속도 포함) 중에서 1명 이상이 직접 어업에 종사하는 사람을 말한다. 어선선적지 및 어장에 연접한 연안이 속하는 구·시·읍·면지역과 연접한 다른 구·시·읍·면지역의 범위를 판단함에 있어서 그 경계가 바다로 이루어진 경우에는 바다경계를 기준으로 연접 여부를 판단하여야 한다.

제주도의 경우 도세 감면조례에 의하면 제주도내에 거주하며, 어선 또는 어장을 소유하는 사람과 그 동거가족(배우자 또는 직계 존속·비속에 한함) 중에서 1명 이상이 직접 어업에 종사하는 사람을 말한다(어선을 폐선 또는 매각한 후 6월 이내에 새로운 어선을 취득하는 경우 포함).

㉡ 「후계농어업인 및 청년농어업인 육성·지원에 관한 법률」 제8조에 따른 후계어업경영인 및 청년창업형 후계어업경영인(2021.5.19. 이전은 「농어업경영체 육성 및 지원에 관한 법률」 제10조에 따른 후계어업경영인)

㉢ 수산계열 학교 또는 학과의 이수자 및 재학생(2015년 이전)

② 감면대상 및 감면범위

일정 기준에 따라 직접 어업을 하기 위하여 취득하는 어업권·양식업권(2020.8.28. 이후), 어선(2018년 이후, 20톤 미만의 소형어선은 제외), 다음 어느 하나에 해당하는 어업용으로 사용하기 위하여 취득하는 토지(「공간정보의 구축 및 관리 등에 관한 법률」 제67조에 따라 공부상 지목이 양어장인 토지를 말함) 및 일정 기준의 건축물 1. 「양식산업발전법」 §43 ① 1에 따른 육상해수양식어업 2. 「내수면어업법」 §11 ②에 따른 육상양식어업 3. 「수산종자산업육성법」에 따른 육상 수조식(水槽式) 수산종자생산업 및 육상 축제식(築堤式) 수산종자생산업	취득세 50% 경감
일정 기준에 따라 직접 어업(2020.8.28. 이후 양식업 포함)을 하기 위하여 취득하는 어선(20톤 미만의 소형어선 제외)	

☞ 감면시한 : 2026.12.31.

☞ 농어촌특별세 과세 여부 : 취득세분 농어촌특별세 과세, 취득세 경감분 농어촌특별세 비과세(농특령 §4 ① 3)

일정 기준 : 다음의 요건 충족하여야 한다.

---

① **어업권·양식업권(2020.8.28. 이후) 또는 어선 취득자**

㉠ 어선 선적지(船籍地) 및 어장·양식장(2020.8.28. 이후)에 잇닿아 있는 연안이 속하는 특별자치시·특별자치도·시·군·구(자치구가 아닌 구 포함) 지역(그 지역과 잇닿아 있는 다른 시·군·구 지역 포함)에 거주하며 어선 또는 어장·양식장(2020.8.28. 이후)을 소유하는 사람과 그 배우자(동일한 세대별 주민등록표에 기재되어 있는 경우로 한정) 중에서 1명 이상이 직접 어업에 종사하는 사람

㉡ 주소지가 어선 선적지 및 어장·양식장(2020.8.28. 이후)에 잇닿아 있는 연안이 속하는 특별자치시·특별자치도·시·군·구(자치구가 아닌 구 포함) 지역(그 지역과 잇닿아 있는 다른 시·군·구 지역 포함)[2017년 이전은 시·읍·면 지역(그 지역과 잇닿아 있는 다른 구·시·읍·면 지역 포함)일 것]

㉢ 어업권·양식업권(2020.8.28. 이후)은 새로 취득하는 어장·양식장(2020.8.28. 이후)과 소유 어장·양식장(2020.8.28. 이후)의 면적을 합하여 10헥타르 이내, 어선은 새로 취득하는 어선과 소유 어선의 규모를 합하여 30톤 이내, 지목이 양어장인 토지는 새로 취득하는 지목이 양어장인 토지와 기존에 소유하고 있던 지목이 양어장인 토지의 면적을 합하여 1만 제곱미터 이내일 것. 이 경우 초과부분이 있을 때에는 그 초과부분만을 경감대상에서 제외

② **지목이 양어장인 토지 또는 「지방세법 시행령」 제5조 제1항 제2호에 따른 수조 취득자**

㉠ 지목이 양어장인 토지 또는 「지방세법 시행령」 제5조 제1항 제2호에 따른 수조 취득자 해당 토지 또는 수조가 소재한 특별자치시·특별자치도·시·군·구(자치구가 아닌 구 포함) 지역(그 지역과 잇닿아 있는 다른 시·군·구 지역 포함)에 거주하면서 지목이 양어장인 토지를 소유하거나 임차한 사람과 그 배우자(동일한 세대별 주민등록표에 기재되어 있는 경우로 한정) 중에서 1명 이상이 직접 육상해수양식어업, 육상양식어업, 육상 수조식(水槽式) 수산종자생산업 및 육상 축제식(築堤式) 수산종자생산업을 전업으로 하는 사람[단, 직전 연도 어업 외의 종합소득금액(「소득세법」 제4조 제1항 제1호에 따른 종합소득에서 어업에서 발생하는 소득, 같은 법 제45조 제2항에 따른 부동산임대소득 및 같은 법 시행령 제9조에 따른 농가부업소득을 제외한 금액)이 「조세특례제한법 시행령」 제64조 제11항에 따른 금액 이상인 사람은 제외]

㉮ 직전 연도 어업·양식업(2020.8.28. 이후) 외의 종합소득금액

ⓐ 「소득세법」 제19조(2017년 이전 제19조 제2항)의 사업소득금액

ⓑ 「소득세법」 제20조 제1항의 근로소득금액(단, 「소득세법」 제12조 비과세소득 차감)

ⓒ 「소득세법」 제16조, 제17조, 제20조의 3 및 제21조의 이자소득금액, 배당소득금액, 연금소득금액 또는 기타소득금액

상기의 소득금액은 양어장 토지와 수조 취득일이 속하는 연도의 직전연도 소득으로 하나, 「소득세법」 제70조에 따른 종합소득 과세표준이 확정되지 아니한 경우 양어장 토지와 수조 취득

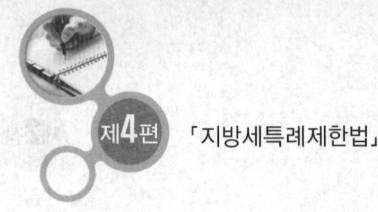

일이 속하는 연도의 전전연도 소득으로 한다. 그리고 감면신청 시 주민등록등본, 소득금액증명원, 그 밖의 종합소득금액을 확인하는 서류로서 행정안전부장관이 정하여 고시하는 서류, 2년 이상 어업에 종사하고 있음을 확인하는 서류로서 행정안전부장관이 정하여 고시하는 서류를 첨부하여야 한다.

ⓛ 지목이 양어장인 토지 또는 「지방세법 시행령」 제5조 제1항 제2호에 따른 수조 취득자 주소지가 해당 토지 또는 수조가 소재한 특별자치시·특별자치도·시·군·구(자치구가 아닌 구 포함) 지역(그 지역과 잇닿아 있는 다른 시·군·구 지역 포함)일 것

〈제주도의 경우 - 도세 감면조례〉

㉠ 취득자의 주소지가 제주도 내일 것

ⓛ 어업권·양식업권(2020.8.28. 이후)은 새로 취득하는 어장·양식장(2020.8.28. 이후)과 소유 어장·양식장(2020.8.28. 이후)의 면적을 합하여 10헥타르 이내, 어선은 새로 취득하는 어선과 소유 어선의 규모를 합하여 30톤 이내일 것. 이 경우 초과부분이 있을 때에는 그 초과부분만을 경감대상에서 제외(새로운 어선의 취득일부터 60일 이내에 전의 소유 어선을 폐선 또는 매각하는 경우 이를 합산하지 아니함)

「지방세법」 제6조 제13호에 의하면 취득세 과세대상인 「어업권」이란 「수산업법」 또는 「내수면어업법」에 따른 어업권을 말하는바, 「수산업법」 제2조 제9호에 "어업권"이란 제8조에 따라 면허를 받아 어업을 경영할 수 있는 권리를 말하고, 면허어업(§8), 허가어업(§41) 및 신고어업(§47)으로 구분하고 있다. 한편, 「내수면어업법」 제7조 제1항에 "제6조에 따라 어업의 면허를 받은 자는 「수산업법」 제17조 제1항에 따른 어업권원부(漁業權原簿)에 등록함으로써 어업권을 취득하며, 면허어업(§6), 허가어업(§9) 및 신고어업(§11)으로 구분하고 있다. 따라서 「지방세법」 상 취득세 과세대상인 어업권에는 「수산업법」 또는 「내수면어업법」에 의한 신고어업이나 허가어업은 포함되지 아니한다.

출원에 의하여 어업권·양식업권(2020.8.28. 이후)을 신규 취득하는 경우 이 규정에 의해 감면되는 것이 아니라, 하기 (3) 출원에 의한 어업권·양식업권(2020.8.28. 이후)에 대한 감면규정에 의해 취득세가 면제된다.

2) 추징요건

별도의 추징규정이 없으며, 어업권·양식업권(2020.8.28. 이후)과 어선은 부동산에 해당되지 아니하므로 「지방세특례제한법」 제178조 추징규정이 적용되지 아니한다.

(2) 20톤 미만 소형어선[30)에 대한 감면(지특법 §9 ②)

1) 감면요건

① 감면대상자

20톤 미만의 소형어선 취득자

② 감면대상 및 감면범위

20톤 미만의 소형어선	취득세 면제 재산세 면제(도시지역분 제외) 지역자원시설세 면제

☞ 감면시한 : 2025.12.31.

☞ 최소납부제 적용 시기 : 최소납부제 배제

☞ 농어촌특별세 과세 여부 : 취득세 면제분 농어촌특별세 비과세(농특령 §4 ① 3)

2) 추징요건

별도의 추징규정이 없으며, 어선은 부동산에 해당되지 아니하므로「지방세특례제한법」제178조 추징규정이 적용되지 아니한다.

(3) 출원에 의한 어업권에 대한 감면(지특법 §9 ③)

1) 감면요건

① 감면대상자

출원에 의하여 어업권 취득자

② 감면대상 및 감면범위

출원에 의하여 취득하는 어업권·양식업권(2020.8.28. 이후)	취득세 면제
어업권·양식업권(2020.8.28. 이후)에 관한 면허 중 설정을 제외한 등록에 해당하는 면허로 새로 면허를 받거나 그 면허를 변경하는 경우	등록면허세 면제

☞ 감면시한 : 2025.12.31.

☞ 최소납부제 적용 시기 : 최소납부제 배제

☞ 농어촌특별세 과세 여부 : 취득세 면제분 농어촌특별세 비과세(농특령 §4 ① 3)

---

30)「선박법」제1조의 2【정의】

② 이 법에서 "소형선박"이란 다음 각 호의 어느 하나에 해당하는 선박을 말한다.

1. 총톤수 20톤 미만인 기선 및 범선

2. 총톤수 100톤 미만인 부선

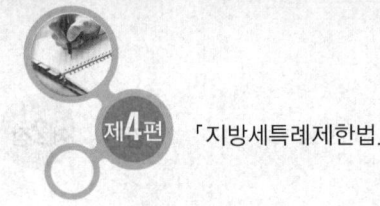

어업(2020.8.28. 이후 양식업 포함) 관련 면허의 경우 출원에 의한 면허는 권리설정으로 보여 등록면허세가 과세될 것으로 판단되나, 기존 어업권(2020.8.28. 이후 양식업권 포함)에 대한 신규, 승계, 변경 등 허가 모두 등록면허세(면허)가 면제되는 것으로 해석하여야 할 것이다. 예를 들어 「수산업법」에 의한 면허유효기간의 연장허가의 경우는 "어업권에 관한 면허 중 설정을 제외한 등록"에 해당되어 등록면허세가 면제된다.

2) 추징요건

별도의 추징규정이 없으며, 어업권은 부동산에 해당되지 아니하므로 「지방세특례제한법」 제 178조 추징규정이 적용되지 아니한다.

❺ 농어업인 등에 대한 융자관련 감면 등(지특법 §10)

(1) 영농자금 등 융자지원을 위한 감면(지특법 §10 ①)

1) 감면요건

① 감면대상자

농어업인, 영농조합법인, 영어조합법인(營漁組合法人) 및 농업회사법인[31)]

㉠ 농어업인

「농어업경영체 육성 및 지원에 관한 법률」 제4조 제1항에 따라 농어업경영정보를 등록한 농어업인을 말한다(2022년 이후).[32)]

한편, 농어업인이라고만 규정되어 있어서 자경농지 감면규정처럼 2년 이상 농사를 지었는 지 여부는 관계가 없으며, 영농자금 융자 시점에서 농어업인에 해당한다면 감면된다.

농어업인에 대한 상기 내용은 조합원의 자격 등을 규정한 것으로 소속 조합으로부터 조합 원이어야 융자를 받을 수 있기 때문이다. 농업인, 어업인으로 구분하지 않고 농어업인으로 규정하고 있는바, 2021년 이전은 농어업인의 정의가 규정되어 있는 「농어업·농어촌 및 식품산업 기본법」 제3조 제2호에 의한 농어업인으로 해석할 수도 있으나, 이 경우에는 상

---

31) 어업회사법인이 제외되어 있음에 유의하여야 함.

32) 2021년 이전은 농어업인의 정의가 별도 없었는바, '농업인'이라 함은 「농업협동조합법」 제19조 제3항, 같은 법 시행령 제4조 제1호 내지 제6호 및 제10조 제1호·제2호의 규정에 의한 농업인을 말하며(지방세정팀 - 581, 2008.2.13.), 농지원부가 필수 요건이 아니라 실제로 영농을 하면서 조합원의 자격을 유지하고 있기만 하면 감면대상이 될 것으로 판단된다. 그리고 농지원부상의 세대원으로 등재되어 있고 그 세대원이 실제 농 사를 지어 농업인에 해당한다면 감면대상이 될 것인데, 가족관계라서 되는 것이 아니고 실제로 농업에 종사 하는 자여야 하는 것이다.
'어업인'이라 함은 「수산업협동조합법」 제2조에 제3호 의하면 「수산업법」 제2조 제12호를 말하므로 어업자 와 어업종사자를 말하며(지방세정팀-581, 2008.2.13.), '어업자'란 어업을 경영하는 자를 말하고, "어업종사 자"란 어업자를 위하여 수산동식물을 포획·채취 또는 양식하는 일에 종사하는 자를 말한다.

기보다 농어업인의 범위가 제한된다는 점에서 문제가 있다고 본다.

농어업인(「농어업경영체 육성 및 지원에 관한 법률」 §4 ①)

① 농어업·농어촌에 관련된 융자·보조금 등을 지원받으려는 농어업경영체는 다음 각 호의 사항(이하 "농어업경영정보"라 한다)을 등록하여야 한다. 등록한 사항 중 대통령령으로 정하는 중요한 사항이 변경된 경우에도 또한 같다.

1. 농업경영체 : 「농업·농촌 및 식품산업 기본법」 제40조에 따른 농지·축사·임야·원예시설 등 생산수단, 생산농산물, 생산방법 및 가축사육 마릿수 등 농업경영 관련 정보 및 융자·보조금 등의 수령정보로서 대통령령으로 정하는 것(이하 "농업경영정보"라 한다)
2. 어업경영체 : 「수산업·어촌 발전 기본법」 제27조에 따른 어선·양식시설 등 생산수단, 생산수산물, 생산방법 및 어업생산규모 등 어업경영 관련 정보 및 융자·보조금 등의 수령정보로서 대통령령으로 정하는 것

상기 외의 조합인 산림조합의 경우에는 농어업인의 정의를 「농업협동조합법」과 「수산업협동조합법」처럼 해석할 수는 없다. 그렇다면 산림조합에서 산림조합원에게 융자할 때에 제공받는 담보물에 관한 등기에 대하여서도 등록면허세가 감면이 되는지에 대하여 명확하지 아니하다. 산림조합원으로는 해당 구역에 주소 또는 산림이 있는 산림소유자 또는 해당 구역에 주소 또는 사업장이 있는 임업인만 가입자격이 있고, 여기서 '임업인'이란 임업에 종사하는 자로서 다음 어느 하나에 해당하는 자를 말한다.

임업인(「임업 및 산촌 진흥촉진에 관한 법률」 §2 2)

임업에 종사하는 자로서 다음 기준에 해당하는 자

① 3헥타르 이상의 산림에서 임업을 경영하는 자
② 1년 중 90일 이상 임업에 종사하는 자
③ 임업경영을 통한 임산물의 연간 판매액이 120만 원 이상인 자 (2012.3.2. 개정)
④ 「산림조합법」 제18조에 따른 조합원으로서 임업을 경영하는 자

산림조합으로부터 융자를 받는 자(당연히 산림조합의 조합원이어야 할 것임)가 등록면허세 납세의무성립일 현재 농어업인에 해당되는 경우라야 감면대상이 된다는 것이다. 즉 산림조합원이라고 해서 감면대상이 되는 것이 아니라 산림조합원이면서 농어업에 종사하여야 감면이 된다는 것이다. 그런데 영림자금이라 규정되어 있어서 농어업인이 아닌 산림조합원도 영림하기 위한 경우에도 감면이 되는 것으로 해석하여야 한다면 법조문을 농어업으로만 규정하지 말고, 농어임업으로 개정하여야 할 것으로 판단된다.

ⓛ 영농조합법인

협업적 농업경영을 통하여 생산성을 높이고 농산물의 출하·유통·가공·수출 등을 공동
으로 하려는 농업인 또는 「농어업·농어촌 및 식품산업 기본법」 제3조 제4호에 따른 농업
관련 생산자단체(이하 "농업생산자단체")는 5인 이상을 조합원으로 하여 영농조합법인
(營農組合法人)을 설립할 수 있다(「농어업경영체 육성 및 지원에 관한 법률」 §16).

ⓒ 영어조합법인

협업적 수산업경영을 통하여 생산성을 높이고 수산물의 출하·유통·가공·수출 등을 공
동으로 하려는 어업인 또는 「농어업·농어촌 및 식품산업 기본법」 제3조 제4호에 따른
어업관련 생산자단체(이하 "어업생산자단체")는 5인 이상을 조합원으로 하여 영어조합법
인(營漁組合法人)을 설립할 수 있다(「농어업경영체 육성 및 지원에 관한 법률」 §16).

ⓔ 농업회사법인

농업의 경영이나 농산물의 유통·가공·판매를 기업적으로 하려는 자나 농업인의 농작업
을 대행하려는 자는 합명회사, 합자회사, 주식회사 및 유한회사로 농업회사법인(農業會社
法人)을 설립할 수 있으며, 농업회사법인을 설립할 수 있는 자는 농업인과 농업생산자단체
로 하되, 농업인이나 농업생산자단체가 아닌 자도 다음에 정하는 비율 또는 금액의 범위에
서 농업회사법인에 출자할 수 있다(「농어업경영체 육성 및 지원에 관한 법률」 §19).

① 농업회사법인의 총출자액이 80억 원 이하인 경우 : 총출자액의 100분의 90
② 농업회사법인의 총출자액이 80억 원을 초과하는 경우 : 총출자액에서 8억 원을 제외한 금액

② 감면대상 및 감면범위

다음의 조합 및 그 중앙회 등이 영농자금 등 융자를 위한 담보물에 관한 등기 (다만, 중앙회, 농협은행 및 수협은행에 대하여는 영농자금·영어자금·영림 자금·축산자금을 융자하는 경우에 한하며, 2019년 이후 20톤 미만 소형어선 에 대한 담보물 등록 포함) ① 「농업협동조합법」에 따라 설립된 조합 및 농협은행 ② 「수산업협동조합법」에 따라 설립된 조합(어촌계 포함) 및 수협은행 　(2017년 이전 그 중앙회) ③ 「산림조합법」에 따라 설립된 산림조합 및 그 중앙회 ④ 「신용협동조합법」에 따라 설립된 신용협동조합 및 그 중앙회 ⑤ 「새마을금고법」에 따라 설립된 새마을금고 및 그 중앙회	등록면허세 50% (2017년 이전 75%) 경감

📌 감면시한 : 2025.12.31.
📌 농어촌특별세 과세 여부 : 등록면허세 경감분 농어촌특별세 비과세(농특령 §4 ① 3)

융자 시 등록면허세의 실질적인 납세자는 저당권 등 권리설정자인 농업협동조합 등이나, 융자

관련 비용을 차입자에게 이자율 등 산정에 반영하고 있는바, 실질적으로 농어업인이 부담하는 결과가 되므로 세부담을 완화하기 위하여 감면하는 것이다. 또한 영농자금·영어자금·영림자금·축산자금인지 여부는 농업협동조합 등에서 발행하는 영농자금대출확인서 등에 의해 판단하여야 할 것이고, 다른 용도의 자금은 감면대상이 되지 아니한다.

한편, 농업협동조합이 농민에게 융자할 때 제공받는 담보물등기에는 지상권설정등기를 포함하며(지특예 법10-1), 본인의 담보물로 제한한 규정이 없는바, 타인 소유의 담보물건도 감면대상이 된다.

> **사례** 타인소유 물건을 담보제공하는 경우 등록면허세 면제됨(지방세정팀-581, 2008.2.13.)
> 수산업협동조합으로부터 융자를 받는 자가 등록면허세 납세의무 성립일 현재 농업인에 해당되는 경우라 하더라도 영농자금 등의 융자를 받기 위하여 본인소유 또는 타인소유의 물건을 담보로 제공하는 경우라면 해당 담보물 등기에 관한 등록면허세는 면제되는 것이라 할 것임.

2) 추징요건

별도의 추징규정이 없으며, 담보물 등기는 부동산에 해당되지 아니하므로 「지방세특례제한법」 제178조 추징규정이 적용되지 아니한다.

(2) 농업 등에 대한 주민세 사업소분 및 종업원분 감면(지특법 §10 ②)

1) 감면요건

① 감면대상자

농어업인이 영농, 영림, 가축사육, 양식, 어획 등에 직접 사용하는 사업소(2015년 영농, 영림, 가축사육, 양식, 어획 등을 영위하는 농어업인, 2014년 이전 농업·임업·축산업 및 수산업 영위자)

② 감면대상 및 감면범위

	주민세 사업소 면적 사업소분(2020년 이전 재산분) 면제
영농, 영림, 가축사육, 양식, 어획 등에 직접 제공되는 건축물	주민세 사업소 면적 사업소분(2020년 이전 재산분) 면제
영농, 영림, 가축사육, 양식, 어획 등에 종사하는 종업원	주민세 종업원분 면제

☛ 감면시한 : 2027.12.31.

'영농'이라 함은 「농어업·농어촌 및 식품산업 기본법」 제3조 제1호 및 같은 법 시행령 제2조에서 규정한 농업(농산물재배업, 축산업, 임업)을 영위하는 것을 말한다고 보아야 할 것이다. 축산업도 농업의 정의에 포함되어 영농으로 볼 수 있으며, 「축산법 시행규칙」 제2조 제3호에 가축의 종류에 꿀벌이 포함되어 있으므로 양봉은 영농에 해당될 것이다. 그리고 연구실이나 실습실은 농작물재배와 관련된 것으로 보아야 할 것으로 영농에 사용하기 위한 부동산에 해당될 것으로, 유통 또는 가공에 영농에 직접 사용하는 시설로 볼 수 없다.

농업 이외의 농산물 가공, 제조 또는 유통에 사용되는 것은 과세대상이 되므로 동일 사업장에 농업과 가공업을 함께 사업을 영위하는 경우에는 안분하여야 하는 것이다.

사례 농업을 목적으로 하는 영농법인 농지 임대 관리사무실(세정 22670-8452, 1986.7.14.)

농업을 목적으로 하는 법인이 영농에 직접 사용하고 있는 사무실, 창고 및 숙직실 등은 동 법인소유 농경지 일부의 임대 여부에 관계없이 사업소세가 비과세되는 것임.

사례 양식업은 「지방세법 시행령」 제209조 제1호에서 정한 어획이 아니므로 사업소세 비과세대 상 아님(도세 22670-1845, 1990.6.11.).

사례 양어장과 함께 운영하는 식당(세정 13407-856, 1995.9.6.)

양어장에 대하여는 사업소세를 부과하지 아니하나 면세점 판단 시에는 양어장을 포함한 전체 건축물 연면적을 기준으로 하도록 되어 있어서 양어장에 직접 제공되는 건축물과 식당으로 사용하는 건축물 등을 합한 전체 건축물 연면적이 330제곱미터 이상이면 면세점 적용이 배제되는 것인바, 양식에 직접 제공되는 건축물을 제외한 부분이 비록 330제곱미터가 되지 않더라도 그 부분에 대하여는 사업소세가 과세됨.

사례 법인의 양어장(세정 13407-279, 1995.7.10.)

해당 사업을 지원하기 위하여 개인 및 법인을 불문하고 지방세 감면혜택을 부여하고자 하는 것으로서 「지방세법 시행령」 제222조 각항의 규정은 이에 적용이 없다 할 것이고 같은 법 동조 제4항의 규정에 비추어 볼 때에도 과세면제대상 범위를 개인에 한정하는 것은 타당치 않음.

사례 양식장(세정 13407-920, 1994.11.11.)

사업소세(재산할)의 과세대상인 저장시설인 수조라 함은 인공적으로 시멘트 벽돌이나 철근콘크리트(철골조) 등의 벽체로 벽면을 형성하여 저장시설로 활용되고 있는 시설물을 말함. 따라서 귀하의 문의와 같이 순수한 흙으로 논두렁을 쌓아 양식을 하고 있다면 이는 수조로 볼 수 없으므로 사업소세(재산할)의 과세대상이 아님.

사례 양어장용 수조시설(시세 22670-206, 1992.9.8.)

영농이나 영림, 양축, 어획 등에 직접 제공되는 건축물에 대하여는 재산할 사업소세가 과세되지 않는다는 것으로 "어획"이 아닌 "양어(양식)"시설에는 과세가 되는바, 이는 농업분야인 양축과 수산업 분야인 양어를 같이 비과세할 수는 없음.

⑥ 농업법인에 대한 감면(지특법 §11)

(1) 신설 농업법인에 대한 감면(지특법 §11 ①, ④)

1) 감면요건

① 감면대상자

「농어업경영체 육성 및 지원에 관한 법률」 제16조에 따른 영농조합법인과 같은 법 제19조에 따른 농업회사법인[33] 중 같은 법 제4조 제1항에 따라 농업경영정보를 등록("농업경영정보 등록")을 한 농업법인(법인설립등기일부터 90일 이내에 농업경영정보 등록을 한 농업법인 포함)

② 감면대상 및 감면범위

법인설립등기일부터 2년(2020년 이후 청년농업법인은 4년) 이내에 일정 기준에 따라 영농에 사용하기 위하여 취득하는 농지, 관계 법령에 따라 농지를 조성하기 위하여 취득하는 임야 및 양잠(養蠶) 또는 버섯재배용 건축물, 고정식 온실, 축사, 축산폐수 및 분뇨 처리시설, 창고[저온창고, 상온창고(常溫倉庫) 및 농기계보관용 창고만 해당] 및 농산물 선별처리시설(2019년 이전은 영농에 사용하기 위하여 취득하는 부동산)	취득세 75% 경감 (2019년 이전은 면제)
농업법인의 설립등기(2018년 이후 적용)	등록면허세 면제

- 감면시한 : 2026.12.31.
- 최소납부제 적용 시기 : 최소납부제 배제
- 농어촌특별세 과세 여부 : 취득세분 농어촌특별세 과세, 취득세 경감분(면제분)과 등록면허세 면제분 농어촌특별세 비과세(농특령 §4 ① 3)
- 청년농업법인

  대표자가 다음의 요건을 모두 충족하는 농업법인을 말함.

  ① 법인 설립 당시 15세 이상 34세 이하인 사람. 다만, 조특령 §27 ① 1호 각 목의 어느 하나에 해당하는 병역을 이행한 경우에는 그 기간(6년 한도)을 법인설립 당시 연령에서 빼고 계산한 연령이 34세 이하인 사람을 포함함.

  ② 「법인세법 시행령」 §43 ⑦에 따른 지배주주 등으로서 해당 법인의 최대주주 또는 최대출자자일 것

- 일정 기준

  농지, 임야 및 농업용 시설의 소재지가 「국토의 계획 및 이용에 관한 법률」에 따른 도시지역(개발제한구역과 녹지지역 제외) 외의 지역인 것을 말함.

- 2019.12.31. 이전에 법인설립등기를 한 농업법인이 영농에 사용하기 위하여 그 법인설립등기일부터 2년 이내에 취득하는 농지, 관계 법령에 따라 농지를 조성하기 위하여 취득하는 임야 및 양잠(養蠶) 또는 버섯재배용 건축물, 고정식 온실, 축사, 축산폐수 및 분뇨 처리시설, 창고[저온창고, 상온창고(常溫倉庫) 및 농기계보관용 창고만 해당] 및 농산물 선별처리시설에 대해서는 개정규정에도 불구하고 취득세가 면제됨. 이 경우 면제된 취득세의 추징규정이 적용됨(부칙 §11).

- 영농·유통·가공에 직접 사용하기 위하여 취득하는 부동산과 과세기준일 현재 해당 용도에 직접 사용하는 부동산에 대해서는 개정규정에도 불구하고 하기 (2)에 따라 취득세 및 재산세의 50%를 각각 2020.12.31.까지 경감함. 이 경우 경

---

33) 당초 주식회사로 설립된 법인을 농업회사법인으로 변경등기를 한 경우에도 그 법인은 「농어업경영체 육성 및 지원에 관한 법률」 제19조에 따른 농업회사법인으로 보는 것임(지방세특례제도과-3530, 2015.12.24.).

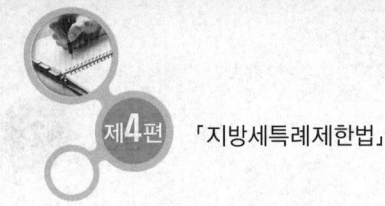

감된 취득세의 추징에 관하여는 추징규정을 적용하며(부칙 §11), 법인의 설립등기에 대해서는 개정규정에도 불구하고 등록면허세가 2020.12.31.까지 면제됨(부칙 §11).

2) 영농의 범위

'영농'이라 함은 「농어업·농어촌 및 식품산업 기본법」 제3조 제1호 및 그 시행령 제2조에서 규정한 농업(농산물재배업, 축산업, 임업)을 영위하는 것을 말한다고 보아야 할 것이다. 축산업도 농업의 정의에 포함되어 영농으로 볼 수 있으며, 「축산법 시행규칙」 제2조 제3호에 가축의 종류에 꿀벌이 포함되어 있으므로 양봉은 영농에 해당될 것이다. 그리고 연구실이나 실습실은 농작물재배와 관련된 것으로 보아야 할 것으로 영농에 사용하기 위한 부동산에 해당될 것으로, 유통 또는 가공에 사용되는 시설은 영농에 직접 사용하는 시설로 볼 수 없다.

농업을 목적으로 하는 법인이 영농 등에 직접 사용하고 있는 사무실, 창고 및 숙직실 등은 영농 등에 직접 사용하는 것으로 보지만, 농업법인의 임직원 기숙사는 그 사용 목적이 주거용으로 영농, 유통, 가공에 직접 사용하는 부동산에 해당되지 아니한다(지방세정팀-572, 2005.5.4.).

영농과 직접 관련 있는 직원만을 위한 구내식당과 영농에 필요한 사무를 보는 사무실과 직원의 교육훈련을 위한 강당은 영농에 직접 사용하는 것으로 볼 수 있다.

① 농가창고

영농에 필요한 농기구, 농자재 등을 보관하는 농가창고로 직접 사용되었으므로 영농으로 사용하는 것으로 본다(조심 2011지184, 2011.11.9.).

② 종자의 생산에 공하는 창고나 실험실

종묘나 종자의 생산에 직접 제공되는 창고나 실험실이 영농에 직접 사용하는 것이다. 다만, 생산하는 종자의 품목이 특수작물에 포함되어야 한다(시세 22670-1542, 1990.5.21.).

③ 가공용 공동작업장, 농산물 판매장

농산물 가공을 위한 공동작업장, 전시·판매를 위한 농산물 판매장은 농작물 재배 등 영농을 목적으로 하는 부동산으로 볼 수 없다.

④ 농업의 범위

농업은 다음과 같다.

㉠ 농작물재배업

식량작물 재배업, 채소작물 재배업, 과실작물 재배업, 화훼작물 재배업, 특용작물 재배업,[34]

---

34) 특용작물은 생산물 그 자체로서 사용되지 못하고 각종 공업생산물의 원료에 쓰이거나 많은 가공과정을 거쳐야 우리 생활에 쓰일 수 있는 작물을 말하며, ① 섬유작물 : 삼·모시·목화·왕골, ② 유료작물 : 참깨·들깨·아주까리, ③ 기호작물 : 담배·차나무, ④ 약용작물 : 인삼·오미자·두릅나무, ⑤ 전분료작물 : 감자·고구마, ⑥ 당료작물 : 사탕수수·사탕무, ⑦ 염료작물 : 쪽·치자나무, ⑧ 수액작물 : 옻나무 등을 들 수 있다.

약용작물 재배업, 버섯 재배업, 양잠업 및 종자·묘목 재배업(임업용 종자·묘목 재배업 제외)

ⓛ 축산업

동물(수생동물 제외)의 사육업·증식업·부화업 및 종축업(種畜業)[35]

ⓒ 임업

육림업(자연휴양림·자연수목원의 조성·관리·운영업을 포함한다), 임산물 생산·채취업 및 임업용 종자·묘목 재배업

⑤ 초지의 사료작물 재배

'초지'란 다년생개량목초(多年生改良牧草)의 재배에 이용되는 토지 및 사료작물 재배지와 목장도로·진입도로·축사 및 농림축산식품부령으로 정하는 부대시설[가축사육을 위한 사무실·관리인의 집·착유실·창고·건초사·싸이로·급수시설·두엄간·가축분뇨처리시설·운동장(말 조련용 마장 포함)·그늘막·말 조련용 주로(조련감시대 포함) 및 말 조련용 수영장과 그 보조시설]을 위한 토지를 말하며, '사료작물재배지'란 조사료(粗飼料)를 생산하기 위하여 일년생작물을 재배하는 토지를 말한다(「초지법」 §2).

초지에서 사료작물재배를 하는 경우 이는 농업에 해당되며,[36] 초지에서 가축 등을 방목하여 사육하는 경우 이는 축산업에 해당될 것이다. 따라서 초지 재배하기 위한 목장용지와 임야는 영농에 사용하는 것으로 보아야 할 것으로서, 영농에 사용하는 면적에 대하여 별도의 규정이 없으므로 실제로 영농에 사용하는 면적에 대하여는 감면이 될 것으로 판단된다.

> **사례** "법 제11조 제1항 각 호 외의 부분"에 관하여 농업경영정보 등록이라는 추가 요건을 규정한 개정 지특령 제5조의 2 제1항의 내용은 2020.1.1. 전에 법인설립등기를 마친 농업법인이 영농에 사용하기 위하여 설립등기일로부터 2년 이내에 취득한 농지 등에 대해서는 적용될 수 없다고 보아야 함. 다만, 지특법 부칙 제8조에 따른 감면 대상인 농지는 그 공부상 지목이 논, 밭, 과수원 또는 목장용지임을 전제로 한다고 할 것인바, 잡종지인 3필지를 제외한 나머지 토지에 대해서만 취득세 면제를 인정함이 타당한 것으로 판단됨(조심 2022지1370, 2023.11.8.).

---

35) 「축산법」 제2조
 4. "축산업"이란 종축업·부화업·정액 등 처리업 및 가축사육업을 말한다.
 5. "종축업"이란 종축을 사육하고, 그 종축에서 농림축산식품부령으로 정하는 번식용 가축 또는 씨알을 생산하여 판매(다른 사람에게 사육을 위탁하는 것을 포함한다)하는 업을 말한다.
 6. "부화업"이란 닭 또는 오리의 알을 인공부화 시설로 부화시켜 판매(다른 사람에게 사육을 위탁하는 것을 포함한다)하는 업을 말한다.
 7. "정액 등 처리업"이란 종축에서 정액·난자 또는 수정란을 채취·처리하여 판매하는 업을 말한다.
 8. "가축사육업"이란 가축을 사육하여 판매하거나 젖·알·꿀을 생산하는 업을 말한다.
36) 한국표준산업분류표상 기타 작물 재배업(01140-사료작물재배 포함)은 농업으로 분류하고 있다.

사례 산양삼 파종 시 영농에 해당되는지 여부(대법원 2019두37394, 2019.6.27. 심리불속행 기각)

이 사건 임야의 일부에만 산양삼 씨앗을 파종하였다고 하더라도 이 사건 취득세 등 처분은 정당한 세액을 산출할 수 없는 경우에 해당하여 이를 모두 취소할 수밖에 없는 것으로 판단됨(대법원 2018.8.30. 선고, 2018두42153 판결 참조).

사례 농업회사법인 설립 후 일부 요건 미충족 시 추징 안됨(조심 2018지0959, 2018.11.16.)

「농어업경영체법」 제19조는 농업회사법인 설립에 대한 사항을 규정하고 있어서 해당 규정에 따라 적법하게 설립된 농업회사법인은 이 건 감면규정에서 정한 인적 감면요건을 충족한다 할 것임. 설령 적법하게 설립된 농업회사법인이 그 후에 일부 요건을 충족하지 못하게 되었다 하더라도 그 설립을 무효로 돌릴 수는 없고, 관련 법령에서 이를 설립의 취소사유로 규정하고 있지도 않아서 요건을 충족하지 못한 시점에 그 설립이 당연 취소되었다고 볼 수도 없음. 따라서 이 건 감면규정에서 정한 「농어업경영체법」 제19조에 따른 '농업회사법인'이란 해당 법률에 따라 설립된 것이면 충분하지 농업회사법인의 요건을 계속해서 충족해야 한다는 의미까지 담고 있다고 보기는 어려움.

사례 농산물 유통·가공사업 범위(지방세운영과-2752, 2010.6.29.)

"영농"이라 함은 「농어업·농어촌 및 식품산업 기본법」 제3조 제1호 및 같은 법 시행령 제2조에서 규정한 농업(농산물 재배업, 축산업, 임업)을 경영하는 것으로, 유통·가공과는 구별되는 개념이라 할 것임. 「농산물품질관리법」 제2조에서 "농산물"이란 가공되지 아니한 상태의 농산물, 임산물(석재와 골재는 제외) 및 축산물이라 규정하고 있고, 「축산법」 제2조에서 가축이란 사유하는 소·말·양·돼지·닭을 말하며, "축산물"이란 그 가축에서 생산되는 고기·젖·알·꿀과 이들의 가공품·원피(원모피 포함)·원모 그 밖의 가축의 생산물이라 정의하고 있으므로, 말(마)의 마육 및 부산물(뼈, 태반 등)은 농산물의 일종이라 할 수 있음. ○○○○○(주)가 마육 제품의 고도화를 통한 농가의 소득증대를 위하여 농림수산부, 제주특별자치도의 보조금을 지원받아 마컨트롤센타를 신축하였다 하더라도, 별도의 세제지원 규정이 없는 한 「지방세법」 제266조 제7항의 법문에 규정하고 있는 유통 및 가공시설에 직접 사용하는 부분에 한정하여 감면되는 것임. 신축된 마컨트롤센타 건물의 부대시설로 전시·판매를 위한 홍보전시관 및 마관련 상품판매장(뼈분말, 말가죽가방, 말태반화장품 등)은 유통시설에 직접 공여되는 면적이라 할 수 있으나, 접객시설을 갖추고 구내에서 직접 소비할 수 있도록 음식을 조리하여 제공하는 식당이나 농산물 유통·가공사업과 직접 관련이 없는 본사의 지원부서인 본점사무실 등에 사용되고 있는 부동산은 「지방세법」 상의 감면요건을 충족하지 못하였다 할 것임.

사례 토지 취득과 동시에 타인에게 임대하여 유예기간 내에 고유업무에 직접 사용하지 아니하는 경우 처음부터 과세면제 요건이 발생하지 아니하므로 면제된 취득세와 등록세 등을 추징한 처분은 적법함(행심 99-263, 1999.4.28.).

사례 영농조합법인이 그 고유의 업무에 직접 사용하기 위하여 취득하는 부동산에 대하여 취득세를 면제하는 것이나 차량의 경우에는 그러하지 아니함(도세 13421-84, 1994.1.28.).

3) 추징요건

① 2015.1.1. 이후

다음 어느 하나에 해당하는 경우 그 해당 부분에 대해서는 감면된 취득세를 추징한다.

㉠ 정당한 사유 없이 그 취득일부터 1년이 경과할 때까지 해당 용도로 직접 사용하지 아니하는 경우

㉡ 해당 용도로 직접 사용한 기간이 3년 미만인 상태에서 매각·증여하거나 다른 용도로 사용하는 경우

㉢ 해당 용도로 직접 사용한 기간이 5년 미만인 상태에서 「농어업경영체 육성 및 지원에 관한 법률」 제20조의 3에 따라 해산명령을 받은 경우[2017년 이후 감면받은 분부터 적용(부칙 §3)]

정당한 사유없이 부동산을 취득일로부터 1년 이내 영농에 사용하지 않거나 영농 사용기간이 3년 미만인 상태에서 매각·증여하거나 다른 용도로 사용하는 경우 추징된다.

한편, 부칙 제15조에 의하면 2014.12.31. 이전에 농업법인이 영농에 사용하기 위하여 취득하는 부동산에 대해 정당한 사유 없이 그 취득일로부터 1년이 경과할 때까지 해당 용도로 사용하지 않거나 해당 용도로 사용한 기간이 2년 미만인 상태에서 매각·증여하거나 다른 용도로 사용하지 않는 경우에는 이 개정규정에도 불구하고 종전의 규정에 따라 감면받은 취득세를 추징한다.

② 2014.12.31. 이전

별도의 추징규정이 없는바, 「지방세특례제한법」 제178조에 따라 다음 어느 하나에 해당하는 경우 그 해당 부분에 대해서는 감면된 취득세를 추징한다.

㉠ 정당한 사유 없이 그 취득일부터 1년이 경과할 때까지 해당 용도로 직접 사용하지 아니하는 경우

㉡ 해당 용도로 직접 사용한 기간이 2년 미만인 상태에서 매각·증여하거나 다른 용도로 사용하는 경우

> **사례** 현물출자계약 취소로 말소등기는 정당한 사유임(대법원 2013두27036, 2014.4.10.)
>
> 출자자가 양도소득세 부담 등을 이유로 그 현물출자 계약을 취소하고 소유권이전등기를 말소함에 따라 유예기간(1년) 내에 당해 토지를 영농에 직접 사용하지 못하게 된 경우, 유예기간 내 미사용에 따른 추징을 배제할 수 있는 정당한 사유로 보는 것이 타당하며, 계약 취소로 계약이 소급적으로 무효가 되어 등기가 말소된 경우를 후단 부분에서 정한 2년 이내에 '매각하거나 다른 용도로 사용한 경우'라고 볼 수도 없음.

(2) 기존 농업법인에 대한 감면(지특법 §11 ②)

1) 감면요건

① 감면대상자

다음 법인 중 「농어업경영체 육성 및 지원에 관한 법률」 제4조 제1항에 따라 농업경영정보를

등록한 법인(설립등기일부터 90일 이내에 등록한 법인 포함)[2021년~2023년 농업경영정보를 등록한 농업법인(설립등기일부터 90일 이내에 농업경영정보 등록을 한 농업법인 포함, 2020년 이전은 다음 법인)]

    ㉠ 「농어업경영체 육성 및 지원에 관한 법률」 제16조에 따른 영농조합법인
    ㉡ 같은 법 제19조에 따른 농업회사법인

② 감면대상 및 감면범위

영농·유통·가공에 직접 사용하기 위하여 취득하는 부동산	취득세 50% 경감 재산세 50% 경감 (도시지역분 제외)

📣 감면시한 : 2026.12.31.
📣 농어촌특별세 과세 여부 : 취득세분 농어촌특별세 과세, 취득세 경감분 농어촌특별세 비과세(농특령 §4 ① 3)

영농(법인설립등기일로부터 2년 이내 취득은 제외)·유통·가공에 직접 사용하기 위한 부동산은 취득세 50% 감면이 되나, 서비스업에 사용하기 위한 부동산은 감면대상이 되지 아니한다. 한편, 영농에 직접 사용하기 위한 부동산을 법인설립등기일로부터 2년 이내에 취득하는 경우 취득세가 면제된다. 그런데 영농·유통·가공에 사용하기 위해 취득하는 부동산 중 법인설립등기일로부터 2년 경과 여부와 관계없이 무조건 재산세 50% 경감한다.

영농, 유통, 가공사업과 직접 관련 있는 직원만을 위한 구내식당과 영농, 유통, 가공사업에 필요한 사무를 보는 사무실과 직원 영농 등의 교육훈련을 위한 강당은 영농 등에 직접 사용하는 것으로 보나, 접객시설을 갖추고 구내에서 직접 소비할 수 있도록 음식을 조리하여 제공하는 식당(음식점)이나 농산물 유통·가공사업과 직접 관련이 없는 본사의 지원부서인 본점사무실 등에 사용되고 있는 부동산은 영농 등에 사용하는 것으로 보지 아니한다.

> **사례** 2015.10.20. 농업회사법인으로 설립된 후, 2021.5.17.과 2021.6.2. 쟁점부동산을 취득하였고, 쟁점부동산을 취득할 당시에 농업경영정보를 등록한 사실이 없으므로 농업법인에 대한 취득세 감면대상에 해당하지 아니함(조심 2023지0040, 2023.9.21.).

> **사례** 청구법인이 2019.2.28. 쟁점멸실축사를 취득하기 전에 이미 새로운 축사의 신축을 위한 건축허가(2018.12.5.) 및 착공(2018.12.21.) 등이 이루어진 것으로 나타나므로 같은 장소에 새로운 축사의 신축을 위해 취득한 쟁점멸실축사는 취득세가 면제되는 영농에 사용하기 위하여 취득하는 부동산으로 보기는 어렵다 할 것임(조심 2022지0956, 2023.4.20.).

2) 가공·유통범위

'가공'이란 자재나 반제품을 인공적으로 처리하여 새로운 제품을 만들거나 제품의 질을 높이는 것을 말하며, 「유통산업발전법」 제2조에 따르면 '유통산업'이라 함은 농산물·임산물·축산물·

수산물(가공 및 조리물 포함) 및 공산품의 도매·소매 및 이를 영위하기 위한 보관·배송·포장과 이와 관련된 정보·용역의 제공 등을 목적으로 하는 산업을 말하는 것이다.

「유통산업발전법」 등 관계법령에 의하여 임대가 허용되는 매장 등의 전부 또는 일부를 임대하는 경우에는 임대한 부분도 해당 업종에 직접 사용하는 것으로 본다고 규정하고 있다. 뿐만 아니라 판매촉진 및 고객서비스 차원에서 대형할인점 일부를 임대하여 설치·운영하는 카센터·미용업·음식점·시계점 등도 「유통산업발전법」 상 유통산업에 해당하는 것으로 해석하고 있다(산업자원부 유통 55161 - 434, 1998.10.26.).

농산물 이외의 가공은 「지방세특례제한법」 제11조 제2항에 따른 영농·유통·가공에 해당되지 아니할 것이나, 농산물 관련하여 이를 제조하는 것은 이 감면규정상의 가공으로 볼 것이다. 축산업도 농업의 정의에 포함되며, 영농을 볼 수 있으므로 축산업의 일종에는 양돈도 포함될 것이고, 양돈의 부산물인 분뇨를 이용하여 유기질 비료화 시설물을 설치하여 제조 판매하는 것이 이 감면규정상의 가공으로 보아야 할 것이다. 다만, 분뇨가 원재료의 주를 차지하여야 할 것으로 판단된다.

한편, 유통사업을 영위하고자 유통시설인 대규모 점포(쇼핑센터)에 해당하는 쇼핑센터를 신축한 다음 임대부분에 소매점포를 입점시킨 다음 대규모점포 개설 등록을 마친 사실 및 쇼핑센터에 상품의 수송·보관·포장·하역·가공·통관·판매·정보처리 등에 필요한 시설을 갖추고 임대부분에 매장을 입점시켜 매출액 비례방식 형태로 임대함과 동시에 각종 편의시설도 설치하여 임대부분에 입점한 매장들을 통합적으로 관리하여, 쇼핑센터를 유지·관리하면서 종합적인 판매전략과 고객관리를 통하여 스스로의 이익을 창출하고 있으므로 임대부분을 그 목적사업인 유통사업의 용도로 계속적이고 고정적으로 사용하고 있다고 할 것이고, 그 사용방법이 직영 형태가 아니라 매출액 비례방식 형태의 임대라 하여 달리 볼 것은 아니라 할 것이다(대법원 2010두20478, 2011.1.13.).

① 홍보전시관 및 상품판매장

전시·판매를 위한 홍보전시관 및 상품판매장은 유통시설에 해당한다.

② 쇼핑센터 내의 음식점

쇼핑센터 건물의 부대시설로 접객시설을 갖추고 구내에서 직접 소비할 수 있도록 음식을 조리하여 제공하는 식당 등에 사용되고 있는 부동산은 「지방세법」 상의 감면요건을 충족하지 못하였다 할 것이다(지방세운영과 - 2752, 2010.6.29.)라고 해석하고 있고, 음식점은 유통인 도소매업, 가공인 제조업이 아닌 서비스업에 해당하는바, 쇼핑센터 내의 일반음식점은 영농·유통·가공에 직접 사용하는 것으로 볼 수 없을 것이다.

③ 가공용 공동작업장, 농산물 판매장

농산물 가공을 위한 공동작업장, 전시·판매를 위한 농산물판매장은 농작물 재배 등 영농을 목적으로 하는 부동산으로 볼 수 없으나, 가공·유통 목적용 부동산에 해당된다.

④ 임직원 기숙사

농업법인의 임직원 기숙사는 그 사용목적이 주거용으로 영농, 유통, 가공에 직접 사용하는 부동산에 해당되지 아니한다(지방세정팀−572, 2005.5.4.).

⑤ 민박시설과 어린이시설

농가소득 증대 일환인 민박시설, 어린이놀이시설은 가공・유통하기 위한 부동산으로 볼 수 없으므로 경감대상에서 제외된다(지방세운영과−1937, 2008.10.24.).

⑥ 체험장

도시민 유치를 통한 농가의 소득 향상 등을 위해 필요한 농촌체험 기반 등을 갖추는 "녹색체험마을 조성사업자"로 선정하고 국가가 보조금 등을 지원하고 있다고 하더라도, 해당 영농조합법인이 관광객들에게 약초찜질방, 숙박시설 등의 용도로 이용료를 받고 운영 중인 약초체험관으로 사용되는 부동산은 영농・유통・가공에 직접 사용한다고 보기 어렵다(지방세운영과−1002, 2010. 3.11.). 그리고 건축물을 신축하여 영위하고자 하는 사업은 도시민들을 모집하여 농촌체험을 할 수 있도록 숙박시설과 농업체험용지를 제공하는 사업으로 보이고, 이러한 사업은 농산물 재배를 주된 목적사업으로 하는 것이 아니라 도시민들의 귀농을 지원하고자 간접적으로 농촌과 농업활동을 체험할 수 있도록 하는 시설로서 이를 청구법인이 영농에 직접 사용하는 부동산으로 보기는 어렵다(조심 2018지3501, 2019.3.26.).

⑦ 양어장

농업법인이 운영하는 양어장은 농업법인이 영농・유통・가공에 직접 사용하기 위하여 취득하는 부동산의 범위에 포함되지 않으므로 재산세 경감대상으로 보기 어렵다(지방세특례제도과−368, 2014.12.31.).

⑧ 관상수 재배

토지 중 일부 토지에서는 취득할 당시부터 현재까지 관상수가 식재되어 재배 등이 이루어진 것으로 보이고, 다년생 식물인 관상수를 관리・재배하는 것을 영농의 범위에서 배제할 이유가 없는 것이다(조심 2018지0132, 2019.2.27.).

> **사례** 쟁점건축물을 농산물을 집하, 선별, 포장하여 농산물경매센터로 출하하는 목적으로 사용하였으므로, 쟁점건축물은 유통에 사용하기 위하여 취득하는 부동산으로 보는 것임(조심 2013지464, 2013.6.19.).

> **사례** 농산물을 가공・유통하기 위한 부동산의 범위(지방세운영과−1937, 2008.10.24.)
> 영농조합법인이 창업 후 2년 이내에 부대시설로 삼배 수가공을 위한 공동작업장, 전시・판매를 위한 농산물판매장, 농가소득 증대 일환인 민박시설, 어린이놀이시설을 취득한 경우라면, 공동작업장 및 농산물 판매장은 농작물 재배 등 영농을 목적으로 하는 부동산으로 보기에 무리가 있다 할

것이므로 농업활동으로 생산되는 농산물을 가공·유통하기 위한 부동산으로 보아 취·등록세의 100분의 50을 경감하고, 이와 무관한 민박시설 및 어린이시설은 취·등록세 경감대상에서 제외됨.

사례 영농조합법인(일괄영농조합법인)이 영농(「농업·농촌기본법 시행령」 제2조에 규정된 농작물 생산업, 임업, 축산업)에 직접 사용하기 위하여 농지 및 임야를 취득하는 경우라면 취득세 등 감면됨(세정 13407-312, 2001.3.22.).

3) 추징요건

① 2015.1.1. 이후

다음 어느 하나에 해당하는 경우 그 해당 부분에 대해서는 감면된 취득세를 추징한다.

ⓐ 정당한 사유 없이 그 취득일부터 1년이 경과할 때까지 해당 용도로 직접 사용하지 아니하는 경우

ⓑ 해당 용도로 직접 사용한 기간이 3년 미만인 상태에서 매각·증여하거나 다른 용도로 사용하는 경우[2년에서 3년으로의 개정내용은 2017년 이후 감면받은 분부터 적용(부칙 §3)]

ⓒ 해당 용도로 직접 사용한 기간이 5년 미만인 상태에서 「농어업경영체 육성 및 지원에 관한 법률」 제20조의 3에 따라 해산명령을 받은 경우[2017년 이후 감면받은 분부터 적용(부칙 §3)]

② 2014.12.31. 이전

별도의 추징규정이 없는바, 「지방세특례제한법」 제178조에 따라 다음 어느 하나에 해당하는 경우 그 해당 부분에 대해서는 감면된 취득세를 추징한다.

ⓐ 정당한 사유 없이 그 취득일부터 1년이 경과할 때까지 해당 용도로 직접 사용하지 아니하는 경우

ⓑ 해당 용도로 직접 사용한 기간이 2년 미만인 상태에서 매각·증여하거나 다른 용도로 사용하는 경우

❼ 어업법인에 대한 감면(지특법 §12)

1) 감면요건

① 감면대상자

다음 법인 중 「농어업경영체 육성 및 지원에 관한 법률」 제4조 제1항에 따라 어업경영정보를 등록한 법인(설립등기일부터 90일 이내에 등록한 법인 포함)(2023년 이전 다음 법인, "어업법인")

ⓐ 「농어업경영체 육성 및 지원에 관한 법률」 제16조에 따른 영어조합법인

ⓑ 같은 법 제19조에 따른 어업회사법인

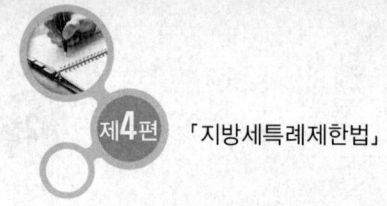

② 감면대상 및 감면범위

영어·유통·가공에 직접 사용하기 위하여 취득하는 부동산	취득세 50% 경감 재산세 50% 경감 (도시지역분 제외)
어업법인의 설립등기	등록면허세 면제

☞ 감면시한 : 2026.12.31.
☞ 농어촌특별세 과세 여부 : 취득세분 농어촌특별세 과세, 취득세 경감분과 등록면허세 면제분 농어촌특별세 비과세(농특령 §4 ① 3)
☞ 종전(2023년 이전)의 어업법인(개정규정에 따른 어업법인은 제외)이 영어·유통·가공에 직접 사용하기 위하여 취득하는 부동산과 과세기준일 현재 해당 용도에 직접 사용하는 부동산에 대해서는 개정규정에도 불구하고 취득세 및 재산세의 50%를 각각 2024.12.31.까지 경감함(이 경우 경감된 취득세의 추징에 관하여는 하기 추징규정이 적용됨)(법 부칙 §9).

영어·유통·가공에 직접 사용하기 위한 부동산은 취득세 50% 감면이 되나, 서비스업에 사용하기 위한 부동산은 감면대상이 되지 아니한다.

2) 영어 등 범위

영어, 유통, 가공사업과 직접 관련 있는 직원만을 위한 구내식당과 영어, 유통, 가공사업에 필요한 사무를 보는 사무실은 직접 사용하는 것이다.

① 수산물 도매시장 내의 음식점

수산물의 본질적 성질을 변환시키지 아니하는 수산물도매업(해산물과 민물고기 등의 산 것, 신선한 상품이나 냉동·건조·염장 등과 같은 단순 가공한 수산물을 도매하는 산업활동)이나 수산물소매업(바다 및 민물의 신선·건조·냉동 및 염장 등의 수산물을 소매하는 산업활동)은 유통업에 해당된다 할 것이나 접객시설을 갖추고 구내에서 직접 소비할 수 있도록 주문한 음식을 조리하여 제공하는 일반음식점은 유통업에 해당되지 아니한다는 감사원 심사례(2001-120, 2001.10.16.)에 비추어 볼 때, 수산물 도매시장 내의 음식점은 영어사업의 필수적인 부대시설인 유통시설로서 그 고유목적에 직접 사용하였다고 하기에는 그 범위를 일탈하였다고 할 수 있다(행심 2005-180, 2005.6.27.).

② 가공용 공동작업장, 수산물 판매장

수산물 가공을 위한 공동작업장, 전시·판매를 위한 수산물판매장은 영어를 목적으로 하는 부동산으로 볼 수 없으나, 가공·유통을 목적으로 부동산에 해당된다.

3) 추징요건

① 2017.1.1. 이후

다음 어느 하나에 해당하는 경우 그 해당 부분에 대해서는 감면된 취득세를 추징한다.

㉠ 정당한 사유 없이 그 취득일부터 1년이 경과할 때까지 해당 용도로 직접 사용하지 아니하는 경우

㉡ 해당 용도로 직접 사용한 기간이 3년 미만인 상태에서 매각·증여하거나 다른 용도로 사용하는 경우[2년에서 3년으로의 개정내용은 2017년 이후 감면받은 분부터 적용(부칙 §3)]

㉢ 해당 용도로 직접 사용한 기간이 5년 미만인 상태에서 「농어업경영체 육성 및 지원에 관한 법률」 제20조의 3에 따라 해산명령을 받은 경우[2017년 이후 감면받은 분부터 적용(부칙 §3)]

정당한 사유없이 부동산을 취득일로부터 1년 이내 영농에 사용하지 않거나 영농 사용기간이 3년 미만인 상태에서 매각·증여하거나 다른 용도로 사용하는 경우 추징된다.

② 2016.12.31. 이전

별도의 추징규정이 없는바, 「지방세특례제한법」 제178조에 따라 다음 어느 하나에 해당하는 경우 그 해당 부분에 대해서는 감면된 취득세를 추징한다.

㉠ 정당한 사유 없이 그 취득일부터 1년이 경과할 때까지 해당 용도로 직접 사용하지 아니하는 경우

㉡ 해당 용도로 직접 사용한 기간이 2년 미만인 상태에서 매각·증여하거나 다른 용도로 사용하는 경우

❽ 한국농어촌공사의 농업 관련 사업에 대한 감면(지특법 §13)

(1) 농지관리기금 등 융자지원을 위한 감면(지특법 §13 ①)

1) 감면요건

① 감면대상자

「한국농어촌공사 및 농지관리기금법」에 따라 설립된 한국농어촌공사

② 감면대상 및 감면범위

농민(영농조합법인 및 농업회사법인 포함)에게 농지관리기금(2014.12.31. 이전만 적용)과 농업경영 규모의 확대 사업을 지원하기 위하여 농민에게 자유무역협정이행지원기금 융자를 위한 담보물에 관한 등기(2015.12.31. 이전만 적용)	등록면허세 면제

☛ 감면시한 : 감면시한 배제
☛ 농어촌특별세 과세 여부 : 등록면허세 면제분 농어촌특별세 과세

본인의 담보물로 제한한 규정이 없는바, 타인의 소유의 담보물건도 감면대상이 된다.

2) 추징요건

별도의 추징규정이 없으며, 담보물 등기는 부동산에 해당되지 아니하므로 「지방세특례제한법」

제178조 추징규정이 적용되지 아니한다.

(2) 한국농어촌공사에 대한 감면(지특법 §13 ②, ③, ④)

1) 감면요건

① 감면대상자

한국농어촌공사

② 감면대상과 감면범위

「한국농어촌공사 및 농지관리기금법」 §18·§20, 「농지법」 §11·§15 및 「공유수면 관리 및 매립에 관한 법률」 §46에 따라 취득하는 농지(2022년 이전은 「한국농어촌공사 및 농지관리기금법」 §18·§20 및 §24에 따라 취득·소유하는 부동산과 「농지법」에 따라 취득하는 농지)	취득세 50% 경감 (2016년 이전 면제) 재산세(2017~2022년 50% 경감, 2016년 이전 면제) (도시지역분 제외)
「농어촌정비법」에 따른 국가 또는 지방자치단체의 농업생산기반 정비계획에 따라 취득·소유하는 농업기반시설용 토지와 그 시설물	취득세 50% 경감 (2016년 이전 면제) 재산세 75%(2022년 50%) 경감 (2018년~2021년 면제) (도시지역분 제외)
「한국농어촌공사 및 농지관리기금법」 §44에 따라 취득하는 부동산 (2022년 이전은 취득·소유하는 부동산)	취득세 50% 경감 (2016년 이전 면제) 재산세(2017~2022년 50% 경감, 2016년 이전 면제) (도시지역분 제외)
「한국농어촌공사 및 농지관리기금법」 §24-3 ①에 따라 취득[같은 법 §24-3 ③에 따라 해당 농지를 매도할 당시 소유자 또는 포괄승계인이 환매(還買)로 취득("환매취득")하는 경우 포함]하는 부동산[주1] ○ 과세기준일 현재 같은 법 제24조의 3 제1항에 따라 임대하는 부동산	취득세 50% 경감 (환매취득과 2016년 이전 면제) 재산세 50% 경감 (도시지역분 제외)
「자유무역협정 체결에 따른 농어업인 등의 지원에 관한 특별법」 제5조 제1항 제1호에 따라 취득·소유하는 농지	취득세 50% 경감 (2016년 이전 면제)
국가 또는 지방자치단체의 계획에 따라 제3자에게 공급할 목적으로 「농어촌정비법」 제2조 제10호에 따른 생활환경정비사업에 직접 사용하기 위하여 일시 취득하는 부동산[주2] ○ 택지개발사업지구 및 단지조성사업지구에 있는 부동산으로서 관계법령에 따라 국가 또는 지방자치단체에 무상으로 귀속될 공공시설물 및 그 부속토지와 공공시설용지("공공시설물 등")	취득세 25% (2015년~2019년 30%, 2014년 이전 75%) 경감 재산세 면제[주3] (도시지역분 제외, 2024년 이전은 포함)
「한국농어촌공사 및 농지관리기금법」 제24조의 2 제2항에 따라 취득하는 농지	취득세 50% 경감 (2016년 이전 면제)

👉 감면시한 : 2025.12.31.(제3자 공급용으로 일시 취득 중 무상 귀속 공공시설물 등의 재산세 감면 2027.12.31.)

👉 최소납부제 적용 시기 : 2016.1.1. 이후(제3자 공급용으로 일시 취득은 2015.1.1. 이후, 제3자 공급용으로 일시 취득 중 무상 귀속 공공시설물 등의 재산세 감면은 최소납부제 배제)

👉 농어촌특별세 과세 여부

취득세분과 취득세 경감분(면제분) 농어촌특별세 과세. 「농어촌정비법」에 따라 국가 또는 지방자치단체의 농업생산기반정비계획에 따라 취득·소유하는 농업기반시설용 토지와 그 시설물에 대한 취득세 면제분 비과세(농특령 §4 ⑦ 5), 「한국농어촌공사 및 농지관리기금법」 제24조의 2 제2항에 따라 취득하는 농지로 「혁신도시 조성 및 발전에 관한 특별법」 제43조에 따라 종전 부동산을 매입한 경우 2013.10.22. 이후 취득분부터 「지방세특례제한법」 제13조 제2항 제5호 및 제57조의 3 제2항에 따른 취득세 면제분 비과세(농특령 §4 ⑦ 2)

👉 "공공시설물 및 그 부속토지와 공공시설용지"의 범위

공용청사·도서관·박물관·미술관 등의 건축물과 그 부속토지 및 도로·공원 등으로 함[이 경우 공공시설용지의 범위는 해당 사업지구의 실시계획 승인 등으로 공공시설용지가 확정된 경우 확정된 면적으로 하고, 확정되지 아니한 경우 해당 사업지구 총면적의 45%(산업단지조성사업의 경우 35%로 함)에 해당하는 면적으로 함](지특령 §6).

👉 (주1) 한국농촌공사가 농지시장 안정과 농지이용의 효율성 증대를 위해 경영회생지원사업으로 매입·환매하는 농지에 대한 취득세 면제 및 재산세(재산세 도시지역분 제외) 50% 경감

👉 (주2) 농촌 활성화 취지 및 주거환경 개선사업 등 유사사업과의 형평성을 고려하여 세제지원하기 위하여 전원마을 조성사업 등 농어촌공사가 농어촌생활환경 정비사업 추진을 위해 일시적으로 취득하는 부동산에 대하여 취득세 감면
- 농어촌생활환경 정비사업으로 조성한 공원 등 공공시설물이 「농어촌정비법」에 따라 국가에 무상귀속되는 경우 재산세(도시지역분 포함) 면제

구분	제3자공급용	기부채납용	소규모 임대용 등
한국농어촌공사	30%(2014년 이전 75%) 경감	비과세	–
한국수자원공사	30%(2014년 이전 75%) 경감	비과세	–
한국토지주택공사	30%(2014년 이전 75%) 경감	비과세	50% 경감(2014년 이전 면제)

👉 2012년 이전에는 제3자공급용은 취득세 면제

👉 (주3) 2025년 이후 납세의무성립분부터 국가 또는 지방자치단체에 무상으로 귀속될 공공시설물 등의 반대급부로 국가 또는 지방자치단체가 소유하고 있는 부동산 또는 사회기반시설을 무상으로 양여받거나 해당 공공시설물 등의 무상사용권을 제공받는 경우 재산세 50% 경감됨.

생활환경정비사업에 직접 사용하기 위하여 일시 취득하는 부동산 중 전체 사업면적에서 취득세 비과세대상인 기부채납용 부동산 면적 등 「지방세특례제한법」상 감면되는 토지 면적을 공제하고 나머지 면적분에 대해 취득세를 감면한다. 여기서 「지방세특례제한법」상 감면되는 토지면적을 공제한다는 것은 생활환경정비사업용 전체 사업면적에서 기부채납용 부동산 면적은 공제하여야 한다는 것이다.

토지의 사용·수익·처분 등에 있어서 국가가 관여하는 사정은 이 사건 토지가 가지는 공공성의 징표일 뿐 이 사건 토지의 실질적인 소유권이 국가에 귀속된다는 근거가 될 수 없다. 즉, 농어촌공사법이 원고를 설립하고 농지관리기금을 원고가 시행하는 사업의 자금으로 융자·투자할 수 있도록 규정한 것은 농업생산성의 증대와 농어촌의 경제·사회적 발전이라는 중대한 공익 목적을 위하여 원고를 주체로 하여 필요한 사업을 진행하도록 하는 한편, 그 사업에 소요되는 막대한 자금을 국가적으로 지원하기 위한 것으로 이해함이 타당하다. 또한 「국가재정법」의 제한을 받게 되는 농지관리기금을 재원으로 조성된 재산에 대하여는 농지관리기금의 설치 목적과 공익에 맞

게 운영하도록 할 필요가 있기 때문에 「농어촌정비법」 제14조에서 재산의 관리·처분에 대하여 승인 등 제한을 두게 된 것일 뿐, 농지관리기금을 재원으로 조성된 모든 재산이 법률상·사실상 국가의 소유임을 전제로 한 것이라고 보기는 어렵다(대법원 2023두37315, 2023.8.18.).

> **사례** 한국농어촌공사의 농업기반시설용 토지 여부(지방세운영과-2103, 2009.5.26.)
>
> 한국농어촌공사가 「농어촌정비법」에 의하여 국가 또는 지방자치단체의 농업생산기반 정비계획에 따라 토지를 취득하여 소유하고 있다고 하더라도, 과세기준일 현재 같은 법 제2조 제6호의 농업생산기반시설용에 제공하지 않고 다른 목적에 사용하는 경우라면, 농업기반시설용 토지에 해당되지 아니하므로 재산세 면제대상에 해당되지 아니함.

> **사례** 명인방법을 갖추고 있는 과수목을 취득하는 경우(세정과-3600, 2007.9.4.)
>
> 농지(과수원)를 취득하면서 따로 등기가 되어 있거나 별도로 계산하여 취득하는 명인방법 등을 갖추고 있는 과수목을 취득하는 경우라면 이는 「지방세법」 상 입목에 해당되어 취득세 납세의무가 성립된다 하겠고, 다만 농지(과수원)을 취득하면서 그 지상에 있는 과수목을 구분하지 아니하고 일괄 취득하는 경우라면 과수목에 대한 취득세 납세의무가 별도로 발생되지 아니한다 할 것임.

2) 추징요건

① 2023.1.1. 이후 취득세 경감분

취득일부터 2년 이내에 다른 용도로 사용하거나 농업인, 농업법인 및 「한국농어촌공사 및 농지관리기금법」 제18조 제1항 제1호에 따른 전업농 육성 대상자 외의 자에게 매각·증여하는 경우 그 해당 부분에 대해서는 경감된 취득세를 추징한다.

② 별도의 추징규정이 없는바, 「지방세특례제한법」 제178조에 따라 다음 어느 하나에 해당하는 경우 그 해당 부분에 대해서는 감면된 취득세를 추징한다.

㉮ 정당한 사유 없이 그 취득일부터 1년이 경과할 때까지 해당 용도로 직접 사용하지 아니하는 경우

㉯ 해당 용도로 직접 사용한 기간이 2년 미만인 상태에서 매각·증여하거나 다른 용도로 사용하는 경우

한국농어촌공사가 「한국농어촌공사 및 농지관리기금법」 제24조의 2 제3항에서 규정한 바와 같이 농지를 매입·매도 또는 임대하지 않고, 해당 농지를 전업농업인 등이 아닌 자에게 매각하는 경우에는 농지 활용을 위하여 매입하여 소유하는 농지에 해당하는 것으로 보기 어렵다 할 것이므로 감면된 취득세는 추징대상이 된다(지방세특례제도과-1963, 2015.7.24.).

9 농업협동조합 등의 농어업 관련 사업 등에 대한 감면(지특법 §14)

(1) 농업협동조합중앙회 등에 대한 감면(지특법 §14 ①, ②)

1) 감면요건

① 감면대상자

농업협동조합중앙회, 수산업협동조합중앙회, 산림조합중앙회 및 엽연초생산협동조합중앙회

② 감면대상과 감면범위

농업협동조합중앙회, 수산업협동조합중앙회 및 산림조합중앙회 ① 구매·판매·보관·가공·무역 사업용 토지와 건축물(주) ② 생산 및 검사 사업용 토지와 건축물(주) ③ 농어민 교육시설용 토지와 건축물	취득세 25% (2014년 이전 50%) 경감 재산세 25% (2014년 이전 50%) 경감 (도시지역분 제외)
농업협동조합중앙회, 수산업협동조합중앙회, 산림조합중앙회 및 엽연초생산협동조합중앙회 ① 회원의 교육·지도·지원 사업과 공동이용시설에 직접 사업용(2022년 이전은 사업용) 부동산[37](2016년 이전만 적용) ② 신용사업용 부동산(2014년 이전만 적용)	취득세 25% (2014년 이전 50%) 경감 취득세 25% 경감

☞ 감면시한 : 2026.12.31.
☞ 농어촌특별세 과세 여부 : 취득세분 농어촌특별세 과세. 취득세 경감분 농어촌특별세 비과세(농특령 §4 ① 3)
☞ (주) 2024년 이후 농업협동조합중앙회는 감면되지 아니함.

2) 추징요건

별도의 추징규정이 없는바, 「지방세특례제한법」 제178조에 따라 다음 어느 하나에 해당하는 경우 그 해당 부분에 대해서는 감면된 취득세를 추징한다.
① 정당한 사유 없이 그 취득일부터 1년이 경과할 때까지 해당 용도로 직접 사용하지 아니하는 경우
② 해당 용도로 직접 사용한 기간이 2년 미만인 상태에서 매각·증여하거나 다른 용도로 사용하는 경우

법인에 현물출자하여 소유자로서의 지위를 상실한 이후에는 이 사건 각 건물이 원고의 고유업무에 직접 사용되고 있다고 볼 수 없고, 각 건물을 그 사용일부터 2년 이내에 현물출자한 이상 추징조항에서 정한 추징사유가 발생하였다고 봄이 타당하고, 면제조항에서 정한 취득세 면제대

---

37) 이 조문에서는 "임대용 부동산"이란 문구가 2023.1.1. 삭제되었으나, 지특법 §2 8에서 "직접 사용"의 의미에서 임대용 부동산을 제외하는 것으로 규정되어 있어서 삭제와 관계없이 감면이 되지 아니함. 이 감면내용에서 동일함.

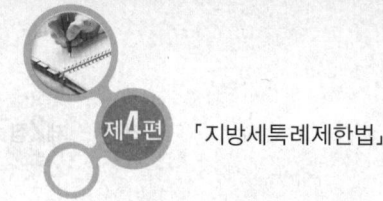
상 법인에 해당한다거나 각 건물이 법인에 현물출자된 이후에도 미곡종합처리장의 용도로 사용되고 있다고 하여 달리 보기는 어렵다(대법원 2014두43097, 2015.3.26.). 한편, 이미 개정 「농업협동조합법」이 시행되기 이전부터 관계 법령에 따라 물류센터 건립을 위하여 부동산을 취득하는 절차를 피고들과 진행하고 있던 상황에서, 경제사업 부문의 전문성 등을 확보하려는 취지의 개정 「농업협동조합법」에 따른 이관 의무를 이행하기 위하여 경제사업에 관한 이 사건 부동산을 농협경제지주에 현물출자하게 된 것이다. 이와 같은 이관의 경위에 비추어 볼 때, 개정 「농업협동조합법」 시행에 따라 이관 의무를 부담하는 원고에게 이관의 대상인 부동산을 계속 보유하면서 사용할 것을 기대할 수는 없을 뿐만 아니라, 이관을 통하여 원고는 당초 부동산을 취득한 사용목적을 포기한 것이 아니라 오히려 개정 「농업협동조합법」에 따라 신설된 농협경제지주로 하여금 위 부동산의 취득 당시 목적하였던 사업계획을 계속 수행하도록 한 것이므로, 감면규정의 취지를 벗어났다고 할 수도 없다. 따라서 직접 사용 기간이 2년 미만인 상태에서의 매각 금지라는 법령상의 의무를 위반한 데 대하여 원고에게 그 의무위반을 탓할 수 없다. 따라서 취득세 추징사유에 해당한다는 이유로 취득세 등을 추징한 피고의 처분은 위법하다(대법원 2018두64214, 2019.3.14. 심불).

3) 유의사항

① 구매·판매사업의 범위

「농업협동조합법」 제134조(사업) 제1항 제2호 가목과 제3호 가목의 규정되어 있는 사업(경제사업 중의 일부 사업)을 말한다. 따라서 「농업협동조합법」 제134조와 중앙회의 정관(「농업협동조합법」 제134조의 사업 범위 내의 사업일 것임)에 규정되어 있는 사업 중 구매·판매사업을 말한다.

중앙회가 직접 운영하는 하나로마트가 있다면 이 하나로마트는 구매·판매·보관·가공·무역 사업용 토지와 건축물에 해당할 것으로, 즉 구매·판매사업용 토지와 건축물로 보아 감면이 될 수 있을 것이나, 일반인에 비해 회원(회원의 조합원)이 주로 사용하고 있다는 객관적 근거 제시하여야 할 것이다. 객관적인 자료가 제시되어 감면대상이 된다면 50% 감면이 될 것으로 판단된다. 일반적으로 일반인의 사용이 더 많을 것으로 판단되는바, 이 경우 감면대상이 되지 아니할 것이다.

경제사업장(은행)과 하나로마트가 제1항, 제2항 및 제3항에 해당하는지에 따라서 감면대상 여부와 감면율을 따져야 할 것이다. 그리고 경제사업장과 하나로마트가 구분되는 경우에는 구분되는 전용면적으로, 공통으로 사용되는 면적은 전용면적 기준으로 안분하여 감면하면 될 것이다. 따라서 공용으로 사용하는 부설주차장은 전용면적 기준으로 안분하여 감면하면 될 것이다.

경제사업장이 그 고유목적사업 등에 해당되어 감면대상이 되는 것으로 본다면 고유목적사업을 하기 위하여 신축한 경제사업장은 고유목적사업에 사용하는 것으로 보아야 할 것이고, 경제사업장 진입을 위한 진입도로 또한 필수적인 것으로 보여지는바, 고유목적사업 등에 해당하는 것으로 판단된다. 다만, 진입도로로 이용되지 않고 있는 면적은 이에 해당되지 아니할 것이다. 그리고 하나로마트가 그 중앙회가 운영하는 것으로 감면대상이 되는 것으로 본다면 하나로마트의 진입도로도 경제사업장의 진입도로와 마찬가지로 해석하여야 할 것이다. 진입도로가 경제사업장과 하나로마트가 동시에 사용하는 경우에는 건축물 연면적 등에 의하여 안분하여 감면을 적용하여야 할 것이다.

② 생필품매장, 특정매입매장, 임대매장, 농협은행

구 「농수산물유통법」에 규정된 '농수산물 종합유통센터'에 농수산물의 판매 및 물류 관련 편의시설 등이 포함되는 것으로 규정되어 있다고 하더라도 '농수산물 유통시설'의 의미에 대하여 이는 「농수산물유통법」에서 차용한 개념이 아니라 세법에서 독자적으로 정한 것으로서 그 의미를 제한적으로 해석하여야 한다고 보는 전제에서 '농수산물 유통시설'은 '농수산물에 관한' 유통시설만을 의미하는 것으로 해석하면서 농수산물 유통시설의 설치·운영에 필수불가결한 것이 아닌 생필품매장, 특정매입매장, 임대매장, 농협은행 등은 위 재산세 감면대상인 '농수산물 유통시설'에 포함된다고 할 수 없다. 따라서 농협중앙회의 생필품매장, 특정매입매장, 임대매장, 농협은행 등이 재산세가 경감되는 구판사업 등 또는 농수산물 유통시설에 직접 사용하게 하는 부동산에 해당되지 아니한다(대법원 2014두46461, 2016.5.12.).

(2) 농업협동조합 등에 대한 감면(지특법 §14 ③, ④)

1) 감면요건

① 감면대상자

농업협동조합(조합공동사업법인 포함), 수산업협동조합(어촌계 및 조합공동사업법인 포함 : 조합공동사업법인은 2017년부터 적용), 산림조합(산림계 및 조합공동사업법인 포함) 및 엽연초생산협동조합

② 감면대상과 감면범위

고유업무에 직접 사용하기 위하여 취득하는 부동산[38] 과세기준일 현재 고유업무에 직접 사용하는 부동산	취득세 면제 재산세 면제 (도시지역분 제외)
농업협동조합(조합공동사업법인 포함), 수산업협동조합(어촌계 미포함), 산림조합(산림계 및 조합공동사업법인 미포함) 및 엽연초생산협동조합 (2014년 이전만 적용)	주민세 사업소 면적 사업소분(2020년 이전 재산분) 50% 경감 주민세 종업원분 50% 경감

☞ 감면시한 : 2026.12.31.

---

38) 이 조문에서는 "임대용 부동산"이란 문구가 2023.1.1. 삭제되었으나, 지특법 §2 8에서 "직접 사용"의 의미에서 임대용 부동산을 제외하는 것으로 규정되어 있어서 삭제와 관계없이 감면이 되지 아니함. 이 감면내용에서 동일함.

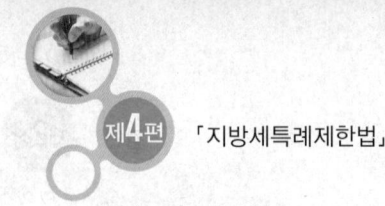
☞ 최소납부제 적용 시기 : 2018.1.1. 이후
☞ 농어촌특별세 과세 여부 : 취득세분 농어촌특별세 과세, 취득세 면제분 농어촌특별세 비과세(농특령 §4 ① 3)

　각 조합들의 중앙회는 상기 (1)의 감면규정이 적용되는 것인바, 이 규정에는 적용되지 아니한다(지특법 §14 ⑤).

2) 농업협동조합의 고유업무 범위(「농업협동조합법」 §57)

　「농업협동조합법」 제58조는 사업을 비조합원에게 이용하게 하는 것도 허용하되, 다만 일정사업에 대하여는 정관으로 비조합원의 이용을 제한할 수 있도록 규정하고 있는 것뿐이므로, 어느 사업에 대하여 비조합원이 조합원과 다름없이 이를 이용하는 것이 허용되어 있다고 하더라도 농업협동조합 법규와 정관에 합치되는 한 이를 영리목적을 위한 사업이라고 단정할 수는 없다(대법원판결 92누10630, 1993.5.14.) 하겠으므로 비조합원의 사업 이용량이 관련법령 및 정관에서 정한 범위 이내인 경우에 한하여 고유업무에 직접 사용하는 것으로 봄이 타당하다 할 것인바, 비조합원이 이용하는 것도 허용되지만 일정 사업에 대하여는 정관으로 비조합원의 이용을 제한할 수 있도록 규정하고 있는 것일 뿐이므로, 비조합원의 사업이용량이 전체 이용량의 3분의 1 내일 경우에 한하여 고유업무에 해당된다 할 것(대법원 92누10630, 1993.5.14.)으로, 장제사업은 「농업협동조합법」 제58조 단서에 규정에 해당되지 않아 비조합원이 이용할 수 있다라고 해석되어지나, 조합원의 사업이용량(비조합원의 사업이용량이 전체 이용량의 3분의 1 이내일 경우)을 기준으로 고유업무에 직접 사용 여부를 판단하여야 할 것이다(행심 2007 - 363, 2007.6.25.).

　농업협동조합의 고유업무에 경제사업으로 조합원이 생산하는 농산물의 제조·가공·판매·수출 등의 사업이 있다(「농업협동조합법」 §57 ① 2 가). 그리고 「농업협동조합법」 제58조【비조합원의 사업 이용】제1항에서 지역농협은 조합원이 이용하는 데에 지장이 없는 범위에서 조합원이 아닌 자에게 그 사업을 이용하게 할 수 있다. 다만, 제57조 제1항 제2호 가목(농업인이 아닌 자의 판매사업은 제외한다)·바목·사목·차목, 제3호 마목·사목·아목, 제5호 가목·나목, 제7호 및 제10호의 사업 외의 사업에 대하여는 정관으로 정하는 바에 따라 비조합원의 이용을 제한할 수 있다라고 규정되어 있는바, 「농업협동조합법」 제57조 제1항 제2호 가목(농업인이 아닌 자의 판매사업은 제외)은 비조합원의 이용이 제한되지 아니하는바, 농업인이 생산한 갓을 김치로 제조하기 위한 김치 공장을 신축하여 김치를 판매하는 경우 이는 조합원이 생산하는 농산물의 제조·가공·판매·수출 등의 사업에 해당되는바, 고유업무로 보아야 할 것으로 판단된다.

　한편, 유권해석(지방세운영 - 2976, 2010.7.13.)에서 "농협매장 중 농산품 매장은 조합원이 생산한 농산물을 판매하는 것으로 볼 수 있으므로 「농업협동조합법」 상 목적사업인 "조합원이 생산하는 농산물의 제조·가공·판매·수출 등의 사업"으로 볼 수 있어 재산세 면제대상 목적사업에 해당된다. 공산품 매장이 목적사업에 해당하는지 여부와 관련하여 살펴보면 「농업협동조합법」에서 "조합원의 사업과 생활에 필요한 물자의 구입·제조·가공·공급 등의 사업"을 목적사업으로 한정하고 있고, 조합원과 관계없는 조합자체의 영리도모를 금지하는 입법취지상 조합 자체의 영리

목적은 고유목적사업이라 할 수 없는 점(대법원 2001두10646, 2002.3.29.)을 고려할 때, 공산품 매장이 조합원의 사업과 생활에 필요한 사업에 주로 공여되는 경우에 한하여 재산세 면제대상인 주된 목적사업으로 봄이 합리적이라 할 것이고, "주된 목적사업"에 해당하는지 여부는 전체 이용자 대비 조합원 비율, 해당 지역 인구수 대비 조합원 수, 매장의 위치, 이용현황 등을 종합적으로 고려하여 개별적·구체적으로 판단하는 것이 합리적이라 사료된다. 특히, 지역 농협은 일반적으로 읍·면에 기반을 두고 경제적·사회적 열위 계층인 농민의 권익 보호를 취지로 설립·운영되고 있고, 읍·면지역은 농민(조합원)의 비율이 높고, 매출액 및 운영 현황상 규모가 영세하며, 지리적으로 도시지역의 생활편의시설 이용에 어려움이 있는 농민을 위한 편의시설인 점을 고려할 때, 읍·면 지역 농협의 공산품 매장은 농협의 고유목적사업에 해당한다고 보는 것이 합리적이라 할 것이며, 도시지역 농협 매장은 주로 불특정 다수인을 대상으로 영업행위를 하고 있는 점에서 일반적인 매장과 구분할 농협의 특성이나 의미가 적으므로, 조합원의 실질적인 이용현황을 고려하여 판단하는 것이 합리적이라 사료된다"라고 해석한 바 있는데, 그 이후 달리 해석하고 있었다.

부산고법 판례(창원 2016누10575)를 살펴보면 "정관으로 그 이용자를 제한하는 규정을 두지 않은(오히려 원고의 정관은 아래에서 보는 바와 같이 이 사건 마트 사업에 관하여 비조합원의 이용량을 제한하지 않는다고 규정하고 있다) 이 사건 마트 사업에 관하여 비조합원이 조합원과 다름없이 이용하는 것이 허용되어 있다고 하더라도 실제 이 사건 맡의 조합원과 비조합원 동일 세대원의 이용량이 비조합원의 이용량에 적지 않음은 아래에서 보는 바와 같다) 그것만으로 공산품 판매장을 포함한 이 사건 마트사업이 「농업협동조합법」 제5조에서 규정하는 조합의 설립취지에 반하여 영리나 투기를 목적으로 하는 업무에 해당한다고 볼 수는 없다"라고 판시하고 있다. 그리고 상기 해석과 유사한 2012.8.24.의 읍·면지역 농협 매장 취득세 면제 여부에 대한 질의회신과 2010년 재산세 부과징수 요령에서 읍·면지역에 있다는 점을 들어 고유목적 사업에 사용하고 있는 것으로 보아야 한다는 것이다.

이와 관련하여 대법원의 판결이 나와야 하는 것이지만, 유권해석 등이 있어서 읍·면지역 농협의 공산품 매장은 농협의 고유목적에 직접 사용하는 것으로 보아 재산세와 취득세를 면제하여야 할 것이다.

① 문화센터

「농업협동조합법」 제57조 제1항 제1호 라목에 "주거 및 생활환경 개선과 문화 향상을 위한 교육·지원사업"이 규정되어 있고, 같은 법 제58조에 사업을 비조합원에게 이용하게 하는 것도 허용하되, 다만 일정사업에 대하여는 정관으로 비조합원의 이용을 제한할 수 있도록 규정하고 있는 것뿐이므로, 어느 사업에 대하여 비조합원이 조합원과 다름없이 이를 이용하는 것이 허용되어 있다고 하더라도 농업협동조합 법규와 정관에 합치되는 한 이를 영리목적을 위한 사업이라고 단정할 수는 없다(대법원 92누10630, 1993.5.14.) 하겠으므로 비조합원의 사업 이용량이 관련법령 및 정관에서 정한 범위 이내인 경우에 한하여 고유업무에 직접 사용하는 것으로 봄이 타당하다 할

것이다.[39] 문화센터의 경우에도 비조합원의 사업 이용량이 관련법령 및 정관에서 정한 범위 이내인 경우에는 고유업무에 사용하는 것으로 보아야 할 것이고, 그 범위를 초과하여 사용하는 경우 전체가 과세대상이 되는 것이다.

> **사례** 농업협동조합 등에 대한 재산세 감면 적용 여부(지방세특례제도과-1051, 2019.3.21.)
>
> 문화센터 및 주차장('쟁점부동산')의 경우를 보면 쟁점부동산을 이용할 수 있는 자가 조합원으로 제한되지 아니하므로 그 소재 지역에 거주하는 주민이면 누구나 이용할 수 있고 전체 주민수 대비 조합원이 차지하는 비율이 낮아 조합원만을 위한 부동산이라고 보기도 어려우며, 그 밖에 조합원을 위하여 유료 문화센터, 유료 주차장을 운영하여야 할 특별한 사정이 확인되지 아니하는 점 등을 종합할 때 쟁점부동산은 조합원을 위한 시설이라고 하기보다는 조합 자체의 영리를 목적으로 하여 유료로 운영하는 시설로 봄이 상당하므로 농업협동조합이 그 고유업무에 직접 사용하기 위한 부동산이 아니라고 판단됨.

> **사례** 문화센터의 고유업무 해당 여부(행심 2000-333, 2000.4.26.)
>
> 「농업협동조합법」 제58조 제1항 제1호의 2(농촌생활개선과 문화향상을 위한 교육 및 지도사업 규정은 농촌생활개선과 문화향상을 위한 교육 및 지도사업을 말하는 것으로 도시지역의 농업협동조합이 운영하는 문화센터의 경우에는 이에 해당된다고 볼 수 없고, 그 이용실태도 조합원과 비조합원이 아무런 구분없이 이용할 수 있고, 이에 따른 이용료를 징수하고 있는 이상, 이는 조합 자체의 고유목적에 사용하는 것으로 보기 어렵다 할 것이며, 그 이용료가 다른 문화센터 등에 비하여 다소 저렴하다고 하여 이를 달리 볼 수는 없다 하겠으므로, 이에 대한 청구인의 주장은 받아들일 수 없다 하겠음.
>
> ☛ 구 「농업협동조합법」에 대한 심사례임.

② 하나로마트

조합원이 생산하는 농산물의 제조·가공·판매·수출 등의 사업이 고유목적사업이므로 농업협동조합이 운영하는 하나로마트 중 농산품 매장은 조합원이 생산한 농산물을 판매하는 것으로 볼 수 있으므로 「농업협동조합법」 상 목적사업인 "조합원이 생산하는 농산물의 제조·가공·판매·수출 등의 사업"으로 볼 수 있어 목적사업 해당한다고 판단된다. 그런데 공산품 매장은 조합원과 비조합원 모두 사용가능지만 그 이유로 감면대상에서 배제되는 것이 아니라, 조합원의 물품이 아닌 공산품을 판매하고 있어서 「지방세특례제한법」 제14조 제3항에 따른 고유목적사업에는 해당되지 아니하여 과세대상이 되는 것이다.[40] 따라서 농산품 매장과 공산품 매장이 구분되는

---

39) 「농업협동조합법」 제57조 제1항 제1호·제2호 및 제5호에서는 교육·지원 사업으로 문화 향상을 위한 교육·지원사업 등을, 경제사업으로 조합원이 생산하는 농산물의 제조·가공·판매·수출 등의 사업 등을, 복지후생사업으로 '복지시설의 설치 및 관리 등을 각각 열거하고 있다. 이 건의 경우 지역농업협동조합이 건축물을 농축산물 판매사업 및 노래교실·요가교실·풍물단교실(수강료 월 1만원) 등으로 이용하는바, 노래교실 등에 사용되는 건축물은 「농업협동조합법」 제57조에서 정한 문화 향상을 위한 교육·지원 사업으로서 지역농업협동조합의 업무에 직접 사용한 것으로 보이고, 비조합원으로부터 취득한 농축산물의 판매사업에 사용하는 건축물은 「농업협동조합법」 제57조에서 조합의 업무로 규정하고 있지 아니하므로 조합의 업무에 직접 사용한 것으로 보기 어려운 것으로 보임(지방세특례제도과-2386, 2015.9.4.).

경우에는 구분되는 전용면적으로, 공통으로 사용되는 면적은 전용면적 기준으로 안분하여 감면하면 될 것이다.

한편, 중앙회가 직접 운영하는 하나로마트가 있다면 이 하나로마트는 구매·판매·보관·가공·무역 사업용 토지와 건축물에 해당할 것으로, 즉 구매·판매사업용 토지와 건축물로 보아 감면이 될 수 있을 것이나, 일반인에 비해 회원(회원의 조합원)이 주로 사용하고 있다는 객관적 근거 제시하여야 할 것이다. 객관적인 자료가 제시되어 감면대상이 된다면 50% 감면이 될 것으로 판단된다. 일반적으로 일반인의 사용이 더 많을 것으로 판단되는바, 이 경우 감면대상이 되지 아니할 것이다.

> **사례** 청구법인은 농업협동조합으로 조합원에 대한 교육·지원 사업, 경제사업, 신용사업 등을 수행하고 있는 법인으로, 청구법인이 쟁점토지를 저온저장고, 사무실, 주차장 등을 조성하기 위하여 취득한 후 유예기간 내에 건축물을 신축하지 못하였으나, 유예기간 내에 쟁점토지를 청구법인의 신용사업부와 ○○○마트를 이용하는 고객 주차장으로 사용하였고 이에 대하여 처분청과 다툼이 없는 점, 청구법인은 본점을 쟁점토지와 연접한 곳으로 이전하여 쟁점토지를 본점의 주차장으로 사용하고 있고 처분청도 이를 고유 업무에 직접 사용한 것으로 보아 2022년도 재산세를 면제한 점 등에 비추어 청구법인이 쟁점토지를 취득하고 유예기간 내에 고유 업무에 직접 사용하지 아니한 것으로 보기는 어려움(조심 2022지1113, 2023.9.13.).

> **사례** 하나로마트는 재산세 감면대상이 아님(지방세운영과-2976, 2010.7.13)
> 「농업협동조합법」에서 "조합원의 사업과 생활에 필요한 물자의 구입·제조·가공·공급 등의 사업"을 목적사업으로 한정하고 있고, 조합원과 관계없는 조합자체의 영리도모를 금지하는 입법 취지상 조합자체의 영리 목적은 고유목적사업이라 할 수 없는 점(대법원 2001두10646, 2002.3.29.)을 고려할 때, 공산품 매장이 조합원의 사업과 생활에 필요한 사업에 주로 공여되는 경우에 한하여 재산세 면제대상인 주된 목적사업으로 봄이 합리적이라 할 것이고, "주된 목적사업"에 해당하는지 여부는 전체 이용자 대비 조합원 비율, 해당지역 인구수 대비 조합원 수, 매장의 위치, 이용현황 등을 종합적으로 고려하여 개별적 구체적으로 판단하는 것이 합리적이라 사료됨. 특히, 지역 농협은 일반적으로 읍·면에 기반을 두고 경제적·사회적 열위 계층인 농민의 권익 보호를 취지로 설립·운영되고 있고, 읍·면지역은 농민(조합원)의 비율이 높고, 매출액 및 운영 현황상 규모가 영세하며, 지리적으로 도시지역의 생활편의시설 이용에 어려움이 있는 농민을 위한 편의시설인 점을 고려할 때, 읍·면지역 농협의 공산품 매장은 농협의 고유목적사업에 해당한다고 보는 것이 합리적이라 할 것이며, 도시지역 농협 매장은 주로 불특정 다수인을 대상으로 영업행위를 하고 있는 점에서 일반적인 매장과 구분할 농협의 특성이나 의미가 적으므로, 조합원의 실질적인 이용현황을 고려하여 판단하는 것이 합리적이라 사료됨. 쟁점 농협의 공산품 매장의 경우 도시지역의 주거 밀집 지역에 위치해 있고, ○○시 전역의 고객을 대상으로 영업이 이루어지며, 해당 농협 조합원은 8,500명, ○○시 인구는 42만 명, A동 인구 4.2만 명, B동 인구 4.8만 명에 이르는 점, 매출액(09년 기준)이 각각 707

---

40) 농협 공산품 매장의 경우 영업 형태에서 일반 사업자의 판매 행위와 큰 차이가 없으며, 불특정 다수인이 구분 없이 이용이 가능하고, 일반인에 비해 조합원이 주로 사용하고 있다는 객관적 근거 제시도 없는 상황이라면, 농협의 목적사업인 '조합원의 사업과 생활에 필요한 물자의 구입·제조·가공·공급 등의 사업'으로 보기 어려우므로 당해 지역 농협은 감면대상이 아니라 사료됨(지방세특례제도과-1255, 2016.6.8.).

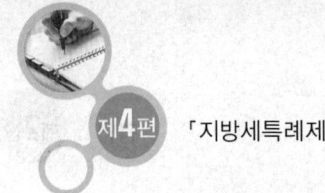

억, 49억 원에 달하고 일반 사업자의 판매(영업)행위와 큰 차이가 없는 등의 사정이 있고, 일반인에 비해 조합원이 주로 사용하고 있다는 객관적 근거 제시도 없는 상황에서 농협의 목적사업인 "조합원의 사업과 생활에 필요한 물자의 구입·제조·가공·공급 등의 사업"에 해당된다고 보기 어려우므로 감면대상이 아님.

③ 예식장

다른 용도로 사용하지 않고 정기적으로 사용하는 예식장은 고유목적사업에 해당되지 아니하나, 회의실로 사용하면서, 취득일로부터 1년 동안 시설사용 요청이 있을 경우 비정기적으로 거의 미미하게 예식장 등으로 대여하였을 뿐이고, 그 사용료도 실비에 불과한 점과 대부분의 이용자들이 조합원 또는 준조합원인 점을 고려할 때, 회의실을 예식장으로 용도변경하여 조합 자체의 영리를 목적으로 예식장업을 영위하고 있다고 보기는 어렵다 하겠으므로, 이를 고유업무에 직접 사용하지 않는 부동산으로 보아 취득세 등을 추징한 것은 잘못이다(행심 2000-333, 2000.4.26.).

④ 노인복지시설

노인복지시설의 경우에도 농협의 복지후생사업으로 복지시설의 설치 및 관리가 있는바, 고유업무로 보아야 할 것이다. 따라서 비조합원의 사업 이용량이 관련법령 및 정관에서 정한 범위 이내인 경우에는 고유업무에 사용하는 것으로 보아야 할 것이고, 그 범위를 초과하여 사용하는 경우 전체가 과세대상이 되는 것이다.[41] 만약에 노인복지시설이 비조합원의 사용이 많아서 고유업무로 볼 수 없는 경우에는 「지방세특례제한법」 제20조에 의하여 노인복지시설 감면규정이 있는바, 이 규정에 따라 감면을 받을 수 있을 것으로 판단된다.

⑤ 구판장

「농업협동조합법」에 의하여 설립된 조합이 부동산을 취득하고 조합원 및 불특정다수인이 이용하는 구판장으로 사용하는 경우라면 고유업무에 직접 사용하는 것이 아니므로 취득세 등의 감면대상에 해당되지 아니할 것이다(세정 13407-1123, 2002.11.26.).

한편, 지역농협의 판매사업은 조합원이 생산한 농축산물을 직접 소비자에게 판매하는 사업으로, 이는 조합원의 사업이용량을 기준으로 고유업무에 직접 사용 여부를 판단하여야 할 뿐 구매사업과 같이 조합원·비조합원을 구분하여 사업을 영위하는 것까지 요구하고 있다고는 볼 수 없다 하겠으므로, 다른 조합으로부터 양곡 전량을 수매하여 직접 소비자에게 이를 판매하고 있고, 조합원·비조합원 구분없이 불특정다수인에게 양곡을 판매하고 있다고 하여 양곡 판매장의 부속토지를 고유업무에 직접 사용하지 아니한 것으로 보아 취득세 등을 부과한 처분은 잘못이 있다(행심 2006-380, 2006.8.28.).

---

41) 「농업협동조합법」 제57조 제1항 제1호 라목에 "주거 및 생활환경 개선과 문화 향상을 위한 교육·지원사업"이 규정되어 있고, 같은 법 제58조에 사업을 비조합원에게 이용하게 하는 것도 허용하되, 다만 일정사업에 대하여는 정관으로 비조합원의 이용을 제한할 수 있도록 규정하고 있는 것뿐이므로, 어느 사업에 대하여 비조합원이 조합원과 다름없이 이를 이용하는 것이 허용되어 있다고 하더라도 농업협동조합 법규와 정관에 합치되는 한 이를 영리목적을 위한 사업이라고 단정할 수는 없다(대법원 92누10630, 1993.5.14.)

> **사례** 무허가 건물이라는 이유로 감면요건에 대한 법규의 해석을 달리 적용할 여지는 없으므로 재산세 감면 대상이라고 사료됨(지방세운영과 - 5638, 2010.11.30.).

> **사례** 농산물 직거래장터용으로 위탁사용하게 하는 경우(세정 13407 - 776, 2000.6.21.)
>
> 농업협동조합이 고유목적사업에 직접 사용하고 있는 건축물의 부속토지의 일부에 지방자치단체가 농산물 직거래장터를 장려하기 위하여 지방자치단체 예산으로 건축물을 건축한 후 조합으로 하여금 무상으로 농산물 직거래 장터용으로 위탁사용하게 하는 경우라면 고유업무에 직접 사용하는 토지로 판단됨.

> **사례** 포장용 상자를 생산하여 조합원에게 판매하는 경우(행심 99 - 654, 1999.11.24.)
>
> 농산물 포장용 상자인 공산품을 생산하여 관내 조합원(비조합원에게 판매 여부 불분명)뿐만 아니라 관내를 벗어나 전국의 조합을 대상으로 주문생산하여 판매하는 것은 조합원의 사업과 생활에 필요한 물자의 "구매사업"이라기보다는 조합 자체의 경제적 이윤을 얻기 위한 사업에 해당되는 것으로 봄이 타당하며, 농산물 포장용 상자 제조판매업까지를 청구인의 목적사업인 "구매사업"의 범위에 포함시키는 것은 청구인의 고유업무 범위를 지나치게 확대해석하는 것임.

⑥ 장제사업

「농업협동조합법」 제57조 제1항 제5호와 그 나목에서 지역농협은 복지후생사업을 위하여 장제사업을 할 수 있도록 규정하고 있으나 해당 농협조합의 직원은 물론, 조합원 · 비조합원 등 불특정다수인을 상대로 일반인의 이용에 아무런 제한없이 장례식장을 사용하게 하고 있다면 농업협동조합의 고유목적사업에 직접 사용하는 것으로 볼 수 없다 할 것이다(지방세정팀 - 35, 2007.2.1.).

그런데 장제사업에 장례식장이 포함되는지 아니면 「농업협동조합법」 제57조 제1항 제10호에 해당하는지는 법규정, 정관, 농림부장관의 승인 여부 등을 고려하여 판단하여야 할 것이다. 만약, 장례식장이 장제사업이나 「농업협동조합법」 제57조 제1항 제10호 사업에 해당된다면 비조합원이 이용한다고 하여 고유업무가 아니라고 판단할 수 없을 것이나 정관상 비조합원의 사업이 용량을 초과하는 경우에는 고유목적사업에 사용한 것으로 볼 수 없을 것이다. 장례식장이 장제사업이나 「농업협동조합법」 제57조 제1항 제10호 사업에 해당되지 아니한다면 장례식장 운영이 수익사업에 해당되어 감면을 받을 수 없을 것이다.

한편, 임대용의 의미는 농협이 제3자로 하여금 장례식장을 빌려주어 제3자로 하여금 장례사업을 운영하도록 하는 것을 말하나, 농협이 직접 장례식장을 운영하는 것은 임대용으로 볼 수 없을 것이다. 제3자에게 임대한 경우에는 고유업무에 사용하지 아니하는 것이다.

> **사례** 비조합원 이용제한이 없는 장례식장은 목적사업 아님(지방세정팀 - 35, 2007.2.1.)
>
> 해당 농협조합의 직원은 물론, 조합원 · 비조합원 등 불특정다수인을 상대로 일반인의 이용에 아무런 제한없이 장례식장을 사용하게 하고 있다면 농업협동조합의 고유목적사업에 직접 사용하는 것으로 볼 수 없음.

⑦ 주차장

건물에 주차장이 없어 고객 및 직원의 불편이 있었고, 때로는 도로변에 주차한 상태에서 농협 업무를 보고 가면 불법주차로 견인되는 사람이 많아 민원제기 등 주차장의 필요성이 대두되었으며, 토지가 임차건물로부터 멀리 떨어져 있지 아니하고 주차장이 지나치게 크다고 볼 수도 없을 경우에는 고유업무에 사용하는 것이라고 보아야 할 것이다.

그리고 「건축법」에서 정한 주차장 시설을 마련하기 위해 신용협동조합 업무용 건축물 소재지 부속토지와 인접한 토지를 구입하여 조합원들의 주차장으로 사용한다면 이는 업무에 직접 사용 한다고 볼 수 있다(세정과-857, 2004.4.17.).

> **사례** 새마을금고가 연접되지 않은 주차장을 설치하였고, 고객뿐만 아니라 불특정다수인이 무료 로 사용하게 하였다 하더라도 주차장이 없음에 따른 불편해소를 위한 것인 경우 목적사업에 직접 사용하였다고 판단함(행심 2006-411, 2006.9.25.).

> **사례** 필수적인 부대시설이 아닌 주차장은 목적사업용 아님(행심 2007-309, 2007.5.28.)
> 토지의 취득 목적이 인근에 위치한 청구인의 업무시설을 이용하는 고객의 접근편리성을 위하여 확 보되어져야 할 필수적인 부대시설(주차장) 마련에 있지 아니하고, 당초 이 사건 ○○지점 신축부지 를 확보하기 위함에 있는 점, 청구인이 임차하여 사용하고 있는 대구광역시 수성구 ○○동 ○번지 소재의 업무시설(○○지점)에 별도의 주차공간이 마련되어 있고 같은 곳에서 1995.12.부터 계속 영 업해 온 점, 현재 사용 중인 영업장 면적은 165㎡이나 이 사건 토지 면적은 1,162.7㎡로 대규모 토지 인 점, 투자규모의 적정성 및 투자에 따른 경제성과 수익성을 고려한 사업 타당성 검토를 위한 시간 이 필요해서 그 기간 동안 고객 주차장으로 사용하겠다고 결정한 점 등으로 미루어 보면 이 사건 토지는 청구인의 고유업무를 영위하기 위하여 확보되어져야 할 필수적인 부대시설로 볼 수 없음.

⑧ 김치공장

농업협동조합의 '고유업무'라 함은 첫째, 해당 사업이 법령 또는 법인등기부상의 목적사업 및 행정관청으로부터 인·허가를 받은 업무이어야 하고, 둘째, 동 규정의 취지가 농업생산력의 증진 과 농업인의 경제적, 사회적 지위향상 도모를 위하여 행하는 사업의 육성을 위하여 필요한 지원 을 하기 위한 것이라는 점(행심 99-654, 1999.11.24.)을 종합하여 보면 김치가 비조합원에게 판매되 고 있다는 점 때문에 고유업무로 보지 아니할 수는 없을 것이다. 일반적인 농산물도 비조합원인 일반인에게 판매되고 있으므로, 한 단계 가공을 거쳤다고 하여 이를 고유업무로 보지 아니할 수 없을 것인바, 김치공장은 농협의 고유업무에 사용되고 있다고 보아야 할 것이다.

⑨ 회센터

음식과 주류를 판매하는 일반음식점 영업을 하는 것은 유통업이 아닌 숙박 및 음식점업에 속하는 것으로서 수산물공판장을 설치하여 수산물 유통구조 개선사업을 위해 보조금을 지원하 는 본래의 취지에도 부합하지 아니할 뿐만 아니라 「수산업협동조합법」에서 금지시킨 조합 자 체의 사업이윤을 증대시킬 목적으로 일반음식점 영업을 한 것으로서 구판사업 등에 해당되지 아니한다.

> **사례** 활어회 판매를 위한 일반음식점 영업행위(감심 2001-121, 2001.10.16.)
>
> 식사·생선회 등의 음식과 주류를 판매하는 일반음식점 영업을 하는 것은 유통업이 아닌 숙박 및 음식점업에 속하는 것으로서 국가가 대도시 내에 수산물공판장을 설치하여 수산물 유통구조 개선 사업을 위해 보조금을 지원하는 본래의 취지에도 부합하지 아니할 뿐만 아니라 「수산업협동조합법」에서 금지시킨 조합 자체의 사업이윤을 증대시킬 목적으로 일반음식점 영업을 한 것으로서 지방세 경감대상인 구판사업 등에 해당되지 아니함.

⑩ 주유소

불특정 다수인을 상대로 영업을 하고 있고, 판매실적도 조합원이 아닌 자에 대한 매출이 월등히 높은 비율을 차지하고 있으며, 조합원과 비조합원 간에 판매가격에 아무런 차이가 없는 점과 조합원을 위하여 주유소를 운영하여야 할 특별한 필요성이 있었다는 사정이 확인되지 아니하는 점 등을 감안하면, 주유소는 조합원을 위한 시설이라기보다는 조합 자체의 영리를 목적으로 하는 시설에 해당된다(조심 2014지1190, 2015.6.29.).[42]

⑪ 노래교실·요가교실·풍물단 교실

지역농업협동조합이 건축물을 농축산물 판매사업 및 노래교실·요가교실·풍물단 교실(수강료 월 1만 원) 등으로 이용하는바, 노래교실 등에 사용되는 건축물은 「농업협동조합법」 제57조에서 정한 문화 향상을 위한 교육·지원 사업으로서 지역농업협동조합의 업무에 직접 사용한 것으로 보이고, 비조합원으로부터 취득한 농축산물의 판매사업에 사용하는 건축물은 조합의 업무로 규정하고 있지 아니하므로 조합의 업무에 직접 사용한 것으로 보기 어렵다(지방세특례제도과-2386, 2015.9.4.).

3) 추징요건

별도의 추징규정이 없는바, 「지방세특례제한법」 제178조에 따라 다음 어느 하나에 해당하는 경우 그 해당 부분에 대해서는 감면된 취득세를 추징한다.

① 정당한 사유 없이 그 취득일부터 1년이 경과할 때까지 해당 용도로 직접 사용하지 아니하는 경우

---

42) 쟁점부동산에서 조합원과 비조합원 간에 차별이 없이 불특정 다수에게 동일한 가격으로 공산품과 유류 등을 판매하고 있어 이러한 행위를 조합원의 복리후생 증진만을 위한 것으로 보기 어려운 점, 이 건 ○○○의 경우 처분청의 세무조사 당시 청구법인이 조합원 매출 내역을 별도 관리하지 않은 것으로 확인되는 반면, 과세전적부심사청구 당시 제출한 이용자별 현황 자료는 세대원의 조합원 포함여부 등과 같이 그 산정방식에 다툼이 있고, 그 또한 2014년 이후의 매출 자료에 불과하여 이를 그대로 받아들이기 어려운 점, 이 건 주유소의 경우 2012년과 2013년의 조합원 매출액 비율이 44.11%, 44.66%에 불과하고, 특히, 조합원의 생산활동과 밀접한 관련이 있는 면세유 판매비율이 전체 매출액 대비 13% 이하에 불과한 점 등에 비추어 볼 때, 청구법인이 이 건 부동산을 그 취득일부터 1년이 경과할 때까지 고유업무에 직접 사용한 것으로 보기는 어려움(조심 2018지0308, 2019.1.8.).

② 해당 용도로 직접 사용한 기간이 2년 미만인 상태에서 매각·증여하거나 다른 용도로 사용하는 경우

> **사례** 고정투자 한도가 초과되어, 법인격을 달리하는 자회사를 설립한 후 당해 토지를 자회사에 현물출자하여 목적사업을 영위하도록 한 경우 이를 농협이 고유업무에 직접 사용한 것으로 볼 수 없음(대법원 2014두6616, 2014.8.20.).

⑩ 농협경제지주회사 등의 구매·판매 사업 등에 대한 감면(지특법 §14-3, 구 지특법 §14-2)

1) 감면요건

① 감면대상자

「농업협동조합법」 제161조의 2에 따라 설립된 농협경제지주회사(2017년 이전은 법률 제10522호 농업협동조합법 일부개정 법률 부칙 §6에 따라 설립된 자회사 포함)

② 감면대상과 감면범위

구매·판매 사업 등에 직접 사용하기 위하여 취득하는 다음의 부동산(「농수산물 유통 및 가격안정에 관한 법률」 §70 ①에 따른 유통자회사에 농수산물 유통시설로 사용하게 하는 부동산 포함) ① 구매·판매·보관·가공·무역 사업용 토지와 건축물 ② 생산 및 검사 사업용 토지와 건축물 ③ 농어민 교육시설용 토지와 건축물(2017년 이전만 적용)	취득세 25% 경감 재산세 25% 경감 (도시지역분 제외)

☛ 감면시한 : 2026.12.31.
☛ 농어촌특별세 과세 여부 : 취득세분과 취득세 경감분 농어촌특별세 과세

2) 추징요건

별도의 추징규정이 없는바, 「지방세특례제한법」 제178조에 따라 다음 어느 하나에 해당하는 경우 그 해당 부분에 대해서는 감면된 취득세를 추징한다.

① 정당한 사유 없이 그 취득일부터 1년이 경과할 때까지 해당 용도로 직접 사용하지 아니하는 경우
② 해당 용도로 직접 사용한 기간이 2년 미만인 상태에서 매각·증여하거나 다른 용도로 사용하는 경우

⑪ 한국농수산식품유통공사 등의 농어업 관련 사업 등에 대한 감면(지특법 §15)

(1) 한국농수산식품유통공사 등에 대한 감면(지특법 §15 ①)

1) 감면요건

① 감면대상자

한국농수산식품유통공사와 유통자회사

② 감면대상과 감면범위

농수산물종합직판장 등의 농수산물 유통시설, 농수산물유통에 관한 교육훈련시설에 직접 사용(「농수산물유통 및 가격안정에 관한 법률」 §2 7~9까지의 규정에 따른 도매시장법인, 시장도매인, 중도매인 및 그 밖의 소매인이 해당 부동산을 그 고유업무에 사용하는 경우 포함)하기 위하여 취득한 부동산 과세기준일 현재 그 사업에 직접 사용하는 부동산	취득세 50% 경감 재산세 50% 경감 (도시지역분 제외)

☛ 감면시한 : 2025.12.31.
☛ 농어촌특별세 과세 여부 : 취득세분과 취득세 경감분 농어촌특별세 과세

「농수산물 유통 및 가격안정에 관한 법률」은 농수산물의 유통을 원활하게 하고 적정한 가격을 유지하게 함으로써 생산자와 소비자의 이익을 보호하고 국민생활의 안정에 이바지함을 목적으로 하고 있으며, 「농수산물유통 및 가격안정에 관한 법률」 제2조 제1호에서 "농수산물"은 "농산물·축산물·수산물 및 임산물을 말한다."고 정의하고 있다. 이 법 제정 목적과 조세법규의 엄격 해석 원칙 등을 종합적으로 고려할 때 농안법에 의한 유통자회사의 "농수산물 유통시설"은 "농산물·축산물·수산물 및 임산물의 유통시설"로 한정하는 것이 지방세 감면 취지에 부합한다 할 것이며, 「농수산물 유통 및 가격안정에 관한 법률」 상의 유통자회사가 운영하는 공산품 매장은 농수산물 유통시설에 해당되지 아니한다(지방세운영과-1150, 2012.4.13.).

중도매인 등이 고유 업무에 사용하더라도 재산세 등의 경감대상이 되는 경우는 한국농수산식품유통공사와 유통자회사와 관련하여 별도로 규정하고 있는 것을 감안하면 「지방세특례제한법」은 감면대상인 부동산의 취득자와 그 사용 목적 그리고 제3자가 사용할 경우 그 사용자의 지위나 자격을 엄격히 정하여 이를 모두 충족하는 경우에만 감면대상으로 하는 것으로 보이므로 청구법인의 고유 업무와 관련이 있다고 하여 제3자가 사용하는 모든 경우를 감면대상으로 보기는 어렵다(조심 2022지0768, 2023.8.29.).

한편, 「농수산물 유통 및 가격안정에 관한 법률」(이하 "농안법"이라 함)에서 농림수협등은 농수산물 유통의 효율화를 도모하기 위하여 유통사업을 수행하는 별도의 「상법」 상 회사인 유통자회사를 설립·운영(§70 ①)할 수 있도록 하고 있고, 농림수협등은 농협경제지주회사를 포함(§2 5)하므로, 농협경제지주회사가 50% 초과지분을 보유하면서 농수산물 유통의 효율화를 도모하기 위해 유통사업을 수행하고 있는 농협하나로유통, 농협유통, 농협부산경남유통, 농협충북유통, 농

협대전유통은 쟁점규정의 유통자회사에 해당한다고 할 것이다. 이 규정에서 '농수산물종합직판장 등의 농수산물 유통시설'에 대해 예시적으로 규정하고 있어 그 범위는 세법의 독자적인 관점에서 입법취지에 비추어 판단하여야 하는바, 이 규정의 입법취지는 농산물·임산물·축산물 및 수산물의 가격안정 및 유통개선사업을 통해 농산물 등의 수급을 안정시키고, 농어업인의 소득증진 등에 도모하기 위한 것인데, 「농업협동조합법」에서 해당 법은 농업인의 자주적인 협동조직을 바탕으로 농업인의 경제적·사회적·문화적 지위를 향상시키고, 농업의 경쟁력 강화를 통하여 농업인의 삶의 질을 높이며, 국민경제의 균형 있는 발전에 이바지함을 목적으로 하며(§1), 농협경제지주회사 및 그 자회사는 회원을 위한 구매·판매·제조·가공 등의 사업을 수행(§161-4 ① 1)하도록 규정하고 있는 점, 농안법 상 유통자회사는 농림수협등이 설치한 농수산물직판장 등 소비지유통사업 등을 수행(규칙 §48)하도록 규정하고 있는 점, 지역농협에서 운영하는 유사한 마트의 경우도 별도의 규정(지특법 §14 ③)에 따라 감면을 적용하고 있는 점 등에서 볼 때, 농협의 유통자회사가 소유·운영하는 하나로마트도 해당 사업을 영위한다면 감면 목적에 부합하는 부분에 대해서는 쟁점규정을 적용할 수 있다고 할 것이나, 농수산물과 관련없는 공산품·생필품 등의 매장 면적은 쟁점규정의 적용대상에서 제외된다고 할 것이다(지방세특례제도과-2731, 2020.11.16.).

2) 추징요건

별도의 추징규정이 없는바, 「지방세특례제한법」 제178조에 따라 다음 어느 하나에 해당하는 경우 그 해당 부분에 대해서는 감면된 취득세를 추징한다.

① 정당한 사유 없이 그 취득일부터 1년이 경과할 때까지 해당 용도로 직접 사용하지 아니하는 경우
② 해당 용도로 직접 사용한 기간이 2년 미만인 상태에서 매각·증여하거나 다른 용도로 사용하는 경우

(2) 지방농수산물공사에 대한 감면(지특법 §15 ②)

1) 감면요건

① 감면대상자

「지방공기업법」 제49조에 따른 지방공사로서 농수산물의 원활한 유통 및 적정한 가격의 유지를 목적으로 설립된 지방공사("지방농수산물공사")

② 감면대상 및 감면범위

감면대상	감면범위
지방농수산물공사가 도매시장의 관리 및 농수산물의 유통사업(2019년 이전은 고유업무)에 직접 사용(「농수산물 유통 및 가격안정에 관한 법률」 §2 7~9에 따른 도매시장법인, 시장도매인, 중도매인 및 기타 소매인이 해당 부동산을 그 고유업무에 사용하는 경우 포함)하기 위하여 취득하는 부동산	취득세 × 지방자치단체 투자비율 (2019년 이전은 소유주식 비율) 경감 재산세 × 지방자치단체 투자비율 (2019년 이전은 소유주식 비율) 경감 (도시지역분 포함)

법인등기(2022년 이전만 적용)	등록면허세 × 지방자치단체 투자비율 (2019년 이전은 소유주식 비율) 경감

🔖 감면시한 : 2025.12.31.

🔖 최소납부제 적용 시기 : 2026.1.1. 이후

🔖 농어촌특별세 과세 여부 : 취득세분 농어촌특별세 과세, 취득세 경감분과 등록면허세 경감분 비과세(농특령 §4 ⑦ 5)

🔖 2014.12.31. 「농수산물 유통 및 가격안정에 관한 법률」 제2조 제7호 내지 제9호에 따른 도매시장법인, 시장도매인, 중도매인 및 기타 소매인이 해당 부동산을 그 고유업무에 사용하는 경우 포함하는 것으로 개정되었으며, 2015년 이후부터 적용됨.

🔖 지자체 소유지분율 = 지자체 소유주식수 / 발행주식총수
지자체 소유주식 : 「지방공기업법」 §53 ④에 따라 지방자치단체가 출자한 것으로 보는 주식 포함

🔖 지자체 투자비율
「지방공기업법」 §49에 따른 지방공사로서 농수산물의 원활한 유통 및 적정한 가격의 유지를 목적으로 설립된 지방공사("지방농수산물공사")의 자본금에 대한 지방자치단체의 출자금액(둘 이상의 지방자치단체가 공동으로 설립한 경우에는 각 지방자치단체의 출자금액을 합한 금액)의 비율을 말함[다만, 지방농수산물공사가 「지방공기업법」 §53 ③에 따라 주식을 발행한 경우에는 해당 발행 주식 총수에 대한 지방자치단체의 소유 주식(같은 조 ④에 따라 지방자치단체가 출자한 것으로 보는 주식 포함) 수(둘 이상의 지방자치단체가 주식을 소유하고 있는 경우에는 각 지방자치단체의 소유 주식 수를 합한 수)의 비율을 말함].

2) 추징요건

별도의 추징규정이 없는바, 「지방세특례제한법」 제178조에 따라 다음 어느 하나에 해당하는 경우 그 해당 부분에 대해서는 감면된 취득세를 추징한다.

① 정당한 사유 없이 그 취득일부터 1년이 경과할 때까지 해당 용도로 직접 사용하지 아니하는 경우

② 해당 용도로 직접 사용한 기간이 2년 미만인 상태에서 매각·증여하거나 다른 용도로 사용하는 경우

⑫ 농어촌주택개량에 대한 감면(지특법 §16)

1) 감면요건

① 감면대상자

「농어촌정비법」 제2조 제10호에 따른 생활환경정비사업, 「농어촌주택개량 촉진법」 제5조 제1항에 따른 농어촌주거환경개선사업(2015.12.31. 이전만 적용)의 계획에 따라 주택개량 대상자로 선정된 사람(2016년 이전은 같은 사업계획에 따라 자력(自力)으로 주택을 개량하는 대상자 포함)

과밀억제권역에서는 주택개량 사업계획에 따라 주거용 건축물을 취득하는 경우 취득일 현재(2019년 이후 적용) 1년 이상 거주한 사실이 「주민등록법」에 따른 주민등록표 등에 따라 증명되는 사람으로 한정된다. 과밀억제권역 외의 지역에서는 2021년 이전까지는 위 선정된 사람이 취득일 현재(2019년 이후 적용) 해당 특별자치시·특별자치도·시·군·구(2015년 이전 해당 지역)

에 거주하는 사람이어야 감면이 되었다.

「농어촌정비법」에 따른 생활환경정비사업 또는 「농어촌주택개량 촉진법」에 따른 농어촌주거환경개선사업(2015.12.31. 이전만) 계획에 따른 농어촌주택개량 대상자가 아닌 자는 감면대상자가 되지 아니한다.

한편, 감면대상자로 "주택을 개량하는 대상자로서 해당 지역에 거주하는 사람(과밀억제권역에서는 1년 이상 거주한 사실이 「주민등록법」에 따른 주민등록표 등에 따라 증명되는 사람으로 한정) 및 거주하는 상시 거주할 목적으로 …"로 규정되어 있는바, 해당 지역은 「농어촌정비법」 또는 「농어촌주택개량 촉진법」에 의한 농어촌지역으로 생활환경정비사업 시행계획이 시행되는 지역을 말하는 것으로 보아야 할 것이다(지방세특례제도-1522, 2015.6.9.).

㉠ 「농어촌정비법」에 따른 생활환경정비사업

「농어촌정비법」 제2조 제1호에 의하면 "농어촌"이란 「농어업·농어촌 및 식품산업 기본법」 제3조 제5호에 따른 농어촌을 말하므로, 다음 어느 하나에 해당하는 지역을 말한다.

㉮ 읍·면의 지역

㉯ ㉮ 외의 지역 중 그 지역의 농어업, 농어업 관련 산업, 농어업인구 및 생활여건 등을 고려하여 농림축산식품부장관이 해양수산부장관과 협의하여 고시하는 지역

읍·면지역 등이라고 규정되어 있는바, 개량주택 소재지가 속해 있는 동일한 읍·면 지역 등에 거주하여야만 감면이 가능한 것으로 보여진다.

㉡ 「농어촌주택개량 촉진법」에 의한 농어촌주거환경개선사업(2015년 이전)

「농어촌주택개량 촉진법」 제2조 제1호에 의하면 "농어촌주택"이라 함은 읍·면지역 중 「도시계획법」 제17조 제1항의 규정에 의하여 지정된 상업지역 및 공업지역을 제외한 지역과 광역시 및 시에 소재하는 동지역 중 같은 법 동조 동항의 규정에 의하여 지정된 주거지역·상업지역 및 공업지역을 제외한 지역(이하 "농어촌지역"이라 한다)에 위치하고 장기간 독립된 주거생활을 할 수 있는 구조로 된 건축물(이에 부속되는 건축물 및 토지 포함)을 말한다라고 규정되어 있다. 여기서 읍·면지역(「도시계획법」 제17조 제1항의 상업지역과 공업지역 제외)이거나 광역시 및 시의 동지역(「도시계획법」 제17조 제1항의 주거지역·상업지역 및 공업지역 제외)이라고 규정되어 있는바, 개량주택 소재지가 속해 있는 동일한 읍·면 지역 또는 동지역에 거주하여야만 감면이 가능한 것으로 보여진다.

> **사례** 취득세 면제대상 농어촌주택 개량자 해당 여부(지방세운영과-2169, 2012.7.10.)
>
> 취득일 현재 개량 주택 소재지에 거주한 사실이 있는 사람을 말한다고 할 것이고, 과밀억제권역(1년 이상)을 제외하고는 그 거주기간을 별도로 규정하고 있지 아니하므로 조세의 비과세·감면규정 엄격해석 원칙에 비추어 취득일 이전에 개량 주택 소재지에 주민등록표 등에 따른 주소를 두고 사실상 거주한 사실이 있는 경우라면, 위 "해당 지역에 거주하는 사람"의 요건을 충족하였다고 할 것임.
>
> ☛ 2022년 이후 과밀억제권역 외의 지역에서는 소재지 거주 요건은 삭제됨.

사례 귀농인 주택개량 시 취득세 감면대상 여부(지방세운영과-797, 2012.3.14.)

'2012년도 귀농 농업창업 및 주택구입 지원 사업'에 따라 주택개량 대상자로 선정되어 지원을 받은 경우라도 위 규정 취득세 면제대상이 되는 「농어촌정비법」 또는 「농어촌 주택개량사업 촉진법」에 따른 생활환경정비사업이나 농어촌주거환경개선사업 계획에 따른 농어촌 주택개량 대상자에 해당되지 아니한 경우라면 취득세 면제대상으로 볼 수 없다고 할 것임.

② 감면대상 및 감면범위

주택개량 사업계획에 따라 본인과 그 가족이 상시 거주(본인이 「주민등록법」에 따른 전입신고를 하고 계속하여 거주하는 것을 말하며, 2018년 이전은 상시 거주)할 목적으로 취득하는 전용면적 150제곱미터 이하의 주거용 건축물(2019년 이후 증축하여 취득하는 경우에는 기존에 소유하고 있는 주거용 건축물 연면적과 합산하여 150제곱미터 이하인 경우로 한정하며, 2018년 이전은 100제곱미터 이하의 주택과 그 부속토지는 그 건축물 바닥면적의 7배를 초과하지 아니하는 부분으로 한정)	280만 원 미만 시 전액, 280만 원 초과 시 280만 원 차감 (2018년 이전 취득세 면제)
상시 거주할 목적으로 취득하는 전용면적 100제곱미터 이하의 주거용 건축물(2018년 이전 취득분만 적용)	재산세 면제[주] (도시지역분 제외)

☞ 감면시한 : 2027.12.31.(재산세는 2018년 이전 취득분만 적용)

☞ 최소납부제 적용 시기 : 최소납부제 배제

☞ 농어촌특별세 과세 여부 : 취득세분 농어촌특별세 과세, 취득세 경감분(면제분) 농어촌특별세 비과세(농특령 §4 ⑦ 5)

☞ 2016.12.31. 이전 자력으로 주택을 개량한 자가 해당 주택에 대하여 종전 규정에 따라 취득세를 면제받은 경우 그 주택에 대한 재산세의 감면에 대해서는 개정 규정에도 불구하고 종전의 규정에 따른다(부칙 §12).

☞ 2018.12.31. 이전에 종전의 제16조에 따른 사업계획에 따라 주택개량대상자로 선정된 사람이 2019.1.1. 이후 주택을 취득한 경우의 그 주택에 대한 취득세 감면 기준은 개정규정 또는 종전의 규정에 따른 면적기준 중 유리한 규정을 적용함(지특법 부칙 §9).

☞ (주) 주거용 건축물 취득 후 납세의무가 최초로 성립하는 날부터 5년간 경감하며, 2018.12.31. 이전 종전의 제16조에 따라 취득세가 감면된 주택으로서 2019.1.1. 당시 그 주택 취득 후 재산세 납세의무가 최초로 성립하는 날부터 5년이 지나지 아니한 주택에 대한 재산세 감면에 대해서는 제16조의 개정규정에도 불구하고 종전의 규정에 따름(지특법 부칙 §9).

2) 추징요건

① 2019.1.1. 이후 취득분(감면분)

다음 어느 하나에 해당하는 경우에는 그 해당 부분에 대해서는 감면된 취득세를 추징한다.

㉠ 정당한 사유 없이 그 취득일부터 3개월이 지날 때까지 해당 주택에 상시 거주를 시작하지 아니한 경우

㉡ 해당 주택에 상시 거주를 시작한 날부터 2년이 되기 전에 상시 거주하지 아니하게 된 경우

㉢ 해당 주택에 상시 거주한 기간이 2년 미만인 상태에서 해당 주택을 매각·증여하거나 다른 용도(임대 포함)로 사용하는 경우

② 2018.12.31. 이전 취득분(감면분)

별도의 추징규정이 없으며, 해당 용도에 직접 사용이라는 내용이 없으므로 「지방세특례제한법」 제178조 추징규정이 적용되지 아니한다.

3) 유의사항

① '납세의무가 최초로 성립하는 날부터 5년간'의 의미

'납세의무가 최초로 성립하는 날부터 5년간'이라 함은 해당 부동산의 취득일로부터 최초로 도래하는 과세기준일을 포함하여 5년간이라는 것을 뜻한다. 즉 토지에 대하여는 토지 취득일이 기준이며, 신축 건물에 대하여는 신축 건물 취득일이 기준이 될 것이다. 이 규정에서는 토지는 적용되지 않고 주거용 건축물만 납세의무가 성립되는 날부터 5년간 재산세 감면이 적용된다.

② 전용면적이 100㎡ 초과 주택

전용면적이 100㎡ 이하인 주거용 건축물과 그 부속토지로 규정하고 있는바, 초과하는 경우에는 감면이 되지 않고 전체가 과세대상이 되는 것이다.

③ 창고, 다락

「건축법 시행령」을 살펴보면 바닥면적의 합이 연면적이라 하며, 바닥면적 산정 시에 창고가 제외된다는 규정이 없다. 다만, 「주택법 시행규칙」 제2조 제2항 제1호에 의하면 주거전용면적에는 지하실(거실로 사용되는 면적 제외), 건축물과 분리된 창고·차고 및 화장실의 면적을 제외한다라고 규정되어 있다. 따라서 단독주택의 경우 전용면적은 주거의 용도로만 쓰이는 면적을 합산하여야 할 것이다. 창고가 주택과 붙어 있으면서 주거의 용도로만 사용되는 경우에는 합산하여야 할 것이나, 별도로 떨어져 있는 경우에는 별도의 건축물로 보아야 할 것이다.

한편, 승강기탑(옥상 출입용 승강장 포함), 계단탑, 장식탑, 다락[층고(層高)가 1.5미터(경사진 형태의 지붕인 경우에는 1.8미터) 이하인 것만 해당], 건축물의 외부 또는 내부에 설치하는 굴뚝, 더스트슈트, 설비덕트, 그 밖에 이와 비슷한 것과 옥상·옥외 또는 지하에 설치하는 물탱크, 기름탱크, 냉각탑, 정화조, 도시가스 정압기, 그 밖에 이와 비슷한 것을 설치하기 위한 구조물과 건축물 간에 화물의 이동에 이용되는 컨베이어벨트만을 설치하기 위한 구조물은 바닥면적에 산입하지 아니한다(「건축법 시행령」 제119조 제3호 라목). 다락의 층고(層高)가 1.5미터(경사진 형태의 지붕인 경우에는 1.8미터) 이하인 경우에는 바닥면적, 즉 연면적에 포함되지 아니하므로 주거전용면적에 포함되지 아니할 것이다.

> **사례** 신축 건물의 건축물대장상 1층 단독주택 99.81제곱미터, 1층 일반창고 49.56제곱미터인 경우 감면 여부
>
> 단독주택의 경우 연면적은 주거의 용도로만 쓰이는 면적을 합산하는 것으로써, 창고가 주거의 용도로만 사용되는 경우에는 합산하여야 할 것이나, 별도로 떨어져 주거용으로 사용하지 않는 경우에는 별도의 건축물로 보아야 할 것임.

④ 동거가족 소유 부속토지

주택개량대상자가 취득하는 주택에 대하여 감면을 받는 것으로 규정되어 있지만, 동거가족 소유 부속토지에 대하여 별도로 규정하고 있지 아니하므로 조세의 비과세·감면규정 엄격해석 원칙에 따라서 동거가족이 소유한 부속토지에 대하여는 감면되지 아니한다.

⑤ 부속토지 범위

전용면적이 100㎡ 이하인 주거용 건축물로서 그 부속토지가 주거용 건축물 바닥면적의 7배를 초과하지 아니하는 부분만 감면대상이 되고 초과면적에 대해서는 과세대상이 된다. 여기서 「건축법 시행령」 제119조 제1항 제3호 다목에 의하면 필로티 부분은 그 부분이 공중의 통행이나 차량의 통행 또는 주차에 전용되는 경우와 공동주택의 경우에는 바닥면적에 산입하지 아니한다라고 규정되어 있는바, 필로티를 주차장으로 사용하고 있다면 바닥면적으로 볼 수 없으나, 계단실은 바닥면적에서 제외하라는 규정은 없으므로 바닥면적에 포함하여야 할 것이다. 필로티가 주차장으로 사용하는 경우 필로티 건물가액은 주거용 건축물 가액에 포함하여 감면하되, 부속토지 산정 시 바닥면적에서 제외하여야 할 것이나, 계단실은 바닥면적에 포함하여야 할 것이다.

> **사례** 필로티의 경우에도 「건축법」상 면적이 건축물대장에 등재되지 않는다고 하더라도 건물 과세표준 산정 시 25% 감산율을 적용하여 과세표준을 산출하는 것이므로 취득세 납세의무 있음(세정과-188, 2004.2.25.).

⑥ 지목변경

농어촌주택개량 사업계획에 의하여 취득하는 주택으로서 해당 지역에 거주하는 자 및 그 가족이 상시 거주할 목적으로 취득하는 전용면적 100㎡ 이하인 주거용 건축물의 부속토지(주거용 건축물 바닥면적의 7배를 초과하지 아니하는 부분으로 한정)에 대한 지목변경도 주거용 부동산으로 보아야 할 것이므로 취득세 면제대상이나 농어촌주택개량 사업계획에 의하지 아니하는 경우에는 면제대상에서 제외된다.

⑦ 선 취득 토지

농어촌주택개량사업계획에 의한 경우로 토지를 먼저 매입하고 주택을 지은 경우에는 토지분도 감면대상이 되는 것이나, 주택개량사업계획에 의해 토지를 매입하여야만 감면대상이 되는 것이다.

제2절 사회복지를 위한 지원

❶ 장애인용 자동차에 대한 감면(지특법 §17)

1) 감면요건

① 감면대상자

「장애인복지법」에 따른 장애인(2016.1.1. 이후 「지방세특례제한법」 제29조 제4항에 따른 국가유공자등[43] 제외)으로서 장애의 정도가 심한 장애인(2019.6.30. 이전 장애등급 제1급부터 제3급까지에 해당하는 사람)

② 감면대상 및 감면범위

보철용·생업활동용으로 사용하기 위하여 취득하여 등록[44](2021년 이전은 취득)하는 다음 감면대상 자동차로서 최초로 감면신청하는 1대	취득세 면제 자동차세 면제

☛ 감면시한 : 2027.12.31.

☛ 최소납부제 적용 시기 : 최소납부제 배제

☛ 농어촌특별세 과세 여부 : 「지방세법」 제124조에 따른 자동차[45]에 대한 취득세분 농어촌특별세 비과세(농특령 §4 10-2), 이륜자동차는 「지방세법」 제124조에 따른 자동차에 해당되지 아니하여 농어촌특별세 과세대상이나 취득세 면제분 농어촌특별세 비과세(농특령 §4 ⑦ 5)

☛ 감면대상 자동차

① 다음 어느 하나에 해당하는 승용자동차

㉠ 배기량 2천시시 이하인 승용자동차

㉡ 승차 정원 7명 이상 10명 이하인 승용자동차(「자동차관리법」에 따라 2000.12.31. 이전에 승용자동차로 분류된 고급에 해당하는 자동차 및 이에 준하는 자동차는 제외하며, 2016.1.1.~2019.12.31.은 장애인의 이동편의를 위해 차량을 구조변경한 경우 그 승차 정원은 구조변경 전의 승차 정원을 기준으로 함).

㉢ 「자동차관리법」에 따라 자동차의 구분기준이 화물자동차에서 2006.1.1.부터 승용자동차에 해당하게 되는 자동차(2005.12.31. 이전부터 승용자동차로 분류되어 온 것 제외)

② 승차 정원 15명 이하인 승합자동차

③ 최대적재량 1톤 이하인 화물자동차

---

43) 2016.1.1. 이후 지특법 §29 ④으로 이관하여 국가유공자 등에 대하여 자동차 감면을 적용하고 있다.

44) 취득세는 취득 시 납세의무가 발생되는 것이므로 등록을 하여야 감면을 하는 것은 법취지에 맞지 아니하며, 취득시점에 감면요건이 충족되는 경우에는 취득세 감면이 되어야 하는 것인데, 등록을 추가하였는바, 취득시점에 감면요건이 충족되어야 하는 것임에도 등록시점에 감면요건이 충족되는 것으로 잘못 해석되어질 가능성이 높다. 굳이 등록을 하는 경우에만 감면이 적용되는 것으로 하고자 한다면, 오해의 소지를 없애기 위하여는 "취득하는"은 그대로 두고 끝부분에 "등록하는 경우에 한하여 취득세 및 자동차세를"라고 법조문을 명확히 하여야 할 것이다.

45) 「지방세법」 제124조와 같은 법 시행령 제120조에서 "자동차"란 「자동차관리법」에 따라 등록되거나 신고된 차량과 「건설기계관리법」에 따라 등록된 건설기계 중 「건설기계관리법」의 규정에 의하여 등록된 덤프트럭 및 콘크리트믹서트럭을 말한다. 여기서 신고된 차량이란 취득세 신고가 아닌 「자동차관리법」에 의하여 등록함이 없이 신고(예 : 임시운행 허가신청)된 차량을 말하는 것이다.

④ 배기량 250시시 이하인 이륜자동차(2015년 이전 이륜자동차)

☞ 자동차 소유로 보지 아니하는 경우

취득세와 자동차세를 면제받은 자동차가 다음 어느 하나에 해당하는 경우 장부상 등록 여부에도 불구하고 자동차를 소유하지 아니한 것으로 본다.

1. 「자동차관리법」에 따른 자동차매매업자가 중고자동차 매매의 알선을 요청받은 사실을 증명하는 자동차. 다만, 중고자동차가 매도(賣渡)되지 아니하고 그 소유자에게 반환되는 경우에는 그 자동차를 소유한 것으로 본다.
2. 천재지변·화재·교통사고 등으로 소멸·멸실 또는 파손되어 해당 자동차를 회수할 수 없거나 사용할 수 없는 것으로 해당 시장·군수가 인정하는 자동차
3. 「자동차관리법」에 따른 자동차해체재활용업자가 폐차되었음을 증명하는 자동차
4. 「관세법」에 따라 세관장에게 수출신고를 하고 수출된 자동차

등록면허세는 감면적용 세목에 포함되어 있지 아니하므로 감면이 되지 아니한다.

본인명의로 등록하거나 공동명의로 등록하는 1대로 한정한다라고 되어 있지만 법조문 본문에는 "등록하는 경우"로 규정되어 있지 않고 "취득하는 경우"로 규정되어 있다는 점에서 차량 취득 시에는 주민등록표에 세대를 같이하지 아니하여야 취득세 면제대상이 되는 것으로 판단된다. 예를 들어 2013.11.1. A(부), B(자) 공동명의로 신차 취득(세금계산서 발행날짜), 2013.11.5. A(부), B(자) 세대합가, 2013.11.10. 차량 등록한 경우 차량 취득 시 주민등록표에 세대를 같이하지 아니하였으므로 취득세 면제 혜택이 없는 것으로 판단된다.

2) 장애인 범위

① 외국인 장애인

「지방세법특례제한법 시행령」 제8조 제1항 제1호에서 「장애인복지법」에 따른 장애인으로서 장애등급 제1급부터 제3급까지에 해당하는 사람이라고 규정하고, 제8조 제2항의 규정을 보면 "장애인이 본인 명의로 등록하거나 그 장애인과 「가족관계의 등록 등에 관한 법률」에 따른 가족관계등록부(배우자 또는 직계비속의 배우자가 대한민국이 아닌 경우로 한정[46]) 또는 「주민등록법」에 따른 세대별 주민등록표에 의하여 세대를 같이하는 것이 확인되는 …"으로 규정되어 있다.[47] 이 규정은 본인에 대한 규정이 아니고 장애인과 공동명의로 등록하는 경우에 공동명의자의 범위에 대하여 규정한 것으로 이는 장애인의 범위에 외국인도 포함한다는 규정이 있기 이전에 규정된 것이라는 점, 제1항 제1호에서 「장애인복지법」에 따른 장애인으로서 장애등급 제1급부터 제3급까지에 해당하는 사람이라고 규정되어 있을 뿐 내국인만 해당한다라고 규정되어 있지 아니하다는 점 및 「장애인복지법」 제32조의 2(재외동포 및 외국인의 장애인등록)가 신설되어 2013.

---

46) 이는 외국인 배우자는 한국 국적의 남편 또는 배우자의 가족관계증명서에 혼인관계가 나타나기 때문임.

47) 국내에 거소신고를 하였다고 하더라도 이는 「재외동포의 출입국과 법적지위에 관한 법률」 제9조에 의거 법령에 규정된 각종 절차와 거래관계 등에 있어서 주민등록증, 주민등록등본·초본, 외국인등록증, 또는 외국인등록사실증명을 요하는 경우에 갈음할 수 있는 것일 뿐, 「주민등록법」에 의한 세대별 주민등록표에 기재된 자에 해당하지 않는다 할 것임(조심 2009지40, 2009.6.30. 참조).

1.27. 시행됨에 따라 외국인도 장애인등록이 가능하게 되었다는 점에서 본인이 외국인이라도 이 감면규정이 적용되는 것으로 해석하여야 할 것이다. 그리고 「장애인복지법」 제32조의 2 개정에 따라 공동명의자 범위에 대하여도 개정해야 할 것으로 보여진다.

> **사례** 장애인으로 등록한 외국인이 단독명의로 취득 시 감면이 되나, 내국인인 아들과 공동명의로 취득 시 감면 안됨(지방세운영과-1491, 2013.7.12.)
>
> 외국인의 경우는 세대별 주민등록표상 세대원이 아니므로 가족관계등록부상 공동등록대상에 해당 되어야 할 것인데, 가족관계등록부상 공동등록할 수 있는 대상을 외국인 배우자 또는 직계비속의 외국인 배우자로 한정하고 있음에 비추어 볼 때 해당 장애인은 내국인으로 보는 규정이라고 할 것 이므로 장애인이 외국인이라면 가족관계등록부상의 공동등록 대상에 해당되지 아니한다고 판단됨.

② 중복장애(상향조정)

「장애인복지법 시행령」 제2조 제1항에서 장애인'이란 "대통령령이 정하는 장애의 종류 및 기 준에 해당하는 자"라 정의하면서 장애의 정도에 따라 등급은 보건복지부령으로 정하며, 「장애인 복지법 시행규칙」 제2조 제1항 [별표 1]에서 중복된 장애의 합산 판정 시 서로 다른 등급인 둘 이상의 중복장애가 있는 경우에는 주된 장애의 등급보다 한 등급 위의 등급으로 조정할 수 있다 고 규정하고 있다.

종전 유권해석(지방세운영과-2094, 2011.5.5.)에 따르면 개별 장애가 중복되어 장애등급이 상향조 정된 경우 사실상 개별적 장애등급이 상향된 것은 아니므로 종합장애등급 인정 불가하였으나,[48] 이를 변경하여 종합장애등급도 취득세 면제대상인 장애등급으로 인정하여 2011.5.5.부터 소급적 용하고 있다(지방세운영과-5829, 2011.12.26.).

③ 등급 외로 판정이 되는 경우

2013.10.20. 장애3급으로 취득세를 면제받았으나, 2013.8.20. 장애정지(등급 외)에 해당하여 이 의신청을 한 상태에서 감면신청하여 감면을 받았으나, 2013.11.20. 최종 이의신청 결정이 난 경우 (이 경우 2013.8.20. 등급 외로 소급적용), 2013.8.20.부터 등급 외로 소급적용되는 것이므로 차량 취득 시점이 2011.8.19. 이전인 경우 감면대상이 될 것이므로 추징할 수 없을 것이나, 2013.8.20. 이후는 장애인에 해당되지 아니하는바, 감면 취득세를 추징하여야 할 것이다. 그리고 자동차세도 마찬가지로 취득일로부터 2013.8.19.까지는 면제, 그 이후 분은 과세하여야 할 것이다.

> **사례** 장애인 자동차 지방세 감면대상 여부(지방세운영과-1488, 2013.7.11.)
>
> 최초로 감면신청하는 장애인용 자동차 1대에 대하여 취득세 등을 감면하는 장애인의 범위는 장애 인, 국가유공자, 5·18민주화운동부상자, 고엽제후유의증환자를 포괄하는 개념으로 「장애인복지법」 에 따른 장애인(1급~3급)으로 한정하고 있지 아니한 점, 최초로 감면신청하는 1대의 범위도 장애

---

48) 중복장애가 있을 경우 장애인의 전체 장애상태를 한 등급 상향 조정하여 종합장애 4급으로 판단하는 것으로 개별적인 장애 중 어느 하나의 장애를 상향조정하는 의미는 아니라는 이유 때문임(보건복지부 장애인정책 과-1791, 2011.5.3. 참조).

인 또는 장애인과 공동명의로 등록하는 1대로 한정한다고 규정하고 있을 뿐, 장애를 국가유공자 등으로 구별하여 감면한다는 별도의 규정이 없는 점 등을 종합적으로 고려해 볼 때 기존 1대에 대해 장애인용으로 취득세 등을 감면받아 소유하고 있다면 국가유공자로서 자격이 있다고 하더라도 추가 취득하는 자동차는 감면대상에 해당되지 아니한다고 판단됨.

3) 명의요건

① 장애인 단독명의

② 공동명의

장애인과 다음 어느 하나에 해당하는 가족이 공동명의로 등록하는 자동차 1대로 한정하여 감면이 된다. 이 경우 장애인과 공동으로 등록하는 사람은 동일한 세대별 주민등록표에 기재되어 있고 「가족관계의 등록 등에 관한 법률」 제9조에 따른 가족관계등록부("가족관계등록부")에 따라 다음 어느 하나에 해당하는 관계가 있는 것이 확인(취득세의 경우 해당 자동차 등록일에 세대를 함께 하는 것이 확인되는 경우로 한정)되는 사람을 말한다.[49]

ㄱ 장애인의 배우자·직계혈족·형제자매

ㄴ 장애인의 직계혈족의 배우자

ㄷ 장애인의 배우자의 직계혈족·형제자매

2020.1.15. 이후 납세의무성립분부터(영 부칙 §2) 장애인 또는 면제대상 자동차를 장애인과 공동명의로 등록하는 상기 어느 하나에 해당하는 사람이 모두 「출입국관리법」 제31조에 따라 외국인등록을 하고 같은 법 제10조의 3에 따른 영주자격을 가진 사람인 경우에는 같은 법 제34조 제1항에 따른 등록외국인기록표 및 외국인등록표("등록외국인기록표 등")로 가족관계등록부와 세대별 주민등록표를 갈음할 수 있다.

ㄱ 세대별 주민등록표에 의하여 세대를 함께 하는 것

㉮ 세대분리되어 있지만 사실상 생계를 같이 하는 경우

「주민등록법」에 의한 세대별 주민등록표에 의하여 세대를 함께 하는 것이 확인되는 배우자, 직계존속, 직계비속, 형제자매 등 공동명의로 취득하는 경우로 규정되어 있다. 여기서 주민등록표에 달리 기재되어 있으나 사실상 생계를 같이한다고 하여 감면요건을 구비한 것으로 해석하기에는 무리가 있다고 할 것이다.

㉯ 세대분리되어 있지만 주소가 같이 되어 있는 경우

「주민등록법」에 의한 세대별 주민등록표에 의하면 세대분리되어 있는데 주소가 동일하게 되어 있는 경우, 즉 동일 주소에 2세대가 있는 경우라 하더라도 동일한 세대로

---

49) 2020.1.14. 이전 납세의무성립분까지(영 부칙 §2)는 「가족관계의 등록 등에 관한 법률」에 따른 가족관계등록부(배우자 또는 직계비속의 배우자가 대한민국 국민이 아닌 경우로 한정) 및 「주민등록법」에 따른 세대별 주민등록표("세대별 주민등록표")에 의하여 세대를 함께 하는 것이 확인되는 배우자·직계존속(직계존속의 재혼한 배우자 포함)·직계비속(재혼한 배우자의 자녀 포함)·형제자매 또는 직계비속의 배우자와 공동명의로 등록(2018년 이후 취득세의 경우에는 해당 자동차 등록일에 세대를 함께하는 것이 확인되는 경우로 한정)

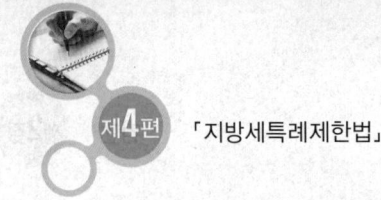

구성되어 있지 아니하므로 감면요건을 구비한 것으로 해석할 수 없다.

ⓛ 배우자와 공동명의

동일한 세대별 주민등록표에 등재되어 있지 아니하는 배우자가 다른 세대를 구성하고 있는 경우 종전에는 감면이 되었으나 현행은 감면되지 아니하는 것으로 보아야 할 것이다.[50]

ⓒ 직계존비속 등과 공동명의

장애인과 「가족관계의 등록 등에 관한 법률」에 따른 가족관계등록부(직계비속의 배우자가 대한민국 국민이 아닌 경우로 한정) 및 「주민등록법」에 따른 세대별 주민등록표(이하 "세대별 주민등록표")에 의하여 세대를 함께 하는 것이 확인되는 직계존속(직계존속의 재혼한 배우자 포함)·직계비속(재혼한 배우자의 자녀 포함)·형제자매 또는 직계비속의 배우자와 공동명의로 등록하는 1대로 한정하여 감면이 된다.

장애인과 공동 등록할 수 있는 사람의 소유권을 장애인이 이전받은 경우, 장애인과 공동 등록할 수 있는 사람이 그 장애인으로부터 소유권의 일부를 이전받은 경우 또는 공동 등록할 수 있는 사람 간에 등록 전환하는 경우는 감면이 추징되지 아니한다.

ⓔ 사망 전에 취득하였으나 사망으로 인해 본인 또는 공동명의로 등록이 불가한 경우

장애인이 보철용·생업활동용으로 사용하기 위하여 취득하는 경우 요건에 해당하는 자동차 감면이 되는 것이다. 한편, 장애인 또는 장애인과 공동으로 등록한 사람이 자동차 등록일부터 1년 이내에 사망, 혼인, 해외이민, 운전면허취소, 그 밖에 이와 유사한 부득이한 사유 없이 소유권을 이전하거나 세대를 분가하는 경우에는 면제된 취득세를 추징한다.

장애인 감면규정에는 등록하는 경우로 규정되어 있지 않고 취득하는 경우로 규정되어 있다는 점에서 잔금지급일에 장애인 명의 또는 공동명의로 취득하였다고 보아야 할 것이다. 한편, 「지방세특례제한법 시행령」 제8조 제2항에서 장애인 본인명의로 등록하거나, 그 장애인과 공동명의로 등록하는 경우에 한하여 감면이 되는 것으로 규정되어 있는바, 장애인과 공동명의자와 공동 등록한 후 상속으로 인하여 명의변경하여야 할 것이고, 명의변경 시 사망에 의한 상속에 의한 소유권이전이 될 것이므로 추징대상이 되지 아니할 것이다. 그런데 「자동차등록령」에서 본인 또는 공동 등록이 불가능하다면 감면 취지와는 달리 감면을 할 수 없다라고 해석하여야 할 것이다.

그러나 감면 취지로는 본인 또는 공동명의로 취득한 것이 명백하다면 등록과는 무관하게 감면을 해주는 것이 타당하다라고 판단된다. 그 이유는 등록을 원칙적으로 본인 또는 공

---

50) 종전 규정에서는 본인·배우자 또는 「주민등록법」에 의한 세대별 주민등록표에 기재되어 있는 장애인의 직계존·비속 …으로 규정되어 있어서 본인 단독명의나, 배우자 단독명의 및 공동명의 모두 감면대상이 되었으나, 현행은 「주민등록법」에 따른 세대별 주민등록표에 의하여 세대를 함께 하는 것이 확인되는 배우자라고 규정되어 있어서 종전과는 달리 해석하여야 할 것이다. 이러한 개정은 서울시의 경우 2005.3.17.자로 개정되었다. 한편, 이하는 1가구 1주택 상속 시 감면규정이나 형식상 세대별 주민등록표를 분리하여 별도로 세대를 구성하고 있다면 사실상 함께 거주하는 경우라도 감면이 되지 아니할 것임.

동명의로 하고서 상속에 의하여 본인 명의의 지분을 이전하는 것이 법에 맞는 절차이지만, 망자의 인감증명서 발급이 불가능함에 따라 자동차등록이 안된다는 사유만으로 감면을 하지 아니하는 것은 법 취지와 형평성 차원과 실질 과세 원칙에 위배되기 때문이다.

ⓜ 잔금지급과 사망이 동일자인 경우

본인 명의로 등록하거나 공동명의로 등록하는 1대로 한정한다라고 되어 있지만 법조문 본문에는 "등록하는 경우"로 규정되어 있지 않고 "취득하는 경우"로 규정되어 있다는 점에서 잔금지급일에 장애인명의 또는 공동명의로 취득하였다고 보아야 할 것이나, 잔금지급일에 장애인이 사망하였다면 잔금지급이 먼저인지 아니면 사망이 먼저인지를 구분하여야 할 것이다(시간상 어느 것이 먼저인지 확인이 가능할 수도 있을 것임). 이를 구분할 수 없다면 동일자이므로 납세자에게 유리하게 판단하여야 할 것으로 보여진다.

☞ 「지방세법」상 부동산의 취득 시점은 "일(日)" 단위로 구분하고 있음에도, 부동산집합투자기구의 부동산 취득 시점과 금융위원회에 집합투자기구를 등록한 시점의 "시간(時間)"의 선후 관계까지 고려하여 감면요건을 판단하는 것은 법규정을 지나치게 확대해석하는 것이라 사료되므로 부동산집합투자기구의 부동산 취득에 따른 사실상 잔금지급일이 금융위원회 집합투자기구 등록일과 같은 날이라면 취득세 감면요건에 충족한 것으로 봄이 타당하다 판단된다(지방세특례제도과-1703, 2014.9.22.)라고 해석하고 있어서 동일자에 잔금지급이 된 경우에는 감면이 되는 것으로 해석할 수 있을 것임.

ⓗ 부친이 국가유공자라 부친과 아들이 공동으로 감면을 받고 있으나, 모친이 장애 3급일 경우 이 아들(부친과 공동명의)이 모친과 공동명의로 신차를 구입 시 세대를 함께 하는 사람 중 감면대상자가 2명일 경우 공동명의로 등록할 수 있는 대상자가 각각 공동명의로 등록할 경우 감면 여부와 부친 단독명의로 국가유공자 감면을 받고 있고 모친이 단독명의로 장애인 감면 혜택을 각각 받고 있는 경우 모친 소유 차량을 부친과 공동명의로 할 경우 감면 여부

어느 하나의 세목(稅目)에 대하여 최초로 감면을 신청하는 1대에 대하여만 감면이 되고, 중복감면의 경우에는 감면이 높은 세율이 적용되는 감면규정을 적용하도록 규정하고 있는바, 부친과 공동명의로 하여 감면을 이미 받고 있으므로 또다시 모친과 공동명의로 하는 경우에는 아들 입장에서는 1대가 아니라 2대에 해당되어 감면대상에서 제외될 것으로 판단되나, 모친 단독명의로 하는 경우에는 최초로 신청한 1대이므로 감면이 될 것이다. 현행 규정에서는 장애인용 자동차 감면규정이 적용되는바, 부친과 모친 공동명의로 할 경우에도 최초로 감면신청하는 1대에 한하여 감면대상이 된다. 따라서 2대 모두 감면이 되지 아니할 것이다. 예를 들어 부친 단독명의로 종전 시도세 감면조례에 의하여 국가유공자 상이자 감면을 받고, 모친이 단독명의로 장애인 감면을 각각 받을 수 있는바, 각각 감면을 받고 있는 경우 모친 소유 차량을 부친과 공동명의로 할 경우 부친의 입장에서는 1대가 아니라 2대에 해당되어 추가로 모친과 공동명의로 하는 것은 감면대상에서 제외될 것으로 판단된다(배우자와 공동명의로 하는 경우 1대에 한함). 즉 최초 감면신청에 1대에 한하여

자동차세 감면을 받을 수 있으므로 모친 소유 차량의 모친의 취득세가 추징대상이 될 수 있다. 여기서 1대로 한정한다를 장애인 본인만으로 한정해서 해석하여야 한다라고 다소 논란이 될 수 있는바, 각각 별도로 취득하는 경우에는 장애인 본인만으로 한정해서 해석할 수 있으나, 공동명의가 된 경우에는 배우자 등과 공동 등록(2018년 이후 취득세의 경우에는 해당 자동차 등록일에 세대를 함께하는 것이 확인되는 경우에 한정)하는 1대로 한정한다라고 규정되어 있어서 장애인 본인만을 한정해서 해석할 수는 없다고 판단된다.

☛ 공동등록 명의자는 동일세대 내 장애인의 직계존속 등이면 가능하고 공동명의 제한규정이 감면조례에서 별도로 정하지 않았으며, 장애인과 공동으로 등록한 자가 자동차 등록일부터 1년(신규등록 3년)이내에 사망 등 부득이한 사유 없이 소유권을 이전하거나 세대를 분가하는 경우에 한하여 적용할 뿐이며 장애인 2명에 대한 자동차를 동일 세대 내 보호자가 각각 공동등록한 경우 추징규정이 없으므로 자동차세 감면대상이다(세정담당관-13275, 2009.12.9.)라고 해석하여 감면이 가능한 것으로 해석할 수 있지만, 장애인 지분만 감면이 되는 것이 아니라 공동명의자인 아들 지분도 감면이 되는 것이므로 다시 모친과 공동명의로 하는 경우에는 아들 입장에서는 1대가 아니라 2대에 해당되어 감면대상에서 제외되는 것이 더 타당하다는 것임.

Ⓐ 장애인 아들과 부 공동명의로 하여 자동차 감면을 받아오다가 부모가 이혼을 하여 부와 장애인 아들이 세대분리되고 아들 지분을 부에게 소유권이전을 하게 되어 과세로 전환되었는데, 장애인 아들과 동일 세대인 모가 공동명의로 자동차를 취득할 때 자동차의 취득세와 자동차세가 감면 여부

종전에 공동명의로 하여 감면을 받았으나, 공동명의자에게 장애인 지분을 이전하여 단독명의로 한 후 장애인 명의나 장애인과 공동명의(기존 공동명의자 포함)로 신차를 구입하는 경우에는 감면이 된다는 것이다. 그렇다면 부와 세대를 분리하여 다른 세대이므로 장애인 명의로(공동명의 포함) 신차를 구입하는 경우 구입 시점에 감면받고 있는 자동차가 없다면 감면이 되는 것이다. 즉 최초로 의미가 생애 "최초로"라는 의미가 아닌 것이다.

4) 유의사항

① '보철용 · 생업활동용'의 의미

'보철용'이라 함은 특수제작 여부, 운전면허 소지 여부, 자동차등록증에 보철용 기재 여부와 관계없이 본인명의로 등록하여 사용하면 된다라고 해석하고 있다(세정 13407-1423, 1996.12.12). 따라서 차량을 장애인을 위하여 치료하기 위하여 사용하는 경우에는 보철용으로 보아야 할 것이고, 엘피지 구조변경, 핸드콘트롤러 등 어떠한 보조장치를 장착한 차량에 국한하는 것이 아니라 감면요건에 해당하는 자동차이면 감면대상이 될 것이다. '생업활동용'은 생계유지 등에 사용하는 경우를 말하는 것으로 영업용 택시의 경우에도 감면요건에 해당하는 승용자동차라면 감면이 되는 것으로 보여진다.

② **'최초로 감면신청하는 1대'의 의미**

　차량을 취득하면서 취득세와 구 등록세를 감면받지 않았다 하더라도 자동차세를 감면받았다면 이를 최초로 감면신청한 1대라고 할 것인바, 감면포기나 세대분가를 통하여 기존 차량이 감면대상에서 과세대상으로 전환되더라도 그 지위나 순위까지 변동되는 것은 아니라고 할 것이므로 새로이 취득한 자동차등록일로부터 60일 이내에 종전 자동차를 이전 또는 말소하지 않은 한, 새로이 취득하여 감면신청하는 자동차에 대하여는 취득세 등의 감면을 적용할 수 없다(지방세운영과-1777, 2010.4.29. 참조).

　장애인이 지방세 감면을 신청하여 취득세 및 자동차세 감면을 적용받고 있는 차량이 있는 경우에는 다른 차량에 대해 감면을 적용할 수 없으나, 종전 면제받은 차량을 이전·말소하는 경우 또는 추징 등으로 감면받는 차량이 없는 경우 등에는 새로운 차량에 대하여 감면을 적용받을 수 있다(지방세특례제도과-2664, 2024.10.22.).

　한편, 감면신청을 하였지만 과세표준 미달, 즉 면세점(취득가액이 50만 원 이하)으로 취득세가 과세되지 아니하였다면 감면받은 사실이 없으므로 감면받은 최초 신청 1대에 해당되지 아니할 것으로 보여진다. 그런데 종전 차량에 대하여 감면신청을 하여 자동차세를 감면받았다면 당연히 종전 차량은 감면받은 최초 신청 1대에 해당하는 것으로 신규 차량은 감면대상이 되지 아니할 것이다(종전 차량의 소유권이전으로 수시부과 시 일할계산에 의한 자동차세 소액부징수로 과세제외되는 경우도 있을 수 있음).

③ **대체취득에 의한 감면**

　㉠ **신차 취득 전 말소등록 또는 이전등록**

　　장애인이 취득세 또는 자동차세를 면제받은 자동차를 말소등록하거나 이전등록(2019년 이후 대체취득분부터 장애인과 공동명의로 등록한 자가 아닌 자에게 이전하는 경우로 한정)하고 새로 취득한 자동차에 대해서는 취득세와 자동차세를 면제한다.
　　공동명의의 장애인(A)이 본인의 소유지분을 장애인이 아닌 공동명의자 직계비속(B)에게 이전한 경우, 비록 1년 이내에 이루어진 경우라도 해당 甲자동차가 지방세 감면대상 자동차에서 과세대상 자동차로 변경될 뿐 위 제2항 단서규정에 따라 취득세 감면세액 추징대상에는 해당되지 아니한다고 할 것이고, 장애인(A)이 甲자동차 지분을 소유하지 않고 있다면 새로이 취득하는 乙자동차의 경우 최초로 취득하는 자동차가 되는 것이고, 이를 과세대상 자동차만을 소유한 직계비속(B)과 공동명의로 등록하는 경우라도 장애인(A)을 기준으로 볼 때 취득세 면제대상 최초로 감면신청하는 1대에 해당된다(지방세운영과-5899, 2011.12.30.). 즉 새로 취득한 자동차에 대하여 감면이 된다. 이는 공동명의자에게 먼저 종전 감면받은 자동차를 이전등록한 후에 장애인 명의로 된 자동차가 없는 상태에서 새로운 자동차를 취득한 것이기 때문에 감면이 된다는 것이다. 또한 이 유권해석의 취지를 볼 때 장애인 단독명의로 된 종전 자동차를 배우자 또는 동거가족에게 이전한 후에 장애인 명의(공동명의 포함)로 취득하여 등록하는 경우에도 감면이 되는 것으로 해석할 수 있다.

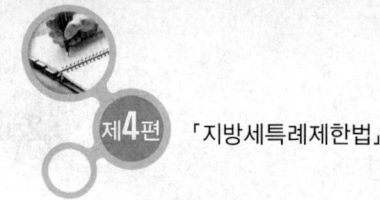

사례 공동명의자에게 먼저 종전 감면받은 자동차를 이전등록한 후에 새로운 자동차를 취득한 경우(지방세운영과-5899, 2011.12.30.)

공동명의의 장애인(A)이 본인의 소유지분을 장애인이 아닌 공동명의자 직계비속(B)에게 이전한 경우, 비록 1년 이내에 이루어진 경우라도 해당 甲자동차가 지방세 감면대상 자동차에서 과세대상 자동차로 변경될 뿐 위 제2항 단서규정에 따라 취득세 감면세액 추징대상에는 해당되지 아니한다고 할 것이고, 장애인(A)이 甲자동차 지분을 소유하지 않고 있다면 새로이 취득하는 乙자동차의 경우 최초로 취득하는 자동차가 되는 것이고, 이를 과세대상 자동차만을 소유한 직계비속(B)과 공동명의로 등록하는 경우라도 장애인(A)을 기준으로 볼 때 취득세 면제대상 최초로 감면신청하는 1대에 해당된다고 할 것임.

ⓛ 신차 취득 후 말소등록 또는 이전등록

신차를 취득하여 등록한 날부터 60일 이내에 취득세와 자동차세를 면제받은 종전 자동차를 말소등록하거나 이전등록(2019년 이후 대체취득분부터 장애인과 공동명의로 등록한 자가 아닌 자에게 이전하는 경우로 한정)하는 경우에도 새로 취득한 자동차에 대해서는 취득세와 자동차세를 면제한다.

이전등록의 경우 장애인과 공동명의로 등록한 자가 아닌 자에게 이전등록하여야만 인정이 되는 것이나, 2017.12.31. 이전에는 "3자에게 이전등록"하라는 문구는 없지만 새로운 자동차를 취득할 당시는 2대가 되었으나, 60일 이내에 종전 자동차를 이전등록하는 경우 예외로 인정하겠다는 것인데, 여기서 이전등록이라고만 되어 있지 장애인의 지분만 이전하라는 내용 또한 없는 것이다. 법 취지상 공동명의자로 하여 감면혜택을 누렸는데 공동명의자 중 1명에게 이전하는 것을 이전으로 보아 추가 취득한 자동차를 감면을 해준다는 것은 문제가 있다는 것이다. 따라서 제3자가 아닌 공동명의의 배우자에게 이전등록하는 경우에는 공동명의자 자기지분만큼은 종전 자동차를 이전등록한 것으로 볼 수 없어서 새로운 자동차는 감면이 되지 아니한다는 것으로 해석할 수 있다.

한편, 종전 자동차가 공동명의로 있는 상태에서 추가로 취득한 것으로 이 경우 2대가 되나, 60일 이내에 제3자에게 이전등록하는 경우에는 1대로 보아 감면을 한다는 내용인데 반하여, ㉠은 새로운 자동차를 취득하기 전 장애인 명의(공동명의 포함)로 된 자동차가 없는 상태에서 새로운 자동차를 취득하는 경우에 감면한다는 내용이다. 그런데 이들을 다르게 감면처리하는 것으로 해석한다면 상기에서 보는 바와 같이 신차 취득 전 배우자 또는 동거가족에게 말소등록 또는 이전등록한 후 신차를 구입하는 경우에는 감면이 된다는 점에서 형평차원에서 문제가 된다.

하여튼 공동명의자가 아닌 동거가족에게 종전 자동차를 이전하는 경우에는 이전으로 볼 수 있으므로 이 경우 추가 취득한 자동차를 감면하여야 할 것이다(동거가족이 아닌 제3자에게 이전등록하는 경우에 한하는 것으로 규정되어 있지 않기 때문이며, 종전의 시도세 감면조례에 동거가족이 아닌 제3자에게 이전등록하는 경우에 한하는 것으로 규정되어 있는 경우가 있고, 현행 「지방세특례제한법」처럼 그렇지 않는 경우가 있었음).

사례 대체취득 요건을 충족하지 아니한 경우 가산세 부과 여부(조심 2018지1389, 2018.11.8.)

감면 차량을 취득하여 취득세 등을 감면받은 후 그 취득·등록일부터 60일 이내에 기존 감면 차량을 매각하거나 말소등록하지 않은 반면, 처분청은 취득세 비과세(감면) 통지서 및 취득세 감면 차량 유의사항 안내문을 교부한 것으로 나타나므로 결국 가산세를 포함하여 취득세 등을 과세한 처분은 달리 잘못이 없는 것임.

사례 신차 취득 후 이전등록하는 경우(조심 2010지0668, 2010.12.30.)

청구인과 OOO은 이 건 자동차 등록일부터 30일(현행 60일) 이내에 종전 자동차를 장애인 등을 제외한 제3자에게 이전하였어야 함에도 장애인인 OOO의 직계비속인 청구인 명의로 이전등록을 하였으므로, 이 건 자동차는 위 감면조례에서 정한 취득세 등의 면제요건을 충족하지 못하였다 할 것이어서 면제된 이 건 취득세 등의 부과처분에 잘못이 있다고 볼 수는 없음.

☞ 구 감면조례에 대한 심판례로 당시 「서울시세 감면조례」에서는 동거가족이 아닌 제3자에게 이전등록하는 경우로 한정하고 있어서 상기와 같이 결정되었음.

ⓒ 60일 이전에 실제 이전되었으나 60일 후에 이전등록된 경우

종전 자동차 이전등록 여부에 불구하고 자동차 등록일부터 60일(종전 30일) 이내에 종전 자동차를 소유하고 있지 않았음이 확인되고 있는 경우 자동차등록일부터 60일(종전 30일)을 경과하여 종전 자동차가 이전등록되었다는 이유로 면제된 취득세 등을 추징할 수 없다.

사례 자동차등록일부터 60일 경과 후 종전 자동차의 이전등록(행심 2000-336, 2000.4.26.)

종전 자동차 이전등록 여부에 불구하고 청구인이 자동차등록일부터 30일(현행 60일) 이내에 종전 자동차를 소유하고 있지 않았음이 확인되고 있는데도 자동차 등록일부터 30일(현행 60일)을 경과하여 종전 자동차가 이전등록되었다는 이유로 면제된 취득세 등 추징 처분은 잘못임.

ⓓ 대체취득 기간 동안 신 자동차에 대한 자동차세 감면 적용 여부

감면규정에서 최초 신청 1대만 감면하는 것으로 규정되어 있으며, 대체취득의 경우 종전 자동차는 감면이 되지 아니하고 신자동차만 감면되는 것으로 보아야 할 것이므로 종전 자동차에 대하여 자동차세를 부과하는 것이 타당할 것이다. 이렇게 하여야 취득세 감면과 자동차세 감면이 같은 차량에 대해서 적용되는 것이 되는 것이다.[51]

④ **영업용 택시 및 건설기계**

감면규정에 보철용 또는 생업활동용으로 취득하는 자동차로 규정되어 있으면서 최대적재량이 1톤 이하인 화물자동차도 감면대상이 되는 것으로 규정되어 있으며, 영업용 승용차에 대하여 제외한다라고 규정되어 있지 아니하는바, 영업용 승용차(택시)가 영업을 위한 것이므로 양육목적

---

51) 대체취득하는 자동차 B는 60일 이내에 종전자동차 A를 이전등록하고 대체취득하는 경우로서 동법 제2항의 규정에 의거 제1항의 방법에 따라 취득세와 자동차세를 면제하는 것이므로 기존차량(A)과 대체취득하는 자동차(B)를 동시에 소유하고 있는 기간 동안에도 자동차세는 1대만 감면되어야 할 것이며, 대체취득하면서 최근에 감면신청한 대체취득 자동차(B)가 사실상 보철용 자동차로 보는 것이 합리적이므로 대체취득 자동차(B)에 대해서만 자동차세를 감면하는 것이 타당하다고 봄(지방세특례제도과-561, 2019.9.10.).

이라고 볼 수 있는지 명확하지 아니하나, 영업을 통해 번 돈을 가지고 생활비, 즉 양육비 등으로 사용하는 것으로 본다면 생업활동용으로 취득한 것으로 볼 수 있을 것이며, 이를 증명한다면 감면대상이 되는 것으로 판단된다. 단, 건설기계는 자동차가 아니므로 감면대상이 되지 아니한다.

⑤ 구조변경

장애인이 세금을 면제받은 후 차량을 구조변경할 경우 감면받은 자동차에 대하여 종류변경 (LPG로 구조변경)을 하더라도 최초로 감면받은 자동차 1대에 해당하는 것이라면 취득세가 면제된다(행자부 세정 13407-581, 2001.5.28. 참조).

> **사례** 장애인 자동차 감면적용 시 등록면허세 규정 없음(지방세운영과-4079, 2012.12.18.)
>
> 장애인(2급)이 외국에서 소유하던 차량을 수입이사 화물로 들여와 국내에서 신규로 등록하면서 장애인 차량으로 최초로 감면신청하는 경우라 하더라도 장애인 자동차에 대한 감면 적용 세목에 취득과 무관한 등록면허세가 포함되어 있지 아니한 이상, 비과세 감면규정의 엄격해석 원칙에 따라 등록면허세의 경우 감면대상에 해당되지 아니함.

5) 추징요건

① 추징대상

장애인 또는 장애인과 공동으로 등록한 사람이 자동차 등록일부터 1년[52] 이내에 사망, 혼인, 해외이민, 운전면허취소, 그 밖에 이와 유사한 부득이한 사유 없이 소유권을 이전하거나 세대를 분가하는 경우에는 면제된 취득세를 추징한다. 다만, 장애인과 공동 등록할 수 있는 사람의 소유권을 장애인이 이전받은 경우, 장애인과 공동 등록할 수 있는 사람이 그 장애인으로부터 소유권의 일부를 이전받은 경우 또는 공동 등록할 수 있는 사람 간에 등록전환하는 경우는 제외한다. 여기서 1년의 기산일은 자동차 취득일이 아닌 등록일이며, 전체 감면받은 지분이 추징대상이 된다.

세대분가 이후에도 여전히 동일한 주소지에 주민등록을 두고 함께 거주하고 있는 경우 추징대상이 되지 아니한다(조심 2019지1534, 2019.7.2.). 즉 실질과세의 원칙에 비추어 동일한 주소지에서 세대분가를 한 경우까지 추징대상인 세대분가에 포함되지 아니한다.

한편, 장애인이 보철용 또는 생업활동용으로 사용하기 위하여 취득한 자동차에 대해 취득세 등의 면제를 통하여 장애인을 지원하는 데 목적이 있는 점, 혼인 등 부득이한 사유없이 소유권을 이전하는 경우 면제된 취득세 등을 추징하는 것은 장애인 소유의 자동차를 장애인용이 아닌 다른 용도에 사용하거나 부당한 방법으로 세제감면을 받고자 하는 것을 제어하기 위한 데 있는 점 등에 비추어 볼 때, 장애인과 공동 등록할 수 있는 자 간에 등록전환하는 경우 취득세 등의 면제요

---

52) 조례 제6조 제1항이 장애인에 대한 사회복지 지원이라는 정책적 차원에서 장애인을 위하여 사용되는 자동차 1대에 관하여 예외적으로 취득세와 등록세를 면제하는 혜택을 부여하는 규정인 점 등에 비추어 보면, 이 사건 조례 제6조 제2항에 규정된 "1년"은 이 사건 조례 제6조 제1항에 따라 취득 시 취득세와 등록세가 면제된 자동차가 실제 장애인을 위해 사용되어야 하는 최소한의 의무기간을 의미하는 것임(대법원 2014두35928, 2014.6.26.).

건이 새로이 성립되었다고 보아 공동 등록인의 소유 지분만큼에 해당하는 취득세 등을 면제하겠다는 것이 아니라 소유권이전으로 보지 아니하기 때문에 면제된 취득세 등을 추징하지 않겠다는 것을 의미한다고 보아야 하겠으므로, 상기 규정에서 유예기간 기산일은 장애인이 그 공동 등록인을 아들에서 배우자로 변경하여 등록한 날이 아닌 당초 장애인과 그 아들이 공동 등록한 날로 본다(조심 2009지0122, 2009.4.13.). 그런데 장애인과 취득한 공동 등록자가 본인의 지분을 공동으로 등록할 수 있는 사람에게 등록전환하고, 등록전환일로부터 1년 이내 제3자에게 차량을 매각한 경우 공동 등록자의 지분은 추징대상에 해당된다 할 것이다(지방세특례제도과-1467, 2016.6.27.)라고 심판례와 다르게 해석하고 있다.

한편, 장애인과 공동 등록 명의자가 함께 차량을 취득하여 감면을 받은 후 공동 등록 명의자의 지분을 장애인에게 소유권이전을 한 후 등록일로부터 1년 이내에 세대분리를 한 경우 1년 이내 소유권이전은 추징사유가 될 수 있으나, 공동 등록 명의자의 지분을 장애인에게 소유권이전한 경우 추징이 되지 아니하는 것이므로 소유권이전 후 공동 등록 명의자의 지분이 없는 상태에서 추징사유로 세대분리를 판단할 필요가 없다. 따라서 장애인 지분 100%인 상태에서 세대분리를 한 경우 추징이 되지 아니하는 것으로 해석하는 것이 타당하다.

사례 비록 세대분가를 하였다고 하나 동일 주소지 내에서 가족이 함께 거주를 하면서 국가유공자를 봉양하고 있는 경우(행심 2005-158, 2005.5.30.)

청구인의 부친인 국가유공자 한○일이 세대분가한 사실은 인정되나, 동일주소지 내에서 가족이 함께 거주를 하면서 청구인이 이 사건 자동차의 공동명의 소유자인 국가유공자 한○일을 봉양하고 있는 사실이 인정되고, 동일주소로의 세대분가도 국가보훈처가 시행하는 국민주택규모의 임대주택 신청을 위하여 청구인의 부친인 한○일과 한○일의 배우자만 주민등록표상으로 세대분가한 점과 감면조례의 입법 취지 등에 비추어 볼 때 이 사건 자동차세는 감면대상으로 보아야 할 것임(행심 2005-123, 2005.5.2. 참조).

사례 부득이한 사유없이 1년 이내에 매각한 경우(행심 2002-294, 2002.7.29.)

비록 청구인이 이 사건 자동차를 매각한 이후에 개정 시행되고 있는 감면조례에서 자동차세를 추징한다는 규정이 삭제되었다고 하더라도 그 경과규정에 특별한 조치가 없는 한 이 사건 자동차를 매각할 당시에 적용되는 조례를 적용하여야 함.

② **추징예외**

㉠ **사망**

㉡ **혼인**

혼인을 하기 위하여 세대분가한 경우에는 혼인으로 인한 세대분가에 해당되지 아니한다. 실제로 혼인을 한 후에 세대를 분가를 한 경우에는 혼인신고가 다소 늦게 되었다 하더라도 혼인으로 인한 세대분가에 해당될 것이다. 그 이유는 세대별 주민등록표 기준으로 판단하는 것은 감면대상 여부를 따질 때 필요할 것이나, 정당한 사유 판단에 있어서는 좀

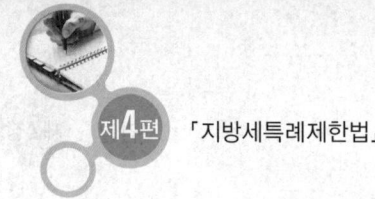
달리 판단하여야 할 것이다. 만약, 혼인신고가 늦어서 배우자로 등재되지 않았지만, 실제로 결혼식을 한 경우로 예식장의 확인 등을 통하여 입증한다면 결혼식을 한 날짜로 소급하여 혼인한 것으로 보아야 할 것이다.

혼인 후에 종전 주소지에 부모와 같은 세대로 있다가 장애인 감면을 받은 후에 남편주소로 이전한 경우에는 혼인으로 인한 사유에 해당되어 추징대상이 되지 아니할 것으로 판단된다. 그런데 혼인 후 즉시 이전등록하는 경우를 의미하는 것인지 아니면 상당기간 경과 후 이전등록하는 경우에도 부득이한 사유로 볼 수 있는지 명확하지 않다. 이 경우까지 혼인으로 인한 사유에 해당되는지 논란이 있을 수 있으나, 기간 등에 대하여 명확하게 규정되어 있지 아니하므로 상당기간 경과 후에도 인정하여야 할 것이다.

한편, 사실혼의 경우 세대별 주민등록표상에 배우자로 등재되어 있지 아니하므로 혼인으로 볼 수 없을 것이다. 그리고 세대별 주민등록표 동거인으로 등재된다 하더라도 배우자가 아니므로 혼인으로 볼 수 없을 것으로, 혼인신고를 하여야만 혼인으로 인정되는 것이다.

ⓒ 해외이민

국가주재원으로 해외에 이주할 수밖에 없는 경우라면 해외이민과 마찬가지로 부득이한 사유에 해당될 것으로 판단된다.

ⓡ 운전면허 취소

ⓜ 부득이한 사유

'부득이한 사유'란 해당 자동차를 매각할 수밖에 없는 어찌할 수 없는 사유로서 내부적인 부득이한 사유와 외부적인 불가항력적인 사유를 의미하는바, 즉 국내에서 더 이상 운전을 하지 못할 불가피한 사유가 있는 경우를 말한다(대법원 2007두3299, 2007.4.26.). 예를 들어 자동차세의 체납으로 해당 과세관청에서 공매하는 경우에는 부득이한 사유에 해당되어 추징사유에는 해당되지 아니하는 것이다.

㉮ 장애가 정지되어 매각하는 경우

장애정지의 경우 「액화석유가스의 안전관리 및 사업법 시행규칙」 제53조에 의거하여 자동차의 LPG 사용구조를 제거하여 재등록 후 사용하거나, 해당 LPG 차량을 매각하도록 되어 있는데,[53] 이처럼 장애정지된 경우 법령에 의하여 매각할 수밖에 없는 경우라면 부득이한 사유에 해당될 것이나, 법령으로 인해 매각하지 않아도 되는데 매각하는 경우에는 추징대상이 될 것이다. 한편, 장애정지가 차량 취득 시점 이전으로 소급하여 효력이 미치는 경우에는 당초 취득 시점에 장애인 감면요건을 충족하지 아니하므로 취득세가 추징되는 것이다.

---

53) 액화석유가스를 연료로 사용하는 승용자동차로 등록 후 5년이 지난 경우는 그러하지 아니하다.

사례 감면 후 지병이 호전되어 장애 무효 판정 시(지방세정팀-661, 2006.2.14.)

일정기간 치료를 받은 후 지병이 호전되어 「장애인복지법」 제29조 제3항의 규정에 의한 장애등급 재판정에서 장애 무효 판정을 받고, 「액화석유가스의 안전관리 및 사업법 시행규칙」 제56조의 2 제5호의 규정에 의거 장애인이 아닌 자는 LPG연료 차량을 사용할 수 없어, 감면받은 LPG 장착 승용차를 매각한 것은 본인이 어찌할 수 없는 후발적인 사유로 차량을 매각한 경우이므로 「부산시세 감면조례」 제4조 제2항의 사망·혼인·운전면허취소와 유사한 "기타 부득이한 사유"에 해당됨.

㉯ 비감면 장애등급으로 하향조정된 경우

자동차 취득 당시에는 장애등급이 감면요건에 해당되어 감면을 받았으나, 1년 이내에 감면대상이 아닌 장애등급으로 변경된 경우에 추징하는지 여부에 대하여 명확하지 않으나, 추징대상에 장애등급 변경이 규정되어 있지 아니하고, 이는 장애인이 피칠 못한 외부적인 요인에 해당되므로 추징대상이 되지 아니할 것으로 판단된다(계속하여 소유하고 있는 경우에 한함). 다만, 감면대상이 되지 아니한 시점부터 자동차세 감면은 받을 수 없을 것이다.

한편, 장애등급 변경은 장애인이 피치 못한 외부적인 요인에 해당되지만 소유권이전의 부득이한 사유로 볼 수는 없을 것인데 관련 법률에서 반드시 보철용 자동차 매각하여야 한다면 부득이한 사유에 해당되어 추징되지 않지만, 매각하는 것이 강제규정에 따른 것이 아니라면 장애등급 조정으로 인하여 자동차를 1년 이내에 제3자에게 매각하는 경우 추징대상이 될 것이다라고 해석할 수 있다. 그런데 입법 취지 등으로 보아 장애인이 아닌 자 또는 장애인과 공동으로 등록할 수 없는 자가 보철용 자동차를 운행하는 것은 원칙적으로 금지되어야 하는 점, 장애등급 조정을 위한 재진단에서 등급 외 판정을 받게 됨에 따라 더 이상 자동차를 운행할 수 없게 된 점, 자동차의 등록일부터 1년 이내에 그 소유권을 이전한 것은 기초생활수급자의 지위를 유지하기 위한 것으로 보여 불가피하게 자동차를 등록일부터 1년 이내에 소유권을 이전하였으므로 부득이한 사유가 있다고 보는 것이 타당하다(조심 2015지829, 2015.8.19.)라고 결정한 바 있다.

㉰ 성능저하, 고장

사망·혼인 등 객관적으로 보아 누구나 납득이 가는 부득이한 사유로 자동차 매각이 아닌 성능이 나쁘고 고장이 많다는 이유로 자동차 등록일로부터 1년 이내에 매각한 경우 부득이한 사유로 볼 수 없지만, 부득이한 사유에 중대한 결함이나 하자로 인하여 운행이 불능하게 된 물적인 장애사유가 포함된다고 보아야 할 것이다(조심 2012지695, 2012.12.28., 조심 2014지1159, 2014.8.21. 참조).

사례 성능이 나쁘고 고장이 많다는 이유로 자동차 등록일로부터 1년 이내에 매각한 경우는 조례에서 규정한 부득이한 사유로 볼 수 없어 기 면제된 취득세·등록세·면허세·자동차세가 추징됨(세정 13407-257, 2001.3.10.).

㉔ 자동차 말소

말소의 경우도 소유권이전된 것으로 보아야 하므로 수출말소는 당연히 소유권이전을 하기 위한 것이고 수출업자에게 소유권을 이전한 것으로 판단되는바, 당연히 추징대상이 될 것이다. 한편, 본인이 어찌할 수 없는 후발적인 사유로 차량을 매각한 경우에는 추징되지 아니한다라고 해석하고 있는바, 폐차말소가 어찌할 수 없는 후발적인 사유에 해당한다면 추징되지 아니할 것이다.

한편, 교통사고로 인해 자동차를 더 이상 운행할 수 없어 부득이하게 폐기할 수밖에 없는 폐차의 경우에는 추징이 되지 아니할 것이나, 운행이 가능함에도 부득이한 사유가 없이 폐차한 경우에는 추징이 될 것이다. 즉 자동차 사고로 자동차 운행이 불가능한 상태는 아니면서 보험회사에서 수리 후 사용가능하다고 하는 경우에 폐차에 의한 자동차 말소는 폐차할 수밖에 없는 상황이 아니므로 추징이 될 것이다.

사례 음주차량에 교통사고로 인해 매각한 경우(조심 2015지837, 2015.9.1.)

교통사고로 인한 자동차의 매각은 당해 자동차를 더 이상 운행할 수 없어 부득이하게 폐기할 수밖에 없는 폐차 등과 달리 청구인의 자발적인 의사에 따른 것인 점 등에 비추어 교통사고에 따라 자동차를 매각한 사유를 부득이한 사유로 보기는 어려움(조심 2012지199, 2012.3.30. 참고).

☞ 교통사고 발생 후 폐차를 하지 않고 보험회사와 협의하여 쟁점자동차를 이전한 것은 강제가 아닌 청구인 스스로가 선택하여 결정한 주관적인 사정이므로 추징된다는 것임.

사례 보험회사의 승낙을 받아 매각하는 경우(조심 2012지695, 2012.12.28.)

보험회사에서 쟁점자동차를 전손처리한 것은 정상적인 수리를 통하여 운행이 불가능할 정도로 자동차에 손해가 발생하여 전손처리를 한 것이며, 전손처리를 하는 경우 「상법」 제681조의 규정에 의한 보험자 대위권에 기하여 보험자가 잔존물을 인수하여 처분하는 것이 원칙이고 예외적으로 보험사의 승낙을 받아 자동차소유자가 이를 매각할 수 있는 것으로서 청구인이 임의로 이를 매각한 것이라고 보기도 어려운 점을 감안하면, 청구인이 쟁점자동차를 침수로 인하여 전손처리하고 매각한 것은 부득이한 사유가 있는 경우에 해당됨.

㉕ 질병치료 및 요양

종전에는 부득이한 사유에 병원 및 요양원 입원 등 특수한 사정도 포함하였으나, 이는 일시적으로 세대를 분가한 경우에만 인정되고, 매각하는 경우 부득이한 사유로 인정되지 아니하였다. 그런데 조세심판원에서 노인요양시설에 입소하면서 세대분가를 하게 되었다 하더라도 이는 관계법령에서 강제하고 있는 사항이 아니라 입소자(보호자)의 선택에 의하여 주소지를 이전하는 것인바, 이를 "부득이한 사유"에 해당된다고 볼 수는 없다라고 결정하고 있어서 질병치료 및 장기 요양의 경우에도 부득이한 사유에 해당되지 아니할 것이다.

사례 질병치료 및 요양 목적으로 유예기간 내 세대분리한 경우(조심 2013지520, 2013.7.16.)

질병치료 및 요양 목적으로 부득이 노인요양시설에 입소하여 세대분가를 하게 되었다 하더라도 이는 관계법령에서 강제하고 있는 사항이 아니라 입소자(보호자)의 선택에 의하여 주소지를 이전하는 것인바, 이를 "부득이한 사유"에 해당된다고 볼 수 없음.

⒝ 특수학교 진학

종전에는 부득이한 사유에 장애인의 특수학교 취학, 「장애인고용촉진 및 직업재활법」에 의한 취업 등 특수한 사정도 포함하였으나, 이는 일시적으로 세대를 분가한 경우에만 인정되고, 매각하는 경우 부득이한 사유로 인정되지 아니하였다. 그런데 조세심판원에서 자녀의 특수학교 진학을 위한 세대 분가는 위 "부득이한 사유"에도 해당하지 아니한다라고 결정하고 있어서 특수학교 진학은 부득이한 사유에 해당되지 아니할 것이다.

사례 자녀의 특수학교 진학을 위한 세대 분가는 위 "부득이한 사유"에도 해당하지 아니함(조심 2013지669, 2013.10.17.).

⒮ 할부금 미납으로 강제 매각

할부금 미납으로 인한 강제매각처분은 부득이한 사유에 해당되지 아니한다.

⒜ 주민등록말소

주민등록 직권말소의 경우 세대가 동일하지 아니하는 것으로 보아야 할 것이므로 세대 분리로 보아 추징 여부를 판단할 것이다.

⒥ 등록전환

장애인과 공동등록할 수 있는 사람의 소유권을 장애인이 이전받은 경우, 장애인과 공동등록할 수 있는 사람이 그 장애인으로부터 소유권의 일부를 이전받은 경우 또는 공동등록할 수 있는 사람 간에 등록 전환하는 경우는 추징이 되지 아니한다. 이는 장애인과 공동등록할 수 있는 자 또는 공동등록할 수 있는 자 간에 등록전환하는 경우 소유권 이전으로 보지 아니하기 때문으로 추징되지 아니한다.

공동등록할 수 있는 사람 간의 등록전환의 경우에는 추징대상이 되지 않지만, 이 전환에 따라 새로 등록한 경우 등록전환 시점에 장애인이 생존해 있어야 하고, 최초 1대에 해당된다면 감면대상이 되는 것이다.

사례 사실상 해당 장애인의 사망 이후 이전등록하는 경우(지방세운영과-5608, 2011.12.7.)

A와 등록전환할 수 있는 C가 해당 자동차의 소유지분을 취득할 당시 장애인인 B가 이미 사망한 상태이므로 C의 경우 장애인용 자동차의 취득세 감면요건을 충족하지 못하여 당초 A로부터 자동차의 소유지분 취득 당시에 취득세 납세의무가 성립하였다 할 것이므로 기 면제받은 세액은 추징대상에 해당된다고 할 것임.

ⓞ 임신

임신으로 인한 사유는 기타 부득이한 사유에 해당되지 아니한다.

ⓙ 군복무

군복무를 위한 개인사정으로 불가피하게 세대분가한 것은 단지 주거형편상의 이유에 해당할 뿐 부득이한 사유로 보기 어렵다(조심 2019지0189, 2019.10.11.).

ⓣ 음주운전으로 면허취소

2018.8.29. 음주운전으로 인하여 면허취소 사유가 발생하였고, 결국 이러한 사유로 2018.10.8. 운전면허취소처분이 이루어졌고, 청구인이 이 건 자동차를 매각한 사유도 이러한 운전면허취소사유에 기인한다고 보이므로, 이 건 자동차에 대하여 감면한 취득세를 추징한 처분은 잘못이라고 판단된다(조심 2019지1935, 2019.8.20.).

③ 자동차세 추징과 부과

취득세의 경우에는 혼인 등으로 인해 세대분리하는 경우는 부득이한 사유로 보아 추징 제외되는데, 종전에는 추징 시 자동차세도 추징하였으나 2002.3.20.(일부 지자체는 3.11.) 추징규정에 자동차세 삭제로 자동차세는 감면기간분에 대한 자동차세는 추징되지 아니한다. 세대분리로 인하여 감면대상이 되지 아니할 경우에는 세대분리 후에는 자동차세 감면되지 아니하므로 세대분가일로부터 자동차세가 부과된다.

④ 부모가 모두 장애인으로 당초 취득 시 장애인과 아들 명의로 감면을 받았는데, 1년 이내에 장애인인 부친의 지분을 장애인인 모친명의로 이전하는 경우 추징 여부

장애인인 부친의 지분을 장애인인 모친에게 1년 이내에 소유권이전을 할 경우 "공동 등록할 수 있는 사람 간에 등록 전환하는 경우"에 해당되지는 아니할 것이다. 그렇다면 추징이 되는 것으로 해석할 여지가 충분히 있다. 그런데 당초 장애인의 지분을 동일세대에 있는 다른 장애인에게 지분을 이전한 것이므로 한 세대를 기준으로 본다면 최초 1대에는 변함이 없으므로 추징하지 아니하는 것이 법 취지에 타당할 것으로 판단된다.

공동명의의 장애인(A)이 본인의 소유지분을 장애인이 아닌 공동명의자 직계비속(B)에게 이전한 경우, 비록 1년 이내에 이루어진 경우라도 해당 甲자동차가 지방세 감면대상 자동차에서 과세대상 자동차로 변경될 뿐 위 제2항 단서규정에 따라 취득세 감면세액 추징대상에는 해당되지 아니한다고 할 것이고, 장애인(A)이 甲자동차 지분을 소유하지 않고 있다면 새로이 취득하는 乙자동차의 경우 최초로 취득하는 자동차가 되는 것이고, 이를 과세대상 자동차만을 소유한 직계비속(B)과 공동명의로 등록하는 경우라도 장애인(A)을 기준으로 볼 때 취득세 면제대상 최초로 감면신청하는 1대에 해당된다고 할 것이다(지방세운영과-5899, 2011.12.30.).

> 사례 자동차세 과세기간을 세대분가일인 2006.7.19.로부터 같은 해 12.31.까지 부과하였어야 함에도 2006.7.1.을 기산일로 하여 과세한 것은 잘못이 있다고 할 것임(행심 2007-207, 2007.3.26.).

사례 자동차세 추징 기산일(지방세정팀-1558, 2006.4.17.)

장애인 본인과 「주민등록법」에 의한 세대별 주민등록표에 기재된 그 배우자가 공동명의로 차량을 등록하여 보철용 등으로 사용하다가 주민등록표상 세대를 분리한 경우에는 차량등록 시 자동차세 면제요건인 세대별 주민등록표에 기재된 배우자 등과 공동등록에 해당하지 아니하므로 세대를 분리한 날부터 자동차세가 부과되는 것이 타당함.

사례 공동명의 등록 후 매도하는 경우 1년의 기산일 등

A : 지체장애 2급
B : A와 공동으로 등록할 수 있는 자
C : A와 동동으로 등록할 수 있는 자
2004.10.1. : A와 B가 공동(지분 각각 1/2씩)으로 차량 취득 - 취득세 감면(100% 감면)
2011.9.19. : B지분(1/2)을 C로 소유권이전 - 취득세 감면(지분 50%에 대해 전액 감면)
2012.3.12. : A와 C로 등록된 차량 자동차매매상사에 소유권이전

2011.9.19. 공동등록할 수 있는 사람간의 등록 전환의 경우에는 추징대상이 되지 않고, 이 전환에 따라 새로 등록한 경우에도 감면을 받았는바, 새로 등록한 시점(2011.9.19.)을 기준으로 1년 여부를 판단하여야 하는 것으로 해석할 수 있으나, 등록전환의 경우에는 추징대상이 되지 않고, 이 전환에 따라 새로 등록한 경우에도 감면을 받았는바, 새로 등록한 시점을 기준으로 1년 여부를 판단하여야 하는 것으로 해석할 수 있으나, 장애인이 보철용 또는 생업활동용으로 사용하기 위하여 취득한 자동차에 대해 취득세 등의 면제를 통하여 장애인을 지원하는 데 목적이 있는 점, 혼인 등 부득이한 사유없이 소유권을 이전하는 경우 면제된 취득세 등을 추징하는 것은 장애인 소유의 자동차를 장애인용이 아닌 다른 용도에 사용하거나 부당한 방법으로 세제감면을 받고자 하는 것을 제어하기 위한데 있는 점 등에 비추어 볼 때, 장애인과 공동등록할 수 있는 자간에 등록전환하는 경우 취득세 등의 면제요건이 새로이 성립되었다고 보아 공동등록인의 소유지분 만큼에 해당하는 취득세 등을 면제하겠다는 것이 아니라 소유권이전으로 보지 아니하기 때문에 면제된 취득세 등을 추징하지 않겠다는 것을 의미한다고 보아야 하겠으므로, 상기 규정에서 유예기간 기산일은 장애인이 그 공동등록인을 아들에서 배우자로 변경하여 등록한 날이 아닌 당초 장애인과 그 아들이 공동등록한 날로 본다(조심 2009지0122, 2009.4.13.)라고 결정하고 있다. 이 내용에 의하면 1년의 기산일은 당초 취득일인 2004.10.1.이 되는 것이다. 1년이 경과된 시점에 매각하였으므로 2011.9.19.의 C지분에 대하여 추징이 되지 아니함.

참고로, 공동등록할 수 있는 사람간의 등록 전환의 경우에는 추징대상이 되지 않지만, 이 전환에 따라 새로 등록한 경우(귀문의 2011.9.19.의 1/2 지분)에도 감면을 받을 수 있는지에 대해 명확한 해석은 없으나, 법 취지상 최초 1대에 해당한다면 감면을 하여야 할 것으로 판단됨.

☞ 1년 기산일을 C지분 취득일인 2011.9.19.로 본다면 부득이한 사유없이 제3자에게 매각하였으므로 추징대상이 되는 것으로 해석하여야 할 것이다. 그렇다면 추징대상 세액은 2011.9.19. 취득세 감면받은 부분인 1/2 지분에 대해서만 추징이 되어야 할 것으로 판단된다. 그 이유는 A와 B가 공동등록 시 100% 감면을 받았으나, B와 C간에 등록전환이므로 A와 C간의 공동등록은 2011.9.19.로 보아야 하기 때문이며, A의 지분은 2004년 등록하였기에 2012.3.12. 매각시점에서는 이미 1년(종전규정 : 신규는 3년)을 이미 경과하였기 때문이다. 그런데 상기 조세심판원의 심판례에 의하면 이는 타당하지 아니함.

사례 2010.1.1. A(부친), B(장애인-장애2급) 공동명의로 등록 후 장애인 감면을 받고 있는 중 비장애인 A가 2010.10월 사망하고 명의는 그대로 A, B로 등록되어 있는 상태도 2013.5월 자동차를 신규 취득하여 취득세 감면을 받았고, 기존에 감면받고 있는 차를 아직 60일이 되지 않아 이전

을 하지 않은 상태인 경우 6.1. 현재 자동차세를 부과 시 감면 여부

부친의 사망으로 인하여 부친 지분은 상속인 명의가 될 것이지만, 여전히 장애인 B명의가 유지되고 있으므로 이 상태서 신규로 자동차를 취득한 경우로 새로 취득한 날로부터 60일 이내에 소유권이전을 하지 아니하였는바, 새로 구입한 자동차는 감면대상이 되지 아니하는 것으로 추징대상이 됨. 즉 기감면된 차량에 대하여 자동차세가 감면될 것이나, 상속지분이 확정되지 아니한 경우 주된 상속자가 자동차를 소유하고 있는 것으로 보도록 규정하고 있으므로 주된 상속자가 공동명의로 자동차세 감면이 되지 아니하는 자라면 부친 지분은 감면이 되지 아니할 것임. 참고로, 1년 이내에 부친이 사망하였는바, 이는 사망으로 인한 것이므로 추징이 되지 아니할 것임.

사례 기존에 장애인 외 1명(아버지와 공유지분 소유)으로 취득한 자동차를 장애인 지분을 장애인 외 1명인 아버지에게 양도하고, 다시 장애인외 1명(아버지)과 공유지분으로 차량을 취득할 경우

공동명의의 장애인(A)이 본인의 소유지분을 장애인이 아닌 공동명의자 직계비속(B)에게 이전한 경우, 비록 1년 이내에 이루어진 경우라도 해당 甲자동차가 지방세 감면대상 자동차에서 과세대상 자동차로 변경될 뿐 위 제2항 단서규정에 따라 취득세 감면세액 추징대상에는 해당되지 아니한다고 할 것이고, 장애인(A)이 甲자동차 지분을 소유하지 않고 있다면 새로이 취득하는 乙자동차의 경우 최초로 취득하는 자동차가 되는 것이고, 이를 과세대상 자동차만을 소유한 직계비속(B)과 공동명의로 등록하는 경우라도 장애인(A)을 기준으로 볼 때 취득세 면제대상 최초로 감면신청하는 1대에 해당된다고 할 것이다(지방세운영과-5899, 2011.12.30.). 이 해석 등에 따르면 감면받은 취득세는 추징이 되지 아니하며, 추후 장애인과 공동명의로 취득할 때에도 감면대상이 될 것임.

사례 장애인(父, 50%)과 비장애인(子, 50%)과 공동 등록하여 취득세 등을 감면받았으나 5년경과 후 공동 등록하였던 비장애인(子)이 장애인(父) 잔여지분(50%)을 전부 이전받아 50% 지분이전 취득세를 비장애인(子)이 납부하였고, 이후 동일 장애인(父)과 동일 비장애인(子) 다시 신차를 신규 등록할 때 취득세 감면 여부

공동명의의 장애인(A)이 본인의 소유지분을 장애인이 아닌 공동명의자 직계비속(B)에게 이전한 경우, 비록 1년 이내에 이루어진 경우라도 해당 甲자동차가 지방세 감면대상 자동차에서 과세대상 자동차로 변경될 뿐 위 제2항 단서규정에 따라 취득세 감면세액 추징대상에는 해당되지 아니한다고 할 것이고, 장애인(A)이 甲자동차 지분을 소유하지 않고 있다면 새로이 취득하는 乙자동차의 경우 최초로 취득하는 자동차가 되는 것이고, 이를 과세대상 자동차만을 소유한 직계비속(B)과 공동명의로 등록하는 경우라도 장애인(A)을 기준으로 볼 때 취득세 면제대상 최초로 감면신청하는 1대에 해당된다고 할 것이다(지방세운영과-5899, 2011.12.30.). 따라서 동일 장애인(父)과 동일 비장애인(子)이 공동으로 다시 신차를 신규등록할 때 취득세 감면받을 수 있음.

사례 국가유공자가 신규 차량에 대해 취득세와 자동차세를 감면받기 위해 기존 감면받던 자동차를 매매상사에 하루 소유권이전 후 기존감면 차량을 재취득한 경우 신규 차량 감면 여부

A차량 : 2007.3.23. 취득하여 자동차세 감면받은 후, 2011.2.15. 매매상사로 이전, 2011.2.16. 국가유공자 앞으로 재취득(취득세 신고납부함)

B차량 : 2011.2.15. 신규 취득(취득세 자동차세 감면받음), 2012.2.16. 소유권이전

조문상으로는 감면함에 문제가 없을 수 있으나, 매매상사에 이전한 것이 신규 차량을 감면받기 위한 것으로 보여지는바, 신규 차량을 감면하는 것은 문제가 있다고 판단된다. 하루 만에 이전된 사유가 합리적이고 매매자금 흐름도 이를 입증한다면 매각으로 볼 여지는 있을 수 있으나, 이를 납세자

가 명백하게 입증하여야 할 것이다. 그리고 매각한 날짜와 신규 차량 취득일자가 동일하여 취득일에는 차량이 2대로 종전 차량이 있는바, 신규 차량은 감면대상이 아닌 것으로 보여진다. 한편, 동일자에 소유권이전하는 경우 2대로 볼 것인지에 대하여는 논란이 있을 수 있지만 일시적인 2대로 볼 가능성이 높다.[54] 그런데 소유권이전 시간 등을 알 수 있어서 종전 차량을 먼저 이전한 것이 명백하다면 2대로 보지 않을 것으로, 즉 종전 차량을 소유권이전한 후 신규 차량을 취득한 것으로 보아야 할 것임.

☞ 「지방세법」상 부동산의 취득 시점은 "일(日)"단위로 구분하고 있음에도, 부동산집합투자기구의 부동산 취득시점과 금융위원회에 집합투자기구를 등록한 시점의 "시간(時間)"의 선후 관계까지 고려하여 감면요건을 판단하는 것은 법규정을 지나치게 확대해석하는 것이라 사료되므로 부동산집합투자기구의 부동산 취득에 따른 사실상 잔금지급일이 금융위원회 집합투자기구 등록일과 같은 날이라면 취득세 감면요건에 충족한 것으로 봄이 타당하다 판단된다(지방세특례제도과-1703, 2014.9.22.)라고 해석하고 있어서 동일자에 소유권이전한 경우라면 신규 차량도 감면이 되는 것으로 해석할 수 있을 것임.

사례 A와 세대를 같이하는 父(장애1급)와 처(장애2급)가 있을 경우 장애1급인 '父 외 1인(A)'명의의 차량과 장애2급인 '처 외 1인(A)'명의의 차량을 취득한다면 2차량 모두에 대한 감면 여부(장애인은 각각이지만 공동명의자가 동일한 경우)

부친과 공동명의로 하여 감면을 이미 받고 있으므로 또 다시 모친과 공동명의로 하는 경우에는 A입장에서는 1대가 아니라 2대에 해당되어 감면대상에서 제외될 것으로 판단되나, 모친 단독명의로 하는 경우에는 최초로 신청한 1대이므로 감면이 될 것임.

사례 장애인 지분 98%, 공동명의자 A 1%, 공동명의자 B 1%로 하여 차량등록 시 장애인 감면받았는데, 감면받은 당일 공동명의자 A만 세대분리한 경우 취득세와 자동차세 추징 여부

공동명의자 A만 세대분리한 경우에는 면제된 취득세가 추징될 것이다(지분에 대해서만 추징하다는 규정이 없는바, 전체를 추징하여야 할 것임). 그리고 세대분가일로부터 자동차세도 과세될 것임.

7) 추징대상일 경우 다른 감면규정에 의해 감면이 되는지 여부

장애인 차량을 감면받고, 1년 이내에 차량을 매각하여 추징대상이 되었는데, 이처럼 장애인 감면을 받은 후 추징사유 발생으로 추징될 경우 다른 감면조항에 따라 감면을 받을 수는 있다. 따라서 추징대상이 되어 하이브리드 감면을 신청한 경우 하이브리드 감면을 받을 수 있다. 그 이유는 심판례(조심 2013지0851, 2014.2.13.)에서는 다른 감면규정 적용이 가능하다는 것이라 결정하고 있기 때문이다. 즉 당초 감면이 적용된 규정에서 추징사유가 발생된 경우라 하더라도 당초 취득 시 다른 감면규정이 적용될 수 있었다면 다른 감면규정을 적용하여야 한다는 것이다.

---

54) 동일자에 소유권이전하는 경우 일시적인 2대로 볼 가능성이 높지만, 소유권이전 시간 등을 알 수 있어서 종전 차량을 먼저 이전한 것이 명백하다면 2대로 보지 않을 것이다. 즉 종전 차량을 소유권이전한 후 신규 차량을 취득한 것으로 보아야 할 것이다. 그리고 신규 차량 취득 전에 소유권이전을 공동명의자에게 이전한 후 신규 차량을 취득한다면 상기 유권해석에 따라 감면이 되는 것임에 유의하여야 한다.

❷ 한센인 및 한센인정착마을 지원을 위한 감면(지특법 §17-2)

1) 감면요건

① 감면대상자

한센인 : 한센병에 걸린 사람 또는 한센병에 걸렸다가 치료가 종결된 사람

② 감면대상 및 감면범위

한센인정착마을 내의 다음의 부동산	취득세 면제
① 주택(전용면적이 85제곱미터 이하인 경우로 한정)	재산세 면제
② 축사용 부동산	(도시지역분 포함)
③ 한센인의 재활사업에 직접 사용하기 위한 부동산(한센인정착마을의 대표자나 한센인이 취득하는 경우로 한정)	

- 감면시한 : 2027.12.31.
- 최소납부제 적용 시기 : 최소납부제 배제
- 농어촌특별세 과세 여부 : 취득세 면제분 농어촌특별세 비과세(농특령 §4 ⑦ 5)
- 한센인정착마을은 한센인의 치료·재활·자활 등을 위하여 집단으로 정착하여 거주하는 지역으로서 거주목적, 거주형태 등을 고려하여 「지방세특례제한법 시행령」 별표에 따른 지역을 말함.

2) 추징요건

별도의 추징규정이 없는바, 「지방세특례제한법」 제178조에 따라 다음 어느 하나에 해당하는 경우 그 해당 부분에 대해서는 감면된 취득세를 추징한다.

① 정당한 사유 없이 그 취득일부터 1년이 경과할 때까지 해당 용도로 직접 사용하지 아니하는 경우

② 해당 용도로 직접 사용한 기간이 2년 미만인 상태에서 매각·증여하거나 다른 용도로 사용하는 경우

> **사례** 한센인의 집단으로 정착하여 거주하는 지역이 아닌 경우(조심 2013지124, 2013.7.16.)
>
> 쟁점토지가 소재한 지역은 2012년도 재산세 과세기준일 현재 도시개발 사업으로 인하여 대규모 공동주택이 신축되어 있고, 도로, 공원 등이 조성되어 있어 그 현황상 이를 「지방세특례제한법」 제17조의 2 제1항에 규정된 "OOO의 치료·재활·자활 등을 위하여 집단으로 정착하여 거주하는 지역"으로 보기는 어렵다고 하겠다. 따라서, 쟁점토지는 OOO 내의 부동산에 해당되지 아니한다고 봄이 타당하다고 하겠으므로, 쟁점토지가 한센인 지원을 위한 지방세 감면대상이 아님.

3 한국장애인고용공단에 대한 감면(지특법 §18)

1) 감면요건

① 감면대상자

「장애인고용촉진 및 직업재활법」에 따른 한국장애인고용공단

② 감면대상 및 감면범위

「장애인고용촉진 및 직업재활법」 §43 ② 1~11까지의 사업에 직접 사용하기 위하여 취득하는 부동산(수익사업용 부동산 제외)	취득세 25% 경감 (2016년 이전 면제)
과세기준일 현재 그 사업에 직접 사용하는 부동산 (수익사업용 부동산 제외)	재산세 25%(2016년 이전 50%) 경감 (도시지역분 제외)

☞ 감면시한 : 2025.12.31.
☞ 최소납부제 적용 시기 : 2016.1.1. 이후
☞ 농어촌특별세 과세 여부 : 취득세분과 취득세 경감분(면제분) 농어촌특별세 과세

2) 추징요건

별도의 추징규정이 없는바, 「지방세특례제한법」 제178조에 따라 다음 어느 하나에 해당하는 경우 그 해당 부분에 대해서는 감면된 취득세를 추징한다.
① 정당한 사유 없이 그 취득일부터 1년이 경과할 때까지 해당 용도로 직접 사용하지 아니하는 경우
② 해당 용도로 직접 사용한 기간이 2년 미만인 상태에서 매각·증여하거나 다른 용도로 사용하는 경우

4 어린이집 및 유치원에 대한 감면(지특법 §19)

1) 감면요건

① 감면대상자

「영유아보육법」에 따른 어린이집 및 「유아교육법」에 따른 유치원("유치원 등")을 설치·운영자(2015년 이전 영유아어린이집 및 유치원)

② 감면대상 및 감면범위

유치원 등으로 직접 사용(2021년 이전은 설치·운영)하기 위하여 취득하는 부동산	취득세 면제

「영유아보육법」§10 4호에 따른 직장어린이집을 법인·단체 또는 개인에게 위탁하여 운영(주)하기 위하여 취득하는 부동산(2023년~2024년은 「영유아보육법」§14에 따라 직장어린이집을 설치하여야 하는 사업주가 같은 법 §24 ③에 따라 법인·단체 또는 개인에게 위탁하여 운영하기 위하여 취득하는 부동산)	취득세 면제 (2023년~2024년 50% 경감)
과세기준일 현재 유치원 등에 직접 사용하는 부동산(해당 부동산 소유자와 사용자의 관계 등을 고려한 일정한 경우 포함)	재산세 면제 (도시지역분 포함) 지역자원시설세 면제 (2014년 이전만 적용) 주민세 재산분 면제 (2014년 이전만 적용)

☞ 감면시한 : 2027.12.31.

☞ 최소납부제 적용 시기 : 2015.1.1. 이후

☞ 농어촌특별세 과세 여부 : 취득세분 농어촌특별세 과세, 취득세 면제분(경감분) 농어촌특별세 비과세(농특령 §4 ⑦ 5)

☞ (주) 2025년 이후 「영유아보육법 시행령」 §20 ⑤에 따른 사업주가 직장어린이집을 설치하는 경우로서 해당 직장어린이집을 법인·단체 또는 개인에게 위탁하여 운영하는 경우를 포함함.

㉠ 취득세

2022년 이후부터는 "직접 사용"하여야만 감면이 됨에 유의하여야 할 것이다. 그 전에는 직접 사용하지 않더라도 설치·운영하기만 하면 취득세 감면이 되었다.

부동산 소유자와 유치원 등 설치·운영자가 동일인이어야 하나, 조세심판원 심판례(조심 2009지0768, 2009.11.24.)에 따라 2009.11.24. 이후부터 부동산 소유자와 배우자가 공동으로 실질적으로 영유아보육시설을 운영하는 경우 감면대상이 되나, 다른 회사에 근무하는 등 실질적으로 공동 운영하는 것으로 볼 수 없는 경우 감면대상이 되지 아니한다.

사례 부동산 취득자와 운영자가 다른 경우(조심 2014지1462, 2015.4.16.)

"영유아보육시설을 설치·운영하기 위하여 취득한 부동산을 해당 용도로 직접 사용한다"고 함은 부동산의 취득자가 영유아보육시설의 운영자로서 취득한 당해 부동산을 영유아보육시설에 직접 사용하는 경우만을 의미하는 것이지 당해 부동산의 소유자와 영유아보육시설의 운영자가 다른 경우까지를 포함하는 것은 아니라 할 것(조심 2014지858, 2014.10.1. 같은 뜻임)이므로 이 건 부동산의 취득자와 이 건 어린이집의 대표자가 일치하지 않고 있음이 어린이집 인가증에서 확인되는 이상 청구인이 이 건 부동산을 어린이집에 직접 사용한 것으로 보기는 어려운바, 처분청의 행정지도를 받아 어린이집 대표자를 김○○ 단독명의로 하였다 하더라도 이를 달리 보기는 어렵다 할 것임.

사례 유치원의 대표자와 소유자가 다른 경우(조심 2011지0165, 2011.5.2.)

과세기준일 현재 영유아보육시설 및 유치원에 직접 사용하는 부동산에 대하여는 재산세 등을 면제한다고 규정하고 있는바, 여기서 "직접 사용"이라 함은 유치원 운영자로서 해당 부동산을 유치원에 직접 사용하는 경우를 의미한다고 할 것이나, 일정한 자격 요건을 필요로 하는 유치원업의 특성상 반드시 그 부동산의 소유자가 대표자로 신고하여 운영하는 것만을 한정하는 것은 아니다 할 것이나,

실질적으로 배우자와 공동으로 유치원을 경영하여야 할 것임(조심 2011지165, 2011.5.2. 참조).
☞ 2022년 이후부터는 직접 사용하여야만 감면이 되는 것인바, 이 심판례는 2021년 이전만 적용될 것임.

ⓛ 재산세

하기 경우에는 2012년부터 직접 사용하는 부동산으로 보고 재산세 감면을 하고 있으나(지특령 §8-3), 취득세의 경우 이를 적용하지 않고 있어서 감면이 되지 아니하지만, 심판례에 의하면 실질적으로 배우자와 공동으로 유치원을 경영하는 경우에는 취득세 감면대상이 된다.[55]

> ㉮ 해당 부동산의 소유자가 해당 부동산을 영유아어린이집 또는 유치원으로 사용하는 자("사용자")의 배우자 또는 직계혈족으로서 그 운영에 직접 종사하는 경우 해당 부동산
> ㉯ 해당 부동산의 사용자가 그 배우자 또는 직계혈족과 공동으로 해당 부동산을 소유하는 경우의 해당 부동산
> ㉰ 해당 부동산의 소유자가 종교단체이면서 사용자가 해당 종교단체의 대표자이거나 종교법인인 경우의 해당 부동산
> ㉱ 「영유아보육법」 제14조 제1항 단서에 따라 사업주가 공동으로 설치·운영하는 직장어린이집 또는 같은 조 제1항과 같은 법 시행령 제20조 제5항에 따른 직장어린이집으로서 법인·단체 또는 개인에게 위탁하여 운영하는 직장어린이집의 경우 해당 부동산(2018년 이후)

「영유아보육법」에 따른 영유아보육시설을 설치·운영하기 위하여 취득하는 부동산에 대하여 취득세를, 해당 부동산의 소유자가 과세기준일 현재 영유아보육시설에 직접 사용하는 부동산에 대하여는 재산세 등을 면제한다고 규정되어 있는바, 동 규정에서 '직접 사용'이라 함은 부동산의 취득자가 영유아보육 시설 및 유치원의 운영자로서 그 취득한 부동산을 재산세 과세기준일(매년 6.1.) 현재 영유아보육시설 및 유치원에 직접 사용하는 경우만을 의미하는 것이지, 부동산의 소유자(본 사례에서는 영유아보육시설의 운영에 부동산 소유자가 직접 종사하지 않은 경우임)와 영유아보육시설 및 유치원의 운영자가 각각 다른

---

55) 2011.12.31. 「지방세특례제한법 시행령」 제8조의 2 신설하여 재산세의 경우 부동산 소유자가 직접 영유아어린이집 또는 유치원을 운영하는 경우 외에 부동산 소유자와 해당 부동산을 영유아어린이집 등으로 사용하는 자(이하 "사용자"라 함)가 일정한 관계에 있는 경우에도 감면할 수 있도록 법률이 개정됨에 따라 감면대상인 부동산의 범위를 정할 필요에 따라 해당 부동산의 소유자가 사용자의 배우자이거나 직계혈족인 경우로서 그 운영에 직접 종사하는 경우, 해당 부동산의 사용자가 그 배우자 또는 직계혈족과 공동으로 해당 부동산을 소유하는 경우 또는 해당 부동산 소유자가 종교단체이면서 사용자가 해당 종교단체의 대표자이거나 종교법인인 경우의 해당 부동산을 감면대상으로 정하였다.
2021년 이전에는 소유자와 운용자가 다른 경우 취득세의 추징사유에 해당하는 것으로 해석하였으나(조심 2011지656, 2012.5.31., 지방세운영과-1069, 2011.3.9., 감심 2008-182, 2008.6.12., 조심 2010-608, 2010.12.30.), 「지방세특례제한법 시행령」 제8조의 2 신설로 소유자와 사용자가 다른 경우에도 배우자 또는 직계혈족의 경우 재산세 등을 면제해주는 신설조문에 따라 볼 때 기존의 유권해석과는 달리 배우자 또는 직계혈족이 운영자인 경우 취득세를 추징하지 않는 것이 합목적적이라 생각된다.

경우까지를 포함하는 것은 아니라고 해석한다(조심 2011지633, 2012.1.27.). 이는 기존의 감사원 심사례(감심 2008–167, 2008.5.29.)에서 재산세의 경우 영유아보육시설은 물적 감면대상에 해당하므로 감면범위는 소유 여부와 관계없이 부동산의 사용용도가 영유아보육시설로 사용되는 경우에는 감면적용대상에 해당한다는 해석과는 상치된다.

> **사례** 공동상속받은 부동산을 1인의 상속인이 운영하는 경우(대법원 2014두10844, 2014.10.30.)
> 공동으로 상속을 받은 부동산을 다른 상속자에게 무상으로 제공하여 당해 부동산을 유치원용으로 사용하도록 하는 경우 부동산의 소유자가 유치원의 실질적인 운영자로서 과세기준일 현재 유치원용도로 사용하는 부동산만을 말하므로 재산세 감면대상에 해당하지 않음.

> **사례** 인가받지 아니한 채 영유아보육시설 운영하는 경우(조심 2012지345, 2013.2.12.)
> 쟁점 부동산에 대하여 청구인 명의 영유아보육시설로 인가된 날은 2011.7.25.로 확인되므로 청구인이 쟁점 부동산을 영유아보육시설에 직접 사용한 것으로 인정되는 시점은 2011.7.25.이라 할 수 있어서 2011년도 재산세 과세기준일인 2011.6.1. 현재에는 쟁점 부동산의 소유자와 보육시설의 대표자(운영자)가 다른 경우에 해당하므로 직접 사용하였다고 보기 어려움.

ⓒ **무상임대 시 재산세 과세**

사용대차계약을 체결하여 무상으로 영유아보육시설에 사용하고 있다 하더라도 건축물의 소유자와 보육시설 운영자가 다르게 되어 「지방세법」상 재산세 등의 면제대상인 영유아보육시설에 직접 사용하는 부동산으로 볼 수 없다.

> **사례** 건축물에 대하여 처제인 ○○○과 사용대차계약을 체결하여 무상으로 영유아보육시설에 사용하고 있어 감면하지 않고 재산세 등을 부과한 것은 타당함(감심 2008–182, 2008.6.12.).

2) '영유아보육시설을 직접 사용하는 자'의 범위

유치원시설용 부동산을 취득하여 취득일로부터 1년 이내 유치원 시설을 설치하여 인가를 받아 동 사업용으로 직접 사용하는 경우라면 취득세가 면제된다. 그리고 유치원 또는 영유아보육시설 용도로 지정된 부동산을 그 설립인가 전에 취득한 경우라고 하더라도 취득일로부터 1년 이내에 해당 사업인가를 받아 사업용으로 직접 사용하는 경우에도 면제대상에 포함되는 것이다.

한편, 2021년 이전에는 "영유아보육시설을 설치·운영하기 위하여 취득한 부동산을 해당 용도로 직접 사용한다"고 함은 부동산의 취득자가 영유아보육시설의 운영자로서 취득한 당해 부동산을 영유아보육시설에 직접 사용하는 경우만을 의미하는 것이지 당해 부동산의 소유자와 영유아보육시설의 운영자가 다른 경우까지를 포함하는 것은 아니라 할 것인 바(조심 2011지656, 2012.5.31.), 영유아보육시설로 인가된 날(2011.7.25.)에 부동산을 영유아보육시설에 직접 사용한 것으로 인정되는 것이라 할 수 있어서 2011년도 재산세 과세기준일인 2011.6.1. 현재 부동산의 소유자와 보육시설의 대표자(운영자)가 다른 경우에 해당하므로 재산세의 경우 부동산을 영유아보육시설에 직접 사용하였다고 보기 어렵다(조심 2012지345, 2013.2.12.).

공동 직장어린이집 감면 여부(조심 2018지3490, 2019.12.19.)

어린이집 인가증 상 이 건 어린이집의 대표자는 ○○○으로 확인되는 점, 보육시설 인가증 상 운영자인 ○○○과 청구법인은 공동 직장보육시설의 설치·운영과 관련하여 대표사업주와 이용사업주로서 「민법」 상 조합과 조합원 관계에 있다고 할 수 있지만, ○○○은 직장보육시설 인가, 정부보조금 신청, 채권관리 등 공동 직장보육시설 설치 및 운영관리를 위한 제반사항에 대하여 보육시설의 대표자로서 권리 및 책임을 지니고 있는 점, ○○○은 이 건 어린이집을 포함한 공동 직장보육시설뿐만 아니라 직장보육시설을 설치한 여러 사업장의 사업주로부터 당해 보육시설을 위탁받아 운영하고 있어 보육시설의 위탁 또는 임차 경영주에 해당된다고 볼 수도 있는 점 등에 비추어 이 건 어린이집의 실제 운영자는 청구법인이 아니라 ○○○으로 봄이 타당함.

3) 영유아보육시설의 종류

「영유아보육법」에 의한 영유아보육시설은 6세 미만의 취학 전 아동을 보호자가 근로 또는 질병 기타 사정으로 영유아를 보호하기 어려운 경우에 보호자의 위탁을 받아 영유아를 보호하는 시설을 말하는 바 그 종류는 다음과 같다.

> ① 국·공립보육시설 : 국가와 지방자치단체가 설치·운영하는 시설
> ② 민간보육시설 : 국가 또는 지방자치단체 외의 자가 설치·운영하는 시설로서 직장보육시설 또는 가정보육시설이 아닌 시설
> ③ 직장보육시설 : 사업주가 사업장의 근로자를 위하여 설치·운영하는 시설
> ④ 가정보육시설 : 개인이 가정 또는 그에 준하는 곳에서 설치·운영하는 시설

① 직장어린이집 감면

직장어린이집도 「영유아보육법」에 의한 어린이집에 해당되는데, "직접 사용"이라 함은 유치원 운영자로서 해당 부동산을 유치원에 직접 사용하는 경우를 의미한다고 할 것이나, 일정한 자격요건을 필요로 하는 유치원업의 특성상 반드시 그 부동산의 소유자가 대표자로 신고하여 운영하는 것만을 한정하는 것은 아니다 할 것이다. 직장어린이집의 경우 부동산 소유자는 법인인데, 어린이집 운영자는 법인의 대표자 개인으로 되어 있는 경우 조문상으로는 감면대상이 되지 아니하나, 직장 어린이집의 특성상 법인의 대표자가 운영하는 것으로 되어 있다고 하더라도 실질은 법인에서 운영하는 것이므로 감면을 해 주는 것이 법의 취지에 맞다고 판단된다(어린이집 설치·운영은 「영유아보육법」 등에 의한 강제규정이기 때문임). 그런데 법제처에서는 부동산을 취득한 사업주가 설치한 직장어린이집을 법인·단체 또는 개인에게 위탁하여 운영하는 경우 해당 부동산에 대하여 취득세 면제 결정을 할 수 없다(법제처 21-0469, 2021.10.18.)라고 해석하고 있다.

직장보육시설을 의무적으로 설치해야 하는 경우(서울고법 2004누17435, 2005.9.2.)

직장보육시설의 설치운영 의무가 있는 법인에 대한 위 사건의 결정이유가 개인인 원고에게도 그대로 적용된다 할 수 없고, 행정자치부장관이 서울특별시 각급 지방자치단체에 위 주장과 같이 영유아보육시설의 사업자가 직장보육시설을 의무적으로 설치하여야 하는 법인뿐만 아니라 원고와 같은

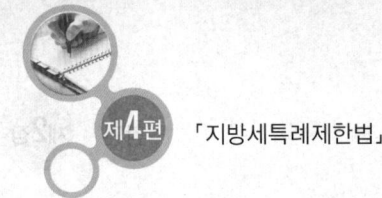
개인일 경우에도 비과세대상으로 할 것과 이미 부과한 취득세 등 과세처분을 취소할 것을 지시하였다는 사실은 이를 인정할 아무런 증거가 없으므로 위 주장은 모두 이유 없음.

② 국공립보육시설의 수탁운영

「영유아보육법」제24조 제2항에서 국가나 지방자치단체는 관련법에 따라 설치된 국공립보육시설을 법인·단체 또는 개인에게 위탁하여 운영할 수 있다고 규정하고 있다. 교회가 해당 영유아보육시설 부동산을 소유하고 있고, 「영유아보육법」관련규정에 따라 영유아보육시설 위탁운영 신청을 통해 수탁자로 지정받아 실제 어린이집을 운영하고 있다면, 비록 구청으로부터 해당 부동산에 대해 영유아보육시설 사용대가(임대료)를 받더라도, 「지방세법」상 수익분에 대한 별도의 규정이 없고, 운영주체(교회)가 해당 부동산을 어린이집으로 직접 사용하고 있는 한 감면대상이라 판단하고 있다(지방세운영과-5459, 2009.12.26.).

☞ 임대료를 받고 있어서 수익사업을 영위하는 것으로 볼 수 있으나, 국공립보육시설의 수탁운영은 법 취지상 수탁자가 직접 사용하는 것으로 본다는 것임.

부동산을 취득하고 그 부동산 및 그 부동산에 설치된 일체의 시설 및 장비를 구청장에게 20년간 무상임대하고, 구청장은 자기의 예산으로 그 부동산을 쾌적한 보육환경을 위하여 리모델링사업을 실시하여 「영유아보육법」제12조에 따라 국공립어린이집을 설치한 다음, 그 관리운영을 5년간 위탁하여 그 어린이집을 운영하도록 하는 경우로서 구청장으로부터 「영유아보육법」제13조 제1항에 따른 어린이집을 설치인가를 받은 사실이 없고, 구청장으로부터 「영유아보육법 시행규칙」제24조 제4항에 따라 어린이집운영을 수탁받은 경우이므로, 부동산 취득자가 「영유아보육법」에 따른 영유아어린이집을 운영하는 것으로 볼 수 있다 하더라도 영유아어린이집을 설치한 자에 해당하는 것으로 볼 수 없으므로 「영유아보육법」에 따른 영유아어린이집을 설치·운영하는 경우에 해당되지 않는 것으로 판단된다(지방세특례제도과-1331, 2015.5.12.).

☞ 국공립보육시설의 수탁운영자이지만 어린이집 설치인가를 받은 경우라면 감면이 될 것임.

③ 종교단체의 어린이집[56]

어린이집을 직접 사용(2021년 이전은 설치·운영)하는 것이 종교단체의 본질적 사업내용이 아니라 하더라도 영유아보육시설의 취득세 등 면제요건을 충족한 부동산이라면 감면된다.

> **사례** 종교단체가 운영하는 어린이집 감면 여부(감심 2008-167, 2008.5.29.)
>
> 어린이집을 설치·운영하는 것이 처분청 주장대로 종교단체의 본질적 사업내용이 아니라 하더라도 구「지방세법」제272조 제5항의 규정에 의한 취득세 등의 면제요건을 충족한 부동산이라면 이에

---

56) 「유아교육법」에서 사립유치원의 설립·경영의 주체가 법인 또는 사인(私人)으로 한정되어 있는바, 유치원은 법인이나 사인(개인)만이 설립할 수 있는바, 종교단체가 법인(법인등기된 법인-사업자등록상의 법인으로 보는 승인단체는 제외)이 아닌 경우에는 유치원을 설립할 수 없다. 즉 교회는 법인이 아니므로 교회 명의로는 유치원을 설립할 수 없다. 그런데 영유아보육시설인 어린이집은 법인격 없는 종교단체라도 설립이 가능하여 직접 운영할 수 있다.

대한 취득세 등은 부과하여서는 아니된다 할 것임.

④ 종교단체의 유치원

어린이집을 직접 사용(2021년 이전은 설치·운영)하는 것이 종교단체의 본질적 사업내용이 아니라 하더라도 영유아보육시설의 취득세 등 감면요건을 충족한 부동산이라면 감면된다. 그런데 구「지방세법」제272조 제5항에서 취득세 및 등록세 면제대상으로 정한 '「유아교육법」에 의한 유치원을 설치·운영하기 위하여 취득하는 부동산'이란 「유아교육법」이 정한 바에 따라 적법한 유치원 설립인가를 받았거나 받을 수 있는 '법인 또는 사인'이 그 유치원을 설치·운영하기 위하여 취득하는 부동산을 의미한다 할 것이다. 따라서 「유아교육법」에 따라 적법한 유치원 설립인가를 받을 수 없는 '법인 아닌 사단'이 유치원의 설치·운영 목적으로 취득한 부동산은 설령 그 법인 아닌 사단의 대표자 이름으로 「유아교육법」에 따른 유치원 설립인가를 받았다고 하더라도 구「지방세법」제272조 제5항의 취득세 및 등록세 면제대상에 해당하지 아니한다(대법원 2012두14804, 2012.10.25.).

4) 추징요건

① 추징사유

㉠ 2024년 이후 감면분

다음의 구분에 따른 사유에 해당하는 경우 그 해당 부분에 대해서는 감면된 취득세를 추징한다.

㉮ 유치원등으로 직접 사용하기 위하여 부동산을 취득한 경우

ⓐ 정당한 사유 없이 그 취득일부터 1년이 경과할 때까지 해당 용도로 직접 사용하지 아니하는 경우

ⓑ 해당 용도로 직접 사용한 기간이 2년 미만인 상태에서 매각·증여하거나 다른 용도로 사용하는 경우

㉯ 직장어린이집을 위탁하여 운영하기 위하여 부동산을 취득한 경우

ⓐ 정당한 사유 없이 그 취득일부터 1년이 경과할 때까지 해당 용도로 위탁하여 운영하지 아니하는 경우

ⓑ 해당 용도로 위탁하여 운영한 기간이 2년 미만인 상태에서 매각·증여하거나 다른 용도로 사용하는 경우

㉡ 2023년 이전 감면분

별도의 추징규정이 없는바, 「지방세특례제한법」제178조에 따라 다음 어느 하나에 해당하는 경우 그 해당 부분에 대해서는 감면된 취득세를 추징한다.

㉮ 정당한 사유 없이 그 취득일부터 1년이 경과할 때까지 해당 용도로 직접 사용하지 아니하는 경우

㉯ 해당 용도로 직접 사용한 기간이 2년 미만인 상태에서 매각·증여하거나 다른 용도로
사용하는 경우

② 추징 사례

㉠ 1년 이내 철거 후 신축한 경우

영유아보육시설로 지방세 감면을 받았으나 기존 건물이 노후 주택으로 설계되어 영유아
보육시설로의 적정한 공간확보, 계단 및 발코니 등의 기준에 맞지 않아 양질의 보육환경
을 제공하기 어렵고, 기존 건물을 증·개축 변경하는 것이 신축비용에 90% 이상 소요될
것으로 추정되며, 기존 건물의 내구성이 약화되어 변경 후에도 안전에 문제가 발생할 수
있다는 전문업체의 의견 등을 종합할 때, 기존 건물을 철거하고 직장보육시설용 건물을
신축하는 것은 고유목적사업에 직접 사용한다 할 것이며, 신축 건물의 용도가 취득 목적
인 영유아보육시설로 전체를 사용한다면 당초 취득한 기존 건물과 신축 건물 모두 감면대
상이 된다(지방세운영과-5342, 2010.11.10.).

㉡ 미사용(주거용)에 따른 추징 세율

취득 당시 어린이집 사용예정으로 상가 주택을 취득하여 감면받은 후 2개월 후에 주택부
분을 근린생활시설로 용도변경하여 어린이집으로 사용하다가 유예기간 내 목적사업 미사
용으로 추징하게 된다면 추징 시 세율 적용은 다음과 같다.

추징의 경우 추징사유발생일의 현황에 의하여 따라 부과하여야 할 것이나, 일반적으로 감
면된 취득세 등을 추징하는 것으로 규정되어 있는바, 어린이집으로 사용할 것을 전제로
하여 감면신청 등을 통하여 감면받은 것으로 추후 어린이집 미사용에 따른 추징이므로
취득 당시에는 주거용으로 보기에는 어려움이 있을 수 있으나, 감사원 심사례(감심 2012-
15, 2012.2.23.)에 따르면 원래부터 주택으로 건축·사용되었을 뿐 아니라 침실·주방 및 식
당·화장실 겸 욕실 등 주택의 고유한 구조와 기능을 그대로 유지하고 있어 언제든지 주
택으로 이용 가능한 상태에 있고, 건축물대장에도 주택으로 등재되어 있는 점 등을 감안
할 때 주택으로 보지 않을 이유가 없다고 판단된다. 그런데도 부동산의 구조·기능과 본
질적인 용도 등을 종합적으로 고려하지 않고 일시적인 사용 용도만을 가지고 부동산이
"주택"에 해당되지 않는다라고 판단한 것은 잘못이며, 추징사유일의 현황이라 하더라도
일시적인 근린생활시설로 용도변경 사용된 것이므로 주택으로 보아야 한다는 것이다. 따
라서 주택의 세율을 적용하여 감면을 받아야 했을 것이고 추징 시는 감면된 세액을 추징
하여야 할 것이다. 그리고 오피스텔은 「건축법」 상 그 용도가 업무용 시설로 취득세·구
등록세는 과세기준일 현재의 사용현황에 따라 세금을 부과하는 것이 아니라, 취득(구입)
시점에 적용할 세율 등이 결정되는 것이므로 취득일 현재의 공부상 현황에 의하여 과세하
는 것이다(지방세정팀-1081, 2006.3.21.)라고 해석하고 있는바, 이 해석의 취지에 따르더라도
공부상 현황에 따라 주택으로 보아 추징하여야 할 것이다.

ⓒ 지병 등으로 매각하는 경우

부동산 양도 후 계속하여 유치원 원장으로 재직하고 있는 점에서 지병으로 인한 건강문제로 부득이 양도할 수밖에 없었던 정당한 사유가 있는 것으로 인정되지 아니한다(조심 2013지107, 2013.5.27.).

> **사례** 양도 후 계속하여 유치원 원장으로 재직하고 있는 경우(조심 2013지107, 2013.5.27.)
>
> 청구인이 당초 이 건 부동산 취득 후 자금사정으로 양도한 데에 그 정당한 사유를 인정하기 어렵고, 청구인이 이 건 부동산 양도 후 계속하여 유치원 원장으로 재직하고 있는 점에서 지병으로 인한 건강문제로 부득이 양도할 수밖에 없었던 정당한 사유가 있는 것으로 인정되지 아니함.

5) 유의사항

① 취득 당시 보육시설 허가를 받지 아니한 경우

건축물을 취득하여 유치원을 설립하기 위해서는 「유아교육법」 제8조 제1항에서 규정하고 있는 설립기준을 갖춘 후에 설립인가를 받아야 하므로 동 규정에서 정한 설립기준에 맞는 유치원의 시설·설비 등을 갖추기 위하여 준비기간이 필요한 점을 볼 때, 취득 당시에는 허가를 득하지 아니하였으나 다른 용도로 사용함이 없이 취득일로부터 1년 이내에 보육시설 허가를 받고서 영유아보육시설로 사용한다면 감면대상이 된다(조심 2008지603, 2009.3.20. 참조). 다만, 허가 전까지 다른 용도로 사용함이 없어야 할 것이다. 한편, 이 심판례에 따르면 건축물 취득 후 1년이 경과한 후 유치원의 설립인가를 받았다는 사실만으로 추징대상이 되는 것은 아닌 것이다.

② 주택과 겸용

영유아보육시설을 운영하기 위하여 취득한 부동산을 주거와 겸용하는 경우, 해당시설 중 주거용도로 사용되는 부분(안방 등)에 대하여는 과세, 보육용도로 사용되는 부분(거실, 조리실 등)에 대하여는 면제한다.[57]

---

57) 주거와 겸용하는 영유아보육시설 추징 부과(지방세운영과-4588, 2009.10.28.)

기존	영유아보육시설을 운영하기 위하여 취득한 부동산을 주거 및 가정보육시설로 겸용하는 경우에는 그 전체 시설에 대하여 취득세, 등록세, 재산세, 도시계획세, 공동시설세 및 사업소세 부과 취득한 부동산을 주거와 겸용하는 경우
변경	영유아보육시설을 운영하기 위하여 취득한 부동산을 주거와 겸용하는 경우, 해당 시설 중 주거용도로 사용되는 부분(안방 등)에 대하여는 과세, 보육용도로 사용되는 부분(거실, 조리실 등)에 대하여는 면제

※ 세정운영 기준
① 2009.10.27. 이후 납세의무가 성립되는 분부터 변경된 해석기준 적용
② 2009.10.27. 현재 동 사안과 관련하여 이의신청, 심사(심판)청구, 소송 등 불복사건에 계류 중인 경우에는 소송 등 취하, 직권 부과취소 및 환부
③ 현재 동 사안과 관련하여 이의신청 등 불복청구기간이 미 도래한 경우에 대하여는 직권 부과 취소 및 환부

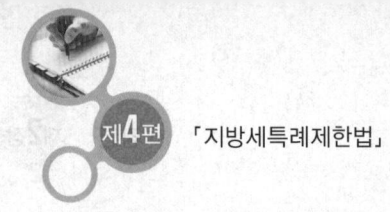
③ 유상거래 주택의 세율 적용

2015.7.23. 이전에는 가정어린이집, 공동생활가정·지역아동센터 및 「노인복지법」에 따른 노인 복지시설 중 주거용으로 사용되는 부분은 주택으로 보고 세율을 적용하였었다. 그런데 2015.7.24. 이후부터 「주택법」 제2조 제1호에 따른 주택으로서 「건축법」 제38조에 따른 건축물대장에 주택 으로 기재되고, 건축물의 용도가 주거용[「영유아보육법」에 따른 가정어린이집, 「아동복지법」에 따른 공동생활가정·지역아동센터(통합하여 설치한 경우 포함) 및 「노인복지법」에 따른 노인복 지시설로서 주거로 사용되는 시설 제외]으로 사용하는 건축물과 그 부속토지를 말한다고 규정하 고 있어서 가정어린이집은 유상거래 주택으로 보아 세율을 적용할 수 없다.

④ 주택 겸용 시 1가구 1주택 해당 여부

'주택'이란 상시 거주를 위하여 사용되는 건축물을 말하는 것으로서 주택인지 여부는 일시적으 로 어떠한 용도에 사용되었는지의 여부에 의하여 결정되는 것이 아니라 그 구조·기능과 실질적 인 사용용도 등을 종합적으로 고려하여 판단해야 하며, 본래 주거용에 적합한 상태에 있고 주거 기능이 그대로 유지·관리되고 있어 언제든지 본인이나 제3자가 주택으로 이용 가능한 상태이면 된다 할 것이다(감심 2002-174, 2002.11.12., 대법원 2004두14960, 2005.4.28.).

영유아보육시설로 인가받아 사용되고 있기는 하나, 원래부터 주택으로 건축·사용되었을 뿐 아니라 침실·주방 및 식당·화장실 겸 욕실 등 주택의 고유한 구조와 기능을 그대로 유지하고 있어 언제든지 주택으로 이용 가능한 상태에 있고, 건축물대장에도 주택으로 등재되어 있으며, 보육시설 원장이 가족과 함께 주민등록을 등재한 후 현재까지 이르고 있는 점 등을 감안할 때 주택으로 보지 않을 이유가 없다. 따라서 구조·기능과 본질적인 용도 등을 종합적으로 고려하지 않고 일시적인 사용 용도만을 가지고 주택에 해당되지 않는다고 판단하는 것은 잘못으로 1가구 1주택에 해당된다.

> **사례** 민간보육시설용 부동산의 1가구 1주택 해당 여부(감심 2012-15, 2012.2.23.)
>
> "주택"이란 상시 거주를 위하여 사용되는 건축물을 말하는 것으로서 주택인지 여부는 일시적으로 어떠한 용도에 사용되었는지의 여부에 의하여 결정되는 것이 아니라 그 구조·기능과 실질적인 사 용용도 등을 종합적으로 고려하여 판단해야 하며, 본래 주거용에 적합한 상태에 있고 주거 기능이 그대로 유지·관리되고 있어 언제든지 본인이나 제3자가 주택으로 이용 가능한 상태이면 된다 할 것임[감심 2002-174(2002.11.12.) 및 대법원 2004두14960 판결(2005.4.28.)]. 살피건대, 이 사건 부동 산이 1996.3.8.부터 구 「영유아보육법」 제6조에 의해 민간보육시설(영·유아보육시설)로 인가받아 사용되고 있기는 하나, 원래부터 주택으로 건축·사용되었을 뿐 아니라 침실·주방 및 식당·화장실 겸 욕실 등 주택의 고유한 구조와 기능을 그대로 유지하고 있어 언제든지 주택으로 이용 가능한 상 태에 있고, 건축물대장에도 주택으로 등재되어 있으며, 보육시설 원장인 임차인(병)이 1999.11.6.부 터 가족(남편, 자)과 함께 이 사건 부동산에 주민등록을 등재한 후 청구일 현재까지 이르고 있는 점 등을 감안할 때 이 사건 부동산을 주택으로 보지 않을 이유가 없다고 판단됨. 그런데도 처분청은 이 사건 부동산의 구조·기능과 본질적인 용도 등을 종합적으로 고려하지 않고 일시적인 사용 용도만 을 가지고 이 사건 부동산이 구 「지방세법」 제110조 제3호 등의 비과세대상인 "주택"에 해당되지 않는다고 판단하여 과세처분을 하였음. 따라서 이 사건 부동산은 구 「지방세법」 제110조 제3호 및

구 같은 법 시행령 제79조의 5에서 취득세 비과세대상으로 정한 1가구 1주택에 해당됨.

⑤ 농사 체험학습용 농지

직접 사용에는 영유아보육시설에 필수불가결한 부분을 기준으로 판단하여야 할 것으로, 이 경우 농지를 인성교육을 위해 농사 체험학습용으로 사용한다면 직접 목적에 사용한 것으로 보기에는 어려움이 있다(세정과-4870, 2006.10.9.). 그런데 농지가 학습 교육과정에 필요하고 보육시설과 인접 또는 연접하여 빈번히 체험학습장으로 사용하고 있다면 직접 사용으로 볼 수도 있지만 농지 면적 또한 적절한 범위 내에서만 감면이 될 것이다.

> **사례** 자연학습장과 운동장의 감면 여부(세정과-4870, 2006.10.9.)
>
> 영유아보육시설을 운영하는 법인이 영유아보육시설과 연접된 토지를 취득하여 영유아들의 자연학습장으로 사용하는 경우라면 이는 영유아보육시설을 설치·운영하기 위하여 취득하는 부동산으로 보기 어렵다고 판단됨. 다만, 기존의 보육시설과 연접한 토지를 취득하여 보육시설과 같은 구내가 되도록 울타리를 설치하고 토지의 용도를 변경하여 영유아들의 운동장으로 사용하는 경우라면 상기 규정에 의한 취득세 등의 면제대상이 됨.

⑤ 아동복지시설에 대한 감면(지특법 §19-2)

1) 감면요건

① 감면대상자

「아동복지법」제52조 제1항 제8호에 따른 지역아동센터 설치·운영자

② 감면대상 및 감면범위

지역아동센터로 직접 사용(2023년 이전은 설치·운영)하기 위하여 취득하는 부동산	취득세 면제
과세기준일 현재 지역아동센터로 직접 사용하는 부동산	재산세 면제(도시지역분 포함)

- 감면시한 : 2026.12.31.
- 최소납부제 적용 시기 : 2018.1.1. 이후
- 농어촌특별세 과세 여부 : 취득세 면제분 농어촌특별세 과세(서민주택은 제외)

2) 추징요건

별도의 추징규정이 없는바, 「지방세특례제한법」제178조에 따라 다음 어느 하나에 해당하는 경우 그 해당 부분에 대해서는 감면된 취득세를 추징한다.

① 정당한 사유 없이 그 취득일부터 1년이 경과할 때까지 해당 용도로 직접 사용하지 아니하는 경우

② 해당 용도로 직접 사용한 기간이 2년 미만인 상태에서 매각·증여하거나 다른 용도로 사용하는 경우

6 노인복지시설에 대한 감면(지특법 §20)

1) 감면요건

① 감면대상자

노인복지시설 직접 사용자(2023년 이전은 설치·운영자)

② 감면대상 및 감면범위

다음의 무료노인복지시설에 직접 사용(2023년 이전은 운영)하기 위하여 취득하는 부동산(2015년 양로시설, 경로당 등 대통령령으로 정하는 시설, 2014년 이전 무료노인복지시설)	취득세 면제 재산세 50% 경감^(주)(도시지역분 제외)
다음의 무료노인복지시설에 직접 사용(2023년 이전은 운영)하기 위하여 취득하는 부동산(2015년 양로시설, 경로당 등 대통령령으로 정하는 시설) 중 노인의 여가선용용 경로당(부대시설 포함)(2014년 이전 경로당 중 무료노인복지시설에 한함)	취득세 면제 재산세 면제^(주)(도시지역분 포함) 지역자원시설세 면제
상기 외의 노인복지시설에 직접 사용(2023년 이전은 운영)하기 위하여 취득하는 부동산(2014년 이전 유료노인복지시설)	취득세 25%(2014년 이전 50%) 경감 재산세 25%(2014년 이전 50%) 경감 (도시지역분 제외)

☞ 감면시한 : 2026.12.31.

☞ 최소납부제 적용 시기 : 2015.1.1. 이후(무료노인복지시설은 최소납부제 배제)

☞ 농어촌특별세 과세 여부 : 유료노인복지시설은 취득세분 농어촌특별세 과세(서민주택은 제외), 취득세 면제분(경감분) 농어촌특별세 비과세(농특령 §4 ⑦ 5) 한편, 2010년도의 경우 "농어촌특별세가 비과세되는 과세면제 및 불균일과세에 관한 조례에 의한 감면(2010.6.10. 고시 시행된 행정안전부 고시 제2010-38호)" 제22호에서 노인복지시설에 대한 감면은 농어촌특별세가 비과세되는 것으로 규정되어 있으며, 고시 부칙 제2조에 의하면 2010.1.1. 이후 최초로 취득 또는 등기·등록하는 분부터 적용한다고 규정되어 있다(고시가 2010.6.10.에 공포되었으나, 2010.1.1.부터 소급 적용하는 것으로 규정되어 있음). 따라서 2010년도에 납세의무가 성립되는 분의 노인복지시설 감면에 대한 농어촌특별세는 현행과 동일하게 비과세되었으나, 2009.12.31. 이전에 납세의무성립분은 농특세는 비과세되지 아니하였다.

☞ 감면대상 무료노인복지시설

「노인복지법」 제31조에 따른 노인여가복지시설·노인보호전문기관·노인일자리지원기관과 노인주거복지시설·노인의료복지시설 또는 재가노인복지시설로서 다음 어느 하나에 해당하는 경우

① 입소자의 입소비용을 국가 또는 지방자치단체가 전액 부담하는 시설

② 노인복지시설 이용자 중 「노인장기요양보험법」에 따른 재가급여 또는 시설급여를 지급받는 자와 「국민기초생활보장법」 제7조 제1항 제1호부터 제3호에 따른 급여를 지급받는 자가 다음 계산식에 따라 연평균 입소 인원의 80% 이상인 시설

연평균 입소인원 비율 = (「국민기초생활보장법」 제7조 제1항 제1호부터 제3호에 따른 급여를 지급받는 자의 입소일수의 합) + (「노인장기요양보험법」에 따른 급여를 지급받는 자의 입소일수의 합) + (무료로 입소한 자의 입소일수의 합) / (「국민기초생활보장법」 제7조 제1호부터 제3호에 따른 급여를 지급받는 자의 입소일수의 합) + (「노인장기요

양보험법」에 따른 급여를 지급받는 자의 입소일수의 합) + (무료로 입소한 자의 입소일수의 합) + (그 외의 자의 입소일수의 합)

☞ (주) 재산세의 경우 직접 사용에는 종교단체의 경우 해당 부동산의 소유자가 아닌 그 대표자 또는 종교법인이 해당 부동산을 노인복지시설로 사용하는 경우를 포함함. 이는 2014.1.1. 이후 취득분부터 적용함.
2015년부터는 유료와 무료시설의 구분이 용이하지 않은 점을 고려하여 경로당과 국가 또는 지방자치단체의 위탁에 따른 노인시설 이외에 그 밖의 노인복지시설에 대해서는 일부 영리적 성격을 감안하여 감면율을 개정함.

노인복지시설을 설치하고자 할 때에는 반드시 관할시장·군수·구청장 등에게 신고하여야 하고, 설치신고를 하지 않고 위 시설을 운영하는 경우에는 형사처벌을 받도록 정하여져 있는 점에 비추어 보면, 취득세 감면대상자인 '노인복지시설을 설치한 자'라 함은 시설을 적법하게 설치신고를 하여 시설을 운영하는 자를 의미한다고 보아야 할 것이다(감심 2009-82, 2009.4.16.).[58] 남편과 부인의 공동명의로 된 부동산을 노인복지시설을 설치한 경우 부인만 노인복지시설 설치신고를 하여 노인복지시설로 지정을 받아서 부인명의로만 운영하고 있다면 부인 지분만 감면 대상이 될 것으로 심사례에서 결정한 바 있었다.[59] 노인복지시설도 설치 신고자가 일정한 자격요건을 필요로 한다면 공동으로 실질적으로 노인복지시설은 운영하는 경우 감면대상이 되는 것으로 해석하여야 할 것이다. 그리고 심판례(조심 2012지409, 2013.4.29.)에서 취득 주체가 직접 운영하거나 임차나 위탁운영하는 경우에 이를 달리 적용하도록 규정하고 있지 아니하므로 노인복지시설로 임차 운영하기로 하였다 하여 감면조례를 배제하는 것은 타당하지 아니하다라고 결정하고 있고, '직접 사용'의 의미는 해당 재산의 사용 용도가 직접 그 고유의 업무에 사용하는 것이면 족하다 할 것이고 그 사용의 방법이 스스로 그와 같은 용도에 제공하거나 혹은 제3자에게 임대 또는 위탁하여 그와 같은 용도에 제공하는지 여부를 가리지 아니한다 할 것이므로(대법원 84누297, 1984.7.24., 대법원 73누154, 1973.10.23. 등 참조) 건물 등을 취득한 후 임대한 것만으로는 추징사유에 해당하지 아니한다(대법원 2008두15039, 2011.1.27.)라고 판시한 점에 주목하여야 할 것이다.

그리고 취득세에서는 조문상 '직접 사용'이 아니라 '사용'으로 표시되어 있다는 점에서 제3자가 설치·신고하여 운영하더라도 감면이 되는 것으로 해석하여야 할 것이나, 재산세에서는 '직접 사용'으로 표시되어 있어서 감면이 되지 아니할 것이다.

2) 추징요건

① 2025년 이후 취득분(감면분)

다음 어느 하나에 해당하는 경우 그 해당 부분에 대해서는 감면된 취득세를 추징한다.

㉠ 정당한 사유 없이 부동산의 취득일부터 1년(「건축법」에 따른 신축·증축 또는 대수선을

---

58) 「노인복지법」에서 정한 절차에 따라 적법하게 설치된 노인복지시설인 경우에 한하여 감면대상에 해당되는 것으로 보아야 할 것임(지방세특례제도과-159, 2016.1.21.).

59) '노인주거복지시설 설치신고필증' 상 설치자가 법인이 아닌 개인(○○○) 명의로 등록되어 있고, 위 시설의 장도 위 ○○○ 명의로 된 점 등을 볼 때 위 ○○○은 위 시설을 공동으로 설치·운영한 자로 볼 수 없고 단지 시설운영상 필요한 지위에 있는 자라 할 것이다. 따라서 처분청에서 청구인들이 각각 1/2씩 공유하는 것으로 취득한 이 사건 부동산 중 위 시설의 설치신고자(대표자)가 아닌 공유자 지분에 대하여 취득세 등을 부과·고지한 이 사건 부과처분은 정당하다고 할 것임(감심 2009-82, 2009.4.16.).

하는 경우 해당 토지는 3년)이 경과할 때까지 해당 용도로 직접 사용하지 아니하는 경우
ⓒ 해당 용도로 직접 사용한 기간이 2년 미만인 상태에서 부동산을 매각·증여하거나 다른 용도로 사용하는 경우

② 2024년 이전 취득분(감면분)

별도의 추징규정이 없는바, 「지방세특례제한법」 제178조에 따라 다음 어느 하나에 해당하는 경우 그 해당 부분에 대해서는 감면된 취득세를 추징한다.
① 정당한 사유 없이 그 취득일부터 1년이 경과할 때까지 해당 용도로 직접 사용하지 아니하는 경우
② 해당 용도로 직접 사용한 기간이 2년 미만인 상태에서 매각·증여하거나 다른 용도로 사용하는 경우

3) 유의사항

① 사용 후 노인복지시설 설치신고 시

상가 취득 후 곧바로 노인복지시설 설치 신고를 하여 노인복지시설 지정을 받았다면 감면대상이 될 것이다. 다만, 상가 취득 후 상가로 사용하다가 추후 노인복지시설 설치를 하였다면 당초 취득 목적이 노인복지시설용이 아니므로 감면대상이 되지 아니한다.

② 운동시설 건축물 취득 후 용도변경하여 노인복지시설 설치·신고 시

감면조례상으로는 추징요건을 충족하였으나 「조세특례제한법」 상으로는 추징요건이 충족되지 아니한 경우에는 「조세특례제한법」 상의 추징요건 적용까지 배제하는 규정으로 해석하기는 어려우므로 「조세특례제한법」 상의 추징요건을 적용받기 위하여 다시 감면신청을 하는 것을 제한하는 규정은 아니라고 보아지는바 이에 해당 여부는 과세권자가 구체적인 사실관계를 확인하여 판단할 사항이다(도세과-738, 2008.5.6.)라고 해석하고 있어서 감면을 받을 수 있는 것으로 해석하였으나, 심판례(조심 2011지0370, 2011.11.9.)와 취득세 납세의무 성립시기인 해당 토지의 취득시점에 임대할 목적으로 건축하는 공동주택이라는 위 감면요건을 충족하지 못하였다고 할 것이므로 취득시점 이후에 감면요건을 충족하였다고 하더라도 법적 안정성 측면에서 이를 소급하여 적용할 수는 없다고 할 것이다(지방세운영과-2758, 2011.6.13.)라고 하여 감면이 되지 아니하는 것으로 해석한 바 있다.

한편, 유치원이 건립되어 유치원으로 사용되고 있으므로 토지 및 건물은 비영리사업자가 그 사업에 사용하는 경우에 해당한다(건물 취득세 감면신청 시 감면신청 사유를 종교시설로 기재하였다 하더라도 지방세법령에서 비과세 대상으로 하고 있는 그 사업에 사용하고 있는 한 감면신청 사유와 달리 사용하고 있다고 하여 면제 용도에 사용되고 있지 아니한 경우라고 볼 수 없다(더구나 감면신청 시 건물을 유치원으로 사용하겠다고 하였다). 그리고 토지를 종교시설 부지로 사용하기 시작하여 그 사업용도에 직접 사용하였다(비록 건물 주 용도를 "교육연구 및 복지시설"로

하여 건축허가를 받았는데도 종교시설로 사용하여 건축허가된 용도와 다르게 사용하였으나, 이것으로 지방세법령이 정하는 "사업용도에 직접 사용하지 아니한 경우"에 해당하게 되는 것은 아니고, 그렇게 보지 않는다 하여도 당초 건축허가된 유치원으로 사용하기 위하여 유치원 설립인가 신청을 하였고, 그 신청이 반려되자, 주변 주민들에게 협조를 구하고, ○○시장에게 이 사건 토지에 대한 지구단위계획 재정비시 종교시설 용지로 변경할 수 있는지 검토해달라고 요청하였던 점 등에 비추어 보면 원고로서는 이 사건 토지를 사업용도에 직접 사용하고자 진지한 노력을 다하였다라고 판시하고 있다(대법원 2010두22986, 2011.2.24.).

또한, 해당 목적사업용으로 업종변경이 가능할 때까지 타 용도로 사업을 영위한 사실이 없는 점, 업종변경을 한 이후 목적사업용으로만 공장을 경영하고 있는 점, 감면 후 추징규정으로 목적사업에 사용하도록 유도·관리를 할 수 있었던 점 등의 고려가 결여되었다고 할 것이므로, 당초의 과세처분을 직권으로 변경하고 기 납부세액을 환급함이 창업중소기업에 대한 조세지원의 입법 취지에 부합한다고 사료된다(지방세운영과-2943, 2011.6.22.)라고 해석하고 있다.

상기를 종합하여 판단할 때, 건축 허가상 운동시설로 사용하고자 부동산을 취득하였으나, 운동시설용으로 사용하지 않고 있다가 취득일로부터 1년 이내 용도변경 후 노인복지시설로 사용하였다면 감면대상이 될 것이나, 그렇지 않고 운동시설용으로 사용하다가 다른 용도인 노인복지시설로 용도변경하여 사용한 경우와 운동시설용으로 사용하지 않고 있다가 취득일로부터 1년 경과 후에 노인복지시설로 사용하는 경우 감면되지 아니할 것이다. 여기서 취득일로부터 1년 이내에 직접 목적사업에 사용하여야 하는 이유는 별도의 추징규정이 없는 경우 「지방세특례제한법」 제178조에 따르면 정당한 사유 없이 그 취득일부터 1년이 경과할 때까지 노인복지시설로 해당 용도로 직접 사용하지 아니하는 경우에는 추징대상이 되는 것으로 규정되어 있기 때문이다.

사례 2010.1월 사용승인 건축물을 2012.2월 노인복지시설로 인가받아 2012.8월 구 등록세 신고 시 감면 여부

시도세 감면조례에서 「노인복지법」 제31조에 따른 노인복지시설을 설치·운영하기 위하여 취득하는 부동산에 대하여는 다음 각 호에서 정하는 바에 따라 취득세와 등록세를 감면한다. 다만, 부동산 취득일로부터 1년 이내에 정당한 사유 없이 노인복지시설에 직접 사용하지 아니하거나 건축공사에 착공하지 아니하는 경우와 2년 이상 노인복지시설에 직접 사용하지 아니하고 매각하거나 다른 용도로 사용하는 경우 그 해당 부분에 대하여는 감면된 취득세와 등록세를 추징한다고 규정하면서 각호로 1. 무료 노인복지시설 : 취득세와 등록세 면제, 2. 유료 노인복지시설 : 취득세와 등록세의 100분의 50을 경감한다고 규정하고 있다. 한편, 2010.12.31. 이전에 이 법에 규정된 취득세 과세물건을 취득한 자로서 이 법 시행 후에 그 물건을 등기하거나 등록하는 자는 종전의 규정에 따른 등록세 및 지방교육세의 납세의무를 진다라고 규정되어 있는바, 2010.1월에 취득하였으므로 종전의 감면조례에 의하여 등록세를 과세하여야 할 것이다. 당초 취득 시점에 노인복지시설용으로 취득한 경우로 취득시점에 등기를 하였다면 등기시점에 감면을 받았을 것이고, 유예기간 내(1년)에 노인복지시설용으로 사용하지 아니하였다면 추징대상이 되는 것인데, 2010.1월에 취득하였기에 구 등록세 규정을 적용함에 있어서[60] 유예기간(1년)을 경과하여 등기한 경우에는 유예기간 내에 노인복지시설용

---

60) 2010.12.31. 이전 취득분 중 종전 등록세 부과 규정[부칙(2010.3.31. 법률 제10221호)]

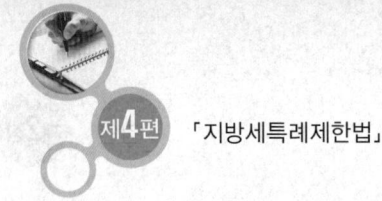

으로 사용하지 아니하였으므로 등기 시점에 감면대상이 되지 아니할 것이다(단, 유예기간 내에 사용할 수 없는 정당한 사유가 있는 경우로서 2010.1월부터 2012.2월까지 다른 용도에 사용함이 없이 노인복지시설용으로 사용하기 위하여 준비과정에 있었다면 감면대상이 될 것임.

③ 재가급여 또는 시설급여

「노인장기요양보험법」에 따라 입소자가 장기요양급여수급자로 구성되어서 장기요양급여를 수령(해당 장기요양급여비용의 20%만 본인이 부담)하여 운영하는 시설인 경우라면 무료노인복지시설로 볼 수 있을 것이다(지방세운영과-4133, 2010.9.7.).

한편, 사회복지단체 등의 경우 「노인장기요양보험법」에 따른 장기요양기관이 제공하는 재가급여 및 시설급여 사업은 동 급여가 재가노인복지시설, 노인요양시설, 노인요양공동생활가정에서 제공되고 있는 경우 수익사업에 해당되지 않은 것으로 보아 취득세 등이 면제된다(지방세운영과-232, 2011.1.13.).[61] 이는 2010.12.30. 「법인세법 시행령」을 개정하여 「노인장기요양보험법」 제2조 제4호에 따른 장기요양기관이 하는 사회복지시설에서 하는 사회복지사업은 수익사업에 해당되지 아니하기 때문이다.

상기의 내용으로 보아 입소자들에게 장기요양급여비용의 부담을 20% 보다 더 시키는 경우, 장기요양급여가 「노인복지법」에 의한 재가노인복지시설, 노인요양시설, 노인요양공동생활가정에서 제공되는 장기요양기관의 재가급여 또는 시설급여에 해당되지 않는 경우에는 무료복지시설로 볼 수 없을 것이다.

한편, 조세법률주의 원칙상 재가장기요양기관 설치 신고를 하고 운영 중인 요양기관은 「노인복지법」 제31조에 따른 노인복지시설에 해당하지 않아 구 「지방세특례제한법」 제20조에 따른 취득세 감면대상 노인복지시설에 해당한다고 볼 수 없다(대법원 2021두50406, 2021.12.30. 참조).

제6조【등록세 등의 경과조치】
이 법 시행 전에 이 법에 규정된 취득세 과세물건을 취득한 자로서 이 법 시행 후에 그 물건을 등기하거나 등록하는 자는 종전의 규정에 따른 등록세 및 지방교육세의 납세의무를 진다.

61) 이는 법인세의 유권해석이 변경됨에 따라 개정된 것으로 법인세의 유권해석 변경은 다음과 같다.
「노인장기요양보험법」에 따른 장기요양기관이 제공하는 재가급여 및 시설급여 사업은 「법인세법」 제3조 제2항에서 규정하는 수익사업에 해당하는 것(법인세제과-535, 2009.6.9.)이라는 유권해석은 장기요양기관의 재가급여 또는 시설급여가 「노인복지법」에 의한 재가노인복지시설, 노인요양시설, 노인요양공동생활가정에서 제공되고 있지 않는 경우에만 적용되는 것임(법인세제과-866, 2010.10.15.).
종전에는 무조건 수익사업으로 보아 비과세를 배제하였는데, 종전 해석은 다음과 같다.
「노인장기요양보험법」에 의한 사업은 「사회복지사업법」에 따른 사회복지사업에 포함되지 않아 「법인세법 시행령」 제2조 제4호 규정에 의한 수익사업 제외대상에 해당하지 아니하므로, 「노인장기요양보험법」에 따른 장기요양기관이 제공하는 재가급여 또는 시설급여 사업은 「법인세법」 제3조 제3항에서 규정하고 있는 수익사업에 해당한다고 할 것(기획재정부 법인세제과-535, 2009.6.9. 및 국세청 법인세과-739, 2009.6.26. 참조)임. 따라서 재단법인이 노인복지시설을 운영하기 위하여 취득한 부동산을 「노인장기요양보험법」에 의한 재가급여 사업을 위한 시설로 사용하는 경우라면, 이는 수익사업에 사용하는 것으로 보아야 할 것이므로, 해당 부동산은 「지방세법」 제107조 규정에 따른 취득세 비과세 대상에 해당하지 않는다고 판단됨.

④ 노인복지주택의 주택 해당 여부

노인복지주택을 노인에게 유료로 분양 또는 임대 등을 통하여 주거의 편의·생활지도·상담 및 안전관리 등 일상생활에 필요한 편의를 제공함을 목적으로 하는 시설이라 하고 있고, 노인복지주택의 입소대상자를 단독취사 등 독립된 주거생활을 하는 데 지장이 없는 60세 이상의 자로 하고 있으므로 노인복지주택은 단독으로 취사할 수 있는 구조를 갖추고 있는 등 사실상 공동주택에 해당된다.[62] 따라서 감면요건에 해당한다면 주택 감면을 받을 수 있다.

한편, 유상거래 주택의 세율 적용 시 2015.7.23. 이전에는 가정어린이집, 공동생활가정·지역아동센터 및 「노인복지법」에 따른 노인복지시설 중 주거용으로 사용되는 부분은 주택으로 보고 세율을 적용해왔었다. 그런데 2015.7.24. 이후부터 「주택법」 제2조 제1호에 따른 주택으로서 「건축법」 제38조에 따른 건축물대장에 주택으로 기재되고, 건축물의 용도가 주거용(「영유아보육법」에 따른 가정어린이집, 「아동복지법」에 따른 공동생활가정·지역아동센터(통합하여 설치한 경우 포함) 및 「노인복지법」에 따른 노인복지시설로서 주거로 사용되는 시설 제외)으로 사용하는 건축물과 그 부속토지를 말한다고 규정하고 있어서 노인복지주택은 유상거래 주택으로 보아 세율을 적용할 수 없을 것이다.

> **사례** "건축 중인 경우"라 함은 실제 건축공사에 착공한 경우를 의미한다고 보아야 할 것이고, 청구법인의 주장과 같이 「건축기본법」 상 건축의 개념을 준용하여 건축 중인 경우의 의미를 판단할 것은 아니라 할 것임. 따라서 처분청이 쟁점 토지에 대하여 2012년도 재산세 과세기준일 현재 노인복지시설에 직접 사용하거나 건축 중인 경우에 해당되지 아니하기 때문에 재산세 감면대상 아님(조심 2013지51, 2013.3.14.).

> **사례** 노인의료복지시설의 설치·운영사업은 의료법인의 부대사업일 뿐, 「지방세특례제한법」 제38조에 규정되어 있는 의료업에는 해당되지 아니한다고 봄이 타당하다 하겠음. 따라서 청구법인이 노인의료복지시설 용도로 사용하고 있는 쟁점부동산은 의료업에 사용되는 것으로 볼 수 없음(조심 2012지191, 2012.4.26.).

> **사례** 「노인장기요양보험법」에 따라 입소자가 장기요양급여수급자로 구성되어서 장기요양급여를 수령(해당 장기요양급여비용의 20%만 본인이 부담)하여 운영하는 시설인 경우라면 무료 노인복지시설이라고 봄이 타당함(지방세운영과-4133, 2010.9.7.).

> **사례** 「노인복지법」 제32조 제1항 제3호 및 같은 법 시행규칙 제17조 제1항에서 규정한 생활문화시설과 스포츠시설을 설치하고 노인복지시설용에 공여하면서 입소자가 이용하는 데 지장을 주지 아니하는 범위 내에서 외부에 개방하는 경우라면 취득세 등을 면제함이 타당함(세정 13407-367, 2001.4.4.).

---

62) 유료노인복지주택이 「주택건설촉진법 시행령」 제30조 제1항 단서의 규정에 의한 국민주택규모(1세대당 전용면적이 85제곱미터 이하)이고 사실상 상시 주거용으로 사용되는 경우에는 「조세감면규제법」 제100조 제1항 제1호의 규정에 의하여 부가가치세가 면제되고(재경원 소비 46015-199, 1997.6.20.), 농어촌특별세도 비과세됨(행심 2006-229, 2006.5.29.).

⑤ '무료노인복지시설'의 의미

「노인장기요양보험법」에 따르면 "장기요양급여"라 함은 제15조 제2항에 따라 6개월 이상 동안 혼자서 일상생활을 수행하기 어렵다고 인정되는 자에게 신체활동·가사활동의 지원 또는 간병 등의 서비스나 이에 갈음하여 지급하는 현금 등을 말한다라고 규정되어 있다. 법령에서 허용한 본인부담금만을 부담하는 형태로 운영되는 노인복지시설의 경우 이는 무료노인복지시설에 해당한다(행정안전부 지방세운영과−4133, 2010.9.7.)라고 해석하고 있어서 급식비와 간식비, 약제비가 실비 변상적인 것으로서 장기요양급여비용에 포함되지 않아 지원을 받을 수 없어서 「노인복지법」 등 본인부담분에 해당하는 경우 무료노인복지시설로 볼 수 있을 것이다. 그런데 해당 장기요양급여비용의 20%만 본인 부담하고 있는바, 이들 장기요양급여비용에 급식비와 간식비, 약제비가 포함되어 20%만 부담하면 되지만, 추가로 부담하는 경우에는 무료노인복지시설에 해당되지 아니하는 것이며, 실비변상적인 아닌 경우에도 무료노인복지시설로 볼 수 없을 것이다.

'일반적으로 유료로 사용하는 경우'라 함은 사용자가 그 사용에 대하여 대가를 지급하는 것을 의미한다고 할 것이고, 노인요양시설의 특성상 노인이 가정이나 병원에서 치매 등의 노인성질환이 악화되었음에도 보호자의 사정에 따라 수발이 어려운 경우 장기요양등급 판정을 받기 전에 요양시설에 입소하는 경우가 발생하여 입소 후 장기요양등급 판정을 받기 전까지는 일시적으로 일반수급자로 지내게 되는 경우가 불가피하게 발생할 수 있는 것이라 하겠다(조심 2014지635, 2014.11.6. 참조). 단기보호 입소자의 경우에도 3~9명이 입소 후에 장기요양등급판정을 받아 모두 「노인장기요양보험법」에 따라 노인장기요양급여 중 20%를 이용자들이 부담하고 나머지는 ○○○에서 이를 부담하는 형태로 운영되고 있는바, 이와 같이 본인부담금을 지급하는 것이 노인복지시설인 이 부동산의 이용대가를 지급하는 것이라고 볼 수도 있지만, 시설이용자들은 시설이용료의 일부만을 부담할 뿐으로서 일반적으로 그 사용에 따라 이용자들이 사용대가를 모두 지급하는 것과는 달리 보아야 할 것이고(조심 2014지854, 2015.2.10. 참조), 노인복지시설을 운영하는 자가 그 사업을 수행하기 위하여 필수적으로 동반하는 재화나 용역을 공급하고 그 사용대가의 대부분은 국가 등으로부터 지원을 받으면서 일부를 본인이 부담하도록 하였다 하더라도 이는 노인복지시설의 운영에 필수적으로 동반되는 재화나 용역을 공급하고 그 비용을 징수한 것에 불과하므로 이를 유료로 사용하고 있다고 보는 것은 입법 취지에 부합하지 아니한 측면이 있다고 보인다(조심 2014지1198, 2015.3.5.). 한편, 장기요양급여비용의 본인부담금(20%) 이외에 상급병실료 등 입소자 본인에게 전액 부담시킨 비용이 상당하며, 그러한 인원이 전체 입소자들 중에서 차지하는 비율도 높아 청구법인이 노인복지시설의 운영에 필수적으로 수반되는 재화나 용역을 공급하고 입소자로부터 그 비용을 지급받은 수준에 불과하다고 보기 어려운 점 등에 비추어, 그 전체적인 이용실태가 무료 노인복지시설로 인정하기에 무리가 있어 보이므로 유료 노인복지시설로 보아야 한다(조심 2014지888, 2015.2.25.).

3) 추징요건

별도의 추징규정이 없는바,「지방세특례제한법」제178조에 따라 다음 어느 하나에 해당하는 경우 그 해당 부분에 대해서는 감면된 취득세를 추징한다.

① 정당한 사유 없이 그 취득일부터 1년이 경과할 때까지 해당 용도로 직접 사용하지 아니하는 경우
② 해당 용도로 직접 사용한 기간이 2년 미만인 상태에서 매각·증여하거나 다른 용도로 사용하는 경우

> **사례** 노인복지시설에 대한 각종 행정처분은 시설장이 아닌 설치·운영하는 자인 대표자에게 하고 있는 점 등에 비추어, 처분청이 쟁점부동산을 노인복지시설로 직접 사용하지 아니한 것으로 본 것은 잘못임(조심 2022지1216, 2023.1.18.).

⑦ 청소년단체 등에 대한 감면(지특법 §21)

(1) 청소년 단체에 대한 감면(지특법 §21 ①)

1) 감면요건

① **감면대상자**

㉠「스카우트활동 육성에 관한 법률」에 따른 스카우트주관단체
㉡「한국청소년연맹 육성에 관한 법률」에 따른 한국청소년연맹
㉢「한국해양소년단연맹 육성에 관한 법률」에 따른 한국해양소년단연맹
㉣ 정부로부터 허가 또는 인가를 받거나「민법」외의 법률에 따라 설립되거나 그 적용을 받는 청소년단체
㉤ 행정안전부장관이 여성가족부장관과 협의하여 고시하는 단체

② **감면대상 및 감면범위**

고유업무에 직접 사용하기 위하여 취득하는 부동산[63]	취득세 75% 경감 (2017년 이전 면제)
과세기준일 현재 그 고유업무에 직접 사용하는 부동산	재산세 면제(도시지역분 포함) 지역자원시설세 면제 (2014년 이전만 적용)

☞ 감면시한 : 2026.12.31.
☞ 최소납부제 적용 시기 : 2015.1.1. 이후

---

63) 이 조문에서는 "임대용 부동산"이란 문구가 2023.1.1. 삭제되었으나, 지특법 §2 8에서 "직접 사용"의 의미에서 임대용 부동산을 제외하는 것으로 규정되어 있어서 삭제와 관계없이 감면이 되지 아니함. 이 감면내용에서 동일함.

👉 농어촌특별세 과세 여부 : 취득세분 농어촌특별세 과세, 취득세 경감분(면제분) 농어촌특별세 비과세(농특령 §4 ⑦ 5)

2) 추징요건

별도의 추징규정이 없는바, 「지방세특례제한법」 제178조에 따라 다음 어느 하나에 해당하는 경우 그 해당 부분에 대해서는 감면된 취득세를 추징한다.

① 정당한 사유 없이 그 취득일부터 1년이 경과할 때까지 해당 용도로 직접 사용하지 아니하는 경우

② 해당 용도로 직접 사용한 기간이 2년 미만인 상태에서 매각·증여하거나 다른 용도로 사용하는 경우

(2) 청소년수련시설 운영법인에 대한 감면(지특법 §21 ②)

1) 감면요건

① 감면대상자

「청소년활동진흥법」에 따라 청소년수련시설의 설치허가를 받은 비영리법인

② 감면대상 및 감면범위

청소년수련시설을 설치하기 위하여 취득하는 부동산	취득세 면제
과세기준일 현재 그 고유업무에 직접 사용하는 부동산	재산세 50% 경감(도시지역분 제외)

👉 감면시한 : 2026.12.31.
👉 최소납부제 적용 시기 : 2015.1.1. 이후
👉 농어촌특별세 과세 여부 : 취득세 면제분 농어촌특별세 과세

2) 추징요건

별도의 추징규정이 없는바, 「지방세특례제한법」 제178조에 따라 다음 어느 하나에 해당하는 경우 그 해당 부분에 대해서는 감면된 취득세를 추징한다.

① 정당한 사유 없이 그 취득일부터 1년이 경과할 때까지 해당 용도로 직접 사용하지 아니하는 경우

② 해당 용도로 직접 사용한 기간이 2년 미만인 상태에서 매각·증여하거나 다른 용도로 사용하는 경우

⑧ 사회복지법인 등에 대한 감면(지특법 §22)

1) 감면요건

① 감면대상자

「사회복지사업법」(2022년 이전은 제2조 제1호)에 따른 사회복지사업("사회복지사업")을 목적으로 하는 법인 또는 단체로서 일정 법인 또는 단체(2019년 이전은 「사회복지사업법」에 따라 설립된 사회복지법인과 양로원, 보육원, 모자원, 한센병자 치료보호시설 등 일정한 사회복지사업을 목적으로 하는 단체 및 한국한센복지협회)

☞ 사회복지법인 등

　다음 어느 하나에 해당하는 법인 또는 단체(일정 요건을 갖춘 단체에 한함)를 말함.
　① 「사회복지사업법」에 따라 설립된 사회복지법인
　② 사단법인 한국한센복지협회
　③ 「사회복지사업법」에 따른 사회복지시설("사회복지시설")을 설치·운영하는 다음의 법인 또는 단체(2023년 이후 적용)
　　㉠ 「민법」 §32에 따라 설립된 비영리법인
　　㉡ 다음의 요건을 모두 갖춘 단체
　　　㉮ 단체의 조직과 운영에 관한 일반 규정(規程)이 있을 것
　　　㉯ 단체의 대표자나 관리인이 있을 것
　　　㉰ 단체 자신의 계산과 명의로 수익과 재산을 독립적으로 소유·관리하고 있을 것
　　　㉱ 단체의 수익을 구성원에게 분배하지 않을 것
　④ 「사회복지사업법」(2022년 이전은 §2 4호)에 따른 사회복지시설("사회복지시설")로서 다음 어느 하나에 해당하는 시설을 직접 설치·운영하는 법인(「민법」 §32에 따라 설립된 비영리법인에 한함) 또는 단체(법인이 아닌 사단, 재단, 그 밖의 단체로서 단체의 조직과 운영에 관한 규정을 가지고 대표자나 관리인을 선임하고 있을 것, 단체 자신의 계산과 명의로 수익과 재산을 독립적으로 소유·관리할 것 및 단체의 수익을 구성원에게 분배하지 않을 것의 요건을 모두 갖춘 단체로 한정)
　　㉠ 「노인복지법」 §32 ① 1호에 따른 양로시설(입소자의 입소 및 이용에 대한 비용이 없거나 입소 및 이용에 대한 비용을 국가 또는 지방자치단체가 전액 부담하는 시설 한정)
　　㉡ 「아동복지법」 §52 ① 1호에 따른 아동양육시설
　　㉢ 「한부모가족지원법」 §19 ① 1호~3호에 따른 모자가족복지시설·부자가족복지시설·미혼모자가족복지시설
　　㉣ 「국민기초생활 보장법」 §32 10호에 따른 한센병요양시설

② 감면대상 및 감면범위

상기 감면대상자 중 ①과 ②가 해당 사회복지사업(2019년 이전은 해당 사업)에 직접 사용하기 위하여 취득하는 부동산(수익사업용 부동산 제외)[64]	취득세 면제
2023년 이후 상기 감면대상자 중 ③이 해당 사회복지사업에 직접 사용하기 위하여 취득하는 부동산	취득세 25% 경감[주1]
단, 사회복지시설의 입소자 및 이용자가 입소 및 이용에 대한 비용을 부담하지 아니하는 사회복지시설	취득세 면제[주1]

사회복지법인 등이 과세기준일 현재 해당 사회복지사업사업(2019년 이전은 해당 사업)에 직접 사용(종교단체의 경우 해당 부동산의 소유자가 아닌 그 대표자 또는 종교법인이 해당 부동산을 사회복지사업의 용도로 사용하는 경우 포함)하는 부동산(수익사업에 사용하는 경우, 유료로 사용되는 경우, 해당 재산의 일부가 그 목적에 직접 사용되지 아니하는 경우의 그 일부 재산 제외)^{(주2) (주3)} ○ 상기 감면대상자 중 ①과 ②	재산세 면제 (도시지역분 포함) 지역자원시설세 면제
○ 상기 감면대상자 중 ③ 　단, 사회복지시설의 입소자 및 이용자가 입소 및 이용에 대한 비용을 부담하지 아니하는 사회복지시설	재산세 25% 경감^(주1) 재산세 50% 경감^(주1) (도시지역분 제외)
사회복지법인 등이 해당 사회복지사업(2019년 이전은 그 사업)에 직접 사용하기 위한 면허	등록면허세 면제
사회복지법인 등(2023년 이후 「장애인활동 지원에 관한 법률」에 따른 활동지원기관을 설치·운영하는 법인·단체 중 상기 ③의 ㉠, ㉡을 포함)이 비영리사업에 제공되고 있는 사업소와 종업원^(주4)	주민세 사업소 면적 사업소분(2020년 이전 재산분)과 종업원분 면제
사회복지법인 등에 생산된 전력 등을 무료로 제공하는 경우^(주5)(2019년 이전만 적용)	지역자원시설세 면제
사회복지법인의 설립등기 및 합병등기	등록면허세 면제
사회복지시설 사업장	주민세 기본세율 사업소분(2020년 이전 균등분) 면제
사회복지법인이 의료기관을 경영하는 경우^(주6) ○ 의료업에 직접 사용하기 위하여 취득하는 부동산	취득세 30% (2017년~2020년 50%, 2015년과 2016년 75%) 경감
○ 「감염병의 예방 및 관리에 관한 법률」 제8조의 2에 따라 지정된 감염병전문병원이 의료업에 직접 사용하기 위하여 취득하는 부동산(2022년 이후)	취득세 40% 경감
○ 과세기준일 현재 의료업에 직접 사용하는 부동산	재산세 50%^(주7) (2015년과 2016년 75%) 경감 (도시지역분 포함)
○ 감염병전문병원이 과세기준일 현재 의료업에 직접 사용하는 부동산(2022년 이후)	재산세 60% 경감

64) 2년 이상 고유목적 사용 후 수익사업하는 경우 추징대상이 아닌 것으로 대법원판결(대법원 2012두26678, 2013.3.28.)이 있었으므로 수익사업을 하더라도 2년 이상 고유목적 사용 후 수익사업하는 경우 감면대상이 되는 것이다.

- 감면시한 : 2025.12.31.(사회복지법인이 의료기관을 경영하는 경우 2027.12.31.)
- 최소납부제 적용 시기 : 2020.1.1. 이후
- 농어촌특별세 과세 여부 : 취득세분 농어촌특별세 과세, 취득세 면제분(경감분)과 등록면허세 면제분 농어촌특별세 비과세(농특령 §4 ⑦ 5), 의료기관용 부동산의 취득세분과 취득세 경감분 농어촌특별세 과세
- (주1) 2023.1.1. 이후 해당 지역의 재정 여건 등을 고려하여 50% 범위에서 조례로 정하는 율을 추가로 경감 가능
- (주2) 종교단체의 경우 해당 부동산의 소유자가 아닌 그 대표자 또는 종교법인이 해당 부동산을 사회복지사업의 용도로 사용하는 경우 포함하는 것은 2014.1.1. 이후 재산세부터 적용되는 것이고, 해당 사회복지사업(2019년 이전은 해당 사업)에 직접 사용할 건축물을 건축 중인 경우와 건축허가 후 행정기관의 건축규제 조치로 건축에 착공하지 못한 경우의 건축 예정 건축물의 부속토지 포함.
- (주3) 2022년도 재산세(도시지역분 포함) 및 소방분 지역자원시설세를 면제받은 경우(2022.6.2.~2022.12.31. 부동산을 취득하여 종전의 지특법 §22 ①에 따라 취득세를 면제받은 부동산이 해당 사회복지사업에 직접 사용되는 경우 포함) 개정규정에도 불구하고 2024.12.31.까지 종전규정이 적용됨(부칙 §7 ②).
- (주4) 면제대상 사업과 수익사업에 건축물이 겸용되거나 종업원이 겸직하는 경우에는 주된 용도 또는 직무에 따름.
- (주5) 채취나 채수라는 표현없이 "생산된"으로만 표현되어 있어서 지하수는 포함되지 아니하는 것으로 해석할 수 있는 오해의 소지가 있지만, 유권해석에 의하면 국가 등에 무료로 제공하는 "생산된 전력 등"에 지하수도 포함하는 것으로 규정하고 있다(세정 13407-251, 2001.8.27.). 오해의 소지를 없애기 위하여 종전에 "생산된 전력 등"이라 표현하였던 것을 현행 「지방세법」에서는 "특정자원"으로 개정하였는바, 「지방세특례제한법」에서도 동일하게 개정하여야 할 것임.

  여기서 직접 생산 등을 한 것이 아니라 무료로 제공받아서 지역자원시설세 면제되는 경우라 하더라도 수익사업을 영위할 때 수익사업은 제외한다라고 규정되어 있지 아니하므로 감면을 하여야 할 것임.
- (주6) 2014년에는 「사회복지사업법」에 따라 설립된 사회복지법인이 의료기관을 경영하는 경우 그 해당 사업에 대한 상기 사회복지법인 등의 감면규정을 모두 적용하였으나(취득세, 재산세 이외에도 적용), 2015.1.1. 이후부터는 취득세와 재산세만 감면되고 감면율도 개정되었으며, 이 개정 규정에 대한 「지방세법」 제13조와 제28조에 따른 중과세율은 2016.1.1.부터 적용함(2014.12.31. 법률 제12955호 부칙 제13조).
- (주7) 2021년 취득분은 취득 후 납세의무가 최초로 성립하는 날부터 5년간(과세기준일 현재 의료업에 직접 사용하고 있지 아니하는 경우 제외되며, 도시지역분 제외) 경감하며, 2020.12.31. 이전에 취득한 부동산으로서 2021.1.1. 당시 그 부동산에 대한 재산세 납세의무가 최초로 성립한 날부터 5년이 지나지 아니한 경우에도 각각 적용함(이 경우 재산세의 경감기간은 2021.1.1.을 기준으로 해당 부동산에 대한 재산세 납세의무가 최초로 성립한 날부터 5년이 지나지 아니한 잔여기간으로 함)(지특법 부칙 §5 ①).

2) '사회복지사업을 목적으로 하는 단체'의 의미(2019년 이전만 적용)

'양로원·보육원·모자원·한센병자 치료보호시설 등 사회복지사업을 목적으로 하는 단체'란 열거된 사회복지시설(양로원·보육원·모자원·한센병자 치료보호시설)을 직접 운영하는 단체로 한정된다고 해석함이 상당하고, 그러지 아니한 단체는 지방세 감면요건 중 주체에 관한 것을 충족하였다고 보기 어렵다 할 것이다(조심 2016지1297, 2017.3.2.). 따라서 양로원·보육원·모자원·한센병자 치료보호시설을 영위하지 아니하는 사회복지사업을 목적으로 하는 단체는 감면대상이 되지 아니하는 것으로 해석하고 있다.

상기 심판례 취지의 근거인 대법원판례 등(대법원 2012두24276, 2013.2.14.)에 따르면 "구 「지방세법 시행령」 제79조 제1항 제3호 등이 규정하는 비영리사업자는 '「사회복지사업법」 제2조 제3호에서 정한 사회복지시설을 직접 운영하는 단체'로 한정된다고 해석된다. 왜냐하면 만일 이와 같이 사회복지시설을 직접 운영하는 단체가 그 사업에 사용하기 위하여 취득한 부동산에 한하여

취득세 등을 면제하는 것으로 해석하지 아니하는 경우 취득세 등 비과세대상이 되는 부동산의 범위가 애매해져 지나치게 확대될 위험이 있을 뿐만 아니라, 구 「지방세법」 제107조 제1호 등에서 비영리사업자가 공익사업에 사용하기 위해 부동산을 취득하는 경우 취득세를 면제하도록 하면서도 이에 해당하는 비영리사업자의 종류를 대통령령으로 정하도록 규정한 것은 조세감면의 특혜를 주어 공익사업을 장려하면서도 그 구체적 대상을 명확히 하여 무분별한 면세 혜택에 따른 세원 감축을 방지하고 일반 납세자와의 조세공평 또한 유지하려는 데에 그 입법목적이 있다고 할 것인데, 취득 이후 그 부동산의 이용 상태가 변질되더라도 이를 쉽게 밝혀낼 수가 없게 되어 위와 같은 입법목적에도 반하게 되기 때문이다"라고 판시하고 있다.

한편, 양로원·보육원·모자원·한센병자 치료보호시설은 사회복지사업의 대표적인 유형을 예시한 것으로 보아야 하는지 아니면 열거한 것으로 보아야 하는지 논란이 되고 있다.

① 2015.1.1. 이후

「사회복지사업법」에 따른 사회복지법인 이외의 법인(「법인세법」 제1호 및 제3호에 따른 내국법인 및 외국법인을 말함), 사단, 재단, 그 밖의 단체(이하 "단체")로서 다음의 요건을 모두 갖추고 해당 사업용 부동산을 직접 사용하기 위해 설립·운영하는 단체를 말한다.

　㉠ 단체의 조직과 운영에 관한 규정을 가지고 대표자나 관리인을 선임하고 있을 것

　㉡ 단체 자신의 계산과 명의로 수익과 재산을 소유·관리할 것

　㉢ 단체의 수익을 그 구성원에게 분배하지 아니할 것

종전에는 '사회복지를 목적하는 하는 단체'의 범위가 명확하지 아니하여 혼란이 있었으나, 이를 상기와 같이 명확히 규정하고 있다.

② 2014.12.31. 이전

'사회복지사업을 목적으로 하는 단체'인지 여부는 그 단체가 수행하는 업무의 성격, 설립목적, 재산세 비과세 규정의 취지 등을 종합적으로 고려하여 판단하여야 하는바, 부동산 명의자 및 노인복지시설 설치·신고자인 재단의 목적사업(정관)으로 "종합사회복지사업 및 사회복지관시설 운영"을 규정하고 있고, 노인복지시설 운영을 위해 특정 요건을 갖추어 법적절차에 따라 장기요양기관으로 지정받아 노인복지시설 설치·신고를 필하여, 종교사업과 별도로 조직·예산·회계처리 등이 구분되어 과세기준일 현재 노인복지시설을 운영하고 있다면 해당 종교단체를 비과세대상 "사회복지사업을 목적으로 하는 단체"로 보는 것이 합리적이라 할 것이다(지방세운영과-2477, 2011.5.28.)라고 해석하고 있어서 교회가 사회복지사업을 직접 영위하는 경우에는 취득세는 감면대상이 될 것이지만 교회정관상 사업목적에 사회복지사업이 규정되어 있어야 하며, 교회 소속으로 수익금 등은 교회로 귀속하여야 하지만 회계처리를 별도로 하여야 함을 전제로 하고 있다.[65]

---

65) 종전에는 사회복지사업은 종교사업으로 볼 수 없어 감면이 안되는 것으로 해석해 왔었다(세정 13407-436, 2001.10.17. 참조).

사례 건강가정지원센터와 아이돌봄서비스 제공기관이 설사 사회복지적 성격을 갖는다고 해도 위에서 열거한 사회복지시설을 직접 운영하기 위하여 설립된 단체가 아닌 이상 지방세 경감대상으로 볼 수 없음(지방세특례제도과-708, 2014.6.20.).

사례 단체가 아닌 개인이 지역아동센터를 운영하기 위하여 취득하는 부동산은 상기 규정에 의한 비과세대상이 되지 않는다고 판단됨(지방세정팀-992, 2006.3.14.).

사례 종교단체가 지역아동센터용 부동산(조심 2008지380, 2008.11.28.)

종교사업을 목적으로 설립된 단체인 청구인은 법인등기부와 정관의 목적사업에는 종교사업 외에 교육에 관한 사업과 사회복지에 관한 사업 등도 포함하고 있는데, 아동복지사업 등 자선사업은 종교적 실천의 가장 보편적인 형태이고 선교의 가장 효과적인 수단으로서 청구인과 같은 종교단체의 활동에 일반적으로 수반되는 사업이라고 할 것이고, 이와 같이 종교단체인 청구인이 종교단체의 목적달성에 필요한 부대사업으로서 사회사업을 목적사업으로 정관상 등재하고서 자신의 부담으로 이 사건 쟁점 건축물을 아동복지사업에 사용하는 것은 비영리사업자가 위 부동산을 "그 사업", 즉 비영리의 목적사업에 사용하는 경우에 해당한다고 봄이 상당함(서울고법 2003누15210, 2004.7.28. 참조).

③ '사회복지사업'의 의미

다음 법률에 따른 보호·선도(善導) 또는 복지에 관한 사업과 사회복지상담, 직업지원, 무료숙박, 지역사회복지, 의료복지, 재가복지(在家福祉), 사회복지관 운영, 정신질환자 및 한센병력자의 사회복귀에 관한 사업 등 각종 복지사업과 이와 관련된 자원봉사활동 및 복지시설의 운영 또는 지원을 목적으로 하는 사업을 말한다.

ㄱ 「국민기초생활 보장법」
ㄴ 「아동복지법」
ㄷ 「노인복지법」
ㄹ 「장애인복지법」
ㅁ 「한부모가족지원법」
ㅂ 「영유아보육법」
ㅅ 「성매매방지 및 피해자보호 등에 관한 법률」
ㅇ 「정신보건법」
ㅈ 「성폭력방지 및 피해자보호 등에 관한 법률」
ㅊ 「입양촉진 및 절차에 관한 특례법」
ㅋ 「입양특례법」(2011.8.4. 개정: 법률 제11007호 「입양특례법」 부칙 제1조 2012.8.4. 시행)
ㅌ 「일제하 일본군위안부 피해자에 대한 생활안정지원 및 기념사업 등에 관한 법률」
ㅍ 「사회복지공동모금회법」
ㅎ 「장애인·노인·임산부 등의 편의증진 보장에 관한 법률」
Ⓐ 「가정폭력방지 및 피해자보호 등에 관한 법률」
Ⓑ 「농어촌주민의 보건복지증진을 위한 특별법」

ⓒ 「식품기부 활성화에 관한 법률」

ⓓ 「의료급여법」

ⓔ 「기초노령연금법」

ⓕ 「긴급복지지원법」

ⓖ 「다문화가족지원법」

ⓗ 「장애인연금법」

ⓘ 「장애인활동 지원에 관한 법률」

ⓙ 「노숙인 등의 복지 및 자립지원에 관한 법률」

ⓚ 「보호관찰 등에 관한 법률」

ⓛ 「장애아동 복지지원법」(2011.8.4. 신설: 법률 제11009호 「장애아동 복지지원법」 부칙 제1조 2012.8.4. 시행)

ⓜ 「발달장애인 권리보장 및 지원에 관한 법률」

ⓝ 「청소년복지 지원법」

ⓞ 「건강가정기본법」

ⓟ 「북한이탈주민의 보호 및 정착지원에 관한 법률」

ⓠ 「자살예방 및 생명존중문화 조성을 위한 법률」

ⓡ 「장애인·노인 등을 위한 보조기기 지원 및 활용촉진에 관한 법률」

3) 추징요건

① 2023.1.1. 이후 감면분

취득세를 감면받은 법인 또는 단체가 다음 어느 하나에 해당하는 경우 그 해당 부분에 대해서는 감면된 취득세를 추징한다.

㉠ 부동산을 취득한 날부터 5년 이내에 수익사업에 사용하는 경우

㉡ 정당한 사유 없이 부동산의 취득일부터 3년이 경과할 때까지 해당 용도로 직접 사용하지 아니하는 경우

㉢ 해당 용도로 직접 사용한 기간이 2년 미만인 상태에서 부동산을 매각·증여하거나 다른 용도로 사용하는 경우

② 2022.12.31. 이전 감면분

다음 어느 하나에 해당하는 경우 그 해당 부분에 대해서는 감면된 취득세를 추징한다.

㉠ 해당 부동산을 취득한 날부터 5년 이내에 수익사업에 사용하는 경우

'5년 이내' 규정은 2017년 이후부터 적용되나, 2016.12.31. 이전에 감면받은 지방세를 2017.1.1. 이후 추징하는 경우에도 적용된다(부칙 §4). 그런데 그 이전에도 취득일로부터 5년 이내만 추징이 되었다는 점에서 마찬가지로 적용되어 왔었다.

㉡ 정당한 사유 없이 그 취득일부터 3년이 경과할 때까지 해당 용도로 직접 사용하지 아니하는 경우

㉢ 해당 용도로 직접 사용한 기간이 2년 미만인 상태에서 매각·증여하거나 다른 용도로 사용

하는 경우

③ 고유목적에 2년 이상 사용 후 수익사업에 사용하는 경우 면제됨

조문상 고유목적사업 영위 전후와 관계없이 수익사업이면 무조건 추징대상이 되는 것으로 해석할 여지가 있으나, 고유목적사업 영위한 후 수익사업을 하는 경우에는 다른 용도로 사용하는 것으로 보아 추징 여부를 판단하고 있다는 점(해석에 대한 해설 등에서 다른 용도로 보아 추징 여부를 결정한다고 하고 있음), "해당 용도로 직접 사용한 기간이 2년 미만인 상태에서 매각 또는 증여하거나 다른 용도로 사용하는 경우"라는 조문에서 다른 용도에는 수익사업은 제외한다라고 규정되어 있지 아니하므로 다른 용도에 수익사업도 포함될 것이므로 다른 용도와 수익사업을 별도로 구분하여 다르게 취급하고 있어서 형평성에 위배된다는 점 및 매각도 엄밀하게 수익사업으로 보는 경우가 있으므로 다르게 해석해서는 안된다는 점에서 고유목적사업 영위한 후 수익사업을 하는 경우 제1호는 배제하고 제3호에 의하여 추징하여야 할 것이다. 이에 대하여 대법원(대법원 2012두 26678, 2013.3.28.)에서 제3호에 따라 추징하여야 하는 것으로 판시한 바 있다. 그 내용은 다음과 같다.

"2000년 개정된 「지방세법」은 비영리사업자가 부동산을 공익사업에 2년 이상 직접 사용하지 않고 매각하거나 다른 용도로 사용하는 경우 비과세한 취득세와 등록세를 부과할 수 있도록 했다"고 전제했다.[66] 매년 부과되는 재산세와 달리 취·등록세는 일정기간 공익사업 용도로 사용하면 비과세 목적을 달성했다고 보는 것이 입법 취지나 목적에 부합하며, 비영리사업자가 비과세 부동산을 2년 이상 공익사업 용도로 직접 사용했다면 이후 다른 용도로 사용하더라도 취득세와 등록세 부과 대상에 해당하지 않는다며 2년 이상 직접 사용했는지 여부를 심리하지 않은 채 과세가 정당하다고 본 원심은 위법하다는 것이다.

이 대법원판례(대법원 2012두26678, 2013.3.28.)에 따르면 추징이 되지 아니하므로 추징규정 중 "다른 용도"에 수익사업도 포함되므로 이를 명확히 구분하여 추징규정 제1호인 "수익사업을 영

---

66) 2000.12.29. 개정 「지방세법」 해설에 보면 "비과세·감면대상에 대한 추징근거 규정 신설"하여 2001.1.1. 이후부터 적용됨.

  1) 개정 조문

    다만, 대통령령이 정하는 수익사업에 사용하는 경우와 취득일부터 1년(제1호의 경우에는 3년) 이내에 정당한 사유없이 그 용도에 직접 사용하지 아니하는 경우 또는 그 사용일부터 2년 이상 그 용도에 직접 사용하지 아니하고 매각하거나 다른 용도로 사용하는 경우 그 해당 부분에 대하여 취득세를 부과한다.

  2) 배경

    비영리사업자 또는 공공법인 등이 부동산 취득 후 유예기간(1년 또는 3년) 이내에 고유목적에 사용하는 부동산은 취득세·등록세 등이 비과세 또는 감면되나, 비영리사업자 등이 조세회피의 목적으로 취득 부동산을 유예기간 내에 사용을 개시하여 일시적·형식적으로 사용하다가 매각 또는 타 용도로 전용하더라도 이에 대한 추징 규정이 없어 공평과세를 저해하고 있음에 따라 비영리사업자 또는 공공법인 등이 부동산을 취득하여 유예기간 내에 목적사업에 사용하였다 하더라도 그 사용일부터 2년 이상 사용하지 아니하고 매각하거나 타 용도 전용할 경우에는 비과세 또는 감면된 지방세를 추징할 수 있는 근거 규정을 보완하였다.

  3) 개정 개요

    「지방세법」 제107조 및 제127조에서 규정하고 있는 용도구분에 의한 비과세 규정과 제5장 과세면제 및 경감 규정에서 취득 부동산의 사용일부터 기산하여 그 용도에 2년 이상 사용하지 아니하고 매각하거나 다른 용도로 사용하는 경우에는 비과세 또는 감면된 지방세를 추징하도록 규정하였다.

위하는 경우"라는 문구는 삭제하는 대신에 제3호에 "… 다른 용도(수익사업 포함) …"로 개정하여야 할 것이다.

☞ 부동산을 종교 목적으로 직접 사용한 기간은 2009.1.부터 같은 해 6.1.까지의 5개월 정도로 볼 수 있고, 2009.6.2.부터 △△△노인전문요양원에 임대한 것이므로 구 「지방세법」 제107조 제1호 및 제127조 제1항 제1호의 단서규정인 "그 사용일로부터 2년 이상 그 용도에 직접 사용하지 아니하고 다른 용도로 사용하는 경우"에 해당된다고 할 수 있음(감심 2010-98, 2010.10.7.). 수익사업 해당 여부로 판단하지 아니하였음.

☞ 고유목적사업 영위한 후 수익사업을 하는 경우에는 다른 용도로 사용하는 것으로 보아 추징 여부를 판단하고 있다는 점(유권해석에 대한 해설 등에서 다른 용도로 보아 추징 여부를 결정한다고 하고 있음)

☞ 다른 용도와 수익사업을 별도로 구분하여 다르게 취급하고 있어서 형평성에 위배된다는 점, 매각에는 수익사업으로 해당하는 경우도 있으므로 다르게 해석해서는 안 된다는 점

④ 정부예산 불승인으로 신축하지 못하는 경우 정당한 사유 여부

정부예산 불승인이 사회복지시설 신축공사를 하지 못한 직접적인 원인이 되었다면 "정당한 사유"로 볼 수 있으나, 신축을 위한 성실한 노력을 하였는지의 여부 및 정부예산 승인과의 관계등을 조사하여 과세권자가 판단할 사항이다(도세 22670-4434, 1990.12.22.). 그런데 사옥신축에 대한 내부 심의위원회의 심의 의결과 전국대의원 총회의 승인, 사옥신축계획(변경)안의 내부 심의위원회의 심의의결, 보건복지부의 인가 등, 설계기간의 장기 소요는 내부적인 사정으로 외부적인 요인으로 보기에는 어려움이 있을 것으로 판단된다.

⑤ 사회복지법인이 설치·운영하는 어린이집

사회복지법인이 설치·운영하는 어린이집을 수익사업으로 보지 않는 것으로 규정하고 있으므로 사회복지법인이 설치·운영하는 어린이집에 대하여 「지방세특례제한법」 제19조 및 제22조 감면규정 모두 적용할 수 있는 것이다(지방세특례제도과-1708, 2015.6.30.).

⑥ 주민세 균등분 면제대상인 '사회복지시설 사업장'의 의미

사회복지법인이 어린이집을 운영하면서 동일한 장소에 법인의 고유 업무를 위한 사업장을 운영하고 있는바, 사회복지법인이 설치한 어린이집은 「사회복지사업법」 제2조 제1호에 열거된 「영유아보육법」에 따라 운영하는 사업장으로 사회복지시설 사업장에 해당된다고 보아야 할 것이므로 주민세 균등분 감면대상에 해당된다 할 것이지만, 사회복지법인의 고유 업무 사업장은 사회복지사업을 목적으로 설치된 사회복지시설이 아닌 법인의 고유 업무를 처리하기 위한 사업장에 해당되므로 주민세 균등분 면제대상이 아니다(지방세특례제도과-1412, 2016.6.22.).

⑦ 장애인 의료재활시설은 '사회복지법인이 경영하는 의료기관'에 해당됨

「의료법」에 따라 공중 또는 특정다수인을 위하여 의료업을 영위하기 위한 의료기관의 실질을 갖추고 있는 것이므로 '사회복지법인이 경영하는 의료기관'에 '장애인 의료재활시설'이 포함되는 것이다(지방세특례제도과-2749, 2019.7.14.).

9 **출산 및 양육 지원을 위한 감면**(지특법 §22-2)

1) 감면요건

① 감면대상자

18세 미만의 자녀(가족관계등록부 기록을 기준으로 하고, 양자 및 배우자의 자녀를 포함하되, 입양된 자녀는 친생부모의 자녀 수에는 포함하지 아니함) 2명 이상을 영육하는 자("다자녀 양육자" 중 18세 미만의 자녀 3명 이상을 양육하는 자[2024년 이전은 18세 미만의 자녀(가족관계등록부 기록을 기준으로 하고, 양자 및 배우자의 자녀를 포함하되, 입양된 자녀는 친생부모의 자녀 수에는 포함하지 아니함) 3명 이상을 양육하는 자]

② 감면대상 및 감면범위

양육을 목적으로 취득하여 등록[67]하는 다음 감면대상 자동차로서 최초로 감면신청하는 1대	취득세 면제[주]

- 감면시한 : 2027.12.31.
- 최소납부제 적용 시기 : 2019.1.1. 이후
- 농어촌특별세 과세 여부 : 「지방세법」 제124조에 따른 자동차에 대한 취득세에 대한 농어촌특별세 비과세(농특령 §410-2), 이륜자동차는 「지방세법」 제124조에 따른 자동차에 해당되지 아니하여 농어촌특별세 과세대상이나 취득세 면제분 농어촌특별세 비과세(농특령 §4 ⑦ 5)
- (주) 다자녀 양육자 중 18세 미만의 자녀 2명을 양육하는 자가 양육을 목적으로 2027.12.31.까지 취득하여 등록하는 자동차로서 감면대상 자동차 중 먼저 감면 신청하는 1대에 대해서는 취득세의 50% 경감하되(2025년 이후 적용), 6인 이하 승용자동차의 경우 취득세가 140만 원 이하인 경우는 전액 면제, 140만 원 초과 시 140만 원 공제하되, 다자녀 양육자 중 18세 미만의 자녀 2명을 양육하는 자는 취득세가 140만 원 이하인 경우는 50% 경감, 140만 원 초과 시 70만 원 공제됨.
- 감면대상 자동차
    - ① 다음 어느 하나에 해당하는 승용자동차
        - ㉠ 배기량 2천시시 이하인 승용자동차
        - ㉡ 승차 정원 7명 이상 10명 이하인 승용자동차(「자동차관리법」에 따라 2000년 12월 31일 이전에 승용자동차로 분류된 고급에 해당하는 자동차 및 이에 준하는 자동차는 제외)
        - ㉢ 「자동차관리법」에 따라 자동차의 구분기준이 화물자동차에서 2006년 1월 1일부터 승용자동차에 해당하게 되는 자동차(2005년 12월 31일 이전부터 승용자동차로 분류되어 온 것 제외)
    - ② 승차 정원 15명 이하인 승합자동차
    - ③ 최대적재량 1톤 이하인 화물자동차
    - ④ 배기량 250시시 이하인 이륜자동차(2015년 이전 이륜자동차)

---

67) 취득세는 취득 시 납세의무가 발생되는 것이므로 등록을 하여야 감면을 하는 것은 법취지에 맞지 아니하며, 취득시점에 감면요건이 충족되는 경우에는 취득세 감면이 되어야 하는 것인데, 등록을 추가하였는바, 취득 시점에 감면요건이 충족되어야 하는 것임에도 등록시점에 감면요건이 충족되는 것으로 잘못 해석되어질 가능성이 높다. 굳이 등록을 하는 경우에만 감면이 적용되는 것으로 하고자 한다면, 오해의 소지를 없애기 위하여는 "취득하는"은 그대로 두고 끝부분에 "등록하는 경우에 한하여 취득세 및 자동차세를"라고 법조문을 명확히 하여야 할 것이다.

☞ 자동차 소유로 보지 아니하는 경우

취득세와 자동차세를 면제받은 자동차가 다음 어느 하나에 해당하는 경우 장부상 등록 여부에도 불구하고 자동차를 소유하지 아니한 것으로 본다.

> 1. 「자동차관리법」에 따른 자동차매매업자가 중고자동차 매매의 알선을 요청받은 사실을 증명하는 자동차. 다만, 중고자동차가 매도(賣渡)되지 아니하고 그 소유자에게 반환되는 경우에는 그 자동차를 소유한 것으로 본다.
> 2. 천재지변·화재·교통사고 등으로 소멸·멸실 또는 파손되어 해당 자동차를 회수할 수 없거나 사용할 수 없는 것으로 해당 특별자치시장·특별자치도지사·시장·군수·구청장이 인정하는 자동차
> 3. 「자동차관리법」에 따른 자동차해체재활용업자가 폐차되었음을 증명하는 자동차
> 4. 「관세법」에 따라 세관장에게 수출신고를 하고 수출된 자동차

등록면허세는 감면적용 세목에 포함되어 있지 아니하므로 감면이 되지 아니한다.

부부공동 양육자가 공동등록 지분을 자동차 등록일부터 1년 이내에 제3자에게 양도하여 취득 당시 감면받은 취득세를 전부(100%)를 추징한 경우라면, 비록 공동 양육자가 추징당한 종전 차량을 보유하고 있다 하더라도 종전 차량에 대한 지방세 감면사항이 없기 때문에 새로이 취득하는 차량에 대하여 감면을 신청하는 경우 감면이 가능한 것이다(지방세특례제도과-1805, 2016.7.27.).

2) 양육자와 자녀범위

① 외국 국적인 양육자

가족관계등록부 기록을 기준으로 다자녀를 판단하고 있는바, 외국 국적의 부인이 남편의 가족관계등록부에 등록되어 있는지 여부에 따라 감면 여부가 결정될 것으로 판단된다. 즉 남편의 가족관계기록부에 외국 국적의 부인이 등록되어 있다면 외국 국적 부인 명의로 취득하여 등록하는 경우 감면을 해주어야 할 것으로 판단된다. 그 이유는 양육하는 자로서 외국인은 제외한다라는 규정이 별도로 규정되어 있지 아니하기 때문이다.

② 자녀 범위

18세 미만의 자녀(가족관계등록부 기록을 기준으로 하고, 양자 및 배우자의 자녀를 포함하되, 입양된 자녀는 친생부모의 자녀수에는 포함하지 아니함) 3명 이상을 양육하는 자가 양육 목적으로 취득하여 등록하는 차량에 대하여 감면된다.

   ㉠ **취득일 기준**

     취득하여 등록하는 자동차라고 규정되어 있어서 취득일뿐만 아니라 등록일에도 18세 미만인 3자녀 양육자만 감면이 되는 것으로 해석할 여지가 있으나, 취득일 기준으로 18세 미만이면 자녀수에 포함되는 것이다.

   ㉡ **자녀 중 18세 초과자가 있는 경우**

     자녀 3명 이상을 양육하는 다자녀양육자가 취득(대체취득 포함)하는 자동차에 대해 취득세를 감면해주고 있다. 이는 출산장려의 일환으로 다자녀양육자에게 적용되는 세제혜택 중의 하나로 볼 수 있다. 자녀 3명 이상이어야 하고 18세 미만의 자녀를 대상으로 하고

있는바, 취득일을 기준으로 자녀의 연령이 18세 미만인지 여부에 따라 감면 또는 비감면이 결정된다. 예를 들어 세 자녀 중 첫째 자녀(자녀가 많은 경우 나이순으로 아래 세 자녀 중 첫째 자녀)가 주민등록상 생년월일이 18세가 도래하기 이전까지 감면가능하기 때문에 첫째 자녀가 취득일에 만 18세에 해당하는 경우 18세가 되기 이전에 차량을 취득하고 등록한 경우에 감면이 되는 것으로 해석할 수 있다.

이 경우 자녀가 3인을 초과하는 경우 예를 들어 4인의 자녀를 양육하는 경우 자동차 취득 시점에 나이가 가장 많은 첫째 자녀가 18세를 초과하게 되는 경우 취득세 감면이 적용되는지 법령상 명확하지 아니하다. 다자녀양육자의 취득세 감면 취지가 출산장려와 미성년자인 자녀들의 부양에 어려움을 고려하여 제정된 측면이 있는 법령이므로 자녀가 4인 이상인 경우 나이가 어린 3자녀가 18세 미만 요건을 모두 충족하고 있다면 취득세를 면제하는 것이 당연한 해석으로 보여진다.

ⓒ 재혼 가정

재혼 가정의 경우 배우자의 자녀를 포함하여 3명 이상이면 취득세 면제가 가능하다고 보는데, 문제는 실질적으로 양육을 하는지 여부에 따라 감면이 되는 것이다.

사례 재혼(전남편과 자녀 1명, 전처와 자녀 1명 → 자녀 1명씩 있는 경우)하여 1명을 출산한 경우에 가족관계등록부에는 남편명의로 자녀 2명이 등재되고, 배우자 명의로도 자녀 1명이 등재될 때, 이럴 경우에는 전체 합친 자녀수는 3명이 되어 다자녀 감면을 요청한 경우에 전남편과 전처의 가족관계등록부에도 재혼하면서 데리고 온 자녀 1명씩은 가족으로 등재될 경우 감면 여부

가족관계등록부 기록을 기준으로 하고, 양자 및 배우자의 자녀를 포함하되, 입양된 자녀는 친생부모의 자녀수에는 포함하지 아니한다라고 규정되어 있는바, 가족관계등록부 기록에 의하면 전남편의 자녀와 전처의 자녀 각각 1명, 재혼 후 출산한 자녀 1명 합하여 3명이 되므로 감면대상이 되는 것으로 판단된다. 조문에 따르면 가족관계등록부 등재에 의하여 감면 여부를 판단할 수밖에 없으므로 우선 감면을 한 후 실제로 누가 양육하는지 파악이 될 경우에는 추징 여부를 판단하면 될 것이다. 즉 가족관계등록부에 등재하였다 하는 것은 양육한다는 것을 전제로 한 것이므로 이를 의심하여 양육하지 아니한다라고 무조건 주장할 수도 없을 것이므로 양육하지 아니한다는 사실을 과세관청에서 입증하지 아니하는 한 감면을 하여야 할 것임.

ⓓ 이혼 가정

가족관계등록부 기록은 자녀인지 여부를 판단하는 자료가 되는 것일 뿐, 실제로 양육하여야 감면이 되는 것으로 해석하여야 할 것이다. 즉 법 취지상 양육비를 지급하였다고 양육하고 있다라고는 말할 수 없을 것이므로 직접 거주하면서 양육하는 경우 자녀수에 포함될 것이다. 일반적으로 양육권자를 기준으로 하여야 할 것이나, 주민등록 여부와 관계없이 양육권자가 실제로 거주하면서 양육하여야만 자녀수에 포함될 것이다. 그런데 양육권자가 주민등록이 되어 있지 아니할 경우 실제로 양육하고 있는지는 양육권자가 입증하여야 할 것이다.

사례 자기의 친자녀 2명이 주민등록표상 전처의 세대원으로 구성되어 생계를 하고 있고, 자기는 자녀가 1명이 있는 사람과 재혼을 하여 생계를 할 경우에도 가족관계등록부상 자녀가 3명이 되는 경우 감면대상 여부

양육하는 자가 양육목적으로 취득하여야 하는 것으로 규정되어 있는바, 전처 자식이 천처가 양육하고 있고 주민등록도 전처에게 되어 있다면 자기의 자녀로 볼 수 없을 것이다. 가족관계등록부상에 자녀로 되어 있더라도 전처가 양육하고 있는바, 전처가 양육자이므로 자기의 감면요건 3자녀 이상이라 할 수 없을 것이다. 즉 가족관계등록부 기록은 자녀인지 여부를 판단하는 자료가 되는 것일 뿐, 실제로 양육하여야 감면이 되는 것으로 해석하여야 할 것임.

사례 이혼을 하여 전처가 자녀와 생계를 하고 있지만 양육의 상당 부분을 부담(매달 양육비 지급)할 경우 재혼한 가정의 양육대상자 포함 여부

남편이 비록 이혼 합의에 의해 양육비를 지급하고 있다고 하더라도 양육비 지급자(남편)를 양육하는 자로 볼 수 없을 것 같다. 즉 전처를 양육(보살펴서 자라게 하는 것)하는 자로 보아야 할 것이다. 그 이유는 다자녀 자동차 감면의 취지는 자동차 이용자인 자녀수가 3명 이상이므로 출산장려 차원에서 양육비를 지원하기 위함이므로 양육비를 지급하였다고 양육하고 있다라고는 말할 수 없을 것이므로 직접 거주하면서 양육하지 아니하는 경우 자녀수에 포함할 수 없을 것이기 때문임.

㉢ 외국국적 자녀

가족관계등록부 기록을 기준으로 다자녀를 판단하고 있는바, 미국 국적의 국내 거소자가 가족관계등록부에 등록되어 있지 아니하다면 자녀수에 포함할 수 없다. 그 이유는 자녀로서 외국인은 제외한다라는 규정이 별도로 규정되어 있지 아니하기 때문이다.

㉣ 태아

출산 예정인 태아에 대하여 별도로 규정하고 있지 아니하고 가족관계등록부에 등재되어 있지 아니하므로 자녀수에 포함되지 아니한다. 취득일에 출산하였으나, 가족관계등록부에 등재되어 있지 않았다 하더라도 출생신고서 등 출산이 취득일 이전임이 명백할 경우에는 자녀수에 포함하여야 할 것이다.

3) 감면배제

다자녀 양육자로서 18세 미만의 자녀 3명 이상을 양육하는 자 중 1명 이상이 종전에 감면받은 자동차를 소유하고 있거나(2019년 이후 적용) 배우자가 감면을 받은 경우 또는 배우자 외의 자와 공동등록을 하는 경우에는 감면되지 아니한다. 그리고 다자녀 양육자로서 18세 미만의 자녀 2명을 양육하는 자 중 1명 이상이 종전에 감면받은 자동차를 소유하고 있거나 배우자 및 자녀 외의 자와 공동등록을 하는 경우에는 그러하지 아니하다(2025년 이후 적용)(여기서 자녀와의 공동등록은 다자녀 양육자의 사망으로 해당 다자녀 양육자가 취득세를 감면받은 자동차의 소유권을 그 배우자와 자녀가 「민법」 제1009조에 따라 법정상속분대로 이전받아 등록하는 경우로 한정).

상기에서 배우자가 감면을 받은 경우라는 규정이 공동명의로 등록의 경우에도 적용되는지 논

란이 될 수 있다. 한편, 다자녀 양육자가 감면받은 자동차의 소유권을 해당 다자녀 양육자의 배우자에게 이전하여 등록하는 경우에는 감면이 되고(2017년 이후부터 적용되나 종전에도 적용되었음), 2023.1.1. 이후 다자녀 양육자의 사망으로 해당 다자녀 양육자가 취득세를 감면받은 자동차의 소유권을 그 배우자와 자녀가 「민법」 제1009조에 따라 법정상속분대로 이전받아 등록하는 경우에도 감면이 된다.

① 배우자와 공동 등록

배우자가 감면을 받은 경우에는 감면이 되지 아니한다라고 되어 있는바, 배우자와 공동 등록의 경우 한 사람의 지분만 감면을 하여야 할 것으로, 한 사람의 지분은 감면을 받은 경우에 해당되어 나머지 다른 한 사람의 배우자의 지분에 대해서는 감면이 되지 아니하는 것으로 해석할 수도 있고, 배우자 외의 자와 공동 등록하는 경우 감면을 배제하는 것으로 규정되어 있어서 배우자와 공동 등록 시 감면이 되는 것으로 다르게 해석할 수도 있다. 후자의 해석이 법 취지에 더 타당한 것으로, 다자녀양육자의 경우 당초부터 동일한 다자녀양육자에 해당하는 부부 공동명의로 등록하는 경우에도 취득세 감면대상에 해당된다고 해석하고 있다(조심 2012지272, 2012.6.12.).

② 배우자 외의 자와 공동 등록

배우자가 아닌 자와 공동 등록(예 : 자녀) 시에는 감면이 되지 아니한다.

구 자치단체 감면조례로 감면받은 후 의무보유기한 이후에 양도하고 새로이 차를 구입한 경우에는 기존 감면받은 세액의 추징없이 신차에 대해 감면이 가능하였다. 다자녀양육자가 타인과 공동으로 취득한 경우에는 구 자치단체 감면조례에서는 타인과 공동으로 취득 시 다자녀양육자의 지분만큼 감면되나, 현행 「지방세특례제한법」에서는 배우자 외의 자와 공동 등록하는 경우 전체가 감면이 되지 아니한다.

그런데 추징 규정은 다자녀 양육용 자동차의 소유권을 일정기간 동안 취득 당시와 동일하게 유지하도록 하여 불필요한 조세감면을 방지하고 다른 납세자와의 형평을 맞추면서 저출산 문제를 해결하고자 하는 데 있을 뿐 다자녀를 양육하는 자가 자동차세를 면제받기 위하여 장애를 가진 자녀와 공동 등록하는 경우까지 막고자 하는 것은 아니라고 보이는 점, 청구인은 이 자동차의 지분의 일부(1%)만을 자녀에게 이전하였다 하더라도 그 실질적인 소유권은 여전히 청구인에게 있고, 심리일 현재 이 건 자동차를 다자녀 양육을 위하여 사용하고 있는 사실은 다툼이 없다고 보이는 점 등에 비추어 추징 규정을 적용함에 있어 이 자동차와 같이 지분의 1%를 자녀에게 이전한 것과 일반적인 소유권의 이전과 동일하게 보는 것은 합리적이지 않다 할 것이므로 취득세 경정청구를 거부한 처분은 잘못이 있다고 판단된다(조심 2018지1171, 2018.11.29.).

4) 유의사항

① '양육 목적'의 의미

'양육 목적'은 자녀를 양육 등에 사용하는 경우를 말하는 것으로 영업용 택시의 경우에도 감면

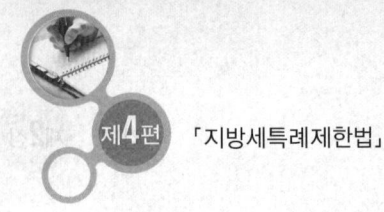

요건에 해당하는 승용자동차라면 감면이 되는 것으로 보여진다.

② '최초로 감면신청하는 1대'의 의미

감면포기를 통하여 기존 차량이 감면대상에서 과세대상으로 전환되더라도 그 지위나 순위까지 변동되는 것은 아니라고 할 것이므로 새로이 취득한 자동차등록일로부터 60일 이내에 종전 자동차를 이전 또는 말소하지 않은 한, 새로이 취득하여 감면신청하는 자동차에 대하여는 취득세 등의 감면을 적용할 수 없다(지방세운영과-1777, 2010.4.29. 참조).

③ 대체취득에 의한 감면

㉠ 신차 취득 전 말소등록 또는 이전등록

다자녀양육자가 취득세를 면제받은 자동차를 말소등록하거나 이전등록(2017년 이후 배우자 간 이전은 제외하며, 2017년과 2018년은 자동차 등록일부터 1년이 경과한 후 말소등록하거나 이전등록하는 경우로 한정)하고 새로 취득한 자동차에 대해서는 취득세를 면제한다. 배우자 간의 이전은 종전에도 적용되지 아니하였다.

㉡ 신차 취득 후 말소등록 또는 이전등록

신차를 취득하여 등록한 날부터 60일 이내에 취득세를 면제받은 종전 자동차를 말소등록하거나 이전등록(배우자 간 이전은 제외)하는 경우에도 새로 취득한 자동차에 대해서는 취득세를 면제한다.[68]

④ 영업용 택시 및 건설기계

감면규정에 양육을 목적으로 취득하여 등록하는 자동차로 규정되어 있으면서 최대적재량이 1톤 이하인 화물자동차도 감면대상이 되는 것으로 규정되어 있으며, 영업용 승용차에 대하여 제외한다라고 규정되어 있지 아니하는바, 영업용 승용차(택시)가 영업을 위한 것이므로 양육목적이라고 볼 수 있는지 명확하지 아니하나, 영업을 통해 번 돈을 가지고 생활비, 즉 양육비 등으로 사용하는 것으로 본다면 양육목적으로 취득한 것으로 볼 수 있을 것이며, 양육목적임을 증명한다면 감면대상이 되는 것으로 판단된다. 단, 건설기계는 자동차가 아니므로 감면대상이 아니다.

⑤ 캠핑용 자동차 또는 캠핑용 트레일러

감면되는 자동차 종류 구분은 「자동차관리법」 제3조에 따르도록 되어 있고, 이 규정에 의한 「자동차관리법 시행규칙」 제2조 제1항에 따르면 캠핑용 자동차 또는 캠핑용 트레일러도 승합자동차로 보도록 규정되어 있으며, 제외한다라는 별도의 규정이 없는바, 캠핑용 트레일러가 승차정원이 15인 이하인 경우에는 감면대상 자동차가 될 것이지만, 양육목적에 해당되어야 할 것이다.

---

68) 2013.1.1. 시행 당시 대체취득 자동차의 등록일부터 60일이 경과되지 아니한 경우로서 그 등록일부터 60일 이내에 종전 자동차를 말소등록 또는 이전등록하였거나 말소등록 또는 이전등록하는 경우부터 적용한다[부칙(2013.1.1. 법률 제11618호) §3].

⑥ 구조변경

취득세를 면제받은 후 차량을 구조변경할 경우 감면받은 자동차에 대하여 종류변경(LPG로 구조변경)을 하더라도 최초로 감면받은 자동차 1대에 해당하는 것이라면 취득세가 면제된다(세정 13407-581, 2001.5.28 참조).

5) 추징요건

① 추징사유

자동차 등록일부터 1년 이내에 사망, 혼인, 해외이민, 운전면허 취소, 그 밖에 이와 유사한 사유 없이 해당 자동차의 소유권을 이전하는 경우에는 감면된 취득세를 추징한다. 이 내용은 다자녀양육자가 아닌 자에게 소유권이전등록을 한 경우에 적용하는 것으로 해석하는 것이 조문 체계상으로도 합리적이라고 보여진다(조심 2012지0227, 2012.6.13.). 따라서 다자녀 양육자가 해당 자동차의 소유권을 해당 다자녀 양육자의 배우자에게 이전하는 경우에는 감면된 취득세를 추징하지 아니한다[2017년 이후 적용되나, 2016.12.31. 이전에 감면받은 지방세를 2017.1.1. 이후 추징하는 경우에도 적용함(부칙 §4)]. 여기서 1년의 기산일은 자동차 취득일이 아닌 등록일이며, 전체 감면받은 지분이 추징대상이 된다.

한편, 장애인이 보철용 또는 생업활동용으로 사용하기 위하여 취득한 자동차에 대해 취득세 등의 면제를 통하여 장애인을 지원하는 데 목적이 있는 점, 혼인 등 부득이한 사유없이 소유권을 이전하는 경우 면제된 취득세 등을 추징하는 것은 장애인 소유의 자동차를 장애인용이 아닌 다른 용도에 사용하거나 부당한 방법으로 세제감면을 받고자 하는 것을 제어하기 위하여 있는 점 등에 비추어 볼 때, 장애인과 공동 등록할 수 있는 자 간에 등록전환하는 경우 취득세 등의 면제요건이 새로이 성립되었다고 보아 공동등록인의 소유지분만큼에 해당하는 취득세 등을 면제하겠다는 것이 아니라 소유권이전으로 보지 아니하기 때문에 면제된 취득세 등을 추징하지 않겠다는 것을 의미한다고 보아야 하겠으므로, 상기 규정에서 유예기간 기산일은 장애인이 그 공동등록인을 아들에서 배우자로 변경하여 등록한 날이 아닌 당초 장애인과 그 아들이 공동 등록한 날로 본다(조심 2009지0122, 2009.4.13.)라고 결정하고 있어서 출산 및 양육 지원을 위한 감면에서도 동일하게 적용하여야 할 것이다.

> **사례** 감면 후 지분 일부를 배우자와 공동명의로 등록한 경우(조심 2012지0227, 2012.6.13.)
> 쟁점자동차에 대하여 다자녀양육자인 부부 중 1인 명의로 등록하였다가 부부공동명의로 등록하였다 하여 취득세 추징대상으로 보아 이 건 취득세를 부과한 처분은 잘못이라고 판단됨.

② 배우자에게 일부 또는 전부 소유권이전

㉠ 일부 지분 이전으로 공동명의로 하는 경우

배우자와 공동 등록하여 감면을 받았다 하더라도 1년 이내에 부부 간에 이전등록을 하는

경우 장애인용 자동차 감면규정에는 자동차 등록일로부터 1년 이내에 배우자나 동거가족 명의로 이전등록하는 경우에는 감면이 유지, 즉 추징되지 아니하는 것으로 별도로 규정하고 있지만, 2016년까지는 다자녀양육 자동차 감면규정에서는 이러한 규정이 별도로 없기 때문에 추징이 되는 것으로 해석할 수 있다. 그런데 이와 같은 이유가 있음에도 불구하고 배우자 이외의 자와 공동으로 이전하는 경우 감면이 되지 아니한다라고 규정되어 있어서 배우자와 공동등록하는 경우 감면이 되는 것으로 다르게 해석할 수도 있다. 후자가 법 취지에 더 타당한 것으로, 다자녀양육자의 경우 당초부터 동일한 다자녀양육자에 해당하는 부부 공동명의로 등록하는 경우에도 취득세 감면대상에 해당된다고 해석할 수 있고, 당초 배우자 단독명의로 등록하였다가 부부 공동명의로 등록하였다 하더라도 이는 당초부터 공동명의로 등록할 수 있는 자들에 해당되므로 이에 대하여 취득세를 추징하는 것은 불합리하다(조심 2012지272, 2012.6.12.)라고 해석하고 있다. 이는 법 취지상 타당하나 장애인용 자동차 감면규정처럼 법조문에 이러한 규정이 없어서 논란이 되고 있었지만 2016년 법 개정 시 "취득세를 감면받은 다자녀 양육자가 해당 자동차의 소유권을 해당 다자녀 양육자의 배우자에게 이전하는 경우에는 감면된 취득세를 추징하지 아니한다"라고 규정하고 있다. 하여튼 법 취지와 심판례 결정내용에 따라 단독명의로 있던 것으로 등록일로부터 1년 이내에 지분 일부를 이전하여 공동명의로 등록하는 경우 감면이 되는 것이다.

> **사례** 다자녀 양육을 목적으로 부부 중 1인 명의로 취득한 승용자동차를 유예기간 이내에 부부 공동명의로 등록하였다 하더라도 면제 취득세 추징 아님(조심 2012지272, 2012.6.12.)
> 당초부터 동일한 다자녀양육자에 해당하는 부부 공동명의로 등록하는 경우에도 취득세 감면대상에 해당된다고 해석할 수 있고, 당초 배우자 단독명의로 등록하였다가 부부 공동명의로 등록하였다 하더라도 이는 당초부터 공동명의로 등록할 수 있는 자들에 해당되므로 이에 대하여 취득세를 추징하는 것은 불합리하다고 보여짐.

> **사례** 다자녀양육자의 남편 명의로 차량 취득세를 감면받은 후 부득이한 사유없이 1년 이내에 배우자 명의로 지분이전을 한 경우 감면받은 취득세를 전액 추징해야 하는 것임(세정과-8268, 2011.8.8.).
>
> ☞ 상기 심판례에 따라 이 해석은 변경되어야 할 것임.

ⓒ 전체 지분을 이전하여 다른 배우자에게 단독명의로 하는 경우

단독명의에서 등록일로부터 1년 이내 공동명의로 등록이전하는 경우 감면이 되는 것으로 해석하고 있는데, 이는 단독명의 100% 지분이 다른 배우자 단독명의로 이전하더라도 다자녀 양육자 입장에서는 100% 지분이라는 것이다. 그렇다면 부인이 감면을 받고 남편에게 100%를 이전하는 경우 추징이 되는지는 명확하지 아니하지만, 다자녀양육자 입장에서는 100% 지분이 그대로 유지된다는 점에서는 추징이 되지 아니할 것이다. 그리고 이러한 취지에 따르면 부인명의에서 남편명의로 이전하는 경우에도 감면을 해주어야 할 것이다.

2016.12.27. 법 개정 시 "취득세를 감면받은 다자녀 양육자가 해당 자동차의 소유권을 해당 다자녀 양육자의 배우자에게 이전하는 경우에는 감면된 취득세를 추징하지 아니한다"라고 규정하고 있다는 점에서 타당하다.

ⓒ **지분 1%를 자녀에게 이전하여 공동으로 등록한 경우 추징대상임**

청구인은 2017.4.19. 쟁점자동차를 취득하여 단독으로 등록하였다가 등록일부터 1년 이내인 2018.3.8. 청구인의 자녀 ○○○에게 지분 1%를 이전하여 공동으로 등록한 것으로 나타나는 점, 청구인의 배우자는 2016.1.27. 쟁점 외 자동차를 취득하여 장애인 자녀 ○○○와 공동으로 등록하고 취득세 등을 감면받은 후 쟁점자동차로 ○○○를 공동등록하면서 쟁점 외 자동차를 이전등록하지 아니한 점, 청구인과 배우자는 각각 다자녀 양육자가 취득한 자동차와 장애인용 자동차에 대하여 감면을 받은 것으로서 별개의 법령으로 감면요건 등을 규정하고 있는 점 등에 비추어 청구인이 쟁점자동차를 등록일부터 1년 이내에 부득이한 사유없이 그 지분 일부를 이전한 것으로 보아 처분청이 이 건 취득세 등을 부과한 처분은 달리 잘못이 없다고 판단된다(조심 2019지3778, 2020.1.22.).

③ 지입차량으로 등록

신규로 화물차를 취득한 자가(취득세 감면), 자동차 등록일로부터 1년 이내에 「화물자동차운수사업법」에 의한 지입차로 등록(등록원부상 회사명으로 소유자 변경)한 경우, 즉 지입차량으로 실질 소유자가 지입차주로서 지입회사로 등록원부가 변경된 경우 실질 소유자가 변동이 없다면 소유권이전이 되지 아니하였는바, 처분에 해당하지 아니하여 추징대상이 되지 아니할 것이다.

④ 해외근무

해외지사 인사발령에 의하여 해외근무로 인하여 출국하는 경우에는 부득이한 사유에 해당될 것이다.

⑤ 이혼

추징의 예외 사유로 규정한 '사망, 혼인, 해외이민, 운전면허 취소, 그 밖에 이와 유사한 사유'는 국내에서 더 이상 운전하지 못한 사유가 생기거나 동거가족이 불가피하게 변경되는 경우를 말하는 것으로, 그 사유에 부합하는 경우라면 '그 밖에 이와 유사한 사유'에 해당한다고 보아야 할 것인데, 동거가족이 불가피하게 변경되는 경우에는 열거된 사망 또는 혼인뿐 아니라, 이혼도 여기에 해당된다고 할 것이다(지방세특례제도과-2826, 2020.11.26.).

⑥ 2010.7.4. 이전 취득분에 대한 추징에 대한 경과규정

부칙(2010.12.27. 법률 제10417호) 제10조【다자녀 양육자의 자동차에 대한 취득세와 등록세의 추징에 관한 경과조치】에 의하면 "2010.12.31. 이전에 다자녀 양육자가 취득하여 등록한 자동차에 대하여 감면받은 취득세와 등록세의 추징에 관하여는 제22조의 2의 개정 규정에도 불구하고 종전의 「지방세법」 제273조의 3에 따른다."라고 규정되어 있는바, 2010.12.31. 이전에 감면을 받

앗으므로 종전의 「지방세법」 제273조의 3에 의하여 추징대상이 된다.

한편, 취득세와 등록세를 감면받은 자가 자동차등록일부터 1년 이내에 사망, 혼인, 해외이민, 운전면허 취소, 그 밖에 이와 유사한 사유 없이 해당 자동차의 소유권을 이전하는 경우에는 감면된 취득세와 등록세를 추징한다라는 규정이 2010.6.4. 신설되었는데, 그 당시 부칙(2010.6.4. 법률 제10340호) 제10조【출산 및 양육지원을 위한 감면에 관한 경과조치】에 의하면 "이 법 시행 당시(2010.7.5.[69]) 지방세 감면에 관한 조례에 따라 출산 및 양육 지원을 위한 자동차 취득세 및 등록세 감면을 받은 경우에는 제273조의 3의 개정 규정에 따라 감면신청하고 감면받은 것으로 본다."라고 규정하고 있다. 이 부칙에 따르면 종전에 감면조례에 의하면 감면받은 경우에는 종전의 「지방세법」 제273조의 3에 의한 감면받은 것으로 보도록 되어 있어서 추징 규정도 종전의 「지방세법」 제273조의 3에 의하면 "3년 이내"가 아닌 "1년 이내"로 적용하여야 할 것이다. 상기의 내용을 종합하여 보면 2009년 취득일로부터 1년이 경과한 2011년에 소유권이전을 하였는바, 추징대상이 되지 아니할 것으로 판단된다.

⑩ 휴면예금관리재단에 대한 면제(지특법 §22-3)

1) 감면요건

① 감면대상자

「서민의 금융생활 지원에 관한 법률」에 따라 설립된 휴면예금관리재단, 같은 법 제2조 제6호에 따른 사업수행기관 중 2008.8.1. 이후에 같은 법 제2조 제5호에 따른 저소득층 복지사업 등만을 목적으로 금융위원회의 허가를 받아 설립하는 법인인 사업수행기관

② 감면대상 및 감면범위

법인 설립등기(증자 또는 재산증가 등기 포함)	등록면허세 면제

☞ 감면시한 : 2016.12.31.
☞ 농어촌특별세 과세 여부 : 등록면허세 면제분 비과세(농특령 §4 ⑦ 5)

2) 추징요건

별도의 추징규정이 없으며, 설립등기 등으로 부동산과 무관하여 「지방세특례제한법」 제178조의 추징규정이 적용되지 아니하므로 추징할 수 없다.

---

69) 부칙(2010.6.4. 법률 제10340호)
　제1조【시행일】이 법은 공포 후 30일이 경과한 날부터 시행한다. - 2010.7.5. 이후 시행됨.

⑪ 사회적기업에 대한 감면(지특법 §22-4)

1) 감면요건

① 감면대상자

「사회적기업 육성법」 제2조 제1호에 따른 사회적기업(「상법」에 따른 회사인 경우 「중소기업기본법」 제2조 제1항에 따른 중소기업으로 한정)

② 감면대상 및 감면범위

고유업무에 직접 사용하기 위하여 취득하는 부동산	취득세 50%경감
과세기준일 현재 그 고유업무에 직접 사용하는 부동산	재산세 25% 경감 (도시지역분 제외)
법인등기(2021년 이전만 적용)	등록면허세 50% 경감

☞ 감면시한 : 2027.12.31.

☞ 농어촌특별세 과세 여부 : 취득세분, 취득세 경감분 및 등록면허세 경감분 농어촌특별세 과세

2) 추징요건

다음 어느 하나에 해당하는 경우 그 해당 부분에 대해서는 감면된 취득세를 추징한다.

① 그 취득일부터 3년 이내에 「사회적기업 육성법」 제18조에 따라 사회적기업의 인증이 취소되는 경우

② 정당한 사유 없이 그 취득일부터 1년이 경과할 때까지 해당 용도로 직접 사용하지 아니하는 경우

③ 해당 용도로 직접 사용한 기간이 2년 미만인 상태에서 매각·증여하거나 다른 용도로 사용하는 경우

부산시는 상기 이외에도 2년 이내에 예비 사회적기업의 지정이 취소되는 경우(사회적기업 인증으로 인한 당연취소 제외)가 있다. 그리고 제주도의 경우 상기 ①은 감면조례 제20조 제3항 단서, ②와 ③은 도세 감면조례 제52조에 규정되어 있으며, ②와 ③은 부동산에 한하여 추징된다.

⑫ 권익 증진 등을 위한 감면(지특법 §23)

1) 감면요건

① 감면대상자

법률구조공단 및 법률구조법인, 한국소비자원

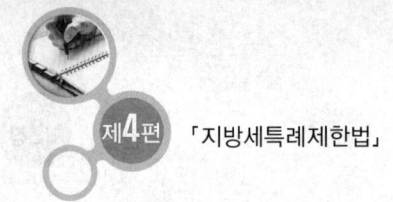

② 감면대상 및 감면범위

고유업무에 직접 사용하기 위하여 취득하는 부동산[70]	취득세 25% 경감 (2021년 50%, 2020년 이전 면제)
과세기준일 현재 그 고유업무에 직접 사용하는 부동산	재산세 25%(2021년 50%) 경감 (도시지역분 제외) (2020년 이전 면제, 도시지역분 포함)

☞ 감면시한 : 2025.12.31.
☞ 최소납부제 적용 시기 : 2016.1.1. 이후
☞ 농어촌특별세 과세 여부 : 취득세분 농어촌특별세 과세, 취득세 경감분(면제분) 농어촌특별세 비과세(농특령 §4 ⑦ 5)
☞ 대한적십자사는 2015년 이전에는 이 규정에 의해 감면이 되었으나, 2016년 이후는 지특법 §40-3으로 이관함.

2) 추징요건

별도의 추징규정이 없는바, 「지방세특례제한법」 제178조에 따라 다음 어느 하나에 해당하는 경우 그 해당 부분에 대해서는 감면된 취득세를 추징한다.
 ① 정당한 사유 없이 그 취득일부터 1년이 경과할 때까지 해당 용도로 직접 사용하지 아니하는 경우
 ② 해당 용도로 직접 사용한 기간이 2년 미만인 상태에서 매각·증여하거나 다른 용도로 사용하는 경우

⑬ 연금공단 등에 대한 감면(지특법 §24)

(1) 국민연금관리공단(지특법 §24 ①)

1) 감면요건

① 감면대상자

국민연금관리공단

② 감면대상 및 감면범위

「국민연금법」 §25 4에 따른 복지증진사업을 위한 부동산 (2014년 이전만 적용)	취득세 면제[주1] 재산세 면제[주1] (재산세 도시지역분 제외)
「국민연금법」 §25 7에 따라 위탁받은 그 밖의 국민연금사업을 위한 부동산(2014년 이전만 적용)	취득세 50% 경감[주2] 재산세 50% 경감[주2] (재산세 도시지역분 제외)

---

70) 이 조문에서는 "임대용 부동산"이란 문구가 2023.1.1. 삭제되었으나, 지특법 §2 8에서 "직접 사용"의 의미에서 임대용 부동산을 제외하는 것으로 규정되어 있어서 삭제와 관계없이 감면이 되지 아니함. 이 감면내용에서 동일함.

☞ 농어촌특별세 과세 여부 : 취득세분과 취득세 면제분(경감분) 농어촌특별세 과세
☞ (주1) 제주도의 경우「제주특별자치도 설치 및 국제자유도시 조성을 위한 특별법」제73조에서 조례로 정하도록 규정하고 있어서, 도세 감면조례에 의하면 취득세와 재산세 각각 50% 경감
☞ (주2) 제주도의 경우「제주특별자치도 설치 및 국제자유도시 조성을 위한 특별법」제73조에서 조례로 정하도록 규정하고 있어서, 도세 감면조례에 의하면 취득세와 재산세 각각 25% 경감

국민연금관리공단의 부동산임대는 자산 증식의 합법적이고 일반적인 방법이므로 부동산을 타인에게 임대한 것은 자산의 관리 및 증식사업에 해당되므로「국민연금법」제25조 제7호에 따라 위탁받은 그 밖의 국민연금사업을 위한 부동산에 직접 사용하는 것으로 감면혜택을 받을 수 있다. 등기부상 목적사업의 하나인 자산의 관리운영(취득, 임대 포함)업무에 따라 재산세 과세기준일 현재 임대한 건축물에 대하여는 고유의 업무에 직접 사용하는 것으로 볼 수 있다(행심 98−681, 1998.11.28.).

2) 추징요건

별도의 추징규정이 없는바,「지방세특례제한법」제178조에 따라 다음 어느 하나에 해당하는 경우 그 해당 부분에 대해서는 감면된 취득세를 추징한다.
① 정당한 사유 없이 그 취득일부터 1년이 경과할 때까지 해당 용도로 직접 사용하지 아니하는 경우
② 해당 용도로 직접 사용한 기간이 2년 미만인 상태에서 매각·증여하거나 다른 용도로 사용하는 경우

(2) 공무원연금관리공단(지특법 §24 ②)

1) 감면요건

① 감면대상자

공무원연금관리공단

② 감면대상 및 감면범위

「공무원연금법」§17(2018.9.20. 이전 §16) 4(공무원 후생복지사업) 및 5(주택의 건설·공급·임대 또는 택지의 취득)을 위한 부동산(2014년 이전만 적용)	취득세 면제[주1] 재산세 면제[주1] (도시지역분 제외)
「공무원연금법」§17조(2018.9.20. 이전 §16) 3(공무원연금기금을 불리기 위한 사업) 및 6(그 밖에 행정안전부장관이 위탁하는 사업)을 위한 부동산(2014년 이전만 적용)	취득세 50% 경감[주2] 재산세 50% 경감[주2] (도시지역분 제외)

☞ 농어촌특별세 과세 여부 : 취득세분과 취득세 면제분(경감분) 농어촌특별세 과세
☞ (주1) 제주도의 경우「제주특별자치도 설치 및 국제자유도시 조성을 위한 특별법」제73조에서 조례로 정하도록 규정하고 있어서, 도세 감면조례에 의하면 취득세와 재산세 각각 50% 경감

☛ (주2) 제주도의 경우 「제주특별자치도 설치 및 국제자유도시 조성을 위한 특별법」 제73조에서 조례로 정하도록 규정하고 있어서, 도세 감면조례에 의하면 취득세와 재산세 각각 25% 경감

2) 추징요건

별도의 추징규정이 없는바, 「지방세특례제한법」 제178조에 따라 다음 어느 하나에 해당하는 경우 그 해당 부분에 대해서는 감면된 취득세를 추징한다.

① 정당한 사유 없이 그 취득일부터 1년이 경과할 때까지 해당 용도로 직접 사용하지 아니하는 경우
② 해당 용도로 직접 사용한 기간이 2년 미만인 상태에서 매각·증여하거나 다른 용도로 사용하는 경우

> **사례** 마음대로 할 수 없는 외부적 사유(지방세운영과-1331, 2010.4.2.)
>
> 공무원연금관리공단은 「국가재정법」에 따라 기금을 관리하거나 기금의 관리를 위탁받은 비영리 준정부기관으로 해당 토지 취득 당시에는 주택건설을 위해 구 「인천광역시도시경관조례」에 따라 경관심의 대상 여부 및 인천국제공항 건설 기본계획[제5활주로 건립계획 고시로서 건설될 활주로의 위치가 특정되어 있지 않음(국토부 고시 2009-416, 2009.6.30.)] 등은 법령에 의한 금지, 제한 등 공무원연금관리공단이 마음대로 할 수 없는 외부적 사유로 볼 수 있어 주택건설사업을 진행하지 못한 정당한 사유로 볼 수 있고, 정당한 사유로 인정할 수 있는 기간 범위는 구 「인천광역시도시경관조례」에서 시장이 경관 형성에 필요하다고 부의한 사항에 대하여는 도시경관심의를 받도록 하였으나 공무원연금관리공단이 해당 토지를 취득 당시에는 경관심의 대상임을 알 수 없었을 것이고, 영종하늘도시(인천영종지구 A4, A6블록) 건축물 고도제한과 관련하여 제5활주로 건립계획(국토부 고시 2009-416, 2009.6.30.)의 위치가 특정되기 전까지는 주택건설사업계획을 승인 받을 수 없었을 것이므로 경관심의를 위하여 소요된 기간 및 제5활주로 건립계획 고시일부터 제5활주로의 위치가 영종하늘도시(인천영종지구 A4, A6블록)과 무관하다고 확인된 기간까지는 정당한 사유가 있는 기간으로 보아야 할 것임.

3) 유의사항

① 임대주택 감면규정과 비교

도세 감면조례에서는 임대주택 등 감면규정에서 "「공무원연금법 시행령」 제74조 제1항 제4호에 "공무원을 위한 주택의 건설·취득·분양 및 임대사업"이라 규정되어 있었는데 2010.1.1. 삭제되어 2010.1.1.부터 시행되었다. 이로 인하여 감면조례에서 「지방세특례제한법」으로 이관하면서 제31조【임대주택 등에 대한 감면】에서는 공무원연금관리공단이 삭제된 것 같다. 그런데 「공무원연금법」 제16조 제5호에 "주택의 건설·공급·임대 또는 택지의 취득"으로 규정하고 있고, 같은 법 시행령 제74조 제2항 제2호 가목에 "공무원을 위한 주택의 건설·취득·분양 및 임대사업"이 후생복지사업에 포함되어 있어서 「지방세특례제한법」 제31조의 임대주택 등에 대한 감면규정에 삭제될 이유가 없으나, 공무원연금관리공단이 "공무원을 위한 임대주택"도 주택임대사업에 포함될 수도 있으므로 임대사업자인 경우에는 임대주택 감면을 받을 수 있다는 점과 임대사업자가 아닌 경우라도 「지방세특례제한법」 제24조 제1항 제1호에 의거 면제규정이 적용된다는

점에서 굳이 별도로 표시할 이유가 없다는 것이다.

② 일반인에게 분양하는 경우

공무원연금관리공단이 주택의 건설·공급사업을 목적사업으로 하고 있고 그에 따라 공동주택을 건설하여 분양하는 경우 일반인에게 분양하는 경우라도 공무원연금관리공단이 취득하는 「공무원연금법」 제16조 제5호의 사업용부동산에 해당된다할 것(행심 2008-36, 2008.1.28. 참조)이므로 취득세가 면제될 것이다(지방세운영과-211, 2008.7.11.). 중복감면 배제 규정에 의해 높은 감면율이 적용될 것이다.

③ 공무원연금관리공단은 준정부기관

「공무원연금법」 제16조의 2[주택건설사업 등에 관한 특례]에서 "공단은 「주택법」, 「택지개발촉진법」 또는 「임대주택법」에서 정하는 바에 따라 공무원을 위하여 주택을 건설·공급·임대하거나 택지를 취득할 수 있는데, 이 경우 "공단은 국가나 지방자치단체로 본다"라고 규정되어 있어서 국가가 취득한 것으로 본다면 취득세와 재산세가 비과세되어야 한다는 점 또한 논란이 있을 수 있다. 그런데 이러한 논란으로 인하여 2014.1.1. 이후부터는 「지방세법」 비과세 규정을 개정하여 다른 법률에서 국가 또는 지방자치단체로 의제되는 법인은 제외하고 있다.[71]

고법판례(서울고법 2010누21428, 2011.1.9.)에서 국가, 지방자치단체가 국민주택규모 이하의 주거용 건물을 건설하기 위하여 토지를 취득하는 경우 등은 농어촌특별세가 감면된다고 할 것인바, 공무원연금관리공단이 공무원을 위한 국민주택규모 이하의 주택을 건설하기 위하여 토지를 취득한 경우 국가, 지방자치단체와 마찬가지로 농어촌특별세가 감면된다고 봄이 상당하다라고 판시한 바 있다. 한편, 국가·지방자치단체, 한국토지주택공사로부터 서민주택을 건설하기 위하여 일반 건설사업자 등이 공급받은 토지에 대하여 농어촌특별세 비과세를 적용하고 있다(공급받는 토지 기준).[72]

---

71) 2014.1.1. 이후부터 국가 또는 지방자치단체에는 다른 법률에서 국가 또는 지방자치단체로 의제되는 법인 제외함.

72) 「농어촌특별세법 시행령」 제4조 제4항에 국가, 지방자치단체 또는 「한국토지주택공사법」에 따라 설립된 한국토지주택공사가 해당 주택을 건설하기 위하여 취득하거나 개발·공급하는 토지를 포함한다라고 규정되어 있는데, 이 규정에서는 공급받는 토지에 대하여 비과세를 배제하였으나, 2009.10.27.자로 이를 변경하여 공급받는 토지도 비과세하는 것으로 하였다. 농어촌특별세가 비과세되는 "국민주택에 부수되는 토지"란 원칙적으로 그 지상에 이미 국민주택이 건축되어 있는 토지를 말하고, 그렇지 않은 경우에는 국가·지방자치단체 또는 한국토지주택공사가 주택을 건설하기 위하여 취득하거나 개발·공급하는 토지만을 의미한다고 할 것이다(대법원 2002두12984, 2004.8.20.).
　① 2009.10.27. 이후 납세의무가 성립되는 분부터는 변경된 해석기준에 의하여 농어촌특별세 비과세 적용
　② 2009.10.27. 현재 동 사안과 관련하여 이의신청, 심사(심판)청구, 소송 등 불복사건에 계류 중인 경우에는 소송 등 취하, 직권 부과취소 및 환부
　③ 현재 동 사안과 관련하여 이의신청 등 불복청구기간이 미 도래한 경우에 대하여는 직권 부과 취소 및 환부

> **사례** 연금공단의 동일 과세대상(임대주택)에 대해 두 개의 감면조문을 모두 적용(두 개의 조문을 중복 적용하여 유리한 세목을 선택)하는 것은 「지방세특례제한법」 제96조의 입법 취지 및 조세공평성에 배치되는 것으로 타당하지 않음(지방세운영과-4924, 2011.10.20.).

> **사례** 공동주택을 건설하여 분양하는 경우(지방세운영과-211, 2008.7.11.)
> 공무원연금관리공단이 주택의 건설·공급사업을 목적사업으로 하고 있고 그에 따라 공동주택을 건설하여 공급(분양)하는 경우라면, 그 일부를 공무원이 아닌 일반인에게 분양하는 경우라도, 공단이 취득하는 「공무원연금법」 제16조 제5호의 사업용 부동산에 해당된다 할 것임.[73]

> **사례** 공무원연금관리공단 업무용 사무실(세정 13407-346, 2003.5.1.)
> 공단 업무용사무실은 공무원들이 직접 사용하는 후생복지시설이 아니라, 기여금의 징수, 기금증식 등 공단의 고유업무를 전반적으로 수행하기 위한 부동산이므로 공무원연금관리공단의 업무용 사무실의 경우 취득세 등의 50% 감면대상이 되는 것임.

(3) 사립학교교직원연금공단(지특법 §24 ③)

1) 감면요건

① 감면대상자

사립학교교직원연금공단

② 감면대상 및 감면범위

「사립학교교직원 연금법」 §4 4(교직원 복지사업의 수행)의 사업을 위한 부동산(2014년 이전만 적용)	취득세 면제[주1] 재산세 면제[주1] (도시지역분 제외)
「사립학교교직원 연금법」 §4 3(자산의 운용) 제5호(그 밖에 연금에 관한 업무)의 사업을 위한 부동산(2014년 이전만 적용)	취득세 50% 경감[주2] 재산세 50% 경감[주2] (도시지역분 제외)

☞ 농어촌특별세 과세 여부 : 취득세분과 취득세 면제분(경감분) 농어촌특별세 과세
☞ (주1) 제주도의 경우 「제주특별자치도 설치 및 국제자유도시 조성을 위한 특별법」 제73조에서 조례로 정하도록 규정하고 있어서, 도세 감면조례에 의하면 취득세와 재산세 각각 50% 경감
☞ (주2) 제주도의 경우 「제주특별자치도 설치 및 국제자유도시 조성을 위한 특별법」 제73조에서 조례로 정하도록 규정하고 있어서, 도세 감면조례에 의하면 취득세와 재산세 각각 25% 경감

사립학교교원연금관리공단이 구 「사립학교교직원 연금법」에서 자산운용의 한 가지 방법으로 부동산임대업을 규정하고 있었으나, 현재 자산운용 규정이 삭제되었다. 사립학교교원연금관리공단이 자산운용 방법으로 부동산임대업에 사용하는 부동산은 자산의 운용에 사용된 것으로 보아

---

73) 종전 해석 - 공무원후생복지사업이 아닌 공무원연금기금증식사업의 일환으로 부동산을 일반분양하는 것이라면 취득세 등의 100분의 50 경감대상임(세정 13430-13, 2001.7.2.).

취득세와 재산세(재산세 도시지역분 제외) 50% 경감될 것이다.[74]

2) 추징요건

별도의 추징규정이 없는바, 「지방세특례제한법」 제178조에 따라 다음 어느 하나에 해당하는 경우 그 해당 부분에 대해서는 감면된 취득세를 추징한다.

① 정당한 사유 없이 그 취득일부터 1년이 경과할 때까지 해당 용도로 직접 사용하지 아니하는 경우

② 해당 용도로 직접 사용한 기간이 2년 미만인 상태에서 매각·증여하거나 다른 용도로 사용하는 경우

⑭ 근로자 복지를 위한 감면(지특법 §25)

(1) 군인공제회 등에 대한 감면(지특법 §25 ①)

1) 감면요건

① 감면대상자

군인공제회, 경찰공제회, 대한지방행정공제회 및 한국교직원공제회

② 감면대상 및 감면범위

전용면적 85제곱미터 이하의 회원용 공동주택을 건설하기 위하여 취득하는 부동산(2014년 이전만 적용)	취득세 50% 경감[주]

☞ 농어촌특별세 과세 여부 : 취득세분과 취득세 경감분 농어촌특별세 과세
☞ (주) 제주도의 경우 「제주특별자치도 설치 및 국제자유도시 조성을 위한 특별법」 제73조에서 조례로 정하도록 규정하고 있어서, 도세 감면조례에 의하면 취득세 25% 경감

2) 추징요건

별도의 추징규정이 없는바, 「지방세특례제한법」 제178조에 따라 다음 어느 하나에 해당하는 경우 그 해당 부분에 대해서는 감면된 취득세를 추징한다.

① 정당한 사유 없이 그 취득일부터 1년이 경과할 때까지 해당 용도로 직접 사용하지 아니하는 경우

② 해당 용도로 직접 사용한 기간이 2년 미만인 상태에서 매각·증여하거나 다른 용도로 사용하는 경우

---

74) 구 「사립학교교직원 연금법」에서는 부동산임대업이 자산운용의 하나의 방법이므로 경감대상이라고 하였음 (행심 2000-74, 2000.1.26.).

(2) 「근로복지기본법」에 따른 기금법인에 대한 감면(지특법 §25 ②)

1) 감면요건

① 감면대상자

「근로복지기본법」에 따른 기금법인

② 감면대상 및 감면범위

설립등기, 변경등기	등록면허세 면제

👉 감면시한 : 2016.12.31.

👉 농어촌특별세 과세 여부 : 등록면허세 면제분 농어촌특별세 과세

> (사례) 「근로복지기금법」에 의한 사내근로복지기금의 설립 및 변경등기에 대하여는 등록세만 면제되나, 사내근로복지기금이 취득하는 콘도미니엄회원권은 취득세 감면대상이 아님(세정 13407-295, 2001.9.6.).

2) 추징요건

「근로복지기본법」에 따른 기금법인의 설립등기, 변경등기는 부동산과 무관하여 「지방세특례제한법」 제178조는 적용되지 아니하므로 등록면허세 추징규정은 없다.

⑮ 노동조합에 대한 감면(지특법 §26)

1) 감면요건

① 감면대상자

「노동조합 및 노동관계조정법」에 따라 설립된 노동조합

② 감면대상 및 감면범위

고유업무에 직접 사용하기 위한 취득 부동산(수익용 부동산 제외)	취득세 면제
과세기준일 현재 그 고유업무에 직접 사용 부동산(수익용 부동산 제외)	재산세 면제 (도시지역분 제외)

👉 감면시한 : 2027.12.31.

👉 최소납부제 적용 시기 : 2016.1.1. 이후

👉 농어촌특별세 과세 여부 : 취득세 면제분 농어촌특별세 과세

2) 추징요건

별도의 추징규정이 없는바, 「지방세특례제한법」 제178조에 따라 다음 어느 하나에 해당하는

경우 그 해당 부분에 대해서는 감면된 취득세를 추징한다.

① 정당한 사유 없이 그 취득일부터 1년이 경과할 때까지 해당 용도로 직접 사용하지 아니하는 경우

② 해당 용도로 직접 사용한 기간이 2년 미만인 상태에서 매각·증여하거나 다른 용도로 사용하는 경우

> **사례** 노동조합이 건축물을 취득하여 불특정다수인과 조합원이 모두 이용할 수 있는 수영장으로 사용한 경우와 판매시설로 임대한 경우라면 고유업무에 직접 사용하지 아니한 경우에 해당되므로 기감면된 취득세 등은 추징대상이 됨(세정 13407-1070, 2002.11.8.).

16 근로복지공단 지원을 위한 감면(지특법 §27)

1) 감면요건

① 감면대상자

「산업재해보상보험법」에 따른 근로복지공단

② 감면대상 및 감면범위

「산업재해보상보험법」 §11 ① 1~5, 6 및 7의 사업에 직접 사용하기 위하여 취득하는 부동산 ○ 과세기준일 현재 그 사업(2019년 이전은 해당 고유사업)에 직접 사용 부동산	취득세 25%(2016년 이전 75%) 경감[주1] (2020년 이전 재산세 25% 경감)[주1] (도시지역분 제외)
「산업재해보상보험법」 §11 ① 5-2, 5-3 및 같은 조 ②에 따른 의료사업 및 재활사업에 직접 사용하기 위하여 취득하는 부동산 ○ 감염병전문병원이 의료사업 및 재활사업에 직접 사용하기 위하여 취득하는 부동산(2022년 이후) ○ 과세기준일 현재 그 사업에 직접 사용 부동산 ○ 감염병전문병원이 과세기준일 현재 그 사업에 직접 사용하는 부동산(2022년 이후)	취득세 50%(2017년~2020년 75%) 경감 (2016년 이전 면제) 취득세 60% 경감 재산세 50% 경감[주2] (도시지역분 포함) 재산세 60% 경감 (도시지역분 포함)
근로복지공단(2016년 이전만 적용)	주민세 재산분과 종업원분 면제

- 📌 감면시한 : 상단의 감면은 2025.12.31., 중단의 감면은 2027.12.31.
- 📌 최소납부제 적용 시기 : 중단의 감면은 2017.1.1. 이후
- 📌 농어촌특별세 과세 여부 : 취득세분과 취득세 경감분(면제분) 농어촌특별세 과세
- 📌 (주1) 제주도의 경우 「제주특별자치도 설치 및 국제자유도시 조성을 위한 특별법」 제73조에서 조례로 정하도록 규정하고 있어서, 도세 감면조례에 의하면 취득세 50% 경감, 재산세 25% 경감으로 동일
- 📌 (주2) 2021년 취득분은 취득 후 납세의무가 최초로 성립하는 날부터 5년간(도시지역분 제외) 경감하며, 2020.12.31.

이전에 취득한 부동산으로서 2021.1.1. 당시 그 부동산에 대한 재산세 납세의무가 최초로 성립한 날부터 5년이 지나지 아니한 경우에도 각각 적용함(이 경우 재산세의 경감기간은 2021.1.1.을 기준으로 해당 부동산에 대한 재산세 납세의무가 최초로 성립한 날부터 5년이 지나지 아니한 잔여기간으로 함)(지특법 부칙 §5 ①).

2) 추징요건

별도의 추징규정이 없는바, 「지방세특례제한법」 제178조에 따라 다음 어느 하나에 해당하는 경우 그 해당 부분에 대해서는 감면된 취득세를 추징한다.

① 정당한 사유 없이 그 취득일부터 1년이 경과할 때까지 해당 용도로 직접 사용하지 아니하는 경우

② 해당 용도로 직접 사용한 기간이 2년 미만인 상태에서 매각·증여하거나 다른 용도로 사용하는 경우

사례 건축물이 근로자복지용으로 재산세 감면대상인지 여부(행심 2003-219, 2003.10.27.)

이 사건 건축물에 설치된 체육시설을 위탁운영하고 있는 청구 외 (재)불교○○교원의 운영정규프로그램을 보면, 수영의 경우만 아침 및 저녁에 직장인반이 있을 뿐 볼링·헬스·에어로빅·재즈댄스·발레·태권도·노래교실·건강교실·사회인클럽·댄스스포츠 등은 불특정다수인(일반인과 학생 등)을 대상으로 이용자를 모집하고 있고, 체육시설의 이용요금도 민간시설 이용요금의 63%~84%를 받고 있을 뿐만 아니라 이용요금에 대한 할인도 생산직 근로자·실직자 및 장애인 30%, 성직자 50%, 가족 3인 이상 10%, 장기회원 5~10% 등을 적용하고 있는 점으로 볼 때 이 사건 건축물을 근로자복지용에 직접 사용하고 있는 것으로 보기는 어려움(대법원판결 96누14845 1997.2.28., 행심 2003-200 2003.9.29. 참조).

사례 착오에 의한 취득세 등을 면제한 경우 가산세 부과함(행심 2006-1083, 2006.11.27.)

취득한 재산을 장례식장으로 사용하는 경우에는 취득세와 등록세의 면제대상에서 제외된다 할 것임에도, 처분청이 사실관계의 오인에서 비롯된 착오에 의하여 이 사건 건축물에 대하여 취득세 등을 면제하였다고 하여 청구인이 취득세 등의 신고·납부의무를 제대로 이행하였다고 인정하기는 어렵다 할 뿐더러 처분청의 이러한 행위를 신뢰하였다고 하여 청구인의 신고·납부의무불성실 이행에 대한 정당한 사유가 있다고 볼 수 없음.

사례 산재의료관리원이 부동산을 임대하는 경우(행심 2001-466, 2001.9.24.)

병원을 취득하여 취득세를 면제받았으나 같은 날 장례식장과 매점으로 이용되고 있는 경우 산재병원의 필수적인 부대시설로 이용되는 것이라 하더라도 취득세 면제대상이 되는 고유업무에 직접 사용되고 있는 것으로 볼 수는 없는 것임.

⑰ 산업인력 등 지원을 위한 감면(지특법 §28)

(1) 직업능력개발훈련시설에 대한 감면(지특법 §28 ①)

1) 감면요건

① 감면대상자

「근로자직업능력 개발법」에 따른 직업능력개발훈련시설 소유자

② 감면대상 및 감면범위

직업능력개발훈련시설(숙박시설 포함)에 직접 사용하기 위하여 취득하는 토지(건축물 바닥면적의 10배 이내로 한정)와 건축물(2014년 이전만 적용)	취득세 50% 경감[주]
○ 과세기준일 현재 해당 사업에 직접 사용 부동산 (2014년 이전만 적용)	재산세 면제[주] (도시지역분 제외)

☞ 농어촌특별세 과세 여부 : 취득세분 농어촌특별세 과세, 취득세 경감분 농어촌특별세 비과세(농특령 §4 ⑦ 5)

☞ [주] 제주도의 경우 「제주특별자치도 설치 및 국제자유도시 조성을 위한 특별법」 제73조에서 조례로 정하도록 규정하고 있어서, 도세 감면조례에 의하면 취득세 25% 경감, 재산세 50% 경감

2) 추징요건

별도의 추징규정이 없는바, 「지방세특례제한법」 제178조에 따라 다음 어느 하나에 해당하는 경우 그 해당 부분에 대해서는 감면된 취득세를 추징한다.

① 정당한 사유 없이 그 취득일부터 1년이 경과할 때까지 해당 용도로 직접 사용하지 아니하는 경우

② 해당 용도로 직접 사용한 기간이 2년 미만인 상태에서 매각·증여하거나 다른 용도로 사용하는 경우

> **사례** 직업능력개발훈련시설 직접 사용 토지 면적 산정(지방세운영과-1464, 2013.7.10.)
>
> 전체 건물이 직업훈련시설에 사용되는 경우에는 전체 바닥면적이 직접 사용되는 것으로 보아야 하며, 다른 용도와 함께 쓰이는 경우에는 해당 건축물 연면적 중 직업훈련시설로 사용되는 면적으로 안분하여 산정된 바닥 면적만을 직접 사용되는 토지로 보아야 할 것으로 판단된다. 아울러 건축물 바닥면적을 제외한 부속토지에 대해서는 해당 건물에 대한 부속토지의 범위가 명확히 구분되어 있는 경우, 그 부속토지에 대해 건물의 직접 사용 비율만큼 안분한 면적을 직접 사용하는 토지로 보아야 하며, 부속토지의 범위 구분이 명확하지 않은 경우 전체 건축물 연면적 중 직업훈련시설 용도로 사용되는 건축물의 연면적 비율에 따라 산정하여야 한다고 판단됨.

(2) 한국산업안전보건공단 등에 대한 감면(지특법 §28 ②, ③)

1) 감면요건

① 감면대상자

한국산업안전보건공단, 한국산업인력공단

② 감면대상 및 감면범위

한국산업안전보건공단이 같은 법 §6 2 및 6의 사업에 직접 사용하기 위하여 취득하는 부동산	취득세 25%(2016년 이전 75%) 경감(주)
○ 과세기준일 현재 해당 사업에 직접 사용 부동산	재산세 25% 경감(주) (도시지역분 제외)
한국산업인력공단이 같은 법 §6 1의 사업에 직접 사용하기 위하여 취득하는 부동산	취득세 25%(2016년 이전 75%) 경감
○ 과세기준일 현재 해당 사업에 직접 사용 부동산	(2019년 이전 재산세 25% 경감, 도시지역분 제외)

☞ 감면시한 : 2025.12.31.

☞ 농어촌특별세 과세 여부 : 취득세분과 취득세 경감분 농어촌특별세 과세

☞ (주) 제주도의 경우 「제주특별자치도 설치 및 국제자유도시 조성을 위한 특별법」 제73조에서 조례로 정하도록 규정하고 있어서, 도세 감면조례에 의하면 취득세 50% 경감, 재산세 25% 경감으로 동일

> **사례** 한국산업안전공단 운영 직업전문학교, 사택 및 관사(감심 2002-48, 2002.4.2.)
>
> 청구인이 소유하는 건축물 중 제1건축물은 ○○직업전문학교 건물로서 국가로부터 직업능력개발훈련사업을 위임받아 국가예산으로 비진학 청소년 및 실업자 등을 대상으로 직업능력을 습득하게 하여 산업인력을 양성하기 위한 강의 및 실습동 등으로 사용되고 있어 근로법 제2조 제2호 및 같은 법 시행령 제3조 제2호에서 규정한 공공단체가 설치·운영하는 공공직업능력개발훈련시설에 해당되고 또한 제2, 3건축물은 위 학교의 필수적인 구성원인 교수 및 교직원의 주거문제 해결을 위한 사택 및 관사로서 실제 위 학교의 무주택 교수 등이 사용하고 있어 공공직업능력개발훈련시설의 일부로 볼 수 있는바, 위 건축물은 「지방세법」 제278조 제1항의 규정에 의한 재산세 면제대상인 근촉법에 의한 직업능력개발훈련시설인 동시에 「지방세법」 제278조 제5항의 규정에 의한 50% 경감대상인 공단법에 의한 사업용 부동산이라 할 것임.

2) 추징요건

별도의 추징규정이 없는바, 「지방세특례제한법」 제178조에 따라 다음 어느 하나에 해당하는 경우 그 해당 부분에 대해서는 감면된 취득세를 추징한다.

① 정당한 사유 없이 그 취득일부터 1년이 경과할 때까지 해당 용도로 직접 사용하지 아니하는 경우

② 해당 용도로 직접 사용한 기간이 2년 미만인 상태에서 매각·증여하거나 다른 용도로 사용하는 경우

⑱ 국가유공자 등에 대한 감면(지특법 §29)

(1) 대부금으로 취득한 부동산에 대한 감면(지특법 §29 ①)

1) 감면요건

① 감면대상자

국가유공자

② 감면대상 및 감면범위

「국가유공자 등 예우 및 지원에 관한 법률」, 「보훈보상대상자 지원에 관한 법률」, 「5·18민주유공자예우 및 단체설립에 관한 법률」 및 「특수임무유공자 예우 및 단체설립에 관한 법률」에 따른 대부금을 받은 사람이 취득(2019년 이후 부동산 취득일부터 60일 이내에 대부금을 수령하는 경우 포함)하는 부동산 ○ 전용면적 85제곱미터 이하인 주택(대부금 초과하는 부분 포함) ○ 상기 외의 부동산(대부금 초과하는 부분 제외)	취득세 면제
대부를 받기 위하여 제공하는 담보물에 대한 저당권설정등기(2014년 이전만 적용)	등록면허세 면제

☞ 감면시한 : 2026.12.31.
☞ 최소납부제 적용 시기 : 최소납부제 배제
☞ 농어촌특별세 과세 여부 : 취득세 면제분과 등록면허세 면제분 농어촌특별세 비과세(농특령 §4 ⑦ 5)

전용면적 85제곱미터 이하 주거용 주택의 경우 대부금을 초과하는 부분도 감면이 되는 것인바, 일정한 대부금으로 취득한 경우라면 주택가액 전액이 감면될 것이다. 이는 대부금이 전액대비 미미한 금액인 경우 감면배제한다는 규정이 없기 때문이다.

한편, 대지권 정리가 지연되어 대부금을 받을 수 없는 상황이었다고 하더라도 최소한 주택구입을 위해 계약 시에 국가보훈부에 대부금을 신청하였으나, 대지권 미정리로 인하여 당장 대부금을 지급할 수 없는 상황으로 거절된 경우로 추후 대지권 정리하여 소유권이전등기가 완료된 후 대부금을 지급키로 하는 등 부득이 소유권이전등기 후 대부금을 수령하여 잔금을 지급하는 등의 일련의 과정에서 대부금으로 취득하는 것이 입증된다면 감면대상이 될 것이다.

2) 추징요건

① 부동산 취득세 감면

별도의 추징규정이 없는바, 「지방세특례제한법」 제178조(감면된 취득세의 추징)에 따르면 "부동산에 대한 감면을 적용할 때 이 법에서 특별히 규정한 경우를 제외하고는 1. 정당한 사유 없이 그 취득일부터 1년이 경과할 때까지 해당 용도로 직접 사용하지 아니하는 경우, 2. 해당 용도로 직접 사용한 기간이 2년 미만인 상태에서 매각·증여하거나 다른 용도로 사용하는 경우의 어느 하나에 해당할 때 그 해당 부분에 대해서는 감면된 취득세를 추징한다"라고 규정되어 있는데,

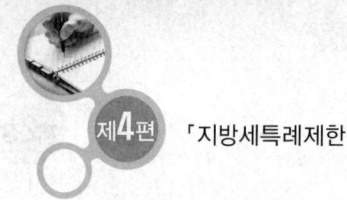
해당 용도를 주택용으로 보고서 직접 사용하지 아니한 경우에 추징한다라고 해석할 여지가 있으나, 개인이 주택을 취득하여 감면을 받고서 2년 이내에 매각 또는 임대를 한다면 직접 사용한 것으로 볼 수 없어서 추징하여야 한다고 한다면 거주하여야만 직접 사용으로 볼 수 있는바, 취득 주택을 전세나 임대를 한 경우에는 직접 사용으로 볼 수 없을 것이고, 취득 후 2년 이전에 임대(전세)를 하는 경우에도 무조건 추징대상이 된다라고 해석하여야 한다는 것은 법 취지에 맞지 아니할 것이고, 실제로 임대(전세)한 경우에 추징하고 있지는 아니하고 있으므로 「지방세특례제한법」 제178조의 추징규정이 적용되지 아니하는 것이 타당할 것이다. 그리고 이 감면규정에 해당 용도가 규정되어 있지 아니하고 직접 사용 해석을 할 경우 자기가 거주하는 것으로 할 경우에 문제가 되는 것이므로 취득일로부터 1년 이내에 매각 또는 다른 용도로 사용한다고 하여 추징할 수는 없을 것이다. 상기 직접 사용의 의미를 기준으로 「지방세특례제한법」 제178조를 적용하는 것은 문제가 있으므로 취득 시 주택 유상거래로 인하여 감면받은 후 용도변경한다고 추징할 수는 없다고 판단된다.

② 저당권 설정 등기

저당권설정 등기는 부동산에 해당되지 아니하므로 「지방세특례제한법」 제178조 추징규정이 적용되지 아니한다.

> **사례** 「국가유공자 등 예우 및 지원에 관한 법률」 규정에 의한 주택 대부금으로 취득하였다면 「지방세법」 제270조 제1항 규정에 의하여 그 대부금 범위 내에서 취득세·등록세 면제대상임(세정 13407-551, 1999.5.7.).

> **사례** 국가유공자는 사망하였고 아들이 유족으로 혜택을 받고 있는 상태로 「국가유공자 등 예우 및 지원에 관한 법률」에 의하여 대부를 받을 수 있는 자격이 있는 자일 경우 국가유공자 유족 대부를 받아 국가유공자 유족의 명의로 취득을 할 경우 감면 여부
>
> 「지방세특례제한법」 제29조 제1항을 살펴보면 국가유공자가 취득하는 부동산에 한한다는 규정이 없이 「국가유공자 등 예우 및 지원에 관한 법률」 등에 의한 대부금으로 취득하는 부동산을 감면하는 것으로 규정되어 있는바, 국가유공자 자녀가 법률에 의하여 대부금을 받을 수 있다면 그 대부금으로 취득하는 부동산을 감면대상이 될 것으로 판단된다. 가족이 대부를 받는 경우 감면된다는 내용이 없는바, 감면대상이 되지 아니할 것임.

> **사례** 전용면적 85제곱미터 초과 주택은 대부금 범위에서만 감면이 된다. 취득으로 되어 있는바, 건축의 경우에도 감면이 될 것이다. 대부금을 지급하는 부동산이므로 증여는 지급된 자금이 없으므로 감면대상이 되지 아니하는 것임.

> **사례** 승소하여 추후 국가유공자로 인정받아 소급 인정받았다 하더라도 주택 취득 시 국가유공자로 인정되지 아니하였으며, 최소한 주택구입을 위해 계약 시에 국가보훈처에 대부금을 신청을 할 수도 없는 상황이었으므로 감면대상이 되지 아니할 것임.

> **사례** 농지매매계약체결 이전에 국가보훈처에 대부금 신청이 접수되었고, 농지 매매계약서상 잔금은 소유권이전등기 후 대부금으로 지급키로 한 약정에 따라 부득이 소유권이전등기 후 대부금을 수령받아 지급하였다면 그 대부금 범위 내에서 취득세 면제대상임(행자부 세정 13407-509, 1999.4.29.).

> **사례** 「국가유공자 예우 등에 관한 법률」 제49조에 규정된 대부금 중 주택대부금으로 취득하는 전용면적 85㎡ 이하의 주거용 부동산의 경우에는 대부금을 초과하는 부분도 면제대상이 되며 동 주택대금에 의한 저당권설정 등 해당 주거용 부동산 취득에 사용된 것이 증명된다면 실제 대부금 수령일이 비록 취득일 이후라 하더라도 면제하는 것임.

(2) 국가유공자단체에 대한 감면(지특법 §29 ②)

1) 감면요건

① 감면대상자

ㄱ 대한민국상이군경회, 대한민국전몰군경유족회, 대한민국전몰군경미망인회, 광복회, 4·19 민주혁명회, 4·19 혁명희생자유족회, 4·19 혁명공로자회, 재일학도의용군동지회 및 대한민국무공수훈자회

ㄴ 대한민국특수임무유공자회

ㄷ 대한민국고엽제전우회

ㄹ 대한민국 6·25참전유공자회 및 대한민국월남참전자회

ㅁ 5·18민주화운동부상자회, 5·18민주유공자유족회 및 5·18민주화운동공로자회(2024년 이후 적용)

② 감면대상 및 감면범위

고유업무에 직접 사용하기 위하여 취득하는 부동산	취득세 면제
과세기준일 현재 그 고유업무에 직접 사용하는 부동산	재산세 면제(도시지역분 포함) 지역자원시설세 면제
고유업무에 직접 사용하기 위한 면허	등록면허세 면제
해당 단체	주민세 사업소 면적 사업소분(2020년 이전 재산분)과 종업원분 면제

☞ 감면시한 : 2026.12.31.

☞ 최소납부제 적용 시기 : 최소납부제 배제

☞ 농어촌특별세 과세 여부 : 취득세 면제분과 등록면허세 면제분 농어촌특별세 비과세(농특령 §4 ⑦ 5)

2) 추징요건

① 부동산 취득세 감면

별도의 추징규정이 없는바, 「지방세특례제한법」 제178조에 따라 다음 어느 하나에 해당하는 경우 그 해당 부분에 대해서는 감면된 취득세를 추징한다.

- ㉠ 정당한 사유 없이 그 취득일부터 1년이 경과할 때까지 해당 용도로 직접 사용하지 아니하는 경우
- ㉡ 해당 용도로 직접 사용한 기간이 2년 미만인 상태에서 매각·증여하거나 다른 용도로 사용하는 경우

② 면허에 대한 등록면허세 감면

면허는 부동산에 해당되지 아니하므로 「지방세특례제한법」 제178조 추징규정이 적용되지 아니한다.

(3) 자활용사촌에 대한 감면(지특법 §29 ③)

1) 감면요건

① 감면대상자

상이등급 1급을 판정받은 사람들로 구성되어 국가보훈부장관이 지정한 국가유공자 자활용사촌에 거주하는 중상이자(重傷痍者)와 그 유족 또는 그 중상이자와 유족으로 구성된 단체

② 감면대상 및 감면범위

상이등급 1급을 판정받은 사람들로 구성되어 국가보훈부장관이 지정한 국가유공자 자활용사촌 안의 부동산	취득세 면제 재산세 면제 (도시지역분 포함) 지역자원시설세 면제

- 감면시한 : 2026.12.31.
- 최소납부제 적용 시기 : 최소납부제 배제
- 농어촌특별세 과세 여부 : 취득세 면제분 농어촌특별세 비과세(농특령 §4 ⑦ 5)

> **사례** 국가유공자 자활용사촌의 회원인 법인이 취득하는 부동산(내심 96-483, 1996.12.23.)
>
> 회원 상부상조 및 생활향상을 위해 군납 및 군수품 제조 등을 목적으로 설립된 법인이 국가유공자 자활용사촌 지원규정에 의해 중상이자 20가구 이상의 자활과 자립을 위해 복지공장을 운영하기 위해 토지를 취득하는 경우 취득세 등을 부과징수한 처분은 적법함.

2) 추징요건

별도의 추징규정이 없는바, 「지방세특례제한법」 제178조에 따라 다음 어느 하나에 해당하는

경우 그 해당 부분에 대해서는 감면된 취득세를 추징한다.

- ㉠ 정당한 사유 없이 그 취득일부터 1년이 경과할 때까지 해당 용도로 직접 사용하지 아니하는 경우
- ㉡ 해당 용도로 직접 사용한 기간이 2년 미만인 상태에서 매각·증여하거나 다른 용도로 사용하는 경우

3) 농어촌특별세 과세 여부

취득세 면제분 농어촌특별세 비과세(농특령 §4 ⑦ 5)

(4) 국가유공자 등의 자동차에 대한 감면(지특법 §29 ④, ⑤)

1) 감면요건

① 감면대상자

- ㉠ 「국가유공자 등 예우 및 지원에 관한 법률」에 따른 국가유공자(2024년 이후 「보훈보상대상자 지원에 관한 법률」 제2조 제1항 각 호의 어느 하나에 해당하는 보훈보상대상자 및 법률 제11041호 「국가유공자 등 예우 및 지원에 관한 법률」 일부개정법률 부칙 제19조에 해당하는 사람 포함)로서 상이등급 1급부터 7급까지의 판정을 받은 사람
- ㉡ 「5·18민주유공자예우 및 단체설립에 관한 법률」에 따라 등록된 5·18민주화운동부상자로서 신체장해등급 1급부터 14급까지의 판정을 받은 사람
- ㉢ 「고엽제후유의증 등 환자지원 및 단체설립에 관한 법률」에 따른 고엽제후유의증환자로서 경도(輕度)장애 이상의 장애등급 판정을 받은 사람

② 감면대상 및 감면범위

보철용·생업활동용으로 사용하기 위하여 취득하여 등록[75](2021년 이전은 취득)하는 다음 감면대상 자동차로서 최초로 감면신청하는 1대	취득세 면제(주) 자동차세 면제(주)

- 감면시한 : 2027.12.31.
- 최소납부제 적용 시기 : 최소납부제 배제
- 농어촌특별세 과세 여부 : 「지방세법」 제124조에 따른 자동차에 대한 취득세분 농어촌특별세 비과세(농특법 §4 10-2), 이륜자동차는 「지방세법」 제124조에 따른 자동차에 해당되지 아니하여 농어촌특별세 과세대상이나 취득세 면제분 농어촌특별세 비과세(농특령 §4 ⑦ 5)
- 2015년 이전에는 지특법 §17에 의거 감면 적용해 왔으나, 지특법 §17에 따른 장애인용 자동차에 대한 감면을 받은 경우는 제외함.

---

75) 취득세는 취득 시 납세의무가 발생되는 것이므로 등록을 하여야 감면을 하는 것은 법취지에 맞지 아니하며, 취득시점에 감면요건이 충족되는 경우에는 취득세 감면이 되어야 하는 것인데, 등록을 추가하였는바, 취득시점에 감면요건이 충족되어야 하는 것임에도 등록시점에 감면요건이 충족되는 것으로 잘못 해석되어질 가능성이 높다. 굳이 등록을 하는 경우에만 감면이 적용되는 것으로 하고자 한다면, 오해의 소지를 없애기 위하여는 "취득하는"은 그대로 두고 끝부분에 "등록하는 경우에 한하여 취득세 및 자동차세를"라고 법조문을 명확히 하여야 할 것이다.

☞ 감면대상 자동차는 지특법 §17과 동일함.
☞ 자동차 소유로 보지 아니하는 경우 지특법 §17과 동일함.
☞ (주) 2024년 이후 「보훈보상대상자 지원에 관한 법률」 §2 ① 각 호의 어느 하나에 해당하는 보훈보상대상자 및 법률 제11041호 「국가유공자 등 예우 및 지원에 관한 법률」 일부개정법률 부칙 §19에 해당하는 사람의 경우 50% 감면됨.

2) 명의요건

① 국가유공자 등 단독명의
② 공동명의

국가유공자 등과 다음 어느 하나에 해당하는 가족이 공동명의로 등록하는 자동차 1대로 한정하여 감면이 된다(「지방세특례제한법」 제17조에 따른 장애인용 자동차에 대한 감면을 받은 경우는 제외). 이 경우 국가유공자 등과 공동으로 등록하는 사람은 동일한 세대별 주민등록표에 기재되어 있고 「가족관계의 등록 등에 관한 법률」 제9조에 따른 가족관계등록부("가족관계등록부")에 따라 다음 어느 하나에 해당하는 관계가 있는 것이 확인(취득세의 경우 해당 자동차 등록일에 세대를 함께 하는 것이 확인되는 경우로 한정)되는 사람을 말한다.[76]
 ㉠ 국가유공자 등의 배우자·직계혈족·형제자매
 ㉡ 국가유공자 등의 직계혈족의 배우자
 ㉢ 국가유공자 등의 배우자의 직계혈족·형제자매

2020.1.15. 이후 납세의무성립분부터(영 부칙 §3) 국가유공자 등 또는 면제대상 자동차를 국가유공자 등과 공동명의로 등록하는 상기 어느 하나에 해당하는 사람이 모두 「출입국관리법」 제31조에 따라 외국인등록을 하고 같은 법 제10조의 3에 따른 영주자격을 가진 사람인 경우에는 같은 법 제34조 제1항에 따른 등록외국인기록표 및 등록외국인기록표 등으로 가족관계등록부와 세대별 주민등록표를 갈음할 수 있다.

한편, 국가유공자 등이 대체취득[취득세 또는 자동차세를 면제받은 자동차를 말소등록하거나 이전등록(2019년 이후 대체취득분부터 공동명의로 등록한 자가 아닌 자에게 하는 경우로 한정)하고 다시 취득하는 것을 말하며, 취득하여 등록한 날부터 60일 이내에 취득세와 자동차세를 면제받은 종전 자동차를 말소등록하거나 이전등록(2019년 이후 대체취득분부터 공동명의로 등록한 자가 아닌 자에게 하는 경우로 한정)하는 경우 포함]하는 경우 해당 자동차에 대해서는 취득세와 자동차세를 면제한다.

3) 국가유공자 등의 범위

국가유공자의 혜택을 소급해서 주기 위해서 심의해서 결정되는 날(판정일)이 아닌 신청하는

---

76) 2020.1.14. 이전 납세의무성립분까지(영 부칙 §3)는 국가유공자 등과 「가족관계의 등록 등에 관한 법률」에 따른 가족관계등록부(배우자 또는 직계비속의 배우자가 대한민국 국민이 아닌 경우로 한정) 또는 「주민등록법」에 따른 세대별 주민등록표에 의하여 세대를 함께 하는 것이 확인되는 배우자·직계존속(직계존속의 재혼한 배우자 포함)·직계비속(재혼한 배우자의 자녀 포함)·형제자매 또는 직계비속의 배우자와 공동명의로 등록(2018년 이후 취득세의 경우에는 해당 자동차 등록일에 세대를 함께하는 것이 확인되는 경우에 한정)

날로 소급하여 국가유공자 등록일로 등재하고 있는바, 이는 신청시점부터 국가유공자라고 인정하고 있음을 알 수 있다. 지방세관계법에서도 감면신청기간 이후에 국가유공자의 여부가 판정나는 경우에도 소급하여 국가유공자로 인정하여 주는 것이 타당하다고 보여진다.[77]

사례 국가유공자 판정일이 아닌 신청일로 소급 적용 여부(지방세정담당관-287, 2004.1.20.)

> 자동차세는 과세기준일을 정하고 이를 기준으로 과세요건 충족 여부를 판단하여 과세하고 있는 이상, 귀문 관련 국가유공자에 대한 자동차세 감면 여부의 판단에 있어서도 과세기준일 현재, 국가유공자로서의 지위가 확정되었는가 여부에 따라 감면 여부를 판단함이 타당할 것임.

> ☞ 과세대상 자동차가 비과세 또는 감면대상이 되는 경우 수시부과할 수 있으므로 과세기준일에 과세요건이 충족되었는지 여부를 판단할 이유가 없으므로 자동차세도 소급하여 적용하여야 할 것으로 판단됨.

4) 추징요건

국가유공자등 또는 국가유공자등과 공동으로 등록한 사람이 자동차 등록일부터 1년 이내에 사망, 혼인, 해외이민, 운전면허취소, 그 밖에 이와 유사한 부득이한 사유 없이 소유권을 이전하거나 세대를 분가하는 경우에는 면제된 취득세를 추징한다. 다만, 국가유공자등과 공동 등록할 수 있는 사람의 소유권을 국가유공자등이 이전받은 경우, 국가유공자등과 공동 등록할 수 있는 사람이 그 국가유공자등으로부터 소유권의 일부를 이전받은 경우 또는 공동 등록할 수 있는 사람 간에 등록 전환하는 경우는 추징되지 아니한다.

한편, 국가유공자등과 공동 등록할 수 있는 자간에 등록전환하는 경우 취득세 등의 면제요건이 새로이 성립되었다고 보아 공동 등록인의 소유지분만큼에 해당하는 취득세 등을 면제하겠다는 것이 아니라 소유권이전으로 보지 아니하기 때문에 면제된 취득세 등을 추징하지 않겠다는 것을 의미한다고 보아야 하겠으므로, 상기 규정에서 유예기간 기산일은 국가유공자등이 그 공동 등록인을 아들에서 배우자로 변경하여 등록한 날이 아닌 당초 국가유공자등과 그 아들이 공동 등록한 날로 본다(조심 2009지0122, 2009.4.13. 참조).

5) 유의사항

이외의 내용은 「지방세특례제한법」 제17조 장애인용 자동차에 대한 감면규정을 참조하기 바란다.

---

77) 상속재산의 분할은 상속이 개시된 때에 소급하여 효력이 있는 것이므로 상속인이 상속개시일 현재 자경농민 요건을 충족한다면 취득세의 면제대상에 해당되는 것이다(지방세운영과-2196, 2008.11.17.)라고 해석하고 있는바, 이 취지처럼 장애인(국가유공자) 자동차 감면에도 국가유공자 판정일이 아닌 신청일로 소급하여 감면을 적용하여야 할 것이다.

19 한국보훈복지의료공단 등에 대한 감면(지특법 §30)

(1) 한국보훈복지의료공단에 대한 감면(지특법 §30 ①)

1) 감면요건

① 감면대상자

한국보훈복지의료공단

② 감면대상 및 감면범위

「한국보훈복지의료공단법」 §6 2~9(2015년 이전은 1~8)의 사업에 직접 사용하기 위하여 취득하는 부동산(2015년 이전 재산^(주)) ○ 과세기준일 현재 해당 사업에 직접 사용하는 부동산	취득세 25% 경감 (2016년 이전 면제) 재산세 25% 경감 (2016년 이전 면제) (도시지역분 제외)

☛ 감면시한 : 2025.12.31.
☛ 최소납부제 적용 시기 : 2016.1.1. 이후
☛ 농어촌특별세 과세 여부 : 취득세분과 취득세 경감분(면제분) 농어촌특별세 과세
☛ (주) 2015년 이전에는 부동산 아닌 재산임에 유의하여야 할 것임(차량 등도 포함됨).

2) 추징요건

별도의 추징규정이 없는바, 「지방세특례제한법」 제178조에 따라 다음 어느 하나에 해당하는 경우 그 해당 부분에 대해서는 감면된 취득세를 추징한다.

① 정당한 사유 없이 그 취득일부터 1년이 경과할 때까지 해당 용도로 직접 사용하지 아니하는 경우
② 해당 용도로 직접 사용한 기간이 2년 미만인 상태에서 매각·증여하거나 다른 용도로 사용하는 경우

이 추징규정은 부동산에 한하여 적용되므로 부동산을 제외한 다른 재산은 추징이 되지 아니한다.

(2) 보훈병원에 대한 감면(지특법 §30 ②)

1) 감면요건

① 감면대상자

보훈병원

② 감면대상 및 감면범위

의료업에 직접 사용하기 위하여 취득하는 부동산 (2016년 이후 적용)	취득세 50% 경감 (2017년~2020년 75%, 2016년 면제)
○ 감염병전문병원이 의료업에 직접 사용하기 위하여 취득하는 부동산(2022년 이후)	취득세 60% 경감
○ 과세기준일 의료업에 직접 사용하기 위하여 취득하는 부동산(2015년 이전은 보훈병원)	재산세 50%^(주) 경감(2017년~2020년 75%, 2016년 이전 면제) (2020년 이전 도시지역분 포함) 주민세 사업소 면적 사업소분(2020년 이전 재산분)과 종업원분 면제(2014년 이전만 적용)
○ 감염병전문병원이 과세기준일 현재 의료업에 직접 사용하는 부동산(2022년 이후)	재산세 60% 경감(도시지역분 제외)

☞ 감면시한 : 2027.12.31.
☞ 최소납부제 적용 시기 : 2017.1.1. 이후
☞ 농어촌특별세 과세 여부 : 취득세분과 취득세 경감분(면제분) 농어촌특별세 과세
☞ (주) 2021년 취득분은 취득 후 납세의무가 최초로 성립하는 날부터 5년간(도시지역분 제외) 경감하며, 2020.12.31. 이전에 취득한 부동산으로서 2021.1.1. 당시 그 부동산에 대한 재산세 납세의무가 최초로 성립한 날부터 5년이 지나지 아니한 경우에도 각각 적용함(이 경우 재산세의 경감기간은 2021.1.1.을 기준으로 해당 부동산에 대한 재산세 납세의무가 최초로 성립한 날부터 5년이 지나지 아니한 잔여기간으로 함)(지특법 부칙 §5 ①).

> **사례** 2012년도 재산세 과세기준일 현재 대수선 중인 쟁점 건물은 고유업무에 직접 사용하는 것으로 볼 수 없다고 할 것이므로, 재산세 감면을 배제하고, 재산세를 부과한 처분은 달리 잘못이 없음(조심 2012지800, 2013.2.25.).

> **사례** 구 「지방세법」 제273조 제3항은 취득세, 종합토지세 등 면제의 경우에만 의료보험관리업무에 직접 사용하는 부동산으로 제한하고 있을 뿐 사업소세의 경우는 이러한 제한이 없으므로 ○○○○공단의 사업장인 보훈병원도 사업소세 면제대상이라 보아야 할 것임(감심 2002-136, 2002. 8.27.).

2) 추징요건

별도의 추징규정이 없는바, 「지방세특례제한법」 제178조에 따라 다음 어느 하나에 해당하는 경우 그 해당 부분에 대해서는 감면된 취득세를 추징한다.
① 정당한 사유 없이 그 취득일부터 1년이 경과할 때까지 해당 용도로 직접 사용하지 아니하는 경우
② 해당 용도로 직접 사용한 기간이 2년 미만인 상태에서 매각·증여하거나 다른 용도로 사용하는 경우

(3) 독립기념관에 대한 감면(지특법 §30 ③)

1) 감면요건

① 감면대상자

독립기념관

② 감면대상 및 감면범위

「독립기념관법」 §6 ①의 업무에 직접 사용하기 위하여 취득하는 부동산	취득세 면제
○ 과세기준일 현재 해당 업무에 직접 사용 부동산(다른 용도로 함께 사용하는 부분 제외)	재산세 면제 (도시지역분 포함)
해당 법인	주민세 사업소 면적 사업소분(2020년 이전 재산분) 면제

🔗 감면시한 : 2027.12.31.
🔗 최소납부제 적용 시기 : 최소납부제 배제
🔗 농어촌특별세 과세 여부 : 취득세 면제분 농어촌특별세 비과세(농특령 §4 ⑦ 5)

2) 추징요건

별도의 추징규정이 없는바, 「지방세특례제한법」 제178조에 따라 다음 어느 하나에 해당하는 경우 그 해당 부분에 대해서는 감면된 취득세를 추징한다.

① 정당한 사유 없이 그 취득일부터 1년이 경과할 때까지 해당 용도로 직접 사용하지 아니하는 경우

② 해당 용도로 직접 사용한 기간이 2년 미만인 상태에서 매각·증여하거나 다른 용도로 사용하는 경우

⑳ 공공임대주택 등에 대한 감면(지특법 §31)

(1) 임대주택에 대한 감면(지특법 §31 ①~⑤)

1) 감면요건

① 감면대상자

ⓘ 취득세 감면

㉮ 2025년 이후

「공공주택 특별법」에 따른 공공주택사업자("공공주택사업자")가 임대할 목적으로 임대형 기숙사 또는 공동주택(해당 공동주택의 부대시설 및 임대수익금 전액을 임대주택 관리비로 충당하는 임대용 복리시설 포함) 건축자

상기에서 "임대형 기숙사"는 「주택법」 제2조 제4호에 따른 준주택 중 임대형 기숙사로서 「건축법」 제38조에 따른 건축물대장에 호수별로 전용면적이 구분되어 기재되어 있는 다음의 부분을 말한다(지특령 §13).

ⓐ 전용면적 40제곱미터 이하인 호수와 그 부속토지

ⓑ 거주자가 공동으로 사용하는 거실, 주방, 욕실, 복도 및 계단 등의 부분 중 전용면적 40제곱미터 이하인 호수의 전용면적 합계를 전체 호수의 전용면적 합계로 나눈 비율에 해당하는 부분과 그 부속토지

㉯ 2024년 이전

ⓐ 건축주인 「공공주택 특별법」에 따른 공공주택사업자 및 「민간임대주택에 관한 특별법」에 따른 임대사업자[78][임대용 부동산 취득일부터 60일 이내에 해당 임대용 부동산을 임대목적물(2022년 이후 다음 주택은 제외)로 하여 임대사업자로 등록한 자 포함. "임대사업자"]

– 2020.7.11. 이후 「민간임대주택에 관한 특별법」(법률 제17482호로 개정되기 전의 것) 제5조에 따른 임대사업자등록 신청(임대할 주택을 추가하기 위해 등록사항의 변경 신고를 한 경우 포함)을 한 같은 법 제2조 제5호 장기일반민간임대주택("장기일반민간임대주택") 중 아파트를 임대하는 민간매입임대주택이거나 같은 조 제6호에 따른 단기민간임대주택("단기민간임대주택")

☞ 새로이 임대주택을 신축하고자 하는 자가 주택건설용 토지를 취득하는 경우 토지 취득 후 60일 이내에 주택건설사업계획승인을 받아 토지를 임대주택으로 등록하는 것은 시간적으로 어렵다 할 것이며, 이로 인하여 임대주택 건설용 토지를 취득한 후 60일 이내에 이를 임대목적물로 등록하지 아니하였다는 사유로 감면대상에서 배제하는 것은 건설임대사업자의 경우 사실상 감면대상에서 배제되는 결과를 초래할 수 있으므로 임대주택 활성화를 위하여 임대주택에 대한 감면혜택을 부여하는 입법취지에 반하는 결과를 초래하게 된다 할 것임(조심 2022지1169, 2023.10.19.).

– 같은 법 제5조에 따라 등록한 단기민간임대주택을 같은 조 제3항에 따라 2020.7.11. 이후 같은 법 제2조 제4호에 따른 공공지원민간임대주택이나 장기일반민간임대주택으로 변경 신고한 주택

토지에 대해서는 「주택법」 제15조에 따른 사업계획승인을 받은 날 또는 「건축법」 제11조에 따른 건축허가를 받은 날부터 60일 이내로서 토지 취득일부터 1년 6개월 이내에 해당 임대용 부동산을 임대목적물로 하여 임대사업자로 등록한 경우 임대사업자에 포함된다.

한편, 2016.12.31. 이전은 "해당 임대용 부동산을 임대목적물로 하여"라는 문구 없이

---

78) 2015.8.27. 이전은 「임대주택법」 제2조 제4호에 따른 임대사업자를 말하며, 임대사업자가 임대목적으로 공동주택을 신축하여 자기관리형 주택임대관리업자와 계약을 체결하고 그 공동주택을 주거용으로 임대하는 경우라면 임대사업자는 여전히 임대사업자의 지위를 유지하면서 공동주택을 임대용으로 사용하고 있는 경우로서 지방세 감면대상에 해당하는 것으로 보는 것임(지방세특례제도과-2442, 2015.9.8.).

"임대사업자로 등록한 경우"로 되어 있었는데, 심판례(조심 2015지1545, 2016.6.15.)로 인해 이를 개정된 것이다.

㉯ 건축주로부터 공동주택 오피스텔 최초 분양자인 임대사업자(임대용 부동산 취득일부터 60일 이내에 임대사업자로 등록한 경우 포함)

기존의 사업장에서 단독명의 임대사업자라고 하더라도 신규 사업장에서 2인 이상이 공동으로 임대목적 주택을 건설하는 경우는 2인 이상이 공동명의로 신규 등록하여야 하므로 2인이 임대주택 건설용 부지(토지)를 취득한 후 공동명의의 임대사업자 등록 신고 없이 종전 사업장의 단독명의 임대사업자 등록증을 첨부한 경우라면 취득세 감면 대상인 "임대사업자"로 볼 수 없다(지방세운영과-2895, 2012.9.12.).

○ 「공공주택 특별법」에 따른 공공주택사업자(§4 ①)

① 국가 또는 지방자치단체
② 「한국토지주택공사법」에 따른 한국토지주택공사
③ 「지방공기업법」 제49조에 따라 주택사업을 목적으로 설립된 지방공사
④ 「공공기관의 운영에 관한 법률」 제5조에 따른 공공기관 중 대통령령으로 정하는 기관
⑤ ①~④의 규정 중 어느 하나에 해당하는 자가 총지분의 50%를 초과하여 출자·설립한 법인(공공주택지구조성사업: 공공주택지구를 조성하는 사업 한정)
⑥ 임대주택의 공급을 촉진하기 위하여 주택도시기금을 출자하여 「부동산투자회사법」에 따라 설립한 부동산투자회사

○ 「민간임대주택에 관한 특별법」에 따른 임대사업자(§2 7)

「공공주택 특별법」 제4조 제1항에 따른 공공주택사업자가 아닌 자로서 주택을 임대하는 사업을 할 목적으로 제5조에 따라 등록한 자를 말하며, 기업형임대사업자와 일반형임대사업자로 구분한다.

○ 「임대주택법」 제2조 제4호에 따른 임대사업자(2015년 이전)

① 국가, 지방자치단체, 한국토지주택공사, 지방공사
② 「임대주택법」 제6조에 따라 주택임대사업을 하기 위하여 등록한 자
   건설임대주택으로 단독주택은 2호, 공동주택은 2세대, 매입임대주택으로 단독주택은 1호, 공동주택은 1세대 이상의 주택을 임대하려는 자는 특별자치도지사·시장·군수 또는 구청장(자치구의 구청장)에게 등록을 신청가능
③ 「임대주택법」 제7조에 따라 설립된 임대주택조합

사례 공동명의 주택임대사업자 재산세 감면 범위(지방세특례제도과-723, 2014.6.23.)

임대주택 사업자의 주택수를 산정할 때에는 비록 지분으로 취득한 주택의 경우에도 주택 수에 포함하여야 할 것으로 사료된다. 다만, 재산권 행사에 대한 부부별산제를 채용하고 있는 현행 법령에 비추어, 감면분에 대하여만 부부합산을 인정함은 법 논리에도 맞지 않으며, 재산세 감면범위는 임대

사업자 본인명의로 소유한 지분한 지분에 한하여 감면을 적용함.

ⓛ 재산세 등 감면

㉮ 주택건설사업자(해당 건축물의 사용승인서를 내주는 날 또는 매입일 이전에 「부가가치세법」 제8조(종전 제5조)에 따라 건설업 또는 부동산매매업의 사업자등록증을 교부받거나 같은 법 시행령 제8조에 따라 고유번호를 부여받은 자)

㉯ 「주택법」 제4조 제1항 제6호에 따른 고용자

㉰ 근로자를 고용하는 자(제10조 제3항에 따라 등록사업자와 공동으로 주택건설사업을 시행하는 고용자만 해당)

㉱ 「공공주택 특별법」에 따른 공공주택사업자 및 「민간임대주택에 관한 특별법」 제5조에 따라 임대용부동산을 임대목적물로 등록한 임대사업(2015.12.29.~2018.12.31. 「민간임대주택에 관한 특별법」에 따른 임대사업자, 2015.12.28. 이전에는 「임대주택법」 제2조 제4호에 따른 임대사업자)

② 감면대상 및 감면범위

(2025년 이후)

「공공주택 특별법」에 따른 공공주택사업자("공공주택사업자")가 임대할 목적으로 취득하는 임대형 기숙사 또는 공동주택[79](해당 공동주택의 부대시설 및 임대수익금 전액을 임대주택관리비로 충당하는 임대용 복리시설 포함) ○ 임대형 기숙사 또는 전용면적 60제곱미터 이하 공동주택을 건축하기 위한 토지 ○ 건축 임대형 기숙사 또는 전용면적 60제곱미터 이하인 건축 공동주택	취득세 면제
○ 「공공주택 특별법」에 따라 10년 이상의 장기임대 목적으로 전용면적 60제곱미터 초과 85제곱미터 이하인 임대주택("장기임대주택")을 20호(戶) 이상 건축하기 위한 토지 ○ 20호 이상 건축한 장기임대주택 ○ 20호 이상의 장기임대주택을 보유한 공공주택사업자가 추가로 장기임대주택을 건축하기 위한 토지(추가로 취득한 결과로 20호 이상을 건축하기 위한 토지를 보유하게 되었을 때 그 20호부터 초과분까지를 건축하기 위한 토지 포함) ○ 20호 이상의 장기임대주택을 보유한 공공주택사업자가 추가로 장기임대주택을 건축하여 취득하는 경우(추가로 취득한 결과로 20호 이상을 보유하게 되었을 때 그 20호부터 초과분까지 포함)	취득세 50% 경감

79) 공동주택의 범위에는 「지방세특례제한법」 제2조 제3호에 따라 건축물로서의 공동주택과 그 부속토지를 포함하여 일체를 말하는 것이므로 공공주택이 준공되어야만 비로소 공동주택을 건축 중이였던 토지가 공동주택의 부속토지가 되는 것이고, 공동주택을 건축 중인 토지는 아직 공동주택의 부속토지에까지 이르지 못한 상태로서 토지에 해당될 뿐 재산세 감면대상 공동주택으로서 가격기준 적용대상이 아님. 따라서 장기일반민간임대주택으로 등록한 공동주택 2세대 이상을 건축 중인 토지에 대해서는 전용면적 기준 등 감면요건을 충

공공주택사업자가 임대할 목적으로 건축주로부터 실제 입주한 사실이 없는 임대형 기숙사, 공동주택 또는 오피스텔(「주택법」 제2조 제4호에 따른 준주택 중 오피스텔을 말하며, 그 부속토지 포함)을 최초로 유상거래(부담부 증여 제외)로 취득하는 경우[단, 취득 당시의 가액이 3억 원(수도권은 6억 원)을 초과하는 공동주택과 오피스텔은 감면대상에서 제외] ○ 임대형 기숙사, 전용면적 60제곱미터 이하인 공동주택 또는 오피스텔 ○ 20호 이상 취득 장기임대주택, 20호 이상의 장기임대주택을 보유한 공공주택사업자가 추가로 장기임대주택을 취득하는 경우(추가로 취득한 결과로 20호 이상을 보유하게 되었을 때 그 20호부터 초과분까지 포함)	취득세 면제 취득세 50% 경감
공공주택사업자가 과세기준일 현재 임대 목적의 임대형 기숙사 또는 2세대 이상의 공동주택·오피스텔을 건축 중인 토지와 임대 목적으로 직접 사용하는 임대형 기숙사 또는 2세대 이상의 공동주택·오피스텔{단, 공시가액 또는 시장·군수가 산정한 가액이 3억 원[수도권 6억 원(「공공주택 특별법」 제2조 제1호의 2에 따른 공공건설임대주택인 경우 9억 원)]을 초과하는 공동주택과 시가표준액이 2억 원(수도권 4억 원)을 초과하는 오피스텔은 감면대상에서 제외} ○ 「공공주택 특별법」 제50조의 2 제1항에 따른 임대의무기간이 30년 이상인 임대형기숙사를 건축 중인 토지 ○ 「공공주택 특별법」 제50조의 2 제1항에 따른 임대의무기간이 30년 이상이고 전용면적이 40제곱미터 이하인 공동주택을 건축 중인 토지 ○ 「공공주택 특별법」 제50조의 2 제1항에 따른 임대의무기간이 30년 이상인 임대형 기숙사 ○ 「공공주택 특별법」 제50조의 2 제1항에 따른 임대의무기간이 30년 이상이고 전용면적이 40제곱미터 이하인 공동주택	재산세 면제 (도시지역분 포함)
○ 임대형 기숙사(상기 3단에 따른 임대형 기숙사 제외)를 건축 중인 토지 ○ 전용면적 60제곱미터 이하인 공동주택(상기 3단에 따른 공동주택 제외) 또는 오피스텔을 건축 중인 토지 ○ 임대형 기숙사(상기 3단에 따른 임대형 기숙사 제외) ○ 전용면적 60제곱미터 이하인 공동주택(상기 3단에 따른 공동주택 제외) 또는 오피스텔	재산세 50% 경감 (도시지역분 포함)
○ 전용면적 60제곱미터 초과 85제곱미터 이하인 공동주택 또는 오피스텔을 건축 중인 토지 ○ 전용면적 60제곱미터 초과 85제곱미터 이하인 공동주택 또는 오피스텔	재산세 25% 경감 (도시지역분 제외)

족할 경우 공동주택의 가격기준과는 상관없이 재산세 감면을 적용할 수 있는 것임(지방세특례제도과-2423, 2024.9.26.).

(2024년 이전)

임대할 목적으로 건축하는 공동주택(해당 공동주택의 부대시설 및 임대수익금 전액을 임대주택관리비로 충당하는 임대용 복리시설 포함) ○ 전용면적 60제곱미터 이하 ○ 전용면적 60제곱미터 초과 85제곱미터 이하 장기임대 주택^(주1)	취득세 면제 취득세 50% 경감
임대사업자가 임대할 목적으로 건축주로부터 최초로 분양받는 공동주택(「민간임대주택에 관한 특별법」§2 1에 따른 준주택 중 오피스텔(그 부속토지 포함) 포함되며, 2015.7.23. 이전에는 「주택법」§80-2 ①에 따른 주택거래신고지역에 있는 공동주택 또는 오피스텔 제외)^(주3) 단, 취득 당시의 가액이 3억 원(수도권은 6억 원)을 초과하는 경우에는 감면 대상에서 제외^(주2) ○ 전용면적 60제곱미터 이하 ○ 전용면적 60제곱미터 초과 85제곱미터 이하 장기임대주택^(주1)	취득세 면제 취득세 50% (2015년 이전 25%) 경감
과세기준일 현재 2세대 이상 임대 목적에 직접 사용 부동산 국내에서 건축·매입한 임대용 공동주택, 매입한 임대용 오피스텔^(주4) 단, 2020.8.12. 이후 공시주택가액 또는 시장·군수가 산정한 가액이 3억 원[수도권은 6억 원(2022년 이후 민간건설임대주택 또는 공공건설임대주택인 경우에는 9억 원)]을 초과하는 공동주택과 시가표준액이 2억 원(수도권은 4억 원)을 초과하는 오피스텔은 감면 대상에서 제외^(주5) ○ 전용면적 40제곱미터 이하인 「공공주택 특별법」§50-2 ①에 따라 30년 이상(2015.12.28. 이전에는 「임대주택법」§16 ① 1 및 2에 따른) 임대 목적의 건축·매입 공동주택(오피스텔 제외)	 재산세 면제 (도시지역분 포함) (2018년 이전 지역자원시설세 면제)
○ 전용면적 60제곱미터 이하(전용면적 40제곱미터 이하인 「공공주택 특별법」§50-2 ①에 따라 30년 이상 임대용 공동주택 제외, 2022년 이전은 전용면적 40제곱미터 초과에 한함)^(주6)	재산세 50% 경감 (도시지역분 포함)
○ 전용면적 60제곱미터 초과 전용면적 85제곱미터 이하	재산세 25% 경감 (도시지역분 제외)

☞ 감면시한 : 2027.12.31.

☞ 최소납부제 적용 시기 : 2015.1.1. 이후

☞ 농어촌특별세 과세 여부 : 감면대상 공동주택이 서민주택에 해당되므로 취득세분 농어촌특별세 비과세, 오피스텔은 서민주택이 아니므로 취득세분 농어촌특별세 과세, 취득세 면제분(경감분) 농어촌특별세 비과세(농특령 §4 ⑦ 5)

☞ 종전의 §31 ① 2에 따라 취득세 감면을 받은 자가 2016.1.1. 이후 §31 ②에 따른 추징사유가 발생한 경우에는 §31 ① 2의 개정규정에 따른 임대의무기간을 적용하여 감면받은 취득세를 추징함(지특법 부칙 §3).

☞ 2025년 이후 2020.7.10. 이전에 「민간임대주택에 관한 특별법」(법률 제17482호로 개정되기 전의 것) §5에 따른 임대사업자등록 신청(임대할 주택을 추가하기 위하여 등록사항의 변경 신고를 한 경우 포함)을 한 단기민간임대주택(종전의 §31 ④에 따른 임대용 공동주택 또는 오피스텔로 한정, "단기민간임대주택")의 재산세 감면에 관하여는 §31 및 §31-3의 개정규정에도 불구하고 종전의 §31 ④에 따름(이 경우 재산세의 감면기간은 종전의 §31 ④에도 불구하고 해당 단기민간임대주택의 임대기간 종료일까지로 함)[법 부칙(2024.12.31.) §4 ③].

👉 (주1) 「민간임대주택에 관한 특별법」 또는 「공공주택 특별법」에 따라 10년(2020.8.17. 이전 등록신청한 장기임대주택은 8년) 이상의 장기임대 목적(2015.12.28. 이전에는 「임대주택법」 §16 ① 1・2・2-2 및 3에 따른 장기임대 목적)으로 20호(戶) 이상 취득하거나, 20호 이상의 장기임대주택을 보유한 임대사업자가 추가로 장기임대주택을 취득하는 경우(추가로 취득한 결과로 20호 이상을 보유하게 되었을 때에는 그 20호부터 초과분까지 포함)

👉 (주2) 2020.8.11. 이전에 임대사업자가 임대할 목적으로 취득한 공동주택 및 오피스텔의 취득세 감면에 대해서는 종전규정에 따름(지특법 부칙 §6).

👉 (주3) 「주택법」 §2 4에 따른 준주택 중 다음 각 호의 요건을 모두 갖춘 오피스텔을 말한다.
1. 전용면적이 85제곱미터 이하일 것
2. 상・하수도 시설이 갖추어진 전용입식 부엌, 전용수세식 화장실 및 목욕시설(전용수세식화장실에 목욕시설을 갖춘 경우 포함)을 갖출 것
　※ 준주택 : 주택 외의 건축물과 그 부속토지로서 주거시설로 이용가능한 시설 등(「주택법」 §2 2-2)

👉 (주4) 임대사업자라는 자격 요건을 갖추고 있어야 하며, 2세대 이상을 임대주택으로 사용하고 있어야 할 뿐으로서 감면대상이 되는 임대주택의 범위를 구 「임대주택법」의 규정에 따라 등록한 임대주택으로 한정하고 있지도 아니하며, 감면대상이 되는 주택의 범위를 임대주택이 아닌 '임대용 공동주택'이라고 규정하고 있으며, 이러한 '임대용 공동주택'의 의미는 「지방세법」 상 독자적인 개념으로 보아야 할 것으로서, 임대주택의 공급을 활성화하기 위하여 재산세 감면혜택을 부여하는 입법 취지와 실질과세의 원칙에 비추어 임대용에 공여되는 공동주택을 모두 포함하는 의미로 해석하는 것이 타당하다 할 것임에도 구 「임대주택법」에 의하여 2세대 이상의 공동주택을 임대주택으로 등록한 경우만이 재산세 감면대상에 해당되는 것으로 보아 재산세 과세기준일 현재 1세대의 공동주택만을 임대주택으로 등록하였다는 사유로 재산세 감면대상에 해당되지 아니한다고 본 것은 잘못임(조심 2012지786, 2013.6.28.). 이는 취득세 감면 조문에 '2세대 이상 등록'이라는 문구가 없다는 점과 1호라도 임대사업자등록이 가능한 점에서 타당한 것이며, 오피스텔도 2세대 이상 임대하여야 재산세가 감면됨.

「공공주택 특별법」 §4에 따른 공공주택사업자는 임대사업자 등록하지 않아도 재산세 감면(지령 §13 ④, 2022년 이후)

2022년 이후부터는 다음 주택은 감면 제외됨.
ⓐ 2020.7.11. 이후 「민간임대주택에 관한 특별법」(법률 제17482호로 개정되기 전의 것) §5에 따른 임대사업자등록 신청(임대할 주택을 추가하기 위해 등록사항의 변경 신고를 한 경우 포함)을 한 같은 법 §2 5 장기일반민간임대주택("장기일반민간임대주택") 중 아파트를 임대하는 민간매입임대주택이거나 §2 6에 따른 단기민간임대주택("단기민간임대주택")
ⓑ 같은 법 §5에 따라 등록한 단기민간임대주택을 같은 조 ③에 따라 2020.7.11. 이후 같은 법 §2 4에 따른 공공지원민간임대주택이나 장기일반민간임대주택으로 변경 신고한 주택

👉 (주5) 2020.8.11. 이전에 임대사업자가 임대할 목적으로 취득하여 등록한 공동주택 및 오피스텔의 재산세 감면에 대해서는 종전규정에 따름(지특법 부칙 §6).

👉 (주6) 임대용 공동주택 또는 오피스텔에 대한 2022년 납세의무가 성립하여 같은 개정규정에 따른 요건에 해당하게 된 경우에도 적용됨(지특법 부칙 §4).

　　임대사업자가 임대할 목적으로 공동주택을 건축하는 경우[80] 그 공동주택에 대하여 취득세를 면제한다고 하면서 「지방세특례제한법」 제2조 제2호의 2와 제3호에서 「주택법」 제2조 제1호와 제3호를 각각 적용하도록 규정하고 있는바, 그 부속토지는 포함되는 것으로 규정하고 있기 때문(2015년 이전까지는 그 부속토지를 포함한다고 별도로 규정하고 있었음)에 그 부속토지도 취득세 감면대상에 해당되며, "임대용 부동산 취득일로부터"라고 규정되어 있어서 임대용 부동산 취

---

80) 일부 증축 및 용도변경하여 공동주택으로 사용승인을 받은 경우 증축은 건축에 해당되어 감면이 되나, 용도변경은 건축에 해당되지 아니하여 감면대상 아님(지방세특례제도과-762, 2014.3.4.).

득일은 토지, 건축물 구분하여 판단하여야 하는 것이다. 토지의 취득일로부터 60일 이내에 임대사업자 등록을 하여야만 감면이 되는 것이고, 심판례(조심 2015지1545, 2016.6.15.)에 의하면 감면대상 임대사업자는 임대용 부동산 취득일부터 60일 이내에 임대사업자로 등록한 경우를 포함하여 구 「임대주택법」 제2조 제4호에 따른 임대사업자이면 족하고, 달리 임대용 부동산을 취득할 때마다 해당 부동산에 대하여 구 「임대주택법」에 따라 변경등록을 할 것을 요구하고 있지 아니한 점, 해당 임대사업자에 대한 감면 조항은 임대주택 활성화를 통한 서민의 주거안정의 지원에 그 취지가 있다 할 것으로 비록 임대사업자가 임대주택용 부지를 취득하면서 바로 임대물건으로 변경등록을 하지 않았다 하더라도 임대사업자가 장래에 임대주택을 건설하기 위하여 그 부지를 취득하는 경우라면 그 취득에 대하여 취득세를 감면하는 것이 입법 취지에 부합하는 해석으로 보이는 점 등에 비추어 토지 취득일 이전에 임대사업자로 이미 등록된 기존 임대사업자가 토지 취득일부터 60일 이내에 임대물건으로 등록하지 아니하였다 하여 이를 감면요건을 충족하지 못한 것으로 보는 것은 타당하지 아니하다(조심 2014지0403, 2014.5.19. 같은 뜻임)라고 결정하고 있다. 그런데 2017.1.1. 이후는 법 개정을 통하여 해당 임대용 부동산을 임대목적물로 하여 임대사업자로 등록하여야만 감면이 되는 것이다. 2016.12.31. 이전은 "해당 임대용 부동산을 임대목적물로 하여"라는 문구 없이 "임대사업자로 등록한 경우"로 되어 있었는데, 이 심판례에 의하여 개정된 것이다.

교환이나 증여의 경우에도 취득에 해당되므로 감면요건에 해당하면 감면이 된다.

㉠ 취득 후 임대주택으로 등록하여야 하는지 여부

지방자치단체의 임대등록 요건이 규정되어 있지 않지만, 「민간임대주택에 관한 특별법」 제2조 제7호에서 "임대사업자"란 「공공주택 특별법」 제4조 제1항에 따른 공공주택사업자가 아닌 자로서 주택을 임대하는 사업을 할 목적으로 제5조에 따라 등록한 자를 말하며… 라고 규정하면서 같은 법 제5조 제1항 및 같은 법 시행령 제4조에는 주택을 임대하려는 자는 일정 요건과 절차 등에 따라 등록하여야 한다고 규정하고 있다. 「지방세특례제한법」 제31조 제3항에서의 임대주택 감면은 국민의 장기적인 주거안정 지원을 위해 「민간임대주택에 관한 특별법」에 따른 임대주택의 재산세를 감면하는 것으로 재산세 과세기준일(매년 6.1.) 현재 「민간임대주택에 관한 특별법」 제2조 제7호 및 제5조 제1항에 따라 임대주택으로 등록하지 않은 주택은 「민간임대주택에 관한 특별법」에 따른 임대주택으로 볼 수 없으므로(국토해양부 주거복지기획과-2024호, 2011.7.29. 참조) 재산세 감면대상에서 제외한다(지방세운영과-3924, 2011.8.19. 참조).

상기 해석에 따르면 임대주택으로 등록되지 아니한 임대주택을 임대한 경우에는 재산세 등의 감면대상에 해당되지 아니한다는 것이지만, 「지방세특례제한법」 제31조 제3항 및 같은 법 시행령 제13조 제3항 제3호의 규정에서 구 「임대주택법」 제2조 제4호(현행 「민간임대주택에 관한 특별법」 제2조 제7호)에 따른 임대사업자가 국내에 2세대 이상의 임대용 공동주택을 건축·매입하거나 오피스텔을 매입하여 과세기준일 현재 임대 목적에 직접 사용하는 경우에는 재산세를 경감하도록 규정하고 있고, 이러한 감면요건을 구분하면 임

대사업자라는 자격 요건을 갖추고 있어야 하며, 2세대 이상을 임대주택으로 사용하고 있어야 할 뿐으로서 감면대상이 되는 임대주택의 범위를 구 「임대주택법」의 규정에 따라 등록한 임대주택으로 한정하고 있지도 아니하며, 감면대상이 되는 주택의 범위를 임대주택이 아닌 "임대용 공동주택"이라고 규정하고 있으며, 이러한 "임대용 공동주택"의 의미는 「지방세법」상 독자적인 개념으로 보아야 할 것으로서, 임대주택의 공급을 활성화하기 위하여 재산세 감면혜택을 부여하는 입법 취지와 실질과세의 원칙에 비추어 임대용에 공여되는 공동주택을 모두 포함하는 의미로 해석하는 것이 타당하다 할 것임에도 「임대주택법」(현행 「민간임대주택에 관한 특별법」)에 의하여 2세대 이상의 공동주택을 임대주택으로 등록한 경우만이 재산세 감면대상에 해당되는 것으로 보아 재산세 과세기준일 현재 1세대의 공동주택만을 임대주택으로 등록하였다는 사유로 주택이 재산세 감면대상에 해당되지 아니한다고 본 것은 잘못이라고 보여진다. 즉 임대사업자로 등록한 자가 임대용으로 공여하고 있는 주택에 대하여 이를 「임대주택법」(현행 「민간임대주택에 관한 특별법」)에 따라 등록하지 아니하였다는 이유로 재산세 감면을 배제하고 재산세 등을 부과한 처분은 부당하다는 것이다(조심 2012지786, 2013.6.28. 참조).

ⓛ 주택건설사업자의 요건

주택건설사업자는 건축물의 사용승인서를 내주는 날 또는 매입일 이전에 「부가가치세법」 제5조에 따라 건설업 또는 부동산매매업의 사업자등록증을 교부받거나 같은 법 시행령 제8조에 따라 고유번호를 부여받은 자를 말한다라고 규정되어 있는 바, 일정 규모 이상의 주택건설사업은 국토교통부에 반드시 등록을 하여야 하는 것으로 되어 있는바, 그 일정규모 미만은 등록을 하지 않아도 주택건설사업을 할 수 있다(「주택법」 §9 참조). 따라서 이 규정에서 주택건설사업자는 반드시 국토해양부에 등록을 하여야 하는 것은 아니라 판단된다. 그리고 임대사업자 등록도 「주택법」 제9조에 따라 등록한 주택건설사업자뿐만 아니라 임대를 목적으로 주택을 건축하기 위하여 「건축법」 제11조에 따라 허가를 받은 자도 가능하다는 점에서 국토해양부에 반드시 주택건설사업자 등록하여야 하는 것은 아니라는 것이다.

한편, 「부가가치세법」상의 사업자등록을 받지 아니하고 주택건설사업면허만을 갖춘 경우에는 감면대상에서 제외된다(도세 13421-735, 1993.8.21.).

사례 취득일부터 60일 이내에 취득물건을 임대목적물로 하여 임대사업자 변경등록 신청을 하였으나 60일이 경과된 후에 수리된 경우(조심 2020지2040, 2021.7.12.)

① 임대사업자 등록은 행정관청의 인·허가 사항이 아니라 일반적인 등록사항으로서 관계기관 등의 협조가 필요한 복합민원이 아니므로 특별한 심사 등의 절차 없이도 당일에 처리가 가능한 것이다. 따라서 납세자가 임대용 부동산을 취득한 후 60일 이내에 취득물건을 임대목적물로 하여 임대사업자 변경등록 신청을 하였다면 60일이 경과된 후에 수리되었다 하더라도 감면대상인 임대사업자로 보는 것이 타당하다. ② 청구법인이 쟁점토지를 취득한 날인 2017.11.7.부터 60일이 되는 날은

2018.1.6.이고 그 날은 토요일이므로 「지방세기본법」 제24조 제1항에 따라 임대사업자의 변경 등록의 신청기한은 2018.1.8.로 보아야 하고 청구법인은 2018.1.8. 임대사업자 변경등록 신청을 하였으므로 그 후 수리되었다 하더라도 감면대상인 임대사업자로 보는 것이 타당하다. 이와 같은 점을 종합하면 청구법인은 쟁점토지를 취득한 날부터 60일 이내에 임대사업자 변경등록 신청을 하여 취득세 등의 감면요건을 충족한 것으로 보는 것이 타당함.

2) 추징요건

① 취득세

㉠ 2025년 이후 감면분

다음 어느 하나에 해당하는 경우 그 해당 부분에 대해서는 감면된 취득세를 추징한다.

㉮ 해당 토지를 취득한 날부터 정당한 사유 없이 2년 이내에 임대형 기숙사 또는 공동주택을 착공하지 아니한 경우

㉯ 「공공주택 특별법」 제50조의 2 제1항에 따른 임대의무기간에 같은 법 시행령 제54조 제2항 제1호 및 제2호에서 정하는 경우가 아닌 사유로 임대형 기숙사, 공동주택 또는 오피스텔을 임대 외의 용도로 사용하거나 매각·증여하는 경우

○ 「공공주택 특별법 시행령」 제54조 제2항 제1호 및 제2호

② 법 제50조의 2 제2항 제2호에 따라 임대의무기간이 지나기 전에도 임차인 등에게 분양전환할 수 있는 경우는 다음 각 호와 같다.

1. 공공주택사업자가 경제적 사정 등으로 공공임대주택에 대한 임대를 계속할 수 없는 경우로서 공공주택사업자가 국토교통부장관의 허가를 받아 임차인에게 분양전환하는 경우. 이 경우 법 제50조의 3 제1항에 해당하는 임차인에게 우선적으로 분양전환하여야 한다.
2. 임대 개시 후 해당 주택의 임대의무기간의 2분의 1이 지난 분양전환공공임대주택에 대하여 공공주택사업자와 임차인이 해당 임대주택의 분양전환에 합의하여 공공주택사업자가 임차인에게 법 제50조의 3에 따라 분양전환하는 경우

㉡ 2024년 이전 감면분

다음 어느 하나에 해당하는 경우 그 해당 부분에 대해서는 감면된 취득세를 추징한다.

㉮ 건축주 임대사업자

ⓐ 토지를 취득한 날부터 정당한 사유 없이 2년 이내에 공동주택을 착공하지 아니한 경우

연부취득의 경우에는 최종 잔금일 또는 등기일 중 빠른 날로부터 2년 이내 착공하면 추징이 되지 아니한다.

ⓑ 「민간임대주택에 관한 특별법」 제43조 제1항 또는 「공공주택 특별법」 제50조의 2 제1항(2015.12.28. 이전에는 「임대주택법」 제16조 제1항 각 호)에 따른 임대의무기간[81]에 「민간임대주택에 관한 특별법」 제43조 제4항(2015.12.28. 이전에는 「임대주

법 시행령」 제13조 제2항 제2호 및 제3호)에서 정하는 경우가 아닌 사유로 임대 외의 용도로 사용하거나 매각·증여하는 경우,[82] 「민간임대주택에 관한 특별법」 제6조에 따라 임대사업자 등록이 말소된 경우(2019년 이후 적용이나 그 전에도 적용됨).

임대의무기간 이내에 임대사업자 간의 매매 등 매각이 가능한 경우에는 추징이 되지 아니한다. 여기서 매각에는 상속은 포함되지 아니하는 것으로 해석하여야 할 것이다. 그 이유는 매각에는 유상매각과 무상매각이 모두 포함되나, 무상매각에는 상속과 증여도 포함되는 것으로 증여는 별도로 구분되어 있지만 상속은 별도로 구분되어 있지 않기 때문이다.[83] 그리고 상기에서 정당한 사유의 문구는 없지만 상속은 정당한 사유에 해당되는 것으로 보아야 한다는 점에서도 추징되지 아니하는 것이 타당할 것이다. 그런데 임대사업자가 임대의무기간 내에 사망하고 상속인이 임대사업을 승계하지 않고 상속받은 임대주택을 매각한 것으로 「지방세특례제한법」 제31조 제2항의 규정에 의거 피상속인에게 감면하였던 취득세 추징사유가 되고, 「지방세기본법」 제42조(상속으로 인한 납세의무의 승계) 제1항에서 상속이 개시된 경우에는 상속인이 피상속인에게 부과되거나 피상속인이 납부할 지방자치단체의 징수금을 상속으로 얻은 재산의 한도 내에서 납부할 의무를 진다고 규정하고 있으며, 상속인이 피상속인의 임대사업을 승계하여 법령에서 정한 임대의무기간 동안 임대하고 처분할 수도 있었던 점 등을 볼 때, 법령에서 정한 임대의무기간 내 임대사업자 등록이 말소되거나 매각하여 감면 요건을 충족치 못한 경우에는 피상속인이 감면받은 취득세를 상속인에게 추징하는 것이 타당하다 할 것이다(지방세특례제도과 -746, 2019.9.26.)라고 해석하고 있다.

한편, 구 「임대주택법 시행령」 제13조 제2항 제2호 및 제3호가 정하는 바에 따라 분양전환허가 또는 분양전환승인을 받지 아니하고 증여하는 경우라면 상기의 정한 사유

---

81) 부칙(법률 제13637호, 2015.12.29.) 제3조에 따라 「지방세특례제한법」 개정 이전 구 「지방세특례제한법」 (2016.1.1. 시행, 법률 제13637호로 개정 이전의 것) 제31조 제1항 제2호에 따라 취득세 감면을 받은 경우, 개정 이후 추징사유가 발생하는 경우에는 개정규정에 따른 임대의무기간을 적용하여야 할 것이지만, 구 「지방세특례제한법」 제31조 제1항 제1호에 따라 취득세 감면을 받은 경우에는 「지방세특례제한법」 개정 이후 추징사유가 발생하는 경우에는 종전 규정에 따른 임대의무기간을 적용하여야 하는 것이 타당하다 할 것이므로, 쟁점부동산에 대한 취득세 납세의무는 「지방세특례제한법」 개정 이전 2014.6. 취득 시 발생하였고 그에 따른 감면요건은 기 취득시점으로부터 당시 임대의무기간에 해당하는 기간(5년) 동안 임대물건을 보유하고 있어야 감면이 적용된다 할 것이나, 임대의무기간에 해당되는 5년 이내에 쟁점부동산을 매각한 경우에는 취득세 추징대상이라고 판단된다(지방세특례제도과 -797, 2020.4.8.).

82) 2013.12.31. 이전에는 「임대주택법」 제16조 제3항의 사유도 예외로 하고 있었다.

83) 증여라는 문구가 있기 전에는 매각의 의미는 다음과 같다.
매각의 의미는 유상·무상을 불문한 일체의 양도하는 행위로서, 다른 사람에게 소유권을 이전시키는 일체의 행위로 보는 것이 타당하며, 매각을 단순한 유상의 매매만을 의미하는 것으로 보는 경우 종전 규정인 비영리사업자가 2년 이상 그 사업에 사용해야만 추징하지 아니하도록 하는 규정 자체가 유명무실해지며, 또한 매각이란 용어 자체도 법률상 용어는 아니므로 위의 법 개정의 취지를 살려 일체의 처분행위로 해석하는 것이 타당하다는 것이다(참고로, 사용일로부터 2년 이상 사용하지 아니하고 타인에게 임대하거나 사용하게 하는 경우 등 다른 용도로 사용하는 경우에도 추징대상이 되므로 그 소유권 자체를 이전시키는 것은 당연히 추징대상이 된다는 것임).

가 아닌 사유로 증여하는 경우에 해당한다 할 것이고, "감면된 취득세"를 추징하는 것으로 규정하여 매각·증여한 부분에 대한 취득세를 한정하여 추징하는 것으로 규정하고 있지 아니하므로 감면된 취득세 전체를 추징하는 것이다(지방세특례제도과-1710, 2015.6.30.).

사례 이혼에 의한 재산분할 시 추징 여부(조심 2014지1322, 2014.11.27.)

주택을 임대의무기간 이내인 2014.2.19.에 전 배우자인 ○○○에게 매각한 점, 이 건 주택의 매각은 시장 등의 허가를 받아 다른 임대사업자에게 매각한 것에 해당되지 않는 점, 조세법규는 특별한 사정이 없는 한 엄격하게 해석하여야 하고 취득세를 면제받은 임대주택의 경우에는 이혼에 따른 재산분할이라고 하더라도 일반적인 매각 또는 증여와 달리 보기 어려운 점 등에 비추어 청구인의 이 건 주택 매각은 「임대주택법 시행령」 제13조 제2항의 규정에 부합하지 않는다고 할 것이므로 처분청이 청구인에게 이 건 취득세 등을 부과한 처분은 달리 잘못이 없다고 판단됨.

☞ 이혼에 의한 재산분할은 매각, 증여에 해당되지 아니할 것으로 판단되므로 논란의 쟁점이 될 수 있음.

○ **임대의무기간 이내에 임대사업자 간의 매매 등 매각이 가능한 경우**

① 2015.12.29. 이후(「민간임대주택에 관한 특별법」 §43 ④, 같은 법 시행령 §34 ②)

임대사업자는 부도, 파산, 그 밖의 다음의 경제적 사정 등으로 임대를 계속할 수 없는 경우에는 임대의무기간 중에도 시장·군수·구청장에게 허가를 받아 임대사업자가 아닌 자에게 민간임대주택을 양도할 수 있음.

㉠ 2년 연속 적자가 발생한 경우

㉡ 2년 연속 부(負)의 영업현금흐름이 발생한 경우

㉢ 최근 12개월간 해당 임대사업자의 전체 민간임대주택 중 임대되지 아니한 주택이 20% 이상이고 같은 기간 동안 특정 민간임대주택이 계속하여 임대되지 아니한 경우(기업형 임대주택사업자인 경우로 한정)

㉣ 관계 법령에 따라 재개발, 재건축 등으로 민간임대주택의 철거가 예정되어 민간임대 사업을 계속하기 곤란한 경우(기업형 임대주택사업자인 경우로 한정)

☞ 임대의무기간

ⓐ 기업형 임대주택(기업형 임대사업자) : 8년

ⓑ 준공공임대주택(일반형 임대사업자) : 8년

ⓒ 단기임대주택(일반형 임대사업자) : 4년

☞ 임대개시일

ⓐ 민간건설임대주택 : 입주지정기간 개시일

ⓑ 민간매입임대주택 : 임대사업자 등록일(단, 임대사업자 등록 이후 임대가 개시되는 주택은 임대차계약서상의 실제 임대개시일)

☞ 양도받는 자는 양도하는 자의 임대사업자로서의 지위를 포괄적으로 승계하며, 이러한 뜻을 양수도계약서에 명시하여야 함.

② 2015.12.28. 이전(「임대주택법 시행령」 §13 ② 2, 3)

  ㉠ 임대사업자가 부도, 파산, 그 밖의 경제적 사정 등으로 임대를 계속할 수 없어 관계규정에 의거 분양전환허가 또는 분양전환승인을 받은 경우

  ㉡ 임대개시 후 의무임대기간의 2분의 1이 지난 경우로서 임대사업자와 임차인이 해당 임대주택의 분양전환에 합의하여 임대사업자가 국토교통부령으로 정하는 바에 따라 시장·군수 또는 구청장에게 신고(임대사업자가 국가, 지방자치단체, 한국토지주택공사 또는 지방공사인 경우 제외)한 후 임차인에게 분양전환하는 경우

  ㉯ 최초 분양받은 임대사업자

  「민간임대주택에 관한 특별법」 제43조 제1항 또는 「공공주택 특별법」 제50조의 2 제1항 (2015.12.28. 이전에는 「임대주택법」 제16조 제1항 각 호)에 따른 임대의무기간에 「민간임대주택에 관한 특별법」 제43조 제4항(2015.12.28. 이전에는 「임대주택법 시행령」 제13조 제2항 제2호 및 제3호)에서 정하는 경우가 아닌 사유로 임대 외의 용도로 사용하거나 매각·증여하는 경우, 「민간임대주택에 관한 특별법」 제6조에 따라 임대사업자 등록이 말소된 경우(2019년 이후 적용이나 그 전에도 적용됨).

임대주택을 펜션으로 사용하였다면 이는 주택이 아니라 사실상 사업용 숙박용역을 제공하는 건물로 주택에 해당하지 아니하는 것이므로 임대주택 취득세 감면분은 추징이 된다. 다만, 임대의무기간이 경과한 시점에서는 펜션으로 사용하여도 추징되지 아니하며, 감면분은 취득일로부터 5년이 경과하여 추징사유가 발생한 경우에는 추징할 수 없으므로 임대의무기간이 5년을 초과하는 경우라 하더라도 취득일로부터 5년 경과 후 펜션으로 용도변경 시 추징이 되지 아니한다.

사례 다른 임대사업자에게 매각 시 추징됨(조심 2019지2044, 2019.7.5.)

「임대주택법」 제16조 제3항에서 '임대사업자 간의 매매 등'을 명시한 것은 예시적 규정에 불과하고, 같은 법 시행령 제13조 제2항에서 임대의무기간 내에 매각할 수 있는 사유를 구체적으로 규정하고 있는 이상 「지방세특례법 시행령」 제13조 제1항에서 별도로 열거되지 아니한 「임대주택법 시행령」 제13조 제2항 제1호에서 규정한 '다른 임대사업자에게 매각하는 경우'는 취득세 추징이 제외되는 사유에 해당되지 않는다고 보아야 하는 점 등에 비추어, 이 건 오피스텔을 다른 임대사업자에게 매각하였다 하더라도 추징대상에서 제외된다고 보기는 어려움.

사례 공동임대사업자 중 일부 지분만 매각한 경우 추징대상액(조심 2019지1680, 2019.7.4.)

공동임대사업자가 공유로 소유한 임대주택을 매각하는 경우에 있어서 감면한 취득세의 추징대상이 되는 부동산은 매각한 지분에 한정하여 추징하는 것이 타당하므로, 처분청이 공동임대사업자가 소유한 주택의 경우 각 임대주택을 구분소유적 공유관계로 소유한 경우에 한하여 해당 지분에 해당하는 부분만 취득세 추징대상에 해당된다고 해석하는 것은 인정하기 어려움.

해제되어 종전 임대사업자에게 소유권이 환원된 경우(지방세정팀-4259, 2006.9.6.)

종전 주택 임대사업자가 다른 임대사업자에게 임대주택을 매각하는 경우에는 감면된 취득세와 등록세가 추징되지 아니하며, 귀문과 같이 다른 임대사업자로부터 주택을 취득하여 소유권이전등기를 경료한 후 매매계약이 해제되어 종전 임대사업자에게 소유권이 환원된 경우에도 해당 주택의 소유권을 종전 임대사업자(주택 임대사업자 등록을 유지하고 있어야 함)에게 매각한 것으로 보아 감면된 취득세와 등록세는 추징되지 아니함.

② 재산세(2019년 이후 적용)

㉠ 2025년 이후 감면분

다음 어느 하나에 해당하는 경우 그 감면사유 소멸일부터 소급하여 5년 이내에 감면된 재산세를 추징한다.

㉮ 「주택법」 제49조에 따른 사용검사 또는 「건축법」 제22조에 따른 사용승인(임시사용승인 포함)을 받기 전에 임대형 기숙사, 공동주택 또는 오피스텔을 건축 중인 토지를 매각·증여하는 경우

㉯ 「공공주택 특별법」 제50조의 2 제1항에 따른 임대의무기간에 임대형 기숙사, 공동주택 또는 오피스텔을 매각·증여하는 경우

㉡ 2020년~2024년 감면분

「민간임대주택에 관한 특별법」 제6조에 따라 임대사업자 등록이 말소되거나 2022년 이후 감면분부터(부칙 §4 ②) 같은 법 제43조 제1항 또는 「공공주택 특별법」 제50조의 2 제1항에 따른 임대의무기간에 임대용 공동주택 또는 오피스텔을 매각·증여하는 경우에는 그 감면 사유 소멸일부터 소급하여 5년 이내에 감면된 재산세를 추징한다. 다만, 다음 어느 하나에 해당하는 경우에는 추징에서 제외한다.

㉮ 「민간임대주택에 관한 특별법」 제43조 제1항에 따른 임대의무기간이 경과한 후 등록이 말소된 경우

㉯ 「민간임대주택에 관한 특별법」 제43조 제4항의 사유로 임대사업자 등록이 말소된 경우

㉢ 2019년 감면분

「민간임대주택에 관한 특별법」 제6조에 따라 임대사업자 등록이 말소된 경우 그 감면사유 소멸일부터 소급하여 5년 이내에 감면된 재산세를 추징한다[다만, 「민간임대주택에 관한 특별법」 제43조 제1항에 따른 임대의무기간이 경과한 후 등록이 말소된 경우와 같은 조 제2항 또는 제4항에 따른 사유(임대사업자 간의 매각은 추징제외 사유로 보지 아니함)로 사업자 등록이 말소된 경우에는 추징에서 제외됨].[84]

---

84) 추징규정이 신설되기 이전에는 구 「지방세특례제한법」(법률 제11999호, 2013.8.6. 시행) 제31조의 3에서 '준공공임대주택'에 대한 재산세 감면규정을 신설하면서, 같은 법 같은 조 제2항에서 「임대주택법」 제6조의 3에 따른 사유로 임대주택 등록이 취소된 경우 소급하여 5년 이내에 감면된 재산세를 추징하도록 신설하였는데, 당시 부칙(법률 제11999호, 2013.8.6.) 제1조(시행일)에서 "제31조의 3의 개정규정은 2013.12.5.부터 시행

취득세 추징 시 「민간임대주택에 관한 특별법」 제43조 제4항의 경우에는 추징이 되지 아니하나, 재산세 추징 시에는 같은 조 제2항도 포함되어 있다는 점에 유의하여야 할 것이다. 제2항의 내용은 "임대의무기간 동안에도 국토교통부령으로 정하는 바에 따라 시장·군수·구청장에게 신고한 후 민간임대주택을 다른 임대사업자에게 양도할 수 있다. 이 경우 양도받는 자는 양도하는 자의 임대사업자로서의 지위를 포괄적으로 승계하며, 이러한 뜻을 양수도계약서에 명시하여야 한다"라고 규정되어 있다.

3) 유의사항

① 공동주택의 범위

공동주택에는 아파트, 연립주택 및 다세대주택을 말하고 기숙사와 다가구주택은 제외된다(「주택법 시행령」 §2 ①, 「건축법 시행령」 [별표 1] 용도별 건축물의 종류 1, 2 참조).

② '건축주'의 의미

'건축주'란 건축물의 건축·대수선·용도변경, 건축설비의 설치 또는 공작물의 축조(이하 "건축물의 건축 등"이라 한다)에 관한 공사를 발주하거나 현장 관리인을 두어 스스로 그 공사를 하는 자, 즉 공동주택을 신축하여 취득한 자를 말한다. 개인·법인 여부를 불문하며 개인·법인(건설회사 등)이 분양을 목적으로 공동주택을 신축하거나, 건축임대사업자가 임대주택용 공동주택을 건축하여 취득하는 자를 의미한다(세정 13407-206, 2002.3.4.). 여기서 건축주라고만 규정되어 있지 주택건설사업자인 건축주라고 규정되어 있지 아니하다는 점에서 주택건설사업자여야 하는 것은 아닐 것이나, 「주택법」 등에 의해서 공동주택(「건축법 시행령」 [별표 1] 제2호 가목 내지 다목의 주택 - 기숙사 제외)을 신축하기 위하여 일정한 규모 이상인 경우 주택건설사업자 등록요건을 충족하여야 하는바, 이 경우에는 주택건설사업자이어야 할 것이다.

㉠ 건축주 지위승계

종전 건축주의 지위를 승계한 것으로 볼 수 있으므로 그로부터 분양·취득하는 것은 최초로 분양받는 자로 보아 취득세 감면규정이 적용된다.

㉮ 당초 공동주택을 건축한 주택건설사업을 영위하는 기업의 분할·합병으로 생긴 분할·합병기업으로부터 취득하는 경우

㉯ 개인인 공동주택의 건축주가 법인전환하면서 사업 포괄양수도한 경우 포괄양수도받은 법인으로부터 취득하는 경우

㉰ 당초 공동주택을 신축한 자인 개인·법인의 부도로 인하여 시장·군수·구청장으로부

한다"는 규정 이외에 별도의 규정이 없는 상황에서 「지방세특례제한법 개정내용 및 주요 적용요령」(안전행정부 지방세정책과-1313, 2013.8.9.)에서 '준공공임대주택에 대한 재산세 감면'은 2014년 재산세 부과분부터 적용토록 하고 있는 점 등을 볼 때, 현 「지방세특례제한법」에서 신설된 추징규정도 이 법 시행 이후 감면되는 재산세에 대해서만 추징을 적용하고, 이 법 시행 이전에 감면된 재산세는 추징할 수 없다고 보는 것이 타당하다 할 것임(지방세특례제도과-1711, 2019.12.30.).

터 승인을 받아 건축주의 지위를 승계한 자로부터 취득하는 경우

사례 상속, 합병·분할 등의 사유로 건축주 지위승계 시(지방세운영과-2759, 2011.6.13.)

임대사업자가 임대할 목적으로 건축주로부터 공동주택을 최초로 분양받는 경우 그 공동주택에 대하여 취득세 등을 감면한다는 규정에서 건축주란 해당 공동주택의 건축허가 명의인 또는 이와 동일시할 수 있는 경우로서 상속 또는 합병·분할 등의 사유로 건축주의 지위를 승계한 자를 포함한다고 할 것(서울고법 2004누13938, 2006.11.9. 판결 참조)이므로, 위 사실관계와 같이 임대주택 공동건축주(부부) 1인의 사망으로 불가피하게 상속지분과 건축주의 지위를 승계받은 상속인(공동건축주 1인)으로부터 분양받은 경우 그 상속지분도 건축주로부터 최초로 분양받은 경우에 해당된다고 할 것임.

ⓛ **신탁계약으로 건축주 변경**

신탁계약의 이행으로써 형식적으로 신탁 부동산의 소유권이 신탁회사로 이전되고 공부상 건축주 명의가 신탁회사로 변경되기는 하였지만, 위탁자들은 위탁자들의 비용과 노력을 들여 공동주택을 실질적으로 건축하는 주체로서 이를 원시취득하였다고 할 것이다(만약 위탁자들이 경정청구를 하지 않은 상태에서 제3의 임대사업자가 위탁자들로부터 공동주택을 임대 목적으로 분양받는다면 그 제3자는 구「지방세특례제한법」제31조 제1항 후단이 정한 '건축주로부터 임대할 목적으로 최초로 분양받은 임대사업자'에 해당한다고 봄이 타당할 것임). '관리형 토지신탁' 방식으로 자금을 조달하여 사업을 진행할 것인지 또는 토지신탁 없이 다른 경로로 자금을 조달하여 독자적으로 사업을 진행할 것인지는, 위탁자들이 선택할 수 있는 여러 자금 조달의 방법의 하나에 불과하고, 어떤 방법을 선택하더라도 위탁자들이 공동주택 신축사업 시행의 실질적인 주체가 된다는 점에서는 아무런 차이가 없다. 따라서 전자의 방법을 선택한 위탁자들에 대하여 구「지방세특례제한법」제31조 제1항 제1호의 감면규정을 적용하더라도 '등록된 임대사업자에 의한 임대주택 건설 촉진 도모'라는 위 규정의 입법 취지에 어긋나지 아니한다(대법원 2021두39942, 2021.9.9., 서울고법 2020누52933, 2021.4.30.).[85] 한편, 위탁자가 임대사업자등록한 건축물에 대하여 신탁회사가 임대사업자등록을 하지 아니한 경우 감면요건을 충족하지 못한다고 봄이 타당하다(조심 2022지0359, 2022.8.2.).

건축주인 신탁회사로부터 분양받는 경우에는 감면대상이 될 것이며, 그리고 건축주 → 신탁회사 → 원래 건축주 → 임대사업자에게 분양할 경우, 즉 원래 건축주가 분양하는 경우에도 최초 분양이 되어 감면대상이 된다.

---

85) 주택건설사업자가 임대아파트 건설을 위하여 지방자치단체로부터 주택사업건설승인을 받은 후 자금난 등으로 인해 토지신탁회사와 임대형 토지신탁계약을 체결한 후 관할 지방자치단체로부터 주택건설 사업주체 변경에 따른 변경승인을 받고 토지 신탁회사가 임대주택에 대한 사용검사를 득한 후 주택건설사업자와 토지신탁회사가 아닌 제3의 임대사업자가 임대사업자 지위를 승계취득하는 경우 승계취득자인 제3의 임대사업자가 취득세를 감면받을 수 있는지에 대해 건축주이면서 임대사업자인 토지 신탁회사로부터 공동주택을 최초로 취득하여 임대용으로 사용하는 경우에 해당되어 감면대상이 됨(세정-30, 2003.5.30.).

그러나 동 임대주택을 건축한 건축임대사업자로부터 매입임대사업자가 승계취득한 후 그 승계취득자로부터 다시 취득하는 경우에는 최초 분양 취득자가 아니므로 감면대상에서 제외된다.

> **사례** 사업주체와 매매계약을 체결한 이후 이전등기 시(지방세운영과-4410, 2009.10.19.)
>
> 환매등기가 병행되어 있는 부동산의 환매권 행사 또는 「신탁법」에 의한 신탁으로서 신탁등기가 병행되어 있는 부동산의 신탁 해지로 인하여 소유권이 사업주체로 다시 귀속된 주택이 2009.2.12. 현재 미분양 상태이었고 이후 형식상 소유권이 회복될 때까지 미분양 상태가 유지된 상태이었다면, 해당 주택을 수분양자가 최초 취득하는 경우에도 「경상북도세 감면조례」 제14조 제5항 규정에 의한 취득세 등 감면대상으로 보는 것이 타당하다고 판단됨.

ⓒ 신탁계약으로 수탁자에게 이전된 경우

직접 임대할 목적으로 건축 중인 경우가 아니라 위탁자가 임대사업자등록을 하고 임대주택을 건축 중에 있고, 이 아파트를 임대물건으로 등록한 사실이 확인되므로, 수탁자가 2018년도 재산세 과세기준일(6.1.) 현재 이 토지상에 임대주택을 건축하는 경우에 해당된다고 볼 수는 없다 하겠다(조심 2019지566, 2019.7.24. 같은 뜻임). 따라서 이 토지에 대하여 재산세 감면대상에 해당되지 아니한다(조심 2019지1040, 2019.11.5.).

ⓔ 신탁계약 해제로 위탁자가 임대사업을 하는 경우

「신탁법」에 의한 신탁으로 수탁자에게 소유권이 이전된 부동산에 대한 취득세 감면 여부는 취득세 납세의무자인 수탁자를 기준으로 판단하여야 하는 점(대법원 2019.10.31. 선고, 2016두52248 판결, 같은 뜻임), 청구법인은 2018.6.8. 이 건 건축물의 건축주의 지위에서 쟁점주택(이 건 건축물의 일부)을 취득하였으므로 그 소유권은 대내외적으로 수탁자인 청구법인에게 있는 점, 쟁점주택을 임대주택으로 보아 취득세 면제(경감)하려면 청구법인이 쟁점주택을 취득한 후 60일 이내에 임대사업자로 등록하여야 하는데, 청구법인은 쟁점주택을 취득한 후 이를 임대물건으로 하여 임대사업자 등록을 한 사실이 없는 점 등에 비추어 이 건 위탁자들이 쟁점주택을 취득한 후 임대주택으로 사용하고 있다고 하더라도 이를 달리 볼 것은 아니므로 처분청이 이 건 취득세 등의 경정청구를 거부한 처분은 달리 잘못이 없다고 판단된다(조심 2023지1699, 2023.6.9.).

> 🖙 수탁자는 2018.6.25. 이 건 건축물의 소유권보존등기를 하였고, 이 건 위탁자들은 같은 날 신탁계약의 해제를 원인으로 이 건 건축물을 취득하고 소유권이전등기를 하였음.

ⓜ 위탁자 명의로 임대사업자등록이 되어 있는 경우

직접 임대할 목적으로 건축 중인 경우가 아니라 위탁자가 임대사업자등록을 하고 임대주택을 건축 중에 있고, 이 아파트를 임대물건으로 등록한 사실이 확인되므로, 수탁자가 재산세 과세기준일(6.1.) 현재 토지상에 임대주택을 건축하는 경우에 해당된다고 볼 수는 없다(조심 2019지566, 2019.7.24. 같은 뜻임). 따라서 재산세 감면대상에 해당되지 아니한다(조심

2019지1040, 2019.11.5.).

ⓗ 임대사업자등록을 한 재건축조합 조합원이 임대할 목적으로 배정받은 공동주택

「지방세법」 제7조 제8항은 '「도시 및 주거환경정비법」 제35조 제3항에 따른 재건축조합이 해당 조합원용으로 취득하는 조합주택용 부동산은 그 조합원이 취득한 것으로 본다'고 규정하는바, 조합원이 임대사업자로서 임대를 목적으로 원시취득한 공동주택은 이를 임대 목적 신축 공동주택으로 볼 것이다(대법원 2010두6427, 2010.8.19. 참조). 재건축조합의 조합원이 분양받아 소유권보존등기를 경료한 공동주택은 조합원들이 기존의 건물을 제공하고 건축에 소요되는 비용을 분담하는 등의 방법으로 신축되는 공동주택의 건설에 참여한 대가로 배정받은 것이므로, 조합원이 매매 등으로 소유권을 취득한 주택이라기보다는 조합원이 건축한 주택으로 평가함이 상당하다. 임대사업을 위하여 건축(원시취득)되었거나 최초로 분양(승계취득)된 공동주택에 대하여 취득세를 면제하고자 하는 이 사건 규정의 입법취지에 비추어 볼 때에도 재건축조합의 조합원들이 배정받은 공동주택을 임대하는 경우를 일반분양분을 매입하여 임대하는 경우보다 불리하게 취급할 이유가 없다(대법원 2020두39389, 2020.9.9. 심불, 서울고법 2020누32441, 2020.5.7.).

③ '최초 분양'의 의미

'최초 분양'이란 건축물을 신축한 이후 건축주 명의로 소유권을 보존등기하고 최초의 수분양자가 자기 명의로 소유권이전등기를 하는 경우만을 의미한다. 즉 주택건설사업자 등으로부터 분양받는 경우를 의미하는 것이지 다른 사람을 경유하여 취득하는 경우에는 감면대상에서 제외된다.

'건축주로부터 최초로 분양받은 경우'란 건축행위를 통한 건축물의 분양을 그 전제로 하는 것이므로, 임대사업자가 이 사건 조항 후단에 의하여 취득세 감면의 혜택을 누리기 위해서는 건축물을 건축한 자로부터 분양계약에 따라 임대주택을 최초로 매입하여 취득하여야 한다(대법원 2017.6.15. 선고, 2017두32401 판결 참조). 이미 신축된 건물을 매수한 다음 그 용도를 근린생활시설에서 공동주택으로 변경하였을 뿐 이를 건축하지 아니하였으므로, '건축주로부터 최초로 분양받은 경우'에 해당한다고 할 수 없다(대법원 2018두38482, 2018.6.15.).

㉠ '분양'의 의미

「건축물 분양에 관한 법률」 제2조 제2호에서 "분양"이라 함은 건축물 분양사업자가 건축하는 건축물의 전부 또는 일부를 2인 이상에게 판매하는 것을 말한다고 규정하고 있다. 따라서 '분양'에는 '일괄매각'이 포함되지 아니하므로 공동주택을 신축하여 한국토지주택공사에 일괄매각한 경우는 취득세 감면대상에 해당되지 아니한다(대법원 2016두46212, 2016.11.10.)라고 판시한 바 있으나, 상기 조항은 같은 법 제3조에 따라 업무시설 등의 분양에 적용되고 주택의 분양에는 적용되지 아니하므로 공동주택의 분양은 적용될 수 없고, 「지방세특례제한법」에서 분양의 정의를 규정하고 있지 아니하므로 그 범위를 반드시 「건축물 분양에 관한 법률」 등에 의하여 판단할 것은 아니고 세법상의 각 규정의 입법취지 및

목적에 따라 달리 해석하여야 할 것(대법원 2013.10.17. 선고, 2013두10403 판결, 같은 뜻임)인 점, 처분청이 제시한 판결(대법원 2016.11.10. 선고, 2016두46212 판결, 광주고등법원 2016.7.11. 선고, 2016누1184 판결)은 건축주(취득자)가 ○○○에게 일괄매각하기로 약정한 후 신축한 공동주택은 "분양할 목적으로 건축한 공동주택"으로 볼 수 없어 「지방세특례제한법」 제33조 제1항에 따른 취득세 등의 감면대상에 해당하지 아니한다는 것으로, 청구인과 같이 건축주가 건축한 공동주택을 임대할 목적으로 일괄취득한 경우 같은 법 제31조 제1항에서 규정한 "최초로 분양받은 경우"에 해당하지 아니한다는 취지가 아니어서 이 건과는 그 사실관계가 다르고, 같은 법 제31조와 제33조의 입법취지가 각 "주택공급활성화"와 "임대활성화"로 상이하여 해당 판결을 이 건에 그대로 적용하는 것은 타당하지 아니한 점, 이건을 분양받은 경우로 보는 경우 주택임대사업의 장려라는 입법취지 및 목적에 더욱 충실할 수 있는 점 등에 비추어 청구인은 60제곱미터 이하인 공동주택을 건축주로부터 최초로 분양받아 취득하는 경우에 해당하여 「지방세특례제한법」 제31조 제1항에 따른 취득세 등의 감면요건을 충족한 것으로 보인다(조심 2017지0240, 2017.11.23.)라고 결정하고 있다.

「도시 및 주거환경정비법」 제30조의 2에서 과밀억제권역에서 주택재건축사업을 시행하는 경우 사업시행자는 세입자의 주거안정과 개발이익의 조정 등을 위하여 해당 주택재건축사업으로 증가되는 용적률 중 100분의 25 이하의 범위 안에서 대통령령이 정하는 바에 따라 주택공사 등에게 재건축임대주택으로 공급하여야 한다라고 규정하고 있다. 따라서 주택재건축정비사업조합이 해당 주택재건축사업으로 인해 「도시 및 주거환경정비법」 제30조의 2의 규정에 따라 재건축임대주택을 주택공사에게 의무적으로 공급하는 경우라도, 건축물을 신축하여 보유하지 아니하고 2인 이상에게 판매하는 경우라면 이는 「건축물 분양에 관한 법률」 제2조 제2호에서 말하는 "분양"의 개념에 포함된다고 할 것이므로, 분양할 목적에 부합된다(지방세운영과-245, 2009.1.19.).

한편, 주택조합이 임대주택을 제3자 분양을 위한 입찰공고 등 분양 절차를 거친 후, 미분양된 주택 일부 또는 전부를 주택임대사업자가 일괄하여 취득하는 경우 최초 분양에 해당하므로 취득세 감면대상에 해당된다(지방세특례제도과-2548, 2021.11.4.).

ⓛ 분양권 취득

전매 취득으로서 당초 분양자가 계약금이나 중도금을 지불하고 잔금을 지급하기 이전에 제3자에게 전매를 하는 경우, 즉 A분양자가 최초 분양받은 후 B에게 전매한 경우 B가 주택건설사업자로부터 최초로 분양받은 것으로 보아 감면대상에 해당하는 지에 대해 최초 분양은 소유권 취득을 전제로 공동주택을 나누어 가지는 것을 의미하기 때문에 분양받을 지위인 분양권만을 가진 경우라면 부동산 취득이 되지 아니하였기에 A를 당초의 최초 분양으로 볼 수 없는 것이며 B를 최초 분양자로 보아 감면대상에 해당되는 것이다(세정 13407-468, 2002.5.21.). 실질적인 분양대금의 99% 이상을 지급한 상태에서 형식적으로 1%의 소액만을 남겨놓은 상태로 분양권을 양도하는 경우 99% 지급한 시점에 최초 분양자가 해당 아파트를 사실상 취득한 것으로 보아 취득세 납세의무가 있고, 최초 분양자로부터 분양권 양수자는 해당 공동주택을 승계취득한 것으로 보아 취득세 납세의무가 성립되며 이 경우 분양권 양수자는 주택건설사업자로부터 최초 분양에 의한 취득이 아니므로 취득세 등의 감면대상에서 배제된다(행심 2003-10, 2003.1.27., 감심 2003-14, 2003.1.14., 세정 13407-202, 2003.3.15.).

> **사례** 분양권을 매수하여 최종 잔금을 지급한 경우(세정 13407-468, 2002.5.21.)
>
> 건축주와 분양계약을 맺은 타인으로부터 분양권을 매수하여 최종 잔금을 지급하여 해당 공동주택을 취득하는 경우에도 최초로 분양받은 경우에 해당되는 것임.

ⓒ 건축주가 임대사업에 사용하던 임대주택을 분양받는 경우

분양할 목적으로 건축한 공동주택을 최초로 분양받는 경우이므로 건축주가 거주 또는 임대 등을 하다가 최초로 매입하는 경우에는 이는 최초 분양으로 보지 않아 감면대상에서 제외되는 것이다(조심 2023지1592, 2024.3.14. 참조). 이 감면규정의 취지는 임대주택을 확대하기 위한 제도이므로 건축주가 거주하거나 임대하던 것을 매매하는 것은 최초 분양으로 볼 수 없다.[86]

> **사례** 건축주가 임대하다가 매각한 경우 최초 분양 해당 여부(조심 2018지1074, 2019.6.28.)
>
> 이미 건축주가 임대를 하고 있던 것으로, 청구인들이 오피스텔을 매입하여 임대하는 것이 주거안정 및 임대주택의 공급을 원활히 하기 위한 것으로 보기 어렵고, 청구인들이 부동산을 임대하고자 취득하였다 하더라도 이는 오피스텔을 분양받은 것이 아닌 승계취득한 것으로 보이므로, 달리 취득세의 감면 혜택을 부여할 사유가 없는 점 등에 비추어 이 건 취득세 등을 부과한 처분은 잘못이 없음.

ⓓ 미분양 주택을 공동 건축주로부터 다른 건축주가 지분을 취득하는 경우

공동건축주 명의로 보존등기 이후 미분양 상태에서 공동 소유자 중 한 사람의 보유지분을 다른 한 사람이 임대사업자 등록을 하고 매매로 취득하는 경우라면 매입 임대사업자가

---

86) 건축주가 2002.12.24. 쟁점주택을 신축한 후 2017년까지 약 15년을 임대주택으로 임대하고 매도한 것으로, 임대사업자가 건축주로부터 최초로 분양받은 경우 취득세 등을 감면하여 매입임대사업을 장려함으로써 국민에 대한 주거생활의 안정을 도모하고자 함이나, 쟁점주택의 경우는 이미 건축주가 임대를 하고 있던 것이므로 청구인이 쟁점주택을 매입하여 임대하는 것이 주거안정 및 임대주택의 공급을 원활히 하기 위한 것으로 보기 어렵고, 청구인이 쟁점주택을 임대하고자 취득하였다 하더라도 이는 쟁점주택을 분양받은 것이 아닌 승계취득한 것으로 보이는 점, 대법원판결(대법원 2017.6.15. 선고, 2017두32401 및 대법원 2021.3.25. 선고, 2020두56957 판결)의 내용상 종전 판결을 명시적으로 변경하였다고 보이지는 아니하고, 우리 원 선결정례(조심 2018지1074, 2019.6.28. 등)도 유사한 경우에 취득세 등의 감면대상이 아님(조심 2023지1670, 2023.6.7.). 🖐 건설임대사업자가 임대의무기간 동안 임대주택으로 임대한 후 임대의무기간 경과 후 매각하는 공동주택은 최초로 분양하는 주택으로 볼 수 없으므로 취득세 감면대상에 해당되지 아니한다(대전세정과-5234, 2011.5.19.)라고 해석한 바 있었는데, 이 당시 감면조례에서 "건축주(「임대주택법」에 의한 임대의무기간을 경과한 후 분양하는 건설임대사업자를 포함한다)"라고 규정되어 있었기에, 종전 해석과 종전 시·도세 감면조례와는 배치되는 것이며, 감면규정에 사용하던 것을 최초로 분양받았다 하여 제외된다는 규정이 없으므로 문제가 있었다고 본다.

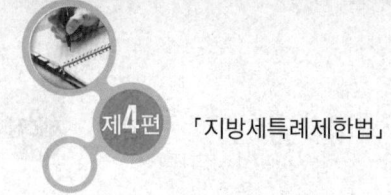

건축주로부터 임대할 목적으로 최초 분양으로 본다(서울세제과-3173, 2013.3.14.).

ⓜ 임대의무기간 만료 후 분양전환된 공동주택을 취득하는 경우

「지방세특례제한법」 제33조 제1항의 공동주택 감면 적용 시 "최초의 분양"은 구 「임대주택법」에 의한 임대의무기간 경과 후 임대용 공동주택을 분양용으로 전환하여 최초로 분양받는 경우를 포함한다. 그런데 임대주택 감면 적용 시 건축주인 임대사업자가 구 「임대주택법」에 의한 임대사업자 등록을 하면서 임대주택으로 등록하였던 주택을 매입임대사업자가 취득하는 경우에는 건축주로부터 최초로 분양받은 주택에 해당되지 아니하므로 취득세를 감면받을 수 없는 것으로 해석하고 있다(세정과-9022, 2011.8.26.). 그리고 임대의무기간 종료 후에 분양전환한 경우 상기 후자에 해당되어 감면대상이 되지 아니하는 것으로 해석하여야 할 것이다.

☞ 법 취지상 특히 임대기간이 종료되었다는 측면과 공동주택과의 형평성 차원에서 전자처럼 해석하여 감면대상이 되도록 법을 개정하여야 할 것으로 판단됨(종전 도세 감면조례에서는 감면이 되었음).

ⓑ 분납형 임대주택

'임대용 공동주택'의 의미는 임대주택의 공급을 활성화하기 위하여 재산세 감면혜택을 부여하는 입법 취지와 실질과세의 원칙에 비추어 임대용에 공여되는 공동주택을 모두 포함하는 의미로 해석하는 것이 타당하다고 할 것이다(조심 2012지786, 2013.6.28.). 또한, 구 「임대주택법 시행령」에서 "분납 임대주택"을 임대보증금 없이 분양전환금을 분할하여 납부하는 "임대주택"으로 규정하고 있고, 분납 임대주택은 임차인과 임대차계약을 체결하여 계약에 따른 월 임대료를 납부하고 있으며, 매 2년 단위로 계약을 갱신하는 등 통상적인 임대용 공동주택과 다르다고 볼 수 없다. 한편, 분납형 임대주택은 분양(매매)계약과 임대차계약의 성격을 함께 가지고 있는 것으로 볼 수 있는바, 이 경우 분양계약의 효력은 연부금액이 완납되기 전까지는 소유권 변동 효력이 발생하지 않는 정지조건부 계약에 해당한다고 할 것이므로 재산세 과세 기준일 현재 임대용 공동주택으로 보는 것이 합리적이며, 취득세의 경우에는 분납 임대주택의 분납금(분양전환금)을 10년 후 분양이 전제된 주택가격을 분납하는 것이므로 연부취득에 해당되어 과세대상이 되는 것이다. 따라서 분납 임대주택은 최종 분양 전환이 되기 전까지는 과세기준일 현재 LH공사가 임대차 계약에 따라 임대목적에 직접 사용하는 임대용 공동주택에 해당하므로 재산세 감면대상 해당된다고 판단된다(지방세운영과-2349, 2013.9.16.).

ⓢ 오피스텔을 취득하여 건축 등을 통하여 공동주택으로 분양한 경우

매입임대주택 취득세 감면을 받기 위해서는 '건축주가 분양을 목적으로 건축한 임대주택을 분양계약에 따라 최초로 매입하여 취득'하여야 하고, 건축주로부터 다른 사람을 거치지 않고 최초로 매입하여 취득하기만 하면 분양을 목적으로 건축되어 분양계약을 체결한 경우가 아니더라도 취득세 감면 대상에 포함된다고 보기는 어렵다. 부동산의 건축주는 당초 이 사건 부동산에 관하여 일반건축물로 사용승인을 받았고, 구분등기를 하지 아니한 채

일반건축물로 소유권보존등기를 마치기도 하였으며, 이 사건 부동산을 신축한 후 원고들에게 매도하기에 이르기까지 약 7년여 동안 이 사건 부동산을 임대하는 등 본인이 직접 장기간 사용·수익하였다. 이처럼 건축주가 분양을 목적으로 이 사건 부동산을 건축하였다고 보기 어려울 뿐만 아니라, 이 사건 오피스텔의 경우 이미 임대주택으로 사용되고 있었던 이상 이를 매수한 원고들에게 이 사건 오피스텔의 취득세를 감면해 주는 것은 임대주택의 분양을 촉진하여 서민의 장기적인 주거생활의 안정을 도모하기 위한 입법취지에도 부합하지 않는다(대법원 2020두56957, 2021.3.25. 심불, 서울고법 2020누43151, 2020.11.27.).

④ 임대사업자 범위

취득세의 경우 구「임대주택법」제2조 제4호에 따른 임대사업자(임대용 부동산 취득일부터 60일 이내에 임대사업자로 등록한 경우 포함)로 규정되어 있어서 구「임대주택법」제2조 제4호에 따른 임대사업자 등록을 한 경우라면「부가가치세법」에 의한 부동산 임대업 사업자등록을 하지 않은 경우라도 감면요건에 해당한다면 감면대상이 된다.

⑤ 주거용 오피스텔

건축주인 임대사업자가 주거용 오피스텔을 건축하는 경우에는 취득세 감면이 되지 아니하고 재산세도 감면이 적용되지 아니한다. 건물 준공 당시의 비거주용 오피스텔을 원룸형 주택이나 도시형 생활주택으로 용도변경하더라도 당초 공동주택을 건축한 것으로 볼 수 없어서 임대주택 감면이 적용되지 아니한다.

한편, 2012.4.27. 이후부터 임대사업자가 주거용 오피스텔을 최초로 분양받은 경우에 취득세가 감면이 되고 재산세도 감면이 된다. 그리고 최초 분양이 아닌 매입의 경우에는 취득세 감면은 안되나 재산세는 감면이 된다. 그리고 구「임대주택법」제2조에 따르면 매입임대주택의 정의에 주거용 오피스텔을 포함하는 것으로 되어 있는바, 임대주택에 주거용 오피스텔이 포함하는 것이다(임대주택 의무기간도 주거용 오피스텔도 마찬가지로 적용되는 것임). 따라서 2012.4.26. 이전에도 마찬가지로 보아야 할 것이다.

⑥ 숙박시설

임대용 공동주택을 단기숙박시설 기준인 임차사용 기간(국제표준산업분류표상 30일) 이내로 계약하고, 숙박시설과 비품 등을 갖춘 형태로 사용하는 경우에는 임대용 공동주택이 아닌 숙박용 숙박시설에 해당하므로 감면이 되지 아니한다(지특예 법31-1).

⑦ 호텔식 레지던스

서비스드 레지던스(Serviced residence, 호텔식 주거시스템. "레지던스")방식으로 운용되는 건축물에 대한 대법원판결(2009도6431, 2010.4.5.)에서 사회통념상 숙박이라고 생각할 수밖에 없는 ① 일시적인 객실사용계약(1~2일의 단기투숙도 가능하며 요금도 대체로 1일을 단위로 책정되어 있다)을 하고 ② 일반 공중이 잠을 잘 목적으로 그 시설과 비품 등을 사용하는 경우라면 그 건물의

형태가 공동주택 또는 업무시설이라고 하더라도 "임대용 주거시설이 아닌 숙박용 숙박시설"에 해당된다고 보고 있으므로, 임대용 공동주택을 ① 단기숙박시설 기준인 30일(국제표준산업분류표, 조심 2009지144, 2009.12.10. 참조) 이내로 계약하고, ② 숙박시설과 비품 등을 갖춘 형태로 운영되는 경우라면 "임대용 공동주택이 아닌 숙박용 숙박시설"로 보아야 할 것이다. 임대주택사업자가 공동주택(전용면적 60㎡ 이하)을 최초 분양받아 숙박시설로 사용하기 위하여 취득하는 경우에는 임대용 공동주택이 아닌 숙박용 숙박시설이므로 취득세 면제대상이 아니고, 기 감면받은 후 임대의무 기간(5년) 이내 숙박시설로 사용하는 경우라면 추징대상이 되며, 과세기준일(6.1.) 현재 공동주택 임대사업자가 임대용으로 사용하지 않고 숙박시설로 사용되는 경우에는 임대용 공동주택이 아닌 숙박용 숙박시설이므로 재산세 감면대상에서 제외되며 기 감면세액은 추징대상이 된다(지방세운영과-1916, 2010.5.7.).

⑧ 건축 중인 경우 '직접 사용' 해당 여부

「지방세특례제한법」 제31조 제3항에서 대통령령으로 정하는 임대사업자 등이 국내에 2세대 이상의 임대용 공동주택을 건축 또는 매입하여 과세기준일 현재 임대 목적에 직접 사용하는 경우 재산세를 감면한다고 규정하고 있으며, 같은 법 시행령 제45조에서는 토지에 대한 재산세의 감면 규정을 적용할 때 직접 사용의 범위에는 해당 감면대상 업무에 사용할 건축물을 건축 중인 경우를 포함한다고 규정하고 있다. 그런데 「지방세특례제한법」 제31조 제3항 규정은 토지나 건축물이 아닌 주택 중에서 임대용 공동주택에 한하여 재산세를 감면하는 규정이고, 같은 법 시행령 제45조 규정은 토지에 대한 재산세의 감면규정이므로 법규 해석상 적용대상이 서로 다른 것이다. 따라서 임대용 공동주택을 건축 중인 경우에는 「지방세특례제한법 시행령」 제45조 규정을 적용하기보다는 「지방세특례제한법」 제31조 제3항에서 규정하고 있는 과세기준일 현재 임대 목적에 직접 사용하는 경우에 한해서 감면대상으로 판단하는 것이 합리적이라고 할 것이다(지방세운영과-123, 2013.4.2.).

⑨ 미분양 등으로 임대로 전환한 경우 재산세 감면 여부

미분양 등으로 임대로 전환한 경우에는 임대사업자(주택건설사업자 등)에 해당한다면 임대용 공동주택을 건축하여 과세기준일 현재 임대용으로 사용하고 있다면 면적이 재산세 감면요건에 해당한다면 감면을 하여야 한다.

⑩ 구 「임대주택법」에 따라 등록된 임대사업자가 매입임대주택에 주소지를 등록하고 제3자와 임대차계약을 체결하여 공동사용하는 경우 재산세 감면 여부

구 「임대주택법」에 따라 등록된 "매입임대주택"으로서 사실상 임대목적 용도로 직접 사용하였음이 확인되는 부분에 한해 재산세를 감면하는 것이 합리적이라 사료되며, 구 「임대주택법」에 따라 등록된 임대주택이라 하더라도, 임대 이외의 목적사용 등으로 같은 법령에서 정하는 벌칙, 과태료 처분, 시정명령 등 행정처분 대상인 경우에는 해당 주택은 「지방세특례제한법」 제31조 제3항에서의 임대목적에 직접 사용하는 경우에 해당한다고 볼 수 없으므로 감면대상에서 제외된다(지방세운영과-5883, 2011.12.29.).

⑪ 용도변경 임대주택 감면 여부

제2종 근린생활시설을 신축하여 사용승인을 받은 후 제2종 근린생활시설을 공동주택으로 용도변경한 경우 임대주택에 대한 감면 여부는 다음과 같다.

건축 임대주택 감면과 관련하여 「지방세특례제한법」 제31조 제1항에 따르면 임대사업자가 임대할 목적으로 공동주택을 건축하는 경우 지방세를 감면한다고 규정하여 당초 임대목적으로 신축한 경우로 한정하고 있으며, 지방세의 감면은 납세의무성립시기를 기준으로 판단하여야 하는 것으로 건축물의 사용승인 시점에서 감면을 판단해야 하며 취득세 신고기한(60일)은 부동산 등을 취득한 자가 자진신고할 수 있는 기한에 불과한 것이지 비과세/감면을 판단하는 기준이 될 수 없으므로 건축물을 공동주택으로 취득세 신고기한 내에 용도변경하였다고 하여 임대주택 감면에 해당되지 아니한다(부산세정과-15077, 2011.7.27.).

⑫ 매각 등에 의한 추징 시 유상거래감면 등 다른 감면규정 적용 여부

임대사업자가 공동주택을 취득하면서 임대사업자 감면받은 얼마 후 일부는 매각을 하였고, 일부는 「임대주택법」에 따른 임대주택 목록에 포함되지도 않은 상태여서 감면세액을 추징을 하고자 하는바, 유상거래로 인해 주택을 취득 감면신청 시 이를 인정할 수 있는지 여부는 다음과 같다.

심판례(조심 2013지0851, 2014.2.13.)에 의하면 조세의 감면은 당해 과세대상의 납세의무 성립 시에 소정의 감면요건을 충족하였는지에 따라 그 적용 여부가 결정되는 것이고, 동일한 과세대상에 대하여 조세를 감면할 근거규정이 둘 이상 존재하는 경우에 어느 하나의 감면규정에 정한 감면요건이 충족되고 그 규정에 따른 감면에 대해서는 추징규정이 없거나 추징사유가 발생하지 아니하였다면 나머지 다른 감면규정에 부속된 추징사유가 발생하여 그 규정에 따른 추징처분은 가능하게 되었다고 하더라도 원래의 감면사유가 여전히 존재하는 이상 추징처분을 하는 것은 허용되지 않는다고 할 것(대법원 2012.1.27. 선고, 2010두26414 판결)이다. 공동주택을 취득할 당시, 임대주택 감면요건과 주택유상거래 감면요건을 모두 충족하여 이 중 임대주택 감면을 선택한 후 임대의무기간(5년) 이내에 이 건 공동주택을 매각하여 추징사유가 발생하였으나, 여전히 주택유상거래에 대한 감면사유가 존재하므로 주택유상거래에 대한 취득세 감면을 배제하고 취득세 등 감면세액 전체를 추징한 처분은 부당하다(조심 2013지78, 2013.4.25. 참조)라고 결정하고 있어서 유상거래감면 규정이 적용되는 것이다.

⑬ 토지와 건물 매입 후 건물 멸실하고 해당 토지에 공동주택 신축 시 감면 여부

기존 공동주택 등을 취득하여 임대사업을 하는 경우에는 감면대상이 되지 아니하나, 유권해석(지방세특례제도-2577, 2015.9.23., 지방세운영과-893, 2010.3.4.)에 따르면 멸실하고 임대용 공동주택을 신축하는 경우 기존 주택의 부속토지(건물은 제외)는 감면대상이 될 것이다. 즉 기존 주택 전체가 감면되는 것이 아니라 토지부분만 감면이 된다는 것이지만 취득 전에 임대사업자 등록이 되어 있거나 기존 주택 취득일로부터 60일 이내에 임대사업자등록을 하여야만 감면이 되는 것이다.

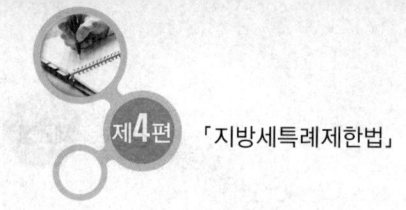

☞ 토지 취득일 이전에 임대사업자로 이미 등록된 기존 임대사업자가 토지 취득일부터 60일 이내에 임대물건으로 등록하지 아니하더라도 감면대상임(조심 2014지0403, 2014.5.19.).

⑭ 재건축조합의 조합원이 보존등기하는 경우 임대사업자 감면 여부

「지방세법」제7조 제8항은 '「도시 및 주거환경정비법」제35조 제3항에 따른 재건축조합이 해당 조합원용으로 취득하는 조합주택용 부동산은 그 조합원이 취득한 것으로 본다'고 규정하는바, 조합원이 임대사업자로서 임대를 목적으로 원시취득한 공동주택은 이를 임대목적 신축공동주택으로 볼 것이다(대법원 2010.8.19. 선고, 2010두6427 판결 취지 참조). 재건축조합의 조합원이 분양받아 소유권보존등기를 경료한 공동주택은 조합원들이 기존의 건물을 제공하고 건축에 소요되는 비용을 분담하는 등의 방법으로 신축되는 공동주택의 건설에 참여한 대가로 배정받은 것이므로, 조합원이 매매 등으로 소유권을 취득한 주택이라기보다는 조합원이 건축한 주택으로 평가함이 상당하다. 임대사업을 위하여 건축(원시취득)되었거나 최초로 분양(승계취득)된 공동주택에 대하여 취득세를 면제하고자 하는 이 사건 규정의 입법취지에 비추어 볼 때에도, 재건축조합의 조합원들이 배정받은 공동주택을 임대하는 경우를 일반분양분을 매입하여 임대하는 경우보다 불리하게 취급할 이유가 없다. 따라서 각 세대는 임대목적 신축공동주택으로서 취득세 면제대상이 된다(대법원 2020두39389, 2020.9.9. 심불, 서울고법 2020누32441, 2020.5.7.). 그런데 「임대주택법」제6조 제1항 및 같은 법 시행령 제7조 제2항에서 임대를 목적으로 주택을 건설하는 토지소유자의 경우로서 2인 이상이 공동으로 건설하거나 소유하는 주택의 경우에는 공동명의로 등록하여야 한다고 규정하고 있으므로 기존의 사업장에서 단독명의 임대사업자라고 하더라도 신규 사업장에서 2인 이상이 공동으로 임대목적 주택을 건설하는 경우는 2인 이상이 공동명의로 신규 등록하여야 할 것이다(지방세운영과-2895, 2012.9.12.). 재건축조합 명의로 공동주택을 건설할 것이나, 실질적인 취득세 납세의무는 조합원일 것이므로 2인 이상이 건설하는 것이므로 조합원 모두가 임대사업자등록이 되어 있지 아니하다면 감면대상이 되지 아니할 것이다.

> **사례** 건설임대사업자의 오피스텔 감면 여부와 오피스텔을 사용승인 이후에 공동주택(도시형 생활주택)으로 용도변경 시 취득일 당시 현황에 따른 감면 여부
>
> 분양을 목적으로 공동주택의 부속토지를 취득한 경우라면 취득세 납세의무 성립시기인 해당 토지의 취득시점에 임대할 목적으로 건축하는 공동주택이라는 위 감면요건을 충족하지 못하였다고 할 것이므로 취득시점 이후에 감면요건을 충족하였다고 하더라도 법적 안정성 측면에서 이를 소급하여 적용할 수는 없다고 할 것이다(지방세운영과-2758, 2011.6.13.). 따라서 준공 당시에는 오피스텔을 신축하였는바, 납세의무성립일인 취득일에 공동주택이 아니므로 감면요건을 충족하지 아니하였으므로 감면이 되지 아니함(오피스텔은 현행 「건축법」및 「건축법 시행령」에 따른 용도별 건축물의 종류에서 주택이 아닌 "업무시설"로 분류되어 있고, 「주택법」및 「주택법 시행령」에서도 주거용 오피스텔은 주택과 구분되는 "준주택"이라는 별도의 개념으로 정의되고 있음). 즉 준공시점에 공동주택의 요건을 갖추지 못하였으므로 감면이 되지 아니한다는 것임.

사례 임대할 목적으로 공동주택을 취득한 후 취득세를 감면받아 등기하였으나 취득 후 임대사업자로 등록하지 아니한 상태로, 1) 취득일로부터 60일이 경과하지 아니한 경우 공동주택 매각, 2) 60일 경과시점까지 임대사업자로 등록하지 아니하였을 경우 및 3) 취득일로부터 60일이 지나지 않은 시점에 과세대상(임대사업자등록 의사 없음)으로 수정신고 가능 여부

「지방세특례제한법」 제31조 제2항에 의하면 임대사업자등록 요건을 갖춘 후 임대의무기간 내에 다른 용도 등으로 사용한 경우 추징대상으로 추징사유일은 다른 용도 등에 사용한 날이 되지만, 임대사업자등록을 하지 아니한 경우에는 취득일로부터 60일(종전 30일) 이내에 충족하지 아니한 경우에는 당초 처음부터 임대사업자가 아니므로 임대주택 등에 감면규정이 적용되지 아니한 것으로 보아야 할 것이다. 즉 「지방세법」 제20조 제3항에 따라 추징하는 것이 아니고 당초부터 요건을 갖추지 못한 것이므로 취득일을 기준으로 하여 취득세 신고기한 내에 잘못 신고(감면대상이 아님에도 감면으로 신고하였음)한 것으로 보아 과소신고가산세, 납부불성실가산세 모두)를 포함하여 「지방세법」 제21조에 따라 추징하여야 할 것이다. 이 경우 가산세 기산일은 당초 취득세 신고납부기한의 익일이 될 것이다. 과세표준 신고서에 기재된 과세표준 및 세액이 지방세관계법에 따라 신고하여야 할 과세표준 및 세액보다 적을 때 수정신고할 수 있는바, 취득일로부터 60일이 지나지 않은 시점에 과세대상으로 수정신고 가능한 것임.

사례 취득일로부터 60일 이내에 임대사업자로 미등록 시(행심 2006-419, 2006.9.25.)

구 「인천광역시세 감면조례」 제16조 제1항의 규정에 의하여 취득일로부터 30일(현행 60일) 이내에 임대사업자로 등록을 하지 아니하였기 때문에 청구인에게 납세의무의 해태를 탓할 수 없는 정당한 사유가 있다고는 볼 수 없음.

사례 기존 건축물의 경우 토지분은 감면대상이 됨(지방세운영과-893, 2010.3.4.).

기존 건축물이 있다고 하더라도 기존 건축물을 증축하기 위하여 취득하는 토지에 대하여는 감면대상이므로 기존 건물부분을 제외한 증축하기 위하여 취득하는 부분에 대하여는 감면대상으로 판단됨(감심 2003-54, 2003.5.27. 참조).

사례 부동산 임대업자가 건축업자와 도급계약을 체결하여 임대용 건물(지하와 1층은 기계실과 통신실, 그리고 일부는 상가, 2층부터 5층까지는 오피스텔, 6층부터 10층까지는 도시형생활주택으로 계획되어 있음)을 신축하고자 하는데, 오피스텔은 주방과 욕실이 구분된 주거용으로 임대용 건물을 건축할 경우 취득세 감면 여부

건축주인 임대사업자가 임대목적으로 공동주택을 건축하는 경우 감면대상이 되므로 오피스텔은 공동주택이 아니므로 오피스텔을 신축하여 임대하고자 하는 경우에는 감면대상이 되지 아니하므로 1층(공용분은 제외)에서 5층까지는 감면대상이 되지 않고, 6층에서 10층까지 감면대상이 될 것이다. 따라서 도시형생활주택에 해당하는 면적에 대해서만 감면이 되는 것임(지하층과 1층 등 공용분은 전용면적 기준으로 안분된 면적 포함).

☞ 건축주로부터 최초로 분양받는 경우에는 「임대주택법」 제2조 제3호에 따른 오피스텔도 감면대상이 되지만, 건축주는 오피스텔이 공동주택이 아니므로 감면이 되지 아니한다는 것에 차이가 있음.

사례 공동주택(다세대주택)의 건축주 갑, 을 2명이 공동지분(1/2)씩 소유권보존등록된 신축건물을 병이 취득할 때, 건축주 갑 소유 1/2은 이미 제3자에게 소유권이전된 상태이고, 건축주인 을 소유 1/2은 소유권보존등록 상태인 경우 소유지분을 병이 최초분양 받은 것으로 볼 수 있는지 여부

임대할 목적으로 건축주로부터 공동주택 또는 「임대주택법」 제2조 제3호에 따른 오피스텔(이하 이 조에서 "오피스텔"이라 한다)을 최초로 분양받은 경우 그 공동주택 또는 오피스텔(「주택법」 제80 조의 2 제1항에 따른 주택거래신고지역에 있는 공동주택 또는 오피스텔 제외)에 대하여는 취득세를 감면한다. 갑 소유지분이 제3자(을 포함)에게 소유권이전된 후에 그로부터 병이 그 지분을 취득한 다면 그 지분은 최초로 분양받은 것이 아니므로 그 지분에 대해서는 감면이 되지 아니하나, 신축 공동주택을 다른 용도(자가사용, 임대 등)로 사용함이 없이, 즉 공실인 상태에서 을 소유지분(1/2) 을 취득한 경우에는 최초로 분양받은 것으로 보아 감면하여야 할 것임.

사례 토지 소유자와 건물 소유자와 다른 경우 건물 소유자는 임대사업자 등록이 된 상태에서 임 대주택을 신축 중이며, 토지 소유자로부터 그 부속토지를 취득할 경우 취득세 감면 여부

임대사업자(임대용 부동산 취득일부터 60일 이내에 임대사업자로 등록한 경우를 포함)가 임대할 목적으로 공동주택을 건축하는 경우 그 공동주택은 감면대상이 되는 것이다. 한편, 「임대주택법」에 의하여 등록한 사업자가 임대할 목적으로 전용면적 60제곱미터 이하의 공동주택을 건축한 경우 그 공동주택(부속토지 포함)에 대한 취득세를 면제하도록 규정하고 있으므로, 「임대주택법」에 의한 임대사업자등록을 한 상태에서 감면대상인 임대주택을 신축 중에 그 부속토지를 취득한 경우 취득 세의 감면대상되는 것이다(토지 취득 시 주택이 원시취득되지 아니하였으므로 가능함).

사례 도시형 생활주택을 신축하여 취득일부터 60일 이내 임대사업자등록하기로 하고 취득세를 면제받았는데, 취득일부터 60일 이내 부인에게 1/2지분을 증여하고 임대사업자 등록을 하고자 한다. 임대의무기간인 5년 이내 매각이므로 이전한 1/2지분에 대해서만 감면세액 추징 여부

임대의무기간이 5년 이내에 부인에게 증여를 하였으므로 감면받은 취득세가 추징되는 것이므로 증 여분 1/2 지분에 대하여 취득세 추징세액을 추징사유일(증여계약일)로부터 30일 이내에 신고납부 하여야 함.

사례 공동주택을 취득하면서 취득세를 신고납부한 후 60일 이내에 임대사업자등록을 완료하여 취득세 감면신청 시 감면 여부

공동주택을 건축하거나 최초 분양받았다 하더라도 취득일 전에 임대사업자 등이거나 취득일로부터 60일 이내에 임대사업자 등 등록을 한 경우에는 감면대상이 되는 것이나, 그렇지 않고 60일 경과한 후에 임대사업자 등 등록을 한 경우라면 감면이 되지 아니한다. 따라서 취득한 부동산이 건축주가 공동주택을 원시취득한 경우 감면대상이 될 것이고, 아니면 원시취득한 공동주택을 건축주로부터 최초 분양받은 경우 감면 됨.

사례 연부취득 중인 부동산에 대하여 당초 계약자와 계약이 해지되지 않은 상태에서 투자협약이 체결되어 목적사업이 변경된 경우(당초 : 분양주택건설, 변경 : 임대주택건설) 취득한 토지를 임대주 택건설용으로 사용할 경우 취득세 감면 여부(조심 2008지233, 2008.7.25.)

토지를 취득한 날부터 2년 내에 공동주택을 착공하지 아니한 경우에는 감면세액을 추징하는 것으로 되어 있는바, 연부취득의 경우에는 최종 잔금일로부터 2년으로 보아야 할 것이다. 최종잔금 지급전 에 임대주택건설로 용도변경하였는바, 「임대주택법」 제2조 제4호에 따른 임대사업자(임대용부동산 을 취득한 날로부터 60일 이내 임대사업자로 등록한 경우 포함)로 등록한 경우라면 감면대상이 될 것이다. 과세대상 물건을 연부로 유상승계 취득한 경우에 「지방세법 시행령」 제73조 제5항의 규정 을 두어 일반적인 유상승계 취득에 적용되는 「지방세법 시행령」 제73조 제1항 제1호의 규정에 의한

"사실상의 잔금지급일"만을 취득일로 하지 아니하고 매 연부금 지급일(계약일 및 잔금 지급일을 포함)을 취득일로 보아 과세하는 것은 계약일로부터 2년 이상의 장기간에 걸쳐 이루어지는 취득에 대하여 공공경비를 조기에 확보하기 위한 필요성에 있다고 할 것인바, 이에 따라 납세의무자는 사실상 잔금 지급일을 취득일로 할 때보다 기한의 이익을 제한받고 있다고 할 것이다. 따라서 과세의 공정을 기하고 연부취득과 일반 승계취득과의 형평성을 위하여는 이 건 아파트형공장과 같이 연부로 취득한 부동산에 적용되는 시세 감면조례 제23조 제2항의 "취득한 날"이라 함은 사실상 잔금지급일로 해석함이 타당하다고 할 것임.

(2) 공공주택사업자의 기존주택에 대한 감면(지특법 §31 ⑥, ⑦)

1) 감면요건

① 감면대상자

한국토지주택공사, 「지방공기업법」 제49조에 따른 지방공사로서 주택사업을 목적으로 설립된 지방공사(2025년 이후 적용)

② 감면대상 및 감면범위

(2025년 이후)

「공공주택 특별법」 §43 ①에 따라 매입하여 공급하는 것으로서 다음의 주택 및 건축물^(주) ① 「건축법 시행령」 별표 1 제1호 가목부터 다목까지의 규정에 따른 단독주택, 다중주택 및 다가구주택과 그 부속토지 ② 「건축법 시행령」 별표 1 제2호 가목부터 다목까지의 규정에 따른 아파트, 연립주택 및 다세대주택(「주택법」 제2조 제6호에 따른 국민주택규모 이하인 아파트, 연립주택 및 다세대주택으로 한정한다)과 그 부속토지 ③ 「건축법 시행령」 별표 1 제2호 라목에 따른 기숙사(전용면적이 85제곱미터 이하인 것으로 한정) 및 그 부속토지 ④ 다음의 요건을 모두 갖춘 「건축법 시행령」 별표 1 제14호 나목 2)에 따른 오피스텔과 그 부속토지 　㉠ 전용면적이 85제곱미터 이하일 것 　㉡ 상·하수도 시설이 갖추어진 전용 입식 부엌, 전용 수세식 화장실 및 목욕시설(전용 수세식 화장실에 목욕시설을 갖춘 경우 포함)을 갖출 것	취득세 25% 경감 재산세 50% 경감 (도시지역분 제외)

〔2024년 이전(한국토지주택공사만 적용)〕

「공공주택 특별법」 §43 ①에 따라 매입하여 공급하는 것으로서 ㉠ 같은 법 시행령 §4 공공준주택과 그 부속토지 ㉡ 같은 법 시행령 §37 ①의 주택 및 건축물과 그 부속토지(㉠ 제외) 　(2021년 이전은 「건축법 시행령」 [별표 1] 1 나목의 다중주택 및 그 부속토지와 같은 호 다목의 다가구주택("다가구주택") 및 그 부속토	취득세 25% 경감 (2015년~2021년 50%, 2014년 이전 면제) 재산세 50% 경감 (도시지역분 제외)

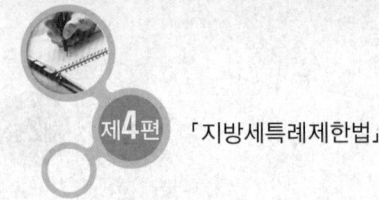

지)[2022년 이후 신축 공급분부터(부칙 §4 ④) 재산세 감면 시 「공공주택 특별법」 제43조 제1항에 따라 매입하여 세대수·구조 등을 변경하거나 철거 후 신축하여 공급하는 주택 및 건축물 포함]

📌 감면시한 : 2027.12.31.

📌 농어촌특별세 과세 여부 : 서민주택인 경우 취득세분과 취득세 경감분(면제분) 농어촌특별세 비과세, 이외의 주택은 취득세분과 취득세 경감분 농어촌특별세 과세

📌 (주) 2025년 이후 재산세 경감 시 한국토지주택공사가 「공공주택 특별법」 §43 ①에 따라 매입하여 세대수·구조 등을 변경하거나 철거 후 신축하여 공급하는 주택 및 건축물이 포함됨.

「공공주택 특별법」 제43조 제1항에서는 공공주택사업자는 기존주택을 매입하여 공공매입임대주택으로 공급할 수 있다고 규정하고 있으며, 또한 같은 법 제2조 제1호의 2에서 "공공건설임대주택"이란 제4조에 따른 공공주택사업자가 직접 건설하여 공급하는 공공임대주택을 말한다고 규정하고 있으며, 같은 조 제1호의 3에서는 "공공매입임대주택"이란 제4조에 따른 공공주택사업자가 직접 건설하지 아니하고 매매 등으로 취득하여 공급하는 공공임대주택을 말한다고 규정하고 있다. 기존주택을 매입하여 철거하고 다시 다가구주택을 신축하여 공급하는 것은 "공공건설임대주택"으로 분류되므로 기존주택을 매입하여 공공매입임대주택으로 공급하는 경우로 볼 수 없어 「지방세특례제한법」 제31조 제6항의 감면규정을 적용할 수 없다(지방세특례제도과-716, 2019.9.25.). 그런데 기존주택으로 자금지원받을 수 있는 기존주택의 범위에 같은 법 시행령 제37조 제2항에서 기존주택 개량도 포함하고 있다는 점과 철거하기 전에는 다세대주택을 매입한 것이므로 매입 후 주택을 개량하여 계속하여 임대하고 있는바, 임대목적으로 취득한 것이라는 점에서 감면대상이 되는 것이라는 주장이 있다.

📌 기존에 존재하던 건물을 승계취득한 뒤 증축하여 지식산업센터를 설립하는 경우 그러하기 위하여 취득한 기존의 건축물 및 그 부속토지는 「지방세특례제한법」 상 감면대상에 해당하는 것으로 문리해석됨(조심 2015지270, 2015.5.26. 참조). 산업단지 안의 이 사건 토지를 취득한 후 그 지상에 공장용 건축물을 증축한 이상 기존의 공장용 건축물에 관한 토지 부분을 포함한 이 사건 토지 전부가 이 사건 규정에 의한 취득세 등의 면제대상에 포함됨(대법원 2010.1.14. 선고, 2007두21341 판결, 부산고등법원 2007.9.14. 선고, 2006누5557 판결, 같은 뜻임).

2) 추징요건

다음 어느 하나에 해당하는 경우 그 해당 부분에 대해서는 감면된 취득세 및 재산세를 추징한다.

① 정당한 사유 없이 그 매입일부터 1년이 경과할 때까지 해당 용도로 직접 사용하지 아니하는 경우
② 해당 용도로 직접 사용한 기간이 2년 미만인 상태에서 매각·증여하거나 다른 용도로 사용하는 경우

(3) 공공주택사업자의 지분적립형 분양주택에 대한 감면(지특법 §31 ⑧)

1) 감면요건

① 감면대상자

「공공주택 특별법」에 따른 공공주택사업자

② 감면대상 및 감면범위

「공공주택 특별법」 §2 1-4에 따른 지분적립형 분양주택으로 최초로 공급하는 경우로서 공공주택사업자가 그 주택을 공급받은 자와 2025.1.1.~2026.12.31. 기간 동안 소유권을 공유하게 되는 경우 해당 주택(공공주택사업자 소유 지분에 한정)(단, 해당 주택이 과세기준일 현재 지분적립형주택에 해당하지 아니하는 경우 제외)	재산세 25% 경감[주] (도시지역분 제외)

- 감면시한 : 2026.12.31.
- 농어촌특별세 과세 여부 : 서민주택인 경우 취득세분과 취득세 경감분 농어촌특별세 비과세, 이외의 주택은 취득세분과 취득세 경감분 농어촌특별세 과세
- (주) 재산세 납세의무가 최초로 성립하는 날부터 3년간 적용

㉑ 준공 후 미분양주택에 대한 감면(지특법 §31-2)

(1) 주택사업주체의 미분양주택에 대한 감면(지특법 §31-2 ①~⑤)

1) 감면요건

① 감면대상자

「주택법」 제54조 제1항에 따른 사업주체

② 감면대상 및 감면범위

준공(임시사용) 후 분양가격이 6억 원 이하, 전용면적이 149제곱미터 이하인 미분양주택(2011.12.31.까지 임대차계약을 체결하고 2년 이상 임대한 경우에 한함)	취득세 25% 경감

- 감면시한 : 2016.12.31.
- 농어촌특별세 과세 여부 : 서민주택인 경우 취득세분과 취득세 경감분 농어촌특별세 비과세, 이외의 주택은 취득세분과 취득세 경감분 농어촌특별세 과세
- 미분양주택 요건
  ① 「주택법」 제49조 또는 「건축법」 제22조에 따른 사용검사 또는 임시사용승인을 받은 후에도 분양되지 아니한 주택일 것
  ② 「주택법」에 따른 입주자 모집공고에 공시된 분양가격이 6억 원 이하이며, 전용면적이 149제곱미터 이하의 주택(주거용 건축물 및 그 부속토지 포함)으로서 실제 입주한 사실이 없을 것

☞ 분양가격 및 전용면적 달리하여 25% 범위 내에서 추가 경감 가능하나, 분양가격이 6억 원 이하와 전용면적이 149제곱 미터 이하의 요건이 아닌 경우 상기 감면율은 없는 것으로 봄.

지방자치단체는 「주택법」에 따른 입주자 모집공고에 공시된 분양가격이 6억 원 이하이며, 전용면적이 149제곱미터 이하의 주택 요건에도 불구하고 해당 지역의 주택시장 동향 및 재정여건 등에 따라 조례로 분양가격 및 전용면적을 달리 정하는 경우를 포함하여 준공 후 미분양 주택에 대한 취득세를 100분의 25의 범위에서 추가 경감할 수 있다. 이 경우 조례로 정하는 분양가격 및 전용면적의 요건이 분양가격이 6억 원 이하, 전용면적이 149제곱미터 이하의 주택 요건에 해당하지 아니하는 경우에는 상기 감면율은 없는 것으로 본다.

구분	취득세	요건	비고
부산시	25% 추가 경감	상기와 동일	-
전라남도	25% 추가 경감	상기와 동일	-

2) 추징요건

별도의 추징규정이 없는바, 「지방세특례제한법」 제178조에 따라 다음 어느 하나에 해당하는 경우 그 해당 부분에 대해서는 감면된 취득세를 추징한다.
① 정당한 사유 없이 그 취득일부터 1년이 경과할 때까지 해당 용도로 직접 사용하지 아니하는 경우
② 해당 용도로 직접 사용한 기간이 2년 미만인 상태에서 매각·증여하거나 다른 용도로 사용하는 경우

(2) 미분양주택 임대목적용 취득에 대한 감면

1) 감면요건

① 감면대상자

「주택법」 제38조 제1항에 따른 사업주체

② 감면대상 및 감면범위

상기 (1)의 미분양주택 요건 중 ①, ②를 모두 갖춘 준공 후 미분양주택(5년 이상 임대할 목적으로 2011.12.31.까지 취득한 경우에 한함)	취득세 25% 경감

☞ 농어촌특별세 과세 여부 : 서민주택인 경우 취득세분과 취득세 경감분(면제분) 농어촌특별세 비과세, 이외의 주택은 취득세분과 취득세 경감분 농어촌특별세 과세
☞ 분양가격 및 전용면적 달리하여 25% 범위 내에서 추가 경감 가능하나, 분양가격이 6억 원 이하와 전용면적이 149제곱 미터 이하의 요건이 아닌 경우 상기 감면율은 없는 것으로 봄.

지방자치단체는 「주택법」에 따른 입주자 모집공고에 공시된 분양가격이 6억 원 이하이며, 전용면적이 149제곱미터 이하의 주택 요건에도 불구하고 해당 지역의 주택시장 동향 및 재정여건 등에 따라 조례로 분양가격 및 전용면적을 달리 정하는 경우를 포함하여 준공 후 미분양주택에 대한 취득세를 100분의 25의 범위에서 추가 경감할 수 있다. 이 경우 조례로 정하는 분양가격 및 전용면적의 요건이 분양가격이 6억 원 이하, 전용면적이 149제곱미터 이하의 주택 요건에 해당하지 아니하는 경우에는 상기 감면율은 없는 것으로 본다.

구분	취득세	요건	비고
전라남도	25% 추가 경감	상기와 동일	2011.12.31. 이전 취득분 한정

2) 추징요건

정당한 사유 없이 임대한 기간이 5년 미만인 상태에서 매각·증여하거나 다른 용도로 사용하는 경우에는 경감된 취득세를 추징한다.

㉒ 장기일반민간임대주택 등에 대한 감면(지특법 §31-3)

1) 감면요건

① 감면대상자

「민간임대주택에 관한 특별법」 제2조 제4호에 따른 공공지원민간임대주택 및 같은 조 제5호에 따른(2015.12.28. 이전 「임대주택법」 제6조의 2에 따라) 장기일반민간임대주택을 임대하려는 자

② 감면대상 및 감면범위

(2025년 이후)

「민간임대주택에 관한 특별법」에 따른 임대사업자[임대용 부동산 취득일부터 60일 이내에 「민간임대주택에 관한 특별법」 제2조 제4호에 따른 공공지원민간임대주택[87] 또는 같은 법 제2조 제5호에 따른 장기일반민간임대주택[88]을 임대용 부동산으로 하여 임대사업자로 등록한 경우를 말하되, 토지에 대해서는 「주택법」 제15조에 따른 사업계획승인을 받은 날 또는 「건축법」 제11조에 따른 건축허가를 받은 날부터 60일 이내로서 토지 취득일부터 1년 6개월 이내에 공공지원민간임대주택 또는 장기일반민간임대주택을 임대용 부동산으로 하여 임대사업자로 등록한 경우 포함. "임대사업자"]가 임대할 목적으로 임대형 기숙사 또는 공동주택을 건축하기 위하여 취득하는 토지와 임대할 목적으로 건축하여 취득하는 임대형 기숙사 또는 공동주택 ○ 임대형 기숙사 또는 전용면적 60제곱미터 이하인 공동주택을 건축하기 위한 토지 ○ 임대형 기숙사 또는 전용면적 60제곱미터 이하 건축한 공동주택	취득세 면제

○ 「민간임대주택에 관한 특별법」에 따라 10년 이상의 장기임대 목적으로 전용면적 60제곱미터 초과 85제곱미터 이하 임대주택("장기임대주택")을 20호 이상 건축하기 위한 토지 ○ 장기임대주택을 20호 이상 건축하여 취득하는 경우 ○ 20호 이상의 장기임대주택을 보유한 임대사업자가 추가로 장기임대주택을 건축하기 위하여 토지를 취득하는 경우(추가로 취득한 결과로 20호 이상을 건축하기 위한 토지를 보유하게 되었을 때 그 20호부터 초과분까지를 건축하기 위한 토지 포함) ○ 20호 이상의 장기임대주택을 보유한 임대사업자가 추가로 건축하여 취득한 장기임대주택(추가로 취득한 결과로 20호 이상을 보유하게 되었을 때에는 그 20호부터 초과분까지 포함)	취득세 50% 경감
임대사업자가 임대할 목적으로 건축주로부터 실제 입주한 사실이 없는 임대형 기숙사, 공동주택 또는 오피스텔을 최초로 유상거래(부담부 증여 제외)로 취득하는 경우[취득 당시의 가액이 3억 원(수도권 6억 원)을 초과하는 공동주택과 오피스텔은 감면대상에서 제외] ○ 임대형 기숙사를 취득하는 경우 ○ 전용면적 60제곱미터 이하인 공동주택 또는 오피스텔	취득세 면제
○ 장기임대주택을 20호 이상 취득하는 경우 ○ 20호 이상의 장기임대주택을 보유한 임대사업자가 추가로 취득한 장기임대주택(추가로 취득한 결과로 20호 이상을 보유하게 되었을 때 그 20호부터 초과분까지 포함)	취득세 50% 경감
임대사업자(공공지원민간임대주택 또는 장기일반민간임대주택을 임대용 부동산으로 하여 임대사업자로 등록한 경우를 말함)가 과세기준일 현재 임대 목적의 임대형 기숙사, 다가구주택^(주1)(모든 호수의 전용면적이 40제곱미터 이하인 경우를 말함, "다가구주택") 또는 2세대 이상의 공동주택·오피스텔을 건축 중인 토지와 임대 목적으로 직접 사용하는 임대형 기숙사, 다가구주택 또는 2세대 이상의 공동주택·오피스텔{단, 공시가액 또는 시장·군수가 산정한 가액이 3억 원[수도권 6억 원(「민간임대주택에 관한 특별법」 제2조 제2호에 따른 민간건설임대주택인 경우에는 9억 원)]을 초과하는 공동주택과 시가표준액이 2억 원(수도권 4억 원)을 초과하는 오피스텔은 감면대상에서 제외}	

---

87) 「민간임대주택에 관한 특별법」(법률 제17482호로 개정되기 전의 것을 말한다) 제5조에 따라 등록한 같은 법 제2조 제6호에 따른 단기민간임대주택을 같은 법 제5조 제3항에 따라 2020.7.11. 이후 공공지원민간임대주택으로 변경 신고한 주택 제외.

88) 2020.7.11. 이후 「민간임대주택에 관한 특별법」(법률 제17482호로 개정되기 전의 것을 말한다) 제5조에 따른 임대사업자등록 신청(임대할 주택을 추가하기 위하여 등록사항의 변경 신고를 한 경우를 포함한다)을 한 장기일반민간임대주택 중 아파트를 임대하는 민간매입임대주택이거나 단기민간임대주택을 같은 조 제3항에 따라 2020.7.11. 이후 장기일반민간임대주택으로 변경 신고한 주택 제외.

○ 임대형 기숙사, 다가구주택, 전용면적 40제곱미터 이하인 공동주택 또는 오피스텔을 건축 중인 토지 ○ 임대형 기숙사, 다가구주택, 전용면적 40제곱미터 이하인 공동주택 또는 오피스텔	재산세 면제 (도시지역분 포함)
○ 전용면적 40제곱미터 초과 60제곱미터 이하인 공동주택 또는 오피스텔을 건축 중인 토지 ○ 전용면적 40제곱미터 초과 60제곱미터 이하인 공동주택 또는 오피스텔	재산세 75% 경감 (도시지역분 포함)
○ 전용면적 60제곱미터 초과 85제곱미터 이하인 공동주택 또는 오피스텔을 건축 중인 토지 ○ 전용면적 60제곱미터 초과 85제곱미터 이하인 공동주택 또는 오피스텔	재산세 50% 경감 (도시지역분 제외)
(2024년 이전)	
국내에 임대 목적의 공동주택을 2세대 이상 또는 일정 다가구주택^(주1)(2019년 이후 적용하며, 모든 호수의 전용면적이 40제곱미터 이하에 한함. 이 감면규정에서 "다가구주택")을 건축·매입하거나 또는 「민간임대주택에 관한 특별법」§2 1에 따른 준주택 중 오피스텔(2015.12.28. 이전 공동주택 또는 「임대주택법」§2 3에 따른 오피스텔, 이 감면규정에서 "오피스텔")을 2세대 이상 매입하여 과세기준일 현재 임대 목적에 직접 사용 부동산(「민간임대주택에 관한 특별법」§5에 따라 임대용 부동산을 임대목적물로 하여 임대사업자로 등록한 것에 한함)^(주2)	
○ 전용면적 40제곱미터 이하인 임대 목적의 공동주택, 다가구주택 또는 오피스텔	재산세 면제 (도시지역분 포함) (2018년 이전 지역자원시설세 면제)
○ 전용면적 40제곱미터 초과 60제곱미터 이하인 임대 목적의 공동주택 또는 오피스텔	재산세 75% 경감^(주3) (도시지역분 포함)
○ 전용면적 60제곱미터 초과 85제곱미터 이하인 임대 목적의 공동주택 또는 오피스텔	재산세 50% 경감^(주4) (도시지역분 제외)

☞ 감면시한 : 2027.12.31.

☞ 최소납부제 적용 시기 : 2016.1.1. 이후

☞ 2014.5.28. 개정하여 최근 주택시장은 집값 상승에 대한 기대감 저하로 임대수요가 증가한 가운데, 임차인은 주거비가 적게 드는 전세를 선호하는 반면, 임대인은 수익률이 좋은 월세를 선호함에 따라 임대시장 수급 불일치로 전·월세 간 주거비 불균형이 심화되어 왔는바, 이에 임대사업자에 대한 세제지원을 통해 민간의 임대주택 공급을 활성화하고 장기 10년 이상의 준공공임대주택으로 유도하여 안정적인 임대주택 공급 유도를 위해 준공공임대주택에 대한 재산세 감면율을 40~60㎡의 경우 50%에서 75%로, 60~85㎡는 25%에서 50%로 확대하였다.

☞ 2025년 이후 2020.7.10. 이전에 「민간임대주택에 관한 특별법」(법률 제17482호로 개정되기 전의 것) §5에 따른 임대사업자등록 신청(임대할 주택을 추가하기 위하여 등록사항의 변경 신고를 한 경우 포함)을 한 단기민간임대주택(종전의 §31 ④에 따른 임대용 공동주택 또는 오피스텔로 한정. "단기민간임대주택")의 재산세 감면에 관하여는 §31 및 §31-3의 개정규정에도 불구하고 종전의 §31 ④에 따름(이 경우 재산세의 감면기간은 종전의 §31 ④에도 불구하고 해당 단기민간임대주택의 임대기간 종료일까지로 함)〔법 부칙(2024.12.31.) §4 ③〕.

☞ (주1) 다가구주택(「민간임대주택에 관한 특별법 시행령」제2조의 2에 따른 일부만을 임대하는 다가구주택은 임대 목적으로 제공하는 부분만 해당)으로서 「건축법 시행령」제38조에 따른 건축물대장에 각 호수별로 전용면적이 구분되

어 기재되어 있는 다가구주택을 말함.

👉 (주2) 2020.8.12. 이후 「민간임대주택에 관한 특별법」 제2조 제4호에 따른 공공지원민간임대주택 및 같은 조 제5호에 따른 2020.8.11.에 보유한 공동주택 및 오피스텔을 신규 등록한 경우부터 주택공시가격 또는 시장·군수가 산정한 가액이 3억 원[(수도권은 6억 원(2022년 이후 민간건설임대주택 또는 공공건설임대주택인 경우에는 9억 원)]을 초과하는 공동주택과 시가표준액이 2억 원(수도권은 4억 원)을 초과하는 오피스텔은 감면대상에서 제외되나, 2020.8.11. 이전에 장기일반민간임대주택을 임대하려는 자가 임대할 목적으로 공동주택 및 오피스텔을 취득하여 등록하거나 「민간임대주택에 관한 특별법」 §2 4에 따른 공공지원민간임대주택 및 같은 조 5에 따른 장기일반민간임대주택을 임대하려는 자가 임대할 목적으로 취득하여 등록한 공동주택 및 오피스텔의 재산세 감면에 대해서는 종전규정에 따름(지특법 부칙 §7).
　2022년 이후부터는 다음 주택은 감면 제외됨.
　ⓐ 2020.7.11. 이후 「민간임대주택에 관한 특별법」(법률 제17482호로 개정되기 전의 것) 제5조에 따른 임대사업자등록 신청(임대할 주택을 추가하기 위해 등록사항의 변경 신고를 한 경우 포함)을 한 같은 법 제2조 제5호 장기일반민간임대주택("장기일반민간임대주택") 중 아파트를 임대하는 민간매입임대주택이거나 같은 조 제6호에 따른 단기민간임대주택("단기민간임대주택")
　ⓑ 같은 법 제5조에 따라 등록한 단기민간임대주택을 같은 조 제3항에 따라 2020.7.11. 이후 같은 법 제2조 제4호에 따른 공공지원민간임대주택이나 장기일반민간임대주택으로 변경 신고한 주택

👉 (주3) 2013.12.5.~2014.5.27.에는 50%임.
👉 (주4) 2013.12.5.~2014.5.27.에는 25%임.

　과세기준일 현재(6.1.)라는 특정시점에 면적 충족 여부를 현황상 확인하여 적용하기는 불가능하며, 보다 객관적이고 정확한 감면 적용을 위해 건축물대장상 작성된 호별 면적대장을 기준으로 판단하도록 한정하였던 점, 「건축물대장의 기재 및 관리 등에 관한 규칙」 제18조 제1항에서 건축물의 소유자가 건축물대장의 기재내용 중 건축물 표시사항을 변경하려는 때에는 신청하도록 규정하고 있어, 건축물대장 상 호별 면적대장이 없는 경우에는 변경신청 및 승인을 통해 감면요건을 충족할 수 있는 점, 재산세 과세기준일(6.1.)현재 「건축법」 제38조에 따른 건축물대장에 호수별로 전용면적이 구분되어 기재되어 있는 경우에 한해 감면요건을 충족한 것으로 보아야 할 것으로, 건축물대장 상 호별 면적대장이 없는 경우 다가구 임대주택 재산세 감면을 적용하지 아니한다(지방세특례제도과-1867, 2020.8.11.).

2) 「신탁법」 §2에 따른 수탁자 명의로 등기 또는 등록된 신탁재산 감면

① 2021년 이후

　재산세 납세의무자가 위탁자로 개정되면서 "위탁자가 신탁재산을 소유한 것으로 본다(지법 §107 ② 5 후단)"라는 규정이 있는바, 재산세 적용 시 신탁등기된 신탁재산의 소유자는 위탁자로 보고 있다. 따라서 2021년에는 위탁자인 부동산투자회사가 임대사업자라면 직접 사용하는 것으로 보아 감면조항이 적용되는 것이나, 수탁자가 임대사업자라면 감면이 되지 아니하는 것이었다. 이에 2022년 이후 「지방세특례제한법」 제2조 제8호의 "직접 사용"의 정의에 "소유자(「신탁법」 제2조에 따른 수탁자를 포함하며, 신탁등기를 하는 경우만 해당한다)"라고 개정하여 수탁자가 임대사업자라 하더라도 직접 사용으로 보아 감면이 된다는 것이다.[89]

89) 신탁등기를 한 신탁재산의 소유자는 원칙적으로 수탁자이므로 소유자(수탁자 포함)의 의미가 좀 이상한 것

② 2014년~2020년

재산세 납세의무자가 수탁자로 규정되어 있어서 대법원에서 "기업형임대주택을 임대하려는 자가 임대 목적에 사용하는 공동주택을 소유하는 경우에만 적용된다고 보아야 하므로, ○○투게더가 위탁관리 부동산투자회사의 지위를 겸하는 기업형임대사업자라고 하더라도 신탁으로 인하여 부동산을 소유하고 있지 않은 이상 이 감면조항이 적용된다고 볼 수 없다(대법원 2021두34558, 2021.9.9.)"라고 판시하고 있다.

3) 추징요건

① 2025년 이후 취득세 감면분

다음 어느 하나에 해당하는 경우에는 감면된 취득세를 추징한다.

㉠ 해당 토지를 취득한 날부터 정당한 사유 없이 2년 이내에 임대형 기숙사 또는 공동주택을 착공하지 아니한 경우

㉡ 「민간임대주택에 관한 특별법」 제43조 제1항에 따른 임대의무기간에 「민간임대주택에 관한 특별법」 제43조 제4항에서 정하는 경우가 아닌 사유로 다음 어느 하나에 해당하는 경우

㉮ 임대형 기숙사, 공동주택 또는 오피스텔을 임대 외의 용도로 사용하거나 매각·증여하는 경우

㉯ 「민간임대주택에 관한 특별법」 제6조에 따라 임대사업자 등록이 말소되는 경우

② 2025년 이후 재산세 감면분

다음 어느 하나에 해당하는 경우에는 그 감면 사유 소멸일부터 소급하여 5년 이내에 감면된 재산세를 추징한다(단, 「민간임대주택에 관한 특별법」 제43조 제1항에 따른 임대의무기간이 경과한 후 등록이 말소되거나 「민간임대주택에 관한 특별법」 제43조 제4항의 사유로 임대사업자 등록이 말소된 경우에는 추징에서 제외).

㉠ 「주택법」 제49조에 따른 사용검사 또는 「건축법」 제22조에 따른 사용승인(임시사용승인 포함)을 받기 전에 임대형 기숙사, 다가구주택, 공동주택 또는 오피스텔을 건축 중인 토지를 매각·증여하는 경우

㉡ 「민간임대주택에 관한 특별법」 제6조에 따라 임대사업자 등록이 말소되는 경우

㉢ 「민간임대주택에 관한 특별법」 제43조 제1항에 따른 임대의무기간에 임대형 기숙사, 다가구주택, 공동주택 또는 오피스텔을 매각·증여하는 경우

같다. "직접 사용"의 정의는 취득세 감면에서도 소유자를 개정함에 따라 소유자는 위탁자라고 오해할 여지가 있는바, 논란의 쟁점이 될 것이다. 하여튼 2021년도부터 재산세 납세의무자를 위탁자로 개정하면서 위탁자의 소유로 간주하는 규정을 두었는바, 감면 적용 상 혼동이 있어서 "직접 사용"의 정의를 보완한 것이라 하는데, 이런 의도라면 소유자를 개정할 것이 아니라, 후단에 "이 경우 재산세 감면에서 「신탁법」 상 신탁재산(신탁등기를 하는 경우만 해당한다)을 같은 법에 따른 수탁자가 사용하더라도 직접 사용하는 것으로 본다"라고 개정할 필요가 있다고 본다.

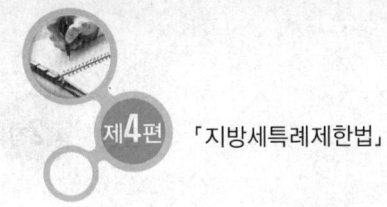

③ 2020년~2024년 재산세 감면분

「민간임대주택에 관한 특별법」 제6조에 따라 임대사업자 등록이 말소되거나 2022년 이후 감면분부터(부칙 §5 ②) 같은 법 제43조 제1항에 따른 임대의무기간 내에 매각·증여하는 경우에는 그 감면 사유 소멸일부터 소급하여 5년 이내에 감면된 재산세를 추징한다. 다만, 다음 어느 하나에 해당하는 경우에는 추징에서 제외한다.

㉠ 「민간임대주택에 관한 특별법」 제43조 제1항에 따른 임대의무기간이 경과한 후 등록이 말소된 경우

㉡ 「민간임대주택에 관한 특별법」 제43조 제4항의 사유로 임대사업자 등록이 말소된 경우

④ 2019년 재산세 감면분(부칙 §3)

공동주택, 다가구주택 또는 오피스텔(2018년 이전 전용면적 40제곱미터 이하인 임대 목적의 공동주택 또는 오피스텔 감면분)의 경우 「민간임대주택에 관한 특별법」 제6조(2015.12.28. 이전 「임대주택법」 제6조의 3)에 따라 준공공임대주택 사업자등록이 취소된 경우에는 그 감면사유 소멸일부터 소급하여 5년 이내에 감면된 재산세를 추징한다[다만, 「민간임대주택에 관한 특별법」 제43조 제1항에 따른 임대의무기간이 경과한 후 등록이 말소된 경우(2017년부터 적용)와 같은 조 제2항 또는 제4항(2015.12.28. 이전 「임대주택법」 제16조 제3항)에 따른 사유(매입임대사업자 간의 매각은 추징제외 사유로 보지 아니함)로 사업자등록이 취소된 경우에는 추징에서 제외].

㉓ 주택임대사업에 투자하는 위탁관리 부동산투자회사에 대한 감면
(지특법 §31-4)

1) 감면요건

① 감면대상자

「부동산투자회사법」 제2조 제1호 나목에 따른 위탁관리 부동산투자회사(해당 부동산투자회사의 발행주식총수에 대한 국가, 지방자치단체, 한국토지주택공사 및 지방공사가 단독 또는 공동으로 출자한 경우 그 소유주식 수의 비율이 100분의 50을 초과하는 경우를 말함)

② 감면대상 및 감면범위

임대할 목적으로 취득하는 부동산[「주택법」 §2 3에 따른 공동주택(「같은 법」 §2 4에 따른 준주택 중 오피스텔 포함)을 건축 또는 매입하기 위하여 취득하는 경우의 부동산으로 한정]	취득세 20% (2018년 이전 30%) 경감 (중과세율 미적용)

과세기준일 현재 국내에 2세대 이상의 해당 공동주택(준주택 오피스텔 포함)을 임대 목적에 직접 사용(2019년 이후 「부동산투자회사법」 §22-2 또는 §35에 따라 위탁하여 임대하는 경우 포함)하는 경우 ○ 전용면적 60제곱미터 이하인 임대 목적의 공동주택	재산세 40%(2018년 이전 50%) 경감(도시지역분 포함) (2018년 이전 지역자원시설세 면제)
○ 전용면적 85제곱미터 이하인 임대 목적의 공동주택	재산세 15%(2018년 이전 25%) 경감(도시지역분 제외)

- 감면시한 : 2021.12.31.
- 상기 감면은 2015년부터 적용됨.
- 농어촌특별세 과세 여부 : 서민주택인 경우 취득세분과 취득세 경감분(면제분) 농어촌특별세 비과세, 이외의 주택은 취득세분과 취득세 경감분 농어촌특별세 과세

2) 추징요건

다음 어느 하나에 해당하는 경우에는 감면받은 취득세를 추징한다.

① 토지를 취득한 날부터 정당한 사유없이 2년 이내에 착공하지 아니한 경우
② 정당한 사유없이 해당 부동산의 매입일로부터 1년이 경과할 때까지 해당 용도로 직접 사용하지 아니하는 경우
③ 해당 용도로 직접 사용한 기간이 2년 미만인 상태에서 매각·증여하거나 다른 용도로 사용하는 경우

㉔ 공공주택사업자 임대목적으로 주택 등을 매도 약정 체결자에 대한 감면 (지특법 §31-5)

1) 감면요건

① 감면대상자

「공공주택특별법」에 따른 공공주택사업자의 임대가 목적인 주택 및 건축물("주택 등")을 건축하여 공공주택사업자에게 매도하기로 약정을 체결한 자(2025년 이후 주택 등을 건축하기 위하여 부동산을 취득한 날부터 60일 이내에 공공주택사업자에게 매도하기로 약정을 체결한 자 포함)

② 감면대상 및 감면범위

「공공주택특별법」에 따른 공공주택사업자의 임대 목적인 다음의 주택 및 건축물을 건축하여 공공주택사업자에게 매도하기로 약정을 체결한 경우(주택 등을 건축하기 위하여 부동산을 취득한 날부터 60일 이내에 공공주택사업자에게 매도하기로 약정을 체결한 경우 포함)(2025년 이후 적용) ① 「건축법 시행령」 별표 1 제1호 가목부터 다목까지의 규정에 따른 단독주택, 다중주택 및 다가구주택과 그 부속토지 ② 「건축법 시행령」 별표 1 제2호 가목부터 다목까지의 규정에 따른 아파트, 연립주택 및 다세대주택(「주택법」 제2조 제6호에 따른 국민주택규모 이하인 아파트, 연립주택 및 다세대주택으로 한정)과 그 부속토지 ③ 「건축법 시행령」 별표 1 제2호 라목에 따른 기숙사(전용면적이 85제곱미터 이하인 것으로 한정) 및 그 부속토지 ④ 다음의 요건을 모두 갖춘 「건축법 시행령」 별표 1 제14호 나목 2)에 따른 오피스텔과 그 부속토지 　㉠ 전용면적이 85제곱미터 이하일 것 　㉡ 상·하수도 시설이 갖추어진 전용 입식 부엌, 전용 수세식 화장실 및 목욕시설(전용 수세식 화장실에 목욕시설을 갖춘 경우 포함)을 갖출 것	취득세 15% 경감
다음 부동산[2022년 이후 체결분부터(부칙 §6)](2024년 이전만 적용) ○ 해당 주택 등을 건축하기 위하여 취득하는 부동산 ○ 해당 주택 등을 건축하여 최초로 취득하는 부동산	취득세 10% 경감

☞ 감면시한 : 2027.12.31.

☞ 농어촌특별세 과세 여부 : 서민주택인 경우 취득세분과 취득세 경감분(면제분) 농어촌특별세 비과세, 이외의 주택은 취득세분과 취득세 경감분 농어촌특별세 과세

2) 추징요건

다음 어느 하나에 해당하는 경우에는 감면받은 취득세를 추징한다.
① 취득일부터 1년 이내에 공공주택사업자의 임대가 목적인 주택 등을 착공하지 아니한 경우
② 최초로 취득한 주택 등을 6개월 이내에 공공주택사업자에게 매도하지 아니한 경우

㉕ 한국토지주택공사의 소규모 공동주택 취득에 대한 감면(지특법 §32)

(1) 임대목적용 소규모 공동주택에 대한 감면(지특법 §32 ①, ③)

1) 감면요건

① 감면대상자

한국토지주택공사

② 감면대상 및 감면범위

임대목적용 소규모 공동주택	취득세 25% 경감(2015년~2021년 50%, 2014년 이전 면제) 재산세 50% 경감(도시지역분 제외)

☛ 감면시한 : 2027.12.31.

☛ 농어촌특별세 과세 여부 : 감면대상 소규모 공동주택이 서민주택에 해당되므로 취득세분과 취득세 경감분(면제분) 농어촌특별세 비과세

☛ 소규모 공동주택의 범위

1구(1세대가 독립하여 구분 사용할 수 있도록 구획된 부분을 말함)당 건축 전용면적이 60제곱미터 이하인 공동주택(해당 공동주택의 입주자가 공동으로 사용하는 부대시설 및 공공용으로 사용하는 토지와 영구임대주택단지 안의 복리시설 중 임대수익금 전액을 임대주택 관리비로 충당하는 시설 포함) 및 그 부속토지(관계법령에 따라 국가 또는 지방자치단체에 무상으로 귀속될 공공시설용지 포함).

지목변경도 부동산 취득에 해당하므로 감면대상이 된다. 한편, 공동으로 사용하는 부대시설(영구임대주택의 경우 복리시설 포함)[90]에는 분양용 상가는 포함되지 아니할 것으로 판단되어 감면이 되지 아니할 것이다.[91] 그런데 「지방세특례제한법」 제76조에 따른 감면(제3자에게 공급할 목적으로 일정 사업용으로 일시 취득하는 부동산 감면) 규정에서 주거용 부동산으로 한정하는 내용이 없는바, 주거용 부동산이 아닌 근린생활시설이나 상가 등의 경우에도 「지방세특례제한법」 제76조의 감면대상이 된다고 판단된다.

2) 임대주택 감면과의 비교

「지방세특례제한법」 제31조는 임대사업자로 규정되어 있는바, 임대사업자의 범위에 한국토지주택공사가 포함되므로[92] 제31조 규정도 적용가능하나, 이 두 규정의 차이점은 제32조에서는 소규모 공동주택으로 60제곱미터 이하로만 규정되어 있지만, 제31조의 규정은 40제곱미터, 60제곱미터, 85제곱미터 이하로 세분되어 있다는 점과 재산세 면제율이 다르다는 점이다.

---

90) 공공복리시설에 대하여 「한국토지주택공사법 시행령」 제11조에서는 공사가 공급하는 토지와 주택 등의 기능 발휘와 이용을 위하여 필요한 부대시설과 편익시설로서 공원·녹지·주차장·어린이놀이터·노인정·관리시설·사회복지시설과 그 부대시설, 문화·체육·업무 시설 등 거주자의 생활복리를 위하여 필요한 시설로 규정하고 있음.

「주택법」 제2조

8. "부대시설"이란 주택에 딸린 다음 각 목의 시설 또는 설비를 말한다.
  가. 주차장, 관리사무소, 담장 및 주택단지 안의 도로
  나. 「건축법」 제2조 제1항 제4호에 따른 건축설비
  다. 가목 및 나목의 시설·설비에 준하는 것으로서 대통령령으로 정하는 시설 또는 설비

9. "복리시설"이란 주택단지의 입주자 등의 생활복리를 위한 다음 각 목의 공동시설을 말한다.
  가. 어린이놀이터, 근린생활시설, 유치원, 주민운동시설 및 경로당
  나. 그 밖에 입주자 등의 생활복리를 위하여 대통령령으로 정하는 공동시설

91) 사업지구 내 근린생활시설 부속 토지를 취득한 경우 그 토지가 취득세 감면대상에 해당되지 아니함(지방세특례제도과-772, 2015.3.19.).

92) 「공공주택 특별법」 제4조 제1항 제2호(2015.12.28. 이전 구 「임대주택법」 제2조 제4호)

3) 추징요건

소규모 공동주택용 토지를 취득한 날(토지를 일시에 취득하지 아니하는 경우 최종 취득일, 최종 취득일 이전에 사업계획을 승인받은 경우 그 사업계획승인일)부터 4년 이내에 소규모 공동주택의 건축을 착공하지 아니하거나 소규모 공동주택이 아닌 용도에 사용하는 경우 그 해당 부분에 대하여는 감면된 취득세 및 재산세를 추징한다.

소규모 임대주택을 건설할 목적으로 이 부동산을 취득한 후 그 사용 용도를 변경하여 공공분양사업에 사용하였으므로 추징사유가 발생하였다고 봄이 타당하나, 정부정책에 의해 종전 국민임대주택 건설사업 승인이 취소되고 보금자리주택사업으로 변경됨으로써 이 부동산을 소규모 임대주택에 사용할 것을 기대할 수 없게 된 점, 당초부터 공공분양사업을 목적으로 토지를 취득하였거나 사정변경 후 같은 목적으로 토지를 취득하였더라면 취득세 면제 사유에 해당하게 되는 점 등의 사정을 고려하면 소규모 임대주택에 사용하지 아니한 데에 정당한 사유가 있는 것이다(대법원 2016두37867, 2016.9.8.).

(2) 분양목적용 소규모 공동주택에 대한 감면(지특법 §32 ②, ③)

1) 감면요건

① 감면대상자

한국토지주택공사

② 감면대상 및 감면범위

분양목적용 소규모 공동주택	취득세 25% 경감(2014년 이전 면제)

☞ 감면시한 : 2016.12.31.

☞ 농어촌특별세 과세 여부 : 감면대상 소규모 공동주택이 서민주택에 해당되므로 취득세분과 취득세 경감분(면제분) 농어촌특별세 비과세

지목변경도 부동산 취득에 해당하므로 감면대상이 된다. 한편, 공동으로 사용하는 부대시설(영구임대주택의 경우 복리시설 포함)[93]에는 분양용 상가는 포함되지 아니할 것으로 판단되어 감면이 되지 아니할 것이다. 그런데 「지방세특례제한법」 제76조에 따른 감면규정에서 주거용 부동산으로 한정하는 내용이 없는바, 주거용 부동산이 아닌 근린생활시설이나 상가 등의 경우에도

---

93) 「주택법」 제2조

　8. "부대시설"이란 주택에 딸린 다음 각 목의 시설 또는 설비를 말한다.

　　가. 주차장, 관리사무소, 담장 및 주택단지 안의 도로

　　나. 「건축법」 제2조 제1항 제4호에 따른 건축설비

　　다. 가목 및 나목의 시설·설비에 준하는 것으로서 대통령령으로 정하는 시설 또는 설비

　9. "복리시설"이란 주택단지의 입주자 등의 생활복리를 위한 다음 각 목의 공동시설을 말한다.

　　가. 어린이놀이터, 근린생활시설, 유치원, 주민운동시설 및 경로당

　　나. 그 밖에 입주자 등의 생활복리를 위하여 대통령령으로 정하는 공동시설

「지방세특례제한법」 제76조의 감면대상이 된다고 판단된다.

> **사례** 해당 공동주택에 대한 감면범위는 분양받는 자의 공동지분으로 되는 노인정 등 공동주택의 부대시설 및 복리시설을 감면대상에 포함하나 별도로 제3자에게 분양되는 아파트 상가, 유치원 등으로 분양 또는 임대하는 복리시설은 감면대상에서 제외함(내무부세정 13407-561, 1996.5.28.).
>
> ☞ 「주택법」 제2조 제9호 가목에 따르면 유치원은 복리시설에 포함될 것임.

2) 추징요건

소규모 공동주택용 토지를 취득한 날(토지를 일시에 취득하지 아니하는 경우 최종 취득일, 최종 취득일 이전에 사업계획을 승인받은 경우 그 사업계획승인일)부터 4년 이내에 소규모 공동주택의 건축을 착공하지 아니하거나 소규모 공동주택이 아닌 용도에 사용하는 경우 그 해당 부분에 대하여는 감면된 취득세를 추징한다.

26 한국토지주택공사의 방치 건축물 사업재개에 대한 감면(지특법 §32-2)

1) 감면요건

① 감면대상자

한국토지주택공사

② 감면대상 및 감면범위

「공사중단 장기방치 건축물의 정비 등에 관한 특별조치법」 §6에 따른 공사중단 건축물 정비계획(건축물 완공으로 인한 수익금이 같은 법 §13에 따른 방치건축물 정비기금에 납입되는 경우 한정)에 따라 공사 재개를 위하여 취득하는 부동산(2016년 이후)	취득세 35% 경감
과세기준일 현재 해당 사업에 직접 사용하는 부동산	재산세 25% 경감(도시지역분 제외)

☞ 감면시한 : 2021.12.31.
☞ 농어촌특별세 과세 여부 : 취득세분과 취득세 경감분 농어촌특별세 과세

2) 추징요건

별도의 추징규정이 없는바, 「지방세특례제한법」 제178조에 따라 다음 어느 하나에 해당하는 경우 그 해당 부분에 대해서는 감면된 취득세를 추징한다.

① 정당한 사유 없이 그 취득일부터 1년이 경과할 때까지 해당 용도로 직접 사용하지 아니하는 경우
② 해당 용도로 직접 사용한 기간이 2년 미만인 상태에서 매각·증여하거나 다른 용도로 사용하는 경우

27 주택 공급 확대를 위한 감면(지특법 §33)

(1) 주택건설사업자 공동주택에 대한 감면(지특법 §33 ①)

1) 감면요건

① 감면대상자

㉠ 해당 건축물의 사용승인서를 내주는 날 이전에 「부가가치세법」 제8조(종전 제5조)에 따라 건설업 또는 부동산매매업의 사업자등록증을 교부받거나 같은 법 시행령 제8조에 따라 고유번호를 부여받은 자

㉡ 「주택법」 제4조 제1항 제6호에 따른 고용자

사업자등록증을 교부받은 자가 감면이 되므로 사업자등록증상에 교부일자가 별도로 표시되지 않기 때문에 사업자등록증 발행일(관할세무서에서 사업자등록이 된 날)자를 기준으로 감면 여부를 판단하면 될 것이다.

주택신축판매업은 소득세의 경우 종전에는 건설업으로 보아 사업소득을 과세하였으나, 2010.1.1.부터 건설업에서 제외됨으로써 한국표준산업분류표상의 구분에 따라 부동산업 중 "주거용 건물 공급업"으로 보고 있다. 그런데 「부가가치세법」 상 주거용 또는 비주거용 및 기타 건축물을 직접 또는 총괄적인 책임을 지고 건설하여 분양·판매하는 주택신축판매업과 건물 신축판매업은 부동산매매업에 해당한다(부가가치세 집행기준 1-1-2 3)라고 해석하고 있다. 한편, 국세청의 기준경비율 및 단순경비율의 업종분류에는 주거용 건물 매매업은 부동산업 중 부동산매매업(공급업) - 부동산 개발 및 공급업으로 구분하고 있다. 다만, 직접 건설활동을 수행하지 않고 전체 건물 건설공사를 도급하여 주거용 건물을 건설하고 이를 분양·판매는 주택신축(건설업)으로 보고 있다.

따라서 주택신축판매업의 경우 「부가가치세법」 상의 해석 등에 의하면 사업자등록증상에는 부동산매매업으로 표시되어야 하는데, 국세청의 기준경비율 및 단순경비율의 업종분류를 따르고 있는 것으로 판단된다. 한편, 국세청의 기준경비율 및 단순경비율의 업종분류에서는 "부동산 개발 및 공급업"을 부동산업(70) 중에 부동산매매업(공급업)(703-중분류)으로 표시하고 있다.

사업자등록증상에는 건설업 또는 부동산매매업으로 표시되어 있지 않아서 감면대상 사업자가 아니라고 판단할 수 있지만, "부동산 개발 및 공급업"이 부동산매매업의 일종이라는 사실을 알 수 있다. 따라서 종전에 사업자등록증상에 부동산매매업이나 건설업으로 분류하던 것을 현행에는 "부동산 개발 및 공급업"으로 표시하고 있다는 점에서 주택을 신축하여 감면요건에 해당할 경우에는 감면대상 사업자로 보아야 할 것이다.

한편, '건축물의 사용승인서를 내주는 날 이전에 건설업 등의 사업자등록증을 교부받은 자'로 규정되어 있을 뿐, 그 건축물과 관련된 사업장 소재지의 사업자등록증이어야 한다고 명시하고 있지 아니하는바, 비록 공동주택의 사용승인일 현재 그 공동주택에 대한 개인사업자 甲·乙 공동명의의 사업자등록 업태가 부동산업이었다 하더라도, 이미 개인사업자 甲·乙이 각각 건설업의 사업자등록증을 교부받고 폐업을 하지 않은 상태이므로 소규모 공동주택의 공급 확대를 위한 입법 취지에 부합한다 할 것이고, "주택건설사업"요건을 충족하였으므로 취득세 감면대상에 해당되는 것이다(지방세특례제도과-773, 2015.3.17.)

사례 주택건설사업자 등록이 되어 있지 않은 재건축조합이 사업자등록증상 업태가 '건설업', 종목이 '주택재건축'으로 되어 있다면 해당 조합이 분양할 목적으로 건축한 5세대이상 60제곱미터 이하 세대에 대한 감면 여부

주택건설사업자 등록이 되어야 한다는 규정이 없이 사업자등록증상에 건설업 또는 부동산매매업으로 되어 있다면 감면대상이 되는 것으로 규정되어 있다. 따라서 재건축조합의 사업자등록증상 업태가 건설업으로 되어 있다면 감면대상이 되는 것으로 보아야 할 것이다. 참고로, 사업자등록증상에 부동산매매업이 종목으로 되어 있고, 주택을 신축 분양하기 위하여는 주택건설사업 면허를 가져야 하는 등 요건을 갖추어 주택을 신축하였다면 감면대상 주택건설사업자로 보아야 할 것이다. 분양 주택수가 일정규모 이하인 경우 면허가 불필요한 경우도 있을 수 있는바, 이러한 이유로 면허가 없더라도 사업자등록증상에 부동산매매가 있으므로 감면대상자가 되는 것이다. 그리고 주택 외의 신축 판매 및 분양을 하는 부동산매매업자만 되어 있어서 비록 주택 신축 판매 및 분양이 사업자등록증상에 나타나 있지 아니하더라도 주택을 신축분양하기 위하여는 주택건설사업 면허를 가져야 하는 등 요건을 갖추어야 하므로 이러한 요건을 갖추어 주택을 신축하였거나 신축할 예정이면 감면대상 주택건설사업자로 보아야 할 것이다. 그리고 분양계획승인을 득하여야 한다는 별도의 규정도 없으므로 사업자등록만 되어 있으면 감면되는 것으로 본점에만 등록되어 있고, 부동산 소재지에 사업자등록이 안되었다고 하여 감면을 배제하는 것은 아니다. 그 이유는 「부가가치세법」처럼 부동산 소재지별로 사업자등록을 하여야 한다는 별도의 규정이 없으며, 「부가가치세법」에서도 건설업의 사업자등록은 업무를 총괄하는 장소에 사업자등록을 하여야 하는 바 부동산 소재지별로 사업자등록을 하지 않으므로 본점의 사업자등록증에 건설업 또는 부동산매매업이 있기만 하면 감면을 받을 수 있는 것으로 해석하여야 하기 때문이다. 즉 사업장 소재지와 물건 소재지가 동일하여야 한다는 별도의 규정이 없다는 것이다. 한편, 「부가가치세법」 상의 사업자등록을 받지 아니하고 주택건설사업 면허만을 갖춘 경우에는 면제대상에서 제외되고(내무부 도세 13421-735, 1993.8.21.), 공동으로 사업을 하는 경우에는 「부가가치세법」 상의 사업자등록을 한 사업자 지분에 대하여만 감면대상에 해당되는 것임.

☞ 주거용 또는 비주거용 및 기타 건축물을 직접 또는 총괄적인 책임을 지고 건설하여 분양·판매하는 주택신축판매업과 건물신축판매업은 부동산매매업에 해당함(부가가치세 집행기준 1-1-2 3).

사례 주택건설사업자로 사용승인서를 내주는 날 이전에 사업자등록증을 건설업 또는 부동산매매업으로 교부받아 주택건설사업자 감면신청 및 감면하였고, 며칠 후 임대사업자 등록을 하였다면 감면 여부(임대사업자 등록이 잘못되어 임대사업자 등록을 말소한 후 분양한다면 감면목적 사용 여부)

미분양 등의 사유로 「지방세특례제한법」 제31조에 따른 임대용으로 전환하는 경우 공동주택 감면대상이 되는 것이며, 분양 중에 임대사업자 등록을 하였다고 하더라도 계속하여 분양할 것이면 공동주택 감면을 배제하는 것은 아닐 것임.

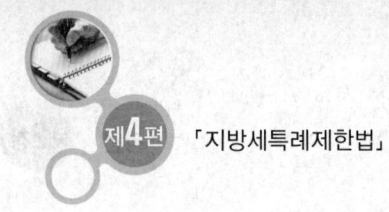

② 감면대상 및 감면범위

분양목적용 건축 전용면적 60제곱미터 이하인 5세대 이상의 공동주택(미분양 등의 사유로 §31에 따른 임대용으로 전환하는 공동주택 포함)(2014년 이전만 적용)	취득세 면제

☞ 공동주택에는 해당 공동주택의 부속토지는 제외
☞ 농어촌특별세 과세 여부 : 취득세분 농어촌특별세 과세(서민주택은 비과세), 취득세 면제분 농어촌특별세 비과세(농특령 §4 ⑦ 5)

　　공동주택 범위에는 공동주택의 부대시설 및 복리시설(예 : 노인정)을 포함하되, 분양하거나 임대하는 복리시설(예 : 상가, 유치원)을 제외하며 해당 공동주택의 부속토지를 제외한다.[94] 종전 감면조례에는 주택건설사업자 등이 해당 공동주택의 사용승인서 교부일부터 2월 이내에 보존등기를 하지 아니하는 경우에는 면제된 취득세를 추징하는 규정이 있었으나 현재는 이 같은 규정은 없다.[95]

2) 추징요건

　　별도의 추징규정이 없는바, 「지방세특례제한법」 제178조에 따라 다음 어느 하나에 해당하는 경우 그 해당 부분에 대해서는 감면된 취득세를 추징한다.

① 정당한 사유 없이 그 취득일부터 1년이 경과할 때까지 해당 용도로 직접 사용하지 아니하는 경우
② 해당 용도로 직접 사용한 기간이 2년 미만인 상태에서 매각·증여하거나 다른 용도로 사용하는 경우

　　준공 후 공동주택을 분양하는 경우에도 매각에 해당하지만 분양목적용이 당초 감면 용도이기 때문에 추징되지 아니하고, 분양 목적 외에는 다른 용도(임대 포함)로 사용한 것으로 보아 추징이 되나, 「지방세특례제한법」 제31조에 따른 임대용으로 전환하는 경우에는 추징이 되지 아니한다.

　　주택건설업자가 분양목적 전용면적 60제곱미터 이하인 공동주택을 취득하는 경우로 취득세를 면제받은 후 1년 이내에 증축으로 인해 면적이 60제곱미터를 초과하였을 경우 면적 증가에 대한 추징규정이 별도로 없으므로 추징되지는 아니할 것으로 판단되나, 악용의 소지가 있을 수도 있다.

---

94) 해당 공동주택의 부속토지를 제외한다라는 규정이 2014.1.1. 법 개정 시 추가된 것이지만 그 전에도 유권해석으로 감면을 배제하고 있었다.
95) 종전 감면조례규정에 따라 보존등기를 하여야 하는 기산일은 해당 공동주택의 사용승인서 교부일부터 판단하기 때문에 만약 준공이 완료되기 이전에 임시사용승인을 받았다고 하더라도 임시사용승인일을 취득일이라고 보더라도 주택건설사업자가 해당 공동주택에 대한 보존등기의 의무기산일은 반드시 사용승인서 교부일부터 2월 이내이었다.

4) 유의사항

① '분양할 목적'의 의미

'분양'이란 토지나 건물 따위를 나누어 파는 것을 말하며, 보통 1개의 물건을 팔 때는 매매나 매도라는 단어를 사용한다. 아파트는 집합건물(다수의 개체)이므로 아파트 분양이라고 하며, 토지 역시 단일 필지는 매매나 매도라 명하지만 여러 필지일 때는 토지분양이라고 한다. 콘도나 상가 역시도 이와 같다. 따라서 분양과 매매(매도)는 차이가 있다고 판단되는데, 1인에게 판매하는 것은 매매 또는 매도이지 분양이라고 할 수 없다는 것이다.

「건축물의 분양에 관한 법률」 제2조 제2호에 따르면 '분양'이란 분양사업자가 건축하는 건축물의 전부 또는 일부를 2인 이상에게 판매하는 것을 말한다. 다만, 「건축법」 제2조 제2항에 따른 건축물의 용도 중 둘 이상의 용도로 사용하기 위하여 건축하는 건축물을 판매하는 경우 어느 하나의 용도에 해당하는 부분의 바닥면적이 제3조 제1항 제1호에서 정한 규모 이상에 해당하고 그 부분의 전부를 1인에게 판매하는 것은 제외한다[96]"라고 규정되어 있다. 상기 분양의 정의에 따르면 2인 이상에게 매도하여야 할 것이므로 당초 신축 당시부터 1인에게만 매도하기로 약정 등이 된 경우 분양으로 볼 수 없을 것이다(대법원 2016두46212, 2016.11.10. 참조). 다만, 여러 세대를 분양을 하였으나 1인이 여러 세대를 모두 계약을 한 경우 분양으로 보아야 할 것이다.

② 공동주택을 건축한 후 미분양 등의 사유로 임대용으로 전환하는 경우

「지방세특례제한법」 제31조에 따른 임대용으로 전환하여야지 감면대상이 되는 것으로, 같은 법 제31조 제1항에서는 「임대주택법」 제2조 제4호에 따른 임대사업자(임대용 부동산 취득일부터 60일 이내에 임대사업자로 등록한 경우 포함)로 규정되어 있다. 「지방세특례제한법」 제31조에 따른 임대용으로 전환하여야 감면이 되는 것이라고 규정되어 있는데, 여기서 부동산 취득 전에 임대사업자로 등록(취득일로부터 60 이내에 임대사업자 등록한 경우도 포함)이 되어야 하는 감면요건이 있다. 이 감면요건은 임대주택 등에 대한 감면규정이지 공동주택에 대한 감면규정은 아니라 판단되며, 미분양 등으로 인해 임대용으로 전환할 때 감면의 취지는 주택건설업자의 부도 등을 방지하여 재무구조를 건실화하기 위한 감면규정이고, 임대용으로 전환하더라도 임대주택 등에 대한 감면규정이 적용되는 것이 아니라 주택공급확대를 위한 감면규정이 계속하여 적용되는 것이므로 반드시 부동산 취득 전이나 취득일로부터 60일 이내에 임대사업자등록이 되어야 하는 것은 아니다. 즉 임대사업자 등록 요건을 갖추어 임대를 하면 되는 것이고, 같은 법 제31조 제2항에 규정하고 있는 추징사유에 해당되지 아니하는 한 감면을 해 주어야 하는 것이 법 취지상

---

96) 「건축물의 분양에 관한 법률」 제2조 제2호의 단서 규정은 건축물의 용도가 2 이상인 복합건축물 중 하나의 용도로 사용되는 부분의 바닥면적(「건축법」 제84조에 따른 바닥면적을 말한다)의 합계가 3천 제곱미터 이상인 건축물 등인 경우에는 이 전부를 1인에게 판매하는 것은 분양이 아니라고 판단하고 있는 것은 2인 이상에게 판매하는 것을 더 강화한 내용이다. 예를 들어 용도1, 용도2가 있는 복합건축물 중에 용도1의 바닥면적이 3천제곱미터 이상인 건축물인 경우 2인 이상, 용도2가 바닥면적이 3천제곱미터 미만인 건축물인 경우 1인 이상 판매할 때 이를 분양으로 본다는 내용으로 본문에 2인 이상이라고 되어 있지만 이 경우 2인 이상이 아닌 3인 이상이 되어야 한다는 것이다.

타당하다. 그리고 미분양 등으로 인하여 임대하고자 하는 의사결정이 취득일로부터 60일 이내에 하기에는 사업상 드물 것이기 때문에 임대사업자 등록을 하기만 하면 공동주택 감면규정이 계속 유지하는 것이 타당하다라고 판단된다.

③ 공동주택 범위

공동주택에는 아파트, 연립주택 및 다세대주택을 말하고, 기숙사와 다가구주택은 제외되며(「주택법 시행령」 §2 ①, 「건축법 시행령」 [별표 1] 용도별 건축물의 종류 1, 2 참조), 만일 다가구주택을 세대별로 분양하는 경우 「지방세법」 상 의제 규정이 있어서 공동주택으로 보더라도 이 감면규정에서는 공동주택으로 볼 수 없으므로 감면대상에서 제외된다.

④ 건축한 공동주택에 부지 포함 여부

2014.1.1. 법 개정 시 공동주택에는 해당 공동주택의 부속토지는 제외한다라고 규정하여 이를 명확히 하였다. 그런데 종전 2013.12.31. 이전에도 이와 마찬가지로 공동주택에는 해당 공동주택의 부속토지는 포함하지 아니하는 것으로 해석하여 왔었다. 즉 공동주택을 건축하는 경우, 통상적으로 주택건설사업자는 먼저 신축할 공동주택의 부속토지를 취득한 다음 분양용 공동주택을 신축 취득하는 과정을 가지는 것에 비추어 토지 부분은 이미 취득 당시에 취득세 등의 납세의무가 성립하였다고 할 것이다. 따라서 위 규정 취득세 면제대상인 "건축한 공동주택"이란 사회통념상 신축 취득하는 공동주택만을 의미한다고 보는 것이 합목적성이 있다고 할 것(행심 2006 - 0299, 2006.7.31. 결정 참조)이므로, 공동주택을 건축하기 위하여 먼저 취득하는 부지는 "건축한 공동주택"에 포함되지 않는다고 해석하였다.

> **사례** 분양목적 건축한 공동주택에 부지 포함 여부(지방세운영과 - 2309, 2012.7.19.)
>
> 해당 부지의 취득 행위가 분양할 공동주택을 건축할 목적이라고 하더라도 부지 취득시점에는 건축한 공동주택이 없으므로 '건축한 공동주택'이라는 감면요건을 충족하지 못하였다고 할 것임. 또한, 「주택법」에서 주택의 경우 그 부속토지까지 의미한다고 하더라도 임대주택과 같이 그 부속토지를 포함한다는 별도 규정이 없는 이상, 건축하기 위하여 취득하는 그 부지의 경우 '건축한 공동주택'에 포함되지 아니한다고 할 것임.

> **사례** 공동주택을 건설하기 위하여 취득하는 토지는 감면 제외(행심 2006 - 0299, 2006.1.1.)
>
> 취득세 등의 감면대상은 통상적으로 주택건설사업자는 먼저 신축할 공동주택의 부속토지를 취득한 다음 분양용 공동주택을 신축 취득하는 과정을 가지고 있는 것에 비추어 토지 부분은 이미 취득 당시에 취득세 등의 납부의무가 성립하였기 때문에, 사회통념상 신축 취득하는 공동주택만을 의미한다고 보는 것이 합목적성이 있다고 봄이 상당함.

⑤ 지목변경

2014.1.1. 법 개정 시 공동주택에는 해당 공동주택의 부속토지는 제외한다라고 규정되어 있으므로 공동주택 건축 후 지목변경이 발생되더라도 부속토지와 관련된 것으로 감면대상이 되지 아니할 것이다.

한편, 2013.12.31. 이전에는 해당 공동주택의 부속토지는 제외한다라고 규정이 별도로 없이 해석으로 이를 규정하고 있었는데, 공동주택의 개념은 주거용 건축물과 그 부속토지를 의미하는 것이므로 다른 감면규정을 살펴보면 주택이라 표현하지 않고 주거용 건축물과 그 부속토지라 표현하고 있고, 토지 부분은 이미 취득 당시에 취득세 등의 납부의무가 성립하였기 때문에, 사회통념상 신축 취득하는 공동주택만을 의미한다고 보는 것이 합목적성이 있다고 할 것(행심 2006-0299, 2006.1.1. 참조)이므로, 취득세 면제대상 '건축한 공동주택'이란 취득일 현재 건축이 완료된 공동주택만을 의미한다고 할 것이다. 즉 공동주택을 건축하기 위하여 먼저 취득하는 부지(토지)는 "건축한 공동주택"에 포함되지 않는다고 할 것이다. 이 심사례의 취지는 토지 취득 시에 공동주택이 아니므로 감면이 안 된다는 것인데 그렇다면 공동주택 취득과 동시에 지목변경 취득이 이루어지므로 이 시점에서는 건축한 공동주택이 있으므로 감면대상이 되는 것으로 판단하여야 할 것이다.

⑥ 분양에 따른 감면신청하여 감면받은 후 임대주택 감면신청 시 감면 여부

종전에는 유권해석[97]과 심판례(조심 2011지0370, 2011.11.9.)에 따르면 추징이 가능한 것으로 해석하였으나, 심판례(조심 2013지0851, 2014.2.13.)에서는 조세의 감면은 당해 과세대상의 납세의무성립 시에 소정의 감면요건을 충족하였는지에 따라 그 적용 여부가 결정되는 것이고, 동일한 과세대상에 대하여 조세를 감면할 근거규정이 둘 이상 존재하는 경우에 어느 하나의 감면규정에 정한 감면요건이 충족되고 그 규정에 따른 감면에 대해서는 추징규정이 없거나 추징사유가 발생하지 아니하였다면 나머지 다른 감면규정에 부속된 추징사유가 발생하여 그 규정에 따른 추징처분은 가능하게 되었다고 하더라도 원래의 감면사유가 여전히 존재하는 이상 추징처분을 하는 것은 허용되지 않는다고 할 것(대법원 2012.1.27. 선고, 2010두26414 판결)이다. 공동주택을 취득할 당시, 임대주택 감면요건과 주택유상거래 감면요건을 모두 충족하여 이 중 임대주택 감면을 선택한 후 임대의무기간(5년) 이내에 이 건 공동주택을 매각하여 추징사유가 발생하였으나, 여전히 주택유상거래에 대한 감면사유가 존재하므로 주택유상거래에 대한 취득세 감면을 배제하고 취득세 등 감면세액 전체를 추징한 처분은 부당하다라고 결정하고 있어서 취득 당시 임대주택 감면요건에 해당한다면 감면이 될 것이다.

⑦ 2014.12.31. 이전 원인행위 발생된 경우 종전 감면규정이 적용됨

주택의 취득에 대하여 납세의무성립 당시의 법령을 적용하여야 하므로 취득세 등을 면제할 수 없다는 의견이나, 통상적으로 착공에 이르기 이전까지 부지의 매입, 건축설계, 도급공사계약, 건축허가 등 공동주택 건축을 위한 일련의 필수적인 절차를 거치게 되고 일단 착공되면 되돌릴 수

---

97) 지방세 감면 여부는 지방세 납세의무 성립시기를 기준으로 감면요건 충족 여부에 따라 판단하여야 할 것이므로, 취득세의 경우 취득세 과세물건을 취득하는 시점에서 감면요건의 충족 여부로 판단하여야 할 것이다. 임대주택 건축사업자가 임대용 공동주택을 건축할 목적으로 취득하는 부속토지에 대하여 취득세를 면제한다고 규정하고 있는바, 분양을 목적으로 공동주택의 부속토지를 취득한 경우라면, 취득세 납세의무 성립시기인 해당 토지의 취득 시점에 임대할 목적으로 건축하는 공동주택이라는 위 감면요건을 충족하지 못하였다고 할 것이므로 취득 시점 이후에 감면요건을 충족하였다고 하더라도 법적 안정성 측면에서 이를 소급하여 적용할 수는 없다고 할 것이다(지방세운영과-2758, 2011.6.13.).

없는 원인행위가 이루어져 일정한 법적 지위를 취득하거나 법률관계를 형성한 것으로 볼 수 있는 점, 청구인은 2015.3.10. 쟁점주택에 대한 사용승인을 받았으므로 종전 규정이 일몰되기 전에 착공하였다는 청구주장에 수긍이 가는 점, 시·도세 감면조례에서 관련 규정이 신설되어 2014. 12.31. 쟁점조항이 일몰되기 전까지 약 20년간 계속되어 왔으므로 주택에 대한 사용승인을 받을 때까지 동 규정이 유지될 것이라고 기대하였다고 볼 수 있는 측면 등에 비추어 쟁점주택의 취득에 대하여 주택공급 확대를 위한 쟁점조항의 감면규정을 적용하여야 한다(조심 2018지1116, 2019.6.17.). 그런데 대법원은 종전 규정이 적용되지 아니한다(2022두65948, 2023.3.16.)라고 판시하고 있다.

☞ 분양계약을 체결하였다 하더라도 분양계약을 해제하거나 분양권을 양도할 수 있음을 볼 때, 분양계약의 체결만으로 그 취득을 위한 원인행위가 성립하였다고 보기는 어려움(조심 2020지0858, 2020.11.5.). 그런데 토지 취득이 원인행위로 볼 것인지 다툼이 있으나, 이러한 측면에서는 보지 아니할 것으로 판단됨.

(2) 서민주택에 대한 감면(지특법 §33 ②)

1) 감면요건

① 감면대상자

상시 거주(취득일 이후 「주민등록법」에 따른 전입신고를 하고 계속하여 거주하거나 취득일 전에 같은 법에 따른 전입신고를 하고 취득일부터 계속하여 거주하는 것을 말함[98])할 목적으로 서민주택(2018년 이전 서민주택)을 취득하여 1가구 1주택인 취득자

② 감면대상 및 감면범위

상시 거주 목적으로 취득한 서민주택(2018년 이전 서민주택)으로 1가구 1주택(해당 주택을 취득한 날부터 60일 이내에 종전 주택을 증여 외의 사유로 매각하여 1가구 1주택이 되는 경우 포함)	취득세 면제

☞ 감면시한 : 2027.12.31.
☞ 최소납부제 적용 시기 : 최소납부제 배제
☞ 농어촌특별세 과세 여부 : 감면대상 주택이 농어촌특별세 비과세 대상 서민주택에 해당되므로 취득세 면제분 농어촌특별세 비과세(농특령 §4 ⑦ 5)
☞ 서민주택의 범위[99]

---

98) 상시 거주란 「주민등록법」에 따른 전입신고를 하고 계속하여 거주하는 것을 의미한다고 규정하고 있는 점, 조세법률주의 원칙상 과세규정이나 감면규정 등은 엄격해석하여야 하는바, 청구인이 쟁점주택에 실제 거주 하였더라도 「주민등록법」상 전입신고를 하지 않았다면 상시 거주 요건을 충족한 것으로 볼 수 없는 점 등에 비추어 청구주장을 받아들이기 어렵다고 판단됨(조심 2020지1142, 2020.10.6.).
그리고 거주기간 산정은 주택취득에 대한 감면이 향후 상시 거주할 것을 전제로 하고 있기 때문에 당초 해당 주택에 임차인으로 살면서 종전에 주민등록을 이전한 경우라 하더라도 해당 주택에 대한 거주기간 산정 기산일은 주택 취득일로 봄이 타당함(지방세특례제도과-1241, 2020.6.3.).
99) 농어촌특별세 비과세대상인 서민주택의 범위와 다르다.

연면적 또는 전용면적이 40제곱미터 이하인 주택(2020.1.15. 이후 납세의무성립분부터(영 부칙 §4) 「주택법」 §2 1호에 따른 주택으로서 「건축법」에 따른 건축물대장·사용승인서·임시사용승인서 또는 「부동산등기법」에 따른 등기부에 주택으로 기재(「건축법」(법률 제7696호로 개정되기 전의 것을 말한다)에 따라 건축허가 또는 건축신고 없이 건축이 가능했던 주택(법률 제7696호 「건축법」 일부개정법률 부칙 제3조에 따라 건축허가를 받거나 건축신고가 있는 것으로 보는 경우 포함)으로서 건축물대장에 기재되어 있지 않은 주택의 경우에도 건축물대장에 주택으로 기재된 것으로 봄)된 주거용 건축물과 그 부속토지를 말함)으로서 취득가액이 1억 원 미만인 것을 말함.

☞ 1가구 1주택 범위

취득일 현재 취득자와 세대별 주민등록표에 기재되어 있는 가족(동거인 제외)으로 구성된 1가구(취득자의 배우자, 취득자의 미혼인 30세 미만의 직계비속 또는 취득자가 미혼이고 30세 미만인 경우 그 부모(2018년 이전 직계존속)는 각각 취득자와 같은 세대별 주민등록표에 기재되어 있지 아니하더라도 같은 가구에 속한 것으로 본다)가 국내에 1개의 주택(2020.1.15. 이후 납세의무성립분부터(영 부칙 §4) 상기 주택을 말하나 1억 원 미만 여부와 관계없음)을 소유하는 것을 말함. 이 경우 65세 이상인 직계존속, 「국가유공자 등 예우 및 지원에 관한 법률」에 따른 국가유공자(상이등급 1급부터 7급까지의 판정을 받은 국가유공자만 해당한다)인 직계존속 또는 「장애인복지법」에 따라 등록한 장애인(장애의 정도가 심한 장애인(2019.6.30. 이전 장애등급 1급부터 3급까지의 장애인)만 해당)인 직계존속을 부양하고 있는 사람은 같은 세대별 주민등록표에 기재되어 있더라도 같은 가구에 속하지 아니하는 것으로 보며, 이 경우 주택의 부속토지만을 소유하는 경우에도 주택을 소유하는 것으로 봄.

상속·증여(증여는 2019년 이후 적용)로 인한 취득 및 원시취득은 감면대상에 제외되나, 종전 감면조례에는 부동산 취득일(보존등기가 안된 공동주택을 취득한 경우 건축주가 보존등기한 날, 법령의 규정이나 천재지변 등 소유권이전을 할 수 없는 경우 이전등기가 가능한 날)로부터 2월 이내에 이전등기를 하지 아니하는 경우에는 면제된 취득세를 추징하는 규정이 있었으나 현재는 이 같은 규정이 없으며, 2018년 이전에는 증여로 취득한 경우 감면요건에 해당하면 감면이 되었다.

2) 서민주택 판단

① 주택의 부속토지 범위

주택의 부속토지는 해당 주택을 둘러싸고 있는 경계를 기준으로 그 안에 있는 부분의 부속토지를 말하기 때문에 울타리 등의 경계가 없는 경우에는 재산세의 주택과 농어촌특별세 서민주택의 경우 울타리 등의 경계가 없는 경우에는 별도로 주택의 부속토지 범위를 규정하고 있으나(지령 §105, 농특령 §4 ④ 참조), 여기서는 이를 규정하고 있지 아니하다. 즉 주택의 부속토지의 범위에 대하여는 별도로 규정되어 있지 아니하는바, 일반적으로 울타리, 즉 경계내의 토지만 주택으로 보아야 할 것이고, 경계가 없는 경우에는 실제 주택으로 사용되는 면적으로 하여야 할 것이다.

> **사례** 주택의 부속토지 범위(세정 13407-196, 2002.3.4.)
>
> 상속으로 인하여 비과세대상인 1가구 1주택이 되는 주택 및 부속토지의 범위는 해당 주택과 울타리 등으로 경계가 지워진 주택의 부속토지를 말하는 것임(대법원 1993.7.27. 91누10985).

② 무허가 주택

1가구 1주택 감면규정을 적용함에 있어 무허가 주택 등에 대한 별도의 제외규정이 없었으며,[100] 감면 적용 시 「지방세특례제한법」 제93조에 「지방세법」 제13조 제5항에 따른 부동산 등(사치성 재산)은 감면대상에서 제외한다라고 규정되어 있을 뿐, 무허가 건축물은 감면배제되지

아니하므로(다만, 재산세 적용 시 무허가 건축물은 종합합산 과세대상이 되는 것이나, 무허가 주택은 주택으로 재산세가 부과되어 왔으나, 2022년 이후 무허가 주거용 건축물 면적이 전체 건축물 면적의 50% 이상인 경우에는 주택으로 보지 않고 그 건축물 부속토지는 종합합산 과세대상이 됨) 무허가 주택이더라도 1가구 1주택에 해당하면 감면이 되는 것이다.

그런데 용도변경 불허가 처분에도 종교시설로 사용함은 임시적·불법적인 사용이므로 재산세 등 감면대상 종교목적 사용으로 볼 수 없다(대법원 2015두58928, 2016.3.10. 참조)라고 판시하고 있어서 불법 건축물을 사용하는 경우에도 이와 같이 해석할 수 있다는 점에서 감면이 적용되지 않는 것으로 해석할 여지가 있다. 그런데 이 판례도 문제가 있는 것으로, 실질과세 원칙에 근거한다면 감면요건에 해당되는 경우 감면되는 것이 더 타당하다는 것이다.

한편, 연면적과 전용면적이 등기 관련 면적이므로 무허가, 즉 미등기 주택은 감면배제하여야 한다고 오해할 수 있지만, 연면적과 전용면적이 「건축법」과 「주택법」 상의 용어이지 등기 관련법 등에만 적용되는 용어는 아니므로 등기부나 건축물대장의 공부상에 기재되는 면적만을 연면적과 전용면적이라 할 수 없을 것이다. 무허가 건축물도 「건축법」 상의 건축물로서 연면적과 전용면적을 산정할 수 있다.

> **사례** 무허가 건물 감면대상 여부(지방세운영과 – 5638, 2010.11.30.)
> 과세기준일 현재 해당 건축물이 조합원이 생산한 농산물의 판매사업에 제공되는 부동산으로써 농협의 고유목적사업에 사용하는 것이 확인된 이상 감면요건을 충족했다고 볼 수 있으며, 무허가 건물이라는 이유로 감면요건에 대한 법규의 해석을 달리 적용할 여지는 없으므로 재산세 감면대상임.

③ '서민주택'의 의미

'서민주택'이란 연면적 또는 전용면적이 40제곱미터 이하의 주거용 건축물 및 그 부속토지를 말한다. 즉 공동주택 또는 다가구주택은 주거전용면적의 40제곱미터 이하, 단독주택은 연면적이 40제곱미터 이하를 말한다. 「건축법 시행령」을 살펴보면 바닥면적의 합이 연면적이라 하며, 주거전용면적은 「주택법 시행규칙」 제2조에 의하여 산정하여야 한다.

㉠ 주거전용면적의 산정방법

단독주택은 바닥면적에서 지하실(거실로 사용하는 면적 제외) 면적과 본 건물과 분리된 창고·차고·화장실 등을 제외하며, 공동주택은 외벽의 내부선 기준으로 복도·계단·현관·화단 등을 제외한다.

단독주택의 경우 연면적은 주거의 용도로만 쓰이는 면적을 합산하여야 할 것으로, 「건축법 시행령」을 살펴보면 바닥면적 산정 시에 창고가 제외된다는 규정이 없으므로 창고가 주거의 용도로만 사용되는 경우에는 합산하여야 할 것이나, 별도로 떨어져 있는 경우에는 별도의 건축물로 보아야 할 것이다.

---

100) 종전 감면조례에 의한 감면 시 취득일로부터 2월 이내에 이전등기를 하지 아니한 경우 감면된 취득세 등을 추징하는 것으로 규정되어 있었는바, 무허가 주택에 대하여는 감면이 되지 아니하였다.

> **사례** 지하실과 부속건물이 주거 외의 용도로 사용되는 경우(지방세정팀-4277, 2006.9.7.)
>
> 「주택법 시행규칙」제2조 제1호는 단독주택은 그 바닥면적에서 지하실(거실로 사용되는 면적을 제외한다), 본 건축물과 분리된 창고·차고 및 화장실의 면적을 제외한 면적을 주거전용면적으로 규정하고 있으므로, 1동의 건축물이 주택과 지하실로 구분되어 있고 지하실과 부속건물이 주거 외의 용도로 사용되는 경우라면 주거용으로 사용되고 있는 부분만을 주거전용면적으로 보아 국민주택 해당 여부를 판단하여 농어촌특별세 과세 여부를 결정하는 것이 타당하다고 판단됨.

> **사례** 1구의 주택 내에 신축한 창고를 주차장으로 사용한 경우(행심 2007-402, 2007.7.23.)
>
> 이 사건 주택은 「지방세법 시행령」제84조의 3 제3항 제2호에서 규정하는 대지면적이 662㎡를 초과한 1,640㎡이고 건물 가액이 9,000만 원을 초과하는 104,000,000원 이상, 이 사건 주택은 고급주택에 해당된다고 판단되며 청구인이 인용한 대법원판례(대법원 90누9513, 1991.5.10. 선고)는 주택의 차고 및 창고 등이 주거용에 해당하느냐에 관한 것이 아니고 주거용에 해당하지 않는 부분이 있으면 이 부분을 제외하여 고급주택인지 여부를 판단한 것이므로 처분청에서 중과세율을 적용하여 산출한 이 사건 취득세 등을 부과한 처분은 잘못이 없음.

ⓛ 적용 사례

㉮ 1구내 단독주택(39제곱미터) + 창고(20제곱미터) 붙어 있는 경우
㉯ 1구내 단독주택(39제곱미터), 창고(20제곱미터) 떨어져 있는 경우
㉰ 1구내 단독주택(20제곱미터 + 창고(19제곱미터) 붙어 있는 경우
㉱ 1구내 단독주택(20제곱미터), 창고(19제곱미터) 떨어져 있는 경우

㉮와 ㉰에서 창고가 주거용으로 사용된다면 합산하여야 할 것으로서 ㉮는 감면에서 제외될 것이나 ㉰는 감면이 될 것이며, ㉯와 ㉱처럼 창고가 떨어져 있는 경우에는 각각 감면 여부를 판단하여야 할 것으로서 이 경우 주거전용 창고로 보기에는 어려움이 있을 것으로 판단된다.

3) 1가구 1주택의 범위

취득일 현재 취득자와 같은 세대별 주민등록표에 기재되어 있는 가족(동거인 제외)으로 구성된 1가구(취득자의 배우자, 취득자의 미혼인 30세 미만의 직계비속 또는 취득자가 미혼이고 30세 미만인 경우 그 부모(2018년 이전 직계존속)는 각각 취득자와 같은 세대별 주민등록표에 기재되어 있지 아니하더라도 같은 가구에 속한 것으로 봄)가 국내에 1개의 주택을 소유하는 것을 말하며, 주택의 부속토지만을 소유하는 경우에도 주택을 소유한 것으로 본다[이 경우 65세 이상인 직계존속, 「국가유공자 등 예우 및 지원에 관한 법률」에 따른 국가유공자(상이등급 1급부터 7급까지의 판정을 받은 국가유공자만 해당)인 직계존속 또는 「장애인복지법」에 따라 등록한 장애인 장애의 정도가 심한 장애인(2019.6.30. 이전 장애등급 제1급부터 제3급까지의 장애인만 해당)인 직계존속을 부양하고 있는 사람은 같은 세대별 주민등록표에 기재되어 있더라도 같은 가구에 속하지 아니하는 것으로 봄]. 상기 이외는 1가구 1주택의 범위에 대하여는 취득세 세율특례편을 참고하기 바란다.

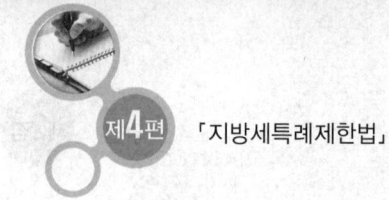

세율특례규정에서는 2015.7.24. 이후부터 「주택법」 제2조 제1호에 따른 주택으로서 「건축법」 제38조에 따른 건축물대장에 주택으로 기재되고 건축물의 용도가 주거용(「영유아보육법」에 따른 가정어린이집, 「아동복지법」에 따른 공동생활가정·지역아동센터(통합하여 설치한 경우 포함) 및 「노인복지법」에 따른 노인복지시설을 위한 주거용으로 사용되는 시설 제외)으로 사용하는 건축물과 그 부속토지를 말한다라고 규정하고 있으나, 이 감면규정에서는 이를 규정하지 않고 있다. 그런데 2015.7.23. 이전에는 가정어린이집, 공동생활가정·지역아동센터 및 「노인복지법」에 따른 노인복지시설 중 주거용으로 사용되는 부분은 주택으로 보고 세율특례 규정이 적용되어 왔다.

한편, 주택을 취득한 날부터 60일 이내에 종전 주택을 증여 외의 사유로 매각하여 1가구 1주택이 되는 경우에도 1가구 1주택에 포함된다.

4) 추징요건

① 2019.1.1. 이후 취득분(감면분)

다음 어느 하나에 해당하는 경우에는 면제된 취득세를 추징한다.

㉠ 정당한 사유 없이 그 취득일부터 3개월이 지날 때까지 해당 주택에 상시 거주를 시작하지 아니한 경우

㉡ 해당 주택에 상시 거주를 시작한 날부터 2년이 되기 전에 상시 거주하지 아니하게 된 경우

㉢ 해당 주택에 상시 거주한 기간이 2년 미만인 상태에서 해당 주택을 매각·증여하거나 다른 용도(임대 포함)로 사용하는 경우

② 2018.12.31. 이전 취득분(감면분)

별도의 추징규정이 없는바, 「지방세특례제한법」 제178조에 따라 다음 어느 하나에 해당하는 경우 그 해당 부분에 대해서는 감면된 취득세를 추징하여야 하나, 해당 용도를 주택용으로 보고서 직접 사용하지 아니한 경우에 추징한다라고 해석할 여지가 있으나, 개인이 주택을 취득하여 감면을 받고서 2년 이내에 매각 또는 임대를 한다면 직접 사용한 것으로 볼 수 없어서 추징하여야 한다고 한다면 거주하여야만 직접 사용으로 볼 수 있는바, 취득 주택을 전세나 임대를 한 경우에는 직접 사용으로 볼 수 없을 것이고, 취득 후 2년 이전에 임대(전세)를 하는 경우에도 무조건 추징대상이 된다라고 해석하여야 한다는 것은 법 취지에 맞지 아니할 것이고, 실제로 임대(전세)한 경우에 추징하고 있지는 아니하고 있으므로 「지방세특례제한법」 제178조의 추징규정이 적용되지 아니하는 것이 타당할 것이다. 그리고 이 취득세 감면규정에 해당 용도가 규정되어 있지 아니하고 직접 사용 해석을 자기가 거주하는 것으로 할 경우에 문제가 되는 것이므로 취득일로부터 1년 이내에 매각 또는 다른 용도에 사용한다고 하여 추징할 수는 없을 것이다.

㉘ 소형주택 공급 확대를 위한 감면(지특법 §33-2)

1) 감면요건

① 감면대상자

매각 또는 임대할 목적으로 신축하여 2024.1.10.~2025.12.31. 취득하는 자

② 감면대상 및 감면범위

다음 부동산(2024.1.10. 이후 적용) ① 전용면적이 60제곱미터 이하인 공동주택(아파트 제외) ② 전용면적이 60제곱미터 이하인 「주택법」 제2조 제20호에 따른 도시형 생활주택 ③ 「주택법」 제2조 제2호에 따른 단독주택 중 다가구주택으로서 「건축법」 제38조에 따른 건축물대장에 호수별로 전용면적이 구분되어 기재되어 있는 다가구주택(전용면적이 60제곱미터 이하인 호수 부분으로 한정)	취득세 25% 경감

- 감면시한 : 2025.12.31.
- 농어촌특별세 과세 여부 : 취득세분 농어촌특별세 서민주택으로 비과세, 취득세 경감분 농어촌특별세 서민주택으로 비과세(농특법 §4 9, 11)
- 조례로 25% 범위 내에서 추가 경감 가능

2) 추징요건

취득일부터 5년 이내에 매각 또는 임대하지 아니하고 다른 용도로 사용하는 경우 경감된 취득세를 추징한다.

㉙ 지방 소재 준공 후 미분양 아파트에 대한 감면(지특법 §33-3)

1) 감면요건

① 감면대상자

「주택법」 제54조 제1항에 따른 사업주체

② 감면대상 및 감면범위

다음의 요건을 모두 갖춘 아파트를 신축하여 2024.1.10.~2025.12.31. 취득하는 경우{2024.1.10. 이후 적용[법 부칙(2024.12.31.) §6]} ① 「주택법」 제49조에 따른 사용검사 또는 「건축법」 제22조에 따른 사용승인(임시사용승인 포함)을 받은 후 분양되지 아니한 아파트일 것 ② 수도권 외의 지역에 있을 것 ③ 전용면적이 85제곱미터 이하이고 취득당시 가액이 3억 원 이하일 것 ④ 2025.12.31.까지 임대차계약을 체결하고 2년 이상 임대할 것	취득세 25% 경감

🔎 감면시한 : 2025.12.31.
🔎 농어촌특별세 과세 여부 : 취득세분 농어촌특별세 서민주택으로 비과세, 취득세 경감분 농어촌특별세 서민주택으로 비과세(농특법 §4 9, 11)
🔎 조례로 25% 범위 내에서 추가 경감 가능

2) 추징요건

임대한 기간이 2년 미만인 상태에서 매각·증여하거나 다른 용도로 사용하는 경우 경감된 취득세를 추징한다.

③⓪ 주택도시보증공사의 주택분양보증 등에 대한 감면(지특법 §34)

(1) 주택도시보증공사의 분양보증용 주택 감면(지특법 §34 ①)

1) 감면요건

① 감면대상자

「주택도시기금법」에 따른 주택도시보증공사(구 「주택법」에 따른 대한주택보증㈜)

② 감면대상 및 감면범위

「주택법」 §26 ① 2(2016년 이전은 §77 ① 1)의 주택에 대한 분양보증을 이행하기 위하여 취득하는 건축물로서 분양계약이 된 주택	취득세 50% 경감

🔎 감면시한 : 2016.12.31.
🔎 농어촌특별세 과세 여부 : 취득세분 농어촌특별세 과세(서민주택은 비과세), 취득세 경감분 농어촌특별세 비과세(농특령 §4 ⑦ 5)

대한주택보증㈜가 기분양된 주택의 분양보증을 위하여 취득하는 부동산에 대하여는 취득세 등의 감면대상이 되나, 대한주택보증㈜가 분양하는 부동산, 미분양부동산 등 주택분양보증 이외의 목적으로 취득하는 부동산에 대하여는 취득세의 감면대상에 해당되지 아니한다(세정-42, 2003.5.30.).

2) 추징요건

별도의 추징규정이 없는바, 「지방세특례제한법」 제178조에 따라 다음 어느 하나에 해당하는 경우 그 해당 부분에 대해서는 감면된 취득세를 추징한다.
① 정당한 사유 없이 그 취득일부터 1년이 경과할 때까지 해당 용도로 직접 사용하지 아니하는 경우
② 해당 용도로 직접 사용한 기간이 2년 미만인 상태에서 매각·증여하거나 다른 용도로 사용하는 경우

(2) 부동산투자회사의 임대용 주택에 대한 감면(지특법 §34 ④, ⑤)

1) 감면요건

① 감면대상자

「부동산투자회사법」 제2조 제1호 가목 및 나목에 따른 부동산투자회사

② 감면대상 및 감면범위

임대용 주택(2014년 이전만 적용)	취득세 면제 재산세 0.1% 세율특례(도시지역분 별도 부과)

☞ 2013.5.10. 신설되어 그 날부터 시행됨.
☞ 농어촌특별세 과세 여부 : 취득세 면제분 농어촌특별세 비과세(농특령 §4 ⑦ 5)

취득세를 면제받거나 재산세를 감면받으려면 다음 계약을 모두 체결하여야 한다.

㉠ **부동산투자회사와 임차인 간의 계약**

㉮ 부동산투자회사가 전용면적 85제곱미터 이하의 1가구[주택 취득일 현재 세대별 주민등록표에 기재되어 있는 세대주와 그 세대원(배우자, 직계존속 또는 직계비속으로 한정)으로 구성된 가구] 1주택자의 주택을 매입(주택지분의 일부 매입하는 경우 포함)하여 해당 주택의 양도인("양도인")에게 임대하되, 그 임대기간을 5년 이상으로 하는 계약

㉯ ㉮에 따른 임대기간 종료 후 양도인이 해당 주택을 우선적으로 재매입(임대기간 종료 이전이라도 양도인이 재매입하는 경우 포함)할 수 있는 권리를 부여하는 계약

㉡ **부동산투자회사와 한국토지주택공사 간의 계약**

양도인이 ㉠ ㉯에 따른 우선매입권을 행사하지 아니하는 경우 한국토지주택공사가 해당 주택의 매입을 확약하는 조건의 계약

부동산투자회사가 하우스푸어로부터 주택을 매입하고 그 주택을 원소유자에게 임대해주는 임대주택에 대한 지방세 지원을 신설하여 하우스푸어 문제의 해결을 위해 기여하려는 데 감면목적이 있다.

2) 추징요건

별도의 추징규정이 없는바, 「지방세특례제한법」 제178조에 따라 다음 어느 하나에 해당하는 경우 그 해당 부분에 대해서는 감면된 취득세를 추징한다.

① 정당한 사유 없이 그 취득일부터 1년이 경과할 때까지 해당 용도로 직접 사용하지 아니하는 경우

② 해당 용도로 직접 사용한 기간이 2년 미만인 상태에서 매각·증여하거나 다른 용도로 사용하는 경우

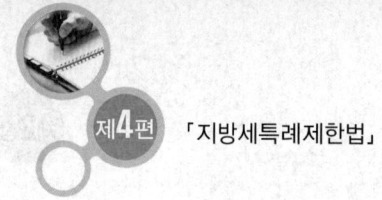

(3) 기업구조조정 부동산투자회사 등의 취득 주택에 대한 감면
(지특법 §34 ⑦)

1) 감면요건

① 감면대상자

「부동산투자회사법」제2조 제1호 다목에 따른 기업구조조정 부동산투자회사 또는 「자본시장과 금융투자업에 관한 법률」제229조 제2호에 따른 부동산집합투자기구(2016년 이후 집합투자재산의 100분의 80을 초과하여 같은 법 제229조 제2호에서 정한 부동산에 투자하는 같은 법 제9조 제19항 제2호에 따른 전문투자형 사모집합투자기구 포함)

② 감면대상 및 감면범위

「주택법」§38에 따른 사업주체로부터 직접 취득하는 미분양주택 및 그 부속토지	취득세 50% 경감
취득한 미분양주택 및 그 부속토지	재산세 주택세율에 불구하고 0.1% 세율 적용 (도시지역분 별도 부과)

🖝 감면시한 : 2016.12.31.
🖝 농어촌특별세 과세 여부 : 취득세분 농어촌특별세 과세(서민주택은 비과세), 취득세 경감분 농어촌특별세 비과세(농특령 §4 ⑦ 5)
🖝 2014.1.1. 신설되어 공포한 날부터 시행하는 것으로 부칙에서 규정하고 있어서 2014.1.1. 이후 최초로 납세의무가 성립하는 분부터 적용됨.

2) 추징요건

별도의 추징규정이 없는바, 「지방세특례제한법」제178조에 따라 다음 어느 하나에 해당하는 경우 그 해당 부분에 대해서는 감면된 취득세를 추징하여야 하나, 해당 용도를 주택용으로 보고서 직접 사용하지 아니한 경우에 추징한다라고 해석할 여지가 있으나, 이 취득세 감면규정에 해당 용도가 규정되어 있지 아니하고 직접 사용 해석을 자기가 거주하는 것으로 할 경우에 문제가 되는 것이므로 취득일로부터 2년 이내에 매각 또는 다른 용도에 사용한다고 하여 추징할 수는 없을 것이다.

③ 주택담보노후연금보증 대상 주택에 대한 감면(지특법 §35)

(1) 주택담보노후연금보증을 위하여 담보로 제공된 주택에 대한 감면 (지특법 §35 ①~②)

1) 감면요건

① 감면대상자

주택담보노후연금보증을 위하여 담보로 주택(2019년은 「지방세법」 제104조 제3호에 따른 주택으로서 일정 1가구 1주택인 경우로 한정)을 제공하는 자

○ **일정 1가구 1주택(지특령 §16)**

과세기준일 현재 주택 소유자와 같은 세대별 주민등록표에 기재되어 있는 가족(동거인은 제외한다)으로 구성된 1가구(소유자의 배우자, 소유자의 미혼인 30세 미만의 직계비속은 각각 소유자와 같은 세대별 주민등록표에 기재되어 있지 아니하더라도 같은 가구에 속한 것으로 본다)가 국내에 1개의 주택을 소유하는 것을 말하며, 주택의 부속토지만을 소유하는 경우에도 주택을 소유한 것으로 본다. 이 경우 다음 어느 하나에 해당하는 주택을 소유하고 있는 경우에는 주택을 소유하지 아니한 것으로 봄.

① 「국토의 계획 및 이용에 관한 법률」 §6에 따른 도시지역(과세기준일 현재 도시지역을 말함)이 아닌 지역에 건축되어 있거나 면의 행정구역(수도권 제외)에 건축되어 있는 주택으로서 다음의 어느 하나에 해당하는 주택

    ㉠ 사용 승인 후 20년이 경과된 「건축법 시행령」 별표 1 제1호 가목에 따른 단독주택("단독주택")

    ㉡ 85제곱미터 이하인 단독주택

    ㉢ 상속으로 인하여 취득한 주택

② 전용면적이 20제곱미터 이하인 주택(다만, 전용면적이 20제곱미터 이하인 주택을 둘 이상 소유하는 경우 제외)

③ 「문화재보호법」 §2 ③에 따른 지정문화재 및 같은 법 §53 ①에 따른 국가등록문화재

② 감면대상 및 감면범위

주택담보노후연금보증을 위한 공시가격 등 5억 원 이하인 주택(주)(2022년 이후 「주택법」 §2 4의 준주택 중 주거용 오피스텔 포함)으로서 일정 1가구 1주택 담보 등기(2019년 이전은 가액 무관)	등록면허세 50% (2018년~2024년 75%) 경감 (2017년 이전 면제)

	등록면허세 300만 원(2021년 이전 400만 원) 이하인 경우 50%(2022년~2024년 75%) 경감, 300만 원(2021년 이전 400만 원) 초과 시 150만 원 (2022년~2024년 225만 원, 2021년 이전 300만 원)
주택담보노후연금보증을 위한 상기 외의 주택[2022년 이후 등록면허세를 부담하는 경우부터(부칙 §7) 「주택법」 §2 4의 준주택 중 주거용 오피스텔 포함] 담보 등기	
주택담보노후연금보증을 위하여 담보로 제공된 주택(시가표준액 5억 원 이하 주택분 전액, 5억 원 초과 시 5억 원에 해당하는 주택분)(2022년 이후 「주택법」 §2 4의 준주택 중 주거용 오피스텔 포함)	재산세 25% 경감 (도시지역분 제외)

☞ 감면시한 : 2027.12.31.

☞ 농어촌특별세 과세 여부 : 등록면허세 경감분(면제분) 농어촌특별세 비과세(농특법 §4 10-3)

☞ 일정 1가구 1주택의 범위

　과세기준일 현재 주택 소유자와 같은 세대별 주민등록표에 기재되어 있는 가족(동거인 제외)으로 구성된 1가구(소유자의 배우자, 소유자의 미혼인 30세 미만의 직계비속은 각각 소유자와 같은 세대별 주민등록표에 기재되어 있지 않더라도 같은 가구에 속한 것으로 봄)가 국내에 1개의 주택을 소유하는 것을 말하며, 주택의 부속토지만을 소유하는 경우에도 주택을 소유한 것으로 봄.

☞ 2025년 이후 「한국주택금융공사법」 제2조 제8호의 2에 따른 신탁등기를 한 주택이 포함됨.

2) 추징요건

별도의 추징규정이 없지만 담보물 등기는 부동산에 해당되지 아니하므로 「지방세특례제한법」 제178조 추징규정이 적용되지 아니한다.

(2) 민간역모기지 담보주택에 대한 감면(지특법 §35 ③)

1) 감면요건

① 감면대상자

장기주택저당대출에 가입자

② 감면대상 및 감면범위

연금 방식으로 생활자금 등을 지급받기 위하여 장기주택저당대출 가입자가 담보로 제공하는 일정 1가구 1주택(공시가격 등 5억 원 이하인 경우 주택분 전액, 5억 원 초과 시 5억 원에 해당하는 주택분)	재산세 25% 경감 (도시지역분 제외)

☞ 감면시한 : 2021.12.31.

☞ 일정 1가구 1주택의 범위

　과세기준일 현재 주택 소유자와 같은 세대별 주민등록표에 기재되어 있는 가족(동거인 제외)으로 구성된 1가구(소유자의 배우자, 소유자의 미혼인 30세 미만의 직계비속은 각각 소유자와 같은 세대별 주민등록표에 기재되어 있지 않더라도 같은 가구에 속한 것으로 봄)가 국내에 1개의 주택을 소유하는 것을 말하며, 주택의 부속토지만을 소유하는 경우에도 주택을 소유한 것으로 봄.

일반 시중은행의 취급하는 민간 역모기지는 주택금융공사 역모기지 제도와 유사함에도 재산세 감면이 배제되어 형평문제 제기되어 민간 역모기지 활성화 및 고령층·서민지원을 위해 민간 은행에서 시행하는 역모기지 담보제공 주택에 대해서도 재산세 25% 감면하는 것이다.

2) 추징요건

별도의 추징규정이 없지만 담보물 등기는 부동산에 해당되지 아니하므로 「지방세특례제한법」 제178조 추징규정이 적용되지 아니한다.

㉜ 농업인 노후생활안정자금대상 농지에 대한 감면(지특법 §35-2)

1) 감면요건

① 감면대상자

노후생활안정자금을 지원받기 위하여 담보로 제공한 농업인

② 감면대상 및 감면범위

노후생활안정자금을 지원받기 위하여 담보로 제공된 농지(토지공시가격 등이 6억 원 이하 농지분 전액, 토지공시가격 등이 6억 원 초과 시 6억 원에 해당하는 농지분)	재산세 면제 (도시지역분 제외)

☞ 감면시한 : 2027.12.31.
☞ 최소납부제 적용 시기 : 최소납부제 배제

농지연금 담보 농지에 대한 감면으로 주택연금 담보주택과의 과세형평과 농어민의 노후생활 안정 지원을 위해 감면규정으로, 재산세 과세기준일 현재 농지연금 가입대상자(농지연금 약정서, 근저당 설정계약서, 부동산등기부 등본 등으로 확인)에 대해 재산세를 면제한다. 농지연금 가입 이 금지(가압류 등이 설정된 농지, 농업용도가 아닌 경우, 2인 이상 공동명의 농지, 각종 개발구 역으로 지정된 지역의 농지 등)되어 있는 농지를 제외하고는 모두 농지연금 대상 농지에 해당되 므로 도시지역 농지의 경우도 감면대상에 해당한다.

2) 추징요건

별도의 추징규정이 없지만 재산세이므로 「지방세특례제한법」 제178조 추징규정이 적용되지 아니한다.

33 임차인의 전세자금 마련 지원을 위한 주택담보대출 주택에 대한 재산세액 공제(지특법 §35-3)

1) 감면요건

① 감면대상자

임대인과 임차인 간에 임대차계약을 체결하고 임대주택으로 사용하는 그 주택 보유자

② 감면대상 및 감면범위

다음 요건 모두 충족하는 경우	주택 세율 적용 산출
㉠ 임차인이 계약일 현재 무주택세대주이면서 직전연도 소득(배우자 소득 포함)이 6천만 원 이하인 경우 ㉡ 임차주택의 전세보증금이 2억 원(수도권 3억 원) 이하인 경우 ㉢ 주택담보대출금액이 3천만 원(수도권 5천만 원) 이하인 경우 ㉣ ㉡에 따른 전세보증금의 전부 또는 일부를 임대인의 주택담보대출로 조달하고 그 대출이자는 임차인이 부담하는 방식으로 하고, 국토교통부장관이 정하는 임대차계약서 서식에 따라 「금융실명거래 및 비밀보장에 관한 법률」 제2조 제1호에 따른 금융회사 등("금융회사 등")과 주택담보대출 계약을 체결하는 경우 ㉤ 금융회사 등이 취급하는 주택담보대출로서 목돈 안드는 전세대출임이 표시된 통장으로 거래하는 경우	재산세액 − 주택담보대출금액 × 60% × 0.1%

👉 감면시한 : 2016.12.31.
👉 2013.8.6. 이후 적용되며, 산출한 재산세액 중 공제되는 세액이 차지하는 비율(백분율로 계산한 비율이 소수점 이하일 경우 절상)에 해당하는 부분만큼을 재산세 감면율로 봄.
👉 무주택세대주 및 직전연도 소득을 확인하는 방법은 지특법 §36-2 ④에 따라 행정안전부장관이 정하는 기준을 준용함.

2) 추징요건

임대차계약 기간 동안 상기 요건 중 어느 하나를 위반하는 경우 공제된 재산세액을 추징한다.

34 무주택자 주택공급사업 지원을 위한 감면(지특법 §36)

1) 감면요건

① 감면대상자

사단법인 한국해비타트(종전 사단법인 한국사랑의집짓기운동연합회)

② 감면대상 및 감면범위

무주택자에게 분양할 목적으로 취득하는 주택 건축용 부동산	취득세 면제
과세기준일 현재 그 업무에 직접 사용하는 부동산	재산세 면제(도시지역분 포함)

☞ 감면시한 : 2027.12.31.

☞ 최소납부제 적용 시기 : 최소납부제 배제

☞ 농어촌특별세 과세 여부 : 취득세 면제분 농어촌특별세 비과세(농특령 §4 ⑦ 5)

2) 추징요건

취득일부터 2년 이내에 정당한 사유 없이 주택건축을 착공하지 아니하거나 다른 용도에 사용하는 경우 그 해당 부분에 대하여는 면제된 취득세를 추징한다.

㉟ 생애최초 주택 구입 신혼부부에 대한 취득세 경감(지특법 §36−2)

1) 감면요건

① 감면대상자

혼인한 날(「가족관계의 등록 등에 관한 법률」에 따른 혼인신고일 기준)부터 5년 이내인 사람과 주택 취득일부터 3개월 이내에 혼인할 예정인 사람(이 감면규정에서 "신혼부부")으로서 다음 요건을 갖춘 사람

㉠ 주택 취득일 현재 신혼부부로서 본인과 배우자(배우자가 될 사람 포함) 모두 주택 취득일까지 주택을 소유한 사실이 없을 것(이 경우 본인 또는 배우자가 주택 취득 당시 다음의 주택을 소유하였거나 소유하고 있는 경우에는 주택을 소유한 사실이 없는 것으로 봄)

㉮ 상속으로 주택의 공유지분을 소유(주택 부속토지의 공유지분만을 소유하는 경우를 포함한다)하였다가 그 지분을 모두 처분한 경우

㉯ 「국토의 계획 및 이용에 관한 법률」 §6에 따른 도시지역(취득일 현재 도시지역을 말함)이 아닌 지역에 건축되어 있거나 면의 행정구역(수도권 제외)에 건축되어 있는 주택으로서 다음의 어느 하나에 해당하는 주택을 소유한 자가 그 주택 소재 지역에 거주하다가 다른 지역(해당 주택 소재 지역인 특별시·광역시·특별자치시·특별자치도 및 시·군 이외의 지역을 말)으로 이주한 경우. 이 경우 그 주택을 감면대상 주택 취득일 전에 처분했거나 감면대상 주택 취득일부터 3개월 이내에 처분한 경우로 한정).

ⓐ 사용 승인 후 20년이 경과된 「건축법 시행령」 별표 1 제1호 가목에 따른 단독주택 ("단독주택")

ⓑ 85제곱미터 이하인 단독주택

ⓒ 상속으로 인하여 취득한 주택

㉰ 전용면적이 20제곱미터 이하인 주택(다만, 전용면적이 20제곱미터 이하인 주택을 둘 이상 소유하는 경우 제외)

㉱ 취득일 현재 「지방세법」 §4 ②에 따라 산출한 시가표준액이 100만 원 이하인 주택

㉡ 직전 연도의 신혼부부의 합산 소득이 7천만 원(「조세특례제한법」 §100−3 ⑤ 2호 가목에

따른 홑벌이 가구는 5천만 원)을 초과하지 아니할 것

신혼부부의 직전 연도 합산 소득은 신혼부부의 소득을 합산한 것으로서 급여·상여 등 일체의 소득을 합산한 것으로 하며, 신혼부부의 직전 연도 소득 및 주택 소유사실 확인 등에 관한 세부적인 기준은 행정안전부장관이 정하여 고시하고, 행정안전부장관 또는 지방자치단체장은 제신혼부부 합산소득의 확인을 위하여 필요한 자료의 제공을 관계 기관의 장에게 요청할 수 있다. 이 경우 요청을 받은 관계 기관의 장은 특별한 사유가 없으면 이에 따라야 한다.

② **감면대상 및 감면범위**

거주할 목적으로 취득한 주택(「지방세법」 §11 ① 8호에 따른 주택을 말함)을 유상거래(부담부증여 제외)로 취득한 「지방세법」(법률 제18655호로 개정되기 전의 것) §10에 따른 취득 당시의 가액이 3억 원(「수도권정비계획법」 §2 1에 따른 수도권 4억 원) 이하이고 전용면적이 60제곱미터 이하인 주택(2019년 이후 적용)	취득세 50% 경감

☞ 감면시한 : 2020.12.31.
☞ 농어촌특별세 과세 여부 : 취득세분과 취득세 경감분 농어촌특별세 과세(서민주택은 비과세)

2) 추징요건

취득세를 경감받은 사람이 다음 어느 하나에 해당하는 경우에는 경감된 취득세를 추징한다.
① 혼인할 예정인 신혼부부가 주택 취득일부터 3개월 이내에 혼인하지 아니한 경우
② 주택을 취득한 날부터 3개월 이내에 1가구 1주택이 되지 아니한 경우
  여기서 "1가구 1주택"이란 주택 취득자와 같은 세대별 주민등록표에 기재되어 있는 가족(동거인 제외)으로 구성된 1가구(취득자의 배우자, 취득자의 미혼인 30세 미만의 직계비속은 각각 취득자와 같은 세대별 주민등록표에 기재되어 있지 않더라도 같은 가구에 속한 것으로 봄)가 국내에 1개의 주택을 소유하는 것을 말하며, 주택의 부속토지만을 소유하는 경우에도 주택을 소유한 것으로 본다.
③ 정당한 사유 없이 취득일부터 3년 이내에 경감받은 주택을 매각·증여하거나 다른 용도(임대 포함)로 사용하는 경우

㊱ 생애최초 주택 구입에 대한 취득세 감면(지특법 §36-3)

1) 감면요건

① **감면대상자**

다음 요건을 갖춘 사람
㉠ 주택 취득일 현재 본인 및 배우자(「가족관계의 등록 등에 관한 법률」에 따른 가족관계등록부에서 혼인이 확인되는 외국인 배우자 포함)[2021년 이전 세대별 주민등록표에 기재되어

있는 세대주 및 그 세대원[동거인은 제외, 세대주의 배우자](「가족관계의 등록 등에 관한 법률」에 따른 가족관계등록부에서 혼인이 확인되는 외국인 배우자 포함)는 세대별 주민등록표에 기재되어 있지 않더라도 같은 가구에 속한 것으로 봄, "1가구"]이 주택(「지방세법」 §11 ① 8호에 따른 주택)을 소유한 사실이 없을 것(이 경우 다음 어느 하나에 해당하는 경우 주택을 소유한 사실이 없는 것으로 봄)

㉮ 상속으로 주택의 공유지분을 소유(주택 부속토지의 공유지분만을 소유하는 경우 포함한다)하였다가 그 지분을 모두 처분한 경우

㉯ 「국토의 계획 및 이용에 관한 법률」 §6에 따른 도시지역(취득일 현재 도시지역을 말함)이 아닌 지역에 건축되어 있거나 면의 행정구역(수도권 제외)에 건축되어 있는 주택으로서 다음의 어느 하나에 해당하는 주택을 소유한 자가 그 주택 소재 지역에 거주하다가 다른 지역[해당 주택 소재지역인 특별시·광역시·특별자치시·특별자치도(관할 구역 안에 지방자치단체인 시·군이 없는 특별자치도를 말함)[101] 및 시·군 이외의 지역을 말함]으로 이주한 경우(이 경우 그 주택을 감면대상 주택 취득일 전에 처분했거나 감면대상 주택 취득일부터 3개월 이내에 처분한 경우로 한정)

ⓐ 사용 승인 후 20년이 경과된 단독주택

ⓑ 85제곱미터 이하인 단독주택

ⓒ 상속으로 취득한 주택

㉰ 전용면적이 20제곱미터 이하인 주택을 소유하고 있거나 처분한 경우(단, 전용면적이 20제곱미터 이하인 주택을 둘 이상 소유하는 경우 제외)

㉱ 취득일 현재 「지방세법」 §4 ②에 따라 산출한 시가표준액이 100만 원 이하인 주택을 소유하고 있거나 처분한 경우

㉲ 「지방세특례제한법」 §36-4 ①에 따라 전세사기피해주택을 소유하고 있거나 처분한 경우(2023.6.1. 이후 적용)[102]

㉳ 하기 ② 감면대상 및 감면범위의 상단에 규정되어 있는 주택 중 취득당시 가액이 2억 원(수도권 3억 원) 이하이고 임차인으로서 1년 이상 상시 거주(「주민등록법」에 따른 전입신고를 하고 계속하여 거주하는 것을 말함)한 주택을 2024.1.1.~2025.12 31. 기간 중에 취득하여 감면을 받은 경우(단, 하기 추징요건에 따라 추징된 경우는 제외)(2025년 이후 적용)

㉴ 주택을 취득한 자의 직계존속(배우자의 직계존속 포함)이 취득일 현재 주택을 소유하고 있거나 처분한 경우(2021년 이전만 적용)

㉡ 취득자와 그 배우자의 합산소득이 7천만 원 이하인 경우[2022.6.21. 이전만 적용(부칙 §5)] 급여·상여 등 일체의 소득을 합산한 것으로 하며, 합산소득(2022.6.21. 이전만 적용) 및 무

---

101) 관할 시·군이 있는 강원·전북의 경우 특별자치도가 아니라 시·군을 대상으로 적용됨.

102) 「전세사기피해자 지원 및 주거안정에 관한 특별법」에 따른 전세사기피해자가 2023.5.31. 이전에 전세사기피해주택을 취득하였거나 임차권등기를 마친 경우에도 적용됨.

주택자 여부 등을 확인하는 세부적인 기준은 행정안전부장관이 정하여 고시하고, 2022.6.21. 이전은 행정안전부장관 또는 지방자치단체장은 합산소득의 확인을 위하여 필요한 자료의 제공을 관계 기관의 장에게 요청할 수 있다. 이 경우 요청을 받은 관계 기관의 장은 특별한 사유가 없으면 이에 따라야 한다.

② 감면대상 및 감면범위

다음 어느 하나에 해당하는 주택(주)(2025년 이후 적용) ① 전용면적이 60제곱미터 이하이고 취득당시 가액이 3억 원(수도권 6억 원) 이하인 공동주택(아파트 제외) ② 전용면적이 60제곱미터 이하이고 취득당시 가액이 3억 원(수도권 6억 원) 이하인 「주택법」 제2조 제20호에 따른 도시형 생활주택 ③ 취득당시 가액이 3억 원(수도권은 6억 원) 이하인 「주택법」 제2조 제2호에 따른 단독주택 중 다가구주택으로서 「건축법」 제38조에 따른 건축물대장에 호수별로 전용면적이 구분되어 기재되어 있는 다가구주택(전용면적이 60제곱미터 이하인 호수 부분으로 한정) ○ 유상승계취득 세율을 적용하여 산출한 취득세액("산출세액")이 300만 원 이하인 경우	취득세 면제(주)
○ 산출세액이 300만 원을 초과하는 경우	300만 원 공제(주)
상기 외의 주택(2025년 이후 적용) ○ 산출세액이 200만 원 이하인 경우	취득세 면제(주)
○ 산출세액이 200만 원 초과하는 경우	200만 원 공제(주)
그 세대에 속하는 자가 「지방세법」 §10−3(2023년 이후, 그 전에는 §10)에 따른 취득당시 가액("취득당시 가액")이 12억 원[2022년 이전은 3억 원(수도권은 4억 원)] 이하인 주택을 유상거래(부담부 증여 제외)로 취득하는 경우[단, 취득자가 미성년자인 경우(2021년 이전은 20세 미만인 경우 또는 주택 취득자의 배우자가 취득일 현재 주택을 소유하고 있거나 처분한 경우)] 제외)(2020.7.10.~2024.12.31. 적용) ○ 산출세액이 200만 원(2022.6.21. 이전은 취득 당시의 가액이 1억 5천만 원) 이하인 경우	취득세 면제(주)
○ 산출세액이 200만 원(2022.6.21. 이전은 취득 당시의 가액이 1억 5천만 원) 초과하는 경우	200만 원(주) 공제(2022년 이전은 취득세 50% 경감)

👉 감면시한 : 2025.12.31.

👉 최소납부제 적용 시기 : 상단은 최소납부제 배제, 하단은 2020.7.10. 이후

👉 농어촌특별세 과세 여부 : 취득세분과 취득세 경감분 농어촌특별세 과세(서민주택은 비과세)

👉 2020.7.10. 이후 최초로 취득하는 경우부터 적용하며(지특법 부칙 §4), 「지방세법」 §13−2의 세율을 적용하지 아니함.

👉 (주) 2인 이상이 공동으로 주택을 취득하는 경우에는 해당 주택에 대한 감면액은 각각 300만 원 또는 200만 원 이하로 함.

2) 추징요건

취득세를 경감받은 사람이 다음 어느 하나에 해당하는 경우에는 감면된 취득세를 추징한다.

① 일정 정당한 사유 없이[2022년 이후 감면분부터(부칙 §12)] 주택을 취득한 날부터 3개월 이내에 상시 거주[취득일 이후 「주민등록법」에 따른 전입신고를 하고 계속하여 거주하거나 2022년 이후 감면분부터(부칙 §12) 취득일 전에 같은 법에 따른 전입신고를 하고 취득일부터 계속하여 거주하는 것을 말함]를 시작하지 아니하는 경우

☞ 일정 정당한 사유

㉠ 기존 거주자의 퇴거가 지연되어 주택을 취득한 자가 법원에 해당 주택의 인도명령을 신청하거나 인도소송을 제기한 경우

㉡ 주택을 취득한 자가 기존에 거주하던 주택에 대한 임대차기간이 만료되었으나 보증금 반환이 지연되어 대항력을 유지하기 위하여 기존 거주지에 「주민등록법」에 따른 주소를 유지하는 경우(「임대차보호법」 §3-3에 따른 임차권 등기가 이루어진 경우 제외)

㉢ 주택을 취득한 사람이 「주택임대차보호법」 §3 ④에 따라 임대인의 지위를 승계한 경우로서 해당 주택의 임대차계약(같은 법 §6 및 §6-3에 따라 임대차계약이 갱신된 경우 포함)에 따른 임차인이 그 주택에 계속 거주하고 있는 경우(해당 주택의 취득일을 기준으로 남아 있는 임대차기간이 1년 이내인 경우로 한정)(2023.5.16. 이후 취득분부터 적용)

② 주택을 취득한 날부터 3개월 이내에 추가로 주택을 취득(주택의 부속토지만을 취득하는 경우 포함)하는 경우. 단, 상속으로 인한 추가 취득 제외[2021년 이전 감면분(부칙 §12)은 1가구 1주택(국내에 한 개의 주택을 소유하는 것을 말하며, 주택의 부속토지만을 소유하는 경우에도 주택을 소유한 것으로 봄)이 되지 아니한 경우]

③ 해당 주택에 상시 거주한 기간이 3년 미만인 상태에서 해당 주택을 매각・증여(2022년 이후 감면분부터(부칙 §12) 배우자에게 지분을 매각・증여하는 경우 제외)하거나 다른 용도(임대 포함)로 사용하는 경우

사례 생애최초주택의 일부 지분을 그 배우자에게 증여한 이후에도 여전히 상시거주 등 감면요건을 충족하는 경우에는 그 증여한 부분에 한정하여 추징함(같은 취지 조심 2018지0943, 2018.9.20. 참조)(지방세특례제도과-1007, 2021.4.30.).

☞ 2022년 이후는 법 개정으로 추징되지 아니함.

37 전세사기피해자 지원을 위한 감면(지특법 §36-4)(2023.6.1. 이후 적용)

1) 감면요건

① 감면대상자

㉠ 「전세사기피해자 지원 및 주거안정에 관한 특별법」에 따른 전세사기피해자

㉡ 「공공주택 특별법」 제4조에 따른 공공주택사업자

② 감면대상 및 감면범위

전세사기피해자가 취득하는 전세사기피해주택 ○ 산출세액이 200만 원 이하인 경우 ○ 산출세액이 200만 원 초과하는 경우	취득세 면제 200만 원 공제
과세기준일 현재 전세사기피해자 보유 전세사기피해주택(주) ○ 전용면적 60제곱미터 이하 ○ 전용면적 60제곱미터 초과	재산세 50% 경감 (도시지역분 제외) 재산세 25% 경감 (도시지역분 제외)
전세사기피해자 본인의 임차권 보호를 위하여 신청한 임차권등기명령의 집행에 따른 임차권등기	등록면허세 면제
공공주택사업자가 「전세사기피해자 지원 및 주거안정에 관한 특별법」 §25 ④ 에 따라 취득하는 전세사기피해주택	취득세 50% 경감

☞ 감면시한 : 2026.12.31.
☞ 농어촌특별세 과세 여부 : 취득세분과 취득세 면제분(경감분) 농어촌특별세 과세(서민주택은 비과세)
☞ 2023.5.31. 이전에 전세사기피해주택을 취득하였거나 임차권등기를 마친 경우에도 적용됨(법 부칙 §2 ①).
☞ (주) 재산세 납세의무가 최초로 성립하는 날부터 3년간 적용

2) 추징요건

별도의 추징규정이 없는바, 「지방세특례제한법」 제178조 규정에 의해 추징규정 적용되는지 여부에 대하여 해당 용도가 정하여져 있지 아니하므로 이 추징규정이 적용되지 아니할 것이다.

㊳ 출산·양육을 위한 주택 취득에 대한 취득세 감면(지특법 §36-5)

1) 감면요건

① 감면대상자

2025.12.31.까지 자녀를 출산한 부모(미혼모 또는 미혼부 포함)

② 감면대상 및 감면범위

해당 자녀와 상시 거주할 목적으로 출산일부터 5년 이내에 취득하는 취득 당시 가액이 12억 원 이하인 1주택(출산일 전 1년 이내에 주택을 취득한 경우 포함)으로 다음 요건을 모두 충족하는 경우 ㉠ 가족관계등록부에서 자녀의 출생 사실이 확인될 것 ㉡ 해당 주택이 대통령령으로 정하는 1가구 1주택에 해당할 것(해당 주택을 취득한 날부터 3개월 이내에 1가구 1주택이 되는 경우 포함) ○ 산출세액이 500만 원 이하인 경우 ○ 산출세액이 500만 원 초과하는 경우	 취득세 면제 500만 원 공제

👉 감면시한 : 2030.12.31

👉 최소납부제 적용 시기 : 배제

👉 농어촌특별세 과세 여부 : 취득세분과 취득세 면제분(경감분) 농어촌특별세 과세(서민주택은 비과세)

👉 2024.1.1. 이후 자녀를 출산한 경우로서 해당 자녀의 부모가 1주택을 취득하는 경우부터 적용되며(부칙 §5 ①), 이 부칙에도 불구하고 자녀의 출산일 전 1년 이내에 주택을 취득한 부분에 대한 내용은 2024.1.1. 이후 취득하는 1주택의 경우부터 적용됨(법 부칙 §8 ②).

👉 일정 1가구 1주택

주택 취득자와 같은 세대별 주민등록표에 기재되어 있는 가족(동거인 제외)으로 구성된 1가구(취득자의 배우자, 취득자의 미혼인 30세 미만의 직계비속은 각각 취득자와 같은 세대별 주민등록표에 기재되어 있지 않더라도 같은 가구에 속한 것으로 봄)가 국내에 1개의 주택을 소유하는 것을 말함(이 경우 주택의 부속토지만을 소유하고 있는 경우에도 주택을 소유한 것으로 봄).

2) 추징요건

다음의 어느 하나에 해당하는 경우 감면된 취득세를 추징한다.

① 일정 정당한 사유 없이 주택의 취득일(출산일 전에 취득한 경우에는 출산일)부터 3개월 이내에 해당 자녀와 상시 거주를 시작하지 아니하는 경우

👉 일정 정당한 사유

㉠ 기존 거주자의 퇴거가 지연되어 주택을 취득한 자가 법원에 해당 주택의 인도명령을 신청하거나 인도소송을 제기한 경우

㉡ 주택을 취득한 자가 기존에 거주하던 주택에 대한 임대차기간이 만료되었으나 보증금 반환이 지연되어 대항력을 유지하기 위하여 기존 거주지에「주민등록법」에 따른 주소를 유지하는 경우(「임대차보호법」 §3-3에 따른 임차권 등기가 이루어진 경우 제외)

㉢ 주택을 취득한 사람이「주택임대차보호법」 §3 ④에 따라 임대인의 지위를 승계한 경우로서 해당 주택의 임대차계약(같은 법 §6 및 §6-3에 따라 임대차계약이 갱신된 경우 포함)에 따른 임차인이 그 주택에 계속 거주하고 있는 경우(해당 주택의 취득일을 기준으로 남아 있는 임대차기간이 1년 이내인 경우로 한정)

② 해당 자녀와의 상시 거주 기간이 3년 미만인 상태에서 주택을 매각·증여(배우자에게 지분을 매각·증여하는 경우 제외)하거나 다른 용도(임대 포함)로 사용하는 경우

㊴ 국립대병원 등에 대한 감면(지특법 §37)

1) 감면요건

① 감면대상자

서울대학교병원, 서울대학교치과병원, 국립대학병원, 국립암센터, 국립중앙의료원, 국립대학치과병원 및 한국원자력의학원(2020년 이후)

👉 국립대학치과병원은 2014년부터 적용됨.

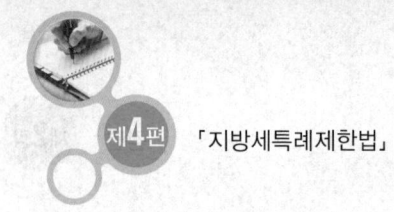
② 감면대상 및 감면범위

고유업무에 직접 사용하기 위한 취득 부동산	취득세 50%(2022년 이후 감염병전문병원 60%) (2017년~2020년 75%) 경감 (2016년 이전 면제)
과세기준일 현재 그 고유업무에 직접 사용 부동산	재산세 50%(주)(2022년 이후 감염병전문병원 60%) (2017년~2020년 75%) 경감 (2016년 이전 면제) (2020년 이전 도시지역분 포함)

☞ 감면시한 : 2027.12.31.

☞ 최소납부제 적용 시기 : 2017.1.1. 이후

☞ 농어촌특별세 과세 여부 : 취득세분 농어촌특별세 과세, 취득세 경감분(면제분) 농어촌특별세 비과세(농특령 §4 ⑦ 5)

☞ (주) 2021년 취득분은 취득 후 납세의무가 최초로 성립하는 날부터 5년간(과세기준일 현재 그 고유업무에 직접 사용하고 있지 아니하는 경우 제외되며, 도시지역분 제외) 경감하며, 2020.12.31. 이전에 취득한 부동산으로서 2021.1.1. 당시 그 부동산에 대한 재산세 납세의무가 최초로 성립한 날부터 5년이 지나지 아니한 경우에도 각각 적용함(이 경우 재산세의 경감기간은 2021.1.1.을 기준으로 해당 부동산에 대한 재산세 납세의무가 최초로 성립한 날부터 5년이 지나지 아니한 잔여기간으로 함)(지특법 부칙 §5 ①).
한국원자력의학원은 2020년 이후 감면 적용이 되나, 그 고유업무에 직접 사용하기 위하여 2020.12.31.까지 취득하는 부동산으로서 2021.1.1. 당시 그 부동산에 대한 재산세 납세의무가 최초로 성립한 날부터 5년이 지나지 아니한 부동산에 대해서는 해당 부동산 취득일 이후 해당 부동산에 대한 재산세 납세의무가 최초로 성립한 날부터 5년간 재산세의 50%를 2021.1.1.부터 경감함(과세기준일 현재 그 고유업무에 직접 사용하고 있지 아니하는 경우 제외). 이 경우 재산세의 경감기간은 2021.1.1.을 기준으로 해당 부동산에 대한 재산세 납세의무가 최초로 성립한 날부터 5년이 지나지 아니한 잔여기간으로 함(부칙 §6).

「민법」상 비영리재단법인이나 자연인인 의사 등에 비하여 그 설립목적이나 그에 대한 법적 규제 등의 측면에서 공공성과 공익성이 더 강함에 따라 조세부담을 경감할 필요성이 인정되어 면제하도록 규정한 것이므로 상대적으로 공공성이 미약한 비영리법인 등을 면제대상에서 제외시킨 데에는 그 합리적인 근거가 있다 할 것이다.

> 사례 병원 인근 주차장 토지 직접 사용에 포함됨(감심 2003-86, 2003.8.19.).
>
> 국립대학교병원이 취득하는 부동산에 대하여 취득세 등을 감면하는 목적은 「국립대학병원설치법」 제8조 등에 정하여진 진료사업 등 공익적 사업을 원활하게 수행할 수 있도록 정책적으로 지원·육성하는 데 있다고 할 것이고, 국립대학교병원 주차장은 병원이용자의 접근편리성을 위하여 반드시 확보되어져야 할 공간으로서 국립대학교병원이 진료사업 등 고유업무를 수행하는 데 필수적 구성부분이라고 할 것이고, 국립대학교병원의 고유업무에 직접 사용되는 주차장은 병원 경계구역 내에 위치한 것 뿐 아니라 경계구역 내 주차장을 추가로 확보할 수 없는 부득이한 경우에 한하여 병원이용자들이 쉽게 이용할 수 있는 병원인근에 있는 토지까지 포함된다고 할 것인바, 청구인은 이 사건 토지를 환자유치 및 조문객 편의를 위해 주차장으로 사용할 예정이라며 「지방세법」 제292조에 따라 취득세 및 등록세 비과세신청을 하였으므로 이 사건 토지는 청구인이 고유업무에 직접 사용하기 위하여 취득한 부동산으로 보아야 할 것이나, 청구인이 특별한 사정으로 취득일로부터 1월이 지난 2003.1. 현재 당초 취득목적인 주차장용도로 사용하지 않고 있다고 하더라도 취득일로부터 1년이 지나지 아니하였으므로 고유목적에 직접 사용하지 못한 사유의 정당성을 판단할 필요없이 취득세

등의 면제대상에 해당되는 것임.

2) 추징요건

별도의 추징규정이 없는바, 「지방세특례제한법」 제178조에 따라 다음 어느 하나에 해당하는 경우 그 해당 부분에 대해서는 감면된 취득세를 추징한다.

① 정당한 사유 없이 그 취득일부터 1년이 경과할 때까지 해당 용도로 직접 사용하지 아니하는 경우

② 해당 용도로 직접 사용한 기간이 2년 미만인 상태에서 매각·증여하거나 다른 용도로 사용하는 경우

㊵ 의료법인 등에 대한 과세특례(지특법 §38)

(1) 의료법인에 대한 과세특례(지특법 §38 ①)

1) 감면요건

① 감면대상자

「의료법」 제48조에 따라 설립된 의료법인

② 감면대상 및 감면범위

의료업에 직접 사용하기 위하여 취득하는 부동산	취득세 30%(2022년 이후 감염병전문병원 40%)(2017년~2020년 50%, 2015년과 2016년 75%) 경감 (2014년 이전 면제) 〔특별시·광역시 및 도청소재지 시지역 취득세 표준세율에서 2017년~2020년 1%(2015년과 2016년 1.5%, 2014년 이전 2%) 차감〕
과세기준일 현재 의료업에 직접 사용하는 부동산	재산세 50%(주)(2022년 이후 감염병전문병원 60%)(2015년과 2016년 75%) 경감 (2014년 이전 면제) (2020년 이전 도시지역분 포함)

📌 감면시한 : 2027.12.31.

📌 농어촌특별세 과세 여부 : 취득세분 농어촌특별세 과세〔「농어촌특별세법」 §5 ① 6에 따르면 「지방세법」 §11 및 §12의 표준세율을 2%로 적용하여 「지방세법」, 「지방세특례제한법」 및 「조세특례제한법」에 따라 산출한 취득세액의 10%가 적용되는 것으로, 경감세율이 2%인 경우 취득세액은 (표준세율 2% - 경감세율 2%)로 산정되어 과세표준이 "0"이므로 비과세, 경감세율이 1%(1.5%)인 경우 취득가액의 0.1%(0.05%) 과세〕.[103] 취득세 경감분(면제분) 농어촌특별세

---

103) 2014년 이전에는 특별시·광역시 및 도청소재지 시지역은 취득세 2%가 차감되는데, 현행은 취득세 표준세율을 2%로 하여 이 세율에서 1%(1.5%, 2%)가 경감된 후의 세율을 적용하여 취득세액이 산정됨.

비과세(농특령 §4 ⑦ 5).

의료법인이 의료업에 직접 사용하기 위하여 취득하는 부동산에 대한 취득세 감면 시 농어촌특별세는 감면받는 취득세분에 대한 농어촌특별세(감면세액의 100분의 20)를 비과세하는 것이고, 감면받지 않는 취득세분 농어촌특별세(취득세액의 100분의 10)에 대하여는 별도의 규정이 없는 한 비과세할 수 없음(서울세제과-758, 2013.1.17.).

한편, 지방교육세는 과세특례에 의한 세율[「지방세법」§11 ① 8(주택 유상거래 세율) 제외]에서 2%를 차감한 세율을 적용한 취득세액의 20%를 지방교육세로 부과되나, 취득세율을 2%로 정한 경우에는 과세대상에서 제외됨(지법 §151 ① 본문).

☞ (주) 2021년 취득분은 취득 후 납세의무가 최초로 성립하는 날부터 5년간(도시지역분 제외) 경감하며, 2020.12.31. 이전에 취득한 부동산으로서 2021.1.1. 당시 그 부동산에 대한 재산세 납세의무가 최초로 성립한 날부터 5년이 지나지 아니한 경우에도 각각 적용함(이 경우 재산세의 경감기간은 2021.1.1.을 기준으로 해당 부동산에 대한 재산세 납세의무가 최초로 성립한 날부터 5년이 지나지 아니한 잔여기간으로 함)(지특법 부칙 §5 ①).

「지방자치법」 제4조 제1항에 따라 둘 이상의 시·군이 통합되어 도청 소재지인 시가 된 경우 종전의 시(도청 소재지인 시는 제외)·군 지역에 대해서는 제1항 및 제4항에도 불구하고 통합 지방자치단체의 조례로 정하는 바에 따라 통합 지방자치단체가 설치된 때부터 5년의 범위에서 통합되기 전의 감면율을 적용할 수 있다.

2) 추징요건

별도의 추징규정이 없는바, 「지방세특례제한법」 제178조에 따라 다음 어느 하나에 해당하는 경우 그 해당 부분에 대해서는 감면된 취득세를 추징한다.

① 정당한 사유 없이 그 취득일부터 1년이 경과할 때까지 해당 용도로 직접 사용하지 아니하는 경우
② 해당 용도로 직접 사용한 기간이 2년 미만인 상태에서 매각·증여하거나 다른 용도로 사용하는 경우

> **사례** 토지를 취득한 때부터 1년 내에 대한○○부지에 종합병원을 건축하지 못할 수 있음을 예상하였거나 예상할 수 있었더라도, 다음과 같은 사정, 즉 ㉠ 종합병원 건축 사업을 진행하기 위해서는 그 사업을 진행할 의료법인이 설립되어 있어야 하는데, 의료법인 설립허가를 받기 위해서는 그 법인이 개설하는 의료기관이 필요한 시설이나 시설을 갖추는 데에 필요한 자금을 보유하여야 하는 점(의료법 제48조), ㉡ 피고는 부영그룹에 금천구의 숙원사업인 종합병원 유치를 위해 종합병원을 설치·운영할 것을 제안하였고, 부영그룹(부○주택)은 그 제안에 따라 종합병원을 개설·운영할 의료법인을 설립하기 위해 원고에게 이 사건 토지를 증여한 점 등의 사정에 비추어 보면, 피고가 주장하는 위 사정만으로 위 유예기간 내에 의료업에 직접 사용하지 못한 데 대한 '정당한 사유'를 부정할 수 없음(대법원 2022두48721, 2023.8.18.).

3) 유의사항

① 「민법」 제32조에 의해 설립된 의료법인 감면대상 아님

2023년 이전에는 「민법」 제32조에 의해 설립된 의료법인은 감면대상자가 아니다(세정 13430-340, 1994.7.12.). 2024년 이후에는 「지방세특례제한법」 제38조 제4항을 개정하여 감면대상이 되고 있다.

> **사례** 의료법인 설립절차 없이 새로운 병원 개설하는 경우(대법원 2000두1102, 2002.2.26.)
>
> 종전에 병원을 개설, 운영하던 재단법인 등이 그 후에 별도의 의료법인 설립절차 없이 새로운 병원을 개설하는 경우에 그 새로운 병원에 관하여는 「의료법」상의 설립절차를 거친 의료법인으로서 위 병원을 운영하는 것으로 간주되는 것이 아니라 할 것이고, 따라서 위와 같이 새로이 개설하는 병원에 관하여는 그 재단법인 등이 위 구 「지방세법」규정 소정의 "의료법에 의하여 설립된 의료법인"에 해당하지 않는다 할 것임.

② "의료업"의 범위

"의료업"의 범위는 「의료법」 제3조 제1항의 규정에 의하면 '의료기관'이라 함은 의료인이 공중 또는 특정다수인을 위하여 의료조산의 업(의료업)을 행하는 곳을 말한다라고 규정하고 있으므로 '의료업'이라 함은 "보건복지부장관의 면허를 받은 의사·치과의사·한의사·조산사 및 간호사가 하는 공중 또는 특정 다수인을 위하여 의료·조산의 업"을 말한다.

의료법인이 "의료업에 직접 사용하기 위하여 취득하는 부동산"이라 함은 현실적으로 해당 부동산의 사용 용도가 의료업에 직접 사용되는 것을 뜻하고, "직접 사용"의 범위는 의료법인이 사업목적과 취득목적을 고려하여 그 실제의 사용관계를 객관적으로 판단하여야 할 것이다.

의료업을 영위하기 위한 부대시설(예 : 구외의 간호원 기숙사 등)이 있는 경우에는 의료업에 직접 사용되는 부동산에 해당되지 아니하는 것으로 해석하고 있으나 대법원에서는 직접 사용하는 부동산으로 본바 있다.[104] 별도의 사업자등록을 하고 장례업을 통하여 수익사업을 영위하는 경우 의료업에 직접 사용하는 부동산으로 볼 수 없다. 한편, 의료업을 영위함에 있어 반드시 필요한 주차장은 필요에 의해 제3자에게 위탁관리하고 있더라도 의료업에 직접 사용하는 부동산으로 보고 있다.

일반적으로 고유목적사업을 위하여 필요한 사무실도 직접 고유목적사업에 사용하는 것이다(하기 해석 등 참조). 따라서 의료재단 원장님 등이 의료업에 관련된 사무를 보고 있는 경우에는 직접 사용하는 것으로 보아 감면대상이 된다.

> **사례** 법인이 학술연구단체로, 그 법인의 사무실로 사용하기 위하여 아파트를 취득한 후 주거용으로 사용하지 아니하고 사업자등록, 사무실설비 등 오직 귀 법인의 사무실 및 고유업무 수행만을 위하여 사용하고 있는 것이 명백히 입증되고 있다면 취득세·등록세 면제대상임(세정 13407-604, 1999.5.18.).

③ 산후조리원이 의료법인의 의료업에 해당되는지 여부

'의료업'이란 보건복지부장관의 면허를 받은 의사·치과의사·한의사·조산사 및 간호사가 하는 공중 또는 특정 다수인을 위하여 의료·조산의 업을 말하므로 조산원은 의료업에 해당될 것이

---

104) 의료법인이 간호사 등의 기숙사로 사용하고자 아파트를 취득하여 그 용도로 사용하고 있는 이상 법인의 목적사업에 직접 사용하는 재산으로서 「지방세법」소정의 취득세 비과세대상에 해당함(대법원 92누7351, 1992.9.22.).

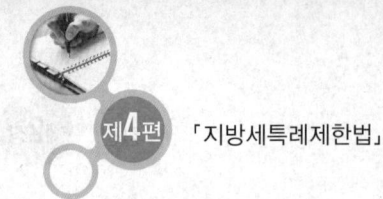

지만 의료법인이 영위하는 산후조리원은 부대사업으로 조산의 업에 해당되지 아니할 것이다. 그 이유는 의료법인이 할 수 있는 기관이 의료업무 외에 부대사업(「의료법 시행규칙」 §60 참조)을 할 수 있는데, 산후조리원은 부대사업으로 규정되어 있기 때문이다. 특히 산후조리원은 「모자보건법」에 의해 설치 운영되고 있어서 의료업으로 볼 수 없을 것이다.

④ 정신질환자를 위한 운동시설

「의료법」 제3조 제1항에서는 '의료업'을 의료인이 공중 또는 특정 다수인을 위하여 의료, 조산의 업을 하는 것으로 규정하고 있고, 「정신보건법」 제3조에서 '정신병원'을 「의료법」에 의한 의료기관 중 주로 정신질환자의 진료를 행할 목적으로 제12조 제1항의 시설기준 등에 적합하게 설치된 병원으로 정의하고 있고, 같은 법 제12조 제1항 및 같은 법 시행규칙 제7조 제1항에서 시설기준을 입원실, 응급실 또는 야간 진료실, 진료실, 뇌파검사 및 심전도실, 재활훈련실, 전문요원상담실, 그 밖의 사항으로 임상검사실, 방사선실, 조제실, 소독시설, 급식시설 및 세탁처리시설의 시설규격 등을 명시하고 있으며, 환자들의 생활에 불편이 없도록 식당, 휴게실, 욕실, 화장실 등의 편의시설을 갖추도록 규정하고 있다. 의료법인이 정신질환자를 위한 운동시설(배드민턴, 족구장) 및 산책로를 조성하기 위하여 토지를 취득하고자 하는바, 「의료법」, 「정신보건법」 등 관련법령에서는 운동시설(배드민턴, 족구장) 및 산책로를 정신병원의 시설기준 등으로 정하고 있지 아니하므로 그 토지는 의료법인이 의료업에 직접 사용하기 위하여 취득하는 부동산으로서 취득세 등의 경감대상에 해당하지 아니하는 것이다(지방세특례제도과-159, 2015.1.20.).

⑤ 노인요양시설

의료법인 등에 대한 과세특례(§38)와 별도로 노인복지시설에 사용하기 위하여 취득한 부동산에 대한 취득세 감면규정(§20)을 둔 입법 취지 등을 종합하여 보면, 구 「노인복지법」에 따른 노인요양시설을 설치·운영하는 데에 제공되는 부동산은 의료법인이 의료업에 직접 사용하는 것이라고 할 수 없다(대법원 2013두18582, 2014.2.13.).

⑥ 숙소

병원에서 근무하는 의사 또는 직원으로서 필요불가결한 존재이고, ○○병원은 35개의 입원실을 갖추고 있고, 대도시와 멀리 떨어진 곳에 위치하고 있어 입원환자나 응급환자의 야간 등 진료를 위하여 의사들이 대기할 수 있도록 병원 인근에 그러한 목적에 상응하는 시설, 면적을 갖춘 사택을 제공하는 것이 위 병원 운영과 의료진 확보를 위하여 반드시 필요하다고 보이므로, 각 부동산은 의료업에 직접 사용되는 부동산이라고 할 것이다(병원 건물에 기숙사로 사용할 수 있는 공간을 보유하고 있다고 하여 달리 볼 것은 아님)(대법원 2013두18582, 2014.2.13.).[105]

---

105) 종합병원의 운영과 관련하여 '교수연구실, 전공의 숙소, 연구실험실, 의국 등'은 의사가 환자 치료와 진료를 위한 의료업과 관련된 부수시설로 보아야 할 것이므로 학교 등이 해당 사업에 직접 사용하는 부동산에 해당하지 않는다(지방세특례제도과-756, 2022.4.6.).

⑦ 산책로(힐링숲)와 주차장

당초 토지 전체를 1필지로 LH공사와 계약을 체결하고 연부로 취득한 점, 비록 구획정리사업을 하면서 2필지로 분할되었다 하더라도 기존 병원 및 학교용지(B필지)와 울타리 등의 경계 없이 환자 및 보호자의 산책로(힐링숲), 임시주차장 등 기존병원의 효용과 편익을 위하여 사용되고 있는 정황 등을 종합적으로 고려할 때, 이 토지는 기존 병원 및 학교용지와 동일한 1구의 부속토지로 볼 수 있다(지방세특례제도과-2163, 2014.11.4.).

⑧ 산하 병원의 업무를 보고 있는 경우

○○의료원은 원고 산하 병원들의 총괄적인 기획과 행정을 담당하면서, 주로 원고 산하 병원들의 수익사업체로서의 속성을 지원하는 기능을 한다고 보이므로, 이 부동산이 ○○의료원의 주된 사무실로 이용되는 경우까지 '의료업에 직접 사용된다'고 보아 취득세를 경감하는 것은 입법취지에 부합하지 않는 것이다(대법원 2018두62775, 2019.2.28.).

> **사례** 2007.1.1. 토지 취득, 2007.3월부터 건축하여 2010.2월 사용승인(건축물 대장상 전부 병원) 2010.3월에 일부를 근린생활시설로 용도변경하여 임대(2010.2월에는 공가상태로 2010.2월부터 2010.3월 용도변경까지 병원으로 사용한 적이 없음)하는 경우 건축 중인 2007년부터 2009년까지 토지분 재산세 감면(면제)중 근린생활시설 부분을 추징 여부
>
> 「지방세법 시행령」 제119조【재산세의 현황부과】에 따르면 "재산세의 과세대상 물건이 공부상 등재 현황과 사실상의 현황이 다른 경우에는 사실상 현황에 따라 재산세를 부과한다"라고 규정되어 있는바, 과세기준일 현재 실제 사용 용도로 판단하여야 하므로 병원으로 전혀 사용하지 않고 용도변경하여 근린생활시설로 사용하였으므로 병원으로 사용하지 아니하는 부분은 재산세를 감면배제하여야 할 것이므로 추징대상이 될 것임.

> **사례** 의료법인이 직접 사용할 목적으로 건축 중인 경우 감면 여부
>
> ○ 「의료법」 제48조 규정에 의하여 설립된 의료법인
> ○ 용도지역 : 자연녹지 지역
> ○ 건축 현황
>   - 2009.3월 건축물 착공신고 수리
>   - 2009.4월 건축 중(착공)
>   - 2010.8월 건축 허가사항변경
> ○ 부지 전체 면적 : 100,000㎡(임야) - 취득시기 2006년도 1월경
> ○ 개발행위허가 면적 : 2,000㎡
> ○ 건축 면적 : 400㎡
> ○ 연면적 : 2,000㎡(지하1층, 지상2층)
> ○ 용도 : 의료시설(병원)
> 1) 정당한 사유가 해소된 시점부터 2년 동안 사용한다면 추징대상이 아니지만, 정당한 사유가 해소된 시점을 건축 착공시점인지 사용승인일로부터 2년 동안을 보아야 하는지.
> 2) 건축허가 등이 2,000제곱미터 이상을 쓰고 싶어도 취득 당시부터 자연녹지지역이기 때문에 토지를 전체 면적을 쓸 수 없는 법령상의 문제가 있기 때문에 쓰지 않는 부분의 토지에 대해

서는 추징이 가능한지 여부
1. 정당한 사유
　건축공사 중과 정당한 사유를 판단함에 있어서 건축공사에 착공한 때에는 별도의 규정이 없더라도 판례 등을 고려할 때, 해당 사업에 사용하기 위한 정당한 사유가 있는 경우로 인정하고 하고 있으며 그 시기는 건축물의 건축공사를 착공한 때(착공일이 분명하지 아니한 때에는 착공신고서 제출일을 착공일로 봄)로부터 해당 사업에 직접 사용하지 못한 정당한 사유가 있는 것으로 본다. 다만 건축공사에 착공한 후 정당한 사유없이 건축공사를 중단하였다면 정당한 사유기간이 그때부터 없는 것으로 보는 것이다. 따라서 건축 중단의 특별한 사유가 없는 한 공사가 완료되어 건물이 사용가능한 날까지 정당한 사유가 있는 것으로 보아야 할 것임.[106]

2. 추징 여부
　일반적으로 공익성이 있는 사업을 수행하는 비영리법인이라고 할지라도 토지를 취득할 당시 3년 이내에 그 사업 내지 고유업무에 직접 사용할 수 없는 법령상의 장애사유가 있음을 알았거나, 설사 몰랐다고 하더라도 조금만 주의를 기울였더라도 그러한 장애사유의 존재를 쉽게 알 수 있었던 상황 하에서 토지를 취득하였고, 취득 후 3년 이내에 해당 토지를 그 사업 내지 고유업무에 직접 사용하지 못한 것이 동일한 사유 때문이라면, 취득 전에 존재한 법령상의 장애사유가 충분히 해소될 가능성이 있었고 실제 그 해소를 위하여 노력하여 이를 해소하였는데도 예측하지 못한 전혀 다른 사유로 그 사업에 사용하지 못하였다는 등의 특별한 사정이 없는 한, 그 법령상의 장애사유는 해당 토지를 그 업무에 직접 사용하지 못한 데 대한 정당한 사유가 될 수 없다고 판결(대법원 2001두229, 2002.9.4. 참조)하고 있음을 감안해 볼 때, 취득 당시부터 자연녹지지역이기 때문에 취득 면적 토지 전체 면적을 쓸 수 없는 법령상의 문제가 있었다면 그 초과면적에 대하여는 추징이 가능할 것으로 판단됨.

사례 의료법인이 직접 사용할 목적으로 건축 중인 경우 감면대상이 되는 토지 범위

○ 「의료법」 제48조 규정에 의하여 설립된 의료법인
○ 용도지역 : 자연녹지 지역
○ 건축 현황
　－ 2009.3.12. 건축물 착공신고 수리
　－ 2009.4.3. 건축 중(착공)
　－ 2010.8.19. 건축 허가사항변경
○ 부지 전체 면적 : 108,929㎡(임야)
○ 개발행위허가 면적 : 1,965㎡
○ 건축 면적 : 390㎡
○ 연면적 : 1,685.25㎡(지하1층, 지상2층)
○ 용도 : 의료시설(병원)
위 허가사항으로 의료법인이 의료시설(병원)로 사용하기 위해 과세기준일 현재 건축 중에 있으며,

---

106) 해당 법인의 목적사업에 직접 사용하는 개시시점은 건축공사에 착공하는 시점이 아니라 사실상의 목적사업에 현실적으로 사용하는 시점을 의미하는 것이기 때문에 형질변경신청, 건축공사 중 등은 이에 해당되지 아니한다(대법원 98두6012, 1999.11.26. 참조). 이는 건축공사에 착공하여 공사 중인 경우는 해당 법인의 고유업무에 직접 사용하기 때문에 비과세 또는 감면을 하는 것이 아니라 고유업무에 사용하기 위한 준비단계에 있는 경우로서 정당한 사유에 해당하기 때문에 비과세 또는 감면을 하는 것이고 사실상의 고유업무에 직접 공여되는 시점부터 사용개시 시점으로 판단하여야 하는 것이다.

건축물을 건축 중인 경우 토지에 대한 감면규정을 적용함에 있어 감면대상이 되는 토지 면적은 건축 중인 경우에는 직접 사용하는 토지로 보고 있으므로 실제 고유목적사업에 사용예정 면적이 감면대상 토지 면적이 될 것임.

사례 여성의학연구소용 부동산은 의료업에 직접 사용용임(지방세운영과-3644, 2010.8.17.).

"여성의학연구소"의 목적사업인 "여성관련 각종 질환의 전문적인 진단 및 치료방법 개발 등"이 의료업무의 연장선상에서 수행되며, 의료행위와 밀접한 연관을 가진 연구활동으로 「의료법」 제49조 제1항 제2호에서 규정하고 있는 의료법인이 수행할 수 있는 부대사업인 "의료나 의학에 관한 조사 연구"에 해당하지 않는다는 보건복지부 유권해석(의료자원과-4263, 2010.8.2.) 등에 비추어 여성의학연구소용 부동산도 「지방세법」 제287조 제2항 규정에 따른 의료법인이 의료업에 직접 사용하는 부동산으로 보아야 할 것임.

사례 병원 건물 신축 시까지 주차장으로 사용한 경우(대법원 2000두4804, 2000.10.27.)

"주차장"은 토지의 취득목적 등에 비추어 보면 의료시설에 있어서 필수적인 부속주차장을 의미할 뿐, 의료시설과 병행할 정도의 "주차장"을 의미하는 것은 아니라 할 것이고, 토지를 취득한 이후에 당초의 의료시설신축계획을 변경하여 조립식건물을 신축할 때까지 토지를 주차장용도에 사용한 바 있다고 하더라도 그 사용도 의료시설의 건립에 착공할 때까지 일시적, 임시적으로 사용한 것에 불과하므로 고유업무에 직접 사용하는 경우에 포함되지 않음.

사례 부동산 취득 후 취득일로부터 1년 이내에 임대한 경우(행심 2001-512, 2001.10.29.)

부동산을 개인이 경영하는 의원에 임대한 사실이 부동산 임대차계약서에서 확인되고 있는 이상, 비록 후에 임대를 해지하고 법인의 목적사업에 직접 사용하고 있다고 하더라도 임대기간 동안은 수익사업에 사용된 것으로 보아야 하므로 취득세 등을 부과고지한 것은 적법한 부과처분임.

사례 특수관계 학교법인과 원거리의 연수원용 부동산(세정 13407-285, 2001.9.3.)

의료사업장과 원거리에 떨어져 있는 연수원은 해당 법인의 고유업무에 직접 사용하기 위한 시설이라고 볼 수 없음이 타당함(행심 2000-181, 2000.3.29. 참조).

사례 준비행위(대수선, 용도변경)공사 직접 사용 아님(지방세운영과-3715, 2011.8.3.).

해당 용도의 건축물을 건축 중인 경우 그 부속토지는 감면대상으로 볼 수 있으나, 「건축법」 제2조 제8호에서 건축이란 건축물을 신축·증축·개축·재축하는 것이라 규정하고 있는바, 과세기준일 현재 의료업용도로 건축물 일부분을 "증축"중에 있다면 기존 건축물(대수선·용도변경) 부분을 제외한 증축 중인 건물분의 부속토지에 한해서는 감면대상토지에 해당함(지방세운영과-3765, 2009.10.26. 참조).

사례 휴업 중에 있는 병원 건축물의 부속토지(행심 2003-139, 2003.6.30.)

과세기준일 현재 노후화된 병원 건축물의 대수선 등의 사유로 휴업 중에 있는 사실이 휴업사실확인서에 입증되고 있으므로 비록 청구인이 「의료법」에 의하여 설립된 의료법인이지만 1년 9개월 이상 휴업 중에 있는 병원 건축물의 부속토지를 의료업에 직접 사용하는 부동산이라고는 볼 수 없음.

> **사례** 제3자와 주차운영 임대계약을 체결한 경우(대법원 94누15400, 1995.10.12.)
>
> 의과대학부속병원 건물의 부속토지의 일부로서 그 의료원을 운영함에 있어 반드시 필요한 주차장의 관리를 효율적으로 수행하기 위한 방편상 제3자에게 임대하였던 것이고, 임대료 수입 자체를 목적으로 임대한 것이 아닐 뿐 아니라 위 주차장 임대에 의한 수입도 원고가 운영하는 여타 학교의 수입과는 별도로 구분경리하고 있으므로, 이 사건 토지는 비영리사업자인 원고 산하 의과대학 부속병원이 운영하는 의료업무에 직접 사용하는 토지로서 재산세의 비과세대상임.

> **사례** 의료법인이 그 사업에 직접 사용하기 위하여 취득하는 부동산에 대하여는 취득세를 면제하는 것이나, 병원구외에 위치한 기숙사용 아파트를 취득한 경우에는 그러하지 아니함(도세 13421-11, 1994.1.7.).

⑨ 특별시·광역시 및 도청 소재지 시지역의 범위

의료법인이 의료업에 직접 사용하기 위하여 취득하는 부동산에 대하여는 취득세를 면제하되, 특별시·광역시 및 "도청 소재지인 시지역"에서 취득하는 부동산에 대하여는 취득세 중 구 등록세분을 과세하는 것인바, "도청 소재지인 시지역"에 제주특별자치도의 경우 지방자치단체인 "시지역"에 한정되는 것이 아니라 "행정시" 지역을 포함하는 것이다.[107]

> **사례** 도청 소재지 시지역에 제주특별자치도는 포함됨(조심 2011지0307, 2011.11.10.).
>
> 종전의 자치시인 제주시가 제주도의 특별한 발전을 위해 특별법이 제정됨으로 인해 행정시로 전환되었고 그 이후라 하여 달리 도시의 규모가 작아졌다거나 주민에게 불이익이 간 점도 없어 보이고, 같은 항 단서에서도 「지방자치법」 제4조 제1항에 따라 도청소재지의 시와 통합되는 시·군의 경우에는 종전 도청소재지 시 지역에 한정하고 달리 지방자치단체인 시지역으로 국한하지 않은 것도 같은 맥락으로 읽힌다. 그렇다면, 같은 조 같은 항 괄호의 시지역은 지방자치단체인 시지역은 물론 행정시 지역을 포함하는 것으로 해석함이 타당하고 세법의 비과세 또는 감면에 있어서의 엄격해석 원칙에도 부합한다. 그러므로 종전의 제주시 지역이었었던 이 건 부동산의 소재지는 의료업용 부동산의 등록세 과세대상 지역에 해당됨.

(2) 의과대학부속병원에 대한 감면(지특법 §38 ②)

1) 감면요건

① 감면대상자

「고등교육법」 제4조에 따라 설립된 의과대학(한의과대학, 치과대학 및 수의과대학 포함) 부속병원

---

107) 특별시·광역시·도·시·군·구(자치구를 말함)를 말하므로 지방세관계법에서는 지방자치 법 제3조 제3항에 의한 행정구는 포함하지 않고, 행정구가 속한 특별시·광역시 및 특별자치시만을 지방자치단체로 보고 있다. 지방세관계법상의 "구"라 함은 자치구만을 말하나, 예외적으로 「지방세특례제한법 시행령」 제34조 제2항 제2호(토지수용 등으로 인한 대체취득에 대한 감면 - 수용 등이 된 부동산이 농지가 아닌 경우 부재부동산 소유자 판단)의 경우 "자치구가 아닌 구를 포함"하도록 규정되어 있어서 이 경우에는 포항시, 성남시, 안양시, 용인시 등과 행정구도 포함하는 것으로 규정하고 있음.

② 감면대상 및 감면범위

의과대학부속병원(2014년 이전만 적용)	주민세 재산분과 종업원분 면제

　의과대학 부속병원은 학교에 속한다면 학교는 「지방세특례제한법」 제41조 제3항에 의거하여 주민세 재산분과 종업원분 면제하도록 규정되어 있는데 굳이 별도로 규정을 만들 이유가 없는 것이다. 아니면 학교는 수익사업에 해당되는 경우 면제가 되지 아니하기 때문에 별도로 규정한 것이라도 할 수 있으나 이 또한 의과대학 부속병원 의료업은 수익사업으로 보지 아니하고(지특법 §2 ① 2) 있기 때문에 그 이유도 타당하지 않다. 따라서 의과대학부속병원은 학교에 속하지 아니하고 별도의 조직으로 보아야 한다.

> **사례** 　학교법인 운영 종합병원에 대한 주민세 종업원분 면제 여부(내심 97-570, 1997.11.26.)
>
> 　청구인의 경우 1978.12.28. 청구 외 문교부장관(현 교육부장관)으로부터 학교설립인가를 받아 ○○ 간호전문대학교를 설립하였고, 그 부설로 1986.6.9. 부산광역시 동래구 ○○동 530-1번지상에 ○○ 종합병원을 신축운영하고 있으며, ○○간호전문대학 총 학생수는 390명으로서 매년 약 200여 명의 학생들이 ○○종합병원에서 성인간호학, 아동간호학, 모성간호학 등 현장교육 및 실험실습을 해오고 있는 사실이 청구인 및 처분청이 제출한 관계증빙자료(사업자등록증, 실습일지 및 실습현황 등)에서 입증되고 있는 이상 교육용에 공하고 있는 것으로 보아 이 건 사업소세는 위 규정에 의한 비과세대상 이라 할 것이다. 더욱이 이 건 병원(○○종합병원)건축물 취득은 구 「지방세법」(1986.12.31., 법률 제 3878호로 개정되기 전의 것) 제107조 제1호의 규정에 의한 비과세대상이라는 대법원판결(1987.10.13. 판결, 87누641)을 받았고 이를 근거로 1988.11.20. 처분청이 부과한 1987년도 및 1988년도분 사업소 세를 1989.5.26. 부산직할시가 이의신청결정 시 취소하였는데도 1997.3.8. 처분청이 이 건 사업소세를 다시 부과고지한 처분은 신의성실의 원칙에 위배될 뿐만 아니라(청구인의 경우에 있어 그동안 「지 방세법」에서 과세요건을 달리한 규정이 없었음) "교육부장관의 허가를 받아 설립한 간호전문대학이 부속의료원을 개설하여 학생의 실험·실습용으로 사용하고 있다면 이는 사업소세가 비과세된다"라 고 회신한 내무부의 유권해석(세정 13407-525호, 1997.5.28.)에 대하여 부산광역시장이 상반된 심사 결정을 한 처분도 잘못이 있다고 판단된다. 대법원판결 90누5283은 재단법인 ○○사회복지사업재단 이 운영하는 ○○종합병원에 대하여, 90누4327은 ○○ 장로교선교회가 운영하는 ○○기독교병원에 대하여, 93누15670은 춘천소재 ○○대학교를 운영하는 학교법인 ○○학원이 수익사업으로 서울에서 운영하는 ○○성심병원과 ○○성심병원에 대하여 그 사업의 수익성을 인정하여 사업소세 납세의무 가 있다는 것이고, 감사원 심사결정 제95-29호는 위 대법원판례(90누4327)를 인용한 결과로 보아지 므로 청구인이 운영하는 부속병원에 대하여 그대로 적용될 여지가 없다고 판단됨.

2) 추징요건

부동산 감면이 아니므로 「지방세특례제한법」 제178조 추징규정이 적용되지 아니한다.

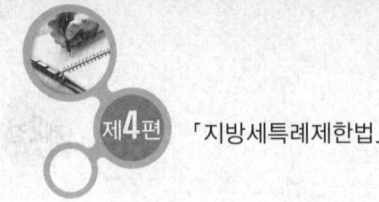

(3) 재단법인이 개설한 의료기관에 대한 감면(지특법 §38 ④)

1) 감면요건

① 감면대상자

「민법」에 따라 설립된 재단법인(2023년 이전 종교단체에 한정)이 개설한 의료기관

② 감면대상 및 감면범위

○ 「의료법」에 따른 의료기관 개설을 통하여 의료업에 직접 사용할 목적으로 취득하는 부동산	취득세 30%(감염병전문병원 40%)〔2024년 15%(감염병전문병원 25%)〕 경감
○ 과세기준일 현재 의료업에 직접 사용 부동산	재산세 50%(감염병전문병원 60%)〔2024년 25%(감염병전문병원 35%)〕 경감(도시지역분 제외)
○ 종교단체인 재단법인이 「의료법」에 따른 의료기관 개설을 통하여 의료업에 직접 사용할 목적으로 취득하는 부동산	취득세 30%(2022년 이후 감염병전문병원 40%) 경감 (2015년~2020년 40%, 2014년 이전 50%) 범위 내 경감 〔특별시·광역시 및 도청 소재지인 시 지역 (2015년~2020년 20%, 2014년 이전 25%) 범위 내 경감〕
○ 종교단체인 재단법인이 개설한 의료기관이 과세기준일 현재 의료업에 직접 사용 부동산	재산세 50%(주)(2022년 이후 감염병전문병원 60%) (2015년과 2016년 75%) (2014년 이전 100%) 범위 내 경감 (2020년 이전 도시지역분 포함)

- 감면시한 : 2027.12.31.
- 농어촌특별세 과세 여부 : 취득세분, 취득세 경감분 및 등록면허세 면제분 농어촌특별세 과세
- (주) 2021년 취득분은 취득 후 납세의무가 최초로 성립하는 날부터 5년간 50% 경감(도시지역분 제외) 경감하며, 2020.12.31. 이전에 취득한 부동산으로서 2021.1.1. 당시 그 부동산에 대한 재산세 납세의무가 최초로 성립한 날부터 5년이 지나지 아니한 경우에도 각각 적용함(이 경우 재산세의 경감기간은 2021.1.1.을 기준으로 해당 부동산에 대한 재산세 납세의무가 최초로 성립한 날부터 5년이 지나지 아니한 잔여기간으로 함)(지특법 부칙 §5 ①).

상기 감면은 조례로 정하도록 규정하고 있으며, 「지방자치법」 제4조 제1항에 따라 둘 이상의 시·군이 통합되어 도청 소재지인 시가 된 경우 종전의 시(도청 소재지인 시는 제외)·군 지역에 대해서는 제1항 및 제4항에도 불구하고 통합 지방자치단체의 조례로 정하는 바에 따라 통합 지방자치단체가 설치된 때부터 5년의 범위에서 통합되기 전의 감면율을 적용할 수 있다.

- 「경상남도 창원시 설치 및 지원특례에 관한 법률」에 따라 설치된 창원시의 경우 종전의 마산시 및 진해시 지역에 대해서는 통합이전의 감면율을 2014.12.31.까지 적용함.

2) 추징요건

별도의 추징규정이 없는바, 「지방세특례제한법」 제178조에 따라 다음 어느 하나에 해당하는 경우 그 해당 부분에 대해서는 감면된 취득세를 추징한다.

① 정당한 사유 없이 그 취득일부터 1년이 경과할 때까지 해당 용도로 직접 사용하지 아니하는

경우

② 해당 용도로 직접 사용한 기간이 2년 미만인 상태에서 매각·증여하거나 다른 용도로 사용하는 경우

경기도, 강원도, 전라북도, 전라남도, 경상북도 및 경상남도는 감면조례에 별도의 추징규정이 법조문상 약간 다르게 되어 있으나, 내용은 동일하다.

① 취득일부터 1년 이내에 정당한 사유 없이 의료업에 직접 사용하지 아니하거나 건축공사에 착공하지 아니한 경우

② 2년 이상 의료업에 직접 사용하지 아니하고 매각하거나 다른 용도로 사용하는 경우

41 지방의료원에 대한 감면(지특법 §38-2)

1) 감면요건

① 감면대상자

「지방의료원의 설립 및 운영에 관한 법률」에 따라 설립된 지방의료원

② 감면대상 및 감면범위

의료업에 직접 사용하기 위하여 취득하는 부동산	취득세 75% 경감(2022년 이후 감염병전문병원 85%, 2016년 이전 면제)
과세기준일 현재 의료업에 직접 사용 부동산	재산세 75%(주) 경감(2022년 이후 감염병전문병원 85%, 2016년 이전 면제)(2020년 이전 도시지역분 포함)

- 📌 감면시한 : 2024.12.31.
- 📌 최소납부제 적용 시기 : 2017.1.1. 이후
- 📌 농어촌특별세 과세 여부 : 취득세분, 취득세 경감분(면제분) 및 등록면허세 면제분 농어촌특별세 과세
- 📌 2013.12.31.까지는 법인등기에 대하여 등록면허세 면제되었음.
- 📌 (주) 2021년 취득분은 취득 후 납세의무가 최초로 성립하는 날부터 5년간(도시지역분 제외) 경감하며, 2020.12.31. 이전에 취득한 부동산으로서 2021.1.1. 당시 그 부동산에 대한 재산세 납세의무가 최초로 성립한 날부터 5년이 지나지 아니한 경우에도 각각 적용함(이 경우 재산세의 경감기간은 2021.1.1.을 기준으로 해당 부동산에 대한 재산세 납세의무가 최초로 성립한 날부터 5년이 지나지 아니한 잔여기간으로 함)(지특법 부칙 §5 ①).

2011년까지 시도세 감면조례에 의하여 주민세 재산분 및 지방소득세 종업원분이 감면되었으나, 2012.1.1. 이후 최초로 납세의무가 성립하는 경우부터 감면조례에서 「지방세특례제한법」으로 이관하면서 주민세 재산분 및 지방소득세 종업원분의 감면규정이 삭제되어 과세되다가, 2014.1.1. 이후부터는 종전처럼 주민세 재산분 및 종업원분이 감면되는 것으로 개정되었다.

「민법」이나 「의료법」에 의해 설립된 의료법인 등은 의료원에 해당되지 아니하므로 지방자치단체가 출자 또는 출연한 법인(단체 포함)인 의료원에 한하여 법인등기에 대하여는 등록면허세가 면제된다.

사례 〉장례식장이 비록 의료기관의 부수시설에 포함되어 있다고 할지라도 장례식장의 설치·운영 사업은 의료기관의 의료업무 외에 부대사업 일 뿐, 지방의료원이 지역주민에 대한 의료사업에 직접 사용하기 위하여 취득하는 부동산으로 볼 수는 없음(지방세운영과-1568, 2010.4.19.).

2) 추징요건

별도의 추징규정이 없는바, 부동산에 한하여 「지방세특례제한법」 제178조에 따라 다음 어느 하나에 해당하는 경우 그 해당 부분에 대해서는 감면된 취득세를 추징한다.

① 정당한 사유 없이 그 취득일부터 1년이 경과할 때까지 해당 용도로 직접 사용하지 아니하는 경우

② 해당 용도로 직접 사용한 기간이 2년 미만인 상태에서 매각·증여하거나 다른 용도로 사용하는 경우

㊷ 국민건강보험사업 지원을 위한 감면(지특법 §39)

(1) 국민건강보험공단에 대한 감면(지특법 §39 ①)

1) 감면요건

① 감면대상자

「국민건강보험법」에 따른 국민건강보험공단

② 감면대상 및 감면범위

「국민건강보험법」 §14 ① 1~3, 7 및 8의 업무에 직접 사용하기 위하여 취득하는 부동산(2014년 이전만 적용)	취득세 면제[주1] 재산세 50% 경감[주1] (도시지역분 제외)
「국민건강보험법」 §14 ① 6의 업무에 사용하기 위하여 취득하는 부동산(2014년 이전만 적용)	취득세 50% 경감[주2] 재산세 50% 경감[주2] (도시지역분 제외)

☞ 농어촌특별세 과세 여부 : 취득세분과 취득세 면제분(경감분) 농어촌특별세 과세

☞ (주1) 제주도의 경우 「제주특별자치도 설치 및 국제자유도시 조성을 위한 특별법」 제73조에서 조례로 정하도록 규정하고 있어서, 도세 감면조례에 의하면 취득세 50% 경감, 재산세 25% 경감

(주2) 제주도의 경우 「제주특별자치도 설치 및 국제자유도시 조성을 위한 특별법」 제73조에서 조례로 정하도록 규정하고 있어서, 도세 감면조례에 의하면 취득세 25% 경감, 재산세 25% 경감

사례 〉국민건강보험공단의 임대 토지에 대한 재산세 면제 여부(감심 2001-100, 2001.9.18.)

부동산 임대는 법인등기부상에 등재되어 있다 하더라도 본래 설립목적인 국민보건의 향상과 사회보장의 증진에 직접 관련된 의료보험관리업무에 속한다고 보기 어려우므로 재산세 50%의 감면대상에 해당한다고 판단됨.

☞ 임대사업은 「국민건강보험법」 §14 ① 6인 자산의 관리·운영 및 증식사업에 해당될 것임.

2) 추징요건

별도의 추징규정이 없는바,「지방세특례제한법」제178조에 따라 다음 어느 하나에 해당하는 경우 그 해당 부분에 대해서는 감면된 취득세를 추징한다.

① 정당한 사유 없이 그 취득일부터 1년이 경과할 때까지 해당 용도로 직접 사용하지 아니하는 경우

② 해당 용도로 직접 사용한 기간이 2년 미만인 상태에서 매각·증여하거나 다른 용도로 사용하는 경우

(2) 건강보험심사평가원에 대한 감면(지특법 §39 ②)

1) 감면요건

① 감면대상자

「국민건강보험법」에 따른 건강보험심사평가원

② 감면대상 및 감면범위

「국민건강보험법」§63 ① 1의 업무에 직접 사용하기 위하여 취득하는 부동산(2014년 이전만 적용)	취득세 면제 재산세 50% 경감(도시지역분 제외)
「국민건강보험법」§63 ① 2의 업무에 직접 사용하기 위하여 취득하는 부동산(2014년 이전만 적용)	취득세 50% 경감 재산세 25% 경감(도시지역분 제외)

☞ 농어촌특별세 과세 여부 : 취득세분과 취득세 면제분(경감분) 농어촌특별세 과세

2) 추징요건

별도의 추징규정이 없는바,「지방세특례제한법」제178조에 따라 다음 어느 하나에 해당하는 경우 그 해당 부분에 대해서는 감면된 취득세를 추징한다.

① 정당한 사유 없이 그 취득일부터 1년이 경과할 때까지 해당 용도로 직접 사용하지 아니하는 경우

② 해당 용도로 직접 사용한 기간이 2년 미만인 상태에서 매각·증여하거나 다른 용도로 사용하는 경우

43 국민건강 증진사업자에 대한 감면(지특법 §40)

1) 감면요건

① 감면대상자

인구보건복지협회, 한국건강관리협회 및 대한결핵협회

② 감면대상 및 감면범위

고유업무에 직접 사용하기 위한 취득 부동산(임대용 부동산 제외)[108]	취득세 50%(2017년~2020년 75%) 경감 (2016년 이전 면제)
과세기준일 현재 그 고유업무에 직접 사용 부동산	재산세 50%[주](2017년~2020년 75%) 경감 (2016년 이전 면제) (2020년 이전 도시지역분 포함)

- 📌 감면시한 : 2027.12.31.
- 📌 최소납부제 적용 시기 : 2016.1.1. 이후
- 📌 농어촌특별세 과세 여부 : 취득세분 농어촌특별세 과세, 취득세 경감분(면제분) 농어촌특별세 비과세(농특령 §4 ⑦ 5)
- 📌 제주도의 경우 「제주특별자치도 설치 및 국제자유도시 조성을 위한 특별법」 제73조에서 조례로 정하도록 규정하고 있어서, 도세 감면조례에 의하면 취득세 50% 경감, 재산세 50% 경감
- 📌 (주) 2021년 취득분은 취득 후 납세의무가 최초로 성립하는 날부터 5년간(과세기준일 현재 그 고유업무에 직접 사용하고 있지 아니하는 경우 제외되며, 도시지역분 제외) 경감하며, 2020.12.31. 이전에 취득한 부동산으로서 2021.1.1. 당시 그 부동산에 대한 재산세 납세의무가 최초로 성립한 날부터 5년이 지나지 아니한 경우에도 각각 적용함(이 경우 재산세의 경감기간은 2021.1.1.을 기준으로 해당 부동산에 대한 재산세 납세의무가 최초로 성립한 날부터 5년이 지나지 아니한 잔여기간으로 함)(지특법 부칙 §5 ①).

> **사례** 부동산 임대사업은 목적사업 아님(지방세운영과 – 4869, 2011.10.18.)
>
> 법인등기부등본상 "임대수입"은 결핵협회의 재원확보를 위한 수입원의 하나로써 정한 것일 뿐, 개별 법령과 정관에서 그 고유업무로 규정하고 있지는 아니하므로 해당 임대한 부동산을 그 고유업무에 직접 사용하는 부동산으로 볼 수 없음.

2) 추징요건

별도의 추징규정이 없는바, 「지방세특례제한법」 제178조에 따라 다음 어느 하나에 해당하는 경우 그 해당 부분에 대해서는 감면된 취득세를 추징한다.

① 정당한 사유 없이 그 취득일부터 1년이 경과할 때까지 해당 용도로 직접 사용하지 아니하는 경우
② 해당 용도로 직접 사용한 기간이 2년 미만인 상태에서 매각·증여하거나 다른 용도로 사용하는 경우

---

108) 이 조문에서는 "임대용 부동산"이란 문구가 2023.1.1. 삭제되었으나, 지특법 §2 8에서 "직접 사용"의 의미에서 임대용 부동산을 제외하는 것으로 규정되어 있어서 삭제와 관계없이 감면이 되지 아니함. 이 감면내용에서 동일함.

㊹ 대한적십자사에 대한 감면(지특법 §40-3)

1) 감면요건

① 감면대상자

「대한적십자사 조직법」에 따른 대한적십자사

② 감면대상 및 감면범위

「대한적십자사 조직법」 §7 4 중 의료사업(간호사업 및 혈액사업 포함)에 직접 사용하기 위하여 취득하는 부동산[109] 과세기준일 현재 의료사업에 직접 사용하는 부동산	취득세 50%(2022년 이후 감염병전문병원 60%, 2017년~2020년 75%) 경감 (2016년 이전 면제) 재산세 50%[주](2022년 이후 감염병전문병원 60%, 2017년~2020년 75%) 경감 (2016년 이전 면제) (2020년 이전 도시지역분 포함)
상기 의료사업 외의 사업 ○ 해당 사업에 직접 사용하기 위하여 취득하는 부동산 ○ 과세기준일 현재 의료사업 외 사업에 직접 사용하는 부동산	취득세 50%(2017년~2022년 25%) 경감, (2016년 이전 면제) 재산세 50%(2017년~2022년 25%) 경감, (2016년 이전 면제) (2016년 이전 도시지역분 포함)

☞ 감면시한 : 상단은 2027.12.31., 하단은 2026.12.31.

☞ 최소납부제 적용 시기 : 상단은 2017.1.1. 이후, 하단은 2016.1.1. 이후

☞ 농어촌특별세 과세 여부 : 취득세분 농어촌특별세 과세, 취득세 경감분(면제분) 농어촌특별세 비과세(농특령 §4 ⑦ 5)

☞ 대한적십자사는 2015년 이전에는 지특법 §23에서 감면이 되었음.

☞ (주) 2021년 취득분은 취득 후 납세의무가 최초로 성립하는 날부터 5년간(도시지역분 제외) 경감하며, 2020.12.31. 이전에 취득한 부동산으로서 2021.1.1. 당시 그 부동산에 대한 재산세 납세의무가 최초로 성립한 날부터 5년이 지나지 아니한 경우에도 각각 적용함(이 경우 재산세의 경감기간은 2021.1.1.을 기준으로 해당 부동산에 대한 재산세 납세의무가 최초로 성립한 날부터 5년이 지나지 아니한 잔여기간으로 함)(지특법 부칙 §5 ①).

2) 추징요건

별도의 추징규정이 없는바, 부동산에 한하여 「지방세특례제한법」 제178조에 따라 다음 어느 하나에 해당하는 경우 그 해당 부분에 대해서는 감면된 취득세를 추징한다.

① 정당한 사유 없이 그 취득일부터 1년이 경과할 때까지 해당 용도로 직접 사용하지 아니하는 경우

---

109) 이 조문에서는 "임대용 부동산"이란 문구가 2023.1.1. 삭제되었으나, 지특법 §2 8에서 "직접 사용"의 의미에서 임대용 부동산을 제외하는 것으로 규정되어 있어서 삭제와 관계없이 감면이 되지 아니함. 이 감면내용에서 동일함.

② 해당 용도로 직접 사용한 기간이 2년 미만인 상태에서 매각·증여하거나 다른 용도로 사용하는 경우

① 학교 및 외국교육기관에 대한 면제(지특법 §41)

1) 감면요건

① 감면대상자

「초·중등교육법」 및 「고등교육법」에 따른 학교, 「경제자유구역 및 제주국제자유도시의 외국교육기관 설립·운영에 관한 특별법」 또는 「기업도시개발 특별법」에 따른 외국교육기관을 경영하는 자

② 감면대상 및 감면범위

해당 사업에 직접 사용하기 위하여 취득하는 부동산[수익사업용 부동산과 지특령 §18-2의 기숙사 제외][110]	취득세 면제
과세기준일 현재 해당 사업에 직접 사용하는 부동산(수익사업에 사용하는 경우, 유료로 사용되는 경우, 해당 재산의 일부가 그 목적에 직접 사용되지 아니하는 경우의 그 일부 재산 제외)(주1)	재산세 면제 (도시지역분 포함) 지역자원시설세 면제
사업에 직접 사용하기 위한 면허	등록면허세 면제
비영리사업에 제공되고 있는 사업소와 종업원(주2)	주민세 사업소 면적 사업소분 (2020년 이전 재산분)과 종업원분 면제
학교등에 생산된 전력 등을 무료로 제공하는 경우(주3) (2021년 이전만 적용)	지역자원시설세 면제
「사립학교법」에 따른 학교법인과 국가가 국립대학법인으로 설립하는 국립학교의 설립등기, 합병등기 및 국립대학법인에 대한 국유재산이나 공유재산의 양도에 따른 변경등기	등록면허세 면제
「사립학교법」에 따른 학교법인과 국가가 국립대학법인으로 설립하는 국립학교(주4)	주민세 기본세율 사업소분 (2020년 이전 균등분) 면제
국립대학법인 전환 이전에 기부채납받은 부동산으로서 국립대학법인 전환 이전에 체결한 계약에 따라 기부자에게 무상사용을 허가한 부동산(무상사용기간 한정)(주4) (2021년 이전만 적용)	재산세 면제 (도시지역분 포함) 지역자원시설세 면제

110) 2년 이상 고유목적 사용 후 수익사업하는 경우 추징대상이 아닌 것으로 대법원판결(대법원 2012두26678, 2013.3.28.)이 있었으므로 수익사업을 하더라도 2년 이상 고유목적 사용 후 수익사업하는 경우 감면대상이

의과대학(한의과대학, 치과대학 및 수의과대학 포함)의 부속병원[주5] ○ 의료업에 직접 사용하기 위하여 취득하는 부동산	취득세 30%(2022년 이후 감염병전문병원 40%, 2017년~2020년 50%, 2015년과 2016년 75%) 경감
○ 과세기준일 현재 의료업에 직접 사용하는 부동산	재산세 50%[주6](2022년 이후 감염병전문병원 60%, 2017년~2020년 50%, 2015년과 2016년 75%) 경감 (2020년 이전 도시지역분 포함)
「지방대학 및 지역균형인재 육성에 관한 법률」에 따른 지방대학을 경영하는 자("지방대학법인")가 「대학설립·운영 규정」 §7 ①에 따른 수익용 기본재산으로 직접 사용(임대하는 경우 포함)하기 위하여 취득하는 다음 어느 하나에 해당하는 부동산 ○ 해당 지방대학법인의 수익용 기본재산인 토지 위에 2024.1.1.~2026.12.31. 기간 동안 신축 및 소유권 보존등기를 경료한 건축물 ○ 해당 지방대학법인이 2024.1.1.~2026.12.31. 수익용 기본재산인 토지를 매각한 경우로서 그 매각일부터 3년 이내에 취득하는 건축물 및 그 부속토지(매각대금의 범위 내로 한정)	취득세 50% 경감
○ 지방대학법인이 과세기준일 현재 「대학설립·운영 규정」 §7 ①에 따른 수익용 기본재산에 직접 사용(임대 포함)하는 부동산	재산세 50% 경감[주7] (도시지역분 제외)

☞ 감면시한 : 2027.12.31.

☞ 최소납부제 적용 시기 : 최소납부제 배제

☞ 농어촌특별세 과세 여부 : 취득세분 농어촌특별세 과세, 취득세 면제분(경감분)과 등록면허세 면제분 농어촌특별세 비과세(농특령 §4 ⑦ 5)

☞ (주1) 해당 사업에 직접 사용할 건축물을 건축 중인 경우와 건축허가 후 행정기관의 건축규제조치로 건축에 착공하지 못한 경우의 건축 예정 건축물의 부속토지 포함

   (주2) 면제대상 사업과 수익사업에 건축물이 겸용되거나 종업원이 겸직하는 경우에는 주된 용도 또는 직무에 따름.

   (주3) 채취나 채수라는 표현없이 "생산된"으로만 표현되어 있어서 지하수는 포함되지 아니하는 것으로 해석할 수 있는 오해의 소지가 있지만, 유권해석에 의하면 국가 등에 무료로 제공하는 "생산된 전력 등"에 지하수도 포함하는 것으로 규정하고 있다(세정 13407-251, 2001.8.27.). 오해의 소지를 없애기 위하여 종전에 "생산된 전력 등"이라 표현하였던 것을 현행 「지방세법」에서는 "특정자원"으로 개정하였는바, 지특법에서도 동일하게 개정하여야 할 것임. 여기서 직접 생산 등을 한 것이 아니라 무료로 제공받아서 지역자원시설세 면제되는 경우라 하더라도 수익사업을 영위할 때 수익사업은 제외한다라고 규정되어 있지 아니하므로 감면하여야 할 것임.

   (주4) 서울대학교의 국립대학법인 전환 지원을 위해 국립대학법인의 법인전환 마무리 과정에서 발생하는 등록면허세와 법인전환 전에 기부채납 받아 사용하는 재산에 대한 재산세 면제 규정 신설하여 2013.1.1.부터 발생하는 등기·등록분 등록면허세와 재산세 납세의무성립(6.1.)분부터 적용함.

   (주5) 2014년에는 「고등교육법」 제4조에 따라 설립된 의과대학(한의과대학, 치과대학 및 수의과대학 포함)의 부속병원은 상기 학교법인 등의 감면규정을 모두 적용하였으나(취득세, 재산세 이외에도 적용), 2015년 이후부터는 취득세와 재산세만 감면되고 감면율도 개정됨.

되는 것이다.

(주6) 2021년 취득분은 취득 후 납세의무가 최초로 성립하는 날부터 5년간(도시지역분 제외) 경감하며, 2020. 12.31. 이전에 취득한 부동산으로서 2021.1.1. 당시 그 부동산에 대한 재산세 납세의무가 최초로 성립한 날부터 5년이 지나지 아니한 경우에도 각각 적용함(이 경우 재산세의 경감기간은 2021.1.1.을 기준으로 해당 부동산에 대한 재산세 납세의무가 최초로 성립한 날부터 5년이 지나지 아니한 잔여기간으로 함)(지특법 부칙 §5 ①).

(주7) 재산세 납세의무가 최초로 성립한 날부터 5년간 감면

「초·중등교육법」 및 「고등교육법」에 의한 각종 학교를 경영하는 자가 그 사업에 사용하기 위한 부동산 취득의 경우에는 취득세가 면제되나, 이 경우 타인명의로 취득한 경우는 과세대상이다(지특예 법41-2). 한편, 취득세 감면대상이 되는 외국교육기관을 경영하는 자에는 개인사업자도 포함한다(지특예 법41-3).

학교 경영에 필요한 경비를 마련하기 위하여 경영하는 수익용 재산은 교육에 직접 사용하고 있는 재산(교사, 교지, 실습장, 운동장 등)으로 볼 수 없으므로 재산세 과세대상에 해당한다(지특예 법41-1).

2) 추징요건

다음 어느 하나에 해당하는 경우 그 해당 부분에 대해서는 감면된 취득세를 추징한다.

① 해당 부동산을 취득한 날부터 5년 이내에 수익사업에 사용하는 경우
   '5년 이내' 규정은 2017년 이후부터 적용되나, 2016.12.31. 이전에 감면받은 지방세를 2017. 1.1. 이후 추징하는 경우에도 적용된다(부칙 §4). 그런데 그 이전에도 취득일로부터 5년 이내만 추징이 되었다는 점에서 마찬가지로 적용되어 왔었다.

② 정당한 사유 없이 그 취득일부터 3년이 경과할 때까지 해당 용도로 직접 사용하지 아니하는 경우

③ 해당 용도로 직접 사용한 기간이 2년 미만인 상태에서 매각·증여하거나 다른 용도로 사용하는 경우

④ 해당 부동산 취득일부터 2년 이내에 매각·증여하거나 다른 용도로 사용하는 경우(2024년 이후 지방대학법인의 수익용 기본재산 감면분만 적용)

상기에서 고유목적에 2년 이상 사용 후 수익사업하는 경우 조문상 고유목적사업 영위 전후와 관계없이 수익사업이면 무조건 추징대상이 되는 것으로 해석할 여지가 있으나 대법원판결(대법원 2012두26678, 2013.3.28.)에서 2년 이상 고유목적 사용 후 수익사업하는 경우 추징대상이 아닌 것으로 판시한 바 있다.

이와 관련하여 사회복지법인 등에 대한 감면(지특법 §22) 참조하시기 바란다.

3) 유의사항

① 교육사업의 범위

교육사업을 목적으로 하는 비영리사업자가 '그 사업에 직접 사용한다'고 함은 「사립학교법」 제28조 및 같은 법 시행령 제5조·제12조 등의 규정에 비추어 취득한 부동산을 관할교육청에 학교법인의 교육용 기본재산으로 편입되어야 함은 물론, 실제 사용용도도 학교법인이 설치 경영하는

사립학교의 교지·교사·체육장·실습 또는 연구시설, 그리고 기타 교육에 직접 사용되는 시설·설비 및 교재·교구 등과 같이 해당 부동산의 사용용도가 학교법인의 교육사업자체에 직접 사용되는 것을 뜻한다고 보아야 할 것이고, 부동산을 그 사업에 직접 사용하는 것인지 아니면 수익사업에 사용하는 것인지의 여부는 해당 비영리사업자의 사업목적과 취득목적을 고려하여 그 실제의 사용관계를 기준으로 객관적으로 판단하여야 한다.

② 학교시설의 범위

학교의 '해당 사업'이라 함은 학교의 교육사업 자체를 의미하는 것이고, 해당 사업에 직접 사용된다 함은 강의실, 교수연구실, 대학본부, 학생기숙사, 강당 등과 같이 해당 건축물의 사용용도가 대학의 구성원으로서 필요불가결한 존재인 학생 및 교직원의 교육 및 연구활동에 직접 사용되는 것에 한하는 것으로 보아야 한다(대법원 92누7315, 1992.9.22., 감심 2001-115, 2001.10.9. 참조). 또한, 「국립대학법인 서울대학교 설립·운영에 관한 법률」 제20조 제2항 및 같은 법 시행령 제8조는 국립대학법인 서울대학교는 국가 또는 지방자치단체로부터 무상으로 양도받은 재산을 교육·연구에 직접 사용되는 재산과 그 외의 재산으로 구분하여 관리하도록 규정하면서, 교육·연구에 직접 사용되는 재산을 「대학설립·운영규정」 제4조 제1항 및 제5조 제2항에 따른 교사(校舍)와 교지(校地), 그 밖에 교육·연구에 직접 사용되는 시설·설비 및 교재·교구라고 규정하고 있는바, 대학안의 건축물이 대학의 교육·연구에 직접 사용되는 재산에 포함되기 위해서는 최소한 「대학설립·운영규정」에 따른 교사(校舍)의 범위에 해당되어야 한다. 쟁점건축물은 대학의 교지 안에서 산업체 등이 운영하는 연구소로서 「산업교육진흥 및 산학연협력촉진에 관한 법률」 제37조에서 규정하고 있는 "협력연구소"에 해당하며, 「대학설립·운영규정」 제4조 제7항에서 협력연구소의 경우에는 건축물이 대학의 교육 및 연구활동에 사용되는 경우에 한하여 해당 면적을 교사(校舍)로 보도록 규정하고 있으므로, 건축물의 활용실태 등이 대학의 교육 및 연구활동에 사용되는 교사(校舍) 등에 해당될 경우 서울대학교가 해당 사업에 직접 사용하는 부동산에 해당된다(지방세운영과-1505, 2012.5.15.).

㉠ 학교 구내 기숙사

「지방세특례제한법」 제42조 제1항을 둔 취지는 대학교가 취득하는 기숙사 건물의 경우에는 수익사업에 사용하는 경우라서 같은 법 제41조 제1항에 의해 취득세를 감면받을 수 없는 경우이더라도 특별히 한시적으로 취득세를 감면받을 수 있게 함으로써 대학교 기숙사의 신축을 위한 민간투자 활성화의 유인을 마련하고자 하는 데 있으므로, 만약 수익사업에 사용하지 아니하는 대학교 기숙사까지도 같은 법 제41조 제1항이 아닌 같은 법 제42조 제1항을 근거로 취득세를 감면받는다고 해석한다면 수익사업에 사용하지 아니하는 대학교 기숙사의 경우 같은 법 제41조 제1항이 적용되어 취득세는 물론 농어촌특별세까지 면제받을 수 있었던 것이 같은 법 제42조 제1항으로 인해 오히려 농어촌특별세의 부과대상에 해당하게 되는바, 이는 특별히 같은 법 제42조 제1항을 둔 입법 취지에 반하는 해석

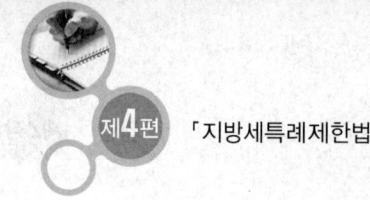

으로서 불합리하다고 할 것이다(대법원 2014두7060, 2014.8.20., 서울고법 2013누21788, 2014.4.22. 참조).

ⓒ 학교 구외 기숙사, 교직원 숙소 및 게스트 하우스

학교 구외에 위치한 건축물은 학교법인이 교육용에 직접 사용하는 부동산이라기보다는 학생 또는 교직원을 위한 후생복지시설로서 기숙사에 해당되는 경우 교육용에 직접 사용되는 부동산으로 볼 수 없다(행심 2007-595, 2007.10.29.). 한편, 구외에 있더라도 인접한 곳에 있는 경우라면 달리 해석하여야 할 것이다. 예를 들어 대학병원이 전공의 등의 수련병원 지정유지를 위해서는 숙식시설과 숙직시설을 갖추어야 하는 점, 대학병원 구외에 소재하고 있으나 병원 구내와 8미터 인도를 사이에 두고 인접하고 있는 점, 학교기본재산으로 편입한 경우에는 해당 기숙사가 구외에 있다고 하여 고유업무에 직접 사용하는 것으로 보아야 한다(행심 2007-460, 2007.8.27.).

비영리사업자가 구성원에게 사택이나 숙소를 제공한 경우 그 구성원이 비영리사업자의 사업 활동에 필요불가결한 중추적인 지위에 있어 사택이나 숙소에 체류하는 것이 직무 수행의 성격도 겸비한다면 당해 사택이나 숙소는 목적사업에 직접 사용되는 것으로 볼 수 있지만, 사택이나 숙소의 제공이 단지 구성원에 대한 편의를 도모하기 위한 것이거나 그곳에 체류하는 것이 직무 수행과 크게 관련되지 않는다면 그 사택이나 숙소는 비영리사업자의 목적사업에 직접 사용되는 것으로 볼 수 없다(대법원 2013두21953, 2014.3.13. 참조). 사택이나 숙소의 제공이 단지 구성원의 편의를 도모하기 위한 것에 불과하여 학교의 목적사업에 직접 사용된 것으로 볼 수 없어 취득세 등 추징을 배제할 수 없다(대법원 2014두40296, 2014.11.27.).

> **사례** 대학교 학생이 병원 임상실습 시 기숙사로 사용되는 경우(조심 2022지0438, 2022.12.29.)
>
> 대학교의 소속 학생으로서 서울의 병원에서 임상실습교육을 받는 학생들이 기숙사로 사용하도록 하기 위하여 청구법인이 취득한 것이라 하더라도 학생들이 학교 목적사업 수행에 중추적인 역할을 하는 자라고 하기는 어려운 점, 임상실습교육이 교과목의 하나로서 학생들에게 필수적이라 하여 그로 인해 기숙사의 취득도 반드시 부수되어야 할 것은 아니므로 쟁점부동산은 청구법인이 교육용에 직접 사용하기 위하여 취득한 부동산이라기보다는 학생들에게 거주생활의 편의를 제공하기 위하여 취득한 후생복지시설로 보이는 점 등에 비추어 청구주장을 받아들이기는 어렵다고 보임.

> **사례** 사용수익권 득하여 운영하는 기숙사 재산분 감면 여부(지방세운영과-1628, 2013.7.25.)
>
> 정규 학기 중에 학교 기숙사를 학생 숙소로 이용토록 하는 것은 일반적인 부동산 임대와 달리 쟁점법인의 목적사업인 숙박업에 사용되는 것으로 보는 것이 합리적이라 할 것이며, 실시협약 및 쟁점법인의 정관에 따르면 사업시설물을 기숙사 전체로 정하고 있고, 쟁점법인에서 학교 기숙사 운영을 위해 각 동(棟)마다 사감을 두고 급여를 지급하고 있으며, 쟁점법인의 2012년 결산서에 의하면 기숙사 건물 전체에 대한 보안 경비, 환경미화용역비, 인터넷 통신비, 쓰레기 수거비용 등을 지급하고 있음을 알 수 있으므로 기숙사 전체 연면적을 쟁점법인의 사업소 연면적으로 보아야 한다고 판단됨.

> **사례** 학교법인 소유 부동산 중 1, 2층은 사무실로 사용 중이고, 3, 4층은 교직원 숙소로 사용되고 있다면 3, 4층이 그 목적에 직접 사용되고 있는 재산으로 볼 수 있는지, 학교법인 소유 단독주택도 교직원 숙소로 사용되고 있는데 그 목적에 직접 사용 부동산 여부

비영리사업의 사무실은 직접 사용으로 볼 수 있는데, 수익사업의 사무실인 경우에는 비과세되지 아니한다. 그리고 학교 울타리 내에 있는 교직원 숙소는 목적사업에 직접 사용되는 것으로 볼 수 있으나, 구외(교외)에 있는 교직원 숙소는 직접 사용으로 볼 수 없다. 단독주택도 교내에 있는지 아니면 교외에 있는지에 따라 달라질 것임.

> **사례** 대학교 구외에 소재한 외국인 교수의 사택용 부동산(조심 2013지64, 2013.2.20.)

학교법인이 외국인 교수를 확보하고자 구외에 위치한 아파트를 취득하여 외국인 교수의 숙소로 제공하는 경우 초빙교수는 해당 학교 운영에 필요불가결한 중추적인 지위에 있다 볼 수 없고, 해당 부동산이 초빙교수의 주거를 위한 사택으로 사용되고 있다면 학교의 교유목적사업에 직접 사용하는 부동산으로 보기 어려울 뿐만 아니라, 해당 사택의 경우는 초빙교수 1인이 독립된 주거형태로 거주하고 있어 「건축법」에서 규정하는 기숙사로 볼 수도 없는 것(행정안전부 지방세운영과－4397호, 2011.9.16. 참조)인바, 초빙 외국인 교수의 숙소로 제공되는 쟁점 아파트의 경우 학교법인이 교육사업에 직접 사용하는 부동산으로 보기 곤란하므로 취득세 비과세대상에서 제외된다고 봄이 타당함.[111]

㉢ BTO 방식에 의한 기숙사 등

기숙사 신축사업은 "○○○○○대학교 ○○캠퍼스 제2기숙사 유한회사(이하 "기숙사 관리회사")" 및 주식회사 ○○○○개발이 공동으로 참여한 BTO(Build－Transfer－Operate) 방식의 민간투자사업으로 시행되었으나, 현재는 학교법인의 부속기관인 기숙사 관리회사가 100% 지분을 취득하여 이를 관리·운영하고 있다는 점 등을 종합하면, 이 기숙사는 수익사업에 사용되었다고 볼 수 없으므로 이 기숙사의 취득은 「지방세특례제한법」 제41조 제1항에 의하여 취득세 면제대상에 해당한다(대법원 2014두7060, 2014.8.20.).

㉣ BTL(임대형 민자사업) 방식에 의한 건물

BTL(Build－Transfer－Lease, 임대형 민자사업)은 사회기반시설의 준공과 동시에 해당 시설의 소유권이 국가 또는 지방자치단체에 귀속되며, 사업시행자에게 일정기간의 시설

---

111) 행정자치부 지방세심사결정 제1999－386호(1999.6.30.) 및 대법원판결 ○○○에서 학교법인의 기숙사 및 병원 기숙사로 사용하는 사택에 대하여 목적사업에 직접 사용하는 부동산으로 보았다가 행정안전부 지방세운영과－4397호(2011.9.16.)에서 목적사업에 직접 사용하는 부동산으로 보기 어렵다고 해석을 변경한 것이어서 해석변경일 이후에 성립하는 취득에 적용하여야 한다고 주장하고 있으나 행정자치부 심사결정 제1999－386호 및 대법원 ○○○의 사례는 기숙사로 사용되는 경우에 대한 것으로서 전국적으로 통일된 세정운영을 위한 처리지침적 성격의 사례가 아닌 개별적 사례에 불과한 것인 반면, 쟁점 아파트는 기숙사가 아닌 아파트에 대한 것이므로 동일하게 적용될 수 없을 뿐만 아니라, 행정안전부에서 학교에서 초빙교수 사택용 연립주택을 취득하였다면 해당 목적사업에 직접 사용하는 재산이 아니므로 취득세 면제대상이 아니라고 해석(내무부 세정 1268－15372호, 1979.10.4.)한 이후 최근까지 일관되게 감면대상이 아니라고 유권해석(행정안전부 지방세운영과－4397호, 2011.9.16, 지방세운영과－2592호, 2012.8.13.)을 하고 있기 때문에 소급과세금지의 원칙이 적용될 여지가 없다 하겠다.

관리운영권을 인정하되, 그 시설을 국가 또는 지방자치단체 등이 협약에서 정한 기간 동안 임차하여 사용·수익하는 방식을 말한다. 대부분 BTL방식으로 지어진 건물의 경우 학교, 기숙사, 박물관 등이다. 한편, 건물 소유주는 지방자치단체이지만, 관리운영권은 기부채납자인 주식회사 법인이라면 두식회사 법인이 실제로 기부채납된 시설을 운영하는 것이므로 사업주는 주식회사 법인이 되는 것이다.

대부분 BTL방식으로 지어진 건물의 경우 학교, 기숙사, 박물관 등이 많더라도 실제로 운영하는 자는 학교, 기숙사, 박물관 등의 소유자가 아닌 관리운영자로 보여지는바, 이 경우 운영관리자의 사업소로 보아야 할 것이다. 학교 등이 그 사업에 직접 사용하기 위한 면허에 대한 등록면허세와 학교 등에 대한 주민세 재산분 및 종업원분을 각각 면제한다라고 되어 있지만, 수익사업에 제공되고 있는 사업소와 종업원을 기준으로 부과하는 주민세 재산분과 종업원분은 과세가 되는 것이다.

학교 등이 직접 운영하여야만 주민세 재산분 및 종업원분을 면제하는 것이므로 위탁운영하더라도 위탁운영자는 자기책임 하에 운영하는 것으로 보여지는바, 위탁운영회사의 사업소로 보아야 하므로 감면대상이 되지 아니할 것이다.

ⓜ 관사

대학교를 경영하는 학교법인이 총장이 거주할 관사로 사용하기 위하여 제3부동산을 취득한 후 실제로 총장이 그곳에 거주하면서 각종 업무를 보고 있는 사실을 인정한 다음, 총장이 원고산하 대학교의 목적사업을 수행하는 데에 필요불가결한 중추적인 지위에 있는 점 등에 비추어 보면, 이는 학교법인이 그 목적사업에 직접 사용하는 경우에 해당하는 것으로 보아야 한다고 판단하였다. 앞서 본 법리와 기록에 비추어 살펴보면, 원심의 위와 같은 인정과 판단은 정당한 것으로 수긍이 가고, 거기에 상고이유에서 주장하는 바와 같은 "그 사업에 사용"되는 범위에 관한 법리 등을 오해한 위법이 없다(대법원 2004다58901, 2005.12.23.).

대학교를 경영하는 학교법인의 총장이 거주할 관사로 사용하기 위하여 부동산을 취득한 후 실제로 총장이 그곳에 거주하면서 각종 업무를 보고 있다면, 총장이 산하 대학교의 목적사업을 수행하는 데에 필요불가결한 중추적인 지위에 있는 점 등에 비추어 보아 학교법인이 그 목적사업에 직접 사용하는 경우에 해당하는 것이나 이는 대학교 총장의 중추적인 지위를 인정하여 예외적으로 후생복지시설인 사택을 교육시설로 본 것에 불과하고 학교에 임용된 교수의 모든 사택에 대하여 적용한다는 취지는 아니다(조심 2013지64, 2013.2.20.).

학교법인이 외국인 교수를 확보하고자 구외에 위치한 아파트를 취득하여 외국인 교수의 숙소로 제공하는 경우 초빙교수는 해당 학교 운영에 필요불가결한 중추적인 지위에 있다 볼 수 없고(조심 2012지311, 2012.11.16. 참조), 해당 부동산이 초빙교수의 주거를 위한 사택으로 사용되고 있다면 학교의 교유목적사업에 직접 사용하는 부동산으로 보기 어려울 뿐만 아니라, 해당 사택의 경우는 초빙교수 1인이 독립된 주거형태로 거주하고 있어 「건축법」에서 규정하는 기숙사로 볼 수도 없는 것(행정안전부 지방세운영과-4397, 2011.9.16. 참조)인바, 초빙 외국인 교수의 숙소로 제공되는 쟁점 아파트는 학교법인이 교육사업에 직접 사용하는 부동산으로 보기 곤란하므로 재산세 면제대상에서 제외된다(조심 2013지123, 2013.2.26.).

ⓑ 임야에 교육용 골프장 또는 생태학습장 설치하는 경우

학교가 그 사업에 사용하기 위한 부동산이라 함은 교육을 위하여 직접 공여되는 시설과 그 교육과 관련한 부대시설로서의 각종 부동산을 의미한다고 보아야 할 것으로서, 임야를 취득하여 교육용 골프장 설치하여 학생들의 체력수련활동을 위하여 항시 공여되고 있는 경우에는 고유목적 부동산으로 볼 수 있을 것이나, 골프장에 필요한 면적이외는 교육용으로 보기에는 어려움이 있을 것이다.

교육목적에서 전체적인 학생들의 심신수련활동을 위한 생태학습장 등으로 항시 공여되고 있는 경우에는 교육용 부동산으로 볼 수 있다.

한편, 골프장 또는 생태학습장을 설치하여 일부 학생만을 위한다든지 학생이 아닌 외부인으로 하여금 사용케 하다든지 한다면 교육용으로 볼 수 없을 것이다.

ⓢ 임야

학교법인이 해당 부동산을 그 사업에 직접 사용한다고 함은 학교법인의 교지, 체육장 등과 같이 교육사업 자체에 직접 사용되는 것을 뜻한다 할 것인바, 자연림 상태의 임야를 학생들의 정서생활 함양을 위한 간접적이고 보충적인 휴식공간으로 제공하고 있다는 사정만으로는 교육사업에 직접 사용하는 것으로는 볼 수는 없다 할 것이다(조심 2013지0122, 2013.5.27.). 그리고 자연림 상태의 임야로 이용되고 있는 토지에서 간헐적으로 학생들의 야외수업공간으로 제공하여 왔다는 사정만으로는 이를 교육사업에 직접 사용하는 것으로는 볼 수는 없다 할 것이다.

한편, △△대학교 생명자원과학대학의 교육실습용 임야로 사용하기 위하여 이 사건 임야를 취득한 사실, △△대학교 생명자원과학대학 녹지조경학과 교수 김○○, 김○○ 등이 이 사건 임야를 교육실습용으로 사용하여 왔고, 김○○이 2010년 1학기부터 현재까지 자신이 담당하는 '조경수목학 및 실습' 강좌에서 이 사건 임야에서 실습수업을 실시하였는데, 학생들로 하여금 이 사건 임야에서 실습한 결과를 과제로 제출하도록 한 사실, 이 사건 임야는 기숙사 및 도로에서 가까워서 △△대학교 학교부지를 둘러싼 다른 임야에 비하여 접근성이 높고, 상수리나무, 아카시아나무 군락이 잘 발달되어 있으며, 남사면, 북사면에 따른 식생의 변화와 식물의 천이(遷移)과정을 관찰하기에 적합한 등 연구가치가 있는 사실, 녹지조경학과뿐만 아니라 환경원예학과에서도 이 사건 임야를 교육실습용도로 사용하고 있는 사실이 인정된다(대법원 2017두47502, 2017.9.21.).

사례 ① 이 사건 토지는 교육·연구를 위한 건물의 뒤쪽에 있는 자연상태의 임야로 교육을 위한 건물이나 시설물이 전혀 설치되어 있지 않아 교육사업에 직접 사용된다고 보기 어려운 점, ② 이 사건 토지가 역사문화환경 보존지역 및 국립수목원완충지역으로 지정된 특수성에 대해서는 인정

하나, 관계법령에 따른 승인을 받으면 개발이 불가능한 것이 아닌데도 건축이나 개발행위를 신청한 사항이 일절 없이 원형 그대로 방치된 상태인 점, ③ 이 사건 토지가 교육부에 교육용 기본재산으로 등재된 사실만으로 이 사건 토지가 교육사업에 직접 사용된다고 볼 수는 없으며, 구내교지, 체육관 등과 같이 당해 토지의 사용용도가 현실적으로 학교법인의 교육사업 자체에 직접 사용되는 것으로 한정하는 것이 타당한 점 등을 종합적으로 고려할 때 이 사건 토지는 교육사업에 직접 사용되는 부동산으로 보기 어려움(감심 2023 - 655, 2024.7.12.).

사례 학교용 직접 사용하는 토지로 볼 수 있는지 여부(조심 2012지0793, 2013.2.7.)

자연림 상태의 임야로 이용되고 있는 토지에서 간헐적으로 학생들의 야외수업 공간으로 제공하여 왔다는 사정만으로는 이를 교육사업에 직접 사용하는 것으로는 볼 수는 없다 할 것이지만, 쟁점토지 중 내리 12 - 8 토지 58,805㎡의 경우는 다른 토지와는 달리 공부상 지목이 "학교용지"에 해당할 뿐만 아니라, 청구법인 산하의 "인삼 · 산양삼연구센터"가 산양삼 식생 및 재배실험 사업에 사용하고 있는 사실이 확인되고 있는 이상 이를 학교용에 직접 사용하는 토지로 보아 재산세를 감면하는 것이 타당하다 할 것임.

사례 학교법인의 교육 목적사업용 토지의 범위 판단(감심 2001 - 115, 2001.10.9.)

토지 중 자연녹지지역으로 교사와 멀리 떨어져 있거나 교사와의 사이에 미개발지 등으로 격리되어 있고 숲이 우거져 있어 학생들의 휴식공간으로 이용된다고 보기 어렵고 일반 주거지역은 학교교지로 사용하기 위하여 매입한 후 민간인 주택을 철거하여 나대지 상태로서 빈집으로 방치되고 개발제한구역은 철조망 등 설치로 진입이 어려운 점 등 야외 교육장이나 휴식 공간으로 활용되었다고 보기 어려워 고유업무인 교육 목적사업에 직접 사용된 토지로 보기는 어려움.

사례 자연상태의 임야의 교육용 부동산 해당 여부(행심 2007 - 460, 2007.8.27.)

국립공원 내의 자연상태의 임야로써 교육용에 적합한 생태 학습장이나 캠핑장 등의 시설을 설치할 수도 없고, 일반적인 교육용 부동산의 특성을 전혀 갖추고 있지 아니하며, 청구인이 제출한 자료상으로도 2004년과 2005년에 ○○중학교 1학년 학생들이 하계수련회시 방문한 사실과 2004년에 ○○고등학교 2학년생들이 심신수련활동의 일환으로 트래킹을 목적으로 방문한 이외에는 여름캠프시 45명의 학생들이 2004년과 2005년 2회 방문하였고, 2003년부터 2005년 사이에 ○○고등학교 특활반 학생들이 소규모(10명~17명)로 방문한 사실만 있을 뿐으로서 이를 교육목적에서 전체적인 학생들의 심신 수련활동을 위한 생태학습장 등으로 항시 공여되고 있다고 보기도 어렵다 하겠으며, 수련활동 목적으로 방문하였다 하더라도 해당 부동산의 고유의 형상이 유지되고 있다면 교육용 부동산으로 볼 수 없기 때문에 처분청이 이 사건 제1, 2토지를 교육용으로 사용하고 있지 않다고 보아 비과세한 취득세 등을 추징한 처분은 적법함.

사례 트레킹에 사용하는 경우(행심 2007 - 297, 2007.5.28.)

교육용으로 토지를 취득 후 일부 학생들의 심신수련활동의 일환으로 트래킹에 사용하였다 하더라도 전체 학생들의 심신수련활동을 위한 생태학습장 등으로 항시 공여되지 않은 이상 비과세대상에 해당하지 않음.

사례 골프학과 등 학생이 골프실습장으로 사용 시(행심 2005-32, 2005.2.3.)

이 사건 토지상의 골프연습장은 비록 청구인이 운영하는 ○○대학교 골프학과 등의 학생들이 골프실습장으로 사용하고 있다고 하더라도 「법인세법」 제3조 제2항의 규정에 의한 수익사업용 재산에 해당되므로 처분청에서 이 사건 토지에 대한 취득세 등을 부과고지한 것은 적법하다고 판단됨.

◎ 식당 등 부대시설을 제3자에게 임대하는 경우

직접 사용·수익사업 사용 여부에 대한 판단은 실제 사용관계를 기준으로 객관적으로 판단하여야 하고, 유료사용 여부에 대한 판단은 재화·용역을 제공할 필요성, 제3자에게 임대 필요성과 합리성, 대상고객, 판매품목, 판매가격 및 그 결정구조, 임대료가 가격결정에 미치는 영향 등을 종합하여 판단하여야 한다(지방세특례제도-181, 2015.1.22.).

임차인과 2015.3.13.부터 2020.9.12.까지 무상임대를 조건으로 하는 임대차계약을 체결한 점, 식당의 경우 학생 및 교직원 외의 외부인도 이용하고 있는 것으로 보이고, 체력단련실도 그 이용금액에 비추어 학생 등을 위한 필수적인 복리후생시설로 보기는 어려움 점 등에 비추어 청구법인이 이 부동산을 당해 사업의 용도로 직접 사용하였다는 주장은 받아들이기 어렵다고 판단된다(조심 2019지1676, 2019.10.23.-조심 2018지470, 2018.10.16. 같은 뜻임).

한편, 학교법인이 교육사업에 직접 취득하는 부동산에 대하여 취득세 등을 면제하고 수익사업에 사용하는 경우에는 취득세 등을 면제함에 있어 '학교법인이 그 사업에 사용한다'라 함은 현실적으로 해당 부동산의 사용용도가 비영리사업 자체에 직접 사용되는 것을 뜻하고, "그 사업에 사용"의 범위는 해당 비영리사업자의 사업목적과 취득목적을 고려하여 그 실제의 사용관계를 기준으로 객관적으로 판단(대법원 2001두878, 2002.10.11., 대법원 2004다58901, 2005.12.23. 참조)하므로 학교법인이 설치·경영하는 학교의 교지, 체육관 등과 같이 해당 부동산의 사용용도가 학교법인의 교육사업 자체에 직접 사용되는 것을 뜻하는 것인바, 학교법인은 ○○○를 지급받는 조건으로 건축물을 ㈜○○○에 위탁하였고, ㈜○○○은 일반인의 접근이 용이한 번화가인 학교법인의 정문 구내에 위치한 건축물에서 학생들의 구내식당 가격보다 현저히 높은 평일 점심 ○○○, 저녁 ○○○, 공휴일 ○○○의 가격으로 ○○○ 뷔페 레스토랑을 운영하고 있고, 수익금 분배도 ㈜○○○이 매출액의 일부를 학교법인에게 배분하는 형태를 띠고 있으며, 학생식당 및 교직원식당이 별도로 있고, 주말에는 일반인이나 단체손님을 대상으로 ○○○에 돌잔치 등 각종 연회를 개최하는 사실을 고려하여 볼 때, 건축물은 학생 및 교직원의 후생복지시설이 아니라 임대하여 수익사업을 영위하는 부동산으로 봄이 타당하다(조심 2013지413, 2013.6.17.)라고 결정한 바 있었고, 학교 건물의 일부를 구내식당, 은행, 레스토랑 등으로 제3자에게 임대·경영하게 하고, 그 대가로 받은 장학금, 임차료 등은 전액 학교법인의 고유목적사업에 사용되고, 그 이용자도 학생 및 교수 등으로 외부인이 이용할 수 없는 경우라면, "건물부분을 위탁관리하도록 하고 임대보증금 및 임대료를 지급받았다고 하더라도, 학생 및 교직원들의 후생복지시설로 운영되고 있고 그 임대차계약에 의하여 그로부터의 이탈이 엄격히 통제되고 있으며, 달리

임대사업으로서의 수익성이 있다거나 임대수익을 목적으로 한 것이라고 볼 증거가 없는 이상 건물부분의 사용이 수익사업으로 되는 것은 아니라고 판시한 바 있었다(대법원 2005 두10255, 2006.12.7. 참조).

사례 학교 구내식당 등의 교육용 부동산 해당 여부(행심 2008-51, 2008.1.28.)

건축물이 학교구내에 위치하고 있다고 하나 일반인의 출입에 별다른 제한이 없을 뿐만 아니라, 게 스트룸 등 이 사건 건축물 중 일부는 「공중위생법」 제3조 제1항의 규정에 의하여 신고하도록 하고 있는 숙박업(공중위생업)에 해당됨(○○시 환경위생과-22894, 2007.12.5.)에도 신고하지 않아 고 발상태에 있고, 그 사용현황을 보면 고급인재양성이나 국제학술활동 지원 등 당초의 위탁 목적에 따른 사용으로 보기 어려운 용도로 사용한 실적을 확인할 수 있음에도 청구인은 수탁자로 하여금 위탁목적 외의 사용을 금지할 구체적이고 실효성 있는 장치를 입증하지 못하고 있는 등 이 사건 건축물이 학교가 「고등교육법」에 근거하여 그 법이 정하는 교육과정의 운영, 즉 교육서비스사업에 사용하기 위한 부동산의 취득에 해당된다고 볼 수 없으므로 취득세 등의 부과고지는 적법함.

㉜ 창업보육센터로 사용하는 경우

'학교가 부동산을 사업에 직접 사용한다'고 함은 현실적으로 해당 부동산을 학교의 교육사 업 자체에 사용하는 것을 뜻하고, 학교의 교육사업 자체에 사용하는 것인지는 해당 학교 의 사업목적과 부동산의 취득목적을 고려하여 실제의 사용관계를 기준으로 객관적으로 판단하여야 한다. 「고등교육법」 등 관련 법령에 따라 학교는 학생의 선발, 일정기간 동안 의 재학, 학위의 취득, 교수 절차 등에 관하여 주무관청으로부터 엄격한 규율을 받고 있고 그러한 학교가 부동산을 교육사업에 직접 사용하는 경우 위와 같이 재산세를 비과세하도 록 규정한 것이므로, 「고등교육법」에 따른 학교가 창업보육센터 사업자로서 학생 등 구성 원이 아닌 일반인을 대상으로 창업의 성공 가능성을 높일 수 있도록 경영, 기술분야에 대 한 지원활동을 하면서 창업자를 위한 시설과 장소로 소유 부동산을 제공하는 경우에는 특별한 사정이 없는 한 교육사업에 직접 사용하는 것으로 볼 수 없다(대법원 2014두45680, 2015.5.14.).

한편, 2016.1.1. 이후 「지방세특례제한법」 제60조 제3항 제1호의 2에서 학교 등이 창업보육 센터사업자의 지정을 받고 창업보육센터용으로 직접 사용하기 위하여 취득하는 부동산에 대하여 취득세 75% 경감과 재산세(도시지역분 포함) 면제를 하고 있다.

㉝ 산학협력단

학교가 '해당 사업에 사용한다'라 함은 학교법인이 직접 이를 교육사업 자체에 사용하여야 할 것인데, 학교법인은 산학협력관을 취득하여 그 일부를 별도의 법인인 산학협력단의 강 의실 등으로 사용하고 있고, 산학협력단과 학교법인은 그 설립 취지나 목적이 상이하므로 취득한 건축물을 산학협력단의 업무를 위한 강의실 등으로 사용하는 부동산의 경우 이는 학교법인 자체의 사업이 아닌 산학협력 사업을 위하여 사용되는 부동산으로 보아야 할 것이므로, 이를 학교법인이 직접 교육사업에 사용하는 것으로 보기는 어렵다(조심 2013지

0881, 2015.6.30.). 한편, 2016.1.1. 이후 「지방세특례제한법」 제42조 제3항과 제4항에서 산학협력단에 대한 감면규정이 별도로 규정되어 있으나, 학교등에서 일명 '산학협력단'으로 운영 중인 창업보육센터(부동산 소유자는 학교 등)에 대한 재산세 감면은 같은 법 제60조 제3항 제1호의 2가 적용된다(지방세특례제도과-2741, 2016.9.27.).

㉠ 일반인의 사용횟수가 미미한 연수시설

부동산을 학생 등의 연수시설 등으로 사용하고자 취득한 점, 학생들이 부동산을 학과 또는 학내 동아리의 수련회 장소로 사용한 것으로 보아 직원의 펜션이라는 처분청 세무담당 공무원의 출장복명서는 사실과 다르다고 보이는 점, 이 부동산은 학생 등을 위하여 설치한 후생복리시설로 보이고 학생들을 위한 후생복리시설의 경우 반드시 학교 내에 있는 것만을 의미하는 것은 아닌 점, 이 조합과 같은 대학교 소비자생활조합이 학생 등을 위하여 운영하는 후생복지시설은 학교법인이 학교용도에 직접 사용하는 것으로 볼 수 있는 점(지방세분석과-2207, 2009.6.8., 같은 뜻임), 부동산의 사용료는 그 사용자가 학생 등 이 조합의 조합원인지 여부에 따라 달리 책정되어 있고 그 사용료는 이 부동산을 유지·관리하는 데 필요한 실비 수준으로서 이 조합이 수익을 얻고자 부동산을 수련시설로 운영하는 것은 아니라고 보이는 점, 구성원이 아닌 일반인들이 부동산을 사용하고 있다고 하더라도 그 횟수가 전체 사용 횟수의 약 4%에 정도인바 이를 근거로 이 조합 또는 이 부동산을 학교 용도가 아닌 다른 용도로 사용한다거나 수익사업에 사용하고 있다고 보기는 어려운 점 등에 비추어 학교 용도에 직접 사용하고 있는 것으로 보는 것이 타당하다 할 것이다(조심 2015지584, 2015.7.13.).

㉡ 학교 건물을 제3자에게 제공하고 일시 학생실습장으로 사용하고 있으나 기부금을 받는 경우

2010.2.부터 ○○○으로부터 매월 8,000,000원을 기부금 형식으로 지급받았는바, 이는 이 사건 쟁점 부분을 사용하는 대가로서 실질적으로 월차임에 해당하는 것으로 보이는 점, ② 원고가 2008.2.부터 2년간은 ○○○으로부터 매월 기부금 형식의 금원을 받지는 않았으나, 이는 ○○○이 자신의 비용으로 이 사건 쟁점 부분에 스튜디오 등 시설물을 설치하고 이를 원고에게 기부함에 따른 대가로 매월 기부금 형식의 금원 지급을 면제받은 것으로 보이는 점,… ⑤ 원고는 영상학과 수업을 위하여 이 사건 쟁점 부분을 필요시마다 일시적으로 사용한 것으로 보이나, 이는 ○○○의 프로그램 제작에 차질이 없는 범위 내에서 그래텍과 협의하여 이루어진 것으로서 이 사건 쟁점 부분의 주된 용도는 그래텍의 프로그램 제작을 위한 것이라고 보이는 점 등에 비추어 보면, 이 사건 쟁점 부분은 교육사업에 직접 사용된 것이 아니라, 수익사업의 하나인 부동산 임대업을 위해 사용된 것으로 봄이 타당하다(대법원 2014두40333, 2014.11.27., 서울행법 2013구합12980, 2013.12.5. 참조).

㉢ 스포츠센터

스포츠센터를 건립하여 일부의 시설은 강의실, 교수 연구실 등 교육시설로 이용하고, 그

나머지 시설 수영장, 스쿼시장, 헬스장 등은 교육시설로 이용하는 것 외에 학생·교직원·지역주민 등 외부이용자로부터 월 단위로 수강료·이용료를 징수하면서 회원제로 운영하고 있는바, 위와 같은 활동은 한국표준산업분류에서 체력단련시설 운영업, 수영장 운영업 또는 그 외 기타 운동시설 운영업으로 분류되고, 회원제로 운영하면서 회원들로부터 매월 수강료 또는 이용료를 받고 있으므로 수익이 발생되는 사업이라 할 것이고, 수익사업에서 제외되는 사업에도 해당되지 않는 것이다(지방세특례제도과-523, 2015.3.2.). 즉 교육시설에 포함되지 아니하여 감면이 되지 아니할 것이다.

ⓗ 학교 내 교육목적 용도 외의 교지 면적

1년 동안 약 12시간가량 대학 ○○학과 약 ○○명의 학생들을 대상으로 하는 GPS 측량실 습장으로 사용된 사실은 인정되나 GPS 측량은 임의의 지점을 선정하여 그 지점에 측량 기구를 놓고 인공위성으로부터 위치정보를 수신하여 그 지점의 위치(위도 및 경도 등)를 확인하는 측량으로, 인공위성으로부터 정보가 수신될 수 있게 개방된 지점이면 어느 곳에서나 할 수 있으며 GPS측량 실습의 특성과 해당 토지의 전체 면적, GPS측량에 이용된 면적이나 횟수, 시간 및 수강인원 등을 고려할 때 ○○대학이 해당 토지를 GPS측량 실습장으로 사용하였다고 하더라도, 이는 단지 일시적·부수적으로 수업장소로 활용한 것에 불과하였다고 볼 수 있을 뿐이고, 계속적·반복적으로 교육목적을 위해 사용하였다고 보기는 어렵다(대법원 2018두58820, 2019.1.17. 심리불속행 기각).

ⓐ 대학병원의 교수연구실, 전공의 숙소

종합병원의 일부 시설이 수익사업에 사용되지 않고 일시적이거나 부수적으로 연구 또는 수업장소로 사용되었다 하여 이를 학교 등의 감면 대상인 학교의 "교육사업" 자체에 직접 사용한 것으로 보기는 어렵다 할 것이며, 의과대학의 부속병원이 의료업에 직접 사용하는 부동산의 범위는 「의료법」에 의한 의료인의 진료행위와 직·간접적으로 관련이 있는 용도로 사용되는 부동산에 적용되어야 할 것인바, 병원의 운영과 관련하여 '교수연구실, 전공의 숙소, 연구실험실, 의국 등'은 의사가 환자 치료와 진료를 위한 의료업과 관련된 부수시설로 보아야 할 것이므로 학교 등이 해당 사업에 직접 사용하는 부동산에 해당하지 않는다(지방세특례제도과-756, 2022.4.6.).[112]

③ 학교의 범위

「초·중등교육법」 및 「고등교육법」에 따른 학교, 「경제자유구역 및 제주국제자유도시의 외국 교육기관 설립·운영에 관한 특별법」 또는 「기업도시개발 특별법」에 따른 외국교육기관을 의미

---

112) 청구법인의 부속병원은 건축물대장상 의료시설로 분류되어 있고, 심리일 현재 종합병원으로 계속 운용되고 있는 점 등에서 해당 병원 내에 위치한 쟁점부동산(교수연구실, 강의실, 도서관, 연구소, 의국 연구실, 전공의 숙소, 의국실 등)은 의과대학 부속병원의 부수시설로서 학교용이라기보다는 의료용으로 사용되고 있다고 보는 것이 타당함(조심 2022지1866, 2023.10.12.).

하므로 학교관련법에 의한 인가를 받지 아니한 학교(예 : 대안학교)는 감면대상 학교에 해당되지 아니한다. 한편, 대안학교가 평생교육단체에 해당되는 경우 그 단체에 대한 감면이 평생교육시설에 대한 감면규정이 적용될 것이다.

> **사례** ○○과학기술원도 비영리사업자에 해당하는 것임(지방세정팀 – 2201, 2005.8.17.)
>
> 재정경제부 유권해석(재경부 국조 46017 – 90, 1998.8.5.)에서도 ○○기술원은 조세조약상 교수 등에 대한 조세감면이 적용되는 "대학 또는 기타 인가된 교육기관"의 범위에 포함된다고 하고 있는 점 등을 종합적으로 판단할 때 귀 ○○과학기술원은 상기 「지방세법」 제107조 제1호 및 같은 법 시행령 제79조 제1항에서 규정하고 있는 비영리사업자에 해당된다고 판단됨.

> **사례** 교육청 위탁교육기관인 아시아공동체학교는 학교에 해당하지 아니함
>
> 관내 학교법인의 폐교된 초등학교 일부(토지, 건축물)를 교육청 위탁교육기관인 아시아공동체학교가 매월 임대료를 학교법인에 지급하고, 건축물 등을 일부 사용하고 있는 경우 위탁기관인 아시아공동체학교는 학교 관련법에 의한 학교가 아니므로 직접 사용하는 부동산으로 볼 수 없을 것이며, 직접 사용으로 본다고 하더라도 매월 임대료를 받고 있으므로 수익사업에 사용하는 것으로 감면대상이 되지 아니할 것임.

④ 수익사업의 범위

「지방세특례제한법」상의 '수익사업'이란 「법인세법」 제3조 제3항에 따른 수익사업을 말하면, 「법인세법 시행령」 제1항 제2조 제3호에 따르면 교육서비스업 중 「유아교육법」에 따른 유치원, 「초·중등교육법」 및 「고등교육법」에 따른 학교, 「경제자유구역 및 제주국제자유도시의 외국교육기관 설립·운영에 관한 특별법」에 따른 외국교육기관(정관 등에 따라 잉여금을 국외 본교로 송금할 수 있거나 실제로 송금하는 경우 제외)과 「평생교육법」 제31조 제4항에 따른 전공대학 형태의 평생교육시설 및 같은 법 제33조 제3항에 따른 원격대학 형태의 평생교육시설을 경영하는 사업인 경우 수익사업으로 보지 아니한다. 그리고 「고등교육법」 제4조에 따라 설립된 의과대학 등의 부속병원이 경영하는 의료업과 「사회복지사업법」에 따라 설립된 사회복지법인이 경영하는 의료업은 수익사업으로 보지 아니한다(지특법 §2 ① 2).

㉠ 기부금 명목 임대료

교육용 부동산의 경우 직접 사용은 관련 시설을 갖추고 상시적으로 교육목적에 직접 사용하는 것을 의미한다 할 것이다. 고등학교 학생들이 건축물을 필요시마다 일시적으로 이용하였다 하더라도 건축물의 주된 용도는 프로그램 제작을 위한 것으로 보여지므로 이를 교육용에 직접 사용하는 부동산에 해당한다고 보기는 어렵다 할 것이고, 비록 기부금 명목으로 건축물의 사용대가를 받았다 하더라도 매월 기부금액은 건축물의 사용에 대한 실비변상적인 비용이라기보다는 임대료에 해당한다고 보는 것이 타당할 것이며, 2년간 사용대가를 받지 아니한 것은 건축물에 설치되는 시설물 공사비용 일체를 지원하여 기부함에 따른 대가로 보이므로 동 기간 또한 유상임대하였다고 보아야 할 것이므로 건축물을 취득하여 유

예기간 내에 수익사업에 사용한 것으로 보는 것이 타당하다(조심 2013지26, 2013.3.7.).

ⓛ 교회가 사용하는 경우

학교시설을 일요일 등에 교회가 사용하는 경우 교육사업의 고유목적에 직접 사용되고 있다고 보기에는 어려움이 있으며, 임대료를 받고 있어서 수익사업을 영위한 것으로 보아 감면이 되지 아니할 것이다.

> **사례** 종교단체에 임대하고 있는 경우(조심 2012지203, 2013.4.9.)
>
> 부동산을 2009.2.6. 교육연구목적시설로 신축하여 취득세 등을 비과세 받은 후 쟁점건축물을 2010.12.28. ○○○○의 교회와 연 ○○○의 사용료를 1월, 4월, 7월, 10월에 분할 선납하되, 연체할 경우 연체한 기간에 대해 연 15%의 연체율을 적용해 일할계산한 연체료를 납부하기로 대부계약을 체결하여 임대료를 받고 있고, 1층 평생교육관은 입구에 ○○○의 교회를 나타내는 표시가 있는 별도의 출입문을 통하여 출입하고 있고, 예배실에는 종교행사에 걸맞게 십자가가 벽에 고정으로 부착되어 있고, 교단과 의자 등이 구비되어 있고, 예배실 안쪽 공간에 교회전용 방송실과 신도들의 아이를 보호하기 위한 공간을 설치·사용하고 있는 점 등으로 미루어 쟁점건축물이 교육사업의 고유목적에 직접 사용되고 있다고 보기에는 어려움이 있고, 쟁점 건축물의 임대 사실 등으로 미루어 보아 「법인세법」 제3조 제2항 제1호에서 규정하는 부동산 임대업으로 인한 수익사업에 사용하지 않았다고 보기에도 무리가 있음.

ⓒ 제3자에 위탁

고유목적으로서의 직접 사용한다는 규정을 엄격하게 해석하여 제3자를 통해 위탁사용하는 것은 적용하지 않는 것이 합목적성이 있다고 할 것이고, 한편 비과세규정으로 볼 경우 그간 과세관행과 달리 학교법인이 학교부대시설을 직접 사용하지 않고 제3자에게 위탁경영한 것을 수익사업이 아니라고(대법원 2004두9265, 2006.1.13. 등) 하므로, 이러한 경우 대법원 판례의 취지에 비추어 구체적인 사실관계를 따져서 수익사업 여부를 보아야 할 것이다.

ⓔ 교육서비스업

「법인세법」 제3조 제2항 제1호 및 같은 법 시행령 제2조 제1항에서 교육서비스업 중 「고등교육법」에 의한 학교 등을 경영하는 사업을 수익사업에서 제외하는 것으로 열거하고 있고, 동 규정에서의 '교육서비스업'이란 「고등교육법」에 의한 교육과정에 따라 실시하는 교육서비스업을 이른다 할 것이므로, 학교가 그 사업에 사용하기 위한 부동산이라 함은 대학설립운영규정 제4조에 의한 교육기본시설, 지원시설, 연구시설, 부속시설로서 「고등교육법」에 의한 교육과정에 따라 실시하는 교육서비스업에 사용하는 부동산이라 할 것이다.

고유목적으로서의 직접 사용한다는 규정을 엄격하게 해석하여 제3자를 통해 위탁사용하는 것은 적용하지 않는 것이 합목적성이 있다고 할 것이고, 한편 면제규정으로 볼 경우, 그간 과세관행과 달리 학교법인이 학교 부대시설을 직접 사용하지 않고 제3자에게 위탁경영한 것을 수익사업이 아니라고(대법원 2006.1.13. 선고, 2004두9265 판결 등) 하므로, 이러한 경우 위 대법원판례의 취지에 비추어 구체적인 사실관계를 따져서 수익사업 여부를 보아야 할 것인바(행심 2007-123, 2007.3.26.), 학교법인이 어학원을 형식적으로 운영하는 것으로 하고 있으며, 학교법인의 교사(교수)가 아닌 다른 회사의 직원만으로 하여금 위탁하여 운영하는 경우라면 이는 수익사업을 영위한 것으로 보아야 할 것이다.

한편, 경내의 어학당은 실제로 강의실로 병행하여 사용하고 있는 경우에는 교육서비스업에 사용하는 것으로 보아야 할 것이지만, 교수실이나 강의실로 사용한 적이 없으면서 오로지 어학원을 운영하는 경우이므로 수익사업에 사용하고 있는 것으로 보아야 할 것이다.

> **사례** 종교단체가 취득한 학교 교육용 부동산인 경우(조심 2012지0165, 2012.7.6.)
>
> 이 건 건축물은 청구법인이 아닌 ○○○가 학교용도로 사용하고 있는 점 등을 종합하여 볼 때, 청구법인의 정관상에 "교육 및 육영사업"이 목적사업으로 등재되어 있다고 하더라도 청구법인이 교육 등을 목적으로 하는 학교법인 등에 해당된다거나 청구법인이 이 건 건축물을 학교용도에 직접 사용하고 있다고 보기는 어렵다고 판단됨.

⑤ **대도시 외에서 대도시 내로 주사무소를 전입함에 따른 등기는 설립등기에 해당하지 않아 면제대상이 아니고 중과세대상임**

학교법인의 설립과 합병의 등기를 등록면허세 면제대상으로 규정하고 있다. 이는 다른 등기에 관하여는 그러한 혜택을 부여할 필요가 없다는 정책적 판단을 반영한 것으로 보이는 점, 구「지방세법」제138조 제1항 제2호 후문은 구 등록세 중과세대상인 법인등기에 대하여 중과세 제도의 취지에 부합하도록 그 세율의 적용에 관하여만 본점 또는 주사무소의 전입을 법인의 설립으로 보도록 하는 규정일 뿐 등록세 비과세대상을 정하는 규정이 아닌 점 등에 비추어 보면,「사립학교법」에 의한 학교법인 등이 대도시 외에서 대도시 내로 주사무소를 전입함에 따른 등기는 구「지방세법」제138조 제1항 제2호에 의한 구 등록세 중과세대상에 해당한다고 할 것이다(대법원 2012두28940, 2013.5.9.).

❷ 기숙사 등에 대한 감면(지특법 §42)

(1) 기숙사에 대한 감면(지특법 §42 ①)

1) 감면요건

① 감면대상자

「초·중등교육법」및「고등교육법」에 따른 학교,「경제자유구역 및 제주국제자유도시의 외국교육기관 설립·운영에 관한 특별법」또는「기업도시개발 특별법」에 따른 외국교육기관을 경영하는 자("학교 등")(2014년 이전은「고등교육법」제2조 제1호부터 제5호까지의 학교)

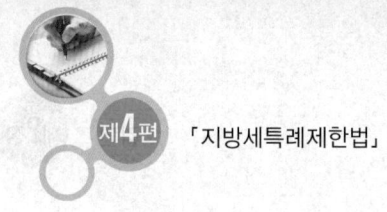

② 감면대상 및 감면범위

「사회기반시설에 대한 민간투자법」 §2 1 소목에 따른 사회기반시설 중 기숙사(2017년 이후 「한국사학진흥재단법」 §19 4 및 4-2에 따른 기숙사로 한정)로 사용하기 위하여 취득하는 부동산(2014년 이전은 사회기반시설과 관계없이 기숙사로 사용하기 위하여 취득하는 부동산)	취득세 면제
과세기준일 현재 그 해당 용도에 직접 사용 부동산	재산세 면제 (2018년 이전 도시지역분 포함) 지역자원시설세 면제(2018년 이전)
해당 학교	주민세 사업소 면적 사업소분(2020년 이전 재산분) 면제

☞ 감면시한 : 2027.12.31.

☞ 최소납부제 적용 시기 : 2016.1.1. 이후

☞ 농어촌특별세 과세 여부 : 취득세 면제분 농어촌특별세 과세

상기 규정에 의하여 민간투자사업 방식으로 설립·운영되는 기숙사는 다음의 어느 하나에 해당하는 방식으로 설립·운영되는 기숙사를 말한다.

① 준공 후 일정기간 동안 사업시행자에게 해당 시설의 소유권이 인정되며 그 기간이 만료되면 시설 소유권이 「지방세특례제한법」 제41조에 따른 학교 등(이하 "학교 등")에 귀속되는 방식

② 준공 후 해당 시설의 소유권이 학교 등에 귀속되며, 사업시행자에게 일정기간의 시설관리운 영권을 인정하는 방식

③ 준공 후 해당 시설의 소유권이 학교 등에 귀속되며, 사업시행자에게 일정기간의 시설관리운 영권을 인정하되, 그 시설을 학교 등이 정한 협약에서 정한 기간 동안 임차하여 사용·수익 하는 방식

④ 준공 후 사업시행자에게 해당 시설의 소유권이 인정되는 방식

한편, 이 규정의 취지는 대학교가 취득하는 기숙사 건물의 경우에는 수익사업에 사용하는 경우라서 「지방세특례제한법」 제41조 제1항에 의해 취득세를 감면받을 수 없는 경우이더라도 특별히 한시적으로 취득세를 감면받을 수 있게 함으로써 대학교 기숙사의 신축을 위한 민간투자 활성화의 유인을 마련하고자 하는 데 있으므로, 만약 수익사업에 사용하지 아니하는 대학교 기숙사까지도 같은 법 제41조 제1항이 아닌 같은 법 제42조 제1항을 근거로 취득세를 감면받는다고 해석한다면 이는 특별히 같은 법 제42조 제1항을 둔 입법 취지에 반하는 해석으로서 불합리하다고 할 것이다(대법원 2014두7060, 2014.8.20., 서울고법 2013누21788, 2014.4.22. 참조). 따라서 수익사업에 사용되지 아니하는 학교 구내 기숙사는 「지방세특례제한법」 제41조의 감면규정이 적용되는 것이다.

2) 추징요건

다음 어느 하나에 해당하는 경우 그 해당 부분에 대해서는 감면된 취득세를 추징한다.

① 정당한 사유 없이 그 취득일부터 3년이 경과할 때까지 해당 용도로 직접 사용하지 아니하는 경우

② 해당 용도로 직접 사용한 기간이 2년 미만인 상태에서 매각·증여하거나 다른 용도로 사용하는 경우

(2) 학교의 학생들 실험·실습용 차량 등에 대한 감면(지특법 §42 ②)

1) 감면요건

① 감면대상자

「교육기본법」 제11조에 따른 학교를 설치·경영하는 자

② 감면대상 및 감면범위

학생들의 실험·실습용으로 사용하기 위하여 취득하는 차량·기계장비·항공기·입목(立木) 및 선박	취득세 면제
과세기준일 현재 학생들의 실험·실습용으로 사용하는 항공기와 선박	재산세 면제 (도시지역분 제외)

- 감면시한 : 2027.12.31.
- 최소납부제 적용 시기 : 2019.1.1. 이후
- 농어촌특별세 과세 여부 : 취득세 면제분 농어촌특별세 비과세(농특령 §4 ⑦ 5)

2) 추징요건

다음 어느 하나에 해당하는 경우 그 해당 부분에 대해서는 감면된 취득세를 추징한다.

① 정당한 사유 없이 그 취득일부터 1년이 경과할 때까지 해당 용도로 직접 사용하지 아니하는 경우

② 해당 용도로 직접 사용한 기간이 2년 미만인 상태에서 매각·증여하거나 다른 용도로 사용하는 경우

(3) 산학협력단에 대한 감면(지특법 §42 ③, ④)

1) 감면요건

① 감면대상자

「산업교육진흥 및 산학연협력촉진에 관한 법률」 제25조에 따라 설립·운영하는 산학협력단

② 감면대상 및 감면범위

그 고유업무에 직접 사용하기 위하여 취득하는 부동산	취득세 75% 경감 (2014년 이전 면제)
과세기준일 현재 그 고유업무에 직접 사용하는 부동산	재산세 75% 경감 (2014년 이전 면제) 〔도시지역분 제외(2016년 이전 포함)〕
산학협력단(2014년 이전만)	주민세 재산분과 종업원분 면제

☞ 감면시한 : 2026.12.31.
☞ 농어촌특별세 과세 여부 : 취득세분 농어촌특별세 과세, 취득세 경감분(면제분) 농어촌특별세 비과세(농특령 §4 ⑦ 5)
☞ 2014년 이전에는 수익사업에 제공되고 있는 사업소와 종업원을 기준으로 부과하는 주민세 재산분과 종업원분은 면제되었다. 이 경우 면제대상 사업과 수익사업에 건축물이 겸용되거나 종업원이 겸직하는 경우 주된 용도 또는 직무에 따른다.

2016.1.1. 이후 학교 등 부동산에 대학 내에 '산학협력단'으로 운영 중인 창업보육센터에 대하여는 「지방세특례제한법」 제60조 제3항 1호의 2를 적용하여 감면을 적용하는 것이지만, 학교 이외 지역에서 운영 중인 '산학협력단'은 상기 규정에 따라 감면된다(지방세특례제도과-2741, 2016.9.27. 참조).

> **사례** 산학협력단의 목적사업을 지원하는 경우(행심 2007-153, 2007.3.26.)
>
> 이 사건 쟁점 부동산은 학교의 목적사업보다는 이 사건 제1, 2쟁점 회사의 수익사업에 사용되었다고 봄이 타당할 것이며, 처분청의 2007.3.7. 현지확인서(지방세무주사보 ○○○)에서 알 수 있듯이 이 사건 쟁점 부동산의 내부구조가 이 사건 제1, 2쟁점 회사의 직원들이 1인1실로 쓸 수 있는 상담실로 구성되어 있고, 학생들만을 위한 실습·연구시설이 별도로 없는 점을 볼 때 이 사건 쟁점 부동산이 학생들을 필수기본시설인 실습·연구시설에 해당한다고 보기도 어렵다고 할 것이며, 청구인이 제출한 이 사건 제1쟁점 회사의 2005년 및 2006년 2개년에 걸쳐 청구인이 의뢰한 28개 벤처기업에 대한 사업타당성 등을 심사한 실적과 이 사건 제2쟁점 회사의 2000년부터 2006.6.까지 9개 업체에 10,853백만 원을 투자한 실적자료만으로는 학교의 목적사업을 수행했는지의 여부는 불분명할 뿐만 아니라, 청구인이 제출한 건물관리비 업체별 세부내역서류 등에서 이 사건 제1쟁점 회사의 경우 이 사건 쟁점 부동산에 대하여 매월 관리비 외에 보증금 10,000,000원에 월임대료 646,000원을, 이 사건 제2쟁점 회사의 경우 매월 관리비 외에 보증금 36,225,000원에 월임대료 2,717,000원 등의 내역이 나타나는 사실을 볼 때, 이 또한 무상사용이라는 청구인의 주장과는 다르다고 보여지므로 위와 같은 사실관계를 종합적으로 판단하여 보면 이 사건 쟁점 부동산은 학교의 목적사업에 사용하였다기보다는 수익사업에 사용하였다고 함이 타당할 것임.

2) 추징요건

별도의 추징규정이 없는바, 「지방세특례제한법」 제178조에 따라 다음 어느 하나에 해당하는 경우 그 해당 부분에 대해서는 감면된 취득세를 추징한다.
① 정당한 사유 없이 그 취득일부터 1년이 경과할 때까지 해당 용도로 직접 사용하지 아니하는 경우
② 해당 용도로 직접 사용한 기간이 2년 미만인 상태에서 매각·증여하거나 다른 용도로 사용하는 경우

❸ 평생교육단체 등에 대한 면제(지특법 §43)

1) 감면요건

① 감면대상자

「평생교육법」에 따른 교육시설을 운영하는 평생교육단체

② 감면대상 및 감면범위

해당 사업에 직접 사용하기 위하여 취득하는 부동산(수익사업용 부동산 제외)[113]	취득세 50% 경감 (2019년 이전 면제)
과세기준일 현재 해당 사업에 직접 사용하는 부동산(수익사업에 사용하는 경우, 유료로 사용되는 경우, 해당 재산의 일부가 그 목적에 직접 사용되지 아니하는 경우의 그 일부 재산 제외)[주1]	재산세 50% 경감[주2] (2019년 이전 면제, 2018년 이전 도시지역분 포함) 지역자원시설세 면제(2018년 이전)
사업에 직접 사용하기 위한 면허	등록면허세 면제
비영리사업에 제공되고 있는 사업소와 종업원[주3]	주민세 사업소 면적 사업소분(2020년 이전 재산분)과 종업원분 면제
평생교육단체 생산된 전력 등을 무료로 제공하는 경우[주4] (2018년 이전만 적용)	지역자원시설세 면제

🔖 감면시한 : 2027.12.31.

🔖 최소납부제 적용 시기 : 2019.1.1. 이후

🔖 농어촌특별세 과세 여부 : 취득세분 농어촌특별세 과세, 취득세 경감분(면제분) 농어촌특별세 비과세(농특령 §4 ⑦ 5)

🔖 (주1) 해당 사업에 직접 사용할 건축물을 건축 중인 경우와 건축허가 후 행정기관의 건축규제조치로 건축에 착공하지 못한 경우의 건축 예정 건축물의 부속토지 포함

🔖 (주2) 2020년 취득분은 취득 후 납세의무가 최초로 성립하는 날부터 5년간(도시지역분 제외) 경감하며, 2019.12.31. 이전에 취득한 부동산으로서 2020.1.1. 당시 그 부동산에 대한 재산세 납세의무가 최초로 성립한 날부터 5년이 지나지 아니한 경우에도 각각 적용함(이 경우 재산세의 경감기간은 2020.1.1.을 기준으로 해당 부동산에 대한 재산세 납세의무가 최초로 성립한 날부터 5년이 지나지 아니한 잔여기간으로 함)(지특법 부칙 §5 ②).

🔖 (주3) 면제대상 사업과 수익사업에 건축물이 겸용되거나 종업원이 겸직하는 경우에는 주된 용도 또는 직무에 따름.

🔖 (주4) 채취나 채수라는 표현없이 "생산된"으로만 표현되어 있어서 지하수는 포함되지 아니하는 것으로 해석할 수 있는 오해의 소지가 있지만, 유권해석에 의하면 국가 등에 무료로 제공하는 "생산된 전력 등"에 지하수도 포함하는 것으로 규정하고 있다(세정 13407-251, 2001.8.27.). 오해의 소지를 없애기 위하여 종전에 "생산된 전력 등"이라 표현하였던 것을 현행 「지방세법」에서는 "특정자원"으로 개정하였는바, 지특법에서도 동일하게 개정하여야 할 것임. 여기서 직접 생산 등을 한 것이 아니라 무료로 제공받아서 지역자원시설세 면제되는 경우라 하더라도 수익사업을 영위할 때 수익사업은 제외한다라고 규정되어 있지 아니하므로 감면을 하여야 할 것임.

---

113) 2년 이상 고유목적 사용 후 수익사업하는 경우 추징대상이 아닌 것으로 대법원판결(대법원 2012두26678, 2013.3.28.)이 있었으므로 수익사업을 하더라도 2년 이상 고유목적 사용 후 수익사업하는 경우 감면대상이 되는 것이다.

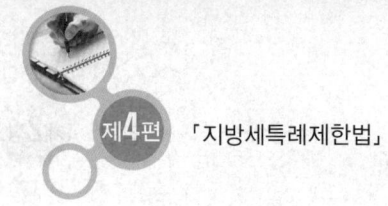

2) 추징요건

다음 어느 하나에 해당하는 경우 그 해당 부분에 대해서는 감면된 취득세를 추징한다.

① 해당 부동산을 취득한 날부터 5년 이내에 수익사업에 사용하는 경우

'5년 이내' 규정은 2017년 이후부터 적용되나, 2016.12.31. 이전에 감면받은 지방세를 2017. 1.1. 이후 추징하는 경우에도 적용된다(부칙 §4). 그런데 그 이전에도 취득일로부터 5년 이내만 추징이 되었다는 점에서 마찬가지로 적용되어 왔었다.

② 정당한 사유 없이 그 취득일부터 3년이 지날 때까지 해당 용도로 직접 사용하지 아니하는 경우

③ 해당 용도로 직접 사용한 기간이 2년 미만인 상태에서 매각·증여하거나 다른 용도로 사용하는 경우

상기에서 고유목적에 2년 이상 사용 후 수익사업하는 경우 조문상 고유목적사업 영위 전후와 관계없이 수익사업이면 무조건 추징대상이 되는 것으로 해석할 여지가 있으나 대법원판결(대법원 2012두26678, 2013.3.28.)에서 2년 이상 고유목적 사용 후 수익사업하는 경우 추징대상이 아닌 것으로 판시한 바 있다.

이와 관련하여 사회복지법인 등에 대한 감면(지특법 §22) 참조하기 바란다.

3) 유의사항

① 평생교육의 범위

「평생교육법」 제2조에 따르면 '평생교육'이란 학교의 정규교육과정을 제외한 학력보완교육, 성인 기초·문자해득교육, 직업능력 향상교육, 인문교양교육, 문화예술교육, 시민참여교육 등을 포함하는 모든 형태의 조직적인 교육활동을 말한다. 여기서 '문자해득교육'이란 일상생활을 영위하는 데 필요한 기초능력이 부족하여 가정·사회 및 직업생활에서 불편을 느끼는 자들을 대상으로 문자해득(文字解得)능력을 갖출 수 있도록 하는 조직화된 교육프로그램을 말한다.

② 평생교육기관의 범위

「평생교육법」 제2조에 따르면 '평생교육기관'이란 다음 어느 하나에 해당하는 시설·법인 또는 단체를 말한다.

㉠ 「평생교육법」에 따라 인가·등록·신고된 시설·법인 또는 단체

㉡ 「학원의 설립·운영 및 과외교습에 관한 법률」에 따른 학원 중 학교교과교습학원을 제외한 평생직업교육을 실시하는 학원

㉢ 그 밖에 다른 법령에 따라 평생교육을 주된 목적으로 하는 시설·법인 또는 단체

③ 수익사업의 범위

「평생교육법」 제31조 제4항에 따른 전공대학 형태의 평생교육시설 및 같은 법 제33조 제3항에 따른 원격대학 형태의 평생교육시설을 경영하는 사업은 수익사업으로 보지 아니한다(법령 §2 ① 3). 「평생교육법」에 의한 원격대학 형태의 평생교육시설을 경영하는 사업이란 같은 법에 의한 교육과

정에 따라 실시하는 교육서비스업을 말하는 것으로 「평생교육법」에 의한 학교부설 평생교육기관인 전산정보교육원 등의 운영과 관련된 교육서비스업은 이에 해당되지 아니한다(법기통 3-2…6).

> **사례** 평생교육원을 설치하여 운영하고 있는 경우(지방세정팀-265, 2008.1.21.)
>
> 「평생교육법」 제25조의 규정에 따라 평생교육원을 설치하여 운영하고 있는 경우라면, 해당 학교법인은 "「평생교육법」에 의한 교육시설을 운영하는 평생교육단체"에 해당된다 할 것으로 평생교육사업에 직접 사용하기 위한 부동산의 취득에 대하여는 취득세 등을 비과세하여야 될 것으로 판단됨.

④ 개인이 운영하는 경우

「평생교육법」 제20조에 의한 학교형태의 평생교육시설을 갖추고 법인 또는 단체가 아닌 개인이 운영하는 경우라면 취득세가 비과세되지 아니한다(세정 13407-433, 2001.10.17.).

④ 평생교육시설 등에 대한 감면(지특법 §44)

(1) 평생교육시설에 대한 감면(지특법 §44 ①, ②, ③, ⑤)

1) 감면요건

① 감면대상자

「평생교육법」에 따라 인가·등록·신고·보고된 평생교육시설(2021년 이후 전공대학 명칭을 사용할 수 있는 평생교육시설 포함) 소유자, 전공대학의 운영과 관련하여 「산업교육진흥 및 산학연협력촉진에 관한 법률」 제25조에 따라 설립·운영하는 산학협력단

② 감면대상 및 감면범위

평생교육시설[전공대학 명칭을 사용할 수 있는 평생교육시설(2021년 이후), 학력인정 평생교육시설(2025년 이후) 제외]에 사용하기 위하여 취득하는 부동산	취득세 50% 경감 (2019년 이전 면제)
과세기준일 현재 평생교육시설[전공대학 명칭을 사용할 수 있는 평생교육시설(2021년 이후), 학력인정 평생교육시설(2025년 이후) 제외]에 직접 사용하는 부동산(해당 시설을 다른 용도로 함께 사용하는 경우 그 부분 제외)	재산세 50% 경감[주1] (2019년 이전 면제, 2018년 이전 도시지역분 포함) 지역자원시설세 면제(2018년 이전)
전공대학 명칭을 사용할 수 있는 평생교육시설에 직접 사용하기 위하여 취득하는 부동산(2021년 이후 적용)[주2]	취득세 면제
과세기준일 현재 전공대학 명칭을 사용할 수 있는 평생교육시설에 직접 사용하는 부동산[주3](2023년 이후 수익사업에 사용하는 경우와 해당 재산이 유료로 사용되는 경우의 그 재산 및 해당 재산의 일부가 그 목적에 직접 사용되지 아니하는 경우의 그 일부 재산 제외되며, 2021년과 2022년은 해당 시설을 다른 용도로 함께 사용하는 경우 그 부분 제외, 2021년 이후 적용)	재산세 면제 (2023년 이후 도시지역분 포함) 지역자원시설세 면제(2023년 이후)

전공대학 명칭을 사용할 수 있는 평생교육시설이 그 사업에 직접 사용하기 위한 면허(2023년 이후)	등록면허세 면제
전공대학 명칭을 사용할 수 있는 평생교육시설[수익사업(수익사업 여부는 지특법 §41 ③ 단서에 따름)에 관계되는 주민세 사업소분 및 종업원분은 제외](2023년 이후)	주민세 사업소 면적분과 종업원분 면제
전공대학 명칭을 사용할 수 있는 평생교육시설의 운영과 관련하여 「산업교육진흥 및 산학연협력촉진에 관한 법률」 §25에 따라 설립·운영하는 산학협력단(2023년 이후) ○ 그 고유업무에 직접 사용하기 위하여 취득하는 부동산 ○ 과세기준일 현재 그 고유업무에 직접 사용하는 부동산	취득세 75% 경감 재산세 75% 경감 (도시지역분 제외)
평생교육시설 중 「평생교육법」 §31 ②에 따라 고등학교졸업 이하의 학력이 인정되는 시설로 지정된 학교형태의 평생교육시설("학력인정 평생교육시설")에 직접 사용하기 위하여 취득하는 부동산(2025년 이후 적용)	취득세 면제
과세기준일 현재 학력인정 평생교육시설에 직접 사용하는 부동산(해당 시설을 다른 용도로 함께 사용하는 경우 그 부분은 제외)(2025년 이후 적용)	재산세 면제 (도시지역분 포함) 소방분 지역자원시설세 면제
학력인정 평생교육시설(직접 사용)(2025년 이후 적용)	면허분 등록면허세 면제 주민세 사업소 면적 사업소분 면제 주민세 종업원분을 면제

🔎 감면시한 : 2027.12.31.(8단은 2026.12.31.)

🔎 최소납부제 적용 시기 : 2016.1.1. 이후(전공대학 명칭을 사용할 수 있는 평생교육시설, 학력인정 평생교육시설은 최소납부제 배제)

🔎 농어촌특별세 과세 여부 : 취득세분 농어촌특별세 과세, 취득세 경감분(면제분) 농어촌특별세 비과세(농특령 §4 ⑦ 5)

🔎 (주1) 2020년 취득분은 취득 후 납세의무가 최초로 성립하는 날부터 5년간(도시지역분 제외) 경감하며, 2019.12.31. 이전에 취득한 부동산으로서 2020.1.1. 당시 그 부동산에 대한 재산세 납세의무가 최초로 성립한 날부터 5년이 지나지 아니한 경우에도 각각 적용함(이 경우 재산세의 경감기간은 2020.1.1.을 기준으로 해당 부동산에 대한 재산세 납세의무가 최초로 성립한 날부터 5년이 지나지 아니한 잔여기간으로 함)(지특법 부칙 §5 ②).

🔎 (주2) 2020년 이전 재산세의 감면을 받고 있던 경우 개정규정에도 불구하고 종전규정을 적용받을 수 있으며, 이에 따라 재산세의 감면에 관하여 종전규정 또는 개정규정의 감면을 적용받는 경우에는 그 중 하나를 선택하여 감면기간 동안 동일한 규정을 계속하여 적용하여야 함(지특법 부칙 §8).

🔎 (주3) 대통령령으로 정하는 건축물의 부속토지를 포함하며, 건축물의 부속토지 여부는 지특법 §41 ② 본문에 따름.

○ 평생교육시설의 범위
「평생교육법」에 따라 인가·등록·신고·보고된 평생교육시설로서
① 「평생교육법」 제30조에 따른 학교 부설 평생교육시설
② 「평생교육법」 제31조에 따른 학교 형태의 평생교육시설

③ 「평생교육법」 제32조에 따른 사내대학형태의 평생교육시설
④ 「평생교육법」 제33조에 따른 원격대학형태의 평생교육시설
⑤ 「평생교육법」 제35조에 따른 사업장 부설 평생교육시설
⑥ 「평생교육법」 제36조에 따른 시민사회단체 부설 평생교육시설
⑦ 「평생교육법」 제37조에 따른 언론기관 부설 평생교육시설
⑧ 「평생교육법」 제38조에 따른 지식·인력개발사업 관련 평생교육시설

2) 추징요건

① 2025.1.1. 이후 취득분(감면분) 중 학력인정 평생교육시설

다음 어느 하나에 해당하는 경우 그 해당 부분에 대해서는 감면된 취득세를 추징한다.

㉠ 정당한 사유 없이 그 취득일부터 3년이 지날 때까지 해당 용도로 직접 사용하지 아니하는 경우
㉡ 해당 용도로 직접 사용한 기간이 2년 미만인 상태에서 매각·증여하거나 다른 용도로 사용하는 경우

② 2019.1.1. 이후 취득분(감면분)

다음 어느 하나에 해당하는 경우 그 해당 부분에 대해서는 감면된 취득세와 재산세(2023년 이후 전공대학 명칭을 사용할 수 있는 평생교육시설은 제외, 2025년 이후 학력인정 평생교육시설 제외)를 추징한다.

㉠ 해당 부동산을 취득한 날부터 5년 이내에 수익사업에 사용하는 경우
㉡ 정당한 사유 없이 그 취득일부터 3년이 지날 때까지 해당 용도로 직접 사용하지 아니하는 경우
㉢ 해당 용도로 직접 사용한 기간이 2년 미만인 상태에서 매각·증여하거나 다른 용도로 사용하는 경우

③ 2018.12.31. 이전 취득분(감면분)

별도의 추징규정이 없는바, 「지방세특례제한법」 제178조에 따라 다음 어느 하나에 해당하는 경우 그 해당 부분에 대해서는 감면된 취득세를 추징한다.

㉠ 정당한 사유 없이 그 취득일부터 1년이 경과할 때까지 해당 용도로 직접 사용하지 아니하는 경우
㉡ 해당 용도로 직접 사용한 기간이 2년 미만인 상태에서 매각·증여하거나 다른 용도로 사용하는 경우

3) 유의사항

① 평생교육시설의 범위

감면대상이 되는 평생교육시설은 「평생교육법」에 따라 인가·등록·신고·보고된 평생교육 시설(2015년 이전은 「박물관 및 미술관 진흥법」 제16조에 따라 등록된 박물관 및 미술관, 「도서 관법」 제31조 또는 제40조에 따라 등록된 도서관 및 「과학관의 설립·운영 및 육성에 관한 법률」 제6조에 따라 등록된 과학관 포함)을 말한다.

'평생교육'이란 학교의 정규 교육 과정을 제외한 학력보완교육, 성인 기초·문자해득교육, 직 업능력 향상교육, 인문교양교육, 문화예술교육, 시민참여교육 등을 포함하는 모든 형태의 조직적 인 교육활동을 말하며, 「평생교육법」에 따라 인가·등록·신고·보고된 평생교육시설에는 학교 부설 평생교육시설, 학교형태의 평생교육시설, 사내대학형태의 평생교육시설, 원격대학 형태의 평생교육시설, 사업장 부설 평생교육시설, 시민사회단체 부설 평생교육시설, 언론기관 부설 평생 교육시설 및 지식·인력개발 관련 평생교육시설로 구분되어 있다. 이들 시설 중에 사업장 부설 평생교육시설은 종업원이 100명 이상인 사업장의 경영자는 해당 사업장의 고객 등을 대상으로 하는 평생교육시설을 설치·운영할 수 있다라고 규정되어 있는바, 법인 직원만의 교육목적인 경 우에는 평생교육시설로 보기에는 어려움이 있을 것으로 판단된다.[114]

일반적으로 고유목적 사업을 위하여 필요한 사무실, 숙직실도 직접 고유목적사업에 사용하는 것으로 판단하고 있다. 그런데 연구실의 경우 「박물관 및 미술관 진흥법」 제4조 사업에 조사연구 도 있으므로 연구실도 고유목적사업에 사용하는 시설로 보아야 할 것이며, 체험 프로그램실도 필수시설은 아니나 박물관 및 미술관 전시홍보 등을 위한 시설로 보아 고유목적사업에 사용하는 것으로 보아야 할 것이다. 그런데 실비변상적인 금액을 초과하여 프로그램 비용을 징수한다면 수익사업에 사용하는 것으로 보아 감면대상이 아니라 할 것이고, 전시품 판매장(뮤지엄샵)을 직 접 운영하는 경우 수익사업을 영위하고 있는 바(임대하여 운영하는 경우에도 임대사업, 즉 수익 사업을 영위하는 것임), 감면대상이 되지 아니할 것이다.

평생교육시설 중 숙소와 헬스장이 구내에 있으면서 교육생, 강사 및 직원만 사용하는 시설인 경우에는 직접 사용하는 시설로 볼 수 있으나, 일반인도 사용할 수 있다면 수익사업에 사용하므 로 직접 사용 시설로 볼 수 없을 것이며, 카페의 경우 구내매점처럼 수익사업에 사용되고 있어서 직접 사용 시설로 보기에는 어려움이 있을 것이다.

> **사례** 평생교육시설 설치·운용 목적 부동산 해당 여부(지방세운영과-33, 2013.3.27.)
>
> 교육(연수)원용으로 부동산을 취득하여 취득세 등을 신고납부한 후 평생교육시설 설치자 지위를 승계받아 증축 및 대수선을 통해 평생교육시설로 운영하고 있다. 2009.9.29. 쟁점 부동산을 취득하면 서 물건종류를 교육(연수)원으로 신고한 점, 2009.12.17. 평생교육시설 인가를 받으면서 평생교육시

---

114) 평생학습정책과의 유권해석에서는 평생교육시설에서는 숙박시설을 갖출 수 없으며(2012.3.12.), 평생교육 시설의 설치의 목적은 지역주민을 위한 한정된 시설에서 일정한 시간을 정하여 교육토록 되어 있는바, 합 숙은 원칙적으로 불가능하다(2006.9.8.).

설용에 사용할 목적으로 종전의 지위와 명칭을 승계받았던 점, 취득일부터 평생교육시설로 인가를 받은 시점까지 약 3개월간의 상수도 사용량이 미미(종전의 1/10 이하)하여 동 기간 동안 쟁점 부동산이 다른 용도로 사용되었다고 보기는 어려운 점, 2010.6.30. 증축 및 대수선 건축공사 착공신고가 수리되어 취득일로부터 1년 이내의 건축공사 착공요건도 충족하고 있는 점, 2012.4.6. 증축 및 대수선한 건축물의 사용승인 당시는 취득세 등 감면대상인 평생교육시설로 보면서 그 증축 및 수선대상이 된 쟁점 부동산은 평생교육시설 설치용이 아니라고 보기는 어려운 점, 2012.5.21. 평생교육시설의 명칭을 취득 당시와 같은 (00)연수원으로 변경하여 평생교육시설로 현재까지 운영되고 있는 점 등을 종합적으로 고려해 볼 때, 쟁점 부동산의 경우 평생교육시설을 설치·운영할 목적으로 취득하였다고 봄이 타당함.

> **사례** 부동산 소유자인 A가 평생교육시설로 관할 교육청에 사회교육시설로 승인받아 운영하다가 B사가 A사의 사회교육시설 설치자 지위승계 신고 후 관할 교육청으로부터 승인받아 문화센터의 운영과 강의에 필요한 집기류 등을 일체로 인계받아 사용 중인 경우로써, 계약서상의 임대료는 무상으로 하며, 임차인 B사는 A사의 홍보 및 이벤트를 적극 지원하고 공동으로 진행하고, B사는 임대차 물건의 관리유지에 필요한 관리요원의 급료, 수도광열비 등 관리비를 실비로 납부하기로 되어 있는 경우 감면 여부

"직접 사용"이라 함은 부동산의 소유자가 영유아보육시설의 운영자로서 그 소유한 부동산을 과세기준일 현재 보육시설에 직접 사용하는 경우만을 의미하는 것으로(감심 2008-182, 2008.6.12.), 부동산의 소유자가 그 소유한 부동산을 다른 사람에게 유상 또는 무상으로 임대하는 등 소유자가 아닌 다른 사람이 그 보육시설을 운영하는 경우에는 영유아보육시설에 직접 사용하는 부동산으로 볼 수 없는 점(감심 2008-182, 2008.6.12., 감심 2009-244, 2009.12.10., 조심 2008지1082, 2009.2.23. 등 참조) 등을 고려할 때, 부동산 소유자와 운영자가 달라 감면이 되지 아니할 것임.

② 법인의 인재개발원의 평생교육시설에 해당 여부

평생교육은 특정 집단 또는 계층에 한정하지 아니하고 일반 지역사회 주민 등 불특정 다수를 대상으로 하는 교육을 당연히 전제하는 것으로 보이는바, 지식·인력개발사업 관련 평생교육시설로 신고된 이 교육시설에서 불특정 다수가 아닌 해당 법인 또는 계열 회사의 임·직원에 대한 교육을 주로 진행하였으므로 이 교육시설은 구「평생교육법」제38조에서 정한 지식·인력개발 관련 평생교육시설에 직접 사용하는 부동산이라고 할 수 없다(대법원 2016두41842, 2016.9.30.).

③ 재산세 감면 시 '직접 사용'의 의미

「지방세특례제한법」제44조에서 부동산의 소유자(취득자)가 평생교육시설에 당해 부동산을 직접 사용하는 경우에 한하여 재산세를 경감한다고 규정하고 있지는 아니하므로 '직접 사용'의 의미는 당해 부동산의 용도가 평생교육시설에 사용하는 것이면 충분하고, 그 사용 방법이 스스로 그와 같은 용도에 제공하거나 혹은 제3자에게 임대 또는 위탁하여 그와 같은 용도에 제공하는지 여부는 가리지 않는다 할 것인바, 토지를 직접 평생교육시설에 사용하지 아니하였다 하더라도 제3자가 토지상의 시설물에 대하여 사업장 부설 평생교육시설로 신고한 후, 토지 중 일부(100분의 51.4)를 평생교육시설의 부속토지로 직접 사용하고 있으므로 동 토지는 「지방세특례제한법」제44조에서 규정하고 있는 평생교육시설에 직접 사용하는 토지로 보아야 할 것이다(조심 2013지

0528, 2014.1.15.)라고 결정한 바 있었다.

한편, 2014.1.1. 이후 '직접 사용'이란 부동산의 소유자가 해당 부동산을 사업 또는 업무의 목적이나 용도에 맞게 사용하는 것을 말한다(지특법 §2 8)라고 규정하고 있는바, 상기 심판례가 2013.12.31. 이전 법조문으로 해석한 것으로 보아야 한다는 점에서 부동산 소유자가 아닌 제3자가 해당 용도에 사용하는 경우에는 직접 사용으로 볼 수 없어서 재산세 감면이 되지 아니하는 것으로 해석하여야 할 것이다.

④ 수익사업의 범위

「평생교육법」 제31조 제4항에 따른 전공대학 형태의 평생교육시설 및 같은 법 제33조 제3항에 따른 원격대학 형태의 평생교육시설을 경영하는 사업은 수익사업으로 보지 아니한다(법령 §2 ① 3). '「평생교육법」에 의한 원격대학 형태의 평생교육시설을 경영하는 사업'이란 같은 법에 의한 교육과정에 따라 실시하는 교육서비스업을 말하는 것으로 「평생교육법」에 의한 학교부설 평생교육기관인 전산정보교육원 등의 운영과 관련된 교육서비스업은 이에 해당되지 아니한다(「법인세법 기본통칙」 3-2…6).

한편, 평생교육시설에 대하여 「지방세특례제한법」 제44조에 별도로 규정되어 있는데, 학교부속기관이 「평생교육법」에 따라 인가·등록·신고·보고된 평생교육시설에 해당한다면 감면대상이 될 것이다(지방세정팀-265, 2008.1.21. 참조). 그런데 평생교육시설에 해당되지 아니할 경우에는 학교법인이 수익사업을 영위하고 있는바, 감면대상이 되지 아니한다.

평생교육법령에서 평생교육의 교육과정·방법·시간 등의 운영규칙에 관하여 평생교육을 실시하는 자가 정하도록 규정하고 있고, 교육감에게 신고한 운영규칙에는 일일강좌 중 시간강좌를 참여하는 수강생을 포함한다고 기재되어 있으므로 이 평생교육시설에 일일강좌 수강생이 있다하여 토지상의 시설물이 평생교육시설에 해당하지 아니한다고 볼 수는 없다 할 것이며, 또한 학습비를 받는 평생교육시설에 대하여 「법인세법 시행령」 제2조 및 「체육시설의 설치·이용에 관한 법률」 제20조에 따라 체육시설업 등록을 하였다 하여 위 시설물이 평생교육시설에 해당하지 아니한다고 볼 수도 없으므로 토지 중 평생교육시설의 부속토지로 사용되는 부분에 대하여는 재산세 등이 면제되는 것이 타당하다(조심 2013지0528, 2014.1.15.).

참고로, 청소년수련시설의 경우 「법인세법」상 수익사업에 해당하나, 지방세에서는 특례규정(지특법 §21 ②)을 두어 감면을 하고 있는바, 평생교육시설도 이와 마찬가지로 보여진다.

> **사례** 평생교육원을 설치하여 운영하고 있는 경우(지방세정팀-265, 2008.1.21.)
>
> 「평생교육법」 제25조의 규정에 따라 평생교육원을 설치하여 운영하고 있는 경우라면, 해당 학교법인은 "「평생교육법」에 의한 교육시설을 운영하는 평생교육단체"에 해당된다 할 것으로 평생교육사업에 직접 사용하기 위한 부동산의 취득에 대하여는 취득세 등을 비과세하여야 될 것으로 판단됨.

(2) 공공직업훈련시설에 대한 감면(지특법 §44 ④)

1) 감면요건

① 감면대상자

「근로자직업능력 개발법」 제2조 제3호 가목에 따른 공공직업훈련시설 소유자

② 감면대상 및 감면범위

공공직업훈련시설에 사용하기 위하여 취득하는 부동산 (2021년 이후 적용)	취득세 50% 경감
과세기준일 현재 공공직업훈련시설에 직접 사용하는 부동산 (해당 시설을 다른 용도로 함께 사용하는 경우 그 부분 제외)	재산세 50% 경감

📌 감면시한 : 2027.12.31.
📌 농어촌특별세 과세 여부 : 취득세분과 취득세 경감분 농어촌특별세 과세

2) 추징요건

다음 어느 하나에 해당하는 경우 그 해당 부분에 대해서는 감면된 취득세와 재산세를 추징한다.
㉠ 해당 부동산을 취득한 날부터 5년 이내에 수익사업에 사용하는 경우
㉡ 정당한 사유 없이 그 취득일부터 3년이 지날 때까지 해당 용도로 직접 사용하지 아니하는 경우
㉢ 해당 용도로 직접 사용한 기간이 2년 미만인 상태에서 매각·증여하거나 다른 용도로 사용하는 경우

⑤ 박물관 등에 대한 감면(지특법 §44-2)

(1) 박물관과 미술관에 대한 감면(지특법 §44-2 ①)

1) 감면요건

① 감면대상자

「박물관 및 미술관 진흥법」 제16조에 따라 등록된 박물관 및 미술관

② 감면대상 및 감면범위

박물관·미술관으로 직접 사용(2023년 이전은 사용)하기 위하여 취득하는 부동산	취득세 면제
과세기준일 현재 해당 박물관·미술관으로 직접 사용하는 부동산(해당 시설을 다른 용도로 함께 사용하는 경우 그 부분 제외)	재산세 면제 (2021년 이전 도시지역분 포함) 지역자원시설세 면제(2018년 이전)

📌 감면시한 : 2027.12.31.
📌 최소납부제 적용 시기 : 2016.1.1. 이후(2015.12.29. 법 개정 시 지특법 §44에서 이관되었기에 이관 전과 동일
📌 농어촌특별세 과세 여부 : 취득세 면제분 농어촌특별세 비과세(농특령 §4 ⑦ 5)

취득세 감면신청 시에 반드시 「박물관 및 미술관 진흥법」 제16조에 따라 등록된 박물관 및 미술관이어야 하는 것은 아니고, 부동산 취득 후 1년 이내에 박물관 및 미술관으로 등록하여 그 용도로 직접 사용하면 감면이 되는 것이다(법제처 2015-0291, 2015.6.17.). 따라서 박물관 등록을 하기 위해서는 시설을 갖춰야 등록이 되는 것으로 박물관 등록 이전에 취득한 경우 감면이 되나, 이를 모르고 취득세를 신고납부한 경우 당초 취득할 때부터 박물관 등으로 사용하기 위하여 취득하였고 다른 용도로 사용함이 없이 유예기간(1년) 내에 박물관 용도로 사용한 경우 경정청구를 통해 환급받을 수 있을 것이다.

부동산을 취득한 후 유예기간 내에 「박물관 및 미술관 진흥법」 제16조에 따라 등록 할 수 있는 박물관의 용도로 사용하는 경우 취득세를 면제하도록 규정하고 있는 점, 당해 부동산의 사용목적이 평생교육시설로서 미술관으로 사용이라고 규정하였을 뿐 그 외 감면대상에 대한 주체의 요건을 별도로 규정하고 있지 아니한 점, 「박물관 및 미술관 진흥법」 상에서 설립자와 대표자에 대한 일반적인 법리와 다른 별도의 규정을 두고 있지 아니한 점 등을 종합적으로 감안할 때, 부동산을 공동명의로 취득한 후 박물관 등록 시 취득자가 설립자와 대표자로 달리 등록하여 설립하였다 하더라도, 당해 부동산을 취득한 후 유예기간 내에 박물관의 용도로 사용하는 경우라면 취득세를 면제하는 것이 타당하다(지방세특례제도과-1468, 2016.6.27.). 이는 취득세 감면에서는 '직접 사용'이라 되어 있지 아니하기 때문으로 판단되나, 재산세의 경우에는 '직접 사용'이라고 규정되어 있어서 2014년 이후에는 대표자가 아닌 자의 지분에 대하여 재산세 감면이 되지 아니할 것으로 판단된다.

2) 추징요건

① 2025년 이후 취득분(감면분)

다음 어느 하나에 해당하는 경우 그 해당 부분에 대해서는 면제된 취득세를 추징한다
㉠ 정당한 사유 없이 그 취득일부터 1년이 경과할 때까지 해당 용도로 직접 사용하지 아니하는 경우
㉡ 해당 용도로 직접 사용한 기간이 2년 미만인 상태에서 매각·증여하거나 다른 용도로 사용하는 경우
㉢ 취득일부터 3년 이내에 「박물관 및 미술관 진흥법」 제22조에 따라 폐관신고되거나 같은 법 제29조에 따라 등록취소된 경우

② 2024년 이전 취득분(감면분)

별도의 추징규정이 없는바, 「지방세특례제한법」 제178조에 따라 다음 어느 하나에 해당하는 경우 그 해당 부분에 대해서는 감면된 취득세를 추징한다.
㉠ 정당한 사유 없이 그 취득일부터 1년이 경과할 때까지 해당 용도로 직접 사용하지 아니하는 경우

ⓛ 해당 용도로 직접 사용한 기간이 2년 미만인 상태에서 매각·증여하거나 다른 용도로 사용하는 경우

(2) 도서관과 과학관에 대한 감면(지특법 §44-2 ②)

1) 감면요건

① 감면대상자

「도서관법」 제36조에 따라 등록된 공공도서관[2024.12.31.까지는 종전의 같은 법(법률 제18547호로 개정되기 전의 것을 말함) 제40조에 따라 등록된 전문도서관 포함](2022.12.7. 이전에는 같은 법 제31조 또는 제40조에 따라 등록된 도서관) 및 「과학관의 설립·운영 및 육성에 관한 법률」 제6조에 따라 등록된 과학관

② 감면대상 및 감면범위

도서관 또는 과학관으로 직접 사용(2023년 이전은 사용)하기 위하여 취득하는 부동산	취득세 면제
과세기준일 현재 해당 도서관 또는 과학관으로 직접 사용하는 부동산(해당 시설을 다른 용도로 함께 사용하는 경우 그 부분 제외)	재산세 면제 (2021년 이전 도시지역분 포함) 지역자원시설세 면제(2018년 이전)

☛ 감면시한 : 2027.12.31.
☛ 최소납부제 적용 시기 : 2016.1.1. 이후(2015.12.29. 법 개정 시 지특법 §44에서 이관되었기에 이관 전과 동일함)
☛ 농어촌특별세 과세 여부 : 취득세 면제분 농어촌특별세 비과세(농특령 §4 ⑦ 5)

2) 추징요건

① 2025년 이후 취득분(감면분)

다음 어느 하나에 해당하는 경우 그 해당 부분에 대해서는 면제된 취득세를 추징한다
㉠ 정당한 사유 없이 그 취득일부터 1년이 경과할 때까지 해당 용도로 직접 사용하지 아니하는 경우
㉡ 해당 용도로 직접 사용한 기간이 2년 미만인 상태에서 매각·증여하거나 다른 용도로 사용하는 경우
㉢ 취득일부터 3년 이내에 「도서관법」 제36조 제5항에 따라 폐관신고되거나 같은 법 제38조에 따라 등록취소된 경우 또는 「과학관의 설립·운영 및 육성에 관한 법률」 제12조에 따라 등록취소되거나 같은 법 제14조에 따라 폐관통보된 경우

② 2024년 이전 취득분(감면분)

별도의 추징규정이 없는바, 「지방세특례제한법」 제178조에 따라 다음 어느 하나에 해당하는 경우 그 해당 부분에 대해서는 감면된 취득세를 추징한다.

　㉠ 정당한 사유 없이 그 취득일부터 1년이 경과할 때까지 해당 용도로 직접 사용하지 아니하는 경우
　㉡ 해당 용도로 직접 사용한 기간이 2년 미만인 상태에서 매각·증여하거나 다른 용도로 사용하는 경우

⑥ 학술단체 및 장학법인에 대한 감면(지특법 §45)

(1) 학술단체 등에 대한 감면(지특법 §45 ①)

1) 감면요건

① **감면대상자**

　정부로부터 허가 또는 인가를 받거나 「민법」 외의 법률에 따라 설립되거나 그 적용을 받는 학술단체(2019년 이전은 학술연구단체로, 장학단체·과학기술진흥단체 포함)(2018년 이후 「공공기관의 운영에 관한 법률」 제4조에 따른 공공기관은 행정안전부장관이 정하여 고시하는 경우로 한정하나, 「국제과학비즈니스벨트 조성 및 지원에 관한 특별법」에 따른 기초과학연구원과 「과학기술분야 정부출연연구기관 등의 설립·운영 및 육성에 관한 법률」에 따른 연구기관은 제외. 2017년 이전은 행정안전부장관이 미래창조과학부장관 또는 교육부장관과 협의하여 고시하는 단체 포함)

　☞ 학술단체의 범위
　　「학술진흥법」 §2 1호에 따른 학술의 연구·발표활동 등을 주된 목적으로 하는 법인 또는 단체로서 다음 어느 하나에 해당하는 법인 또는 단체를 말함(다만, 해당 법인 또는 단체가 「공공기관의 운영에 관한 법률」 §4에 따른 공공기관은 제외(2023년 이전은 공공기관은 행정안전부장관이 정하여 고시하는 법인 또는 단체로 한정함).
　　① 「공익법인의 설립·운영에 관한 법률」 §4에 따라 설립된 공익법인
　　② 「민법」 §32에 따라 설립된 비영리법인
　　③ 「민법」 및 「상법」 외의 법령에 의하여 설립된 법인
　　④ 「비영리민간단체 지원법」 §4에 따라 등록된 비영리민간단체

② **감면대상 및 감면범위**

학술연구사업(2019년 이전은 그 고유업무)에 직접 사용하기 위하여 취득하는 부동산	취득세 면제
과세기준일 현재 학술연구사업(2019년 이전은 그 고유업무)에 직접 사용하는 부동산	재산세 면제 (2019년 이전 도시지역분 포함) 2019년 이전 지역자원시설세 면제^(주)

　☞ 감면시한 : 2027.12.31.
　☞ 최소납부제 적용 시기 : 2016.1.1. 이후
　☞ 농어촌특별세 과세 여부 : 취득세 면제분 농어촌특별세 비과세(농특령 §4 ⑦ 5)

☞　(주) 지역자원시설세 면제는 학술연구단체·장학단체만 해당됨.

2) 추징요건

별도의 추징규정이 없는바, 「지방세특례제한법」 제178조에 따라 다음 어느 하나에 해당하는 경우 그 해당 부분에 대해서는 감면된 취득세를 추징한다.

① 정당한 사유 없이 그 취득일부터 1년이 경과할 때까지 해당 용도로 직접 사용하지 아니하는 경우

② 해당 용도로 직접 사용한 기간이 2년 미만인 상태에서 매각·증여하거나 다른 용도로 사용하는 경우

③ 취득일부터 3년 이내에 관계 법령에 따라 설립허가가 취소되는 등 다음의 사유에 해당하는 경우[2020년 이후 감면분부터(부칙 §14)]

　　㉠ 「공익법인의 설립·운영에 관한 법률」 제16조에 따라 공익법인의 설립허가가 취소된 경우

　　㉡ 「민법」 제38조에 따라 비영리법인의 설립허가가 취소된 경우

　　㉢ 「비영리민간단체 지원법」 제4조의 2에 따라 비영리민간단체의 등록이 말소된 경우

3) 유의사항

① 학술연구단체의 범위

학술연구단체의 범위에 대하여는 지방세법령에 구체적으로 명시하고 있지 아니하므로 개별적으로 그 법인이나 단체의 정관상 목적사업, 예산 및 사업실적 등을 고려하여 해당 여부를 판단하되, 학술연구 등이 사업의 부수업무가 되거나 지원업무가 아닌 주된 사업이어야 하고, 주된 사업의 판단은 해당 법인이나 단체의 정관상 목적사업과 관련하여 사업실적, 예산의 사용용도 등에 있어 그 비율이 많은 사업을 주된 사업으로 판단하여야 할 것이며, "학술연구단체"에 해당하는지 여부는 단체의 명칭 여하를 불문하고 실질적인 활동내역, 예산집행상황 등을 종합적으로 고려하여 판단하여야 한다. '학술연구단체'란 법인의 정관상 목적사업이 학술교류, 학회지나 회보간행, 연구발표회 및 학술연구회 개최 또는 연구논문들을 정기적으로 발간하는 것을 주된 사업으로 영위하는 법인 또는 단체라 할 수 있다.

주된 사업의 판단은 해당 법인이나 단체의 정관상 목적사업과 관련하여 사업실적, 예산의 사용용도 등에 있어 그 비율이 많은 사업을 주된 사업으로 판단하여야 할 것이므로 학술연구 관련 사업실적이나 예산사용에 있어서 그 비율이 가장 많은 경우에는 학술연구단체로 인정이 될 것이나, 그렇지 않다면 인정되지 아니할 것이다.

> **사례**　학술연구단체에 대한 재산세 면제 여부(지방세운영과-1633, 2013.7.25.)
>
> 해당 부동산(목적물)은 창업보육센터가 그 목적사업에 사용하는 것으로 보는 것이 합리적이라 할 것이며, A연구원이 그 고유업무에 직접 사용하는 부동산으로 보기는 어렵다고 할 것이다. 따라서 A연구원의 창업보육센터가 사용하는 부동산에 대해서는 「지방세특례제한법」 제45조 제1항에 따른

학술연구단체·장학단체·과학기술진흥단체가 그 고유업무에 직접 사용하는 부동산에 해당하지 않아 재산세 면제대상이 아니라고 할 것임.

> **사례** 도로교통공단의 학술연구단체에 해당 여부(지방세운영과-1605, 2013.7.24.)
>
> 공단의 정관상 목적사업은 도로에서의 교통안전에 관한 교육·홍보·연구·기술개발과 운전면허 시험의 관리 등으로 TBN교통방송 자체만으로는 학술의 연구나 발표를 주된 사업으로 하는 학술연구단체로 보기는 어렵다고 할 것이며, 공단에서 교통과학연구, 교통안전교육 등의 학술의 연구와 발표를 하는 경우라도 공단의 사업실적, 예산의 사용용도 등에 있어 그 비율이 주된 사업이 아닌 부대사업이나 지원사업에 불과하다면 학술연구단체에 해당되지 아니한다고 할 것임.

> **사례** A법인이 운영하고 있는 일반 음식점 및 재활용품 판매점의 경우 남북한 민족의학 연구 등을 목적사업으로 하는 학술연구단체의 고유업무로 보기는 어렵다고 할 것임(지방세운영과-478, 2012.2.14.).

> **사례** 학술연구단체 등의 요건에 해당 여부(세정과-4516, 2007.11.1.)
>
> 원고는 「의료법」에 의하여 설립된 법인으로서 국민보건의 계몽지도 등 공익을 목적으로 하는 비영리 사업을 영위한다고는 할 수 있으나, 그 밖에도 의도의 앙양과 의권신장, 의료인의 보수교육과 공제사업 등을 목적으로 하면서 그 부대사업으로 의학, 의술에 관한 연구 및 학술지의 제작과 배포를 하고 있을 뿐이라고 인정되므로 원고를 학술의 연구와 발표를 주된 목적으로 하는 단체로는 볼 수 없음.

> **사례** 학술연구단체 등의 요건(지방세운영과-340, 2008.7.23.)
>
> 학술연구단체 등의 범위에 대하여는 지방세법령에 구체적으로 명시하고 있지 아니하므로 개별적으로 그 법인이나 단체의 정관상 목적사업, 예산 및 사업실적 등을 고려하여 해당 여부를 판단하되, 학술연구 등의 사업이 부수업무가 되거나 지원업무가 아닌 "주된 사업"이어야 하며, 주된 사업의 판단은 해당 법인이나 단체의 정관상 목적사업과 관련하여 사업실적, 예산의 사용용도 등에 있어 그 비율이 많은 사업을 주된 사업으로 판단하여야 할 것(1995.5.23. 대법원 94누7515 판결 참조)인바, ○○○○○○원이 해당 법인의 정관상 목적사업인 산업계, 연구소, 학계 등에 국내·외 산업재산권 및 기술정보 등을 효율적으로 정보화하고 그 보급 등을 주된 사업으로 운영되고 있다면 상기 규정에 의한 학술연구단체 등의 요건을 갖추었다고 볼 수 있을 것임.

② 장학단체의 범위(2019년 이전만)

정부로부터 허가 또는 인가를 받거나 「민법」 외의 법률에 의하여 설립 또는 그 적용을 받는 단체로 되어 있는바, 법인이 장학단체를 인수하여 장학사업을 하더라도 그 법인의 주업 여부와는 관계없고, 우선 정부로부터 허가 또는 인가를 받거나 「민법」 외의 법률에 의하여 설립 또는 그 적용을 받는 단체가 되어 있어야 하는 것이다.

장학단체 등의 범위에 대하여는 지방세법령에서 구체적으로 규정하고 있지 아니하므로 개별적으로 그 법인이나 단체의 정관상 목적사업, 예산 및 사업실적 등을 고려하여 장학단체에 해당하는지의 여부를 판단하되, 장학단체 등의 사업이 부수업무가 되거나 지원업무가 아닌 "주된 사업"이어야 하며, 주된 사업의 판단은 당해 법인이나 단체의 정관상 목적사업과 관련하여 사업실적, 예산의 사용용도 등에 있어 그 비율이 높은 사업을 주된 사업으로 판단하여야 할 것으로(대법원 94누7515, 1995.5.23. 참조), 법인등기부 및 정관에 장학사업(장학시설 운영사업 포함)이 포함되어 있으나, 어업인의 보호 · 육성 및 복지증진을 위한 사업을 통하여 어업인들에 대한 교육 · 지원의 활성화 및 어촌지역사회의 유지 · 발전과 어업인의 삶의 질 향상에 기여하고 이바지함을 목적으로 설립되었고, 어촌문화사업, 어업인 교육 · 지원사업, 어업인의 복지증진을 위한 사업 등을 목적사업으로 하고 있어 장학사업 보다는 어업인의 교육, 문화, 복지사업 등을 주요 사업으로 하고 있다고 보는 것이 보다 타당해 보이는 점, 법인설립 이후 2012년도말까지 장학사업과 관련한 업무를 수행한 사업실적, 예산편성 및 집행실적 등이 전혀 없는 점,[115] OOO로부터 특별적립금을 받아 농어민복지사업 등에 사용하는 재원으로서 이를 지원받고자 하는 자는 OOO이고, 나머지를 어업인에 대한 교육, 질병치료지원, 문화강좌 등의 사업에 지출한 것으로 나타나는 점 등에 비추어 어업인의 교육, 문화, 복지사업 등을 주된 목적사업으로 하는 단체에 해당한다고 보는 것이 타당하다 할 것이고, 장학사업은 부수적인 사업에 해당한다고 보는 것이 타당해 보이므로 부동산 취득을 취득세 면제대상이 아니다(조심 2014지0774, 2015.6.30.).

참고로, 「지방세법」과 그 하위 법령에는 장학금의 개념이 규정되어 있지 않은데, 「장학금 규정」(대통령령) 제2조의 규정을 보면 '장학금'이란 "학생에게 지급하는 학비 보조금 또는 연구원에게 지급하는 연구비보조금을 말한다"고 되어 있고, 같은 규정 제4조를 보면 "연구원"은 "특히 재능이 우수한 자로서 국가 또는 인류문화상 공헌이 크다고 인정되는 학문 또는 기술을 연구하는 자"로 되어 있는 등 학비 보조금뿐만 아니라 국가 등에 공헌이 큰 학문과 기술을 연구하는 사람에게 지원하는 연구비 보조금도 제한적으로 장학금의 범주(範疇)에 포함하고 있다. 또한, 장학금의 사전적(辭典的) 의미도 위 규정과 마찬가지로 학생에게 보조하는 금전뿐만 아니라 연구자에게 주는 금전을 함께 포함하는 것으로 되어 있다. 연구비 지원과제 선발 기준이 "우리나라 산업의 국제경쟁력 강화에 기여할 수 있는 과제"로 되어 있고, 이는 국가에 대한 공헌이 큰 학문 또는 기술과 맥락이 같은 것이라는 점을 고려할 때 연구비 보조금도 학생에 대한 보조금과 마찬가지로 장학금의 범주에 포함된다고 볼 수 있다.

> **사례** 장학단체 등이 고유업무에 직접 사용하기 위하여 취득하는 부동산이라고 하더라도 임대용 부동산일 경우 취득세와 등록세를 면제하는 부동산에 제외되므로 이는 취득세 등 면제 요건에 해당하지 아니함(대법원 2007두15919, 2007.10.25.)[116]
>
> 장학단체 등이 그 고유업무에 직접 사용하기 위하여 취득하는 부동산이라고 하더라도 임대용 부동산일 경우에는 취득세와 등록세를 면제하는 부동산에서 제외된다고 할 것이어서, 원고가 이 사건 부동산을 취득한 후 임대용으로 사용한 이상 설령 그 임대료 수입으로 목적 사업을 수행하였다고 하더라도 취득세 등 면제요건에 해당하지 아니한다고 할 것이다(한편, 개정된 지방세법 제288조는

---

115) 처분청은 2013년 전체 사업예산 8억 원 중 장학금 지원사업은 3억 원으로서 전체 사업비에서 차지하는 비율은 24%에 불과하다는 점에서 장학사업을 주된 사업으로 보지 아니하였음.

116) 종전에는 장학단체의 임대용 부동산은 고유업무에 직접 사용하는 것으로 판시한 바 있다(대법원 2001두10318, 2002.8.23.).

구 「지방세법」 제2항은 그대로 유지한 채, 제5항으로 "「공익법인의 설립·운영에 관한 법률」에 의하여 설립된 장학법인이 장학금을 지급할 목적으로 취득하는 임대용 부동산에 대하여는 취득세 및 등록세의 100분의 50을 경감하고, 과세기준일 현재 임대용으로 사용하는 부동산에 대하여는 재산세·도시계획세 및 공동시설세의 100분의 50을 경감한다"는 규정이 신설되었으나(2005.1.5.부터 시행), 원고는 개정된 「지방세법」이 시행되기 전에 "이 사건 부동산을 취득하여 1년이 경과한 후에도 임대용으로 사용"하였으므로 위 규정이 적용되지 않는다).

☞ 현행 규정에서는 「공익법인의 설립·운영에 관한 법률」에 따라 설립된 장학법인(법인이 아닌 장학단체 제외)의 경우 임대용 부동산에 대하여 취득세 등 80% 경감규정이 있음.

③ 과학기술진흥단체의 범위(2019년 이전만)

과학기술진흥단체의 범위에 대하여는 지방세법령에 구체적으로 명시하고 있지 아니하므로 개별적으로 그 법인이나 단체의 정관상 목적사업, 예산 및 사업실적 등을 고려하여 해당 여부를 판단하되, 그 규정의 취지에 비추어 "과학 및 산업기술을 연구·개발하여 이를 보급하거나 지원하는 것을 주된 목적으로 하는 단체"를 의미하고, 과학 및 산업기술의 연구·개발 등이 사업의 부수업무가 되거나 지원업무가 아닌 "주된 사업"이어야 하고, 주된 사업의 판단은 해당 법인이나 단체의 정관상 목적사업과 관련하여 사업실적, 예산의 사용용도 등에 있어 그 비율이 많은 사업을 주된 사업으로 판단하여야 할 것이며, 그 부대사업의 하나에 불과한 단체는 "과학기술진흥단체"에 해당한다고 볼 수 없으며, 어느 단체가 "과학기술진흥단체"에 해당하는지 여부는 단체의 명칭 여하를 불문하고 설립근거인 법령, 정관의 목적사업, 주된 수행업무 등 실질적인 활동 내역, 예산집행 상황 등을 종합적으로 고려하여 판단하여야 한다.

주된 사업의 판단은 해당 법인이나 단체의 정관상 목적사업과 관련하여 사업실적, 예산의 사용용도 등에 있어 그 비율이 많은 사업을 주된 사업으로 판단하여야 할 것이므로 과학 및 산업기술의 연구·개발 등 관련 사업실적이나 예산사용에 있어서 그 비율이 가장 많은 경우에는 과학기술진흥단체로 인정이 될 것이나, 그렇지 않다면 인정되지 아니할 것이다.

사례) 학술연구단체인지 아니면 과학기술단체인지 여부(지방세운영과-2580, 2010.6.18.)

(재)○○연구원은 조선산업과 관련된 산업기술을 연구·개발하여 이를 관련업체에 보급하거나 정보를 종합 지원하는 것을 주된 사업으로 하는 "과학기술진흥단체"의 요건을 갖추었다고 볼 수 있으나, 법인의 실질적인 사업등 상세내역을 과세권자가 사실관계를 확인하여 판단할 사항임.

사례) 기술진흥단체에 해당 여부(행심 2006-1117, 2006.12.27.)

청구인의 주목적사업은 과학기술진흥 등을 위한 개발사업이 아니라 대덕전문연구단지 내의 공동이용시설의 설치, 관리, 운영과 연구기관 직원들의 복리증진, 후생시설의 설치, 관리 운영 등이 주목적사업이라고 보아야 할 것이므로 비록 과학기술부장관이 청구인을 기술진흥단체라고 해석하고 있어도 청구인은 「지방세법」 제288조 제2항의 기술진흥단체에 해당되지 않는 것으로 보는 것이 타당함.

사례 학술연구단체·기술진흥단체 등의 범위 판단 요령(세정 13430 - 451, 2001.10.22.)

1. 「민법」에 의거 설립된 경우라도 정부로부터 설립허가나 인가를 받은 경우
   - 「지방세법」 제288조 제2항의 규정에 의거 "정부로부터 허가 또는 인가를 받은 단체와 「민법」 이외 특별법에 의거 설립·적용을 받는 단체"에 대하여 취득세 등을 감면하는 것이므로 「민법」 제32조에 의거 적용받은 비영리법인이 정부로부터 허가 또는 인가를 받은 경우에도 이에 포함되어야 하며 반드시 특별법에 의하여만 설립되는 것이 아니라 할 것임.

2. 학술연구단체 등의 범위 판단
   - "학술연구단체·장학단체·기술진흥단체·문화예술단체·체육진흥단체·청소년단체"의 범위에 대하여는 지방세법령에 구체적으로 명시하고 있지 아니하여 개별적으로 그 법인이나 단체의 정관, 목적사업, 예산 및 사업실적 등을 고려하여 이에 해당 여부를 판단함.
   - 다만, 학술연구사업 등과 사업을 영위하더라도 학술연구·기술진흥사업이 부수업무가 되거나 지원업무인 경우에는 이에 해당되지 아니하며 "주된 사업"이어야 할 것이며, 주된 사업의 판단은 사실판단이나 일선에서 적용할 때에는 주로 해당 법인이나 단체의 정관과 관련하여 사업실적, 예산의 사용용도 등을 그 비율이 많은 사업을 주된 사업으로 판단하되, 그 예산지출 등도 직접 학술연구나 기술진흥을 하는 사업이 아닌 사업지원 등 간접적으로 사용되는 경우에는 주된 사업으로 볼 수가 없는 것임(대법원 94누7515, 고법 95구17139).
   - 또한 학술연구단체 등의 사업수행과 관련하여 수익사업을 영위한 경우에 감면 여부는 학술연구단체·장학단체 등이 수익사업을 정관목적사업으로 하고 있으면서 주된 사업이 아닌 부대사업으로 하는 경우에도 임대사업을 하는 것을 제외하고는 해당 사업에 직접 사용하는 것으로 인정하여야 할 것임.
   - 또한 학술연구단체 등의 범위를 판단할 때 명칭과 관련하여 학술연구 등을 판단하는 데 아무런 영향이 없으나, 정관목적의 사업을 고려하여 판단하여야 할 것임.
   - 학술연구단체 등의 판단기준은 다음 기준에 따라 판단하되, 주된 사업 여부 판단은 정관목적 사업과 사업실적 등 법인장부 등을 고려하여 과세권자가 판단함.
     ① 주된 사업성
     ② 사업실적, 예산상황
     ③ 수익사업 여부 불구
     ④ 임대사업 제외
     ⑤ 명칭 여부에 불문하여 판단

| 그간의 해석사례 |

지방세	국세
- 한국음주문화연구센터는 학술연구단체에 해당함 (세정 13407 - 671, 2000.6.25.).	- 한국증권연구원은 학술연구단체임(법인 46012 - 128, 1998.1.16.).
- 다도문화연구회는 문화예술단체임(세정 13407 - 1127, 2000.9.20.).	- 한국건설기술연구원은 기술진흥단체임 (법인 46012 - 2456, 1996.9.4.).
- 한국교육공사는 학술연구단체가 아님(세정 13407 - 694, 2001.6.22.).	- 고등기술연구조합은 학술연구단체임 (재삼 46014 - 256, 1994.9.30.).
- 한국소프트웨어진흥원은 기술진흥단체에 해당함 (세정 13430 - 700, 2001.6.22.).	- 한국환경기술개발원은 학술연구단체임 (법인 46012 - 2, 1993.1.8.).
- 한국전력기술인협회는 기술진흥단체임(심사 2000 - 178, 2000.3.29.).	- 도로교통안전협회는 학술연구단체임 (법인 22601 - 596, 1990.3.7.).

④ '고유업무에 직접 사용'의 의미(2019년 이전만)

'그 사업에 직접 사용하기 위한 취득'이라 함은 비영리사업자가 고유목적사업에 직접 사용하기 위하여 취득한 사무실 및 사무실과 연계한 동일구내에 있는 창고, 차고, 기숙사 등의 재산을 뜻하고 사무실과 연계되지 않고 별도로 구획된 구외에 위치하고 있는 사택 및 기숙사 등을 취득하는 경우에는 고유목적사업에 직접 사용하기 위하여 취득하는 재산이라고는 볼 수 없다(내심 91-343, 1991.10.30.).

예를 들어 장학단체의 고유업무에 장학, 복지(농어촌자녀 등) 사업을 하면서 기숙사 관련 업무를 고유업무에 포함한다면 직접 사용하는 부동산이 될 수도 있을 것이나, 기숙사를 수익사업에 사용하는 경우(「지방세특례제한법」 제42조 제1항에 의한 별도의 감면규정이 있음)와 직원숙소(직원 등의 자녀를 위한 숙소 포함) 등으로 사용하기 위한 그 기숙사가 고유목적사업에 직접 사용하기 위하여 취득한 사무실과 연계한 동일구내에 있는 기숙사인 경우 고유목적사업으로 볼 수 있으나, 구외에 위치한 기숙사인 경우 고유목적사업으로 볼 수 없을 것이다.

한국전력기술인협회는 과학기술진흥단체(심사 2000-178, 2000.3.29.)라고 판단하고 있더라도, 전력기술인의 협회로서 전기안전관리자의 법정교육 및 전기설계 및 감리교육 시행을 위한 교육관이 회원들이나 전기 관련 기술인들의 교육장소로 사용되고 있는 경우 이는 기술인들을 위한 용도로 사용하는 것으로 볼 수 있는바, 과학기술진흥 등을 위한 직접적인 용도로 사용하는 것으로 볼 수 없을 것이다.

> **사례** 고유업무에 사용하면서 주말에 예식장으로 임대한 경우(행심 2003-267, 2003.12.24.)
>
> 기술진흥단체가 취득한 과세대상물건 중 컨벤션홀을 고유업무에 직접 사용하면서 주말에 고유업무에 지장을 초래하지 않는 범위 내에서 지역주민과 입주업체의 편의를 위하여 일시적으로 예식장으로 사용하고 있으므로 고유업무에 직접 사용하지 아니하거나 다른 용도로 사용한 것으로 보기는 어려움이 있다 하겠으며, 또한 이 사건 컨벤션홀을 예식장으로 보아 과세된 전용면적 중 회의실 등으로 사용된 부분은 예식장 사용과 관련없이 청구인이 목적사업에 직접 사용하고 있는 사실이 확인되고 있는 점으로 보아 처분청의 이 사전 부과처분 중 6층 컨벤션홀에 대한 취득세 등의 부과처분은 잘못이라 할 것임.

(2) 장학법인에 대한 감면(지특법 §45 ②)

1) 감면요건

① 감면대상자

「공익법인의 설립·운영에 관한 법률」에 따라 설립된 장학법인

② 감면대상 및 감면범위

장학사업에 직접 사용하기 위하여 취득하는 부동산(주)	취득세 면제
과세기준일 현재 장학사업에 직접 사용하는 부동산(주)	재산세 면제 (2019년 이전 도시지역분 포함) 2019년 이전 지역지원시설세 면제

장학금을 지급할 목적으로 취득하는 임대용 부동산	취득세 80% 경감
과세기준일 현재 임대용으로 사용하는 부동산	재산세 80% 경감 (2019년 이전 도시지역분 포함) 2019년 이전 지역지원시설세 80% 경감

☞ 감면시한 : 2027.12.31.
☞ 최소납부제 적용 시기 : 2016.1.1. 이후
☞ 농어촌특별세 과세 여부 : 취득세분과 취득세 면제분(경감분) 농어촌특별세 과세
☞ (주) 장학법인은 장학단체에 해당되어 상기 (1)에 의하여 감면되었음.

이 감면규정은 장학단체는 적용되지 않고, 장학법인(설립요건이 별도로 규정되어 있음)에만 적용되는 것이다.

2) 추징요건

다음 어느 하나에 해당하는 경우 그 해당 부분에 대해서는 감면된 취득세를 추징한다.

① 정당한 사유 없이 그 취득일부터 3년이 경과할 때까지 해당 용도로 직접 사용(2019년 이전은 사용)하지 아니하는 경우

② 해당 용도로 직접 사용한 기간이 2년 미만인 상태에서 매각·증여하거나 다른 용도로 사용하는 경우

여기서 "용도에 직접 사용하지 아니하는 경우"라 함은 임대로 인한 소득을 장학사업에 사용하지 아니하는 경우를 말한다.

③ 취득일부터 3년 이내에 관계 법령에 따라 설립허가가 취소되는 등 다음의 사유에 해당하는 경우[2020년 이후 감면분부터(부칙 §14)]

ⓐ 「공익법인의 설립·운영에 관한 법률」 제16조에 따라 공익법인의 설립허가가 취소된 경우

ⓑ 「민법」 제38조에 따라 비영리법인의 설립허가가 취소된 경우

ⓒ 「비영리민간단체 지원법」 제4조의 2에 따라 비영리민간단체의 등록이 말소된 경우

3) 유의사항

① 장학법인의 범위

'장학법인'의 개념이나 요건은 규정하고 있지 않으므로 어떤 법인이 "장학법인"인지 여부는 그 법인의 "정관상 목적사업"과 그 법인이 다른 법령의 규정을 포함한 사회통념상의 "장학금"을 얼마나 지원하는지, 전체 사업비에서 차지하는 비중은 어느 정도인지를 종합적으로 고려하여 판단하는 것이 합리적이라고 할 것이다.

② 장학금 지급을 목적으로 하는 임대용 부동산

건물 임대수입 및 그 지출 내용을 기준으로 장학금 지급을 목적으로 하는 부동산인지 여부를

판단할 수 있다. 한편, 부동산이 재산세 등의 감경대상에 해당하기 위하여는 취득세 등과 마찬가지로 '장학금을 지급할 목적으로 임대용으로 사용하는 부동산'이어야 하고, 임대수익을 얻고 있음에도 장학금을 지급하지 않고 있다면 특별한 사정이 없는 한 장학금을 지급할 목적이 없다고 보아야 한다. 따라서 장학금을 지급하지 아니한 경우 추징한 것이 아니라 부과하지 않았던 재산세를 부과한 것에 해당하므로 적법한 과세처분에 해당한다(대법원 2013두26965, 2014.3.27.).

> **사례** 2008년의 경우, 부동산의 임대료는 2,900,982,700원이고, 그 77%인 2,232,314,250원을 장학금[학비 보조금 388,616,950원(60명) 및 연구비 보조금 1,843,697,300원(100명)]으로 사용했으므로 이 사건 부동산은 "장학금 지급 목적의 부동산"에 해당함(감심 2010-37, 2010.4.29.).

⑦ 기초과학연구 지원을 위한 연구기관 등에 대한 감면(지특법 §45-2)

1) 감면요건

① 감면대상자

- ㉠ 「과학기술분야 정부출연연구기관 등의 설립·운영 및 육성에 관한 법률」에 따른 과학기술분야 정부출연연구기관(2023년 이전은 "과학기술분야 정부출연연구기관"이 아니라 "연구기관")
- ㉡ 국방과학연구소(2024년 이후 적용)
- ㉢ 「국제과학비즈니스벨트 조성 및 지원에 관한 특별법」에 따른 기초과학연구원
- ㉣ 「정부출연연구기관 등의 설립·운영 및 육성에 관한 법률」에 따른 정부출연연구기관(2024년 이후 적용)
- ㉤ 한국국방연구원(2024년 이후 적용)
- ㉥ 한국해양과학기술원(2024년 이후 적용)

② 감면대상 및 감면범위

연구사업(2023년 이전은 고유업무)에 직접 사용하기 위하여 취득하는 부동산	취득세 50% 경감 (2023년 이전 면제)
과세기준일 현재 연구사업(2023년 이전은 고유업무)에 직접 사용하는 부동산	재산세 50% 경감 (2023년 이전 면제, 2020년 이전 도시지역분 포함)

☞ 감면시한 : 2026.12.31.
☞ 최소납부제 적용 시기 : 2018.1.1. 이후
☞ 농어촌특별세 과세 여부 : 취득세분과 취득세 경감분(면제분) 농어촌특별세 과세

원형지는 교육·연구 및 사업화 시설구역의 토지 중 연구환경을 유지하기 위하여 자연상태로 보전할 필요가 있는 토지로서 그 개념 자체로 교육·연구 등에 직접적으로 사용되는 토지가 아님

을 전제로 하는 것인데, 「지방세법」 역시 원형지를 재산세 과세대상으로 규정하고 있고, 다만 그 목적과 기능에 비추어 분리과세대상으로 삼아 감경된 세율을 적용할 뿐이다. 이 사건 임야는 2006년경부터 원형지로 지정·관리되어 왔고, 이 사건 과세처분을 하기 전까지 이 사건 임야에 대하여 재산세를 부과하지 않았다고 하더라도 그러한 과세누락은 이 사건 임야의 성질에 관한 법적 판단의 착오나 오해에서 비롯된 것으로 보이고, 이와 달리 피고가 이 사건 임야에 대하여 재산세를 과세할 수 있음을 알면서도 특별한 사정 때문에 과세하지 않을 의사에서 비롯되었다고 인정할 만한 자료를 찾을 수 없다(대법원 2024두38582, 2024.6.17. 심불, 대전고법 2023누12765, 2024.3.5.).

2) 추징요건

별도의 추징규정이 없는바, 「지방세특례제한법」 제178조에 따라 다음 어느 하나에 해당하는 경우 그 해당 부분에 대해서는 감면된 취득세를 추징한다.

① 정당한 사유 없이 그 취득일부터 1년이 경과할 때까지 해당 용도로 직접 사용하지 아니하는 경우

② 해당 용도로 직접 사용한 기간이 2년 미만인 상태에서 매각·증여하거나 다른 용도로 사용하는 경우

⑧ 연구개발 지원을 위한 감면(지특법 §46)

1) 감면요건

① 감면대상자

「기초연구진흥 및 기술개발지원에 관한 법률」 제14조 제1항 제2호에 따른 기준을 갖춘 연구소로서 같은 법 시행령 제16조에 따라 미래창조과학부장관에게 신고하여 인정을 받은 기업부설연구소용 부동산 취득자인 기업

② 감면대상 및 감면범위

기업부설연구소에 직접 사용하기 위하여 취득하는 부동산(부속토지는 건축물 바닥면적의 7배 이내)	취득세 35%[주1] (2015년, 2016년 50%) 경감[주2] (2014년 이전 면제)
과세기준일 현재 기업부설연구소에 직접 사용하는 부동산(부속토지는 건축물 바닥면적의 7배 이내)	재산세 35%[주1] (2015년, 2016년 50%) 경감[주2] (2014년 이전 면제) (도시지역분 제외)

☞ 감면시한 : 2025.12.31.

☞ 농어촌특별세 과세 여부 : 취득세분 농어촌특별세 과세, 취득세 경감분(면제분) 농어촌특별세 비과세(농특령 §4 ⑦ 5)

☞ 2014.12.31. 이전에 기업부설연구소로 직접 사용하기 위하여 부동산 취득자가 2016.12.31.까지 기업부설연구소로

제4편 「지방세특례제한법」

신고하여 인정을 받는 경우 개정 규정에도 불구하고 2016.12.31.까지 취득세 및 재산세의 75% 경감함(지특법 부칙 §24). 이 경우 2014.12.31. 이전 인증된 기업이라 하더라도 이 부칙의 감면특례 적용대상이 됨(지방세특례제도과-1612, 2016.7.11.).

☞ 2020년 이후 토지 및 건축물에 대한 재산세의 감면규정을 적용할 때 해당 감면대상 업무에 사용할 건축물을 건축 중인 경우와 해당 감면대상 업무에 건축물을 사용 중인 경우에는 기업부설연구소 인정일 또는 신성장동력·원천기술 관련 기업부설연구소 요건 충족일까지 직접 사용하는 것으로 봄(다만, 기업부설연구소로 인정을 받지 못하거나 신성장동력·원천기술 분야를 연구하는 기업부설연구소의 요건을 모두 충족하지 못한 경우에는 그러하지 아니함).

☞ (주1) ① 2015년 이후 「중소기업기본법」상 중소기업은 취득세 60%(2015년과 2016년 75%) 경감하며 재산세 50%(2015년과 2016년 75%) 경감되나, 신성장동력·원천기술 관련 기업부설연구소는 취득세 75%(2020년~2022년 70%), 재산세 65%(2020년~2022년 60%) 적용됨.

② 조특법 §10 ① 1 가 2)에 따른 중견기업("중견기업") 50%[2022년 이후 취득분부터(부칙 §8)]

③ 신성장동력 또는 원천기술 관련 기업부설연구소는 50%(2022년 이전은 45%){중견기업 65%[2023.1.31. 이전은 60%(2022년 이후 취득분부터(부칙 §8))]}
신성장동력 또는 원천기술 관련 기업부설연구소는 다음 요건을 모두 갖춘 기업의 부설연구소를 말함.

㉠ 「국가과학기술 경쟁력 강화를 위한 이공계지원 특별법」§2 4호에 따른 연구개발서비스업을 영위하는 국내 소재 기업으로서 조특령 §9 ② 1호 가목에 따른 신성장동력·원천기술연구개발업무("신성장동력·원천기술연구개발업무")를 수행(신성장동력·원천기술연개발업무와 그 밖의 연구개발을 모두 수행하는 경우를 포함)하는 기업일 것

㉡ 「기초연구진흥 및 기술개발지원에 관한 법률」§14-2 ①에 따라 기업부설연구소로 인정받은 날부터 3년 이내에 조특령 §9 ⑫에 따른 신성장동력·원천기술심의위원회로부터 해당 기업이 지출한 신성장동력·원천기술연구개발비의 연구개발 대상 기술이 같은 영 [별표 7]에 해당된다는 심의 결과를 통지받은 기업일 것

☞ (주2) 2017년 이후 「독점규제 및 공정거래에 관한 법률」 제14조 제1항에 따른 상호출자제한기업집단 등이 과밀억제권역 내 기업부설연구소는 감면이 되지 않으나(지특령 §23 단서), 2015년과 21016년 취득세와 재산세 각각 25% 경감되었음.

1구내의 토지에 여러 동의 건물이 있고 그 중 한 동의 건물 중 일부를 기업부설연구소로 직접 사용하는 경우 전체의 연면적 중 기업부설연구소용으로 직접 사용하는 연면적 비율에 해당하는 토지[전체 토지면적×(기업부설연구소용 연면적/전체 연면적)] 중 기업부설연구소용 바닥면적[(기업부설연구소용 연면적/연구소가 속한 건물의 연면적)×연구소가 속한 건물의 바닥면적]의 7배 이내 토지에 한해 면제한다(세정 13407-197, 2001.2.20.).

2) 추징요건

① 추징사유

다음의 사유에 해당되는 경우 그 해당 부분에 대해서는 감면된 취득세와 재산세(재산세는 2015년 이후)를 추징한다.

㉠ 토지 또는 건축물을 취득한 후 1년(「건축법」에 따른 신축·증축 또는 대수선을 하는 경우에는 2년) 이내에 「기초연구진흥 및 기술개발지원에 관한 법률」 제14조의 2에 따른 기업부설연구소로 인정받지 못한 경우(2018년 이후 취득분부터 적용)

㉡ 기업부설연구소로 인정받은 날부터 3년 이내에 「조세특례제한법 시행령」 제9조 제11항에 따른 신성장동력·원천기술심의위원회로부터 해당 기업이 지출한 신성장동력·원천기술연구개발비의 연구개발 대상 기술이 같은 영 [별표 7]에 해당된다는 심의 결과를 받지 못한

2228

경우(2020.1.1. 이후 감면분부터 적용되나, 신성장동력·원천기술 분야 기업부설연구소로 추가 감면된 부분에 한함)

ⓒ 기업부설연구소 설치 후 4년 이내에 정당한 사유 없이 연구소를 폐쇄하거나 다른 용도로 사용하는 경우

"기업부설연구소를 설치한 날"은 「기초연구진흥 및 기술개발지원에 관한 법률」 제14조의 2에 따라 과학기술정보통신부장관으로부터 인정을 받은 날을 말한다(지특예 법§46-1). 기업부설연구소용에 직접 사용하기 위하여 취득한 부동산으로서 연구소 설치 후 4년 이내 그 일부가 폐쇄하거나 다른 용도로 사용하는 경우에는 면제된 취득세가 추징되는 것이므로 기업부설연구소용으로 취득하여 공실상태인 부동산을 연구소 설치 후 4년 이내 연구소용으로 사용하는 경우 면제된 취득세 등 추징하지 아니한다. 이는 감면신청을 하지 아니하였다 하더라도 취득 후 기업부설연구소 외의 다른 용도로 사용함이 없이 기업부설연구소만 사용하였다면 감면대상이 된다는 것이다.

연구소 설치 후 4년 이내에 해당 부동산을 타사에 양도하여 타사가 같은 목적의 연구소로 사용하는 경우라도 폐쇄 또는 다른 목적사용에 해당되어 면제된 취득세가 추징되는 것이다. 다만, 합병이나 분할로 인한 매각은 정당한 사유가 있는 것으로 보아 추징되지 아니하나, 합병법인 또는 분할신설법인은 피합병법인 또는 분할법인의 당초 취득일로부터 유예기간을 기산함에 유의하여야 한다.

② 유예기간 이내 미설치 시 추징대상이 아니라 취득 시부터 감면대상이 아님(현행은 추징)

2017년 이전 취득분은 연구소 설치 후 4년 이내에 정당한 사유 없이 연구소를 폐쇄하거나 다른 용도로 사용하는 경우 그 해당 부분에 대하여는 면제된 취득세를 추징한다라고 규정되어 있어서 기업부설 연구소용 부동산을 취득하여 취득세를 면제받은 후 1~2년(2014년 이전 취득분은 4년)의 유예기간 내에 연구소를 설치하지 못한 경우는 추징사유가 될 수 없다.

기업부설연구소용에 직접 사용할 목적으로 부동산을 취득하였다고 하더라도 기업부설연구소를 설치하지 못한 경우에는 처음부터 법률조항 본문에 따른 취득세 등의 면제대상에서 제외되어 원칙대로 과세되는 것이고, 이때의 부과처분은 면제된 취득세 등을 새로운 부과처분의 형태로 추징하는 법률 조항 단서에 의한 추징처분과는 그 요건을 달리하는 별개의 처분이라고 할 것이다 (대법원 2011두27551, 2013.11.28.). 따라서 추징대상이 되는 것이 아니므로 유예기간 종료일로부터 60일(종전 30일) 이내의 취득세 신고납부 대상이 되지 아니하므로 당초 취득부터 감면대상이 되지 아니하는 것으로 보아 부과하여야 하는 것이다. 이 경우 가산세도 부과되어야 할 것이나,[117]

---

[117] 감면 차량을 취득하여 취득세 등을 감면받은 후 그 취득·등록일부터 60일 이내에 기존 감면 차량을 매각하거나 말소등록하지 않은 반면, 처분청은 취득세 비과세(감면) 통지서 및 취득세 감면 차량 유의사항 안내문을 교부한 것으로 나타나므로 결국 가산세를 포함하여 취득세 등을 과세한 처분은 달리 잘못이 없는 것으로 판단된다(조심 2018지1389, 2018.11.8.). 이 심판례에 따르면 가산세를 부과하여야 할 것이다.
한편, 청구법인은 2006.2.16.부터 2007.11.2. 사이에 쟁점연구소의 공용면적, 경비실, 위험물창고, 체력단련장, 식당 등을 신축하여 각각 기업부설연구소 부속시설로 하여 취득세 등을 면제받은 후 이들 면적의 취득일부터 4년 이내에 과학기술부장관으로부터 기업부설연구소용으로 인정받지 못하였음이 확인되므로 이들 면적은 취득일부터 4년이 경과된 시점에 추징사유가 발생한 것이며(조심 2013지0781, 2014.11.5.), 감면유예기

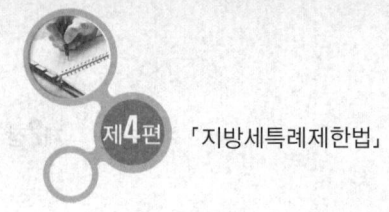

유권해석 등에서는 가산세가 부과하지 아니하는 것으로 해석하고 있다.

> **사례** 기업부설연구소 설치하지 못한 경우 별개 처분 여부(대법원 2011두27551, 2013.11.28.)
>
> 감면규정의 문언 내용과 체계, 기업의 과학기술연구를 장려하여 고도의 기술혁신을 이룩하려는 이 사건 법률 조항의 입법 취지를 실현하기 위해서는 기업부설연구소의 설치가 필수적인 점 등에 비추어 보면, 이 사건 시행령 조항은 이 사건 법률 조항 본문에 따라 취득세 등이 면제되기 위한 사후적 요건으로서의 기업부설연구소 설치와 그 인적·물적시설 기준 등을 정한 것으로 봄이 타당하므로, 기업부설연구소용에 직접 사용할 목적으로 부동산을 취득하였다고 하더라도 이 사건 시행령 조항에서 정한 기업부설연구소를 설치하지 못한 경우에는 처음부터 이 사건 법률 조항 본문에 따른 취득세 등의 면제대상에서 제외되어 원칙대로 과세되는 것이고, 이때의 부과처분은 면제된 취득세 등을 새로운 부과처분의 형태로 추징하는 이 사건 법률 조항 단서에 의한 추징처분과는 그 요건을 달리하는 별개의 처분이라고 할 것이다. 같은 취지에서 원심이, 이 사건 법률 조항 본문에 따라 취득세 등이 면제되기 위해서는 이 사건 시행령 조항에서 정한 기업부설연구소의 설치요건까지 갖추어야 한다는 취지로 판단한 것은 정당하고, 거기에 상고이유의 주장과 같은 이 사건 법률 조항 본문에서 정한 취득세 등의 면제요건에 관한 법리오해 등의 위법이 없다. 한편 원심은 이 사건 토지에 기업부설연구소를 설치하지 못한 데에 정당한 사유가 있다는 원고들의 주장에 대하여는 채택 증거에 의하여 인정되는 그 판시와 같은 사정에 비추어 보면, 이 사건 토지에 대한 매매계약의 합의해제는 원고들의 경영 및 자금 사정에 기인한 것일 뿐 외부적인 사유로 인한 것이거나 또는 원고들이 정상적인 노력을 다하였음에도 부득이하게 발생한 것으로 볼 수 없다는 이유로 이를 배척하였다. 관련 법리와 기록에 비추어 살펴보면, 원심의 위와 같은 판단은 정당한 것으로 수긍이 가고, 거기에 상고이유의 주장과 같은 판결 결과에 영향을 미친 법리오해의 위법이 없음.

3) 유의사항

① 기업부설연구소와 기업부설연구소용 부동산 범위

㉠ 2017.1.1. 이후

'기업부설연구소에 직접 사용하기 위하여 취득하는 부동산'이란 토지 또는 건축물을 취득한 후 「기초연구진흥 및 기술개발지원에 관한 법률」 제14조의 2 제1항에 따라 인정받은 기업부설 연구소로서 같은 법 시행령 제16조에 따라 미래창조과학부장관에게 신고하여 인정을 받은 면적을 말한다(2017년에는 다음의 구분에 따른 기간 내에 인정받아야만 감면됨). 다만, 「독점규제 및 공정거래에 관한 법률」 제14조 제1항에 따른 상호출자제한기업집단 등이 과밀억제권역 내 기업부설연구소에 직접 사용하기 위하여 취득하는 부동산은 제외한다(지특령 §23 단서).

㉮ 연구소로 신축·증축 및 대수선

2년

간(4년)까지 기업부설연구소로 인정받을 것이라는 사후 감면요건을 충족하지 못하여 추징대상이 되는 경우의 부과제척기간 기산일은 감면 유예기간이 경료한 그 신고납부기한(30일)의 다음 날로 봄이 타당하다(지방세운영과-279, 2013.4.11.).

㉯ 연구소로 신축·증축 및 대수선을 하지 않는 경우

　1년

ⓛ 2015.1.1.~2016.12.31.

'기업부설연구소'란 토지 또는 건축물을 취득한 후 다음의 구분에 따른 기간 내에 「기초연구진흥 및 기술개발지원에 관한 법률」 제14조의 2 제1항에 따라 인정받은 기업부설연구소 [2016.9.22. 이전 제14조 제1항 제2호에 따른 기준을 갖춘 연구소(이하 "연구소")로서 같은 법 시행령 제16조에 따라 미래창조과학부장관에게 신고하여 인정을 받은 것]를 말한다.

㉮ 연구소로 신축·증축 및 대수선

　2년

㉯ 연구소로 신축·증축 및 대수선을 하지 않는 경우

　1년

감면요건이 불합리하여 기업부설연구소의 인정기간을 종전 4년에서 1~2년으로 조정한 것이다. 그런데 2014.12.31. 이전에 토지 또는 건축물을 취득한 기업부설연구소의 경우에는 개정 규정에도 불구하고 종전의 규정(4년)에 따른다(지특령 부칙 §2).

ⓒ 2014.12.31. 이전

'기업부설연구소'란 토지 또는 건축물을 취득한 후 4년 이내에 「기초연구진흥 및 기술개발지원에 관한 법률」 제14조 제1항 제2호에 따른 기준을 갖춘 연구소로서 같은 법 시행령 제16조에 따라 교육과학기술부장관에게 신고하여 인정을 받은 것을 말한다.

취득세 등의 감면대상이 되는 기업부설연구소용 부동산은 부동산을 취득한 후 4년 이내에 기업부설연구소용 부동산으로 미래창조과학부장관으로부터 인정받은 면적에 한한다고 해석되어지므로(지방세운영과-5828, 2011.12.26. 참조), 감면대상 기업부설연구소 면적은 미래창조과학부장관에게 인정을 받은 것을 한도로 봄이 타당하다고 할 것인바, 인정받은 범위를 초과하는 공용면적은 실제로 기업부설연구소의 공용면적으로 사용된다 하더라도 취득세 등의 면제대상에 해당되지 아니한다(조심 2013지640, 2014.1.22. 참조). 실제로 연구소용으로 사용하고 있어야 감면대상이 될 것이다. 따라서 기업부설연구소로 인정된 면적이 아니거나, 연구원의 사무가 실제로 연구와 관련된 것이 아니라면 감면대상이 되지 아니할 것이다.

기업부설연구소로 인정받은 한도 내의 경우라고 하더라도 회의실, 주차장, 구내식당 등 공용사용 면적의 구분이 불분명한 경우에는 기업부설연구소로 직접 사용하는 전용면적의 비율로 각각 안분하여 취득세를 면제하여야 한다(지방세운영과-4080, 2012.12.18.).[118]

기업부설연구소의 연구시설은 배타적으로 사용하는 건물로서 다른 부서 또는 건물과 구별되는 독립된 일정한 연구공간과 연구개발 활동에 직접 사용되는 연구기자재 및 부대시설이라고 하

---

118) 공용부분 중 '이 사건 건축물의 전체 전용면적에서 기업부설연구소용으로 인정받은 전용면적이 차지하는 비율'에 해당하는 면적 역시 기업부설연구소용에 직접 사용되고 있다고 보는 것이 타당함(대법원 2015두 39477, 2015.6.23.).

고 있는바, 연구원 기숙사는 기업부설연구소의 범위에 포함되지 아니한다.

> **사례** 기업부설연구소용은 인정받은 면적에 한함(조심 2013지640, 2014.1.22.)
>
> 취득세 등의 면제대상이 되는 '기업부설연구소'라 함은 과학기술부장관으로부터 기업부설연구소로 인정받을 당시 제출한 신고서상에 기재된 면적에 한정된다고 봄이 타당하다. 감면신청 건축물 10,328.745㎡ 중 교육과학기술부장관으로부터 기업부설연구소로 인정받은 면적은 그 일부인 8,822㎡ 인 이상 취득세 등의 면제대상은 이에 한정된다 하겠고, 연구소로 인정받은 면적의 부수시설 등으로 실제 기업부설연구소용에 직접 사용하였다 하더라도 지방세법령상의 면제요건을 충족하였다고 볼 수는 없음.

> **사례** 연구소의 효용과 편익을 위하여 사용되고 있는 운동장(감심 2011-147, 2011.7.29.)
>
> 연구원의 복지후생 증진을 위한 전용 체육시설로 사용되고 있으며, 도시계획시설(도로) 부지의 경우 연구단지와 연접해 있는 「도로법」 상 도로와의 경계를 구획하는 옹벽 및 조경시설로 사용되고 있다. 이와 같은 이 사건 운동장 부지(3,983㎡) 및 도시계획시설(도로) 부지(610㎡)의 취득 목적과 실제 이용현황 등을 볼 때 이 사건 연구소의 효용과 편익을 위하여 사용되고 있으므로 위 부지는 이 사건 연구소 건물의 부속토지로 보아야 할 것임.

② '토지 또는 건축물을 취득한 후 1~2년(2014년 이전 4년) 이내'의 의미

토지와 건축물의 유예기간은 토지와 건축물의 취득형태에 따라 각각 1~2년(2014년 이전 4년)이 적용되는 것이며, 이때 건축물은 기존 건축물(승계취득)을 취득하는 경우나 신축(원시취득)으로 인한 취득의 경우에도 포함되는 것이다. 기업부설연구소를 신축하기 위하여 토지와 건축물을 취득하는 경우라고 하더라도 개별 과세대상인 토지와 건축물의 취득시기가 다른 경우 토지와 건축물 각각의 취득 시점에 지방세관계법에서 정하는 해당 요건을 구성하였는가를 판단하여야 할 것이나, 기업부설연구소 감면의 경우는 기업부설연구소를 설립하기 위하여 과세물건 취득 후 일정기간 이내에 기업부설연구소를 설립하면 감면하겠다는 것이므로(대법원 2006두19570, 2008.11. 27. 참조) 해당 토지 취득 이후 사정변경 등으로 인하여 본점사업용이 아닌 기업부설연구소를 설립하였다고 하여 달리 볼 수 없을 것이다(세정 13430-223, 1996.5.28.).

한편, 신축 건물 사용승인 전에 기업부설연구소용으로 인정받은 경우에도 감면대상이 되는 것이다(세정 13407-1072, 2002.11.8. 참조).

㉠ 토지만 취득

토지를 취득한 후 1~2년(2014년 이전 4년) 이내 기업부설연구소를 설치하여 그 용도로 사용하여야 된다는 의미이다.

㉡ 건축물만 취득

건축물을 취득한 후 1~2년(2014년 이전 4년) 이내 기업부설연구소를 설치하여 그 용도로 사용하여야 된다는 의미이다.

ⓒ 토지 및 건축물 동시 취득

토지 및 건축물을 취득한 후 1~2년(2014년 이전 4년) 이내에 기업부설연구소를 설치하여 그 용도로 사용하여야 된다는 의미이다.

> **사례** 사무실 등 다른 용도로 일시 사용하는 경우(지방세운영과-2426, 2013.9.29.)
>
> '설치'란 '인정받은 날'을 의미하므로(구 지기통 46-1 참조) 유예기간 4년의 기산점은 '인정받은 날'의 다음 날이라고 할 것인 점 등을 종합적으로 고려해 볼 때, 기업부설연구소 설치 후와 달리 설치 이전에 사무실 등 다른 용도로 일시적 사용은 취득세 감면세액 추징대상에 해당되지 않는다고 판단됨.
>
> ☞ 기업부설연구소 설치 후와 달리 설치 이전에 사무실 등 다른 용도로 일시적 사용은 취득세 감면세액 추징 대상에 해당되지 않는다고 판단하였는데, 기업부설연구소로 사용하기로 하고 취득하였으므로 다른 용도의 일시적인 사용도 추징사유가 될 수 있다고 보여짐.

③ 감면신청없이 기업부설연구소를 설치하는 경우

「지방세특례제한법」상 기한(60일) 이내 감면신청 규정은 납세자로 하여금 과세표준 및 세액의 결정에 필요한 서류를 과세기관에 제출하도록 하는 협력의무에 불과한 것이지 기한 이내 감면신청이 없다고 하여 감면요건이 충족되어 당연히 감면대상인 것을 감면대상에서 배제한다는 것은 아니므로(대법원 2003두773, 2004.11.12. 참조) 해당 토지 취득 이후 60일(종전 30일) 이내 기업부설연구소로 사용하겠다는 감면신청이 없었다고 하더라도 해당 토지 취득 후 1~2년(2014년 이전 4년) 이내 기업부설연구소를 설립한 경우라면 감면대상이 된다.

④ 타인에게 기업부설연구소 임대하는 경우

기업부설연구소용에 직접 사용하는 부동산에 대하여는 취득세와 재산세를 면제하므로 타 법인에 임대하여 기업부설연구소로 사용하는 경우는 직접 사용하는 것으로 볼 수 없어 취득세와 재산세 면제대상이 되지 아니한다(행심 2002-318, 2002.8.26., 세정 13407-421, 2001.10.13., 세정 13407-64, 2000.1.15.).

⑤ 건축 중인 경우

ⓟ 신규로 건축 중인 경우

재산세의 경우 기업부설연구소용 건축물을 신축 중에 있으면 직접 사용한 것이 아니므로 감면대상이 아니다(세정 13407-1333, 1995.12.16.)라고 해석하였으나, 이는 실효된 해석으로 보여진다. 그 이유는 1995.1.1. 이후부터 건축 중에 있는 경우 직접 사용하는 것으로 보는 것으로 규정되어 있었으며, 현행 「지방세특례제한법 시행령」 제45조에서도 "「지방세특례제한법」 또는 다른 법령에서의 토지에 대한 재산세의 감면규정을 적용할 때 직접 사용의 범위에는 해당 감면대상 업무에 사용할 건축물을 건축 중인 경우를 포함한다라고 규정하고 있기 때문이다. 따라서 신규로 기업부설연구소를 건축 중인 경우에는 직접 사용으로 보아 재산세를 감면하여야 한다(세정 13407-50, 2001.7.6.).

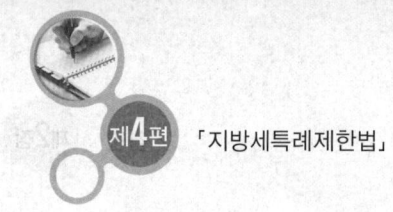
㉡ 다른 지역으로 이전하기 위하여 건축 중인 경우

기업부설연구소가 다른 지역으로 이전하기 위해 이전 예정 기업부설연구소를 건축 중인 경우, 건축 중인 이전 예정 연구소는 「기술개발촉진법」 제7조 제1항 제2호에 의해 교육과학기술부장관의 인정을 받은 기업부설연구소에 해당되지 않는다는 교육과학기술부의 의견(교육과학기술부 과학기술전략과-1303, 2008.8.29.)이 있었으므로 교육과학기술부장관의 인정을 받은 기업부설연구소가 재산세 과세기준일(6.1.) 현재 다른 지역으로 이전하기 위하여 건축 중인 경우는 「기술개발촉진법」 제7조 제1항 제2호의 규정에 의한 교육과학기술부장관의 인정을 받은 경우에 해당되지 않으므로, 재산세 과세기준일(6.1.) 현재 교육과학기술부장관의 인정을 받고 기업부설연구소용에 직접 사용하는 부동산으로 볼 수 없어 재산세 면제대상에 해당되지 아니한다(지방세운영과-910, 2008.9.1.)라고 해석하여 왔으나, 종전에 연구소를 운영하다가 이를 이전하기 위하여 재산세 과세기준일 현재 토지상에 공장과 연구소 용도의 건축물을 신축 중에 있었던 사실이 확인되고 있으므로 토지 중 기업부설연구소용 건축물의 부속토지에 해당되는 부분은 「지방세특례제한법 시행령」 제45조의 문언상 재산세 감면대상에 해당된다고 보여지고, 기업부설연구소용으로 이전할 목적으로 토지를 취득하여 건축 중에 있는 경우에는 직접 사용의 범위에서 제외된다고 볼 수 있는 아무런 합리적인 근거를 찾을 수 없으므로 기업부설연구소용 건축물을 신축 중에 있는 경우에는 재산세 감면대상에 해당되는 것으로 해석하고 있다(조심 2011지962, 2012.3.26. 참조).[119]

⑥ 재산세 감면 가능시기

과세기준일 현재 기업부설연구소용에 직접 사용하여야만 감면이 되므로 최소한 면제가능시점은 「기초연구진흥 및 기술개발지원에 관한 법률」 제14조 제1항 제2호에 따른 기준을 갖춘 연구소로서 같은 법 시행령 제16조에 따라 교육과학기술부장관에게 신고하여 인정을 받은 후부터 면제대상이 될 것이다. 한편, 기업부설연구소를 건축 중인 경우에는 직접 사용으로 보아야 감면대상이 될 것이다(세정 13407-50, 2001.7.6.)라고 해석하여 왔으나, 대법원(대법원 2015두39477, 2015.6.23.)에 의하면 유예기간(4년) 이내 기업부설연구소가 설치되어 실제로 그 용도로 사용하는 경우라면 취득일부터 직접 사용 기간 중의 재산세도 감면되는 것으로 해석하여야 할 것이다.

---

119) 당초 취득한 토지상에 연구소용 건물을 건축하지 아니하고 토지에 대하여 환지받은 위 연구단지 내의 토지상에 연구소용 건물을 건축하게 되었다 하더라도 토지 취득의 목적이 궁극적으로 연구소용 건물부지로 사용할 연구단지 내의 토지를 취득함에 있었고 결국 그 목적대로 이루어졌으므로 기업부설연구소용으로 직접 사용하기 위하여 토지를 취득한 것이라고 보지 못할 이유가 없고, 또한 과학기술처장관으로부터 지방세 면세대상 연구소로 인정을 받아 연구활동을 하여 오던 기존의 기업부설연구소를 그 인적·물적시설 일체를 그대로 이전하는 경우에는 면세규정의 입법 취지로 볼 때 다시 과학기술처장관의 면세대상 연구소 인정을 받아야 할 필요는 없다 할 것이다(대법원 85누444, 1987.10.26.).

사례 기업부설연구소 설치 유예기간 중 재산세 감면(서울고법 2014누50189, 2015.1.29.)

기업부설연구소용 부동산에 대한 사후적 면세요건으로서 일정한 기간을 부여할 필요성은 취득세, 등록세의 경우와 재산세의 경우가 서로 다르다고 할 수 없다. 따라서 이 사건 시행령 조항 중 '토지 또는 건축물을 취득한 후 4년 이내에 교육과학기술부장관의 인정을 받을 것'이라는 부분은 취득세 및 등록세에 한하여 적용되는 것이라고 해석할 수 없고, 취득세 및 등록세뿐만 아니라 재산세에 관하여도 적용되는 것이라고 해석하여야 한다. 재산세의 경우 부동산 취득 시 일단 재산세를 면제받고, 취득일부터 4년 이내에 기업부설연구소 인정을 받을 경우 과세관청은 그 면적에 따라 재산세의 면제 범위를 구체적으로 확정하여 재산세를 추가로 부과하거나 환급할 수 있다(피고도 이와 같은 방법으로 이 사건 각 처분을 하였다). 따라서 시행령 조항 중 '토지 또는 건축물을 취득한 후 4년 이내에 교육과학기술부장관의 인정을 받은 것'이라는 부분을 재산세에 관하여도 적용하는 경우 기업부설연구소 인정을 받기 이전 기간의 재산세 면제 범위를 정할 명확한 기준이 없다고 할 수 없다. 원고로서는 이 시행령 조항이 규정하는 바와 같이 '토지 또는 건축물을 취득한 후 4년 이내'에 기업부설연구소 인정을 받았으므로, 기업부설연구소용으로 이 사건 건축물을 취득한 2007.4.25. 이후의 재산세에 대하여 면제를 받아야 한다고 해석함이 타당하다. 즉 원고가 이 사건 건축물을 취득한 2007.4.25.부터 이에 관하여 기업부설연구소 인정을 받은 2009.5.29.까지 기간은 이 사건 시행령 조항이 기업부설연구소 설립에 필요한 기간으로 부여한 것이므로, 그 기간 내의 재산세는 면제되어야 함.

☞ 대법원은 심리불속행으로 위 내용의 고법 판결에 대한 상고를 기각하였음(대법원 2015두39477, 2015. 6.23.).

⑦ 기업부설연구소 구내식당 위탁 · 운영하는 경우

기업부설연구소 부대시설인 구내식당을 급식대행업체에게 위탁하여 운영하는 경우라도, 위탁업체가 음식물을 가공 · 조리하여 저렴하게 구내 직원들에게 제공하고 그에 따른 식재료비와 식당운영경비를 지급 받는 형태로 운영되는 경우라면, 상대방의 부동산을 임차하여 자기계산 하에 이를 사용 · 수익하면서 일정한 대가를 지불하도록 약정된 임대차방식이라 보기에는 무리가 있다(행심 2004-300, 2004.10.27. 참조)고 판단되어 감면대상 면적에서 배제되지 아니한다(지방세운영과-1394, 2008.9.23.).

⑧ 합병 또는 분할의 유예기간 기산점

합병이 있는 경우에는 피합병회사의 권리 · 의무는 사법상의 관계나 공법상의 관계를 불문하고 그의 성질상 이전을 허용하지 않는 것을 제외하고는 모두 합병으로 인하여 존속한 회사에게 승계되는 것으로 보아야 할 것이므로(대법원 2002두1946, 2004.7.8. 참조), 흡수합병한 법인은 과학기술부장관의 인정을 받은 기업부설 연구소를 4년 이내에 설치하여야 하고 이를 이행하지 않을 경우 합병으로 인한 납세의무의 승계)에 의하여 취득세 등을 납부할 의무를 부담한다.

분할의 경우도 마찬가지로 법인의 분할 시 연대납세의무를 규정에 의하여 취득세 등을 납부할 의무를 부담한다고 할 것이나, 단지 기업분할을 원인으로 하여 부동산의 소유권이 이전되었다는 사유만으로는 취득세의 면제효력이 소멸하는 것은 아니라고 할 것이다.

한편, 합병 또는 분할 시 연구소 설치의무 유예기간의 기산점이 변경된다는 아무런 근거가 없을 뿐만 아니라 합병 또는 분할을 거듭하면 유예기간이 무한정 연장될 수밖에 없어 유예기간 설정 제도의 의의가 상실되므로 당초 피합병법인 또는 분할법인의 취득일을 기준으로 유예기간을

기산하여야 한다(서울고법 2006누2673, 2006.11.9. 참조).

⑨ 연구부서의 본점사업용 부동산 해당 여부

「지방세법 기본통칙」13-5에 따르면 본점 이외의 장소에서 경리, 인사, 연구, 연수, 재산관리 업무 등 대외적인 거래와 직접적인 관련이 없는 내부적 업무만을 처리하고 있는 경우는 지점이 아닌 본점에 해당된다라고 규정하고 있으나, 이 규정에서 연구업무를 규정하고 있는데, 이는 별도의 조직이 아닌 본점내의 일부부서의 역할을 하는 경우를 말하는바, 별도로 해당 연구소 직원만의 급여지급, 회계결산, 인사업무 등을 독자적으로 수행하는 별도의 조직인 경우에는 본점과는 관련이 없는 것으로 보아야 할 것이다. 그리고 실질적인 본점의 역할을 수행하려면 회사의 영업정책과 재무정책을 총괄하고 결정할 수 있는 회장실, 임원실, 회계부서, 총무부서 등의 사무실이 구비되어야 하고 그 해당 임직원이 상시 근무하여 그 역할을 하여야 함에도 단순히 연구개발 업무를 위한 사무실로만 사용하는 경우에는 이를 대도시 내 부동산을 취득하여 본점으로 사용한다고 볼 수는 없을 것이다.

한편, 대도시 내에서 대도시 외인 이 사업장으로 본점을 이전하면서 인력의 추가 채용 등을 고려하여 미리 확보하였거나 인력을 재배치하면서 발생한 공실, 기업부설연구소가 아닌 본사 소속 연구(도면 설계 등)부서 직원들이 직접 사용하는 사무실 및 본점의 업무와 직·간접적으로 연계되어 사용하는 부분(창고, 주차장)은 '법인의 본점으로 사용하는 부동산'에 해당된다고 할 것이다(조심 2022지1657, 2023.6.20.). 이 심판례에 따르면 신축에 대한 취득세 본점 중과 시 본점 사무실과 별개의 장소에 있는 기업부설연구소는 본점에 해당하지 않는다고 보아야 할 것으로 본점 사무실과 같은 장소에 있더라도 본점 사무실과 독자적으로 급여지급, 회계결산, 인사업무 등을 한 경우 본점으로 보는 것은 문제가 될 여지가 있으나 최근 대법원판례(2022두66088, 2023.3.16.)에 따르면 사업장 내에 함께 존재하는 경우 본점에 해당되는 것으로 판시하고 있어서 논란의 쟁점이 되고 있다.

⑩ 연구지원부서의 연구활동부서 해당 여부

사업개발본부와 해외사업본부의 경우 직접적으로 연구활동에 종사하는 부서로 볼 수는 없다 할 것이고, 당해 조직이 수행하는 역할이 연구개발본부의 연구와 관련하여 사전에 개발계획에 대한 협의 등을 통하여 구체적으로 개발계획을 수립하는 업무로서 이러한 업무가 연구개발본부의 연구개발활동과 밀접한 관련이 있는 활동이라고 하더라도 이를 직접적으로 기업부설연구소 중추적인 구성요소인 연구인력, 연구기자재 등이 설치된 연구공간에 해당된다고 볼 수는 없다 할 것이다(조심 2014지379, 2015.1.2.).

> **사례** 지원시설, 복지후생시설, 공용면적 등의 안분계산(조심 2012지408, 2013.5.24.)
>
> 쟁점 건물의 1층에 소재한 쟁점 홍보관 중 전시실(149㎡)은 ○○○으로부터 ○○○로 이미 승인을 받은 사실이 관련공문에 의하여 확인되고, 연구개발 활동의 비전을 제시하는 공간이자 연구결과를 전시하기 위하여 직접 사용되는 공간이라 할 수 있어 연구시설의 부대시설로 볼 수 있으므로 이는

취득세 면제 대상에 해당한다 할 것이고, 직원휴게공간(240㎡)은 복지후생시설로서 취득세 일반과세 대상으로 보아야 할 것이며, 공용면적(388㎡)은 ○○○○○○ 부동산으로 ○○○으로부터 인정받지 못하였으므로 일반세율을 적용하여 취득세를 과세함이 타당하다 할 것이다. 또한, 쟁점 회의실은 ○○○으로부터 ○○○로 이미 승인을 받은 사실이 관련공문에 의하여 확인되고, 청구법인의 연구원과 외부협력 연구업체 연구원들 간에 연구개발 관련회의 목적으로 사용된 공간으로 보여지므로 동 공간은 연구시설의 부대시설로 보아 취득세를 면제함이 타당하다 하겠다. 쟁점 건물의 2층과 5층에 소재하고 있는 ○○○은 ○○○으로부터 ○○○로 이미 승인을 받았고, ○○○의 연구개발사업을 지원하는 사업장으로, 사업운영팀, 마케팅팀, 개발 구매팀 등이 설치되어 있으며, ○○○의 마케팅 업무는 이미 생산되었거나 구매된 제품 및 상품을 고객에게 판매하는 일반적인 마케팅 업무가 아니라, 무엇을 연구개발하여야 할지 여부를 기획하는 ○○○의 특성을 가지고 있고, 프로젝트 개발업무는 그 다음의 단계로 진행되며, 마케팅팀은 시장동향, 개발목표, 개발일정 및 원가분석 등을 통하여 개발과제에 적합한 상품기획을 진행하고, 개발에 필요한 설비구매 등 지원업무를 수행하는바, 연구소와 동일한 장소에서 연구소를 지원하는 부서로서의 역할을 수행하고 있으므로 이 공간 역시 취득세 면제대상으로 봄이 타당한 것으로 보인다. 쟁점 건물의 3층과 4층에 소재하고 있는 파워사업장(항공기 엔진 및 군함엔진 등의 연구개발)과 특수사업장(자주포, 장갑차, 탄약운반차 등의 연구개발)은 방위산업과 관련된 장비 등의 연구개발을 전담하는 사업장으로, 일반적인 상거래에서의 영업활동이 아니라 동 연구소가 개발하여야 할 Item을 발굴하는 선행개발부서로서의 역할을 수행하는 곳으로, 방위산업은 방위사업청이라는 고정된 판매처를 확보하고 있으므로 일반적인 상거래의 경우처럼 마케팅활동이 필요하지 아니하며, ○○○○ ○○○○ ○○○○○○○○○○ 등 우리군의 중장기현대화계획에 따라 미래형 무기개발을 계획하고 이에 따라 회사가 수주개발하는 방위산업만의 고유한 업무특성을 가지고 있으므로, 마케팅 부문은 연구개발사업을 수행함에 있어 선행개발 역할을 수행하는 연구지원 부서로서의 역할을 수행하고 있어 본점기능을 수행하는 것으로 보기에는 무리가 있다 할 것이므로, 이 공간 역시 취득세를 과세함에 있어 일반세율을 적용함이 타당하다 할 것이다. 쟁점 건물의 4층에 소재한 암전실(418.29㎡)은 ○○○으로부터 ○○○로 이미 승인을 받았고, 개발프로세스상 암전상태에서 제품의 성능 및 효용을 테스트하기 위하여 설치한 시설이라 할 수 있으므로 마땅히 연구시설로 보아야 할 것이고, 처분청의 이 건 세무조사 당시 일시적으로 T/F팀이 사용하고 있었던 사실이 있다 하더라도, 동 T/F팀은 표준관리체계 등의 프로세스 관련 문제점을 해결하기 위한 시스템개발을 목적으로 모든 부서에서 여러 명의 인원들을 수급하여 임시로 결성된 것이라 할 수 있으므로, 이 부분 역시 연구개발활동의 연장으로 봄이 사회통념상 타당하다 할 것이어서 위 공간에 대하여도 취득세를 면제함이 타당한 것으로 판단된다. 마지막으로, 쟁점 건물의 6층과 7층에 소재한 사업장에 대하여 보면, 이 건 본점 이전은 서울특별시 ○○○ ○○○에서 본점의 업무를 수행하던 사업장을 쟁점 부동산으로 이전한 것으로, 동 사업장은 임차하여 사용하던 부동산에서 자가건물인 쟁점 부동산으로 본점을 이전한 경우에 해당되는 이상, 쟁점 부동산으로 본점을 이전한 결과 인구유입 또는 산업집중을 유발하지 아니하였다 하더라도 이는 취득세 중과세율 적용대상으로 봄이 타당하다 하겠다. 이상에서 살펴본 바와 같이, 쟁점 건축물에 소재한 연구시설 및 연구시설의 부대 및 지원시설, 복지후생시설, 공용면적 등에 대하여는 각각 취득세 면제, 일반세율 적용, 안분계산 등의 방법으로 취득세 등을 경정함이 타당한 것으로 판단됨.

사례 기업연구소용 부동산의 부과제척기간 기산일(지방세운영과-279, 2013.4.11.)

감면 유예기간(4년)까지 기업부설연구소로 인정받을 것이라는 사후 감면요건을 충족하지 못하여 추징대상이 되는 경우의 부과제척기간 기산일은 감면 유예기간이 경료한 그 신고납부기한(30일)의 다음 날로 봄이 타당하다고 할 것임.

> **사례** 다른 인력이 사용하는 부분은 연구소시설 아님(행심 2006-150, 2006.4.24.)

이 사건 연구소의 일부는 기업부설연구서로서의 인·물적 요건을 갖추고 있어서 연구전담시설이라고 볼 수 있는데도 처분청에서 이 사건 연구소 중 3층 전체(면적 693.47㎡)와 1층 일부(101.14㎡)에 대하여 취득세 등을 부과한 처분은 잘못이 있다고 하겠고, 한편 처분청에서 연구소팀이 단독으로 조직구성이 되지 않고 본점의 각 부문별로 산재되어 있으며, 연구소팀에 근무하고 있는 외부용역 직원이나 본점 일부 직원 때문에 독립적인 근무형태가 아니라고 하나 기존 변경 전의 연구소도 이러한 조직형태를 가지고 있었고, 이러한 형태는 연구부문이 각기 다르고 그 결과물을 적용할 수 있는 곳이 각 해당 사업부서이므로 조직 자체의 효율적인 측면에서 부득이한 것으로서 관련 감독단체에서도 이를 인정하고 있으며, 또한 연구소 직원 외에 외부인력이 근무하여 독립성이 없다고 하는 것도 관련 법령상 연구전담요원 외는 보조 및 관리인력을 위 용역계약내용에서 보는 바와 같이 특정연구목적을 위하여 일시적으로 지원받아 근무하게 할 수 있는 것이므로 이러한 주장은 실질과세의 원칙상 다소 무리가 있음.

⑨ 한국환경공단 등에 대한 감면(지특법 §47)

1) 감면요건

① 감면대상자

「한국환경공단법」에 따라 설립된 한국환경공단

② 감면대상 및 감면범위

「한국환경공단법」 §17 ①의 2 및 5의 사업에 직접 사용하기 위하여 취득하는 부동산[120]	취득세 25% (2016년 이전 75%) 경감(주)
「한국환경공단법」 §17 ①의 11·21 및 22의 사업에 직접 사용하기 위하여 취득하는 부동산	취득세 25% 경감
과세기준일 현재 그 사업에 직접 사용 부동산	재산세 25% 경감 (도시지역분 제외)

🔾 감면시한 : 2025.12.31.

🔾 농어촌특별세 과세 여부 : 취득세분과 취득세 경감분 농어촌특별세 과세

🔾 (주) 제주도의 경우 「제주특별자치도 설치 및 국제자유도시 조성을 위한 특별법」 제73조에서 조례로 정하도록 규정하고 있어서, 도세 감면조례에 의하면 취득세 50% 경감.

2) 추징요건

별도의 추징규정이 없는바, 「지방세특례제한법」 제178조에 따라 다음 어느 하나에 해당하는 경우 그 해당 부분에 대해서는 감면된 취득세를 추징한다.

---

120) 이 조문에서는 "임대용 부동산"이란 문구가 2023.1.1. 삭제되었으나, 지특법 §2 8에서 "직접 사용"의 의미에서 임대용 부동산을 제외하는 것으로 규정되어 있어서 삭제와 관계없이 감면이 되지 아니함. 이 감면내용에서 동일함.

① 정당한 사유 없이 그 취득일부터 1년이 경과할 때까지 해당 용도로 직접 사용하지 아니하는 경우

② 해당 용도로 직접 사용한 기간이 2년 미만인 상태에서 매각·증여하거나 다른 용도로 사용하는 경우

⑩ 녹색건축 인증 건축물에 대한 감면(지특법 §47-2)

(1) 친환경 건축물 등에 대한 감면(지특법 §47-2 ①, ②, ④, ⑤)

1) 감면요건

① 감면대상자

건축물(「건축법」 제2조 제1항 제2호에 따른 건축물 부분으로 한정) 또는 주택 신축자(증축자 또는 개축자 포함)

② 감면대상 및 감면범위

㉠ 녹색건축 인정등급 최우수 건축물[주1] 또는 주택	
㉮ 에너지효율등급 1+등급(2017년과 2018년 1등급, 2016년 이전 에너지성능점수 90점 이상인 경우도 포함) 이상인 건축물(2024년 이전만 적용)	취득세 10% (2018년 이전 15%) 경감
㉯ 에너지효율등급 1등급(2017년과 2018년 2등급, 2016년 이전 에너지성능점수 80점 이상 90점 미만인 경우도 포함) 이상인 건축물(2020년 이전만 적용)[주2]	취득세 5% (2018년 이전 10%) 경감
㉡ 녹색건축 인정등급 우수 건축물 또는 주택	
㉮ 에너지효율등급 1+등급(2017년과 2018년 1등급, 2016년 이전 에너지성능점수 90점 이상인 경우도 포함) 이상인 건축물 (2024년 이전만 적용)	취득세 5% (2018년 이전 10%) 경감
㉯ 에너지효율등급 1등급(2017년과 2018년 2등급, 2016년 이전 에너지성능점수 80점 이상 90점 미만인 경우도 포함) 이상인 건축물(2020년 이전만 적용)[주2]	취득세 3% (2018년 이전 5%) 경감
「녹색건축물 조성 지원법」 §17에 따라 인증받은 제로에너지건축물 (2018년 이후 적용)[주2][주3]	
㉠ 제로에너지건축물 인증등급이 플러스 등급(2025년 이후 적용) 및 1등급~3등급인 건축물	취득세 20% (2020년 이전 15%) 경감
㉡ 제로에너지건축물 인증등급이 4등급인 건축물	취득세 18% (2020년 이전 15%) 경감
㉢ 제로에너지건축물 인증등급이 5등급인 건축물	취득세 15% 경감

㉠ 녹색건축 인정등급 최우수 건축물 또는 주택(주택은 2018년 이전만 적용)	
㉮ 에너지효율등급 1+등급(2017년 1등급) 이상인 경우	재산세 10% (2017년 이전 15%) 경감
㉯ 에너지효율등급 1등급(2017년 2등급)인 경우	재산세 7% (2017년 이전 10%) 경감
㉰ ㉮ 및 ㉯ 외의 경우	재산세 3% 경감 (2017년 이전만 적용)
㉡ 녹색건축 인정등급 우수 건축물 또는 주택	
㉮ 에너지효율등급 1+등급(2017년 1등급) 이상인 경우	재산세 7% (2017년 이전 10%) 경감
㉯ 에너지효율등급 1등급(2017년 2등급)인 경우	재산세 3% 경감
㉢ ㉠·㉡ 외에 에너지효율등급 1등급인 경우(2017년 이전만 적용)	재산세 3% 경감 (2017년 이전만 적용) (상기 모두 도시지역분 제외)

☛ 감면시한 : 2026.12.31.

☛ 농어촌특별세 과세 여부 : 취득세분과 취득세 경감분 농어촌특별세 과세(서민주택은 비과세)

☛ 재산세의 경우 「녹색건축물 조성 지원법」 제16조에 따라 녹색건축의 인증을 받거나 같은 법 제17조에 따라 에너지효율등급 인증을 받은 건축물(「건축법」 제2조 제1항 제2호에 따른 건축물 부분으로 한정) 또는 주택(주택은 2018년 이전만 적용)으로서 한 차례에 한정하여 그 인증을 받은 날(건축물 또는 주택 준공일 이전에 인증을 받은 경우에는 준공일)부터 5년간(재산세 과세기준일 현재 녹색건축의 인증 또는 에너지효율등급 인증이 취소된 경우 제외) 감면이 되며, 녹색건축의 인증을 받은 날과 에너지효율등급 인증을 받은 날이 서로 다른 경우에는 2개 중 먼저 인증을 받은 날을 기준으로 경감 기간을 산정함. 여기서 '한 차례에 한정하여'라는 규정을 둔 것은 녹색건축의 인증을 받거나 에너지효율등급 인증을 받은 인증을 받아 감면요건이 되었으나 요건이 충족되지 않아 종전 인증이 취소된 경우 그 후 추가로 요건을 갖추어 녹색건축의 인증을 받거나 에너지효율등급 인증을 받을 수 있는 점을 고려하여 규정한 것으로 판단되므로 갱신의 경우 갱신받은 날을 인증받은 날로 볼 수 없을 것임. 그 이유는 갱신받은 것은 종전 인증받은 것을 연장하는 것으로 보아야 할 것으로 새로운 인증으로 볼 수 없으며, 갱신받은 날로부터 5년간 재산세 감면이 된다면 부칙의 규정을 둘 근거가 미흡하다고 판단되기 때문임.

☛ 2017.12.31. 이전에 재산세를 경감하기로 한 건축물 또는 주택으로서 2018.1.1. 당시 에너지효율등급 인증을 받은 날부터 5년이 경과되지 아니한 분에 대해서는 개정규정에도 불구하고 종전의 규정에 따름(지특령 부칙 §5).

☛ 제주도의 경우 「제주특별자치도 설치 및 국제자유도시 조성을 위한 특별법」에서 조례로 정하도록 규정하고 있어서, 도세 감면조례에 의하면 감면율은 다음과 같다.

㉠ 친환경등급 최우수 건축물		
	㉮ 에너지성능점수 90점 이상이거나 에너지효율등급 1등급인 건축물	취득세 50% 경감
	㉯ 에너지성능점수 80점 이상 90점 미만이거나 에너지효율등급 2등급인 건축물	취득세 40% 경감
㉡ 친환경등급 우수 건축물		
	㉮ 에너지성능점수 90점 이상이거나 에너지효율등급이 1등급인 건축물	취득세 40% 경감
	㉯ 에너지성능점수 80점 이상 90점 미만이거나 에너지효율등급 2등급인 건축물	취득세 30% 경감

☛ 「건축법」 제65조 제4항에 따른 친환경건축물 인증 등급 등이 개정되어 「녹색건축물 조성 지원법」 제16조에 따른 녹색건축의 인증 등급 또는 「녹색건축물 조성 지원법」 제15조 제1항에 따른 효율적 에너지 관리에 관한 기준, 제17조에 따라 인증받은 건축물 에너지효율등급으로 판단하고 있으며(2014년부터), 녹색건축의 인증 등급이 우수 등급 이상인 경우에 적용되고, 에너지성능점수가 80점 이상이거나 에너지효율등급이 2등급 이상인 경우에 적용되는 것임.

📌 (주1) 2019년 이후 취득일부터 70일 이내에 감면요건을 갖춘 건축물 포함

📌 (주2) 2020.12.31. 이전에 「녹색건축물 조성 지원법」 §16에 따른 녹색건축 인증 및 같은 법 §17에 따른 건축물 에너지효율등급 인증을 받은 건축물을 2021.1.1. 이후에 취득하는 경우 개정규정에도 불구하고 종전규정에 따름(지특법 §3).

📌 (주3) 2019년 이후 취득일부터 100일 이내에 제로에너지건축물 인증을 받는 건축물 포함

이 감면규정에 따른 취득세 등의 감면요건을 충족하는지 여부는 동 규정에서 녹색건축의 인증이나 에너지효율등급의 인증시기를 별도로 규정하고 있지 아니한 이상 그 건축물을 취득할 당시 건축물의 상태를 기준으로 판단하여야 할 것이고, 녹색건축 및 에너지효율등급의 인증이 반드시 납세의무성립일 이전에 이루어졌는지 여부를 기준으로 판단하여야 하는 것은 아니다(대법원 2017.6.9. 선고, 2017두36922 판결 참조).

신축·증축 및 개축에 한하여 감면이 적용되는 것이므로 재축이나 개수(대수선 등), 승계취득의 경우에는 감면이 적용되지 아니하며, 임대용 건축물은 감면대상에서 제외된다. 그리고 재산세 감면 시 친환경건축물의 인증을 받은 날과 에너지효율등급 인증을 받은 날이 서로 다른 경우에는 2개 중 먼저 인증을 받은 날을 기준으로 경감 기간을 산정하며, 그 구체적인 경감세액의 산정방법은 다음과 같다.

$$감면세액 = 산출세액 \times \frac{건물\ 시가표준액}{건물\ 시가표준액 + 토지\ 시가표준액} \times 감면율$$

📌 산출세액 : 「지방세법」 제104조 제3호에 따른 주택으로 그 부속토지 포함한 산출세액

재산세 감면은 2012.1.1. 이후 납세의무성립분부터 적용되나, 2011.12.31. 이전에 인증받은 건축물 또는 주택 중 재산세 과세기준일 현재 인증을 받은 날부터 5년이 경과하지 아니한 건축물 또는 주택을 포함한다.

임시사용승인된 건물동이 개별적으로 관계법령에 따라 친환경 본인증을 받을 수 없고 예비인증만을 인정소유하고 있다면 취득세 신고 시의 예비인증은 확정된 인증결과라 할 수 없으므로 취득세 감면대상에 해당되지 않는다 할 것이나, 전체 건물동이 완공되어 사용승인받은 전후 친환경 기준을 충족하여 친환경건축물 인증 등급을 받은 경우에는 해당 규정의 경감률에 따라 취득세를 경감 적용받는 것이다. 따라서 기신고납부한 임시사용 건물동의 감면받지 못한 취득세 등에 대하여는 「지방세기본법」에 따라 경정청구를 통하여 환급받아야 할 것으로 판단된다(서울세제과-6681, 2012.6.1.).

사례 녹색건축 인증 건축물에 대한 감면제도는 2015.12.29. 법률 제13637호로 「지방세특례제한법」이 개정된 이후 줄곧 제도의 시행 만료일이 정해져 있는 한시 법령 형태로 규정되어 왔다. 원고로서는 지방재정 여건, 사회적 환경의 변화, 정책적 필요 등에 따라 향후 어느 시점에 이르러서는 위 제도의 시행시기가 더 이상 연장되지 않을 수 있거나 연장되더라도 그 내용이 수정·변경

될 수 있다는 점을 충분히 예상할 수 있었다. 원고가 2019.1.1. 이후 이 사건 건물 취득시점까지 위 제도가 계속하여 동일한 내용으로 시행될 것으로 믿었다 하더라도 이는 법적으로 보호하여야 할 수준에 이르는 신뢰라 보기 어려움(대법원 2023두48773, 2023.11.16. 심불, 수원고법 2022누 15048, 2023.7.12.).[121]

> **사례** 재개발정비사업조합원이 재개발사업의 환지계획에 의거 취득하는 주택은 원시취득으로 신축하는 건축물에 해당된다 하겠으므로 '녹색건축 인증 건축물에 대한 감면요건'을 갖춘 경우에는 건축물 부분에 대한 취득세가 감면됨(지방세특례제도과-795, 2020.4.8.).

2) 추징요건

① 2019.1.1. 이후 취득분(감면분)

취득세를 경감받은 건축물 중 다음 어느 하나에 해당하는 건축물에 대해서는 경감된 취득세를 추징한다.

　㉠ 취득일부터 70일 이내에 감면요건을 갖출 것을 요건으로 취득세를 경감받은 경우에는 그 요건을 70일 이내에 갖추지 못한 경우

　㉡ 취득일부터 100일 이내에 제로에너지건축물 인증을 받을 것을 요건으로 취득세를 경감받은 경우에는 100일 이내에 제로에너지건축물 인증을 받지 못한 경우

　㉢ 취득일부터 3년 이내에 녹색건축의 인증, 에너지효율등급 인증 또는 제로에너지건축물 인증이 취소된 경우

② 2018.12.31. 이전 취득분(감면분)

취득세를 경감받은 건축물 또는 주택에 대하여 그 취득일부터 3년 이내에 녹색건축의 인증, 에너지효율등급 인증 또는 제로에너지건축물(2018년 이후 적용) 인증이 취소된 경우에는 경감된 취득세를 추징한다.

---

121) 조세법령의 개정이 있는 경우 개정 전·후의 법령 중에서 납세의무가 성립될 당시의 법령을 적용하는 것이 원칙이라 할 것이나, 조세법령이 납세의무자에게 불리하게 개정된 경우에 개정된 법령이 '이 법 시행 당시 종전의 규정에 의하여 부과 또는 감면하여야 할 …세에 대하여는 종전의 규정에 따른다'는 경과규정을 두고 있고, 납세의무가 성립하기 전의 원인행위 시에 유효하였던 종전 규정에서 이미 장래의 한정된 기간 동안 그 원인행위에 기초한 과세요건의 충족이 있는 경우에도 특별히 비과세 내지 감면한다는 등의 내용을 명시적으로 규정한 것으로 볼 수 있다면, 이러한 경과규정은 납세의무자의 기득권 내지 신뢰보호를 위하여 납세의무자에게 유리한 종전 규정을 적용하도록 한 특별규정에 해당하므로, 납세의무자가 종전 규정에 의한 조세감면 등을 신뢰하여 종전 규정의 시행 당시에 과세요건의 충족과 밀접하게 관련된 직접적인 원인행위로 나아감으로써 일정한 법적 지위를 취득하거나 법률관계를 형성하는 등 그 신뢰를 마땅히 보호하여야 할 정도에 이른 경우에는 예외적으로 납세의무 성립 당시의 법령이 아니라 그 원인행위가 이루어진 당시의 법령인 종전 규정이 적용된다고 할 것이나, 이러한 정도에 이르지 않은 경우에는 설령 납세의무자가 종전 규정에 의한 조세감면 등을 신뢰하였더라도 이는 단순한 기대에 불과하므로, 원칙으로 돌아가 종전 규정이 아니라 납세의무 성립 당시의 법령이 적용된다고 할 것임(대법원 2015.9.24. 선고, 2015두42152 판결 참조).

(2) 에너지절약형 친환경주택에 대한 감면(지특법 §47-2 ③)

1) 감면요건

① 감면대상자

에너지절약형 친환경주택 취득자

② 감면대상 및 감면범위

친환경주택	
㉠ 에너지 절감률 등이 45% 이상 50% 미만(2016년 이전 25% 이상 30% 미만)(2017년 이전만 적용)	취득세 5% 경감
㉡ 에너지 절감률 등이 50% 이상 55% 미만(2016년 이전 30% 이상 35% 미만)(2017년 이전만 적용)	취득세 10% 경감
㉢ 에너지 절감률 등이 55% 이상 65% 미만(2016년 이전 35% 이상)(2020년 이전만 적용)(주)	취득세 10% (2017년 이전 15%) 경감
㉣ 에너지 절감률 등이 65% 이상(주)	취득세 10% (2017년 이전 15%) 경감

☞ 감면시한 : 2026.12.31.

☞ 농어촌특별세 과세 여부 : 취득세분과 취득세 경감분 농어촌특별세 과세(서민주택은 비과세)

☞ 제주도의 경우 2016년 이전 「제주특별자치도 설치 및 국제자유도시 조성을 위한 특별법」에서 조례로 정하도록 규정하고 있어서, 도세 감면조례에 의하면 감면율은 다음과 같다.

친환경주택	
㉠ 에너지 절감률 등이 35% 이상	취득세 50% 경감
㉡ 에너지 절감률 등이 30% 이상 35% 미만	취득세 40% 경감
㉢ 에너지 절감률 등이 25% 이상 30% 미만	취득세 30% 경감

☞ 「건축법」 제65조, 제66조의 2가 개정되어 「녹색건축물 조성 지원법」 제16조, 제17조를 적용함(2014년부터).

☞ (주) 2020.12.31. 이전에 총에너지 절감률 또는 총이산화탄소 저감율이 55% 이상임을 「주택법」 §49에 따른 사용 검사권자로부터 확인받은 건축물을 2021.1.1. 이후에 취득하는 경우에는 개정규정에도 불구하고 종전규정에 따름(지특법 §3).

"에너지절약형 친환경주택"이란 「주택건설기준 등에 관한 규정」 제64조에 따른 주택("친환경주택") 중 총에너지 절감률 또는 총이산화탄소 저감률("에너지 절감률 등")이 65퍼센트 이상임을 「주택법」 제49조에 따른 사용검사권자로부터 확인을 받은 주택을 말한다. 친환경 주택은 2009.10월 시행된 제도로 20세대 이상 공동주택에 한하여 에너지 절감률이 반드시 15% 이상으로 설계되어야 하는 의무제도인 반면, 친환경 건축물은 자발적 신청에 의해 인증받은 건축물로서 공동주택 외에도 단독주택, 주상복합, 학교, 숙박 및 판매시설이 적용대상이 된다는 점에서 차이가 있다. 친환경 주택과 친환경 건축물 감면기준에 모두 해당하는 공동주택이 있다면 그 중 감면율이 높은 것 하나만을 적용할 수 있다. 그리고 공동주택에 한하는 것이므로 단독주택이나 주거

용 오피스텔을 20호 이상 신축하는 경우라도 이 감면규정이 적용되지 아니하며, 친환경 건축물 감면규정을 적용하여야 한다.

신축·증축 및 개축에 한하여 감면이 적용되는 것이므로 재축이나 개수(대수선 등), 승계취득의 경우에는 감면이 적용되지 아니하며, 임대용 주거용 건축물은 감면대상에서 제외된다.

2) 추징요건

별도의 추징규정이 없는바, 「지방세특례제한법」 제178조에 따르면 "부동산에 대한 감면을 적용할 때 이 법에서 특별히 규정한 경우를 제외하고는 ① 정당한 사유 없이 그 취득일부터 1년이 경과할 때까지 해당 용도로 직접 사용하지 아니하는 경우, ② 해당 용도로 직접 사용한 기간이 2년 미만인 상태에서 매각·증여하거나 다른 용도로 사용하는 경우의 어느 하나에 해당할 때 그 해당 부분에 대해서는 감면된 취득세를 추징한다"라고 규정되어 있는데, 해당 용도를 주택용으로 보고서 직접 사용하지 아니한 경우에 추징한다라고 해석할 여지가 있으나, 주택을 취득하여 감면을 받고서 2년 이내에 매각 또는 임대를 한다면 직접 사용한 것으로 볼 수 없어서 추징하여야 한다고 한다면 거주하여야만 직접 사용으로 볼 수 있는바, 취득 주택을 전세나 임대를 한 경우에는 직접 사용으로 볼 수 없을 것이고, 취득 후 2년 이전에 임대(전세)를 하는 경우에도 무조건 추징대상이 된다라고 해석하여야 한다는 것은 법 취지에 맞지 아니할 것이고, 실제로 임대(전세) 한 경우에 추징하고 있지는 아니하고 있으므로 「지방세특례제한법」 제178조의 추징규정이 적용되지 아니하는 것이 타당할 것이다. 그리고 이 감면규정에 해당 용도가 규정되어 있지 아니하고 직접 사용 해석을 할 경우 자기가 거주하는 것으로 할 경우에 문제가 되는 것이므로 취득일로부터 1년 이내에 매각 또는 다른 용도로 사용한다고 하여 추징할 수는 없을 것이다. 상기 직접 사용의 의미를 기준으로 「지방세특례제한법」 제178조를 적용하는 것은 문제가 있으므로 취득 시 이 규정에 의해 감면받은 후 용도변경한다고 추징할 수는 없다.

⑪ 신재생에너지 인증 건축물에 대한 감면(지특법 §47-3)

1) 감면요건

① 감면대상자
신·재생에너지 이용 건축물 인증을 받은 건축물 취득자

② 감면대상 및 감면범위

신·재생에너지 이용 건축물 인증을 받은 건축물	
㉠ 신·재생에너지 공급률 20% 초과	취득세 15% 경감
㉡ 신·재생에너지 공급률 15% 초과 20% 이하	취득세 10% 경감
㉢ 신·재생에너지 공급률 10% 초과 15% 이하	취득세 5% 경감

☞ 감면시한 : 2015.12.31.

☞ 농어촌특별세 과세 여부 : 취득세분과 취득세 경감분 농어촌특별세 과세
☞ 제주도의 경우 「제주특별자치도 설치 및 국제자유도시 조성을 위한 특별법」에서 조례로 정하도록 규정하고 있어서, 도세 감면조례에 의하면 감면율은 다음과 같다.

신·재생에너지 이용 건축물 인증을 받은 건축물	
㉠ 신·재생에너지 공급률 20% 이상	취득세 50% 경감
㉡ 신·재생에너지 공급률 15% 이상	취득세 40% 경감
㉢ 신·재생에너지 공급률 10% 이상	취득세 30% 경감

☞ 신·재생에너지 공급률
건축물의 총에너지사용량 중 「신에너지 및 재생에너지 개발·이용·보급 촉진법」 제2조 제1호에 따른 신·재생에너지를 이용하여 공급되는 에너지의 비율

2) 추징요건

취득일부터 3년 이내에 신·재생에너지 이용 건축물 인증이 취소된 경우 경감된 취득세를 추징한다.

3) 유의사항

① 주상복합건물의 신·재생에너지 공급률 적용

주상복합건물의 경우 업무용만 감면규정이 적용될 것인데, 신·재생에너지 공급률을 구분하여 산정하는 것이 원칙이지만 이를 주택과 업무용으로 구분이 되지 아니한다면 전체 주상복합건물의 신·재생에너지 공급률을 적용하여야 할 것이다.

② 일정규모 이하인 건축물

「신에너지 및 재생에너지 개발·이용·보급 촉진법」 제12조의 2 제1항에 의하면 일정규모(건축물연면적 1천 제곱미터) 이상 건축물인 경우 인증을 받을 수 있다고 규정되어 있으나, 같은 법 제17조에 의하여 실시계획서 제출하는 경우 제외라고 규정되어 있는바, 반드시 면적으로만 판단할 수 없을 것으로서, 같은 법에 규정한 실시계획서에 의하여 인증을 받았다면 1천 제곱미터 미만이더라도 감면이 될 것이다.

⑫ 내진성능 확보 건축물에 대한 감면 등[122] (지특법 §47-4)

1) 감면요건

① 감면대상자

㉠ 2025년 이후

「지진·화산재해대책법」 제14조 제1항에 따른 내진설계기준의 적용 대상이 아니거나 건축 당시 내진설계기준의 적용 대상이 아니었던 건축물(「건축법」 제2조 제1항 제2호에 따른 건축물 부분으로 한정)을 건축(「건축법」 제2조 제1항 제8호에 따른 건축을 말함) 또는 대수선(「건축법」 제2조 제1항 제9호에 따른 대수선을 말함)하는 경우로서 「지진·화산재해대책법」 제16조의 2에 따라 내진성능 확인을 받은 건축물 소유자

㉡ 2024년 이전

2021년 이후 「지진·화산재해대책법」 제16조의 3 제1항에 따라 지진안전 시설물의 인증을 받은 신축 건축물(취득일부터 180일(2021년은 100일) 이내 지진안전 시설물의 인증을 받은 경우 포함)의 소유자[2020년 이전은 「건축법」 제48조 제2항에 따른 구조 안전 확인 대상이 아니거나 건축 당시 「건축법」 상 구조 안전 확인 대상이 아니었던 건축물(「건축법」 제2조 제1항 제2호에 따른 건축물 부분으로 한정하되, 2016년 이전 같은 법 제48조에 따른 구조 안전 확인 대상 건축물이 아닌 건축물만 해당) 또는 주택으로서 「지진·화산재해대책법」 제16조의 2에 따라 내진성능 확인을 받은 건축물 또는 주택 소유자]

② 감면대상 및 감면범위

「지진·화산재해대책법」 §14 ①에 따른 내진설계기준의 적용 대상이 아니거나 건축 당시 내진설계기준의 적용 대상이 아니었던 건축물(「건축법」 §2 ① 2에 따른 건축물 부분으로 한정)을 건축(「건축법」 §2 ① 8에 따른 건축을 말함) 또는 대수선(「건축법」 §2 ① 9에 따른 대수선을 말함)하는 경우로서 「지진·화산재해대책법」 §16-2에 따라 내진성능 확인을 받은 건축물(건축물 소유이전 이후 재산세 제외)	취득세 면제 재산세 경감[주1]
「건축법」 §2 ① 8 따른 건축 건축물 또는 주택(주택은 2018년 이전만 적용)(건축물 소유권이전 이후 재산세 제외)(2021년 이전만 적용)	취득세 50%(2016년 이전 10%) 경감 재산세 50%(2016년 이전 10%) 경감 (도시지역분 제외)[주2]

---

122) 2014.12.31. 이전까지는 「지방세특례제한법」 제92조의 3에 규정되어 있었는데, 2015.1.1. 이후는 「지방세특례제한법」 제47조의 4로 이관됨.

지진안전 시설물 인증 신축 또는 대수선(2025년 이후) 건축물[취득일부터 180일[주3](2021년 100일) 이내 지진안전 시설물 인증받은 경우 포함, 2021년~2024년은 상기 감면 적용 시 제외]	취득세 10% (2024년 이전 5%)
「건축법」 §2 ① 9에 따른 대수선 건축물 또는 주택(주택은 2018년 이전만 적용)(2021년 이전만 적용)	취득세 면제(2016년 이전 50% 경감) 재산세 면제(2016년 이전 50% 경감) (도시지역분 제외)[주2]

🢂 감면시한 : 2024.12.31.

🢂 최소납부제 적용 시기 : 2025.1.1.

🢂 농어촌특별세 과세 여부 : 취득세분과 취득세 경감분 농어촌특별세 과세(서민주택은 비과세)

🢂 2013.8.6. 이후 최초로 건축이나 대수선을 통하여 내진성능확인을 받은 건축물 또는 주택부터 적용되며, 2016.12.31. 이전에 「건축법」 제48조에 따른 구조 안전 확인 대상 건축물이 아니었던 건축물로서 「지진・화산재해대책법」 제16조의2에 따라 내진성능을 확인받은 건축물 또는 주택의 경우에는 이 법 시행 당시 재산세 납세의무가 최초로 성립한 날부터 5년이 경과하지 아니한 분에 대해서는 상기의 개정 규정이 적용됨(부칙 §5).

🢂 재산세 감면 시 내진성능확인을 받은 날이 서로 다른 경우에는 2개 중 먼저 인증을 받은 날을 기준으로 경감 기간을 산정하며, 그 구체적인 경감세액의 산정방법은 상기 10 (1)과 같음.

🢂 2025년 이후 종전의 §47-4 ①에 따라 취득세가 감면된 건축물로서 2025.1.1. 당시 그 건축물 취득 후 재산세의 납세의무가 최초로 성립하는 날부터 5년이 지나지 아니한 건축물에 대한 재산세의 감면에 대해서는 §47-4 ①의 개정규정에도 불구하고 종전의 규정에 따름[법 부칙(2024.12.31.) §7 ②].

🢂 (주1) 그 건축물에 대한 재산세 납세의무가 최초로 성립하는 날부터 2년간 재산세 면제, 그 다음 3년간은 재산세의 50% 경감(그 건축물에 대한 소유권이전된 이후의 재산세는 경감되지 아니함)

🢂 (주2) 납세의무가 최초로 성립하는 날부터 5년간(양도하는 경우 감면배제)

🢂 (주3) 2022.1.1. 당시 지진안전 시설물의 인증을 받은 지 180일이 지나지 아니한 건축물에도 적용됨(부칙 §9).

　내진보강공사와 관련하여 발생한 비용은 건축 또는 대수선에 따른 직접비용의 일부로서, 그 과세표준을 구성하는 요소 중 하나에 해당한다고 할 것이다. 이 규정에서 "내진성능 확인"을 받은 "건축물"에 대해 건축이나 대수선으로 취득하는 경우에 취득세를 감면한다고 규정하고 있는바, 감면을 적용받기 위한 요건과 감면대상 목적물은 엄연히 구분하여야 할 것으로, 여기서 "내진성능 확인"은 "감면요건"에 해당하며, "감면대상"은 그 요건을 갖추어 "취득하는 건축물"로 보아야 할 것인 점, 이 규정의 입법취지는 내진설계 의무대상이 아닌 건축물에 대해 지방세 감면지원을 통해 내진성능을 확보하도록 유도하고자 한 것인데, "내진성능 확인"을 받기 위한 내진보강공사와 관련된 비용에 대해서만 감면을 적용한다면 확인을 받은 납세자가 그렇지 아니한 납세자에 비해 그 이상의 세금을 부담하게 되는 등 지원 효과가 미미해져 그 취지가 퇴색된다고 할 것인 점, 재산세 감면의 경우에도 쟁점규정을 적용 시 건물 전체[산출세액 × 건물시가표준액 / (토지+건물시가표준액) × 감면율]를 기준으로 감면을 적용하도록 규정하고 있는 점 등을 종합해 볼 때, 이 규정에서 정한 바에 따라 내진성능 확인 등의 감면요건을 갖춘 건축물에 해당하는 경우라면 그 건축물의 취득세 과세표준인 직・간접비용 전체에 대해 감면을 적용하여야 할 것이다(지방세특례제도과-2846, 2020.11.30.).

2) 추징요건

① 2025년 이후

취득세를 경감받은 지진안전 시설물 인증 신축 또는 대수선 건축물 중 취득일부터 3년 이내에 「지진·화산재해대책법」 제16조의 3 제5항에 따라 지진안전 시설물의 인증이 취소된 건축물에 대해서는 경감된 취득세를 추징한다.

② 2024년 이전

별도의 추징규정이 없는바, 「지방세특례제한법」 제178조에 따라 다음 어느 하나에 해당하는 경우 그 해당 부분에 대해서는 감면된 취득세를 추징하여야 하나, 해당 용도가 규정되어 있지 아니하므로 추징이 되지 아니할 것이다.

⑬ 환경친화적 자동차 충전시설에 대한 감면(지특법 §47-5)

1) 감면요건

① 감면대상자

환경친화적 자동차 충전시설을 설치하는 자(「환경친화적 자동차의 개발 및 보급 촉진에 관한 법률」 제11조의 2에 따른 설치 의무가 없는 자로 한정)

② 감면대상 및 감면범위

「지방세법」 §6 4호 에너지 공급시설 중 환경친화적 자동차 충전시설	취득세 25%

☞ 감면시한 : 2026.12.31.
☞ 농어촌특별세 과세 여부 : 취득세분과 취득세 경감분 농어촌특별세 과세

2) 추징요건

다음 어느 하나에 해당하는 경우에는 경감된 취득세를 추징한다.
① 정당한 사유 없이 그 취득일부터 1년이 경과할 때까지 해당 용도로 직접 사용하지 아니하는 경우
② 해당 용도로 직접 사용한 기간이 2년 미만인 상태에서 매각·증여하거나 다른 용도로 사용하는 경우

⑭ 국립공원관리사업에 대한 감면(지특법 §48)

1) 감면요건

① 감면대상자

「국립공원공단법」에 따른 국립공원공단(2019.1.16. 이전 「국립공원관리공단법」에 따른 국립공원관리공단)

② 감면대상 및 감면범위

공원시설의 설치·유지·관리 등의 공원관리사업에 직접 사용하기 위하여 취득하는 부동산[123]	취득세 25% 경감
과세기준일 현재 그 사업에 직접 사용 부동산	재산세 25% 경감 (도시지역분 제외)

☞ 감면시한 : 2025.12.31.

☞ 농어촌특별세 과세 여부 : 취득세분과 취득세 경감분 농어촌특별세 과세

☞ 제주도의 경우 「제주특별자치도 설치 및 국제자유도시 조성을 위한 특별법」 제73조에서 조례로 정하도록 규정하고 있어서, 도세 감면조례에 의하면 취득세 25% 경감, 재산세 25% 경감으로 동일

국립공원관리공단이 공원시설의 설치·유지·관리 등의 공원관리사업에 직접 사용하기 위하여 취득하는 부동산에 대하여 취득세 등을 면제한다고 규정하고 있으므로 국립공원시설의 관리용으로 취득한 부동산은 동 규정에 의한 감면대상에 해당된다 하겠으나, 관리사무소에서 17km나 떨어진 보은읍 내에 위치한 직원숙소용 아파트의 경우까지 공원관리사업에 직접 사용하는 부동산에 해당되지 아니한다(행심 2000-181, 2000.3.29.).

2) 추징요건

별도의 추징규정이 없는바, 「지방세특례제한법」 제178조에 따라 다음 어느 하나에 해당하는 경우 그 해당 부분에 대해서는 감면된 취득세를 추징한다.

① 정당한 사유 없이 그 취득일부터 1년이 경과할 때까지 해당 용도로 직접 사용하지 아니하는 경우

② 해당 용도로 직접 사용한 기간이 2년 미만인 상태에서 매각·증여하거나 다른 용도로 사용하는 경우

---

123) 이 조문에서는 "임대용 부동산"이란 문구가 2023.1.1. 삭제되었으나, 지특법 §2 8에서 "직접 사용"의 의미에서 임대용 부동산을 제외하는 것으로 규정되어 있어서 삭제와 관계없이 감면이 되지 아니함. 이 감면내용에서 동일함.

⑮ 해양오염방제 등에 대한 감면(지특법 §49)

1) 감면요건

① 감면대상자

「해양환경관리법」에 따른 해양환경공단

② 감면대상 및 감면범위

「해양환경관리법」 §97 ① 3 가목 및 나목의 사업에 직접 사용하기 위하여 취득하는 부동산(수익사업용 부동산 제외) ○ 과세기준일 현재 해당 사업에 직접 사용하는 부동산	취득세 25% (2016년 이전 75%) 경감(주1)
	재산세 25% (2016년 이전 75%) 경감(주2) (도시지역분 제외)
「해양환경관리법」 §97 ① 2 나목 및 ① 6의 사업에 직접 사용하기 위하여 취득하는 부동산(수익사업용 부동산 제외) ○ 과세기준일 현재 해당 사업에 직접 사용하는 부동산	취득세 25% (2016년 이전 75%) 경감(주2)
	재산세 25% 경감(주2) (도시지역분 제외)
해양오염방제용 및 해양환경관리용에 제공하기 위하여 취득하는 해양오염방제설비를 갖춘 선박	취득세 25% (2016년 이전 75%) 경감(주1) 재산세 25% 경감(주1) (도시지역분 제외)

☞ 감면시한 : 2025.12.31.

☞ 농어촌특별세 과세 여부 : 취득세분과 취득세 경감분 농어촌특별세 과세

☞ (주1) 제주도의 경우 「제주특별자치도 설치 및 국제자유도시 조성을 위한 특별법」 제73조에서 조례로 정하도록 규정하고 있어서, 도세 감면조례에 의하면 취득세 50% 경감, 재산세 50% 경감

☞ (주2) 제주도의 경우 「제주특별자치도 설치 및 국제자유도시 조성을 위한 특별법」 제73조에서 조례로 정하도록 규정하고 있어서, 도세 감면조례에 의하면 취득세 50% 경감, 재산세 25% 경감

> **사례** 재산세 납세의무자 및 비과세 해당 여부(부산세정과-14726, 2011.9.20.)
>
> 부산지방해양항만청으로부터 준공과 동시 기부채납(국가귀속)을 조건으로 국유재산 무상사용 허가(부산지방해양항만청 총무과-140, 2010.1.8.)를 받아 「해양환경관리법」 제123조(권한의 위임·위탁)에 따라 국가로부터 위탁받은 같은 법 제121조에서 규정한 법정교육을 수행하기 위한 시설로 건축되었으나, 동삼혁신지구의 토지 기반시설 미준공(미등기)으로 인해 현재 국가(부산지방해양항만청)명의로 등기만 이루어지지 않았을 뿐, 사실상 임시사용승인과 함께 기부채납(국가귀속)된 것으로 볼 수 있으며, 따라서 건물은 해양오염방지관리인 교육·훈련시설 이외의 용도로 사용불가하고, 해양환경관리공단이 임의로 사용하거나, 처분할 수도 없는 상태로 볼 수 있다. 또한, 국가나 지방자치단체와 사전협약에 따른 민간투자사업을 시행함에 있어 사회기반시설의 준공과 동시에 해당 시설의 소유권이 국가에 귀속하게 되는 경우 해당 사회기반시설은 준공과 동시에 사실상 국가에 원시적으로 귀속되는 것으로 보는 것이 합리적인 점(대법원 84누188, 1984.8.21. 법제처 법령해석총괄과-913, 2010.4.9. 참조) 등을 종합적으로 고려할 때, 건축물은 임시사용승인일로부터 사실상 국

가가 소유한 것으로 보아 재산세 비과세가 타당함.

2) 추징요건

별도의 추징규정이 없는바, 「지방세특례제한법」 제178조에 따라 다음 어느 하나에 해당하는 경우 그 해당 부분에 대해서는 감면된 취득세를 추징한다.

① 정당한 사유 없이 그 취득일부터 1년이 경과할 때까지 해당 용도로 직접 사용하지 아니하는 경우
② 해당 용도로 직접 사용한 기간이 2년 미만인 상태에서 매각·증여하거나 다른 용도로 사용하는 경우

⑯ 5세대 이동통신 무선국에 대한 감면(지특법 §49-2)

① 감면대상자

내국법인이 아이엠티이천이십(IMT-2020, 5세대 이동통신) 서비스 제공을 위하여 과밀억제권역 외의 지역에 무선국 개설자

② 감면대상 및 감면범위

해당 무선국 면허(2021.1.1. 이후 신고분부터 작용)	등록면허세 50% 경감

☞ 감면시한 : 2023.12.31.

제4절 문화 및 관광 등에 대한 지원

❶ 종교단체 및 향교에 대한 면제(지특법 §50)

1) 감면요건

① 감면대상자

종교단체 및 향교(2015년 이전 종교 또는 제사를 목적으로 하는 단체)

② 감면대상 및 감면범위

해당 사업에 사용하기 위하여 취득하는 부동산(수익사업용 부동산 제외)[124]	취득세 면제
과세기준일 현재 해당 사업에 직접 사용(제3자의 부동산을 무상으로 해당 사업에 사용하는 경우 포함)하는 부동산(수익사업에 사용하는 경우, 유료로 사용되는 경우, 해당 재산의 일부가 그 목적에 직접 사용되지 아니하는 경우의 그 일부 재산 제외)[주1]	재산세 면제 (도시지역분 포함) 지역자원시설세 면제

사업에 직접 사용하기 위한 면허	등록면허세 면제
비영리사업에 제공되고 있는 사업소와 종업원^(주2)	주민세 사업소 면적 사업소분 (2020년 이전 재산분)과 종업원분 면제
종교단체 등에 생산된 전력 등을 무료로 제공하는 경우^(주3)	지역자원시설세 면제
사찰림(寺刹林)과 「전통사찰의 보존 및 지원에 관한 법률」 제2조 제1호에 따른 전통사찰이 소유하고 있는 경우로서 같은 조 제3호에 따른 전통사찰 보존지^(주4)(수익사업에 사용하는 경우, 유료로 사용되는 경우, 해당 재산의 일부가 그 목적에 직접 사용되지 아니하는 경우의 그 일부 재산 제외)^(주1)	재산세 면제 (도시지역분 포함)
법인의 사업장 중 종교의식을 행하는 교회 · 성당 · 사찰 · 불당 · 향교 등	주민세 기본세율 사업소분(2020년 이전 균등분) 면제

- 📎 감면시한 : 시한 배제.
- 📎 최소납부제 적용 시기 : 최소납부제 배제
- 📎 농어촌특별세 과세 여부 : 취득세 면제분 농어촌특별세 비과세(농특령 §4 ⑦ 5)
- 📎 (주1) 해당 사업에 직접 사용할 건축물을 건축 중인 경우와 건축허가 후 행정기관의 건축규제 조치로 건축에 착공하지 못한 경우의 건축 예정 건축물의 부속토지 포함
- 📎 (주2) 면제대상 사업과 수익사업에 건축물이 겸용되거나 종업원이 겸직하는 경우에는 주된 용도 또는 직무에 따름.
- 📎 (주3) 채취나 채수라는 표현없이 "생산된"으로만 표현되어 있어서 지하수는 포함되지 아니하는 것으로 해석할 수 있는 오해의 소지가 있지만, 유권해석에 의하면 국가 등에 무료로 제공하는 "생산된 전력 등"에 지하수도 포함하는 것으로 규정하고 있다(세정 13407-251, 2001.8.27.). 오해의 소지를 없애기 위하여 종전에 "생산된 전력 등"이라 표현하였던 것을 현행 「지방세법」에서는 "특정자원"으로 개정하였는바, 지특법에서도 동일하게 개정하여야 할 것임. 여기서 직접 생산 등을 한 것이 아니라 무료로 제공받아서 지역자원시설세 면제되는 경우라 하더라도 수익사업을 영위할 때 수익사업은 제외한다고 규정되어 있지 아니하므로 감면하여야 할 것임.
- 📎 (주4) 2017년 이전에는 '경내지'로 규정되어 있었으나, '전통사찰보존지'로 해석하는 것이 타당함(대법원 2017두42286, 2017.8.24.). 전통사찰보존지는 불교의 의식, 승려의 수행 및 생활과 신도의 교화를 위하여 사찰에 속하는 토지이면 충분하고 당해 전통사찰과 지리적 · 공간적으로 밀접한 관련성을 가질 필요는 없다(대법원 2017두22028, 2017.8.24. 같은 취지)고 하였으며, 전통사찰로부터 20㎞ 거리에 소재한 해당 사찰 소유의 농지를 휴경 중에 있는 경우 이 토지가 전통사찰법 제2조 제3호 라목의 경작지뿐 아니라 같은 호 바목의 사찰과 밀접한 연고가 있다고 인정되는 토지에도 해당되는 점에서 볼 때 경작을 하지 않고 있다고 하여 해당 목적에 직접 사용되지 아니한다고 보기는 무리가 있어 보임(지방세특례제도과-686, 2023.3.28.).

  자체 출판서적 온라인몰과 6개의 직영매장을 운영하면서 수익사업으로 기독교서적 출판 및 판매업을 영위하는 법인이며 약 150~200억 원의 연매출이 나타나는 반면, 실제 선교활동 등에 지출하는 금액은 이에 비하여 미미한 것으로 나타나고, 선교사업 내역, 선교사 명단, 산하 교회, 신앙교육 등 실제 종교 · 선교활동을 확인할 수 있는 구체적인 증빙은 제시되지 아니하므로 청구법인을 종교단체로 보기는 어렵다 할 것이다(조심 2023지4340, 2024.2.16.).

---

124) 2년 이상 고유목적 사용 후 수익사업하는 경우 추징대상이 아닌 것으로 대법원판결(대법원 2012두26678, 2013.3.28.)이 있었으므로 수익사업을 하더라도 2년 이상 고유목적 사용 후 수익사업하는 경우 감면대상이 되는 것이다.

종중은 종교단체에 해당되지 않는다(지특에 법50-1). 그리고 '종교단체 또는 향교'로 명시되어 있는데 비록 원고의 정관에 원고의 목적사업으로 '선현의 분묘수호와 향사에 관한 일'이 규정되어 있기는 하나, 종교단체나 향교 등에 해당한다고 보기는 어려운 점(대법원 2016.2.18. 선고, 2015두40958 판결 참조), 가사 원고가 종교단체나 향교에 해당한다고 하더라도 '해당 사업에 직접 사용하는 부동산'이라 함은 제사에 사용하는 제실 등의 시설이 위치한 부지로서 현실적으로 제사에 직접 사용되고 있는 부동산을 말하는데, 선산 임야 11필지가 제사에 직접 사용되고 있는 부동산에 해당한다고 보기 어렵다(대법원 2020두47878, 2020.12.24. 심불, 서울고법 2020누31097, 2020.8.27.).

2014.1.1.「지방세특례제한법」개정 시 재산세의 경우 직접 사용에 종교 및 제사를 목적으로 하는 단체가 제3자의 부동산을 무상으로 해당 사업에 사용하는 경우를 포함한다라고 명문화하였는데, 이를 종전까지는 유권해석에 의하여 적용해오고 있었다.

한편, 주민세 재산분의 감면대상은 '해당 단체', 즉 종교를 목적으로 하는 단체이고 그 단체가 사업주로서 사용하고 있는 사업소라면 감면요건을 충족한 것이라 할 것으로, 법인세법령에 따르면 교육서비스업 중「유아교육법」에 따른 유치원을 경영하는 사업을 수익사업의 범위에서 제외하도록 규정하고 있으므로 종교를 목적으로 하는 단체가 사업주로서 유치원으로 사용하는 사업소인 경우에는 주민세 재산분 면제대상이 된다(지방세특례제도과-3175, 2015.11.17.).

2) 추징요건

① 추징사유

다음 어느 하나에 해당하는 경우 그 해당 부분에 대해서는 감면된 취득세를 추징한다.

㉠ 해당 부동산을 취득한 날부터 5년 이내에 수익사업에 사용하는 경우

'5년 이내' 규정은 2017년 이후부터 적용되나, 2016.12.31. 이전에 감면받는 지방세를 2017.1.1. 이후 추징하는 경우에도 적용된다(부칙 §4). 그런데 그 이전에도 취득일로부터 5년 이내만 추징이 되었다는 점에서 마찬가지로 적용되어 왔다.

㉡ 정당한 사유 없이 그 취득일부터 3년이 경과할 때까지 해당 용도로 직접 사용하지 아니하는 경우

㉢ 해당 용도로 직접 사용한 기간이 2년 미만인 상태에서 매각·증여하거나 다른 용도로 사용하는 경우

② 수익사업하는 경우

㉠ 취득 후 고유목적 사용 없이 수익사업하는 경우

취득시점에 수익사업에 사용할 예정일 경우 취득세가 과세되나, 양도인과의 임대계약 잔존기간 동안의 일시적인 임대의 경우에는 임대를 하더라도 수익사업으로 보지 아니하므로 면제를 받을 수 있다. 다만, 잔존기간 경과하여 임대기간을 연장 또는 갱신한다든지 아니면 새로 임대계약을 하는 경우에는 이는 일시적인 임대가 아닌 임대사업으로 보아 과세된다. 그리고 취득일로부터 3년 이내에 고유목적사업에 사용할 수 없는 상황, 즉 잔존 임

대계약기간이 취득일로부터 3년보다 길게 되어 있는 경우 당초 취득시점에 3년 이내에 사용할 수 없음을 알고서 취득한 것이므로 유예기간이 종료되는 날을 기준으로 면제받은 취득세가 추징될 것이다.[125]

여기서 취득세를 취득일 기준으로 60일 이내(등기 시 등기일) 신고납부하여야 하는지 아니면 취득 후 수익사업을 영위하는 것으로 보아 추징사유일(수익사업 사용일)로부터 30일 이내에 취득세를 추징하여야 하는지 논란이 될 수 있으며, 후자의 경우가 전자보다 더 빠를 수 있다는 점에서 문제가 있다. 하여튼 당초부터 수익사업을 하기로 예정되어 있는 경우에는 전자처럼 일반적인 취득세 신고납부와 동일하게 하여야 할 것이고, 고유목적사업으로 사용하기로 예정되어 있었으나 의사결정이 변경된 경우 후자처럼 당초 취득 시에는 면제를 받고 추징사유일로부터 60일 이내에 추징세액을 신고납부해야 할 것이다.

ⓛ 2년 미만 고유목적사업 영위한 후 수익사업을 영위하는 경우

당초 취득 시에는 면제를 받고 수익사업 사용일을 추징사유일로부터 30일 이내 취득세 추징세액을 신고납부하여야 한다.

ⓒ 2년 이상 고유목적사업 영위한 후 수익사업을 영위하는 경우

조문상 고유목적사업 영위 전후와 관계없이 수익사업이면 무조건 추징대상이 되는 것으로 해석할 여지가 있으나 대법원판결(대법원 2012두26678, 2013.3.28.)에서 2년 이상 고유목적 사용 후 수익사업하는 경우 추징대상 아닌 것으로 판시한 바 있다.

이와 관련하여 사회복지법인 등에 대한 감면(지특법 §22) 참조하기 바란다.

③ 유예기간 내에 직접 사용

유예기간 내에 고유목적사업에 직접 사용하여야 추징되지 아니한다. 여기서 직접 사용이라는 것은 종교단체와 제사단체가 취득한 부동산을 종교용 또는 제사용으로 실제 사용하는 것을 의미하는 것이다. 따라서 건축 중인 경우에는 포함되지 아니하지만 정당한 사유가 있는 것으로, 그 기간 동안 유예기간이 연장되는 결과가 되는 것이다. 용도변경 등 준비단계에 있는 경우 직접 사용으로 보지 아니하며, 유예기간 이내에 건축공사에 착공하지 아니하거나 실제로 종교용 또는 제사용으로 사용하지 아니할 경우에는 추징대상이 되는 것이다. 여기서 건축공사 착공은 정당한 사유로 본다는 것이다.

법인이 부동산을 취득한 날부터 유예기간(3년) 이내에 고유업무에 직접 사용하지 아니한 데 정당한 사유가 있는 경우라 하더라도, 추징을 위한 사유발생일은 부동산 취득일로부터 유예기간이 경과한 날이 되고 정당한 사유가 소멸된 날로부터 3년이 경과되는 날이 되는 것은 아니라는

---

125) 양도인의 잔존 임대계약이 여러 건이 있어서 그들 중에 잔존 임대계약기간이 3년보다 길게 되어 있는 건이 소수인 경우 취득시점에 3년 이내에 사용할 수 없음을 알고서 취득한 것이지만 다른 임대계약 건과 함께 취득할 수밖에 없는 경우에도 유예기간 이내에 사용할 수 없음을 알고 취득하였다고 보기에는 문제가 있는 바, 이 경우에는 잔존 임대계약기간 동안 정당한 사유가 있는 것으로 보아 잔존 임대계약기간 동안은 추징하지 않아야 한다라고 주장할 수 있음.

점(대법원 2009.3.12. 선고, 2006두11781 판결 참조)을 고려해 볼 때, 단순히 추징을 배제할 수 있는 정당한 사유가 있다고 하여 추징 유예기간 자체가 연장될 수는 없다고 할 것이다. 다만, 추징에 있어 유예기간을 두고 있는 취지가 건축공사 준비, 건축공사 추진 등 직접 사용을 위한 준비기간이 불가피하게 필요하다는 것을 고려한 점과 건축허가 반려처분이 취소된 이후 직접 사용을 위한 절차인 건축물의 착공 등은 건축허가일로부터 상당한 준비기간이 필요할 것임이 명백한 것이라는 점 등을 고려해 볼 때 정당한 사유가 소멸된 즉시 고유업무에 직접 사용하지 아니하였다는 이유로 과세처분의 정당성을 주장하는 것은 불합리하다고 할 것(대법원 2007.10.26. 선고, 2007두17632 판결 참조)이다. 따라서 면제받은 납세자가 정당한 사유로 인하여 직접 사용을 위한 준비기간의 활용이 불가능했던 경우라면 그에 해당하는 기간만큼 추가로 추징을 유예할 수 있는 정당한 사유로 인정하여 주는 것이 합리적이라 할 것이고, 다만 추가로 정당한 사유로 인정할 수 있는 기간은 과세관청에서 전체 유예기간 중 과세관청의 잘못된 행정처분 등 정당한 사유로 인하여 실제 고유업무에 직접 사용을 위한 준비행위가 불가능했던 기간을 합리적으로 고려하여 결정할 사항이라 판단된다라고 해석하고 있다(지방세운영과-135, 2010.1.12.). 따라서 건축을 할 수 없었던 기간만큼 3년의 유예기간을 연장하여야 할 것이다.

한편, 건축 중인 기간 동안은 건축할 수 없는 기간이 아니므로 건축기간 중에 취득일로부터 3년이 경과된 경우에는 건축 후 곧바로 직접 사용하여야 추징이 되지 아니할 것이다.

④ 2년 미만 직접 사용한 상태에서 매각 등을 하는 경우

㉠ 유지재단에 매각 또는 증여 시 취득세 추징 여부

유지재단 명의로 이 사건 부동산의 소유권이전등기를 경료하였다 하더라도 유효한 명의신탁약정에 따라 청구인이 이 사건 부동산의 실질적인 소유권을 보유하면서 이 사건 부동산을 종교시설로 사용하고 있으므로 취득세 추징대상에 해당한다고 보기 어렵다(감심 2022-1577, 2024.6.27.).

☛ ① 청구법인이 제출한 회의록 등 증거에 의하면 남대전교회는 쟁점토지를 청구법인에게 명의신탁하기로 결의하고(위 표2 회의록 참조), ② 이에 따라 2022.4.1. ○○○교회와 청구법인은 쟁점토지를 청구법인에게 명의신탁하기로 계약을 체결(위 표3 수탁계약서 참조)한 사실이 확인되는 점, ③ 청구법인이 쟁점토지를 취득한 이후에도 ○○○교회에게 토지사용료를 청구하는 등 소유권자로서 쟁점토지에 대한 권리를 행사한 사실이 확인되지 않는 점, ④ 청구법인 교회 헌법 제8장 제77조에 의하면 지교회는 토지나 건물 중 직접 종교 고유목적에 사용되는 부동산은 청구법인 명의로 등기보전하도록 규정하고 있으므로 청구법인의 소속교회로 확인되는 ○○○교회는 위 규정에 따라 쟁점토지의 소유권을 청구법인에게 이전할 수밖에 없었던 것으로 보이는 점, ⑤ 부동산실명법 제8조 제3호에서는 종교단체의 명의로 그 산하조직이 보유한 부동산에 관한 물권을 등기한 경우 명의신탁을 인정하고 있는 점 등에 비추어 보면, ○○○교회는 여전히 사실상의 소유자로서 쟁점토지를 종교용으로 직접 사용하고 있다고 봄이 타당함(조심 2019지1800, 2019.7.8. 외 같은 뜻임)(조심 2022지1269, 2023.9.7.).
종교용으로 부동산을 취득한 후 유예기간 내에 종교재단의 규정에 의해 유지재단으로 매각하였다 하더라도 종교용으로 계속 사용하고 있는 경우에는 취득세 추징대상이 아님(행심 2005-490, 2005.11.28.).

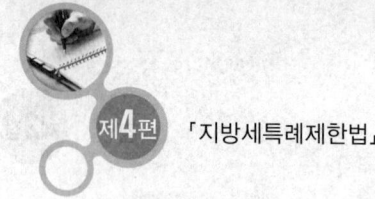

ⓒ 교회 분리 후 증여 시 추징 여부

종교용으로 2년 미만 사용하고 증여 시 추징이 되나 2년 이상 사용 후에 증여 시 추징되지 아니한다.

☞ 종교단체가 종교용 부동산을 취득 후 교회용으로 사용함이 없이 3년 이내에 분리된 종교단체에 증여한 경우 기 비과세된 취득세의 추징대상임(행심 2006-281, 2006.6.27.).

ⓒ 담임목사 개인명의 소유권이전 시 취득세 과세

종교단체가 교회를 신축 등기하여 취득세 등을 면제받은 후 교회 담임목사 개인 명의로 소유권이전 시 취득세 등이 추징된다(지방세정팀-279, 2005.1.17.).

☞ 건물이 교회가 아닌 담임목사 개인명의로 등기된 경우 설사 건축물대장에도 용도가 교회로 되어 있다고 하더라도 비과세대상에 해당하지 아니함(행심 2006-65, 2006.2.27.).

ⓔ 정당한 사유

수용, 협의분할, 법령이나 이전명령에 의한 폐업이나 처분의 경우 정당한 사유에 해당되나, 취득 전에 수용 등이 될 지역임이 명백하였고 이를 알 수 있었던 상태에서 취득하였다면 정당한 사유에 해당되지 아니한다.

사례 적극적으로 건축허가 신청을 하지 않은 경우(행심 2003-168, 2003.8.25.)

2000.12.29. 처분청으로부터 건축허가 신청이 반려되었다면 그 즉시 미비 사항을 보완하여 다시 건축허가 신청을 하였어야 할 것임에도 취득·등기일부터 각각 3년이 경과한 2003.5.30. 건축허가를 신청하여 2003.7.7. 건축허가를 받아 공사를 진행하고 있음을 볼 때 청구인은 이 사건 토지를 유예기간 내에 종교용에 직접 사용하기 위하여 적극적인 노력을 다하였다고 보기도 어려움.

사례 다른 종교단체의 주차장으로 사용한 경우 추징대상임(행심 2006-455, 2006.10.30.).

이 사건 부동산과 이 사건 토지와 연접한 본당 예배당(대전광역시 동구 ○동 154-8번지, 이하 "본당"이라 한다)의 부속토지의 소유관계를 보면, 이 사건 토지의 소유자는 "기독교대한성결교회 ○○교회"로 등기되어 법인 아닌 단체로 등기되어 있고, 본당은 "재단법인 기독교대한성결교회 유지재단"으로 등기된 사실로 보아 "기독교대한성결교회 ○○교회"와 "재단법인 기독교대한성결교회 유지재단"이 동일인으로 볼 수 없다 할 것이므로 이 사건 토지의 사용은 청구인이 아닌 청구 외 유지재단이 사용하는 경우로 보아야 할 것이고, 청구인의 명의로 이 사건 토지를 취득한 후 2002.12.23. 그 지상건축물(목조 85.46㎡)을 철거하고 잔디를 식재한 운동장을 조성한 후 평일에는 출입문을 폐쇄하고 주말 등 예배가 있는 날만 신도들을 위한 주차장으로 사용하고 있다 하더라도, 처분청의 세무담당공무원의 2006.2.23. 현지조사결과보고서에 의하면, 2002.9.17. 이 사건 부동산을 취득 후 3년이 경과한 현재까지 당초 취득목적인 교육관 신축에 사용하지 않고 공터로 있음을 확인하고 있는 이상 처분청에서 이 사건 토지를 청구인이 종교활동에 직접 사용하지 않는 것임.

☞ 유지재단이 이 부동산에 입주하여 사무를 보고 있으면서 실제 주차장으로 사용하는 경우에 추징이 될 것이나, 그렇지 않고 부동산 명의만 유지재단으로 되어 있지만 실제로 교회가 사용하는 경우로 교회 예배당과 인접 또는 연접한 경우에는 직접 사용으로 보아야 할 것이다. 그 이유는 토지에 대한 소유권이 같은 교파에 속하는 교회들의 재산의 유지관리를 목적으로 설립된 교회유지재단에게 이전되었다 하더라도, 교회와

유지재단의 관계가 재산권 행사나 종교활동 등에 있어서 확연히 구분되는 것이 아니라 현실적으로 교회는 재단법인을 구성하는 일부 내지는 구성원으로서의 역할을 수행하고 있기 때문임(행심 2002-25, 2002. 1.28.).

⑤ 연부취득의 경우 유예기간 기산일

종교단체가 종교사업에 사용하기 위하여 부동산을 취득하는 경우에는 취득세를 면제하고 다만, 취득일로부터 3년 이내에 정당한 사유없이 그 사업에 사용하지 아니하는 경우에는 취득세를 부과하고 있는바, 여기서 취득일은 연부취득의 경우 최종연부금지급일(최종연부금지급 전에 등기를 하는 경우에는 등기일)을 말한다(세정 13407-786, 2000.6.22.).[126]

3) 종교단체 유의사항

① '직접 사용'의 의미

종교활동을 하는 비영리사업자의 종교의식, 종교교육, 선교활동 등에 직접 사용되고 있는지 여부를 구체적이고 객관적으로 판단하여야 한다.

종교단체가 취득하는 부동산이라 하더라도 종교의식·예배·축전·종교교육·선교 등 종교목적으로 직접 사용하는 부동산에 한하여 취득세 등의 면제대상이 되는 것으로 운영하고 있다(행심 2004-394, 2004.12.29.). 이처럼 협의의 의미로만 해석하여 왔으나 종교단체가 사회복지사업을 하는 경우에도 무조건 면제를 배제하던 것을 사회복지단체에 해당되는 것으로 하여 면제하고 있다.

그리고 '직접 사용'이라 함은 해당 부동산을 취득한 자가 그 시설의 사용주체로서 그 취득한 부동산을 직접 사용하는 경우만을 의미하고, 취득한 자가 아닌 다른 사람이 시설의 사용주체로서 사용하는 경우까지 포함한다고 보기는 어렵다 할 것이다. 즉 종교단체가 해당 사업에 직접 사용하는 것을 의미하므로 제3자로 하여금 사용하게 하는 경우에는 직접 사용으로 보지 아니한다.[127] 따라서 종교단체가 부동산의 일부를 사회복지사업 용도 등으로 사회복지법인에 무상임대하고 있었다고 하더라도 종교용으로 직접 사용하였다고 볼 수 없다(감심 2009-241, 2009.12.10).

> **사례** 정관 목적사업 등에 의료 선교 등을 목적으로 한 '암 환우 힐링센터(암 요양원)' 사업 등이 포함되어 있고, 실제로 쟁점건축물을 이러한 용도로 사용하고 있다 하더라도 이를 종교목적에 직

---

126) 토지를 취득한 날부터 2년 내에 공동주택을 착공하지 아니한 경우에는 감면세액을 추징하는 것으로 되어 있는바, 연부취득의 경우에는 최종 잔금일로부터 2년으로 보아야 할 것이다(조심 2008지233, 2008.7.25.).

127) 감사원 심사례(감심 2016-605, 2018.7.5.)에 따르면 2013년 이전에는 '직접 사용'의 의미는 당해 재산의 용도가 직접 그 본래의 업무에 사용하는 것이면 충분하고, 그 사용의 방법이 단체 스스로 그와 같은 용도에 제공하거나 혹은 제3자에게 임대 또는 위탁하여 그와 같은 용도에 제공하는지 여부는 가리지 않는다고 할 것이다(대법원 2011.1.27. 선고, 2008두15039 판결, 대법원 1984.7.24. 선고, 84누297 판결, 대법원 1973.10.23. 선고, 73누154 판결 참조). 이 심사례에서는 2014.1.1. 지특법 제2조의 '직접 사용'의 정의가 신설되기 전에는 위와 같이 판단하여 제3자에게 무상으로 사용하도록 하였더라도 종교목적으로 사용하는 것이 정당하다고 판단된다라고 결정하고 있음에 유의할 필요가 있다.

접 사용하는 것으로 인정하기는 어렵다(조심 2022지721, 2023.4.11. 외, 같은 뜻임) 할 것임(조심 2022지1151, 2023.7.11.).

> **사례** 종교단체인 청구법인의 정관 목적사업에 '노동자(이주노동자 포함) 상담 및 교육, 쉼터 지원' 사업 등이 포함되어 있고, 실제로 이러한 용도로 사용하고 있다 하더라도 이를 종교목적에 직접 사용하는 것으로 인정하기는 어려움(조심 2022지0721, 2023.4.11.).

> **사례** 종교단체 명의로 등기한 후 개인 명의로 이전등기한 경우(조심 2013지414, 2013.6.19.)
> 신축 건축물을 청구법인 교회가 아닌 담임목사 명의로 소유권보존등기를 한 사실이 입증되는 이상, 건축물의 취득자 및 소유자는 취득세 등의 비과세 대상인 단체가 아닌 개인 소유의 건축물이기 때문에 쟁점 부동산은 종교단체가 그 해당 용도에 직접 사용하는 것으로 볼 수 없는 것이므로 비과세(감면)요건을 충족하지 못하기 때문에 취득세 등을 부과고지한 이 건 처분은 실질과세원칙에 위배되는 것이 아니라 하겠음.

② 건축 중

취득세에서는 건축 중인 경우 직접 사용으로 보지 않고 정당한 사유에 해당되어, 건축기간 동안 유예기간이 연장되는 것이다. 한편, 토지 재산세 감면에서는 직접 사용으로 보고 있다.

건축공사 중과 정당한 사유를 판단함에 있어서 건축공사에 착공한 때에는 별도의 규정이 없더라도 판례 등을 고려할 때, 해당 사업에 사용하기 위한 정당한 사유가 있는 경우로 인정하고 하고 있으며 그 시기는 건축물의 건축공사를 착공한 때(착공일이 분명하지 아니한 때에는 착공신고서 제출일을 착공일로 봄)로부터 해당 사업에 직접 사용하지 못한 정당한 사유가 있는 것으로 본다. 다만 건축공사에 착공한 후 정당한 사유없이 건축공사를 중단하였다면 정당한 사유기간이 그 때부터 없는 것으로 보는 것이다. 따라서 건축 중인 기간 동안은 건축할 수 없는 기간이 아니므로 건축기간 중에 취득일로부터 3년이 경과된 경우에는 건축 후 곧바로 직접 사용하여야 추징이 되지 아니할 것이다.

> **사례** 정당한 사유로 인하여 직접 사용을 위한 준비기간의 활용이 불가능했던 경우라면 그에 해당하는 기간만큼 추가로 추징을 유예할 수 있는 정당한 사유로 인정하여 주는 것이 합리적이라 할 것임(지방세운영과-135, 2010.1.12.).

③ 수익사업

「법인세법」 제3조 제3항에 따른 수익사업. 다만, 「고등교육법」 제4조에 따라 설립된 의과대학 등의 부속병원이 경영하는 의료업과 「사회복지사업법」에 따라 설립된 사회복지법인이 경영하는 의료업은 수익사업으로 보지 아니한다.

㉠ 고유목적사업 3년 미만 사용 고정자산의 처분익

비영리법인의 경우 고정자산 처분일 현재 3년 이상 계속하여 고유목적사업에 사용하는 경우에는 수익사업에 해당하지 아니한다(법법 §3 ③ 5, 법령 §2 ②). 따라서 고유목적사업 3년 미만 사용한 고정자산의 처분익은 수익사업에 해당하지만 「지방세법」상 수익사업으로 보지 아니한다(지방세심사 2000-177, 2000.3.29.).

☞ 해당 고정자산의 유지·관리 등을 위한 관람료·입장료수입 등 부수수익이 있는 경우에도 고유목적사업에 직접 사용한 고정자산으로 봄.

ⓛ 일시적인 임대

일시적인 임대는 취득세 부과 시 수익사업으로 보지 아니한다(「법인세법」상 수익사업임).

☞ 임대인지위 승계했어도 임대할 의사없이 임대기간 종료 후 자가사용 목적인 경우 부동산 임대수익사업자로 볼 수 없음(대법원 94누14575, 1995.6.30.).

☞ 양도인과의 계약에 따른 잔존 계약기간만 임대하는 경우에 한하므로 임대연장 또는 새로운 임대계약 체결시 수익사업에 해당됨.

☞ 잔존 계약기간이 취득일로부터 3년 경과하는 경우 유예기간 3년이 되는 날 추징사유발생일로 하여 취득세 신고납부하여야 함(정당한 사유가 될 여지도 있음).

☞ 부동산 취득 당시 일부 호실의 경우 잔여 임차기간이 있는 것으로 보아 기존 임차인들로부터 명도를 받지 못할 경우 감면유예기간 내에 취득목적대로 사용할 수 없다는 것을 인지할 수 있었던 것으로 보이고, 이러한 점을 감안하여 임대차계약을 승계한 것으로 보이므로 위 명도소송 등을 '정당한 사유'로 인정하기는 어려움(조심 2022지1035, 2023.4.6.).

ⓒ 고유목적사업을 위하여 실비로 받는 경우 수익사업이 아님

수익사업에 해당하는지의 여부는 그 사업이 수익성을 가진 것이거나 수익을 목적으로 하면서 그 규모, 횟수, 태양 등에 비추어 사업활동으로 볼 수 있는 정도의 계속성과 반복성이 있는지의 여부 등을 고려하여 사회통념에 따라 합리적으로 판단하여야 하고(대법원 1997.2.28. 선고, 96누14845 판결 등 참조), 비영리사업자가 부동산을 그 사업에 직접 사용하는 것인지 아니면 수익사업에 사용하는 것인지의 여부는 해당 비영리사업자의 사업목적 등을 고려하여 그 실제의 사용관계를 기준으로 객관적으로 판단하여야 한다(대법원 2000두3238, 2002.4.26. 참조). 하기 심판례의 취지로 볼 때 일반인보다는 교인을 상대로 하는 것이고 선교차원에서 실비에 가까운 저렴한 가격인 점, 학교와 동일하게 교회도 커피숍, 매점, 서점 등을 수익사업으로 보지 않아야 할 것이다.

☞ 일부 종교목적 외의 대관의 경우에도 ○○구청, 초등학교, 어린이집, 대학교 동아리 등에 대관된 것으로 나타나나 대관료가 실비수준이고, 이는 지역사회의 사회복지에 공여되고 있다고 볼 수 있어 종교단체의 공익적 성격에 부합한다 할 수 있는바, 청구법인이 쟁점부동산을 수익사업에 사용하였다거나 쟁점부동산이 유료로 사용되는 경우에 해당한다고 보기 어려움(조심 2018지1200, 2019.6.27.).

☞ 본인 등으로부터 비용의 전부 또는 일부를 징수하는 것이 아닌 경우, 즉 실비 외의 "수강료" 또는 "이용료" 등을 수수하는 사업의 경우에는 특별한 사정이 없는 한 수익을 목적으로 하는 것으로 보아야 한다. 유료 교육강좌 등을 통하여 그 판시와 같은 각 영업수익을 얻어 이를 대부분 이자납부, 부채변제, 복지관 운영비 등의 항목으로 사용하였으며, 그 수강료 및 이용요금은 피고 등으로부터의 상당한 보조금 지급에도 불구하고 다른 일반적인 시설의 수강료 및 이용요금에 비하여 크게 저렴하지 않은 점 등을 들어 유료 교육강좌가 수익사업에 해당됨(대법원 2005두16109, 2006.5.12.).

🔊 휴게음식점 영업신고와 사업자등록을 하고 약 5개월간 커피와 다과를 판매하였지만, 위 영업기간 동안 판매수입 2,689,200원, 판매비용 2,424,130원으로 판매이익금이 265,070원에 불과한데 그 대부분을 ○○○○로 입금한 점, 판매비용은 모두 재료비로서 인건비 지출없이 ○○인 자원봉사자들이 커피 등을 실비로 판매한 점 등을 보면 청구인이 이 사건 부동산을 수익사업에 사용하였다고 보기는 어렵다고 할 것이다. 또한 이 사건 부동산의 외부 간판이 "○○○ ○○○○"으로 되어 있어 일반인들은 영업사실을 알기 어렵고, 내부의 상호명이 "○○○○○○○ ○○○○ ○○○○○○○○" (○○○○ ○○○○○○○○은 미국에서 시작되어 국내에 도입된 책 돌려 읽기 운동)로 되어 있는 바, 통상 ○○는 ○○당 외에 부속시설로 신도들의 휴게장소를 두고 있으나 위 ○○는 2층에 ○○당만 있고 별도의 휴게장소가 없었던 점 등에 비추어 볼 때 이 사건 부동산은 주로 신도들에게 커피 및 다과를 실비로 제공하고 도서를 대여하는 휴게장소로 사용되는 ○○의 부속시설일 뿐, 수익사업에 사용하였다고 볼 수 없음(감심 2008-114, 2008.4.18.).

🔊 "로○○○"라는 상호와 메뉴 및 가격이 표시된 현수막을 부착하고 차와 음료를 판매(에스프레소 1,000원, 카푸치노 1,500원, 카페라떼 1,500원, 오렌지쥬스 2,000원, 전통차 1,000원 등)한 것은 교인뿐만 아니라 일반인 누구나가 방문하여 최저의 비용으로 음료를 마실 수 있는 공간을 마련한 것이고, "로○○○"라는 명의로 사업자등록을 하거나 영업신고를 한 사실도 없을 뿐만 아니라 「법인세법」 제3조 제2항에서 규정하고 있는 소득에 대해 신고한 내역도 없고, 판매수익도 "로○○○"의 기본운영에 사용하는 것으로서 여기에서 나오는 소득으로는 "로○○○"의 운영이 어려워 교회에서 이를 지원하기 받고 있으며, "로○○○"의 운영은 이를 교회 학생들의 교육공간과 교인들의 친목 모임장소로 사용하면서 실비로 차와 음료를 판매하고 있고, 일반인에게도 교회 전도차원에서 만남의 장을 개방한 것이므로 이를 수익사업으로 보는 것에는 다소 무리가 있음(조심 2008지153, 2008.7.2.).

ⓔ **구내식당**

「고등교육법」 등에 의한 학교를 경영하는 자가 식당 등 복지시설을 외부에 임대하더라도 그 시설을 이용하는 자가 학생 또는 교직원인 경우 수익사업이 아니라고 판시하고 있다(대법원 2004두9265, 2006.1.13.). 즉 대학원생과 교직원의 복리후생을 소유 부동산 중 일부를 외부인에게 무상임대하여 식당과 매점으로 운영하도록 하고 있다면 이는 수익을 목적으로 임대 중인 부동산이 아니라 대학원생 또는 교직원의 복지에 사용하는 부동산에 해당한다(지방세정팀-2065, 2006.5.23.). 교회의 경우에는 위와 같이 해석하지 않고 수익사업으로 본다.

ⓜ **북카페**

북카페는 종교의식 및 예배 등 종교의 목적이 아니라 유료로 커피 등의 다과를 판매하는 용도로 사용하는 매장인 점, 북카페를 교인이 아닌 자들도 이용가능한 점, 북카페에서 판매하는 커피 등의 가격이 실비를 지급받는 수준에 불과하다고 인정하기 어려운 점 등에 비추어 취득세 및 재산세 등을 부과한 처분은 잘못이 없다(조심 2014지1443, 2015.4.22.).

ⓗ **대관**

단순히 홈페이지 등을 통하여 이를 홍보하였다고 하여 이를 수익사업에 사용하였다고 단정하기도 어렵고, 서울특별시장도 동일한 이유로 당초 과세하였던 일부 대관시설에 대하여는 취득세 등 부과처분을 취소하였던 점, 실제 대관시설의 대관 현황을 보면 전체 대관기간이 짧고 횟수도 작을 뿐 아니라 대관료 또한 수익을 목표로 한다고 보기 어려운 금액이고 그 사용단체들도 대부분 같은 종단 소속 단체들이며 그 외의 단체들도 종교법인과 관련성이 없는 것으로 보이지 아니하므로 청구법인 고유의 사업목적을 위하여 일시적으로 실비 또는 무상으로 외부에서 사용하게 한 것으로 보이는 점 등에 비추어 대관시설이 수익사업에 사용되었다고 보기에는 어려움이 있다(조심 2014지2075, 2015.8.19.).

④ 숙소(사택 포함)

담임목사 사택은 면제되나, 고급주택의 경우 면제에서 제외된다. 즉 벽 등을 허물어 2호의 주택을 1호의 담임목사 사택으로 사용하여 2호 모두를 하나의 주택을 볼 경우 고급주택 해당된다면 취득세와 재산세 면제대상이 제외될 뿐 아니라 사치성 재산으로 보아 중과세된다.

한편, 교회 경내(구내)의 일부 건물을 부목사 및 관리집사가 무상으로 사택으로 사용하고 있는 경우 면제되나, 경외(구외)에 있는 담임목사 사택은 면제되나 부목사 등의 사택은 과세된다. 그리고 경내에 있는 숙소나 게스트룸이 신도들이 예배나 기도 후에 잠시 쉬기 위한 장소이면서 예배보는 장소라면 교회용으로 볼 수 있으나, 예배처소로는 사용되지 않고 교회 관련 사무 등을 보지 아니하고 신도를 위한 숙소이거나 게스트룸인 경우 직접 사용으로 볼 수 없을 것이다.

개인소유 주택을 담임목사 사택 등 교회용으로 무상사용하더라도 취득세 과세되나, 재산세는 면제된다. 다만, 담임목사 소유의 주택을 사택으로 사용하는 경우 재산세가 면제되지 아니한다.

- 교회 경내(구내)의 범위 : 교회 본당 및 이를 둘러싼 울타리 내의 부속토지
- 종교단체의 소유 부동산으로서 교회 경내에 위치하고 있는 부목사 등의 주거용 사택은 종교용에 직접 사용하는 것으로 볼 수 있을 것임(지방세운영과-230, 2008.7.15., 행자부 심사결정 004-225, 2004.8.30. 참조).
- 대법원판례(83누298, 1983.12.27., 85누824, 1986.2.25.)에서 교회의 담임목사는 교회가 그 목적사업을 수행함에 있어서 필요불가결한 중추적 존재라 할 것이므로 어떤 건물을 담임목사의 유일한 주택으로 사용함은 교회의 목적사업에 직접 사용하는 것과 다름이 없다 할 것이나 교회의 부목사, 강도사, 전도사 등은 모두 교회의 목적사업을 수행함에 있어 필요불가결한 중추적 존재라 할 수 없으므로 그들의 주거용으로 사용한 아파트는 교회의 목적사업에 직접 사용하는 것이라고 단정할 수 없음(지방세정팀-2479, 2007.6.29.).
- 원로목사는 교회의 종교활동에 필요불가결한 중추적 존재라 할 수 없음(대법원 2016두47611, 2016.11.24.).
- 벽 등을 허물어 2호의 주택을 1호의 담임목사 사택으로 사용할 경우 고급주택 해당이 되는지 검토하여야 함 - 고급주택 시 취득세와 재산세 중과세됨.
- 청소원 및 경비원으로 근무하는 자는 교회의 운영에 필수불가결한 중추적인 지위에 있는 자에 해당되지 아니하므로 한 창고나 청소원 등의 숙소로 사용하였다 하더라도 이를 종교용으로 사용한 것으로 볼 수 없음 (조심 2020지0378, 2020.9.2.).

> 사례 선교단체 대표이사 숙소의 종교단체 직접 사용 부동산 해당 여부(대법원 2016두48249, 2016.11.24.)
> 원고의 대표자인 드와잇 ○○ 스트론이 그 재임 중 거주한 이 사건 주택은 그 실제의 사용관계를

기준으로 객관적으로 판단할 때 원고의 비영리사업 자체에 직접 사용된 것으로 볼 수 있고, 드와잇 ○○ 스트론 및 그의 배우자로서 이 사건 주택에 함께 거주한 소니아 ○○○ 스트론이 원고 외의 다른 법인의 이사로도 재직하였다거나, 대학교수로서 영어 과목 등을 강의한 사실이 있다는 것만으로 이와 달리 보기 어려움.

☞ 선교 및 전도 등의 종교행위를 목적으로 하는 단체로서 건물을 교육생 등의 숙소로 사용한 사실은 인정되나, 이 건물을 종교행위를 목적으로 하는 사업에 직접 사용하였다고 할 수 없음(대법원 2019두 33934, 2019.5.30. 심리불속행 기각).

사례 특수사목이 종교활동의 중추적인 지위자 여부(대법원 2015두48495, 2015.11.26.)

① 본당 중심의 선교활동이나 특수사목을 통한 선교활동이나 모두 중요한 형태의 선교활동으로 양자 사이에 본질적인 차이가 없고, 본당사목과 특수사목을 수행하는 사람도 상호 순환하며 근무를 하고 있다는 점, ② 특수사목의 경우 특정 대상이나 분야를 정해 선교활동을 하지만, 그 대신 본당 관할의 지역적 한계를 벗어나 부산교구 전체를 선교활동 대상으로 삼고 있는 점, ③ 노동, 노동자, 학생, 교정시설 등 특정 대상이나 분야별로 따로 떼어 놓고 보면, 신앙생활의 일부분을 지도하는 것으로 보이지만, 위와 같은 특정 대상이나 분야를 전체적으로 망라하여 보게 되면, 원고의 입장에서는 결국 특수사목들을 통해 부산교구 전체를 대상으로 선교활동을 펼치고 있다고 볼 수 있다는 점 등에 비추어 보면, 원고의 입장에서는 특수사목 사제들 또한 본당사목과 마찬가지로 종교활동에 필요불가결한 중추적인 역할을 수행하고 있다고 보지 않을 수 없음.

사례 파견된 수녀들의 숙소 감면 여부(대법원 2014두557, 2015.9.15.)

① 원고가 ○○○성당에 ○○○ 수녀회 소속 수녀들을 파견받아 주임사제의 사목활동을 보좌하는 직책 등을 수행하도록 한 것은 종교사업 지원의 일환으로 이루어지는 것이어서 원고의 사업에 해당하는 점, ② 원고와 같은 종교단체는 성직자 등의 인적 구성원에 의하여 주로 기능하게 되므로, ○○○성당에 대한 종교사업 지원 역시 원고가 주임사제의 사목활동 보좌를 위하여 수녀들을 파견하는 등의 방법으로 수행하게 되고, 따라서 위와 같이 성당에 파견되어 종교활동을 직접 담당하는 수녀들은 원고의 원활한 사업수행에 필요불가결한 존재인 점, ③ 파견된 수녀들의 숙소로 제공된 이 사건 아파트는 그곳에서 지역 교우들을 위한 기도모임이나 교리교육, 미사 등의 종교의식이 이루어지는 등 수녀들의 공동 수도생활 및 전도생활의 공간으로 사용되는 점 등을 종합하면, 이 사건 아파트는 원고의 목적사업에 직접 사용되는 부동산으로서 취득세 추징대상에 해당하지 아니함.

⑤ 일시적 사용하는 선교센터의 숙소

종교단체의 범위를 단지 예배, 찬양, 기도 등의 종교활동을 직접 목적으로 하는 단체로 한정할 수는 없고, 선교를 직접 목적으로 하는 선교단체도 종교단체에 포함된다고 보아야 하고 선교단체의 선교사라는 지위는 선교활동을 위해 반드시 있어야만 하는 필요불가결한 중추적 역할을 담당하고 있다고 볼 수 있다. 따라서 주거용도로 사용된 선교단체 소속 선교사가 선교활동을 위해 직접적 또는 일상적으로 주거장소로 사용된 경우에 한하여 종교목적으로 직접 사용된 부동산으로 보아야 할 것이다. 그러나 ㉠ 부동산을 주거목적으로 사용한 사람들은 선교단체와 관련된 종교단체 소속 종교인, 신학생, 국·내외 파견 선교사로 선교사를 제외한 나머지 사용자는 선교단체의 선교활동 수행에 필요불가결한 중추적 지위에 있는 자로 보기가 어려운 점 ㉡ 일부 선교사가 체류하는 동안 그들의 필요에 따라 임시 숙소 등으로 사용하였다 하더라도 이는 선교활동을 하면서 직접적 또는 일상적인 주거장소로 사용한 것이 아닌 체류기간 동안 일시적 휴식 또는 거주공간으로 사용된 것으로 봄이 상당한 점 등을 고려하면 선교단체가 부동산을 종교활동에 직접 사용했다고 보기 어렵다(감심 2010-107, 2010.11.4.).[128]

한편, 종교단체가 교회 경내에 소재한 주택을 취득하여 부목사, 전도사, 관리인의 주거용으로만 제공하는 경우라면, 종교단체의 소유 부동산으로서 교회 경내에 있는 성직자(부목사, 전도사 등)의 사택은 종교용에 직접 사용하는 것으로 볼 수 있을 것으로 취득세 등의 비과세(현행 면제)에 해당된다 할 것이다(행자부 세정-3254, 2006.7.25. 참조).[129]

외국선교사가 교회소속으로 되어 있다면 교회의 직원으로 볼 수 있는바, 교회 경내에 속한 다가구주택에서 교회업무와 관련하여 체류기간 동안 일시적 휴식 또는 거주공간으로 사용된 것이 아닌 직접적 또는 일상적인 주거장소로 사용한 것이라면 종교 용도로 사용한 것으로 보아야 할 것이지만, 교회 경내가 아닌 경외의 사택은 담임목사 사택 이외에는 종교용으로 볼 수 없다.

⑥ 어린이집, 유치원

교회의 건물 중 어린이집 및 유치원으로 사용하는 부분에 대하여는 종교단체가 종교용으로 직접 사용하는 것으로 볼 수 없어 취득세 및 등록세의 과세대상에 해당하는 것이나(지방세운영과-157, 2008.6.26.), 어린이집을 설치·운영하는 것이 종교단체의 본질적 사업 내용이 아니라 하더라도 구 「지방세법」 제272조 제5항의 규정(영유아보육시설에 대한 감면)에 의한 취득세 등의 면제 요건을 충족한 부동산이라면 이에 대한 취득세 등은 부과하여서는 아니된다 할 것이다(감심 2008-167, 2008.5.29.).

「영유아보육법」 관련 규정에 따라 영유아보육시설 위탁운영 신청을 통해 수탁자로 지정받아 실제 어린이집을 운영하고 있다면 비록 구청으로부터 해당 부동산에 대해 영유아보육시설 사용대가를 받더라도 「지방세법」 상 수익분에 대한 별도의 규정이 없고 운영주체(○○교회)가 해당 부동산을 어린이집으로 직접 사용하고 있는 한 감면대상이라 판단된다(지방세운영과-5459, 2009.12.26.). 교회 정관상 사업목적에 "교육사업"이 규정되어 있어야 하며, 교회 소속으로 수익금 등은

---

128) 쟁점부동산에 거주하는 선교사는 교육과 훈련기간 동안 가족과 함께 쟁점부동산에 머무르면서 청구법인이 제공하는 교육과 훈련을 받는 대상자에 해당할 뿐 달리 청구법인의 의사결정이나 운영 등을 담당하지는 아니하므로 종교단체의 목적사업을 수행함에 있어 필요불가결한 중추적인 역할을 한다고는 볼 수 없는 점, 교육이나 훈련을 받는 선교사들에게 쟁점부동산을 숙식장소로 제공하고 있다고 하더라도 이는 종교단체로서의 본질적 활동인 선교활동, 선교사 양성을 위한 교육 자체 등에 직접적 또는 일상적으로 사용되었다고 보기 어려움(조심 2022지1347, 2023.1.26.).

129) 비영리단체가 구외에 소재하는 주거용 부동산을 취득하는 경우는 일반인과의 조세형평을 고려하여 목적사업 수행에 중추적인 역할을 하는 자가 사용하며 불가피한 사유로 인하여 당해 사업장 외에 숙박시설 등을 설치하는 경우에 한하여 한정적으로 비과세 대상으로 인정하여야 할 것인바, 소속 선교사는 종교단체의 목적사업을 수행함에 있어 필요불가결한 중추적 지위에 있는 존재라고 할 수 없어 보이고, 해외 파송 선교사들에 대한 장·단기훈련이 쟁점부동산에서 일부 이루어지면서 숙식장소로 제공하고 있다고 하더라도 이는 종교단체로서의 본질적 활동인 선교활동, 선교사 양성을 위한 교육 등에 직접적으로 또는 일상적으로 사용되었다고 보기 어렵다(조심 2015지1161, 2015.11.12.).

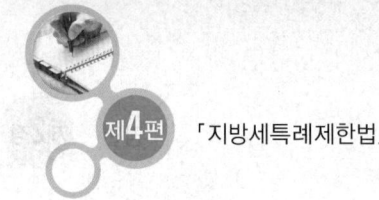

교회로 귀속하여야 하지만 회계처리를 별도로 하여야 할 것이다.

참고로, 「유아교육법」에서 사립유치원의 설립·경영의 주체가 법인 또는 사인(私人)으로 한정되어 있는바, 교회는 법인이 아니라 단체이므로 유치원의 설립자가 될 수 없다. 교회는 담임목사님 명의로 유치원을 설립하거나 법인을 설립하여 운영할 수밖에 없거나 어린이집으로 운영하여야 한다.

⑦ 종교단체의 담임목사가 영유아보육시설을 운영할 경우

'직접 사용'이라 함은 유치원 운영자로서 해당 부동산을 유치원에 직접 사용하는 경우를 의미한다고 할 것이나, 일정한 자격요건을 필요로 하는 유치원업의 특성상 반드시 그 부동산의 소유자가 대표자로 신고하여 운영하는 것만을 한정하는 것은 아니다 할 것이다. 다만, 실질적으로 배우자와 공동으로 유치원을 경영하여야 한다. 따라서 특별한 경우 반드시 취득자와 운영자가 100% 일치하지 않아도 감면이 되는 것이다(조심 2011지165, 2011.5.2.).

대표자 명의로 영유아보육시설을 설립하여 운영할 경우 취득세를 면제하여야 한다라고 주장할 수 있지만, 유권해석에 의하면 "종교단체가 건축물을 건축하여 교회명의로 등기한 후 교회목사 개인 명의로 유치원으로 허가받아 운영하고 있다면 이는 종교목적에 직접 사용하는 것으로 볼 수 없으므로 취득세의 면제대상이 되지 아니한다(세정과-961, 2005.3.2.). 이는 영유아보육시설 등의 감면규정에 대한 해석이 아니지만 이 해석의 취지로 종교용으로 볼 수 없을 것이다.

한편, 「지방세특례제한법」 제19조 제2항과 같은 법 시행령 제8조의 2를 신설하여 2012.1.1. 이후 재산세의 경우 해당 부동산 소유자가 과세기준일 현재 유치원 등에 직접 사용하는 부동산이거나 과세기준일 현재 유치원 등에 사용하는 부동산으로서 직접 사용하지 않더라도 해당 부동산의 소유자가 종교단체이면서 사용자가 해당 종교단체의 대표자이거나 종교법인인 경우 해당 부동산은 감면대상이 되는 것이다.[130] 이 규정은 재산세에만 적용되는 것이지 취득세의 경우에는 적용되지 아니하는 것으로 해석하여야 할 것이다. 그 이유는 조문상 재산세 감면내용에 규정되어 있어서 취득세 감면내용에는 적용할 수 없기 때문이다.

상기를 종합하여 보면 교회 부동산을 담임목사님 명의의 영유아보육시설로 운영하는 경우 취득세가 과세되는 것이나,[131] 재산세의 경우 면제대상이 되는 것이다.

---

130) 어린이집의 실제 운영 주체가 쟁점교회인 것으로 판단되는 이상, 청구법인에 소속된 교회 등 종교단체가 직접 사용하는 경우에 해당하므로, 「지방세특례제한법」 제19조 제2항 제2호 및 같은 법 시행령 제8조의 3 제3호에 따른 재산세 감면대상에 해당한다고 봄이 타당함(조심 2018지2015, 2019.6.20.).

131) 구 「지방세법」 제272조 제5항에서 취득세 및 등록세 면제대상으로 정한 '「유아교육법」에 의한 유치원을 설치·운영하기 위하여 취득하는 부동산'이란 「유아교육법」이 정한 바에 따라 적법한 유치원 설립인가를 받았거나 받을 수 있는 '법인 또는 사인'이 그 유치원을 설치·운영하기 위하여 취득하는 부동산을 의미한다 할 것이다. 따라서 「유아교육법」에 따라 적법한 유치원 설립인가를 받을 수 없는 '법인 아닌 사단'이 유치원의 설치·운영 목적으로 취득한 부동산은 설령 그 법인 아닌 사단의 대표자 이름으로 「유아교육법」에 따른 유치원 설립인가를 받았다고 하더라도 구 「지방세법」 제272조 제5항의 취득세 및 등록세 면제대상에 해당하지 않음(대법원 2012두14804, 2012.10.25.).

⑧ 사회복지시설 등

'사회복지사업을 목적으로 하는 단체'인지 여부는 2015년 이후부터는 「지방세특례제한법 시행령」 제10조 제1항으로 판단하여야 하나, 2014년 이전에는 그 단체가 수행하는 업무의 성격, 설립목적, 재산세 비과세 규정의 취지 등을 종합적으로 고려하여 판단하여야 하는바, 부동산 명의자 및 노인복지시설 설치·신고자인 재단의 목적사업 정관)으로 종합사회복지사업 및 사회복지관 시설 운영을 규정하고 있고, 노인복지시설 운영을 위해 특정 요건을 갖추어 법적 절차에 따라 장기요양기관으로 지정받아 노인복지시설 설치·신고를 필하여, 종교사업과 별도로 조직·예산·회계처리 등이 구분되어 과세기준일 현재 노인복지시설을 운영하고 있다면 해당 종교단체를 비과세대상 사회복지사업을 목적으로 하는 단체로 보는 것이 합리적이라 할 것이다. 한편, 사실상 교회의 재정으로 해당 부동산을 취득하여 교회가 소속된 재단 명의로 등기하고, 재단 명의로 노인요양시설을 설치·신고하여 교회가 실질적으로 운영하는 등 교회와 재단은 내부규정 특수관계)에 따라 각자 역할을 분담하여 효율적인 노인요양시설 설치·운영을 위해 명의자와 실질적 운영자를 달리 한 것에 불과하다 할 것이며 해당 종교단체가 노인복지시설 설치를 목적으로 부동산을 취득하여 과세기준일 현재 노인요양시설을 운영하고 있으므로 사회복지사업을 목적으로 하는 단체가 그 사업에 직접 사용하는 부동산으로 보는 것이 합리적이라 할 것이다(지방세운영과-2477, 2011.5.28.). 따라서 교회정관상 사업목적에 "사회복지사업"이 규정되어 있어야 하며, 교회 소속으로 수익금 등은 교회로 귀속하여야 하지만 회계처리를 별도로 하는 경우라면 교회가 사회복지사업을 영위하는 경우 감면대상이 될 수 있다.

그러나 종교단체가 부동산의 일부를 사회복지사업 용도 등으로 사회복지법인에 무상임대하고 있는 경우 종교용에 직접 사용한 것으로 볼 수 없다(감심 2009-241, 2009.12.10.).

> **사례** 종교용 외 교육사업과 사회복지사업을 하는 경우(조심 2008지380, 2008.11.28.)
>
> 종교사업을 목적으로 설립된 단체가 법인등기부와 정관의 목적사업에는 종교사업 외에 교육에 관한 사업과 사회복지에 관한 사업 등도 포함하고 있는데, 아동복지사업 등 자선사업은 종교적 실천의 가장 보편적인 형태이고 선교의 가장 효과적인 수단으로서 종교단체의 활동에 일반적으로 수반되는 사업이라고 할 것이고, 이와 같이 종교단체의 목적달성에 필요한 부대사업으로서 사회사업을 목적사업으로 정관상 등재하고서 자신의 부담으로 건축물을 아동복지사업에 사용하는 것은 비영리사업자가 위 부동산을 "그 사업", 즉 비영리의 목적사업에 사용하는 경우에 해당함(고법 2003누15210, 2004.7.28. 참조)고 할 것임.

⑨ 산하단체에 무상임대

취득세 감면규정에서 무상임대는 직접 사용으로 보지 아니하지만 다만 재산세 감면규정에서는 사용자가 종교단체로 감면대상인 경우 면제된다. 따라서 교회 산하단체인 신학원 등에게 무상임대 시 면제혜택이 없다. 산하단체가 별도로 사업자등록이 되고 수익금 등이 교회 귀속되지 아니하는 경우 교회와 독립된 조직으로 보아야 할 것이다.

한편, 종교단체가 종교용으로 취득한 부동산을 사용한지 2년 이내에 산하재단에 증여하여 계

속 종교용에 사용하는 경우 추징대상에 해당된다(대법원 2016두34707, 2016.6.10.).

> **사례** 지교회 무상사용 시 종교용 직접 사용 여부(조심 2023지4061, 2024.4.30.)
>
> 종교단체가 부동산을 그 용도에 직접 사용한다고 함은 소유자 또는 사실상 취득자의 지위에서 현실적으로 동 단체의 업무 자체에 직접 사용하는 것을 의미한다(대법원 2015.3.26. 선고, 2014두43097 판결, 같은 뜻임) 할 것인바, 청구법인과 청구법인의 지교회는 별도의 사업자등록을 하고, 정관 또는 규약, 별도로 선출된 대표자 및 신도 등을 가지고 있고 그 소재지를 달리하고 있으므로 청구인과 청구법인의 지교회는 별개의 법인격을 가지는 종교단체로 보이는 점, 청구법인과 청구법인의 지교회는 2022.9.27. 쟁점부동산에 대하여 무상임대차계약을 체결하여 청구법인의 지교회가 쟁점부동산을 종교시설로 사용하고 있으므로 이를 청구법인의 직접 사용으로 보기 어려움.

> **사례** 무상임대의 경우 직접 사용에 해당하지 않음(지방세운영과-357, 2011.1.20.)
>
> 부동산의 소유자가 그 소유한 부동산을 다른 사람에게 유상 또는 무상으로 임대하는 등 소유자가 아닌 다른 사람이 그 보육시설을 운영하는 경우에는 영유아보육시설에 직접 사용하는 부동산으로 볼 수 없는 점(감심 2008-182, 2008.6.12., 감심 2009-244, 2009.12.10., 조심 2008지1082, 2009.2.23. 등 참조) 등을 고려할 때, 부동산 소유자가 자신이 주식 49%를 보유한 법인에게 임대보증금이나 임차료 없이 기업부설연구소 용도로 무상사용하게 하는 경우 재산세 감면대상이 아님.

> **사례** 종교사업에 직접 사용하는 부동산 해당 여부(지방세운영과-3437, 2012.10.26.)
>
> 비록 사회 공익 목적상 필요에 의하여 무상으로 임대하여 아동복지시설로 사용하고 있다고 하더라도 해당 부동산을 종교단체가 종교사업에 직접 사용하는 부동산으로 볼 수 없는 것이다(같은 취지 행정안전부 2011.8.8. 지방세운영과-3772 참조). 또한, 쟁점부동산의 경우 종교법인이 종교목적으로 취득하여 교회교육관으로 사용하다 사회복지시설로 무상임대한 점, 사회복지법인에 대한 면제 규정이 별도로 존재하는 점 등을 감안할 때 종교단체가 쟁점부동산을 취득한 목적에 맞지 않게 타용도로 사용하여 종교단체에 대한 면제 취지에 맞지 않는다 할 것임.

⑩ 묘지, 농작물 재배

교인의 묘지 조성을 위한 임야 취득 시 과세된다. 즉 종교단체가 교인의 묘지조성 관리를 목적으로 임야를 취득하는 것은 종교목적에 직접 사용한 것이 아니므로 취득세 등 과세되는 것이다(지방세정팀-810, 2006.2.27.).

농작물을 재배하기 위하여 사용하였고 설령 그 농작물 중 일부를 교인들의 식사에 사용하였다고 하더라도 교인들의 식사는 원고의 종교목적 사업에 부수되는 것으로 볼 수는 있을지언정 종교목적 사업 자체이거나 이와 직접적인 관련성이 있는 것이라고는 할 수 없다(대법원 2020두41467, 2020.9.24. 심불, 수원고법 2020누10063, 2020.5.20.).

⑪ 주차장

㉠ 목적사업 여부

「지방세법」 상 종교단체에 대하여 면제하는 취지에 비추어 종교용에 제공하는 부동산으로 볼 수 있는 것이란 적어도 종교용 건축물 등 종교시설이 설치되거나 그러한 종교시설과 함께 있는 필수부대시설(주차장 등)이 설치되어 있는 등 사회통념상 종교용 부동산이라고 볼 수 있을 정도의 시설을 갖추고 있어야 하는 것이 상당하다고 하겠고(행심 2007-269, 2007.5.28.), 종교사업을 목적으로 하는 단체가 종교의식·예배·종교교육·선교 등 위 사업을 수행함에 있어, 소속 교인 및 신도 등이 집합하는 것은 불가피하여 이에 따른 적정 규모의 주차장은 종교사업의 원활한 수행을 위하여 필수적으로 갖추어야 할 시설물이라 할 것이고, 「주차장법」에 규정한 소정의 주차규모는 최소한도를 규정한 것으로 주차공간 부족으로 이를 초과하여 주차장을 둔다고 하여도 관련법에서 금지하지 아니하고 있다(감심 2009-164, 2009.7.30.). 교회가 적정 규모의 주차 공간을 위해 확보한 대지는 목적사업인 종교활동을 영위함에 합리적으로 필요한 경우 면제대상이 된다.

부동산을 부설주차장으로 사용하기 위한 설치허가를 신청하거나 설치계획서를 제출하지 아니하였다 하더라도 부설주차장 설치에 관한 관계관청의 허가 여부가 감면요건(고유업무에 직접 사용 등)을 충족하기 위한 필수적 요소에 해당하는 것으로 볼 수 없다 할 것이고, 부동산을 별도의 유료주차장으로서 주차장 사업용으로 사용하지 않고 순수한 교회의 주차장 용도로 사용하고 있다면 고유업무에 직접 사용하는 것으로 보는 것이 타당하다 할 것이다(조심 2021지1858, 2022.8.8.).

ⓒ 유료 주차장

한편, 종교사업이 아닌 수익사업인 주차장운영업으로 사용되고 있으므로 종교사업에 직접 사용되었다고 볼 수 없다(감심 2009-134, 2009.6.11.). 따라서 유료주차장은 수익사업에 해당하므로 면제대상이 아니다.

ⓒ 연접 또는 인접한 주차장

기존 교회의 주차공간 협소로 취득한 토지를 용도변경하여 교회부설주차장으로 사용할 수밖에 없는 상황이라면 「주차장법」 제19조 제1항 등 관련법령의 규정에 의거 기존 교회의 부설주차장이 법정규모 이하인지 여부, 교회로부터 설치할 부설주차장까지의 거리, 교회의 신도수 및 신도들의 차량보유 현황 등을 종합적으로 고려하여 교회의 집회 등 각종 종교행사를 위하여 부설주차장의 추가 설치가 필수불가결한 경우라면 종교목적에 사용하는 부동산에 해당되어 당초 비과세한 취득세 등의 추징대상이 되지 않는다 할 것이다(지방세정팀-2738, 2006.7.4.).

주차공간 부족으로 인하여 연접 또는 인접한 곳에 설치된 경우로서 교회부설 주차장으로 사용하고 있다면 감면대상이 되는 것으로, 교회부설 주차장인지 여부는 교회로부터 설치할 부설주차장까지의 거리, 교회의 신도수 및 신도들의 차량보유 현황 등을 종합적으로 고려하여 교회의 집회 등 각종 종교행사를 위하여 부설주차장의 추가 설치가 필수불가결한 것인지에 따라 결정될 것이다.[132]

---

132) 직선거리 200m를 초과한 경우 부설주차장은 시설물 부지의 경계선으로부터 부설주차장의 부지 경계선까

> **사례** △△△△은 종교사업을 수행함에 있어 부족한 주차공간을 해결하고자 이 사건 토지를 주차장 부지로 사용한 것으로 보여지므로 이 사건 토지는 종교사업에 직접 사용된 것으로 보아야 함 (감심 2009 - 164, 2009.7.30.).

> **사례** 인접 주차장의 목적사업 해당 여부(대법원 2008두1368, 2008.6.12.)
>
> 교회의 주차 공간 협소로 인해 교회에 인접한 단독주택을 취득·철거한 후 교회 부설주차장으로 이용하는 경우에는 기존교회의 부설주차장이 법정규모 이하인지 여부 교회로부터 부설주차장까지의 거리, 신도수 및 신도들 보유차량의 현황 등을 종합적으로 고려하여 교회의 집회 등 각종 종교행사를 위해 부설주차장의 추가설치가 필수불가결한 경우에는 비과세대상으로 보는 등 비영리단체의 사업체에 부설된 주차장의 경우에도 그 규모 및 사업목적 등에 비추어 합리적 범위 내의 것이라면 그 사업수행에 객관적으로 필요한 것으로 행정 실무상 취급되고 있다는 점, 종래 주차 공간이 부족하여 편법으로 교회 경내 및 약 200m 떨어진 부설 선교원 구내의 부지는 물론 교회앞 주택가 골목까지 무단점용하여 잦은 민원이 제기된 점 단독주택 밀집지역에 위치한 원고 교회의 경우 적정 규모의 주차 공간을 확보하는 것은 주민들과의 마찰을 피하면서 그 목적사업인 종교활동을 영위함에 합리적으로 필요한 것으로 보이는 점 등의 사정들이 존재함을 알 수 있음.

> **사례** 인접한 주차장의 목적사업 해당 여부(서울행법 2007구합16639, 2007.10.12.)
>
> 여러 가지 사정 중 교회로부터 부설주차장 부지까지의 거리가 적절한 거리 내에 위치하고 있는지 여부를 판단하는 데 있어서 주차장법령 상의 부설주차장에 해당하는지 여부도 하나의 고려요소는 될 수 있으나 주차장법령 상의 부설주차장 설치기준(이격거리)을 정한 입법 취지(주차대수의 확보)와 「지방세법」 제107조 제1호와 제127조 제1항 제1호의 입법 취지가 상이한 점 등에 비추어 볼 때, 주차장법령 상의 부설주차장 이격거리를 초과하였다고 하여 무조건적으로 그 사업목적에 직접 사용하는 것이 아니라고 해석할 수는 없음.

⑫ 타인 소유 부동산을 무료 사용 시 재산세 감면 여부

재산세 과세기준일(6.1.) 현재 제사·종교를 목적으로 하는 비영리단체가 타인의 부동산을 무상으로 종교용 시설인 예배당으로 직접 사용하는 경우라면 재산세 면제대상이다. 이러한 내용을 2014.1.1. 「지방세특례제한법」 개정 시 재산세의 경우 직접 사용에 종교 및 제사를 목적으로 하는 단체가 제3자의 부동산을 무상으로 해당 사업에 사용하는 경우를 포함한다라고 명문화하였다. 종전까지는 유권해석에 의하여 적용해오고 있었는데, 그 내용은 다음과 같다.

다른 사람명의의 부동산을 무료로 교회로 사용하는 경우라면 재산세 면제대상에 해당하는 것

지의 직선거리 200m 이내에 설치되어야 한다는 ○○시 주차장 조례 제15조에서 정한 부설주차장 설치기준에 부합되지 아니하여 종교시설의 부설주차장으로 볼 수 없고(대법원 2016두37430, 2016.7.7.), 이 건 토지는 「고양시 주차장 설치 및 관리조례」 제23조 제1항에서 정하는 부설주차장 설치기준 거리기준을 벗어난 곳에 설치한 주차장이므로 교회의 부설주차장에 해당된다고 보기 어려운 점, 신도 수 등에 비추어 기존 교회의 내부 주차장 이외에 교회로부터 상당한 거리에 있는 이 건 토지를 주차장으로 확보할 필요성이 있는지 여부가 명확하게 소명되지 아니하는 점 등에 비추어 단순히 청구법인이 교회의 주차장으로 사용하고 있다는 사유로 이를 종교용으로 직접 사용하는 부동산으로 인정할 수는 없음(조심 2021지1862, 2021.12.27.). 그런데 현행 거리 제한 규정이 없고, 조례 등에서 거리 제한이 없는 경우도 있었을 것인바, 거리 제한으로 감면 여부를 판단하는 것은 문제가 있다고 본다.

이다(세정 13407-630, 2000.5.18.). 재산세는 취득세와 달리 면제 여부를 판단하여야 하는 것은 취득의 주체가 반드시 제사·종교·자선·학술 등의 목적에 직접 사용하여야 면제대상으로 하는 것이 아니라 사용자를 기준으로 면제 여부를 판단하는 것이다(세정 13407-436, 2001.10.17. 참조). 따라서 교회에서 무상으로 교회 연접 또는 인접한 토지에 교회 주차장으로 사용한다면 재산세 면제대상이 될 것이다. 한편, 개인소유 주택을 담임목사 사택으로 사용하는 경우 종교 및 제사를 목적으로 하는 단체가 그 사업에 직접 사용하는 경우로 볼 수 없어 재산세 면제대상에 해당되지 아니한다(지방세운영과-133, 2009.1.11.).[133]

⑬ 용도변경

재산세 과세기준일인 현재 종교시설로 사용하기 위한 준비과정인 내부공사를 진행하고 있었다 하더라도 이를 종교용에 직접 사용하고 있었던 것으로 볼 수 없다(조심 2011지787, 2011.11.25.). 그리고 과세기준일 현재 교회로 사용하기 위해 용도변경 공사 중인 경우 종교목적에 직접 사용할 건축물을 건축 중인 것이 아니므로 재산세 면제대상이 아니다(지방세운영과-4527, 2009.10.26.).

> **사례** 리모델링(대수선, 증축, 용도변경) 공사를 진행하고 있다면, 과세기준일 현재 의료업에 사용하기 위한 준비행위이지 해당 용도로 직접 사용하는 것으로는 볼 수 없음(지방세운영과-3715, 2011.8.3.).
>
> 👉 2021.7.4.부터는 이 건 부동산 소재지에서 각각 종교활동을 영위한 것으로 보아 쟁점건축물이 2021.6.1.부터 2021.6.27.까지 리모델링 공사로 인해 일시적으로 다소 어수선한 상태에 있었다 하더라도 쟁점건축물의 사실상 현황이 교회 건축물로서의 실체(대예배당, 학생부 예배당, 사무실 등)를 모두 구비하고 있고, 위의 리모델링 공사 후인 2021.7.7.부터 종교용에 직접 사용한 것으로 나타나는 점 등에 비추어, 청구법인이 2021.6.1. 현재 쟁점건축물을 리모델링하여 종교용으로 직접 사용하지 않았다고 하여 감면대상이 아니라고 보기는 어려움(조심 2021지872, 2021.11.24., 같은 뜻임)(조심 2021지2869, 2022.11.23.).

⑭ 일시적인 인성교육을 하는 경우

'종교목적의 비영리사업자가 고유목적에 직접 사용하는 부동산'이라 함은 예배·축전·종교교육·선교활동 등에 직접 사용되는 경우를 의미한다고 볼 수 있으므로, 해당 부동산의 경우 1,2층은 임대용으로 제공하고 있고, 종교적 성격의 의식행위가 이루어지는 주사무소와 별개의 장소에 위치해 있으며, 여름에 일시적으로 인성교육·한자교육 등을 실시하고 있는 등을 종합할 때, 종교 활동에 필수불가결한 중추적인 지위로는 볼 수 없다(지방세운영과-2433, 2010.6.11.).

⑮ 종교용 건축물을 개인 명의로 임시사용승인받은 후 종교단체로 명의변경 시

임시사용승인시점에 건축주인 개인은 취득세 납세의무가 있으므로 개인 명의로 원시취득에 의한 취득세를 신고납부하여야 하고, 교회는 무상승계에 따른 취득세 납세의무가 있으나 종교용으로 사용할 경우 면제대상이 되는 것이다.

---

133) 담임목사 사택도 직접 사용으로 보고 있는바, 개인 소유의 주택이라 하여 감면이 배제되는 것은 타당성이 결여되어 있는 것으로 판단된다.

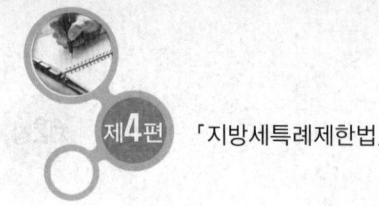

⑯ 사찰 경외 임야에 있는 주거 공간, 주차장 및 기도원

사찰로 사용하고 있는 부지와 건축물에 인접해 있는 임야를 취득하여 일부를 스님의 주거 공간으로 사용할 경우 취득한 임야가 사찰의 경내에 위치한 경우라면 스님들의 숙소는 면제대상이 되나, 경외에 위치한다면 주지스님 이외의 스님의 숙소는 면제되지 않고 과세대상이 되는 것이다. 여기서 사찰의 경내의 범위는 법당 및 이를 둘러싼 울타리 내의 부속토지를 말한다. 한편, 사찰 경내가 아닌 임야는 면제대상에서 제외되는 것이나, 주차장의 경우에는 직접 사용하는 것으로 보아야 할 것이고, 기도원과 불상이 있는 면적에 대해서는 직접 사용하는 것으로 보아야 할 것이다. 만약 사찰 경내가 아닌 경외에 기도원이나 불상이 있다면 각각의 울타리 내의 면적에 대해서는 감면이 될 것이다.

종교단체가 전통사찰이 아닌 사찰을 신축하는 경우로서 사찰과 연접한 자연림 상태의 임야가 사찰 부속토지와는 석축을 경계로 별개의 토지로 구분되어 있는 경우 종교시설 등이 설치되어 있지 않아 종교용에 직접 사용하였다고 보기 어려운 점 등에 비추어 보면, 이 임야는 비록 사찰 소유의 '임야'라 하더라도 재산세 감면대상에 해당되지 않는다(지방세특례제도과-2229, 2014.11.11.).

⑰ 건축물이 없는 임야 등의 기도원

종교목적에 사용하기 위하여 토지를 취득한 후, 지상에 종교용 건축물을 신축하지 아니한 채, 필요시마다 텐트를 설치하여 종교활동을 하였다 하여 이를 종교용에 직접 사용한 것으로 볼 수는 없다 할 것이고, 유예기간 내에 종교용 건축물을 신축하지 못한 것은 산림전용허가 및 건축허가의 보완사항을 이행하지 못한 데에 기인한 것으로 보이므로 이에 정당한 사유가 있었다고 보기도 어렵다(조심 2013지0738, 2013.11.21.).

⑱ 불법 건축물

불법 건축물과 그 부속토지가 감면배제된다는 별도의 규정이 없으므로 종교시설로 사용하고 있다면 면제대상이 되는 것으로 해석하여 왔는데,[134] 용도변경 불허가 처분에도 종교시설로 사용함은 임시적·불법적인 사용이므로 재산세 등 감면대상 종교목적 사용으로 볼 수 없다(대법원 2015두58928, 2016.3.10. 참조)라고 판시하고 있어서 불법 건축물을 사용하는 경우에도 감면이 되지 않는 것으로 해석할 여지가 있다. 이 해석도 문제가 있는 것으로, 실질과세 원칙에 근거한다면 감면요건에 해당되는 경우 감면되는 것이 타당하다고 판단된다.

한편, 「청소년 수련시설 관리운영 지침」에서 "청소년수련시설을 종교활동의 장소로 사용 금지" 하도록 규정하고 있어, 청소년수련관으로 등록된 건축물의 용도를 종교용으로 보기는 어렵다고

---

134) 「농업협동조합법」에 의하여 설립된 조합에 대한 재산세 면제 요건으로 과세기준일 현재 고유업무에 직접 사용하는 부동산을 한정하고 있고, 건축과정의 위법 여부에 대하여 별도로 규정하고 있지는 아니하므로, 과세기준일 현재 당해 건축물이 조합원이 생산한 농산물의 판매사업에 제공되는 부동산으로써 농협의 고유목적사업에 사용하는 것이 확인된 이상 감면요건을 충족했다고 볼 수 있으며, 무허가 건물이라는 이유로 감면요건에 대한 법규 해석을 달리 적용할 여지는 없으므로 재산세 감면대상임(지방세운영과-5638, 2010. 11.30.).

할 것이며, 건축물의 용도변경 사용은 언제든지 시정명령의 대상이 되는 임시적·불법적인 사용으로 판단하는 것이 사회통념에 부합한다 할 것이므로, 종교집회장 건축이 불가한 지역에서 청소년수련관으로 허가를 받아 종교집회용으로 사용하는 경우라면 "종교를 목적으로 하는 사업에 직접 사용"하는 부동산으로 보기는 어렵다(지방세특례제도과-2390, 2020.10.8.).

⑲ 저당권, 전세권 등 기타 권리 등기의 부동산 등기에 해당되지 아니함

구 「지방세법」에서는 취득을 수반하지 아니하는 부동산 등기(저당권, 전세권 등 기타 권리 등기)의 경우도 구 등록세를 비과세하였으나, 분법에 따른 현행 「지방세특례제한법」에서는 이에 대한 등록면허세 감면규정이 없어 감면 불가하므로 그 동안 비과세를 받아 온 종교단체 등의 저당권, 전세권 등 기타 권리 등기가 분법으로 과세로 전환하였다(지방세운영과-559, 2011.2.27.).

⑳ 미등록 종교단체

종교 및 제사단체 감면규정에서 정부의 허가 등을 득한 단체로 제한되어 있지 아니하므로 미등록 종교단체도 종교사업을 영위하는 경우에는 감면대상이 된다.

㉑ 사단법인인 종교단체

종교의식, 종교교육, 선교활동 등을 사업목적으로 하면 종교단체에 해당하므로 사단법인이라 하여 종교단체가 아니라 할 수 없다.

㉒ 1995.12.31. 이전부터 소유하고 있는 토지의 재산세 과세대상

무조건 분리과세대상으로 규정되어 있던 것을 2020.6.2. 이후 납세의무성립분부터 사용 용도에 따라 재산세 과세대상을 구분하는 것으로 개정되었으나, 경과규정에 의하여 2025년까지 점차적으로 분리과세 비율을 줄여 2026년 이후에는 전면적으로 이를 적용하는 것으로 규정되어 있다.[135]

한편, 2020.6.1. 이전 납세의무성립분까지 종교단체가 1995.12.31. 이전부터 소유하고 있는 토지는 무조건 분리과세이다. 그러나 1995.12.31. 이전 취득한 주택 부속토지는 주택분 재산세가 과세되므로 토지로 보아 분리과세대상 토지로 할 수 없는 것이다(지방세운영과-417, 2009.1.30.).

☞ 종전에는 주택의 부속토지도 토지로 보아 분리과세되었으나, 현행은 주택으로 과세대상으로 분류됨에 따라 불리하게 개정된 것임.

㉓ 종교시설로 용도변경이 불허된 종교시설의 재산세 등 감면대상 여부

건물에 대한 용도변경을 불허가한 것이 반드시 위법하다고 단정할 수 없는 반면, 오히려 이

---

135) 2020.6.2. 이후 납세의무성립분부터 분리과세대상에서 별도합산과세대상 또는 종합합산과세대상으로 과세대상의 구분이 변경되는 토지("과세대상 구분 변경 토지")에 대해서는 2025년까지는 과세대상 구분 변경 토지의 필지별로 다음 표에 따른 과세연도별 비율을 곱하여 계산한 면적은 분리과세대상 토지로 봄(과세대상 구분 변경 토지의 납세의무자가 변경되지 않은 경우로 한정)(지령 부칙 §3).

과세연도	2020년	2021년	2022년	2023년	2024년	2025년
분리과세 적용비율	100%	100%	80%	60%	40%	20%

건물의 용도변경을 불허가할 공익상의 필요가 있고, 이는 그 불허가로 인하여 입게 되는 불이익을 정당화할 만큼 중대한 것이어서 용도변경 불허가처분이 적법하다고 볼 여지가 충분히 있는 점(대법원 2014.2.13. 선고, 2012두27367 판결 참조), 불허가처분에 대하여 행정심판이나 행정소송을 제기하여 그 취소를 청구하지도 않은 점 등에 비추어 보면, 이 건물을 종교시설로 사용하는 것은 건물의 용도에 관한 법적 규제를 위반하여 사용하는 것으로서 언제든지 시정명령의 대상이 되는 임시적·불법적인 사용이라고 할 수밖에 없으므로 '종교를 목적으로 하는 사업에 직접 사용하는 부동산'에 해당한다고 할 수 없다(대법원 2015두58928, 2016.3.10. 참조).[136]

4) 제사단체 유의사항

① '직접 사용'의 의미

'제사목적 비영리사업자가 직접 사용하는 부동산'이라 함은 제사 등의 시설 및 토지로서 현실적으로 제사 등의 사업에 직접 사용되고 있는 경우를 의미하므로, 분묘기지 및 금양이나 위토를 사용하고 있는 사유만으로는 현실적으로 제사사업에 직접 사용하는 토지라고 볼 수는 없다(대법원 92누4499, 1992.11.10.).[137] 그러나 향교 등 제각을 설치하고 제사용에 공여하는 향교 재산 등은 면제대상이 되는 것이다.

② 종중

'종중'이라 함은 선조 분묘에 대한 관장, 친목과 상부상조, 종중후생 및 장학사업 등을 목적으로 하는 단체로 정의하고 있는 판례(대법원 90누7487, 1991.2.22.)를 비추어 볼 때, 종중소유의 제실 등이 제사목적에 일부 사용된다 하더라도 특정인 또는 특정 집단의 이익만을 위한 종중명의의 제실 및 그 부속토지는 취득세 감면대상에 해당하지 아니한다(지방세운영과-2606, 2011.6.6.).[138]

---

136) 청구법인은 청소년수련시설로 허가를 받지도 아니하였고, 용도변경 없이 여름성경학교 등 종교활동 등의 용도로 사용하고 있으며, 이러한 불법적인 용도변경이 단순히 용도변경 신청을 통하여 시정이 가능한 사항이 아니므로, 불법적으로 용도변경을 하여 사용한 경우에 해당된다 할 것이고, 이러한 경우에는 언제든지 시정의 대상이 된다할 것이므로 종교단체가 해당 사업에 직접 사용하는 경우에 해당된다고 볼 수는 없다 하겠음(조심 2021지1877, 2021.12.28.).

137) 제사에 사용하는 제실 등의 시설이 위치한 부지로서 현실적으로 제사에 직접 사용되고 있는 부동산을 말하며, 분묘토지 및 금양림이나 위토로 사용하는 사유만으로는 '제사에 직접 사용하는 부동산'이라고 볼 수 없다(지특예 법50-3).

138) 해당 규정의 제사는 불특정 다수인에게 개방된 종교와 유사한 사회적 기능과 역할을 수행하고 그 단체는 그러한 성격의 제사를 주된 목적으로 할 것을 전제한다고 보아야 하는 점, 반면 종중이 봉행하는 공동선조의 제사는 조상숭배의 사상에 바탕을 둔 우리의 특유한 관습으로서 보존가치가 있는 전통문화이기는 하지만 주된 기능과 역할이 특정한 범위의 후손들을 위한 것에 그치는 점, 종중은 공동선조의 제사뿐만 아니라 공동선조의 분묘수호와 종중 재산의 보존·관리, 종원 상호간의 친목 등 다양한 목적을 위하여 구성되는 자연발생적인 종족집단이므로 제사만을 목적으로 한다고 보기도 어려운 점 등을 종합하여 보면, 종중은 그 목적과 본질에 비추어 볼 때 일부 제사 시설을 보유하고 선조의 제사를 봉행하더라도 '제사를 목적으로 하는 단체'에 포함되지 아니함(대법원 2015두40958, 2016.2.18.).

사례 종중은 제사단체에 해당하지 않음(조심 2008지1, 2008.6.25.)

종중은 종중의 규약이나 관습에 따라 선출된 대표자 등에 의하여 대표되는 정도로 조직을 갖추고 지속적인 활동을 하고 있다면 비법인사단으로서의 단체성이 인정된다 할지라도 공동선조의 분묘수호와 제사 그리고 종중원 상호 간의 친목 등을 목적으로 하는 자연발생적인 관습상의 종족집단체로서 공익사업을 목적으로 하는 비영리사업자에 해당된다고 보기 어렵다 할 것임.

③ 종친회

종친회도 특정인 또는 특정 집단의 이익만을 위한 종친회의 제실 및 그 부속토지는 취득세와 재산세 감면대상에 해당하지 않는다고 판단된다. 그런데 종친회에서 성금을 기탁받아 건축한 제각 및 그 대지가 제사용에만 사용되는 것이 명백히 입증되는 경우에는 취득세 및 재산세가 면제된다(세정 22670 – 12107, 1986.10.8.).

5) 지방소득세 법인세분 안분대상 사업장

지방소득세 납부할 의무가 있는 경우 법인지방소득세를 사업연도 종료일로부터 4월 이내 신고 납부하여야 한다. 비영리·영리에 관계없이 사업연도 종료일 현재 종교단체 등이 직접 사용하는 모든 사업장을 대상으로 안분하여야 한다.

사례 비영리법인의 지방소득세 법인세분 안분방법

비영리법인의 경우 법인세의 과세표준이 되는 소득은 영리사업장에서 발생되고 비영리사업장에서는 발생되지 아니한다. 이 경우 법인세분 지방소득세의 안분대상을 수익이 발생하는 사업장으로 한정하는 것도 고려할 수가 있을 것이나, 「지방세법 시행령」 제68조 제2항에서 사업연도 종료일 현재 해당 법인이 직접 사용하는 사업장의 건축물 연면적과 종업원수를 기준으로 법인세분 지방소득세를 안분계산하여 납부하도록 하고 있는바 사업장이 영리사업자이든 비영리사업장이든 아무런 제한이 없으므로 영리사업장에 한하여 안분대상 사업장으로 할 수가 없는 것이며, 비영리·영리에 관계없이 사업연도 종료일 현재 해당 법인이 직접 사용하는 모든 사업장을 대상으로 그 사업장의 건축물연면적과 종업원수에 따라 안분하여야 할 것임.

❷ 신문·통신사업 등에 대한 감면(지특법 §51)

1) 감면요건

① 감면대상자

「신문 등의 진흥에 관한 법률」을 적용받는 신문·통신 사업을 수행하는 사업소

② 감면대상 및 감면범위

신문·통신 사업을 수행하는 사업소	주민세 면적 사업소분(2020년 이전 재산분)과 종업원분 50% 경감

☞ 감면시한 : 2027.12.31.

2) 추징요건

면제대상이 부동산에 대한 취득세가 아니므로 추징규정이 없다.

❸ 문화 · 예술 지원을 위한 과세특례(지특법 §52)

(1) 문화예술단체 등에 대한 과세특례(지특법 §52 ①~③)

1) 감면요건

① 감면대상자

정부로부터 허가 또는 인가를 받거나 「민법」 외의 법률에 따라 설립되거나 그 적용을 받는 문화예술단체 · 체육진흥단체[2019년 이전은 행정안전부장관이 문화체육관광부장관과 협의하여 고시하는 단체(2018년~2023년은 「공공기관의 운영에 관한 법률」 제4조에 따른 공공기관은 행정안전부장관이 정하여 고시하는 경우로 한정하나, 2017년 이전은 행정안전부장관이 문화체육관광부장관 협의하여 고시하는 단체 포함)]

☞ 문화예술단체의 범위

「문화예술진흥법」 §2 ① 1호에 따른 문화예술의 창작 · 진흥활동 등을 주된 목적으로 하는 법인 또는 단체로서 다음 어느 하나에 해당하는 법인 또는 단체를 말함[다만, 해당 법인 또는 단체가 「공공기관의 운영에 관한 법률」 §4에 따른 공공기관은 제외(2023년 이전은 공공기관은 행정안전부장관이 정하여 고시하는 법인 또는 단체로 한정함)].

① 「공익법인의 설립 · 운영에 관한 법률」 §4에 따라 설립된 공익법인
② 「민법」 §32에 따라 설립된 비영리법인
③ 「민법」 및 「상법」 외의 법령에 의하여 설립된 법인
④ 「비영리민간단체 지원법」 §4에 따라 등록된 비영리민간단체

☞ 체육진흥단체의 범위

「국민체육진흥법」 §2 1호에 따른 체육에 관한 활동이나 사업을 주된 목적으로 하는 단체로서 다음 어느 하나에 해당하는 법인 또는 단체를 말함[다만, 해당 법인 또는 단체가 「공공기관의 운영에 관한 법률」 §4에 따른 공공기관은 제외(2023년 이전은 공공기관은 행정안전부장관이 정하여 고시하는 법인 또는 단체로 한정함)].

① 「공익법인의 설립 · 운영에 관한 법률」 §4에 따라 설립된 공익법인
② 「민법」 §32에 따라 설립된 비영리법인
③ 「민법」 및 「상법」 외의 법령에 의하여 설립된 법인
④ 「비영리민간단체 지원법」 §4에 따라 등록된 비영리민간단체

② 감면대상 및 감면범위

문화예술사업 · 체육진흥사업(2019년 이전은 그 고유업무)에 직접 사용하기 위하여 취득하는 부동산	취득세 면제

과세기준일 현재 문화예술사업·체육진흥사업 (2019년 이전은 그 고유업무)에 직접 사용 부동산	재산세 면제 (2019년 이전 도시지역분 포함) 2019년 이전 지역자원시설세 면제(문화예술단체만)

🖝 감면시한 : 2027.12.31.

🖝 최소납부제 적용 시기 : 2016.1.1. 이후

🖝 농어촌특별세 과세 여부 : 취득세 면제분 농어촌특별세 비과세(농특령 §4 ⑦ 5)

2) 추징요건

다음 어느 하나에 해당하는 경우 그 해당 부분에 대해서는 감면된 취득세를 추징한다(2019년 이전은 별도의 추징규정이 없는바, 「지방세특례제한법」 제178조에 따라 하기 ①과 ②에 따라 추징).

① 정당한 사유 없이 그 취득일부터 1년이 경과할 때까지 해당 용도로 직접 사용하지 아니하는 경우

② 해당 용도로 직접 사용한 기간이 2년 미만인 상태에서 매각·증여하거나 다른 용도로 사용하는 경우

③ 취득일부터 3년 이내에 관계 법령에 따라 설립허가가 취소되는 등 다음의 사유에 해당하는 경우[2020년 이후 감면분부터(부칙 §3)]

　㉠ 「공익법인의 설립·운영에 관한 법률」 제16조에 따라 공익법인의 설립허가가 취소된 경우

　㉡ 「민법」 제38조에 따라 비영리법인의 설립허가가 취소된 경우

　㉢ 「비영리민간단체 지원법」 제4조의 2에 따라 비영리민간단체의 등록이 말소된 경우

　㉣ 「문화예술진흥법」 제7조 제4항에 따라 전문예술법인·단체의 지정이 취소된 경우

> **사례** ○○문화원에서 ○○시로 증여하고 대법원 판결에 의하여 다시 ○○시에서 ○○문화원으로 등기이전한 경우 취득세 추징 가능 여부와 2006.6월부터 ○○문화원에서 일부 건물을 사용하였으며 ○○시에서 ○○문화원이 사용하는 일부 건물을 제외하고 나머지 부분 건물을 현재까지 사용하고 있는데 당초 ○○문화원에서 2006.7월 취득 후 ○○시에 증여한 2007.6월까지 기간까지의 취득세 추징 여부
>
> • 2006.7. (○○문화원에서 토지 및 건물 경매 낙찰)
> • 2006.8. (취득세, 등록세 신고 시 문화예술단체 고유업무 사용으로 비과세 신청)
> • 2006.12. (○○시로 토지 및 건물 기부채납 신청)
> • 2007.6. (○○시로 소유권이전 - 조건부 증여)
> 〈증여조건 : 건물 일부는 ○○문화원에서 무상으로 사용하고 ○○문화원 업무추진비 보조〉
> • 2011.1. (○○시 증여조건 미이행으로 소유권이전등기 말소등기신청 절차 이행 대법원 판결)
> • 2011.3. (○○문화원 등기이전)등기·등록을 하게 되면 비록 취득 후 30일 이내에 취득사실을 해제하였다고 하더라도 취득으로 간주하게 되는 것이고 무상승계취득의 경우에는 명확히 등기·등록을 하는 경우에는 비록 증여계약 등이 해제되었다고 하더라도 계약일에 취득한 것으로 보도록 규정하고 있어서 소유권이전을 한 경우에는 매수자(기부채납 수익자 : ○○시 - 비과세)는 취득세(종전 등록세 포함)를 환급받을 수 없다. 한편, 매수자가 당초 매도자와 합의해제약정 등의 사

유로 처음부터 거래가 없는 것으로 되어 당초 소유자에게로 다시 환원된 경우에는 취득의 문제가 발생되지 아니하는 것이다. 이때, 소유권의 환원으로 등기를 하게 되는 경우에는 비록 이전형식을 취하게 되더라도 등기부상의 등기는 소유권말소등기에 기인하게 되므로 이 경우 적용하는 등록세의 세율은 기타등기(예 : 부동산의 경우 3,000원)에 해당하는 것이다(하기 심사례 참조). 2년 미만 직접 사용으로 인하여 당초 기부채납 시점에 추징사유가 발생되어 추징세액을 신고납부하여야 했을 것이다. 다만, 소유권환원으로 인하여 기부채납 전부터 소급하여 소유하고 있는 것으로 보아야 할 것이고, 소유가 ○○시 소유기간 동안에는 직접 사용할 수 없는 사유가 있는 것으로 판단되어 정당한 사유로 인하여 사용하지 못한 것이므로 당초 추징사유로 인한 추징세액 신고납부 의무는 없는 것으로 판단되며, 소유권 환원 이후 직접 사용하는 경우에는 추징할 수 없을 것으로 판단된다. 더군다나, 무상으로 고유업무에 사용하고 있었으므로 ○○시 소유기간 동안에도 직접 사용하고 있는 것으로 보아야 한다라고 확대해석할 수 있을 것이다. 재산세의 경우 공부상의 소유자가 아니므로 납세의무자에 해당되지 아닐 것이다. 납세의무자로 보더라도 무상사용으로 직접 사용하고 있는 것으로 보아야 한다는 점에서 재산세를 부과하는 데 문제가 있음.

3) 유의사항

① 문화예술단체의 범위

문화예술단체의 범위에 대하여 지방세 관계법령에서 구체적으로 명시하고 있지 아니하므로 그 법인이나 단체의 정관상 목적사업·예산 및 사업실적 등을 고려하여 개별적으로 판단하되, 문화예술 사업이 부수업무 또는 지원업무가 아닌 '주된 사업'이어야 하며, 주된 사업의 판단은 해당 법인이나 단체의 정관상 목적사업과 관련하여 사업실적 및 예산의 사용용도 등에 있어 그 비율이 높은 사업을 주된 사업으로 판단하여야 할 것(대법원 94누7515, 1995.5.23. 참조)으로, "미술, 문학, 음악 등 문화발전과 진흥 도모"를 목적으로 설립되어 문화, 학술, 교육, 환경, 언론관련 공연, 전시, 대관, 홍보를 위한 복합문화예술관 건립 및 운영사업, 복합문화예술관을 통한 사회교육사업 등을 주된 사업으로 하여 운영하는 경우라면 문화예술단체의 요건을 갖춘 것으로 보아야 한다.

참고로, 「문화예술진흥법」 제2조 제1항 및 제3호에서 '문화예술'이란 문학, 미술(응용미술 포함), 음악, 무용, 연극, 영화, 연예, 국악, 사진, 건축, 어문 및 출판을, "문화시설"이란 공연, 전시, 문화 보급, 문화 전수 등 문화예술 활동에 지속적으로 이용되는 시설을 말한다고 규정하고 있다.

> **사례** 문화예술단체 해당 여부(행심 2007-664, 2007.11.26.)
>
> 청구인의 경우 문화예술단체에 해당된다고 보는 것이 합리적이라 하겠으므로 비록 청구인이 신설법인으로서 이 사건 설립등기 당시 사업실적이나 예산의 사용현황 등을 알 수 없다고 하더라도 그러한 사유만으로 청구인이 문화예술단체에 해당되지 않는다고 단정할 수 없다 할 것임.

> **사례** 문화예술단체의 설립등기는 등록면허세 중과대상 아님(세정과-4969, 2007.11.22.).
>
> 정관 및 2007년도 사업계획서상 공연시설 건립 및 운영사업, 지역별 차세대 복합문화센터 건립 및 운영사업, 사회적 소외계층 등의 복지향상을 위한 문화예술 진흥사업 등을 목적으로 하여 문화관광부로부터 설립허가를 받은 재단법인 해비치 사회공헌 문화재단은 문화예술단체에 해당되는 것으로 봄이 타당하다고 판단되므로, 해당 법인의 대도시 내 설립등기에 대하여는 등록면허세 중과대상에

서 제외되는 것으로 봄이 타당함.

> **사례** 「문화예술진흥법」에 의거 설립된 한국문화예술진흥원이 공연장을 증축하여 취득하는 경우에도 감면대상이 되는 것임(세정 13407-74, 2001.1.16.).

> **사례** 문화체육부장관으로부터 허가를 받아 설립된 단체로서 다도문화에 대한 조사 및 학술연구, 민속자료 연구개발 등 한국의 전통문화유산과 다도문화 계승발전이 그 주된 목적사업인 경우에는 문화예술단체에 해당되어 그 고유업무에 직접 사용하기 위하여 취득하는 부동산에 대하여는 취득세와 등록세가 면제됨(세정 13407-1127, 2000.9.21.).

② 체육진흥단체의 범위

체육진흥단체의 범위에 대하여 지방세 관계법령에서 구체적으로 명시하고 있지 아니하므로 그 법인이나 단체의 정관상 목적사업·예산 및 사업실적 등을 고려하여 개별적으로 판단하되, 체육진흥사업을 주된 사업으로 영위하는 단체이며, 주된 사업의 판단은 해당 법인이나 단체의 정관상 목적사업과 관련하여 사업실적 및 예산의 사용용도 등에 있어 그 비율이 높은 사업을 주된 사업으로 판단하여야 할 것이다(대법원 94누7515, 1995.5.23. 참조).

> **사례** 대한체육회가 국가대표종합훈련원 건립 사업을 수행하면서 인가받은 토지이용계획에 따라 대한체육회가 국가대표종합훈련원 건립사업을 수행하면서 인가받은 토지이용계획에 따라 녹지용지로 사용하고자 임야로 지목변경하였다면, 고유업무에 직접 사용하는 것으로 보아야 할 것임.

> **사례** 잔디축구연습장의 조성을 위해 취득하는 부동산은 직접 사용으로 볼 수 없어 취득세 면제대상에서 제외됨(세정 13407-369, 1998.9.23.).

(2) 도서관에 대한 과세특례(구 지특법 §52 ②)

1) 감면요건

① 감면대상자

「도서관법」에 따라 설립된 도서관

② 감면대상 및 감면범위

도서관 취득세 과세대상 물건(2019년 이전만)	취득세 세율 2% 적용
도서관의 등기 또는 등록(2019년 이전만)	등록면허세 면제

☛ 감면시한 : 2019.12.31.

☛ 농어촌특별세 과세 여부 : 세율특례가 취득세 중 구 취득세분으로 판단하여야 하는바, 취득세분 농어촌특별세 과세, 취득세 세율특례분 농어촌특별세 및 등록면허세 면제분 농어촌특별세 비과세(농특령 §4 ⑦ 5)

☛ 2019.12.31. 이전에 감면받은 취득세 및 등록면허세의 추징에 관하여는 개정규정에도 불구하고 종전의 규정에 따름(부칙 §15).

2) 추징요건

다음 어느 하나에 해당하는 경우 그 해당 부분에 대해서는 감면된 취득세와 등록면허세를 추징한다.

① 해당 부동산을 취득한 날부터 5년 이내에 수익사업에 사용하는 경우

'5년 이내' 규정은 2017년 이후부터 적용되나, 2016.12.31. 이전에 감면받는 지방세를 2017.1.1. 이후 추징하는 경우에도 적용된다(부칙 §4). 그런데 그 이전에도 취득일로부터 5년 이내만 추징이 되었다는 점에서 마찬가지로 적용되어 왔었다.

② 정당한 사유 없이 그 취득일부터 1년이 경과할 때까지 해당 용도로 직접 사용하지 아니하는 경우

③ 해당 용도로 직접 사용한 기간이 2년 미만인 상태에서 매각·증여하거나 다른 용도로 사용하는 경우

❹ 체육진흥기관 등에 대한 감면(지특법 §52-2)

1) 감면요건

① 감면대상자

㉠ 「국민체육진흥법」에 따른 대한체육회, 대한장애인체육회 및 서울올림픽기념국민체육진흥공단

㉡ 「문화산업진흥 기본법」에 따른 한국콘텐츠진흥원

㉢ 「문화예술진흥법」에 따른 예술의 전당

㉣ 「영화 및 비디오물의 진흥에 관한 법률」에 따른 영화진흥위원회 및 한국영상자료원

㉤ 「태권도 진흥 및 태권도공원 조성 등에 관한 법률」에 따른 태권도진흥재단

② 감면대상 및 감면범위

체육진흥사업·문화예술사업에 직접 사용하기 위하여 취득하는 부동산	취득세 50% 경감
과세기준일 현재 해당 사업에 직접 사용하는 부동산	재산세 50% 경감 (도시지역분 제외)

☛ 감면시한 : 2026.12.31.

☛ 농어촌특별세 과세 여부 : 취득세분과 취득세 경감분 농어촌특별세 과세

2) 추징요건

별도의 추징규정이 없는바, 「지방세특례제한법」 제178조에 따라 다음 어느 하나에 해당하는 경우 그 해당 부분에 대해서는 감면된 취득세를 추징한다.

① 정당한 사유 없이 그 취득일부터 1년이 경과할 때까지 해당 용도로 직접 사용하지 아니하는 경우

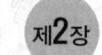

② 해당 용도로 직접 사용한 기간이 2년 미만인 상태에서 매각·증여하거나 다른 용도로 사용하는 경우

⑤ 사회단체 등에 대한 감면(지특법 §53)

1) 감면요건

① 감면대상자

「문화유산과 자연환경자산에 관한 국민신탁법」에 따른 국민신탁법인

② 감면대상 및 감면범위

고유업무에 직접 사용하기 위하여 취득하는 부동산[139]	취득세 면제
과세기준일 현재 그 고유업무에 직접 사용하는 부동산	재산세 면제(2021년 이전 도시지역분 포함) 2021년 이전 지역자원시설세 면제

🔊 감면시한 : 2027.12.31.
🔊 최소납부제 적용 시기 : 2019.1.1. 이후
🔊 농어촌특별세 과세 여부 : 취득세 면제분 농어촌특별세 비과세(농특령 §4 ⑦ 5)

2) 추징요건

별도의 추징규정이 없는바,「지방세특례제한법」제178조에 따라 다음 어느 하나에 해당하는 경우 그 해당 부분에 대해서는 감면된 취득세를 추징한다.

① 정당한 사유 없이 그 취득일부터 1년이 경과할 때까지 해당 용도로 직접 사용하지 아니하는 경우

② 해당 용도로 직접 사용한 기간이 2년 미만인 상태에서 매각·증여하거나 다른 용도로 사용하는 경우

---

139) 이 조문에서는 "임대용 부동산"이란 문구가 2023.1.1. 삭제되었으나, 지특법 §2 8에서 "직접 사용"의 의미에서 임대용 부동산을 제외하는 것으로 규정되어 있어서 삭제와 관계없이 감면이 되지 아니함. 이 감면내용에서 동일함.

❻ 관광단지 등에 대한 과세특례(지특법 §54, 감면조례)

(1) 관광단지개발 사업시행자에 대한 감면(지특법 §54 ①)

1) 감면요건

① 감면대상자

「관광진흥법」 제55조 제1항에 따른 관광단지개발 사업시행자

② 감면대상 및 감면범위

관광단지개발사업을 시행하기 위하여 취득하는 부동산	취득세 25%(2014년 이전 50%) 경감〔조례로 25%(2016년 이전 50%) 범위 내에서 추가 경감 가능〕

☛ 감면시한 : 2025.12.31.
☛ 농어촌특별세 과세 여부 : 취득세분과 취득세 경감분 농어촌특별세 과세

'「관광진흥법」에 의한 관광단지개발사업시행자'는 관광단지의 지정은 물론 「관광진흥법」에 따라 조성계획의 승인까지 받은 사업시행자를 의미하며, 관광단지 조성계획의 승인이나 「관광진흥법」 제55조 제2항에 따른 시·도지사의 승인을 받지 아니한 채 취득한 부동산은 취득세 등의 감면대상이 될 수 없다(대법원 2014두125050, 2015.5.28. 참조).

또한 민간개발자는 관광단지 조성계획서를 작성 시·도지사의 조성계획 승인을 받아야만 관광단지개발 사업시행자가 되는 것으로 관광단지 조성계획 승인 이후 사업시행자가 관광단지의 개발사업을 시행하는 과정에서 취득하는 부동산에 대하여만 취득세 등이 면제되는 것이다(지방세운영과-1907, 2011.4.22.). 이는 「관광진흥법」 제55조 제1항에 따른 관광단지개발 사업시행자로 규정되어 있고, 같은 법에서는 이하 "사업시행자"라고 규정되어 있는바, 승인을 득하여야 하기 때문이다(특별자치도와 「관광진흥법」 제55조 제2항의 경우에 해당되는 경우 제외).

'관광단지개발 사업시행자가 관광단지개발사업을 시행하기 위하여 취득하는 부동산'이라 함은 관광단지개발사업의 시행자가 개발계획에 따라 개발사업을 완료할 때까지 취득하는 모든 부동산을 가리키는 것이 아니라, 관광단지의 개발사업을 시행하고 있는 과정에서 취득하는 부동산과 이미 관광시설에 제공된 부동산일 경우 아직 사용·수익이 개시되지 아니한 상태에 있는 부동산만을 의미한다(대법원 2004두404, 2005.7.14.).

한편, 어떠한 법률에서 주된 인·허가가 있으면 다른 법률에 의한 인·허가를 받은 것으로 의제한다는 규정을 둔 경우에는, 주된 인·허가가 있으면 다른 법률에 의한 인·허가가 있는 것으로 보는 데 그치는 것이고, 그에서 더 나아가 다른 법률에 의하여 인·허가를 받았음을 전제로 한 다른 법률의 모든 규정들까지 적용되는 것은 아니다(대법원 2013두11338, 2015.4.23. 참조) 할 것이다. 「경제자유구역의 지정 및 운영에 관한 법률」 제11조 제1항에서는 개발사업시행자가 제9조의

규정에 의한 실시계획의 승인을 얻은 경우에는 「관광진흥법」 제54조의 규정에 의한 관광지·관광단지 조성계획의 승인을 받은 것으로 의제하고 있고, 「관광진흥법」 제55조 제1항에서는 조성사업은 조성계획의 승인을 받은 자가 행하는 것으로 규정하고 있어 경제자유구역개발 사업시행자가 「관광진흥법」 제55조 제1항에 따른 조성계획의 승인을 받은 자로 의제된다 하더라도, 「지방세특례제한법」 제3조 제1항에서는 이 법, 「지방세법」 및 「조세특례제한법」에 따르지 아니하고는 「지방세법」에서 정한 일반과세에 대한 지방세 특례를 정할 수 없도록 규정하고 있고, 위 대법원 판례에 비춰보면 조성계획의 승인을 받은 자로 의제되었다 하여 더 나아가 「지방세특례제한법」 제54조 제1항의 규정을 적용할 수 있는 것은 아니라 할 것이다. 또한 「지방세특례제한법」 제54조 제1항에서 취득세를 경감하는 취지는 「관광진흥법」 제55조 제1항에 따른 관광단지개발 사업시행자에 한정하는 것이지 다른 법률에서 관광단지개발 사업시행자로 의제되는 경우까지를 경감대상으로 하겠다는 것으로 보기는 어렵다 할 것이다. 따라서 경제자유구역개발 사업시행자가 「관광진흥법」 제55조 제1항에 따른 조성계획의 승인을 받은 자가 아닌 이상 「지방세특례제한법」 제54조 제1항에서 정한 취득세 감면대상에 해당하지 않는 것으로 보는 것이 타당할 것이다(지방세특례제도과-3575, 2015.12.20.). 취득세가 면제되는 토지는 '이미 산업단지로 조성된 토지'를 의미한다 할 것이고, 이러한 취지는 「산업입지법」 제39조의 11 제1항에 의하여 재생사업지구로 지정·고시되어 산업단지가 지정·고시된 것으로 의제되는 경우에도 마찬가지라 할 것이어서, 재생사업지구로 지정·고시되었지만 '재생사업계획'과 '지정권자의 승인'을 받지 못한 상태에서는 원고와 같이 공장용 건물을 신축하기 위해 재생사업지구 내의 토지를 취득하였더라도, 토지에 대한 취득세가 면제된다고 할 수 없고, 이와 같이 보는 것이 해석의 범위를 넘어서는 것이라고 할 수 없다(대법원 2015두58881, 2016.3.10.)라는 대법원판례의 취지에 따르면 관광단지개발 사업시행자로 감면되지 아니할 것이다.

2) 추징요건

① 2023.1.1. 이후 경감분

다음 어느 하나에 해당하는 경우에는 경감된 취득세를 추징하되, ⓒ~ⓔ의 경우 그 해당 부분에 한정하여 추징한다.

ⓐ 「관광진흥법」 제56조 제2항 및 제3항에 따라 조성계획의 승인이 실효되거나 취소되는 경우

ⓑ 그 취득일부터 3년 이내에 정당한 사유 없이 「관광진흥법」 제58조의 2에 따른 준공검사를 받지 아니한 경우

ⓒ 「관광진흥법」 제58조의 2에 따른 준공검사를 받은 날부터 3년 이내에 정당한 사유 없이 해당 용도로 분양·임대하지 아니하거나 직접 사용하지 아니한 경우

ⓓ 해당 용도로 직접 사용한 기간이 2년 미만인 상태에서 매각·증여하거나 다른 용도로 사용하는 경우

② 2022.12.31. 이전 경감분

별도의 추징규정이 없는바, 「지방세특례제한법」 제178조에 따라 다음 어느 하나에 해당하는 경우 그 해당 부분에 대해서는 감면된 취득세를 추징한다.

ㄱ 정당한 사유 없이 그 취득일부터 1년이 경과할 때까지 해당 용도로 직접 사용하지 아니하는 경우

ㄴ 해당 용도로 직접 사용한 기간이 2년 미만인 상태에서 매각·증여하거나 다른 용도로 사용하는 경우

3) 유의사항

① 조성계획 승인 없이 관광단지 지정된 경우 취득세 면제 여부

「관광진흥법」 제55조(조성계획의 시행) 제1항에서는 "조성계획을 시행하기 위한 사업("조성사업")은 이 법 또는 다른 법령에 특별한 규정이 있는 경우 외에는 조성계획의 승인을 받은 자(제54조 제5항에 따라 특별자치도지사가 조성계획을 수립한 경우 포함. 이하 "사업시행자")가 행한다"라고 규정되어 있는바, 승인을 받아야 감면대상이 될 것으로 보여지며, 승인이 없더라도 제54조 제5항에 따라 특별자치도지사가 조성계획을 수립한 경우도 감면대상이 될 것이다. 그런데 제55조 제2항에 따르면 사업시행자가 관광지 등의 개발 촉진을 위하여 조성계획의 승인 전에 시·도지사의 승인을 받아 그 조성사업에 필요한 토지를 매입한 경우에는 사업시행자로서 토지를 매입한 것으로 본다라고 규정되어 있어서 승인 전에 취득한 부동산도 감면대상이 되는 것으로 보여진다(취득 후 승인을 받아야 할 것임).

특별자치도를 제외하고는 다른 시·도의 감면 적용은 승인을 득하여야 할 것이나, 「관광진흥법」 제55조 제2항의 경우에 해당되는 경우에는 승인 전에 취득한 부동산도 감면대상이 될 것이다(취득 후 승인을 받아야 할 것임).

> **사례** 골프장 조성공사를 하여 준공한 후 조성계획의 변경계획에 따라 클럽하우스와 창고를 신축한 경우(지방세특례제도-1233, 2015.5.1.)
>
> 2006.7.23. ○○화원관광단지 골프장조성 사업계획 승인이 있었고, 2012.2.4. ○○○○골프클럽 등록(일반대중제 9홀)을 하고 골프장을 사용·수익을 개시하였으나, 2014.3.19. 사업계획 변경승인(건축물 연면적 변경 : 클럽하우스 495㎡ 증축, 장비창고 495.6㎡ 증축)이 있었고, 그 사업계획 변경승인에 따라 클럽하우스 및 장비창고를 신축하여 취득한 경우라면, 위 클럽하우스 및 장비창고는 조성계획의 변경계획을 시행하는 과정에서 취득한 부동산으로서 관광단지개발 사업시행자가 관광단지개발 사업을 시행하는 과정에 취득하는 부동산이라 할 것이고, 사용·수익이 개시된 부동산도 아니라 할 것이므로 관광단지개발 사업시행자가 관광단지개발사업을 시행하기 위하여 취득하는 부동산에 해당된다고 판단됨.

② 대수선인 경우 감면 여부

신규 부동산, 철거 즉시 신축하는 경우도 감면대상이 될 것이고, 부동산은 토지와 건축물을 의

미하므로 개수에 해당하는 건축물의 대수선은 부동산 취득으로 보아 감면대상이 된다. 다만, 대수선 등 개수(「지방세법 시행령」 제6조의 시설물 중 「건축법」 상의 건축물의 부속설비(예 : 승강기)의 설치 또는 교체는 제외)는 건축 또는 신축에는 해당되지 아니하나 산업단지 감면규정에서 대수선은 「지방세특례제한법」에서 별도의 감면규정이 있다.

한편, 지목변경도 부동산으로 보아야 할 것이므로 감면대상이 된다.

> **사례** 2009.9.14. 건축물의 대수선으로 사용승인을 받아 부동산의 취득이 이루어졌다면 취득세 등 감면대상이라고 판단됨(지방세운영과-1096, 2014.4.1.).

③ 신탁한 경우 취득세 감면 여부

문리해석상 그 부동산 취득자가 '관광단지개발 사업시행자'이어야만 한다 할 것인데, ○○리조트로부터 토지를 신탁받아 그 소유권이전등기까지 마친 이상 토지의 소유권은 대내외적으로 수탁자에게 완전히 이전되었다고 할 것이다. 비록 직접 토지의 지목을 변경하는 행위를 한 것은 아니라고 하더라도 ○○리조트의 지목변경 행위는 소유자인 대명리조트로 하여금 각 토지를 관리하게 한데 따른 것으로써 사실상 지목이 변경된 토지의 소유권을 갖고 있는 것이라 할 것이어서 지목변경으로 인한 토지의 가액증가에 대한 간주취득자 역시 수탁자가 납세의무자로 관광단지개발 사업시행자인 경우에만 특례규정이 적용된다(대법원 2016두42487, 2019.10.31. 참조).[140]

(2) 외국인투숙객 비율 등의 요건을 갖춘 호텔업 경영자에 대한 감면 (지특법 §54 ②)

1) 감면요건

① 감면대상자

외국인투숙객 비율 등의 다음 기준을 갖춘 「관광진흥법」에 따른 호텔업 경영자

○ **기준**

　㉠ 「부가가치세법」에 따라 신고된 직전연도 숙박용역 공급가액(객실요금만 해당) 중에서 다음 요건을 모두 충족하는 용역의 공급가액이 차지하는 비율이 수도권 지역은 100분의 30 이상, 수도권이 아닌 지역은 100분의 20 이상일 것

　　㉮ 「외국인관광객 등에 대한 부가가치세 및 개별소비세 특례 규정」 제2조에 따른 외국인 관광객 등(이하 "외국인관광객")에게 공급하는 용역일 것

---

140) 위탁자인 ○○리조트를 기준으로 사업시행자를 판단하는 것이 실질과세원칙에 부합한다고 단정할 수 없고, 또한 조세법률주의의 원칙은 조세감면의 경우에도 적용되므로 명백히 특혜 규정이라고 볼 수 있는 것은 엄격하게 해석하는 것이 조세공평의 원칙에 부합된다 할 것임.

⑭ 숙박인의 성명·국적·여권번호·입국일 및 입국 장소 등이 적힌 외국인 숙박 및 음식 매출 기록표에 의하여 외국인관광객과의 거래임이 표시될 것

㉯ 대금(代金)이 거주자 또는 내국법인의 부담으로 지급되지 아니할 것

ⓛ 외국인관광객에게 조례로 정하는 객실요금 인하율에 따라 숙박용역을 제공할 것(해당 지방자치단체에서 조례로 그 인하율을 정한 경우만 해당)

② 감면대상 및 감면범위

과세기준일 현재 「관광진흥법」 §3 ① 2 가목에 따른 호텔업에 직접 사용하는 토지(재산세 별도합산과세대상 토지로 한정) 및 건축물(2014년 이전만 적용)	재산세 50% 또는 25% 경감 (도시지역분 제외)

☛ 종전에는 50%이었으나, 2014.1.1. 이후부터는 「관광진흥법」 제19조에 따른 관광숙박업의 등급이 특1등급 및 특2등급인 경우에는 25%를 적용하는 것으로 개정됨.

관광호텔에 대한 감면의 취지가 외국인 관광객의 체재비를 인하함으로써 각 지방자치단체에 외국인 관광객 유치를 활성화하려는 것인 이상, 감면의 요건을 해석함에 있어서는 외국인 관광객이 실질적인 체재비 인하혜택을 최대한 받을 수 있도록 함이 타당하고, 그렇다면 객실요금 인하율은 1박 기준 총 수입금의 인하율로 적용하기보다는 각 객실별 요금을 모두 10% 이상으로 인하해야 하는 것으로 해석함이 보다 입법 취지에 부합하는 해석이라고 할 것이다. 따라서 각 "객실별"로 모두 객실요금 인하율을 충족하였는지 여부로 감면 해당 여부를 판단하지 않고 객실요금 인하율이 일부 객실 타입에서 재산세 감면기준 미만인 경우에는 감면이 되지 아니한다하여 기감면한 재산세(토지, 건축물) 등을 부과고지한 처분은 달리 잘못이 없는 것으로 판단된다(조심 2013지485, 2013.8.14.).

한편, 직전연도의 외국인투숙객비율 등 요건을 충족하여야 하지만 직전연도 1월부터 사업을 하여야 할 이유는 없는 것이다. 즉 과세기준일인 매년 6.1. 현재 호텔업을 영위하고 있으면서 직전연도의 외국인투숙객비율 등 요건을 충족하여야 되는 것이다.

2) 추징요건

별도의 추징규정이 없지만 재산세 감면규정이므로 취득세 추징규정인 「지방세특례제한법」 제178조가 적용되지 아니한다.

① 정당한 사유 없이 그 취득일부터 1년이 경과할 때까지 해당 용도로 직접 사용하지 아니하는 경우

② 해당 용도로 직접 사용한 기간이 2년 미만인 상태에서 매각·증여하거나 다른 용도로 사용하는 경우

3) 유의사항

① '직접 사용'의 의미

직전연도의 외국인투숙객비율 등 요건을 충족하여 하지만 직전연도 1월부터 사업을 하여야 할

이유는 없는 것이다. 즉 과세기준일인 매년 6.1. 현재 호텔업을 영위하고 있으면서 직전연도의 외국인투숙객비율 등 요건을 충족하여야 되는 것이다.

㉠ 2014.1.1. 이후

2014.1.1. 이후 "직접 사용"이란 부동산의 소유자가 해당 부동산을 사업 또는 업무의 목적이나 용도에 맞게 사용하는 것을 말한다(지특법 §2 8)라고 규정하고 있는바, 상기 대법원판례가 2013.12.31. 이전 법조문으로 해석한 것으로 보아야 한다는 점에서 부동산 소유자가 아닌 제3자가 해당 용도에 사용하는 경우에는 직접 사용으로 볼 수 없어서 감면이 되지 아니하는 것으로 해석하여야 할 것이다. 따라서 호텔 소유자 중 사업자가 소유한 부동산 지분만 감면이 되는 것이다.

㉡ 2013.12.31. 이전

호텔업에 대한 감면규정은 외국인투숙객비율 등 정하는 기준에 따라 호텔업 서비스 향상을 제고하는 호텔경영자의 세부담을 경감해주기 위한 것으로써, 호텔업 경영과 무관하게 해당 부동산을 임대수익 창출 등 별도의 용도로 사용하는 납세자까지 조세지원의 취지가 있다고는 볼 수 없으므로 해당 부동산 소유자가 호텔경영자로서 호텔업에 직접 사용하는 경우를 경감대상으로 보는 것이 합리적이다라고 하여 '직접 사용'이라 함은 부동산 소유자가 해당 부동산을 해당 용도로 직접 사용하는 경우를 말하는 것이다라고 해석하여 왔지만, '호텔업에 직접 사용하는 토지 및 건축물'의 의미는 당해 재산의 용도가 직접 그 본래의 업무에 사용하는 것이면 충분하고, 그 사용 방법이 스스로 그와 같은 용도에 제공하거나 혹은 제3자에게 임대 또는 위탁하여 그와 같은 용도에 제공하는지 여부는 가리지 않는다 할 것(대법원 2008두15039, 2011.1.27., 조심 2012지509, 2013.3.22. 참조)이다. 따라서 호텔 소유자는 여러 명이고 사업자는 한 명이라면 사업자가 소유한 부동산 지분에 대해서만 감면대상이라는 것, 즉 과세기준일 현재 호텔업 경영자(사업주)의 소유 부동산을 호텔업에 직접 사용하는 부분만 감면이 되는 것이 아니라 전체 감면이 된다.

② 임차한 부동산을 호텔업에 사용하는 경우 재산세 경감대상 여부

「관광진흥법」에 따른 관광호텔업을 경영하는 자가 부동산을 호텔업에 사용하고 있다면 당해 부동산을 임차한 회사가 호텔을 경영한다 하더라도 관광호텔업에 직접 사용하는 부동산으로 보는 것이 타당하다 할 것이다(조심 2013지975, 2015.3.20.)[141]라고 결정한 바 있었다.

한편, 2014.1.1. 이후 "직접 사용"이란 부동산의 소유자가 해당 부동산을 사업 또는 업무의 목적이나 용도에 맞게 사용하는 것을 말한다(지특법 §2 8)라고 규정하고 있는바, 상기 심판례가

---

141) 종전에는 부동산 소유자가 호텔을 경영하는 자에게 부동산을 임대하여 임차인이 부동산을 호텔업에 사용하는 경우 재산세 경감대상으로 볼 수 없는 것이다라고 해석하고 있었다. 그 이유는 부동산 소유자가 해당 시설을 임차인에게 임대하였다면 이는 임대사업목적으로 사용한 것이지 직접 호텔업에 사용한 것으로 볼 수 없기 때문이라는 것이다(지방세운영과-3714, 2011.8.3.).

2013.12.31. 이전 법조문으로 해석한 것으로 보아야 한다는 점에서 부동산 소유자가 아닌 제3자가 해당 용도에 사용하는 경우에는 직접 사용으로 볼 수 없어서 재산세 감면이 되지 아니하는 것으로 해석하여야 할 것이다.

③ 감면신청 시 필요서류

재산세를 경감받으려는 자는 [별지 제3호 서식]의 외국인관광객 투숙 실적 신고서에 다음 서류를 첨부하여 관할 시장·군수에게 제출하여야 한다.

- ㉠ 부가가치세 확정신고서(부가가치세 확정신고를 하지 아니한 경우에는 부가가치세 예정신고서를 말한다) 1부
- ㉡ 외국인관광객에 대한 직전 연도 숙박용역 공급가액(객실요금만 해당) 1부
- ㉢ [별지 제4호 서식]의 외국인관광객 숙박 및 음식 매출기록표 1부
- ㉣ 외국인관광객에 대한 객실요금 인하율표(해당 지방자치단체에서 조례로 그 인하율을 정한 경우만 해당) 1부

(3) 호텔업 경영자에 대한 감면(지특법 §54 ③)

1) 감면요건

① 감면대상자

「관광진흥법」 제3조 제1항 제2호 가목에 따른 호텔업 경영자

② 감면대상 및 감면범위

「관광진흥법」 §3 ① 2 가목에 따른 호텔업을 하기 위하여 취득하는 부동산(2014년 이전만 적용)	취득세 중 구 등록세분 중과 시 일반세율 적용
법인등기(설립 후 5년 이내에 자본 또는 출자액을 증가하는 경우 포함)(2014년 이전만 적용)	등록면허세 중과 시 일반세율 적용

☛ 농어촌특별세 과세 여부 : 취득세분 농어촌특별세 과세되나, 중과세율이 아닌 일반세율 적용은 감면으로 볼 수 없는바, 중과세율과 일반세율에 의한 세액차이분에 대하여 농어촌특별세 비과세

☛ 2014.1.1. 이후부터는 상기 감면규정은 지방자치단체의 조례로 표준세율을 적용하도록 규정하는 경우에 한정하여 적용됨.

> **사례** 연부취득 시 연부금 지급일 현재의 감면규정 적용됨(대법원 2023두39939, 2023.8.31.)
>
> 원고가 연부로 취득한 이 사건 토지 중 계약보증금의 지급으로 취득이 간주된 부분에 관하여는 연부금 지급일인 2013.1.28. 당시 시행되던 구 「지방세특례제한법」이 적용된다. 원고는 2013.1.28. 호텔업을 하기 위하여 이 사건 용지매매계약을 체결하고 계약보증금을 지급하였는바, 이 부분은 중과세율이 배제되어야 하므로 원고가 당초 계약보증금에 관하여 표준세율에 의한 취득세를 신고·납부한 것은 적법함.

2) 추징요건

다음 어느 하나에 해당하는 경우 그 해당 부분에 대해서는 감면된 취득세를 추징한다.

① 정당한 사유 없이 그 취득일부터 3년이 경과할 때까지 해당 용도로 직접 사용하지 아니하는 경우

② 해당 용도로 직접 사용한 기간이 2년 미만인 상태에서 매각·증여하거나 다른 용도로 사용하는 경우

(4) 보양온천 개발자에 대한 감면(지특법 §54 ④)

1) 감면요건

① 감면대상자

「온천법」제9조 제1항에 따라 지정된 보양온천 개발자

② 감면대상 및 감면범위

보양온천을 개발하기 위하여 취득하는 부동산	취득세 50% 경감

☞ 농어촌특별세 과세 여부 : 취득세분과 취득세 경감분 농어촌특별세 과세
☞ 2014.1.1. 삭제되어 2014.1.1. 이후부터는 적용되지 아니하며, 2013.12.31. 이전에 보양온천 개발을 위하여 부동산을 취득한 자가 그 취득일부터 1년 이내에 정당한 사유 없이 보양온천에 직접 사용하지 아니하는 경우에는 개정 규정에도 불구하고 종전의 규정에 따라 경감받은 취득세를 추징함.

2) 추징요건

취득일부터 1년 이내에 정당한 사유 없이 보양온천에 직접 사용하지 아니하는 경우 그 해당 부분에 대하여는 경감된 취득세를 추징한다.

(5) 2012여수세계박람회조직위원회에 대한 감면(지특법 §54 ⑤)

1) 감면요건

① 감면대상자

㉠ 2013년 이전

2012여수세계박람회조직위원회

㉡ 2014년 이후

2012여수세계박람회재단, 해양박람회특구에서 창업하거나 사업장을 신설(기존 사업장을 이전하는 경우 제외)하는 기업 및 「여수세계박람회 기념 및 사후활용에 관한 특별법」제17조에 따른 사업시행자

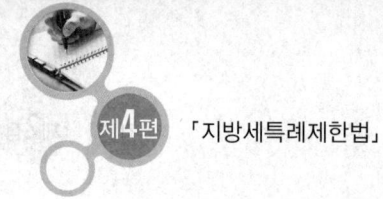

② 감면대상 및 감면범위

고유업무에 직접 사용하기 위하여 취득하는 부동산 ○ 2012여수세계박람회재단 ○ 해양박람회특구에서 창업하거나 사업장을 신설(기존 사업장을 이전하는 경우 제외)하는 기업 및 「여수세계박람회 기념 및 사후활용에 관한 특별법」 §17에 따른 사업시행자	취득세 면제 취득세 50% 경감
과세기준일 현재 그 고유업무에 직접 사용하는 부동산 ○ 2012여수세계박람회재단 ○ 해양박람회특구에서 창업하거나 사업장을 신설(기존 사업장을 이전하는 경우 제외)하는 기업 및 「여수세계박람회 기념 및 사후활용에 관한 특별법」 §17에 따른 사업시행자	재산세 면제 (도시지역분 포함) 재산세 50% 경감 (도시지역분 포함)

☛ 감면시한 : 2019.12.31.
☛ 최소납부제 적용 시기 : 2015.1.1. 이후(2012여수세계박람회재단은 2016.1.1. 이후)
☛ 농어촌특별세 과세 여부 : 취득세분 농어촌특별세 과세, 취득세 면제분(경감분) 농어촌특별세 비과세(농특령 §4 ⑦ 5)
☛ 지방자치단체가 조례로 정하는 바에 따라 취득세와 재산세를 감면할 수 있다. 이 경우 감면율은 50%(2012여수세계박람회재단은 100%) 범위에서 정하여야 하며, 도세 감면조례에 의하면 박람회 준비 및 행사 운영을 위하여 취득한 차량에 대하여 취득세 감면이 됨.

여수세계박람회조직위원회의 관련법령(「여수세계박람회 지원 및 사후활용에 관한 특례법」) 개정으로 설립되는 박람회 재단에 모든 재산을 이전하여야 하는 경우,[142] 특별법 개정에 대하여 포괄승계 등에 규정이 없는 것으로 보이지만,[143] 이 감면규정에 의하여 취득세는 감면되는 것이다.

2) 추징요건

별도의 추징규정이 없는바, 「지방세특례제한법」 제178조에 따라 부동산이 다음 어느 하나에 해당하는 경우 그 해당 부분에 대해서는 감면된 취득세를 추징한다.
① 정당한 사유 없이 그 취득일부터 1년이 경과할 때까지 해당 용도로 직접 사용하지 아니하는 경우
② 해당 용도로 직접 사용한 기간이 2년 미만인 상태에서 매각·증여하거나 다른 용도로 사용하는 경우
도세 감면조례에 의하면 차량이 감면되는 경우에는 별도의 추징규정이 없다.
취득세 감면받은 전시 시설물을 직접 사용 이후 2년 미만 사용한 상태에서 사후 활용을 위하여 본 시설물을 일반 기업체에 매각하는 경우 별도의 규정이 없으므로 추징대상이 될 것으로 판단된다.

---

142) 특별법 개정으로 부동산을 포괄적으로 양수받는 경우 취득세 납세의무 없음(지방세운영과-1373, 2010.4.5.).
143) 「여수세계박람회 지원 및 사후활용에 관한 특별법」 제7조 【다른 법령과의 관계】
　　이 법 시행 당시 다른 법령에서 종전의 「2012여수세계박람회 지원특별법」 또는 그 규정을 인용하고 있는 경우 이 법 가운데 그에 해당하는 규정이 있으면 종전의 「2012여수세계박람회 지원특별법」 또는 그 규정을 갈음하여 이 법 또는 이 법의 해당 규정을 인용한 것으로 본다.

(6) 평창 동계올림픽대회 및 동계패럴림픽대회 선수촌에 대한 감면(지특법 §54 ⑥)

1) 감면요건

① 감면대상자

「2018 평창 동계올림픽대회 및 동계패럴림픽대회 지원 등에 관한 특별법」 제2조 제2호 나목에 따른 선수촌

② 감면대상 및 감면범위

평창군에 위치한 대회 직접 관련시설 중 선수촌(건축에 한함)	취득세 면제
상기 시설이 대회 이후에 중과대상 별장이 되는 경우	일반 주택으로 재산세 세율 적용

☞ 감면시한 : 2017.12.31.(상기 시설이 대회 이후에 중과대상 별장이 되는 경우 2022.12.31., 2023.3.14. 이후 별장은 중과되지 아니함)
☞ 최소납부제 적용 시기 : 2019.1.1. 이후(감면종료되어 적용될 여지 없음)
☞ 농어촌특별세 과세 여부 : 취득세 면제분 농어촌특별세 과세
☞ 2016년 이후 적용

2) 추징요건

별도의 추징규정이 없는바, 「지방세특례제한법」 제178조에 따라 다음 어느 하나에 해당하는 경우 그 해당 부분에 대해서는 감면된 취득세를 추징한다.
① 정당한 사유 없이 그 취득일부터 1년이 경과할 때까지 해당 용도로 직접 사용하지 아니하는 경우
② 해당 용도로 직접 사용한 기간이 2년 미만인 상태에서 매각·증여하거나 다른 용도로 사용하는 경우

❼ 문화재에 대한 감면(지특법 §55)

1) 감면요건

① 감면대상자

㉠ 「문화유산의 보존 및 활용에 관한 법률」에 따라 사적지로 지정된 토지 소유자
㉡ 「문화유산의 보존 및 활용에 관한 법률」 §2 ③에 따른 지정 문화유산, 「자연유산의 보존 및 활용에 관한 법률」 §2 5에 따른 천연기념물 등으로 지정된 부동산 소유자
㉢ 「문화유산의 보존 및 활용에 관한 법률」 §27 및 「자연유산의 보존 및 활용에 관한 법률」 §13에 따라 지정된 보호구역에 있는 부동산 소유자
㉣ 「근현대문화유산의 보존 및 활용에 관한 법률」 §6(2024.9.14. 이전은 「문화유산의 보존 및 활용에 관한 법률」 §53) ①에 따른 국가등록문화유산과 그 부속토지

② 감면대상 및 감면범위

「문화유산의 보존 및 활용에 관한 법률」에 따라 사적지로 지정된 토지(소유자가 사용·수익하는 사적지, 수익사업에 사용하는 경우와 해당 재산이 유료로 사용되는 경우의 그 재산 및 해당 재산의 일부가 그 목적에 직접 사용되지 아니하는 경우 제외)	재산세 면제 (도시지역분 포함)
「문화유산의 보존 및 활용에 관한 법률」 §2 ③에 따른 문화유산(국가무형문화재^(주) 제외) 및 「자연유산의 보존 및 활용에 관한 법률」 §2 5에 따른 천연기념물 등으로 지정된 부동산	재산세 면제 (도시지역분 포함)
「문화유산의 보존 및 활용에 관한 법률」 §27 및 「자연유산의 보존 및 활용에 관한 법률」 §13에 따라 지정된 보호구역에 있는 부동산	재산세 50% 경감 (2014년 이전 면제) (50% 범위 내에서 조례로 추가 경감) (도시지역분 포함)
「근현대문화유산의 보존 및 활용에 관한 법률」 §6(2024.9.14. 이전은 「문화유산의 보존 및 활용에 관한 법률」 §53) ①에 따른 국가등록문화재(2019.12.24. 이전은 등록한 문화재)와 그 부속토지	재산세 50% 경감 (도시지역분 포함)

☞ 감면시한 : 시한 배제
☞ 최소납부제 적용 시기 : 최소납부제 배제
☞ 제주도의 경우 감면조례에 의하여 「제주특별자치도 문화재 보호 조례」에 따라 문화재로 지정된 부동산과 같은 조례에 따라 지정된 문화재 보호구역 안의 부동산에 대해서도 재산세(도시지역분 포함) 면제
☞ (주) 2016.3.25. 이전에는 국가무형문화재가 아닌 중요무형문화재

　「문화재보호법」 상의 지정구역과 보호구역안의 부동산은 수익사업 여부와 관계없이 감면적용 대상으로 보아야 할 것으로 판단된다(청소년수련시설의 경우에도 수익사업을 영위하더라도 관련법에서 수익사업을 영위할 수 있도록 규정되어 있어서 감면대상으로 하고 있음). 다만, 수익사업, 즉 영업용 건축물이 문화재로 지정된 부동산에 해당하는지 여부에 따라 달리 판단될 것이다.
　한편, 사권제한토지의 경우에도 수익사업 여부에 대한 별도의 제한규정이 없음에도 불구하고 도시계획시설결정 및 지적고시된 토지라 할지라도 해당 도시계획사업이 시행 준공된 후 수익사업에 사용하는 등 소유권 행사에 지장이 없는 토지에 대하여는 과세대상인 것으로 해석하고 있는데, 이러한 점을 고려한다면 문화재로 지정된 부동산 중에 수익사업을 하고 있는 일반 영업용 건축물과 그 부속토지에 대하여 감면을 제외하는 것이 타당하다라고 판단되지만, 유추해석이나 확장해석을 금지하고 있다는 점에서 영업용 건축물이 있더라도 그 해당 건축물이 문화재로 지정된 부동산이라면 전체 토지를 감면대상으로 보아야 할 것이다. 그 이유는 제1항에서는 수익사업에 대하여 명확하게 규정하고 있지만 「문화재보호법」 상의 지정구역과 보호구역 안의 부동산에 대하여는 이러한 규정이 없기 때문이다.
　토지는 전체 면적 중 문화재로 지정된 구역과 보호구역으로 지정된 면적으로 구분되며, 토지상의 지상건축물은 2동이 있는데, 1동은 국가지정 문화재이나, 1동은 영업용 건축물로 문화재로 지정된 건축물이 아닌 경우, 그리고 토지 중 문화재로 지정된 구역에 해당하는 면적은 국가지정문화재인 건축물 바닥면적에 해당하는 면적이고, 나머지 부분은 보호구역으로 지정된 경우 문화재로 지정된 구역 외 영업용 건축물의 부속토지, 즉 영업용 건축물이 문화재로 지정된 건축물이 아니므로 영업용 건축물의 부속토지가 보호구역으로 지정되어 있더라도 이는 일반 영업용 건축물의 부속토지이므로 면제대상으로 볼 수 없을 것이다.

> **사례** 문화재보호구역 아닌 현상변경허가 대상구역(지방세운영과 - 4042, 2012.12.13.)
>
> 쟁점토지에 대한 토지이용계획확인서를 열람하여 확인한 결과 위 토지는 「문화재보호법」에 따른 문화재보호구역이 아니라 현상변경허가 대상구역에 해당하며, 「개발제한구역의 지정 및 관리에 관한 특별조치법」에 따른 개발제한구역으로 지정되어 있지도 않다. 따라서 쟁점토지는 「지방세법」 제106조 제1항 제3호 나목 및 같은 법 시행령 제102조 제2항 제2호 또는 제5호 가목에 따른 분리과세 대상 토지에 해당되지 않는다고 판단됨.

2) 추징요건

별도의 추징규정이 없지만 재산세 감면규정이므로 취득세 추징규정인 「지방세특례제한법」 제178조가 적용되지 아니한다.

제5절 기업구조 및 재무조정 등에 대한 지원

❶ 기업의 신용보증 지원을 위한 감면(지특법 §56)

(1) 신용보증기금에 대한 감면(지특법 §56 ①)

1) 감면요건

① 감면대상자

「신용보증기금법」에 따른 신용보증기금

② 감면대상 및 감면범위

「신용보증기금법」 §23 ① 2의 신용보증 업무에 직접 사용하기 위하여 취득하는 부동산(2014년 이전만 적용)	취득세 50% 경감

☞ 농어촌특별세 과세 여부 : 취득세분과 취득세 경감분 농어촌특별세 과세

고유업무와 관계없이 운동경기부를 설치하기 위하여 취득하는 부동산에 대하여는 취득세를 감면하지 아니한다(도세 13421 - 22, 1993.1.13.).

2) 추징요건

별도의 추징규정이 없는바, 「지방세특례제한법」 제178조에 따라 다음 어느 하나에 해당하는 경우 그 해당 부분에 대해서는 감면된 취득세를 추징한다.

① 정당한 사유 없이 그 취득일부터 1년이 경과할 때까지 해당 용도로 직접 사용하지 아니하는 경우
② 해당 용도로 직접 사용한 기간이 2년 미만인 상태에서 매각·증여하거나 다른 용도로 사용하는 경우

(2) 기술보증기금에 대한 감면(지특법 §56 ②)

1) 감면요건

① 감면대상자

「기술보증기금법」에 따라 설립된 기술보증기금

② 감면대상 및 감면범위

「기술보증기금법」 §28 ① 2 및 3의 신용보증 업무에 직접 사용하기 위하여 취득하는 부동산(2014년 이전만 적용)	취득세 50% 경감

☞ 농어촌특별세 과세 여부 : 취득세분과 취득세 경감분 농어촌특별세 과세

기술보증기금의 연수원으로 사용할 목적으로 부동산을 취득하는 경우라면 기술신용보증, 일반 신용보증업무에 직접 사용되지 아니하므로 취득세 등이 경감되지 아니한다(세정-1776, 2003.11.5.).

2) 추징요건

별도의 추징규정이 없는바, 「지방세특례제한법」 제178조에 따라 다음 어느 하나에 해당하는 경우 그 해당 부분에 대해서는 감면된 취득세를 추징한다.

① 정당한 사유 없이 그 취득일부터 1년이 경과할 때까지 해당 용도로 직접 사용하지 아니하는 경우
② 해당 용도로 직접 사용한 기간이 2년 미만인 상태에서 매각·증여하거나 다른 용도로 사용하는 경우

(3) 신용보증재단에 대한 감면(지특법 §56 ③)

1) 감면요건

① 감면대상자

「지역신용보증재단법」에 따라 설립된 신용보증재단

② 감면대상 및 감면범위

「지역신용보증재단법」 §17 2에 따른 신용보증업무에 직접 사용하기 위하여 취득하는 부동산	취득세 50% 경감
법인등기	등록면허세 50% 경감
과세기준일 현재 신용보증업무에 직접 사용하는 부동산	재산세 50% 경감 (도시지역분 제외)

☞ 감면시한 : 2025.12.31.(법인등기 등록면허세 감면은 2016.12.31.)
☞ 농어촌특별세 과세 여부 : 취득세분과 취득세 경감분 농어촌특별세 과세

> **사례** 업무용 재산의 임대 시 감면 여부(대법원 2012두11775, 2012.9.27.)
>
> 기본재산의 출연금으로 같은 법 제17조에 정한 업무에 사용할 건물로 이 건물을 취득한 뒤 부득이한 사정으로 남는 부분을 임대한 것이 아니라 처음부터 상당부분을 임대할 목적으로 건물을 취득하였고 그 임대수익이 적지 아니하므로 건물 중 임대부분은 기본재산의 관리업무나 그에 부수되는 업무에 직접 사용하기 위하여 취득한 경우에 해당하지 않음.

2) 추징요건

별도의 추징규정이 없는바, 「지방세특례제한법」 제178조에 따라 다음 어느 하나에 해당하는 경우 그 해당 부분에 대해서는 감면된 취득세를 추징한다.

① 정당한 사유 없이 그 취득일부터 1년이 경과할 때까지 해당 용도로 직접 사용하지 아니하는 경우
② 해당 용도로 직접 사용한 기간이 2년 미만인 상태에서 매각·증여하거나 다른 용도로 사용하는 경우

❷ 기업합병·분할 등에 대한 감면(지특법 §57-2)

(1) 합병에 대한 감면[144](지특법 §57-2 ①)

1) 감면요건

① 감면대상자

소비성서비스업을 제외한 사업을 1년 이상 계속하여 영위한 법인 간의 적격합병 시 합병법인(적격합병은 「법인세법」 제44조 제2항 또는 제3항에 해당하는 합병을 말하며, 적격합병 요건은 2016년부터 적용)

한편, 소비성서비스업을 1년 이상 영위한 법인이 합병으로 인하여 소멸하고 합병법인이 소비성서비스업을 영위하지 아니하는 경우 해당 합병법인은 감면이 된다.

---

144) 2014.12.31. 이전까지는 「조세특례제한법」 제120조 제2항에 규정되어 있었는데, 2015.1.1. 이후는 「지방특례제한법」 제57조의 2 제1항으로 이관됨.

② 감면대상 및 감면범위

「중소기업기본법」에 따른 중소기업 간 합병 및 법인이 다음의 기술혁신형사업법인(주1)과의 합병에 따라 양수하는 사업용 재산(2019년~2024년은 적격합병에 따라 양수하는 사업용 재산, 2018년 이전은 적격합병에 따라 양수하는 재산)	표준세율에서 중과기준세율 차감한 세율 적용 취득세 60%(2019년~2024년 50%(주1)) 경감(2018년 이전 면제) 취득세 중 구 등록세분 면제(주2)

🔖 감면시한 : 2027.12.31.

🔖 최소납부제 적용 시기 : 2016.1.1. 이후(지법 §15 ① 세율특례분은 지특법 감면이 아니므로 배제됨 : 지방세특례제도과-1534, 2016.7.5.)

🔖 농어촌특별세 과세 여부 : 취득분 농어촌특별세 과세, 「법인세법」 §44 ② 각 호의 요건을 충족하거나 같은 조 ③에 해당하여 양도손익이 없는 것으로 한 합병의 경우에 한정하여 취득세 경감분(면제분) 농어촌특별세 비과세(농특령 §4 ⑦ 5). 참고로, 「지방세법」 §15의 세율특례에 의한 취득세 감면분 농어촌특별세 비과세(농특령 §4 ④)

🔖 2024.12.31. 이전에 감면받은 취득세의 추징에 관하여는 §57-2 ① 단서의 개정규정에도 불구하고 종전의 규정에 따름(법 부칙(2024.12.31.) §8 ② ③).

🔖 2024.12.31. 이전에 합병계약에 대한 주주총회·사원총회의 승인결의나 총사원의 동의가 있었던 경우로서 2025. 1.1. 이후 해당 합병에 따라 사업용 재산을 2027.12.31.까지 취득하는 경우 그 사업용 재산에 대한 취득세의 감면·추징에 관하여는 §57-2 ①의 개정규정에도 불구하고 종전의 규정에 따름(법 부칙(2024.12.31.) §8 ③).

🔖 (주1) 법인으로서 「중소기업기본법」에 따른 중소기업 간 합병 및 법인이 다음의 기술혁신형사업법인과의 합병을 하는 경우 60% 경감

　① 합병등기일까지 「벤처기업육성에 관한 특별법」 §25에 따라 벤처기업으로 확인받은 기업

　② 합병등기일까지 「중소기업 기술혁신 촉진법」 §15와 같은 법 시행령 §13에 따라 기술혁신형 중소기업으로 선정된 기업

　③ 합병등기일이 속하는 사업연도의 직전 사업연도의 「조세특례제한법」 §10 ① 각 호 외의 부분 전단에 따른 연구·인력개발비가 매출액의 5% 이상인 중소기업

　④ 합병등기일까지 다음 각 목 중 어느 하나에 해당하는 인증 등을 받은 중소기업

　　㉠ 「산업기술혁신 촉진법」 §15-2 ①에 따른 신기술 인증

　　㉡ 「보건의료기술 진흥법」 §8 ①에 따른 보건신기술 인증

　　㉢ 「산업기술혁신 촉진법」 §16 ①에 따른 신제품 인증

　　㉣ 「제약산업 육성 및 지원에 관한 법률」 §7 ②에 따른 혁신형 제약기업 인증

　　㉤ 「중견기업 성장촉진 및 경쟁력 강화에 관한 특별법」 §8 ①에 따른 선정

🔖 (주2) 적격합병의 경우 중과기준세율(구 취득세분 세율)은 원칙적으로 과세되지 아니하는 것인데, 「지방세법」 §15 ① 3호 단서 규정, 즉 법인의 합병으로 인하여 취득한 과세물건이 합병 후에 §16(사치성 재산, 본점용 신·증축 부동산 중과, 공장 신·증설 중과)에 따른 과세물건에 해당하게 되는 경우 또는 합병등기일부터 3년 이내에 「법인세법」 §44-3 ③ 각 호의 어느 하나에 해당하는 사유가 발생하는 경우(같은 항 각 호 외의 부분 단서에 해당하는 경우 제외) 중과기준세율의 취득세는 과세되며, 구 등록세 감면분도 추징이 된다(2024년 이전은 추징되지 아니함). 이 경우 취득세 중에서 구 등록세분만 감면된다는 것이다. 한편, 2016년 이후 합병분부터 합병등기일부터 3년 이내에 「법인세법」 §44-3 ③ 각 호의 어느 하나에 해당하는 사유가 발생하는 경우(같은 항 각 호 외의 부분 단서에 의한 부득이한 사유인 경우 제외)에는 중과기준세율(중과분 포함)의 취득세가 과세되며, 구 등록세 감면분도 추징이 되는 것이다.

　1. 합병 시 사치성 재산 등인 경우

　① 사치성 재산

　　㉠ 구 취득세분 중과(중과기준세율×5)는 「지방세법」 §15의 세율특례에 의해 비과세

ⓛ 「지방세특례제한법」 §177(감면대상 제외)에 따라 사치성 재산이므로 구 등록세분 감면규정이 적용되지 아니하므로 구 등록세분(중과세율을 적용하여 산정한 취득세－중과기준세율×5)이 과세될 것임.

② 본점용 신·증축 부동산, 공장 신증설

ⓖ 구 취득세분 중과(중과기준세율×3)는 「지방세법」 §15의 세율특례에 의해 비과세

ⓛ 구 등록세분(중과세율을 적용하여 산정한 취득세－중과기준세율×3)은 감면

2. 합병 후 사치성 재산 등이 되는 경우

① 사치성 재산

ⓖ 구 취득세분 중과(중과기준세율×5)는 「지방세법」 §15의 세율특례에 의한 비과세분 추징

ⓛ 합병 취득 시에는 사치성 재산이 아니므로 「지방세특례제한법」 §177(감면대상 제외)가 적용되지 않고 구 등록세분(중과세율을 적용하여 산정한 취득세－중과기준세율×5) 감면분은 사치성 재산이 되면 추징됨(2024년 이전은 추징되지 아니함).

② 본점용 신·증축 부동산, 공장 신증설

ⓖ 구 취득세분 중과(중과기준세율×3)는 「지방세법」 §15의 세율특례에 의한 비과세분 추징

ⓛ 구 등록세분(중과세율을 적용하여 산정한 취득세－중과기준세율×3) 감면분은 추징됨(2024년 이전은 추징되지 아니함).

3. 합병등기일부터 3년 이내에 「법인세법」 §44-3 ③ 각 호의 어느 하나에 해당하는 사유가 발생하는 경우(같은 항 각 호 외의 부분 단서에 의한 부득이한 사유인 경우 제외) - 2016년 이후 합병분부터 적용

중과기준세율(중과분 포함)의 취득세, 즉 구 취득세분이 과세되며, 구 등록세분도 추징이 되는 것임.

2) 합병 시 과세특례요건(「법인세법 집행기준」 44-0-3)

구분	적격합병 요건
사업목적 합병	① 합병등기일 현재 1년 이상 사업을 계속하던 내국법인 간의 합병일 것 ☞ 기업인수목적회사(SPAC)는 제외하나 이와 합병하는 피합병법인은 1년 이상 사업영위 필요
지분의 연속성	② 피합병법인의 주주 등이 합병으로 인하여 받은 합병대가의 총합계액 중 합병법인의 주식 등 또는 합병법인의 모회사의 주식 등의 가액(시가)이 80% 이상으로서 그 주식 등이 지분비율*에 따라 배정되고, 피합병법인의 일정 지배주주 등이 합병등기일이 속하는 사업연도의 종료일까지 그 주식 등을 보유할 것 ☞ 피합병법인의 일정 지배주주 등에 대해서는 일정한 가액(합병교부주식 등의 총합계액 × 일정 지배주주 등의 피합병법인에 대한 지분율) 이상 주식 등으로 배정
사업의 계속성	③ 합병법인이 합병등기일이 속하는 사업연도의 종료일까지 피합병법인으로부터 승계 받은 사업을 계속 영위할 것
고용의 연속성	④ 합병등기일 1개월 전 당시 피합병법인에 종사하는 일정 근로자 중 합병법인이 승계 한 근로자의 비율이 100분의 80 이상이고, 합병등기일이 속하는 사업연도의 종료일까지 그 비율을 유지할 것(2018.1.1. 이후 적용)

분할신설법인이 취득한 토지에 사업을 위한 용역계약을 체결하고 인·허가 신청만 하고 공사 착수에 이르지 못한 경우에는 분할등기일이 속하는 사업연도 종료일까지 승계받은 사업에 직접 사용으로 볼 수 없다(대법원 2014두36235, 2016.8.18.).

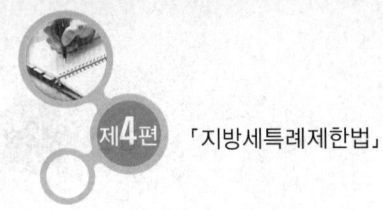
3) 추징요건

① 2025.1.1. 이후 합병분[145]

법인의 합병으로 인하여 취득한 과세물건이 합병 후에 「지방세법」 제16조에 따른 과세물건에 해당되는 경우(즉 중과기준세율 중과와 구 등록세분 중과되는 경우)와 하기 ②의 추징사유가 발생되는 경우 경감된 취득세를 추징한다.

② 2016.1.1. 이후 합병분

합병등기일부터 3년 이내에 다음 어느 하나에 해당하는 사유(「법인세법」 §44-3 ③ 각 호)가 발생하는 경우(같은 항 각 호 외의 부분 단서에 의한 부득이한 사유가 있는 경우 제외)에는 경감된 취득세를 추징한다.

㉠ 합병법인이 피합병법인으로부터 승계받은 사업을 폐지하는 경우(단, 합병법인이 파산함에 따라 승계받은 자산을 처분한 경우, 적격합병, 적격물적분할 또는 적격현물출자에 따라 사업을 폐지한 경우, 자산의 포괄적 양도에 따라 자산을 장부가액으로 양도하면서 사업을 폐지한 경우 및 합병법인이 「채무자 회생 및 파산에 관한 법률」에 따른 회생절차에 따라 법원의 허가를 받아 승계받은 자산을 처분한 경우 제외)

피합병법인으로부터 승계한 자산가액(유형자산, 무형자산 및 투자자산의 가액을 말하며, 2019.2.11. 이전은 고정자산가액)의 50% 이상을 처분하거나 사업에 사용하지 아니하는 경우에는 승계받은 사업을 폐지한 것으로 본다(법령 §80-4 ⑧).

☞ 피합병법인으로부터 승계받은 동일한 목적사업을 영위하기 위한 건물을 신축하기 위하여 구 건물을 멸실하는 경우라고 한다면, 피합병법인으로부터 승계받은 사업을 폐지한 것으로 볼 수 없어 경감된 취득세는 추징되지 않음(서울세제-2127, 2020.2.10.).

㉡ 피합병법인의 「법인세법 시행령」 제80조의 2 제5항에 따른 주주 등이 합병법인으로부터 받은 주식 등을 처분하는 경우

피합병법인의 주주 등이 합병법인으로부터 받은 주식을 합병등기일 현재 피합병법인의 주주가 아닌 피합병법인의 주주 등과 특수관계 있는 자에게 증여하는 경우 "피합병법인의 주주 등이 합병법인으로부터 받은 주식 등을 처분하는 경우"에 해당하며, 같은 법 시행령 제80조의 2 제1항 제1호에서 해당 주주 등이 합병으로 교부받은 주식 등을 서로 간에 처분하는 것은 해당 주주 등이 그 주식 등을 처분한 것으로 보지 아니하는데, "해당 주주 등이 합병으로 교부받은 주식 등을 서로 간에 처분하는 것"에는 해당하지 않는 것이다(사전법령법인-124, 2016.5.16.).

---

145) 2024.12.31. 이전에 감면받은 취득세의 추징에 관하여는 §57-2 ① 단서의 개정규정에도 불구하고 종전의 규정에 따름[법 부칙(2024.12.31.) §8 ②③].

한편, 다음의 부득이한 사유(법령 §80-2 ① 1)가 있는 경우에는 추징되지 아니한다.

㉮ 해당 주주 등이 합병으로 교부받은 전체 주식 등의 50% 미만을 처분한 경우

해당 주주 등이 합병으로 교부받은 주식 등을 서로 간에 처분하는 것은 해당 주주 등이 그 주식 등을 처분한 것으로 보지 아니하며, 합병으로 교부받은 주식 등과 합병외의 다른 방법으로 취득한 주식 등을 함께 보유하고 있는 해당 주주 등이 주식 등을 처분하는 경우에는 합병외의 다른 방법으로 취득한 주식 등을 먼저 처분하는 것으로 본다.

㉯ 해당 주주 등이 사망하거나 파산하여 주식 등을 처분한 경우

㉰ 해당 주주 등이 적격합병, 적격물적분할 또는 적격현물출자(「법인세법」 제47조의 2 제1항 각 호의 요건을 모두 갖추어 양도차익에 해당하는 금액을 손금에 산입하는 현물출자를 말함)에 따라 주식 등을 처분한 경우

㉱ 해당 주주 등이 「조세특례제한법」 제37조·제38조·제38조의 2 또는 제121조의 30에 따라 주식 등을 포괄적으로 양도, 현물출자 또는 교환·이전하고 과세를 이연받으면서 주식 등을 처분한 경우

㉲ 해당 주주 등이 「채무자 회생 및 파산에 관한 법률」에 따른 회생절차에 따라 법원의 허가를 받아 주식 등을 처분하는 경우

㉳ 해당 주주 등이 「조세특례제한법 시행령」 제34조 제6항 제1호에 따른 경영정상화계획의 이행을 위한 약정 또는 같은 항 제2호에 따른 경영정상화계획의 이행을 위한 특별약정에 따라 주식 등을 처분하는 경우

㉴ 해당 주주 등이 법령상 의무를 이행하기 위하여 주식 등을 처분하는 경우

ⓒ 각 사업연도 종료일 현재 합병법인에 종사하는 대통령령으로 정하는 근로자("근로자") 수가 합병등기일 1개월 전 당시 피합병법인과 합병법인에 각각 종사하는 근로자 수의 합의 80% 미만으로 하락하는 경우(2018.1.1. 이후 합병분부터 적용)

사례 안전모자회사 간 합병 시 추징(지방세특례제도과-697, 2021.3.23.)

적격합병으로 인정되는 완전모자회사 간 합병의 경우 취득세 감면세액 추징대상을 「법인세법」 제44조의 3 제3항 각 호에 해당하는 경우로 규정하고 있을 뿐으로 같은 항 각 호 외 본문에서 「법인세법」 제44조 제3항에 따른 적격합병의 경우를 추징대상에서 배제한다는 별도의 명시규정이 없으므로 추징대상에서 제외할 수 없다고 할 것임(같은 취지 조심 2017지0241, 2017.5.17. 참조).

📌 2018년 12월 24일 「법인세법」 개정 시에 완전모자회사 간의 합병은 합병 전부터 실질적으로 하나의 법인으로 보아 사후관리의 추징대상에서 제외하는 규정을 신설하게 되었는데, 개정 전에 합병한 건이므로 이 심판결정례를 개정 후에 적용되는 것으로 보아 해석한 것은 다소 문제가 있다고 봄. 그 이유는 취득세 감면규정에서 「법인세법」 제44조 제2항 또는 제3항에 해당하는 합병'이란 법인세법 상 적격합병요건만 충족하면 되는 것이다. 그리고 「법인세법」 제44조 제2항 또는 제3항에서 '양도손익이 없는 것으로 할 수 있다'라는 의미는 「법인세법」 상 합병의 경우 양도차익과 양도차손이 발생이 되는 것으로 적격합병의 경우 합병손익이 없는 것으로 법인세를 산정하겠다는 의미이므로, 취득세에서는 '양도손익이 없는 것으로 할 수 있다'는 내용은 적용되지 아니하는 것이라는 점, 「법인세법」 제44조의 3 제3항 각 호의 어느 하나에 해당하는 사유가 발생하는 경우라도 같은 법 제44조의 2(현행 44조의 3) 제3항의 규정이 적용되지 않는 것으

로(법인-506, 2011.7.25.), 이는 완전모자회사 간의 합병은 합병 전부터 실질적으로 하나의 법인으로 보아 사후관리의 추징대상에서 제외하는 규정을 신설하게 되었던 점 및 적격합병의 요건인 「법인세법」 제44조 제2항 각 호의 요건은 충족이 불필요한 것인데 굳이 합병 이후 일정기간 동안 그 요건이 미충족시 추징한다는 것은 앞뒤가 맞지 아니하는 점 등을 고려하면 지특법에서도 법인세와 마찬가지로 추징하지 않는 것이 법취지에 더 타당할 것이기 때문임.

③ 2015.1.1.～2015.12.31. 합병분

별도의 추징규정이 없는바, 「지방세특례제한법」 제178조에 감면된 취득세를 추징할 수 있는지를 검토하면 다음과 같다.

이 감면규정에서 별도의 추징규정이 없더라도 취득 이후 취득 목적이나 사용용도를 별도로 규정하고 있지 아니하기 때문에 「지방세특례제한법」 제178조가 적용되지 아니할 것이다(지방세운영과-782, 2013.3.21. 참조).

한편, 일반적인 합병의 경우 취득세 중 구 취득세분이 과세되지 아니하는 것이나, 법인의 합병으로 인하여 취득한 과세물건이 합병 후에 제16조(사치성 재산 등)에 따른 과세물건에 해당하게 되는 경우는 추징되는 것이다(지법 §15 ① 3 단서).

④ 2014.12.31. 이전 합병분

별도의 추징규정이 없으며, 「조세특례제한법」의 감면규정은 「지방세특례제한법」 제178조의 추징규정이 적용되지 아니하므로 이 감면규정에 의해 면제된 취득세는 추징하지 아니한다. 그리고 「조세특례제한법」 제120조 제2항에 의거하여 합병으로 인하여 취득세 중 구 등록세분이 면제된 경우 추징규정이 없어서 감면받은 재산의 일부를 임대로 사용하더라도 추징할 수는 없는 것이다.

4) 유의사항

① 소비성서비스업(조특령 §29)

　　㉠ 호텔업 및 여관업(「관광진흥법」에 따른 관광숙박업은 제외)

　　㉡ 주점업(일반유흥주점업, 무도유흥주점업 및 「식품위생법 시행령」 제21조에 따른 단란주점 영업만 해당하되, 「관광진흥법」에 따른 외국인전용유흥음식점업 및 관광유흥음식점업 제외)

　　㉢ 그 밖에 오락·유흥 등을 목적으로 하는 사업으로서 기획재정부령으로 정하는 사업(현행 기획재정부령에서 정하고 있지 아니하고 있음)

소비성서비스업과 다른 사업을 겸영하고 있는 경우에는 합병일이 속하는 사업연도의 직전 사업연도의 소비성서비스업의 사업별 수입금액이 가장 큰 경우만 해당한다.

② '계속하여 1년 이상' 사업 영위의 의미

"합병등기일 현재 1년 이상 사업을 계속하던 내국법인"의 의미를 "합병등기일로부터 소급하여 1년 이상 휴업 등 사업을 중단한 바 없이 법인등기부상의 목적사업을 영위한 경우"를 말하는 것이다(법인-477, 2014.11.18.). 이 해석 취지에 따라 합병일 현재 1년 전부터 휴업 등 사업을 중단없이 1년 이상 사업에 영위한 것으로 해석할 것으로 보이나, 이렇게 해석하여서는 안된다는 것이다. 그 이유는 "… 전부터"라는 문구가 없고,[146] "양도할 때까지 8년 이상 계속하여 자기가 경작한 토지"라 함은 취득한 때로부터 양도할 때까지의 사이에 8년 이상 자기가 경작한 사실이 있는 양도일 현재의 농지를 말한다[대법원 94누11859, 1995.2.3., 구 소령 §14 ③(1993.12.31. 개정 전의 것)]라고 규정하고 있어서 '소급하여'라는 문구를 넣어 해석한 것은 문제가 되기 때문이다. 따라서 "… 전부터"라는 문구가 없으므로 합병일 현재 과거 "1년 이상 계속하여" 사업을 영위한 적이 있고, 합병일 현재 다른 감면요건을 충족한다면 감면이 된다는 것으로 해석하는 것이 더 타당하다.

한편, 「조세특례제한법」 제31조 제1항의 설립은 법인설립등기일을 의미하며, 법인설립 후 1년이 경과한 경우에도 조세의무를 면탈하기 위하여 휴업기간이 있는 경우에는 그 휴업기간을 제외하고 1년을 계산한다(조특법 집행기준 31-28-1). 「조세특례제한법 시행령」 제116조 제1항에 의한 합병일은 그 효력발생이 전제되어야 하므로 「상법」 제234조에 따른 합병등기일로 보는 것이 합리적이라고 판단되고, 합병·피합병 법인이 사업을 실질적으로 영위하였는지 여부는 객관적으로 판단하기 곤란하므로 「부가가치세법」 제8조의 규정에 따라 관할 세무서장에게 사업자등록을 하고 세무서장이 이를 확인하여 교부한 사업자등록증에 따라 판단하는 것이 합리적이라 할 것이다. 따라서 사업자등록증에 기재된 사업개시일(개업일) 이후에 공장을 신축하였다면 공장 신축 기간도 사업영위기간에 포함된다고 할 것이다(지방세운영과-2287, 2008.11.25.).

사업을 영위하였다는 것은 본격적인 제조활동과 영업활동을 한 경우만을 의미한다고 볼 수는 없을 것이다. 그런데 매출실적은 없고 급여를 받은 직원, 즉 인적자원이 없었다면 실질적인 사업을 영위한 것으로 볼 수 없을 것이나, 휴업에 해당될 수는 있는 것이다. 그리고 급여를 받은 자가 없더라도 계열사의 직원 등이 업무를 보고 있을 수도 있는바, 이 경우에는 사업을 영위하는 것으로 보아야 할 것이다.[147]

---

146) 「지방세특례제한법 시행령」 제34조 제2항에서는 "「공익사업을 위한 토지 등의 취득 및 보상에 관한 법률」 등 관계법령에 따른 사업고시지구 내에 매수·수용 또는 철거되는 부동산을 소유하는 자로서 다음 각 호에 따른 지역에 계약일 또는 사업인정고시일 현재 1년 전부터 계속하여 주민등록 또는 사업자등록을 하지 아니하거나 1년 전부터 계속하여 주민등록 또는 사업자등록을 한 경우라도 사실상 거주 또는 사업을 하고 있지 아니한 거주자 또는 사업자(법인 포함)를 말한다. 이 경우 상속으로 부동산을 취득하였을 때에는 상속인과 피상속인의 거주기간을 합한 것을 상속인의 거주기간으로 본다"라고 규정하고 있다는 점에서 차이가 있다.

147) 설립 후 5년까지는 매출실적이 있었으므로 사업을 영위하였다고 볼 수 있으나, "계속하여 사업을 영위" 부분에 대하여 휴업기간은 제외하여야 하는 것으로 해석해야 할 것으로써, 최근의 기간이 휴업기간에 해당한다면 그 기간을 제외하더라도 설립 후 5년까지는 매출실적이 있는바, 합병등기일 현재 1년 이상 계속하여 사업을 영위하는 법인에 해당될 것임. 그런데 합병등기일 현재 합병법인이 실질적으로 휴업이 아닌 폐업에 해당한다면 1년 이상 계속하여 사업을 영위한 법인에는 해당되지 아니할 것이나, 합병 등의 절차를 취하고 있었다는 점에서 최근 다시 사업을 재개하는 것으로 보아야 할 것이라는 점에서 합병등기일 현재 폐업한 것으로는 볼 수 없을 것임. 따라서 매출실적이 없고 급여를 받은 자가 없던 최근의 기간은 휴업으로 보고 과거 5년간 매출실적이 있었다는 점에서 1년 이상 계속하여 사업을 영위한 법인에 해당되는 것으로 판단하여야 할 것임. 한편, 유권해석(법인-477, 2014.11.18.)에 의하면 합병일 현재 1년 전부터 휴업 등 사업을 중

4편 「지방세특례제한법」

한편, 건축물 공사기간 중에도 당해 법인의 임직원 고용을 유지한 점, 계속하여 사업자 지위를 유지하면서 부가가치세 및 법인세 등의 신고를 이행하여 온 점, 기존 노후 건축물을 철거하고 신축하는 것은 당초 목적사업 수행을 위한 활동의 일환이었던 점 등을 종합하여 볼 때 건축 기간도 사업영위기간에 포함된다(지방세특례제도과-1604, 2021.7.7.).

> **사례** 휴업기간은 사업을 영위한 기간에 포함되지 않음(조심 2010중2184, 2010.9.16.).

성실신고사업자 과세특례 요건 중 "계속하여 사업을 영위" 부분에 대하여, 휴업기간은 제외하여야 하는 것으로 해석해야 할 것인바, 피고가 위와 같은 전제에서 원고가 2008 과세연도 개시일 (2008.1.1.) 현재 6개월 이상 계속하여 사업을 영위하는 자의 요건에 해당하지 아니한다는 이유로 성실신고 사업자 공제를 하지 않은 것은 적법하다 할 것임.

> **사례** 분할합병 시 분할되기 전 사업기간을 포함하여 판단함(지방세정팀-6229, 2006.12.14.).

국내에서 5년 이상 계속하여 사업을 하던 내국법인 A와 B가 C와 D로 분할 후 분할된 C와 D 법인 간 합병하는 경우 분할된 기업이 분할되기 전부터 영위하던 사업을 계속하는 경우라면 "사업을 1년 이상 계속하여 영위한 법인인지 여부"를 판단함에 있어 분할되기 전 사업기간을 포함하여 판단함.

☞ 국내에서 5년 이상 계속하여 사업을 하던 내국법인으로서 분할이 이루어졌다면 분할된 신설법인이 1년 이하 사업을 영위하였다 하더라도 분할 전 사업기간을 합산하도록 해석하고 있다. 만약 5년 미만 계속하여 사업을 하던 내국법인이 분할한 경우에는 분할신설법인의 사업 영위기간은 분할된 이후 기간이 되는 것이다. 한편, 분할 전 5년 이상 사업을 영위한 법인에서 분할되었는지와 관계없이 피합병법인 A와 합병법인 B가 각각 1년 전에 분할신설된 법인인 경우에는 당연히 분할된 이후에 1년 이상 사업을 영위하였으므로 사업을 1년 이상 계속하여 영위한 법인에 해당하는 것임.

> **사례** 온라인연합복권시스템 운영사업에 대한 기술도입계약, 시장조사, 기술개발, 정보수집 활동 등 사실상 휴업기간 없이 정상적인 영업활동(준비기간을 포함)을 한 경우 "사업을 영위한 기간"에 포함하는 것임(서면2팀-2323, 2007.12.31.).

> **사례** 지정기간 중에 해당 법인의 업종이 축소되거나 확대된 경우(법인세과-2315, 2008.9.4.)

"1년 또는 5년 이상(이하 "지정기간"이라 함) 계속하여 사업을 영위한 내국법인"에 해당하는지 여부를 판단함에 있어 각 규정의 지정기간 중에 해당 법인의 업종이 축소되거나 확대된 경우에도 동 요건을 충족하는 것으로 보는 것이나, 각 규정에서 정한 지정기간 이상된 업종은 폐업하고 지정기간 미만의 업종만 합병 또는 분할하는 경우에는 동 요건을 충족하는 것으로 볼 수 없는 것임.

> **사례** 피합병법인의 대표이사 외에 종업원을 두지 않은 경우(조심 2013지11, 2013.5.29.)

피합병법인이 법인설립 이후부터 공장 준공 후 합병이 될 때까지 사실상 목적사업을 계속 수행한 것으로 보는 것이 합리적이라 하겠는바, 처분청이 2010년도에 매출실적이 없었고, 피합병법인의 대표이사 외에 종업원을 두지 않았다는 이유로 합병일 현재 1년 이상 사업을 영위하지 않은 것으로 본 것은 타당하지 않음.

단없이 1년 이상 사업에 영위한 것으로 해석할 것으로 보이나, 상기처럼 해석하는 것이 더 타당할 것으로 판단됨.

> **사례** 목적사업을 위한 물적·인적설비를 갖추었더라도 실질적으로 목적사업을 1년 이상 계속하
> 여 영위하지 아니한 경우 위 요건을 충족하지 아니한 것임(법인세과-666, 2012.10.26.).

③ '취득하는 재산'의 의미(2018년 이전만 적용)

「지방세법」 제15조 제1항 제3호에 의하여 취득세 중 종전 취득세분이 비과세되는 것이고, 「지방세특례제한법」 제57조의 2 제1항은 취득세 중 종전 등록세분이 면제되는 것이다. 따라서 두 조항 모두를 검토하여 면제 여부를 판단하여야 하는 것이다.

소비성서비스업을 영위하지 아니하여 「지방세특례제한법」 제57조의 2 제1항에 의거하여 합병 시 양수하는 재산(사업용 재산으로 표현되어 있지 아니함에 주의하여야 할 것이다. 2019년 이후에는 사업용 재산)에 대하여 취득세를 감면하는 것이므로 골프회원권을 합병으로 취득하였다면 감면을 받을 수 있는 것이다. 그런데 회원권은 중과기준세율만 부과되는바, 종전 등록세분 감면은 무의미하다.

④ 사업폐지 또는 주식 등 매각에 따른 추징

취득세 추징 여부는 다음과 같으며, 취득세 중 구 취득세 감면분 농어촌특별세도 면제되며, 구 등록세의 면제분 농어촌특별세도 「지방세특례제한법」 제57조의 2 제1항(「법인세법」 제44조 제2항 각 호의 요건을 충족하거나 제3항에 해당하여 양도손익이 없는 것으로 한 합병의 경우 한정)에 따른 합병은 면제되는 것으로 규정되어 있는데, 합병 시에만 요건이 충족되면 되는 것이지 합병 후 매각 등에 대한 추징규정이 없는바, 매각하였다는 이유로 추징되지는 아니하는 것이다.

㉠ 2016.1.1. 이후 합병분

「지방세법」 제15조 제1항 제3호 단서 규정과 「지방세특례제한법」 제57조의 2 제1항 단서 규정에 따르면 합병등기일부터 3년 이내에 「법인세법」 제44조의 3 제3항 각 호의 어느 하나에 해당하는 사유가 발생하는 경우(같은 항 각 호 외의 부분 단서에 해당하는 경우 제외)에는 세율특례 적용배제와 구 등록세 면제분이 추징되는 것이므로 3년 이내 사업폐지와 주식 등을 처분하는 경우 취득세가 추징이 되는 것이다.

㉡ 2015.12.31. 이전 합병분

법인의 합병으로 인하여 취득한 과세물건이 합병 후에 제16조(사치성 재산 등)에 따른 과세물건에 해당하게 되는 경우는 중과기준세율, 즉 구 취득세분이 추징되는 것이나(지법 §15 ① 3 단서), 구 등록세분 면제규정(지특법 §57-2 ① 단서)에서는 별도의 추징규정이 없다. 따라서 3년 이내에 주식 등 매각이나 사업폐지하였다는 이유로 추징되지 아니하는 것이다.

⑤ 중복감면 배제 여부

「지방세법」 제15조의 세율특례도 세율의 경감이라 볼 수 있는지에 대하여 검토하면 다음과 같다. 넓게 해석하면 특례세율도 세율의 경감으로 보고 있는데,[148] 「조세특례제한법」에서는 조세특례 정의에 세율의 경감 대신에 세율특례가 포함되어 있으므로 「지방세특례제한법」도 용어를 세율특례로 통일할 필요가 있다고 본다.

문제는 「지방세법」 제15조의 세율특례도 지방세 특례로 본다면 중복감면 배제 규정이 적용되는 것으로 오해할 소지가 충분히 있다고 보여지므로(합병 시 구 취득세는 「지방세법」 제15조에 의해 비과세, 「지방세특례제한법」 제57조의 2 제1항(2014년 이전은 「조세특례제한법」 제120조)에 의하여 소비성 서비스업을 제외한 1년 이상인 법인 간의 합병 시 구 등록세 면제되는데 중복감면으로 보지 않고 있으므로 중복감면이라는 오해 소지)에 혼란을 줄 수 있다.

한편, 「지방세특례제한법」 제96조 중복감면의 배제규정이 "이 법에서 …"라는 문구가 없어서 「지방세특례제한법」에만 적용되는 것인지 명확하게 해석할 수 없지만, 구 「조세특례제한법」 제120조의 창업중소기업 감면과 「지방세특례제한법」 제78조 산업단지 감면규정이 중복적용이 되지 아니하고 있는바, 「지방세특례제한법」만 한정해서는 안될 것이다. 그렇다면 「지방세법」 제15조의 세율특례는 특례라기보다는 구 등록세를 과세하지 않기 위한 것이나 구 취득세가 비과세되는 것을 그대로 유지하기 위하여 세율을 별도로 구분하기 위한 것으로 판단되므로 이는 「지방세특례제한법」 상의 세율특례, 즉 감면으로 볼 수 없다는 것으로 해석하여야 할 것이다. 즉 종전에 합병으로 인한 구 취득세가 비과세되는 것으로 규정하고 있었는바, 이를 해결하기 위하여 구 등록세만 과세되는 것으로 세율을 별도로 규정한 것이다.[149]

⑥ 무신고가산세 산정 시 세율 적용

하여튼 「지방세법」 제15조의 세율특례를 감면으로 본다면 감면신청서를 작성하여 감면을 받아야 하는데, 세율특례, 즉 감면으로 보지 말고 세율적용이라고 보아야 한다는 점에서 합병으로 인한 취득세의 세율은 결국 1.5%(3.5% - 2%)라고 보아야 한다는 것이다. 한편, 「지방세특례제한법」 제57조의 2 제1항(2014년 이전은 「조세특례제한법」 제120조)에 의하여 구 등록세도 소비성 서비스업을 제외하고 사업영위기간이 1년 이상인 법인 간의 합병 시에는 구 등록세분은 감면이 되는 것이다. 따라서 감면신청서에도 1.5%를 감면하는 것으로 작성될 것이다. 그렇다면 무신고

---

148) 「지방세특례제한법」 제2조 제6호에 "지방세 특례"란 세율의 경감, 세액감면, 세액공제, 과세표준 공제(중과세 배제, 재산세 과세대상 구분전환을 포함한다) 등을 말한다라고 규정되어 있는데, 「지방세특례제한법」 제8조(농지확대개발을 위한 면제 등) 제4항에 "공유수면의 매립 또는 간척으로 인하여 취득하는 농지에 대한 취득세는 「지방세법」 제11조 제1항 제3호의 세율에도 불구하고 1천분의 8을 적용하여 과세한다."라고 규정되어 있는데, 이는 엄연히 세율특례인 것이다(즉 구 등록세만 부과).

149) 하여튼 이러한 오해가 있는바, 이를 없애기 위하여
1. 「지방세특례제한법」 상 지방세 특례의 정의를 세율경감 대신에 세율특례로의 「조세특례제한법」과 용어를 일치하여야 할 것임.
2. 「지방세법」 제15조의 제목을 "세율의 특례"라 하지 말고 "세율적용(구 「지방세법」 제112조의 2)"이라 표현하든지 아니면 「지방세법」 제11조와 제12조에서 별도 항으로 세율편에 규정하여야 할 것임.

가산세는 1.5%의 세율을 적용한 취득세만 감면이 되는 것으로 하여 가산세를 부과하여야 할 것이다.

(2) 특정법인의 합병으로 인한 감면[150](지특법 §57 - 2 ②, ⑦, ⑩)

1) 감면요건

① 감면대상자

ㄱ 「농업협동조합법」, 「수산업협동조합법」 및 「산림조합법」에 따라 설립된 조합 간의 적격합병, 「새마을금고법」에 따라 설립된 새마을금고 간의 적격합병, 「신용협동조합법」에 따라 설립된 신용협동조합 간의 적격합병, 「금융산업의 구조개선에 관한 법률」 제4조에 따라 금융위원회의 인가를 받은 금융회사 간의 적격합병, 행정안전부장관이 산업통상자원부장관과 협의하여 고시한 업종 간의 합병(2018년 이전만 적용)

ㄴ 법률 제12663호 「한국산업은행법」 전부 개정 법률 부칙 제3조 제1항에 따라 한국산업은행이 산은금융지주주식회사 및 「한국정책금융공사법」에 따른 한국정책금융공사 간의 합병(2015년 이후 적용)에 의한 합병법인(2018년 이전만 적용)

여기서 적격합병은 「법인세법」 제44조 제2항에 해당하는 합병을 말하며, 적격합병 요건은 2019년부터 적용한다.

② 감면대상 및 감면범위

합병으로 양수받은 사업용 재산(2024년 이전은 합병으로 양수받은 재산)	취득세 면제[주1]
양수받은 재산의 등기(2017년 이후 합병으로 양수받아 3년 이내에 등기하는 재산, 2015년~2016년은 합병일로 3년 이내 양수받은 재산에 한함[151])	등록면허세 25%[주2] (2018년 이전 75%) 경감 (2014년 이전 면제)[주3]
법률 제12663호 「한국산업은행법」 전부개정 법률 부칙 §3 ①에 따라 한국산업은행이 산은금융지주주식회사 및 「한국정책금융공사법」에 따른 한국정책금융공사 간의 합병 시 증자등기(2015년까지 적용)	등록면허세 90% 경감

📍 감면시한 : 2027.12.31.

📍 최소납부제 적용 시기 : 2021.1.1. 이후

📍 농어촌특별세 과세 여부 : 취득세분 면제분과 등록면허세 경감분(면제분) 농어촌특별세 비과세(농특령 §4 ④)

📍 (주1) 2019년 이후 금융위원회의 인가를 받은 금융회사 간의 적격합병의 경우 50% 경감

　지법 §15 ① 3에 의하면 합병으로 인한 취득은 구 취득세분이 과세되지 않고 구 등록세분만 과세되나, 위의 취득세 면제는 구 등록세분이 면제되는 것임. 다만, 지법 §15 ① 3 단서처럼 합병으로 취득한 과세물건이 합

---

150) 2014.12.31. 이전까지는 「지방세특례제한법」 제57조 제1항에 규정되어 있었는데, 2015.1.1. 이후는 「지방세특례제한법」 제57조의 2 제2항으로 이관됨.

151) 금융위원회의 인가를 받은 금융회사 간의 합병으로 합병한 날부터 3년 이내에 양수받은 재산이라 하더라도 그 양수받은 재산 중 2015.12.31.까지 등기하는 재산으로서 등록면허세 납세의무가 성립한 재산에 한정하여 등록면허세를 경감하는 규정으로 해석하는 것이 타당함(지방세특례제도과-1088, 2015.4.17.).

병 취득 후 5년 이내에 구 취득세분 중과세되는 본점·주사무소용 부동산, 공장 신·증설용 부동산, 고급오락장 등 사치성 재산(부동산에 한함)에 해당 시 구 취득세분 중과세율을 적용하기 위하여 감면규정에 단서로 별도 규정하고 있음.

☞ (주2) 2021년 이전 금융회사 간 적격합병분까지 합병일로부터 3년 이내 등기분은 50%(부칙 §13)

☞ (주3) 2014.12.31. 법 개정 시 부칙 제17조에 의하면 종전 지특법 §57 ①에 따라 합병한 금융기관은 2015. 12.31.까지 종전 규정(지특법 §57 ①) 적용하나, 금융위원회의 인가를 받은 금융회사 간의 합병으로 합병한 날부터 3년 이내에 양수받은 재산이라 하더라도 그 양수받은 재산 중 2015.12.31.까지 등기하는 재산으로서 등록면허세 납세의무가 성립한 재산에 한정하여 등록면허세를 종전 규정에 따라 경감함(지방세특례제도과-1088, 2015.4.17.).

여기서 '재산'이라 함은 해당 사업에 직접 공여되는 모든 재산을 의미하므로 부동산은 물론, 차량, 기계장비, 선박, 저당권 및 전세권 등의 권리도 재산에 포함된다. 따라서 합병으로 인하여 양수받은 근저당의 이전등기에 대하여는 등록면허세가 면제되는 것이다(세정 13407-473, 2001.4.30.).

합병장려업종 간의 합병이라고 규정되어 있을 뿐 동종업종이라는 규정이 없는바, 업종이 합병장려업종이라면 이종업종이라 하더라도 감면대상이 되는 것이다(이종업종 간에도 합병장려업종으로 고시된 경우에 한함). 그리고 고시된 업종을 영위하는 법인의 목적사업용 양수재산에 대한 것뿐만이 아니라 합병으로 인하여 양수하는 재산 모두에 대하여 취득세를 면제하는 것이므로 임대업에 공여된 부분도 감면이 되는 것이다.

참고로, 상기에 의한 합병 시 면제되는 취득세는 구 취득세분과 구 등록세분 모두를 의미하는 것이다. 한편, 적격합병 시 적용되는 「지방세법」 제15조에 의한 세율특례 규정에서는 구 취득세분이 과세되지 아니하며, 소비성서비스업을 제외한 업종을 1년 이상 영위한 법인 간 합병 시 적용되는 「지방세특례제한법」 제57조의 2 제1항 감면규정은 취득세 중 구 등록세분이 면제되는 것이다.

> **사례** 합병장려업종이 아닌 업종과 합병 시 감면 여부(세정 13407-아1274, 1999.1.11.)
>
> A, B, C, D법인 간의 합병에 있어 A, B, C법인은 구 「지방세법」 제227조 제1호의 규정에 의한 합병장려업종이고, D법인은 합병장려업종이 아닌 경우, A법인이 B, C, D법인을 흡수합병할 때에는 A, B, C법인 간의 합병에 대하여는 등록세가 면제되나, D법인분에 대한 등록세는 면제되지 않으며, 「조세특례제한법」 제31조 및 같은 법 시행령 제28조의 규정을 적용함에 있어서 통합중소기업 간에 동일한 중소기업업종을 주업으로 영위하여야 하는 것은 아니나, 통합법인은 통합으로 소멸되는 중소기업 사업장의 사업에 관한 주된 자산을 모두 승계하여 해당 사업의 동일성이 유지되어야 하는 것임.

> **사례** 합병장려업종과 비합병장려업종을 겸업 시 안분기준(지방세운영과-136, 2008.6.20)
>
> 합병장려업종과 비합병장려업종 간 영위부분의 안분기준은 합병일이 속하는 소멸법인의 사업연도 직전사업연도 업종별 매출액으로 안분함이 타당함(행자부 세정 13407-486, 1998.11.17. 참조).

2) 추징요건

① 2017.1.1. 이후

합병등기일부터 3년 이내에 「법인세법」 제44조의 3 제3항 각 호의 어느 하나에 해당하는 사유가 발생하는 경우(같은 항 각 호 외의 부분 단서에 해당하는 경우 제외)에는 면제된 취득세를 추징한다[2017년 이후 감면받는 분부터 적용(부칙 §3)].

② 2015.1.1.~2016.12.31.

별도의 추징규정이 없는바, 「지방세특례제한법」 제178조에 감면된 취득세를 추징할 수 있는지를 검토하면 다음과 같다.

이 감면규정에서 별도의 추징규정이 없더라도 취득 이후 취득 목적이나 사용용도를 별도로 규정하고 있지 아니하기 때문에 「지방세특례제한법」 제178조가 적용되지 아니할 것이다(지방세운영과-782, 2013.3.21. 참조).

③ 2014.12.31. 이전

일반적인 합병의 경우 취득세 중 구 취득세분이 과세되지 아니하는 것이나, 법인의 합병으로 인하여 취득한 과세물건이 합병 후에 「지방세」 제16조(사치성 재산 등)에 따른 과세물건에 해당하게 되는 경우는 추징되는 것이다(지법 §15 ① 3 단서). 그리고 「조세특례제한법」 제120조 제2항에 의해 취득세 중 구 등록세분이 면제되는 것이나, 이 규정에서는 추징규정이 없는 바 구 등록세분 면제는 추징이 되지 아니하는 것이다.

(3) 「국유재산법」에 따른 현물출자에 대한 감면[152](지특법 §57-2 ③ 1)

1) 감면요건

① 감면대상자

「국유재산법」에 따른 현물출자 등기자

② 감면대상 및 감면범위

「국유재산법」에 따른 현물출자의 등기(2014년 이전만 적용)	등록면허세 면제[주]
「국유재산법」에 따라 현물출자한 재산(2024년 이전만 적용)	취득세 25% 경감(2020년 50%, 2019년 75%, 2018년 이전 면제)[주]

👉 감면시한 : 2024.12.31.

---

152) 2014.12.31. 이전까지는 등록면허세 면제는 「조세특례제한법」 제119조 제1항 제1호에 규정되어 있었는데, 2014.12.23. 삭제되었으며, 취득세 면제는 「조세특례제한법」 제120조 제1항 제1호에 규정되어 있었는데, 2015.1.1. 이후는 「지방세특례제한법」 제57조의 2 제3항 제1호로 이관됨.

- ☞ 최소납부제 적용 시기 : 2016.1.1. 이후
- ☞ 농어촌특별세 과세 여부 : 취득세분 농어촌특별세 과세, 등록면허세 면제분과 취득세 경감분(면제분) 농어촌특별세 과세, 「한국철도공사법」에 의하여 설립되는 한국철도공사가 현물출자받은 국유재산에 대한 취득세 또는 등록에 대한 등록면허세 면제분 비과세(농특령 §4 ⑦ 1-2), 한국정책금융공사(한국산업은행으로 합병되어 2015년 이후 삭제)와 한국방송광고진흥공사의 등록면허세 면제분 농어촌특별세, 취득세 면제분 농어촌특별세 비과세(농특령 §4 ⑦ 1-3, 1-4)
- ☞ (주) 2014년 이전은 「지방세법」 제28조 제2항·제3항의 세율(등록면허세 중과세율)을 적용하지 아니하며, 「지방세법」 제13조 제2항 본문(취득세 중 구 등록세분 중과세율) 및 같은 조 제5항(사치성 재산의 취득세 중 구 취득세분 중과세율)의 세율을 적용하지 아니함.

'현물출자의 등기'라 규정되어 있는데, 이는 국유재산의 현물출자와 관련된 모등 등기를 포함하므로 현물출자 관련 재산의 소유권이전등기뿐만 아니라 현물출자를 원인으로 이루어지는 법인등기도 포함하는 것이다(세정-603, 2003.7.30.). 그런데 법인등기와 저당권 등 소유권취득 이외의 부동산등기만 등록면허세 감면대상이 되며, 분법에 의하여 종전의 소유권이전과 관련한 등기는 취득세로 통합되었는바, 소유권이전 관련 등기는 취득세 감면대상이 되는 것이다.

2) 추징요건

① 2015.1.1. 이후

별도의 추징규정이 없는바, 「지방세특례제한법」 제178조에 감면된 취득세를 추징할 수 있는지를 검토하면 다음과 같다.

이 감면규정에서 별도의 추징규정이 없더라도 취득 이후 취득 목적이나 사용용도를 별도로 규정하고 있지 아니하기 때문에 「지방세특례제한법」 제178조가 적용되지 아니할 것이다(지방세운영과-782, 2013.3.21. 참조).

② 2014.12.31. 이전

별도의 추징규정이 없다.

(4) 분할에 대한 감면[153](지특법 §57-2 ③ 2)

1) 감면요건

① 감면대상자

「법인세법」 제46조 제2항 각 호(물적분할 경우 같은 법 제47조 제1항)의 요건을 갖춘 분할신설법인(2024년 이후 부동산 임대업을 주업으로 하는 사업부문 등 다음 사업부문의 분할 제외)

　㉠ 부동산 임대업을 주업으로 하는 사업부문, 즉 분할하는 사업부문(분할법인으로부터 승계하는 부문을 말함)이 승계하는 자산총액 중 부동산 임대업에 사용된 자산가액이 50% 이상인 사업부문(이 경우 하나의 분할신설법인등 또는 피출자법인이 여러 사업부문을 승계하였을 때에

---

153) 2014.12.31. 이전까지는 「조세특례제한법」 제120조 제1항 제6호에 규정되어 있었는데, 2015.1.1. 이후는 「지방세특례제한법」 제57조의 2 제3항 제2호로 이관됨.

는 분할신설법인등 또는 피출자법인이 승계한 모든 사업부문의 자산가액을 더하여 계산함)

ⓛ 분할법인으로부터 승계한 사업용 자산가액[분할일 현재 3년 이상 계속하여 사업을 경영한 사업부문이 직접 사용한 자산(부동산 임대업에 사용되는 자산 제외)으로서 「소득세법」 제94조 제1항 제1호 및 제2호에 해당하는 자산은 제외] 중 「소득세법」 제94조 제1항 제1호 및 제2호에 따른 자산이 80% 이상인 사업부문

☞ 「소득세법」 제94조 제1항 제1호 및 제2호에 따른 자산

㉮ 토지〔지적공부(地籍公簿)에 등록하여야 할 지목에 해당하는 것을 말함〕 또는 건물(건물에 부속된 시설물과 구축물 포함)

㉯ 다음 어느 하나에 해당하는 부동산에 관한 권리

ⓐ 부동산을 취득할 수 있는 권리(건물이 완성되는 때 그 건물과 이에 딸린 토지를 취득할 수 있는 권리 포함)

ⓑ 지상권

ⓒ 전세권과 등기된 부동산임차권

② 감면대상 및 감면범위

분할로 인하여 취득하는 사업용 재산(2024년 이전은 분할로 인하여 취득하는 재산)	취득세 50%(2019년~2024년은 75%) 경감(2018년 이전 면제)

☞ 감면시한 : 2027.12.31.

☞ 최소납부제 적용 시기 : 2016.1.1. 이후

☞ 농어촌특별세 과세 여부 : 취득세분 농어촌특별세 과세, 취득세 경감분(면제분) 농어촌특별세 비과세(농특령 §4 ⑦ 5)

☞ 2014년 이전은 「지방세법」 제13조 제2항 본문(취득세 중 구 등록세분 중과세율) 및 같은 조 제5항(사치성 재산의 취득세 중 구 취득세분 중과세율)의 세율을 적용하지 아니함.

☞ 2024.12.31. 이전에 분할계획에 대한 주주총회·사원총회의 승인결의나 총사원의 동의가 있었던 경우로서 2025. 1.1. 이후 해당 분할에 따라 사업용 재산을 2027.12.31.까지 취득하는 경우 그 사업용 재산에 대한 취득세의 감면·추징에 관하여는 §57-2 ③ 2의 개정규정에도 불구하고 종전의 규정에 따름[법 부칙(2024.12.31.) §8 ③].

2) 요건

① 인적분할(「법인세법 집행기준」 46-0-2)

구분	적격분할 요건
사업목적 분할	① 분할등기일 현재 5년 이상 사업을 계속하던 내국법인이 분할하는 것일 것(분할합병의 경우에는 소멸한 분할합병의 상대방법인이 분할등기일 현재 1년 이상 사업을 계속하던 내국법인일 것) ㉠ 분리하여 사업이 가능한 독립된 사업부문을 분할하는 것일 것(법인이 투자주식 및 그와 관련된 자산과 부채만을 분할하는 경우 포함) ⓛ 분할하는 사업부문의 자산 및 부채가 포괄적으로 승계될 것(단, 공동으로 사용하던 자산, 채무자의 변경이 불가능한 부채 등 분할하기 어려운 자산과 부채 등의 경우에는 제외)

구분	적격분할 요건
	ⓒ 분할법인(소멸한 분할합병의 상대방법인을 포함)만의 출자에 의하여 분할하는 것일 것
지분의 연속성	② 분할법인 등의 주주가 분할신설법인 등으로부터 받은 분할대가의 전액(분할합병의 경우 80% 이상)이 주식인 경우[⊙ 분할합병의 경우에는 분할대가의 80% 이상이 분할신설법인 등의 주식인 경우, ⓒ 분할대가의 80% 이상이 분할합병의 상대방 법인의 발행주식총수 또는 출자총액을 소유하고 있는 내국법인의 주식인 경우를 말함(ⓒ은 2017년 이후부터)] 그 주식이 분할법인 등의 주주가 소유하던 주식의 비율에 따라 배정되고 분할법인 등의 지배주주 등이 분할등기일이 속하는 사업연도의 종료일까지 그 주식을 보유할 것
사업의 계속성	③ 분할신설법인 등이 분할등기일이 속하는 사업연도의 종료일까지 분할법인 등으로부터 승계받은 사업을 계속할 것
고용의 연속성	④ 분할등기일 1개월 전 당시 분할하는 사업부문에 종사하는 대통령으로 정하는 근로자 중 분할신설법인 등이 승계한 근로자의 비율이 80% 이상이고, 분할등기일이 속하는 사업연도의 종료일까지 그 비율을 유지할 것(2018.1.1. 이후 적용)

분할신설법인이 취득한 토지에 사업을 위한 용역계약을 체결하고 인·허가 신청만 하고 공사 착수에 이르지 못한 경우에는 분할등기일이 속하는 사업연도 종료일까지 승계받은 사업에 직접 사용으로 볼 수 없다(대법원 2014두36235, 2016.8.18.).

② **물적분할**(「법인세법 집행기준」 47 - 0 - 1)

구분	적격분할 요건
사업목적 분할	① 분할등기일 현재 5년 이상 사업을 계속하던 내국법인이 분할하는 것일 것(분할합병의 경우에는 소멸한 분할합병의 상대방법인이 분할등기일 현재 1년 이상 사업을 계속하던 내국법인일 것) ⊙ 분리하여 사업이 가능한 독립된 사업부문을 분할하는 것일 것(법인이 투자주식 및 그와 관련된 자산과 부채만을 분할하는 경우 포함) ⓒ 분할하는 사업부문의 자산 및 부채가 포괄적으로 승계될 것(단, 공동으로 사용하던 자산, 채무자의 변경이 불가능한 부채 등 분할하기 어려운 자산과 부채 등의 경우에는 제외) ⓒ 분할법인(소멸한 분할합병의 상대방법인을 포함)만의 출자에 의하여 분할하는 것일 것
지분의 연속성	② 분할법인이 분할신설법인 등으로부터 받은 분할대가의 전액이 주식으로서 그 주식이 분할법인 등의 주주가 소유하던 주식의 비율에 따라 배정되고 분할법인 등의 지배주주 등이 분할등기일이 속하는 사업연도의 종료일까지 그 주식을 보유할 것
사업의 계속성	③ 분할신설법인 등이 분할등기일이 속하는 사업연도의 종료일까지 분할법인 등으로부터 승계받은 사업을 계속할 것

구분	적격분할 요건
고용의 연속성	④ 분할등기일 1개월 전 당시 분할하는 사업부문에 종사하는 대통령령으로 정하는 근로자 중 분할신설법인 등이 승계한 근로자의 비율이 80% 이상이고, 분할등기일이 속하는 사업연도의 종료일까지 그 비율을 유지할 것(2018.1.1. 이후 적용)

3) 추징요건

분할존속법인이 감면받은 취득세 및 재산세 등이 추징대상이 되었다 하더라도 그 세액을 모법인에게 과세할 수 있을 뿐 분할신설법인에게 추징하는 것은 타당하지 아니하다(조심 2019지2219, 2019.11.12.).[154]

① 인적분할

분할등기일부터 3년 이내(2016년 이전 분할등기일이 속하는 사업연도의 다음 사업연도 개시일로부터 2년 이내) 「법인세법」 제46조의 3 제3항 각 호의 어느 하나에 해당하는 사유, 즉 다음 어느 하나의 사유가 발생하는 경우 감면된 취득세를 추징한다.

㉠ 분할신설법인 등이 분할법인 등으로부터 승계받은 사업을 폐지하는 경우(단, 분할신설법인 등이 파산함에 따라 승계받은 자산을 처분한 경우, 적격합병, 적격분할, 적격물적분할 또는 적격현물출자에 따라 사업을 폐지한 경우, 자산의 포괄적 양도에 따라 자산을 장부가액으로 양도하면서 사업을 폐지한 경우 및 합병법인이 「채무자 회생 및 파산에 관한 법률」에 따른 회생절차에 따라 법원의 허가를 받아 승계받은 자산을 처분한 경우 제외)

분할존속법인으로부터 승계한 자산가액(유형자산, 무형자산 및 투자자산의 가액을 말하며, 2019.2.11. 이전은 고정자산가액)의 50% 이상을 처분하거나 사업에 사용하지 아니하는 경우에는 승계받은 사업을 폐지한 것으로 본다(법령 §82-4 ⑦, §80-4 ⑧).

㉡ 분할법인 등의 일정 지배주주가 분할신설법인으로부터 받은 주식 등을 처분하는 경우
한편, 일정 지배주주가 다음의 부득이한 사유(법령 §80-2 ① 1)가 있는 경우에는 추징되지 아니한다.

㉮ 해당 주주 등이 분할로 교부받은 전체 주식 등의 50% 미만을 처분한 경우
해당 주주 등이 분할로 교부받은 주식 등을 서로 간에 처분하는 것은 해당 주주 등이 그 주식 등을 처분한 것으로 보지 아니하며, 분할로 교부받은 주식 등과 분할 외의 다른 방법으로 취득한 주식 등을 함께 보유하고 있는 해당 주주 등이 주식 등을 처분하는 경

---

154) 분할신설법인과 모법인(분할존속법인)은 별개의 독립된 법인으로 특별한 사정이 없는 한 모법인이 감면받은 취득세 등이 추징대상이 된 경우 모법인에게 그 세액을 추징하는 것이 타당한 점, 모법인이 쟁점토지를 취득하여 취득세 및 재산세 등을 감면받은 후 물적분할에 따른 소유권이전한 것에 대하여 우리 원은 추징사유에 해당하지 않는다고 결정한 점, 분할신설법인은 모법인과 별도로 쟁점토지를 취득하면서 산업용 건축물을 건축하기 위하여 취득하는 부동산으로 하여 취득세 등을 감면받은 점, 분할신설법인이 모법인으로부터 물적분할에 따라 쟁점토지를 자산으로 이전받으면서 감면이 확정된 모법인의 취득세 및 재산세의 채무까지 승계하였다고 보기 어려운 점 등에 비추어 보면 분할신설법인에게 추징하는 것은 타당하지 아니함.

우에는 분할 외의 다른 방법으로 취득한 주식 등을 먼저 처분하는 것으로 본다.

㉯ 해당 주주 등이 사망하거나 파산하여 주식 등을 처분한 경우

㉰ 해당 주주 등이 적격합병, 적격분할, 적격물적분할 또는 적격현물출자(「법인세법」 제47 조의 2 제1항 각 호의 요건을 모두 갖추어 양도차익에 해당하는 금액을 손금에 산입하는 현물출자를 말함)에 따라 주식 등을 처분한 경우)

㉱ 해당 주주 등이 「조세특례제한법」 제37조·제38조·제38조의 2 또는 제121조의 30에 따라 주식 등을 포괄적으로 양도, 현물출자 또는 교환·이전하고 과세를 이연받으면서 주식 등을 처분한 경우

㉲ 해당 주주 등이 「채무자 회생 및 파산에 관한 법률」에 따른 회생절차에 따라 법원의 허가를 받아 주식 등을 처분하는 경우

㉳ 해당 주주 등이 「조세특례제한법 시행령」 제34조 제6항 제1호에 따른 경영정상화계획의 이행을 위한 약정 또는 같은 항 제2호에 따른 경영정상화계획의 이행을 위한 특별약정에 따라 주식 등을 처분하는 경우

㉴ 해당 주주 등이 법령상 의무를 이행하기 위하여 주식 등을 처분하는 경우

ⓒ 각 사업연도 종료일 현재 분할신설법인에 종사하는 대통령령으로 정하는 근로자("근로자") 수가 분할등기일 1개월 전 당시 분할하는 사업부문에 종사하는 근로자 수의 80% 미만으로 하락하는 경우(2018.1.1. 이후 분할분부터 적용)

다만, 분할합병의 경우에는 다음 어느 하나에 해당하는 경우

㉮ 각 사업연도 종료일 현재 분할합병의 상대방법인에 종사하는 근로자 수가 분할등기일 1개월 전 당시 분할하는 사업부문과 분할합병의 상대방법인에 각각 종사하는 근로자 수의 합의 80% 미만으로 하락하는 경우

㉯ 각 사업연도 종료일 현재 분할신설법인에 종사하는 근로자 수가 분할등기일 1개월 전 당시 분할하는 사업부문과 소멸한 분할합병의 상대방법인에 각각 종사하는 근로자 수의 합의 80% 미만으로 하락하는 경우

○ **일정 지배주주**

「법인세법 시행령」 제43조 제3항에 따른 지배주주 등 중 다음 어느 하나에 해당하는 자를 제외한 주주

1. 제43조 제8항 제1호 가목의 친족 중 4촌 이상의 부계혈족과 그 부계혈족의 아내

2. 분할등기일 현재 분할법인 등에 대한 지분비율이 100분의 1 미만이면서 시가로 평가한 그 지분가액이 10억 원 미만인 자

사례 이혼 재산분할에 주식처분은 추징대상 아님(대법원 2021두31733, 2021.5.13. 심불).

재산분할이 일반적인 법리에 따른 통상적인 방법에 의하여 이루어진 경우, 그 이혼이 가장이혼에 해당하거나 그 재산분할이 세법상 사후관리 규정을 회피하기 위한 목적에서 이루어지는 등으로 과세특례 제도의 남용의 우려가 있다고 볼 만한 특별한 사정이 없는 이상, 그 주식의 이전은 '법령상 의무를 이행하기 위한 경우'에 해당하여 추징 대상에서 제외된다고 봄이 타당함.

② 물적분할

분할등기일부터 3년 이내(2016년 이전 분할등기일이 속하는 사업연도의 다음 사업연도 개시 일로부터 2년 이내)「법인세법」제47조 제3항 각 호의 사유가 발생하는 경우, 즉 다음 어느 하나에 해당하는 경우 감면된 취득세를 추징한다.

㉠ 분할신설법인이 분할법인으로부터 승계받은 사업을 폐지하는 경우(단, 분할신설법인 등이 파산함에 따라 승계받은 자산을 처분한 경우, 적격합병, 적격분할, 적격물적분할 또는 적격 현물출자에 따라 사업을 폐지한 경우, 자산의 포괄적 양도에 따라 자산을 장부가액으로 양도하면서 사업을 폐지한 경우 및 분할신설법인이 「채무자 회생 및 파산에 관한 법률」에 따른 회생절차에 따라 법원의 허가를 받아 승계받은 자산을 처분한 경우 제외)

분할존속법인으로부터 승계한 자산가액(유형자산, 무형자산 및 투자자산의 가액을 말하며, 2019.2.11. 이전은 고정자산가액)의 50% 이상을 처분하거나 사업에 사용하지 아니하는 경우에는 승계받은 사업을 폐지한 것으로 본다(법령 §82-4 ⑦, §80-4 ⑧).

㉡ 분할법인이 분할신설법인으로부터 받은 주식 등의 50% 이상을 처분하는 경우

한편, 일정 지배주주가 다음의 부득이한 사유(법령 §80-2 ① 1)가 있는 경우에는 추징되지 아니한다.

㉮ 해당 주주 등이 분할로 교부받은 전체 주식 등의 50% 미만을 처분한 경우

해당 주주 등이 분할로 교부받은 주식 등을 서로 간에 처분하는 것은 해당 주주 등이 그 주식 등을 처분한 것으로 보지 아니하며, 분할로 교부받은 주식 등과 분할 외의 다른 방법으로 취득한 주식 등을 함께 보유하고 있는 해당 주주 등이 주식 등을 처분하는 경우에는 분할 외의 다른 방법으로 취득한 주식 등을 먼저 처분하는 것으로 본다.

㉯ 해당 주주 등이 사망하거나 파산하여 주식 등을 처분한 경우

㉰ 해당 주주 등이 적격합병, 적격분할, 적격물적분할 또는 적격현물출자(「법인세법」제47조의 2 제1항 각 호의 요건을 모두 갖추어 양도차익에 해당하는 금액을 손금에 산입하는 현물출자를 말함)에 따라 주식 등을 처분한 경우

㉱ 해당 주주 등이 「조세특례제한법」제37조·제38조·제38조의 2 또는 제121조의 30에 따라 주식 등을 포괄적으로 양도, 현물출자 또는 교환·이전하고 과세를 이연받으면서 주식 등을 처분한 경우

㉲ 해당 주주 등이 「채무자 회생 및 파산에 관한 법률」에 따른 회생절차에 따라 법원의 허가를 받아 주식 등을 처분하는 경우

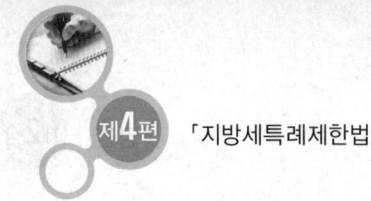
㉴ 해당 주주 등이 「조세특례제한법 시행령」 제34조 제6항 제1호에 따른 경영정상화계획의 이행을 위한 약정 또는 같은 항 제2호에 따른 경영정상화계획의 이행을 위한 특별약정에 따라 주식 등을 처분하는 경우

㉵ 해당 주주 등이 법령상 의무를 이행하기 위하여 주식 등을 처분하는 경우

㉢ 각 사업연도 종료일 현재 분할신설법인에 종사하는 대통령령으로 정하는 근로자("근로자" 한다) 수가 분할등기일 1개월 전 당시 분할하는 사업부문에 종사하는 근로자 수의 80% 미만으로 하락하는 경우(2018.1.1. 이후 분할분부터 적용)

다만, 분할합병의 경우에는 다음 어느 하나에 해당하는 경우

㉠ 각 사업연도 종료일 현재 분할합병의 상대방법인에 종사하는 근로자 수가 분할등기일 1개월 전 당시 분할하는 사업부문과 분할합병의 상대방법인에 각각 종사하는 근로자 수의 합의 80% 미만으로 하락하는 경우

㉡ 각 사업연도 종료일 현재 분할신설법인에 종사하는 근로자 수가 분할등기일 1개월 전 당시 분할하는 사업부문과 소멸한 분할합병의 상대방법인에 각각 종사하는 근로자 수의 합의 80% 미만으로 하락하는 경우

4) 유의사항

① '분할등기일 현재 5년 이상 계속하여 사업을 영위'의 의미

구 「법인세법」 제46조 제2항 제1호는 "분할등기일 현재 5년 이상 사업을 계속하던 내국법인"이 다음 각 목의 요건을 모두 갖추어 분할하는 경우로 규정되어 있고, 각 목 중 가목에서 "분리하여 사업이 가능한 독립된 사업부분을 분할하는 것일 것"을 규정하고 있어 위 제1호에 규정된 "5년 이상 사업을 계속"하여야 하는 것은 법문에 따라 "내국법인"이라고 해석하여야 할 것이므로, '분할되는 사업부분의 영위기간이 5년 이상일 것'을 요구하는 것으로 해석하는 것이 타당하지 않다(대법원 2019두47186, 2019.11.14. 심불, 서울고법 2018누73562, 2019.6.28. 참조).

분할등기일 현재 5년 이상 계속하여 사업을 영위한 내국법인을 판단함에 있어 각각의 법인이 신설합병 전 영위한 사업기간과 신설 합병 후 사업기간을 합한 기간이 5년을 초과한다면 분할등기일 현재 5년 이상 계속하여 사업을 영위한 법인에 해당하게 되는 것이다.

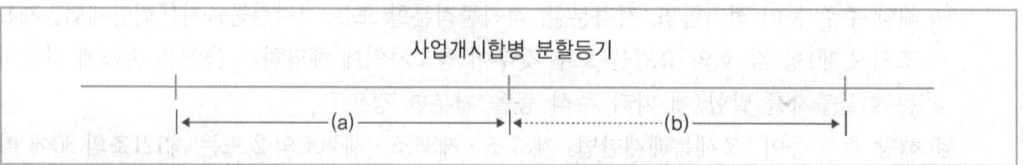

이는 분할 신설법인 이 다른 법인과 합병하는 경우 분할 전 사업기간을 포함하여 계산한다하고 규정하고 있어서 분할 신설법인이 다른 법인과 합병을 하더라도 각각 법인이 분할 전의 사업을 영위한 기간을 합산하여야 하게 때문에 위의 사례에서는 사업기간은 a+b기간을 합산하여야 한다(법기통 44-0-1 ② 참조).

또한 분할신설법인이 승계받은 사업부문만을 분리하여 다시 분할하는 경우 그 사업영위기간은 분할 전 사업기간을 포함하는 것이나, 분할신설법인이 새로이 추가한 사업을 분할하는 경우에는 분할 전 사업기간을 포함하지 아니하는 것이다(서면2팀-2001, 2006.10.4.).

> **사례** 분할법인의 총 사업기간을 의미함(지방세운영과-4733, 2010.10.8.)
>
> A법인에서 분할되는 부동산 임대사업부문이 5년 이상 사업을 영위하지 않았지만, A법인의 총 사업기간이 5년을 경과하였다면, 이는 "분할등기일 현재 5년 이상 계속하여 사업을 영위한 내국법인"의 요건을 충족하였다고 할 것이므로 등록세 감면대상이라고 봄이 타당함.

> **사례** '분할등기일 현재 5년 이상 계속하여 사업을 영위하기 시작한 날'이라 함은 회원권을 분양받은 자에게 해당 시설을 이용하게 하고 대가를 받는 등 사실상 정상적인 영업을 시작한 날을 말하는 것임(서이 46012-10346, 2001.10.12.).

② 분할사업부문 대상 사업장 중 일부 사업장만 분할하는 경우

조세심판원 심판례(조심 2012지355, 2013.7.10.)를 살펴보면 사업부문 전체를 분리하여야 하는데 사업부문 중 일부 사업장만 분리하는 것은 적격분할에 해당되지 않아 감면대상이 되지 아니한다.라고 결정하고 있다. 그런데 내국법인이 석유사업부문과 관련한 복수 개의 공장 중 하나의 공장만을 분할한 경우에도 분할한 사업부문이 독립적으로 사업이 가능한 경우에는 분리하여 사업이 가능한 독립된 사업부문의 분할에 해당한다(서면법규과-67, 2014.1.23.)라고 해석하고 있고, 「법인세법 시행령」 제82조 제3항에서 '분리하여 사업이 가능한 독립된 사업부문을 분할하는 것일 것'이라고 규정하고 있을 뿐 그 사업부문이 분할법인에 존재하고 있던 동종의 사업부문 전체일 것을 요건으로 규정하고 있지 않다(인천지법 2013구합11165, 2015.2.13.)라고 판시하고 있어서 사업부문 중 일부 사업장만 분리하는 것도 적격분할에 해당되어 감면대상이 되는 것으로 해석하여야 할 것이다(같은 뜻 대법원 2016두40986, 2018.6.28.).

> **사례** 독립된 사업활동이 불가능한 개별 자산만을 이전하여 사실상 양도차익을 실현한 것에 불과한 경우와 구별하기 위함이다. 독립적으로 사업이 가능하다면 단일 사업부문의 일부를 분할하는 것도 가능함(대법원 2016두40986, 2018.6.28.).

> **사례** 사업부문의 자산을 승계하면서 32개 사업장 부지 중 일부 사업장 부지만 승계하고 나머지 대부분의 사업장 부지는 분할하기 어려운 자산이 아님에도 승계하지 아니하였으므로 위 단서의 규정에 해당하지 않음(대법원 2012두2726, 2012.5.24.).

> **사례** 분할등기일 현재 투자가 진행 중인 관계로 정상적인 사업을 영위하지 아니한 사업부문을 분할하는 경우 분할평가차익 상당액을 손금에 산입할 수 없음(법인 46012-1499, 1999.4.21.).

③ '취득하는 재산'의 의미(2024년 이전만 적용)

취득세 감면되는 재산의 범위를 토지와 건축물로 한정하지 않고 "분할로 인하여 취득하는 재

산"으로 규정하고 있고, 그 재산의 취득이 「법인세법」 제46조 제1항 각 호의 요건을 갖춘 분할에 의하여 이루어질 것을 요구하고 있을 뿐이다. 또한 분할재산에 대하여 취득세 등을 면제하는 취지는 분할의 경우 종래 같은 법인 내에 존재하던 특정 사업부문에 별개의 법인격을 부여하는 것에 불과하여 경제적 실질에는 변함이 없으므로 재산이전에 따르는 취득세 등을 부과할 당위성이 적고, 기업구조조정 수단으로서의 분할을 장려할 필요성이 있기 때문이다. 이러한 점에 비추어 볼 때 취득세 면제의 대상이 되는 재산은 "토지 및 건축물"에 한정되지 않고 분할로 취득한 모든 재산을 포함하는 것으로 보아야 할 것이다. 따라서 골프회원권을 합병으로 취득하였다면 감면을 받을 수 있는 것이다.

이 규정에서 사업용 재산으로 표현되어 있지 아니함에 주의하여야 할 것이다. 한편, 창업중소기업 감면 시에는 취득하는 재산이 아니라 사업용 재산으로 규정되어 있는데, '사업용 재산'이라 해당 사업에 직접 사용하는 재산을 의미하므로 골프회원권은 사업용 재산으로 볼 수 없어서 창업중소기업 감면대상은 되지 아니한다(조심 2011지786, 2011.11.28.).

> **사례** 「조세특례제한법」 제120조 제1항 제9호의 규정에 따라 취득세 면제의 대상이 되는 재산은 "토지 및 건축물"에 한정되지 않고 분할로 취득한 모든 재산을 포함하는 것으로 보아야 할 것임 (감심 2009 - 21, 2009.3.12.).

④ 비영리법인의 분할 형식은 감면대상 아님

금전이나 물건을 출연하고 재단법인을 준용하여 설립되는 비영리법인의 경우 「법인세법」에서 규정하는 적격분할의 주체에 해당하지 않는다 할 것으로, "○○교육원"이 ○○대학교 부속 고용노동연수원에서 수행하던 사업과 이와 관련된 재산·권리·의무를 모두 승계한다 하더라도 이는 「법인세법」 제46조 제2항 각 호의 요건을 갖춘 적격분할에 해당하지 않고, 「○○교육원법」에 따라 설립된 "○○교육원"이 ○○대학교로부터 취득한 이 건 부동산은 출연행위인 증여로서 취득한 것에 해당하므로 기업분할 등에 대한 취득세 경감대상에 해당하지 않는다(지방세특례제도과-2174, 2021.9.30.).

(5) 현물출자법인에 대한 감면[155](지특법 §57 - 2 ③ 3)

1) 감면요건

① 감면대상자

「법인세법」 제47조의 2에 따른 현물출자법인

---

155) 2014.12.31. 이전까지는 「조세특례제한법」 제120조 제1항 제5호에 규정되어 있었는데, 2015.1.1. 이후는 「지방세특례제한법」 제57조의 2 제3항 제3호로 이관됨.

② 감면대상 및 감면범위

현물출자에 따라 취득하는 사업용 재산(2024년 이전은 현물출자에 따라 취득하는 재산)	취득세 50%(2019년~2024년은 75%) 경감(2018년 이전 면제)

📌 감면시한 : 2027.12.31.

📌 최소납부제 적용 시기 : 2016.1.1. 이후

📌 농어촌특별세 과세 여부 : 취득세분과 취득세 경감분(면제분) 농어촌특별세 과세

📌 2014년 이전은 「지방세법」 제13조 제2항 본문(취득세 중 구 등록세분 중과세율) 및 같은 조 제5항(사치성 재산의 취득세 중 구 취득세분 중과세율)의 세율을 적용하지 아니함.

2) 현물출자 조세특례요건

① 출자법인이 현물출자일 현재 5년 이상 사업을 계속한 법인일 것

② 피출자법인이 그 현물출자일이 속하는 사업연도의 종료일까지 출자법인으로부터 승계받은 사업을 계속할 것

③ 다른 내국인 또는 외국인과 공동으로 출자하는 경우 공동으로 출자한 자가 출자법인의 특수관계인이 아닐 것

④ 출자법인 등이 현물출자일 다음 날 현재 피출자법인의 발행주식총수 또는 출자총액의 80% 이상의 주식 등을 보유하고, 현물출자일이 속하는 사업연도의 종료일까지 그 주식 등을 보유할 것

⑤ 출자법인이 분리하여 사업이 가능한 독립된 사업부문을 현물출자를 통하여 피출자법인에 승계할 것(2016년과 2017년 현물출자분만 적용)

> **사례** 부동산 임대업 등을 영위하던 내국법인으로부터 토지 및 건물을 현물출자 받은 다른 내국법인('피출자법인')이 현물출자일이 속하는 사업연도의 종료일까지 해당 토지 및 건물을 처분하지 아니하고, 일부는 임대업에, 나머지는 피출자법인의 다른 사업에 계속 사용하는 경우에는 「법인세법」 제47조의 2 제1항 제2호의 요건을 충족하는 것임(서면-2022-법규법인-1844, 2022.10.12.).

3) 추징요건

취득일부터 3년 이내(2017년 이후 적용) 「법인세법」 제47조의 2 제3항 각 호의 어느 하나에 해당하는 사유, 즉 출자법인이 다음 어느 하나에 해당하는 사유가 발생하는 경우 감면된 취득세를 추징한다.

① 피출자법인이 출자법인으로부터 승계받은 사업을 폐지하는 경우(2016년 이전에는 현물출자일부터 속하는 사업연도의 다음 사업연도 개시일부터 2년 이내에 폐지하는 경우)

피출자법인으로부터 승계한 자산가액(유형자산, 무형자산 및 투자자산의 가액을 말하며, 2019.2.11. 이전은 고정자산가액)의 50% 이상을 처분하거나 사업에 사용하지 아니하는 경우에는 승계받은 사업을 폐지한 것으로 본다(법령 §84-2 ⑬, §82-4 ⑦, §80-4 ⑧). 한편, 부득이한 다음

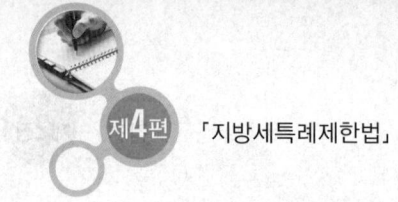

사유(법령 §80-2 ① 2)는 추징대상이 되지 아니한다.

㉠ 출자법인이 파산함에 따라 승계받은 자산을 처분한 경우

㉡ 출자법인이 적격합병, 적격분할, 적격물적분할 또는 적격현물출자(「법인세법」 제47조의 2 제1항 각 호의 요건을 모두 갖추어 양도차익에 해당하는 금액을 손금에 산입하는 현물출자를 말함)에 따라 사업을 폐지한 경우

㉢ 출자법인이 자산의 포괄적 양도에 따라 자산을 장부가액으로 양도하면서 사업을 폐지한 경우

㉣ 출자법인이 「채무자 회생 및 파산에 관한 법률」에 따른 회생절차에 따라 법원의 허가를 받아 승계받은 자산을 처분한 경우

② **출자법인 등이 피출자법인의 발행주식총수 또는 출자총액의 50% 미만으로 주식 등을 보유하게 되는 경우**

한편, 부득이한 다음 사유(법령 §80-2 ① 1)는 추징대상이 되지 아니한다.

㉠ 해당 주주 등이 합병으로 교부받은 전체 주식 등의 50% 미만을 처분한 경우. 이 경우 해당 주주 등이 합병으로 교부받은 주식 등을 서로 간에 처분하는 것은 해당 주주 등이 그 주식 등을 처분한 것으로 보지 아니하며, 합병으로 교부받은 주식 등과 합병 외의 다른 방법으로 취득한 주식 등을 함께 보유하고 있는 해당 주주 등이 주식 등을 처분하는 경우에는 합병 외의 다른 방법으로 취득한 주식 등을 먼저 처분하는 것으로 본다.

㉡ 해당 주주 등이 사망하거나 파산하여 주식 등을 처분한 경우

㉢ 해당 주주 등이 적격합병, 적격분할, 적격물적분할 또는 적격현물출자(「법인세법」 제47조의 2 제1항 각 호의 요건을 모두 갖추어 양도차익에 해당하는 금액을 손금에 산입하는 현물출자를 말함)에 따라 주식 등을 처분한 경우

㉣ 해당 주주 등이 「조세특례제한법」 제37조・제38조 또는 제38조의 2에 따라 주식 등을 포괄적으로 양도, 현물출자 또는 교환・이전하고 과세를 이연받으면서 주식 등을 처분한 경우

㉤ 해당 주주 등이 「채무자 회생 및 파산에 관한 법률」에 따른 회생절차에 따라 법원의 허가를 받아 주식 등을 처분하는 경우

㉥ 해당 주주 등이 「조세특례제한법 시행령」 제34조 제6항 제1호에 따른 경영정상화계획의 이행을 위한 약정 또는 같은 항 제2호에 따른 경영정상화계획의 이행을 위한 특별약정에 따라 주식 등을 처분하는 경우

㉦ 해당 주주 등이 법령상 의무를 이행하기 위하여 주식 등을 처분하는 경우

4) 유의사항

① 내국법인 간 공동사업 영위 시

내국법인과 내국법인이 공동사업장(개인사업자)을 운영하는 경우로서 해당 공동사업장의 운영으로 발생한 자산・부채가 다른 법인에 현물출자된 경우 해당 현물출자가 「법인세법」 제47조의 2 제1항 각 호의 요건을 충족하는지 여부는 해당 내국법인을 기준으로 판단하는 것이다(서면

-2022-법규법인-4036, 2023.9.12.). 즉 그 현물출자의 출자자는 공동사업장이 아니라 "공동사업자인 두 법인"으로 보는 것이다.

② 분할 전 사업기간 포함 여부

적격물적분할로 신설된 출자법인이 분할 후에 취득한 토지를 현물출자하는 경우 「법인세법」제47조의 2 제1항 제1호에서 출자법인의 5년 이상 사업기간 요건 충족 여부를 판단함에 있어서, 출자법인의 사업기간에 분할 전 분할법인의 사업영위기간을 포함하지 아니하는 것이다(법규법인 2013-461, 2013.11.7.)라고 해석하고 있다. 그런데 인적분할에 의하여 설립된 내국법인이 승계받은 사업부문의 자산을 피지출자법인에 2010.7.1. 이후 현물출자함에 있어 「법인세법」(2009.12.31. 개정된 것) 제47조의 2 제1항 제1호의 사업영위기간은 분할 전 사업기간을 포함하여 계산하는 것이다(법인세과-59, 2011.1.24.)라고 해석하고 있다. 상기에서 부동산 취득이 분할 전후에 따라 달리 판단하고 있다고 보여지나, 부동산 취득일 여부와 관계없이 분할 전 사업기간을 포함하는 것이 타당하다라고도 주장할 수 있을 것이다.

> **사례** 양도 어려운 자산·부채 현물출자에서 제외한 경우(지방세정담당관-350, 2003.7.3.)
>
> 설립등기일 현재 5년 이상 사업을 영위한 내국법인이 주식 또는 토지·건축물 등을 현물출자하여 내국법인을 설립하는 경우라면 신설법인에게 양도하기 어려운 일부 투자유가증권·자산·부채를 현물출자 대상에서 제외하더라도 같은 법 제38조 제2항에 해당되지 아니하는 경우에 한하여 취득세 등의 감면대상에 해당되는 것임(지방세정담당관-350, 2003.7.3.).
>
> ☞ 상기 해석에 따르면 건축물을 제외하고 토지만 현물출자한 경우에는 감면대상이 되지 아니할 가능성이 큼.

(6) 자산교환에 대한 감면[156](지특법 §57-2 ③ 4)

1) 감면요건

① 감면대상자

「법인세법」제50조에 따른 자산교환에 따라 취득하는 자

② 감면대상 및 감면범위

「법인세법」제50조에 따른 자산교환에 따라 취득하는 재산	취득세 75% 경감 (2018년 이전 면제)

☞ 감면시한 : 2021.12.31.

☞ 최소납부제 적용 시기 : 2016.1.1. 이후

☞ 농어촌특별세 과세 여부 : 취득세분과 취득세 경감분(면제분) 농어촌특별세 과세

☞ 2014년 이전은 「지방세법」제13조 제2항 본문(취득세 중 구 등록세분 중과세율) 및 같은 조 제5항(사치성 재산의 취득세 중 구 취득세분 중과세율)의 세율을 적용하지 아니함.

---

156) 2014.12.31. 이전까지는 「조세특례제한법」제120조 제1항 제7호에 규정되어 있었는데, 2015.1.1. 이후는 「지방세특례제한법」제57조의 2 제3항 제4호로 이관됨.

2) 자산교환 조세특례 요건

① 부동산, 소비성서비스업 이외의 사업을 영위하는 내국법인일 것

② 2년 이상 해당 사업에 직접 사용하던 사업용 고정자산일 것

③ 특수관계 없는 다른 내국법인이 2년 이상 해당 사업에 직접 사용하던 동일한 종류의 사업용 고정자산과 교환(다수 법인 간의 교환을 포함)하는 경우일 것

④ 교환취득자산을 교환일이 속하는 사업연도의 종료일까지 취득법인이 사업에 사용하는 경우일 것

3) 추징요건

① 2015.1.1. 이후

별도의 추징규정이 없는바, 「지방세특례제한법」 제178조에 감면된 취득세를 추징할 수 있는지를 검토하면 다음과 같다.

이 감면규정에서 별도의 추징규정이 없더라도 취득 이후 취득 목적이나 사용용도를 별도로 규정하고 있지 아니하기 때문에 「지방세특례제한법」 제178조가 적용되지 아니할 것이다(지방세운영과-782, 2013.3.21. 참조).

② 2014.12.31. 이전

별도의 추징규정이 없다.

(7) 중소기업 간 통합에 대한 감면[157](지특법 §57-2 ③ 5)

1) 감면요건

① 감면대상자

「조세특례제한법」 제31조에 따른 중소기업 간의 통합에 의하여 설립되거나 존속하는 법인

    ㉠ 개인 중소기업(A) + 개인 중소기업(B) ⟶ 신설법인(C)
    ㉡ 개인 중소기업(A) + 법인 중소기업(B) ⟶ 신설법인(C)
    ㉢ 개인 중소기업(A) + 법인 중소기업(B) ⟶ 존속법인(B)

「조세특례제한법」 제31조의 규정에 의한 중소기업 간 통합은 양도소득세 이월과세이므로 과세특례의 주체는 개인 중소기업에 한정되지만, 「지방세특례제한법」 제57조의 2 제3항 제5호의 규정에 의한 취득세 감면의 주체는 통합기업인 법인 중소기업에 한정되는 것이다.

---

157) 2014.12.31. 이전까지는 「조세특례제한법」 제120조 제1항 제2호에 규정되어 있었는데, 2015.1.1. 이후는 「지방세특례제한법」 제57조의 2 제3항 제5호로 이관됨.

② 감면대상 및 감면범위

양수하는 해당 사업용 재산[주1]	취득세 50%(2019년~2024년은 75%) 경감 (2018년 이전 면제)[주2]

- 감면시한 : 2027.12.31.
- 최소납부제 적용 시기 : 2019.1.1. 이후
- 농어촌특별세 과세 여부 : 취득세분과 취득세 경감분(면제분) 농어촌특별세 과세
- (주1) 2022.1.1. 이후 취득분부터 「통계법」 §22에 따라 통계청장이 고시하는 한국표준산업분류에 따른 부동산 임대 및 공급업에 대해서는 중소기업의 양수재산은 감면 배제
- (주2) 2014년 이전은 「지방세법」 제13조 제2항 본문(취득세 중 구 등록세분 중과세율) 및 같은 조 제5항(사치성 재산의 취득세 중 구 취득세분 중과세율)의 세율을 적용하지 아니함.

2) 중소기업 간 통합의 조세특례 요건

① 업종요건

소비성서비스업(소비성서비스업과 다른 사업을 겸영하고 있는 경우에는 부동산 양도일이 속하는 사업연도의 직전 사업연도의 소비성서비스업의 사업별 수입금액이 가장 큰 경우에 한한다)을 제외한 사업을 영위하는 「중소기업기본법」에 의한 중소기업자일 것

② 출자자의 연속성 및 사업의 계속성 요건

해당 기업의 사업장별로 그 사업에 관한 주된 자산을 모두 승계하여 사업의 동일성이 유지되는 것으로서 다음 요건을 갖춘 것을 말한다.

　㉠ 통합으로 인하여 소멸되는 사업장의 중소기업자는 통합 후 존속하는 법인 또는 통합으로 인하여 설립되는 법인의 주주 또는 출자자일 것

　㉡ 통합으로 인하여 소멸하는 사업장의 중소기업자가 해당 통합으로 인하여 취득하는 주식 또는 지분의 가액이 통합으로 인하여 소멸하는 사업장의 순자산가액(통합일 현재의 시가로 평가한 자산의 합계액에서 충당금을 포함한 부채의 합계액을 공제한 금액) 이상일 것

「조세특례제한법」 제32조에 의한 법인전환(현물출자와 사업양수도) 감면 시 신설법인의 자본금이 순자산가액 이상으로 규정되어 있는데, 여기서 자본금은 법인등기부등본에 기재되는 자본금만을 의미하여, 즉 재무상태표상의 자본금을 의미하는 것으로서, 자본이 아니기 때문에 자본잉여금(주식발행초과금등) 등은 포함되지 아니하는 것인 데 반해, 이 감면규정에서는 자본금으로 규정되어 있지 아니하므로 주식인수가액은 자본금과 자본잉여금을 포함한 금액이 될 것이다.

통합의 요건 중 하나는 개인사업자가 통합 후 존속하는 법인의 주주가 되어야, 즉 양수도 대가로 주식을 받아야 하는 것인데 개인사업자에게 현금 지급하는 경우에는 통합에 해당되지 아니한다.

그리고 「조세특례제한법」 제31조의 규정에 의하여 중소기업 간 통합으로 인하여 소멸되는 중소기업의 사업용 고정자산을 통합에 의하여 설립되는 법인 또는 통합 후 존속하는 법인에게 양도함으로써 이월과세를 적용받을 수 있는 경우는 반드시 현물출자방식이 아니더라도 소멸하는 사업장의 중소기업자가 주금 또는 출자금의 납입방법에 관계없이 당해 통합으로 인하여 취득하는

주식 또는 출자지분의 가액이 통합으로 인하여 소멸하는 사업장의 순자산가액 이상이 되어야 하는 것이다(재일 46014-709, 1998.4.24. 참조).

한편, 중소기업의 대형화를 통한 경쟁력 강화 입법 취지를 고려 시 임대면적이 확대된 경우, 일부를 분양 또는 자가 사용하였다고 하여 사업의 동질성이 유지되지 않은 것으로 보아 감면을 배제할 수 없다. 중소기업 간의 통합에 대한 양도소득세의 이월과세 등 규정은 중소기업자가 당해 기업의 사업장별로 그 사안에 관한 주된 자산을 모두 승계하여 사업의 동일성이 유지되는 경우에 적용되는 것으로, 이 규정을 적용함에 있어 "임대사업에 사용하던 부동산을 통합 법인에 양도한 후 통합 법인이 그 부동산을 자가 사용 및 일부 임대하는 경우 사업의 동일성이 유지되지 않는다"라는 국세청 예규를 제시하고 있으나, 국세청 예규는 과세관청 내부의 사무처리준칙에 불과하여 법원이나 국민을 기속하는 법규적 효력이 있다고 볼 수 없다(대법원 2014두37931, 2014.10.15. 참조).

> 사례 반드시 현물출자액으로만 이루어질 필요는 없고 현물출자액에 현금출자액을 더한 경우도 이에 해당된다고 보는 것이 합리적이라고 할 것임(지방세운영과-2001, 2008.10.30.).

> 사례 순자산가액이 마이너스인 경우(전주지법 2003구합466, 2003.10.9.)
> 통합으로 인하여 소멸하는 사업장의 중소기업자인 ○○농산영농조합법인의 출자자들이 해당 통합으로 인하여 취득하는 주식 또는 지분의 가액(원고가 이 사건 사업양수로 인하여 추가 발행한 총주식수 44만주, 액면가 합계 22억 원)이 통합으로 인하여 소멸하는 사업장의 순자산가액인 −3,596,617,470원 이상이므로, ○○농산영농조합법인과 원고의 통합은 「조세특례제한법 시행령」 제28조 제1항의 중소기업 사이의 통합에 해당함.

③ 승계사업이 주업이 되어야 하는 것은 아님

'중소기업 간의 통합'이란 중소기업이 사업장별로 그 사업에 관한 주된 자산을 모두 승계하여 사업의 동일성이 유지되는 것으로서 임대업에 사용되는 토지가 법인에게 양도된 후에도 임대업에 사용되는 경우 사업의 동질성이 유지되는 것으로 보는 것이므로(부동산거래관리과-629, 2012.11.20.) 반드시 주업일 필요는 없는 것이다.

한편, 임대사업에 사용하던 부동산을 임차자인 통합법인에게 양도한 후 통합법인이 동 부동산을 자가사용 및 일부 임대하는 경우 사업의 동일성이 유지되지 않는 것이다(서면법규과-1192, 2013.10.31.). 따라서 개인의 임대 면적이 동일하게 유지되어야 하는 것이므로 임대수익이 계속하여 발생되어야 하는 것이다.

> 사례 임대용 부동산을 통합 후 일부를 자가사용하는 경우(서면법규과-1192, 2013.10.31.)
> 임대사업에 사용하던 부동산을 임차자인 통합법인에게 양도한 후 통합법인이 동 부동산을 자가사용 및 일부 임대하는 경우 사업의 동일성이 유지되지 않는 것임.

> 사례 '중소기업 간의 통합'에는 주금 또는 출자금의 납입 방법에 관계없음(부동산거래관리과-59, 2013.2.5.).

④ 사업장별로 적용

중소기업 간의 통합에 대한 양도소득세의 이월과세는 각 사업장별로 적용하는 것이나, 중소기업자는 「중소기업기본법」 제2조에 따른 기업을 영위하는 자를 말하는 것으로서, 2 이상의 사업장이 있는 경우 중소기업 해당 여부는 해당 내국인의 전체 사업장을 기준으로 판단하는 것이며, 그 중 공동사업장이 있는 경우에는 해당 공동사업장 전체를 기준으로 판단하는 것이다(부동산거래관리과-1222, 2010.10.4.).

⑤ 적용 배제

설립 후 1년이 경과되지 아니한 법인이 출자자인 개인(「국세기본법」상 출자자의 제2차납세의무규정에 의한 과점주주에 한함)의 사업을 승계하는 것은 이를 통합으로 보지 아니한다. 여기서 '설립'이란 "법인설립등기일"을 의미하는 것이며, 법인설립 후 1년이 경과하였더라도 조세의무를 면탈하기 위하여 휴업기간이 있는 경우에는 그 휴업기간을 제외하고 이 규정을 적용한다(서이46014-10940, 2003.7.16.). 그런데 법인설립 후 세무관청에 휴업신청을 한 사실이 없고, 조세의무를 면탈 또는 회피하기 위하여 사실상 휴업한 사실이 없는 이상, 단순히 법인설립 후 1년 기간 동안 매출액이 발생하지 아니하였다 하여 이를 휴업기간으로 보기에는 무리가 있다 할 것이다(조심 2012지0708, 2013.4.10.).

또한, 개인이 사업의 일부를 분리하여 법인을 설립하고 그 신설법인이 개인의 나머지 사업을 양수하는 경우(직세 1234-1967, 1978.7.4.), 법인이 개인 사업을 매입하는 경우(법인 1264-3168, 1982.9.18.) 및 통합으로 인하여 소멸하는 사업장의 중소기업자가 통합법인의 기존주주의 주식을 취득하는 경우(법인 46012-1418, 1999.4.15.)에는 통합으로 보지 아니한다.

⑥ '통합의 대가로 취득하는 주식'의 의미

존속기업이 소멸기업으로부터 취득하는 사업용 재산에 관한 취득세를 면제받기 위해서는 소멸기업의 중소기업자가 '당해 통합으로 인하여 취득하는 주식의 가액'이 소멸기업의 순자산가액 이상이어야 한다. 이때 '당해 통합으로 인하여 취득하는 주식'은 조항이 그 취득 시점에 아무런 제한을 두지 않고 있으므로 그 문언에 충실하게 사업용 재산 취득 이후라도 '통합의 대가로 취득하는 주식'이기만 하면 이에 포함된다(대법원 2018두40188, 2018.7.20.).

3) 추징요건

① 2017.1.1. 이후

사업용 재산을 취득한 날부터 5년 이내에 「조세특례제한법」 제31조 제7항 각 호, 즉 다음 어느 하나에 해당하는 사유가 발생하는 경우 감면된 취득세를 추징한다[2017년 이후 감면받는 분부터 적용(부칙 §3)].

  ㉠ 통합법인이 소멸되는 중소기업으로부터 승계받은 사업을 폐지하는 경우
  ㉡ 통합으로 취득한 통합법인의 주식 또는 출자지분의 50% 이상을 처분하는 경우

통합법인이 통합으로 인하여 소멸되는 사업장의 중소기업자로부터 승계받은 사업용 고정자산을 50% 이상 처분하거나 사업에 사용하지 않는 경우 사업의 폐지로 본다(조특령 §29 ⑨). 다만, 다음 어느 하나에 해당하는 경우에는 그러하지 아니한다.

　　㉠ 통합법인이 파산하여 승계받은 자산을 처분한 경우

　　㉡ 통합법인이 「법인세법」 제44조 제2항에 따른 합병, 같은 법 제46조 제2항에 따른 분할, 같은 법 제47조 제1항에 따른 물적분할, 같은 법 제47조의 2 제1항에 따른 현물출자의 방법으로 자산을 처분한 경우

　　㉢ 통합법인이 「채무자 회생 및 파산에 관한 법률」에 따른 회생절차에 따라 법원의 허가를 받아 승계받은 자산을 처분한 경우

　　㉣ 통합법인이 「조세특례제한법」 제37조에 따른 자산의 포괄적 양도에 따라 자산을 장부가액으로 양도한 경우(2018.2.12. 이전만 적용)

② 2015.1.1.~2016.12.31.

별도의 추징규정이 없는바, 「지방세특례제한법」 제178조에 감면된 취득세를 추징할 수 있는지를 검토하면 다음과 같다.

이 감면규정에서 별도의 추징규정이 없더라도 취득 이후 취득 목적이나 사용용도를 별도로 규정하고 있지 아니하기 때문에 「지방세특례제한법」 제178조가 적용되지 아니할 것이다(지방세운영과-782, 2013.3.21. 참조).

③ 2014.12.31. 이전

별도의 추징규정이 없다.

「조세특례제한법」 제31조 제7항의 추징규정(5년간 사업유지 규정 등)은 양도소득세 이월과세에 대한 내용이고, 「조세특례제한법」 제120조에서는 별도의 추징규정이 없는바, 5년간 사업유지 규정에 의하여 취득세를 추징할 수는 없는 것이다.

4) 유의사항

① 잔존 감면기간의 승계

창업중소기업 및 창업벤처중소기업 또는 농공단지·개발촉진지구 및 지방중소기업특별지원지역 입주기업에 대한 세액감면을 받는 내국인 또는 기간 감면받는 수도권 외의 지역으로 이전하는 중소기업(폐광지역진흥지구에 개발사업시행자로 선정되어 입주하는 경우에는 「관광진흥법」에 따른 관광숙박업 및 종합휴양업과 축산업을 경영하는 내국인 포함)이 해당 감면기간이 경과되기 전에 통합하는 경우 통합신설법인 또는 통합존속법인은 잔존감면기간에 대하여 창업중소기업 등에 대한 세액감면 및 재산세감면·농공단지 입주기업 등에 대한 세액감면을 적용받을 수 있다. 다만, 창업중소기업 등의 재산세 감면(조특법 §121)은 통합 전에 취득한 사업용 재산에 한한다(조특법 §31 ④·⑤, 조특령 §28 ④ 준용).

② 중소기업 통합 방법의 하나인 현물출자 시 취득시기

기존 법인에 부동산을 현물출자하여 주식을 교부받는 방법으로 중소기업 통합을 하는데, 현물출자는 거래의 한 형태로서 계약 및 결의가 있은 이후 실제 현물출자 납입이 완료되어야 신주인수인의 취득 효과가 생기며 또한 거래가 완성되는 것이므로 실제 현물출자 납입완료일을 현물출자일로 보아 과세한 처분은 정당하다(대법원 2007두7949, 2009.8.20. 같은 뜻)라고 판시하고 있다.

「상법」 제423조 제1항 및 제2항에서 신주의 인수인은 납입 또는 현물출자의 이행을 한 때에는 납입기일의 다음 날로부터 주주의 권리의무가 있다고 규정하고 있고, 현물출자자가 현물을 납입하지 아니하는 경우에는 주식을 취득할 권리를 상실하므로 결국 현물을 납입할 때까지는 주식을 취득하였다고 보기 어려운 점 등으로 볼 때, 「상속세 및 증여세법」 제39조의 3에 의한 현물출자에 따른 증여이익의 산정 기준일은 증여일인 "현물출자 납입일"로 하는 것이 타당하다고 판단된다(대법원 2007두7949, 2009.8.20. 참조)라고 해석하고 있다(조심 2010서3735, 2011.6.29. 참조).

법인설립 시는 설립등기가 되어야 주식효력이 있는바, 설립등기일이 취득일이 될 것이나, 증자 시는 상기 대법원판례에서는 현물출자 납입일이라고 되어 있는데, 납입일이 별도로 정하여져 있고 그 때까지 소유권이전 서류가 제출된 경우에는 그 날이라고 해석할 수 있을 것이다. 그런데 현물출자 납입일이 명확하지 않다면 소유권이전등기가 되어야 현물이 출자된 것으로 볼 것이므로 증자등기일이 될 것이다. 그렇다면 개인 사업자가 기존 법인에 부동산을 현물출자하였다면 증자등기일이 취득시기로 볼 수 있을 것이나, 현물출자 납입일이나 증자등기일 전에 소유권이전등기를 하였다면 소유권이전등기일이 취득시기가 될 것으로 판단된다.

③ 시가의 범위

순자산가액을 계산함에 있어서 "시가"라 함은 불특정다수인 사이에 자유로이 거래가 이루어지는 경우에 통상 성립된다고 인정되는 가액을 말하며, 수용·공매가격 및 감정가액 등 「상속세 및 증여세법 시행령」 제49조의 규정에 의하여 시가로 인정되는 것을 포함한다(조기통 32-29…2).

따라서 반드시 감정평가액이 아니더라도 시가로 인정될 수 있다. 즉 현물출자를 위해서는 감정이 필요한 경우에는 감정을 받아야 할 것으로 판단되지만, 감정을 받을 수 없거나, 그 가액이 불필요한 경우에는 「상속세 및 증여세법」 상 평가가액이 시가가 될 수 있다.

사업장의 순자산가액 평가 시 자산 시가 평가방법은 「조세특례제한법 시행규칙」 제15조를 통해 확인할 있고, 그 규정에 따르면 법인전환에 따른 자산 취득 평가방법은 반드시 감정평가 가액으로 하여야 하는 것이 아니라 취득 당시 실지거래가액이 불분명할 경우 감정평가액으로 하는 것이므로 기준시가나 장부가액이라도 취득 당시 당해 자산의 실지거래가액으로 명확히 입증되면 평가가 가능할 것이다(도세과-130, 2008.3.21.). 그런데 이 해석은 취득가액을 평가 시에 적용되는 규정이므로 자산 평가 시에 적용하기에는 무리가 있다고 본다. 이 해석에 의할 경우 취득 당시의 실지거래가액이 불분명한 때에는 통합일·법인전환일 또는 현물출자일 현재의 당해 자산에 대하여 다음을 순차로 적용하여 계산한 금액으로 한다.

① 감정평가법인의 감정가액(비상장주식 제외)

② 「상속세 및 증여세법」 제38조・같은 법 제39조 및 같은 법 제61조 내지 제64조의 규정을 준용하여 평가한 가액

한편, 시가는 「법인세법 시행령」 제89조에 의한 가액으로 보아도 문제는 없을 것으로(위의 내용과 유사함), 「법인세법 시행령」 제89조 제1항에 의한 가액, 감정가액, 「상속세 및 증여세법」 제38조 내지 제39조의 3, 제61조 내지 제66조 및 「조세특례제한법」 제101조의 규정을 준용하여 평가한 가액의 순서대로 적용하도록 규정하고 있다(부동산거래관리과-531, 2012.10.5. 참조)

④ 순자산가액 산정 시 영업권 포함 여부

사업장 순자산가액을 계산함에 있어서 영업권은 포함하지 아니한다(조기통 32-29…2).

(8) 자산의 포괄적 양도에 대한 감면[158](지특법 §57-2 ③ 6)

1) 감면요건

① 감면대상자

「조세특례제한법」 제37조 제1항 각 호의 요건을 모두 갖춘 자산의 포괄적 양도로 인한 취득자

② 감면대상 및 감면범위

「조세특례제한법」 §37 ① 각 호의 요건을 모두 갖춘 자산의 포괄적 양도로 인하여 취득하는 재산(2018년 이전만 적용)	취득세 면제

☞ 감면시한 : 2018.12.31.
☞ 최소납부제 적용 시기 : 2016.1.1. 이후
☞ 농어촌특별세 과세 여부 : 취득세 면제분 농어촌특별세 과세
☞ 2014년 이전은 「지방세법」 제13조 제2항 본문(취득세 중 구 등록세분 중과세율) 및 같은 조 제5항(사치성 재산의 취득세 중 구 취득세분 중과세율)의 세율을 적용하지 아니함.
☞ 2018.12.31. 이전에 감면받은 취득세의 추징에 대해서는 개정규정에도 불구하고 종전의 규정에 따름(지특법 부칙 §10).

'자산의 포괄적 양도'라 함은 일방기업(인수기업)이 다른 기업(피인수기업)의 자산 대부분을 취득하고 피인수기업은 청산하는 형태의 기업 조직재편이다. 합병과 경제적 실질이 유사한 '자산의 포괄적 양도'에 대해 합병과 동일한 과세특례 신설하여 2010.7.1. 이후 포괄적 자산 양도분부터 적용하고 있다.

이 특례 효과는 다음과 같다.

㉠ 자산을 장부가로 양도・양수한 것으로 보아 양도차익 과세이연(인수법인, 피인수법인)
㉡ 피인수법인 이월결손금, 세무조정사항 등의 승계 허용(인수법인)
㉢ 인수법인 주식(新株)을 구주(피인수법인 주식) 장부가로 취득한 것으로 보아 의제배당소

---

158) 2014.12.31. 이전까지는 「조세특례제한법」 제120조 제1항 제18호에 규정되어 있었는데, 2015.1.1. 이후는 「지방세특례제한법」 제57조의 2 제3항 제6호로 이관됨.

득 과세이연(피인수법인 주주)

2) 자산 포괄적 양도의 조세특례 요건

- 실질적으로 피인수기업의 모든 자산을 취득 : 총자산의 70%, 순자산의 90%
- 인수대가를 의결권 있는 주식으로 지급
- 피인수법인은 즉시 청산할 것

내국법인("피인수법인")이 다음 요건을 모두 갖추어 자산의 포괄적 양도일 현재 피인수법인의 자산총액의 100분의 70 이상이면서 자산총액에서 부채총액을 뺀 금액의 100분의 90 이상(단, 피인수법인이 자산의 포괄적 양도일 전 2년 내에 분할한 법인인 경우 분할하기 이전 법인을 기준으로 판정)의 자산 대부분을 다른 내국법인(이하 "인수법인")에 양도(이하 "자산의 포괄적 양도")하고 그 대가로 인수법인의 주식 또는 출자지분(이하 "주식 등")을 받고 자산의 포괄 양도일로부터 6개월 이내에 청산하여야 한다.

① 자산의 포괄적 양도일 현재 1년 이상 계속하여 사업을 하던 내국법인 간의 양도・양수일 것
② 피인수법인이 인수법인으로부터 그 자산의 포괄적 양도로 인하여 취득하는 인수법인의 주식 등의 가액과 금전, 그 밖의 재산가액의 총합계액(이하 "인수대가"라 한다) 중 의결권 있는 인수법인의 주식 등의 가액이 100분의 95 이상으로서 그 주식 등이 일정 배정요건에 따르고, 피인수법인 또는 일정 지배주주가 자산의 포괄적 양도일이 속하는 사업연도의 종료일까지 그 주식 등을 보유할 것

□ **일정 배정요건**

인수법인이 피인수법인에 지급한 인수법인의 주식 등의 총합계액 × 해당 주주 등의 피인수법인에 대한 지분비율

의결권 있는 인수법인의 주식 등의 가액이 100분의 95 이상인지를 판정할 때 인수법인이 자산의 포괄적 양도일 전 2년 내에 취득한 피인수법인의 주식 등이 있는 경우 다음 금액을 금전으로 교부한 것으로 보아 인수대가에 더한다.

㉠ 인수법인이 자산의 포괄적 양도일 현재 피인수법인의 「법인세법 시행령」 제43조 제7항에 따른 지배주주 등이 아닌 경우
   인수법인이 자산의 포괄적 양도일 전 2년 이내에 취득한 피인수법인의 주식 등이 피인수법인의 발행주식총수 또는 출자총액의 100분의 20을 초과하는 경우 그 초과하는 주식 등의 취득가액
㉡ 인수법인이 자산의 포괄적 양도일 현재 피인수법인의 「법인세법 시행령」 제43조 제7항에 따른 지배주주 등인 경우
   자산의 포괄적 양도일 전 2년 이내에 취득한 주식 등의 취득가액

③ 인수법인이 자산의 포괄적 양도일이 속하는 사업연도의 종료일까지 피인수법인으로부터 승계받은 사업을 계속할 것

3) 추징요건

취득일부터 3년 이내(2016년 이전은 양도일이 속하는 사업연도의 다음 사업연도 개시일로부터 2년 이내)에 「조세특례제한법」 제37조 제6항 각 호의 사유, 즉 다음 어느 하나에 해당하는 경우 취득세를 추징한다.

① 인수법인이 피인수법인으로부터 승계받은 사업을 폐지하는 경우(단, 인수법인이 파산함에 따라 승계받은 자산을 처분한 경우, 적격합병, 적격분할, 적격물적분할 또는 적격현물출자에 따라 사업을 폐지한 경우, 자산의 포괄적 양도에 따라 자산을 장부가액으로 양도하면서 사업을 폐지한 경우 및 인수법인이 「채무자 회생 및 파산에 관한 법률」에 따른 회생절차에 따라 법원의 허가를 받아 승계받은 자산을 처분한 경우 제외)

피인수법인으로부터 승계한 고정자산가액의 50% 이상을 처분하거나 사업에 사용하지 아니하는 경우에는 승계받은 사업을 폐지한 것으로 본다(조특령 §35 ⑧, 법령§80-4 ⑧).

② 피인수법인 또는 일정 지배주주가 자산의 포괄적 양도로 인하여 취득한 인수법인의 주식 등을 처분하는 경우

한편, 피인수법인 또는 일정 지배주주가 다음의 부득이한 사유(「법인세법 시행령」 제80조의 2 제1항 제1호)가 있는 경우에는 추징되지 아니한다.

㉮ 해당 주주 등이 분할로 교부받은 전체 주식 등의 50% 미만을 처분한 경우

해당 주주 등이 분할로 교부받은 주식 등을 서로 간에 처분하는 것은 해당 주주 등이 그 주식 등을 처분한 것으로 보지 아니하며, 분할로 교부받은 주식 등과 분할 외의 다른 방법으로 취득한 주식 등을 함께 보유하고 있는 해당 주주 등이 주식 등을 처분하는 경우에는 분할 외의 다른 방법으로 취득한 주식 등을 먼저 처분하는 것으로 본다.

㉯ 해당 주주 등이 사망하거나 파산하여 주식 등을 처분한 경우

㉰ 해당 주주 등이 적격합병, 적격분할, 적격물적분할 또는 적격현물출자(「법인세법」 제47조의 2 제1항 각 호의 요건을 모두 갖추어 양도차익에 해당하는 금액을 손금에 산입하는 현물출자를 말함)에 따라 주식 등을 처분한 경우

㉱ 해당 주주 등이 「조세특례제한법」 제37조·제38조·제38조의 2 또는 제121조의 30에 따라 주식 등을 포괄적으로 양도, 현물출자 또는 교환·이전하고 과세를 이연받으면서 주식 등을 처분한 경우

㉲ 해당 주주 등이 「채무자 회생 및 파산에 관한 법률」에 따른 회생절차에 따라 법원의 허가를 받아 주식 등을 처분하는 경우

㉳ 해당 주주 등이 「조세특례제한법 시행령」 제34조 제6항 제1호에 따른 경영정상화계획의 이행을 위한 약정 또는 같은 항 제2호에 따른 경영정상화계획의 이행을 위한 특별약정에 따라 주식 등을 처분하는 경우

㉔ 해당 주주 등이 법령상 의무를 이행하기 위하여 주식 등을 처분하는 경우

> ○ **일정 지배주주**
> 「법인세법 시행령」 제43조 제3항에 따른 지배주주 등 중 다음 어느 하나에 해당하는 자를
> 제외한 주주
> ㉠ 「법인세법 시행령」 제43조 제8항 제1호 가목의 친족 중 4촌 이상의 부계혈족과 그 부계혈
> 족의 아내
> ㉡ 자산의 포괄적 양도일 현재 분할법인 등에 대한 지분비율이 100분의 1 미만이면서 시가로
> 평가한 그 지분가액이 10억 원 미만인 자

(9) 특별법의 개정 또는 폐지로 인하여 「상법」 상의 회사로 조직변경에 대한 감면[159](지특법 §57-2 ③ 7)

1) 감면요건

① 감면대상자

특별법에 따라 설립된 법인 중 「공공기관의 운영에 관한 법률」 제2조를 적용받는 법인

② 감면대상 및 감면범위

특별법의 개정 또는 폐지로 인하여 「상법」 상의 회사로 조직변경됨에 따른 법인설립 등기	등록면허세 면제[주] (2014년 이전만 적용)
특별법의 개정 또는 폐지로 인하여 「상법」 상의 회사로 조직변경됨에 따라 취득하는 사업용 재산	취득세 면제[주]

👉 감면시한 : 2027.12.31.

👉 최소납부제 적용 시기 : 2019.1.1. 이후

👉 농어촌특별세 과세 여부 : 등록면허세 면제분과 취득세 면제분 농어촌특별세 과세

👉 (주) 2014년 이전은 「지방세법」 §28 ②·③의 세율(등록면허세 중과세율)을 적용하지 아니하며, 「지방세법」 §13 ②
본문(취득세 중 구 등록세분 중과세율) 및 같은 조 ⑤(사치성 재산의 취득세 중 구 취득세분 중과세율)의 세율을
적용하지 아니함.

---

159) 2014.12.31. 이전까지는 등록면허세 면제는 「조세특례제한법」 제119조 제1항 제2호에 규정되어 있었는데,
2014.12.23. 삭제되었으며, 취득세 면제는 「조세특례제한법」 제120조 제1항 제3호에 규정되어 있었는데,
2015.1.1. 이후는 「지방세특례제한법」 제57조의 2 제3항 제7호로 이관됨.

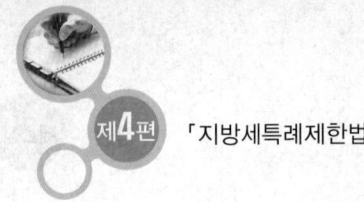

2) 추징요건

① 2015.1.1. 이후 취득분(감면분)

별도의 추징규정이 없더라도 취득 이후 취득 목적이나 사용용도를 별도로 규정하고 있지 아니하기 때문에 「지방세특례제한법」 제178조가 적용되지 아니할 것이다(지방세운영과-782, 2013.3.21. 참조).

② 2014.12.31. 이전 취득분(감면분)

별도의 추징규정이 없다.

(10) 법인전환에 대한 감면[160](지특법 §57-2 ④)

1) 감면요건

① 감면대상자

「조세특례제한법」 제32조에 따른 현물출자 또는 사업양수·양도에 의한 법인전환법인

② 감면대상 및 감면범위

현물출자 또는 사업양수·양도에 따라 취득하는 사업용 고정자산(2015년 이전에는 사업용 재산)[주]	취득세 50%(2019년~2024년은 75%) 경감(2018년 이전 면제)

- ☞ 감면시한 : 2027.12.31.
- ☞ 최소납부제 적용 시기 : 2019.1.1. 이후
- ☞ 농어촌특별세 과세 여부 : 취득세분과 취득세 경감분(면제분) 농어촌특별세 과세
- ☞ (주) 2020.8.12. 이후 취득분부터 「통계법」 §22에 따라 통계청장이 고시하는 한국표준산업분류에 따른 부동산 임대 및 공급업에 대해서는 감면 배제

2) 추징요건

① 추징사유

취득일부터 5년(2018년 이전은 2년) 이내에 정당한 사유 없이 해당 사업을 폐업하거나 해당 재산을 처분(임대 포함) 또는 주식을 처분하는 경우 감면된 취득세를 추징한다. 그런데 2019년 이후 취득분부터는 주식을 처분하는 경우도 추징되나, 2018.12.31. 이전에 감면받은 취득세의 추징에 대해서는 개정규정에도 불구하고 종전의 규정에 따른다(부칙 §10).

정당한 사유의 예로 「공익사업을 위한 토지 등의 취득 및 보상에 관한 법률」 및 그 밖의 법률에 따라 수용된 경우, 법령에 따른 폐업·이전명령 등에 따라 해당 사업을 폐지하거나 사업용 재산을 처분하는 경우, 「조세특례제한법 시행령」 제29조 제7항 각 호의 어느 하나에 해당하는

---

160) 2014.12.31. 이전까지는 「조세특례제한법」 제120조 제5항에 규정되어 있었는데, 2015.1.1. 이후는 「지방세특례제한법」 제57조의 2 제4항으로 이관됨.

경우 및 「조세특례제한법」 제32조 제1항에 따른 법인전환으로 취득한 주식의 50% 미만을 처분하는 경우를 들고 있으나(지특령 §28-2 ③, 구 조특령 §116 ⑧), 이는 예시적인 규정으로 보아야 할 것이다.

전환법인이 현물출자 또는 사업 양도·양수의 방법으로 취득한 사업용 고정자산의 50% 이상을 처분하거나 사업에 사용하지 않는 경우 사업의 폐지로 본다(조특령 §29 ⑥). 다만, 다음 어느 하나에 해당하는 경우에는 그러하지 아니한다.

㉠ 전환법인이 파산하여 승계받은 자산을 처분한 경우

㉡ 전환법인이 「법인세법」 제44조 제2항에 따른 합병, 같은 법 제46조 제2항에 따른 분할, 같은 법 제47조 제1항에 따른 물적분할, 같은 법 제47조의 2 제1항에 따른 현물출자의 방법으로 자산을 처분한 경우

㉢ 전환법인이 「채무자 회생 및 파산에 관한 법률」에 따른 회생절차에 따라 법원의 허가를 받아 승계받은 자산을 처분한 경우

㉣ 전환법인이 「조세특례제한법」 제37조에 따른 자산의 포괄적 양도에 따라 자산을 장부가액으로 양도한 경우(2018.2.12. 이전만 적용)

전환법인이 거주자로부터 현물출자받은 사업용 고정자산의 2분의 1 이상을 소비성서비스업에 사용하는 것도 사업을 폐지하는 경우에 해당된다(서면부동산-1722, 2018.8.30.).

한편, 법인설립일부터 5년 이내에 법인전환으로 설립된 법인이 거주자로부터 승계받은 사업을 폐지하는 경우, 법인설립일부터 5년 이내에 거주자가 법인전환으로 취득한 주식 또는 출자지분의 100분의 50 이상을 처분하는 경우에는 양도소득세 이월과세가 배제되지만 취득세에서는 2018년 이전은 취득일로부터 2년 이내에 사업을 폐업하거나 처분하는 경우 이외에는 추징이 되지 아니하는바, 법인설립일부터 2년 경과 후 5년 이내에 사업을 폐지하는 경우, 거주자가 법인전환으로 취득한 주식 또는 출자지분의 100분의 50 이상을 처분하는 경우(2019년 이후 추징됨)에 대한 추징규정이 없으므로 추징대상이 되지 아니한다.

> **사례** 법인전환 후 2년 이내 지분 양도 시 추징대상 아님(지방세특례제도과-1530, 2016.7.5.).
>
> 현물출자 또는 사업 양수·양도에 따라 취득하는 사업용 재산이 법인전환 이후에도 그 법인이 계속 사업용 재산으로 제공되어 사업의 동일성이 유지되는 경우라면 사업의 운영형태만 변경한 것에 불과한 것이므로 이를 처분으로 볼 수는 없음.

② 신설법인 추징 시 개인사업자에 대한 추징 여부

현물출자 부동산을 신설법인이 사업에 사용한 기간과 개인이 사업에 사용한 기간을 합하여 2년 이내인 경우 개인에게도 추징할 것인지는 명확하지 아니하나 신설법인이 취득일로부터 2년간 사업에 사용하지 못함에 따라 추징될 것이므로 현물출자 등으로 권리의무 승계가 되었는바, 굳이 개인에게도 추징하는 것은 문제가 있을 것이므로 개인에게는 추징할 수는 없다고 판단된다.

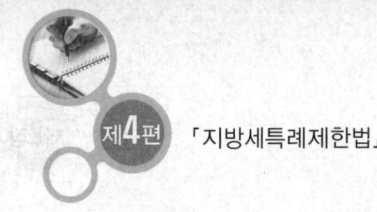

③ 임대업을 법인전환한 경우 임대가 추징대상인지 여부

임대업을 법인전환한 경우에 임대업은 법인전환 전의 사업영위를 하는 것이므로 임대를 처분으로 보지 아니한다(지방세운영과-4434, 2010.9.20. 참조). 따라서 계속하여 임대업을 영위하는 경우에는 추징대상이 되지 아니하는 것이므로 임대기간을 연장한 것은 추징대상이 되지 아니한다.

> **사례** 법인전환 후 2년 이내 멸실한 경우 추징 여부(조심 2014지0028, 2014.8.8.)
>
> 개인사업자가 법인전환으로 법인이 2010.8.16. 부동산을 부동산 임대업을 목적으로 취득하였으나, 유예기간(2년) 내인 2010.10.27. 부동산 중 건축물을 멸실하였으므로, 이때부터 부동산 임대사업을 폐업한 것으로 보는 것이 타당함.

> **사례** 부동산 임대업이 처분에 해당되는지 여부(지방세운영과-4434, 2010.9.20.)
>
> 감면세액 추징대상인 처분에 "임대를 포함"하는 취지는 법인전환하면서 취득한 사업용 재산을 고유목적사업에 사용하지 않고 수익 등을 위하여 임대하는 경우 처분에 준하는 추징대상으로 보겠다는 의미라 할 것이므로, 해당 법인이 소비성사업을 영위하지 않고 임대사업을 고유목적사업으로 영위하면서 해당 임대사업자가 법인전환 후에도 계속 임대사업에 사업용 재산을 제공하는 경우라면, 이를 처분으로 볼 수 없음(도세과-131, 2008.3.21., 세정과-2011, 2004.7.12. 등 참조).

④ 합병 시 추징 여부

취득세는 유통세의 일종으로 형식적인 소유권이전의 경우에도 과세가 되는 것이 맞으나, 추징 사유인 "매각"은 특정승계 개념이 도입되어야 할 것으로써, ① 「지방세법」 제15조 제1항 제3호에 의하면 적격합병의 경우 형식적인 취득으로 중과기준세율(구 취득세분)을 배제하고 있다는 점, ② 유상승계가 아닌 무상승계로 보고 있다는 점 및 ③ 피합병법인이 소멸되기는 하였으나 실질은 합병법인에 귀속되어 하나의 실체를 이루고 있어서 특정승계 매각으로 볼 수 없다는 점에서 추징 사유인 매각으로 보는 것은 법 취지에 맞지 않다는 것이라 결정하여 합병을 처분으로 보지 않고 있다.

한편, 상기 대법원판결(대법원 2015두50481, 2015.12.10.)에서 "개인사업자가 법인전환 후 개인사업자의 취득일로부터 2년 이내 합병을 한 경우 흡수합병을 통하여 부동산을 처분함으로써 조세감면 효과가 소멸하여 감면 세액을 추징하여야 함을 전제로 개인사업자의 의무를 승계한 합병 후 존속회사에게 과세한 것이므로, 원고에게 승계될 조세감면 혜택이 존재하지 아니한다"라고 판시하고 있어서 과세당국은 피합병법인의 3년 유예기간 종료일까지 합병법인이 그 유예기간 내 해당 용도로 사용하지 아니한 경우 추징하는 것으로 판단하고 있다.

3) 유의사항

① 현물출자의 요건

구분	감면요건
업종 요건	① 소비성서비스업을 제외한 사업을 영위하는 법인일 것
출자자의 연속성	② 신설법인의 자본금이 사업용 고정자산을 현물출자하여 법인으로 전환하는 사업장의 순자산가액 이상일 것
사업의 계속성	③ 사업용 고정자산을 현물출자할 것

양수도에 의한 법인전환 규정에서는 발기인이 되어 법인전환으로 새로이 설립되는 법인으로부터 취득한 주식 또는 지분의 가액이 사업용 고정자산을 사업양수도하여 법인으로 전환하는 사업장의 순자산가액 이상인 경우에 적용되는 것이지만 현물출자에 의한 법인전환에 대한 양도소득세 이월과세 규정은 법인의 설립 당시 새로이 설립되는 법인의 자본금이 소멸하는 사업장의 순자산가액 이상일 경우 적용되는 것이다(부동산거래관리과-841, 2011.10.6.).

거주자가 사업용 고정자산을 현물출자하여 법인으로 전환하는 경우 그 사업용 고정자산에 대해서는 새로 설립되는 법인의 자본금이 법인으로 전환하는 사업장의 순자산가액 이상인 경우에는 그 사업용 재산에 대하여는 취득세를 감면받을 수 있다고 규정하고 있는바, 개인사업자가 직접 투여하지 아니한 다른 주주의 투여 지분에 해당하는 출자액은 법인의 자본금에 포함되지 아니한다고 인용한 구 국세심판원의 선결정(국심 2005중2993, 2005.1.1.)은 거주자가 사업용 고정자산을 사업양수도의 방법에 의하여 법인으로 전환하는 경우에 해당하는 심판결정사례이므로 현물출자에 의해 법인전환하는 경우 이를 동일하게 적용할 수는 없으며, 조세법규는 확장해석이나 유추해석을 금하고 문언에 따라 충실하게 문리해석을 하여야 하는 점을 고려할 때, 관련 법령인 「조세특례제한법」 제32조와 같은 법 시행령 제29조의 규정 내용에 따라 사업용 고정자산을 현물출자하여 법인으로 전환하는 경우에는 거주자의 출자금액의 크기(종전 개인사업장의 순자산가액 이상인지 여부)와 상관없이 새로이 설립되는 법인의 자본금이 종전 개인사업장의 순자산가액 이상이면 취득세의 면제대상으로 보아야 할 것이다(조심 2010지516, 2011.11.22.). 그런데 현물출자방식에 의한 법인전환의 경우 다른 주주 출자액은 자본금에 포함되지 아니한다(지방세운영과-344, 2010.1.26.)라고 해석하고 있는데, 이는 사업양수도 방식에 의한 법인전환에만 적용되는 것으로 현물출자 방식에 의한 법인전환에는 적용되지 아니할 것으로써 잘못된 해석으로 판단된다.

한편, 4명 사업자가 하나의 법인으로 전환하기 위하여 각각의 사업장의 사업용 고정자산을 현물출자한 경우 전체의 순자산가액을 계산하여 자본금이 그 이상 되면 4명의 현물출자 자산을 모두 감면하여야 한다라고 판단된다. 이에 대하여 각각의 사업장의 순자산가액 이상을 출자한 개인사업자만 감면하여야 한다라고 해석할 수 있지만 현물출자된 신설법인의 관점에서 본다는 이와 같이 해석하여야 할 것으로 판단된다는 것이다. 즉 각자의 사업장의 각각의 신설법인을 설립하여 현물출자한 것이 아니기 때문이라는 것이다.

㉠ 순자산가액 산정

순자산가액은 현물출자일 현재의 시가로 평가한 자산의 합계액에서 충당금을 포함한 부채의 합계액을 공제하여 계산하는 것이고, 이 경우 공제대상 부채는 해당 사업과 관련하여 발생된 부채를 말하는 것이다. 따라서 현물출자되지 아니한 자산도 포함하여 순자산가액을 산정하여야 할 것이다. 그리고 부채의 범위는 그 부채를 공제하는 대상인 자산의 범주에 대응하는 것이라 하는 것이 타당하다 할 수 있고, 그 자산은 위 산식을 정한 「조세특례제한법 시행령」 제28조 제1항 제2호가 해당 사업에 관한 주된 자산을 모두 승계하는 경우에 적용되는 것이라는 점 등을 고려한다면 사업관련성이 있는 자산을 의미하는 것으로 보는 것이 합리적이라 할 것으로 그와 같은 범주를 지닌 자산에 대응하는 부채에 관하여도 달리 다른 기준을 적용해야 한다는 점에 관한 특별한 사정이 없다면 사업과 관련한 금액으로 새겨야 할 것이다(지방세특례-2712, 2019.7.12.).

사례 사업용 고정자산을 현물출자하거나 사업양수도하여 법인으로 전환하는 사업장의 순자산가액 계산 시 관계회사대여금, 출자금, 미수금을 순자산에서 제외할 수 없는 것임(부동산거래관리과-355, 2011.4.26.).

사례 해당 사업과 관련하여 발생된 부채의 의미(재산세과-1713, 2009.8.18.)

"해당 사업과 관련하여 발생된 부채"라 함은 출자를 위한 차입금 외에 해당 공동사업을 위하여 차입한 차입금을 말하는 것으로 그 차입금이 출자를 위한 차입금인지 아니면, 공동사업장의 사업을 위한 차입금인지 여부는 공동사업 구성원 간에 정한 동업계약의 내용 및 출자금의 실제 사용내역 등에 따라 판단하는 것임.

㉡ '자본금'의 의미

새로이 설립되는 법인의 '자본금'이란 기업회계기준에 의한 법인등기부등본 상의 자본금, 즉 재무상태표 상의 자본금만을 의미하는 것이다(지방세정팀-6413, 2006.12.22.). 따라서 자본잉여금은 포함하지 아니하는 것이다.

㉢ 일부 자산만 현물출자하는 경우

개인기업의 현물출자 규정에서는 사업용 고정자산을 현물출자하여야 하는 것으로 규정되어 있으며, 유권해석에서는 일부 자산만을 현물출자하여 법인으로 전환하는 경우에도 사업의 계속성이 인정된다면 동 규정의 적용을 받을 수 있을 것으로 규정되어 있는바, 토지와 건물이 있어야 사업의 계속성이 유지되는 것으로 보아야 할 것이므로 사업에 동시에 사용되었던 토지는 현물출자하지 않고 건물만 현물출자할 경우에는 사업의 계속성이 유지되기 어려운 부분이 있을 것이다.

그런데 토지는 개인사업자의 전체 출자자산에서 차지하는 비율(1.12%)이 미미하여 동 토지를 출자대상에서 제외하였다 하더라도 법인전환 전후의 사업의 동질성이 유지되지 아니한다고 보기 어렵고, 현물출자일 현재 청구법인의 출자액이 토지를 제외한 개인사업자의 사업용 고정자산 등의 순자산가액 이상에 해당된다(조심 2018지1220, 2019.6.28.).

ㄹ **개인이 의료법인으로의 출연은 현물출자로 보지 아니함**

일반적으로 현물출자, 발기인이 되어 법인설립은 「상법」 상의 회사를 전제로 하는 것이므로 개인병원을 의료법인으로의 현물출자가 가능하지 여부, 개인 사업자가 발기인이 되어 의료법인의 자본금 출자가 가능하지 여부에 따라 상기 감면규정을 적용할 수 있는지가 결정될 것이나, '출자'는 법인에 대하여 그 구성원이 자본적 가치가 있는 지출을 하는 것으로서 그에 따라 법인의 이익을 분배받을 권리 등을 가지는 경우를 뜻하므로, 재단법인의 설립자가 재산상 손실로 재단법인의 재산을 구성하되 그로부터 어떠한 이득을 취하지 않는 '출연'과는 본질적으로 다른 개념이라고 보아 감면대상이 되지 아니한다.

> **사례** 개인기업의 법인전환 시 취득세가 면제되는 대상은 사업용 고정자산에 한정된다고 할 수 없음(서울행법 2001구38636, 2002.3.26.).

> **사례** 재단법인 설립을 위한 '출연'은 '출자'와 다름(대법원 2012두11607, 2012.9.27.).
> '출자'는 법인에 대하여 그 구성원이 자본적 가치가 있는 지출을 하는 것으로서 그에 따라 법인의 이익을 분배받을 권리 등을 가지는 경우를 뜻하므로, 재단법인의 설립자가 재산상 손실로 재단법인의 재산을 구성하되 그로부터 어떠한 이득을 취하지 않는 '출연'과는 본질적으로 다른 개념이라고 전제한 후, 원고가 재산을 출연하여 재단법인에 관한 규정이 준용되는 이 사건 의료법인을 설립하고 개인 사업체인 ○○○○병원의 운영과 관련하여 보유하던 이 사건 부동산 등 자산과 부채를 이 사건 의료법인에게 포괄적으로 양도하였다고 하더라도 이 사건 부동산의 양도는 구 「조세특례제한법」 제32조에 의한 이월과세의 적용을 받을 수 없다고 판단됨.

② **사업양수도의 요건**

구분	감면요건
업종 요건	① 소비성서비스업을 제외한 사업을 영위하는 법인일 것
출자자의 연속성	② 신설법인의 자본금이 사업양수도하여 법인으로 전환하는 사업장의 순자산가액 이상일 것
사업의 계속성	③ 사업용 고정자산을 해당 사업을 영위하던 자가 발기인이 되어 법인을 설립하고, 그 법인설립일부터 3월 이내에 해당 법인에게 사업에 관한 모든 권리와 의무를 포괄적으로 양도하는 것일 것

「조세특례제한법」 제32조의 규정에 의하여 거주자가 사업용 고정자산을 사업양수도 방법에 의하여 법인으로 전환하는 경우 "같은 법 시행령" 제29조 제2항의 규정에 의하여 거주자가 법인전환으로 새로이 설립되는 법인으로부터 취득한 주식 또는 지분의 가액이 사업용 고정자산을 사업양수도하여 법인으로 전환하는 사업장의 순자산가액 이상인 경우 사업용 고정자산에 대한 양도소득세의 이월과세를 적용받을 수 있는 것이다(재산세과-3030, 2008.9.30.).

거주자가 2개 이상의 사업장을 사업양수도 방법에 의하여 법인으로 전환하는 경우 각 사업장 별로 해당 사업용 고정자산에 대하여 「조세특례제한법」 제32조 규정에 의한 이월과세를 적용받을 수 있는 것이다(서면5팀-245, 2006.9.26.).

개인사업자가 발기인이 되어 법인으로 전환하는 사업장의 순자산가액(법인전환일 현재의 시가로 평가한 자산의 합계액에서 충당금을 포함한 부채의 합계액을 공제한 금액) 이상을 출자하여 법인을 설립하고, 법인설립일부터 3월 이내에 당해 법인에게 사업에 관한 모든 권리와 의무를 포괄적으로 양도할 것을 감면요건으로 하고 있다. 따라서 그 개인사업자가 직접 투여하지 아니한 다른 주주의 투여 지분에 해당하는 출자액은 법인의 자본금에 포함되지 아니한다(국심 2005중2993, 2005.1.1.). 이는 거주자가 사업용 고정자산을 사업양수도의 방법에 의하여 법인으로 전환하는 경우에만 적용되는 것으로 현물출자에 의해 법인전환하는 경우 이를 동일하게 적용할 수는 없다(조심 2010지516, 2011.11.22.). 한편, 기존 개인사업장의 자산과 부채 중 일부가 사업양수도 대상에서 제외되는 경우에 「조세특례제한법 시행령」 제29조 제5항의 '법인으로 전환하는 사업장의 순자산가액'이란 기존 사업장의 순자산가액이 아니라 같은 조 제2항에 의한 사업양수도 대상에 포함된 것의 순자산가액을 의미한다고 해석함이 타당하다 할 것이다(조심 2013지749, 2014.1.7.).

㉠ 자본금이 순자산가액 이상

'새로이 설립되는 법인의 자본금'이란 기업회계기준에 의한 법인등기부등본상의 자본금, 즉 재무상태표상의 자본금만을 의미하는 것이다(지방세정팀-6413, 2006.12.22.). 따라서 자본잉여금은 포함하지 아니하는 것이다.

한편, 사업양수도의 경우 자본금이 전환 전 개인사업장의 순자산가액 이상이어야 하는데, 전환 전 순자산가액이 사업양수도일의 순자산가액이 아닌 법인설립일 현재의 순자산가액으로 보아야 할 것이다(부동산관리과-0738, 2011.8.22. 참조)라고 해석하여 왔으나, '순자산가액'이란 사업의 양도·양수일 현재 시가로 평가한 자산의 합계액에서 충당금을 포함한 부채의 합계액을 공제한 금액인 점(대법원 1998.11.24. 선고, 97누6216 판결.[161] 조심 2015지733, 2017.1.16. 같은 뜻임), 청구법인은 2012.12.26. 자본금 OOO억 원으로 설립된 후 2013.1.18. 개인사업자와 사업에 관한 일체의 권리와 의무를 양수하는 내용의 사업 양도·양수계약을 체결하면서 2013.1.31.을 기준일로 약정한 사업 양도·양수일 현재 개인사업자의 순자산가액 이상인 사실이 확인되므로 「조세특례제한법」 제120조 제5항에 따른 취득세 등의 감면요건을 충족하지 못한 것으로 보아 이 건 취득세 등을 과세한 처분은 잘못이 있다고 판단된다(조심 2017지0831, 2017.12.20.)라고 결정하여 양수도일 현재의 순자산가액으로 보고 있다.

---

161) 대법원판례의 취지에 따르면 법 규정의 취지가 개인기업자가 개인기업을 법인으로 전환하는 과정에서 출자금액을 부당하게 축소시키는 것을 방지하려는 데 있다면 굳이 법인설립 시까지 그 자본금을 갖출 것이 필연적으로 요구되는 것도 아니라 할 것이므로 위 원칙에 따라 사업양도 시를 기준으로 그 자본금을 갖추었는지를 판정할 수밖에 없다 할 것임[유권해석(지방세특례제도과-535, 2020.3.10.)도 동일함].

ⓛ 3월 이내 소유권이전을 요하는 것은 아님

법인설립일부터 3월 이내에 해당 사업용 고정자산의 양도시기가 도래한 경우에만 이 규정에 따른 양도소득세 이월과세를 적용받을 수 있는 것이다(서면2팀-1709, 2005.10.24.)라고 해석하고 있어서 법인설립일로부터 3개월 이내에 개인 사업체의 자산을 소유권이전을 하여야 하는 것이나, 반드시 소유권이전등기가 완료되어야 하는 것은 아니다.

ⓒ 실질 양수도일은 3개월 이내이나 계약체결을 3개월 후에 한 경우

3개월 이내에 포괄양수도 하여야 한다는 것은 실질 양수도가 3개월 이내이어야 한다는 점에서 계약일자가 3개월을 초과하더라도 실질 양수도일자이 3개월 이내인 경우에는 인정하여야 할 것으로 판단된다. 실질적인 양도시기가 3개월 이내인 경우에는 인정된다는 것인데, 실질 양수도일에 양도된 것임이 명백하다면 이를 인정하여야 한다는 것이다.

그런데 취득으로 보지 아니하는 합의해제의 경우 60일이 경과하여 계약 해제에 따른 공정증서를 작성한 사실이 확인되는 경우 잔금지급일(무상취득은 계약서 작성일)에 부동산을 취득한 것으로 보아야 한다(조심 2013지214, 2013.6.28.)라고 해석하고 있는데, 공정증서 작성일이 60일 경과되었다고 하여 취득세를 부과하는 것은 실질과세 원칙에 위배되는 것이라는 점에서 논란이 되고 있다. 이 심판례에 따르면 실질 내용보다는 형식을 중요시하여 계약일자가 3개월 경과되었다고 하여 감면대상 사업양수도가 아닌 것으로 해석할 여지도 있다.

ⓔ 사업양수도 후 반드시 폐업하여야 하는지

포괄 양수도계약에 의해 실질적으로 자산과 부채가 포괄 양수도된 경우라면 폐업 여부와는 관계없이 법인설립일로부터 3개월 이내에 포괄 양수도가 이루어졌다면 감면대상이 되는 것으로 판단하여야 할 것이다. 그런데 폐업 등을 하지 않으면서 종전 사업체의 업무 등을 하고 있다면 실질적으로 양수도가 되지 아니하였다고 보아야 할 것이므로 감면이 되지 아니할 것이지만 사업양수도 후 종전사업을 영위하지 않으면서 양수도 대금으로 종전과 다른 사업을 하기 위하여 폐업하지 않고 있는 경우에는 감면이 될 것이다.

③ 개인사업자가 창업중소기업으로 감면받은 후 법인전환하는 경우

ⓐ 유예기간 승계

창업중소기업 및 창업벤처중소기업 또는 농공단지·개발촉진지구 및 지방중소기업특별지원지역 입주기업에 대한 세액감면을 받는 내국인 또는 기간감면받는 수도권 외의 지역으로 이전하는 중소기업(폐광지역진흥지구에 개발사업시행자로 선정되어 입주하는 경우에는 「관광진흥법」에 따른 관광숙박업 및 종합휴양업과 축산업을 경영하는 내국인 포함)이 해당 감면기간이 경과되기 전에 법인전환하는 경우 전환법인은 잔존감면기간에 대하여 창업중소기업 등에 대한 세액감면 및 재산세 감면·농공단지 입주기업 등에 대한 세액감면을 적용받을 수 있다. 다만, 창업중소기업 등의 재산세 감면(지특법 §58-3 ⑧, 구 조특법 §121)은 법인전환 전에 취득한 사업용 재산(현행 고정자산)에 한한다(조특법 §31 ④, ⑤, §32

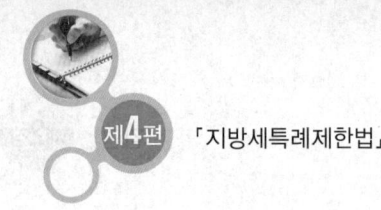
④, 조특령 §28 ④ 준용).

구 「조세특례제한법」 제120조 제5항에서 같은 법 제32조에 따른 현물출자 또는 사업양수도에 따라 취득하는 사업용 재산(현행 고정자산)에 대해서는 취득세를 면제한다고 규정하면서, 단서 조항에서 취득일부터 2년 이내에 대통령령으로 정하는 정당한 사유 없이 해당 사업을 폐업하거나 해당 재산(현행 고정자산)을 처분(임대를 포함한다)하는 경우에는 감면받은 세액을 추징한다고 규정하고 있는바, 같은 법 제32조의 현물출자 또는 사업양수도에 따른 재산 이전은 실질적으로 동일한 사업주가 사업의 운영형태만을 바꾸는 것에 불과하여 취득세 등을 부과할 필요가 적음과 더불어 개인사업의 법인전환을 장려함에 있다는 점, 부동산임대업을 목적사업으로 하는 법인의 임대와 그렇지 아니하는 법인의 임대는 그 성격이 다르다는 점 등에 비추어 볼 때, 같은 법 제32조에 의하여 거주자가 영위하던 제조업과 부동산임대업을 사업양수도를 통해 법인으로 전환함에 따라 거주자가 임대업에 사용하던 부동산을 사업양수도에 의거 법인이 취득하는 경우라면 취득세 등 감면대상이라 할 것이나, 그 후 취득일부터 2년 이내에 정당한 사유없이 당초 임대업에 사용하지 않던 부동산을 추가로 임대한 경우라면 그 부분에 상당하는 기 면제세액은 추징대상에 해당된다 할 것이다(조심 2010지851, 2011.8.8.).

> **사례** 합병법인이 잔존의무기간 내에 공장용으로 사용해야 함(행심 2005-79, 2005.4.6.).
>
> 피합병법인이 토지를 취득한 날로부터 3년 이내에 공장용으로 사용하지 아니하고 있다가 이를 나대지 상태로 매각하였으며, 유예기간 내에 이를 사용하지 못한 정당한 사유가 없는 이상 면제한 취득세 등의 추징대상에 해당된다 할 것임.

ⓛ 개인사업자 추징 여부

하기 사례를 살펴보면 창업중소기업 감면받은 개인사업자가 2년 이내에 「조세특례제한법」 제32조에 의한 현물출자나 사업양수도된 것은 처분에는 해당되나 추징대상인 처분으로는 볼 수 없을 것이므로 개인에게 추징하지 아니할 것이다라고 해석한 바 있다. 그런데 조세심판원에서는 일반적으로 발기인 또는 신주 인수인이 회사에 대하여 현물출자를 하면 회사는 이들에게 주식을 발행 교부하게 되는데 현물출자와 주식의 교부는 서로 대가관계에 있는 것으로 볼 것이므로 현물출자의 유상성이 인정된다 할 것인 점, 부동산을 증축·취득하였다가 현물출자하여 유예기간 내에 직접 사용하지 아니하고 소유권을 이전하였으므로 정당한 사유로 볼 수 없는 점 등에 비추어 유예기간 내에 부동산을 현물출자한 것은 감면 추징사유인 매각에 해당한다고 보이므로 취득세 등을 과세한 처분은 달리 잘못이 없다고 판단된다(조심 2015지1130, 2015.11.2.)라고 결정하고 있어서 이를 달리 판단하고 있다는 점에서 논란이 되고 있다. 이는 내국법인의 현물출자에 대한 내용이나 개인기업의 현물출자에 의한 법인전환에도 적용될 여지가 있다.

이와 관련하여 대법원은 정당한 사유로 볼 수 없어 추징이 되는 것으로 판시하고 있다.

> **사례** 개인사업자가 창업중소기업 감면 후 사업 양도·양수의 방법으로 소유권을 법인으로 전환한 경우 감면제외 사유인 '정당한 사유'에 해당하지 않아 추징됨(대법원 2019두55194, 2020.1.30. 심불, 서울고법 2019누39361, 2019.9.25.).

④ 임대업이 법인전환 대상이 됨

「조세특례제한법」 제32조에서 사업양수도 방법으로 전환하는 법인 중 소비성서비스업을 경영하는 법인은 제외한다고 규정하고, 같은 법 시행령 제29조 제3항에서 호텔업, 여관업, 주점업, 그 밖에 오락·유흥 등을 목적으로 하는 사업 등을 소비성서비스업이라고 규정하고 있을 뿐, 부동산 임대업은 포함되어 있지 아니하므로 부동산 임대업을 목적사업으로 하는 법인이라면 해당 임대용 부동산의 경우 사업용 부동산에 포함된다고 할 것이다(지방세운영과-4434, 2010.9.20.).

> **사례** 부동산 임대업을 영위하는 거주자가 임대용으로 사용하던 부동산을 법인(소비성서비스업을 영위하는 법인을 제외함)으로 전환하는 경우 해당 부동산에 대하여는 양도소득세의 이월과세를 적용받을 수 있는 것임(부동산거래관리과-772, 2010.6.3.).

> **사례** 건축물이 없는 토지를 임대한 임대업자가 임대용으로 사용하던 토지를 현물출자 또는 사업 양도·양수의 방법에 따라 법인전환하는 경우 양도세 이월과세를 적용받을 수 없는 것임(부동산 거래관리과-413, 2011.5.20.).

⑤ 법인전환 전에 대부분의 순자산가액을 축소한 경우

법인전환을 위한 현물출자 직전에 개인사업장의 현금성 자산 등을 사업주가 대부분 인출하여 현저하게 축소시킨 순자산가액 상당액을 출자하여 법인을 설립한 경우 개인사업과 관련된 주된 자산이 모두 신설한 법인에게 승계되어 사업의 동일성을 유지하면서 사업을 운영하는 형태만 변경한 것으로 인정하기 어려운 점, 법인전환 전·후에 사업의 동일성에 대한 판단을 배제하고 현물출자일 현재의 개인사업장의 순자산가액 이상을 법인전환 시 출자하였다 하여 취득세 면제요건을 충족한 것으로 볼 경우 개인사업과 관련된 주된 자산을 처분·인출하여 축소한 순자산가액 상당액을 출자하여 법인으로 전환하는 경우에도 취득세를 면제하는 불합리한 결론으로 귀결되는 점, 개인사업장을 법인으로 전환한 이후에 매출액 변동이 크지 않았다거나 유동성 위기가 없었다고 하여 사업의 동일성 요건을 충족한다고 보기는 어려운 점 등에 비추어 처분청이 예금의 인출로 인한 자산의 감소를 배제하여 산정한 개인사업장의 순자산가액 보다 그 개인사업주가 법인전환으로 인하여 취득하는 주식의 가액이 미달하여 부동산에 대한 취득세 등의 면제요건을 불충족한 것으로 보아 부과처분한 것은 잘못이 없다(조심 2014지0937, 2015.4.16.).

개인사업자가 사업용 고정자산을 현물출자하여 법인으로 전환하는 경우 새로 설립되는 법인의 자본금이 현물출자일 현재 개인사업장의 순자산가액 이상이 되면 취득세 등의 감면요건을 충족한다고 보는 것이 타당하다 할 것이다(대법원 2017.3.9. 선고, 2016두62771 판결.[162] 같은 뜻임). 개인 사업자 ○○○이 2014.6.16. 사업용 자산 등을 현물출자하여 설립한 청구법인의 설립 당시 자본금

이 현물출자일 현재 개인사업자 ○○○의 순자산가액 이상인 사실이 청구법인의 등기사항전부증명서, 개시대차대조표 및 공인회계사 ○○○이 2014.4.8. 작성하여 의정부지방법원에 제출한 감정인 조사보고서 등에 의하여 확인되는 점, 개인사업자 ○○○이 2013.12.31. 쟁점금액을 인출하였으나 나머지의 사업용 자산·부채 전체를 현물출자하여 2015.6.16. 청구법인을 설립하였다 하더라도 사업의 동질성이 없다고 보기는 어려운 점 등에 비추어, 청구법인은 구 「조세특례제한법」 제120조 제5항 및 제32조에 따른 취득세 등의 감면요건을 충족한 것으로 보이므로 처분청이 이건 취득세 등을 과세한 처분은 잘못이 있다고 판단된다(조심 2017지0500, 2017.9.14.).

⑥ 취득금액이 소액인 재산

취득금액이 매우 소액인 경우 그 사업용으로 제공한 날이 속하는 연도의 필요경비에 산입할 수 있으므로 소액인 재산을 자산이 아닌 비용으로 인식하여 순자산가액을 산정한 후 법인전환에 따른 취득세 감면을 적용할 수 있다(대법원 2014두36990, 2014.8.26.).

⑦ 법인전환에 따른 농어촌특별세 중과세 해당 여부

「조세특례제한법」에 따른 법인전환 시 취득세 중 구 등록세 감면세액은 법인이 대도시 외의 지역에서 설립되면 일반세율(2%)을 적용하여 산출하고, 구 등록세 감면에 따른 중과세율 적용배제 규정이 없는 한, 대도시 내에서 설립되는 경우 중과세율(6%)을 적용하여 산출하도록 규정되어 있는 반면, 「농어촌특별세법」 제5조 제1호에서 농어촌특별세는 「조세특례제한법」에 따라 감면받은 구 등록세 감면세액에 100분의 20을 곱하여 산출하도록 규정되어 있는바, 농특세 과세표준은 등록세 감면세액을 산출하면서 일반세율이나 중과세율 적용 여부와 상관없이 산출된 감면세액 그 자체라 할 것이고, 이에 곱할 농어촌특별세 세율은 100분의 20으로 단일세율이라고 할 것인바, 일반세율이나 중과세율을 적용할 여지가 없다고 할 것이다.

☞ 구 등록세 세율이 중과세율이므로 중과세 구 등록세 감면세액이 과세표준이 되는 것임.

---

162) 구 「조세감면규제법 시행령」 제28조 제1항 제2호 규정이 1997.12.31.자로 개정되면서, 사업용 재산의 평가를 시가에 의하도록 함과 아울러, 1년간의 평균 순자산가액이 아니라 해당 기준일 당시 순자산가액에 의하도록 규정함에 따라, 현물출자에 의한 법인전환의 경우 그 현물출자일 당시 당해 사업장의 순자산가액과 비교하여 설립법인의 자본금이 그 이상이면 취득세 등이 면제되게 되었고, 이러한 규정이 이 사건에도 적용되는 구 「조세특례제한법 시행령」 제28조 제1항 제2호에 이르기까지 이어졌다. 따라서 이러한 규정 하에서는 현물출자 당시 당해 사업장의 순자산가액이 외부 유출됨이 없이 설립법인의 자본금으로 그대로 승계되었는지 여부만 문제될 뿐 현물출자 이전과 비교해서 축소되었는지 여부는 더 이상 문제될 여지가 없게 되었고(IMF 사태 이후 분할 등의 기업구조조정 관련법령의 개정 작업이 진행되면서 「상법」 상으로도 1998.12.28. 개정 「상법」 제530조의 2에서 회사의 분할 등을 규정하게 되었다), 이는 설립법인의 자본충실이 확보되면 그 규모는 종전에 비하여 축소되더라도 취득세 면제 등의 과세특례를 인정하여 법인전환을 촉진시키자는 데 그 취지가 있는 것으로 볼 수가 있다.
☞ 1년간의 평균 순자산가액과 비교하였던 것은 개인기업의 법인전환을 장려하되 그 과정에서 개인사업자가 출자금액을 부당하게 축소시키는 것을 방지하려는 데 있는 것임(대법원 1998.11.24. 선고, 97누6216 판결과 위 대법원 1994.11.18. 선고, 93누20160 판결 참조).

> **사례** 2인 공동소유 토지를 그 중 1인이 사업자등록하여 골프연습장을 운영한 경우로서 해당 공동소유 토지 전부를 「조세특례제한법」 제32조의 규정에 따라 법인에 현물출자하는 경우에는 사업자등록이 되어 있는 사업자 지분에 한하여 이월과세를 적용받을 수 있음(국심 2004전2754, 2005.8.31.).

> **사례** 공동사업을 영위하던 거주자 중 1인이 단독으로 자기지분만을 현물출자하여 법인으로 전환하는 경우에는 해당 규정이 적용되지 아니함(재산세과-3294, 2008.10.15.).

(11) 과점주주에 대한 감면[163](지특법 §57-2 ⑤)

1) 제3자의 인수, 계약이전에 관한 명령 또는 계약이전결정에 따라 부실금융기관으로부터 주식 또는 지분을 취득

① 감면대상 및 감면범위

「금융산업의 구조개선에 관한 법률」 §10에 따른 제3자의 인수, 계약이전에 관한 명령 또는 계약이전결정에 따라 부실금융기관으로부터 주식 또는 지분을 취득하는 경우	과점주주 간주 취득세 면제 (2014년 이전 비과세)

- 감면시한 : 2027.12.31.
- 최소납부제 적용 시기 : 2019.1.1. 이후
- 농어촌특별세 과세 여부 : 취득세 면제분(비과세분) 농어촌특별세 과세

② 추징요건

별도의 추징규정이 없다.

2) 금융기관의 대출금 출자전환

① 감면대상 및 감면범위

금융기관이 법인에 대한 대출금을 출자로 전환함에 따라 해당 법인의 주식 또는 지분을 취득하는 경우	과점주주 간주 취득세 면제 (2014년 이전 비과세)

- 감면시한 : 2027.12.31.
- 최소납부제 적용 시기 : 2019.1.1. 이후
- 농어촌특별세 과세 여부 : 취득세 면제분(비과세분) 농어촌특별세 과세

② 추징요건

별도의 추징규정이 없다.

---

163) 2014.12.31. 이전까지는 「조세특례제한법」 제120조 제6항에 규정되어 있었는데, 2015.1.1. 이후는 「지방세특례제한법」 제57조의 2 제5항으로 이관됨.

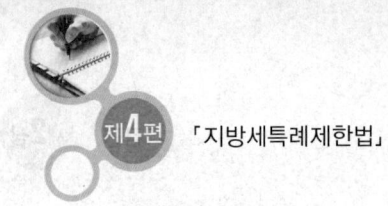

3) 지주회사의 주식 등 취득

① 감면대상 및 감면범위

「독점규제 및 공정거래에 관한 법률」에 따른 지주회사(금융지주회사를 포함한다)가 되거나 지주회사가 같은 법 또는 「금융지주회사법」에 따른 자회사의 주식을 취득하는 경우(2019년 이후 지주회사가 「독점규제 및 공정거래에 관한 법률」 §2 3에 따른 동일한 기업집단 내 계열회사가 아닌 회사의 과점주주인 경우 제외)	과점주주 간주 취득세 면제 (2014년 이전 비과세)

- 감면시한 : 2027.12.31.
- 최소납부제 적용 시기 : 2019.1.1. 이후
- 농어촌특별세 과세 여부 : 취득세 면제분(비과세분) 농어촌특별세 과세

지주회사인 과점주주에 대하여 취득세를 면제하는 입법 취지는 수직적으로 단순한 출자구조를 갖고 있는 「독점규제 및 공정거래에 관한 법률」에 따른 지주회사 체제가 순환출자구조를 가지고 있는 기존 대규모 기업집단에 비해 부실기업의 신속한 퇴출과 연쇄도산 위험이 감소되는 등 기업소유구조가 개선될 수 있다는 점에서 세제지원혜택을 통하여 지주회사의 설립 및 그 전환을 지원하기 위한 것이다.

지주회사가 자회사의 주식을 취득하는 시점에 지주회사에 해당되지 아니한 경우에는 취득세 납세의무가 있다(세정 13407-402, 2001.10.8.).

이미 과점주주인 지주회사가 자회사의 주식을 추가로 취득하여 지분이 증가한 경우에도 최초와 동일하게 취득세 비과세(비과세)를 적용한다(지방세운영과-3279, 2012.10.12.).

② 추징요건

2015.1.1. 이후는 해당 지주회사의 설립·전환일부터 3년 이내에 「독점규제 및 공정거래에 관한 법률」에 따른 지주회사의 요건을 상실하게 되는 경우에는 면제받은 취득세를 추징한다.

③ 유의사항

㉠ 계열회사 편입

「독점규제 및 공정거래에 관한 법률」 상 자회사의 요건 중 계열회사일 것이라는 내용이 있는바, 자회사가 되기 위해서는 계열회사 편입이 되어야 한다면 이 요건이 충족되어야 자회사가 되는 것이라면 계열 편입된 날에 자회사가 된다는 의미인데, 이 경우 주식 취득 시점에는 자회사가 되지 아니하였다는 것으로 해석할 수 있어서 간주취득세 면제가 되지 않는다고 할 수 있을 것이다. 그런데 지주회사가 자회사 주식 취득을 용이하게 하기 위해서 과점주주 간주취득세 면제규정이 있는바, 계열 편입이 되지 않았다 하더라도 취득 자체로 자회사 주식을 취득한 것으로 보아 간주취득세를 면제하는 것이 타당하다라고 보아야 할 것인데 이에 대하여 명확한 해석이 없다.

그리고 계열편입 요건이 필수가 아니거나 계열편입이 나중에 되었다고 하더라도 취득시점으로 소급하여 자화사로 보도록 규정되어 있다면 당연히 간주취득세가 면제되는 것이 맞을 것이다.[164]

「독점규제 및 공정거래에 관한 법률」 제2조 제1호의 2에서는 '지주회사'라 함은 주식의 소유를 통하여 국내회사의 사업내용을 지배하는 것을 주된 사업으로 하는 회사로서 자산총액이 대통령령이 정하는 금액 이상인 회사를 말한다고 규정하고 있으며, 같은 조 제1호의 3에서는 "자회사"라 함은 지주회사에 의하여 일정기준에 따라 그 사업내용을 지배받는 국내회사를 말한다고 규정하고 있고, 같은 조 제1호의 4에서는 "사업관련손자회사"라 함은 자회사에 의하여 사업내용을 지배받는 국내회사로서 그 사업내용이 해당 자회사와 밀접한 관련이 있는 회사를 말한다고 규정하고 있다.

ⓒ '지주회사가 되거나', '지주회사가 자회사의 주식을 취득하는 경우'의 의미

기업소유구조의 개선을 위하여 지주회사에게 세제지원혜택을 주는 취지의 규정으로서, 취득세 부과에 대한 특례를 정한 규정이고, 그 문언상 "지주회사가 자회사의 주식을 취득한 경우"라 규정하여 이미 지주회사와 자회사의 관계에 있는 경우만을 취득세 감면의 요건으로 규정하고 있는데, 이는 지주회사가 그와 이미 자회사 관계에 있는 회사의 주식을 추가적으로 취득하여 그 실질지배력을 강화하는 방식으로 구조조정을 하는 경우에 그 혜택을 부여하려는 취지로 이해된다. 더구나 지주회사가 자회사가 아닌 다른 회사의 주식을 취득함으로써 취득세 부과 대상이 된 경우에는 비록 주식의 취득과 동시에 두 회사가 지주회사와 자회사의 관계에 있게 된다 하더라도 주식의 취득 시점에 그 다른 회사가 지주회사의 자회사가 아닌 사실은 명백하다 할 것이므로 감면요건에 해당하지 않는다 할 것이다. 따라서 지주회사가 법인의 주식을 최초로 취득하여 그 법인을 자회사로 지배함과 동시에 그 법인의 과점주주가 되는 경우는 '과점주주가 취득세를 면제받을 수 있는 경우'에 해당하지 아니한다(법제처 2015 - 0125, 2015.6.3.)라고 해석을 변경하여 논란이 되고 있다. 그 이유는 지주회사가 되거나, 지주회사가 자회사의 주식을 취득하여 과점주주가 되는 경우에는 취득세를 면제하도록 규정하고 있다. 여기서 '지주회사가 되거나'의 의미는 주식을 취득함으로써 최초로 지주회사가 됨과 동시에 과점주주가 된 경우를 말하는 것이고, 후단에서 규정하고 있는 '지주회사가 자회사의 주식을 취득하는 경우'의 의미는 이미 지주회사인 회사가 자회사의 주식 등을 취득하여 과점주주가 된 경우를 말하는 것이다(법제처 2007

---

164) 지주회사의 자회사로 편입되기 전에 취득한 계열회사의 주식이 지주회사의 수입배당금 익금불산입액에서 차감계산 시 적용하는 주식보유에 해당하는지(국심 2003서2782, 2003.12.17.).
지주회사의 자회사에 대한 출자비율을 자회사의 배당기준일 현재 3월 이상 계속하여 보유하고 있는 주식을 기준으로 계산하고 있어, 자회사가 지주회사의 자회사로 편입되기 전에 취득하여 배당기준일 현재 보유하고 있는 계열회사의 주식 또는 다른 내국법인의 발행주식총수의 1%를 초과하는 주식의 경우에도 자회사의 배당기준일 현재 보유하고 있는 경우에는 재정경제부 예규(법인 46012-153, 2003.9.26.) 및 국세청예규(서이 46012-11383, 2002.7.18.)와 같이 자회사가 계열회사에 출자하였거나 계열회사 외의 다른 내국법인의 발행주식총수의 1%를 초과하여 출자한 주식의 범위에 포함되는 것으로 보아야 한다.

-366, 2007.12.21.)라고 해석한 바 있었고, 조세심판원에서는 공정거래법에 따른 지주회사의 주식취득에 대하여 과점주주 취득세 납세의무를 배제하는 규정을 마련한 취지는 새로이 도입되는 지주회사 제도의 정착 및 활성화를 위하여 지주회사가 비상장법인의 주식을 51% 이상 취득함에 따라 「지방세법」 상 발생하게 되는 과점주주에 대한 취득세 부담을 덜어주는 것에 있는 점, 위 구 「조세특례제한법」 개정(신설) 당시 시행 중인 공정거래법 상의 '자회사'의 개념에서 볼 때, 손자회사와 증손회사도 지주회사에 의하여 그 사업내용을 지배받는다는 점에서 '자회사'에 해당되는 것으로 볼 수 있는 점, 일련의 기업구조개편을 하는 과정에서 공정거래법 상 지주회사의 행위제한 규정을 준수하기 위하여 행한 기업집단 내부간의 지분이동으로 보이는 점, 주식을 50%씩 2회로 나누어 취득할 경우 취득세 납세의무가 없는 반면에, 일시에 100%를 취득한 것이라 하여 납세의무를 지우는 것은 합리적이지 않다고 보이는 점 등을 들어서 '지주회사가 자회사의 주식을 취득하는 경우'의 범위에 지주회사가 기존 자회사의 주식을 취득하는 경우와 지주회사가 공정거래법 상 이미 지배관계에 있는 내국법인의 주식을 취득함으로써 공정거래법 상 자회사가 되는 경우를 포함하는 것으로 보는 것이 타당하다(조심 2013-0012, 2014.12.19.)라고 결정한 바 있기 때문이다.[165] 이에 대하여는 대법원은 이미 공정거래법에 따라 설립 내지는 전환된 지주회사가 계열회사가 아닌 국내 회사의 주식을 일시에 취득함으로써 그 국내 회사를 자회사로 새로 편입하여 그 국내 회사의 과점주주가 된 경우에도 구 「조세특례제한법」(2010.12 27. 법률 제10406호로 개정되기 전의 것) 제120조 제6항 제8호에서 정하고 있는 '지주회사가 된 경우'에 해당한다고 보아야 한다(대법원 2016두59713, 2017.4.13.)라고 판시하여 결론을 내렸다. 그런데 2019년 이후 지주회사가 「독점규제 및 공정거래에 관한 법률」 제2조 제3호에 따른 동일한 기업집단 내 계열회사가 아닌 회사의 과점주주인 경우 간주취득세가 과세되는 것으로 개정하였다.

한편, 이미 지주회사 상태인 C법인이 2007.4.10. 자회사가 아닌 사업관련 손자회사에 해당하는 갑법인의 주식을 취득하여 과점주주가 된 이상 이는 「조세특례제한법」 제120조 제6항 제8호(현행 「지방세특례제한법」 제57조의 2 제4항 제3호) 후단에서 규정하고 있는 "지주회사가 자회사의 주식을 취득"한 경우에 해당하지 아니하여 감면요건을 갖추지 못한 상태에서 과점주주에 대한 취득세 납세의무가 성립된 것이므로, 해당 과점주주의 간주취득세는 비과세(현행 면제) 대상에 해당되지 않는다(지방세운영과-1187, 2009.3.19.).

---

165) 국회 재정경제위원회 법률안 심사보고서에서 개정안은 "지주회사가 되거나, 지주회사가 자회사의 주식을 취득하여 과점주주가 되는 경우에, 취득세를 부과하지 않도록 하려는 것"이며, "공정거래법 상 지주회사는 「지방세법」 상의 과점주주(발행주식 총수의 51%)에 해당되게 되어 취득세를 부담하게 되는데, 이를 지주회사 설립에 대한 지원 차원에서 배제하려는 것"이라고 되어 있다. 구 '재정경제부' 발간 「간추린 개정세법」 1999년 '개정이유'를 보면, "공정거래법 상 지주회사는 자회사가 비상장법인인 경우 발행주식총수의 50% 이상을 보유하여야 함에 따라 「지방세법」 상 과점주주(발행주식총수의 51%)에 해당하여 취득세를 부담하게 되는 문제를 해결하기 위함"이라고 되어 있다.

ⓒ 손자회사가 지주회사 주식을 취득한 경우

지주회사가 자회사의 주식을 취득하는 경우에만 적용되므로 손자회사가 지주회사의 주식을 취득하는 경우에는 적용되지 아니한다.

ⓒ 지주회사 판정 시 '직전 사업연도 종료일'의 의미

「독점규제 및 공정거래에 관한 법률 시행령」 제2조 제1항 제1호와 제2호에 따르면 "해당 사업연도에 새로이 설립되었거나 합병 또는 분할·분할합병·물적분할을 한 회사의 경우에는 각각 설립등기일·합병등기일 또는 분할등기일 현재의 재무상태표상 자산총액이 1천억 원 이상인 회사, 제1호 외의 회사의 경우에는 직전 사업연도 종료일(사업연도 종료일 이전의 자산총액을 기준으로 지주회사 전환신고를 하는 경우에는 해당 전환신고 사유의 발생일) 현재의 대차대조표상의 자산총액이 1천억 원 이상인 회사라고 규정되어 있다. 이 규정에서 지주회사 관련규정에 관한 해석지침(공정거래위원회 예규 제27호 개정, 2005.7.1.)에서도 지주회사의 성립시점을 "지주회사 설립 시 그 설립등기일", "지주회사로 전환하는 경우 해당 사업연도 종료일의 다음 날"로 보도록 되어 있었는바, 이는 2007.11.4 개정(제2호 신설) 전 규정에 따른 해석으로 보여진다. 즉 개정된 규정에서는 사업연도 종료일 이전의 자산총액을 기준으로 지주회사 전환신고를 하는 경우에는 해당 전환신고 사유의 발생일의 자산총액으로 하도로 규정이 신설되었다는 점에서 지주회사로 전환하기 위하여 자회사의 주식을 51% 이상 취득하여 자회사의 과점주주가 되는 경우에는 과세되지 아니하는 것으로 해석하고 있는 것으로 판단된다. 그렇다면 직전 사업연도 종료일 이전의 자산총액을 기준으로 지주회사 전환신고를 하는 경우에는 해당 전환신고 사유의 발생일의 자산총액으로 하도록 규정되어 있어 지주회사 설립을 위하여 주식을 취득하여 지주회사 전환 사유일의 자산총액이 1천억 원 이상이 된다면 과점주주 간주취득세는 비과세(현행 면제)되어야 할 것으로 판단된다. 주식을 취득한 후 지주회사로 전환신고를 한 경우로 전환신고 사유의 발생일의 자산총액이 1천억 원 이상인 경우에는 「독점규제 및 공정거래에 관한 법률」 상의 지주회사에 해당될 것인데, 법제처 해석에서 지주회사 전환신고를 하지 않은 경우에도 위 회사는 「조세특례제한법」 제120조 제6항에 따라 취득세가 면제되는 지주회사에 해당된다라고 되어 있는데 이에 대한 지방세 유권해석에 따르면 법제처의 해석과 동일하게 해석하고 있어 "설립등기 당시에는 자산총액이 1천억 원 미만이었던 회사가 같은 해 자회사의 주식을 취득하여 자산총액이 1천억 원 이상이 되었고 지주회사의 주된 사업의 기준을 갖추었으나 지주회사 전환신고를 하지 않은 경우, 「조세특례제한법」 제120조 제6항에 따라 취득세가 면제되는 지주회사에 해당한다(지방세운영과-22, 2009.1.5.). 유권해석에 따르면 설립연도에 자회사를 인수하여 자산총액과 주업 요건을 충족한 경우에는 지주회사로 과점주주 간주취득세 감면규정이 적용될 것이다. 이 유권해석은 설립연도에 자회사를 인수하여 지주회사가 되는 경우를 전제로 해석한 것으로 설립연도가 아닌 다른 사업연도에 자회사를 인수하여 지주회사가 되는 경우에는 상기 유권해석이 적용되지 않

4편 「지방세특례제한법」

고 법 규정에 따라 처리하여야 할 것이다.

참고로, 법규상으로는 전환신고를 할 수 있도록 되어 있다는 점에서 개인적인 의견으로는 전환신고를 하는 것을 전제로 하여야 할 것이나, 전환신고를 하지 아니한 경우에도 면제 혜택을 누릴 수 있는 것으로 해석하고 있지만 이러한 경우라도 면제를 받기 위하여는 전환신고를 하는 것이 좋을 것이다.

사례 투자목적회사를 지주회사로 인정할 수 없음(조심 2010지871, 2011.3.14.).

청구법인이 지주회사의 형식 요건을 갖추었다고 하더라도 다른 회사에 대한 지배력 행사가 가능한 형태의 투자를 한 경우에는 그로부터 10년간 「공정거래법」에 의한 지주회사에 관한 규제를 받지 않도록 「간접투자법」 제144조의 17 제1항에서 명시하고 있는데, 이는 투자전문회사 등이 투자활동 과정에서 일시적으로 지주회사와 같은 외형을 갖추었다 하더라도 그 본질이 지주회사와는 달리 투자 활동을 통한 수익창출을 목적으로 하고 있으므로 이를 반영하여 원칙적으로 지주회사와 달리 취급 하겠다는 것으로 해석할 수 있다. 따라서 처분청이 청구법인의 과점주주로 인한 간주취득이 「조세특례제한법」 제120조 제6항 제8호 규정에 의한 과점주주 취득세 면제대상에 해당하지 않은 것으로 보아 이 건 취득세 등을 부과처분한 것은 잘못이 없는 것으로 판단됨.[166]

☞ 취득세를 부과한 처분에 대한 소송에서 여러 하급심 판결이 서로 엇갈려 판결되었다가 2014.1.16. 대법원에서 최종적으로 투자목적회사의 경우에는 지주회사 요건을 충족하였다 하더라도 과점주주에 대한 취득세 면제대상에 해당되지 아니한다고 판결하였는바, 그 판결 이유는 다음과 같다. 관련 규정의 문언 내용과 입법 취지 및 체계, 사모투자전문회사 또는 투자목적회사와 지주회사의 설립목적 및 기능상 차이, 그리고 1999.12.28. 법률 제6045호로 개정된 「조세특례제한법」에 이 사건 법률조항(당시에는 제 120조 제5항 제8호)이 신설될 당시에는 구 간접투자법에 사모투자전문회사나 투자목적회사에 관한 규정이 아직 도입되지 아니하였던 점 등을 종합하면, 공정거래법의 지주회사에 관한 규정이 적용되지 아니하는 구 간접투자법상 사모투자전문회사나 투자목적회사(구 간접투자법 §144-17 ①)에 대하여는 이 사건 법

---

166) 종전 유권해석(지방세운영과-5351, 2009.12.18.)을 살펴보면 상기 이유 외에 다음과 같은 이유도 비과세되지 아니한다.

공정거래법 제2조 제1호의 2 및 같은 법 시행령 제2조에서는 지주회사의 기준을 규정하고 있고, 같은 법 제8조의 2에서는 지주회사 등의 각종 행위제한을 규정하고 있으며, 같은 법 제16조, 제17조 및 제66조 등에서는 지주회사 등의 행위제한에 대한 시정조치 및 과징금·벌금 등에 대한 제재를 규정하고 있음. 「조세특례제한법」에서 공정거래법에 의한 지주회사에 대하여 과점주주 취득세를 면제하는 취지는, 단순한 출자구조를 갖는 지주회사로 전환하는 경우 연쇄도산 감소 등 기업소유구조 개선에 도움이 되므로 이를 지방세 차원에서 지원하기 위한 것이나, 투자목적회사(사모투자전문회사)의 경우는 기업의 경영권을 한시적으로 확보하여 기업가치를 높여 수익을 창출하려는 투자활동의 과정에서 발생한 것으로 항구적 지배목적을 지닌 일반지주회사와는 그 성격이 상이하다고 판단됨. 이에 자본시장법에서도 10년간 공정거래법 상 지주회사 적용을 배제한 것이므로, 공정거래법 적용이 배제되는 투자목적회사(사모투자전문회사)는 「조세특례제한법」 상 지원대상인 지주회사에 해당하지 아니한다고 할 것임. 한편, 「공정거래법」은 사업자의 시장지배적 지위의 남용과 과도한 경제력의 집중 등을 방지하여 국민경제의 균형 있는 발전을 도모하고자 하는 데 그 목적(공정거래법 제1조)을 두고 있어, 공정거래법 상 지주회사의 경우 같은 법에 의한 지주회사의 기준을 갖춤과 동시에 각종 행위제한, 의무위반 시 시정조치 및 과징금·벌금 등에 대한 규제 등을 적용받게 되므로, 공정거래법 상 각종 규제 등이 적용되지 아니하는 투자목적회사(사모투자전문회사)를 공정거래법에 의한 지주회사에 해당한다고 보기도 어렵다고 할 것임. 따라서 「자본시장법」 제276조 제1항 규정에 의하여 공정거래법에 따른 지주회사의 적용이 배제되는 투자목적회사(사모투자전문회사)의 경우 공정거래법에 의한 지주회사에 해당한다고 볼 수 없어 「조세특례제한법」 제120조 제6항 제8호 규정에 의한 과점주주 취득세 면제에 해당하지 않는다고 판단됨.

률 조항도 적용되지 아니한다고 해석함이 타당함(대법원 2011두13682, 2014.1.16.).

사례 설립등기 당시에는 자산총액이 1천억 원 미만이었던 회사가 같은 해 자회사의 주식을 취득하여 자산총액이 1천억 원 이상이 되었고 지주회사의 주된 사업의 기준을 갖추었으나 지주회사 전환신고를 하지 않은 경우 「조세특례제한법」 제120조 제6항의 규정에 따라 취득세가 면제되는 지주회사에 해당함(지방세운영과-22, 2009.1.5.).

사례 지주회사인 법인이 자회사가 아닌 사업관련 손자회사에 해당하는 법인의 주식을 취득하여 과점주주가 된 경우(지방세운영과-1187, 2009.3.19.)

○ 2006.12.31. : C법인의 100% 자회사인 A법인에서 갑법인의 주식 50.7% 소유
○ 2007.4.10. : C법인에서 갑 법인의 발행주식 49.3%를 취득함으로써 자회사인 A법인의 지분율을 포함하여 갑법인의 주식을 100% 소유하게 됨(과점주주 성립)
○ 2007.5.28. : 납세자인 C법인은 2007.5.28. 유상증자를 통해 주식을 추가 취득하여 갑법인을 자회사로 편입함.

「독점규제 및 공정거래에 관한 법률」 제2조 제1호의 2에서는 "지주회사"라 함은 주식의 소유를 통하여 국내회사의 사업내용을 지배하는 것을 주된 사업으로 하는 회사로서 자산총액이 대통령령이 정하는 금액이상인 회사를 말한다고 규정하고 있으며, 같은 조 제1호의 3에서는 "자회사"라 함은 지주회사에 의하여 대통령령이 정하는 기준에 따라 그 사업내용을 지배받는 국내회사를 말한다고 규정하고 있고, 같은 조 제1호의 4에서는 "사업관련 손자회사"라 함은 자회사에 의하여 사업내용을 지배받는 국내회사로서 그 사업내용이 해당 자회사와 대통령령이 정하는 밀접한 관련이 있는 회사를 말한다고 규정하고 있음. 「조세특례제한법」 제120조 제6항 제8호의 전단에서 규정하고 있는 "지주회사가 되거나"의 의미는 주식을 취득함으로써 최초로 지주 회사가 됨과 동시에 과점주주가 된 경우를 말하는 것이고, 후단에서 규정하고 있는 "지주회사가 자회사의 주식을 취득하는 경우"의 의미는 이미 지주회사인 회사가 자회사의 주식 등을 취득하여 과점주주가 된 경우를 말하는 것인바, 위 사례의 경우 이미 지주회사 상태인 C법인이 2007.4.10. 자회사가 아닌 사업관련 손자회사에 해당하는 갑법인의 주식을 취득하여 과점주주가 된 이상 이는 「조세특례제한법」 제120조 제6항 제8호 후단에서 규정하고 있는 "지주회사가 자회사의 주식을 취득"한 경우에 해당하지 아니하여 감면요건을 갖추지 못한 상태에서 과점주주에 대한 취득세 납세의무가 성립된 것이므로, 해당 과점주주의 의제취득에 따른 취득세는 면제대상에 해당되지 않는다고 판단됨.

사례 자산총액이 1천억 원 이상이며, 회사가 소유하고 있는 주식가액의 합계액이 회사 자산총액의 100분의 50 이상으로 지주회사가 되는 경우(지방세운영과-697, 2008.8.19.)

A주식회사가 E주식회사의 주식을 취득함으로써 「독점규제 및 공정거래에 관한 법률」 제2조 및 같은 법 시행령 제2조에 의하여 직전 사업연도 종료일 현재의 재무상태표상 자산총액이 1천억 원 이상이며, 회사가 소유하고 있는 E회사 주식(지분 포함)가액의 합계액이 회사 자산총액의 100분의 50(직전 사업연도 종료일 현재의 재무상태표상에 표시된 가액을 합계한 금액을 말한다) 이상으로 E회사의 사업내용을 지배하는 것을 주된 사업으로 하는 지주회사가 되는 경우라면 「조세특례제한법」 제120조 제6항에 따라 과점주주 간주 취득세가 과세되지 아니하며, 「조세특례제한법」 제120조 제6항이 적용되는 경우 농어촌특별세는 「농어촌특별세법」 제5조 제1항에 의거 감면세액의 100분의 20이 적용됨.

> **사례** 지주회사가 되기 이전에 주식을 취득하여 과점주주가 된 시점에서는 그 주식을 취득한 회사가 향후 지주회사가 될 것인지 알 수 없으므로 지주회사가 되기 이전에 과점주주가 되는 경우에는 취득세를 면제할 수 없음(지방세정팀-2208, 2006.6.1.).

> **사례** 지주회사로서의 요건을 갖추었다면 추후 지주회사로서의 자격이 상실되어도 취득세를 소급할 수 없음(지방세정팀-3817, 2005.11.17.).
>
> 과점주주 성립 당시 지주회사로서의 요건을 갖추었다면 추후 지주회사로서의 자격이 상실되었다 하여 취득세를 소급하여 부과할 수는 없는 것이며, 합병으로 인하여 과점주주가 된 경우에는 형식적인 취득으로 보아 과점주주로 인한 취득세납세의무가 없는 것임.

4) 예금보험공사 등의 주식 등 취득

① 감면대상 및 감면범위

예금보험공사 또는 정리금융기관이 「예금자보호법」 §36-5 ① 및 §38에 따라 주식 또는 지분을 취득하는 경우	과점주주 간주 취득세 면제 (2014년 이전 비과세)

☛ 감면시한 : 2027.12.31.
☛ 최소납부제 적용 시기 : 2019.1.1. 이후
☛ 농어촌특별세 과세 여부 : 취득세 면제분(비과세분) 농어촌특별세 과세

② 추징요건

별도의 추징규정이 없다.

5) 한국자산관리공사의 주식 등 취득

① 감면대상 및 감면범위

한국자산관리공사가 「한국자산관리공사 설립 등에 관한 법률」 §26 ① 1 가목에 따라 인수한 채권을 출자전환함에 따라 주식 또는 지분을 취득하는 경우	과점주주 간주 취득세 면제 (2014년 이전 비과세)

☛ 감면시한 : 2027.12.31.
☛ 최소납부제 적용 시기 : 2019.1.1. 이후
☛ 농어촌특별세 과세 여부 : 취득세 면제분(비과세분) 농어촌특별세 과세

② 추징요건

별도의 추징규정이 없다.

6) 농업협동조합자산관리회사의 주식 등 취득

① 감면대상 및 감면범위

「농업협동조합의 구조개선에 관한 법률」에 따른 농업협동조합자산관리회사가 같은 법 §30 3 다목에 따라 인수한 부실자산을 출자전환함에 따라 주식 또는 지분을 취득하는 경우	과점주주 간주 취득세 면제 (2014년 이전 비과세)

- 감면시한 : 2027.12.31.
- 최소납부제 적용 시기 : 2019.1.1. 이후
- 농어촌특별세 과세 여부 : 취득세 면제분(비과세분) 농어촌특별세 과세

② 추징요건

별도의 추징규정이 없다.

7) 주식의 포괄적 교환·이전으로 완전자회사의 주식 취득

① 감면대상 및 감면범위

「조세특례제한법」 §38 ① 각 호의 요건을 모두 갖춘 주식의 포괄적 교환·이전으로 완전자회사의 주식을 취득하는 경우	과점주주 간주 취득세 면제 (2014년 이전 비과세)

- 감면시한 : 2027.12.31.
- 최소납부제 적용 시기 : 2019.1.1. 이후
- 농어촌특별세 과세 여부 : 취득세 면제분(비과세분) 농어촌특별세 과세

② 추징요건

다음에 해당하는 경우(부득이한 사유가 있는 경우 제외)에는 감면된 취득세를 추징한다.

㉠ 완전자회사가 사업을 폐지하는 경우

㉡ 완전모회사 또는 완전자회사의 일정 지배주주 등이 주식의 포괄적 교환 등으로 취득한 주식을 처분하는 경우

부득이한 사유가 있는 경우는 다음과 같다.

㉠ 주식을 보유하는 것으로 보는 부득이한 사유

㋐ 완전모회사 또는 완전자회사의 일정 지배주주 등이 주식의 포괄적 교환 등으로 교부받은 전체 주식 등의 2분의 1 미만을 처분한 경우

㋑ 완전모회사 또는 완전자회사의 일정 지배주주 등이 사망하거나 파산하여 주식 등을 처분한 경우

㋒ 완전모회사 또는 완전자회사의 일정 지배주주 등이 적격합병, 적격분할, 적격물적분할 또는 적격현물출자에 따라 주식 등을 처분한 경우

ⓛ 완전모회사 또는 완전자회사의 일정 지배주주 등이「조세특례제한법」제37조 · 제38조 또는 제38조의 2에 따라 주식 등을 포괄적으로 양도, 현물출자 또는 교환 · 이전하고 과세를 이연받으면서 주식 등을 처분한 경우

ⓜ 완전모회사 또는 완전자회사의 일정 지배주주 등이「채무자 회생 및 파산에 관한 법률」에 따른 회생절차에 따라 법원의 허가를 받아 주식 등을 처분하는 경우

ⓝ 완전모회사 또는 완전자회사의 일정 지배주주 등이 법령상 의무를 이행하기 위하여 주식 등을 처분하는 경우

ⓒ 사업을 계속하는 것으로 보는 부득이한 사유

ⓐ 완전자회사가 파산함에 따라 승계받은 자산을 처분한 경우

ⓑ 완전자회사가 적격합병, 적격분할, 적격물적분할 또는 적격현물출자에 따라 사업을 폐지한 경우

ⓒ 완전자회사가 자산의 포괄적 양도에 따라 자산을 장부가액으로 양도하면서 사업을 폐지한 경우

ⓓ 완전자회사가「채무자 회생 및 파산에 관한 법률」에 따른 회생절차에 따라 법원의 허가를 받아 승계받은 자산을 처분한 경우

③ **유의사항**

㉠ 주식의 포괄적 교환

'주식의 포괄적 교환'은 기존의 A회사가 소정의 법정절차에 의해 완전자회사로 되는 B회사의 주주가 갖는 주식을 교환하는 날에 완전모회사가 되는 A회사에 이전하고, 완전자회사가 되는 B회사의 주주는 A회사의 주식교환에 의해 발행되는 신주의 배정을 받아 그 회사의 주주가 됨으로써 완전모자회사 관계를 형성하는 행위이다.

🔹 주식의 포괄적 교환 구조도

「상법」제360조의 2에 의거 회사는 주식의 포괄적 교환에 의하여 다른 회사의 발행주식의 총수를 보유하는 완전모회사가 될 수 있다. 조문에서 교환이라는 용어가 사용되는데 계약에 의한 주식의 상호이전을 뜻하는 것이 아니고 합병 및 분할과 같은 조직법적인 원인에 의한 권리변동[167]으로 보고 있다.

---

167) 이철송, 「회사법」(2012.7.10.), p.1111

ⓛ 주식의 포괄적 이전

'주식의 포괄적 이전'은 기존의 A회사와 B회사의 주식을 소정의 법정절차에 의해 완전모
회사로 신설되는 C회사에 이전하고, 기존의 A회사와 B회사의 주주는 신설되는 C회사가
주식이전에 의해 발행되는 신주의 배정을 받아 그 회사의 주주가 됨으로써 완전모자회사
관계를 형성하는 행위이다.

주주총회의 특별결의를 요하고, 반대주주의 주식매수청구권이 인정되며, 채권자 보호절차
가 불필요하다라는 점 등 대다수의 내용 및 절차가 주식의 포괄적 교환과 유사하나, 주식
의 포괄적 이전에서는 모회사 설립절차가 반드시 수행되어야 하는 특징과 번거로움이 있
어 주식의 포괄적 교환에 비해 실무상 발생빈도가 낮다고 볼 수 있다. 또한, 모회사가 신설
되는 관계로 주식의 포괄적 이전에서는 소규모[168] 혹은 간이주식 교환절차[169]가 인정되
지 않아 그 사용 빈도는 더욱 낮아질 수밖에 없다.

ⓒ 현물출자와 차이점

「상법」 제4장 주식회사 제2관 및 제3관에서 주식의 포괄적 교환 및 주식의 포괄적 이전을
각각 다루고 있다. 주식교환과 이전은 경제적 효과면에서는 현물출자적 성격이 있다. 하지
만 현물출자의 성격이 있더라도 자회사의 주주들에게 현물을 출자하고자한 의사가 존재
하지 않는다는 점에서 통상의 현물출자로 볼 수 없고 합병과 분할과 같은 행위의 본질과
유사하여 주식교환 및 이전에서 주주총회의 결의가 요구되고, 현물출자에서 요구되는 검
사절차(「상법」 §422)가 생략된다고 볼 수 있다.

ⓔ 제한 사항

주식의 포괄적 교환 또는 이전을 통해 부실한 자회사를 인수함으로써 모회사가 부실화되
는 것을 방지하기 위해 완전모회사의 자본금 증가 한도액을 「상법」 제360조의 7 및 제360
조의 18에 각각 규정하고 있음을 유의하여야 한다. 또한, 주식의 포괄적 교환의 경우 교환
전 자회사가 모회사의 주식을 보유했을 경우에는 교환 후에는 상호 주식을 보유한 결과가
발생되므로 완전자회사가 보유한 완전모회사 주식은 주식교환일로부터 6월 이내에 처분
하여야 하는 등의 제한 사항이 있다(「상법」 §342-2).

「상법」 등에서 정한 교환(이전)절차 및 제약사항 등을 위반할 경우 무효의 사유가 될 가
능성이 있다. 주식교환(이전)의 무효는 각 회사의 주주, 이사, 감사, 감사위원회의 위원 또
는 청산인에 한하여 주식교환(이전)의 날부터 6월 내에 소를 통하여 주장할 수 있다(「상법」

---

168) **소규모주식교환** : 주식교환을 위해 모회사가 발행하는 신주의 총수가 발행주식 총수의 5%를 초과하지 않
는 등 규모가 큰 회사가 소규모 회사와의 주식교환을 하는 경우는 경상적인 경영활동으로 보아 주주총회
및 반대주주 주식매수청구권을 인정하지 않고 이사회 결의로 진행함(「상법」 §360-10).

169) **간이주식교환** : 간이합병과 유사하게, 완전자회사가 될 회사의 총주주의 동의가 있거나, 당 회사의 발행주
식 총수의 90% 이상을 완전모회사가 될 회사가 보유하고 있을 때에는 완전자회사가 되는 회사의 주주총회
의 승인을 자회사의 이사회 승인으로 갈음할 수 있음(「상법」 §360-9).

§360-14, §360-23). 무효로 하는 판결은 소를 제기하지 않은 자에 대해서도 효력이 미친다. 특히, 모회사의 신설이 필요한 주식의 포괄적 이전의 경우 모회사의 설립이 무효가 되므로 당 모회사를 해산에 준하여 청산하여야 한다(「상법」 §360-23 ④, §193).

ⓓ 과세특례 요건

내국법인이 다음 요건을 모두 갖추어 「상법」 제360조의 2에 따른 주식의 포괄적 교환 또는 같은 법 제360조의 15에 따른 주식의 포괄적 이전(이하 "주식의 포괄적 교환 등")에 따라 주식의 포괄적 교환 등의 상대방법인의 완전자회사로 되어야 한다.

1. 주식의 포괄적 교환·이전일 현재 1년 이상 계속하여 사업을 하던 내국법인 간의 주식의 포괄적 교환 등일 것
2. 완전자회사의 주주가 완전모회사로부터 교환·이전대가를 받은 경우 그 교환·이전대가의 총합계액 중 주식의 가액이 80% 이상으로서 그 주식이 일정요건에 따라 배정[170] 되고, 완전모회사 및 완전자회사의 일정 지배주주 등[171]이 주식의 포괄적 교환 등으로 취득한 주식을 교환·이전일이 속하는 사업연도의 종료일까지 보유할 것
3. 완전자회사가 교환·이전일이 속하는 사업연도의 종료일까지 사업을 계속할 것[172]

8) 코스닥시장 상장법인의 주식 취득(2015년~2022년만 적용)

① 감면대상 및 감면범위

대통령령 제24697호 「자본시장과 금융투자업에 관한 법률 시행령」 일부개정령 부칙 §8에 따른 코스닥시장에 상장한 법인의 주식을 취득한 경우(2024.12.31. 삭제)	과점주주 간주 취득세 면제

☞ 최소납부제 적용 시기 : 2019.1.1. 이후
☞ 농어촌특별세 과세 여부 : 취득세 면제분(비과세분) 농어촌특별세 과세
☞ 2015.1.1. 이후 적용되나, 2023년 이후에는 과점주주 간주취득세가 과세되지 아니함. 한편, 유가증권 시장 상장법인에 대하여 과점주주 간주취득세가 과세되지 아니하고 있음.

② 추징요건

별도의 추징규정이 없다.

---

170) 완전자회사의 주주에게 교환·이전대가로 받은 완전모회사의 주식을 교부할 때에는 완전자회사의 일정 지배주주 등에게 다음 계산식에 따른 금액 이상의 완전모회사의 주식을 교부하여야 한다.
"완전모회사가 교환·이전대가로 지급한 완전모회사의 주식의 총합계액 × 해당 주주의 완전자회사에 대한 지분비율"(조특령 §35-2 ⑦)
171) 「법인세법 시행령」 제43조 제3항에 따른 지배주주 등 중 같은 법 시행령 제80조의 2 제5항 각 호에 해당하는 자를 제외한 주주 등
172) 완전자회사가 사업을 계속하지 않는 경우란, 주식의 포괄적 교환·이전일 현재 보유하는 고정자산가액의 2분의 1 이상을 처분하거나 사업에 사용하지 아니하는 경우를 말한다(조특령 §35-2 ⑧).

(12) 농업협동조합중앙회의 사회구조개편에 대한 감면[173] (지특법 §57-2 ⑥)

1) 감면요건

① 감면대상자

농업협동조합중앙회에서 분리되어 설립된 농협경제지주회사, 농협금융지주회사, 농협은행, 농협생명보험 및 농협손해보험

② 감면대상 및 감면범위

분리로 인하여 취득하는 재산(2013년까지 적용)	취득세 면제
분리로 인한 법인의 설립등기(2013년까지 적용)	
농협경제지주회사 및 농협금융지주회사가 「상법」 §360-2에 따른 주식의 포괄적 교환 또는 같은 법 §360-15에 따른 주식의 포괄적 이전을 하는 경우 그 자본증가에 관한 등기(농협금융지주회사는 2013년까지 적용 경제지주회사는 하기에 표시함)	등록면허세 면제
법률 제10522호 「농업협동조합법」 일부개정 법률 부칙 §3에 따라 자본지원이 이루어지는 경우 그 자본증가에 관한 등기	
농협경제지주회사가 법률 제10522호 「농업협동조합법」 일부개정 법률 부칙 §6에 따라 중앙회로부터 경제사업을 이관받아 자본이 증가하는 경우 그 자본증가에 관한 등기(2013년까지)	
법률 제10522호 「농업협동조합법」 일부개정 법률 부칙 §6에 따라 경제사업을 이관하는 경우 다음 어느 하나에 해당하는 등기(2014년 이후) ㉠ 중앙회에서 분리되는 경제자회사의 법인설립등기 ㉡ 「농업협동조합법」 §161-2에 따라 설립된 농협경제지주회사가 중앙회로부터 경제사업을 이관(「상법」 §360-2에 따른 주식의 포괄적 교환 포함)받아 자본이 증가하는 경우 그 자본증가에 관한 등기	
농협경제지주회사가 「농업협동조합법」 §134-2 ③ 3에 따라 중앙회로부터 경제사업을 이관받아 취득하는 재산(2017년 이후)	취득세 면제

☛ 감면시한 : 2017.12.31.

☛ 최소납부제 적용 시기 : 농협경제지주회사가 중앙회로부터 경제사업을 이관·취득하는 재산은 2019.1.1. 이후(감면종료되어 적용될 여지 없음)

☛ 농어촌특별세 과세 여부 : 취득세분 면제분과 등록면허세 면제분 농어촌특별세 비과세(농특령 §4 ④)

여기서 '재산'이라 함은 해당 사업에 직접 공여되는 모든 재산을 의미하므로 부동산은 물론, 차량, 기계장비, 선박, 저당권 및 전세권 등의 권리도 재산에 포함된다.

---

173) 2014.12.31. 이전까지는 「지방세특례제한법」 제57조 제3항에 규정되어 있었는데, 2015.1.1. 이후는 「지방세특례제한법」 제57조의 2 제6항으로 이관됨.

> **사례** 농협중앙회에서 분리된 ○○은행 추징규정 적용 여부(지방세운영과-794, 2013.3.21.)
>
> ○○은행 등에 대한 취득세 등 감면규정 같은 법 제57조 제3항은 농협중앙회 사업구조개편과 관련한 농업법의 개정(2011.3.31. 공포, 2012.3.2. 시행)에 따라 농협중앙회 사업구조개편을 지원하는 차원에서 신설(2011.12.31.)된 규정으로써 개별 추징규정이 없고, 취득 이후 취득 목적이나 사용 용도를 별도로 규정하고 있지 아니하므로 농협중앙회에서 분리된 농협은행의 경우 일반적 취득세 추징규정 적용대상에 해당되지 아니한다고 판단됨[「지방세특례제한법」상 일반적 추징규정(제94조) 적용범위 조정 통보(지방세운영과-782, 2013.3.21.) 참조].

2) 추징요건

별도의 추징규정이 없어서 「지방세특례제한법」 제178조 적용되는지 논란이 있으나, 다음과 같은 이유로 적용되지 아니한다.

일반적인 추징규정 「지방세특례제한법」 제178조는 부동산에 대한 취득세 감면을 적용할 때 감면규정에 개별 추징규정이 없는 경우로서 취득목적이나 사용용도가 정하여져 있는 경우 등 사후관리가 필요한 경우에 적용대상에 해당된다고 할 것인 반면, 농업은행 등에 대한 취득세 등 감면규정 같은 법 제57조 제3항은 농협중앙회 사업구조개편과 관련한 「농업법」의 개정(2011.3.31. 공포, 2012.3.2. 시행)에 따라 농협중앙회 사업구조개편을 지원하는 차원에서 신설(2011.12.31.)된 규정으로써 개별 추징규정이 없고, 취득 이후 취득목적이나 사용용도를 별도로 규정하고 있지 아니하기 때문이다(지방세운영과-794, 2013.3.21.).[174]

따라서 농협중앙회에서 분리된 농협은행의 경우 일반적 취득세 추징규정 적용대상에 해당되지 아니한다. 농업은행이 농협중앙회에서 분리되면서 취득한 재산에 대해 「지방세특례제한법」 제57조 제3항에 따라 취득세 등을 감면받았으나, 해당 감면받은 재산을 1년 이내에 다시 농협중앙회로 환원하는 경우 취득세가 같은 법 제178조의 일반적 추징규정이 적용되지 아니한다.

(13) 사업재편계획에 의한 사업재편에 대한 감면(지특법 §57-2 ⑧)

1) 감면요건

① 감면대상자

산업 내 과잉공급 해소와 해당 법인의 생산성 향상을 위하여 「기업 활력 제고를 위한 특별법」 제10조 또는 제12조에 따라 주무부처장이 승인 또는 변경승인한 사업재편계획에 의해 합병 등 사업재편을 추진하는 같은 법 제4조 제1항에 해당하는 내국법인

② 감면대상 및 감면범위

해당 사업재편에 따라 설립 또는 변경되는 법인(2024년 이전은 해당 법인)에 대한 법인등기(2016.8.13. 이후 적용)	등록면허세 50% 경감

---

174) 「지방세특례제한법」상 일반적 추징규정(제94조) 적용범위 조정 통보(지방세운영과-782, 2013.3.21. 참조)

☞ 감면시한 : 2027.12.31.

☞ 농어촌특별세 과세 여부 : 등록면허세 경감분 농어촌특별세 과세

2) 추징요건

① 2017.1.1. 이후

사업재편계획 승인이 취소된 경우에는 경감된 등록면허세를 추징한다.

② 2016.12.31. 이전

별도의 추징규정이 없지만, 법인등기이므로 「지방세특례제한법」 제178조 추징규정이 적용되지 아니한다.

(14) 수협은행에 대한 감면(지특법 §57-2 ⑨)

1) 감면요건

① 감면대상자

「수산업협동조합법」 제141조의 4에 따라 수산업협동조합중앙회에서 분리하여 설립되는 수협은행

② 감면대상 및 감면범위

분할^(주)로 인하여 취득하는 재산(2016년 이후 적용)	취득세 면제
수협은행의 법인설립등기(2016년 이후 적용)	등록면허세 면제

☞ 감면시한 : 2016.12.31.

☞ 최소납부제 적용 시기 : 2017.1.1. 이후

☞ 농어촌특별세 과세 여부 : 취득세 면제분과 등록면허세 면제분 농어촌특별세 비과세(농특령 §4 ⑦ 5)

☞ (주) 「수산업협동조합법」 제2조 제5호에 따른 수산업협동조합중앙회가 같은 법 제141조의 4 제1항에 따라 신용사업을 분리하여 수협은행을 설립한 경우를 말함.

2) 추징요건

별도의 추징규정이 없더라도 취득 이후 취득목적이나 사용용도를 별도로 규정하고 있지 아니하기 때문에 「지방세특례제한법」 제178조가 적용되지 아니할 것이다(지방세운영과-782, 2013.3.21.).

③ 기업 재무구조 개선 등에 대한 감면(지특법 §57-3)

(1) 금융기관, 한국자산관리공사, 예금보험공사 또는 정리금융기관에 대한 감면[175](지특법 §57-3 ① 1)

1) 감면요건

① 감면대상자

「금융산업의 구조개선에 관한 법률」 제2조 제1호에 따른 금융기관, 한국자산관리공사, 예금보험공사 또는 정리금융기관

② 감면대상 및 감면범위

적기시정조치(영업의 양도 또는 계약이전에 관한 명령만 해당) 또는 계약이전결정을 받은 부실금융기관으로부터 양수한 재산	취득세 면제

- 감면시한 : 2027.12.31.
- 최소납부제 적용 시기 : 2022.1.1. 이후
- 농어촌특별세 과세 여부 : 취득세 면제분 농어촌특별세 과세
- 2014년 이전은 「지방세법」 제13조 제2항 본문(취득세 중 구 등록세분 중과세율) 및 같은 조 제5항(사치성 재산의 취득세 중 구 취득세분 중과세율)의 세율을 적용하지 아니함.

2) 추징요건

별도의 추징규정이 없더라도 취득 이후 취득 목적이나 사용 용도를 별도로 규정하고 있지 아니하기 때문에 「지방세특례제한법」 제178조가 적용되지 아니할 것이다(지방세운영과-782, 2013. 3.21. 참조).

> **사례** 계약이전결정받은 부실금융기관으로부터 양수 재산(지방세정담당관-263, 2003.6.24.)
>
> 「금융산업의 구조개선에 관한 법률」에 의한 금융기관이 금융감독위원회로부터 계약이전명령을 받은 부실금융기관으로부터 취득세 과세대상 물건을 취득하는 경우라면 계약이전결정서상 계약이전명령에 따라 이전되는 물건에 한해 취득세 등의 감면대상이 되는 것임.

> **사례** 적기시정조치받은 부실금융기관으로부터 양수한 재산(세정 13407-395, 2001.4.10.)
>
> 「조세특례제한법」 제119조 제1항 제12호 및 제120조 제1항 제11호의 규정에 의거 「금융산업의 구조개선에 관한 법률」 제2조 제1호의 규정에 의한 금융기관 또는 정리금융기관이 적기시정조치(영업의 양도 또는 계약이전에 관한 명령에 한함) 또는 계약이전결정을 받은 부실금융기관으로부터 양수한 재산에 대하여 취득세와 등록세를 감면하는 것임.

---

175) 2014.12.31. 이전까지는 「조세특례제한법」 제120조 제1항 제8호에 규정되어 있었는데, 2015.1.1. 이후는 「지방세특례제한법」 제57조의 3 제1항 제1호로 이관됨.

(2) 농업협동조합 등에 대한 감면[176](지특법 §57 - 3 ① 2)

1) 감면요건

① 감면대상자

「농업협동조합법」에 따른 조합, 「농업협동조합의 구조개선에 관한 법률」에 따른 상호금융예금 자보호기금 및 농업협동조합자산관리회사

② 감면대상 및 감면범위

적기시정조치(영업의 양도 또는 계약이전에 관한 명령만 해당) 또는 계약이전결정을 받은 부실농협조합으로부터 양수한 재산	취득세 면제

- 감면시한 : 2027.12.31.
- 최소납부제 적용 시기 : 2021.1.1. 이후
- 농어촌특별세 과세 여부 : 취득세 면제분 농어촌특별세 과세. 「농업협동조합법」에 따른 조합이 양수한 재산에 대한 취득세 농어촌특별세 비과세(농특령 §4 ① 1)
- 2014년 이전은 「지방세법」 제13조 제2항 본문(취득세 중 구 등록세분 중과세율) 및 같은 조 제5항(사치성 재산의 취득세 중 구 취득세분 중과세율)의 세율을 적용하지 아니함.

2) 추징요건

① 2015.1.1. 이후

별도의 추징규정이 없더라도 취득 이후 취득 목적이나 사용 용도를 별도로 규정하고 있지 아니하기 때문에 「지방세특례제한법」 제178조가 적용되지 아니할 것이다(지방세운영과-782, 2013. 3.21. 참조).

② 2014.12.31. 이전

별도의 추징규정이 없다.

(3) 수산업협동조합 등에 대한 감면[177](지특법 §57 - 3 ① 3)

1) 감면요건

① 감면대상자

「수산업협동조합법」에 따른 조합 및 「수산업협동조합의 부실예방 및 구조개선에 관한 법률」에 따른 상호금융예금자보호기금

---

176) 2014.12.31. 이전까지는 「조세특례제한법」 제120조 제1항 제13호에 규정되어 있었는데, 2015.1.1. 이후는 「지방세특례제한법」 제57조의 3 제1항 제2호로 이관됨.
177) 2014.12.31. 이전까지는 「조세특례제한법」 제120조 제1항 제15호에 규정되어 있었는데, 2015.1.1. 이후는 「지방세특례제한법」 제57조의 3 제1항 제3호로 이관됨.

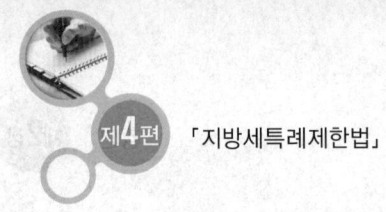
② 감면대상 및 감면범위

적기시정조치(영업의 양도 또는 계약이전에 관한 명령만 해당) 또는 계약이전결정을 받은 부실수협조합으로부터 양수한 재산	취득세 면제

☞ 감면시한 : 2027.12.31.

☞ 최소납부제 적용 시기 : 2021.1.1. 이후

☞ 농어촌특별세 과세 여부 : 취득세 면제분 농어촌특별세 과세. 「수산업협동조합법」에 따른 조합이 양수한 재산에 대한 취득세 농어촌특별세 비과세(농특령 §4 ① 1)

☞ 2014년 이전은 「지방세법」 제13조 제2항 본문(취득세 중 구 등록세분 중과세율) 및 같은 조 제5항(사치성 재산의 취득세 중 구 취득세분 중과세율)의 세율을 적용하지 아니함.

2) 추징요건

① 2015.1.1. 이후

별도의 추징규정이 없더라도 취득 이후 취득 목적이나 사용 용도를 별도로 규정하고 있지 아니하기 때문에 「지방세특례제한법」 제178조가 적용되지 아니할 것이다(지방세운영과-782, 2013. 3.21. 참조).

② 2014.12.31. 이전

별도의 추징규정이 없다.

(4) 산림조합 등에 대한 감면[178](지특법 §57-3 ① 4)

1) 감면요건

① 감면대상자

「산림조합법」에 따른 조합 및 「산림조합의 구조개선에 관한 법률」에 따른 상호금융예금자보호기금

② 감면대상 및 감면범위

「산림조합의 구조개선에 관한 법률」 제4조의 적기시정조치(사업양도 또는 계약이전에 관한 명령으로 한정) 또는 같은 법 §10의 계약이전 결정을 받은 부실산림조합으로부터 양수한 재산	취득세 면제 등록면허세 면제 (2014년 이전만 적용)
「산림조합의 구조개선에 관한 법률」 §21 1에 따른 업무를 수행하기 위하여 취득하는 재산(상호금융예금자보호기금에 한함)	취득세 면제 (2014년 이전만 적용) 등록면허세 면제 (2014년 이전만 적용)

☞ 감면시한 : 2027.12.31.

---

178) 2014.12.31. 이전까지는 「지방세특례제한법」 제57조 제2항에 규정되어 있었는데, 2015.1.1. 이후는 「지방세특례제한법」 제57조의 3 제1항 제4호로 이관됨.

👉 최소납부제 적용 시기 : 2021.1.1. 이후
👉 농어촌특별세 과세 여부 : 취득세 면제분과 등록면허세 면제분 농어촌특별세 과세

여기서 '재산'이라 함은 해당 사업에 직접 공여되는 모든 재산을 의미하므로 부동산은 물론, 차량, 기계장비, 선박, 저당권 및 전세권 등의 권리도 재산에 포함된다.

2) 추징요건

별도의 추징규정이 없더라도 취득 이후 취득 목적이나 사용 용도를 별도로 규정하고 있지 아니하기 때문에 「지방세특례제한법」 제178조가 적용되지 아니할 것이다(지방세운영과-782, 2013. 3.21.).

(5) 신용협동조합에 대한 감면[179](지특법 §57-3 ① 5)

1) 감면요건

① 감면대상자

「신용협동조합법」에 따른 조합

② 감면대상 및 감면범위

「신용협동조합법」 §86-4에 따른 계약이전의 결정을 받은 부실조합으로부터 양수한 재산(2016년 이후 적용)	취득세 면제

👉 감면시한 : 2027.12.31.
👉 최소납부제 적용 시기 : 2021.1.1. 이후
👉 농어촌특별세 과세 여부 : 취득세 면제분 농어촌특별세 과세

여기서 '재산'이라 함은 해당 사업에 직접 공여되는 모든 재산을 의미하므로 부동산은 물론, 차량, 기계장비, 선박, 저당권 및 전세권 등의 권리도 재산에 포함된다.

2) 추징요건

별도의 추징규정이 없더라도 취득 이후 취득 목적이나 사용 용도를 별도로 규정하고 있지 아니하기 때문에 「지방세특례제한법」 제178조가 적용되지 아니할 것이다(지방세운영과-782, 2013. 3.21. 참조).

---

179) 2014.12.31. 이전까지는 「지방세특례제한법」 제57조 제2항에 규정되어 있었는데, 2015.1.1. 이후는 「지방세특례제한법」 제57조의 3 제1항 제4호로 이관됨.

(6) 새마을금고에 대한 감면[180] (지특법 §57 - 3 ① 6)

1) 감면요건

① 감면대상자

「새마을금고법」에 따른 금고

② 감면대상 및 감면범위

「새마을금고법」에 따른 금고가 같은 법 §80 - 2에 따른 계약이전의 결정을 받은 부실금고로부터 양수한 재산(2016년 이후 적용)	취득세 면제

☞ 감면시한 : 2027.12.31.
☞ 최소납부제 적용 시기 : 최소납부제 배제
☞ 농어촌특별세 과세 여부 : 취득세 면제분 농어촌특별세 과세

여기서 '재산'이라 함은 해당 사업에 직접 공여되는 모든 재산을 의미하므로 부동산은 물론, 차량, 기계장비, 선박, 저당권 및 전세권 등의 권리도 재산에 포함된다.

2) 추징요건

별도의 추징규정이 없더라도 취득 이후 취득 목적이나 사용 용도를 별도로 규정하고 있지 아니하기 때문에 「지방세특례제한법」 제178조가 적용되지 아니할 것이다(지방세운영과 - 782, 2013. 3.21. 참조).

(7) 한국자산관리공사의 금융기관부실자산 취득에 대한 감면[181]
(지특법 §57 - 3 ②~④)

1) 감면요건

① 감면대상자

한국자산관리공사

② 감면대상 및 감면범위

「한국자산관리공사의 설립에 관한 법률」 §26 ① 3 가목 및 나목에 따라 취득하는 재산[주1]	취득세 면제

---

180) 2014.12.31. 이전까지는 「지방세특례제한법」 제57조 제2항에 규정되어 있었는데, 2015.1.1. 이후는 「지방세특례제한법」 제57조의 3 제1항 제4호로 이관됨.
181) 2014.12.31. 이전까지는 「조세특례제한법」 제120조 제1항 제4호 및 제17호에 규정되어 있었는데, 2015.1.1. 이후는 「지방세특례제한법」 제57조의 3 제2항으로 이관됨.

「한국자산관리공사의 설립에 관한 법률」 §26 ① 2 라목에 따라 「중소기업기본법」에 따른 중소기업이 보유한 자산을 취득하는 경우(주2)	취득세 50% 경감
상기에 따라 한국자산관리공사에 자산 매각 중소기업이 매각일부터 10년 이내에 그 자산을 취득하는 경우(2022년 이후)(주3) (단, 2024년 이후 취득한 가액이 한국자산관리공사에 매각가액 초과 시 그 초과부분에 대해서는 취득세 부과(주4))	취득세 면제
중소기업의 경영 정상화를 지원하기 위하여 다음의 요건을 모두 갖추어서 중소기업의 자산을 임대조건부로 2026.12.31.까지 취득하여 과세기준일 현재 해당 중소기업에 임대 중인 자산(2018년 이후 적용)(주5) ① 해당 중소기업으로부터 금융회사 채무내용 및 상환계획이 포함된 재무구조개선계획을 제출받을 것 ② 해당 중소기업의 보유자산을 매입하면서 해당 중소기업이 그 자산을 계속 사용하는 내용의 임대차계약을 체결할 것	재산세 50% 경감 (도시지역분 제외)

🔖 감면시한 : 상단은 2027.12.31., 중단과 하단은 2026.12.31.

🔖 최소납부제 적용 시기 : 2016.1.1. 이후

🔖 농어촌특별세 과세 여부 : 취득세분과 취득세 면제분(경감분) 농어촌특별세 과세, 「혁신도시 조성 및 발전에 관한 특별법」 제43조에 따라 종전 부동산을 매입한 경우 2013.10.22. 이후 취득분부터 취득세 면제분 농어촌특별세 비과세(농특령 §4 ⑦ 2)

🔖 2014년 이전은 「지방세법」 제13조 제2항 본문(취득세 중 구 등록세분 중과세율) 및 같은 조 제5항(사치성 재산의 취득세 중 구 취득세분 중과세율)의 세율을 적용하지 아니함.

🔖 (주1) 2014.12.31. 이전은 「금융회사부실자산 등의 효율적 처리 및 한국자산관리공사의 설립에 관한 법률」에 따라 설립된 한국자산관리공사가 같은 법 제26조 제1항 제7호·제8호 및 제10호(같은 조 제1호의 2 및 제1호의 3의 업무수행과 관련하여 재산을 매입하는 경우를 제외하며, 같은 조 제5호의 업무수행과 관련하여 재산을 매입하는 경우 비업무용자산을 인수하는 경우만 해당)에 따라 취득하는 재산에 대하여 취득세 면제하였음.

🔖 (주2) 2014.12.31. 이전은 「금융회사부실자산 등의 효율적 처리 및 한국자산관리공사의 설립에 관한 법률」 제26조 제1항 제7호에 따라 합병·전환·정리 등 구조조정 또는 재무구조개선을 도모하는 법인과 그 계열기업으로부터 취득하는 재산(구조개선기업이 구조조정 또는 재무구조개선 목적으로 매각하는 재산만 해당)에 대하여 취득세 경감하였음.

🔖 (주3) 2022.1.1. 당시 한국자산관리공사에 자산을 매각한 중소기업에도 적용됨(법 부칙 §10).

🔖 (주4) 2023.12.31. 이전에 한국자산관리공사에 자산을 매각한 중소기업이 2024.1.1. 이후 한국자산관리공사로부터 그 자산을 취득하는 경우의 취득세 면제에 관하여는 2026.12.31.까지 개정규정에 따라 면제됨(법 부칙 §10).

🔖 (주5) 납세의무가 최초로 성립하는 날부터 5년간 감면되며, 2017.12.31. 이전에 취득하여 임대중인 자산에 대해서도 적용됨. 이 경우 해당 자산에 대한 재산세의 경감기간은 2018.1.1. 당시 해당 자산의 재산세 납세의무가 최초로 성립하는 날부터 5년이 지나지 아니한 잔여기간으로 함(부칙 §3).

2) 추징요건

① 2015.1.1. 이후

별도의 추징규정이 없더라도 취득 이후 취득 목적이나 사용 용도를 별도로 규정하고 있지 아니하기 때문에 「지방세특례제한법」 제178조가 적용되지 아니할 것이다(지방세운영과-782, 2013. 3.21. 참조).

② 2014.12.31. 이전

별도의 추징규정이 없다.

> **사례** 국토해양부로부터 매입 요청을 받아 취득한 부동산(지방세운영과 - 165, 2012.1.13.)
>
> 공사가 "공사법 제26조 제1항 제7호·제8호 및 제10호(괄호 생략)에 따라 취득하는 재산"이라 함은 해당 각 호별로 규정한 업무를 위하여 취득하는 재산을 의미한다고 할 것이고, 공사법 제26조 제1항 제8호에 따라 국가기관 등으로부터 수임받은 관련 재산의 매입과 개발의 경우 채권의 보전·추심 및 해당 재산의 가치의 보전·증대뿐만 아니라 재산의 관리·처분도 포함하고 있다고 할 것이므로 공사가 혁특법 제43조 제3항 및 공사법 제26조 제1항 제8호에 따라 국토해양부로부터 매입 요청을 받아 종전부동산을 취득하는 경우 「조세특례제한법」 제120조 제1항 제4호에 따라 취득하는 재산에 해당된다고 할 것임.

❹ 주거안정 지원에 대한 감면(지특법 §57-4)

1) 감면요건

① 감면대상자

한국자산관리공사

② 감면대상 및 감면범위

주택담보대출 상환을 연체하는 자("연체자")의 채무 상환 및 주거 안정을 지원하기 위하여 해당 연체자가 그 주택에 계속 거주하는 내용의 임대차계약을 체결하는 것을 조건으로 취득하는 해당 연체자의 주택(2021년 이후 적용)	취득세 50% 경감
과세기준일 현재 해당 연체자에게 임대 중인 주택(2021년 이후 취득하는 주택 한정)(주)	재산세 50% 경감 (도시지역분 제외)

☞ 감면시한 : 2026.12.31.
☞ 농어촌특별세 과세 여부 : 취득세분과 취득세 경감분 농어촌특별세 과세(서민주택은 비과세)
☞ (주) 최초 납세의무성립일 이후 5년간

2) 추징요건

별도의 추징규정이 없더라도 취득 이후 취득 목적이나 사용 용도를 별도로 규정하고 있지 아니하기 때문에 「지방세특례제한법」 제178조가 적용되지 아니할 것이다(지방세운영과 - 782, 2013. 3.21. 참조).

⑤ 프로젝트금융투자회사의 사업 정상화 지원을 위한 감면(지특법 §57-5)

1) 감면요건

① 감면대상자

「조세특례제한법」제104조의 31 제1항에 해당하는 회사("프로젝트금융투자회사")

② 감면대상 및 감면범위

다른 프로젝트금융투자회사의 사업을 정상화하기 위하여 다른 프로젝트금융투자회사 사업장이 취득하는 부동산(「자본시장과 금융투자업에 관한 법률」에 따른 집합투자기구로서 한국자산관리공사가 40% 이상을 출자·투자한 집합투자기구의 자금으로 취득하는 부분에 한정)(2025년 이후 적용)	취득세 50% 경감[주]

- 감면시한 : 2025.12.31.
- 농어촌특별세 과세 여부 : 취득세분과 취득세 경감분 농어촌특별세 과세
- (주) 「지방세법」제13조 제2항 본문 및 같은 조 제3항의 세율을 적용하지 아니함.

2) 추징요건

정당한 사유 없이 부동산의 취득일부터 2년이 경과할 때까지 해당 부동산을 그 고유업무에 사용하지 않는 경우에는 경감된 취득세를 추징한다.

⑥ 벤처기업 등에 대한 과세특례(지특법 §58)

(1) 벤처기업집적시설 등에 대한 감면(지특법 §58 ①)

1) 감면요건

① 감면대상자

벤처기업집적시설 사업시행자, 신기술창업집적지역 개발사업시행자

② 감면대상 및 감면범위

벤처기업집적시설 또는 신기술창업집적지역을 개발·조성하여 분양 또는 임대하거나 직접 사용(2024년 이후 적용되나, 벤처기업이 벤처기업집적시설을 직접 사용하는 경우로 한정)할 목적으로 취득(「산업집적활성화 및 공장설립에 관한 법률」 §41에 따른 환수권의 행사로 인한 취득 포함)하는 부동산	취득세 35%(2015년~2023년 50%) 경감(2014년 이전 면제) 재산세[주] 35%(수도권 외 지역 부동산 60%, 2023년 이전 50%) 경감 (도시지역분 제외)

- 감면시한 : 2026.12.31.
- 농어촌특별세 과세 여부 : 취득세분과 취득세 경감분(면제분) 농어촌특별세 과세
- (주) 2024년 이후 벤처기업이 직접 사용하는 경우 재산세 감면은 과세기준일 현재 직접 사용하는 부동산으로 한정함.

벤처기업집적시설로 기 지정된 부동산을 취득한 경우라면 벤처기업집적시설을 개발·조성하는 경우가 아니므로 취득세 등이 감면되지 아니한다(세정-2196, 2003.12.6.). 벤처기업집적시설의 사업시행자로 지정된 자가 벤처기업집적시설로 지정된 기존 건축물을 분양 또는 임대할 목적으로 취득하여 벤처기업에게 분양 또는 임대하는 경우 동 벤처기업집적시설에 대하여는 취득세 등을 감면받을 수 있다(세정 13407-869, 2000.7.7.).

그리고 벤처기업집적시설 사업시행자로 지정을 받은 자가 취득한 부동산에 해당되는가에 따라 결정되는 것으로서 벤처기업집적시설지정 전에 건축물의 임시사용승인을 받은 후에 건축물의 일부를 벤처기업집적시설로 지정받은 이상 감면대상에 해당한다고 할 수 없다(구 등록세 또한 감면대상에 해당하지 않음 : 행심 2003-235, 2003.11.24.).

벤처기업집적시설의 사업시행자가 기존 소유하고 있는 건축물을 벤처기업집적시설로 개발조성하여 분양 또는 임대할 경우 동 벤처기업집적시설에 대하여는 재산세를 감면된다.

2) 추징요건

① 취득일로부터 3년 이내 개발·조성하지 아니한 경우

그 취득일부터 3년 이내에 정당한 사유 없이 벤처기업집적시설 또는 신기술창업집적지역을 개발·조성하지 아니하는 경우 그 해당 부분에 대해서는 감면된 취득세를 추징한다.

사업시행자가 벤처기업집적시설을 개발·조성하여 이를 벤처기업에 분양 또는 임대할 목적으로 부동산을 취득한 경우에는 3년의 유예기간을 두어 그 기간 내에 해당 부동산을 벤처기업 등에게 분양하거나 임대하는 등 목적사업을 이행하는 경우에는 취득세 등을 감면하되, 그 기간 내에 목적사업을 이행하지 아니한 경우에는 해당 부동산을 취득한 당시부터 취득세 등의 감면 대상에서 이를 제외하여 감면하였던 취득세 등을 추징한다는 취지라고 할 것이다. 벤처기업집적시설로 개발·조성하였다는 의미는 벤처기업법 상의 벤처기업집적시설의 지정요건을 충족한 것, 즉 해당 부동산을 벤처기업 등에게 분양하거나 임대하는 등 목적사업을 이행한 경우라고 해석된다(대법원 2007두1545, 2007.3.16.).

따라서 벤처기업집적시설로 개발·조성하였는지 여부는 원칙적으로 3년의 기간이 경과된 시점을 기준으로 판단하여 그 때까지 벤처기업집적시설로 개발·조성하지 않은 경우에는 감면된 취득세 등을 추징할 수 있으나, 벤처기업집적시설을 개발·조성하여 분양 또는 임대할 목적으로 부동산을 취득한 사업시행자가 위 3년의 유예기간이 경과하기 전에 해당 부동산에 대한 벤처기업집적시설 지정 취소신청을 하여 그 지정이 취소되는 등 그 부동산이 당초의 취득 목적인 벤처기업집적시설로 사용되지 않을 것임이 명백해진 경우에는 더 이상 당초의 취득목적에 따른 유예기간의 적용이 없고 즉시 감면되었던 취득세 등을 추징할 수 있다.

㉠ 건축 중인 경우

건축 중인 경우에는 정당한 사유가 있는 것으로 보아 추징이 되지 아니한다. 건축 중인 벤처기업집적시설을 매각하는 경우 추징이 된다.

ⓛ 미분양 또는 미임대

벤처기업집적시설 등을 취득일로부터 3년 이내 개발·조성한 후 부동산 경기부진으로 미분양되거나 미임대된 경우에는 추징할 수 없다.

ⓒ 당초 지정면적 변경 또는 축소

벤처기업집적시설로 지정받은 후 당초 지정 면적이 변경 또는 축소되더라도 그 벤처기업집적시설이 취소도지 아니하는 한 추징대상이 되지 아니한다.

ⓔ 일부만 개발·조성

일부만 개발·조성한 경우에는 전체를 추징하는 것이 아니라 벤처기업집적시설 개발·조성하지 아니한 부분에 대하여만 추징되는 것이다.

② 취득일로부터 5년 이내 지정 취소

부동산의 취득일부터 5년 이내에 벤처기업집적시설 또는 신기술창업집적지역의 지정이 취소되는 경우 그 해당 부분에 대해서는 감면된 취득세를 추징한다.

부동산의 취득일부터 5년 이내에 벤처기업집적시설 등의 지정이 취소된 경우 그 해당 부분에 대하여는 취득세·재산세를 추징한다"는 규정은 같은 법 부칙(2000.12.29. 법률 제6312호) 제10조의 규정에 의거 2001.1.1. 이후 취득 부동산부터 적용된다(세정 13407-609, 2001.6.5.). 따라서 2000.12.31. 이전 「벤처기업 육성에 관한 특별조치법」에 의하여 지정된 사업시행자가 사업자로 지정된 이후에 벤처기업집적시설용 부동산을 취득하여 벤처기업집적시설로 개발·조성한 경우라면 해당 부동산 취득일로부터 5년 이내에 벤처기업집적시설의 지정이 취소되는 경우라도 기감면된 취득세 등이 추징되지 아니한다(세정 13407-24, 2003.1.9.).

벤처기업집적시설은 그 지정받은 날(건축 중인 건축물은 「건축법」 제18조의 규정에 의한 건축물의 사용승인을 얻은 날)부터 1년 이내에 3가지 요건을 충족하도록 규정하고 있다. 따라서 일반기업에 임대한 경우라 하더라도 사용승인일로부터 1년 이내에 연면적 70% 충족 요건을 갖춘다면 문제가 되지 아니하나, 1년 이내에 70% 충족 요건을 갖추지 못한 경우에는 지정취소대상이 될 것이므로 지정취소가 추징사유가 될 것이다. 지정취소일(1년 되는 시점)이 추징사유일이 될 것이다. 한편, 벤처기업집적시설 요건을 갖추지 아니한 상태에서 사용승인일로부터 1년 이내에 매각을 한다면 지정취소가 될 것이므로 지정취소에 따라 추징되어야 할 것으로, 추징사유일은 지정취소일(매각일)이 될 것이다.

따라서 요건 미충족 상태에서 매각을 한다면 사용승인일로부터 1년 경과일과 매각일 중에 빠른 날이 추징사유일로 보아야 할 것이다.

> **사례** 벤처기업집적시설을 조성하지 못한 정당한 사유(대법원 2007두1545, 2007.3.16.)
>
> 이 사건 건물 중 일부가 벤처기업에 임대된 것만으로는 벤처기업집적시설로 사용되고 있다고 볼 수 없다. 따라서 원고가 이 사건 건물 중 일부에 취득일부터 매각일까지 벤처기업을 입주하게 하였다고 하더라도, 이 사건 건물을 취득일로부터 3년 이내에 매각한 이상, 이 사건 건물 전체에 대하여

감면된 취득세 등을 추징할 수 있음.[182]

사례 지정 면적이 축소변경된 경우(행심 2003-275, 2003.12.24.)

건축물 취득일부터 유예기간 만료시점인 2001.8.18. 청구인이 제출한 입주현황서류에 의하면 벤처기업법 시행규칙 제5조 제1항 제1호 내지 제4호에서 규정한 지정요건 중 제1호 이외는 나머지 지정요건을 충족하지 못하였으므로 감면세액 전체가 추징하여야 한다고 할 것이고, 특히 유예기간 내에 벤처기업집적시설의 지정면적을 축소신청하는데 법령상 장애가 없었음에도 불구하고, 유예기간 3년이 경과한 후 지정취소와 관련한 청문실시의 통보를 받은 후에야 비로소 그 지정면적을 축소신청하며 변경을 볼 때 정당한 사유가 있다고 볼 수 없다 할 것임.

☞ 현행 추징규정에서는 해당 부분만 추징되어야 할 것이고, 추징사유발생일의 규정을 적용하여야 하는 것으로 보여짐.

③ 5년 이내에 다른 용도로 사용하는 경우

「벤처기업육성에 관한 특별법」 제17조의 3 또는 제18조 제2항에 따른 요건을 갖춘 날부터 5년 이내에 부동산을 다른 용도로 사용하는 경우 그 해당 부분에 대해서는 감면된 취득세를 추징한다.

지정된 사업시행자가 사업자로 지정된 이후에 벤처기업집적시설용 부동산을 취득하여 벤처기업집적시설로 개발·조성한 경우라면 해당 부동산 취득일로부터 5년 이내에 매각하는 경우라도 기감면된 취득세 등이 추징되지 아니하나(세정 13407-24, 2003.1.9.), 벤처기업집적시설 외의 시설로 사용·임대한 부분에 대하여는 기감면된 취득세 등의 추징대상이 되는 것이다. 그리고 「벤처기업육성에 관한 특별법」 제18조 제2항에 따른 요건을 갖춘 날부터 5년 이내에 그 요건을 유지하지 아니하고, 같은 법 시행령 제11조의 8 제3항에서 정한 기업 이외의 기업에 임대하고 있는 경우라면 벤처기업집적시설에 해당되지 않는다 할 것이므로 그 부동산을 다른 용도로 사용하는 경우에 해당하는 것으로 보아야 한다(지방세특례제도과-768, 2015.3.19.).

3) 유의사항

① 지정 이후 취득

「벤처기업육성에 관한 특별법」 제18조 제1항에서 벤처기업집적시설을 설치하거나 기존의 건축물을 벤처기업집적시설로 사용하려는 자는 대통령령으로 정하는 연면적 이상인 경우 시·도지사로부터 그 지정을 받을 수 있다. 지정받은 사항을 변경하는 경우에도 또한 같다고 규정하고 있고, 「벤처기업집적시설의 지정 및 관리지침」(중소기업청고시 제2008-50호, 2008.9.30) 제3조 제1항 제1호에서 신축 예정 또는 신축 중인 건축물을 벤처기업집적시설로 지정받고자 하는 경우로써

---

182) 원심 : 서울고법 2006누12694, 2006.12.13.
대법원(2006.5.11. 선고, 2006두2138) 환송판결로 "추징할 사유에 해당하는지 여부에 대하여는 그 과세요건의 구비 여부가 문제되는 시점, 즉 이 사건에 있어서는 이 사건 부동산의 매각일인 2003.4.3. 또는 취득일로부터 3년이 경과한 2003.5.1. 당시 시행되는 「지방세법」을 기준으로 판단하여야 할 것이다(대법원 1992.6.9. 선고, 91누10725 판결 등 참조)"라고 판시하였으나, 납세자에게 불리하게 개정되어 구 「지방세법」의 단서를 적용하여 추징하여야 한다는 것이다.

지정신청자와 토지소유자가 다른 경우에는 토지사용승낙서 또는 토지매매계약서를, 같은 항 제2호에서 기존 건축물을 활용하여 벤처기업집적시설로 지정받고자 하는 경우로서 타인 소유의 건축물을 매입한 경우에는 벤처기업집적시설 지정신청 시 첨부서류로 부동산 매매계약서 등을 규정하고 있다. 위 규정 취득세 감면대상을 벤처기업집적시설을 개발·조성하여 분양 또는 임대할 목적으로 취득하는 부동산으로 규정하고 있고, 통상적으로 부동산에는 건축물뿐만 아니라 그 부속토지도 포함된다고 보아야 할 것인 점, 그간에도 벤처기업집적시설로 지정된 이후에 취득하는 부동산에 그 부속토지를 감면대상에 포함하여 법령해석(구 행정자치부 세정-4434, 2006.9.13.)하였던 점, 「벤처기업육성에 관한 특별법」 제2조 제4호에서 벤처기업집적시설을 시도지사가 지정하는 건축물로 규정하고 있는 한편, 그 부속토지도 같은 용도에 사용될 것을 전제로 하여 토지등기부등본(타인 소유 시는 토지사용승낙서 또는 토지매매계약서)을 첨부하여 지정 신청하도록 규정[「벤처기업집적시설의 지정 및 관리지침」(중소기업청고시 제2008-50호, 2008.9.30.) §3 ①]하고 있는 점 등을 종합적으로 고려해 볼 때, 지정된 벤처기업집적시설을 개발·조성하여 분양 또는 임대할 목적으로 취득하는 부동산에는 그 부속토지도 포함된다고 할 것이므로 지정된 이후에 취득하는 부속토지는 취득세 감면대상에 해당된다(지방세운영과-280, 2013.4.11.).

② 지정 전 취득

원칙적으로는 벤처기업집적시설에 대한 취득세의 감면 여부는 벤처기업집적시설 사업시행자로 지정을 받은 자가 취득한 부동산에 해당되는가에 따라 결정되는 것으로서 벤처기업집적시설 지정 전에 토지와 건축물을 취득한 경우에는 감면대상이 되지 아니한다. 그런데 관련법에 따라 벤처기업집적시설로 지정이 건축물을 신축 취득한 이후에야 가능하다면 다른 용도로 사용함이 없이 벤처기업집적시설로 지정을 받은 후에 그 시설로 사용할 예정이거나 사용한다면 정당한 사유가 있는 것으로 보아 감면대상이 되어야 할 것이다(조심 2014지1429, 2015.3.23. 참조).

> **사례** 토지 취득 후 벤처기업집적시설로 지정된 경우(조심 2014지1429, 2015.3.23.)
> 「소프트웨어산업진흥법」 등 관련 법령의 규정을 보면 벤처기업집적시설을 취득하기 전에 벤처기업집적시설로 지정받는 것은 사실상 어렵다고 보이는 점, 「지방세특례제한법」 제58조 제1항은 벤처기업집적시설 등을 활성화하여 지역 경제를 발전시키고자 신설한 조항으로 보이는 점 등에 비추어 청구법인이 취득한 이 건 토지는 「지방세특례제한법」 제58조 제1항에서 규정한 벤처기업집적시설용 부동산으로서 취득세 면제 대상에 해당된다고 보는 것이 합리적이라 할 것임.

③ 승계취득한 경우

기개발·조성된 벤처기업집적시설을 승계취득하는 경우 취득세 등의 감면대상에 해당되지 아니한다(세정 13407-1066, 2002.11.8.).

④ 자가 사용하는 경우

벤처기업집적시설의 사업시행자가 부동산을 취득하여 벤처기업집적시설로 지정받은 후 일부는 벤처기업에게 임대 또는 분양하고 일부는 벤처기업인 벤처기업집적시설 시행자가 직접 사용

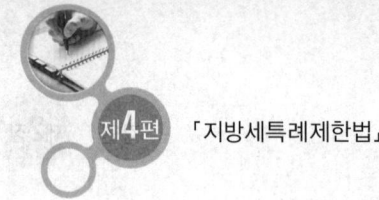

하는 경우라도 벤처기업집적시설 전체에 대하여 취득세 등이 감면되는 것이다(세정 13407-610, 2001.11.30.). 이는 벤처기업집적시설로 지정받은 면적에 대하여 취득세 등을 감면하는 것이므로 벤처기업집적시설로 직접 공여되는 부분에 대하여는 감면되는 것이기 때문이다(세정 13407-442, 2001.4.21.).

⑤ 분양 또는 임대

벤처기업집적시설을 조성하여 분양 또는 임대할 목적으로 취득하는 부동산에 대하여 취득세 등을 감면한다고 규정하고 있으므로 취득한 건물을 벤처기업집적시설용과는 다른 용도로 분양하거나 임대한 경우라면 벤처기업집적시설을 조성할 목적으로 취득한 것이 아닌 것으로 보아야 할 것이므로 벤처기업집적시설 외의 시설로 사용·임대한 부분에 대하여는 취득세 등이 감면되지 아니한다.

⑥ 개수(대수선 등)

벤처기업집적시설을 취득한 후 대수선 등 개수를 한 경우에는 감면적용이 되지 아니한다. 그 이유는 이미 분양 또는 임대가 완료된 후에 대수선한 결과가 되는 것이므로 감면이 되지 아니하는 것이기 때문이다(세정 13407-11, 2001.7.2.).

⑦ 지정 후 토지를 취득하여 벤처기업집적시설 사업계획 수립 시 재산세 감면 여부

재산세의 경우 벤처기업직접시설용 직접 사용, 분양 또는 임대용에는 건축 중인 경우를 포함하는 것이며, 토지를 취득하여 사업계획 수립 및 건축 설계하는 경우에도 포함하는지 명확하지 아니하나, 이러한 업무도 분양 또는 임대 업무를 위한 것으로 판단하여야 할 것이다. 즉 벤처기업집적시설로 지정받은 후 보유기간 동안 재산세가 경감되는 것이다.

⑧ 분양받은 자의 감면

사업시행자에 대한 감면규정이므로 분양받은 자는 다른 규정(창업중소기업이거나 벤처창업중소기업 감면, 벤처기업육성촉진지구 벤처기업 감면 등)에 의하여 감면 여부를 판단하여야 한다.

(2) 벤처기업집적시설 등 입주자에 대한 중과세 배제(지특법 §58 ②)

1) 감면요건

① 감면대상자

㉠ 벤처기업집적시설에 입주하는 벤처기업

㉡ 「산업기술단지 지원에 관한 특례법」에 따라 조성된 산업기술단지에 입주하는 자(이 규정에서 감면대상자에서 삭제되어 2023년 이전만 적용되는 것으로 보이나, 2023.12.29. 법 개정 시 지특법 §78 ⑨으로 이관되었기에 이관 전과 중과세 배제는 동일하게 적용됨)

② 감면대상 및 감면범위

해당 사업에 직접 사용하기 위하여 취득하는 부동산(2024년 이후 적용) 과세기준일 현재 해당 사업에 직접 사용하는 부동산(2024년 이후 적용)	취득세 50% 경감 재산세 50%(수도권 외 지역 부동산 60%) 경감(도시지역분 제외)
취득세(법인 주택 유상거래 제외), 등록면허세 및 재산세(2023년 이전만 적용)	중과세 배제^(주)

☛ 감면시한 : 2026.12.31.
☛ 농어촌특별세 과세 여부 : 취득세분 농어촌특별세 과세, 중과세율이 아닌 일반세율 적용은 감면으로 보고 있는바,[183] 중과세율과 일반세율 의한 세액 차이분에 대하여 농어촌특별세 과세
☛ (주) 2023.12.29. 법 개정 시 산업기술단지 입주자의 중과세 배제규정은 지특법 §78 ⑨으로 이관되었기에 이관 전과 동일하게 적용됨.

2) 추징요건

별도의 추징규정이 없는바, 「지방세특례제한법」 제178조에 따라 다음 어느 하나에 해당하는 경우 그 해당 부분에 대해서는 감면된 취득세를 추징한다.

① 정당한 사유 없이 그 취득일부터 1년이 경과할 때까지 해당 용도로 직접 사용하지 아니하는 경우

② 해당 용도로 직접 사용한 기간이 2년 미만인 상태에서 매각·증여하거나 다른 용도로 사용하는 경우

취득 시 벤처기업이어야 하지만 해당 사업에 직접 사용의 의미에서 당초 벤처기업의 사업에만 사용한다면 되는 것이지 벤처기업으로 계속 유지되어야 한다는 규정이 없다는 점에서 벤처기업이 취소되었다는 사유만으로는 취득세 추징대상이 되지 아니할 것이다.

---

183) 「지방세특례제한법」 제2조 제6호에서 지방세특례에는 중과배제가 포함되나, 「농어촌특별세법」 상 감면에는 「지방세특례제한법」 상 중과세율이 아닌 일반세율 적용하는 것도 포함되는지 명확하지 아니하다. 그 이유는 「농어촌특별세법」 제2조 제1항 제2호와 제3호에서는 세율특례에 대하여 별도로 포함하는 것으로 명확히 규정하고 있기 때문이다. 그렇다면 「지방세특례제한법」 상 중과세율이 아닌 일반세율 적용이 별도로 규정되어 있지 않아 「농어촌특별세법」 상 감면으로 볼 수 없다라고 판단하여야 할 것이다. 따라서 지방세특례에 의하여 취득세 중과세율이 아닌 일반세율 적용되는 경우 농어촌특별세는 일반세율에 의한 취득세분만 과세되어야 하는 것으로, 중과분과 일반분의 차이를 「농어촌특별세법」 상 감면으로 보아 이 차액을 과세표준으로 하여 취득세 감면분 농어촌특별세를 부과할 수가 없을 것이다. 한편, 중과분과 일반분의 차액을 취득세 감면분 과세표준으로 보아 농어촌특별세를 과세할 여지가 있다. 그 이유는 「지방세법」 제15조 제1항의 세율특례도 「농어촌특별세법」 상 감면으로 보고 있는바, 이러한 취지로 법조문에는 없지만 중과세율 배제도 감면으로 보아 농어촌특별세를 과세하여야 한다는 점 때문이다.

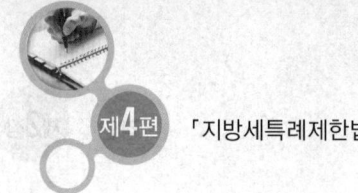
(3) 신기술창업집적지역의 산업용 건축물 등 신·증축에 대한 감면(지특법 §58 ③)

1) 감면요건

① 감면대상자

신기술창업집적지역에서 산업용 건축물 등을 신축하거나 증축하려는 자[「산업집적활성화 및 공장설립에 관한 법률」제2조 제1호에 따른 공장용 부동산(2017년 이전은 공장용 건축물)을 중소기업자에게 임대하려는 자 포함]

② 감면대상 및 감면범위

신·증축 산업용 건축물 등	취득세 50% 경감(2014년 이전 면제)
	재산세 50%(2024년 이후 수도권 외 지역 부동산 60%) 경감(도시지역분 제외)(주)

➠ 감면시한 : 2026.12.31.

➠ 농어촌특별세 과세 여부 : 취득세분과 취득세 경감분(면제분) 농어촌특별세 과세

➠ (주) 재산세의 납세의무가 최초로 성립하는 날부터 3년간(2014년 이전 5년간)만 재산세 감면 적용되며, 2014.12.31. 이전 취득한 감면대상 부동산에 대하여는 종전 규정에 따라 납세의무가 성립하는 분부터 5년간 적용됨(부칙 §18).

○ **산업용 건축물 등(지특령 §29)**

　○ 2017.1.1. 이후

　　① 「도시가스사업법」제2조 제5호에 따른 가스공급시설용 건축물[2023년 이후 「벤처기업육성에 관한 특별법」에 따른 신기술창업집적지역에 설치된 지령 §5 ① 4의 도관시설(연결시설 포함)의 경우 해당 지역에 가스를 공급하기 위한 도관시설로 한정함]

　　② 「산업기술단지 지원에 관한 특례법」에 따른 연구개발시설 및 시험생산시설용 건축물

　　③ 「산업기술단지 지원 「산업입지 및 개발에 관한 법률」제2조에 따른 공장·지식산업·문화산업·정보통신산업·자원비축시설용 건축물과 이와 직접 관련된 교육·연구·정보처리·유통시설용 건축물[184]

　　④ 「산업집적활성화 및 공장설립에 관한 법률」제30조 제2항에 따른 관리기관이 산업단지의 관리, 입주기업체 지원 및 근로자의 후생복지를 위하여 설치하는 건축물(수익사업용으로 사용되는 부분 제외)

　　⑤ 「집단에너지사업법」제2조 제6호에 따른 공급시설용 건축물[2023년 이후 「벤처기업육성에 관한 특별법」에 따른 신기술창업집적지역에 설치된 지령 §5 ① 4의 도관시설(연결시설 포함)의 경우 해당 지역에 집단에너지를 공급하기 위한 도관시설로 한정함]

　　⑥ 「산업집적활성화 및 공장설립에 관한 법률 시행령」제6조 제5항 제1호부터 제5호까지, 제7호 및 제8호에 해당하는 산업용 건축물

---

184) 법인이 산업단지 내에서 정보통신 분야의 전문지식을 활용하여 4G/5G 이동통신 액세스 기술 등 첨단기술과 제품을 개발하고 관련 이동통신서비스를 제공하는 등의 전기통신업은 기술집약도가 높고 기술혁신속도

○ 2016.12.31. 이전

① 「산업입지 및 개발에 관한 법률」 제2조에 따른 공장ㆍ지식산업ㆍ문화산업ㆍ정보통신산업ㆍ자원비축시설용 건축물 및 이와 직접 관련된 교육ㆍ연구ㆍ정보처리ㆍ유통시설용 건축물

② 「산업집적활성화 및 공장설립에 관한 법률 시행령」 제6조 제5항에 따른 폐기물 수집운반ㆍ처리 및 원료재생업, 폐수처리업, 창고업, 화물터미널 또는 그 밖에 물류시설을 설치 및 운영하는 사업, 운송업(여객운송업 제외), 산업용기계장비임대업, 전기업 및 농공단지에 입주하는 지역특화산업용 건축물, 「도시가스사업법」 제2조 제5호에 따른 가스공급시설용 건축물 및 「집단에너지사업법」 제2조 제6호에 따른 집단에너지공급시설용 건축물

③ 「산업기술단지 지원에 관한 특례법」에 따른 연구개발시설 및 시험생산시설용 건축물

④ 「산업집적활성화 및 공장설립에 관한 법률」 제30조 제2항에 따른 관리기관이 산업단지의 관리, 입주기업체 지원 및 근로자의 후생복지를 위하여 설치하는 건축물(수익사업용으로 사용되는 부분 제외)

2) 추징요건

다음 어느 하나에 해당하는 경우 그 해당 부분에 대해서는 감면된 취득세 및 재산세를 추징한다.

① 정당한 사유 없이 그 취득일부터 3년이 경과할 때까지 해당 용도로 직접 사용하지 아니하는 경우

② 해당 용도로 직접 사용한 기간이 2년 미만인 상태에서 매각ㆍ증여하거나 다른 용도로 사용하는 경우

3) 유의사항

① '납세의무가 최초로 성립하는 날부터 3년간'의 의미

'납세의무가 최초로 성립하는 날부터 3년간'이라 함은 해당 부동산의 취득일로부터 최초로 도래하는 과세기준일을 포함하여 3년간이라는 것을 뜻한다. 즉 토지에 대하여는 토지 취득일이 기준이며, 신축 건물에 대하여는 신축 건물 취득일이 기준이 될 것이다(세정 13407-303 1999.3.11. 참조).

가 빠른 첨단기술과 제품을 개발하는 등 산업구조 고도화에 대한 기여효과가 큰 고부가가치를 창출하는 지식기반산업으로 지식산업에 포함된다고 할 것이다. 오로지 산입법 제2조 제4호에 따른 「정보통신산업 진흥법」 제2조 제2호에서 전기통신업 등을 정보통신산업에서 제외하고 있다는 이유만으로 4G/5G 등 이동통신분야 전기통신업을 산업용 건축물 등의 범위에 제외된다고 함은 그 입주를 허용하는 산입법 취지와 그 입주기업체의 범위에 포함하고 있는 산집법 취지와도 불부합하다고 할 것이다. 산업단지 내에서 정보통신 전문분야의 지식을 활용하여 4G/5G 이동통신 액세스 기술 등 첨단기술과 제품을 개발하고 관련 이동통신서비스를 제공하는 등의 이동통신분야 전기통신업 용도 부분은 지방세 감면대상인 산업용 건축물 등에 해당된다고 판단됨(지방세특례제도과-2634, 2020.11.5.).

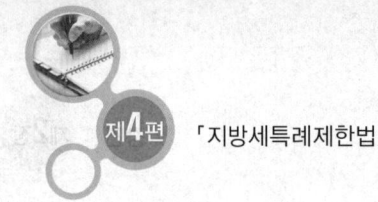

(4) 벤처기업에 대한 감면[185](지특법 §58 ④)

1) 감면요건

① 감면대상자

「벤처기업육성에 관한 특별법」에 따른 벤처기업

② 감면대상 및 감면범위

벤처기업육성촉진지구에서 그 고유업무에 직접 사용하기 위하여 취득하는 부동산	취득세 50%(2022년 이전 37.5%) 경감(주)
과세기준일 현재 벤처기업육성촉진지구에서 그 고유업무에 직접 사용 부동산	재산세 35%(2022년 이전 37.5%) 경감(주) (도시지역분 제외)

☞ 감면시한 : 취득세 2025.12.31.

☞ 농어촌특별세 과세 여부 : 취득세분과 취득세 경감분 농어촌특별세 과세

☞ 2016.12.31. 이전에 벤처기업육성촉진지구에서 그 고유업무에 직접 사용하는 부동산의 경우로서 2017.1.1. 당시 재산세 납세의무가 최초로 성립한 날부터 3년이 경과하지 아니한 분에 대해서는 재산세 개정 규정이 적용됨(부칙 §6).

☞ (주) 2013년까지는 취득세와 재산세가 50% 경감되었으며, 2023년 이후 지방자치단체장은 해당 지역의 재정 여건 등을 고려하여 15% 범위에서 조례로 정하는 율을 추가로 경감 가능함.

2) 추징요건

별도의 추징규정이 없는바, 「지방세특례제한법」 제178조에 따라 다음 어느 하나에 해당하는 경우 그 해당 부분에 대해서는 감면된 취득세를 추징한다.

① 정당한 사유 없이 그 취득일부터 1년이 경과할 때까지 해당 용도로 직접 사용하지 아니하는 경우

② 해당 용도로 직접 사용한 기간이 2년 미만인 상태에서 매각·증여하거나 다른 용도로 사용하는 경우

취득 시 벤처기업이어야 하지만 해당 사업에 직접 사용의 의미에서 당초 벤처기업의 사업에만 사용한다면 되는 것이지 벤처기업으로 계속 유지되어야 한다는 규정이 없다는 점에서 벤처기업이 취소되었다는 사유만으로는 취득세 추징대상이 되지 아니할 것이다.

---

185) 벤처기업 관련 감면규정으로는 「조세특례제한법」 제120조 제3항 창업벤처중소기업 감면, 「지방세특례제한법」 제58조 제2항의 「벤처기업육성에 관한 특별법」에 따라 지정된 벤처기업집적시설 또는 「산업기술단지 지원에 관한 특례법」에 따라 조성된 산업기술단지에 입주하는 자(벤처기업집적시설에 입주하는 자 중 벤처기업에 해당되지 아니하는 자 제외)의 중과세 배제, 「지방세특례제한법」 제58조 제3항의 「벤처기업육성에 관한 특별법」 제17조의 2에 따라 지정된 신기술창업집적지역에서 산업용 건축물 등을 신증축하는 자(공장용 부동산을 중소기업자에게 임대하려는 자 포함)의 감면, 「지방세특례제한법」 제58조 제4항의 「벤처기업육성에 관한 특별법」 제18조의 4에 따른 벤처기업육성촉진지구에서 그 고유업무에 직접 사용하기 위하여 취득하는 부동산의 감면규정이 있다.

3) 종전 시·군(구)세 감면조례의 경과규정

2011.12.31.까지는 시·군(구)세 감면조례에 의하여 적용하고 있었는데,[186] 2011.12.31. 「지방세특례제한법」으로 이관되어 2012.1.1. 이후에도 적용하고 있다. 재산세 감면규정 중 종전 감면조례와 다른 점은 "해당 납세의무가 최초로 성립하는 날부터 5년간"이라는 문구가 삭제된 것이다.

「지방세특례제한법」으로 이관되어 신설 규정이 2012년 이후에 취득한 부동산에 대하여만 적용되는지 아니면 2011.12.31. 이전 취득한 부동산은 종전 감면조례 규정에 의하여 취득일 이후 납세의무가 최초로 성립하는 날부터 5년간 무조건 적용되는지 여부에 대하여 다음과 같이 해석하여야 할 것이다.

2011.12.31. 「지방세특례제한법」 신설 또는 개정 시에는 2012.1.1.(제10조 제1항 및 제57조 제3항 개정 규정은 2012.3.2.) 이후 최초로 납세의무가 성립하는 경우부터 적용한다라고 규정되어 있다는 점, 종전 감면조례는 2011.12.31.까지 적용하는 것으로 부칙에 적용시한을 규정하고 있다는 점 및 별도의 경과규정을 두지 않았다는 점(취득세에 대하여는 부칙 제6조에서 별도의 경과규정을 두었음)에서 2012년의 재산세는 취득연도와 무관하게 무조건 「지방세특례제한법」에 의하여 감면규정을 적용하여야 하는 것으로 해석하여야 하는 문제가 있었는데,[187] 2012.3.21. 법 개정 시 종전 부칙(2011.12.31. 법률 제11138호)에 별도의 경과규정을 신설하였다.[188] 이 경과규정에 의하

---

186) 제*조(벤처기업 육성촉진지구에 대한 감면) 「벤처기업 육성에 관한 특별법」에 따른 벤처기업이 같은 법 제18조의 4에 따른 벤처기업 육성촉진지구 내에서 해당 사업을 영위하기 위하여 취득하는 부동산에 대하여는 납세의무가 최초로 성립하는 날부터 5년간 재산세를 면제한다.
제*조(적용시한) 이 조례는 2011년 12월 31일까지 적용한다.

187) 새로 제정된 「지방세특례제한법 시행령」에 재개발 사업으로 취득한 부동산에 대하여 구 서울시 감면조례와 관련된 별도의 경과규정을 부칙으로 두지 아니한 경우 감면대상이 아닌 것임(지방세운영과-786, 2011. 2.22.).
구 서울특별시세 감면조례 제19조에서 재개발주택 조합원에 대한 감면대상이 사업시행인가일 당시 소유자에서 정비구역지정일 현재 소유자가 사업시행자로부터 취득하는 85제곱미터 이하 주택에 대하여 취·등록세를 감면한다고 개정(2008.3.12. 제4611호), 부칙 제2조에서 "제19조의 개정 규정은 이 조례 시행 이후 최초 정비구역으로 지정 고시일 현재 소유자가 취득하는 부동산에 적용한다"고 명시하여 납세의무자의 기득권 내지 신뢰보호를 위하여 종전 규정을 적용 하도록 개별적 경과규정을 두었으나, 분법으로 「지방세특례제한법」이 전면 개정되어 재건축조합원과 관련된 감면규정이 같은 법 제74조 제3항으로 신설되면서 기존 조례의 부칙규정이 반영되지 않음. 법률의 일부 개정인 경우에는 종전 법률 부칙의 경과규정을 개정하거나 삭제하는 명시적인 규정이 없고 개정 법률에 다시 경과규정을 두지 않았다고 하여도 부칙의 경과규정이 당연히 실효하는 것은 아니지만, 개정 법률이 전문 개정인 경우에는 기존법률을 폐지하고 새로운 법률을 제정하는 것과 같은 것으로 종전의 본칙은 물론 부칙규정도 모두 소멸된 것으로 보아야 할 것이므로 특별한 사정이 없는 한 종전의 법률부칙의 경과규정도 모두 실효된다 할 것인바(대법원 2002.7.26. 선고, 2001두 11168 판결 참조), 전부개정 할 때에 그 효력 여부를 확인하여 전부 개정된 법령의 부칙에 구체적으로 감면요건이 되는 규정을 두어야 하는 것이고, 만일 명시적인 조항이 없다면 누락된 부칙 규정은 그 효력을 상실하는 것으로 보아야 할 것으로, 분법된 새 「지방세특례제한법」은 제정 법률로서 부칙 제3조에 일반적인 경과규정을 두고 있으나 이는 종전 처분에 대한 것으로 부칙 규정 그 자체에 대한 것은 아니며, 종전의 감면조례가 폐지되어 감면 혜택을 받을 수 있었던 자의 기대이익을 충족시키지 못하는 면이 있다고 하더라도, 제정된 부칙에서 종전의 규정을 소급적으로 적용한다는 명백한 규정을 두지 아니한 이상, 관련 경과규정인 부칙의 해석에 있어 그 범위를 함부로 확장해석 할 것은 아니라 사료됨.

면 2011.12.31. 이전 취득한 부동산에 대하여 종전 조례에 의하여 재산세를 감면하도록 규정하고 있다. 따라서 2011년도까지 취득한 부동산은 무조건 종전 시세 감면조례에 의거 해당 납세의무가 최초로 성립하는 날부터 5년간 감면, 2012년 이후 취득한 부동산부터 「지방세특례제한법」 감면 규정을 적용하여야 할 것이다.

❼ 지식산업센터 등에 대한 감면(지특법 §58-2)

(1) 지식산업센터를 설립하는 자에 대한 감면(지특법 §58-2 ①)

1) 감면요건

① 감면대상자

지식산업센터를 설립하는 자(2016년 이전 지식산업센터의 설립승인을 받은 자)

② 감면대상 및 감면범위

「산업집적활성화 및 공장설립에 관한 법률」 §28-5 ① 1 및 2에 따른 시설용(이하 "사업시설용")으로 직접 사용하기 위하여 신축 또는 증축하여 취득하는 부동산(신축 또는 증축한 부분에 해당하는 부속토지 포함)과 사업시설용으로 분양 또는 임대(「중소기업기본법」 제2조에 따른 중소기업을 대상으로 분양 또는 임대하는 경우로 한정)하기 위하여 신축 또는 증축하여 취득하는 부동산	취득세 35%(2016년 이전 50%) 경감(주)
과세기준일 현재 사업시설용으로 직접 사용하거나 그 사업시설용으로 분양 또는 임대 업무에 직접 사용하는 부동산	재산세 35%(2022년 이전 37.5%) 경감(주) (도시지역분 제외)

☞ 감면시한 : 2025.12.31.

☞ 농어촌특별세 과세 여부 : 취득세분 농어촌특별세 과세, 취득세 경감분 농어촌특별세 비과세(농특령 §4 ⑦ 5)

☞ 지식산업센터를 설립하는 자가 「산업집적활성화 및 공장설립에 관한 법률」 §28-5 ① 1 및 2에 따른 사업시설용으로 취득하는 부동산에 대해서는 개정규정에도 불구하고 2017.12.31.까지 종전의 감면율이 적용됨(부칙 §17).

☞ 「산업집적활성화 및 공장설립에 관한 법률」 제28조의 5(지식산업센터에의 입주)
　① 지식산업센터에 입주할 수 있는 시설은 다음 각 호의 시설로 한다.
　　1. 제조업, 지식기반산업, 정보통신산업, 그 밖에 대통령령으로 정하는 사업을 운영하기 위한 시설
　　2. 「벤처기업육성에 관한 특별법」 제2조 제1항에 따른 벤처기업을 운영하기 위한 시설
　　3. 그 밖에 입주업체의 생산 활동을 지원하기 위한 시설로서 대통령령으로 정하는 시설

☞ (주) 취득세는 2011년까지 감면조례로 면제, 2012년~2013년 75% 경감, 재산세는 2013년까지 50% 경감되었으나, 2023년 이후 재산세 납세의무가 최초로 성립한 날부터 5년간만 감면됨.

---

188) 2012.3.21. 부칙(2011.12.31. 법률 제11138호)을 다음 조항을 신설하여 2012.1.1. 이후부터 적용하고 있다.
　제5조의 2【벤처기업 등에 대한 재산세 감면에 관한 경과조치】
　　①「벤처기업육성에 관한 특별조치법」에 따른 벤처기업이 같은 법 제18조의 4에 따른 벤처기업육성촉진지구에서 그 고유업무에 사용하기 위하여 2011년 12월 31일 이전에 취득한 부동산에 대한 재산세 감면에 관하여는 제58조 제4항 제2호의 개정규정에도 불구하고 종전의 해당 조례에 따른다.

개정에 따른 감면율 적용은 원칙적으로 취득세 납세의무가 성립하는 때(취득일)의 「지방세특례법」 또는 감면조례상의 감면율이 적용되는 것이다. 그런데 지식산업센터의 설립승인을 받은 자가 「산업집적활성화 및 공장설립에 관한 법률」 제28조의 4에 따라 지식산업센터를 분양 또는 임대하는 경우로서 2011.12.31. 이전에 분양한 부동산에 대하여는 이 감면규정에도 불구하고 취득세를 면제한다[부칙(2011.12.31. 법률 제11138호) §6]. 여기서 '분양'의 의미는 분양계약 체결을 의미하는 것이므로 취득 전에 이미 분양계약이 체결된 부분까지 확대하여 혜택을 주는 것으로 보아야 할 것이다.[189] 그런데 부동산을 사업시설용으로 직접 사용하지 않을 부동산(임대)업자들에게 분양하였고 그 부동산(임대)업자들이 부동산을 지식산업센터 사업시설용으로 사용하기로 한 확약서를 작성하였다는 사정만으로 동 부동산을 사업시설용으로 직접 사용할 자에게 분양하였다고 볼 수 없다(조심 2022지1074, 2023.10.26.).

한편, 2011.12.31. 이전 취득한 부동산에 대하여 종전 조례에 의하여 재산세를 감면하도록 규정하고 있다.[190] 따라서 2011년도까지 취득한 부동산은 무조건 종전 시세 감면조례에 의거 해당 납세의무가 최초로 성립하는 날부터 5년간 감면, 2012년 이후 취득한 부동산부터 「지방세특례제한법」 감면규정을 적용하여야 할 것이다[부칙(2011.12.31. 법률 제11138호) §5-2 ②].

"당초 감면조례의 "설립자"에서 "설립승인을 받은 자"로 변경되었으므로 2012.1.1.부터는 "설립승인을 받은 자"로 적용하여 지방세를 경감(지방세운영과-290 2012.1.30.)하여야 하므로 아직 설립승인을 받지 않은 자가 사업시설용 부동산을 취득한 경우에는 취득세를 경감받을 수 없는 것이며, 설립승인을 받기 전에 사업용에 사용하기 위하여 부동산을 취득하고 취득세를 신고납부 한

---

189) 법 취지가 취득 전에 분양계약이 된 것에 대하여 종전 규정을 적용하여 납세자에게 유리하게 하기 위한 것이라는 점, 분양을 분양완료, 즉 분양매수자의 취득으로 본다면 납세의무성립(취득)에 의하여 면제 규정이 적용됨에도 분양이 완료되어야만 면제된다는 것은 소급입법에 해당되어 위헌문제가 있다는 점 및 다른 조문에서는 분양의 의미를 분양계약으로 보고 있는 점(예를 들어 미분양 주택의 재산세 감면(감면조례) 규정과 종합부동산세 합산배제 규정에서 미분양주택을 정의하면서 "… 주택건설사업계획 승인을 받아 건축하여 소유하는 …", "… 주택을 신축하여 판매하는 자가 소유한 …"으로 표현되어 있다는 점. 즉 잔금이 완납된 경우에는 소유자가 분양받은 자에게 이전이 된 것이므로 "판매자가 소유한"이라고 표현하지 않는다는 점으로 보아 미분양주택은 재산세와 종합부동산세 과세기준일 현재 계약되지 않은 주택을 말하는 것으로 판단됨)에서 분양의 의미는 계약금 납부로 인하여 분양계약이 이루어지면 분양된 것으로 보아야 할 것이다.

한편, 재산세 분리과세대상 토지로 종전에는 「주택법」에 의하여 주택건설사업자 등록을 한 주택건설사업자(「주택법」 제32조의 규정에 의한 주택조합 및 고용자인 사업주체와 「도시 및 주거환경정비법」 제7조 내지 제9조의 규정에 의한 사업시행자를 포함한다)가 주택을 건설하기 위하여 같은 법에 의한 사업계획의 승인을 받은 토지로서 사업계획의 승인을 받은 날부터 분양이 완료될 때(매수자의 취득일을 말한다)까지 그 사업에 공여되고 있는 토지를 포함하고 있었다(현행은 사업계획승인받은 토지로서 주택건설사업에 공여되고 있는 토지로 개정되었음). 이 규정에서는 분양 완료라고 명백하게 규정하고 있다는 점에서 위와 같이 해석하여야 할 것이다.

190) 부칙 조항은 '지식산업센터의 설립승인을 받은 자'가 구 「지방세특례제한법」 시행 전에 분양한 부동산에 대한 취득세 면제에 관하여만 규정하고 있는 것으로, 문언적 의미는 지식산업센터의 설립승인을 받은 자가 구 「지방세특례제한법」 제58조의 2 시행 전에 분양한 부동산에 대하여는 그 취득세를 면제하는 것일 뿐, 수분양자 또는 그로부터 전매한 자에 대하여는 적용되지 아니하는 것이라고 보아야 한다(대법원 2015두37709, 2015.5.14., 서울고법 2014누55306, 2015.1.21.).

이후 설립승인을 받아 지식산업센터로 사용한다 하더라도, 이미 취득한 부동산에 대한 취득세의 납세의무가 성립되어 기납부한 취득세는 환부대상이 되지 아니한다(서울세제과-13316, 2012. 10.16.)"라고 해석한바 있었다. 그런데 조세심판원 결정례에 따르면 "지식산업센터의 설립승인을 받은 자"의 범위에는 「산업집적활성화 및 공장설립에 관한 법률」 제28조의 2에 따라 지식산업센터의 설립승인을 받은 자는 물론 설립승인을 받기 전이라 하더라도 토지 취득 후 설립승인을 받아 착공을 하려는 자도 포함하는 것으로 봄이 위 감면규정의 입법 취지상 합리적이라고 할 것이다"라고 상기 해석과 달리 결정하였으며, 2016.12.27. "설립승인을 받은 자"에서 "설립하는 자"로 개정되어 2017년 이후에는 지식산업센터의 설립승인을 받은 자는 물론 설립승인을 받기 전이라 하더라도 토지 취득 후 설립승인을 받아 착공을 하려는 자도 포함되는 것이다.

2) 추징요건

① 2023.1.1. 이후 경감분

㉠ 직접 사용용 부동산

다음의 어느 하나에 해당하는 경우

㉮ 정당한 사유 없이 그 취득일부터 1년이 경과할 때까지 착공하지 아니한 경우

㉯ 정당한 사유 없이 그 취득일부터 1년이 경과할 때까지 사업시설용으로 직접 사용하지 아니한 경우

㉰ 해당 용도로 직접 사용한 기간이 4년 미만인 상태에서 매각·증여하거나 다른 용도로 사용하는 경우

㉡ 분양 또는 임대용 부동산

다음의 어느 하나에 해당하는 경우

㉮ 정당한 사유 없이 그 취득일부터 1년이 경과할 때까지 착공하지 아니한 경우

㉯ 그 취득일부터 5년 이내에 사업시설용으로 분양·임대하지 아니하거나 다른 용도로 사용하는 경우

② 2022.12.31. 이전 경감분

다음 어느 하나에 해당하는 경우 그 해당 부분에 대해서는 감면된 취득세를 추징한다.

㉠ 정당한 사유 없이 그 취득일부터 1년이 경과할 때까지 착공하지 아니한 경우

㉡ 그 취득일부터 5년 이내에 매각·증여하거나 다른 용도로 분양·임대하는 경우

벤처기업집적시설의 경우에는 요건을 갖춘 날부터 5년 이내에 부동산을 다른 용도로 사용하는 경우라 규정하고 있는 데 반해 이 규정에서는 취득일로부터 5년 이내로 규정되어 있다는 점에서 차이가 있다.

③ 현물출자나 양수도에 의한 법인전환

현물출자 등이 「조세특례제한법」 제32조에 의한 것인 경우로서 현물출자 등에 의해 설립된 법

인이 계속하여 사업을 유지하는 경우에는 개인사업자에게 처분 등의 사유로 추징할 수는 없는 것이다라고 해석한 바 있다. 그런데 조세심판원에서는 일반적으로 발기인 또는 신주 인수인이 회사에 대하여 현물출자를 하면 회사는 이들에게 주식을 발행 교부하게 되는데 현물출자와 주식의 교부는 서로 대가관계에 있는 것으로 볼 것이므로 현물출자의 유상성이 인정된다 할 것인 점, 부동산을 증축·취득하였다가 현물출자하여 유예기간 내에 직접 사용하지 아니하고 소유권을 이전하였으므로 정당한 사유로 볼 수 없는 점 등에 비추어 유예기간 내에 부동산을 현물출자한 것은 감면 추징사유인 매각에 해당한다고 보이므로 취득세 등을 과세한 처분은 달리 잘못이 없다고 판단된다(조심 2015지1130, 2015.11.2.)라고 결정하고 있어서 이를 달리 판단하고 있다는 점에서 논란이 되고 있다. 이는 내국법인의 현물출자에 대한 내용이나 개인기업의 현물출자에 의한 법인전환에도 적용될 여지가 있다. 따라서 「조세특례제한법」 제32조에 의한 현물출자나 사업양수도된 것은 처분으로 보아 추징될 것으로 판단된다.

④ 분양계약 체결 당시 입주가 불가능한 업종을 영위하는 자와 분양계약 체결 시 추징됨

처분청이 2019.5.14. 승인한 이 건 지식산업센터의 분양 공고(안)을 보면, 이 건 지식산업센터를 「산업집적활성화 및 공장설립에 관한 법률」 제28조의 5, 같은 법 시행령 제6조 및 제36조의 4 규정에 의한 입주자격을 갖춘 업체에게 분양하는 것으로 기재되어 있으나, 쟁점부동산의 수분양자들 중에는 지식산업센터의 입주자격을 갖추지 않은 개인 또는 업체도 있는 것으로 보이고, 수분양자들의 상당수가 쟁점부동산을 지식산업센터의 사업시설용으로 사용하지 않은 상태에서 취득과 동시에 임대한 것으로 보이므로 만일 청구법인이 쟁점부동산 중 그 일부를 지식산업센터에 입주할 수 없는 부동산 임대사업자 등에게 분양한 것이라면 이는 「지방세특례제한법」 제58조의2 제1항 제1호에 따른 취득세 감면대상에 해당되지 않는다고 보는 것이 타당하다 할 것이다(대법원 2018.4.10. 선고, 2017두74085 판결 같은 뜻임). 그러나 처분청이 2019.5.14. 승인한 이 건 지식산업센터의 분양 공고(안)에 이 건 지식산업센터를 「산업집적활성화 및 공장설립에 관한 법률」 제28조의 5, 같은 법 시행령 제6조 및 제36조의 4 규정에 의한 입주자격을 갖춘 업체에게 분양하는 것으로 기재되어 있고, 청구법인이 위의 분양 공고(안)에 따라 입주자격을 갖춘 개인 또는 업체에게 이 건 지식산업센터를 분양한 경우라면 그 후 수분양자들이 지식산업센터의 사업시설용으로 직접 사용하지 않고 다른 용도로 사용하거나 임대하였다고 하여 이미 감면한 취득세 등을 추징하는 것은 이 건 지식산업센터의 신축과 분양에 대한 청구법인의 책임과 한계를 넘어서는 것으로 볼 수 있으므로 처분청은 청구법인이 쟁점부동산을 분양할 당시 그 수분양자들이 「산업집적활성화 및 공장설립에 관한 법률」 제28조의 5, 같은 법 시행령 제6조 및 제36조의 4 규정에 의한 입주자격을 갖춘 개인 또는 업체에 해당하는지 여부를 재조사하여 그 결과에 따라 이 건 취득세 등을 경정하는 것이 타당하다(조심 2022지1039, 2022.10.14.).[191]

---

191) 지식산업센터를 설립하는 자가 수분양자와 분양계약을 체결하면서 계약서에 '지식산업센터에 입주 가능한 업종이어야 하며 계약체결 이후 지식산업센터에 입주가 불가능한 업종으로 계약을 변경하여 입주하거나 임대할 수 없다'고 기재하였다 하더라도 이는 사법상 계약에 불과한 것이어서 언제든 위배될 여지가 있다

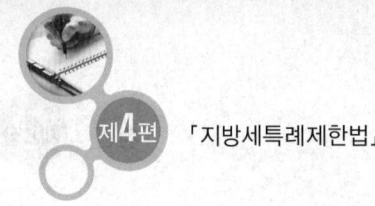

3) 유의사항

① 지원시설 감면대상 여부

㉠ 2017.1.1. 이후

「산업집적활성화 및 공장설립에 관한 법률」 제28조의 5 제1항 제1호와 제2호에 따른 시설용("사업시설용")으로 직접 사용하기 위하여 신축 또는 증축하여 취득하는 부동산(신축 또는 증축한 부분에 해당하는 부속토지 포함)과 사업시설용으로 분양 또는 임대(「중소기업기본법」 제2조에 따른 중소기업을 대상으로 분양 또는 임대하는 경우로 한정)하기 위하여 신축 또는 증축하여 취득하는 부동산이 감면대상이므로 지원시설은 감면대상이 되지 아니한다.

㉡ 2016.12.31. 이전

㉮ 지식산업센터를 신축하거나 증축하여 「산업집적활성화 및 공장설립에 관한 법률」 제28조의 5 제1항 제1호와 제2호에 따른 시설용("사업시설용")으로 직접 사용하거나 분양 또는 임대하기 위하여 취득하는 부동산

지식산업센터를 신·증축하기 위해 취득한 토지와 건축물(취득과 동시에 철거 예정)을 말하는 것으로 보아야 할 것이다.

ⓐ 직접 사용의 경우

직접 사용의 경우에는 사업시설용만 감면대상이 되는 것이므로 같은 법 제3호에 규정되어 있는 지원시설은 감면대상이 되지 아니하므로 지원시설의 부속토지는 감면을 배제하여야 할 것이다.

ⓑ 분양 또는 임대의 경우

직접 사용과 마찬가지로 분양 또는 임대의 경우에는 지원시설은 포함되지 아니하는 것으로 해석하여 적용하고 있다. 그런데 "사업시설용으로"의 단어가 "직접 사용"에만 연결된다라고 볼 수 있어서 지원시설을 포함되는 것으로 해석할 여지가 있다는 것이다. 그 이유는 제2항의 재산세 감면규정에서 "사업시설용으로 직접 사용하거나", "분양 또는 임대 업무에 직접 사용하는"으로 구분되어 있는 것으로 볼 수 있기 때문이며, 지원시설은 대부분 분양 또는 임대를 하고 있으며 신축 또는 증축한 지식산업센터

할 것이고, 실제로 수분양자가 임대 등 다른 용도로 사용하는 경우라면 그것을 지식산업센터를 설립하는 자가 사업시설용으로 직접 사용할 자에게 분양한 것과 마찬가지로 볼 수 있는 등의 특별한 사정이 없는 한 해당 부분에 관하여 경감받은 취득세는 추징할 수 있다고 보아야 할 것이다(대법원 2018.4.10. 선고, 2017두74085 판결, 2018.10.25. 선고, 2018두50031 판결 참조). 따라서 지식산업센터 설립자가 당초 관련법령에 따른 입주 불가능한 업종을 영위하는 자와 분양계약을 체결한 경우이거나 입주가능 업종을 영위하는 자와 분양계약을 체결한 이후 수분양자가 지식산업센터에 입주 불가능한 업종으로 변경하는 경우 및 사업시설용으로 직접 사용하지 아니하는 경우 등에 해당한다면 지식산업센터 설립자가 다른 용도로 분양하였다고 볼 수 있어 지식산업센터 설립자에 대한 취득세 추징이 가능하다 할 것이다. 다만, 지식산업센터 수분양자의 잔금납부 등으로 소유권이 모두 이전된 이후 수분양자가 당초 사업시설용으로 사용하던 것을 취득시점 이후 사업시설용 외의 용도로 사용하는 경우에는 수분양자의 타용도 사용에 대한 이유를 물어 지식산업센터 설립자에게 감면된 취득세를 추징할 수 없다(지방세특례제도과-798, 2020.4.8.).

(건축물만 해당)는 용도와 무관하게 감면이 되는 것으로 규정되어 있다는 점에서 지원시설인 건축물만 감면되고, 지원시설의 부속토지는 감면이 안되는 것은 형평성 차원에서 문제가 분명히 있으므로 지원시설을 포함하는 것이 합리적이기 때문이다.

한편, 재산세 해석에서는 "2011년도 토지분 재산세는 위 감면조례에서 지식산업센터의 설립승인을 얻어 해당 공장에 대한 건축허가를 받은 자가 과세기준일 현재 해당 사업에 직접 사용하는 토지에 대한 재산세는 분리과세대상으로 하여 100분의 50을 경감한다고 규정하고 있고, "지식산업센터"에는 공장시설과 벤처시설 외에 지원시설도 포함된다 할 것(대법원 2007두11184, 2009.11.26. 참조)이므로, 지원시설을 포함하여 "지식산업센터"로 사용할 건축물을 건축 중인 토지에 대하여 재산세 분리과세 및 50% 경감을 하면 되는 것이고, 2012년도부터는 위 감면조례 규정이 삭제되면서 신설된 「지방세특례제한법」 규정에서 감면범위를 축소하여 과세기준일 현재 "사업시설용"으로 직접 사용하는 부동산에 대해서는 재산세의 100분의 50을 경감한다고 규정하고 있으므로, 지식산업센터 "사업시설용" 외의 지원시설용으로 건축 중인 토지에 대해서는 재산세가 경감되지 아니한다고 판단된다(서울세제과-13746, 2012.10.25.)."라고 해석하고 있다. 이는 직접 사용과 관련된 해석으로 분양 또는 임대의 경우 지원시설은 감면이 안되는 것으로 해석할 수 있다는 것인데, "사업시설용으로 직접 사용하거나", "분양 또는 임대 업무에 직접 사용하는"으로 구분되어 있는 것으로 볼 수 있고, 종전에는 용도와 무관하게, 즉 지원시설도 분양 또는 임대의 경우 감면되었기 때문에 다르게 해석할 수도 있다는 점에서 논란의 쟁점이 되고 있다.

한편, 지식산업센터 내 기숙사를 분양·매매·임대할 수 있더라도 해당 기숙사는 종업원의 복지증진을 위한 시설로써 다른 용도로 활용하거나 다른 용도로 활용하려는 자에게 양도·임대 행위가 제한되는 점에 비춰 일반인의 자유로운 분양·매매·임대가 가능한 주택과 동일하게 재산세를 부과하기는 어렵다(부동산세제과-1383, 2021.5.24.).

㉴ 신축 또는 증축한 지식산업센터

지식산업센터는 건축물만을 의미하는 것으로 규정되어 있으므로[192] 신·증축된 건축물만을 의미하는 것으로 판단된다. 여기서는 지원시설을 제외하라는 규정이 없으므로

---

192) 「산업집적활성화 및 공장설립에 관한 법률」 제2조 제13호와 같은 법 시행령 제4조의 6에 따르면 "지식산업센터"란 동일 건축물에 제조업, 지식산업 및 정보통신산업을 영위하는 자와 지원시설이 복합적으로 입주할 수 있는 다층형 집합건축물로서 다음 각 호의 요건을 모두 갖춘 건축물을 말한다.
1. 지상 3층 이상의 집합건축물일 것
2. 6개 이상의 공장이 입주할 수 있을 것
3. 「건축법 시행령」 제119조 제1항 제3호에 따른 바닥면적(지상층만 해당한다)의 합계가 같은 항 제2호에 따른 건축면적의 300퍼센트 이상일 것. 다만, 다음 각 목의 어느 하나에 해당하여 바닥면적의 합계가 건축면적의 300퍼센트 이상이 되기 어려운 경우에는 해당 법령이 허용하는 최대 비율로 한다.
가. 「국토의 계획 및 이용에 관한 법률」 제78조에 따라 용적률을 특별시·광역시·특별자치시·특별자치도·시 또는 군의 조례로 따로 정한 경우
나. 「산업기술단지 지원에 관한 특례법」 제8조에 따른 면적을 준수하기 위한 경우

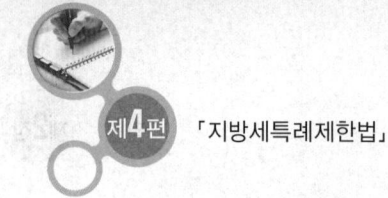

관련 법규 범위 내의 지원시설에 해당한 건축물은 감면이 될 것이다.

상기 ㉮, ㉯ 이 둘을 구분하여 감면을 적용할 이유가 없다는 점에서 구분한 이유를 알 수 없지만 법조문대로 해석한다면 위와 같이 해석하여야 할 것으로 판단된다. 건축물에 대해서만 지원시설도 감면대상이 되는 것이나, 부속토지는 직접 사용의 경우 지원시설 해당 부분에 대하여 감면이 배제될 것이지만 분양 또는 임대의 경우 지원시설이 감면배제되고 있으나, 상기에서 보는 바와 같이 논란이 되고 있다.

② 분양 또는 임대

지식산업센터를 조성하여 분양 또는 임대할 목적으로 취득하는 부동산에 대하여 취득세 등을 감면한다고 규정하고 있으므로 취득한 건물을 지식산업센터용과는 다른 용도로 분양하거나 임대한 경우라면 지식산업센터를 조성할 목적으로 취득한 것이 아닌 것으로 보아야 할 것이므로 지식산업센터 외의 시설로 사용·임대한 부분에 대하여는 취득세 등이 감면되지 아니한다. 그런데 지원시설은 감면대상이 되지 아니하나, 2016년 이전에 지원시설의 감면 여부는 상기 ①을 참조하기 바란다.

③ 지정 후 토지를 취득하여 지식산업센터 사업계획 수립 시 재산세 감면 여부

재산세의 경우 '지식산업센터용 직접 사용, 분양 또는 임대용'이라 함은 건축 중인 경우를 포함하는 것이며, 토지를 취득하여 사업계획 수립 및 건축설계하는 경우에도 포함하는지 명확하지 아니하나, 이러한 업무도 분양 또는 임대 업무를 위한 것으로 판단하여야 할 것이다. 즉 벤처기업집적시설로 지정받은 후 보유기간 동안 재산세가 경감되는 것이다. 그 이유는 분양 또는 임대 업무에는 분양을 위한 사업계획 수립 및 건축설계가 필수적이기 때문이다. 산업단지의 지식산업용 건축물은 '납세의무가 최초로 성립되는 날부터 5년간'이라고 규정되어 있는 점에서 지식산업센터의 감면규정은 다르다고 해석할 수 있지만 법의 취지는 준비기간 동안에도 산업단지 감면규정과 동일하게 처리하여야 한다라고 판단되고, 「지방세법 시행령」 제102조 제8항 제5호의 분리과세의 규정에서는 '납세의무가 최초로 성립되는 날부터 5년간'이라고 규정되어 있다는 점도 고려하여야 할 것이다.[193]

④ 부동산 취득 후 설립승인을 받은 자도 감면대상이 됨

행정안전부의 발행 지방세 감면 해설책자에 보면 "먼저 부동산을 취득하고 나중에 지식산업센터(아파트형 공장)를 설립신고 하는 경우 감면에서 제외"하는 것으로 되어 있었으나, 조세심판

---

193) 「지방세특례제한법」 제58조 제1항에 따르면 「벤처기업육성에 관한 특별법」에 따라 지정된 벤처기업집적시설 또는 신기술창업집적지역을 개발·조성하여 분양 또는 임대할 목적으로 취득(「산업집적활성화 및 공장설립에 관한 법률」 제41조에 따른 환수권의 행사로 인한 취득을 포함한다)하는 부동산에 대하여는 취득세를 면제한다고 규정하고 있는데, 여기서 분양 또는 임대라고 규정하고 있지만 직접 자가사용의 경우에도 감면적용이 되는 것으로 해석하고 있다는 점, 즉 벤처기업집적시설을 개발조성하여 분양 또는 임대할 목적으로 취득하거나 벤처기업집적시설을 개발조성한 후 자기가 직접 사용하는 경우 벤처기업집적시설로 지정받은 후 이를 개발·조성하는 경우에는 취득세 등을 감면대상으로 하는 것이고, 추후 분양, 임대, 자가사용에 불문한다라고 해석하고 있다는 점을 참고한 것이다.

원에서는 토지 취득 후 설립승인을 받아 착공을 하려는 자도 감면대상자가 되는 것으로 결정하고 있다. 즉 「산업집적활성화 및 공장설립에 관한 법률」에 따라 지식산업센터를 설립하는 경우 그 사업의 특성상 대규모 토지를 사전에 확보해야 하고 사업승인에 상당한 시일이 소요될 뿐만 아니라, 그 절차상 먼저 사업용 토지를 확보한 다음 지식산업센터 설립승인신청을 하는 것이 통상적이라고 할 것인데, 위에서 본 바와 같이, 「산업집적화 및 공장설립에 관한 법률 시행규칙」 제6조 제1항 제1호에 따른 「사업계획서 서식」(별지 제2호의 2)과 동 시행규칙 제24조 제1항에 따른 「지식산업센터의 설립승인신청서·설립변경승인신청서·설립승인서 및 설립변경승인서 서식」(별지 제19호)에는 지식산업센터의 설립승인 신청 시 신청서의 사업개요란에 신청인이 확보한 용지(부지)의 면적을 반드시 기재하도록 하고 있다. 만일, 위 감면규정에 대하여 "지식산업센터 설립승인을 받은 자"에 대해서만 감면이 적용되는 것으로 본다면 "지식산업센터를 하고자 하는 자"가 토지를 취득하는 경우에는 취득세 감면이 현실적으로 불가능하게 되고, 결국 지식산업센터 설립승인을 받아 지식산업센터를 운영하는 자가 추가로 취득하는 부동산의 경우만 취득세 감면 대상에 해당되어 지식산업센터의 원활한 조성을 촉진하고자 하는 입법 취지에 어긋나는 결과가 된다고 할 것이다. 따라서 "지식산업센터의 설립승인을 받은 자"의 범위에는 「산업집적활성화 및 공장설립에 관한 법률」 제28조의 2에 따라 지식산업센터의 설립승인을 받은 자는 물론 설립승인을 받기 전이라 하더라도 토지 취득 후 설립승인을 받아 착공을 하려는 자도 포함하는 것으로 봄이 위 감면규정의 입법 취지상 합리적이라고 할 것이다.[194] 다만, 토지 취득 후 설립승인을 받지 아니하는 경우에는 당해 감면규정의 단서에서 그 취득일부터 1년 이내에 정당한 사유 없이 건축공사에 착공하지 아니하거나 그 취득일부터 5년 이내에 매각·증여하는 경우 그 세액을 추징하도록 보완규정을 두고 있으므로 당해 추징규정에 따라 감면된 세액을 추징하면 족하다고 할 것이다(조심 2014지764, 2015.9.3.).

⑤ **사업시행자 변경(수탁자로 변경)이 건축물 사용 승인일 이후에 이루어진 경우**

지식산업센터 설립승인에 대한 변경승인(또는 신고)는 건축물 사용승인일부터 2개월 이내인 설립의 완료신고 이전까지는 언제든지 가능하다고 할 것이므로 기간적으로는 설립이 진행되고 있는 설립의 완료신고 이전까지는 '설립하는'의 범주에 포함된다고 할 것으로, 지식산업센터 설립에 따른 사업시행자가 건축물 사용승인일 이후에 변경되었다고 하더라도 설립의 완료신고 이전에 이루어졌다면 지방세 감면대상에 해당된다고 할 것이다(지방세특례제도과-1949, 2020.8.20).

⑥ **설립신고 또는 건축허가와 무관하게 지식산업센터(아파트형 공장)로 사용하거나 건축 중인 경우에는 재산세 감면 여부**

상기 ④의 내용과 조문의 내용을 살펴보면 설립신고 또는 건축허가와 무관하게 과세기준일 현재 지식산업센터(아파트형 공장) 아파트형 공장으로 사용하거나 건축 중인 경우에는 재산세가 감면되는 것으로 해석할 여지가 충분히 있다.[195] 상기에서 보는 바와 같이 취득 후 설립허가를

---

194) 심판례가 있음에도 불구하고 지식산업센터 설립자로서 설립승인을 받기 전 취득한 부동산은 감면대상으로 볼 수 없다(지방세특례제도과-1471, 2016.6.28.)라고 해석하고 있음.

받더라도 재산세 감면대상이 되는 것으로 해석하여야 한다는 점에서 취득 후 3년(5년) 동안 도래하는 과세기준일 현재 지식산업센터(아파트형 공장)를 착공 중에 있는 경우 해당 사업에 사용하고 있는 것으로 보아 감면대상이 되는 것으로 해석하여야 할 것이다

⑦ 공장 건축을 한 후 지식산업센터(아파트형 공장)로 용도변경한 경우에는 아파트형 공장 설립 승인을 얻은 자 해당 여부

「산업집적활성화 및 공장설립에 관한 법률」 제28조의 2의 규정에 의한 아파트형공장의 설립승인을 얻어 해당 공장에 대한 건축허가를 받거나 신고를 한 자(분양·임대하는 자 포함)가 과세기준일 현재 해당 사업에 직접 사용하는 부동산"이라고 규정되어 있는바, 공장 건축을 한 후 아파트형 공장으로 용도변경한 경우에는 아파트형 공장 설립 승인을 얻은 자로 볼 수 있는지는 「산업집적활성화 및 공장설립에 관한 법률」을 검토하여야 할 것이다. 즉 부동산 취득 후 아파트형공장을 설립승인을 얻어 건축하는 경우에만 설립승인을 얻을 수 있는지 아니면 공장용으로 건축허가를 득하여 준공 후에 용도변경을 한 경우에도 설립승인을 득한 것에 해당하는지가 중요할 것이다. 관련 법률을 살펴보아도 이에 대하여 명확하지 아니다(하기 유권해석을 살펴보면 후자도 가능할 것으로 판단됨).

> **사례** 근린생활시설 신축 후 미분양으로 아파트형 공장으로 용도변경(세정 13407-148, 2002.2.8.)
>
> 아파트형공장 설립자가 아파트형공장 사용승인 당시 근린생활시설로 되어 있던 부분을 사후에 아파트형공장으로 용도변경하더라도 기납부된 취득세 등은 환부되지 아니하나, 아파트형공장 설립자

---

195) 심판례(조심 2014지764, 2015.9.3.) 전에는 이와 관련한 명확한 유권해석은 없었으나, 심사례(행심 2006-1116, 2006.12.27.)에 따르면 "2003.9.30. 아파트형 공장을 설립하기 위하여 공장 용지를 취득하고, 2003.12.29. 아파트형 공장용 건축물(연면적 65,275.83㎡)로 허가를 받은 후, 2004.5.3. 착공신고를 하여 2004.5.7. 착공신고필증을 수령하였고, 2004.8.19. 청구 외 (주)○○종합건설(대표이사 정○오)과 2004.8.20.부터 2006.3.31.까지 1년7개월을 공사기간으로 하여 건설공사 도급계약을 체결하고 2004.8.말부터 건축공사를 진행하다가 2005.1.경부터 공사가 중단되어 방치되고 있는 사실을 제출된 관련증빙자료에 의하여 알 수 있다. 이에 대하여 청구인은 2003.12.29. 이 사건 공장용지에 건축허가를 받은 후, 2004.5.3. 착공신고를 하여 2004.5.7. 착공신고필증을 수령한 다음, 2004.8.19. 청구 외 (주)○○종합건설과 건설공사 도급계약을 체결하여 취득일로부터 1년 이내인 2004.8. 말부터 아파트형 공장 건축공사를 착공하였으며, 그 후 2005.1.경 자금사정이 좋지 않아 그 공사를 일시 중단하고 있을 뿐인데도, 처분청이 이를 청구인의 해당 사업에 직접 사용하지 않은 것으로 보는 것은 부당하다고 주장하나, 구 구세 감면조례 제14조에서 "해당 사업에 직접 사용하는 부동산"이라 함은 토지가 현실적으로 그 고유의 사무에 직접 사용되고 있는 경우("건축 중"에 있는 것도 포함)를 지칭하는 것이고, 여기서 "건축 중"이라 함은 착공을 하여 그 공정계획에 따라 차질없이 공사를 진행하고 있는 것을 말한다고 할 수 있는바, 처분청의 세무담당공무원이 2006.4.18. 현지출장하여 작성한 "출장복명서"에 의하면, 청구인이 이 사건 공장용지를 취득한 후 1년 이내에 공사를 착공한 사실은 확인되나, 2005년도 재산세 과세기준일 현재에는 공사가 중단된 사실을 알 수 있고, 공사 시공업체인 청구 외 (주)○○종합건설이 미지급 공사금을 포기하고 공사현장을 철수한 사실, 분양자(23개 업체)에게 분양금을 변제하고 그 분양을 취소한 사실 등을 종합해 볼 때, 2005년 재산세 과세기준일 2005.6.1. 현재 이 사건 공장용지를 청구인의 고유업무에 직접 사용하고 있는 것으로 볼 수 없다 할 것이므로 처분청의 이 사건 재산세 등의 부과처분은 아무런 잘못이 없다고 판단된다"라고 결정하고 있는바, 이 결정 내용을 잘 살펴보면 과세기준일 현재 아파트형 공장용으로 사용하거나 건축 중인 경우에 해당되는 경우에는 5년간 감면대상이 되는 것으로 이해할 수 있다.

가 아파트형공장으로 용도변경된 부분을 동 조례 동조 제1항의 규정에 의한 중소기업자에게 매각한 경우라면 최초로 분양받는 경우에 해당되므로 동 조례의 다른 감면요건을 충족하는 경우에 한해 취득세 등이 면제됨.

⑧ 건축 중에 신탁하여 수탁자가 설립승인을 받은 경우 위탁자를 지방세 감면대상 설립자에 해당됨

원고 ○○씨티가 이 사건 토지 상에 아파트형공장을 설립하기 위해 한국산업단지공단과 입주계약을 체결하고, 이 사건 토지를 취득하였음은 앞서 본 바와 같고, 갑 제6호증의 기재에 변론 전체의 취지를 종합하면, 원고 ○○씨티가 2008.12.29. 아파트형공장 신축을 위한 건축허가까지 받은 사실이 인정되는바, 원고○○씨티가 지식산업센터 설립사업의 마무리 단계에서 위 지식산업센터의 소유권을 원고 한국자산신탁에 신탁하였다는 사정만으로 지식산업센터의 설립자로서 위 센터에 입주할 자격을 상실한다고 보는 것은 지식산업센터의 원활한 설립을 지원하기 위한 산업집적법의 취지에 어긋나는 해석으로서 허용되지 아니한다(대법원 2016두53951, 2017.1.12.).

☞ 수탁자이자 납세의무자인 원고가 관광단지개발 사업시행인인 경우에만 특례규정이 적용된다고 봄이 상당하다(대법원 2019.10.31. 선고, 2016두42487 판결)고 판시하였고, 산업단지개발사업의 시행자가 취득하는 부동산 감면도 동일한 취지에서 신탁재산에 대한 감면요건 충족 여부를 판단하여야 함(대법원 2019.10.31. 선고, 2016두50754 판결, 2019.10.31. 선고, 2016두52248 판결).

⑨ 종전 시·군(구)세 감면조례의 경과규정

2011.12.31.까지는 시·군(구)세 감면조례에 의하여 적용하고 있었는데, 2011.12.31. 「지방세특례제한법」으로 이관되어 2012.1.1. 이후에도 적용하고 있다. 재산세 감면규정 중 종전 감면조례와 다른 점은 "해당 납세의무가 최초로 성립하는 날부터 5년간"이라는 문구가 삭제된 것이다.

「지방세특례제한법」으로 이관되어 신설 규정이 2012년 이후에 취득한 부동산에 대하여만 적용되는지 아니면 2011.12.31. 이전 취득한 부동산은 종전 감면조례 규정에 의하여 취득일 이후 납세의무가 최초로 성립하는 날부터 5년간 무조건 적용되는지 여부에 대하여 다음과 같이 해석하여야 할 것이다.

2011.12.31. 「지방세특례제한법」 신설 또는 개정 시에는 2012.1.1.(§10 ① 및 §57 ③ 개정 규정은 2012.3.2.) 이후 최초로 납세의무가 성립하는 경우부터 적용한다라고 규정되어 있다는 점, 종전 감면조례는 2011.12.31.까지 적용하는 것으로 부칙에 적용시한을 규정하고 있다는 점 및 별도의 경과규정을 두지 않았다는 점(취득세에 대하여는 부칙 제6조에서 별도의 경과규정을 두었음)에서 2012년의 재산세는 취득연도와 무관하게 무조건 「지방세특례제한법」에 의하여 감면규정을 적용하여야 하는 것으로 해석하여야 하는 문제가 있었는데,[196] 2012.3.21. 법 개정 시 종전 부칙(2011.

---

196) 새로 제정된 「지방세특례제한법 시행령」에 재개발 사업으로 취득한 부동산에 대하여 구 「서울시 감면조례」와 관련된 별도의 경과규정을 부칙으로 두지 아니한 경우 감면대상이 아닌 것임(지방세운영과-786, 2011.2.22.). 구 「서울특별시세 감면조례」 제19조에서 재개발주택 조합원에 대한 감면대상이 사업시행인가일 당시 소유자에서 정비구역지정일 현재 소유자가 사업시행자로부터 취득하는 85제곱미터 이하 주택에 대하여 취·등록세를 감면한다고 개정(2008.3.12. 제4611호), 부칙 제2조에서 "제19조의 개정 규정은 이 조례 시행 이후 최

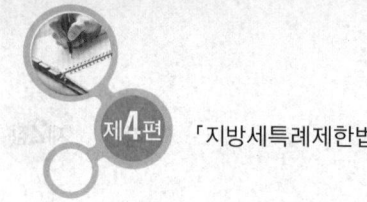

12.31. 법률 제11138호) 제5조의 2 제2항에 별도의 경과규정을 신설하였다.[197] 이 경과규정에 의하면 2011.12.31. 이전 취득한 부동산에 대하여 종전 조례에 의하여 재산세를 감면하도록 규정하고 있다. 따라서 2011년도까지 취득한 부동산은 무조건 종전 시세 감면조례에 의거 해당 납세의무가 최초로 성립하는 날부터 5년간 감면, 2012년 이후 취득한 부동산부터 「지방세특례제한법」 감면규정을 적용하여야 할 것이다.

한편, 2012.3.5. 개정된 「경상북도 도세 감면조례」 부칙 제3조 제1항은 '2011년 12월 31일 이전에 종전의 「경상북도 도세 감면조례」에 따라 부과 또는 감면하였거나 부과 또는 감면하여야 할 도세에 대해서는 종전의 「경상북도 도세 감면조례」에 따른다'고 정하고 있기는 하나, 사업설립 승인을 받고 수년이 경과한 후 그 사업시행을 위하여 토지를 취득한 경우로 이 사건 취득세 등의 납세의무는 원고가 2018.4.17. 이 사건 토지를 취득함에 따라 비로소 성립하게 되었으므로, 이 사건 취득세 등이 위 부칙 제3조 제1항에서 정한 '2011년 12월 31일 이전에 종전의 「경상북도 도세 감면조례」에 따라 부과 또는 감면하였거나 부과 또는 감면하여야 할 도세'에 해당한다고 볼 수 없다(대법원 2020두46011, 2020.11.26. 심불, 대구고법 2019누4562, 2020.7.10).

사례 증축한 지식산업센터에 기존 공장의 포함 여부(지방세운영과-1604, 2013.7.24.)

이관 시의 입법 취지도 기존 감면조례규정 및 그간 법령해석 내용을 알기 쉽게 규정한 것일 뿐 기존 공장의 취득까지 감면대상으로 확대한 것은 아니라는 점 등을 종합적으로 고려해 볼 때 승계취득한 기존 공장 자체는 신축하거나 증축한 부동산에 해당되지 아니하므로 취득세 감면대상 지식산업센터로 볼 수 없음.

사례 지식산업센터 착공 지연의 "정당한 사유" 여부(지방세운영과-1077, 2013.6.17.)

인근주민의 민원제기와 관할관청의 건축심의 등에 따른 착공 지연은 법령에 의한 금지, 제한 또는 행정관청의 귀책사유 등 해당 법인으로서는 어쩔 수 없는 외부적으로 불가피한 '정당한 사유'로 보기는 어려움(대법원 2002.9.4. 선고, 2001두229 판결 참조).

초 정비구역으로 지정 고시일 현재 소유자가 취득하는 부동산에 적용한다"고 명시하여 납세의무자의 기득권 내지 신뢰보호를 위하여 종전 규정을 적용 하도록 개별적 경과규정을 두었으나, 분법으로 「지방세특례제한법」이 전면 개정되어 재건축조합원과 관련된 감면규정이 같은 법 제74조 제3항으로 신설되면서 기존 조례의 부칙규정이 반영되지 않음. 법률의 일부 개정인 경우에는 종전 법률 부칙의 경과규정을 개정하거나 삭제하는 명시적인 규정이 없고 개정 법률에 다시 경과규정을 두지 않았다고 하여도 부칙의 경과규정이 당연히 실효하는 것은 아니지만, 개정 법률이 전문 개정인 경우에는 기존법률을 폐지하고 새로운 법률을 제정하는 것과 같은 것으로 종전의 본칙은 물론 부칙규정도 모두 소멸된 것으로 보아야 할 것이므로 특별한 사정이 없는 한 종전의 법률 부칙의 경과규정도 모두 실효된다 할 것인바(대법원 2002.7.26. 선고, 2001두11168 판결 참조), 전부개정 할 때에 그 효력 여부를 확인하여 전부 개정된 법령의 부칙에 구체적으로 감면요건이 되는 규정을 두어야 하는 것이고, 만일 명시적인 조항이 없다면 누락된 부칙 규정은 그 효력을 상실하는 것으로 보아야 할 것으로, 분법된 새 「지방세특례제한법」은 제정 법률로서 부칙 제3조에 일반적인 경과규정을 두고 있으나 이는 종전 처분에 대한 것으로 부칙 규정 그 자체에 대한 것은 아니며, 종전의 감면조례가 폐지되어 감면 혜택을 받을 수 있었던 자의 기대이익을 충족시키지 못하는 면이 있다고 하더라도, 제정된 부칙에서 종전의 규정을 소급적으로 적용한다는 명백한 규정을 두지 아니한 이상, 관련 경과규정인 부칙의 해석에 있어 그 범위를 함부로 확장해석 할 것은 아니라 사료됨.

197) 2012.3.21. 부칙(2011.12.31. 법률 제11138호)을 별도 조항을 신설하여 2012.1.1. 이후부터 적용하고 있다.

(2) 지식산업센터를 분양받은 입주자에 대한 감면(지특법 §58-2 ②)

1) 감면요건

① 감면대상자

지식산업센터를 신축하거나 증축하여 설립한 자로부터 최초로 해당 지식산업센터를 분양받은 입주자(「중소기업기본법」 제2조에 따른 중소기업을 영위하는 자 한정)

② 감면대상 및 감면범위

사업시설용으로 직접 사용하기 위하여 취득하는 부동산	취득세 35%(2022년 이전 50%) 경감^(주)
과세기준일 현재 사업시설용으로 직접 사용 부동산	재산세 35%(2022년 이전 37.5%) 경감^(주) (도시지역분 제외)

- ☞ 감면시한 : 2025.12.31.
- ☞ 농어촌특별세 과세 여부 : 취득세분 농어촌특별세 과세. 취득세 경감분 농어촌특별세 비과세(농특령 §4 ⑦ 5)
- ☞ 2016.12.31. 이전에 지식산업센터를 분양받은 입주자가 취득세를 경감받아 사업시설용으로 직접 사용하는 부동산의 경우로서 2017.1.1. 당시 재산세 납세의무가 최초로 성립하는 날부터 5년이 경과하지 아니한 분에 대해서는 재산세 개정 규정이 적용됨(부칙 §7).
- ☞ (주) 2013년까지는 취득세는 75% 경감, 재산세가 50% 경감되었으나, 2023년 이후 재산세 납세의무가 최초로 성립한 날부터 5년간만 감면됨.

2) 추징요건

다음 어느 하나에 해당하는 경우 그 해당 부분에 대해서는 감면된 취득세를 추징한다.
- ① 정당한 사유 없이 그 취득일부터 1년이 경과할 때까지 해당 용도로 직접 사용하지 아니하는 경우
- ② 해당 용도로 직접 사용한 기간이 4년 미만인 상태에서 매각·증여하거나 다른 용도로 사용하는 경우(2022년 이전 경감분은 그 취득일부터 5년 이내에 매각·증여하거나 다른 용도로 분양·임대하는 경우)

3) 종전 시·군(구)세 감면조례의 경과규정

2011.12.31.까지는 시·군(구)세 감면조례에 의하여 적용하고 있었는데, 2011.12.31. 「지방세특례제한법」으로 이관되어 2012.1.1. 이후에도 적용하고 있다. 재산세 감면규정 중 종전 감면조례와 다른 점은 "해당 납세의무가 최초로 성립하는 날부터 5년간"이라는 문구가 삭제된 것이다. 부칙(2011.12.31. 법률 제11138호) 제5조의 2 제3항에 따라 2011년도까지 취득한 부동산은 무조건 종전 시세 감면조례에 의거 해당 납세의무가 최초로 성립하는 날부터 5년간 감면, 2012년 이후 취득한 부동산부터 「지방세특례제한법」 감면규정을 적용하여야 할 것이다.

4) 공장 내(본점용) 사무실의 지식산업센터의 해당 여부

산업단지 내의 공장인 경우 그 사무실이 본점 사무실이라고 하여도 오로지 당해 공장을 영위하는 데 필수적인 기능을 수행하는 경우 취득세 등 감면대상 산업단지 내 공장으로 볼 수 있는 부대시설에 해당된다(지방세운영과-2569, 2012.8.9.). 따라서 제조시설을 지원하는 공장의 부대시설인 사무실로서 공장용 건축물의 범위에 포함되는 것으로(행심 2005-150, 2005.5.30. 참조), 공장의 경우로서 그 사무실이 본점 사무실이라고 하여도 그것이 공장의 일부로서 지식산업센터 시설에 해당된다.

> **사례** 부동산을 제조업 등의 용도에 직접 사용하지 아니하고 근무인원과 제조시설 등이 없이 설비와 자재들을 보관·적치하는 장소로 사용되고 있는 것으로 나타날 뿐만 아니라, 청구법인 또한 제조와 관련된 직접적인 증빙을 제출하지 아니하고 있으므로 처분청이 이 건 부동산에 대하여 기 경감한 취득세 등(가산세 포함)을 부과·고지한 처분은 잘못이 없다고 판단됨(조심 2022지1853, 2023.10.24.).

⑧ 창업중소기업 등에 대한 감면[198](지특법 §58-3)

1) 감면요건

① 감면대상자

창업중소기업 또는 창업중소벤처기업

② 감면대상 및 감면범위

창업중소기업 및 창업벤처중소기업이 해당 사업을 하기 위하여 창업일(창업벤처중소기업의 경우에는 벤처기업으로 최초로 확인받은 날)부터 4년(2019년 이후 청년창업기업(주1)과 2021년 이후 창업분부터 청년창업벤처기업(주2)의 경우에는 5년) 이내에 취득하는 사업용 부동산[2016년 이전에는 사업용 재산(2015년 이후 「지방세법」 제127조 제1항 제1호에 따른 비영업용 승용자동차 제외)]	취득세 75% 경감 (2014년 이전 면제)
해당 사업에 직접 사용[199]하는 사업용 부동산(2016년 이전에는 사업용 재산) (건축물 부속토지로 분리과세대상인 경우 공장입지기준면적 이내 또는 별도합산 과세대상인 경우 용도지역별 적용배율 이내의 부분만 해당)	재산세 3년간 면제(주3) 그 후 2년간 50% (2017년 이전은 5년간 50%) 경감 (도시지역분 제외)
○ 창업중소기업의 법인설립 등기[창업일(2014년 이전에는 창업벤처중소기업의 경우에는 벤처기업으로 최초로 확인받은 날)로부터 4년 이내에 자본 또는 출자액 증가하는 경우도 포함](2020년 이전만 적용) ○ 「벤처기업육성에 관한 특별조치법」 §2-2 ① 2 다목에 따라 창업 중에 벤처기업으로 확인받은 중소기업이 그 확인일부터 1년 이내에 하는 법인설립 등	등록면허세 면제

---

198) 2014.12.31. 이전까지는 「조세특례제한법」 제119조 제2항, 제129조 제3항 및 제121조에 규정되어 있었는데, 2015.1.1. 이후는 「지방세특례제한법」 제58조의 3으로 이관됨.

| 기(2020년 이전만 적용) |
| ○ 창업중소기업이 그 창업일부터 4년 이내에 법인의 주소 또는 대표이사의 주소 변경으로 인한 등기(2014년 이전만 적용) |

☞ 감면시한 : 2026.12.31. 이전 창업하거나 벤처확인을 받은 기업은 창업일 또는 확인일로부터 4년 이내 취득분과 4년(1년) 이내 등기분까지(재산세는 창업일 또는 확인일로부터 5년간)

☞ 최소납부제 적용 시기 : 2016.1.1.(재산세 면제분은 2018.1.1.)

☞ 농어촌특별세 과세 여부 : 취득세분 농어촌특별세 과세. 취득세 경감분(면제분)과 등록면허세 면제분 농어촌특별세 비과세(농특법 §4 4-2, 4-3, 2023년 이전은 3)

☞ 2016.12.31. 이전에 종전 규정에 따라 감면된 취득세의 추징에 대해서는 제58조의 3 제7항 각 호 외의 부분 본문 및 같은 항 각 호의 개정 규정에도 불구하고 종전의 제58조의 3 제1항 각 호 외의 부분 단서의 규정에 따름(단, 2017.1.1. 이후 조특법 §31 ①에 따른 통합을 하는 경우와 같은 법 §32 ①에 따른 법인전환을 하는 경우에는 제58조의 3 제7항 각 호 외의 부분 단서의 개정 규정에 따라 취득세를 추징하지 아니함)(부칙 §13 ①).

☞ '창업일' : 법인이 창업을 하는 경우 법인설립등기일, 개인이 창업하는 경우「부가가치세법」제8조에 따른 사업자등록일

☞ 창업중소기업으로 지방세 감면받은 경우 창업벤처중소기업에 대한 감면 적용하지 아니함(2017년 이후 명확히 규정함).

☞ 2015.1.1.~2016.12.31.에는「지방세특례제한법」제100조 제3항 제20호에도 불구하고「체육시설의 설치·이용에 관한 법률」에 따라 골프장을 경영하는 기업은 상기의 취득세, 재산세 및 등록면허세 감면대상이 되는 창업중소기업의 범위에서 제외함(2014년 이전에도 해석상 창업으로 보지 아니하였으나 심판례에 의하면 창업 업종으로 결정하고 있음).[200]

☞ 2015.1.1. 이후 창업중소기업 및 창업벤처중소기업이 제2항에 따른 경감기간이 지나기 전에 중소기업 간 통합(조특법 §31 ①) 또는 법인전환(조특법 §32 ①)을 하는 경우 그 법인은 대통령령으로 정하는 바에 따라 남은 감면기간에 대하여 제2항을 적용받을 수 있으나, 중소기업 간 통합 및 법인전환 전에 취득한 사업용 재산에 대해서만 적용함(2014년 이전에도 해석상 동일하게 처리함). 그리고 2016.12.31. 이전에 종전의 규정에 따라 재산세를 감면받은 자가 같은 항에 따른 감면기간이 지나기 전에 2017.1.1. 이후 조특법 §32 ①에 따른 법인전환을 하는 경우에는 개정규정이 적용됨(지특법 부칙 §13 ②).

☞ (주1) 대표자(「소득세법」제43조 제1항에 따른 공동사업장의 경우에는 같은 조 제2항에 따른 손익분배비율이 더 큰 사업자를 말함)가 다음의 구분에 따른 요건을 충족하는 기업을 말함.

　① 개인사업자로 창업하는 경우: 창업 당시 15세 이상 34세 이하인 사람. 다만,「조세특례제한법 시행령」제27조 제1항 제1호 각 목의 어느 하나에 해당하는 병역을 이행한 경우에는 그 기간(6년 한도)을 창업 당시 연령에서 빼고 계산한 연령이 34세 이하인 사람을 포함함.

　② 법인으로 창업하는 경우: 다음 요건을 모두 갖춘 사람

　　㉠ ①의 요건을 갖출 것

　　㉡「법인세법 시행령」제43조 제7항에 따른 지배주주 등으로서 해당 법인의 최대주주 또는 최대출자자일 것

☞ (주2) 창업벤처중소기업으로서 대표자가 청년중소기업의 요건을 충족하는 기업을 말함.

☞ (주3) 창업일 또는 확인일(창업중소벤처기업)부터 5년간만 감면되나, 과세기준일 현재 해당 사업에 직접 사용되고 있지 아니하는 경우에는 재산세가 감면되지 아니할 것으로써, 별도의 유예기간과 추징규정이 없으며, 2017.12.31. 이전에 창업한 창업중소기업 및 창업벤처중소기업에 대해서는 개정 규정에도 불구하고 종전의 규정이 적용됨(지특법 부칙 §4).

---

199) 이 조문에서는 "임대는 제외"란 문구가 2023.1.1. 삭제되었으나, 지특법 §2 8에서 "직접 사용"의 의미에서 임대용 부동산을 제외하는 것으로 규정되어 있어서 삭제와 관계없이 감면이 되지 아니함.

200) 골프장업의 경우「조세특례제한법」제6조 제3항에서 창업 업종으로 규정하고 있는 전문휴양업이라기보다는 창업 제외 업종인 골프장업에 해당된다(지방세운영과-1674, 2012.5.30.)라고 해석하여 왔으나,「조세특례제한법」제6조는 창업중소기업의 업종범위를 직접 열거하면서 제3항 제20호에서「관광진흥법 시행령」에 의한 관광객이용시설업을 세액감면 적용업종의 하나로 열거하고 있는바, 취득세 등의 감면대상 업종을 영위하고 있는 창업중소기업에 해당한다고 판단됨(조심 2015지1226, 2016.10.19.).

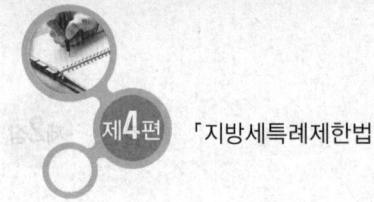

2) 창업중소기업 등의 범위

① 창업중소기업

수도권과밀억제권역 외의 지역에서 창업하는 중소기업(2020년 이전 창업분은 「중소기업창업지원법」 제2조 제1호에 따른 창업[201]한 중소기업)("창업중소기업")을 말한다.

법인설립 당시 서울특별시를 본점소재지로 하여 설립등기를 하였으나 실제로는 과밀억제권역 외의 지역에서 창업한 경우 창업중소기업에 해당되지 아니한다(조심 2020지0590, 2020.7.28.).[202]

② 창업벤처중소기업

「벤처기업육성에 관한 특별법」 제2조 제1항에 따른 벤처기업 중 다음의 기업으로서 「중소기업창업 지원법」 제2조 제1호에 따른 창업일[203] 후 3년 이내에 같은 법 제25조에 따라 벤처기업으로 확인받은 기업("창업벤처중소기업")을 말한다.

   ㉠ 「벤처기업육성에 관한 특별법」 제2조의 2의 요건을 갖춘 중소기업(같은 조 제1항 제2호 나목에 해당하는 중소기업 제외)

   ㉡ 연구개발 및 인력개발을 위한 비용으로서 [별표 6]의 비용(이하 "연구개발비")이 당해 과세연도의 수입금액의 5% 이상인 중소기업

   ㉡의 경우 「벤처기업육성에 관한 특별법」 제25조의 규정에 의한 벤처기업 해당 여부의 확인을 받은 날이 속하는 과세연도부터 연구개발비가 동호의 규정에 의한 비율을 계속 유지하는 경우에 한하여 적용한다.

한편, 창업중소기업에는 수도권 소재하는 기업은 무조건 해당되지 아니하지만, 창업벤처중소기업에는 수도권 소재 여부와 무관하므로 요건만 충족되는 경우에 해당된다.

③ '창업일'의 의미

창업중소기업의 경우 창업일은 다음과 같다(지특령 §29-2 ①).

   ㉠ 창업자가 법인이면 법인설립등기일

   ㉡ 창업자가 개인이면 「부가가치세법」 제8조에 따른 사업자등록일[204]

상기 창업일의 규정은 2016.12.30. 신설되었으나, 그 전에는 「중소기업기본법 시행령」 제2조 제1

---

201) '「중소기업창업 지원법」 제2조 제1호에 따른 창업'의 요건은 2016.1.1. 이후 적용함.

202) 청구법인의 경우 창업 당시 과밀억제권역 내에서 설립 등기를 하였으므로 창업중소기업의 형식적인 요건을 갖추지 못하였다고 할 것이고, 청구법인이 특수목적법인이라 하더라도 서울특별시 내에 본점 소재지를 두고 설립 등기를 한 후 사업자등록을 하고, 사업부지에 대한 양수도계약을 체결하는 등 실질적인 법인 활동을 영위하였다 할 것이므로, 이러한 법인의 실질적인 사업장이 과밀억제권역 외의 지역에 소재하였다고 하여 이를 과밀억제권역 내에서 창업한 법인으로 인정할 수는 없다 할 것으로서, 처분청이 청구법인의 경정청구를 거부한 처분은 별다른 잘못이 없다고 판단됨(조심 2011지778, 2011.12.14. 같은 뜻임).

203) '「중소기업창업 지원법」 제2조 제1호에 따른 창업'의 요건은 2016.1.1. 이후 적용함.

204) 「중소기업창업 지원법 시행령」 제3조에 따르면 사업개시일을 창업자가 개인이면 「부가가치세법」 제5조 제1항에 따른 사업개시일. 다만, 「중소기업창업 지원법」 제33조에 따른 사업계획의 승인을 받아 사업을 개시하는 경우에는 「부가가치세법」 제8조 제1항에 따른 사업자등록일로 규정되어 있음.

호의 규정에 의거 창업일은 법인의 경우에는 법인설립등기일을, 「소득세법」 제168조 또는 「부가가치세법」 제5조의 규정에 의하여 사업자등록을 한 사업자(법인이 아닌 사업자를 말함)인 경우에는 사업자등록을 한 날을 말하는 것으로 규정하고 있으므로 개인사업자의 경우 창업일은 「부가가치세법」 제5조의 규정에 의한 사업자등록일 등과 재화 또는 용역의 공급을 개시하는 날 중 빠른 날이 되는 것이다(세정 13407-432, 2003.5.23., 같은 뜻 지방세정팀-259, 2007.1.16.)라고 해석하였었다. 「중소기업기본법 시행령」 상 창업일은 개인의 경우 사업자등록을 한 날로 의미하고는 있으나, 상기 유권해석에서는 「중소기업창업 지원법」 상의 사업개시일도 포함하여 해석한 것으로 판단된다. 이 법들 간에는 의미가 차이가 있는 것이 명백한데 「중소기업창업 지원법」 상에는 창업일의 개념을 규정한 것은 아니라 판단된다. 그런데 「중소기업기본법」 상의 창업일을 준용하라는 규정이 없으므로 법 취지로 보아서는 상기 유권해석처럼 판단하면 될 것이다.

따라서 개인사업자는 사업자등록일 이후에 취득하는 부동산에 대해서만 창업중소기업 감면규정을 적용받을 수 있으므로 사업자등록 전에 취득한 부동산 등에 대해서는 이 감면규정이 적용되지 아니한다.

한편, 창업벤처중소기업의 경우에는 벤처기업으로 확인을 받는 날을 창업일로 본다(지특법 §58-3 ②).

☞ 원고가 기술보증기금으로부터 벤처기업확인서를 발급받은 2018.6.1.을 벤처기업으로 확인받은 날로 보는 것이 조세법률주의가 요구하는 엄격해석의 원칙에 부합하고, 기술보증기금으로부터 보증서를 발급받은 2018.5.15.을 원고가 벤처기업으로 확인받은 날이라고 보기는 어려움(대법원 2019두61977, 2020.3.26., 대전고법(청주) 2019누1778, 2019.11.27.).

3) 창업 해당 여부 확인 요령[205]

창업에 해당하는 경우란 다음의 첫 번째 단계와 두 번째 단계 모두 창업에 해당될 때를 말하며, 다음의 단계에 따라 창업 여부를 쉽게 파악할 수 있다.

참고로, 중소벤처기업부의 유권해석[「중소기업창업 지원법」('사업계획승인 운영지침'과 '창업상담 표준해설서')]이라는 것은 「중소기업창업 지원법」 제2조 제1호, 같은 법 시행령 제2조에서 말하는 '창업'에 대한 해석일 뿐, 구 「지방세특례제한법」 제58조의 3 제1항의 적용 요건으로서의 '창업'에 대한 해석이 아니다. 즉 양자의 '창업'은 개념 범위 자체가 다르므로 「중소기업창업 지원법」의 '창업'에 해당한다고 해서 구 「지방세특례제한법」 제58조의 3 제1항이 당연히 적용되는 것은 아니다(대법원 2020두24910, 2020.10.15. 심불, 부산고법 2020누10251, 2020.6.18.).

① 첫 번째 단계

창업을 하려는 자의 사업장이 ㉠ 신규 사업자, ㉡ 기존 사업자, ㉢ 폐업 후 사업 재개하는 자 여부를 파악

㉠ 신규 사업자 : 두 번째 단계로 이동

---

205) 창업 질의응답 사례(창업넷-중소기업청과 창업진흥원에서 운영)에서 발췌한 것임.

ⓛ 기존 사업자

㉮ 기존 사업과 신규 사업에 대하여 다음과 같은 정보를 파악

ⓐ 사업장 소재지[동일장소(갑장소) 또는 다른 장소(을장소) 여부]

ⓑ 기업형태(개인사업자 또는 법인사업자 여부)

ⓒ 기존 사업장 유지 또는 기존 사업장을 폐업하는지 여부

ⓓ 업종(동종업종 또는 이종업종 여부)

㉯ 창업 여부 확인 참고자료에서 창업에 해당 시 두 번째 단계로 이동

ⓒ 폐업 후 사업 재개하는 자

㉮ 폐업 전의 사업과 동종업종 또는 이종업종의 기업을 설립하는지 여부를 파악 이종업종 설립 시 두 번째 단계로 이동

㉯ 동종업종을 영위하기 위해 설립하는 경우는 창업에 해당하지 않음.

● 창업 여부 확인 참고자료

주체	사업장소	사례		창업 여부
A개인이	갑장소에서	갑장소에서의 기존 사업을 폐업하고	B법인을 설립하여 동종사업을 영위하는 경우	조직변경
			B법인을 설립하여 이종사업을 영위하는 경우	창업
		갑장소에서의 기존 사업을 폐업 않고	B법인을 설립하여 동종사업을 영위하는 경우	형태변경
			B법인을 설립하여 이종사업을 영위하는 경우	창업
A법인이	갑장소에서	갑장소에서의 기존 사업을 폐업하고	B법인을 설립하여 동종사업을 영위하는 경우	위장전업
			B법인을 설립하여 이종사업을 영위하는 경우	창업
		갑장소에서의 기존 사업을 폐업 않고	B법인을 설립하여 동종사업을 영위하는 경우	형태변경
			B법인을 설립하여 이종사업을 영위하는 경우	창업
A개인이	을장소에서	갑장소에서의 기존 사업을 폐업하고	B법인을 설립하여 동종사업을 영위하는 경우	법인전환
			B법인을 설립하여 이종사업을 영위하는 경우	창업
		갑장소에서의 기존 사업을 폐업 않고	B법인을 설립하여 동종사업을 영위하는 경우	창업
			B법인을 설립하여 이종사업을 영위하는 경우	창업
A법인이	을장소에서	갑장소에서의 기존 사업을 폐업하고	B법인을 설립하여 동종사업을 영위하는 경우	사업승계
			B법인을 설립하여 이종사업을 영위하는 경우	창업
		갑장소에서의 기존 사업을 폐업 않고	B법인을 설립하여 동종사업을 영위하는 경우	창업
			B법인을 설립하여 이종사업을 영위하는 경우	창업
A가 (개인)	을장소에서	갑장소에서의 기존 사업을 폐업하고	다시 A명의로 동종사업을 영위하는 경우	사업이전
			다시 A명의로 이종사업을 영위하는 경우	창업
		갑장소에서의 기존 사업을 폐업 않고	다시 A명의로 동종사업을 영위하는 경우	사업확장
			다시 A명의로 이종사업을 영위하는 경우	업종추가

☞ 주) 1. 업종구분은 한국표준산업분류의 세분류(4자리)를 기준으로 함(한국표준산업분류 5자리 중에서 앞에서 4자리가

일치하면 "동종사업"에 해당함).
2. 갑장소는 기존 사업장, 을장소는 신규 사업장(사업장이 기존 사업장과 접하여 있더라도 별도의 경계(담, 출입문, 도로 등)를 두고 있어 공정의 연속성이 없는 경우는 신규 사업장에 해당함)
3. A명의라 함은 개인사업자로서 대표자가 동일한 경우를 말함.

② 두 번째 단계

창업을 하려는 자의 사업장이 ㉠ 신규 사업장, ㉡ 기존 사업장 여부를 파악
㉠ 신규 사업장 : 창업
㉡ 기존 사업장 : 기존 사업장 영위 업종과 이종업종을 영위하는 경우 창업

4) 창업의 범위

① 창업으로 보지 아니하는 경우

㉠ 합병·분할·현물출자 또는 사업의 양수를 통하여 종전의 사업을 승계하거나 종전의 사업에 사용되던 자산을 인수 또는 매입하여 같은 종류의 사업을 하는 경우(단, 종전의 사업에 사용되던 자산을 인수하거나 매입하여 같은 종류의 사업을 하는 경우 그 자산가액의 합계가 「부가가치세법」 제5조 제2항에 따른 사업개시 당시 토지·건물 및 기계장치 등 대통령령으로 정하는 사업용자산의 총가액에서 차지하는 비율이 30% 이하인 경우 제외)

㉡ 거주자가 하던 사업을 법인으로 전환하여 새로운 법인을 설립하는 경우

㉢ 폐업 후 사업을 다시 개시하여 폐업 전의 사업과 같은 종류의 사업을 하는 경우

㉣ 사업을 확장하거나 다른 업종을 추가하는 경우(2023년 이전은 사업을 확장하거나 다른 업종을 추가하는 경우 등 새로운 사업을 최초로 개시하는 것으로 보기 곤란한 경우)

㉤ 그 밖에 새로운 사업을 최초로 개시하는 것으로 보기 곤란한 경우로서 다음의 경우(2024. 1.1. 이후 적용)[206]

㉮ 개인사업자가 동종 사업을 영위하는 법인인 중소기업을 새로 설립하여 과점주주가 되는 경우

---

[206] 「중소기업창업지원법 시행령」 제2조(창업의 범위)는 '혁신적 창업기업의 육성 및 지원에 대한 사회적 요구를 체계적으로 반영'하기 위해 2020.10.8. 일부 개정을 거쳐 2022.6.28. 전부 개정되었는바, 개정 사유를 보면 창업의 범위를 확대하는 등 현행 제도의 운영상 나타난 일부 미비점을 개선·보완하여 창업의 범위를 명확화한 것으로 청구법인이 설립 당시 법령에서는 구체적으로 열거되지 않았던 ① 법인이 출자지분 50%를 초과하여 소유하는 다른 법인을 설립 ② 법인의 과점주주가 새로 설립되는 법인인 중소기업자의 과점주주가 되어 사업을 개시하는 것을 창업의 범위에서 제외하도록 하였음. 참고로, 2020.10.8. 일부 개정하여 ① 상속·증여받은 개인이 기존사업과 같은 종류의 사업을 개시하는 경우, ② 개인이 기존사업과 같은 종류의 개인 중소기업을 새로 설립, ③ 개인이 폐업 후 기존사업과 동일한 개인 중소기업을 새로 설립, ④ 개인이 기존사업을 하면서 단독 또는 출자지분 30% 이상의 법인설립(2022.6.28. 이후 법인이 출자지분 50%를 초과하여 소유하는 다른 법인을 설립으로 개정), ⑤ 법인이 자기사업을 하면서 출자지분 30% 이상의 법인설립(2022.6.28. 이후 법인의 과점주주가 새로 설립되는 법인인 중소기업자의 과점주주가 되어 사업을 개시하는 경우로 개정), ⑥ 법인이 조직변경 등을 통해 같은 종류의 사업을 개시하는 경우 창업의 범위에서 제외하는 사유로 들고 있다.

㉯ 해당 법인 또는 해당 법인의 과점주주가 신설되는 법인인 중소기업의 과점주주가 되는
경우(해당 법인과 신설되는 법인인 중소기업이 동종의 사업을 영위하는 경우로 한정)
㉰ 법인인 중소기업이 회사의 형태를 변경한 이후에도 변경 전의 사업과 동종의 사업을
영위하는 경우

창업 제외 세부 유형 내용(지특법 §58-3 ⑥, 지특령 §29-2 ⑫)	
기존사업을 승계하여 개시한 경우	개인이 동종사업을 법인으로 전환한 경우
폐업 후 동종사업을 재개한 경우	사업확장·업종 추가한 경우
사업 최초개시로 보기 곤란한 경우	

	개인이 추가로 동종 법인을 설립하여 해당 신설법인의 과점주주인 경우
영	해당 법인 및 법인의 과점주주가 동종 법인을 설립하여 해당 신설법인의 과점주주가 되는 경우
	법인의 형태변경 후 동종사업 영위하는 경우

> **사례** 청구법인이 플라스틱 제품 위탁생산계약을 체결한 CCC는 청구법인 대표자의 형이 대표로
> 재직하고 있는 특수관계법인으로 확인되는 점, 청구법인은 자신이 영위하였다고 주장하는 위탁제
> 조업의 요건(직접 기획, 원재료 제공, 자기명의 제조 등)과 관련된 객관적 증빙을 제시하지 못하
> 고 있는 점, 청구법인과 CCC의 목적사업과 업종은 동일하고, 청구법인의 제조상품 카달로그상
> 제품의 제조원 및 A/S책임자는 CCC으로 표기되어 있는 점, 처분청의 현지조사 보고서에 의하면,
> 쟁점부동산에는 CCC의 간판만 설치되어 있고, 동일한 공간에 물적설비(기계설비)와 인적설비(직
> 원)가 사업장 구분 없이 운영되고 있는 것으로 기재되어 있는 점 등에 비추어 청구법인의 설립은
> 새로운 사업을 최초로 개시하는 창업이 아니라, 특수관계법인인 CCC가 하던 기존 사업의 확장에
> 불과하다 할 것임(조심 2022지1263, 2023.9.13.).

② 동종사업의 판단

동종업종은 한국표준산업 분류코드상 세분류를 기준으로 판단(세정 13430-38, 2003.1.16.)하는
것이다. 즉 '세분류'는 한국표준산업 분류코드의 4자리 숫자를 말한다. 예를 들어 한국표준산업분
류표상 도축고기가공 및 저장처리업(1511) 영위 법인의 사업을 양수하여 수산물가공 및 저장처
리업(1512)으로 등록하고 같은 사업을 영위할 경우 소분류는 고기과실채소 및 유지가공업으로
동종업종에 해당되지만 세분류는 이종사업이라 할 수 있다.

한편, 창업으로 보지 아니하는 경우를 규정한 같은 구「조세특례제한법」제6조 제6항에 해당
하는지 여부를 판단함에 있어서는 사업자등록증, 법인등기부의 형식적 기재에 의할 것이 아니
라 실제 영위하는 사업의 실질적인 내용에 따라 판단하여야 하고, 실제 영위하는 사업의 실질적
인 내용을 판단하기 위하여는 한국표준산업분류상의 분류기준을 고려하여야 한다(대법원 2016두
30576, 2016.4.15.).

③ 업종추가, 사업확장

「통계법」제17조 제1항의 규정에 의하여 통계청장이 작성·고시하는 표준분류상의 세분류를 기준으로 하되, 기존 업종에 다른 업종을 추가하여 사업을 하는 경우에는 추가된 업종의 매출액 (추가된 때부터 당해 연도 말까지의 매출액)을 기준으로 하여 총 매출액의 100분의 50 이상인 경우에 한하여 이종의 사업으로 판단한다. 따라서 동종사업의 여부를 판단할 경우 기존 업종에 다른 업종을 추가하여 사업을 하는 경우에는 추가된 업종의 매출액(추가된 때부터 해당 연도 말까지의 매출액)을 기준으로 하여 총 매출액의 100분의 50 이상인 경우에 한하여 이종의 사업으로 판단하여 창업으로 본다는 규정이다. 이는 창업인지 여부를 판단하는 기준이며, 감면규정에서 주업에 대하여만 감면하라고 규정되어 있지 않고 창업중소기업에 영위하는 사업을 위한 사업용 재산에 대하여 감면한다라고 규정되어 있는바, 감면 여부는 주업과는 관계가 없다.

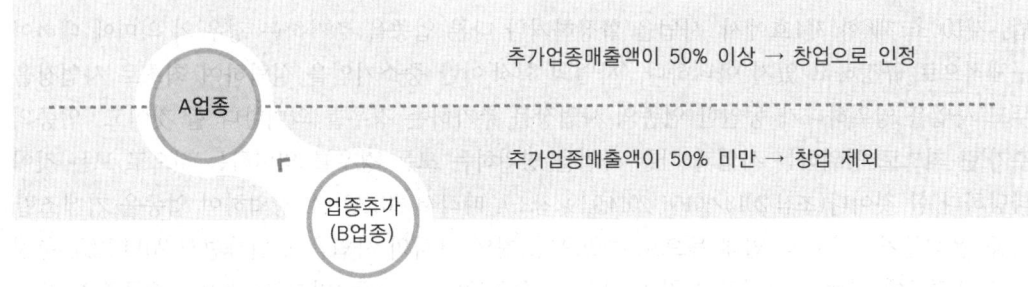

창업중소기업 업종(양초 제조업)과 창업중소기업 제외업종(농수산물 수출입업 등)을 목적사업으로 하여 설립되었으나 실제로 사업을 영위하지 아니하다가 2011.6.10. "복지용구·용품 제조"를 법인등기부상 목적사업에 추가하고, 2011.6.16. 사업자등록증에도 "복지용품제조"를 추가한 다음 2011.9.5.부터 쟁점 건축물의 일부인 ○○○에서 정형외과용 및 신체보정용기기제조업을 영위한 사실이 부가가치세 매입매출실적에서 확인되고 있고, 2012.7.25. 신체보정용기기제조업을 영위하기 위하여 부동산을 취득한 것이므로, 복지용품제조업(신체보정용기기제조업)을 원시적으로 창업한 것으로 보아야 하고, 이를 영위하지도 않은 사업에 다른 업종을 추가한 것이므로 감면대상인 창업중소기업에서 제외된다고 보는 것은 창업중소기업이 창업일로부터 4년 이내에 취득하는 사업용 재산에 대하여 취득세를 면제함으로써 지원하는 취지에 부합되지 않는다(조심 2013 지58, 2013.5.3.)라고 결정하고 있다.

이 심판례에 따르면 창업 당시의 ○○제조업을 영위하는 것으로 하여 감면을 받았으나, ○○제조업의 사업 실적이 전혀 없이, 즉 실제로 사업을 영위하지 아니하다가 다른 창업 업종을 영위하는 경우에는 원시적으로 창업한 것으로 보아야 하고, 이를 영위하지도 않은 사업에 다른 업종을 추가한 것이므로 감면대상이 되는 것이다.[207] 그런데 창업 당시에 도소매업을 영위하고 있는바, 즉

---

207) 2013.4.17. 플랜트제조업을 영위하기 위하여 법인을 설립하고, 2013.6.4. 목적사업에 음료, 식품, 세제 등의 제조업을 추가로 등기하였으나, ○○○세무서장이 발행한 청구법인의 부가가치세 과세표준증명서에 의하면 청구법인은 2013.4.30.부터 2013.6.30.까지 매출과세표준이 없는 것으로 보아, 청구법인은 2013.4.17. 플랜

창업시에는 도소매업 관련된 업무만 하였다면 실질적으로 도소매업을 창업하고 그 이후에 제조업을 추가한 것인 경우 제조업은 창업에 해당되지 아니할 것이다. 반면에 창업 후에 도소매업을 영위한 점이 없는 상태에서 폐업하고 제조업을 영위한 것이라면 이 경우에는 감면대상이 될 수 있다. 그리고 구 「조세특례제한법」 제6조의 "창업중소기업에 대한 세액감면" 규정은 설립당시에 영위하는 사업 전체가 "창업"에 해당하는지 여부가 전제가 되어 조세 측면에서 지원하는 제도라 할 것이므로(국심 2006중2226, 2007.6.8.), 법인설립 당시에 창업에 속하는 업종과 창업에 속하지 않는 업종을 동시에 영위하는 경우라도 창업에 속하는 업종이 있는 경우에는 창업으로 보는데 그 업종에 대하여만 감면규정이 적용될 것이다. 주업에 대한 별도의 규정이 없는바, 주업 여부와는 감면과는 관계는 없는 것으로 판단된다.

「지방세특례제한법」 제58조의 3 제1항의 '해당 사업'은 창업 이후의 모든 사업을 의미하는 것이 아니라 창업 당시의 사업을 의미하는 것으로 보는 것이 타당하다 할 것이고, 「지방세특례제한법」 제100조 제6항 제4호에서 '사업을 확장하거나 다른 업종을 추가하는 경우'의 의미에 대하여 구체적으로 규정하고 있지 아니하나, '사업의 확장'이란 중소기업을 설립하여 최초로 사업장을 두고 사업을 영위하다가 동일한 업종의 사업장을 추가하는 경우를 의미한다 할 것이고, '업종의 추가'란 최초로 영위하는 사업과 다른 사업을 영위하는 모든 경우를 의미하는 것으로 보는 것이 타당하다 할 것이다(조심 2013지0156, 2014.9.19. 참조). 따라서 2012.10.4. 창업하여 업종을 기계조립, 가공, 음식물처리기제작, 임대 등으로 하였으나, 창업 당시의 사업을 영위하면서 2014.12.3. 충청북도 증평군에 지점을 설치하고 창업 당시 업종에 '알루미늄(동/비철금속가압) 주물주조/기타, 기타제1차비철금속산업'을 추가하고, 추가된 업종에 사용하기 위하여 2015.2.27. 충청북도 증평군 소재 부동산을 취득한 경우라면 이는 최초로 영위하는 사업과 다른 사업을 영위하는 경우로서 「지방세특례제한법」 제58조의 3 제1항의 창업한 중소기업이 창업 당시의 사업을 하기 위하여 취득하는 경우에 해당하지 아니한다 할 것이므로 취득세 경감대상이 되지 않는다고 판단된다(지방세특례제도-1352, 2015.5.18.)라고 유권해석을 하고 있다. 이러한 유권해석이 있음에도 불구하고 조세심판원 심판례에서는 일단 창업중소기업으로 인정받은 기업이 취득세 등을 면제받을 수 있는 기간 내에 「조세특례제한법」 제6조 제3항에서 규정한 창업중소기업이 영위할 수 있는 범위에 속하는 업종(청구인이 추가한 제조업 등)에 속하는 사업의 종목을 추가하는 경우라면 당초 창업중소기업으로서 지위는 계속된다 할 것이므로 창업중소기업이 창업일부터 4년 이내에 「조세특례제한법」 제6조 제3항에서 규정하고 있는 제조업 등에 속하는 사업의 종목을 추가하고 그 사업에 사용하고자 취득하는 사업용 재산의 경우에는 취득세 등이 면제된다고 할 것이다(조심 2015지0146, 2015.8.10., 조심 2010지282, 2011.5.27. 참조)라고 결정하고 있다. 한편, 이 심판례가 2011.5.27.에 결정되었음에도 불구하고 상기 유권해석으로 감면배제하는 것으로 규정하고 있다.

트제조업을 목적사업으로 하여 법인을 설립하였으나 플랜트제조업을 영위하지 아니한 상태에서 음료 등의 제조업을 개시하기 위하여 이 건 부동산을 취득한 것으로 보여지므로, 청구법인이 업종을 추가한 것으로 보아 처분청이 이 건 부동산에 대한 취득세 등의 경정청구를 거부한 처분은 잘못임(조심 2013지745, 2014.1.20.).

「조세특례제한법」 제6조의 "창업중소기업에 대한 세액감면" 규정은 설립 당시에 영위하는 사업 전체가 "창업"에 해당하는지 여부가 전제가 되어 조세 측면에서 지원하는 제도라 할 것이므로 (국심 2006중2226, 2007.6.8.), 법인설립 당시에 창업에 속하는 업종과 창업에 속하지 않는 업종을 동시에 영위하는 경우라도 창업에 속하는 업종이 있는 경우에는 창업으로 보는데 그 업종에 대하여만 감면규정이 적용될 것이다. 이러한 조세지원제도의 취지라면 추가된 업종은 창업 당시의 업종이 아니라면 점에서 감면배제가 더 타당하다라고 판단되지만 상기 유권해석과 심판례에서는 좀 다르게 판단하고 있다는 점에서 혼란을 주고 있다. 일단 유권해석에 따라 감면배제되는 것으로 해석하여야 할 것이다.[208]

한편, 개인사업자의 양 사업장이 떨어져 있고, 이종의 사업을 하고 있어서 기존에 영위하고 있는 사업과의 연계성이 없다고 인정된다고 할지라도, 기존 사업장의 사업주체가 동일한 신규 사업장의 사업주체인 이상, 새로운 사업자로 볼 수 없어 창업이 아니다(행심 2005-7, 2005.2.3.)"라고 결정하고 있다. 이는 별개의 사업체로 보아 창업 여부가 결정되어야 한다는 주장이 있음에도 별개가 아닌 하나의 사업체로 보아 업종추가로 보아야 한다는 내용이다. 그런데 이 심사례 이후의 유권해석(지방세정팀-42, 2005.12.13.)에서 업종추가가 아닌 창업에 해당한다라고 기존 해석을 변경하였는바, 창업에 해당하는 것으로 해석할 수 있다. 그런데 중소기업청과 창업진흥원에서 운영하는 창업넷에 의하면 개인사업자가 을장소에서 갑장소에서의 기존사업을 폐업 않고 다시 A명의로 이종사업을 영위하는 경우 업종추가, 다시 A명의로 동종사업을 영위하는 경우 사업확장으로 보는 것으로 해석하고 있다. 따라서 창업넷의 해석에 의하면 창업에 해당한다는 유권해석은 잘못된 것으로 보아야 할 것이다. 그런데 '◇◇온천'의 사업자는 원고와 이○○이고 '◇◇힐호텔'의 사업자는 원고로 사업자가 다른 경우로, 공동사업자 중 1인이 혼자 다른 업종의 새로운 사업을 등록하는 경우에 이를 '창업을 한 기업이 다른 업종을 추가하는 경우'에 해당한다고 보기는 어렵다(대법원 2020두41078, 2020.9.24. 심불, 수원고법 2019누14403, 2020.5.20.).

법인의 경우 창업한 법인이 창업 후 4년 이내에 창업 업종을 영위하기 위하여 다른 장소에 부동산 등을 취득하였다면 감면대상이 될 것이다.[209] 그 이유는 당초 사업장에서 영위하는 사업을 확대하기 위한 것으로 연계되어 있다면 별도의 새로운 사업자가 아닌 하나의 사업자로 보아 창업감면을 하여야 할 것이기 때문이다. 따라서 다른 장소의 사업장을 별도의 창업 사업장이 아니라 당초 사업장의 연계된 하나의 사업자로 보아 창업법인의 창업일을 기준으로 다른 장소의 사업장의 부동산 취득 등에 대한 감면 여부를 판단하여야 한다는 것이다. 이러한 취지로 "'사업의 확장'

---

208) 조세심판원 심판례 간에도 감면해야 한다는 내용(조심 2015지0146, 2015.8.10.)과 감면배제해야 한다는 내용(조심 2013지0156, 2014.9.19.)으로 나뉘어져 있음.

209) 청구법인은 한국표준산업분류표에서 식품제조업으로 구분하고 있는 축산물 가공 및 유통업 등을 목적사업으로 하는 중소기업으로 그 설립은 창업에 해당하는 점, 청구법인은 창업일부터 4년 이내에 육류 보관 등을 위한 냉동·냉장창고로 사용하기 위하여 이 건 부동산을 취득한 것으로 보이는 점 등에 비추어 청구법인이 본점소재지가 아닌 다른 시·군·구에 소재하는 이 건 부동산을 취득하였다고 하여 이를 창업이 아니라 사업의 확장이라고 볼 수는 없으므로 이 건 부동산은 창업중소기업이 해당 사업을 하기 위하여 취득하는 부동산에 해당됨(조심 2021지0543, 2021.4.8.).

이란 기업 등이 사업을 개시하여 영위하다가 동종 업종의 사업을 추가적으로 확장하는 것을 의미하는 것으로서 사업의 확장 행위는 기업을 원시적으로 창설하는 것이 아니므로 기업을 창업한 것으로 볼 수는 없으나, 「지방세특례제한법」 제58조의 3 제1항의 규정에 비추어 일단 적법하게 창업한 중소기업이 창업일부터 4년 이내에 사업의 확장을 위하여 취득한 사업용 부동산을 취득세 등의 감면대상이 아닌 것으로 보기는 어려우므로 사업의 확장을 창업으로 보지 않는 것과 창업중소기업이 취득하는 사업용 재산에 대한 취득세 감면 범위는 구별하여 판단하여야 할 것이다. 청구법인은 부동산을 사업용으로 취득하였는바, 사업의 확장을 위한 이 부동산의 취득행위를 창업으로 볼 수는 없다 하더라도 이 부동산은 창업일부터 4년 이내에 취득하는 사업용 재산으로서 취득세 등의 감면대상이 되는 것으로 보는 것이 타당하므로 이 부동산의 취득세 등이 감면대상이 아닌 것으로 본 것은 잘못이다(조심 2018지2007, 2019.6.28.)."라고 결정하고 있다.

사례 추가된 업종의 매출액 비교를 통하여 창업 여부를 판단하지 아니함(대법원 2019두45432, 2019.9.25, 심불, 부산고법 2019누20389, 2019.6.21.)

화물자동차운송주선사업면허나 화물자동차운송사업면허의 경우 재산적 가치가 있는 무형적 자산인 만큼, "원고 회사가 위와 같은 면허를 양수하여 화물자동차운송주선사업 등을 개시한 행위"는 구 「지방세특례제한법」 제100조 제6항 제1호에서 정한 '종전 사업의 승계'에는 해당되지 않을지라도 '자산을 인수하거나 매입하여 같은 종류의 사업을 하는 경우'에 해당하므로 이를 창업이라고 볼 수 없다(①부분). 이와 같이 원고 회사를 설립하여 최초로 화물자동차운송주선사업 등을 개시한 것이 창업에 해당되지 않아 원고 회사는 당초 창업중소기업이 아니었는데, 몇 달 후에 추가한 업종의 매출이 훨씬 더 크다는 등의 사정만으로 원고 회사가 다시 창업중소기업이 된다고 보기 어려움.

사례 창업일로부터 4년 이내에 취득한 사업용 재산 여부(조심 2013지58, 2013.5.3.)

2011.2.11. 창업중소기업 업종(양초 제조업)과 창업중소기업 제외업종(농수산물 수출입업 등)을 목적사업으로 하여 설립되었으나 실제로 사업을 영위하지 아니하다가 2011.6.10. "복지용구·용품 제조"를 법인등기부상 목적사업에 추가하고, 2011.6.16. 사업자등록증에도 "복지용품제조"를 추가한 다음 2011.9.5.부터 쟁점 건축물의 일부인 ○○○에서 정형외과용 및 신체보정용기기제조업을 영위한 사실이 부가가치세 매입매출실적에서 확인되고 있고, 2012.7.25. 신체보정용기기제조업을 영위하기 위하여 쟁점 부동산을 취득한 것이므로, 청구법인은 복지용품제조업(신체보정용기기제조업)을 원시적으로 창업한 것으로 보아야 하고, 이를 영위하지도 않은 사업에 다른 업종을 추가한 것이므로 감면대상인 창업중소기업에서 제외된다고 보는 것은 창업중소기업이 창업일로부터 4년 이내에 취득하는 사업용 재산에 대하여 취득세를 면제함으로써 지원하는 취지에 부합되지 않는다 하겠다. 한편, 청구법인은 2012.7.25. 쟁점 부동산을 취득하여 ○○○의 건축물 중 지하1층은 청구법인의 대표이사인 장○○이 개인의 취미생활 용도로 사용하고 있고, 1층과 2층은 사무실이나 조립공장으로 사용하고 있으며, 3층과 4층은 공실로 남아 있고, ○○○의 건축물은 단독주택인 공실로 남아 있으며, 나머지 2개 필지의 토지는 나대지인 주차장으로 사용하고 있는 사실이 제출된 관련자료 및 의견 진술 내용에서 확인되고 있는바, ○○○ ○○ ○ ○○○(○○, ○○)○의 건축물 중 1층과 2층은 청구법인의 목적사업에 직접 사용하고 있고, 3층과 4층은 다른 목적으로 사용하지 않으면서 공실상태로 남아 있어 1층 및 2층과 함께 언제라도 목적사업에 직접 사용할 수 있으므로, "정당한 사유없이 해당 사업에 직접 사용하지 않는 경우"에 해당되지 아니하고 "취득일로부터 2년 이내에 다른

목적에 사용"하지도 않고 있어 추징요건이 성립되지도 않았기 때문에 창업중소기업이 창업일로부터 4년 이내에 취득한 사업용 재산으로 보는 것이 봄이 타당하다 하겠으나, ○○○ ○○ ○ ○○○ (○○, ○○)○의 건축물 중 대표이사의 개인적 취미생활 공간으로 사용하는 지하1층, 공실로 남아 있는 ○○○ ○○○의 단독주택 및 나대지인 주차장으로 사용하는 2개 필지는 청구법인의 목적사업에 직접 사용하지 아니하거나 목적사업과 다른 용도로 사용한다고 봄이 타당하므로 창업중소기업의 사업용 재산에서 제외되는 것이라 하겠다. 따라서 사업용 재산으로 사용하지 않는 ○○○ ○○ ○ ○○○○○ ○○○○체○○과 ○○○의 단독주택 및 나머지 2필지 ○○○를 제외한 ○○○ ○○ ○ ○○○○의 건축물 중 1층, 2층, 3층, 4층은 복지용품제조업을 영위하기 위하여 창업한 청구법인이 창업일로부터 4년 이내에 취득한 사업용 재산으로 보아야 함에도 단순히 업종추가로 보아 취득세 등을 부과고지한 이 건 처분은 잘못이 있는 것임.

사례 업종을 추가하는 경우 창업이 아님(법인세과 - 163, 2010.2.23.).

골재 도·소매업을 영위하면서 매출실적이 없는 법인이 창업일 이후에 매출실적이 없는 다른 법인의 골재채취 허가권을 인수하여 광업을 추가하는 경우에는 같은 법 제6조 제4항 제4호에 따라 창업으로 보지 아니하는 것임.

☞ 법인설립 후 업종을 추가하는 경우 창업으로 보지 아니하는 것이라는 것과 동일한 취지임.

사례 업종을 추가한 경우 창업으로 보지 않음(조심 2010지781, 2011.9.21.).

기자재 제조 설치업 등 창업에 해당하는 종목들을 창업일(벤처기업 확인일 : 2008.3.31.) 이후인 2008.8.1., 2010.3.2., 2010.3.30. 목적사업에 추가한 이상, 이는 구 「조세특례제한법」 제6조 제4항 제4호에서 규정한 창업으로 보지 아니하는 "사업을 확장하거나 다른 업종을 추가하는 경우"에 해당된다고 할 것이므로 이 사건 부동산은 취득세 등의 면제대상에 해당되는 창업벤처중소기업이 취득하는 사업용 재산에 해당되지 아니한다고 할 것임.

사례 도매업 영위 법인이 신사업장에 법인을 신설하는 경우(법인세과 - 306, 2011.4.26.)

수도권과밀억제권역 내에서 도매업을 영위하는 법인이 출자를 통해 수도권과밀억제권역 외의 지역에 제조업을 영위하는 법인을 신설하는 경우 신설 법인은 「조세특례제한법」 제6조에 따라 "창업중소기업 등에 대한 세액감면"을 적용할 수 있는 것임. 다만, 신설법인이 합병·분할·현물출자 또는 사업의 양수를 통하여 종전의 사업을 승계하거나 종전의 사업에 사용되던 자산을 인수 또는 매입하여 동종의 사업을 영위하는 경우에는 같은 법 제6조에 따른 세액감면이 적용되지 않는 것임.

④ 폐업 후 사업개시

폐업 후 사업을 개시하여 폐업 전의 사업과 동종의 사업을 계속하는 경우에는 창업중소기업에 해당하지 아니한다. 그리고 폐업한 타인의 공장을 인수하여 동종의 사업을 계속하는 경우에도 창업으로 볼 수 없다.

㉠ 법인설립 후 개인 사업체를 폐업하는 경우

종전의 개인 사업장에서 제조업을 영위하면서 다른 지역에 새로운 법인을 설립하여 동일 제조업을 영위하는바, 창업으로 볼 수는 있는지 여부는 그 당시 법인전환이나 사업승계를

하여 동종의 사업을 계속하는 경우에 해당되지 아니하였고, 종전 사업장의 자산을 인수·매입하는 조건이 자산총액의 30% 미만에 해당되었기 때문에 창업으로 볼 수 있다(설립 당시 법인전환 등에 해당되었다면 추징대상이 될 것임). 그 당시 감면대상이 되었다면 그 이후 개인 사업체를 폐업하였다는 사유로는 추징대상이 되지 아니할 것이나, 폐업을 하고서 개인 사업체의 자산을 인수·매입한 경우 법인의 자산총액의 30%를 초과한다 하더라도 이는 창업 당시의 인수·매입이 아닌 경우 이 조건 또한 충족되지 아니할 것이다. 이러한 이유와 법인설립이 1년여 정도 기간이 경과되어 폐업 사업장의 자산을 인수하였다는 사유로는 추징요건에 해당되지 아니할 것이다. 그런데 법인설립 당시 자산 인수나 종업원 승계 등이 있었고, 실질은 사업승계에 해당하여 동종업종을 영위하는 것이라고 판단될 때는 추징할 수 있을 것으로 판단된다(이 경우에는 창업 당시로 소급하여 추징하여야 할 것임). 예를 들면 법인 창업 후 개인 사업체의 제조업 매출 규모, 종업원 인원 등이 종전에 비하여 크게 감소하였다면 실제로 B지역의 법인이 개인사업체의 사업승계로 볼 가능성이 있을 것이므로 이 경우에는 추징이 된다는 것이다. 그 이유는 개인 사업자의 법인설립이 「조세특례제한법」에서 규정하는 창업에 해당되기 위해서는 개인 사업체의 법인전환이 아니어야 하며, 개인 사업체와 설립된 법인의 소재지, 법인설립 시점, 사업개시일을 전후한 매출규모의 변화 정도 등을 고려하여 판단하여야 할 것(행심 2004-194, 2004.7.26.)이기 때문이다.

법인설립 당시에는 자산인수 등이 없었고, 개인 사업체의 동일장소에 동일업종이 아니라면 창업으로 볼 수 있지만, 법인설립 후 개인 사업체의 폐업이 이루어졌다고 하더라도 실질적인 법인전환이나 자산인수나 종업원 승계가 된 것으로 폐업은 절차상으로 늦게 한 것뿐이라면 법인을 창업한 것이라 볼 수 없을 것이다. 즉 개인 사업체와 설립된 법인의 소재지, 법인설립 시점, 사업개시일을 전후한 매출규모의 변화 정도, 거래처, 종업원 승계, 법인의 영업실적 등을 고려하여 판단하여야 할 것이다(행심 2004-194, 2004.7.26.).

법인설립 후 폐업한 것은 법인전환 등에 해당될 가능성이 있어서 창업으로 볼 수 없을 수 있다. 다만, 이종업종인 경우에는 달리 판단할 수 있을 것이다.

ⓛ 폐업 후 상당기간 경과한 경우 사업개시를 한 경우

감사원 심사례에 의하면 비록 6년 전에 폐업하고 새로 사업을 개시하여 동종의 사업을 영위하고 있다면 기간에 관계없이 「조세특례제한법」 상의 창업으로 볼 수 없다 할 것이다(감심 2007-31, 2007.4.4.).

개인 사업자 A가 다른 장소에 폐업 후 사업을 개시하여 폐업 전의 사업과 동종의 사업을 계속하는 경우에는 창업으로 볼 수 없으나, 법인을 설립한 경우에는 개인 사업체와 법인은 독립된 사업체이므로 법인전환, 사업승계 등에 해당하지 아니한다면 창업으로 보아야 할 것이다. 그런데 폐업 후 상당 기간 경과된 경우 법인전환이나 사업승계로 볼 수 없을 것으로 판단된다.

한편, 창업 당시 세법에서 규정된 자산총액의 30% 이하를 인수·매입하여 창업(2005.1.1. 이후 창업하는 중소기업부터 적용)하는 때에는 같은 법 제6조의 창업중소기업 등에 대한 세액감면의 규정을 적용함에 있어 이를 "창업"으로 보는 것인데, 동일장소에서 영위하는 경우에는 자산총액 30% 이하 여부는 따지지 아니하는 것이므로 폐업한 공장을 인수하여 동종의 사업을 계속하는 경우에는 30% 이하 여부와 관계없이 창업으로 볼 수 없는 것이다. 폐업한 공장이 현재 다른 업종으로 사용되고 있다면 동종업종이 아니므로 감면대상이 될 것이고, 폐업한 공장이 2년 동안 폐업한 상태 그대로 있다면 동종업종을 영위한 공장을 인수한 것으로 보아야 한다라고 할 수 있다. 그 이유는 비록 다른 장소에 법인을 설립하여 창업에 해당하는 것으로 주장할 수 있으나, 실질적으로 종전의 공장을 인수하여 그곳에서 실질적으로 사업을 영위하는 것인 경우 다른 장소에 설립하였다고 보기에는 어려움이 있기 때문이다.

ⓒ 창업활동을 전혀 하지 아니한 상태에서 개인 사업자등록 즉시 폐업한 경우

제조업을 영위하기 위한 사업자가 실제적인 창업활동을 전혀 하지 아니한 상태에서 개인 사업자등록 즉시 폐업하고, 동일장소에서 중소기업에 해당하는 법인을 설립하고 실제적인 창업행위를 하는 경우 그 법인은 「조세특례제한법」 제6조에 규정된 창업중소기업에 해당하는 것이다(서이 46012-10750, 2001.12.15.).

> **사례** 종전 사업자로부터 자연림 상태의 임야를 취득한 경우(지방세특례제도과-2164, 2014.11.4.)
>
> 외국인 투자법인의 경우 '관광개발업' 등을 목적사업으로 하는 법인으로부터 임야를 취득하였으나, 종전 법인이 2006.6.30. 관광개발업을 목적으로 부동산을 취득한 후 일체의 개발행위 없이 자연림 상태의 임야를 보유하던 중 사실상 사업을 폐업한 상태에서 임야를 매각하였으며, 종전 사업자의 목적사업에 전혀 공여되지 않은 자연림 상태의 이 임야는 종전 사업자의 사업용 재산으로 보기 어렵다(조심 2013지249, 2013.6.5.) 할 것이다. 따라서 외국인 투자자가 설립한 중소기업의 요건을 충족한 국내법인이 종전 사업자의 사업용 재산이 아닌 자연림 상태의 임야를 취득한 경우에는 창업중소기업의 감면요건을 충족하였다 할 것임.

⑤ 조직변경

법인(회사) 조직변경은 법인이 그의 인격의 동일성을 보유하면서 법률상의 조직을 변경하는 것에 불과한 점, 조직변경에 따라 주식회사의 해산등기와 유한회사의 설립등기로 인한 부동산의 명의변경이 불가피하다고 하더라도 이는 주식회사가 해산하고 유한회사가 설립되는 것이 아니라 유한회사의 등기기록을 새로 개설하는 방편(대법원 2010두6731, 2012.2.9. 참조)이라는 점 등을 종합적으로 고려해 볼 때, 법인의 조직변경은 창업중소기업 취득세 등 감면세액 추징사유의 하나인 다른 목적으로 "처분"한 것에 해당되지 아니한다고 할 것이고, 조직변경에 따른 유한회사의 설립등기는 「중소기업창업 지원법」 제2조 제1호 및 같은 법 시행령 제2조 제1항 제2호에서 창업으로 보지 아니하는 "법인의 조직변경 등 기업형태를 변경하여 변경 전의 사업과 같은 종류의 사업을 계속하는 경우"에 해당된다고 할 것이므로 새로운 창업중소기업의 창업으로 볼 수 없다고 할 것

이다(지방세운영과 - 1023, 2012.4.2.).

⑥ 법인전환

업종이 다른 법인의 설립이 실질적으로 법인전환을 통하여 종전 기업의 인적·물적 설비를 그대로 승계하여 동일한 사업을 영위한 것으로 볼 수 있는 경우 창업이 아니다(조심 2010지429, 2011. 2.14.).

> **사례** 건축 중인 호텔을 법인전환한 경우 창업 해당 여부(조심 2021지0895, 2021.11.22.)
>
> 종전 사업자는 관광숙박업에 사용하기 위한 쟁점건축물을 기성고가 70%인 상태에서 청구법인에게 양도하였고, 사업준비만 하다가 관광숙박업의 매출을 발생시킨 적 없이 폐업신고하였으므로, 종전 사업자가 청구법인에게 관광숙박업을 승계하였다거나 관광숙박업에 사용되던 자산을 인도하였다고 보기도 어렵다 할 것임.

> **사례** 실질적인 법인전환인 경우 창업이 아님(조심 2010지429, 2011.2.14.)
>
> 청구법인은 종전 기업의 사업장 소재지를 본점으로 하여 설립되었고 그 주된 사업은 창호 제조 및 판매업으로 사실상 동일하며 청구법인의 대표이사인 ○○○은 2007.12.26. 청구법인을 설립한 후 며칠 후인 2007.12.31. 종전기업을 폐업한 사실 등을 볼 때, 비록 한국표준산업분류상 종전기업은 건설업(유리 및 창호공사업, 분류코드 : 42420)에 해당되고 청구법인은 제조업(플라스틱 창호제조업, 분류코드 : 22223)에 해당된다고 하더라도 청구법인의 설립은 실질적으로 법인전환을 통하여 종전기업의 인적·물적 설비를 그대로 승계하여 동일한 사업을 영위한 것으로 볼 수 있는 바 이를 창업이라고 보기는 어렵다고 할 것임.

⑦ 법인전환(합병, 분할) 시 창업중소기업 감면규정이 적용되는지 여부

거주자가 영위하던 사업을 법인으로 전환하여 새로운 법인을 설립하는 경우에는 이를 창업으로 보지 아니한다. 그런데 「조세특례제한법」 제32조에 의한 법인전환의 경우로 개인사업자가 「조세특례제한법」 제6조 제3항에 해당하는 업종을 창업한 후 같은 법 제31조, 제32조 및 같은 법 시행령 제29조 제2항 및 제4항에 규정하는 법인전환 요건에 따라 중소기업법인으로 전환하고 개인사업의 창업일로부터 3년 이내에 벤처기업을 확인받는 경우 같은 법 제6조 제2항의 창업벤처중소기업 세액감면을 적용받을 수 있는 것이며, 이 경우 "창업일로부터 3년 이내"의 요건은 2008.1.1. 이후 최초로 벤처기업으로 확인받는 분부터 적용되는 것이다(법인세과 - 2498, 2008.9.17.)라고 해석하고 있는데, 이는 일반적인 법인전환 시 적용되는 것이 아니라 「조세특례제한법」 제32조에 의한 법인전환인 경우에만 적용되는 것이다.

「조세특례제한법」 제32조에 따른 법인전환의 경우 개인 사업의 창업일로부터 3년 이내에 벤처기업을 확인받는 경우 창업벤처중소기업 세액감면을 적용받을 수 있는바, 개인 사업자의 창업일로부터 3년이 경과된 시점에서 벤처기업확인을 받은 경우에는 취득세 감면대상이 되지 아니한다.

참고로 이 해석에서 개인 사업자의 창업일로부터 "3년 이내"라고 한 것은 창업일로부터 3년 이내에 벤처기업을 확인받는 경우에 감면대상이 되는바, 「조세특례제한법」 제32조의 법인전환의 경우 법인전환 전 개인 사업자의 창업일로부터 3년 이내로 제한하여야 하기 때문이다.

사례 흡수합병 이후 사업용 재산을 취득한 경우(지방세운영과-2084, 2009.5.25.)

갑법인이 「조세특례제한법」 제6조의 요건을 충족하여 창업한 후 벤처기업 확인을 받고 감면대상 업종을 계속해서 영위하면서 당해 사업(업종)에 직접 사용하기 위하여 사업용 재산(흡수합병된 을 법인의 사업에 사용하기 위하여 취득·등기한 경우에는 제외)을 벤처기업으로 최초 확인받은 날부 터 4년 이내에 취득한 경우라면, 갑법인이 을법인을 흡수합병한 이후 사업용 재산을 취득하였다고 하더라도 취득세 등 감면대상에 해당된다고 사료됨.

⑧ 사업승계

법인설립 당시 자산 인수나 종업원 승계 등이 있었고, 실질은 사업승계에 해당하여 동일업종을 영위하는 것이라고 판단될 때는 창업으로 볼 수 없을 것이다. 예를 들면 법인 창업 후 개인사업체 의 제조업 매출 규모, 종업원 인원 등이 종전에 비하여 크게 감소하였다면 실제로 B지역의 법인 이 개인 사업체의 사업승계로 볼 가능성이 있을 것이다. 그 이유는 개인 사업자의 법인설립이 「조세특례제한법」에서 규정하는 창업에 해당되기 위해서는 개인 사업체의 법인전환이 아니어야 하며, 개인 사업체와 설립된 법인의 소재지, 법인설립 시점, 사업개시일을 전후한 매출 규모의 변화 정도 등을 고려하여 판단하여야 할 것(행심 2004-194, 2004.7.26.)이기 때문이다.

종업원이나 거래처 등의 인수없이 자산인수만 한 경우에는 사업승계로 볼 수 없는바, 다른 장 소에 동종업종을 영위하는 경우라 하더라도 창업 당시 자산총액의 30% 이하를 인수·매입하여 창업(2005.1.1. 이후 창업하는 중소기업부터 적용)하는 때에는 「조세특례제한법」 제6조의 창업중 소기업 등에 대한 세액감면의 규정을 적용함에 있어 이를 "창업"으로 보는 것이다.

매출이나 영업활동에 불구하고 동일장소에서 동종업종을 영위하는 법인을 설립한 경우 창업 에 해당되지 아니할 것으로 판단된다. 종전 사업장과의 승계개념 없이(주주구성 등을 사실판단 하여야 할 것임) 전혀 다른 법인을 다른 장소에서 설립하여 동종업종을 영위하는 경우라도 종전 사업장의 종업원을 승계한 경우에는 창업으로 보기 어려울 것으로 판단된다.

사례 종업원 승계하고 이사로 경영에 참여하는 경우(법인세과-751, 2009.6.29.)

「조세특례제한법」 제6조의 규정을 적용함에 있어 개인이 영위하던 제조업을 폐업한 후 법인을 설립 하여 종업원을 승계하고 동 개인이 이사로 경영에 참여하는 등 같은 법 같은 조 제4항 제3호에 해당 하여 실질적인 창업에 해당하지 아니하는 경우에는 창업중소기업 등에 대한 세액감면을 적용하지 않는 것임.

⑨ 자산인수 또는 매입(30% 여부 판단)

「조세특례제한법」 제6조 제4항 제1호에 의해 종전의 사업에 사용되던 자산을 인수 또는 매입 (경매도 포함됨 : 법인 46012-3664, 1999.10.5.)하여 동종의 사업을 영위하는 경우에는 창업으로 보지 아니하는 것이며, 다만, 해당 자산가액의 합이 사업개시 당시 토지·건물 및 기계장치 등 같은 법 시행령 제5조 제10항의 사업용 자산의 총가액에서 차지하는 비율이 100분의 30 이하인 경우에 는 그러하지 아니하는 것이다. 이 규정은 「조세특례제한법」 제6조 제4항 제1호 단서, 그 시행령

제5조 제11항은 그 법문의 문언 상 '종전의 사업에 사용되던 자산을 인수 또는 매입하여 동종의 사업을 영위하는 경우'에만 적용되고, '사업의 양수를 통하여 종전의 사업을 승계한 경우'에는 적용되지 않는다고 할 것이다(대법원 2008두14838, 2008.10.23.).

사업승계가 아니더라도 임차나 자산 경매 등을 통하여 동일장소에서 동종업종을 영위하는 경우에는 창업에 해당되지 아니할 것이나(30% 여부 판단하지 아니함), 동일장소에서 다른 업종을 영위하는 경우 창업에 해당될 수 있다. 이는 법인설립 당시에 다른 업종을 영위하는 경우에 적용되는 것으로, 설립 당시에는 동종업종을 영위하다가 추후 다른 업종을 영위하는 경우에는 적용되지 아니할 것이다. 한편, 사업승계 없이 경매를 통하여 기계설비 등을 취득하여 다른 장소에서 법인설립하여 다른 업종을 영위하는 경우에는 창업으로 볼 수 있을 것이다.

참고로, 법인설립 당시 자산 인수나 종업원 승계 등이 있었고, 실질은 사업승계에 해당하여 동종업종을 영위하는 것이라고 판단될 때는 창업으로 볼 수 없을 것이다. 예를 들면 법인 창업 후 개인 사업체의 제조업 매출규모, 종업원 인원 등이 종전에 비하여 크게 감소하였다면 실제로 B지역의 법인이 개인사업체의 사업승계로 볼 가능성이 있을 것이다.

   ㉠ 창업 당시 인수하는 경우

'종전의 사업에 사용되던 자산을 인수 또는 매입하여 동종의 사업을 영위하는 경우'라 함은 해당 자산의 소유주체 여부와 관계없이 인수 또는 매입되기 전 자산이 사용되었던 사업(종전 사업)과 인수 또는 매입한 이후 자산이 사용되고 있는 사업(현 사업)이 동종일 경우를 말하는 것이므로, 개인사업자 A가 B로부터 매입한 자산이 B가 아닌 임차인 C에 의하여 동종의 사업에 사용되었던 경우라고 하더라도 이를 매입하여 사용한 개인사업자 A는 「조세특례제한법」 제6조 제4항 제1호 본문에 해당하여 창업중소기업으로 볼 수 없으나, 종전의 사업에 사용되던 자산을 인수 또는 매입하였다 하더라도 양수한 자산가액의 합이 사업개시 당시 대통령령이 정하는 사업용 자산(토지와 「법인세법 시행령」 제24조의 규정에 의한 감가상각자산)의 총가액에서 차지하는 비율이 100분의 30 이하인 경우라면 본문을 배제한다(도세과 - 249, 2008.3.31.).

또한, 동일장소에서 영위하는 경우에는 자산총액 30% 이하 여부는 따지지 아니하는 것이므로 폐업한 공장을 인수하여 동종의 사업을 계속하는 경우에는 30% 이하 여부와 관계없이 창업으로 볼 수 없는 것이다. 「조세특례제한법」 제6조 제4항 제1호에 의해 종전의 사업에 사용되던 자산을 인수 또는 매입(경매도 포함됨. 법인 46012 - 3664, 1999.10.5.)하여 동종의 사업을 영위하는 경우에는 창업으로 보지 아니하는 것이나, 다만, 해당 자산가액의 합이 사업개시 당시 토지·건물 및 기계장치 등 같은 법 시행령 제5조 제10항의 사업용 자산의 총가액에서 차지하는 비율이 100분의 30 이하인 경우에는 그러하지 아니하는 것이다. 이 규정은 「조세특례제한법」 제6조 제4항 제1호 단서, 그 시행령 제5조 제11항은 그 법문의 문언상 '종전의 사업에 사용되던 자산을 인수 또는 매입하여 동종의 사업을 영위하는 경우'에만 적용되고, '사업의 양수를 통하여 종전의 사업을 승계한 경우'에는 적용되지 않는다고 할 것이다(대법원 2008두14838, 2008.10.23.).

창업 당시 창업중소기업의 요건을 갖추었다 하더라도 종전의 사업에 사용하던 자산을 매입하여 동종의 사업을 영위하는 경우 해당 사업개시 당시 사업을 영위하기 위하여 취득하는 자산의 가액의 합이 토지와 「법인세법 시행령」 제24조의 규정에 의한 감가상각자산의 총가액에서 차지하는 비율이 100분의 30을 초과한다면 해당 기업은 창업중소기업에 해당한다고 볼 수 없을 것이다(조심 2010지0543, 2011.6.14.). 그러나 동일장소에서 영위하는 경우에는 자산총액 30% 이하 여부는 따지지 아니할 것이다.

그런데 폐업한 공장에서 동종업종을 영위하는 경우 폐업 전의 사업과 동종의 사업을 영위하는 경우에 해당되어 창업으로 보지 아니할 것이며, 이 경우 자산인수의 30% 여부와 관계없이 무조건 창업에 해당되지 아니한다는 의미이다.

한편, 다른 장소에서 동종업종을 영위하는 경우로서 자산인수를 한 경우 30% 여부를 따지는데, 종전의 사업에 사용되던 자산을 인수하거나 매입하여 같은 종류의 사업을 하는 경우 그 자산가액의 합계가 사업개시 당시 토지, 건물 및 기계장치 등 감가상각자산(유무형고정자산)의 총가액에서 차지하는 비율이 30% 이하인 경우는 제외된다. 여기서 종전 사업에 사용하던 자산이 임차된 경우에는 '자산을 인수한 경우'에는 자산을 임차하여 사용하는 경우도 포함된다(대법원 2011두11549, 2014.3.27. 참조)라고 해석하고 있고, 비율 산정은 인수된 자산만으로 산정하고 있다는 점과 심판례(조심 2015구3576, 2015.12.16.)에 따르면 사업용 자산의 임차도 자산의 인수에 포함되므로 임차 자산의 임차는 종전의 사업에 사용되던 자산을 인수한 경우에 해당하고, 임차 자산의 연간 임대료와 보증금을 약정된 임대료를 기준으로 「법인세법」 상 부당행위계산부인 규정을 적용한 시가 산정방법(법령 §89 ④ 1, 법칙 §43 ②)에 따라 산정한 가액을 종전의 사업에 사용되던 자산의 가액에 포함하여 산정하여 인수비율을 산정하여야 한다는 점에 유의하여야 할 것이다. 예를 들어 보증금이 30,000,000원이고 임대료가 연 1,600,000원이라면, "(시가×50%−30,000,000)×1.6%=1,600,000"로 계산되므로 시가 260,000,000원이 되며, 자산인수비율은 "그 인수 및 매입한 자산가액의 합계○○○[(이 건 임차자산의 가액)+○○○(동종업종을 영위하는 회사로부터 매입한 기계장비 등 가액)]가 사업 개시 당시 토지·건물 및 기계장치 등 대통령령으로 정하는 사업용 자산의 총가액○○○[(이 건 임차자산 가액)+○○○(이 건 임차자산을 제외한 사업 개시 당시 자산의 총가액)]에서 차지하는 비율"로 산정된다.

한편, 사업개시(2014.3월) 당시에는 토지를 취득한 바 없으나, 얼마 후(2014.6.16.)에 토지를 취득한 경우 이 토지를 제외하여 사업개시 당시의 인수된 자산만으로 비율을 산정하여야 하는 것이다(조심 2015지593, 2015.6.30. 참조).

사례 자산 인수에는 자산 임차하여 사용하는 경우도 포함(대법원 2011두11549, 2014.3.27.)

종전의 사업에 사용되던 자산을 인수 또는 매입하여 동종의 사업을 영위한 경우에는 그것이 설령 종전 사업체의 유휴설비를 이용하거나 사실상 폐업한 업체의 자산을 이용하여 사업을 개시하는 경

우에 해당하더라도 원시적인 사업 창출의 효과가 없으므로, 조특법 제6조 제4항 제1호 본문이 창업의 범위에서 제외한 "종전의 사업에 사용되던 자산을 인수 또는 매입한 경우"에 해당한다고 봄이 타당하다. 그리고 여기에서 말하는 "자산을 인수한 경우"에는 자산을 임차하여 사용하는 경우도 포함된다. 그런데도 원심은, 이와 다른 전제에서 원고의 이 사건 기계·기구의 임차가 조특법 제6조 제4항 제1호 본문이 창업의 범위에서 제외한 "종전의 사업에 사용되던 자산을 인수한 경우"에 해당하지 아니하여 원고가 조특법 제120조 제3항의 창업중소기업에 해당한다고 보아 이 사건 처분이 위법하다고 판단하였으니, 이러한 원심의 판단에는 조특법 제6조 제4항 제1호 본문의 해석·적용에 관한 법리를 오해하여 판결에 영향을 미친 위법이 있음.

> **사례** 동종사업 사용 자산을 매입하여 동종사업 영위 시(대법원 2008두14838, 2008.10.23.)
>
> 「조세특례제한법」 제6조 제4항 제1호 단서, 그 시행령 제5조 제11항의 위 각 규정은, 종전의 사업에 사용되던 자산을 인수 또는 매입하여 동종의 사업을 영위하는 경우에 해당하더라도 종전의 사업에 사용되던 자산 가액의 합이 사업개시 당시 토지·건물 및 기계장치 등 대통령령이 정하는 사업용 자산의 총가액에서 차지하는 비율이 100분의 30 이하이면, 예외적으로 중소기업창업으로 본다는 것이므로, 「조세특례제한법」 제6조 제4항 제1호 단서, 그 시행령 제5조 제11항은 그 법문의 문언상 '종전의 사업에 사용되던 자산을 인수 또는 매입하여 동종의 사업을 영위하는 경우'에만 적용되고, '사업의 양수를 통하여 종전의 사업을 승계한 경우'에는 적용되지 않음.

ⓛ 창업 후 자산인수하는 경우

'종전의 사업에 사용하던 자산을 매입하여 동종의 업을 영위하는 경우'라 함은 창업 당시 뿐만 아니라 창업 후에도 종전 사업자가 사업용으로 사용하고 있던 자산을 매입하여 동종의 사업을 영위하는 경우를 포함한다 할 것이다.

가구공장으로 사용하던 기존 공장을 매입한 후 대수선 및 증축공사를 하던 중 2005.8.23. 청구법인이 인수하여 2005.11.29. 사용승인을 받고, 실질적인 제조활동을 한 것으로 보이는 점, 전기료, 수도료, 열사용량, 폐기물 배출에 관한 인허가 내역을 볼 때 대○○○가 제조활동을 하지 않은 것으로 판단되는 점, 대○○○에서 공장등록은 하였지만 사업자등록을 하지 않았고 매출액도 없는 것으로 확인되는 점, 청구법인이 이 건 공장을 취득하면서 "양산전 휴업 중인 공장"으로 화재보험에 가입한 점 등을 감안할 때 청구법인이 종전의 사업에 사용되던 공장을 인수한 경우로 보기는 어렵다 할 것이다(조심 2008지0789, 2009.7.30.).[210]

ⓒ 영업을 전혀 하지 아니한 자산인수하는 경우

토지를 매입하여 건물 신축 후 공실상태로 영업을 전혀 하지 아니하였다면 그 장소에서 사업을 영위한 것이라 볼 수 없을 것이므로 동종업종을 영위하는 것이라 볼 수 없을 것이다. 즉 사업 준비단계에 있어서 공실상태로 있던 부동산을 취득하여 그 곳에서 법인설립

---

210) "쟁점호텔에 대한 사업계획승인을 받은 ○○○○㈜가 사업계획승인만 받은 채 쟁점호텔 신축 부지를 청구법인에게 승계한 후 영업사실이 없이 폐업하였으며, 청구법인이 쟁점호텔 부지에 쟁점호텔을 착공 및 신축한 점에 비추어 청구법인이 숙박업을 창업한 것으로 보는 것이 타당함(조심 2015지1771, 2015.12.31.).

이 된 경우 동일장소에 동종업종에 해당되어 창업으로 볼 수 없다라고 하는 것은 무리가 있다고 보여진다. 그런데 부동산에서 영업을 하지 않았지만 공실상태로 있지 않고 사무 등을 보고 있었다면 동종업종을 영위하고 있는 것으로 보아 창업에 해당되지 아니할 것으로 판단된다.

⑩ 다른 장소의 공장을 취득하는 경우

창업중소기업이 그 창업일부터 2년(현행 4년) 이내에 해당 지역이 아닌 다른 지역에 취득한 사업용 재산(2017년 이후 사업용 부동산)에 대하여도 감면대상이 된다. 이 경우 '다른 지역'이라 함은 「조세특례제한법」 제6조에서 규정하고 있는 지역에 한정된다(세정 13407-934, 1996.8.10.).

⑪ 다른 장소에 법인설립하였으나 기존 공장 인수하여 이전하는 경우

창업인지 여부는 창업 당시 기준으로 판단하는 것이 원칙이나, 1년 4개월 이상을 다른 지역에서 창업업종을 영위하다가 동종업종의 공장을 인수하여 사업장을 이전하는 것이므로 창업에 해당한다라고 주장할 수 있으나, 창업중소기업에 대하여 취득세를 감면하는 취지가 중소기업이 기존사업이 아닌 새로운 사업을 영위하기 위하여 취득하는 사업용 재산에 대하여 조세지원을 하고자 하는 데 있는 점 등을 종합하여 보면, 종전 사업자가 사업용에 사용하던 공장을 취득(경락에 의한 취득 포함)하여 종전 사업자와 동일한 사업을 영위하는 경우에는 「조세특례제한법」 제6조 제3항의 창업중소기업에 해당하지 않는다고 할 것이다(대구고법 2003누1890, 2004.6.25.)라고 판시하고 있어서 동종의 사업장을 인수하여 그곳으로 이전하여 창업 업종을 영위하는 경우 감면이 되지 아니하는 것으로 판단하여야 할 것이다. 그런데 창업 후 장기간(예 : 3년)의 시간이 경과되었고, 창업 당시의 업종을 계속하여 다른 장소에서 영위하고 있으므로 창업으로 보아야 한다라고 할 수 있으나, 상기 판례에 따르면 창업으로 볼 수 없다라고 해석하여야 할 것인데, 이미 창업당시 창업업종에 해당되었고, 창업업종을 3년 이상 영위하였다면 창업 자체를 부인할 수 없어서 창업으로 본다고 하더라도 창업과는 무관하게 동종사업을 영위하는 기존 공장을 인수하는 경우 법 취지상 그 공장 자체는 창업(벤처)중소기업 감면대상이 되지 아니할 것이다.

한편, 형식적으로는 다른 지역에서 창업을 하였지만, 창업 후 종전의 공장을 인수하여 그곳에서 실질적으로 사업을 영위하는 것인 경우 다른 장소에 설립하였다고 보기에는 어려움이 있어서 창업에 해당되지 아니하는 것으로 볼 수 있을 것이다.

⑫ 공장 법원경락으로 부동산과 기계장치만 인수한 경우

폐업한 타인의 공장을 인수하여 동종의 사업을 계속하는 경우에는 창업으로 보지 아니한다. 「중소기업창업 지원법 시행령」 제2조 제1항 제1호에서 타인으로부터 사업을 승계받아 승계 전의 사업과 동종의 사업을 계속하는 경우에는 창업에 해당되지 아니하도록 규정하고 있다.

종전의 창업중소기업 등에 대한 지방세 감면요령(세정 13430-30, 2001.1.16.)은 법원으로부터 경락에 의한 부동산취득일 뿐 채권·채무를 인수하지 않고 동종의 사업을 인수하는 경우에는 창업중소기업에 해당하는 것으로서, 창업중소기업이 창업일로부터 2년(현행 4년) 이내 법원의 경락

에 따라 부동산만을 취득하는 경우라면 취득세 감면대상이라는 취지로 규정하였으나, 2003.1.16. 자로 개정된 창업중소기업 등에 대한 지방세 감면요령(세정 13430-38)은 기존 공장을 법원의 경락에 의해 취득하여 동종의 사업을 계속하는 경우, 2002년까지는 창업중소기업으로 인정을 하였지만, 이는 종전의 사업에 사용되던 자산을 인수하여 동종의 사업을 계속하는 경우에 해당되므로 창업중소기업에서 제외한다는 취지로 규정하고 있다. 그런데 2005.1.1. 이후 창업 중소기업부터 창업 당시 자산총액의 30% 이하를 인수·매입하여 창업하는 경우 감면대상이 되는 것이다. 이 개정 내용을 고려한다면 법원 경락에 의해 취득하더라도 30% 이하인 경우에는 감면이 되는 창업으로 보아야 할 것이다.

따라서 경락으로 취득한 부동산을 창업중소기업이 취득하는 경우 종전 사업자와 동일업종인 경우에는 창업중소기업 감면대상이 되지 아니하는 것이나, 해당 사업개시 당시 사업을 영위하기 위하여 취득하는 자산의 가액의 합이 토지와 「법인세법 시행령」 제24조의 규정에 의한 감가상각자산의 총가액에서 차지하는 비율이 100분의 30 이하인 경우에는 감면대상이 되는 것으로 보아야 할 것이다(조심 2010-0543, 2011.6.14. 참조).

한편, 유동화전문회사가 경락으로 취득한 부동산을 창업중소기업이 취득하는 경우 유동화전문회사가 이전되기 전의 업체와 동종업종인 경우에는 창업중소기업 감면대상이 되지 아니한다.

⑬ 기존 공장 임차

기존의 사업을 승계, 양수, 임차하여 동종의 사업을 계속하는 경우에는 중소기업을 신규로 창설하는 효과가 없으므로 창업에서 제외된다. 여기서 기존 공장을 임차하는 경우에는 자산인수에 해당되지 아니하므로 자산인수 시 적용하는 30% 비율을 따지지 아니하는 것이다. 그리고 기존 부도난 회사의 종업원이 회사를 설립하고 기존 부도난 회사의 자산을 임차하여 동종의 사업을 영위하는 경우에는 창업에 해당되지 아니하는 것이다(세정 13407-986, 2003.8.28.).

한편, 사업의 양수가 아닌 종전 사업장의 토지와 건물만을 임차한 후 시설을 신규 투자하여 임대사업자와 동일한 제품을 생산한 사실 없이 이종의 제조업을 영위한 경우 창업에 해당된다. 그런데 중소기업청과 창업진흥원에서 운영하는 창업넷에 의하면 "A개인이 갑장소에서 갑장소에서의 기존 사업을 폐업 않고 B법인을 설립하여 이종사업을 영위하는 경우 창업에 해당한다"라고 기재되어 있지만, 신규 투자 없이 동일장소에 기존 사업장과 기계를 임차하여 이종업종을 영위하는 경우라도 신규로 창설하는 효과가 없으므로 창업으로 볼 수 없을 것으로 판단된다.

> **사례** 종전 사업장의 토지와 건물만을 임차한 후 제조시설을 신규 투자하여 제조업을 영위하는 경우(지방세특례제도과-722, 2014.6.23.)
>
> 법인을 설립하여 특정사업을 포괄적으로 양수도하는 계약을 체결하거나 업무를 인수받기로 약정한 사실 없이 임대차계약을 통하여 건물과 토지만을 임차하여 사업을 개시하였고, 임대사업자와 주요 생산품목이 상이하며, 임대차계약을 체결한 후 당해 제조업에 필요한 기계설비를 외부에서 일체 구입한 정황이 확인되고 있는바, 사업의 양수가 아닌 종전 사업장의 토지와 건물만을 임차한 후 시설을 신규 투자하여 임대사업자와 동일한 제품을 생산한 사실 없이 이종의 제조업을 영위한 경우 취

득세 감면대상인 창업에 해당됨.

☞ 금속 문, 창, 셔터(임대인) ⇔ 스테인레스물탱크(임차인)

사례 공장과 기계설비를 임차하거나 A법인 공장 부지를 임차하여 법인을 설립한 경우 창업에 해당하지 않음(법인세과-1086, 2009.9.30.)

신설법인 B와 A법인은 한국표준산업분류상 세분류를 기준으로 동일업종을 영위하고, 각 법인의 대표이사 및 대주주가 동일한 경우로서, B법인은 A법인 소유의 공장과 기계설비를 임차하거나 A법인 공장 부지를 임차하여 법인을 설립한 경우, 동 B법인은 「조세특례제한법」 제6조의 창업중소기업에 해당하지 않는 것임).

⑭ **종전 사업자 이전에 따라 미사용 중인 사업장을 임차한 경우**

종전 사업자의 이전으로 미사용 중인 사업장을 임차하고 기계장치 등 사업용 자산을 새로이 취득하여 종전 사업자가 영위하던 사업과 동종의 사업을 개시하는 경우에는 「조세특례제한법」 제6조에 따른 "창업"에 해당하는 것이다(법인세과-1041, 2011.12.28.).

⑮ **대표이사, 대주주 동일**

㉠ **2024년 이후**

개인사업자가 동종 사업을 영위하는 법인인 중소기업을 새로 설립하여 과점주주가 되는 경우, 해당 법인 또는 해당 법인의 과점주주가 신설되는 법인인 중소기업의 과점주주가 되는 경우(해당 법인과 신설되는 법인인 중소기업이 동종의 사업을 영위하는 경우로 한정)에는 창업에 해당되지 아니한다.

㉡ **2023년 이전**

중소기업을 영위하는 개인사업자가 그 사업을 계속하면서 다른 지역에 별도의 법인을 설립하여 사업을 새로이 개시하는 경우 사업을 새로이 개시하는 법인은 「조세특례제한법」 제6조의 규정을 적용함에 있어서 창업에 해당하는 것이며,[211] 법인의 대표이사와 개인사업자가 동일하다 하더라도 별개의 독립된 사업체로서 개인사업자의 법인전환 등에 해당되지 아니하는 경우에는 창업에 해당할 것이고, 개인사업자가 종전장소의 영업을 폐업하고 다른 장소 또는 같은 장소에서 법인을 설립하여 이종업종을 영위할 경우는 창업이라고 해석하고 있다(행심 2005-210, 2005.7.25.).

A법인의 대주주이자 대표이사가 특수관계자와 공동으로 다른 지역에 A법인의 업종과 동일한 개인공동사업장(B)을 설립하고 종전의 사업에 사용되던 자산을 인수·매입하여 사업을 영위하는 경우에도 「조세특례제한법」 제6조 제4항 제1호 단서의 규정에 의한 창업 당시 자산총액의 30% 이하를 인수·매입하여 창업(2005.1.1. 이후 창업하는 중소기업부

---

211) 주식회사 ○○과 청구법인은 각각 「민법」 상 독립적인 법인으로서 권리와 의무의 주체가 되므로 동일인으로 보기 어려운 점 등에 비추어 청구법인이 쟁점부동산을 취득일부터 3년 이내에 다른 용도(임대)로 사용한 경우에 해당한다 할 것임(조심 2018지1976, 2019.3.20.).

터 적용)하는 때에는 같은 법 제6조의 창업중소기업 등에 대한 세액감면의 규정을 적용함에 있어 이를 "창업"으로 보는 것이다(서면1팀-664, 2005.6.15.). 한편, 동일장소에서 영위하는 경우에는 자산총액 30% 이하 여부를 따지지 아니하는 것이므로 폐업한 공장을 인수하여 동종의 사업을 계속하는 경우에는 30% 이하 여부와 관계없이 창업으로 볼 수 없는 것이다.

다른 장소에서 영위하더라도 기존 부도난 회사의 종업원이 회사를 설립하고 기존 부도난 회사의 자산을 임차하여 동종의 사업을 영위하는 경우에는 창업에 해당되지 아니하는 것이다(세정 13407-986, 2003.8.28.).

사례 업종 및 대주주가 같고 사업장이 다른 경우 창업에 해당됨(법인세과-85, 2010.1.28.).

신설법인 B와 A법인은 한국표준산업분류상 세분류를 기준으로 동일업종을 영위하고, 각 법인의 대표이사 및 대주주가 동일한 경우로서, B법인은 A법인 소유의 공장과 기계설비를 임차하거나 A법인 공장 부지를 임차하여 법인을 설립한 경우, 동 B법인은 「조세특례제한법」 제6조의 창업중소기업에 해당하지 않는 것임(법인세과-1086, 2009.9.30.).

사례 개인사업자등록만 하고 사업을 영위한 사실이 없는 경우(행심 2004-351, 2004.11.30.)

이 사건의 경우 청구인이 충청북도 청원군 ○○면 ○○리 산81-1번지 외 6필지에서 ○○테크라는 개인사업체를 2003.9.1. 사업자등록을 한 후, 2003.9.1.부터 2004.6.30.까지 사업을 영위하지 않았음이 제출된 부가가치세 과세표준 확인서에서 알 수 있고, 비록 2004.2.25. (주)○○테크라는 법인을 ○○테크와 동일장소에 설립하고 이 사건 건축물을 ○○테크 사업주인 김○동의 명의로 2004.4.16. 건축허가를 얻고 착공신고필증을 ○○군수로부터 받았으나, 2004.5.13. 건축관계자 변경 신고필증을 김○동에서 (주)○○테크로 변경하였음을 종합하여 볼 때, 청구인은 개인사업체(○○테크)를 영위하다가 법인으로 전환한 것이 아니라 사실상 독립된 법인을 설립하여 사업을 영위하였다고 하겠으므로, 처분청에서 실질과세원칙을 넘어서서 이 사건 건축물과 관련하여 취득세 등을 부과한 처분은 잘못이 있음.

⑯ 창업 시 겸업하는 경우

「중소기업창업 지원법」 상 창업은 도소매업도 포함되는데, 「지방세특례제한법」 상의 창업중소기업 등에 대한 감면규정에서는 도소매업은 포함되어 있지 아니하다. 이 둘 법률 간에는 업종 차이가 있는데, 창업의 개념은 「중소기업창업 지원법」을 준용하여 규정한 것으로 판단된다. 이러한 이유에서 「지방세특례제한법」 상의 창업중소기업 등에 대한 감면규정을 적용받기 위해서는 우선 「중소기업창업 지원법」 상 창업에 해당되고, 그 후에 감면대상 업종에 해당되어야 한다라고 해석할 수 있을 것이다.

㉠ 주업 여부와 무관

「조세특례제한법」 제6조의 "창업중소기업에 대한 세액감면" 규정은 설립 당시에 영위하는 사업 전체가 창업에 해당하는지 여부가 전제가 되어 조세 측면에서 지원하는 제도라 할 것이므로(국심 2006중2226, 2007.6.8.), 법인설립 당시에 창업에 속하는 업종과 창업에 속하지 않는 업종을 동시에 영위하는 경우라도 창업에 속하는 업종이 있는 경우에는 창업으로 보는데 그 업종에 대하여만 감면규정이 적용될 것이다. 주업에 대한 별도의 규정이 없는바, 주업 여부와는 감면과는 관계는 없는 것으로 판단된다.

ⓒ 안분방법

중소기업은 한 개의 업종만을 창업하여 영위하는 것이 아니라 수개의 업종을 동시에 영위하고 있는 것이 대부분이다. 따라서 창업(벤처)중소기업이 영위하여야 하는 업종과 그 외 업종을 동시에 영위하는 경우에는 창업(벤처)중소기업이 영위하여야 하는 업종에 한하여 감면하는 것이므로 전체에 대하여 감면한 세액을 업종별로 안분하여야 한다. 그 안분에 대한 세부적 기준은 없으나 지방세의 특성상 사용되는 건축물 연면적으로 안분하는 것이 바람직할 것이나 건축물 연면적으로 안분하기 곤란한 경우에는 매출액 등의 비율로 안분한 사례도 있다.

사례 겸업 시 감면 방법(세정 13407-172, 2003.3.5)

「조세특례제한법」 제6조의 규정의 요건을 충족하는 창업중소기업이 귀금속 등의 제조업과 귀금속의 도·소매업을 겸업하기 위하여 부동산을 취득한 경우라면 귀금속 등의 제조업에 직접 사용되는 면적에 한해 취득세 등의 감면대상이 되고, 귀금속 등의 도·소매업에 사용되는 부분에 대하여는 취득세 등의 감면대상에 해당되지 아니함.

ⓒ 창업 당시 창업업종이 사업목적에 있었으나 비창업업종 매출이 먼저 발생한 경우

창업 당시부터 도소매업(고철) 이외에 제조업을 영위하고자 하였던 것으로 보이고, 본격적인 제조업을 준비과정에서 제조업 매출보다 도소매업 매출이 먼저 발생하였다는 사유로 이를 업종추가로 보는 것은 창업중소기업에 대하여 조세감면혜택을 부여하는 입법 취지에 부합하지 아니한다 할 것이다(조심 2016지151, 2016.10.7.).

ⓔ 비창업업종을 창업한 후 창업업종을 영위하는 경우

창업 시에는 도·소매업 관련된 업무만 하였다면 실질적으로 도소매업을 창업하고 그 이후에 제조업을 추가한 것으로 볼 수 있으므로 이 경우 제조업은 창업에 해당되지 아니할 것이다. 한편, 제조 매출은 없으나 도·소매업 사업영위 전이나 동시에 제조와 관련된 준비업무 등을 진행하였다면 창업에 해당될 것이며, 감면규정에서 주업의 개념이 없는바, 창업업종에 해당하는 부분은 감면대상이 될 것이다. 즉 설립 당시 목적사업에 제조업이 있다고 되어 있어 법인등기부상에 목적사업이 기재되어 있다 하더라도 실질적으로 제조업을 창업과 동시에 제조 관련 준비업무를 진행한 것이 아닌 경우 제조업을 위해 취득한 부동산에 대하여는 감면대상이 되지 아니할 것이다(지방세특례제도-1352, 2015.5.18. 참조). 그런데 조세심판원 심판례에 의하면 "청구법인이 창업 당시의 업종 외에 새로운 업종을 추가한 경우에 해당한다 하여 경정청구를 거부하였으나, 「지방세특례제한법」 제100조 제6항 제4호에서 규정한 창업으로 보지 아니하는 "사업을 확장하거나 다른 업종을 추가하는

경우"라 함은 창업중소기업에 해당되지 아니하는 기존 기업이 종전부터 영위하던 사업을 계속하여 영위하면서 다른 업종을 추가하거나 사업을 확장하는 경우를 말하는 것으로 일 단 창업중소기업으로 인정받은 기업이 취득세 등을 면제받을 수 있는 기간 내에 「지방세 특례제한법」 제100조 제3항에서 규정한 창업중소기업이 영위할 수 있는 업종에 속하는 사업의 종목을 추가하는 경우라면 당초의 지위는 계속된다 할 것이므로 창업중소기업이 창업일부터 4년 이내에 같은 법 제100조 제3항에서 규정하고 있는 제조업 등에 속하는 사업의 종목을 추가하고 그것에 사용하고자 취득하는 재산은 취득세 등이 면제된다 할 것(조심 2010지0282, 2011.5.27., 조심 2015지0146, 2015.8.10. 같은 뜻임)인바, 창업 당시 건설업을 영위하는 창업중소기업인 청구법인이 창업일부터 4년 이내인 2014.11.24. 추가한 제조업 은 같은 항에 따라 창업중소기업이 영위할 수 있는 범위에 속하는 업종이며, 또한 이 건 부동산에서 덕트제작을 하고 있는 이상, 청구법인이 동 부동산을 해당 사업에 직접 사용 하는 것이라 할 것이므로 처분청이 한 경정청구 거부처분은 잘못이 있다고 판단된다(조심 2016지0536, 2017.3.15.)라고 결정하고 있다. 이 심판례의 취지는 종전부터 동일하게 일관되 게 해석하여 온 것이지만 이 심판례에서 업종추가로 보지 아니하였다는 점은 상기 유권해 석의 취지(다른 장소의 경우 업종추가 또는 사업확장으로 봄)와는 상이한 것이다.

이들 심판례가 있음에도 상기 유권해석으로 다른 취지로 해석하고 있다는 점에서 적용 상 혼란을 줄 수 있다. 그런데 국세 관련 심판례[212](하기 참고 참조) 등에 따르면 창업 당시의 업종이 아닌 창업 후에 업종을 추가한 경우에는 업종추가로 보아 감면대상이 되지 않는 것으로 해석하는 것이 더 타당하다고 판단된다.[213]

사례 창업 당시 사업과 다른 사업을 영위하는 경우 감면대상 아님(지방세특례제도 – 1352, 2015.5.18.).

2012.10.4. 창업하여 업종을 기계조립, 가공, 음식물처리기제작, 임대 등으로 하였으나, 창업 당시의 사업을 영위하면서 2014.12.3. 충청북도 증평군에 지점을 설치하고 창업 당시 업종에 '알루미늄(동/ 비철금속가압) 주물주조/기타, 기타제1차비철금속산업'을 추가하고, 추가된 업종에 사용하기 위하 여 2015.2.27. 충청북도 증평군 소재 부동산을 취득한 경우라면, 이는 최초로 영위하는 사업과 다른 사업을 영위하는 경우로서 「지방세특례제한법」 제58조의 3 제1항의 창업한 중소기업이 창업 당시 의 사업을 하기 위하여 취득하는 경우에 해당하지 아니한다 할 것이므로 취득세 경감대상이 되지 않는다고 판단됨.

---

212) 청구법인이 공장용 건축물을 신축한 후, 창업당시의 업종과는 다른 면류, 마카로니 및 유사식품제조업을 추 가한 이상 사업을 확장하거나 업종을 추가하는 경우에 해당되어 새로운 사업을 개시한 것으로 보기는 어려 움(조심 2011지0493, 2012.6.8.).

213) 「지방세특례제한법」 제58조의 3 제6항 제4호에서는 사업을 확장하거나 다른 업종을 추가하는 경우 등 새 로운 사업을 최초로 개시하는 것으로 보기 곤란한 경우에는 창업으로 보지 아니한다고 규정하고 있는바, 청구인이 쟁점호텔을 창업하기 이전에 목욕탕업으로 기존 사업체를 영위하고 있는 이상 쟁점호텔의 창업 은 「중소기업창업 지원법」 제2조 제1호에 따른 창업에 해당한다기보다 관광호텔업의 업종을 추가한 것으 로 보는 것이 타당함(조심 2018지0743, 2018.7.24.).

> **사례** 건설업만 영위하다가 창업 업종을 추가한 경우(조심 2010지781, 2011.9.21.)
>
> 부동산을 취득하기 전부터 「조세특례제한법」 제6조 제3항에서 규정한 업종이 아닌 건설업만을 영위한 사실이 2007년부터 2008년까지의 손익계산서 및 매출처별 세금계산서 합계표, 시공실적 현황 등에서 확인되고 있고, 스스로도 창업에 해당하는 벽지제조업은 등기부상 형식적으로 기록한 것이고 벽지제조와 관련한 품목을 제조한 사실이 없다고 인정하고 있으며, 기자재 제조 설치업 등 창업에 해당하는 종목들을 창업일(벤처기업 확인일 : 2008.3.31.) 이후인 2008.8.1., 2010.3.2., 2010.3.30. 목적사업에 추가한 이상, 이는 「조세특례제한법」 제6조 제4항 제4호에서 규정한 창업으로 보지 아니하는 "사업을 확장하거나 다른 업종을 추가하는 경우"에 해당된다고 할 것임.

⑰ 동일장소에서 동종업종 영위하는 경우

동종업종은 한국표준산업 분류코드상 세분류(한국표준산업 분류코드의 4자리 숫자)를 기준으로 판단(세정 13430-38, 2003.1.16.)하는 것이다. 예를 들어 한국표준산업분류표상 도축고기가공 및 저장처리업(1511) 영위 법인의 사업을 양수하여 수산물가공 및 저장처리업(1512)으로 등록하고 같은 사업을 영위할 경우 소분류는 고기과실채소 및 유지가공업으로 동종업종에 해당되지만 세분류는 이종사업이라 할 수 있다.

공장등록증, 사업자등록증, 법인등기부등본 상 목적사업이 상이할 경우에는 해당 공장에서 영위하도록 등록하고 실제 해당 업종을 영위하는지 여부는 공장등록증상 한국표준산업분류표상 업종으로 판단하는 것이 가장 정확하다고 본다. 법인등기부등본 상 목적사업은 등기에 공신력이 없기 때문에 등기부에 목적사업으로 등재하기만 하면 목적사업으로 등재할 수 있기 때문이다. 즉 법인등기부등본 상 목적사업은 영위하고자 하는 사업이나 부대사업 일체를 모두 등재하기 때문에 해당 사업장에서 영위하는 주 업종을 판단하기 곤란한 것이다. 그리고 공장등록증상 목적사업과 사실상 업종은 같지만 세분류상 상이한 유사업종으로 사업자 등록을 할 수 있다. 사업자 등록은 부가가치세 등의 세원관리를 효율적으로 하기 위하여 사업자 등록이나 폐업신고 제도를 두고 있다고 보아야 할 것이다. 즉 공장등록증과 사업자등록증상 목적사업이 유사하지만 세분류상 상이할 경우 공장등록증에 있는 목적사업이 해당 사업장에서 영위하는 목적사업이라고 보는 것이 더 정확하다는 것이다.

㉠ 창업에 해당되지 않는다는 해석

동일장소에서 동종업종을 영위하는 법인을 설립하였는바, 창업에 해당되지 아니하는 것으로 해석하고 있다(창업넷 창업 해당 여부 참조). 동일장소에서 영위하는 경우에는 자산총액 30% 이하 여부는 따지지 아니한다.

기존의 창업중소기업에 대한 세액감면을 적용받는 법인의 동일한 장소에 같은 업종을 영위하는 법인을 설립하는 경우에는 「조세특례제한법」 제6조 규정에 의한 창업중소기업 등에 대한 세액감면을 적용받을 수 없는 것이다(법인 46012-719, 1998.3.25.).

한편, 거주자가 제조업을 영위하기 위하여 수도권과밀억제권역 외의 지역에 공장건물을 취득하였으나, 설비투자 등 실질적인 창업활동을 전혀 하지 아니한 상태에서 개인사업자

등록을 즉시 폐업하고, 동일장소에 중소기업에 해당하는 법인을 설립하여 실질적인 창업
행위를 하는 경우에 그 법인은 「조세특례제한법」 제6조의 규정에 의한 "창업중소기업"에
해당하는 것이다(서면2팀-2678, 2004.12.20.).

> **사례** 동일 사업장 내에 별도 시설투자 없이 법인설립한 경우(조심 2008중3561, 2009.2.20.)
> 환경오염방지시설기계인 소각로를 제조하던 (주)○○○○○가 같은 환경오염방지시설기계의 하나
> 인 집진기를 제조하기 위하여 같은 사업장 내에 별도의 시설투자없이 쟁점 법인을 설립하였다 하여
> 이를 「중소기업창업 지원법」 제2조에서 규정하고 있는 창업이라고 보기는 어렵다고 판단됨.

ⓛ 창업에 해당한다는 해석

조세심판원 심판례를 살펴보면 단순히 같은 장소에서 같은 업종을 영위한다는 사유만으
로 창업중소기업에 해당하지 아니하는 것으로 보아 취득세 등을 추징하는 것은 부당하다
라고 주장하고 있는데, "처분청이 제출한 자료만으로, 사업의 양수를 통하여 ○○○의 사
업을 승계한 것으로 보기는 어렵다 할 것이나, 「조세특례제한법」 제6조 제4항 제1호에서
규정하고 있는 동종의 사업은 한국표준산업분류상의 세분류가 같은 업종이라 보아야 할
것으로, 기타 전자부품제조업(○○○○)에 사용하던 부동산 등을 취득하여 동종의 사업을
영위한 사실이 관련 자료에서 나타나는 점, 부동산 등을 취득하여 사업을 개시할 당시 ○
○○로부터 취득한 토지와 「법인세법 시행령」 제24조의 규정에 의한 감가상각자산 가액의
합이 해당 법인의 토지와 감가상각자산의 총가액에서 차지하는 비율(100분의 30)을 초과
하는 점 등을 고려하여 보면, 취득세 등의 감면대상인 창업중소기업에 해당한다고 보기는
어렵다 할 것이다(조심 2013지0316, 2013.7.16.)"라고 결정하여 동일장소 동종업종 영위 시 창
업 여부에 대하여 언급이 전혀 없다. 이 심판례는 동일장소 동종업종 영위 시 창업에 해당
될 여지가 있다는 것으로 해석할 수 있을 것이다. 그런데 이에 대하여 전혀 언급이 없었으
므로 이에 대한 판단은 예견할 수는 없는 것이다.

한편, 섬유제조업을 영위하는 개인사업자가 동일장소에 섬유제조업을 목적사업으로 하는
법인을 설립하는 경우 사업확장이 아닌 별도의 창업에 해당하는 것이므로 법인설립일부
터 2년(현행 4년) 이내에 법인의 목적사업인 섬유제조업을 위한 공장을 신축할 목적으로
부동산(토지)을 취득하는 경우라면 상기 규정에 의한 취득세 등의 면제대상이 되는 것이
타당하다(지방세정팀-2130, 2006.5.25.)라고 해석하고 있어서 동일장소 동종업종을 영위하더
라도 창업에 해당되어 감면이 된다는 것이다. 이 해석은 창업중소기업청의 창업넷상의 해
석과는 다른 것으로 적용하기에는 무리가 있다고 본다. 즉 동일장소에 동종업종을 영위하
는 경우에는 창업으로 보지 아니하는 것이 타당하다라고 본다.

ⓒ 동일장소의 신설 사업자가 전혀 영업행위 등을 하지 않고 다른 장소로 이전한 경우

개인사업자의 법인설립이 「조세특례제한법」에서 규정하는 창업에 해당하기 위해서는 개
인사업체의 법인전환이 아니어야 하며 설립한 법인이 기존의 개인사업체와 별개의 독립

적 사업체로서 존재하고 운영되어야 할 것으로써 개인사업체와 설립된 법인의 소재지, 종업원의 연계관계, 법인설립 시점 또는 사업개시일을 전후한 매출규모의 변화정도 등을 고려하여 판단해야 할 것인바, ○○정밀이라는 개인사업을 운영하면서 자동차부품 및 금형 제조업을 영위하고 있던 중 (주)○○산업이라는 법인을 설립하여 동일한 업종의 사업을 영위하게 되었으며, (주)○○산업은 설립 당시 ○○정밀과 동일한 주소지인 달서구 ○○동 912번지에서 설립하였으나, 사업을 개시하지 아니하고 있다가 부동산의 취득 후 법인의 주소지를 달서구 △△동 1016번지로 이전한 사실과 (주)○○산업이 관할세무서장에게 제출한 부가가치세신고서 등에서 2003.12.까지 아무런 매출이 없었고 2004년부터 매출이 발생하고 있는 반면에 개인사업체인 ○○정밀은 법인설립 후에도 현재까지 계속하여 매출이 발생하고 있는 두 업체의 근무자들은 각각 독립적으로 고용되어 근무하고 있는 사실 등이 부가가치세신고서, 원천징수이행신고서, 일용노무비지급명세서 및 건강보험가입자명부 등 관계증빙자료를 통해 알 수 있으므로 청구인의 경우 법인설립과정에서부터 운영에 이르기까지의 법인의 설립 시점, 법인 소재지, 매출의 변화, 종업원의 연계관계 등 일련의 과정과 사실을 종합해 보면, 개인사업체(○○정밀)를 법인으로 전환한 것이 아니라 사실상 독립된 법인을 설립하여 사업을 영위하였다고 하겠으므로 청구인의 법인설립행위는 「조세특례제한법」에서 규정하고 있는 창업에 해당한다고 보아 취득세 등을 면제하는 것이 타당하다고 할 것이다(행심 2004-194, 2004.7.26.).

㉣ 동일장소이지만 종전 사업자가 전혀 영업행위 등을 하지 아니한 경우

거주자가 제조업을 영위하기 위하여 공장건물을 취득하였으나, 설비투자 등 실질적인 창업활동을 전혀 하지 아니한 상태에서 개인사업자등록을 즉시 폐업하고 동일장소에 중소기업에 해당하는 법인을 설립하여 실질적인 창업행위를 하는 경우 그 법인은 「조세특례제한법」 제6조의 규정에 의한 "창업중소기업"에 해당한다(서면2팀-2678, 2004.12.20.). 그런데 법인설립 당시 종전 개인 사업자 등록을 폐업(법인 사업자는 해산 절차 등)하지 않고 종전의 사업자등록을 그대로 유지하고 있다면 새로운 법인을 창업으로 볼 수 없을 것이다. 그 이유는 사업자등록이 그대로 있다는 것은 언제든지 영업행위 등을 하여 종전 사업자의 창업행위를 할 수 있기 때문일 것이다.

⑱ 동일장소에서 이종업종을 영위하는 경우

개인사업자가 동일장소에 법인을 설립하여 이종업종을 영위하는 경우에는 창업에 해당된다. 즉 법인의 대표이사와 개인사업자가 동일하다 하더라도 별개의 독립된 사업체로서 개인사업자의 법인전환 등에 해당되지 아니하는 경우에는 창업에 해당할 것이고, 개인사업자가 종전장소의 영업을 폐업하고 다른 장소 또는 같은 장소에서 법인을 설립하여 이종업종을 영위할 경우는 창업에 해당된다(행심 2005-210, 2005.7.25.).

㉠ 기존 사업체를 신설 사업체 소재지로 이전하여 종전 업종을 영위하는 경우

신설 개인사업체가 ○○제조를 영위하는바, 종전 사업장의 사업 업종과 다른 업종이며 다른 소재지에 신설하였으므로 창업에는 해당될 것이지만 기존 사업체를 신설 사업체 소재지로 이전하여 종전 업종인 도매업과 제조업을 동시에 하고자 하는바, 신설 사업체의 사업개시 이후 제조업을 영위하고 있는 경우에는 창업업종을 영위하는 것이며, 이 업종 영위하던 중 제조업을 영위하기 위하여 공장을 신축한다면 감면대상이 되는 것이고, 추가로 기존 사업체의 업종을 영위하기 위하여 부동산을 취득하였다면 창업 업종을 영위하기 위한 부동산이 아니므로 감면대상이 되지 아니하는 것이다(비창업업종 추가이므로 추가 업종이 창업에 해당되지 아니할 것이고, 만약 창업업종을 추가하는 경우라 하더라도 기존 사업체의 동종사업을 영위하는 것이기 때문에 추가 업종이 창업으로 될 수 없을 것임)라고 주장할 수 있을 것이다.

신설 사업체를 창업하기만 하였지 실제로 제조업을 영위하지 않고 있다가 도매업인 기존 사업체의 자산 인수나 종업원 승계 등 실질은 사업승계에 해당하여 동종업종을 영위하는 것이라고 판단될 때는 창업으로 볼 수 없을 것이다.

기존과 신설 사업체를 별개로 보아 도매업을 이전하기 전에 제조업을 영위하였는지 여부에 따라 창업으로 볼 수 있는지가 결정되어야 할 것이라 주장할 수 있는바, 이 경우 제조업을 영위하다가 도매업을 동일 장소로 이전한 경우에는 창업에는 해당될 것이나, 도매업이 사용하는 부분은 감면대상이 되지 아니할 것이다(2년 이내에 다른 업종으로 사용하는 경우 추징대상이 되고 취득 후 곧바로 비창업업종으로 사용 시는 감면대상이 되지 아니할 것임).

㉡ 개인사업자가 신규 장소에서 종전 장소의 기존 사업을 폐업하지 아니하고 다시 동일한 명의의 개인사업자로 이종업종을 생산하는 경우

심사례에 의하면 개인사업자가 신규 장소에서 종전 장소의 기존사업을 폐업하지 아니하고 다시 동일한 명의의 개인사업자로 이종업종을 생산하는 경우는 업종추가라고 해석하고 있으므로, 비록 양 사업장이 떨어져 있고, 이종의 사업을 하고 있어서 기존에 영위하고 있는 사업과의 연계성이 없다고 인정된다고 할지라도, 기존 사업장의 사업주체가 동일한 신규 사업장의 사업주체인 이상, 새로운 사업자로 볼 수 없어 창업이 아니다(행심 2005-7, 2005.2.3.)"라고 결정하고 있다. 이는 별개의 사업체로 보아 창업 여부가 결정되어야 한다는 주장이 있음에도 별개가 아닌 하나의 사업체로 보아 업종추가로 보아야 한다는 내용이다. 그런데 이 심사례 이후의 유권해석(지방세정팀-42, 2005.12.13.)에서 업종추가가 아닌 창업에 해당한다라고 기존 해석을 변경하였는바, 창업에 해당하는 것으로 해석할 여지가 있지만, 중소기업청과 창업진흥원에서 운영하는 창업넷에 의하면 개인사업자가 을장소에서 갑장소에서의 기존사업을 폐업 않고 다시 A명의로 이종사업을 영위하는 경우 업종추가, 다시 A명의로 동종사업을 영위하는 경우 사업확장으로 보는 것으로 해석하고 있다. 따라서 창업넷의 해석에 의하면 창업에 해당하다는 유권해석은 잘못된 것으로 보아야 할 것이다.

⑲ 다른 장소에서 동종업종을 영위하는 경우

종전 사업장과 전혀 다른 법인을 다른 장소에서 설립하여 동종업종을 영위하는 경우에는 창업에 해당되지만, 종전 사업장의 종업원을 승계한 경우에는 창업으로 보기 어려울 것으로 판단된다. 한편, 형식적으로는 다른 지역에서 창업을 하였지만, 창업 후 종전의 공장을 인수하여 그곳에서 실질적으로 사업을 영위하는 것인 경우 다른 장소에 설립하였다고 보기에는 어려움이 있어서 창업에 해당되지 아니하는 것으로 볼 수 있을 것이다.

⑳ 개인이 다른 장소에 사업장을 개설하는 경우

㉠ 동종업종 사업장을 개설하는 경우

제조업을 영위하는 거주자가 기존 사업장 외에 동종업종의 사업장을 추가로 신설하는 경우는 「조세특례제한법」 제6조 제4항의 규정의 사업의 확장에 해당되며, 이는 창업에 해당하지 아니하므로 같은 법 규정에 의한 창업중소기업에 대한 세액감면을 적용받을 수 없는 것이며, 농어촌외의 지역에서 제조업을 영위하는 사업자가 농어촌지역에 기존 공장과 동일 업종의 공장을 설립한 경우에는 사업의 확장으로 「중소기업창업 지원법」의 규정에 의한 창업에 해당하지 아니하므로 「조세특례제한법」 제6조의 규정에 의한 창업중소기업에 대한 세액감면을 적용받을 수 없는 것이다(소득 46011-1350, 1995.5.17.).

㉡ 이종업종 사업장을 개설하는 경우

유권해석(지방세정팀-42, 2005.12.13.)에서 업종추가가 아닌 창업에 해당한다라고 기존 해석을 변경하였는바, 창업에 해당하는 것으로 해석할 수 있다. 그런데 기존 개인사업체와 신규 개인사업체간에 실질적으로 사업영위 장소나 업종이 달라 양 업체는 별개로 운영되고 있다고 판단되나, 중소기업청에서 운영하고 있는 전산사이트(창업넷)상 사례별 창업에 대한 유권해석에서 개인사업자가 신규 장소에서 종전 장소의 기존 사업을 폐업하지 아니하고 다시 동일한 명의의 개인사업자로 이종업종을 생산하는 경우는 업종추가라고 해석하고 있으므로 창업으로 볼 수 없다(행심 2005-7, 2005.2.3. 참조).

> **[사례]** 동일 명의 개인사업자로 이종업종을 생산 시 업종추가로 봄(행심 2005-7, 2005.2.3.).
>
> 중소기업청에서 운영하고 있는 전산사이트(창업넷)상 사례별 창업에 대한 유권해석에서 개인사업자가 신규장소에서 종전장소의 기존사업을 폐업하지 아니하고 다시 동일한 명의의 개인사업자로 이종업종을 생산하는 경우는 업종추가라고 해석하고 있으므로, 비록 청구인의 양 사업장이 떨어져 있고, 이종의 사업을 하고 있어서 기존에 영위하고 있는 사업과의 연계성이 없다고 인정된다고 할지라도, 기존사업장의 사업주체가 동일한 신규 사업장의 사업주체인 이상, 새로운 사업자로 볼 수 없어 창업이 아니라고 판단하고 있기 때문임.

㉑ 소사장제

  기존의 사업을 승계, 양수, 임차하여 동종의 사업을 계속하는 경우에는 중소기업을 신규로 창설하는 효과가 없으므로 창업에서 제외된다. 또한 기존공장을 임차하는 경우에는 자산인수에 해당되지 아니하므로 자산 인수 시 적용하는 30% 비율을 따지지 아니하는 것이다. 그리고 동일장소에 동종업종을 영위하는 경우에는 창업으로 보지 아니하는 것이다. 따라서 소사장제에 의하여 위탁가공을 하더라도 타인의 공장을 임차하여 그곳에서 동종의 사업을 영위하는 경우에는 창업에 해당되지 아니할 것이다.

  한편, 특정 개인이 그룹을 형성하여 의류 제조회사와 계약에 의류 제조회사의 제조설비와 주요 자재를 제공받아 의류 임가공활동을 수행하는 경우 의복 제조업에 해당하는 것이다(부가 46015-2293, 1993.9.23.)라고 해석하고 있는바, 수탁가공업체는 위탁업체의 위탁가공한 제품 제조업으로 보는 것으로 해석하여야 할 것이므로 제조업에 해당하는 소사장제도 이와 마찬가지로 보아야 할 것이다.[214] 즉 소사장제의 업종은 발주자의 제품 제조에 필수적인 공정의 일부분을 담당하므로 발주자의 업종과 동일한 것으로 보아야 할 것이다. 동일장소에서 동종업종을 영위하는 경우 창업으로 볼 수 없을 것이다.

  이러한 취지로 사업자가 발주자의 사업장 내에서 발주자로부터 공장 기계시설 및 자재를 제공받아 자기의 책임 하에 제조하여 주고 대가를 받는 소사장제[215] 사업을 영위하는 것은 창업에 해당되지 않는다(법인 46012-760, 2000.3.23.)라고 해석하고 있는 것 같다.

> **사례** 소사장제 사업을 영위한 경우 창업에 해당하지 아니함(국심 2006중2331, 2006.11.29.)
>
> 창업 당시 사업자등록을 서비스/소사장제로 하여 ○○○로부터 쟁점 사업장 및 기계장치를 임차하였고, ○○○로부터 무상으로 제공받은 원자재를 조립·가공하여 ○○○에 납품하면서 가공비 명목만으로 세금계산서를 발행하였으며, 2004.12.31.자로 신설된 「조세특례제한법」 제6조 제4항 제1호의 단서규정을 감안하더라도 2003년도 청구법인의 고정자산은 토지·건물·기계장치 등을 제외한

---

214) 사업자가 발주자의 사업장 내에서 발주자로부터 공장·기계시설 및 자재를 제공받아 자기의 책임 하에 제조하여 주고 그 대가를 받는 경우로서 그 제품 제조에 필수적인 공정의 일부분을 담당하는 소사장제는 제조업에 해당하는 것임(서면1팀-706, 2006.5.30.).

215) 전자업체의 사업부와 도급계약을 체결하여 소사장 형태로 제조 납품하는 경우 업종 구분(부가 46015-2341, 1998.10.16.)
  일명 소사장제의 업종분류에 대하여 우리청에서 통계청장에게 질의하여 붙임과 같이 통계청장의 회신이 통보되었기에 당초 귀하에게 회신한 내용 중 사업의 구분을 사업서비스업이 아닌 제조업으로 분류하는 것으로 정정하여 회신합니다.
  ※ 참고(기준 02210-280, 1998.10.10.)
  1. 한국표준산업분류는 산업활동 분류로서, 개별 사업체의 산업은 그 사업체가 생산, 제공하는 재화 또는 서비스의 종류에 따라 결정되는바, 당 사업체가 수행하는 주된 산업활동 내용에 따라 다음과 같이 각각 분류된다.
    1) 임대 형태의 공장설비(건물 및 기계설비)를 이용하여 제공된 원재료로 특정 제품을 임가공방식으로 생산할 경우 'D : 제조업'에 분류
    2) 생산시설을 직접 운영하지 않고, 타 사업체에 특정제품의 생산에 필요한 인력만 제공할 경우 '74911 : 인력공급업'에 분류

차량운반구 및 기타 항목만을 보유한 것으로 나타나 동 규정의 기준에도 부합하지 아니하는 것으로 보이는 점 등을 고려해 볼 때, 청구법인은 공장기계시설 및 자재를 제공받아 자기의 책임 하에 제조해 주고 대가를 받은 "소사장제 사업"을 영위한 것으로 판단되므로 이는 창업에 해당하지 아니한다고 할 것임.

5) 설립등기(증자등기) 시 등록면허세 감면

「지방세특례제한법」 제58조의 3 제3항(종전 「조세특례제한법」 §119 ②)에 따르면 창업중소기업은 법인설립등기(창업일로부터 4년 이내 증자등기 포함)에 대해서 등록면허세를 면제한다라고 규정되어 있는데, 취득세의 경우 사업용 재산이라고 규정한 것에 반해 등록면허세에서는 창업 업종에 대해서만 적용한다는 규정이 없으므로 감면대상 업종 여부와 관계없이 전체 자본금이 감면대상이 되는 것으로 해석할 수 있지만, 법 취지상 이를 다르게 해석할 수 있다. 만약, 창업 감면대상 업종의 자본금만 감면대상이 되는 경우 법인설립등기 시 사업목적이 겸업으로 되어 있다면 자본금에 대한 안분기준은 「지방세법 시행령」 제45조 제5항[216]을 참고하면 될 것이다.

한편, 위 규정에서 "창업중소기업의 법인설립 등기"라고만 규정되어 있어서 창업중소기업과는 달리 창업벤처중소기업은 법인설립등기는 면제되지 아니한다. 또한 창업벤처중소기업은 증자등기도 면제되지 아니하나, 2014년 이전에는 증자등기가 면제되는 것으로 해석할 여지가 있지만 심판례(조심 2014지1219, 2015.2.3.)에 따르면 면제되지 아니하는 것으로 결정하고 있다.

6) 추징요건

① 추징사유

㉠ 2017.1.1. 이후

다음 어느 하나에 해당하는 경우 그 해당 부분에 대해서는 감면된 취득세를 추징한다.
㉮ 정당한 사유 없이 취득일부터 3년 이내에 그 부동산을 해당 사업에 직접 사용하지 아니하는 경우
㉯ 취득일부터 3년 이내에 다른 용도로 사용하거나 매각·증여하는 경우
㉰ 최초 사용일부터 계속하여 2년간 해당 사업에 직접 사용하지 아니하고 다른 용도로 사용하거나 매각·증여하는 경우
중소기업 간 통합(조특법 §31 ①) 또는 법인전환(조특법 §32 ①)을 하는 경우는 제외한다. 그

---

216) 「지방세법 시행령」 제45조 【대도시 법인 중과세의 범위와 적용기준】
⑤ 법 제28조 제2항을 적용할 때 법인이 다음 각 호의 어느 하나에 해당하는 경우로서 법 제28조 제2항 각 호의 등기에 대한 등록면허세의 과세표준이 구분되지 아니한 경우 해당 법인에 대한 등록면허세는 직전 사업연도(직전 사업연도의 매출액이 없는 경우에는 해당 사업연도, 해당 사업연도에도 매출액이 없는 경우에는 그 다음 사업연도)의 총 매출액에서 제26조 제1항 각 호에 따른 업종(이하 이 항에서 "대도시 중과 제외 업종"이라 한다)과 그 외의 업종(이하 이 항에서 "대도시 중과 대상 업종"이라 한다)의 매출액이 차지하는 비율을 다음 계산식에 따라 가목 및 나목과 같이 산출한 후 그에 따라 안분하여 과세한다. 다만, 그 다음 사업연도에도 매출액이 없는 경우에는 유형고정자산가액의 비율에 따른다.

리고 2016.12.31. 이전에 종전규정에 따라 감면된 취득세의 추징에 대해서는 상기의 개정규정에도 불구하고 종전규정에 따르지만, 2017.1.1. 이후 「조세특례제한법」 제31조 제1항에 따른 통합을 하는 경우와 같은 법 제32조 제1항에 따른 법인전환을 하는 경우에는 개정규정에 따라 취득세를 추징하지 아니한다(부칙 §18 ①).

그리고 2019년 이후 「지방세특례제한법」 제75조의 3 위기지역 내 중소기업 등에 대한 감면에 따른 경감 대상에 해당하는 경우 추징을 하지 아니한다(지특법 §75-3 ③).

ⓛ 2016.12.31. 이전

다음 어느 하나에 해당하는 경우 그 해당 부분에 대해서는 감면된 취득세를 추징한다.

㉮ 취득일부터 2년 이내에 그 재산을 정당한 사유 없이 해당 사업에 직접 사용하지 아니하거나 다른 목적으로 사용·처분(임대 포함)하는 경우

㉯ 정당한 사유 없이 최초 사용일부터 2년간 해당 사업에 직접 사용하지 아니하고 다른 목적으로 사용하거나 처분(임대 포함)하는 경우

② 건축 중

유예기간인 2년을 경과할 동안 나대지 상태로 방치되어 있다면 추징대상이 되는 것이다. 그런데 2년 이내에 착공을 한 경우에는 정당한 사유가 있는 것으로 보아 추징되지 아니하나, 공사를 진행하지 않고 있다면 그 유예기간은 진행되는 것으로 보아야 할 것이다. 즉 공사착공하여 공사기간 동안은 유예기간이 정지되는 것으로, 취득일로부터 추징하고자 하는 일자까지 기간에서 공사진행 기간을 차감하여 2년이 경과되었다면 추징대상이 되는 것으로 판단하여야 할 것이다. 한편, 공사진행이 외부적인 요인에 의해 공사를 진행하지 못하는 경우 그 공사를 진행하지 못한 기간도 정당한 사유로 보아야 할 것이다.

건축공사 중인 경우 정당한 사유를 판단함에 있어서 건축공사에 착공한 때에는 별도의 규정이 없더라도 판례 등을 고려할 때, 당해 사업에 사용하기 위한 정당한 사유가 있는 경우로 인정하고 하고 있으며 그 시기는 건축물의 건축공사를 착공한 때(착공일이 분명하지 아니한 때에는 착공신고서 제출일을 착공일로 봄)로부터 당해 사업에 직접 사용하지 못한 정당한 사유가 있는 것으로 본다. 다만 건축공사에 착공한 후 정당한 사유없이 건축공사를 중단하였다면 정당한 사유기간이 그때부터 없는 것으로 보는 것이다. 따라서 건축 중단의 특별한 사유가 없는 한 공사가 완료되어 건물이 사용가능한 날까지 정당한 사유가 있는 것으로 보아야 할 것이다.[217]

법인이 부동산을 취득한 날부터 유예기간(3년) 이내에 고유업무에 직접 사용하지 아니한 데

---

217) 당해 법인의 목적사업에 직접 사용하는 개시 시점은 건축공사에 착공하는 시점이 아니라 사실상의 목적사업에 현실적으로 사용하는 시점을 의미하는 것이기 때문에 형질변경신청, 건축공사 중 등은 이에 해당되지 아니한다(대법원 98두6012, 1999.11.26. 참조). 이는 건축공사에 착공하여 공사 중인 경우는 당해 법인의 고유업무에 직접 사용하기 때문에 비과세 또는 감면을 하는 것이 아니라 고유업무에 사용하기 위한 준비단계에 있는 경우로서 정당한 사유에 해당하기 때문에 비과세 또는 감면을 하는 것이고 사실상의 고유업무에 직접 공여되는 시점부터 사용개시 시점으로 판단하여야 하는 것이다.

정당한 사유가 있는 경우라 하더라도, 추징을 위한 사유발생일은 부동산 취득일로부터 유예기간이 경과한 날이 되고 정당한 사유가 소멸된 날로부터 3년이 경과되는 날이 되는 것은 아니라는 점(대법원 2009.3.12. 선고, 2006두11781 판결 참조)을 고려해 볼 때, 단순히 추징을 배제할 수 있는 정당한 사유가 있다고 하여 추징 유예기간 자체가 연장될 수는 없다고 할 것이다. 다만, 추징에 있어 유예기간을 두고 있는 취지가 건축공사 준비, 건축공사 추진 등 직접 사용을 위한 준비기간이 불가피하게 필요하다는 것을 고려한 점과 건축허가 반려처분이 취소된 이후 직접 사용을 위한 절차인 건축물의 착공 등은 건축허가일로부터 상당한 준비기간이 필요할 것임이 명백한 것이라는 점 등을 고려해 볼 때 정당한 사유가 소멸된 즉시 고유업무에 직접 사용하지 아니하였다는 이유로 과세처분의 정당성을 주장하는 것은 불합리하다고 할 것(대법원 2007.10.26. 선고, 2007두17632 판결 참조)이다. 따라서 면제받은 납세자가 정당한 사유로 인하여 직접 사용을 위한 준비기간의 활용이 불가능 했던 경우라면 그에 해당하는 기간만큼 추가로 추징을 유예할 수 있는 정당한 사유로 인정하여 주는 것이 합리적이라 할 것이고, 다만 추가로 정당한 사유로 인정할 수 있는 기간은 과세관청에서 전체 유예기간 중 과세관청의 잘못된 행정처분 등 정당한 사유로 인하여 실제 고유업무에 직접 사용을 위한 준비행위가 불가능했던 기간을 합리적으로 고려하여 결정할 사항이라 판단된다라고 해석하고 있다(지방세운영과-135, 2010.1.12.). 따라서 건축을 할 수 없었던 기간만큼 3년의 유예기간을 연장하여야 할 것이다.

한편, 건축 중인 기간 동안은 건축할 수 없는 기간이 아니므로 건축기간 중에 취득일로부터 3년이 경과된 경우에는 건축 후 곧바로 직접 사용하여야 추징이 되지 아니할 것이다.

> **사례** 창업 업종(제조업 등)에 직접 사용하지 아니한 경우(조심 2012지63, 2012.6.29.)
>
> 청구인이 ○○○을 통하여 가구를 수입하면서 신고한 수입신고필증 내역을 보면 가구제조업에 필요한 제품이 아닌 가구완성품을 직수입한 것으로 나타나고, 청구인은 직수입한 가구를 쟁점부동산 2층에 보관하였다가 판매한 것으로 보이므로 이를 제조업에 사용하는 것으로 보기에는 무리가 있다 할 것임.

③ 중소기업 간 통합 및 법인전환된 경우 추징 여부

중소기업 간 통합(조특법 §31 ①) 또는 법인전환(조특법 §32 ①)을 하는 경우 처분으로 보지 않아 추징이 되지 아니하는 것으로 명확히 규정하였다(지특법 §58-3 ⑦). 즉 「조세특례제한법」 제31조에 의한 중소기업간 통합과 같은 법 제32조에 의한 현물출자나 사업양수도된 것은 처분에는 해당되나 추징대상인 처분으로는 볼 수 없다고 해석하여 왔었다. 법인전환이 「조세특례제한법」 제32조에 의한 것인 경우로서 현물출자 또는 사업양수도에 의해 설립된 법인이 계속하여 사업을 유지하는 경우에는 개인사업자에게 처분 등의 사유로 추징할 수는 없다는 것으로,[218] 같은 법 제31조

---

218) 조세심판원에서는 일반적으로 발기인 또는 신주 인수인이 회사에 대하여 현물출자를 하면 회사는 이들에게 주식을 발행 교부하게 되는데 현물출자와 주식의 교부는 서로 대가관계에 있는 것으로 볼 것이므로 현물출자의 유상성이 인정된다 할 것인 점, 부동산을 증축·취득하였다가 현물출자하여 유예기간 내에 직접 사용하지 아니하고 소유권을 이전하였으므로 정당한 사유로 볼 수 없는 점 등에 비추어 유예기간 내에 부

에 의한 중소기업 간 통합도 마찬가지이다.

「조세특례제한법」 제31조에 의한 중소기업 간 통합과 같은 법 제32조에 의한 현물출자나 사업양수도의 경우 유예기간도 승계되는 것으로 해석하여야 할 것으로서, 개인사업자가 해당 사업에 사용하지 않고 신설법인에게 이전된 경우 개인사업자의 취득일로부터 2년 이내에 해당 사업에 사용하여야 할 것이다. 따라서 신설법인이 잔존유예기간 이내에 해당 사업에 사용하지 못하였다면 개인사업자(신설법인의 권리의무승계로 인하여 신설법인)에게 추징하는 것으로 해석할 여지가 있으나, 신설법인에 대한 별도의 추징규정이 있어서 추징할 수 없을 것으로 판단된다.

한편, 「조세특례제한법」 제31조에 의한 중소기업 간 통합에 의한 취득과 같은 법 제32조에 의한 현물출자나 사업양수도로 법인전환에 의한 취득의 경우에는 그 신설법인은 취득세가 감면되는 것이나, 신설법인이 사업양수도된 부동산 등을 취득일로부터 2년 이내 처분하는 경우에는 신설법인은 추징대상이 될 것이다. 그런데 취득 부동산을 신설법인이 사업에 사용한 기간과 개인이 사업에 사용한 기간을 합하여 2년 이내인 경우 개인사업자에게도 추징할 것인지는 명확하지 아니하나 신설법인에 대한 별도의 추징규정에 의해 취득일로부터 2년간 사업에 사용하지 못함에 따라 추징될 것이므로 통합과 현물출자 등으로 권리의무 승계가 되었더라도 굳이 개인사업자에게도 추징하는 것은 문제가 있을 것이므로 개인사업자에게는 추징할 수는 없다고 판단된다.

④ 멸실, 철거한 경우 추징 여부

취득세 감면대상에 해당하는 창업중소기업의 '사업용 재산'이란 해당 목적사업에 직접 공여되는 재산이라고 할 것인 점, 취득하기 이전에 조금만 주의를 기울였더라면 당해 공장 건축물이 창업중소기업의 목적사업용에 부합하지 아니한다는 사실을 인지할 수 있었던 점, 해당 목적사업의 생산공정에 불부합하다는 이유로 사용하지 못함은 법령에 의한 금지·제한 등 기업이 마음대로 할 수 없는 오로지 외부적 사유에 해당된다고 보기는 어려운 점(대법원 2010두6007, 2010.7.8. 참조) 등을 종합적으로 고려해 볼 때, 철거 공장의 경우 추징이 제외되는 사용하지 못한 '정당한 사유'에 해당된다고 보기에는 무리가 있다(지방세운영과-108, 2013.4.1.).

한편, 영유아보육시설로 지방세 감면을 받았으나 건물 노후화로 취득일부터 1년 내에 원래 용도로 사용하지 못하고 기존 건물을 철거 후 건물을 신축하여 영유아보육시설로 사용할 경우, 신축건물의 용도가 취득목적인 영유아보육시설로 전체를 사용한다면 당초 취득한 기존건물과 신축건물 모두 구 「지방세법」 제272조 제5항의 감면대상에 해당된다 할 것이다(지방세운영과-5342, 2010.11.10.)라고 해석하고 있어서, 기존 건축물을 영유아보육시설로 사용하다가 멸실한 경우로 정당한 사유로 보아 추징하지 아니하겠다는 뜻이다.

이 유권해석에 따르면 창업중소기업이 기존 건물을 취득하여 해당 사업에 사용하다가 유예기

동산을 현물출자한 것은 감면 추징사유인 매각에 해당한다고 보이므로 취득세 등을 과세한 처분은 달리 잘못이 없다고 판단된다(조심 2015지1130, 2015.11.2.)라고 결정하고 있어서 추징이 되는 것으로 해석하고 있다는 점에서 논란의 쟁점이 되고 있다(이 심판례도 문제가 있다고 판단됨). 이는 내국법인의 현물출자에 대한 내용이나 개인기업의 현물출자에 의한 법인전환에도 적용될 여지가 있었으나, 추징이 되지 아니하는 것으로 법령에 명확히 하였다.

간이나 사업사용기간 중에 기존 건물이 노후화되어 이를 멸실하여 신축한 경우에는 정당한 사유가 있는 것으로 보아 추징이 되지 아니할 것이다.

⑤ 신탁등기로 소유권이전한 경우

서울시 과세전적부심사(2015-80)에 대한 공개법정에서 신탁의 경우 추징대상인 처분으로 보지 아니한다는 판결이 있었으며, 조세심판원에서 「신탁법」상의 신탁행위는 재산의 사용·수익·처분의 권리를 배타적으로 양도하는 일반적인 소유권의 이전과는 다르게 볼 수 있는 점 등에 비추어 토지의 신탁행위를 '처분'으로 보기 어렵다(조심 2014지689, 2014.12.16.)라고 결정하고 있으며,[219] 담보부 신탁의 경우 신탁으로 인하여 임대주택의 소유권이 수탁자에게 이전된 후에도 위탁자는 부동산 담보신탁계약 및 그 특약에 따라 월 임료의 수납행위, 신탁부동산의 현실적인 점유 등 실질적인 관리를 하면서 여전히 임대인의 지위를 보유하고 있는 점 등에 비추어 이 신탁을 임대 외의 용도 내지 매각으로 사용한 것으로 보아 취득세 등을 추징한 처분은 잘못이 있다(조심 2016지0989, 2016.12.2.)라고 결정하고 있다.[220] 따라서 법 취지상 이를 정당한 사유가 있는 것으로

---

219) 부동산 신탁에 있어 수탁자 앞으로 소유권이전등기를 마치게 되면 대내외적으로 소유권이 수탁자에게 완전히 이전되고 위탁자와의 내부관계에서 소유권이 위탁자에게 유보되는 것이 아니며, 그와 같이 신탁의 효력으로 신탁재산의 소유권이 수탁자에게 이전되는 결과 수탁자는 대내외적으로 신탁재산에 대한 관리권을 갖게 된다 하더라도 「신탁법」상의 신탁행위는 재산의 사용·수익·처분의 권리를 배타적으로 양도하는 일반적인 소유권의 이전과는 다르게 볼 수 있는 점, 이 건 신탁은 담보부신탁이라 신탁으로 인하여 이 건 주택의 소유권이 수탁자에게 이전된 후에도 위탁자인 청구인은 부동산 담보신탁계약 및 그 특약에 따라 월 임료의 수납, 임대차보증금 반환채무의 부담, 신탁부동산의 현실적인 점유, 유지·관리 및 통상적인 임대업무 등을 하여 실질적인 관리를 하면서 여전히 임대인의 지위를 보유하고 있어 이 건 주택을 '임대 외의 용도'로 사용하고 있다고 보기는 어려운 점, 담보부신탁은 계약의 형태만 다를 뿐 그 실질에 있어 근저당의 설정과 유사할 뿐만 아니라 별도의 신탁기간이 약정되어 있으며 그 기간이 만료되거나 신탁기간 중 위탁자가 우선수익자에 대한 채무를 변제하는 등의 사유로 신탁계약을 해지하는 때에는 신탁이 종료되어 '신탁재산의 귀속'을 원인으로 위탁자인 청구인에게 소유권이 이전(환원)되는 점, 부동산담보신탁계약에 따라 신탁보수가 지급된다 하더라도 신탁으로 인한 소유권이전을 유상거래에 해당한다고 단정하기 어려울 뿐만 아니라 위탁자인 청구인이 신탁회사로부터 대가를 받고 이 건 주택에 대한 소유권을 이전하였다거나 수탁자인 신탁회사가 대가를 지급하여 이를 취득하였다고 보기도 어려운 점 등에 비추어 청구인이 이 건 주택을 취득한 후 임대의무기간 내에 매각하였다고 보아 처분청이 이 건 취득세 등을 추징한 처분은 잘못이 있다고 판단됨(조심 2016지989, 2016.12.2.).

220) 위탁자를 수익자로 지정하여 제반 관리업무 및 하자보증책임 등을 위탁자의 책임으로 명시하고 있는 점을 비추어 볼 때 실질적인 소유권은 위탁자에게 있다 할 것이며, 창업중소기업 감면을 받은 후 원활한 사업의 진행을 위하여 신탁회사와 신탁계약을 체결하고 신탁회사가 당초 취득 목적대로 해당 사업에 사용하기 위한 건축물의 건축 공사를 계속 진행하고 있다면, 추징규정상의 추징요건에 해당되지 않는다 할 것으로 이는 위탁자가 해당 사업에 계속하여 사용하고 있다면 수탁자 명의의 토지를 형식적으로 취득하여 신탁회사가 건축공사를 하고 있다는 사유만으로 추징대상에 해당된다고 할 수 없을 것이다(세정-1939, 2003.11.18. 참조)라고 해석한 바 있었는데, 담보처분 신탁의 경우에도 신탁 자체를 소유권이전한 것으로 보아 추징대상으로 보고 있으며, 유권해석에서는 위탁자인 ○○레저(주)가 ㈜△△은행에게 해당 부동산을 신탁등기를 하여 소유권을 이전한 이상, ○○레저(주)는 해당 부동산을 사실상 임의처분하거나 관리·운용할 수 있는 지위에 있다고 보기도 어렵다 할 것이고, 취득 당시의 소유자인 ○○레저(주)가 사업시행자로서 위 부동산을 ○○골프장 개발사업에 현실적으로 사용하였다 하더라도 부동산의 소유자로서 사용한 것이 아니므로 직접 사용하는 경우에 해당되지 않는 것으로 판단되어 추징대상이다(지방세특례제도과-1709, 2015.6.28.)

보아야 할 것이다.

> **사례** 신탁은 추징대상이 되지 아니함(지방세특례제도과 - 978, 2014.7.9.).
>
> '신탁'이란 위탁자가 수탁자에게 특정의 재산 이전 등의 처분을 하고 수탁자로 하여금 일정한 자의
> 이익 또는 목적을 위해 그 재산을 관리·처분하는 관계이며, 「지방세법」에서도 신탁을 형식적인 소
> 유권의 취득으로 보아 비과세 대상으로 분류하고 있고, 수탁자는 신탁의 이익을 누릴 수 없으며,
> 신탁회사가 당초 목적대로 지식산업센터를 신축하였다면 실질과세의 원칙상 추징대상이 아님.
>
> ☞ 이 해석은 그 이후 해석(지방세특례제도과 -324, 2014.12.26.)에 의해 추징되는 것으로 변경되었으
> 나, 조세심판원의 심판례에 따르면 추징이 되지 아니할 것임.

⑥ 소사장제 업체(외주업체에 아웃소싱)에 임대하는 경우

'해당 사업에 직접 사용'이라 함은 현실적으로 당해 사업용 재산을 창업중소기업의 사업 자체
에 직접 사용되는 것을 뜻하고, "해당 사업에 직접 사용"의 범위는 해당 창업중소기업의 사업목
적과 취득목적을 고려하여 그 실제의 사용관계를 기준으로 객관적으로 판단되어야 할 것이고,
창업중소기업이 당해 사업을 영위하기 위한 시설물을 설치한 후 외주업체가 당해 시설물을 사용
하게 한 다음, 외주업체가 생산하는 제품을 전량 납품받는 경우도 포함된다 할 것이다(행심 2006
-35 2006.1.23. 참조).

임대차계약을 체결하였으나 임대차보증금을 지급한 사실을 인정할 자료가 없으며, 인력공급업
체의 사업자등록 편의를 위해 형식적으로 작성된 것으로 볼 수 있어, 임대한 것으로 볼 수 없어서
임대차계약 면적은 창업중소기업의 해당 사업에 직접 사용한 부동산에 해당한다(대법원 2020두
44169, 2020.10.29. 심불, 수원고법 2019누12063, 2020.6.24. 참조).

한편, 소사장제 형식이라도 창업중소기업 외의 업체와 거래를 하는 경우 전적인 소사장제라
할 수 없을 것이다. 그런데 창업중소기업 외의 업체와의 거래액이 전체 매출액에 미미하다고 한
다면 소사장제로 보아야 할 것이나, 그 금액 비중이 크다면 이를 달리 보아야 할 것이다.

> **사례** 제3자에게 임대 또는 위탁하여 자신의 사업에 사용하는 것도 직접 사용에 포함되나, 지휘,
> 통제 및 관리 감독의 권한을 가지고 있어야 함(조심 2013지318, 2014.1.27.)
>
> 구 「조세특례제한법」 제119조 제3항, 제120조 제3항 단서가 규정하고 있는 "직접 사용"의 범위에는,
> 당해 사업을 영위하기 위한 시설물을 설치하고 외주업체로 하여금 당해 시설물을 사용하게 하면서
> 그 외주업체가 생산하는 제품을 전량 납품받는 경우도 포함된다고 할 것인 바(행정자치부 지방세심
> 사 2006-35, 2006.1.23. 참조), 청구법인과 그 외주업체인 「○○○○」, 「○○○」는 모두가 자동차금
> 형 등을 목적사업으로 하는 사업자로서 ○○○의 용역제공은 청구법인의 제조과정 중 일부로 판단
> 되는 점, 그리고, 이는 청구법인이 생산성 향상 및 제조공정의 효율화를 위하여 일부 공정을 ○○○
> 에 분담시키면서 당해 시설물을 그 목적사업에 사용하게 한 것으로 볼 수 있는 점, 쟁점 부동산 내
> 모든 시설물은 청구법인의 목적사업인 금형 등에만 사용될 뿐 다른 용도에는 사용되지 아니하고
> 전반적인 작업관리도 청구법인의 지배 하에 이루어진 것으로 나타나는 점 등에 비추어 볼 때, 청구

라고 해석하여 혼란을 주고 있었다.

법인은 쟁점 부동산을 당해 사업에 직접 사용하는 것으로 보는 것이 타당하다 할 것임.

사례 협력업체에게 시설을 사용하게 하는 경우(행심 2006-240, 2006.6.27.)

청구인이 제출한 공기조화기의 생산공정도 해설에 의하면, 제품의 생산공정의 순서는 ① 원자재 및 부품자재 입고, ② 절단·절곡, ③ 용접, ④ 조립, ⑤ 검사, ⑥ 포장순으로 되어 있고, 협력업체가 전체공정의 일부인 ③ 용접과 ④ 조립을 담당하고 있고, 협력업체는 생산설비를 무상제공받아 해당 생산공정에서 제작을 하는 형태로 청구인 이외 다른 업체와는 상거래가 발생하지 아니하고, 완제품 생산에 필요한 생산라인 중 일부 공정(용접과 조립)만을 협력업체로 하여금 수행하게 하고, 협력업체에 제공된 시설물이 청구인의 제품생산 이외의 다른 용도에는 사용되지 아니하고 있는 점 등으로 미루어 보면 협력업체가 개인사업자로 사업자등록이 되어 있다 하더라도 청구인의 이 사건 공장을 「조세특례제한법」 제119조 제3항 및 제120조 제3항 소정의 당해 사업에 직접 사용하는 것으로 볼 수 있다 할 것인데도 처분청이 이 사건 공장을 직접 사용하지 않는 것으로 보아 이 사건 취득세 등을 부과한 처분은 잘못된 처분이라 판단됨.

7) 유의사항

① 중소기업 간 통합과 개인기업의 법인전환 시 잔존감면기간의 승계

창업중소기업 및 창업벤처중소기업 또는 농공단지·개발촉진지구 및 지방중소기업특별지원지역 입주기업에 대한 세액감면을 받는 내국인 또는 기간 감면받는 수도권 외의 지역으로 이전하는 중소기업(폐광지역진흥지구에 개발사업시행자로 선정되어 입주하는 경우에는 「관광진흥법」에 따른 관광숙박업 및 종합휴양업과 축산업을 경영하는 내국인 포함)이 해당 감면기간이 경과되기 전에 「조세특례제한법」 제31조에 따르면 중소기업간 통합 또는 「조세특례제한법」 제32조의 법인전환하는 경우 통합법인 또는 전환법인은 잔존감면기간에 대하여 창업중소기업 등에 대한 세액감면 및 재산세 감면·농공단지 입주기업 등에 대한 세액감면을 적용받을 수 있다. 다만, 창업중소기업 등의 재산세 감면(지특법 §58-2 ②, 구 조특법」 §121)은 통합 또는 법인전환 전에 취득한 사업용 재산에 한한다(구 조특법 §31 ④·⑤, §32 ④, 구 조특령 §28 ④ 준용).

중소기업 간 통합(조특법 §31 ①)과 법인전환(조특법 §32 ①)을 하는 경우 남은 감면기간에 대하여 감면을 적용받을 수 있으나, 법인전환 전에 취득한 사업용 재산에 대해서만 적용하는 것으로 규정하여 승계 가능함을 명확히 하였다(지특법 §58-3 ⑧). 그런데 거주자가 영위하던 사업을 법인으로 전환하여 새로운 법인을 설립하는 경우에는 이를 창업으로 보지 아니한다.

한편, 「조세특례제한법」 제32조에 의한 법인전환의 경우로 개인사업자가 「조세특례제한법」 제6조 제3항에 해당하는 업종을 창업한 후 같은 법 제31조, 제32조 및 같은 법 시행령 제29조 제2항 및 제4항에 규정하는 법인전환 요건에 따라 중소기업법인으로 전환하고 개인사업의 창업일로부터 3년 이내에 벤처기업을 확인받는 경우 같은 법 제6조 제2항의 창업벤처중소기업 세액감면을 적용받을 수 있는 것이며, 이 경우 "창업일로부터 3년 이내"의 요건은 2008.1.1. 이후 최초로 벤처기업으로 확인받는 분부터 적용되는 것이다(법인세과-2498, 2008.9.17.)라고 해석하고 있는데, 이는 일반적인 통합과 법인전환 시 적용되는 것이 아니라 「조세특례제한법」 제31조에 의한 중소기업

간 통합과 같은 법 제32조에 의한 법인전환인 경우에만 적용되는 것이다.

상기 해석의 취지를 살펴보면 「조세특례제한법」 제31조에 의한 중소기업 간 통합과 같은 법 제32조에 의한 현물출자나 사업양수도의 경우 유예 사용기간도 승계되는 것으로 해석하여야 할 것으로서, 개인사업자의 취득일로부터 2년 이내에 해당 사업에 사용하여야 할 것이다. 즉 창업중소기업의 취득세 등을 감면하면서 2년간의 유예기간 내에 이를 취득 목적대로 당해 사업에 사용할 의무를 부여하고 있으므로, 이러한 사용의무도 전환된 법인이 이를 승계한다고 보아야 할 것으로서, 잔존의무기간 내에 이를 해당 사업으로 사용하여야 할 것이다.

> **사례** 최초 사용일부터 2년 이내 중소기업자에게 임대한 경우(조심 2011지0370, 2011.11.9.)
>
> 청구법인은 이 건 건축물을 최초로 사용한 날(2007.1.23.)부터 2년 이내인 2008.10.1.에 그 일부인 1,032㎡를 주식회사 OOO에 임대하였고, 나머지 부분은 2년 이상 공장용도에 직접 사용하지 아니하다가 최초 사용일부터 3년 이내인 2009.11.6. 매각하였으므로 「조세특례제한법」 제119조 및 제120조의 단서 규정을 적용하여 이 건축물에 대하여 면제한 취득세 등을 추징한 처분은 잘못이 없음.

② 사업용 부동산(사업용 재산)의 범위

2017년 이후 창업중소기업이 지방세를 감면받기 위해서는 창업일로부터 4년 이내에 해당 사업을 영위하기 위하여 취득하는 부동산에 대하여만 감면이 되는 것이나, 그 이전에는 사업용 부동산이 아닌 사업용 재산으로 규정되어 있었는데, 여기서 '사업용 재산'이라 함은 해당 사업에 직접 공여되는 모든 재산을 의미하므로 부동산은 물론, 차량(2015년 이후 비영업용승용차 제외), 기계장비, 선박, 저당권 및 전세권 등의 권리도 사업에 직접 공여되고 있는 경우에는 사업용 재산에 포함된다고 본다.

부동산의 경우는 창업중소기업의 공장, 사무소, 구내의 부속시설 등이 해당 사업에 직접 공여되고 있다면 사업용 재산에 해당된다고 보지만 구내의 부동산이라 하더라도 타인에게 임대하여 사용하게 하는 경우에는 직접 공여되는 것이라고 볼 수 없으므로 감면대상에서 제외된다.

㉠ 회원권(2016년 이전만 감면됨)

'해당 사업을 영위하기 위하여 취득하는 사업용 재산'이라 함은 제조업을 영위하는 경우 그 제품의 제조, 판매 및 그와 관련된 사업에 직접 사용되는 부동산 등을 말한다고 할 것이므로 해당 재산이 임대에 공여되거나 또는 투자 수익 등을 목적으로 취득한 재산은 창업벤처중소기업의 사업용 재산에 해당된다고 볼 수 없는 점, 제조시설의 부대시설로서 휴게실·식당 등 종업원 후생복리시설은 사업용 재산에 해당된다고 볼 수 있으나 제조시설의 구외에 소재하는 종업원의 후생복리시설까지 사업용 재산으로 보기 어려운 점 등을 종합하여 볼 때, 취득세 면제대상인 사업용 재산을 구체적으로 열거하고 있지는 않으나, 비록 콘도회원권을 종업원의 후생복리를 위하여 취득하였다고 하더라도 이러한 사실만으로 콘도회원권이 창업벤처중소기업이 "해당 사업을 영위하기 위하여 취득하는 사업용 재산"에 해당된다고 보기는 어렵다(조심 2011지786, 2011.11.28.). 따라서 골프회원권도 사업용 재산으로 볼 수 없어서 창업중소기업 감면대상은 되지 아니한다.

> **사례** 골프회원권이 감면대상이 될 수 없음(세정과-1683, 2004.6.22.).
>
> 「조세특례제한법 시행령」 제116조의 2 제1항 및 제2항의 규정에 의하면 외국인투자기업이 "신고한 사업을 영위하기 위하여 취득하는 재산"은 공장시설(제조업 외의 사업의 경우에는 사업장) 등을 말하며 골프회원권은 사업용 재산에 해당되지 않으므로 감면대상이 아님.

ⓛ **직원숙소 또는 사택**

공장 구외의 종업원 기숙사 등은 종업원의 후생복지시설은 될지언정 해당 사업에 직접 공여되는 부동산으로는 보기 어려우므로 사업용 재산에서 제외된다 할 것이나 이는 사례를 통하여 적용함이 타당하고 차량, 기계장비, 선박 등은 창업중소기업의 명의로 등록하여 실질적으로 해당 사업에 직접 공여되고 있는 재산에 해당되는지를 사실판단하여 감면대상 여부를 결정하여야 할 것이다.

한편, 「대전시세 감면조례」에 따른 연구개발특구 첨단기술기업 등에 대한 감면에서 첨단기술기업이 직원에게 사택이나 숙소를 제공한 경우 직원이 사택이나 숙소에 거주하는 것이 업무 수행의 성격도 겸비한다면 해당 사택이나 숙소는 고유업무에 직접 사용되는 것으로 볼 여지가 있지만, 사택이나 숙소의 제공이 단지 직원에 대한 편의를 도모하기 위한 것이거나 그곳에 거주하는 것이 업무 수행과 크게 관련되지 않는다면 사택이나 숙소는 첨단기술기업의 고유업무에 직접 사용되는 것으로 볼 수 없는데, 숙소의 신축 목적과 부지의 취득경위 및 사용현황 등을 고려해볼 때 甲회사의 직원들이 숙소에 거주하는 것이 곧 업무 수행의 성격을 겸비하는 것으로 볼 수는 없으므로 숙소나 부지인 토지가 甲회사의 고유업무에 직접 사용되고 있다고 보기 어렵다(대법원 2014두35454, 2014.5.29. 참조)라고 판시하고 있는데, 이를 창업중소기업 감면에도 적용이 될 것으로 판단된다. 그런데 외국인투자기업 감면에서 공장용지 안에는 기숙사를 설치할 공간이 부족하고, 소속 근로자들이 각 구외 기숙사에서 생활하며 공장으로 셔틀버스를 이용하여 출·퇴근하고 있는바, 각 구외 기숙사는 사업을 하기 위하여 필요한 것으로 볼 수 있는 점 등에 비추어 보면, 각 구외 기숙사는 신고한 사업을 하기 위하여 보유하는 재산에 해당한다고 봄이 타당하다(대법원 2015두48464, 2015.11.17.)라고 판시하고 있어서 회사 사정에 따라 감면이 가능하다는 것이다.

> **사례** 직원 숙소용 주택은 사업용 재산이 아님(감심 2012-131, 2012.9.13.).
>
> 일반적인 경우에 있어 주택은 직원의 복리후생차원에서 제공하는 시설이므로 사업상 반드시 취득하여야 할 재산은 아니며, 또한 이 사건의 경우 사업장이 주거 선택의 여지가 없는 오지에 있는 것도 아니고, 이 사건 주택에 입주하고 있는 직원들은 입주 이전 주소지가 모두 서울특별시로 되어 있어, 청구법인이 직원들에게 숙소를 제공하지 않는다 하더라도 사업수행이 어렵다고 할 수 없으므로 당해 사업과 연관성이 적다고 할 수 있다. 더욱이 이 사건 주택은 건설업체가 일반인에게 분양한 아파트로서 그 용도가 청구법인의 직원숙소로만 사용하도록 한정될 수 있는 것도 아니다. 따라서 이 사건 주택은 구 「조세특례제한법」 상의 창업벤처기업인 청구법인의 사업을 영위하는 데 필요불

가결한 "사업용 재산"이라 볼 수 없음.

☞ 입주하고 있는 직원들은 입주 이전 주소지가 모두 서울특별시로 되어 있어 숙소를 제공하지 않는다 하더라도 사업수행이 어렵다고 할 수 없다는 점에 유의하여야 함.

사례 사업용 재산에 기숙사용 구외 아파트 제외됨(지방세운영과-644, 2008.8.14.).

「조세특례제한법」상 제119조 제3항 및 같은 법 제120조 제3항에서는 창업중소기업이 해당 사업을 영위하기 위해 4년 이내 취득·등기하는 사업용 재산에 대하여 취득·등록세를 감면하고 있으므로 종업원의 기숙사로 사용하기 위해 사업장 구외에 취득하는 아파트는 해당 사업을 영위하기 위해 취득하는 사업용 재산으로 볼 수 없다 할 것임.

☞ 실제로 업무수행과 관련된 경우, 즉 직원들에게 숙소를 제공하지 않는다면 사업수행이 어려운 경우에는 사업용 재산으로 보아야 할 것으로 판단됨.

사례 사업용 재산에 구외의 종업원용 거주용 건축물은 포함됨(감심 2002-67, 2002.5.7.).

건축물이 공장구역 밖에 위치하고 있다 하더라도 법인의 고유업무수행을 위하여 필요 불가결한 종업원의 주거용으로 사용되고 있다면 건축물은 사업의 효율성 제고와 종업원의 복리후생증진을 위하여 직접 사용하는 재산으로서 사업용 재산에 포함된다고 보아야 할 것임.

ⓒ **자동차(2014년 이전만 감면됨)**

2015년 이후 비영업용승용차는 사업용 재산에서 제외되므로 감면이 되지 아니한다. 그런데 2014년 이전에는 승용차(임원 사용분 포함)가 해당 사업에 공여하고 있다면 감면대상이 되는 것이나, 창업중소기업이 차량을 취득한 후 사업장 소재지가 아닌 개인의 주민등록 주소지에 등록한 경우라면 상기 규정에 의한 면제대상이 되지 아니한다(지방세정팀-426, 2006.2.1.).

사례 사업용 재산에 승용자동차가 포함됨(지방세운영과-4838, 2009.11.13.).

승용자동차를 사업용으로 사용하기 위하여 취득·등기 하지 아니하였다는 사실을 객관적으로 입증하지 아니한 이상 단순히 차량 구입 대수나 부가가치세 환급 여부를 기준으로 당초 면제를 배제하기는 어렵다고 판단(다만, 면제 후 추징요건에 해당하는 경우에는 추징 가능)됨.

☞ 2015년 이후에는 법조문에 명확히 규정하였는바, 비영업용승용차는 사업용 재산에서 제외됨.

ⓒ **공장 진입도로**

공장의 진입도로는 고유업무에 직접 사용되는 토지로 인정되나, 도로를 개설하고 남은 잔여 토지는 직접 사용되는 토지로 볼 수 없어 법인의 비업무용 토지에 해당되는 것이다(도세22670-3925, 1991.10.9.)라고 해석하고 있다. 따라서 창업중소기업 감면적용 시에도 공장의 진입도로를 창업업종을 영위하기 위한 부동산으로 보아야 할 것이므로 감면대상이 되는 것으로 판단하여야 할 것이나, 도로를 개설하고 남은 잔여토지는 직접 사용되는 토지로 볼 수 없어 감면이 되지 아니할 것으로 판단된다.

③ '직접 사용'의 의미

제조업의 경우 해당 토지상에 제품생산과 관련된 생산설비 등을 갖추고 제조업을 수행하는 때에 직접 사용되었다고 보아야 할 것이나, 건설업의 경우 분양(임대) 건축물은 분양(임대)을 위한 것이기 때문에 직접 사용한 것으로 볼 수 없을 것이다. 따라서 건설업 중 주택신축판매업을 업종으로 설립된 창업중소기업의 경우 해당 업종을 영위하기 위하여, 즉 사무 등을 보기 위한 사무실과 건축을 위한 현장 사무실을 해당 사업에 직접 사용하고 있는 것으로 보아야 할 것이지, 주택을 신축하여 분양하는 것까지는 해당 사업에 직접 사용하는 것으로는 볼 수 없을 것이다.

참고로, 취득일부터 2년 이내에 그 재산을 정당한 사유 없이 해당 사업에 직접 사용하지 아니하거나 다른 목적으로 사용·처분(임대 포함)하는 경우 또는 정당한 사유 없이 최초 사용일부터 2년간 해당 사업에 직접 사용하지 아니하고 다른 목적으로 사용하거나 처분(임대 포함)하는 경우에는 면제받은 세액을 추징한다라고 규정되어 있다.

> **사례** 제조 준비 중인 경우 직접 사용으로 봄(조심 2020지0762, 2020.8.21.).
>
> 식품제조를 위한 ○○○(주)와의 유제품 원재료 공급계약, 관련 공장장비 공급계약 등을 체결하여 이 건 토지를 창업중소기업의 감면대상 업종인 제조업에 직접 사용하기 위한 일련의 준비과정에 있는 것으로 나타나는 점, 일반적으로 제조업을 영위하고자 할 경우 그 준비과정에 장기간이 소요되는 상황에서 도·소매업과 관련된 매출실적이 먼저 발생하였다는 이유로 처음부터 제조업을 영위하지 않은 것으로 보아 취득세 면제 대상에서 제외하는 것은 창업중소기업에 대하여 조세 감면혜택을 부여하는 입법취지에 반하는 것으로 보이는 점(조심 2017지0022, 2017.4.26. 및 2015지0894, 2015.12.28. 등, 같은 뜻임) 등에 비추어 이 건 토지는 창업중소기업 등에 대한 감면대상으로 보는 것이 타당함(조심 2013지01560 참조).

> **사례** 원재료 구매 등 직접 사용으로 본 사례(조심 2019지2079, 2019.11.25.)
>
> 청구법인이 2016년도에 원재료를 구입한 실적, ○○○과 여러 차례 컨테이너 주택에 대한 매출세금계산서를 발행하였다가 이를 취소한 사실이 있는 점, 그 이후에도 ○○○과 계속 거래를 하는 등 영업실적이 확인되고 있는 점 등을 감안하면, 청구법인이 지속적으로 사업을 영위하기 위한 노력을 하고 있다고 보는 것이 합리적임.

④ 공장용 부속토지 면적 범위

대법원은 '지상정착물의 부속토지'란 지상정착물의 효용과 편익을 위해 사용되고 있는 토지를 말하고, 부속토지인지 여부는 필지 수나 공부상의 기재와 관계없이 토지의 이용현황에 따라 객관적으로 결정되는 것이므로, 해당 토지가 지상정착물의 효용과 편익을 위해서가 아니라 명백히 별도의 용도로 사용되고 있는 경우에는 그 부분은 지상정착물의 부속토지라고 볼 수 없다 할 것(대법원 95누3312, 1995.11.21. 등 다수)이라고 판시하였으며, 「지방세법 시행규칙」 제52조에서 산업단지관리기본계획에 따라 공장경계구역 밖에 설치된 종업원의 주거용 건축물은 공장용 건축물이라고 규정하고 있다. 관련법령 및 대법원판례 등을 종합해 보면 공장경계구역 밖에 설치된 기숙사 부지의 경우 「지방세법 시행규칙」 제52조에 따라 공장용 건축물의 부속토지라 할 것이다(지방

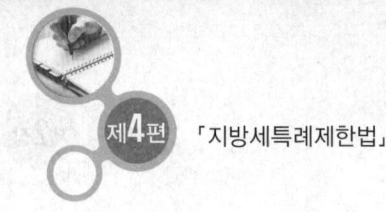

세운영과-4073, 2012.4.6.).

일반기업의 공장용 부속토지 등에 대하여 재산세 부과 시 면적 제한 규정이 있으나(지령 §101, §102), 창업중소기업에 대한 재산세의 경우 면적 제한 규정(공장입지기준면적 또는 용도지역별 적용배율)이 있지만(조특법 §121), 취득세 감면의 경우 면적 제한 규정이 없다.

창업중소기업의 취득세 감면규정 적용 시 면적 제한에 대한 명확한 규정은 없다. 이 규정에서는 공장입지기준면적 이내나 재산세의 용도지역별 배율 적용 규정이 없는바, 실제로 공장용지로 사용되는 부분에 대하여만 감면규정이 적용될 것이다.

따라서 공장용 부속토지가 공장의 원자재 야적장 등으로 사용되고 있는지를 파악하여야 할 것이며, 이러한 용도로 사용되고 있다면 실제 사용 면적을 공장용 부속토지로 볼 수 있으나, 공장용으로 사용된 면적을 납세자가 입증하여야 할 것이다. 이를 입증하지 아니할 경우로서 공장 울타리 내의 면적이내, 울타리 내 면적이 공장 건축물에 비해 상대적으로 너무 클 경우에는 다른 대안이 없으므로 재산세 감면규정에서 적용되고 있는 공장입지기준면적 등을 적용할 수밖에 없을 것이다. 따라서 공장입지기준면적 이내만 공장용지로 보아 감면 여부를 판단하여야 할 것으로 판단된다.

일반적으로 공장과 관련하여서는 공장입지기준면적 이내로 제한하고 있는바, 이를 근거로 하여야 한다는 것인데 이 기준면적보다 실제로 더 공장용으로 사용한 경우에는 실제 사용면적이 되어야 할 것이다.

한편, 공장입지기준면적 범위와 관계없이 아무런 용도로도 사용하지 않음으로써 공장용 건축물의 효용과 편익을 위한 토지로 볼 수 없다는 사실이 객관적으로 명백하게 확인되는 경우 해당 부분은 공장용 건축물의 부속토지로 볼 수 없다라고 해석하고 있는바, 납세자에게 공장용 등으로 사용하고 있다는 것을 증명하도록 요구하여야 할 것이다.

㉠ 야적장

토지의 현황지목이 공장용지로서 금속구조재 제조업이라는 업종 특성상 상당한 무게와 부피를 가진 원자재를 야적하기 위한 충분한 공간이 필요하며 실제 원자재 적치 등의 야적공간으로 활용하고 있는 것으로 보이고, 공장입지기준면적 범위 내 토지로서 재산세를 분리과세하고 있는 점 등을 볼 때, 공장용 건축물의 부속토지로 직접 사용하고 있는 것으로 판단된다(조심 2013지545, 2014.1.27.). 한편, 공장에 목재 등을 야적할 장소가 충분하다고 보임에도 공장에서 800미터나 떨어진 이 토지에 생산된 제품을 야적할 만한 특별한 이유가 없다고 보이는 점 등에 비추어 이 토지를 그 유예기간 내 해당 사업에 직접 사용하지 않았다고 보는 것이 합리적이라 할 것이다(조심 2019지1544, 2019.4.18.).

㉡ 진입도로

현황지목이 도로로서 공장의 진입도로로 직접 사용하고 있음이 토지이용현황, 지적도 및 위성사진 등에서 나타나므로 공장용 건축물의 부속토지로 보는 것이 타당하다(조심 2013지545, 2014.1.27.).

ⓒ 숲, 임야

직원의 산책로 및 휴식공간으로 사용되고 있다는 점만으로는 공장용 건축물의 부속토지로 보기 어렵다 할 것으로써, 공장용 건축물의 부속토지에 해당하지 아니하는 이상 공장입지기준면적 내에 포함된다고 하더라도 분리과세대상이 되는 공장용지로 볼 수 없다(감심 2008-132, 2008.4.25.)라고 감사원 심사례는 결정하고 있으나, 실무에서는 공장용으로 사용하기 적합하지 아니한 경사도가 30도 이상인 사면용지로서 직원의 산책로 및 휴식공간으로 사용되고 있더라도 공장입지기준면적에 포함하여 분리과세하고 있다.

⑤ **지입차량**

창업중소기업이 해당 사업을 영위하기 위하여 창업일로부터 2년 이내에 취득하는 사업용 재산에 대하여는 취득세 등을 면제하도록 규정하고 있으나, 설립된 지 5년 이상된 화물자동차운수사업 법인에 지입차주가 차량을 취득하여 지입하는 경우라면 해당 지입차주는 화물자동차운수사업자가 아니므로 취득세 등이 면제되지 아니하며, 지입차주가 기존의 차량을 타인에게 양도하는 경우 양수인은 기존의 사업에 사용되던 자산을 취득하는 경우에 해당되므로 새로운 창업으로 볼 수 없어 취득세 등의 면제대상에 해당되지 아니한다(지방세정담당관-11, 2003.5.27.).

또한, 구 「조세특례제한법」 제120조 제3항 본문에서 창업중소기업이 해당 사업을 영위하기 위하여 창업일부터 2년(현행 4년) 이내에 취득하는 사업용 재산에 대하여는 취득세를 면제한다고 하면서, 그 단서에서 다만 취득일부터 2년 이내에 당해 재산을 정당한 사유없이 당해 사업에 직접 사용하지 아니하거나 다른 목적으로 사용·처분(임대 포함)하는 경우 또는 정당한 사유없이 최초 사용일부터 2년간 해당 사업에 직접 사용하지 아니하고 다른 목적으로 사용하거나 처분하는 경우에는 면제받은 세액을 추징한다고 규정하고 있다. 개인 차주가 화물자동차운송사업 법인과 위·수탁계약을 체결하고 취득한 차량에 법인명의의 차량번호를 등록하여 운송사업을 영위하는 경우라면 해당 개인 차주는 법인과는 별도의 독립적인 화물자동차운송사업자로 보기는 어려우므로 해당 개인차주가 취득한 차량이 「조세특례제한법」상 취득세 면세대상에 해당된다고 볼 수는 없다(세정과-1591, 2007.5.4.)라고 해석하고 있다. 이 해석에 따르면 창업으로 볼 수 없을 것으로 판단된다. 당연히 신규 굴삭기, 중고 굴삭기를 취득 여부와는 관계가 없을 것이다.[221]

---

221) 운수업체명의로 등록된 차량과 기계장비 대여업체명의로 등록된 기계장비 중 사실상의 소유자가 따로 있음이 당해 업체의 납세실적, 차주대장 등에 의하여 명백히 입증되는 차량과 기계장비에 대하여 등록명의에 불구하고 사실상 취득자를 납세의무자로 하는 것이므로 사실상 차량소유주인 지입차주의 변동이 없이 운수회사명의만 변경되는 것이라면 취득세 납세의무가 없으나 등록면허세의 경우 지입차주의 소유차량은 형식적으로는 이전등록이나 사실상으로 소유권 변동이 없는 기타 등록에 해당된다(세정 13407-446, 2001.4.21.)라고 해석하고 있다. 이는 지입차주의 경우 양도법인의 지입차주일 뿐이며, 그 지입차량이 양수법인 명의로 등록된다고 하더라도 지입차주는 양도법인의 지입차주에서 양수법인의 지입차주로 그 지위가 변경되는 것이다. 「화물자동차 운수사업법」 제40조에 따르면 "운송사업자는 화물자동차 운수사업의 효율적인 수행을 위하여 필요하면 다른 사람(운송사업자를 제외한 개인을 말한다)에게 차량과 그 경영의 일부를 위탁하거나 차량을 현물출자한 사람에게 그 경영의 일부를 위탁할 수 있다."라고 규정되어 있어서 화물자동차 운수사업을 영위하는 법인 등 사업자는 자기명의로 타인에게 화물자동차운송사업을 경영할 수 없으나, 지

한편, 기존에 건설업에 사용되던 굴삭기를 인수(창업 당시 자산총액의 30% 초과 인수·매입하여 창업하는 때에 한함)하여 동종의 사업을 영위하는 경우에는 창업에 해당되지 아니하는 것이다.

그런데 화물자동차 신규면허를 불허함에 있어서 종전 면허를 취득하기 위하여 차량을 인수하여야 하는 경우라도 별도의 규정이 없는 경우에는 창업에 대하여 다르게 판단할 수는 없을 것인데, 유권해석에서 화물자동차 신규면허를 불허함에 있어서 종전 면허를 취득하기 위하여 차량을 인수할 수밖에 없는 경우에 한하여 창업으로 본다라고 해석하고 있다면 그 유권해석에 따라야 할 것이다.

「화물자동차운수사업법」 제16조 제3항에서 화물자동차 운송사업을 양수한 자는 화물자동차 운송사업을 양도한 자의 운송사업자로서의 지위를 승계한다고 규정하고 있는바, 화물자동차운송사업의 양도·양수 신고수리 공문 등에 의하면, 화물자동차와 관련한 화물자동차운송사업을 일부 양도·양수한 사실이 확인되고 있으므로 화물자동차를 신규로 취득하였다 하더라도 이는 신규공급 차량을 취득한 것이 아니라 기존 양도사업자의 지위를 승계한 것에 불과하여 창업에 해당하지 아니한다고 할 것이다(조심 2015지839, 2015.8.28.).

> **사례** 기존에 화물운송업에 사용되던 자동차를 인수하여 동종의 사업을 영위하는 경우에는 창업에 해당되지 아니하는 것임(세정 13407-372, 2003.5.7.).

⑥ 물류산업

물류산업 중 다음의 산업은 창업중소기업 감면 업종이 된다. 운수업 중 화물운송업, 화물취급업, 보관 및 창고업, 화물터미널운영업, 화물운송 중개·대리 및 관련서비스업, 화물포장·검수 및 형량 서비스업 및 「항만법」에 따른 예선업과 기타 산업용 기계장비 임대업 중 파렛트임대업("물류산업")을 말한다. 이 업종은 한국표준산업분류표상의 업종을 말하는데, 운수업에 화물운송업이라고 별도로 표시된 것은 없으나, 육상운송 및 파이프라인 운송업 60, 수상 운수업 61, 항공운송업 62로 구분되어 있다. 한편, 내정기노선 도로화물 운송업 60311, 내항화물 운송업 61122도 화물운송업 중 하나로 보아야 한다는 점에서 해상운송업(내항화물운송사업을 등록을 한 자)은 창업 업종에 해당되는 것으로 판단하여야 할 것이다. 이에 대하여 「화물유통촉진법 시행령」 제15조의 2 및 [별표 2]에서 해상화물운송업을 화물운송업으로 규정하고 있다고 되어 있는바, 창업중소기업 감면이 된다라고 판단하고 있다.

> **사례** 해상화물운송업은 화물운송업으로 봄(세정과-560, 2007.3.22.)
> 대통령령이 정하는 물류산업을 창업중소기업의 범위에 포함되는 것으로 규정한 후 같은 법 시행령 제5조 제8항에서 법 제6조 제3항에서 "대통령령이 정하는 물류산업"이라 함은 운수업 중 화물운송

입제로 현물출자하여 당해 사업을 행하는 경우에는 운수회사 명의로 사업이 가능한 것이다. 이 경우 화물자동차운송사업 양도·양수의 형식은 지입된 차량을 양수법인 명의로 이전하는 형태로 그 형식적인 소유권이 변경되는 것이나, 실제 소유자는 현물출자자인 지입차주의 소유이므로 운수회사가 취득세 납세의무자 아님.

업 등을 말한다고 규정하고 있으며, 「화물유통촉진법 시행령」 제15조의 2 및 [별표 2]에서 해상화물운송업을 화물운송업으로 규정하고 있음. 해상화물운송업을 영위하기 위하여 법인을 설립(창업)한 후 설립일부터 2년 이내에 당해 법인의 고유목적사업에 사용하기 위하여 취득하는 부동산과 선박은 상기 규정에 의한 취득세와 등록세의 면제대상이 된다할 것임.

⑦ 창업 감면받은 후 창업벤처중소기업이 된 경우 감면기간 추가 적용 여부

창업중소기업으로 지방세를 감면받은 경우에는 창업벤처중소기업에 대한 감면은 적용하지 아니하나(지특법 §58-3 ⑤),[222] 창업중소기업으로서 취득세 등을 감면받은 적이 없는 상태에서 이후에 창업벤처중소기업으로 되는 경우 벤처확인일로부터 4년간은 감면적용이 가능한 것으로 판단되나, 이에 대한 명확한 해석이 있어야 할 것이다.

⑧ 회원제 골프장의 창업 업종 해당 여부

「식품위생법 시행령」 상 음식점 시설 및 「체육시설의 설치 및 이용에 관한 법률」 상 골프장시설을 갖추었고, 관련법령상 위 골프장시설의 판단에 있어 회원제 골프장과 대중제 골프장을 달리 판단할 근거가 없을 뿐 아니라 부동산의 비회원 일반이용객 비중을 고려할 때 부동산 이용객이 관광객에 해당하지 않는다고 판단할 이유도 없다고 보이므로, 「관광진흥법 시행령」 상 관광객이용시설업(전문휴양업)의 요건을 만족한 것으로 보이며, 「조세특례제한법」 제6조는 창업중소기업의 업종범위를 직접 열거하면서 제3항 제20호에서 「관광진흥법 시행령」에 의한 관광객이용시설업을 세액감면 적용 업종의 하나로 열거하고 있는바, 취득세 등의 감면대상 업종을 영위하고 있는 창업중소기업에 해당한다고 판단된다(조심 2015지1226, 2016.10.19.). 이는 2014.12.31. 이전의 규정에 대한 심판례로, 2015.1.1.~2016.12.31.에는 골프장업은 창업업종으로 보지 아니하였다(구 지특법 §58-3 ④). 그런데 2017년 이후 법 개정으로 창업 업종 중 하나로 「관광진흥법」에 따른 관광숙박업, 국제회의업, 유원시설업 또는 「관광진흥법 시행령」 제2조 제1항 제3호에 따른 관광객이용시설업(전문휴양업과 종합휴양업)을 규정하고 있다(지특법 §58-3 ④ 23, 지특령 §29-2 ⑤). 따라서 골프장업은 창업 업종으로 보고 있다. 한편, 회원제 골프장용 사치성 재산의 경우에는 감면이 배제된다는 점에 유의하여야 할 것이다.

---

222) 취득세 등 감면대상 창업중소기업 여부는 「조세특례제한법」 제6조 제1항에 따라 판단하여야 하고, 창업벤처중소기업에 해당 여부는 같은 조 제2항에 따라 판단하여야 할 것인바, 같은 항 단서에서 '제1항을 적용받는 경우는 제외한다'고 규정하고 있는 점, 해당 단서규정의 경우 1999.8.31. 현행 창업벤처기업에 대한 감면 규정 같은 조 제2항의 신설 당시에 함께 도입되었던 바, 이는 수도권과밀억제권역 외의 지역에서 이미 창업중소기업으로서 감면받은 후 창업벤처중소기업이 되는 경우 중복감면을 제외하고자 하는 취지라고 할 것인 점, 취득세 등 감면기간의 경우 창업중소기업이나 창업벤처중소기업에 대하여 동일하게 4년으로 규정하고 있을 뿐 창업벤처중소기업에 대하여 추가로 연장하겠다는 별도의 규정이 없는 점 등을 종합적으로 고려해 볼 때, 창업중소기업으로서 이미 취득세 등을 감면받은 경우라면 이후에 창업벤처중소기업으로 되는 경우라도 추가로 감면적용(4년간)은 불가하다고 할 것임(지방세운영과-421, 2013.2.8.).

⑨ 수도권 과밀억제권 외 지역에서 창업한 중소기업이 수도권 과밀억제권 내의 공장을 사업용 부동산으로 취득하는 경우 감면대상 아님

창업중소기업에 대한 감면취지 및 수도권 과밀억제권 내 창업벤처중소기업이 취득하는 사업용 재산에 대하여 별도의 규정을 두고 있는 점 등을 종합적으로 고려할 때, 수도권 과밀억제권 외 지역에서 창업한 중소기업이 수도권 과밀억제권 내의 공장을 사업용 부동산으로 취득하는 경우 감면대상에 해당하지 않는다(지방세특례제도과-725, 2014.6.23.).

⑩ 위탁생산방식(OEM)으로 국외에서 제품 제조 시 제조업임

창업중소기업이 특정 제품을 직접 제조하지 않고, 다른 제조업체에 의뢰하여 그 제품을 제조하게 하였더라도 그 제품을 고안하고 디자인하는 등 생산할 제품을 직접 기획하여 제조하게 하고 이를 인수하여 판매하는 위탁생산방식(OEM)의 제품 생산도 지방세 감면대상인 제조업에 직접 사용한다고 보아야 할 것이다. 지방세에서는 위탁생산방식(OEM)을 제조업에 포함하고 있을 뿐 국내와 국외로 구분하지 않고 있으므로 비록 국외 사업장에서 제조하는 위탁생산방식(OEM)도 지방세 감면대상에 해당하는 창업(벤처)중소기업의 제조업의 범위에 포함된다고 할 것이다(지방세특례제도과-2845, 2020.11.30.).

9 중소벤처기업진흥공단 등에 대한 감면(지특법 §59)

(1) 중소벤처기업진흥공단에 대한 감면(지특법 §59 ①, ②, ④)

1) 감면요건

① 감면대상자

「중소기업진흥에 관한 법률」에 따른 중소벤처기업진흥공단(2019.3.31. 이전 중소기업진흥공단)

② 감면대상 및 감면범위

중소기업 전문기술인력 양성을 위하여 취득하는 교육시설용 부동산(2014년 이전 「중소기업진흥에 관한 법률」 §74 ①에 따른 중소기업제품의 판로 지원 사업을 위하여 취득하는 중소기업 종합유통시설용 부동산 포함)	취득세 25% (2014년 이전 50%) 경감
중소기업자에게 분양 또는 임대할 목적으로 취득하는 부동산 ○과세기준일 현재 해당 사업에 직접 사용하는 부동산	취득세 50% 경감 재산세 50% 경감 (도시지역분 제외)

☞ 감면시한 : 2025.12.31.
☞ 농어촌특별세 과세 여부 : 취득세분과 취득세 경감분 농어촌특별세 과세

2) 추징요건

① 중소기업 전문기술인력 양성을 위하여 취득하는 교육시설용 부동산(2014년 이전은 중소기업 종합유통시설용 부동산)

별도의 추징규정이 없는바,「지방세특례제한법」제178조에 따라 다음 어느 하나에 해당하는 경우 그 해당 부분에 대해서는 감면된 취득세를 추징한다.

ⓐ 정당한 사유 없이 그 취득일부터 1년이 경과할 때까지 해당 용도로 직접 사용하지 아니하는 경우

ⓑ 해당 용도로 직접 사용한 기간이 2년 미만인 상태에서 매각·증여하거나 다른 용도로 사용하는 경우

② 중소기업자에게 분양 또는 임대할 목적으로 취득하는 부동산

2021년 이후 감면분부터 취득일부터 5년 이내에 중소기업자에게 분양 또는 임대하지 아니한 경우 그 해당 부분에 대해서는 경감된 취득세를 추징한다.

그런데 2020년 이전 감면분은 다음 어느 하나에 해당하는 경우 그 해당 부분에 대해서는 감면된 취득세와 재산세를 추징한다.[223]

ⓐ 그 취득일부터 1년 이내에 정당한 사유 없이 공장용으로 직접 사용하지 아니하는 경우

ⓑ 그 취득일부터 5년 이내에 공장용 외의 용도로 양도하거나 다른 용도로 사용하는 경우

(2) 협동화실천계획의 승인을 받은 자에 대한 감면(지특법 §59 ③, ④)

1) 감면요건

① 감면대상자

「중소기업진흥에 관한 법률」제29조에 따라 협동화실천계획의 승인을 받은 자(과밀억제권역 및 광역시는 「산업집적 활성화 및 공장설립에 관한 법률」에 따른 산업단지에서 승인을 받은 경우 한정)

② 감면대상 및 감면범위

해당 사업에 직접 사용(2020년 이전은 분양 또는 임대 포함[주1])하기 위하여 최초로 취득하는 공장용 부동산(이미 해당 사업용으로 사용하던 부동산을 승계하여 취득한 경우 및 과세기준일 현재 60일 이상 휴업하고 있는 경우 제외)	취득세 50% (2015~2017년 75%) 경감 (2014년 이전 면제)
과세기준일 현재 해당 사업에 직접 사용하는 경우에는 그 공장용 부동산(2020년 이전은 그 부동산)에 대한 재산세의 납세의무가 최초로 성립하는 날부터 3년간(2014년 이전 5년간)[주]	재산세 50% 경감 (도시지역분 제외)

☞ 감면시한 : 2025.12.31.

---

223) 2020년 이전에는 공장용이라는 내용이 없는바, 입법실수로 잘못된 것으로 취득일부터 5년 이내에 중소기업자에게 분양 또는 임대하지 아니한 경우 추징되는 규정이 적용될지에 대하여 논란의 쟁점이 될 수 있고, 추징규정이 별도로 없는 경우에만 지특법 §178 적용이 가능하므로 추징규정이 없는 것으로 해석되어져야 할 것임.

☞ 농어촌특별세 과세 여부 : 취득세분과 취득세 경감분(면제분) 농어촌특별세 과세
☞ 대구시의 경우 감면조례에 의하여 취득세는 100% 면제하며, 감면조례에서는 이미 해당 사업용으로 사용하던 부동산을
　 승계하여 취득한 경우 및 과세기준일 현재 60일 이상 휴업하고 있는 경우를 제외한다는 별도의 규정이 없다.
☞ (주1) 2020년 이전에 취득한 공장용 부동산에 대한 재산세의 경감에 관하여는 개정규정에도 불구하고 종전의 규정 따름
　 (지특법 부칙 §10).
☞ (주2) 2014.12.31. 이전 취득한 감면대상 부동산에 대하여는 종전 규정에 따라 납세의무가 성립하는 분부터 5년간
　 적용됨(지특법 부칙 §18).

2) 추징요건

다음 어느 하나에 해당하는 경우 그 해당 부분에 대해서는 감면된 취득세와 재산세를 추징한다.
① 취득일부터 1년 이내에 정당한 사유 없이 공장용으로 직접 사용하지 아니하는 경우
② 취득일부터 5년 이내에 공장용 외의 용도로 양도하거나 다른 용도로 사용하는 경우

3) 유의사항

① '최초로 취득하는 공장용 부동산'의 의미

최초로 취득하는 공장용 부동산에 이미 해당 사업용으로 사용하던 부동산을 승계하여 취득한 경우 및 과세기준일 현재 60일 이상 휴업하고 있는 경우는 제외한다라고 규정되어 있다. 이 감면규정은 최초로 협동화사업을 추진한 중소기업에 대하여 이를 지원하고자 취득세 면제혜택을 부여하는데 그 입법 취지가 있다고 볼 것이므로, '이미 협동화사업에 사용하던 부동산을 승계하여 취득한 경우'라 함은 최초로 협동화사업을 추진한 중소기업이 아닌 이미 협동화사업을 추진하기 위하여 사업이 진행 중인 상태에서 기존의 공장용 부동산을 승계하여 사업을 추진하는 경우를 의미한다고 보이고, 이러한 경우에는 새로이 협동화사업을 추진하는 것으로 보기 어려우므로 취득세 면제대상에서 제외하는 것으로서, 토지를 취득하기 이전에 토지상에 협동화사업을 위하여 협동화사업실천계획의 승인을 받아 사업을 추진하던 법인이 사업을 준비하던 과정에서 이들 법인으로부터 토지와 그 지상에 건축 중이던 건축물을 승계취득하고 변경승인을 받은 경우 토지는 최초로 취득한 부동산에 해당되지 아니한다(조심 2014지648, 2014.12.11.). 기존의 사업장이 임차 사업장의 소재 부동산이 이미 협동화사업 공장용인 경우에는 이를 승계취득하는 경우에는 감면대상이 되지 아니하는 것이다. 그런데 협동화사업용으로 사용되지 아닌 부동산을 승계취득하여 협동화사업 공장용 부동산을 신축하는 경우에는 감면이 된다.

취득자 기준으로 최초 취득의 의미로 다른 장소의 부동산이 협동화사업용이 아니거나 다른 협동화사업단지에 있는 경우에는 협동화사업용으로 새로운 협동화사업단지에서 최초로 취득하는 경우에는 감면이 되는 것이다. 승계취득도 다른 용도로 사용되고 있는 경우에는 감면이 될 것이나, 협동화사업용으로 이미 사용하고 있는 부동산을 승계취득하는 경우에는 감면이 되지 아니한다.

한편, 협동화사업용이 아닌 기존 건축물이 있는 토지라 하더라도 취득 후 다른 용도로 사용함이 없이 곧 바로 기존 건축물을 철거한 후 협동화사업 공장용 부동산을 신축한 경우에만 감면이 가능할 것이다.

사례 중소기업협동화사업용 부동산 해당 여부(감심 2001-87, 2001.9.4.)

「중소기업진흥법」에 의한 협동화실천계획의 승인을 얻은 자가 중소기업자에게 분양 또는 임대할 목적으로 협동화사업을 위한 단지조성사업을 시행하고자 취득하는 협동화사업용 부동산에 대하여는 취득세와 등록세를 면제하나 협동화실천계획의 승인을 얻은 사실이 없는 사업자가 취득한 부동산에 대하여는 협동화사업용부동산으로 볼 수 없고, 건설교통부장관이 지정하는 유통단지 안에서 취득하는 부동산에 대하여는 취득세 등을 감면하도록 되어 있고 인·허가를 받아 설치 중인 유통시설 중 건설교통부장관이 인정하는 유통시설에 대하여도 준용하나 유통단지지정을 받은 사실이 확인되지 아니하는 한 취득세 등이 면제되는 유통단지 안에서 취득한 부동산으로 볼 수 없음.

사례 협동화사업단지 외 지역에서 취득하는 경우(세정 13407-637, 2003.7.28.)

「중소기업 진흥 및 제품 구매촉진에 관한 법률」제19조 내지 제21조의 규정에 의하여 시·도지사의 승인을 얻어 조성된 협동화사업단지 안이 아닌 다른 지역에서 협동화사업용 부동산을 취득하는 경우라면 감면조례에 정한 감면요건을 충족하지 못하였으므로 취득세 등의 감면대상에 해당되지 아니함.

② 공장용 부동산의 범위

이 규정에서 공장용 부동산에 대한 정의가 규정되어 있지 아니하지만, 제58조(벤처기업 등에 과세특례)에서 공장용 부동산이라 용어가 등장하며, 이 규정에서는 공장이라 함은 「산업입지 및 개발에 관한 법률」제2조 제1호의 공장을 말하며, 이 조문에서 「산업집적활성화 및 공장설립에 관한 법률」제2조 제1호에 따른 공장을 말한다라고 규정하고 있다(이 규정은 산업단지 감면규정에도 적용되고 있음).

「산업집적활성화 및 공장설립에 관한 법률」제2조 제1호 및 같은 법 시행령 제2조 제2항에 의하면 건축물 또는 공작물, 물품제조공정을 형성하는 기계·장치 등 제조시설과 그 부대시설(이하 "제조시설 등"이라 한다)을 갖추고 제조업을 하기 위한 사업장을 말한다. 즉 영업하기 위하여 물품의 제조·가공, 인쇄, 촬영, 방송 또는 전기나 가스의 공급 목적에 사용하는 장소 또는 건축물 또는 공작물, 물품 제조공정을 형성하는 기계·장치 등 제조시설과 그 부대시설을 갖추고 제조업을 하기 위한 사업장을 말한다. 여기서 제조업이란 「통계법」(제22조)에 따라 통계청장이 고시하는 표준산업분류에 따른 제조업을 말한다.

공장의 범위에는 ① 제조업을 하기 위하여 필요한 제조시설(물품의 가공·조립·수리시설을 포함) 및 시험생산시설, ② 제조업을 하는 경우 그 제조시설의 관리·지원, 종업원의 복지후생을 위하여 해당 공장부지 안에 설치하는 부대시설로서 지식경제부령으로 정하는 것, ③ 제조업을 하는 경우 관계법령에 따라 설치가 의무화된 시설, ①~③의 시설이 설치된 공장부지가 포함된다. 따라서 취득세 중과세대상을 규정하고 있는 「지방세법 시행규칙」제7조 제1항의 규정을 따를 수는 없는 것으로 판단되며, 일반적인 공장을 정의하고 있는 「산업집적활성화 및 공장설립에 관한 법률」에 따라야 할 것으로 판단된다.

⑩ 중소기업협동조합 등에 대한 과세특례(지특법 §60)

(1) 중소기업협동조합 등에 대한 감면(지특법 §60 ①)

1) 감면요건

① 감면대상자

「중소기업협동조합법」에 따라 설립된 중소기업협동조합(사업협동조합, 연합회 및 중앙회 포함), 「전통시장 및 상점가 육성을 위한 특별법」에 따른 전통시장의 상인이 조합원으로서 설립한 협동조합 또는 사업협동조합과 그 밖에 「통계법」에 따라 통계청장이 고시하는 한국표준산업분류에 따른 슈퍼마켓 또는 기타 음·식료품 위주 종합 소매업의 사업자가 조합원으로서 설립한 협동조합과 사업협동조합이 조합원으로 설립하는 협동조합과 사업협동조합

② 감면대상 및 감면범위

「중소기업협동조합법」에 따라 설립된 중소기업협동조합(사업협동조합, 연합회 및 중앙회 포함)이 제품의 생산·가공·수주·판매·보관·운송을 위하여 취득하는 공동시설용 부동산	취득세 50% 경감
「전통시장 및 상점가 육성을 위한 특별법」에 따른 전통시장의 상인이 조합원으로서 설립한 협동조합 또는 사업협동조합과 그 밖에 「통계법」에 따라 통계청장이 고시하는 한국표준산업분류에 따른 슈퍼마켓 또는 기타 음·식료품 위주 종합 소매업의 사업자가 조합원으로서 설립한 협동조합과 사업협동조합이 조합원으로 설립하는 협동조합과 사업협동조합이 제품의 생산·가공·수주·판매·보관·운송을 위하여 취득하는 공동시설용 부동산	취득세 75% 경감

📌 감면시한 : 2025.12.31.
📌 농어촌특별세 과세 여부 : 취득세분과 취득세 경감분 농어촌특별세 과세

동일한 슈퍼마켓 협동조합임에도 전통시장·상가 밀집지역[주변 2㎢ 이내 가로(지하도)에 도·소매 점포가 30~50개 이상 밀집된 지역] 소재 슈퍼마켓 협동조합(75%)에 비해 기타지역의 슈퍼마켓 협동조합(50%)의 감면혜택이 적어 형평 문제가 있었는데, 2013.1.1. 법 개정으로 상점가 밀집지역내 슈퍼마켓 협동조합 등에 대한 감면혜택(취득세 75%)을 상점가 밀집지역 이외 협동조합 등에도 동일하게 적용하여 2013.1.1. 이후 취득분부터 적용하게 되었다.

> **사례** 조합원 분양분을 취득한 경우(대법원 2008두19468, 2011.1.27.)
> 이 사건 건물 중 조합원 분양분은 원고가 조합원에게 분양하기 위하여 취득한 것이지 공동시설용 부동산으로 사용하기 위해서 취득한 것이 아니므로 원고가 조합원 분양분을 취득한 것과 관련하여 이 사건 경감조항이 적용될 수 없음.

일반인에게 분양한 부동산은 취득세 등 감면대상 아님(행심 2000 - 180, 2000.3.29.)

공동사업을 위한 단지조성을 위해 토지를 취득하여 지상에 건축물을 신축하면서 그 일부를 조합원이 아닌 일반인에게 상가 등으로 사용하도록 분양으로써 부동산 건축·분양업을 하는 경우까지 해당 법인의 고유업무에 직접 사용하는 부동산으로 보아 감면대상으로 인정할 수는 없는 것임.

2) 추징요건

별도의 추징규정이 없는바, 「지방세특례제한법」 제178조에 따라 다음 어느 하나에 해당하는 경우 그 해당 부분에 대해서는 감면된 취득세를 추징한다.

① 정당한 사유 없이 그 취득일부터 1년이 경과할 때까지 해당 용도로 직접 사용하지 아니하는 경우

② 해당 용도로 직접 사용한 기간이 2년 미만인 상태에서 매각·증여하거나 다른 용도로 사용하는 경우

(2) 중소기업중앙회에 대한 감면(지특법 §60 ②)

1) 감면요건

① 감면대상자

「중소기업협동조합법」에 따라 설립된 중소기업중앙회

② 감면대상 및 감면범위

그 중앙회 및 회원 등에게 사용하게 할 목적으로 신축한 건축물	취득세 2% 세율적용

☞ 감면시한 : 2022.12.31.
☞ 농어촌특별세 과세 여부 : 취득세분과 취득세 경감분 농어촌특별세 과세

2) 추징요건

다음 어느 하나에 해당하는 경우 그 해당 부분에 대해서는 감면된 취득세를 추징한다.

① 해당 부동산을 취득한 날부터 5년 이내에 수익사업에 사용하는 경우

'5년 이내' 규정은 2017년 이후부터 적용되나, 2016.12.31. 이전에 감면받은 지방세를 2017.1.1. 이후 추징하는 경우에도 적용된다(부칙 §4). 그런데 그 이전에도 취득일로부터 5년 이내만 추징이 되었다는 점에서 마찬가지로 적용되어 왔었다.

② 정당한 사유 없이 그 등기일부터 1년이 경과할 때까지 해당 용도로 직접 사용하지 아니하는 경우

③ 해당 용도로 직접 사용한 기간이 2년 미만인 상태에서 매각·증여하거나 다른 용도로 사용하는 경우

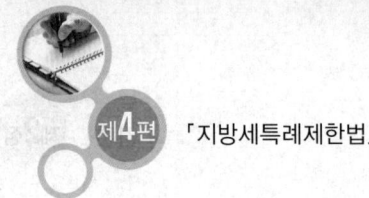

(3) 창업보육센터에 대한 감면(지특법 §60 ③)

1) 감면요건

① 감면대상자

창업보육센터사업자의 지정을 받은 자, 학교 등 및 창업보육센터에 입주하는 자

② 감면대상 및 감면범위

창업보육센터사업자의 지정을 받은 자의 창업보육센터용으로 직접 사용하기 위하여 취득하는 부동산	취득세 50%(2015년~2023년 75%) 경감(2014년 이전 면제) 재산세 50%(2024년 이후 수도권 외 지역 부동산 60%) 경감 (도시지역분 제외)
학교등이 창업보육센터사업자의 지정을 받고 창업보육센터용으로 직접 사용하기 위하여 취득하는 부동산(2016년 이후 적용되나, 2017년 이후 학교등이 취득한 부동산을 산학협력단이 운영하는 경우의 부동산 포함)[224]	취득세 75% 경감
학교등이 과세기준일 현재 창업보육센터용으로 직접 사용(2017년 이후 학교등이 취득한 부동산을 산학협력단이 운영하는 경우의 부동산 포함)하는 부동산	재산세 면제(도시지역분 포함)
창업보육센터용으로 직접 사용하기 위하여 취득하는 부동산(2020년 이전은 창업보육센터에 입주하는 자)	취득세, 등록면허세 및 재산세 중과세 배제

☞ 감면시한 : 2026.12.31.(하단은 2023.12.31.)
☞ 최소납부제 적용 시기 : 2019.1.1. 이후
☞ 농어촌특별세 과세 여부 : 취득세분과 취득세 경감분(면제분) 농어촌특별세 과세

2) 추징요건

별도의 추징규정이 없는바, 「지방세특례제한법」 제178조에 따라 다음 어느 하나에 해당하는 경우 그 해당 부분에 대해서는 감면된 취득세를 추징한다.

① 정당한 사유 없이 그 취득일부터 1년이 경과할 때까지 해당 용도로 직접 사용하지 아니하는 경우
② 해당 용도로 직접 사용한 기간이 2년 미만인 상태에서 매각·증여하거나 다른 용도로 사용하는 경우

---

224) 2016.1.1. 이후 창업보육센터 중 사립대학 내에 '산학협력단'으로 운영 중인 창업보육센터에 대하여는 상기 규정을 적용하여 감면을 적용하는 것이지만, 학교 이외 지역에서 운영 중인 '산학협력단'은 「지방세특례제한법」 제42조 제3항의 규정에 따라 감면되나(지방세특례제도과-2741, 2016.9.27. 참조), 2016.12.31. 이전에는 학교법인이 창업보육센터 사업자로 지정 받은 후 학교법인이 별도로 설립한 산업협력단에 창업자를 위한 시설과 장소로 제공하는 경우라면 학교법인이 창업보육센터용으로 직접 사용하는 것으로 볼 수 없다 할 것임(지방세특례제도과-1417, 2016.6.22.).

(4) 지방중소기업종합지원센터에 대한 감면(지특법 §60 ④)

1) 감면요건

① 감면대상자

「지역중소기업 육성 및 혁신촉진 등에 관한 법률」제2조 제1호에 따른 지방중소기업종합지원센터

② 감면대상 및 감면범위

고유업무에 직접 사용하기 위하여 취득하는 부동산	취득세 50% 경감
법인등기(2016년 이전만 적용)	등록면허세 50% 경감
과세기준일 현재 고유업무에 직접 사용하는 부동산	재산세 50% 경감 (2016년 이전 도시지역분 포함)

☞ 감면시한 : 2025.12.31.

☞ 농어촌특별세 과세 여부 : 취득세분 농어촌특별세 과세. 취득세 경감분과 등록면허세 경감분 농어촌특별세 비과세(농특령 §4 ⑦ 5)

'고유업무에 직접 사용'이라 함은 해당 부동산을 취득한 자가 법령에서 개별적으로 규정한 업무와 법인등기부상 목적사업으로 정하여진 업무에 대하여 그 시설의 사용주체로서 직접 사용하는 경우를 의미하는 것이다.[225]

따라서 지방중소기업종합지원센터 소유의 청사 일부를 임차한 유관기관이 중소기업지원 업무를 수행하는 경우 부동산 소유자가 아닌 다른 사용주체가 사용하는 것에 해당되어 '지방중소기업종합지원센터가 그 고유업무에 직접 사용하는 부동산'이 아니라고 할 것이므로 취득세와 재산세를 경감할 수 없다(지방세운영과-2989, 2012.9.20.).

2) 추징요건

별도의 추징규정이 없는바, 「지방세특례제한법」제178조에 따라 다음 어느 하나에 해당하는 경우 그 해당 부분에 대해서는 감면된 취득세를 추징한다.

① 정당한 사유 없이 그 취득일부터 1년이 경과할 때까지 해당 용도로 직접 사용하지 아니하는 경우

② 해당 용도로 직접 사용한 기간이 2년 미만인 상태에서 매각·증여하거나 다른 용도로 사용하는 경우

---

225) 같은 취지 : 지방세운영과-3772, 2011.8.8., 지방세운영과-1820, 2011.4.19., 시군세과-76, 2008.4.15.

⑪ 도시가스사업 등에 대한 감면(지특법 §61)

(1) 한국가스공사, 도시가스사업자에 대한 감면(지특법 §61 ①)

1) 감면요건

① 감면대상자

「한국가스공사법」에 따라 설립된 한국가스공사 또는 「도시가스사업법」 제3조에 따라 허가를 받은 도시가스사업자

② 감면대상 및 감면범위

도시가스사업에 직접 사용하기 위하여 취득하는 가스관(특별시·광역시에 있는 가스관 제외)	취득세 50% 경감 재산세 50% 경감(도시지역분 제외)

☞ 감면시한 : 2016.12.31.

☞ 농어촌특별세 과세 여부 : 취득세분과 취득세 경감분 농어촌특별세 과세

> **사례** 가스관을 리스로 도시가스사업자가 사용하는 경우(세정과-2615, 2007.7.6.)
>
> 「도시가스사업법」 제3조의 규정에 의하여 허가를 받은 도시가스사업자가 아닌 리스회사가 도시가스사업자로부터 취득한 가스관 또는 부동산을 리스계약을 통하여 도시가스사업자가 사용하고 있는 경우라면 위 규정에 의한 감면대상에 해당되는 것으로 볼 수는 없음.
>
> ☞ 시설대여 과세대상 물건은 시설대여회사인 리스회사가 취득세 납세의무가 있으나, 「여신전문금융업법」 제32조(행정처분상의 특례)에 따르면 "시설대여업자가 시설대여 등의 목적으로 특정물건을 취득·수입하거나 대여받으려는 경우에 제30조와 제31조에 규정된 사항 외에 법령에 따라 받아야 할 허가·승인·추천, 그 밖에 행정처분에 필요한 요건을 대여시설이용자가 갖춘 경우에는 시설대여업자가 해당 요건을 갖춘 것으로 본다"라고 규정되어 있어서 감면대상이라고 주장할 수 있음.[226]

---

[226] 리스회사가 철도청에 철도차량을 시설대여한 경우 취득세 납세의무자(대법원 96누17486, 1997.7.11.)
시설대여회사가 철도차량제조자와 철도차량에 관한 매매계약을 체결하고 그 대금을 지급한 후 이를 인도받았다면 이로써 시설대여회사는 철도차량을 승계취득하였다 할 것이므로 그 취득에 대한 취득세납세의무자가 되는 것이고, 철도차량의 취득목적이 철도청에 시설대여하기 위한 것이고, 또한 철도차량은 철도청 이외의 자에게는 시설대여하기에 부적절하다 하여 달리 볼 것은 아니며, 구 「지방세법 시행령」(1993.12.31. 대통령령 제14041호로 개정되기 전의 것) 제74조 제2항에서 납세의무자로 보고 있는 "사실상 취득한 자"라 함은 소유권 취득의 형식적 요건(등기·등록)을 갖추지는 못하였지만 그 실질적 요건을 갖추고 있는 자를 뜻한다고 할 것인바, 시설대여회사가 철도청과의 사이에 체결한 시설대여계약이 금융리스에 해당한다는 사실만으로 대여시설이용자인 철도청이 철도차량을 사실상 취득하였다고 볼 수는 없고, 대여기간종료 후 시설대여회사에게 약정된 대금을 지급함으로써 비로소 소유권 취득의 실질적 요건을 갖추게 되는 것으로 보아야 할 것이므로 철도청이 철도차량 취득에 대한 취득세 납세의무자가 될 여지는 없다.
「여신전문금융업법」 제32조(행정처분상의 특례)의 규정은 구 「시설대여업법」[법률 제2664호, 1973.12.31. 제정] 제13조에 규정되어 있었는데도 상기와 같이 판시하였으므로 이 주장은 타당성이 결여되어 있다고 본다.

2) 추징요건

별도의 추징규정이 없는바, 「지방세특례제한법」 제178조에 따라 다음 어느 하나에 해당하는 경우 그 해당 부분에 대해서는 감면된 취득세를 추징한다.

① 정당한 사유 없이 그 취득일부터 1년이 경과할 때까지 해당 용도로 직접 사용하지 아니하는 경우

② 해당 용도로 직접 사용한 기간이 2년 미만인 상태에서 매각·증여하거나 다른 용도로 사용하는 경우

(2) 한국지역난방공사, 지역난방사업자에 대한 감면(지특법 §61 ②)

1) 감면요건

① 감면대상자

「집단에너지사업법」에 따라 설립된 한국지역난방공사 또는 「집단에너지사업법」 제9조에 따라 허가를 받은 지역난방사업자

② 감면대상 및 감면범위

열공급사업에 직접 사용하기 위하여 취득하는 열수송관(특별시·광역시에 있는 열수송관 제외)	취득세 50% 경감 재산세 50% 경감(도시지역분 제외)

☞ 감면시한 : 2016.12.31.
☞ 농어촌특별세 과세 여부 : 취득세분과 취득세 경감분 농어촌특별세 과세

> **사례** 한국지역난방공사의 취득세 경감대상 해당 여부(지방세운영과 - 2308, 2012.7.19.)
>
> 한국지역난방공사는 집단에너지사업의 합리적 운영, 에너지절약과 국민생활의 편익증진에 이바지하는 등을 목적으로 하는 「집단에너지사업법」 제29조에 근거하여 설립된 공공법인이라고 할 것이고, 「상법」 제2조에 비추어 「집단에너지사업법」은 「상법」의 특별법에 해당된다고 할 것이므로 비록, 지방자치단체의 출자금(10.4%)이 있다고 하더라도 한국지역난방공사의 경우 특별법인 「집단에너지사업법」에 근거한 특별법인이라고 할 것이므로 「상법」에 따른 주식회사로 볼 수 없음.

2) 추징요건

별도의 추징규정이 없는바, 「지방세특례제한법」 제178조에 따라 다음 어느 하나에 해당하는 경우 그 해당 부분에 대해서는 감면된 취득세를 추징한다.

① 정당한 사유 없이 그 취득일부터 1년이 경과할 때까지 해당 용도로 직접 사용하지 아니하는 경우

② 해당 용도로 직접 사용한 기간이 2년 미만인 상태에서 매각·증여하거나 다른 용도로 사용하는 경우

⑫ 광업 지원을 위한 감면(지특법 §62)

(1) 광업권, 자상임목에 대한 감면(지특법 §62 ①, ②)

1) 감면요건

① 감면대상자

광업권 면허 취득자, 광업권 출원자 및 광산업자

② 감면대상 및 감면범위

광업권 설정·변경·이전, 그 밖의 등록에 대한 면허를 새로 받거나 변경받는 경우	등록면허세 면제
출원에 의하여 취득하는 광업권(2021년 이전만 적용)	취득세 면제
광산용에 사용하기 위하여 취득하는 지상임목(2021년 이전만 적용)	

☞ 감면시한 : 2027.12.31.
☞ 최소납부제 적용 시기 : 최소납부제 배제
☞ 농어촌특별세 과세 여부 : 취득세 면제분 농어촌특별세 과세

2) 추징요건

별도의 추징규정이 없지만, 부동산이 아닌 광업권과 지상임목이므로 「지방세특례제한법」 제178조 추징규정이 적용되지 아니한다.

(2) 한국광물자원공사에 대한 감면(지특법 §62 ③)

1) 감면요건

① 감면대상자

광업권 면허 취득자, 광업권 출원자 및 광산업자

② 감면대상 및 감면범위

과세기준일 현재 석재기능공 훈련시설과 「광산안전법」 §5 ① 5에 따른 보안관리 직원의 위탁교육시설에 직접 사용하는 건축물 및 그 부속토지 (건축물 바닥면적의 7배 이내인 것으로 한정)	재산세 25% (2014년 이전 50%) 경감 (도시지역분 제외)

☞ 감면시한 : 2019.12.31.

⑬ 석유판매업 중 주유소에 대한 감면(지특법 §62-2)

1) 감면요건

① 감면대상자

알뜰주유소 운영자

② 감면대상 및 감면범위

석유제품 판매에 직접 사용하는 부동산(2014년 이전만 적용)	재산세 50% 경감 (도시지역분 제외)

2) 유의사항

① 주유기

건물과 구축물에 부속 또는 부착설치된 주유시설(주유기 포함)은 취득세와 재산세 과세대상이며, 주유시설이 에너지공급시설로 「지방세법 시행령」 제5조 시설이므로 부동산에 해당되는바, 감면대상이 될 것이다. 임차인이 주유시설을 주유소 건물에 설치한 경우에는 주유소 건물의 소유자가 재산세 납세의무가 있는 것이다.

② 알뜰주유소 상호가 아닌 주유소 감면배제

알뜰주유소에 대한 감면취지는 민간 자영업자가 운영하는 주유소를 알뜰주유소로 전환을 유도하고자 하는 데 있으며, 2012.5. 기준 알뜰주유소는 자가폴 주유소(자영업자 운영, 244개), EX도로공사 주유소(167개), NH농협주유소(391개)가 이에 해당되나 NH농협주유소는 알뜰주유소 상표(상호)로 영업을 하지 않으므로 감면대상에서 배제한다.

③ 임차인이 알뜰주유소로 영업하는 경우 감면배제

한국도로공사가 운영하는 고속도로 주유소의 경우에는 알뜰주유소 상표(상호)로 영업을 하므로 일단 감면대상에는 해당되나 「지방세특례제한법」 제62조의 2에서 알뜰주유소(석유판매업자)가 석유제품 판매에 직접 사용하는 부동산에 대해 감면을 한다고 규정하고 있어 도로공사로부터 자영업자가 임대로 사용하는 부분은 감면대상에서 제외된다.[227]

---

227) 분리과세 적용 시 소유자 기준에서는 임대 수익사업용, 사용자 기준에서는 분리과세대상 토지용으로 사용할 때에 어느 기준으로 판단하여야 하는지 해석상에 논란이 있다. 예를 들어 한국가스공사가 타인의 토지를 임차하여 사용하고 있다 하더라도 해당 토지가 한국가스공사가 제조한 가스의 공급을 위한 공급설비에 직접 사용되고 있다면 분리과세대상에 해당한다(세정과-666, 2004.4.2.)라고 해석하고 있어서 사용자 기준으로 대상 여부를 판단하고 있으며, 하기 대법원판례는 사용자 기준으로 판단하고 있다. 동일한 표현임에도 감면적용 시 다르게 해석하고 있어서 일관성이 없다. 예를 들어 「지방세특례제한법」 제50조 제2항에 따르면 "과세기준일 현재 해당 사업에 직접 사용하는 부동산", 「지방세특례제한법」 제46조에 "과세기준일 현재 기업부설연구소용에 직접 사용하는 부동산"에 대하여는 재산세 등을 면제한다고 규정되어 있는데, 표현에 차이가 없는 것으로 보여진다. 그렇다면 전자처럼 후자도 사용자 기준으로 감면하여야 한다고 주장할 수 있으므로 부동산 명의가

④ LPG(액화석유가스) 충전소 감면배제

'주유소'란 석유류인 휘발유, 경유, 등유를 판매하는 석유판매업을 말하므로 석유류 외 LPG 판매 불가하며, LPG 판매는 「액화석유가스의 안전관리 및 사업법」에 따른 충전사업자만 판매가 능하므로 LPG(액화석유가스) 충전소의 경우에는 「석유 및 석유대체연료 사업법」에 석유제품을 판매하는 주유소에 해당되지 않으므로 감면배제된다.

제6절 수송 및 교통에 대한 지원

1 철도시설 등에 대한 감면(지특법 §63)

(1) 국가철도공단에 대한 감면(지특법 §63 ①, ②)

1) 감면요건

① 감면대상자

「국가철도공단법」에 따라 설립된 국가철도공단(2020.9.9. 이전은 「한국철도시설공단법」에 따라 설립된 한국철도시설공단)

② 감면대상 및 감면범위

「철도산업발전 기본법」§3 2에 따른 철도시설(같은 호 마목 및 바목에 따른 시설 제외, 이하 "철도시설")용으로 직접 사용하기 위하여 취득하는 부동산(2014년 이전 취득하는 철도차량 포함)	취득세 25% (2016년 이전 50%) 경감 (2014년 이전 면제)
과세기준일 현재 철도시설에 직접 사용하는 부동산	재산세 면제 (2015년~2016년 50% 경감, 2014년 이전 면제) (도시지역분 포함)
해당 법인(2014년 이전만 적용)	주민세 재산분과 종업원분 면제

☞ 감면시한 : 2025.12.31.

타인이라 하더라도 무상으로 사용하고 있다면 감면하여야 하는 것으로 일관성을 유지하여야 할 것이다. 그런데 후자의 경우 무상으로 사용하더라도 감면대상이 되지 아니하는 것으로 해석하고 있다.

주택건설사업에 공여되는 토지의 범위

타인소유의 토지라도 사용권을 확보하여 주택건설사업계획의 승인을 받으면 주택건설사업에 공여되는 토지이므로 재산세 분리과세대상인 주택건설사업토지가 주택건설사업자가 소유하고 있는 토지에 한정된다고 볼 수 없다(대법원 2010두28632, 2012.4.26.). 이 판례로 인하여 상당수 기존 해석을 변경하여야 할 것이다(판례에서 무상임대인지 유상임대인지 명확하지 않지만 아마 유상임대인 것으로 보여짐).

👉 농어촌특별세 과세 여부 : 취득세분 농어촌특별세 과세. 취득세 경감분(면제분) 농어촌특별세 비과세(농특령 §4 ⑦ 5)

👉 2015.1.1. 이후에도 「철도산업발전 기본법」 제3조 제4호에 따른 철도차량(2020년 이후 국가, 지방자치단체 또는 지방자치단체조합에 귀속 또는 기부채납하는 것을 조건으로 취득하는 것에 한함)과 「철도의 건설 및 철도시설 유지관리에 관한 법률」 제17조 제1항 또는 제3항(2016년 이후 적용)에 따라 국가로 귀속되는 부동산[228](사업시행자가 한국철도시설공단인 경우에 한정하나, 2016년 이후 적용)은 상기 내용에도 불구하고 취득세와 재산세(2016년 이후 도시지역분 포함)가 면제됨. 이 경우 최소납부제 배제됨.

　복선철도관계로 고시가 되고 토지 보상을 완료하고 소유권이전이 되었으나, 건축 중으로 볼 것으로 판단되어 감면대상이 될 것이지만, 착공계만 제출하고 실제로 착공 공사를 하지 아니하는 경우에는 감면대상이 되지 아니할 것이다. 따라서 착공 중에 있는 부분만 감면대상이 될 것이다.

> **사례** 한국철도공사 등의 공동 사용 신축 본사 사옥(지방세운영과-3996, 2009.9.23.)
>
> 　과세관청은 한국철도시설공단의 신축 사옥이 국가에 귀속을 조건으로 취득·등기하는 재산에 해당되는지 그 사실관계 등을 확인하여 구 「지방세법」 제106조 제2항에 의거하여 국가에 귀속을 조건으로 취득·등기하는 재산에 대한 취득·등록세 비과세대상인지 여부를 판단하여야 함.[229]

---

228) 철도건설사업으로 조성 또는 설치된 토지 및 시설은 준공과 동시에 국가에 귀속된다라는 의미가 준공이 될 경우 국가에 귀속되는 것을 의미하는 것으로 보아야 할 것이나, 단서 조항에 토지 및 시설로서 실시계획에 반영된 것 중에 「철도건설법 시행령」 제18조 제1항의 토지와 시설은 국가에 준공과 동시에 귀속되지 아니하는 것으로 규정되어 있다.
　지특법 제63조 제1항의 본문에 취득세 감면의 규정에서 철도시설용으로 직접 사용하기 위하여 취득하는 부동산이 감면이 되는데, 여기서 반드시 철도건설사업이 완공되었거나 단위사업이 끝나 공용이 개시된 부동산만 감면이 되는 것이 아니고, 직접 사용하기 위하여 토지를 취득한 경우도 그 토지는 감면이 될 것이고, 재산세 감면규정에서 직접 사용에는 건축 중인 경우에도 포함되는 것이다(지특령 §123).
　과세기준일 현재 국가에 귀속된 경우는 국가 등의 부동산이므로 재산세를 부과할 필요가 없는 것이고, 상기의 감면대상이 철도건설사업이 완공되었거나 단위사업이 끝나 공용이 개시된 부동산에만 감면이 되는 것이 아니고, 재산세의 경우 건축 중인 경우에도 직접사용으로 보고 있으며, 국가 귀속되는 부동산에 대하여 특혜를 더 주어야 한다는 점에서 향후 공사가 완료(준공)되어 국가에 귀속이 되는 부동산으로 과세기준일(6.1.) 현재 철도건설사업이 공사 중(완공 전) 또는 단위사업이 끝나지 않아 공용이 개시되지 아니한 부동산이더라도 감면대상이 되는 것으로 해석하여야 할 것이다. 그런데 실시계획에 반영된 것 중에 철도건설법 시행령 제18조 제1항의 토지와 시설이 준공과 동시에 귀속되지 아니하지만, 무조건 추후 국가에 귀속되게 되어 있는 경우(기부채납은 제외)라면 국가로 귀속되는 부동산으로 보아 감면대상이 될 것이나, 국가에 귀속되지 아니하는 경우에는 감면대상이 되지 아니할 것으로 판단된다.
　한편, 「한국철도시설공단법」 제24조에 따르면 "국가는 제7조에 따라 공단이 건설한 철도시설과 철도의 역세권 및 철도 부근 지역의 개발사업 등과 관련하여 취득한 재산·시설 및 그 운영에 관한 권리(이하 "자산"이라 한다)와 그 자산과 관련된 채무 등의 의무(이하 "부채"라 한다)를 각 사업이 끝나는 때에 포괄하여 승계한다. 다만, 공단이 국가로부터 「철도산업발전 기본법」 제26조에 따른 철도시설관리권을 설정받은 철도시설과 직접 관련된 부채는 국가가 승계하지 아니한다"라고 규정되어 있다. 따라서 실시계획에 반영된 것 중에 「철도건설법 시행령」 제18조 제1항의 토지와 시설이 준공과 동시에 귀속되지 아니하나, 무조건 추후 국가에 귀속되는 것으로 볼 수 없다는 것이다. 즉 포괄승계하는 것으로 규정되어 있으므로 이를 국가 귀속이라고 하기에는 어려움이 있을 것으로 판단되므로 감면이 되지 아니할 것이다.

229) 민자역사의 건설을 추진하면서 역사 내 상업시설의 경우 민자역사를 건축한 법인이 점유하여 사용하다가 점유허가기간이 경과하여 국가에 귀속하는 경우 취득세 등이 비과세되는 것임(지방세정팀-822, 2005.5.21.) 국가(철도청)와 민자역사 건설법인이 행한 사업추진협약서 제12조에서 여객대합실·역무실·사무실·기타 여객서비스 시설 등 역무시설과 국유철도사업에 직접 필요로 하는 시설은 민자역사 준공과 동시에 국가

사례 선로시설 등이 주민세 재산분 과세대상인 여부(지방세운영과-2306, 2012.7.19.)

선로시설, 승강장, 대합실, 통로, 외부DECK, 출입구, 계단, 역무원 등 관리사무실, 차량기지 등 지원시설 및 매점 등 역사가 지붕과 벽 또는 기둥 등 건축물의 구조형태를 갖추었거나 그에 딸린 시설물이라면 재산분 주민세 과세대상이 되는 "건축물"에 해당됨. 다만, 선로시설 중 역사와 철도차량을 운행하기 위한 궤도와 이를 받치는 노반(路盤)이 단순히 통과하는 교량 및 터널의 경우라면 이는 토목구조물의 일부에 해당하므로 재산분 주민세 과세대상이 되는 "건축물"로 볼 수 없음.

사례 민자역사에 부수되는 시설물이기보다는 도로의 일부임(행심 2004-316, 2004.10.27.)

경사로는 용산민자역사의 2층을 동서로 연결하는 후면진입도로로서 일반대중에게 개방되어 공용도로로 사용되고 있음이 분명하고, 교각 등도 용산민자역사에 부수되는 시설물이기보다는 도로의 일부라고 보는 것이 타당하며, 도로건설에 대해서는 사실상 토지의 지목이 철도용지에서 도로로 변경되어 비용의 증가가 발생되었다고 하더라도 이 사건 경사로는 국유지인 철도용지에 건설되어 있어 취득세의 납세의무자는 국가가 되는 것으로서 「지방세법」 제106조에 규정에 의거 비과세되어야 하는 것임.

2) 추징요건

별도의 추징규정이 없는바, 「지방세특례제한법」 제178조에 따라 다음 어느 하나에 해당하는 경우 그 해당 부분에 대해서는 감면된 취득세를 추징한다.

① 정당한 사유 없이 그 취득일부터 1년이 경과할 때까지 해당 용도로 직접 사용하지 아니하는 경우

② 해당 용도로 직접 사용한 기간이 2년 미만인 상태에서 매각·증여하거나 다른 용도로 사용하는 경우

소유로 귀속시키고, 기타 상업시설 등은 민자역사 건설법인이 30년 동안 사용한 후 국가에 무상귀속시키는 것으로 협약이 체결되어 있으므로, 민자역사 준공 시 건설법인이 취득하는 상업시설은 「지방세법」 제106조 제2항에서 규정하고 있는 「사회기반시설에 대한 민간투자법」 제4조 제3호의 규정에 의한 방식으로 귀속되는 부동산에 해당되어 취득세 등의 비과세대상이 됨.

(2) 한국철도공사에 대한 감면(지특법 §63 ③)

1) 감면요건

① 감면대상자

「한국철도공사법」에 따라 설립된 한국철도공사

② 감면대상 및 감면범위

「한국철도공사법」 §9 ① 1~3 및 6(6의 사업 중 철도역사 개발사업으로 한정)의 사업에 직접 사용하기 위하여 취득하는 부동산	취득세 25% (2017년~2019년 50%, 2016년 이전 75%) 경감 (2014년 이전 면제)
「한국철도공사법」 §9 ① 1~3 및 6(6의 사업 중 철도역사 개발사업으로 한정)의 사업에 직접 사용하기 위하여 취득하는 「철도산업발전 기본법」 §3 4에 따른 철도차량	취득세 50%[주] (2016년 이전 75%) 경감 (2014년 이전 면제)
과세기준일 현재 상기 해당사업에 직접 사용하는 부동산	재산세 50% 경감 (도시지역분 포함)
해당 법인(2014년 이전만 적용)	주민세 재산분 25%, 종업원분 25% 경감

👉 감면시한 : 2025.12.31.
👉 농어촌특별세 과세 여부 : 취득세분 농어촌특별세 과세. 취득세 경감분(면제분) 농어촌특별세 비과세(농특령 §4 ⑦ 5)
👉 (주) 「철도사업법」 §4-2 1호에 따른 고속철도차량은 25%

> **사례** 한국철도공사가 철도차량을 임대하는 경우(지방세특례제도과-3599, 2015.12.31.)
>
> 「한국철도공사법」 제9조 제1항 제3호에서 공사의 사업으로 '철도 차량의 정비 및 임대사업'을 규정하고 있으므로 한국철도공사가 철도차량을 취득한 후 제3자[수서고속철도(주)]에게 임대하여 철도사업에 사용하게 하는 경우 '철도 차량의 정비 및 임대사업'에 직접 사용하지 않는 것으로는 볼 수 없으며, 취득세 경감대상으로 보아야 할 것임.

2) 추징요건

별도의 추징규정이 없는바, 「지방세특례제한법」 제178조에 따라 다음 어느 하나에 해당하는 경우 그 해당 부분에 대해서는 감면된 취득세를 추징한다.

① 정당한 사유 없이 그 취득일부터 1년이 경과할 때까지 해당 용도로 직접 사용하지 아니하는 경우

② 해당 용도로 직접 사용한 기간이 2년 미만인 상태에서 매각·증여하거나 다른 용도로 사용하는 경우

(3) 철도건설부지로 편입된 토지에 대한 감면(지특법 §63 ④)

1) 감면요건

① 감면대상자

철도건설부지로 편입된 토지의 확정·분할에 따른 토지의 취득 소유자, 분할등기자

② 감면대상 및 감면범위

철도건설사업으로 인하여 철도건설부지로 편입된 토지의 확정·분할에 따른 토지의 취득	취득세 면제
철도건설사업으로 인하여 철도건설부지로 편입된 토지의 분할등기	등록면허세 면제

☛ 감면시한 : 감면시한 배제
☛ 최소납부제 적용 시기 : 최소납부제 배제
☛ 농어촌특별세 과세 여부 : 취득세 면제분과 등록면허세 면제분 농어촌특별세 비과세(농특령 §4 ⑦ 5)

2) 추징요건

별도의 추징규정이 없는바,「지방세특례제한법」제178조에 따라 다음 어느 하나에 해당하는 경우 그 해당 부분에 대해서는 감면된 취득세를 추징한다.

① 정당한 사유 없이 그 취득일부터 1년이 경과할 때까지 해당 용도로 직접 사용하지 아니하는 경우
② 해당 용도로 직접 사용한 기간이 2년 미만인 상태에서 매각·증여하거나 다른 용도로 사용하는 경우

(4) 도시철도공사에 대한 감면(지특법 §63 ⑤)

1) 감면요건

① 감면대상자

「지방공기업법」제49조에 따른 지방공사로서「도시철도법」제2조 제4호에 따른 도시철도사업("도시철도사업")을 수행하는 것을 목적으로 설립된 지방공사("도시철도공사")

② 감면대상 및 감면범위

도시철도사업(2019년 이전 그 고유업무)에 직접 사용하기 위하여 취득하는 부동산 및 철도차량	취득세 100% × 지자체 투자비율 (2019년 이전 소유지분율) 경감(주)
도시철도공사의 법인등기와 구분지상권 설정 등기	등록면허세 100% × 지자체 투자비율(2019년 이전 소유지분율) 경감(주)

과세기준일 현재 도시철도사업(2019년 이전 그 고유업무)에 직접 사용하는 부동산	재산세 100% × 지자체 투자비율 (2019년 이전 소유지분율) 경감[주] (도시지역분 포함)

- 감면시한 : 2025.12.31.
- 최소납부제 적용 시기 : 2026.1.1. 이후
- 농어촌특별세 과세 여부 : 취득세분 농어촌특별세 과세, 취득세 면제분(경감분)과 등록면허세 경감분 농어촌특별세 비과세(농특령 §4 ⑦ 5)
- 지자체 소유지분율 = 지자체 소유주식수 / 발행주식총수
  지자체 소유주식 : 「지방공기업법」 §53 ④에 따라 지방자치단체가 출자한 것으로 보는 주식 포함
- 지자체 투자비율
  「지방공기업법」 §49에 따른 지방공사로서 「도시철도법」 §2 4호에 따른 도시철도사업을 수행하는 것을 목적으로 설립된 지방공사("도시철도공사")의 자본금에 대한 지방자치단체 출자금액(둘 이상의 지방자치단체가 공동으로 설립한 경우에는 각 지방자치단체의 출자금액을 합한 금액)의 비율을 말함[다만, 도시철도공사가 「지방공기업법」 §53 ③에 따라 주식을 발행한 경우에는 해당 발행 주식 총수에 대한 지방자치단체의 소유 주식(같은 조 ④에 따라 지방자치단체가 출자한 것으로 보는 주식 포함) 수(둘 이상의 지방자치단체가 주식을 소유하고 있는 경우에는 각 지방자치단체의 소유 주식 수를 합한 수)의 비율을 말함].
- (주) 100%는 100% 범위에서 조례로 따로 정하는 경우에는 그 율로 함.

2) 추징요건

별도의 추징규정이 없는바, 「지방세특례제한법」 제178조에 따라 다음 어느 하나에 해당하는 경우 그 해당 부분에 대해서는 감면된 취득세를 추징한다.

① 정당한 사유 없이 그 취득일부터 1년이 경과할 때까지 해당 용도로 직접 사용하지 아니하는 경우
② 해당 용도로 직접 사용한 기간이 2년 미만인 상태에서 매각·증여하거나 다른 용도로 사용하는 경우

(5) 「철도사업법」 제5조에 따라 철도사업면허를 받은 공공기관(지특법 §63 ⑥)

1) 감면요건

① 감면대상자

「공공기관의 운영에 관한 법률」 제4조에 따른 공공기관으로서 「철도사업법」 제5조에 따라 철도사업면허를 받은 자

② 감면대상 및 감면범위

해당 사업에 직접 사용하기 위하여 「철도사업법」 제4조의 2 제1호에 따라 취득하는 고속철도차량(2023.1.1. 이후 적용)	취득세 25% 경감

- 감면시한 : 2025.12.31.
- 농어촌특별세 과세 여부 : 취득세분 농어촌특별세 과세, 취득세 경감분과 등록면허세 경감분 농어촌특별세 비과세(농특령 §4 ⑦ 5)

2) 추징요건

별도의 추징규정이 없는바,「지방세특례제한법」제178조에 따라 다음 어느 하나에 해당하는 경우 그 해당 부분에 대해서는 감면된 취득세를 추징한다.

① 정당한 사유 없이 그 취득일부터 1년이 경과할 때까지 해당 용도로 직접 사용하지 아니하는 경우

② 해당 용도로 직접 사용한 기간이 2년 미만인 상태에서 매각·증여하거나 다른 용도로 사용하는 경우

❷ 해운항만 등 지원을 위한 과세특례(지특법 §64)

(1) 국제선박에 대한 감면(지특법 §64 ①)

1) 감면요건

① 감면대상자

국제선박 소유자

② 감면대상 및 감면범위

국제선박으로 등록하기 위하여 취득하는 선박	취득세 표준세율에서 2% 차감
과세기준일 현재 국제선박으로 등록되어 있는 선박	재산세 50% 경감 (도시지역분 제외) (2018년 이전 지역자원시설세 면제)

📌 감면시한 : 2027.12.31.

📌 최소납부제 적용 시기 : 2017.1.1. 이후

📌 농어촌특별세 과세 여부 : 취득세분 농어촌특별세 과세[「농어촌특별세법」§5 ① 6에 따르면 「지방세법」§11 및 §12의 표준세율을 2%로 적용하여 「지방세법」,「지방세특례제한법」및 「조세특례제한법」에 따라 산출한 취득세액의 10%가 적용되는 것으로, 취득세액은 (표준세율 2% - 경감세율 2%)로 산정되어 과세표준이 "0"이므로 비과세], 2017년 이후 비과세(2016년 이전에는 취득세 경감분 농어촌특별세 과세)(농특령 §4 ⑦ 5).

한편, 지방교육세는 과세특례에 의한 세율[「지방세법」§11 ① 8(주택 유상거래 세율)을 제외]에서 2%를 차감한 세율을 적용한 취득세액의 20%를 부과하나, 취득세율을 2%로 정한 경우에는 과세대상에서 제외됨(지법 §151 ① 1).

「여신전문금융업법」에 의한 시설대여회사가 외국항로에 전용할 조건으로 대여한 선박에 대하여는 취득세를 경감하는 것이며, 이 경우 시설대여회사는 「해운법」에 의한 선박대여업의 면허를 보유하고 있지 않다 하더라도 취득세 경감대상이다(지특예 법64-1).

2) 추징요건

선박의 취득일부터 6개월 이내에 국제선박으로 등록하지 아니하는 경우에는 감면된 취득세를 추징한다.

> **사례** 연부취득 중인 선박의 경우 추징 판단일은 최종 연부금지급일(세정과-28, 2008.1.3.)
>
> 국내해운회사가 외국 소재 법인과 우리나라 국적취득을 조건으로 임차한 외국선박에 대하여 2007.4월 연부취득 계약을 체결한 후 같은 해 5월부터 매월 연부금을 지급하고 있는 상태에서 같은 해 12월 해당 선박을 「국제선박등록법」의 규정에 따라 국제선박으로 등록한 다음 2010.5월 최종 연부금을 지급하는 경우라면 연부대금 완납시점에 해당 선박은 위 규정에 의한 면제대상이 되는 것이므로 그 이전에 지급한 연부금 모두 취득세가 면제됨.

3) 「조세특례제한법」 상의 국제선박 감면과 차이점

「조세특례제한법」 제121조의 15의 감면규정은 입법 취지가 제주특별자치도 내의 항구를 선적항으로 하고 국제선박으로 등록하여 해외항로에 취항하는 선박과 국적취득조건부 나용선계약에 의한 선박에 대하여 세제혜택을 부여하는데 있다. 이 감면규정과는 다른 점은 지방방교육세가 면제되며, 재산세는 50% 경감이 아닌 면제 및 취득세 경감분 농어촌특별세가 비과세라는 것이다.

> **사례** 이미 국제선박으로 등록되어 있는 선박을 취득한 후 변경등록을 하지 아니하고 양도한 경우 (2013지106, 2013.5.28.)
>
> 청구법인이 이미 국제선박으로 등록되어 있는 이 사건 선박을 취득한 후 변경등록을 하지 아니하고 양도하였다고 하여 「조세특례제한법」 제121조의 15 제1항에서 규정한 취득세 경감대상 선박에 해당되지 않는다고 보기는 어렵다고 하겠다. 한편, 이 사건 선박에 대한 취득세 과세표준 산정의 정당 여부는 원 처분이 잘못이므로 이에 대하여 논의를 생략하는 것이 타당함(같은 취지 조심 2012지645, 2012.12.6.).

(2) 화물운송용 선박과 외국항로취항용 선박에 대한 감면(지특법 §64 ②, ③, ④)

1) 감면요건

① 감면대상자

내항 화물운송사업을 등록한 자, 선박대여업을 등록한 자(「여신전문금융업법」에 따른 시설대여업자가 선박을 대여하는 경우 포함), 외항 여객운송사업의 면허를 받거나 같은 법 제24조에 따라 외항 화물운송사업을 등록한 자 및 원양어업선박 소유자

② 감면대상 및 감면범위

연안항로에 취항하기 위하여 취득하는 여객 및 화물운송용 선박(2024년 이전은 화물운송용 선박)과 외국항로취항용 선박	취득세 표준세율에서 1% 차감
과세기준일 현재 여객 및 화물운송용 선박(2024년 이전은 화물운송용 선박)과 외국항로취항용에 사용하는 선박	재산세 50% 경감[주1] (도시지역분 제외)
연안항로에 취항하기 위하여 취득하는 화물운송용 선박(지특령 §30 ① 1의 선박) 중 천연가스를 연료로 사용하는 선박(2017년 이후)[주2]	취득세 표준세율에서 2% 차감

「환경친화적 선박의 개발 및 보급 촉진에 관한 법률」 §6에 따라 환경친화적 선박의 인증등급이 3등급 이상인 선박을 취득하는 경우(선박 취득일부터 60일 이내에 친환경선박 인증등급 3등급 이상으로 인증을 받은 경우 포함)(2024년 이후 적용)	
○ 친환경선박 인증등급이 1등급인 경우	취득세 표준세율에서 2% 차감
○ 친환경선박 인증등급이 2등급인 경우	취득세 표준세율에서 1.5% 차감
○ 친환경선박 인증등급이 3등급인 경우	취득세 표준세율에서 1% 차감

☞ 감면시한 : 2027.12.31. 하단의 친환경선박 감면은 2026.12.31.

☞ 농어촌특별세 과세 여부 : 취득세분 농어촌특별세 과세[「농어촌특별세법」 §5 ① 6에 따르면 「지방세법」 §11 및 §12의 표준세율을 2%로 적용하여 「지방세법」, 「지방세특례제한법」 및 「조세특례제한법」에 따라 산출한 취득세액의 10%가 적용되는 것으로, 취득세액은 (표준세율 2% − 경감세율 1%)로 산정되어 취득가액의 0.1% 과세), 취득세 경감분 농어촌특별세 과세

한편, 지방교육세는 과세특례에 의한 세율[「지방세법」 §11 ① 8(주택 유상거래 세율)을 제외]에서 2%를 차감한 세율을 적용한 취득세액의 20%를 지방교육세로 부과되나, 취득세율을 2%로 정한 경우에는 과세대상에서 제외됨(지법 §151 ① 1).

☞ (주1) 2019년 이후 외국항로취항용에 사용하는 선박에 대해서는 해당 선박의 취득일 이후 해당 선박에 대한 재산세 납세의무가 최초로 성립하는 날부터 5년간 경감하며, 2019.1.1. 당시 그 선박에 대한 재산세 납세의무가 최초로 성립한 날부터 5년이 지나지 아니한 경우에도 적용함(이 경우 해당 선박에 대한 재산세의 경감기간은 2019.1.1. 당시 재산세 납세의무가 최초로 성립한 날부터 5년이 지나지 아니한 잔여기간으로 함)(부칙 §6).

☞ (주2) 2024.12.31. 이전에 선박에 대해 매매 계약을 체결한 경우에는 그 계약을 체결한 당사자의 해당 선박의 취득에 대해 종전의 규정에 따름(단, 해당 계약이 계약금을 지급한 사실 등이 증빙서류에 의하여 확인되는 경우 한정)[법 부칙(2024.12.31.) §10].

● **화물운송용 선박과 외국항로취항용 선박**

1. 「해운법」 제4조에 따라 여객운송사업의 면허(2025년 이후 적용)를 받거나 같은 법 제24조에 따라 내항 화물운송사업을 등록한 자[취득일부터 30일 이내에 내항 여객운송사업의 면허(2025년 이후 적용)를 받거나 내항 화물운송사업을 등록하는 경우 포함] 또는 같은 법 제33조에 따라 선박대여업을 등록한 자[취득일부터 30일 이내에 선박대여업을 등록하는 자(2025년 이후 적용)와 「여신전문금융업법」에 따른 시설대여업자가 선박을 대여하는 경우 포함, 이하 "선박대여업의 등록을 한 자"]가 취득하는 내항 여객(2025년 이후 적용) 및 화물운송용 선박

2. 다음 어느 하나에 해당하는 선박으로서 「국제선박등록법」에 따라 등록되지 아니한 선박
   ① 「해운법」 제4조에 따라 외항 여객운송사업의 면허를 받거나 같은 법 제24조에 따라 외항 화물운송사업을 등록한 자(2025년 이후 취득일부터 30일 이내에 외항 여객운송사업의 면허를 받거나 외항 화물운송사업을 등록하는 자 포함)가 외국항로에 전용하는 선박
   ② 선박대여업의 등록을 한 자가 외국항로에 전용할 것을 조건으로 대여한 선박
   ③ 원양어업선박(취득일부터 3개월 이내에 「원양산업발전법」 제6조에 따라 허가를 받는 경우 포함)

선박 취득 당시에 내항화물운송사업의 등록을 하지 않은 자는 취득세 등이 경감되지 아니한다 (세정 13407-1216, 2002.12.23. 참조). 즉 내항화물운송사업으로 등록을 한 상태에서 등록 이후에 취득하는 선박은 경감대상이 되는 것이지 등록 전에 취득한 선박까지 소급하여 경감하여 주는 것은 아니다. 선박대여업을 등록한 자가 취득하는 선박도 이와 마찬가지로 선박대여업으로 기등록되어 있는 자라면 추가로 취득하는 선박도 감면대상이 되는 것이나, 선박취득일로부터 30일 이내에 선박대여업 등록을 하였다 하더라도 취득세 경감대상에 해당되지 아니한다.

기존 바지선에 크레인을 설치하는 경우 선박종류 변경에 의한 취득세가 과세되나, 크레인 설치 후에도 여전히 내항화물운송선박으로 인정이 되는 경우 선박종류변경에 따른 취득세도 감면이 될 것이다. 그런데 설치 후에 화물운송 목적이 아닌 중량물의 하역 및 설치작업을 목적으로 한 부선(크레인선)이 된 경우에는 화물운송선박으로 볼 수 없어서 선박종류변경에 따른 취득세는 감면이 되지 아니하고, 화물운송선박용으로 2년 미만 상태에서 화물하역용으로 변경된 경우에는 기감면 취득세도 추징이 될 것이다.

「지방세특례법 시행령」 제30조 제1항 본문에서 '외국항로 취항용 선박'에 대하여 각 호로 열거하면서 제2호 나목에서 "선박대여업의 등록을 한 자가 외국항로에 전용할 것을 조건으로 대여한 선박"이라 규정하고 있는바, 선박투자회사는 「해운법」의 등록규정에도 불구하고 별도의 등록절차 없이 선박 제원과 사업계획서 등을 제출하여 사업인가를 받게 되면 선박대여업 등록을 마친 것으로 볼 수 있으며(해양수산부 해운정책과-353, 2007.1.29.), 선박투자회사 또는 그 자회사가 선박대여업 등록 없이 취득하는 선박이라 하더라도 '선박대여업의 등록을 한 자'가 취득하는 선박에 해당한다고 봄이 타당하다 할 것으로, 「선박투자회사법」에 따른 선박투자회사의 자회사가 취득한 선박을 나용선 계약으로 용선자가 원양어선으로 운영할 경우 감면대상인 "선박대여업의 등록을 한 자가 외국항로에 전용할 것을 조건으로 대여한 선박"에 해당된다(지방세특례제도과-2085, 2021.9.9.).

사례 화물운송용이 아닌 하역 및 설치작업을 위해 임대한 경우(조심 2011지862, 2012.4.30.)

부선에 1,000톤급 대형크레인을 장착한 선박인 이 건 선박을 취득하여 ○○○와 나용선계약을 체결하면서 이 건 선박의 사용목적을 중량물의 하역 및 설치작업으로 한 점, 이 건 선박은 크레인선으로 화물을 운송하는 용도로 사용하기에 부적합한 점, 「해운법」 제23조에 의하면 내항 화물운송사업은 국내항과 국내항 사이에서 운항하는 해상화물운송사업을 말하는 것으로 규정하고 있는 점 등을 종합하여 볼 때 이 건 선박은 내항화물 운송용 선박이라기보다는 중량물의 하역 및 설치용 선박으로 보는 것이 타당하므로 이 건 선박은 취득세 등의 감면대상에 해당되지 아니함.

사례 취득일로부터 30일 이내 선박대여업 등록한 경우(지방세운영과-3873, 2010.8.25.)

「내항화물운송용 선박을 취득한 자가 「해운법」 제33조에 따른 선박대여업의 등록을 하지 않은 경우라면, 비록 선박취득일로부터 30일 이내에 선박대여업 등록을 하였다 하더라도 취득세 경감대상에 해당되지 않는다 할 것임.

사례 선박소유자가 관리하나 타 법인에게 승무원과 함께 임대 시(세정과-5003, 2007.11.23.)

해상화물운송용 선박을 취득한 후 해당 선박에 발생하는 제반 비용과 인력을 선박소유자가 관리하

면서 타 법인에게 승무원을 딸려서 임대한 경우라면 「통계법」 제17조의 규정에 의해 통계청장이 고시하는 한국표준산업분류상 해상화물운송사업에 해당하므로, 해상화물운송사업자(선박임대자)가 그 사업에 직접 사용하는 것으로 볼 수 있음.

> **사례** 선박투자회사 선박대여업 등록없이 취득하는 경우 감면대상임(세정과-142, 2007.2.9.)
>
> 「선박투자회사법」 제13조의 규정에 의거 선박대여업을 하기 위해 해양수산부장관에게 업무인가를 받은 선박투자회사는 「해운법」의 규정에 의한 선박대여업 등록을 하여야만 선박대여업을 할 수 있는 일반 업체와는 달리 별도의 절차 없이도 선박대여업 영위가 가능한 것이며, 업무인가를 받을 때 선박대여업 등록을 마친 것으로 볼 수 있으므로(해양수산부 해운정책과-353, 2007.1.29.), 별도의 선박대여업 등록없이 취득하는 선박이라 하더라도 취득세 등의 경감대상이 되는 것임.

> **사례** 내항화물운송사업의 등록을 한 자가 시멘트 전용선을 취득한 후 다른 해운회사와 장기용선 계약을 체결하여 다른 해운회사로 하여금 내항화물운송용으로 사용하게 한 경우라면 취득세 등의 감면대상이 됨(세정 13407-239, 2003.3.29.).

> **사례** 실질적으로 화물운송용 선박으로 운영되는 경우(행심 2002-129, 2002.3.25.)
>
> '화물운송용 선박'이라 함은 「해운법」에 의하여 내항화물운송사업의 등록을 한 자라고 규정하고 있으며 「해운법」에서는 내항화물운송사업을 영위하고자 하는 자는 해양수산부장관에게 등록하여야 한다라고 규정하고 있으므로 내항정기여객운송사업을 영위하기 위하여 해상여객운송사업 면허를 받고 이 사건 선박을 취득한 후 정기여객운송사업을 영위하고 있으므로 비록 이 사건 선박이 화물운송에 운영되고 있다고 하더라도 이를 달리 볼 수 없음.

2) 추징요건

다음 어느 하나에 해당하는 경우 그 해당 부분에 대해서는 감면된 취득세를 추징한다[연안항로에 취항하기 위하여 취득하는 화물운송용 선박(지특령 §30 ① 1의 선박) 중 천연가스를 연료로 사용하는 선박은 2019년 이전 감면분까지 추징되지 아니하였음(부칙 §4)].

① 정당한 사유 없이 그 취득일부터 1년이 경과할 때까지 해당 용도로 직접 사용하지 아니하는 경우

② 해당 용도로 직접 사용한 기간이 2년 미만인 상태에서 매각·증여하거나 다른 용도로 사용하는 경우

③ 그 취득일부터 5년 이내에 환경친화적 선박의 인증이 취소되는 경우(2024년 이후)

선박을 내항화물운송용으로 사용하던 중 선박 취득일로부터 1년 이내에 내항화물운송사업자 등록이 해지되어 내항화물운송용으로 사용하지 않게 되었다면 추징대상이 될 것이나, 관련 법규에서 등록 해지에도 불구하고 내항화물운송용으로 사용하고 있는 것으로 인정되어 취득일로부터 2년 이상 내항화물운송용으로 사용하였다면 추징대상이 되지 아니할 것이다. 이러한 판단의 근거는 추징규정에서도 납세의무성립 당시 면제요건을 모두 구비한 경우라면 일단 면제를 하여야 할 것이고, 동 면제요건에 대하여 사후관리 측면에서 별도의 추징규정(예 : 사용일부터 2년 이내에 등록이 취소되거나 기간이 연장되지 아니한 경우 면제된 세액을 추징)을 두고 있지 아니한 이상 이를 이유로 기면제한 취득세를 추징하기는 어렵다고 할 것이기 때문이다.

감면받은 후 곧바로 해당 선박을 대여한 경우 추징 여부

당초 신청한 내항화물운송사업을 등록한 자가 아닌 선박대여업을 등록한 자로 변경한 경우라면 감면을 하여야 할 것으로 판단된다. 즉 다른 용도에 사용함이 없이 내항화물운송선박으로 사용하고 있기 때문에 감면대상이 된다는 것이다. 그런데 내항화물운송사업을 등록한 자가 선박대여업을 등록이 되어 있지 아니한 경우에는 연안항로에 취득하기 위한 용도가 아닌 대여용이므로 감면이 되지 아니할 것으로 판단됨.

3) 유의사항

① 선박 취득 당시에 내항화물운송사업의 등록이 되어 있어야 함

「지방세특례제한법」 제64조 제2항의 규정에 의거 연안항로에 취항하기 위하여 취득하는 대통령령으로 정하는 화물운송용 선박과 외국항로에만 취항하기 위하여 취득하는 대통령령으로 정하는 외국항로취항용 선박에 대하여는 2012.12.31.까지 「지방세법」 제12조 제1항 제1호의 세율에서 1천분의 10을 경감하여 취득세를 과세하고, 같은 법 시행령 제30조 제1항에서 '연안항로에 취항하기 위하여 취득하는 화물운송용 선박'이란 「해운법」 제24조에 따라 내항화물운송사업을 등록한 자(취득일부터 30일 이내에 내항화물운송사업을 등록하는 경우를 포함한다) 또는 같은 법 제33조에 따라 선박대여업을 등록한 자(「여신전문금융업법」에 따른 시설대여업자가 선박을 대여하는 경우를 포함하며, 이하 이 항에서 "선박대여업의 등록을 한 자"라 한다)가 취득하는 내항화물운송용 선박이라 규정하고 있으므로 선박 취득 당시에 내항화물운송사업의 등록을 하지 않은 자에 해당하므로 취득세 등이 경감되지 아니한다(세정 13407 - 1216, 2002.12.23. 참조). 즉 내항화물운송사업으로 등록을 한 상태에서 등록 이후에 취득하는 선박은 경감대상이 되는 것이지 등록 전에 취득한 선박까지 소급하여 경감하여 주는 것은 아니라는 것이다.

내항화물운송사업의 등록을 하지 않은 자가 취득하는 선박에 대하여는 취득세 등이 경감되지 아니함(세정 13407 - 1216, 2002.12.23.).

"연안항로에 취항하기 위하여 취득하는 화물운송용 선박"이라 함은 「해운법」 제26조 또는 같은 법 제34조의 규정에 의하여 "내항화물운송사업면허를 받은 자가 취득"하는 내항화물운송용 선박을 말하는 것이므로 동 면허를 받기 전에 취득하는 선박에 대하여는 취득세 감면대상에서 제외됨(세정 13407 - 1446, 1996.12.18.).

② 선박을 내항화물운송용으로 사용하던 중 선박 취득일로부터 1년 이내에 내항화물운송사업 자등록이 해지되어 내항화물운송용으로 사용하지 아니하게 된 경우

내항화물운송사업으로 등록을 한 상태에서 등록 이후에 취득하는 선박은 경감대상이 되는 것이나, 등록 전에 취득한 선박까지 소급하여 경감하여 주는 것은 아니라는 것이다.

한편, 창업벤처기업의 경우에도 감면이 되나, 그 취득일로부터 1년 이내에 정당한 사유없이 해당 사업에 직접 사용하지 아니하는 경우 또 그 사용일로부터 2년 이상 그 사업에 직접 사용하지

아니하고 매각하거나 다른 용도로 사용하는 경우에 추징한다라고 규정되어 있을 뿐이며, 취득 시 벤처기업이어야 하지만 해당 사업에 직접 사용의 의미에서 당초 벤처기업의 사업에만 사용한 다면 되는 것이지 벤처기업으로 계속 유지되어야 한다는 규정이 없다는 점에서 추징대상이 되지 아니할 것으로 판단된다. 이에 대한 유권해석(지방세운영과-4202, 2009.10.5.)에 따르면 "납세의무 성립 당시 면제요건을 모두 구비한 경우라면 일단 면제를 하여야할 것이고, 동 면제요건에 대하여 사후관리 측면에서 별도의 추징규정(예 : 사용일부터 2년 이내에 벤처확인이 취소되거나 기 간이 연장되지 아니한 경우 면제된 세액을 추징)을 두고 있지 아니한 이상 이를 이유로 기 면제 한 취득·등록세를 추징하기는 어렵다고 할 것이다"라고 해석하고 있다.

「지방세특례제한법」 제64조 제2항 단서에 따르면 "선박의 취득일부터 1년 이내에 정당한 사유 없이 그 용도에 직접 사용하지 아니하는 경우 또는 그 사용일부터 2년 이상 그 용도에 직접 사용 하지 아니하고 매각·증여하거나 다른 용도로 사용하는 경우에는 경감된 취득세를 추징한다"라 고 규정되어 있는바, 선박을 내항화물운송용으로 사용하던 중 선박 취득일로부터 1년 이내에 내 항화물운송사업자등록이 해지되어 내항화물운송용으로 사용하지 않게 되었다면 추징대상이 될 것이나, 관련 법규에서 등록 해지에도 불구하고 내항화물운송용으로 사용하고 있는 것으로 인정 되어 취득일로부터 2년 이상 내항화물운송용으로 사용하였다면 추징대상이 되지 아니할 것이다.

이러한 판단의 근거는 추징규정에서도 "납세의무성립 당시 면제요건을 모두 구비한 경우라면 일단 면제를 하여야 할 것이고, 동 면제요건에 대하여 사후관리 측면에서 별도의 추징규정(예 : 사용일부터 2년 이내에 등록이 취소되거나 기간이 연장되지 아니한 경우 면제된 세액을 추징)을 두고 있지 아니한 이상 이를 이유로 기면제한 취득·등록세를 추징하기는 어렵다"고 할 것이기 때문이다. 따라서 해지에도 불구하고 감면받은 선박이 계속하여 내항화물운송용으로 사용하고 있었는지가 중요할 것이다.

③ 내항화물운송용 선박에 대해서 감면을 받은 후 곧바로 해당 선박을 대여한 경우 추징 여부

종전에는 "구 「지방세법」 제294조에서는 "동일한 과세대상에 대하여 지방세를 감면함에 있어 2 이상의 감면규정이 적용되는 경우에는 그 중 감면율이 높은 것 하나만을 적용한다"고 규정하여 중복감면 배제 원칙을 규정하고 있으나 이는 납세자에게 유리한 감면율을 적용하라는 규정으로 감면조례상으로는 추징요건을 충족하였으나 「조세특례제한법」 상으로는 추징요건이 충족되지 아니한 경우에는 「조세특례제한법」 상의 추징요건 적용까지 배제하는 규정으로 해석하기는 어려 우므로 「조세특례제한법」 상의 추징요건을 적용받기 위하여 다시 감면신청을 하는 것을 제한하 는 규정은 아니라고 보아지는바 이에 해당 여부는 과세권자가 구체적인 사실관계를 확인하여 판 단할 사항이다(도세과-738, 2008.5.6.)"라고 해석하고 있어서 선박대여업 감면을 받을 수 있는 것으 로 해석되었으나, 심판례(조심 2011지0370, 2011.11.9.)에 따르면 달리 생각할 수도 있다.

내항 화물운송용 선박으로 내항 화물운송사업을 등록한 자 아니면 선박대여업을 등록한 자인 경우 감면이 적용되는 것이므로 동일한 내항 화물운송용 선박 감면이므로 당초 신청한 내항 화물 운송사업을 등록한 자가 아닌 선박대여업을 등록한 자로 변경한 경우라면 감면을 하여야 할 것으

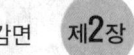

로 판단된다. 즉 다른 용도에 사용함이 없이 내항 화물운송선박으로 사용하고 있기 때문에 감면 대상이 된다는 것이다. 그런데 내항 화물운송사업을 등록한 자가 선박대여업을 등록이 되어 있지 아니한 경우에는 연안항로에 취득하기 위한 용도가 아닌 대여용이므로 감면이 되지 아니할 것으로 판단된다.

④ 선박대여업 감면 여부

내항화물운송사업으로 등록을 한 상태에서 등록 이후에 취득하는 선박은 경감대상이 되는 것이나, 등록 전에 취득한 선박까지 소급하여 경감하여 주는 것은 아니라는 것인데, 선박대여업을 등록한 자가 취득하는 선박도 이와 마찬가지일 것이다. 즉 선박대여업으로 기등록되어 있는 자라면 추가로 취득하는 선박도 감면대상이 되는 것이다.

❸ 지능형 해상교통정보서비스 무선국에 대한 감면(지특법 §64-2)

① 감면대상자

선박의 소유자가 「지능형 해상교통정보서비스의 제공 및 이용 활성화에 관한 법률」 제18조 제1항에 따라 같은 법 제2조 제3호에 따른 지능형 해상교통정보서비스를 송신·수신할 수 있는 설비를 선박에 설치하여 무선국 개설자

② 감면대상 및 감면범위

해당 무선국 면허(2021.1.30. 이후 허가분부터 적용)	등록면허세 면제

 감면시한 : 2023.12.31.

❹ 선박등록특구의 국제선박 등 지원을 위한 과세특례(구 지특법 §64-2)

1) 감면요건

① 감면대상자

선박등록특구의 국제선박 등록자

② 감면대상 및 감면범위

「국제선박등록법」에 따라 국제선박으로 등록하기 위하여 취득하는 다음의 선박 ○「제주특별자치도 설치 및 국제자유도시 조성을 위한 특별법」 §221 ①에 따른 선박등록특구를 선적항으로 하는 선박 ○「국제선박등록법」 §3 ① 4에 해당하는 선박	취득세 표준세율에서 2% 차감

과세기준일 현재 「제주특별자치도 설치 및 국제자유도시 조성을 위한 특별법」 §221 ①에 따른 선박등록특구를 선적항으로 하여 국제선박으로 등록되어 있는 선박	재산세 면제 지역자원시설세 면제

☞ 감면시한 : 2016.12.31.(2017년 이후는 시도세 감면조례로 이관하여 감면하고 있음)

☞ 최소납부제 적용 시기 : 2017.1.1. 이후

☞ 농어촌특별세 과세 여부 : 취득세분 농어촌특별세 과세〔「농어촌특별세법」 §5 ① 6에 따르면 「지방세법」 §11 및 §12의 표준세율을 2%로 적용하여 「지방세법」, 「지방세특례제한법」 및 「조세특례제한법」에 따라 산출한 취득세액의 10%가 적용되는 것으로, 취득세액은 (표준세율 2% - 경감세율 2%)로 산정되어 과세표준이 "0"이므로 비과세), 2016년까지 취득세 경감분 농어촌특별세 비과세(농특령 §4 ⑦ 5).

한편, 지방교육세는 과세특례에 의한 세율〔「지방세법」 §11 ① 8(주택 유상거래 세율)을 제외]에서 2%를 차감한 세율을 적용한 취득세액의 20%를 지방교육세로 부과되나, 취득세율을 2%로 정한 경우에는 과세대상에서 제외됨(지법 §151 ① 1).

2) 추징요건

선박의 취득일부터 6개월 이내에 국제선박으로 등록하지 아니한 경우에는 경감된 취득세를 추징한다. 그런데 2017.1.1. 이후 상기 감면규정이 삭제되어 더 이상 적용되지 아니하나, 2016.12.31. 이전에 종전의 규정에 따라 감면된 지방세의 추징에 대해서는 개정 규정에도 불구하고 종전의 규정에 따른다(부칙 §14).

⑤ 항공운송사업 등에 대한 과세특례(지특법 §65)

1) 감면요건

① 감면대상자

「항공사업법」에 따라 면허를 받거나 등록을 한 자

② 감면대상 및 감면범위

국내항공운송사업, 국제항공운송사업, 소형항공운송사업 또는 항공기 사용사업에 사용하기 위하여 취득하는 항공기	취득세 표준세율에서 1.2% (2016년 이전 2%) 차감
과세기준일 현재 그 사업에 직접 사용하는 항공기	재산세 50% 경감(주) (도시지역분 제외)

☞ 감면시한 : 2027.12.31.(재산세는 제외)

☞ 최소납부제 적용 시기 : 2017.1.1. 이후

☞ 농어촌특별세 과세 여부 : 취득세분 농어촌특별세 과세〔「농어촌특별세법」 §5 ① 6에 따르면 「지방세법」 §11 및 §12의 표준세율을 2%로 적용하여 「지방세법」, 「지방세특례제한법」 및 「조세특례제한법」에 따라 산출한 취득세액의 10%가 적용되는 것으로, 경감세율이 2%인 경우 취득세액은 (표준세율 2% -경감세율 2%)로 산정되어 과세표준이 "0"이므로 비과세, 경감세율이 1.2%인 경우 취득가액의 0.08% 과세〕, 취득세 경감분 농어촌특별세 과세

한편, 지방교육세는 과세특례에 의한 세율〔「지방세법」 §11 ① 8(주택 유상거래 세율)을 제외]에서 2%를 차감한 세율을 적용한 취득세액의 20%를 지방교육세로 부과되나, 취득세율을 2%로 정한 경우에는 과세대상에서 제외됨(지법

§151 ① 1).

☞ (주) 2019년 이후부터 취득일 이후 재산세 납세의무가 최초로 성립한 날부터 5년간 감면하되, 자산총액이 「자본시장과 금융투자업에 관한 법률」 제159조에 따라 사업보고서를 제출하여야 하는 법인으로서 직전 사업연도의 재무제표상 자산총액(새로 설립된 회사로서 직전 사업연도의 재무상태가 없는 경우 「지방세기본법」 제34조에 따른 납세의무성립 시기의 납입자본금으로 함)의 합계액이 5조 원 이상인 자가 취득하는 항공기는 2023.12.31.까지 재산세를 경감함. 그리고 2019.1.1. 당시 그 항공기(상기 5조 원 이상자가 취득하는 항공기 제외)에 대한 재산세 납세의무가 최초로 성립한 날부터 5년이 지나지 아니한 경우에도 적용함(이 경우 해당 항공기에 대한 재산세의 경감기간은 2019.1.1. 당시 재산세 납세의무가 최초로 성립한 날부터 5년이 지나지 아니한 잔여기간으로 함)(지특법 부칙 §7).

「여신전문금융업법」에 의한 시설대여회사가 항공기를 이용자에게 대여하고 그 이용자인 항공 운송사업자가 「항공법」에 의하여 허가받은 정기 또는 부정기항공운송사업, 항공기사용사업에만 직접 사용하는 경우에 시설대여회사가 취득하는 항공기도 취득세 2%를 경감하여 과세한다(구 지특통 65-1).

항공운송사업에 사용되는 항공기의 경우 직접 사용하거나 국내의 대여시설이용자에게 대여하기 위하여 임차하여 수입하는 등 취득 및 소유의 형태가 다양한 상황에서, 선박, 항공기 등 화물 및 여객 운송 사업을 지원하기 위한 "사업용 항공기 등"에 대한 감면 취지를 감안할 때, 소유권이 외국인에게 귀속된 항공기를 국내로 들여와 사용하는 경우 소유자 기준만으로 "직접 사용" 여부를 판단할 경우 불합리한 면이 있고, 시설대여회사가 항공기를 이용자에게 대여하고 그 이용자인 항공운송사업자가 「항공법」에 의하여 허가받은 정기항공운송사업에만 직접 사용하는 경우에 시설대여회사가 취득하는 항공기도 취득세 면제하는 점을 고려할 때, 항공운송사업자인 최종 임차인이 항공기를 사용할 권리가 있는 자로써 「항공법」에 따라 해당 항공기를 등록하고, 자신의 항공 운송사업에 사용하고 있는 경우라면 "항공운송사업자가 그 사업에 직접 사용하는 항공기"로 보아 취득세와 재산세 감면대상이 된다(지방세운영과-4131, 2010.9.7.).[230] 시설대여업자가 아닌 개인이 항공운송사업자에게 대여하는 경우에는 감면이 되지 아니하는 것이다.

2) 추징요건

별도의 추징규정이 없지만 항공기는 부동산에 해당되지 아니하므로 「지방세특례제한법」 제178조 추징규정이 적용되지 아니한다.

---

230) 「항공법」 제3조에서 항공기를 소유하거나 임차하여 항공기를 사용할 수 있는 권리가 있는 자는 항공기를 국토해양부장관에게 등록하여야 한다고 규정하고 있다. 「지방세법」 상 해당사업에 "직접 사용"하는 경우에 대한 비과세·감면 적용에 있어, 감면대상자를 특정한 경우 등에 있어서는 "직접 사용"이란 소유관계를 기준으로 제3자가 아닌 그 소유자가 자신의 목적사업에 사용하는 경우로 한정한다고 볼 수 있으나, 감면대상자가 특정되지 않거나 대물적 감면 성격이 강한 경우에는 입법 취지 및 해당규정에 따라 사용용도 측면에서 직접 사용 여부를 판단하는 것이 타당하다.

6 교환자동차 등에 대한 감면(지특법 §66)

(1) 교환자동차 등에 대한 감면(지특법 §66 ①)

1) 감면요건

① 감면대상자

제작 결함으로 인하여 교환받는 자동차 소유자

② 감면대상 및 감면범위

자동차(기계장비 포함. 이하 "자동차 등")의 제작 결함으로 인하여 「소비자기본법」에 따른 소비자분쟁해결기준 또는 「자동차관리법」에 따른 자동차안전·하자심의위원회의 중재에 따라 반납한 자동차 등과 같은 종류의 자동차 등(자동차의 경우 「자동차관리법」 §3에 따른 같은 종류의 자동차)으로 교환받는 자동차 등(「자동차관리법」에 따른 자동차안전·하자심의위원회의 중재는 2019년 이후 적용)	취득세 면제

- 감면시한 : 감면시한 배제
- 최소납부제 적용 시기 : 최소납부제 배제
- 농어촌특별세 과세 여부 : 취득세 면제분 농어촌특별세 비과세(농특령 §4 ④)
- 교환으로 취득하는 자동차 등에 부과되어야 할 세액이 종전의 자동차 등의 취득으로 납부한 세액을 초과하는 경우 그 초과분 취득세 부과〔2021년 이전 취득분(부칙 §14) 자동차 등의 가액이 종전의 자동차 등의 가액을 초과 시 초과분 취득세 부과〕

교환받는 자동차의 범위에 자동차회사로부터 금전으로 환급받아 취득하는 자동차는 포함되지 아니한다(지특예 법66-1). 중고 자동차로 교환하더라도 감면이 되며, 당초 취득 대리점이 아닌 타 대리점에서 교환하는 경우라도 감면대상이 된다.

중기를 취득한 후 그 기능상 하자로 반납한 경우에도 이미 성립한 취득세 납세의무가 소급하여 소멸되지 않으므로, 구입한 중기를 반납하고 새로운 중기를 취득하였다면 모두 취득세 납세의무가 있다. 그러나 소비자분쟁해결기준에 따라 반납한 중기인 경우에 감면이 된다.

2) 추징요건

별도의 추징규정이 없지만 자동차는 부동산에 해당되지 아니하므로 「지방세특례제한법」 제178조 추징규정이 적용되지 아니한다.

3) 유의사항

① 같은 종류의 자동차

「자동차관리법」 제3조에 따른 같은 종류의 자동차로 규정되어 있는바, 「자동차관리법」 제3조(자동차의 종류)에서 승용자동차, 승합자동차, 화물자동차, 특수자동차 및 이륜자동차로 구분하고 있으며, 자동차의 종류는 그 규모별 세부기준 및 유형별 세부기준에 따라 「자동차관리법 시행규칙」[별표 1]과 같이 구분하고 있다.

승용자동차이면 되는 것이지 승용자동차로 반납한 자동차와 규모별 세부기준에 따른 같은 종류의 자동차이어야 하는 것은 아니다.

② 같은 종류의 기계장비

'같은 종류의 기계장비'라 함은「지방세법 시행규칙」제3조 [별표 1]에서 규정한 불도저, 굴삭기 등의 기계장비별 동일한 종류를 말하는 것이다(세정 13407 – 201, 1998.2.28.).

③ 저당권을 변경하는 경우

새 기계장비(건설기계)에 저당권을 다시 설정하는 것이고, 제작결함으로 저당권 설정 건설기계를 변경할 경우 별도의 특례규정이 없으므로 채권금액의 0.2%를 등록면허세 세율을 적용하여야 할 것이다.

(2) 말소자동차 등 재등록에 대한 감면(지특법 §66 ②)

1) 감면요건

① 감면대상자

말소된 자동차 또는 건설기계를 다시 등록하는 자

② 감면대상 및 감면범위

「자동차관리법」§13 ⑦ 또는「건설기계관리법」§6 ① 7(2019년 이전은 §8)에 따라 말소된 자동차 또는 건설기계를 재등록	등록면허세 면제

- 감면시한 : 감면시한 배제
- 농어촌특별세 과세 여부 : 등록면허세 면제분 농어촌특별세 비과세(농특령 §4 ④)
- 자동차 소유자는 자기의 자동차를 도난당한 경우에는 대통령령으로 정하는 바에 따라 시·도지사에게 말소등록을 신청할 수 있다.
    7. 건설기계를 도난당한 경우
    8. 건설기계를 폐기한 경우

2) 추징요건

별도의 추징규정이 없지만 자동차는 부동산에 해당되지 아니하므로「지방세특례제한법」제178조 추징규정이 적용되지 아니한다.

(3) 하이브리드자동차에 대한 감면(지특법 §66 ③)

1) 감면요건

① 감면대상자

하이브리드자동차 취득자

② 감면대상 및 감면범위

	취득세 면제
「환경친화적 자동차의 개발 및 보급촉진에 관한 법률」 §2 5에 따른 하이브리드자동차로서 같은 조 2에 따라 고시된 자동차	〔40만 원(2020년 90만 원, 2019년 이전 140만 원) 초과 시 40만 원(2020년 90만 원, 2019년 이전 140만 원)〕

👉 감면시한 : 2024.12.31.

👉 최소납부제 적용 시기 : 최소납부제 배제

👉 농어촌특별세 과세 여부 : 취득세분 농어촌특별세 비과세(자동차는 농특법 §4 10-2), 취득세 경감분 농어촌특별세 비과세(농특령 §4 ⑦ 5)

2) 추징요건

별도의 추징규정이 없지만 자동차는 부동산에 해당되지 아니하므로 「지방세특례제한법」 제178조 추징규정이 적용되지 아니한다.

(4) 전기자동차와 수소전기자동차에 대한 감면(지특법 §66 ④, ⑤)

1) 감면요건

① 감면대상자

전기자동차 또는 수소전기자동차(2019.3.31. 이전 연료전지자동차) 취득자

② 감면대상 및 감면범위

「환경친화적 자동차의 개발 및 보급 촉진에 관한 법률」 §2 3에 따른 전기자동차로서 같은 조 2에 따라 고시된 자동차(2024년 이전은 같은 법 §2 3에 따른 전기자동차), 같은 조 6에 따른 수소전기자동차(2018년 이전은 연료전지자동차)로서 같은 조 2에 따라 고시된 자동차(2023년 이후 하단의 화물자동차 제외, 연료전지자동차는 2017년 이후 적용)	취득세 면제 〔140만 원(2017년, 2018년 200만 원) 초과 시 140만 원(2017년, 2018년 200만 원)〕 공제
「환경친화적 자동차의 개발 및 보급 촉진에 관한 법률」 §2 6에 따른 수소전기자동차로서 같은 조 2에 따라 고시된 자동차 중 「화물자동차 운수사업법」 §2 1에 따른 화물자동차(2023년 이후)	취득세 50% 경감

👉 감면시한 : 상단 2027.12.31. 하단 2025.12.31.

☞ 최소납부제 적용 시기 : 최소납부제 배제

☞ 농어촌특별세 과세 여부 : 취득세분 농어촌특별세 비과세(자동차는 농특법 §4 10-2), 취득세 경감분 농어촌특별세 비과세(농특령 §4 ⑦ 5)

2) 추징요건

별도의 추징규정이 없지만 자동차는 부동산에 해당되지 아니하므로 「지방세특례제한법」 제178조 추징규정이 적용되지 아니한다.

❼ 노후경유자동차 교체에 대한 감면(지특법 §66-2)

1) 감면요건

① 감면대상자

「자동차관리법」에 따라 2006.12.31. 이전에 신규등록된 경유를 원료로 하는 승합자동차 또는 화물자동차(같은 법에 따라 자동차매매업 등록자의 매매용 중고자동차 제외)를 2017.1.1. 현재 소유자(등록일 기준)

② 감면대상 및 감면범위

2006.12.31. 이전 신규등록된 노후경유자동차를 폐차하고 말소등록한 이후 2017.6.30.까지 본인 명의로 취득하여 신규등록하는 승합자동차 또는 화물자동차(신조차에 한정하되, 노후경유자동차 1대당 신조차 1대만 경감)	취득세 50% 경감 (경감액이 100만 원 초과 시 100만 원)

☞ 감면시한 : 2017.6.30.

☞ 농어촌특별세 과세 여부 : 취득세분 농어촌특별세 비과세(자동차는 농특법 §4 10-2), 취득세 경감분 농어촌특별세 과세

2) 추징요건

별도의 추징규정이 없지만 자동차는 부동산에 해당되지 아니하므로 「지방세특례제한법」 제178조 추징규정이 적용되지 아니한다.

❽ 경형자동차 등에 대한 과세특례(지특법 §67)

(1) 경형승용자동차에 대한 감면(지특법 §67 ①)

1) 감면요건

① 감면대상자

경형승용자동차 취득자

② 감면대상 및 감면범위

경형승용자동차	취득세 면제〔75만 원(2019년~2021년 50만 원) 초과 시 75만 원(2019년~2021년 50만 원)〕

- 감면시한 : 2027.12.31.
- 최소납부제 적용 시기 : 2016.1.1. 이후
- 농어촌특별세 과세 여부 : 취득세분 농어촌특별세 비과세(자동차는 농특법 §4 10-2), 취득세 경감분(면제분) 농어촌특별세 비과세(농특령 §4 ⑦ 5)

2) 추징요건

① 2018.1.1. 이후 감면분

취득일부터 1년 이내에 영업용으로 사용하는 경우에는 감면된 취득세가 추징되나, 2018.1.1. 이후 감면받는 경우부터 적용한다(지특법 부칙 §5).

② 2017.12.31. 이전 감면분

별도의 추징규정이 없지만 자동차는 부동산에 해당되지 아니하므로 「지방세특례제한법」 제178조 추징규정이 적용되지 아니한다.

(2) 경형승합자동차등에 대한 감면(지특법 §67 ②)

1) 감면요건

① 감면대상자

경형승합자동차, 경형화물자동차 취득자

② 감면대상 및 감면범위

경형승합자동차, 경형화물차동차(2016년 이후 특수용도형 화물자동차로서 피견인형 자동차 제외)	취득세 면제

- 감면시한 : 2027.12.31.
- 최소납부제 적용 시기 : 2016.1.1. 이후
- 농어촌특별세 과세 여부 : 취득세분 농어촌특별세 비과세(자동차는 농특법 §4 10-2), 취득세 면제분 농어촌특별세 과세(농특령 §4 ⑦ 5)
- 2014.12.31. 특수용도형 화물자동차로서 피견인형 자동차 제외되는 것으로 개정되었으나 부칙에 의하면 2016.1.1. 이후 적용됨.

> **사례** 피견인형 화물자동차로 경형으로 구분되는 경우(지방세운영과-160, 2013.1.16.)
>
> 경형화물자동차에 해당 여부는 「자동차관리법」에 따라 판단하여야 하는바, 배기량이 없는 피견인형의 경우 자동차등록증 등에 차종은 화물자동차로 규모는 경형으로 구분되어 있는 점, 그간 "전기자동차와 같이 배기량이 없는 경우 배기량을 0cc로 볼 수 있다(지방세운영과-1424, 2010.4.7. 참

조)"고 해석하였던 점, 「지방세특례제한법」 감면규정과 관련 「자동차관리법」에 따른 경형화물자동차에서 피견인형을 제외한다는 별도의 규정이 없는 점 등을 종합적으로 고려해 볼 때, 피견인 차량의 경우 취득세 감면대상 경형자동차에 해당된다고 할 것임.

2) 추징요건

별도의 추징규정이 없지만 자동차는 부동산에 해당되지 아니하므로 「지방세특례제한법」 제178조 추징규정이 적용되지 아니한다.

(3) 승차 정원 7명 이상 10명 이하 비영업용 승용자동차에 대한 감면 (지특법 §67 ③)

1) 감면요건

① 감면대상자

승차 정원 7명 이상 10명 이하 비영업용 승용자동차로서 「자동차 및 자동차부품의 성능과 기준에 관한 규칙」 제2조 제23호에 따른 전방조종자동차 취득자

② 감면대상 및 감면범위

승차 정원 7명 이상 10명 이하 비영업용 승용자동차로서 「자동차 및 자동차부품의 성능과 기준에 관한 규칙」 §2 23에 따른 전방조종자동차(2007.12.31. 이전에 신규등록 또는 신규로 신고된 차량으로 한정)	자동차세 소형일반버스 (2015년만 소형승합자동차) 세율 적용

☞ 감면시한 : 2027.12.31.

2) 추징요건

별도의 추징규정이 없지만 자동차는 부동산에 해당되지 아니하므로 「지방세특례제한법」 제178조 추징규정이 적용되지 아니한다.

❾ 매매용 및 수출용 중고자동차 등에 대한 감면(지특법 §68)

(1) 매매용 중고자동차등에 대한 감면(지특법 §68 ①, ②)

1) 감면요건

① 감면대상자

자동차매매업을 등록한 자, 건설기계매매업을 등록한 자

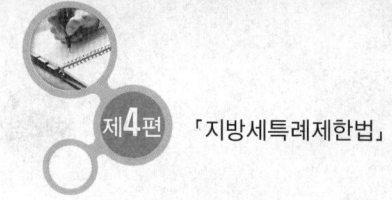

② 감면대상 및 감면범위

매매용으로 취득하는 중고자동차 또는 중고건설기계	취득세 면제
매매용으로 취득하는 중고자동차 또는 중고건설기계(자동차매매업자, 건설기계 매매업자 명의로 등록된 기간만)	자동차세 면제

- 감면시한 : 2027.12.31.
- 최소납부제 적용 시기 : 2017.1.1. 이후
- 농어촌특별세 과세 여부 : 취득세 면제분 농어촌특별세 비과세(농특령 §4 ④)
- 2017년 이후 차량 종류변경(지법 §7 ④) 취득은 감면 적용되지 아니함.

「자동차관리법」 제2조 제7호에서 "'자동차매매업'이라 함은 자동차(신조차 및 이륜자동차 제외)의 매매 또는 매매알선 및 그 등록신청의 대행을 업으로 하는 것을 말한다"고 규정하고 있다. 신규 등록이 되지 아니한 자동차를 법원으로부터 경락에 의해 자동차매매업자 명의로 취득하여 신규 등록하는 경우라면, 비록 제3자가 신조차를 취득하여 임시운행허가를 받고 약 8개월이 경과한 이후에 매매용으로 취득하는 경우라 하더라도 「자동차관리법」 제8조의 규정에 의해 신조차로 신규 등록이 된 경우이므로, 해당 신조차는 자동차매매업의 등록을 한 자가 매매용으로 취득하는 중고자동차에 해당하지 아니한다(지방세정팀-111, 2008.1.9.). 따라서 매매용으로 제시신고를 하고 자동차매매업자 명의로 이전된 차량의 경우 중고자동차에 해당한다(지특예 법68-1).

2) 추징요건

취득일부터 2년(2024년 이후 「자동차관리법」 제3조 제1항에 따른 승합자동차, 화물자동차 또는 특수자동차의 경우 3년, 2012.12.31. 이전 취득분 1년) 이내에 해당 중고자동차, 중고건설기계를 매각하지 아니하거나 수출하지 아니하는 경우에는 감면된 취득세를 추징한다(다만, 다음 어느 하나에 해당되어 「자동차관리법」 제2조 제5호 및 「건설기계관리법」 제2조 제1항 제2호에 따라 폐차 또는 폐기한 경우 제외)

- ⊙ 취득일부터 1년이 경과한 중고자동차로서 「자동차관리법」 제43조 제1항 제2호 또는 제4호에 따른 자동차 검사에서 부적합 판정을 받은 경우(2019년 이후 감면분부터)
- ⓒ 「재난 및 안전관리 기본법」 제3조 제1호에 따른 재난으로 인하여 피해를 입은 경우(2024년 이후 감면분부터)

수출은 2019년 이후 적용되는 것으로 개정되었으나 그 전에도 매각에는 수출도 포함하는 것이며, 자진 말소한 경우에는 매각에 해당되지 아니하므로 추징대상이 되는 것이다.

자동차매매업자가 상품용으로 취득하는 중고자동차에 대하여 취득세 등을 감면하면서 1년 이내에 실수요자에게 매각할 조건을 부여하고 있는 취지는 중고자동차의 매매촉진효과와 함께 중고자동차를 상품용이 다른 용도로 사용하는 것을 방지하는 데 목적이 있는 것이므로, 청구인이 비록 자동차에 설정된 저당권을 해제하기 위하여 다른 중고자동차매매상사인 (주)○○자동차에게 명의이전하였을 뿐이라고 주장하고 있으나, 자동차를 취득일부터 1년 이내인 실수요자가 아닌 중고자동차매매상사에게 자동차를 매각한 것이 자동차등록원부, 자동차양도증명서 등으로 확인되는 경우 기면제한 취득세를 추징한다(행심 2006-61, 2006.2.27.).

한편, 취득일 후 2년 이내에 다른 용도(임대 등)으로 사용은 추징사유가 아니므로 추징되지는 않지만 당초 취득 목적인 매매용이 아닌 것이 되는 것인바, 추징대상이 아니라 당초 취득 시에 감면대상이 되지 아니하는 것으로 해석하여야 할 것이다(이 경우 가산세도 부과될 것임).

> **사례** 매각을 위해 정상적인 노력한 경우 정당한 사유 아님(행심 2007-793, 2007.12.26.)
> 엔카네트워크 등 인터넷광고, 벼룩시장 등 생활정보지 등에 매각광고를 주기적으로 계속하였고, 인기가 많은 차량의 경우에도 매각에 많은 시간이 소요된다 하나 이는 중고자동차매매업을 영위하는 자이면 누구나 일상적으로 행하는 통상적인 매각절차에 불과할 뿐만 아니라, 조세감면 유예기간 내에 매각하지 못할 정도의 법령상·사실상의 장애사유 등에 해당되지 아니하므로 취득일로부터 1년 이내에 매각하지 못한 정당한 사유가 있었다고 볼 수는 없을 것임.

3) 유의사항

① 종류변경도 감면대상임

2017년 이후는 감면 적용되지 아니하나, 2016년 이전에는 「자동차관리법」에 의한 자동차매매업자가 매매용으로 중고자동차를 취득한 후 차량의 종류 변경으로 인하여 자동차의 가액이 증가함으로써 취득세 납세의무가 발생한 경우, 매매용으로 중고자동차를 취득한 날부터 2년 이내에 차량의 종류변경이 되고, 해당 중고자동차가 계속하여 매매용으로 제시되고 있는 경우라면, 매매용 중고자동차의 종류변경에 따른 취득 역시 매매용으로 취득하는 중고자동차로 보아 취득세를 감면하여야 할 것이나, 중고자동차매매업자가 취득한 날부터 2년(2012.12.31. 이전 취득분 1년) 이후에 차량의 종류변경이 되거나 취득일부터 2년(2012.12.31. 이전 취득분 1년) 이내에 정당한 사유없이 매각하지 아니하는 경우에는 감면된 세액을 추징하게 된다(세정과-825, 2008.2.26.).

② 종류변경도 추징대상이 되며, 당초 중고자동차 취득일로부터 유예기간 기산

중고자동차매매업자가 취득한 날부터 2년(2012.12.31. 이전 취득분 1년) 이후에 차량의 종류변경이 되거나 취득일부터 2년(2012.12.31. 이전 취득분 1년) 이내에 정당한 사유없이 매각하지 아니하는 경우에는 감면된 세액을 추징하게 된다. 여기에 종류변경으로 감면된 취득세도 추징이 되는 것이다. 다만, 중고자동차와 종류변경을 구분하여 별도의 취득일로 보아 추징하는 것이 아니라 당초 중고자동차 취득일로부터 2년(2012.12.31. 이전 취득분 1년)을 따져야 하는 것이다.

③ '중고자동차'의 의미

'중고자동차'라 함은 「자동차관리법」 상 중고자동차를 지칭하는 것이므로 「자동차관리법」 상 중고자동차가 아닌 경우라면 감면대상에 해당되지 아니한다(세정 13407-아668, 1998.10.15.). 그런데 「자동차관리법」 상 "중고자동차"의 의미를 따로 규정하고 있지 아니하지만, 1995.12.29. 법률 제5104호로 개정되기 전의 「자동차관리법」 제2조 제5호에서 "'중고자동차'라 함은 자동차 제작·

조립 또는 수입을 한 자로부터 법률 행위 또는 법률의 규정에 의하여 자동차를 취득한 때로부터 사실상 그 성능을 유지할 수 없을 때까지의 자동차를 말한다"고 규정하고 있었으나, 그 이후 개정으로 이 부분은 삭제되었다.

한편, '중고자동차'란 매매용으로 제시신고를 하고 자동차매매업자 명의로 이전(상품용)된 차동차를 말한다(지특예 법68-1). 따라서 제작한 자로부터 최초 승계 취득하여 신규등록이 된 이후에는 임시운행허가를 받아 출고된 차량이라 하더라도 운행 여부에 관계없이 "중고자동차"라 할 것으로 판단된다(지방세운영과-5515, 2010.11.23. 참조).

④ '중고건설기계'의 의미

「지방세특례제한법 기본통칙」 68-1에 유추한다면 '중고건설기계'라 함은 매매용으로 제시신고를 하고 건설기계매매업자 명의로 명의이전(상품용)된 건설기계라 할 수 있다. 따라서 건설기계의 경우 제작한 자로부터 최초 승계 취득하여 신규등록이 된 이후에는 임시운행허가를 받아 출고된 차량이라 하더라도 운행 여부에 관계없이 "중고건설기계"라 할 것으로 판단된다(지방세운영과-5515, 2010.11.23.).

「건설기계관리법」의 규정에 의하여 중고건설기계매매업신고를 한 자가 매매용으로 취득하는 중고건설기계에 대하여는 감면이 되는 것으로 매매용 중고건설기계라 함은 일반인들이 실수요자로서 건설기계를 취득하여 이를 직접 사용하거나 대여하는 등 사업용으로 사용하지 아니하고 상품용으로 매매하는 경우를 의미하는 것으로 사업자등록도 하지 않은 상태에서 이를 취득하였다가 매각하는 경우는 매매용 건설기계로 인정할 수 없으나, 사업자등록을 한 이후에 취득하였다가 매각한 경우는 비록 제시신고를 하지 않았고, 매매에 따른 부가가치세 신고를 하지도 않았다 하더라도 매매업을 영위하기 위하여 취득하였다가 매각한 건설기계에 해당된다고 보는 것이 타당하다(행심 2001-415, 2001.8.27.).

(2) 수출용 중고선박 등에 대한 감면(지특법 §68 ③, ④)

1) 감면요건

① 감면대상자

「대외무역법」에 따른 무역을 하는 자

② 감면대상 및 감면범위

수출용으로 취득하는 중고선박, 중고기계장비 및 중고항공기	취득세 표준세율에서 2% 차감
수출용으로 취득하는 중고자동차	취득세 면제

📌 감면시한 : 2027.12.31.

📌 최소납부제 적용 시기 : 2017.1.1. 이후

📌 농어촌특별세 과세 여부 : 취득세분 농어촌특별세 과세(「농어촌특별세법」 §5 ① 6에 따르면 「지방세법」 §11 및 §12의

표준세율을 2%로 적용하여 「지방세법」, 「지방세특례제한법」 및 「조세특례제한법」에 따라 산출한 취득세액의 10%가 적용되는 것으로, 취득세액은 (표준세율 2%-경감세율 2%)로 산정되어 과세표준이 "0"이므로 비과세), 취득세 경감분(면제분) 농어촌특별세 비과세(농특령 §4 ⑦ 5)

한편, 지방교육세는 과세특례에 의한 세율[「지방세법」 §11 ① 8(주택 유상거래 세율)을 제외]에서 2%를 차감한 세율을 적용한 취득세액의 20%를 지방교육세로 부과되나, 취득세율을 2%로 정한 경우에는 과세대상에서 제외됨(지법 §151 ① 1).

☞ 2017년 이후 차량 종류변경(지법 §7 ④) 취득은 감면 적용되지 아니함.

중고지게차는 기계장비로 보고 있으므로 이 감면규정이 적용되는 것이며, 무역을 하는 자라고 되어 있어서 외국의 바이어 등에게 판매하는 행위를 하여야 하는바, 해외사무소에서 사용하고자 수출하는 경우 무역을 하는 자에 포함되지 아니할 것이다.

전술한 바와 같이 2017년 이후는 중고자동차의 종류변경은 감면되지 아니하나, 2016년 이전에는 중고자동차의 종류변경도 감면이 되었는바, 중고선박과 중고기계정비의 종류변경도 감면이 되는 것으로 해석하여야 할 것이다.

「대외무역법」에 의한 무역업자가 중고선박을 수입에 의하여 취득하는 경우로서 수입신고필증상 일반수입(내수용)으로 기재되어 있는 경우라도 수입에 의하여 취득한 중고선박을 단순히 수리하여 수출용으로 취득하였음이 이사회회의록, 수출신고필증 등 관련서류에 의하여 입증되는 경우에 한해 취득세 등의 면제대상에 해당되는 것이다(세정 13407-338, 2003.4.28.).

> **[사례]** 기계장비(영업용)를 매매용(기계장비 매매업자)으로 등록 시 등록할 때는 자가용으로 변경하고 다시 팔 때는 또 영업용으로 변경하여야 하는데, 매매용으로 등록 시 취득세 감면, 등록면허세(용도변경) 과세
>
> 기계장비(영업용)를 매매용(기계장비 매매업자)으로 등록 시 등록할 때는 자가용으로 변경하고 다시 팔 때는 또 영업용으로 변경하여야 한다라고 한다면 자가용 전환 시에는 취득세가 과세될 것으로 판단되는데, 「건설기계관리법」 제21조 제1항에 따라 건설기계매매업을 등록한 자가 매매용으로 취득하는 중고자동차 중고건설기계에 대하여는 2015년 12월 31일까지 취득세와 자동차세를 면제한다. 이 경우 자동차세는 다음 각 호에 해당하는 자의 명의로 등록된 기간에 한정하여 면제한다. 그런데 취득일부터 2년 이내에 해당 중고선박, 중고기계장비, 중고항공기 및 중고자동차등을 매각하지 아니하거나 수출하지 아니하는 경우에는 감면된 취득세가 추징된다. 기계장비가 중고건설기계로 볼 경우에는 감면이 될 것으로 판단되나, 추후 영업용으로 용도변경 시 등록면허세가 과세될 것으로 판단됨.[231]

2) 추징요건

취득일부터 2년(2012.12.31. 이전 취득분 1년) 이내에 해당 중고선박, 중고기계장비, 중고항공기 및 중고자동차를 수출하지 아니하는 경우에는 감면된 취득세를 추징한다(단, 2024년 이후 감

---

231) 수입자가 판매용으로 선박을 수입한 후 판매가 여의치 않자 직접 사용하기 위해 실수요용으로 전환하는 것은 수입자가 직접 실수요자가 되는 것으로서 관련 법령에서 규정한 "실수요자가 따로 있는 경우"에 해당하지 않으므로 공부상 판매용 등으로 등재되지 않았다면 우리나라에 반입된 날을 취득의 시기로 보아야 한다고 판단됨(지방세운영과-3561, 2011.7.26.).

면분부터 중고자동차로서 「재난 및 안전관리 기본법」 제3조 제1호에 따른 재난으로 인하여 피해를 입어 「자동차관리법」 제2조 제5호 및 「건설기계관리법」 제2조 제1항 제2호에 따라 폐차 또는 폐기한 경우 제외).

당초 수출이 말소되었더라도 취득일로부터 2년 이내에 다시 수출이 된다면 추징이 되지 아니하나 2년 이내에 정당한 사유없이 수출하지 아니하는 경우에는 추징대상이 되는 것이다.

2016년 이전에는 중고선박 또는 중고기계장비의 종류변경도 감면이 되지만, 중고선박 등과 종류변경을 구분하여 별도의 취득일로 보아 추징하는 것이 아니라 당초 중고선박 또는 중고기계장비 취득일로부터 2년(2012.12.31. 이전 취득분 1년)을 따져야 하는 것이다.

⑩ 교통안전 등을 위한 감면(지특법 §69)

1) 감면요건

① 감면대상자

「한국교통안전공단법」에 따라 설립된 한국교통안전공단

② 감면대상 및 감면범위

「한국교통안전공단법」 §6 6 사업을 위한 부동산	
「자동차관리법」 §44에 따른 지정을 받아 자동차검사업무를 대행하는 자동차검사소용 부동산	취득세 25% 경감

☛ 감면시한 : 2025.12.31.
☛ 농어촌특별세 과세 여부 : 취득세분과 취득세 경감분 농어촌특별세 과세

2) 추징요건

별도의 추징규정이 없는바, 「지방세특례제한법」 제178조에 따라 다음 어느 하나에 해당하는 경우 그 해당 부분에 대해서는 감면된 취득세를 추징한다.

① 정당한 사유 없이 그 취득일부터 1년이 경과할 때까지 해당 용도로 직접 사용하지 아니하는 경우
② 해당 용도로 직접 사용한 기간이 2년 미만인 상태에서 매각·증여하거나 다른 용도로 사용하는 경우

⑪ 운송사업 지원을 위한 감면(지특법 §70)

(1) 여객자동차운송사업에 대한 감면(지특법 §70 ①)

1) 감면요건

① 감면대상자

「여객자동차 운수사업법」에 따라 여객자동차운송사업 면허를 받거나 등록(2019년 이후)을 한 자

② 감면대상 및 감면범위

시내버스운송사업, 농어촌버스운송사업, 마을버스운송사업, 시외버스운송사업, 일반택시운송사업 및 개인택시운송사업에 직접 사용하기 위하여 취득하는 자동차	취득세 50% 경감
할부매입 등의 사유로 저당권설정 등록을 하는 경우(2015년 이전만 적용)	등록면허세 75% 경감

☞ 감면시한 : 2027.12.31.
☞ 농어촌특별세 과세 여부 : 취득세분 농어촌특별세 비과세(농특법 §4 10 -2), 취득세 경감분과 등록면허세 경감분 농어촌특별세 과세

2) 추징요건

별도의 추징규정이 없지만 자동차는 부동산에 해당되지 아니하므로 「지방세특례제한법」 제178조 추징규정이 적용되지 아니한다.

3) 유의사항

① 리스회사가 취득하여 운송사업자에게 대여하는 경우

「지방세법」 제15조 제2항 제5호에 따르면 제7조 제9항에 따른 시설대여업자의 건설기계 또는 차량 취득에 대한 취득세는 중과기준세율(2%)을 적용하여 계산한 금액을 그 세액으로 한다라고 규정되어 있는바, 시설대여업자는 종전 취득세(2%)만 신고납부하고, 시설이용자는 등록면허세를 신고납부하여야 할 것이다. 리스회사는 운수사업자가 아니므로 취득세 감면이 되지 아니할 것이며, 리스이용자는 운송사업 면허를 받은 자로 운수사업을 영위하더라도 등록면허세 감면규정이 없어 감면대상이 되지 아니한다.

② 할부매입이 아닌 경우

근저당권 설정 등록면허세를 실제로는 자동차운송사업자가 부담함으로써 저당권 설정에 따른 세제지원을 하기 위한 감면규정이다.[232] 이 규정에서 할부매입 등이 사유로 되어 있는데, 여기서

---

[232] 현재 감면조례에서 자동차 저당권설정 등록에 대하여 등록세를 면제하도록 한 취지는 본래 할부판매사업자 등 자동차 저당권 설정권자가 등록세 납세의무자로서 등록세를 납부하여야 함에도 실제로는 해당 저당권설정 등록세를 여객자동차운송사업자에게 부담하도록 하고 있으므로, 대중교통의 근간이 되는 자동차운송사업자의 자동차 취득부담을 경감하는 차원으로 저당권설정권자에 대하여 등록세를 면제하도록 한 것임

"등"의 의미가 열거적인지 예시적인지 명확한 해석이 없는 것으로 보여진다. 그렇다면 저당권설정 등록 시 등록면허세를 실제로 부담하는 자가 저당권자가 아닌 운송사업자인 경우에만 감면을 적용하여야 할 것이다. 형식적으로는 저당권자가 납부하나, 이를 이자율 산정에 고려한다든지, 아니면 할부(리스) 원금을 차 값에 등록면허세를 포함하여 산정한다든지 한다면 결국 이는 운송사업자가 부담하는 결과가 되는 것이므로 이 경우에도 감면을 적용하여야 할 것이다. 금융회사가 저당권 설정을 할 경우 등록면허세 부담을 실제로 운송사업자가 하는 것인 경우에는 감면대상이 되어야 할 것이므로, 할부매입으로 인한 저당권설정이 아니라면 실제 운송사업자가 저당권 설정에 따른 등록면허세를 부담한 것임을 입증하는 서류를 구비하여야 할 것으로 판단된다.

(2) 여객자동차운송사업 면허를 받은 자의 천연가스 버스에 대한 감면
(지특법 §70 ③)

1) 감면요건

① 감면대상자

「여객자동차 운수사업법」에 따라 여객자동차운송사업 면허를 받거나 등록(2019년 이후)을 한 자

② 감면대상 및 감면범위

운송사업용으로 직접 사용하기 위한 천연가스 버스	취득세 75% 경감 (2020년 이전 면제)

🔹 감면시한 : 2024.12.31.
🔹 최소납부제 적용 시기 : 2019.1.1. 이후
🔹 농어촌특별세 과세 여부 : 취득세분 농어촌특별세 비과세(농특법 §4 10-2), 취득세 경감분(면제분) 농어촌특별세 과세

> **사례** 마을버스운송사업자가 관련법령에 따른 등록대상에 해당된다고 하더라도 종전과 동일하게 '면허를 받은 자'의 범주에 포함하여 천연가스버스 취득에 대해 취득세 면제를 적용함이 타당함 (지방세운영과-546, 2013.2.22.).

2) 추징요건

별도의 추징규정이 없지만 버스는 부동산에 해당되지 아니하므로 「지방세특례제한법」 제178조 추징규정이 적용되지 아니한다.

(농어업인에 대한 영농자금 등의 융자지원을 위한 감면과 같은 취지임)(세정과-203, 2004.2.26.).

(3) 여객자동차운송사업용 전기자동차·수소전기버스에 대한 감면
(지특법 §70 ④)

1) 감면요건

① 감면대상자

「여객자동차 운수사업법」 제4조에 따라 여객자동차운송사업 면허를 받거나 등록을 한 자

② 감면대상 및 감면범위

여객자동차운송사업에 직접 사용하기 위하여 취득하는 「환경친화적 자동차의 개발 및 보급 촉진에 관한 법률」 §2 3에 따른 전기자동차 또는 같은 조 6에 따른 수소전기자동차로서 같은 조 2에 따라 고시된 전기버스 또는 수소전기버스(2020년 이후 적용)	취득세 면제

☞ 감면시한 : 2027.12.31.
☞ 최소납부제 적용 시기 : 2020.1.1. 이후
☞ 농어촌특별세 과세 여부 : 취득세분 농어촌특별세 비과세(농특법 §4 10-2), 취득세 면제분 농어촌특별세 과세

　지분 또는 공동명의로 취득하는 경우에 있어 매 지분 취득 시마다 또는 공동명의자별로 한도총액을 각각 적용할 경우에는 명의신탁을 통한 공동명의 취득, 지분 쪼개기 등의 편법으로 세액을 면제받으려는 악용을 조장하게 될 뿐 아니라, 감면 한도를 정하고 있는 감면규정이 사문화되고 그 입법취지가 훼손된다고 할 것인 점 등을 종합해 볼 때, 지분 또는 공동명의로 감면규정에 따라 친환경자동차를 취득하는 경우 온전한 1대를 감면한도의 총액으로 보아 각 지분율에 해당하는 감면액을 적용하여야 할 것이다(부동산세제과-2880, 2020.12.2.).

2) 추징요건

　별도의 추징규정이 없지만 버스는 부동산에 해당되지 아니하므로 「지방세특례제한법」 제178조 추징규정이 적용되지 아니한다.

⑫ 물류단지 등에 대한 감면(지특법 §71)

(1) 물류단지개발사업시행자에 대한 감면(지특법 §71 ①)

1) 감면요건

① 감면대상자

물류단지개발 사업시행자

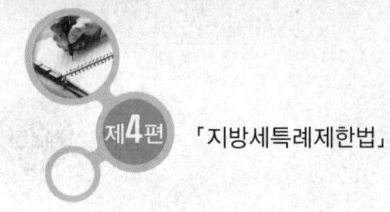
② 감면대상 및 감면범위

「물류시설의 개발 및 운영에 관한 법률」 §22 ①에 따라 지정된 물류단지 개발용 부동산^(주1)	취득세 35% 경감 (2014년 이전 면제)
과세기준일 현재 해당 사업에 직접 사용하는 부동산	재산세 25%^(주2)(2022년 이전 35%, 2014년 50%) 경감 (도시지역분 제외)

☛ 감면시한 : 2025.12.31.

☛ 농어촌특별세 과세 여부 : 취득세분과 취득세 경감분(면제분) 농어촌특별세 과세

☛ (주1) 2016년 이전에는 지방자치단체장은 25% 범위 내에서 조례로 추가 경감 가능

☛ (주2) 지방자치단체장은 재산세에 대해서는 해당 지역의 재정 여건 등을 고려하여 10% 범위에서 조례로 정하는 율을 추가로 경감 가능함.

부동산을 직접 사용한다는 것은 '물류단지를 개발하는 것'을 의미한다고 할 것이므로, 청구법인과 같이 쟁점부동산을 2017.6.22.부터 취득한 후 1년 내인 2018년 1월경 착공에 이르렀다면, 청구법인이 1년 내에 쟁점부동산을 물류단지를 개발하는 것에 직접 사용한 것으로 봄이 타당하므로, 처음부터 추징사유가 발생하였다고 보기 어렵다. 설령, 처분청 의견과 같이 청구법인이 1년 내에 물류단지 조성을 준공하지 못하여 추징사유가 발생한 것으로 보더라도, 다음과 같은 사정들을 고려하면 청구법인에게는 정당한 사유가 인정된다고 봄이 타당하다.

이미 설치한 물류단지시설(토지 및 건축물)을 취득한 경우에는 물류단지시설을 설치하기 위하여 토지를 취득한 것으로 볼 수 없다(조심 2013지21, 2013.2.14.).

2) 추징요건

① 2025년 이후 취득분(감면분)

다음 어느 하나에 해당하는 경우에는 경감된 취득세와 재산세를 추징하되, ㉠~㉣의 경우에는 그 해당 부분에 한정하여 추징한다.

㉠ 「물류시설의 개발 및 운영에 관한 법률」 제26조 제1항 및 제2항 제1호에 따라 물류단지의 지정이 해제되는 경우

㉡ 그 취득일부터 3년 이내에 정당한 사유 없이 「물류시설의 개발 및 운영에 관한 법률」 제46조에 따른 준공인가를 받지 아니한 경우

㉢ 「물류시설의 개발 및 운영에 관한 법률」 제46조에 따른 준공인가를 받은 날부터 3년 이내에 정당한 사유 없이 해당 용도로 분양·임대하지 아니하거나 직접 사용하지 아니한 경우

㉣ 해당 용도로 직접 사용한 기간이 2년 미만인 상태에서 매각·증여하거나 다른 용도로 사용하는 경우

② 2024년 이전 취득분(감면분)

별도의 추징규정이 없는바, 「지방세특례제한법」 제178조에 따라 다음 어느 하나에 해당하는

경우 그 해당 부분에 대해서는 감면된 취득세를 추징한다.

① 정당한 사유 없이 그 취득일부터 1년이 경과할 때까지 해당 용도로 직접 사용하지 아니하는 경우

② 해당 용도로 직접 사용한 기간이 2년 미만인 상태에서 매각·증여하거나 다른 용도로 사용하는 경우

부동산을 직접 사용한다는 것은 '물류단지를 개발하는 것'을 의미한다고 할 것이므로, 청구법인과 같이 쟁점부동산을 2017.6.22.부터 취득한 후 1년 내인 2018년 1월경 착공에 이르렀다면, 청구법인이 1년 내에 쟁점부동산을 물류단지를 개발하는 것에 직접 사용한 것으로 봄이 타당하므로, 처음부터 추징사유가 발생하였다고 보기 어렵다(조심 2023지4190, 2024.8.13.).

(2) 물류단지의 물류사업자에 대한 감면(지특법 §71 ②)

1) 감면요건

① 감면대상자

물류단지에서 물류사업을 직접 하려는 자

② 감면대상 및 감면범위

「물류시설의 개발 및 운영에 관한 법률」 §22 ①에 따라 지정된 물류단지에서 일정 물류사업을 직접 하려는 자가 물류사업에 직접 사용하기 위해 취득하는 일정 물류시설용 부동산(2019년 이전은 물류사업을 직접 하려는 자가 취득하는 물류사업용 부동산)^(주)	취득세 50% 경감 (2014년 이전 면제)
2025.12.31.까지 취득하여 과세기준일 현재 물류사업에 직접 사용하는 물류시설용(2019년 이전은 물류사업용) 부동산[2019년 이전 취득분은 취득일로부터 5년간]	재산세 35%(2014년 50%) 경감 (도시지역분 제외)

📌 감면시한 : 2025.12.31.

📌 농어촌특별세 과세 여부 : 취득세분과 취득세 경감분(면제분) 농어촌특별세 과세

📌 일정 물류사업의 범위

「물류정책기본법」 §2 ① 2호에 따른 물류사업을 말함.

📌 일정 물류시설용 부동산의 범위

「물류시설의 개발 및 운영에 관한 법률」 §2 7호에 따른 일반물류단지시설(「유통산업발전법」 §2 3호에 따른 대규모점포 제외)을 설치하기 위해 같은 법 §27에 따른 물류단지개발사업의 시행자로부터 취득하는 토지 및 그 토지 취득일부터 5년 이내에 해당 토지상에 신축하거나 증축하여 취득하는 건축물(토지 취득일 전에 신축하거나 증축한 건축물 포함)을 말함.

📌 2019.12.31. 이전에 취득한 물류사업용 부동산에 대한 재산세의 경감에 관하여는 개정규정에도 불구하고 종전의 규정에 따름(부칙 §16).

📌 (주) 2016년 이전에는 지방자치단체장은 25% 범위 내에서 조례로 추가 경감 가능

2) 추징요건

별도의 추징규정이 없는바, 「지방세특례제한법」 제178조에 따라 다음 어느 하나에 해당하는 경우 그 해당 부분에 대해서는 감면된 취득세를 추징한다.

① 정당한 사유 없이 그 취득일부터 1년이 경과할 때까지 해당 용도로 직접 사용하지 아니하는 경우

② 해당 용도로 직접 사용한 기간이 2년 미만인 상태에서 매각·증여하거나 다른 용도로 사용하는 경우

> **사례** 일부를 공실 상태로 두고 있는 경우 직접 사용 여부(지방세특례제도-1568, 2015.6.12.)
>
> '그 사업에 직접사용'의 의미는 부동산의 소유자가 해당 부동산을 현실적으로 그 사업 또는 업무의 목적이나 용도에 맞게 직접 사용하는 것을 말하고, 복합물류터미널사업 등록 조건으로 「물류시설의 개발 및 운영에 관한 법률」에서 정한 등록기준 및 물류터미널의 구조 및 설비를 유지하도록 하고 있고, 같은 법 제17조 제2호 및 제3호에서는 변경등록을 하지 아니하고 등록사항을 변경하거나, 등록기준에 맞지 아니하게 된 때에 등록을 취소하거나 사업의 정지를 명할 수 있도록 규정하고 있으므로 공실부분이 등록조건에 적합하고 사업의 휴업·폐업 등을 한 경우가 아니라면 그 사업 또는 업무의 목적이나 용도에 맞게 직접 사용하는 것으로 보는 것이 타당함.

> **사례** 조합 명의로 보존등기, 조합원에 분할등기 시(부산세정과-5414, 2011.3.18.)
>
> 조합이 토지 매수 후 건축공사를 하여 조합명의로 보존등기를 하고 조합원에 분할등기를 할 경우 조합은 「지방세특례제한법」 제94조에 따라 2년 이내에 매각하는 경우에 해당하여 감면받은 취득세를 추징하게 되며, 조합원은 「지방세특례제한법 시행령」 제33조에 따라 기존 건축물은 감면대상에서 제외하므로 취득세를 납부하여야 할 것으로 판단되나, 조합이 건축물 준공 후 2년 이상 해당 사업에 사용하다가 조합원에게 분양하는 경우에는 감면받은 지방세는 추징대상 아님.

3) 유의사항

① '물류사업용 부동산'의 의미

'물류사업용 부동산'이란 「물류시설의 개발 및 운영에 관한 법률」 제2조 제6호의 4에 따른 물류단지시설을 설치하기 위하여 물류단지 안에서 최초로 취득하는 토지와 그 토지 취득일부터 5년 이내에 취득하는 사업용 토지 및 건축물(토지 취득일 전에 그 사용승인을 받아 신축한 건축물 포함, 기존 건축물을 취득한 경우 제외)을 말한다(지특령 §33). 여기서 "토지취득일 전에 그 사용승인을 얻어 신축한 건축물"이라 함은 물류사업을 영위하고자 하는 자가 물류단지시설을 설치하기 위하여 물류단지 안에서 취득하고자 하는 토지를 취득일 전에 사용승인을 얻어 해당 토지상에 신축한 건축물을 의미하므로 기존 건축물을 취득하는 경우에는 취득세 면제대상에서 제외되는 것이다.

「지방세특례제한법 시행령」 제33조 후단에서 규정하고 있는 "건축물"이란 토지 취득일 전에 그 사용승인을 받아 신축한 건축물을 포함한다는 그 괄호의 내용을 볼 때 물류단지의 토지를 취

득하거나 취득이 예정된 자가 그 토지에 신축한 물류시설용 건축물로 보는 것이 합리적인 점, 만일, 물류단지 내 토지를 취득(취득이 예정된 경우를 포함한다. 이하 같다)하지 않은 상태에서 신축한 물류시설용 건축물도 「지방세특례제한법 시행령」 제33조에서 규정하고 있는 감면대상으로 해석하는 경우 물류단지 내 토지를 취득하지 않은 상태에서 물류시설용 건축물을 신축하면 기한에 관계 없이 취득세를 계속 감면받게 되는 반면, 물류단지 내 토지를 취득하여 그 지상에 신축하는 물류시설용 건축물은 그 토지의 최초 취득일부터 5년 동안만 취득세를 감면받게 되어 물류단지 내 취득세 감면 대상자 간에 조세불형평이 발생하는 점, 행정안전부도 물류단지 감면과 관련하여 2020.1.15. 「지방세특례제한법」 및 같은 법 시행령을 개정하면서 개정 전의 감면대상 부동산을 ① 최초로 취득하는 토지, ② 최초 취득한 후 5년 이내 취득 토지, ③ 최초 취득한 후 5년 이내 취득 건물로 구분하고 있고, 2020.1.15. 대통령령 제30355호로 개정된 같은 법 시행령 제33조는 물류시설용 부동산을 사업시행자로부터 취득하는 토지와 그 토지 취득일로부터 5년 이내에 해당 토지에 신·증축하여 취득하는 건축물(토지 취득일 전에 신축하거나 증축한 건축물을 포함한다)로 규정함으로써 감면대상에 토지의 취득이 전제되는 것을 보다 명확히 한 것으로 보이는 점, 나아가 조세법규의 해석은 특별한 사정이 없는 한 법문대로 해석하여야 하고 특히 조세 경감 등 특례 규정은 더욱 엄격하게 해석하는 것이 조세형평의 원칙에 부합하는 점 등에 비추어 볼 때, 청구법인과 같이 물류단지 안의 토지를 취득하지 않은 상태에서 물류시설용 건축물을 신축(취득)하는 경우 해당 건축물은 그 사업에 직접 사용한다고 하더라도 「지방세특례제한법」 제71조 제2항 및 같은 법 시행령 제33조에서 규정하고 있는 재산세 감면대상에서 제외된다고 보는 것이 타당하다(조심 2021지3380, 2022.12.12.).

그리고 '물류단지시설'이란 「물류시설의 개발 및 운영에 관한 법률」 제2조 제7호의 시설을 의미하는데, 화물의 운송·집화·하역·분류·포장·가공·조립·통관·보관·판매·정보처리 등을 위하여 물류단지 안에 설치되는 다음의 시설을 말한다.

㉠ 물류터미널 및 창고
㉡ 「유통산업발전법」 제2조 제3호·제7호·제15호 및 제17조의 2의 대규모점포·전문상가단지·공동집배송센터 및 중소유통공동도매물류센터
㉢ 「농수산물유통 및 가격안정에 관한 법률」 제2조 제2호·제5호 및 제12호의 농수산물도매시장·농수산물공판장 및 농수산물종합유통센터
㉣ 「궤도운송법」에 따른 궤도사업을 경영하는 자가 그 사업에 사용하는 화물의 운송·하역 및 보관 시설
㉤ 「축산물위생관리법」 제2조 제11호의 작업장
㉥ 「농업협동조합법」·「수산업협동조합법」·「산림조합법」 또는 「중소기업협동조합법」에 따른 조합 또는 그 중앙회가 설치하는 구매사업 또는 판매사업 관련 시설
㉦ 「화물자동차 운수사업법」 제2조 제2호의 화물자동차운수사업에 이용되는 차고, 화물취급소, 그 밖에 화물의 처리를 위한 시설
㉧ 「약사법」 제44조 제2항 제2호의 의약품 도매상의 창고 및 영업소시설

ⓩ 그 밖에 물류기능을 가진 시설로서 대통령령으로 정하는 시설

ⓒ ㉠부터 ⓩ까지의 시설에 딸린 시설(제8호 가목 또는 나목의 시설로서 ㉠부터 ⓩ까지의 시설과 동일한 건축물에 설치되는 시설 포함)

상기에서 ㉠~ⓩ의 시설에 따른 화물의 운송·집화·하역·보관·판매·정보처리 등을 위하여 물류단지 안에 설치되는 물류터미널 및 창고 등과 이에 딸린 시설로 규정하고 있고, "물류창고 등에 딸린 시설" 등 지원시설로 볼 수 있는 경우는 ⓒ에 따라 운송·집화·하역 등 물류처리 과정과 관련된 본질적인 업무처리 시설, 제8호의 가목 또는 나목에 따른 공장 등 가공·제조시설이나 정보처리시설(물류시설과 동일 건축물에 설치되는 경우로 한정)이 있다.

② '최초로 취득'의 의미

'최초로 취득'의 의미는 사업시행자로부터 최초로 취득하는 경우만을 의미하는 것이 아니라 취득자 입장에서 최초로 취득하는 물류사업용 부동산을 의미하는 것이다.

③ 자사 제품 보관하는 경우

제조업 및 도매업을 주업으로 하는 법인이 물류단지에서 자사의 원자재 및 상품을 수집·보관·운반하기 위하여 창고(하치장)를 취득한 경우, 그 창고는 화주(貨主)의 수요에 따라 유상(有償)으로 물류활동을 영위하는 것을 업(業)으로 하는 물류사업에 사용되는 시설로 볼 수 없다(지방세특례제도과-2385, 2015.9.4.)[233]라고 해석하여 감면배제하였으나, 이 감면규정의 입법 근거가 된 물류시설법의 규정에 의하여 알 수 있는 '물류시설이 합리적으로 배치되고 집단적으로 설치·육성되는 물류단지의 원활한 개발 및 그 입주기업체의 유치를 통한 물류산업 발전 촉진'이라는 이 조항의 입법취지에 비추어 보더라도 '물류사업을 직접 하려는 자'에 자가물류업체가 당연히 배제되어야 하는 것으로 해석될 수는 없다고 할 것이다.[234] 이 조항은 '물류단지 등에 대한

---

233) 다른 자의 화물 등을 보관하는 것이 아니고 자사의 제조 물품을 보관하는 경우에는 물류창고업을 영위하는 것으로 볼 수 없을 것이다(지방세운영과-1358, 2009.4.3.).

234) 이 감면 조항의 입법취지는 '물류사업을 영위하고자 하는 자가 물류단지개발사업 시행자로부터 물류단지를 분양받아 그곳에 물류창고 등 물류단지시설을 설치하는 경우 그 물류단지 및 물류단지시설에 관한 취득세 등을 감경·면제함으로써 물류시설이 합리적으로 배치되고 집단적으로 설치·육성되는 물류단지의 원활한 개발 및 그 입주기업체의 유치를 통한 물류산업 발전을 촉진하는 것'이라고 할 것이다. 한편, 물류시설법이 2011.8.4. 법률 제11018호로 개정되면서 제2조 제5호의 3으로 '물류창고업'이란 '화주의 수요에 따라 유상으로 물류창고에 화물을 보관하거나 이와 관련된 하역·분류·포장·상표부착 등을 하는 사업'을 말한다는 정의규정이 신설되었으나, 이는 위 개정 법률에서 물류창고의 효율적 관리 및 물류창고업자의 건전한 육성·발전을 도모하기 위하여 일정 규모 이상의 물류창고업에 관한 등록, 보조금 등의 재정지원 등을 규정한 제3장의 2(물류창고업)를 신설하면서 함께 마련된 것으로, 위와 같은 물류창고업에 관한 일련의 규정의 신설로 인하여 이 사건 조항의 입법취지나 이 사건 조항이 적용되는 '물류사업을 직접하려는 자'의 범위에 변경이 생겼다고 보기는 어렵다. ① 1995.12.6. 법률 제4995호로 구「지방세법」이 개정되면서 신설된 구「지방세법」 제280조 제5항 제2호는 '유통사업을 영위하고자 하는 자가 취득하는 유통사업용 부동산에 대하여는 취득세와 등록세를 면제한다.'고 규정하고 있었고, 그 제정이유는 '물류비용 절감을 위하여 유통단지에 대하여 지방세를 감면한다.'는 것이었다(법제처 발간 제정이유 중 해당 부분 참조). ② 2008.12.31. 법률 제9302호로 구「지방세법」이 개정되면서 개정 전 구「지방세법」 제280조 제5항 제2호의 '유통사업'이라는 용어가 '물류사업'으로 개정되었다.

감면'이라는 표제를 갖고 있고, 앞서 본 국토교통부의 정책자료에 따르면 물류단지개발 제도는 '우리나라가 그동안 물류사업에 대한 무관심으로 각종 물류시설의 설치가 미흡하고, 물류시설들 이 관계법령에 의해 개별적으로 분산·설치되어 있어 물류시설 간 연계성이 부족하며, 시대변화 에 따른 이용자들의 새로운 서비스 욕구의 충족이 미흡할 뿐만 아니라 유통구조 개선 및 물류비 절감효과의 저하와 교통량 증가 등의 부작용을 초래하였기 때문에 이와 같은 부작용을 해소하고 순기능을 향상시키기 위해 도입'된 것이다. 또한, 갑 제14호증의 기재와 제1심 법원의 이천시장, 광주시장, 김포시장에 대한 각 과세정보제출명령 회신결과에 변론 전체의 취지를 종합하면, 경기 도 소재 대규모 물류단지에 입주한 기업들 중에는 자가물류업체도 포함되어 있는 사실이 인정된 다. 이와 같이 물류단지개발 제도의 도입배경이 물류활동의 집적 및 선진화에 있는 점과 실제로 자가물류가 포함되어 있는 물류단지 조성현황을 고려할 때, 이 조항의 적용범위에서 자가물류업 체가 당연히 배제되어야 하는 것으로 볼 수는 없다(대법원 2017두45414, 2017.9.14. 심불, 서울고법 2016 누70996, 2017.4.19.)라고 판시하고 있다.

④ 유통사업용

「유통산업발전법」 제2조 제3호·제7호·제15호 및 제17조의 2의 대규모점포·전문상가단지· 공동집배송센터 및 중소유통공동도매물류센터, 「농수산물유통 및 가격안정에 관한 법률」 제2조 제2호·제5호 및 제12호의 농수산물도매시장·농수산물공판장 및 농수산물종합유통센터도 물류 단지시설에 해당한다.

유통단지 안에서 유통사업을 영위하고자 하는 자가 창고를 신축하여 자기의 상품이나 제품보 다는 주로 다른 고객의 상품이나 제품을 보관하는데 사용하는 경우라도 유통사업용 부동산의 관 리업무를 직접 수행하는 경우라면, 상품이나 제품의 도매·소매 및 이를 영위하기 위한 보관·배 송·포장 등을 목적으로 하는 유통사업의 특성을 고려할 때 취득세의 감면에 해당된다(도세과-142, 2008.3.24. 참조)(지방세운영과-1914, 2008.10.23.).

"직접 사용"의 의미는 유통사업자가 그 사업에 직접 사용권을 행사하는 경우로서 그 판단기준 은 해당 재산의 소유주체와 사용자와의 관계, 목적사업에 정하여진 업무에 공여 여부 등에 의해 판단하여야 할 것으로, 유통사업을 영위하는 자가 유통사업용 부동산의 관리업무를 직접 수행하 면서 가공·보관·출하 등의 집배송 업무는 외주업체와 용역계약을 체결하여 해당 유통사업자의

---

③ 그 후 「지방세법」 상의 과세면제 및 경감에 관한 규정 등을 일괄 규정하기 위하여 2010.3.31. 법률 제10220 호로 「지방세특례제한법」이 제정되면서 이 사건 조항이 신설되는 한편 같은 날 법률 제10221호로 「지방세 법」이 전부 개정되어 위와 같은 구 「지방세법」 상의 물류사업용 부동산에 관한 과세면제 규정이 삭제되었 다. 2008.12.31. 법률 제9302호로 개정된 구 「지방세법」 제280조 제5항 제2호는 "물류사업을 영위하고자 하 는 자가 취득하는 물류사업용 부동산에 대하여는 취득세와 등록세를 면제하고, 과세기준일 현재 물류사업 에 직접 사용하는 부동산에 대하여는 그 부동산을 취득한 날부터 5년간 재산세의 100분의 50을 경감한다." 고 규정하고 있다. 위와 같은 구 「지방세법」 상 유통사업용 부동산에 관한 취득세 등 감면규정의 제정이유 와 그 개정연혁 등에 비추어 보면, 이 사건 조항이 물류단지 및 물류단지시설에 대하여 지방세를 감면하여 주는 이유는 "물류비용 절감"에 있다고 볼 수 있다. 따라서 이 사건 조항이 위와 같이 지방세를 감면하여 주는 이유인 물류비용 절감의 측면에서 보더라도 '물류사업을 직접 하려는 자'에 자가물류업체가 당연히 배 제되어야 한다고 할 수는 없다.

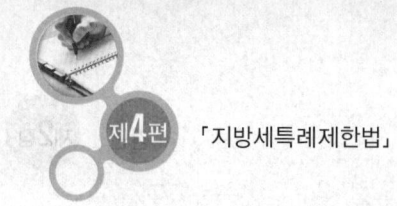

작업계획에 의해 운영되고 있는 경우, 사업용 자산을 무상으로 외주업체에 제공하여 해당 사업의 일부를 담당하게 하고 있는 경우라면 유통사업자가 그 사업에 직접 사용하는 것으로 볼 수 있을 것이나, 외주업체와의 용역계약, 작업지시 등에 의하여 이를 파악하여야 할 것이다(도세과-142, 2008.3.24.).

참고로, 유통사업용 건축물을 건축 중인 경우도 직접 사용하는 것으로 본다(지특령 §45).

⑤ 수탁창고 방식

이 사건 물류창고의 상당 부분에 관하여 소외 회사가 화주들과 사이에 체결한 임대차계약을 승계하거나 직접 화주들과 사이에 임대차계약을 체결하였다. 또한 원고는 이 사건 물류창고의 유지·관리를 위하여 시설관리담당자를 두어 시설을 관리하였고, 냉동시설 유지·관리에 필요한 고압가스 제조변경허가를 받았으며, 이 사건 물류창고에 관하여 발생하는 보험료, 전기료, 수도 요금 등을 부담하는 등 업무를 수행하였으므로, 원고는 이 사건 물류창고의 상당 부분을 '임대창고' 방식으로 운영하였다고 평가할 수 있다. 이 사건 물류창고 중 '임대창고' 방식 외의 부분은 소외 회사가 화주들과 사이에 물품보관계약을 체결하여 '수탁창고' 방식으로 운영하였다고 볼 수 있는데, 원고와 소외 회사 사이에 명시적인 경영위탁계약서가 작성되지 않았더라도, ㉠ 이 사건 물류창고는 원고의 소유이므로 소외 회사가 이 사건 물류창고에서 '수탁창고' 방식의 운영을 하기 위하여는 원고의 권한 부여가 필요하고, ㉡ 원고가 대외적으로 소외 회사가 이 사건 물류창고의 위탁경영업체임을 밝힌 바 있으며(갑 제26호증), ㉢ 소외 회사는 이 사건 신탁계약의 위탁자로서 신탁계약에 따라 원고에게 명시적으로 위임한 업무 이외의 업무로서 사업 시행을 위하여 필요하다고 원고가 인정하는 업무 일체를 수행하여야 하므로(이 사건 신탁계약 특약사항 제6조 제1항, 제2항 제10호), 소외 회사는 원고로부터 이 사건 물류창고의 운영에 관하여 위탁을 받은 것으로 볼 수 있다. 따라서 원고는 이 사건 물류창고 중 '임대창고' 방식 외의 부분을 소외 회사에게 업무를 위탁하여 '수탁창고' 방식으로 운영하였다고 평가할 수 있다. 「물류정책기본법」 제2조 제1항 제2호 (나)목에 따르면 '물류사업'에는 물류터미널이나 창고 등의 물류시설을 운영하는 '물류시설운영업'이 포함되고, 같은 법 제2조 제2항의 위임을 받은 「물류정책기본법 시행령」 제3조에 의하면 '물류시설운영업'에는 일반창고업, 냉장 및 냉동 창고업, 농·수산물 창고업, 위험물품보관업 등의 창고업이 포함되는바, 원고가 이 사건 물류창고에서 '임대창고' 내지 '수탁창고' 방식으로 영위한 창고업은 「물류정책기본법」이 정한 물류사업에 해당한다(대법원 2016두37232, 2016.7.29.).

⑥ 제3자에게 임대

2013.12.31. 이전에는 부동산을 직영하지 않고 임대한 경우도 직접 사용으로 보고 있었으나, 2014.1.1. 이후에는 임대하는 경우 직접 사용으로 보지 아니하는 것으로 해석하여 왔었다. 그런데 「지방세특례제한법」에서 규정하고 있는 '직접 사용'의 의미는 부동산의 소유자가 해당 부동산을 사업 또는 업무의 목적이나 용도에 맞게 물류사업에 사용하는 것이면 충분하고, 그 사용 방법이 원고 스스로 그와 같은 용도에 사용하거나 혹은 제3자에게 임대 또는 위탁하여 그와 같은 용도에

사용하는지 여부는 가리지 아니한다고 봄이 타당하다(대법원 2018두46643, 2018.10.4.)라고 판시하고 있다. 이는 2014.1.1. 이후 소유자가 직접 사용하는 것으로 보도록 개정되었음에도 이 내용이 적용 되는 것으로 보고 있다.

> **사례** 청구법인이 이 건 물류창고의 유지·관리·청소·경비 등의 업무를 주식회사 우진디엠씨에 게 위탁하여 관리하고 있다 하더라도, 청구법인은 이 건 물류센터에 대하여 「물류시설의 개발 및 운영에 관한 법률」 등에 따른 창고업등록을 하거나 임차인인 쿠팡 등의 보관물품 등에 대하여 화재보험을 가입하였다 등의 증빙이 달리 확인되지 아니하는 점 등에 비추어, 처분청이 이 건 물 류센터에 대하여 기 경감한 취득세 등을 부과·고지한 처분은 달리 잘못이 없다고 판단됨(조심 2021지2712, 2023.2.16.).

> **사례** 물류사업을 직접 하려는 자에 해당 여부(감심 2020 – 1239, 2021.7.15.)
> ① 인정사실 "2)항 가) 및 나)"에서와 같이 청구인이 계속기업으로서 물류사업을 영위할 목적으로 설립되었다고 볼 수 없고, 임직원을 둘 수 없는 설립 요건으로 인하여 자산 및 자금관리회사에 청구 인의 제반 업무를 위탁할 수밖에 없는 점, ② 인정사실 "2)항 사)"에서와 같이 청구인은 창고업자로 서 보관 물품에 대한 책임을 전혀 부담하지 아니하고 임차인들이 전적으로 책임을 지고 있는 점, ③ 냉장·냉동창고의 적정온도 유지와 같은 기본적인 창고로서의 기능유지와 관련하여 청구인이 부담하는 의무가 확인되지 아니하는 점, ④ 청구인이 원용한 판례 등의 원고 등은 인정사실 "3항"에 서와 같이 수탁창고와 임대창고를 함께 운영하는 창고업자로서 물류사업자임이 명백하여 위 판례 등의 사례와 사실관계가 다른 점 등을 종합적으로 감안할 때 청구인은 물류시설 개발 및 공급업자 에 해당하지 물류사업을 직접 하려는 자로는 보기 어려움.

> **사례** 부동산을 직영하지 않고 임대한 경우도 직접 사용으로 봄(조심 2013지40, 2013.5.29.)
> 청구법인이 정부와 체결한 실시협약에 따라 정부감독 하에 시설을 임대·관리하고 임차인이 동 시 설을 ○○○에 사용하고 있다면, 청구법인이 쟁점 부동산을 직영하지 아니하고 타인에게 임대한 경 우도 ○○○에 직접 사용하는 것으로 보는 것이 타당하다 할 것임.

> **사례** 제3자에게 위탁하여 유료로 사용·수익한 경우(행심 2005 – 21, 2005.2.3.)
> 청구인이 비록 ○○종합유통단지 내에서 사업목적에 적합하게 임대창고업을 운영하였다고 하더라 도 이 사건 창고를 실제 사용하는 자는 위탁자(임차인)이기 때문에 청구인은 유통시설의 용도에 직접 사용하지 않는 것이므로, 처분청에서 이 사건 부동산에 대하여 유예기간 내에 유통사업용으로 직접 사용하지 아니한 것으로 보아 기감면한 취득세 등을 추징한 처분은 적법한 것임.

> **사례** 물류단지시설 취득 후 유통사업시설로 대수선 시(대법원 2012두17391, 2012.11.29.)
> 이미 설치되어 있는 물류단지시설을 취득하는 경우는 위 규정에 적용대상이 아니라고 전제하고, 물 류단지개발사업시행자인 ○○공사로부터 분양받은 전유건물 및 대지지분은 ○○공사가 물류단지 시설로 설치한 대규모점포이고, 그 분양 이후 전유건물에서 대형마트를 운영하기 대수선을 하였다 고 하더라도 그 전후에 걸쳐 전유건물이 물류단지시설에 해당함에는 변함이 없으므로 물류단지시 설을 새로 설치하기 위하여 전유건물 및 대지지분을 취득하였다고 볼 수 없어서 취득세 면제대상에 해당하지 않음.

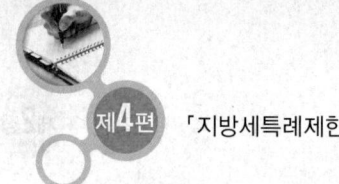

사례 **물류단지 내 물류창고 설치 후 신축 주유소 설치하는 경우**(지방세운영과-4021, 2011.8.26.)

주유소의 경우 불특정 다수인에게 판매할 수 있는 일반주유소 시설로써 물류창고의 본질적인 업무 처리와 직접적인 관련이 없는 부수 지원시설이라고 할 것이고, 또한 같은 조 제8호 가목 및 나목에서 규정하고 있는 지원시설의 범위에도 포함되어 있지 아니하여 위 규정 "물류사업용 부동산"으로 볼 수 없다고 할 것임.

사례 **유통산업단지에 대한 취득세 감면요건**(세정 13407-239, 2002.3.12.)

공유수면매립에 의하여 조성된 유통단지 내 토지를 유통단지개발 사업시행자로부터 최초로 취득한 자가 토지취득일부터 5년 이내에 유통사업용 건축물을 취득하는 경우라면 취득세 등의 면제대상이며, 유통단지개발 사업시행자로부터 토지를 취득한 자가 매각하는 건축물이 없는 유통단지 내 토지를 유통시설을 설치하기 위하여 최초로 승계취득하는 경우와 그 토지취득일로부터 5년 이내에 취득하는 유통시설용 건축물에 대하여도 취득세 등이 감면됨.

☞ 취득자의 입장에서 최초로 취득하는 유통산업단지 내의 토지를 취득한 날로부터 5년 이내에 취득하는 경우에 감면대상으로 하는 것임.

사례 **화물터미널이 유통단지의 범위 포함 여부**(세정 13407-378, 2002.4.22.)

화물터미널용 부동산을 취득하는 경우라면 「유통단지개발촉진법」 제5조의 규정에 의한 유통단지 내에서 취득하는 경우에 한해 취득세 등이 감면되는 것이므로 유통단지 외의 지역에서 화물터미널용부동산을 취득하더라도 취득세 등이 감면되지 아니함.

사례 **"유통사업을 영위하고자 하는 자"란** 유통단지 안에서 해당 유통시설을 최초로 취득하여 직접 유통사업을 경영하는 자(도, 소매업자)에 한하여 취득세 감면을 받을 수 있음(세정 13407-641, 2000.5.19.).

(3) 복합물류터미널사업시행자에 대한 감면(지특법 §71 ③)

1) 감면요건

① 감면대상자

「물류시설의 개발 및 운영에 관한 법률」 제7조에 따라 복합물류터미널사업(「사회기반시설에 대한 민간투자법」 제2조 제5호에 따른 민간투자사업 방식의 사업으로 한정)의 등록을 한 자("복합물류터미널사업자")(2019년 이전은 「사회기반시설에 대한 민간투자법」에 따라 복합물류터미널사업시행자로 지정된 자)

② 감면대상 및 감면범위

「물류시설의 개발 및 운영에 관한 법률」 §9 ①에 따라 인가받은 공사계획을 시행하기 위하여 취득하는 부동산	취득세 25%(2014년 이전 50%) 경감
과세기준일 현재 복합물류터미널사업(2019년 이전은 그 사업)에 직접 사용하는 부동산	재산세 25%(2014년 이전 50%) 경감(도시지역분 제외)

👉 감면시한 : 상단은 2025.12.31., 하단은 2022.12.31.

👉 농어촌특별세 과세 여부 : 취득세분과 취득세 경감분 농어촌특별세 과세

👉 2016년 이전에는 지방자치단체장은 해당 지방자치단체의 조례로 상기 경감률을 초과하여 정할 수 있음.

> **사례** 물류터미널 내 주유소를 물류터미널 부대시설 해당 여부(대법원 2015두40514, 2015.7.9.)
>
> 주유소는 물류단지시설과 관련성이 있기는 하지만, 그 자체로서는 물류기능을 가지고 있지 아니하므로, 주유소가 물류단지 내에 위치한다는 사정만으로 바로 물류단지시설에 딸려 있는 시설 내지 유통시설에 부대되는 시설이라고 보기는 부족하고, 물류단지시설과 그 구조, 물류터미널 내에서의 위치 및 접근가능성, 일반 도로에서의 접근가능성 및 독자적인 영업가능성 등 구조적·지리적으로 결합 또는 접속되어 기능적으로 밀접한 관계에 있다는 사정이 인정되어야 비로소 물류단지시설에 딸린 시설로서 물류단지시설에 해당하게 된다고 할 것이므로 이 사건 물류터미널과 구조적·지리적으로 결합 또는 접속되어 있어 밀접한 관계에 있다거나, 기능적 보조관계에 있다고 보기는 어려워 물류터미널의 부대시설로 볼 수 없음.

2) 추징요건

취득일부터 3년이 경과할 때까지 정당한 사유 없이 그 사업에 직접 사용하지 아니하는 경우에는 경감된 취득세를 추징한다.

⑬ 도시첨단물류단지에 대한 감면(지특법 §71-2)

(1) 도시첨단물류단지 개발자에 대한 감면(지특법 §71-2 ①)

1) 감면요건

① 감면대상자

「물류시설의 개발 및 운영에 관한 법률」 제22조의 2 제1항에 따라 지정된 도시첨단물류단지 개발자

② 감면대상 및 감면범위

도시첨단물류단지 개발에 직접 사용하기 위하여 취득하는 토지 및 물류시설(「물류시설의 개발 및 운영에 관한 법률」 §2 1호 가목~다목의 시설을 말함)용 건축물(2024년 이후 적용)	취득세 15% 경감

👉 감면시한 : 2025.12.31.

👉 농어촌특별세 과세 여부 : 취득세분과 취득세 경감분 농어촌특별세 과세

👉 지방자치단체장은 해당 지역의 재정 여건 등을 고려하여 10% 범위에서 조례로 추가로 경감할 수 있음.

2) 추징요건

다음 어느 하나에 해당하는 경우 그 해당 부분에 대해서는 경감된 취득세를 추징한다.

① 정당한 사유 없이 그 취득일부터 2년이 경과할 때까지 해당 용도로 직접 사용하지 아니하는 경우

②「물류시설의 개발 및 운영에 관한 법률」제46조에 따른 준공인가를 받은 날부터 3년 이내에 정당한 사유 없이 물류시설용으로 분양 또는 임대하지 아니하거나 직접 사용하지 아니한 경우

③ 해당 용도로 직접 사용한 기간이 2년 미만인 상태에서 매각·증여하거나 다른 용도로 사용하는 경우

(2) 도시첨단물류단지의 물류사업자에 대한 감면(지특법 §71-2 ②)

1) 감면요건

① 감면대상자

도시첨단물류단지에서 제71조 제2항에 따른 물류사업을 직접 하려는 자

② 감면대상 및 감면범위

물류사업에 직접 사용하기 위해 취득하는 물류시설(「물류시설의 개발 및 운영에 관한 법률」§2 1호 가목~다목의 시설을 말함)용 부동산 (2024년 이후 적용)	취득세 40% 경감[주]

🖝 감면시한 : 2025.12.31.

🖝 농어촌특별세 과세 여부 : 취득세분과 취득세 경감분 농어촌특별세 과세

🖝 지방자치단체장은 해당 지역의 재정 여건 등을 고려하여 10% 범위에서 조례로 추가로 경감할 수 있음.

🖝 [주] 도시첨단물류단지 개발자가 직접 사용하는 경우 15% 감면됨.

2) 추징요건

다음 어느 하나에 해당하는 경우 그 해당 부분에 대해서는 경감된 취득세를 추징한다.

① 정당한 사유 없이 그 취득일부터 2년이 경과할 때까지 해당 용도로 직접 사용하지 아니하는 경우

② 해당 용도로 직접 사용한 기간이 2년 미만인 상태에서 매각·증여하거나 다른 용도로 사용하는 경우

⑭ 별정우체국에 대한 과세특례(지특법 §72)

(1) 별정우체국에 대한 감면(지특법 §72 ①, ②)

1) 감면요건

① 감면대상자

「별정우체국법」 제3조의 규정에 의하여 과학기술정보통신부장관으로부터 별정우체국으로 지정을 받은 자(2020년 이후 같은 법 제3조의 3에 따라 별정우체국의 지정을 승계한 사람 포함. "피지정인")

② 감면대상 및 감면범위

「별정우체국법」에 따라 별정우체국사업에 직접 사용하기 위하여 취득하는 부동산[235]	취득세 표준세율에서 2% 차감
과세기준일 현재 별정우체국 사업에 직접 사용(2019년 이전은 공용 또는 공공용으로 사용)하는 부동산(수익사업에 사용하는 경우, 유료로 사용되는 경우, 해당 재산의 일부가 그 목적에 직접 사용되지 아니하는 경우의 그 일부 재산 제외)[주1]	재산세 면제(도시지역분 포함)
	2019년 이전 지역자원시설세 면제
	주민세 사업소 면적 사업소분(2020년 이전 재산분)과 종업원분 면제[주2]

🔖 감면시한 : 2025.12.31

🔖 최소납부제 적용 시기 : 2020.1.1. 이후

🔖 농어촌특별세 과세 여부 : 취득세분 농어촌특별세 과세[「농어촌특별세법」 §5 ① 6에 따르면 「지방세법」 §11 및 §12의 표준세율을 2%로 적용하여 「지방세법」, 「지방세특례제한법」 및 「조세특례제한법」에 따라 산출한 취득세액의 10%가 적용되는 것으로, 취득세액은 (표준세율 2% - 경감세율 2%)로 산정되어 과세표준이 "0"이므로 비과세], 취득세 경감분 농어촌특별세 비과세(농특령 §4 ⑦ 5).
　　한편, 지방교육세는 과세특례에 의한 세율[「지방세법」 §11 ① 8(주택 유상거래 세율)을 제외]에서 2%를 차감한 세율을 적용한 취득세액의 20%를 지방교육세로 부과되나, 취득세율을 2%로 정한 경우에는 과세대상에서 제외됨(지법 §151 ① 1).

🔖 재산세 감면 시 "직접 사용"에는 2020년 이후 「별정우체국법」 제3조의 3에 따라 별정우체국의 지정을 승계한 경우로서 피승계인 명의의 부동산을 무상으로 직접 사용하는 경우도 포함됨.

🔖 (주1) 해당 사업에 직접 사용할 건축물을 건축 중인 경우와 건축허가 후 행정기관의 건축규제조치로 건축에 착공하지 못한 경우의 건축 예정 건축물의 부속토지 포함

🔖 (주2) 면제대상 사업과 수익사업에 건축물이 겸용되거나 종업원이 겸직하는 경우에는 주된 용도 또는 직무에 따름.

'별정우체국'이라 함은 「별정우체국법」 제3조의 규정에 의하여 과학기술정보통신부장관으로부터 별정우체국으로 지정을 받아 자기의 부담으로 청사 기타 시설을 갖추고 국가로부터 위임받은 체신업무를 자기계산하에 운영하는 우체국을 말한다(지특예 법72-1).

---

235) 2년 이상 고유목적 사용 후 수익사업하는 경우 추징대상이 아닌 것으로 대법원판결(대법원 2012두26678, 2013.3.28.)이 있었으므로 수익사업을 하더라도 2년 이상 고유목적 사용 후 수익사업하는 경우 감면대상이 되는 것이다.

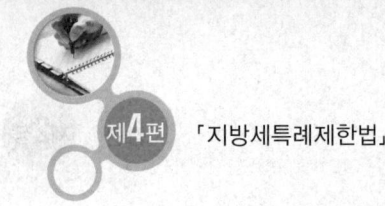
피지정인이 같은 법 제4조 제2호에 해당하는 사람을 별정우체국의 국장으로 임용하는 경우에도 피지정인이 직접 사용하는 것으로 본다.

2) 추징요건

다음 어느 하나에 해당하는 경우 그 해당 부분에 대해서는 감면된 취득세를 추징한다.

① 해당 부동산을 취득한 날부터 5년 이내에 수익사업에 사용하는 경우

'5년 이내' 규정은 2017년 이후부터 적용되나, 2016.12.31. 이전에 감면받은 지방세를 2017.1.1. 이후 추징하는 경우에도 적용된다(부칙 §4). 그런데 그 이전에도 취득일로부터 5년 이내만 추징이 되었다는 점에서 마찬가지로 적용되어 왔었다.

② 정당한 사유 없이 그 취득일부터 1년이 경과할 때까지 해당 용도로 직접 사용하지 아니하는 경우

③ 해당 용도로 직접 사용한 기간이 2년 미만인 상태에서 매각·증여하거나 다른 용도로 사용하는 경우

상기에서 고유목적에 2년 이상 사용 후 수익사업하는 경우 조문상 고유목적사업 영위 전후와 관계없이 수익사업이면 무조건 추징대상이 되는 것으로 해석할 여지가 있으나 대법원판결(대법원 2012두26678, 2013.3.28.)에서 2년 이상 고유목적 사용 후 수익사업하는 경우 추징대상이 아닌 것으로 판시한 바 있다.

이와 관련하여 사회복지법인 등에 대한 감면(지특법 §22) 참조하기 바란다.

(2) 별정우체국 연금관리단에 대한 감면(지특법 §72 ③)

1) 감면요건

① 감면대상자

「별정우체국법」에 따라 설립된 별정우체국 연금관리단

② 감면대상 및 감면범위

「별정우체국법」 §16 ① 4의 복리증진사업을 위한 부동산 (2014년 이전만 적용)	취득세 면제 재산세 50% 경감(도시지역분 제외)
「별정우체국법」 §16 ① 3 및 5의 업무를 위한 부동산 (2014년 이전만 적용)	취득세 50% 경감 재산세 50% 경감(도시지역분 제외)

☞ 농어촌특별세 과세 여부 : 취득세분과 취득세 면제분(경감분) 농어촌특별세 과세

2) 추징요건

별도의 추징규정이 없는바, 「지방세특례제한법」 제178조에 따라 다음 어느 하나에 해당하는 경우 그 해당 부분에 대해서는 감면된 취득세를 추징한다.

① 정당한 사유 없이 그 취득일부터 1년이 경과할 때까지 해당 용도로 직접 사용하지 아니하는

경우

② 해당 용도로 직접 사용한 기간이 2년 미만인 상태에서 매각·증여하거나 다른 용도로 사용하는 경우

제7절 국토 및 지역개발에 대한 지원

❶ 토지수용 등으로 인한 대체취득에 대한 감면(지특법 §73)

(1) 토지수용 등 대체취득에 대한 감면(지특법 §73 ①, ②)

1) 감면요건

① 감면대상자

토지수용 등으로 인한 대체취득자(부재부동산 소유자 제외)

② 감면대상 및 감면범위

계약일 또는 해당 사업인정고시일(「관광진흥법」에 따른 조성계획 고시일 및 「농어촌정비법」에 따른 개발계획 고시일 포함) 이후에 대체취득할 부동산등에 관한 계약을 체결하거나 건축허가를 받고, 그 보상금을 마지막으로 받은 날(사업인정을 받은 자의 사정으로 대체취득이 불가능한 경우에는 취득이 가능한 날, 「공익사업을 위한 토지 등의 취득 및 보상에 관한 법률」 §63 ①에 따라 토지로 보상을 받는 경우에는 해당 토지에 대한 취득이 가능한 날, 같은 법 §63 ⑥ 및 ⑦에 따라 보상금을 채권으로 받는 경우에는 채권상환기간 만료일)부터 1년 이내(농지는 2년 이내)에 다음 구분에 따른 지역에서 종전의 부동산등을 대체할 부동산등을 취득하였을 때(건축 중인 주택을 분양받는 경우에는 분양계약을 체결한 때)	취득세 면제

☞ 감면시한 : 감면시한 배제

☞ 최소납부제 적용 시기 : 최소납부제 배제

☞ 농어촌특별세 과세 여부 : 취득세 면제분 농어촌특별세 비과세(농특령 §4 ⑦ 5)

「지방세특례제한법」 §73 ②(토지수용 등에 의한 대체취득 부동산 중 사치성 재산과 부재부동산 소유자는 취득세 과세)도 농어촌특별세가 비과세되는 것으로 규정되어 있는데, 대체취득 사치성 재산과 부재부동산 소유자의 부동산의 취득세분 농어촌특별세가 비과세되는 것으로 해석하여야 한다는 것임. 그런데 법 취지상 토지수용 등에 의한 혜택을 주기 위한 것이라면 의미가 있으나, 법조문상 실수인 것으로 판단되는데, 과세하여야 한다면 개정하여야 할 것임.

☞ 새로 취득한 부동산등의 가액 합계액이 종전의 부동산등의 가액 합계액을 초과하는 경우에 그 초과액에 대하여는 취득세를 부과하며, 초과액의 산정 기준과 방법 등은 다음과 같으며, 「지방법」 §13 ⑤(사치성 재산)에 따른 과세대상을 취득하는 경우와 부재부동산 소유자가 부동산을 대체취득하는 경우에는 취득세를 부과함.

토지수용 등으로 인한 대체취득에 관하여 취득세를 면제하는 취지는 수용 등으로 인하여 자신의 의사에 반해 부득이하게 생활의 기반이나 사업의 기반을 잃게 되는 거주자 또는 사업자가 부

동산을 대체취득하는 경우에 조세정책적인 차원에서 그 대체취득에 따른 취득세를 면제해 주는 것이므로, 미리 사업인정고시일 이전에 대체취득할 부동산에 관한 계약을 체결하거나 건축허가를 받은 경우에는 대체취득으로 인한 취득세 면제 대상에서 제외된다. 그리고 감면대상인 대체취득 부동산은 보상금으로 취득하는 유상승계취득 또는 원시취득에 한하여 감면대상으로 보아야 하므로 증여, 유증 등 일방의 의사표시에 대한 승낙으로 무상으로 취득하는 부동산은 면제의 충족 요건을 충족하였다 보기 어려우며(지방세특례제도과-977, 2014.7.9. 참조), "유상양도가 아닌 지분비율을 분할하여 집중·존속시키는 공유물분할의 경우 취득세 면제대상인 대체취득에 해당되지 않는다(지방세운영과-2570 2012.8.9.).

한편, 「공익사업을 위한 토지 등의 취득 및 보상에 관한 법률」 제63조 제1항 단서에서는 토지소유자가 원하는 경우로서 사업시행자가 해당 공익사업의 합리적인 토지이용계획과 사업계획 등을 고려하여 토지로 보상이 가능한 경우에는 토지소유자가 받을 보상금 중 현금 또는 채권으로 보상받는 금액을 제외한 부분에 대하여 그 공익사업의 시행으로 조성한 토지로 보상할 수 있는 것으로 규정하고 있으므로, 이 규정에서 보상금의 범위에는 현금은 물론 토지 보상도 포함되는 것이다(지방세특례제도과-506, 2015.2.27.).

2) 추징요건

별도의 추징규정이 없는바, 토지수용 등에 따른 대체취득 시 감면규정도 「지방세특례제한법」 제178조 규정에 의해 추징규정 적용되는지 여부에 대하여 다음과 같은 이유로 이 추징규정이 적용되지 아니할 것이다.

토지수용 등에 따른 대체취득 시 감면규정에서는 해당 용도가 정하여져 있지 아니하다라고 판단하여야 할 것이다. 수용 전의 용도로 사용하여야 한다라고 해석할 여지가 있을 수 있지만, 감면 요건에는 부재부동산 소유자가 아니어야 하고, 사치성 재산이 아니어야 한다는 점과 농지의 경우 1년이 아니라 2년의 기간이 적용된다는 것 이외에는 용도에 따라 달리 적용되는 것은 없다는 점, 즉 비사업용 토지도 감면이 된다는 점, 수용전의 용도에 사용하여야 한다라고 규정되어 있지 않다는 점에서 제178조의 추징규정을 적용할 수 없는 것으로 해석하여야 하기 때문이다. 그리고 종전 「지방세법」에서도 이 감면규정은 추징규정이 없었다.

취득 당시 감면요건에 해당되어 감면이 되었다면 그 후에 폐업을 하였다고 하여 추징이 되지 아니하는 것이다. 즉 취득 후 일정 기간 동안 사업장을 유지하여야 한다는 규정이 없다는 것이다.

3) 유의사항

① '사업인정을 받은 자'의 범위와 '사업인정고시일'의 의미

"「공익사업을 위한 토지 등의 취득 및 보상에 관한 법률」, 「국토의 계획 및 이용에 관한 법률」, 「도시개발법」 등 관계법령에 따라 토지 등을 수용할 수 있는 사업인정을 받은 자(「관광진흥법」 제55조 제1항에 따른 조성계획의 승인을 받은 자 및 「농어촌정비법」 제56조에 따른 농어촌정비 사업시행자 포함)"라고 규정되어 있는데, 여기서 법률이 예시적인 규정인지 열거적인 규정인지에 따라 사업인정을 받은 자의 범위가 달라지게 된다. 그런데 이에 대하여 명확하지 않지만 열거적인 규정으로 해석하고 있는 것 같다.

한편, 「산업입지 및 개발에 관한 법률」 제22조 제2항에 따르면 산업단지 지정·고시가 있는 때에는 「공익사업을 위한 토지 등의 취득 및 보상에 관한 법률」 제20조 제1항 및 같은 법 제22조에 따른 사업인정 및 사업인정의 고시가 있는 것으로 본다라고 규정되어 있는바, 산업단지 지정·고시가 되었다면 사업인정을 받은 자로 보아야 할 것이다.

그리고 '사업인정고시일'이란 관계법령에 따라 부동산이 매수, 수용 또는 철거되는 것으로 고시된 '최초 사업인정고시일'을 의미하는 것이다(대법원 2019두57084, 2020.2.27. 심불, 서울고법 2019누46086, 2019.10.23.).

사례 재건축조합은 공익사업법 등에 의한 사업인정자 아님(조심 2020지1762, 2021.2.22.)

쟁점사업은 「공익사업 토지 등의 취득 및 보상법」 제4조의 공익사업에 해당하지 않는 점, 「도시 및 환경정비법」 제63조에서 재건축사업의 경우에는 제26조 제1항 제1호 및 제27조 제1항 제1호에 따른 긴급하게 정비사업을 시행할 필요가 있다고 인정하는 사업의 경우에만 이 법에 따라 토지 등을 수용할 수 있으나, 쟁점사업은 처분청으로부터 그 인정을 받지 않은 것으로 확인되는 점 등에 비추어 볼 때 쟁점조합은 토지 등을 수용할 수 있는 사업인정을 받은 자에 해당된다고 볼 수 없음.

사례 구 「택지개발촉진법」에 적용되는 경우 택지개발계획 승인·고시일(현행은 택지개발예정지구의 지정·고시가 있는 때)을 사업인정고시일로 봄(대법원 2013두15590, 2014.4.24.)

구 「택지개발촉진법」(2007.4.20. 법률 제8384호로 개정되기 전의 것, 이하 '구법') 제12조 제2항은 '같은 법 제8조의 규정에 의한 택지개발계획의 승인·고시가 있은 때에는 「공익사업을 위한 토지 등의 취득 및 보상에 관한 법률」(이하 '공익사업법')에 의한 사업인정 및 사업인정의 고시가 있는 것으로 본다'고 규정하였고, 2007.4.20. 법률 제8384호로 개정된 「택지개발촉진법」(이하 '신법') 제12조 제2항은 '같은 법 제3조에 따른 택지개발예정지구의 지정·고시가 있은 때에 공익사업법에 의한 사업인정 및 사업인정의 고시가 있는 것으로 본다'고 규정하였다. 한편 이와 같이 개정된 신법은 부칙 제1조에 따라 공포 후 3개월이 경과한 2007.7.21.부터 시행되었다. ① 건설교통부 2007.6.28. 고시 제2007-245호로 ○○○○택지개발예정지구가 지정·고시된 사실, ② 원고는 2008.4.17. 피고로부터 이 사건 대체부동산에 관한 공장신설 승인을 받은 사실(관계법령에 따라 공장신설 승인을 받으면 건축허가를 받은 것으로 간주된다), ③ 국토해양부 2009.2.6. 고시 제2009-51호로 ○○○○지구 택지개발사업의 개발계획 승인·고시가 이루어진 사실을 인정한 다음, 이 사업의 택지개발예정지구가 지정·고시된 2007.6.28. 당시는 신법이 시행되기 전이므로 구법이 적용되어야 한다고 전제한 후, 구법 제12조 제2항에 따라 이 사업에 관하여 택지개발계획의 승인·고시가 있은 때인 2009.2.6. 공익사업법에 따른 사업인정의 고시가 있는 것으로 보아야 하므로, 이 사업의 사업인정고시일인 2009.2.6. 이전에 건축허가를 받은 경우에 해당한다고 보아 감면이 배제됨.

사례 토지수용에서 "사업인정고시일"로 보는 시점(대법원 99두7968, 2001.3.27.)

구 「산업입지 및 개발에 관한 법률」(1993.8.5. 법률 제4574호로 개정되기 전의 것) 및 개정 후의 같은 법 각 제22조 제2항, 개정 후의 같은 법 부칙(1993.8.5.) 제3조 제1항, 제2항에 의하면, 1993.11.6. 이후에 지방산업단지 지정승인을 받은 경우는 개정 법률이 적용되어 지방산업단지지정승인과 고시일, 그 이전에 승인받은 경우에는 개발실시계획승인고시나 수용·사용할 토지의 세목 고시일에 토

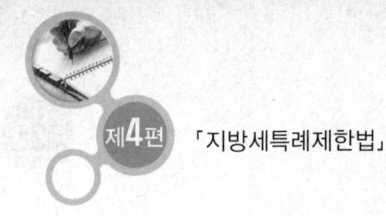
지수용법 제46조 제3항의 사업인정고시가 있는 것으로 봄.

② '계약일'의 의미

1995.12.6. 법률 제4995호로 개정된 구 「지방세법」은 사업시행에 적극 협조하여 사업인정고시일 전에 협의취득에 응한 이가 협의취득일 이후에 대체취득할 부동산 등에 관하여 계약을 체결하는 경우도 취득세 등의 비과세 대상에 포함시키기 위하여 제109조 제1항에서 '계약일 또는 해당 사업인정고시일 이후에 대체취득할 부동산 등의 계약을 체결하는 경우'가 취득세 등의 비과세대상인 토지수용 등으로 인한 대체취득에 해당하는 것으로 정하기에 이르렀다. 나아가 1996.12.31. 대통령령 제15211호로 개정된 구 「지방세법 시행령」 제79조의 3 제2항도 이에 맞추어 부재부동산 소유자의 범위를 '계약일 또는 사업인정고시일 현재 1년 전부터 계속하여 주민등록 또는 사업자등록을 하지 아니한 자 등'으로 정하게 되었다.

'계약일'은 그 문언상으로도 '사업인정고시일 이후'에 대응하여 공익사업의 시행자가 토지 등을 수용할 수 있는 권한을 가지지 아니하는 때의 계약일을 가리킨다고 할 것이다. 만약 위 계약일이 사업인정고시일 이후의 계약일로 풀이된다면 위 규정에 굳이 '계약일'이라는 문언을 둘 필요가 없었을 것이기 때문이다. 따라서 <u>'계약일'은 해당 사업인정고시일 전의 계약일만을 뜻하는 것으로 보아야 한다</u>. 부재부동산 소유자 규정에서의 '계약일'도 마찬가지의 의미라고 하는 것이 그 문언이나 규정의 체계상 자연스럽다는 것이다(대법원 2012두27596, 2013.4.11.).

한편, 부재부동산 소유자 판정 규정에서 '계약일'은 2017.12.29. 시행령 개정을 통하여 2018년 이후 '사업인정고시일 전에 체결된 경우로 한정하는 것'으로 규정되어 있으나, 2017년 이전에도 동일하게 적용되었다.

③ 사업인정고시일 이전에 대체취득 부동산 계약을 체결 등을 한 경우

사업인정고시일 이전에 대체취득할 부동산에 관한 계약을 체결하거나 건축허가를 받은 경우에는 대체취득으로 인한 취득세 면제대상에서 제외된다(대법원 2013두15590, 2014.4.24.).

④ 사업인정고시일 이후 계약 체결되었으나 보상금 수령 전에 대체 부동산 취득한 경우

대법원판례(89누5331, 1989.10.24.)에서도 토지 등이 매수, 수용되는 자에게는 비록 그 보상금을 수령하기 전이라도 어차피 대체 토지를 취득할 기회를 주는 것이 타당하기 때문에 보상금을 받기 전에 대체 토지 등을 취득한 경우도 취득세 과세대상이 되지 아니한다라고 판시하고 있다. 따라서 부동산 취득 당시에는 보상금 체결계약이 되었으나 보상금 수령 전이더라도 사업인정고시일 이후에 대체취득한 부동산이므로 면제대상에 해당될 것이다.

> **사례** 사업인정고시일 이후 계약 체결되었으나 보상금 수령 전에 대체 부동산 취득(세정 13407-208, 2001.2.23.)
>
> 토지수용사업인정고시가 된 지역 내의 토지에 대하여 계약일 이후 보상금 수령 전에 수용에 따른 부동산을 대체취득하였다면 대체취득한 부동산에 대한 취득세는 수용된 가액 범위 내에서 면제됨.

⑤ 사업인정고시일 이후 계약 체결하지 않고 보상금 수령도 없는 상태에서 대체 부동산 취득한 경우

소유하고 있던 부동산이 택지개발사업지구로 지정된 후 사업인정을 받은 자에게 매수계약을 체결하거나 수용되지 않고 보상금 수령도 없는 상태에서 다른 부동산을 취득한 경우라면 면제대상이 되지 않는 것이다(세정-285, 2007.1.17.).

⑥ 대체취득기간

㉠ 원칙

대체취득 부동산이 면제 적용받기 위하여는 대체취득 기간 내에 취득이 이루어져야 하고 대체취득기간이란 계약일 또는 해당 사업인정고시일부터 보상금을 마지막으로 받은 날 (대체취득이 불가능한 경우 취득가능일 또는 보상금을 채권으로 수령한 경우 채권만기일)을 기준으로 1년 이내(건축 중인 주택을 분양받은 경우에는 분양계약체결일)에 이에 대체할 부동산을 취득한 때가 면제 적용기간이 된다(사업인정고시일부터 마지막 보상금 수령일 기준 1년 이내). 즉 대체취득 감면기간 적용기간이 사업인정고시일(고시일 이전에 사업인정을 받은 자에게 협의매수된 경우에는 그 협의 매수 계약일)이 시기이고, 마지막 보상금 받은 날로부터 1년(「지방세특례제한법」 제6조 자경농민의 농지 2년) 이내가 종기라는 것이다(지특예 법73-1).

한편, 토지수용사업인정고시가 된 지역 내의 토지에 대하여 계약일 이후 보상금 수령 전에 수용에 따른 부동산을 대체취득하였다면 대체취득한 부동산에 대한 취득세는 수용된 가액 범위 내에서 면제된다(행자부 세정 13407-208, 2001.2.23.). 즉 면제되는 대체취득기간은 사업인정고시일 이후 마지막 보상금을 받은 날로부터 1년 이내에 대체취득하는 경우는 수용가액 범위 내에서 면제되는 것이며, 마지막 보상금을 받은 날로부터 1년 이내에 대체취득하여야만 면제되는 것은 아니다.

○ 대체취득기간

개시시점 : 계약일 또는 사업인정고시일

종료시점 : 보상금을 마지막으로 받은 날(보상금을 채권으로 지급받은 경우에는 채권상환기간 만료일)부터 1년 이내(자경농민의 농지 2년 이내)

㉡ 사업인정고시일 이전에 협의매수

사업인정고시 이후 공용 수용 등이 된 자에게 비과세규정이 적용되는 것이 원칙이나 사업시행에 적극 협조하여 사업시행초기인 사업인정고시일 이전에 협의매수에 응한 경우에도 공공사업에 필요한 부동산을 해당 공공사업의 시행자에게 매도한 자에 포함되는 것으로

해석하여 1996.1.1. 이후 수용분부터 적용하고 있다. 그리고 「공익사업을 위한 토지 등의 취득 및 보상에 관한 법률」 제14조의 규정에 의거 사업시행자가 공익사업의 수행을 위하여 같은 법 제20조의 규정에 의한 사업인정 전에 협의에 의한 토지 등을 취득하는 경우 사업인정을 받지 않은 경우라 하더라도 같은 법률이 적용되는 공공사업에 필요한 부동산 등을 해당 공공사업의 시행자에게 매도한 자는 대체취득으로 인한 취득세 비과세(현행 면제)대상이 되는 것이다(행자부 세정 - 3277, 2004.10.1.).

ⓒ '보상금을 마지막으로 받은 날'의 의미

여기서 보상금 범위에는 현금은 물론 토지 보상도 포함되는 것이다(지방세특례제도 - 506, 2015.2.27.).

☞ 현금 보상과 토지 보상을 각각 구분하여 마지막 보상금 수령일 기준을 판단하여야 하며, 토지 보상에 대한 대체취득 감면은 사업시행자와 계약하여 취득하는 보상 대상인 그 토지에 한해 적용된다고 보아야 함(지방세특례제도과 - 400, 2023.10.17.).

㉮ 보상금을 수차례에 걸쳐서 수령한 경우

마지막 보상금 수령일

㉯ 보상금을 공탁한 경우

토지수용위원회의 재결을 거쳐 사업시행자가 토지 보상금을 공탁하였을 경우는 공탁일이 마지막 보상금을 수령한 날이 된다(행자부 세정 - 287, 2005.1.17.).[236] 그런데 공탁된 보상금을 수령한 날을 마지막 보상금 수령일로 보아야 한다(행심 2002 - 252, 2002.6.24.)라 결정한 바 있었다. 한편, 공탁된 보상금을 수령하고 수령 후 보상금을 증액을 위한 행정심판을 하여 증액분을 추가로 수령한 경우라 하더라도 법 취지상으로는 처음 공탁금 수령일로부터 기산하여야 할 것이다[추가 수령액에 대하여 추가 금액을 수령한 날로부터 1년(또는 2년) 여부를 판단할 수 있을 것임].

㉰ 연부로 대체취득 부동산을 취득하는 경우

매 연부금 지급 시마다 판단하는 것이 아니라 마지막 보상금 수령일로부터 1년 이내에 취득시기가 도래하는 분에 대하여만 면제한다(세정 01254 - 11722, 1987.9.23.).

사례 │ 토지수용에 따라 대체취득한 부동산 면제 여부(행심 2002 - 252, 2002.6.24.)

청구인이 보상금 수령을 거부하고 중앙토지수용위원회의 이의재결을 거쳐 행정소송을 제기하였다가 소를 취하하고 공탁된 보상금을 수령한 날을 마지막 보상금 수령일로 보아야 할 것으로서, 청구

---

236) 취득세에서 취득시기를 판단할 때 공탁을 하였다고 하여 부동산을 취득했다 볼 수 없으므로 매도자의 공탁물 수령일과 소유권이전등기일 중 빠른 날을 부동산의 취득시기로 보고 있다(지방세정팀 - 1108, 2005.6.10.). 이는 공탁하였다고 하여 잔금이 지급된 것으로 볼 수 없으며, 매도자가 공탁금을 수령하여야 잔금이 지급된 것으로 본다는 것이다. 이는 소득세법 상 취득시기와는 다르게 보고 있다[보상금이 공탁된 경우에는 공탁일, 수용의 개시일 또는 소유권이전등기접수일 중 빠른 날이 취득(양도) 시기가 되는 것임(부동산거래관리과 - 83, 2011.1.27.)]. 대체취득 부동산등 감면 시와 취득세의 취득시기와는 다르게 규정되어 있어서 공탁금 수령일로 보는 것이 일관성 있는 해석이라 판단됨.

인이 공탁된 보상금을 수령한 날로부터 1년 이내에 취득한 이 사건 부동산은 토지수용에 따른 대체 취득 부동산으로서 취득세와 등록세 비과세대상에 해당한다고 보아야 함.

사례 보상금을 공탁한 경우(지방세정팀-3755, 2006.8.17.)

보상금을 별도로 수령하고 택지개발사업자로부터 단독주택용지 공급을 신청하여 분양받은 경우에는 「지방세법」 제109조 제1항 본문 중 "사업인정을 받은 자의 사정으로 대체취득이 불가능한 경우"에 해당되지 않는 것이므로, 상기 규정에 의한 취득세 등의 비과세대상이 되지 아니함.

㉣ 사업인정을 받은 자의 사정

'사업인정을 받은 자의 사정으로 대체취득이 불가능할 경우'라 함은 사업인정을 받은 자가 수용 또는 철거된 자들을 집단적으로 이주시키기 위하여 단지를 조성하거나, 토지 등을 수용하는 대가로 대체할 토지를 특별분양하기로 약정하여 공사 등이 지연되는 경우 등을 뜻한다고 할 것이다. 사업인정을 받은 자에게 토지를 수용당하여 새로이 조성되는 이주자 택지를 공급받는 경우로서 공급약정에 따라 잔금을 지급한 경우라면, 그 "잔금지급일"을 "취득이 가능한 날"로 봄이 타당하다고 할 것이나(조심 2008지523, 2008.12.30., 감심 2008-148, 2008.5.8. 참조), "잔금지급일"에 토지사용이 불가능한 경우에는 "잔금지급일"에도 불구하고 해당 토지사용가능일을 그 "취득이 가능한 날"로 보아야 할 것이다(지방세운영과-228, 2011.1.13.).

취득이 가능한 시기는 단독주택용지의 조성사업이 완료되어 토지를 사실상 사용할 수 있는 시점으로 보아야 할 것이다. 토지를 사용할 수 있는 시점의 예로 사업인정을 받은 자가 대체 토지의 위치 등을 확정하여 이주대상자별로 개별통보하는 날로 볼 수도 있으며(세정 13407-140, 1999.2.2.), 대체취득하고자 하는 토지의 사업장별 "사실상 사용가능 정도"에 따라 분양공고일로부터 1년 이내 또는 계약체결일로부터 1년 이내가 될 수도 있다(세정 13407-67, 1998.1.30.)라고 해석한 경우도 있지만 이 경우 모두 토지를 사실상 사용가능할 경우에 국한하여 적용될 것이다.

한편, 일반적으로 택지개발사업의 경우 사업지구 내에서 아무런 하자 없이 해당 부지를 사용할 수 있는 시기는 원칙적으로 해당 지구의 준공일 이후라고 볼 수 있으므로 대체취득이 가능한 날은 원칙적으로 해당 지구의 준공일로 봄이 타당하다 할 것(조심 2011지0713, 2012.9.12. 같은 뜻임)인바, 매매계약서상 토지사용가능시기가 기재되어 있다 하더라도 매매계약서상의 토지 사용 시기는 단지 매수인의 편의를 위하여 토지사용승낙을 하여 줄 수 있는 최초의 시점을 의미하는 것으로 볼 수 있는 것으로 매수인이 사업시행자로부터 토지사용승낙을 받아 사용하지 않는 이상은 위에서 설시한 바와 같이 해당 지구의 준공일을 대체취득이 가능한 날로 보아야 할 것이다(조심 2015지0519, 2015.8.11.).

택지개발이 집단적으로 이주시키기 위한 것인 경우로서 추후 협의양도택지라 하더라도 이주대책수립 시 특별공급 대상자에 해당되는 경우(보상금 수령과 특별공급이 연계된 것)에는 특별공급계획에 따른 잔금지급 납부개시일은 토지를 사실상 사용할 수 있는 시점

으로 보아 취득 가능한 날로 볼 수 있을 것이다. 즉 취득가능일은 실제 잔금지급일이 아니라 분양계획에 따른 잔금지급 납부개시일이 될 것이다.

'사업인정을 받은 자'라 함은 부동산을 수용한 자를 의미하며, 사업인정을 받은 자의 사정역시 부동산을 수용한 자가 대체취득할 토지조성 공사가 지연 되는 등의 사정을 의미하는 것이므로 토지 수용자와 대체취득할 토지의 사업시행자가 상이할 경우에는 이에 해당되지 아니한다(세정 13407 - 223, 1999.11.26.). 예를 들면 특별분양받은 자가 마음에 들지 않아 그 택지를 포기하고, 다른 택지를 일반분양 받았다 하더라도 특별분양 대상자에 해당되는 바, 이들 둘 다 동일 사업시행자로 동일한 택지라면 특별분양받은 택지와 마찬가지로 분양계획에 따른 잔금지급 납부개시일이 될 것이다. 그런데 특별분양받은 택지와 일반분양 택지의 잔금 납부개시일이 다를 경우에는 전자의 납부개시일로 보는 것이 법 취지에 타당하다라고 판단된다.

한편, 사업시행자가 관련법령에 따라 이주대책을 수립하여 부동산 등이 수용된 자에게 대체취득할 수 있는 토지를 우선공급하기로 하였으나, 부동산 등이 수용된 자가 이 토지에 기반조성이 되지 않아 토지를 이용할 수 없다는 이유로 우선공급 협의양도를 받지 않은 경우라면 사업시행자는 토지를 공급할 수 있었음에도 부동산 등이 수용된 자의 경영 판단에 따른 자유의사에 의하여 공급받지 아니한 경우에 해당되어 사업인정을 받은 자의 사정으로 대체취득이 불가능한 경우에 해당한다고 보기 어렵다(지방세특례 - 1088, 2019.3.25.).

> **사례** LH공사가 사업인정을 받은 자가 아니라고 할지라도 이주 택지 공사과정에서 발생한 문화재 지정고시 절차는 지방세특례제한법 제73조 제1항에서 규정하고 있는 '사업인정을 받은 자의 사정'으로 봄이 타당함(지방세특례제도과 - 975, 2014.7.9.).

> **사례** 이주자택지 대체취득 취득세 감면대상 여부(지방세운영과 - 545, 2013.5.1.)
>
> 1~3차분까지의 택지 공급량이 이주자택지 공급 대상자 수를 초과하였다고 하더라도 이주자택지 공급대상자들이 원하는 택지를 일시에 공급하지 못한 것은 사업시행자의 귀책사유에 해당된다고 할 것인 점, 이주자택지 공급 공고문에 "이주자택지 공급신청기간 내 분양신청을 하였으나 당첨되지 않거나, 금회 분양신청을 하지 않더라도 차회 이주자택지 공급 시 신청 가능합니다"라고 3차분 이후까지 분양신청 할 수 있는 선택권을 부여하고 있는 점, 이주자에 대한 공급을 1회로 한정하고 있어 원하는 택지가 3차분에 포함되어 있지 아니한 이주자는 공급지연이 사업시행자의 귀책사유임에도 불구하고 대체취득 취득세 감면혜택을 받지 못하게 되는 점 등을 종합적으로 고려할 때, 3차 이후 공급되는 이주자택지도 사업시행자의 사정으로 대체취득이 불가능한 경우에 해당됨.

> **사례** "잔금지급일"에 토지 사용이 불가능한 경우(지방세운영과 - 3924, 2012.12.6.)
>
> 사업인정을 받은 자에게 토지를 수용당하여 새로이 조성되는 이주자택지를 공급받는 경우로서 공급약정에 따라 잔금을 지급한 경우라면, 그 "잔금지급일"을 "취득이 가능한 날"로 봄이 타당하다고 할 것(조세심판원 2008지523, 2008.12.30, 감사원 2008 - 148, 2008.5.8 결정 참조)이나, "잔금지급일"에 토지사용이 불가능한 경우에는 "잔금지급일"에도 불구하고 당해 토지사용가능시기(일)를 그 "취득이 가능한 날"로 보아야 할 것임(행정안전부 지방세운영과 - 228, 2011.1.13. 참조).

사례 우선 공급하는 택지조성공사 기간이 장기간 소요된 경우(조심 2008지0523, 2008.12.30.)

청구인이 이 건 수용토지에 대한 보상금 수령일부터 1년이 경과한 후 이 건 토지를 취득하였다 하더라도 이 건 토지를 보상금 수령일로부터 1년 이내에 대체취득하지 못한 것은 이 건 사업시행자의 사정으로 인한 것이고, 청구인은 이 건 사업시행자의 특별 분양 계획에 따라 이 건 토지의 취득이 가능한 날인 잔금납부 개시일인 2007.11.12.부터 1년 이내에 이 건 토지를 취득하였으므로 이 건 토지의 취득은 구 「지방세법」 제109조 제1항에서 규정하고 있는 토지수용 등으로 인한 대체취득에 따른 비과세 요건에 해당된다고 판단됨.

ⓜ 재결 또는 법원 판결에 의한 추가 보상금을 수령한 경우

'그 보상금을 마지막으로 받은 날'이란 「공익사업을 위한 토지 등의 취득 및 보상에 관한 법률」 등 관련법령의 규정에 의하여 수용위원회의 경정재결 또는 법원의 판결에 의하여 수용된 부동산의 보상금을 추가로 수령한 경우 그 추가보상금 수령일이 마지막 보상금 수령일이 되는 것을 의미한다(조심 2010지0506, 2010.12.9.). 그런데 심판례에도 불구하고 보상금을 수차례에 걸쳐서 수령한 경우 마지막 보상금 수령일로부터 기산하는 것이나, 공탁된 보상금을 수령하고 수령 후 보상금을 증액을 위한 행정심판을 하여 증액분을 추가로 수령한 경우라 하더라도 법 취지상으로는 처음 공탁금 수령일로부터 기산하는 것이 더 타당하다고 본다. 한편, 추가 수령액에 대하여 추가 금액을 수령한 날로부터 1년(또는 2년) 여부를 판단할 수 있을 것이다.

ⓗ '자경농민 농지'의 의미

「지방세특례제한법」 제6조의 자경농민의 농지라고만 규정되어 있는데, 그 요건에 대하여 규정되어 있지 아니하므로 수용되는 농지를 말하는 것인지 취득하는 농지를 말하는 것인지 명확하지 아니하며, 수용시점의 농민인지 취득일 시점의 농민인지도 명확하지 아니하다. 법 취지상 취득하는 시점에서 자경농민의 요건을 갖추어야 하는 것으로 해석하여야 할 것이다. 수용되는 시점의 자경농민이더라도 취득시점에 자경농민이 아닌 경우에는 농지 대체기간을 연장할 이유가 없으며, 「지방세특례제한법」 제6조에서도 취득 당시의 자경농민으로 규정되어 있기 때문이다. 그리고 수용 당시의 자경농민의 농지라고 해석한다면 수용당하는 부동산이 자경농민의 농지인 경우에는 농지 이외의 부동산을 대체취득하는 경우에도 2년 이내라고 해석할 여지가 있기 때문에 이처럼 확대해석할 수가 없는 것이다.

한편, 자경농지의 내용은 2010.12.27. 개정된 것으로 그 당시 개정 이유를 살펴보면 "토지 수용 등으로 대체 농지를 취득하는 경우 취득세 비과세 요건을 마지막 보상금 수령일부터 1년 이내에서 2년 이내로 연장한다"라고 되어 있는데, 이는 취득 부동산에 대한 것이므로 취득시점에 자경농민이어야 하는 것으로 이해된다.

ⓢ 여러 개의 물건이 수용되는 경우

토지수용 등으로 인한 대체취득에 대한 감면규정도 인별 기준이 아니라 물건별 기준이므로 보상금 마지막 수령일도 물건별로 별도로 판단하여야 할 것이다. 즉 각각의 물건에 대한

보상금 수령일 기준으로 감면을 적용하여야 할 것이다. 그런데 사업인정고시일 당시 동일한 사업지역 내에서 한 필지의 토지를 사업인정고시일 이후 보상금 수령 등 사유로 편의상 분할하여 사업시행자와 개별적으로 매수계약을 체결하여 보상금 지급시기를 달리하여 수령하였다 하더라도 일단의 토지로 보아 마지막 보상을 받은 토지에 대한 보상금을 받은 날을 기준으로 1년 이내에 대체취득하는 부동산에 대하여 취득세 감면규정을 적용한다.

> **사례** 보상금 지급시기를 달리하여 수령한 경우(지방세운영과-1308, 2011.3.21.)
>
> 사업인정고시일 당시 동일한 사업지역 내에서 한 필지의 토지를 사업인정고시일 이후 보상금 수령 등 사유로 편의상 분할하여 사업시행자와 개별적으로 매수계약을 체결하여 보상금 지급시기를 달리하여 수령하였다 하더라도 일단의 토지로 보아 마지막 보상을 받은 토지에 대한 보상금을 받은 날을 기준으로 1년 이내에 대체취득하는 부동산에 대하여 취득세 감면규정이 적용됨.

◎ 예산부족 등으로 보상금을 토지와 건축물로 나누어 지급하는 경우

토지와 건물이 한 필지 내에 있으며, 공공사업 시행을 하려면 토지와 건물 모두 수용이 되어야 한다는 점, 공공사업 시행명이 동일한 경우로서 사업시행자의 예산부족으로 인하여 토지와 건물의 보상금을 분할하여 받는 경우에 해당된다면 토지·건물 보상금을 나누어 판단할 것이 아니라 법 취지상 추후 토지와 건물 총 보상금 중 최종 보상금 수령한 날로부터 1년(자경농민 농지 2년) 이내 대체취득하는 경우 감면을 해주어야 할 것으로 판단된다.

⑦ 대체취득 지역 소재지 범위

종전에는 전국 어디서나 대체취득하더라도 감면이 되었으나 2006.12.28. 이후 최초로 보상금을 수령하는 분부터 대체취득 부동산 종류별로 소재지 여하에 따라 감면대상 여부가 결정된다.

구분	수용등이 된 부동산 소재지 특별시·광역시·도	수용등이 된 부동산 소재지 연접 시·군	수용등이 된 부동산 소재지 연접 특별시·광역시·도	이외
농지	감면 (지정지역 포함)	감면 (지정지역 포함)	감면 (지정지역 제외)	감면 (지정지역 제외)
자경농민의 주택(50% 미만)	감면 (지정지역 포함)	감면 (지정지역 포함)	감면 (지정지역 제외)	감면 (지정지역 제외)
상기 이외	감면 (지정지역 포함)	감면 (지정지역 포함)	감면 (지정지역 제외)	감면배제

㉠ 농지 외의 부동산등

㉮ 매수·수용·철거된 부동산등이 있는 특별시·광역시·특별자치시·도·특별자치도 내의 지역

㉯ ㉮ 외의 지역으로서 매수·수용·철거된 부동산등이 있는 특별자치시·시·군·구와 잇닿아 있는 특별자치시·시·군·구 내의 지역

㉓ 매수·수용·철거된 부동산등이 있는 특별시·광역시·특별자치시·도·특별자치도
와 잇닿아 있는 특별시·광역시·특별자치시·도·특별자치도 내의 지역. 다만, 「소득
세법」 제104조의 2 제1항에 따른 지정지역(이하 "지정지역") 제외

ⓛ 농지

「지방세특례제한법」 제6조 제1항에 따른 자경농민이 농지 경작을 위하여 총 보상금액의
100분의 50 미만의 가액으로 취득하는 주택 포함
지정지역을 제외한 지역 전국 어디서나 가능(단, 매수·수용·철거된 부동산등이 있는 특
별시·광역시·특별자치시·도·특별자치도 내의 지역, 매수·수용·철거된 부동산등이
있는 특별자치시·시·군·구와 잇닿아 있는 특별자치시·시·군·구 내의 지역은 지정
지역이라도 가능)

ⓒ 지정지역

「지방세특례제한법」 제73조 제1항 제1호 다목 단서 조항에 「소득세법」 제104조의 2 제1항
에 따른 지정지역을 제외한다고만 규정하고 있을 뿐 「소득세법」 제104조의 2 제2항에 따
른 지정지역 안의 부동산 취득을 제외한다고 규정하고 있지는 아니하지만, 「소득세법 시
행령」 제168조의 3은 지정지역의 지정기준을 주택매매가격상승률과 지가상승률로 이원화
하고 있고, 그에 따라 기획재정부장관도 지정지역을 주택에 관한 지정지역과 주택 외의
부동산에 관한 지정지역으로 구분하여 지정하고 있는 점, 주택에 관한 지정지역은 그 지
역에 소재하는 주택의 매매가격상승률이 일정수준 이상으로 높아 주택에 대한 투기적 수
요가 우려되어 그에 대한 세제상의 불이익을 가할 목적으로 지정된 지역이므로 그와 같은
투기적 수요의 우려가 없는 주택 외의 부동산에 대해서까지 그 지정지역에 소재한다는
이유만으로 주택의 경우와 동일하게 세제상의 불이익을 가하는 것은 지정지역의 취지에
반하는 점 등을 고려하면, 주택에 관한 지정지역은 그 지역에 소재하는 주택에 관해서만
지정지역으로서의 법적 효력을 지니며 그 외의 부동산에 관하여는 그와 같은 법적 효력이
없다고 보아야 하고, 이러한 법리는 「지방세특례제한법」에서 인용하고 있는 지정지역에
관하여도 그대로 적용된다고 할 것이므로 주택에 관한 지정지역에서 주택 외의 부동산을
대체취득하는 경우에는 위 「지방세특례제한법」 상의 단서 조항에 해당하지 않는다고 해
석함이 타당하다 할 것으로, 부동산이 소재하는 ○○○는 부동산 취득 당시 주택에 관한
지정지역으로 지정되어 있을 뿐 주택 외의 부동산에 관한 지정지역은 이미 해제되었으므
로 주택이 아닌 부동산의 취득은 「지방세특례제한법」 제73조 제1항 제1호 다목 단서 조항
의 적용대상이 될 수는 없다.
한편, 지정지역은 토지와 주택에 대하여 일반적으로 하고 있으며, 기획재정부장관이 고시
하고 있다.

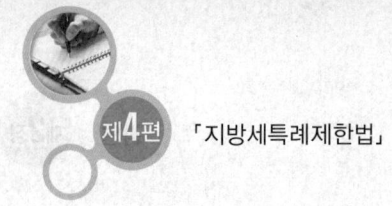

⑧ **부동산 가액 산정**

대체취득한 부동산 등의 가액의 합계액이 종전의 부동산 등의 가액의 합계액을 초과하는 경우에 그 초과액에 대하여는 취득세를 부과한다.

㉠ 다음의 취득에 해당하는 경우

㉮ 국가, 지방자치단체 또는 지방자치단체조합으로부터의 취득

㉯ 외국으로부터의 수입에 의한 취득

㉰ 민사소송 및 행정소송에 의하여 확정된 판결문(화해・포기・인낙 또는 자백간주에 의한 것 제외), 금융회사의 금융거래 내역 또는 감정평가서 등 객관적 증거서류에 의하여 법인이 작성한 원장・보조장・출납전표・결산서 등 법인장부[법인장부의 기재사항 중 중고자동차 또는 중고기계장비의 취득가액이 시가표준액보다 낮은 경우에는 그 취득 가액 부분(중고자동차 또는 중고기계장비가 천재지변, 화재, 교통사고 등으로 그 가액이 시가표준액보다 하락한 것으로 시장・군수・구청장이 인정한 경우는 제외)은 객관적 증거서류에 의하여 취득가액이 증명되는 법인장부에서 제외]에 따라 취득가격이 증명되는 취득

㉱ 공매방법에 의한 취득

㉲ 「부동산 거래신고 등에 관한 법률」 제3조에 따른 신고서를 제출하여 같은 법 제5조에 따라 검증이 이루어진 취득

대체취득 자산의 사실상 취득가액과 보상금 수령액을 비교하여 판단한다.

초과액 = 사실상 취득가격 - 보상금 수령액

㉡ ㉠의 취득 외의 취득에 해당하는 경우

대체취득 자산의 시가표준액과 수용 등으로 철거되는 부동산의 「지방세법」 제10조의 2부터 제10조의 6까지의 규정(2022년 이전은 제10조)에 따른 과세표준[2018년 이전 시가표준액(「지방세법」 제4조에 따른 시가표준액)]을 비교하여 결정한다. 이때 수용 등으로 철거되는 부동산의 과세표준(2018년 이전 시가표준액)은 사업인정고시일 현재의 과세표준(2018년 이전 시가표준액)을 의미한다(행자부 세정-477, 2005.1.28.)라고 해석한 바 있으나, 현행 이를 개정하여 다음 시기의 과세표준(2018년 이전 시가표준액)을 의미한다(행자부 세정-152, 2005.12.20. 참조).

㉮ 사업인정고시일 이후 보상금을 수령하지 않고 대체 취득 시

초과액 = 취득 부동산의 취득 당시 과세표준(2018년 이전 시가표준액) - 사업인정고시일 당시의 보상금액(2018년 이전 시가표준액)

㉯ 사업인정고시된 상태에서 협의매수일부터 수용일 이전에 대체 취득 시

초과액 = 취득 부동산의 취득 당시 과세표준(2018년 이전 시가표준액) - 협의매수 계약 당시의 보상금액(2018년 이전 시가표준액)

㉰ 사업인정고시된 상태에서 수용일 또는 수용에 따른 보상금 수령일 이후에 대체취득 시
  초과액 = 취득 부동산의 취득 당시 과세표준(2018년 이전 시가표준액) − 수용(재결,
  화해) 당시의 보상금액(2018년 이전 시가표준액)

㉢ 둘 이상의 과세물건의 대체취득으로 인하여 사실상 취득금액과 시가표준액을 순차적으로
  적용하는 경우

  수용 시 초과액 산정기준 관련해서 사실상 취득금액과 시가표준액을 순차적으로 적용해
  야 할 경우 먼저 취득한 부동산의 사실상 취득금액 또는 시가표준액으로 먼저 초과액을
  산정하여야 할 것이다.

  한편, 수용보상금 등으로 둘 이상의 대체 취득 과세물건을 취득한 경우로 순차적 적용 시
  사실상 취득금액과 시가표준액을 어떻게 안분하여야 하는지에 대하여 명확하게 규정되어
  있지 아니하지만, 다음과 같은 방법으로 초과액을 산정하여야 할 것으로 판단된다.

  보상금을 우선 둘 이상의 대체 취득 과세물건의 시가표준액으로 안분한 후 안분된 보상금
  과 사실상의 취득금액이 적용되는 과세물건의 사실상의 취득금액과 비교하여 초과액을
  산정하여야 하고, 수용 등이 된 과세물건의 시가표준액을 먼저 산정한 후 이 금액을 둘
  이상의 대체 취득 과세물건의 시가표준액으로 안분하여 안분된 금액을 기준으로 시가표
  준액을 비교하여 초과액을 산정하여야 할 것이다.

○ 초과금액 산정

  수용된 과세물건 A(보상금 500원, 시가표준액 100원), B(보상금 1,000원, 시가표준액 150원)
  대체 취득 과세물건 C(취득금액 1,200원, 시가표준액 200원), D(시가표준액 80원)
  C 초과금액 = 1,200원 − (1,500원 × 200원 / 280원) : 사실상의 취득금액 기준
  D 초과금액 = 80원 − (250원 × 80원 / 280원) : 시가표준액 기준

㉣ 입목보상, 농기계류보상, 기타생활비보상 등을 받는 경우

  수용대상물건이 부동산이 아닌 입목보상, 농기계류보상, 기타생활비보상, 과일나무 보상금,
  부동산의 부대시설이 아닌 지장물보상금 및 실농보상금은 부동산 등의 보상금에서 제외된다.

  사례 지장물보상금, 이주비등은 종전 부동산 가액에서 제외(대법원 95누4155, 1996.1.26.)

  「공공용지의 취득 및 손실보상에 관한 특례법」 내지 「토지수용법」에 의한 토지취득 시 지출한 지장
  물보상금 및 이주비 등 보상금은 설혹 취득대상인 토지의 취득을 위하여 거래상대방인 주민 등에게
  토지의 취득시기 이전에 지급하였거나 지급하기로 한 것이라 할지라도 과세대상 물건인 토지를 취
  득함에 있어서 토지 자체의 가격으로 지급되는 것이 아니라 취득의 대상이 아닌 물건이나 권리에
  관하여 그 지급원인이 발생 또는 확정된 것이므로 토지에 대한 취득세의 과세표준인 취득가격에
  포함되지 아니함.

ⓜ 정치성구획어망(어업)

"정치성구획어업(호망)"이 어망인지 아니면 어업허가권인지에 따라 달리 판단될 것이다. 즉 전자는 감면대상이 되지 않고 후자의 경우에는 감면대상이 되는 것이다. 또한 정치성 구획어업(호망)이 양식장으로서 수조에 해당한다면 부동산에 해당되므로 감면대상이 되는 것이나, 해상 양식장은 수조로 볼 수 없을 것이다.[237]

호망어업의 허가 취득에 대가, 즉 어업권에 대한 보상을 받았다면 감면대상이 되는 것이다.[238] 그런데 정치성구획어업(호망)이 면허어업이 아니라 허가어업이라면 어업권으로 볼 수 없을 것이다.

⑨ 감면대상 취득 부동산 종류

㉠ 동일 자산 아니어도 감면이 됨

취득자산이 수용부동산과 동일 자산이 아니어도 감면대상이 된다. 예를 들어 토지가 수용되었다 하더라도 반드시 토지만을 취득하는 경우에만 감면이 되는 것은 아니다. 즉 가액 범위 내에서 다른 부동산 등을 취득하더라도 감면이 되는 것이다. 따라서 대체취득한 부동산의 용도는 수용당한 부동산과 같아야 하는 것은 아니고, 타 용도로 사용할 목적으로 부동산을 대체취득하는 경우에도 면제된다. 이 경우 대체취득 물건을 보상금 범위 내에서 대체취득 감면 소재지에서 마지막 보상금을 받은 후 1년(자경농민 농지 2년) 이내에 대체취득하는 경우에는 면제된다.

> **사례** 대체취득 부동산이 여러 개의 물건 또는 수용당한 것과 다른 용도·형태의 취득이거나 불문하고 마지막 보상금 수령일로부터 1년 이내에 보상금 수령가액 범위 내에서 취득하는 것이면 면제규정이 적용됨(도세 22670-1498, 1990.5.16.).

㉡ 지목변경 감면대상임

지목변경도 부동산 취득에 해당하므로 토지수용 등에 따른 대체취득의 감면요건에 충족

---

237) 양식장 시설의 경우 인공적으로 철근콘크리트 또는 시멘트벽돌로 벽면을 설치하여 양식업을 한 경우 수조로 보아 취득세 과세대상으로 되어 있는데, 양식업을 하는데 벽면을 철근콘크리트나 시멘트벽돌 등으로 하지 않고 순수한 흙으로 논두렁을 쌓아 양식을 하고 있다면 이는 수조로 볼 수 없다(세정 13407-920, 1994.11.11.). 호망이 가두리 양식장과 관련되어 상기의 수조에 해당하는 양식장이라면 이는 건축물로 보아 부동산에 해당되어 감면대상이 될 것이다. 한편, 해상 가두리 양식은 해상에 그물로 구획을 정하여 그물 안에 수산물을 가두어 양식하는 경우에는 수조로 보기에는 어려움이 있을 것이므로 부동산에 해당되지 아니할 것이다.
참고로, 사전 등에 따르면 가두리양식은 바다에 그물망을 쳐서 물고기를 가두어 기르는 것을 말한다(물고기를 그물 속에 가두어 기르기 때문에 "가두리양식"이라고 함).

238) 「지방세법」상 취득세 과세대상인 어업권에는 「수산업법」 또는 「내수면어업법」에 의한 신고어업이나 허가어업은 포함되지 아니하는 것이다. 그러나 유의해야 할 것은 등록면허세 면허분 과세대상인 「어업 및 면허어업」의 범위는 면허어업에 한정하는 것이 아니고, 허가·신고어업에 대하여도 과세대상이 되는 것이지만, 등록면허세 등록분 과세대상인 어업권은 「수산업법」 또는 「내수면어업법」에 의한 면허어업만을 의미하는 것이다.

하는 한 감면대상이 될 것이다. 새로 취득한 부동산 가액이 종전의 부동산 가액 범위 내이어야 하는 등 감면요건을 갖추었다면 지목변경도 감면대상이 될 것이다(세정 13407-209, 1996.2.23.). 한편, 지목변경 취득일은 토지대장상 지목변경일이 아니며 건축공사착공일도 아니고, 건축물준공일(건축물의 사실상 사용일이 준공일보다 빠른 경우 사실상 사용일)이 되는 것임에 유의하여야 할 것이다.

> **사례** 주택 등이 수용되어 그에 대한 마지막 보상금을 받은 날로부터 1년 이내에 이에 대체할 부동산을 취득한 때에는 보상금 초과부분에 대하여만 취득세가 과세되는 것이므로 귀문의 경우에도 보상금을 수령하여 농지의 지목을 변경하였다면 지목변경에 소요된 비용은 대체취득에 소요된 비용으로 인정하여야 하는 것임(도세 22670-110, 1992.3.2.).

ⓒ 차량, 건설기계 감면대상 아님

대체취득 시 면제되는 가액은 대체할 부동산[선박, 광업권, 어업권·양식업권(2020.8.28. 이후) 포함]에 한정하는 것이므로 부동산이 아닌 차량이나 건설기계 등을 대체취득하는 경우 면제대상에 해당하지 아니하나 선박, 광업권, 어업권·양식업권(2020.8.28. 이후)의 경우에는 면제대상이 된다.

⑩ 사업인정고시가 생략된 경우

사업인정고시(공고)를 생략한 것은 관련법 규정에 의하여 된 것이라면 「공익사업을 위한 토지 등의 취득 및 보상에 관한 법률」 제15조에서 규정하는 보상계획 공고일(공고를 생략한 경우에는 토지 소유자에게 보상계획을 통지한 날)을 사업인정고시일로 보아야 할 것으로 판단된다.[239]

「산업입지 및 개발에 관한 법률」 제22조에서는 토지수용에 대하여 규정하고 있으며, 제7조의 4 제1항에 따른 산업단지의 지정·고시가 있는 때(제6조 제5항 각 호 외의 부분 단서 또는 제7조 제6항 및 제7조의 2 제5항에 따라 사업시행자와 수용·사용할 토지 등의 세부 목록을 산업단지가 지정된 후에 산업단지개발계획에 포함시키는 경우에는 이의 고시가 있는 때를 말한다) 또는 제19조의 2에 따른 농공단지실시계획의 승인·고시가 있는 때에는 이를 「공익사업을 위한 토지 등의 취득 및 보상에 관한 법률」 제20조 제1항 및 같은 법 제22조에 따른 사업인정 및 사업인정의 고시가 있는 것으로 본다라고 규정되어 있는바, 감면규정이 적용되는 것이다. 이와 마찬가지로 「자연재해대책법」 제56조에서는 토지 등의 수용에 대하여 규정하고 있으며, 제2항에서는 제49조에 따라 재해복구사업 실시계획을 인가받아 공고한 경우에는 「공익사업을 위한 토지 등의 취득 및 보상에 관한 법률」 제20조 제1항 및 제22조에 따른 사업인정 및 사업인정의 고시를 한 것으로 본다라고 규정되어 있는바, 감면규정이 적용되는 것이다. 따라서 「자연재해대책법」에 따라 토지

---

239) 국세의 경우 「공익사업을 위한 토지 등의 취득 및 보상에 관한 법률」에 따른 사업시행자가 공익사업에 필요한 토지 전부를 협의 매수 방식으로 취득함으로써 같은 법 제20조 규정의 사업인정을 받지 아니하고 공익사업을 수행하는 경우 같은 법 제15조에서 규정하는 보상계획 공고일(공고를 생략한 경우에는 토지 소유자에게 보상계획을 통지한 날)을 사업인정고시일로 보아 「소득세법 시행령」 제168조의 14 제3항 제3호 규정을 적용하는 것임(서면4팀-1886, 2007.6.14.).

등을 수용할 수 있는 사업인정을 받은 자가 매수, 수용 또는 철거된 자로서 감면요건을 갖춘 경우 감면대상이 된다는 것이다.

⑪ 타인명의로 취득

남편 보상금으로 남편 명의로 취득한 부동산은 취득세 감면대상이 되지만 남편이 취득한 부동산을 부인에게 증여하여 부인이 수증받은 경우 감면대상이 되지 아니할 것이다. 부인 또한 보상금을 받은 경우라 하더라도 보상금으로 취득하였다면 감면대상이 될 수 있으나, 보상금으로 취득한 것이 아니라 증여로 취득한 것이기 때문에 감면이 되지 아니한다.

> **사례** 토지수용으로 인한 대체취득 시의 비과세대상은 수용된 부동산 소유자가 자기명의로 대체취득하는 경우에 한하여 비과세되는 것으로, 수용에 따라 대체취득한 부동산이 배우자 명의라면 비과세 대상에 해당하지 아니함(세정 13407 – 1111, 1997.7.2.).

> **사례** 대체취득한 부동산에 대한 취득세를 비과세함에 있어서는 대체취득한 부동산의 형태(지목의 변경, 건축물의 있는 토지 취득 등)에 관계없이 보상금 범위 내에서 비과세 여부를 판단함(세정 13407 – 209, 1996.2.23.).

⑫ 단순협의에 의한 매도인 경우

토지를 수용할 수 있는 사업인정을 받지 않은 행정관청 등과 단순한 협의에 의하여 부동산을 매매한 것은 공공용지 수용에 따른 대체취득 부동산에 대한 취득세 등의 면제대상이 아니다(행자부 세정 –1168, 2005.3.17.). 따라서 수용 후 사업인정고시가 되지 아니하는 경우라면 면제대상에서 제외되어야 할 것이나, 사업인정고시(공고)를 생략한 것은 관련법 규정에 의하여 된 것이라면 「공익사업을 위한 토지 등의 취득 및 보상에 관한 법률」 제15조에서 규정하는 보상계획 공고일(공고를 생략한 경우에는 토지 소유자에게 보상계획을 통지한 날)을 사업인정고시일로 보아야 할 것으로 판단되며, 관련법률에서 실시계획 등을 인가받아 공고한 경우에는 「공익사업을 위한 토지 등의 취득 및 보상에 관한 법률」 제20조 제1항 및 제22조에 따른 사업인정 및 사업인정의 고시를 한 것으로 보는 규정이 있는 경우에도 면제대상이 되는 것이다.

> **사례** 사업인정을 받은 자가 아닌 자로부터 보상금을 받아 취득하는 경우 면제되지 아니함(세정 1268 – 4344, 1981.3.19.).

⑬ 교환 취득

㉠ 보상금 수령 없이 사업시행자와 교환하는 경우

면제 요건에 적합하다면 단지 공공사업시행자와 현금 대신 부동산으로 교환하였다 하여 취득세 면제대상에서 제외되는 것은 아니며, 다만, 새로 취득한 부동산의 가액의 합계액이 사업지구에 편입된 종전의 부동산의 가액의 합계액을 초과하는 경우 그 초과액에 대하여는 취득세 과세대상이다(세정 13407-927, 1999.7.27.)라고 해석한 바 있으나, 토지수용으로 인한 보상금으로 부동산을 대체취득한 것이 아니라 공유지분 등기를 하여 보유하고 있던 사업지구 내의 토지를 사업시행자가 보유하고 있던 다른 토지의 지분과 교환함으로써 토지를 취득한 경우에는 비록 취득한 토지가 보상금의 성격을 지니고 있다 하더라도 「토지수용법」 등의 절차에 따라 대체취득으로 볼 수는 없으므로 위 규정에 의한 면제대상에 해당되지 아니한다(행심 2001-16, 2001.1.30.). 이는 사업시행자와 지분 교환으로 이는 보상금을 수령하는 것이 아니므로 「토지수용법」 등의 절차에 따라 대체취득으로 볼 수는 없다는 점에서 면제대상이 아니하는 것이다.

ⓛ 보상금 수령한 후 교환으로 대체 취득하는 경우

보상금을 수령하고 대체 취득 부동산을 교환으로 취득하는 경우에 감면이 되는지에 대하여 명확한 해석이 없지만, 교환도 유상승계에 해당한다는 점, 보상금 수령하였다는 점에서 감면요건에 해당한다면 감면을 하여야 할 것이다. 그리고 교환의 경우 제외한다라는 규정이 없다는 점에서도 면제대상이 된다라고 해석하여야 할 것이다. 한편, 교환은 양도된 부동산의 가액을 수령하고, 그 금액으로 다른 부동산을 취득한 것으로 볼 수 있다는 점에서 보상금으로 취득한 것이 아니라고 면제대상이 되지 아니한다라고 주장할 수 있다. 법 취지상 보상금을 수령 한 후 교환으로 대체취득한 경우에도 면제대상이 되어야 할 것이다.

⑭ 공유토지 분할

공유물이었던 1필지 토지를 2필지로 분할하여 각 공유자 지분비율로 단독등기하는 경우로서 등기절차상 필지분할등기를 한 후 공유물 분할등기 과정에서 지분교환 형식으로 이루어진 상대방 지분의 취득은 유상양도가 아닌 공유물의 지분비율에 따라 제한적으로 행사되던 권리를 분할을 통해 특정부분에만 집중·존속시키는 공유물 분할의 한 유형(대법원 95누5653, 1995.9.5. 참조)이라고 할 것이어서 「지방세특례제한법」 제73조 제1항의 취득세 면제대상인 대체취득에 해당되지 아니한다고 할 것이다(지방세운영과-2570, 2012.8.9.).

⑮ 감면 제외

㉠ 대체취득 부동산이 별장, 골프장, 고급주택, 고급오락장 등 사치성 재산인 경우
ⓛ 부재부동산 소유자

● 부재부동산 소유자

「공익사업을 위한 토지 등의 취득 및 보상에 관한 법률」 등 관계법령에 따른 사업고시지구 내에 매수·수용 또는 철거되는 부동산을 소유하는 자로서 다음 각 호에 따른 지역에 계약일(2018년 이후 사업인정고시일 전에 체결된 경우로 한정, 2017년 이전도 동일하게 적용되었음) 또는 사업인정고시일 현재 1년 전부터 계속하여 주민등록 또는 사업자등록을 하지 아니

하거나 1년 전부터 계속하여 주민등록 또는 사업자등록을 한 경우라도 사실상 거주 또는 사업을 하고 있지 아니한 거주자 또는 사업자(법인 포함)를 말한다. 이 경우 상속으로 부동산을 취득하였을 때에는 상속인과 피상속인의 거주기간을 합한 것을 상속인의 거주기간으로 본다.

1. 매수 또는 수용된 부동산이 농지인 경우 : 그 소재지 특별자치시·시·군·구 및 그와 잇닿아 있는 특별자치시·시·군·구 또는 농지의 소재지로부터 30킬로미터(2020년 이전은 20킬로미터) 이내의 지역

2. 매수·수용 또는 철거된 부동산이 농지가 아닌 경우 : 그 소재지 구[자치구가 아닌 구를 포함하며,[240] 도농복합형태의 시[241]의 경우에는 동(洞) 지역만 해당한다. 이하 이 호에서 같다]·시(자치구가 아닌 구를 두지 아니한 시를 말하며, 도농복합형태의 시의 경우에는 동 지역만 해당)·읍·면 및 그와 잇닿아 있는 구·시·읍·면 지역

「공익사업을 위한 토지 등의 취득 및 보상에 관한 법률」 등 관계법령에 따른 사업고시지구 내에 매수·수용 또는 철거되는 부동산을 소유하는 자로서 다음 각 호에 따른 지역에 계약일 또는 사업인정고시일 현재 1년 전부터 계속하여 주민등록 또는 사업자등록을 하지 아니하거나 1년 전부터 계속하여 주민등록 또는 사업자등록을 한 경우라도 사실상 거주 또는 사업을 하고 있지 아니한 거주자 또는 사업자(법인 포함)를 의미함(상속 취득인 경우 상속인과 피상속인의 거주기간을 합한 것을 상속인의 거주기간으로 봄).

계약일 또는 사업인정고시일[242] 현재 1년 전부터 계속 주민등록 또는 사업자등록을 하지 아니하거나, 1년 전부터 계속하여 주민등록 또는 사업자등록을 한 경우에도 사실상 거주 또는 사업을 하고 있지 아니한 거주자 또는 사업자(법인 포함)로 규정하고 있으므로 "부동산을 소유하는 자"를 자연인, 법인, 단체, 영리사업자, 비영리사업자 등으로 구분하지 않는 것이다.

주민등록 또는 사업자등록을 하지 아니한 자와 주민등록 또는 사업자등록을 한 경우에도 사실상 거주 또는 사업을 하고 있지 아니한 자는 모두 부재부동산 소유자로 보는 것이다 (행심 2007-680, 2007.12.26.).

---

240) 지방세관계법상의 "구"라 함은 자치구만을 말하나, 예외적으로 「지방세특례제한법 시행령」 제34조 제2항 제2호(토지수용 등으로 인한 대체취득에 대한 감면 - 수용 등이 된 부동산이 농지가 아닌 경우 부재부동산 소유자 판단)의 경우 "자치구가 아닌 구를 포함"하도록 규정되어 있어서 이 경우에는 포항시, 성남시, 안양시, 용인시 등과 행정구도 포함하는 것으로 하고 있다.

241) "도농복합형태의 시"는 일반 시와 달리 도시의 형태를 갖춘 지역에는 동을, 그 밖의 지역에는 읍·면을 둘 수 있는데(「지방자치법」 제3조 제3항 및 제4항 참조), 제주특별자치도 내 행정시에 동과 읍·면이 공존하기는 하나, 이는 「지방자치법」이 아니라, 「제주특별자치도 설치 및 국제자유도시 조성을 위한 특별법」(이하 "제주특별법") 제16조 제1항에 따른 것인 점, 행정시는 지방자치단체인 시에 해당하지 않는 점(제주특별법 제10조 제1항 및 제2항 참조), 제주특별법 외에 다른 법령에서 시·군을 인용한 경우에는 제주자치도를 포함한 것으로 보아 해당 법령을 적용해야 하는 점(제주특별법 제9조 제1항 참조) 등을 종합하여 고려했을 때, 제주특별자치도 내 행정시를 「지방세특례제한법 시행령」 제34조 제2항 제2호에서 규정하는 도농복합형태의 시로 볼 수 없다고 판단됨(지방세특례제도과 - 2622, 2024.10.17.).

242) 부재부동산 소유자에 해당하는지 여부는 '최초 사업인정고시일'을 기준으로 판단함(대법원 2019두57084, 2020.2.27. 심불, 서울고법 2019누46086, 2019.10.23.).

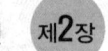

상기에서 "농지의 소재지로부터 30킬로미터(2020년 이전은 20킬로미터) 이내의 지역"이라 함은 해당 농지 소재지로부터 농지소유자가 거주하는 시·군·구의 경계선까지의 거리가 아닌 농지소유자의 거주지까지의 거리가 30킬로미터(2020년 이전은 20킬로미터) 이내의 지역을 의미한다(지특예 법73-2).

한편, 부동산을 취득할 당시에는 취득자의 주소지와 부동산 소재지가 연접된 자치구였으나 행정구역개편으로 분구되어 계약일 또는 사업인정고시일 현재에는 부동산 소재지와 소유자 주소지가 연접되지 않은 상태에서 「지방세법」 제109조 제1항 및 같은 법 시행령 제79조의 3 제2항의 규정을 적용하여 대체취득에 따른 부재부동산 소유자 여부를 판단시는 계약일 또는 사업인정고시일 현재를 기준으로 부동산 소유자 주소지와 부동산 소재지 연접 여부를 판단하는 것이 타당하다(행자부 세정-945, 2005.3.2.).

㉮ 농지(전, 답, 과수원 및 목장용지)

계약일 또는 사업인정고시일 현재 고시지구 내의 농지를 소유한 자가 농지가 소재한 시·군·구 및 그와 잇닿아 있는 시·군·구 또는 농지의 소재지로부터 30킬로미터(2020년 이전은 20킬로미터) 이내의 지역에 계약일 또는 사업인정고시일 현재 1년 전부터 사실상 거주하는 요건을 충족하지 못한 경우에는 면제규정을 적용받을 수 없다. 감면규정에 수용 등을 당하는 농지인 경우라고만 되어 있지 자경농민이 취득하는 농지라고 규정되어 있지 아니하므로 30킬로미터(2020년 이전은 20킬로미터) 이내의 지역에 1년 전부터 거주하기만 하면 되는 것이다. 즉 농지이기만 하면 되지 자경농민이 취득하고 있는 농지일 필요는 없다는 것이다. 다만, 취득하는 부동산에 대하여 「지방세특례제한법」 제6조 제1항에 따른 자경농민이 농지 경작을 위하여 총 보상금액의 50% 미만의 가액으로 취득하는 주택을 포함하는 것으로 되어 있는바, 총 보상금액의 50% 미만의 가액으로 취득하는 주택도 농지로 보아 감면을 적용할 경우 자경농민의 요건이 필요할 것이다.

한편, 법인의 경우에도 사업용 농지가 아니더라도, 즉 직접 농사를 짓지 않는 등 비사업용 농지라 하더라도 사업자등록 요건이나 실질적인 사업수행이 계속하여 1년 이상인 경우에는 감면이 배제되는 것은 아닌 것이다.

㉯ 농지 이외

매수·수용 또는 철거된 부동산이 농지가 아닌 경우 구·시·읍·면 및 그와 잇닿아 있는 구·시·읍·면 지역에 계약일 또는 사업인정고시일 현재 1년 전부터 사실상 거주하는 요건을 충족하지 못한 경우에는 비과세규정을 적용받을 수 없다. 여기서 구는 자치구 아닌 구를 포함하며, 도농복합형태 시의 동(洞) 지역만 해당하고, 시는 자치구가 아닌 구를 두지 아니한 시를 말하며, 도농복합형태 시의 동 지역만 해당한다.

"동지역만 해당한다"라는 의미를 동만으로 한정할 경우 당초 입법 취지에도 반하는 점, 종전의 연접동 의미와 달리 극히 협소하게 적용하여 통합으로 인하여 동지역민만 합리적인 이유 없이 차별하는 문제점 등을 고려 할 때, 도농복합형태의 시에 있어서

"동지역만 해당한다"라고 함은 연접한 동지역 전체를 포함한다(지방세운영과-4258, 2010.9.13.).[243]

도농복합시의 경우 종전과 같이 읍·면을 제외한 동지역만을 구·시지역으로 보겠다는 의미로 종전과 동일성을 유지한 입법 취지라고 할 것이므로 구와 시에 읍·면지역이 있는 경우에는 읍·면지역으로 보면 될 것이고, 구와 시의 동지역과 연접한 읍·면지역이 있는 경우에도 부재소유부동산 소유자로 보지 않아야 할 것이다.

㉲ 부재부동산 소유자 규정에서의 '계약일'의 의미

전술한 바와 같이 '계약일'은 '해당 사업인정고시일 전의 계약일'만을 뜻하고 '해당 사업인정고시일 이후의 계약일'은 여기에 포함되지 아니한다. <u>따라서 해당 사업인정고시일 이후에 부동산 등이 협의취득에 의하여 매수된 자가 1년 전부터 계속하여 사업자등록 등을 하지 아니함으로써 부재부동산 소유자에 해당하는지를 판단하는 기준일은 계약일이 아니라 사업인정고시일로 보아야 한다.</u> 토지수용 등으로 인한 대체취득에 관하여 취득세 등을 비과세하는 취지는 수용 등으로 인하여 부득이하게 생활의 기반이나 사업의 기반을 잃게 되는 거주자 또는 사업자를 조세정책적인 차원에서 지원하고자 함에 있다(대법원 2010.12.23. 선고, 2008두19864 판결 참조). 그러나 사업시행계획을 미리 알고 부동산 등을 취득한 경우 등까지 대체취득하는 부동산에 대하여 취득세 등을 비과세할 필요는 없다는 점에서 위 규정은 '계약일 또는 사업인정고시일'을 기준으로 하여 일정한 기간 동안 사업자등록이 되어 있지 아니한 자 등을 부재부동산 소유자로 규정하고 있다. 만약 해당 사업인정고시일 이후에 부동산이 협의취득으로 매수된 자의 경우에 '계약일'을 기준으로 일정한 기간 동안 사업자등록 등이 되어 있는지를 판단한다면 협의취득에 응하는 시점을 일부러 늦추는 방법으로 부재부동산 소유자의 요건에서 벗어날 수 있게 되어 부재부동산 소유자를 취득세 등의 면제대상에서 제외한 취지에 반한다는 것이다(대법원 2012두27596, 2013.4.11.).

㉳ 상속

ⓐ 상속인이 잔금을 수령한 경우

토지수용을 위한 사업인정고시일(사업인정고시 전에 계약한 경우 계약일) 이후 부(父)가 사망하고 그 상속인이 잔금을 수령하여 부동산을 대체취득하는 경우라면 상속으로 부동산등을 취득한 경우이므로 부재부동산 소유자 판단 시 상속인과 피

---

243) 1995.1.1. 「지방자치법」 제7조 제2항의 규정에 의하여 시와 군을 통합한 도농복합형태의 시가 설치되기 전에는 농지 외 수용 부동산의 부재지주 판단 지역적 범위였던 구·시·읍·면 중 구·시는 연접한 동지역 전체를 아울러 표현하고 있었으나, 도농복합형태의 시의 설치에 따라 동지역에 한한다고 위 시행령을 개정(1995.1.1.)하였던 바, 이는 도농복합시의 경우 종전과 같이 읍·면을 제외한 동지역만을 구·시지역으로 보겠다는 의미로 종전과 동일성을 유지한 입법 취지라고 할 것이며, 이는 「도농복합형태의 시 설치에 따른 행정특례 등에 관한 법률」 제2조에서 규정한 바, "통합으로 인하여 종전의 지방자치단체 또는 특정지역이 누리던 행정상 또는 재정상의 이익이 상실되거나 그 지역주민에게 새로운 부담이 추가되어서는 아니된다"는 점을 고려한 것이라 할 것이다.

상속인 간의 거주기간을 통산하여야 하는바, 피상속인이 1년 이상 거주하였어도 사업인정고시일(사업인정고시 전에 계약한 경우 계약일) 현재 상속인이 주민등록을 하여 거주한 사실이 없다면 해당 상속인은 부재부동산 소유자가 되어 면제가 되지 아니한다.

사업인정고시일(사업인정고시 전에 계약한 경우 계약일) 현재 상속인이 주민등록을 하여 거주한 사실이 있고 피상속인이 사업인정고시일(사업인정고시 전에 계약한 경우 계약일) 현재 1년 이상 계속하여 주민등록을 하여 거주하고 있었다면 상속인이 대체 취득하더라도 감면대상이 되는 것이고, 사업인정고시일(사업인정고시 전에 계약한 경우 계약일) 현재 상속인이 주민등록을 하여 거주한 사실이 있고 사업인정고시일(사업인정고시 전에 계약한 경우 계약일) 현재 피상속인이 1년 미만 거주하고 있더라도 상속인의 거주기간을 합산한다는 것이지만 중복기간은 제외하여야 할 것이다.

ⓑ 피상속인이 잔금을 수령한 경우

부의 명의로 소유하고 있던 부동산이 택지개발사업에 수용된 후 보상금의 잔금을 수령한 상태에서 부가 사망한 후 그 보상금으로 상속인이 부동산을 대체취득하는 경우라면 이는 상속으로 부동산등을 취득한 경우가 아닌 보상금을 취득한 경우이므로 취득세 등의 면제대상이 되지 아니한다(지방세정팀-1291, 2006.3.29.).

㉮ 주민등록을 하지 않고 실제로 거주하는 경우

주민등록을 하지 않고 실제로 거주하는 경우 부재부동산 소유자에 해당되어 면제적용 배제된다(도세 13421-167, 1993.3.9.).

> **사례** 주민등록을 하지 아니한 경우 피상속인 거주기간을 상속인 거주기간과 합산 불가능(대법원 2000두1836, 2002.8.23.)
>
> 피상속인의 거주기간을 상속인의 거주기간에 합산함으로써 대체부동산의 취득에 따른 취득세 및 등록세가 비과세되기 위하여는 피상속인이 수용되는 해당 부동산이 소재하거나 그에 연접한 구·시·읍·면 지역에 주민등록을 마치고 사실상 거주를 하고 있어야 하고, 피상속인이 위의 지역에 사실상 거주하였으나 주민등록을 하지 아니한 경우에는 피상속인의 거주기간을 상속인의 거주기간과 합산할 수 없음.
>
> ☞ 주민등록을 하지 않고 실제로 거주하는 경우 부재부동산 소유자에 해당되어 비과세적용 배제됨(도세 13421-167, 1993.3.9.).

㉯ 농지 소재지로부터 30킬로미터(2020년 이전은 20킬로미터) 이내

농지 소재지로부터 30킬로미터(2020년 이전은 20킬로미터) 이내 지역의 판단은 농지의 중앙 지점이 아닌 주소지에 가장 가까운 가장자리를 기준으로 통작거리가 아닌 직선거리를 의미한다.

사례 대체취득 감면 여부

• 수용 토지 : 안산시 소재 "답"
• 주민등록지 : 의왕시(직선거리 30킬로미터 초과)
토지수용자는 직접 본인이 경작 농지임을 증명 가능

안산시와 의왕시 간에는 중간에 군포시와 안양시가 있어서 연접한 시가 되지 아니할 것이며, 연접한 시에서 자경을 하였다 하더라도 직선거리가 30킬로미터 초과한 경우이므로 부재부동산으로 보아 면제혜택을 받을 수 없을 것임.

사례 수용부동산 소재지로부터 사업인정고시일 현재 거주지가 30킬로미터(2020년 이전은 20킬로미터)를 초과한 것이 확인되는 이상, 부재부동산 소유자에 해당함(행심 2007-300, 2007.5.28.).

사업인정고시일 현재 거주지가 수용부동산의 소재지 시·군·구 및 그와 연접한 시·군·구에 소재하지 아니하고, 수용부동산 소재지로부터 사업인정고시일 현재 거주지까지의 직선거리가 20킬로미터를 초과하는 사실이 과표 간 거리산출 공문(경기도 광주시 세무과-11708호, 2007.4.27.)에서 확인되는 이상 청구인이 토지 등의 수용에 따른 대체취득 비과세대상에 해당되지 않는 부재부동산 소유자로 보아 취득세 등을 신고납부한 것은 적법하다 할 것임.

☞ 현행은 30킬로미터(2020년 이전은 20킬로미터)

㉔ 법인의 경우

부재부동산 소유자 범위에서 배제되는 규정은 거주자 또는 개인사업자, 법인 모두 적용된다. 대법원판례(대법원 2008두19864, 2010.12.23.)에서는 "구「지방세법 시행령」이 2005.12.31. 대통령령 제19259호로 개정되면서 "개인사업자" 부분을 "사업자(법인을 포함한다)"로 개정한 것은 법인사업자만 위 사업자의 범위에 추가하였다기보다 자연인이나 법인뿐만 아니라 종중과 같은 비법인사단까지 추가하였다고 보는 것이 위 각 규정의 합목적적인 해석이라 할 것인 점, 시행령 조항의 사업자를 사업자등록을 하였거나 이를 전제로 한 사업을 사실상 하고 있는 자로만 한정한다면 고유목적사업을 수행하는 비법인사단은 모두 비과세대상에 해당되고 이는 위 각 규정의 취지에 부합하지 않는 점 등을 고려할 때, 자연인이나 법인 또는 비법인사단 등인지 여부를 불문하고 사업자등록을 하고 사업을 수행할 수 있는 자는 일단 위 "사업자"에 해당한다고 보아야 하고, 다시 위 각 규정에 따른 사업자등록 및 실질적인 사업수행 여부를 판단받아 과세 또는 비과세 여부가 결정된다.

한편,「부가가치세법」상 지점 등 종된 사업장의 사업자등록을 말소하였더라도 사업자단위과세 제도에 따라 지점 등을 종된 사업장으로 부기하여 부가가치세를 함께 신고하였다면 종된 사업장의 경우 부재부동산 소유자로 볼 수 없다(지방세운영과-3080, 2010.7.19.). 이는 사업자단위과세의 경우 주된 사업장 하나의 사업자등록번호를 부여받는 것으로 종된 사업장인지 여부는 사업자등록증상 첨부된 종된 사업장 명세를 확인하면 될 것이며, 종된 사업장으로 등록은 되어 있으니 폐업한 경우도 있을 수 있는바, 부가가치세 신고 내역 등을 파악하여 종된 사업장의 사업 여부도 확인할 수 있을 것이다.

개인사업자로 자기 토지에서 사업을 영위하던 자가 주식회사를 설립하여 법인으로 하여금 사업을 영위하게 하던 중 토지가 수용되자 다른 부동산을 대체취득하고 취득세 등을 신고·납부한 경우 개인과 법인은 별개의 독립된 법인격체이므로 회사가 토지에서 사업자등록을 하고 사업을 한 것을 개인이 사업한 것으로 볼 수 없고, 개인사업체를 폐업한 이상 사업인정고시일 현재 1년 전부터 사실상 사업을 하고 있다고 볼 수 없으므로 개인사업자의 부동산 취득은 토지수용 등으로 인한 대체취득에 대한 취득세 등의 면제대상에 해당하지 아니한다(대법원 2011두14524, 2012.3.15.). 이는 법인은 독립된 법인격을 가지고 권리의무의 주체가 되는 것이므로 그 대표자인 개인과 동일시 할 수 없다고 전제한 것이다.

한편, 개인, 법인 등 모든 임대사업자도 사업자등록을 하여 사업을 영위한 경우라면 사업자로 보아야 할 것으로, 개인이 부동산임대사업자 등록을 하고 제3자에게 임대하고 있던 부동산이 수용된 경우라면 부재부동산 소유자에 해당되지 않는 것이다(세정과 -976, 2006.3.13.).

사례 사업자단위과세 지점을 종된 사업장으로 부기한 경우(지방세운영-3080, 2010.7.19.)

지점 등 종된 사업장의 사업자등록을 말소하였더라도 사업자단위과세 제도에 따라 지점 등을 종된 사업장으로 부기하여 부가가치세를 함께 신고하는 등 당해 사업인정고시일 1년 전부터 사업을 계속 영위한 경우라면, 위 대체취득 비과세 입법 취지 등에 비추어 당해 지점 등 종된 사업장의 경우 부재부동산 소유자로 보기는 어렵다고 할 것임.

㉮ 사업자등록이 없는 사업장

「부가가치세법」 제2조 제1항 및 제2항에서는 영리목적의 유무에 불구하고 사업상 독립적으로 재화 또는 용역을 공급하는 자(이하 "사업자"라 함)는 이법에 의하여 부가가치세를 납부할 의무가 있고 납세의무자에는 개인·법인과 법인격 없는 사단·재단·기타 단체를 포함한다고 규정하고 있으며, 같은 법 제5조 제1항 및 제2항에서는 신규로 사업을 개시하는 자 중 사업자단위 사업자가 아닌 자는 사업장마다, 사업자단위 과세업자는 해당 사업자의 본점 또는 주사무소에 사업개시일부터 20일 이내에 사업장 관할세무서장에게 등록을 하여야 하고, 이 경우 사업장 관할세무서장은 사업자등록증을 교부하여야 한다고 규정하고 있음. 한편 부가가치세 과세대상 사업을 영위하지 아니하는 비영리법인의 사업장의 경우에는 별도의 사업자등록 대상에 해당하지는 않는다고 할 것이다. 부재부동산 소유자를 판단함에 있어 자연인, 법인, 영리사업자, 비영리사업자 등으로 구분하고 있지 아니하므로, 단순히 사업자등록대상이 아닌 법인이나 단체라는 이유만으로 부재부동산 소유자 판단대상에서 제외할 수는 없다고 할 것이나, 사업자등록대상이 아닌 비영리사업장에 대하여 사업자등록을 하지 아니하였다고 하여 부재부동산 소유자로 보는 것은 모순이 있으므로 이 경우에는 수용되는 부동산을 소유한 비영리사업자가 해당 부동산 소재지에 사업장을 설치하고 계약일 또는 사업인정고

시일 현재 1년 전부터 계속하여 사업자등록대상이 아닌 목적사업을 수행하여 왔었는 지의 여부에 따라 부재부동산 소유자 여부를 판단하는 것이 합리적이라고 할 것이다. 매수 수용 또는 철거되는 부동산 지역에 사업자등록은 없고 공장등록만 있으며 연구소 로 사용 중일 경우 사업자등록을 하지 아니한 경우에는 부재부동산 소유자로 보아야 할 것이나, 「부가가치세법」, 「법인세법」 및 「소득세법」 상 사업자등록을 하지 않아도 되는 사업장이라면 달리 판단하여야 할 것이다.

> **사례** 사업자등록이 되어 있지 않고 공장등록만 되어 있는 경우(도세과-275, 2008.4.1.)
>
> 수용당한 부동산이 위치한 지역에 사업자등록이 되어 있지 않고 공장등록만 되어 있는 경우에, 비 록 공장등록을 하고 사업을 영위하고 있다고 하더라도 수용당한 부동산이 소재한 지역에 계약일 또는 사업인정고시일 현재 1년 전부터 계속 사업자등록을 하지 아니한 이상 부재부동산 소유자에 해당되므로 취득세 등의 비과세대상에 해당하지 아니할 것으로 판단됨.
>
> ☞ 사업자등록 대상이 아닌 종교단체의 경우 사업자등록이 되어 있지 아니하더라도 수용된 부동산을 실제 종교용으로 사용하였다면 부재부동산 소유자가 아니라는 해석과 다소 괴리가 있다. 따라서 「부가가치세법」, 「법인세법」 및 「소득세법」 상 사업자등록을 하지 않아도 되는 사업장이라면 달리 판단하여야 할 것임.

> **사례** 사업자등록을 하지 아니한 이상 부재부동산 소유자임(조심 2008지237, 2008.8.28.).
>
> 청구인이 대표이사로 있는 청구 외 (주)○○○이 위 사업고시지구 내 청구인 소유의 수용 부동산을 임차하여 사업을 영위하고 있었다거나 청구인이 이러한 사업고시지구 내 소유 부동산에 대한 임대 소득을 얻고 있었다고 하여 달리 볼 것은 아니라 할 것임(대법원 2000두1836, 2002.8.23. 참조).

㉜ 종교단체

사업자등록 대상이 아닌 종교단체의 경우 사업자등록이 되어 있지 아니하더라도 수용 된 부동산을 실제 종교용으로 사용하였다면 부재부동산 소유자가 아니라는 것이다.

> **사례** 사업자등록대상이 아닌 종교단체(지방세운영과-2497, 2009.6.19.)
>
> 택지개발사업으로 수용되는 부동산을 소유하고 있는 종교법인의 소속성당이 해당 부동산 내에 종 교시설(성당)을 설치하고 사업인정고시일 현재 1년 전부터 계속하여 사업자등록대상이 아닌 종교 사업만을 영위하여 온 경우라면, 이를 부재부동산 소유자로 보아 취득세 등 비과세를 배제하기는 어렵다고 판단됨.

㉝ 주택조합

「주택법」 제32조의 규정에 의한 주택조합이 해당 조합원용으로 취득하는 조합주택용 부동산은 그 조합원이 취득한 것으로 본다고 규정하고 있는 것은 주택조합과 조합원의 관계를 별도의 인격체로 보는 경우 이중과세의 문제가 있어 이를 보완하기 위한 것일 뿐으로, 지역주택조합은 설립 당시 해당 조합원의 자금으로 토지를 취득하고 사업을 영위하고 있다고는 하나, 그 실체에 있어 독립적으로 권리·의무의 주체가 될 수 있는 「민법」 상 비법인사단으로서 구성원인 조합원의 가입, 탈퇴 등으로 인한 변경에 관계 없이 그 자체가 존속되는 점 등에 비추어 볼 때, 위 규정에 의한 부재부동산 소유자 해당 여부는 주택조합을 기준으로 판단하여야 한다. 지역주택조합이 사업인정고시일 현재 1년 전부터 부동산소재지 관할 자치단체에 사업자등록을 하고 주택건축사업을 추진하던 중 부동산을 수용할 수 있는 사업인정을 받은 자에게 수용된 경우라면 부재부동산 소유자에 해당되지 아니한다(지방세정팀-2232, 2007.6.13.).

㉗ 종중

종중명의로 되어 있는 경우에는 종중의 대표자가 아닌 종중을 기준으로 부재부동산 소유자 여부를 판단한다라고 해석할 수 있으나, "종중의 부재부동산 판단기준으로 종중이 고유번호증을 부여하거나 사업자등록을 한 경우에는 고유번호증 등록 또는 사업자등록 요건으로 그 부재부동산 소유자 여부를 가리고, 그 이외의 경우에는 종중 대표자를 거주자로 보고 그 종중 대표자의 주민등록 요건으로 부재부동산 소유자 여부를 판단하는 것이다(조심 2010지0662, 2011.4.26.)라고 심판례에서 결정하고 있지만, "종중은 비법인사단으로서 "사업자"이지만 수용된 토지에 사업자등록을 하지도 아니하고 실제 위 토지에서 사업을 수행하지도 아니한 이상 부재부동산 소유자에 해당한다고 판단한 후, 종중 자신은 법인이 아니어서 "사업자"가 아니므로 부재부동산 소유자가 될 수 없다는 주장에 대하여는 종중이 법인 아닌 사단·재단 및 외국인의 부동산등기용 등록번호 부여절차에 관한 규정"에 따라 등록번호를 부여받았으므로 「국세기본법」 제13조 제1항 제1호 소정의 주무관청에 등록한 "법인으로 보는 단체"에 해당한다는 이유로 배척하였다. 부동산등기용 등록번호를 부여받은 것만으로 주무관청에 등록한 것으로 볼 수 없으므로 비법인사단인 종중이 「국세기본법」 제13조 제1항 제1호 소정의 "법인으로 보는 단체"라고 판단한 부분은 잘못이다"라고 대법원(대법원 2008두19864, 2010.12.23.)에서 판시하고 있다.[244]

---

244) 부재부동산 소유자는 "거주자 또는 사업자(법인을 포함한다)"에 해당하여야 하는바, 대체취득하는 부동산에 대하여 취득세를 부과하지 않으면서 부재부동산 소유자에 대하여는 취득세를 부과하는 위 각 규정의 취지는 수용 등으로 인하여 부득이하게 생활의 기반이나 사업의 기반을 잃게 되는 거주자 또는 사업자를 조세정책적인 차원에서 지원하기 위하여 그들이 대체취득하는 부동산에 대하여 취득세를 비과세하되, 수용 등이 이루어지는 부동산 소재지에서 일정기간 계속하여 주민등록 또는 사업자등록을 하지 아니하거나 주민등록 또는 사업자등록을 한 경우에도 사실상 거주 또는 사업을 하고 있지 않는 경우에는 지원의 필요성이 있다고 할 수 없으므로 이러한 부재부동산 소유자는 비과세 대상에서 제외하고자 하는 것인 점, 이와 같은 대체부동산 취득자에 대한 조세정책적인 차원에서의 지원 또는 배제의 필요성은 자연인이나 법인뿐만 아니라 종중과 같은 비법인사단 등 부동산 소유자 및 납세의무자가 되는 권리주체에는 모두 인정되는 점, 따라서 「지방세법 시행령」이 2005.12.31. 대통령령 제19259호로 개정되면서 "개인사업자" 부분을 "사업자(법인을 포함한다)"로 개정한 것은 법인사업자만 위 사업자의 범위에 추가하였다기보다 자연인이나 법인뿐만 아니라 종중과 같은 비법인사단까지 추가하였다고 보는 것이 위 각 규정의 합목적적인 해석이라 할 것인 점, 이 사건 시행령조항의 사업자를 사업자등록을 하였거나 이를 전제로 한 사업을 사실상 하고 있는 자로만 한정한다면 고유목적사업을 수행하는 비법인사단은 모두 비과세대상에 해당되고 이는 위 각 규정의 취지에 부합하지 않는 점 등을 고려할 때, 자연인이나 법인 또는 비법인사단 등인지 여부를 불문하고 사업자 등록을 하고 사업을 수행할 수 있는 자는 일단 위 "사업자"에 해당한다고 보아야 하고, 다시 위 각 규정에 따른 사업자등록 및 실질적인 사업수행 여부를 판단받아 과세 또는 비과세 여부가 결정된다고 할 것이다.

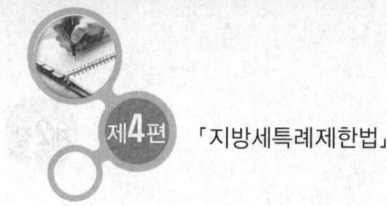
따라서 종중이 고유번호등록이나 사업자등록을 하지 아니한 경우에는 부동산등기용 등록번호 증명서상 등록번호와 주소(주사무소)를 기준으로 판단하면 될 것이지만, 고유번호등록이나 사업자등록을 하지 않고 부동산등기용 등록번호도 부여받지 아니한 경우에는 종중 대표자를 거주자로 보고 그 종중 대표자의 주민등록 요건으로 부재부동산 소유자 여부를 판단하여야 할 것이다.

사례 종중 주소지가 수용 토지와 연접하지 아니하는 경우(행심 2007-680, 2007.12.26.)

청구인의 경우, ○○○도 ○○군수가 2007.6.25. 발급한 부동산등기용등록번호증명서에 의하면, 등록번호를 ○○○○○○-○○○○○○○로 하고, 주소(주사무소)를 ○○○도 ○○군 ○○면 ○○리 217번지로 하고 있으므로 청구인의 주사무소는 이 사건 수용된 토지의 소재지인 ○○도 ○○○시 및 그와 연접한 구·시·군 등에 소재하지 아니한 것으로 처분청이 청구인을 「지방세법」 제109조 제2항 및 같은 법 시행령 제79조의 3 제2항의 규정에 의한 부재부동산 소유자로 보아 이 사건 취득세 등을 수납한 것은 잘못이 없음.

㉱ 어촌계

수용되는 부동산의 명의가 어촌계로 되어 있어 보상금도 어촌계에게 지급한 경우라면 어촌계가 감면요건을 갖춘 경우에 한하여 감면대상이 되는 것이므로 어촌계 회원에게 보상금을 어촌계에서 배부하여 지급하였다 하더라도 어촌계 회원들은 감면대상이 되지 아니할 것이다. 단, 명의가 어촌계 회원의 전체 명의로 되어 있다면 자기지분에 해당하는 가액에 대한 감면분 해당액만큼 감면을 받을 수 있을 것으로 판단된다.

㉲ 외국인

외국인이 국내에 거주하거나 체류하는 경우에는 「재외동포의 출입국과 법적 지위에 관한 법률」 제6조의 규정에 의거 재외국민과 재외동포체류자격으로 입국한 외국국적동포는 이 법을 적용받기 위하여 필요하면 대한민국 안에 거소(居所)를 정하여 그 거소를 관할하는 출입국 관리사무소장 또는 출입국 관리사무소 출장소장에게 국내거소 신고를 할 수 있다라고 규정하고 있으며, 같은 법 제9조에서 법령에 규정된 각종 절차와 거래관계 등에서 주민등록증, 주민등록표 등본·초본, 외국인등록증 또는 외국인등록 사실증명이 필요한 경우에는 국내거소 신고증이나 국내거소 신고 사실증명으로 그에 갈음할 수 있다라고 규정하고 있다. 이에 대하여 국내에 거소신고를 하였다고 하더라도 이는 「재외동포의 출입국과 법적지위에 관한 법률」 제9조에 의거 법령에 규정된 각종 절차와 거래관계 등에 있어서 주민등록증, 주민등록등본·초본, 외국인등록증, 또는 외국인등록사실증명을 요하는 경우에 갈음할 수 있는 것일 뿐, 「주민등록법」에 의한 세대별 주민등록표에 기재된 자에 해당하지 않는다 할 것이다(조심 2009지40, 2009.6.30. 참조). 따라서 외국인이 1년 이상 국내에 거주하고 있더라도 대체취득 감면대상이 되지 아니한다.

사례 외국 영주권자는 무조건 부재부동산 소유자에 해당됨(조심 2012지0040, 2012.8.20.)

중국 국적의 외국인으로서 출생 당시부터 위「주민등록법」상 등록대상의 예외로 인정받는 청구인을 주민등록을 둔 상태에서 거주하고 있는 자에 해당된다고 보기는 어렵다 하겠고, 아울러 2003.3.6. 영위하던 사업을 폐업한 것으로 확인되고 있어 사업인정고지일 현재 1년 전부터 계속하여 사업자등록을 한 자에 해당된다고 볼 수는 없다 할 것이어서 부재부동산 소유자에 해당됨.

사례 외국 영주권자 대체취득 시 부재부동산 소유자로 감면 안됨(조심 2009지40, 2009.6.30.)

미국 영주권자로서 국내에 거소신고를 하였다고 하더라도 이는「재외동포의 출입국과 법적지위에 관한 법률」제9조에 의거 법령에 규정된 각종 절차와 거래관계 등에 있어서 주민등록증, 주민등록등본·초본, 외국인등록증, 또는 외국인등록사실증명을 요하는 경우에 갈음할 수 있는 것일 뿐,「주민등록법」에 의한 세대별 주민등록표에 기재된 자에 해당하지 않는다 할 것이므로「지방세법」제110조 제3호 규정에 의한 취득세 등의 비과세대상이 되지 않는 것임.

㉻ 분할신설법인

회사의 분할은 하나의 회사가 둘 이상의 회사로 분리하는 현상으로서 분할로 인하여 설립되는 법인 또는 존속하는 법인의 분점 소재지에서 설립등기, 변경등기 등을 함으로써 그 효력이 발생되는 것이므로 소유 부동산이 수용되어 보상금을 수령한 A사에서 물적 분할되었다고 하더라도 그 분할로 신설되는 B사는 분할 후 새로운 설립등기함으로써 그 효력이 발생된다고 할 것인바, 분할 후 A사와 B사의 법인격은 본질적으로 다르다 할 것(행자부 심사결정 2008-15, 2008.1.28 참조)이므로, 수용 등으로 보상금을 수령한 자와 그 보상금으로 대체할 부동산을 취득한 자가 같을 것을 요구하고 있는 면제 요건을 충족하였다고 볼 수 없다는 것이다(지방세운영과-129, 2009.1.9.).

한편, 5년 이상 계속하여 사업을 하던 내국법인 A와 B가 C와 D로 분할 후 분할된 C와 D 법인 간 합병하는 경우 분할된 기업이 분할되기 전부터 영위하던 사업을 계속하는 경우라면 "사업을 1년 이상 계속하여 영위한 법인인지 여부"를 판단함에 있어 분할되기 전 사업기간을 포함하여 판단하여야 한다(지방세정팀-6229, 2006.12.14.)라고 해석하고 있다. 따라서 5년 이상 계속하여 사업을 하던 내국법인으로서 분할이 이루어졌다면 사업 인정고시일 현재 분할된 신설법인이 사업자등록을 하고 1년 이하 사업을 영위하였다 하더라도 분할 전 사업기간을 합산하여 부재부동산 소유자를 판단하여야 하는 것으로 해석할 여지가 있으나, 5년 미만 계속하여 사업을 하던 내국법인이 분할한 경우에는 분할 신설법인의 사업 영위기간은 분할 된 이후 기간이 되는 것으로 해석할 여지가 있으나 이에 대하여 명확하게 규정하고 있지 아니하다.

㉢ 부동산 명의자 다른 사람인 경우

토지수용으로 인한 대체취득의 비과세대상은 수용된 부동산 소유자가 자기명의로 대체취득하는 경우에 한하여 면제되는 것이므로 수용된 부동산의 명의자와 대체취득한 부동산의 명의자가 다른 경우 면제대상에 해당하지 아니한다(내무부 세정 13407-1111, 1997.7.2.).

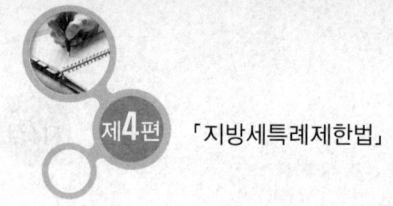

즉 수용당한 자는 본인이고 1년 이내 대체취득한 부동산의 명의는 배우자인 경우 면제대
상에서 제외된다.

4) 주요 사례

① 대체취득 부동산 대금을 분할납부로 인해 1년(자경농민 농지 2년)이 경과한 경우

대체취득 부동산에 있어 보상금 수령일로부터 1년(자경농민 농지 2년) 이내에 이에 대체할 부
동산을 취득하여야 하나, 대체취득 부동산대금을 분할납부로 인해 1년 경과 후 잔금이 지급되었
을 경우에는 취득으로 볼 수 없으므로 1년 이내 지급된 부분에 대하여도 면제대상에서 제외된다.
그러므로 취득세의 취득시기를 준용하여 잔금을 완납한 시점에 취득한 것으로 보아 면제대상을
적용한다.

② 대체취득기간 내 취득 시 면제 사례

- 2000.1.1. : 주거 개시하여 사업인정고시일인 2010.1.1. 현재 주거하고 있음.
- 2010.1.1. : 사업인정고시일
- 2010.2.1. : 보상 계약체결일
- 2012.6.1. : 최종 보상금 수령일
  (사례 1) 2013.4.1. 주거용아파트를 분양받아 분양계약 체결
  (사례 2) 2013.4.1. 대체토지를 3년 연부취득함(연부금 지급일은 2013.4.1.부터 매 6월 단위로 지급).
  (사례 3) 2012.4.1. 대체 부동산을 취득

㉠ 사례 1

사업인정고시일부터 보상금을 마지막으로 받은 날(대체취득이 불가능한 경우 취득가능일
또는 보상금을 채권으로 수령한 경우 채권만기일)을 기준으로 1년(자경농민 농지 2년)
이내에 이에 대체할 부동산을 취득한 때가 면제 종료기간이 되며, 이때 건축 중인 주거용
부동산을 분양받은 경우에는 1년 이내에 분양계약을 체결하면 되므로 본 사례의 경우 최
종 보상금 수령일인 2012.6.1.부터 1년 이내인 2013.4.1. 분양계약을 체결하였으므로 면제
조건을 충족한다.

㉡ 사례 2

연부형식으로 취득 시 최종 보상금 수령일로부터 1년 이내에 불입되는 계약금 및 연부금
에 대하여만 취득세가 면제된다(내무부 세정 01254-11722, 1987.9.23.). 따라서 2013.4.1. 계약
금지급액만 면제대상에 해당한다.

㉢ 사례 3

사업인정고시일 이후 보상계약을 체결한 상태에서 최종 보상금 수령 전에 대체부동산을
취득한 경우로서 면제되는 대체취득기간은 사업인정고시일(2010.1.1.)을 始期로 하여 마

지막 보상금을 받은 날(2012.6.1.)로부터 1년을 終期로 동 기간 이내에 대체취득하는 경우에 면제되는 것이며, 마지막 보상금을 받은 날로부터 1년 이내에 대체취득하여야만 면제되는 것은 아니므로 본 사례의 경우 면제대상이 된다.

③ 대체취득기간 내 취득 시 면제 사례(아파트 취득)

- 2000.1.1. : 주거 개시하여 사업인정고시일인 2010.1.1. 현재 주거하고 있음.
- 2010.1.1. : 사업인정고시일
- 2010.2.1. : 보상 계약체결일
- 2013.5.1. : 주거용 아파트를 분양받아 분양계약 체결(분양가액 4억 5천만 원)
- 2012.6.1. : 1차 보상금 수령일 5억 원
- 2012.9.1. : 최종 보상금 수령일 5억 원

보상금을 1회에 한하여 일시에 전액을 수령받거나 수차례에 걸쳐서 보상금을 수령하더라도 최종 보상금을 수령하는 날을 기준으로 그 익일부터 기산점이 시작된다.

위의 사례처럼 토지수용 사업인정고시가 된 지역 내의 부동산에 대하여 보상 계약체결일 이후 보상금 수령 전에 수용에 따른 부동산을 대체취득하였다 하더라도 보상금을 마지막으로 받은 날(대체취득이 불가능한 경우 취득가능일 또는 보상금을 채권으로 수령한 경우 채권만기일)을 기준으로 1년 이내에 대체취득한 부동산에 해당(주거용 아파트의 경우 분양 계약체결일을 취득시기로 봄)되어 대체취득한 부동산에 대한 취득세는 수용된 보상가액 범위(수용가액 10억 원, 대체취득가액 4억5천만 원이므로 범위 내에 해당함) 내에서 면세된다(행자부 세정 13407-208, 2001.2.23.).

④ 대체취득기간 내 취득 시 면제 사례(건물 신축)

- 1990.1.1. : 주거 개시하여 사업인정고시일인 2000.1.1. 현재 주거하고 있음.
- 2000.1.1. : 사업인정고시일
- 2000.2.1. : 보상 계약체결일
- 2002.6.1. : 1차 보상금 수령일 5억 원
- 2002.9.1. : 최종 보상금 수령일 5억 원
- 2004.8.1. : 공동주택이 아닌 단독주택을 신축하는 도급계약 체결(도급금액 4억 원)
- 2005.4.1. : 단독주택 준공

위의 사례는 토지수용 사업인정고시가 된 지역 내의 부동산에 대하여 보상계약체결일 이후 보상금을 마지막으로 받은 날을 기준으로 1년 이내에 단독주택을 신축하는 계약을 체결한 경우 1년 이내 대체취득한 부동산에 해당되는 지가 면제 판단기준이 된다. 주거용 아파트의 경우 분양 계약체결일을 취득시기로 보나 주거용 아파트가 아닌 단독주택의 경우 1년 이내에 취득이 종료되어야 면제규정이 적용될 수 있다. 따라서 마지막 보상금 수령일로부터 준공 시점이 1년을 초과

하므로 비과세규정이 적용되지 아니한다.

⑤ 부재부동산의 1년 이상 거주 요건(상속 사례)

> – 2013.7.1.~2004.5.31. 피상속인 거주하고 2014.5.31. 상속이 개시되었음.
> – 2014.5.31. 상속으로 인한 수용대상 부동산 취득
> – 2014.11.1. 사업인정고시일
> – 수용대상 부동산은 농지에 해당하지 아니함.
>   (사례1) 상속인이 사업인정고시일 현재(2014.11.1.) 주민등록을 하고 있음.
>   (실제거주시점 : 2014.6.1.부터 사업인정고시일 시점까지)
>   (사례2) 상속인이 사업인정고시일 현재(2014.11.1.) 주민등록을 하고 있지 아니함.
>   (상속인은 2014.4.1.부터 2014.9.30.까지 주민등록을 하고 거주하였음)

'부재부동산 소유자'란 「토지수용법」 등 관계법령의 규정에 의한 사업인정고시일 현재 고시지 구에 매수·수용 또는 철거되는 부동산을 소유한 자로서 부동산 소재지 구·시·읍·면 및 그와 잇닿아 있는 구·시·읍·면지역에 1년 이상 주민등록을 하지 아니하거나 1년 이상 주민등록을 한 경우에도 사실상 거주하고 있지 아니한 자를 의미한다. 이때 1년 이상 주민등록기간을 산정 시 상속의 경우에 해당되고 피상속인과 상속인 간의 거주기간을 합산한 기간이 1년 이상(2013. 7.1.~2014.11.1.)이므로 부재부동산 소유자에 해당하지 아니한다.

상속인이 사업인정고시일로부터 역산하여 1년 이상 계속 거주하지 아니하고(피상속인의 거주 기간과 통산한 것이나 상속인은 거주하지 아니한 상태) 피상속인의 거주기간과 통산하면 1년 이 상이 되나 사업인정고시일 현재 상속인은 거주한 사실이 없으므로 부재부동산 소유자에 해당하 여 대체취득하는 부동산에 대한 취득세가 과세된다.

⑥ 대체취득 부동산등의 초과액의 계산 방법

사실상의 취득금액을 과세표준으로 인정하는 경우(「지방세법」 제10조 제5항)에는 대체취득한 부 동산의 사실상의 취득가격에서 매수, 수용, 철거된 부동산의 보상금액을 공제하여 초과금액을 계 산하고, 이외의 취득에 대하여는 대체취득한 부동산 등의 시가표준액에서 매수, 수용 철거된 부 동산 등의 매수 수용 철거 당시의 시가표준액을 차감한 금액을 그 초과액으로 한다. 만약, 보상금 으로 여러 개의 부동산을 취득하는 경우에는 취득하는 순서에 따라 사실상의 취득가격과 시가표 준액을 적용하여야 할 것이다.

⑦ 보상금 초과액의 산정 사례

> – 법인의 토지 보상금 수령액 : 1억 원
> – 법인의 대체 부동산 취득가액 : 6천만 원(건물), 3천만 원(토지)
>   면제대상 금액 : 토지 보상금 수령액 범위 내에서 대체취득한 것이므로 전액 면제됨.

⑧ **매수인이 위 중도금 지급 이후 잔금지급 이전까지 실제로 위 대체 토지에 대한 사용승낙을 받지 아니한 경우 대체취득 해당 여부 판단**

잔금을 제외한 중도금을 모두 지급함으로써 매매계약의 이행이 확실하게 되었을 뿐만 아니라, 대체토지에 대한 매매계약 체결 시 매도인은 매수인이 매매대금을 완납하기 전이라도 잔대금에 대하여 금융기관의 지급보증서 등을 제출하고 위 토지에 대한 사용을 요구할 경우에는 특별한 사정이 없는 한 이를 승낙하여야 한다는 약정을 하였으므로 위 약정에 의하여도 대체 토지를 독점적·배타적으로 사용할 수 있는 지위에 있게 되었다 할 것이므로 위 중도금 지급일에는 대체 토지를 취득한 것으로 보아야 한다는 취지이나, 매수인이 위 중도금 지급 이후 잔금지급 이전까지 실제로 위 대체 토지에 대한 사용승낙을 받아 이를 사용한 것이 아닌 이상 매수인 주장과 같은 사정만으로는 위 대체 토지를 사실상 취득하였다고 할 수 없다(대법원 96누7489, 1996.12.10.).

6) 부동산 등의 수용 등 확인서

부동산 등이 매수, 수용 또는 철거된 자가 종전의 부동산등을 대체할 부동산 등을 취득함에 따라 취득세를 면제받으려는 경우에는 [별지 제5호 서식](토지 등 수용(협의매수)확인서)의 부동산등 매수, 수용 또는 철거 확인서를 관할 시장·군수에게 제출하여야 한다.

(2) 환매권으로 취득하는 부동산에 대한 감면(지특법 §73 ③)

1) 감면요건

① 감면대상자

「공익사업을 위한 토지 등의 취득 및 보상에 관한 법률」에 따른 환매권으로 인한 부동산 취득자

② 감면대상 및 감면범위

「공익사업을 위한 토지 등의 취득 및 보상에 관한 법률」에 따른 환매권으로 인한 취득 부동산	취득세 면제

- 감면시한 : 감면시한 배제
- 최소납부제 적용 시기 : 최소납부제 배제
- 농어촌특별세 과세 여부 : 취득세 면제분 농어촌특별세 비과세(농특령 §4 ④)

토지의 협의취득일 또는 수용의 개시일("취득일")부터 10년 이내에 해당 사업의 폐지·변경 또는 그 밖의 사유로 취득한 토지의 전부 또는 일부가 필요 없게 된 경우 취득일 당시의 토지소유자 또는 그 포괄승계인(이하 "환매권자")은 그 토지의 전부 또는 일부가 필요 없게 된 때부터 1년 또는 그 취득일부터 10년 이내에 그 토지에 대하여 받은 보상금에 상당하는 금액을 사업시행자에게 지급하고 그 토지를 환매할 수 있다. 또한 취득일부터 5년 이내에 취득한 토지의 전부를 해당 사업에 이용하지 아니하였을 때에는 이를 준용한다. 이 경우 환매권은 취득일부터 6년 이내

에 행사하여야 한다(「공익사업을 위한 토지 등의 취득 및 보상에 관한 법률」 §91 ①, ②).

사업시행자는 상기에 따라 환매할 토지가 생겼을 때에는 지체 없이 그 사실을 환매권자에게 통지하여야 한다. 다만, 사업시행자가 과실 없이 환매권자를 알 수 없을 때에는 대통령령으로 정하는 바에 따라 공고하여야 한다. 그리고 환매권자는 통지를 받은 날 또는 공고를 한 날부터 6개월이 지난 후에는 상기에도 불구하고 환매권을 행사하지 못하므로 환매권 행사 가능일로부터 6개월 후에는 환매권 자체가 소멸된다.

이 감면규정과 유사한 비과세규정으로 「징발재산정리에 관한 특별법」 또는 「국가보위에 관한 특별조치법」 폐지 법률 부칙 제2항에 따른 동원 대상 지역 내의 토지의 수용·사용에 관한 환매권의 행사로 매수하는 부동산의 취득에 대하여는 취득세를 부과하지 아니한다(지법 §9 ④)라는 규정이 있으며, 세율특례 규정으로 환매등기를 병행하는 부동산의 매매로서 환매기간 내에 매도자가 환매한 경우의 그 매도자와 매수자의 취득에 대한 취득세는 표준세율에서 중과기준세율을 뺀 세율로 산출한 금액을 그 세액으로 한다라는 규정이 있다. 후자의 경우 소유권이전 시 등기부상 환매등기가 명시되어 있는 부동산의 매매로서 환매기간 내에 환매한 경우의 취득에 대한 취득세의 경우에만 세율특례대상에 해당되므로, 부동산등기부에 환매등기표시가 없는 경우에는 세율특례 규정이 적용되지 아니한다.

그러나 「공익사업을 위한 토지 등의 취득 및 보상에 관한 법률」에 따른 환매권으로 인한 감면규정에서는 환매등기를 하지 않아도 환매권을 행사할 수 있는바, 환매등기를 하지 않았다고 하여 감면이 배제되지는 아니한다(환매등기는 제3자 대항권이 있음).

2) 추징요건

별도의 추징규정이 없는바, 「지방세특례제한법」 제178조 규정에 의해 추징규정 적용되는지 여부에 대하여 토지수용 등에 따른 대체취득 시 감면규정과 같은 이유로 이 추징규정이 적용되지 아니할 것이다.

❷ 기부채납용 부동산 등에 대한 감면(지특법 §73-2)

1) 감면요건

① 감면대상자

「지방세법」 제9조 제2항에 따른 부동산 및 사회기반시설 중에서 국가, 지방자치단체 또는 지방자치단체조합("국가 등")에 귀속 또는 기부채납("귀속 등")의 반대급부로 국가 등이 소유하고 있는 부동산 또는 사회기반시설을 무상으로 양여받거나 기부채납 대상물의 무상사용권을 제공받는 자

② 감면대상 및 감면범위

귀속되거나 기부채납("귀속 등")의 반대급부로 국가 등이 소유하고 있는 부동산 또는 사회기반시설을 무상으로 양여받거나 기부채납 대상물의 무상사용권을 제공받는 조건으로 취득하는 부동산 또는 사회기반시설 (2016년 이후 적용)	취득세 50% 경감 (2020년 이전 면제)

☞ 감면시한 : 2027.12.31.

☞ 최소납부제 적용 시기 : 2019.1.1. 이후

☞ 농어촌특별세 과세 여부 : 취득세분 농어촌특별세 과세. 취득세 경감분(면제분) 농어촌특별세 비과세(농특령 §4 ⑦ 5)

☞ 2016.1.1. 이후 취득세가 과세되는 것으로 개정되었으나, 2018년까지 취득세를 면제하는 것으로 함.

☞ 2018.12.31. 이전에 무상으로 양여받거나 기부채납 대상물의 무상사용권을 제공받는 것을 조건으로 「국토의 계획 및 이용에 관한 법률」§56에 따른 개발행위허가, 같은 법 §88에 따른 실시계획의 인가 또는 「사회기반시설에 대한 민간투자법」§15에 따른 실시계획의 승인을 받은 경우로서 2019.1.1. 이후 해당 부동산 또는 사회기반시설을 취득하는 경우의 취득세의 감면은 개정규정에도 불구하고 종전의 규정에 따라 취득세가 면제됨(지특법 부칙 §11).

2) 추징요건

국가 등에 귀속 등의 조건을 이행하지 아니하고 타인에게 매각·증여하거나 국가 등에 귀속 등을 이행하지 아니하는 것으로 조건이 변경된 경우에는 그 감면된 취득세를 추징한다.

3) 유의사항

① 반대급부가 있다는 해석

'반대급부'나 '무상양여'에 대하여는 「지방세법」에 정의되어 있지 않는바, 사전적 의미로 반대급부는 '어떤 일에 대응하여 얻게 되는 이익이나 대가'를 의미하고, 무상양여는 '아무런 대가나 보상없이 자기의 소유를 남에게 넘겨주는 일'을 의미한다. 그러므로 '반대급부로 무상양여 받는 경우'라 함은 '국가 등에 귀속 또는 기부채납을 위한 부동산'임을 전제로 하여, '사업시행자가 인허가 조건의 성취, 무상사용권 취득 또는 무상양여 등 다른 경제적 이익을 취득할 목적인 경우뿐만 아니라, '관련 법령을 근거로 사업시행자에게 무상귀속되는 경우'에도 국가 등에 귀속 또는 기부채납하고 어떠한 대가를 받는다는 점에서 원칙적으로 취득세가 과세되는 것으로 보는 것이 타당하다고 하겠다. 비록 청구법인이 쟁점정비기반시설을 국가 등에 기부채납하고, 용도폐지되는 정비기반시설을 무상으로 양도받은 것이 당사자 간 쌍방의 의사가 개입된 취득이 아닐지라도 무상양여 받는 것 자체로 「지방세법」제9조 제2항 제2호에서 규정한 '반대급부로 무상양여 받은 경우'에 해당된다고 볼 수 있으므로, 청구법인의 쟁점정비기반시설의 취득은 원칙적으로 취득세 과세대상에 해당된다 할 것이다(조심 2023지4405, 2024.7.22.).[245]

---

245) 같은 취지 : 조심 2024지0247, 2024.11.27.
  대법원에서는 달리 판단하고 있는바, 「지방세법」제9조 제2항은 국가 등에 귀속을 조건으로 부동산을 취득하고 그에 관한 등기를 하는 것은 그 부동산을 국가 등에 귀속시키기 위한 잠정적이고 일시적인 조치에 불과하므로 국가 등이 직접 부동산을 취득하고 그에 관한 등기를 하는 경우와 동일하게 평가할 수 있다고 보아 그 경우 취득세 등을 과세하지 않겠다는 취지로 보아야 하고, 결국 이는 '국가 등에 귀속 등을 조건으로

② 반대급부가 없다는 해석

　청구법인은 이 건 실시계획이 인가된 후인 2019.12.30. 쟁점1토지(68,606㎡)를 취득하였고, 그 당시 쟁점1토지는 기부채납의 대상이 되는 도시 정비기반시설로 결정되어 그 위치와 면적이 확정되었다고 보는 것이 타당한 점, 국가 등에 귀속 또는 기부채납을 조건으로 부동산에 대해 취득세를 비과세하는 입법 취지는 해당 부동산의 취득을 국가 등에 귀속시키기 위한 잠정적이고 일시적인 것으로 보아 납세자의 세 부담을 완화시키고자 하는 데 있고, 청구법인은 이 건 개발사업의 시행자로서 쟁점1토지에 있던 종전의 정비기반시설을 새로운 정비기반시설로 대체하여 다시 기부채납만 하는 역할만 하였을 뿐 쟁점1토지를 취득하면서 국가 등으로부터 어떠한 이득을 얻거나 반대급부를 받았다고 보기는 어려운 점 등에 비추어 처분청이 쟁점1토지의 취득세 등(지목변경분 포함)에 대한 경정청구를 거부한 처분은 잘못이 있다고 할 것이다(조심 2023지4988, 2024.1.29.).

> **사례** 　청구법인은 쟁점토지인 종전의 도로를 자신의 부담으로 새로운 도로로 대체하여 다시 기부채납하는 역할만 하였을 뿐, 이 과정에서 국가 등으로부터 어떠한 이득을 얻거나 반대급부를 받았다고 보기는 어렵다고 할 것임(조심 2023지4988, 2024.1.29., 조심 2021지2922, 2022. 11.30. 등, 같은 뜻임)(조심 2024지0638, 2024.8.21.).

③ 도시개발사업 등에 대한 감면(지특법 §74)

(1) 환지취득 등에 대한 감면(지특법 §74 ①~③)

1) 감면요건

① 감면대상자

㉠ 「도시개발법」 제2조 제1항 제2호에 따른 도시개발사업, 「도시 및 주거환경정비법」 제2조 제2호 나목에 따른 재개발사업(2018.2.8. 이전 주택재개발사업 및 도시환경정비사업) 대상 부동산 소유자(상속인 포함)

㉡ 도시개발사업시행자

㉢ 재개발사업(2018.2.8. 이전 주택재개발사업) 시행자

취득하는 당해 부동산'의 비과세에 대하여 규정한 것일 뿐이므로, 정비사업의 시행자가 그 반대급부로서 취득하는 용도폐지 정비기반시설에 대하여 취득세 등을 과세하지 않겠다는 의미로 해석될 수는 없다. 나아가 「지방세법」 제9조 제2항 단서에 따른 취득세의 과세와 그 취득세의 면제를 규정한 구 「지방세특례제한법」 제73조의 2 제1항의 내용 역시 '국가 등에 귀속 등을 조건으로 취득하는 당해 부동산'에 대한 과세와 그 면제를 규정하고 있는 것으로 이 사건 귀속토지가 피고에게 귀속된 것에 대한 반대급부로서 원고가 취득한 것으로 볼 여지가 있을 뿐, '국가 등에 귀속 등을 조건으로 취득하는 당해 부동산'이 아님이 명백한 이 사건 부동산에 대하여는 처음부터 위 비과세규정이나 면세규정이 적용될 여지가 없다. 원고의 취득세 등의 비과세 또는 면제 주장은 받아들일 수 없다. 한편 원고가 새로이 설치한 정비기반시설의 설치비용이 용도가 폐지되는 종전 정비기반시설의 가액을 초과한다고 하더라도, 그와 같은 사정만을 들어 지방세법 제9조 제2항의 해석을 달리 할 수는 없다(대법원 2020두33428, 2020.5.14. 심불, 서울고등법원 2019누49764, 2020.1.8.).

㉣ 도시환경정비사업시행자

② 감면대상 및 감면범위

도시개발사업, 재개발사업(2018.2.8. 이전 주택재개발사업 및 도시환경정비사업) 부동산 소유자(상속인 포함)(2022년 이전만 적용[주1]) － 환지계획에 의하여 취득하는 토지 － 토지상환채권에 의하여 취득하는 토지 － 관리처분계획에 의하여 취득하는 토지 및 건축물	취득세 면제
도시개발사업[2019년 이전은 재개발사업(2018.2.8. 이전은 주택재개발사업 및 도시환경정비사업) 포함]시행자가 취득하는 체비지 또는 보류지	취득세 75% 경감[주2] (2019년 이전 면제)

- 감면시한 : 2025.12.31.
- 최소납부제 적용 시기 : 2020년과 2021년만 적용되나, 상단은 취득세 과세표준 공제 성격으로서 최소납부제 적용대상에 해당되지 않음(지방세정책과－6196, 2020.12.31.).
- 농어촌특별세 과세 여부 : 취득세분 농어촌특별세 과세(서민주택은 제외), 취득세 면제분(경감분) 농어촌특별세 비과세(농특령 §4 ⑦ 5)
- 환지계획 등에 따른 취득부동산은 그 토지의 지목이 사실상 변경되는 부동산을 포함하며, 환지계획 등에 따른 취득부동산의 초과액에 대하여 취득세 과세
- (주1) 2022.12.31. 이전에 「도시개발법」 §29에 따른 환지계획 인가 또는 「도시 및 주거환경정비법」 §74에 따른 관리처분계획 인가를 받은 도시개발사업 또는 재개발사업의 시행으로 해당 사업의 대상이 되는 부동산의 소유자가 2023.1.1. 이후 취득(토지상환채권으로 취득하는 경우 포함)하는 부동산에 대해서는 개정규정에도 불구하고 종전규정에 따라 취득세를 2025.12.31.까지 면제하거나 부과되며(부칙 §11 ①), 취득 부동산의 초과액 산정기준 등도 종전규정이 적용됨(영 부칙 §3). 이 부칙 규정에 취득세가 부과되는 자에 대해서는 종전의 지특법 §74 ⑤ 3에 따라 2025.12.31.까지 그 취득세를 경감함(부칙 §11 ②). 한편, 2022년 이전에 종전규정에 따라 청산금에 상당하는 부동산을 취득하여 해당 부동산에 대한 취득세를 경감받았거나 부칙 §11 ②에 따라 취득세를 경감받는 경우 그 경감 취득세에 관하여는 지특법 §74 ⑤ 각 호 외의 부분 단서에 따라 추징됨(부칙 §11 ③).
- (주2) 2019.12.31. 이전에 「도시개발법」 §17에 따른 실시계획 인가를 받거나 「도시 및 주거환경정비법」 §50에 따른 사업시행계획 인가를 받은 사업의 시행으로 2020.1.1. 이후 취득하는 부동산에 대한 취득세 감면에 대해서는 개정규정에도 불구하고 종전의 §74 ①에 따름(부칙 §17 ①).

도시개발사업(2019년 이전 사업시행계획 인가를 받은 재개발사업 포함) 조합으로부터 관리처분계획에 의하여 취득하는 토지 및 건축물에 대하여는 일정 범위 내에서 면제된다.

㉠ 당초조합원이 청산금을 부담하는 경우

재개발사업시행인가일(승계취득일 현재 취득 부동산 소재지가 「소득세법」 제104조의 2 제1항에 따른 지정지역으로 지정된 경우에는 도시개발구역 지정일 또는 정비구역 지정일) 전의 부동산 소유자(상속인도 포함되며, 당초조합원)는 청산금에 상당하는 부동산에 대하여는 과세된다. 한편, 이들 중 정비구역지정 고시일(2008.3.11. 이전은 사업시행인가일) 현재 부동산 소유자가 취득하는 85㎡ 이하의 주거용 부동산(「도시 및 주거환경정비법」에 따라 청산금을 부담하는 경우 청산금 상당 부동산 포함)은 감면되므로 청산금을 부담한 경우라도 85㎡ 이하의 주거용 부동산도 감면된다.

사례 **당초조합원의 범위**(행자부 세정 13407 - 41, 2001.1.10.)

구 「지방세법」(법률 제6060호) 제109조 제3항의 규정에 의하여 재개발사업에 대한 비과세 범위는 「도시재개발법」에 의한 재개발사업의 시행으로 인하여 사업시행인가 당시 소유자가 환지계획에 의하여 취득하는 토지 또는 관리처분계획에 의하여 취득하는 토지 및 건축물 중 사업시행인가 당시의 소유자가 소유하고 있는 부동산 가액에 해당하는 부분만을 의미하는 것임. 따라서 도시재개발인가 당시 공유토지 지분 중 청구인 소유의 공유지분 부분만 취득세가 비과세됨.

ⓛ 승계조합원인 경우

재개발사업시행인가일(승계취득일 현재 취득 부동산 소재지가 「소득세법」 제104조의 2 제1항에 따른 지정지역으로 지정된 경우에는 도시개발구역 지정일 또는 정비구역 지정일) 이후 환지 이전에 부동산을 승계취득한 자(승계조합원)는 환지계획 등에 의한 취득 부동산의 가액의 합계액이 종전의 부동산 가액의 합계액을 초과하는 경우 그 초과액에 상당하는 부동산에 대하여 과세되는 것이다.

'승계취득'이라 함은 매매, 증여, 상속, 기부 등이 포함됨에 주의하여야 한다.

③ **2023.1.1. 이후 취득분부터**(지법 §7 ⑯)

2023.1.1.(지법 부칙 §2 단서) 이후 「도시개발법」에 따른 도시개발사업과 「도시 및 주거환경정비법」에 따른 정비사업의 시행으로 해당 사업의 대상이 되는 부동산의 소유자(상속인 포함)가 환지계획 또는 관리처분계획에 따라 공급받거나 토지상환채권으로 상환받는 건축물은 그 소유자가 원시취득한 것으로 보며, 토지의 경우에는 그 소유자가 승계취득한 것으로 본다. 이 경우 토지는 당초 소유한 토지 면적을 초과하는 경우로서 그 초과한 면적에 해당하는 부분에 한하여 취득한 것으로 본다.

이는 도시개발사업에 대한 부동산 소유자의 감면이 없어지면서 재건축사업처럼 취득세를 부과하고자 하는 것이다.

④ **환지계획 등에 따른 취득 부동산의 초과액**(2022.12.31. 이전 환지계획 인가 또는 관리처분계획 인가분으로 2025년까지 적용)

○ 초과액

환지계획 등에 따른 취득 부동산의 과세표준 - 환지 이전의 부동산의 과세표준

㉠ 환지 이전의 부동산의 과세표준
승계취득할 당시의 취득세 과세표준

㉡ 취득 부동산의 과세표준
지법 §10-2~§10-6 규정(2022년 이전은 §10 ⑤)에 따른 사실상의 취득가격이 증명되는
경우 : 사실상의 취득가격
이외 : 시가인정액(2023년 이후) 또는 시가표준액

사례 청산금 또는 초과액 산정 방법(지방세정팀-555, 2008.2.11.)

> 아파트 발코니 샷시공사비를 과세표준에 포함하는지 여부에 대하여는 해당 아파트의 취득시기를 기준으로 그 이전에 해당 물건을 취득하기 위하여 거래상대방 또는 제3자에게 지급하였거나 지급하여야 할 일체의 비용에 해당 공사비가 포함되는 경우라면 청산금 또는 초과액에 그 비용을 합산하여 종전 부동산의 가액과 비교하여야 할 것임.

2) 추징요건

별도의 추징규정이 없는바, 토지수용 등에 따른 대체취득 시 감면규정도 「지방세특례제한법」 제178조 규정에 의해 추징규정 적용되는지 여부에 대하여 해당 용도가 정하여져 있지 아니하므로 이 추징규정이 적용되지 아니할 것이다.

3) 유의사항

① 도시개발사업 등 대상이 되는 '부동산 소유자(상속인 포함)'의 의미

부동산 소유자 범위는 반드시 사업시행인가 당시(승계취득일 현재 취득 부동산 소재지가 「소득세법」 제104조의 2 제1항에 따른 지정지역으로 지정된 경우에는 도시개발구역 지정일 또는 정비구역 지정일)의 부동산 소유자(상속인 포함[246])를 의미하는 것이 아니라 그로부터 승계받은 자도 포함되는 것이며, 이는 승계조합원으로 도시개발사업 등 대상이 되는 부동산의 소유자(상속인 포함)가 환지계획 등에 의해 취득하는 부동산이 종전 부동산 가액 범위 내인 경우에는 취득세가 감면된다.

그리고 부동산 소유자는 토지와 건축물을 소유하는 자는 물론이며 토지만 소유하거나 건물만을 소유하는 자도 여기서 의미하는 부동산의 소유자에 해당하는 것이다. 예를 들어 국공유지에 무허가 건축물만을 소유하는 자가 재개발사업 대상이 되는 경우에는 이에 해당하며 무허가 건물이라 하여 면제대상에서 배제하는 것은 아니다(도세 13420-19, 1993.1.15.).

---

246) 정비사업에 참여한 토지 등 소유자들의 종전 자산에 대한 소유권은 관리처분계획의 인가로 인하여 소멸하는 것이 아니라(다만, 도시정비법 제49조 제6항에 따라 이전고시가 있을 때까지 사용·수익이 제한될 뿐이다) 재개발사업이 진행 중인 동안에도 존속하다가 이전고시일을 기점으로 새로 분양받은 대지 또는 건축물에 대한 소유권으로 전환된다고 할 것이다. 따라서 이 사건 토지에 관한 소유권 역시 이전고시가 이루어지면 새로 건축된 공동주택에 관한 소유권 등으로 전환될 뿐 이 사건 관리처분계획에 따라 소멸하는 것이 아니므로, 원고가 망인으로부터 승계한 상속재산에는 이 사건 토지가 당연히 포함된다. 주택재개발사업의 진행과정과 관계 법령의 문언 및 체계에 비추어 보면, 정비사업에 참여한 토지 등 소유자들의 종전 자산에 대한 소유권은 관리처분계획의 인가로 인하여 소멸하는 것이 아니라, 도시정비법 제49조 제6항에 따라 이전고시가 있을 때까지 사용·수익이 제한될 뿐이고, 재개발사업이 진행 중인 동안에도 존속하다가 이전고시일을 기점으로 새로 분양받은 대지 또는 건축물에 대한 소유권으로 전환됨은 앞서 본 바와 같고, 위 소유자들의 토지 등에 대한 소유권이 주택재개발조합으로 이전되는 것도 아니므로[나아가 주택재개발조합은 공법상 법인으로서(도시정비법 §18) 「민법」상 조합과 달리 합유의 형태로 소유권을 취득하는 것도 아니다], 원고는 상속을 원인으로 하여 이 사건 토지를 취득하였다고 할 것이다(대법원 2014두41831, 2015.1.15. 심리불속행 기각, 서울고법 2014누42744, 2014.8.26.).

② 환지계획 등에 의한 취득 부동산

환지는 환지계획에 의거 실시되는 바 환지계획은 종전의 토지 및 환지의 위치, 지목, 면적, 토질, 수리 이용상황, 환경 기타의 사항을 종합적으로 고려하여 합리적으로 정하여야 한다. 이와 같은 기준에 따르지 아니한 환지계획에 의한 환지예정지지정 또는 환지처분은 위법이며, 대로변 상가인 종전의 토지를 주택가에 정한다든지, 산(山)인 종전 토지를 대로변 상가에 환지를 지정하는 등의 비환지는 금지된다. 즉 '환지'라 함은 토지개량사업의 결과 종전의 토지 대신에 상당한 다른 토지를 교부하는 행위로서 원칙적으로 권리의 목적물인 종래의 토지와 동 가치의 토지를 교환하고 동 가치의 토지를 얻기 어려운 때에는 금전으로 청산하는 처분행위, 즉 환지청산을 하게 되는 것으로 동 사업의 결과 환지계획이 인가되고 이를 공고하게 되면 환지계획에 의하여 교환된 토지는 종전의 토지로 보게 되고 청산금 채권채무 관계만 발생하게 되는 것으로 환지는 동 가치의 토지가액으로 환지받는 것이고 증감 환지의 경우 청산금액을 교부 지급하게 되는 것이다. 이때 환지는 환지교부와 환지청산으로 대별할 수 있으며, 좁은 의미의 환지처분은 환지교부만을 의미하고, 넓은 의미의 환지처분은 환지청산과 환지교부를 포함한 개념으로 보고 있다.

③ 종전 부동산 가액 범위 내일 것

주택재개발사업시행을 위하여 사업시행자가 토지소유자의 동의를 얻어 과소토지를 전체적으로 정비함과 동시에 그 토지 위에 시행자가 처분할 수 있는 권한을 갖는 건축물의 일부와 그 건축물이 있는 토지의 공유지분을 주도록 함으로써 과소토지를 막으면서 동시에 토지 소유자들의 이해관계를 조화롭게 해결할 수 있는 방법을 활용하고 있다. '소유자가 환지받는 경우'라 함은 환지교부와 환지청산의 개념을 모두 포함한 것을 의미하고, 「소득세법」에서 "'환지처분'이라 함은 「토지구획정리사업법」 기타 법률에 의하여 사업시행자가 사업완료 후에 사업구역 내의 토지 소유자 또는 관계인에게 종전의 토지 대신에 그 구역 내의 다른 토지로 바꾸어 주는 것을 말하며, 사업시행으로 인한 분할, 합병 또는 교환의 경우를 포함한다"하고 규정하고 있으나, 대법원판례에서 입체 환지의 경우까지도 환지처분으로 인정하고 있어 입체환지도 지방세 면제혜택을 부여하고 있다.

그러나 실물로 당초 면적보다 초과하여 환지를 받는 경우나 지목변경에 대하여는 별도로 취득세를 부과하며, 실물로 청산이 되지 아니하고 청산금으로 청산하는 경우 그 청산금에 상당하는 부분에 대하여는 취득세를 과세하는 것이다.

④ 사업시행자의 범위

사업시행자가 취득하는 체비지 및 보류지에 대해서는 취득세가 면제된다.

㉠ 「도시개발법」에 의한 '사업시행자'의 범위

도시개발사업의 시행자("시행자")는 다음의 자 중에서 지정권자가 지정한다. 다만, 도시개발구역의 전부를 환지 방식으로 시행하는 경우에는 ㉮의 토지 소유자나 ㉯의 조합을 시행자로 지정한다.

㉮ 국가나 지방자치단체

㉯ 대통령령으로 정하는 공공기관

㉰ 대통령령으로 정하는 정부출연기관

㉱ 「지방공기업법」에 따라 설립된 지방공사

㉲ 도시개발구역의 토지 소유자(「공유수면 관리 및 매립에 관한 법률」 제28조에 따라 면허를 받은 자를 해당 공유수면을 소유한 자로 보고 그 공유수면을 토지로 보며, 제21조에 따른 수용 또는 사용 방식의 경우에는 도시개발구역의 국공유지를 제외한 토지면적의 3분의 2 이상을 소유한 자)

㉳ 도시개발구역의 토지 소유자(「공유수면 관리 및 매립에 관한 법률」 제28조에 따라 면허를 받은 자를 해당 공유수면을 소유한 자로 보고 그 공유수면을 토지로 본다)가 도시개발을 위하여 설립한 조합(도시개발사업의 전부를 환지 방식으로 시행하는 경우에만 해당하며, 이하 "조합"이라 한다)

㉴ 「수도권정비계획법」에 따른 과밀억제권역에서 수도권 외의 지역으로 이전하는 법인 중 과밀억제권역의 사업 기간 등 대통령령으로 정하는 요건에 해당하는 법인

㉵ 「주택법」 제9조에 따라 등록한 자 중 도시개발사업을 시행할 능력이 있다고 인정되는 자로서 대통령령으로 정하는 요건에 해당하는 자(「주택법」 제2조 제6호에 따른 주택단지와 그에 수반되는 기반시설을 조성하는 경우에만 해당)

㉶ 「건설산업기본법」에 따른 토목공사업 또는 토목건축공사업의 면허를 받는 등 개발계획에 맞게 도시개발사업을 시행할 능력이 있다고 인정되는 자로서 대통령령으로 정하는 요건에 해당하는 자

㉷ 「부동산개발업의 관리 및 육성에 관한 법률」 제4조 제1항에 따라 등록한 부동산개발업자로서 대통령령으로 정하는 요건에 해당하는 자

㉸ 「부동산투자회사법」에 따라 설립된 자기관리부동산투자회사 또는 위탁관리부동산투자회사로서 대통령령으로 정하는 요건에 해당하는 자

㉹ ㉮∼㉶, ㉷ 및 ㉸에 해당하는 자(㉳에 따른 조합 제외)가 도시개발사업을 시행할 목적으로 출자에 참여하여 설립한 법인으로서 대통령령으로 정하는 요건에 해당하는 법인

㉪ 「도시 및 주거환경정비법」에 의한 사업시행자의 범위

㉮ 주거환경개선사업의 시행자

주거환경개선사업은 제4조 제1항에 따른 공람공고일 현재 해당 정비예정구역안의 토지 또는 건축물의 소유자 또는 지상권자의 3분의 2 이상(제6조 제1항 제1호의 경우에는 과반수를 말한다)의 동의와 세입자(제4조 제1항의 규정에 의한 공람공고일 3월 전부터 해당 정비예정구역 안에 3월 이상 거주하고 있는 자) 세대수 과반수의 동의를 각각 얻어 시장·군수가 직접 시행하거나 주택공사 등을 사업시행자로 지정하여 이를 시행하게 할 수 있다. 다만, 세입자의 세대수가 토지등소유자의 2분의 1 이하인 경우

등 대통령령이 정하는 사유가 있는 경우에는 세입자의 동의절차를 거치지 아니할 수 있다.

㉯ 재개발사업(2018.2.8. 이전 주택재개발사업 등)의 시행자

재개발사업(2018.2.8. 이전 주택재개발사업)은 조합이 이를 시행하거나 조합이 조합원 과반수의 동의를 얻어 시장·군수, 주택공사등, 「건설산업기본법」 제9조의 규정에 의한 건설업자("건설업자"), 「주택법」 제12조 제1항의 규정에 의하여 건설업자로 보는 등록사업자("등록사업자") 또는 대통령령이 정하는 요건을 갖춘 자와 공동으로 이를 시행할 수 있다.

ⓒ 체비지와 보류지

「체비지」는 사업시행자가 해당 법률에 의하여 사업구역 내의 토지소유자 또는 관계인에게 사업비용으로 부담하게 하는 토지를 말하며, 「보류지」는 사업시행자가 해당 법률에 의하여 일정한 토지를 환지로 정하지 않고 공공용지 또는 체비지로 사용하기 위해 보류한 토지를 말한다(「도시개발법」 제34조).

「도시개발법」에 따른 도시개발사업과 「도시 및 주거환경정비법」에 따른 정비사업(주택재개발사업 및 도시환경정비사업 한정)의 사업시행자가 취득하는 체비지 또는 보류지에 대하여는 취득세를 면제한다고 규정하고 있고, 「도시개발법」 제34조 제1항에서 시행자는 도시개발사업에 필요한 경비에 충당하거나 규약·정관·시행규정 또는 실시계획으로 정하는 목적을 위하여 일정한 토지를 환지로 정하지 아니하고 보류지로 정할 수 있으며, 그 중 일부를 체비지로 정하여 도시개발사업에 필요한 경비에 충당할 수 있다고 규정하고 있으며, 같은 법 제42조 제5항에서 제34조에 따른 체비지는 시행자가, 보류지는 환지 계획에서 정한 자가 각각 환지처분이 공고된 날의 다음 날에 해당 소유권을 취득한다. 다만, 제36조 제4항에 따라 이미 처분된 체비지는 그 체비지를 매입한 자가 소유권이전등기를 마친 때에 소유권을 취득한다고 규정하고 있다.[247] 「도시개발법」의 관련 규정에 의하면 체비지 등은 환지계획이나 관리처분계획에서 미리 정해지는 것으로서, 그에 따른 환지처분의 공고나 분양처분의 고시가 있어야 비로소 사업시행자 등의 소유권취득이 확정되므

---

247) 과세대상이 이미 존재하는 상태에서 취득하는 경우는 원시취득에서 제외하고 있으며, 이는 건축물의 신축, 공유수면 매립 등과 같이 과세물건이 새롭게 생성되는 경우에만 원시취득에 해당하고 수용재결 등과 같이 과세물건이 존재하는 상태에서 관련 법률에 따라 취득하는 경우는 원시취득에서 제외하는 것으로 명확히 하여 개정(2017.1.1. 시행, 법률 제14475호)한 것이고, 체비지는 사업시행자가 「도시 및 주거환경정비법」 및 「도시개발법」 제45조 제5항 법률 규정에 따라 취득할 따름이고 그에 대한 대가를 지급한 것으로 볼 사정도 없는 이상, 사업시행자가 위 체비지 등을 취득한 것이 유상취득에 해당한다고 볼 수 없다(지방세특례제도과-1511, 2022.7.13.)라고 해석하고 있어서 원시취득에 해당하는지도 명확하지 않다. 한편, 체비지는 환지처분이 공고된 날의 다음 날에 시행자가 해당 소유권을 원시취득하고, 환지처분 공고 전에 체비지를 매수한 자는 소유권이전등기를 마친 때에 그 소유권을 원시취득한 시행자로부터 이를 승계취득하게 된다고 봄이 옳다(대법원 2021두49468, 2021.12.16. 심불, 수원고법 2020누15204, 2021.7.23.). 이 판례는 2016년 이전의 규정에 다른 판시내용임.

로 환지계획이나 관리처분계획에서 정하지 아니한 체비지 등의 취득은 있을 수 없는 점, 구「도시재개발법」제20조, 제42조 등의 규정에 비추어 보면, 재개발사업의 경비를 반드시 체비지의 지정을 통하여 충당하여야 하는 것은 아니고 토지 등 소유자가 부담하는 청산금 등으로 충당할 수도 있는데, 사업시행인가 당시부터의 토지 등 소유자와 승계취득자에 대해서도 청산금에 상당하는 부동산에 해당하는 부분은 과세하는 점, 따라서 관리처분계획에서 체비지 등을 정하지 아니한 채 재개발사업이 시행되어 완료된 경우에는 면제 조항에 의하여 취득세가 면제되는 범위를 확정할 객관적인 기준이 없게 되는 점 등을 종합하면, 면제 조항에 의하여 취득세가 면제되는 체비지 등은 사업시행자가 미리 환지계획이나 관리처분계획에서 체비지 등으로 정하여 환지처분의 공고나 분양처분의 고시가 있은 후에 취득하는 것만을 의미한다(대법원 2007두3282, 2009.6.25.).[248]

체비지는「도시개발법」제42조 제5항에 따라 시행자가 환지처분이 공고된 날의 다음 날(단, 제36조 제4항에 따라 이미 처분된 체비지는 그 체비지를 매입한 자가 소유권이전등기를 마친 때)에 해당 소유권을 취득한다[249]고 할 것이고, 이는「지방세특례제한법」제74조

---

[248] 체비지 등은 관리처분계획 등에서 미리 사전에 정해지는 것으로서 환지처분의 공고나 분양처분의 고시가 있어야 사업시행자 등의 소유권취득이 확정되므로 환지계획이나 관리처분계획에서 정하지 아니한 체비지 등의 취득은 존재할 수 없는 것인바, 관리처분계획 등에 따르면 이 건 주택은 임대주택에 해당하고 보류지나 체비지는 별도로 정하고 있는 점, 이 건 주택은 임대아파트이므로 조합원 및 일반에게 원천적으로 분양신청을 받을 수 없어 체비지와 같이 분양신청을 받고 남은 잔여분이라는 개념이 성립할 수 없다는 처분청 의견은 납득가능한 점, ○○○도시 및 주거환경 정비조례 제21조 내지 제23조에서 임대주택의 건설계획, 임대주택의 건설, 임대주택 등의 매입 등을 별도로 규정하고 있고, 이 가운데 임대주택 등의 매입규정을 살펴보면 ○○○과 해당 사업시행자가 임대주택의 매매계약을 체결하도록 규정하고 있는바, 이는 체비지의 성격과는 구분되는 별개의 부동산인 점 등에 비추어 이 건 주택은 체비지이므로 기납부한 취득세 등은 환급되어야 한다는 청구주장은 받아들이기 어렵다고 할 것임(조심 2020지0010, 2020.5.20.).
관리처분계획 제9조 제1항은 "체비시설로 정하여 일반에게 분양하다"고 규정하고 있는데, 임대주택은 구 도시정비법, 구 도시정비법 시행령, 도시정비조례에 의하여 주택재개발사업에서 그 공급이 강제되고, 매매가격 또한 관리처분계획인가 시 결정된 금액으로 결정되는 등 일반분양과는 구분되는 것이다. 이 사건 관리처분계획 제9조 제2항 내지 제4항에서도 공동주택, 오피스텔, 근린생활시설, 판매·업무시설의 처분 방법 및 변경에 대해 규정하고 있을 뿐, 이 사건 임대주택의 처분에 대해서는 규정하고 있지 아니하다. 게다가 이 사건 관리처분계획 제5조 제1항 제1호는 "공동주택은 조합원 및 일반에게 분양하고", "임대주택은 서울특별시장에게 처분한다"고 규정함으로써 일반분양과 이 사건 임대주택의 처분을 달리 취급하고 있다. 또한 이 사건 정관 제50조 제1항이 이 사건 관리처분계획 제9조 제1항과 같은 취지로 규정하고는 있으나, 이 사건 임대주택은 이 사건 정관 제7장 사업시행 중 제40조, 제41조로서 구별되어 있다. 따라서 이 사건 관리처분계획에서 이 사건 임대주택을 체비지로 정하였다고 인정할 수도 없음(대법원 2019두53914, 2020.1.16. 심불, 서울고법 2018누71146, 2019.9.4.).

[249] 유권해석에서는 시행자가 원시취득한다라고 되어 있는데, 이는 "토지구획정리사업 시행자가 환지처분 전에 체비지 지정을 하여 이를 제3자에게 처분하는 경우 그 양수인이 토지의 인도 또는 체비지대장에의 등재 중 어느 하나의 요건을 갖추었다면 양수인은 당해 토지에 관하여 물권 유사의 사용수익권을 취득하여 당해 체비지를 배타적으로 사용·수익할 수 있음은 물론이고 다시 이를 제3자에게 처분할 수도 있는 권능을 가지며, 그 후 환지처분공고가 있으면 그 익일에 최종적으로 체비지를 점유하거나 체비지대장에 등재된 자가 그 소유권을 원시적으로 취득하게 된다(대법원 2015.5.29. 선고, 2015다5897 판결, 대법원 2007.9.21. 선고, 2005다44886 판결 등 참조)"라는 판례에 따른 것으로 보임.
구「토지구획사업정리법」(2000.7.1. 폐지)에서「도시개발법」(2000.7.1. 시행)으로 개정되면서 "제36조 제4항

제1항에 따라 취득세 면제대상이라고 할 것이나, 이후 사업시행자(조합)로부터 매수(소유권이전)하는 경우는 승계취득에 해당된다고 할 것이고, 사업시행자로부터 승계취득에 대한 경우에는 별도의 면제규정이 없어 취득세 납세의무가 있다고 할 것이며, 그 승계취득자가 공동시행자이거나 공사비 대가로 취득하는 경우라 하더라도 체비지를 원시적으로 취득하지 아니한 이상 취득세 면제대상에 해당되지 아니한다(지방세운영과-4733, 2011.10.10. 참조).[250]

한편, 「도시 및 주거환경정비법」 제48조 제3항의 규정에 의한 보류지와 일반에게 분양하는 대지 또는 건축물은 「도시개발법」 제34조의 규정에 의한 보류지 또는 체비지로 본다고 규정이 되어 있다. 면제 조항에 의하여 취득세가 면제되는 체비지 등은 사업시행자가 미리 환지계획이나 관리처분계획에서 체비지 등으로 정하여 환지처분의 공고나 분양처분의 고시가 있은 후에 취득하는 것만을 의미한다(대법원 2007두3282, 2009.6.25.). 이들의 내용을 살펴볼 때 관리처분계획에 의하여 체비지 등으로 정하여져야 하는 것으로 이해되는바, 「도시 및 주거환경정비법」 제48조 제3항의 규정에 의한 보류지는 환지취득 등에 대한 감면규정(§74 ①)에 따른 감면을, 주택재개발조합이 주택재개발사업의 완공에 따라 체비지로 일반분양분 주택을 취득하는 경우라면 환지취득 등에 대한 감면(§74 ③)에 따라 취득세 등이 면제가 되는 것이다(도세-580, 2008.4.22.). 따라서 일반 분양분 아파트가 체비지 위에 건축된 경우에는 환지취득 등에 대한 감면규정(§74 ①)에 따라 감면을, 그렇지 아니하는 경우에는 주택재개발사업과 주거환경개선사업에 대한 감면규정(§74 ③)에 의하여 감면하여야 할 것이다. 신축하는 건물을 토지등 소유자에게 공급하는 것과 일반분양(체비지)하는 것으로 구분 표시하여 관리처분계획 인가를 받고, 토지 등 소유자 공급분에 대해서 「도시 및 주거환경정비법」 제57조 제1항의 청산금이 발생하지 않은 경우라면 「지방세특례제

에 따라 이미 처분된 체비지는 그 체비지를 매입한 자가 소유권이전등기를 마친 때에 취득한다"라고 규정되어 있으며, 구 「토지구획사업정리법」(법률 제6252호, 2000.1.28., 폐지) 부칙 제5조에 "이 법 시행 당시 다른 법령에서 종전의 「토지구획사업정리법」 또는 그 규정을 인용하고 있는 경우 「도시개발법」·「도시계획법」에 그에 해당하는 규정이 있는 때에는 종전의 규정에 갈음하여 「도시개발법」·「도시계획법」 또는 「도시개발법」·「도시계획법」의 해당 규정을 인용한 것으로 본다"라고 규정하고 있고, 「도시개발법」(법률 제6242호, 2000.1.28. : 2000.7.1. 시행) 부칙 제3조에 "이 법 시행 당시 다른 법률에서 종전의 「도시계획법」·「토지구획사업정리법」 또는 그 규정을 인용하고 있는 경우 이 법에 그에 해당하는 규정이 있는 때에는 이 법 또는 이 법의 해당 규정을 인용한 것으로 본다"라고 규정되어 있다.

250) 「도시개발법」 제36조 제4항에서 "사업시행자는 체비지의 용도로 환지 예정지가 지정된 경우에는 도시개발사업에 드는 비용을 충당하기 위하여 이를 사용 또는 수익하게 하거나 처분할 수 있다"고 규정하고 있고, 같은 법 제42조 제5항에서 "체비지는 시행자가 환지처분이 공고된 날의 다음 날에 해당 소유권을 취득하되, 다만 이미 처분된 체비지는 그 체비지를 매입한 자가 소유권이전등기를 마친 때에 소유권을 취득한다"고 규정하고 있는바, 체비지의 경우 사업시행자가 환지처분이 이루어지기 전에 이미 사용·수익·처분권을 보유하고 있고, 이러한 권리에 기하여 매각한 토지를 매수한 자의 경우 그 성질상 승계취득에 해당된다고 보아야 할 것이며, 이미 처분된 체비지는 사업시행자의 소유권보존등기에 터잡아 매수인이 소유권이전등기를 함으로써 이를 형식적으로 소유권을 취득하게 되는 것이라고 보아야 할 것이므로, 청구법인이 이 건 토지를 원시취득한 것이 아님(조심 2019지2247, 2019.11.28.).

한법」 제74조 제1항에서는 사업시행자가 취득하는 체비지에 대하여 취득세를 감면한다고 규정하고 있을 뿐, 감면요건으로 그 사업시행자가 토지 소유자인지 여부는 규정하고 있지 않고,「도시 및 주거환경정비법」제48조 제3항의 규정에 의한 보류지와 일반에게 분양하는 대지 또는 건축물은「도시개발법」제34조의 규정에 의한 보류지 또는 체비지로 본다라고 규정이 되어 있으므로 그 일반분양(체비지)분은「지방세특례제한법」제74조 제1항에서 정한 체비지로서 취득세 면제대상에 해당하는 것이다(지방세특례제도과-2772, 2015.10.12.).

사례 취득세가 면제되는 체비지란 사업시행자가 미리 관리처분계획에서 체비지 등으로 정하여 환지처분의 공고나 분양처분의 고시가 있은 후에 취득하는 것만을 의미한다 할 것(대법원 2009.6.23. 선고, 2007두3275 판결, 같은 뜻임)이고, 도시 및 주거환경정비사업의 시행자는 동 사업의 시행으로 취득하는 부동산 등의 최종 소유권 귀속이 확정되는 날인 소유권이전고시일 이전까지는 적법하게 관리처분계획을 변경할 수 있으므로 어떠한 부동산을 체비지로 정하였는지 여부는 당해 부동산에 대한 소유권이전고시일 당시의 관리처분계획에 의하여 판단하여야 할 것임(조심 2019지1758, 2020.5.12., 같은 뜻임)(조심 2023지2002, 2024.5.20.).

사례 분양공고를 하지 않고 1인에게 일괄매각 시 체비지 해당 여부(조심 2021지2372, 2023.9.27.)

토지등 소유자 1인이 시행하는 청구법인이 위와 같이 분양공고를 하지 않고 체비지인 쟁점면적①부분을 1인에게 매각하는 것과 2인 이상에게 매각하여 사업경비에 충당하는 것은 사실상 그 실질이 동일하므로 쟁점면적①부분을 1인에게 일괄매각하였다고 하더라도 감면대상인 체비지로 인정하는 것이 합리적이라 할 것인 점 등에 비추어, 쟁점면적①부분은「지방세특례제한법」제74조 제1항에서 규정한 체비지로 보는 것이 타당하다고 판단됨.

사례 관리처분계획인가 당시 미확정 체비지 취득세 감면대상 여부(대법원 2019두53518, 2020.1.9. 심불, 서울고법 2019누32001, 2019.9.4.)

관리처분계획에서 체비지 등을 정하지 아니한 채 사업이 시행되어 완료된 경우에는 이 사건 면제규정에 의하여 취득세가 비과세되는 범위를 확정할 객관적인 기준이 없게 되는 점 등에 비추어 보면, 이 사건 면제규정에 의하여 취득세가 면제되는 체비지 또는 보류지는 사업시행자가 미리 환지계획이나 관리처분계획에서 체비지 또는 보류지로 정하거나 그에 따라 체비지 또는 보류지로 간주되는 것만을 의미한다고 봄이 타당함. 이 사건 감경규정은 '도시정비법 제8조에 따른 주택재개발사업의 시행자가 같은 법 제48조에 따른 해당 사업의 관리처분계획에 따라 취득하는 주택에 대하여 취득세의 100분의 75를 경감'하고 있을 뿐이므로, 도시환경정비사업조합의 시행자가 취득한 주택은 이 사건 감경규정의 적용 대상이라고 할 수 없음.

사례 관리처분계획인가 당시 미확정 체비지 취득세 감면대상 여부(지방세특례제도과-2362, 2020.10.5.)

관리처분계획인가 당시에 상가면적이 개별 호수별로는 구분되어 있지 않았더라도 전체 면적이 일반분양분으로 기재되어 있었다면 당해 전체 면적은 체비지로 지정되었다고 할 것이고, 소유권이전고시가 분양하는 상가의 개별 호수별로 고시되었고 당해 소유권이전고시에 따라 개별 호수별로 취득이 이루어졌다면, 사업시행자가 미리 관리처분계획에서 체비지 등으로 정하여 환지처분의 공고나 분양처분의 고시가 있는 후에 이루어진 취득으로 볼 수 있으므로 취득세 면제대상 체비지에 해당됨.

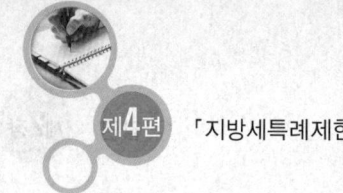

> **사례** 체비지 중 본점 사무실로 사용 시 체비지에 해당되지 않음(조심 2018지0638, 2018.10.8.)
>
> 「지방세특례제한법」 제74조 제1항에서 사업시행자가 취득하는 체비지 또는 보류지는 취득세를 면제한다고 규정하고 있는바, 청구법인이 취득하는 체비지 중 본점 사무실(33㎡)로 직접 사용하는 부분은 사업에 필요한 재원을 확보하기 위하여 취득하는 부동산이 아니므로 체비지로 볼 수 없어 본점 사무실(33㎡)에 대하여 중과세율을 적용하여 취득세를 신고·납부한 것은 타당함.
>
> ☞ 본점 사무실로 직접 사용하는 부분은 사업에 필요한 재원을 확보하기 위하여 취득하는 부동산이 아니므로 체비지로 볼 수 없다는 것임.

> **사례** 임대용으로 관리처분계획 인가받은 경우 체비지 아님(조심 2018지0840, 2018.8.27.)
>
> 청구법인은 쟁점아파트를 임대용으로 하여 관리처분계획을 인가받은 점, 청구법인의 정관 제49조 제1항에서 조합원 분양분과 보류지를 제외한 잔여 대지 및 건축물을 체비지로 정할 수 있다고 규정하고 있으나 임대주택인 쟁점아파트에 대하여는 아무런 언급이 없는 점, 쟁점아파트는 당초부터 임대주택으로 제공하고자 신축된 것이므로 조합원에게 분양 신청을 받은 후 잔여분인 체비지 등에는 해당하지 않는 점, '분양'이란 건축물의 전부 또는 일부를 2인 이상에게 판매하는 것을 말하는 것으로 건축물의 전부를 1인에게 판매하는 것은 분양에 포함되지 않는 것(대법원 2016.11.10. 선고, 2016두46212 판결, 같은 뜻임)[251]이므로 청구법인이 OOO 1인에게 매각한 쟁점아파트를 일반에게 분양하는 대지 또는 건축물인 체비지에 해당된다고 보기는 어려움.

⑤ 환지처분의 범위와 감면 범위

「지방세특례제한법」 제74조 제1항 소정의 "소유자가 환지받은 경우"란 토지 소유자가 종전에 소유하던 토지의 가액의 따라 그 가액의 범위 내에서 환지를 받은 경우는 물론, 종전에 소유하던 토지를 사업에 제공함과 아울러 사업비를 부담하고 그에 상응하는 환지를 받는 경우도 포함한다고 보여지며, 더욱이 「지방세특례제한법」 제74조 제1항에 사업시행자가 체비지 또는 보류지를 취득하는 경우에 취득세를 부과하지 아니한다고 규정하는 것과 대비하여 볼 때에도 분명하다 할 것이므로 재개발사업에 종전에 소유하던 토지의 지분을 제공함과 아울러 사업비의 일부를 부담하고 그 전체 가액에 상응하여 건물과 대지의 지분을 분양받았다고 하더라도 취득한 건물과 대지의 지분은 취득세 과세대상이 아니라고 할 것이다(대법원 90다카20487, 1990.8.28. 참조).

---

251) 이 심판례에서는 1인에게 매각하는 것은 분양으로 보지 아니하였으나, 하기 심판례에서는 다르게 판단하고 있음.

「지방세특례제한법」에서 말하는 분양의 범위는 반드시 「건축물 분양에 관한 법률」 등에 따를 것은 아니고 세법상 각 규정의 입법취지 및 목적에 따라 달리 해석하여야 할 것(대법원 2013.10.17. 선고, 2013두10403 판결, 같은 뜻임)인데, 임대사업자가 건축주로부터 소형의 공동주택 등을 최초로 분양받아 임대사업을 하는 경우에 취득세 등을 감면하여 매입임대사업을 장려함으로써 국민에 대한 주거생활의 안정을 도모하려는 「지방세특례제한법」 제31조 제1항의 입법취지에 비추어 건축주로부터 공동주택을 최초로 일괄취득하여 매입임대사업을 하는 경우와 그 공동주택의 일부만을 취득하여 매입임대사업을 하는 경우는 그 실질이 동일하므로 둘 모두가 '건축주로부터 공동주택 등을 최초로 분양받아 임대사업을 하는 경우'에 해당하는 것으로 보는 것이 합리적인 점, 「지방세특례제한법」 제31조의 입법취지가 임대주택의 공급확대이고 같은 법 제33조는 일반주택의 공급 확대로서 처분청이 제시한 판결(대법원 2016.11.10. 선고, 2016두46212 판결)은 이 건과는 그 사실관계 및 근거 법령이 달라 이 건에 그대로 적용하기 어려움(조심 2018지1282, 2018.11.16.).

⑥ 권리면적을 초과한 환지의 경우

토지구획정리사업의 완료에 따라 환지확정 시 증평분에 대하여 그 청산금을 납부하였는바, 이때 그 증평분에 대한 취득세 과세 여부에 있어서 '환지'라 함은 환지계획 등에 따라 종전의 토지 대신에 이에 상당한 다른 토지를 교부받아 과부족이 있을 때에는 사업시행자와 환지받은 자 간에 청산금으로 청산하는 것을 말하는 것이다(세정 1268-95, 1983.1.6. 참조).[252]

⑦ 도시재개발사업시행자에 대한 감면

「도시 및 주거환경정비법」 제12조에 의하여 토지 등의 소유자가 재개발사업시행자로 된 경우에는 그 시행자가 그 지구 내에 토지를 소유하고 있으면 인가가 되고, 그 시행자가 얼마만큼의 토지를 소유하든지 또는 시행 중 그 지구내의 토지를 매수하든지 또는 매도하든지에 관계없이 그 지구 내에 전혀 토지를 소유하지 아니하게 되는 경우가 아니면 위와 같은 토지의 매도행위가 인가조건에 위배되는 것은 아니다. 재개발사업시행자가 재개발사업구역 내의 토지 및 건축물의 취득에 대하여 취득세 등을 면제하도록 규정한 ○○시도 재개발구역 내 토지 및 건물에 대한 시세과세면제에 관한 조례 제2조 제1호의 입법 취지는 사업시행자가 그 구역 내의 토지를 매수하여 그 토지의 소유자가 되는 것은 원활한 사업시행에 도움이 되므로 사업시행자에게 세제혜택을 주어 사업시행자로 하여금 세부담의 경감으로 인하여 원활한 사업시행을 할 수 있도록 도와주자는 데 있으므로, 사업시행자가 사업시행을 위하여 위 부동산을 취득하였다가 그 사업시행 중에 이를 양도한 경우에는 위 부동산의 취득이 결과적으로 그 사업시행에 도움이 되지 아니하게 되었다 할 것이어서, 위 조례의 입법 취지로 보아 이와 같은 경우에까지 취득세 등을 면제하여 준다는 취지는 아니라고 보여지고, 또한 위 조례의 문구 자체에 의하더라도 재개발사업의 시행을 위하여 취득하는 것에 대하여 취득세를 면제한다는 규정하고 있는 것으로 보아 그와 같은 면제에는 그 부동산의 취득자인 사업시행자가 그 사업의 완료시까지 그 취득 부동산을 보유하여 그 사업시행에 제공되어야 한다는 것을 그 전제로 하고 있다할 것이며, 사업시행자가 그 사업시행 도중에 그 취득부동산을 타에 매도하여 버렸다면 이를 사업시행에 제공한 것이 아니므로 이와 같은 경우에는 이점에 관한 취득세 등 추징규정을 따로 두지 아니하였더라도 위 규정 자체에 의하여 당연히 면제된 취득세 등을 추징할 수 있다(대법원 91누7629, 1992.3.31.).

⑧ 소유자의 범위에 멸실 이후에 아파트 분양권만 취득하는 경우 포함되지 아니함

「지방세특례제한법」 제74조 제1항에서 말하는 소유자는 도시재개발사업에 있어서는 해당 재개발구역 안의 대지 또는 건축시설의 소유자로서 「도시 및 주거환경정비법」 제40조 소정의 분양신청을 하여 관리처분계획에 다른 사업시행자의 분양처분에 의하여 대지 또는 건축시설을 분양받을 자격이 있는 조합원을 의미하나 그 소유자라는 개념 속에는 사업시행인가 당시의 소유자뿐만 아니라 그로부터 분양처분 이전까지는 대지나 건축시설의 소유권을 취득하여 해당 조합원의

---

252) 이 유권해석에서는 "이때 환지받은 토지가 권리면적으로 초과하거나 감소하더라도 구 「지방세법」 제109조 제3항 규정의 환지로 보아 취득세가 비과세된다"라고 되어 있었지만, 그 당시 조문에서는 청산금 여부와 관계없이 무조건 비과세되었다.

대지 또는 건축시설을 분양받을 권리를 승계하는 자를 포함한다고 해석할 것이지만, 이는 대지나 건축시설 자체를 멸실 전에 취득하는 경우에 한하는 것이고 그 멸실 이후에 아파트 분양권만을 취득하는 경우까지 포함된다고 할 수는 없다(대법원 95누5172, 1995.8.25. 참조).

⑨ 도시환경정비사업지구 내에 사업시행자 이외 토지 등 소유자가 없는 경우 건축비 전체를 청산금으로 보아 환지계획 등에 의한 감면배제 여부

사업시행자 이외의 토지 등의 소유자가 없어서 사업시행자인 토지 등의 소유자가 관리처분계획을 수립하지 않고 소유권 취득의 일반 법리에 따라 원시취득하는 경우, 비록 관리처분계획이 수립된 바 없어 '관리처분계획'에 의하여 취득한다는 구 「지방세법」 제109조 제3항의 문언에 그대로 들어맞는 것은 아니지만, 위와 같은 입법 목적에 비추어 보거나 위와 같은 토지 등의 소유자를 군이 다른 토지 등의 소유자와 달리 취급할 합리적 이유가 없다는 점 등을 고려하면, 구 「지방세법」 제109조 제3항 본문 전단의 적용을 받는다고 보아야 할 것이다(대법원 2010두1828, 2012.5.10. 참조). 사업시행자가 사업시행구역 내의 유일한 토지 등 소유자여서 관리처분계획을 수립하지 않은 결과 형식적으로는 "관계 법령에 의하여 청산금을 부담하는 경우"가 아니라고 하더라도 ① 위와 같이 위 단서 제1호의 입법 취지가 청산금 부분이 종전 부동산의 가액보다 증가된 재산의 취득이라는 실질을 포착하여 취득세를 과세하는 데 있는 점, ② 「도시 및 주거환경정비법」의 관련 규정상 관리처분계획이 없는 이상 당연히 청산금의 부과라는 외형은 나타날 수 없지만, 원고가 사업경비를 부담하여 종전 부동산의 가액보다 증가된 재산을 취득한다는 실질적인 면을 부정할 수 없는 점 등을 고려하면, 이 사건 정비사업의 시행으로 원고가 취득한 부동산에 관하여 위 단서 제1호가 적용된다고 봄이 타당하다. 정비사업이 시행되는 경우 종전 토지 등 소유자가 사업시행자에게 부담하는 청산금은 사업경비의 실질을 지닌다. 즉 일반적으로 토지 등 소유자는 종전 부동산의 가액을 초과하는 부분에 대하여 청산금 상당의 사업경비를 사업시행자에게 부담하고 신축 건축물 등을 취득하는 것이다. 이 정비사업에 있어서도 만약 별도로 지정된 체비지가 없다면 사업시행자가 부담한 사업경비는 모두 청산금으로 충당한 것으로 볼 수밖에 없다(대법원 2014두38262, 2014.10.15.). 따라서 투입된 건축비용은 사실상 청산금에 해당되어 종국적으로는 감면이 배제된다. 그런데 체비지가 있는 경우라면 이를 달리 판단하여야 할 것이다.[253]

---

253) 이 정비사업의 관리처분계획에 의하면 청구법인은 이 정비사업의 환지계획에 따라 쟁점①부동산을 취득하였고, 이 정비사업이 시행되기 전에 토지 및 지상 건축물을 소유하고 있었던 점, 처분청은 청구법인이 쟁점부동산 전체를 환지로 취득하였다는 의견이나, 청구법인은 이 정비사업의 시행자이면서 동시에 종전 부동산 등 소유자로서 이 정비사업의 관리처분계획에 따라 종전 부동산 소유자의 지위에서 쟁점①부동산을 환지로 취득한 것이므로 처분청의 의견이 타당한 것으로 보기 어려운 점, 청구법인이 이 정비사업의 환지계획 등에 따라 취득한 부동산 가액의 합계액이 종전의 부동산 가액 합계액을 초과하여 청산금을 부담하는 경우에 해당되는지 여부 및 구체적인 청산금액에 대한 자료를 처분청과 청구법인이 확인한 바 없는 점 등에 비추어, 청구법인은 종전 부동산 소유자의 지위에서 관리처분계획에 따라 쟁점①부동산을 환지받아 취득하여 청산금에 상당하는 부동산에 대하여만 취득세 등의 과세대상이 되는 것이나, 청산금을 납부해야 하는지 여부 및 금액이 분명하지 아니하므로, 처분청은 청구법인이 환지계획에 따라 취득한 부동산에 대하여 청산금을 부담하는 경우에 해당하는지 여부 및 부담하는 구체적인 청산금액을 재조사하고 그 금액을 과세표준으로 하여 쟁점①부동산에 대한 취득세 등의 과세표준 및 세액을 경정하여야 할 것임(조심 2019지

따라서 사업시행자만이 토지 등의 소유자인 경우 관리처분 없이 사업을 시행하더라도 취득세 감면대상 환지계획 등에 의한 취득으로 볼 수 있으나, 이 경우 투입된 건축비용은 사실상 청산금에 해당되어 결론적으로는 감면대상이 아니다.

⑩ 재개발정비사업조합원이 재개발사업의 환지계획에 의거 취득하는 주택은 원시취득임

재개발정비사업조합원이 환지방식에 의거 재개발정비사업조합으로부터 분양받는 건축물의 취득자가 누구인지를 살펴보면, 「도시 및 주거환경정비법」 제69조(다른 법령의 적용 및 배제) 제2항에서 '정비사업과 관련된 환지에 관하여는 「도시개발법」 제28조부터 제49조까지의 규정을 준용한다'고 규정하고 있고, 같은 법 제87조(대지 및 건축물에 대한 권리의 확정) 제2항에서 '토지등 소유자에게 분양하는 대지 또는 건축물은 「도시개발법」 제40조에 따라 행하여진 환지로 본다'고 규정하고 있고, 「도시개발법」 제42조(환지처분의 효과) 제4항에서 '환지처분을 받은 자는 환지처분이 공고된 날의 다음 날에 환지계획으로 정하는 바에 따라 건축물의 일부와 해당 건축물이 있는 토지의 공유지분을 취득한다'고 규정하고 있으므로 재개발정비사업조합원이 환지방식에 의거 재개발정비사업조합으로부터 분양받는 건축물의 경우 최초 취득자가 된다고 하겠고, 체비지로 정한 건축물(일반 분양분 등)의 최초 취득자는 재개발정비사업조합이 된다. 따라서 재개발정비사업조합원이 재개발사업의 환지계획에 의거 취득하는 주택은 원시취득으로 신축하는 건축물에 해당된다(지방세특례제도과-795, 2020.4.8.).

(2) 주거환경개선사업에 대한 감면(지특법 §74 ④)

1) 감면요건

① 감면대상자

ㄱ 주거환경개선사업시행자

ㄴ 「도시 및 주거환경정비법」 제2조 제2호 가목에 따른 주거환경개선사업의 정비구역지정 고시일 현재 부동산 소유자

2019년에는 주거환경개선사업은 「도시 및 주거환경정비법」 제2조 제2호 가목 중 도시저소득주민이 집단거주하는 지역으로서 정비기반시설이 극히 열악하고 노후·불량건축물이 과도하게 밀집한 지역의 주거환경을 개선하는 경우로 한정함에 유의하여야 한다.

한편, 2018.2.8.~2018.12.31.에는 재개발사업에 종전의 도시환경정비사업이 포함되는 것이 타당하다(대법원 2020두45766, 2020.11.12. 심불, 서울고법 2019누68741, 2020.6.26.).[254]

1026, 2023.1.26.).

254) 2018.12.24. 법률 제16041호로 개정되기 전의 「지방세특례제한법」 제74조 제3항 조항의 개정형태(타법개정)는 재개발사업 등의 정의 규정이 도시정비법(§2)에 위치함에 따른 것으로서, 그러한 법령 개정 형식만을 이유로 취득세 감면대상에서 도시환경정비사업을 배제하려는 입법자의 의도를 추단하기는 어렵다. 오히려 입법자는 단순히 '주택재개발사업'이라는 용어만을 '재개발사업'으로 수정한 것이 아니라 '주택재개발사업 및 도시환경정비사업'도 일괄적으로 '재개발사업'으로 개정하였는데, 이는 「지방세특례제한법」 상 '주

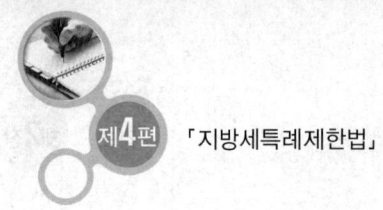

② 감면대상 및 감면범위

「도시 및 주거환경정비법」§2 2 가목에 따른 주거환경개선사업("주거환경개선사업")의 시행에 따라 취득하는 주택으로서 주거환경개선사업시행자가 주거환경개선사업의 대지조성을 위하여 취득하는 주택(2019년 이전은 주거환경개선사업의 시행을 위하여 취득하는 주택)	취득세 75% 경감 (2016년 이전 면제)
「도시 및 주거환경정비법」§74에 따라 해당 사업의 시행으로 취득하는 체비지 또는 보류지	취득세 75% 경감 (2019년 이전은 면제)
「도시 및 주거환경정비법」§23 ① 1에 따라 스스로 개량하는 방법으로 취득하는 주택과 같은 항 4에 따른 주거환경개선사업시행자로부터 취득하는 전용면적 85㎡ 이하의 주택	취득세 면제

☞ 감면시한 : 2025.12.31.

☞ 최소납부제 적용 시기 : 상단은 2016.1.1. 이후, 중단은 2020.1.1. 이후, 하단은 2019.1.1. 이후

☞ 농어촌특별세 과세 여부 : 취득세분 농어촌특별세 과세(서민주택은 제외), 취득세 경감분(면제분) 농어촌특별세 비과세 (농특령 §4 ④)

☞ 주거환경개선사업의 시행자가 「도시 및 주거환경정비법」§2 2 가목에 따른 주거환경개선사업의 시행을 위하여 취득하는 주택에 대해서는 개정 규정에도 불구하고 2017.12.31.까지 종전의 감면율을 적용함(부칙 §18).

☞ 2019.12.31. 이전에 「도시개발법」§17에 따른 실시계획 인가를 받거나 「도시 및 주거환경정비법」§50에 따른 사업시행계획 인가를 받은 사업의 시행으로 2020.1.1. 이후 취득하는 부동산에 대한 취득세 감면에 대해서는 개정규정에도 불구하고 종전의 §74 ①에 따름(부칙 §17 ①).

☞ 「도시 및 주거환경정비법」§2 2호 가목에 따른 주거환경개선사업 중 도시저소득 주민이 집단거주하는 지역으로서 정비기반시설이 극히 열악하고 노후·불량건축물이 과도하게 밀집한 지역의 주거환경을 개선하기 위한 사업으로서 2019.12.31. 이전에 「도시 및 주거환경정비법」§50에 따른 사업시행계획 인가를 받은 사업의 시행에 따라 2020.1.1. 이후 취득하는 부동산에 대한 취득세 감면 및 추징에 대해서는 §74 ③ 및 ④의 개정규정에도 불구하고 종전의 §74 ③에 따름(부칙 §17 ②).

택재개발사업'이 종전 주택재개발사업 및 종전 도시환경정비사업을 모두 통칭하는 '재개발사업'으로 개정된 것을 단순히 입법 미비라고 보기 어렵게 하는 사정이다. 「지방세특례제한법」이 2018.12.24. 법률 제16041호로 개정되면서 위 법 제74조 제3항의 취득세 감면 대상을 종전의 주택재개발사업과 종전의 주거환경개선사업으로 한정하였다는 점을 들어 이 사건 조항의 취득세 감면 대상에 종전의 도시환경정비사업은 포함되지 않는다고 주장하나, 위와 같이 취득세 감면 대상을 재개발사업 중 종전의 주택재개발사업, 주거환경개선사업 중 종전의 주거환경개선사업으로 한정하였던 부분이 2020.1.15. 법률 제16865호로 개정되면서 삭제되어 재차 취득세 감면 대상이 재개발사업 및 주거환경개선사업 전반으로 확대되었다. 종전 주택재개발사업과 종전 도시환경정비사업은 그 내용, 목적, 취지가 뚜렷이 구별되므로 이 사건 조항의 취득세 감면 대상에 종전 도시환경정비사업은 포함되지 않는다는 취지로 주장하지만, 처분청 스스로 도시환경정비사업으로도 주택 공급이 가능함을 인정하고 있으며 각 정비사업 역시 주택 공급이 그 내용 중 상당 부분을 차지하고 있는 점, 종전 주택재개발사업에 해당하는 사업과 종전 도시환경정비사업에 해당하는 사업의 제도적 특성이 서로 유사하여 종전과 같이 구분이 곤란함을 이유로 위 제4항의 「지방세특례제한법」 개정이 이루어진 점 등을 종합하면 피고의 위 주장을 그대로 받아들이기는 어렵다.

2) 추징요건

취득일부터 5년 이내에 사치성 재산에 중과세대상이 되거나 관계 법령을 위반하여 건축한 경우에는 감면된 취득세를 추징한다.

3) 유의사항

① '정비구역지정 고시일 현재 부동산 소유자'의 의미

토지 및 건축물 중 한 가지 이상 소유한 자를 말한다. 즉 토지와 건축물 중 선택적으로 하나 이상 소유하고 있는 경우, 즉 사유지 등 소유 토지가 없이 건축물만을 소유한 경우도 감면대상이다(도세 13420-19, 1993.1.15. 참고).

> ○ 정비구역지정 고시일 현재 부동산 소유의 유형
> ㉠ 토지 및 건축물을 함께 소유한 자
> ㉡ 토지만을 소유한 자
> ㉢ 건축물만을 소유한 자
> ㉮ 등기된 건축물 소유자
> ㉯ 무허가건축물 소유자(신발생·기존 무허가건축물)

② 정비구역지정 고시일 현재 부동산 소유자에 상속인 포함 여부

2018년 이후 「지방세특례제한법」 제74조 제1항에 "부동산의 소유자(상속인을 포함한다. 이하 이 조에서 같다)"라고 명확하게 규정하고 있지만, 2017년 이전에도 주택재개발사업과 주거환경개선사업에 대한 감면규정(지특법 §74 ③과 같은 법 시행령 §35 ③ 3, 5)에서는 환지계획 등에 대한 감면규정(지특법 §74 ①)처럼 부동산 소유자에 상속인을 포함한다는 규정은 없으나, 상속인은 상속개시된 때로부터 피상속인의 재산에 관한 포괄적 권리의무를 승계한다는 「민법」 제1005조의 규정에 비추어, 정비구역지정 고시일 현재 피상속인이 소유하고 있었다면 상속으로 인하여 상속인도 당연히 부동산 소유자로 보아야 할 것이다.

한편, 피상속인이 사망 이전에 수용 부동산에 대하여 보상금을 이미 수령한 경우라면 상속일 현재 해당 수용 부동산의 소유자는 사업시행자라고 할 것이므로 상속자의 경우 사업시행자가 공급하는 전용면적 85제곱미터 이하의 주거용 부동산에 대한 특별분양대상자로서 지위(특별분양권)를 상속받은 경우에 해당될 뿐이고, 피상속인으로부터 부동산을 상속받은 것은 아니라고 할 것이므로 취득세 면제대상인 '정비구역지정 고시일 현재 부동산을 소유하는 자'라고 볼 수 없다(지방세운영과-2170, 2012.7.10.). 이는 주택을 상속받은 것이 아니라 분양권이라 부동산 소유자로 볼 수 없다는 것이다.

> **사례** 상속인도 부동산 소유자인지 여부(행심 2007 - 72, 2007.2.26.)
>
> 사업시행 당시 소유자의 상속인은, 사업시행 전에 상속받았을 경우는 당연히 사업시행 당시 소유자가 되는 것이므로, 법령해석상 사업시행 이후 환지처분 전에 상속받은 경우를 상정하는 것이고, 그러므로 위 규정에서 상속인도 승계취득한 경우에 해당된다 하더라도, 상속인은 상속개시된 때로부터 피상속인의 재산에 관한 포괄적 권리의무를 승계한다는 「민법」 제1005조의 규정에 비추어, 특별히 사업시행 당시 소유자로 인정하여 비과세 및 감면하겠다는 것인바, 처분청에서는 법 제109조 제3항 제2호의 개정 규정은 이 법 시행 전에 종전의 제109조 제3항 본문의 규정에 의한 사업시행인가 당시의 소유자(상속인을 포함한다)로부터 부동산을 승계취득한 자가 환지계획 등으로 이 법 시행 후에 취득하는 부동산에 대하여도 이를 적용한다는 「지방세법」(2000.12.29. 법률 제6312호로 개정된 것) 부칙 제5조에 비추어 위 상속인도 신설된 「지방세법」 제109조 제3항 제2호의 승계취득자로 보아 그 초과금에 대하여 취득세를 부과하여야 한다고 하나, 이 부칙조항은 개정 전 「지방세법」 제109조 제3항에는 사업시행 당시 소유자 이외는 시행 이후 환지처분 전의 승계취득자에 대하여는 비과세한다는 규정이 없으므로 이렇게 납세자에게 유리하게 개정된 경우 소급적용하겠다는 것이지 그것에 상속인까지 포함하는 개념이 아니라 할 것이어서 법리해석에 오류가 있다고 할 것으로서, 청구인의 경우, 1989.11. 청구인의 부 ○○○은 이 사건 종전 부동산을 취득하였고, 2001.12. 관할관청은 이 사건 종전부동산을 포함된 같은 동 ○ - ○ 번지 일원에 대하여 주택재개발사업시행인가를 고시하였으며, 2003.2. 위 ○○○은 사망하므로 2003.4. 청구인은 이 사건 종전 부동산을 상속 취득한 다음 조합원지위를 승계하였고, 2003.12. 관할관청은 위 주택재개발사업에 대한 관리처분계획인가내용을 고시하였으며, 2004.2. 청구인과 위 정비사업조합 및 시공자 사이에 조합원아파트분양계약을 체결한 후 2006.9. 이 사건 아파트에 대하여 잔금을 지급하고 분양 취득한 사실을 종합하여 볼 때, 이 사건 종전부동산은 「도시 및 주거환경정비사업법」 상 정비사업시행 당시 소유자로부터 시행 이후 상속으로 취득한 다음 위 사업완료 후 관리처분계획에 의하여 이 사건 아파트를 사업시행자로부터 분양 취득한 국민주택(85㎡) 이하의 아파트가 분명한데도 처분청에서 양 주택 간의 차이금액을 「지방세법」 제109조 제3항 제2호에 의한 승계취득한 경우로 하여 과세대상으로 본 것이나, 설령 이를 같은 항 제1호의 청산금으로 본다 하더라도 상속인의 시행 당시 소유자의 지위를 승계하는 관련법령의 취지 및 이러한 경우는 물론 추가 부담금까지도 상속인은 위 조례에 의하여 감면대상이라고 한 것(서울시심사결정 제2002 - 242호, 2002.11.25.)에 따라 이 사건 취득세 등 신고서를 신고받자 그 납부서를 발급한 것은 잘못이 있음.

③ 주택재개발구역 내 주거용 부동산 중 원시취득 아닌 승계취득은 취득세 감면배제

주택재개발사업의 시행자로부터 취득하는 전용면적 85제곱미터 이하의 주거용 부동산(「도시 및 주거환경정비법」에 의하여 청산금을 부담하는 경우 그 청산금에 상당하는 부동산 포함), "주거환경개선사업의 시행자로부터 취득하는 전용면적 85제곱미터 이하의 주거용 부동산"이라 함은 「도시 및 주거환경정비법」의 절차에 따라 완공한 아파트를 관리처분계획에 의한 분양처분으로 원시취득하는 부동산을 의미하는 것이므로 동 관리처분계획에 의한 분양처분에 의하여 원시취득하는 것이 아니라 사업시행자로부터 보존등기된 아파트를 매매계약에 의하여 승계취득하는 경우에는 취득세 면제대상에 해당되지 아니한다(세정 13430 - 475, 1999.5.24.).

④ 구 감면조례와 관련된 별도의 경과규정 적용 여부

전부 개정할 때에 그 효력 여부를 확인하여 전부 개정된 법령의 부칙에 구체적으로 감면요건이 되는 규정을 두어야 하는 것이고, 만일 명시적인 조항이 없다면 누락된 부칙 규정은 그 효력을 상실하는 것으로 보아야 할 것으로 분법된 새 「지방세특례제한법」은 제정 법률로서 부칙 제3조에 일반적인 경과규정을 두고 있으나, 이는 종전 처분에 대한 것으로 부칙 규정 그 자체에 대한 것은 아니며, 종전의 감면조례가 폐지되어 감면 혜택을 받을 수 있었던 자의 기대이익을 충족시키지 못하는 면이 있다고 하더라도, 제정된 부칙에서 종전의 규정을 소급적으로 적용한다는 명백한 규정을 두지 아니한 이상, 관련 경과규정인 부칙의 해석에 있어 그 범위를 함부로 확장해석할 것은 아닌 것으로 해석(지방세운영과－786, 2011.2.22)하고 있어서 경과규정이 적용되지 아니한다.[255]

> **사례** 재개발사업으로 취득 부동산에 대하여 구 서울시 감면조례와 관련된 별도 부칙으로 두지 아니한 경우 감면대상 아님(지방세운영과－786, 2011.2.22.)
>
> 구 서울특별시세 감면조례 제19조에서 재개발주택 조합원에 대한 감면대상이 사업시행인가일 당시 소유자에서 정비구역지정일 현재 소유자가 사업시행자로부터 취득하는 85제곱미터 이하 주택에 대하여 취·등록세를 감면한다고 개정(2008.3.12일 제4611호), 부칙 제2조에서 "제19조의 개정 규정은 이 조례 시행 이후 최초 정비구역으로 지정 고시일 현재 소유자가 취득하는 부동산에 적용한다"고 명시하여 납세의무자의 기득권 내지 신뢰보호를 위하여 종전 규정을 적용하도록 개별적 경과규정을 두었으나, 분법으로 「지방세특례제한법」이 전면 개정되어 재건축조합원과 관련된 감면규정이 같은 법 제74조 제3항으로 신설되면서 기존 조례의 부칙규정이 반영되지 않음. 법률의 일부 개정인 경우에는 종전 법률 부칙의 경과규정을 개정하거나 삭제하는 명시적인 규정이 없고 개정 법률에 다시

---

255) 하기 해석에 따르면 감면조례의 경과규정이 적용되는 것으로 판단할 수 있다고 본다.
취득세를 중과세하는 고급주택(공동주택)의 면적요건이 구 「지방세법 시행령」 제84조의 3 제1항 제2호(1994.12.31. 대통령령 제14481호로 개정)에 따라 '종전 1구의 건물의 연면적(공유면적을 포함한다)이 298제곱미터 초과하는 주거용 공동주택'에서 '1구의 건물의 연면적(공용면적을 제외한다)이 245제곱미터 초과하는 주거용 공동주택'으로 개정되었고, 같은 영 부칙 제3조(고급주택의 기준변경에 따른 취득세 중과세에 관한 경과조치)에서 '이 영 시행 당시 건축허가를 받아 건축 중이거나 사용검사를 받은 건축물로서 공용면적을 포함한 연면적이 298제곱미터 이하인 주거용 공동주택에 부과하는 취득세에 대하여는 제84조의 3 제1항 제2호 라목의 개정규정에 불구하고 종전의 규정에 의한다(이하 "종전 부칙규정"이라 한다)'라고 규정하고 있었으나, 「지방세법」이 분법되면서 전면개정·시행(2011.1.1.)된 「지방세법 시행령」에는 종전 부칙규정이 반영되지 아니하였다. 위 규정 종전의 부칙규정은 공동주택에 대한 고급주택 중과세 면적요건이 1995.1.1.부터 강화되더라도 1994.12.31. 이전에 건축허가를 받아 건축 중이거나 사용검사를 받은 공동주택은 납세자 신뢰보호 차원에서 종전 규정에 따르도록 규정되었다고 할 것인 점, 1994.12.31. 이전에 건축한 공동주택의 경우 분법시행 전까지는 종전 부칙규정을 적용하였던 점(구 행정자치부 세정 13407－958, 2000.7.31., 2010.9.20. 참조), 지방세 체계의 간소화 등을 통해 지방세에 대한 국민이해도 증진 등을 위한 지방세법 분법의 입법 취지에 비추어 볼 때, 「지방세법」 분법시 종전 부칙규정을 의도적으로 삭제하려는 입법 취지는 아니었다고 할 것인바, 종전의 부칙규정은 분법에 따른 지방세법 전면개정 시 누락되었다고 봄이 타당하므로 이는 종전 부칙규정의 효력이 상실되지 아니한 '특별한 사유'에 해당된다고 할 것인 점(대법원 2002.7.26. 선고, 2001두11168 판결 참조) 등을 종합적으로 고려해 볼 때, 1994.12.31. 이전에 건축한 공동주택을 2011.1.1. 이후 승계취득하는 경우에도 종전 부칙규정을 적용하는 것이 합리적이라고 판단된다(지방세운영과－109, 2013.4.1.).
1994년 법 개정 시에는 "1994.12.31. 이전에 건축허가를 받아 건축 중이거나 사용검사를 받은 공동주택 제외"하는 내용은 납세자의 불이익을 방지하기 위한 제도로 좋았지만, 분법 시 삭제된 것은 문제가 있으므로 종전 규정에 따라야 한다는 내용임.

경과규정을 두지 않았다고 하여도 부칙의 경과규정이 당연히 실효하는 것은 아니지만, 개정 법률이 전문 개정인 경우에는 기존 법률을 폐지하고 새로운 법률을 제정하는 것과 같은 것으로 종전의 본칙은 물론 부칙규정도 모두 소멸된 것으로 보아야 할 것이므로 특별한 사정이 없는 한 종전의 법률부칙의 경과규정도 모두 실효된다 할 것인바(대법원 2002.7.26. 선고, 2001두11168 판결 참조), 전부 개정 할 때에 그 효력 여부를 확인하여 전부 개정된 법령의 부칙에 구체적으로 감면요건이 되는 규정을 두어야 하는 것이고, 만일 명시적인 조항이 없다면 누락된 부칙 규정은 그 효력을 상실하는 것으로 보아야 할 것으로 분류된 새「지방세특례제한법」은 제정 법률로서 부칙 제3조에 일반적인 경과규정을 두고 있으나 이는 종전 처분에 대한 것으로 부칙 규정 그 자체에 대한 것은 아니며, 종전의 감면조례가 폐지되어 감면 혜택을 받을 수 있었던 자의 기대이익을 충족시키지 못하는 면이 있다고 하더라도, 제정된 부칙에서 종전의 규정을 소급적으로 적용한다는 명백한 규정을 두지 아니한 이상, 관련 경과규정인 부칙의 해석에 있어 그 범위를 함부로 확장해석 할 것은 아니라 사료됨.

(3) 재개발사업에 대한 감면(지특법 §74 ⑤)

1) 감면요건

① 감면대상자

㉠ 「도시 및 주거환경정비법」에 따른 재개발사업("재개발사업", 2018.2.8. 이전 주택재개발사업) 시행자

㉡ 재개발사업(2018.2.8. 이전 주택재개발사업) 정비구역지정 고시일 현재 부동산 소유자

㉢ 「도시 및 주거환경정비법」 제2조 제2호 나목에 따른 재개발사업의 정비구역지정 고시일 현재 부동산 소유자

2019년에는 재개발사업은 「도시 및 주거환경정비법」 제2조 제2호 나목 중 정비기반시설이 열악하고 노후·불량건축물이 밀집한 지역에서 주거환경개선을 하는 경우로 한정한다.

'정비구역지정 고시일 현재 부동산 소유자'에는 토지 및 건축물 중 한 가지만 소유한 자도 포함되며(도세 13420-19, 1993.1.15. 참조), 상속인도 포함된다(지특법 §74 ① 참조).

② 감면대상 및 감면범위

재개발사업시행자가 대지조성을 위하여 취득하는 부동산	취득세 50% 경감 (2017년~2019년 75%, 2016년 이전 면제)
재개발사업시행자가 관리처분계획에 의하여 취득하는 주택	취득세 50% 경감 (2017년~2019년 75%, 2016년 이전 면제)
재개발사업 정비구역지정 고시일 현재 부동산 소유자가 85㎡ 이하의 주택(2022년 이전은 「도시 및 주거환경정비법」에 따라 청산금을 부담하는 경우 청산금 상당 부동산 포함[주])을 취득하여 일정 1가구 1주택이 되는 경우(취득 당시 일정 일시적으로 2주택이 되는 경우 포함)(일정 1가구 1주택은 2020년 이후 적용)	

○ 전용면적 60㎡ 이하의 주택	취득세 75% 경감 (2019년 이전 면제)
○ 전용면적 60㎡ 초과 85㎡ 이하의 주택	취득세 50% 경감 (2019년 이전 면제)

☞ 감면시한 : 2025.12.31.

☞ 최소납부제 적용 시기 : 상단과 중단은 2016.1.1. 이후, 하단은 2019.1.1. 이후

☞ 농어촌특별세 과세 여부 : 취득세분 농어촌특별세 과세(서민주택은 제외), 취득세 경감분(면제분) 농어촌특별세 비과세 (농특령 §4 ④)

☞ 일정 일시적 2주택의 범위

취득일 현재 재개발사업의 시행으로 취득하는 주택을 포함하여 2주택을 소유한 경우를 말함. 이 경우 주택의 부속토지만을 소유하는 경우에도 주택을 소유한 것으로 보며, 상속으로 인하여 주택의 공유지분을 소유한 경우(주택 부속토지의 공유지분만을 소유하는 경우 포함)에는 주택을 소유한 것으로 보지 않음.

☞ 일정 일시적 1가구 1주택의 범위

각각 주택 취득자와 같은 세대별 주민등록표에 기재되어 있는 가족(동거인 제외)으로 구성된 1가구(취득자의 배우자, 취득자의 미혼인 30세 미만의 직계비속은 각각 취득자와 같은 세대별 주민등록표에 기재되어 있지 않더라도 같은 가구에 속한 것으로 봄)가 국내에 1개의 주택을 소유하고, 그 주택이 「도시 및 주거환경정비법」 §2 2호 나목에 따른 재개발사업의 시행에 따라 취득한 주택일 것을 말하며, 이 경우 주택의 부속토지만을 소유하는 경우에도 주택을 소유한 것으로 봄.

☞ 「도시 및 주거환경정비법」 §2 2호 나목에 따른 재개발사업 중 정비기반시설이 열악하고 노후·불량건축물이 밀집한 지역에서 주거환경을 개선하기 위한 사업으로서 2019.12.31. 이전에 「도시 및 주거환경정비법」 §50에 따른 사업시행계획인가를 받은 사업의 시행에 따라 2020.1.1. 이후 취득하는 부동산에 대한 취득세 감면 및 추징에 대해서는 §74 ③ 및 ⑤의 개정규정에도 불구하고 종전의 §74 ③에 따름(부칙 §17 ③).

☞ (주) 2022년 이전에 종전규정에 따라 청산금에 상당하는 부동산을 취득하여 해당 부동산에 대한 취득세를 경감받았거나 §11 ②에 따라 취득세를 경감받는 경우 그 경감 취득세에 관하여는 하기 추징규정에 따라 추징됨(부칙 §11 ③).

재개발조합에 대한 감면규정으로 재개발조합이 사업을 시행하기 위하여 취득하는 부동산(토지 및 건물)에 대하여 감면하고 추후 사업이 재개발사업을 완료하면서 취득하게 되는 재개발주택을 준공하는 경우 그 원시취득분에 대하여 감면을 하게 되는 것이다. 그리고 재개발조합으로부터 조합원이 분양 취득하게 되는 재개발 공동주택에 대하여는 당초조합원 중 재개발사업의 정비구역지정 고시일 현재 부동산을 소유한 자가 재개발조합인 사업시행자로부터 취득하는 전용면적 85제곱미터 이하의 주택(「도시 및 주거환경정비법」에 의하여 청산금을 부담하는 경우 그 청산금에 상당하는 주택 포함)에 대하여는 청산금을 부담한다고 하더라도 감면대상에 해당한다. 그러나 재개발사업의 정비구역지정 고시일 후의 부동산을 소유한 자는 재개발조합으로부터 취득하는 부동산에 대하여 이 감면 혜택이 없는 것이다.

2) 추징요건

취득일부터 5년 이내에 사치성 재산에 중과세대상이 되거나 관계 법령을 위반하여 건축한 경우에는 감면된 취득세를 추징하며, 2020년 이후 일시적 2주택자에 해당하여 취득세를 경감받은 사람이 그 취득일부터 3년 이내에 일정 1가구 1주택이 되지 아니한 경우에는 감면된 취득세를 추징한다.

3) 유의사항

① 재개발사업시행자의 대지조성용 부동산

관련법에 의하여 사업시행자로 지정받은 자가 노후, 불량한 주택이 밀집되어 있거나 공공시설의 정비가 불량한 지역의 주거환경을 개선하기 위하여 시행하는 재개발사업인 재개발사업의 대지조성을 위하여 취득하는 부동산에 대하여 취득세를 감면한다. 따라서 한국토지주택공사나 주택재개발조합이 대지를 조성하기 위하여 토지 소유자나 조합원 등으로부터 토지와 건축물을 이전등기를 받거나 재개발대상이 되는 주택을 취득할 경우 그 부동산에 대하여 감면을 하는 것이다. 그리고 대지조성용 부동산을 주거용 부동산으로 한정한다는 규정이 없는바, 주거용 부동산이 아닌 근린생활시설이나 상가 등의 경우에는 감면대상이 된다고 판단된다.

② 관리처분계획서상 용도폐지되는 도로가 대지조성용 부동산 해당 여부

국가 등이 소유한 토지는 사업시행인가 고시가 있는 날부터 종전의 용도가 폐지된 것으로 보는 점, 용도가 폐지되는 국가 또는 지방자치단체 소유의 정비기반시설은 사업시행자가 새로 설치한 정비기반시설의 설치비용에 상당하는 범위에서 시행자에게 무상으로 양도되는 점, 사업시행자가 도로 등 정비기반시설을 설치하기 위해서는 관할 지방자치단체의 장과 사전에 협의를 거치는 점, 귀문 관리처분계획인가 당시(2016.9.20.) 대지조성을 위한 소유 토지 현황에 무상양수 예정인 용도폐지된 국공유지가 이미 포함되어 있었던 점, 새로운 도로 등 정비기반시설도 대지조성과 함께 설치되었기에 준공시점에 국가 등에 바로 귀속될 수 있었던 점 등을 종합적으로 고려해 볼 때, 재개발사업에 따른 도로 등 정비기반시설의 설치는 대지조성과 함께 진행되었다고 할 것이므로 그 취득시기에도 불구하고 이 사건 토지는 취득세 감면대상인 대지조성을 위하여 취득하는 부동산에 해당된다고 할 것이다(지방세특례제도과-1948, 2020.8.20.).

③ 재개발사업시행자가 취득하는 주택

주택재개발사업시행자가 관리처분계획에 따라 취득하는 경우에는 주거용 부동산만 감면대상이 된다라고 규정되어 있다.

④ 청산금 부담한 경우

주택재개발조합으로부터 조합원이 분양 취득하게 되는 재개발 공동주택에 대하여는 당초조합원 중 재개발사업의 정비구역지정 고시일 현재 부동산을 소유한 자가 주택재개발조합인 사업시행자로부터 취득하는 전용면적 85제곱미터 이하의 주거용 부동산(「도시 및 주거환경정비법」에 의하여 청산금을 부담하는 경우 그 청산금 상당 주택 포함)에 대하여는 청산금을 부담한다고 하더라도 감면대상에 해당된다.

⑤ 정비구역지정 고시일 현재 부동산 소유자에 상속인 포함 여부

상기 (2) 3) ②를 참고하기 바란다.

(4) 환지취득 등에 따른 감면, 재개발사업 및 주거환경개선사업
감면과의 비교

구분	환지취득 등에 따른 감면	「도시 및 주거환경정비법」에 따른 재개발사업과 주거환경개선사업
청산금 부담	새로 취득한 부동산 가액의 합계액이 종전의 부동산 가액의 합계액을 초과하여 「도시 및 주거환경정비법」 등 관계법령에 의하여 청산금을 부담하는 경우 청산금 상당 부동산에 취득세 부과	재개발사업의 정비구역지정 고시일 현재 부동산을 소유한 자가 사업시행자로부터 취득하는 전용면적 85제곱미터 이하의 주거용 부동산(청산금을 부담하는 경우 그 청산금 상당 부동산 포함)을 취득하여 일정 1가구 1주택이 되는 경우(일정 1가구 1주택 요건은 2020년 이후 적용)
감면 대상자	• 도시개발사업, 재개발사업 및 도시환경정비사업 대상 부동산 소유자(상속인 포함) • 도시개발사업시행자 • 재개발사업시행자 • 도시환경정비사업시행자	• 주거환경개선사업시행자 • 「도시 및 주거환경정비법」 정비구역지정 고시일 현재 부동산 소유자 • 재개발사업시행자 • 재개발사업 정비구역지정 고시일 현재 부동산 소유자
감면 부동산	• 도시개발사업, 재개발사업 및 도시환경정비사업 부동산 소유자(상속인 포함) 　－ 환지계획에 의하여 취득하는 토지 　－ 토지상환채권에 의하여 취득하는 토이지 　－ 관리처분계획에 의하여 취득하는 토지 및 건축물 • 도시개발사업[2019년 이전은 재개발사업(2018.2.8. 이전 주택재개발사업 및 도시환경정비사업) 포함]시행자가 취득하는 체비지 또는 보류지	• 「도시 및 주거환경정비법」 §7 주거환경개선사업시행자가 「도시 및 주거환경정비법」 §2 2 가목에 따른 주거환경개선사업의 대지조성을 위하여 취득하는 주택(2019년 이전은 주거환경개선사업의 시행을 위하여 취득하는 주택) • 「도시 및 주거환경정비법」 §74에 따라 해당 사업의 시행으로 취득하는 체비지 또는 보류지 • 「도시 및 주거환경정비법」 정비구역지정 고시일 현재 부동산 소유자가 「도시 및 주거환경정비법」 §23 ① 1에 따라 스스로 개량하는 방법으로 취득하는 주택과 제4호에 따른 주거환경개선사업시행자로부터 취득하는 전용면적 85제곱미터 이하의 주택 • 재개발사업시행자가 대지조성을 위하여 취득하는 부동산 • 재개발사업시행자가 관리처분계획에 의하여 취득하는 주택 • 재개발사업 정비구역지정 고시일 현재 부동산 소유자가 취득하는 85㎡ 이하의 주거용 부동산(「도시 및 주거환경정비법」에

구분	환지취득 등에 따른 감면	「도시 및 주거환경정비법」에 따른 재개발사업과 주거환경개선사업
		따라 청산금을 부담하는 경우 청산금 상당 부동산 포함)을 취득하여 일정 1가구 1주택이 되는 경우(일정 1가구 1주택 요건은 2020년 이후 적용)

④ 도심 공공주택 복합사업 등에 대한 감면(지특법 §74-2)

(1) 복합사업 등 대상 부동산에 대한 감면(지특법 §74-2 ①, ②)

1) 감면요건

① 감면대상자

「공공주택 특별법」 제2조 제3호 마목에 따른 도심 공공주택 복합사업("복합사업") 및 「도시재생 활성화 및 지원에 관한 특별법」 제2조 제1항 제7호 나목에 따른 혁신지구재생사업(같은 항 제6호의 3에 따른 주거재생혁신지구에서 시행하는 사업 한정. "주거혁신지구재생사업")의 시행으로 해당 사업의 대상이 되는 부동산의 소유자(상속인 포함)

② 감면대상 및 감면범위

「공공주택 특별법」 §40-10 ③ 및 「도시재생 활성화 및 지원에 관한 특별법」 §55-3 ①에 따른 현물보상("현물보상")에 따라 취득하는 건축물(건축물에 부속된 토지 포함)^(주)(2022년 이후 적용)	취득세 면제

☞ 감면시한 : 2027.12.31.
☞ 최소납부제 적용 시기 : 2022.1.1. 이후
☞ 농어촌특별세 과세 여부 : 취득세 면제분 농어촌특별세 비과세(농특령 §4 ⑦ 5)
☞ (주) 현물보상에 따라 취득하는 건축물의 가액 합계액이 종전의 부동산 가액의 합계액을 초과하는 경우 그 초과액에 상당하는 부동산은 취득세 부과

(2) 복합사업 등 사업시행자 등에 대한 감면(지특법 §74-2 ③)

1) 감면요건

① 감면대상자

복합사업 및 주거혁신지구재생사업("복합사업 등") 시행자

② 감면대상 및 감면범위

복합사업 및 주거혁신지구재생사업("복합사업 등")의 시행에 따라 취득하는 부동산 ○ 현물보상의 약정을 체결한 소유자의 부동산 취득 ○ 현물보상의 약정을 체결하지 아니한 소유자의 부동산	취득세 면제 취득세 50% 경감
복합사업 등의 시행자가 사업계획에 따라 건축하여 취득하는 주택	취득세 50% 경감
복합지구 지정 고시일 또는 주거재생혁신지구 지정 고시일 현재 부동산의 소유자가 복합사업 등의 시행으로 주택을 취득함으로써 일정 1가구 1주택자가 되는 경우(취득 당시 일정 일시적 2주택자가 되는 경우 포함) ○ 전용면적 60제곱미터 이하 주택 ○ 전용면적 60제곱미터 초과 85제곱미터 이하 주택	 취득세 75% 취득세 50%

- 감면시한 : 2027.12.31.
- 최소납부제 적용 시기 : 2022.1.1. 이후
- 농어촌특별세 과세 여부 : 취득세분(서민주택은 제외)과 취득세 면제분(경감분) 농어촌특별세 과세
- 일정 일시적 2주택의 범위

  취득일 현재 복합사업 및 주거혁신지구재생사업의 시행으로 취득하는 주택을 포함하여 2주택을 소유한 경우를 말함. 이 경우 주택의 부속토지만을 소유하는 경우에도 주택을 소유한 것으로 보며, 상속으로 인하여 주택의 공유지분을 소유한 경우(주택 부속토지의 공유지분만을 소유하는 경우 포함)에는 주택을 소유한 것으로 보지 않음.

- 일정 일시적 1가구 1주택의 범위

  각각 주택 취득자와 같은 세대별 주민등록표에 기재되어 있는 가족(동거인 제외)으로 구성된 1가구(취득자의 배우자, 취득자의 미혼인 30세 미만의 직계비속은 각각 취득자와 같은 세대별 주민등록표에 기재되어 있지 않더라도 같은 가구에 속한 것으로 봄)가 국내에 1개의 주택을 소유하고, 그 주택이 복합사업 및 주거혁신지구재생사업의 시행에 따라 취득한 주택일 것을 말하며, 이 경우 주택의 부속토지만을 소유하는 경우에도 주택을 소유한 것으로 봄.

2) 추징요건

그 취득일부터 5년 이내에 「지방세법」 제13조 제5항 제1호부터 제4호까지의 규정에 해당하는 부동산이 되거나 관계 법령을 위반하여 건축한 경우 및 제3호에 따라 일정 일시적 2주택자에 해당하여 취득세를 경감받은 사람이 그 취득일부터 3년 이내에 일정 1가구 1주택자가 되지 아니한 경우에는 감면된 취득세를 추징한다.

3) 유의사항

① 현물보상에 따라 취득하는 건축물의 초과액 산정기준

㉠ 「공공주택 특별법」 §40-10 ③에 따른 현물보상에 따라 취득하는 건축물(건축물에 부속된 토지 포함)의 경우 : 같은 법 시행령 §35-9 ⑥ 전단에 따른_현물보상한 건축물의 분양가격에서 지급을 유보한 금액을 뺀 금액

㉡ 「도시재생 활성화 및 지원에 관한 특별법」 §55-3 ③에 따른 현물보상에 따라 취득하는 건

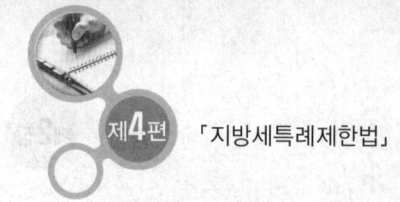

축물(건축물에 부속된 토지 포함)의 경우 : 같은 법 시행령 §53-5 ⑧ 전단에 따른 현물보상한 건축물의 분양가격에서 지급을 유보한 금액을 뺀 금액

⑤ 지역개발사업에 대한 감면(지특법 §75)

1) 감면요건

① 감면대상자

「지역균형개발 및 지방중소기업 육성에 관한 법률」 제9조에 따라 개발촉진지구로 지정된 지역에서 사업시행자로 지정된 자

② 감면대상 및 감면범위

「지역균형개발 및 지방중소기업 육성에 관한 법률」에 고시된 개발사업을 시행하기 위하여 취득하는 부동산	취득세 면제 재산세 50% 경감 (도시지역분 제외)

- 감면시한 : 취득세 2015.12.31.
- 최소납부제 적용 시기 : 2016.1.1. 이후
- 농어촌특별세 과세 여부 : 취득세 면제분 농어촌특별세 과세
- 납세의무가 최초로 성립하는 날부터 5년간(2016년 이후에 5년 도래하는 분까지 감면)

고시된 부동산으로 한정하지 않았으며, 사업을 시행하기 위하여 취득하는 부동산으로 규정되어 있어서 다른 용도로 사용함이 없이 토지 개발사업을 위하여 기존 건축물을 철거할 예정이 분명한 경우에는 기존 건축물도 감면대상이 되는 것으로 해석하여야 할 것이지만, 산업단지 감면규정에서는 기존 건축물을 철거할 예정이 분명한 경우에는 기존 건축물은 감면대상이 되지 않는 것으로 해석하고 있다(이에 대하여 판례 등에서 달리 판시한 사례 있음). 이는 산업용 건축물로 건축한 부동산에 한하여 적용하기 때문에 좀 차이가 있다고 보아야 할 것이다. 그런데 과세관청에서는 달리 판단할 수 있다.

2) 추징요건

취득일부터 3년 이내에 정당한 사유 없이 그 사업에 직접 사용하지 아니하거나 매각·증여하는 경우에 해당 부분에 대하여는 감면된 취득세와 재산세를 추징한다. 그런데 사업시행자로 지정된 자가 고시된 개발사업을 완료 후 3년 이내에 제3자에게 동 부동산을 매각한 경우에는 추징대상이 아니다.

> 사례 | 개발촉진지구로 지정된 지역 안에서 사업시행자로 지정된 자가 고시된 개발사업을 완료 후 3년 이내에 제3자에게 동 부동산을 매각한 경우라도 기감면된 취득세 등의 추징대상에 해당되지 아니함(세정 13407-430, 2003.5.22.).

⑥ 기업도시개발구역 및 지역개발사업구역 내 창업기업 등에 대한 감면[256]
(지특법 §75-2, 감면조례)

1) 감면대상사업

① 창업하거나 사업장 신설한 기업

하기 사업으로서 투자는 투자금액이 100억 원 이상(연구개발업의 경우에는 20억 원 이상이며, 「물류시설의 개발 및 운영에 관한 법률」 제2조 제4호에 따른 복합물류터미널사업, 「유통산업발전법」 제2조 제15호의 규정에 의한 공동집배송센터를 조성하여 운영하는 사업 및 「항만법」 제2조 제5호의 규정에 의한 항만시설을 운영하는 사업과 같은 조 제7호의 규정에 의한 항만배후단지에서 영위하는 물류산업의 경우 50억 원 이상)으로서 「기업도시개발특별법」 제2조 제2호에 따른 기업도시개발구역("기업도시개발구역"), 「지역 개발 및 지원에 관한 법률」 제11조에 따라 지정된 지역개발사업구역(같은 법 제7조 제1항 제1호에 해당하는 지역개발사업으로 한정하며, "지역개발사업구역") 및 같은 법 제67조에 따른 지역활성화지역("지역활성화지역") 안에서 「조세특례제한법 시행령」 제116조의 2 제17항 각 호에 해당하는 사업을 영위하기 위하여 시설을 새로이 설치하는 경우 취득세와 재산세가 감면이 된다.[257]

⊙ 기업도시개발구역에 2022.12.31.까지 창업하거나 사업장을 신설(기존 사업장 이전은 제외)하는 기업이 그 구역의 사업장에서 하는 사업

⊙ 지역개발사업구역(지역개발사업으로 한정) 또는 지역활성화지역(지역활성화지역은 2016년 이전만 적용)에 2022.12.31.까지 창업하거나 사업장을 신설(기존 사업장을 이전하는 경우 제외)하는 중소기업(「지역 개발 및 지원에 관한 법률」 부칙 제4조에 따라 전환된 지역개발사업구역 중 「폐광지역개발 지원에 관한 특별법」에 따라 지정된 폐광지역진흥지구에 개발사업시행자로 선정되어 입주하는 경우에는 「관광진흥법」에 따른 관광숙박업 및 종합휴양업과 축산업을 경영하는 내국인 포함)이 그 지구 안의 사업장에서 하는 사업(2015년 이후 적용)

⊙ 「신발전지역 육성을 위한 투자촉진 특별법」 제8조 제1항에 따라 지정된 신발전지역발전촉진지구("신발전지역발전촉진지구")와 같은 법 제21조 제1항에 따라 지정된 신발전지역투자촉

---

256) 2015.12.31. 이전에는 조특법 §121-17에서 적용하여 왔으나, 2015.12.29. 지특법으로 이관하여 2016.1.1. 이후 적용하고 있음.

257) 취득세 또는 재산세를 감면하는 사업은 다음 어느 하나에 해당하는 사업을 말함.
① 조특령 §116-2 ⑰ 1호·4호 또는 5호에 해당하는 사업으로서 투자금액이 20억 원 이상이고 상시근로자 수가 30명 이상일 것
② 조특령 §116-2 ⑰ 2호에 해당하는 사업으로서 투자금액이 5억 원 이상이고 상시근로자 수가 10명 이상일 것
③ 조특령 §116-2 ⑰ 3호에 해당하는 사업으로서 투자금액이 10억 원 이상이고 상시근로자 수가 15명 이상일 것
상기에서 상시근로자의 범위, 상시근로자 수 및 계산방법에 관하여는 조특령 §116-21 ⑥을 준용함.

진지구("신발전지역투자촉진지구")에 2015.12.31.까지 창업하거나 사업장을 신설(기존 사업장 이전은 제외)하는 기업이 그 지구 안의 사업장에서 하는 사업(2015년 이전만 적용) 2014.12.31. 이전에 신발전지역발전촉진지구와 신발전지역투자촉진지구에 창업하거나 사업장을 신설한 기업은 개정규정에도 불구하고 종전의 규정에 따를 수는 있다. 그런데 종전의 규정 또는 개정규정의 감면을 적용받는 경우에는 그 중 하나를 선택하여 감면기간 동안 동일한 규정을 계속하여 적용하여야 한다(부칙 §73).

② 개발사업 시행자

하기의 사업으로서 투자는 「기업도시개발특별법」 제11조에 따른 기업도시개발계획에 따라 기업도시개발구역을 개발하거나 「지역 개발 및 지원에 관한 법률」 제19조에 따라 지정된 사업시행자가 지역개발사업구역 또는 지역활성화지역을 개발하기 위한 지역개발사업으로서 총개발사업비가 500억 원(2019년 이전은 1천억 원) 이상인 경우 취득세와 재산세가 감면이 된다.[258]

ⓐ 기업도시개발사업 시행자가 하는 사업으로서 기업도시개발사업

ⓑ 지역개발사업구역과 지역활성화지역(지역활성화지역은 2016년 이전만 적용)에서 같은 법 제19조에 따라 지정된 개발사업시행자가 하는 지역개발사업(2015년 이후 적용)

ⓒ 「신발전지역 육성을 위한 투자촉진 특별법」 제13조 제1항에 따라 지정된 개발사업시행자가 하는 사업으로서 신발전지역발전촉진지구의 개발사업(2014년 이전만 적용)

2014.12.31. 이전에 지정된 개발사업시행자가 하는 사업은 개정규정에도 불구하고 종전의 규정에 따를 수는 있다. 그런데 종전의 규정 또는 개정규정의 감면을 적용받는 경우에는 그 중 하나를 선택하여 감면기간 동안 동일한 규정을 계속하여 적용하여야 한다(부칙 §73).

한편, 유권해석(지방세특례제도과-709, 2016.4.7.)에 따르면 ○○군 기업도시개발지원사업소-1033호에 따르면 '○○골프장 개발사업'의 공동시행자로 승인되었을 뿐 기업도시개발사업의 공동시행자로 지정 및 고시된 사실이 확인되지 않으므로 '을'이 기업도시개발사업의 공동시행자라는 것은 사실과 다르다 하겠으므로 사업시행으로 취득한 부동산을 공동사업시행자가 아닌 '을'에게 임대하여 사용하는 경우에는 기업도시개발 사업시행자가 이를 직접 사용한 것으로 볼 수는 없다(대법원 2015.3.26. 선고, 2014두43097 판결 참고).

---

258) 취득세 또는 재산세를 감면하는 사업 : 다음 어느 하나에 해당하는 경우로서 총 개발사업비가 500억 원 이상인 사업일 것
  ① 「기업도시개발특별법」 §11에 따른 기업도시개발계획에 따라 같은 법 §2 2호에 따른 기업도시개발구역("기업도시개발구역")을 개발하는 경우
  ② 「지역 개발 및 지원에 관한 법률」 §19에 따라 지정된 사업시행자가 같은 법 §11에 따라 지정된 지역개발사업구역("지역개발사업구역")을 개발하기 위한 지역개발사업을 하는 경우
  ③ 「지역 개발 및 지원에 관한 법률」 §19에 따라 지정된 사업시행자가 같은 법 §67에 따른 지역활성화지역("지역활성화지역")을 개발하기 위한 지역개발사업을 하는 경우

2) 감면대상 및 감면범위

상기 감면대상사업을 위해 취득·보유하는 재산	취득세 50% 경감^(주) 재산세 50% 경감^(주)

- 감면시한 : 2025.12.31.
- 최소납부세 적용 시기 : 2016.1.1. 이후
- 농어촌특별세 과세 여부 : 취득세분과 취득세 경감분 농어촌특별세 과세
- 2019.12.31. 이전 기업도시개발구역 등에 창업하거나 사업장을 신설한 기업과 투자를 개시한 사업시행자가 2019. 12.31. 이전 취득한 부동산에 대한 감면 기준은 개정규정(고용인원)에도 불구하고 종전의 규정에 따름(부칙 §18). 이 부칙 적용 시 일몰기한을 당초 2019.12.31.에서 2022.12.31.까지로 3년간 연장하면서 2019.12.31. 이전에 취득한 부동산에 대한 감면은 종전의 감면규정을 적용하도록 경과조치를 마련한 것이므로 종전 「조세특례제한법」 및 「○○시 시세 감면조례」에 따라 재산세 감면을 2019년까지 적용(8년간) 받았다면 현행 감면규정 적용 불가함(지방세특례제도과 -2422, 2020.10.13.).
- (주) 지방자치단체가 15년의 범위에서 감면비율〔50% 범위 내(2016년 이전 100% 범위 내)〕·공제비율과 감면기간·공제기간을 조례로 정할 수 있는바, 시도별 감면조례를 살펴보아야 하며, 기업도시개발구역 내에서 창업하거나 사업장을 신설하는 기업 및 사업시행자가 기업도시개발사업 사업을 영위하기 위하여 취득하는 부동산에 대해서는 개정 규정에도 불구하고 2017.12.31.까지 종전의 감면율을 적용함(부칙 §19).

3) 추징요건

기업도시개발사업 시행자가 하는 사업으로서 기업도시개발사업의 감면의 경우 취득세 또는 재산세를 다음에 정하는 바에 따라 추징한다(2016년 이후 적용).

① 다음 어느 하나에 해당하는 경우에는 그 사유가 발생한 날부터 소급하여 5년 이내에 감면받은 세액 전액을 추징한다.
  ㉠ 「기업도시개발 특별법」 제7조에 따라 기업도시개발구역의 지정이 해제된 경우
  ㉡ 기업도시개발구역에 창업한 기업이 폐업하거나 신설한 사업장을 폐쇄한 경우
  ㉢ 「지역 개발 및 지원에 관한 법률」 제18조에 따라 지역개발사업구역의 지정이 해제되거나 같은 법 제69조에 따라 지역활성화지역의 지정이 해제된 경우
  ㉣ 지역개발사업구역과 지역활성화지역에 창업한 기업이 폐업하거나 신설한 사업장을 폐쇄한 경우
② 다음 어느 하나에 해당하는 경우에는 감면받은 세액 전액을 추징한다.
  ㉠ 해당 감면대상사업에서 최초로 소득이 발생한 과세연도(사업개시일부터 3년이 되는 날이 속하는 과세연도까지 해당 사업에서 소득이 발생하지 아니한 경우에는 사업개시일부터 3년이 되는 날이 속하는 과세연도를 말함)의 종료일부터 2년 이내에 「지방세특례제한법 시행령」 제35조의 2 제1항에 따른 감면기준을 충족하지 못한 경우[상시근로자 수의 경우 해당 감면대상사업에서 최초로 소득이 발생한 과세연도의 종료일 이후 2년 이내의 과세연도 종료일까지의 기간 중 하나 이상의 과세연도에 해당 기준을 충족하는 경우에는 추징하지 않음]
  ㉡ 정당한 사유 없이 부동산 취득일부터 3년이 경과할 때까지 취득한 부동산을 해당 용도

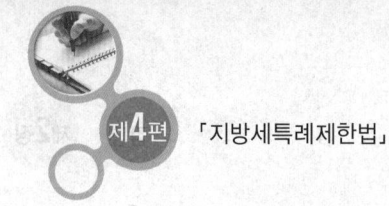
로 직접 사용하지 아니하거나 해당 용도로 직접 사용한 기간이 2년 미만인 상태에서 그 부동산을 매각·증여하거나 다른 용도로 사용하는 경우

그런데 2016.12.31. 이전 지역활성화지역에서 종전의 규정에 따라 감면된 지방세의 추징에 대해서는 개정 규정에도 불구하고 종전의 규정에 따른다(부칙 §15).

한편, 취득세 및 재산세의 추징에 대해서는 조례로 정할 수 있는바, 시·도별 감면조례를 살펴보아야 할 것이다.

4) 유의사항

① 지목변경 시 기업도시개발사업 시행자가 아닌 경우 감면 여부

「조세특례제한법」 제121조의 17 제1항의 입법취지는 기업이 자발적인 투자계획을 가지고 필요한 지역에 직접 도시를 개발할 수 있도록 하기 위하여 제정된 「기업도시개발 특별법」에 의해 민간투자가 활성화될 수 있도록 세제지원을 하려는 것인 점에서 부동산 등을 취득하여 사업을 시행하는 기업도시개발사업 시행자에게 감면혜택을 부여하는 것이 타당해 보이는 점 등에 비추어 쟁점토지의 지목변경 취득세 등의 납세의무자인 청구법인이 기업도시개발사업 시행자가 아니라는 이유로 기업도시개발구역 등의 창업기업 등에 대한 취득세 감면을 배제하여 이 건 취득세 등을 부과한 처분은 잘못이 없다고 판단된다(조심 2016지0845, 2016.12.29.).

② 임대 시 감면 여부

제1항에서는 「기업도시개발특별법」에 따른 사업시행자가 사업을 영위하기 위하여 취득하는 부동산에 대하여는 개발계획승인일부터 15년간 취득세를 2014년 12월 31일까지 면제하도록 하고, 같은 조 제3항 제3호에서 부동산 취득일부터 3년 이내에 정당한 사유 없이 해당 사업에 직접 사용하지 아니하거나 그 사용일부터 2년 이상 해당 사업에 직접 사용하지 아니하고 매각하거나 다른 용도로 사용하는 경우에는 감면받은 취득세를 추징하도록 규정하고 있으며, 「지방세특례제한법」 제2조 제1항 제2호 및 제8호에서 '직접 사용'은 부동산의 소유자가 해당 부동산을 사업 또는 업무의 목적이나 용도에 맞게 사용하는 것으로 규정하고 있다. 한편, 「기업도시개발 특별법」 제16조 「기업도시개발 특별법 시행령」 제30조에 따르면 시행자는 산업용지, 업무용지, 관광용지 등 기업도시의 주된 용도로 사용되는 토지의 20퍼센트 이상 50퍼센트 이하의 범위에서 대통령령으로 정하는 비율 이상의 토지를 직접 사용하여야 하고, 관광레저형 기업도시의 경우 50퍼센트 비율 이상의 토지를 시행자가 직접 사용하여야 하는 것으로 규정하고 있으며, 사업고시 2006.12월 「국토교통부 고시 제2006-33」 및 「문화관광부 고시」 제2006-578호 등에 따르면 사업시행자는 골프장복합시설을 직접 사용하는 것으로 명시하고 있어 해당 부동산은 기업도시개발사업 시행자가 조성 후 분양 등이 아닌 직접 사용해야 하는 대상임을 알 수 있다. 그리고 '을'을 기업도시개발사업 공동시행자라고 주장하나, '을'은 태안군 기업도시개발지원사업소-1033호(2013.5.30.)에 따르면 '현대태안 CC 1, 2골프장 개발사업'의 공동시행자로 승인되었을 뿐 기업도시개발사업의 공동시행자로 지정 및 고시된 사실이 확인되지 않으므로 '을'이 기업도시개발사업의 공동시행

자라는 것은 사실과 다르다 하겠다. 따라서 관련 규정 및 사실관계를 종합적으로 고려할 때'갑'이 사업시행으로 취득한 부동산을 공동사업시행자가 아닌 '을'에게 임대하여 사용하는 경우에는 기업도시개발 사업시행자가 이를 직접 사용한 것으로 볼 수는 없다 할 것이다(대법원 2015.3.26. 선고, 2014두43097 판결 참고)(지방세특례제도과-709, 2016.4.7.).

③ 기업도시개발사업 시행자에 대한 산업단지 감면 적용 여부

「기업도시개발특별법」 제13조 제1항에서는 국토교통부장관이 기업도시개발계획 승인 시 기업도시개발사업 시행자는 「산업입지 및 개발에 관한 법률」 제16조에 따른 산업도시개발사업 시행자 지정을 받은 것으로 보도록 규정하고 있으나, 어떠한 법률에서 주된 인·허가가 있으면 다른 법률에 의한 인·허가가 있는 것으로 보는 데 그치는 것이고, 더 나아가 다른 법률에 의하여 인·허가를 받았음을 전제로 한 다른 법률의 모든 규정들까지 적용되는 것은 아니다(대법원 2015.4.23. 선고, 2013두11338 판결 참고)할 것이고, 또한 「지방세특례제한법」 제3조 제1항에서는 이 법, 「지방세법」 및 「조세특례제한법」에 따르지 아니하고는 「지방세법」에서 정한 일반과세에 대한 지방세 특례를 정할 수 없도록 규정하고 있으므로, 다른 법률에 따라 산업단지시행자로 의제된다 하여도 지방세 과세에 관한 특례를 별도로 규정하지 않는 한 산업단지에 대한 감면규정까지 적용하여 지방세를 감면할 수 없을 것이다(지방세특례제도과-709, 2016.4.7.).[259]

④ 공동사업시행자가 아닌 자에게 임대하여 사용하는 경우 감면 적용 여부

'갑'이 사업시행으로 취득한 부동산을 공동사업시행자가 아닌 '을'에게 임대하여 사용하는 경우에는 기업도시개발 사업시행자가 이를 직접 사용한 것으로 볼 수는 없다 할 것이다(대법원 2015.3.26. 선고, 2014두43097 판결 참고)(지방세특례제도과-709, 2016.4.7.).

⑤ 「신탁법」에 의한 신탁의 경우 신탁회사가 기업도시개발사업시행자에 해당하지 않는 경우

위탁자가 기업도시개발사업시행자의 지위에서 토지의 개발사업을 시행하고 처분청으로부터 토지개발사업 준공허가를 받았다 하더라도 토지의 지목변경일 현재 소유자인 신탁회사는 「조세특례제한법」 제121조의 17 제1항 제2호에서 규정한 기업도시개발사업시행자에 해당하지 않는 점 등에 비추어 「조세특례제한법」 제121조의 17 제1항 제2호에 따른 취득세 면제대상이 아니라 할 것이다(조심 2016지0386, 2018.6.19.).

☞ 수탁자이자 납세의무자인 원고가 관광단지개발 사업시행자인 경우에만 특례규정이 적용된다고 봄이 상당하다(대법원 2019.10.31. 선고, 2016두42487 판결)고 판시하였고, 산업단지개발사업 시행자가 취득하는

---

259) 취득세가 면제되는 토지는 '이미 산업단지로 조성된 토지'를 의미한다 할 것이고, 이러한 취지는 「산업입지 및 개발에 관한 법률」 제39조의 11 제1항에 의하여 재생사업지구로 지정·고시되어 산업단지가 지정·고시된 것으로 의제되는 경우에도 마찬가지라 할 것이어서, 재생사업지구로 지정·고시되었지만 '재생사업계획'과 '지정권자의 승인'을 받지 못한 상태에서는 원고와 같이 공장용 건물을 신축하기 위해 재생사업지구 내의 토지를 취득하였더라도, 토지에 대한 취득세가 면제된다고 할 수 없고, 이와 같이 보는 것이 해석의 범위를 넘어서는 것이라고 할 수 없다(대법원 2015두58881, 2016.3.10. 참조)라고 판시하고 있다는 점에 유의하여야 할 것임.

부동산 감면도 동일한 취지에서 신탁재산에 대한 감면요건 충족 여부를 판단하여야 함(대법원 2019.10.31. 선고, 2016두50754 판결, 2019.10.31. 선고, 2016두52248 판결).

⑥ "새로 설치하는 경우"의 의미

조세감면은 엄격해석하여야 한다는 점에서 '새로 설치하는 경우'를 엄격히 보아 기존 건물(그 부속토지 포함)을 매입하는 것은 배제하고 나대지 상태에서의 신축 및 기존 건물을 증축(증축분에 대한 부속토지 포함)의 경우로만 해석하여야 할 것이다.

⑦ 위기지역 내 중소기업 등에 대한 감면(지특법 §75-3, 감면조례)

1) 감면대상사업

다음 지역(이 감면규정에서 "위기지역")에서 「지방세특례제한법」 제58조의 3 제4항 각 호의 업종을 경영하는 중소기업이 위기지역으로 지정된 기간 내에 「중소기업 사업전환 촉진에 관한 특별법」 제2조 제2호에 따른 사업전환을 위하여 같은 법 제8조에 따라 2027.12.31.까지 사업전환계획 승인을 받고 사업전환계획 승인일부터 3년 이내에 그 전환한 사업

- ① 「고용정책 기본법」 제32조 제1항에 따라 지원할 수 있는 지역으로서 같은 법 시행령 제29조에 따라 고용노동부장관이 지정·고시하는 지역
- ② 「고용정책 기본법」 제32조의 2 제2항에 따라 선포된 고용재난지역
- ③ 「지역 산업위기 대응 및 지역경제 회복을 위한 특별법」 제10조 제1항(2022년 이전은 「국가균형발전 특별법」 제17조 제2항)에 따라 지정된 산업위기대응특별지역
- ④ 「인구감소지역 지원 특별법」에 따라 지정된 인구감소지역(2023.1.1. 이후 적용)

2) 감면대상 및 감면범위

상기 전환한 사업에 직접 사용하기 위하여 취득하는 부동산	취득세와 재산세(도시지역분 제외) 50% 범위 내 조례로 정하는 율 경감(주)

- ☞ 감면시한 : 2027.12.31.
- ☞ 농어촌특별세 과세 여부 : 취득세분과 취득세 경감분 농어촌특별세 과세
- ☞ (주) 재산세는 사업전환일 이후 재산세 납세의무가 최초로 성립하는 날부터 5년간

3) 추징요건

다음 어느 하나에 해당하는 경우에는 경감된 취득세를 추징한다.

- ① 정당한 사유 없이 취득일부터 3년이 지날 때까지 그 부동산을 해당 사업에 직접 사용하지 아니하는 경우
- ② 취득일부터 3년 이내에 다른 용도로 사용하거나 매각·증여하는 경우
- ③ 최초 사용일부터 계속하여 2년 이상 해당 사업에 직접 사용하지 아니하고 매각·증여하거

나 다른 용도(2022년 이전은 임대 포함)로 사용하는 경우

⑧ 반환공여구역 등에 대한 감면(지특법 §75-4)

1) 감면대상사업

「주한미군 공여구역주변지역 등 지원 특별법」 제2조에 따른 반환공여구역 및 반환공여구역주변지역에 대통령령으로 정하는 업종을 창업하거나 대통령령으로 정하는 사업장을 신설(기존 사업장을 이전하는 경우 포함)하는 자

2) 감면대상 및 감면범위

감면대상사업(지특법 §58-3 ④ 각 호 업종)을 창업하기 위하여 취득하는 사업용 재산과 일정한 사업장을 신설(기존 사업장 이전하는 경우 포함)하기 위하여 취득하는 부동산(2023년 이후 적용)	취득세 면제

- ☞ 감면시한 : 2025.12.31.
- ☞ 최소납부제 적용 시기 : 2023.1.1.
- ☞ 농어촌특별세 과세 여부 : 취득세분과 취득세 면제분 농어촌특별세 과세
- ☞ 일정 사업장

  「중소기업기본법」에 따른 중소기업이 제1항의 업종을 영위하기 위해 신설(기존 사업장을 이전하는 경우 포함)하는 사업장을 말함. 이 경우 기존 사업장을 이전하여 설치하는 사업장은 과밀억제권역(산업단지 제외)에서 이전하는 사업장으로 한정함.

3) 추징요건

① 2024년 이후 감면분[2023.12.31. 이전에 반환공여구역 및 반환공여구역주변지역에서의 창업 또는 사업장을 신설함에 따른 감면분은 종전 추징규정 적용됨(법 부칙 §12)]

다음 어느 하나에 해당하는 경우 그 해당 부분에 대하여는 감면된 취득세를 추징한다.

- ㉠ 정당한 사유 없이 그 취득일부터 3년이 경과할 때까지 해당 용도로 직접 사용하지 아니하는 경우
- ㉡ 해당 용도로 직접 사용한 기간이 2년 미만인 상태에서 매각·증여하거나 다른 용도로 사용하는 경우

② 2023년 이전 감면분

그 취득일로부터 3년 이내에 정당한 사유 없이 그 사업에 직접 사용하지 아니하거나 매각·증여하는 경우 그 해당 부분에 대하여는 감면된 취득세를 추징한다.

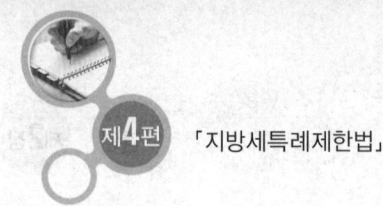

9 인구감소지역에 대한 감면(지특법 §75-5)

1) 감면대상사업

「인구감소지역 지원 특별법」에 따라 지정된 인구감소지역에서 일정 업종 창업자와 일정 사업장 신설자(기존 사업장을 이전하는 자 포함)

2) 감면대상 및 감면범위

감면대상사업(지특법 §58-3 ④ 각 호 업종)을 창업하기 위하여 취득하는 부동산과 일정 사업장을 신설(기존 사업장 이전하는 경우 포함)하기 위하여 취득하는 부동산(2023년 이후 적용)	취득세 면제
과세기준일 현재 해당 용도로 직접 사용하는 부동산(2023년~2025년 취득한 부동산만 해당)(2023년 이후 적용	재산세 면제(재산세 납세의무가 최초로 성립한 날부터 5년간), 50% 경감(그 다음 3년간(도시지역분 제외))
무주택자 또는 일정 1가구 1주택을 소유한 자가 「인구감소지역 지원 특별법」에 따라 지정된 인구감소지역에서 유상거래(부담부 증여는 제외)로 취득하는 일정 주택(2025년 이후 적용)	취득세 25% 경감[주]

- 📌 감면시한 : 2025.12.31.(하단은 2026.12.31.)
- 📌 최소납부제 적용 시기 : 2023.1.1. 이후
- 📌 농어촌특별세 과세 여부 : 취득세분과 취득세 면제분 농어촌특별세 과세
- 📌 일정 사업장
  감면대상사업을 영위하기 위해 신설(기존 사업장을 이전하는 경우 포함)하는 사업장을 말함. 이 경우 기존 사업장을 이전하여 설치하는 사업장은 과밀억제권역(산업단지 제외)에서 이전하는 사업장으로 한정함.
- 📌 일정 1가구 1주택
  취득일 현재 취득자와 같은 세대별 주민등록표에 기재되어 있는 가족(동거인 한다)으로 구성된 1가구(취득자의 배우자, 취득자의 미혼인 30세 미만의 직계비속 또는 취득자가 미혼이고 30세 미만인 경우 그 부모는 각각 취득자와 같은 세대별 주민등록표에 기재되어 있지 아니하더라도 같은 가구에 속한 것으로 봄)가 국내에 1개의 주택을 소유하는 것을 말하며, 주택의 부속토지만을 소유하거나 「지방세법」 §13-3 2에 따른 조합원입주권 또는 같은 조 3에 따른 주택분양권을 소유하는 경우에도 주택을 소유한 것으로 봄(지특령 §35-6).
- 📌 일정 주택 : 다음 요건을 모두 갖춘 주택
  ① 취득당시 가액이 3억 원 이하인 주택일 것
  ② 「인구감소지역 지원 특별법」에 따라 지정된 인구감소지역 중 「수도권정비계획법」 §2 1에 따른 수도권(「접경지역 지원 특별법」 §2 1에 따른 접경지역 제외), 광역시(군 지역 제외) 및 특별자치시를 제외한 지역에 소재하는 주택일 것
  ③ 상기 1가구 1주택을 소유한 자의 경우 해당 1가구 1주택과 동일한 시·군·구의 관할구역에 소재하는 주택이 아닐 것
- 📌 (주) 25% 범위 내 조례로 정하는 율을 추가 경감 가능함.

3) 추징요건

① 상단과 중단의 경우

다음 어느 하나에 해당하는 경우 그 해당 부분에 대해서는 감면된 취득세 및 재산세를 추징한다.

- ㉠ 정당한 사유 없이 그 취득일부터 1년이 경과할 때까지 해당 용도로 직접 사용하지 아니하는 경우
- ㉡ 해당 용도로 직접 사용한 기간이 2년 미만인 상태에서 매각·증여하거나 다른 용도로 사용하는 경우

② 하단의 경우(2025년 이후 적용)

취득세를 경감받은 자가 해당 주택을 취득일부터 3년 이내에 매각·증여하는 경우에는 경감된 취득세를 추징한다.

4) 유의사항

① '사업장'의 의미

'사업장'의 정의가 없으므로 「지방세특례제한법」 제2조 제2항에 따라 「지방세법」 제85조 제1항 제10호의 '사업장'(인적 설비 또는 물적 설비를 갖추고 사업 또는 사무가 이루어지는 장소)과 동일한 의미로 봄이 타당하고, 기존의 사업장 유무에 대해서는 별다른 제한이 없으므로 기존의 사업장이 있어도 상관은 없으나, 기존의 사업장 확장 등이 아닌 신규 투자 유인을 통한 인구감소지역경제 활성화를 도모하고자 한 입법취지, 동일한 용어를 사용하고 있는 「지방세특례제한법」 제75조의 2 제1항 제3호 지역개발사업구역 내 창업기업 등에 대한 감면 선례(조심 2021지2275, 2021.10.13. 등)를 감안할 때 최소한 기존의 사업장과 구분되어 독립된 단독 사업장으로서 사업을 영위해야 할 것이다(지방세특례제도과-760, 2023.11.22.).

② '창업하기 위하여 취득하는 부동산'의 의미

'창업'의 사전적 의미는 사업을 새로이 시작하는 것을 말하는 것으로 위 규정에서도 달리 볼 이유가 없으므로 기존의 사업장이 존재한다면 '창업'으로 볼 수 없으나, 제조업(공장)의 통상적인 창업 절차는 업종선정 및 사업계획 수립, 회사설립 및 사업자등록, 공장입지 선정 및 공장설립 승인, 공장 건축 및 공장설립, 사업개시 및 기타 행정절차 이행 순으로 이루어지므로 이런 일련의 창업 과정에서 취득한 부동산(공장)을 사업장으로 하여 사업을 영위할 경우에는 공장 건축 전에 임차하여 법인을 설립·운영한 사업장이 공장과 구분되어 독립된 사업장이 되지 않는 이상 위 규정의 '창업하기 위하여 취득하는 부동산'으로 보는 것이 타당하다고 할 것이다(지방세특례제도과-760, 2023.11.22.).

> **사례** 관련 매출액 등의 사업실적이 없는 경우(지방세특례제도과-760, 2023.11.22.)
> ① 법인설립·운영과 공장 신축이 제조업을 창업하기 위한 일련의 창업과정에 있는 것으로서 공장

을 신축하여 취득하는 것이라면, '창업하기 위하여 취득하는 부동산'에 해당된다고 판단되고, ② 기존의 공장 일부를 철거하고 동일 장소에서 동일 제조업 공장을 증설한 것은 기존의 사업장과 연계선상에 있는 것으로 보이므로 독립된 사업장으로 보기는 어렵다고 판단되며, ③ 기존에 제조업 사업장을 가지고 있는 상태에서 동일 지역내 다른 장소에 물류창고업을 영위할 목적으로 건축물을 신축하는 경우는 기존의 사업장과 구분된 단독 사업장으로서 물류창고업을 영위하는 것인지 여부에 따라 판단해야 할 것임.

⑩ 택지개발용 토지 등에 대한 감면(지특법 §76)

1) 감면요건

① 감면대상자

한국토지주택공사

② 감면대상 및 감면범위

국가 또는 지방자치단체의 계획에 따라 제3자에게 공급할 목적으로 다음 사업에 사용하기 위하여 일시 취득하는 부동산(2019년 이전만 적용) ㉠ 「한국토지주택공사법」 제8조 제1항 제1호(국가 또는 지방자치단체가 매입을 지시하거나 의뢰한 것으로 한정) ㉡ 「한국토지주택공사법」 제8조 제1항 제2호 가목부터 라목까지 ㉢ 「한국토지주택공사법」 제8조 제1항 제3호·제7호·제8호(제8호는 2015년 이전만 적용되나, 2018년 이후 「주택법」 제2조 제14호 가목에 따른 근린생활시설 또는 같은 호 나목에 따른 공동시설을 건설·개량·매입·비축·공급·임대 및 관리하는 사업 제외) ㉣ 「한국토지주택공사법」 제8조 제1항 제10호(공공기관으로부터 위탁받은 사업 제외)에 따른 사업 ㉤ ㉠~㉢의 사업 또는 「한국토지주택공사법」 제8조 제4호·제5호의 사업에 따른 같은 법 시행령 제11조 각 호의 공공복지시설의 건설·공급(2016년 이후 적용) ㉥ 「공공토지의 비축에 관한 법률」 제14조 및 제15조에 따른 공공개발용 토지의 비축사업	취득세 20% (2015년과 2016년 30%, 2014년 이전 75%) 경감
국가 또는 지방자치단체의 계획에 따라 제3자에게 공급할 목적으로 대통령령으로 정하는 사업에 직접 사용하기 위하여 택지개발사업지구 및 단지조성사업지구에 있는 부동산으로서 관계법령에 따라 국가 또는 지방자치단체에 무상으로 귀속될 공공시설물 및 그 부속토지와 공공시설용지(2014년 이전 상기 부동산 중 택지개발사업지구 및 단지조성사업지구에 있는 부동산으로서 관계법령에 따라 국가 또는 지방자치단체에 무상으로 귀속될 공공시설물 및 그 부속토지와 공공시설용지)^(주)	재산세 면제 (도시지역분 제외, 2024년 이전은 도시지역분 포함)

☞ 감면시한 : 2027.12.31.
☞ 최소납부제 적용 시기 : 최소납부제 배제
☞ 농어촌특별세 과세 여부 : 취득세분 농어촌특별세 과세(서민주택은 비과세), 취득세 경감분 농어촌특별세 비과세(농특령 §4 ⑦ 5)

- 2012년 이전에는 취득세 면제
- 제주도의 경우 「제주특별자치도 설치 및 국제자유도시 조성을 위한 특별법」 제73조에서 조례로 정하도록 규정하고 있어서, 도세 감면조례에 의하면 취득세 50% 경감
- "공공시설물 및 그 부속토지와 공공시설용지"의 범위
  공용청사·도서관·박물관·미술관 등의 건축물과 그 부속토지 및 도로·공원 등(공공시설용지의 범위는 해당 사업지구의 실시계획 승인 등으로 공공시설용지가 확정된 경우 확정된 면적, 확정되지 아니한 경우 해당 사업지구 총면적의 100분의 45(산업단지조성사업의 경우 100분의 35)에 해당하는 면적)
- (주) 2025년 이후 국가 또는 지방자치단체에 무상으로 귀속될 공공시설물 등의 반대급부로 국가 또는 지방자치단체가 소유하고 있는 부동산 또는 사회기반시설을 무상으로 양여받거나 해당 공공시설물 등의 무상사용권을 제공받는 경우 50% 경감

이 감면규정에서 주거용 부동산으로 한정하는 내용이 없는바, 주거용 부동산이 아닌 근린생활시설이나 상가 등의 경우에도 감면대상이 된다고 판단된다. 그리고 '공공사업용 토지 등에 대한 감면'으로 정하여진 것과 한국토지주택공사가 국가 등의 계획에 따라 일시 취득하는 부동산에 대하여 취득세 등을 감면하는 취지는 사실상 국가 등이 공공사업으로 시행하여야 할 사항을 한국토지주택공사로 하여금 대행하도록 한 경우 당해 사업용 부동산에 대하여 취득세 등을 면제함으로써 당해 공공사업을 지원하고자 하는 데 그 입법목적이 있다. 따라서 "국가 또는 지방자치단체의 계획"의 범위는 국토교통부장관 또는 지방자치단체장의 개발계획에 의거하여 지정고시한 택지개발사업계획, 주거환경개선사업계획 등 공공사업계획에 따라 한국토지주택공사가 이를 대행하기 위하여 일시 취득한 부동산을 의미한다고 할 것이다(행심 2006-451, 2006.10.30.).

'일시 취득하는 부동산'이라는 규정에 있어서 '일시 취득'의 개념은 취득행위가 잠정적·임시적인 것으로 취득시점 이후 소유권변동을 전제로 하고 있는 규정이라 할 것이어서 보금자리주택건설사업지구 내 토지를 취득하면서 그 지상의 건축물을 취득하여 철거 예정인 건축물은 감면대상에 해당하지 아니하는 것으로 해석하고 있다(지방세특례제도과-772, 2015.3.19.).

택지개발사업의 시행자가 공공기관이고 그 시행자가 교육감의 의견을 듣고 학교용지의 조성·개발계획을 포함한 실시계획을 수립하여 지정권자로부터 승인을 받은 경우 그 실시계획에 포함된 학교용지는 아직 지방자치단체에 학교용지를 무상으로 귀속시킨다는 내용의 수의계약이 체결되지 않았다고 하더라도 특별한 사정이 없는 한 실시계획에 따라 지방자치단체에 무상으로 귀속될 토지라고 봄이 타당하다(대법원 2015두56236, 2016.3.24.).

한편, 국가산업단지 조성용에 해당된다고 하더라도 그 토지가 공공시설부지와 공공시설 외부지로 명확하게 구분되고, 당해 공공시설부지가 「지방세특례제한법」 제76조 제2항에 따른 ○○○○○○공사가 관계 법령에 따라 국가 또는 지방자치단체에 무상으로 귀속될 공공시설물 및 그 부속토지와 공공시설용지에 해당되는 경우라면, 산업용 건축물의 부지 등 오로지 산업단지로 조성되는 공공시설 외부지와는 별개의 과세대상에 해당된다고 할 것이어서 공공시설부지와 공공시설 외부지로 구분하여 각각의 감면조문을 적용할 수 있다고 할 것이므로 그 면적 비율에 따라 공공시설부지에 대해서는 재산세 면제를, 공공시설 외부지에 대해서는 재산세 감면을 각각 적용할 수 있다(지방세특례제도과-2423, 2020.10.13.).

> **사례** 공공사업계획에 따라 일시 취득한 부동산이 아닌 경우(행심 2006-451, 2006.10.30.)
>
> 청구인의 이 사건 주택건설사업을 위와 같은 국가 또는 지방자치단체의 개발계획에 의거한 공공사업계획 어디에도 포함되어 있음이 입증되지 아니하므로 청구인의 자체계획에 의한 사업으로 봄이 타당하다 할 것이므로 처분청이 「지방세법」 제269조 제1항의 감면조항을 적용하여 이 사건 취득세 등을 부과한 처분은 잘못이 없는 것임.

> **사례** 주택재개발사업의 일환으로 건축한 공공분양아파트를 건축하면서 제3자에게 분양할 목적으로 이 건 상가를 건축하였으므로 상가가 지방자치단체의 계획에 의하여 제3자에게 공급할 목적으로 취득한 부동산은 분명하므로 취득세 등 면제대상에 해당된다 할 것임(행심 2001-197, 2001.4.30.).

2) 추징요건

별도의 추징규정이 없는바, 「지방세특례제한법」 제178조에 따라 다음 어느 하나에 해당하는 경우 그 해당 부분에 대해서는 감면된 취득세를 추징한다.

① 정당한 사유 없이 그 취득일부터 1년이 경과할 때까지 해당 용도로 직접 사용하지 아니하는 경우
② 해당 용도로 직접 사용한 기간이 2년 미만인 상태에서 매각·증여하거나 다른 용도로 사용하는 경우

3) 유의사항

① 용도에 따른 감면내용

제3자공급용	기부채납용	소규모 임대용 등
30%(2014년 이전 75%) 경감	비과세	50% 경감(2014년 이전 면제)

☞ 2012년 이전에는 제3자 공급용은 취득세 면제

개발사업 등을 위해 일시 취득하는 부동산 중 전체 사업면적에서 취득세 비과세 대상인 기부채납용 부동산 면적 등 「지방세특례제한법」 상 감면되는 토지 면적을 공제하고 나머지 면적분에 대해 취득세 75% 감면한다. 여기서 「지방세특례제한법」 상 감면되는 토지면적을 공제한다는 것은 개발사업지구 내 소규모(60㎡ 이하) 분양·임대용 등의 경우 취득세가 면제되므로 전체 사업면적에서 기부채납용, 소규모 분양·임대용 부동산 면적은 공제하여야 한다는 것이다.

취득세 감면대상인 한국토지주택공사가 국가 또는 지방자치단체의 계획에 따라 '제3자에게 공급할 목적으로 일시 취득하는 부동산'의 범위에 토지를 제외한다는 규정이 별도로 없고, 한국토지주택공사의 사업 범위에 토지뿐만 아니라 주택의 신축·공급 등도 포함하고 있으므로 공동주택의 신축·공급분도 취득세 감면대상에 해당된다고 할 것이고, 그 규모를 60㎡ 이하로 제한한다는 규정도 별도로 없으므로 60㎡ 초과도 포함된다고 할 것이다(지방세운영과-1128, 2013.6.20.).

② '일시 취득하는 부동산'의 의미

'일시 취득하는 부동산'이라 함은 취득행위가 잠정적·임시적인 것으로서 취득시점 이후의 소유권의 변동을 전제로 하는 것(지방세심사 2007-586, 2007.10.29. 참조)이므로, 장기임대를 목적으로 취득하는 부동산의 경우 "일시 취득하는 부동산"에 해당하지 않는다고 할 것이다. 주택 등을 건설하여 제3자에게 공급할 목적으로 취득하는 부동산을 뜻하는 것으로서 부동산을 취득하기 위한 전단계로서 소유권이전청구권을 보전하기 위한 가등기는 부동산을 일시 취득하는 것과는 구분된다.

이 감면 규정의 해석상 공급 등 부동산의 취득 목적은 '당해 부동산 자체'에 대한 것이어야 하는데, 이 건물은 처음부터 철거가 예정되어 있었으므로, 원고가 공급을 목적으로 이 건물을 일시 취득하였다고 볼 수 없다(대법원 2020두35295, 2020.6.11. 심불, 서울행법 2019누54858, 2020.1.16.).

③ 10년 임대 후 분양전환하는 공동주택도 일시 취득하는 부동산으로 봄

구 대한주택공사가 10년 임대 후 분양전환하는 공동주택도 제3자에게 공급할 목적으로 일시 취득하는 부동산에 해당한다(대법원 2010두19492, 2011.12.27.). 이 내용이 2011.1.1. 시행된 구 「지방세법」의 분법 취지에 따르면 구 「지방세법」에 규정된 면제·경감 규정을 별도의 법으로 규정하는 것을 목적으로 「지방세특례제한법」이 제정된 것이라고 할 것인 점, 내용면에서도 구 「지방세법」 제289조 제1항과 현행 「지방세특례제한법」 제76조 제1항의 내용이 일치하므로 다른 규정이라고 할 수 없는 점 등을 종합적으로 고려해 볼 때, 구 「지방세법」 제289조 제1항과 관련한 대법원 2010두19492 판결은 현행 「지방세특례제한법」 제76조 제1항에도 준용이 가능하다고 할 것이다(지방세운영과-1128, 2013.6.20.).

> **사례** 한국토지공사가 금융기관의 부채상환을 위한 기업 보유 토지를 취득한 후 임대하고 있는 경우 일시적인 취득에 해당하지 아니함(행심 2002-189, 2002.4.29.)
>
> 타인에게 공급할 목적으로 토지를 취득하였으면 취득과 동시에 매각하기 위하여 일간신문에 공고 등 일련의 조치를 취하여야 함에도 이 사건 토지를 취득한 후 매각하기 위한 아무런 조치를 취하지 아니하고 취득일로부터 1년이 경과한 후에 임대기간을 2년으로 하여 임대함에 따라 임차인은 청구인의 토지사용승낙을 받아 건축물을 신축하고 소유권보존등기를 필한 사실 등으로 미루어 보면, 타인에게 공급할 목적으로 취득한 토지라기보다는 임대용으로 사용하기 위하여 취득한 토지라고 보아야 하고 비록 일간 신문에 매각공고를 하여 토지취득일로부터 3년 6개월이 경과하여 매매계약이 체결되었다고 하더라도 임대기간 동안에는 매각하기 위한 토지가 아니라 임대용 토지로 보아야 함.

⑪ 수자원공사의 단지조성용 토지에 대한 감면(지특법 §77)

1) 감면요건

① 감면대상자

한국수자원공사

② 감면대상 및 감면범위

국가 또는 지방자치단체의 계획에 따라 분양의 목적으로 취득하는 단지조성용 토지(2019년 이전만 적용)	취득세 30% (2014년 이전 75%) 경감
국가 또는 지방자치단체의 계획에 따라 분양의 목적으로 택지개발사업지구 및 단지조성사업지구에 있는 부동산으로서 관계법령에 따라 국가 또는 지방자치단체에 무상으로 귀속될 공공시설물 및 그 부속토지와 공공시설용지(2014년 이전 상기 부동산 중 택지개발사업지구 및 단지조성사업지구에 있는 부동산으로서 관계법령에 따라 국가 또는 지방자치단체에 무상으로 귀속될 공공시설물 및 그 부속토지와 공공시설용지)(주)	재산세 면제 (도시지역분 포함)

📌 감면시한 : 2027.12.31.

📌 최소납부제 적용 시기 : 최소납부제 배제

📌 농어촌특별세 과세 여부 : 취득세분과 취득세 경감분 농어촌특별세 과세

📌 2012년 이전에는 취득세 면제

📌 "공공시설물 및 그 부속토지와 공공시설용지"의 범위
공용청사·도서관·박물관·미술관 등의 건축물과 그 부속토지 및 도로·공원 등(이 경우 공공시설용지의 범위는 해당 사업지구의 실시계획 승인 등으로 공공시설용지가 확정된 경우 확정된 면적, 확정되지 아니한 경우 해당 사업지구 총면적의 100분의 45(산업단지조성사업의 경우 100분의 35)에 해당하는 면적)

"공공시설"이라 함은 문언상 "국가나 공공 단체가 공공의 편의나 복지를 위하여 설치한 시설"을 의미하는바, 학교는 학생(국민)에게 교육을 실시하는 기관으로 공공시설에 해당한다고 봄이 타당한 점,「지방세특례제한법」제77조 제2항 및 같은 법 시행령 제37조 및 제6조에 의하면 재산세 면제 대상이 되는 "공공시설물 및 그 부속토지"라 함은 "공용청사·도서관·박물관·미술관 등의 건축물과 그 부속토지 및 도로·공원 등"을 의미하는바, 위 정의에 의하더라도 학교가 공공시설에서 제외된다고 볼 근거가 없는 점,「지방세특례제한법 시행령」제6조에 공공시설물에 대한 정의가 규정되어 있음에도 불구하고 친수구역법을 원용할 이유가 없는 점, 환경부고시 제2023-57호 토지이용계획에 따르더라도 쟁점토지가 공공시설용지로 구분되어 있는 점 등에 비추어보면, 쟁점토지는 학교용지로서 공공시설용지에 해당함(조심 2024지0160, 2024.11.21.).

📌 (주) 2025년 이후 국가 또는 지방자치단체에 무상으로 귀속될 공공시설물 등의 반대급부로 국가 또는 지방자치단체가 소유하고 있는 부동산 또는 사회기반시설을 무상으로 양여받거나 해당 공공시설물 등의 무상사용권을 제공받는 경우 50% 경감

2) 추징요건

별도의 추징규정이 없는바,「지방세특례제한법」제178조에 따라 다음 어느 하나에 해당하는 경우 그 해당 부분에 대해서는 감면된 취득세를 추징한다.

① 정당한 사유 없이 그 취득일부터 1년이 경과할 때까지 해당 용도로 직접 사용하지 아니하는 경우

② 해당 용도로 직접 사용한 기간이 2년 미만인 상태에서 매각·증여하거나 다른 용도로 사용하는 경우

3) 유의사항

① 용도에 따른 취득세 감면내용

제3자공급용	기부채납용	소규모 임대용 등
30%(2014년 이전 75%) 경감	비과세	-

☞ 2012년 이전에는 제3자 공급용은 취득세 면제

분양의 목적으로 취득하는 단지조성용 토지 중 전체 사업면적에서 취득세 비과세 대상인 기부채납용 부동산 면적 등 「지방세특례제한법」 상 감면되는 토지 면적을 공제하고 나머지 면적분에 대해 취득세 75% 감면한다. 여기서 「지방세특례제한법」 상 감면되는 토지 면적을 공제한다는 것은 단지조성용 전체 사업면적에서 기부채납용 부동산 면적은 공제하여야 한다는 것이다.

12 산업단지 등에 대한 감면(지특법 §78)

(1) 산업단지 등 조성용 부동산에 대한 감면(지특법 §78 ①)

1) 감면요건

① 감면대상자

「산업입지 및 개발에 관한 법률」 제16조에 따른 산업단지개발사업의 시행자, 「산업기술단지 지원에 관한 특례법」 제4조에 따른 사업시행자

② 감면대상 및 감면범위

산업단지 또는 산업기술단지 조성용 부동산	취득세 35% 경감(2014년 이전 면제)
과세기준일 현재 조성공사가 시행되고 있는 토지	재산세 35% 경감(2014년 이전 50%) 경감 〔비수도권 산업단지 60% 경감(2014년 이전 면제)〕(도시지역분 제외)

☞ 감면시한 : 2025.12.31.

☞ 농어촌특별세 과세 여부 : 취득세분과 취득세 경감분(면제분) 농어촌특별세 과세

☞ 2016년 이전은 지방자치단체장은 25% 범위 내에서 조례로 추가 경감 가능하였으며, 2016.12.31. 이전 종전의 규정에 따라 취득하여 보유하고 있는 부동산의 경우로서 2017.1.1. 당시 재산세 납세의무가 최초로 성립하는 날부터 3년이 경과하지 아니한 분에 대해서는 재산세 개정 규정이 적용됨(부칙 §8 ①).

☞ 사업시행자가 해당 사업을 영위하기 위하여 취득하는 부동산에 대해서는 2016년 개정규정에도 불구하고 2017.12.31. 까지 종전의 감면율을 적용함(부칙 §20).

산업단지개발사업은 산업단지를 조성하기 위하여 시행하는 용지조성사업, 건축사업 및 기반시설 설치사업 등을 포함한 포괄적인 개념이며, 감면대상 부동산을 산업용 건축물로 한정한다 할 수 없는데, 그 이유는 사업시행자가 산업단지 등의 조성용으로 취득하는 부동산이라 규정하고

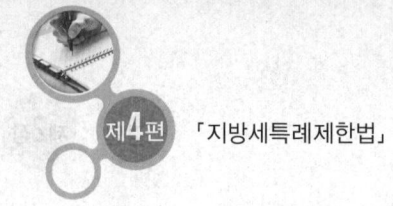

있기 때문이다(지방세운영과-2614, 2011.6.5. 참조).

그런데 조성공사가 시행되고 있는 토지에 대하여는 감면하는 것이므로 인·허가를 받은 시점이 아니라 실제로 조성공사를 진행하여야 재산세 감면을 받을 수 있을 것이다. 산업단지 또는 산업기술단지를 조성하기 위하여 취득한 부동산의 취득일부터 3년 이내에 정당한 사유 없이 산업단지 또는 산업기술단지를 조성하지 아니하는 경우에 해당 부분에 대하여는 감면된 취득세 및 재산세를 추징한다라고 규정되어 있어서 취득일로부터 3년 후에 지정이 되고 산업단지 등을 조성을 하고 있는 경우 재산세가 감면이 되지 아니할 것이다(감면받았다 하더라도 추징대상이 되는 것임).

2) 추징요건

① 추징사유

㉠ 산업단지 또는 산업기술단지를 조성하기 위하여 취득한 부동산의 취득일부터 3년 이내에 정당한 사유 없이 산업단지 또는 산업기술단지를 조성공사를 완료(준공인가 전 사실상 사용하는 경우 포함)하지 아니한 경우[2019년 이전 감면분(부칙 §19)은 조성하지 아니하는 경우]에 해당 부분에 대해서는 경감된 취득세를 추징한다.

여기서 '조성'의 의미는 종전에는 '완료'를 의미하여 취득세 등을 추징한다.

'산업단지 또는 산업기술단지를 조성하기 위하여 취득한 부동산의 취득일부터 3년 이내에 정당한 사유없이 산업단지 또는 산업기술단지를 조성하지 아니하는 경우'라 함은 그 취득일부터 3년 이내에 정당한 사유없이 산업단지 또는 산업기술단지를 조성하지 아니하고 위 기간을 경과한 경우뿐만 아니라, 토지를 취득한 후 정당한 사유없이 산업단지 또는 산업기술단지를 조성하지 않은 채 3년 이내에 이를 타에 매각처분하는 등으로 산업단지 또는 산업기술단지를 조성하지 아니하게 된 경우도 포함된다(대법원 2002두11752, 2004.4.28.). 그리고 '산업단지를 조성하지 아니하는 경우'는 '산업단지의 조성을 완료하지 아니한 경우'로 해석하여야 할 것이다(대법원 2022두58087, 2023.1.12. 심불, 광주고법 2021누11981, 2022.9.1.).

㉡ 산업단지 또는 산업기술단지를 조성하기 위하여 취득한 토지의 취득일(「산업입지 및 개발에 관한 법률」 제19조의 2에 따른 실시계획의 승인 고시 이전에 취득한 경우에는 실시계획 승인 고시일 : 2020년 이후 감면분부터 적용)부터 3년 이내에 정당한 사유 없이 산업단지 또는 산업기술단지 조성공사를 완료(준공인가 전 사실상 사용하는 경우 포함)하지 아니하는 경우[2019년 이전 감면분(부칙 §17)은 조성하지 아니하는 경우]에 해당 부분에 대해서는 경감된 재산세를 추징한다.

② 「신탁법」 상 신탁

서울시 과세전적부심사(2015-80)에 대한 공개법정에서 신탁의 경우 추징대상인 처분으로 보지 아니한다는 판결이 있었으며, 조세심판원에서 「신탁법」 상의 신탁행위는 재산의 사용·수익·처분의 권리를 배타적으로 양도하는 일반적인 소유권의 이전과는 다르게 볼 수 있는 점 등에 비추어 토지의 신탁행위를 '처분'으로 보기 어렵다(조심 2014지689, 2014.12.16.)라고 결정하고 있으며, 담보부 신탁의 경우 신탁으로 인하여 임대주택의 소유권이 수탁자에게 이전된 후에도 위탁자는 부동산 담보신탁계약 및 그 특약에 따라 월 임료의 수납행위, 신탁부동산의 현실적인 점유 등 실질적인 관리를 하면서 여전히 임대인의 지위를 보유하고 있는 점 등에 비추어 이 신탁을 임대 외의 용도 내지 매각으로 사용한 것으로 보아 취득세 등을 추징한 처분은 잘못이 있다(조심 2016지0989, 2016.12.2.)라고 결정하고 있다. 따라서 법 취지상 이를 정당한 사유가 있는 것으로 보아야 할 것이다.

③ 기부채납의 정당한 사유 해당 여부

처분청이 청구인의 기부채납 요청을 반드시 수용하여야 할 의무가 없는 경우라면 '정당한 사유'로 보기 어려울 것이다. 그런데 기부채납하여 당초 목적대로 산업단지용 계속 사용한다면 기부채납은 추징이 되지 아니할 것이다. 한편, 산업단지 조성과 관련하여 인허가 조건 등에 의하여 기부채납하기로 약정을 한 후에 부동산을 취득하여 국가 등에 기부채납하는 경우에는 비과세 또는 감면이 된다.

> **사례** ① 기부채납에 대한 처분청의 거부의사 표시는 사경제 주체로서 행하는 사법상 법률행위로 처분청이 청구인의 기부채납 요청을 반드시 수용하여야 할 의무가 없는 점, ② 이 사건 실시협약 제11조와 제12조에 따르면 처리수수료는 원칙적으로 청구인과 폐기물의뢰인이 시세에 따라 결정하며 수수료 차액에 대해 처분청이 축산 농가와 협의하여 해결하되 사업운영에 따른 손실은 처분청에 청구할 수 없도록 되어 있는 점, ③ '정당한 사유'란 행정관청의 사용금지·제한 등 법령상·사실상 장애로 인해 부득이 사업을 계속 운영할 수 없는 경우를 말하는바, 청구인은 사업의 수익상 문제로 이 사건 플랜트를 타인에 양도하였고 이를 청구인에게 책임을 돌릴 수 없는 '정당한 사유'로 보기 어려움(감심 2023-564, 2024.11.4.).

> **사례** 기부채납 변전소를 통하여 단지 내 공장 전력공급 시 취득 당시의 목적에 사용하고 있어 취득세 등을 면제한 취지에 벗어난 것이 아니므로 정당한 사유가 있는 경우에 해당되어 면제한 취득세 등의 추징대상이 되지 않는 것으로 보여짐(세정과-3896, 2005.11.21.).

> **사례** 근로복지공단이 직업재활센터용 부동산의 추징시기(행심 2006-1086, 2006.11.27.)
> 청구인이 이 사건 부동산을 당초 목적사업에 사용하지 못한 데에는 산재근로자 직업재활센터 건립추진상의 문제점이 대두하자 스스로의 사업판단에 따라 건립공사를 중지한 상태에서 이 사건 부동산을 취득하였다가 직업재활센터 건립 중단에 따른 사후조치로 국가(노동부)에 기부채납한 것에 그 이유가 있다 하겠고, 이에 법령에 의한 금지, 제한 등 객관적으로 불가능한 사유가 있었다고 볼 수도 없음.

④ 내국법인에 현물출자하는 경우

조세심판원에서는 일반적으로 발기인 또는 신주 인수인이 회사에 대하여 현물출자를 하면 회사는 이들에게 주식을 발행 교부하게 되는데 현물출자와 주식의 교부는 서로 대가관계에 있는 것으로 볼 것이므로 현물출자의 유상성이 인정된다 할 것인 점, 부동산을 증축·취득하였다가 현물출자하여 유예기간 내에 직접 사용하지 아니하고 소유권을 이전하였으므로 정당한 사유로

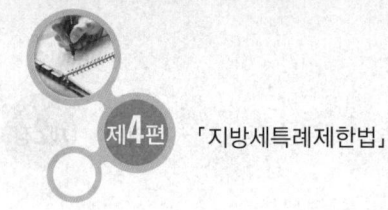

볼 수 없는 점 등에 비추어 유예기간 내에 부동산을 현물출자한 것은 감면 추징사유인 매각에 해당한다고 보이므로 취득세 등을 과세한 처분은 달리 잘못이 없다고 판단된다(조심 2015지1130, 2015.11.2.)라고 결정하고 있어서 내국법인에 현물출자도 마찬가지 판단된다.

3) 유의사항

① 지정 전 취득 부동산 감면 여부

「산업입지 및 개발에 관한 법률」에 의한 산업단지개발단지시행자 선정을 받기 위하여 토지의 소유 및 사용할 수 있는 권리 여부를 충족해야만 시행자 선정을 받을 수 있는 경우 법조문상 산업단지시행자 선정을 받기 위하여 취득한 토지에 대하여도 취득세 감면 여부는 명확하지 아니하다. 법문에는 산업단지를 조성하기 위하여 취득하는 부동산에 대하여 취득세를 면제한다고 규정되어 있고, 민간사업자가 산업단지를 조성하기 위하여는 토지를 소유하고 있어야만 산업단지 지정을 받을 수 있으므로 산업단지를 지정받기 위하여 취득하는 토지에 대하여도 감면받는 것이 입법 취지에 부합된다고 판단된다(조심 2014지1429, 2015.3.23. 참조). 그런데 지정되기 전에 취득한 부동산은 감면이 되지 아니할 것으로서 소급하여 감면이 적용되지 아니하는 것으로 해석할 여지가 있지만, 구 「지방세특례제한법」 제78조 제1항 본문이 조세감면 요건을 정하면서 감면 주체를 구 산업입지법 제16조에 따른 산업단지개발사업의 시행자로 정하고 있는 점, 구 산업입지법 제16조 제1항은 산업단지개발사업의 시행자에 관해 규정하면서 산업단지지정권자의 지정을 받을 것을 요구하고 있는 점, 이는 조세감면 혜택을 부여하기 전에 신청인이 산업단지개발사업을 수행할 의사나 능력이 있는지 구체적으로 확인하기 위한 취지인 것으로 보이는 점 등에 비추어보면, 구 「지방세특례제한법」 제78조 제1항 본문이 정하는 조세감면 대상은 산업단지지정권자에 의해 사업시행자로 지정된 자가 산업단지를 조성하기 위해 취득한 부동산에 한정된다고 해석함이 상당하다(대법원 2017두49171, 2017.9.28.).

> **사례** 토지 취득 후 산업단지개발사업 시행자로 지정된 경우(지방세특례제도과 – 788, 2019.10.1.)
> 취득세 감면에 관하여는 사업시행자로서 취득하는 토지로 대상물건을 한정하고 있다고 하나 그 취득세 감면 요건이 그대로 재산세 감면 요건으로도 적용되는 것이라 볼 수 있는 근거는 발견되지 아니하는 바, 대상 토지의 취득시기와 상관없이 사업시행자로서 조성공사를 진행하고 있다면 재산세 감면이 가능하다 할 것임.

② 지목변경

지목변경 취득도 부동산 취득의 일종으로 산업단지 감면이 적용되는 것이다.

> **사례** 토지에 대하여 공장용지로 사실상 그 지목을 변경함으로써 간주취득한 경우 산업단지개발사업의 시행자가 산업단지를 조성하기 위하여 취득하는 부동산에 해당됨(감심 2001 – 14, 2001.2.13. 참조)(지방세정팀 – 2726, 2006.7.4.).

③ 「신탁법」 상 신탁

수탁자 명의로 취득세를 신고납부하여야 하지만 대법원은 "원심은 제1심판결 이유를 인용하고 일부를 수정하거나 추가하여, 「신탁법」에 의한 신탁으로 수탁자에게 소유권이 이전된 토지에 대하여 구 「지방세특례제한법」(2013.1.1. 법률 제11616호로 개정되기 전의 것) 제78조 제2항(이하 '이 사건 감면조항'이라 한다)이 적용되는지 여부는 취득세 납세의무인 수탁자를 기준으로 판단하여야 함을 전제로, 이 사건 토지의 사실상 지목변경 당시 취득세 납세의무자로서 수탁자인 원고가 「산업입지 및 개발에 관한 법률」 제16조에 따른 산업단지개발사업의 시행자가 아니어서 이 사건 감면조항이 적용되지 않는다(대법원 2016두52248, 2019.10.31.)라고 판시하고 있다.[260]

④ 연구개발특구를 산업단지로 봄

「대덕연구개발특구육성에 관한 특별법」 제3조에서 이 법 가운데 특구에 대하여 규제를 완화하기 위하여 특례를 정하는 제3장 내지 제8장의 규정은 다른 법령에 우선하여 적용한다고 규정하고 있는 한편, 같은 법 제7장 제43조(산업단지에 관한 특례)에서 특구지역은 「산업입지 및 개발에 관한 법률」 제6조의 규정에 따른 국가산업단지로 본다고 규정한바, 같은 법 제2조 제1호의 연구개발특구의 경우 「지방세특례제한법」 제78조의 산업단지로 의제하여 산업단지에 대한 지방세 감면규정을 적용할 수 있다고 할 것이다.

> **사례** 경제자유구역 지정 지역의 산업단지 의제규정에 대한 해석(조심 2019지2310, 2021.3.22.)
>
> 「경제자유구역의 지정 및 운영에 관한 특별법」 제7조의 2 본문 및 제3호에서 경제자유구역의 지정이 있은 때에는 그 경제자유구역개발계획의 내용에 따라 「산업입지 및 개발에 관한 법률」 제6조, 제7조 및 제7조의 2에 따른 국가산업단지·일반산업단지 및 도시첨단산업단지의 지정·수립·승인 또는 변경이 각각 있은 것으로 본다고 규정하고 있다. 경제자유구역에는 다양한 시설물이 설치될 수 있고, 재정경제부장관이 고시한 인천경제자유구역 지정고시문에서도 국제업무지구, 지식정보산업단지, 테크노파크, 영종지구에 관세자유지역 조성 등의 산업유치계획이 포함되어 있으므로, 경제자유구역 내의 모든 토지에 대하여 산업단지에 대한 의제규정이 적용된다고 볼 수는 없고, 토지의 이용계획 중 산업단지와 관련된 지역에 한정하여 「경제자유구역의 지정 및 운영에 관한 특별법」 제7조의 2 제3호의 산업단지에 대한 의제규정이 적용될 수 있다고 보아야 할 것이다. 이 건 건축물 등이 소재한 지역의 경우 산업단지가 아닌 자유무역지구 내에 소재한 토지이므로, 이러한 토지 상에 건축물을 신축한 것이 지특법 제78조 제5항의 규정에 의한 감면대상에 해당된다고 볼 수 없음.

> **사례** 연구개발특구는 산업단지 등의 감면규정 적용 가능(지방세운영과-3885, 2011.8.17.)
>
> 특별법 제29조 제1항 본문 및 같은 항 제32호에서 특구개발사업의 시행자가 같은 법 제27조 제1항에 따라 실시계획의 승인을 받은 경우 「산업입지 및 개발에 관한 법률」 제16조에 따른 산업단지개발사업시행자의 지정, 같은 법 제17조에 따른 국가산업단지개발실시계획의 승인을 받은 것으로 본다고 규정하고 있으므로 특별법 제46조에 의거 설립된 해당 연구개발특구지원본부가 같은 법 제26조에 따른 특구개발사업의 시행자로 지정된 경우라면, 위 「지방세특례제한법」 제78조의 산업단지개발사업시행자로 의제할 수 있는바, 해당 연구개발특구의 개발·조성 등을 위하여 취득하는 부동

---

260) 같은 취지의 유권해석 : 지방세특례제도과-2728, 2015.10.7.

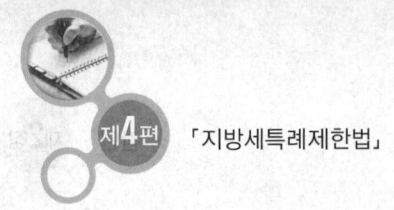

산에 대해 지방세 감면규정을 적용할 수 있음.

⑤ 산업단지개발사업시행자로 의제되는 경우

어떠한 법률에서 주된 인·허가가 있으면 다른 법률에 의한 인·허가가 있는 것으로 보는 데 그치는 것이고, 더 나아가 다른 법률에 의하여 인·허가를 받았음을 전제로 한 다른 법률의 모든 규정들까지 적용되는 것은 아니다(대법원 2015.4.23. 선고, 2013두11338 판결 참고)할 것이고, 또한 「지방세특례제한법」 제3조 제1항에서는 이 법, 「지방세법」 및 「조세특례제한법」에 따르지 아니하고는 「지방세법」에서 정한 일반과세에 대한 지방세 특례를 정할 수 없도록 규정하고 있으므로, 다른 법률에 따라 산업단지시행자로 의제된다 하여도 지방세 과세에 관한 특례를 별도로 규정하지 않는 한 산업단지에 대한 감면규정까지 적용하여 지방세를 감면할 수 없을 것이다(지방세특례제도과-709, 2016.4.7.). 그런데 위 규정에 따라 지방세가 경감되는 부동산은 산업단지 개발사업의 시행자가 '산업단지 개발실시계획'을 거쳐 '지정권자의 승인'을 받아 '이미 산업단지로 조성된 토지'에서 취득하는 부동산을 의미하는 것으로 보아야 하고, 이러한 취지는 산업입지법 제39조의 11 제1항에 의하여 재생사업지구로 지정·고시되어 산업단지가 지정·고시된 것으로 의제되는 경우에도 마찬가지라고 할 것이다. 그렇다면 재생사업지구로 지정·고시되었지만 '재생사업계획'과 '지정권자의 승인'을 받지 못한 상태에서는 원고와 같이 공장을 신축하기 위해 부동산을 취득하였더라도 그에 대한 취득세나 재산세가 감면된다고 할 수 없다(대법원 2017두33138, 2017.5.12.)라고 판시하고 있다.

⑥ 착공 준비 중인 경우 건축 중으로 볼 수 없음

착공신고를 하였으나 토지의 경계를 구분짓는 펜스만 둘러져 있고, 공사현장이라는 표지만 있을 뿐 토지는 나대지 상태로 방치되어 있는 경우 건축 중에 있다고 볼 수 없다. 즉 산업단지를 조성하기 위한 착공에 필요한 준비작업만을 실시하고 있는 경우 산업단지의 조성을 위한 공사에 착수하였다고 볼 수 없는 것이다(행심 2006-1121, 2006.12.27. 참조).

⑦ 전체 면적에 대하여 착공신고를 한 후 단지 내 도로 부분 공사를 시작한 경우

"산업단지조성공사"는 산업입지법 제2조 제8호 및 제9호에 비추어 용지, 도로, 전기·통신시설, 용수공급시설, 하수·폐기물처리시설 등을 아우르는 일단의 토지를 조성하는 사업을 통칭하는 것이고, 이러한 사업은 그 특성 상 용지조성공사를 시작으로 하여 순차적으로 진행될 수밖에 없다. 그런데 용지조성공사는 수직적으로 건축물을 쌓아 올리는 건축공사와 달리 수평적으로 일단의 토지를 조성하는 것이라서 착공신고서에 기재된 면적 중 일부분에 대하여 흙깎기나 흙쌓기 등의 작업이 시작된 이상, 해당 착공신고에 따른 산업단지조성공사는 시작되었다고 보아야 할 것이다. 또한 처분청의 의견대로면, 상반기에 조성공사를 시작하는 산업단지는 해당 토지의 대부분이 종합합산 과세대상으로 구분되어 재산세뿐만 아니라 종합부동산세까지 부담하게 되고, 해당 토지 중 일부는 조성공사가 완료될 때까지 매년 위와 같은 부담을 질 수밖에 없는바, 이는 국토의 효율적 이용을 위하여 개발사업용 토지의 세부담을 경감시키고자 한 이 건 분리과세 규정 등의 입법 취지에도 부합하지 않는다고 할 것이다. 따라서 이 건 분리과세 규정 등의 문언과 취지에 비추어 보면, 청구법인이 이 건 토지를 포함하여 이 건 산업단지 전체 면적(1,121,000㎡)에 대하여 착공신고를 한 후, 이 건 재산세 과세기준일(6.1.) 전에 단지 내 도로 부분의 공사를 시작한 사실이 확인되는 이상, 이 건 토지는 이 건 분리과세 규정 및 이 건 감면규정에 따라 재산세 감면대상 및 분리과세대상으로 보는 것이 타당하다(조심 2022지0056, 2024.2.14.).

(2) 산업단지 등 조성 후 산업용 건축물 등 분양 · 임대 목적용 부동산에 대한 감면(지특법 §78 ②)

1) 감면요건

① 감면대상자

「산업입지 및 개발에 관한 법률」 제16조에 따른 산업단지개발사업의 시행자, 「산업기술단지 지원에 관한 특례법」 제4조에 따른 사업시행자

② 감면대상 및 감면범위

산업단지 또는 산업기술단지를 개발 · 조성한 후 산업용 건축물 등의 용도로 분양 또는 임대 목적으로 취득 · 보유하는 부동산(2014년 이전 개발 · 조성하여 분양 또는 임대할 목적으로 취득하는 부동산)	취득세 35%(2014년 이전 면제) 재산세 35%(2014년 이전 50%) 경감(주) 〔비수도권 산업단지 60%, 2014년 이전 면제)〕 (도시지역분 제외)

- 감면시한 : 2025.12.31.(재산세는 2025.12.31. 이전 취득하여 보유하는 조성공사가 끝난 토지)
- 농어촌특별세 과세 여부 : 취득세분과 취득세 경감분(면제분) 농어촌특별세 과세
- 2016년 이전은 지방자치단체장은 25% 범위 내에서 조례로 추가 경감 가능하였으며, 2016.12.31. 이전 종전의 규정에 따라 취득하여 보유하고 있는 부동산의 경우로서 2017.1.1. 당시 재산세 납세의무가 최초로 성립하는 날부터 3년이 경과하지 아니한 분에 대해서는 재산세 개정 규정이 적용됨(부칙 §8 ①).
- 사업시행자가 해당 사업을 영위하기 위하여 취득하는 부동산에 대해서는 2016년 개정 규정에도 불구하고 2017.12.31.까지 종전의 감면율을 적용함(부칙 §20).
- 산업용 건축물 등의 범위(2022년 이전에는 지특령 §29 ①을 말함)
  - ① 「도시가스사업법」 §2 5에 따른 가스공급시설용 건축물〔2023년 이후 산업단지에 설치된 지령 §5 ① 4의 도관시설(연결시설 포함)의 경우 해당 지역에 가스를 공급하기 위한 도관시설로 한정함〕
  - ② 「산업기술단지 지원에 관한 특례법」에 따른 연구개발시설 및 시험생산시설용 건축물
  - ③ 「산업기술단지 지원 「산업입지 및 개발에 관한 법률」 §2에 따른 공장 · 지식산업 · 문화산업 · 정보통신산업 · 자원비축시설용 건축물과 이와 직접 관련된 교육 · 연구 · 정보처리 · 유통시설용 건축물261)〔단, 공장용 건축물은 행정안전부령

---

261) 법인이 산업단지 내에서 정보통신 분야의 전문지식을 활용하여 4G/5G 이동통신 액세스 기술 등 첨단기술과 제품을 개발하고 관련 이동통신서비스를 제공하는 등의 전기통신업은 기술집약도가 높고 기술혁신속도가 빠른 첨단기술과 제품을 개발하는 등 산업구조 고도화에 대한 기여효과가 큰 고부가가치를 창출하는 지식기반산업으로 지식산업에 포함된다고 할 것이다. 오로지 산입법 제2조 제4호에 따른 「정보통신산업 진흥법」 제2조 제2호에서 전기통신업 등을 정보통신산업에서 제외하고 있다는 이유만으로 4G/5G 등 이동통신 분야 전기통신업을 산업용 건축물 등의 범위에 제외된다고 함은 그 입주를 허용하는 산입법 취지와 그 입

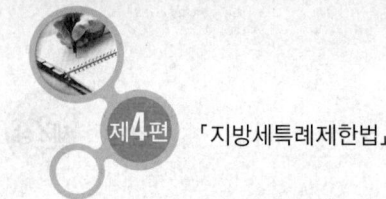
으로 정하는 업종 및 면적기준 등을 갖추어야 하므로, 공장용 건축물은 지칙〔별표 2〕에서 규정하는 업종의 공장으로서 생산설비를 갖춘 건축물의 연면적(옥외에 기계장치 또는 저장시설이 있는 경우에는 그 시설물의 수평투영면적 포함)이 200제곱미터 이상인 요건을 갖추어야 함〔이 경우 건축물의 연면적에는 그 제조시설을 지원하기 위하여 공장 경계구역 안에 설치되는 종업원의 후생복지시설 등 각종 부대시설(수익사업용으로 사용되는 부분 제외)을 포함〕

④ 「산업집적활성화 및 공장설립에 관한 법률」 §30 ②에 따른 관리기관이 산업단지의 관리, 입주기업체 지원 및 근로자의 후생복지를 위하여 설치하는 건축물(수익사업용으로 사용되는 부분 제외)

⑤ 「집단에너지사업법」 제2조 제6호에 따른 공급시설용 건축물〔2023년 이후 산업단지에 설치된 지령 §5 ① 4의 도관시설(연결시설 포함)의 경우 해당 지역에 집단에너지를 공급하기 위한 도관시설로 한정함〕

⑥ 「산업집적활성화 및 공장설립에 관한 법률 시행령」 §6 ⑤ 1∼5, 7 및 8에 해당하는 산업용 건축물

☞ (주) 2017년 이후 사업시행자가 2025.12.31.까지 취득하여 보유하는 조성공사가 끝난 토지(사용승인을 받거나 사실상 사용하는 경우 포함)에 대해서는 재산세 납세의무가 최초로 성립하는 날부터 5년간만 감면 적용됨. 여기서 "최초로 성립하는 날부터 5년간"이라 함은 해당 부동산의 취득일(조성공사 완료일)부터 최초로 도래하는 과세기준일을 포함하여 5년간을 말함.

2014.12.31. 이전에는 산업단지개발사업은 산업단지를 조성하기 위하여 시행하는 용지조성사업, 건축사업 및 기반시설 설치사업 등을 포함한 포괄적인 개념이며, 「지방세특례제한법」 제78조 제2항에서 사업시행자가 산업단지를 개발·조성하여 분양 또는 임대목적으로 취득하는 부동산이라 규정하고 있어 감면대상 부동산을 산업용 건축물로 한정한다 할 수 없다(지방세운영과−2614, 2011.6.5.)라고 해석하여 왔으나,[262] 대법원에서는 "산업단지개발사업시행자가 「지방세특례제한법」 제78조 제2항에 따라 취득세를 감면받으려면 해당 연도 산업입지법 제2조 제9호의 산업단지개발사업을 시행한 결과로 취득한 부동산이어야 하고, 관련규정 외의 산업단지개발사업을 시행한 결과로 취득하지 않은 것은 감면대상에 해당하지 않는다. 이 사건 공동주택은 '원고가 산업단지개발사업시행자로서 2013년도 산업입지법 제2조 제9호 소정의 산업단지개발사업을 시행한 결과로 취득한 것'이라고 볼 수 없으므로 감면이 되지 않는다(대법원 2019두45180, 2019.10.18. 판결 : 심리불속행 기각)"라고 판시하여 유권해석과 달리 판단하고 있다.

주기업체의 범위에 포함하고 있는 산집법 취지와도 불부합하다고 할 것이다. 산업단지 내에서 정보통신 전문분야의 지식을 활용하여 4G/5G 이동통신 액세스 기술 등 첨단기술과 제품을 개발하고 관련 이동통신서비스를 제공하는 등의 이동통신분야 전기통신업 용도 부분은 지방세 감면대상인 산업용 건축물 등에 해당된다고 판단됨(지방세특례제도과−2634, 2020.11.5.).

262) 「지방세특례제한법」 제78조 제2항의 부동산이 같은 조 제1항의 부동산과 동일하다고 볼 수 없고 같은 조 제3항의 산업용 건축물 등을 의미한다고 볼 수도 없으므로, 「지방세특례제한법」 제78조 제2항의 '분양 또는 임대할 목적으로 취득하는 부동산'의 의미를 산업단지에 대한 취득세 등의 면제 취지와 법 문언에 비추어 합목적적으로 해석할 수밖에 없다 할 것인데, 「산업입지 및 개발에 관한 법률」이 1995.12.29. 법률 제5111호로 개정되면서 종전에는 공업단지개발사업을 공업용지조성사업과 이와 관련된 기반시설조성사업으로 규정하다가 개정 후에는 제2조 제6호 라목에서 산업단지의 기능제고를 위한 주거시설·문화시설·의료복지시설·체육시설·관광휴양시설 등의 용지조성사업 및 공원조성사업을 추가로 신설하여 종전에 공업단지개발사업을 단순히 공업용지를 조성, 공급하던 형태에서 산업단지개발사업으로 변경된 후에는 단순한 용지조성사업뿐만 아니라 산업단지의 기능제고를 위한 건축물 등 시설물의 건축사업까지 포함하는 개념으로 확대되었다고 보이고, 이러한 「산업입지 및 개발에 관한 법률」의 개정 취지에 맞추어 종전의 「지방세법」 제276조와 현행 「지방세특례제한법」 제78조 제2항에서 산업단지를 조성하는 과정에서 분양 또는 임대할 목적으로 취득한 부동산에 대하여 취득세 등을 면제하는 것으로 개정된 것으로 보임(조심 2015지185, 2016.6.10.).

그리고 감면대상 부동산 범위를 별도로 규정하고 있지 아니하므로 공장용 건축물을 멸실하지 않고 있지만 취득 후 다른 용도로 사용함이 없이 산업단지 등 조성공사용으로 사용하기 위해 보유 중이면서 다른 용도로 사용하거나 사용하고자 하는 의도가 없는 경우에는 감면대상이 될 것이며, 재산세의 경우에는 조성 중에 있어야 감면대상이 될 것이므로 조성하지 않고 단순히 보유 중(착공한 경우에는 조성 중에 있는 것으로 보아야 할 것임)에 있는 경우에는 재산세 감면대상이 되지 아니하는 것이다.

2) 추징요건

① 2017.1.1. 이후

㉠ 취득세 추징

신·증축한 산업용 건축물 등은 취득일부터 3년 이내 정당한 사유 없이 해당 용도로 분양 또는 임대하지 아니하는 경우

㉡ 재산세 추징

조성공사가 끝난 토지(사용승인을 받거나 사실상 사용하는 경우 포함)는 조성공사가 끝난 날부터 3년 이내에 정당한 사유 없이 해당 용도로 분양 또는 임대하지 아니하는 경우

② 2016.12.31. 이전

취득일부터 3년 이내에 정당한 사유 없이 분양 또는 임대용으로 직접 사용하지 아니하는 경우(2015.12.31. 이전은 산업단지 또는 산업기술단지를 개발·조성하지 아니하는 경우) 해당 부분에 대하여는 감면된 취득세 및 재산세를 추징한다. 여기서 조성의 의미는 완료를 의미하여 취득세 등을 추징한다. '취득일부터 3년 이내에 정당한 사유 없이 산업단지 또는 산업기술단지를 개발·조성하지 아니하는 경우'라 함은 그 취득일부터 3년 이내에 정당한 사유없이 산업단지 또는 산업기술단지를 조성하지 아니하고 위 기간을 경과한 경우뿐만 아니라, 토지를 취득한 후 정당한 사유없이 산업단지 또는 산업기술단지를 조성하지 않은 채 3년 이내에 이를 타에 매각처분하는 등으로 산업단지 또는 산업기술단지를 조성하지 아니하게 된 경우도 포함된다(대법원 2002두11752, 2004.4.28. 참조).

산업단지 또는 산업기술단지 조성 후에 토지를 임대하였다 하더라도 산업단지 또는 산업기술단지 조성공사를 완료하였으므로 감면받은 취득세와 재산세(조성공사기간 동안의 재산세에 한함)는 추징되지 아니할 것이다.

한편, 도로개설이 외부적인 요인, 즉 행정청에 요구에 따른 경우에는 정당한 사유로 볼 수 있으나, 내부적인 요인인 경우에는 정당한 사유로 볼 수 없을 것이다.

3) 임대 시 감면 여부

시행자가 산업단지조성 후 3년 이내에 산업용 건축물을 건축하는 경우 그 건축물 임대하는 경

우 감면 여부는 다음과 같다.

「지방세특례제한법」 제78조 제3항에 따르면 산업단지 등의 사업시행자가 산업단지 등의 조성공사를 완료하고 산업용 건축물 등을 신·증축하여 취득하는 부동산에 대하여 취득세를 면제한다라고 규정되어 있다. 이 규정은 산업단지인 토지가 아니라 토지 위에 산업용 건축물 등을 신·증축하는 경우에 적용되는 규정으로서 임대의 경우에도 감면대상이 되는지 명확하지는 아니하나, 토지만 임대(제2항에 규정)하는 것이 아니라 건축물도 임대하여야 산업단지의 기능을 제대로 발휘할 수 있기 때문에 산업용 건축물 등이기만 하면 감면대상이 될 것이다. 즉 임대용 산업용 건축물 등도 감면대상이 된다는 것이다. 또한 추징규정에도 직접 사용하지 아니하는 경우, 다른 용도로 사용하는 경우라는 문구가 없다는 점 때문에 이렇게 해석하여야 할 것이다.

한편, 2014.12.31. 이전에는 「지방세특례제한법」 제78조 제2항에서는 취득하는 부동산으로 규정되어 있는바, 이는 산업단지 등의 조성하기 위하여 취득하는 토지와 건축물 모두 감면이 되는 것이며, 여기서 산업용 건축물이 아닌 경우에도 감면대상이 되는 것이다(지방세운영과-2614, 2011.6.5 참조). 그 이유는 제1항과 제2항에서는 산업용 건축물 등으로 한정하여 규정되어 있지 않으며, 제3항과 제4항에서만 산업용 건축물 등으로 한정하여 감면하는 것으로 규정하고 있기 때문이다. 이 규정은 산업단지 조성과 함께 신축되는 건축물이 감면대상이 된다는 것이다.

(3) 산업단지 등 조성 후 산업용 건축물 등 신·증축에 대한 감면(지특법 §78 ③)

1) 감면요건

① 감면대상자

「산업입지 및 개발에 관한 법률」 제16조에 따른 산업단지개발사업의 시행자, 「산업기술단지 지원에 관한 특례법」 제4조에 따른 사업시행자

② 감면대상 및 감면범위

산업단지 또는 산업기술단지를 개발·조성한 후 직접 사용하기 위하여 산업용 건축물 등의 신축이나 증축용 부동산	취득세 35% 경감 (2014년 이전 면제)
산업단지 또는 산업기술단지 안에서 직접 사용하기 위하여 신축하거나 증축한 산업용 건축물 등 및 취득·보유하는 조성공사가 끝난 토지(사용승인을 받거나 사실상 사용하는 경우 포함)	재산세 35%(2014년 이전 60%) 경감[주] 〔비수도권 산업단지 60% 경감(2014년 이전 면제)〕(도시지역분 제외)

📌 감면시한 : 2025.12.31.(재산세는 2025.12.31. 이전 취득하여 보유하는 조성공사가 끝난 토지)

📌 농어촌특별세 과세 여부 : 취득세분과 취득세 경감분(면제분) 농어촌특별세 과세

📌 '직접 사용하기 위하여'라는 조문은 2016.1.1. 이후 적용되나, 그 전에도 이와 동일하게 해석하여야 할 것임.

📌 산업용 건축물 등의 범위 : 상기 (2)의 사업용 건축물 등과 동일함.

📌 2016년 이전은 지방자치단체장은 25% 범위 내에서 조례로 추가 경감 가능하였으며, 2016.12.31. 이전에 산업단지 또는 산업기술단지 조성공사를 끝내고 사업시행자가 직접 사용하기 위하여 신축이나 증축으로 취득한 산업용 건축물 등 및 조성공사가 끝난 토지에 대한 재산세의 경감에 대해서는 개정 규정에도 불구하고 종전의 규정에 따름(부칙 §8 ②).

☞ 사업시행자가 해당 사업을 영위하기 위하여 취득하는 부동산에 대해서는 개정 규정에도 불구하고 2017.12.31.까지 종
전의 감면율을 적용함(부칙 §20).

☞ (주) 사업시행자가 2019.12.31.까지 취득하여 보유하는 조성공사가 끝난 토지(사용승인을 받거나 사실상 사용하는 경
우 포함)에 대해서는 재산세 납세의무가 최초로 성립하는 날부터 5년간(2016년 이전에도 동일하였음)만 감면 적
용됨. 여기서 "최초로 성립하는 날부터 5년간"이라 함은 해당 부동산의 취득일(조성공사 완료일)부터 최초로 도래하
는 과세기준일을 포함하여 5년간을 말함.

산업용 건축물 등의 취득세 면제는 취득시기에 관계없이 "단지조성공사가 완료된 후" 신·증
축으로 취득하는 건축물에 대하여는 면제가 되나(세정과-2574, 2004.8.17.), 토지의 경우에는 신·
증축과 무관하게 조성공사 완료일로부터 5년 동안에 한하여 재산세를 면제하지만, 조성공사 완
료일로부터 3년 이내 산업용 건축물 등을 신·증축하지 않은 경우에는 면제한 재산세가 추징된
다. 한편, 산업단지가 준공되어 사업시행자 지위가 종료 되었는지 여부에 불문하고, 산업단지 사
업시행자가 준공 이후 사업시행자가 직접 사용하기 위하여 신축이나 증축으로 취득하는 산업용
건축물 등에 대하여는 감면적용 여부를 판단하여야 할 것이다(지방세특례제도과-3394, 2016.11.14.).

한편, 재산세 감면에 대하여 "조성공사가 시행되고 있는 토지"를 대상물건으로 하였을 뿐, 그
토지의 취득시기 등 그 외 감면요건에 관하여 달리 정한 바 없고, 재산세 과세기준일(매년 6월
1일) 현재 재산을 사실상 소유하고 있는 자에게 부과되는 재산세는 그 과세기준일 현황에 따라
재산세의 부과 및 감면 요건의 충족여부를 판단하여야 할 것이므로, 비록 사업시행자 지정 전
대상 토지를 취득하였으나 현재 사업시행자로서 토지 조성공사를 진행하고 있는 이상 감면요건
이 불충족되었다고 보기는 어려운 것이라고 할 것으로, 취득세 감면에 관하여는 사업시행자로서
취득하는 토지로 대상물건을 한정하고 있다고 하나 그 취득세 감면 요건이 그대로 재산세 감면
요건으로도 적용되는 것이라 볼 수 있는 근거는 발견되지 아니하는 바, 대상 토지의 취득시기와
상관없이 사업시행자로서 조성공사를 진행하고 있다면 재산세 감면이 가능하다 할 것이다. 재산
세 감면에 관하여, 사업시행자 지위 보유 이후 취득한 토지만을 대상으로 한다는 취지의 감면여
건은 나타나 있지 아니한바, 재산세 감면이 가능하다 할 것이고, 「지방세특례제한법」 제78조 제3
항 제2호가 정한 "제1항에 다른 사업시행자가 2019년 12월 31일까지 취득하여 보유하는 조성공
사가 끝난 토지"는 반드시 토지 취득시점에 이미 사업시행자 지정이 있어야 했다는 것을 의미하
는 것이라고 할 수 없는 것으로, 조성공사 완료된 토지의 보유시점에서 사업시행자이면 되는 것
이므로 재산세를 감면함이 타당하다(지방세특례제도과-788, 2019.10.1.).

2) 추징요건

① 2017.1.1. 이후

㉠ 취득세 추징

㉮ 정당한 사유 없이 그 취득일부터 3년 이내에 해당 용도로 직접 사용하지 아니하는 경우

㉯ 해당 용도로 직접 사용한 기간이 2년 미만인 상태에서 매각·증여하거나 다른 용도로
사용하는 경우

ⓒ 재산세 추징

㉮ 정당한 사유 없이 그 조성공사가 끝난 날부터 3년 이내에 해당 용도로 직접 사용하지 아니하는 경우

㉯ 해당 용도로 직접 사용한 기간이 2년 미만인 상태에서 매각·증여하거나 다른 용도로 사용하는 경우

② 2016.12.31. 이전

산업단지 또는 산업기술단지 조성공사가 끝난 날부터 정당한 사유 없이 3년 이내에 산업용 건축물 등을 신축하거나 증축하지 아니하는 경우에 해당 부분에 대하여는 감면된 취득세 및 재산세를 추징한다.

사업시행자가 산업단지를 조성한 후에 산업용 건축물 등을 신축하거나 증축하기 위해서 취득한 부동산으로서 토지 승계취득에 따른 취득세와 토지의 지목변경에 따른 취득세를 감면받은 것은 감면규정과 감면목적이 동일하므로 추징대상이 될 경우에 달리 구분하여 판단할 이유가 없는 바, 추징대상이 될 경우에는 기 감면받은 취득세 전부를 추징해야 하는 것이다. 그런데 조성공사가 완료된 후에 정당한 사유없이 3년 내에 산업용 건축물 등을 신축하거나 증축하지 아니하였으나 산업단지 조성공사만 완료하였다고 하여 감면받은 토지의 승계취득에 따른 취득세와 지목변경에 따른 취득세를 추징하지 않는다면, 산업용 건축물 등을 신·증축하지 아니한 경우에는 산업용 건축물 등의 취득이 발생하지 않아 감면받은 취득세가 없으므로 추징이라는 말 자체가 성립되지 않는 문제점이 있다. 그리고 「지방세법」 제276조 제2항의 산업단지개발사업의 사업시행자에 대한 취득세 등 감면규정은 1997.8.30. 법률 제5406호(1997.10.1. 시행)로 처음 신설되었는데, 이와 관련된 1997년 「지방세법」 개정안 국회 검토보고서」에서 「지방세법」 개정안 제276조 제2항에 대하여 감면내용은 사업시행자의 공장용 부동산 취득으로, 감면 이유는 지역경제 활성화로, 감면대상은 조성자로 기재하고 있는바, 그 감면취지는 사업시행자의 공장용 건축물 신·증축 활성화를 위한 것으로 보여진다. 또한, 구 「지방세법」 제276조 제1항에서 산업단지에서 산업용 건축물 등을 신축하거나 증축하고자 하는 자가 취득하는 부동산에 대하여는 취득세 등을 면제하되, 그 취득일부터 3년 내에 정당한 사유없이 산업용 건축물 등의 용도에 직접 사용하지 아니하는 경우 등은 그 해당 부분에 대하여는 면제된 취득세 등을 추징한다고 규정하고 있으므로 사업시행자가 조성공사가 완료된 후에 정당한 사유없이 3년 내에 산업용 건축물 등을 신축하거나 증축하지 아니하였음에도 감면받은 취득세를 추징하지 않을 경우 산업단지 입주자와의 과세불형평 문제가 있다. 따라서 구 「지방세법」 제276조 제2항의 산업단지개발사업의 사업시행자에 대한 취득세 감면 신설 취지, 추징 제외 시 발생되는 문제점 및 사업시행자와 입주자간의 과세형평성 등을 종합적으로 고려할 때 산업단지개발사업의 시행자가 산업단지를 조성한 후에 산업용 건축물 등을 신축하거나 증축하고자 하는 경우로서 조성공사가 완료된 후에 정당한 사유없이 3년 내에 산업용 건축물 등을 신축하거나 증축하지 아니하는 경우에는 감면된 토지의 승계취득에 따른 취득세와 지목변경에 따른 취득세 모두가 추징대상에 해당되는 것으로 된다(지방세운영과-714, 2014.2.27.).[263]

그런데 「지방세특례제한법」 제78조 제3항에 "산업단지 또는 산업기술단지 조성공사를 끝내면 다음 각 호에서 정하는 바에 따라 지방세를 감면한다"라고 규정되어 있고, 단서에 추징내용이 규정되어 있다. 그렇다면 이는 본문에 따른 감면분만 추징하는 것으로 해석하여야 하는데, 이를 같은 조 제1항에 의한 감면분까지 추징한다라고 해석한 것은 잘못된 것으로 판단된다. 그 이유는 제1항에 따른 추징내용이 별도로 규정되어 있고, 제3항의 추징내용은 제3항의 본문에 따른 감면분만 추징하는 것으로 해석하여야 하기 때문이다.

3) 유의사항

① 건축물만 취득세 감면

취득세 감면대상은 토지가 아니라 산업용 건축물 등이다. 즉 토지는 산업단지 조성용 토지에 대하여는 상기 감면규정이 있으므로 추가로 신·증축하는 건축물에 대하여 감면을 받을 수 있는 것이다.

② '납세의무가 최초로 성립하는 날부터 5년간'의 의미

일반적으로 재산세의 경우 '납세의무가 최초로 성립하는 날부터 5년간'이라 함은 해당 부동산의 취득일로부터 최초로 도래하는 과세기준일을 포함하여 5년간이라는 것을 뜻한다. 즉 토지에 대하여는 토지 취득일이 기준이며, 신축 건물에 대하여는 신축 건물 취득일이 기준이 될 것이다. 그런데 이 감면규정에서 조성공사가 끝난 토지에 대하여 최초 취득일 후 최초로 납세의무가 성립하는 날부터 아니면 조성공사 완료 후 최초로 납세의무가 성립하는 날부터인지 논란이 되고 있다. 법조 문상은 취득일 기준으로 해석되어 지나, 법 취지상 조성공사 완료일 기준으로 해석되어진다. 이에 대하여 조세심판원에서는 조성공사 완료일로부터 5년 동안에 한하여 재산세를 면제하고 조성일로부터 3년 이내 산업용 건축물 등을 신축하지 않은 경우에는 면제한 재산세를 추징하는 규정이어서 조성공사 완료일로부터 5년이 경과된 후에는 재산세 면제대상에서 과세대상으로 전환되는 것이다(조심 2012지306, 2012.6.27.)라고 결정하고 있다.[264] 후자로 해석이 된다고 하더라도 조성공사 완료일로부터 3년 이내 산업용 건축물 등을 신축하지 않은 경우에는 재산세가 추징된다.

산업용 건축물 등은 납세의무가 최초로 성립하는 날부터 5년 동안, 토지는 조성공사 완료일로부터 5년 동안에 한하여 재산세를 50% 감면(면제)하고, 조성공사 완료일로부터 3년 이내 산업용 건축물 등을 신축하지 않은 경우에는 50% 감면(면제)한 재산세를 추징하는 규정이어서 조성공사 완료일로부터 5년이 경과된 후에는 재산세 면제대상에서 과세대상으로 전환되는 것이다.

---

263) 법제처에서도 이에 대해 동일하게 해석하고 있다. 즉 추징대상에는 지목변경에 따른 취득세 감면분뿐만 아니라, 산업단지 조성을 위한 부동산 취득에 따른 취득세 감면분도 포함된다고 할 것이다(법제처 14-0305, 2014.7.10.).

264) 조성공사 완료일 기준이 맞다면 법조문을 "신·증축 후 또는 조성공사 완료 후 재산세의 납세의무가 성립하는 날로부터 5년간"으로 개정하여 이를 명확히 하여야 할 것이다.

③ 토지 취득일로부터 3년 이내 산업단지 등을 조성하지 아니한 경우

토지 취득일로부터 3년 이내에 산업단지 조성공사가 준공이 되지 아니하여 당초 토지에 대한 취득세 감면분이 추징되었다 하더라도 그 이후에 준공이 되어 산업용 건축물을 신·증축한 경우라면 건축물분 취득세(토지는 제외), 토지(조성 이후 신·증축용에 승계취득 또는 지목변경에 한함)와 건축물에 대한 재산세의 감면혜택을 누릴 수 있다. 이 경우 조성공사 완료 후 3년 이내에 산업용 건축물을 신·증축한 경우라면 매각하더라도 추징규정이 없어 추징할 수는 없을 것이다.

④ 토지 임대

토지 임대부분에 대하여는 신·증축용이 아니므로 조성공사 완료 후에 과세기준일로 도래하는 재산세분은 감면이 되지 아니할 것이므로 감면받은 부분이 있다면 임대 시 추징이 되는 것이다.

⑤ 산업단지개발사업시행자의 지위승계

산업단지개발사업시행자의 지위 유지는 산업단지 지정권자의 "지정해제" 등으로 그 지위가 소멸할 때까지 지속된다.

> **사례** 산업기술단지 안에서 조성공사가 끝난 토지에 대하여는 재산세 적용사례
>
> 1. A토지 – 2001.12.1. 취득(기존 소유 건물로 필지 위 공장용 건축물 있음)
> 2. B토지 – 2006.12.28. 취득
> 3. C토지 – 2007.6.11. 취득
>
> 납세의무자 최초로 성립하는 날로부터 5년간 재산세를 감면한다고 되어 있는바, B토지는 2007년부터 5년간, C토지는 2008년부터 5년간 감면됨에 따라. 2011.4.11. 준공되어 확정된 새로운 지번에 대하여 토지비율만큼 안분하여, 감면적용연도를 달리해야 하는지, 아니면 준공일로부터 다시 A, B, C 토지 모두 2011년부터 5년간 감면을 해야 하는지 여부
>
> 「지방세특례제한법」 제78조 제3항에 의거하여 조성공사가 끝난 토지는 조성공사 완료 후 납세의무가 최초로 성립되는 날로부터 5년간은 재산세가 감면되는 것이다.
>
> A토지(2001.12.1.)
>
> 기존 건축물을 멸실한 후 산업단지 등 조성 중에 있는 경우 조성 중인 기간 3년간은 감면, 3년 경과된 기간은 과세되나, 조성공사 완료(2011.4.12) 후 최초 2011(2011.6.1. 현재)부터 2015까지 감면, 그 후 과세
>
> → 조성 중 기간 3년 경과시점과 조성공사 완료 시 동일하여 동시 적용 시 조성공사 완료, 즉 후자에 의해 감면 적용되며, 조성공사 시작된 시점에 따라 2002-2010년 감면 여부 결정
>
> B토지(2006.12.28.)
>
> 조성용 부동산으로 조성 중에 있는 경우 조성 중인 기간 3년간은 감면, 3년 경과된 기간은 과세, 조성공사 완료(2011.4.12.) 후 최초 2011(2011.6.1. 현재)부터 2015까지 감면, 그 후 과세
>
> → 조성 중 기간 3년 경과시점과 조성공사 완료 시 동일하여 동시 적용 시 조성공사 완료, 즉 후자에 의해 감면 적용되며, 조성공사 시작된 시점에 따라 2007년, 2008년, 2009년, 2010년 감면 여부 결정
>
> C토지(2007.6.11.)
>
> 조성용 부동산으로 조성 중에 있는 경우 조성 중인 기간 3년간은 감면, 3년 경과된 기간은 과세, 조성공사 완료(2011.4.12.) 후 최초 2011(2011.6.1. 현재)부터 2015까지 감면, 그 후 과세

→ 조성 중 기간 3년 경과시점과 조성공사 완료 시 동일하여 동시 적용 시 조성공사 완료, 즉 후자에 의해 감면 적용되며, 조성공사 시작된 시점에 따라 2008년, 2009년, 2010년 감면 여부 결정 '

사례 산업단지개발 완료로 취득한 부동산 임대 시(조심 2012지0307, 2012.6.27.)

조성공사완료일(1989.9.30.)로부터 5년이 경과되었으므로 「지방세특례제한법」 제78조 제3항 제2호 및 제3호의 감면 적용대상에서 제외된다 하겠다. 다만, 청구법인이 OOO부지 중 임대사용하지 아니하고 고유업무에 직접 사용하는 부분에 대하여는 과세대상에서 제외되는 정당한 사유가 있다고 봄이 타당함.

(4) 산업단지 등에서 산업용 건축물 등 신·증축(건축)과 대수선에 대한 감면(지특법 §78 ④, ⑤)

1) 감면요건

① 감면대상자

산업단지·유치지역·산업기술단지("산업단지 등")에서 산업용 건축물 등 신·증축자(2016년 이전 건축자), 대수선자[2016.1.1. 이후 「산업입지 및 개발에 관한 법률」 제16조에 따른 산업단지개발사업의 시행자, 「산업기술단지 지원에 관한 특례법」 제4조에 따른 사업시행자는 상기 (3)이 적용되므로 제외되며, 그 전에도 동일하게 해석하여야 함]

② 감면대상 및 감면범위

산업단지 등에서 산업용 건축물 등을 신축하기 위하여 취득하는 토지, 신축이나 증축용 산업용 건축물 등[2019년 이전은 신·증축(2012년~2016년은 건축)하여 취득(2022년 이후 취득하여 중소기업자에게 임대하는 경우 포함)하는 부동산, 신축 또는 증축한 부분에 해당하는 부속토지 포함]. 단, 2021년 이전은 공장용 건축물[265](「건축법」 §2 ① 2에 따른 건축물을 말함)을 신·증축(2012년~2016년은 건축)하여 중소기업자에게 임대하려는 자 포함(주)	취득세 50% 경감 (2014년 이전 면제) 재산세 35% (2014년 이전 50%) 경감 〔비수도권 산업단지 75% 경감(2014년 이전 면제)〕 (도시지역분 제외)
산업단지 등에서 산업용 건축물 등을 대수선(2017년 이후는 「건축법」 제2조 제1항 제9호에 해당하는 경우로 한정)하여 취득하는 부동산	취득세 25% (2014년 이전 50%) 경감

---

265) 괄호규정의 공장용 건축물을 건축하여 중소기업자에게 임대하려는 자를 포함하고 있는바, 이는 산업용 건축물 등을 신축 또는 증축하고자 하는 자가 부동산을 취득하더라도 스스로 이를 산업용 건축물 등의 용도에 직접 사용하지 아니하고 제3자에게 임대할 목적이 있는 경우 그 임대가 쟁점 괄호규정이 정하는 중소기업자에 대한 임대라고 한다면 예외적으로 지방세 감면대상에 포함시키려는 취지라 할 것이므로, 위 법취지 등을 고려할 때 쟁점 괄호규정의 임대하려는 "공장용 건축물"은 쟁점규정 "산업용 건축물 등"과 달리 보기는 어렵다(대법원 2012두17179, 2012.11.29. 판결 참조) 할 것임(대법원 2020두43586, 2020.11.5. 심불, 대전고법 2019누11857, 2020.6.19.).
산업단지 내 산업용 건축물을 중소기업자에게 임대한 경우 해당 임대 부동산이 제조업 등의 공장용 건축물이 아니라 하더라도 「지방세특례제한법」 제78조 제4항의 "산업용 건축물 등"에 해당되는 경우라면 지방세

- 감면시한 : 2025.12.31.

- 농어촌특별세 과세 여부 : 취득세분과 취득세 경감분(면제분) 농어촌특별세 과세

- 취득세 경감 시 지방자치단체장은 25%(대수선은 15%) 범위 내에서 조례로 추가 경감 가능

- 사업시행자와 2015.12.31.까지 분양계약을 체결하고 산업용 건축물 등을 건축〔공장용 건축물을 건축하여 중소기업자에게 임대하려는 자 포함〕 또는 대수선하려는 자가 취득하는 부동산에 대해서는 이 법 개정 법률에도 불구하고 2017.12.31.까지 종전의 법률을 적용함(지특법 부칙 §25). 이 경과 규정은 첫째, 산업단지 사업시행자와 2015.12.31.까지 분양계약을 체결하여야 하고, 둘째, 산업단지에서 산업용 건축물 등을 건축하려는 자가 부동산을 취득하는 경우에 한하여 적용하도록 규정하고 있어서 분양계약을 체결하지 아니한 사업시행자가 직접 산업용 건축물 등을 건축하고자 하는 경우까지 적용하는 것은 타당하지 아니함(지방세특례제도과-1194, 2015.4.30.). 한편, 사업시행자인 산업기지개발공사로부터 산업단지를 양도받은 공업단지관리공단은 법인격을 달리하고 있고, 구「산업기지개발촉진법」제16조 제2항에서는 토지 또는 시설을 인수 또는 양도받은 자는 그 토지 또는 시설의 건설에 관하여 발생한 사업시행자의 권리·의무를 포괄승계하는 것으로 규정하고 있으나, 이는 인수 또는 양도받은 자가 사업시행자로 변경되는 것으로 볼 수는 없다 할 것임(지방세특례제도과-2530, 2015.9.18.). 그리고 사업시행자와 직접 분양계약을 체결하지 않고, 당초 계약자의 분양계약의 권리의무를 승계하여 입주하는 경우 이 부칙 규정이 적용되지 아니함(지방세특례제도과-2471, 2016.9.9.).

- 산업용 건축물 등의 범위 : 상기 (2)의 산업용 건축물 등과 동일함(2022년 이전은 지특령 §29 ①을 말함).

- 공장용 건축물의 범위 : 상기 (2)의 산업용 건축물 등의 범위 ③과 동일함(2022년 이전은 지특령 §29 ① 3호를 말함).

- (주) 2013.12.31. 이전에는 "공장용 건축물을 중소기업자에게 임대하려는 자 포함"이라고 규정되어 있었는데, 이를 "공장용 건축물(「건축법」 제2조 제1항 제2호에 따른 건축물을 말함)을 건축하여 중소기업자에게 임대하려는 자 포함"으로 2014.1.1. 개정하였다. 한편, 산업단지 등에서 산업용 건축물 등을 건축하기 위하여 부동산을 취득한 자가 공장용 건축물을 건축하지 아니하고 중소기업자에게 임대하고 있는 경우에는 개정 규정에도 불구하고 종전 규정 적용함. 2017년 이후부터는 신·증축으로 다시 개정하였음.

부동산이라 하더라도 건축과 대수선인 경우에만 감면대상이 되는 것이다. 여기서 "건축"이란「건축법」제2조 제1항 제8호에 따른 건축을 말하므로(지법 §6 5) 건축물을 신축·증축·개축·재축(再築)하거나 건축물을 이전하는 것을 말한다(「건축법」 §2 ① 8).

심사례에 의하면 "장기간 사용에 의한 노후 및 부식심화 및 배관 내 스케일의 다량 생성으로 파공사고가 빈번하여 안정적인 해수공급을 위하여 지하에 설치된 것을 지상화하는 것이라고 하고 있는 것을 볼 때, 이는 특정 용도로 되어 있는 시설을 폐쇄하고 다시 동일 대지에서 그러한 용도로 축조하는 개축이 이전하는 것으로 보는 것이 상당하다고 할 것이다(행심 2006-357, 2006.8.28, 행심 2003-147, 2003.7.28.)"라고 결정하고 있었는바, 도시가스배관 교체하거나 일부 구간을 변경하는 것은 개축 또는 이전으로 보아 건축에 포함되는 것으로 판단하여 왔으나 심판례에서는 건축에 해당되지 아니하는 것으로 결정하고 있다.[266] 그런데 산업단지 내 송유관을 새로 매설

감면대상에 해당한다고 할 것임(지방세특례제도과-116, 2021.1.11.).

266) 급수·배수시설과 저장시설은 「지방세법」 제6조 제4호의 건축물로서 이를 취득하는 경우 원칙적으로 취득세 과세대상에 해당하는 점, 지방세특례제한법령에서 신축에 대하여 별도로 규정하고 있지 아니하므로 쟁점시설의 설치가 신축에 해당되는지 여부는 건축법령을 따라야 하는 점, 「건축법 시행령」 제2조 제1호 및 제3호에서 신축은 새로 건축물을 축조하는 것이고 개축은 기존 건축물의 전부 또는 일부를 철거하고 그 대지에 종전과 같은 규모의 범위에서 건축물을 다시 축조하는 것으로 개축은 신축에 포함하지 않는다고 규정하고 있는 점, 청구법인이 지하에 매설된 기존 급수배수시설을 철거한 후 그 지상에 새로운 급수·배수시설을 설치하고 종전 저장시설과 다른 재질로 저장시설을 축조하였다 하더라도 이는 대지에 동일한 규모의 건축물을 다시 축조한 것으로 개축에 해당된다고 보아야 하는 점, 〈표1〉의 쟁점시설 중 ④는 가스저장시설

하는 경우 새로운 설치로 보아 건축에 포함하는 것이다.

2011.12.31. 이전에는 신·증축(100% 면제 -「지방세특례제한법」 제78조 제4항, 구「지방세법」 제276조 제1항), 개축과 대수선(100% 면제 - 시도세 감면조례에 규정된 경우에 한함 : 현행 대수선은 50% 감면)인 경우에 감면규정이 적용되었다.

한편, 산업용 건축물 등이 건축되지 않은 공장 용지는 괄호 규정의 '공장용 부동산'에 포함되지 않으므로 건축되지 아니한 공장용지를 중소기업자에게 임대하여 그 중소기업자가 산업용 건축물을 신축하였다 하더라도 취득세의 면제 대상에 해당하지 아니한다(대법원 2012두23426, 2013.2.28. 참조).

산업용 건축물에 대한 인정가능 범위에 대해서만 명시하고 사용 주체에 관하여 아무런 규정을 두고 있지 않으므로 비록, 도·소매업을 주업으로 하는 기업이라 하더라도 국토교통부 장관이 고시한 물류단지 내 부동산을 취득하여 물류시설로 사용하는 경우라면 취득세 감면대상인 산업용 건축물에 해당된다 할 것이다(지방세특례제도과-707, 2014.6.20.).[267]

> **사례** 신축한 건축물 중 홍보관은 산업용 건축물로 볼 수 없음(조심 2013지0497, 2013.8.12.).
>
> ① 산업단지 내의 토지 상에 신축된 건축물 중 취득세 등의 감면대상이 되는 것은 산업단지 내의 토지 상에 구「지방세법 시행령」 제224조의 2 각 호에서 규정하고 있는 용도의 건축물을 신축·증축하여 산업용 건축물의 용도로 사용하거나, 위 규정에 의한 산업용 건축물과 같은 구내의 토지 상에 신축·증축된 산업용 건축물의 부대시설용 건축물로 한정된다고 보는 것이 타당한 점, ② 청구법인이 제출한 홍보관 건립 기본계획, 처분청이 제출한 사진 등에 의하면 청구법인은 산업단지 내의 토지상에 건축물을 신축하여 불특정 다수인에게 원전을 홍보하기 위한 용도의 건축물로 사용하고 있음이 확인되므로 공장, 전기업 등에 사용되는 건축물에 해당되지 아니한다고 보는 것이 타당한 점, ③ 청구법인이 신축한 이 건 건축물은 원자력발전소와 동일한 울타리 내에서 소재하지 아니하여 원자력발전소와 동일한 구내에 소재하는 부대시설용 건축물로 보기도 어려운 점 등을 종합하여 볼 때 이 건 건축물은 청구법인의 홍보관으로서 취득세 등이 감면되는 공장, 전기업 등에 직접 사용되는 산업용 건축물로 보기는 어렵고, 공장, 전기업 등에 사용되는 건축물과 동일한 구내에 있는 부대시설용 건축물에도 해당되지 아니한 것으로 보는 것이 타당함.

에 부착하는 방식으로 설치된 여과장치(필터)와 현시장치(사이트 글라스)로서 가스저장시설과 일체가 되어 저장시설의 기능과 효용을 증대시키는 시설이므로 그 자체가 저장시설에 해당되고 그 설치는 저장시설의 신축에 해당되지 않는 점 등에 비추어 청구법인이 쟁점시설 중 급수·배수시설 및 저장시설의 교체공사를 한 것은 산업용 건축물 등을 신축·증축한 것으로 보기 어려워 취득세 등의 면제 대상이 아니라 할 것임(조심 2017지1097, 2018.8.27.).

267) 자재센터에 보관하고 있는 변압기, 전선류 등은 대부분 본부 산하 사업소로 배송되어 전기공급 및 판매를 위한 자재로 사용된다고 보이는 점, 전기의 공급 및 판매에 필요한 자재 등을 산하 사업소에 효율적으로 공급하기 위하여는 사업소를 총괄하는 △△△지역본부 인근에 이 건 자재센터와 같은 물류시설을 설치·운영하는 것이 필요해 보이는 점 등을 종합적으로 고려해 볼 때, 이 건 자재센터는 취득세 감면대상인 산업용 건축물 등에 해당됨(지방세특례제도과-1947, 2020.8.20.).

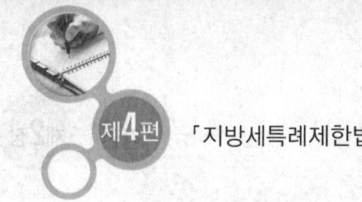
2) 추징요건

① 추징 사유

다음의 어느 하나에 해당하는 경우 그 해당 부분에 대해서는 제4항에 따라 감면된 취득세 및 재산세를 추징한다.

　㉠ 정당한 사유 없이 그 취득일부터 3년(2019.1.1.~2020.12.31. 기간 동안 취득한 경우 4년)이 경과할 때까지 해당 용도로 직접 사용하지 아니하는 경우

　㉡ 해당 용도로 직접 사용한 기간이 2년 미만인 상태에서 매각(해당 산업단지관리기관 또는 산업기술단지관리기관이 환매하는 경우 제외)[268] · 증여하거나 다른 용도로 사용하는 경우

> **사례** 청구법인은 2018.11.15. 쟁점④토지를 취득하고, 2018.12.13. 공장용 건축물의 신축공사를 착공하였고, 유예기간인 3년에서 3개월을 지연한 3년 3개월 만에 공장용 건축물이 사용승인된 바, 쟁점④토지를 취득한 이후부터는 코로나, 기후 등으로 인한 공사중단 시기(5개월)를 제외하면 청구법인이 토목공사, 건축공사 등을 꾸준히 진행한 것으로 보이는 점, 처분청으로부터 신축된 건축물의 사용승인을 받아 공장용 건축물 등으로 심판청구일 현재까지 사용하고 있는 것으로 나타나는 점 등에 비추어, 청구법인은 쟁점④토지를 취득한 후 건축물을 신축하여 공장으로 사용하기 위한 진지한 노력을 다하여, 쟁점④토지의 취득일부터 3년 이내에 산업용 건축물 등의 용도로 직접 사용하지 못한 정당한 사유가 있다고 보이므로, 처분청이 쟁점④토지를 포함하여 이 건 취득세 등을 추징한 처분은 잘못이 있다고 판단됨(조심 2016지942, 2016.12.22., 같은 뜻임)(조심 2023지5654, 2024.8.9.).

> **사례** 아스콘 포장공사가 이루어진 면적⑥ 중 일부에 대하여 이 건 부과처분과 관련된 과세전적부심사결정에서 부속토지로 인정하였고, 청구법인이 쟁점① · ②공정을 수행하는 과정에서 상당량의 폐기물이 배출되었을 것인데 이러한 폐기물 배출 등에 사용될 부속토지가 나대지 상태라는 이유로 쟁점건축물의 부속토지에 해당하지 않는 것으로 보기는 어려운 점 등에 비추어 처분청이 쟁점토지를 쟁점건축물의 부속토지로 사용하지 아니한 것으로 보아 감면한 취득세 등을 부과한 이 건 처분은 잘못이 있음(조심 2021지5820, 2023.9.5.).

> **사례** 쟁점토지의 지하에 산업용 건축물(공장)과 연결된 배관이 매설되어 있는 등 쟁점토지는 통상의 나대지와 차이가 있고, 언제든지 공장의 부속토지로 사용할 수 있는 쟁점토지를 공장의 효율적인 운영과 전혀 관련이 없는 나대지라고 할 수도 없는 점(조심 2021지2777, 2022.7.26. 같은

---

268) 구 「지방세특례제한법」 제78조 제5항 제2호는 '해당 산업단지관리기관 또는 산업기술단지관리기관이 환매하는 경우'만을 추징 면제사유로 규정하고 있는 점, 구 「지방세법」(2006.12.30. 법률 제8147호로 개정되기 전의 것) 제276조 제1항 단서는 '당해 산업단지관리기관 · 산업기술단지관리기관 또는 당해 산업단지관리기관 · 산업기술단지관리기관이 지정하는 자가 환매하는 경우를 제외한다'라고 규정하여 종전에는 관리기관이 지정하는 자에게 매각하는 때에도 면제된 취득세 등을 추징당하지 아니하였으나, 감면대상과 범위를 축소, 조정하는 과정에서 '관리기관이 지정하는 자'가 삭제된 점, 관리기관이 지정하는 자가 매수하는 경우까지 추징 면제사유에 해당한다고 보면 면제 대상 범위가 너무 넓어져 일반 토지취득자와의 조세부담상의 불평등 문제가 발생하는 점 등을 고려하면, 설령 원고의 주장과 같이 원고의 환매 요청에도 서울주택도시공사와 서울특별시가 예산부족을 이유로 이를 거절하였다고 하더라도, 그와 같은 사정만으로 추징 면제사유인 환매에 해당한다고 볼 수 없음(대법원 2024두35170, 2024.5.30. 심불, 서울고법 2023누51764, 2024.1.16.).

뜻임) 등에 비추어 처분청이 청구법인에게 이 건 취득세 등을 부과한 처분은 잘못이 있다고 판단됨(조심 2023지1964, 2023.8.29.).

사례 일부를 전시판매장으로 사용하고 있는 경우(조심 2021지5751, 2022.7.26.)

처분청은 이 건 건축물의 판매장에서 자사 제품 이외에 타사 제품도 함께 판매하였으므로 공장의 부대시설에 해당되지 아니한다는 의견이지만, 제조활동을 영위하면서 그 부대시설로서 자사제품을 판매하는 판매장을 운영하면서 극히 일부 타사 제품을 함께 판매하였다 하더라도 이를 근거로 직영 판매장 전부를 공장의 부대시설에 해당되지 아니한다고 보는 것은 불합리하다고 할 것임.

사례 일부 토지가 신축되지 않고 나대지로 있는 경우 추징 여부(조심 2021지2777, 2022.7.26.)

청구법인은 제조업을 영위하는 법인으로서 공장 건축물뿐만 아니라 주차장 부지, 야외 적치장 등의 공장의 부속용도의 공간이 필요한 업종에 해당된다고 볼 수 있는 점, 1필지의 공장용지인 이 건 토지를 취득하여 일부는 공장의 신축 부지로 사용하는 등 유예기간 이내에 상당부분의 토지를 공장용지로 사용하고 있는 점, 이 건 토지가 1필지의 토지로서 건축물대장에서 모두 그 지상의 신축 공장의 부속토지로 등재되어 있는 점, 쟁점토지가 공장입지기준면적 이내의 토지인 점 등을 종합하면, 청구법인이 이 건 토지 상에 일부에 공장을 신축하고 나머지를 나대지 상태로 보유하고 있다 하더라도 이러한 여유 공간이 언제든지 부속토지의 용도로 사용할 수 있는 토지에 해당되는 것으로 보이고, 이를 공장의 효율적인 운영과 전혀 관련이 없는 나대지를 보유한 것으로 보기는 어려움.

사례 국내기업 A가 산업단지 내 토지를 취득한 후 공장용 건축물을 신축하지 아니한 상태에서 취득일로부터 3년 이내에 경기도의 요청에 의거 산업단지관리기관의 승인을 얻어 외국인투자기업에 매각하는 경우라면 매각에 따른 정당한 사유가 있는 것이므로 기감면된 취득세 등이 추징되지 아니함(세정-106, 2004.1.8.).

② 건축 중인 경우

토지를 취득해서 3년이 도래할 시점에 건축 착공을 하여 건축 중일 때는 직접 사용으로 보지 아니하나, 유예기간 내에 건축에 착공하는 경우에는 정당한 사유가 있는 것으로 추징이 되지 아니한다. 즉 3년 이내에 완공할 필요는 없는 것이며, 착공을 하고 있다면 건축기간 동안 정당한 사유가 있는 것으로 보는 것이다.

③ 임대하는 경우

산업단지 감면을 받은 부동산을 해당 용도로 사용한 기간이 2년 미만인 상태에서 임대하는 경우에는 추징대상이 되지만, 공장용 부동산(공장용이 아닌 다른 산업용 부동산은 해당되지 아니함)을 중소기업자에게 임대하는 경우에는 추징이 되지 아니한다. 그런데 공장용 부동산을 다른 용도의 부동산으로 임대한다면 임대한 부분에 대하여는 추징이 될 것이다. 예를 들어 창고업, 화물터미널 또는 그 밖에 물류시설을 설치 및 운영하는 사업을 위한 부동산도 산업용 부동산으로 산업단지감면이 될 수 있으나, 그 업종을 영위하는 자가 취득하여 이 업종에 사용하여야 감면이 되는 것이고, 이 업종을 운영하는 자로서 감면신청을 통해 신축 시 감면을 받았다 하더라도 공장용이 아닌 창고업이나 물류업 부동산으로 임대한 경우 무조건 추징대상이 된다.

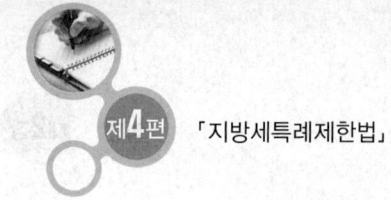

④ 합병으로 인한 양도

심판례(조심 2017지438, 2017.7.20.)에 따르면 합병은 합병 후 존속법인이 소멸된 피합병법인의 모든 권리·의무를 포괄적으로 승계하며 이 경우의 승계는 법률상 당연히 이루어지는 것이어서 각 권리·의무에 관하여 개별적으로 이전할 필요가 없는 것이다. "부동산 매각"의 의미는 당해 부동산에 대한 독점적·배타적 사용권, 수익권, 소유권 등 당해 부동산과 관련된 모든 권리를 매도자에게 매각하고 반대급부를 취하는 것이라 할 것이며, 상대방에게 대가를 받고 물건이나 권리 따위를 넘기는 특정승계를 의미하는 것이다. 취득세는 유통세의 일종으로 형식적인 소유권이전의 경우에도 과세가 되는 것이 맞으나, 추징사유인 "매각"은 특정승계 개념이 도입되어야 할 것으로써, ① 「지방세법」 제15조 제1항 제3호에 의하면 적격합병의 경우 형식적인 취득으로 중과기준세율(구 취득세분)을 배제하고 있다는 점, ② 유상승계가 아닌 무상승계로 보고 있다는 점 및 ③ 피합병법인이 소멸되기는 하였으나 실질은 합병법인에 귀속되어 하나의 실체를 이루고 있어서 특정승계 매각으로 볼 수 없다는 점에서 추징사유인 매각으로 보는 것은 법 취지에 맞지 않다는 것이라 결정하여 합병을 처분으로 보지 않고 있다.[269]

한편, 대법원판결(대법원 2015두50481, 2015.12.10.)에서 "개인사업자가 법인전환 후 개인사업자의 취득일로부터 2년 이내 합병을 한 경우 흡수합병을 통하여 부동산을 처분함으로써 조세감면 효과가 소멸하여 감면 세액을 추징하여야 함을 전제로 개인사업자의 의무를 승계한 합병 후 존속회사에게 과세한 것이므로, 원고에게 승계될 조세감면 혜택이 존재하지 아니한다"라고 판시하고 있어서 과세당국은 피합병법인의 3년 유예기간 종료일까지 합병법인이 그 유예기간 내 해당 용도로 사용하지 아니한 경우 추징되는 것으로 판시하고 있다.[270]

한편, 재산세의 경우 재산세를 감면받고 있던 중 합병되었다면 잔여기간에 대하여 감면받을 수 있으나 그 목적사업에 직접 사용하여야 한다(지방세정팀-4238, 2006.9.5.).

---

269) 창업중소기업 법인이 취득(등기)한 부동산에 대하여 「조세특례제한법」의 규정에 의하여 취득세와 등록세를 과세면제받은 후에 동 법인이 타 법인에게 흡수합병된 경우 면제받은 취득세는 추징대상이 아니다(세정 13407-1109, 1996.9.25.)라는 해석하고 있었고, 합병과 반대인 분할의 경우 "물적 분할로 인한 취득인 경우 승계 법인이 산업단지 내 공장용 건축물을 그 사용일로부터 계속하여 2년 이상 공장 용도로 사용한다면 이미 면제된 취득세 등을 추징하지 아니한다(세정-1793, 2004.6.30.)"라고 해석하고 있었는데, 산업단지 내에서 공장을 증축하여 감면받은 법인이 합병계약에 따라 그 감면 부동산을 유예기간 내에 소유권을 이전한 경우라면 당해 부동산은 취득세 추징대상이라 판단된다(지방세특례제도과-2200, 2016.8.23.)라고 해석하여 논란이 되어 왔다.

270) 합병의 경우 산업단지 내의 토지에 대하여 취득세 등을 감면하면서 3년간의 유예기간 내에 이를 취득 목적대로 공장용으로 사용할 의무를 부여하고 있으므로, 이러한 사용의무도 합병법인이 이를 승계한다고 보아야 할 것이다. 그런데 대법원판례와 달리 피합병법인의 합병법인의 권리의무 승계를 받은 것은 맞으나, 합병에 따른 추징규정이 별도로 있다는 점과 무상매각에 해당되므로 합병법인에게 추징하는 것은 모순이 있다는 점을 간과한 것으로 볼 수 있다. 즉 합병법인의 취득 부동산에 대한 감면은 피합병법인의 산업단지 감면규정이 그대로 승계되어 적용되는 것이 아니라 세율특례(지법 §15)와 다른 감면규정(지특법 §57-2, 구 조특법 §120)에 따라 감면 여부가 결정되는 것이라는 것이다.

사례 주택건설사업에 직접 사용하지 아니하거나 다른 업종에 사용 또는 겸용한 경우, 합병 후 존속법인이 중과세율에 의한 등록세를 추가 납부의무 여부(2011두5940, 2013.12.26.)

합병 후 존속법인이 소멸법인의 부동산 취득 등기일로부터 3년 이내에 이를 주택건설사업에 직접 사용하지 아니하거나 다른 업종에 사용 또는 겸용한 경우에는 합병 후 존속법인이 중과세율에 의한 구 등록세분을 추가 납부할 의무를 부담한다고 보아야 하고, 그 흡수합병이 기업의 구조개선 등을 위하여 불가피하였다는 등의 사정은 위와 같은 중과 대상에서 제외되는 '정당한 사유'에 해당하는지 여부의 판단에서 고려될 수 있을 뿐임.

사례 합병의 경우 잔존의무기간 승계됨(행심 2005-79, 2005.4.6.).

잔존의무기간 내에 이를 공장용으로 사용하여야 할 것인데도, 피합병법인이 토지를 취득한 날로부터 3년 이내에 공장용으로 사용하지 아니하고 있다가 이를 나대지 상태로 매각하였으며, 유예기간 내에 이를 사용하지 못한 정당한 사유가 없는 이상 면제한 취득세 등의 추징대상에 해당된다 할 것임.

⑤ 분할로 인한 양도

분할도 권리의무 승계 등을 하는 것이므로 분할법인은 분할 전의 사업을 그대로 유지될 것인 바, 합병과 마찬가지로 처리하여야 할 것이나, 「지방세특례제한법」 제57조의 2 제3항 제2호의 분할인 경우에만 적용될 것이다.

일정한 요건을 갖춘 물적분할을 통하여 신설된 B법인에게 부동산에 관한 권리를 양도하고, B법인으로 하여금 당초 취득 목적에 직접 사용하게 한 것이라면 이미 면제된 취득세는 추징되지 아니한다(행정자치부 세정과-1793, 2004.6.30., 대법원 91누10725, 1992.6.9. 참조). 그리고 일반 건축물대장에 의하면 분할법인은 분할신설법인에게 토지를 이전하기 전에 착공신고를 하였고, 적격분할에 의하여 분할신설법인이 토지에 산업용 건축물을 신축하여 직접 사용하고 있으므로, 분할법인이 토지의 취득일부터 3년 이내에 산업용 건축물 등의 용도로 직접 사용하지 못한 정당한 사유에 해당한다고 보는 것이 타당하다 할 것이다(조심 2014지1234, 2015.4.21.)라고 결정하고 있다. 이처럼 조세심판원에서 인적분할뿐만 아니라 물적분할(조심 2016지0855, 2017.5.11.) 모두 취득세 감면세액 추징 사유에 해당하지 않는 것으로 결정하고 있다.[271]

한편, 구 「지방세법」 제276조 제1항에 따라 재산세 감면대상이던 부동산을 법인분할로 신설된 법인이 취득하는 경우로서 그 취득에 따른 취득세를 구 「조세특례제한법」 제120조 등 별도의 규정에 의하여 면제받는 경우라 하더라도 재산세의 면제에 관한 별도의 규정이 없는 이상 재산세 등은 면제될 수 없는 것이다라는 해석(지방세정담당관-286, 2004.1.20.)이 있는바, 잔여기간 동안 재산세를 감면받을 수 없는 것으로 판단하여야 할 것이다.[272]

---

271) 대법원판결(대법원 2015두50481, 2015.12.10.)에서 합병 시 추징대상이 되는 것으로 판시하고 있어서 분할도 추징대상이 되는 것으로 판단하여야 할 여지가 있으며, 법인분할을 하고 그 부동산을 취득일로부터 2년 미만인 상태에서 분할된 법인에게 이전한 경우 '매각·증여'라 함은 유상·무상을 불문하고 취득자가 아닌 타인에게 소유권이 이전되는 모든 경우를 의미하는 것이라 할 것이며, 2012.1.1. 이후 취득하여 직접 사용한 기간이 2년 미만인 상태에서 소유권을 이전하는 경우로 정당한 사유에 관계없이 추징대상에 해당된다(지방세특례제도과-326, 2014.12.26.)라고 해석하고 있었다.

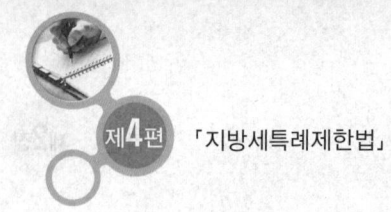

⑥ 법인전환(현물출자나 사업양수도)으로 인한 양도

산업단지에서 공장용 건축물을 신·증축하여 공장용 등으로 사용하던 중 「조세특례제한법」 제32조의 규정에 의하여 법인전환한 경우에는 정당한 사유에 해당된다(이 경우 추징되지 아니함)라고 해석하여 왔으나, 산업단지 입주기업이 산업단지 관리기관의 승인을 거쳐 공동대표를 추가하여 법인을 공동소유로 분양변경 계약 체결한 것은 당초 분양계약자가 일부 지분을 매각·증여한 것에 해당되고, 또한 개인사업자와 법인은 별개의 권리주체인바, 당초 개인사업자가 취득세 감면을 받았다 하더라도 유예기간 내에 개인사업자가 법인으로 전환하여 새로운 법인을 설립하는 것은 추징요건인 매각·증여에 해당된다 할 것이므로 모두 추징대상으로 보인다(지방세특례제도과-2914, 2016.10.10.)라고 해석하고 있어서 추징대상이라는 것이다. 그리고 신·증축하여 사용한 경우라 하더라도 「조세특례제한법」 제32조의 규정에 의한 법인전환에 해당되지 아니하는 경우에는 정당한 사유로 볼 수 없으므로 추징대상이 된다.[273]

산업단지 감면을 받은 부동산을 법인설립됨에도 그대로 개인 기업이 보유하고 있는 경우 법인전환과는 다른 것으로 공장용으로 사용하지 아니한다면 추징대상이 될 수 있으나, 공장용 부동산을 중소기업자에게 임대하는 경우에는 추징대상이 되지 아니하므로 신설법인이 중소기업인 경우로 임대를 하는 것인 경우 추징대상이 되지 아니한다.

재산세의 경우 재산세를 감면받고 있던 중 법인전환되었다면 잔여기간에 대하여 감면받을 수 있으나 그 목적사업에 직접 사용하여야 한다(지방세정팀-4238, 2006.9.5. 참조)라고 해석한 바 있었으나, 대법원판례에 의하면 잔여기간 동안 재산세 감면이 되지 아니한다.[274]

조세심판원에서는 일반적으로 발기인 또는 신주 인수인이 회사에 대하여 현물출자를 하면 회사는 이들에게 주식을 발행 교부하게 되는데 현물출자와 주식의 교부는 서로 대가관계에 있는 것으로 볼 것이므로 현물출자의 유상성이 인정된다 할 것인 점, 부동산을 증축·취득하였다가 현물출자하여 유예기간 내에 직접 사용하지 아니하고 소유권을 이전하였으므로 정당한 사유로 볼 수 없는 점 등에 비추어 유예기간 내에 부동산을 현물출자한 것은 감면 추징사유인 매각에 해당한다고 보이므로 취득세 등을 과세한 처분은 달리 잘못이 없다고 판단된다(조심 2015지1130, 2015.11.2.)라고 결정하고 있어서 이를 달리 판단하고 있다는 점에서 논란이 되고 있다. 이는 내국법인의 현물출자에 대한 내용으로 개인기업의 법인전환(현물출자)에도 적용될 여지가 있다.

---

272) 분할이나 합병의 경우는 권리의무 승계 등을 하였다는 점에서 잔존기간 동안의 재산세도 그 용도로 사용하기만 하면 감면대상이 되는 것이 타당하다라고 주장할 수 있을 것이다. 이의 근거로는 재산세를 감면받고 있던 중 동일 산업단지 안의 다른 회사에 흡수합병되었다면 잔여기간에 대하여 감면받을 수 있으나 그 목적사업에 직접 사용하여야 한다라는 해석(지방세정팀-4238, 2006.9.5.)이 있다. 분할법인은 분할 전의 사업을 그대로 유지될 것인바, 당연히 그 목적사업에 계속하여 사용하고 있다는 점에서 당연히 잔존기간 동안 재산세를 감면하여야 한다는 것이다(조심 2021지0421, 2021.10.25. 참조).

273) 법인전환으로 신설법인의 취득 부동산에 대한 감면은 개인기업의 산업단지 감면규정이 그대로 승계되어 적용되는 것이 아니라 다른 감면규정(지특법 §57-2)에 따라 감면 여부가 결정되는 것이다.

274) 대도시 공장을 지방으로 이전하고 재산세 감면유예기간 5년 이내에 법인으로 전환한 경우 법인은 독립된 법인격을 가지고 권리의무의 주체가 되는 것으로, 그 대표자인 개인과 동일시할 수 없으므로 잔여기간 동안 재산세 감면 불가함(대법원 2015두51798, 2016.1.14.).

⑦ 내국법인에 현물출자하는 경우

조세심판원에서는 일반적으로 발기인 또는 신주 인수인이 회사에 대하여 현물출자를 하면 회사는 이들에게 주식을 발행 교부하게 되는데 현물출자와 주식의 교부는 서로 대가관계에 있는 것으로 볼 것이므로 현물출자의 유상성이 인정된다 할 것인 점, 부동산을 증축·취득하였다가 현물출자하여 유예기간 내에 직접 사용하지 아니하고 소유권을 이전하였으므로 정당한 사유로 볼 수 없는 점 등에 비추어 유예기간 내에 부동산을 현물출자한 것은 감면 추징사유인 매각에 해당한다고 보이므로 취득세 등을 과세한 처분은 달리 잘못이 없다고 판단된다(조심 2015지1130, 2015.11.2.)라고 결정하고 있다.

⑧ '산업단지관리기관이 환매하는 경우'의 의미

'산업단지관리기관이 환매하는 경우'란 「산업집적활성화 및 공장설립에 관한 법률」 제39조 등에서 산업단지 내의 토지를 분양받은 자가 산업단지 내의 토지를 매각하려는 경우 산업단지관리기관 등에게 매각하도록 제한을 두고 있고, 매각하는 가격도 당초의 분양가격 등으로 제한을 두고 있음에 따라 산업단지 내의 토지를 분양받은 자가 감면유예기간 이내에 토지를 산업단지관리기관에게 다시 매각하는 경우에는 기감면한 취득세 등을 추징대상에서 제외하기 위하여 추징 제외대상으로 당해 산업단지관리기관이 환매하는 경우를 제외한다고 규정한 것으로 보이고, 환매등기가 병행되는 환매에 대하여만 추징대상에서 제외하는 것으로 규정하고 있지 아니하는 점 등에 비추어 산업단지 내의 토지를 당초 분양자인 산업단지관리기관이 다시 매수하는 경우를 의미한다(조심 2013지711, 2015.6.3.). 한편, 제3자에게 매각하는 경우에 대해서는 따로 규정하고 있지 아니하므로, 엄격해석의 원칙상 환매에 해당되지 아니하는 경우는 이를 추징대상에서 제외되는 것으로 해석할 수 없다고 할 것이며, 이는 처분청 등 관리기관이 해당 산업용지 또는 공장 등을 매수할 수 없어 관리기관의 승인을 받아 제3자에게 매각하는 경우라고 하여 달리 볼 수는 없다(조심 2013지0634, 2013.11.12.).

3) 유의사항

① 지목변경

지목변경 취득도 부동산 취득의 일종으로 산업단지 감면이 적용되는 것이다.

> **사례** 남해·하동 개발촉진지구 안에서 사업시행자로 지정된 귀사가 개발사업을 시행하기 위하여 토지를 취득한 후 지목변경을 하는 경우에는 지목변경도 개발사업을 시행하기 위한 부동산의 취득으로 보아 취득세 면제대상에 포함됨(지방세정팀-2726, 2006.7.4.).

② 기계장비, 차량

산업단지 등에서 산업용 건축물 등을 건축하려는 자(공장용 부동산을 중소기업자에게 임대하려는 자 포함)가 취득하는 부동산에 대하여 취득세 면제, 산업단지 등에서 산업용 건축물 등을 대수선하여 취득하는 부동산에 대하여 50% 감면을 하도록 규정되어 있는바, 이 규정에서는 부동산(토지와 건축물을 말함)이라고 규정되어 있어서 기계장비나 차량에 대해서는 감면대상이 되지

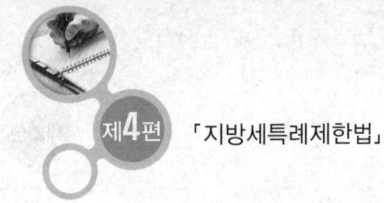

아니한다.

③ 가설건축물

취득세와 재산세 과세대상이 되는 가설건축물이라 하더라도 산업용 건축물 등에 해당되고 산업단지 내에 설치한 경우라면 감면대상이 되는 것이다.

④ 공장의 범위

산업단지 감면규정이 적용되는 '공장'이라 함은 「산업입지 및 개발에 관한 법률」 제2조 제1호의 공장을 말하며, 이 조문에서 「산업집적활성화 및 공장설립에 관한 법률」 제2조 제1호에 따른 공장을 말한다라고 규정하고 있다. 「산업집적활성화 및 공장설립에 관한 법률」 제2조 제1호 및 같은 법 시행령 제2조 제2항에 의하면 건축물 또는 공작물, 물품제조공정을 형성하는 기계·장치 등 제조시설과 그 부대시설(이하 "제조시설 등"이라 한다)을 갖추고 제조업을 하기 위한 사업장을 말한다. 즉 영업하기 위하여 물품의 제조·가공, 인쇄, 촬영, 방송 또는 전기나 가스의 공급 목적에 사용하는 장소 또는 건축물 또는 공작물, 물품 제조공정을 형성하는 기계·장치 등 제조시설과 그 부대시설을 갖추고 제조업을 하기 위한 사업장을 말한다. 여기서 제조업이란 「통계법」(제22조)에 따라 통계청장이 고시하는 표준산업분류에 따른 제조업이다.

공장의 범위에는 ① 제조업을 하기 위하여 필요한 제조시설(물품의 가공·조립·수리시설을 포함) 및 시험생산시설, ② 제조업을 하는 경우 그 제조시설의 관리·지원, 종업원의 복지후생을 위하여 해당 공장부지 안에 설치하는 부대시설로서 지식경제부령으로 정하는 것, ③ 제조업을 하는 경우 관계법령에 따라 설치가 의무화된 시설, ①에서 ③까지의 시설이 설치된 공장부지가 포함된다.

한편, '지상정착물의 부속토지'란 지상 정착물의 효용과 편익을 위해 사용되고 있는 토지를 말하며, 부속토지인지 여부는 필지 수나 공부상의 기재와 관계없이 토지의 이용현황에 따라 객관적으로 결정하여야 할 것이므로(대법원 95누3312, 1995.11.21. 참조), 산업용 건축물(공장) 부속토지는 해당 건축물의 효용과 편익을 위해 직접 사용되고 있는 여부에 따라 판단하여야 한다(지방세특례제도과-1961, 2015.7.24.). 즉 취득세에서는 재산세와는 달리 공장입지기준면적과 용도지역별 적용배율로 부속토지 면적을 산정할 수 없을 것으로, 취득하는 토지상에 건축물이 존재하는지 여부에 관계없이 부동산 취득자가 신고하는 내용에 따라 과세대상 토지 또는 감면대상 토지로 판단하는 것이 타당하나, 취득자가 감면대상으로 신고한 토지를 신고하는 내용에 따라 직접 사용하지 아니하는 경우에는 감면되지 아니할 것이다(지방세특례제도과-532, 2015.3.3.).

㉠ 제조시설 없이 부대시설만 설치하는 경우

제조업을 하기 위한 제조시설과 그 부대시설 등으로 구성되는 "공장"이라 함은 반드시 제조시설을 필요로 한다고 할 것이므로 최종적으로는 공장을 건축할 목적이라고 하더라도 제조시설을 설치하지 않고 그 부대시설만을 설치한 경우는 취득세 면제대상 산업용 건축물 등의 하나인 공장으로 보기 어렵다고 할 것이다(지방세운영과-1476, 2012.5.14.).

ⓒ 체육시설

「산업집적활성화 및 공장설립에 관한 법률 시행규칙」 제2조 【부대시설의 범위】 제7호에 의하면 종업원의 복지후생을 위하여 해당 공장부지 안에 설치하는 부대시설로서 옥외체육시설도 공장의 범위에 포함하는 것이다. 체육시설(풋살장, 농구장, 테니스장, 축구장 등)이 공장 구내에 설치된다면 공장의 범위에 포함되므로 산업단지 감면이 될 것이지만 공장 구외에 별도로 체육시설을 설치하는 경우에는 감면대상이 되지 아니할 것이다.

사례 공장구역 밖의 체육시설은 공장용에 해당되지 아니함(지방세정팀-886, 2006.3.3.).

옥외체육시설 및 기숙사 등 종업원의 복리후생증진에 필요한 부대시설용 건축물의 부속토지가 공장용지로서 토지분 재산세 분리과세대상이 되기 위하여는 공장경계구역 안에 있어야 하나(대법원 1996.2.9. 선고, 95누6144 판결 참조), 공장경계구역으로부터 350미터정도 떨어져 있는 귀사 옥외체육시설의 경우에는 귀사 종업원들이 휴식시간에 도보로 이동하여 자유롭게 이용한다 하더라도 이는 공장경계구역 밖의 시설에 해당하므로, 그 부속토지는 지방세법령에서 규정한 공장용지에 해당하지 아니함.

ⓒ 가스공급시설(가스관 등)

2023년 이후 「도시가스사업법」 제2조 제5호에 따른 가스공급시설용 건축물[2023년 이후 산업단지에 설치된 지령 §5 ① 4의 도관시설(연결시설 포함)의 경우 해당 지역에 가스를 공급하기 위한 도관시설로 한정함]은 산업용 건축물에 포함된다.

2022년 이전에는 구 「지방세법」 제276조 제4항(현행 지특법 §78 ⑤)의 규정에 의한 공장의 범위에 관하여는 「지방세법 시행규칙」 제115조 제1항의 규정을 준용한다고 규정하고(현행 「지방세특례제한법 시행규칙」 제6조), 같은 법 시행규칙 제115조 제1항에서 공장의 범위는 [별표 3](현행 「지방세법 시행규칙」 [별표 2])에 규정한 업종의 공장으로서 생산설비를 갖춘 건축물의 연면적이 200㎡ 이상인 것을 말한다고 규정한 다음 [별표 3] "24 전기, 가스 및 증기업" 중 코드번호 "4020 가스제조 및 공급업"은 「지방세법」 제276조 제1항 규정에 의한 공장에 해당되는 것으로 구분하고 있으므로 가스공급시설도 동 규정에 의한 취득세 등의 면제대상이 된다 할 것이다. 위의 지방세 법령을 종합해 볼 때, 가스공급시설은 「지방세법」 제276조 제1항 규정에 의한 산업단지 내 공장시설로서 취득세 등의 면제대상에 해당된다(조심 2008지151, 2008.8.29.)라고 결정하고 있지만, 유권해석은 "제조업을 하기 위한 제조시설과 그 부대시설 등으로 구성되는 "공장"이라 함은 반드시 제조시설을 필요로 한다고 할 것이므로 최종적으로는 공장을 건축할 목적이라고 하더라도 제조시설을 설치하지 않고 그 부대시설만을 설치한 경우는 위 규정 취득세 면제대상 산업용 건축물 등의 하나인 공장으로 보기 어렵다고 할 것이다(지방세운영과-1476, 2012.5.1.4.).

따라서 상기의 내용과 산업용 건축물 등의 범위를 규정한 「지방세특례제한법 시행령」 제29조(제38조에서 규정함)를 살펴보면 산업단지 내 지원시설인 도시가스업체의 가스관은 제조시설로 볼 수 없어서 공장용에는 해당되지 아니할 것이나, 공장 내에 있는 가스관은

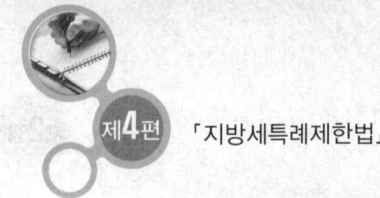

제조업체의 소유로 공장용 건축물에 해당할 것이다.[275]

한편, 도시가스사업자의 가스관에 대하여 조세심판원에서는 ""「지방세특례제한법 시행령」 제29조 제2호(현행 제1항 제1호)에서 「도시가스사업법」 제2조 제5호에 따른 "가스공급시설용 건축물"이란 도시(천연)가스를 해당 산업단지 내의 입주업체 등에게 공급하기 위한 시설로 한정하는 것이 합리적이라고 보이는 점, 청구법인이 쟁점가스관을 포함한 이 건 가스관 등을 설치한 이유는 ○○○의 가스공급시설을 확충하고자 하는데 있는 것으로 쟁점가스관이 매설된 산업단지에 기업의 입주를 촉진하거나 그 경쟁력을 강화하고자 하는데 있는 것은 아닌 점 등에 비추어 쟁점가스관과 그 부속설비가 지방세법령에서 규정한 도관시설로서 건축물에 해당하고 그 매설 또는 신축한 장소가 산업단지 내라 하더라도 이를 산업단지 내에서 신·증축한 산업용 건축물 등에 해당된다고 보기는 어렵다 할 것이다(조심 2019지2087, 2019.9.25.)"라고 결정하고 있지만, 산업단지 내에 설치된 이 사건 가스시설의 경우는 입주기업체나 지원기관이 아닌 자가 산업단지를 그냥 통과하여 영남권에 가스를 공급하기 위하여 설치한 시설의 일부로서 산업단지에 입주한 입주기업체를 지원하기 위한 가스공급시설용 건축물에 해당하지 않는다고 본 것에 대하여 대법원은 "경감조항의 경감 대상은 사업시행자 외의 자이면 충분하고 반드시 「산업집적활성화 및 공장설립에 관한 법률」에 따라 산업단지 관리기관과 입주계약을 체결한 입주기업체이거나 지원기관에 해당하여야 한다고 볼 만한 근거가 없다. 이 사건 경감조항이 적용되는 산업용 건축물 등의 범위를 정하고 있는 구 「지방세특례제한법 시행령」 제29조 제2호의 '「도시가스사업법」 제2조 제5호에 따른 가스공급시설용 건축물'의 경우에는 입주기업체 사업과의 관련성을 별도의 요건으로 규정하고 있지 않다. (중략) 이 사건 가스시설은 구 「지방세특례제한법 시행령」 제29조 제2호에서 규정하는 「도시가스사업법」 제2조 제5호에 따른 가스공급시설용 건축물로서 산업용 건축물에 해당하고, 원고는 산업단지개발사업의 시행자 외의 자로서 산업용 건축물 등을 건축하려는 자에 해당하므로, 원고가 이 사건 산업단지 내에서 취득한 이 사건 가스시설에 대해서는 이 사건 경감조항이 적용되어야 한다(대법원 2021.11.25. 선고, 2021두42863 판결)"라고 판시하고 있다.

---

275) 공장 내에 있지 아니하는 가스관이 자원비축시설용에 해당한다면 감면이 될 것이나, 「산업집적활성화 및 공장설립에 관한 법률 시행령」 제6조 제4항에 따르면 "자원비축시설"이라 함은 석탄·석유·원자력·천연가스 등의 에너지자원의 비축을 위한 시설을 말한다라고 규정하고 있다. 여기서 비축으로만 규정되어 있는데 비축을 위하여 저장·공급 등을 위한 시설과 이에 관련된 시설도 포함하여야 할 것으로 판단된다. 상기의 정의 외에 자원비축시설에 구체적으로 해석한 법 조항 등은 없는 것으로 판단되나, 자원비축이라는 사전적 의미는 돌발적인 요인에 대하여 대비하고 경제·산업 활동에서 안전 보장력을 높이기 위하여 원료, 에너지, 식량 따위의 자원을 쌓아 두는 일이라는 것이다. 그런데 정의에 가스도 비축이 된다면 비축시설은 자원비축시설에 해당될 것으로 보여진다. 한편, 가스도 비축이 되어 자원비축시설에 해당될 수 있다고 하더라도 가스관은 일상적으로 사용하는 가스를 공급하기 위한 시설이므로 자원비축시설로 보기에는 무리가 있다고 보여지나, 가스관이 에너지 자원을 비축하기 위한 시설에 공급하기 위한 시설로 볼 수도 있어서 자원비축시설에 해당된다라고 해석할 수도 있을 것이다. 한편, 일반적인 유류회사나 가스회사에 국한되어 적용될 수 있는데, 이 경우라면 일반 제조업체의 가스관은 자원비축시설로 볼 수 없을 것이다.

참고로, 「지방세특례제한법」 제61조 제1항에 따르면 「한국가스공사법」에 따라 설립된 한국가스공사 또는 「도시가스사업법」 제3조에 따라 허가를 받은 도시가스사업자가 도시가스사업에 직접 사용하기 위하여 취득하는 가스관에 대하여는 취득세 및 재산세의 100분의 50을 각각 경감한다. 다만, 특별시・광역시에 있는 가스관에 대하여는 경감하지 아니한다.

ⓔ 급・배수시설(송수관 등)

「산업집적활성화 및 공장설립에 관한 법률 시행령」 제2조 제2호에 따르면 "제조업을 하는 경우 그 제조시설의 관리・지원, 종업원의 복지후생을 위하여 해당 공장부지 안에 설치하는 부대시설로서 지식경제부령으로 정하는 것"으로 규정하면서 송유관, 옥외주유시설, 급・배수시설, 변전실, 기계실 및 펌프실을 제조시설로 보도록 규정하고 있다(「산업집적활성화 및 공장설립에 관한 법률 시행규칙」 제2조 제3호). 따라서 급・배수시설도 공장부지 안에 설치된 부대시설만 공장으로 보고 있다는 점에서 공장부지 밖에 있는 송수관이 제조생산을 위한 시설로 사용되기는 하지만 공장의 범위는 담장이나 울타리 등으로 외부와 경계지워진 지역만을 공장경계구역으로 보아야 할 것으로써 공장 구내까지만 감면대상이 되는 것이라 판단된다.[276]

그런데 「공장용 건축물 등 지상정착물의 부속토지」란 지상정착물의 효용과 편익을 위해 사용되고 있는 토지를 말하고, 그 부속토지인지 여부는 필지 수나 공부상의 기재와 관계없이 토지의 이용현황에 따라 객관적으로 결정되는 것이므로, 여러 필지의 토지가 하나의 지상 정착물의 부속토지가 될 수 있는 반면, 1필지의 토지라도 그 일부가 지상 정착물의 효용과 편익을 위해서가 아니라 명백히 별도의 용도로 사용되고 있는 경우에는 그 부분은 지상정착물의 부속토지라고 볼 수 없다 할 것(대법원 1995.11.21. 선고, 95누3312 판결 참조)이므로, 공장이 도로와 블록 담장에 의하여 외형상 분리되어 있지만, 공장과의 거리, 토지의 용도 및 그 지상 건축물의 실제 기능 등을 종합하여 부지 전체가 하나의 유기적인 공장구역을 이루고 있다면 분리과세 대상인 점(대법원 2001.11.13. 2000두3740)에 비추어 볼 때, 1구내의 공장용지에 해당하는지의 여부는 도로 등에 의한 외형상의 단순한 분리나 필지구분으로 판단하기보다는 취득 목적, 인근 공장용 건축물과의 거리, 토지용도, 실제이용 현황, 경제적 일체성 등을 종합적으로 고려하여 판단하는 것이 합리적일 것이다. 따라서 공장구역 밖에 설치된 급・배수시설이라 하더라도 공장을 위한 시설임에는 틀림이 없다면 공장용 건축물로 보아 감면하는 것이 법 취지상 타당하다라고 판단되지만(공장 구역 밖에 있는 것도 감면이 된다면 산업단지 범위만이 아니라 전체의 송수관을 감면대상으로 보아야 할 것임), 산업단지 밖에서 취득하는 열송수관은 감면대상에 해당하지 않는 것으로 해석(지방세특례제도과-1350, 2015.5.18.)하고 있어서 산업단지 밖에 설치된 급・배수시설은 감면이 되지 아니하는 것으로 해석하여야 할 것이다.

---

276) 송수관 등 급배수시설이 공장부지 밖에 위치하고 있는 수로로서 수자원공사 등에서 관리하고 있는 송수관이면 비록 제조업체에서 설치하였다 하더라도 관리권한 등이 없는 경우에는 취득세 과세대상으로 볼 수 없다.

제조지원시설이 공장부지 밖에 있는 경우(세정 13407 - 334, 2000.2.29.)

제조시설지원을 위한 부대시설용 건축물이라 할지라도 그 시설물이 생산시설인 공장의 위치와 수 km 내지 십수km 떨어져 위치해 있어 송유관 등으로 연결되어 사용되어지고 있는 경우까지도 공장의 경계구역으로 볼 수 없을 뿐만 아니라, 공장경계구역은 1구의 개념으로 판단하여 담장이나 울타리 등으로 외부와 경계지워진 지역만을 공장경계구역으로 보아야 할 것임.

㉤ 변전소, 송전철탑

산업용 건축물 등의 범위를 규정한 「지방세특례제한법 시행령」 제29조(제38조에서 규정함)와 상기를 살펴보면 산업단지 내 지원시설인 변전소는 제조시설로 볼 수 없어서 공장용에는 해당되지 아니할 것이다. 다만, 공장 내에 있는 변전소는 공장용 건축물에 해당할 것이다. 한편, 공장 내에 있지 아니하는 변전소가 자원비축시설용에 해당한다면 감면이 될 것이나, 자원비축시설인지 여부는 상기 가스관과 동일할 것이다.

한편, 전기업을 하는 한국전력공사가 산업단지 내에 설치한 20만 볼트 이상 송전철탑은 산업용 건축물 등으로서 감면대상에 해당된다(지방세운영과 - 3598, 2015.12.31.)라고 해석하고 있다.

한국전력공사 소유 변전소의 공장 범위 포함 여부(지방세운영과 - 1645, 2008.10.2.)

한국전력공사 소유 변전소 재산세 관련해서는 구 「지방세법 시행규칙」 제78조의 7에서 규정한 별표 3 제28호에서 구 「지방세법」 제188조 제2항의 수도권 과밀억제권역 안에서 행정안전부령이 정하는 공장을 신설·증설에 해당하여 중과세되는 경우 및 구 「지방세법」 제276조의 산업단지 등에 대한 감면을 제외하고는 "공장"에서 제외하므로 과세표준액의 1000분의 5 세율 적용대상이 아닌 것으로 보이며, 건축물분 공동시설세의 경우도 "공장"에서 제외하므로 구 「지방세법」 제240조 제1항 표준세율의 100분의 200대상에 해당되지 않을 것임.

㉥ 주유소, 수소충전소

산업용 건축물 등의 범위를 규정한 「지방세특례제한법 시행령」 제38조(2016년 이전에는 제29조)와 상기를 살펴보면 산업단지 내 지원시설인 주유소는 제조시설로 볼 수 없어서 공장용에는 해당되지 아니할 것이다. 다만, 공장 내에 있는 주유소는 공장용 건축물에 해당할 것이다. 한편, 공장 내에 있지 아니하는 주유소를 자원비축시설용으로는 보지 아니할 것으로서 감면대상이 되지 아니할 것이다.

산입법에 따른 자원비축시설은 에너지 공급 위기 발생 시 수급의 어려움에 대비하여 자원을 비축함으로써 에너지 공급 차질을 해소하기 위한 시설을 말하는 것으로, 수소충전소는 운송장비용 가스충전업으로 입주계약을 체결한 사실이 있고, 「한국표준산업분류표」[통계청 고시, 제2024 - 2호(2024.1.1.)]에 따르면 이는 도매 및 소매업 중 운송장비용 수소 충전업으로 분류되어, 운송장비용 수소가스를 판매(충전)하는 산업활동으로 설명되고 있는 점을 고려했을 때, 자원비축시설의 기능이 아닌 단순 수소가스 판매시설로 보아야 할 것이다. 따라서 해당 수소충전소는 산업용 건축물등에 해당하지 않으므로 취득세 감면대상에 해당한다고 볼 수 없다(지방세특례제도과-1475, 2024.6.26.).

사례 산업단지 내 지원시설용지에 설치할 주유소(충남세정과-6512, 2011.5.20.)

산업단지 내 지원시설 용지에 설치할 주유소는 「산업입지 및 개발에 관한 법률」 제2조 제5호에 규정된 시설 중 지원시설로서 「지방세특례제한법 시행령」 제29조 제1호에 규정된 산업용 건축물 등에 포함되지 않으므로 감면대상에 해당되지 않음.

㉆ 진입도로

산업단지 내에 공장을 신축하기 위하여 여러 업체에서 공동으로 공장용지를 취득한 후 각각 분할하여 공장을 건축하였으나 취득한 공장용지 중 일부를 진입로로 개설하지 아니하고는 각 업체의 공장으로 진입이 불가능한 경우라면 취득한 공장용지 중 진입로로 사용하는 토지는 공장용에 직접 사용하지 못한 정당한 사유가 있다고 보아야 할 것이므로 기면제한 취득세의 추징대상이 되지 않는 것이다(세정-746, 2007.3.22.).

◎ 저유조

유류 보관 및 창고업이 창고업, 화물터미널, 그 밖에 물류시설을 설치·운영하는 사업에 해당될 것으로 보여지지만 유류관련 법규에서 이를 달리 판단할 수 있는바, 이 경우에는 자원비축시설에 해당될 수도 있을 것이다. 하여튼 저유조가 창고업 등 물류시설업 또는 자원비축시설에 해당하는 경우 이 업종을 영위하기 위한 건축물은 산업단지 감면규정이 적용되는 산업용 건축물에 해당될 것이지만, 유류 관련법에서 저유조를 물류시설업이나 자원비축시설이 아닌 것으로 볼 경우에는 산업용 건축물로 볼 수 없는바, 감면이 되지 아니할 것이다. 구내에 저유조를 설치하고 펌프장 및 출장소를 신축하는 경우 저유조도 저장시설로 취득세 과세대상인 「지방세법 시행령」 제5조의 시설물로서 건축물에 해당되는 것이다(임차여부와는 관계없음). 따라서 저유조가 창고업 등 물류시설업에 사용되는 경우 또는 자원비축시설용으로 사용되는 경우 산업용 건축물에 해당되어 산업단지 감면규정을 적용할 수 있을 것이다.

㉈ 공장 내 (본점용) 사무실

산업단지 내에서 발전업, 전기판매업, 송전 및 배전 등 한국표준산업분류에 따른 전기업에 해당하는 산업용 건축물을 신축하기 위하여 취득하는 토지와 신축 또는 증축하여 취득하는 건축물에 대한 취득세는 감면대상에 해당된다고 하더라도, 산업용 건축물 중 그 일부가 법인의 주된 업무를 지휘·통제하는 활동이 이루어지는 사실상 본점으로 사용되는 경우는 감면대상에 해당되지 아니한다(지방세특례제도과-1947, 2020.8.20.). 종전에는 제조업체 본점사무소용을 공장으로 보아 감면해왔다는 점에서 상기 해석은 실무와 괴리가 있으며, 신의성실 원칙 문제가 될 것으로 판단된다.[277]

---

277) 감면대상이 아니라는 사례 : 지방세특례제도과-1913, 2019.5.17.

Ⓒ 도로로 구획된 토지

'지상정착물의 부속토지'란 지상정착물의 효용과 편익을 위해 사용되고 있는 토지를 말하고, 부속토지인지 여부는 필지 수나 공부상의 기재와 관계없이 토지의 이용현황에 따라 객관적으로 결정(대법원 1995누3312, 1995.11.21. 참조)하여야 하는 것으로 공장이 도로에 의하여 외형상 분리되어 있지만 취득 목적, 인근 공장용 건축물과의 거리, 토지용도, 실제이용 현황, 경제적 일체성 등을 종합적으로 고려하여 전체가 하나의 유기적인 공장구역을 이루고 있다면 하나의 공장경계구역으로 판단하는 것이 합리적이라 할 것이다. 따라서 도로로 각각 구획되어 있는 A1블록과 A2블록의 토지를 일괄 취득한 후, A1블록에는 반도체 제조시설의 부대시설인 폐기물보관시설을 설치하고, A2블록에는 반도체 제조시설 및 부대시설을 설치하는 경우라면, 폐기물보관시설의 설치목적, 반도체 제조시설과의 거리, 실제이용 현황, 관계법령에 따라 설치가 의무화된 시설인지 여부 등을 종합적으로 고려하여 A1블록과 A2블록의 토지를 하나의 공장경계구역에 속하는 토지로 볼 수 있는지 여부를 판단하는 것이 합리적이라 할 것이다(지방세특례제도과-1094, 2015.4.16.).

㋿ 연접 토지

사업계획서 및 청구주장 등에 의하면 청구법인은 연접토지 및 쟁점토지를 취득 이전부터 단계별로 각 토지상에 산업용 건축물을 건축할 것이 예정되어 있었고 그 사업계획에 따라 쟁점토지를 연접토지와 구분하여 취득한 점, 실제 공장등록증명서 및 건축물관리대장 등에 이 건 공장의 부속토지로 연접토지만 기재되어 있고 쟁점토지는 제외되어 있는 점, 현황사진 등에서도 쟁점토지는 대부분 나대지 상태로 방치되어 있는 것으로 확인되는 점 등에 비추어 청구법인은 당초 연접토지와는 별도로 다른 공장을 신축하기 위하여 쟁점토지를 취득하였으나 기존 공장의 이전 문제 및 경제적 사정 등으로 공장 건축이 지연된 것에 불과한 것으로 보이므로 쟁점토지를 연접토지와 함께 이 건 공장의 부속토지라 하기는 어렵다 할 것이다(대법원 2017두46257, 2017.8.18.).

> **사례** 이 건 토지를 제조시설 부지(이하 "연접지"라고 함)에 있는 공장 부지로서 직접 사용하였다고 볼 수 있는지 여부를 판단하기 위해서는 이 건 토지와 연접지가 하나의 공장경계구역을 이루고 있는지 여부에 대한 판단이 선행되어야 하고, 이 건 토지와 연접지가 하나의 공장경계구역을 이루고 있는지 여부는 이 건 토지와 연접지의 취득 경위·시기와 활용 현황, 연접지 내 제조시설과 이 건 토지 내 부대시설 간 물리적 또는 기능적 관련성 등을 종합적으로 고려하여야 할 것임(지방세특례제도과-2405, 2024.9.25.).

종전에는 본점사무실이라고 하여도 오로지 해당 공장을 영위하는데 필수적인 기능을 수행하는 경우라면, 취득세 등 감면대상 산업단지 내 공장으로 볼 수 있는 부대시설에 해당되므로 취득세 중과세대상에 포함되지 아니한다고 할 것이며(지방세운영과-2569, 2012.8.9.), 제조시설을 지원하는 공장의 부대시설인 사무실로서 공장용 건축물의 범위에 포함되는 것으로 보고 있음에 비추어 볼 때, 공장의 경우로서 그 사무실이 본점사무실이라고 하여도 그것이 공장의 일부인 이상 이를 산업단지 내 신·증축하는 공장시설에 대하여 감면하는 것이다(행심 2005-150, 2005.5.30.)라고 해석하여 왔었다.

ⓔ 도시가스업체의 물양장

LNG의 기화를 방지하기 위해서는 일정한 온도와 압력을 유지시키면서 이를 선박에서 하역하기 위한 접안설비가 필요하다. 「항만법」 제2조 제5호 가목은 항만시설 중에서 '안벽·물양장·잔교·부잔교·돌핀·선착장·램프(ramp) 등'이 '계류시설'에 해당한다고 정의하고 있고, "계류시설"이란 선박이 접안해서 화물을 적·양화하고, 승객이 승강할 수 있도록 하는 접안설비를 말하는데, 주로 그 접안설비가 육지로부터 돌출된 길이에 따라 물양장, 잔교, 돌핀 등으로 구별되고, 따라서 돌핀과 마찬가지로 물양장도 '배를 접안시키기 위하여 물가에 만든 구조물'에 해당하면 구 「지방세법 시행령」 제5조 제2항의 '잔교'라고 볼 수 있다(대법원 2002.5.17. 선고, 2000두5739 판결, 대법원 2002.6.28. 선고, 2001두10592 판결 참조). 물양장 등 제1, 2 항만시설은 이 사건 공급기지의 관련시설로서 구 「지방세특례제한법 시행령」 제38조 및 제29조 제1호, 산업입지법 제2조 제6호의 자원비축시설용 건축물에 해당하는 점, '산업단지개발사업의 시행자인 원고가 신축하여 취득한 산업용 건축물'에 해당하므로 감면 적용대상이 될 수 있다(대법원 2020두31859, 2020.4.29. 심불, 부산고법 2019누20426, 2019.12.13.).

⑤ **건축(2012년~2016년만 적용)**

㉠ '건축'의 의미

부동산이라 하더라도 건축과 대수선인 경우에만 감면대상이 되는 것이다. 여기서 '건축'이란 「건축법」 제2조 제1항 제8호에 따른 건축을 말하므로(지법 §6 5) 건축물을 신축·증축·개축·재축(再築)하거나 건축물을 이전하는 것을 말한다(「건축법」 §2 ① 8). 2011.12.31. 이전에는 신·증축(100% 면제 : 지특법 §78 ③, 구 지법 §276 ①), 개축과 대수선(100% 면제 : 시도세 감면조례에 규정된 경우에 한함)인 경우에 감면규정이 적용되었다.

㉡ 도시가스배관 설치 또는 교체

심사례에 의하면 "장기간 사용에 의한 노후 및 부식심화 및 배관 내 스케일의 다량 생성으로 파공사고가 빈번하여 안정적인 해수공급을 위하여 지하에 설치된 것을 지상화하는 것이라고 하고 있는 것을 볼 때, 이는 특정 용도로 되어 있는 시설을 폐쇄하고 다시 동일 대지에서 그러한 용도로 축조하는 개축이 이전하는 것으로 보는 것이 상당하다고 할 것(행심 2006-357, 2006.8.28., 행심 2003-147, 2003.7.28.)이다"라고 결정하고 있었는바, 이는 도시가스배관을 교체하는 것은 「건축법 시행령」 제2조에 따르면 건축(개축)과 대수선에 해당되지 않아 건축에 해당되지 아니하는 것으로 해석할 수 있지만, 개축으로 보아 건축에 포함되는 것으로 해석한 것이고, 심판례(조심 2017지1097, 2018.8.27.)에서도 신축이 아닌 건축(개축)에 해당되는 것으로 결정하고 있다.[278] 한편, 도시가스배관의 일부 구간을 변경

---

278) 건축으로 보아야 한다는 또 하나의 근거는 「지방세법」 제6조 제1호에 따르면 "취득"이란 매매, 교환, 상속, 증여, 기부, 법인에 대한 현물출자, 건축, 개수, 공유수면의 매립, 간척에 의한 토지의 조성 등과 그 밖에 이

하는 것은 이전으로 보아 건축에 포함되는 것으로 판단하여야 할 것이나, 이 시설의 수선 (2014.1.1. 이후 개수에 해당하여 취득세 과세대상이 됨)은 건축에 해당되지 아니하여 감면이 되지 아니할 것이다.

ⓒ 개수 중 「지방세법 시행령」 제6조의 시설물

개수에는 대수선, 「지방세법 시행령」 제6조의 시설물 설치나 교체 및 「지방세법 시행령」 제5조의 시설 수선의 경우로 구분된다. 그런데 취득세편의 부동산은 토지와 건축물로 규정하고 있고, 여기서 건축물은 「건축법」 제2조 제1항 제2호에 따른 건축물(이와 유사한 형태의 건축물 포함)과 「지방세법 시행령」 제5조의 부속시설을 말하는 것이다. 그렇다면 개수에 해당하는 「지방세법 시행령」 제6조의 시설물[이 시설물 중 「건축법」 상의 건축물의 부속설비(예 : 승강기)는 제외]은 취득세편의 부동산으로 볼 수 없다라고 해석할 수 있다. 그리고 개수[「지방세법 시행령」 제6조의 시설물 중 「건축법」 상의 건축물의 부속설비(예 : 승강기)의 설치 또는 교체는 제외]는 건축에 해당하지 않아서 건축과 구분하여 대수선을 별도로 감면대상으로 하고 있는 규정도 있다.

한편, 「건축법」 제2조 제1항 제2호에서는 「건축물」이란 토지에 정착하는 공작물 중 지붕과 기둥 또는 벽이 있는 것과 이에 딸린 시설물, 지하나 고가의 공작물에 설치하는 사무소·공연장·점포·차고·창고, 그 밖에 대통령령으로 정하는 것을 말한다고 규정하고 있고, 같은항 제4호에서는 「건축설비」란 건축물에 설치하는 전기·전화설비, 초고속 정보통신 설비, 지능형 홈네트워크 설비, 가스·급수·배수·환기·난방·소화·배연 및 오물처리의 설비, 굴뚝, 승강기, 피뢰침, 국기 게양대, 공동시청 안테나, 유선방송 수신시설, 우편함, 저수조, 그 밖에 국토해양부령으로 정하는 설비를 말한다고 규정하고 있으며, 같은 법 시행령 제2조 제12호에서는 "부속건축물"이란 같은 대지에 주된 건축물과 분리된 부속용도의 건축물로서 주된 건축물을 이용 또는 관리하는데 필요한 건축물을 말한다고 규정하고 있다. 「건축법」 제2조 제1항 제4호에서 규정하고 있는 건축설비의 경우 건축물을 구성하는 필수적인 요소로서 건축물과 일체를 이루는 설비이고, 같은 법 시행령 제2조 제12호의 부속건축물의 경우 주된 건축물을 이용 또는 관리하는 데에 그 목적이 있다고 하나 그 자체는 건축물에 해당한다고 할 것이므로, 건축설비 및 부속건축물 모두 「지방세법」 제6조에서 규정하고 있는 부동산의 범위에 해당한다고 판단된다.

「건축법」 상의 구축물과는 달리 규정되어 있는 「지방세법 시행령」 제6조의 시설물 중 「건축법」 상의 건축물의 부속설비로 볼 수 있는 것은 부동산으로 보아야 할 것이다. 예를 들어

와 유사한 취득으로서 원시취득, 승계취득 또는 유상·무상의 모든 취득을 말한다라고 규정하고 있으면서, 새로 설치하거나 교체 또는 수선의 경우 건축물의 취득에 해당되려면 건축, 개수, 원시취득에 해당되어야 할 것인데, 도시가스 시설 등의 「지방세법 시행령」 제5조의 시설 설치는 건축에 해당되어 취득세 과세대상이 된다는 것이다. 따라서 「지방세법 시행령」 제5조의 시설 교체는 개축 등에 해당되어 건축으로 보아 감면이 될 것이라고 주장할 수 있다. 그런데 현행은 신·증축과 대수선만 감면이 되는바, 개축은 감면이 되지 아니한다.

승강기는 건축물의 부속설비로 볼 수 있을 것인데 이를 교체하거나 새로 설치하는 경우 「건축법 시행령」 제2조에 따르면 건축(개축)과 대수선에 해당되지 않아 감면대상이 되지 아니하는 것으로 해석할 수 있지만, 「지방세법 시행령」 제5조의 시설 교체는 개축 등에 해당되어 건축으로 보아 취득세를 과세하고 있다는 점을 고려한다면 부동산에 해당하는 「지방세법 시행령」 제6조의 시설물(예 : 승강기) 교체도 개축 등으로 보아야 한다는 것이다.

하여튼 조문상 개수 전부가 아닌 대수선만 인정하는 것은 「지방세법 시행령」 제6조의 시설물 설치는 감면이 되지 아니하는 것은 맞지만 동 시설물 중 「건축법」 상 건축물 부속설비에 해당하는 것은 감면대상이 되는 것으로 해석하여야 할 것이다. 이것이 법 취지에 더 타당할 것으로 판단된다.

㉣ 신·증축인 경우에만 감면이 되는 규정의 적용

기존 송유관 및 급수관을 교체하여 설치한 것은 취득세 면제대상이 되는 공장용 건축물의 신·증축이 아니라 개축에 해당된다는 이유로 취득세 등을 면제하지 아니하는데, 그 이유는 다음과 같다.

공장용 건축물 등을 신축하거나 증축하고자 하는 자가 취득하는 부동산에 대하여 취득세를 면제하도록 규정하고 있었는데, 공장 구내에 설치된 기존 송유관 및 급수관을 교체하여 설치한 것은 지하에 이설되어 있던 송유관 등을 이설한 것으로 취득세 과세대상인 시설물을 취득한 경우에 해당되어 취득세 과세요건을 충족하고 있을 뿐 구 지방세법 제276조 제1항 규정에 의한 취득세 면제대상 요건을 충족시키는 것으로 볼 수는 없기 때문이다 (행심 2003-147, 2003.7.28.).

⑥ 기존 건축물을 철거하여 신·증축하는 경우

2020년 이후 산업단지 등에서 산업용 건축물 등을 신축하기 위하여 취득하는 토지, 신축이나 증축용 산업용 건축물 등을 감면하는 것으로 규정하여 증축용 부속토지는 감면이 되지 아니하나, 2019년 이전에는 증축용 부속토지에 대한 감면은 다음과 같다.

산업단지 내 부동산의 소유권이 순차적으로 이전되는 과정에서 증축이 이루어지는 경우라 하더라도 그 증축 부분이 차지하는 비중이 상당하고,[279] 부동산 전체의 사용·수익에 기여하는 정도가 높아 산업단지 내 부동산 취득의 중요 부분을 구성하는 것으로 볼 수 있다면[280] 산업단지 내 토지를 최초로 취득하여 그 지상에 산업용 건축물을 신축하는 경우와 달리 취급할 이유가 없고, '산업용 건축물 등을 건축하려는 자가 취득하는 부동산'인지 여부는 증축한 부분의 규모·성격 및 부동산을 취득하는 시점에 증축에 대한 의사가 있었는지 여부 등을 종합적으로 고려하여야 한다(감심 2022-1655, 2024.7.24.).[281]

---

279) 구 「지방세특례제한법」 제78조 제7항, 구(2016.12.30. 행정자치부령 제101호로 개정되기 전의 것) 제6조에 따르면 신축공장의 경우 건축물의 연면적이 200㎡ 이상이면 지방세 감면대상인 것으로 되어 있음.

280) 감사원 2019.7.25.자 2018-심사-420 결정, 감사원 2023.7.20.자 2021-심사-1077 결정 등

281) 감사원 2023.7.20.자 2021-심사-697 결정

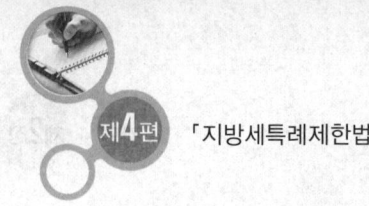

㉠ 철거 후 신축하는 경우

「지방세특례제한법」 제78조 제3항의 산업용 건축물을 건축(2012년 이전은 신・증축)하려는 자가 취득하는 부동산 해당 토지가 산업용 건축물 건축(2012년 이전은 신・증축)하는 자가 취득하는 부동산인지 여부 관련하여 지방세 감면대상의 판단은 납세의무성립 당시에 사실관계와 관계법률이 정하는 바에 따라서 판단하여야 할 것이고, 과세요건을 구성하는 사실요건이 「지방세법」에서 정한대로 요건을 구성한 것인가를 판단하여야 할 것이므로, "산업용 건축물을 건축하려는 자가 취득하는 부동산"이란 ⅰ) 산업단지 내 산업용 건축물 등을 신・증축 등 건축하고자 건축물이 없는 토지를 취득하는 경우 ⅱ) 기존 산업용 건축물 등이 있는 토지 내 그 건축물을 증축하는 경우를 상정할 수 있는 것으로서 기존 산업용 건축물 등이 있는 부동산을 취득하는 경우는 ⅰ) 취득 당시 기존 건축물이 철거되거나 멸실되어 사실상 건축물이 없거나 ⅱ) 철거 중에 있어서 장차 새로운 건축물을 신축하는 것이 분명한 경우를 제외하고는 일단 기존 건축물을 기존 용도대로 사용되어질 것으로 전제할 수밖에 없으므로(조심 2008지980, 2009.2.10. 등 참조) 해당 공장용지의 경우 취득후 상당기간 전 소유자가 기존 건축물을 사용하고 있는 경우라면 취득 당시 기존 건축물이 철거되거나 멸실되어 사실상 건축물이 없거나 철거 중에 있어서 장차 새로운 건축물을 신축하는 것이 분명하다고 볼 수 없으므로 산업용 건축물 신・증축 등 건축을 하는 자가 취득하는 부동산으로 볼 수 없다.

따라서 해당 법인이 해당 공장용지 감면 여부 판단 시점인 취득 당시부터 상당기간 전 소유자가 기존 산업용 건축물을 사용한 경우라면 취득 당시 산업용 건축물을 신・증축 등 건축하기 위하여 취득하는 자가 취득하는 경우에 해당되지 않으므로 면제대상에 해당되지 않는다라고 해석(지방세운영과-2011, 2010.5.12.)하고 있는바, ⅰ) 취득 당시 기존 건축물이 철거되거나 멸실되어 사실상 건축물이 없거나 ⅱ) 철거 중에 있어서 장차 새로운 건축물을 신축하는 것이 분명한 경우에는 감면이 되는 것이다. 이 경우라도 건축물은 감면이 되지 않고 토지분만 감면이 되는 것이다.

상기 이외에도 건축(2017년 이후와 2012년 이전은 신・증축)할 것이 명백한 경우라면 기존 건축물이 있더라도 토지분은 감면이 되는 것으로 해석하여야 할 것이고, 토지 취득 전에 분할하여 분할된 지번이 나대지로 되어 있다면 이는 건축물이 없는 토지로 보아야 할 것으로써 그 토지 위에 산업용 건축물을 신・증축 등 건축하는 경우 감면대상이 되는 것이다.

㉡ 취득 즉시 증축하는 경우

취득 당시 해당 산업 용지를 공장용 건축물 등을 신축하기 위하여 구분지정하여 취득하고, 그 해당 산업용지가 담장, 블록 등으로 사실상 특정 구획되어 있으며, 사업종료 시 그 구분 지정되어 특정 구획된 상태대로 분할 예정이라면 비록 「건축법」 상 증축하기 위한 토지에 해당된다고 하더라도 동일한 실질에 대하여는 동일하게 적용하여야 한다는 실질과세의 원칙상 해당 토지에 공장용 건축물 등을 신축하기 위하여 취득하는 토지로 보아 감면대상으로 아울러 비록 기존 건축물이 있다고 하더라도 기존 건축물을 증축하기 위하여 취득하는 토지에 대하여는 감면대상이므로 기존 건물 부분을 제외한 증축하기 위하여 취득하는 부분에 대하여는 감면대상(감심 2003-54, 2003.5.27. 참조)으로 보고 있으나(지방세운영과-893, 2010.3.4.), 기존 건축물을 취득하여 일부 철거하거나 철거없이 증축하는 경우에는 감면이 되지 아니한다라고 해석하여 왔었다.

그런데 상기와 달리 대법원에서는 구분지정하지 않고 취득하는, 즉 실질적인 신축에 해당되지 아니하는 경우라 하더라도 산업단지 내의 토지를 취득한 후 지상에 공장용 건축물을 증축한 이상 기존 공장용 건축물에 관한 토지 부분은 취득세 등의 면제대상에 포함된다(대법원 2007두21341, 2010.1.14.)라고 판시하고 있으며, 감사원에서는 산업단지 안에서 기존 산업용 건축물 및 그 부속토지를 승계취득하여 기존 건축물을 증축한 경우 기존 건축물 및 그 부속토지가 취득세 면제대상에 해당된다고 결정하고 있다.[282]

> **사례** 기존 건물이 있는 토지 위에 증축하는 경우(지방세특례제도과-915, 2015.4.1.)
>
> "산업용 건축물 등을 건축하려는 자가 취득하는 부동산"이란 기존 건물을 취득하여 증축을 하거나 기존 건물을 철거하고 신축을 하거나 건물을 신축하여 취득하는 경우의 건물, 건물이 없는 토지를 취득하여 그 지상에 건물을 신축하거나 기존 건물이 있는 토지를 취득하여 그 건물을 증축하거나 기존 건물을 철거하고 신축하는 경우의 토지를 모두 포함한 것으로 보아야 할 것임(부산고법 2006누5557, 2009.9.14., 대법원 2007두21341, 2010.1.14. 참조).

ⓒ 기존 건축물 감면 여부

기존 건축물을 고유업무에 직접 사용하기 위하여 취득한 것이 아니라 철거한 후 새로운 건축물(산업용 건축물 등)을 신축하기 위해 취득한 것이므로 기존 건축물은 취득할 당시부터 감면대상에 해당되지 않는다(조심 2021지2935, 2023.3.23.).

⑦ 의장안벽

국토해양부의 '국토해양용어사전'에서는 '잔교'를 해안선이 접한 육지에서 직각 또는 일정한 각도로 돌출한 접안시설로서 말뚝, 우물통, 각주구 등을 설치하여 직립부를 만들고 이를 수평으로 연결해서 선박의 접·이안이 용이하도록 설치한 것, '안벽'을 선박이 안전하게 접안하여 화물

---

282) 청구인은 이 사건 부동산(승계취득한 기존의 산업용 건축물 및 그 부속토지)을 취득하기 이전부터 기존 건물을 증축하기 위한 절차를 밟아 이 사건 부동산 취득일로부터 불과 약 7개월 만에 증축을 완료하여 IT전자부품 제조업을 영위하고 있고, 기존 건물 대비 증축한 면적이 0.66배로 증축 부분이 차지하는 비중이 상당하며, 증축 부분이 이 사건 부동산 전체의 사용·수익에 기여하는 정도도 높은 것으로 보이는 등 청구인이 이 사건 부동산을 취득하고 기존 건물을 증축하여 사업을 영위하고 있는 제반 사실관계를 종합해 보면 청구인이 산업용 건축물 등을 건축(증축)하려고 이 사건 부동산을 취득하였다고 보는데 부족함이 없다. 지방세 감면을 받은 자가 정당한 사유 없이 그 취득일로부터 3년이 경과할 때까지 그 부동산을 해당 용도로 직접 사용하지 않거나, 해당 용도로 직접 사용한 기간이 2년 미만인 상태에서 매각·증여하거나 다른 용도로 사용하는 경우에는 해당 취득세를 추징할 수 있으므로, 승계취득의 경우에도 지방세 면제의 혜택을 부여받은 것이 부당하다고 할 것은 아님(감심 2018-420, 2019.7.25.).

및 여객을 처리할 수 있도록 설치한 부두의 바다 방향에 수직으로 쌓은 벽을 말한다고 각각 정의하고 있다. 한편, 「건물 및 기타물건 시가표준액표」에서는 「잔교」를 선창이나 부두에서 선박을 접근시켜 화물이나 승객이 오르내리기 편리하도록 물위에 설치한 구조물이라고 정의하고 있으므로, 위의 규정 등을 종합적으로 검토하여 볼 때 "잔교"와 "안벽"을 사전(辭典)적인 기능과 목적으로 구분할 수는 없다고 할 것이다. 따라서 "잔교"와 "안벽"은 구조적인 형식 등으로 구분하는 것이 합리적일 것인바, 「국토해양용어사전」에서 「잔교」는 해안선이 접한 육지에서 직각 또는 일정한 각도로 돌출한 접안시설을, 「안벽」은 부두의 바다 방향에 수직으로 쌓은 벽을 말한다고 각각 정의하고 있는 것을 감안했을 때, 부두에서 직각으로 길게 돌출된 본 건 구조물은 "잔교"에 해당된다고 보는 것이 합리적일 것으로 판단된다. 아울러, 구 「지방세법」에서 "잔교"를 기타 시설로서 건축물로 정의하고 있는 점, "잔교"와 함께 구 「지방세법」 상 건축물에 포함되는 공장용 건축물 등은 생산활동에 사용되더라도 생산시설로 보아 과세제외 않는 점 등을 감안했을 때, 본 건 구조물이 선박 제조과정의 일부인 후행의장 등에 사용되는 생산시설(설비)이므로 과세제외되어야 한다는 주장도 설득력이 없다고 판단된다(지방세운영과-25, 2013.3.26.)라고 해석하고 있다.[283]

이 해석에 따라 의장안벽에 대하여 취득세를 과세대상으로 보아야 하나, 생산설비의 일종이라는 측면에서 과세대상으로 보는 것은 문제가 있다고 판단된다.

조세심판원(조심 2013지0571, 2014.2.12.)에서는 「항만법」 상 안벽, 물양장, 잔교, 부잔교, 돌핀, 선착장 등을 항만의 기본시설로 규정하고 있으나, 「지방세법」에서는 이들 기본시설 중 "잔교"만을 취득세 과세대상으로 규정하고 있는바, 위 인공구조물은 설치 허가목적이나 허가조건에서 선박 기자재를 선적하고 마무리 공사(의장작업)에 사용하는 의장안벽으로서 취득세 과세대상인 "잔교"로는 보기 어려워 「지방세법」 상 취득세 과세대상이 아닌 것으로 해석한 바 있었다.

이러한 심판례의 취지로 2013년까지 시행령에 "잔교"로만 규정되어 오다가 2014년부터 "잔교(이와 유사한 구조물을 포함한다)"라고 개정하였는데, 이는 부잔교, 의장안벽 등을 취득세를 과세하기 위함이라 이해된다(대법원 2020두31521, 2020.4.29. 심불, 춘천지법(춘천) 2019누144, 2019.12.23.). 그런데 이러한 개정에도 불구하고 선박 생산시설로 보는 것이 타당하다고 보여지는바, 취득세 과세대상으로 보는 것은 문제가 있다고 판단된다.

한편, 취득세 과세대상이 되는 것으로 보더라도 「산업입지 및 개발에 관한 법률」 제2조 제8호에서 산업단지를 산업시설 등을 집단적으로 설치하기 위하여 포괄적 계획에 따라 지정·개발되는 일단의 토지라고 규정하고 있으므로 산업단지로 지정된 일단의 토지의 경계에서 벗어난 공유수면을 산업단지로 볼 수 없을 것이므로 의장안벽 등이 산업단지와 연접하여 있고 산업단지에 있는 생산설비와 연계하여 이용된다고 하더라도, 산업단지 경계를 벗어난 공유수면에 위치하고 있다면 산업단지에 대한 취득세 등의 감면대상에 해당되지 않는다고 해석하고 있다(지방세운영과-25, 2013.3.26.).

그런데 산업단지가 지형도면 등에 의하여 명확하게 구획되어 있지 않고 지역으로만 표시되어 있

---

283) 취득세의 잔교편을 참조하기 바람.

다면 지방자치단체의 관할구역은 육지인지 바다인지를 묻지 않을 뿐만 아니라 그 경계선이 공백 없이 연속되어 있어야 하므로, 육지가 바다로, 바다가 육지로 변화된다 하더라도 그 위의 경계는 의연히 유지된다 할 것이다. 그렇다면 공유수면이라 하더라도 산업단지에 포함된다 할 것이다. 그런데 산업단지가 지형도면 등에 의하여 명확하게 구획되어 있어서 공유수면된 장소가 제외되어 있다면 산업단지로 볼 수 없을 수도 있는바, 지형도면 등에 의하여 이를 확인할 필요가 있을 것이다.[284]

⑧ 건축 후 다른 용도 사용함이 없이 임대하는 경우

공장용 부동산(공장용이 아닌 다른 산업용 건축물은 해당되지 아니함)을 중소기업자에게 임대하는 경우에는 감면대상이 된다. 그런데 공장용 부동산을 다른 용도의 부동산으로 임대한다면 임대한 부분에 대하여는 감면이 되지 아니할 것이다. 예를 들어 창고업, 화물터미널 또는 그 밖에 물류시설을 설치 및 운영하는 사업을 위한 부동산도 산업용 건축물로 산업단지 감면이 될 수 있으나,[285] 그 업종을 영위하는 자가 취득하여 이 업종에 사용하여야 감면이 되는 것이고, 이 업종을 운영하는 자로서 감면신청을 통해 신축 시 감면을 받았다 하더라도 공장용이 아닌 창고업이나 물류업 부동산으로 임대한 경우 무조건 추징대상이 되는 것으로 해석하여 왔었다. 그런데 감면규정에서 괄호규정의 임대하려는 "공장용 건축물"은 쟁점규정 "산업용 건축물 등"과 달리 보기는 어렵다(대법원 2012두17179, 2012.11.29. 판결 참조) 할 것이다(대법원 2020두43586, 2020.11.5. 심불, 대전고법 2019누11857, 2020.6.19.)라고 판시하여 중소기업자에게 임대하려는 부동산이 공장용 건축물이 아니라 하더라도 산업용 건축물 등에 해당되는 경우라면 지방세 감면대상에 해당한다(지방세특례제도과-116, 2021.1.11. 참조).

---

284) 「지방자치법」 제4조 제1항이 정한 지방자치단체의 관할구역은 육지인지 바다인지를 묻지 않을 뿐만 아니라 그 경계선이 공백 없이 연속되어 있어야 하므로, 육지가 바다로, 바다가 육지로 변화된다 하더라도 그 위의 경계는 의연히 유지된다 할 것이다. 따라서 종래 특정한 지방자치단체의 관할구역에 속하던 공유수면이 매립되는 경우에도, 법률 또는 대통령령 등에 의한 경계변경이 없는 한, 그 매립지는 당해 지방자치단체의 관할구역에 편입된다(헌재 2004.9.23. 2000헌라2, 판례집 16-2, 404, 443).

285) 「물류정책기본법」 제2조 제1항 제2호에서 "물류사업"이란 화주의 수요에 따라 유상으로 물류활동을 영위하는 것을 업으로 하는 것으로 화물운송업, 물류터미널·창고 등 물류시설운영업, 물류서비스업, 종합물류서비스업 등을 말한다고 규정하고, 같은 항 제4호에서 "물류시설"이란 물류에 필요한 화물의 운송·보관·하역을 위한 시설 등을 말한다고 규정하고 있는바, 조세법규 엄격해석의 원칙상 유상성을 요구하는 "물류사업"과 "그 밖의 물류시설을 설치·운영하는 사업"을 같은 업종으로 볼 근거가 부족한 점, 2005.1.5. 「지방세법 시행령」 제224조의 2의 공장용 건축물을 산업용 건축물로 개정한 이유가 산업단지 내 물류산업 체계를 합리화하고 물류시설용 부동산에 대한 세제지원을 확대하고자 하는 데 있는 점, 「산업집적활성화 및 공장설립에 관한 법률 시행령」 제6조 제5항 제3호 및 「물류정책기본법」 제2조 제1항 제4호 가목을 보면 「지방세특례제한법 시행령」 제29조 제2호의 "그 밖에 물류시설"은 창고 및 화물터미널을 제외한 화물의 운송·보관·하역을 위한 시설을 망라하므로 물류사업자 소유의 창고·화물터미널뿐만 아니라 물류사업을 하지 않는 자가 소유하는 화물의 운송·보관·하역시설도 포함되고 여기에는 자기 소유 제품의 운송 및 보관을 위한 물류시설 등도 당연히 포함된다고 보아야 하는 점 등에 비추어 청구법인은 이 사건 부동산을 「지방세특례제한법」 제78조 제4항 및 같은 법 시행령 제29조 제2호의 '그 밖에 물류시설을 설치 및 운영하는 사업'의 용도로 직접 사용하고 있다고 할 것임(조심 2017지0899, 2017.11.14.).

> 사례 산업단지 내 화물터미널 주유시설을 건축하여 임대 시(지방세정팀 - 3188, 2005.10.12.)
>
> 재산세 감면요건인 "산업용 건축물 등"을 신축하거나 증축하고자 하는 자에 공장용 부동산을 중소 기업자에게 임대하고자 하는 자만을 포함시키고 있으므로 산업단지 내의 화물터미널 내 주유시설을 건축하여 대기업에 임대하였다면 재산세는 감면되지 않는 것임.

⑨ 토지사용승낙을 받아 산업용 건축물을 신축한 후 사용하다가 토지를 취득한 경우 토지의 직접 사용 기산일

산업단지 감면규정은 기업의 생산 활동을 지원하기 위하여 산업단지내 공장용 건축물을 신·증축하고 공장을 영위하는 경우에 취득세 및 등록세를 면제한다는 것이고, 다만 부동산 투기 등을 방지하기 위하여 부동산 취득일로부터 3년 이내에 정당한 사유없이 직접 사용하지 아니한 경우와 부동산 사용일로부터 2년 이상 공장용지 등으로 사용하지 아니하고 매각하는 경우에는 과세 면제한 취득세 등을 추징한다는 규정이므로 토지를 공장용지로 사용하기 위하여 1999.12.14. 분양계약을 체결하고 2000.3.14. 토지사용승낙을 받아 2000.8.22. 공장용 건축물 1,563㎡를 신축한 후 2001.3.13. 공장등록을 필한 다음 사진재료약품제조업을 계속한 사실이 안산세무서장이 발행한 납세사실증명서 등에서 입증되고 있는 것으로 미루어보면, 비록 토지를 취득일(2002.2.9.)로부터는 2년 내에 매각(2003.8.6.)하였다고 하더라도 토지 취득일로부터 3년 내에 공장용 건축물의 부속토지로 사용(공장등록일 2001.3.13.)하였을 뿐만 아니라 토지 취득 전에 토지사용승낙(2000.3.14.)을 받고 공장용 건축물 1,563㎡를 신축(2000.8.22.)하여 공장등록(2001.3.13.)을 필한 다음 2년 이상 공장용 건축물의 부속토지로 사용하고 2003.8.6. 매각한 이상 「지방세법」 제276조 제1항의 단서규정에 의한 추징사유에 해당되지 아니하므로 토지 취득일로부터 2년 이상 사용하지 아니하고 매각하였다는 사유로 이 사건 취득세 등을 부과고지한 것은 법리를 오해한 잘못이 있다(행심 2004 - 0398, 2004.12.29.). 이는 종전 감면규정에서 '직접 사용'이라는 문구가 없었던 당시의 심사례이지만, 이 심사례의 취지로 볼 때 현행 '직접 사용'이라는 문구가 있다 하더라도 토지 사용승낙을 받아 그 토지 위에 산업용 건축물을 신축한 후 그 부속토지를 취득한 경우 토지 취득일로부터 2년을 기산하는 것이 아니라 건축물 취득하여 그 용도로 사용한 날로부터 기산하는 것으로 해석하여야 한다는 것으로, 건축물을 신축하여 토지를 취득하여야 하는 특이한 경우에만 예외로 하여 적용하여야 할 것이다.

⑩ 토지 임차하여 산업용 건축물을 건축한 후 토지를 취득한 경우

'산업용 건축물 등을 건축하려는 자가 취득하는 부동산'이란 기존 건물을 취득하여 증축을 하거나 기존 건물을 철거하고 신축을 하거나 건물을 신축하여 취득하는 경우의 건물, 건물이 없는 토지를 취득하여 그 지상에 건물을 신축하거나 기존 건물이 있는 토지를 취득하여 그 건물을 증축하거나 기존 건물을 철거하고 신축하는 경우의 토지를 모두 포함한 것으로 보아야 할 것이며(부산고법 2006누5557, 2009.9.14., 대법원 2007두21341, 2010.1.14. 참조), 따라서 산업단지에서 토지를 임차하여 산업용 건축물을 신축한 자로부터 그 건축물을 승계취득한 다음, 그 토지상에 산업용 건축물을 증축하고 기존 건축물 및 증축한 건축물의 부속토지를 취득하는 경우라면, 비록 토지를 취득하기 전에 건축물을 증축하였다하더라도 기존 건축물 및 증축한 건축물의 부속토지는 산업용 건축물 등을 건축하려는 자가 취득하는 부동산에 해당하는 것으로 보고 있었다(지방세특례제도과-915, 2015.4.1.).

그런데 대법원에 따르면 "원고가 쟁점 토지를 임차하고, 소유자인 한국토지주택공사로부터 사용승낙을 받아 쟁점 토지 지상에 공장용 건축물을 신축하여 사용하여 오다가 신축한 지 약 4년 3개월이 지난 시점에서야 쟁점 토지를 매수하였는바, 원고는 공장용 건축물이 이미 건축되어 있는 쟁점 토지를 매수한 것이라 할 것이어서, 쟁점 토지의 취득 시점을 기준으로 보면 쟁점 토지는 산업용 건축물 등을 건축하려는 자가 취득하는 부동산에 해당한다고 보기 어렵고, 산업용 건축물 등을 건축하려는 자가 취득하는 부동산에 '산업용 건축물이 건축되어 있는 토지'가 포함된다고 해석하는 것은 합리적 이유 없이 확장해석하거나 유추해석하는 것에 해당하여 조세법률주의 원칙상 허용되지 않는다고 할 것이다(대법원 2018두33968, 2018.5.15.)[286]"라고 판시하고 있어서 토지는 감면이 되지 아니한다는 것이다.

⑪ 준산업단지는 감면대상 산업단지 아님

「산업입지 및 개발에 관한 법률」에서 산업단지와 준산업단지를 구분하여 규정하고 있고, 산업단지 감면규정에서 산업단지만 규정되어 있으므로 감면대상이 되지 아니한다.

> **사례** 산업단지 등 감면규정을 준산업단지에 적용 불가(행자부 세정과-1870, 2007.5.22.)
>
> 「산업입지 및 개발에 관한 법률」에서 산업단지와 준산업단지를 구분하여 규정하고 있고, 구 「지방세법」 제276조 각 항에서 산업단지에 준산업단지를 포함하도록 규정하고 있지도 아니하므로, 준산업단지를 「지방세법」 제276조의 규정에 의한 산업단지에 해당된다고 보기는 어렵다고 사료됨.

⑫ 다른 법에 의해 산업단지로 의제된 경우

「경제자유구역의 지정 및 운영에 관한 특별법」 제7조의 2 제3호에 따르면 "경제자유구역의 지정이 있은 때에는 그 경제자유구역개발계획의 내용에 따라 「산업입지 및 개발에 관한 법률」 제6조, 제7조 및 제7조의 2에 따른 국가산업단지·일반산업단지 및 도시첨단산업단지의 지정이 있은 것으로 본다"라고 규정되어 있으므로, 같은 법에 의해 산업단지로 지정된 경우 「산업입지 및 개발에 관한 법률」에 의해 지정된 산업단지로 본다.

다른 법률에 따라 산업단지 시행자로 의제된다 하여도 지방세 과세에 관한 특례를 별도로 규정하지 않는 한 산업단지에 대한 감면규정까지 적용하여 지방세를 감면할 수 없을 것이다(지방세특례제도과-709, 2016.4.7.). 그런데 위 규정에 따라 지방세가 경감되는 부동산은 산업단지 개발사업의 시행자가 '산업단지 개발실시계획'을 거쳐 '지정권자의 승인'을 받아 '이미 산업단지로 조성된 토지'에서 취득하는 부동산을 의미하는 것으로 보아야 하고, 이러한 취지는 산업입지법 제39조의 11 제1항에 의하여 재생사업지구로 지정·고시되어 산업단지가 지정·고시된 것으로 의제되는 경우에도 마찬가지라고 할 것이다. 그렇다면 재생사업지구로 지정·고시되었지만 '재생사

---

286) 심리불속행 기각(전심 : 서울고등법원 2017누76762, 2018.1.11., 수원지방법원 2017구합818, 2017.9.26.).

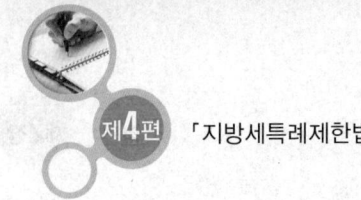

업계획'과 '지정권자의 승인'을 받지 못한 상태에서는 원고와 같이 공장을 신축하기 위해 부동산을 취득하였더라도 그에 대한 취득세나 재산세가 감면된다고 할 수 없다(대법원 2017두33138, 2017.5.12.)라고 판시하고 있다.

⑬ 연부취득의 경우

㉠ 유예기간 기산일

법 취지를 볼 때 연부취득 시 취득시기는 연부지급일이나, 비업무용 토지(현행 폐지)나 고유목적 사용 유예기간 산정 시 취득일은 최종 연부금지급일(최종 연부금지급 전에 등기를 하는 경우에는 등기일)을 말하는 것으로 판단하여야 할 것이다. 그 이유는 잔금을 지급하든지 소유권이 이전되어야 목적사업에 사용할 수 있지 그 이전에 사용할 수 없기 때문이다. 산업단지의 경우에도 최종 잔금일이나 등기일 중 빠른 날을 기준으로 그 날로부터 3년 이내에 다른 용도로 사용함이 없이 산업용 건축물로 사용하여야 감면을 받을 수 있다.

> **사례** 「지방세법」 제107조 규정에 의한 취득일은 연부취득의 경우 최종연부금지급일(최종연부금지급 전에 등기를 하는 경우에는 등기일)을 말함(세정 13407-786, 2000.6.22.).

㉡ 재산세 감면

산업단지에서 산업용 건축물 등을 신·증축하기 위하여 취득한 부동산에 대하여 납세의무가 최초로 성립하는 날로부터 5년간 재산세를 감면하는 것으로 규정되어 있는바, 연부취득인 경우 취득세는 연부금 지급일마다 신고납부의무가 있어서 감면이 될 것이나, 재산세의 경우에는 잔금지급일 또는 소유권이전등기 빠른 날이 취득시기가 되며, 취득일 이후 납세의무가 최초로 성립하는 날로부터 5년간 재산세가 감면대상이 될 것이다.

한편, 국가, 지방자치단체, 지방자치단체조합과 재산세 과세대상 재산을 연부로 매매계약을 체결하고 그 재산의 사용권을 무상으로 받은 경우에는 그 매수계약자가 재산세 납세의무자가 된다. 이에 해당하는 연부취득인 경우에는 계약일 이후 납세의무가 최초로 성립하는 날로부터 5년간 재산세가 감면대상이 될 것이다.

⑭ 산업단지 추징 후 재산세 감면 잔여기간

"그 취득일부터 3년 내에 정당한 사유없이 산업용 건축물 등의 용도에 직접 사용하지 아니하는 경우 또는 그 사용일부터 2년 이상 산업용 건축물 등의 용도로 직접 사용하지 아니하고 매각(해당 산업단지관리기관 또는 산업기술단지관리기관이 환매하는 경우를 제외한다)하거나 다른 용도로 사용하는 경우 그 해당 부분에 대하여는 면제된 취득세·등록세 및 재산세를 추징한다"라고 규정되어 있는바, 취득일로부터 3년 이내에 정당한 사유없이 신·증축을 하지 아니한 경우에는 추징대상으로 감면대상이 되지 아니한다는 것이다. 이 감면규정은 산업용 건축물 등으로 신·증축하고자 취득하여 3년 이내에 산업용 건축물 등으로 사용하는 경우에만 감면규정이 적용된다는 것이다. 따라서 취득일로부터 3년 이내에 신축하지 못하였으므로 이 규정에 의한 감면규정이 적용되지 아니할 것이므로 그 이후에 신축이 되었다 하더라도 재산세 감면 잔여기간이 적용되지 아니하는 것이다.

⑮ **공장의 범위**

　㉠ 증축 시 공장 규모 판단

　　「지방세특례제한법」 제78조 제4항(산업단지 등에 대한 감면) 규정에 의하여 산업단지 내에서 공장용 건축물을 증축하는 경우 취득세가 면제가 되며, 공장의 범위와 기준은 시행규칙 제6조 제1항을 준용한다. 같은 법 시행규칙 제6조에 의하면 「지방세법 시행규칙」 별표 2에서 규정하는 업종의 공장으로서 생산설비를 갖춘 건축물의 연면적(옥외에 기계장치 또는 저장시설이 있는 경우에는 그 시설물의 수평투영면적 포함)이 200제곱미터 이상인 것을 말한다. 이 경우 건축물의 연면적에는 그 제조시설을 지원하기 위하여 공장 경계구역 안에 설치되는 종업원의 후생복지시설 등 각종 부대시설(2017년 이후 수익사업용으로 사용되는 부분 제외)을 포함한다라고 규정되어 있는바, 증축하는 공장 면적이 200제곱미터 이상이어야 하는 것이 아니라 기존공장과 증축공장을 합쳐 200제곱미터 이상이 될 경우(200제곱미터 이상 되게 히는 증축공사만 감면대상임)와 기존 공장이 200제곱미터 이상이면 증축면적과는 상관이 없이 감면대상 공장이 될 것이다.

　　사례 공장 규모(세정 13407 - 718, 1999.6.18.)

　　구 「지방세법」 제276조 제3항 및 같은 법 시행규칙 제116조 규정에 의하여 산업단지 안에서 취득세·등록세가 면제되는 공장의 규모는 생산설비를 갖춘 건축물의 연면적이 500㎡(현행 200㎡) 이상이 되어야 하는 것이나, 이 경우 기존의 공장용 건축물의 연면적이 500㎡ 이상인 경우라면 증축하는 건축물에 대하여는 규모에 관계없이 취득세 면제대상임.

　㉡ 업종 추가 시 공장 규모 판단

　　"「지방세법 시행규칙」 별표 2에서 규정하는 업종의 공장으로서"로 규정되어 있는데, 다른 업종을 추가하기 위하여 기존의 공장을 증축하여 새로운 업종 공장을 건축한 경우 이를 각각 업종별로 공장규모를 판단하는 것이 아니라 여러 업종의 제품을 생산하는 공장이더라도 규정된 업종을 영위하고 있기만 하면 그 용도로 사용되는 건축물의 연면적을 모두 합쳐서 200제곱미터 이상이면 될 것이다. 즉 기존 업종에 사용되는 건축물 연면적과 추가 업종에 사용되는 건축물의 연면적을 합쳐서 200제곱미터 이상이 될 것이다.

⑯ **분양권 승계**

　산업단지 안에서 공장용 건축물을 신축하거나 증축하고자 하는 자가 산업단지 안의 토지를 분양받은 자로부터 그 지위를 승계하여 해당 토지에 대한 분양 잔금을 지급하고 최초로 그 소유권을 취득한 경우 해당 토지 전부에 대한 취득세 면제대상에 해당한다(대법원 2007두21341, 2010.1.14.).

(5) 산업기술단지 입주자 감면(지특법 §78 ⑨)

1) 감면요건

① 감면대상자

산업기술단지에 입주하는 자

② 감면대상 및 감면범위

취득세(법인 주택 유상거래 제외), 등록면허세 및 재산세(2024년 이후 적용[주])	중과세 배제

- 감면시한 : 2025.12.31.
- 농어촌특별세 과세 여부 : 취득세분과 취득세 중과세 배제분 농어촌특별세 과세
- (주) 2023.12.29. 법 개정 시 산업기술단지 입주자의 중과세 배제규정은 지특법 §58 ②에서 이관되었기에 이관 전과 동일하게 적용됨.

⑬ 한국산업단지공단의 사업용 부동산에 대한 감면(지특법 §78-2)

1) 감면요건

① 감면대상자

「산업집적활성화 및 공장설립에 관한 법률」에 따른 한국산업단지공단

② 감면대상 및 감면범위

「산업집적활성화 및 공장설립에 관한 법률」 §45-13 ① 3 및 5의 사업을 위하여 취득하는 부동산(같은 법 §41에 따른 환수권의 행사로 인한 취득 부동산 포함)	취득세 35% 경감(2015년, 2016년 60%, 2014년 이전 면제) 재산세 50% 경감(2019년 이전 비수도권 산업단지 75%, 2014년 이전 면제) - (도시지역분 제외)

- 감면시한 : 2025.12.31.
- 농어촌특별세 과세 여부 : 취득세분과 취득세 경감분(면제분) 농어촌특별세 과세
- 한국산업단지공단이 해당 사업을 영위하기 위하여 취득하는 부동산에 대해서는 개정 규정에도 불구하고 2017.12.31. 까지 종전의 감면율을 적용함(부칙 §20).
- 2019.12.31. 이전에 감면받은 취득세 및 재산세의 추징에 관하여는 개정규정에도 불구하고 종전의 규정(§78 ⑥)에 따름(부칙 §19).

2) 추징요건

취득일부터 3년 이내에 정당한 사유 없이 한국산업단지공단이 「산업집적활성화 및 공장설립에 관한 법률」에 따른 같은 법 제45조의 13 제1항 제3호 및 제5호의 사업에 사용하지 않는 경우 해당 부분에 대하여는 감면된 취득세 및 재산세를 추징한다.

3) 한국산업단지공단의 사업

한국산업단지공단의 사업 중 「산업집적활성화 및 공장설립에 관한 법률」 제45조의 13 제1항 제1호와 제2호에서는 산업단지 관리와 산업단지의 개발, 조성, 분양, 임대 및 매각에 관한 사업으로 되어 있어서 산업단지에 관련된 내용으로 산업단지를 개발·조성하는 단계에서 취득하는 부동산이라는 요건을 요구한다면 이는 본문에 의하여 당연히 지방세 감면 대상이 되므로 괄호로 특별히 규정할 필요가 없는 점, 「산업집적활성화 및 공장설립에 관한 법률」 제45조의 13 제1항은 공단의 사업으로서 제1호의 "산업단지의 관리"와 제2호의 "산업단지의 개발·조성·분양·임대 및 매각에 관한 사업"과 함께 병렬적으로 제3호 및 제5호의 사업을 규정하고 있으므로, 제3호 및 제5호의 사업은 산업단지의 관리 또는 개발·조성 단계인지 여부를 묻지 않는 사업으로 보아야 할 것인 점과 이 사건 규정의 입법연혁 및 취지 등을 종합하면, 한국산업단지공단의 경우에는 사업시행자로서 산업단지 개발·조성 단계에서 취득한 것인지 여부와 상관없이 제3호 및 제5호의 사업용 부동산에 대하여 면세된다(대법원 2008다78262, 2009.8.20). 그런데 제3호와 제5호에서는 산업단지 내에서만 적용되는 것인지는 명확한 해석이 없는 것으로 보여진다(즉 본문 내용이 산업단지 내용으로만 되어 있어서 논란이 되는데, 제3호와 제5호의 사업용 부동산의 개념으로 판단할 때는 달리 해석할 수 있음).

한편, 「산업집적활성화 및 공장설립에 관한 법률」 제30조 제3항에 따르면 "「산업입지 및 개발에 관한 법률」 외에 「국토의 계획 및 이용에 관한 법률」 등 다른 법률에 따라 국가·지방자치단체 또는 그 밖의 자가 산업시설에 입주하기 위하여 조성한 단지에 대하여는 제1항에 따른 관리권자가 해당 산업단지에 준하여 이를 관리할 수 있다"라고 규정되어 있으며, 「산업집적활성화 및 공장설립에 관한 법률」 제45조의 9 제1항에서는 "산업단지의 개발 및 관리와 기업체의 산업활동 지원을 위하여 한국산업단지공단을 설립한다"라고 규정되어 있다. 「산업집적활성화 및 공장설립에 관한 법률」 제45조의 13 제1항 제3호 및 제5호의 사업에 산업단지 내라고 명확하게 규정되어 있지 아니한 점에서 산업단지 이외에도 "기업체의 산업화활동지원을 위하여" 공장 등을 취득할 수 있을 것으로 판단된다. 따라서 산업단지 이외의 지역에서 부동산을 취득하는 경우 또한 한국산업단지공단의 사업용 부동산으로 보아야 할 것이고, 한국산업단지공단을 제외하고서 입주하는 기업체만 감면을 한다는 것은 입법 취지에 맞지 아니하다라고 볼 수 있을 것이다. 따라서 한국산업단지공단의 경우에는 산업단지뿐만 아니라, 「국토의 계획 및 이용에 관한 법률」에 의해 조성된 지역도 감면대상이 되어야 할 것으로 판단된다.

> **사례** 산업단지 개발·조성 단계에서 취득 여부와 무관(대법원 2008다78262, 2009.8.20.)
>
> 산업집적법 제45조의 7 제1항은 원고의 사업으로서 제1호의 "산업단지의 관리"와 제2호의 "산업단지의 개발·조성·분양·임대 및 매각에 관한 사업"과 함께 병렬적으로 제3호 및 제5호의 사업을 규정하고 있으므로, 제3호 및 제5호의 사업은 산업단지의 관리 또는 개발·조성 단계인지 여부를 묻지 않는 사업으로 보아야 할 것인 점과 이 사건 규정의 입법 연혁 및 취지 등을 종합하면, 원고의 경우에는 사업시행자로서 산업단지 개발·조성 단계에서 취득한 것인지 여부와 상관없이 제3호 및 제5호의 사업용 부동산에 대하여 면세된다고 해석함이 상당함.

외국인투자에 대한 감면(지특법 §78-3)[287]

(1) 감면대상 사업(지특법 §78-3 ①)

다음에 해당하는 사업을 영위하기 위한 「외국인투자 촉진법」에 의한 외국인투자로서 「조세특례제한법 시행령」 제116조의 2에 따른 일정기준에 해당하는 외국인투자에 대하여는 취득세 및 재산세를 각각 감면한다.[288]

① 국내산업구조의 고도화와 국제경쟁력 강화에 긴요한 신성장동력산업기술을 수반하는 사업(조특법 §121-2 ① 1)

② 개별형 외국인투자지역 입주하는 외국인투자기업 및 경제자유지역 등 입주기업 중 위원회 심의를 거친 대규모사업(조특법 §121-2 ① 2)

③ 경제자유구역 입주사업(조특법 §121-2 ① 2-2)

④ 경제자유구역 개발사업시행자의 사업(조특법 §121-2 ① 2-3)

⑤ 제주투자진흥지구의 개발사업시행자의 사업[289](조특법 §121-2 ① 2-4)

⑥ 단지형 외국인투자지역 입주사업(조특법 §121-2 ① 2-5)

⑦ 기업도시개발구역 입주사업(조특법 §121-2 ① 2-6)

⑧ 기업도시개발구역 개발사업시행자의 사업(조특법 §121-2 ① 2-7)

⑨ 새만금사업지역에 입주하는 외국인투자기업이 경영하는 사업(조특법 §121-2 ① 2-8)

⑩ 「새만금사업 추진 및 지원에 관한 특별법」 제8조 제1항에 따른 사업시행자에 해당하는 외국인투자기업이 경영하는 사업(조특법 §121-2 ① 2-9)

⑪ 「자유무역지역의 지정 및 운영에 관한 법률」 제10조 제1항 제2호에 따른 입주기업체의 제조업 사업(조특법 §121-2 ① 3, 조특령 §116-2 ⑨ 1)

⑫ 「자유무역지역의 지정 및 운영에 관한 법률」 제10조 제1항 제5호에 따른 입주기업체의 사업(조특법 §121-2 ① 3, 조특령 §116-2 ⑨ 2)

---

287) 2020.1.5. 조특법에서 지특법으로 이관됨.

288) 2019년 이전의 종전규정 : 조특법 §121-2 ①, 조특령 §116-2 ①~⑥.

289) 제주투자진흥지구 지정 불허의 경우 취득세 감면이 가능한지 여부(제주투자진흥지구 입주 기업이 취득하는 부동산은 취득세 감면, 다만, 취득일부터 3년 이내 제주투자진흥지구로 지정받지 못한 경우 취득세 추징) 이 사건의 경우, ① 원고의 제주투자진흥지구 지정 신청에 대해 피고가 거부처분을 하였던 점, ② 이 사건 건축물 취득 당시 신청기간이 경과하여 다시 그 지정 신청을 할 수 없는 상태였던 점 등에 비추어 보면, 해당 사업장이 제주투자진흥지구로 지정될 가능성은 없었다고 봄이 타당함. 따라서 취득 당시 제주투자진흥지구 지정의 가능성 자체가 존재하지 않는 경우에는 감면이 적용될 여지가 없으므로, 취득 이후 제주투자진흥지구 지정 여부를 기다릴 필요 없이 바로 본래의 과세처분을 할 수 있다고 봄이 타당함(대법원 2024두46958, 2024.10.31. 심불, 광주고법 2023누1677, 2024.6.5.).

(2) 지방세의 감면(지특법 §78 - 3 ①, ②)

2025.12.31.까지 조세감면신청을 하여 조세감면결정을 받은 외국인투자기업이 신고한 사업을 영위하기 위하여 취득·보유하는 재산에 대한 취득세, 재산세(2015년 이후 납세의무성립분부터 도시지역분 제외)에 대하여는 다음과 같이 그 세액을 감면하거나 일정 금액을 과세표준에서 공제한다. 다만, 지방자치단체가 「지방세법」 규정에 의한 조례가 정하는 바에 따라 감면기간 또는 공제기간을 15년까지 연장하거나 연장한 기간 내에서 감면비율 또는 공제비율을 높인 때에는 이 규정에 불구하고 그 기간 및 비율에 의한다(지특법 §78 - 3 ①, 구 조특법 §121 - 2 ④). 여기서 지방자치단체마다 감면기간이 다소 차이가 있으므로 적용함에 있어서 지방자치단체별로 그 차이를 검토하여야 한다.

1) 신성장동력산업기술 수반사업, 개별형 외국인투자지역 입주기업 및 경제자유지역 등 입주기업 중 위원회심의를 거친 대규모 사업

① 취득세와 재산세(2019년 이전은 토지분 재산세 제외)

  ㉠ 사업개시일부터 5년 이내

> 감면대상세액 = 해당 재산에 대한 산출세액 × 외국인투자비율 × 100%
>
> 🖙 조세감면결정을 받은 날 이후 사업개시일 전에 취득한 경우에도 취득세 감면이 되고, 조세감면결정 받은 날 이후 사업개시와 관계없이 사업개시일 전에 취득한 경우 사업개시일이 아닌 취득일로부터 5년 이내 재산세 100% 감면

🖙 최소납부제 적용 시기 : 2020.1.1.

🖙 농어촌특별세 과세 여부 : 취득세분과 취득세 경감분(면제분) 농어촌특별세 과세[2019년 이전 취득세 경감분(면제분) 농어촌특별세 비과세(농특령 §4 ⑦ 1)]

  ㉡ 그 다음 2년 이내

> 감면대상세액 = 해당 재산에 대한 산출세액 × 외국인투자비율 × 50%
>
> 🖙 조세감면결정을 받은 날 이후 사업개시와 관계없이 사업개시일 전에 취득한 경우에는 사업개시일이 아닌 취득일로부터 5년 후 7년 이내는 재산세 50% 감면

🖙 농어촌특별세 과세 여부 : 취득세분과 취득세 경감분(면제분) 농어촌특별세 과세[2019년 이전 취득세 경감분(면제분) 농어촌특별세 비과세(농특령 §4 ⑦ 1)]

② 토지분 재산세(2019년 이전만 적용)

　㉠ 사업개시일부터 5년 이내

> 과세표준 공제대상금액 ＝ 해당 재산의 과세표준 × 외국인투자비율 × 100%

☞ 조세감면결정을 받은 날 이후 사업개시와 관계없이 사업개시일 전에 취득한 경우에는 사업개시일이 아닌 취득일로부터 5년 이내 토지분 재산세 감면

☞ 최소납부제 적용 시기 : 2020.1.1.

　㉡ 그 다음 2년 이내

> 과세표준 공제대상금액 ＝ 해당 재산의 과세표준 × 외국인투자비율 × 50%

☞ 조세감면결정을 받은 날 이후 사업개시와 관계없이 사업개시일 전에 취득한 경우에는 사업개시일이 아닌 취득일로부터 5년 후 7년 이내는 토지분 재산세 50% 감면

2) 1)외 사업

① 취득세와 재산세(2019년 이전은 토지분 재산세 제외)

　㉠ 사업개시일부터 3년 이내

> 감면대상세액 ＝ 해당 재산에 대한 산출세액 × 외국인투자비율 × 100%

☞ 조세감면결정을 받은 날 이후 사업개시일 전에 취득한 경우에도 취득세 감면이 되고, 조세감면결정 받은 날 이후 사업개시와 관계없이 사업개시일 전에 취득한 경우 사업개시일이 아닌 취득일로부터 5년 이내 재산세 100% 감면

☞ 최소납부제 적용 시기 : 2020.1.1.

☞ 농어촌특별세 과세 여부 : 취득세분과 취득세 경감분(면제분) 농어촌특별세 과세[2019년 이전 취득세 경감분(면제분) 농어촌특별세 비과세(농특령 §4 ⑦ 1)]

　㉡ 그 다음 2년 이내

> 감면대상세액 ＝ 해당 재산에 대한 산출세액 × 외국인투자비율 × 50%

☞ 조세감면결정을 받은 날 이후 사업개시와 관계없이 사업개시일 전에 취득한 경우에는 사업개시일이 아닌 취득일로부터 5년 후 7년 이내는 재산세 50% 감면

☞ 농어촌특별세 과세 여부 : 취득세분과 취득세 경감분(면제분) 농어촌특별세 과세[2019년 이전 취득세 경감분(면제분) 농어촌특별세 비과세(농특령 §4 ⑦ 1)]

② 토지분 재산세(2019년 이전만 적용)

㉠ 사업개시일부터 3년 이내

> 과세표준 공제대상금액 = 해당 재산의 과세표준 × 외국인투자비율 × 100%
>
> ☛ 조세감면결정을 받은 날 이후 사업개시와 관계없이 사업개시일 전에 취득한 경우에는 사업개시일이 아닌 취득일로부터 5년 이내는 토지분 재산세 100% 감면

☛ 최소납부제 적용 시기 : 2020.1.1.

㉡ 그 다음 2년 이내

> 과세표준 공제대상금액 = 해당 재산의 과세표준 × 외국인투자비율 × 50%
>
> ☛ 조세감면결정을 받은 날 이후 사업개시와 관계없이 사업개시일 전에 취득한 경우에는 사업개시일이 아닌 취득일로부터 5년 후 7년 이내는 토지분 재산세 50% 감면

3) 감면조례에 의한 감면기간과 감면율

「지방세특례제한법」 제78조의 3 제1항과 제2항(2019년 이전은 구 「조세특례제한법」 제121조의 2 제4항과 제5항)의 규정에 의한 취득세의 감면기간 및 감면율은 사업개시일부터 일정기간(조세감면결정을 받은 날 이후 사업개시일 전에 취득한 경우 포함)은 해당 재산에 대한 산출세액에 외국인투자비율을 곱한 금액("감면대상세액")의 전액을, 그 다음 일정기간은 감면대상세액의 50%에 상당하는 세액을 경감한다. 다만, 「지방세특례제한법」 제78조의 3 제12항(2019년 이전은 「조세특례제한법」 제121조의 5 제3항)의 규정에 의한 추징대상이 되는 경우에는 감면된 취득세를 추징한다. 외국인투자기업에 대한 감면의 경우 감면율이나 감면기간이 「지방세특례제한법」 등에 규정되어 있지만 지방자치단체의 감면조례로 규정하고 있는 경우 지방자치단체의 감면조례가 특례규정으로 보아야 한다.

따라서 지방자치단체의 감면조례별로 그 차이가 있으므로 감면적용 시 반드시 감면조례를 검토하여야 한다.

4) '사업개시일'의 의미

「지방세특례제한법 시행령」 제38조의 2 제1항(2019년 이전은 「조세특례제한법 시행령」 제116조의 4 제1항)에 따르면 "사업개시일은 「부가가치세법」 제8조(종전 제5조) 제1항의 규정에 의한 사업개시일[290]을 말한다"라고 규정되어 있다. 이 규정은 외국인투자자에 대한 감면에 대해서만

---

290) 「부가가치세법 시행령」 제6조 【사업 개시일의 기준】
  법 제5조 제2항에 따른 사업 개시일은 다음 각 호의 구분에 따른다. 다만, 해당 사업이 법령 개정 등으로 면세사업에서 과세사업으로 전환되는 경우에는 그 과세 전환일을 사업 개시일로 한다.

적용된다.

「부가가치세법」 제8조 제1항에 규정하는 사업개시일은 제조업에 있어서는 제조장별로 재화의 제조를 개시하는 날을 말하므로 최초로 조업을 개시한 날을 의미한다. 시운전은 사업개시한 것으로 볼 수 없으나, 공장을 신축하여 사업을 개시하고 단계적으로 공장을 증축하는 경우 최초의 공장가동일이 사업개시일이 된다.

사업개시일 기산일은 개별 사업장별로 판단하는 것이 타당하다(지방세특례제도과 – 366, 2015.2.11).

그런데 상기의 내용이 있음에도 불구하고 '사업개시일'이라 함은 일반적으로는 법인의 설립일로 보아야 할 것이지만, 다른 지역에서 이미 외국인 투자가 있으면서 경제자유구역에서 새로이 투자하는 사업의 경우 사업개시일에 관하여 명시적인 규정은 없지만, 구 「조세특례제한법」 제121조의 2 제5항 제1호에서는 제8항에 따라 조세감면 결정을 받은 날 이후에 취득하는 재산에 대하여 감면하도록 규정하고 있고, 같은 법 제121조의 4 제2항에서는 증자의 경우 사업개시일은 자본증가에 관한 변경등기를 한 날로 한다고 규정하는 점을 종합하여 볼 때 사업개시일은 조세감면 결정을 받고 자본증가에 관한 변경등기를 한 날로 보는 것이 타당하다 할 것이다(지방세특례제도 – 2078, 2017.7.24.)라고 해석하고 있다.

한편, 증자 시 외국인투자 감면규정을 적용함에 있어서 사업개시일은 자본증가에 관한 변경등기를 한 날로 한다(지특법 §78-3 ⑦, 구 조특법 §121-4 ③). 그리고 2016.1.1. 이후 조세감면 신청분부터 외국인투자자신고 후 최초의 조세감면결정 통지일부터 3년 이내에 최초의 출자를 한 경우로서 최초의 조세감면결정 통지일부터 5년이 되는 날까지 사업을 개시하지 아니한 경우에는 최초의 조세감면결정 통지일부터 5년이 되는 날을 그 사업을 개시한 날로 보아 감면규정을 적용한다(지특법 §78-3 ⑪, 구 조특법 §121-2 ⑬).

> **사례** 외국인투자기업이 사업개시일 전에 취득·보유한 재산에 대한 재산세 감면을 적용받기 위해서는 재산 취득일 이전에 조세감면결정을 받아야 하는지 여부(대법원 2023두60797, 2024.3.14. 심불, 서울고법 2023누35328, 2023.11.16.)
>
> 쟁점 감면조항은 해당 조문만 따로 떼어내어 독립적인 감면규정으로 일의적으로 해석하기보다는 각 항의 상호관계나 내용 및 조세감면의 취지를 고려하여 합목적적으로 해석함이 타당함. 취득세는 '조세감면결정을 받은 날 이후 취득하는 재산'이라고 구체적으로 명시되어 있으나, 재산세는 '해당 재산을 취득한 날부터'라고 다소 모호하게 규정되어 있음. 조세감면결정은 조세감면 여부를 좌우하는 필수조건이므로, 외국인투자기업이 신고한 사업을 하기 위하여 취득·보유하는 재산은 조세감면결정을 받은 후 새로이 취득하여 보유하는 재산이라고 해석해야 함. 통상 과세물건은 취득하여 보유하는 것, 취득의 개념이 선행하고 재산세는 취득에 부수하는 개념인 보유를 과세대상으로 하므로, 감면조항 해석에 있어서도 취득세의 경우와 같이 '조세감면결정을 받은 날 이후'로 해석하는 것이 자연스러움.

---

1. 제조업 : 제조장별로 재화의 제조를 시작하는 날
2. 광업 : 사업장별로 광물의 채취·채광을 시작하는 날
3. 제1호와 제2호 외의 사업 : 재화나 용역의 공급을 시작하는 날
2013.7.1. 이전은 구 「부가가치세법 시행규칙」 제3조에서 동일하게 규정하고 있었음.

사례 외국인투자기업이 취득한 부동산의 취득세 감면 여부(지방세특례제도 – 2078, 2017.7.24.)

(질의 1)
기존에 외국인 투자를 받아 다른 지역에서 사업을 영위하던 기업이 조세감면결정을 받고 경제자유구역에 투자하는 경우 감면 적용 범위

(1-①) 기존에 외국인 투자를 받아 다른 지역에서 사업을 영위하던 기업이 경제자유구역에 추가로 공장을 신축하기 위해 조세감면결정을 받았을 경우 이를 증자로 볼 것인지 아니면 신규투자로 볼 것인지 여부

(1-②) 위와 같은 투자의 경우 사업개시일을 언제로 볼 것인지 여부

(1-③) 사업개시일 전에 취득한 토지의 조세감면세액을 산정 시 '외국인 투자비율'을 조세감면결정서상 투자신고 금액으로 할 것인지 실제 투자액으로 할 것인지 여부

(1-④) 기존에 외국인 투자를 받아 다른 지역에서 사업을 영위하던 기업이 추가로 외국인 투자금액을 납입받기 전 취득한 토지의 취득 비용을 외국인 투자로 볼 수 있는지 여부

(질의 2)
「조세특례제한법 시행령」 제116조의 6 제5항에서 규정한 같은 법 제143조에 따른 구분경리를 지방세 감면 적용 시에도 적용할 수 있는지 여부

(회신)
질의 1-① 관련
「조세특례제한법」 제121조의 2 제1항에서는 다음 각 호의 어느 하나에 해당하는 사업을 하기 위한 외국인투자(「외국인투자 촉진법」 제2조 제1항 제4호에 따른 외국인투자를 말한다. 이하 이 장에서 같다)로서 대통령령으로 정하는 기준에 해당하는 외국인투자자에 대해서는 제2항, 제4항, 제5항 및 제12항에 따라 취득세 등을 각각 감면한다고 규정하면서 같은법 시행령 제116조의 2 제19항에서는 법 제121조의 2 제1항 제2호 가목 또는 같은 항 제2호 나목에 따라 취득세 등을 감면하는 외국인투자자는 「경제자유구역의 지정 및 운영에 관한 특별법」 제2조 제1호에 따른 경제자유구역 또는 새만금사업지역 안에서 새로 시설을 설치하는 것으로서 제3항 제1호, 2호, 제3호 가목부터 라목까지 및 제4호 중 어느 하나에 해당하는 것으로 한다고 규정하고 있고, 같은 조 제3항에서는 법 제121조의 2 제1항 제2호에 따라 법인세·소득세·취득세 및 재산세를 감면하는 외국인투자자는 「외국인투자 촉진법」 제18조 제1항 제2호에 따른 외국인 투자지역 안에서 새로이 시설을 설치하는 것으로서 다음 각 호의 어느 하나에 해당하는 것으로 한다고 하면서, 같은 항 제1호에서는 제조업의 경우 외국인 투자금액이 미화 3천만 불 이상으로서 해당하는 사업을 영위하기 위한 시설을 새로 설치하는 경우라고 규정하고 있음. 따라서 기존 외국인 투자가 있었던 기업이 기획재정부로부터 조세감면 결정을 받은 후에 경제자유구역에 「조세특례제한법 시행령」 제116조의 2 제3항 제1호에서 규정한 제조업의 미화 3천만 불 이상의 투자를 통해 외국인 투자지역 안에서 새로이 시설을 설치하는 것은 경제자유구역에 투자되는 새로운 투자로 보아야 할 것임.

질의 1-② 관련
「조세특례제한법」 제121조의 2 제5항에서는 외국인투자기업이 사업개시일 전에 제1항 각 호의 사업에 사용할 목적으로 취득·보유하는 재산이 있는 경우에는 제4항에도 불구하고 그 재산에 대한 취득세 및 재산세에 대하여 다음 각 호와 같이 그 세액을 감면하거나 일정금액을 그 과세표준에서 공제한다고 하면서 같은 항 제1호에서는 제8항에 따라 조세감면 결정을 받은 날 이후에 취득하는 재산에 대한 취득세는 감면대상 세액의 전액을 감면한다고 규정하고 있음. 여기에서 '사업개시일'이라 함은 일반적으로는 법인의 설립일로 보아야 할 것이지만, 다른 지역에서 이미 외국인 투자가 있으면서 경제자유구역에서 새로이 투자하는 사업의 경우 사업개시일에 관하여 명시적인 규정은 없

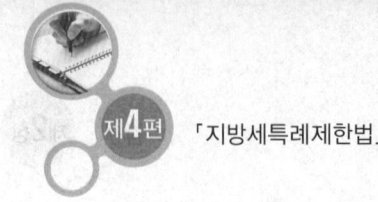

지만, 「조세특례제한법」 제121조의 2 제5항 제1호에서는 제8항에 따라 조세감면 결정을 받은 날 이후에 취득하는 재산에 대하여 감면하도록 규정하고 있고, 같은 법 제121조의 4 제2항에서는 증자의 경우 사업개시일은 자본증가에 관한 변경등기를 한 날로 한다고 규정하는 점을 종합하여 볼 때 사업개시일은 조세감면 결정을 받고 자본증가에 관한 변경등기를 한 날로 보는 것이 타당하다 할 것임.

질의 1-③ 관련

「조세특례제한법」 제121조의 2 제5항 제1호에서는 제8항에 따라 조세감면 결정을 받은 날 이후에 취득하는 재산에 대한 취득세는 감면대상 세액의 전액을 감면한다고 규정하고 있음. 제1호 본문에서 규정하고 있는 '감면대상세액'이라 함은 같은 조 제4항에서 사업개시일부터 5년 동안은 해당 재산에 대한 취득세 및 재산세 산출세액에 외국인투자비율을 곱한 금액이라고 용어를 정의하고 있으며 '외국인 투자비율'은 같은 조 제2항 본문 하단에서 외국인 투자기업이 발행한 주식의 종류 등을 고려하여 대통령령으로 정하는 바에 따라 계산한 비율을 말한다고 하면서, 같은 법 시행령 제116조의 2 제14항에서 법 제121조의 2 제2항 각 호 외의 부분 후단에서 "대통령령으로 정하는 바에 따라 계산한 외국인투자비율"이란 「외국인투자 촉진법」 제5조 제3항에 따른 외국인 투자비율을 말한다고 하였으며, 「외국인투자 촉진법」 제5조 제3항에서는 외국인투자비율은 외국인투자기업의 주식 등에 대한 외국투자가 소유 주식 등의 비율을 말한다고 규정하고 있음. 따라서 '외국인투자비율'은 외국인투자가가 조세감면 결정을 받은 후 그 비율에 따라 결정 받은 신고서상의 비율이 아니라 실제로 외국인 투자가 된 때의 비율에 따라 감면을 적용하는 것이 타당하다고 보여짐.

질의 1-④ 관련

「외국인투자 촉진법」 제121조의 2 제5항에서는 외국인투자기업이 사업개시일 전에 제1항 각 호의 사업에 사용할 목적으로 취득·보유하는 재산이 있는 경우에는 제4항에도 불구하고 그 재산에 대한 취득세 및 재산세에 대하여 다음 각 호와 같이 그 세액을 감면하거나 일정금액을 그 과세표준에서 공제한다고 규정하고 있음. 여기에서 '사업에 사용할 목적으로 취득·보유하는 재산이 있는 경우'라 함은 부동산, 차량, 기계장비 등 유형자산을 포함하여 사업운영에 필요한 자산의 취득·보유하는 것으로 해석함이 상당하고, 사업 운영에 필요한 자산의 취득·보유하는 것은 「외국인투자 촉진법」 제5조 제3항에서 규정한 외국인투자기업의 자산의 범위에 속한다고 할 것이며 기획재정부 유권해석에서 '조세감면 대상외국인 투자'란 외국인 투자금을 공장시설을 설치·운영하는 데 사용하는 경우뿐만 아니라 공장시설 설치운영에 소요된 차입금의 상환 등에 사용된다고 해서 이를 달리 볼 것이 아니라고 보여진다(재국조-89, 2009.3.4.)라고 해석하고 있음. 또한 제시된 사실관계를 살펴보면 당해 기업이 2013.8월에 기획재정부로부터 조세감면 결정을 받은 외국인 투자신고액은 「조세특례제한법 시행령」 제116조의 2 제3항 제1호에서 규정한 미화 3천만 불 이상의 요건을 충족하고 있고, 당해 기업은 2015.12월 외국인 투자가 이루어지기 전인 2013.12월에 사내 유보금 및 차입금 등으로 토지를 취득하였고, 동 외국인 투자자금을 통해 취득한 토지의 비용을 정산하였으며, 2016.3월에는 건축물을 취득하였음. 따라서 외국인 투자기업이 사업개시일 전에 취득한 토지의 비용을 외국인 투자금을 통해 상환한 경우라면 사업개시일 이전에 취득한 토지는 향후에 투자되는 외국인 투자자본금의 범위에 속한다 할 것이므로 외국인투자비율에 포함되는 것이 타당한 것으로 보여짐.

질의 2 관련

「조세특례제한법 시행령」 제116조의 6 제5항에서 "법 제121조의 4 제1항에 따라 증자분에 대하여 조세감면을 적용하는 경우 제116조의 2 제14항의 외국인투자비율을 계산할 때 법 제143조에 따라 해당 증자분 감면대상 사업을 그 밖의 사업과 구분경리하여 해당 증자분 감면대상 사업을 기준으로 외국인투자비율을 계산한다"고 규정하고 있으며, 「조세특례제한법」 제143조 제1항에서는 내국인은 이 법에 따라 세액감면을 적용받는 사업(감면비율이 2개 이상인 경우 각각의 사업을 말하며, 이하 이 조에서 "감면대상사업"이라 한다)과 그 밖의 사업을 겸영하는 경우에는 대통령령으로 정하는 바에 따라 구분하여 경리하여야 한다고 규정하면서, 같은 법 시행령 제136조 제1항에서 법 제143조의 규정에 의한 구분경리에 관하여는 「법인세법」 제113조의 규정을 준용한다고 규정하고 있고, 같은 법 제113조 제1항에서는 비영리법인이 수익사업을 하는 경우에는 자산·부채 및 손익을 그 수익사업에 속하는 것과 수익사업이 아닌 그 밖의 사업에 속하는 것을 각각 다른 회계로 구분하여 기록하여야 한다고 규정하고 있음. 이러한 「조세특례제한법 시행령」 제116조의 6 제5항에서 규정하고 있는 구분경리의 취지는 외국투자의 증자분 감면대상과 무관한 기존 자본금 비율 때문에 증자분에 관한 세액 감면비율이 변동되는 것을 사업별로 구분하기 위한 것으로 보아야 할 것이며, 같은 법 시행령 제136조 제1항 및 제2항에서 「법인세법」 제113조와 「소득세법」 제19조 규정을 준용한다는 의미는 법인세와 소득세에만 조세감면을 적용한다는 것이 아니라 구분경리를 할 때 인용 법령의 구분경리 방법을 준용하는 것으로 보아야 할 것임. 따라서 위 조항의 문언과 규정 취지 등에 비추어 볼 때, 「조세특례제한법 시행령」 제116조의 6 제5항에 따라 같은 법 제143조 제1항에서 정하고 있는 구분경리에 관한 사항은 제5장에서 외국인 투자 등에 대한 법인세, 소득세 이외 취득세 등을 포함한 조세특례에 모두 적용한다고 규정하고 있는 이상 국세와 지방세를 동일하게 적용하는 것이 합리적이라 할 것임.

5) '외국인투자비율'의 의미(지특령 §38-2 ②)

「외국인투자 촉진법」 제5조 제3항에 따른 외국인투자비율을 말한다.

외국투자가가 회사정리계획인가를 받은 내국법인의 채권금융기관이 회사정리계획에 따라 출자하여 새로이 설립한 내국법인("신설법인")에 대하여 2002년 12월 31일까지 외국인투자를 개시하여 동 기한까지 출자목적물의 납입을 완료하는 경우로서 당해 신설법인의 부채가 출자전환(2002년 12월 31일까지 출자전환되는 분에 한함)됨으로써 우선주가 발행되는 때에는 다음 비율 중 높은 비율을 그 신설법인의 외국인투자비율로 한다.

① 우선주를 포함하여 「외국인투자 촉진법」 제5조 제3항에 따라 계산한 외국인투자비율
② 우선주를 제외하고 「외국인투자 촉진법」 제5조 제3항에 따라 계산한 외국인투자비율

6) '새로이 시설을 설치하는 것'의 의미

취득세 및 재산세(2015년 이후 납세의무성립분부터 도시지역분 제외)를 감면하는 외국인투자는 "신성장동력산업기술을 수반하는 사업을 영위하기 위하여 공장시설(한국표준산업분류에 따른 제조업 외의 사업의 경우에는 사업장을 말함)을 설치 또는 운영할 것, 외국인투자금액이 신성장동력산업의 특성 등을 고려하여 기획재정부령으로 정하는 금액 이상일 것"이라고 규정하고 있다(조특령 §116-2 ①). 그런데 「외국인투자 촉진법」 제18조 제1항 제2호에 따른 외국인투자지역에 입주하는 외국인투자기업 등의 경우 "새로이 설치하는 것"을 감면요건으로 하는 경우도 있다. 여기서 "새로이 시설을 설치하는 것"의 의미는 감면대상 사업을 영위하기 위하여 공장시설(제조업 외의 사업은 사업장)을 새로 설치하는 것을 말한다고 볼 수 있다. 공장시설 설치 후에 취득하더라도 감면사업을 영위하는데 필수불가결한 것이라면 사업용 재산으로 인정되어 감면기간 내에 취득한 것이라면 감면이 될 것이다. 그리고 조세감면은 엄격해석하여야 한다는 점에서 '새로이 시설을 설치하는 것'을 엄격히 보아 기존 건물(그 부속토지 포함)을 매입하는 것은 배제하고 나

대지 상태에서의 신축 및 기존 건물을 증축(증축분에 대한 부속토지 포함)의 경우로만 해석하여야 할 것이다.

한편, 심사례에 의하면 외국인투자기업의 취득세 감면대상 재산의 위치가 공장구역 밖에 존재하더라도 사업을 영위하는데 필수불가결한 것이라면 사업용 재산으로 보는 것이나 종업원의 복리후생을 위해 제공한 사택은 사업을 영위하는데 필수불가결한 재산이라 볼 수 없다(감심 2005 - 94, 2005.9.8.)라고 결정하고 있는바, 새로 취득한 부지가 기존 공장과 연접 또는 인접하여 하나의 공장부지로 합필하여 사용하고자 하더라도 기존 공장 부지가 협소하여 부지를 더 확보할 필요성이 있는 경우에는 사업용 재산으로 볼 수 있을 것이다(사업용 재산으로 인정되더라도 공장입지 기준면적 이내만 인정될 것임). 그런데, 기존 공장 부지가 협소하지 아니함에도 부동산 투자목적으로 취득한 경우에는 사업용 재산으로 볼 수 없을 것이다.

7) '해당 재산'의 의미

취득세 및 재산세가 감면되는 "해당 재산"은 기획재정부장관이 감면대상으로 정한 사업 외의 여타 기술사업을 포함하는 전체 공장시설이 아닌 「조세특례제한법」 제121조의 2 제1항(현행 지특법 §78 - 3 ①)에서 정하는 외국인투자에 해당하는 사업을 영위하는 공장시설(제조업 이외의 경우 사업장)에 한정한다고 보는 것이 타당하다(지방세운영과 - 5034, 2011.10.26.).

8) '공장시설(제조업 이외의 경우 사업장) 운영'의 의미

「조세특례제한법 시행령」 제116조의 2 제1항 본문의 규정에 의한 '공장시설(제조업 이외의 경우에는 사업장)을 운영하는 경우'라 함은 특정제품(또는 서비스)에 대한 제조활동(또는 서비스 제공활동)을 위탁에 의하지 아니하고 당해 공장시설(또는 사업장)을 직접 운영하는 것을 말한다(국업 46500 - 181, 1999.12.10.).

> **사례** 공장시설만 재산세 감면대상이 됨을 전제로 하여 구 「공업배치 및 공장설립에 관한 법률 시행령」 및 같은 법 시행규칙 규정을 근거로 공장용지 밖에 설치된 이 사건 기숙사는 공장시설로 볼 수 없다는 피고의 주장은 부당한 점 등에 비추어 보면, 이 사건 각 기숙사는 원고가 신고한 사업을 하기 위하여 보유하는 재산에 해당한다고 봄이 타당함(대법원 2015두48464, 2015.11.17.).

> **사례** 조세감면 결정을 받은 사업인지 여부(조심 2013지3, 2013.5.9.)
> 2012년도 재산세 과세기준일 현재 외국인투자기업인 청구법인이 소유하고 있는 이 건 토지와 건축물은 청구법인이 구 재정경제부장관으로부터 조세감면 결정을 받은 사업인 조향장치부품 사업에 사용되는 것으로 볼 수 없어 재산세 등의 감면대상에 해당되지 않는다고 보는 것이 타당함.

> **사례** 조세감면결정 이전 취득 자산의 기납부세액 환급 여부(세정 13407 - 366, 2000.3.9.)
> 구 「외국인투자 촉진법」(1999.5.24. 법 제5982호로 개정되기 이전 것) 제9조 제5항 제1호의 규정에 의하여 외국인투자기업이 사업개시일 이전에 해당 감면대상 사업에 사용할 목적으로 취득·보유하는 재산이 있는 경우에는 조세감면결정을 받은 날 이후에 취득하는 재산에 대하여 취득세 및 등록

세를 감면하는 것이므로 조세감면결정 이전에 취득한 자산의 경우 과오납환부대상이 되지 아니함.

사례 외국인투자인가법인이 외국인투자기업등록 전에 토지를 취득하여 재산세를 감면받은 후 외국인투자기업 등록 시 다시 재산세가 감면되지는 아니함(행심 2000-609, 2000.7.25.).

사례 등록세 면제되는 외국인투자기업이라 함은 「외자도입법」의 규정에 의한 등록된 기업을 말하므로 등록 전 인가받은 외국인투자기업은 등록세 과세대상임(내심 88-55, 1988.3.29.).

사례 외국인투자인가는 받았으나 법이 변경된 경우 감면 여부(내심 97-452, 1997.9.30.)

과세관청이 1차 인가 및 2차 인가별 투자금액비율에 따라 토지를 취득한 것으로 보아 1차 및 2차 인가당시의 「외자도입법」에 의거 각 토지별로 그 취득시기에 따라 감면대상 해당 여부를 가린 다음 감면대상토지의 과세표준액에 해당 토지의 감면율과 외국인투자비율에 따라 산출한 종합토지세 등을 부과고지한 처분은 적법함.

사례 2회 이상 투자인가를 받은 외국인투자기업이 취득한 토지(내심 96-357, 1996.8.28.)

1차인가 및 2차인가에 따라 투자금액비율에 따라 각 토지별로 취득시기에 따라 감면대상 해당 여부를 가린 다음 감면대상 토지의 과세표준액에 해당 감면율과 외국인투자비율에 따라 산출한 종합토지세를 부과고지한 처분과 감면기간 미경과분을 과세표준에서 제외한 처분은 적법함.

사례 외국인투자법인이 토지취득 이후에 인가받은 외국인투자 자본금은 종합토지세 등의 감면대상자본금에서 제외하여야 함(내심 91-316, 1991.9.28.).

사례 재산세까지도 등록 후 취득한 재산에 한하는지 여부(대법원 92누1568, 1992.12.22.)

구 「외자도입법」(1991.1.14. 법률 제4316호로 개정되기 전의 것)제14조 제4항에서 외국인투자기업이 인가받은 사업을 영위하기 위하여 취득·보유하고 있는 재산에 대한 취득세 및 재산세는 해당 기업이 등록한 후에 취득·보유하는 재산에 한하여 해당 기업의 외국인투자비율에 따라 등록한 날로부터 5년 간 면제한다고 규정한 것은 취득세는 등록 후 취득한 재산에 한하고 재산세는 등록 후 보유하는 재산에 한하여 면제대상으로 한다는 취지라고 해석하여야 할 것이고 이와 달리 재산세도 등록 후 취득한 재산에 한한다고 해석할 것이 아님.

☞ 대법원판례(대법원 94누9696, 1995.7.14.)에 따르면 사업개시일 이후 취득한 재산에 대하여만 재산세를 감면하여야 할 것으로 상기 대법원판례는 폐기되었음.

사례 외국인투자의 인가를 받은 외국투자가가 출자한 기업이 해당 사업 본래의 목적으로 취득한 재산은 취득세가 면제되는 것이며, 이에는 차량도 포함되는 것임(도세 22670-3643, 1989.10.24.).

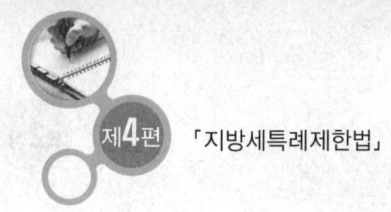

(3) 외국인투자감면의 사전확인신청 · 감면신청 · 감면승인 · 변경승인

1) 감면대상 여부 사전확인신청 및 회신

2017.1.28. 이후 외국인투자기업은 「외국인투자 촉진법」 규정에 의한 신고를 하기 전에 그 영위하고자 하는 사업이 외국인투자 등에 대한 감면대상에 해당하는지의 여부를 확인하여 줄 것을 기획재정부장관에게 신청할 수 있다(구 조특법 §121-2 ⑦, 구 조특령 §116-3 ④).

2) 감면신청 및 변경신청

외국인투자기업이 감면을 받고자 할 때에는 해당 외국인투자기업의 사업개시일이 속하는 과세연도의 종료일(증자의 경우에는 외국인투자의 신고가 있는 날부터 2년이 되는 날)까지 기획재정부장관(위탁기관장)에게 감면신청을 하여야 한다. 다만, 조세감면결정을 받은 사업내용을 변경한 경우 그 변경된 사업에 대한 감면을 받고자 할 때에는 해당 변경사유가 발생한 날부터 2년이 되는 날까지 기획재정부장관(위탁기관장)에게 조세감면 내용변경 신청을 하여야 하며, 이에 따른 조세감면 내용변경 결정이 있는 경우 그 변경 결정의 내용은 당초 감면기간의 잔여기간에 한하여 적용된다(구 조특법 §121-2 ⑥).

3) 감면승인 및 변경승인

기획재정부장관은 조세감면신청 또는 조세감면 내용변경 신청을 받거나 사전확인신청을 받은 때에는 해당 사업장을 관할하는 지방자치단체장과 협의하여 20일 이내에 그 감면 · 감면내용변경 · 감면대상 해당 여부를 결정하고 이를 신청인에게 알려야 한다. 다만, 2016년 이후부터는 고도기술수반사업 및 산업지원서비스업에 따른 감면에 대해서는 20일 이내에 그 감면 · 감면내용변경 · 감면대상 해당 여부를 결정할 수 있다(구 조특법 §121-2 ⑧, 구 조특령 §116-3 ①, ④).

(4) 외국인투자감면 적용배제(지특법 §78-3 ④, 구 조특법 §121-2 ⑨)

1) 외국법인의 주식과 기존 주식취득으로 인한 투자

「외국인투자 촉진법」에 의한 외국의 증권시장에 상장된 외국법인의 주식, 「외국인투자 촉진법」이나 「외국환거래법」에 따라 외국인이 소유하고 있는 주식 및 기존 주식 등의 취득에 의한 외국인투자에 대하여는 외국인투자 등의 감면규정을 적용하지 아니한다(지특법 §78-3 ④, 구 조특법 §121-2 ⑨).

2) 감면신청기한 경과 후 신청

외국인투자기업이 감면신청기한이 경과한 후 감면신청을 하여 감면결정을 받은 경우에는 그 감면신청일이 속하는 과세연도와 그 후의 잔존감면기간에 한하여 위 규정을 적용한다. 이 경우 외국인투자가 또는 외국인투자기업이 감면결정을 받기 이전에 이미 납부한 세액이 있는 때에는 해당 세액은 이를 환급하지 아니한다(지특법 §78-3 ⑤, 구 조특법 §121-2 ⑩).

3) 우회외국인투자의 공제배제

① 5%(2015년 이전은 10%) 이상 지분을 갖고 외국법인 등이 외국인투자하는 경우

외국법인 또는 외국기업("외국법인 등")이 외국인투자를 하는 경우로서 다음 하나에 해당하는 경우 해당 외국법인 또는 외국기업에 대한 대한민국 국민 등의 주식소유비율 등을 고려하여 다음 정하는 부분에 대하여는 조세감면대상으로 보지 아니한다(지특법 §78-3 ⑥ 1, 지특령 §38-2 ④, 구 조특법 §121-2 ⑪, 구 조특령 §116-2 ⑪ 1).

　㉠ 대한민국국민(외국에 영주하고 있는 자로서 거주지국의 영주권을 취득하거나 영주권에 갈음하는 체류허가를 받은 자 제외) 또는 대한민국 법인이 해당 외국법인 등의 의결권 있는 주식 또는 출자지분의 5%(2015년 이전에 조세감면결정을 받은 외국인투자기업으로, 2015.12.31. 이전 개시하는 과세연도의 감면세액을 계산하는 경우까지는 10%) 이상을 직접 또는 간접으로 소유하고 있는 경우

　㉡ 대한민국국민 등이 단독으로 또는 다른 주주와의 합의·계약 등에 따라 해당 외국법인등의 대표이사 또는 이사의 과반수를 선임한 주주에 해당하는 경우(2015년 이전에 조세감면결정을 받은 외국인투자기업으로, 2016.1.1. 이후 개시하는 과세연도의 감면세액을 계산하는 경우부터 적용)

❏ 감면배제대상 투자금액

외국인투자액 × 대한민국국민 등 지분율(5% 이상에 한함)

☞ 2015년 이전에 조세감면결정을 받은 외국인투자기업으로, 2016.1.1. 이후 개시하는 과세연도의 감면세액을 계산하는 경우부터는 소유비율이 5% 미만인 경우 5%로 보며, 주식 등의 직접 또는 간접 소유비율은 조세감면 또는 조세면제의 대상이 되는 해당 조세의 납세의무성립일을 기준으로 산정함.

---

② 외국투자가에게 대여액이 있는 경우

다음 어느 하나에 해당하는 자가 「외국인투자 촉진법」 제2조 제1항 제5호에 따른 외국투자가("외국투자가")에게 대여한 금액이 있는 경우 외국인투자금액 중 외국인투자기업 또는 그 외국인투자기업의 의결권 있는 주식 등을 소유하고 있는 대한민국 국민 등이 외국투자가에게 대여한 금액 상당액에 대하여는 조세감면대상으로 보지 아니한다(지특법 §78-3 ⑥ 2, 지특령 §38-2 ④, 구 조특법 §121-2 ⑪, 구 조특령 §116-2 ⑪ 2).

　㉠ 외국인투자기업

　㉡ 외국인투자기업의 의결권 있는 주식 등을 5% 이상 직접 또는 간접으로 소유하고 있는 대한민국국민 등(2015년 이전에 조세감면결정을 받은 외국인투자기업으로, 2015.12.31. 이전 개시하는 과세연도의 감면세액을 계산하는 경우까지는 10%)

여기서 "주식 등의 간접소유비율"은 다음 구분에 따라 계산한다(지특령 §38-2 ⑤).

㉮ 대한민국 국민 등이 외국법인 등의 주주 또는 출자자인 법인("주주법인")의 의결권 있는 주식의 50% 이상을 소유하고 있는 경우

주주법인의 주식소유비율 = 주주법인이 소유하고 있는 당해 외국법인등의 의결권 있는 주식 / 외국법인 등이 발행한 의결권 있는 주식의 총수

㉯ 대한민국 국민등이 외국법인 등의 주주법인의 의결권 있는 주식의 50% 미만을 소유하고 있는 경우

그 소유비율 × 주주법인의 주식소유비율을 곱한 비율

㉰ ㉮와 ㉯를 적용함에 있어서 주주법인이 둘 이상인 경우

㉮와 ㉯의 규정에 의하여 각 주주법인별로 계산한 비율을 더한 비율

㉱ ㉮~㉰의 계산방법은 외국법인 등의 주주법인과 대한민국 국민등 사이에 하나 이상의 법인이 개재되어 있고 이들 법인이 주식소유관계를 통하여 연결되어 있는 경우에 이를 준용(지특령 §38-2 ⑥)

㉡ 단독으로 또는 다른 주주와의 합의·계약 등에 따라 외국인투자기업의 대표이사 또는 이사의 과반수를 선임한 주주인 대한민국국민 등

> ❏ **감면배제대상 투자금액**
> 외국투자가에게 대여액 상당액(주식 등 지분이 5% 이상에 한함)

③ 외국인투자 조세감면 배제국가를 통하여 외국인투자하는 경우

외국인이 「국제조세조정에 관한 법률」 제2조 제1항 제7호에 따른 조세조약 또는 투자보장협정을 체결하지 아니한 국가 또는 지역 중 「조세특례제한법 시행령」 [별표 13]에 따른 국가 또는 지역을 통하여 외국인투자를 하는 경우 외국인투자금액에 대해서는 조세감면대상으로 보지 아니한다(지특법 §78-3 ⑥ 3, 지특령 §38-2 ⑦, 구 조특법 §121-2 ⑪, 구 조특령 §116-2 ⑬).

4) 기타 감면배제

2017.1.28. 이후 「외국인투자 촉진법」 제2조 제1항 제8호 사목 또는 같은 법 제2조 제1항 제4호 가목 2), 제5조 제2항 제1호 및 제6조에 따른 외국인투자에 대해서는 상기 감면규정을 적용하지 아니한다(지특법 §78-3 ④, 구 조특법 §121-2 ⑨).

(5) 조세감면 결정의 효력 상실(지특법 §78-3 ⑪, 구 조특법 §121-2 ⑬)

외국인투자신고 후 최초의 조세감면결정 통지일부터 3년이 지나는 날까지 최초의 출자(증자 포함)를 하지 아니하는 경우에는 조세감면결정의 효력이 상실된다.

(6) 사업의 양수 등 방식에 의한 외국인투자(지특법 §78-3 ③, 구 조특법 §121-2 ⑫)

1) 감면 내용

외국인투자 등에 대한 감면사업에 대한 외국인투자 중 사업의 양수 등의 방식에 해당하는 외국인투자에 대하여는 위 규정에 의한 감면기간, 공제기간 및 감면비율 공제비율에 불구하고 다음에서 정하는 바에 따라 취득세, 재산세(2015년 이후 납세의무성립분부터 도시지역분 제외)를 각각 감면한다. 다만, 지방세 감면규정을 적용함에 있어서 지방자치단체가 「지방세법」 규정에 의한 조례가 정하는 바에 따라 감면기간 또는 공제기간을 10년까지 연장하거나 연장한 기간 내에서 감면비율 또는 공제비율을 높인 때에는 이 규정에 불구하고 그 기간 및 비율에 의한다(지특법 §78-3 ③, 구 조특법 §121-2 ⑫). 여기서 "사업의 양수 등의 방식에 해당하는 외국인투자"란 그 사업에 관한 권리와 의무를 포괄적 또는 부분적으로 승계하는 것을 말한다(지특령 §38-2 ③).

국내산업의 국제경쟁력 강화에 긴요한 산업지원서비스업 및 고도기술수반사업에 대한 외국인투자 중 새로운 공장 등의 설치 없이 가동 중인 기존 사업에 관한 권리와 의무를 포괄적 또는 부분적으로 승계하는 형태의 외국인투자에 대하여는 다음과 같이 감면율 및 감면기간을 축소하여 적용한다.

일반적인 투자지원규정	사업양수도방식 외국인투자(2003.1.1. 이후)
- 취득세 50%(사업개시일로부터 3년) 30%(그 다음 2년) - 재산세 50%(사업개시일로부터 3년) 30%(그 다음 2년)	- 취득세 50%(감면결정일 이후 취득하는 재산에 한함) - 재산세 50%(감면결정일 이후 취득하는 재산에 한해 취득일로부터 3년) 30%(그 다음 2년)

☞ 2003.1.1. 이후 최초로 「외국인투자 촉진법」에 의하여 신고하는 외국인투자분부터 적용함.

☞ 농어촌특별세 과세 여부 : 취득세분과 취득세 경감분(면제분) 농어촌특별세 과세[2019년 이전 취득세 경감분(면제분) 농어촌특별세 비과세(농특령 §4 ⑦ 1)]

2) 「조세특례제한법」과 감면조례의 적용방법

세무당국이 안내한 2001.12.29. 개정된 「조세특례제한법」 해설 내용을 살펴보면 사업양수방식에 의한 외국인투자의 감면기간 및 감면율 단축하기 위하여 「조세특례제한법」 제121조의 2 제12항을 신설한 것이고 되어 있다. 그렇다면 사업양수방식에 의한 외국인투자의 그 이전(2002.12.31. 이전 투자신고분)에도 조세감면이 되고 있었다는 것이다.

사업양수도에 의한 외국인투자에 대한 감면규정이 「부산시세감면조례」가 2003.12.24. 개정되어 2004.1.1. 이후 시행하는 것으로 규정하고 있으나, 부칙 제3조 제1항에 따르면 "이 조례 시행 전에 「지방세법」 제29조의 규정에 의한 납세의무가 성립된 시세에 대한 감면은 종전의 규정에 의한다"라고 규정되어 있으므로 2004.1.1. 이후 납세의무가 성립되는 경우에는 개정된 조례에 따

르도록 규정하고 있다.

한편, 2001.12.29. 개정된 「조세특례제한법」 제121조의 2 제4항과 제5항 단서에서 "지방자치단체가 「지방세법」 제9조의 규정에 의한 조례가 정하는 바에 따라 감면기간 또는 공제기간을 15년까지 연장하거나 연장한 기간 내에서 감면비율 또는 공제비율을 높인 때에는 제1호 및 제2호의 규정에 불구하고 그 기간 및 비율에 의한다."라고 규정하고 있고, 제12항 단서에서는 "제3호 및 제4호의 규정을 적용함에 있어서 지방자치단체가 「지방세법」 제9조의 규정에 의한 조례가 정하는 바에 따라 감면기간 또는 공제기간을 10년까지 연장하거나 연장한 기간 내에서 감면비율 또는 공제비율을 높인 때에는 제3호 및 제4호의 규정에 불구하고 그 기간 및 비율에 의한다"라고 규정하고 있다.

이들 단서 규정은 조세감면 기간을 연장하거나 연장한 기간 내에서 감면비율 또는 공제비율을 높인 때에만 지방자치단체의 감면조례에 따르는 것으로 규정되어 있다. 2002.12.31. 이전 외국인투자신고분으로서 2004.1.1. 이후 납세의무성립되는 것은 2004.1.1. 이후 시행되는 「부산시세감면조례」가 아닌 개정 전의 「조세특례제한법」 제121조의 2 제4항과 제5항을 적용하여야 하는 것으로 해석할 수 있을 것이다(지방세특례제도과-366, 2015.2.11. 참조).

2002.12.31. 이전 신고한 외국인투자분은 종전 「조세특례제한법」 제121조의 2 제4항을 적용하여야 하고, 그 항의 단서 규정에 따라 부산시 감면조례 감면규정을 적용하여야 할 것이다. 2009.12.30. 개정 전의 조례에 의하여 당초 감면기한이 종료되지 아니하였다면 개정 조례를 적용할 수 있을 것인바(지방세운영과-1570, 2010.4.16. 참조), 2002.12.31. 이전 신고한 외국인투자분으로서 2010.1.1. 이후 납세의무가 성립되는 분은 사업개시일로부터 15년간 전액 면제, 2009.12.31. 이전에는 사업개시일부터 7년간 전액을 면제하고, 그 다음 3년간 50%를 경감하여야 할 것이다.

사업개시일로부터 15년을 적용할 수 있는 것은 당초 감면기한(사업개시일로부터 7년+3년)이 종료되지 아니한 상태에서 개정이 되었고, 2009.12.30. 개정 시 경과 규정을 별도로 두지 않고 2010.1.1.부터 시행한다라고만 규정하고 있기 때문이다. 즉 2010.1.1. 이후 납세의무성립하는 분부터 적용이 가능하다는 것이다.

여기서 전액 면제 감면기한(사업개시일로부터 7년)이 경과되었다 하여 15년 전액 면제 감면기한을 적용할 수 없다라고는 할 수 없을 것 같다. 그 이유는 전액 면제의 감면기한(7년)이 경과되었지만, 50% 경감 감면기한(3년)이 남아 있어서 개정 감면조례를 적용할 수 있기 때문이다.

사례 감면기한이 종료되지 아니한 경우 개정 규정 적용함(지방세운영과-1570, 2010.4.16.).

시세의 과세 또는 면제에 관한 조례가 개정된 경우에 개정 전후의 조례 중에서 납세의무가 성립한 당시에 시행되는 조례를 적용하여야 함은 법률불소급의 원칙상 당연하다고 할 것(대법원 1995.2.28. 선고, 94다31419 판결 등 참조)인바, 2002.12.1. 사업개시하여 개정 전 감면조례에 따른 취·등록세의 감면을 적용받았던 외국인투자기업의 경우라도 변경된 개정 조례 시행일(2010.1.1.)에 당초 감면기한이 종료되지 아니하였다면, 2010.1.1. 이후부터는 위 변경된 개정조례를 적용하는 것이 타당함.

(7) 증자의 조세감면(지특법 §78 – 3 ⑦, 구 조특법 §121 – 4)

1) 증자에 대한 일반적인 취급규정

외국인투자기업이 증자하는 경우에 해당 증자분에 대한 조세감면에 대하여는 위 감면규정을 준용한다. 다만, 조세감면을 받고 있는 사업[상기 내용 또는 「조세특례제한법」 제121조의 2의 규정에 의하여 지방세 감면을 받고 있는 사업을 말함(지특령 §38 – 3 ③)]을 위하여 증액 투자하는 경우에 조세감면신청에 대하여는 행정안전부장관 또는 지방자치단체장과의 협의를 생략할 수 있다(지특법 §78 – 3 ⑦, 구 조특법 §121 – 4 ①). 이 경우 증자분에 대한 조세감면결정을 받은 외국인투자기업이 해당 증자 후 7년 내에 유상감자를 하는 경우에 감면세액 계산에 관하여는 해당 유상감자를 하기 직전의 증자분(「외국인투자 촉진법」 제5조 제2항 제2호에 따른 준비금·재평가적립금 및 그 밖의 다른 법령에 따른 적립금의 자본전입으로 인하여 주식이 발행되는 형태의 증자를 제외)부터 역순으로 감자한 것으로 본다(지특령 §38 – 3 ④, 구 조특령 §116 – 6 ③).

상기에서 외국인투자비율의 계산은 해당 증자분과 관계된 감면대상사업과 그 밖의 사업을 구분경리하여 해당 증자분 감면대상 사업을 기준으로 외국인투자비율을 계산한다. 이 경우 구분경리에 관하여는 「조세특례제한법」 제143조를 준용한다(지특령 §38 – 3 ①, 구 조특령 §116 – 6 ①~③).

> **사례** 증자 시 외국인투자비율 산정방법(조심 2019지2310, 2021.3.22.)
>
> 외국인투자비율을 산정함에 있어서 「외국인투자촉진법」 제5조 제1항에서는 외국인투자비율은 외국인투자기업의 주식 등에 대한 외국투자가 소유 주식 등의 비율을 말한다고 규정하고 있을 뿐이고, 이러한 규정을 증자분의 경우 별도로 증자분만을 기준으로 외국인투자비율을 산정하는 근거로 삼기에는 어렵다 할 것이며, 감면승인을 받지 못한 기존 자본금을 포함한 총자본금을 감안하지 않고 청구법인의 주장처럼 감면승인을 받은 증자금에 대하여만 외국인투자비율을 적용하여 감면세액을 산출하게 된다면 외국인투자에 대한 감면승인을 받지 못한(내국인 투자 포함) 지분도 추가로 감면이 된다는 것인데 이는 증자분 감면사업을 위하여 취득한 부동산 등에 대한 외국인투자자의 소유가 실제와 달라지는 결과가 되어 취득세 과세대상인 부동산 등을 외국인투자 지분만큼만 감면이 되어야 한다는 외국인투자기업 감면규정의 취지에 어긋난다 하겠으며, 외국인투자비율을 산정함에 있어서 증자금액만을 기준으로 외국인투자비율을 산정하는 경우 매 증자시마다 증자분을 기준으로 외국인투자비율을 산정하여 계속 감면혜택을 부여하는 것은 증자금액에 비하여 과다한 감면혜택을 부여하는 결과를 초래하게 되어 불합리한 점이 있으므로, 증자분만을 기준으로 외국인투자비율을 산정하여야 한다는 청구주장은 인정하기 어려움.

2) 유상감자 후 증자

유상감자(주식 또는 출자지분의 유상소각, 자본감소액의 반환 등에 의하여 실질적으로 자산이 감소되는 경우를 말함)를 한 후 5년 이내에 증자하여 조세감면신청을 하는 경우에는 그 감자 전보다 순증가하는 부분에 대한 외국인투자비율에 대해서만 지방세를 감면한다(지특령 §38 – 3 ②, 구 조특령 §116 – 6 ①).

3) 무상증자에 따른 취급 규정

「외국인투자 촉진법」제5조 제2항 제2호에 따라 준비금, 재평가적립금, 기타 다른 법령의 규정에 의한 적립금의 자본전입됨으로써 외국투자가가 취득한 주식 등, 같은 법 제5조 제2항 제5호에 따라 외국투자가가 취득한 주식 등으로부터 생긴 과실(주식 등으로 한정)을 출자하여 취득한 주식 등(2017.1.28. 이후 적용)에 대하여는 그 발생근거가 되는 주식 등에 대한 감면의 예에 따라 그 감면기간의 잔여기간과 그 잔여기간의 감면비율에 따라 감면한다(지특법 §78-3 ⑧, 구 조특법 §121-4 ②).

4) 감면의 기산일

위 규정을 적용함에 있어서 사업개시일은 자본증가에 관한 변경등기를 한 날로 한다(지특법 §78-3 ⑦, 구 조특법 §121-4 ③). 그리고 2016.1.1. 이후 조세감면 신청분부터 외국인투자신고 후 조세감면결정 통지일부터 3년 이내에 증자를 한 경우로서 조세감면결정 통지일부터 5년이 되는 날까지 사업을 개시하지 아니한 경우에는 조세감면결정 통지일부터 5년이 되는 날을 그 사업을 개시한 날로 보아 감면규정을 적용한다(지특법 §78-3 ⑪, 구 조특법 §121-2 ⑬).

5) 감면기간 종료된 사업용 고정자산의 증자분 사업 감면세액 산정

외국인투자기업에 대한 취득세 감면대상세액 및 재산세 감면대상세액을 계산하는 경우 감면기간이 종료된 사업의 사업용 고정자산을 증자분에 대한 조세감면을 받는 사업("증자분 사업")에 계속 사용하는 경우 등 다음의 사유가 있는 경우 다음 계산식에 따라 계산한 금액을 증자분 사업에 대한 취득세 감면대상세액 및 재산세 감면대상세액으로 한다(지특법 §78-3 ⑨, 지특령 §38-3 ⑤, 구 조특법 §121-4 ④, 구 조특령 §116-6 ④).

① 외국인투자기업이 증자 전에 증자 전 감면사업에 대한 감면을 받고 그 감면기간이 종료된 경우로서 증자를 통하여 증자분 감면사업에 대한 감면결정을 받았을 것
② 감면기간이 종료된 증자 전 감면사업의 사업용 고정자산을 증자분 감면사업에 계속 사용하는 경우로서 자본증가에 관한 변경등기를 한 날 현재 증자분 감면사업에 계속 사용되는 감면기간이 종료된 증자 전 감면사업의 사업용 고정자산의 가액이 증자분 감면사업의 사업용 고정자산의 총가액에서 차지하는 비율이 30% 이상일 것

> **ㅁ 감면기간 종료된 사업용 고정자산의 증자분 사업 감면세액**
> (취득세 감면대상세액 및 재산세 감면대상세액 × 자본증가에 관한 변경등기를 한 날 이후 새로 취득·설치되는 사업용 고정자산의 가액) / 증자분 사업의 사업용 고정자산의 총가액

☞ 농어촌특별세 과세 여부 : 취득세분과 취득세 경감분(면제분) 농어촌특별세 과세(2019년 이전 취득세 경감분(면제분) 농어촌특별세 비과세)(농특령 §4 ⑦ 1)

6) 외국인투자감면 적용배제와 조세감면 결정의 효력 상실

상기 (4)와 (5)를 참고하기 바란다.

7) 증자등기에 대한 구 등록세 감면 배제

구「조세특례제한법」제121조의 4 규정에 따르면 "외국인투자기업이 증자하는 경우에 당해 증자분에 대한 조세감면에 대하여는 같은 법 제121조의 2 및 제121조의 3의 감면규정을 준용한다"라고 규정되어 있는바, 같은 법 제121조의 2 제4항에 따르면 "취득·보유하는 재산에 대한 취득세·등록면허세 및 재산세에 대하여는 다음 각 호와 같이 그 세액을 감면하거나 일정금액을 과세표준에서 공제한다"라고 규정되어 있었다. 따라서 같은 법 제121조의 4 규정은 제121조의 2를 준용하여야 하므로 증자등기 등록면허세가 감면대상이 아니고, 증자 변경등기한 날 이후 취득하는 재산에 대하여 등록면허세를 감면하는 것으로 해석하여야 할 것이다. 즉 외국인투자기업이 증자하는 경우에 그 증자분에 대한 조세감면에 대해서는 같은 법 제121조의 2 및 제121조의 3을 준용한다. 참고로, 구「조세특례제한법」제121조의 2 제1항에서 "제2항부터 제5항까지 및 제12항에 따라 법인세·소득세·취득세·등록세 및 재산세를 각각 감면한다"라고 규정되어 있어 제1항은 감면대상 사업을 규정하고 있고, 제2항 이하에서는 감면 세목에 대하여 감면내용을 구체적으로 규정하고 있다.

한편, 유권해석(세정−1495, 2004.6.8.)에서는 증자등기 시에도 감면이 적용되는 것으로 되어 있었으나, 이 해석은 제121조의 4 규정에서 제121조의 2 규정(취득하는 재산에 대하여 등록세 비과세한다라고 규정하고 있음)을 준용한다라는 것을 확대해석한 것으로 판단된다. 그 이유로는 외국인투자로 법인설립 시 자본금 등기에 대한 감면규정이 없어서 형평성에 위배되며(증자시에만 자본금등기 감면이 된다는 논리가 없음), 구「조세특례제한법」제121조의 4 제3항에서 제121조의 2 감면규정을 적용함에 있어서 사업개시일은 자본증자에 관한 변경등기일로 한다라고 규정되어 있으므로 이는 취득하는 재산을 전제로 하고 있기 때문이다.

상기에 대하여 "외국인투자기업이 사업을 영위하기 위하여 취득·보유하는 재산"이라고만 규정하고 있어 감면대상에 자본금 증자등기에 대한 구 등록세가 포함되는지 여부에 대하여 여러 가지 해석이 있을 수 있는 상황에서, 외국인투자기업의 증자등기는 구 등록세 감면대상이라고 회신하여 왔으나, 2009.12.19.에 감면배제한다는 변경된 유권해석은 그 이후 납세의무가 성립한 분부터 적용하는 것이 납세자의 법적 안정성·정의·형평 등의 관점에서 더 합리적인 것으로 보이는 점 등을 종합적으로 고려할 때, 2009.12.19. 이후 납세의무가 성립한 분부터 증자등기에 대하여 구 등록세를 감면배제하고 있다(조심 2010지445, 2011.2.10. 참조).

> **사례** 견해표명을 신뢰한 데에 귀책사유가 있다고 인정됨(감심 2011−108, 2011.6.16.).
>
> 처분청과 그 상급기관인 △△△△△장관은 청구인에게 청구인의 증자등기도 등록세 등의 감면대상에 해당된다는 공적인 견해를 구체적이고도 명백하게 표명하였다고 보이고, 청구인이 위와 같은 처분청 및 △△△△△장관의 공적인 견해표명을 신뢰하고 증자를 한 후 감면신청을 통하여 등록세

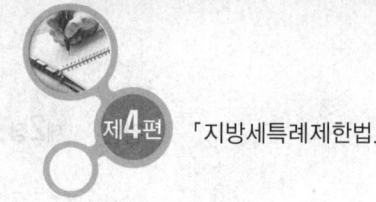

등을 감면받았으며, 청구인이 위 견해표명을 신뢰한 데에 어떠한 귀책사유가 있다고 볼 수도 없으므로 결국 처분청이 한 이 사건 부과처분은 신의성실의 원칙에 위배됨.

> **사례** 외국인투자기업 등록 법인이 자본금 증자등기할 경우(내심 91-131, 1991.3.25.)
>
> "사업용 재산에 관한 등기"란 소유권 취득 및 보존에 관한 등기를 말한다 하겠으므로 청구법인의 경우와 같이 단순한 자본금증자로 인한 등기는 사업용 재산에 관한 등기로 볼 수 없을 뿐 아니라, "법인설립등기"에도 해당되지 아니하므로, 처분청에서 증액등기에 대하여 중과세율을 적용하여 이건 등록세를 부과처분한 것은 적법하다고 판단됨.

(8) 조세의 추징

1) 추징사유

다음에 해당하는 경우에는 감면된 취득세, 재산세를 추징한다. 이 경우 ①에 해당하는 경우에는 그 미달된 비율에 상응하는 금액에 해당하는 세액을 추징한다(지특법 §78-3 ⑫, 구 조특법 §121-5 ③).

① 취득세와 재산세가 감면된 후 외국투자가의 주식 등의 비율이 감면 당시의 주식 등의 비율에 미달하게 된 경우

② 취득세와 재산세가 감면된 후 외국투자가가 「조세특례제한법」에 의하여 소유하는 주식 등을 대한민국국민 또는 대한민국법인에게 양도하는 경우

③ 「외국인투자 촉진법」에 따라 등록이 말소된 경우[291]

④ 해당 외국인투자기업이 폐업하는 경우

⑤ 외국인투자기업이 외국인투자신고 후 5년(고용 관련 조세감면기준은 3년) 이내에 출자목적물의 납입, 「외국인투자 촉진법」 제2조 제1항 제4호 나목에 따른 장기차관의 도입 또는 고용인원이 「조세특례제한법」 제121조의 2 제1항에 따른 조세감면기준에 미달하는 경우(2017.1.1. 이후 조세감면 신청분부터 적용)

⑥ 정당한 사유 없이 그 취득일부터 3년이 경과할 때까지 해당 용도로 직접 사용하지 아니하는 경우[2020.1.1. 이후 조세감면 신청분부터 적용(부칙 §6)]

⑦ 해당 용도로 직접 사용한 기간이 2년 미만인 상태에서 매각·증여하거나 다른 용도로 사용하는 경우[2020.1.1. 이후 조세감면 신청분부터 적용(부칙 §6)]

2019년 이전에도 제주도의 경우 도세감면조례 제52조에 의하면 추가 추징사유로 취득일부터

---

291) 외국인투자에 대한 감면세액을 추징할 수 있는 경우를 규정한 「조세특례제한법」에는 외국인투자기업의 등록말소 사유를 "외국투자가가 등록말소를 신청한 경우"로 한정적으로 규정하고 있을 뿐이므로 외국인투자기업이 등록말소를 신청하여 산업자원부장관이 이를 말소하거나 직권으로 말소한 경우도 포함된다고 볼 수 없다(대법원 2013두4286, 2013.6.13.)라는 대법원판례는 2009.6.30. 이전에만 적용되는 것이다. 「외국인투자 촉진법」 제21조 제3항 제4호가 "외국투자가가 대통령이 …"라는 조문이 "외국투자가 또는 외국인투자기업이 대통령령으로 …"으로 2009.1.30. 개정되어 2009.7.1.부터 시행 적용하고 있어서 이 판례는 2009.7.1. 이후부터 적용되지 아니하는 것이다.

1년 이내에 정당한 사유 없이 해당 용도로 직접 사용하지 아니하는 경우 또는 그 사용일부터 2년 이상 해당 용도로 직접 사용하지 아니하고 매각·증여하거나 다른 용도로 사용하는 경우를 규정하고 있는바, 이 경우 해당 부분에 대하여는 감면된 취득세를 추징한다.

한편, 조세감면결정을 받은 외국인투자기업이 상기 ③~⑦의 어느 하나에 해당하는 사유가 발생한 경우 해당 사유가 발생한 날 이후의 남은 감면기간(재산세 과세기준일 이전에 사유가 발생한 경우 해당 과세연도 포함)에 대해서는 상기 취득세 및 재산세 감면을 적용하지 않는다. 이경우 상기 ③~⑦의 어느 하나에 해당하는 사유가 발생한 날 이후의 남은 감면기간 중에 조세감면기준을 충족하거나 「외국인투자 촉진법」 제28조 제5항에 따른 시정명령을 이행한 경우에도 또한 같다(지특법 §78-3 ⑭, 지특령 §38-4 ⑥, 구 조특법 §121-5 ⑥, 구 조특령 §116-11 ⑤).

> **사례** 외국인투자기업 대한 취득세 감면 규정 및 추징에 관한 사항을 별도로 규정하고 있는 종전 「조세특례제한법」에 따라 취득세를 감면받은 경우에 대해 「지방세특례제한법」 제178조에 따른 일반적 추징 규정을 적용하기는 어려워 보임(지방세특례제도과-1120, 2024.5.10.).

2) 추징배제 사유

상기 1)에도 불구하고 2020년 이후 감면분부터 다음 어느 하나에 해당하는 경우에는 그 감면된 세액을 추징하지 아니할 수 있다(지특법 §78-3 ⑬, 구 조특법 §121-5 ⑤). 이 경우 ①, ③~⑤의 경우 취득세 및 재산세의 추징을 적용하지 아니한다(지특령 §38-4 ③, 구 조특령 §116-10).

① 외국인투자기업이 합병으로 인하여 해산됨으로써 외국인투자기업의 등록이 말소된 경우
② 「조세특례제한법」 제121조의 3에 따라 관세 등을 면제받고 도입되어 사용 중인 자본재를 천재지변이나 그 밖의 불가항력적인 사유, 감가상각, 기술의 진보, 그 밖에 경제여건의 변동 등으로 그 본래의 목적에 사용할 수 없게 되어 기획재정부장관의 승인을 받아 본래의 목적외의 목적에 사용하거나 처분하는 경우
③ 「자본시장과 금융투자업에 관한 법률」에 따라 해당 외국인투자기업을 공개하기 위하여 주식등을 대한민국 국민 또는 대한민국 법인에 양도하는 경우
④ 「외국인투자 촉진법」에 따라 시·도지사가 연장한 이행기간 내에 출자목적물을 납입하여 해당 조세감면기준을 충족한 경우(2014.12.31. 이전에 감면결정을 받은 경우에도 적용됨)
⑤ 그 밖에 조세감면의 목적을 달성하였다고 인정되는 경우로서 다음의 경우(지특령 §38-4 ④)
  ㉠ 경제자유구역개발사업시행자가 경제자유구역의 개발사업을 완료한 후 상기 1)의 추징사유가 발생한 경우
  ㉡ 기업도시개발사업시행자가 기업도시개발구역의 개발사업을 완료한 후 상기 1)의 추징사유가 발생한 경우
  ㉢ 새만금사업지역개발사업시행자가 새만금사업지역의 개발사업을 완료한 후 상기 1)의 추징사유가 발생한 경우
  ㉣ 제주투자진흥지구개발사업시행자가 제주투자진흥지구의 개발사업을 완료한 후 상기 1)

의 추징사유가 발생한 경우

㉤ 「조세특례제한법」 제121조의 2 제1항 제1호에 따른 신성장동력산업기술을 수반하는 사업에 투자한 외국투자가가 그 감면사업 또는 소유주식 등을 대한민국 국민 또는 대한민국 법인에게 양도한 경우로서 해당 기업이 그 신성장동력산업기술을 수반하는 사업에서 생산되거나 제공되는 제품 또는 서비스를 국내에서 자체적으로 생산하는 데 지장이 없다고 기획재정부장관이 확인하는 경우

㉥ 외국투자가가 소유하는 주식 등을 다른 법령이나 정부의 시책에 따라 대한민국 국민 또는 대한민국 법인에게 양도한 경우로서 기획재정부장관이 확인하는 경우

㉦ 외국투자가가 소유하는 주식 등을 대한민국 국민 또는 법인에 양도한 후 양도받은 대한민국 국민 또는 법인이 7일 이내에 다른 외국투자가에게 양도한 경우로서 당초 사업을 계속 이행하는 데 지장이 없다고 기획재정부장관이 확인하는 경우(2016.5.10. 이후 양도분부터 적용)

㉤~㉦에 따른 추징의 면제에 관한 확인 및 신청 등은 「조세특례제한법 시행령」 제116조의 10 ③~⑤의 규정에 따른다(지특령 §38-4 ⑤).

3) 추징할 세액의 범위

취득세, 재산의 추징은 다음의 기준에 의한다. 여기서 추징사유가 동시에 발생하는 경우에는 세액이 큰 사유를 적용하고 순차적으로 발생하는 경우에는 감면받은 세액의 범위에서 발생 순서에 따라 먼저 발생한 사유부터 순차적으로 적용한다(지특령 §38-4 ①, ②, 구 조특령 §116-9).

① 조세감면 후 주식비율 미달 또는 대한국민 국민 등에게 주식을 양도한 경우
주식 등의 비율의 미달일 또는 양도일부터 소급하여 5년 이내에 감면된 취득세, 재산세의 세액에 그 미달비율 또는 양도비율을 곱하여 산출한 세액을 각각 추징한다.

② 등록말소 또는 폐업한 경우
말소일 또는 폐업일부터 소급하여 5년 이내에 감면된 취득세, 재산세를 각각 추징한다.

③ 출자목적물의 납입, 장기차관의 도입 또는 고용인원이 조세감면기준에 미달하는 경우
외국인투자신고 후 5년(고용과 관련된 조세감면기준에 미달하는 경우에는 3년)이 경과한 날부터 소급하여 5년(고용과 관련된 조세감면기준에 미달하는 경우에는 3년) 이내에 감면된 취득세 및 재산세를 각각 추징한다.

④ 정당한 사유 없이 그 취득일부터 3년이 경과할 때까지 해당 용도로 직접 사용하지 아니하는 경우, 해당 용도로 직접 사용한 기간이 2년 미만인 상태에서 매각·증여하거나 다른 용도로 사용하는 경우
해당 추징사유가 발생한 날부터 소급하여 5년 이내에 감면된 취득세 및 재산세의 세액을 각각 추징한다(이 경우 추징은 해당 부분에 한함).

> **사례** 외국인투자기업의 자본금 증자등기에 대하여 면제된 등록세를 추징한 후 감사원의 취소결 정으로 당해 처분을 취소하였다가 준용규정에 대한 추징요건의 성립을 이유로 다시 등록세를 추징한 처분이 적법한지 여부(조심 2012지0591, 2012.12.4.)

외국인투자기업의 증자분에 대한 조세감면에 대하여는 같은 법 제121조의 2 등을 준용한다는 구 「조세특례제한법」 제121조의 4 제1항은 외국인투자기업의 증자분에 대하여 법인설립 시 최초 투자에 대한 감면규정인 같은 법 제121조의 2를 준용하여 자본금 증자에 관한 변경등기를 한 날을 사업개시일로 보아 외국인투자기업이 취득·보유하는 사업용 재산에 대한 취득세·등록세·재산세를 외국인투자비율 만큼 추가로 감면하겠다는 것이지 증자 등기 자체를 감면대상으로 보아야 함을 의미하는 것은 아니라 하겠으므로 구 「조세특례제한법」 제121조의 4 제1항의 준용규정인 같은 법 제121조의 2를 이 건 증자등기에 대한 등록세 감면의 근거 규정으로 적용하기는 어렵다. 그렇다면 청구법인의 외국인투자가가 소유주식을 매각한 시점인 2012.1.19. 당시 추징 적용 법규인 「조세특례제한법」 제121조의 5 제3항이나 그 이전 추징 적용 법규인 구 「조세특례제한법」 제121조의 5 제3항 각 호는 「조세특례제한법」 제121조의 2 제4항·제5항 및 제12항 또는 구 「조세특례제한법」 제121조의 2 제4항·제5항 및 제12항에 따라 조세를 감면한 후 일정 요건을 충족하는 경우 위 규정에 따라 감면된 취득세·등록세 및 재산세를 추징한다고 규정하고 있을 뿐 같은 법 제121조의 4 제1항에 따른 조세감면의 경우를 열거하고 있지 아니하므로, 이 건의 증자등기에 대한 세액감면의 경우에는 추징할 근거규정이 없다고 봄이 타당하다(대법원 2005.9.29. 선고, 2003두9374 판결 참조). 따라서 청구법인의 외국투자가가 그 소유주식을 매각하였다는 이유로 구 「조세특례제한법」 제121조의 5 제3항 제2호의 규정을 적용하여 처분청이 이 건 등록세 등을 청구법인에게 부과 고지한 것은 잘못이 있는 것으로 판단됨.

> **사례** 외국인 투자기업이 본래의 목적사업을 영위하기 위하여 공장용지를 취득 후 취득세 100%를 면제받고 공장신축 중(30% 정도 공정) 토지를 양도하였다면 외국인 투자기업의 본래 사업목적에 직접 사용하였다고 할 수 없으므로, 면제된 취득세를 추징할 수 있다고 사료됨(세정 22670-13540, 1988.12.15.).

(9) 「조세특례제한법」의 준용

상기 규정에 따른 조세감면 신청 및 조세감면 결정에 관한 절차 등에 대해서는 「조세특례제한법」 제121조의 2 제6항부터 제8항까지의 규정에 따른다(지특법 §78-3 ⑮).

(10) 과점주주 간주취득세와 외국인투자유치를 위한 감면규정 관계

과점주주에 대한 비과세 또는 감면은 누구를 기준으로 판단해야 할 것인가가 논란이 되는바, 중과세의 경우와 같이 명확히 해야 할 부분인 것 같다. 대법원판례에 따르면 '취득세가 비과세 또는 감면되는 경우'라 함은 과점주주의 간주취득이 「지방세법」 또는 기타 법령의 규정에 의한 비과세 또는 감면요건에 해당하는 경우라 할 것이므로 해당 법인이 부동산 등을 취득하면서 취득세가 면제받았다고 하여 바로 과점주주로 된 자의 취득세 납세의무도 면제되는 것은 아니라 할 것이다(대법원 99두6897, 2001.1.30.)라고 판시하고 있다. 이 판례 등으로 인하여 행정자치부의 해석

지침(세정 13430-392, 2001.10.4.)에 따르면 과점주주에 대한 과세는 주식을 취득함으로 주식발행법인의 보유자산을 취득한 것으로 보는 것이나, 향후 과점주주에 대한 비과세·감면은 상기 대법원 판결에 따라 운영하되, 다만, 구법 시행 시기[292]에 과세요건이 성립되어 비과세 또는 감면처분 판단받은 경우에는 신뢰보호의 원칙상 추징할 수가 없다는 것이다.

⑮ 법인의 지방 이전에 대한 감면(지특법 §79)

1) 감면요건

① 감면대상자

대도시 내에서 과밀억제권역(2021년 이전은 대도시) 외로 본점 등을 이전한 법인

② 감면대상 및 감면범위

본점 또는 주사무소를 이전하는 경우에 해당 사업을 직접 하기 위하여 취득하는 부동산	취득세 면제[주1] 재산세 면제 또는 50% 경감[주2] (도시지역분 제외)
이전에 따른 법인등기 및 부동산등기	등록면허세 면제

- 📌 감면시한 : 2027.12.31.(재산세 제외)
- 📌 최소납부제 적용 시기 : 2019.1.1. 이후
- 📌 농어촌특별세 과세 여부 : 취득세 면제분과 등록면허세 면제분 농어촌특별세 비과세(농특령 §4 ⑦ 5)
- 📌 2021.12.31. 이전에 대도시에 본점 또는 주사무소를 설치하여 사업을 직접 하던 법인이 과밀억제권역 외의 지역으로 본점 또는 주사무소를 이전한 경우의 취득세 및 재산세 감면·추징에 관하여는 개정규정에도 불구하고 종전규정에 따르며, 2021.12.31. 이전에 대도시에 등기되어 있던 법인이 과밀억제권역 외의 지역으로 본점 또는 주사무소를 이전하는 경우의 등록면허세 면제에 관하여는 개정규정에도 불구하고 종전규정에 따름(부칙 §15).
- 📌 (주1) 본점 등 이전에 따른 취득 부동산의 초과액 취득세 과세
- 📌 (주2) 납세의무가 최초로 성립하는 날부터 5년간 면제, 그 다음 3년간 50% 경감

이 감면규정에서 '이전에 따른 부동산 등기'라 함은 법인의 본점 또는 주사무소 이전에 따라 불가피하게 소요되는 사무실·점포 등의 건축물과 그 부속토지 및 이에 따른 부대시설 등에 대한 등기에 한하는 것이며, 대도시 외의 공장 취득에 대한 취득세 면제 여부는 공장의 지방이전에 따른 감면규정이 적용되는 것이다(세정 13407-218, 2001.2.26.).

대도시 내의 본점을 대도시 외의 지역으로 이전하는 경우와 공장을 이전하는 경우를 「지방세특례제한법」 상 각각 구분하여 과세·면제대상을 달리 규정하고 있는 점에 비추어 본점 사무실을 이전하기 위하여 취득한 부동산과 공장을 이전하기 위하여 취득한 부동산은 각각 별도로 과세·면제 여부를 판단하여야 하는 것으로, 비록 대도시 내의 본점 사무실을 대도시 외의 지역으로

---

292) 과점주주의 지분율이 증가하는 등의 경우에 취득세 감면기간 중이라면 과점주주취득세가 면제되는 것으로 회신하고 있었음(세정 13407-1388, 2000.12.2., 세정 13407-734, 2000.6.10. 및 세정 22670-6750, 1986.6.5.).

로 이전한 경우에 해당한다 하더라도 본점 사무실로 사용하기 위하여 취득 등기한 부동산이 아니라 공장용 건축물인 경우 감면대상이 되지 아니한다(행심 98-487, 1998.9.30.).

2) 추징요건

다음 어느 하나에 해당하는 경우 그 해당 부분에 대해서는 감면된 취득세 및 재산세를 추징한다.

① 법인을 이전하여 5년 이내(2016.1.1. 이후 이전하는 분부터 적용)에 법인이 해산된 경우(합병·분할 또는 분할합병으로 인한 경우 제외)와 법인을 이전하여 과세감면을 받고 있는 기간에 과밀억제권역에서 이전 전에 생산하던 제품을 생산하는 법인을 다시 설치한 경우 취득세 추징사유가 5년 이내 발생하는 경우 추징이 될 것이므로 종전도 마찬가지로 보면 될 것이다.

② 해당 사업에 직접 사용한 기간이 2년 미만인 상태에서 매각·증여하거나 다른 용도로 사용하는 경우(2016.1.1. 이후 이전하는 분부터 적용)

3) 감면 등의 적용기준

① 대도시 범위(지특령 §39)

과밀억제권역(「산업집적활성화 및 공장설립에 관한 법률」을 적용받는 산업단지 제외)을 말한다.

구분	본점용 신·증축부동산	공장신·증설 공장	법인설립, 지점설치에 따른 부동산 취득	대도시 전입 법인등기	대도시 외로 공장이전
근거	지법 §13 ①	지법 §13 ①, ②	지법 §13 ②	지법 §28 ②	지특령 §39
대상 세목	취득세	취득세, 건축물분 재산세	취득세	등록면허세	취득세
범위	과밀억제권역	과밀억제권역 (산업단지, 유치지역, 공업지역 제외)	과밀억제권역 (산업단지 제외, 공장신·증설은 산업단지, 유치지역, 공업지역 제외)	과밀억제권역 (산업단지 제외)	과밀억제권역 (산업단지 제외)
업종		비도시형	도시형 공장 등 예외업종 제외	도시형 공장 등 예외업종 제외	
과세 내용	취득세 중 중과기준세율 (3배중과)	취득세 (3배 중과) 재산세 (5배 중과)	취득세 중 구 등록세분 (3배 중과)	등록면허세 (3배 중과)	취득세 면제 (초과액 과세)

② 과밀억제권역(2021년 이전은 대도시) 외의 지역으로 본점 등을 이전하여 해당 사업을 직접 하기 위하여 취득하는 부동산의 범위

법인의 본점 또는 주사무소로 사용하는 부동산과 그 부대시설용 부동산으로서 다음의 요건을 모두 갖춘 것으로 한다.

> ㉠ 과밀억제권역(2021년 이전은 대도시) 외의 지역으로 이전하기 위하여 취득한 본점 또는 주사무소용 부동산으로서 사업을 시작하기 이전에 취득한 것일 것
> ㉡ 대도시(2021년 이전은 과밀억제권역) 내의 본점 또는 주사무소를 과밀억제권역(2021년 이전은 대도시) 외의 지역으로 이전하기 위하여 사업을 중단한 날까지 6개월(임차한 경우 2년) 이상 사업을 한 실적이 있을 것
> ㉢ 과밀억제권역(2021년 이전은 대도시) 외의 지역에서 그 사업을 시작한 날부터 6개월 이내에 대도시(2021년 이전은 과밀억제권역) 내에 있는 종전의 본점 또는 주사무소를 폐쇄할 것
> ㉣ 과밀억제권역(2021년 이전은 대도시) 외의 지역에서 본점 또는 주사무소용 부동산을 취득한 날부터 6개월 이내에 건축공사를 시작하거나 직접 그 용도에 사용할 것(다만, 정당한 사유가 있는 경우 6개월 이내에 건축공사를 시작하지 않거나 직접 그 용도에 사용하지 않을 수 있음)

③ 본점 등 이전에 따른 취득 부동산의 초과액 취득세 과세

> ❑ 초과액
> 이전 본점 또는 주사무소용 부동산 가액 - 이전하기 전 본점 또는 주사무소용 부동산 가액
> ☞ 부동산 가액
> 지법 §10-2~§10-6 규정(2021년 이전은 §10 ⑤)에 따른 사실상의 취득가격이 증명되는 경우 : 사실상의 취득가격
> 이외 : 시가인정액 또는 시가표준액

이전 후 감면대상이 되는 본점용 부동산 가액의 합계액이 이전 전의 본점용 사무실로 사용하는 면적에 해당하는 부동산 가액의 합계액을 초과하는 경우에만 그 초과액에 대해 취득세를 과세하는 것이다(세정-4608, 2004.12.16.). 토지 수용 시 대체취득 감면규정에도 이와 같이 토지와 건축물을 구분하여 초과액을 산정하는 것이 아니라 합계액으로 초과액을 산정하는 것과 같은 취지이다.

④ '종전 본점 폐쇄'의 의미

과밀억제권역(2021년 이전은 대도시) 외의 지역으로 이전하여 사업을 개시한 후 6월 이내에 대도시 안에 있는 종전의 본점을 폐쇄하고 새로이 취득한 부동산을 6월 이내에 본점용으로 사용하여야 한다고 규정하고 있는바, '종전의 본점을 폐쇄한다'고 함은 종전의 본점을 매각하거나 임차 관계를 종료하고 종전의 본점에서 사실상 사업을 완전히 영위하지 아니하는 상태에 이르는 경우를 의미한다.

┃ 대도시 외로 이전 본점에 대한 감면범위 적용요령(세정 13430 – 484, 2001.5.3.) **┃**

1. 임차 본점의 과밀억제권역(2021년 이전은 대도시) 외로 이전 시 감면 여부

대도시 내 본점이 대도시 외로 이전하는 경우 지방세 감면요건은 과밀억제권역 안에서 "해당 본점을 매각하고 과밀억제권역(2021년 이전은 대도시) 외의 지역으로 이전"하는 경우에 해당되므로 임차 본점에 대한 취득세 감면은 "본점을 매각하고 과밀억제권역(2021년 이전은 대도시) 외로 이전"하는 경우에 한하고 있어 임차 본점에 있어서는 "매각한 부동산"이 없으므로 감면대상이 아니라고 판단될 수 있으나, 본점을 매각하는 것은 부동산 등 각종 재산권을 처분하는 것으로 보아야 하고, 임차한 경우에도 "2년 이상 사업을 영위한 실적이 있을 경우"에 한하여 감면대상으로 하고 있으므로 "임차 본점"에 대하여 감면하는 것이 타당함 (구 지칙 §7 ① 2).

임차 본점에 대한 등록면허세 감면은 대도시 안에 등기되어 있는 법인이 대도시 외로 이전하는 경우 그 이전에 따른 법인등기 및 부동산등기에 대하여 면제하는 것이므로 대도시 내에서 대도시 외로 이전만 하면 본점의 자본금, 신설법인 등에 관계없이 "임차 본점"이라도 감면대상에 해당되는 것이고, 그 감면범위도 "법인등기와 부동산등기"에 대하여 등록면허세가 감면되는 것임.

2. 임차 본점에 대한 감면범위

임차 본점이 과밀억제권역(2021년 이전은 대도시) 외 지역에서 부동산을 취득하는 경우 취득세 감면범위는 이전 전의 본점 부동산 가액의 합계액 대비 이전 후 본점 부동산 가액의 합계액을 비교하여 그 초과액에 대하여 취득세를 과세하는바, 사실상 취득가액을 알 수 있을 경우 법인장부상 부동산 가액을 비교하여 판단하고 사실상 취득가액을 알 수 없는 경우에는 시가표준액으로 대비하여 그 초과액을 산정함.

따라서 임차 본점의 경우 "임대인 소유의 임차해 준 부동산 가액 대비 이전 후 취득한 부동산 가액"을 비교하여 그 초과액을 과세범위로 하고, 등록면허세는 법인등기는 자본금액 과다 여부에 관계없이 이전하는 경우 감면하되, 부동산등기는 취득세와 같이 그 초과액을 과세하여야 함.

> ☞ '2년 이상 임차한 경우'의 의미
> 대도시 내의 본점 등을 과밀억제권역(2021년 이전은 대도시) 외의 지역으로 이전하기 위하여 사업을 중단한 경우 "2년 이상 임차한 경우"라 함은 해당 법인이 대도시 내에서 본점 또는 주사무소를 과밀억제권역(2021년 이전은 대도시) 외의 지역으로 이전하기 위하여 사업을 중단한 날까지 대도시 내에서 부동산을 임차하여 2년 이상 해당 사업을 영위한 실적이 있는 경우를 뜻함.[293]

4) 유의사항

① 임대 만료일까지 종전 본점 등의 임대료 지급 시

과밀억제권역(2021년 이전은 대도시) 외의 지역에서 그 사업을 시작한 날부터 6개월 이내에

---

293) 종전(2010.12.31. 이전)에는 "계속하여"라는 문구가 있어서 2년 이상 계속하여 해당 사업을 영위하여야만 감면이 가능하였다(세정 13407 – 196, 2001.8.8.). 그런데 현행에서는 "계속하여"라는 문구는 삭제되어 있어서 2년 이상 사업을 영위하기만 하였다면 감면이 되는 것이다.

대도시(2021년 이전은 과밀억제권역) 내에 있는 종전의 본점 또는 주사무소를 폐쇄할 것이라고 규정되어 있는바, 대도시 외의 지역으로 이전하여 사업을 개시한 날로부터 6개월이 경과되었더라도 종전 사무소는 폐쇄되어 공실상태에 있으면서 임대 만료일까지 임차료를 지급한 경우라면 이 감면요건은 충족되는 것으로 판단하여야 할 것으로, 다른 감면요건을 모두 충족한다면 감면대상이 될 것이다. 그런데 공실상태가 아니고 실제로 사업장으로 사용하였다면 6개월 내에 폐쇄가 된 것이 아니므로 감면대상이 되지 아니할 것이다.

② 종전 본점 장소에 지점 설치

법인을 이전하여 법인이 해산된 경우(합병·분할 또는 분할합병으로 인한 경우 제외)와 법인을 이전하여 과세감면을 받고 있는 기간에 과밀억제권역에서 이전 전에 생산하던 제품을 생산하는 법인을 다시 설치한 경우에는 감면한 취득세 및 재산세를 추징한다라고 규정되어 있으며, 감면규정에 지점설치에 대하여 별도의 규정이 없지만 '종전의 본점을 폐쇄한다'고 함은 종전의 본점을 매각하거나 임차 관계를 종료하고 종전의 본점에서 사실상 사업을 완전히 영위하지 아니하는 상태에 이르는 경우를 의미한다고 보는 것이 조세 법률의 엄격해석 원칙상 타당하다고 할 것으로서, 계약서상 임차기간 때문에 당초 본점과의 임대차계약이 유지되면서 지점을 설치하여 본점에서 하던 일을 계속하여 하는 경우라면 임차 관계를 종료, 즉 폐쇄하였다라고 할 수 없을 것이다.

그런데 종전 본점 장소에 지점을 설치하여 종전 본점의 업무와는 다른 업무를 새로 시작한 경우라면 본점을 지방으로 이전한 것은 확실하므로 감면요건에 해당한다면 감면대상이 될 것으로 판단된다. 그리고 지점에서 본점의 일부 기능을 한다면 본점을 폐쇄한 것이 아니므로 감면대상이 되지 아니할 것이다.

③ 사실상 본점만 대도시 외로 이전

서울에서 임차하여 본점을 두다가 본점등기는 그대로 유지하고 대도시 외의 지역에 신규 취득하여 본점의 역할을 수행하는 경우에는 취득세 감면대상이 될 수 없다(세정 13407-1007, 1995.10.16.).

④ 본점과 공장으로 함께 사용 시

과밀억제권역(2021년 이전은 대도시) 내의 부동산을 본점 또는 주사무소와 공장으로 함께 사용하다가 과밀억제권역(2021년 이전은 대도시) 외의 지역으로 이전하는 경우에는 본점 또는 주사무소로 사용하는 부분은 구 「지방세법」 제274조(지특법 §79)의 규정이 적용되며, 공장으로 사용하는 부분은 구 「지방세법」 제275조(지특법 §80)의 규정이 적용되는 것이다(세정-2756, 2004.8.27., 같은 취지 : 세정-4608, 2004.12.16.).

> **사례** 재산세 과세기준일(6.1.) 현재 해당 법인이 본점의 사무실 등으로 사용하는 부분뿐만 아니라 본점으로 사용하기 위한 예비적 공간 또는 본점의 부대시설(주차장, 창고 등)로 사용하는 부분도 포함한다고 보는 것이 과밀억제권역으로 인구와 경제력의 집중을 방지하고 지역의 균형 발전을 위하여 설치한 「지방세특례제한법」 제79조 제1항의 입법취지에 부합한다고 볼 수 있는바, 청구법인이 대도시 내에서 대도시 외인 이 건 사업장으로 본점을 이전하면서 인력의 추가 채용 등을 고려하여 미리 확보하였거나 인력을 재배치하면서 발생한 공실, 기업부설연구소가 아닌 본사 소

속 연구(도면 설계 등)부서 직원들이 직접 사용하는 사무실 및 본점의 업무와 직·간접적으로 연계되어 사용하는 부분(창고, 주차장)은 '법인의 본점으로 사용하는 부동산'에 해당된다고 할 것임(조심 2022지1657, 2023.6.20.).

사례 '종전 본점의 폐쇄'의 의미(행심 2007-658, 2007.11.26.)

건설장비 등의 수입판매 및 임대를 주업으로 하던 법인이 종전의 대도시 내의 본점에 대한 임대차계약을 유지한 채 직원 1인을 상주시키면서 계속하여 수입 판매와 임대 등을 영위하기 위한 사무실로 사용하다가 현재는 2인의 직원을 상주시키고 있는 점을 보면 이를 청구인이 단순히 연락사무소로서 유지한 것에 불과하다고 보기는 어렵다 하겠으므로, 처분청이 청구인의 경우 종전의 본점을 폐쇄하였다고 볼 수 없음.

사례 본점 또는 주사무소·공장의 이전지가 「공업배치 및 공장설립에 관한 법률」의 적용을 받는 산업단지에 해당되고, 「지방세법」 제274조, 제275조 및 같은 법 시행규칙 제114조의 2, 제115조의 조건에 해당되는 경우라면 취득세 등이 면제됨(세정 13407-461, 2001.10.24.).

☞ 과밀억제권역의 산업단지(남동공단, 반월공단은 과밀억제권역에 해당되지 않음)라면 2022년 이후부터는 법 개정으로 감면되지 아니함.

⑯ 해외진출기업의 국내복귀에 대한 감면(지특법 §79-2)

1) 감면요건

① 감면대상자

「해외진출기업의 국내복귀 지원에 관한 법률」 제7조 제3항에 따라 선정된 지원대상 국내복귀기업으로 다음 각 호의 요건을 모두 충족하는 지원대상 국내복귀기업

ⓐ 해외 사업장을 청산·양도할 것

ⓑ 과밀억제권역 외의 지역에서 사업장을 신설 또는 증설할 것

ⓒ 해외 사업장에서 영위하던 업종과 동일한 업종을 영위할 것

② 감면대상 및 감면범위

해외 사업장에서 영위하던 업종과 동일한 업종(「통계법」 §22에 따라 통계청장이 고시하는 한국표준산업분류에 따른 세분류를 기준으로 한 업종)을 영위하기 위하여 취득하는 사업용 부동산(2024년 이후 적용(주1))	**취득세 50% 경감**(주2)
과세기준일 현재 해당 용도로 직접 사용하는 부동산(2024년 이후 적용(주1))	**재산세 75% 경감**(주3) (도시지역분 제외)

☞ 감면시한 : 2026.12.31.(재산세 제외)

☞ 농어촌특별세 과세 여부 : 취득세분과 취득세 경감분 농어촌특별세 과세

☞ (주1) 2024.1.1. 이후 지원대상 국내복귀기업을 선정하는 경우부터 적용됨(법 부칙 §7).

☞ (주2) 취득세 경감 시 해당 지역의 재정여건 등을 고려하여 50% 범위에서 조례로 정하는 율을 추가로 경감 가능함.

☞ (주3) 납세의무가 최초로 성립하는 날부터 5년간 감면

2) 추징요건

다음 어느 하나에 해당하는 경우 그 해당 부분에 대해서는 경감된 취득세와 재산세를 추징한다.

① 정당한 사유 없이 그 취득일부터 1년이 경과할 때까지 해당 용도로 직접 사용하지 아니하는 경우

② 해당 용도로 직접 사용한 기간이 2년 미만인 상태에서 매각·증여하거나 다른 용도로 사용하는 경우

③ 지원대상 국내복귀기업으로 선정된 날부터 4년 이내에 해외 사업장을 청산·양도하지 아니하는 경우

④ 지원대상 국내복귀기업으로 선정된 날부터 5년 이내에 국내 사업장 신설 또는 증설을 완료하지 아니하는 경우

⑤ 해당 사업용 부동산의 취득일부터 5년 이내에 지원대상 국내복귀기업 선정이 취소된 경우

⑰ 공장의 지방 이전에 따른 감면(지특법 §80)

1) 감면요건

① 감면대상자

대도시 내에서 과밀억제권역(2021년 이전은 대도시) 외로 공장을 이전한 법인

② 감면대상 및 감면범위

해당 사업을 계속하기 위하여 취득하는 부동산	취득세 면제(주1) 재산세 면제 또는 50% 경감 (도시지역분 제외)(주2)

- 감면시한 : 2027.12.31.(재산세 제외)
- 최소납부제 적용 시기 : 2019.1.1. 이후
- 농어촌특별세 과세 여부 : 취득세 면제분과 등록면허세 면제분 농어촌특별세 비과세(농특령 §4 ⑦ 5)
- 2021.12.31. 이전에 대도시에서 공장시설을 갖추고 사업을 직접 하던 자가 그 공장을 폐쇄하고 과밀억제권역 외의 지역으로서 공장 설치가 금지되거나 제한되지 아니한 지역으로 공장을 이전한 경우의 취득세 및 재산세 감면·추징에 관하여는 개정규정에도 불구하고 종전규정에 따름(부칙 §15).
- (주1) 공장 이전에 따른 취득 부동산의 초과액 취득세 과세
- (주2) 납세의무가 최초로 성립하는 날부터 5년간 면제, 그 다음 3년간 50% 경감

'과밀억제권역(2021년 이전은 대도시) 외로의 공장이전'이란 공장 기계설비를 이전하여 계속하여 종전의 업종을 영위하는 경우를 말하므로 이전 전 공장이 승계된 경우는 과밀억제권역(2021년 이전은 대도시) 외로의 공장이전에 해당되지 아니한다. 기존 공장의 기계장치 등은 대도시 외의 신공장으로 이전하였으나 공장이 매각되지 아니하여 토지와 건물만을 타인에게 임대한 경우라면 공장시설을 완전히 철거하거나 폐쇄할 것에 해당한다(지방세정담당관-265, 2003.6.24.). 한

편, 대도시 내에서 공장을 영위하던 법인이 생산설비 일체를 타인에게 양도하고 과밀억제권역 (2021년 이전은 대도시) 외로 이전할 경우에는 대도시 외로의 공장이전에 따른 감면대상이 아니 하며(세정 22670-74, 1988.1.6.),[294] 기존 공장의 기계시설 등의 포괄 양수인이 동종의 제조업을 계 속 영위하는 경우 기존 공장의 폐쇄 후 이전한 것에 해당하지 아니한다(내심 87-265, 1987.11.27.). 대도시 내의 공장을 과밀억제권역(2021년 이전은 대도시) 외로 이전한 자가 임차공장을 경영하 다가 다시 과밀억제권역(2021년 이전은 대도시) 외의 다른 지역에서 공장을 건축하여 이전하는 경우에는 대도시 내에서 과밀억제권역(2021년 이전은 대도시) 외로의 공장이전으로 볼 수 없다 (세정 01254-2359, 1987.2.28.).

토지를 취득한 때는 그 취득일로부터 6월 이내에 공장용 건축물을 착공하여야 하며 건축물을 취득하거나 토지와 건축물을 동시에 취득한 때에는 그 취득일로부터 6월 이내에 사업을 개시할 것으로 규정되고 있는바, 6월의 기간 계산은 「민법」의 규정에 의거 취득일부터 6월까지이며, '사업 의 개시'라 함은 사실상 해당 사업을 개시하는 것을 의미하는 것이다(세정 13407-577, 2001.11.23.).

대도시 내에서 공장용 부동산이 무허가건물이라는 사유만으로 면제대상에서 제외되지는 아니 하며(세정 13407-자561, 1998.6.29.), 공장등록을 하지 아니하였다 하더라도 감면이 배제되지는 아니 한다(세정 13407-395, 1997.4.30.). 그리고 임차 공장의 경우에는 임차하여 사용하던 부분(공용면적 포함)만을 이전 전 공장의 부동산 가액으로 보는 것이다.

과밀억제권역(2021년 이전은 대도시) 외로의 본점이전 감면규정에서는 "계속하여"라는 문구 는 없으나, 이 감면규정에서는 "계속하여"라는 문구가 있는바, 과밀억제권역(2021년 이전은 대도 시) 외의 지역에서 공장을 개시하기 전까지는 공장이전을 위한 일시적 중단을 제외하고는 종전 공장에서 6월(임차 공장 2년) 이상 계속 조업하여야만이 공장이전을 위한 취득으로 보아 취득세 등의 면제요건을 충족시킬 수 있다 할 것이다.

대도시의 범위에 「산업집적활성화 및 공장설립에 관한 법률」을 적용받는 산업단지 제외되므 로, 과밀억제권역 내의 산업단지는 대도시에 해당되지 않아 과밀억제권역 내의 산업단지에서 과 밀억제권역 내의 다른 산업단지로 이전하는 경우는 과밀억제권역(2021년 이전은 대도시) 외로의 공장이전에 해당되지 않아 감면대상에서 제외된다.[295]

---

294) 공장시설을 완전히 철거하거나 폐쇄할 것이라 함에는 생산설비 일체를 매도한 경우는 포함되지 아니한다.
295) 2021년까지는 대도시의 범위에 「산업집적활성화 및 공장설립에 관한 법률」을 적용받는 산업단지 제외되므 로 과밀억제권역 내의 산업단지에서 과밀억제권역 내의 다른 산업단지로 이전하는 경우는 대도시 외로의 공장이전에 해당되지 않아 감면대상에서 제외되었었다.

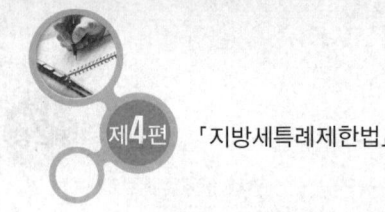

┤ **대도시 외로 이전공장에 대한 감면범위 적용 요령**(세정 13430–484, 2001.5.3.) ├

1. **임차 공장의 과밀억제권역(2021년 이전은 대도시) 외로 이전 시 면제대상 여부**

   대도시 내 공장이 과밀억제권역(2021년 이전은 대도시) 외로 이전하는 경우의 지방세 감면
   요건은 대도시 안에서 공장시설을 갖추고 사업을 영위하는 자가 "그 공장을 폐쇄하고 과밀
   억제권역(2021년 이전은 대도시) 외 지역으로 이전"하는 경우에 해당되며, "임차 공장의 경
   우 2년 이상의 공장조업을 한 실적이 있을 경우"에 한하여 감면대상으로 하고 있으므로 "임
   차 공장"의 경우도 감면대상에 해당됨(구 지칙 §7 ① 2).

2. **임차 공장 및 본점에 대한 감면 범위**

   임차 공장이 과밀억제권역(2021년 이전은 대도시) 외 지역에서 부동산을 취득하는 경우 감
   면 범위는 감면대상이 되는 공장용 부동산의 가액의 합계액이 이전 전 공장의 부동산 가액을
   초과하는 경우 그 초과액에 대하여는 취득세를 과세하는바, 사실상 취득가액을 알 수 있는
   경우에는 법인장부 등에 의하여 이전 공장용 부동산 가액의 합계액 대비 이전 후 공장용 부
   동산가액의 합계액을 비교하여 입증되는 초과가액으로 과세하고 사실상 취득가액을 알 수
   없는 경우에는 시가표준액에 의거 이전 공장용 부동산 시가표준액과 이전 후 공장용 부동산
   시가표준액을 비교하여 그 차액으로 과세하되, 임차 공장의 경우도 종전 임차인의 "임차한
   임대인 소유 부동산 가액 대비 이전 후 취득한 부동산 가액"을 과세범위로 함.

2) 추징요건

다음 어느 하나에 해당하는 경우 그 해당 부분에 대해서는 감면된 취득세 및 재산세를 추징한다.
① 공장을 이전하여 지방세를 감면받고 있는 기간에 대도시에서 이전 전에 생산하던 제품을
   생산하는 공장을 다시 설치한 경우
② 해당 사업에 직접 사용한 기간이 2년 미만인 상태에서 매각·증여하거나 다른 용도로 사용
   하는 경우(2016.1.1. 이후 이전하는 분부터 적용)
과밀억제권역(2021년 이전은 대도시) 외로 공장이전에 따라 부동산을 취득하여 6개월 이내에
사업을 개시하여 취득세 등을 감면받은 후 이전한 공장의 일부를 임대하더라도 임대의 경우 추징
한다는 규정이 없기 때문에 추징대상이 되지 아니한다(세정–2071, 2004.7.14.).

3) 유의사항

① 공장의 범위

「지방세법 시행규칙」 [별표 2]에서 규정하는 업종의 공장으로서 생산설비를 갖춘 건축물의 연
면적(옥외에 기계장치 또는 저장시설이 있는 경우에는 그 시설물의 수평투영면적 포함)이 200제
곱미터 이상인 것을 말한다[이 경우 건축물의 연면적에는 그 제조시설을 지원하기 위하여 공장
경계구역 안에 설치되는 종업원의 후생복지시설 등 각종 부대시설(2019년 이후 수익사업용으로
사용되는 부분은 제외)을 포함].

공장의 범위와 관련하여 「지방세법 시행규칙」 제7조 제1항을 따르도록 하는 명시적인 규정이

없음에도 불구하고 별개의 조세감면요건을 정한 「지방세특례제한법 시행규칙」 제8조 제1항에 따른 공장의 범위를 판단할 때 「지방세법 시행규칙」 제7조 제1항의 공장의 범위와 동일하게 해석하여 도시형공장이 제외된다고 보는 것은 타당하지 않으므로, 도시형공장을 대도시에서 대도시 외의 지역으로 이전하는 경우 해당 사업을 계속하기 위해 취득한 부동산에 대해서 감면받을 수 있다(법제처 21-0135, 2021.5.27.).

지방세관계법상 공장의 정의 비교

구분	공장신·증설	주거지역내 공장용 건축물	대도시 외로 공장이전	별도합산 과세대상	분리과세대상
근거	지칙 §7	지칙 §55	지특칙 §8	지칙 §52	
대상 세목	취득세, 재산세	재산세	취득세	재산세	재산세
공장 범위	지칙 [별표 2]에 규정된 업종의 공장으로 도시형 공장이 제외되며 건축물 연면적이 500㎡ 이상	지칙 [별표 2]에 규정된 업종의 공장으로 건축물 연면적이 500㎡ 이상	지칙 [별표 2]에 규정된 업종의 공장으로 건축물 연면적이 200㎡ 이상	공장용 건축물 바닥 면적(건축물 외 시설수평투영 면적) × 용도지역별 적용배율	공장입지기준면적 이내
부대 시설	공장경계구역 안 식당, 휴게실, 목욕실, 세탁장, 의료실, 옥외 체육시설 및 기숙사 등 종업원의 후생복지증진에 제공되는 시설과 대피소, 무기고, 탄약고 및 교육시설 제외	공장경계구역 안에 설치되는 종업원의 후생복지시설 등 각종 부대시설 포함	공장경계구역 안 식당, 휴게실, 목욕실, 세탁장, 의료실, 옥외 체육시설 및 기숙사 등 종업원의 후생복지증진에 제공되는 시설과 공장구외의 종업원 주거용 건축물 포함		
업종	비도시형	도시형, 비도시형	도시형, 비도시형	도시형, 비도시형	도시형, 비도시형
지역	대도시	시지역(군, 읍·면 지역 제외) 내 주거지역(조례로 정한 상업·녹지지역 포함)	대도시 외	시지역 (읍·면, 산업단지, 공업지역 제외)	읍·면, 산업단지, 공업지역
과세 내용	취득세 (3배 중과) 재산세 (5배 중과)	2배 중과 (0.5%)	공장이전에 따라 취득하는 부동산에 대한 취득세 면제, 초과액 과세	초과 종합합산	초과 종합합산

☞ 공장 신·증설에 따른 지방세 중과 시 그 공장용 건축물의 범위에 "식당, 휴게실, 목욕실, 세탁장, 의료실, 옥외체육시설 및 기숙사 등 종업원의 복지후생증진에 필요한 시설용 건축물"은 재산세 산정 시 공장 건축물 연면적에 포함시켜 분리과세 또는 별도합산과세대상을 넓게 해주는 반면 취득세가 중과세되는 공장의 범위산정 시에는 이를 제외하여 취득세 중과분을 적게 해주고 있는 점이 대비된다. 그리고 대도시 외로 공장이전에 따른 지방세 면제를 할 경우의 그 범위는 생산설비를 갖춘 장소, 창고, 사무실 이외에도 대피소 등 생산에 직접 공여 되지 아니하는 장소를 포함하여 감면토록 한 점이 공장의 범위에는 차이가 있다.

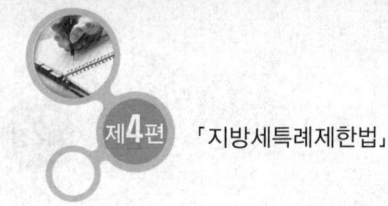

② 공장용 부동산 요건

공장용 부동산으로서 다음의 요건을 모두 갖춘 것으로 한다.

> ㉠ 이전한 공장의 사업을 시작하기 이전에 취득한 부동산일 것
> ㉡ 공장시설(제조장 단위별로 독립된 시설. 이하 같다)을 이전하기 위하여 대도시 내에 있는 공장의 조업을 중단한 날까지 6개월(임차한 공장의 경우 2년) 이상 계속하여 조업한 실적이 있을 것. 이 경우 「수질 및 수생태계 보전에 관한 법률」 또는 「대기환경보전법」에 따라 폐수배출시설 또는 대기오염물질배출시설 등의 개선명령·이전명령·조업정지나 그 밖의 처분을 받아 조업을 중단하였을 때의 그 조업 중지기간은 조업한 기간으로 본다.
> ㉢ 과밀억제권역(2021년 이전은 대도시) 외에서 그 사업을 시작한 날부터 6개월(시운전 기간 제외) 이내에 대도시 내에 있는 해당 공장시설을 완전히 철거하거나 폐쇄할 것
> ㉣ 토지를 취득하였을 때에는 그 취득일부터 6개월 이내에 공장용 건축물 공사를 시작하여야 하며, 건축물을 취득하거나 토지와 건축물을 동시에 취득하였을 때에는 그 취득일부터 6개월 이내에 사업을 시작할 것. 다만, 정당한 사유가 있을 때에는 6개월 이내에 공장용 건축물 공사를 시작하지 아니하거나 사업을 시작하지 아니할 수 있다.

③ 공장 이전에 따른 취득 부동산의 초과액 취득세 과세

□ 초과액

이전 공장용 부동산 가액 − 이전하기 전 공장용 부동산 가액

☛ 부동산 가액
지법 §10-2~§10-6 규정(2021년 이전은 §10 ⑤)에 따른 사실상의 취득가격이 증명되는 경우 : 사실상의 취득가격
이외 : 시가인정액 또는 시가표준액

이전한 공장용 토지와 건축물 가액의 비율로 나누어 계산한 후 각각 과세, 즉 대도시 내 공장의 지방이전 시 이전 전후 초과액을 산정함에 있어서는 이전 전 건물과 이전 후 건물, 이전 전 토지와 이전 후 토지를 각각 대비하여 초과액을 산정하는 것이 아니라 이전 전후의 부동산을 전체를 대비하여 초과한 가액을 과세표준으로 하여 초과액 취득세를 과세하는 것이다.

□ 토지 초과액

공장용 부동산 초과액 × $\dfrac{\text{이전 후 토지 실취득가액}}{\text{이전 후 공장용 부동산 실취득가액 합계}}$

□ 건축물 초과액

공장용 부동산 초과액 × $\dfrac{\text{이전 후 건축물 실취득가액}}{\text{이전 후 공장용 부동산 실취득가액 합계}}$

☛ 상기에서 실취득가액이 아닌 경우에는 시가표준액으로 함.

임차 공장의 경우 이전을 위하여 취득한 부동산의 가액이 종전 임대 부동산의 가액을 초과하지 않는 부분에 한하여 감면이 적용된다(세정 22670-4758, 1986.4.22.).

4) 재산세 분리과세대상 토지

「조세특례제한법」제63조의 2 제6항에 따르면 이전 전 공장용 건축물의 부속토지로서 공장 이전일 현재 「지방세법」제106조 제1항 제3호 가목이 적용되는 토지(분리과세 대상이 되는 공장용 토지에 한함)는 무조건 분리과세를 하는 것으로 규정되어 있으면서 공장을 이전하여 사업을 개시한 후 그 사업을 폐업한 이후에는 그러하지 아니하다라고 규정되어 있는바, 공장이전의 사업을 영위하고 있기만 하면 공장시설이 아닌 상업시설을 신축 중에 있더라도 이전일로부터 5년간은 분리과세를 적용하여야 할 것이다.[296]

5) 유의사항

① '사업개시일'의 의미

'사업을 개시한 날'이라 함은 「부가가치세법」제5조 제1항에 규정하는 사업개시일은 제조업에 있어서는 제조장별로 재화의 제조를 개시하는 날을 말하므로 최초로 조업을 개시한 날을 의미한다. 시운전은 사업개시한 것으로 볼 수 없다. 그리고 공장을 신축하여 사업을 개시하고 단계적으로 공장을 증축하는 경우 최초의 공장가동일이 사업개시일이 되므로 가동일 이후 취득하는 증축분은 감면대상이 되지 아니한다.

② 종업원의 후생복지시설용 부동산

공장경제구역 안에 설치되는 종업원의 후생복지시설 등 각종 부대시설은 공장용 부동산에 포함되는 것이므로 기숙사 등 종업원의 후생복지시설용 부동산이 지번과는 관계없이 1구내(경계구역 내)라면 공장용 부동산에 포함된다(세정 13407-851, 1996.7.23.).

③ 사업개시 후에 준공된 종업원 기숙사

대도시 외 지역으로 이전하기 위해 공장 및 종업원기숙사 등을 신축 중에 차질이 생겨 이전공장의 사업개시일 이후 종업원 기숙사 등이 준공된 경우 취득세가 면제되지 아니한다(세정 13407-1459, 1996.12.21.).

④ '계속하여'의 의미

대도시 내에서 11개월 동안 임차공장을 경영하던 자가 이전을 위하여 5개월 동안 휴업을 한

---

296) 「조세특례제한법」제63조의 2[법인의 공장 및 본사를 수도권 밖으로 이전하는 경우 법인세 등 감면]
　　⑥ 지방이전법인(공장을 이전한 경우만 해당한다)이 소유(합병·분할 또는 분할합병으로 인하여 소유권이 이전된 경우를 포함한다)한 이전 전 공장용 건축물의 부속토지로서 공장 이전일 현재 「지방세법」제106조 제1항 제3호 가목이 적용되는 토지는 공장을 전부 이전한 날부터 5년간 「지방세법」제106조 제1항 제3호 가목을 적용하는 토지로 본다. 다만, 공장을 이전하여 사업을 개시한 후 그 사업을 폐업한 이후에는 그러하지 아니하다.

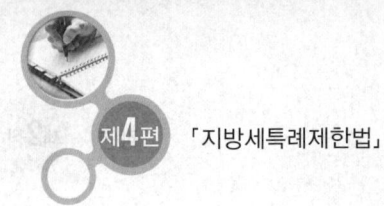

후, 다시 해당 대도시 내에서 타인의 공장을 임차하여 17개월 동안 공장을 영위한 경우에는 2년 이상 임차공장을 경영한 경우에 해당된다고 할 것이나, 휴업기간이 이전을 위한 준비기간이 아니고 폐업을 한 경우에 해당된다면 그러하지 아니하다(세정 01254-3297, 1987.3.19.).

⑤ '조업을 중단한 날까지 6개월(임차 공장 2년) 이상 계속하여 조업한 실적'의 의미

사실상의 조업을 중단한 날로부터 소급하여 6개월(임차 공장 2년) 이상 조업한 실적이 있는지 여부에 따라 대도시 외로 이전하기 전 공장이 정상적으로 공장을 가동하였는지의 여부를 판단하기 위한 취지이다(내심 93-392, 1993.12.2.). 따라서 대도시 외로 공장을 이전하기 위하여 조업을 중단한 날로부터 소급하여 6월 이상 계속하여 조업한 상태를 말하는 것이다(세정-5834, 2006.11.27.).

⑥ 임차 공장의 철거 후 다른 임차인에게 임대한 경우

대도시 내에 있는 임차공장이 기계설비 등 공장시설을 완전히 철거하거나 폐쇄하여야 하는 것이며, 기계설비 등 공장시설이 완전히 철거되었다면 임차 공장을 공장소유자가 다른 임차인에게 임대한다 하더라도 감면대상이 되는 것이다(세정-4731, 2004.12.24.).

⑦ 대도시 외로 이전 전에 취득한 부동산도 감면대상임

취득세가 면제되는 부동산의 범위에 해당 사업을 계속하기 위하여 공장시설을 이전하기 전에 취득한 부동산도 포함된다(세정-1441, 2007.4.27.).

⑧ 임차공장을 분할합병을 통하여 취득한 경우

2019.2.8. 주식회사 ○○○와 임대차계약을 체결하여 부동산을 사용하다가 2019.11.18. 분할합병의 방식으로 소유권을 취득한 것이므로 대도시 내 공장을 대도시 외로 이전하기 위하여 사전에 취득한 부동산에 해당되지 아니한다 할 것이고, 공장 이전을 위하여 사전에 부동산을 취득하고자 하였으나 전 소유자의 사정으로 인하여 이를 부득이하게 취득하지 못하였다는 사정이 감면요건을 충족하였는지 여부를 판단하는데 있어서 아무런 영향을 미칠 수 없다 할 것이다(조심 2020지0668, 2020.11.5.).

⑨ 과밀억제권역 내 산업단지의 공장을 대도시 외의 지역으로 이전한 경우

과밀억제권역 산업단지 내에 소재하는 공장을 지방의 산업단지로 이전한다고 함은 대도시 외의 지역에서 대도시 외의 지역으로 이전한 것에 지나지 않아 공장의 지방이전에 따른 취득세 등 감면대상에 해당되지 아니한다(조심 2010지0421, 2010.11.17. 참조)(지방세특례제도과-2742, 2020.11.18.).

⑩ 대도시 내에 소재한 공장을 과밀억제권역 내 산업단지로 이전하는 경우

2021년 이전에는 대도시 내에 소재한 공장을 과밀억제권역 내 산업단지로 이전하는 경우는 공장의 지방이전에 해당된다(지방세특례제도과-2743, 2020.11.18.).

⑪ 이전하는 공장의 영위 업종이 도시형 공장인 경우에는 지방이전 감면대상 여부

대도시 내의 공장을 대도시 외 지역으로 이전하는 경우에 지방세 감면대상으로 규정하고, 그 감면대상에 해당하는 공장의 영위 업종에 대하여는 「지방세특례제한법 시행규칙」 제8조 제1항 및 「지방세법 시행규칙」 제7조 제1항에서 규정하고 있는바, 「산업집적활성화 및 공장설립에 관한 법률」 제28조에 따른 도시형 공장은 제외한다고 규정하고 있다. 따라서 이전하는 공장의 영위하는 업종이 위 규정 도시형 공장에 해당되는 경우는 지방세 감면대상에 해당되지 아니한다고 할 것이다(지방세특례제도과-2743, 2020.11.18.).

☞ "지칙 〔별표 2〕에서 규정하는 업종의 공장으로서 …"라고 규정되어 있으므로 대도시 내 공장에 도시형 공장이 제외된다라고 해석하여 감면대상이 아니라고 판단한 것은 잘못임.

⑫ 본점용 사무실이 공장과 독립적으로 구분되지 않는 경우 공장이전으로 봄

본점용 사무실을 공장과 함께 이전한 경우라도 본점용 사무실이 공장과 독립적으로 구분되지 않는 경우에는 본점용 사무실은 공장을 지원하기 위한 부대시설로 볼 수 있어 건축물 전체가 공장에 해당된다고 할 것이므로 공장의 지방이전에 대한 감면요건의 충족에 따라 감면 여부를 판단한다(지방세특례제도과-3674, 2018.10.8. 참조)(지방세특례제도과-2742, 2020.11.18.).

☞ 취득세 중과 시에는 본점용 사무실은 공장으로 보지 아니하며, 산업단지 감면에서도 공장으로 보지 아니한다는 점에서 일관성이 없다는 점에 유의하여야 함.

사례 대도시 내 조업실적은 산업단지 외 조업실적임(고법 2011누29153, 2012.1.18.).

제1공장이 위치한 ○○시 ○○구 ○○동 일원의 경우 법령 개정 등으로 명칭이 변경되기는 했지만 위 감면요건이 신설되기 이전부터 일반산업단지 지정의 효력이 상실된 2008.12.31.까지 "산업집적활성화법의 적용을 받는 산업단지"에 해당함.

☞ 대법원에서 원심대로 판결하였음(대법원 2012두4401, 2012.5.24.).

사례 공장이전 관련 정당한 사유(지방세운영과-5118, 2010.10.27.)

해당 법인이 취득한 이 사건 토지는 공장의 지방이전에 따른 감면 법인의 유예기간 경과에 대한 "정당한 사유" 판단 유무에 앞서 「지방세법」에서 감면대상으로 규정하고 있는 "공장설치가 금지되거나 제한되지 아니한 지역"에 해당하지 않으므로 원천적으로 감면대상이 되지 아니함.

사례 건축물 대수선, 진입로 등을 확장 시 정당한 사유 여부(행심 2002-315, 2002.8.26.)

이 사건 건축물 중 일부는 청구인이 취득하기 전에 이미 수선을 끝내고 사용승인을 받은 후이며 청구인이 취득한 이후 대수선을 위한 인허가를 받은 사실도 없는 것으로 볼 때, 이 사건 부동산을 취득한 후 대도시 내 공장을 이전하여 6월 내에 사업을 개시하기 위한 정상적인 노력을 다하였다고 볼 수 없음.

사례 공장폐쇄하고 운영 중인 공장용 건축물을 증축 이전한 경우(행심 2002-292, 2002.7.29.)

지방소재 공장에서 이미 종전부터 어묵제품류 등을 제조판매하고 있는 사업이 영위되고 있었으며 건축물을 증축한 후에도 어묵 제품류와 비슷한 수산물훈제조리업 등의 사업이 영위되고 있는 사실 등을 종합하여 보면 이 사건 공장 건축물을 증축한 것은 인천광역시 소재 공장을 이전하기 위한 것이라기보다는 종전부터 가동하던 지방소재 공장을 증설한 것으로 봄이 타당함.

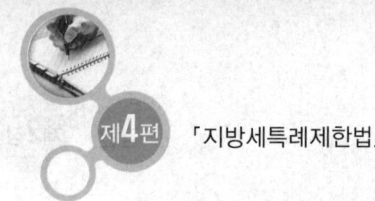
> 사례 기존 대도시 내 공장시설을 타인에게 양도하고 지방으로 법인의 소재지만 옮긴 후 동일 제
> 품 공장을 설치한 것은 이전지역에 있어서의 공장의 신설에 해당되어 등록세 비과세대상이 될
> 수 없음(감심 90-112, 1990.9.25.).

⑱ 기회발전특구로의 이전 등에 대한 감면(지특법 §80-2)

(1) 기회발전특구에서 창업하는 기업에 대한 감면(지특법 §80-2 ①)

1) 감면요건

① 감면대상자

「지방자치분권 및 지역균형발전에 관한 특별법」 제23조에 따라 지정된 기회발전특구에서 일
정 업종을 창업하는 기업

② 감면대상 및 감면범위

일정 업종을 창업(2024년 이전은 지특법 §58-3 ⑥ 각 호에 해당하지 아니하는 경우로서 같은 조 ④ 각 호 업종)하기 위하여 취득하는 사업용 부동산(2024년 이후 적용)	취득세 50% 경감(주1)
과세기준일 현재 해당 용도로 직접 사용하는 그 사업용 부동산(2024년 이후 적용)	재산세 면제 또는 50% 경감(주2) (도시지역분 제외)

☞ 감면시한 : 2026.12.31.(재산세 제외)
☞ 농어촌특별세 과세 여부 : 취득세분과 취득세 경감분 농어촌특별세 과세
☞ 일정 업종
　2025년 이후 지특법 §58-3 ⑥ 각 호에 해당하지 않는 경우로서 별표 2에 따른 업종(이 경우 별표 2 제1호부터 제8호까지 및 같은 표 제9호 가목부터 사목까지의 규정에 따른 업종은 한국표준산업분류에 따른 업종으로 함).
☞ (주1) 지방자치단체장은 해당 지역의 재정 여건 등을 고려하여 취득세 감면 시 50%(수도권 지역에 있는 기회발전특구의 경우 25%) 범위에서 조례로 정하는 율을 추가로 경감 가능함.
☞ (주2) 재산세 감면 시 5년간 감면기간을 연장하여 50%(수도권 지역에 있는 기회발전특구 제외)의 범위에서 조례로 정하는 율에 따라 경감할 수 있으며, 재산세 납세의무가 최초로 성립한 날부터 5년간 재산세 면제(수도권 지역에 있는 기회발전특구의 경우 3년간 재산세 면제, 그 다음 2년간은 재산세 50% 경감)

2) 추징요건

다음 어느 하나에 해당하는 경우 감면된 취득세를 추징한다.

① 정당한 사유 없이 부동산 취득일부터 3년이 경과할 때까지 해당 사업에 직접 사용하지 아니하거나 다른 용도로 사용하는 경우
② 해당 사업에 직접 사용한 기간이 2년 미만인 상태에서 매각·증여하거나 다른 용도로 사용하는 경우

(2) 기회발전특구로 본점 또는 공장 이전에 따른 감면(지특법 §80 - 2 ②)

1) 감면요건

① 감면대상자

수도권(인구감소지역 또는 「접경지역 지원 특별법」 제2조 제1호에 따른 접경지역 제외)에서 본점 또는 주사무소를 설치하거나 공장시설을 갖추고 사업을 영위하는 기업

② 감면대상 및 감면범위

해당 본점이나 주사무소 또는 공장을 폐쇄하고 수도권 외의 기회발전특구로 이전하는 경우 해당 사업에 직접 사용하기 위하여 취득하는 사업용 부동산(2024년 이후 적용)	취득세 50% 경감[주1]
과세기준일 현재 해당 용도로 직접 사용하는 그 사업용 부동산(2024년 이후 적용)	재산세 면제 또는 50% 경감[주2] (도시지역분 제외)

📌 감면시한 : 2026.12.31.(재산세 제외)
📌 농어촌특별세 과세 여부 : 취득세분과 취득세 경감분 농어촌특별세 과세
📌 (주1) 지방자치단체장은 해당 지역의 재정 여건 등을 고려하여 취득세 감면 시 50%의 범위에서 조례로 정하는 율을 추가로 경감 가능함.
📌 (주2) 재산세를 감면하는 경우에는 5년간 감면기간을 연장하여 50% 범위에서 조례로 정하는 율에 따라 경감 가능함.

2) 추징요건

다음 어느 하나에 해당하는 경우 감면된 취득세와 재산세를 추징한다.

① 본점이나 주사무소 또는 공장을 이전하여 지방세를 감면받고 있는 기간에 수도권에서 이전하기 전에 하던 사업과 동일한 사업을 수행하는 본점, 주사무소, 공장을 수도권에 다시 설치하는 경우

② 본점이나 주사무소 또는 공장을 이전하여 취득한 날부터 5년 이내에 해당 사업을 폐업한 경우

③ 정당한 사유 없이 부동산 취득일부터 3년이 경과할 때까지 해당 사업에 직접 사용하지 아니하거나 다른 용도로 사용하는 경우

④ 해당 사업에 직접 사용한 기간이 2년 미만인 상태에서 매각·증여하거나 다른 용도로 사용하는 경우

3) 기회발전특구로 이전하는 본점 또는 주사무소 등에 대한 감면 등의 적용기준

기회발전특구로 본점 또는 주사무소를 이전한 기업이 해당 사업에 직접 사용하기 위하여 취득하는 부동산의 범위는 법인의 본점 또는 주사무소로 사용하는 부동산과 그 부대시설용 부동산으로서 다음의 요건을 모두 갖춘 것으로 한다.

① 수도권 외의 기회발전특구로 이전하기 위하여 취득한 본점 또는 주사무소용 부동산으로서 사업을 시작하기 이전에 취득한 것일 것

② 수도권(인구감소지역 또는 「접경지역 지원 특별법」 제2조 제1호에 따른 접경지역을 제외한다) 내의 본점 또는 주사무소를 수도권 외의 기회발전특구로 이전하기 위하여 사업을 중단한 날까지 6개월(임차한 경우 2년) 이상 사업을 한 실적이 있을 것

③ 수도권 외의 기회발전특구에서 그 사업을 시작한 날부터 6개월 이내에 수도권(인구감소지역 또는 「접경지역 지원 특별법」 제2조 제1호에 따른 접경지역을 제외한다) 내에 있는 종전의 본점 또는 주사무소를 폐쇄할 것

(3) 기회발전특구에서 공장 신·증설하는 기업에 대한 감면(지특법 §80-2 ③)

1) 감면요건

① 감면대상자

기회발전특구에서 공장을 신·증설하는 기업

② 감면대상 및 감면범위

해당 사업에 직접 사용하기 위하여 취득하는 사업용 부동산 (2024년 이후 적용)	취득세 50% 경감(주1)
과세기준일 현재 해당 용도로 직접 사용하는 그 사업용 부동산(2024년 이후 적용)	재산세 75%(수도권은 35%) 경감(주2) (도시지역분 제외)

☞ 감면시한 : 2026.12.31.(재산세 제외)
☞ 농어촌특별세 과세 여부 : 취득세분과 취득세 경감분 농어촌특별세 과세
☞ (주1) 지방자치단체장은 해당 지역의 재정 여건 등을 고려하여 취득세 감면 시 25% 범위에서 조례로 정하는 율을 추가로 경감 가능함.
☞ (주2) 재산세 납세의무가 최초로 성립한 날부터 5년간 경감함.

2) 추징요건

다음 어느 하나에 해당하는 경우 감면된 취득세와 재산세를 추징한다.

① 공장을 신·증설하여 취득한 날부터 5년 이내에 해당 사업을 폐업한 경우

② 정당한 사유 없이 부동산 취득일부터 3년이 경과할 때까지 해당 사업에 직접 사용하지 아니하거나 다른 용도로 사용하는 경우

③ 해당 사업에 직접 사용한 기간이 2년 미만인 상태에서 매각·증여하거나 다른 용도로 사용하는 경우

3) 기회발전특구로 이전하는 공장의 범위, 업종, 규모

「지방세법 시행규칙」 별표 2에서 규정하는 업종의 공장으로서 생산설비를 갖춘 건축물의 연면적(옥외에 기계장치 또는 저장시설이 있는 경우 그 시설물의 수평투영면적 포함)이 200제곱미터 이상인 것으로 한다[이 경우 건축물의 연면적에는 그 제조시설을 지원하기 위하여 공장 경계구역 안에 설치되는 종업원의 후생복지시설 등 각종 부대시설(수익사업용으로 사용되는 부분 제외)을 포함].

한편, 감면대상이 되는 공장용 부동산은 다음의 요건을 모두 갖춘 것이어야 한다.

① 이전한 공장의 사업을 시작하기 이전에 취득한 부동산일 것

② 공장시설을 이전하기 위하여 수도권(인구감소지역 또는 「접경지역 지원 특별법」 제2조 제1호에 따른 접경지역 제외) 내에 있는 공장의 조업을 중단한 날까지 6개월(임차한 공장의 경우에는 2년) 이상 계속하여 조업한 실적이 있을 것(이 경우 「물환경보전법」 또는 「대기환경보전법」에 따라 폐수배출시설 또는 대기오염물질배출시설 등의 개선명령·이전명령·조업정지나 그밖의 처분을 받아 조업을 중단하였을 때의 그 조업 중지기간은 조업한 기간으로 봄)

③ 기회발전특구에서 그 사업을 시작한 날부터 6개월(시운전 기간 제외) 이내에 수도권(인구감소지역 또는 「접경지역 지원 특별법」 제2조 제1호에 따른 접경지역 제외) 내에 있는 해당 공장시설을 완전히 철거하거나 폐쇄할 것

공장의 범위, 업종, 요건 등은 「지방세법 시행규칙」 별표 2에서 규정하는 업종의 공장으로서 생산설비를 갖춘 건축물의 연면적 200제곱미터 이상을 신설하거나 증설(증설 후 건축물의 연면적이 200제곱미터 이상이 된 경우의 증설을 말함)한 것으로 한다[이 경우 건축물의 연면적에는 그 제조시설을 지원하기 위하여 공장 경계구역 안에 설치되는 종업원의 후생복지시설 등 각종 부대시설(수익사업용으로 사용되는 부분 제외)을 포함]. 여기서 이에 따른 증설의 경우 지방세의 감면은 증설하여 취득하는 공장을 대상으로 한다.

⑲ 이전공공기관 등 지방이전에 대한 감면(지특법 §81)

(1) 이전공공기관에 대한 감면(지특법 §81 ①, ②)

1) 감면요건

① 감면대상자

「혁신도시 조성 및 발전에 관한 특별법」[297](2022년 이전은 제2조 제2호)에 따른 이전공공기관

---

297) 2018.3.26. 이전은 「공공기관 지방이전에 따른 혁신도시 건설 및 지원에 관한 특별법」임.

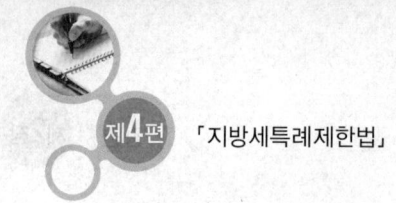

② 감면대상 및 감면범위

「혁신도시 조성 및 발전에 관한 특별법」 §4에 따라 국토교통부장관의 지방이전계획 승인을 받아 이전할 목적으로 취득하는 부동산	취득세 50%(2016년 이전 면제) 재산세 면제 또는 50% 경감(도시지역분 제외)(주)
법인등기	등록면허세 면제

📌 감면시한 : 2025.12.31.(상단은 2018.1.1.~2022.12.31. 취득분은 감면적용 안됨, 하단은 2017.1.1.~ 2022.12.31. 이전하는 공공기관은 적용 안됨)

📌 최소납부제 적용 시기 : 2016.1.1. 이후

📌 농어촌특별세 과세 여부 : 취득세분 농어촌특별세 과세. 취득세 경감분(면제분)과 등록면허세 면제분 농어촌특별세 비과세(농특령 §4 ⑦ 5)

📌 2016.12.31. 이전 「공공기관 지방이전에 따른 혁신도시 건설 및 지원에 관한 특별법」 §2 2에 따른 이전공공기관이 같은 법 §4에 따라 국토교통부장관의 지방이전계획 승인을 받아 이전할 목적으로 취득하는 부동산에 대해서는 개정규정에도 불구하고 종전의 규정에 따름(부칙 §16). 그리고 이전공공기관이 같은 법 §4에 따라 국토교통부장관의 지방이전계획 승인을 받아 이전할 목적으로 취득하는 부동산 및 법인등기에 대해서는 2016년 개정 규정에도 불구하고 2017.12.31.까지 종전의 감면율을 적용함(부칙 §21).

📌 (주) 납세의무가 최초로 성립하는 날부터 5년간 50%(2016년 이전은 5년간 면제, 그 다음 3년간 50%) 경감

　이전공공기관이 국토교통부장관의 승인을 받은 지방이전계획의 범위를 벗어나 부동산을 취득한 경우라면, 취득세 납세의무가 성립되는 취득일 현재에는 "지방이전계획 승인을 받아 이전할 목적으로 취득하는 부동산"에 해당되지 아니하므로 감면대상으로 볼 수 없다(지방세특례제도과-308, 2016.2.15.). 한편, 이전공공기관이 이전대상 소속 임직원의 주거용으로 사용하기 위해 기관명의로 매입하는 주택이 감면대상인지 여부는 당해 기관이 공공기관 이전 계획을 수립하여 승인을 받은 경우라면 취득세 감면대상으로 볼 수 있다(지방세특례제도과-1802, 2016.7.27.).

　이 사건 역시 원고가 이 사건 부동산을 취득할 당시에는 개정 전 지특법 제81조, 제177조의 2 단서 및 제2호에 의해 '취득한 부동산에 대한 납세의무가 최초로 성립하는 날부터 5년간'의 재산세를 면제토록 하고 있다가, 개정 전 지특법의 위 규정들이 개정 후 지특법으로 불리하게 개정되면서 경과규정인 이 사건 부칙 제6조가 마련된 것이므로, 위 대법원 판례 사안들과 유사한 측면이 크다.

　① 원고가 이 사건 부동산을 취득할 당시에는 개정 전 지특법이 적용되던 때로서 개정 전 지특법 제81조, 제177조의 2 단서 및 제2호에 따라 이 사건 부동산에 대해 2016년도분부터 2020년도분까지의 재산세 전부가 면제된다는 신뢰가 이미 존재하였던 점, ② 이 사건 부칙 제6조에서는 '종전규정에 따라 감면하여야 할 지방세'에 대해서도 종전규정을 따르도록 정하고 있으므로, 개정 전 지특법에 따라 면제할 예정이었던 위 5년분의 재산세도 이 사건 부칙 제6조에 근거해 계속하여 면제하는 것에 별다른 문제가 없는 점, ③ 피고의 위 주장대로라면, 원고가 2015.6.1. 이전에 이 사건 부동산을 취득한 경우에는 2015.6.1. 자로 재산세 납부의무가 성립하여 이 사건 부칙 제6조, 개정 전 지특법 등에 따라 재산세를 전부 면제받을 수 있고, 그 이후 취득한 경우에는 개정후 지특법이 적용되어 재산세를 85%만 감면받아야 한다는 것인데, 2015년도 중 어느 시점에 취

득하였든지 간에 개정 전 지특법에 따라 2016년도부터 2020년도까지의 재산세 전부가 면제된다는 신뢰를 갖게 되는 것은 동일함에도 위와 같이 자의적으로 구별할 별다른 근거도 없는 점 등에 비추어 보면, 이 사건 부동산에 대해 2016년도부터 2020년도 분까지의 재산세 전부가 면제된다는 원고의 신뢰는 이 사건 부칙 제6조에 따라 보호함이 타당하다(대법원 2023두59155, 2024.2.8. 심불, 서울고법(춘천)2022누1291, 2023.10.18.).

2) 추징요건

별도의 추징규정이 없지만 해당 용도를 규정하고 있지 아니하므로 「지방세특례제한법」 제178조의 추징규정이 적용되지 아니한다.

3) '법인등기'의 의미

"공공기관이 하는 모든 등기에 대하여 등록면허세를 면제하는 것이 아니라 공공목적의 수행을 위하여 필요한 등기에 한하여 등록면허세를 면제 또는 경감하고 있는 점, 수도권에 소재하는 본점 또는 주사무소를 지방으로 이전하는 법인에 대하여 지방세 경감을 규정한 「지방세특례제한법」 제79조 제2항의 경우에도 법인의 지방이전에 따른 등기에 대하여만 등록면허세를 면제한다고 규정하고 있는 점, 「지방세특례제한법」 제81조 제1항에서 이전공공기관이 이전할 목적으로 취득하는 부동산에 대하여 취득세를 면제한다고 규정하고 있는 것을 보아 제2항에서 등록면허세가 면제되는 법인등기도 공공기관의 지방이전과 직접 또는 간접적인 관계가 있는 법인등기로 보는 것이 합리적인 점, 「지방세특례제한법」 제81조가 최초로 시행(2011.1.1.)되기 이전 규정인 구 「지방세법」 제274조의 2는 국토의 균형발전을 위하여 본점 또는 주사무소를 수도권에서 지방으로 이전하는 공공기관이 본점용 부동산 등을 취득하는 경우 또는 지방이전에 따라 주사무소 등의 변경등기를 하는 경우 지방세 감면혜택을 부여하고자 신설한 것인 점 등에 비추어 청구법인의 지방이전과 관계가 없는 이 등기는 「지방세특례제한법」 제81조 제2항의 법인등기에 해당되지 않는다고 할 것이다(조심 2016지98, 2016.6.17.)"[298]라고 결정한 바 있다. 그런데 이 심판례 후의 유권해석에서는 '법인등기'에 관하여 지방세 관계법에서 위와 같은 일반적인 법리와는 다른 별도의 정의 규정을 두고 있지 아니한 이상, 회사의 자본을 늘리는 '자본증가 또는 출자증가'는 자본의 증자인 '변경등기' 사항으로서 이전공공기관의 '법인등기'에 해당한다 할 것이므로 등록면허세를 감면하는 것이 타당하다 할 것이다(지방세특례제도과-2472, 2016.9.9.)라고 해석하고 있다. 여기서 공기관이전에 따라 추가 투자비를 증자를 통하여 조달할 수 있으므로 증자가 반드시 공공기관이전과 무관하다라고는 할 수 없을 것이고, 법조문에 '이전 관련 법인등기'로 규정되어 있지 않다는 점에서 조문대로 엄격해석하여야 한다는 조세특례의 특징에 의하면 감면이 되어야 한다는 것이다. 즉 증자등기를 제외하고자 하였다면 법조문에 이를 명확히 하여야 했다는 것이다. 따라서 증자등기도 포함하는 것으로 해석하는 것이 더 타당하다는 것이다.

---

298) 이 심판례에서는 증자등기는 감면대상이 아니라고 결정하고 있지만, 법 취지로만 해석하고 있고, 본점이전에 대한 규정(지특법 §79)의 규정을 들어 해석하였다는 점에서 심판례는 문제가 있다고 본다.

(2) 이전공공기관 등의 소속 임직원에 주거용 부동산에 대한 감면
(지특법 §81 ③~⑤)

1) 감면요건

① 감면대상자

㉠ 이전공공기관을 따라 이주하는 소속 임직원

㉡ 중앙행정기관 등을 따라 이주하는 공무원(1년 이상 근무한 기간제 근로자로서 해당 소속기관이 이전하는 날까지 계약이 유지되는 종사자 및 「국가공무원법」 제26조의 4에 따라 수습으로 근무하는 자 포함)

㉢ 행정중심복합도시건설청 소속 공무원(2019.12.31. 이전에 소속된 경우로 한정) 및 세종청사관리소 소속 공무원(세종청사관리소는 2019년 이전만 적용)

② 감면대상 및 감면범위

1가구 1주택으로 전용면적 85제곱미터 이하의 주택 전용면적 85제곱미터 초과 102제곱미터 이하 주택 전용면적 102제곱미터 초과 135제곱미터 이하 주택	취득세 면제 취득세 75% 경감 취득세 62.5% 경감

🔖 감면시한 : 2025.12.31.

🔖 최소납부제 적용 시기 : 2016.1.1. 이후

🔖 농어촌특별세 과세 여부 : 취득세분과 취득세 면제분(경감분) 농어촌특별세 과세(서민주택은 비과세)

○ **1가구 1주택의 범위**

취득일 현재 세대별 주민등록표에 기재되어 있는 가족(동거인 제외)으로 구성된 1가구(취득자의 배우자, 취득자의 미혼인 30세 미만의 직계비속은 각각 취득자와 같은 세대별 주민등록표에 기재되어 있지 아니하더라도 같은 가구에 속한 것으로 본다)가 다음의 구분에 따른 지역에 1개의 주택을 최초로 취득하는 것을 말함. 이 경우 주택의 부속토지만을 소유하는 경우에도 주택을 소유하는 것으로 보며, 하기 지역으로 발령이 나 주택을 취득한 시점에 감면대상 지역 이외의 지역에 다른 주택으로 소유하고 있더라도 취득일 현재 세대별 주민등록표에 기재되어 있는 가족(동거인 제외)으로 구성된 1가구가 감면대상 지역에 1주택을 최초로 취득하는 경우에는 1가구 1주택이 되는 것임.

1. 이전공공기관을 따라 이주하는 소속 임직원

   가. 이전공공기관이 「혁신도시 조성 및 발전에 관한 특별법」(2018.3.26. 이전 「공공기관 지방이전에 따른 혁신도시 건설 및 지원에 관한 특별법」) 제31조에 따른 공동혁신도시로 이전하는 경우
      그 혁신도시를 공동으로 건설한 광역시·도 또는 특별자치도 내

나. 가목 외의 경우
  1) 2012.6.30.까지
     이전공공기관의 소재지 특별시·광역시·도·특별자치도 또는 「신행정수도 후속대
     책을 위한 연기·공주지역 행정중심복합도시 건설을 위한 특별법」 제2조 제1호에
     따른 예정지역(이하 "예정지역") 내
  2) 2012.7.1. 이후
     이전공공기관의 소재지 특별시·광역시·특별자치시·도 또는 특별자치도 내

2. 감면대상자 중 이전공공기관을 따라 이주하는 소속 임직원을 제외한 대상자
  가. 2012.6.30.까지
     중앙행정기관 등 소재지 특별시·광역시·도·특별자치도 또는 예정지역 내
  나. 2012.7.1. 이후
     중앙행정기관 등의 소재지 특별시·광역시·특별자치시 또는 특별자치도 내

○ **세종시 이주대상 공무원임에도 주택 분양 이후 취득 시점에 타 기관으로 일시 전출한 직원 및 이주기관 감면 확대를 통한 세종시 이주 지원**

부칙 경과 규정에 따라 세종시 이주대상 공무원 감면확대 적용은 2011.11.30. 이후 취득분부터 적용한다.

○ 세종시 이주기관 범위 확대에 따른 소속 공무원 감면 적용

  정부의 「세종시 이전계획」에 미포함된 대통령기록관, 세종시청사관리소가 세종시로 이주하는 중앙행정기관에 포함됨에 따라 이주하는 소속공무원에 대해 감면 적용하기 위하여 기존 세종시 이주기관 및 금년에 신설되는 대통령기록관, 세종시청사관리소 소속 직원 이외에는 감면 배제

○ 취득세 감면대상 이주공무원 감면 적용

  이전 중앙행정기관 등 소속직원의 취득세 감면은 비자발적으로 근무지를 변경하게 되는 직원에 대한 세제지원으로 인사발령으로 취득 시점에 일시적으로 타 기관에 근무 중인 공무원에 대해 감면확대
  이에 따라 당초 이주대상 중앙행정기관 소속직원이었으나 이후 주택 취득 시점에 타 기관에서 근무(전출) 중인 해외주재관 등도 감면 적용. 다만, 취득 시점에 이전기관 직원이 아닌 경우 이전기관 소속직원 여부를 확인하기 어려운 등 감면운영이 곤란할 점을 고려하여 취득 시점에 선(先) 납부하고 후(後) 인사발령일로부터 3년 이내 종전근무지로 복귀하는 경우에는 납부한 세액 환부 또한, 수습직원의 경우 민간인 신분이기는 하나 6개월~1년 내에 공무원 임용이 예정된 자로서 소속부처와 함께 이주하게 되므로 취득세 감면 적용

2) 추징요건

사망, 혼인, 해외이주(2022년 이전 감면분만 적용), 정년퇴직, 파견근무[2023년 이후 감면분부터 파견근무는 상기 ①과 ③(해당 주택을 매각·증여하는 경우로 한정)의 경우에만 감면된 취득세 추징됨] 또는 부처교류(2022년 이전 감면분만 적용)로 인한 근무지역의 변동 등의 정당한 사유 없이 다음 어느 하나에 해당하는 경우에는 감면된 취득세를 추징한다.

① 이전공공기관 또는 중앙행정기관 등의 이전일(이전공공기관의 경우에는 이전에 따른 등기일 또는 업무개시일 중 빠른 날을 말하며, 중앙행정기관 등의 경우에는 업무개시일을 말함) 전에 주택을 매각·증여한 경우

② 주택 취득일(이전일이 취득일보다 늦은 경우 해당 이전일)부터 3개월 이내에 상시거주(「주민등록법」에 따른 전입신고를 하고 계속하여 거주하는 것을 말함)를 시작하지 아니한 경우(2023년 이후 감면분 적용)

③ 상시거주한 기간이 3년 미만인 상태에서 해당 주택을 매각·증여하거나 다른 용도(임대 포함)로 사용하는 경우(2023년 이후 감면분 적용)

④ 다음 어느 하나에 해당하는 날부터 2년 이내에 주택을 매각·증여한 경우(2022년 이전 감면분만 적용)

　　㉠ 해당 기관의 이전일(이전공공기관 또는 중앙행정기관 등에 소속된 임직원 또는 공무원의 경우만 해당)

　　㉡ 주택의 취득일

상기에서 열거된 경우 외에 이에 준하는 사유도 포함하는 예시적 규정으로 해석되어지며, 예시된 혼인, 해외이주, 파견근무 등은 공무원 본인의 선택에 의한 것이 일반적이라 다른 직종에 재취업하기 위해 하는 명예퇴직도 다르지 않은 것으로 보인다(조심 2016지427, 2016.9.26.).[299] 그런데 파면은 정당한 사유로 볼 수 없다(지방세특례제도과-199, 2016.8.23.).

> **사례** 중앙행정기관 이전계획 변경에 따른 취득세 추징(지방세특례제도과-1089, 2015.4.16.)
>
> 취득일 당시에 중앙행정기관 등의 이전계획에 따라 행정중심복합도시로 이전하는 공무원이 거주하고자 주거용 건축물과 그 부속토지를 취득한 경우에 해당하므로 면제 또는 경감대상에 해당한다 할 것이고, 취득일 이후에 중앙행정기관 등의 이전계획의 변경으로 행정중심복합도시로 이전하는 공무원에 해당하지 않게 된 경우라도 별도의 추징규정을 두고 있지 않은 이상 적법하게 감면된 취득세를 추징하는 것은 타당하지 않다고 판단됨.

---

299) '정년퇴직'을 정당한 사유로 규정하고 있으나, 명예퇴직은 정당한 사유로 열거하고 있지 않으며, 또한 본인의 자발적 의사에 의해 명예퇴직하는 점을 고려할 때, 명예퇴직을 법령에 의한 금지나 외부적 사유로 보기는 어렵다 할 것이므로 명예퇴직 후 주거용 부동산을 매각하는 경우는 정당한 사유로 보는 것은 타당하지 않다 할 것이다(지방세특례제도과-2789, 2015.10.7.)라고 해석한 바 있었다.

3) 환급요건

감면대상자 중 이전공공기관, 중앙행정기관 등, 행정중심복합도시건설청 및 세종청사관리소(이하 "감면대상기관")의 소속 임직원 또는 공무원(소속기관의 장이 인정하여 주택특별공급을 받은 사람 포함)으로서 해당 지역에 거주할 목적으로 주택을 취득하기 위한 계약을 체결하였으나 취득 시에 인사발령으로 감면대상기관 외의 기관에서 근무하게 되어 취득세 감면을 받지 못한 사람이 3년 이내의 근무기간을 종료하고 감면대상기관으로 복귀하였을 때에는 이미 납부한 세액에서 감면을 적용하였을 경우의 납부세액을 뺀 금액을 환급한다.

2023.1.1. 이후 감면분부터 환급받은 사람이 상기 2)의 추징요건 중 어느 하나에 해당하는 경우 환급받은 세액을 추징한다(이 경우 상기 2) ②의 '주택 취득일'은 '감면대상기관으로의 복귀일'로 봄).

4) 유의사항

① '업무개시일'의 의미

이전일은 이전공공기관의 경우 이전에 따른 등기일 또는 업무개시일 중 빠른 날을 말하며, 중앙행정기관 등의 경우에는 업무개시일을 말한다. 여기서 법인등기일과 더불어 업무개시일로 별도로 규정하고 있음은 이전에 따른 법인등기일보다 업무개시가 빠른 경우 이를 사실상 이전일로 보겠다는 입법 취지라 할 것인바, 공기업이나 중앙행정기관 등 이전하는 공공기관의 업무는 주로 전 국민을 대상으로 수행하고 있으므로 (구)청사에서 수행하던 업무를 (신)청사에서 새로이 이전하여 개시한다는 사실을 전 국민이 쉽게 알 수 있도록 이전공공기관은 개청식 행사를 통하여 전 국민에게 업무개시를 알리고 업무를 개시하고 있는 점에 비추어 볼 때, 이전공공기관의 개청식 행사일 등을 고려하여 이전공공기관의 업무가 본격적으로 개시하는 날을 업무개시일로 보아야 한다(지방세운영과-3912, 2010.8.27.).

② 공공기관 등 이전일 전에 취득 시 감면

이전공공기관 또는 중앙행정기관 등의 이전일(이전공공기관의 경우 이전에 따른 등기일 또는 업무개시일 중 빠른 날을 말하며, 중앙행정기관 등의 경우 업무개시일) 전에 주택을 매각하거나 증여한 경우에는 감면받은 취득세가 추징되는 것으로 규정되어 있다. 따라서 이전공공기관의 이전일(이전에 따른 등기일 또는 업무개시일 중 빠른 날) 전에 취득하여야만 감면이 되는 것으로 해석되나, 몇 개월 전에 취득하라는 별도의 규정이 없으므로 취득시기에 대하여는 규정되어 있지 아니하므로 6~12개월 정도 일찍 취득하였다고 하여 감면이 배제되는 것은 아니지만 상기 1가구 1주택의 요건을 충족하여야 감면을 받을 수 있다.

'3년 이내의 (감면대상 외의 기관에서의) 근무기간을 종료하고 감면대상기관으로 복귀하였을 때 취득세를 감면한다'는 의미라고 해석할 수도 있는 한편, 이를 원고 주장과 같이 '취득 시에 인사발령으로 취득세 감면을 받지 못한 사람이 (취득 시로부터) 3년 이내의 근무기간을 종료하고 감면대상으로 복귀하였을 때 취득세를 감면한다'는 의미로도 해석할 수 있어, 어느 해석도 법

문의 문언상 한계를 넘어서는 확장해석 내지 유추해석이라고 단정하기는 어렵다. 그런데 이 사건 감면조항은 실질적으로 구 법 제81조 제3항의 적용에 관한 것이고, 구 법 제81조 제3항의 입법목적 내지 취지는 공공기관이 정치적·정책적 결단이나 필요에 따라 혁신도시 또는 행정중심복합도시 등으로 이전하게 되면서 자신의 의사와 관계없이 거주지를 옮기게 된 공무원 또는 공공기관 소속 임직원 등에게 취득세 감면의 혜택을 주는 것이라고 할 것인데, 원고의 경우 국세청의 이전에 따라 세종특별자치시에 거주할 목적으로 이 사건 주택을 취득한 사람이므로, 원고에게 취득세 감면의 혜택을 부여하는 것이 구 법 제81조 제3항의 입법목적 내지 취지에 상응한다고 할 것이다. 이 사건 감면조항의 입법 경위를 살펴보더라도, 이 사건 감면조항이 신설되기 이전에 구 법 제81조 제3항을 적용한 결과, 부동산 취득 시에 인사발령으로 일시적으로 감면대상 외의 기관에 소속되게 되었으나 이후 다시 감면대상기관으로 복귀한 사람에 대하여는 취득세 감면의 혜택이 부여될 수 없게 되었는데, 이에 대한 반성적 고려에 의하여 또는 위와 같은 사람에 대해서도 취득세 감면의 혜택을 부여하기 위한 목적으로 이 사건 감면 조항이 신설된 점, 그 근무기간에 관하여 3년의 제한을 둔 것은 인사이동 공무원의 통상적인 근로기간 등을 염두에 둔 것으로 보이기는 하지만, 감면대상 외의 기관에서 근무한 기간이 3년을 초과하기만 하면 부동산 취득시기 등에 관계없이 일률적으로 취득세 감면의 혜택을 부여하지 않을 특별한 이유가 없는 점 등에 비추어, 부동산을 취득한 시점으로부터 3년 이내에 감면대상기관으로 복귀한 사람에 대하여 이 사건 감면조항을 적용하는 것이 상당하다고 할 것이다. 따라서 원고에 대하여 이 사건 감면조항을 적용할 수 없어 이 사건 취득세 감면이 불가하다고 결정한 이 사건 처분은 위법하다(대법원 2017두30450, 2017.4.13.)라는 것이다.

이전 중앙행정기관 등 소속직원의 취득세 감면은 비자발적으로 근무지를 변경하게 되는 직원에 대한 세제지원으로 인사발령으로 취득 시점에 일시적으로 타 기관에 근무 중인 공무원에 대해 감면확대하는 것으로, 이에 따라 당초 이주대상 중앙행정기관 소속직원이었으나 이후 주택 취득 시점에 타 기관에서 근무(전출) 중인 해외주재관 등도 감면 적용이 되는 것이다. 부동산을 취득한 시점으로부터 3년 이내에 감면대상기관으로 복귀한 사람에 대하여 이 사건 감면조항을 적용하는 것이고, 공공기관이 정치적·정책적 결단이나 필요에 따라 혁신도시 또는 행정중심복합도시 등으로 이전하게 되면서 자신의 의사와 관계없이 거주지를 옮기게 된 공무원 또는 공공기관 소속 임직원 등에게 취득세 감면의 혜택을 주는 것이라고 할 것이다. 따라서 상기 대법원판례에 따르면 비록 공공기관이 이전되는 시점에 수도권이 아닌 제주지원에 근무하고 있었지만 공공기관의 임직원이므로 본사로 거주지 이전에 따른 주택 취득이므로 감면되는 것이 타당할 것이다.

③ 공공기관 등 수도권 이외 소재 지사 등은 '감면대상기관 외의 기관'으로 봄

"감면대상기관"인 "이전공공기관"은 수도권에 소재하는 본사만을 의미하는 것이고, 그 외 지사 등은 "감면대상기관 외의 기관"에 해당하는 것으로 해석하는 것이 타당하다(조심 2016지530, 2016.10.19.).

④ 중앙행정기관 이전계획 변경 시 감면배제 여부

취득 당시에는 중앙행정기관 이전 계획상 이전하는 중앙행정기관에 해당하였으나, 그 후 이전계획 변경으로 이전대상 기관에서 제외된 경우라면, 취득일 당시에 중앙행정기관 등의 이전계획에 따라 행정중심복합도시로 이전하는 공무원이 거주하고자 주거용 건축물과 그 부속토지를 취득한 경우에 해당하므로 면제 또는 경감대상에 해당한다 할 것이고, 취득일 이후에 중앙행정기관 등의 이전계획의 변경으로 행정중심복합도시로 이전하는 공무원에 해당하지 않게 된 경우라도 별도의 추징규정을 두고 있지 않은 이상 적법하게 감면된 취득세를 추징하는 것은 타당하지 않다고 판단된다(지방세특례제도과-1089, 2015.4.17.).

⑤ 이전공공기관(본사)의 지방 이전일 후 지사 직원이 본사로 인사발령 난 경우

임직원이 이전공공기관의 공고일이나 이전일 당시에는 그 대상기관에 소속되어 있지 않더라도 당사자의 자발적인 의사에 따라 선택할 수 없는 순환보직 등으로 인한 인사발령에 따라 언제든지 그 대상기관에 근무하게 되는 점, 감면 대상자인 '이전공공기관을 따라 이주하는 소속 임직원'에 해당되는 시점을 달리 규정하고 있지 않은 점 등을 고려할 때, 이전공공기관 이전일 당시에는 지사에서 근무하고 있었으나 이후 이전공공기관에 순환보직 등으로 인한 인사발령으로 거주지를 옮기게 되는 직원에 대해서도 취득세 등 지방세를 감면하는 것이 타당(같은 취지의 해석사례 : 지방세특례제도-2267, 2017.12.18.)하다(지방세특례-1856, 2019.5.14.).

⑳ 주한미군 한국인 근로자 평택시 이주에 대한 감면(지특법 §81-2)

1) 감면요건

① 감면대상자

ㄱ 「대한민국과 아메리카합중국 간의 상호방위조약 제4조에 의한 시설과 구역 및 대한민국에서의 합중국 군대의 지위에 관한 협정」 제17조에 따른 미합중국 군대의 민간인 고용원 및 같은 협정 제15조에 따른 법인인 초청 계약자의 민간인 고용원 중 주한미군기지 이전에 따라 평택시로 이주하는 한국인 근로자

ㄴ 「대한민국과 미합중국 간의 한국노무단의 지위에 관한 협정」 제1조에 따른 민간인 고용원 중 주한미군기지를 따라 평택시로 이주하는 한국인 근로자

② 감면대상 및 감면범위

| 주한미군기지 이전(평택시 외의 지역에서 평택시로 이전하는 경우로 한정)에 따라 평택시에 거주할 목적으로 취득한 1가구 1주택(해당 지역에서 최초로 취득하는 주택으로 한정)
○ 전용면적 85제곱미터 이하의 주택
○ 전용면적 85제곱미터 초과 102제곱미터 이하 주택
○ 전용면적 102제곱미터 초과 135제곱미터 이하 주택 | 취득세 면제
취득세 75% 경감
취득세 62.5% 경감 |

- 감면시한 : 2027.12.31.
- 최소납부제 적용 시기 : 2019.1.1.
- 농어촌특별세 과세 여부 : 취득세분과 취득세 면제분(경감분) 농어촌특별세 과세(서민주택은 비과세)
- 감면대상자가 주택을 취득한 날부터 2019.1.1.까지의 기간이 60일 미만이 되는 경우에도 적용함(지특법 부칙 §4).

> ○ **1가구 1주택의 범위**
> 취득일 현재 취득자와 같은 세대별 주민등록표에 기재되어 있는 가족(동거인은 제외한다)으로 구성된 1가구(취득자의 배우자, 취득자의 미혼인 30세 미만의 직계비속은 각각 취득자와 같은 세대별 주민등록표에 기재되어 있지 아니하더라도 같은 가구에 속한 것으로 봄)가 평택시에 1개의 주택을 소유하는 것을 말하며, 주택의 부속토지만을 소유하는 경우에도 주택을 소유한 것으로 봄.

2) 추징요건

2019.1.1. 이후 감면분부터 사망, 혼인, 해외이주, 정년퇴직, 파견근무 등의 정당한 사유 없이 주택 취득일부터 2년 이내에 주택을 매각·증여하거나 다른 용도로 사용(임대를 포함한다)하는 경우에는 감면된 취득세를 추징한다.

㉑ 개발제한구역에 있는 주택의 개량에 대한 감면(지특법 §82)

1) 감면요건

① 감면대상자

「개발제한구역의 지정 및 관리에 관한 특별조치법」 제3조에 따른 개발제한구역에 거주하는 사람(과밀억제권역에 거주하는 경우에는 1년 이상 거주한 사실이 「주민등록법」에 따른 세대별 주민등록표 등에 따라 입증되는 사람으로 한정)

② 감면대상 및 감면범위

거주할 목적으로 취득하는 전용면적 100제곱미터 이하의 주택(주거용 건축물 바닥면적의 7배를 초과하지 아니하는 부분으로 한정)	재산세 면제 (도시지역분 제외)

- 감면시한 : 2027.12.31. 이전 주거용 건축물 취득분
- 최소납부제 적용 시기 : 최소납부제 배제
- 주거용 건축물 취득 후 납세의무가 최초로 성립하는 날부터 5년간

취득일 현재 취득 개발제한구역에 거주한 사실이 있는 사람을 말한다고 할 것이고, 과밀억제권역(1년 이상)을 제외하고는 그 거주기간을 별도로 규정하고 있지 아니하므로 조세의 비과세·감

면규정 엄격해석 원칙에 비추어 취득일 이전에 개발제한구역에 주민등록표 등에 따른 주소를 두고 사실상 거주한 사실이 있는 경우라면, 위 해당 지역에 거주하는 사람의 요건을 충족하였다고 할 것이다.

2) 추징요건

별도의 추징규정이 없지만 해당 용도가 없으며, 재산세 감면이므로 「지방세특례제한법」 제178조 추징규정이 적용되지 아니한다.

3) 유의사항

① '납세의무가 최초로 성립하는 날부터 5년간'의 의미

'납세의무가 최초로 성립하는 날부터 5년간'이라 함은 해당 부동산의 취득일로부터 최초로 도래하는 과세기준일을 포함하여 5년간이라는 것을 뜻한다. 즉 토지에 대하여는 토지 취득일이 기준이며, 신축 건물에 대하여는 신축 건물 취득일이 기준이 될 것이다. 이 규정에서는 토지는 적용되지 않고 주거용 건축물만 납세의무가 성립되는 날부터 5년간 재산세 감면이 적용된다.

② 전용면적이 100㎡ 초과 주택

전용면적이 100㎡ 이하인 주택으로 규정하고 있는바, 초과하는 경우에는 감면이 되지 않고 전체가 과세대상이 되는 것이다.

③ 창고

「건축법 시행령」을 살펴보면 바닥면적의 합이 연면적이라 하며, 바닥면적 산정 시에 창고가 제외된다는 규정이 없다. 다만, 「주택법 시행규칙」 제2조 제2항 제1호에 의하면 주거전용면적에는 지하실(거실로 사용되는 면적 제외), 건축물과 분리된 창고·차고 및 화장실의 면적을 제외한다라고 규정되어 있다. 따라서 단독주택의 경우 전용면적은 주거의 용도로만 쓰이는 면적을 합산하여야 할 것이다. 창고가 주택과 붙어 있으면서 주거의 용도로만 사용되는 경우에는 합산하여야 할 것이나, 별도로 떨어져 있는 경우에는 별도의 건축물로 보아야 할 것이다.

○ 신축 건물의 건축물대장상 1층 단독주택 99.81제곱미터, 1층 일반창고 49.56제곱미터인 경우 감면대상 여부

단독주택의 경우 연면적은 주거의 용도로만 쓰이는 면적을 합산하는 것으로써, 창고가 주거의 용도로만 사용되는 경우에는 합산하여야 할 것이나, 별도로 떨어져 주거용으로 사용하지 않는 경우에는 별도의 건축물로 보아야 할 것임.

④ 동거가족 소유 부속토지

개발제한구역에 거주하는 사람이 취득하는 주택에 대하여 감면을 받는 것으로 규정되어 있지만, 동거가족 소유 부속토지에 대하여 별도로 규정하고 있지 아니하므로 조세의 비과세·감면규정 엄격해석 원칙에 따라서 동거가족이 소유한 부속토지에 대하여 감면규정이 적용되지 아니한다.

⑤ 부속토지 범위

전용면적이 100㎡ 이하인 주거용 건축물로서 그 부속토지가 주거용 건축물 바닥면적의 7배를 초과하지 아니하는 부분만 감면대상이 되고 초과면적에 대해서는 과세대상이 된다. 여기서 「건축법 시행령」 제119조 제1항 제3호 다목에 의하면 필로티 부분은 그 부분이 공중의 통행이나 차량의 통행 또는 주차에 전용되는 경우와 공동주택의 경우에는 바닥면적에 산입하지 아니한다라고 규정되어 있는바, 필로티를 주차장으로 사용하고 있다면 바닥면적으로 볼 수 없으나, 계단실은 바닥면적에서 제외하라는 규정은 없으므로 바닥면적에 포함하여야 할 것이다. 필로티가 주차장으로 사용하는 경우 필로티 건물가액은 주거용 건축물 가액에 포함하여 감면하되, 부속토지 산정 시 바닥면적에서 제외하여야 할 것이나, 계단실은 바닥면적에 포함하여야 할 것이다.

> 사례 필로티의 경우에도 「건축법」 상 면적이 건축물대장에 등재되지 않는다고 하더라도 건물 과세표준 산정 시 25% 감산율을 적용하여 과세표준을 산출하는 것이므로 취득세 및 등록세의 납세의무가 있음(세정과-188, 2004.2.25.).

㉒ 시장정비사업에 대한 감면(지특법 §83)

(1) 시장정비사업시행자에 대한 감면(지특법 §83 ①, ②)

1) 감면요건

① 감면대상자

「전통시장 및 상점가 육성을 위한 특별법」 제37조에 따라 승인된 시장정비구역에서 같은 법 제41조에 따른 사업시행자(2024년 이전은 시장정비사업을 추진하려는 자)("시장정비사업시행자")

② 감면대상 및 감면범위

시장정비사업의 시행에 따라 취득하는 다음의 부동산(2024년 이전은 해당 사업에 직접 사용하기 위하여 취득하는 부동산) ① 시장정비사업의 대지 조성을 위하여 취득하는 부동산 ② 「전통시장 및 상점가 육성을 위한 특별법」 §4 및 「도시 및 주거환경정비법」 §74에 따른 관리처분계획에 따라 취득하는 부동산	취득세 50% 경감 (2024년 이전은 면제)

과세기준일 현재 시장정비사업에 관한 공사가 시행되고 있는 토지(2024년은 해당 용도로 직접 사용하는 부동산, 2023년 이전은 해당 사업에 직접 사용하는 부동산)(단, 2025년 이후 해당 공사의 착공일부터 적용됨)	재산세 50% 경감 (도시지역분 제외)^(주)

☞ 감면시한 : 2027.12.31.(재산세 제외)
☞ 최소납부제 적용 시기 : 2016.1.1. 이후
☞ 농어촌특별세 과세 여부 : 취득세 면제분 농어촌특별세 비과세(농특령 §4 ⑦ 5)
☞ (주) 부동산 취득 후 납세의무가 최초로 성립하는 날부터 5년간(토지는 착공일부터 적용)

2) 추징요건

① 2025년 이후 취득분(감면분)

다음 어느 하나에 해당하는 경우 그 해당 부분에 대해서는 감면된 취득세를 추징한다.

㉠ 「전통시장 및 상점가 육성을 위한 특별법」 제38조에 따라 사업추진계획의 승인이 취소되는 경우

㉡ 정당한 사유 없이 그 취득일부터 3년이 경과할 때까지 해당 용도로 직접 사용하지 아니하는 경우

☞ 2024.12.31. 이전에 「전통시장 및 상점가 육성을 위한 특별법」 §39 ①에 따른 사업시행인가를 받은 경우에 대한 지방세의 감면·추징에 관하여는 개정규정에도 불구하고 종전의 규정에 따름〔법 부칙(2024.12.31.) §11〕.

② 2024년 이전 취득분(감면분)

다음 어느 하나에 해당하는 경우 그 해당 부분에 대해서는 감면된 취득세를 추징한다.

㉠ 「전통시장 및 상점가 육성을 위한 특별법」 제38조에 따라 사업추진계획의 승인이 취소되는 경우

㉡ 그 취득일부터 3년 이내에 정당한 사유 없이 그 사업에 직접 사용하지 아니하거나 매각·증여하는 경우와 다른 용도에 사용하는 경우

「중소기업의구조개선 및 경영안정지원을 위한 특별조치법」 제6조의 규정에 의하여 선정된 시장재개발사업시행구역 안에서 시장재개발사업시행자가 그 재개발사업의 시행을 완료한 후 부동산을 일반인에게 분양한 경우라도 사업시행자의 경우 시장 재개발·재건축사업에 직접 사용하지 아니하고 매각하거나 다른 용도로 사용하는 경우로 볼 수 없으므로 일반분양분에 대하여도 면제 대상으로 보는 것이다(세정-40, 2003.5.30.).

3) 유의사항

① 시장정비사업

'전통시장'이란 일정구역안의 다수의 점포에서 도매업자·소매업자 또는 용역업자가 상시 또는 정기적으로 모여 상품을 매매하거나 용역을 제공하는 장소인 "등록시장"과 "인정시장"으로

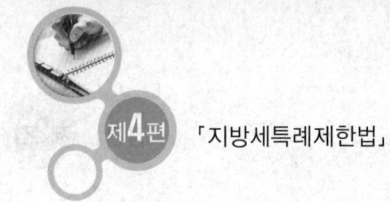
"상업기반시설이 오래되고 낡아 개수·보수 또는 정비가 필요하거나 유통기능이 취약하여 경영 개선 및 상거래의 현대화 촉진이 필요한 장소"이며, 시장을 구성하는 매장은 상품의 판매와 이를 지원하는 용역의 제공에 직접 사용되는 모든 장소를 의미하고 '시장정비사업'이란 시장정비사업 시행자가 시장의 현대화를 촉진하기 위하여 상업기반시설 및 정비기반시설을 정비하고, 대규모 점포가 포함된 건축물을 건설하기 위하여 시장을 정비하는 모든 행위를 의미하는 것으로, 정비대 상은 도매업·소매업 및 용역업을 영위하는 점포와 상업시설, 편의시설을 포함한 상업기반시설 등이 해당된다 할 것이다.

시장정비사업시행자가 시장정비사업의 시행으로 취득하는 판매 및 영업시설 외의 부동산이라 도 감면대상으로 보는 것으로 해석(서울세제－1139, 2014.1.23.)하고 있다. 이 해석에 따르면 아파트 도 감면대상이 되는 것이다.

② 감면대상 취득시기

감면대상의 취득시기에 대하여 일정기간 범위를 한정하지 아니하고 시장정비사업시행자가 시 장정비구역에서 해당 사업에 직접 사용하는 경우만을 규정하고 있으므로 사업시행자로 선정된 후 시장정비사업이 종료되는 시점까지 사업시행을 위하여 취득하는 부동산은 감면대상에 해당된 다 할 것이며, 「전통시장 및 상점가 육성을 위한 특별법」 제4조에 "이 법에서 정하지 아니한 사항 은 「도시 및 주거환경정비법」과 「집합건물의 소유 및 관리에 관한 법률」을 각각 준용한다"고 규 정하고 있고, 같은 법 제44조에서 시장정비사업이 끝났을 때란 「도시 및 주거환경정비법」 제52조 에 따른 정비사업의 준공인가를 말한다고 규정하고 있으므로, 지방세 감면기간은 시장정비사업 시행자의 시장정비사업 종료시기인 준공인가일까지라 할 것이다(지방세운영과－1535, 2011.4.2.).

③ 공사 중단 시 다른 용도로 전용되지 아니한 상태라면 사업시행용 토지에 해당됨

시장정비사업을 시행하려는 자는 관련법에 따라 사업시행인가를 받도록 규정하고 있고, 사업 시행자는 법에서 정한 제반 의무를 이행하고 "사업시행인가"라는 절차를 통해 비로소 구체적으 로 자신의 계획을 추진할 수 있는 단계에 이르렀다고 볼 수 있으므로, '사업시행용 토지'의 범위 는 물리적 착공상태에 있는 것으로 한정하기보다 언제든지 건축 등 구체적인 사업절차를 진행할 수 있는 상태에 있는 토지라면 족하다. 또한, 법문상 "착공"은 감면적용 시점을 정하기 위한 조건 일 뿐 '사업시행용 토지'의 의미와 연계할 수는 없는 점, 사업시행인가 이후에는 미착공 또는 착 공 중단을 이유로 사업시행인가를 취소할 수도 없는 점을 고려할 때 착공 이후 공사가 중단된 토지라 하여 '사업시행용 토지'가 아니라고 할 수는 없다할 것이다. 따라서 토지가 사업 시행구역 내의 토지로서 공사는 중단되었으나, 다른 용도로 전용되지 아니한 상태라면 사업시행용 토지로 보는 것이 타당하며, 다만 사업취소 등의 사유가 발생된 경우에는 처음부터 사업시행용 토지로 볼 수 없어 기감면된 재산세를 추징할 수 있다(지방세운영과－4470, 2010.9.24.).

④ 재래시장 재건축 후 분양이 이루어지지 않은 경우

㉠ 직접 사용에 해당함

시장정비사업시행자에 대한 취득세 감면 요건은 해당 사업시행자가 해당 사업에 '직접 사용'하기 위하여 취득하는 부동산이라고 할 것이고, 여기의 해당 사업, 즉 '시정정비사업'이란 재래시장의 현대화를 촉진하기 위하여 사업시행구역 안에서 재래시장을 재개발·재건축하는 일체의 행위라고 규정(「재래시장 및 상점가 육성을 위한 특별법」 제2조 제2호)하고 있으므로 사업시행자가 분양과 임대를 통해 시장용에 공여할 목적으로 감면 유예기간(3년) 이내에 시장용 건축물을 재건축한 경우라면 해당 사업, 즉 "시장정비사업"에 "직접 사용"한 것에 해당한다(지방세운영과-4433, 2010.9.20.).

㉡ 직접 사용으로 보는 것이므로 정당한 사유 적용 불필요

부동산 경기의 침체로 인해 분양이나 임대가 되지 않아 공실상태로 있다고 하더라도 시장용으로 재건축하여 사용승인이 이루어졌다면, 당초 '직접 사용'에 대한 요건은 이미 충족하고 있다고 할 것이다. 따라서 임대 등으로 시장정비사업에 사용하지 않는 경우나 시장 상가용 이외의 용도로 분양 또는 이용한 경우로서 해당 용도로 직접 사용하지 아니한 경우에 한하여 '정당한 사유' 유무를 적용하여 감면세액 추징 여부를 판단할 사항이고, 시장 상가용으로 분양 또는 임대를 목적으로 광고방송 등 분양을 위해 수차 노력하였다면 이는 직접 사용에 해당하는 것으로서, 유예기간(3년)까지 분양되지 않아 공실상태라고 하더라도 직접 사용에 대한 '정당한 사유' 유무를 적용할 필요가 없는 것이다(지방세운영과-4433, 2010.9.20.).

> **사례** 재건축 등 사정이 시장정비사업시행자 해당 여부(대법원 2009두18325, 2010.4.29.)
>
> 원고는 이 사건 감면조례 제20조 제1항 제1호에서 정한 "시장정비사업 시행구역 안에서 시장정비사업을 시행하는 자"에 해당한다고 볼 수 없고, 원고가 주장하는 이 사건 토지가 도시계획상 시장용지에 해당한다거나 원고가 구 「집합건물의 소유 및 관리에 관한 법률」(1998.12.28. 법률 제5592호로 개정되기 전의 것, 이하 같다) 제47조 소정의 재건축결의를 거쳐 시장개설허가(내인가) 및 건축허가를 받아 이 사건 건물을 재건축하였다는 등의 사정만으로는 원고가 위 감면조례 조항에서 정한 "시장정비사업시행자"에 해당한다고 보기도 어려움.

> **사례** 조합의 대행사업자(조합원회의에서 일임)가 2005.7.12 시장정비사업시행자 및 건축주 명의를 변경받은 후 2005.8.3 사용승인을 받은 경우(지방세정팀-244, 2007.1.16.)
>
> 시장정비 사업시행자인 시장재건축 조합이 재건축사업 추진에 따라 해당 건축물신축의 임시사용승인을 받았다면 임시사용승인일부터 30일 이내에 재건축조합은 취득세는 납세의무가 있으나 등록세 납세의무는 발생되지 않은 것이고, 임시사용승인 후 해당 시장정비 사업시행자 및 건축주 명의를 시장재건축 조합의대행사업자인 1인 조합원에게로 명의변경을 한 후 임시사용승인을 받은 건축물에 대한 사용승인(준공검사)과 함께 등기를 하는 경우라면 시장재건축 조합의대행사업자인 1인 조합원은 취득세 및 등록세 납세의무가 있다 할 것임.

> **사례** 시장재건축 승인을 받아 주상복합건물 취득 시(지방세정팀-4041, 2005.11.30.)
>
> 시장재건축조합이 취득한 주상복합건물 중 주택부분은 시장재건축사업에 직접 사용하기 위하여 취득하는 부동산에 해당된다고 보기 어렵고, 시장재건축조합은 「도시 및 주거환경정비법」 상의 사업시행자가 아니므로 해당 주택에 대하여 주택재개발사업에 대한 감면 또는 주거환경개선사업에 대한 감면을 적용하기는 어렵다고 판단됨.

> **사례** 시장재건축사업시행구역이 유통단지에 해당 가능 여부(지방세정팀-5524, 2007.12.21.)
>
> 구 「중소기업의 구조개선과 재래시장 활성화를 위한 특별조치법」에 의하여 선정된 시장재건축사업 시행구역이 「유통단지개발촉진법」 제2조 제2호 각목을 충족하고 있는 경우라 하더라도 해당 사업 시행구역이 구 「유통단지개발촉진법」 제5조의 규정에 의한 유통단지에 해당되지 아니한 경우라면 위 규정에 의한 취득세와 등록세의 면제대상으로 보기는 어려움.

> **사례** 시장재건축정비 사업시행자가 되기 전에 부동산 취득 시(행심 2006-1052, 2006.11.27.)
>
> 청구인은 이미 취득 전부터 이 사건 토지는 주상복합 건축물이 건설된다는 것을 알 수 있었고, 취득 후 준공인가 시점에도 주상복합 건축물로 건설된 점에서 이 사건 토지의 일부는 취득 전부터 주택건설용이 아닌 용도로 취득·등기되어 질 사정이 내재되어 있다고 할 것이므로, 적어도 비주택건설용 면적이 준공시점까지 확정되어 질 수 있는 사업계획승인시점에 해당 업종에 사용 여부를 판단하여야 할 것이며, 특히, 취득 전 이미 주택건설용도가 아닌 사정이 있는 것까지도 당초 주택건설용도로 계획되었다가 추후 다르게 사용승인되는 것과 동일하게 보는 것은 국민의 주거안정 등을 위하여 주택건설을 촉진하고자 주택건설용 부동산에 대하여 특별히 등록세를 중과세하지 않는다는 입법 취지에 비추어 조세형평상 무리가 있다고 할 것이어서 처분청에서 이 사건 토지에 대하여 해당 업종에 사용 여부를 그 사업계획승인일로 본 것은 잘못이 없음.

(2) 시장정비사업시행자로부터 취득 부동산에 대한 감면(지특법 §83 ③)

1) 감면요건

① 감면대상자

시장정비구역에서 시장정비사업 시행인가일 현재 기존의 전통시장에서 3년 전부터 계속하여 입점한 상인 또는 시장정비사업 시행인가일 현재 전통시장에서 부동산을 소유한 자

② 감면대상 및 감면범위

시장정비사업시행자로부터 시장정비사업 시행에 따른 부동산을 최초로 취득하는 경우 해당 부동산(주택 제외)	취득세 면제
시장정비사업시행자로부터 시장정비사업 시행에 따른 부동산을 최초로 취득하는 경우 해당 건축물	재산세 50% 경감 (도시지역분 제외)(주)

☛ 감면시한 : 2027.12.31.(재산세 제외)
☛ 최소납부제 적용 시기 : 2019.1.1. 이후
☛ 농어촌특별세 과세 여부 : 취득세 면제분 농어촌특별세 비과세(농특령 §4 ⑦ 5)
☛ (주) 건축물 취득 후 납세의무가 최초로 성립하는 날부터 5년간

'시장정비사업'이란 시장정비사업시행자가 시장의 현대화를 촉진하기 위하여 상업기반시설 및 정비기반시설을 정비하고, 대규모점포가 포함된 건축물을 건설하기 위하여 시장을 정비하는 모든 행위를 의미하는 것으로, 정비대상은 도매업·소매업 및 용역업을 영위하는 점포와 상업시설, 편의시설을 포함한 상업기반시설 등이 해당된다 할 것으로 시장정비구역에서 취득하는 주거용 부동산을 제외한 도·소매업은 물론 용역업이라도 시장 내의 점포에서 영업을 위한 부동산은 감면대상에 해당한다 할 것이다(지방세운영과-1227, 2011.3.17.).[300]

2) 추징요건

① 2025년 이후 취득분(감면분)

다음 어느 하나에 해당하는 경우 그 해당 부분에 대해서는 감면된 취득세를 추징한다.

㉠ 정당한 사유 없이 그 취득일부터 1년이 경과할 때까지 해당 용도로 직접 사용하지 아니하는 경우

㉡ 해당 용도로 직접 사용한 기간이 2년 미만인 상태에서 매각·증여하거나 다른 용도로 사용하는 경우

☞ 2024.12.31. 이전에 「전통시장 및 상점가 육성을 위한 특별법」 §39 ①에 따른 사업시행인가를 받은 경우에 대한 지방세의 감면·추징에 관하여는 개정규정에도 불구하고 종전의 규정에 따름〔법 부칙 (2024.12.31.) §11〕.

② 2024년 이전 취득분(감면분)

그 취득일부터 3년 이내에 정당한 사유 없이 그 사업에 직접 사용하지 아니하거나 매각·증여하는 경우와 다른 용도에 사용하는 경우 그 해당 부분에 대해서는 감면된 취득세를 추징한다.

3) 유의사항

'승계취득자'란 시장정비구역에서 시장정비사업 시행인가일 현재 기존의 전통시장(「전통시장 및 상점가 육성을 위한 특별법」 제2조 제1호에 따른 전통시장을 말한다)에서 3년 전부터 계속하여 입점한 상인 또는 시장정비사업 시행인가일 현재 전통시장에서 부동산을 소유한 자를 말한다. 감면대상은 시장정비사업시행자로부터 시장정비사업 시행에 따른 부동산을 최초로 취득하는 경우 해당 부동산(주거용 부동산은 제외)이므로 입점상인이나 기존 시장의 부동산 소유자가 사업시행자로부터 최초로 취득하는 부동산에 대하여 감면하는 것이다. 이 경우 최초로 취득하는 것은

---

300) 「지방세특례제한법」 상 지방세를 감면 대상별로 구분하는 경우에는 납세자를 기준으로 감면 요건을 구성하는 "대인적 감면"과 과세대상 물건을 기준으로 감면 요건을 구성하는 "대물적 감면"으로 구분할 수 있으며, 「지방세특례제한법」 제83조 제3항의 추징 규정은 시장정비 사업시행으로 인하여 취득하는 부동산을 시장용도로 사용하는 경우에 한하여 취득세를 감면하는 입법 취지를 고려할 때 "조건부 과세권유보"라 할 것으로, 「지방세법」 상 해당사업에 "직접 사용"의 범위는 감면대상자를 특정하는 경우 등에 있어서는 소유관계를 기준으로 제3자가 아닌 그 자신의 목적사업에 사용하는 경우로 한정한다고 볼 수 있으나, 감면대상자가 특정되지 않고 입법 취지 및 "그 사업에 직접 사용"의 해당규정에 비추어 사용용도 측면에서 직접 사용여부를 판단하는 것이 타당하다 할 것임.

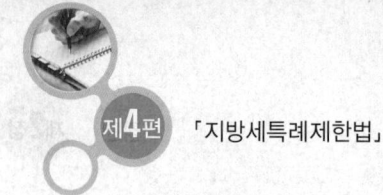

사업시행자로부터 처음으로 소유권을 이전받는 경우를 의미한다.

시장정비구역에서 시장정비사업 시행인가일 현재 기존의 전통시장(「전통시장 및 상점가 육성을 위한 특별법」 제2조 제1호에 따른 전통시장)에서 3년 전부터 계속하여 입점한 상인 또는 시장정비사업 시행인가일 현재 전통시장에서 부동산을 소유한 자가 감면대상자이므로 시행인가일 후에 승계취득한 자(기존 전통시장에서 3년 전부터 계속하여 입점한 상인 제외)는 감면대상이 되지 아니하는 것이다.

㉓ 사권 제한토지 등에 대한 감면(지특법 §84)

(1) 장기간 미집행된 부동산에 대한 감면(지특법 §84 ①)

1) 감면요건

① 감면대상자

「국토의 계획 및 이용에 관한 법률」 제2조 제7호에 따른 도시·군계획시설(군계획시설은 2019년 이후 적용)로서 같은 법 제32조에 따라 지형도면이 고시된 후 10년 이상 장기간 미집행된 토지, 지상건축물, 「지방세법」 제104조 제3호에 따른 주택 소유자

② 감면대상 및 감면범위

「국토의 계획 및 이용에 관한 법률」 §2 7에 따른 도시·군계획시설로서 같은 법 §32에 따라 지형도면이 고시된 후 10년 이상 장기간 미집행된 토지, 지상건축물, 「지방세법」 §104 3에 따른 주택(각각 그 해당 부분으로 한정)[301]	재산세 50% 경감 (도시지역분 면제)

👉 감면시한 : 2027.12.31.
👉 최소납부제 적용 시기 : 최소납부제 배제

재산세는 토지의 보유사실에 대해서 과세하는 토지에 대한 기본세제로서 원칙적으로 모든 토지는 과세대상이 되며, 토지를 보유하고 있는 이상 적정 수준의 조세부담은 불가피하다(재산세는 보유세임). 그런데 이 감면규정은 사유 재산권 보호를 위하여 장기간 미집행된 도시계획시설에 대한 세부담 경감하고자 제정된 것이다.'

여기서 '10년 이상 장기간 미집행된 토지'라 함은 국토계획법에 따른 도시계획시설 결정 및 고시가 이루어진 이후 그 도시계획시설 결정에 따른 시공 등 실질적인 사업이 진행되지 아니한 채 현상이 그대로 유지되고 있는 토지를 말하는 것이다.

---

301) 2016.12.27. 개정 전 지특법은 '미집행된 토지'일 것을 요구하지 않으므로 2016년 귀속 재산세는 공사 진행 여부 관계없이 감면되고, 개정 후 지특법은 '미집행된 토지'인 경우만 해당되므로 공사 등이 완료되지 않은 상태인 2019.2.26. 준공인가 후 2019.5.24. 소유권이전고시가 되기 이전 2017년, 2018년 귀속 재산세만 감면 대상에 해당되므로 국토계획법에 따른 공공시설용 토지로서 도시관리계획 결정·지형도면 고시가 된 토지에 해당하므로 재산세 감면대상으로 보는 것이 타당함(대법원 2024두54744, 2024.12.24. 심불, 서울고법 2023누53487, 2024.8.22.).

사인(私人)이 국토계획법에 따라 도시계획시설 개발사업에 대한 실시계획인가를 받았다면 도시계획시설 사업은 집행 중인 것으로 볼 수 있다 할 것이므로 사업시행자가 실시계획 승인(인가)일 이후 토지 사용이 가능하다면 실시계획 승인(인가)일을 집행시기로 볼 여지가 있다(조심 2020지1346, 2021.9.27. 참조). 그런데 공사 등이 이루어지고 있으나 아직 완료되지 않은 상태의 토지는 감면대상인 '미집행 토지'에 해당한다고 할 것인바, 이 사건 정비사업은 2020.8.29. 준공인가를 받아 2021.5.18. 소유권이전고시가 이루어졌으므로, 2020년 귀속 재산세의 과세기준일인 2020.6.1.에는 이 사건 토지에 관하여 도시관리계획의 용도대로 집행이 완료되지 않아 감면대상이라고 할 것이다(대법원 2024두35439, 2024.6.17. 심불, 서울고법 2023누53395, 2024.1.30.). 이 사례에서 보는 바와 같이 사업시행자가 아닌 경우 등 사안마다 개발사업 실시계획에 따라 토지개발사업이 완료된 시점으로 본 경우도 있음에 유의하여야 할 것이다.

한편, 「지방세특례제한법」 제84조 제1항 및 제2항에서 규정하는 감면대상이 되기 위하여는 ① 도시·군관리계획으로 결정된 기반시설로서 ② 국토계획법에 따라 지형도면이 고시된 후 ③ 10년 이상 장기간 미집행된 토지이거나, ① 공공시설용 토지로서 ② 국토계획법에 따른 도시·군관리계획의 결정 및 도시·군관리계획에 관한 지형도면의 고시가 된 후 ③ 과세기준일 현재 미집행된 토지여야 한다. '수용 또는 사용할 토지의 세목조서'는 사업시행자가 관광지 조성사업의 시행을 위하여 수용하거나 사용하려는 토지의 세목을 적은 서류로서, 해당 세목조서에 기재된 모든 토지가 도시·군계획시설이거나 공공시설용 토지임을 의미하는 것은 아니므로, 수용 또는 사용할 토지의 세목조서에 기재된 사실만으로는 감면을 적용할 수 없고, 도시·군계획시설용지 또는 공공시설용 토지에 해당해야 감면을 적용할 수 있다(지방세특례제도과-1468, 2024.6.25.).

2) 추징요건

별도의 추징규정이 없으며, 재산세 감면이므로 「지방세특례제한법」 제178조 추징규정이 적용되지 아니한다.

3) 유의사항

① 학교용지

지형도면이 고시된 후 10년 이상 장기간 미집행된 토지에 대한 감면규정이 적용되며, 타용도로 사용될 수 없고 향후 교육용에 이용될 수밖에 없다는 사유로 면제를 할 수는 없는 것이다. 정당한 사유는 취득세의 유예기간 내에 사용하지 못하는 경우에 판단되는 것이지 재산세의 경우에는 과세기준일 현재 교육용으로 실제 사용 중이거나 건축 중인 경우 재산세가 면제되는 것이다.

'공공용지'로 규정하고 공공용지의 범위 규정에서는 국가·공공단체 등의 행정주체가 직접 공용 또는 공공용에 공하기 위한 청사부지, 도로, 공원, 하천 등의 시설용지로 규정함으로써 해석상의 다툼이 있었다. 이는 도로, 공원, 하천에 한하여 감면된다는 제한규정이 아닌 예시규정("등" 자구에 대한 해석)으로 보아 재산세 과표의 50%를 감면운영하였음으로 보아 학교용지로 시설결정 및 지적 승인된 토지에 대하여는 사권제한 토지로 보아 재산세 50%을 경감 적용하였으나

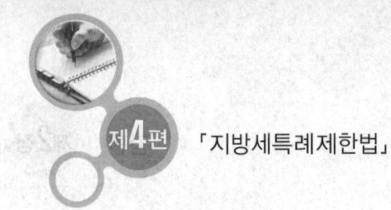
1995년부터 조례를 「도시계획법」 제2조 제1항 제14호 규정을 원용하여 '공공시설'에 사용하기 위한 토지로 개정함으로써 다툼의 소지를 해소하고자 한 것으로 학교는 공공시설에 해당하지 않고 또한 「국토의 계획 및 이용에 관한 법률」 제2조 제7호에 따른 도시계획시설로서 같은 법 제32조에 따라 지형도면이 고시된 후 10년 이상 장기간 미집행된 토지이어야 하나, 해당 토지가 학교용지로서 도시계획시설에는 해당하지만 지형도면이 고시된 날로부터 10년이 경과되지 아니한 토지라면 재산세 감면대상으로 볼 수 없다(지방세운영과-5754, 2010.12.6.).

② 고속도로 휴게소

도로구역인 고속도로의 휴게소 부지는 「도로법」에 따라 「국토의 계획 및 이용에 관한 법률」에 의한 공공시설로서 도시관리계획의 결정이 있었던 것으로 의제되고, 이후 국토해양부장관이 이 토지를 포함하여 경부고속국도 등 25개 노선에 대한 도면고시까지 완료하였으므로 이 토지는 「국토의 계획 및 이용에 관한 법률」에 의한 공공시설을 위한 토지로서 도시관리계획의 결정 및 지형도면의 고시가 완료된 감면대상 토지에 해당한다고 보는 것이 타당하다(조심 2016지550, 2016.6.30.). 그리고 「도시 및 주거환경정비법」에 따른 정비기반시설인 도로 및 공공공지를 설치하기 위한 토지인 점, 서울특별시장은 「도시 및 주거환경정비법」 제4조 제1항에 따라 2008.7.24. 지정된 이 건 정비구역을 2008.12.4. 「국토의 계획 및 이용에 관한 법률」에 따른 제1종지구단위계획구역으로 지정하였고, 같은 법 제52조 및 같은 법 시행령 제45조 제2항 제2호에 의거 그 지구단위계획에 「도시 및 주거환경정비법」에 따른 정비기반시설(도로 및 공공공지 등)을 변경사항 없이 「국토의 계획 및 이용에 관한 법률」에 따른 도시기반시설(도로 및 공공공지 등)로 포함하였으며, 이와 같은 내용을 담은 도시관리계획을 「국토의 계획 및 이용에 관한 법률」 제30조 및 제32조에 따라 결정하고, 그 지형도면을 고시한 점, 청구법인이 이 건 정비사업과 함께 시행하는 ○○○이 「국토의 계획 및 이용에 관한 법률」에 따른 공공공지 및 도로(대로2류, 중로2류)인 사실이 토지이용계획열람자료로 확인되는 점 등에 비추어 쟁점토지는 「국토의 계획 및 이용에 관한 법률」 제2조 제13호에 따른 공공시설(도로 및 공공공지)을 위한 토지로서 같은 법 제30조 및 제32조에 따라 도시관리계획의 결정 및 도시관리계획에 관한 지형도면의 고시가 된 토지에 해당한다고 판단된다(조심 2015지921, 2016.10.19.).

③ 인천국제공항공사의 공항시설과 공원시설

공항시설, 공원시설용 토지로서 「국토의 계획 및 이용에 관한 법률」에 따른 공공시설에 해당하고, 도시관리계획 결정·고시(공항 1993.1.6, 공원 2001.8.27) 및 지형도면 고시(공항 1994.12.30, 공원 2001.8.27)가 된 토지가 명백한 이상 「지방세특례제한법」의 감면요건을 모두 충족하고 있으므로 재산세 감면대상에 해당한다고 판단된다(지방세특례제도과-670, 2014.2.25.).

> 사례 서울특별시장은 2009.4.23. 국토계획법 제30조에 따라 '도시관리계획(○○○전략정비구역 제1종지구단위계획구역) 결정'을 고시(서울특별시 고시 제2009-171호)하면서 그 결정취지를 '정비사업을 통한 주거환경 개선과 공공성 확보를 위해 정비계획을 포함한 지구단위계획을 수립하기

위함'이라고 명시하고 있고, 서울특별시장이 2011.2.17. 고시한 '○○○전략정비구역 제1종지구단위계획 결정(변경) 및 주택재개발 정비구역 지정 및 지형도면(서울특별시 고시 제2011-50호)'에서 서울특별시장은 이 건 토지를 도시기반시설 중 공원 등으로 결정(신설)하였는바, 이 건 토지는 국토계획법 제2조 제4호, 제5호 및 제7호에 따라 지구단위계획(도시관리계획)으로 결정된 도시계획시설에 해당하는 점, 위의 고시에 첨부된 해당 지형도면은 국토계획법 제32조에 따른 것으로 볼 수 있는 점, 이 건 토지의 경우 2023년도 재산세 과세기준일(6.1.) 현재 도시계획시설로 결정된 날(2011.2.17.)부터 10년 이상 경과하도록 도시계획시설로 집행되지 아니한 점 등에 비추어 이 건 토지는 지특법 제84조 제1항에서 규정하고 있는 재산세 감면대상에 해당됨(조심 2023지5394, 2024.2.29.).

사례 청구법인의 쟁점주택의 신축·분양과 관련하여 쟁점토지를 포함하여 처분청으로부터 2019. 7.18. 이 건 주택건설사업계획의 승인을 받고, 2020.8.3. 착공신고 수리통지를 받은 것에서 볼 때 청구법인의 쟁점토지는 청구법인이 시행하는 쟁점주택 건설사업용에 사용 중인 것으로 볼 수 있으므로 2021년도 재산세 과세기준일(6.1.) 현재 미집행된 토지로 보기는 어려움(조심 2022지0160, 2023.10.12.).

사례 이 사건 개발사업 실시계획에 따라 토지개발사업이 완료되어 준공·고시된 이상 이 사건 감면조항에서 정한 '집행'을 마쳤다고 할 것이고, 조성토지처분계획대로 처분까지 이루어져야만 하는 것은 아님(대법원 2023두44030, 2023.8.31. 심불, 광주고법 2022누12257, 2023.5.25.).

사례 산업입지법은 산업단지의 사업시행자가 실시계획을 승인받았을 때 국토계획법 제30조에 따른 도시관리계획의 결정, 개발행위의 허가, 도시계획시설사업 시행자의 지정, 실시계획의 인가 등을 받은 것으로 간주하고(제21조), 개발사업을 완료하고 준공검사를 받았을 때 인·허가등에 따른 해당 사업의 준공검사 또는 준공인가를 받은 것으로 본다고 규정하고 있다(제37조). 즉 산업입지법상 산업단지개발사업은 국토계획법에 따른 도시관리계획에 해당한다고 볼 수 있는바, 산업단지 사업시행자가 개발계획에 근거하여 실시계획을 작성하고, 개발사업을 완료하여 준공검사 또는 준공인가까지 받으면 국토계획법상 도시계획시설사업이 준공된 것으로 볼 수 있다 하겠다. 위와 같은 법률들과 충청북도 고시 제1999호-15호 및 충청북도 공고 제2002호-256호를 종합하면, OOO1999.2.12. OOO시행자인 OOO일반산업단지개발사업의 실시계획을 승인하고, 쟁점토지는 그 실시계획에 따라 도시계획시설로 결정되었으며, 2002.7.4. 산업단지개발사업이 완료되어 준공검사 및 공고까지 완료하여 산업단지개발사업에 포함된 도시계획시설사업까지 이미 준공 또는 시행(집행)을 마쳤다고 볼 수 있는바, 쟁점토지를 도시계획시설 결정 및 고시만 이루어져 토지소유자의 소유권이 제한되고 있는 상태라고 볼 수 없는 측면이 있다. 나아가 조사담당자가 쟁점토지를 현지확인한 결과, 쟁점토지는 평탄화 작업 및 부지조성 등이 완료되어, 청구인들이 언제든지 도시계획시설인 종합의료시설을 신축할 수 있는 상황으로 파악되는바, 이를 지형도면이 고시된 이후 10년 이상 장기미집행된 토지로서 재산세 등의 감면대상인 사권제한토지에 해당한다고 보기는 어려움(조심 2020지0809, 2020.12.30.).

사례 부지 조성이 준공된 토지를 취득하여 내부사정으로 종합의료시설을 착공하지 아니하고 방치하고 있는 경우(조심 2013서932, 2013.4.8.)
이 건 토지(쟁점토지)는 「지방세특례제한법」 제84조 제1항의 규정에 의한 재산세 등의 감면대상인

「국토의 계획 및 이용에 관한 법률」 제2조 제7호에 따른 도시계획시설로서 같은 법 제32조에 따라 지형도면이 고시된 후 10년 이상 장기간 미집행된 토지에 해당된다고 볼 수는 없다는 결정을 하였음(조심 2011지870, 2012.10.22. 참조).

사례 수차례 변경을 거쳐 시행계획인가 및 변경인가가 행하여졌으므로 토지를 미집행 시설로 볼 수 없음(감심 2013-13, 2013.1.31.).

미집행에 대한 정의규정이 없는 상황에서 감면조례의 요건인 "도시계획시설로서 지형도면 고시 이후 10년 이상 미집행" 요건을 충족한 것인지를 살펴보기 위하여는 일단 이 사건 재산세 과세기준일인 2010.6.1. 이 사건 토지의 이용현황을 살펴보아야 할 것이고, 매수청구권 규정을 바로 원용할 수 있는 것은 아니다. 이 사건 토지는 인정사실 "(2)항" 내지 "(4)항"에서 살펴본 바와 같이 1980년대부터 관계기관의 허가를 얻어 놀이시설 및 주차장 등을 설치·운영하고 있었고, 인정사실 "(10)항"에서 본 바와 같이 이 사건 부과처분 과세기준일 당시에도 ○○유원지의 일부로서 놀이시설이 존치해 있으면서 실제 운영하고 있었으며 주차장도 유원지를 이용하기 위하여 제공되고 있었으므로, 도시계획시설(유원지)이 계획대로 집행되었다고 판단함이 타당하다 할 것이다. 한편, 건설교통부는 2006.3.10. 도시계획시설의 미집행 여부에 대한 질의회신에서 매수청구권 규정을 원용하여 실시계획의 인가 여부를 기준으로 미집행 여부를 판단하는 취지의 설명을 하였는데, 이 견해에 의하는 경우에도 인정사실 "(5)항", "(6)항" 및 "(8)항"에서 살펴본 바와 같이 이 사건 부과처분의 과세기준일인 2010.6.1. 당시까지 수차례 변경을 거쳐 시행계획인가 및 변경인가가 행하여졌으므로 이 사건 토지를 미집행 시설로 볼 수는 없음.

사례 도시자연공원구역은 공공시설 등 아님(지방세운영과-3922, 2011.8.19.)

「도시공원녹지법」 제2조 제3호 나목의 "도시자연공원구역"은 「국토이용법」에서의 "용도구역"에 해당하는 것으로서 감면대상인 「국토이용법」에 따른 "도시계획시설"이나 "공공시설"에는 해당하지 않는다(국토해양부 녹색도시과-3561호, 2010.9.28.) 할 것이다. 따라서 "도시자연공원구역"내에 있는 토지는 감면대상에서 제외함이 타당함.

사례 관련법령에 의한 건축 제한된 경우 사권제한토지 해당 여부(조심 2011지769, 2012.6.13.)

재산세 감면대상인 사권제한토지를 규정하고 있는 위 「지방세특례제한법」 제84조 역시 예시적 규정이 아니라 한정적 규정으로 봄이 타당하고, 그렇다면, 관련법령에 의한 건축 제한 등으로 사권이 제한되고 있다고 하더라도, 「지방세특례제한법」 제84조에 규정된 사권제한토지에 해당하지 아니하는 한 재산세 감면대상에는 해당되지 않음.

사례 매립 시부터 관광위락시설부지로 한정된 경우(대법원 2007두26599, 2010.1.28.)

이 사건 토지 등에 대해서는 1989.11.8. ○○직할시고시 제1588호로 위 도시계획시설결정에 따른 지형도면이 고시되었으나, 그 후 피고의 이 사건 재산세 등 부과처분의 과세기준일 당시까지 10년 이상 그 집행이 이루어지지 않고 있었던 사실 등을 인정한 다음, 조세 법규에 대한 엄격해석의 원칙상 이 사건 각 감면조항에 정한 감면대상에 해당하는지 여부를 판단하는 데에는 그 토지 등이 도시계획시설로서 10년 이상 장기 미집행된 토지 등에 해당하는지를 따져보는 것만으로 충분하므로, 위 요건을 충족하는 이상 이 사건 토지는 공유수면매립 당시부터 그 조성 목적이 관광위락시설부지로 한정되어 있었다고 하더라도 이 사건 각 감면조항 소정의 감면대상에 해당함.

(2) 공공시설용 토지에 대한 감면(지특법 §84 ②)

1) 감면요건

① 감면대상자

「국토의 계획 및 이용에 관한 법률」 제2조 제13호에 따른 공공시설을 위한 토지로서 같은 법 제30조 및 제32조에 따라 도시·군관리계획의 결정 및 도시·군관리계획에 관한 지형도면의 고시가 된 토지 소유자

② 감면대상 및 감면범위

「국토의 계획 및 이용에 관한 법률」 §2 13에 따른 공공시설을 위한 토지(2016년 이후 주택 부속토지 포함)로서 같은 법 §30 및 §32에 따라 도시·군관리계획의 결정 및 도시·군관리계획에 관한 지형도면의 고시가 된 후 과세기준일 현재 미집행된 토지(해당 부분으로 한정하되, 2016년 이전은 미집행 여부와 관계없음[302])	재산세 50% 경감 (도시지역분 제외)

🔗 감면시한 : 2027.12.31.

🔗 공공시설

"공공시설"이란 도로·공원·철도·수도·항만·공항·운하·광장·녹지·공공공지·공동구·하천·유수지·방화설비·방풍설비·방수설비·사방설비·방조설비·하수도·구거, 행정청이 설치하는 주차장·운동장·저수지·화장장·공동묘지·봉안시설, 「유비쿼터스도시의 건설 등에 관한 법률」 제2조 제3호 다목에 따른 시설(「국토의 계획 및 이용에 관한 법률」 §2 13, 같은 법 시행령 §4)

사권제한 토지 등에 대한 감면규정은 재산세에 대해서만 적용되는 것이므로 재산세의 과세대상으로는 토지(2015년 이전은 주택부속토지 제외), 건축물(주거용 건축물 제외), 주택, 선박, 항공기가 있다. 여기서 주택을 별도로 재산세 과세대상으로 규정하고 있는바, 이 감면규정에서 2016년 이후부터는 주택의 부속토지를 포함한다는 별도의 규정이 있으므로 공공시설을 위한 토지에는 주택의 부속토지는 포함되어야 할 것이다.

이 감면규정은 공공시설이 불특정 다수인이 이용하고, 사권제한의 직접적인 원인 제공자가 행정청이므로 정책적인 필요에 의하여 세제상의 지원을 하는 것이며, 기간에 대한 내용이 없이 공공시설용지로 도시계획결정 되고 지형도면이 고시가 된 경우에는 세부담을 경감하고자 제정된 것이다. 한편, 도시계획결정만 되고 지형도면시가 안된 토지는 과세대상이고, 도시계획시설결정 및 지적고시된 토지라 할지라도 해당 도시계획사업이 시행 준공된 후 수익사업에 사용하는 등 소유권 행사에 지장이 없는 토지에 대하여는 과세대상이 된다. 따라서 준공까지 사용제한된 것으로

---

302) 해당 감면 규정인 지특법 제84조 제2항은 2016.12.27. 개정된 규정으로 개정 전 규정은 도시관리계획 결정 및 지형도면 고시가 되면 재산세의 50%를 경감한다는 내용이고, 개정 후 규정은 지형도면 고시 후 과세기준일 현재 '미집행된 경우' 재산세의 50%를 경감한다는 내용이므로, 2016년 귀속 재산세는 개정 전 지특법에 따라 '미집행된 토지'일 것을 요건으로 하지 아니하므로 재산세의 50%를 감면하여야 함(대법원 2024두35439, 2024.6.17.).

볼 수 있으나, 그 준공 전에 수익사업에 사용되는 경우에는 사권제한 토지로 볼 수 없을 것이다.

예를 들어 「도시 및 주거환경정비법」에 의해 주택재개발 정비구역으로 지정·고시되면서 정비구역 내 도시계획시설에 대한 면적과 지형도면이 고시되었으나, 현재 공공시설로 사용되고 있는 것이 아니라 주택재개발 중에 있는 경우 사권제한 토지로 볼 수 없을 것이다.

「국토의 계획 및 이용에 관한 법률」 제2조 제7호에 따른 도시계획시설로 지형도면이 고시된 후 10년 이상 장기간 미집행된 토지와 공공시설용 토지로 도시관리계획 결정 및 도시관리계획에 관한 지형도면이 고시되어 있는 경우에 감면대상이 되므로 동시에 적용되는 경우 납세자에게 유리한 것을 적용하면 될 것이다.

> **사례** 당초 매립목적인 항만시설용 부지 사권제한 토지 해당 여부(조심 2022지1196, 2022.12.7.)
> 쟁점토지는 당초 매립목적인 항만시설용 부지로 사용되고 있고, 청구법인에게 이 건 재산세 과세기준일 현재 쟁점토지를 항만시설용으로 사용할 수 없는 법령상 제한이나 행정관청의 건축행위 제한 등과 같은 외부적인 제한이 있다고 보기 어려우므로 처분청이 쟁점토지를 사권제한 토지에 해당하지 아니한 것으로 보아 이 건 재산세를 부과한 처분에는 달리 잘못이 없다고 판단됨.

> **사례** 사권제한 관련 개별법에 의해 지정된 지역으로서 토지를 종래 목적대로 사용할 수 없고 실질적으로 토지를 사용·수익을 할 수 없는 토지 중 제한의 정도가 극히 큰 일부 토지에 대하여만 재산세가 경감되는 것임(지방세운영과-25, 2008.5.27.).

> **사례** 보금자리주택지구에 편입되면서 일반상업지역, 제3종 일반주거지역으로 고시된 전체 토지가 재산세 감면대상이 되는 사권제한토지로 보아야 한다는 청구인의 주장은 인정하기 어렵다고 판단됨(조심 2012지804, 2012.12.28.).

> **사례** 주차장으로 사권제한된 경우 50% 경감 대상임(지방세운영과-1074, 2012.4.6.).
> 주차장의 경우 「국토의 계획 및 이용에 관한 법률」 및 같은 법률 시행령에서 행정청이 설치하는 주차장을 공공시설로 규정하고 있으며 설치 이후에도 계속하여 행정청에서 소유·운영할 것까지 요구하고 있지는 않음. 또한, 노외주차장의 경우 「주차장법」과 같은 법 시행령 및 시행규칙에서 시장·군수·구청장이 설치하도록 규정하면서 토지구획정리사업을 시행할 때 그 시행자에게 일정규모 이상의 노외주차장을 설치할 것을 의무화하고 있으므로 행정청이 토지구획정리사업을 시행하여 사업을 준공하였다면 그 사업지구 내의 노외주차장은 시행자인 행정청이 설치한 것으로 보아야 함. 다음으로, 도시관리계획의 결정 및 지형도면의 고시가 된 토지인지 여부에 대하여 살펴보면, 쟁점토지는 1991.8.19. 주차장으로 도시관리계획의 결정 및 도시관리계획에 관한 지형도면의 고시가 완료되어 현재에 이르기까지 사권제한 상태가 유지되고 있으므로 쟁점토지는 사권제한토지로서 재산세 50% 경감 대상으로 타당할 것임.

> **사례** 도시계획시설은 공용청사시설용이나 다른 용도로 변경 시(행심 2007-0073, 2007.1.1.)
> 관계법령에 의하여 재산세가 비과세 또는 경감되는 토지는 종합합산과세대상에서 제외한다는 규정의 취지는 그 과세대상에 해당하는 다른 토지와도 합산하여 과세표준이 결정될 뿐만 아니라 그 세율에 있어서도 누진세율이 적용되는 점에 비추어 당연히 비과세 및 경감되는 부분은 과세표준에서

제외하고 산정하라는 것이고, 이는 분리과세대상 토지가 비과세 및 경감하는 것과 다르다 할 것이어서 이 사건 토지가 관련법령 상 분리과세대상이 아닌 이상 청구인의 주장을 받아들일 수 없음.

> **사례** 사권이 제한된 상태에 있는 토지에 대하여 일체의 개발행위를 할 수 없다는 전제 아래 고수익이 발생하고 있는 토지라고 보아 감면하지 아니하는 것은 잘못이라고 본 사례(행심 2005－184, 2005.6.27.)
>
> 이 사건 토지의 경우 그 용도지역이 도시지역 내 제2종 일반주거지역으로서 청구인이 1973년에 취득하였으나 1975.12.부터 현재까지 건설부고시로 도시계획시설(학교)결정 및 기적승인 고시되어 있는 상태이고, 이 사건 토지상 골프장용 가설건축물을 축조한 후 임차인에게 연 6억 원을 받고 골프연습장에 제공되고 있는 것을 볼 때, 이 사건 토지는 위 감면조례 등과 같이 약 30년간 사권이 제한된 토지일 뿐만 아니라 회원제 등록 골프장용 토지가 아닌 것이 분명한데도 사권이 제한된 상태에 있는 토지에 대하여 일체의 개발행위를 할 수 없다는 전제 아래 고수익이 발생하고 있는 토지라고 보아 감면하지 아니하고 처분청에서 이 사건 종합토지세 등을 부과한 처분은 잘못이 있음.

2) 추징요건

별도의 추징규정이 없지만 재산세 감면이므로 「지방세특례제한법」 제178조 추징규정이 적용되지 아니한다.

3) 유의사항

① 역세권 도시개발구역의 유보지

유보지 중 공공시설로 도시관리계획 결정 및 도시관리계획에 관한 지형도면이 고시되어 있는 경우 또는 도시계획시설로 지형도면이 고시된 후 10년 이상 장기간 미집행된 경우에는 사권제한 토지에 해당될 것으로 판단된다. 이 경우 재산세가 50% 감면이 될 것이다. 따라서 유보지라고 해서 무조건 감면대상이 되는 것이 아니라 도시관리계획 결정 및 도시관리계획에 관한 지형도면이 고시되어 있어야 감면이 되는 것이다.

「국토의 계획 및 이용에 관한 법률」 제2조 제7호에 따른 도시계획시설은 기반시설 중 도시·군관리계획으로 결정된 시설을 말한다. 유보지로 지형도면이 고시된 후 10년 이상 장기간 미집행된 토지인 경우(이 경우에는 공공시설이 아니더라도 기반시설에 해당하기만 하면 대상이 됨), 공공시설용 토지로 도시관리계획 결정 및 도시관리계획에 관한 지형도면이 고시되어 있는 경우에 사권제한 토지로 감면대상이 되는 것이다. 상기의 요건에 해당하지 아니하는 사권제한 토지는 사권제한되었다는 사유로는 감면대상이 되지 아니할 것이다.

② 하천예정지

하천예정지라고 하더라도 하천으로 도시관리계획 결정 및 도시관리계획에 관한 지형도면이 고시되어 있는 경우 또는 도시계획시설로 지형도면이 고시된 후 10년 이상 장기간 미집행된 경우에는 사권제한토지에 해당될 것으로 판단된다.

사례 사권제한용 토지로 건축허가가 제한되고 있는 경우(조심 2008서3303, 2009.10.28.)

이 건 토지가 사권제한용 토지로서 도시계획상 건축허가가 제한되고 있다는 사유로 이 건 토지 전체에 대하여 종합부동산세를 경감하여 달라는 청구인의 주장은 받아들일 수 없다 할 것이므로 처분청에서 이 건 토지 중 경감대상 토지를 제외한 잔여 토지에 대하여 이를 종합합산 과세대상 토지로 분류하여 이 건 종합부동산세 등을 결정고지한 것은 잘못이 없다 할 것임.

③ 행정청이 설치하는 주차장

「국토의 계획 및 이용에 관한 법률」 제2조 제13호에 따른 공공시설을 위한 토지에서 행정청이 설치하는 주차장이 있는데, 이는 토지 소유주가 행정청인 지방자치단체가 아니라 타인인 경우로서 개인적으로 사용할 수 있는 권리가 제한되어 있는 토지를 말하는 것이다.

④ 세목고시 면적과 지형도면 면적이 다른 경우

지형도면의 고시가 된 토지의 경우 해당 부분에 대하여 재산세를 감면하는 것으로 규정되어 있으므로 지형도면의 면적만 감면대상이 될 것이다.

⑤ 도시자연공원

'공공시설을 위한 토지'란 「국토의 계획 및 이용에 관한 법률」 제2조 제13호의 도로·공원·철도·수도 등의 설치를 위한 토지로 보아야 하므로 여기에서 '공원'이란 「도시공원 및 녹지 등에 관한 법률」 제15조 제1항 각 호의 생활권공원과 주제공원으로 한정하는 것이 타당하다고 할 것이므로 도시자연공원구역은 공공시설을 위한 토지에 해당되지 않는다고 보이는 점, 「국토의 계획 및 이용에 관한 법률」의 관리 부처인 구 국토해양부장관도 도시자연공원 구역은 도시계획시설 및 공공시설에 해당되지 않는다고 해석한 점 등에 비추어 사권제한토지에 해당되지 아니한다고 할 것이다(조심 2015지997, 2015.10.16.).

(3) 「철도안전법」에 의한 건축제한 토지에 대한 감면(지특법 §84 ③)

1) 감면요건

① 감면대상자

「철도안전법」 제45조에 따라 건축 등이 제한된 토지 소유자

② 감면대상 및 감면범위

「철도안전법」 §45에 따라 건축 등이 제한된 토지(해당 부분으로 한정)	재산세 50% 경감 (도시지역분 제외)

☞ 감면시한 : 2027.12.31.

2) 추징요건

별도의 추징규정이 없으며, 재산세 감면이므로 「지방세특례제한법」 제178조 추징규정이 적용되지 아니한다.

3) 철도예정부지 범위

철도예정부지는 철도부지에 포함되지 아니할 것이다. 「철도안전법」 제45조에 따른 철도보호지구에 해당될 것으로 보여진다. 철도보호지구의 효력은 「철도건설법」 제16조에 따른 철도사업의 준공확인이 완료된 시점부터 그 효력이 발생하므로(국토해양부 철도기술안전과-57호, 2012.1.5. 참조) 철도보호지구의 임야에 대한 분리과세는 효력이 발생하는 철도사업의 준공완료 시점부터 적용하는 것이다(지방세운영과-282, 2012.1.26.).

이 규정에서 '철도'라 함은 「철도산업발전기본법」 제3조 제1호의 규정에 의한 철도를 말한다라고 규정되어 있고, 「철도산업발전기본법」 제2조에 따르면 "1. 국가 및 「한국고속철도건설공단법」에 의하여 설립된 한국고속철도건설공단(이하 "고속철도건설공단"이라 한다)이 소유·건설·운영 또는 관리하는 철도 2. 제20조 제3항의 규정에 의하여 설립되는 한국철도시설공단 및 제21조 제3항의 규정에 의하여 설립되는 한국철도공사가 소유·건설·운영 또는 관리하는 철도"이어야 할 것이다.

「철도안전법」 제45조에 따라 건축 등이 제한된 토지란 철도보호지구 안에 있는 모든 토지를 의미하는 것이 아니라, 철도보호지구 안에 있는 토지에서 건축물의 신축 등의 행위를 하려는 자가 국토교통부장관 등에게 신고하였다가, 국토교통부장관 등으로부터 철도차량의 안전운행 및 철도보호를 위하여 그 행위의 금지 또는 제한을 명령받은 토지를 의미하는 것으로 보아야 한다. 토지 중 일부가 철도보호지구 안에 위치하고 있더라도 철도차량의 안전운행 및 철도보호를 위하여 건축물의 신축 등 행위의 금지 또는 제한을 명령받은 사실이 없는 경우 건축 등이 제한된 토지에 해당한다고 볼 수 없다(감심 2015-243, 2015.6.25. 참조). 그리고 철도보호지구에 편입된 부지가 건축 등이 제한된 경우에는 그 제한된 부지분에 대하여만 감면대상이 되는 것이다. 일부가 편입된 경우 그 부분은 사권제한이 된 것으로 판단된다(편입된 부지 중에 건축물이 있다고 하더라도 증축, 굴착 등을 할 수 없는바, 사권제한된 토지로 보아야 할 것임). 편입된 것 자체가 사권제한(편입된 부지 중에 건축물이 있다고 하더라도 증축, 굴착 등을 할 수 없기 때문임)이 된 것으로 보아야 한다는 것이다. 즉 사실상 제한이 되어야만 되는 것은 아니라고 판단된다.

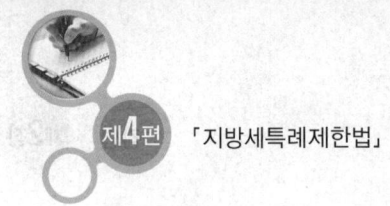
제8절 공공행정 등에 대한 지원

❶ 한국법무보호복지공단 등에 대한 감면(지특법 §85)

(1) 한국법무보호복지공단 등에 대한 감면(지특법 §85 ①)

1) 감면요건

① 감면대상자

「보호관찰 등에 관한 법률」에 따른 한국법무보호복지공단 및 같은 법에 따라 갱생보호사업의 허가를 받은 비영리법인

② 감면대상 및 감면범위

갱생보호사업에 직접 사용하기 위하여 취득하는 부동산	취득세 25% 경감 (2021년 50%, 2020년 이전 면제)
과세기준일 현재 그 사업에 직접 사용하는 부동산	재산세 25% 경감 (2021년 50%, 2020년 이전 면제) (2020년 이전 도시지역분 포함)

☛ 감면시한 : 2025.12.31.
☛ 최소납부제 적용 시기 : 2016.1.1. 이후
☛ 농어촌특별세 과세 여부 : 취득세분 농어촌특별세 과세. 취득세 경감분(면제분) 농어촌특별세 비과세(농특령 §4 ⑦ 5)

2) 추징요건

별도의 추징규정이 없는바, 「지방세특례제한법」 제178조에 따라 다음 어느 하나에 해당하는 경우 그 해당 부분에 대해서는 감면된 취득세를 추징한다.
① 정당한 사유 없이 그 취득일부터 1년이 경과할 때까지 해당 용도로 직접 사용하지 아니하는 경우
② 해당 용도로 직접 사용한 기간이 2년 미만인 상태에서 매각·증여하거나 다른 용도로 사용하는 경우

(2) 민영교도소 등에 대한 감면(지특법 §85 ②)

1) 감면요건

① 감면대상자

「민영교도소 등의 설치·운영에 관한 법률」 제2조 제4호에 따른 민영교도소등

② 감면대상 및 감면범위

민영교도소등을 설치·운영하기 위하여 취득하는 부동산	취득세 50% 경감
과세기준일 현재 민영교도소등에 직접 사용하는 부동산	재산세 50% 경감 (도시지역분 제외)

☞ 감면시한 : 2014.12.31.
☞ 2013년까지 취득세와 재산세 모두 75% 경감하였음.
☞ 농어촌특별세 과세 여부 : 취득세분과 취득세 경감분 농어촌특별세 과세

2) 추징요건

별도의 추징규정이 없는바, 「지방세특례제한법」 제178조에 따라 다음 어느 하나에 해당하는 경우 그 해당 부분에 대해서는 감면된 취득세를 추징한다.
 ① 정당한 사유없이 그 취득일부터 1년이 경과할 때까지 해당 용도로 직접 사용하지 아니하는 경우
 ② 해당 용도로 직접 사용한 기간이 2년 미만인 상태에서 매각·증여하거나 다른 용도로 사용하는 경우

❷ 지방공기업 등에 대한 감면(지특법 §85-2)

(1) 지방공사에 대한 감면(지특법 §85-2 ①)

1) 감면요건

① 감면대상자

「지방공기업법」 제49조에 따라 설립된 지방공사

② 감면대상 및 감면범위

그 설립 목적과 직접 관계되는 사업(그 사업에 필수적으로 부대되는 사업 포함. "목적사업")(2019년 이전은 그 고유업무)에 직접 사용하기 위하여 취득하는 부동산	취득세 50% × 지자체 투자지분율 (2019년 이전 소유지분율) 경감[주1]
법인등기(2019년 이전만)	등록면허세 50% × 지자체 투자지분율(2019년 이전 소유지분율) 경감[주1]
과세기준일 현재 그 목적사업(2019년 이전은 그 고유업무)에 직접 사용하는 부동산	재산세 50% × 지자체 투자지분율 (2019년 이전 소유지분율) 경감[주1] (2019년 이전 도시지역분 포함)
「지방공기업법」 §2 ① 7 및 8에 따른 사업용 부동산 중 택지개발사업지구 및 단지조성사업지구에 있는 부동산으로서 관계법령에 따라 국가 또는 지방자치단체에 무상으로 귀속될 공공시설물 및 그 부속토지와 공공시설용지("공공시설물 등", 2014.1.1. 이후 적용)[주2]	재산세 면제 (2019년 이전 도시지역분 포함)

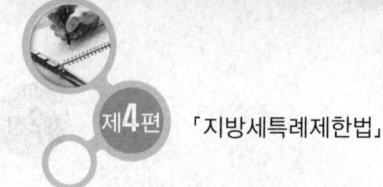
- 감면시한 : 2025.12.31.(네 번째 단은 2027.12.31.)
- 최소납부제 적용 시기 : 지방공기업 등의 택지개발용 토지 등 중 국가 등에 무상으로 귀속될 공공시설물 및 그 부속토지와 공공시설용지에 대한 감면은 최소납부제 배제
- 농어촌특별세 과세 여부 : 취득세분 농어촌특별세 과세. 취득세 경감분과 등록면허세 경감분 농어촌특별세 비과세(농특령 §4 ⑦ 5)
- 지자체 투자비율

  다음 구분에 따른 비율을 말함.

  ① 「지방공기업법」 §49에 따라 설립된 지방공사("지방공사")에 대한 투자비율로, 지방공사의 자본금에 대한 지방자치단체의 출자금액(둘 이상의 지방자치단체가 공동으로 설립한 경우에는 각 지방자치단체의 출자금액을 합한 금액)의 비율〔다만, 지방공사가 「지방공기업법」 §53 ③에 따라 주식을 발행한 경우에는 해당 발행 주식 총수에 대한 지방자치단체의 소유 주식(같은 조 §4에 따라 지방자치단체가 출자한 것으로 보는 주식을 포함) 수(둘 이상의 지방자치단체가 주식을 소유하고 있는 경우에는 각 지방자치단체의 소유 주식 수를 합한 수)의 비율〕

  ② 「지방자치단체 출자·출연 기관의 운영에 관한 법률」 §5에 따라 지정·고시된 출자·출연기관("지방출자·출연기관")에 대한 투자비율〔지방출자·출연기관의 자본금 또는 출연금에 대한 지방자치단체의 출자·출연금액(같은 법 §4 ②에 따라 지방자치단체가 출자하거나 출연한 것으로 보는 금액을 포함하며, 둘 이상의 지방자치단체가 출자·출연한 경우 각 지방자치단체의 출자·출연금액을 합한 금액)의 비율〕

- 지자체 소유지분율 = 지자체 소유주식수 / 발행주식총수

  지자체 소유주식 : 「지방공기업법」 §53 ④에 따라 지방자치단체가 출자한 것으로 보는 주식 포함

- 재산세를 면제하는 "공공시설물 및 그 부속토지와 공공시설용지"의 범위

  공용청사·도서관·박물관·미술관 등의 건축물과 그 부속토지 및 도로·공원 등으로 함(이 경우 공공시설용지의 범위는 해당 사업지구의 실시계획 승인 등으로 공공시설용지가 확정된 경우에는 확정된 면적으로 하고, 확정되지 아니한 경우에는 해당 사업지구 총면적의 45%(산업단지조성사업의 경우 35%)에 해당하는 면적으로 함)(지특령 §41-2, §6).

- (주1) 50%(2013년 75%) 범위에서 조례로 따로 정하는 경우에는 그 율로 함.
- (주2) 2025년 이후 국가 또는 지방자치단체에 무상으로 귀속될 공공시설물 등의 반대급부로 국가 또는 지방자치단체가 소유하고 있는 부동산 또는 사회기반시설을 무상으로 양여받거나 해당 공공시설물 등의 무상사용권을 제공받는 경우 50% 경감

직접 사용의 범위는 부동산의 소유자가 사업목적과 취득목적을 고려하여 그 실제의 사용관계를 기준으로 객관적으로 판단하면 된다고 할 것이고(대법원 2018.10.4. 선고, 2018두46643 판결), 대법원도 ○○도시공사가 ○○신항개발사업과 관련하여 공유수면매립, 항만 및 배후부지 조성공사를 준공하여 취득 후 대한민국 및 ○○항만공사에게 그 소유권을 이전하였지만, 이는 납세자의 고유업무 수행을 위한 일련의 행위로 사업의 수행 자체에 해당되므로 직접 사용으로 인정하여 취득세 감면대상이라고 판단한 바 있다(대법원 2013.10.31. 선고, 2013두14580 판결). 이와 같이 지방공사가 건축한 주택을 일반에게 분양하여 소유권이 이전된다 할지라도 이는 지방공사의 설립목적에 부합하는 것으로 고유업무 수행을 위한 일련의 행위이므로 직접 사용에 해당된다(지방세특례제도과-1734, 2019.12.31.). 한편, 지방공사가 임대주택과 함께 신축한 부속 근린생활시설(상가)과 사옥 건축물 내 상가를 설립 목적과 직접 관계되는 사업 및 그 사업에 필수적으로 부대되는 사업이 아닌 제3자에게 임대한 경우에는 지방세 감면대상에 해당되지 않는다(지방세특례제도과-1606, 2021.7.7.).

'직접 사용'의 주체를 구분하지 아니할 경우 제3자 임대 등 다른 수익적 방법이 있는 경우까지 과도한 감면 혜택으로 이어지는 불합리한 점이 있어 이 경우에는 특례를 제한하여 취득세를 감면하고자 하는 입법의 취지에 맞추고자 그 사용의 주체를 명확히 하고자 함에 있다고 할 것(대법원

2019.4.5. 선고, 2018두65996 판결, 같은 뜻임)이며, 이는 임대사업에 대하여는 「지방세특례제한법」 제31조에서와 같이 임대주택 등에 대한 감면 등으로 별도의 감면 특례 규정을 두고 있는 점을 보더라도 명확하다고 할 것인바, 지방공사의 법인 정관 등에 임대사업이 해당 목적사업으로 규정되어 있다고 하더라도 그 임대가 지방공사의 설립 목적과 직접 관계되는 사업 및 그 사업에 필수적으로 부대되는 사업에 해당되지 않는 등 그 취득자가 현실적인 사용주체로서 자신의 목적사업에 사용하지 않은 경우라면 그 고유업무에 "직접 사용"한 것으로 볼 수 없다(조심 2023지0158, 2024. 1.11.).

2) 추징요건

별도의 추징규정이 없는바, 「지방세특례제한법」 제178조에 따라 다음 어느 하나에 해당하는 경우 그 해당 부분에 대해서는 감면된 취득세를 추징한다.

① 정당한 사유 없이 그 취득일부터 1년이 경과할 때까지 해당 용도로 직접 사용하지 아니하는 경우
② 해당 용도로 직접 사용한 기간이 2년 미만인 상태에서 매각·증여하거나 다른 용도로 사용하는 경우

> **사례** 지방공사의 직접 사용하는 부동산 여부(지방세운영과-1075, 2013.6.17.)
>
> 취득 당시부터 특수목적회사에 소유권을 이전하여 사업을 추진하도록 계획되어 있어 공사가 취득 주체로서 고유업무에 "직접" 사용할 목적으로 취득하는 부동산에 해당되지 아니한 점, 직접 사용 유예기간도 취득일부터 1년 이내까지이나 특수목적회사에 소유권이전하는 1년 2개월이 지날 때까지 공사에 착공 등 직접 사용한 사실이 없는 점, 또한 해당 토지의 특수목적회사에 소유권이전은 취득 당시부터 이미 계획되어 있었던 바, 취득 이후 예측못한 사정 또는 법령상 장애 사유 등의 '정당한 사유'로 보기도 어렵다는 점 등을 종합적으로 고려해 볼 때, 해당 토지는 지방공사가 직접 사용하는 부동산에 해당된다고 보기는 어렵다고 할 것임.

> **사례** 임대주택을 건설하여 세입자에게 임대할 경우(지방세운영과-1398, 2012.5.4.)
>
> 「지방공기업법」 제49조에 따라 주택사업 또는 토지개발사업을 목적으로 설립된 법인인 점, 주택사업의 하나인 임대주택사업 자체가 임대를 전제로 하고 있는 사업인 점 등을 고려할 때 ○○지방공사가 임대주택을 건설하여 과세기준일 현재 임대용으로 제공하고 있더라도 해당 임대주택은 ○○지방공사가 고유업무에 직접 사용하는 부동산으로 보아야 하며, 부칙조항의 입법 취지 및 「건축물의 분양에 관한 법률」 등을 종합적으로 고려할 때 "분양한"이란 "분양계약을 체결한" 경우로 보는 것이 타당하다고 판단됨.

> **사례** 비록 지방공사의 법인정관 등에 임대사업이 해당 목적사업으로 규정되어 있다고 하더라도, 취득의 주체인 지방공사가 그 시설의 사용주체로서 자신의 목적사업에 사용하지 않은 경우라면 위 규정 고유업무에 "직접 사용"으로 볼 수 없다고 할 것임(지방세운영과-3772, 2011.8.8.).

(2) 지방공단에 대한 감면(지특법 §85-2 ②)

1) 감면요건

① 감면대상자

「지방공기업법」 제76조에 따라 설립된 지방공단

② 감면대상 및 감면범위

그 설립 목적과 직접 관계되는 사업(그 사업에 필수적으로 부대되는 사업 포함. "목적사업")(2019년 이전은 그 고유업무)에 직접 사용하기 위하여 취득하는 부동산	취득세 100% 경감[주]
법인등기(2019년 이전만)	등록면허세 100% 경감[주]
과세기준일 현재 그 목적사업(2019년 이전은 그 고유업무)에 직접 사용하는 부동산	재산세 100% 경감[주] (2019년 이전 도시지역분 포함)

- 감면시한 : 2025.12.31.
- 최소납부제 적용 시기 : 2020.1.1. 이후
- 농어촌특별세 과세 여부 : 취득세분 농어촌특별세 과세. 취득세 경감분과 등록면허세 경감분 농어촌특별세 비과세(농특령 §4 ⑦ 5)
- (주) 100% 범위에서 조례로 따로 정하는 경우에는 그 율로 함.
  제주도의 경우 도세 감면조례에 의하면 취득세 50% 경감, 등록면허세 50% 경감, 재산세 50% 경감.

> **사례** 시설관리공단의 고유업무에 부동산임대업 포함 여부(내심 97-43, 1997.4.1.)
>
> 법인의 고유업무를 규정하고 있는 「서울특별시 시설관리공단 설치 조례」 제14조 서울특별시시설관리공단 정관 제24조 및 법인등기부상의 목적사업은 지하철 2호선 을지로구간 지하도 및 지하상가운영 시의회 의결을 받은 서울시 관할 시설물 및 지하상가의 관리 등으로 규정되어 있어 부동산임대사업은 법인의 고유목적사업이 아님이 명백하다 하겠음.

2) 추징요건

별도의 추징규정이 없는바, 「지방세특례제한법」 제178조에 따라 다음 어느 하나에 해당하는 경우 그 해당 부분에 대해서는 감면된 취득세를 추징한다.

① 정당한 사유 없이 그 취득일부터 1년이 경과할 때까지 해당 용도로 직접 사용하지 아니하는 경우

② 해당 용도로 직접 사용한 기간이 2년 미만인 상태에서 매각·증여하거나 다른 용도로 사용하는 경우

(3) 지자체 출자법인 등에 대한 감면(지특법 §85-2 ③)

1) 감면요건

① 감면대상자

「지방자치단체 출자·출연 기관의 운영에 관한 법률」 제5조에 따라 지정·고시된 출자·출연 기관("지방출자·출연기관")[2019년 이전은 지방자치단체가 설립 당시에 자본금 또는 재산을 출연하여 설립한 「상법」에 따른 주식회사 또는 「민법」에 따른 재단법인(2016년 이전은 '설립 당시에' 내용은 없음)]

② 감면대상 및 감면범위

그 설립 목적과 직접 관계되는 사업(그 사업에 필수적으로 부대되는 사업 포함. "목적사업")(2019년 이전은 그 고유업무)에 직접 사용하기 위하여 취득하는 부동산	취득세 50% × 지자체 투자지분율 (2019년 이전 소유지분율) 경감[주]
법인등기(2019년 이전만)	등록면허세 50% × 지자체 투자지분율 (2019년 이전 소유지분율) 경감[주]
과세기준일 현재 그 목적사업(2019년 이전은 그 고유업무)에 직접 사용하는 부동산	재산세 50% × 지자체 투자지분율 (2019년 이전 소유지분율) 경감[주] (2019년 이전 도시지역분 포함)

☞ 감면시한 : 2025.12.31.

☞ 농어촌특별세 과세 여부 : 취득세분 농어촌특별세 과세, 취득세 경감분과 등록면허세 경감분 농어촌특별세 비과세(농특령 §4 ⑦ 5)

☞ 지자체 투자비율

「지방공기업법」 §49에 따라 설립된 지방공사("지방공사") 또는 「지방자치단체 출자·출연 기관의 운영에 관한 법률」 §5에 따라 지정·고시된 출자·출연기관("지방출자·출연기관")의 자본금(「민법」 또는 「공익법인의 설립·운영에 관한 법률」에 따라 설립된 재단법인의 경우에는 출연재산의 총액을 말함)에 대한 지방자치단체 출자·출연금액(둘 이상의 지방자치단체가 공동으로 출자·출연한 경우 각 지방자치단체 출자·출연금액을 합한 금액)의 비율을 말하며, 지방공사 또는 지방출자·출연기관이 관계 법률에 따라 주식을 발행한 경우에는 해당 발행주식의 총수에 대한 지방자치단체 소유주식 수(주식을 소유한 지방자치단체가 둘 이상인 경우 각 지방자치단체 소유주식의 수를 합한 것을 말함)의 비율을 말함. 이에 따라 지방자치단체 투자비율을 산정할 때에 지방공사가 「지방공기업법」 §53 ④에 따라 지방자치단체가 설립한 다른 지방공사로부터 출자를 받은 경우 및 지방출자·출연기관이 「지방자치단체 출자·출연 기관의 운영에 관한 법률」 §4 ②에 따라 지방자치단체가 설립한 다른 출자·출연기관(지방공사 포함)으로부터 출자·출연 받은 경우 해당 주식이나 출자·출연받은 부분에 대해서는 해당 지방자치단체가 소유하거나 출자·출연한 것으로 보아 비율을 산정함.

☞ 지자체 소유지분율 = 지자체 소유주식수 / 발행주식총수 또는 지자체 출연재산 / 출연받은 재산총액

지방자치단체의 소유주식 : 지방자치단체가 설립한 지방공사가 출자한 주식은 그 지방자치단체가 출자한 것으로 보며, 지방자치단체가 설립한 지방공사가 출연한 재산은 그 지방자치단체가 출연한 것으로 봄.

☞ (주) 50%(2013년 75%) 범위에서 조례로 따로 정하는 경우에는 그 율로 함.

2) 추징요건

별도의 추징규정이 없는바, 「지방세특례제한법」 제178조에 따라 다음 어느 하나에 해당하는 경우 그 해당 부분에 대해서는 감면된 취득세를 추징한다.

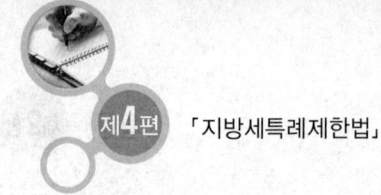

① 정당한 사유 없이 그 취득일부터 1년이 경과할 때까지 해당 용도로 직접 사용하지 아니하는 경우
② 해당 용도로 직접 사용한 기간이 2년 미만인 상태에서 매각·증여하거나 다른 용도로 사용하는 경우

3) 유의사항

「지방공기업법」에 따라 설립된 지방공사(농수산물공사 및 도시철도공사 제외)와 지방공단 및 지방자치단체가 자본금 또는 재산을 출연하여 설립한 「상법」에 따른 주식회사 또는 「민법」에 따른 재단법인에 대하여만 「지방세특례제한법」 제85조의 2【지방공기업 등에 대한 감면】 규정이 적용되는 것이다. 따라서 「지방공기업법」에 의한 지방공기업이라 하더라도 이에 해당하여야 감면대상이 되는 것이다.

2017년 이후 "설립 당시에 자본금 또는 재산을 출연하여 설립한 「상법」에 따른 주식회사 또는 「민법」에 따른 재단법인"으로 규정되어 있어서 한국가스공사, 한국전력공사, 한국지역난방공사는 지방자치단체가 출자 등을 하고 있더라도 지방공기업에 해당되지 않아 감면이 되지 아니한다.

그런데 2016년 이전에는 지방자치단체가 출자·출연한 법인의 공익적 성격을 고려하여 재산세 등을 감면함으로써 재정적 부담을 완화하고 지방자치단체의 경제·사회 정책 등에 부응하는 데에 취지가 있다. 그리고 특별법에 의하여 설립되는 법인에 대한 국가나 지방자치단체의 출자·출연 의무는 특별법의 관련 규정에 따라 미리 확정되고, 다만 실제 출자·출연행위는 관계기관의 업무 협의, 예산 상황 등을 고려하여 법인의 설립과는 별도의 절차에 따라 진행되는 것으로 보인다. 이러한 사정 등을 종합하면, 감면조항에서 규정한 출자법인에는 지방자치단체의 출자·출연이 설립 시에 이루어진 법인뿐 아니라, 특별법의 관련 규정에서 예정하고 있던 지방자치단체의 출자·출연이 설립 후에 이루어진 법인도 포함된다. 또한 감면조항이 출자법인을 구 「지방공기업법」(2014.3.24. 법률 제12507호로 개정되기 전의 것, 이하 같다)에 따라 설립된 법인으로 한정하고 있지 아니하고, 단지 종전에 조례에서 정하였던 지방공기업 등에 대한 지방세 감면을 법률로 정하면서 감면한도를 축소한 것으로 보이므로, 이러한 사정 등을 고려하면, 감면조항에서 규정한 출자법인이 구 「지방공기업법」에 따라 설립·운영되는 지방공기업으로 한정된다고 할 수도 없다(대법원 2015두43346, 2015.12.23.). 이에 대하여 이 대법원판결 이전에는 「상법」 제2조에서 공법인의 상행위에 대하여는 법령에 다른 규정이 없는 경우에 한하여 본법을 적용한다고 규정하고 있지만, "한국가스공사는 지방자치단체와 국가가 출자한 법인이지만 「한국가스공사법」에 의한 특별법인으로서 「상법」에 따른 주식회사로 볼 수 없으므로 감면대상이 되지 아니하는 것으로, 국가 출자비율에 대해서는 과세하여야 할 것이고 지자체의 출자비율에 대해서도 과세하여야 할 것이다"라고 해석(지방세운영과-2308, 2012.7.19. 참조)하여 왔었다.

한편, 한국가스공사에 가스관(특별시·광역시에 있는 가스관 제외)은 「지방세특례제한법」 제61조【도시가스사업 등에 대한 감면】 규정에 의한 취득세와 재산세 50% 감면규정이 적용되는 것이다.[303]

한국지역난방공사는 「상법」에 따른 주식회사 아님(지방세운영과 – 2308, 2012.7.19.)

한국지역난방공사는 집단에너지사업의 합리적 운영, 에너지절약과 국민생활의 편익증진에 이바지하는 등을 목적으로 하는 「집단에너지사업법」 제29조에 근거하여 설립된 공공법인이라고 할 것이고, 「상법」 제2조에 비추어 「집단에너지사업법」은 「상법」의 특별법에 해당된다고 할 것이므로 비록, 지방자치단체의 출자금(10.4%)이 있다고 하더라도 한국지역난방공사의 경우 특별법인 「집단에너지사업법」에 근거한 특별법인이라고 할 것이므로 「상법」에 따른 주식회사로 볼 수 없음.

☞ 대법원판결에 의하여 이 해석과 조세심판원 심판례(조심 2015지1799, 2015.12.23.)는 실효되었음.
「집단에너지사업법」 제44조 【「상법」의 준용】
공사에 관하여 이 법과 「공공기관의 운영에 관한 법률」에서 규정한 사항 외에는 「상법」 중 주식회사에 관한 규정을 준용한다. 다만, 「상법」 제292조는 준용하지 아니한다.

③ 주한미군 임대용 주택 등에 대한 감면(지특법 §86)

1) 감면요건

① 감면대상자

한국토지주택공사

② 감면대상 및 감면범위

주한미군에 임대하기 위하여 취득하는 임대주택용 부동산	취득세 면제
과세기준일 현재 주한미군 임대주택용 부동산	재산세 50% 경감 (도시지역분 제외)

☞ 감면시한 : 2016.12.31.
☞ 최소납부제 적용 시기 : 2016.1.1. 이후
☞ 농어촌특별세 과세 여부 : 취득세 면제분 농어촌특별세 과세

2) 추징요건

별도의 추징규정이 없는바, 「지방세특례제한법」 제178조에 따라 다음 어느 하나에 해당하는 경우 그 해당 부분에 대해서는 감면된 취득세를 추징한다.
① 정당한 사유 없이 그 취득일부터 1년이 경과할 때까지 해당 용도로 직접 사용하지 아니하는 경우
② 해당 용도로 직접 사용한 기간이 2년 미만인 상태에서 매각·증여하거나 다른 용도로 사용하는 경우

---

303) 「한국가스공사법」 제18조 【다른 법률과의 관계】
③ 공사에 관하여 이 법, 「공공기관의 운영에 관한 법률」 및 「공기업의 경영구조개선 및 민영화에 관한 법률」에 규정된 것을 제외하고는 「상법」 중 주식회사에 관한 규정을 적용한다. 다만, 「상법」 제292조는 적용하지 아니한다.

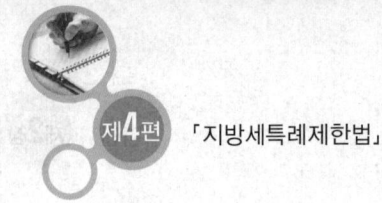

4 새마을금고 등에 대한 감면(지특법 §87)

(1) 신용협동조합에 대한 감면(지특법 §87 ①)

1) 감면요건

① 감면대상자

「신용협동조합법」에 따라 설립된 신용협동조합 및 신용협동조합중앙회

② 감면대상 및 감면범위

신용협동조합(중앙회 제외)이 「신용협동조합법」 §39 ① 1·2 및 4의 업무에 직접 사용하기 위하여 취득하는 부동산	취득세 면제
신용협동조합(중앙회 제외)이 과세기준일 현재 그 업무에 직접 사용하는 부동산	재산세 면제 (도시지역분 제외) 주민세 재산분 50% 경감 (2014년 이전만 적용)
신용협동조합중앙회가 같은 법 §78 ① 1 및 2의 업무에 직접 사용하기 위하여 취득하는 부동산(2017년 이전만 적용)	취득세 25%(2014년 이전 50%) 경감
신용협동조합중앙회가 같은 법 §78 ① 5의 신용사업에 직접 사용하기 위하여 취득하는 부동산(2014년 이전만 적용)	취득세 25% 경감
신용협동조합중앙회가 과세기준일 현재 그 사업에 직접 사용하는 부동산(2016년, 2017년만 적용)	재산세 25% 경감 (도시지역분 제외)

☞ 감면시한 : 2026.12.31.
☞ 최소납부제 적용 시기 : 2018.1.1. 이후
☞ 농어촌특별세 과세 여부 : 취득세분과 취득세 면제분(경감분) 농어촌특별세 과세

신용협동조합의 목적사업은 법인등기부와 신용협동조합법령에서 신용사업, 조합원을 위한 공제사업 이외에 복지사업, 기타 부대사업 등을 정하고 있으나, 지방세 감면대상은 「지방세특례제한법」에서 신용사업과 복지사업 및 조합원의 경제적·사회적 지위향상을 위한 교육업무에 직접 사용하기 위하여 취득하는 부동산으로 규정하고 있으므로 조합원을 위한 편의사업이나 신용사업 등의 조합원의 복리향상(「신용협동조합법」 제39조 제1항 제2호 복리사업)을 위하여 조합복지회관을 신축하여 조합원만의 복지향상을 위하여 사용하는 것이라면 감면대상이 된다.

2) 추징요건

① 추징사유

별도의 추징규정이 없는바, 「지방세특례제한법」 제178조에 따라 다음 어느 하나에 해당하는 경우 그 해당 부분에 대해서는 감면된 취득세를 추징한다.

㉠ 정당한 사유 없이 그 취득일부터 1년이 경과할 때까지 해당 용도로 직접 사용하지 아니하는

경우

ⓛ 해당 용도로 직접 사용한 기간이 2년 미만인 상태에서 매각·증여하거나 다른 용도로 사용하는 경우

② 해산 등으로 문을 닫은 경우 추징 사유

취득일로부터 1년 이내에 고유목적에 사용하던 중에 해산등기를 하였다고 하여 매각 등 다른 용도로 사용한 것으로 볼 수 없을 것이므로 다른 용도로 사용함이 없이 해산으로 잠시 동안 고유 목적사업 사용이 중단된 것 자체로만 추징대상이 되지 아니할 것이나, 추후 청산절차를 통하여 매각하는 경우에는 추징대상이 될 것으로 판단된다. 다만, 해산(청산)의 사유가 외부적인 요인 (법령 등)으로서 정당한 사유에 해당할 경우에는 추징이 되지 아니할 것이다.

3) 유의사항

① 주유소 운영

신용협동조합이 「신용협동조합법」에서 규정하고 있는 복지사업의 일환으로 주유소를 허가받아 운영하면서 이용현황이 다수의 조합원이 이용하고 있고, 일부만 일반인이 이용하고 있더라도 일반 주유소시설과 마찬가지로 조합원·비조합원 구분없이 불특정다수인을 상대로 영업을 함으로써 일반인의 이용에 아무런 제한이 없다고 한다면 이는 「신용협동조합법」 제39조 제1항 제1호·제2호 및 제4호의 규정에 의한 업무에 직접 사용하기 위하여 취득한 부동산이라고 보기 어려우므로 취득세 등이 감면되지 않는 것이다(지방세정팀-189, 2005.12.22., 행심 제2004-333호, 2004.10.27.).

② 도매사업 업무시설

「신용협동조합법 시행령」에서 비조합원의 이용에 대한 특별한 규정을 두고 있지는 아니하나 해당 가스충전소의 매출액 중 조합원 비중이 전체의 74.7%에 달하고, 조합원에 대한 매출액의 일부를 조합원에게 판매장려금으로 환급하고 있음을 볼 때 비조합원에 대하여 사실상의 가격차별을 하고 있다고 할 수 있으므로, 이 가스충전소는 「신용협동조합법」 제39조 제1항 제2호에서 규정한 신용협동조합의 복지사업에 직접 사용하는 부동산에 해당한다고 보아 취득세 면제대상이라고 보는 것이 타당하다(지방세정팀-2653, 2006.6.27.)라고 해석하고 있지만, 유권해석에 따르면 도매사업 업무시설은 비조합원도 사용하고 있다는 점에서 수익사업을 영위하는 것으로 보아 감면대상이 되지 아니할 것이다.

③ 커피전문점, 예식장, 장례식장 및 경매장

신용협동조합이 예식장 등의 생활편의시설을 설치·운영하는 사업에 사용하기 위하여 취득하는 부동산이 취득세 등의 면제 대상에 해당하기 위해서는 그 사업의 주된 목적이 조합원의 경제적·사회적 지위를 향상시키는 데 있어야 하고, 위 요건을 충족하는지는 이용대상자 중 조합원이 차지하는 비율, 조합원과 비조합원 사이의 이용요금이나 이용조건의 차이 유무, 이용요금의 수준, 해당

생활편의시설의 설치 및 운영의 필요성 등을 종합적으로 고려하여 객관적으로 판단하여야 한다.

> **사례** 커피전문점이 고유목적사업에 해당되는지 여부(조심 2018지3268, 2019.5.30.)

청구법인의 조합원이 아닌 일반이용자들이 많을 것으로 보이고, 일반이용자들이 쟁점커피전문점을 이용함에 있어 어떠한 제약도 없는 점, 조합원에 대한 할인 제공 혜택은 이와 유사하거나 더 큰 폭의 할인을 제공하는 타 신용카드사의 제휴카드를 소지한 비조합원에 비하여 크다고 보기 어려운 점, 설령 커피전문점의 개설이 복합점포 구성의 일환으로서 금융영업점의 활성화에 일부 기여를 하고 있다고 하더라도 그러한 사실만으로 쟁점커피전문점의 운영이 청구법인의 고유목적사업인 조합원에 대한 복지사업에 해당한다고 보기는 어려움.

> **사례** 예식장 사업이 복지사업에 직접 사용 부동산인지 여부(대법원 2010두23668, 2013.5.9.)

원고가 운영하는 이 사건 예식장은 사실상 불특정 다수를 대상으로 하여 운영되고 있고 실제 이용자 중 상당수는 이 사건 예식장의 이용만을 목적으로 조합원 자격을 취득한 것으로 보이며, 조합원과 비조합원 사이의 이용요금이나 이용조건의 차이도 미미하고, 그 이용요금도 인근 예식장과 비슷하며, 주변에 이미 다수의 다른 예식장들이 있어 특별히 조합원들을 위하여 예식장을 설치·운영할 필요성이 크다고 할 수도 없으므로, 결국 원고가 이 사건 예식장을 설치·운영하는 사업은 그 주된 목적이 조합원의 경제적·사회적 지위를 향상시키는 데 있다고 볼 수 없다. 따라서 이 사건 부동산은 구 「지방세법」 제272조 제3항에서 말하는 「신용협동조합법」 제39조 제1항 제2호의 복지사업에 직접 사용하기 위하여 취득하는 부동산에 해당한다고 보기 어려움.

> **사례** 장례식장 등으로 사용하는 경우(행심 2002 - 303, 2002.8.26.)

장례식장으로 사용하는 건축물의 경우 2002.4.30.부터 8.15.까지 사용실태를 보면 총 89회가 사용되었는데 조합원이 이용한 것이 76회, 비조합원이 이용한 것이 13회이며, 장례식장의 이용요금의 할인율은 임직원이 50%, 조합원은 10%, 다른 신용협동조합은 5%, 인근(××동, ◇◇동)주민은 10%, 임직원 소개자는 10%씩을 적용하도록 하고 있어서 장례식장과 그 부속식당은 조합원과 비조합원 간에 아무런 구분없이 이용되고 있으며, 이용료도 40평형 빈소의 경우 시간당 15,000원, 80평형의 빈소의 경우 시간당 31,000원을 받는 등 영리를 목적으로 이용되고 있다고 봄이 타당하다 하겠으므로 취득세 등의 감면대상부동산으로 볼 수는 없다 하겠다. 다만, 건축물 중 장례식장과 그 부속식당 이외에 현재까지 사용하지 않고 공가상태로 있는 부분은 아직까지 유예기간 1년이 경과되지 아니하였으므로 그 부분에 대한 취득세와 등록세징수 여부는 유예기간이 경과한 후에 판단하는 것임.

> **사례** 건어물 경매장 및 창고용으로 사용하고 있는 경우(행심 2002 - 218, 2002.5.27.)

조합원들을 위한 복지사업은 조합원들을 위한 수익사업으로써 관련규정에 의하여 중앙회장이 정하는 기준에 의하여 승인을 얻어야 함에도 건어물 경매장은 중앙회장으로부터 승인을 받아 운영하였다는 아무런 입증자료를 제출하지도 못하고 있고, 그 이용하는 자 모두가 조합원이라고는 볼 수 없으므로 건어물 경매장은 고유업무에 직접 사용하고 있는 것으로는 볼 수 없고, 건어물을 보관하는 창고 및 조합원들의 일본어 등의 교습소로 사용하고 있다는 단층 건축물 또한 처분청의 현장확인에서 아무런 시설을 설치하지도 아니하고 비워있는 상태로 방치하고 있는 사실을 확인하고 있는 점 등을 미루어 보면 건어물을 보관하는 창고 등으로 사용하였다는 주장은 받아들일 수 없음.

> **사례** 취득일로부터 1년 이내 고유업무인 은행업무에 직접 사용하여야 함에도 1층은 은행업무로 사용하고, 2층은 취득일로부터 1년이 경과하도록 고유업무에 사용하지 아니하고 공실상태로 방치되고 있는 이상, 이 부분은 고유업무에 직접 사용하였다고 볼 수 없음(행심 2002-217, 2002.5.27.).

> **사례** 신용협동조합이 채권보전용으로 부동산을 취득하는 경우라면 고유업무에 직접 사용하기 위하여 취득하는 경우가 아니므로 취득세 등의 감면대상 아님(세정 13407-679, 2001.12.18.).

(2) 새마을금고에 대한 감면(지특법 §87 ②)

1) 감면요건

① 감면대상자

「새마을금고법」에 따라 설립된 새마을금고 및 새마을금고중앙회

② 감면대상 및 감면범위

새마을금고(중앙회 제외)가 같은 법 §28 ① 1~4의 업무에 직접 사용하기 위하여 취득하는 부동산	취득세 면제
새마을금고(중앙회 제외)가 과세기준일 현재 그 업무에 직접 사용하는 부동산	재산세 면제(도시지역분 제외) 주민세 재산분 50% 경감 (2014년 이전만 적용)
새마을금고중앙회가 같은 법 §67 ① 1 및 2의 업무에 직접 사용하기 위하여 취득하는 부동산(2017년 이전만 적용)	취득세 25%(2014년 이전 50%) 경감 재산세 25% 경감(도시지역분 제외)
새마을금고중앙회가 §67 ① 5의 신용사업에 직접 사용하기 위하여 취득하는 부동산	취득세 25% 경감
새마을금고중앙회가 과세기준일 현재 그 사업에 직접 사용하는 부동산(2016년 이후 적용)	

- 감면시한 : 2026.12.31.(새마을금고중앙회가 같은 법 §67 ① 1 및 2의 업무에 직접 사용하기 위하여 취득하는 부동산은 2017.12.31.)
- 최소납부제 적용 시기 : 2018.1.1. 이후
- 농어촌특별세 과세 여부 : 취득세분과 취득세 면제분(경감분) 농어촌특별세 과세

2) 추징요건

별도의 추징규정이 없는바, 「지방세특례제한법」 제178조에 따라 다음 어느 하나에 해당하는 경우 그 해당 부분에 대해서는 감면된 취득세를 추징한다.

① 정당한 사유 없이 그 취득일부터 1년이 경과할 때까지 해당 용도로 직접 사용하지 아니하는 경우
② 해당 용도로 직접 사용한 기간이 2년 미만인 상태에서 매각·증여하거나 다른 용도로 사용하는 경우

3) 유의사항

새마을금고가 대도시내 법인설립 5년 미만인 법인인 경우에는 취득세(종전 등록세분은 중과세)가 될 것이나, 「지방세특례제한법」 제87조 제2항 제1호에 의거하여 「새마을금고법」 제28조 제1항 제1호부터 제4호까지의 업무에 직접 사용하기 위하여 취득하는 부동산에 대하여는 취득세를 면제하지만 취득세 감면분에 대한 농어촌특별세는 면제되지 아니하며, 취득세 중 종전 등록세분이 중과세대상인 경우에는 중과세 감면분에 농어촌특별세를 신고납부하여야 할 것이다.[304]

한편, 새마을금고가 취득한 부동산이 고급오락장과 같이 사치성 재산이라면 취득일부터 30일 이내에 고급오락장이 아닌 용도로 사용하거나 고급오락장이 아닌 용도로 사용하기 위하여 용도변경공사를 착공한 경우에 해당하지 않는 한 취득 후 1년 이내에 감면대상 업무용으로 직접 사용한다고 하더라도 구 「지방세특례제한법」 제93조에 따라 취득세 감면대상에서 제외된다고 보는 것이 타당하다(대법원 2016두41873, 2016.8.24. 참조).

> 사례 | 건물에는 주차장이 없어 고객 및 직원의 불편이 있었음을 알 수 있고 주차장 토지가 건물로부터 80m 정도 떨어져 있다고 하나 주차대수는 8 내지 10대로서 지나치게 크다고 볼 수도 없으므로, 고객뿐만 아니라 불특정 다수인이 무료로 사용할 수 있다 하더라도 토지를 취득일로부터 1년 이내에 신용사업에 직접 사용하고 있는 것으로 보는 것이 타당함(행심 2006-411, 2006.9.25.).

⑤ 새마을운동조직 등에 대한 감면(지특법 §88)

(1) 새마을운동조직에 대한 감면(지특법 §88 ①)

1) 감면요건

① 감면대상자

「새마을운동 조직육성법」을 적용받는 새마을운동조직

② 감면대상 및 감면범위

고유업무에 직접 사용하기 위하여 취득하는 부동산[305]	취득세 면제
과세기준일 현재 그 업무에 직접 사용하는 부동산	재산세 면제 (2019년 이전 도시지역분 포함)

---

304) 중과세 예외업종으로 「한국은행법」 및 「한국수출입은행법」에 따른 은행업이 있는데, 여기서 중과세가 제외되는 은행업은 모든 금융기관에서 취급하는 은행업을 의미하는 것이 아니라 특수목적으로 은행업을 영위하는 「한국은행법」과 「한국수출입은행법」에 의거 은행업무를 취급하는 업무에 한정하는 것으로 시중은행 등의 은행업은 여기에 포함되지 아니하는 것이다(서울고법 85구1219, 1986.7.14.). 따라서 새마을금고 신용사업은 「한국은행법」 및 「한국수출입은행법」에 따른 은행업에 해당되지 아니할 것이다.

305) 이 조문에서는 "임대용 부동산 제외한다"란 문구가 2023.1.1. 삭제되었으나, 지특법 §2 8에서 "직접 사용"의 의미에서 임대용 부동산을 제외하는 것으로 규정되어 있어서 삭제와 관계없이 감면이 되지 아니함. 이 감

새마을운동조직	주민세 재산분 50% 경감 (2014년 이전만 적용)

- 감면시한 : 2025.12.31.
- 최소납부제 적용 시기 : 2020.1.1. 이후
- 농어촌특별세 과세 여부 : 취득세 면제분 농어촌특별세 비과세(농특령 §4 ⑦ 5)

2) 추징요건

별도의 추징규정이 없는바, 「지방세특례제한법」 제178조에 따라 다음 어느 하나에 해당하는 경우 그 해당 부분에 대해서는 감면된 취득세를 추징한다.

① 정당한 사유 없이 그 취득일부터 1년이 경과할 때까지 해당 용도로 직접 사용하지 아니하는 경우

② 해당 용도로 직접 사용한 기간이 2년 미만인 상태에서 매각·증여하거나 다른 용도로 사용하는 경우

> **사례** 고유목적에 사용하지 않고 임대사업에 사용한 경우(행심 2005-33, 2005.2.3.)
>
> 천재·지변·화재 등으로 인하여 사업에 중대한 위기에 처하여 이 사건 부동산을 임대한 것이 아니라 이 사건 부동산 취득과 동시에 ○○실업(대표 홍○걸) 등에 임대하고 있는 사실이 임대차계약서 등에서 입증되고 있는 이상 비록 지방자치단체의 정액보조단체에서 임의보조단체로 변경됨에 따라 보조금이 다소 축소되었다고 하더라도 이는 이 사건 취득세 등의 가산세 면제대상 아님.

> **사례** 면제대상, 정당한 사유 해당 여부(행심 2003-217, 2003.10.27.)
>
> 부동산을 취득한 전후에 건축물 중 일부를 임대한 사실과 임대한 건축물을 제외한 나머지 건축물을 공장용으로 취득하였다고 취득자 스스로 이 사건 심사청구서에서 인정하고 있는 점으로 볼 때 취득자는 부동산을 면제대상 사업용으로 취득한 것이 아니라 임대용 또는 공장용으로 취득하였다고 보는 것이 타당하다 하겠으므로 업무용에 직접 사용하지 못하고 매각한 정당한 사유가 있다는 청구인의 주장은 더 이상 살펴볼 필요도 없이 처분청의 이 사건 취득세 등의 부과처분은 잘못이 없음.

(2) 한국자유총연맹 등에 대한 감면(지특법 §88 ②)

1) 감면요건

① 감면대상자

한국자유총연맹, 대한민국재향군인회(2014년 이전만 적용)

② 감면대상 및 감면범위

고유업무에 직접 사용하기 위하여 취득하는 부동산[306]	취득세 면제

면내용에서 동일함.

306) 이 조문에서는 "임대용 부동산 제외한다"란 문구가 2023.1.1. 삭제되었으나, 지특법 §2 8에서 "직접 사용"의

| 과세기준일 현재 그 고유업무에 직접 사용하는 부동산 | 재산세 면제(도시지역분 포함) |

☞ 감면시한 : 2025.12.31. 2014.12.31. 종료되었다가 2022년 개정되었는바, 2015년~2021년 감면 적용 안됨.

☞ 최소납부제 적용 시기 : 2022.1.1.

☞ 농어촌특별세 과세 여부 : 취득세 면제분 농어촌특별세 비과세(농특령 §4 ⑦ 5)

2) 추징요건

별도의 추징규정이 없는바, 「지방세특례제한법」 제178조에 따라 다음 어느 하나에 해당하는 경우 그 해당 부분에 대해서는 감면된 취득세를 추징한다.

① 정당한 사유 없이 그 취득일부터 1년이 경과할 때까지 해당 용도로 직접 사용하지 아니하는 경우

② 해당 용도로 직접 사용한 기간이 2년 미만인 상태에서 매각·증여하거나 다른 용도로 사용하는 경우

⑥ 정당에 대한 면제(지특법 §89)

1) 감면요건

① 감면대상자

「정당법」에 따라 설립된 정당

② 감면대상 및 감면범위

해당 사업에 직접 사용하기 위하여 취득하는 부동산[307]	취득세 면제
과세기준일 현재 해당 사업에 직접 사용하는 부동산 (수익사업에 사용하는 경우, 유료로 사용되는 경우, 해당 재산의 일부가 그 목적에 직접 사용되지 아니하는 경우의 그 일부 재산 제외)[주1]	재산세 면제 (도시지역분 포함) 지역자원시설세 면제
사업에 직접 사용하기 위한 면허	등록면허세 면제
비영리사업에 제공되고 있는 사업소와 종업원[주2]	주민세 사업소 면적 사업소분(2020년 이전 재산분)과 종업원분 면제
정당에 생산된 전력 등을 무료로 제공하는 경우[주3] (2019년 이전만)	지역자원시설세 면제

☞ 감면시한 : 2025.12.31.

의미에서 임대용 부동산을 제외하는 것으로 규정되어 있어서 삭제와 관계없이 감면이 되지 아니함. 이 감면내용에서 동일함.

307) 2년 이상 고유목적 사용 후 수익사업하는 경우 추징대상이 아닌 것으로 대법원판결(대법원 2012두26678, 2013.3.28.)이 있었으므로 수익사업을 하더라도 2년 이상 고유목적 사용 후 수익사업하는 경우 감면대상이 되는 것이다.

🔖 최소납부제 적용 시기 : 2020.1.1. 이후

🔖 농어촌특별세 과세 여부 : 취득세 면제분 농어촌특별세 비과세(농특령 §4 ⑦ 5)

🔖 (주1) 해당 사업에 직접 사용할 건축물을 건축 중인 경우와 건축허가 후 행정기관의 건축규제조치로 건축에 착공하지 못한 경우의 건축 예정 건축물의 부속토지 포함

🔖 (주2) 면제대상 사업과 수익사업에 건축물이 겸용되거나 종업원이 겸직하는 경우에는 주된 용도 또는 직무에 따름.

🔖 (주3) 채취나 채수라는 표현없이 "생산된"으로만 표현되어 있어서 지하수는 포함되지 아니하는 것으로 해석할 수 있는 오해의 소지가 있지만, 유권해석에 의하면 국가 등에 무료로 제공하는 "생산된 전력 등"에 지하수도 포함하는 것으로 규정하고 있다(세정 13407-251, 2001.8.27.). 오해의 소지를 없애기 위하여 종전에 "생산된 전력 등"이라 표현하였던 것을 현행 「지방세법」에서는 "특정자원"으로 개정하였는바, 지특법에서도 동일하게 개정하여야 할 것임. 여기서 직접 생산 등을 한 것이 아니라 무료로 제공받아서 지역자원시설세 면제되는 경우라 하더라도 수익사업을 영위할 때 수익사업은 제외한다라고 규정되어 있지 아니하므로 감면을 하여야 할 것임.

2) 추징요건

① 추징사유

다음 어느 하나에 해당하는 경우 그 해당 부분에 대해서는 감면된 취득세를 추징한다.

㉠ 해당 부동산을 취득한 날부터 5년 이내에 수익사업에 사용하는 경우

'5년 이내' 규정은 2017년 이후부터 적용되나, 2016.12.31. 이전에 감면받은 지방세를 2017.1.1. 이후 추징하는 경우에도 적용된다(부칙 §4). 그런데 그 이전에도 취득일로부터 5년 이내만 추징이 되었다는 점에서 마찬가지로 적용되어 왔었다.

㉡ 정당한 사유 없이 그 취득일부터 3년이 경과할 때까지 해당 용도로 직접 사용하지 아니하는 경우

㉢ 해당 용도로 직접 사용한 기간이 2년 미만인 상태에서 매각·증여하거나 다른 용도로 사용하는 경우

② 수익사업하는 경우

㉠ 취득 후 고유목적 사용없이 수익사업하는 경우

취득시점에 수익사업에 사용할 예정일 경우 취득세가 과세되나, 양도인과의 임대계약 잔존기간 동안의 일시적인 임대의 경우에는 임대를 하더라도 수익사업으로 보지 아니하므로 면제를 받을 수 있다. 다만, 잔존기간 경과하여 임대기간을 연장 또는 갱신한다든지 아니면 새로 임대계약을 하는 경우에는 이는 일시적인 임대가 아닌 임대사업으로 보아 과세된다. 그리고 취득일로부터 3년 이내에 고유목적사업에 사용할 수 없는 상황, 즉 잔존 임대계약기간이 취득일로부터 3년보다 길게 되어 있는 경우 당초 취득시점에 3년 이내에 사용할 수 없음을 알고서 취득한 것이므로 유예기간이 종료되는 날을 기준으로 면제받은 취득세가 추징될 것이다.[308]

---

308) 양도인의 잔존 임대계약이 여러 건이 있어서 그들 중에 잔존 임대계약기간이 3년보다 길게 되어 있는 건이 소수인 경우 취득시점에 3년 이내에 사용할 수 없음을 알고서 취득한 것이지만 다른 임대계약 건과 함께 취득할 수밖에 없는 경우에도 유예기간 이내에 사용할 수 없음을 알고 취득하였다고 보기에는 문제가 있는

여기서 취득세를 취득일 기준으로 60일 이내(등기 시 등기일) 신고납부하여야 하는지 아니면 취득 후 수익사업을 영위하는 것으로 보아 추징사유일(수익사업 사용일)로부터 30일 이내에 취득세를 추징하여야 하는지 논란이 될 수 있으며, 후자의 경우가 전자보다 더 빠를 수 있다는 점에서 문제가 있다. 하여튼 당초부터 수익사업을 하기로 예정되어 있는 경우에는 전자처럼 일반적인 취득세 신고납부와 동일하게 하여야 할 것이고, 고유목적사업으로 사용하기로 예정되어 있었으나 의사결정이 변경된 경우 후자처럼 당초 취득 시에는 면제를 받고 추징사유일로부터 30일 이내에 추징세액을 신고납부하도록 하여야 할 것이다.

ⓛ 2년 미만 고유목적사업 영위한 후 수익사업을 영위하는 경우

당초 취득 시에는 면제를 받고 수익사업 사용일을 추징사유일로부터 30일 이내 취득세 추징세액을 신고납부하여야 한다.

ⓒ 2년 이상 고유목적사업 영위한 후 수익사업을 영위하는 경우

조문상 고유목적사업 영위 전후와 관계없이 수익사업이면 무조건 추징대상이 되는 것으로 해석할 여지가 있으나 대법원 판결(대법원 2012두26678, 2013.3.28.)에서 2년 이상 고유목적 사용 후 수익사업하는 경우 추징대상이 아닌 것으로 판시한 바 있다.

이와 관련하여 사회복지법인 등에 대한 감면(지특법 §22) 참조하기 바란다.

③ 유예기간 내에 직접 사용

유예기간 내에 고유목적사업에 직접 사용하여야 추징되지 아니한다. 여기서 직접 사용이라는 것은 종교단체와 제사단체가 취득한 부동산을 종교용 또는 제사용으로 실제 사용하는 것을 의미하는 것이다. 따라서 건축 중인 경우에는 포함되지 아니하지만 정당한 사유가 있는 것으로 건축기간 동안 유예기간이 연장되는 결과가 되는 것이다.

용도변경 등 준비단계에 있는 경우 직접 사용으로 보지 아니하며, 유예기간 이내에 건축공사에 착공하지 아니하거나 실제로 종교용 또는 제사용으로 사용하지 아니할 경우에는 추징대상이 되는 것이다. 여기서 건축공사 착공은 정당한 사유로 본다는 것이다.

7 마을회 등에 대한 감면(지특법 §90)

1) 감면요건

① 감면대상자

마을주민의 복지증진 등을 도모하기 위하여 마을주민만으로 구성된 마을회 등

바, 이 경우에는 잔존 임대계약기간 동안 정당한 사유가 있는 것으로 보아 잔존 임대계약기간 동안은 추징하지 않아야 한다라고 주장할 수 있음.

② 감면대상 및 감면범위

해당 사업에 사용하기 위하여 취득하는 부동산, 선박[309]	취득세 면제
과세기준일 현재 해당 사업에 직접 사용하는 부동산(2019년 이전은 임야 포함, 수익사업에 사용하는 경우, 유료로 사용되는 경우와 해당 재산의 일부가 그 목적에 직접 사용되지 아니하는 경우의 그 일부 재산 제외)[주]	재산세 면제 (도시지역분 포함) 지역자원시설세 면제
비영리사업에 제공되고 있는 사업소와 종업원(수익사업에 사용하는 경우, 유료로 사용되는 경우, 해당 재산의 일부가 그 목적에 직접 사용되지 아니하는 경우의 그 일부 재산 제외)	주민세 사업소 면적 사업소분 (2020년 이전 재산분)과 종업 원분 면제

- 감면시한 : 2025.12.31.
- 최소납부제 적용 시기 : 2020.1.1. 이후
- 농어촌특별세 과세 여부 : 취득세 면제분 농어촌특별세 비과세(농특령 §4 ⑦ 5)
- (주) 해당 사업에 직접 사용할 건축물을 건축 중인 경우와 건축허가 후 행정기관의 건축규제조치로 건축에 착공하지 못한 경우의 건축 예정 건축물의 부속토지 포함

'마을회 등이 소유하는 면제대상 부동산'이란 마을주민의 복지증진을 목적으로 마을 주민만으로 구성된 조직으로써 해당 부동산 소유권은 마을회의 공동소유를 전제하며, 해당 부동산이 주민 복지증진을 용도로 사용되는 경우를 의미한다.

공동주택 입주민 전체가 이용하는 체육시설용 부동산이 「집합건물의 소유 및 관리에 관한 법률」 제12조 규정에 의한 집합건물 공용부분에 해당하는 경우라면 마을주민공동체 소유부동산에 해당되지 않고, 집합건물 구분소유자 개개인 소유 부동산에 해당되므로 면제대상에 해당되지 아니한다(지방세운영과-573, 2008.8.11.).

2) 추징요건

다음 어느 하나에 해당하는 경우 그 해당 부분에 대해서는 감면된 취득세를 추징한다.

① 해당 부동산을 취득한 날부터 5년 이내에 수익사업에 사용하는 경우
'5년 이내' 규정은 2017년 이후부터 적용되나, 2016.12.31. 이전에 감면받은 지방세를 2017.1.1. 이후 추징하는 경우에도 적용된다(부칙 §4). 그런데 그 이전에도 취득일로부터 5년 이내만 추징이 되었다는 점에서 마찬가지로 적용되어 왔다.

② 정당한 사유 없이 그 취득일부터 1년이 경과할 때까지 해당 용도로 직접 사용하지 아니하는 경우

③ 해당 용도로 직접 사용한 기간이 2년 미만인 상태에서 매각·증여[2018년 이후 기부채납 하는 분부터(지특법 부칙 §6) 해당 용도로 사용하기 위하여 국가나 지방자치단체에 기부채 납하는 경우 제외]하거나 다른 용도로 사용하는 경우

---

309) 2년 이상 고유목적 사용 후 수익사업하는 경우 추징대상이 아닌 것으로 대법원판결(대법원 2012두26678, 2013.3.28.)이 있었으므로 수익사업을 하더라도 2년 이상 고유목적 사용 후 수익사업하는 경우 감면대상이 되는 것이다.

상기에서 고유목적에 2년 이상 사용 후 수익사업하는 경우 조문상 고유목적사업 영위 전후와 관계없이 수익사업이면 무조건 추징대상이 되는 것으로 해석할 여지가 있으나 대법원판결(대법원 2012두26678, 2013.3.28.)에서 2년 이상 고유목적 사용 후 수익사업하는 경우 추징대상이 아닌 것으로 판시한 바 있다.

이와 관련하여 사회복지법인 등에 대한 감면(지특법 §22) 참조하기 바란다.

3) 유의사항

① 마을회의 범위

「지방세특례제한법 시행령」 제43조는 "마을회 등"을 "마을주민의 복지증진 등을 도모하기 위하여 마을주민만으로 구성된 조직"으로 정의하고 있고, 「지방세특례제한법」 제90조 제1항은 "마을회 등"이 소유한 부동산과 선박에 대하여는 취득세를 면제하는 것으로 규정되어 있으며, 「지방자치법」 제12조에는 지방자치단체의 구역 안에 주소를 가진 자는 그 지방자치단체의 주민이 되는 것으로 규정되어 있다. 한편, "마을회 등"은 마을주민의 복지증진 등을 도모하기 위하여 마을주민만으로 구성된 조직인지 여부가 그 성립요건이고, 해당 조직이 유일한 조직일 것을 요하지 아니하므로, 별도의 조직이 구성·등록되어 있다는 사실이 "마을회 등"에 해당되는지 여부에 영향을 줄 수는 없다(조심 2011지801, 2012.6.29.).

마을회의 조직내부에 있는 각종 소규모 조직(예 : ○○노인회, ○○새마을부녀회, ○○작물반, ○○어촌계) 등의 명의로 취득하는 경우에도 마을전체의 복리증진을 위한 마을회가 아니고 특정 조직에 해당됨으로 면제대상에서 제외되는 것이다.

그리고 동일한 지역적인 근거기반을 두고 그에 구성된 주민만으로 이루어져야 이에 해당하는 것이므로 지방자치법령에 의거 법정동이나 행정동별 등으로 구획하여야 함으로 지역적인 기반을 달리하는 자들의 모임을 「마을회」라고 하더라도 이에 해당되지 아니하는 것이다. 예를 들면 댐수몰지구 내 주민들이 댐수몰로 인하여 이주하였다가 향우회 성격의 단체를 조직하여 어떤 부동산을 「마을회」 명의로 취득한다고 하더라도 이는 마을회에 해당되지 아니한 것이다. 더군다나 그 구성원이 모든 마을 주민이라기보다는 특정한 주민만을 대상으로 구성되어 있을 경우에도 마을회로 볼 수 없다.

> **사례** 주민복지위원회는 마을회에 해당되지 아니함(지방세특례제도과 - 2745, 2020.11.18.).
>
> 해당 위원회가 동(洞) 주민들의 복지증진을 도모할 목적으로 설립하였다 하더라도, 마을 단위의 개념에 부합하지 아니하고, 조직 구성 및 운영에 있어 마을주민만으로 구성되었다고 볼 수 없으므로, 쟁점규정에 따른 "마을회등"에 해당하지 않음.

> **사례** 향린공영회는 마을주민만으로 구성된 조직이 아님(지방세운영과 - 395, 2012.2.8.).
>
> "향린공영회"의 정관 및 회의록에 의하면 "향린공영회"의 회원자격을 정관상 향린촌내에 토지 등을 소유하고 본회에 가입한 회원으로 규정하고 있으므로 "향린공영회"를 마을주민만으로 구성된 조직으로 볼 수는 없음.

> **사례** "마을회 등"은 마을주민의 복지증진 등을 도모하기 위하여 마을주민만으로 구성된 조직인지
> 여부가 그 성립요건이고, 해당 조직이 유일한 조직일 것을 요하지 아니하므로, 별도의 조직이 구
> 성·등록되어 있다는 사실이 청구인이 "마을회 등"에 해당되는지 여부에 영향을 줄 수는 없음(조
> 심 2011지801, 2012.6.29.).

> **사례** 사단법인으로 등록된 ○○읍번영회에서 읍민공동소유로 취득한 번영회관은 상기 규정에 의
> 한 취득세의 면제대상이 되지 아니함(지방세정팀－3751, 2005.11.14.).
>
> 같은 뜻 － 읍·민의 지역발전 논의 및 문화생활과 여가선용을 위한 장소마련을 위해 지방자치단체
> 로부터 건축공사비를 지원받아 읍·민회관을 신축한 후 해당 자치단체 관내 38개 마을 이장과 부녀
> 회장, 지역유지를 대표로 하여 등록된 귀 "사단법인 ○○읍번영회" 명의로 취득한 읍·민회관은 상
> 기 규정에 의한 마을회가 취득하는 부동산으로 보기는 어려움(지방세정팀－993, 2006.3.14.).

> **사례** 계원의 상호협력으로 공동이익의 증진도모를 목적으로 하는 어촌계는 마을회에 해당되지
> 않음(세정 13407－150, 1996.2.8.).

② 주차장

어린이놀이터, 노인정 등과 달리 주차장이 복지증진을 위한 것인지는 명확하지는 아니하지만, 유권해석을 잘 살펴보면 양호한 주거환경을 확보 등을 위하여 주차장을 취득한 것이므로 이 또한 복지증진을 위한 것이라 보아야 할 것이다. 마을회의 순수한 마을회관의 주차창도 면제되고 있다는 점에서 복지증진을 위한 것이라 판단하여야 할 것이다. 한편, 입주민이 아닌 제3자에게 유료로 사용하게 하는 경우에는 수익사업을 영위하는 것이므로 면제되지 아니할 것이다.

③ 임야

임야가 임야 자체로는 감면대상이 되는 것이 아니라 체력단련을 위한 주민편의시설로 이용되거나, 입주민의 휴식처로 담소를 나누는 공간으로 활용되고 있고, 입주민들의 산책로로 이용되고 있는 경우에는 입주민의 복리증진을 위해 사용되고 있는 토지로 보아 감면대상이 된다는 것이다(지방세운영과－3723, 2010.8.18.). 한편, 재산세의 경우 "마을회 등"이 소유한 부동산과 임야에 대하여는 재산세를 면제하는 것으로 규정되어 있으며, 그 목적에 직접 사용하여야 감면대상이 되는 것이다. 다만, 수익사업에 사용하는 경우와 해당 재산이 유료로 사용되는 경우의 그 재산 및 해당 재산의 일부가 그 목적에 직접 사용되지 아니하는 경우의 그 일부 재산에 대하여는 면제하지 아니한다. 임야도 그 목적에 직접 사용하여야 감면대상이 되는 것이고, 임야도 부동산인데 굳이 별도로 표시할 이유는 없다고 보아야 할 것이다.

④ 입주자대표회의

종전 해석에 따르면 "마을회 등"이라 함은 마을주민의 복지증진을 도모하기 위하여 마을주민만으로 구성된 조직을 말한다고 규정하고 있으므로 귀문의 입주자대표회의 경우 마을주민만으로 구성되어 있지 않고 아파트입주자들에 의하여 구성된 관리기구가 아파트관리사무소의 운영에 필요한 소장, 경비원, 전기요원, 기계요원 등 아파트입주자들(주민)이 아닌 외부직원을 고용한 경

우라면 마을회 등에 해당되지 아니하는 것으로 해석(세정 13407-202, 2001.8.9.)하였으나, 해석이 변경되어 외부직원 고용 여부와 관계없이 입주자대표회의는 마을회에 해당하는 것으로 해석하고 있는데, 그 해석은 다음과 같다.

입주자대표회의는 「주택법」에 따라 부대·복리시설 관리 등 공동주택의 주거환경개선을 목적으로 입주자들로 구성된 자치기구이며, 공동주택 관리규약 제·개정, 관리비 사용료 산정, 전기·도로·상하수도·주차장·가스설비·냉난방설비 및 승강기 등의 유지 및 운영기준 마련 등 공동주택 관리 전반에 대한 운영 및 결정(「주택법」 제43조·제44조·제51조 등)을 하고, 입주자대표회의가 제정하는 공동주택 관리규약은 공동주택 입주자의 공동소유인 부대시설 및 복리시설과 그 대지 및 부속물을 관리 및 사용함에 있어서 필요한 사항을 규정함으로써 입주자의 공동이익을 증진하고 양호한 주거환경을 확보 등을 내용으로 하고 있는바, 입주자대표회의는 그 본질상 주민 공동체를 위한 복리증진 기능을 수행하고 있어 "마을회 등"에 해당한다(행자부 심사 2002-191, 2002.4.29., 세정-146, 2005.4.12. 참조).

한편, 입주자대표회의 명의로 취득하여 해당 아파트 경계구역 내에 소재하고 있고, 과세기준일 현재 잔디 등 조경이 되어 있는 상태에서 체력단련을 위한 주민편의시설로 이용되고, 입주민의 휴식처로 담소를 나누는 공간으로 활용되고 있는 점, 입주민들의 산책로로 이용되고 있는 점을 고려할 때 입주민의 복지증진을 위해 사용되고 있는 토지로 볼 수 있다.

> **사례** 해당 입주자대표회의가 주민들의 공동이익을 대변하고 복지증진을 목적으로 하는 단체인 "마을회 등"으로 볼 수 있고, 쟁점 토지의 이용현황을 볼 때, "마을회 등"이 주민 복지증진을 위해 사용하고 있는 재산세 면제대상 토지임(지방세운영과-3723, 2010.8.18.).

⑤ 양로원

마을회가 마을 주민의 복지를 위해 양로원을 설치한다면 감면대상이 될 것으로 판단된다. 마을회 감면대상이 되지 않는다고 하더라도 양로원도 사회복지시설이나 노인복지시설에 해당한다면 별도의 감면규정에 의하여 감면대상이 될 것이다.

⑥ 상가

상가를 입주자대표회의 명의로 취득하였다 할지라도 해당 아파트입주자들의 복지증진용으로 사용되지 않는다면 취득세가 면제되지 아니하며(세정 13407-298, 2001.9.6.), 입주민이 아닌 제3자에게 유료로 사용하게 하는 경우에는 수익사업을 영위하는 경우이므로 면제되지 아니할 것이다.

⑧ 재외 외교관 자녀 기숙사용 부동산에 대한 과세특례(지특법 §91)

1) 감면요건

① 감면대상자

사단법인 한국외교협회의 재외 외교관 자녀 기숙사 소유자

② 감면대상 및 감면범위

사단법인 한국외교협회의 재외 외교관 자녀 기숙사용 토지 및 건축물	취득세율 2%
사단법인 한국외교협회의 재외 외교관 자녀 기숙사용 토지 및 건축물 등기	등록면허세 면제

📌 감면시한 : 상단은 2025.12.31., 하단은 2022.12.31.
📌 농어촌특별세 과세 여부 : 취득세분, 취득세 경감분 및 등록면허세 면제분 농어촌특별세 과세

2) 추징요건

다음 어느 하나에 해당하는 경우 그 해당 부분에 대해서는 감면된 취득세 및 등록면허세를 추징한다.

① 해당 부동산을 취득한 날부터 5년 이내에 수익사업에 사용하는 경우

'5년 이내' 규정은 2017년 이후부터 적용되나, 2016.12.31. 이전에 감면받은 지방세를 2017.1.1. 이후 추징하는 경우에도 적용된다(부칙 §4). 그런데 그 이전에도 취득일로부터 5년 이내만 추징이 되었다는 점에서 마찬가지로 적용되어 왔었다.

② 정당한 사유 없이 그 취득일부터 1년이 경과할 때까지 해당 용도로 직접 사용하지 아니하는 경우

③ 해당 용도로 직접 사용한 기간이 2년 미만인 상태에서 매각·증여하거나 다른 용도로 사용하는 경우

⑨ 천재지변 등으로 인한 피해에 대한 감면(지특법 §92)

1) 감면요건

① 감면대상자

천재지변 등으로 인한 피해자(2023년 이전은 대체취득자)

② 감면대상 및 감면범위

천재지변, 소실(2018년 이전), 도괴(倒壞)(2018년 이전), 그 밖의 불가항력으로 멸실 또는 파손된 건축물·선박·자동차 및 기계장비(주1)	취득세 면제(주2)

내용	구분
천재지변, 소실(2018년 이전), 도괴(倒壞)(2018년 이전), 그 밖의 불가항력으로 멸실 또는 파손된 건축물·선박·자동차·기계장비의 말소등기 또는 말소등록과 멸실 또는 파손된 건축물을 복구하기 위하여 그 멸실일 또는 파손일부터 2년 이내에 신축 또는 개축을 위한 건축허가 면허	등록면허세 면제
천재지변·화재·교통사고 등으로 소멸·멸실 또는 파손되어 해당 자동차를 회수하거나 사용할 수 없는 것으로 시장·군수가 인정하는 자동차(2023년 이전만 적용)	자동차세 면제
건축물·주택·선박 피해자에 대하여는 피해를 입은 해당 건축물·주택(건축물 및 주택의 부속 토지 포함)·선박에 대한 2011년분(멸실 또는 침몰로 건축물·주택·선박을 대체취득하거나 개수한 경우에는 해당 납세의무가 최초로 성립하는 날부터 5년간)	재산세 면제 (도시지역분 포함)
「재난 및 안전관리 기본법」 제60조에 따른 특별재난지역 내의 재산(부동산·차량·건설기계·선박·항공기를 말함)으로서 같은 법 §3 1호에 따른 재난으로 피해를 입은 재산(2024년 이후 적용)	지방세 감면(주3)
「재난 및 안전관리 기본법」 제60조에 따른 특별재난지역의 선포와 관련된 재난으로 인한 사망자 또는 사망자의 부모, 배우자 및 자녀("유족")(2024년 이후 적용)	지방세 면제(주4)

☞ 감면시한 : 감면시한 배제

☞ 최소납부제 적용 시기 : 최소납부제 배제

☞ 농어촌특별세 과세 여부 : 취득세 면제분과 등록면허세 면제분 농어촌특별세 비과세(농특령 §4 ④)

☞ (주1) 멸실일 또는 파손일부터 2년 이내에 복구를 위하여 건축물을 건축 또는 개수하는 경우, 선박을 건조하거나 종류 변경을 하는 경우, 건축물·선박·자동차 및 기계장비를 대체취득하는 경우에만 면제됨.

☞ (주2) 다음의 경우 초과분에 대해 취득세 과세.
   ① 새로 취득한 건축물의 연면적 〉 종전 건축물의 연면적
   ② 새로 건조, 종류 변경 또는 대체취득한 선박의 톤수 〉 종전 선박의 톤수
   ③ 새로 취득한 자동차 또는 기계장비의 가액 〉 종전 자동차 또는 기계장비의 가액(신제품구입가액)

☞ (주3) 2024.1.1. 이후 특별재난지역을 선포하는 경우부터 적용하되(법 부칙 §8), 그 피해가 발생한 날이 속하는 회계연도의 지방세를 100% 범위에서 조례로 정하거나 해당 지방의회의 의결을 얻어 감면 가능함.

☞ (주4) 다음에서 정하는 바에 따라 지방세 면제[2024.1.1. 이후 특별재난지역을 선포하는 경우부터 적용됨(법 부칙 §8)]
   ① 사망자의 경우(사망일이 속하는 회계연도로 한정)
      ㉠ 주민세(개인분 및 개인사업소의 기본세율분)
      ㉡ 자동차세(지법 §125 ① 자동차세로 한정)
      ㉢ 재산세(도시지역분 포함)
      ㉣ 소방분 지역자원시설세
   ② 유족의 경우
      ㉠ 상기 ① ㉠~㉣(사망일이 속하는 회계연도로 한정)
      ㉡ 취득세(당해 재난으로 인한 사망자 소유의 부동산 등을 상속으로 취득하는 경우로 한정)

  건축물에 대해서만 대체취득 감면되는 것으로 규정되어 있는바, 토지는 소실된 것이 없어서 감면대상이 되지 아니하는 것으로서 토지분은 과세대상이 되는 것으로 해석하여야 할 것이다.

  호우피해 차량 등에 대한 지방세 면제 처리요령(행자부 세정 13430-320, 1998.9.4.)에 따르면 피해사실확인원을 첨부하여 지방세 감면신청을 하도록 하고 있으며, 자동차전부손해증명서(손해보

험협회장 발행)에 의거 손해보험사가 피해차량을 인수해 갔음이 입증되는 경우로서 새로운 차량을 취득하는 경우도 대체 취득으로 인정하고 있다(세정-1252, 2003.9.27.). 피해사실확인원만 있으면 될 것인데, 관할관청에서는 보험회사 발행의 승용차인수확인서나 자동차전부손해증명서등을 요구하고 있다.

기존 차량과 동일하여야 한다는 규정이 없으나, 종전의 자동차 또는 기계장비의 가액(신제품 구입가액을 말함)을 초과하는 경우에 그 초과부분에 대하여는 취득세를 부과하므로 종전 자동차의 신제품 구입가액 이내의 자동차 가액인 경우에는 감면대상이 된다는 것이다. 여기서 기존 차량의 가액은 피해 차량과 동일한 신제품 가격이며, 중고차의 경우도 해당 차량의 신차를 구입할 당시의 가액을 의미하고, 신차의 가격은 신차, 중고차 여부에 관계없이 실제로 차량을 취득 시 지급한 가액을 의미한다(세정-1252, 2003.9.27.).

2) 추징요건

별도의 추징규정이 없지만, 해당 사업의 용도가 없으므로 「지방세특례제한법」 제178조의 추징 규정이 적용되지 아니한다.

3) 유의사항

① 천재지변 등의 범위

㉠ 화재

지진이나 산불, 낙뢰 등으로 인한 화재와 풍수해, 폭설, 산사태 등으로 인하여 멸실 또는 파손된 건축물 등의 대체취득이 이에 해당하는 것으로서 일반적인 전기누전, 담뱃불 등의 화재로 인하여 소실된 건축물 등의 대체취득은 이에 해당되지 아니할 것이다(지방세정팀-1265, 2005.6.21.). 누군가의 부주의로 인한 경우에는 천재지변이 아닌 인재에 해당하므로 취득세 감면대상이 되지 아니할 것이다. 예를 들어 전기과열로 화재가 발생한 경우에는 천재지변 등에 해당되지 아니하므로 감면대상이 되지 아니할 것이며, 천재지변에 의한 자동차 화재나 소실이 아닌 운행 중 화재가 발생한 경우 감면대상이 되지 아니한다.

㉡ 수해

수해로 인한 것은 천재지변으로 볼 수 있다.

> **사례** 폭설 등 천재·지변에 의한 불가항력적인 사유로 인한 건축물의 멸실 또는 파손에 따른 해당 건축물의 건축 또는 개수 취득에 대한 취득세 면제 여부는 해당 건축물의 해당 지역이 정부에서 재해선포 등을 하지 아니하였다 하더라도 과세권자가 천재·지변 등으로 인한 대체취득에 해당될 수 있는 사유에 해당되는지의 여부를 사실조사하여 면제 여부를 판단하는 것임(세정 13407-620, 2001.6.5.).

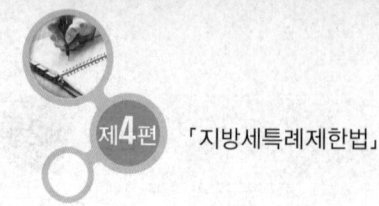

ⓒ 안개

안개로 인한 선박의 충돌로 선박이 멸실된 것이 명백히 입증되는 경우에는 취득세가 면제 되는 것이다(세정 22670 - 11363, 1986.9.20.).

② '그 밖의 불가항력'의 의미

지진·풍수해·벼락·화재 또는 이와 유사한 재해를 말하고, 「자연재해대책법」 제2조 제1호에 서 "재해"란 「재난 및 안전관리 기본법」 제3조 제1호에 따른 재난으로 인하여 발생하는 피해를 말한다라고 규정하고 있으므로 이 법령을 기준으로 「지방세법」 상의 그 밖의 불가항력에 해당하 는지 여부를 판단하여야 할 것이다(세정 - 38, 2006.1.3.).

③ 공동명의

부동산 등의 명의가 동일하여야 감면혜택을 받을 수 있다. 즉 당초 취득자가 아닌 경우 면제를 받을 수 없다. 별도의 규정이 없어서 소유자를 배우자로 할 경우 소유자가 달라 감면되지 아니할 것이다. 공동명의로 한 경우에는 종전 소유자의 지분에 대해서만 감면이 될 것이다.

한편, 피상속인이 사망한 상태에서 배우자가 새로 신축하는 경우에도 공부상은 아니나 실제는 배우자일 것이므로 법 취지상 감면을 해 주어야 할 것이다.

④ 다른 용도의 건축물을 대체취득하는 경우

폭설피해자에 대한 감면규정에서는 건축물이 멸실되었는데 주택을 취득하는 경우에도 감면이 되는지 명확하지 아니하다. 즉 수용 등에 따른 대체 취득 감면규정에서는 부동산으로 표현되어 있어서 다른 용도의 부동산이라도 감면이 되나, 이 감면규정에서는 부동산으로 표현되어 있지 않고 건축물, 주택 등으로 구분표시되어 있어서 근린생활시설 건축물이 주택으로 용도변경되어 대체취득된 경우 감면이 되지 아니한다라고 주장할 수도 있으나, 선박과는 달리 건축물이나 주택 은 부동산이므로 감면을 하여야 한다라고도 볼 수 있다.

⑤ 자동차세

수리하여 사용할 수 있는 자동차는 이에 해당되지 아니할 것으로 판단되며, 소실차량의 경우 폐차말소 여부와 관계없이 면제할 수 있을 것으로 판단된다. 부상자의 소유차량이라고 하여 별도 로 면제하는 것이 아니라 소실 여부를 판단하여 면제하여야 할 것이다.

자동차세 감면규정의 조문은 「지방세법 시행령」 제121조 제2항 제4호의 조문이 동일하게 규정 되어 있다. 이들 간에 차이점은 없는 것으로 판단된다. 즉 종전 자동차가 천재지변 등으로 소멸 등이 되어 해당 자동차를 회수하거나 사용할 수 없는 것으로 시장·군수가 인정하는 자동차일 경우에 자동차세가 감면된다는 것이다.

「지방세법 운영예규」 법126…영121 - 1에 따라 소실의 경우 소실일 이후 분을 일할 계산하여 산출한 세액을 해당 기분 자동차세에서 감액하여 과세한다. 따라서 체납차량이든 6월 연세액 기 납부된 차량의 경우 소실된 경우는 피해시점부터 감액처리하면 될 것이다.

⑩ 자동이체 등 납부에 대한 세액공제(지특법 §92-2)

1) 감면요건

① 감면대상자

「지방세기본법」 제35조 제1항 제3호에 따른 지방세(수시로 부과하여 징수하는 지방세 제외)에 대하여 그 납부기한이 속하는 달의 전달 말일까지 「지방세기본법」 제30조 제1항에 따른 전자송달 방식("전자송달 방식") 및 「지방세징수법」 제23조 제2항에 따른 자동납부 방식("자동납부 방식")에 따른 납부를 신청하는 납세의무자

② 감면대상 및 감면범위

전자송달 방식에 따른 납부만을 신청하거나 자동납부 방식에 따른 납부만을 신청한 경우	고지서 1장당 250원부터 800원까지의 범위에서 조례로 정하는 금액
전자송달 방식과 자동납부 방식에 의한 납부를 모두 신청한 경우	고지서 1장당 500원부터 1,600원까지의 범위에서 조례로 정하는 금액

☛ 감면시한 : 감면시한 배제
☛ 세액공제 한도 : 「지방세법」에 따라 부과할 해당 지방세의 세액에서 같은 법에 따른 지방세의 소액 징수면제 기준금액
☛ 개정규정에 따라 조례가 제정·개정되기 전까지는 종전규정에 따름(부칙 §16).

1장의 고지서에 시세와 구세가 같이 있는 경우 시세(보통세와 목적세가 함께 있는 경우에는 보통세 – 울산시, 강원도 목적세)에서 세액공제를 하며, 부가세목인 지방교육세의 과세표준은 공제 전의 세액으로 한다(즉 본세의 세액을 과세표준으로 하는 지방교육세는 가장 후순위 공제).

2) 추징요건

세액공제를 받은 자가 그 납부기한까지 그 지방세를 납부하지 아니한 경우에는 그 공제받은 세액을 추징한다.

제**3**장

보칙

❶ 감면 제외대상(지특법 §177)

「지방세특례제한법」의 감면을 적용할 때 다음 어느 하나에 해당하는[2019년 이전은 「지방세법」 제13조 제5항(사치성 재산 : 별장(2023.3.13. 이전만 적용), 회원제 골프장, 고급주택, 고급오락장, 고급선박)] 부동산 등은 감면대상에서 제외한다.

① 별장(2023.3.13. 이전만 적용)

주거용 건축물로서 늘 주거용으로 사용하지 아니하고 휴양·피서·놀이 등의 용도로 사용하는 건축물과 그 부속토지(「지방자치법」 제3조 제3항 및 제4항에 따른 읍 또는 면에 있는, 「지방세법 시행령」 제28조 제2항에 따른 범위와 기준에 해당하는 농어촌주택과 그 부속토지 제외, 이 경우 별장의 범위와 적용기준은 「지방세법 시행령」 제28조 제3항에 따름)

② 골프장

「체육시설의 설치·이용에 관한 법률」에 따른 회원제 골프장용 부동산 중 구분등록의 대상이 되는 토지와 건축물 및 그 토지 상(上)의 입목(이 경우 등록을 하지 아니하고 사실상 골프장으로 사용하는 부동산 포함)

> **사례** 적격분할로 승계취득한 회원제 골프장은 감면배제 대상 아님(감심 2022-1654, 2024.10.10.)
>
> ① 적격분할로 취득한 재산은 이 사건 감면제외규정이 적용되는 경우를 제외하고는 이 사건 감면규정에 따라 취득세가 감면되어야 한다는 점, ② 이 사건 감면규정의 취지는 분할에 따른 재산양수가 재산의 형식적 이전에 불과하다는 특수성을 고려해 취득세를 면제하여 적격분할에 따른 구조조정을 지원해 주고자 하는 것이므로, 이 사건 감면제외규정이 적용되는지 여부를 판단함에 있어서도 이러한 입법취지를 충분히 감안할 필요가 있다는 점, ③ 조세법률주의의 원칙에 비추어 볼 때 이 사건 감면제외규정의 적용범위는 '「지방세법」 제13조 제5항에 따른 부동산 등'이라는 문언에 충실하게 '「지방세법」 제13조 제5항에 따라 취득세가 중과되는 부동산'을 의미하는 것으로 제한적으로 해석하는 것이 합리적이라고 판단되는 점, ④ 분법 당시 구 「지방세법」(2016.12.27. 법률 제14475호로 개정되기 전의 것) 제106조 제1항 제3호에서는 재산세 분리과세대상을 '제13조 제5항에 따른 골프장(같은 항 각 호 외의 부분 후단은 적용하지 아니한다)용 토지'로 규정하여 각 호 외의 부분을 적용하지 않는 것으로 명시한 반면, 이 사건 감면제외규정의 적용대상에서는 각 호 외의 부분을 적용하지 않는 것으로 명시하지 않았고, 2020.1.5. 이 사건 감면제외규정의 적용대상이 '「지방세법」 제13조 제5항에 따른 부동산 등'에서 「지방세법」 제13조 제5항의 각 호와 같은 부동산 등을 이 사건 감면제외규정에 명시적으로 규정하는 것으로 개정된 점 등을 종합적으로 고려할 때 이 사건 부동산은 '「지방세법」 제13조 제5항에 따른 취득세 중과대상이 되는 부동산'에 해당하지 않아 취득세 감면대상에 해당하므로 이 사건 거부처분은 잘못이 있는 것으로 판단됨.

> **사례** 합병으로 취득하는 회원제 골프장에 대해서 취득세를 면제할 수 있는지 여부(조심 2020지1464, 2021.8.9.)
>
> 중과·합병재산 및 회원제 골프장에 대한 지방세법령 등의 입법연혁(2011년~2020년)을 종합하여 살펴보면, 쟁점규정은 2011.1.1. 「지방세법」의 전부개정으로 감면과 관련된 내용을 「지방세특례제한법」으로 이관하면서 종전에 「지방세법」 제291조에서 규정하였던 감면 제외대상을 옮겨 적은 것에

불과하므로 그 의미가 달라졌다고 보기 어려운 점(법제처 2018-194, 2018.9.14.[310] 같은 뜻임), 이 건 부동산이 종전 「지방세법」 제291조에 따른 감면 제외대상에 해당한다는 점에 대하여 청구법인과 처분청 사이에 별다른 이견은 없어 보이는 점 등에 비추어, 이 건 부동산은 「지방세특례제한법」 제177조에 따른 감면 제외대상에 해당한다고 보는 것이 타당하다고 판단됨.

☞ 감사원심사례(감심 2022-1653, 2024.10.10.)에 따라 실효된 종전해석임.

③ 고급주택

주거용 건축물 또는 그 부속토지의 면적과 가액이 「지방세법 시행령」 제28조 제4항에 따른 기준을 초과하거나 해당 건축물에 67제곱미터 이상의 수영장 등 「지방세법 시행령」 제28조 제4항에 따른 부대시설을 설치한 주거용 건축물과 그 부속토지

④ 고급오락장

도박장, 유흥주점영업장, 특수목욕장, 그 밖에 이와 유사한 용도에 사용되는 건축물 중 「지방세법 시행령」 제28조 제5항에 따른 건축물과 그 부속토지

⑤ 고급선박

비업무용 자가용 선박으로서 「지방세법 시행령」 제28조 제6항에 따른 기준을 초과하는 선박

이 감면배제 규정은 취득 당시에 사치성 재산이어야 하는 것이므로 그 이후에 사치성 재산이 되어 중과가 되더라도 감면규정에서 중과사유로 인하여 추징된다는 규정이 없다면 당초 감면은 그대로 유지되어야 할 것이다.

한편, 사치성 재산은 감면대상에서 제외되지만 별도의 규정없이 종합합산 과세대상 토지라든지 불법 건축물 또는 무허가 건축물이라는 사유만으로는 감면이 배제되지 아니한다.

(1) 취득 후 사치성 재산이 된 경우 세율 적용

당초 주택 취득 시에는 고급주택이 해당되지 아니하였다면 그 당시의 법률에 의하여 감면대상이 되어 감면을 적용받았을 것이다. 그 감면받은 후 고급주택이 된다고 하여 종전 감면세액을 추징한다는 규정이 별도로 없는바, 추징대상이 되지 아니할 것이므로 취득 후에 고급주택이 된 경우에는 고급주택이 된 시점에는 중과세율에서 일반세율을 차감한 세율(8%)을 적용하여 중과세하여야 할 것이다.[311]

---

310) 법제처 유권해석(법제처 2018-194, 2018.9.14.)에 따르면 이 사건 감면제외규정의 적용대상인 「지방세법」 제13조 제5항은 별장·골프장 등 사치·향락적 소비시설에 대해 취득세를 중과하여 그 유통을 억제하기 위한 것이고, 이는 '「지방세법」 제13조 제5항에 따른 부동산 등'이 '「지방세법」 제13조 제5항 각 호'에 규정된 사치성 재산을 의미하는 것으로 볼 수 있으므로, 승계취득한 회원제 골프장용 부동산은 취득세 중과대상에서는 제외되더라도 사치성 재산에 해당하므로 이 사건 부동산은 이 사건 감면제외규정의 적용대상으로 보는 것이 타당함.

311) 취득세 등의 면제에 관한 「지방세법」이 개정된 경우에 있어서 면제대상이 되는 것인지 여부는 그 취득 당시의 법률에 따라 판단되어져야 할 것이지만, 추징사유에 해당하는지 여부는 특별한 사정이 없는 한 그 과세요건이 갖추어졌는지 여부가 문제된 사유발생 당시의 법률에 따라 판단되어야 할 것이다.

중과(추징)의 경우 중과(추징)사유발생일의 현황에 의하여 따라 부과하여야 할 것이므로 중과(추징)사유발생일의 현황에 따라 중과세율을 적용하고 기납부세액을 차감하여야 할 것이다. 「지방세법」 제20조 제2항에 따르면 이미 납부한 세액을 공제한 금액을 세액으로 하여 신고납부하도록 규정되어 있는바, 감면 후의 납부세액으로 보아야 하는 것으로 해석할 수 있으나, 취득 당시에는 주택으로 감면대상이 된 것이고, 추징사유 또한 별도로 없으므로 기납부세액을 감면 전의 산출세액으로 해석하여야 할 것이다.

(2) 합병 이후 사치성 재산이 된 경우 세율 적용

상기 사치성 재산에 대한 특례 배제 규정은 취득 당시의 현황에 의하여 특례 배제를 하지만, 이와 달리 취득 당시의 현황이 아니라 취득 이후에 현황에 따라 세율특례 적용이 배제되는 경우가 있다. 「지방세법」 제15조 제1항 제3호에 따르면 법인의 합병으로 인한 취득은 취득세 중 구 취득세분이 비과세된다. 다만, 법인의 합병으로 인하여 취득한 과세물건이 합병 후에 「지방세법」 제16조[구 취득세분 중과-사치성 재산(별장(2023.3.13. 이전만 적용), 골프장, 고급주택, 고급오락장)이 되거나 공장의 신증설, 본점 도는 주사무소의 사업용 부동산]의 규정에 따른 과세물건에 해당하게 되는 경우에는 그러하지 아니한다. 즉 합병으로 인하여 취득한 과세물건이 합병 후에 사치성 재산[별장(2023.3.13. 이전만 적용), 골프장, 고급주택, 고급오락장]이 되거나 공장의 신·증설, 본점 도는 주사무소의 사업용 부동산이 된 때에는 취득세를 중과 추징하게 되는 것이나 합병 당시에 중과세대상 물건이 있는 경우에는 구 취득세분이 면제되는 것이며 중과세 추징대상에서 제외되는 것이다.

이 경우에는 추징의 성격이 강하므로 세율특례 적용이 없었던 것으로 히여 중과세율을 적용하는 것이다. 즉 중과세율(6% 또는 10%) 전체를 적용하여 중과세하여야 할 것이다.

> **사례** 소멸법인 소유의 고급오락장은 합병 전부터 중과세 물건이므로 합병으로 인하여 존속법인이 취득한다고 하더라도 취득세 중 구 취득세분이 면제됨(세정 13407-1079, 2000.9.8.).
> ☛ 「지방세법」 §15 ①에 의한 중과기준세율 배제는 지특법 상 감면 아님.

❷ 지방세 특례의 제한(지특법 §177-2)

(1) 지방세 특례 상한제(최소납부제)

「지방세특례제한법」에 규정된 부동산에 대한 취득세와 재산세 감면을 적용할 때 개별 조항의 면제규정에도 불구하고, 해당 세목의 85%에 해당하는 감면을 적용한다.

지방자치단체 감면조례로 취득세 또는 재산세를 면제하는 경우에도 원칙적으로 감면 상한제(최소납부제)가 적용되나 2018년 이후 「조세특례제한법」의 위임에 따른 감면은 적용되지 아니한다. 그 적용 여부와 그 적용 시기는 해당 지방자치단체의 감면 조례로 정할 수 있다.

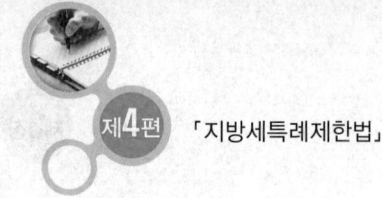

1) '면제'의 의미

「지방세특례제한법」 제2조 제6호에 따른 지방세 특례 중에서 세액감면율이 100분의 100인 경우와 세율경감률이 「지방세법」에 따른 해당 과세대상에 대한 세율 전부를 감면하는 것을 말한다.

2) '감면율'의 의미

감면율은 「지방세법」 제13조 제1항부터 제4항까지의 세율(취득세 중과세율)은 적용하지 아니 감면율을 말한다. 따라서 중과세율을 적용한 산출세액이 아니고 일반세율로 적용한 산출세액의 15%를 최소납부하는 것이다.

3) 최소납부세제 적용기준

① 취득세

사용승인서(매매계약서)를 기준으로 합산 적용

⊙ 공동주택 10호를 건축(매매)하여 취득하는 경우 : 전체 세액을 기준으로 계산

예) 1호당 취득세액 100만 원인 60㎡ 이하 임대주택 10호짜리 건물을 신축하는 경우
⇒ 각 1호당 취득세액 200만 원 이하이므로 전체 면제 : ×
⇒ 전체 신축 취득세액(100만 원 × 10호)이 1,000만 원 → 1,000만 원 × 15% = 150만 원 과세 : ○

예) 1호당 취득세액 100만 원인 60㎡ 이하 임대주택 10호 매매취득 시(단, 매매계약은 1건)
⇒ 각 1호당 취득세액이 200만 원 이하이므로 전체 면제 : ×
⇒ 전체 매매 취득세액(100만 원 × 10호)이 1,000만 원 → 1,000만 원 × 15% = 150만 원 과세 : ○

⊙ 여러 사람이 공동 취득하는 경우 → 대상 물건을 기준으로 계산

예) A와 B가 50 : 50 지분으로 취득세액이 300만 원인 주택을 구입하는 경우
⇒ 1인당 취득세액이 150만 원이므로 전체 면제 : ×
⇒ 구입한 주택 취득세액이 300만 원이므로 최소납부세제 적용 대상 : ○
→ A : (300만 원 × 50%) × 15% = 22.5만 원
→ B : (300만 원 × 50%) × 15% = 22.5만 원

② 재산세

과세대상(건축물·토지·주택)별 산출세액을 기준으로 적용

⊙ (건축물·주택) 1구별 면제세액이 50만 원 초과 시 면제세액의 15% 부과

예) 甲이 건축물 A(산출세액 40만 원)와 건축물 B(면제대상 / 산출세액 60만 원)를 보유한 경우
⇒ 산출세액 : 건축물 A → 40만 원, 건축물 B(면제대상) → 60만 원(최소납부 ○)

⇒ 납부세액 : 건축물 A(40만 원) + 건축물 B(60만 원×15% = 9만 원) = 49만 원

ⓛ (토지) 과세대상 구분(종합·별도·분리)별 합산하여 누진세율을 적용한 산출세액을 기준으로, 대상 토지 면제세액이 50만 원 초과 시 면제세액의 15% 부과

예) 甲이 별도합산 토지 A(산출 과표 3억 원)와 토지 B(면제대상 / 산출 과표 2억 원)를 모두 보유 시

   ⇒ 산출세액 :

     당초 과표 = 3억 원 + 2억 원 = 5억 원

     당초 세액 = 40만 원 + (5억 원 − 2억 원) × 0.3% = 130만 원

     토지 B(면제대상) 비중대로 안분(2억 원 ÷ 5억 원 = 40%)하여 B 해당 면제액 = 130만 원 × 40% = 52만 원(최소납부 ○)

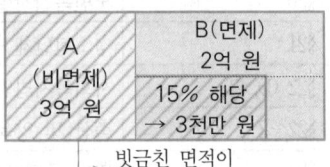

   ⇒ 납부세액 :

     적용 과표 = 3억원 + (2억 원 × 15%) = 3.3억 원

     적용 세액 = 40만 원 + (3.3억 원 − 2억 원) × 0.3% = 79만 원

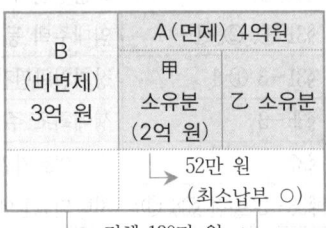

예) 면제대상자 甲이 일반대상자 乙과 별도합산 토지 A(산출 과표 4억 원)를 50 : 50으로 보유하고, 별도합산 대상 토지 B(산출 과표 3억 원)를 추가 보유하는 경우

   ⇒ 산출세액 :

     당초 과표 = 2억 원(4억 원 × 50%) + 3억 원 = 5억 원

     당초 세액 = 40만 원 + (5억 원 − 2억 원) × 0.3% = 130만 원

     토지 B(면제대상) 비중대로 안분(2억 원 ÷ 5억 원 = 40%)하여

     A토지 甲소유 면제액 = 130만 원 × 40% = 52만 원(최소납부 ○)

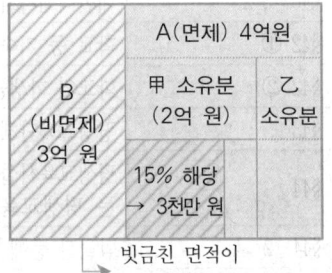

   ⇒ 납부세액 :

     적용 과표 = 3억 원 + (4억 원 × 50% × 15%) = 3.3억 원

     적용 세액 = 40만 원 + (3.3억 원 − 2억 원) × 0.3% = 79만 원

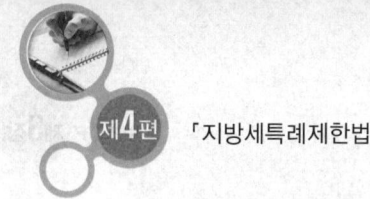

4) 적용시기

감면 상한제는 2015.1.1. 이후부터 적용하되, 다음 면제에 대한 감면 상한제 적용시기는 다음과 같다.

조문	감면 구분	취	재	최초 적용시기
§13 ② 1, 2, 3, 5	한국농어촌공사 취득 부동산에 대한 감면(제3자공급용 제외)	○	○	2016
§14 ③	농업협동조합 등에 대한 감면	○	○	2018
§15 ②	지방농수산물공사에 대한 감면	○	○	2026
§18	한국장애인고용공단에 대한 감면	○		2016
§19	영유아어린이집 및 유치원에 대한 감면	○	○	2015
§19-2(2018년 신설)	아동복지시설에 대한 감면	○	○	2018
§20	노인복지시설에 대한 감면(무료시설 제외)	○	○	2015
§21	청소년단체 등에 대한 감면	○	○	2015
§22 ①, ②	사회복지법인 등에 대한 감면	○	○	2020
§22-2	출산 및 양육 지원을 위한 감면	○	○	2019
§23	권익 증진 등을 위한 감면	○	○	2016
§26	노동조합에 대한 감면	○	○	2016
§27 ②	근로복지공단 의료사업 및 재활사업용 부동산에 대한 감면		○	2017
§30 ①	한국보훈복지의료공단에 대한 감면	○	○	2016
§30 ②	보훈병원에 대한 감면	○	○	2017
§31 ①, ②, ④	임대주택 등에 대한 감면	○	○	2015
§31-3 ① 1	장기일반민간임대주택 등에 대한 감면		○	2016
§36-3	생애최초 주택 구입에 대한 취득세 감면(2020.7.10.)	○		2020
§37	공공의료기관에 대한 감면	○	○	2017
§38-2(종전 §38 ③)	지방의료원에 대한 감면	○	○	2017
§40	국민건강 증진사업자에 대한 감면	○	○	2016
§40-3 1	대한적십자사에 대한 감면	○	○	2017
§40-3 2	대한적십자사에 대한 감면	○	○	2016
§42 ①	학교 등 기숙사용 부동산에 대한 감면	○	○	2016
§42 ②	학교의 학생들 실험·실습용 차량 등에 대한 감면	○	○	2019
§43	평생교육단체 등에 대한 면제	취	재	2019
§44	평생교육시설 등에 대한 감면(전공대학 명칭을 사용할 수 있는 평생교육시설과 학력인정 평생교육시설 제외)	○	○	2016
§44-2	박물관 등에 대한 감면(2016년 신설)	○	○	2016

조문	감면 구분	취	재	최초 적용시기
§45	학술단체와 장학법인(2019년 이전은 학술연구단체·장학단체·과학기술진흥단체)에 대한 감면(장학법인 제외)	○	○	2016
§45-2	기초과학연구 지원을 위한 연구기관 등에 대한 면제(2018년 신설)	○	○	2018
§52	문화예술단체·체육단체(2019년 이전은 체육진흥단체)에 대한 감면	○	○	2016
§53	사회단체 등에 대한 감면	○	○	2019
§54 ⑤ 1	2012 여수세계박람회조직위원회에 대한 감면	○	○	2015
§54 ⑤ 1	2012 여수세계박람회재단에 대한 감면	○	○	2016
§54 ⑥	2018 평창 동계올림픽대회 등 선수촌에 대한 감면	○		2019
§57-2 ①	기업합병에 대한 감면	○		2016
§57-2 ②	농업협동조합 등 조합 간의 합병에 대한 감면	○		2021
§57-2 ③ 1, 2, 3, 4, 6	기업현물출자 등에 대한 감면	○		2016
§57-2 ③ 5	중소기업 간의 통합에 대한 감면	○		2019
§57-2 ③ 7	공공기관의 조직 변경에 대한 감면	○		2019
§57-2 ④	개인의 법인전환에 대한 감면	○		2019
§57-2 ⑤	과점주주 간주취득세에 대한 감면	○		2019
§57-2 ⑥ 3	농협경제지주회사가 중앙회로부터 경제사업을 이관받아 취득하는 재산에 대한 감면(2017년 신설)	○		2019
§57-2 ⑨	수협은행에 대한 감면(2016년 신설)	○		2017
§57-3 ②	한국자산관리공사에 대한 감면	○		2016
§58-3 ①, ②	창업중소기업 등에 대한 감면(재산세 면제 2018년 신설)		○	2018
§60 ③ 1-2	학교 등의 창업보육센터에 대한 감면		○	2019
§63 ⑤	도시철도공사에 대한 감면	○	○	2026
§64	해운항만 등 지원을 위한 과세특례	○		2017
구 §64-2	선박등록특구의 국제선박 등 지원을 위한 과세특례	○		2017
§65	항공운송사업 등에 대한 과세특례	○		2017
§67 ①	비영업용 경형승용자동차에 대한 감면	○		2016
§67 ②	경형승합자동차·경형화물자동차에 대한 감면	○		2016
§68 ①, ②	매매용 중고자동차 등에 대한 감면	○		2017
§68 ③	수출용 중고자동차 등에 대한 감면	○		2017
§70 ③	여객자동차운송사업 면허를 받은 자의 천연가스 버스에 대한 감면	○		2019
§70 ④	여객자동차운송사업용 전기버스·수소전기버스에 대한 감면(2020년 신설)	○		2020
§72 ①, ②	별정우체국에 대한 과세특례	○	○	2020

조문	감면 구분	취	재	최초 적용시기
§73-2	기부채납용 부동산 등에 대한 감면	○		2019
§74 ①, ②, ③	도시개발사업 등의 환지취득 등에 대한 감면(2020, 2021년만 최소납부제 적용)	○		2020
§74 ④ 1	주거환경개선사업에 대한 감면	○		2016
§74 ④ 3		○		2019
§74 ⑤ 1, 2	재개발사업시행자에 대한 감면	○		2016
§74 ⑤ 3	재개발사업(정비구역고시일 현재 소유자)에 대한 감면	○		2019
§74-2	도심 공공주택 복합사업 등에 대한 감면(2022년 신설)	○		2022
§75	지역개발사업에 대한 감면	○		2016
§75-2	기업도시개발구역 및 지역개발사업구역 내 창업기업 등에 대한 감면	○	○	2016
§75-4	반환공여구역 등에 대한 감면(2022년 신설되어 2023년 이후)	○		2023
§78-3	외국인투자에 대한 감면(2020년 조특법에서 이관)	○	○	2020
§79	법인의 지방 이전에 대한 감면	○	○	2019
§80	공장의 지방 이전에 따른 감면	○	○	2019
§81	이전공공기관 등 지방이전에 대한 감면	○	○	2016
§81-2	주한미군 한국인 근로자 평택시 이주에 대한 감면(2019년 신설)	○		2019
§83 ①	시장정비사업시행자에 대한 감면	○		2016
§83 ②	시장정비사업시행자로부터 취득 부동산에 대한 감면	○		2019
§85 ①	한국법무보호복지공단 등에 대한 감면	○	○	2016
§85-2 ②	지방공단에 대한 감면	○	○	2020
§86	주한미군 임대용 주택 등에 대한 감면	○		2016
§87	새마을금고 등에 대한 감면	○	○	2018
§88 ①	새마을운동조직에 대한 감면	○	○	2020
§88 ②	한국자유총연맹 등에 대한 감면	○	○	2022
§89	정당에 대한 면제	○	○	2020
§90	마을회 등에 대한 감면	○	○	2020

(2) 지방세 감면 상한제 배제

다음 어느 하나에 해당하는 경우에는 지방세 감면 상한제를 적용하지 아니한다.

1) 소액인 세액

「지방세법」에 따라 산출한 취득세(2022년 이후 연부로 부동산 취득하는 경우 매회 세액을 합산한 것을 말하며, 1년 이내에 동일한 소유자로부터 부동산을 취득하는 경우 또는 1년 이내에 연접한 부동산을 취득하는 경우 각각의 부동산에 대하여 산출한 취득세의 세액을 합산한 것을 말함) 및 재산세의 세액이 다음 어느 하나에 해당하는 경우

  ① 취득세 : 200만 원 이하
  ② 재산세 : 50만 원(「지방세법」 제122조에 따른 세부담의 상한을 적용하기 이전의 산출액)
  취득세액 200만 원 이하, 재산세액 50만 원 이하와 같이 소액에 대해서는 지방세 면제규정 적용된다.

2) 정책적인 감면

  ① 농기계류 등에 대한 감면(지특법 §7)
  ② 농지확대개발을 위한 면제 등(지특법 §8)
  ③ 자영어민 등에 대한 감면(지특법 §9)
  ④ 영농조합법인과 농업회사법인에 대한 감면(지특법 §11 ①)(2022년 이전만 적용)
  ⑤ 한국농어촌공사의 택지개발사업지구 및 단지조성사업지구에 있는 부동산으로서 관계 법령에 따라 국가 또는 지방자치단체에 무상으로 귀속될 공공시설물 및 그 부속토지와 공공시설용지에 대한 감면(지특법 §13 ③, ④)
  ⑥ 농업협동조합 등에 대한 감면(지특법 §14 ③)(2017년 이전만 적용)
  ⑦ 농어촌 주택개량에 대한 감면(지특법 §16)
  ⑧ 장애인용 자동차에 대한 감면(지특법 §17)
  ⑨ 한센인 및 한센인정착농원 지원을 위한 감면(지특법 §17-2)
  ⑩ 무료노인복지시설에 대한 감면(지특법 §20 ① 1)
  ⑪ 국가유공자 등에 대한 감면(지특법 §29)
  ⑫ 독립기념관에 대한 감면(지특법 §30 ③)
  ⑬ 서민주택에 대한 감면(지특법 §33 ②)
  ⑭ 농업인의 노후생활안정자금대상 농지에 대한 감면(지특법 §35-2)
  ⑮ 무주택자 주택공급사업 지원을 위한 감면(지특법 §36)
  ⑯ 생애최초 주택 구입에 대한 취득세 감면(지특법 §36-3 ① 1)(2025년 이후)
  ⑰ 출산·양육을 위한 주택 취득에 대한 취득세 감면(지특법 §36-5)(2024년 이후)
  ⑱ 학교 및 외국교육기관에 대한 면제(의과대학 등 제외)(지특법 §41 ①~⑥)
  ⑲ 전공대학 명칭을 사용할 수 있는 평생교육시설(지특법 §44 ②)(2023년 이후), 학력인정 평생교육시설(지특법 §44 ⑤)(2025년 이후)
  ⑳ 종교단체 또는 향교에 대한 면제(지특법 §50)
  ㉑ 문화재에 대한 감면(지특법 §55)
  ㉒ 농업협동조합 등 법인의 합병으로 양수받은 재산에 대한 감면(지특법 §57-2 ②)[2015년 기업합병·분할 등에 대한 감면(지특법 §57-2)](2020년 이전만 적용)

㉓ 금융기관 등 기업 재무구조 개선 등에 대한 감면(지특법 §57-3 ①)(2021년 이전만 적용)

㉔ 광업 지원을 위한 감면(지특법 §62)

㉕ 철도시설 등에 대한 감면(철도차량, 국가로 귀속되는 부동산, 철도건설사업으로 인하여 철도 건설부지로 편입된 토지의 확정·분할에 따른 토지 취득에 한함)(지특법 §63 ②, ④)(2016년 이전 ① 단서, ③)

㉖ 교환자동차 등에 대한 감면(지특법 §66)

㉗ 토지수용 등으로 인한 대체취득에 대한 감면(지특법 §73)

㉘ 도시개발사업 등의 환지취득 등에 대한 감면(지특법 §74 ①)(2019년 이전과 2022.1.1.~2022 년만 적용)

㉙ 도심 공공주택 복합사업 등에 대한 감면(지특법 §74-2 ①)(2023.1.1. 이후만 적용)

㉚ 한국토지주택공사의 택지개발용 토지 등 중 국가 등에 무상으로 귀속될 공공시설물 및 그 부속토지와 공공시설용지에 대한 감면(지특법 §76 ②, ③)

㉛ 수자원공사의 단지조성용 토지 중 국가 등에 무상으로 귀속될 공공시설물 및 그 부속토지 와 공공시설용지에 대한 감면(지특법 §77 ②, ③)

㉜ 개발제한구역에 있는 주택의 개량에 대한 감면(지특법 §82)

㉝ 10년 이상 장기미집행 사권 제한토지 등에 대한 감면(지특법 §84 ①)(2022년 이전만 적용)

㉞ 지방공기업 등의 택지개발용 토지 등 중 국가 등에 무상으로 귀속될 공공시설물 및 그 부속 토지와 공공시설용지에 대한 감면(지특법 §85-2 ① 4)

㉟ 새마을금고 등에 대한 감면(지특법 §87)(2017년 이전만 적용)

㊱ 천재지변 등으로 인한 대체취득에 대한 감면(지특법 §92)

(3) 합병으로 취득하는 재산의 최소납부제 적용방법

합병에 따라 취득하는 재산이 부동산, 차량 등으로 다수인 경우 및 합병에 따라 취득하는 재산 이 다수의 과세기관에 걸쳐 있는 경우, 동일한 합병계약을 원인으로 하여 취득세가 면제되었다면 최소납부세제는 그 합병을 원인으로 하여 면제된 취득세 총액을 기준으로 적용한다(지특예 법177 의2-1).

3 감면된 취득세의 추징(지특법 §178)

「지방세특례제한법」 제178조의 추징처분은 취득세를 감면받은 자가 당초 감면받은 취지에 합 당한 사용을 하지 아니한 것을 요건으로 한 처분으로서, 감면요건을 갖추지 못한 경우에 대한 본래의 취득세 부과처분과는 요건을 달리하는 별개의 처분임에 유의하여야 할 것이다(대법원 2019두40833, 2019.8.14. 심불, 서울고법 2018누48566, 2019.4.17. 참조).

(1) 추징 사유

구 「지방세법」에서는 감면규정에 개별적으로 추징요건이 단서조항으로 명시되어 있었으나, 분법되면서 「지방세특례제한법」에서는 개별적으로 감면규정에 특별히 규정한 경우를 제외하고는 제94조를 준용하여 추징토록 규정하고 있다. 이 일반적 추징규정은 부동산에 대한 감면을 적용할 때 「지방세특례제한법」에서 특별히 규정한 경우를 제외하고는 다음 어느 하나에 해당하는 경우 그 해당 부분에 대해서는 감면된 취득세를 추징한다.

① 정당한 사유 없이 그 취득일부터 1년이 경과할 때까지 해당 용도로 직접 사용하지 아니하는 경우
② 해당 용도로 직접 사용한 기간이 2년 미만인 상태에서 매각·증여하거나 다른 용도로 사용하는 경우

○ 「지방세특례제한법」 제178조 적용대상
　(적용순서) ① 개별법 추징규정 → ② 제178조 적용(단서 조항이 없는 경우)
　(적용세목) 취득세 한정(그외 세목은 개별규정에 따름)
　(적용요건) 부동산 + 직접 사용

1) 다른 법에는 적용 안됨

"「지방세특례제한법」에서 특별히 규정한 경우를 제외하고는 …"라고 규정되어 있는바, 이 일반적 추징규정은 「지방세특례제한법」에만 적용되는 것이지 「지방세법」, 「조세특례제한법」에는 적용되지 아니한다.

2) 부동산 이외에 다른 과세물건에 적용 안됨

"부동산에 대한 감면을 적용할 때 …"라고 규정되어 있는바, 이 일반적 추징규정은 부동산(토지와 건축물)에만 적용되는 것으로 선박, 차량, 기계장비 등에는 적용되지 아니하며, 건축물 범위에 포함되지 아니하는 「지방세법」 제6조 제6호의 개수 중 「지방세법 시행령」 제6조의 시설물[이 시설물 중 「건축법」 상의 건축물의 부속설비(예 : 승강기)는 제외] 한 종류 이상 설치하거나 수선하는 것은 부동산으로 볼 수 없어 감면이 되지 아니할 것이다. 그런데 「지방세법 시행령」 제5조의 시설을 교체하거나 새로 설치하는 경우 개축에 해당되어 감면대상이 되어야 할 것이다. 한편, 지목변경은 토지와 관련된 것이므로 감면이 적용된다.

3) 취득세 이외에 다른 세목에 적용 안됨

"… 감면된 취득세를 추징한다"라고 규정되어 있는바, 이 일반적 추징규정은 취득세에만 적용되는 것으로 재산세나 등록면허세 감면에는 적용되지 아니한다. 따라서 재산세나 등록면허세 추징은 별도의 개별 조문 규정에 따라야 할 것이다.

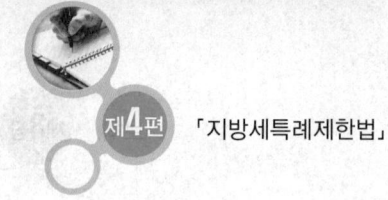

4) 감면요건상 해당 용도에 대한 규정이 있어야 적용됨

이 일반적 추징요건에 "해당 용도"라고 규정되어 있으므로 해당 사업 또는 해당 용도 등의 감면규정에 없다면 이 추징규정이 적용되지 아니한다.

5) 매각의 범위와 매각 시점의 판단

2년 이상 정당한 사유없이 해당 용도로 직접 사용하지 아니하는 경우 또는 그 사용일로부터 2년 이상 해당 용도로 직접 사용하지 아니하고 매각 또는 증여하는 경우 감면된 취득세를 추징하는바, 매각의 범위에는 환매가 포함되며(지방세운영과-4471, 2010.9.24.), 일반적으로 잔금을 수령하여야 사용수익이 양수인이 할 수 있으며, 양도인은 그때까지 직접 고유목적사업에 사용할 수 있으므로 소유권이전등기나 잔금수령일을 매각시점으로 판단하는 것이 더 타당하다고 판단되나, 대법원판례에 의하면 매각 시점의 판단은 통상 매매계약을 체결하고 그 계약금을 수령한 때가 된다(대법원 2010두15582, 2010.11.25.)라고 판시하고 있다. 그런데 계약금 수령시점으로 하는 것은 문제가 된다고 판단되므로 이에 대하여 법조문에 명확히 하여야 할 것이다.

한편, 창업중소기업이 부동산 취득일로부터 2년 이내에 매매로 소유권이전등기를 하였으나, 15일 이내에 합의해제 및 말소등기를 하고 계속 사용하고 있는 경우 취득세 추징사유 중 하나인 '처분'에 해당되는지 여부에 대하여 잔금수령일(또는 소유권이전등기일)부터 매매 취소일까지 고유목적사업에 사용하지 않았기에 추징이 되는 것이지만, 그 기간 동안은 정당한 사유가 있어서 사용이 불가능하다는 점에서 추징대상이 되지 아니한다고 해석할 여지가 있다. 그러나 "취득세 추징 사유로서 사업용 재산의 '처분'은 취득세 면제사유에 대응하는 것으로서 처분 그 자체가 당초 감면목적에 따른 사용이라고 볼 수 없는 것이므로, 소유권이전의 형식에 의한 처분행위 그 자체를 말하는 것이지 그 후 매매계약이 해제되었다거나 사업용 재산을 실질적으로 사용하고 있는지 여부에 의하여 다르게 볼 것은 아니다(대법원 2016두38730, 2016.7.7.)"라고 판시하고 있다. 따라서 잔금수령이나 소유권이전등기가 되어 일단 처분된 후에 합의해제 및 말소등기를 통해 환원하여 매도자가 계속 사용하고 있는 경우라 하더라도 매각으로 보아 추징대상이 됨에 유의하여야 할 것이다.

> **사례** 부동산 취득 후 2년의 기간 내 매각한 경우(서울행법 2009구합39261, 2009.12.11.)
> 비영리사업자가 그 사업에 사용할 목적으로 부동산을 취득한 후 그 사용일부터 2년 이내에 이를 매도하는 통상의 매매계약을 체결하고 그 계약금을 수령한 경우에는 특별한 사정이 없는 한 위 「지방세법」 제107조 단서의 추징요건으로서의 "매각"을 한 것이라고 보는 것이 상당하고(대법원 1992.6.9. 선고, 92누3427 판결 참조), 부동산의 인도 내지 잔금 지급까지 완료되어야 "매각"이 되었다고 할 수는 없다. 그렇다면, 원고가 이 사건 부동산을 취득한 다음 2년의 기간 내에 이를 매각한 이상, 「지방세법」 제107조 단서 및 제127조 제1항 단서에서 정한 추징요건에 해당한다고 할 것임.

> **사례** 매각일은 당초의 계약체결일이라고 보아야 할 것임(대법원 92누3427, 1992.6.9.).
> 토지의 매도인이 매매계약을 체결하고 매수인으로부터 계약금 및 일부 중도금을 수령한 후 매도인

과 매수인 및 제3자 사이의 3면 계약에 의하여 종전의 계약내용과 동일한 조건으로 매수인의 권리 의무 일체를 제3자가 승계하기로 계약을 체결하였다고 하더라도 그 매각일은 당초의 계약체결일이 라고 보아야 할 것임.

6) 보칙 제178조의 규정이 감면규정에 대한 운영지침(지방세운영과 - 559, 2011.2.7.)

일반적 추징규정에서 추징요건에 해당하는 감면대상은 "부동산에 대한 감면"과 감면대상 물 건을 "직접 사용"토록 규정한 조항만 한정적으로 해당된다 할 것이다.

적용 사례

○ 「지방세특례제한법」 제178조 적용대상

구분	개별추징 규정이 있는 경우	개별추징 규정이 없는 경우
"직접 사용" 규정이 있음	개별추징 규정에 따름	적용대상
"직접 사용" 규정이 없음	개별추징 규정에 따름	적용대상 제외

○ 「지방세특례제한법」 상 개별조항으로 추징요건을 단서로 규정

단서조항의 추징규정 적용
- 제6조 자경농민의 농지에 대한 감면
- 제22조 사회복지법인 등에 대한 면제

○ 「지방세특례제한법」 상 부동산 이외의 감면규정(단서조항 없음)

제178조 적용대상 아님(추징규정 없음).
- 제10조 농어업인 등에 대한 융자관련 감면 등
- 제22조의 3 휴면예금관리재단에 대한 감면

○ 「지방세특례제한법」 상 부동산 취득과 관련된 규정에 해당하나, 직접 사용에 관한 규정이 없는 감면(단서조항 없음)

제178조 적용대상 아님(추징규정 없음).
- 제13조 제2항 한국농어촌공사의 농업 관련 사업에 대한 감면
- 제44조 평생교육시설 등에 대한 감면 등

○ 「지방세특례제한법」 상 부동산 취득 및 직접 사용이 규정된 감면

제178조 적용대상
- 제11조 제2항 농업법인에 대한 감면
- 제37조 공공의료기관에 대한 감면

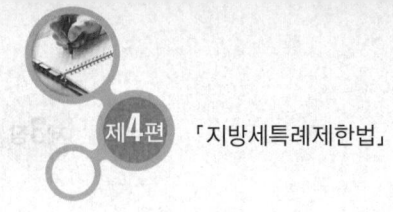
(2) 추징 시 이자상당액 부과

2020.1.1. 이후 취득세 감면을 받는 경우부터(부칙 §7) 「지방세특례제한법」상에 따라 부동산에 대한 취득세 감면을 받은 자가 같은 법 제178조 제1항 또는 그 밖에 「지방세특례제한법」의 각 규정에서 정하는 추징 사유에 해당하여 그 해당 부분에 대해서 감면된 세액을 납부하여야 하는 경우 이자상당액을 가산하여 납부하여야 하며, 해당 세액은 「지방세법」 제20조에 따라 납부하여야 할 세액으로 본다. 다만, 파산 등 다음 부득이한 사유가 있는 경우에는 이자상당액을 가산하지 아니한다.

> ❏ **이자상당액**
>
> 감면세액 × 당초 감면받은 부동산에 대한 취득세 납부기한의 다음 날부터 추징사유발생일까지 일수 × 2.2[주]/10,000
>
> 📌 지기법 §60에 따라 환급·충당한 후 추징사유가 발생한 경우에는 지기령 §43 ① 각 호에 따른 날부터 추징 사유가 발생한 날까지의 기간〔2022년 이후 환급·충당분부터(영 부칙 §3)〕
>
> 📌 [주] 2024년 이후 기간분은 지기령 §34 ①에 따른 이자율, 2023.12.31. 이전에 부동산에 대한 취득세 감면을 받은 자가 2024.1.1. 이후 추징사유가 발생하여 이자상당액을 납부하는 경우 2023.12.31. 까지의 기간분에 대한 이자상당액 계산 이자율은 2.5, 2024.1.1. 이후 기간분에 대한 이자상당액 계산 이자율은 2.2(영 부칙 §3)

부득이한 사유(지특령 §123-2)

① 파산선고를 받은 경우
② 천재지변, 그 밖에 이에 준하는 사유로 매각·증여하거나 다른 용도로 사용하는 것이 불가피한 경우

❹ 토지 재산세 감면 시 건축 중인 경우 직접 사용으로 봄(지특령 §123)

「지방세특례제한법」 또는 다른 법령에서의 토지에 대한 재산세의 감면규정을 적용할 때 직접 사용의 범위에는 해당 감면대상 업무에 사용할 건축물 및 주택을 건축 중인 경우를 포함한다.

❺ 토지에 대한 재산세의 경감률 적용(지특법 §179)

「지방세특례제한법」 또는 다른 법령에서 토지에 대한 재산세의 경감 규정을 둔 경우에는 경감대상 토지의 과세표준액에 해당 경감비율을 곱하여 경감한다.

⑥ 중복특례의 배제(지특법 §180)

(1) 개요

동일한 과세대상의 동일한 세목에 대하여 지방세를 감면할 때 둘 이상의 지방세 특례규정이 적용되는 경우에는 그 중 감면되는 세액이 큰 것 하나만을 적용한다. 다만, 「지방세특례제한법」 제66조 제1항(2024년 이후 적용), 제73조, 제74조(2022년 이전만 적용[312]), 제74조의 2 제1항 (2023년 이후 적용), 제92조 및 제92조의 2의 규정과 다른 지방세 특례규정이 적용되는 경우 해당 특례규정을 모두 적용하되, 제66조 제1항(2024년 이후 적용), 제73조, 제74조(2022년 이전만 적용), 제74조의 2 제1항(2023년 이후 적용) 및 제92초 간에 중복되는 경우에는 그 중 감면되는 세액이 큰 것 하나만 적용한다.

「지방세특례제한법」 제180조 중복특례 배제규정이 "이 법에서 …"라는 문구가 없어서 「지방세특례제한법」에만 적용되는 것인지 명확하지 않다라고 할 수 있지만, 해석에 의하면 「조세특례제한법」 제120조의 창업중소기업 감면과 「지방세특례제한법」 제78조 산업단지 감면규정이 중복 적용이 되지 아니하고 있는바, 「지방세특례제한법」만 한정해서는 안될 것이다. 따라서 동일한 과세대상 물건에 대하여 지방세관계법에 의한 감면대상, 「조세특례제한법」 상의 감면대상 및 시도세 감면조례에 의한 감면대상이 된 경우에는 그 중 감면율이 높은 것 하나만을 적용할 수 있다.

(2) '동일한 과세대상'의 의미

'동일한 과세대상'이란 물리적, 형식적 구분이 아니라 과세물건의 실질적인 내용에 따라 구분되어야 할 것으로 판단되며 먼저 실질 사용부분을 구분하여 사용용도에 따라 감면규정을 적용하여야 할 것이다(세정 13407-368, 2001.9.26.). 예를 들어 동일한 과세대상의 범위를 해당 호수 전체로 볼 것인지 아니면 각각 사용면적인지에 논란이 있을 수 있으나, 동일한 호수라 하더라도 면적 구분이 가능하며, 사용 용도가 다를 경우 사용용도에 따라 중복감면 여부를 판단하여야 할 것이다.

> **사례** 토지 용도구분에 따라 각각 감면규정 적용 가능함(조심 2016지1265, 2016.12.28.)
>
> 이 토지 중 60㎡ 이하의 공동주택 부속토지의 경우 「지방세특례제한법」 제31조 제1항과 제31조의 4 제1항을 비교하여 감면율이 더 높은 제31조 제1항을 적용하는 것과 같이 85㎡ 이하 공동주택의 부속토지의 경우에도 감면율이 더 높은 제31조의 4 제1항을 적용하는 것이 타당하다고 할 것임.

> **사례** 중복감면 배제 해당 여부(지방세특례제도과-1199, 2014.8.1.)
>
> 기부채납에 의한 비과세의 경우 「지방세법」에서 별도로 규정하고 있어 「지방세특례제한법」 상의

중복감면의 배제 규정 대상에 해당하지 않으므로, 사업지구 전체 토지 면적 중 기부채납 부분에 대하여는 우선적으로 비과세 규정을 적용한 후, 나머지 토지에 대하여는 감면율이 높은 하나의 조항만을 적용함이 타당함.

> **사례** 박물관 등을 건축하여 부대사업 등에도 사용하는 경우(세정 13407 - 368, 2001.9.26.)
>
> 「제주도개발특별법」에 의하여 개발사업의 시행승인을 얻은 자로부터 토지를 분양받은 자가 그 토지 위에 「박물관 및 미술관진흥법」의 적용을 받은 건축물을 건축하여 그 건축물 연면적 중 60%는 미술관으로 나머지 40%는 미술관 부대사업장(매점 · 식당 등)으로 사용하고 있다면 해당 건축물과 그 부속토지 중 60%는 취득세와 등록세를 면제하고, 40%는 100분의 50을 경감하는 것임.

(3) 「지방세법」상의 세율특례도 중복특례 배제규정 적용 여부

세율특례는 세율경감(세율의 몇% 경감으로 표현된 것을 말함)이 아니라 특정 목적을 위해 세율을 조정한 것을 말한다. 넓게 해석하면 세율특례도 세율의 경감으로 보고 있다(조특법에서는 조세특례 정의에 세율의 경감 대신에 세율특례가 포함되어 있음).[313]

문제는 「지방세법」 제15조의 세율특례도 지방세 특례로 본다면 중복감면 배제규정이 적용되는 것으로 오해할 소지가 충분히 있다고 판단된다(합병 시 구 취득세분은 「지방세법」 제15조에 의해 비과세, 「지방세특례제한법」 제57조의 2 제1항에 의하여 1년 이상인 법인 간의 합병 시 구 등록세분 비과세되는데 중복감면으로 보지 않고 있는데 중복감면이라는 오해소지).

그런데 「지방세법」 제15조의 세율특례는 특례라기보다는 통합 취득세를 구 취득세가 비과세되었던 조항이나 구 취득세만 과세되었던 것을 통합 후에도 그대로 규정하기 위한 특례규정으로서, 별도로 구분하기 위한 것으로 판단되므로 이는 「지방세특례제한법」(「조세특례제한법」)상의 세율특례로 볼 수 없다는 것으로 해석하여야 할 것이다.

(4) 세목별로 중복특례 배제규정 적용

"동일한 대상에 대하여 어느 세목이 적용된 경우에는 다른 세목을 달리하여 적용할 수 없다"라고 하는 별도의 규정이 없기 때문에 중복감면 배제는 세목별, 예를 들어 취득세와 재산세를 각각 구분하여 판단할 수 있다는 것으로 해석될 가능성이 높지만, 중복감면에 적용되는 감면규정이란 "「지방세특례제한법」 상 각 감면하는 감면 조문(항) 자체를 의미한다고 할 것"이므로 동일한 과세대상에 대하여 감면 조문별로 유리한 세목만을 선택하여 적용할 수는 없다(지방세특례제도과-910, 2020.4.24.)라고 해석하고 있다.

---

313) 「지방세특례제한법」 제2조 제1항 제6호에서 "지방세 특례"란 세율의 경감, 세액감면, 세액공제, 과세표준 공제(중과세 배제, 재산세 과세대상 구분전환 포함) 등을 말한다라고 규정되어 있다. 「지방세특례제한법」 제8조(농지확대개발을 위한 면제 등) 제4항에 "공유수면의 매립 또는 간척으로 인하여 취득하는 농지에 대한 취득세는 「지방세법」 제11조 제1항 제3호의 세율에도 불구하고 1천분의 8을 적용하여 과세한다."라고 규정되어 있는데, 이는 엄연히 세율특례인 것이다(즉 구 등록세만 부과). 넓게 해석하면 특례세율도 세율의 경감으로 보고 있는데, 용어를 세율특례로 통일할 필요가 있다고 본다.

그런데 2023년 이후에는 "동일한 과세대상의 동일한 세목에 대하여"라고 규정되므로써 감면 조문별로 유리한 세목만을 선택하여 적용할 수 있게 된 것이다.

> **사례** 세목을 달리하여 다른 감면규정 적용 가능함(세정−1725, 2005.7.19.)
>
> 산업단지 내에서 최초로 설립한 창업중소기업이 창업일부터 2년 이내에 취득등기 하는 사업용 재산에 대하여는 「조세특례제한법」 제119조 제3항 및 제120조 제3항에서 취득세와 등록세 및 농어촌특별세를 면제하도록 하고 있으나, 「지방세법」 제276조 제1항(산업단지 등에 대한 감면) 규정에 의거 취득세와 등록세만 면제받고 농어촌특별세는 면제받지 못하였다면 농어촌특별세 면제신청을 할 수 있음.
>
> ☞ 유권해석에 의하면 세목별로 달리 적용할 수 없을 것이나, 별도의 규정이 없기에 문제가 있다고 판단됨.

(5) 감면기한 경과 후 다른 감면규정의 적용기한이 남아 있는 경우

창업중소기업으로 산업단지 내 공장을 신축하여 창업중소기업으로 취득세를 감면받고 창업일로부터 5년간 재산세를 감면받았으나, 창업일로부터 5년이 경과하여 재산세 부과 시 창업 감면에 해당되지 아니하므로, 산업단지 공장 신축에 따른 재산세 감면기간은 경과하지 아니한 경우 재산세를 산업단지로 감면받을 수 있는지 논란이 될 수 있다.

재산세는 과세기준일마다 감면 여부를 판단하여야 할 것으로써, 창업일로부터 5년 경과하여 더 이상 창업감면규정을 적용할 수 없더라도 다른 감면규정이 적용된다면 그 감면규정에 의하여 감면이 될 것으로 판단된다. 그 이유는 한번 선택한 감면을 그 이후에 계속하여 적용하는 것, 즉 다른 감면으로 변경할 수 없다는 규정이 별도로 없기 때문이다.

(6) 추징 시 중복특례 배제로 인한 감면받지 아니한 규정 적용 여부

중복특례 배제규정은 납세자에게 유리한 감면율을 적용하라는 규정으로 감면조례상으로는 추징요건을 충족하였으나 「조세특례제한법」 상으로는 추징요건이 충족되지 아니한 경우에는 「조세특례제한법」 상의 추징요건 적용까지 배제하는 규정으로 해석하기는 어려우므로 「조세특례제한법」 상의 추징요건을 적용받기 위하여 다시 감면신청을 하는 것을 제한하는 규정은 아니다(도세과−738, 2008.5.6.)라고 해석하고 있어서 감면신청을 다시 할 수 있다는 것이다.[314] 심판례(조심 2013지0851, 2014.2.13.)와 대법원에서도 다른 감면규정 적용이 가능하다는 것이다. 그리고 면제신청에 관한 규정은 면제 처리의 편의를 위한 사무처리 절차를 규정한 것에 불과할 뿐 그 신청이 면제의 요건이라고 볼 수는 없다(대법원 2003.6.27. 선고, 2001두10639 판결 등 참조).

---

314) "임대사업자가 임대사업용으로 주택을 취득세 등을 면제받은 후 추징대상이 되었을 경우, 임대사업자가 2009.12.7. 임대 목적으로 소규모 공동주택(전용면적 60㎡ 이하) 76세대를 취득하여 구 「충청남도 도세 감면조례」 제12조의 규정에 의거 취득세와 등록세를 면제받은 이후 일부 주택이 해당 규정에 의한 추징대상이 되었다면, 해당 규정에 따라 감면받은 세액을 추징하는 것이 타당하다"라고 해석하여 당초 취득 시 감면받지 못한 주택 유상거래에 대한 취득세 등 감면규정이 적용되지 아니한다는 것이다(지방세운영과−748, 2013.5.24.)라고 해석한 바 있었음.

어떠한 과세대상이 당초 감면을 받은 규정에 의한 감면대상에 해당하지 않는다고 하더라도 다른 감면규정에 의한 감면대상에 해당하고 그에 관하여 추징사유가 발생하지 아니하였다면 다른 규정에 따른 감면사유가 여전히 존재하는 이상 추징처분을 하는 것은 허용되지 않는다고 할 것이다(대법원 2013두18582, 2014.2.13., 대법원 2010두26414, 2012.1.27.).

따라서 현행은 당초 감면이 적용된 규정에서 추징사유가 발생된 경우라 하더라도 당초 취득시 다른 감면규정이 적용될 수 있었다면 다른 감면규정을 적용하여야 한다는 것이다.

> **사례** 임대주택으로 공동주택을 취득하여 취득세를 감면 받은 후 유예기간 내에 매각한 경우 주택 유상거래에 대한 취득세 감면 적용 가능함(조심 2013지0851, 2014.2.13.)
>
> 공동주택을 취득할 당시, 임대주택 감면요건과 주택유상거래 감면요건을 모두 충족하여 이 중 임대 주택 감면을 선택한 후 임대의무기간(5년) 이내에 이 건 공동주택을 매각하여 추징사유가 발생하였 으나, 여전히 주택유상거래에 대한 감면사유가 존재하므로 주택유상거래에 대한 취득세 감면을 배제 하고 취득세 등 감면세액 전체를 추징한 처분은 부당함(조심 2013지78, 2013.4.25. 참조).

(7) 추징사유가 발생하지 아니하는 한 다른 감면규정에 의한 추징처분 불가

동일한 과세대상에 대하여 조세를 감면할 근거규정이 둘 이상 존재하는 경우에 어느 하나의 감면규정에 정한 감면요건이 충족되고 그 규정에 따른 감면에 대해서는 추징규정이 없거나 추징 사유가 발생하지 아니하였다면 나머지 다른 감면규정에 의한 추징처분을 하는 것은 허용되지 아니하는바, 구 「지방세법」 제276조 제1항의 규정에 따라 취득세 등을 감면하였거나 추징한 것이 아니라 하더라도, 건축물 취득이 구 「지방세법」의 감면요건에 해당하는 한, 구 「조세특례제한법」 의 규정에 의한 추징처분은 허용되지 아니한다 할 것으로서, 2007.4.2. ○○○ 등을 목적으로 하여 설립된 창업중소기업으로서 2007.6.1. 산업단지내의 토지인 쟁점 토지를 취득하고 그 지상에 공장용 건축물을 신축하여 직접 사용하다가 2009.9.7. 쟁점 건축물을 증축한 후 이를 중소기업자인 (주)○○○에 임대한 것으로 나타나므로, 토지와 건축물은 구 「조세특례제한법」에 의한 감면대상에 해당될 뿐만 아니라, 구 「지방세법」 제276조의 규정에 의한 감면대상에도 해당된다고 보아야 할 것으로, 당초 토지와 건축물에 대하여 창업중소기업에 대한 감면대상으로 감면신청을 하였다 하더라도 토지와 건축물이 여전히 구 「지방세법」에 의한 감면요건을 충족하고 있는 이상 이러한 감면규정의 적용을 배제할 수는 없다고 보아야 할 것이다. 따라서 이러한 「지방세법」상의 감면규정 적용을 배제하고 창업중소기업으로 감면신청을 하여 그 취득일로부터 2년 이내에 이를 직접 사용하지 아니하였다는 사유로 취득세 등을 추징한 처분은 잘못이라고 판단된다(조심 2013 지815, 2014.2.6.).

⑦ 지방세 중과세율 적용 배제 특례(지특법 §180-2)

(1) 지방세 감면·축소·조정에 따른 특례(부칙 §13)

개정 법 시행(2015.1.1.) 당시 종전의 「조세특례제한법」 및 「지방세특례제한법」에 따라 지방세를 면제하였으나 개정 법 시행에 따라 일부 또는 전부가 과세대상으로 전환된 다음의 감면은 「지방세법」 제13조 및 제28조에 따른 중과세율 적용시기는 다음과 같다.

① 2016.1.1. 이후 적용

ㄱ 사회복지법인의 의료기관에 대한 감면(지특법 §22 ⑥)

ㄴ 주택도시보증공사(구 대한주택보증주식회사)의 주택분양보증 등에 대한 감면(지특법 §34)

ㄷ 의료법인 등에 대한 과세특례(지특법 §38)

ㄹ 의과대학(한의과대학, 치과대학 및 수의과대학 포함)의 부속병원에 대한 감면(지특법 §41 ⑦)

ㅁ 산학협력단에 대한 감면(지특법 §42 ③)

ㅂ 연구개발 지원을 위한 감면(지특법 §46)

ㅅ 기업합병·분할 등에 대한 감면(지특법 §57-2)

ㅇ 기업 재무구조 개선 등에 대한 감면(지특법 §57-3)

ㅈ 벤처기업 등에 대한 과세특례(지특법 §58)

ㅊ 창업중소기업 등에 대한 감면(지특법 §58-3)

ㅋ 중소벤처기업진흥공단(2019.3.31. 이전 중소기업진흥공단) 등에 대한 감면(지특법 §59)

ㅌ 중소기업협동조합 등에 대한 과세특례(지특법 §60)

ㅍ 물류단지 등에 대한 감면(지특법 §71)

② 2017.1.1. 이후 적용

ㄱ 국립대학교 등(2018년 이전은 공공의료기관)에 대한 감면(지특법 §37)

(2) 취득세 중과 배제

1) 개요

다음 어느 하나에 해당하는 부동산의 취득에 대해서는 「지방세법」에 따른 취득세를 과세할 때 2027.12.31.까지 「지방세법」 제13조 제2항 본문 및 제3항의 세율을 적용하지 아니한다.

① 「부동산투자회사법」에 따른 부동산투자회사가 취득하는 부동산(2018년 이전은 재산)

② 「자본시장과 금융투자업에 관한 법률」에 따른 부동산집합투자기구(2016.1.1. 이후 집합투자재산의 100분의 80을 초과하여 같은 법 제229조 제2호에서 정한 부동산에 투자하는 같은 법 제9조 제19항 제2호에 따른 전문투자형 사모집합투자기구 포함[315])의 집합투자재산으

---

315) 「지방세특례제한법」 제34조 제7항에 "… 부동산집합투자기구(집합투자재산의 100분의 80을 초과하여 같은

로 취득하는 부동산(2018년 이전은 재산)

③ 「조세특례제한법」 제104조의 31 제1항(2020년 이전[316] 「법인세법」 제51조의 2 제1항 제9호)에 해당하는 회사("프로젝트금융투자회사")가 취득하는 부동산(2018년 이전은 재산)

2) 중과세율 배제가 중복특례 대상인지 여부

"구 「지방세특례제한법」 제180조의 2가 같은 법 '제2장 감면' 항목이 아니라 '제4장 보칙' 항목에 포함되어 있는 것은 사실이다. 그러나 위 규정의 내용은 '지방세 중과세율 적용 배제 특례'라는 제목 하에 일정 조건을 충족하는 회사의 부동산 취득에 대한 취득세 과세나 설립등기에 대한 등록면허세 과세에 중과세율의 적용을 배제하도록 한 것으로서, '제2장 감면' 항목에 포함된 중과세율 적용 배제에 관한 규정들과 아무런 차이가 없다. 나아가 구 「지방세특례제한법」 제180조의 문언 자체로 보더라도 중복감면 배제 규정 적용 대상을 '제2장 감면' 항목에 포함된 규정만으로 제한한다고 볼 만한 아무런 근거를 찾아볼 수 없는 이상, 형식상 '제2장 감면' 항목에 포함되지 않았다는 이유만으로 해당 규정이 감면 규정이 아니라거나, 이로써 중복 적용이 가능하다고 보기는 어렵다. 구 「조세특례제한법」 제120조 제4항 제1호는 부동산투자회사가 취득하는 부동산에 대하여 한시적으로 취득세의 세액 30%를 감면하고, 이 경우 중과세율의 적용을 배제한다고 명시하고 있어 법률 문언상 당연히 세액감면과 중과세 배제의 중복적용이 가능했던 반면, 위 규정이 삭제된 후 새로이 부동산투자회사의 취득세 감면에 대하여 규정하게 된 구 「지방세특례제한법」 제180조의 2 제1항 제1호는 중과세율 적용 배제만 규정하였을 뿐 세액감면은 전혀 규정하지 않았다. 따라서 구 「조세특례제한법」 제120조 제4항 제1호의 규정이 삭제된 이후에도 당연히 세액감면과 중과세율 적용 배제가 동시에 적용된다고 볼 수는 없고, 그와 같은 사정만으로 구 「지방세특례제한법」 제180조의 2 제1항 1호가 중복감면 배제의 예외가 된다고 볼 수도 없다(대법원 2022두66125, 2023.03.16. 심불, 서울고법 2022누38375, 2022.10.27.)."라고 판시하고 있다.[317]

3) 중과세율 배제규정에서 지특법 §178의 추징규정이 적용되는지 여부

특수목적회사 등이 사업이 완료되면 부동산을 매각하거나 법인을 청산하므로 중과세율 배제 취지상 제178조의 추징규정을 적용해서는 안된다는 것이고, 「지방세특례제한법」 제178조 제2호

법 제229조 제2호에서 정한 부동산에 투자하는 같은 법 제9조 제19항 제2호에 따른 전문투자형 사모집합투자기구를 포함한다. <u>이하 같다</u>) …"라고 규정되어 있기 때문에 이 규정에서도 적용되는 것이다.

316) 법조문 개정은 2021.12.28.에 되었으나 유권해석(지방세특례제도과-142, 2021.1.13.)으로 2021년에도 감면 인정하고 있음.

317) 「지방세특례제한법」으로 이관 전에는 중복감면이 아니다라고 해석하여 왔다는 점, 「지방세특례제한법」 제1장 총칙, 제2장 감면, 제3장 지방소득세 특례, 제4장 보칙으로 구성되어 있는바, 제4장의 보칙에 배치된 규정을 감면으로 볼 수 없다는 점, 즉 감면에 해당되려면 제2장 감면에 중과세율 배제규정이 배치되어야 한다는 점 및 중복감면 배제규정 적용의 의도가 있었다면 조문의 순서가 후에 있을 이유가 없다는 점, 즉 이러한 배치는 종전처럼 조특법 상의 혜택을 그대로 적용하겠다는 의미로 납세자들은 받아들였다는 점에서 중복감면 배제규정 다음에 규정한 것 자체는 문제가 된다는 점에서 논란의 쟁점이 되어 왔었는데, 이 판례로 일단락되었음.

에 "해당 사업에 직접 사용"이라는 문구가 있으나, 이 중과배제 규정에서는 해당 용도가 별도로 규정되어 있지 않기에 일반적인 추징규정인 제178조를 적용할 수는 없는 것이다.

이의 근거로는 "프로젝트금융투자회사가 취득하는 부동산에 대하여는 대도시 취득세 중과세율 규정뿐만 아니라 그 사후관리 규정도 적용하지 않겠다고 보는 것이 타당(조심 2022지1472, 2023.1.9. 결정, 같은 뜻임)한 점, 「지방세특례제한법」 제178조 제1항 본문에서 부동산에 대한 감면을 적용할 때 이 법에서 특별히 규정한 경우를 제외하고 해당 규정을 적용한다고 규정하고 있는데, 같은 법 제180조의 2 제1항은 이에 대한 특별한 규정으로 볼 수 있으므로(조심 2022지1476, 2023.1.9. 결정 등) 이 건 부동산에 대하여는 일반적 추징 규정인 같은 법 제178조 제1항을 적용할 수는 없다고 보는 것이 타당한 점 등에 비추어 볼 때, 청구법인이 이 건 부동산을 취득한 후 1년이 경과할 때까지 그 해당 용도로 직접 사용하지 않았다고 하여 기 배제받은 대도시 취득세 중과세분을 추징하는 것은 타당하지 않다 하겠으므로 처분청이 이 건 취득세 등을 청구법인에게 부과한 처분은 잘못이 있다고 판단된다(조심 2023지0547, 2023.4.6.)는 결정례가 있다.[318]

4) 농특세법 상 감면으로 보아 감면분 농특세 부과되는지 여부

「조세특례제한법」에서 중과세 배제도 특례세율로 보아야 할 것이고, 「조세특례제한법」 상 정의에도 특례세율을 감면으로 보고 있는데, 이관 전 「조세특례제한법」 규정에서 감면임에도 불구하고 농어촌특별세를 부과하지 아니하여 왔다는 점(기획재정부 조세지출예산과-190, 2007.3.27.), 「농어촌특별세법」 제2조 제1호에 "비과세·세액면제·세액감면·세액공제 또는 소득공제"로 규정하면서, 제2호와 제3호에서 "특례세율"을 별도로 규정하고 있는 점에서 특례세율(중과세율 배제도 이에 해당될 것임)은 별도의 규정이 없다면 「농어촌특별세법」 상 감면으로 볼 수 없는 것으로써 문제가 있다고 판단된다.[319]

이에 대하여 기획재정부는 "「지방세특례제한법」 제180조의 2 제1항에 따른 중과세율의 적용 배제는 「농어촌특별세법」 제2조 제1항에 따른 감면에 해당하지 않는다(기획재정부 조세특례제도과

---

318) 프로젝트금융투자회사가 「지방세특례제한법」 제180조의 2 제1항에 따라 지방세 중과세율 적용을 배제받아 취득한 부동산을 「법인세법」 제51조의 2 제1항 제9호 각목에서 열거하고 있는 요건을 위반하지 않은 상태에서 매각한 경우 일반적 추징규정의 적용대상이 아님(지방세특례제도과-587, 2022.3.15.). 「법인세법」에서 정하는 요건과 같이 회사의 자산을 특정사업에 운용하고 그 수익을 주주에게 배분하는 목적으로 설립된 명목회사 형태의 프로젝트금융투자회사가 중과세율 적용 배제 규정에 따라 취득세를 신고·납부하고 그 취득 부동산을 「법인세법」 제51조의 2 제1항 제9호에서 정한 요건을 충족한 상태에서 매각하는 경우 프로젝트금융투자회사에 대한 감면요건인 위탁관리 명목회사 등의 성격을 고려할 때, '직접 사용'하지 않는 경우 추징하도록 하는 「지방세특례제한법」 제178조 제1항의 일반적 추징규정 적용 대상이 아닌 것으로 보는 것이 타당함(같은 취지의 지방세특례제도과-4436, 2018.11.15. 등 참조)(지방세특례제도과-79, 2023.9.11.).

319) 「지방세특례제한법」 제2조 제1항 제6호에서 지방세 특례 정의에서 "세율의 경감, 세액감면, 세액공제, 과세표준 공제(중과세 배제, 재산세 과세대상 구분전환을 포함한다)"라고 규정되어 있고, 「조세특례제한법」 제2조 제1항 제8호에서 "일정한 요건에 해당하는 경우의 특례세율 적용, 세액감면, 세액공제, 소득공제, …"라고 규정되어 있는바, 여기서 세율의 경감, 중과세 배제는 별도로 규정되어 있어서 세액감면, 세액공제 및 소득공제로는 볼 수 없을 것이므로 세율의 경감, 중과세 배제는 「농어촌특별세법」 제2조 제1호의 "비과세·세액면제·세액감면·세액공제 또는 소득공제"에 해당되지 아니하는 것으로 판단됨.

-710, 2022.10.18.)"라고 해석하여 과세되지 않는 것으로 해석하고 있고, 조세심판원에서 "이 특례의 방식이 「농어촌특별세법」 제2조 제1항에서 감면분 농어촌특별세 부과대상으로 규정한 비과세·세액면제·세액감면·세액공제 또는 소득공제, 「지방세법」 제15조 제1항에 따른 취득세 특례세율의 적용과는 다른 특례에 해당하고, 「농어촌특별세법」 제2조 및 제3조에서 취득세 중과세율 적용 배제를 취득세 감면분 농어촌특별세 부과대상으로 명시적으로 규정하고 있지 아니한 점, 「농어촌특별세법」 제2조 및 제3조에서 취득세 감면분 농어촌특별세 부과대상으로 명시적으로 규정하고 있지 아니한 취득세 중과세율 배제 특례를 농어촌특별세 부과대상으로 보는 것은 과세요건 법정주의·명확주의에 위배되어 허용될 수 없는 점, 그간 기획재정부장관 및 행정안전부장관은 「지방세법」상 취득세 중과세율 적용 배제규정이 감면규정에 해당하지 아니하여 중과세율 적용 배제 특례를 적용받더라도 감면분 농어촌특별세 납세의무가 발생하지 아니한다고 유권해석을 해왔던 점, 「농어촌특별세법」의 개정연혁을 살펴보면, 2011.1.1. 구 취득세와 구 등록세의 세목 간 통합을 주요 골자로 전부개정된 「지방세법」 제11조에서는 부동산 취득에 대한 표준세율을, 제13조에서는 대도시 내 부동산 취득에 대한 중과세율을 규정하였고, 제15조에서는 통합 전의 취득세 비과세대상에 대하여 표준세율보다 낮은 세율을 적용하는 '세율의 특례'를 신설·도입하면서 당시 「농어촌특별세법」 제2조 제1항 제3호에서 「지방세법」 제15조 제1항의 세율의 특례 적용대상을 「농어촌특별세법」상 '감면'에 해당하는 것으로 새로이 규정한 반면, 중과세율 배제와 관련한 개정사항은 없는 것으로 확인되고, 2014.12.31. 중과세율 적용 배제 규정이 「조세특례제한법」에서 「지방세특례제한법」으로 이관될 당시에도 「농어촌특별세법」에서는 중과세율 적용 배제에 관한 개정사항은 없는 점 등에 비추어 취득세 중과세율 적용 배제 특례를 받았다 하더라도 취득세 감면분 농어촌특별세 납세의무가 있다고 보기 어렵다(조심 2022지0800, 2023.10.23.)"라고 결정하고 있다.

5) 사치성 재산인 경우 중과배제 규정이 적용되지 않는지 여부

상기에서 보는 바와 같이 상기 중과세율 배제규정이 감면으로 보고 있으므로, 사치성 재산인 경우 중과세율 배제 규정이 적용되지 아니할 것이다.

(3) 등록면허세 중과 배제

1) 개요

다음 어느 하나에 해당하는 설립등기(설립 후 5년 이내에 자본 또는 출자액을 증가하는 경우 포함)에 대해 「지방세법」에 따른 등록면허세를 과세할 때 2027.12.31.까지 「지방세법」 제28조 제2항·제3항의 세율을 적용하지 아니한다.

① 「자본시장과 금융투자업에 관한 법률」 제9조 제18항 제2호, 같은 조 제19항 제1호 및 제249조의 13에 따른 투자회사, 경영참여형 사모집합투자기구 및 투자목적회사
② 「기업구조조정투자회사법」에 따른 기업구조조정투자회사(2024년 이전만 적용)

③ 「부동산투자회사법」에 따른 부동산투자회사(같은 법에 따른 자기관리 부동산투자회사 제외)

④ 「임대주택법」 제17조 제1항 제2호에 따른 특수 목적 법인

⑤ 프로젝트금융투자회사

⑥ 「문화산업진흥 기본법」에 따른 문화산업전문회사

⑦ 「선박투자회사법」 제3조에 의한 선박투자회사

2) 농특세법 상 감면으로 보아 감면분 농특세 부과되는지 여부

상기 (2) 4)와 마찬가지이다.

⑧ 지방세 특례의 사전 · 사후관리(지특법 §181)

행정안전부장관은 매년 2월 말일까지 지방세 특례 및 그 제한에 관한 기본계획을 수립하여 「지방재정법」 제27조의 2에 따른 지방재정관리위원회 및 국무회의의 심의를 거쳐 중앙행정기관장에게 통보하여야 한다. 중앙행정기관장은 그 소관 사무로서 지방세를 감면하려는 경우에는 감면이 필요한 사유, 세목 및 세율, 감면기간, 지방세 수입 증감 추계, 관련 사업계획서, 예산서 및 사업 수지 분석서, 감면액을 보충하기 위한 기존 지방세 감면에 대한 축소 또는 폐지방안(2018년 이후 적용) 및 조세부담능력 등을 적은 지방세 감면건의서("지방세감면건의서")를 매년 3.31.(연간 예상 감면액이 일정금액 이상인 지방세 특례를 신규로 도입하려는 경우 2.20., 2017년 이전은 4.20.)까지 행정안전부장관에게 제출하여야 한다.

다음 지방세 특례 사항에 대하여 중앙행정기관장은 지방세 감면으로 인한 효과 분석 및 지방세 감면제도의 존치 여부 등에 대한 의견서("지방세감면평가서")를 매년 3.31.(해당 연도에 적용 기한이 종료되는 사항으로서 연간 지방세 감면금액이 일정금액 이상인 지방세 특례는 2.20., 2017년 이전은 4.20.)까지 행정안전부장관에게 제출하여야 한다. 중앙행정기관장은 조례에 따른 지방세 감면제도의 신설, 연장 또는 폐지 등을 요청하려는 경우에는 지방세감면건의서 또는 지방세감면평가서를 해당 지방자치단체장에게 제출하여야 한다.

행정안전부장관은 제출받은 지방세감면건의서 및 지방세감면평가서에 대하여 각 지방자치단체의 의견을 들어야 한다.

지방세 특례 사항
① 해당 과세연도에 기한이 종료되는 지방세 특례 사항
② 시행 후 2년이 지나지 아니한 지방세 특례 사항
③ 범위를 확대하려는 지방세 특례 사항
④ 「지방세특례제한법」 제181조 제2항에 따른 지방세의 감면과 관련되는 사업계획의 변경 등으로 재검토가 필요한 지방세 특례 사항

⑤ 행정안전부장관이 다른 중앙행정기관의 장과 협의하여 고시하는 법인 및 단체의 변경 등으로 재검토가 필요한 지방세 특례 사항

행정안전부장관은 주요 지방세 특례에 대한 평가를 실시할 수 있다. 이 경우 해당 연도에 적용기한이 종료되는 사항으로서 해당 지방세 특례의 적용기한이 도래하는 연도의 직전연도부터 과거 3년간 연평균 지방세 감면액이 100억 원 이상인 경우, 다수 감면 조문을 분야별로 일괄하여 평가가 필요한 경우, 지속적 감면액 증가가 예상되어 객관적 검증을 통해 조세지출 효율화가 필요한 사항 및 그 밖에 행정안전부장관이 필요하다고 인정하는 경우(2018년 이전 연간 지방세 감면금액이 100억 원 이상)인 지방세 특례에 대해서는 예산의 범위 내에서 조세 관련 조사·연구기관에 의뢰하여 목표달성도, 경제적 효과, 지방재정에 미치는 영향 등에 대하여 평가할 수 있다.

행정안전부장관은 연간 예상 감면액이 지방세 특례 신설을 위하여 타당성 평가가 필요하다고 인정하는 경우로서 특례안의 감면기간 동안 발생할 것으로 예상되는 지방세 감면 추계액이 100억 원(단, 기존 지방세특례의 내용을 변경하는 경우에는 기존 지방세특례 금액에 해당 특례안의 감면기간 동안 추가되는 예상 감면액이 100억 원) 이상인 지방세 특례를 신규로 도입하려는 경우에는 다음의 조세 관련 조사·연구기관에 의뢰하여 지방세 특례의 필요성 및 적시성, 기대효과, 지방재정에 미치는 영향 및 예상되는 문제점에 대한 타당성 평가를 실시하여야 한다(①, ② 및 ⑤는 2017년 이후 적용되나, ③과 ④는 2019년 이후 적용).

① 지방세연구원

② 「민법」 외의 다른 법률에 따라 설립된 조세 관련 기관이나 법인

③ 「민법」에 따라 설립된 조세 관련 학회 등 법인. 조세에 관한 사무에 근무한 경력이 15년 이상인 사람이 2명 이상 속해 있는 법인 또는 단체

④ 조세 관련 교육과정이 개설된 「고등교육법」 제2조에 따른 학교

⑤ 그 밖에 행정안전부장관이 정하여 고시하는 기관이나 법인 또는 단체

지방세감면건의서, 지방세감면평가서 및 이 평가와 관련하여 전문적인 조사·연구를 수행할 기관을 지정하고 그 운영 등에 필요한 경비를 출연할 수 있고, 행정안전부장관은 지방세감면평가서 및 이 평가와 관련하여 필요하다고 인정할 때에는 관계 행정기관장 등에게 의견 또는 자료의 제출을 요구할 수 있다. 이 경우 관계 행정기관의 장 등은 특별한 사유가 있는 경우를 제외하고는 이에 따라야 한다.

지방세 특례 및 그 제한에 관한 기본계획 수립, 지방세감면건의서 및 지방세감면평가서의 제출, 지방자치단체의 의견 청취, 주요 지방세 특례의 범위, 조사·연구기관의 지정과 그 밖에 필요한 사항은 대통령령으로 정한다.

⑨ 지방자치단체의 감면율 자율 조정(지특법 §182)

지방자치단체는 「지방세특례제한법」에 따른 지방세 감면 중 지방세 감면 기한이 연장되는 경우에는 지방자치단체의 재정여건, 감면대상자의 조세부담능력 등을 고려하여 해당 조에 따른 지방세 감면율을 50%의 범위에서 조례로 인하하여 조정할 수 있다. 이 경우 면제는 감면율 100%에 해당하는 것으로 보며, 상기에도 불구하고 사회적 취약계층 보호, 공익 목적, 그 밖에 전국적으로 동일한 지방세 감면이 필요한 경우 등으로서 「지방세특례제한법」 제6조, 제17조 및 제29조에 규정된 사항에 대해서는 지방세 감면율을 인하하여 조정할 수 없다.

⑩ 감면신청 등(지특법 §183)

지방세의 감면을 받으려는 자는 [별지 제1호 서식](지방세 감면신청서)으로 지방세 감면 신청을 하여야 한다. 다만, 지방자치단체장이 감면대상을 알 수 있을 때에는 직권으로 감면할 수 있다.

(1) 감면신청기간

1) 2021년 이후

다음의 구분에 따른 시기에 감면신청서에 감면받을 사유를 증명하는 서류를 첨부하여 납세지를 관할하는 지방자치단체장에게 제출해야 한다.
① 납세의무자가 과세표준과 세액을 지방자치단체장에게 신고납부하는 지방세
  해당 지방세의 과세표준과 세액을 신고하는 때(단, 경정청구에 따라 결정 또는 경정을 청구하는 경우에는 그 결정 또는 경정을 청구하는 때)
② ① 외의 지방세
  ㉠ 주민세 개인분, 재산세(도시지역분 포함) 및 소방분 지역자원시설세
    과세기준일이 속하는 달의 말일까지
  ㉡ 등록면허세(「지방세법」 제35조 제2항에 따라 보통징수의 방법으로 징수하는 경우로 한정), 같은 법 제125조 제1항에 따른 자동차세 및 특정자원분 지역자원시설세(같은 법 제147조 제1항 제1호 단서에 따라 보통징수의 방법으로 징수하는 경우로 한정)
    납기가 있는 달의 10일까지

2) 2020년 이전

다음 기간 내에 감면신청서를 관할 시장·군수에게 제출하여야 한다.
① 취득세 : 감면대상을 취득한 날부터 60일 이내
② 등록면허세 : 등록에 대한 등록면허세는 등록을 하기 전까지, 면허에 대한 등록면허세는 면허증서를 발급받거나 송달받기 전까지

③ 주민세 : 균등분은 과세기준일부터 10일 이내, 재산분은 과세기준일부터 30일 이내, 종업원분은 급여지급일의 다음 달 10일 이내

④ 재산세 및 지역자원시설세 : 과세기준일부터 30일 이내

⑤ 자동차세 : 과세기준일부터 10일 이내

(2) 자동차 취득세, 등록면허세 감면 업무 특례

자동차에 대한 취득세 및 등록면허세(2021년 이후 적용)를 감면하려는 경우에는 해당 자동차의 사용본거지를 관할하지 않는 시장·군수·구청장도 상기 (1)에 따른 감면 업무를 처리할 수 있다. 이 경우 그 업무는 사용본거지를 관할하는 시장·군수·구청장이 처리한 것으로 본다. 해당 자동차의 사용본거지를 관할하지 아니하는 시장·군수·구청장이 감면 관련 업무를 처리하였을 때에는 관련 서류 전부를 해당 자동차의 사용본거지를 관할하는 시장·군수·구청장에게 즉시 이송하여야 한다.

(3) 공장의 지방 이전에 따른 지방세 감면 신청

[별지 제6호 서식](공장의 지방 이전에 따른 지방세 감면 신청서)에 다음 서류를 첨부하여 시장·군수·구청장에게 제출하여야 한다.

① 이전하기 전의 공장 규모와 조업실적을 증명할 수 있는 서류

② 이전하기 전의 공장용 토지의 지목이 둘 이상이거나 그 토지가 두 필지 이상인 경우 또는 건물이 여러 동일 경우에는 그 명세서

③ 이전한 공장용 토지의 지목이 둘 이상이거나 그 토지가 두 필지 이상인 경우 또는 건물이 여러 동일 경우에는 그 명세서

(4) 감면통지

지방세 감면신청을 받은 지방자치단체장은 지방세의 감면을 신청한 자(위임을 받은 자 포함)에게 [별지 제2호 서식](지방세 감면 결정 통지)으로 지방세 감면 관련 사항을 안내하여야 한다. 이 경우 상대방이 전자적 통지를 요청하는 경우에는 전자적 방법으로 통지할 수 있다(2019년 이후 적용).

감면 여부 통지기간에 대하여 별도의 규정이 없지만, 감면신청서상에 처리기간이 5일(공장의 지방 이전에 따른 지방세 감면 신청은 7일)로 되어 있다. 한편, 감면신청을 하였다면 신고납부기한까지는 될 수 있는 대로 통지하는 것이 납세자에게 편의를 제공하는 것으로 볼 수 있을 것이다.

(5) 기한 내에 감면신청을 하지 않아도 감면 가능

감면대상 부동산을 취득한 날부터 30일 이내에 지방세 감면신청을 관할시장·군수·구청장에

게 제출하여야 하는 것이나 동 신청기간이 경과하였다 하더라도 시장·군수·구청장이 감면대상임을 알 수 있을 때에는 이를 직권으로 감면할 수 있다.

「지방세법」상 기한 내 감면신청 규정은 납세자로 하여금 과세표준 및 세액의 결정에 필요한 서류를 과세기관에 제출하도록 하는 협력의무에 불과한 것이지 기한 내 감면신청이 없다고 하여 감면요건이 충족되어 당연히 감면대상인 것을 감면대상에서 배제한다는 것은 아니다(대법원 2003두773, 2004.11.12.).

> **사례** 해당 토지 취득 이후 30일 이내 기업부설연구소로 사용하겠다는 감면신청이 없었다고 하더라도 이 건 해당 토지 취득 후 4년 이내 기업부설연구소를 설립한 경우라면 감면대상임(지방세운영과-2335, 2010.6.3.).

> **사례** 사실관계의 오인에서 비롯된 착오에 의하여 취득세 등을 면제하였으므로 가산세 부과는 타당함(행심 2006-1083, 2006.11.27.).
>
> 처분청이 사실관계의 오인에서 비롯된 착오에 의하여 이 사건 건축물에 대하여 취득세 등을 면제하였다고 하여 청구인이 취득세 등의 신고·납부의무를 제대로 이행하였다고 인정하기는 어렵다 할 뿐더러 처분청의 이러한 행위를 신뢰하였다고 하여 청구인의 신고·납부의무불성실 이행에 대한 정당한 사유가 있다고 볼 수도 없다 하겠으므로, 처분청이 면제한 취득세 등을 부과하면서 가산세를 가산한 처분은 잘못이 없다 할 것임.

> **사례** 당초 감면목적용이 아니므로 가산세 부과는 타당함(행심 2000-457, 2000.5.30.).
>
> 처분청에 제출한 이 건 토지에 대한 지방세감면신청서를 보면 공장신축면적은 40,438㎡(제조시설 37,054㎡, 부대시설 3,384㎡), 착공예정일은 1998.7.1. 준공예정일은 2000.5.30.로 기재되어 있는 입주계약서를 증빙자료로 첨부하였고, 처분청은 이를 믿고 이 건 토지를 공장용 토지로 판단하여 지방세를 과세면제하였으나 그 후 세무조사 시 공장용 토지가 아님을 확인하고 과세면제하였던 취득세 등을 추징한 것이므로 청구인의 주장은 받아들일 수 없는 것임.

> **사례** 정당한 사유가 있는 경우에는 가산세를 부과할 수 없음(행심 2002-73, 2002.2.25.).
>
> 비과세 확인서를 발급함으로써 청구인은 이를 믿고 신고납부기한 내에 취득세 등을 신고납부하지 아니한 것은 청구인에게 그 의무해태를 탓할 수 없는 정당한 사유가 있다 할 것임.

(6) 별도 신고서를 제출하지 않더라도 감면신청으로 자진신고로 봄

신고납부의 방법을 채택하고 있는 취득세에 있어서 과세관청이 납세의무자의 신고에 의하여 취득세의 납세의무가 확정된 것으로 보고 그 이행을 명하는 징수처분으로 나아간 경우, 납세의무자의 신고행위에 하자가 존재하더라도 그 하자가 당연무효 사유에 해당하지 않는 한, 그 하자가 후행처분인 징수처분에 그대로 승계되지는 않는 것이고, 납세의무자의 신고행위의 하자가 중대하고 명백하여 당연무효에 해당하는지 여부는 신고 행위의 근거가 되는 법규의 목적, 의미, 기능 및 하자 있는 신고행위에 대한 법적 구제수단 등을 목적론적으로 고찰함과 동시에 신고행위에

이르게 된 구체적 사정을 개별적으로 파악하여 합리적으로 판단하여야 할 것이다(대법원 2005두 14394, 2006.9.8. 참고).

지방세 감면신청서[별지 제1호 서식]에는 "신청인"으로 성명, 주민등록번호 등을, "감면대상" 으로 감면대상내역 중 종류(토지, 건축물, 법인등기 등 과세객체의 종류를 기재함), 면적(수량) [토지의 경우 면적(㎡), 등기의 경우 건수 등을 기재함] 등을, "감면세액"으로 감면세목, 과세연 도, 과세표준액, 당초결정세액, 감면을 받고자 하는 세액 등을, 그리고 그 밖의 관계증빙서류 등을 각각 기재하고 관련된 구비서류를 첨부하도록 되어 있는 점, 선행처분이 없는 상태에서의 지방세 감면신청은 취득세의 자진신고를 전제로 하는 것으로서 위 지방세 감면신청서의 기재사항 등으 로도 신청인이 자진신고를 하고자 하는 취득세액 등을 확정할 수 있다면, 위 지방세 감면신청서 이외에 반드시 별도로 지방세신고서를 제출하도록 할 필요는 없을 것으로 보이는 점 등에 비추어 보면, 신청인이 지방세 감면신청서를 제출함으로써 취득세를 자진신고한 것으로 보아야 할 것이 고, 그에 따라 신청인의 조세채무가 확정되었다고 할 것이다(지방세정팀－5658, 2007.12.31.).

⑪ 감면자료의 제출(지특법 §184)

지방세를 감면받은 자는 해당 연도 1.1.부터 12.31.까지의 기간 중에 감면대상 및 감면받은 세 액 등을 확인할 수 있는 자료를 세목별로 각각 [별지 제7호 서식](지방세 감면자료)에 감면받은 세액 등을 확인할 수 있는 서류를 첨부하여 다음 연도 1.31.까지 과세물건 소재지를 관할하는 시 장·군수에게 제출하여야 한다.

제5편

「농어촌특별세법」

취득세분과 감면분의 농어촌특별세 과세　제1장

제1장

취득세분과 감면분의
농어촌특별세 과세

❶ 감면의 정의(농특법 §2)

농어촌특별세가 과세되는 "감면"이란 「조세특례제한법」·「관세법」·「지방세법」 또는 「지방세특례제한법」에 따라 소득세·법인세·관세·취득세 또는 등록에 대한 등록면허세가 부과되지 아니하거나 경감되는 경우로서 다음 어느 하나에 해당하는 것을 말한다.[1]

① 비과세·세액면제·세액감면·세액공제 또는 소득공제

② 「조세특례제한법」 제72조 제1항에 따른 조합법인 등에 대한 법인세 특례세율의 적용 또는 같은 법 제89조 제1항 및 제89조의 3에 따른 이자소득·배당소득에 대한 소득세 특례세율의 적용

③ 「지방세법」 제15조 제1항에 따른 취득세 특례세율의 적용

❷ 농어촌특별세 과세표준인 '취득세액'의 의미(농특법 §5)

「농어촌특별세법」 제5조 제1항 제6호에 따르면 "「지방세법」 제11조 및 제12조의 표준세율을 2%로 적용하여 「지방세법」, 「지방세특례제한법」 및 「조세특례제한법」에 따라 산출한 취득세액"을 과세표준으로 하고 있으며, 세율은 10%로 규정되어 있다. 여기서 표준세율을 2%로 하여 산정된 중과 취득세액과 감면 취득세액이 농어촌특별세의 과세표준이 되는 것이다.

① 「지방세법」 제13조 제1항(신·증축 본점사업용 부동산, 공장 신·증설의 중과기준세율 3배 중과)과 제5항(사치성 재산의 중과기준세율 5배 중과), 제13조의 2(법인 및 다주택자 주택 취득, 무상 주택 취득 중과세)

「농어촌특별세법」 제5조 제1항 제6호에 의하면 「지방세법」 제11조 및 제12조의 표준세율을 100분의 2로 적용하여 「지방세법」, 「지방세특례제한법」 및 「조세특례제한법」에 따라 산출한 취득세액이 농어촌특별세의 과세표준이 되는 것이다. 따라서 「지방세법」 제13조 제1항(신·증축 본점사업용 부동산, 공장 신·증설의 중과기준세율 3배 중과)과 제5항(사치성 재산의 중과기준세율 5배 중과), 제13조의 2(법인 및 다주택자 주택 취득, 무상 주택 취득 중과세)의 경우 각각 농어촌특별세로 취득가액의 0.6%(2% × 3 × 10%), 1%(2% × 5 × 10%), 0.6%(1%)[2% × 3(5) × 10%] 과세되는 것이다.

---

[1] 「지방세특례제한법」 제180조의 중과세율 배제가 농특세법 상 감면에 해당되는지에 대하여 검토하면, 같은 법 제2조 제6호에서 지방세 특례 정의에서 "세율의 경감, 세액감면, 세액공제, 과세표준 공제(중과세 배제, 재산세 과세대상 구분전환을 포함한다)"라고 규정되어 있고, 「조세특례제한법」 제2조 제8호에서 "일정한 요건에 해당하는 경우의 특례세율 적용, 세액감면, 세액공제, 소득공제, …"라고 규정되어 있는바, 여기서 세율의 경감, 중과세 배제는 별도로 규정되어 있어서 세액감면, 세액공제 및 소득공제로는 볼 수 없을 것이므로 세율의 경감, 중과세 배제는 「농어촌특별세법」 제2조 제1호의 "비과세·세액면제·세액감면·세액공제 또는 소득공제"에 해당되지 아니하는 것으로 판단됨.

② 「지방세법」 제13조 제2항의 중과(구 등록세분 중과)

표준세율을 2%를 적용하여 산출된 취득세액(지법 §15 ② 제외)의 10%로 규정되어 있어서 종전 등록세분 중과대상인 경우라 하더라도 표준세율 2%로 간주하여 이 세율에서 중과기준세율(2%)을 차감하면 구 등록세분의 취득세 중과분은 없는 것이므로 2%로 산정된 취득세액을 과세표준으로 하여 농어촌특별세로 취득가액의 0.2% 과세되는 것이다.

③ 주택 유상거래 세율특례(중과세 제외)

주택 유상거래 취득세 세율특례(표준세율이 1%, 2%, 3%)의 경우에는 무조건 취득세 세율을 2%로 하여 산정된 취득세액을 과세표준이 되는 것으로, 무조건 농어촌특별세로 취득가액의 0.2% 과세되는 것이다.

④ 취득세 감면된 경우

표준세율 2%로 산정된 취득세액에 감면율을 적용한 후의 취득세액을 과세표준으로 농어촌특별세가 과세되는 것이나, 세율을 경감하는 감면인 경우 표준세율을 2%로 적용하여 산출한 취득세액의 10%가 적용되는 것으로, 경감세율이 2%인 경우 취득세액은 (표준세율 2% - 경감세율 2%)로 산정되어 과세표준이 "0"이므로 비과세, 경감세율이 1%(1.5%)인 경우 농어촌특별세로 취득가액의 0.1%(0.05%) 과세되는 것이다.

❸ 지방세 감면분에 대한 농어촌특별세 비과세(농특법 §4)

취득세와 등록면허세 감면분에 대한 농어촌특별세 비과세 여부는 「농어촌특별세법」 제4조, 「농어촌특별세법 시행령」 제4조 및 「농어촌특별세가 비과세되는 지방세 감면조례」(종전 농어촌특별세가 비과세되는 과세면제 및 불균일과세에 관한 조례에 의한 감면)를 검토하여야 하며, 비과세 여부는 다음과 같다.

「지방세법」	비과세 조항	근거 법령
제2장 취득세		
제1절 통칙		
제9조【비과세 등】[2]	제1항 제2항 제3항, 제4항, 제5항	농특법 §4 1 농특령 §4 ⑦ 5 농특령 §4
제15조【세율의 특례】	제1항 제1호부터 3호의 취득세 제1항 제1호부터 제4호	농특법 §4 10-4 농특령 §4 ④
제3장 등록면허세		
제1절 통칙		

2) 제6항의 비과세에 대하여 농어촌특별세 비과세한다는 규정이 없음에 유의하여야 할 것임.

「지방세법」	비과세 조항	근거 법령
제26조【비과세】	제2항 제1호, 제2호	농특령 §4 ④
기타		
「지방세법」 제124조에 따른 자동차에 대한 취득세	전체 항	농특법 §4 10-2
서민주택 및 농가주택에 대한 취득세	전체 항	농특법 §4 11

「조세특례제한법」	비과세 조항	근거 법령
제4장 지방세		
구 제119조【등록면허세의 면제 등】(2014년 이전만)	제1항 제1호(한국철도공사가 현물출자받은 국유재산)3)	농특령 §4 ⑦ 1-2
	제1항 제1호(한국정책금융공사)	농특령 §4 ⑦ 1-3
	제1항 제3호·제5호	농특법 §4 8-2
	제1항 제6호	농특령 §4 ⑦ 1
	제2항	농특법 §4 3
구 제120조【취득세의 면제 등】(2014년 이전만)	제1항 제1호(한국철도공사가 현물출자받은 국유재산)	농특령 §4 ⑦ 1-2
	제1항 제1호(한국정책금융공사)	농특령 §4 ⑦ 1-3
	제1항 제1호(한국방송광고진흥공사)	농특령 §4 ⑦ 1-4
	제1항 제4호(한국자산관리공사가 「공공기관 지방이전에 따른 혁신도시 건설 및 지원에 관한 특별법」 제43조에 따라 종전 부동산을 매입한 경우 - 2013.10.22. 이후 취득분)	농특령 §4 ⑦ 2
	제1항 제6호	농특령 §4 ⑦ 1
	제1항 제9호·제10호	농특법 §4 8-2
	제1항 제13호(「농업협동조합법」에 따른 조합이 양수한 재산에 한정)	농특령 §4 ① 1
	제1항 제15호(「수산업협동조합법」에 따른 조합이 양수한 재산에 한정)	농특령 §4 ① 1
	제2항(「법인세법」 제44조 제2항 각 호의 요건을 충족하거나 같은 조 제3항에 해당하여 양도손익이 없는 것으로 한 합병의 경우에 한정)	농특령 §4 ⑦ 1
	제3항	농특법 §4 3
	제4항	농특령 §4 ⑦ 1
	제6항 제3호(산은금융지주주식회사, 농협경제지주회사 또는 농협금융지주회사)	농특령 §4 ⑦ 1-5, 1-6

---

3) 제1항 제1호는 「국유재산법」에 따른 현물출자의 등기 또는 재산으로 규정되어 있고, 「농어촌특별세법 시행령」에서는 「조세특례제한법」의 조문과 연결하지 않고 "「한국철도공사법」에 의하여 설립되는 한국철도공사가 현물출자받은 국유재산에 대한 취득세 또는 등록에 대한 등록면허세의 감면"으로 규정되어 있지만 제1항 제1호

「조세특례제한법」	비과세 조항	근거 법령
구 제121조의 2【외국인투자에 대한 법인세 등의 감면】(2019년 이전만)	전체 항	농특령 §4 ⑦ 1
구 제121조의 4【증자의 조세감면】(2019년 이전만)		농특령 §4 ⑦ 1
구 제121조의 9【제주투자진흥지구 또는 제주자유무역지역 입주기업에 대한 법인세 등의 감면】(2015년 이전만)		
구 제121조의 15【국제선박 등록에 대한 지방세 감면】(2015년 이전만)	전체 항	농특령 §4 ⑦ 1
구 제121조의 16【제주국제자유도시개발센터에 대한 지방세 감면】(2015년 이전만)		
구 제121조의 17【기업도시개발구역 등의 창업기업 등에 대한 법인세 등 감면】(2015년 이전만)	제1항 제1호, 제2호	「농어촌특별세가 비과세되는 과세면제 및 불균일과세에 관한 조례」에 의한 감면
구 제121조의 20【아시아문화중심도시 투자진흥지구 입주기업 등에 대한 법인세 등의 감면 등】(2015년 이전만)		
구 제121조의 21【금융중지 창업기업 등에 대한 법인세 등의 감면 등】(2015년 이전만)		

「지방세특례제한법」	비과세 조항	근거 법령
제1장 총칙		
제2절 과세권 등		
제4조【지방자치단체의 과세권】	제4항	농특령 §4 ④
제2장 감 면		
제1절 농어업을 위한 지원		
제6조【자경농민의 농지 등에 대한 감면】	제1항의 적용대상이 되는 농지 및 임야에 대한 취득세 제1항, 제2항, 제4항	농특법 §4 10 농특령 §4 ① 3
제7조【농기계류 등에 대한 감면】	전체 항	농특령 §4 ① 3
제8조【농지확대개발을 위한 면제 등】	제1항, 제2항, 제3항, 제4항 제4항에 따른 취득세	농특령 §4 ① 3 농특법 §4 10-5
제9조【자영어민 등에 대한 감면】	전체 항	농특령 §4 ① 3
제10조【농어업인 등에 대한 융자관련 감면 등】	제1항	농특령 §4 ① 3
제11조【농업법인에 대한 감면】	전체 항	농특령 §4 ① 3

에 해당 여부와 관계없이 여기에 표시함.

「지방세특례제한법」	비과세 조항	근거 법령
제12조【어업법인에 대한 감면】	전체 항	농특령 §4 ① 3
제13조【한국농어촌공사의 농업관련 사업에 대한 감면】	제2항 제1호(「농어촌정비법」에 따라 국가 또는 지방자치단체의 농업생산기반정비계획에 따라 취득·소유하는 농업기반시설용 토지와 그 시설물로 한정)	농특령 §4 ⑦ 5
	제2항 제5호[한국농어촌공사가 「혁신도시 조성 및 발전에 관한 특별법」 제43조에 따라 종전 부동산을 매입한 경우(2013.10.22. 이후 취득분)]	농특령 §4 ⑦ 2
제14조【농업협동조합 등의 농어업관련사업 등에 대한 감면】	제1항, 제2항, 제3항	농특령 §4 ① 3
제14조의 2【농협경제지주회사 등의 구매·판매사업 등에 대한 감면】		
제14조의 3【농협경제지주회사의 구매·판매사업 등에 대한 감면】		
제15조【한국농수산식품유통공사 등의 농어업관련 사업 등에 대한 감면】	제2항	농특령 §4 ⑦ 5
제16조【농어촌 주택개량에 대한 감면】	전체 항	농특령 §4 ⑦ 5
제2절 사회복지를 위한 지원		
제17조【장애인용 자동차에 대한 감면】	전체 항	농특령 §4 ⑦ 5
제17조의 2【한센인 및 한센인정착마을 지원을 위한 감면】	전체 항	농특령 §4 ⑦ 5
제18조【한국장애인고용공단에 대한 감면】		
제19조【영유아어린이집 및 유치원에 대한 감면】	전체 항	농특령 §4 ⑦ 5
제19조의 2【아동복지시설에 대한 감면】		
제20조【노인복지시설에 대한 감면】	전체 항	농특령 §4 ⑦ 5
제21조【청소년단체 등에 대한 감면】	제1항	농특령 §4 ⑦ 5
제22조【사회복지법인 등에 대한 감면】	제1항, 제5항	농특령 §4 ⑦ 5
제22조의 2【출산 및 양육지원을 위한 감면】	제1항, 제2항	농특령 §4 ⑦ 5
제22조의 3【휴면예금관리재단에 대한 면제】	전체 항	농특령 §4 ⑦ 5
제22조의 4【사회적기업에 대한 감면】		
제23조【권익 증진을 위한 감면】	전체 항	농특령 §4 ⑦ 5
제24조【연금공단 등에 대한 감면】		
제25조【근로자 복지를 위한 감면】		
제26조【노동조합에 대한 감면】		
제27조【근로복지공단 지원을 위한 감면】		

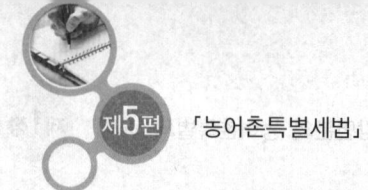

「지방세특례제한법」	비과세 조항	근거 법령
제28조【산업인력 등 지원을 위한 감면】	제1항	농특령 §4 ⑦ 5
제29조【국가유공자 등에 대한 감면】	전체 항	농특령 §4 ⑦ 5
제30조【한국보훈복지의료공단 등에 대한 감면】	제3항	농특령 §4 ⑦ 5
제31조【공공임대주택 등에 대한 감면】	제1항, 제2항	농특령 §4 ⑦ 5
제31조의 2【준공 후 미분양 주택에 대한 감면】		
제31조의 3【장기일반민간임대주택 등에 대한 감면】		
제31조의 4【주택임대사업에 투자하는 부동산 투자회사에 대한 감면】	전체 항	농특령 §4 ⑦ 5
제31조의 5【공공주택사업자의 임대 목적으로 주택 등을 매도하기로 약정을 체결한 자에 대한 감면】		
제32조【한국토지주택공사의 소규모 공동주택 취득에 대한 감면 등】		
제32조의 2【한국토지주택공사의 방치건축물 사업재개에 대한 감면】		
제33조【주택 공급 확대를 위한 감면】	전체 항	농특령 §4 ⑦ 5
제33조의 2【소형주택 공급 확대를 위한 감면】		
제33조의 3【지방 소재 준공 후 미분양 아파트에 대한 감면】		
제34조【대한주택보증주식회사의 주택분양보증 등에 대한 감면】	전체 항	농특령 §4 ⑦ 5
제35조【주택담보노후연금보증 대상 주택에 대한 감면】	제1항에 따른 등록면허세의 감면	농특법 §4 10-3
제35조의 2【농업인의 노후생활안정자금대상 농지에 대한 감면】		
제35조의 3【임차인의 전세자금 마련 지원을 위한 주택담보대출 주택에 대한 재산세액 공제】		
제36조【무주택자 주택공급사업 지원을 위한 감면】	전체 항	농특령 §4 ⑦ 5
제36조의 2【생애최초 주택 구입 신혼부부에 대한 취득세 경감】 (구 제36조의 2【생애최초 주택 취득에 대한 취득세의 면제】)		
제36조의 3【생애최초 주택 구입에 대한 취득세 감면】		
제36조의 4【전세사기피해자 지원을 위한 감면】		
제36조의 5【출산·양육을 위한 주택 취득에 대한 취득세 감면】		

「지방세특례제한법」	비과세 조항	근거 법령
제37조【공공의료기관에 대한 감면】	전체 항	농특령 §4 ⑦ 5
제38조【의료법인 등에 대한 과세특례】	제1항	농특령 §4 ⑦ 5
제38조의 2【지방의료원에 대한 감면】		
제39조【국민건강보험사업 지원을 위한 감면】		
제40조【국민건강 증진사업자에 대한 감면】	전체 항	농특령 §4 ⑦ 5
제40조의 2【주택거래에 대한 취득세의 감면】		
제40조의 3【대한적십자사에 대한 감면】	전체 항	농특령 §4 ⑦ 5
제3절 교육 및 과학기술 등에 대한 지원		
제41조【학교 및 외국교육기관에 대한 면제】	제1항, 제5항	농특령 §4 ⑦ 5
제42조【기숙사 등에 대한 면제】	제2항, 제3항	농특령 §4 ⑦ 5
제43조【평생교육단체 등에 대한 면제】	제1항	농특령 §4 ⑦ 5
제44조【평생교육시설 등에 대한 면제】	제1항, 제2항 제1호, 제3항	농특령 §4 ⑦ 5
제44조의 2【박물관 등에 대한 감면】	전체 항	농특령 §4 ⑦ 5
제45조【학술단체 및 장학법인에 대한 면제】	제1항, 제2항 제1호	농특령 §4 ⑦ 5
제45조의 2【기초과학연구 지원을 위한 연구기관 등에 대한 면제】		
제46조【연구개발 지원을 위한 감면】	제1항	농특령 §4 ⑦ 5
제47조【한국환경공단 등에 대한 감면】		
제47조의 2【녹색건축 인증 건축물에 대한 감면】		
제47조의 3【신재생에너지 인증 건축물에 대한 감면】		
제47조의 4【내진성능 확보 건축물에 대한 감면 등】		
제47조의 5【환경친화적 자동차 충전시설에 대한 감면】		
제48조【국립공원관리사업에 대한 감면】		
제49조【해양오염방제 등에 대한 감면】		
제49조의 2【5세대 이동통신 무선국에 대한 감면】		
제4절 문화 및 관광 등에 대한 지원		
제50조【종교단체 또는 향교에 대한 면제】	제1항	농특령 §4 ⑦ 5
제51조【신문·통신사업 등에 대한 감면】		
제52조【문화·예술 지원을 위한 과세특례】	제1항, 제2항	농특령 §4 ⑦ 5
제52조의 2【체육진흥기관 등에 대한 감면】		
제53조【사회단체 등에 대한 감면】	전체 항	농특령 §4 ⑦ 5

「지방세특례제한법」	비과세 조항	근거 법령
제54조【관광단지 등에 대한 과세특례】	제5항	농특령 §4 ⑦ 5
제55조【문화재에 대한 감면】		
제5절 중소기업 등에 대한 지원		
제56조【기업의 신용보증 지원을 위한 감면】		
구 제57조【기업의 구조조정 등 지원을 위한 감면】(2014년 이전)	제1항, 제3항	농특령 §4 ④
제57조의 2【기업합병·분할 등에 대한 감면】	제1항(「법인세법」 제44조 제2항 각 호의 요건을 충족하거나 같은 조 제3항에 해당하여 양도손익이 없는 것으로 한 합병의 경우에 한정)	농특령 §4 ⑦ 5
	제2항	농특령 §4 ④
	제3항 제1호(한국철도공사가 현물출자받은 국유재산)	농특령 §4 ⑦ 1-2
	제3항 제1호(한국방송광고진흥공사)	농특령 §4 ⑦ 1-4
	제3항 제2호	농특령 §4 ⑦ 5
	제6항 제3호(농협경제지주회사 또는 농협금융지주회사)	농특령 §4 ⑦ 1-5, 1-6
	제9항	농특령 §4 ⑦ 5
제57조의 3【기업 재무구조 개선 등에 대한 감면】	제1항 제2호(「농업협동조합법」에 따른 조합이 양수한 재산에 한정)	농특령 §4 ① 1
	제1항 제3호(「수산업협동조합법」에 따른 조합이 양수한 재산에 한정)	농특령 §4 ① 1
	제2항(한국자산관리공사가 「혁신도시 조성 및 발전에 관한 특별법」 제43조에 따라 종전부동산을 매입한 경우 - 2013.10.22. 이후 취득분)	농특령 §4 ⑦ 2
제57조의 4【주거안정 지원에 대한 감면】		
제58조【벤처기업 등에 대한 과세특례】		
제58조의 2【지식산업센터 등에 대한 감면】	전체 항	농특령 §4 ⑦ 5
제58조의 3【창업중소기업 등에 대한 감면】	제1항, 제3항	농특법 §4 4-2, 4-3
제59조【중소벤처기업진흥공단 등에 대한 감면】		
제60조【중소기업협동조합 등에 대한 과세특례】	제4항	농특령 §4 ⑦ 5
제61조【도시가스사업 등에 대한 감면】		
제62조【광업 지원을 위한 감면】		
제6절 수송 및 교통에 대한 지원		
제63조【철도시설 등에 대한 감면】	전체 항	농특령 §4 ⑦ 5
제64조【해운항만 등 지원을 위한 과세특례】	제1항(2017년 이후)	농특령 §4 ⑦ 5

「지방세특례제한법」	비과세 조항	근거 법령
제64조의 2【지능형 해상교통정보서비스 무선국에 대한 감면】(구 제64조의 2【선박등록특구의 국제선박 등 지원을 위한 과세특례】)	제1항(2016년 이전만)	농특령 §4 ⑦ 5
제65조【항공운송사업 등에 대한 과세특례】		
제66조【교환자동차 등에 대한 감면】	제1항, 제2항 제3항, 제4항	농특령 §4 ④ 농특령 §4 ⑦ 5
제66조의 2【노후경유자동차 교체에 대한 취득세 감면】		
제67조【경형자동차 등에 대한 과세특례】	제1항, 제2항	농특령 §4 ⑦ 5
제68조【매매용 및 수출용 중고자동차 등에 대한 감면】	제1항	농특령 §4 ④
제69조【교통안전 등을 위한 감면】		
제70조【운송사업 지원을 위한 감면】		
제71조【물류단지 등에 대한 감면】		
제71조의 2【도시첨단물류단지에 대한 감면】		
제72조【별정우체국에 대한 과세특례】	제1항	농특령 §4 ⑦ 5
제7절 국토 및 지역개발에 대한 지원		
제73조【토지수용 등으로 인한 대체취득에 대한 감면】	제1항, 제2항(2023년 이전만) 제3항	농특령 §4 ⑦ 5 농특령 §4 ④
제73조의 2【기부채납용 부동산 등에 대한 감면】	제1항	농특령 §4 ⑦ 5
제74조【도시개발사업 등에 대한 감면】	제1항(2023년 이전만), 제3항 제4항, 제5항(2019년 이전은 제3항)	농특령 §4 ⑦ 5 농특령 §4 ④
제74조의 2【도심 공공주택 복합사업 등에 대한 감면】	제1항	농특령 §4 ⑦ 5
제75조【지역개발사업에 대한 감면】		
제75조의 2【기업도시개발구역 및 지역개발사업구역 내 창업기업 등에 대한 감면】		
제75조의 3【위기지역 내 중소기업 등에 대한 감면】		
제75조의 4【반환공여구역 등에 대한 감면】		
제75조의 5【인구감소지역에 대한 감면】		
제76조【택지개발용 토지 등에 대한 감면】	제1항	농특령 §4 ⑦ 5
제77조【수자원공사의 단지조성용 토지에 대한 감면】		
제78조【산업단지 등에 대한 감면】		
제78조의 2【한국산업단지공단에 대한 감면】		

「지방세특례제한법」	비과세 조항	근거 법령
제78조의 3【외국인투자에 대한 감면】		
제79조【법인의 지방 이전에 대한 감면】	전체 항	농특령 §4 ⑦ 5
제79조의 2【해외진출기업의 국내복귀에 대한 감면】		
제80조【공장의 지방 이전에 따른 감면】	전체 항	농특령 §4 ⑦ 5
제80조의 2【기회발전특구로의 이전 등에 대한 감면】		
제81조【이전공공기관 등 지방이전에 대한 감면】	제1항, 제2항	농특령 §4 ⑦ 5
제81조의 2【주한미군 한국인 근로자 평택시 이주에 대한 감면】		
제82조【개발제한구역에 있는 주택의 개량에 대한 감면】		
제83조【시장정비사업에 대한 감면】	제1항, 제2항	농특령 §4 ⑦ 5
제84조【사권 제한토지 등에 대한 감면】		
제8절 공공행정 등에 대한 지원		
제85조【한국법무보호복지공단 등에 대한 감면】	제1항	농특령 §4 ⑦ 5
제85조의 2【지방공기업 등에 대한 감면】	전체 항	농특령 §4 ⑦ 5
제86조【주한미군 임대용 주택 등에 대한 감면】		
제87조【새마을금고 등에 대한 감면】		
제88조【새마을운동조직 등에 대한 감면】	전체 항	농특령 §4 ⑦ 5
제89조【정당에 대한 면제】	전체 항	농특령 §4 ⑦ 5
제90조【마을회 등에 대한 감면】	제1항	농특령 §4 ⑦ 5
제91조【재외 외교관 자녀 기숙사용 부동산에 대한 과세특례】		
제92조【천재지변 등으로 인한 대체취득에 대한 감면】	전체 항	농특령 §4 ④
제92조의 2【자동이체 등 납부에 대한 세액공제】		

감면조례	비과세 조항	근거 법령
(2011년 이후 적용)		
지역특산품생산단지 등에 대한 감면	전체 항	농특법 §4 2·12 및
인천국제공항건설 등 사업지원을 위한 감면	전체 항	농특령 §4 ① 4·⑦ 6
장애인 소유자동차에 대한 감면	전체 항	「농어촌특별세가 비
제주국제자유도시 종합계획 지원을 위한 감면	전체 항	과세되는 지방세 감
시장정비사업에 대한 감면	전체 항	면조례」(행정안전부
기업도시에 대한 감면	전체 항	고시 제2023-34호,
선박등록특구의 국제선박 등 지원을 위한 감면 (2016.12.29. 이후 적용)	전체 항	제2020-81호, 제2016 -53호, 제2011-63
여수세계박람회 사후활용 지원을 위한 감면 (2023.5.11. 이후 적용)	전체 항	호, 제2010-83호)
(2011년만 적용) – 「지방세특례제한법」으로 이관함에 따라 삭제됨.		
지식산업센터 등에 대한 감면	전체 항	농특법 §4 2·12 및
한센정착농원지원을 위한 감면	전체 항	농특령 §4 ① 4·⑦ 6
주택에 대한 감면	전체 항	「농어촌특별세가 비과세되는 지방세
지방공사 등에 대한 감면	전체 항	감면조례」(2010.12.30. 행정안전부고시
중소기업종합지원센타에 대한 감면	전체 항	제2010-83호)

☞ 종전에는 「농어촌특별세가 비과세되는 과세면제 및 불균일과세에 관한 조례」에 의한 감면규정에 의하여 일부 감면조례상 감면분에 대한 농어촌특별세를 비과세되었다.

④ 노인복지시설에 대한 감면에 대한 농특세 비과세

2010년도의 경우 「농어촌특별세가 비과세되는 과세면제 및 불균일과세에 관한 조례」에 의한 감면(2010.6.10. 고시 시행된 행정안전부 고시 제2010-38호) 제22호에서 노인복지시설에 대한 감면은 농어촌특별세가 비과세되는 것으로 규정되어 있으며, 고시 부칙 제2조에 의하면 2010.1.1. 이후 최초로 취득 또는 등기/등록하는 분부터 적용한다라고 규정되어 있다(고시가 2010.6.10.에 공포되었으나, 2010.1.1.부터 소급적용하는 것으로 규정되어 있음).

따라서 2010년도에 납세의무가 성립되는 분의 노인복지시설 감면에 대한 농어촌특별세는 현행과 동일하게 비과세되었으나, 2009.12.31. 이전에 납세의무성립분은 농어촌특별세는 비과세되지 아니하였다.

⑤ 서민주택에 대한 농특세 비과세

농특세 비과세되는 서민주택은 「주택법」 제2조 제6호에 따른 국민주택 규모(「건축법 시행령」 별표 1 제1호 다목에 따른 다가구주택의 경우에는 가구당 전용면적 기준) 이하의 주거용 건물과 이에 부수되는 토지(국가, 지방자치단체 또는 「한국토지주택공사법」에 따라 설립된 한국토지주택공사가 해당 주택을 건설하기 위하여 취득하거나 개발·공급하는 토지를 포함한다)로서 주택 바닥면적(아파트·연립주택 등 공동주택의 경우에는 1세대가 독립하여 구분·사용할 수 있도록 구획된 부분의 바닥면적을 말함)에 다음 표의 용도지역별 적용배율을 곱하여 산정한 면적 이내의 토지를 말한다(농특령 §4 ⑤).

구분	용도지역	적용배율
도시지역	1. 전용주거지역	5배
	2. 상업지역·준주거지역	3배
	3. 일반주거지역·공업지역	4배
	4. 녹지지역	7배
	5. 미계획지역	4배
도시지역 외의 용도지역		7배

(1) 국민주택 규모의 범위

「주택법」 제2조 제6호에 따른 "국민주택 규모"란 주거의 용도로만 쓰이는 면적("주거전용면적")이 1호(戶) 또는 1세대당 85제곱미터 이하인 주택(「수도권정비계획법」 제2조 제1호에 따른 수도권을 제외한 도시지역이 아닌 읍 또는 면 지역은 1호 또는 1세대당 주거전용면적이 100제곱미터 이하인 주택을 말함. "국민주택규모")을 말한다. 이 경우 주거전용면적의 산정방법은 국토교통부령으로 정한다(「주택법」 §2 6)라고 규정되어 있다.

따라서 「주택법」 제2조 제6호에서 도시지역이 아닌 읍 또는 면 지역이라고 규정되어 있어서 수도권(서울특별시, 인천광역시, 경기도)에 있는 읍·면지역, 도시지역으로 지정된 지역 내에 있는 읍·면지역은 85제곱미터를 적용하여야 할 것이다.

1) 부속토지의 범위

주거용 건축물의 담장 등으로 둘러싸인 경계 내의 면적이 주택의 부속토지가 되는 것이다. 그 면적이 상기에서 보는 바와 같이 주택 바닥면적(아파트·연립주택 등 공동주택의 경우에는 1세대가 독립하여 구분·사용할 수 있도록 구획된 부분의 바닥면적을 말한다)에 상기 표의 용도지역별 적용배율을 곱하여 산정한 면적 이내의 토지를 말한다라고 규정되어 있는바, 이렇게 산정된 면적이 주택의 부속토지보다 적다면 산정된 면적 범위 내만 비과세 면적이 될 것이다.

2) 주거전용면적의 산정방법(「주택법 시행규칙」 §2 ②)

① 단독주택

바닥면적에서 지하실 면적과 본 건물과 분리된 창고·차고·화장실 등을 제외한 면적

단독주택은 그 바닥면적(「건축법 시행령」 제119조 제1항 제3호의 규정에 의한 바닥면적을 말함)에서 지하실(거실로 사용되는 면적 제외), 본 건축물과 분리된 창고·차고 및 화장실의 면적을 제외한 면적(다만, 그 주택이 「건축법 시행령」 [별표 1] 제1호 다목의 다가구주택에 해당하는 경우 그 바닥면적에서 본 건축물의 지상층에 있는 부분으로서 복도, 계단, 현관 등 2세대 이상이 공동으로 사용하는 부분의 면적도 제외됨)

> **사례** 주거용으로 사용하고 있는 건축물 면적과 주거용 창고로 사용되고 있는 건축물 연면적이 고급주택의 요건을 초과하므로 취득세 등을 중과세함(조심 2008지424, 2008.9.23.).

> **사례** 동일한 하나의 생활단위인 1구의 주택 내에 신축한 창고를 주차장으로 사용한 경우는 그 주택의 부속건물에 포함하여 고급주택 여부를 판단하여야 함(행심 2007-402, 2007.7.23.).

② 공동주택

외벽의 내부선 기준으로 복도·계단·화단 등 제외

외벽의 내부선을 기준으로 산정한 면적으로 2세대 이상이 공동으로 사용하는 부분으로서 다음의 어느 하나에 해당하는 공용면적을 제외(이 경우 바닥면적에서 주거전용면적을 제외하고 남는 외벽면적은 공용면적에 가산)
   ㉠ 복도·계단·현관 등 공동주택의 지상층에 있는 공용면적
   ㉡ ㉠의 공용면적을 제외한 지하층·관리사무소 등 그 밖의 공용면적

③ 발코니 및 노대 면적

"「건축법」상 발코니 및 노대가 접한 가장 긴 외벽으로부터 1.5미터를 초과하는 발코니 및 노대 부분"은 주거전용면적으로 산입하여 연면적을 산입하여(지예 법13…영28-1) 농어촌특별세 비과세 여부를 판단하여야 할 것이다.

한편, '발코니'란 건축물의 내부와 외부를 연결하는 완충공간으로서 전망이나 휴식 등의 목적으로 건축물 외벽에 접하여 부가적으로 설치되는 공간으로서 건물 외벽 밖으로 돌출된 외부 개방형 발코니뿐만 아니라, 건물 본체와 일체로 조적 벽체를 세우고 창호를 설치하는 등 본체와 유사하게 설치하여 건축물 내부면적이 증가하는 효과를 가져 오는 내부형 발코니(커튼월)의 경우라도 건축물대장 등 공부상으로 건축물의 연면적에서 제외되는 서비스 면적에 해당되는 경우 취득세 중과대상 고급주택 연면적 계산에서도 제외된다(대법원 2009두23419, 2010.9.9. 참조)고 할 것이므

로, 사용검사일 전에 주거용으로 확장되는 경우라도 발코니 면적이 공동주택 건축물의 연면적에서 제외되는 서비스 면적에 해당되는 경우라면 고급주택 연면적 계산에서 제외된다(지방세운영과 −4023, 2011.8.26.).[4]

④ 적용 사례

「건축법 시행령」을 살펴보면 바닥면적의 합이 연면적이라 하며, 바닥면적 산정 시에 창고가 제외된다는 규정이 없다. 다만, 「주택법 시행규칙」 제2조 제2항 제1호에 의하면 주거전용면적에는 지하실(거실로 사용되는 면적 제외), 건축물과 분리된 창고·차고 및 화장실의 면적을 제외한다라고 규정되어 있다. 따라서 단독주택의 경우 연면적은 주거의 용도로만 쓰이는 면적을 합산하여야 할 것이다. 창고가 주거의 용도로만 사용되는 경우에는 합산하여야 할 것이나, 별도로 떨어져 있는 경우에는 별도의 건축물로 보아야 할 것으로 판단된다.

> **사례** 단독주택에 창고가 있는 경우
>
> ㉠ 1구내 단독주택(69제곱미터)+창고(20제곱미터) 붙어있는 경우
> ㉡ 1구내 단독주택(69제곱미터), 창고(20제곱미터) 떨어져 있는 경우
> ㉢ 1구내 단독주택(60제곱미터)+창고(24제곱미터) 붙어있는 경우
> ㉣ 1구내 단독주택(60제곱미터), 창고(24제곱미터) 떨어져 있는 경우
> ㉠에서 창고가 주거용으로 사용된다면 합산하여야 할 것이며, ㉡처럼 창고가 떨어져 있는 경우에는 각각 비과세 여부를 판단하여야 할 것임. 그런데 창고가 공부상으로는 주거용 건물로 등재되어 있으나 실제로는 주거 이외의 용도로 쓰여지는 부분이 있으면 주거전용 창고로 보기에는 어려움이 있을 것으로 판단됨.

> **사례** 2층짜리 단독주택으로 1층과 2층 합산 면적은 85제곱미터를 초과하나, 각각 독립된 주거생활을 영위할 수 있도록 구획이 되어 있고 각 층별 면적은 85제곱미터 이하에 해당되는 경우
> 다가구주택이 아닌 단독주택으로서 전체 층을 1세대가 사용하는 경우 한 세대의 주거전용면적이므로 주거전용면적을 합산하여야 할 것이나, 다가구주택인 경우에는 가구당 전용면적을 기준으로 판단한다. 2층 단독주택이 다가구주택에 해당한다면 1층, 2층을 각각 구분하여 85제곱미터 초과 여부를 판단하는 것이다. 따라서 단독주택이 다가구주택이 아닌 경우로서 1세대가 전체를 사용한다면 주거전용면적의 합이 85제곱미터 초과하는 것으로 보여 비과세대상이 아니나, 다가구주택이거나 별도의 세대가 사용하도록 구획되어 있는 경우에는 1층, 2층을 각각 구분하여 85제곱미터 이하가 될 것으로 보여 비과세대상이 된다는 것이다. 한편, 1층, 2층이 가구가 각각 독립적으로 거주할 수 있도록 물리적으로 구획되어 있고 각 세대 단위마다 그 내부에 주방, 거실, 방, 욕실 등이 설치되어 있어 독립된 주거생활을 영위할 수 있도록 되어 있는 경우에는 그 실질에 비추어 이를 다세대주택과 유사한 다가구주택으로 보는 것이 합당함(같은 뜻 : 대법원 93누7075, 1993.8.24., 국심 95경4112, 1996.8.8. 외 다수).

---

4) 종전에는 공동주택 중 고급주택의 연면적을 판단함에 있어 발코니는 1구의 건물 연면적에 포함되지 아니하나, 발코니를 주거용 거실이나 기타 용도로 용도변경된 경우에는 이를 포함하여 판단하는 것이다라고 해석하여 왔었다.

국민주택의 범위(조심 2008서2262, 2009.2.11.)

주택의 지하1층부터 지상2층은 각 가구마다 출입문이 별도로 되어 있고, 화장실, 씽크대 등 주방시설이 별도로 갖추어져 있으며, 외부에 노출되지 않게 각 가구마다 각각 독립된 주거생활을 할 수 있도록 물리적으로 구획된 6~7평 정도의 원룸주택으로 쟁점 주택이 다가구주택과 차이점이 없다고 보여지므로 처분청이 쟁점 주택을 부가가치세가 면제되는 국민주택에 해당하지 아니한다 하여 경정거부한 이 건 처분은 잘못이 있는 것으로 판단됨.

(2) 지목변경 비과세 여부

국민주택형 아파트 신축과 관련한 그 부속토지 지목변경이 "국민주택에 부수되는 토지" 지목변경으로 볼 수 있는지 여부와 관련하여 "국민주택에 부수되는 토지"란 원칙적으로 그 지상에 이미 국민주택이 건축되어 있는 토지를 말하고(대법원 2002두12984, 2004.8.20. 참조), 「측량·수로 조사 및 지적에 관한 법률」에서 건축물 신축 관련 지목변경은 사실상 건축물을 준공 후에 할 수 있다고 규정하고 있으므로, 국민주택형 아파트 신축과 관련된 그 부속토지 지목변경은 그 지상에 국민주택형 아파트가 준공된 후에 가능하므로 국민주택형 아파트 신축과 관련한 그 부속토지 지목변경은 '국민주택에 부수되는 토지' 지목변경으로 볼 수 있다. 갑의 국민주택형 아파트 신축 관련하여 소요된 그 부속토지 지목변경 관련 비용이 농어촌특별세 비과세대상에 해당되는지 여부와 관련하여 「국세기본법」 및 「지방세법」에서 지목변경 관련 농어촌특별세 납세의무성립은 사실상 지목변경일에 발생된다고 규정하고 있고, '국민주택에 부수되는 토지' 지목변경에 대하여는 농어촌특별세를 비과세한다고 규정하고 있으므로, 갑이 국민주택을 신축하여 준공한 후에 사실상 지목이 변경되었으므로 갑의 국민주택형 아파트 신축 관련하여 소요된 그 부속토지 지목변경 관련 비용은 농어촌특별세 비과세대상에 해당된다. 따라서 갑의 국민주택형 아파트 신축과 관련한 그 부속토지 지목변경은 '국민주택에 부수되는 토지' 지목변경으로 볼 수 있고, 갑의 국민주택형 아파트 신축 관련하여 소요된 그 부속토지 지목변경 관련 비용은 농어촌특별세 비과세대상에 해당된다(지방세운영과-3719, 2010.8.18.).

(3) 국가·지방자치단체 또는 한국토지주택공사가 국민주택을 건설하기 위하여 취득하거나 개발·공급하는 토지

농어촌특별세가 비과세되는 "국민주택에 부수되는 토지"란 원칙적으로 그 지상에 이미 국민주택이 건축되어 있는 토지를 말하고, 그렇지 않은 경우에는 국가·지방자치단체 또는 한국토지주택공사가 국민주택을 건설하기 위하여 취득하거나 개발·공급하는 토지만을 의미한다고 할 것이므로(대법원 2002두12984, 2004.8.20.), 한국토지주택공사가 개발·공급하는 국민주택규모 이하의 공동주택용지를 법인이 공급받아 취득하는 경우라면 농어촌특별세가 비과세되지 않는 것이다(지방세운영과-2069, 2009.5.25.)라고 해석하여 '개발·공급하는 국민주택규모 이하의 공동주택용지'의 의미는 국가 등이 개발하여 공급하는 토지를 말하는 것으로 국가 등으로부터 취득한 토지를 의미

하는 것은 아닌 것으로 해석하였고, 심사례에서도 일반 건설업자의 경우는 농어촌특별세는 과세 대상이다(행심 2006-54, 2006.2.27.)라고 결정하여 상기 유권해석과 동일하게 해석해 왔었다.

한편, 국가·지방자치단체, 한국토지주택공사로부터 서민주택을 건설하기 위하여 일반건설사업자 등이 공급받는 토지에 대하여 농어촌특별세를 비과세 적용토록 판단(행안부 지방세운영과-4588, 2009.10.28.)하였던 점, 서민 주거안정에 기여하는 국민주택규모 이하의 서민주택의 공급을 확대하기 위한 동 규정의 입법취지를 고려 시 공급하는 주체 기준이 아닌 공급받는 토지 기준으로 보아 사업주체(공공·민간)의 구분 없이 그 세제혜택을 부여하는 것이 타당하다고 할 것인 점 등을 종합해 볼 때, 국가·지방자치단체 또는 한국토지주택공사 등으로부터 최초로 토지를 공급받아 국민주택을 건설하는 주택건설사업자 등에 대해서도 농어촌특별세를 비과세 적용하여야 할 것이라고 해석하여 종전 해석을 변경하여 적용하고 있다(지방세운영과-995, 2017.11.16.).

⑥ 불복(농특법 §11)

지방세를 본세로 하는 농어촌특별세에 대한 이의신청, 심사청구 및 심판청구에 대해서는 「지방세기본법」의 예에 따른다. 이는 2014.1.1. 신설된 것이지만, 이미 이 내용은 적용되어 왔던 것이다.

⑦ 무신고가산세와 과소신고가산세 미부과(국기법 §47-2, §47-3)

(1) 2012.1.1. 이후 취득 또는 등기·등록하거나 발매하는 분

농어촌특별세를 신고하고 납부하여야 하는 자가 신고의무를 다하지 아니한 경우에도 무신고가산세와 과소신고가산세를 부과하지 아니한다(국기법 §47-2, §47-3).[5] 이 규정은 2012.1.1. 이후 납세의무가 성립하는 분부터 적용하므로 그 전인 2011.12.31. 이전에는 무신고가산세와 과소신고가산세를 부과하였다.

납세의무성립(추징사유발생)이나 신고분부터 적용한다라고 규정되어 있지 않아서 2011.12.31. 이전에 취득 또는 등기·등록한 분에 대하여 2012.1.1. 이후 추징사유가 발생되어 그 사유일로부터 30일 이내 신고납부하지 아니한 경우 무신고가산세 또는 과소신고가산세를 부과하여야 하는 것이다.

한편, 무신고가산세와 과소신고가산세를 부과하지 아니하지만, 납부지연가산세(2023년 이전은 납부불성실가산세)는 부과하는 것이다. 그리고 당초에는 과세로 하여 취득세를 신고납부하였

---

5) 「국세기본법」 제47조의 2와 제47조의 3에 따르면 "납세의무자가 법정신고기한까지 세법에 따른 국세의 과세표준 신고(예정신고 및 중간신고를 포함하며, 「교육세법」, 「농어촌특별세법」 및 「종합부동산세법」에 따른 신고 제외)를 …"라고 규정되어 있어서 취득세·등록면허세 또는 레저세를 본세로 하는 농어촌특별세에 대한 무신고가산세와 과소신고가산세를 적용할 수 없다. 이는 2012.1.1. 이후 최초로 취득 또는 등기·등록하거나 발매하는 분부터 적용한다.

으나, 추후 감면임을 알고서 감면신청서를 제출하여 감면을 받은 경우 감면분에 대한 농어촌특별세액을 당초 취득세 납부기한까지 농어촌특별세를 신고납부하지 아니하였다 하더라도 신고불성실(무신고, 과소신고) 가산세가 적용되지 아니할 것이나, 납부지연가산세(2023년 이전은 납부불성실가산세)는 부과된다.

(2) 2011.12.31. 이전 취득 또는 등기 · 등록하거나 발매하는 분

2011.12.31. 이전 취득 또는 등기 · 등록하거나 발매하는 분은 무신고가산세와 과소신고가산세를 부과하였다.

한편, 취득세가 감면으로 인하여 농어촌특별세가 과세되는 경우 「농어촌특별세법」 제7조 제1항에 따르면 농어촌특별세는 당해 본세를 신고 · 납부(중간예납 제외)하는 때에 그에 대한 농어촌특별세도 함께 신고 · 납부하여야 하며, 신고 · 납부할 본세가 없는 경우에는 당해 본세의 신고 · 납부의 예에 따라 신고 · 납부하여야 한다라고 규정되어 있다. 따라서 취득세 납부기한 이내에 신고납부하지 아니하였으므로 가산세를 부과하는 것으로 해석되어지며, 유권해석에서도 가산세 부과되는 것으로 해석하고 있는 것 같다(세정 13407-1357, 1997.11.23.). 그 이유는 「농어촌특별세법」 제3조 제1호에 의하면 납세의무자가 '취득세의 감면을 받는 자'라고 규정되어 있어 '감면받은 자'로 한정하는 것이 아니고 '감면받을 자'도 포함하는 것으로 해석되어지기 때문이다. 따라서 당초에는 과세로 하여 취득세를 신고납부하였으나, 추후 감면임을 알고서 감면신청서를 제출하여 감면을 받은 경우 감면분에 대한 농어촌특별세액을 당초 취득세 납부기한까지 농어촌특별세를 신고납부하지 아니하였다면 가산세를 부과하여야 할 것이다.

> **사례** 완전 감면된 자진납부서를 발부받아 신고 않은 경우(세정 13407-1357, 1997.11.23.)
> 귀 공단에서 스포츠센터 부지를 1995.10.16. 취득한 날로부터 30일 이내에 농어촌특별세를 신고납부하지 아니하였다면 신고납부하지 아니한 농어촌특별세의 100분의 10에 해당하는 가산세가 가산되어 부과고지됨.

■ 박 광 현

⟨약 력⟩
- 공인회계사, 세무사
- 서강대학교 경영학과
- 삼일회계법인, 한길회계법인, 우리회계법인 근무
- 지방세발전위원회 위원(행정안전부)
- 한국지방세협회 회장
- 지방세과세표준 심의위원회 위원(행정안전부)
- 지방세법령 해석 심의위원회 위원(행정안전부)
- 지방세감면자문위원회 위원(강남구청)
- 지방세법규해석심사위원회 위원(행정안전부)
- 한국지방세연구원 지방세 전문상담위원
- 경기도 지방세심의위원회 위원
- 지방세 과세표준 포럼 위원(행정안전부)
- 한국토지주택공사 세무자문위원
- (현)정명회계법인 부대표
- (현)한국공인회계사회 지방세연구위원회 위원장
- (현)삼일아이닷컴 지방세 상담위원
- (현)한국공인회계사회 지방세 상담위원
- (현)한국지방세연구원 지방세 쟁송사무 자문위원
- (현)한국지방세학회 부회장
- (현)한국조세연구포럼 부학회장

⟨표 창⟩
- 행정자치부장관 표창장 수여
- 부총리겸 기획재정부장관 표창장 수여
- 국무총리 표창장 수여

⟨저서 및 공동연구물⟩
- 비영리법인 세무·회계가이드(한국공인회계사회, 2014~2024)
- 기업구조조정 세제와 연결납세 가이드(한국공인회계사회, 2014~2024)
- 세무편람(한국공인회계사회, 2017~2024)
- 세무실무편람(세무사고시회, 2020)
- 골프장 지방세 어떻게 할 것인가?(2018)
- 지방세 시가인정액 실무 가이드(한국공인회계사회, 2024)
- 도시정비사업 세무 가이드(한국공인회계사회, 2023)
- 취득세 실무사례(한국공인회계사회, 2022, 2023)
- 부동산 신탁 세무업무 연구(한국공인회계사회, 2020)
- 지방세제 합법성 제고방안에 관한 연구(한국공인회계사회, 2010)
- 재산세와 종합부동산세의 해설 및 비교(한국공인회계사회, 2006)
- 지방자치단체의 감면조례 해설서(한국공인회계사회, 2004)
- 시가표준액 결정에 관한 연구(한국공인회계사회, 2002)
- 지방세 중과제도 해설서(한국공인회계사회, 2003)

2025년판 **지방세 이해와 실무**

2015년 1월 30일 초판 발행
2025년 2월 20일 11판 발행

저　　자　박　광　현
발　행　인　이　희　태
발　행　처　**삼일피더블유씨솔루션**

저자협의
인지생략

서울특별시 용산구 한강대로 273 용산빌딩 4층
등록번호 : 1995. 6. 26 제3 - 633호
전　　화 : (02) 3489 - 3100
Ｆ　Ａ　Ｘ : (02) 3489 - 3141
Ｉ Ｓ Ｂ Ｎ : 979 - 11 - 6784 - 338 - 8　93320

※ '삼일인포마인'은 '삼일피더블유씨솔루션'의 단행본 브랜드입니다.
※ 파본은 교환하여 드립니다.　　　　　　　　　　**정가 110,000원**